Lefebvre Stollfuß

Jetzt noch smarter: inkl. **juris KI-Suite!**

AF731165

Wichtiger Hinweis für alle Abonnenten: Ihr Freischaltcode für Ihren Online-Zugang inklusive juris KI-Suite!

Ihre juris KI-Suite fürs Lohnbüro wartet auf Sie!

- Recherchiert lohnsteuer- und sozialversicherungsrechtliche Fachinhalte in Sekunden
- Fasst komplexe Vorschriften strukturiert und verständlich zusammen
- Erstellt Entwürfe für Schreiben, Checklisten und Erläuterungen
- Reduziert Routineaufwand – mehr Zeit für eine sorgfältige Lohnabrechnung

Schalten Sie jetzt unter juris.de/stollfuss Ihren kostenlosen Online-Zugang frei.

Ihr Code:

yK7F9ME337X

juris.de/stollfuss
Telefon 0228 724 6002

Dieser Freischaltcode ist ab sofort gültig bis 28.02.2027

ABC des Lohnbüros 2026

ABC des Lohnbüros 2026

Lohn- und Gehaltsabrechnung 2026
von A bis Z

Lohnsteuer · Sozialversicherung

von

Andreas Arnold, Regierungsdirektor, Groß- und Konzernbetriebsprüfungstelle Dortmund
Holm Geiermann, Oberregierungsrat, Groß- und Konzernbetriebsprüfungstelle Köln
Wolfgang Deck, Oberamtsrat im Bundesfinanzministerium a.D.
und
Rainer Voss, leitender Verwaltungsdirektor a.D.
ehemals AOK Rheinland/Hamburg

mit

Beiträgen zum Arbeitsrecht

von

Dr. Andreas Imping,
Rechtsanwalt, Fachanwalt für Arbeitsrecht, Düsseldorf
Kai Nehring,
Regierungsdirektor im Bundesministerium für Arbeit und Soziales, Berlin

Rechtsstand: 1. Januar 2026

(Redaktionsschluss: 12.12.2025)

Lefebvre Stollfuß

Benutzerhinweis

- Die **Inhaltsübersicht** enthält durch Fettdruck hervorgehoben alle Stichwörter des ABC-Teils in alphabetischer Reihenfolge mit Angabe der Anfangsseite. Darüber hinaus werden weitere Verweise auf Stichwörter als Einstiegshilfe ausgewiesen.
- Der **ABC-Teil** des Ratgebers bietet ausführliche Darstellungen zu allen wichtigen Stichwörtern des Lohnbüros. Zur schnellen Orientierung bei der lohnsteuerlichen und sozialversicherungsrechtlichen **Beurteilung einzelner Sachverhalte** wurden die betreffenden Textstellen im ABC-Teil mit Piktogrammen versehen. Sind Sachverhalte z.B. steuer- und beitragspflichtig, so ist dies mit den Symbolen LSt SV gekennzeichnet, bei Steuer- und Beitragsfreiheit entsprechend mit den Symbolen LSt SV (durchgestrichen).
- Sämtliche Regelungen in diesem Ratgeber zu Ehegatten und Ehen gelten entsprechend für Lebenspartner und Lebenspartnerschaften, soweit nichts anderes vermerkt ist.

Werkbegleitende Online-Datenbank

- Die **Zugangsdaten zur werkbegleitenden Online-Datenbank** des ABC des Lohnbüros 2026 sowie der Vorausgabe mit den u.a. nachfolgend aufgeführten Mehrwerten haben wir für Sie **vorne im Werk eingebunden.**
- Die im ABC des Lohnbüros genannten SV-Rundschreiben und Besprechungsergebnisse der **Spitzenorganisationen der Sozialversicherung** finden Sie u.a. in der werkbegleitenden Online-Datenbank unter „SV-Dokumente".
- Verschiedene Rechner, u.a. Gehaltsrechner, Abfindungsrechner, Firmenwagenrechner, Krankengeldrechner, Kurzarbeitergeldrechner, Mutterschutzrechner, Steuerklassenrechner u.v.m. stehen Ihnen in der werkbegleitenden Online-Datenbank zur Anwendung zur Verfügung.
- In der werkbegleitenden Online-Datenbank haben Sie nun auch Zugriff auf unseren **KI-Assistenten des ABC des Lohnbüros 2026 inkl. Dashboard & Prompt Manager sowie zusätzlichem Content,** was Sie tatkräftig bei der immer größer werdenden Herausforderung in der Arbeit im Lohnbüro unterstützen wird.

Online-Aktualisierungsdienst

- Informationen zu **aktuellen Rechtsänderungen**, die im weiteren Verlauf des Jahres 2026 zu berücksichtigen sind, werden nach Bekanntgabe unverzüglich in der werkbegleitenden Online-Datenbank zur Verfügung gestellt.
- Aktuelle Informationen aus den Bereichen Steuerrecht und Arbeitsrecht erhalten Sie darüber hinaus laufend auf unserer Homepage www.stollfuss.de. Hier können Sie sich unter Newsletter zusätzlich für die kostenlosen Newsletter „eNews Steuern" und „Arbeitsrecht" eintragen, die Sie wöchentlich über unterjährige Rechtsänderungen informieren.

Hinweis auf aktuelle Gesetzesvorhaben

Bei Redaktionsschluss waren Gesetzesvorhaben nicht endgültig umgesetzt, dazu gehören u.a.:

- Steueränderungsgesetz 2025 mit einer Anhebung der Entfernungspauschale einheitlich auf 0,38 € ab dem ersten gefahrenen Kilometer; Anhebung des Übungsleiterfreibetrags auf 3 300 € und der Ehrenamtspauschale auf 960 €.
- Gesetz zur steuerlichen Förderung von Arbeitnehmerinnen und Arbeitnehmern im Rentenalter (Aktivrentengesetz) mit der eine Steuerfreistellung von Einnahmen für Arbeitnehmer eingeführt werden soll, die die gesetzliche Regelaltersgrenze erreicht haben.
- Zweites Gesetz zur Stärkung der betrieblichen Altersversorgung und zur Änderung anderer Gesetze (2. Betriebsrentenstärkungsgesetz) mit der Anhebung des staatlichen Förderbetrags für Geringverdiener, einer Erhöhung der Arbeitgeberzuschüsse bei der Entgeltumwandlung.
- Gesetz zur Modernisierung und Digitalisierung der Schwarzarbeitsbekämpfung mit Änderungen bei den Sofortmeldungspflichten für Arbeitgeber.
- Dreizehntes Gesetz zur Änderung des Zweiten Buches Sozialgesetzbuch und anderer Gesetze mit dem das Bürgergeld reformiert werden soll und zukünftig als Grundsicherungsgeld bezeichnet wird.
- Gesetz zur Stabilisierung des Rentenniveaus und zur vollständigen Gleichstellung der Kindererziehungszeiten, welches die Aufhebung des Anschlussverbots für sachgrundlose Befristungen für Personen, die die Regelaltersgrenze erreicht haben, vorsieht.

Wir haben in den entsprechenden Stichwörtern auf die Gesetzesvorhaben hingewiesen und werden Sie nach Verkündung über unseren Online-Aktualisierungsdienst zeitnah und ausführlich unterrichten.

ISBN 978-3-08-**327826**-9

Satz: rdz GmbH, Siegburg
Druck und Verarbeitung: Druckerei C.H. Beck, Nördlingen
Verlag: Stollfuß Verlag – Zweigniederlassung der Lefebvre Sarrut GmbH, Bundeskanzlerplatz 2, 53113 Bonn

Inhaltsübersicht

Abkürzungsverzeichnis

A

a.A.	anderer Ansicht
AAG	Aufwendungsausgleichsgesetz
ABM	Arbeitsbeschaffungsmaßnahmen
ABS	Arbeitsförderungs-, Beschäftigungs- und Strukturanpassungsgesellschaft
Abs.	Absatz
Abschn.	Abschnitt
AEntG	Arbeitnehmerentsendungsgesetz
AEUV	Vertrag über die Arbeitsweise der Europäischen Union
a.F.	alte Fassung
AfA	Absetzung für Abnutzungen
AfaA	Absetzung für außergewöhnliche technische und wirtschaftliche Abnutzungen
AFG	Arbeitsförderungsgesetz
AFRG	Arbeitsförderungs-Reformgesetz
AG	Aktiengesellschaft
AGBG	Gesetz zur Regelung des Rechts der Allgemeinen Geschäftsbedingungen
AGS	Amtlicher Gemeinde-Schlüssel
AiB	Arbeitsrecht im Betrieb (Zeitschrift)
AIF	Alternative Investmentfonds
ak	altkatholisch (Religionsgemeinschaft)
AktG	Aktiengesetz
ALG	Gesetz über die Alterssicherung der Landwirte
AltTZG	Altersteilzeitgesetz
AltvDV	Altersvorsorge-Durchführungsverordnung
AltZertG	Altersvorsorgeverträge-Zertifizierungsgesetz
AO	Abgabenordnung
AOK	Allgemeine Ortskrankenkasse
ArbG	Arbeitsgericht
ArbGG	Arbeitsgerichtsgesetz
ArbMedVV	Verordnung zur arbeitsmedizinischen Vorsorge
ArbN	Arbeitnehmer
ArbnErfG	Gesetz über Arbeitnehmererfindungen
ArbPlSchG	Arbeitsplatzschutzgesetz
ArbSchG	Arbeitsschutzgesetz
ArbStättV	Arbeitsstättenverordnung
ArbZG	Arbeitszeitgesetz
Art.	Artikel
ASiG	Gesetz über Betriebsärzte, Sicherheitsbeamte und andere Fachkräfte für Arbeitssicherheit (Arbeitssicherheitsgesetz)
AStA	Allgemeiner Studierendenausschuss
AStG	Außensteuergesetz
AsylblG	Asylbewerberleistungsgesetz
AtG	Altersteilzeitgesetz
AÜG	Arbeitnehmerüberlassungsgesetz
AufenthV	Aufenthaltsverordnung
AUV	Auslandsumzugskostenverordnung
AV	Arbeitslosenversicherung
AVG	Angestelltenversicherungsgesetz
Az.	Aktenzeichen

B

BA	Bundesagentur für Arbeit
BAföG	Bundesausbildungsförderungsgesetz
BAG	Bundesarbeitsgericht
BAnz	Bundesanzeiger
BAS	Bundesamt für Soziale Sicherung
BAT	Bundes-Angestelltentarif
BayLfSt	Bayerisches Landesamt für Steuern
BB	Betriebs-Berater (Zeitschrift)
BBeamtenG	Bundesbeamtengesetz
BBesG	Bundesbesoldungsgesetz
BBG	Beitragsbemessungsgrenze
BBiG	Berufsbildungsgesetz
BC	Zeitschrift für Bilanzierung, Rechnungswesen und Controlling
BEA	Bescheinigungen elektronisch annehmen
BeamtVG	Beamtenversorgungsgesetz
beE	betriebsorganisatorisch eigenständige Einheit
BEEG	Bundeselterngeld- und Elternzeitgesetz
BeschFG	Beschäftigungsförderungsgesetz
BeschV	Verordnung über die Beschäftigung von Ausländerinnen und Ausländern
betr.	betreffend
BetrAV	Betriebliche Altersversorgung (Zeitschrift)
BetrAVG	Gesetz zur Verbesserung der betrieblichen Altersversorgung
BetrKV	Verordnung über die Aufstellung von Betriebskosten
BetrVG	Betriebsverfassungsgesetz
BewG	Bewertungsgesetz
BfA	Bundesversicherungsanstalt für Angestellte
BFDG	Bundesfreiwilligendienstgesetz
BFH	Bundesfinanzhof
BGB	Bürgerliches Gesetzbuch
BGBl.	Bundesgesetzblatt
BGH	Bundesgerichtshof
BGJ	Berufsgrundbildungsjahr
BHO	Bundeshaushaltsordnung
BKGG	Bundeskindergeldgesetz
BKK	Die Betriebskrankenkasse (Zeitschrift)
BMAS	Bundesministerium für Arbeit und Soziales
BMF	Bundesministerium der Finanzen
BMFSFJ	Bundesministerium für Familie, Senioren, Frauen und Jugend
BMG	Bundesministerium für Gesundheit
BMI	Bundesministerium des Inneren
BMWi	Bundesministerium für Wirtschaft und Energie
B+P	Betrieb und Personal (Zeitschrift)
BPolBG	Bundespolizeibeamtengesetz
BR-Drucks.	Bundesrats-Drucksache
BRKG	Bundesreisekostengesetz
BSG	Bundessozialgericht
BSGE	Entscheidungen des Bundessozialgerichts (Entscheidungssammlung)
BSHG	Bundessozialhilfegesetz
BStBl	Bundessteuerblatt
BT-Drucks.	Bundestags-Drucksache
BTHG	Bundesteilhabegesetz
BUKG	Bundesumzugskostengesetz
BUrlG	Bundesurlaubsgesetz
BÜVO	Beitragsüberwachungsverordnung
II. BV	Zweite Berechnungsverordnung
BVerfG	Bundesverfassungsgericht
BVerwG	Bundesverwaltungsgericht
BVV	Beitragsverfahrensverordnung
BZgA	Bundesamt für Familie und zivilgesellschaftliche Aufgaben
BZSt	Bundeszentralamt für Steuern

D

DAAD	Deutscher Akademischer Austauschdienst
DA-KG	Dienstanweisung zum Kindergeld nach dem Einkommensteuergesetz
DB	Der Betrieb (Zeitschrift)
DBA	Doppelbesteuerungsabkommen
DEÜV	Datenerfassungs- und -übermittlungsverordnung
DEVO	Datenerfassungs-Verordnung
DFJW	Deutsch-Französisches Jugendwerk
d.h.	das heißt
DienstwohnungsVO	Dienstwohnungsverordnung
DOK	Die Ortskrankenkasse (Zeitschrift)
DRK	Deutsches Rotes Kreuz
DStR	Deutsches Steuerrecht (Zeitschrift)
DStZ	Deutsche Steuer-Zeitung (Zeitschrift)
DStZ/E	Deutsche Steuer-Zeitung/Eildienst (Zeitschrift)
DÜVO	Datenübermittlungs-Verordnung
DVKA	Deutsche Verbindungsstelle Krankenversicherung Ausland

E

EE	Entlassungsentschädigung
EEÄndG	Entlassungsentschädigungs-Änderungsgesetz
EFG	Entscheidungen der Finanzgerichte (Zeitschrift)
EFZG	Entgeltfortzahlungsgesetz
EG	Europäische Gemeinschaften
EGBGB	Einführungsgesetz zum Bürgerlichen Gesetzbuch
EGMR	Europäischer Gerichtshof für Menschenrechte
eKFV	Elektrokleinstfahrzeuge-Verordnung
ELENA	Elektronischer Entgeltnachweis
ELStAM	Elektronische LohnsteuerAbzugsMerkmale
EmoG	Elektromobilitätsgesetz
EntgTransP	Entgelttransparenzgesetz
EnWG	Energiewirtschaftsgesetz
ESF	Europäische Sozialfonds
ESt	Einkommensteuer
EStG	Einkommensteuergesetz
EStH	Amtliches Einkommensteuer-Handbuch
EStR	Einkommensteuer-Richtlinien
etc.	et cetera
EU	Europäische Union
euBP	Elektronisch unterstützte Betriebsprüfung
EuGH	Europäischer Gerichtshof
EURLUmsG	EU-Richtlinien-Umsetzungsgesetz
ev	evangelisch/protestantisch (Religionsgemeinschaft)
EWG	Europäische Wirtschaftsgemeinschaft
EWGVO	Verordnung der Europäischen Wirtschaftsgemeinschaft
EWR	Europäischer Wirtschaftsraum
EzA	Entscheidungssammlung zum Arbeitsrecht
EzulV	Erschwerniszulagenverordnung

F

f.	folgende
FahrlG	Gesetz über das Fahrlehrerwesen
fb	freireligiöse Gemeinde (Religionsgemeinschaft)
FELEG	Gesetz zur Förderung der Einstellung der landwirtschaftlichen Erwerbstätigkeit
ff.	fortfolgende
fg	freireligiöse Gemeinde (Religionsgemeinschaft)
FG	Finanzgericht
FinMin	Finanzministerium oder andere oberste Finanzbehörde
FKM	Flugkilometerwert
FlurbG	Flurbereinigungsgesetz
fm	freireligiöse Gemeinde (Religionsgemeinschaft)
FPfZG	Familienpflegezeitgesetz
fr	französisch-reformiert (Religionsgemeinschaft)
FR	Finanz-Rundschau (Zeitschrift)
fs	freireligiöse Gemeinde (Religionsgemeinschaft)
FSHG	Gesetz über den Feuerschutz und die Hilfeleistung bei Unglücksfällen und öffentlichen Notständen (Nordrhein-Westfalen)
FSJG	Gesetz zur Förderung eines freiwilligen sozialen Jahres

G

GAK	Gehaltsausgleichskasse der Apothekerkammern
G-BA	Gemeinsame Bundesausschuss von Ärzten, Krankenkassen und Kliniken
GbR	Gesellschaft bürgerlichen Rechts
gem.	gemäß
GenG	Gesetz betreffend die Erwerbs- und Wirtschaftsgenossenschaften
GewO	Gewerbeordnung
GewStG	Gewerbesteuergesetz
GewStR	Gewerbesteuer-Richtlinien
GFAW	Gesellschaft für Arbeits- und Wirtschaftsförderung des Freistaates Thüringen
GG	Grundgesetz
ggf.	gegebenenfalls
GKV	Gesetzliche Krankenversicherung
GmbH	Gesellschaft mit beschränkter Haftung
GmbH & Co. KG	Kommanditgesellschaft, deren Komplementär eine GmbH ist
GmbHG	Gesetz betreffend die Gesellschaften mit beschränkter Haftung
GMBl.	Gemeinsames Ministerialblatt
GMG	Gesetz zur Modernisierung der gesetzlichen Krankenversicherung (GKV-Modernisierungsgesetz)
grds.	grundsätzlich

H

H	Hinweis (im Lohnsteuer- oder Einkommensteuer-Handbuch)
HAG	Heimarbeitsgesetz
HFR	Höchstrichterliche Finanzrechtsprechung (Zeitschrift)
HGB	Handelsgesetzbuch
HK-AÜG	Handkommentar Arbeitnehmerüberlassungsgesetz
HRG	Hochschulrahmengesetz

I

ib	israelisch (Religionsgemeinschaft)
IdNr	Steuerliche Identifikationsnummer

i.d.F.	in der Fassung
i.d.R.	in der Regel
IfSG	Infektionsschutzgesetz
IG	Industriegewerkschaft
i.H.v.	in Höhe von
IKK	Innungskrankenkasse
INF	Die Information über Steuer und Wirtschaft (Zeitschrift)
InsO	Insolvenzordnung
i.R.	im Rahmen
is	israelisch (Religionsgemeinschaft)
i.S.	im Sinne
i.S.d.	im Sinne des
IStR	Internationales Steuerrecht (Zeitschrift)
i.S.v.	im Sinne von
ITSG	Informationstechnische Servicestelle der Gesetzlichen Krankenversicherung GmbH
i.V.m.	in Verbindung mit
iw	israelisch (Religionsgemeinschaft)

J

JAE	Jahresarbeitsentgelt
JArbSchG	Jugendarbeitsschutzgesetz
jd	jüdisch (Religionsgemeinschaft)
js	jüdisch (Religionsgemeinschaft)
JStG	Jahressteuergesetz
JVA	Justizvollzugsanstalt

K

KatSG-LSA	Katastrophenschutzgesetz des Landes Sachsen-Anhalt
KBV	Kleinbetragsverordnung
KG	Kommanditgesellschaft
KMU	Kleinstunternehmen sowie kleine und mittlere Unternehmen
KO	Konkursordnung
KSchG	Kündigungsschutzgesetz
KStG	Körperschaftsteuergesetz
KStR	Körperschaftsteuer-Richtlinien
ktgl.	kalendertäglich
Kug	Kurzarbeitergeld
KV	Krankenversicherung
KVLG	Gesetz über die Krankenversicherung der Landwirte
KWV	Kommunale Wohnungsverwaltung

L

LAG	Landesarbeitsgericht
LAGE	Entscheidungen der Landesarbeitsgerichte (Entscheidungssammlung)
LATV	Lohnausgleichs-Tarifvertrag
L+F	Land- und Forstwirtschaft
LFD Thüringen	Thüringer Landesfinanzdirektion
LfSt Rheinland-Pfalz	Landesamt für Steuern in Rheinland-Pfalz
LFZG	Lohnfortzahlungsgesetz
LG	Landgericht
LKV	Landwirtschaftliche Krankenversicherung
LPG	Landwirtschaftliche Produktionsgenossenschaft
LSF Sachsen	Landesamt für Steuern und Finanzen Sachsen
LSG	Landessozialgericht
LSt	Lohnsteuer
LStDV	Lohnsteuer-Durchführungsverordnung
LStH	Amtliches Lohnsteuer-Handbuch
LSt-Kartei	Lohnsteuer-Kartei
LStN	Landesamt für Steuern Niedersachsen
LStR	Lohnsteuer-Richtlinien
lt	evangelisch-lutherisch/protestantisch (Religionsgemeinschaft)
lt.	laut

M

MiLoAufzV	Mindestlohnaufzeichnungsverordnung
MiLoDokV	Mindestlohndokumentationspflichtenverordnung
MiLoG	Mindestlohngesetz
mtl.	monatlich
MTV	Manteltarifvertrag
MuSchEltZV	Mutterschutz- und Elternzeitverordnung
MuSchG	Mutterschutzgesetz
m.w.N.	mit weiteren Nachweisen

N

NachwG	Nachweisgesetz
Nds.MBl.	Niedersächsisches Ministerialblatt
n.F.	neue Fassung
NJW	Neue Juristische Wochenschrift (Zeitschrift)
Nr.	Nummer
n.rkr.	nicht rechtskräftig
n.v.	nicht veröffentlicht
NVVergVO	Niedersächsische Vollstreckungsvergütungsverordnung
NZA	Neue Zeitschrift für Arbeitsrecht

O

o.a.	oben angegeben
o.Ä.	oder Ähnliches
OECD	Organisation für wirtschaftliche Zusammenarbeit und Entwicklung
OECD-MA	OECD-Musterabkommen zur Vermeidung der Doppelbesteuerung
OECD-MK	OECD-Musterkommentar
OFD	Oberfinanzdirektion
o.g.	oben genannt
OGAW	Organismen für gemeinsame Anlagen in Wertpapieren
OHG	Offene Handelsgesellschaft
OLG	Oberlandesgericht

P

PartG	Parteiengesetz
PC	Personalcomputer
PflegeVersG	Pflege-Versicherungsgesetz
PflegeZG	Pflegezeitgesetz
PKV	Private Krankenversicherung
PUEG	Gesetz zur Unterstützung und Entlastung in der Pflege
PV	Pflegeversicherung

R

R	Richtlinie
RdA	Recht der Arbeit (Zeitschrift)
Rdnr.	Randnummer
ResG	Reservistinnen- und Reservistengesetz
rf	evangelisch-reformiert (Religionsgemeinschaft)
RFH	Reichsfinanzhof
rk	römisch-katholisch (Religionsgemeinschaft)
RRG	Rentenreformgesetz

RStBl	Reichssteuerblatt
RV	Rentenversicherung
RVO	Reichsversicherungsordnung
Rz.	Randziffer
S	
S.	Seite
s.	siehe
SchwarzArbG	Gesetz zur Bekämpfung der Schwarzarbeit
SchwbG	Schwerbehindertengesetz
SeeArbG	Seearbeitsgesetz
SGB	Sozialgesetzbuch
SGB I	Erstes Buch Sozialgesetzbuch (Allgemeiner Teil)
SGB II	Zweites Buch Sozialgesetzbuch (Grundsicherung für Arbeitsuchende)
SGB III	Drittes Buch Sozialgesetzbuch (Arbeitsförderung)
SGB IV	Viertes Buch Sozialgesetzbuch (Gemeinsame Vorschriften für die Sozialversicherung)
SGB V	Fünftes Buch Sozialgesetzbuch (Gesetzliche Krankenversicherung)
SGB VI	Sechstes Buch Sozialgesetzbuch (Gesetzliche Rentenversicherung)
SGB VII	Siebtes Buch Sozialgesetzbuch (Gesetzliche Unfallversicherung)
SGB VIII	Achtes Buch Sozialgesetzbuch (Kinder- und Jugendhilfe)
SGB IX	Neuntes Buch Sozialgesetzbuch (Rehabilitation und Teilhabe von Menschen mit Behinderungen)
SGB X	Zehntes Buch Sozialgesetzbuch (Sozialverwaltungsverfahren und Sozialdatenschutz)
SGB XI	Elftes Buch Sozialgesetzbuch (Soziale Pflegeversicherung)
SGB XII	Zwölftes Buch Sozialgesetzbuch (Sozialhilfe)
SGB XIV	Vierzehntes Buch Sozialgesetzbuch (Soziale Entschädigung)
SGG	Sozialgerichtsgesetz
s.o.	siehe oben
sog.	so genannt
SolZ	Solidaritätszuschlag
SolZG	Solidaritätszuschlagsgesetz
SozR	Sozialrecht (Entscheidungssammlung des Bundessozialgerichts)
Stbg	Die Steuerberatung (Zeitschrift)
std.	ständige
StEd	Steuer-Eildienst (Zeitschrift)
StLex	Steuer-Lexikon (Zeitschrift)
StuW	Steuer und Wirtschaft (Zeitschrift)
SV	Sozialversicherung
SVÄndG	Sozialversicherungsänderungsgesetz
SvEV	Sozialversicherungsentgeltverordnung
SVG	Soldatenversorgungsgesetz
SVN-Heft	Sozialversicherungsnachweis-Heft
T	
TGV	Trennungsgeldverordnung
TSG	Transsexuellengesetz
TV-Ärzte/VKA	Tarifvertrag für Ärztinnen und Ärzte an kommunalen Krankenhäusern
TVG	Tarifvertragsgesetz
TVK	Tarifvertrag für die Musiker in Kulturorchestern
TVöD	Tarifvertrag für den öffentlichen Dienst
Tz.	Textziffer
TzBfG	Teilzeit- und Befristungsgesetz
U	
u.a.	unter anderem
u.Ä.	und Ähnliches
u.E.	unseres Erachtens
ULAK	Urlaubs- und Lohnausgleichskasse der Bauwirtschaft
un	unitarisch-protestantisch (Religionsgemeinschaft)
USK	Urteilssammlung für die gesetzliche Krankenversicherung (Entscheidungssammlung)
UStAE	Umsatzsteuer-Anwendungserlass
UStDV	Umsatzsteuer-Durchführungsverordnung
UStG	Umsatzsteuergesetz
usw.	und so weiter
V	
v.a.	vor allem
VAE	Vereinigte Arabische Emirate
VAG	Versicherungsaufsichtsgesetz
VBL	Versorgungsanstalt des Bundes und der Länder
VDR	Verband Deutscher Rentenversicherungsträger
VermBDV	Verordnung zur Durchführung des Fünften Vermögensbildungsgesetzes
5.VermBG	Fünftes Vermögensbildungsgesetz
Vfg.	Verfügung
VG	Verwaltungsgericht
vgl.	vergleiche
VRG	Vorruhestandsgesetz
VSt	Vermögensteuer
VStR	Vermögensteuer-Richtlinien
VVaG	Versicherungsverein auf Gegenseitigkeit
VVG	Gesetz über den Versicherungsvertrag
v.H.	vom Hundert
Vz	Veranlagungszeitraum
W	
WFG	Wachstums- und Beschäftigungsförderungsgesetz
WGG	Gesetz über die Gemeinnützigkeit im Wohnungswesen
W-IdNr	Wirtschafts-Identifikationsnummer
II. WoBauG	Zweites Wohnungsbaugesetz
WoPG	Wohnungsbau-Prämiengesetz
WPflG	Wehrpflichtgesetz
WÜD	Wiener Übereinkommen über diplomatische Beziehungen
WÜK	Wiener Übereinkommen über konsularische Beziehungen
Z	
ZAG	Gesetz über die Beaufsichtigung von Zahlungsdiensten
z.B.	zum Beispiel
ZDG	Zivildienstgesetz
ZensG 2022	Zensusgesetz 2022
ZfS	Zeitschrift für Sozialrecht
ZIP	Zeitschrift für Wirtschaftsrecht
ZPO	Zivilprozessordnung
ZuSEG	Gesetz über die Entschädigung von Zeugen und Sachverständigen
ZVK	Zusatzversorgungskasse
zz.	zurzeit

Abfindungen

1. Entlassungsabfindungen

1 Entlassungsabfindungen, die wegen Auflösung eines Dienstverhältnisses gezahlt werden, sind in voller Höhe steuerpflichtig, die Steuerbefreiung nach § 3 Nr. 9 EStG a.F. ist zum 1.1.2008 weggefallen. Ggf. kommt jedoch eine **tarifermäßigte Besteuerung** nach § 34 EStG (sog. Fünftelregelung) in Betracht (→ *Entschädigungen* Rz. 2001).

2. Steuerpflichtige Abfindungen

2 Sonstige Abfindungen oder Entschädigungen, die als Ersatz für entgangene oder entgehende Einnahmen oder für die Aufgabe oder Nichtausübung einer Tätigkeit gezahlt werden, können ebenfalls steuerpflichtig sein (§ 24 Nr. 1 EStG sowie → *Entschädigungen* Rz. 2001).

Abfindungen bzw. Schadensersatzleistungen sind **steuerpflichtiger Arbeitslohn**, wenn das **Arbeitsverhältnis Grundlage** für die Schadensersatzleistung ist, wenn also ein unmittelbarer Zusammenhang zwischen der Schadensersatzleistung und dem Dienstverhältnis besteht. Das kann z.B. der Fall sein, wenn

- der Arbeitgeber wegen **vorzeitiger Räumung einer Dienstwohnung** eine Abfindung zahlt, die nicht nur Kostenersatz für Einbauten und Instandsetzungen darstellt (BFH v. 16.12.1966, VI R 61/66, BStBl III 1967, 251),
- ein Feuerwehrbeamter eine **Ausgleichszahlung für rechtswidrig erbrachte Mehrarbeit** erhält; es handelt sich nicht um eine steuerfreie Schadensersatzzahlung (BFH v. 14.6.2016, IX R 2/16, BStBl II 2016, 901 sowie BFH v. 26.8.2016, VI B 95/15).

LSt SV

3. Nicht steuerpflichtige Abfindungen

3 Nicht steuerpflichtig sind hingegen Abfindungen, die auf einer **unerlaubten Handlung** i.S.d. §§ 823 ff. BGB beruhen oder ihre Grundlage in einer gesetzlich für besondere Fälle vorgesehenen **Gefährdungshaftung** haben (z.B. aus dem Betrieb von Eisenbahnen und Flugzeugen). Dazu gehören z.B.

- Zahlungen bei **Berufsunfällen**, wie z.B. **Schmerzensgeld** (BMF v. 15.7.2009, IV C 3 – S 2255/08/10012, BStBl I 2009, 836 betr. Schmerzensgeldrenten nach § 253 Abs. 2 BGB) oder Schadenersatz wegen der Verletzung anderer Rechtsgüter (Gesundheit) wie etwa Ansprüche auf **Ausgleich eines behinderungsbedingten Mehrbedarfs** oder auf Zahlung eines **Schmerzensgelds** (vgl. BFH v. 9.1.2018, IX R 34/16, BStBl II 2018, 582);
- **Haftentschädigungen** nach dem Gesetz über die Entschädigung für Strafverfolgungsmaßnahmen, wenn eine Person zu Unrecht inhaftiert worden ist, soweit es sich um Schmerzensgeld handelt; soweit eine Entschädigung für entgangene Einkünfte gewährt wird, sind die Einnahmen gem. § 24 Nr. 1a EStG steuerpflichtig;
- **Schadensersatzleistungen** des Arbeitgebers, wenn er dem Arbeitnehmer einen Schaden ersetzt, den dieser infolge einer Verletzung arbeits- oder sonstiger zivilrechtlicher (Fürsorge-)Pflichten oder einer unerlaubten Handlung des Arbeitgebers erlitten hat (BFH v. 25.4.2018, VI R 34/16, BStBl II 2018, 582 betr. Schadensersatz wegen überhöhter Einkommensteuerfestsetzung kein Arbeitslohn). Ein **Urlaubsabgeltungsanspruch stellt keinen steuerfreien Schadensersatzanspruch** dar, sondern eine nachträgliche steuerpflichtige Lohnzahlung des Arbeitgebers (FG Hamburg v. 19.3.2019, 6 K 80/18);
- eine vom Arbeitgeber an eine gemeinnützige Organisation gezahlte **Spende**, die anlässlich eines arbeitsgerichtlichen Vergleichs nach einer umstrittenen Kündigung vereinbart wurde (BFH v. 23.9.1998, XI R 18/98, BStBl II 1999, 98);
- eine Entschädigung, die der Arbeitgeber nach **§ 15 Abs. 2 AGG wegen Diskriminierung** zahlen muss, und zwar auch dann, wenn er die behauptete Benachteiligung bestritten und sich lediglich in einem gerichtlichen Vergleich zur Zahlung bereit erklärt hat (FG Rheinland-Pfalz v. 21.3.2017, 5 K 1594/14, EFG 2017, 835 sowie → *Entschädigungen* Rz. 2002).

Nicht steuerpflichtig sind ferner Abfindungen, die **nicht unter die sieben Einkunftsarten des EStG fallen** (vgl. BFH v. 26.5.2020, IX R 15/19, HFR 2020, 1138 betr. eine als „Verdienstausfall" bezeichnete Versicherungsleistung bei einem 12-jährigen Verkehrsunfallopfer sowie BMF v. 15.7.2009, IV C 3 – S 2255/08/10012, BStBl I 2009, 836 betr. eine **Schadensersatzrente** nach § 844 Abs. 2 BGB, da sie lediglich den durch ein schädigendes Ereignis entfallenden, nicht steuerbaren Unterhaltsanspruch ausgleicht und keinen Ersatz für entgangene oder entgehende einkommensteuerpflichtige Einnahmen gewährt). Hierzu gehören z.B.

- Leistungen aus dem **Entschädigungsfonds für Opfer der Heimerziehung**, weil bei diesen Leistungen der Entschädigungscharakter überwiegt. Dies gilt gleichermaßen für Leistungen aus dem Unterfonds für Rentenersatzleistungen sowie aus dem Unterfonds für Folgeschäden (OFD Münster v. 15.8.2012, S 2255 – 62 – St 22 – 31);
- **Anerkennungsleistungen an ehemalige sowjetische Kriegsgefangene** i.H.v. 2 500 € der ASK-Anerkennungsrichtlinie v. 30.9.2015, BAnz AT 14.10.2015 B1;
- Leistungen auf Grund der Richtlinie über eine Anerkennungsleistung an **ehemalige deutsche Zwangsarbeiter** v. 7.7.2016, BAnz AT 14.7.2016 B3;
- **Entschädigungen einer Versicherung wegen Körperverletzung** nach einer missglückten Operation oder einem Verkehrsunfall. Erhält ein im Zeitpunkt des schädigenden Ereignisses Erwerbsloser vom Schädiger Ersatz für den verletzungsbedingt erlittenen Erwerbsschaden gem. § 842 BGB, kommt es für die Anwendung von § 24 Nr. 1 Buchst. a EStG darauf an, ob mit der Zahlung steuerbare und steuerpflichtige Einnahmen ersetzt werden sollen (sog. **Verdienstausfall**) oder der **Wegfall des Anspruchs auf steuerfreie Sozialleistungen wie z.B. das Arbeitslosengeld I oder II** nach § 3 Nr. 2 Buchst. d EStG (BFH v. 20.7.2018, IX R 25/17, BStBl II 2020, 186);
- eine **als „Verdienstausfall" bezeichnete Versicherungsleistung bei einem 12-jährigen Verkehrsunfallopfer**. Erhält ein im Zeitpunkt des schädigenden Ereignisses 12-jähriges Verkehrsunfallopfer von der Versicherung des Schädigers nach Schweizer Recht Ersatz für den verletzungsbedingt erlittenen, rein hypothetisch berechneten Erwerbs- und Fortkommensschaden, kommt eine Anwendung von § 24 Nr. 1 Buchst. a EStG nicht in Betracht, wenn die Vereinbarung der an der Schadensregulierung Beteiligten – trotz der Bezeichnung der gewährten Versicherungsleistung als „Verdienstausfall" – nicht dahin gedeutet werden kann, dass damit Ersatz für steuerbare Einnahmen aus einer konkreten, d.h. bestimmten oder jedenfalls hinreichend bestimmbaren Einkunftsquelle i.S.d. § 2 Abs. 1 Satz 1 Nr. 1 bis 7 EStG gezahlt werden sollte (BFH v. 26.5.2020, IX R 15/19, HFR 2020, 1138).

Ausdrücklich nach § 3 Nr. 23 EStG steuerfrei sind

- die Leistungen nach dem Häftlingshilfegesetz, dem Strafrechtlichen Rehabilitierungsgesetz, dem Verwaltungsrechtlichen Rehabilitierungsgesetz, dem Beruflichen Rehabilitierungsgesetz, dem Gesetz zur strafrechtlichen Rehabilitierung der nach dem 8.5.1945 wegen einvernehmlicher homosexueller Handlungen verurteilten Personen und dem Gesetz zur Rehabilitierung der wegen einvernehmlicher homosexueller Handlungen, ihrer homosexuellen Orientierung oder wegen ihrer geschlechtlichen Identität dienstrechtlich benachteiligten Soldatinnen und Soldaten.

Zur Frage, ob **Invaliditätsentschädigungen** aus einer vom Arbeitgeber für seine Arbeitnehmer abgeschlossenen **Gruppenunfallversicherung** als steuerpflichtiger Arbeitslohn zu behandeln sind, → *Unfallversicherung: freiwillige* Rz. 4205. Abfindungen zur **Ablösung einer Direktversicherung** nach § 3 Abs. 1 BetrAVG sind steuerfrei, soweit sich der Abfindungsanspruch gegen das Versicherungsunternehmen richtet (BMF v. 15.6.1976, BB 1976, 867).

LSt (durchgestrichen) SV (durchgestrichen)

4. Tarifermäßigung

Soweit Entlassungsabfindungen und sonstige Abfindungen bzw. Entschädigungen hiernach steuerpflichtig sind, können sie unter bestimmten Voraussetzungen nach § 34 EStG tarifermäßigt be- 4 steuert werden (sog. Fünftelregelung, → *Entschädigungen* Rz. 2001).

5. Sozialversicherung

5 Klagt der Arbeitnehmer gegen eine vom Arbeitgeber ausgesprochene Kündigung, wird sehr häufig ein neues Beschäftigungsende festgelegt, einhergehend mit einer Abfindung.

Wird diese Abfindung für den Zeitraum zwischen tatsächlicher Beschäftigungsaufgabe und dem vom Arbeitsgericht neu festgelegten Zeitpunkt gezahlt, handelt es sich um beitragspflichtiges Arbeitsentgelt mit Korrektur der Abmeldung.

Wird eine Abfindung wegen der Beendigung des Beschäftigungsverhältnisses als Entschädigung für den Wegfall zukünftiger Verdienstmöglichkeiten gezahlt, ist sie in der Kranken-, Pflege-, Renten- und Arbeitslosenversicherung nicht beitragspflichtig.

Abführung der Lohnsteuer

1. Allgemeines

6 Der Arbeitgeber ist nach § 41a Abs. 1 EStG verpflichtet, spätestens am **zehnten Tag** nach Ablauf eines jeden Lohnsteuer-Anmeldungszeitraums die einzubehaltende und von ihm zu übernehmende pauschale Lohnsteuer beim Betriebsstättenfinanzamt **anzumelden**. Ist dieser Tag ein Samstag, Sonntag oder Feiertag, so verschiebt sich die Frist auf den nächstfolgenden Werktag (§ 108 Abs. 3 AO). Besonderheiten gelten für die sog. Mini-Jobs (→ *Pauschalierung der Lohnsteuer bei geringfügig Beschäftigten* Rz. 3389).

Einzelheiten zur Lohnsteuer → *Anmeldung der Lohnsteuer* Rz. 155 und zur Sozialversicherung → *Beiträge zur Sozialversicherung* Rz. 1261.

Der Arbeitgeber hat die Lohnsteuer in *einem* Betrag an die Kasse des Betriebsstättenfinanzamts (→ Rz. 9) oder an eine von der obersten Finanzbehörde des Landes bestimmte öffentliche Kasse (§ 41a Abs. 3 EStG) abzuführen. Die Abführung an Kassenhilfsstellen ist nicht zulässig.

Der Arbeitgeber muss mit der **Zahlung angeben** oder durch sein Kreditinstitut angeben lassen:

- seine **Steuernummer**,
- die **Bezeichnung der Steuer** und
- den **Lohnsteuer-Anmeldungszeitraum** (R 41a.2 Satz 2 LStR).

Die Lohnsteuer ist eine **Bringschuld** (§ 224 AO), der Arbeitgeber wird deshalb erst mit dem Eingang der Zahlung beim Finanzamt von seiner Schuld befreit. Ein vorheriger Verlust geht zu seinen Lasten. Dies gilt auch, wenn ein Verrechnungsscheck aus dem Briefkasten des Finanzamts entwendet worden ist (vgl. BFH v. 8.3.1999, VII B 208/98).

2. Abführungstermine

7 Die Lohnsteuer ist grds. spätestens am **zehnten Tag nach Ablauf eines jeden Lohnsteuer-Anmeldungszeitraums** zu zahlen. Ist dieser Tag ein Samstag, Sonntag oder Feiertag, so verschiebt sich die Frist auf den nächstfolgenden Werktag (§ 108 Abs. 3 AO). Zum unterschiedlichen Feiertagsrecht in den Bundesländern, das auch für die Wahrung von Zahlungsfristen von Bedeutung ist, s. OFD Magdeburg v. 4.5.2004, S 0260 – 3 – St 251.

Verlängerte Fristen gelten für den Fall, dass das Finanzamt

- die **Lohnsteuer abweichend von der Lohnsteuer-Anmeldung festsetzt** (auch bei Nichtabgabe einer Anmeldung): Zahlungsfrist dann **eine Woche**,
- oder einen **Haftungs- oder Nachforderungsbescheid** gegen den Arbeitgeber erlässt: Zahlungsfrist dann **einen Monat** (R 42d.1 Abs. 7 LStR). Entsprechendes gilt, wenn der Arbeitgeber nach **einer Lohnsteuer-Außenprüfung seine Zahlungspflicht anerkennt** (§ 42d Abs. 4 EStG).

Der Arbeitgeber wird auch bei **Liquiditätsproblemen** nicht von der Verpflichtung zur Einbehaltung und Abführung der Lohnsteuer frei, sondern darf die Löhne nur gekürzt als Vorschuss oder als Teilbetrag auszahlen und muss aus den dann übrig bleibenden Mitteln die entsprechende Lohnsteuer an das Finanzamt abführen. Von dieser Verpflichtung wird er auch nicht dadurch frei, dass er sich um die Erlangung der fehlenden Mittel zur Bezahlung der Steuerschulden bemüht und dass er auf den Eingang ausstehender Forderungen vertraut (vgl. zuletzt BFH v. 6.7.2005, VII B 296/04, m.w.N.). **Stundung oder Erlass** der Lohnsteuer gegenüber dem Arbeitgeber sind allenfalls möglich, soweit es sich um „Lohnsteuer des Arbeitgebers" handelt, z.B. um die von ihm zu übernehmende pauschale Lohnsteuer (→ *Erlass von Lohnsteuer* Rz. 2045, → *Stundung* Rz. 4071).

Ist eine Lohnsteuer-Anmeldung bestandskräftig geworden, richtet sich die Fälligkeit der Lohnsteuerschuld grds. nach den in der Lohnsteuer-Anmeldung gemachten Angaben. Nach § 166 AO entfaltet die Bestandskraft eines Bescheids auch gegenüber demjenigen Wirkung, der in der Lage gewesen wäre, den gegen den Stpfl. erlassenen Bescheid als dessen Vertreter, Bevollmächtigter oder kraft eigenen Rechts anzufechten. Hinsichtlich der von einer **KG abgegebenen Lohnsteuer-Anmeldung** gehört zu dem in § 166 AO angesprochenen Personenkreis auch der **gesetzliche Vertreter** der geschäftsführenden Komplementär-GmbH. Dieser muss – ebenso wie andere zur Anfechtung berechtigte gesetzliche Vertreter von Personen- oder Kapitalgesellschaften – unanfechtbare Lohnsteuer-Anmeldungen gegen sich gelten lassen. Eine unzutreffende, jedoch bestandskräftig gewordene Lohnsteuer-Anmeldung muss sich der als Haftungsschuldner in Anspruch genommene **Geschäftsführer einer GmbH** jedoch dann nicht nach § 166 AO entgegenhalten lassen, wenn er nicht während der gesamten Dauer der Rechtsbehelfsfrist Vertretungsmacht und damit das Recht gehabt hat, namens der GmbH zu handeln (BFH v. 24.8.2004, VII R 50/03, BStBl II 2005, 127).

3. Schonfrist und verspätete Zahlung

Zu den Folgen der **verspäteten Abgabe** → *Anmeldung der Lohnsteuer* Rz. 160. Danach kann bei verspäteter Abgabe der Lohnsteuer-Anmeldung insbesondere ein **Verspätungszuschlag** festgesetzt werden. 8

Bei **verspäteter Zahlung** sind nach § 240 AO **Säumniszuschläge** zu entrichten. Dies gilt auch für Haftungsschulden (→ *Säumniszuschlag* Rz. 3860). Für jeden angefangenen Monat der Säumnis wird ein Säumniszuschlag von 1 % des rückständigen, auf 50 € nach unten abgerundeten Steuerbetrags erhoben. Die Säumnis tritt grds. ein, wenn die Steuer nicht bis zum Ablauf des Fälligkeitstags entrichtet wird. Aber: Ein Säumnis setzt eine Steuerfestsetzung oder eine Steueranmeldung voraus.

Für die **Lohnsteuer**, die nach § 41a Abs. 1 EStG anzumelden und abzuführen ist, tritt die Säumnis **nicht** ein, **bevor** die Steuer festgesetzt oder die Anmeldung abgegeben worden ist. Denn die abzuführende Lohnsteuer wird erst mit Abgabe der Lohnsteuer-Anmeldung beim Finanzamt fällig. Somit kann auch bei einer verspäteten Abgabe der Anmeldung die Fälligkeit nicht vor dem Eingang der Lohnsteuer-Anmeldung beim Finanzamt liegen.

Der Tag des Eingangs der Anmeldung wird bei der Berechnung der Säumniszuschläge nicht mitgerechnet. Die Höhe der Säumniszuschläge von 1 % pro Monat begegnet trotz des derzeit niedrigen Zinsniveaus keinen verfassungsrechtlichen Bedenken (BFH v. 23.8.2022, VII R 21/21; v. 21.3.2025, X B 21/25 (AdV), BFH/NV 2025, 715).

Wird die Steuerschuld durch eine **Banküberweisung** beglichen, wird ein Säumniszuschlag bei Zahlung innerhalb der sog. **Zahlungs-Schonfrist** nach § 240 Abs. 3 AO nicht erhoben. Diese Zahlungs-Schonfrist gilt **nicht bei Scheck- oder Barzahlungen** (§ 240 Abs. 3 Satz 2 AO i.V.m. § 224 Abs. 2 Nr. 1 AO). Diese müssen zur Vermeidung von Säumniszuschlägen spätestens am Fälligkeitstag bzw. am Tag, an dem die Lohnsteuer-Anmeldung beim Finanzamt eingeht, entrichtet werden.

Eine **Scheckzahlung gilt erst am dritten Tag nach dem Eingang beim Finanzamt als entrichtet** (§ 224 Abs. 2 Nr. 1 AO), und zwar selbst dann, wenn die Finanzbehörde tatsächlich schon früher über den Zahlbetrag verfügen kann (BFH v. 28.8.2012, VII R 71/11, BStBl II 2013, 103). Fällt das Ende dieser Drei-Tages-Regelung auf einen Samstag, Sonntag oder einen gesetzlichen Feiertag, so gilt die Zahlung erst mit Ablauf des nächstfolgenden Werktags als geleistet. Mit dieser Regelung soll insbesondere den mit der Scheckzahlung verbundenen Zinsnachteilen für Bund und Länder und dem hohen Verwaltungsaufwand bei der Buchung solcher Einzahlungen begegnet werden (dazu FG Niedersachsen v.

4.7.2011, 7 K 40/11, EFG 2012, 205: Für die Bestimmung des Tages der Entrichtung einer Zahlung bei Hingabe oder Übersendung von Schecks gem. § 224 Abs. 2 Nr. 1 zweiter Halbsatz AO kommt es auf den Eingang des Schecks bei der Finanzkasse am nächsten Werktag an). Wer die Lohnsteuerschuld aus seiner Lohnsteuer-Anmeldung mit Scheckzahlung begleicht, darf seinen Scheck deshalb z.B. **nicht** erst am 10., sondern muss ihn **bereits am 7. des Fälligkeitsmonats** in den Briefkasten des Finanzamts werfen.

Beispiel 1:

Arbeitgeber A muss die für den Arbeitslohn seiner Arbeitnehmer im Februar 2026 einbehaltene Lohnsteuer i.H.v. 50 040 € an das Finanzamt entrichten. Er hat die monatliche Lohnsteuer-Anmeldung (erst) am 17.3.2026 auf elektronischem Weg übermittelt und am selben Tag einen Scheck zur Begleichung der Lohnsteuerschuld in den Hausbriefkasten des Finanzamts eingeworfen.

Weil die Lohnsteuer-Anmeldung nach dem 10.3.2026, also verspätet, übermittelt (abgegeben) wurde, kann das Finanzamt einen **Verspätungszuschlag** bis höchstens 25 000 € festsetzen (→ *Anmeldung der Lohnsteuer* Rz. 160). Außerdem sind **Säumniszuschläge** i.H.v. 500 € (1 % der auf 50 € nach unten abgerundeten Steuer für jeden angefangenen Monat) zu entrichten, weil die Zahlung mit Scheck erst am 20.3.2026 als entrichtet gilt.

Beispiel 2:

Wie Beispiel 1, die Zahlung erfolgt jedoch am 19.3.2026 durch **Bankgutschrift**.

Für den **Verspätungszuschlag** gelten die im Beispiel 1 genannten Grundsätze.

Eine (Zahlungs-)Säumnis tritt nicht ein, bevor die Lohnsteuer festgesetzt oder angemeldet worden ist; Anmelde- und zugleich Fälligkeitstag ist der 17.3.2026. Mit Ablauf des Fälligkeitstages beginnt grds. die Zahlungs-Schonfrist zu laufen (= ab 18.3.2026), sie endet nach drei Tagen am 20.3.2026. Weil die eingetretene Säumnis nicht mehr als drei Tage (**Zahlungs-Schonfrist**) beträgt, ist **kein Säumniszuschlag** zu entrichten.

Zur Vermeidung von Verspätungs- und Säumniszuschlägen sollte der Arbeitgeber die **Lohnsteuer-Anmeldungen für 2026 spätestens um 24.00 Uhr** des in Spalte 2 der nachfolgenden Tabelle angegebenen Tags dem **Finanzamt übermitteln** (auf elektronischem Weg oder in Papierform); einen **Scheck** als Zahlungsmittel jedoch **drei Tage früher**. Die Zahlungs-Schonfrist bei Zahlung durch Banküberweisungen ergibt sich aus Spalte 3.

Lohnsteuer-Anmeldung für 2026	Ende der Abgabefrist	Ende der Zahlungs-Schonfrist bei Zahlung durch Banküberweisung
Januar	10. 2.2026	13. 2.2026
Februar	10. 3.2026	13. 3.2026
März bzw. I. Quartal	10. 4.2026	13. 4.2026
April	11. 5.2026	15. 5.2026
Mai	10. 6.2026	15. 6.2026
Juni bzw. II. Quartal	10. 7.2026	13. 7.2026
Juli	10. 8.2026	13. 8.2026
August	10. 9.2026	14. 9.2026
September bzw. III. Quartal	12.10.2026	15.10.2026
Oktober	10.11.2026	13.11.2026
November	10.12.2026	14.12.2026
Dezember bzw. IV. Quartal	11. 1.2027	14. 1.2027

Hinweis:

Zur Vermeidung von Säumniszuschlägen empfiehlt die Finanzverwaltung allen Steuerzahlern, Zahlungen möglichst nur noch im **Lastschrifteinzugsverfahren** zu leisten.

Das Finanzamt darf Steuerzahler, die ihre **Steuern unbedingt bar zahlen** möchten, an ein von ihm ermächtigtes Kreditinstitut verweisen, bei dem das Amt ein Bankkonto unterhält. Eine solche Einzahlung kann zudem an weitere Voraussetzungen geknüpft werden (FG Hessen v. 12.12.2017, 11 K 1497/16).

4. Betriebsstättenfinanzamt

9 Die Lohnsteuer ist an das Finanzamt der Betriebsstätte abzuführen, Besonderheiten gelten für die sog. Mini-Jobs (→ *Pauschalierung der Lohnsteuer bei geringfügig Beschäftigten* Rz. 3389). Die lohnsteuerliche Betriebsstätte ist nach § 41 Abs. 2 EStG i.V.m. R 41.3 LStR der im Inland gelegene **Betrieb oder Betriebsteil des Arbeitgebers**, an dem der Arbeitslohn insgesamt ermittelt wird (→ *Betriebsstätte* Rz. 1422).

Besonderheiten gelten beim → *Lohnsteuerabzug durch Dritte* Rz. 2937.

Abführung der Sozialversicherungsbeiträge

→ *Fälligkeit der Sozialversicherungsbeiträge* Rz. 2083

Abgeltung von Urlaubsansprüchen

→ *Urlaubsabgeltung* Rz. 4225

Abgeordnete

1. Abgeordnete des Bundestages, Landtages usw.

Die Entschädigungen, Amtszulagen, Altersentschädigungen (BFH v. 14.10.2003, IX R 17/01, sowie BVerfG v. 15.9.2009, 2 BvR 2030/03, StEd 2009, 676) usw. der Abgeordneten des Europäischen Parlaments, des Bundestags und der Landtage gehören zu den steuerpflichtigen **sonstigen Einkünften** i.S.d. § 22 Nr. 4 EStG. 10

Die sog. **Kostenpauschalen** bleiben dagegen nach § 3 Nr. 12 Satz 1 EStG steuerfrei. BVerfG und BFH haben die Rechtmäßigkeit dieser Steuerbefreiung bestätigt und es abgelehnt, die Regelungen über die Steuerfreiheit der Abgeordnetenpauschale so auf die Besteuerung anderer Personengruppen zu übertragen, dass es bei diesen zu einer niedrigeren Steuerfestsetzung käme (BFH v. 13.11.2019, VIII B 42/19).

Den Abgeordneten werden neben den steuerpflichtigen Bezügen auch **Aufwandsentschädigungen** gezahlt. Diese Aufwandsentschädigungen sind regelmäßig nach § 3 Nr. 12 EStG steuerfrei zu belassen. § 22 Nr. 4 Satz 2 EStG bestimmt daher, dass ein **Abzug der mandatsbedingten Aufwendungen als Werbungskosten nicht zulässig ist, wenn hierfür Aufwandsentschädigungen gezahlt werden**. Dies gilt selbst dann, wenn nicht nach tatsächlich entstandenen Kosten abgerechnet, sondern nur eine pauschale Aufwandsentschädigung gezahlt wird (vgl. BFH v. 29.3.1983, VIII R 97/82, BStBl II 1983, 601). Insoweit geht § 22 Nr. 4 Satz 2 EStG über die Regelung des § 3c EStG hinaus. Ist nach § 3c EStG ein Abzug von Ausgaben nicht zulässig, soweit sie im Zusammenhang mit steuerfreien Einnahmen stehen, so ist nach § 22 Nr. 4 Satz 2 EStG ein Abzug der Ausgaben insgesamt ausgeschlossen. Die Aufwendungen eines Abgeordneten für ein **Wahlprüfungsverfahren** stehen dagegen nicht im Zusammenhang mit einer steuerfreien Kostenpauschale für Schreibarbeiten, Porto, Telefon etc. und sind daher in voller Höhe als Werbungskosten abzugsfähig (FG Berlin-Brandenburg v. 13.6.2012, 12 K 12096/09, EFG 2012, 1725).

Wahlkampfkosten zur Erlangung eines Mandats im Bundestag, im Europäischen Parlament oder im Parlament eines Landes dürfen – unabhängig von einem zustehenden Erstattungsanspruch gegen die eigene Partei – nicht als Werbungskosten abgezogen werden (§ 22 Nr. 4 Satz 3 EStG). Das Abzugsverbot für Wahlkampfkosten als Werbungskosten gilt unabhängig davon, ob die Kandidatur erfolgreich oder erfolglos war. Wahlkampfkosten in diesem Sinne sind im Gegensatz zu mandatsbedingten Kosten sämtliche Ausgaben, die zur Erlangung oder Wiedererlangung eines Mandats gemacht werden. Wahlkampfkosten zur Erlangung eines Mandats im Europäischen Parlament sind auch Aufwendungen für die Erlangung des Kandidatenstatus, die organisatorische Vorbereitung als Kandidat sowie die Aufwendungen zum Erhalt des Nachrückerstatus (BFH v. 10.12.2019, IX R 32/17, BStBl II 2020, 389).

Die sog. **Gemeinschaftssteuer**, die von der Europäischen Union von den Einkünften der EU-Abgeordneten erhoben wird, ist auf die deutsche Einkommensteuer anzurechnen.

2. Tätigkeit bestimmter Funktionsträger

Soweit Abgeordnete des Bundestages, der Landtage usw. gleichzeitig als Vorstandsmitglieder, Parlamentarische Geschäfts- 11 führer der Fraktionen/Gruppen oder als Vorsitzende von Arbeitskreisen tätig werden, gilt Folgendes (BMF v. 7.12.1993, IV B 6 – S 2337 – 66/93):

Die Tätigkeit der **Vorsitzenden und stellvertretenden Vorsitzenden** der Fraktionen besteht im Wesentlichen in einer intensiveren Wahrnehmung ihrer sich aus dem **Abgeordnetenmandat** ergebenden politischen Aufgaben. Bezüge, die für diese Tätigkeit von den Fraktionen gezahlt werden, gehören daher zu den sonstigen Bezügen i.S.d. § 22 Nr. 1 Satz 1 EStG (FG Berlin v. 27.5.2002, 8 K 8658/99, EFG 2002, 1228). Arbeitslohn liegt somit nicht vor.

Parlamentarische Geschäftsführer der Fraktionen und die **Vorsitzenden der Arbeitskreise** sind als Arbeitnehmer anzusehen, wenn sie überwiegend verwaltende Tätigkeiten ausüben.

3. Abgeordnete mit Regierungsamt

12 Besonderheiten gelten für Abgeordnete, die noch ein **Regierungsamt** innehaben, z.B. als **Minister**. Sie sind **insoweit Arbeitnehmer**, die Einkünfte aus der Ministertätigkeit unterliegen dem Lohnsteuerabzug. Dazu gehört auch der geldwerte Vorteil aus der Überlassung eines **Dienstwagens für private Zwecke**, z.B. für Urlaubsfahrten (→ *Firmenwagen zur privaten Nutzung* Rz. 2121).

4. Kommunale Mandatsträger

13 Die sog. kommunalen Mandatsträger (z.B. Mitglieder des Gemeinde- oder Ortsrats oder Kreistags, ehrenamtliche Ortsvorsteher) sind **keine Arbeitnehmer bzw. abhängig Beschäftigte** i.S. der Sozialversicherung, da sie keine Verwaltungsaufgaben wahrnehmen (z.B. BSG v. 18.2.2016, B 3 KS 1/15 R, betr. eine freiberufliche Journalistin als Mitglied des Rats einer Stadt und Vorsitzende einer Fraktion). Ihre Aufwandsentschädigungen, Sitzungsgelder usw. sind zwar grds. als Einkünfte aus sonstiger selbständiger Arbeit i.S.d. § 18 Abs. 1 Nr. 3 EStG **einkommensteuerpflichtig** (BFH v. 13.6.2013, III B 156/12, m.w.N. sowie FG Hessen v. 24.6.2013, 3 K 2837/11, EFG 2013, 1820), bleiben jedoch in erheblichem Umfang **nach** § 3 Nr. 12 Satz 2 EStG **steuerfrei** (→ *Aufwandsentschädigungen im öffentlichen Dienst* Rz. 865). Die Finanzverwaltung hat in bundeseinheitlichen Ländererlassen (sog. **Ratsherrenerlasse**) aus Vereinfachungsgründen **steuerfreie Pauschbeträge** festgesetzt, die in vielen Fällen weit über die für ehrenamtliche Tätigkeiten allgemein geltende Regelung der R 3.12 Abs. 3 LStR hinausgehen (z.B. Ministerium der Finanzen Sachsen-Anhalt v. 31.3.2022, VV St FinMin 2022-03-31 45 – S 2121-10). Mit diesen steuerfreien Pauschbeträgen sind alle Aufwendungen, die mit der ehrenamtlichen Tätigkeit als Mandatsträger zusammenhängen, mit Ausnahme der Aufwendungen für Dienstreisen, abgegolten. Den Stpfl. bleibt es unbenommen, ihre tatsächlichen Aufwendungen, soweit sie nicht Kosten der Lebensführung sind, die ihre wirtschaftliche oder gesellschaftliche Stellung mit sich bringt, gegenüber dem Finanzamt nachzuweisen oder glaubhaft zu machen. In diesem Falle können die tatsächlichen Aufwendungen insoweit, als sie die steuerfreien Entschädigungen übersteigen, bei den Einkünften aus sonstiger selbständiger Arbeit i.S.d. § 18 Abs. 1 Nr. 3 EStG als Betriebsausgaben berücksichtigt werden (FG Nürnberg v. 5.12.2014, 7 K 1981/12, EFG 2015, 1188). **Pauschal gewährter Fahrtkostenersatz** eines Kreistagsabgeordneten und Fraktionsvorsitzenden ist nur insoweit steuerfrei nach § 3 Nr. 13 EStG, soweit er tatsächlich entstandene Betriebsausgaben nicht offenbar überschreitet (FG Niedersachsen v. 24.8.2011, 3 K 501/08).

Nicht gewährt werden kann die Steuerbefreiung nach § 3 Nr. 12 Satz 2 EStG (damit auch keine sinngemäße Anwendung des o.g. Ratsherrenerlasses) für Aufwandsentschädigungen und Sitzungsgelder eines Präsidiumsmitglieds eines privatrechtlich organisierten kommunalen Spitzenverbands – hier: **Städte- und Gemeindebund NRW** (FG Münster v. 24.9.2019, 3 K 2458/18 E, EFG 2019, 1895: keine „öffentliche Kasse", zudem leisten die Mitglieder keine „öffentlichen Dienste"). Auch eine Steuerbefreiung nach § 3 Nr. 26a EStG („Ehrenamtspauschale", → *Nebenberufliche steuerbegünstigte Tätigkeiten* Rz. 3236) scheidet nach diesem Urteil aus.

5. Ehrenamtliche Bürgermeister und Ortsvorsteher

In einigen Bundesländern, z.B. Baden-Württemberg und Thürin- 14
gen, sind die **ehrenamtlichen Bürgermeister** (→ *Bürgermeister* Rz. 1506; → *Ehrenamtsinhaber* Rz. 1784) **Arbeitnehmer**, die in einer Rechtsverordnung („**Aufwandsentschädigungs-Verordnung**") festgelegte Aufwandsentschädigungen erhalten (so auch BSG v. 27.4.2021, B 12 R 8/20 R: Bürgermeister sind grds. **sozialversicherungspflichtig** beschäftigt, wenn sie nicht nur Vorsitzende des Stadtrats, sondern auch Spitze der Verwaltung und Dienstvorgesetzte sind und dafür eine Entschädigung erhalten, die deutlich über steuerrechtliche Ehrenamtspauschalen hinausgeht, → *Bürgermeister* Rz. 1508). Diese bleiben nach R 3.12 Abs. 3 Satz 2 Nr. 2 LStR i.H.v. 1/3 der gewährten Aufwandsentschädigungen, mindestens jedoch i.H.v. 250 € monatlich (Betrag ab 2021), steuerfrei. Ist die Aufwandsentschädigung niedriger als 250 €, bleibt nur der tatsächlich geleistete Betrag steuerfrei (R 3.12 Abs. 3 Satz 4 LStR).

Die Antwort auf die Frage, wofür eine steuerfreie Aufwandsentschädigung gezahlt wird und welche Aufwendungen ggf. daneben als Werbungskosten abgezogen werden können, ist dem jeweiligen Bundes- oder Landesgesetz zu entnehmen, in welchem die Zahlung der betreffenden Aufwandsentschädigung vorgesehen ist (BFH v. 19.10.2016, VI R 23/15, BStBl II 2017, 345; s. zu dieser Frage beispielhaft OFD Frankfurt v. 26.3.2020, S 2350 A – 07 – St 211, betr. Steuerfreie Aufwandsentschädigung und Werbungskosten hauptamtlicher kommunaler Wahlbeamtinnen und Wahlbeamter in **Hessen**).

In **Baden-Württemberg** erhalten z.B. Landräte, hauptamtliche Bürgermeister sowie die Ersten und weiteren Beigeordneten nach §§ 7 und 8 des Landeskommunalbesoldungsgesetzes (LKomBesG) als Entschädigung für den durch das Amt **allgemein** verursachten erhöhten persönlichen Aufwand eine Dienstaufwandsentschädigung, welche nach § 3 Nr. 12 Satz 2 EStG i.V.m. R 3.12 Abs. 3 Satz 2 Nr. 1 LStR in voller Höhe steuerfrei ist. **„Allgemein"** bedeutet dabei, dass die Dienstaufwandsentschädigung alle durch das Amt entstehenden Aufwendungen einschließt. Dies betrifft u.a. die Kosten für ein häusliches Arbeitszimmer, Mitgliedsbeiträge, Telefonkosten, beruflich veranlasste Kraftfahrzeugkosten i.R. von Auswärtstätigkeiten sowie für Wege zwischen Wohnung und erster Tätigkeitsstätte (ausgenommen Wahlkampfkosten).

Arbeitnehmer sind nach bisheriger Verwaltungsauffassung z.B. auch die sog. **Ortsvorsteher** in Hessen, sofern ihnen neben ihrer Tätigkeit in der kommunalen Volksvertretung (insoweit liegen Einkünfte aus selbständiger Tätigkeit gem. § 18 Abs. 1 Nr. 3 EStG vor) von der Gemeinde die **Leitung einer Verwaltungsaußenstelle übertragen** wird (OFD Frankfurt v. 17.7.2013, S 2337 A – 35 – St 211, StEd 2013, 568, auch zur Gewährung der Steuerbefreiung nach § 3 Nr. 12 Satz 2 EStG). **A.A. wohl BSG v. 27.4.2021, B 12 KR 25/19 R: Ortsvorsteher, die im Wesentlichen ihr Wahlamt ausüben, sind grds. nicht abhängig beschäftigt.** Eine dafür gezahlte Aufwandsentschädigung ist jedenfalls dann nicht beitragspflichtig, wenn sie nicht offensichtlich eine verdeckte Vergütung ist (→ *Bürgermeister* Rz. 1508). S.a. → *Ehrenamtsinhaber* Rz. 1787.

Im Hinblick auf einen Ortsvorsteher, der gleichzeitig die Funktion eines Mitglieds im Ortschaftsrat innehat, hat das **FG Baden-Württemberg** (Urteil v. 17.10.2019, 3 K 1507/18, EFG 2020,176) entschieden, dass eine Steuerbefreiung gem. § 3 Nr. 12 Satz 2 EStG regelmäßig nicht zugleich (kumulativ) für beide Aufwandsentschädigungen in Betracht kommt, soweit der Stpfl. nicht nachweist, dass ihm auf Grund der Doppelfunktion seiner Ämter erhöhte – grds. als Betriebsausgaben bzw. Werbungskosten berücksichtigungsfähige – Aufwendungen entstanden sind.

Der sog. **Ehrensold**, den ehrenamtliche Bürgermeister, Ortsteilbürgermeister oder Ortschaftsbürgermeister nach verschiedenen kommunalen Regelungen der einzelnen Bundesländer erhalten, wird steuerlich unterschiedlich behandelt:

- Ist der Stpfl. als **Arbeitnehmer** der Gemeinde anzusehen, weil er nicht nur Vorsitzender des Gemeinderats, sondern auch Leiter der Verwaltung ist, gehört der Ehrensold, der an die ehemaligen ehrenamtlichen Bürgermeister gezahlt wird, zu den **Versorgungsbezügen** gem. § 19 Abs. 2 Satz 2 Nr. 1 EStG (s.a. die Aufzählung in R 19.8 Abs. 1 LStR).

- Ortsteil- bzw. Ortschaftsbürgermeister werden dagegen steuerlich wie „normale Ratsmitglieder“ behandelt; sie sind selbständig tätig und erzielen Einnahmen aus **sonstiger selbständiger Arbeit** i.S.d. § 18 Abs. 1 Nr. 3 EStG. Demgemäß ist der Ehrensold, der an die ehrenamtlichen Ortsteil- bzw. Ortschaftsbürgermeister gezahlt wird, den Einkünften i.S.d. § 24 Nr. 2 i.V.m. § 18 Abs. 1 Nr. 3 EStG aus einer ehemaligen Tätigkeit zuzurechnen.

Die private Nutzungsmöglichkeit eines sog. **Tablet-PC**, der einem kommunalen Mandatsträger von der Gebietskörperschaft zur Verfügung gestellt wird, ist **ab 2015 nach § 3 Nr. 45 EStG steuerfrei**, sofern er i.R. seiner Tätigkeit eine steuerfreie Aufwandsentschädigung i.S.d. § 3 Nr. 12 EStG erhält.

6. Assistenten von Abgeordneten

15 Die Assistenten von Abgeordneten des **Europäischen Parlaments** sind **Arbeitnehmer** der Abgeordneten, weil sie auf Grund eines Werkvertrags tätig werden. Die Bezüge sind – sofern die Tätigkeit im Inland ausgeübt wird – weder auf Grund des deutsch-luxemburgischen DBA noch nach anderen zwischenstaatlichen Vereinbarungen von der deutschen Steuer befreit.

Das Gleiche gilt für Assistenten der Abgeordneten des **Bundestages** sowie der **Landtage**, ferner für Schreibkräfte.

7. Ehrenamtliche Schriftführer

16 Auf Leistungen, die den Bediensteten von Kommunalverwaltungen für ihre Tätigkeit als Schriftführer in kommunalparlamentarischen Gremien gewährt werden, ist die Anwendung der sog. „Ratsherren-Erlasse“ bei Schriftführern nicht möglich ist. Die einem Schriftführer gewährte Aufwandsentschädigung ist jedoch unter den Voraussetzungen des § 3 Nr. 12 Satz 2 EStG steuerfrei, nämlich wenn die Aufwandsentschädigung Aufwendungen abgilt, die zum Werbungskosten- oder Betriebsausgabenabzug berechtigen würden.

Zur Erleichterung der Feststellung, inwieweit es sich um eine steuerfreie Aufwandsentschädigung handelt, können bis zu 250 € im Monat ohne weiteren Nachweis steuerfrei gestellt werden (R 3.12 Abs. 3 LStR). Übersteigende Beträge unterliegen der Steuerpflicht und gehören bei Schriftführern, die in einem hauptamtlichen Dienstverhältnis zur Kommune stehen, zu den Einnahmen aus der nichtselbständigen Haupttätigkeit.

Aufwendungen, welche die steuerfreie Aufwandsentschädigung überschreiten, können auf Antrag i.R. der Einkommensteuer-Veranlagung berücksichtigt werden.

8. Betriebsausgaben/Werbungskosten

17 Von dem o.g. Personenkreis werden in der Praxis häufig Aufwendungen geltend gemacht, die im Hinblick auf das sog. **Aufteilungs- und Abzugsverbot des § 12 Nr. 1 EStG** nicht als Betriebsausgaben (z.B. bei den kommunalen Mandatsträgern) oder Werbungskosten (z.B. bei den als Arbeitnehmer anzusehenden Bürgermeistern) abzugsfähig sind. Dies gilt z.B. für Aufwendungen

- von Mandatsträgern für die Bewirtung von Kollegen und anderen Kommunalpolitikern sowie für Geschenke an solche Personen (BFH v. 23.1.1991, X R 6/84, BStBl II 1991, 396),
- eines Politikers für die Einladung anlässlich der der kirchlichen Trauung vorangehenden standesamtlichen Trauung (ca. 10 private Gäste, ca. 110 Personen aus der Politik) und für Weihnachtspost (FG Nürnberg v. 5.12.2014, 7 K 1981/12, EFG 2015, 1188),
- eines Abgeordneten für eine Hochzeitsfeier (FG Köln v. 11.11.2014, 2 K 1706/11, EFG 2015, 635).

Zum **Abzug von Wahlkampfkosten** gilt Folgendes (OFD Frankfurt v. 26.3.2020, S 2350 A – 07 – St 211, betr. Steuerfreie Aufwandsentschädigung und Werbungskosten hauptamtlicher kommunaler Wahlbeamtinnen und Wahlbeamter in Hessen):

Wahlkampfkosten stellen bei hauptamtlichen kommunalen Wahlbeamten grds. **Werbungskosten** i.R. der Einkünfte aus nichtselbständiger Arbeit dar (BFH v. 8.3.1974, VI R 198/71, BStBl II 1974, 407).

Es muss sich bei dem mit der Wahl angestrebten Amt um eine hauptberufliche Tätigkeit i.S. einer **Vollbeschäftigung** handeln. Ob die Wahl direkt oder durch ein Gremium, z.B. durch eine Gemeindevertretung/Stadtverordnetenversammlung, erfolgt, ist unerheblich. Unter diesen Voraussetzungen hängt die Anerkennung der Aufwendungen als Werbungskosten nicht davon ab, dass der Kandidat tatsächlich gewählt wird (**erfolglose Werbungskosten**).

Die Aufwendungen können im Einzelnen jedoch nur dann als Werbungskosten anerkannt werden, wenn sie **nicht als Repräsentationsaufwendungen** den nach § 12 Nr. 1 EStG nicht abziehbaren Kosten der Lebensführung zuzurechnen sind. Hierzu gehören insbesondere **Bewirtungskosten**, die allenfalls nur mittelbar mit dem angestrebten Wahlamt in Zusammenhang stehen. Bewirtungskosten gehören deshalb grds. nicht zu den als Werbungskosten abziehbaren Wahlkampfkosten (s. hierzu auch BFH v. 23.1.1991, X R 6/84, BStBl II 1991, 396). Dies schließt nicht aus, dass in besonders gelagerten Einzelfällen besondere Umstände eine **Trennung der Bewirtungskosten** von den Aufwendungen für die Lebensführung und damit den Werbungskostenabzug zu rechtfertigen vermögen. Derartige Einzelfälle sind allerdings einer generalisierenden Regelung nicht zugänglich.

Zu den **nicht abzugsfähigen Aufwendungen** gehören insbesondere auch die Kosten für die **Bewirtung von Gästen aus Anlass der Wahl/Wiederwahl**. Dass eine Veranstaltung dieser Art durchgeführt wird, gehört zu den typischen gesellschaftlichen Repräsentationspflichten, die die berufliche Position des Wahlbeamten mit sich bringt und die durch den Beruf nur mittelbar veranlasst sind (s. hierzu auch BFH v. 8.3.1990, IV R 108/88, und das rechtskräftige Urteil des FG Hessen v. 21.1.1997, 2 K 2317/96, EFG 1997, 792).

Übernimmt der Dienstherr (z.B. Gemeinde oder Landkreis) die Aufwendungen für eine solche Feier, so ist Arbeitslohn nur dann anzunehmen, wenn die Aufwendungen einschließlich der Umsatzsteuer die **Freigrenze i.H.v. 110 € je teilnehmender Person** überschreiten (vgl. R 19.3 Abs. 2 3. Spiegelstrich LStR).

Abrufarbeit

→ *Arbeitszeitmodelle* Rz. 734

Abschlagszahlungen

1. Arbeitsrecht

Oftmals werden im Arbeitsverhältnis **Zahlungen** durch den Arbeitgeber **vor Fälligkeit** vorgenommen. Zu unterscheiden sind hierbei Abschlagszahlungen und Vorschüsse: 18

- **Abschlagszahlungen** sind Leistungen auf den bereits verdienten, aber noch nicht abgerechneten Lohn. Ohne Aufrechnung oder sonstige Erklärung tritt hierdurch eine vorzeitige Erfüllung des Anspruchs des Arbeitnehmers auf Zahlung des Arbeitsentgelts ein. Die freie Verrechenbarkeit ist insbesondere durch Pfändungsgrenzen nicht berührt.
- **Vorschüsse** sind Leistungen des Arbeitgebers auf den noch nicht verdienten Lohn. Der Fälligkeitstermin wird hier also vorgezogen. Durch die Zahlung des Arbeitgebers erfolgt eine vorweggenommene Tilgung des Anspruchs auf Arbeitsentgelt, so dass auch hierdurch ohne Aufrechnung oder sonstige Erklärung der Anspruch vorzeitig teilweise erfüllt wird. Die Berücksichtigung erfolgt bei der nächsten Lohnabrechnung automatisch ohne Einschränkung durch Pfändungsfreigrenzen (→ *Vorschüsse* Rz. 4352).

Ein Anspruch des Arbeitnehmers auf Abschlag oder Vorschuss besteht grds. nicht (vgl. aber § 38 Abs. 2 SeeArbG). Zur **Beweissicherung** sollte ein Abschlag oder Vorschuss nur gegen Quittung und mit genauer Bezeichnung geleistet werden, worauf die vorzeitige Zahlung erbracht wird (s. § 366 BGB). Damit wird z.B. dem Einwand des Arbeitnehmers begegnet, die Zahlung sei nicht als Vorschuss oder Abschlag, sondern als Abgeltung von Überstunden erbracht worden.

2. Lohnsteuer

Der Arbeitgeber hat die Lohnsteuer zwar grds. **bei jeder Lohnzahlung** vom Arbeitslohn einzubehalten (§ 38 Abs. 3 EStG). Für „Abschlagszahlungen“ gibt es jedoch eine **Vereinfachungsregelung**, vgl. § 39b Abs. 5 EStG i.V.m. R 39b.5 Abs. 5 LStR: 19

Zahlt der Arbeitgeber den Arbeitslohn für den üblichen Lohnzahlungszeitraum nur in ungefährer Höhe **(Abschlagszahlung)** und nimmt er eine genaue Lohnabrechnung für einen längeren Zeitraum vor, so braucht er die Lohnsteuer erst bei der **Lohnabrechnung** einzubehalten, wenn der Lohnabrechnungszeitraum **fünf Wochen** nicht übersteigt und die Lohnabrechnung innerhalb von **drei Wochen** nach Ablauf des Lohnabrechnungszeitraums erfolgt. Die Lohnabrechnung gilt als abgeschlossen, wenn die Zahlungsbelege den Bereich des Arbeitgebers verlassen haben; auf den zeitlichen Zufluss der Zahlung beim Arbeitnehmer kommt es nicht an.

Beispiel 1:

Ein Arbeitgeber mit monatlichen Abrechnungszeiträumen leistet jeweils am 20. eines Monats eine Abschlagszahlung. Die Lohnabrechnung wird am 10. des folgenden Monats mit der Auszahlung von Spitzenbeträgen vorgenommen.

Der Arbeitgeber ist berechtigt, auf eine Lohnsteuereinbehaltung bei der Abschlagszahlung zu verzichten und die Lohnsteuer erst bei der Schlussabrechnung einzubehalten.

Beispiel 2:

Ein Arbeitgeber mit monatlichen Abrechnungszeiträumen leistet jeweils am 28. für den laufenden Monat eine Abschlagszahlung und nimmt die Lohnabrechnung am 28. des folgenden Monats vor.

Die Lohnsteuer ist bereits von der Abschlagszahlung einzubehalten, da eine Abrechnung nicht innerhalb von drei Wochen nach Ablauf des Lohnabrechnungszeitraums erfolgt.

Wird die Lohnabrechnung für **den letzten Abrechnungszeitraum des abgelaufenen Kalenderjahres erst im nachfolgenden Kalenderjahr**, aber noch innerhalb der Drei-Wochen-Frist vorgenommen, so handelt es sich um Arbeitslohn und einbehaltene Lohnsteuer dieses Lohnabrechnungszeitraums; der Arbeitslohn und die Lohnsteuer sind deshalb im **Lohnkonto und in den Lohnsteuerbelegen des abgelaufenen Kalenderjahres zu erfassen** (R 39b.5 Abs. 5 Satz 3 LStR). Die einbehaltene Lohnsteuer ist aber für die Anmeldung und Abführung als Lohnsteuer des Kalendermonats bzw. Kalendervierteljahrs zu erfassen, in dem die Abrechnung tatsächlich vorgenommen wird (R 39b.5 Abs. 5 Satz 4 LStR).

Beispiel 3:

Auf den Arbeitslohn für Dezember werden Abschlagszahlungen geleistet. Die Lohnabrechnung erfolgt am 15. Januar.

Die dann einzubehaltende Lohnsteuer ist spätestens am 10. Februar als Lohnsteuer des Monats Januar anzumelden und abzuführen. Sie gehört gleichwohl zum Arbeitslohn des abgelaufenen Kalenderjahres und ist in die Lohnsteuerbescheinigung für das abgelaufene Kalenderjahr aufzunehmen.

Die zuletzt dargestellten Grundsätze gelten sinngemäß, wenn zwar der übliche Arbeitslohn für den letzten Lohnzahlungszeitraum des Kalenderjahres am Ende dieses Lohnzahlungszeitraums abgerechnet wird und **nur einzelne Lohnteile, z.B. Mehrarbeitsvergütungen, im nachfolgenden Kalenderjahr**, aber noch innerhalb der Drei-Wochen-Frist, abgerechnet werden. Erfolgt die Abrechnung dieser wirtschaftlich zum abgelaufenen Kalenderjahr gehörenden Lohnteile später als drei Wochen nach Ablauf des Lohnabrechnungszeitraums, so handelt es sich insoweit um **sonstige Bezüge** (→ *Sonstige Bezüge* Rz. 3936), die im Kalenderjahr des Zufließens zu versteuern sind (§ 38a Abs. 1 Satz 3 EStG).

Für die **Einhaltung der Drei-Wochen-Frist** ist es erforderlich, dass der Arbeitgeber neben der maschinellen Lohnabrechnung auch die **Auszahlung des Restlohns veranlasst** hat. Hierfür reicht es aber aus, wenn die Überweisungsbelege den Arbeitgeber verlassen haben. Auf die Gutschrift des Restlohns auf dem Konto des Arbeitnehmers kommt es nicht an (OFD Köln v. 5.1.1981, S 2367 – 14 – St 121, DB 1981, 238).

Die **Vereinfachungsregelung ist nicht anzuwenden**, wenn die **Erhebung der Lohnsteuer nicht gesichert erscheint**. Das Betriebsstättenfinanzamt kann dann anordnen, dass die Lohnsteuer von den Abschlagszahlungen einzubehalten ist (§ 39b Abs. 5 Satz 3 EStG).

Pauschale Zuschläge können nur dann als Abschlagszahlungen oder Vorschüsse auf Zuschläge für tatsächlich geleistete **Sonntags-, Feiertags- oder Nachtarbeit** angesehen und damit nach § 3b EStG steuerfrei belassen werden, wenn eine Verrechnung der Zuschläge mit den tatsächlich erbrachten Arbeitsstunden an Sonntagen, Feiertagen oder zur Nachtzeit erfolgt. Allein die Aufzeichnung der tatsächlich erbrachten Arbeitsstunden ersetzt diese Verrechnung nicht (BFH v. 23.10.1992, VI R 55/91, BStBl II 1993, 314 und BFH v. 25.5.2005, IX R 72/02, BStBl II 2005, 725; R 3b Abs. 7 LStR).

Werden lediglich pauschal gezahlte Zuschläge für Nachtarbeit vereinbarungsgemäß als Abschlagszahlungen geleistet, muss regelmäßig eine **Einzelabrechnung** zum jährlichen Abschluss des Lohnkontos vorgenommen werden (vgl. FG Niedersachsen v. 24.9.2015, 14 K 232/14, EFG 2015, 2165 betr. eine sog. Offshore-Zulage). Darauf kann **im Einzelfall verzichtet** werden, wenn die Arbeitsleistungen fast ausschließlich zur Nachtzeit zu erbringen sind (BFH v. 22.10.2009, VI R 16/08, betr. einen Bäckereibetrieb).

3. Sozialversicherung

Zur sozialversicherungsrechtlichen Beurteilung → *Beiträge zur* 20
Sozialversicherung Rz. 1261, → *Fälligkeit der Sozialversicherungsbeiträge* Rz. 2083.

Abschlussgebühr: Zahlungsverzicht

1. Arbeitslohn

Verzichtet eine Bausparkasse gegenüber ihren eigenen Mitar- 21
beitern oder auch gegenüber Arbeitnehmern anderer Kreditinstitute, Versicherungsunternehmen usw. **auf die Erhebung einer Abschlussgebühr**, liegt darin ein steuerpflichtiger geldwerter Vorteil, der steuerlich wie folgt zu behandeln ist (BMF v. 28.3.1994, IV B 6 – S 2334 – 46/94, BStBl I 1994, 233):

- Bei **eigenen Arbeitnehmern** der Bausparkasse handelt es sich um eine Dienstleistung i.S.d. § 8 Abs. 3 EStG, so dass der Rabattfreibetrag von 1 080 € abzuziehen ist. Zuvor ist der Endpreis um 4 % zu mindern (→ *Rabatte* Rz. 3523).
- Bei **Arbeitnehmern anderer Unternehmen** (z.B. Kreditinstitute, Versicherungsunternehmen) kann der Rabattfreibetrag nicht abgezogen werden, weil der Vorteil von dritter Seite zugewendet wird (→ *Lohnzahlung durch Dritte* Rz. 3040).

Soweit der geldwerte Vorteil als Arbeitslohn versteuert wird, ist er der **Zahlung einer Abschlussgebühr gleichzustellen** (vgl. R 9.1 Abs. 4 Satz 2 LStR), so dass der Arbeitnehmer insoweit ggf. die Wohnungsbauprämie in Anspruch nehmen kann.

Der Verzicht auf die **Sondereinlage** beim Abschluss eines Bausparvertrags ist dagegen lohnsteuerlich ohne Bedeutung.

LSt SV

2. Kein Arbeitslohn

Rabatte, die der Arbeitgeber nicht nur seinen Arbeitnehmern, 22
sondern auch fremden Dritten üblicherweise einräumt, begründen bei den Arbeitnehmern keinen Arbeitslohn. Werden Rabatte beim Abschluss von Bauspar- oder Versicherungsverträgen sowohl Arbeitnehmern von Geschäftspartnern als auch einem weiteren Personenkreis (Angehörige der gesamten Versicherungsbranche, Arbeitnehmer weiterer Unternehmen) eingeräumt, so liegt hierin kein Arbeitslohn. Rabatte, die ein Dritter einräumt, gehören nicht allein deshalb zum Arbeitslohn, weil der Arbeitgeber an deren Verschaffung mitgewirkt hat (BFH v. 10.4.2014, VI R 62/11, BStBl II 2015, 191 sowie → *Rabatte* Rz. 3537).

LSt (durchgestrichen) SV (durchgestrichen)

Abschnittsbesteuerung

Bei der Einkommensteuer – und damit auch bei der Lohnsteuer – 23
verpflichtet der Grundsatz der Gleichmäßigkeit der Besteuerung das Finanzamt, eine als unrichtig erkannte Rechtsauffassung zum frühestmöglichen Zeitpunkt aufzugeben. Das Finanzamt ist grds. an seine rechtliche Würdigung in früheren Veranlagungszeiträumen nicht gebunden (**Grundsatz der Abschnittsbesteuerung**). Dies gilt selbst dann, wenn das Finanzamt die fehlerhafte Auffassung bei einer früheren Betriebsprüfung/Lohnsteuer-Außenprüfung vertreten und sogar in einem Prüfungsbericht niedergelegt hat oder wenn es über eine längere Zeitspanne eine fehlerhafte, für den Stpfl. günstige Auffassung vertreten hat und der Stpfl. im

Vertrauen darauf disponiert haben sollte (z.B. BFH v. 17.10.2013, IV R 7/11, BStBl II 2014, 302).

Entsprechendes gilt, wenn z.B. bei der **Einkommensteuerveranlagung des Vorjahres** bestimmte Aufwendungen zu Unrecht zum Abzug zugelassen wurden oder der geldwerte Vorteil aus privater Pkw-Nutzung zu Unrecht nicht besteuert wurde (FG Niedersachsen v. 20.3.2019, 9 K 125/18).

Unerheblich ist auch, welche Auffassung das Finanzamt im Zeitpunkt der **Eintragung eines Freibetrags als Lohnsteuerabzugsmerkmal** vertreten hat, denn das Lohnsteuer-Ermäßigungsverfahren steht als selbständiges Verfahren neben der Veranlagung zur Einkommensteuer (BFH v. 10.4.2007, VI B 134/06, BFH/NV 2007, 1309).

Eine Ausnahme gilt nur, wenn das Finanzamt eine **Zusage** erteilt, z.B. i.R. einer **Anrufungsauskunft**, oder durch sein **früheres Verhalten** außerhalb einer Zusage einen **Vertrauenstatbestand geschaffen** hat (z.B. BFH v. 18.12.2019, XI R 31/17, BFH/NV 2020, 565 betr. Umsatzsteuer sowie → *Auskünfte und Zusagen des Finanzamts* Rz. 896).

Sollten bei anderen Stpfl. Aufwendungen zu Unrecht als Werbungskosten oder Betriebsausgaben anerkannt worden sein (z.B. Kosten einer Studienreise), ist das Finanzamt ebenfalls daran nicht gebunden, da es **keinen „Anspruch auf Gleichbehandlung im Unrecht"** gibt (vgl. FG Köln v. 24.2.2021, 4 K 2786/16).

Absetzung für Abnutzung

→ *Lohnsteuer-Ermäßigungsverfahren* Rz. 2993

→ *Werbungskosten* Rz. 4500

Abtretung des Arbeitslohns

1. Grundsätze und Verfahren

24 Der Arbeitnehmer kann grds. über seinen Anspruch auf Arbeitsentgelt frei verfügen und deshalb seinen Anspruch an Dritte (z.B. an seine Gläubigerbank zur Sicherung eines Kredits oder an seinen Vermieter zur Sicherung der Mietforderung als Sicherungsabtretung in Form der **Vorausabtretung**) nach §§ 398 ff. BGB abtreten.

Bei einer Abtretung der Forderung auf Arbeitsentgelt tritt der Dritte (dies kann auch der Arbeitgeber selbst sein, z.B. bei einer Abtretung im Hinblick auf ein Arbeitgeberdarlehen), an den abgetreten ist, als **neuer Gläubiger** an die Stelle des Arbeitnehmers; der Arbeitgeber muss also die Entgeltforderung an diesen neuen Gläubiger erfüllen.

Im Hinblick auf den Pfändungsschutz (→ *Lohnpfändung* Rz. 2890) des Arbeitsentgelts ist die **Abtretbarkeit** gem. § 400 BGB **beschränkt:** Soweit das Arbeitsentgelt ganz oder teilweise **unpfändbar** ist, z.B. nach den Vorschriften der §§ 850 ff. ZPO, ist die Abtretung unzulässig und unwirksam; sie darf vom Arbeitgeber nicht zu Lasten des Arbeitnehmers bedient werden. Eine tarifvertraglich zugesagte Corona-Prämie ist nicht unpfändbar (LAG Berlin-Brandenburg v. 23.2.2022, 23 Sa 1254/21). Leistet der Arbeitgeber im Fall einer unzulässigen und damit unwirksamen Abtretung oder Verfügung an den Dritten, so ist auch die Leistung unwirksam und erfolgt somit ohne Rechtsgrund. Im Ergebnis kann der Arbeitgeber das Geleistete vom Dritten gem. § 812 BGB zurückfordern. Das Risiko der Durchsetzbarkeit trägt insoweit der Arbeitgeber. Dem Arbeitnehmer gegenüber bleibt der Arbeitgeber zur Leistung verpflichtet. Im Zweifel kann der Arbeitgeber nach § 372 BGB **hinterlegen**.

Beispiel:

Der Arbeitnehmer A verdient bei seinem Arbeitgeber B monatlich 2 610 € netto. Nach der Anlage zu § 850c ZPO (→ *Lohnpfändung* Rz. 2897) sind insoweit bei Unterhaltspflicht des A gegenüber der Ehefrau und zwei Kindern 52,49 € pfändbar.

A hat am 5. Januar an seinen Darlehensgläubiger C eine Lohnabtretung über 1 000 € gegeben, die dieser gegenüber B Mitte Januar zur Bedienung offenlegt. Daraufhin führt B am 1. Februar bei Fälligkeit des Lohns an C den Betrag von 1 000 € ab und zahlt an A den Restbetrag von 1 610 € aus.

Bei dieser Sachlage ist die Bedienung der Abtretung über den pfändbaren Betrag von 52,49 € hinaus A gegenüber unwirksam. Der Arbeitgeber muss also an A weitere 947,51 € auszahlen und sich hinsichtlich des ohne Rechtsgrund an C geleisteten Betrages in dieser Höhe mit diesem über den Rückzahlungsanspruch auseinandersetzen.

Hat ein Arbeitnehmer **mehrere Einkünfte**, so gilt: Der Abtretungsgläubiger, der nur im pfändungsfreien Umfang auf die Arbeitsvergütung des Arbeitnehmers zugreifen kann, kann bei einem Streit vor dem Arbeitsgericht über die Entgeltforderungen und über die Pfändungsfreigrenzen die anderweitigen Einkünfte des Arbeitnehmers bei anderen Arbeitgebern oder Rentenversicherungsträgern **nicht hinzurechnen** (BAG v. 24.4.2002, 10 AZR 42/01).

Arbeitnehmer und Arbeitgeber können im Übrigen einzelvertraglich **vereinbaren**, dass die **Abtretung von Ansprüchen auf Arbeitsentgelt ausgeschlossen ist**, vgl. § 399 BGB. Die Vereinbarung kann bei oder nach Vertragsabschluss schriftlich oder mündlich erfolgen. Auch **arbeitsvertragliche Klauseln** wie „Abtretung wird nicht anerkannt" bedeuten einen Abtretungsausschluss. Eine gegen § 399 BGB verstoßende Abtretung ist **unwirksam**. Der unwirksam abgetretene Lohnanspruch steht daher nach wie vor dem Arbeitnehmer zu und kann bei diesem auch gepfändet werden. Ein Abtretungsverbot kann sich im Übrigen auch aus einer Betriebsvereinbarung oder aus einem Tarifvertrag ergeben.

Bei Abtretungsverboten der vorliegenden Art wird im Einzelfall überprüft werden müssen, ob nach Sinn und Zweck der geltenden Regelungen das Abtretungsverbot **auch gegenüber dem Arbeitgeber selbst** und gegenüber solchen Gläubigern wirksam sein soll, die beispielsweise Leistungen des Arbeitgebers bevorschusst haben. In der Regel wird in diesen Fällen das Abtretungsverbot nicht greifen, so gilt beispielsweise das Abtretungsverbot nicht gegenüber dem Sozialversicherungsträger, der den Unterhalt des Arbeitnehmers für den Lohnzeitraum getragen hat (BAG v. 2.6.1966, 2 AZR 322/65).

Nach dem **Grundsatz der Priorität** geht eine vor Zustellung eines Pfändungs- und Überweisungsbeschlusses erfolgte wirksame Abtretung von Arbeitsentgeltansprüchen der Pfändung vor, da mit Abtretung der Zessionar Gläubiger der Lohnforderung wird. Der Grundsatz der Priorität gilt auch, wenn **mehrere Abtretungen** zusammentreffen.

Bis zur **Offenlegung der Abtretung** leistet der Arbeitgeber als Drittschuldner allerdings an den Pfändungsgläubiger mit befreiender Wirkung.

Der Arbeitnehmer kann über eine **Vereinbarung** an den **Kosten** beteiligt werden, die dem Arbeitgeber durch die Behandlung entstehen; ohne Vereinbarung treffen die Kosten allein den Arbeitgeber (BAG v. 18.7.2006, 1 AZR 578/05).

Zu weiteren Einzelheiten vgl. auch → *Forderungsübergang* Rz. 2202, → *Lohnpfändung* Rz. 2890 und → *Rückzahlung von Arbeitslohn* Rz. 3779.

2. Lohnsteuer und Sozialversicherung

Tritt der Arbeitnehmer seinen Arbeitslohn ganz oder teilweise an einen Dritten ab, handelt es sich um **„Einkommensverwendung"**, die steuerlich ohne Bedeutung ist (zuletzt BFH v. 12.4.2007, VI R 6/02, BStBl II 2007, 581). Der Arbeitgeber hat auch für den abgetretenen und an den Abtretungsempfänger ausgezahlten Arbeitslohn die Lohnsteuer und Sozialversicherungsbeiträge so einzubehalten, als wäre der Arbeitslohn unmittelbar dem Arbeitnehmer ausgezahlt worden. Maßgebend sind daher die Lohnsteuerabzugsmerkmale des abtretenden Arbeitnehmers. Arbeitslohn ist dagegen nicht anzunehmen, wenn dem Arbeitnehmer von vornherein nur der gekürzte Arbeitslohn zugeflossen ist (→ *Gehaltsverzicht* Rz. 2281). 25

Zu den Besonderheiten im Sozialversicherungsrecht → *Arbeitsentgelt* Rz. 593.

LSt SV

Abtretung einer Forderung als Arbeitslohn

Arbeitgeber, die sich in einer wirtschaftlich angespannten Situation befinden und deshalb Lohnansprüche ihrer Arbeitnehmer nicht auszahlen können, treten diesen gelegentlich ihre eigenen Forderungen gegenüber Dritten (z.B. Kunden) ab. Bei solchen zumeist **zahlungshalber** abgetretenen Forderungen fließt Arbeitslohn dem Arbeitnehmer erst zu, wenn der **Schuldner gezahlt** hat. 26

Im Zeitpunkt der Abtretung ist keine Lohnsteuer einzubehalten (BFH v. 22.4.1966, VI 137/65, BStBl III 1966, 394).

Erfolgt die Abtretung einer Forderung jedoch **an Zahlungs statt** – nicht zahlungshalber – liegt unmittelbar dann ein Zufluss von Arbeitslohn i.S.d. § 11 Abs. 1 EStG in der Form eines geldwerten Vorteils vor, wenn dem Arbeitnehmer eine bereits fällige, unbestrittene und einziehbare Forderung abgetreten wird. Der geldwerte Vorteil entspricht dem gemeinen Wert der Forderung zum Zeitpunkt der Abtretung (BFH v. 22.4.1966, VI 137/65, BStBl III 1966, 394). Zieht der Zedent die Forderung nicht sofort ein, so ist trotzdem die Zession ebenso ein Zufluss wie eine Barzahlung des Arbeitslohns. Weitergehend führt die **Abtretung einer Forderung an Zahlungs statt somit in jedem Fall zum Zufluss im Zeitpunkt der Abtretung**, und zwar in Höhe des wirtschaftlichen Wertes, der der Forderung im Abtretungszeitpunkt zukommt. Die Lohnsteuer entsteht in einem solchen Fall auch bereits im Zeitpunkt der Abtretung (BFH v. 22.4.1966, VI 137/65, BStBl III 1966, 394). Ob und inwieweit der Arbeitnehmer dann später seine Forderung realisieren kann, ist für den **Lohnsteuerabzug ohne Bedeutung**; dies gilt sowohl für etwaige **„Gewinne" als auch „Verluste"**. Es handelt sich hierbei um Vorgänge auf der privaten Vermögenssphäre des Arbeitnehmers (BFH v. 22.4.1966, VI 137/65, BStBl III 1966, 394 und BFH v. 30.10.1980, IV R 97/78, BStBl II 1981, 305).

LSt SV

Abwälzung der pauschalen Lohnsteuer auf den Arbeitnehmer

Inhalt

1. Arbeitsrecht

27 Der Arbeitgeber kann in bestimmten Fällen den Arbeitslohn auch pauschal besteuern (→ *Pauschalierung der Lohnsteuer* Rz. 3336). In diesen Fällen regelt das EStG in § 40 Abs. 3 EStG, dass der **Arbeitgeber die Lohnsteuer zu übernehmen hat;** er ist insoweit Schuldner der Lohnsteuer gegenüber dem Finanzamt.

Arbeitsrechtlich ist es jedoch zulässig, dass sich der Arbeitgeber die pauschale Lohnsteuer, den pauschalen Solidaritätszuschlag und die pauschale Kirchensteuer **vom Arbeitnehmer erstatten** lässt. Wichtig insoweit: Notwendig ist eine **Vereinbarung** zwischen Arbeitgeber und Arbeitnehmer, dass im Innenverhältnis der Arbeitnehmer die Abgaben zu übernehmen hat, z.B. eine Lohnvereinbarung mit der Bezeichnung „brutto". Das BAG hat hierzu entschieden, dass es keinen gesetzlichen Grundsatz gibt, dass der Arbeitgeber dem Arbeitnehmer die Lohnsteuer abnehmen muss, wenn er sich für das Pauschalierungsverfahren entscheidet. Daher kann der Arbeitgeber vereinbarungsgemäß im **Innenverhältnis** den Arbeitnehmer mit der Pauschallohnsteuer belasten (BAG v. 5.8.1987, 5 AZR 22/86, 2 AZR 322/65, BAG v. 1.2.2006, 5 AZR 628/04, HFR 2006, 727).

Die Abwälzung der pauschalen Lohnsteuer ist auch möglich, wenn Arbeitgeber und Arbeitnehmer **tarifgebunden** sind. Das BAG (BAG v. 5.8.1987, 5 AZR 571/86) hat hierzu ausgeführt:

*„Die vereinbarte Übernahme der pauschalen Lohnsteuer durch den Arbeitnehmer **verstößt auch nicht gegen die zwingende Wirkung eines Tarifvertrags** (§ 4 Abs. 1 und 3 TVG). Der tarifliche Bruttolohn wird hierdurch nicht unterschritten. Der Arbeitnehmer kann i.R. des geltenden Steuerrechts jederzeit frei entscheiden, wie der Lohnsteuerabzug künftig vorgenommen werden soll. Er behält das Recht, eine Lohnsteuerkarte vorzulegen und die Heranziehung zur Lohnsteuer nach den persönlichen Steuermerkmalen zu verlangen. Damit steht der Arbeitnehmer sich nicht schlechter als andere Arbeitnehmer, bei denen die Lohnsteuer nicht pauschal berechnet und auf ihn abgewälzt wird."*

Der Arbeitgeber muss jedoch vorab prüfen, ob sich nicht aus einem Tarifvertrag, aus einer Betriebsvereinbarung oder aus dem Einzelarbeitsvertrag eine Regelung ergibt, nach der die **Abwälzung** der Lohnsteuer auf den Arbeitnehmer **ausgeschlossen** wird. In diesem Falle wäre die Abwälzung unzulässig. Eine vor dem 1.4.1999 vereinbarte Übernahme der pauschalen Lohnsteuer durch den Arbeitgeber wird durch die Sozialversicherungspflicht ab 1.4.1999 nicht hinfällig (LAG Köln v. 25.1.2001, 10 Sa 1040/00). Dieser Grundsatz besteht auch nach der erneuten Neuregelung ab 1.4.2003 weiter. Insoweit ist bei **Altverträgen** sorgfältig zu prüfen, wer nach der Vertragslage und -handhabung die pauschale Steuer zu tragen hat (BAG v. 24.6.2003, 9 AZR 302/02).

Bei der Frage, ob der **tarifliche Bruttolohn** durch den gezahlten (pauschal versteuerten) Nettolohn erreicht wird, ist nicht auf den Nettolohn abzustellen, sondern es ist der dem ausgezahlten Nettolohn entsprechende Bruttolohn zu ermitteln.

Um Ihnen bei der **arbeitsrechtlich möglichen Abwälzung** der pauschalen Lohnsteuer auf den Arbeitnehmer **die Ermittlung des Nettobetrags zu erleichtern**, ist nachfolgend eine Umrechnungstabelle für alle möglichen Pauschsteuersätze abgedruckt:

Ermittlung des Nettobetrags

Lohnsteuer	Solidaritätszuschlag	Kirchensteuer	Nettobetrag
5 %	–	–	95,2381 %
15 %	–	–	86,9566 %
20 %	–	–	83,3334 %
25 %	–	–	80,0000 %
5 %	5,5 %	–	94,9894 %
15 %	5,5 %	–	86,3372 %
20 %	5,5 %	–	82,5764 %
25 %	5,5 %	–	79,1296 %
5 %	5,5 %	4 %	94,8092 %
15 %	5,5 %	4 %	85,8923 %
20 %	5,5 %	4 %	82,0345 %
25 %	5,5 %	4 %	78,5084 %
5 %	5,5 %	5 %	94,7643 %
15 %	5,5 %	5 %	85,7817 %
20 %	5,5 %	5 %	81,9001 %
25 %	5,5 %	5 %	78,3546 %
5 %	5,5 %	6 %	94,7194 %
15 %	5,5 %	6 %	85,6715 %
20 %	5,5 %	6 %	81,7662 %
25 %	5,5 %	6 %	78,2014 %
5 %	5,5 %	7 %	94,6746 %
15 %	5,5 %	7 %	85,5615 %
20 %	5,5 %	7 %	81,6327 %
25 %	5,5 %	7 %	78,0488 %
5 %	5,5 %	8 %	94,6298 %
15 %	5,5 %	8 %	85,4519 %
20 %	5,5 %	8 %	81,4996 %
25 %	5,5 %	8 %	77,8968 %
5 %	5,5 %	9 %	94,5851 %
15 %	5,5 %	9 %	85,3425 %
20 %	5,5 %	9 %	81,3670 %
25 %	5,5 %	9 %	77,7454 %

Beispiel:

Ein Arbeitgeber in Hannover möchte seinem Arbeitnehmer eine Erholungsbeihilfe gewähren, allerdings soll die Belastung (Erholungsbeihilfe, pauschale Lohnsteuer, Solidaritätszuschlag und Kirchensteuer) insgesamt nur 156 € betragen. Zur Möglichkeit der Pauschalbesteuerung → *Erholung: Arbeitgeberzuwendungen* Rz. 2036.

Der Nettobetrag beträgt bei einer Lohnsteuer von 25 %, einem Solidaritätszuschlag von 5,5 % und einer Kirchensteuer von 6 % **78,2014 %**. Der Arbeitgeber gewährt dem Arbeitnehmer daher eine Erholungsbeihilfe von 122 € (78,2014 % von 156 €) und trägt die Pauschsteuern.

Für den Arbeitgeber beträgt die Gesamtbelastung:

Erholungsbeihilfe	122,– €
+ pauschale Lohnsteuer (25 % von 122 €)	30,50 €
+ Solidaritätszuschlag (5,5 % von 30,50 €)	1,67 €
+ Kirchensteuer (6 % von 30,50 €)	1,83 €
= Insgesamt	156,– €

2. Lohnsteuer und Sozialversicherung

a) Allgemeines

28 Im EStG wird die arbeitsrechtlich mögliche Abwälzung der pauschalen Lohnsteuer auf den Arbeitnehmer **nicht** als arbeitslohnmindernd **anerkannt**. Nach § 40 Abs. 3 Satz 2 EStG **gilt die auf den Arbeitnehmer abgewälzte pauschale Lohnsteuer als zugeflossener Arbeitslohn** und mindert nicht die Bemessungsgrundlage. Dies gilt über die Verweisung in § 40a Abs. 5 EStG und § 40b Abs. 5 Satz 1 EStG auch für die Pauschalierung der Lohnsteuer von Aushilfskräften, geringfügig Beschäftigten und von bestimmten Zukunftssicherungsleistungen.

Abwälzung der Lohnsteuer bedeutet nach Auffassung der Finanzverwaltung (BMF v. 10.1.2000, IV C 5 – S 2330 – 2/00, BStBl I 2000, 138), dass der Arbeitgeber zwar Schuldner der pauschalen Lohnsteuer bleibt, sie jedoch **im wirtschaftlichen Ergebnis vom Arbeitnehmer getragen** wird. Solch eine Verlagerung der Belastung darf weder zu einer Minderung des individuell nach den Lohnsteuerabzugsmerkmalen zu versteuernden Arbeitslohns noch zu einer Minderung der Bemessungsgrundlage für die pauschale Lohnsteuer führen (s.o.). Eine Abwälzung kann sich beispielsweise aus dem Arbeitsvertrag selbst, aus einer Zusatzvereinbarung zum Arbeitsvertrag oder aus dem wirtschaftlichen Ergebnis einer Gehaltsumwandlung oder Gehaltsänderungsvereinbarung ergeben.

Eine **Abwälzung der pauschalen Lohnsteuer** ist hingegen **nicht anzunehmen**, wenn eine Gehaltsänderungsvereinbarung zu einer **Neufestsetzung künftigen Arbeitslohns** führt, aus der alle rechtlichen und wirtschaftlichen Folgerungen gezogen werden, also insbesondere der geminderte Arbeitslohn Bemessungsgrundlage für künftige Erhöhungen des Arbeitslohns oder andere Arbeitgeberleistungen wird. Dies gilt auch dann, wenn die Gehaltsminderung in Höhe der Pauschalsteuer vereinbart wird.

Dies gilt auch für im Zusammenhang mit der Pauschalierung der Lohnsteuer ebenfalls pauschal erhobene und auf den Arbeitnehmer **abgewälzte Annexsteuern** (Solidaritätszuschlag, Kirchensteuer). Daher ist auch hinsichtlich der abgewälzten Annexsteuern von zugeflossenem Arbeitslohn auszugehen, der die Bemessungsgrundlage für die Lohnsteuer nicht mindert.

Für die **versicherungsrechtliche Beurteilung** und die Beitragsberechnung in der Sozialversicherung ist das vereinbarte Bruttoarbeitsentgelt und nicht das um die Pauschalsteuer verminderte ausgezahlte Arbeitsentgelt zu Grunde zu legen.

b) Ermittlung der pauschalen Lohnsteuer

29 Wird die Pauschalsteuer arbeitsrechtlich zulässig auf den Arbeitnehmer abgewälzt, so muss der Arbeitgeber dennoch die pauschale Lohnsteuer, den Solidaritätszuschlag und die Kirchensteuer vom vereinbarten Arbeitslohn errechnen. Diese Abzugsbeträge kann sich der Arbeitgeber dann vom Arbeitnehmer erstatten lassen.

Beispiel:

Ein niedersächsischer Arbeitgeber führt im November 2025 eine vorgezogene Weihnachtsfeier durch. Da es sich um die dritte Betriebsveranstaltung im Kalenderjahr handelt, gehören die Zuwendungen des Arbeitgebers in voller Höhe zum Arbeitslohn seiner Arbeitnehmer. Auf jeden Arbeitnehmer entfällt ein steuerpflichtiger Vorteil von 75 €. Der Arbeitgeber will die Zuwendungen pauschal versteuern, wenn die Arbeitnehmer im Innenverhältnis die Steuern übernehmen.

Es ergibt sich für den einzelnen Arbeitnehmer folgende Berechnung:

Steuerpflichtiger Arbeitslohn aus Anlass der Betriebsveranstaltung	75 €

Von diesem Betrag sind die pauschale Lohnsteuer von 25 % und davon der pauschale Solidaritätszuschlag von 5,5 % und die pauschale Kirchensteuer von 6 % (in Niedersachsen) zu berechnen.

Die Steuern betragen:

Pauschale Lohnsteuer (25 % von 75 €)	18,75 €
Solidaritätszuschlag (5,5 % von 18,75 €)	1,03 €
Kirchensteuer (6 % von 18,75 €)	1,12 €
Insgesamt	20,90 €

Die vom Arbeitnehmer zu übernehmende Pauschalsteuer beträgt insgesamt 20,90 €. Dieser Betrag darf beim Arbeitnehmer nicht vom Bruttolohn abgezogen werden, sondern lediglich vom auszuzahlenden Nettolohn. Bei einem verheirateten Arbeitnehmer (30 Jahre) mit der Steuerklasse IV, Kirchensteuermerkmal „rk“, kein Kind, einem krankenkassenindividuellen Zusatzbeitrag von 2,5 % und einem monatlichen Arbeitslohn von 3 000 € ergibt sich im November 2025 folgende Lohnabrechnung:

Arbeitslohn		3 000,– €
– gesetzliche Abzüge		
a) Lohnsteuer (Steuerklasse IV)	301,50 €	
b) Solidaritätszuschlag (5,5 %)	0,– €	
c) Kirchensteuer (9 %)	27,13 €	
d) Sozialversicherungsbeiträge	646,50 €	975,13 €
= Nettolohn		2 024,87 €
– übernommene Pauschalsteuer		20,90 €
= auszuzahlender Betrag		2 003,97 €

c) Zukunftssicherungsleistungen

Auch für die Lohnsteuerpauschalierung bei bestimmten Zukunftssicherungsleistungen nach § 40b EStG (→ *Zukunftssicherung: Betriebliche Altersversorgung* Rz. 4656) mindert die auf den Arbeitnehmer abgewälzte pauschale Lohnsteuer **nicht die Bemessungsgrundlage** und **gilt als zugeflossener Arbeitslohn** (§ 40b Abs. 4 Satz 1 i.V.m. § 40 Abs. 3 Satz 2 zweiter Halbsatz EStG). 30

Bei der Sozialversicherung sind die nach § 40b EStG pauschal besteuerten Zukunftssicherungsleistungen nach § 1 Abs. 1 Nr. 4 SvEV nur dann sozialversicherungsfrei, wenn die Leistungen zusätzlich zum vereinbarten Arbeitsentgelt gezahlt werden (→ *Barlohnumwandlung* Rz. 1227).

d) Fahrtkostenzuschüsse

Soweit Fahrtkostenzuschüsse **nicht nach § 3 Nr. 15 EStG steuerfrei** sind, z.B. Zuschüsse zu den Pkw-Kosten für Fahrten zwischen Wohnung und erster Tätigkeitsstätte, können sie nach § 40 Abs. 2 Satz 2 Nr. 1 EStG mit 15 % pauschal versteuert werden. 31

Im Falle der Abwälzung der pauschalen Steuerbeträge bei pauschal besteuerten Beförderungsleistungen oder Fahrtkostenzuschüssen zu Fahrten zwischen Wohnung und erster Tätigkeitsstätte sind die **Auswirkungen auf den Werbungskostenabzug** des Arbeitnehmers zu beachten (§ 40 Abs. 2 Satz 2 Nr. 1 EStG). Der Arbeitgeber muss deshalb in der Lohnsteuerbescheinigung den Betrag als pauschal besteuerte Arbeitgeberleistung bescheinigen, auf den der gesetzliche Pauschsteuersatz von 15 % angewandt worden ist.

Beispiel 1:

Ein Arbeitnehmer in Niedersachsen erhält von seinem Arbeitgeber einen Zuschuss zu seinen Pkw-Kosten für Fahrten zwischen Wohnung und erster Tätigkeitsstätte in Höhe der gesetzlichen Entfernungspauschale von 0,38 € je Entfernungskilometer. Die Entfernung beträgt 20 km, hierfür kann der Arbeitnehmer eine Entfernungspauschale beanspruchen (zur **Erhöhung der Entfernungspauschale 2026** → *Wege zwischen Wohnung und erster Tätigkeitsstätte* Rz. 4419). Für den Lohnabrechnungszeitraum ergibt sich somit ein Fahrtkostenzuschuss von insgesamt 114 € (15 Tage × 20 km × 0,38 €). Arbeitgeber und Arbeitnehmer haben vereinbart, dass diese Arbeitgeberleistung pauschal besteuert wird und der Arbeitnehmer die pauschale Lohnsteuer, den Solidaritätszuschlag und die Kirchensteuer tragen soll (für einzelne Arbeitnehmer wird nachgewiesen, dass diese nicht in der Kirche sind).

Die Abzugsbeträge berechnen sich wie folgt:

Pauschale Lohnsteuer (15 % von 114 €)	17,10 €
Solidaritätszuschlag (5,5 % von 17,10 €)	0,94 €
Kirchensteuer (9 % von 17,10 €)	1,45 €
Insgesamt	19,49 €

Der Arbeitgeber rechnet daher wie folgt ab:

Fahrtkostenzuschuss	114,– €
– pauschale Lohnsteuer (15 % von 114 €)	17,10 €
– Solidaritätszuschlag (5,5 % von 17,10 €)	0,94 €
– Kirchensteuer (9 % von 17,10 €)	1,45 €
Auszuzahlender Betrag	94,51 €

Obwohl der Arbeitnehmer wegen der Übernahme der Pauschsteuern nur 94,51 € ausgezahlt bekommt, ist als pauschal besteuerte Arbeitgeberleistung der Betrag von 114 € zu bescheinigen. Dieser Betrag mindert den nach § 9 Abs. 1 Satz 3 Nr. 4 EStG abziehbaren Werbungskostenbetrag von 114 €, so dass keine Entfernungspauschale als Werbungskosten berücksichtigt werden kann (BMF v. 18.11.2021, IV C 5 – S 2351/20/10001 :002, Rdnr. 25).

Gerade bei Fahrtkostenzuschüssen, die zusätzlich zum ohnehin geschuldeten Arbeitslohn gewährt werden, haben Arbeitgeber und Arbeitnehmer bei erstmaliger Gewährung Gestaltungsmöglichkeiten. Statt eines hohen Fahrtkostenzuschusses, bei dem die Pauschsteuer vom Arbeitnehmer zu tragen ist, sollte ein niedrigerer Fahrtkostenzuschuss vereinbart werden, bei dem der Arbeitgeber die Pauschsteuer trägt. Für den Arbeitgeber bleibt die Belastung gleich, während der Arbeitnehmer zusätzlich zum höheren

Fahrtkostenzuschuss auch noch einen teilweisen Werbungskostenabzug übrig behält.

Beispiel 2:

Sachverhalt wie Beispiel 1, Arbeitgeber und Arbeitnehmer vereinbaren allerdings einen Fahrtkostenzuschuss von 0,25 € je Entfernungskilometer und dass der Arbeitgeber die Pauschsteuern trägt. Für den Lohnabrechnungszeitraum ergibt sich ein Fahrtkostenzuschuss von insgesamt 75 € (15 Tage × 20 km × 0,25 €).

Die Abzugsbeträge berechnen sich wie folgt:

Pauschale Lohnsteuer (15 % von 75 €)	11,25 €
Solidaritätszuschlag (5,5 % von 11,25 €)	0,61 €
Kirchensteuer (9 % von 11,25 €)	1,01 €
Insgesamt	12,87 €

Die Belastung für den Arbeitgeber beträgt 87,87 € (75 € + 12,87 €), also 2,13 € weniger als im Beispiel 1. Hingegen erhält der Arbeitnehmer 75 € ausbezahlt, also 0,45 € mehr als im Beispiel 1. Darüber hinaus kann der Arbeitnehmer noch 15 € (90 € – 75 €) als Werbungskosten nach § 9 Abs. 1 Satz 3 Nr. 4 EStG geltend machen.

e) Teilzeitbeschäftigte

32 Eine Abwälzung der Lohnsteuer auf den Arbeitnehmer ist auch bei **Teilzeitbeschäftigten** (z.B. geringfügig Beschäftigten) möglich und wird in der Praxis häufig angewandt. Allerdings mindert auch bei der Lohnsteuerpauschalierung für Teilzeitbeschäftigte nach § 40a EStG (→ *Pauschalierung der Lohnsteuer bei Aushilfskräften* Rz. 3356, → *Pauschalierung der Lohnsteuer bei geringfügig Beschäftigten* Rz. 3379) die auf den Arbeitnehmer abgewälzte pauschale Lohnsteuer **nicht die Bemessungsgrundlage** und **gilt als zugeflossener Arbeitslohn** (§ 40a Abs. 5 Satz 1 i.V.m. § 40 Abs. 3 Satz 2 zweiter Halbsatz EStG).

Wie unter → Rz. 31 dargestellt, sollte der Arbeitgeber auch bei Teilzeitbeschäftigten statt der möglichen Abwälzung der Pauschsteuern von vornherein einen niedrigeren Arbeitslohn mit Übernahme der Pauschsteuern vereinbaren.

f) Sonstige Bezüge/Nachforderung von Lohnsteuer

33 Die Abwälzung der Lohnsteuer ist auch bei einer Pauschalierung der Lohnsteuer auf Grund der Gewährung von **sonstigen Bezügen bis zu 1 000 € jährlich in einer größeren Zahl von Fällen** (§ 40 Abs. 1 Satz 1 Nr. 1 EStG) oder bei der Pauschalierung auf Grund der Nachforderung von Lohnsteuern (§ 40 Abs. 1 Satz 1 Nr. 2 EStG) theoretisch möglich, **aber praktisch nicht durchführbar**. In beiden Fällen ist ein besonderer Pauschsteuersatz zu ermitteln, der sich an der durchschnittlichen Steuerbelastung **aller Arbeitnehmer** orientiert. Das bedeutet, dass der besondere Pauschsteuersatz für etwa die Hälfte aller Arbeitnehmer **höher** ist als der individuelle Steuersatz bei der Regelversteuerung. Diese Arbeitnehmer werden sich mit einer Pauschalbesteuerung, bei der sie auch noch die Pauschalsteuer selber tragen sollen, nicht einverstanden erklären, zumal der Arbeitnehmer nach der Rechtsprechung des BAG (→ Rz. 27) jederzeit die Regelbesteuerung beantragen kann. Bei der Nachforderung von Lohnsteuer, z.B. nach einer Lohnsteuer-Außenprüfung, ist darüber hinaus vielfach eine direkte Zuordnung auf den einzelnen Arbeitnehmer nicht mehr möglich, so dass auch aus diesem Grund eine Abwälzung der Lohnsteuer ausscheidet.

g) Weitere Fälle

34 Bei allen anderen Zuwendungen, die pauschal versteuert werden können, ist eine Abwälzung der Pauschsteuern möglich, also auch z.B. bei der kostenlosen oder verbilligten Abgabe von Mahlzeiten, bei Erholungsbeihilfen, bei Zuwendungen aus Anlass von Betriebsveranstaltungen, bei Vergütungen für Verpflegungsmehraufwendungen oder bei der Übereignung von Datenverarbeitungsgeräten sowie der Gewährung von Zuschüssen für die Internetnutzung des Arbeitnehmers.

Auch hier gilt: Die auf den Arbeitnehmer abgewälzte pauschale Lohnsteuer mindert **nicht die Bemessungsgrundlage** und **gilt als zugeflossener Arbeitslohn** (Beispiel → Rz. 29).

Abzug ausländischer Steuer

→ *Anrechnung/Abzug ausländischer Steuern* Rz. 170

Agentur für Arbeit

→ *Arbeitslosengeld* Rz. 715, → *Bildungsgutschein* Rz. 1483

Akkordlohn

1. Arbeitsrecht

Durch den Akkordlohn erhält der Arbeitnehmer eine von der **Arbeitsmenge** abhängige Vergütung; diese kann in vollem Umfang von der Arbeitsmenge abhängig sein, es kann aber auch der Grundlohn mit einem leistungsabhängigen Akkordaufschlag verbunden werden. 35

Wesentlich für die Höhe der Akkordvergütung, die der einzelne Arbeitnehmer erzielt, ist die sog. **Akkordvorgabe**. Die Akkordvorgabe beim Geldakkord besteht beispielsweise in der Festlegung der einzelnen Arbeitsmenge, beim Zeitakkord in der Zeitvorgabe für die einzelnen Arbeitseinheiten. Wesentlich für die Höhe der Akkordvergütung ist weiterhin der **Geldfaktor**. Unter Geldfaktor ist derjenige Geldbetrag zu verstehen, der für die Ausgangsleistung gezahlt werden soll. Die Akkordvorgabe kann ebenso wie der Geldfaktor durch Tarifvertrag, Betriebsvereinbarung oder einzelvertragliche Abmachung festgelegt werden.

Das **Risiko**, die für die Akkordvergütung vorgesehene **Normalleistung** nicht zu erreichen, liegt beim **Arbeitnehmer**, vorausgesetzt, dass der Akkord nicht fehlerhaft berechnet worden ist oder der Arbeitgeber bei einseitiger Festsetzung unbillig gehandelt hat.

Das **Risiko** der **Arbeitsqualität** trägt demgegenüber auch beim Akkord der **Arbeitgeber** (mit evtl. Schadensersatzanspruch bei schuldhafter Schlechtleistung), es sei denn, es besteht eine Vereinbarung, wonach der Akkordlohnanspruch nur bei mängelfreier Arbeit entsteht.

Der Akkordlohn ist i.d.R. auch für **Lohnersatzzahlungen** maßgeblich, z.B. bei der Entgeltfortzahlung im Krankheitsfall (BAG v. 26.2.2003, 5 AZR 162/02) oder bei der Urlaubsvergütung.

Zur Anrechnung des Akkordlohns auf den Mindestlohn → *Mindestlohn* Rz. 3145.

2. Lohnsteuer

Der nach Arbeitsleistung oder Zeit und Arbeitsleistung berechnete Akkordlohn stellt **normalen Arbeitslohn** dar. Welche **Lohnsteuertabelle** anzuwenden ist, ergibt sich im Allgemeinen aus dem vereinbarten **Lohnzahlungs- oder Lohnabrechnungszeitraum**. Sollte eine entsprechende Vereinbarung nicht vorliegen, ist die **Summe der tatsächlichen Arbeitstage als Lohnzahlungszeitraum** anzusehen, d.h., dass die **Tagestabelle** anzuwenden ist (§ 39b Abs. 5 Satz 4 EStG, R 39b.5 Abs. 2 Satz 2 LStR). Die aufgewendete Arbeitszeit spielt keine Rolle. Enthält der Akkordlohn Zuschläge für Sonntags-, Feiertags- oder Nachtarbeit, so können diese i.R. des § 3b EStG steuerfrei bleiben (→ *Zuschläge für Sonntags-, Feiertags- oder Nachtarbeit* Rz. 4800). 36

LSt

3. Sozialversicherung

Akkordlohn ist als Gegenwert für eine geleistete Arbeit (hier: Stückpreis) beitragspflichtiges **Arbeitsentgelt**. Werden nach den arbeitsvertraglichen Regelungen bei Akkordarbeiten Teile des Arbeitsentgelts (Akkordspitzen) erst nach Fertigstellung eines Auftrags **(verspätet) abgerechnet** und ausgezahlt, dann sind diese Arbeitsentgeltteile für die Berechnung der Sozialversicherungsbeiträge **nachträglich auf die Lohnabrechnungszeiträume zu verteilen**, in denen sie erarbeitet worden sind; Entsprechendes gilt für solche Teile des Arbeitsentgelts, die mit Rücksicht auf eine „Mängelhaftung" der Arbeitnehmer zunächst zurückbehalten und erst nach Feststellung der mängelfreien Ausführung der Arbeiten ausgezahlt werden. Sofern sich bei verspäteter Abrechnung und Auszahlung von Teilen des Arbeitsentgelts nicht mehr exakt ermitteln lässt, wann die entsprechenden Arbeiten ausgeführt wurden, ist ein Abrechnungsverfahren zu wählen, das einer gleichmäßigen Verteilung der Arbeit, mit der das Arbeitsentgelt erzielt wurde, möglichst nahe kommt (BSG v. 15.5.1984, 12 RK 28/83; s.a. → *Beiträge zur Sozialversicherung* Rz. 1261). 37

SV

Aktentasche, -koffer, -schrank

→ *Werbungskosten* Rz. 4501

Aktienoption

1. Allgemeines

38 Die Aktienoption ist ein derivatives Finanzinstrument, bei der der Käufer der Option (Optionsnehmer) vom Verkäufer der Option (Optionsgeber oder „Stillhalter") entweder das Recht, Aktien am Ende der Laufzeit oder jederzeit innerhalb der Laufzeit zu einem fest vereinbarten Preis (Basispreis) zu kaufen (**Kaufoption** oder Call-Option) oder zu verkaufen (**Verkaufsoption** oder Put-Option). Der Käufer (Inhaber der Option) kann somit von den Kursbewegungen der zu Grunde liegenden Aktie profitieren. Für den Erwerb der Option hat der Käufer regelmäßig ein Entgelt (**Optionsprämie**) zu zahlen. Liegt der Wert der Aktien bei der Kaufoption zum Zeitpunkt der Optionsausübung über dem Basispreis, so erzielt der Optionsnehmer in Höhe der Differenz zwischen Basispreis und dem gültigen Aktienkurs einen Gewinn. Liegt der Aktienkurs unter dem vereinbarten Kaufpreis, wird er die Option verfallen lassen; der Optionsnehmer hat keine Verpflichtung zur Ausübung der Option. Übt er die Option nicht aus, entsteht ihm in der Höhe der gezahlten Optionsprämie ein Verlust.

Das **Optionsrecht** wird allgemein als Wirtschaftsgut anerkannt, das eigenständig verkehrsfähig und **selbständig bewertbar** ist (BMF v. 14.5.2025, IV C 3 – S 2252/00075/016/070, BStBl I 2025, 1330).

Im Hinblick auf Mitarbeiterbeteiligungen versteht man unter Aktienoptionen vielfach Stock-Options. Hierbei handelt es sich um Optionen, die ein Unternehmen seinen Mitarbeitern als Vergütungsbestandteil anbietet.

2. Lohnsteuer

39 Gewährt der Arbeitgeber seinem Arbeitnehmer **auf Grund des Dienstverhältnisses** Aktienoptionsrechte, ist **bei der steuerlichen Beurteilung der Aktienoptionen** von den nachfolgenden Grundsätzen auszugehen.

Zunächst ist zu prüfen, ob die Aktienoptionsrechte „auf Grund des Dienstverhältnisses" überlassen werden, denn Arbeitslohn liegt nicht vor, wenn eine Zuwendung wegen anderer, neben dem Arbeitsverhältnis bestehender Rechtsverhältnisse oder auf Grund sonstiger, nicht auf dem Dienstverhältnis beruhender Beziehungen zwischen Arbeitnehmer und Arbeitgeber gewährt wird (vgl. BFH v. 4.10.2016, IX R 43/15, BStBl II 2017, 790). Erwirbt daher ein Arbeitnehmer i.R. eines Mitarbeiterprogramms Optionsrechte zum Kauf von Aktien der Muttergesellschaft des Arbeitgebers **zu einem marktüblichen Preis**, wird ihm hierdurch **kein geldwerter Vorteil zugewandt**. Einnahmen aus nichtselbständiger Arbeit liegen daher insoweit auch dann nicht vor, wenn der Arbeitnehmer die Optionen später mit Gewinn verkauft (FG Köln v. 24.3.2017, 7 K 2603/14, EFG 2017, 1646).

a) Handelbare Aktienoptionsrechte

40 Handelbare Aktienoptionsrechte liegen vor, wenn sie an einer Wertpapierbörse gehandelt werden. Räumt **der Arbeitgeber selbst** ein solches Aktienoptionsrecht ein, gelangt der für den Zufluss von Arbeitslohn maßgebliche Vorteil in Gestalt eines Preisnachlasses auf gewährte Aktien erst auf Grund der Verwertung der Option in das wirtschaftliche Eigentum des Arbeitnehmers (BFH v. 20.11.2008, VI R 25/05, BStBl II 2009, 382). Damit gelten **auch bei handelbaren Aktienoptionen**, die vom Arbeitgeber oder der Konzernmutter gewährt werden, hinsichtlich des Lohnzuflusses **die gleichen Grundsätze wie bei nicht handelbaren Aktienoptionen** (→ Rz. 41).

Ob etwas anderes gilt, wenn der Arbeitgeber nicht die Funktion eines Stillhalters innehat, er demzufolge nicht als Optionsgeber eigene Aktien bei Umwandlung überträgt, sondern sich **am Markt Optionsrechte** gegenüber einem Dritten verschafft hat, hat der **BFH** allerdings **offen gelassen**. Das FG Köln (Urteil v. 24.3.2017, 7 K 2603/14, EFG 2017, 1646) verweist jedoch m.E. zutreffend darauf, dass mit der Übertragung einer Call-Option gegen Geld, aus der heraus ein Dritter verpflichtet ist, der Arbeitnehmer einen unentziehbaren Anspruch gegenüber der Bank erhält und die Rechtsbeziehung mit dem Arbeitgeber hinsichtlich der Optionsrechte damit beendet ist. Die Rechtsbeziehung zwischen dem Arbeitnehmer und dem Dritten und die hieraus hervorgehenden Ergebnisse sind damit unabhängig vom Arbeitsverhältnis.

b) Nicht handelbare Aktienoptionsrechte

Ein **nicht handelbares Aktienoptionsrecht** liegt vor, wenn es 41
nicht an einer Wertpapierbörse gehandelt wird. Es gilt auch dann nicht als handelbar, wenn es außerhalb einer Börse gehandelt wird. Das nicht handelbare Aktienoptionsrecht führt weder im Zeitpunkt der Gewährung noch der erstmaligen Ausübbarkeit des Optionsrechts zu einem Lohnzufluss beim Arbeitnehmer (BFH v. 18.9.2012, VI R 90/10, BStBl II 2013, 289 m.w.N. sowie BFH v. 21.12.2022 I R 11/20, DStR 2023, 503). **Gegenstand des Lohnzuflusses ist vielmehr die unentgeltlich oder verbilligt überlassene Aktie.** Da es sich bei Aktien um Vermögensbeteiligungen i.S.d. § 2 Abs. 1 Nr. 1 5. VermBG handelt, richtet sich die steuerliche Beurteilung nach § 3 Nr. 39 EStG. Als Wert der überlassenen Aktie ist daher **der gemeine Wert** im Zeitpunkt der Überlassung anzusetzen (§ 3 Nr. 39 Satz 4 EStG). Im Einzelfall kann auch eine vorläufige Nichtbesteuerung des aus dem geldwerten Vorteil der unentgeltlichen oder verbilligten Überlassung der Vermögensbeteiligung resultieren (→*Vermögensbeteiligungen* Rz. 4278)

Ein als Arbeitslohn zu erfassender geldwerter Vorteil kann auch darin liegen, dass der Arbeitnehmer **gegen Entgelt auf die Ausübung des Optionsrechts verzichtet**, wenn die Einräumung einer nicht handelbaren **Option auf Bezug von Geschäftsanteilen** als Entgelt für die individuelle Arbeitskraft zu beurteilen ist (BFH v. 18.12.2001, IX R 24/98, HFR 2002, 701).

aa) Zufluss

Zeitpunkt des verbilligten Aktienerwerbs und damit Zufluss- 42
zeitpunkt ist der Tag der Erfüllung des Anspruchs des Arbeitnehmers auf Verschaffung der wirtschaftlichen Verfügungsmacht über die Aktien (BFH v. 23.6.2005, VI R 10/03, BStBl II 2005, 770). Dies ist regelmäßig **der Tag der Einbuchung der Aktien in das Depot** des Arbeitnehmers (FG Köln v. 5.10.2005, 5 K 4396/03, EFG 2006, 182). Aus Vereinfachungsgründen kann für die Wertermittlung auch vom **Tag der Ausbuchung** beim Überlassenden oder dessen Erfüllungsgehilfen ausgegangen werden; es kann auch auf den **Vortag der Ausbuchung** abgestellt werden (BMF v. 1.6.2024, IV C 5 – S 2347/24/10001 :001, BStBl I 2024, 946, Rdnr. 21). **Für den Arbeitgeber** bedeutet diese Vereinfachungsregelung, dass er für Zwecke des Lohnsteuerabzugs nicht recherchieren muss, wann der geldwerte Vorteil dem Arbeitnehmer genau zugeflossen ist. Darüber hinaus muss er nur einen Wert für alle Arbeitnehmer feststellen. Dem **Arbeitnehmer** wiederum bleibt es unbenommen, in der Veranlagung zur Einkommensteuer einen niedrigeren geldwerten Vorteil nachzuweisen.

Hingegen führt das **Behalten dürfen von Aktien** aus einem Aktienoptionsprogramm für Mitarbeiter trotz einer Verfallklausel bei Beendigung des Arbeitsverhältnisses nicht zu (erneuten) Einnahmen aus nichtselbständiger Arbeit (BFH v. 30.9.2008, VI R 67/05, BStBl II 2009, 282). In dem Urteil hat der BFH noch einmal Folgendes klargestellt:

- Bei einem Aktienerwerb fließt dem Arbeitnehmer der geldwerte Vorteil in dem Zeitpunkt zu, in dem der Anspruch auf Verschaffung der wirtschaftlichen Verfügungsmacht über die Aktien erfüllt wird.
- Dem Zufluss steht es nicht entgegen, wenn der Arbeitnehmer auf Grund einer Sperrfrist bzw. Haltefrist die Aktien für eine bestimmte Zeit nicht veräußern kann. Der Erwerber ist rechtlich und wirtschaftlich bereits von dem Augenblick an Inhaber der Aktie, in dem sie auf ihn übertragen oder auf seinen Namen im Depot einer Bank hinterlegt wird.
- Der geldwerte Vorteil fließt dem Arbeitnehmer auch dann mit der Verschaffung der Verfügungsmacht zu, wenn die Aktien unter der auflösenden Bedingung einer Rückzahlungsverpflichtung (§ 158 Abs. 2 BGB) überlassen werden und diese Bedingung eintritt (sog. Istprinzip).

Bei **gesetzlich geregelten Verfügungsbeschränkungen** („restricted shares") fließt dem Arbeitnehmer der geldwerte Vorteil in Form verbilligter Aktien in dem Zeitpunkt zu, in dem er die **wirtschaftliche Verfügungsmacht über die Aktien** erhält. Solange dem Arbeitnehmer eine Verfügung über die Aktien rechtlich unmöglich ist, liegt ein solcher Zufluss nicht vor (BFH v. 30.6.2011, VI R 37/09, BStBl II 2011, 923). Wirtschaftliches Eigentum an einem Kapitalgesellschaftsanteil erlangt, wer nach dem Inhalt der getroffenen Abrede alle mit der Beteiligung verbundenen wesentlichen Rechte (Vermögens- und Verwaltungsrechte, insbesondere Gewinnbezugs- und Stimmrechte) ausüben und im Konfliktfall effektiv durchsetzen kann (BFH v. 26.8.2020, VI R 6/18, HFR 2021, 278).

Ein geldwerter Vorteil fließt auch dann zu, wenn der Arbeitnehmer bei einem sog. Aktienoptionsplan die erhaltenen Aktien zwar verkaufen, aber nicht über den Erlös verfügen kann (BFH v. 1.2.2007, VI R 73/04, BFH/NV 2007, 896).

Wird die Aktienoption in der sog. **„Exercise and Sell"-Variante** ausgeübt, also die Aktien sofort mit Ausübung des Aktienoptionsrechts verkauft, kann der Tag der Einbuchung nicht als maßgeblicher Zuflusszeitpunkt angesehen werden, weil die Aktien gar nicht erst in das Depot des Arbeitnehmers gelangen. Bei dieser Variante ist daher der Zufluss des geldwerten Vorteils bereits **im Zeitpunkt der Optionsausübung des Aktienoptionsrechts** bewirkt (BMF v. 12.12.2023, IV B 2 – S 1300/21/10024 :005, BStBl I 2023, 2179, Rdnr. 275).

Werden einem Arbeitnehmer vom Arbeitgeber im Hinblick auf das Dienstverhältnis Aktienankaufsrechte oder Vorkaufsrechte eingeräumt und **verzichtet der Arbeitnehmer gegen Entgelt** auf die Rechtsausübung, fließt dem Arbeitnehmer nicht zum Zeitpunkt der Rechtseinräumung, sondern erst zum Zeitpunkt des entgeltlichen Verzichts ein geldwerter Vorteil zu (BFH v. 19.6.2008, VI R 4/05, BStBl II 2008, 826). Veräußert ein Arbeitnehmer **nicht handelbare Aktienoptionsrechte** unmittelbar nachdem er sie erhalten hat an einen Dritten, der diese **einen Tag später zu einem geringfügig erhöhten Preis dem Arbeitgeber überlässt**, führt die Veräußerung der Rechte selbst im Zeitpunkt der Veräußerung zum Zufluss von Arbeitslohn (FG Münster v. 10.7.2008, 12 K 4391/07 E, EFG 2008, 1702). Dies gilt auch, wenn mit einem **nahen Verwandten** ein Optionsabtretungs- und Treuhandvertrag abgeschlossen wird (FG Hamburg v. 5.4.2016, 6 K 81/15, DStRE 2017, 395).

Eine **verdeckte Einlage von Aktienoptionsrechten** eines Arbeitnehmers in eine von ihm beherrschte Kapitalgesellschaft führt **schon im Zeitpunkt der verdeckten Einlage** und nicht erst nach Ausübung des Optionsrechts im Zeitpunkt der Einbuchung der Aktien im Depot der Kapitalgesellschaft **zu einem Lohnzufluss** beim Arbeitnehmer, denn der Vorteil aus einem vom Arbeitgeber eingeräumten Aktienoptionsrecht fließt dem Arbeitnehmer zu, wenn er das Recht ausübt oder anderweitig verwertet. Eine solche anderweitige Verwertung liegt insbesondere vor, wenn der Arbeitnehmer das Recht auf einen Dritten überträgt (BFH v. 18.9.2012, VI R 90/10, BStBl II 2013, 289).

bb) Bewertung

43 Die **Bewertung überlassener Aktien** richtet sich nach § 3 Nr. 39 EStG. Bewertungsstichtag ist danach grds. der Tag, an dem die Aktien überlassen werden (BMF v. 1.6.2024, IV C 5 – S 2347/24/10001 :001, BStBl I 2024, 946, Rdnr. 21). Entsprechend der BFH-Rechtsprechung (BFH v. 7.5.2014, VI R 73/12, BStBl II 2014, 904) können auch die Wertverhältnisse bei Abschluss des für beide Seiten verbindlichen Veräußerungsgeschäfts herangezogen werden.

Zu den **Anschaffungskosten bei der Ermittlung eines privaten Veräußerungsgewinns** gem. § 23 EStG gehört neben dem vom Arbeitnehmer gezahlten Basis- bzw. Ausübungspreis u.a. auch der Wert, der als geldwerter Vorteil bei den Einkünften aus nichtselbständiger Arbeit angesetzt wird (BFH v. 20.6.2001, VI R 105/99, BStBl II 2001, 689).

cc) Höhe des steuerpflichtigen Vorteils

44 Im Zuflusszeitpunkt liegt zu versteuernder Arbeitslohn vor in Höhe der **Differenz zwischen dem Kurswert** der überlassenen Aktie am maßgebenden Bewertungsstichtag **und den Aufwendungen des Arbeitnehmers** für die überlassenen Aktien (BFH v. 20.6.2001, VI R 105/99, BStBl II 2001, 689). Wenn es sich um eine begünstigte Vermögensbeteiligung i.S.d. § 3 Nr. 39 EStG handelt, kann der Freibetrag von 2 000 € (bis 2023: 1 440 €) berücksichtigt werden (→ *Vermögensbeteiligungen* Rz. 4265).

Beispiel 1:

Eine Aktiengesellschaft hat ihren Führungskräften am 1.7.2024 kostenlos eine nicht übertragbare Kaufoption auf jeweils 1 000 Aktien zum Basispreis von 100 € je Aktie eingeräumt. Die Option ist spätestens am 30.6.2025 auszuüben. Die Führungskraft F übt die Option am 26.6.2026 aus und erwirbt die Aktien zum Preis von 100 000 €. Der Kurswert der Aktien beträgt am 16.7.2026 (Tag der Ausbuchung der Aktien beim Überlassenden und Einbuchung im Depot des Arbeitnehmers) 150 € je Aktie.

Zum Zeitpunkt der Optionseinräumung fließt F kein geldwerter Vorteil zu. Erst nach der Optionsausübung ist zu prüfen, ob der Kurswert den Basispreis übersteigt; maßgebender Zufluss- und Wertermittlungszeitpunkt ist der Tag, an dem die Aktien in das Depot des Arbeitnehmers eingebucht werden (aus Vereinfachungsgründen kann auch vom **Tag der Ausbuchung** beim Überlassenden oder dessen Erfüllungsgehilfen ausgegangen werden). Am 16.7.2026 übersteigt der Kurswert der Aktien den Basispreis um 50 € je Aktie; in dieser Höhe liegt lohnsteuerpflichtiger Arbeitslohn vor. Die Führungskraft F hat daher im Juli 2026 einen geldwerten Vorteil von 50 000 € (50 € × 1 000 Aktien) zu versteuern. Der Freibetrag nach § 3 Nr. 39 EStG ist nicht zu berücksichtigen, weil die Aktienoption nicht allen Arbeitnehmern angeboten wurde (→ *Vermögensbeteiligungen* Rz. 4272).

Beispiel 2:

Sachverhalt wie Beispiel 1, weil der Kurswert der Aktien während der Optionsfrist nicht über 100 € liegt, übt F sein Optionsrecht nicht aus, sondern lässt es verfallen.

Da F sein Optionsrecht nicht ausübt, entsteht für ihn kein geldwerter Vorteil aus der Optionseinräumung.

Die **Ableitung des Werts von Aktien** aus Verkäufen ist **nicht mehr möglich**, wenn nach den Veräußerungen aber noch vor dem Bewertungsstichtag weitere objektive Umstände hinzutreten, die dafür sprechen, dass die Verkäufe nicht mehr den gemeinen Wert der Aktien repräsentieren (BFH v. 29.7.2010, VI R 30/07, BStBl II 2011, 68 und BFH v. 29.7.2010, VI R 53/08, HFR 2010, 1293).

dd) Zuordnung zum deutschen Besteuerungsrecht

Für die **Zuweisung des Besteuerungsrechts nach den DBA** ist 45
der bei Ausübung der Aktienoptionsrechte zugeflossene geldwerte Vorteil **dem gesamten Zeitraum zwischen der Gewährung und der Ausübung der Optionsrechte zuzuordnen** (zukunfts- und zeitraumbezogene Leistung). Einzelheiten → *Doppelbesteuerungsabkommen bei Einkünften aus nichtselbständiger Arbeit* Rz. 1668.

ee) Tarifermäßigung nach § 34 EStG

Für steuerpflichtige geldwerte Vorteile aus der Ausübung der Ak- 46
tienoptionsrechte kommt die **Tarifbegünstigung** des § 34 Abs. 1 i.V.m. Abs. 2 Nr. 4 EStG **in Betracht**, wenn es sich um **Vergütungen für mehrjährige Tätigkeiten** handelt (BFH v. 24.1.2001, I R 100/98, BStBl II 2001, 509). Geldwerte Vorteile aus einem Aktienoptionsprogramm stellen **im Regelfall** als Anreizlohn **eine Vergütung für eine mehrjährige Tätigkeit** dar. Mehrjährigkeit erfordert dabei, dass **zwischen Einräumung und Erfüllung** des Optionsrechts **mehr als zwölf Monate liegen** und der Arbeitnehmer in diesem Zeitraum auch beschäftigt war. Der Tarifermäßigung nach § 34 Abs. 1 i.V.m. Abs. 2 Nr. 4 EStG steht weder entgegen, dass wiederholt Aktienoptionen eingeräumt werden, noch, dass die jeweils gewährte Option nicht in vollem Umfang einheitlich ausgeübt wird (BFH v. 19.12.2006, VI R 136/01, BStBl II 2007, 456). Dies gilt auch für die ab 1999 geltende Fassung des § 34 Abs. 1 EStG (BFH v. 18.12.2007, VI R 62/05, BStBl II 2008, 294 und BFH v. 10.7.2008, VI R 70/06, HFR 2009, 130).

Eine Vergütung für eine mehrjährige Tätigkeit liegt auch dann vor, wenn die Bezugsberechtigung von einer Leistungsbeurteilung des jeweiligen Vorgesetzten abhängt, durch die das Bezugsrecht auf einen Teil der Belegschaft begrenzt wird (BFH v. 19.12.2006, VI R 24/01).

Selbst wenn das Aktienoptionsrecht noch **nach Beendigung des Dienstverhältnisses** ausgeübt werden kann, liegt eine Vergütung für eine mehrjährige Tätigkeit (und keine Entschädigung i.S.d. § 34 Abs. 2 Nr. 2 EStG) vor (FG Hamburg v. 30.4.2008, 3 K 108/07, EFG 2009, 115).

ff) Kursveränderungen der Aktie nach dem Zuflusszeitpunkt

Veränderungen des Kurswerts der Aktie nach dem Zuflusszeit- 47
punkt haben eine steuerliche Auswirkung grds. **nur i.R. der Ermittlung der Einkünfte aus Kapitalvermögen** (§ 20 Abs. 2 Nr. 1

EStG i.V.m. § 20 Abs. 4 EStG). Insbesondere rechtfertigen Verschlechterungen des Kurswerts nach dem Zuflusszeitpunkt der Aktie **keine sachliche Billigkeitsmaßnahme**. Ein etwaiger Verlust ist der privaten Vermögensebene zuzurechnen. Dies gilt auch dann, wenn die durch Ausübung des Optionsrechts erworbenen Aktien einer gesetzlichen oder vertraglichen Sperrfrist unterliegen.

c) Wandelschuldverschreibungen

48 Wird dem Arbeitnehmer i.R. seines Arbeitsverhältnisses durch Übertragung einer **nicht handelbaren Wandelschuldverschreibung** ein Anspruch auf die Verschaffung von Aktien eingeräumt, wird ein Zufluss von Arbeitslohn nicht bereits durch die Übertragung der Wandelschuldverschreibung begründet. Im Falle der Ausübung des Wandlungsrechts durch den Arbeitnehmer fließt diesem ein geldwerter Vorteil grds. erst dann zu, wenn dem Arbeitnehmer durch Erfüllung des Anspruchs das wirtschaftliche Eigentum an den Aktien verschafft wird (BFH v. 23.6.2005, VI R 124/99, BStBl II 2005, 766 sowie auch FG Düsseldorf v. 22.11.2005, 3 K 1795/02 L, EFG 2006, 1157). Ein geldwerter Vorteil fließt auch aus dem Erwerb verbilligter Aktien zu, die i.R. der Ausübung des Wandlungsrechts aus einer **von einer Konzernmuttergesellschaft** begebenen Wandelanleihe erworben werden (FG Hessen v. 16.11.2011, 5 K 1794/06, EFG 2012, 1132).

Dies gilt auch dann, wenn der Arbeitnehmer dem Arbeitgeber ein **Darlehen** gewährt, das mit einem Wandlungsrecht zum Bezug von Aktien ausgestattet ist. Überträgt der Arbeitnehmer das Darlehen nebst Wandlungsrecht allerdings gegen Entgelt auf einen Dritten, fließt dem Arbeitnehmer ein geldwerter Vorteil im Zeitpunkt der Übertragung zu (BFH v. 23.6.2005, VI R 10/03, BStBl II 2005, 770). Die Zurechnung des geldwerten Vorteils zu einem erst künftigen Dienstverhältnis ist zwar nicht ausgeschlossen, bedarf aber der Feststellung eines eindeutigen Veranlassungszusammenhangs, wenn sich andere Ursachen für die Vorteilsgewährung als Veranlassungsgrund aufdrängen (BFH v. 20.5.2010, VI R 12/08, BStBl II 2010, 1069).

Der geldwerte Vorteil bemisst sich im Falle der Ausübung des Wandlungsrechts aus der Differenz zwischen dem Börsenpreis der Aktien an dem Tag, an dem der Arbeitnehmer die wirtschaftliche Verfügungsmacht über die Aktien erlangt, und den Erwerbsaufwendungen (BFH v. 23.6.2005, VI R 10/03, BStBl II 2005, 770).

Leistet der Arbeitgeber **zur Ablösung von Rechten** aus **von ihm begebenen Wandelschuldverschreibungen**, die nur einem eng begrenzten Kreis von Arbeitnehmern angeboten worden waren, **Zahlungen**, so ist in der Differenz zwischen Ablösungsbetrag und einbezahltem Nennbetrag der gezeichneten Wandelschuldverschreibung Arbeitslohn anzunehmen (FG Hessen v. 4.10.2007, 10 K 1471/02, EFG 2008, 478).

d) Verkaufsoptionen

49 Die o.g. Grundsätze gelten auch für die **Einräumung von Verkaufsoptionen.** Räumt z.B. der Arbeitgeber dem Arbeitnehmer beim Erwerb von Aktien zur Vermeidung von Kursverlusten bei einer späteren Veräußerung dieser Wertpapiere eine **nicht übertragbare Verkaufsoption** ein, so führt erst die Ausübung der Verkaufsoption in Höhe des dadurch vermiedenen Kursverlustes zum Zufluss von Arbeitslohn.

e) Virtuelle Aktien

50 Auch Vergütungen aus Optionen, die nicht auf den Erwerb von Aktien, sondern auf die Zahlung eines Geldbetrags in Abhängigkeit von einer Kursentwicklung gerichtet sind (sog. virtuelle Aktien oder phantom stocks), können als Arbeitslohn anzusehen sein. Allerdings führt der Veräußerungsgewinn aus einer Kapitalbeteiligung an einem Unternehmen (sog. **EVA-Zertifikate** = **E**conomic **V**alue **A**dded Zertifikate) nicht allein deshalb zu Arbeitslohn, weil die Kapitalbeteiligung von einem Arbeitnehmer des Unternehmens gehalten und nur Arbeitnehmern angeboten wird (BFH v. 17.6.2009, VI R 69/06, BStBl II 2010, 69). Arbeitslohn ist nur anzunehmen, wenn zwischen Kursgewinn und dem Arbeitsverhältnis ein lohnsteuerrechtlich erheblicher Veranlassungszusammenhang besteht, z.B. weil das Zertifikat Anreizlohn wie bei einer Aktienoption sein soll oder das Zertifikat verbilligt überlassen wird.

f) Mitarbeiterbeteiligungsprogramm nach französischem Recht

Nach ständiger Rechtsprechung des BFH führt das Innehaben 51
von Ansprüchen oder Rechten des Arbeitnehmers gegenüber dem Arbeitgeber im Regelfall noch nicht zum Lohnzufluss (vgl. BFH v. 23.6.2005, VI R 124/99, BStBl II 2005, 766 betr. Wandelschuldverschreibungen). Der Zufluss ist grds. erst mit der Erfüllung des Anspruchs (der Gewinnchance) gegeben. Ein Vorteil ist dem Arbeitnehmer erst dann zugeflossen, wenn die geschuldeten Leistungen tatsächlich erbracht worden ist, er also wirtschaftlich verfügt oder zumindest verfügen kann.

Unter Berücksichtigung dieser Grundsätze erfolgt bei **Mitarbeiterbeteiligungsprogrammen** mittels Einschaltung eines Fonds Commun de Placement d'Entreprise (FCPE) **nach französischem Recht** eine Besteuerung des geldwerten Vorteils **erst bei der Auflösung des Programms** und der Überweisung eines Geldbetrags an den Arbeitnehmer bzw. der Zuwendung anderer Vorteile (z.B. Tausch in Aktien). Dies gilt unabhängig von der Ausgestaltung im Einzelfall. Bis zur Auflösung des Programms fließen dem Arbeitnehmer auch keine Kapitaleinkünfte (Dividenden, Zinsen etc.) zu (BMF v. 1.6.2024, IV C 5 – S 2347/24/10001 :001, BStBl I 2024, 946, Rdnr. 59).

g) Werbungskosten

Übt der Arbeitnehmer die ihm vom Arbeitgeber eingeräumte Ak- 52
tienoption nicht aus, weil der Kurswert der Aktie unter dem Übernahmepreis liegt, kann er die in einem anderen Veranlagungszeitraum geleisteten Optionsprämien im Jahr des Optionsverzichts **als Werbungskosten abziehen** (BFH v. 3.5.2007, VI R 36/05, BStBl II 2007, 647).

Im Falle der **Rückgewähr von Aktien** bemisst sich der negative Arbeitslohn jedenfalls im Falle der zwischenzeitlichen Wertsteigerung nach dem **Wert des Sachbezugs zum Zeitpunkt der Gewährung** (BFH v. 17.9.2009, VI R 17/08, BStBl II 2010, 299).

h) Nachforderung der Lohnsteuer

Das Betriebsstättenfinanzamt kann die Lohnsteuer auf den geld- 53
werten Vorteil aus der Ausübung von Aktienoptionen grds. mit **Nachforderungsbescheid** gegenüber dem **Arbeitnehmer** geltend machen, wenn der Arbeitgeber nach § 38 Abs. 4 EStG angezeigt hat, dass er die Lohnsteuer nicht einbehalten und abführen kann (FG München v. 11.1.1999, 8 V 3484/98, EFG 1999, 381).

3. Sozialversicherung

Für den Bereich der Sozialversicherung gilt die lohnsteuerliche 54
Verfahrensweise. Das bedeutet, dass auch sozialversicherungsrechtlich ein geldwerter Vorteil auf Grund einer Aktienoption im Zuflusszeitpunkt entsteht (→ Rz. 42). Dabei sind die Regelungen für einmalig gezahltes Arbeitsentgelt (→ *Einmalzahlungen* Rz. 1793) anzuwenden (vgl. Besprechungsergebnis der Spitzenverbände der Sozialversicherungsträger v. 30./31.1.2003).

Aktien: Zuwendung an Arbeitnehmer

Der verbilligte Erwerb von **Aktien** vom Arbeitgeber (oder einem 55
Dritten) kann zu Einnahmen aus nichtselbständiger Arbeit nach § 19 Abs. 1 Satz 1 Nr. 1 i.V.m. § 8 Abs. 1 EStG (**Arbeitslohn**) führen, wenn der **Vorteil dem Arbeitnehmer „für" seine Arbeitsleistung gewährt wird** (BFH v. 1.9.2016, VI R 16/15, BStBl II 2017, 149). Im Streitfall wurden Vorstandsmitgliedern die Beteiligung an der Gesellschaft gewährt, um sie am Unternehmenserfolg zu beteiligen und sie hierdurch zu entlohnen.

Der verbilligte Erwerb einer **GmbH-Beteiligung** durch einen leitenden Arbeitnehmer des Arbeitgebers kann auch dann zu Arbeitslohn führen, wenn nicht der Arbeitgeber selbst, sondern ein Gesellschafter des Arbeitgebers die Beteiligung veräußert (BFH v. 15.3.2018, VI R 8/16, BStBl II 2018, 550).

Der aus einer Managementbeteiligung an einer Kapitalgesellschaft erzielte Veräußerungserlös stellt dann keine Vergütung für die gegenüber einer Tochtergesellschaft erbrachte nichtselbständige Tätigkeit dar, wenn die Beteiligung als eine eigenständige Erwerbsgrundlage zur Erzielung von Einkünften anzusehen ist; es handelt sich um Einkünfte aus **Kapitalvermögen**. Hierfür spricht insbesondere, wenn der Arbeitsvertrag keinen Anspruch auf den Erwerb der Beteiligung und einen anteiligen Veräußerungserlös als Gegenleistung für die nichtselbständige Tätigkeit vorsieht, die Beteiligung vom Arbeitnehmer zum Marktpreis (und nicht etwa) verbilligt erworben und veräußert wird und der Arbeitnehmer das volle Verlustrisiko trägt sowie keine besonderen Umstände aus dem Arbeitsverhältnis erkennbar sind, die Einfluss auf die Veräußerbarkeit und Wertentwicklung der Beteiligung nehmen (BFH v. 1.12.2020, VIII R 40/18, BStBl II 2024, 384).

Voraussetzung für die Lohnbesteuerung bei Überlassung von Aktien ist u.a., dass diese dem **Arbeitnehmer tatsächlich zugeflossen** sind. Der BFH hat mit Urteil v. 26.8.2020, VI R 6/18, HFR 2021, 278 zum **Zufluss von Aktien bei wirtschaftlichem Eigentum** Stellung genommen. Wirtschaftliches Eigentum an einem Kapitalgesellschaftsanteil erlangt, wer nach dem Inhalt der getroffenen Abrede alle mit der Beteiligung verbundenen wesentlichen Rechte (Vermögens- und Verwaltungsrechte, insbesondere Gewinnbezugs- und Stimmrechte) ausüben und im Konfliktfall effektiv durchsetzen kann. Ist dem Arbeitnehmer ein geldwerter Vorteil aus der unentgeltlichen Überlassung eines Aktienpakets zugeflossen, bildet eine später getroffene Rückabwicklungsvereinbarung kein rückwirkendes Ereignis i.S.v. § 175 Abs. 1 Satz 1 Nr. 2 AO, das nachträglich zur Beseitigung der Vermögensmehrung führen könnte. In einem solchen Fall liegt entweder negativer Arbeitslohn oder Werbungskosten im Veranlagungszeitraum der Rückübertragung vor (→ *Negative Einnahmen und Werbungskosten* Rz. 3279).

Zur **Bewertung des Vorteils** hat der BFH in den o.g. beiden Urteilen Folgendes ausgeführt:

1. Der gem. § 11 Abs. 2 BewG zu ermittelnde gemeine Wert nicht börsennotierter Aktien ist vorrangig aus der Wertbestätigung am Markt abzuleiten, also von dem Preis, der bei einer Veräußerung im gewöhnlichen Geschäftsverkehr tatsächlich erzielt wurde. Der Preisbildung im gewöhnlichen Geschäftsverkehr steht nicht entgegen, dass der Nennwert der verkauften Aktien im Verhältnis zum Grundkapital der Gesellschaft gering ist. Keine ungewöhnlichen Verhältnisse liegen vor, wenn der Preis durch allgemeine politische oder wirtschaftspolitische Erwägungen oder durch Spekulation bestimmt wird.
2. Bei nicht börsennotierten Aktien kann der gemeine Wert grds. vom Wert der börsennotierten gattungsgleichen Aktien abgeleitet werden.
3. Die grds. auf den Zeitpunkt des Lohnzuflusses stichtagsbezogen vorzunehmende Bewertung von Sachlohn gebietet es, den gemeinen Wert nicht börsennotierter Aktien aus Verkäufen abzuleiten, die am Bewertungsstichtag oder, wenn solche Verkäufe nicht feststellbar sind, möglichst in zeitlicher Nähe zum Bewertungsstichtag getätigt wurden.
4. Veräußert der Arbeitgeber oder eine diesem nahestehende Person eine Beteiligung an einer Kapitalgesellschaft an einen Arbeitnehmer und umgekehrt, handelt es sich i.d.R. nicht um eine Veräußerung im gewöhnlichen Geschäftsverkehr, da ein Einfluss des Arbeitsverhältnisses auf die Verkaufsmodalitäten jedenfalls naheliegt. Eine Ableitung des gemeinen Werts aus Verkäufen kommt in diesem Fall regelmäßig nicht in Betracht.
5. Ist der gemeine Wert einer Beteiligung unter Berücksichtigung des Vermögens und der Ertragsaussichten zu schätzen, ohne dass das Stuttgarter Verfahren in Betracht kommt, hat das Finanzgericht regelmäßig ein Sachverständigengutachten zur Wertermittlung einzuholen, wenn der Stpfl. die Anteilsbewertung durch das Finanzamt substantiiert bestreitet und es nicht ausnahmsweise selbst über die erforderliche Sachkunde verfügt.

Der **Veräußerungsgewinn** aus einer **Kapitalbeteiligung** an einem Unternehmen **führt nicht allein deshalb zu Einkünften aus nichtselbständiger Arbeit,** weil die sog. „Managementbeteiligung" von einem Arbeitnehmer der Unternehmensgruppe gehalten und nur leitenden Mitarbeitern angeboten worden war. Bestehende Ausschluss- oder Kündigungsrechte hinsichtlich der Kapitalbeteiligung im Falle einer Beendigung des Arbeitsverhältnisses sind Ausdruck und Folge der Mitarbeiterbeteiligung und rechtfertigen für sich allein noch nicht die Annahme, dass dem Arbeitnehmer durch die Gewährung einer Möglichkeit zur Beteiligung Lohn zugewendet werden soll. Ggf. kann es sich dann um einen **steuerfreien Gewinn aus einem privaten Veräußerungsgeschäft** handeln (BFH v. 4.10.2016, IX R 43/15, BStBl II 2017, 790).

Der **BFH hat zu Mitarbeiterkapitalbeteiligungen ergänzend Folgendes ausgeführt** (BFH v. 14.12.2023, VI R 1/21, BStBl II 2024, 387 und BFH v. 14.12.2023, VI R 2/21, BFH/NV 2024, 386):

1. Der Gewinn (Differenz zwischen [Rück-]Kaufpreis und Anschaffungskosten) aus der marktüblichen Veräußerung einer Mitarbeiterbeteiligung stellt keinen lohnsteuerbaren Vorteil dar, auch wenn der Arbeitnehmer die Beteiligung an seinem Arbeitgeber zuvor verbilligt erworben hat und dieser Vorgang durch das Arbeitsverhältnis veranlasst gewesen war. Nach dem Erwerb eintretende Wertänderungen, aber auch (Veräußerungs-)Gewinne wie Verluste sind nämlich regelmäßig nicht (mehr) durch das Arbeitsverhältnis, sondern durch das Sonderrechtsverhältnis *„Beteiligung" veranlasst*. Sie werden dem Arbeitnehmer nicht durch den Arbeitgeber vermittelt, sondern sind dem Marktgeschehen geschuldet.
2. Ein lohnsteuerbarer Vorteil kann allerdings insoweit vorliegen, als der Arbeitnehmer aus der Veräußerung der Mitarbeiterbeteiligung einen durch das Arbeitsverhältnis veranlassten marktunüblichen Überpreis erzielt.

Auf Sachbezüge in Form von unentgeltlich bzw. verbilligt überlassenen Aktien ist die sog. **50 €-Freigrenze** des § 8 Abs. 2 Satz 11 EStG anzuwenden.

Ein lohnsteuerbarer Vorteil liegt jedoch nur insoweit vor, als der **Arbeitgeber die Aktien tatsächlich verbilligt an den Arbeitnehmer veräußert**, mithin der Wert der Aktien den vereinbarten Kaufpreis übersteigt. Ob der Arbeitnehmer das Wirtschaftsgut verbilligt erwirbt oder sich Leistung und Gegenleistung entsprechen, ist grds. anhand der Wertverhältnisse bei Abschluss des für beide Seiten verbindlichen Veräußerungsgeschäfts zu bestimmen. Der Zeitpunkt des Zuflusses der erworbenen Aktien (regelmäßig die Erlangung der wirtschaftlichen Verfügungsmacht über die Aktien) ist für die Frage, ob und in welcher Höhe ein verbilligter Erwerb von Wirtschaftsgütern vorliegt, unbeachtlich. Denn positive wie negative Wertveränderungen zwischen schuldrechtlichem Veräußerungs- und dinglichem Erfüllungsgeschäft werden nicht mehr durch den Arbeitgeber vermittelt. Wertveränderungen in dieser Zeitspanne sind vielmehr der privaten Vermögenssphäre zuzuordnen (BFH v. 7.5.2014, VI R 73/12, BStBl II 2014, 904).

Aktien, die der Arbeitgeber dem Arbeitnehmer zu einem Vorzugskurs überlässt, führen grds. in Höhe der **Differenz zwischen gezahltem Entgelt und Börsenkurs am Übergabetag** zu einem als Arbeitslohn zu erfassenden **geldwerten Vorteil** (BFH v. 20.11.2008, VI R 25/05, BStBl II 2009, 382). Nach § 19a EStG gelten jedoch für die Überlassung von Vermögensbeteiligungen an Arbeitnehmer unter weiteren Voraussetzungen besondere Regeln (→ *Vermögensbeteiligungen* Rz. 4265).

Dem Arbeitnehmer fließt der geldwerte Vorteil in Form verbilligter Aktien in dem Zeitpunkt zu, in dem er die wirtschaftliche Verfügungsmacht über die Aktien erlangt. Ein solcher Zufluss liegt nicht vor, solange dem Arbeitnehmer eine Verfügung über die Aktien rechtlich unmöglich ist (BFH v. 30.6.2011, VI R 37/09, BStBl II 2011, 923).

Werden **Aktien oder Genussrechte** vom Arbeitgeber unentgeltlich oder verbilligt den Arbeitnehmern überlassen, so liegt hierin ein geldwerter Vorteil, der als **Arbeitslohn** zu versteuern ist. Dies gilt auch, wenn der Arbeitnehmer die von seinem Arbeitgeber erworbenen Genussrechte nur dadurch verwerten kann, dass er sie nach Ablauf der Laufzeit an diesen veräußert und die Höhe des Rückkaufswerts der Genussrechte davon abhängt, wie das Anstellungsverhältnis endet. Es handelt sich bei dem Überschuss aus dem Rückverkauf der Genussrechte um Einkünfte aus nichtselbständiger Arbeit gem. § 19 Abs. 1 Satz 1 Nr. 1 i.V.m. § 8 Abs. 1 EStG, nicht um solche aus Kapitalvermögen. Der geldwerte Vorteil fließt dem Arbeitnehmer zu dem Zeitpunkt zu, in dem ihm das Entgelt für die Rücknahme der Genussrechte ausgezahlt wird (BFH v. 5.11.2013, VIII R 20/11, BStBl II 2014, 275). Genussrechtserträge, die ein Arbeitnehmer von seinem Arbeitgeber erhält, können jedoch als **Kapitaleinkünfte** und nicht als Arbeitslohn behandelt werden, wenn die Genussrechte nur den leitenden Mitarbeitern angeboten werden, die leitenden Mitarbeiter aber das Genussrechtskapital aus ihrem eigenen Vermögen erbringen, ein effektives Verlustrisiko tragen und die Erträge aus dem Genussrechtskapital auch im Krankheitsfall oder während der Elternzeit gewährt werden (FG Münster v. 7.12.2018, 4 K 1366/17 E, EFG 2019, 620).

Bei der **Verzinsung von Genussrechten** kann es sich u.a. deshalb um Einkünfte aus nichtselbständiger Arbeit gem. § 19 Abs. 1 Satz 1 Nr. 1 i.V.m. § 8 Abs. 1 EStG und nicht um Kapitaleinkünfte gem. § 20 Abs. 1 Nr. 7 EStG handeln, weil die Höhe der Verzinsung völlig unbestimmt ist und von einem aus Arbeitgeber und einem Vertreter der Arbeitnehmer bestehenden Partnerschaftsausschuss bestimmt wird (BFH v. 21.10.2014, VIII R 44/11, BStBl II 2015, 593).

Arbeitslohn liegt jedoch bei einer Entschädigungszahlung für entgehende Einnahmen aus Genussrechten dann **nicht** vor, wenn es sich bei den Genussrechten um eine **eigenständige Erwerbsgrundlage** handelt, da weder die Höhe des Rücknahmepreises noch der Vergütung von dem früheren Arbeitsverhältnis des Stpfl. abhängen (BFH v. 11.2.2015, VIII R 4/12, BStBl II 2015, 647).

Werden einem Arbeitnehmer vom Arbeitgeber oder einem Dritten im Hinblick auf das Dienstverhältnis **Aktienankaufs- oder Vorkaufsrechte** eingeräumt, fließt dem Arbeitnehmer hieraus ebenfalls steuerpflichtiger Arbeitslohn zu, der aber nicht schon zum Zeitpunkt der Rechtseinräumung, sondern erst zum Zeitpunkt des entgeltlichen Verzichts auf die Rechteausübung zu versteuern ist (BFH v. 19.6.2008, VI R 4/05, BStBl II 2008, 826).

Werden einem Arbeitnehmer nach Maßgabe eines staatlichen Privatisierungsgesetzes Aktien eines ehemals staatlichen Unternehmens, das zu derselben Unternehmensgruppe wie das Arbeitgeber-Unternehmen gehört, unentgeltlich oder verbilligt überlassen, handelt es sich bei dem Preisvorteil dann um Arbeitslohn, wenn die Möglichkeit des unentgeltlichen oder verbilligten Erwerbs nur solchen Arbeitnehmern eingeräumt wird, die bei einem der Unternehmensgruppe angehörenden Unternehmen beschäftigt sind oder waren (BFH v. 19.7.1996, VI R 19/96, HFR 1997, 224).

Die Höhe des steuerpflichtigen Vorteils der einem Arbeitnehmer unentgeltlich zugewendeten, **nicht börsengängigen Namensaktien** seines Arbeitgebers bemisst sich grds. nach dem Kurswert der börsennotierten Inhaberaktien seines Arbeitgebers (FG Münster v. 4.10.1994, 1 K 7906/89 E, EFG 1995, 320).

Ein Arbeitnehmer, dem in einem als „Wandeldarlehen" bezeichneten Darlehensvertrag mit seinem Arbeitgeber Ansprüche auf **Wandelung seines Darlehensrückzahlungsanspruches in Aktien** seines Arbeitgebers eingeräumt werden, erzielt bei Ausübung seines Wandelungsrechtes einen geldwerten Vorteil, wenn der Kurswert der Aktien die Anschaffungskosten übersteigt. Für die Bemessung der Höhe des geldwerten Vorteils ist der niedrigste Börsenkurs am Tag der Ausübung des Wandelungsrechtes maßgeblich. Der geldwerte Vorteil wird als Vergütung für eine mehrjährige Tätigkeit i.S.v. § 34 Abs. 2 Nr. 4 EStG nach § 34 Abs. 1 EStG tarifermäßigt besteuert, wenn das Wandelungsrecht erstmals nach einer zweijährigen Sperrfrist ausgeübt werden kann (FG München v. 11.12.2002, 1 K 1882/02, EFG 2003, 616, nachfolgend BFH v. 14.9.2005, VI R 18/03, BFH/NV 2006, 13, die Frage der Tarifermäßigung war nicht Gegenstand der Entscheidung).

Aktion Tagwerk

→ *Schüler* Rz. 3882

Aktivrente

→ *Rentner* Rz. 3737

Alterseinkünfte

→ *Altersentlastungsbetrag* Rz. 56, → *Versorgungsbezüge* Rz. 4334, → *Vorsorgeaufwendungen* Rz. 4359, → *Vorsorgepauschale* Rz. 4378, → *Zukunftssicherung: Betriebliche Altersversorgung* Rz. 4653

Altersentlastungsbetrag

1. Allgemeines

a) Anspruchsberechtigte

Den Altersentlastungsbetrag nach § 24a EStG erhalten Stpfl., die vor dem Beginn des Kalenderjahres das **64. Lebensjahr** vollendet haben; für 2026 also diejenigen, die **vor dem 2.1.1962 geboren** sind. 56

Auf Grund der Neuregelungen durch das Wachstumschancengesetz v. 27.3.2024, BGBl. I 2024, Nr. 108 wurde beginnend mit dem Jahr 2023 der anzuwendende Prozentwert zur Bemessung des Versorgungsfreibetrages nicht mehr in jährlichen Schritten von 0,8 Prozentpunkten, sondern nur noch in jährlichen Schritten von 0,4 Prozentpunkten verringert. Danach beträgt der Altersentlastungsbetrag z.B. für 2024 13,6 % und für 2025 13,2 % des Arbeitslohns und der positiven Summe der Einkünfte, die nicht solche aus nichtselbständiger Arbeit sind, höchstens jedoch insgesamt 646 € bzw. 627 € (im Kalenderjahr).

Stpfl., die vor Beginn des Veranlagungszeitraums noch nicht das 64. Lebensjahr vollendet haben, ist ein Altersentlastungsbetrag nach § 24a EStG nicht zu gewähren. Hierin liegt **keine nach AGG verfassungswidrige Ungleichbehandlung wegen des Alters**. Gegen § 24a EStG bestehen auch keine unionsrechtlichen Bedenken (zuletzt BFH v. 3.9.2018, III B 74/17, m.w.N.).

Diese Regelung soll bestimmte im Alter bezogene („aktive") Einkünfte steuerlich begünstigen und einen Ausgleich schaffen für die Begünstigung von Versorgungsbezügen und Leibrenten. **Außer Betracht bleiben daher folgende bereits steuerbegünstigte Bezüge** (diese Beschränkung ist nicht zu beanstanden: BFH v. 23.3.2005, VI B 146/04):

- **Versorgungsbezüge** (wegen des Abzugs des Versorgungsfreibetrags und des Zuschlags zum Versorgungsfreibetrag),
- **Leibrenten** i.S.d. § 22 Nr. 1 Satz 3 Buchst. a EStG (wegen der Besteuerung nur mit einem geringen Anteil), sowie
- Abgeordnetenbezüge und bestimmte Leistungen aus Pensionsfonds; s. ggf. ergänzend R 24a Abs. 1 und 2 EStR und H 24a [Berechnung des Altersentlastungsbetrags] EStH.

Folglich erhalten den Altersentlastungsbetrag auch Pensionäre und (Alters-)Rentner, wenn sie **Nebeneinkünfte erzielen.** Zu den Nebeneinkünften rechnen auch übliche Dienstverhältnisse, mit denen „normaler" Arbeitslohn erzielt wird, z.B. bei weiterbeschäftigten Rentnern (→ *Rentner* Rz. 3738). In diesen Fällen kann es dann zu einem „Nebeneinander" von Versorgungsfreibetrag und Altersentlastungsbetrag kommen.

Bei der **Zusammenveranlagung** von Ehegatten wird der Altersentlastungsbetrag jedem Ehegatten für die von ihm bezogenen Einkünfte gewährt, sofern er die altersmäßigen Voraussetzungen erfüllt (§ 24a Satz 4 EStG).

Der Altersentlastungsbetrag ist auch bei **beschränkt einkommensteuerpflichtigen Arbeitnehmern** anzusetzen (§ 50 Abs. 1 Satz 3 EStG, R 39b.4 Abs. 1 LStR).

b) Bemessungsgrundlage

Bemessungsgrundlage ist bei Arbeitnehmern aus Vereinfachungsgründen **„der Arbeitslohn"** ohne Kürzung um Werbungskosten oder Freibeträge. Steuerfreie Zuwendungen bleiben allerdings außer Betracht (zuletzt BFH v. 26.6.2014, VI R 41/13, BStBl II 2015, 39 betr. Fahrvergünstigung der Deutschen Bahn AG für Ruhestandsbeamte, die nach dem Rabattfreibetrag nach § 8 Abs. 3 EStG steuerfrei bleibt). 57

Bei **Nettolohnvereinbarungen** ist zunächst auf den jeweiligen Bruttolohn „hochzurechnen". Von Arbeitslohn, von dem die Lohnsteuer nach den §§ 40 bis 40b EStG mit **Pauschsteuersätzen** erhoben wird, darf der Altersentlastungsbetrag nicht abgezogen werden (R 39b.4 Abs. 2 Satz 4 LStR).

Unterliegen Kapitalerträge der Abgeltungsteuer, scheidet eine weitere Begünstigung durch die Gewährung des Altersentlastungsbetrags gem. § 24a EStG aus (BFH v. 25.4.2017, III B 51/16, sowie R 24a EStR).

Zur Berücksichtigung eines **Verlustausgleichs** s. BFH v. 17.11.2005, III R 83/04, BStBl II 2006, 511 und eines **Verlustabzugs** bei Einkünften aus privaten Veräußerungsgeschäften bei der

Berechnung der Bemessungsgrundlage für den Altersentlastungsbetrag s. BFH v. 22.11.2012, III R 66/11, HFR 2013, 307.

Das **FG Köln** hatte mit Urteil v. 12.12.2018, 10 K 1730/17, EFG 2019, 533 entschieden, dass bei der Ermittlung des Verlustabzugs nach § 10d EStG der Altersentlastungsbetrag nach § 24a EStG verlusterhöhend zu berücksichtigen sei. Die Auffassung des FG Köln widerspricht damit der ausdrücklichen Regelung in R 10d Abs. 1 EStR, wonach der Altersentlastungsbetrag bei der Ermittlung nicht zu berücksichtigen ist. Der **BFH** hat der Revision des Finanzamts stattgegeben und die Klage aus verfahrensrechtlichen Gründen als unzulässig verworfen; über die Höhe des Altersentlastungsbetrags ist mit Bindungswirkung im Einkommensteuerbescheid zu entscheiden (BFH v. 30.6.2020, IX R 3/19, HFR 2021, 184; BFH v. 23.1.2024, IX R 7/22, BStBl II 2024, 406).

Bei Anwendung der **Tarifermäßigung** nach § 34 EStG (→ *Entschädigungen* Rz. 2001) sind die außerordentlichen Einkünfte nicht um den anteiligen Altersentlastungsbetrag zu kürzen (BFH v. 15.12.2005, IV R 68/04, HFR 2006, 473).

c) Höhe des Altersentlastungsbetrags

58 Der Altersentlastungsbetrag „entfällt" nach den Neuregelungen durch das Wachstumschancengesetz nunmehr ab dem **Jahr 2058 (0 €)**, weil dann Leibrenten in voller Höhe steuerpflichtig und Versorgungsbezüge nicht mehr durch den Versorgungsfreibetrag und den Zuschlag zum Versorgungsfreibetrag begünstigt sind (s.u.).

Bis dahin wird der Altersentlastungsbetrag **schrittweise abgeschmolzen**: Im Jahre 2005 betrug der Altersentlastungsbetrag 40 %, höchstens 1 900 €. Seit 2006 verringerte sich der Prozentsatz in den ersten 15 Jahren um jeweils 1,6 Prozentpunkte und der Höchstbetrag um 76 € pro Jahr, in den darauf folgenden Jahren um jeweils 0,8 Prozentpunkte bzw. um 38 € jährlich. Mit der Anpassung beginnend ab dem Jahr 2023 wird der anzuwendende Prozentsatz nur noch in jährlichen Schritten von 0,4 Prozentpunkten verringert. Der Höchstbetrag sinkt beginnend mit dem Jahr 2023 um jährlich 19 € anstatt bisher 38 €.

Für jeden Steuerbürger wird nach Vollendung des 64. Lebensjahrs der maßgebende **Prozentsatz und Höchstbetrag einmal festgestellt und dann zeitlebens berücksichtigt**. Personen, die erst im Jahre 2058 64 Jahre alt werden, bekommen (ab 2058) keinen Altersentlastungsbetrag mehr.

Die Höhe des maßgeblichen Altersentlastungsbetrags ist der nachfolgenden **Tabelle zu** § 24a EStG zu entnehmen:

Altersentlastungsbetrag – Auszug –

Das auf die Vollendung des 64. Lebensjahrs folgende Kalenderjahr	Altersentlastungsbetrag		Das auf die Vollendung des 64. Lebensjahrs folgende Kalenderjahr	Altersentlastungsbetrag	
	in % der Einkünfte	Höchstbetrag in €		in % der Einkünfte	Höchstbetrag in €
2005	40,0	1 900	2022	14,4	684
2006	38,4	1 824	2023	14,0	665
...	...	...	2024	13,6	646
...	...	...	2025	13,2	627
...	...	...	2026	12,8	608
2017	20,8	988	...	...	...
2018	19,2	912	2055	1,2	57
2019	17,6	836	2056	0,8	38
2020	16,0	760	2057	0,4	19
2021	15,2	722	2058	0	0

Beispiel 1:

Pensionär A, geb. 1.12.1940 (d.h. Vollendung des 64. Lebensjahrs im Jahre 2004), hat neben seiner Pension Einkünfte aus Vermietung und Verpachtung von 10 000 €.

A erhält nach der obigen Tabelle ab 2005 einen Altersentlastungsbetrag von 40 % von 10 000 €, höchstens 1 900 €. Dies gilt im Übrigen auch für alle Personen, die bis zum 1.1.2005 64 Jahre alt wurden.

Der Prozentsatz und der Höchstbetrag bleiben für A in den nächsten Jahren gleich.

Beispiel 2:

Wie Beispiel 1, A wird jedoch erst im Jahr 2024 64 Jahre alt.

A erhält nach der obigen Tabelle ab 2025 einen Altersentlastungsbetrag von 13,2 % von 10 000 € = 1 320 €, begrenzt auf den Höchstbetrag von 627 €.

2. Lohnsteuerverfahren

Der Altersentlastungsbetrag wird **nicht durch einen Freibetrag** 59
als Lohnsteuerabzugsmerkmal berücksichtigt. Der Arbeitgeber muss ihn jedoch **vor Anwendung der Lohnsteuertabelle** abziehen, wenn der Arbeitnehmer die altersmäßigen Voraussetzungen erfüllt (§ 39b Abs. 2 Satz 3 EStG). Diese Entscheidung muss der **Arbeitgeber** selbständig treffen; Grundlage ist das in den Lohnsteuerabzugsmerkmalen des Arbeitnehmers eingetragene Geburtsdatum.

Vom **laufenden Arbeitslohn** ist höchstens der anteilige Betrag des Altersentlastungsbetrags abzuziehen. Der dem Lohnzahlungszeitraum entsprechende anteilige Höchstbetrag darf auch dann nicht überschritten werden, wenn in früheren Lohnzahlungszeiträumen desselben Kalenderjahres wegen der geringeren Höhe des Arbeitslohns ein niedrigerer Betrag als der Höchstbetrag berücksichtigt worden ist.

Eine **Verrechnung** des in einem Monat **nicht ausgeschöpften Höchstbetrags** mit den die Höchstbeträge übersteigenden Beträgen eines anderen Monats ist nicht zulässig. Eine Ausnahme gilt nur für den sog. Permanenten Lohnsteuer-Jahresausgleich (→ *Permanenter Lohnsteuer-Jahresausgleich* Rz. 3322). Eine Verrechnung ist lediglich beim **Lohnsteuer-Jahresausgleich** des Arbeitgebers oder bei der Veranlagung (→ *Veranlagung von Arbeitnehmern* Rz. 4233) zur Einkommensteuer möglich (dann Ansatz des Jahresbetrags).

Beispiel:

A, Frühpensionär, geb. am 1.12.1940 (d.h. Vollendung des 64. Lebensjahrs im Jahre 2004 und somit keine Kürzung des Altersentlastungsbetrags), ist nebenbei für ein Bewachungsunternehmen tätig und erzielt hierfür vom 1.1. bis 30.6.2025 einen „normal versteuerten" Arbeitslohn (Steuerklasse V) von monatlich 350 €, der ab 1.7.2025 auf monatlich 500 € aufgestockt wird. Der Jahresarbeitslohn beträgt somit 5 100 €.

Der Arbeitgeber hat beim laufenden Lohnsteuerabzug vor Anwendung der Lohnsteuertabelle als Altersentlastungsbetrag abzuziehen (keine Kürzungen, weil die für das Jahr 2005 festgestellten Beträge maßgebend bleiben)

- für die Monate Januar bis Juni monatlich jeweils 140 € (40 % von 350 €), insgesamt also 840 €, und
- für die Monate Juli bis Dezember monatlich jeweils 158 € (40 % von 500 €, höchstens aber 158 € = 1/12 von 1 900 €), insgesamt also 948 €.

Eine Übertragung der in den Monaten Januar bis Juni nicht ausgeschöpften Beträge für den Altersentlastungsbetrag von insgesamt 108 € (158 € – 140 € = 18 € × 6 Monate) auf die Monate Juli bis Dezember ist beim laufenden Lohnsteuerabzug nicht möglich. Während des Jahres wird hiernach nur ein Altersentlastungsbetrag von insgesamt 1 788 € abgezogen.

Der volle Altersentlastungsbetrag von 1 900 € kann erst beim Lohnsteuer-Jahresausgleich des Arbeitgebers berücksichtigt werden:

Jahresarbeitslohn	5 100 €
Altersentlastungsbetrag davon 40 %, höchstens	1 900 €
Maßgebender Jahresarbeitslohn für den Lohnsteuer-Jahresausgleich des Arbeitgebers	3 200 €

Der Altersentlastungsbetrag ist auch beim Lohnsteuerabzug nach der **Steuerklasse VI** zu berücksichtigen. Bei mehreren Dienstverhältnissen kann es somit zu einem mehrfachen Abzug des Altersentlastungsbetrags kommen. Dies wird nach Ablauf des Jahres dadurch korrigiert, dass Arbeitnehmer, die nebeneinander von mehreren Arbeitgebern Arbeitslohn bezogen haben, zur **Einkommensteuer veranlagt** werden (§ 46 Abs. 2 Nr. 2 EStG).

3. Sozialversicherung

Der steuermindernde Altersentlastungsbetrag wirkt sich in der 60
Sozialversicherung nicht aus. Bei der Beitragsberechnung ist ein Abzug nicht möglich.

Altersrenten

1. Vorbemerkung

Rentenversicherungsfreiheit für beschäftigte Altersvollrentner 61
besteht nur nach Erreichen der Regelaltersgrenze. Der Ar-

beitgeber hat weiterhin seinen Arbeitgeberanteil zu entrichten. Diese beschäftigten Altersvollrentner können nach Erreichen der Regelaltersgrenze auf die Rentenversicherungsfreiheit verzichten. Der Verzicht gilt nur mit Wirkung für die Zukunft und für die Dauer der Beschäftigung. Die Erklärung ist schriftlich gegenüber dem Arbeitgeber abzugeben. Diese Beiträge wirken sich bei einer Rentenneuberechnung rentensteigernd aus. Dies bedeutet aber auch, dass Beschäftigte über den Beginn einer vorzeitigen Altersvollrente hinaus bis zum Erreichen der Regelaltersgrenze rentenversicherungspflichtig bleiben. Im Rahmen einer **Bestandsschutzregelung** bleiben Arbeitnehmer, die am 31.12.2016 auf Grund des Bezuges einer Altersvollrente rentenversicherungsfrei beschäftigt waren, in dieser Beschäftigung rentenversicherungsfrei. Sie können aber gegenüber ihrem Arbeitgeber auf die Versicherungsfreiheit verzichten. Der Verzicht kann auch nur für die Zukunft erklärt werden und ist für diese Beschäftigung bindend.

In der **Arbeitslosenversicherung** ist ebenfalls der Arbeitgeberanteil ab dem Zeitpunkt des Erreichens der Regelaltersgrenze seit 1.1.2022 wieder zu entrichten.

2. Allgemeines

62 Rentenversicherte erhalten von der gesetzlichen Rentenversicherung eine Altersrente, wenn sie hierzu die persönlichen Voraussetzungen (z.B. Vollendung eines bestimmten Lebensalters) sowie eine Mindestversicherungszeit (Wartezeit) erfüllt haben. Altersrenten werden geleistet als

- Regelaltersrente,
- Altersrente für langjährig Versicherte,
- Altersrente für besonders langjährig Versicherte,
- Altersrente für Schwerbehinderte,
- Altersrente für langjährig unter Tage beschäftigte Bergleute.

Durch das **Grundrentengesetz** v. 12.8.2020 wurde 2021 eine sog. Grundrente eingeführt. Hierbei handelt es sich nicht um eine eigenständige Rente, sondern um einen **Zuschlag zur Rente aus der gesetzlichen Rentenversicherung**. Hierbei muss es sich nicht zwingend um eine Altersrente handeln, der Zuschlag wird auch zu einer Erwerbsminderungs-, Erziehungs- oder Hinterbliebenenrente gezahlt. Anspruchsberechtigt sind nicht nur neue Rentenbezieher, überprüft werden auch die ca. 26 Mio. Bestandsrenten. Die **Höhe der Grundrente** wird für jeden einzelnen Rentenbezieher individuell ermittelt: Wenn mindestens 33 Jahre Grundrentenzeiten vorliegen (aus Beschäftigung, Kindererziehung oder Pflegezeiten), soll die Rente um einen Zuschlag erhöht werden, wenn die Entgeltpunkte des Erwerbslebens unterdurchschnittlich, aber nicht ganz gering waren. Dabei soll der Zuschlag in einer Staffelung von 33 bis 35 Jahren ansteigend berechnet werden. Allerdings sollen diejenigen **keine Grundrente** erhalten, deren Arbeitsentgelte häufig lediglich die Bedeutung eines ergänzenden Einkommens hatten (z.B. durch **Minijobs**).

Einkommen oberhalb eines Einkommensfreibetrags wird auf die Grundrente angerechnet. Der Einkommensfreibetrag sichert, dass das Einkommen bis zu 1 375 € (Alleinstehende)/2 144 € (Paare) frei bleibt und darf nicht auf die Grundrente angerechnet werden. Der darüber liegende Teil des Einkommens wird zu 60 % angerechnet. Oberhalb von 1 759 € (Alleinstehende)/2 529 € (Paare) erfolgt eine volle Anrechnung. Die vorstehenden Werte haben Gültigkeit bis 30.6.2024. Der Freibetrag wird jährlich angepasst. Der Einkommensfreibetrag bezieht sich auf das **zu versteuernde Einkommen**, zu dem der steuerfrei gestellte Anteil der Rente, der Versorgungsfreibetrag und Kapitalerträge hinzugerechnet werden. Das zu versteuernde Einkommen ist geringer als das Bruttoeinkommen und wird individuell vom Finanzamt festgestellt. **Ein automatisierter Datenabgleich mit dem Finanzamt soll die Einkommensanrechnung einfach und bürgerfreundlich machen.** Weitere Informationen mit Beispielen finden Sie auf den Internetseiten des BMAS.

3. Lohnsteuer

63 **Zum steuerpflichtiger Arbeitslohn** rechnen auch die an Beamte gezahlten **Pensionen** sowie die an andere Arbeitnehmer vom früheren Arbeitgeber oder aus einer betrieblichen Unterstützungskasse gezahlten **Betriebsrenten, die nicht auf eigener Beitragsleistung des Arbeitnehmers beruhen** (§ 2 Abs. 2 Nr. 2 Satz 2 LStDV). Wenn der Arbeitnehmer bestimmte Voraussetzungen erfüllt, erhält er den **Versorgungsfreibetrag** und den **Zuschlag zum Versorgungsfreibetrag** nach § 19 Abs. 2 EStG (→ *Versorgungsbezüge* Rz. 4334, → *Versorgungsfreibeträge* Rz. 4340).

4. Rentenbesteuerung seit 2005

a) Allgemeines

Die unterschiedliche Besteuerung von Renten und Pensionen 64
hatte das **BVerfG** für verfassungswidrig erklärt und den Gesetzgeber aufgefordert, spätestens zum 1.1.2005 eine gesetzliche Neuregelung zu treffen (BVerfG v. 6.3.2002, 2 BvL 17/99, BStBl II 2002, 618). Im Rahmen des **Alterseinkünftegesetzes** v. 5.7.2004, BStBl I 2004, 554 ist deshalb die Besteuerung von Altersrenten grundlegend geändert worden: Das Gesetz beinhaltet eine **schrittweise Umstellung bis zum Jahre 2040** auf die sog. **nachgelagerte Besteuerung**, d.h. die Beiträge in die Rentenversicherung werden in vollem Umfang von der Einkommensteuer freigestellt und dafür die späteren Altersrenten in vollem Umfang der Einkommensteuer unterworfen.

Nachgelagert besteuert werden Leibrenten und andere Leistungen aus den **gesetzlichen Rentenversicherungen, den landwirtschaftlichen Alterskassen, berufsständischen Versorgungseinrichtungen und Leibrentenversicherungen**, die die Zahlung einer monatlichen, auf das Leben des Stpfl. bezogenen lebenslangen Leibrente nicht vor Vollendung des 60. Lebensjahrs des Berechtigten vorsehen. Die sich ergebenden Versorgungsansprüche dürfen außerdem nicht übertragbar, nicht beleihbar, nicht veräußerbar und nicht kapitalisierbar sein, und es darf über den Anspruch auf Leibrente hinaus kein Anspruch auf Auszahlungen bestehen. Auch **Renten wegen verminderter Erwerbsfähigkeit und Hinterbliebenenrenten** werden – sofern die Beiträge i.R. des Sonderausgabenabzugs für Altersvorsorgeaufwendungen steuermindernd berücksichtigt wurden – nachgelagert besteuert.

Sämtliche Renten mit Rentenbeginn bis einschließlich 2005 unterliegen seit dem Jahr 2005 einheitlich zu 50 % der Besteuerung. Der **steuerpflichtige** Anteil der Rente wird für jeden neu hinzukommenden Rentnerjahrgang bis zum Jahre 2020 in Schritten von 2 % auf 80 % und sollte anschließend in Schritten von 1 % **bis zum Jahre 2040 auf 100 % angehoben** werden. Mit dem Wachstumschancengesetz (Gesetz v. 27.3.2024, BGBl. I 2024, Nr. 108) hat der Gesetzgeber aber beginnend **ab dem Jahr 2023** den Anstieg des Besteuerungsanteils für jeden neuen Renteneintrittsjahrgang neu geregelt. Der Anstieg reduziert sich deshalb ab dem Jahr 2023 jeweils um einen halben Prozentpunkt. Für die „Kohorte" 2023 wird demnach der maßgebliche Besteuerungsanteil künftig anstatt 83 % nur noch 82,5 % betragen. Auf Grund dessen erreicht nach seinem kontinuierlichen Aufwuchs erstmals die „Kohorte" 2058 den Besteuerungsanteil von 100 % (§ 22 Nr. 1 Satz 3 EStG):

Jahr des Rentenbeginns	Besteuerungsanteil in %	Jahr des Rentenbeginns	Besteuerungsanteil in %
bis 2005	50,0	2032	87,0
ab 2006	52,0	2033	87,5
2007	54,0	2034	88,0
2008	56,0	2035	88,5
2009	58,0	2036	89,0
2010	60,0	2037	89,5
2011	62,0	2038	90,0
2012	64,0	2039	90,5
2013	66,0	2040	91,0
2014	68,0	2041	91,5
2015	70,0	2042	92,0
2016	72,0	2043	92,5
2017	74,0	2044	93,0
2018	76,0	2045	93,5
2019	78,0	2046	94,0
2020	80,0	2047	94,5
2021	81,0	2048	95,0
2022	82,0	2049	95,5
2023	82,5	2050	96,0
2024	83,0	2051	96,5
2025	83,5	2052	97,0
2026	84,0	2053	97,5

Jahr des Rentenbeginns	Besteuerungsanteil in %	Jahr des Rentenbeginns	Besteuerungsanteil in %
2027	84,5	2054	98,0
2028	85,0	2055	98,5
2029	85,5	2056	99,0
2030	86,0	2057	99,5
2031	86,5	2058	100,0

Der sich nach Maßgabe dieser Prozentsätze ergebende steuerfrei bleibende Teil der Jahresbruttorente wird für jeden Rentnerjahrgang als **Festbetrag bestimmt und auf Dauer festgeschrieben. Regelmäßige Rentenanpassungen führen nicht zur Erhöhung des steuerfreien Teils der Rente** (BFH v. 8.10.2013, X B 217/12).

Die **Festschreibung gilt erst ab dem Jahr, das auf das Jahr des ersten Rentenbezugs folgt**. Damit wird vermieden, dass in Abhängigkeit vom Renteneintrittsmonat im Jahr des Rentenbeginns sowie vor oder nach einer Rentenanpassung (vgl. § 65 SGB VI) bei ansonsten gleichem Sachverhalt ein unterschiedlicher steuerfreier Teil der Rente dauerhaft festgeschrieben wird. Der festgeschriebene steuerfreie Rentenbetrag ist für die Monate zu kürzen, in denen keine Rentenbezüge gezahlt werden. Damit wird ausgeschlossen, dass in Jahren, in denen Zahlungen nicht ganzjährig erfolgen, unvertretbar geringe oder sogar negative Einkünfte entstehen können.

Beispiel:

A ist im Sept. 2005 in Rente gegangen. A hat eine Rente von mtl. 1 000 € erhalten. Zum 1.7.2006 erfolgte eine Rentenanpassung auf 1 100 €. Lt. Rentenbezugsmitteilung der Deutschen Rentenversicherung Bund hat die Rente im Jahr 2025 15 000 € betragen.

Im **Jahr 2005** gilt ein Besteuerungsanteil von 50 %. A hatte 2005 daher folgende Beträge zu versteuern:

4 × 1 000 €	4 000 €
davon 50 % Besteuerungsanteil	2 000 €
– Werbungskosten-Pauschbetrag	102 €
zu versteuern	1 898 €

Für das **Jahr 2006** (Folgejahr = Jahr, das dem Jahr des Rentenbeginns folgt) gilt:

(6 × 1 000 €) + (6 × 1 100 €) ergibt Gesamtbetrag	12 600 €
davon 50 % dauerhafter Freibetrag	**6 300 €**
– Werbungskosten-Pauschbetrag	102 €
zu versteuern	6 198 €

Für die restliche Laufzeit der Rente wird **ein Freibetrag von 6 300 € festgeschrieben**. Dieser wird allerdings nur zeitanteilig gewährt, wenn die Rente nicht über das volle Jahr gezahlt wird.

Für 2025 gilt dann:

Rentenbezüge lt. Rentenbezugsmitteilung	15 000 €
– dauerhafter Freibetrag	**6 300 €**
– Werbungskosten-Pauschbetrag	102 €
zu versteuern	8 598 €

Bei einem **Renteneintritt im Jahre 2025** bleibt die höchste **Jahresbruttorente** bis zu einem Betrag von rund **16 853 €** im Jahr bzw. rund 1 379 € im Monat im Ergebnis steuerunbelastet (der Besteuerungsanteil beträgt 83,5 %). Siehe dazu ausführlich die auf den Internetseiten des BMF veröffentlichte „Übersicht zur Rentenbesteuerung 2025".

Bei den zusammen mit der „normalen" Erhöhung der gesetzlichen Leibrenten erfolgenden **Angleichung der Renten im Beitrittsgebiet (sog. Ostrenten)** an das Westniveau (sog. Westrenten) handelt es sich um eine „regelmäßige" Rentenanpassung i.S.d. § 22 Nr. 1 Satz 3 Buchst. a Doppelbuchst. aa Satz 7 EStG, so dass eine Anpassung des steuerfreien Anteils der Rente (Rentenfreibetrag) um den auf die Rentenangleichung entfallenden Anteil nicht veranlasst ist. Darin liegt keine verfassungswidrige Ungleichbehandlung zwischen den in den neuen Bundesländern gezahlten Altersrenten und den Altersrenten aus dem übrigen Bundesgebiet (BFH v. 3.12.2019, X R 12/18, BStBl II 2020, 386). Der BFH wies darauf hin, dass reguläre Rentenerhöhungen nach dem ausdrücklichen Willen des Gesetzgebers nicht zu einer Erhöhung des Rentenfreibetrags führen. Dies gelte nicht nur für die „normalen" (regelmäßigen) jährlichen Rentenerhöhungen, sondern auch für die Anpassung der in den neuen Bundesländern gezahlten Renten an das Westniveau. In beiden Fällen komme den regulären Rentenerhöhungen die soziale Funktion zu, die Stellung des Rentners im jeweiligen Lohngefüge zu erhalten und fortzuschreiben. Sie dynamisierten ähnlich einer Wertsicherungsklausel lediglich die Werthaltigkeit dieser Renten, im Fall der Anpassung des aktuellen Rentenwertes (Ost) bezogen auf das Lohngefüge des Beitrittsgebietes.

Die Nichterklärung von Berufsunfähigkeitsrenten (und anderen steuerpflichtigen Renten) in der Einkommensteuer-Erklärung kann u.U. als **Einkommensteuerhinterziehung** gewertet werden (FG Köln v. 22.6.2011, 4 K 950/08, EFG 2012, 1011).

Rentner sind auch dann zur Abgabe einer Einkommensteuererklärung verpflichtet, wenn ihnen das Finanzamt vor 2005 mitgeteilt hat, dass sie dazu nicht mehr verpflichtet seien (BFH v. 15.10.2014, X B 38/14, BFH/NV 2015, 156).

b) Einzelfragen

aa) Erwerbsminderungsrenten

Erwerbsminderungsrenten müssen – ebenso wie Altersrenten – 65
nach dem ab 2005 geänderten Recht mit dem Besteuerungsanteil von mindestens 50 % versteuert werden (BFH v. 9.12.2015, X R 30/14, BStBl II 2016, 624).

bb) Berufsunfähigkeitsrenten

Eine (**private**) Berufsunfähigkeitsrente ist eine **abgekürzte Leib-** 66
rente, die mit dem Ertragsanteil gem. § 22 Nr. 1 Satz 3 Buchst. a Doppelbuchst. bb Satz 4 EStG i.V.m. § 55 Abs. 2 EStDV besteuert wird, sofern nach den vertraglichen Bedingungen der Versicherung die Rentenansprüche nicht nur beim Tod des Versicherten, sondern auch dann erlöschen, wenn die Prämienzahlungsdauer der Hauptversicherung abläuft oder die Berufsunfähigkeit wegfällt (BFH v. 4.12.2012, X B 151/11).

Hat ein Stpfl. von einem **Jobcenter Leistungen nach dem SGB II bezogen** und erstattet die Deutsche Rentenversicherung Bund (DRV) infolge der späteren Bewilligung einer Erwerbsminderungsrente dem Jobcenter diese Leistungen, gilt sein Rentenanspruch insoweit gem. § 107 Abs. 1 SGB X als erfüllt. Die Erwerbsminderungsrente unterliegt bereits im Zeitpunkt des Zuflusses der Leistungen nach dem SGB II im Umfang der Erfüllungsfiktion mit ihrem Besteuerungsanteil der Einkommensteuer. Die Erfüllungsfiktion tritt auch dann ein, wenn die Sozialleistungen nach dem SGB II ggf. zu Unrecht gewährt worden sein sollten, sofern die Leistungen auf wirksamen und nicht offensichtlich fehlerhaften Bescheiden des Sozialleistungsträgers beruhen und tatsächlich eine Erstattung zwischen den beteiligten Sozialleistungsträgern gem. §§ 102 ff. SGB X vorgenommen wurde (BFH v. 15.5.2018, X R 18/16, HFR 2018, 955).

Die Rechtsprechung des BFH bezüglich des Zuflusses von Erwerbsminderungsrenten in den Fällen der Erfüllungsfiktion gem. § 103 Abs. 1 und § 107 Abs. 1 SGB X (vgl. BFH v. 15.5.2018, X R 18/16, HFR 2018, 955) ist auf Grund unterschiedlicher rechtlicher Ausgangslagen nicht auf Zahlungsvorgänge im Zusammenhang mit Berufsunfähigkeitsrenten und Krankentagegeldern aus rein privaten Versicherungen anzuwenden (FG Berlin-Brandenburg v. 7.11.2018, 7 K 7277/16, EFG 2019, 355 betr. den steuerrechtlichen Zufluss der Nachzahlung einer privaten Berufsunfähigkeitsrente bei gleichzeitiger Rückzahlung von Krankentagegeld).

Erkennt die Deutsche Rentenversicherung Bund (DRV) einem Stpfl., der im Veranlagungszeitraum 2025 Krankengeld und Übergangsgeld bezogen hatte, im Folgejahr rückwirkend ab März 2025 eine volle Erwerbsminderungsrente zu und zahlt die DRV einen Teil des Rentenbetrags zur Erfüllung erhobener Erstattungsansprüche gem. § 103 Abs. 1 und 2 i.V.m. § 107 Abs. 1 SGB X an die Krankenversicherung und die Agentur für Arbeit aus, unterliegen das im Jahr 2025 von der Krankenkasse gezahlte Krankengeld sowie das im Jahr 2025 gezahlte Übergangsgeld infolge der Erfüllungsfiktion des § 107 Abs. 1 SGB X in Höhe der von der DRV für das Jahr 2025 geleisteten Erstattungen als Leibrente mit ihrem Besteuerungsanteil gem. § 22 Nr. 1 Satz 3 Buchst. a Doppelbuchst. aa Satz 3 EStG im Veranlagungszeitraum 2025 der Einkommensteuer (FG Münster v. 17.5.2016, 5 K 1620/14 E).

Die Leistungen aus der Rente (hier Berufsunfähigkeitsrente) aus einem **Vertreterversorgungswerk sind als nachträgliche gewerbliche Einkünfte** zu behandeln. Maßgeblich hierfür ist ein enger wirtschaftlicher Zusammenhang mit der ehemaligen Tätigkeit als Versicherungsvertreter. Dieser ergibt sich aus der Versorgungszusage des Versicherungsunternehmens, der Vollfinanzierung der Rente durch dieses ohne eigene Beitragsleistung, der

Bemessung der Rente nach Bestand – unter Einbeziehung verschiedener Bewertungs- und Umrechnungsfaktoren – und Tätigkeitsdauer sowie aus dem Umstand, dass in Höhe des Barwerts der Rente ein Ausgleichsanspruch nicht entsteht (FG Nürnberg v. 25.7.2019, 6 K 1733/18).

Nach FinMin Schleswig-Holstein v. 26.11.2019, VI 303 – S 2255 – 212 (Einkommensteuer-Kurzinformation Nr. 2019/23), gilt Folgendes:

„Im Rahmen bestehender Versicherungsverträge über eine Berufsunfähigkeitsversicherung gehen Versicherungsunternehmen bei Eintritt des Versicherungsfalls vermehrt dazu über, den betroffenen Versicherungsnehmern eine Abfindung der Versicherungsansprüche anzubieten. Durch die Zahlung eines Einmalbetrages, der sich regelmäßig auf eine fünf- bis sechsstelligen Summe beläuft, werden sämtliche Ansprüche aus dem Versicherungsvertrag abgegolten.

Diese Vergleichs- bzw. Abstandszahlung aus dem bestehenden Vertrag einer Berufsunfähigkeitsversicherung stellt keine steuerbare Leistung i.S.d. § 22 Nr. 1 Satz 3 Buchst. a Doppelbuchst. bb EStG dar."

Hinweis:

Dies gilt nicht, wenn i.R. der betrieblichen Altersversorgung die Beiträge zu einer Berufsunfähigkeitsversicherung i.S.d. § 3 Nr. 63 EStG steuerfrei belassen worden sind. In solch einem Fall führen die Auszahlungen zu voll steuerpflichtigen sonstigen Einkünften (§ 22 Nr. 5 Satz 1 EStG). S. dazu → *Anhang, A. Lohnsteuer* Rz. 4831.

cc) Erziehungsrenten

67 Erziehungsrenten der gesetzlichen Rentenversicherung sind mit dem Besteuerungsanteil nach § 22 Nr. 1 Satz 3 Buchst. a Doppelbuchst. aa EStG zu besteuern. Sie unterscheiden sich von den nicht steuerbaren Schadensersatzrenten oder Unterhaltsrenten gem. § 844 Abs. 2 BGB, weil sie auf steuerlich abziehbaren Beiträgen in die gesetzliche Rentenversicherung beruhen (BFH v. 19.8.2013, X R 35/11, BStBl II 2014, 557 m.w.N.).

dd) Mütterrente

68 Die gesetzliche Rentenversicherung zahlt Müttern und Vätern zur Anerkennung von Erziehungszeiten die sog. Mütterrente. Es handelt sich **nicht um eine eigenständige Rente**, sondern um einen Teil der Leibrente aus der gesetzlichen Rentenversicherung (es werden zusätzliche Entgeltpunkte pro Kind gewährt).

Die Rentenerhöhung stellt keine regelmäßige Anpassung i.S.d. § 22 Nr. 1 Satz 3 Buchst. a Doppelbuchst. aa Satz 7 EStG dar. Es handelt sich vielmehr um einen Anwendungsfall des § 22 Nr. 1 Satz 3 Buchst. a Doppelbuchst. aa Satz 6 EStG. **Der steuerfreie Teil der Rente ist deshalb neu zu berechnen.**

Zur Neuberechnung s. LfSt Rheinland-Pfalz v. 5.8.2015, S 2255 A – St 32 3 (mit Beispielen).

ee) Kindererziehungsleistungen

69 Die Steuerfreistellung der Kindererziehungsleistungen, die den vor dem 1.1.1921 geborenen Müttern gem. § 3 Nr. 67 EStG gewährt werden, verstößt nicht gegen Art. 3 GG. Hierdurch wird vor allem die Benachteiligung der sog. **Trümmerfrauen** ausgeglichen, bei denen – im Gegensatz zu den später geborenen Müttern – die Zeiten der Kindererziehung nach dem Hinterbliebenenrenten- und Erziehungszeiten-Gesetz nicht rentenbegründend bzw. rentensteigernd angerechnet wurden (BFH v. 5.12.2012, X B 169/11). Eine entsprechende Anwendung auf Mütter, die nach 1920 geboren wurden, hat der BFH abgelehnt.

ff) Kinderzuschüsse

70 Kinderzuschüsse zu einer Rente, die von einem berufsständischen Versorgungswerk gezahlt werden, sind nach § 22 Nr. 1 Satz 3 Buchst. a Doppelbuchst. aa EStG steuerpflichtig und nicht wie die Kinderzuschüsse aus der gesetzlichen Rentenversicherung gem. § 3 Nr. 1b EStG steuerfrei (BFH v. 31.8.2011, X R 11/10, BStBl II 2012, 312). Durch die weite Formulierung „andere Leistungen" seien Kinderzuschüsse von der Besteuerung gem. § 22 Nr. 1 Satz 3 Buchst. a Doppelbuchst. aa EStG umfasst. Die unterschiedliche Behandlung der Kinderzuschüsse verstoße nicht gegen das Gleichbehandlungsgebot des Art. 3 GG.

gg) Rente auf Grund freiwilliger Versicherungspflicht

Die unterschiedliche steuerliche Behandlung der Renten aus der gesetzlichen Rentenversicherung und der § 22 Nr. 1 Satz 3 Buchst. a Doppelbuchst. bb EStG unterfallenden Renten verstößt nicht gegen den allgemeinen Gleichheitssatz des Art. 3 GG. Auch die freiwillig eingegangene Versicherungspflicht bei der gesetzlichen Rentenversicherung und die Nachentrichtung von Beiträgen ändert nichts daran, dass die bezogenen Leistungen unter die Vorschrift des § 22 Nr. 1 Satz 3 Buchst. a Doppelbuchst. aa EStG fallen und – grds. – nicht unter § 22 Nr. 1 Satz 3 Buchst. a Doppelbuchst. bb Satz 1 EStG (BFH v. 23.6.2017, X B 151/16, BFH/NV 2017, 1434 m.w.N.). 71

hh) Einmalige Kapitalabfindungen aus berufsständischen Versorgungseinrichtungen

Kapitalleistungen, die von berufsständischen Versorgungseinrichtungen nach dem 31.12.2004 gezahlt werden, sind als „andere Leistungen" mit dem Besteuerungsanteil gem. § 22 Nr. 1 Satz 3 Buchst. a Doppelbuchst. aa EStG zu besteuern. Die durch das Alterseinkünftegesetz begründete Steuerpflicht von Kapitalleistungen verstoße weder gegen den Gleichheitssatz noch gegen das Verbot der Doppelbesteuerung oder das der Rückwirkung. Die Kapitalleistungen berufsständischer Versorgungseinrichtungen können jedoch gem. § 34 Abs. 1 i.V.m. Abs. 2 Nr. 4 EStG ermäßigt besteuert werden (BFH v. 23.10.2013, X R 3/12, BStBl II 2014, 58). 72

ii) Renten an Verfolgte

Nach § 3 Nr. 8a EStG **steuerfrei** sind Renten wegen Alters und Renten wegen verminderter Erwerbsfähigkeit aus der gesetzlichen Rentenversicherung, die an **Verfolgte i.S.d. § 1 des Bundesentschädigungsgesetzes** gezahlt werden. Schwerpunkt der Regelung sind die Fälle, in denen der Anspruch auf Rentenzahlung wesentlich oder ausschließlich auf Anrechnungszeiten zum Ausgleich von Schäden in der Sozialversicherung für Zeiten der Verfolgung bzw. auf Zeiten der Beschäftigung in einem Ghetto während der Verfolgungszeit beruht. Hierfür bestehen unterschiedliche sozialversicherungsrechtliche Rechtsgrundlagen, wie das Gesetz zur Zahlbarmachung von Renten aus Beschäftigungen in einem Ghetto (ZRBG), das Gesetz zur Regelung der Wiedergutmachung nationalsozialistischen Unrechts in der Sozialversicherung (WGSVG) und das Fremdrentengesetz (FRG), auf deren Grundlage eine Sozialversicherungsrente an Verfolgte ermittelt bzw. zahlbar gemacht wird (OFD Frankfurt v. 4.5.2012, S 2342 A – 76 – St 213). 73

jj) Besteuerungsanteil von Folgerenten (z.B. Witwenrenten)

Die **Besteuerung von Hinterbliebenenrenten ist auch dann verfassungsgemäß**, wenn eine solche Rente mit anderen Einkünften zusammentrifft. Sofern bei Hinterbliebenenrenten überhaupt eine Prüfung der doppelten Besteuerung dieser Bezüge und der – von einer anderen Person getragenen – Altersvorsorgeaufwendungen vorzunehmen wäre, dann wäre zur Ermittlung der Höhe der steuerfreien Rentenbezüge jedenfalls auf die durchschnittliche statistische Lebenserwartung bei Rentenbeginn abzustellen. Dies gilt auch dann, wenn eine Witwen- oder Witwerrente im Einzelfall wegen Wiederverheiratung vorzeitig endet. Bei der Prüfung, ob rechnerisch eine doppelte Besteuerung von Altersbezügen und Altersvorsorgeaufwendungen gegeben ist, ist das Nominalwertprinzip zu Grunde zu legen (BFH v. 5.2.2018, X B 114/17, BFH/NV 2018, 614). 74

In der Praxis besteht häufig Unsicherheit bezüglich der **Festlegung des Besteuerungsanteils** sog. Folgerenten. Hierfür gilt Folgendes:

Folgen nach dem 31.12.2004 **Renten aus derselben Versicherung** einander nach (z.B. eine **Witwen-/Witwerrente folgt einer Altersrente des verstorbenen Ehegatten**), wird bei der Ermittlung des Prozentsatzes für die nachfolgende Rente nicht der tatsächliche Beginn der Folgerente herangezogen. Es wird ein **fiktives Jahr des Rentenbeginns ermittelt**, indem vom tatsächlichen Rentenbeginn der Folgerente die Laufzeit der vorhergehenden Rente abgezogen wird (§ 22 Nr. 1 Satz 3 Buchst. a Doppelbuchst. aa Satz 8 EStG, BMF v. 19.8.2013, IV C 3 – S 2221/12/10010 :004/IV C 5 – S 2345/08/0001, BStBl I 2013, 1087 Tz. 225 ff. mit Beispiel unter Berücksichtigung der Änderungen durch BMF v. 10.1.2014, IV C 3 – S 2221/12/10010 :003, BStBl I 2014, 70, BMF v. 4.7.2016, IV C 3 – S 2255/15/10001, BStBl I 2016, 645, BMF v. 19.12.2016, IV C 5 –

S 2345/07/0002, BStBl I 2016, 1433, BMF v. 28.9.2021, IV C 3 – S 2221/19/10050 :002, BStBl I 2021, 1831, und BMF v. 10.1.2022, IV C 3 – S 2221/19/10050 :002, BStBl I 2022, 36).

Bei Witwen-/Witwerrenten liegt die Erwägung zu Grunde, dass diese typischerweise überwiegend auf Beiträgen beruhen, die während der Dauer der Ehe gezahlt und aus gemeinsam erworbenem Einkommen entrichtet wurden. Der steuerfrei bleibende Teil der Folgerente wird erstmalig im Jahr, das dem Beginn der Folgerente folgt, festgeschrieben, Bemessungsgrundlage ist der volle Jahresbetrag der Folgerente. Der Besteuerungsanteil beträgt mindestens 50 %.

Angerechnet werden kann aber nur die Laufzeit der Altersrente des verstorbenen Ehegatten aus der gleichen Anwartschaft wie die Hinterbliebenenrente. Bezieht der überlebende Ehegatte zunächst eine Witwenrente und später eine **eigene Altersrente**, ist der Prozentsatz der eigenen Altersrente nach dem tatsächlichen Beginn dieser eigenen Rente zu bestimmen.

Diese Grundsätze zur Festlegung des Besteuerungsanteils sind z.B. auch bei Altersrenten, die **Erwerbsminderungsrenten** folgen, oder Renten wegen voller Erwerbsminderung, die teilweisen Erwerbsminderungsrenten nachfolgen, zu beachten.

Eine Hinterbliebenenrente aus der gesetzlichen Rentenversicherung ist auch dann steuerbar, wenn der **Tod des rentenversicherten Ehegatten auf einer Straftat beruht** und der Täter den Hinterbliebenen gem. § 844 Abs. 2 BGB zum Ersatz weggefallener Unterhaltsansprüche verpflichtet ist, dieser Ersatzanspruch aber nicht realisiert werden kann (BFH v. 5.12.2016, X B 91/16). Offengelassen hat der BFH die Frage, ob eine Witwenrente auch dann steuerbar ist, wenn es dem Rentenversicherungsträger tatsächlich gelingt, bei den Tätern Regress zu nehmen. Denn im Streitfall war es unstreitig, dass die Versuche des Rentenversicherungsträgers, bei den Tätern Regress zu nehmen, erfolglos geblieben sind.

kk) Rentenbezugsmitteilungen

75 Teil der gesetzlichen Neuregelung ist u.a. die Übermittlung sog. Rentenbezugsmitteilungen über die Höhe der Rentenzahlungen durch die Rentenversicherungsträger an die Finanzverwaltung (§ 22a EStG), welche die Einführung der **IdNr** (→ *Identifikationsnummer* Rz. 2575 ff.) ermöglicht hat (BMF v. 7.12.2011, IV C 3 – S 2257c/10/10005 :003, BStBl I 2011, 1223).

ll) Rentenversicherungsbeiträge als Werbungskosten abzugsfähig?

76 Die gesetzgeberische Qualifizierung von Altersvorsorgeaufwendungen als Sonderausgaben und die vorgesehene höhenmäßige Beschränkung des Sonderausgabenabzugs sind verfassungsrechtlich nicht zu beanstanden.

Hinweis: Die Altersvorsorgeaufwendungen wurden durch das Jahressteuergesetz 2022 bereits ab dem Kalenderjahr 2023 in vollem Umfang zum Abzug zugelassen. Mit der Änderung wird der bisher ab dem Jahr 2025 vorgesehene vollständige Sonderausgabenabzug auf das Jahr 2023 vorgezogen werden (§ 10 Abs. 3 Satz 6 EStG). Einzelheiten → *Vorsorgeaufwendungen* Rz. 4361.

5. Sozialversicherung

a) Kranken- und Pflegeversicherung

77 Beschäftigte Rentner sind in der Kranken- und Pflegeversicherung unabhängig von der bezogenen Rente versicherungspflichtig, sofern nicht auf Grund eines Ausschlusstatbestands Versicherungsfreiheit besteht (→ *Krankenversicherung: gesetzliche* Rz. 2760). Der Arbeitgeber hat wie bei allen anderen Beschäftigten die Beiträge aus dem Arbeitsentgelt zu berechnen. In der Krankenversicherung wird jedoch der ermäßigte Beitragssatz angewandt (→ *Beiträge zur Sozialversicherung* Rz. 1261, → *Übergangsbereich in der Sozialversicherung* Rz. 4137), denn beschäftigte **Altersrentner** haben keinen Anspruch auf Krankengeld. Hinsichtlich der Beitragstragung gelten die für Arbeitnehmer gültigen Regelungen (→ *Beiträge zur Sozialversicherung* Rz. 1261). Sofern die Beschäftigung **geringfügig** ausgeübt wird (→ *Mini-Jobs* Rz. 3167), besteht in der Kranken- und Pflegeversicherung Versicherungsfreiheit. Bei Rentnern, die eine geringfügige Beschäftigung i.S.d. § 8 Abs. 1 Nr. 1 SGB IV ausüben und somit krankenversicherungsfrei sind, hat der Arbeitgeber einen Beitragsanteil i.H.v. 13 % (bei Beschäftigten in Privathaushalten i.S.d. § 8a SGB IV: 5 %) zu übernehmen (→ *Beiträge zur Sozialversicherung* Rz. 1266, → *Mini-Jobs* Rz. 3163). I.d.R. ist der Rentner durch eine Pflichtversicherung in der Krankenversicherung der Rentner ausreichend für den Fall der Krankheit und der Pflegebedürftigkeit versichert. Die Kranken- und Pflegeversicherung der Rentner wird verdrängt, wenn auf Grund der Beschäftigung Kranken- und Pflegeversicherungspflicht besteht. Bei versicherungsfreien geringfügigen Beschäftigungen bleibt die Kranken- und Pflegeversicherung der Rentner bestehen. Besteht die Versicherungsfreiheit in der Krankenversicherung, weil der Rentner ein Arbeitsentgelt erhält, das die Jahresarbeitsentgeltgrenze in der Krankenversicherung überschreitet, tritt in der Krankenversicherung der Rentner keine Versicherungspflicht ein. In diesem Fall müsste sich der beschäftigte Rentner in der gesetzlichen Krankenversicherung **freiwillig versichern**. Dann besteht jedoch ein Anspruch auf Beitragszuschuss zur Kranken- und Pflegeversicherung (→ *Beitragszuschuss zur Krankenversicherung* Rz. 1315; → *Pflegeversicherung* Rz. 3401).

b) Rentenversicherung

Arbeitnehmer, die bereits eine **Vollrente wegen Alters** aus der gesetzlichen Rentenversicherung beziehen, sind während einer abhängigen Beschäftigung **rentenversicherungsfrei** (§ 5 Abs. 4 Nr. 1 SGB VI; → *Rentner* Rz. 3750). 78

Aus arbeitsmarktpolitischen Gründen hat aber der Arbeitgeber dennoch seinen Arbeitgeberanteil zur Rentenversicherung zu entrichten. In der Anmeldung hat der Arbeitgeber dies entsprechend zu kennzeichnen (Beitragsgruppe 3 in der Gruppe „Rentenversicherung"). Vgl. auch → *Meldungen für Arbeitnehmer in der Sozialversicherung* Rz. 3099.

Bei **Rentnern**, die eine **geringfügige Beschäftigung** i.S.d. § 8 Abs. 1 Nr. 1 SGB IV ausüben und somit rentenversicherungsfrei (Befreiung beantragt) sind, hat der Arbeitgeber einen Beitragsanteil i.H.v. 15 % (bei Beschäftigten im Privathaushalt i.S.d. § 8a SGB IV: 5 %) zu übernehmen (→ *Beiträge zur Sozialversicherung* Rz. 1266, → *Übergangsbereich in der Sozialversicherung* Rz. 4137, → *Mini-Jobs* Rz. 3163).

Bezieher einer **Teilrente wegen Alters** sind hingegen nicht rentenversicherungsfrei. Durch die vorgesehene Weiterbeschäftigung während eines gekürzten Rentenbezuges kann der Teilrentner durch weitere Beitragsleistungen ggf. seine bisherigen Rentenansprüche steigern.

c) Arbeitslosenversicherung

Beschäftigte Rentner sind grds. auch arbeitslosenversicherungspflichtig, wenn sie eine Vollzeitbeschäftigung ausüben. Bei einem monatlichen Arbeitsentgelt bis zur Geringfügigkeitsgrenze (→ *Mini-Job* Rz. 3166) besteht jedoch Arbeitslosenversicherungsfreiheit. Rentner sind in der Arbeitslosenversicherung versicherungsfrei, wenn sie das Alter zum Bezug einer Regelaltersrente erreicht haben. Bis zum 31.12.2007 war mit Vollendung des 65. Lebensjahres diese Voraussetzung erfüllt. Mit dem Gesetz zur Anpassung der Regelaltersgrenze an die demografische Entwicklung und zur Stärkung der Finanzierungsgrundlagen der gesetzlichen Rentenversicherung (RV-Altersgrenzenanpassungsgesetz) v. 20.4.2007 (BGBl. I 2007, 554) wurde die Altersgrenze für die Regelaltersrente von bisher 65 Jahren auf das 67. Lebensjahr stufenweise angehoben. Mit dem Gesetz über Leistungsverbesserungen in der gesetzlichen Rentenversicherung wurde zum 1.7.2014 die abschlagsfreie Altersrente ab 63 Jahren unter Erfüllung einer Wartezeit von 45 Jahren eingeführt. Hierbei handelt es sich um eine zeitliche befristete Absenkung der Altersgrenze. Rentner sind dann arbeitslosenversicherungsfrei, wenn sie das Lebensjahr für den Anspruch auf Regelaltersrente i.S.d. SGB VI vollenden. Die Versicherungsfreiheit tritt mit Ablauf des Monats, in dem sie das maßgebliche Lebensjahr vollenden, ein (→ *Beiträge zur Sozialversicherung* Rz. 1289). Allerdings hat der Arbeitgeber wie in der Rentenversicherung den halben Anteil (Arbeitgeberanteil) zur Arbeitslosenversicherung zu entrichten (→ *Arbeitslosenversicherung* Rz. 718). 79

Altersteilzeit

Inhalt

1. Allgemeines

80 Die Altersteilzeit ist im Altersteilzeitgesetz (AltTZG) v. 23.7.1996 geregelt, welches wiederholt geändert und ergänzt wurde, zuletzt durch Art. 12 Abs. 16 des Gesetzes v. 16.12.2022, BGBl. I 2022, 2328.

Durch das Gesetz zur Verbesserung der Rahmenbedingungen für die Absicherung flexibler Arbeitszeitregelungen und zur Änderung anderer Gesetze ist die Förderung durch die Bundesagentur für Arbeit weggefallen. **Danach gibt es zu einer seit 1.1.2010 beginnenden Altersteilzeit keine Subventionsleistungen der BA für Aufstockungsbeträge mehr**; die Altersteilzeit wurde seinerzeit ferner in das System der Langzeitkonten eingebettet (s. die Darstellung von Hanau, Neue Altersteilzeit, NZA 2009, 225).

Ein **gesetzlicher Anspruch** des Arbeitnehmers auf Gewährung von Altersteilzeit gegen den Arbeitgeber besteht **nicht**. Ein Anspruch kann sich erst aus einer Individualvereinbarung, aus einem Tarifvertrag oder aus einer Betriebsvereinbarung (vgl. BAG v. 10.12.2013, 1 ABR 39/12) ergeben und richtet sich dann nach den dort vorgegebenen Voraussetzungen und Bedingungen. Aus einer allgemeinen Formulierung wie z.B. *„Individuelle Altersteilzeitvereinbarungen sind im Rahmen der gesetzlichen Regelungen möglich."* lässt sich indes kein Anspruch auf Abschluss eines Altersteilzeitarbeitsvertrages herleiten (LAG Rheinland-Pfalz v. 28.1.2021, 2 Sa 155/20).

Regelmäßig sehen solche Kollektivregelungen sog. Überlastungsquoten vor, die den Arbeitgeber vor der Überforderung durch zu viele Bewerber schützen sollen (vgl. LAG Sachsen v. 26.9.2018, 5 Sa 280/17). Insoweit kommt in der Praxis den verbreiteten **flankierenden Tarifverträgen** zu Begründung und Inhalt der Altersteilzeit besondere Bedeutung zu. Will ein Arbeitnehmer den in einer **Betriebsvereinbarung** geregelten Anspruch auf Abschluss eines Altersteilzeitarbeitsvertrags geltend machen, muss das Altersteilzeitarbeitsverhältnis innerhalb der Geltungsdauer der Betriebsvereinbarung beginnen; der Anspruch erlischt mit Ende der Betriebsvereinbarung bzw. entsteht nicht, wenn die Anspruchsvoraussetzungen erst nach Ablauf der Betriebsvereinbarung erfüllt sind. Die Umwandlung eines Arbeitsverhältnisses in ein Altersteilzeitarbeitsverhältnis muss also innerhalb der Laufzeit der Betriebsvereinbarung bewirkt werden (BAG v. 29.4.2015, 9 AZR 999/13).

Das Altersteilzeitarbeitsverhältnis muss vor seinem Beginn vereinbart worden sein, wobei die allgemeinen zivilrechtlichen Regelungen (§§ 145 ff. BGB) bei der Beantwortung der Frage zu beachten sind, ob die Arbeitsvertragsparteien sich tatsächlich auf den Abschluss eines Altersteilzeitvertrags verständigt haben (LAG Köln v. 23.6.2021, 3 Sa 115/21). Die gesetzlichen Vergünstigungen beschränken die Arbeitsvertragsparteien bei der Gestaltung von Altersteilzeitarbeit. Eine **rückwirkende** Umwidmung oder **Umwandlung** eines „normalen" Arbeitsvertrags in einen Altersteilzeitarbeitsvertrag mit Wirkung gegenüber der Sozialversicherung oder der BA ist deshalb grds. **ausgeschlossen** (BAG v. 4.5.2010, 9 AZR 155/09); hiervon besteht jedoch für den Fall eine **Ausnahme**, dass die rückwirkende Begründung des Altersteilzeitarbeitsvertrags das Ergebnis einer (gerichtlichen) Auseinandersetzung ist (BAG v. 23.1.2007, 9 AZR 393/06).

Eine Vereinbarung, die regelt, dass der Arbeitnehmer während der Altersteilzeit ein „sabbatical" nimmt und von der Arbeitsleistung völlig freigestellt wird, erfüllt die Voraussetzungen des § 2 Abs. 1 Nr. 2 AltTZG 1996 bzw. des § 237 SGB VI nicht.

Führt die Altersteilzeitvereinbarung durch fehlerhafte Veranlassung des Arbeitgebers nicht zu einem Anspruch auf vorzeitige Altersrente, muss der Arbeitgeber **Schadensersatz** leisten (BAG v. 10.2.2004, 9 AZR 401/02). **Schwerbehinderte** haben keinen Anspruch, aus Gleichbehandlung bzw. wegen Diskriminierung, im Hinblick auf ihre frühere Rentenmöglichkeit bevorzugt zu werden (BAG v. 18.11.2003, 9 AZR 122/03); das Ausscheiden vor Vollendung des 65. Lebensjahrs bei Altersrente wegen Schwerbehinderung ist keine unzulässige Benachteiligung (BAG v. 27.4.2004, 9 AZR 18/03).

Ein tarifvertraglicher Anspruch auf Altersteilzeit kann auf 5 % der Arbeitnehmer eines Betriebs begrenzt werden, **Überforderungsschutz** (BAG v. 18.9.2001, 9 AZR 397/00); bei der Berechnung der – tariflichen – **Überlastquote** ist auf den Betrieb, nicht auf den Betriebsteil abzustellen (BAG v. 12.8.2008, 9 AZR 620/07).

Trifft der Arbeitgeber aber freiwillig mit über 5 % seiner Belegschaft Altersteilzeitvereinbarungen, ist er an den arbeitsrechtlichen **Gleichbehandlungsgrundsatz** gebunden (BAG v. 15.4.2008, 9 AZR 111/07). Schließt der Arbeitgeber mit Arbeitnehmern Altersteilzeitverträge, obwohl er wegen Überschreitens der in § 3 Abs. 1 Nr. 3 erste Alternative AltTZG geregelten **Überlastungsquote** hierzu nicht verpflichtet ist, erbringt er eine freiwillige Leistung und hat deshalb bei der Entscheidung über den Antrag eines Arbeitnehmers auf Abschluss eines Altersteilzeitarbeitsvertrags den arbeitsrechtlichen Gleichbehandlungsgrundsatz zu beachten (BAG v. 15.11.2011, 9 AZR 387/10).

Der vollständige Ausschluss Teilzeitbeschäftigter von der Gewährung bezahlter Altersfreizeit in einem Manteltarifvertrag verstößt gegen § 4 Abs. 1 Satz 2 TzBfG. Mit der Regelung haben die Tarifvertragsparteien ihre Rechtsetzungsbefugnis – auch unter Berücksichtigung ihres Beurteilungs- und Ermessensspielraums – überschritten. Aus § 4 Abs. 1 Satz 2 TzBfG folgt, dass die Tarifregelung nach § 134 BGB nichtig ist. Die Diskriminierung kann allein durch eine „Anpassung nach oben" beseitigt werden (BAG v. 9.7.2024, 9 AZR 296/20).

Auch in der Altersteilzeit ist im Verhältnis der Arbeitnehmer in Altersteilzeit zu den anderen vollzeit- oder teilzeitbeschäftigten Arbeitnehmern der **Gleichbehandlungsgrundsatz** zu beachten (BAG v. 21.1.2003, 9 AZR 4/02). Insoweit verstößt es z.B. gegen den Gleichbehandlungsgrundsatz, wenn ein Arbeitgeber zwar seinen vollzeit- und teilzeitbeschäftigten Arbeitnehmern auf Grund einer Gesamtzusage eine jährliche **Leistungsprämie** gewährt, Altersteilzeitarbeitnehmer aber hiervon ohne billigenswerte Gründe ausschließt; unerheblich ist, dass der Arbeitgeber in seiner Gesamtzusage auf die Freiwilligkeit der Leistung hinweist (BAG v. 24.10.2006, 9 AZR 681/05). Dementsprechend ist ein Stichtag in einer Gesamtzusage, wonach einem Arbeitnehmer, der sich nach dem Stichtag in der Freistellungsphase der Altersteilzeit im Blockmodell befindet, eine Inflationsausgleichsprämie, die zugleich auch Arbeitsleistung belohnt, nicht zusteht, unwirksam. Wird eine Inflationsausgleichsprämie an Teilzeitbeschäftigte entsprechend der Höhe ihres Arbeitszeitanteils gezahlt, spricht dies für eine Honorierung von Arbeitsleistung (LAG Düsseldorf v. 19.7.2024, 7 Sa 1186/23; anders wohl LAG Hamm v. 11.6.2024, 16 SLa 27/24).

Das im **Blockmodell** während der Freistellungsphase der Altersteilzeit zu zahlende **Entgelt** ist Gegenleistung für die während der Arbeitsphase über die verringerte Arbeitszeit hinausgehende Arbeit. Das in der Arbeitsphase angesparte Wertguthaben wird in der Freistellungsphase ausgeglichen. Für die Bemessung der Altersteilzeitvergütung während der Freistellungsphase ist grundsätzlich **spiegelbildlich** dieselbe tarifliche Vergütungsgruppe zu Grunde zu legen, nach der während der Arbeitsphase die Vergütung bemessen worden war (BAG v. 4.10.2005, 9 AZR 449/04; BAG v. 19.4.2012, 6 AZR 14/11). D.h.: Monatlich zu zahlende Bezüge, die der Altersteilzeitarbeitnehmer in der Arbeitsphase des Blockmodells angespart hat, werden **zeitversetzt in dem Monat der Freistellungsphase** fällig. Das bedeutet, dass das in dem ersten Monat der Arbeitsphase angesparte Entgelt in dem ersten Monat der Freistellungsphase zu zahlen ist. Die in den folgenden Monaten angesparten Entgelte werden jeweils in einer weiteren Folge fällig, so dass die Ordnungszahl des Monats der Arbeitsphase der Ordnungszahl des Monats der Freistellungsphase entspricht (BAG v. 21.1.2011, 9 AZR 870/09).

Sofern dem Arbeitnehmer die **Dienstwagennutzung** nur während der Arbeitsphase im sog. Blockmodell, nicht aber während der Freistellungsphase eingeräumt ist, liegt zwar eine Entgeltreduzierung bezogen auf diesen Entgeltbestandteil auf 50 % vor. In dieser Phase baut sich jedoch kein Wertguthaben zu Gunsten des Arbeitnehmers auf. Dieser erhält vielmehr den eigentlich erst auf die Freistellungsphase entfallenden Entgeltbestandteil bereits vorab in der Arbeitsphase; die private Nutzungsmöglichkeit des Pkw steht ihm nämlich in diesem Zeitraum uneingeschränkt – und nicht nur reduziert hälftig – zur Verfügung (LAG Baden-Württemberg v. 5.12.2018, 4 Sa 32/18).

Während der Freistellungsphase einer Altersteilzeit im Blockmodell entstehen keine Urlaubsansprüche (LAG Düsseldorf v. 13.7.2018, 6 Sa 272/18; a.A. ArbG Aachen v. 22.3.2018, 2 Ca 706/17).

Kommt es in der Freistellungsphase zu **Lohnerhöhungen**, einem Einfrieren oder einer Kürzung von Zuwendungszahlungen, ist (mindestens) das auszuzahlen, was der Altersteilzeitarbeitnehmer erarbeitet hat (BAG v. 22.5.2012, 9 AZR 423/10). Er darf aber von tariflichen Vergütungsänderungen, die nach dem ersten Monat der Freistellungsphase wirksam werden, ausgenommen werden (BAG v. 19.1.2016, 9 AZR 564/14). Allerdings ist es grds. sowohl arbeits- als auch sozialrechtrechtlich zulässig, wenn das in der Arbeitsphase insgesamt angesparte Entgelt durch die Zahl der Monate der Freistellungsphase geteilt und mit einem monatlich gleichbleibenden Durchschnittsbetrag in der Freistellungsphase ausgezahlt wird.

Eine **betriebsbedingte Kündigung** des Arbeitnehmers in der Freistellungsphase der Altersteilzeit ist nicht sozial gerechtfertigt (BAG v. 5.12.2002, 2 AZR 571/01), wohl aber eine betriebsbedingte Kündigung in der Arbeitsphase wegen Stilllegung des Betriebs (BAG v. 16.6.2005, 6 AZR 476/04).

Bei einem **Betriebsübergang** während der Altersteilzeit geht das Arbeitsverhältnis des Arbeitnehmers in Altersteilzeit auf den neuen Betriebsinhaber über, und zwar sowohl in der Arbeitsphase (BAG v. 19.10.2004, 9 AZR 645/03) als auch in der Freistellungsphase (BAG v. 31.1.2008, 8 AZR 27/07).

Beliebt zu sein scheint in der Praxis ein gezielter **Wechsel der Steuerklasse** im Zusammenhang mit der Altersteilzeit im Hinblick auf die Pflicht des Arbeitgebers zur Aufstockung der Nettovergütung. Das **BAG** hat sich insoweit in zwei Entscheidungen v. 9.9.2003, 9 AZR 554/02 und 9 AZR 605/02, mit der Frage beschäftigt, wann ein Wechsel der Steuerklasse im Zusammenhang mit Altersteilzeit zu Lasten des Arbeitgebers rechtsmissbräuchlich ist. Diese Vorgänge waren im Zusammenhang mit § 5 Abs. 2 des Tarifvertrags zur Regelung der Altersteilzeit im öffentlichen Dienst zu sehen, nach der der Arbeitgeber verpflichtet ist, das während der Altersteilzeit herabgesetzte Einkommen des Arbeitnehmers durch Aufstockungsleistungen auf 83 % seines bisherigen Nettoeinkommens zu erhöhen. Insoweit erhöhten sich durch den Wechsel der Steuerklasse die vom Arbeitgeber zu zahlenden Leistungen. Der Arbeitgeber kann dem Arbeitnehmer den Einwand des Rechtsmissbrauchs entgegenhalten, wenn die **Änderung der Steuermerkmale ohne sachlichen Grund** erfolgt. Das ist regelmäßig anzunehmen, wenn der Wechsel nur erfolgt, um den Arbeitgeber zu höheren Zahlungen zu verpflichten. Dies ist wiederum insbesondere der Fall, wenn die gewählte Steuerklassen-Kombination für den Arbeitnehmer und seinen Ehegatten steuerlich nachteilig ist. Maßgebend sind insoweit die monatlich anfallenden steuerpflichtigen Arbeitsentgelte beider Ehegatten. Ein Rechtsmissbrauch ist dann nicht gegeben, wenn die gewählte Steuerklassen-Kombination **steuerlich vernünftig** ist. Die Wahl der **Steuerklassenkombination IV/IV** ist regelmäßig **nicht missbräuchlich** (BAG v. 13.6.2006, 9 AZR 423/05).

Hinsichtlich der Aufstockung des Arbeitsentgelts in der Altersteilzeit gilt: Eine sich aus dem sog. **Progressionsvorbehalt** ergebende höhere Einkommensteuer (Schattenbesteuerung) fällt allein dem Arbeitnehmer zur Last und ist nicht vom Arbeitgeber zu erstatten (BAG v. 25.6.2002, 9 AZR 155/01).

Zu den Problemen und **Störfällen** aus der Verzahnung der nicht immer kompatiblen Regelungen aus Arbeitsrecht, Sozialversicherungsrecht und Steuerrecht s. Debler, NZA 2001, 1285.

Zum Störfall einer **vorzeitigen Beendigung** des Altersteilzeitverhältnisses gilt: Die vom Arbeitnehmer erbrachte **Vorleistung ist auszugleichen** (BAG v. 14.10.2003, 9 AZR 146/03, und BAG v. 18.11.2003, 9 AZR 270/03). Dies gilt indes nicht im sog. **kontinuierlichen Modell**. Im Falle des kontinuierlichen Modells der Altersteilzeit arbeitet ein Arbeitnehmer durchgehend mit der Hälfte der Arbeitszeit und erhält hierfür – ergänzt durch Aufstockungsbeträge – fortlaufend auch die Hälfte der Vergütung ausgezahlt. Ein Wertguthaben, das im Falle vorzeitiger Beendigung des Altersteilzeitarbeitsverhältnisses ausgezahlt werden müsste, wird infolge dieser fortlaufenden Auszahlung der Teilzeitvergütung im kontinuierlichen Modell der Altersteilzeit gerade nicht angespart. Der Altersteilzeitler hat daher bei vorzeitiger Beendigung der Altersteilzeit keinen Anspruch auf Zahlung der Differenz zwischen der Altersteilzeitvergütung und einer Vollzeitvergütung (LAG Hamm v. 3.1.2025, 9 Sa 909).

Das Altersteilzeitverhältnis ist ein **Arbeitsverhältnis**. Es kann als normales Teilzeitarbeitsverhältnis, mit **Blockarbeitszeit**, aber **auch** als **Abrufarbeitsverhältnis** oder in **Jobsharing** ausgestaltet werden. In der Altersteilzeitvereinbarung kann vorgesehen werden, dass es enden soll, wenn der Arbeitnehmer Anspruch auf Rente wegen Alters hat (§ 8 Abs. 3 AltTZG). Mit der Änderung des § 8 Abs. 3 AltTZG durch das RV-Altersgrenzenanpassungsgesetz v. 20.4.2007, BGBl. I 2007, 554 hat der Gesetzgeber klargestellt, dass Vereinbarungen über Altersteilzeit, die die Beendigung des Arbeitsverhältnisses ohne Kündigung zu einem Zeitpunkt vorsehen, in dem der Arbeitnehmer einen Anspruch auf Rente nach Altersteilzeitarbeit (§ 237 SGB VI) oder auf eine andere Altersrente hat, wirksam sind. Bei einer **auflösenden Bedingung** (Beendigung des Altersteilzeitverhältnisses vor Ablauf der vereinbarten Zeitbefristung durch frühestmögliche Beanspruchung gesetzlicher Altersrente) darf es sich nicht um eine **Überraschungsklausel** i.S.d. § 305c Abs. 1 BGB handeln (BAG v. 8.8.2007, 7 AZR 605/06).

Geklärt ist die Rechtslage zu der Frage, ob Arbeitnehmer in Altersteilzeit in der **Freistellungsphase** noch **mitzuzählen** sind, wenn es um die Anzahl der Arbeitnehmer in bestimmten gesetzlichen Regelungszusammenhängen geht, z.B. nach § 23 KSchG oder § 9 BetrVG, oder um das aktive und passive Wahlrecht nach §§ 7, 8 BetrVG: Diese Arbeitnehmer zählen nicht mit (BAG v. 16.4.2003, 7 ABR 53/02). Im mitbestimmten Aufsichtsrat verliert ein solcher Arbeitnehmer sein Mandat (BAG v. 25.10.2000, 7 ABR 18/00).

Bei krankheitsbedingter **Arbeitsunfähigkeit** während der Arbeitsphase besteht der Anspruch auf die **Aufstockungsleistungen** längstens für die Dauer der Entgeltfortzahlung. Diese Leistungen sind an den Arbeitnehmer längstens bis zum Ablauf der Fristen für die Zahlung von „Krankenbezügen" zu erbringen; im Fall langanhaltender Arbeitsunfähigkeit während des Altersteilzeitarbeitsverhältnisses über diese Fristen hinaus besteht kein Anspruch auf weitere Aufstockungsleistungen (BAG v. 15.8.2006, 9 AZR 639/05).

Bei **Insolvenz** gilt für die **Vergütungsansprüche** bei Altersteilzeit im Blockmodell (BAG v. 19.10.2004, 9 AZR 647/03):

- Die in der **Arbeitsphase vor Insolvenzeröffnung** erarbeiteten Ansprüche sind Insolvenzforderungen. Die **nach Insolvenzeröffnung** erarbeiteten Ansprüche sind Masseforderungen.
- Die spiegelbildlich zur Arbeitsphase in der **Freistellungsphase** zu leistende Vergütung ist **spiegelbildlich** Insolvenzforderung/ Masseforderung (vgl. BAG v. 27.7.2017, 6 AZR 801/16).
- Die **Masseforderung** umfasst auch den **Aufstockungsbetrag**.

In der Blockaltersteilzeit sind Vergütungsansprüche des Arbeitnehmers in der Freistellungsphase, die für seine vor Insolvenzeröffnung geleistete Arbeit geschuldet sind, als Insolvenzforderungen zu qualifizieren, die in einem Insolvenzplanverfahren nach Verfahrensaufhebung nur noch in Höhe der im Insolvenzplan festgelegten Planquote durchgesetzt werden können (LAG Rheinland-Pfalz v. 20.5.2021, 2 Sa 170/20).

Der **Geschäftsführer** einer GmbH-Arbeitgeberin **haftet** regelmäßig nicht persönlich im Wege der Durchgriffshaftung bei unterbliebener Sicherung des Wertguthabens nach § 8a Abs. 1 AltTZG a.F. (BAG v. 23.2.2010, 9 AZR 44/09). Den **Geschäftsführer** trifft vielmehr nur in den Fällen eine **Eigenhaftung**, in denen ein besonderer Haftungsgrund vorliegt (BAG v. 12.4.2011, 9 AZR 229/10). Spiegelt der **Geschäftsführer** allerdings vor, die tariflich vorgeschriebene **Insolvenzsicherung** aus einem Altersteilzeitarbeitsverhältnis sei erfolgt, kann dies wegen Betrugs seine persönliche **Schadensersatzpflicht** begründen. Der Geschäftsführer haftet dann persönlich für den Schaden, der dem Arbeitnehmer durch die (teilweise) Nichterfüllung seines erarbeiteten und nicht gesicherten Wertguthabens in der Insolvenz entsteht (BAG v. 13.2.2007, 9 AZR 207/06).

2. Begünstigter Personenkreis

81 Die Steuerbefreiung des § 3 Nr. 28 EStG gilt für Arbeitnehmer, die

- das 55. Lebensjahr vollendet haben,
- auf Grund einer Vereinbarung mit dem Arbeitgeber, die sich zumindest auf die Zeit erstrecken muss, bis eine Rente wegen Alters beansprucht werden kann, ihre Arbeitszeit auf die Hälfte der bisherigen wöchentlichen Arbeitszeit vermindert haben, in dieser Beschäftigung versicherungspflichtig nach den Vorschriften des SGB III sind, und
- in den letzten fünf Jahren vor Beginn der Altersteilzeitarbeit mindestens 1080 Kalendertage (drei Jahre) in einer arbeitslosenversicherungspflichtigen Beschäftigung gestanden haben. Den Beschäftigungszeiten stehen u.a. Zeiten mit Anspruch auf Arbeitslosengeld, Arbeitslosenhilfe oder Arbeitslosengeld II gleich (s. ausführlich R 3.28 Abs. 1 LStR).

Die teilweise **Refinanzierung** der Altersteilzeitvergütung setzt die **Verminderung** der vorherigen vereinbarten wöchentlichen Arbeitszeit **auf die Hälfte** voraus; insoweit handelt es sich bei einer über zwei Jahre vor dem Übergang in die Altersteilzeit um 3,5 Stunden erhöhten Arbeitszeit nicht um Überarbeit, sondern um die regelmäßige vereinbarte Arbeitszeit (BAG v. 18.8.2009, 9 AZR 482/08; vgl. auch BAG v. 14.8.2007, 9 AZR 18/07).

Die Altersteilzeitarbeit kann auch in der Weise geleistet werden, dass die wöchentliche Arbeitszeit im Durchschnitt eines Zeitraums von bis zu drei Jahren oder bei Regelung in einem Tarifvertrag oder in einer Regelung der Kirchen und der öffentlich-rechtlichen Religionsgesellschaften im Durchschnitt eines Zeitraums von bis zu sechs Jahren die Hälfte der bisherigen wöchentlichen Arbeitszeit nicht überschreitet. In einem solchen **Blockzeitmodell** werden in aller Regel zwei gleich große Zeitblöcke gebildet (eine Arbeitsphase und eine sich hieran anschließende Freizeitphase von entsprechender Dauer). Auch in diesem Fall muss während der gesamten Dauer der Altersteilzeitarbeit eine versicherungspflichtige Beschäftigung nach den Vorschriften des SGB III gewährleistet sein.

Nicht tarifgebundene Arbeitgeber **im Geltungsbereich** eines Tarifvertrags zur Altersteilzeit können diese tarifvertragliche Regelung zur Altersteilzeit durch Betriebsvereinbarung bzw. in Betrieben ohne Betriebsrat einzelvertraglich übernehmen. Lässt der Tarifvertrag Regelungen über Altersteilzeitarbeit auf der Betriebsebene zu (Öffnungsklausel), können entsprechende Regelungen auch in Betrieben nicht tarifgebundener Arbeitgeber auf der Grundlage eines übernommenen Tarifvertrags durch Betriebsvereinbarung getroffen werden. In einem Bereich, in dem tarifvertragliche Regelungen zur Verteilung der Arbeitszeit nicht getroffen sind oder üblicherweise nicht getroffen werden, kann eine Regelung über die unterschiedliche Verteilung der Arbeitszeit mit einem Verteilzeitraum von mehr als drei Jahren durch eine Betriebsvereinbarung oder, wenn ein Betriebsrat nicht besteht, durch schriftliche Vereinbarung zwischen Arbeitgeber und Arbeitnehmer getroffen werden.

3. Wiederbesetzung des Arbeitsplatzes

Der förderrechtliche Teil des AltTZG war bis zum 31.12.2009 befristet und auf Grund des Zeitablaufs nicht (mehr) von praktischer Relevanz. Eine Förderung kommt nur noch in Betracht, wenn die Voraussetzungen des § 2 AltTZG – Wiederbesetzung des Arbeitsplatzes mit einem bei der Agentur für Arbeit arbeitslos gemeldeten Arbeitnehmer oder mit einem Arbeitnehmer nach Abschluss der Ausbildung – erstmals bis zu diesem Zeitpunkt vorgelegen haben. Eine Wiederbesetzung muss zu diesem Zeitpunkt noch nicht erfolgt sein. 82

4. Lohnsteuer

a) Allgemeine Grundsätze

Nach § 3 Nr. 28 EStG **sind steuerfrei und** gehören damit auch nicht zum sozialversicherungsrechtlichen Entgelt 83

- **die Aufstockungsbeträge** i.S.d. § 3 Abs. 1 Nr. 1 Buchst. a AtG, selbst wenn der Arbeitgeber – wie z.B. im Fall der Arbeitsunfähigkeit nach Ablauf der Entgeltfortzahlung – nur Aufstockungsbeträge i.S.d. § 3 Abs. 1 Nr. 1 Buchst. a AtG,
- **die zusätzlichen Beiträge zur gesetzlichen Rentenversicherung** i.S.d. § 3 Abs. 1 Nr. 1 Buchst. b AltTZG,
- Zahlungen des Arbeitgebers zur **Übernahme der Beiträge i.S.d. § 187a SGB VI, durch die Rentenminderungen bei vorzeitiger Inanspruchnahme der Altersrente vermieden** werden sollen; die Beiträge des Arbeitgebers müssen nicht durch eine vorzeitige Rente wegen Altersteilzeit veranlasst sein (FinMin Saarland v. 27.11.2001, B/2 – 4 – 227/2001 – 2333). Die Steuerfreiheit ist auf **50 %** der insgesamt geleisteten zusätzlichen Rentenversicherungsbeiträge **begrenzt**, weil auch Pflichtbeiträge des Arbeitgebers zur gesetzlichen Rentenversicherung nur zu 50 % des Gesamtbeitrags steuerfrei sind,
- **Zuschläge**, die **versicherungsfrei Beschäftigte** i.S.d. § 27 Nr. 1 bis 3 SGB III zur Aufstockung der Bezüge bei Altersteilzeit nach beamtenrechtlichen Vorschriften oder Grundsätzen erhalten. Diese Regelung gilt nicht nur für **Beamte und Richter**, sondern für alle versicherungsfrei Beschäftigten mit beamtenähnlichem Status, z.B. **Kirchenbeamte und Pfarrer**,

wenn die Voraussetzungen des § 2 AltTZG, z.B. Vollendung des 55. Lebensjahrs, Verringerung der bisherigen regelmäßigen wöchentlichen Arbeitszeit auf die Hälfte, vorliegen. Die Vereinbarung über die Arbeitszeitverminderung muss sich zumindest auf die Zeit erstrecken, bis der Arbeitnehmer eine Rente wegen Alters beanspruchen kann. Dafür ist nicht erforderlich, dass diese Rente ungemindert ist. Der frühestmögliche Zeitpunkt, zu dem eine Altersrente in Anspruch genommen werden kann, ist die Vollendung des 60. Lebensjahrs. Die Steuerfreiheit kommt **nicht** mehr in Betracht mit Ablauf des Kalendermonats, in dem der Arbeitnehmer die Altersteilzeit beendet oder die für ihn geltende gesetzliche Altersgrenze für die Regelaltersrente erreicht hat (§ 5 Abs. 1 Nr. 1 AltTZG); vgl. dazu R 3.28 Abs. 1 LStR. Der Steuerfreiheit des Aufstockungsbetrags nach § 3 Nr. 28 EStG steht allerdings nicht entgegen, dass sich der Stpfl. bei dessen Zufluss nicht mehr in der Altersteilzeit befindet. Sie richtet sich nämlich nach dem Zeitraum, für den der Arbeitgeber den „aufgestockten" Arbeitslohn gezahlt hat (BFH v. 24.10.2025, VI R 4/22, BStBl II 2025, 36).

Altersteilzeit i.S. dieses Gesetzes liegt **unabhängig von einer Förderung durch die BA** auch vor bei einer Teilzeitarbeit älterer Arbeitnehmer, die ihre Arbeitszeit ab Vollendung des 55. Lebensjahrs **nach dem 31.12.2009 vermindern**. Die Leistungen sind auch dann steuerfrei, wenn mit der **Altersteilzeit erst nach dem 31.12.2009 begonnen** wurde und diese nicht durch die BA nach § 4 AltTZG gefördert wird (R 3.28 Abs. 2 Satz 2 LStR).

Abweichend von der o.g. Voraussetzung „Verringerung der bisherigen regelmäßigen wöchentlichen Arbeitszeit auf die Hälfte" hat das **FG Niedersachsen** bei einem Lehrer die vom Arbeitgeber gezahlten Aufstockungsbeträge nach § 3 Nr. 28 EStG steuerfrei belassen, obwohl er wegen Lehrermangels vorübergehend zusätzlich zur vereinbarten „halbierten" Wochenstundenzahl weitere zwei Wochenstunden für eine monatliche Vergütung von 360,10 € unterrichtet hatte (FG Niedersachsen v. 14.6.2007, 11 K 541/06, EFG 2007, 1410). Begründung: Die vereinbarte **Mehrarbeit war nur geringfügig** (Verdienst unterhalb der Geringfügigkeitsgrenze → *Minijob* Rz. 3166) und hätte daher auch nicht zu einem Ruhen des Anspruchs auf Leistungen nach § 4 AltTZG geführt. Ein **Gestaltungsmissbrauch** war überdies nicht zu erkennen. Ein solcher läge allerdings vor, wenn ein Vertrag über Altersteilzeit geschlossen wird, obwohl von Beginn an geplant ist, dass der Arbeitnehmer dauerhaft mehr als die Hälfte einer Vollzeittätigkeit arbeiten soll. Da die Finanzverwaltung die vom FG wegen grundsätzlicher Bedeutung der Rechtsfrage ausdrücklich zugelassene Revision nicht eingelegt hat, kann davon ausgegangen werden, dass sie die Entscheidung allgemein akzeptiert.

Die Leistungen sind auch dann steuerfrei, wenn der Förderanspruch des Arbeitgebers an die BA nach § 5 Abs. 1 Nr. 2 und 3, Abs. 2 bis 4 AltTZG erlischt, nicht besteht oder ruht, z.B. wenn der frei gewordene **Voll- oder Teilarbeitsplatz nicht wieder besetzt** wird. Durch eine vorzeitige Beendigung der Altersteilzeit (Störfall) ändert sich der Charakter der bis dahin erbrachten Arbeitgeberleistungen nicht, weil das Altersteilzeitgesetz keine Rückzahlung vorsieht. Die Steuerfreiheit der Aufstockungsbeträge bleibt daher bis zum Eintritt des Störfalls erhalten (R 3.28 Abs. 2 LStR).

Voraussetzung für die Steuerfreiheit ist, dass der Arbeitgeber das Arbeitsentgelt für die Altersteilzeit um **mindestens 20 %** dieses Arbeitsentgelts, jedoch auf **mindestens 80 % des** um die gesetzlichen Abzüge, die bei Arbeitnehmern gewöhnlich anfallen, verminderten **bisherigen Arbeitsentgelts aufstockt** (§ 3 Abs. 1 Nr. 1a und b AltTZG). Als „Aufstockungsbeträge" gezahlte Leistungen des Arbeitgebers, die **unterhalb** dieses im Altersteilzeitgesetz geforderten Mindestbetrags liegen, können **nicht** nach § 3 Nr. 28 EStG steuerfrei belassen werden. Dies gilt auch, wenn der Arbeitgeber zwar den Arbeitslohn aufgestockt, die Arbeitszeit jedoch nicht auf die Hälfte vermindert hat. Ungeschriebene Voraussetzung für die Steuerfreiheit der Aufstockungsbeträge ist, dass der Altersteilzeitarbeitnehmer die persönlichen Voraussetzungen des § 2 AltTZG erfüllt. Diese sind nicht erfüllt, wenn der Arbeitnehmer von der **Arbeitsleistung umfassend freigestellt (beurlaubt)** ist (FG Hessen v. 3.12.2007, 11 K 2422/06, EFG 2008, 781).

Die Leistungen des Arbeitgebers nach § 3 Abs. 1 Nr. 1 AltTZG sind auch dann steuerfrei, wenn sie über einen Zeitraum von bis zu **zehn Jahren** erbracht werden (vgl. BMF v. 10.6.1998, IV B 6 – S 2333 – 6/98, DB 1998, 1306).

Werden Arbeitnehmeransprüche aus Altersteilzeitarbeitsverhältnissen vom Arbeitgeber gegen **Insolvenzrisiken** gesichert, so führt die Insolvenzsicherung nicht zu einem geldwerten Vorteil beim Arbeitnehmer (BMF v. 13.2.1998, IV B 6 – S 2333 – 43/97).

Bezüge, welche ein in **Frankreich ansässiger Arbeitnehmer** von seinem Arbeitgeber für eine in Deutschland ausgeübte nichtselbständige Arbeit während der Freistellungsphase nach dem sog. Blockmodell i.R. der Altersteilzeit erhält, sind keine Ruhegehälter, sondern nachträglicher Arbeitslohn, der als solcher in Deutschland zu versteuern ist (BFH v. 12.1.2011, I R 49/10, BStBl II 2011, 446).

b) Abgrenzung zu Versorgungsbezügen

84 Streitig ist in der Praxis häufig, ob die i.R. von **Altersteilzeitregelungen (Blockmodell)** gewährten Dienstbezüge als **Versorgungsbezüge** i.S.d. § 19 Abs. 2 EStG unter Berücksichtigung des **Versorgungsfreibetrags** zu erfassen sind. Die Finanzverwaltung verneint dies, denn nach § 19 Abs. 2 Satz 2 Nr. 1 Buchst. a EStG sind **Versorgungsbezüge** Bezüge und Vorteile aus früheren Dienstleistungen, die als Ruhegehalt oder als gleichartiger Bezug auf Grund beamtenrechtlicher oder entsprechender gesetzlicher Vorschriften gewährt werden. Bei den in der Freistellungsphase gezahlten Dienstbezügen i.H.v. 50 % der beim vollen Beschäftigungsumfang gewährten Bezüge handelt es sich dagegen um das **Entgelt für die vorausgeleistete Arbeitszeit in der Ansparphase.** Diese Bezüge werden mit herausgeschobener Fälligkeit ausdrücklich für den im Voraus geleisteten aktiven Dienst gezahlt und **dienen nicht der Versorgung des Beamten für die Zeit nach Wegfall der Arbeitsverpflichtung.**

Der **BFH** hat diese Auffassung bestätigt (BFH v. 21.3.2013, VI R 5/12, BStBl II 2013, 611). S. dazu OFD Frankfurt v. 24.7.2014, S 2333 A – 39 – St 211, betr. einkommensteuerliche Behandlung der Bezüge hessischer Beamter während der Freistellungsphase der Altersteilzeit im Blockmodell.

S.a. → *Versorgungsbezüge* Rz. 4334.

c) Höhere Mindestbeträge

Aufstockungsbeträge und zusätzliche Beiträge zur gesetzlichen 85
Rentenversicherung sind **auch steuerfrei,** soweit der Arbeitgeber z.B. auf Grund tarifvertraglicher Regelungen **höhere Mindestbeträge** als im Altersteilzeitgesetz vorgesehen zahlt. Dies gilt jedoch nur, soweit die Aufstockungsbeträge zusammen mit dem während der Altersteilzeit bezogenen Nettoarbeitslohn monatlich **100 % des maßgebenden Arbeitslohns nicht übersteigen.** Maßgebend ist bei **laufendem Arbeitslohn** der Nettoarbeitslohn, den der Arbeitnehmer im jeweiligen Lohnzahlungszeitraum ohne Altersteilzeit üblicherweise erhalten hätte. Bei **sonstigen Bezügen** ist auf den unter Berücksichtigung des nach R 39b.6 Abs. 2 LStR ermittelten voraussichtlichen Jahresnettoarbeitslohn unter Einbeziehung der sonstigen Bezüge bei einer unterstellten Vollzeitbeschäftigung abzustellen. Unangemessene Erhöhungen vor oder während der Altersteilzeit sind dabei nicht zu berücksichtigen (R 3.28 Abs. 3 Sätze 1 bis 4 LStR). Vgl. nachfolgende Beispiele aus H 3.28 (Begrenzung auf 100 % des Nettoarbeitslohns) LStH:

Beispiel 1 (laufend gezahlter Aufstockungsbetrag):

Ein Arbeitnehmer mit einem monatlichen Vollzeit-Bruttogehalt i.H.v. 8 750 € nimmt von der Vollendung des 62. bis zur Vollendung des 64. Lebensjahrs Altersteilzeit in Anspruch. Danach scheidet er aus dem Arbeitsverhältnis aus.

Der Mindestaufstockungsbetrag nach § 3 Abs. 1 Nr. 1 Buchst. a AltTZG beträgt 875 €. Der Arbeitgeber gewährt eine weitere freiwillige Aufstockung i.H.v. 3 000 € (Aufstockungsbetrag insgesamt 3 875 €). Der steuerfreie Teil des Aufstockungsbetrags ist wie folgt zu ermitteln:

a) Ermittlung des maßgebenden Arbeitslohns		
Bruttoarbeitslohn bei fiktiver Vollarbeitszeit		8 750 €
– gesetzliche Abzüge (Lohnsteuer, Solidaritätszuschlag, Kirchensteuer, Sozialversicherungsbeiträge)		3 750 €
= maßgebender Nettoarbeitslohn		5 000 €
b) Vergleichsberechnung		
Bruttoarbeitslohn bei Altersteilzeit		4 375 €
– gesetzliche Abzüge (Lohnsteuer, Solidaritätszuschlag, Kirchensteuer, Sozialversicherungsbeiträge)		1 725 €
= Zwischensumme		2 650 €
+ Mindestaufstockungsbetrag		875 €
+ freiwilliger Aufstockungsbetrag		3 000 €
= Nettoarbeitslohn		6 525 €

Durch den freiwilligen Aufstockungsbetrag von 3 000 € ergäbe sich ein Nettoarbeitslohn bei der Altersteilzeit, der den maßgebenden Nettoarbeitslohn um 1 525 € übersteigen würde. Demnach sind steuerfrei:

Mindestaufstockungsbetrag		875 €
+ freiwilliger Aufstockungsbetrag	3 000 €	
abzgl.	1 525 €	1 475 €
= steuerfreier Aufstockungsbetrag		2 350 €
c) Abrechnung des Arbeitgebers		
Bruttoarbeitslohn bei Altersteilzeit		4 375 €
+ steuerpflichtiger Aufstockungsbetrag		1 525 €
= steuerpflichtiger Arbeitslohn		5 900 €
– gesetzliche Abzüge (Lohnsteuer, Solidaritätszuschlag, Kirchensteuer, Sozialversicherungsbeiträge)		2 300 €
= Zwischensumme		3 600 €
+ steuerfreier Aufstockungsbetrag		2 350 €
= Nettoarbeitslohn		5 950 €

Beispiel 2 (sonstiger Bezug als Aufstockungsbetrag):

Ein Arbeitnehmer in Altersteilzeit hätte bei einer Vollzeitbeschäftigung Anspruch auf ein monatliches Bruttogehalt i.H.v. 4 000 € sowie im März auf einen sonstigen Bezug (Ergebnisbeteiligung) i.H.v. 1 500 € (brutto).

Nach dem Altersteilzeitvertrag werden im März folgende Beträge gezahlt:

– laufendes Bruttogehalt	2 000 €
– laufende steuerfreie Aufstockung (einschließlich freiwilliger Aufstockung des Arbeitgebers)	650 €
– Brutto-Ergebnisbeteiligung (50 % der vergleichbaren Vergütung auf Basis einer Vollzeitbeschäftigung)	750 €
– Aufstockungsleistung auf die Ergebnisbeteiligung	750 €
a) Ermittlung des maßgebenden Arbeitslohns	
jährlicher laufender Bruttoarbeitslohn bei fiktiver Vollarbeitszeitbeschäftigung	48 000 €
+ sonstiger Bezug bei fiktiver Vollzeitbeschäftigung	1 500 €
– gesetzliche jährliche Abzüge (Lohnsteuer, Solidaritätszuschlag, Kirchensteuer, Sozialversicherungsbeiträge)	18 100 €
= maßgebender Jahresnettoarbeitslohn	31 400 €
b) Vergleichsberechnung	
jährlich laufender Bruttoarbeitslohn bei Altersteilzeit	24 000 €
+ steuerpflichtiger sonstiger Bezug bei Altersteilzeit	750 €

–	gesetzliche jährliche Abzüge (Lohnsteuer, Solidaritätszuschlag, Kirchensteuer, Sozialversicherungsbeiträge)	6 000 €
=	Zwischensumme	18 750 €
+	Aufstockung Ergebnisbeteiligung	750 €
+	steuerfreie Aufstockung (12 × 650)	7 800 €
=	Jahresnettoarbeitslohn	27 300 €

Durch die Aufstockung des sonstigen Bezugs wird der maßgebende Jahresnettoarbeitslohn von 31 400 € nicht überschritten. Demnach kann die Aufstockung des sonstigen Bezugs (im Beispiel: Aufstockung der Ergebnisbeteiligung) i.H.v. 750 € insgesamt steuerfrei bleiben.

d) Verfahrensfragen

86 Die **Aufstockungsbeträge** sowie die **Zuschläge an Beamte** – nicht also die zusätzlichen Beiträge zur Rentenversicherung – unterliegen dem **Progressionsvorbehalt** nach § 32b Abs. 1 Nr. 1 Buchst. g EStG und werden ggf. i.R. einer Einkommensteuerveranlagung nach § 46 Abs. 2 Nr. 1 EStG erfasst (→ *Veranlagung von Arbeitnehmern* Rz. 4234). Der Arbeitgeber hat daher diese Leistungen sowohl im **Lohnkonto** (§ 41 Abs. 1 EStG) als auch in der **Lohnsteuerbescheinigung** (Nummer 15) gesondert einzutragen (§ 41b Abs. 1 Satz 2 Nr. 5 EStG); außerdem darf er in diesen Fällen **keinen Lohnsteuer-Jahresausgleich** durchführen (§ 42b Abs. 1 Satz 2 Nr. 4 EStG).

e) Störfälle

87 Bei Altersteilzeit im **Blockmodell** arbeitet der Arbeitnehmer in der ersten Hälfte des Altersteilzeitarbeitsverhältnisses in Vollzeit **(Arbeitsphase)** und erwirbt so den Anspruch auf vollständige Freistellung in der zweiten Hälfte **(Freistellungsphase)**. In bestimmten Fällen kann es zu einem **vorzeitigen Ende des Arbeitsverhältnisses** kommen („Störfall"). In Betracht kommen z.B. folgende Sachverhalte:

- Kündigung
- vorzeitige Verrentung oder
- Tod des Arbeitnehmers.

Bei einem Störfall erhält der Arbeitnehmer bzw. seine Hinterbliebenen für die in der Arbeitsphase vorerbrachte Arbeitsleistung den **Unterschiedsbetrag** zwischen den Bezügen, die er tatsächlich erhalten hat und den Bezügen, die der Arbeitnehmer für den Zeitraum seiner tatsächlichen (Vollzeit-)Beschäftigung erhalten hätte, wenn kein Altersteilzeitarbeitsverhältnis vereinbart worden wäre.

Beispiel:

Ein Arbeitnehmer, der zwei Jahre Altersteilzeit im Blockmodell leisten wollte, verstirbt bereits nach Ablauf von sechs Monaten Altersteilzeit noch während der Arbeitsphase. Sein Teilzeitbrutto betrug monatlich 2 500 €, der Aufstockungsbetrag 800 €, die zusätzlichen Rentenversicherungsbeiträge 406 € und das Vollzeitbrutto 5 000 €.

Der Nachzahlungsbetrag berechnet sich wie folgt:

	Fiktive Bezüge für den Zeitraum der tatsächlichen Beschäftigung, die ohne Eintritt der Altersteilzeit erzielt worden wären (6 × 5 000 €)	30 000 €
–	erhaltene Bezüge während der Altersteilzeit (6 × 2 500 €)	15 000 €
–	erhaltene Aufstockungsleistungen während der Altersteilzeit (6 × 800 € + 6 × 406 €)	7 236 €
=	Nachzahlungsbetrag	7 764 €

Steuerlich gilt Folgendes (vgl. BMF v. 28.3.2000, NWB 2000 Fach 1 S. 124):

- **Nachzahlungen**, die keine Aufstockungsbeträge i.S.d. § 3 Nr. 28 EStG sind, sind unabhängig von dem Grund der Beendigung dieses Arbeitsverhältnisses steuerpflichtiger **Arbeitslohn**.
- Die für den Zeitraum bis zur vorzeitigen Beendigung der Altersteilzeit gezahlten **Aufstockungsbeträge** sowie die Beiträge und Aufwendungen i.S.d. § 3 Abs. 1 Nr. 1 Buchst. b und des § 4 Abs. 2 AltTZG sind nach § 3 Nr. 28 EStG **steuerfrei**.
- Zahlt der Arbeitgeber auf Grund der Auflösung der in der Arbeitsphase angesparten und in der Freistellungsphase noch nicht verbrauchten Wertguthaben i.S. der Sozialversicherung **Beiträge zur Renten-, Arbeitslosen-, Kranken- oder Pflegeversicherung** nach (§ 7 Abs. 1a i.V.m. § 23b Abs. 2 SGB IV, sog. **Krebsgang**), sind diese Beitragsanteile des Arbeitgebers am Gesamtsozialversicherungsbeitrag nach Maßgabe des § 3 Nr. 62 EStG **steuerfrei**. Für Arbeitnehmer, die von der Versicherungspflicht in der gesetzlichen Rentenversicherung befreit sind oder die freiwillig in der gesetzlichen Kranken- bzw. Pflegeversicherung versichert oder privat kranken- bzw. pflegeversichert sind, wird auf R 3.62 LStR hingewiesen.

Soweit für den steuerpflichtigen Arbeitslohn die Voraussetzungen des § 34 Abs. 2 Nr. 4 EStG vorliegen, ist eine **ermäßigte Besteuerung** als außerordentliche Einkünfte möglich (→ *Entschädigungen* Rz. 2001).

Auf Grund der vorzeitigen Beendigung der Altersteilzeit (sog. Störfall) nachgezahlte Beträge sind als **sonstige Bezüge** i.S.d. § 38a Abs. 1 Satz 3 EStG zu qualifizieren und im Zeitpunkt des Zuflusses zu versteuern (BFH v. 15.12.2011, VI R 26/11, BStBl II 2012, 415)

Viele Tarifverträge, Betriebsvereinbarungen etc. enthalten die folgende Klausel: „Bei vorzeitiger Beendigung des Altersteilzeitarbeitsverhältnisses hat der Arbeitnehmer Anspruch auf die Differenz zwischen den ausgezahlten Entgelten (Altersteilzeitentgelt und Aufstockungsbetrag) und dem Entgelt für den Zeitraum seiner tatsächlichen Beschäftigung, das er ohne Altersteilzeit erhalten hätte." Wie die Zahlungen steuerlich zu behandeln sind, soll das folgende Beispiel verdeutlichen.

Beispiel:

Ein Arbeitnehmer würde ohne Teilzeitvereinbarung ein Vollzeitentgelt von 3 000 € erhalten. Im Blockmodell der Altersteilzeit erhält er in der Ansparphase 1 500 € Bruttoentgelt (50 %). Darüber hinaus erhält er 300 € (20 % gesetzlich, tariflich ggf. mehr) steuerfreie, dem Progressionsvorbehalt unterliegende Aufstockungsbeträge (Lohnersatzleistungen). Nach zwölf Monaten wird das Arbeitsverhältnis auf Grund einer Insolvenz beendet. In seinem Tarifvertrag ist o. b. Klausel vereinbart.

Der Stpfl. erhält laut o.g. Vertragsklausel folgenden Ausgleichsanspruch:

36 000 € (12 Monate × 3 000 €) – 18 000 € (12 Monate × 1 500 €) – 3 600 € (12 Monate × 300 €) = 14 400 €

Dieser Betrag ist der steuerpflichtige Bruttoarbeitslohn. Er ist nicht zusätzlich um 12 × 300 € = 3 600 € nach § 3 Nr. 28 EStG steuerfreie Aufstockungsbeträge aus der Zeit vor Eintritt der Insolvenz („Störfall") zu erhöhen.

f) Sachbezüge als steuerfreie Aufstockungsbeträge

Aufstockungsbeträge, die in Form von **Sachbezügen** gewährt 88
werden, sind steuerfrei, wenn die Aufstockung betragsmäßig in Geld festgelegt und außerdem vereinbart ist, dass der Arbeitgeber an Stelle der Geldleistung Sachbezüge erbringen darf (R 3.28 Abs. 3 Satz 5 LStR).

Beispiel:

Die allgemeine Dienstwagenregelung eines Arbeitgebers sieht vor, dass dieser bestimmten Mitarbeitern ein Kraftfahrzeug zur dienstlichen und privaten Nutzung zur Verfügung stellt. Das Kraftfahrzeug ist zurückzugeben, wenn der Mitarbeiter dazu vom Arbeitgeber aufgefordert wird, weil z.B. dienstliche Gründe für die Überlassung entfallen sind. Bei Arbeitnehmern, deren Arbeitsverhältnis als Altersteilzeitarbeitsverhältnis im Blockmodell durchgeführt wird, entfallen dienstliche Gründe für die Dienstwagenüberlassung mit Ablauf der Arbeitsphase. Das Kraftfahrzeug wäre daher nach den allgemeinen Grundsätzen zurückzugeben. Durch den Altersteilzeitvertrag wird den betroffenen Arbeitnehmern indes der Anspruch auf die Nutzungsüberlassung des Dienstwagens (nur) für Privatfahrten auch für die Dauer der Freistellungsphase eingeräumt.

Der **Arbeitgeber** vertritt die Auffassung, dass in der Arbeitsphase die geldwerten Vorteile nach § 8 Abs. 2 EStG zu ermitteln und dem steuerpflichtigen Arbeitslohn zuzurechnen sind, weil insoweit die Überlassung eines Dienstwagens den Regelungen bei „normalen" Teilzeitbeschäftigten entspricht. Demgegenüber führt nach Auffassung des Arbeitgebers der aus dem Altersteilzeitvertrag resultierende Anspruch auf die Nutzung eines Dienstwagens für Privatfahrten während der Freistellungsphase zu einem Aufstockungsbetrag i.S.d. § 3 Abs. 1 Nr. 1 Buchst. a AltTZG, der nach § 3 Nr. 28 EStG steuerfrei zu belassen ist.

Nach Auffassung der **Finanzverwaltung** handelt es sich bei Sachbezügen, die der Arbeitgeber während der Freistellungsphase im Blockmodell erhält, grds. um Arbeitsentgelt, das für die Erbringung der Arbeitsleistung i.R. der Altersteilzeitarbeit geschuldet wird und daher selbst als Arbeitsentgelt für die Altersteilzeitarbeit i.S.d. § 3 Abs. 1 Nr. 1 Buchst. a AltTZG der Aufstockungspflicht unterliegt. Damit können **Zuwendungen dieser Art nicht selbst Aufstockungsbeträge** sein. Ein geldwerter Vorteil, der einem Arbeitnehmer dadurch entsteht, dass ihm der Arbeitgeber ein Fahrzeug zur privaten Nutzung in der Freistellungsphase des Blockzeitmodells überlässt, kann nur dann als **Aufstockungsbetrag** angesehen werden, wenn in der **vertraglichen Abrede** ausdrücklich geregelt ist, dass der Aufstockungsbetrag i.S.d. § 3 Abs. 1 Nr. 1 Buchst. a AltTZG ganz oder teilweise **nicht in Geld, sondern in Form der Nutzungsüberlassung** gewährt werden soll.

Im Beispielsfall ist die Regelung im Altersteilzeitvertrag, den betroffenen Arbeitnehmern den Anspruch auf Nutzungsüberlassung des Dienstwagens für Privatfahrten auch für die Dauer der Freistellungsphase einzuräumen, allerdings in diesem Zusammenhang nicht ausreichend. Das bedeutet, dass die Überlassung des Dienstwagens in der Freistellungsphase nicht steuerfrei nach § 3 Nr. 28 EStG ist.

Soweit ein Sachbezug bei entsprechender vertraglicher Gestaltung als steuerfreier Aufstockungsbetrag anzusehen ist, richtet sich die **Bewertung des Sachbezugs** nach der SvEV. Diese verweist für die Bewertung sonstiger Bezüge auf die einschlägigen steuerrechtlichen Vorschriften. Als steuerfreier Aufstockungsbetrag ist daher der Betrag anzusehen, der nach § 8 Abs. 2 bzw. Abs. 3 EStG der Steuerpflicht unterliegen würde.

g) Zuschläge für Sonntags-, Feiertags- oder Nachtarbeit

89 Bei der Bildung von Arbeitszeitkonten im Blockmodell werden zur Bildung des Wertguthabens häufig neben steuerpflichtigen Lohnbestandteilen auch nach § 3b EStG steuerfreie Zuschläge verwendet. Dieses Wertguthaben wird während der Freistellungsphase an den Arbeitnehmer ausbezahlt. In diesem Fall bleibt die **Steuerfreiheit von Zuschlägen für Sonntags- Feiertags- oder Nacharbeit auch bei der zeitversetzten Auszahlung grds. erhalten**. Voraussetzung ist jedoch, dass vor der Leistung der begünstigten Arbeit vereinbart wird, dass ein steuerfreier Zuschlag – ggf. teilweise – als Wertguthaben auf ein Arbeitszeitkonto genommen und getrennt ausgewiesen wird (R 3b Abs. 8 LStR).

Eine **Verzinsung** oder Wertsteigerung von auf Zeitwertkonten gutgeschriebenen Zuschlägen ist nicht als steuerfreier Zuschlag zu behandeln (BMF v. 17.6.2009, IV C 5 – S 2332/07/0004, BStBl I 2009, 1286 sowie H 3b „Zeitwertkonto" LStH). Nach § 3b EStG sind nur Zuschläge, die für tatsächlich geleistete Sonntags-, Feiertags- oder Nachtarbeit neben dem Grundlohn gezahlt werden, innerhalb bestimmter Grenzen steuerfrei. Werden diese Zuschläge i.R. der Altersteilzeit teilweise auf einem Zeitwertkonto angesammelt und wegen der Auszahlung in der Freistellungsphase verzinst oder erfolgt eine Wertsteigerung auf Grund von Tariferhöhungen, so hat die Verzinsung oder die Wertsteigerung ihre alleinige Ursache in der zeitversetzten Auszahlung. Sie stellt folglich keine Vergütung für tatsächlich geleistete Sonntags-, Feiertags- oder Nachtarbeit dar, so dass § 3b EStG nicht anzuwenden ist. Die während der Arbeitsfreistellung ausbezahlten Zinsen und Wertsteigerungen sind deshalb steuerpflichtiger Arbeitslohn.

h) Zeitwertkonten und Altersteilzeit

90 Vereinbaren Arbeitgeber und Arbeitnehmer, künftig fällig werdenden Arbeitslohn ganz oder teilweise betragsmäßig auf einem Zeitwertkonto gutzuschreiben, um ihn in Zeiten der Arbeitsfreistellung auszuzahlen, führt weder die Vereinbarung noch die Wertgutschrift auf dem Zeitwertkonto zum Arbeitslohn, sofern die getroffenen Vereinbarungen dem BMF-Schreiben v. 17.6.2009, IV C 5 – S 2332/07/0004, BStBl I 2009, 1286 (teilweise geändert durch BMF v. 8.8.2019, IV C 5 – S 2332/07/0004 :004, BStBl I 2019, 874) zur lohn-/einkommensteuerlichen Behandlung sowie Voraussetzungen für die steuerliche Anerkennung von Zeitwertkonten-Modellen entsprechen (→ *Arbeitszeitmodelle* Rz. 734).

i) Altersteilzeit und Entlassungsentschädigungen

aa) Allgemeines

91 Vereinbaren Arbeitgeber und Arbeitnehmer, die bisherige Arbeitszeit durch Altersteilzeit zu vermindern und danach das Dienstverhältnis (auf Veranlassung des Arbeitgebers) gegen eine Entlassungsentschädigung zu beenden, handelt es sich um steuerpflichtigen Arbeitslohn, der jedoch ggf. als **Entschädigung** i.S.d. § 24 Nr. 1 Buchst. a EStG unter den Voraussetzungen des § 34 EStG **tarifermäßigt versteuert werden kann** (→ *Entschädigungen* Rz. 2001).

bb) Ausgleich wegen Rentenkürzung

92 Im Gefolge der Altersteilzeit kann es auf Grund der vorzeitigen Inanspruchnahme der Altersrente zu Abschlägen bei dieser kommen. Deshalb kann in tarifvertraglichen oder innerbetrieblichen Regelungen bzw. in Einzelvereinbarungen mit dem Arbeitgeber geregelt werden, dass dieser dem Stpfl. (Versicherten) den insoweit erforderlichen Beitragsaufwand an die Rentenversicherung erstattet oder er aber alternativ die Beiträge für den Stpfl. (Versicherten) direkt an den Rentenversicherungsträger überweist. Das Sozialversicherungsrecht greift diese Vorgehensweise in § 187a SGB VI auf und räumt bis zum Erreichen der Regelarbeitsgrenze das Recht ein, Rentenminderungen, die durch die vorzeitige Inanspruchnahme einer Altersrente entstehen, durch Beiträge auszugleichen (§ 187a Abs. 1 Satz 2 SGB VI). Diese Beiträge zur Rentenversicherung sind nach § 3 Nr. 28 EStG steuerfrei, soweit die Arbeitgeberbeiträge 50 % der insgesamt geleisteten zusätzlichen Rentenversicherungsbeiträge nicht übersteigen. Hinter dieser gesetzlichen Regelung des § 3 Nr. 28 EStG steht der Gedanke, dass auch die Pflichtbeiträge des Arbeitgebers zur Rentenversicherung nur zu 50 % des Gesamtbeitrags steuerfrei sind.

Darüber hinausgehende Arbeitgeberzahlungen stellen im Grundsatz eine Entschädigung i.S.d. § 24 Nr. 1 Buchst. a EStG dar und sind somit unter den Voraussetzungen des § 34 EStG tarifermäßigt zu versteuern (→ *Entschädigungen* Rz. 2001).

j) Aufstockungsleistungen an Stelle eines Krankengeldzuschusses

I.R. der Altersteilzeitbeschäftigung vom Arbeitgeber gewährte tarifliche Aufstockungsleistungen, die an Stelle eines Krankengeldzuschusses an arbeitsunfähig erkrankte Arbeitnehmer gezahlt werden, sind als Aufstockungsleistungen i.S.d. § 3 Abs. 1 Nr. 1 Buchst. a AltTZG anzusehen und deshalb nach § 3 Nr. 28 EStG **steuerfrei**. Sie sind daher auch sozialversicherungsfrei. 93

k) Rückwirkende Inanspruchnahme von Altersteilzeit

Bei der rückwirkenden Inanspruchnahme von Altersteilzeit ab dem Vorjahr kann die **Rückzahlung von Arbeitslohn** nach dem Zuflussprinzip steuerlich erst im Jahr der Rückzahlung berücksichtigt werden. Soweit in dem Arbeitslohn jedoch ein **steuerfreier Aufstockungsbetrag** enthalten ist, ist insoweit bereits die Steuerbefreiung nach § 3 Nr. 28 EStG zu berücksichtigen (vgl. dazu OFD Berlin v. 27.6.2001, St 177 – S 2340 – 2/99, mit Beispiel). Zur steuerlichen Behandlung der **rückwirkenden Bewilligung von Altersteilzeit im sog. Blockmodell** s. OFD Magdeburg v. 29.3.2001, S 2332 – 46 – St 222. 94

l) Werbungskostenabzug

Die obersten Finanzbehörden haben entschieden, dass Werbungskosten nicht nach den Grundsätzen des § 3c EStG zu kürzen sind, auch soweit der in Altersteilzeit befindliche Arbeitnehmer nach § 3 Nr. 28 EStG steuerfreie Aufstockungsbeträge usw. erhält (OFD Magdeburg v. 12.8.2008, S 2350 – 33 – St 223). 95

5. Sozialversicherung

a) Allgemeines

Die Spitzenverbände der Sozialversicherungsträger haben die sich aus dem Altersteilzeitgesetz für das Versicherungs-, Beitrags- und Melderecht der Sozialversicherung ab 1.7.2004 ergebenden Auswirkungen und Besonderheiten in einem Gemeinsamen Rundschreiben v. 2.11.2010 zusammengefasst. Der Gesetzgeber hat mit dem Gesetz zur Verbesserung der Rahmenbedingungen für die Absicherung flexibler Arbeitszeitregelungen die Regelungen für Wertguthaben aus Arbeitszeitflexibilisierungen geändert. Seit 1.1.2009 werden insbesondere 96

- Wertguthabenvereinbarungen von anderen Arbeitszeitflexibilisierungsformen abgegrenzt,
- geringfügige Beschäftigungsverhältnisse einbezogen,
- ein Anspruch auf Wertguthabenverwendung bei gesetzlicher Freistellung eingeführt,
- die Pflichten bei der Wertguthabenführung erweitert,
- der Insolvenzschutz von Wertguthaben konkretisiert und
- die Portabilität der Wertguthaben verbessert.

Da es sich bei der Altersteilzeit um eine besondere Form der Wertguthabenvereinbarung i.S.d. § 7b SGB IV handelt, gilt auch hier das Gemeinsame Rundschreiben der Spitzenorganisationen der Sozialversicherung zur sozialrechtlichen Absicherung flexibler Arbeitszeitregelungen v. 31.3.2009 und der dieses Rundschreiben ergänzende Frage-/Antwortkatalog v. 13.4.2010.

b) Voraussetzungen der Altersteilzeit ab dem 1.7.2004

97 Altersteilzeitarbeit können Arbeitnehmer vereinbaren, die u.a. das 55. Lebensjahr vollendet haben und weiterhin arbeitslosenversicherungspflichtig beschäftigt sind. Sie kann demnach höchstens bis zum Ablauf des Kalendermonats vereinbart werden, in dem die Regelaltersgrenze der Rentenversicherung erreicht wird, da ab dem Folgemonat Arbeitslosenversicherungsfreiheit eintritt (§ 2 Abs. 1 Nr. 2 letzter Halbsatz AltTZG i.V.m. § 28 Abs. 1 Nr. 1 SGB III). Die bisherige Regelaltersgrenze von 65 Jahren ist für ab 1947 geborene Versicherte seit 2012 schrittweise auf 67 Jahre angehoben worden (§ 35 i.V.m. § 235 SGB VI).

Dies gilt auch für von der Rentenversicherungspflicht befreite Mitglieder berufsständischer Versorgungseinrichtungen (z.B. Ärzte, Rechtsanwälte, Wirtschaftsprüfer) unabhängig davon, ob nach den Versorgungsregelungen der Versorgungseinrichtungen erst zu einem späteren Zeitpunkt das Regelaltersruhegeld der Versorgung bezogen werden kann und die Beschäftigung erst zu diesem Zeitpunkt endet.

Mindestdauer der Altersteilzeit

Die Altersteilzeitarbeit ist nicht an eine konkrete Mindestdauer gebunden. Die Altersteilzeitarbeit muss jedoch mindestens bis zur Erfüllung eines Anspruchs auf Altersrente vereinbart werden. Dabei handelt es sich um den Zeitpunkt, zu dem

- eine (ggf. geminderte) Altersrente aus der gesetzlichen Rentenversicherung,
- eine der Altersrente vergleichbare Leistung einer Versicherungs- oder Versorgungseinrichtung oder eines Versicherungsunternehmens oder
- eine ähnliche Leistung öffentlich-rechtlicher Art (z.B. eine ausländische Altersrente)

beansprucht werden kann.

Höchstdauer der Altersteilzeit

Altersteilzeitarbeit kann höchstens bis zum Ablauf des Monats des Erreichens der Regelaltersgrenze vereinbart werden, da ab dem Folgemonat Versicherungsfreiheit in der Arbeitslosenversicherung eintritt (§ 2 Abs. 1 Nr. 2 letzter Halbsatz AltTZG i.V.m. § 28 Abs. 1 Nr. 1 SGB III). Bei Vereinbarung eines Teilzeitmodells über diesen Zeitpunkt hinaus ist daher die Voraussetzung der Altersteilzeitarbeit nach dem AltTZG nur bis zum Ablauf des Monats des Erreichens der Regelaltersgrenze erfüllt. Altersteilzeitvereinbarungen im Blockmodell, die über den Zeitpunkt des Erreichens der Regelaltersgrenze hinaus vereinbart werden, erfüllen von Beginn an die Voraussetzungen der Altersteilzeitarbeit nach dem AltTZG nicht, da in diesen Fällen in der Zeit bis zum Ablauf des Monats des Erreichens der Regelaltersgrenze die Hälftigkeit der wöchentlichen Arbeitszeit nicht gegeben sein wird. Dies gilt bei der Verlängerung einer bestehenden Altersteilzeitvereinbarung im Blockmodell über diesen Zeitpunkt hinaus ab dem Zeitpunkt, zu dem die Verlängerung vereinbart wird. Allerdings kann im Anschluss an eine Altersteilzeitarbeit eine Beschäftigung nach § 7 Abs. 1 SGB IV bzw. in Zeiten der Freistellungsphase eine Beschäftigung nach § 7 Abs. 1a SGB IV fortbestehen.

Die Möglichkeit der Inanspruchnahme einer vorgezogenen (geminderten oder ungeminderten) Altersrente der gesetzlichen Rentenversicherung oder einer vergleichbaren vorgezogenen Leistung von Versorgungs- oder Versicherungseinrichtungen bzw. Versicherungsunternehmen oder einer vergleichbaren Leistung öffentlich-rechtlicher Art vor Erreichen der jeweiligen Regelaltersgrenze steht der Altersteilzeitarbeit über diesen Zeitpunkt hinaus nicht entgegen. Dem steht die förderrechtliche Regelung des § 5 Abs. 1 Nr. 2 AltTZG nicht entgegen, da dieser lediglich das Erlöschen bzw. Ruhen des Erstattungsanspruchs des Arbeitgebers regelt.

Nebenbeschäftigung/Nebentätigkeit

Für das Vorliegen einer Altersteilzeitbeschäftigung im sozialversicherungsrechtlichen Sinne sind neben der Altersteilzeit ausgeübte Beschäftigungen bei einem anderen Arbeitgeber oder selbständige Tätigkeiten unschädlich. Dies gilt – abweichend von der Altersteilzeitbeschäftigung im förderrechtlichen Sinne – unabhängig von deren Umfang. Dabei ist i.R. von Altersteilzeit im Blockmodell unerheblich, ob die Nebenbeschäftigung oder Nebentätigkeit während der Arbeits- oder während der Freistellungsphase ausgeübt wird. Im besonderen Einzelfall kann auch die Ausübung einer selbständigen Tätigkeit für den eigenen Arbeitgeber für die Altersteilzeitarbeit unschädlich sein, wenn diese nicht i.R. eines einheitlichen Beschäftigungsverhältnisses erfolgt und damit keinen Bezug zur Altersteilzeitarbeit hat.

Verwendung von Wertguthaben

Soweit Wertguthaben bereits vor Beginn der Altersteilzeitarbeit angespart worden ist, kann dieses i.R. der Altersteilzeitarbeit berücksichtigt werden. Durch die Berücksichtigung dieses Wertguthabens kann während der Altersteilzeitarbeit im Teilzeitmodell die regelmäßige Arbeitszeit oder im Blockmodell die Arbeitsphase verkürzt werden. Auch durch die vom Arbeitgeber zuvor freiwillig erfolgte Aufstockung eines entsprechenden Wertguthabens kann eine Reduzierung der Arbeitszeit erfolgen. Dies kann sogar dazu führen, dass eine tatsächliche Arbeitsleistung nicht mehr erforderlich wird. Hierfür wäre bei verblockter Altersteilzeitarbeit auch entsprechendes Wertguthaben für die „reguläre" Freistellungsphase erforderlich.

Eine Verwendung von Wertguthaben als zusätzliches Arbeitsentgelt zur Reduzierung der Aufstockungsleistung und der zusätzlichen Rentenversicherungsbeiträge des Arbeitgebers ist nicht möglich, da sich durch das zusätzliche Arbeitsentgelt auch das Regelarbeitsentgelt und damit auch die Berechnungsgrundlage für die Aufstockungsbeträge und zusätzlichen Rentenversicherungsbeiträge erhöht.

Nach dem Besprechungsergebnis der Spitzenorganisationen der Sozialversicherung am 23.11.2023 können Wertguthabenvereinbarungen nur für die Zeit bis zum Beginn der Altersrente bzw. ohne Altersrentenbezug längstens bis zum Ablauf des Monats, in dem das Regelrentenalter erreicht wird, getroffen werden. Wird eine Wertguthabenvereinbarung über diesen Zeitpunkt hinaus fortgeführt, sind die Voraussetzungen nicht erfüllt. Es kommt zu einem Störfall. Wird ein vor der Altersteilzeitarbeit aufgebautes Wertguthaben nicht ins Wertguthaben für die Altersteilzeitarbeit übertragen und ist nach der maßgebenden Wertguthabenvereinbarung eine Wertguthabenvereinbarung während oder nach der Altersteilzeitarbeit nicht mehr möglich, tritt für das Wertguthaben ein Störfall ein. Allerdings ist nicht zwingend davon auszugehen, dass der Arbeitnehmer nach der Altersteilzeitarbeit aus dem Erwerbsleben ausscheidet und deshalb für das Wertguthaben keine Verwendungsmöglichkeit mehr besteht. Auch bei der zulässigen Befristung der Beschäftigung über das Ende der Altersteilzeitarbeit hinaus würde die Möglichkeit bestehen, noch entsprechendes Wertguthaben zu verwenden. Soweit darüber hinaus nach der maßgebenden Wertguthabenvereinbarung z.B. auch die Inanspruchnahme des Wertguthabens für Pflegezeiten möglich ist, kann eine entsprechende Wertguthabenverwendungsmöglichkeit während der Altersteilzeitarbeit bestehen.

Wird vor der Altersteilzeitarbeit aufgebautes und nicht ins Altersteilzeitarbeitwertguthaben übertragenes Wertguthaben für die laufende Arbeitsentgeltzahlung in Zeiten der Freistellung von der Arbeitsleistung im Teilzeitmodell oder der Arbeitsphase im Blockmodell der Altersteilzeitarbeit verwendet, würde die Altersteilzeitarbeit nicht unterbrochen werden, wenn der Arbeitgeber weiterhin die Aufstockungsleistung und die zusätzlichen Rentenversicherungsbeiträge zahlt.

Während der Altersteilzeitarbeit ist der Aufbau eines weiteren Wertguthabens für die Altersteilzeitbeschäftigung auf der Grundlage einer neben der Altersteilzeitvereinbarung bestehenden (zweiten) Wertguthabenvereinbarung nicht möglich. Es würde dem Charakter und Ziel der Altersteilzeitarbeitvereinbarung über die Reduzierung der Arbeitszeit und das daraus resultierende Regelarbeitsentgelt sowie den Aufbau von Wertguthaben für die Freistellungsphase während der Arbeitsphase im Blockmodell widersprechen, wenn durch einen zusätzlichen Verzicht auf Teile des Regelarbeitsentgelts ein zweites Wertguthaben z.B. für eine Verkürzung der Arbeitsphase im Blockmodell aufgebaut werden soll. Dies wäre nicht mit der Voraussetzung der Altersteilzeitarbeit zur hälftigen Reduzierung der Arbeitszeit vereinbar. Aus diesem Grund ist auch die Aufstockung eines Altersteilzeitarbeitwertguthabens durch den Arbeitgeber nach Beginn der Altersteilzeitarbeit i.R. des Altersteilzeitgesetzes nur noch in Ausnahmefällen möglich. Der Aufbau eines zusätzlichen Wertguthabens i.R. einer zweiten Wertguthabenvereinbarung ist nur dann möglich, wenn dieses Wertguthaben ausschließlich für Zeiten nach dem Ende der Altersteilzeitarbeit aufgebaut wird. Dies setzt aber voraus, dass das Beschäftigungsverhältnis nach der Altersteilzeitvereinbarung nicht mit Ablauf der Altersteilzeitarbeit beendet wird. Durch den Verzicht auf Teile des Regelarbeitsentgelts zu Gunsten eines weiteren Wertguthabens würde neben der Reduzierung des Regelarbeitsentgelts auch die Bemessungsgrundlage für die Aufstockungsbeträge und zusätzlichen Rentenversicherungsbeiträge gemindert werden und diese zusätzlichen Arbeitgeberleistungen vermindern. Für das zusätzliche Wertguthaben gelten allerdings, anders als für das Altersteilzeitarbeitwertguthaben, die Regelungen zur Insolvenzsicherung nach § 7f SGB IV.

Verzicht auf die Arbeitsleistung

Verzichtet der Arbeitgeber aus betriebsbedingten Gründen auf die i.R. der Altersteilzeitarbeitvereinbarung vorgesehene Arbeitsleistung des Arbeitnehmers, ohne dass vereinbart ist, dass ein bereits angesammeltes Wertguthaben in dieser Freistellungsphase abgebaut wird, und wird nicht vereinbart, dass diese Freistellung noch nachgearbeitet und damit ein negatives Wertguthaben ausgeglichen wird, sind die Voraussetzungen der Altersteilzeitarbeit demnach nicht erfüllt. Unschädlich für die Altersteilzeitarbeit ist lediglich eine vorübergehende Freistellung, wenn das Arbeitsentgelt und die zusätzlichen Arbeitgeberleistungen weitergezahlt werden. Vorübergehende Freistellungen liegen jedoch nur vor, wenn kurzfristige betriebsbedingte Anlässe die Arbeitsleistung nicht mehr zulassen und unplanbar eingetreten sind. Der Arbeitnehmer muss dabei weiterhin dienstbereit bleiben, der Verfügungsmacht des Arbeitgebers unterstehen und auch tatsächlich wieder eine Tätigkeit aufnehmen, wenn der betriebsbedingte Anlass weggefallen ist. Ob es sich um einen vorübergehenden einseitigen Verzicht des Arbeitgebers auf die Arbeitsleistung handelt, dessen zeitliche Grenzen sich aus dem betriebsbedingten Anlass ergeben, kommt auf den konkreten Einzelfall an. Vereinbarungen zum Personalabbau, die die vorzeitige Beendigung der Beschäftigung, den Aufbau von Wertguthaben durch eine sofortige gesonderte Einmalzahlung des Arbeitgebers und die unmittelbare Freistellung von der Arbeitsleistung bis zum vorgezogenen Ende der Beschäftigung vorsehen, können künftig die Voraussetzungen für eine Wertguthabenvereinbarung erfüllen. Wurden bereits in der Vergangenheit Vereinbarungen allein durch Einmalzahlungen getroffen, wird dies bei Betriebsprüfungen nicht beanstandet (Besprechungsergebnis der Spitzenorganisationen der Sozialversicherung am 23.11.2023).

c) Aufstockung des Regelarbeitsentgelts

98 Das **Regelarbeitsentgelt** ist um mindestens 20 % aufzustocken. Das Regelarbeitsentgelt ist das auf einen Monat entfallende sozialversicherungspflichtige Arbeitsentgelt, das der Arbeitgeber i.R.d. Altersteilzeitarbeitsverhältnisses **regelmäßig** zu erbringen hat. Es ist bei Abweichung gegenüber dem Vormonat neu festzusetzen. Dabei darf das Regelarbeitsentgelt die Beitragsbemessungsgrenze des SGB III nicht überschreiten. Arbeitsentgelte, die einmalig oder nicht regelmäßig gezahlt werden, bleiben unberücksichtigt.

Beispiel (Altersteilzeit-Lohnabrechnung):

monatlich laufender Lohn	2 250 €
beitragspflichtige Zulagen, die zwar monatlich, aber in unterschiedlicher Höhe anfallen	320 €
Mehrarbeitsvergütung (fällt nicht jeden Monat an)	180 €
jährliches Urlaubsgeld	1 130 €
einmalige Jubiläumsprämie	1 500 €

Das Regelarbeitsentgelt beträgt insgesamt 2 570 € (2 250 € + 320 €). Die Mehrarbeitsvergütung, das Urlaubsgeld und die Jubiläumsprämie sind nicht zu berücksichtigen, da diese Leistungen nicht regelmäßig jeden Monat bzw. nur einmalig im Jahr gezahlt werden. Der gesetzliche **Aufstockungsbetrag** berechnet sich wie folgt: 20 % von 2 570 € = **514 €**.

d) Berechnung der zusätzlichen Rentenversicherungsbeiträge

99 Das Regelarbeitsentgelt ist zugleich die Berechnungsbasis zur Ermittlung der in der Altersteilzeit zusätzlich zu zahlenden Rentenversicherungsbeiträge. Der Arbeitgeber muss ausgehend vom Regelarbeitsentgelt die **Beiträge um 80 % aufstocken**. Die Bemessungsgrundlage für die zusätzlichen Beiträge ist jedoch begrenzt. Sie darf, zusammen mit dem Regelarbeitsentgelt, 90 % der **monatlichen** Beitragsbemessungsgrenze des SGB III nicht überschreiten.

Beispiel 1 (alle Bundesländer → *Rechtskreise Ost und West* Rz. 3583):

Regelarbeitsentgelt	1 500 €	
90 % der Beitragsbemessungsgrenze (2026: 8 450 €)		7 605 €
Differenz zum Regelarbeitsentgelt		6 105 €
80 % des Regelarbeitsentgelts		1 200 €
Lösung:		
zusätzliche beitragspflichtige Einnahme		1 200 €

Beispiel 2 (alle Bundesländer):

Regelarbeitsentgelt	4 500 €	
90 % der Beitragsbemessungsgrenze (2026: 8 450 €)		7 605 €
Differenz zum Regelarbeitsentgelt		3 105 €
80 % des Regelarbeitsentgelts		3 600 €
Lösung:		
zusätzliche beitragspflichtige Einnahme		3 105 €

e) Versicherungsrecht

Für Arbeitnehmer, die Altersteilzeitarbeit i.S.d. Altersteilzeitgesetzes leisten, finden uneingeschränkt die in den einzelnen Versicherungszweigen bestehenden versicherungsrechtlichen Regelungen Anwendung. 100

Bei einer kontinuierlichen Verteilung der Arbeitszeit liegt während des Gesamtzeitraums ein Beschäftigungsverhältnis nach § 7 Abs. 1 SGB IV vor.

Krankenversicherung

Für die Dauer der Altersteilzeitarbeit besteht **grds. Krankenversicherungspflicht** nach § 5 Abs. 1 Nr. 1 SGB V. Die Arbeitnehmer sind jedoch nach § 6 Abs. 1 Nr. 1 SGB V krankenversicherungsfrei, wenn ihr regelmäßiges Jahresarbeitsentgelt die **Jahresarbeitsentgeltgrenze** übersteigt (→ *Jahresarbeitsentgeltgrenze in der gesetzlichen Krankenversicherung* Rz. 2607). Arbeitnehmer, die wegen Überschreitens der Jahresarbeitsentgeltgrenze krankenversicherungsfrei sind und deren Arbeitsentgelt auf Grund der Altersteilzeitarbeit die Jahresarbeitsentgeltgrenze nicht mehr überschreitet, unterliegen von dem Tag an, von dem sie Altersteilzeitarbeit leisten, der Krankenversicherungspflicht. Dies gilt sowohl bei kontinuierlicher als auch bei diskontinuierlicher Verteilung der Arbeitszeit i.R. der Altersteilzeitarbeit.

Bei der Ermittlung des regelmäßigen Jahresarbeitsentgelts werden im Übrigen auch Sonderzuwendungen, die mit hinreichender Sicherheit zu erwarten sind, berücksichtigt. Fällt der Anspruch auf die Sonderzuwendung weg (z.B. mit Beginn der Freistellungsphase), ist vom Zeitpunkt des Wegfalls an eine neue versicherungsrechtliche Beurteilung vorzunehmen.

Personen, die nach Vollendung des 55. Lebensjahrs versicherungspflichtig werden, wird der Zugang zur gesetzlichen Krankenversicherung verwehrt, wenn sie unmittelbar zuvor keinen ausreichenden Bezug zur gesetzlichen Krankenversicherung nachweisen können (→ *Krankenversicherung: gesetzliche* Rz. 2760).

Erhöht sich durch eine Anpassung des Mindestlohnes die Geringfügigkeitsgrenze (→ *Mini-Jobs* Rz. 3166), so gilt eine Person, die mit der Altersteilzeit vor der Anhebung des Mindestlohnes begonnen hat, weiterhin als versicherungspflichtig beschäftigt, wenn sie bis zu dem Tag, an dem die Anhebung in Kraft tritt, in einer versicherungspflichtigen Beschäftigung gestanden hat, sie die Voraussetzungen für eine versicherungspflichtige Beschäftigung nach der Anhebung des Mindestlohnes nicht mehr erfüllt und die am Tag vor dem Inkrafttreten der Anhebung geltenden Voraussetzungen für eine versicherungspflichtige Beschäftigung weiterhin vorliegen.

Nach § 8 Abs. 1 Nr. 3 SGB V kann sich ein Arbeitnehmer, der krankenversicherungspflichtig wird, weil seine Arbeitszeit auf die Hälfte oder auf weniger als die Hälfte der regelmäßigen Wochenarbeitszeit vergleichbarer Vollbeschäftigter des Betriebs herabgesetzt wird, von der Krankenversicherungspflicht befreien lassen; Voraussetzung hierfür ist, dass der Arbeitnehmer seit mindestens fünf Jahren wegen Überschreitens der Jahresarbeitsentgeltgrenze krankenversicherungsfrei ist. Diese Befreiungsmöglichkeit gilt auch für Arbeitnehmer, die infolge Altersteilzeitarbeit ihre Arbeitszeit auf mindestens die Hälfte reduzieren und dadurch krankenversicherungspflichtig werden.

Pflegeversicherung

Die Versicherungspflicht in der sozialen Pflegeversicherung nach § 20 Abs. 1 Satz 2 Nr. 1 i.V.m. Satz 1 SGB XI wird nicht dadurch berührt, dass ein bislang krankenversicherungspflichtiger Arbeitnehmer Altersteilzeitarbeit leistet. Handelt es sich hingegen um einen Arbeitnehmer, der vor Beginn der Altersteilzeitarbeit wegen Überschreitens der Jahresarbeitsentgeltgrenze nach § 6 Abs. 1 Nr. 1 SGB V krankenversicherungsfrei und in der gesetzlichen Krankenversicherung freiwillig versichert war und nunmehr infolge der Altersteilzeitarbeit krankenversicherungspflichtig wird, ändert sich die Rechtsgrundlage für die Versicherungspflicht in der sozialen Pflegeversicherung, d.h., die Versicherungspflicht in der sozialen Pflegeversicherung nach § 20 Abs. 3 SGB XI wird in eine solche nach § 20 Abs. 1 Satz 2 Nr. 1 i.V.m. Satz 1 SGB XI umgewandelt.

Sofern ein (bislang freiwillig krankenversicherter) Arbeitnehmer allerdings nach § 22 SGB XI von der sozialen Pflegeversicherung befreit ist, endet diese Befreiung mit dem Eintritt von Krankenversicherungspflicht; von diesem Zeitpunkt an besteht Versicherungspflicht in der sozialen Pflegeversicherung nach § 20 Abs. 1 Satz 2 Nr. 1 i.V.m. Satz 1 SGB XI. Eine Befreiung von der sozialen Pflegeversicherung auf Grund eines „Alt"-Pflegeversicherungsvertrags nach Art. 42 PflegeVG wird durch den Eintritt von Krankenversicherungspflicht infolge der Altersteilzeitarbeit nicht berührt.

Für Arbeitnehmer, die wegen Überschreitens der Jahresarbeitsentgeltgrenze krankenversicherungsfrei, bei einem Unternehmen der privaten Krankenversicherung krankenversichert und damit auch privat pflegeversichert sind und nunmehr i.R. der Altersteilzeitarbeit krankenversicherungspflichtig werden, tritt ebenfalls Versicherungspflicht in der sozialen Pflegeversicherung nach § 20 Abs. 1 Satz 2 Nr. 1 i.V.m. Satz 1 SGB XI ein. Sofern sich diese Arbeitnehmer allerdings nach § 8 Abs. 1 Nr. 3 SGB V von der Versicherungspflicht in der Krankenversicherung befreien lassen und auf Grund des § 23 Abs. 1 SGB XI privat pflegeversichert sind, bleiben sie weiterhin in der privaten Pflegeversicherung versichert.

Renten- und Arbeitslosenversicherung

In der Renten- und Arbeitslosenversicherung gibt es hinsichtlich der versicherungsrechtlichen Beurteilung von altersteilzeitarbeitenden Arbeitnehmern keinerlei Besonderheiten. Für die Dauer der vereinbarten Altersteilzeitarbeit besteht grds. Rentenversicherungspflicht nach § 1 Satz 1 Nr. 1 SGB VI und Arbeitslosenversicherungspflicht nach § 25 Abs. 1 SGB III.

f) Beitragsrecht

101 Maßgebend für die Berechnung der Beiträge zur Kranken-, Pflege-, Renten- und Arbeitslosenversicherung ist das für die Altersteilzeitarbeit jeweils fällige **Arbeitsentgelt**. Die auf dieses Arbeitsentgelt entfallenden Beiträge sind vom Arbeitnehmer und Arbeitgeber je zur Hälfte zu tragen. Liegt der Beschäftigungsort des Arbeitnehmers in Sachsen, gelten hinsichtlich der Pflegeversicherung Besonderheiten (→ *Beiträge zur Sozialversicherung* Rz. 1261). Für die knappschaftliche Rentenversicherung gilt die für diesen Versicherungszweig maßgebende besondere Beitragslastverteilung. Der Übergangsbereich in der Sozialversicherung **gilt** in den Fällen der Altersteilzeit, in denen das reduzierte Arbeitsentgelt in den Übergangsbereich (→ *Übergangsbereich in der Sozialversicherung* Rz. 4137) fällt.

Die während einer im Blockmodell in der Arbeitsphase erzielten **steuer- und beitragsfreien Schichtzulagen** bleiben auch dann beitragsfrei, wenn deren Auszahlung in anteiligem Umfang in die Freistellungsphase verschoben wird. Diese Beträge sind weder bei der Berechnung des Aufstockungsbetrags noch des Unterschiedsbetrags zu berücksichtigen.

aa) Beitragssatz

102 In der Krankenversicherung gilt in der **Arbeitsphase** der allgemeine Beitragssatz. Die Anwendung des ermäßigten Beitragssatzes in der Krankenversicherung während der **Freistellungsphase** der Altersteilzeit im Blockmodell erfordert, dass nach der Freistellungsphase keine erneute Aufnahme einer krankenversicherungspflichtigen Beschäftigung beabsichtigt ist, weil nur so ein späterer Anspruch auf Krankengeld des Versicherten faktisch ausgeschlossen ist. Üben Arbeitnehmer im Anschluss an die beendete Altersteilzeit bis zum Beginn der abschlagsfreien Altersrente mit 63 Jahren nach § 236b SGB VI eine mehr als geringfügige Beschäftigung aus, verfügen sie während dieser Beschäftigung im Falle der Arbeitsunfähigkeit jedoch über einen Anspruch auf Krankengeld nach § 44 Abs. 1 SGB V. Auf Seiten der Krankenkasse besteht insofern ein entsprechendes wirtschaftliches Leistungsrisiko. Deshalb hat die Aufnahme einer krankenversicherungspflichtigen Anschlussbeschäftigung zur Folge, dass die während der Freistellungsphase der Altersteilzeit zu leistenden Krankenversicherungsbeiträge – ungeachtet der im Einzelfall ggf. nur wenige Monate betragenden Beschäftigungsdauer – auf Grundlage des allgemeinen Beitragssatzes zu bemessen sind.

Sofern die krankenversicherungspflichtige Anschlussbeschäftigung bereits vor Beginn der Freistellungsphase der Altersteilzeit vereinbart wird, ist für die gesamte Dauer der Freistellungsphase der allgemeine Beitragssatz in der Krankenversicherung zu Grunde zu legen. Wird die krankenversicherungspflichtige Anschlussbeschäftigung erst nach dem Beginn der Freistellungsphase vereinbart, sind die Krankenversicherungsbeiträge von dem Tag der Vereinbarung an auf der Grundlage des allgemeinen Beitragssatzes zu bemessen; für die Zeit davor bleibt der ermäßigte Beitragssatz maßgebend.

Durch eine Anschlussbeschäftigung, die i.R. einer geringfügig entlohnten Beschäftigung ausgeübt wird, tritt für die Beschäftigten keine Krankenversicherungspflicht ein. Für sie entsteht nach der Freistellungsphase somit kein (erneuter) Krankengeldanspruch. Deshalb ist während der Freistellungsphase weiterhin der ermäßigte Beitragssatz in der Krankenversicherung anzuwenden, wenn eine geringfügig entlohnte Anschlussbeschäftigung vereinbart wird. Hierbei ist unbeachtlich, dass geringfügig entlohnte Beschäftigungen rentenversicherungspflichtig sind.

bb) Beitragszuschuss

Freiwillig in der gesetzlichen Krankenversicherung Versicherte sowie Beschäftigte, die bei einem privaten Krankenversicherungsunternehmen versichert sind, erhalten von ihrem Arbeitgeber als Zuschuss zu ihren Kranken- und Pflegeversicherungsbeiträgen den Arbeitgeberanteil, der für einen versicherungspflichtig Beschäftigten zu zahlen wäre, höchstens aber die Hälfte des tatsächlich zu zahlenden Beitrags. Dabei wird der Bemessung des Beitragszuschusses bei Altersteilzeitarbeit im Blockmodell während der Arbeitsphase der allgemeine Beitragssatz und während der Freistellungsphase der ermäßigte Beitragssatz der Krankenversicherung zu Grunde gelegt. Seit 1.1.2019 ist auch der Zusatzbeitragssatz paritätisch zu finanzieren. Dies bedeutet, dass für einen in der gesetzlichen Krankenversicherung freiwillig Versicherten als Arbeitgeberzuschuss die Hälfte des kassenindividuellen Zusatzbeitragssatzes zu zahlen ist. Ist derjenige privat krankenversichert, gilt als Zuschuss die Hälfte des durchschnittlichen Zusatzbeitragssatzes. 103

Der Zuschuss zur Kranken- und Pflegeversicherung beträgt vom 1.1.2026 an während der Arbeitsphase für einen gesetzlich Versicherten höchstens 424,31 € zur Krankenversicherung zuzüglich der Hälfte des kassenindividuellen Zusatzbeitragssatzes. Bei einem privat Versicherten höchstens 508,59 € inkl. der Hälfte des durchschnittlichen Zusatzbeitragssatzes i.H.v. 2,9 %. Der Beitragszuschuss zur Pflegeversicherung beträgt für beide Gruppen 104,63 € (in Sachsen 75,56 €). Ist während der Freistellungsphase der ermäßigte Beitragssatz anzuwenden, beträgt der Beitragszuschuss höchstens 406,88 € in der Krankenversicherung zuzüglich der Hälfte des kassenindividuellen Zusatzbeitragssatzes bei gesetzlich Versicherten und 491,16 € inkl. der Hälfte des durchschnittlichen Zusatzbeitragssatzes bei privat Versicherten.

cc) Einmalig gezahltes Arbeitsentgelt

Einmalig gezahltes Arbeitsentgelt und Arbeitsentgelt, das nicht regelmäßig jeden Monat gezahlt wird, gehört nicht zum Regelarbeitsentgelt und ist daher bei der Berechnung der **zusätzlichen** Rentenversicherungsbeiträge nicht zu berücksichtigen. 104

dd) Mehrarbeit

Wird während der Altersteilzeitarbeit Mehrarbeit geleistet, müssen vor Verbeitragung der hierfür zu beanspruchenden Vergütung vorrangig die zusätzlichen Rentenversicherungsbeiträge ermittelt werden. 105

Beispiel 3:

Regelarbeitsentgelt für Altersteilzeitarbeit	1 500 €
80 % des Regelarbeitsentgelt	1 200 €
Mehrarbeitsvergütung	500 €
Beitragspflichtige Einnahme	
KV/PV/ALV (1 500 € + 500 € =)	2 000 €
RV (1 500 € + 1 200 € + 500 € =)	3 200 €

g) Beitragsverfahren für Störfälle

106 Für den Fall, dass es bei Altersteilzeitarbeit im Blockmodell zu einer vorzeitigen Beendigung der Altersteilzeitvereinbarung (sog. Störfall wie z.B. Tod, Auflösung des Arbeitsverhältnisses o.Ä.) kommt, sieht § 10 Abs. 5 AltTZG für den Bereich der Rentenversicherung einerseits sowie für die Bereiche der Kranken-, Pflege- und Arbeitslosenversicherung andererseits eine unterschiedliche beitragsrechtliche Behandlung des Wertguthabens vor. Da in der Phase der Arbeitsleistung bereits Rentenversicherungsbeiträge von mindestens 90 % (auf Grund vertraglicher Vereinbarung eventuell auch höher) des bisherigen Arbeitsentgelts bzw. der Beitragsbemessungsgrenze der Rentenversicherung gezahlt worden sind, muss nach § 10 Abs. 5 erster Halbsatz AltTZG im Störfall nur noch die Differenz bis zu 100 % des erarbeiteten bisherigen Arbeitsentgelts bzw. bis zur Beitragsbemessungsgrenze als beitragspflichtige Einnahme aus dem Wertguthaben verbeitragt werden. Für die Berechnung der Beiträge zur Kranken-, Pflege- und Arbeitslosenversicherung gilt hingegen nach § 10 Abs. 5 zweiter Halbsatz AltTZG der § 23b Abs. 2 SGB IV.

Für den bereits abgelaufenen Zeitraum der Altersteilzeitbeschäftigung bleibt es bei der bisherigen beitragsrechtlichen Behandlung des Arbeitsentgelts aus der Altersteilzeitarbeit sowie des Aufstockungsbetrags und der zusätzlichen Rentenversicherungsbeiträge aus dem Unterschiedsbetrag. Das gilt selbst dann, wenn die vereinbarte Altersteilzeitarbeit im Blockmodell noch während der Arbeitsphase endet, ohne dass es zu einer Freistellung von der Arbeitsleistung und damit im Durchschnitt gesehen zu einer Reduzierung der bisherigen wöchentlichen Arbeitszeit gekommen ist und arbeitsrechtlich eine Minderung des Wertguthabens vorgenommen wird.

Für den Fall, dass das Wertguthaben nicht wie vereinbart für eine laufende Freistellung von der Arbeit verwendet wird (Störfall), sieht § 23b Abs. 2 SGB IV für die Kranken-, Pflege- und Arbeitslosenversicherung und § 10 Abs. 5 AltTZG für die Rentenversicherung für Störfälle, die seit dem 1.1.2001 eintreten, ein besonderes Beitragsberechnungsverfahren vor.

Für die Kranken-, Pflege- und Arbeitslosenversicherung gilt in einem Störfall als beitragspflichtiges Arbeitsentgelt das Wertguthaben, höchstens jedoch die Differenz zwischen der für die Dauer der Arbeitsphase seit der ersten Bildung des Wertguthabens maßgebenden Beitragsbemessungsgrenze für den jeweiligen Versicherungszweig und dem in dieser Zeit beitragspflichtigen Arbeitsentgelt (Summenfelder-Modell).

Die sich aus dem Summenfelder-Modell ergebenden Beitragsbemessungsgrundlagen sind bereits während der Arbeitsphase einer diskontinuierlichen Altersteilzeitarbeit (z.B. im Blockmodell) in der Entgeltabrechnung (Entgeltkonto) mindestens kalenderjährlich darzustellen. Dies sind die (Gesamt-)Differenzen zwischen dem beitragspflichtigen Arbeitsentgelt und der Beitragsbemessungsgrenze des jeweiligen Versicherungszweigs (SV-Luft) für die Dauer der Arbeitsphase seit der erstmaligen Bildung des Wertguthabens. Für die Freistellungsphase ist keine weitere SV-Luft zu bilden. Die SV-Luft ist zu reduzieren, soweit sie den Betrag des (Rest-)Wertguthabens nicht unterschreitet.

In der Rentenversicherung ist für eine im Blockmodell ausgeübte Altersteilzeitarbeit für die Dauer der Altersteilzeitarbeit bis zum Eintritt des Störfalls die Differenz zwischen dem bisherigen laufenden Arbeitsentgelt (§ 6 Abs. 1 AltTZG) und dem laufenden Arbeitsentgelt für die Altersteilzeit einschließlich des Unterschiedsbetrags (dem Arbeitsentgelt, von dem tatsächlich Beiträge zur Rentenversicherung entrichtet wurden) als SV-Luft auszuweisen. Die Feststellung erfolgt – anders als in den übrigen Sozialversicherungszweigen – für die Zeit vom Beginn der Altersteilzeitarbeit bis zum Eintritt des Störfalls und berücksichtigt auch die Zeiten der Freistellung von der Arbeitsleistung. Einmalzahlungen mindern, soweit sie zur Beitragsberechnung herangezogen werden, die SV-Luft des Jahrs, dem sie beitragsrechtlich zugeordnet werden. Gleiches gilt für die auf Einmalzahlungen entfallenden Unterschiedsbeträge für zusätzliche Rentenversicherungsbeiträge. Sollte der beitragspflichtige Teil der Einmalzahlung einschließlich des Unterschiedsbetrags höher sein, als die für dieses Kalenderjahr (ggf. für das Kalenderjahr der Zuordnung der Einmalzahlung) zu bildende SV-Luft, ist die SV-Luft für dieses Kalenderjahr auf null zu reduzieren.

Wertguthaben, die auf Grund einer Vereinbarung nach § 7 Abs. 1a SGB IV bereits vor der Altersteilzeitarbeit erzielt wurden, können für die Alterszeitarbeit zur Verkürzung der Arbeitsphase verwendet werden. Mit dem Übergang in die Altersteilzeitarbeit wird die bisher festgestellte SV-Luft in allen Versicherungszweigen übernommen und fortgeführt.

Die Berechnung der Beiträge aus laufendem sowie einmalig gezahltem Arbeitsentgelt (§ 23a SGB IV) geht jeweils der Beitragsberechnung nach § 23b Abs. 2 SGB IV und § 10 Abs. 5 AltTZG vor. Tritt in einem Abrechnungszeitraum, in dem eine Einmalzahlung gezahlt wird, ein Störfall ein, erfolgt zuerst die Berechnung der Beiträge aus dem laufenden Arbeitsentgelt (laufendes und einmalig gezahltes Arbeitsentgelt). Anschließend sind der beitragspflichtige Teil des Wertguthabens sowie die darauf entfallenden Beiträge zu ermitteln.

Nach § 8 Abs. 1 Nr. 6 BVV hat der Arbeitgeber Angaben zum Beginn und zum Ende der Altersteilzeitarbeit in die Entgeltunterlagen aufzunehmen. Darüber hinaus ist nach § 8 Abs. 1 Nr. 7 BVV der Unterschiedsbetrag nach § 3 Abs. 1 Nr. 1 Buchst. b AltTZG in den Entgeltunterlagen festzuhalten; nach § 9 Abs. 1 Nr. 3 BVV gilt dies auch für die Beitragsabrechnung.

Bei einer Altersteilzeitarbeit im Blockmodell hat der Arbeitgeber nach § 2 Abs. 1 Nr. 7 BVV in der Arbeitsphase die Zugänge auf Grund der Vorarbeit oder freiwilliger besonderer Zahlungen und in der Freistellungsphase die Abgänge des Wertguthabens in den Entgeltunterlagen aufzuführen. Zusätzlich sind der Abrechnungsmonat, in dem die erste Gutschrift erfolgt, sowie alle weiteren Abrechnungsmonate, in denen Änderungen des Wertguthabens erfolgen, in den Entgeltunterlagen anzugeben.

h) Abfindungen

Abfindungen aus Anlass der Beendigung des Altersteilzeitverhält- 107
nisses (z.B. zum Ausgleich einer Rentenminderung bei vorzeitiger Inanspruchnahme einer Altersrente) sind als Abfindungen für den Verlust des Arbeitsplatzes anzusehen und gehören damit nicht zum Arbeitsentgelt i.S. der Sozialversicherung (BSG v. 21.2.1990, 12 RK 20/88).

i) Fälligkeit der Beiträge

Es gelten die allgemeinen Grundsätze zur → *Fälligkeit der Sozial-* 108
versicherungsbeiträge Rz. 2083.

j) Auswirkungen auf die Umlageberechnung nach dem AAG

Bei der Berechnung der Umlage nach dem Aufwendungsaus- 109
gleichsgesetz (U1- als auch im U2-Verfahren) als auch bei der Insolvenzgeldumlage ist das Arbeitsentgelt der Arbeitnehmer in der Altersteilzeit zu berücksichtigen, und zwar unabhängig davon, ob sie sich in der Arbeits- oder in der Freistellungsphase befinden. Als umlagepflichtiges Arbeitsentgelt ist in der Arbeitsphase das tatsächlich erzielte (ausgezahlte) Arbeitsentgelt maßgebend, in der Freistellungsphase das ausgezahlte Wertguthaben. Auch dies gilt sowohl für die Berechnung der Umlage zum U1- als auch zum U2-Verfahren. Von der Beitragsbemessungsgrundlage nach § 163 Abs. 5 SGB VI zur Ermittlung des zusätzlichen (Aufstockungs-) Betrags in der Rentenversicherung werden sowohl im U1- als auch im U2-Verfahren keine Umlagen berechnet. Dies gilt sowohl für die Arbeits- als auch für die Freistellungsphase. Von Wertguthaben in Störfällen werden weder zum U1- noch zum U2-Verfahren Umlagen erhoben, denn vom Charakter her sind diese fällig werdenden Entgeltbestandteile i.S.d. Umlageverfahrens einmalig gezahltem Arbeitsentgelt gleichzusetzen, von dem nach § 7 Abs. 2 Satz 2 AAG Umlagen nicht zu erheben sind.

k) Insolvenzgeldumlage

Bei der Berechnung der Umlage ist das Arbeitsentgelt der Arbeit- 110
nehmer in der Altersteilzeit oder sonstigen flexiblen Arbeitszeitverhältnissen nach § 7 Abs. 1a SGB IV zu berücksichtigen. Dies

gilt unabhängig davon, ob sie sich in der Arbeits- oder Freistellungsphase befinden. Als umlagepflichtiges Arbeitsentgelt ist in der Arbeitsphase das tatsächlich erzielte (ausgezahlte) Arbeitsentgelt maßgebend, in der Freistellungsphase das ausgezahlte Wertguthaben.

Bei Altersteilzeitarbeit werden

- der Aufstockungsbetrag nach § 3 Abs. 1 Nr. 1 Buchst. a AltTZG,
- der zusätzliche Beitrag zur Rentenversicherung nach § 3 Abs. 1 Nr. 1 Buchst. b AltTZG sowie

die nach § 163 Abs. 5 SGB VI zu Grunde zu legende zusätzliche beitragspflichtige Einnahme für die Berechnung der Umlage nicht berücksichtigt. Dies gilt sowohl für die Arbeits- als auch für die Freistellungsphase.

Wird während der Altersteilzeit Mehrarbeit geleistet, kann es vorkommen, dass die Vergütung hierfür durch die vorrangige Anrechnung der zusätzlichen beitragspflichtigen Einnahme nach § 163 Abs. 5 SGB VI für die Berechnung der Rentenversicherungsbeiträge wegen Überschreitens der Beitragsbemessungsgrenze nicht bzw. nicht in voller Höhe herangezogen wird. Da die zusätzliche beitragspflichtige Einnahme für die Berechnung der Umlage aber nicht berücksichtigt wird, wird die Vergütung für Mehrarbeit in die Berechnung der Umlage einbezogen. Entsprechendes gilt für einmalig gezahltes Arbeitsentgelt während der Altersteilzeit.

Ist wegen einer nicht vertragsgemäßen Verwendung von Wertguthaben eine sog. Störfallbeitragsberechnung vorzunehmen, wird Insolvenzgeldumlage erhoben. Als umlagepflichtiges Entgelt aus dem Wertguthaben gilt dabei das nach den besonderen Bestimmungen des § 10 Abs. 5 Altersteilzeitgesetz für Altersteilzeitarbeitsverhältnisse (unter Berücksichtigung der zusätzlichen beitragspflichtigen Einnahme) bzw. das nach § 23b Abs. 2 bis 3 SGB IV für sonstige flexible Arbeitszeitverhältnisse ermittelte rentenversicherungspflichtige Entgelt.

l) Arbeitsunfähigkeit während der Altersteilzeitarbeit

111 Bei Zeiten längerer Arbeitsunfähigkeit in der Arbeitsphase des Blockmodells wird nach Ablauf des Entgeltfortzahlungsanspruchs keine Arbeitsleistung mehr erbracht, durch die für die Freistellungsphase Wertguthaben erzielt werden könnte. Damit in diesen Fällen eine vorzeitige Beendigung des Versicherungsschutzes in der Freistellungsphase verhindert werden kann, kann entweder die Freistellungsphase durch Nacharbeit verkürzt oder das Wertguthaben durch den Arbeitgeber in der entsprechenden Höhe aufgestockt werden. Erfolgt keine Nacharbeit der Wertguthabenaufstockung, verkürzt sich die Altersteilzeitarbeit entsprechend. Dabei ist es unerheblich, wenn die Altersteilzeitarbeit ggf. nicht mehr bis zum frühestmöglichen Beginn einer Altersrente läuft. Die Streckung des Wertguthabens durch geringere Entsparung oder die Reduzierung des fälligen Arbeitsentgelts in der Arbeitsphase zu Gunsten der Erhöhung des Wertguthabens für die Freistellungsphase sind nicht zulässig.

m) Unterbrechung der Altersteilzeitarbeit

112 Zu einer Unterbrechung der Altersteilzeitarbeit, die keinen Störfall auslöst, kann es in folgenden Fällen kommen:

- Zubilligung einer Rente auf Zeit wegen voller Erwerbsminderung,
- sachlich begründete, betriebsbedingt notwendige Rückkehr zur Beschäftigung mit bisheriger wöchentlicher Arbeitszeit in der Arbeits- oder Freistellungsphase,
- unbezahlter Urlaub und Pflegezeit mit vollständiger Freistellung von der Arbeitsleistung während der Arbeitsphase.

Eine Beschäftigung gegen Arbeitsentgelt wird in den Fällen, in denen das Beschäftigungsverhältnis ohne Anspruch auf Arbeitsentgelt besteht, für die Dauer von längstens einem Monat unterstellt. Altersteilzeitarbeit liegt nur vor, wenn ein Arbeitnehmer zum begünstigten Personenkreis gehört und sein Arbeitgeber den steuer- und beitragsfreien Aufstockungsbetrag sowie zusätzliche Rentenversicherungsbeiträge zahlt. In Fällen der unbezahlten Freistellung von der Arbeit können zusätzliche Rentenversicherungsbeiträge nicht gezahlt werden; Altersteilzeitarbeit liegt also trotz weiter bestehender Beschäftigung nicht vor. Während der Inanspruchnahme von Pflegezeit mit vollständiger Freistellung von der Arbeitsleistung ist der Fortbestand der Beschäftigung ohnehin ausgeschlossen.

Auf Grund des in der gesetzlichen Rentenversicherung bestehenden Monatsprinzips, nach dem ein angebrochener Monat als voller Monat zu berücksichtigen ist, liegt in jedem Monat ein Altersteilzeitarbeitsverhältnis vor, in dem dieses Arbeitsverhältnis mindestens an einem Tag bestand. Insoweit liegt keine Unterbrechung der Altersteilzeitarbeit vor, Wertguthaben für eine spätere Freistellung sind zu bilden. Zu einer Unterbrechung der Altersteilzeitarbeit kommt es somit erst, wenn z.B. ein unbezahlter Urlaub mindestens einen vollen Kalendermonat umfasst.

n) Insolvenzsicherung

Um einen noch besseren Schutz der Wertguthaben der im sog. Blockmodell (Arbeitsphase mit anschließender gleichlanger Freistellungsphase) beschäftigten Arbeitnehmer zu gewährleisten, wurde eine spezielle Insolvenzsicherung im Altersteilzeitgesetz verbindlich vorgeschrieben. Ergibt sich aus der Vereinbarung zur Einführung der Altersteilzeitarbeit, dass ein Wertguthaben aufgebaut wird, das den Betrag des **dreifachen Regelarbeitsentgelts** einschließlich des darauf entfallenden Arbeitgeberanteils zur Gesamtsozialversicherung überschreitet, muss der Arbeitgeber das Wertguthaben in geeigneter Weise gegen das Risiko seiner Zahlungsunfähigkeit absichern. Eine Verrechnung von steuer- und beitragsfreien Aufstockungsleistungen mit den beitragspflichtigen Entgelten im Wertguthaben ist nicht zulässig. 113

Die Verpflichtung zur Absicherung besteht mit **der ersten Gutschrift**, d.h. ab dem Zeitpunkt, in dem der zu sichernde Anspruch auf das in der Freistellungsphase auszuzahlende Arbeitsentgelt entsteht. Der Arbeitgeber hat gegenüber dem Arbeitnehmer erstmals mit der ersten Gutschrift und anschließend alle sechs Monate die zur Sicherung ergriffenen **Maßnahmen** in Textform (§ 126b BGB) **nachzuweisen**. Kommt der Arbeitgeber seiner gesetzlichen Sicherungsverpflichtung nicht nach, hat der Arbeitnehmer einen gesetzlichen Anspruch auf **Sicherheitsleistung** in Höhe des bestehenden Wertguthabens gegen seinen Arbeitgeber.

Geeignete Insolvenzsicherungsmodelle können z.B. sein: Bankbürgschaften, Absicherung im Wege dinglicher Sicherheiten (z.B. Verpfändung von Wertpapieren, insbesondere Fonds) zu Gunsten der Arbeitnehmer, bestimmte Versicherungsmodelle der Versicherungswirtschaft oder das Modell der doppelseitigen Treuhand.

Nicht zulässig sind dagegen: bilanzielle Rückstellungen, zwischen Konzernunternehmen (§ 18 AktG) begründete Einstandspflichten, insbesondere Bürgschaften, Patronatserklärungen oder Schuldbeitritte.

Die Insolvenzschutzregelung des § 7e SGB IV (i.d.F. des Gesetzes zur Verbesserung der Rahmenbedingungen für die Absicherung flexibler Arbeitszeitregelungen v. 21.12.2008, BGBl. I 2008, 2940) findet für Wertguthabenvereinbarungen nach dem Altersteilzeitgesetz keine Anwendung.

o) Melderecht

Der Arbeitgeber hat bei Beginn der Altersteilzeitarbeit und bei Ende der Altersteilzeitarbeit eine Meldung zu erstatten. Für Arbeitnehmer in Altersteilzeitarbeit gilt ein besonderer Personengruppenschlüssel (103). Bei einem Übergang in die Altersteilzeitarbeit ist das Ende der bisherigen Beschäftigung (taggenau) durch eine Abmeldung mit Abgabegrund 33 und der Beginn der Altersteilzeitarbeit durch eine Anmeldung mit Abgabegrund 13 zu melden. Für den Fall, dass die Altersteilzeitarbeit ausnahmsweise nicht am Ersten eines Monats, sondern im Laufe eines Monats beginnen soll, kann an Stelle der taggenauen Meldung der Erste des Monats angegeben werden. 114

Als beitragspflichtiges Bruttoarbeitsentgelt ist nicht nur das Arbeitsentgelt für die Altersteilzeitarbeit einzutragen, sondern der Gesamtbetrag, von dem Beiträge zur Rentenversicherung gezahlt worden sind; das Arbeitsentgelt für Altersteilzeitarbeit ist also um den Unterschiedsbetrag zu erhöhen.

Werden Beiträge anlässlich des Eintritts eines Störfalls entrichtet, ist das beitragspflichtige Arbeitsentgelt mit einer besonderen

Meldung (Grund der Abgabe 55) zu bescheinigen. Es sind jeweils der Personengruppenschlüssel und der Beitragsgruppenschlüssel anzugeben, die beim Versicherten zum Zeitpunkt des Störfalls zutreffen. Sind Beiträge zu einem Versicherungszweig zu entrichten, zu dem zum Zeitpunkt des Störfalls keine Versicherungspflicht besteht, ist der für den Versicherten zuletzt maßgebende Beitragsgruppenschlüssel anzugeben. Die Meldungen haben das zur Rentenversicherung beitragspflichtige Arbeitsentgelt zu enthalten.

Endet das Beschäftigungsverhältnis im Zusammenhang mit der Zuerkennung einer Rente wegen verminderter Erwerbsfähigkeit, gilt Folgendes:

- Wertguthaben, die bis zum Tag vor dem Eintritt der Erwerbsminderung erzielt wurden, sind mit einer Sondermeldung (Abgabegrund 55) unverzüglich zu melden. Als Meldezeitraum sind der Monat und das Jahr des Eintritts der Erwerbsminderung anzugeben.
- Das Wertguthaben, das seit Eintritt der Erwerbsminderung erzielt wurde, ist zusammen mit dem Arbeitsentgelt der erforderlichen Abmeldung wegen Ende der Beschäftigung zu melden. Hierdurch kann es vorkommen, dass die anteilige Beitragsbemessungsgrenze des Meldezeitraums überschritten wird. Es sollte daher auch dieser Teil des Wertguthabens mit einer Sondermeldung (Grund der Abgabe: „55“) gemeldet werden. Als Meldezeitraum sind der Monat und das Jahr der nicht zweckentsprechenden Verwendung des Wertguthabens anzugeben. Ist seit dem Eintritt der Erwerbsminderung kein Wertguthaben erzielt worden, ist für diesen Zeitraum keine besondere Meldung abzugeben.

Damit zum Ende des Beschäftigungsverhältnisses nach einer zuvor anerkannten Zeitrente wegen verminderter Erwerbsfähigkeit die Meldedaten für die Zeit bis zum Tag vor dem Eintritt der Erwerbsminderung präsent sind, wird empfohlen, diese Daten bei Zugang des Bescheides über die Zeitrente gesondert festzuhalten.

Im Fall der Insolvenz des Arbeitgebers ist nur das Arbeitsentgelt gesondert zu melden, von dem tatsächlich Beiträge zur Rentenversicherung entrichtet wurden.

Altersvorsorge und Altersversorgung

auch → *Vorsorgeaufwendungen* Rz. 4359

1. Beiträge zur gesetzlichen Rentenversicherung

115 Nach der ständigen Rechtsprechung des BFH sind die **Arbeitnehmeranteile** zur Arbeitslosen-, Kranken- und Rentenversicherung (Gesamtsozialversicherung) als Gegenleistung für die Erbringung der Arbeitsleistung und damit als **Arbeitslohn** anzusehen. Zwar hat der Arbeitgeber als alleiniger Schuldner den Gesamtsozialversicherungsbeitrag an die Einzugsstelle zu zahlen und durch Lohnabzug beim Arbeitnehmer einzubehalten; wirtschaftlich hat aber der Arbeitnehmer die Beiträge zur Gesamtsozialversicherung zur Hälfte (Arbeitnehmeranteil) aus dem ihm zustehenden Bruttoentgelt zu tragen. Der einbehaltene Arbeitnehmeranteil zur Sozialversicherung ist danach ein dem Arbeitnehmer verschaffter Vermögensvorteil; daher sind die Arbeitnehmerbeiträge – bei eigenem Rechtsanspruch des Arbeitnehmers gegen die Versorgungseinrichtung – als **Arbeitslohn mit ihrer Abführung durch den Arbeitgeber gegenwärtig zugeflossen** (BFH v. 16.1.2007, X R 69/04, BStBl II 2007, 579). Dies gilt auch für die **Nachentrichtung hinterzogener Arbeitnehmeranteile zur Gesamtsozialversicherung** (BFH v. 13.9.2007, VI R 54/03, BStBl II 2008, 58).

Demgegenüber stellt die Entrichtung des gesetzlich geschuldeten **Arbeitgeberanteils** zur Renten-, Kranken- und Arbeitslosenversicherung eines Arbeitnehmers **keinen gegenwärtig zufließenden Arbeitslohn** dar. Denn der einzelne pflichtversicherte Arbeitnehmer erfährt durch die Zahlung weder einen individuellen Mitgliedschafts- oder beitragsrechtlichen Vorteil noch einen leistungsrechtlichen oder sonstigen Vermögenszuwachs (BFH v. 13.2.2020, VI R 20/17, BStBl II 2021, 311 betr. Beiträge des österreichischen Arbeitgebers an eine österreichische betriebliche Vorsorgekasse als Arbeitslohn, sie sind nach FG München v. 15.1.2021, 13 K 2270/15, EFG 2021, 660 nicht gem. § 3 Nr. 62 EStG steuerfrei). Die Rechtsprechung sieht die Vorschrift des § 3 Nr. 62 EStG als deklaratorisch an (BFH v. 6.6.2002, VI R 178/97, BStBl II 2003, 34).

Die Nachentrichtung von Arbeitnehmeranteilen zur Sozialversicherung über **pauschalierte Summenbescheide** gem. § 28f Abs. 2 SGB IV führt ebenfalls **nicht zu Arbeitslohn**. Wegen der (pauschalen) Erhebung der Sozialversicherungsbeiträge anhand der gezahlten Arbeitsentgelte (Lohnsummen) ist keine individuelle Zuordnung der beitragspflichtigen Arbeitsentgelte auf die einzelnen Arbeitnehmer möglich. Es fehlt an einem eigenen Leistungsanspruch des Arbeitnehmers und an einer objektiven wirtschaftlichen Bereicherung beim Arbeitnehmer (BFH v. 15.6.2023, VI R 27/20, BStBl II 2023, 352).

LSt SV

Der **Arbeitnehmer kann seine eigenen Beitragsanteile** bis zu bestimmten Höchstbeträgen als **Sonderausgaben** absetzen (→ *Vorsorgeaufwendungen* Rz. 4359), im Lohnsteuerverfahren wird hierfür die Vorsorgepauschale (→ *Vorsorgepauschale* Rz. 4378) gewährt.

Zur Übernahme von Sozialversicherungsbeiträgen für Arbeitnehmer, die auf Weisung ihres ausländischen Arbeitgebers in das Inland entsandt werden, um hier z.B. eine – befristete – Tätigkeit für eine inländische Tochtergesellschaft auszuüben, s. ausführlich OFD Nordrhein-Westfalen v. 15.8.2018, S 2367 – 2017/0004 – St 213, betr. Steuerliche Fragen im Zusammenhang mit **Nettolohnvereinbarungen**.

2. Betriebliche Altersversorgung

Die betriebliche Altersversorgung hat als Instrument betrieblicher Sozialpolitik erhebliche Bedeutung gewonnen; Einzelheiten → *Zukunftssicherung: Betriebliche Altersversorgung* Rz. 4653. 116

3. Private Altersabsicherung des Arbeitnehmers

Die private Altersabsicherung des Arbeitnehmers soll – meist in der Form einer **Leibrentenversicherung** – mögliche Versorgungslücken zwischen der angestrebten Höhe der gesamten Altersversorgung und den tatsächlichen Leistungen aus der gesetzlichen Rentenversicherung und einer ggf. bestehenden betrieblichen Altersversorgung schließen. 117

Die gebräuchlichste Form der **privaten Rentenversicherung** ist die Leibrentenversicherung mit aufgeschobener Rentenzahlung, Rentengarantie und Beitragsrückgewähr. Andere Formen sind beispielsweise die Leibrentenversicherung nur mit aufgeschobener Rentenzahlung oder die sog. Optionsrentenversicherung als spezielle Form einer Kapital bildenden Lebensversicherung. Weitere Informationen können insbesondere beim Gesamtverband der Deutschen Versicherungswirtschaft e.V. (GDV), Wilhelmstr. 43, 10117 Berlin, erfragt werden.

Beiträge des Arbeitnehmers zur privaten Altersversorgung können von ihm unter den Voraussetzungen des § 10 Abs. 1 Nr. 2 und 3 EStG als **Sonderausgaben** geltend gemacht werden (→ *Vorsorgeaufwendungen* Rz. 4359).

4. Steuerliche Förderung der privaten Altersvorsorge

Als Ausgleich für die in den kommenden Jahren eintretenden Rentenminderungen fördert der Staat durch das **Altersvermögensgesetz** den Aufbau einer zusätzlichen privaten Altersversorgung, und zwar entweder durch Zulagen oder einen steuerlichen Sonderausgabenabzug sowie durch Verbesserungen der betrieblichen Altersversorgung. Einzelheiten → *Riester-Förderung* Rz. 3751 sowie → *Zukunftssicherung: Betriebliche Altersversorgung* Rz. 4653. 118

Altersvorsorge-Verbesserungsgesetz

→ *Riester-Förderung* Rz. 3751

Amateursportler

1. Lohnsteuer

a) Abgrenzung zur „Liebhaberei“

Nach der BFH-Rechtsprechung (BFH v. 23.10.1992, VI R 59/91, BStBl II 1993, 303) wird Sport dann nicht um des Entgelts willen 119 ausgeübt, wenn der Sportler für seine Betätigung lediglich Aufwendungsersatz erhält. Eine steuerlich irrelevante **Liebhaberei** ist anzunehmen, wenn Sportler im Zusammenhang mit ihrer Betätigung lediglich Zahlungen erhalten, die geringer oder nur ganz unwesentlich – u.E. nicht mehr als 10 % – höher sind als die ihnen entstandenen Aufwendungen (vgl. BFH v. 20.11.2018, VIII R 17/16, BStBl II 2019, 422).

Ausgehend hiervon wird im jeweiligen Einzelfall die Überschusserzielungsabsicht des einzelnen Spielers geprüft. Sofern die Überschusserzielungsabsicht im Einzelfall bejaht wird, ist – nach Anwendung etwaiger Steuerbefreiungsvorschriften (insbesondere §§ 3 Nr. 16, 50 EStG bei Reisekosten bzw. Auslagenersatz) – der steuerpflichtige Arbeitslohn im zulässigen Rahmen pauschal (insbesondere §§ 40 Abs. 2 Satz 2, 40a Abs. 2 und 2a EStG) oder individuell zu versteuern.

Keine Liebhaberei liegt nach der BFH-Rechtsprechung insbesondere dann vor, wenn Sportverein und sporttreibendes Mitglied eine **Entgeltvereinbarung** treffen. Übersteigen die Zahlungen des Vereins (z.B. Spiel- und Erfolgsprämien, Sachzuwendungen, steuerpflichtiger Reisekosten- und Auslagenersatz) und ggf. Dritter (z.B. Zuwendungen von Sponsoren) in diesem Fall den tatsächlichen Aufwand nicht nur unerheblich, liegt eine **Einkünfteerzielungsabsicht** vor.

b) Arbeitnehmereigenschaft

120 Die sportliche Betätigung ist, solange sie als Selbstzweck ausgeübt wird (**Freizeitgestaltung**), **nicht als Tätigkeit i.S. eines Dienstverhältnisses** (§ 1 LStDV) anzusehen.

Die Annahme einer **Arbeitnehmertätigkeit** setzt voraus, dass der **Sportler dem Verein seine Arbeitskraft schuldet** (§ 1 Abs. 2 LStDV). Dies kann im Allgemeinen bei den Amateursportlern angenommen werden, die für ihre sportliche Tätigkeit (z.B. auf Grundlage einer schriftlichen oder mündlichen Vereinbarung) laufend ein der Höhe nach feststehendes Entgelt erhalten, das über einen Aufwandsersatz hinausgeht. Dabei kommt es nicht darauf an, ob der Aufwandsersatz des Vereins steuerpflichtig oder steuerfrei ist. In diesen Fällen erhält der Sportler das Entgelt regelmäßig für eine von ihm zu erbringende Arbeitsleistung. Eine andere Beurteilung ist jedoch geboten, wenn ein Sportler nur gelegentlich ein Entgelt erhält.

Mannschaftssportler sind in den Trainings- und Spielbetrieb und somit in die Organisation des Vereins eingegliedert und weisungsgebunden (z.B. Verpflichtung zur Teilnahme an Spielen, Training, Lehrgängen und Spielerbesprechungen). Sie schulden insoweit dem Verein ihre Arbeitskraft und nicht einen bestimmten Arbeitserfolg. Dementsprechend hat das **FG Thüringen** mit Urteil v. 26.9.2017, 2 K 264/13, entschieden, dass Vertragsspieler, die für den Verein den Fußballsport als Amateure i.S. der Vorschriften der DFB-Spielordnung ausübten und neben Erfolgsprämien Aufwands- und Auslagenersatz erhielten, als Arbeitnehmer zu behandeln sind.

Durch die Gewährung von Fahrtkosten für Fahrten zwischen Wohnung und Trainingsstätte und einer Mehrverpflegungspauschale an die Spieler eines Handballvereins wird ein Arbeitsverhältnis zwischen dem Verein und seinen aktiven Mitgliedern dagegen nicht begründet (**FG Köln** v. 1.4.1987, 11 K 513/84, EFG 1987, 524).

c) Arbeitgeber

121 **Arbeitgeber** ist der Verein, auch wenn der Lohn von einer **Scheinfirma** gezahlt wird (BFH v. 1.4.1999, VII R 51/98, HFR 2000, 19 betr. einen Fußball-Amateur-Oberliga-Verein). Zur Frage, ob auch einzelne Abteilungen eines Vereins Arbeitgeber sein können, s. BFH v. 13.3.2003, VII R 46/02, BStBl II 2003, 960 betr. Haftung des Vereinsvorsitzenden für Lohnsteuer.

d) Arbeitslohn

122 Arbeitslohn liegt auch vor, wenn

- ein **Sponsor** zum Schein mit Fußballspielern Arbeitsverträge abschließt, die Spieler aber tatsächlich nicht in dem Unternehmen des Sponsors arbeiten, sondern unter Profibedingungen für den (gesponserten) Verein spielen; in gleicher Höhe liegt eine der **Schenkungsteuer** unterliegende Schenkung des Sponsors an den Verein vor (BFH v. 30.8.2017, II R 46/15, BStBl II 2019, 38);
- ein Sportler bei einem **Transfer einen Anteil der Ablösezahlung** erhält (FG Köln v. 28.8.1998, 15 K 4889/98, EFG 1998, 1586);
- **ein Sportler Zahlungen unmittelbar vom Vereinsvorsitzenden** aus dessen eigenen Geldbeständen erhält (FG Düsseldorf v. 4.5.2000, 8 K 9058/98 E, EFG 2001, 136 betr. Zahlungen an einen Fußballspieler der Amateur-Oberliga).

LSt SV

Zur steuerlichen Behandlung von **Werbeeinnahmen** → *Berufssportler* Rz. 1370.

Zur Vorbereitung für die Teilnahme an Meisterschaften und Olympischen Spielen werden Spitzensportlern zur Erfüllung ihrer sportlichen Leistungsverpflichtungen von der **Stiftung „Deutsche Sporthilfe“ Frankfurt (Main) Zuschüsse** gewährt. Die Zuwendungen bestehen regelmäßig im Ersatz der Auslagen, die den Spitzensportlern bei ihren Trainings- und Wettkampfverpflichtungen sowie für Massagen, Bäder, Sportkleidung, Sportgeräte und zusätzliche Nahrung erwachsen. Gelegentlich werden die Zuschüsse auch aus Vereinfachungsgründen pauschal als **Stipendium** oder für **Verdienstausfall** gezahlt.

Die Zuwendungen sind nach Auffassung der Finanzverwaltung (vgl. z.B. FinMin Nordrhein-Westfalen v. 11.1.1994 – II) grds. als **wiederkehrende Bezüge** i.S.d. § 22 Nr. 1 EStG anzusehen. Bei der Ermittlung der Einkünfte kann jedoch davon ausgegangen werden, dass den Zuschüssen i.d.R. **in gleicher Höhe Werbungskosten** gegenüberstehen, sofern nicht in besonderen Einzelfällen eine andere Beurteilung erforderlich werden sollte (z.B. bei Ersatz von Verdienstausfall). Leistungen der Sportförderung an Berufssportler, die auf Grund von Sponsoren- bzw. Werbeverträgen Einkünfte aus Gewerbebetrieb erzielen, sind **gewerbliche Betriebseinnahmen** und keine wiederkehrende Bezüge i.S.d. § 22 Nr. 1 EStG (FG Thüringen v. 20.3.2019, 3 K 273/17, EFG 2019, 1386, Revision als unbegründet zurückgewiesen: BFH v. 15.12.2021, X R 19/19).

e) Weitere Einzelfragen

Amateursportler üben **keine nach § 3 Nr. 26a EStG begünstigte Tätigkeit** aus (vgl. Nr. 1 des BMF-Schreibens v. 21.11.2014, IV C 4 – S 2121/07/0010 :032, BStBl I 2014, 1581, Nr. 1 sowie → *Nebenberufliche steuerbegünstigte Tätigkeiten* Rz. 3236), die Steuerbefreiung wird lediglich ehrenamtlichen **Schiedsrichtern im Amateursportbereich** gewährt (BMF-Schreiben v. 21.11.2014, IV C 4 – S 2121/07/0010 :032, BStBl I 2014, 1581, Nr. 1). Die Anwendung des § 3 Nr. 26 EStG ist hingegen bei an **Übungsleiter** gezahlten Tätigkeitsvergütungen zu prüfen (BFH v. 20.11.2018, VIII R 17/16, BStBl II 2019, 422). 123

Steuerfrei sind insbesondere der Reisekosten- und der Auslagenersatz unter den Voraussetzungen des § 3 Nr. 16 und Nr. 50 EStG (z.B. tatsächlich entstandene Fahrtkosten und Kosten für die Trainingskleidung und deren Reinigung).

Abweichend von der sozialversicherungsrechtlichen Beurteilung (→ Rz. 124) ist bei Amateursportlern auch keine monatliche Freigrenze i.H.v. 250 € anzuwenden.

2. Sozialversicherung

a) Arbeitnehmereigenschaft

Mit der versicherungsrechtlichen Beurteilung von Amateursportlern haben sich die Spitzenorganisationen der Sozialversicherung am 23./24.11.2011 und am 13.3.2013 befasst. Hiernach gelten folgende Abgrenzungsregelungen: 124

- **Vertragsamateure**

  Sind die Rechte und Pflichten des Amateurs in einem Vertrag schriftlich festgelegt, wird grds. ein sozialversicherungsrechtliches Beschäftigungsverhältnis unterstellt.

- **Amateure ohne Vertrag**

  Für Amateure, die allein auf Grund ihrer mitgliedschaftsrechtlichen Bindung tätig werden, wird folgende Vermutung zu Grunde gelegt:

Bei Zahlungen bis zur Höhe von 275 € monatlich (Aufwandsentschädigung) liegt keine sozialversicherungsrechtlich relevante Beschäftigung vor. Hierbei sind Prämien für besondere Erfolge jedoch mit einzubeziehen.

Wird aus besonderen Gründen ein höherer Aufwand erstattet, muss dieser belegt werden. Aber umgekehrt kann auch die Zahlung von bis zu 275 € bei nachweislich niedrigeren tatsächlichen Aufwänden zu einem sozialversicherungsrechtlichen Beschäftigungsverhältnis führen. Es handelt sich dann um eine geringfügig entlohnte Beschäftigung, die bei der Minijob-Zentrale anzumelden ist.

Die anzusetzende Grenze steht in Abhängigkeit zur Übungsleiterpauschale gemäß § 3 Nr. 26 EStG. Zu den jeweils geltenden Höchstbeträgen → *Nebenberufliche steuerbegünstigte Tätigkeiten* Rz. 3236.

Hinweis:

Für das Lohnsteuerrecht hat diese Entscheidung keine Bedeutung, auch wenn der o.g. Betrag von 275 € in Anlehnung an die Höhe des Steuerfreibetrags nach § 3 Nr. 26 Satz 1 EStG für ehrenamtlich tätige Übungsleiter gewählt worden ist (→ *Nebenberufliche steuerbegünstigte Tätigkeiten* Rz. 3236). Ungeachtet der Regelung in § 17 Abs. 1 Satz 2 SGB IV, wonach über die SvEV eine möglichst weitgehende Übereinstimmung zwischen Sozialversicherungs- und Steuerrecht hergestellt werden soll, kann nach Auffassung der Finanzverwaltung dieser Beschluss für das Steuerrecht nicht übernommen werden, da Amateursportler bereits keine begünstigte Tätigkeit i.S.d. § 3 Nr. 26 EStG ausüben. Die Tätigkeit als Amateursportler ist selbst i.R. der Ehrenamtspauschale nach § 3 Nr. 26a EStG nicht begünstigt (BMF v. 21.11.2014, IV C 4 – S 2121/07/0010 :032, BStBl I 2014, 1581, Nr. 1).

Hinzuweisen ist noch auf folgende Entscheidungen:

- Vertragsamateure i.S.d. § 15 der Spielordnung des Deutschen Fußballbundes (DFB) sind dann Arbeitnehmer, wenn sie auf Grund der jeweiligen Vertragsgestaltung und -abwicklung ihre Leistungen für den Verein in einer für ein Arbeitsverhältnis typischen persönlichen Abhängigkeit erbringen, die über die bereits durch die Vereinsmitgliedschaft begründete Weisungsgebundenheit hinausgeht. Macht ein Fußballverein bei der praktischen Handhabung des Sportbetriebes keinen Unterschied zwischen Amateuren und den Vertragsamateuren, so kann dies Grund für eine einheitliche Statusbeurteilung sein mit der Folge, dass allen Spielern die Arbeitnehmereigenschaft fehlt (BAG v. 10.5.1990, 2 AZR 607/89).
- Eine weisungsgebundene Eingliederung i.S. eines Arbeitsverhältnisses ist bei einem Fußballspieler gegeben, wenn sich dieser gegenüber dem Sportverein zur Erbringung fußballsportlicher Tätigkeiten nach Weisungen des Vereins verpflichtet, typischerweise gegen Zahlung eines Arbeitsentgelts (§ 14 SGB IV). An einer Beschäftigung fehlt es aber, wenn zwischen Sportler und Sportverein lediglich mitgliedschaftsrechtliche Bindungen bestehen. Die zu beurteilenden Verpflichtungen dürfen nicht allein im Rahmen der Mitgliedschaft zu einem privatrechtlichen Verein in Erfüllung mitgliedschaftlicher Vereinspflichten ausgeübt werden. Materielle Anreize zur Förderung der sportlichen Leistungsbereitschaft und zur Erreichung sportlicher Erfolge lassen nicht zwingend auf ein Arbeitsentgelt schließen. Wenn die Zahlungen erbracht werden, um pauschal einen nicht nachzuweisenden Aufwand abzudecken, die Fußballspieler an den Sportverein zu binden, ohne sie arbeitsvertraglich zu verpflichten und sie im Rahmen ihrer fußballerischen Tätigkeit zu motivieren, handelt es sich nicht um Arbeitsentgelt (LSG Niedersachsen-Bremen v. 12.11.2013, L 4 KR 383/13 B ER).
- Erbringt ein Fußballverein regelmäßige wirtschaftlich ins Gewicht fallende Zahlungen an einen Fußballspieler, dann spricht dies für die Begründung eines abhängigen Beschäftigungsverhältnisses (LSG Niedersachsen-Bremen v. 5.7.2019, L 2 BA 38/19 B ER).

b) Mindestlohn

125 Durch die Einführung des **Mindestlohns** zum 1.1.2015 stellte sich die Frage nach der Auswirkung auf den Amateursport.

Das BMAS hat sich mit dem Deutschen Olympischen Sportbund und dem Deutschen Fußball-Bund auf folgende Regelung verständigt:

Viele Amateursportler werden über das Mitgliedschaftsverhältnis hinaus vertraglich an den Verein gebunden und es findet eine Anmeldung als Mini-Jobber bei der Minijob-Zentrale statt. Vertragsamateure sind typischerweise nicht in einem Arbeitsverhältnis tätig und damit entfällt auch die Anwendung des Mindestlohngesetzes. Entscheidend dafür ist, dass die sportliche Betätigung und nicht die finanzielle Gegenleistung im Vordergrund steht. Das BMAS hat diese Auffassung mit dem für die Finanzkontrolle Schwarzarbeit (FKS) zuständigen BMF abgeklärt.

Sollten Einkünfte oberhalb der Geringfügigkeitsgrenze (zu der aktuellen Grenze → *Mini-Jobs* Rz. 3166) erzielt werden, ist in jedem Fall eine Einzelfallprüfung erforderlich. Hierbei ist zu bewerten, ob es in erster Linie um die sportliche Betätigung oder die finanzielle Gegenleistung geht.

Die Aussage, dass Amateursportler nicht in einem Arbeitsverhältnis stehen, widerspricht der Auffassung der Spitzenorganisationen der Sozialversicherung. Man hat sich mit dem BMAS darauf verständigt, dass eine Trennung zwischen sozialversicherungsrechtlicher Beurteilung und der Bewertung nach dem Mindestlohngesetz zu erfolgen hat. Die Träger der Sozialversicherung werden sich daher nur zu sozialversicherungsrechtlichen Belangen äußern. Einzelheiten → *Mindestlohn* Rz. 3142.

Amtseinführung, Kostenübernahme

→ *Bewirtungskosten* Rz. 1452

Änderung des Lohnsteuerabzugs

1. Allgemeines

Es kommt häufig vor, dass der Lohnsteuerabzug sich im Nachhinein als unzutreffend erweist. Die Gründe können vielfältig sein: 126
z.B., weil dem Arbeitgeber die elektronischen Lohnsteuerabzugsmerkmale des Arbeitnehmers verspätet vorliegen, da ihm der Arbeitnehmer seine IdNr (→ *Identifikationsnummer* Rz. 2575 ff.) zunächst nicht mitgeteilt hat. Denkbar sind aber auch **Fehler des Arbeitgebers** bei der Lohnabrechnung, z.B. das Übersehen einer Steuerbefreiung oder die Nichterfassung eines Sachbezugs. Oftmals muss der **Arbeitgeber Gesetzesänderungen rückwirkend** anwenden. In bestimmten Fällen ist der Arbeitgeber **gesetzlich verpflichtet**, den Lohnsteuerabzug nachträglich zu korrigieren, in anderen Fällen ist er dazu lediglich **berechtigt**.

Die Vorschriften über die Änderung des Lohnsteuerabzugs gelten auch für die sog. **Annexsteuern** (Kirchensteuer, Solidaritätszuschlag).

2. Verpflichtung zur Änderung

a) Keine Lohnsteuerabzugsmerkmale

Solange der Arbeitnehmer die ihm zugeteilte IdNr sowie den Tag der 127
Geburt dem Arbeitgeber zum Zweck des Abrufs der elektronischen Lohnsteuerabzugsmerkmale (→ *ELStAM* Rz. 1841) schuldhaft nicht mitteilt oder das BZSt die Mitteilung elektronischer Lohnsteuerabzugsmerkmale ablehnt, hat der Arbeitgeber die Lohnsteuer nach **Steuerklasse VI** zu ermitteln (§ 39c Abs. 1 Satz 1 EStG).

Kann der Arbeitgeber die elektronischen Lohnsteuerabzugsmerkmale wegen technischer Störungen nicht abrufen oder hat der Arbeitnehmer die fehlende Mitteilung der ihm zuzuteilenden IdNr nicht zu vertreten, hat der Arbeitgeber für die Lohnsteuerberechnung die **voraussichtlichen Lohnsteuerabzugsmerkmale** i.S.d. § 38b EStG längstens für die **Dauer von drei Kalendermonaten** zu Grunde zu legen. Hat nach Ablauf der drei Kalendermonate der Arbeitnehmer seine IdNr sowie den Tag der Geburt nicht mitgeteilt, muss der Arbeitgeber rückwirkend die Steuerklasse VI anwenden (§ 39c Abs. 1 Satz 2 und 3 EStG). Sobald dem Arbeitgeber in den Fällen des § 39c Abs. 1 Satz 2 EStG (technische Störungen) die elektronischen Lohnsteuerabzugsmerkmale vorliegen, sind die Lohnsteuerermittlungen für die vorangegangenen Monate zu überprüfen und, falls erforderlich, zu ändern (§ 39c Abs. 1 Satz 4 EStG).

Die zu wenig oder zu viel einbehaltene Lohnsteuer ist jeweils bei der nächsten Lohnabrechnung auszugleichen (§ 39c Abs. 1 Satz 5 EStG).

b) Rückwirkende Gesetzesänderung

128 Die zunächst als Übergangsregelung veröffentlichten Programmablaufpläne für die Berechnung der vom Arbeitslohn einzubehaltenden Lohnsteuer ab 2025 hat das BMF im November 2024 veröffentlicht (BMF v. 22.11.2024, IV C 5 – S 2361/19/10008 :013, BStBl I 2024, 1434). Weil das Gesetzgebungsverfahren des Gesetzes zur Fortentwicklung des Steuerrechts und zur Anpassung des Einkommensteuertarifs (Steuerfortentwicklungsgesetz – SteFeG) erst am 20.12.2024 (Zustimmung Bundesrat) abgeschlossen worden ist, konnte das BMF die abschließend gültigen Grundlagen (Programmablaufpläne) zur Erstellung von Lohnsteuertabellen für 2025 sowie zur maschinellen Berechnung der vom Arbeitslohn einzubehaltenden Lohnsteuer für 2025 im Kalenderjahr 2024 zunächst nicht mehr bekannt geben. Das SteFeG wurde am 30.12.2024 im BGBl. verkündet (BGBl. I 2024 Nr. 449). Darin sind nun u.a. die Grundfreibeträge für 2025 und 2026, die erhöhten Kinderfreibeträge (Berücksichtigung bei der Ermittlung des Solidaritätszuschlags) sowie die neue(n) Freigrenze(n) beim Solidaritätszuschlag festgelegt worden. Mit Schreiben v. 22.1.2025 hat das BMF daher die endgültigen Programmablaufpläne für 2025 veröffentlicht (BMF v. 22.1.2025, IV C 5 – S 2361/00025/014/024). Diese endgültigen Programmablaufpläne 2025 hat der Arbeitgeber spätestens ab dem 1.3.2025 anzuwenden. Zudem hat er den ab dem 1.1.2025 abweichend vorgenommenen Lohnsteuerabzug nach den allgemeinen Regelungen spätestens bis zum 1.3.2025 zu korrigieren. Diese dabei zu beachtende(n) Verpflichtung und Regelungen wie z.B. die wirtschaftliche Zumutbarkeit (§ 41c Abs. 1 Satz 1 Nr. 2 und Satz 2 EStG) werden in → Rz. 128 und → Rz. 129 erläutert.

Bereits in den Vorjahren wurden entsprechende Anpassungen notwendig. So wurde im Rahmen des Steuerentlastungsgesetzes 2022 v. 23.5.2022, BStBl I 2022, 662 rückwirkend ab dem 1.1.2022 der Grundfreibetrag von 9 984 € um 363 € auf 10 347 € (Verdoppelung bei Ehegatten) angehoben. Das BMF hat daraufhin geänderte Programmablaufpläne herausgegeben (BMF v. 20.5.2022, IV C 5 – S 2361/19/10008 :005, BStBl I 2022, 682), die grundsätzlich rückwirkend ab dem 1.1.2022 anzuwenden waren.

Ähnlich lagen die Verhältnisse im Kalenderjahr 2023 mit den Anhebungen des Arbeitnehmer-Pauschbetrags auf 1 230 € und des Entlastungsbetrags für Alleinerziehende auf 4 260 € durch das JStG 2022. Die dafür maßgebenden (geänderten) Programmablaufpläne hat das BMF am 13.2.2023 bekannt gegeben und sind ab dem 1.4.2023 anzuwenden. Zugleich war die zunächst eingeräumte Übergangsregelung (BMF v. 8.12.2022, IV C 5 – S 2361/19/10008 :008, BStBl I 2022, 1653) abgelaufen.

Folglich hat(te) der Arbeitgeber den zuvor in 2022 bzw. 2023 vorgenommenen Lohnsteuerabzug zu korrigieren, wenn ihm dies – was die Regel ist – wirtschaftlich zumutbar gewesen ist (§ 41c Abs. 1 Satz 1 Nr. 2 und Satz 2 EStG).

Durch das Gesetz zur Unterstützung und Entlastung in der Pflege (PUEG) wurde ab dem 1.7.2023 der Pflegeversicherungsbeitrag auf 3,40 % sowie der Kinderlosenzuschlag auf 0,6 % erhöht (→ *Pflegeversicherung* Rz. 3401). Weil dies zu Folgerungen für den Lohnsteuerabzug führte, hat das BMF abermals neue Programmablaufpläne (PAP) für den Lohnsteuerabzug ab dem 1.7.2023 herausgegeben, die spätestens ab dem 1.9.2023 anzuwenden waren.

Ebenso verhielt es sich bei der Lohnsteuerermittlung für das Kalenderjahr 2024. Mit BMF-Schreiben v. 3.11.2023, IV C 5 – S 2361/19/10008 :010, BStBl I 2023, 1879, wurde ein Programmablaufplan für die maschinelle Berechnung der vom Arbeitslohn einzubehaltenden Lohnsteuer, des Solidaritätszuschlags und der Maßstabsteuer für die Kirchenlohnsteuer für 2024 bekannt gemacht (§ 39b Abs. 6 EStG), welcher allerdings noch nicht die Änderungen durch das zu diesem Zeitpunkt noch nicht abgeschlossene Gesetzgebungsverfahren zum Wachstumschancengesetz berücksichtigte.

Mit Schreiben v. 23.2.2024 hat das BMF geänderte Programmablaufpläne für den Lohnsteuerabzug für das Kalenderjahr 2024 bekannt gegeben (BMF v. 23.2.2024, IV C 5 – S 2361/19/10008 :011, BStBl I 2024, 295). Sie waren ab dem 1.4.2024 anzuwenden. Zugleich wurden die Arbeitgeber verpflichtet, diese neuen Programmablaufpläne spätestens ab dem 1.4.2024 zu berücksichtigen und einen ab dem 1.1.2024 abweichend vorgenommenen Lohnsteuerabzug spätestens bis zum 1.4.2024 zu korrigieren.

Anders hat es sich in **2024** bei der **weiteren Anhebung** des in den Einkommensteuertarif integrierten Grundfreibetrags um 180 € auf 11 784 € verhalten (Regelung durch das Gesetz zur steuerlichen Freistellung des Existenzminimums v. 2.12.2024, BGBl. I 2024 Nr. 386). Nach § 52 Abs. 32a EStG war die weitere Anhebung des Grundfreibetrags für 2024 lohnsteuerlich bei der Lohn-, Gehalts- bzw. Bezügeabrechnung für Dezember 2024 umzusetzen. Dazu regelt § 52 Abs. 32a Satz 1 EStG, dass der geänderte Einkommensteuertarif beim Steuerabzug vom Arbeitslohn erstmals auf den laufenden Arbeitslohn anzuwenden ist, der für einen nach dem 30.11.2024 endenden Lohnzahlungszeitraum gezahlt wird. Entsprechendes gilt für sonstige Bezüge, die nach dem 30.11.2024 zufließen. Die Lohnsteuerberechnungen für die Lohnabrechnungszeiträume Januar 2024 bis November 2024 blieben damit unverändert. Die Regelung des § 41c Abs. 1 Satz 1 Nr. 2 zweiter Teilsatz und Satz 2 EStG, nach der der Arbeitgeber bei rückwirkender Gesetzesänderung grundsätzlich zur Änderung des Lohnsteuerabzugs verpflichtet ist, war danach nicht anzuwenden. Zur Nachholung der Entlastungen beim Lohnsteuerabzug hatte das BMF **gesonderte Programmablaufpläne** aufgestellt mit der Unterstellung, das Gesetz zur steuerlichen Freistellung des Existenzminimums 2024 in der bekannten Entwurfsfassung (BR-Drucks. 375/24 und BT-Drucks. 20/12783) werde so beschlossen (§ 52 Abs. 32a Satz 3 EStG, BMF v. 18.10.2024, IV C 5 – S 2361/19/10008 :012, BStBl I 2024, 1335). Gleiches galt für die Berechnung der Annexsteuern (Solidaritätszuschlag und Kirchensteuer; § 3 SolzG 1995 und § 51a EStG). Die Anwendung des erhöhtem Grundfreibetrags aus Jahressicht erfolgte auch beim permanenten **Lohnsteuer-Jahresausgleich** (§ 39b Abs. 2 Satz 12 EStG) im Monat Dezember 2024 sowie beim Lohnsteuer-Jahresausgleich durch den Arbeitgeber (§ 42b EStG) für das Ausgleichsjahr 2024. Hier war der Einkommensteuertarif 2024 nach den Änderungen durch das Gesetz zur steuerlichen Freistellung des Existenzminimums v. 2.12.2024, BGBl. I 2024 Nr. 386 anzuwenden.

Grundsätzlich ist aber für den Arbeitgeber die Art und Weise zur **Neuberechnung** der einzubehaltenden Lohnsteuer **nicht zwingend festgelegt** (siehe BT-Drucks. 16/11740 v. 27.1.2009, 26). Sie kann durch eine Neuberechnung zurückliegender Lohnzahlungszeiträume, durch eine Differenzberechnung für diese Lohnzahlungszeiträume oder durch eine Erstattung i.R. der Berechnung der Lohnsteuer für einen demnächst fälligen sonstigen Bezug erfolgen.

Eine Verpflichtung zur Neuberechnung **scheidet aus**, wenn z.B. der Arbeitnehmer vom Arbeitgeber keinen Arbeitslohn mehr bezieht oder wenn die Lohnsteuerbescheinigung bereits übermittelt oder ausgeschrieben worden ist (§ 41c Abs. 3 EStG).

c) Wirtschaftliche Zumutbarkeit

Nach § 41c Abs. 1 Satz 2 EStG ist der Arbeitgeber, wenn ihm dies 129
wirtschaftlich zumutbar ist, **grds. verpflichtet**, bei der jeweils nächstfolgenden Lohnzahlung bisher erhobene Lohnsteuer zu erstatten oder noch nicht erhobene Lohnsteuer nachträglich einzubehalten, wenn er erkennt, dass er die Lohnsteuer bisher nicht vorschriftsmäßig einbehalten hat, etwa weil das **Gesetz rückwirkend geändert** wurde (z.B. unterjährige Änderung des Steuertarifs).

Wirtschaftlich zumutbar ist dies regelmäßig Arbeitgebern mit maschineller Lohnabrechnung, deren Lohnabrechnungsprogramme eine rückwirkende Neuberechnung vorsehen und ermöglichen. Die Art und Weise der Neuberechnung wird durch die gesetzliche Verpflichtung nicht zwingend festgelegt. Sie kann folglich durch eine Neuberechnung zurückliegender Lohnabrechnungszeiträume oder durch eine Differenzberechnung für diese Monate im nächsten (nächstmöglichen) Lohnzahlungszeitraum erfolgen. Auch eine Erstattung i.R. der Berechnung der Lohnsteuer für einen demnächst fälligen sonstigen Bezug ist nicht ausgeschlossen, sofern sie noch i.R. des Ziels (schnellstmögliche Erstattung zu viel erhobener Lohnsteuer durch den Arbeitgeber) liegt. Eine Verpflichtung zur geänderten Lohnsteuerberechnung scheidet von vornherein aus, wenn z.B. der Arbeitnehmer vom Arbeitgeber Arbeitslohn nicht mehr bezieht oder die Lohnsteuerbescheinigung bereits übermittelt oder ausgeschrieben ist.

Nicht wirtschaftlich zumutbar kann einem Arbeitgeber die Neuberechnung für zurückliegende Lohnabrechnungszeiträume jedoch sein, wenn sein Lohnabrechnungsprogramm dies nicht kurzfristig oder nur mit nicht vertretbaren Kosten realisieren kann.

Andernfalls könnte dies bei **kleineren Arbeitgebern** zu finanziellen Belastungen führen, insbesondere unter Berücksichtigung der weiteren Arbeiten, wie z.B. Druck neuer Lohnabrechnungen, und wirtschaftlich nicht mehr vertretbar sein; insbesondere, wenn die steuerliche Entlastung des Arbeitnehmers nur gering ist. Zukünftige Lohnzahlungen müssen jedoch nach der geänderten Rechtslage (z.B. mit der geänderten Tarifformel) abgerechnet werden (s. dazu BT-Drucks. 16/11740).

3. Berechtigung zur Änderung

130 Unabhängig von der Verpflichtung des Arbeitgebers, nach § 39c Abs. 1 und 2 EStG den Lohnsteuerabzug für vorangegangene Monate zu überprüfen und erforderlichenfalls zu ändern, ist der Arbeitgeber berechtigt, bei der jeweils nächstfolgenden Lohnzahlung bisher erhobene Lohnsteuer zu erstatten oder noch nicht erhobene Lohnsteuer nachträglich einzubehalten, wenn

- ihm elektronische Lohnsteuerabzugsmerkmale zum Abruf zur Verfügung gestellt werden oder ihm der Arbeitnehmer eine Bescheinigung für den Lohnsteuerabzug mit Eintragungen vorlegt, die auf einen Zeitpunkt vor Abruf der Lohnsteuerabzugsmerkmale oder vor Vorlage der Bescheinigung für den Lohnsteuerabzug **zurückwirken** (§ 41c Abs. 1 Satz 1 Nr. 1 EStG), oder
- er erkennt, dass er die Lohnsteuer bisher **nicht vorschriftsmäßig einbehalten** hat; dies gilt auch bei **rückwirkender Gesetzesänderung** (§ 41c Abs. 1 Satz 1 Nr. 2 EStG).

  In diesem Fall ist der **Arbeitgeber, wenn ihm dies wirtschaftlich zumutbar ist, sogar zu einer Änderung verpflichtet** (§ 41c Abs. 1 Satz 2 EStG sowie → Rz. 128).

Die Änderung ist zu Gunsten oder zu Ungunsten des Arbeitnehmers zulässig, ohne dass es dabei auf die Höhe der zu erstattenden oder nachträglich einzubehaltenden Steuer ankommt. Die für Fälle der Nachforderung durch das Finanzamt bestehende Vorschrift, dass Beträge bis zu **10 €** nicht nachzufordern sind, gilt **nicht** für die nachträgliche Einbehaltung durch den Arbeitgeber (R 41c.1 Abs. 1 Satz 3 LStR).

Der **Arbeitgeber** ist zur Änderung des Lohnsteuerabzugs nur berechtigt, soweit die Lohnsteuer von **ihm einbehalten** worden ist oder einzubehalten war (R 41c.1 Abs. 2 Satz 1 LStR). **Fehler anderer Arbeitgeber** darf er also nicht korrigieren.

Beispiel:

A wechselt zum 1. Juli den Arbeitgeber. Nach seinen elektronischen Lohnsteuerabzugsmerkmalen hat ihm das Finanzamt rückwirkend ab 1. März einen Freibetrag wegen erhöhter Werbungskosten gewährt. Die Bearbeitung durch das Finanzamt hatte sich auf Grund eines Einspruchs verzögert.

Der neue Arbeitgeber darf den Lohnsteuerabzug für die Monate März bis Juni nicht korrigieren. Aber auch der frühere („alte") Arbeitgeber darf keine Änderung mehr vornehmen, wenn er bereits die Lohnsteuerbescheinigung (→ *Lohnsteuerbescheinigung* Rz. 2952) ausgeschrieben hat (§ 41c Abs. 3 EStG). Der Arbeitnehmer kann jedoch beim Finanzamt einen Erstattungsantrag nach § 37 Abs. 2 AO stellen (→ *Erstattung von Lohnsteuer* Rz. 2050).

4. Verfahren

131 Die Änderung des Lohnsteuerabzugs ist, sofern der Arbeitgeber von seiner Berechtigung hierzu Gebrauch macht, bei der **nächsten Lohnzahlung** vorzunehmen, die auf den Abruf der elektronischen Lohnsteuerabzugsmerkmale mit den rückwirkenden Eintragungen oder das Erkennen einer nicht vorschriftsmäßigen Lohnsteuereinbehaltung folgt. Der Arbeitgeber darf in Fällen nachträglicher Einbehaltung von Lohnsteuer die Einbehaltung nicht auf mehrere Lohnzahlungen verteilen. Die nachträgliche Einbehaltung ist auch insoweit zulässig, als dies zur Unterschreitung der **Pfändungsfreigrenzen nach den §§ 850 ff. ZPO führt**; im Ausnahmefall kann somit der gesamte Netto-Arbeitslohn (Barlohn) einbehalten werden. **Übersteigt** die nachträglich einzubehaltende Lohnsteuer den auszuzahlenden **Barlohn**, ist die Einbehaltung in Höhe des auszuzahlenden Barlohns vorzunehmen und dem Finanzamt für den übersteigenden Betrag eine **Anzeige** nach § 41c Abs. 4 EStG zu erstatten (R 41c.1 Abs. 4 LStR).

Im Fall der **Erstattung von Lohnsteuer** hat der Arbeitgeber die zu erstattende Lohnsteuer aus dem Gesamtbetrag der von ihm abzuführenden Lohnsteuer zu entnehmen. Wenn dieser für die zu erstattende Lohnsteuer nicht ausreicht, wird dem Arbeitgeber der **Fehlbetrag auf Antrag vom Betriebsstättenfinanzamt ersetzt** (§ 41c Abs. 2 EStG). Als Antrag auf Ersatz eines etwaigen Fehlbetrags reicht es aus, wenn in der **Lohnsteuer-Anmeldung** der Erstattungsbetrag kenntlich gemacht wird (z.B. durch **Minuszeichen oder Rotbetrag**). Macht der Arbeitgeber von seiner Berechtigung zur Lohnsteuererstattung nach § 41c Abs. 1 und 2 EStG keinen Gebrauch, so kann der **Arbeitnehmer** noch im laufenden Kalenderjahr die **Erstattung** zu viel einbehaltener Lohnsteuer nach § 37 Abs. 2 AO beim Finanzamt **beantragen** (R 41c.1 Abs. 5 Satz 3 LStR sowie → *Erstattung von Lohnsteuer* Rz. 2050).

Er kann die Erstattung aber auch nach Ablauf des Kalenderjahres i.R. einer **Veranlagung zur Einkommensteuer** erreichen (→ *Veranlagung von Arbeitnehmern* Rz. 4233).

Das Finanzamt kann grds. auch im **Lohnsteuer-Anmeldungsverfahren einen Nachforderungsbescheid** gegen den Arbeitgeber nach §§ 167, 168 AO erlassen, wenn dieser die einzubehaltende Lohnsteuer nicht ordnungsgemäß abgeführt hat. Dies wird grds. nicht durch die Möglichkeit ausgeschlossen, dass der Arbeitgeber nach § 42d EStG nach pflichtgemäßem Ermessen auch in Haftung genommen werden kann.

Eine Minderung der einzubehaltenden und zu übernehmenden Lohnsteuer (§ 41a Abs. 1 Satz 1 Nr. 1 EStG) nach § 164 Abs. 2 Satz 1 AO ist **nach der Übermittlung oder Ausschreibung der Lohnsteuerbescheinigung** nur dann zulässig, wenn sich der Arbeitnehmer ohne vertraglichen Anspruch und gegen den Willen des Arbeitgebers Beträge verschafft hat, für die Lohnsteuer einbehalten wurde (= Diebstahl, Unterschlagung, § 41c Abs. 3 Satz 4 EStG). In diesem Fall hat der Arbeitgeber die bereits übermittelte oder ausgestellte Lohnsteuerbescheinigung zu berichtigen und sie als geändert gekennzeichnet an die Finanzverwaltung zu übermitteln; § 41b Abs. 1 gilt entsprechend (§ 41c Abs. 3 Satz 5 EStG). Der Arbeitgeber hat seinen Antrag zu begründen und die Lohnsteuer-Anmeldung (§ 41a Abs. 1 Satz 1 EStG) zu berichtigen (§ 41c Abs. 3 Satz 6 EStG). Berichtigt er in diesem Fall die Lohnsteuerbescheinigung nicht, kann er nach Maßgabe von § 42d Abs. 1 Nr. 3 EStG in Haftung genommen werden.

5. Zeitliche Beschränkungen

Die Finanzverwaltung hat zur DBA-rechtlichen Lohnsteuererstattung bei zu Unrecht einbehaltener Lohnsteuer Stellung genommen (BMF v. 27.6.2022, IV B 8 – S 2301/13/10002): 132

„Wird eine Zahlung des Arbeitgebers dem Lohnsteuerabzug unterworfen, obwohl die Besteuerung abkommensrechtlich dem Wohnsitzstaat des Arbeitnehmers zugewiesen ist, besteht die Möglichkeit, einen Erstattungsantrag in analoger Anwendung des § 50c Abs. 3 Satz 1 EStG i.d.F. des Abzugsteuerentlastungsmodernisierungsgesetzes (vormals Erstattung analog § 50d Abs. 1 Satz 2 EStG) zu stellen, soweit für die entsprechenden Einkünfte aus nichtselbständiger Arbeit nicht bereits eine Veranlagung nach § 50 Abs. 2 Satz 2 Nr. 4 Buchstabe b i.V.m. Satz 7 EStG beantragt worden ist oder es sich um eine Pflichtveranlagung handelt.

Der Erstattungsanspruch ist dabei gegen das Betriebsstättenfinanzamt des Arbeitgebers zu richten (BFH v. 21.10.2009, I R 70/08, BStBl II 2012, 493). Gegebenenfalls sind für den Erstattungsantrag besondere formelle Anforderungen (z.B. Fristen), die in den jeweiligen DBA geregelt sind, zu beachten (s.a. BMF v. 25.6.2012, IV B 5 – S 1301-USA/0-04, BStBl I 2012, 692).

Genauso ist zu verfahren, wenn eine Zahlung des Arbeitgebers zu Unrecht dem Lohnsteuerabzug unterworfen wurde, obwohl weder eine unbeschränkte noch eine beschränkte Steuerpflicht des Arbeitnehmers im Inland bestanden hat.

Dieses Schreiben ist auf alle offenen Fälle anzuwenden, bei denen der laufende Arbeitslohn für einen nach dem 31.12.2020 endenden Lohnzahlungszeitraum gezahlt wird, und auf sonstige Bezüge, die nach dem 31.12.2020 zufließen. Für alle übrigen Fälle gilt der bisherige H 41c.1 ‚Erstattungsantrag' der Lohnsteuer-Hinweise (Erstattung analog § 50d Abs. 1 Satz 2 EStG) fort."

Neben der Begrenzung der Änderungsmöglichkeit des Arbeitgebers auf Lohnzahlungszeiträume, für welche die Lohnsteuer von **ihm** einbehalten worden ist oder einzubehalten war, gibt es eine weitere zeitliche Beschränkung:

Bei **Beendigung des Dienstverhältnisses oder am Ende des Kalenderjahres** hat der Arbeitgeber das Lohnkonto des Arbeitnehmers – nach einem eventuellen Lohnsteuer-Jahresausgleich (§ 42b EStG) – abzuschließen und die Eintragungen bis zum 28. bzw. 29. Februar des Folgejahres der Steuerverwaltung zu übermitteln (elektronische Lohnsteuerbescheinigung, → *Lohnsteuerbescheinigung* Rz. 2952). Damit wird gem. § 41b EStG der Lohnsteuerabzug – auch hinsichtlich der danach zu bemessenden Zuschlagsteuern – abgeschlossen. Die Bescheinigung enthält die für eine etwaige Einkommensteuerveranlagung erforderlichen Angaben.

Nach Ablauf des Kalenderjahres bzw. nach Beendigung eines Dienstverhältnisses ist eine Änderung des Lohnsteuerabzugs nur bis zur Übermittlung oder Ausschreibung der Lohnsteuerbescheinigung zulässig (§ 41c Abs. 3 Satz 1 EStG). Lediglich eine Erhöhung der Lohnsteuer-Entrichtungsschuld des Arbeitgebers ist auch später möglich (BFH v. 30.10.2008, VI R 10/05, BStBl II 2009, 354). Eine Erstattung von Lohnsteuer darf gem. § 41c Abs. 3 Satz 3 EStG nach Ablauf des Kalenderjahres nur im Wege des **Lohnsteuer-Jahresausgleichs** (§ 42b EStG) erfolgen.

Ein **Wechsel von der Regelbesteuerung zur Pauschalbesteuerung nach § 40a EStG** ist daher nach § 41c Abs. 3 Satz 1 EStG nach Ablauf des Kalenderjahres nur bis zur Ausschreibung oder Übermittlung der Lohnsteuerbescheinigung möglich, für 2026 also bis zum 28.2.2027 (FG Nürnberg v. 16.10.2014, 6 K 178/13, EFG 2015, 732). Dies gilt auch für die Pauschalierung der Lohnsteuer bei der Gewährung von Fahrtkostenzuschüssen für Fahrten zwischen Wohnung und erster Tätigkeitsstätte nach § 40 Abs. 2 Satz 2 EStG. Das Wahlrecht des Arbeitgebers, die Lohnsteuer nach § 40 Abs. 2 Satz 2 EStG zu pauschalieren, wird im Übrigen nicht durch einen Antrag, sondern durch die Anmeldung der mit einem Pauschsteuersatz erhobenen Lohnsteuer ausgeübt (in der Lohnsteuer-Anmeldung, BFH v. 24.9.2015, VI R 69/14, BStBl II 2016, 176).

Steht eine Lohnsteuer-Anmeldung nicht mehr unter dem Vorbehalt der Nachprüfung, hindert § 41c Abs. 3 Satz 4 EStG eine Änderung der Lohnsteuer-Anmeldung nach den **allgemeinen Korrekturvorschriften** der §§ 172 ff. AO nicht. Soweit der Gesetzgeber mit der Regelung in § 41c Abs. 3 Satz 4 EStG eine über den Wortlaut hinausgehende allgemeine Änderungssperre bezweckt haben sollte (worauf die Entstehungsgeschichte hindeutet), hat dieser Wille keinen Niederschlag in der Norm gefunden (BFH v. 30.9.2020, VI R 34/18, BStBl II 2021, 446).

Nach Ablauf des Kalenderjahres muss die nachträglich einzubehaltende oder die zu erstattende Lohnsteuer nach dem Jahresarbeitslohn auf Grund der Jahreslohnsteuertabelle ermittelt werden. Eine **Erstattung** darf der Arbeitgeber dabei aber nur vornehmen, wenn er zur Durchführung des **Lohnsteuer-Jahresausgleichs** berechtigt ist (→ *Lohnsteuer-Jahresausgleich durch den Arbeitgeber* Rz. 3015). Ist das nicht der Fall oder ist die Frist für die Durchführung des Lohnsteuer-Jahresausgleichs (Ende Februar des Folgejahres) abgelaufen, kann der Arbeitnehmer die Erstattung nur i.R. einer **Veranlagung zur Einkommensteuer** erreichen, die ggf. beantragt werden muss (R 41c.1 Abs. 6 Satz 1 bis 3 LStR). Gem. H 41c.1 „Erstattungsantrag" LStH sind Erstattungsansprüche des Arbeitnehmers wegen zu Unrecht einbehaltener Lohnsteuer nach Ablauf des Kalenderjahres i.R. einer Veranlagung zur Einkommensteuer geltend zu machen. Dies gilt sowohl für unbeschränkt steuerpflichtige Arbeitnehmer als auch für Arbeitnehmer, die einen Wohnsitz oder gewöhnlichen Aufenthalt in einem EU/EWR Staat haben und die Staatsangehörige eines dieser Staaten sind.

Soweit der Arbeitgeber auf Grund einer Änderung des Lohnsteuerabzugs nach Ablauf des Kalenderjahres nachträglich Lohnsteuer einbehält, handelt es sich um **Lohnsteuer des abgelaufenen Kalenderjahres**, die zusammen mit der übrigen einbehaltenen Lohnsteuer des abgelaufenen Kalenderjahres in einer Summe in der **Lohnsteuerbescheinigung** zu übermitteln oder anzugeben ist (R 41c.1 Abs. 6 Satz 4 LStR).

6. Anzeigepflichten des Arbeitgebers

133 Der Arbeitgeber hat die Fälle, in denen er die Lohnsteuer nach § 41c Abs. 1 EStG (→ Rz. 130) nicht nachträglich einbehält oder nicht nachträglich einbehalten kann, weil

- der Arbeitnehmer vom Arbeitgeber Arbeitslohn nicht mehr bezieht oder
- der Arbeitgeber nach Ablauf des Kalenderjahres bereits die Lohnsteuerbescheinigung übermittelt oder ausgeschrieben hat,

unverzüglich dem Betriebsstättenfinanzamt anzuzeigen (§ 41c Abs. 4 Satz 1 EStG).

Das Finanzamt hat die zu wenig erhobene Lohnsteuer vom Arbeitnehmer nachzufordern, wenn der nachzufordernde Betrag 10 € übersteigt (§ 41c Abs. 4 Satz 2 EStG). Diese Vereinfachungsregelung entbindet den Arbeitgeber jedoch nicht von seiner Anzeigepflicht. Die **Anzeigepflicht** über die zu geringe Einbehaltung der Lohnsteuer erstreckt sich auch auf die zurückliegenden **vier Kalenderjahre** (R 41c.2 Abs. 1 LStR).

Eine Anzeigepflicht des Arbeitgebers ergibt sich darüber hinaus in den Fällen des § 38 Abs. 4 EStG, wenn der **Barlohn zur Deckung der Lohnsteuer nicht ausreicht** (insbesondere bei Gewährung von Sachbezügen) und weder von anderen Bezügen des Arbeitnehmers ein entsprechender Teil zurückbehalten werden kann noch der Arbeitnehmer den Fehlbetrag zur Verfügung stellt.

Die Anzeige ist **schriftlich** zu erstatten. In ihr sind Name und Anschrift des Arbeitnehmers, die Lohnsteuerabzugsmerkmale, nämlich Geburtstag, Steuerklasse, Zahl der Kinderfreibeträge, Religionsgemeinschaft, an die die Kirchensteuer abzuführen ist, und ggf. ein Freibetrag sowie der Anzeigegrund und die für die Berechnung einer Lohnsteuer-Nachforderung erforderlichen Mitteilungen über die Höhe und Art des Arbeitslohns, z.B. Auszug aus dem Lohnkonto, anzugeben (R 41c.2 Abs. 2 LStR). **Vordrucke** für die Anzeige sind kostenlos beim Finanzamt erhältlich.

Das Betriebsstättenfinanzamt wird die Lohnsteuer im Regelfall nicht selbst vom Arbeitnehmer nachfordern, sondern die Anzeige an das **Wohnsitzfinanzamt** des Arbeitnehmers weiterleiten. Dies besonders dann, wenn es wahrscheinlich ist, dass der Arbeitnehmer zur Einkommensteuer veranlagt wird (R 41c.2 Abs. 3 LStR). In diesem Verfahren wird dann auch die Lohnsteuer nachgefordert.

Die **Erfüllung der Anzeigepflichten ist für den Arbeitgeber von erheblicher Bedeutung**, weil er für die auf Grund der Anzeige nachzuerhebende Lohnsteuer **nicht mehr haftet** (§ 42d Abs. 2 Nr. 1 EStG sowie → *Haftung für Lohnsteuer: Allgemeine Grundsätze* Rz. 2471).

7. Besonderheiten bei beschränkt Steuerpflichtigen

Bei beschränkt steuerpflichtigen Arbeitnehmern ist auch nach 134
Ablauf des Kalenderjahres eine Änderung des Lohnsteuerabzugs nur für Lohnzahlungszeiträume vorzunehmen, auf die sich die Änderungen beziehen (R 41c.1 Abs. 8 LStR), d.h., dass nicht rückwirkend die Jahreslohnsteuertabelle angewendet werden darf. Änderungen sind außerdem nur zulässig, soweit Lohnsteuer **nachgefordert** wird. **Änderungen mit Erstattungsfolge** kann nur das Finanzamt nach § 37 Abs. 2 AO durchführen (→ *Erstattung von Lohnsteuer* Rz. 2050).

Angehörige

Inhalt

1. Begriff

Der Begriff des Angehörigen wird in den verschiedenen Gesetzen 135
jeweils unterschiedlich verstanden. Grds. aber gehören insbesondere der Ehegatte/Lebenspartner und Verwandte in gerader Linie (also Kinder) dazu.

2. Arbeitsrecht

a) Ehegattenmitarbeit, eheähnliche Lebensgemeinschaft und Lebenspartnerschaft

136 Ob ein Ehegatte als Arbeitnehmer anzusehen ist, ist abhängig davon, ob er beim anderen auf Grund familienrechtlicher Verpflichtung (z.B. nach §§ 1353, 1360 BGB) oder aber auf der Grundlage eines besonderen Arbeitsvertrages tätig wird. Im ersten Fall läge lediglich eine **familienrechtliche Mithilfe** vor. Im strengen Sinne besteht eine Verpflichtung des Ehegatten zur Mitarbeit im Geschäft des anderen nur in besonderen Notsituationen. Ansonsten ist jeder Ehegatte in der Entscheidung darüber frei, wie er seine Arbeitskraft verwertet, ob er dies i.R. eines Arbeitsvertrages mit dem anderen Ehegatten oder i.R. eines Arbeitsverhältnisses mit einem Fremdarbeitgeber tut.

Bei bloßer **familienrechtlicher Mitarbeit** des Ehegatten finden die arbeitsrechtlichen Regelungen im Wesentlichen keine Anwendung; die Rechtsbeziehungen richten sich nach den familienrechtlichen Vorschriften.

Allein die gerichtlich festgestellte **arbeitsrechtliche Wirksamkeit** eines Arbeitsverhältnisses zwischen Ehegatten genügt nicht für dessen **steuerliche Anerkennung**; der Maßstab der Fremdüblichkeit kann nicht auf die arbeitsrechtliche Wirksamkeit reduziert werden. Ein arbeitsrechtlich wirksamer Vertrag muss darüber hinaus auch tatsächlich wie unter Fremden durchgeführt werden (BFH v. 1.12.2004, X R 4/03, HFR 2005, 403).

Auch die Mitarbeit des Partners einer **eheähnlichen Lebensgemeinschaft** oder eines Partners einer **Lebenspartnerschaft** nach dem Lebenspartnerschaftsgesetz im Hauswesen, Geschäft, Gewerbe oder Beruf des anderen Partners kann wie bei Ehegatten auf familienrechtlicher, gesellschaftsrechtlicher, freiberuflicher oder arbeitsrechtlicher Grundlage erfolgen. Insoweit gelten die vorstehenden Ausführungen zur ehelichen Mitarbeit entsprechend. Vereinbaren insoweit die Partner einer nichtehelichen Lebensgemeinschaft ein Arbeitsverhältnis, so ist durch Auslegung des Verhaltens der Parteien zu ermitteln, wie weit eine von der Lebensgemeinschaft zu trennende separate Rechtsbeziehung eines Arbeitsverhältnisses reichen und den Grundsatz der Nichtausgleichung innerhalb der Lebensgemeinschaft verdrängen soll (LAG Köln v. 14.3.2008, 4 Sa 1585/07; LAG Berlin-Brandenburg v. 12.4.2011, 15 SHA 484/11).

b) Ehegatten-Arbeitsverhältnis

137 Voraussetzung für ein Ehegatten-Arbeitsverhältnis ist **Abschluss und tatsächlicher Vollzug** eines Arbeitsvertrages. Dieser Arbeitsvertrag wird i.d.R. schon aus steuerlichen Gründen zur Dokumentation gegenüber dem Finanzamt ausdrücklich und förmlich abgeschlossen. Entscheidend ist der **tatsächliche Vollzug** des Arbeitsverhältnisses insbesondere hinsichtlich der finanziellen Seite (BAG v. 20.7.1993, 3 AZR 99/93).

Ist ein förmlicher Arbeitsvertrag zwischen den Ehegatten nicht abgeschlossen worden, ist also unklar, ob die Tätigkeit des einen Ehegatten familiäre Mitarbeit im oben beschriebenen Sinne darstellt oder arbeitsvertraglicher Natur ist, so muss die Zuordnung zu der einen oder anderen Form durch **Ermittlung und Auslegung aller Umstände des Einzelfalles** gefunden werden. Für die Annahme eines Arbeitsverhältnisses spricht in erster Linie die Einordnung unter das arbeitsvertragliche Weisungsrecht des anderen Ehegatten, aber auch die Zahlung eines regelmäßigen Lohnes und die Einhaltung bestimmter Arbeitszeiten.

Fehlt es an einer ausdrücklichen oder ansonsten feststellbaren konkludenten arbeitsvertraglichen Grundlage für die Mitarbeit des Ehegatten, ist insbesondere die Mitarbeit über einen längeren Zeitraum **unentgeltlich** und ohne besondere Absprachen erfolgt, so wird die Mitarbeit als familienrechtliche Mitarbeit zu behandeln sein. Die Einschätzung der Rechtslage kann insoweit besonders schwierig sein, wenn der mitarbeitende Ehegatte ein – möglicherweise geringfügiges – Entgelt erhält, denn auch auf familienrechtlicher Grundlage kann eine Entgeltlichkeit vereinbart werden.

Die Gefahr des Missbrauchs in Form von **Scheinarbeitsverträgen** besteht im Hinblick auf die günstigen Folgen, u.a. im steuerrechtlichen Bereich (s.u.). Neben der Schriftform und der Aufnahme für einen Arbeitsvertrag sonst üblicher Regelungen im Einzelnen ist deswegen zu empfehlen, den Vollzug des Arbeitsvertrages, insbesondere die Vergütungszahlungen, entsprechend der Vertragsvereinbarung zu handhaben und dies zu dokumentieren. Klarzustellen ist, dass der Abschluss von Arbeitsverträgen grundsätzlich formlos möglich ist. Daran ändert auch das Vierte Gesetz zur Entlastung der Bürgerinnen und Bürger, der Wirtschaft sowie der Verwaltung von Bürokratie (Viertes Bürokratieentlastungsgesetz, BGBl. I 2024 Nr. 323 vom 29.10.2024) nichts. Danach genügt ab dem 1.1.2025 zur Erfüllung der Anforderungen des Nachweisgesetzes – von diversen Ausnahmen abgesehen – die Textform sowie die elektronische Übermittlung (also insbesondere E-Mail) und die Aufforderung zur Abgabe eines Empfangsnachweises.

c) Kindermitarbeit

Ob ein Kind als Arbeitnehmer anzusehen ist, ist wie beim Ehegatten davon abhängig, ob es auf Grund einer familienrechtlichen Verpflichtung oder auf der Grundlage eines Arbeitsvertrages tätig wird. Für das Vorliegen eines Arbeitsverhältnisses spricht, wenn die Erbringung der Dienste den Umständen nach nur gegen eine Vergütung zu erwarten ist, insbesondere eine Vollzeitbeschäftigung im elterlichen Betrieb aufgenommen wird. Eine familiäre Mithilfe i.S.d. § 1619 BGB liegt nur vor, wenn familienrechtliche Dienste geschuldet werden. Daran fehlt es, wenn das Kind nicht mehr dem elterlichen Haushalt angehört (LAG Mecklenburg-Vorpommern v. 20.7.2021, 2 Sa 326/20). 138

d) Arbeitsverhältnis mit Kindern

Für die Vertragsanforderungen bei einem Arbeitsverhältnis mit Kindern gelten die Ausführungen zum Ehegatten-Arbeitsverhältnis entsprechend. 139

Zu beachten ist die Besonderheit, dass Arbeitsverhältnisse mit **Kindern unter 15 Jahren** wegen Verstoßes gegen § 5 Abs. 3 JArbSchG grds. – mit engen Ausnahmen – verboten und damit nichtig sind. Kinder über 13 Jahre dürfen allerdings im Berufsausbildungsverhältnis und außerhalb eines Berufsausbildungsverhältnisses nur mit leichten und für sie geeigneten Tätigkeiten bis zu bestimmten zeitlichen Grenzen mit Einwilligung des Personensorgeberechtigten nach den Vorschriften der §§ 5 bis 7 JArbSchG beschäftigt werden; eine weitere Auflistung der zulässigen Tätigkeiten für Kinder über 13 Jahre enthält § 2 der Verordnung über den Kinderarbeitsschutz v. 23.6.1998 (BGBl. I 1998, 1508).

Eine **weitere Besonderheit** bei einem Arbeitsverhältnis zwischen Eltern und Kindern kann sich noch daraus ergeben, dass ein Kind zwar nach ausdrücklicher oder konkludenter Vereinbarung Arbeit im Dienste der Eltern bzw. eines Elternteils leistet, jedoch hierfür die Vergütung nicht oder nur teilweise erhält mit der Abrede, dass die offene **Vergütung bei Tod des Elternteils** durch Erbeinsetzung oder Vermächtnis abgegolten wird. Eine solche Vereinbarung ändert an dem Charakter der arbeitsvertraglichen Beziehungen nichts.

e) Unterarbeitsverhältnisse mit Angehörigen

Ein „Unterarbeitsverhältnis" liegt vor, wenn **ein Arbeitnehmer** ein Arbeitsverhältnis mit anderen Personen (meistens nahe Angehörige) eingeht, die ihn bei seiner Tätigkeit unterstützen sollen. 140

3. Lohnsteuer

a) Allgemeines

Arbeitsverhältnisse mit **Angehörigen** (§ 15 AO) werden häufig begründet, um Steuern zu sparen (z.B. durch Inanspruchnahme des Arbeitnehmer-Pauschbetrags von 1 230 € (2022: 1 200 €) oder der Pauschalierung der Lohnsteuer nach §§ 40, 40a und 40b EStG) und ggf. gleichzeitig **Ansprüche in der Rentenversicherung zu begründen**. 141

Für die steuerliche Anerkennung gelten folgende Grundsätze (BFH v. 28.10.2020, X R 1/19, BStBl II 2021, 283 betr. fremdübliche Verteilung der Vertragschancen und -risiken bei einer Wertguthabenvereinbarung unter Ehegatten sowie BFH v. 18.11.2020, VI R 28/18, BStBl II 2021, 450 m.w.N. zu den Anforderungen an die steuerliche Anerkennung eines geringfügigen Ehegattenarbeitsverhältnisses):

Grds. sind bei gegenseitigen Verträgen die zivilrechtlichen Vereinbarungen auch für Zwecke der Besteuerung maßgebend. Fehlt es allerdings an einem natürlichen Interessengegensatz der Vertragsparteien, was insbesondere innerhalb des Familienverbundes in Betracht kommt, bedarf es einer – am Maßstab des Fremdvergleichs ausgerichteten – Überprüfung, inwieweit Zahlungen wirtschaftlich durch die Einkunftserzielung veranlasst sind oder ob sie aus sonstigen Rechtsgründen erbracht werden. Eine derartige Überprüfung hat zu berücksichtigen, ob die Vereinbarungen zivilrechtlich wirksam, klar und eindeutig sind, ihrem Inhalt nach dem zwischen fremden Dritten Üblichen entsprechen und auch tatsächlich durchgeführt werden. Diese Anforderungen beruhen auf der Überlegung, dass es innerhalb eines Familienverbundes typischerweise an einem Interessengegensatz fehlt und zivilrechtliche Gestaltungsmöglichkeiten steuerlich missbraucht werden können. Jedoch schließt nicht jede Abweichung einzelner Sachverhaltsmerkmale vom Üblichen die steuerrechtliche Anerkennung des Vertragsverhältnisses aus. Vielmehr sind einzelne Kriterien des Fremdvergleichs i.R. der gebotenen Gesamtbetrachtung unter dem Gesichtspunkt zu würdigen, ob sie den Rückschluss auf eine privat veranlasste Vereinbarung zulassen. Bei der Prüfung der Fremdüblichkeit der Vertragsbedingungen ist auch der Anlass des Vertragsschlusses mit zu berücksichtigen. Bedeutung kommt außerdem der Frage zu, ob es sich um ein Rechtsgeschäft unter volljährigen, voneinander insbesondere wirtschaftlich unabhängigen Verwandten oder um eine Vereinbarung mit minderjährigen Kindern des Stpfl. handelt.

In **Bezug auf Arbeitsverhältnisse** geht die ständige höchstrichterliche Rechtsprechung davon aus, dass Lohnzahlungen an einen im Betrieb oder Beruf des Stpfl. mitarbeitenden Angehörigen als Betriebsausgaben oder Werbungskosten (§ 9 Abs. 1 Satz 1 EStG) abziehbar sind, wenn der Angehörige auf Grund eines wirksamen, inhaltlich dem zwischen Fremden Üblichen entsprechenden Arbeitsvertrags beschäftigt wird, die vertraglich geschuldete Arbeitsleistung erbringt und der Stpfl. seinerseits alle Arbeitgeberpflichten, insbesondere die der Lohnzahlung, erfüllt. Dabei ist die Intensität der Prüfung der Fremdüblichkeit der Vertragsbedingungen auch vom Anlass des Vertragsschlusses abhängig. Hätte der Stpfl. im Falle der Nichtbeschäftigung seines Angehörigen einen fremden Dritten einstellen müssen, ist der Fremdvergleich weniger strikt durchzuführen, als wenn der Angehörige für solche Tätigkeiten eingestellt wird, die üblicherweise vom Stpfl. selbst oder unentgeltlich von Familienangehörigen erledigt werden.

Ein Betriebsausgabenabzug für eine **zusätzliche Leistung an den Ehegatten des Arbeitgebers** setzt voraus, dass zunächst das Arbeitsverhältnis steuerrechtlich anzuerkennen ist und **sodann – gesondert – auch, dass die Aufwendungen für die zusätzliche Leistung nicht auf privaten Erwägungen beruhen**. So ist es ständige Rechtsprechung des BFH, dass bei tatsächlicher Durchführung eines Arbeitsverhältnisses zwischen nahen Angehörigen ein Abzug von Betriebsausgaben für den laufenden Lohn anerkannt wird und lediglich die Aufwendungen für eine unübliche zusätzliche Leistung, z.B. eine Direktversicherung oder Versorgungszusage, ganz oder teilweise als nicht i.S.d. § 4 Abs. 4 EStG betrieblich veranlasst gewertet werden können. Eine Anwendung der Grundsätze über Verträge zwischen nahen Angehörigen auf eine zusätzliche Leistung kommt nur dann nicht in Betracht, wenn der Fall einer sog. echten Barlohnumwandlung vorliegt (BFH v. 10.8.2008, VIII R 68/06, BStBl II 2008, 973). Diese setzt allerdings voraus, dass ein bereits bestehender, nach den Grundsätzen über die Anerkennung von Verträgen zwischen nahen Angehörigen anerkannter Lohnanspruch lediglich in eine andere Leistung umgewandelt wird. Die Aufwendungen sind dann – weiterhin – durch den (betrieblich veranlassten) Austausch im Arbeitsverhältnis verursacht und deshalb der Grund – für die „zusätzliche" Leistung – nicht im Privatbereich zu suchen. Bezüglich der Anerkennung der Barlohnumwandlung sind allerdings durch die Rechtsprechung noch weitere Grenzen gesetzt. Für den Fall, dass sich der Arbeitnehmer-Ehegatte nämlich mit unangemessen niedrigen Aktivbezügen begnügt, ist die Dienstleistung in einen entgeltlichen und einen unentgeltlichen Teil aufzuteilen. Nur der entgeltliche Teil ist als betrieblich veranlasst zu werten. Wenn der Arbeitnehmer-Ehegatte allerdings ohne entsprechende Absicherung komplett auf seine Aktivbezüge zu Gunsten eines erst viele Jahre später fällig werdenden Ruhegehaltes verzichtet, ist von einer familiären Mitarbeit auszugehen (BFH v. 25.7.1995, BStBl II 1996, 153). Vgl. auch → *Rz. 145.*

Was unter **„nahe stehenden Personen"** zu verstehen ist, ist gesetzlich nicht definiert. I.R. der Prüfung, ob ein Mietverhältnis unter nahestehenden Personen dem steuerlich bedeutsamen (§ 9 Abs. 1 EStG) oder dem privaten Bereich (§ 12 EStG) zuzuordnen ist, ist maßgeblich zu berücksichtigen, ob ein den **Gleichklang wirtschaftlicher Interessen** indizierendes, den Einzelfall bestimmendes **Näheverhältnis** angenommen werden kann. Maßgebend ist hierbei die Gesamtheit der objektiven Gegebenheiten (BFH v. 11.7.2017, IX R 42/15, HFR 2017, 1042). Ein solches Näheverhältnis kann auch zu einem **Lebensgefährten** oder sogar dessen Eltern (BFH v. 22.1.2013, IX R 70/10, betr. Anerkennung eines Mietverhältnisses, m.w.N.) sowie zur **Schwägerin** bestehen (BFH v. 13.5.2015, III R 59/13).

An den Nachweis, dass es sich um ein ernsthaftes Vertragsverhältnis handelt, sind umso strengere Maßstäbe anzulegen, je mehr die Umstände auf eine private Veranlassung deuten; vgl die BFH-Entscheidungen vom

- 20.7.2004, XI B 189/03, betr. **Vereinbarung flexibler Arbeitszeiten**,
- 25.10.2004, III B 131/03, betr. **nachträglich vereinbarte Mehrarbeitsvergütung**,
- 1.12.2004, X R 4/03, HFR 2005, 403 betr. **verdeckter Unterhalt als Arbeitslohn**,
- 17.7.2013, X R 31/12, BStBl II 2013, 1015: Leistet der als Arbeitnehmer beschäftigte Angehörige **unbezahlte Mehrarbeit** über seine vertragliche Stundenzahl hinaus, steht dies der Annahme, das Arbeitsverhältnis sei tatsächlich durchgeführt worden, grds. nicht entgegen,
- 13.5.2015, III R 59/13, betr. Lohnaufwendungen für die Schwägerin für **nicht ausreichend nachgewiesenen Telefondienst**.

Weitere Nachweise s. R 4.8 EStR und die dazugehörigen Hinweise im Amtlichen Einkommensteuer-Handbuch.

Die vorstehenden Grundsätze gelten auch für Arbeitsverhältnisse zwischen einer **Personengesellschaft und dem Ehegatten eines die Gesellschaft beherrschenden Gesellschafters** (BFH v. 10.6.2008, VIII R 68/06, BStBl II 2008, 973 m.w.N.).

Wird ein Arbeitsvertrag **steuerlich nicht anerkannt**, so können die gezahlte Vergütung, die einbehaltene Steuer und die abgeführte Sozialversicherung nicht – auch nicht teilweise – als **Betriebsausgaben** abgezogen werden, selbst wenn der Angehörige unstreitig Arbeitsleistungen erbracht haben sollte (FG Nürnberg v. 3.4.2008, VI 140/2006, EFG 2008, 1013). Die Vertragsparteien müssen sich dann so behandeln lassen, als sei kein Vertrag abgeschlossen worden (vgl. BFH v. 18.6.1997, III R 81/96, HFR 1998, 191); diese Schlussfolgerung verstößt weder gegen Art. 3 noch gegen Art. 6 GG (BVerfG v. 5.6.1997, 2 BvR 2558/95).

Kein Arbeitsverhältnis wird begründet, wenn jemand einen pflegebedürftigen Angehörigen in seinen Haushalt aufgenommen hat (BFH v. 14.9.1999, IX R 88/95, BStBl II 1999, 776 sowie BFH v. 16.1.2003, IX B 172/02, BStBl II 2003, 301) oder Großeltern ihr Enkelkind betreuen (FG Baden-Württemberg v. 9.5.2012, 4 K 3278/11, EFG 2012, 1439). Derartige Leistungen und Zahlungen vollziehen sich im Regelfall **i.R. der familiären Lebensgemeinschaft** und erfüllen grds. nicht die Voraussetzungen des Erzielens von Einkünften i.S.d. § 2 EStG (→ *Gefälligkeiten* Rz. 2279).

b) Ehegatten-Arbeitsverhältnisse

Ehegatten-Arbeitsverhältnisse werden **steuerlich** nur **anerkannt**, wenn sie nachfolgende Kriterien erfüllen, vgl. ausführlich R 4.8 EStR sowie H 4.8 (Ehegatten-Arbeitsverhältnis) EStH und BFH v. 10.10.2018, X R 44-45/17, BStBl II 2019, 203 betr. Pkw-Überlassung bei einem geringfügigen Beschäftigungsverhältnis unter Ehegatten: 142

aa) Keine Tätigkeit auf familienrechtlicher Grundlage

Es darf sich nicht nur um eine relativ unbedeutende Tätigkeit handeln, die üblicherweise auf familienrechtlicher Grundlage unentgeltlich erbracht wird. 143

Beispiel:

Ein Lehrer schließt mit seiner Ehefrau einen Arbeitsvertrag über die Reinigung seines häuslichen Arbeitszimmers ab.

Der BFH hat den Vertrag nicht anerkannt, weil es sich hier um eine „unbedeutende Hilfeleistung" handelt, die üblicherweise unentgeltlich erbracht wird (BFH v. 16.1.2003, IX B 172/02, BStBl II 2003, 301 m.w.N.).

Weitere üblicherweise **i.R. der Haushaltsführung miterledigte Aufgaben** sind für einen Arbeitnehmer-Ehegatten z.B. die Mithilfe bei der Abwicklung der Reisetätigkeit (z.B. Erstellung von Reisekostenabrechnungen), die Bewirtung von Geschäftsfreunden, die Beschaffung von Geschenken für Geschäftsfreunde, Telefon- und gelegentliche Botendienste sowie das gelegentliche Anfertigen von Aktennotizen – über derartige Aufgaben kann also **kein Arbeitsvertrag** abgeschlossen werden (z.B. FG Saarland v. 26.3.2003, 1 K 187/01).

bb) Ernsthafte Vereinbarung

144 Das Arbeitsverhältnis muss **ernsthaft vereinbart** sein. Dies bedeutet z.B., dass im Arbeitsvertrag, der schon aus Beweisgründen möglichst immer **schriftlich** abgeschlossen werden sollte – und zwar vor Beginn des Leistungsaustausches (**rückwirkende Vereinbarungen sind nicht zulässig**, BFH v. 21.10.2014, VIII R 21/12, BStBl II 2015, 638) –, der Umfang der zu leistenden Arbeiten, die Höhe des Arbeitslohns sowie die Dauer des Urlaubs usw. genau beschrieben werden sollten. Fehlt es an einer Vereinbarung über die Höhe des Arbeitslohns, so kann ein wirksamer Vertrag nicht angenommen werden.

cc) Fremdvergleich

145 Angesichts des bei Angehörigen vielfach fehlenden natürlichen Interessengegensatzes und der daraus resultierenden Gefahr des steuerlichen Missbrauchs zivilrechtlicher Gestaltungsmöglichkeiten muss sichergestellt sein, dass die Vertragsbeziehung und die auf ihr beruhenden Leistungen tatsächlich dem betrieblichen Bereich zuzurechnen sind. **Indiz für die Zuordnung der Vertragsbeziehung zum betrieblichen Bereich ist insbesondere, ob der Vertrag sowohl nach seinem Inhalt als auch nach seiner tatsächlichen Durchführung dem entspricht, was zwischen Fremden üblich ist.** Im Zuge der erforderlichen Gesamtwürdigung erlangt der Umstand, ob die Vertragschancen und -risiken in fremdüblicher Weise verteilt sind, wesentliche Bedeutung. So spricht gegen die Fremdüblichkeit, wenn das Gesamtbild der Vereinbarungen belegt, dass die weitaus meisten Chancen des Vertrags der einen Seite und die weitaus meisten Risiken der anderen Seite zugewiesen werden.

Zur **Pkw-Überlassung bei einem geringfügigen Beschäftigungsverhältnis unter Ehegatten** hat der BFH Folgendes entschieden (BFH v. 10.10.2018, X R 44-45/17, BStBl II 2019, 203):

- Die Überlassung eines Dienstwagens zur unbeschränkten und selbstbeteiligungsfreien Privatnutzung des Arbeitnehmers ist i.R. eines geringfügigen – zwischen Ehegatten geschlossenen – Beschäftigungsverhältnisses (§ 8 Abs. 1 Nr. 1 SGB IV) **fremdunüblich**.
- Ein Arbeitgeber wird bei lebensnaher und die unternehmerische Gewinnerwartung einzubeziehender Betrachtungsweise typischerweise nur dann bereit sein, einem Arbeitnehmer ein Firmenfahrzeug zur Privatnutzung zur Verfügung zu stellen, wenn nach einer überschlägigen, allerdings vorsichtigen Kalkulation der sich für ihn hieraus ergebende tatsächliche Kostenaufwand zuzüglich des vertraglich vereinbarten Barlohns als **wertangemessene Gegenleistung für die Zurverfügungstellung der Arbeitskraft** anzusehen ist.
- Je geringer der Gesamtvergütungsanspruch des Arbeitnehmers ist, desto eher erreicht der Arbeitgeber die **Risikoschwelle**, nach der sich wegen einer nicht abschätzbaren intensiven Privatnutzung die **Fahrzeugüberlassung als nicht mehr wirtschaftlich erweist**.

Die Vereinbarung eines **unüblich niedrigen Arbeitslohns oder eines überhöhten Arbeitslohns** steht der Anerkennung des Arbeitsverhältnisses nicht entgegen. Ist der Angehörigenarbeitsvertrag im Übrigen anzuerkennen, ist eine überhöhte Gegenleistung allerdings auf ein angemessenes Maß zu beschränken. Das Übermaß stellt dann keinen Arbeitslohn für erbrachte Arbeitsleistungen dar, sondern ist der privaten (familienrechtlichen) Sphäre zuzuordnen (FG Niedersachsen v. 7.1.2014, 9 K 135/12, EFG 2014, 822 m.w.N.).

Werden i.R. eines Ehegattenarbeitsverhältnisses **Gehaltsansprüche des Arbeitnehmers teilweise zum Zweck betrieblicher Altersvorsorge in Beiträge für eine rückgedeckte Unterstützungskasse umgewandelt, ist die Entgeltumwandlung** grds. am Maßstab des Fremdvergleichs zu messen. Für die Fremdvergleichsprüfung bei Entgeltumwandlungen ist insbesondere das Regel-Ausnahme-Verhältnis zwischen regelmäßig anzunehmender Angemessenheit und nur ausnahmsweise gegebener Unangemessenheit der Umgestaltung der Entlohnung des Arbeitsverhältnisses zu beachten. Eine insoweit unangemessene Umgestaltung des Arbeitsverhältnisses kommt bei sprunghaften Gehaltsanhebungen im Vorfeld der Entgeltumwandlung, bei einer „Nur-Pension" oder bei mit Risiko- und Kostensteigerungen für das Unternehmen verbundenen Zusagen in Betracht. Im Fall echter nicht unangemessener Barlohnumwandlungen sind Beiträge für eine rückgedeckte Unterstützungskasse betrieblich veranlasst und ohne Prüfung einer sog. Überversorgung als Betriebsausgabe zu berücksichtigen (BFH v. 28.10.2020, X R 32/18, BStBl II 2021, 434).

Schließen Ehegatten i.R. eines Arbeitsverhältnisses zusätzlich eine **Wertguthabenvereinbarung** i.S.d. SGB IV ab, muss für diese – gesondert – ein Fremdvergleich erfolgen. I.R. der Gesamtwürdigung ist wesentliches Indiz, ob die Vertragschancen und -risiken fremdüblich verteilt sind. Eine einseitige Verteilung zu Lasten des Arbeitgeber-Ehegatten ist regelmäßig anzunehmen, wenn der Arbeitnehmer-Ehegatte unbegrenzt Wertguthaben ansparen sowie Dauer, Zeitpunkt und Häufigkeit der Freistellungsphasen nahezu beliebig wählen kann (BFH v. 28.10.2020, X R 1/19, BStBl II 2021, 283).

dd) Tatsächliche Durchführung

Das Arbeitsverhältnis muss entsprechend den getroffenen Vereinbarungen **tatsächlich durchgeführt** werden. Dazu gehört z.B., 146
dass der Arbeitslohn jeweils zum üblichen Zahlungszeitpunkt ausgezahlt wird und aus dem Vermögen des Arbeitgeber-Ehegatten in das Vermögen des Arbeitnehmer-Ehegatten gelangt. Bei der Auszahlung müssen Lohnsteuer und ggf. Sozialversicherungsbeträge einbehalten und abgeführt werden. Nach der Rechtsprechung des BVerfG darf die steuerliche Anerkennung eines Arbeitsverhältnisses zwischen Ehegatten aber nicht mehr allein deswegen versagt werden, weil das Entgelt auf ein Konto geflossen ist, über das jeder der Ehegatten allein verfügen darf, sog. **Oder-Konto** (Beschlüsse v. 7.11.1995, 2 BvR 802/90, BStBl II 1996, 34 und v. 15.8.1996, 2 BvR 3027/95). Nur wenn der Arbeitnehmer überhaupt nicht berechtigt ist, über das Konto des Arbeitgeber-Ehegatten zu verfügen, ist kein Arbeitslohn geflossen und damit das Arbeitsverhältnis nicht tatsächlich durchgeführt (BFH v. 5.2.1997, X R 145/94).

Nicht jede Abweichung vom Üblichen schließt eine steuerliche Anerkennung des Vertragsverhältnisses aus. So hat z.B. der BFH ein Arbeitsverhältnis anerkannt, obwohl dem Arbeitnehmer-Ehegatten das **Gehalt wiederholt verspätet ausgezahlt** worden war; denn nach einer Gesamtabwägung aller Umstände des Einzelfalles haben die **übrigen Umstände** (z.B. die langjährige beanstandungsfreie Anerkennung des Vertragsverhältnisses, die Abführung von Lohnsteuer und Sozialabgaben) den Ausschlag für die Anerkennung des Arbeitsverhältnisses gegeben (BFH v. 26.6.1996, X R 155/94, HFR 1997, 223).

Bei der **nicht vollzeitigen Beschäftigung Angehöriger** sind Unklarheiten bei der Wochenarbeitszeit für die steuerliche Anerkennung des Arbeitsverhältnisses unschädlich, wenn die konkrete Arbeitszeit des Angehörigen von den beruflichen Erfordernissen des Stpfl. abhängt und Unklarheiten deshalb auf die Eigenart des Arbeitsverhältnisses und nicht auf eine unübliche Gestaltung zurückzuführen sind (BFH v. 18.11.2020, VI R 28/18, BStBl II 2021, 450). Aufzeichnungen betreffend die Arbeitszeit, z.B. **Stundenzettel**, dienen lediglich Beweiszwecken. Sie sind für die steuerliche Anerkennung eines Arbeitsverhältnisses zwischen nahen Angehörigen daher **nicht zwingend erforderlich**. Für die Anerkennung eines Arbeitsverhältnisses zwischen nahen Angehörigen – insbesondere für die Anerkennung von (geringfügigen) Beschäftigungsverhältnissen, die einfache Büroarbeiten zum Gegenstand haben – muss auf den Stundenzetteln auch grds. nicht vermerkt werden, welche Arbeitsleistungen der Arbeitnehmer während der Arbeitszeiten konkret geleistet hat (BFH v. 18.11.2020, VI R 28/18, BStBl II 2021, 450 betr. den Arbeitsvertrag eines Obergerichtsvollziehers mit seiner Ehefrau).

ee) Weitere Hinweise

147 Die Grundsätze über Verträge zwischen nahen Angehörigen sind auch bei **getrennt lebenden Eheleuten** anzuwenden, wenn Anhaltspunkte für das Fehlen gegenläufiger Interessen zwischen den (getrennt lebenden) Eheleuten vorliegen. Denn es ist denkbar, dass getrennt Lebende bzw. Geschiedene auf Grund einer bestimmten Interessenlage, in der sie übereinstimmend eine zutreffende Zuordnung zum wirklichen Rechtsgrund nicht für erforderlich halten, ihre Vertragsverhältnisse zu Lasten des Steuergläubigers gestalten. Das ist etwa der Fall, wenn die Möglichkeit besteht, dass durch sog. **Arbeitslohn verdeckter Unterhalt an den Ehepartner geleistet** wird (FG Düsseldorf v. 4.7.2012, 9 K 4673/08 E: Ein zwischen getrennt lebenden Ehegatten geschlossener Arbeitsvertrag, in dem die Vereinbarung des Umfangs der Wochenarbeitszeit sowie der konkreten Arbeitszeiten fehlt, hält einem Fremdvergleich nicht stand).

Unter den o.g. allgemeinen Voraussetzungen (ernsthafte Vereinbarung, tatsächliche Durchführung, Fremdvergleich) können grds. auch **wechselseitige Ehegatten-Arbeitsverhältnisse** steuerlich anerkannt werden (FG Thüringen v. 24.9.2014, 3 K 1014/13, EFG 2014, 2123); diese Voraussetzungen sind nicht erfüllt, wenn die Ehefrau im Hinblick auf ihre weitere Belastung durch ihren eigenen Gewerbebetrieb und ihre Rolle als Hausfrau und Mutter die arbeitsvertraglich geschuldete Leistung nicht erbracht haben kann (BFH v. 10.10.1997, X B 59/97). Wechselseitige Arbeitsverhältnisse zwischen Ehegatten halten einem Fremdvergleich auch dann nicht stand, wenn diese in einer überschaubaren Stadt konkurrierende Geschäfte (hier: Apotheken) betreiben (FG Baden-Württemberg v. 6.11.2003, 8 K 462/98, EFG 2004, 484).

Sind die Verträge hiernach steuerlich anzuerkennen, ergeben sich für den Lohnsteuerabzug selbst keine Besonderheiten. Bei einer Aushilfs- oder Teilzeitbeschäftigung kann die Lohnsteuer aber auch **pauschal nach** § 40a EStG ermittelt werden (→ *Pauschalierung der Lohnsteuer bei Aushilfskräften* Rz. 3353). Bei der Einkommensteuerveranlagung der Ehegatten bleiben der pauschal versteuerte Arbeitslohn und die pauschal einbehaltene Lohnsteuer außer Betracht.

Wenn ein **Gewerbebetrieb zum Gesamtgut** der in Gütergemeinschaft lebenden Ehegatten gehört, ist regelmäßig ein Gesellschaftsverhältnis zwischen den Ehegatten anzunehmen mit der Folge, dass der an den im Betrieb mitarbeitenden Ehegatten gezahlte Arbeitslohn als **Gewinnanteil** i.S. des § 15 Abs. 1 Nr. 2 EStG zu behandeln ist. **Arbeitslohn** liegt dagegen vor, wenn im Gewerbebetrieb die persönliche Arbeitsleistung eines Ehegatten in den Vordergrund tritt und im Betrieb kein nennenswertes, ins Gesamtgut fallendes Kapital eingesetzt wird (BFH v. 20.3.1980, IV R 53/76, BStBl II 1980, 634). Sozialversicherungspflicht ist dagegen in aller Regel auszuschließen.

Wird der **Arbeitsvertrag nicht anerkannt** und ist zunächst Lohnsteuer einbehalten und abgeführt worden, kann der Arbeitnehmer beim Finanzamt eine Erstattung beantragen. Im Falle der Pauschalierung der Lohnsteuer nach §§ 40 bis 40b EStG ist der Arbeitgeber selbst erstattungsberechtigt (vgl. FG München v. 5.5.2008, 15 K 3507/05, EFG 2008, 1433 sowie → *Erstattung von Lohnsteuer* Rz. 2050).

Der BFH hat entschieden, dass der an den Ehegatten gezahlte Arbeitslohn im Billigkeitswege nicht versteuert werden muss, wenn der Betrieb wegen fehlender Gewinnerzielungsabsicht steuerlich nicht anerkannt wird (sog. **Liebhaberei**) und deshalb ein Betriebsausgabenabzug der Gehaltszahlungen ausscheidet (Urteil v. 17.11.2004, X R 62/01, BStBl II 2005, 336).

Wegen weiterer Einzelfragen s. R 4.8 EStR und die dazugehörigen Hinweise im EStH.

ff) Rechtsprechung

148 **Anerkannt** hat der BFH einen Ehegatten-Arbeitsvertrag zuletzt

- bei einem nur **geringfügig beschäftigten Ehegatten**. In diesen Fällen sind Unklarheiten bei der Wochenarbeitszeit für die steuerliche Anerkennung des Arbeitsverhältnisses unschädlich, wenn die konkrete Arbeitszeit des Angehörigen von den beruflichen Erfordernissen des Stpfl. abhängt und Unklarheiten deshalb auf die Eigenart des Arbeitsverhältnisses und nicht auf eine unübliche Gestaltung zurückzuführen sind (BFH v. 18.11.2020, VI R 28/18, BStBl II 2021, 450 betr. den Arbeitsvertrag eines Obergerichtsvollziehers mit seiner Ehefrau).

Nicht anerkannt hat der BFH einen Ehegatten-Arbeitsvertrag dagegen zuletzt

- bei einem Ehegatten-Arbeitsverhältnis **mit flexiblen Arbeitszeiten**, bei dem der Umfang der zu erbringenden Leistung tatsächlich nicht mehr feststellbar war (BFH v. 20.7.2004, XI B 189/03; s. zur Abgrenzung aber BFH v. 17.7.2013, X R 31/12, BStBl II 2013, 1015 betr. unbezahlte Mehrarbeit),
- bei **einem nur geringfügig beschäftigten Ehegatten**. Die Fremdüblichkeit hat der BFH im Hinblick auf den Inhalt des Arbeitsverhältnisses (einfache Büro- und Reinigungsarbeiten), die geringe Höhe der Vergütung und die im Gegensatz dazu stehende uneingeschränkte Nutzungsmöglichkeit eines hochwertigen Pkw verneint (BFH v. 21.1.2014, X B 181/13),
- bei **Überlassung eines Dienstwagens** zur unbeschränkten und selbstbeteiligungsfreien Privatnutzung des Arbeitnehmers i.R. eines geringfügigen Beschäftigungsverhältnisses (BFH v. 10.10.2018, X R 44-45/17, BStBl II 2019, 203).

c) Arbeitsverhältnisse zwischen Eltern und Kindern

aa) Allgemeines

Die von der Rechtsprechung entwickelten Grundsätze – insbesondere das Erfordernis der Vergleichbarkeit der Rechtsbeziehungen unter einander fremden Personen – zur Anerkennung von Arbeitsverhältnissen zwischen nahen Angehörigen beziehen sich nicht nur auf Rechtsbeziehungen zwischen Ehegatten oder zu Minderjährigen, sondern auch auf **Vereinbarungen zwischen Eltern und volljährigen Kindern** (BFH v. 17.7.2013, X R 31/12, BStBl II 2013, 1015; vgl. auch R 4.8 Abs. 3 EStR). Die Anforderungen der Rechtsprechung sind dabei aber nicht ganz so streng, weil bei Eltern und Kindern die wirtschaftlichen Interessenlagen verschieden sein können (BFH v. 18.5.1983, I R 20/77, BStBl II 1983, 562). Ein Arbeitsverhältnis ist steuerrechtlich anzuerkennen, wenn es so gestaltet und abgewickelt wird, wie dies sonst zwischen Arbeitgebern und Arbeitnehmern üblich ist (BFH v. 25.1.1989, X R 168/87, BStBl II 1989, 453). Dies ist bei einem zwischen Eltern und ihrem Kind abgeschlossenen unbefristeten Arbeitsvertrag nicht der Fall, wenn die Vereinbarung einer Probezeit fehlt und dieser keine Tätigkeitsbeschreibung oder Arbeitsplatzbeschreibung enthält (FG Saarland v. 7.1.2003, 2 V 289/02). 149

Nicht anzuerkennen sind aber auch hier „Arbeitsleistungen“, die wegen ihrer **Geringfügigkeit oder Eigenart üblicherweise nicht auf arbeitsvertraglicher Grundlage** erbracht werden. Die Abgrenzung kann schwierig sein und ist in der Praxis immer wieder streitig:

> **Beispiel 1:**
>
> A, praktischer Arzt, hat mit seiner 15-jährigen Tochter einen Arbeitsvertrag abgeschlossen, nach dem sie für eine monatliche Vergütung von rund 200 € zu bestimmten Zeiten, v.a. während der Wochenendbereitschaft, in der Familienwohnung den Telefondienst übernehmen und samstags für zwei Stunden die Praxiswäsche waschen und bügeln soll.
>
> Der BFH hat den „Arbeitsvertrag“ nicht anerkannt, weil insbesondere der Telefondienst i.R. der normalen Lebensführung miterledigt werden kann (BFH v. 9.12.1993, IV R 14/92, BStBl II 1994, 298 sowie BFH v. 16.1.2003, IX B 172/02, HFR 2003, 353).

> **Beispiel 2:**
>
> B, Lebensmittelhändler, hat mit seinen beiden volljährigen Töchtern Arbeitsverträge abgeschlossen, nach denen sie als Verkaufshilfe bzw. Buchhalterin im Betrieb mitarbeiten sollen.
>
> Der BFH hat die Arbeitsverträge anerkannt, weil die Kinder hier Arbeiten übernommen haben, die häufig von Schülern, Studenten oder auch Hausfrauen gegen entsprechende Bezahlung ausgeführt werden (BFH v. 25.1.1989, X R 168/87, BStBl II 1989, 453).

Für die steuerliche Anerkennung eines Arbeitsverhältnisses mit einem minderjährigen Kind ist die Bestellung eines **Ergänzungspflegers** nicht erforderlich (R 4.8 Abs. 3 Satz 1 EStR sowie FG Köln v. 12.12.1989, 2 K 329/86, EFG 1990, 344; vgl. auch BFH v. 13.7.1999, VIII R 29/97, BStBl II 2000, 386 betr. Pachtverträge). Zu beachten ist jedoch, dass Arbeitsverhältnisse mit **Kindern unter**

15 Jahren wegen Verstoßes gegen das Jugendarbeitsschutzgesetz (§ 7) im Allgemeinen nichtig sind und deshalb auch steuerlich nicht anerkannt werden können (R 4.8 Abs. 3 Satz 2 EStR). Die Gewährung **freier Wohnung und Verpflegung** kann als Teil der Arbeitsvergütung zu behandeln sein, wenn die Leistungen auf arbeitsvertraglichen Vereinbarungen beruhen (R 4.8 Abs. 3 Satz 3 EStR).

Unangemessen hohe oder unregelmäßig ausgezahlte betrieblich veranlasste Ausbildungsvergütungen (z.B. für die Ausbildung des „betrieblichen Nachfolgers") können nicht anerkannt werden; ein **Betriebsausgabenabzug** kommt ohnehin nur in Ausnahmefällen in Betracht, s. FG Münster v. 15.1.2016, 4 K 2091/13 E, EFG 2016, 551: Die vertraglich festgehaltene Verpflichtung eines Unternehmers, die Kosten eines Erststudiums seines im Betrieb beschäftigten Kindes zu übernehmen, ist im Hinblick auf die gesetzliche Unterhaltsverpflichtung von Eltern für ihre Kinder nach §§ 1601, 1610 Abs. 2 BGB in jedenfalls nicht unerheblichem Umfang privat mitmotiviert, so dass ein Betriebsausgabenabzug ausscheidet. Dies gilt auch für den Fall, dass sich das Kind vertraglich verpflichtet hat, die Studienkosten bei vorzeitigem Ausscheiden aus dem elterlichen Betrieb ganz oder teilweise zurückzuzahlen.

bb) Rechtsprechung

150 **Anerkannt** wurde z.B.

- ein Arbeitsverhältnis mit der **Schwiegermutter** über die Erbringung von Reinigungsleistungen, wenn zwar die Höhe des Entgelts genau festgelegt ist, nicht jedoch die Zahl der zu erbringenden Arbeitsstunden (FG München v. 25.10.2005, 6 K 5409/04);
- ein Arbeitsverhältnis zwischen einer **Zahnärztin und ihrem volljährigen Sohn**, der nachweisbar sieben Stunden in der Woche in der Praxis tätig war, u.a. für Kurierdienste und Betreuung der Computer (FG Sachsen v. 17.4.2009, 6 K 1713/05, m.w.N.);
- der **Arbeitsvertrag eines Unternehmers mit seinem Vater**, auch wenn dieser unbezahlte Mehrarbeit über seine vertragliche Stundenzahl hinaus leistet; etwas anderes gilt nur, wenn die vereinbarte Vergütung schlechterdings nicht mehr als Gegenleistung für die Tätigkeit des Angehörigen angesehen werden kann und deshalb auf das Fehlen eines Rechtsbindungswillens zu schließen ist (BFH v. 17.7.2013, X R 31/12, BStBl II 2013, 1015).

Nicht anerkannt wurde dagegen z.B.

- mangels Fremdüblichkeit ein Anstellungsverhältnis zwischen einem Rechtsanwalt und seinem Rechtswissenschaften studierenden **Sohn**, der nach dem Anstellungsvertrag lediglich verpflichtet ist, an der Universität zu studieren und in den Semesterferien ohne feste Arbeitszeiten oder festen Aufgabenbereich in der Kanzlei des Vaters mitzuarbeiten, wofür er neben einem monatlichen Gehalt die Finanzierung seines Studiums bis zum Abschluss erhält und ein Fahrzeug der Luxusklasse für die Fahrten zur Hochschule zur Verfügung gestellt bekommt (FG Sachsen-Anhalt v. 2.12.2005, 1 K 141/02);
- ein mündlich abgeschlossener Arbeitsvertrag zwischen der Mutter (Ärztin) und ihrem **Sohn** über die Reinigung der Praxis, weil der Umfang der tatsächlich erbrachten Arbeitsleistungen nicht nachgewiesen werden konnte (FG Nürnberg v. 3.4.2008, VI 140/2006, EFG 2008, 1013).

d) Unterarbeitsverhältnisse

aa) Allgemeines

151 Für die steuerliche Anerkennung muss hier – außer den o.g. Grundsätzen – insbesondere geprüft werden, ob die Übertragung der im Arbeitsvertrag vorgesehenen Tätigkeiten auf Außenstehende aus **arbeitsrechtlicher Sicht überhaupt zulässig** ist. Denn es dürfen nur **untergeordnete Tätigkeiten**, nicht aber die Hauptpflichten aus dem Arbeitsverhältnis „delegiert" werden. Die Rechtsprechung fordert für die Anerkennung außerdem, dass die Übertragung untergeordneter Tätigkeiten auf andere Personen **wirtschaftlich sinnvoll** oder gar **notwendig** ist und solche Tätigkeiten nicht üblicherweise von **Dritten unentgeltlich** übernommen werden (BFH v. 18.11.2020, VI R 28/18, BStBl II 2021, 450 betr. den Arbeitsvertrag eines Obergerichtsvollziehers mit seiner Ehefrau). Diese Voraussetzung wird v.a. bei im **Außendienst** tätigen Arbeitnehmern erfüllt sein, die z.B. durch Verlagerung „einfacher" Tätigkeiten auf den Ehegatten mehr Zeit für ihre eigentliche Außendiensttätigkeit gewinnen.

Nicht anzuerkennen ist auch ein Unterarbeitsverhältnis mit dem Ehegatten, wenn dessen Tätigkeit außerhalb des geschäftlichen Betätigungsfeldes seines Arbeitgebers liegt und es sich in erster Linie um ein **privates ehrenamtliches Engagement** handelt, das zwar aus der beruflichen Stellung des Stpfl. erwachsen ist, aber im gesellschaftlichen und damit im privaten Bereich stattfindet (FG Düsseldorf v. 2.2.2021, 10 K 3253/17 E, EFG 2021, 743 betr. die ehrenamtliche Tätigkeit des Vorstandssprechers einer Bank in gemeinnützigen Institutionen usw.).

In der Praxis führt die Anerkennung von Unterarbeitsverhältnissen immer wieder zu Schwierigkeiten, zumal die **Rechtsprechung nicht einheitlich** ist. Es kommt immer auf die jeweiligen Umstände des einzelnen Falles an.

bb) Rechtsprechung

Anerkannt wurde ein Unterarbeitsverhältnis z.B. bei einem 152

- **Verkaufsleiter**, dessen Ehefrau bestimmte Bürotätigkeiten ausübt (FG Bremen v. 21.2.1991, I 15/89 K, EFG 1991, 314). Das Fehlen fester Arbeitszeiten hielt das Gericht für unerheblich; diese Auffassung hat das FG Düsseldorf in einem ähnlichen Fall abgelehnt (Urteil v. 18.4.1996, 15 K 1449/93 E, EFG 1996, 1152; s. zu dieser Frage auch BFH v. 20.7.2004, XI B 189/03);
- sog. **Controller**, dessen Ehefrau Präsentationsunterlagen vorbereitet und verschiedene Schreib- und Büroarbeiten erledigt (FG Bremen v. 27.6.1991, I 159/90 K, EFG 1991, 729);
- **Außendienstmitarbeiter**, dessen Ehegattin Büroarbeiten erledigen und die Kundenkartei pflegen sollte, sofern die Aufgabe die bloße organisationsmäßige Führung der Kundenkartei und nicht die Akquirierung und Betreuung von Kunden und damit nicht die Übertragung der Hauptpflichten aus dem Arbeitsvertrag umfasst (FG Düsseldorf v. 26.11.2002, 14 K 657/00 E, EFG 2005, 1030);
- **Obergerichtsvollzieher**, der neben seiner Ehefrau auch seine Tochter und eine weitere Person angestellt hatte, um Arbeiten zu erledigen, die er nicht persönlich übernehmen musste (BFH v. 18.11.2020, VI R 28/18, BStBl II 2021, 450).

Abgelehnt wurde ein Unterarbeitsverhältnis dagegen z.B. bei

- einer **Pharmareferentin**, deren Ehemann die schriftliche Dokumentation und Lagerverwaltung übernommen hat (FG Hamburg v. 2.12.1994, V 80/92, EFG 1995, 427);
- einem **Personalsachbearbeiter**, dessen Ehefrau zu Hause Personalakten bearbeitet (FG Baden-Württemberg v. 27.11.1990, XI K 66/87, EFG 1991, 378);
- einer **Lehrerin**, deren Tochter bei der Korrektur von Klassenarbeiten u.Ä. hilft (BFH v. 6.3.1995, VI R 86/94, BStBl II 1995, 394);
- einem **Pfarrer**, dessen Ehefrau ihn bei seiner Arbeit unterstützt (BFH v. 22.11.1996, VI R 20/94, BStBl II 1997, 187);
- einem **Bankkaufmann**, der von seiner Ehefrau vertrauliche Sicherheitsunterlagen übersetzen ließ und damit sowohl gegen seine Geheimhaltungspflicht als auch gegen seine höchstpersönliche Dienstleistungspflicht verstoßen hat (FG Köln v. 28.6.2000, 15 K 4044/94, EFG 2000, 994);
- einem **Vertriebsleiter**, der seiner Ehefrau Büroarbeiten (Schreibarbeiten, Fachzeitschriftenauswertung, Telefondienst, Statistikauswertung) übertragen hatte (FG Niedersachsen v. 9.5.2001, 12 K 711/95, EFG 2001, 1181). Das Gericht hatte schon Zweifel, ob diese Aufgaben tatsächlich die vereinbarten zwölf Stunden Arbeitszeit in der Woche ausfüllen;
- einem nebenberuflichen **Versicherungsvertreter**, dessen Ehefrau das Arbeitszimmer reinigen sowie Telefon- und gelegentliche Botendienste verrichten sollte (FG Saarland v. 26.3.2003, 1 K 187/01);
- einem **Geschäftsführer**, der seine Ehefrau als Chauffeur beschäftigt (FG Nürnberg v. 15.8.2003, VI 284/1999).

e) Lebensgefährte, nichteheliche Lebensgemeinschaften, Verlobte

153 Die Grundsätze für die steuerliche Anerkennung von Angehörigenverträgen, insbesondere der Fremdvergleich, sind nach Auf-

fassung des **FG Niedersachsen auf Arbeitsverhältnisse zwischen fremden Dritten nicht anzuwenden**. Dies gilt auch dann, wenn zwischen Arbeitgeber und Arbeitnehmer ein gewisses Näheverhältnis besteht. Dem Bedürfnis, für bestimmte Vertragsverhältnisse wie wechselseitige Arbeits- oder Mietverhältnisse strengere Maßstäbe für die steuerliche Anerkennung auch bei (nur) nahestehenden Personen anzulegen, könne bei Anhaltspunkten für einen Gestaltungsmissbrauch oder ein Scheinvertragsverhältnis durch Anwendung der §§ 41 Abs. 2, 42 AO ausreichend Rechnung getragen werden (FG Niedersachsen v. 16.11.2016, 9 K 316/15, EFG 2017, 482 betr. **Arbeitsvertrag mit der ehemaligen Lebensgefährtin**).

Die für die steuerrechtliche Beurteilung von Verträgen zwischen Eheleuten geltenden strengen Grundsätze können nicht auf Verträge zwischen Partnern einer **nichtehelichen Lebensgemeinschaft** übertragen werden, weil es beim Aushandeln von Arbeitsverträgen zwischen den Partnern einer nichtehelichen Lebensgemeinschaft durchaus Interessengegensätze geben kann (BFH v. 10.4.1988, IV R 225/85, BStBl II 1988, 670; FG Niedersachsen v. 13.11.1996, XII 682/95, EFG 1997, 524 m.w.N.).

Dies gilt grds. auch für Verträge zwischen **Verlobten**, weil ein Verlöbnis noch keine Lebens- und Wirtschaftsgemeinschaft begründet. Das schließt allerdings – selbst bei einander Fremden – nicht aus, nach den Grundsätzen des sog. Fremdvergleichs im Einzelfall die „wirkliche Veranlassung" eines Rechtsgeschäfts und einer auf diesem beruhenden Ausgabe zu prüfen (BFH v. 20.11.2002, X B 6/02, betr. die Anerkennung einer Versorgungszusage zu Gunsten des geschiedenen Ehegatten).

Entgegen dieser v.g. Sichtweisen hat die Rechtsprechung allerdings auch Verträge zwischen „befreundeten Personen" oder im Zusammenhang mit nichtehelichen Lebensgemeinschaften in besonders gelagerten Einzelfällen, in denen die Anhaltspunkte für das Fehlen gegenläufiger Interessen zwischen den Vertragspartnern offensichtlich waren, dem Fremdvergleich unterworfen. So führt das BFH-Urteil v. 19.11.2014, VIII R 23/11, EStB 2015, 320 aus, dass im Rahmen der Prüfung, ob ein Mietverhältnis dem steuerlich bedeutsamen oder dem privaten Bereich (§ 12 EStG) zuzuordnen ist, maßgeblich zu berücksichtigen ist, ob ein den Gleichklang wirtschaftlicher Interessen indizierendes, den Einzelfall bestimmendes Näheverhältnis angenommen werden kann (Verweis auf BFH v. 25.5.2012, IX B 20/12, BFH/NV 2012, 1308; v. 10.2.2010, IX B 163/09, BFH/NV 2010, 887). Maßgebend ist danach die Gesamtheit der objektiven Gegebenheiten (vgl. z.B. BFH v. 27.7.2004, IX R 73/01, BFH/NV 2005, 192; v. 28.6.2002, IX R 68/99, BStBl II 2002, 699). Die unreflektierte Anwendung dieser Rechtsprechungsgrundsätze würde allerdings bei der Fremdvergleichsprüfung ein „weites Feld" öffnen. Insoweit ist zu beachten, beim BFH unter dem Az. X R 5/24 ein Revisionsverfahren anhängig ist, in welchem die Frage geklärt werden soll, ob die für Verträge zwischen nahen Angehörigen geltenden Grundsätze auch auf Verträge zwischen den Partnern einer nicht ehelichen Lebensgemeinschaft anzuwenden sind.

4. Sozialversicherung

154 Die Spitzenverbände der Sozialversicherung haben mit Datum zum 1.4.2022 das u.a. hier zitierte umfassende Rundschreiben aktualisiert, welches die Grundsätze zu dem Thema Statusfeststellung von Erwerbstätigen enthält und sich in der Anlage 4 mit der versicherungsrechtlichen Beurteilung von mitarbeitenden Angehörigen auseinandersetzt. Bei weiteren Einzelfragen wird daher auf das Rundschreiben bzw. die Anlage 4 verwiesen, welches u.a. in der werkbegleitende Online-Datenbank erhältlich ist (s. Benutzerhinweise auf S. IV).

Danach ist Grundlage der Versicherungspflicht in der Kranken-, Pflege-, Renten- und Arbeitslosenversicherung die Beschäftigung gegen Arbeitsentgelt. Durch verwandtschaftliche Beziehungen wird ein versicherungspflichtiges Beschäftigungsverhältnis grds. nicht ausgeschlossen. Je enger die persönlichen gegenseitigen Beziehungen sind, umso eher kann aber eine Mitarbeit außerhalb eines Beschäftigungsverhältnisses vorliegen. Eine widerlegbare Vermutung gegen die Versicherungspflicht, wie sie in § 20 Abs. 4 SGB XI zum Ausdruck kommt, ist damit aber nicht verbunden. Das Lebensalter und der Beweggrund für die Aufnahme eines Beschäftigungsverhältnisses unter Angehörigen sind grds. unerheblich, insbesondere kommt es nicht darauf an, ob der mitarbeitende Angehörige wirtschaftlich auf die Verwertung seiner Arbeitskraft angewiesen ist. Andere Formen der Mitarbeit des Angehörigen, wie die Mitarbeit in Gleichstellung mit dem Betriebsinhaber oder die Mitarbeit auf familienrechtlicher Basis (familienhafte Mithilfe) begründen kein abhängiges Beschäftigungsverhältnis bzw. schließen ein solches aus.

Die Frage, ob zwischen Angehörigen eine Beschäftigung gegen Arbeitsentgelt vorliegt, beurteilt sich nach den gleichen Grundsätzen, wie sie allgemein für die Beurteilung der Versicherungspflicht maßgebend sind (BSG v. 5.4.1956, 3 RK 65/55).

Ein entgeltliches Beschäftigungsverhältnis zwischen Angehörigen (Ehegatten, Lebenspartnern i.S.d. Lebenspartnerschaftsgesetzes, Verlobten, Lebensgefährten, geschiedenen Ehegatten, Verwandten, Verschwägerten, sonstigen Familienangehörigen) kann nach den in der Rechtsprechung entwickelten Grundsätzen angenommen werden, wenn

- der Angehörige in dem Betrieb des Arbeitgebers wie eine fremde Arbeitskraft eingegliedert ist und die Beschäftigung tatsächlich ausübt,
- der Angehörige dem Weisungsrecht des Arbeitgebers – wenn auch in abgeschwächter Form – unterliegt,
- der Angehörige an Stelle einer fremden Arbeitskraft beschäftigt wird,
- ein der Arbeitsleistung angemessenes (d.h. grds. ein tarifliches oder ortsübliches) Arbeitsentgelt vereinbart ist und auch regelmäßig gezahlt wird,
- von dem Arbeitsentgelt regelmäßig Lohnsteuer entrichtet wird und
- das Arbeitsentgelt als Betriebsausgabe gebucht wird.

Die Spitzenverbände der Sozialversicherungsträger haben sich dafür ausgesprochen, die in allgemein verbindlichen Tarifverträgen festgelegten Arbeitsentgelte auch für Angehörige anzuwenden, sofern die Allgemeinverbindlichkeitserklärung dies **nicht** ausdrücklich ausschließt (vgl. zuletzt Rundschreiben der Sozialversicherung zu Statusfeststellung von Erwerbstätigen Anlage 4 mit Stand v. 1.4.2022).

Ein Beschäftigungsverhältnis gegen Arbeitsentgelt setzt einen freien wirtschaftlichen Austausch von Arbeit und Arbeitsentgelt voraus. Für die Beurteilung, ob ein Angehöriger in einem entgeltlichen Beschäftigungsverhältnis steht, ist die Höhe der Vergütung (Geld- und Sachbezüge) im Verhältnis zu Umfang und Art der im Betrieb verrichteten Tätigkeit von grundlegender Bedeutung. Leistung und Gegenleistung müssen in einem angemessenen Verhältnis zueinander stehen. Die Zahlung von laufenden Bezügen, insbesondere in Höhe des tariflichen oder des ortsüblichen Arbeitsentgelts, ist ein wesentliches Merkmal für das Bestehen eines entgeltlichen Beschäftigungsverhältnisses. Das gezahlte Entgelt muss jedoch nicht dem tariflichen oder ortsüblichen Arbeitsentgelt entsprechen. Eine Unterschreitung dieses Arbeitsentgelts oder die Nichtgewährung eines üblichen Weihnachts- oder Urlaubsgeldes erlaubt i.d.R. noch nicht den Schluss, dass keine Gegenleistung für die verrichtete Arbeit vorliegt. Ein Entgelt, das den halben Tariflohn bzw. das halbe ortsübliche Arbeitsentgelt unterschreitet, stellt indes regelmäßig ein Indiz gegen die Annahme eines angemessenen Gegenwerts für die ausgeübte Tätigkeit dar. Ein sozialversicherungspflichtiges Beschäftigungsverhältnis ist damit jedoch nicht generell ausgeschlossen; vielmehr ist auch in diesen Fällen eine Würdigung der Gesamtumstände erforderlich (BSG v. 17.12.2002, B 7 AL 34/02 R).

Im Rahmen des Meldeverfahrens haben die Arbeitgeber der Einzugsstelle (bzw. bei geringfügig Beschäftigten der Minijob-Zentrale der Deutschen Rentenversicherung Knappschaft-Bahn-See) bei Anmeldungen mit dem Abgabegrund 10 das Statuskennzeichen 1 anzugeben, wenn es sich bei dem Arbeitnehmer um einen mitarbeitenden Ehegatten/Lebenspartner oder Abkömmling handelt. Die Deutsche Rentenversicherung Bund trifft dann die Statusentscheidung (→ *Statusfeststellungsverfahren* Rz. 3977).

Im Allgemeinen besteht Übereinstimmung mit der steuerlichen Beurteilung.

Nehmen Personen, die mindestens zehn Jahre nicht in der sozialen **Pflegeversicherung** oder der gesetzlichen Krankenversicherung versicherungspflichtig waren, eine dem äußeren Anschein nach versicherungspflichtige Beschäftigung oder selbständige

Tätigkeit von untergeordneter wirtschaftlicher Bedeutung auf, besteht die widerlegbare Vermutung, dass eine die Versicherungspflicht begründende Beschäftigung oder eine versicherungspflichtige selbständige Tätigkeit i.S. der sozialen Pflegeversicherung tatsächlich nicht ausgeübt wird. Dies gilt **insbesondere bei Familienangehörigen** (vgl. § 20 Abs. 4 SGB XI).

Angestelltenversicherung

→ *Altersvorsorge und Altersversorgung* Rz. 115, → *Rentenversicherung* Rz. 3730

Anmeldung der Lohnsteuer

Inhalt

1. Allgemeines

155 Der Arbeitgeber ist nach § 41a Abs. 1 EStG verpflichtet, spätestens am **zehnten Tag** nach Ablauf eines jeden Lohnsteuer-Anmeldungszeitraums die einzubehaltende und zu übernehmende (d.h. pauschalierte) **Lohnsteuer beim Betriebsstättenfinanzamt anzumelden und abzuführen**. Dies gilt auch für die Anmeldung und Abführung pauschal erhobener Lohnsteuer, auch wenn Finanzämter vereinzelt in der Vergangenheit eine jährliche Abführung der pauschalen Lohnsteuer geduldet haben (BMF v. 18.9.1997, IV B 6 – S 2386 – 31/97, DB 1997, 2355). Zur Abführung der Lohnsteuer → *Abführung der Lohnsteuer* Rz. 6. Besonderheiten gelten für die sog. Mini-Jobs (→ *Pauschalierung der Lohnsteuer bei geringfügig Beschäftigten* Rz. 3389).

Die **Lohnsteuer-Anmeldung steht einer Steuerfestsetzung unter Vorbehalt der Nachprüfung gleich**. Dabei bestimmt der Inhalt der Steueranmeldung auch den Inhalt der Steuerfestsetzung. Eine Festsetzung der Steuerschuld gegenüber dem Arbeitnehmer als dem eigentlichen Steuerschuldner setzt das Lohnsteuer-Anmeldeverfahren nicht voraus. Vielmehr erklärt der Arbeitgeber mit der Abgabe der Steueranmeldung seine eigene Abführungsschuld aus § 41a Abs. 1 EStG und gibt damit eine Art Steueranerkenntnis ab. Ist eine Lohnsteuer-Anmeldung bestandskräftig geworden, richtet sich die Fälligkeit der Lohnsteuerschuld grds. nach den in der Lohnsteuer-Anmeldung gemachten Angaben. Eine unzutreffende, jedoch bestandskräftig gewordene Lohnsteuer-Anmeldung muss sich der als Haftungsschuldner in Anspruch genommene **Geschäftsführer einer GmbH** jedoch dann nicht nach § 166 AO entgegenhalten lassen, wenn er nicht während der gesamten Dauer der Rechtsbehelfsfrist Vertretungsmacht und damit das Recht gehabt hat, namens der GmbH zu handeln (BFH v. 24.8.2004, VII R 50/03, BStBl II 2005, 127).

Auch der **Arbeitnehmer** kann gegen die Lohnsteuer-Anmeldung seines Arbeitgebers **Einspruch** einlegen, soweit sie ihn betrifft (zuletzt BFH v. 21.10.2009, I R 70/08, BStBl II 2012, 493).

Einzelheiten zur Sozialversicherung → *Beiträge zur Sozialversicherung* Rz. 1261.

Der Arbeitgeber wird von der **Verpflichtung** zur Abgabe weiterer Lohnsteuer-Anmeldungen **befreit**, wenn er dem Betriebsstättenfinanzamt **mitteilt**, dass er im Lohnsteuer-Anmeldungszeitraum **keine Lohnsteuer einzubehalten** oder zu übernehmen hat, weil er

- entweder keine Arbeitnehmer mehr beschäftigt,
- oder der Arbeitslohn seiner Arbeitnehmer nicht steuerbelastet ist,
- oder nur Arbeitnehmer beschäftigt, für die er lediglich die Pauschsteuer nach § 40a Abs. 2 EStG von 2 % an die Deutsche Rentenversicherung Knappschaft-Bahn-See entrichtet (R 41a.1 Abs. 1 LStR).

Für jede Betriebsstätte (§ 41 Abs. 2 EStG) und für jeden Lohnsteuer-Anmeldungszeitraum ist eine **einheitliche Lohnsteuer-Anmeldung** einzureichen (→ *Betriebsstätte* Rz. 1422). Die Abgabe mehrerer Lohnsteuer-Anmeldungen für dieselbe Betriebsstätte und denselben Lohnsteuer-Anmeldungszeitraum, etwa getrennt nach den verschiedenen Bereichen der Lohnabrechnung, z.B. gewerbliche Arbeitnehmer, Gehaltsempfänger, Pauschalierungen nach §§ 40 bis 40b EStG, ist nicht zulässig (R 41a.1 Abs. 2 LStR). Das gilt innerhalb eines **Konzerns** auch, wenn z.B. die Lohnabrechnungen der leitenden Angestellten von der Muttergesellschaft vorgenommen werden. Der Arbeitgeber hat die Lohnsteuer auch für diese Arbeitnehmer bei seinem lohnsteuerlichen Betriebsstättenfinanzamt und nicht beim Betriebsstättenfinanzamt der Muttergesellschaft anzumelden (OFD Hannover v. 18.8.1993, S 2376 – 1 – StH 211).

Ein inländisches Unternehmen, das die Lohnkosten für den Arbeitnehmer eines ausländischen Unternehmens übernimmt, kann nach § 38 Abs. 1 Satz 2 EStG als **wirtschaftlicher Arbeitgeber** dieses Arbeitnehmers im Inland zur Lohnsteueranmeldung verpflichtet sein (FG Saarland v. 25.7.2013, 1 V 1184/13, EFG 2013, 1706).

Das **Haushaltsscheckverfahren** (→ *Mini-Jobs* Rz. 3194) hat für die Lohnsteuer gem. § 40a Abs. 6 EStG die sich aus § 168 Satz 1 AO ergebenden **Wirkungen einer Steueranmeldung**. Die Lohnsteuerfestsetzung kann daher i.R. der Festsetzungsfrist gem. § 164 Abs. 2 AO geändert werden. Daher kann auch nachträglich die Gewährung von Steuerbefreiungen (hier § 3 Nr. 26 EStG betr. die sog. Übungsleiterpauschale), die bei der ursprünglichen Anmeldung irrtümlich nicht in Anspruch genommen wurden, begehrt werden (FG Köln v. 26.2.2015, 6 K 116/13, EFG 2015, 2086).

2. Anzumeldende Steuern

Maßgebend für den Zeitpunkt der **Einbehaltung** der Lohnsteuer usw. ist der **Zeitpunkt der Lohnzahlung, also der Zufluss** (vgl. zuletzt BFH v. 20.7.2005, VI R 165/01, BStBl II 2005, 890 sowie → *Zufluss von Arbeitslohn* Rz. 4633), der somit auch für die Lohnsteuer-Anmeldung von Bedeutung ist. Der Arbeitgeber hat nach § 38 Abs. 3 EStG bei jeder Lohnzahlung Lohnsteuer usw. einzubehalten (R 39b.5 Abs. 1 LStR). 156

Dem steht nicht entgegen, dass **beim Arbeitnehmer** nach § 38a Abs. 1 Satz 2 EStG **laufender Arbeitslohn** bereits in dem Kalenderjahr als **bezogen gilt**, in dem der **Lohnzahlungszeitraum** (das ist der Zeitraum, für den jeweils der laufende Arbeitslohn gezahlt wird, → *Berechnung der Lohnsteuer* Rz. 1339) **endet**. Beide Zeitpunkte dürfen nicht verwechselt werden, weil sie z.B. bei der **Geschäftsführerhaftung** von erheblicher Bedeutung sein können (vgl. dazu BFH v. 17.11.1992, VII R 13/92, BStBl II 1993, 471).

Beispiel:

A erhält den Lohn für Dezember 2025 nicht Ende Dezember, sondern erst am 6.1.2026 und den Lohn für Januar 2026 am 29.1.2026 ausgezahlt.

Lohnsteuer-Anmeldungszeitraum für beide Lohnzahlungen ist der Monat Januar 2026. Der Arbeitgeber hat die Lohnsteuer, den Solidaritätszuschlag und ggf. die Kirchensteuer für diesen Monat bis zum 10.2.2026 beim Betriebsstättenfinanzamt anzumelden und abzuführen (Fälligkeit). Das gilt auch für die verspätete Zahlung des Dezember-Lohns.

Beim Arbeitnehmer gilt der Dezember-Lohn als im Dezember 2025 bezogen. Das bedeutet für den Arbeitgeber, dass er den Lohnsteuerabzug insoweit noch nach den für Dezember 2025 ermittelten Lohnsteuerabzugsmerkmalen vornehmen muss; er muss ferner sowohl den Arbeitslohn als auch die Steuerbeträge noch in der Lohnsteuerbescheinigung 2025 angeben.

Für die Lohnsteuerberechnung des Januar-Lohns sind dagegen die für 2026 ermittelten Lohnsteuerabzugsmerkmale maßgebend.

3. Form der Anmeldung

Die Lohnsteuer-Anmeldung ist nach **amtlich vorgeschriebenem Datensatz** durch **Datenfernübertragung** zu übermitteln (§ 41a Abs. 1 Satz 2 EStG). 157

Das **Vordruckmuster** und die **„Übersicht über länderunterschiedliche Werte in der Lohnsteuer-Anmeldung“** (z.B. bei den hebeberechtigten Kirchen) werden jährlich vom BMF bekannt gemacht (vgl. für das Jahr 2026: BMF v. 14.8.2025,

IV C 5 – S 2533/00120/006/009, BStBl I 2025, 1633). Das Vordruckmuster ist auch für die Gestaltung der Vordrucke maßgebend, die mit Hilfe von Datenverarbeitungsanlagen hergestellt werden (vgl. BMF v. 1.8.2022, IV A 5 – O 1561/19/10001 :004, BStBl I 2022, 1334).

Abweichend vom Vordruckmuster ist in den elektronischen Formularen zusätzlich zur Kennzahl 23 ein Freitextfeld für die entsprechenden Angaben sowie ein Eintragungsfeld mit der Kennzahl 91 für den Familienkassenschlüssel und ein Eintragungsfeld mit der Kennzahl 43 für das ausgezahlte Kindergeld vorzusehen. Ab 2024 ist für die unwiderrufliche Erklärung des Arbeitgebers nach § 19a Abs. 4a EStG eine neue Kennzahl 21 mit folgender Zeilenbeschreibung aufzunehmen: „Es wird im Zusammenhang mit Einkünften aus nichtselbständiger Arbeit bei Vermögensbeteiligungen eine Haftungserklärung i.S.d. § 19a Absatz 4a Satz 1 EStG abgegeben (falls ja, bitte eine „1“ eintragen).“

Nach § 41a Abs. 1 Satz 1 Nr. 1 EStG ist in der Lohnsteuer-Anmeldung die **Lohnsteuer getrennt nach den Kalenderjahren, in denen der Arbeitslohn bezogen wird oder als bezogen gilt, anzugeben**. Die hierfür erforderlichen Kennzahlen und weitere Informationen sind auf den Internetseiten unter www.elster.de veröffentlicht. Die Eintragungen für die Lohnsteuer des Vor- und Folgejahres sind ausschließlich für die Zuordnung der Lohnsteuer zu dem entsprechenden Kalenderjahr zu verwenden. In Korrekturfällen sind die jeweiligen Lohnsteuer-Anmeldungen zu ändern.

Seit dem 1.1.2013 müssen Lohnsteuer-Anmeldungen und Umsatzsteuer-Voranmeldungen zwingend **authentifiziert übermittelt** werden (§ 41a Abs. 1 Satz 2 EStG bzw. § 18 Abs. 1 Satz 1 UStG i.V.m. § 6 Abs. 1 Steuerdaten-Übermittlungsverordnung).

Eine Anmeldung, die entgegen der gesetzlichen Verpflichtung zur elektronischen Übermittlung weiterhin auf Papier eingereicht wird und die von dem Finanzamt nicht auf Grund der Härtefallregelung akzeptiert wird (s.u.), gilt als nicht abgegeben. Das Finanzamt hat in diesen Fällen die Abgabe der Anmeldung in der **gesetzlich vorgeschriebenen Form zu erzwingen (Verspätungszuschlag, Zwangsgeld) und/oder die Steuer im Wege der** Schätzung unter dem Vorbehalt der Nachprüfung festzusetzen (§ 167 Abs. 1 Satz 1 zweite Alternative AO). Bei der Schätzung wird es jedoch im Regelfall von den Werten der Papiererklärung ausgehen (OFD Koblenz v. 19.8.2013, S 0321 A – St 35 2/Z 14 2).

§ 150 Abs. 8 AO enthält – in Ergänzung der einzelgesetzlichen Regelungen (hier § 41a Abs. 1 Satz 3 EStG) – eine **Härtefallregelung**, nach der das Finanzamt auf Antrag auf die elektronische Datenübermittlung verzichten kann, wenn sie für den Stpfl. **wirtschaftlich oder persönlich unzumutbar** ist. Dies ist insbesondere der Fall, wenn der Stpfl. nicht über die erforderliche technische Ausstattung verfügt und die Schaffung der technischen Möglichkeiten für eine Datenfernübertragung des amtlich vorgeschriebenen Datensatzes nur mit einem nicht unerheblichen finanziellen Aufwand möglich wäre (z.B. bei **Kleinstunternehmen**). Darüber hinaus ist eine unbillige Härte anzunehmen, wenn der Stpfl. nach seinen **individuellen Kenntnissen und Fähigkeiten** nicht oder nur eingeschränkt in der Lage ist, die Möglichkeiten der Datenfernübertragung zu nutzen (BayLfSt v. 4.2.2009, S 0321.1.1 – 3/3 St 41, und zuletzt FG Berlin-Brandenburg v. 14.2.2018, 3 K 3249/17, EFG 2018, 706). Nach BFH v. 16.6.2020, VIII R 29/17, BStBl II 2021, 288 ist dem Stpfl. die Umstellung auf den elektronischen Rechtsverkehr nur dann wirtschaftlich zumutbar i.S.d. § 150 Abs. 8 AO, wenn die Umstellungskosten in einer sinnvollen Relation zu den mit dem Betrieb erzielten Einkünften und dem Betriebsvermögen stehen. Dementsprechend ist ein **Kleinbetrieb** mit jährlichen Betriebseinnahmen unter 22 000 € (seit 2020), der zwar einen PC und einen Telefonanschluss, aber keinen Internetzugang besitzt, wegen unbilliger Härte von der Verpflichtung zur elektronischen Übermittlung der Einkommensteuer-Erklärung nebst Einnahmenüberschussrechnung zu befreien. Für die Abgabe von Lohnsteuer-Anmeldungen gilt dieses Urteil u.E. sinngemäß. Nutzt ein Stpfl. dagegen – zwar nur einen älteren PC (mit Betriebssystem Windows XP) sowie einen nach seinen Angaben störanfälligen Internetanschluss –, verfügt er aber zudem über einen E-Mail-Account sowie eine eigene Website zur eigenen Vermarktung, soll eine elektronische Übermittlungspflicht auch dann gegeben sein, wenn in nur sehr geringer Höhe Umsätze erzielt werden. Werden darüber hinaus geltend gemachte gesundheitliche Probleme sowie die behauptete fehlende Eignung seiner veralteten EDV-Ausstattung bzw. seines störanfälligen Internetanschlusses für die Nutzung des Elsteronline-Verfahrens nicht glaubhaft gemacht bzw. nachgewiesen, z.B. durch Vorlage von Screenshots, Fotos etwaiger vergeblicher Nutzungsversuche des Elster-Onlineverfahrens, trägt der insoweit Stpfl. die objektive Feststellungslast, Zweifel gehen damit zu seinen Lasten (FG Berlin-Brandenburg v. 20.3.2023, 4 K 4096/22).

Ist allerdings unstreitig ein Härtefall gegeben, ist die Lohnsteuer-Anmeldung nach **amtlich vorgeschriebenem Vordruck** abzugeben und vom Arbeitgeber oder von einer zu seiner Vertretung berechtigten Person zu unterschreiben. Lohnsteuer-Anmeldungen können in diesen Fällen auch per **Telefax** abgegeben werden (vgl. BFH v. 8.10.2014, VI R 82/13, BStBl II 2015, 359 betr. Einkommensteuer-Erklärungen, das aber für Lohnsteuer-Anmeldungen und Umsatzsteuer-Voranmeldungen entsprechend gilt).

Härtefallanträge, die mit **Sicherheitsbedenken** begründet werden, werden jedoch abgelehnt (vgl. sinngemäß zuletzt BFH 15.5.2018, VII R 14/17, HFR 2018, 849; ggf. sind sogar **Verspätungszuschläge** zu erheben, vgl. BFH v. 15.12.2015, V B 102/15).

4. Lohnsteuer-Anmeldungszeitraum

„Lohnsteuer-Anmeldungszeitraum“ kann der Kalendermonat, 158
das Kalendervierteljahr oder auch das Kalenderjahr sein (§ 41a Abs. 2 Sätze 1 und 2 EStG). Maßgebend hierfür ist die Höhe der für das **Vorjahr abzuführenden Lohnsteuer (ohne Kirchensteuer und Solidaritätszuschlag) ohne Kürzung** um das ihr entnommene **Kindergeld** (R 41a.1 Abs. 3 LStR, öffentlich-rechtliche Arbeitgeber) selbst wenn sich inzwischen die Verhältnisse geändert haben.

Höhe der Lohnsteuer im Vorjahr	Lohnsteuer-Anmeldungszeitraum
mehr als 5 000 €	Kalendermonat
mehr als 1 080 €, aber nicht mehr als 5 000 €	Kalendervierteljahr
nicht mehr als 1 080 €	Kalenderjahr

Beispiel 1:

Der niedersächsische Arbeitgeber A hat im **Jahr 2025** für seinen Arbeitnehmer (Bruttolohn 3 300 €, Steuerklasse I, keine Kinder, 22 Jahre, Kirchensteuermerkmal „rk“) an das Finanzamt abgeführt:

Lohnsteuer (Jahresverdienst 39 600 €)	4 605,00 €
Solidaritätszuschlag 5,5 %	0,– €
Kirchensteuer 9 %	414,45 €
Zusammen	5 019,45 €

A muss für das **Jahr 2026** die Lohnsteuer-Anmeldungen **vierteljährlich** abgeben, weil die für das Jahr 2025 abgeführte **Lohnsteuer** nicht mehr als 5 000 € betragen hat. Es spielt keine Rolle, dass A unter Einbeziehung der Kirchensteuer insgesamt mehr als 5 000 € an das Finanzamt abgeführt hat.

Bei einem Arbeitslohn von monatlich 3 450 € hätte sich jedoch in 2025 eine Lohnsteuer von jährlich 5 029 € ergeben. Die 5 000 €-Grenze wäre damit überschritten, so dass A ab **dem Jahr 2026** die Lohnsteuer-Anmeldungen monatlich abgeben müsste.

Ist die **Betriebsstätte**, für welche die Lohnsteuer-Anmeldung abzugeben ist,

a) erst im **Laufe des Vorjahrs eröffnet** worden, so ist die sich für das Vorjahr ergebende Lohnsteuer auf einen **Jahresbetrag** umzurechnen (§ 41a Abs. 2 Satz 3 EStG);

Beispiel 2:

Sachverhalt wie Beispiel 1, der Betrieb ist aber erst am 1.12.2025 eröffnet worden. Für den Monat Dezember 2025 ist eine Lohnsteuer von 383,75 € einbehalten worden (hinzu kommt die Kirchensteuer).

A muss für 2026 seine Lohnsteuer-Anmeldungen vierteljährlich abgeben, weil die für das Jahr 2025 abzuführende Lohnsteuer auf einen Jahresbetrag umzurechnen ist (ergibt 4 605 €) und dieser den Betrag von 5 000 € nicht übersteigt. Die erste Lohnsteuer-Anmeldung muss A also bis zum 10.4.2026 beim Betriebsstättenfinanzamt abgeben.

b) im **Vorjahr noch nicht vorhanden** gewesen, so ist von der für den **ersten vollen Kalendermonat** nach der Eröffnung abzuführenden Lohnsteuer auszugehen und dieser Betrag auf einen Jahresbetrag umzurechnen (§ 41a Abs. 2 Satz 4 EStG).

Das Betriebsstättenfinanzamt ist an diese gesetzlichen Anmeldungszeiträume nicht gebunden: Wenn die Abführung der Lohnsteuer nicht gesichert erscheint (z.B. bei **mangelnder Liquidität** des Arbeitgebers), kann es z.B. die **monatliche Anmeldung und Abführung anordnen** (§ 41a Abs. 3 Satz 2 EStG).

5. Abgabefrist

159 Die Anmeldung muss spätestens am **zehnten Tag** nach Ablauf des Lohnsteuer-Anmeldungszeitraums dem Betriebsstättenfinanzamt eingereicht werden (§ 41a Abs. 1 Satz 1 EStG). Ist dies ein **Samstag, Sonntag oder Feiertag**, so verschiebt sich die Frist auf den nächstfolgenden Werktag (§ 108 Abs. 3 AO; dies gilt nur für gesetzliche Feiertage, also z.B. nicht für Silvester oder kirchliche wie religiöse Feiertage, s. BFH v. 20.3.2018, III B 135/17, HFR 2018, 521). Zum unterschiedlichen Feiertagsrecht in den Bundesländern, das auch für die Abgabe von Steuererklärungen von Bedeutung ist, s. OFD Frankfurt v. 18.6.2008, S 0260 A - 2 - St 23.

Das Betriebsstättenfinanzamt kann im Einzelfall eine **Fristverlängerung**, z.B. bei Krankheit, gewähren. Eine generelle Fristverlängerung wie bei der Umsatzsteuer (Dauerfristverlängerung, Abschn. 18.4 UStAE) ist nicht möglich.

6. Verspätete Abgabe

160 Bei verspäteter Abgabe der Lohnsteuer-Anmeldung **kann** das Finanzamt einen **Verspätungszuschlag** festsetzen (§ 152 Abs. 1 AO), die Abgabe der Anmeldung nach §§ 328 ff. AO mit **Zwangsmitteln** durchsetzen oder die Höhe der **Steuer schätzen** (R 41a.1 Abs. 4 Satz 2 und 3 LStR sowie BFH v. 7.7.2004, VI R 171/00, BStBl II 2004, 1087). Bei der Bemessung des Verspätungszuschlags wird die Dauer und Häufigkeit der Fristüberschreitung sowie die Höhe der Steuer berücksichtigt (§ 152 Abs. 8 Satz 2 AO). Von der Festsetzung eines Verspätungszuschlags wird abgesehen, wenn der Arbeitgeber glaubhaft macht, dass die Verspätung entschuldbar ist; das Verschulden eines Vertreters oder eines Erfüllungsgehilfen (Steuerberater etc.) ist dem Arbeitgeber zuzurechnen.

Im Übrigen gelten die **Muss-Regelungen** (**gesetzlicher** Mindestverspätungszuschlag von 25 € für jeden angefangenen Monat der eingetretenen Verspätung, der **nicht im Ermessen des Finanzamts** liegt) zum Verspätungszuschlag **bei jährlichen Lohnsteuer-Anmeldungen nicht** (§ 152 Abs. 3 Nr. 4 AO sowie LfSt Bayern v. 24.3.2021, S 0323.1.1 - 2/18 St43); das schließt nicht aus, dass das Finanzamt einen Verspätungszuschlag festsetzen **kann**, wenn das Versäumnis nicht entschuldbar erscheint.

Zur Vermeidung eines möglichen Verspätungszuschlags kann der Arbeitgeber auch eine **Fristverlängerung** für die Einreichung der Lohnsteuer-Anmeldung beantragen (§ 109 AO). Ist die Frist bereits abgelaufen, kann sie auch rückwirkend verlängert werden (§ 109 Abs. 1 Satz 2 AO).

7. Nichtabgabe

161 Gibt der Arbeitgeber keine Lohnsteuer-Anmeldungen ab, kann das Finanzamt die Lohnsteuer im **Schätzungswege** ermitteln und den Arbeitgeber durch Steuerbescheid in Anspruch nehmen (R 41a.1 Abs. 4 Satz 3 LStR sowie BFH v. 7.7.2004, VI R 171/00, BStBl II 2004, 1087). Daneben kann das Finanzamt auch **Zwangsgelder** bis zu 25 000 € festsetzen (§§ 328 bis 335 AO).

8. Berichtigung der Anmeldung

162 Wenn der Arbeitgeber feststellt, dass eine bereits eingereichte Lohnsteuer-Anmeldung **fehlerhaft oder unvollständig** ist, so ist für den betreffenden Anmeldungszeitraum eine **berichtigte Lohnsteuer-Anmeldung** einzureichen (§ 153 AO), die als solche zu kennzeichnen ist (Eintragung der Kennziffer 1 in die Kennzahl 10 der Lohnsteueranmeldung). Dabei sind Eintragungen auch in den Zeilen vorzunehmen, in denen sich keine Änderung ergeben hat. Es ist nicht zulässig, nur Einzel- oder Differenzbeträge nachzumelden. Für die Berichtigung mehrerer Anmeldungszeiträume sind jeweils gesonderte berichtigte Lohnsteuer-Anmeldungen einzureichen.

Anders bei → *Beiträge zur Sozialversicherung* Rz. 1261.

Nach **§ 41c Abs. 3 Satz 4 EStG** ist eine Minderung der einzubehaltenden und zu übernehmenden Lohnsteuer (§ 41a Abs. 1 Satz 1 Nr. 1 EStG) nach § 164 Abs. 2 Satz 1 AO nach der Übermittlung oder Ausschreibung der Lohnsteuerbescheinigung nur dann zulässig, wenn sich der Arbeitnehmer ohne vertraglichen Anspruch und gegen den Willen des Arbeitgebers Beträge verschafft hat, für die Lohnsteuer einbehalten wurde. In diesem Fall hat der Arbeitgeber die bereits übermittelte oder ausgestellte Lohnsteuerbescheinigung zu berichtigen und sie als geändert gekennzeichnet an die Finanzverwaltung zu übermitteln; § 41b Abs. 1 gilt entsprechend (§ 41c Abs. 3 Satz 5 EStG). Der Arbeitgeber hat seinen Antrag zu begründen und die Lohnsteuer-Anmeldung (§ 41a Abs. 1 Satz 1 EStG) zu berichtigen (§ 41c Abs. 3 Satz 6 EStG).

Steht eine Lohnsteuer-Anmeldung nicht mehr unter dem Vorbehalt der Nachprüfung, hindert § 41c Abs. 3 Satz 4 EStG eine Änderung der Lohnsteuer-Anmeldung nach den **allgemeinen Korrekturvorschriften** der §§ 172 ff. AO nicht. Soweit der Gesetzgeber mit der Regelung in § 41c Abs. 3 Satz 4 EStG eine über den Wortlaut hinausgehende allgemeine Änderungssperre bezweckt haben sollte (worauf die Entstehungsgeschichte hindeutet), hat dieser Wille keinen Niederschlag in der Norm gefunden (BFH v. 30.9.2020, VI R 34/18, BStBl II 2021, 446).

Die ggf. zu viel entrichtete Lohnsteuer ist dem **Arbeitgeber, nicht dem Arbeitnehmer zu erstatten** (FG Hamburg v. 4.7.2012, 1 K 12/10, betr. irrtümliche Abführung von Lohnsteuer für einen an der Firma beteiligten Kommanditisten).

Im Bereich der Lohnsteuer-Anmeldungen sieht § 371 Abs. 2a AO eine Ausnahme vom Vollständigkeitsgebot der **Selbstanzeige** und des Ausschlussgrunds der Tatentdeckung (§ 371 Abs. 2 Nr. 2 AO) vor. Das bedeutet, dass eine korrigierte oder verspätete Lohnsteuer-Anmeldung als wirksame Teilselbstanzeige gelten kann. Dies gilt gem. § 371 Abs. 2a Satz 3 AO jedoch nicht für jährliche Lohnsteuer-Anmeldungen.

9. Anmeldung und Abführung der Lohnsteuer an ein unzuständiges Finanzamt

Es kommt immer wieder vor, dass Arbeitgeber die Lohnsteuer bei 163
einem unzuständigen Finanzamt in einem anderen Bundesland anmelden und abführen. Dies betrifft z.B. **konzernverbundene Personen- oder Kapitalgesellschaften**, die die Lohnsteuer bei dem für die Muttergesellschaft zuständigen Betriebsstättenfinanzamt anmelden. Gleiches gilt für Arbeitgeber, die zwar in einem Bundesland **ansässig** sind, aber in einem anderen Bundesland eine **Niederlassung** betreiben, die die Voraussetzungen einer lohnsteuerlichen **Betriebsstätte** (→ *Betriebsstätte* Rz. 1424) gem. § 41 Abs. 2 EStG erfüllen.

Wegen der Auswirkungen auf **die Verteilung der Steuereinnahmen nach dem Zerlegungsgesetz** prüfen die Finanzämter verstärkt, wo sich lohnsteuerliche Betriebsstätten i.S.d. § 41 Abs. 2 EStG befinden. Hat der Arbeitgeber die Lohnsteuer-Anmeldung bei einem unzuständigen Finanzamt abgegeben, werden die erforderlichen **Korrekturen verwaltungsintern** – d.h. ohne Berichtigung der Lohnsteueranmeldungen durch den Arbeitgeber – vorgenommen. S. dazu z.B. OFD Karlsruhe v. 13.4.2010, S 2376/5 - St 141, StEd 2010, 315:

„Das zuständige Betriebsstättenfinanzamt hat den Arbeitgeber im Einvernehmen mit dem unzuständigen Finanzamt aufzufordern, die Lohnsteuer, die Kirchensteuer und den Solidaritätszuschlag künftig beim zuständigen Betriebsstättenfinanzamt anzumelden und abzuführen. Die an das unzuständige Finanzamt bereits abgeführte Lohnsteuer des laufenden Kalenderjahres ist dem zuständigen Betriebsstättenfinanzamt verwaltungsintern zu überweisen. Dem Arbeitgeber ist mitzuteilen, dass hinsichtlich der bereits abgerechneten Lohnzahlungszeiträume des laufenden Kalenderjahres der Ausgleich verwaltungsintern stattfindet und er in den Lohnsteuerbescheinigungen der Arbeitnehmer das zuständige Betriebsstättenfinanzamt als das Finanzamt anzugeben hat, an das die Lohnsteuer abgeführt worden ist.

Ein verwaltungsinterner Ausgleich außerhalb des Zerlegungsverfahrens ist auch in den Fällen durchzuführen, in denen Eintragungen zu den für die Anmeldung pauschaler Lohnsteuer vorgesehenen Kennzahlen enthalten sind. Denn die angemeldete pauschale

Lohnsteuer wirkt sich auch auf die Ermittlung des Zerlegungsschlüssels aus (§ 7 Abs. 4 ZerlG). Für bereits abgerechnete Lohnzahlungszeiträume des laufenden Kalenderjahres ist die pauschale Lohnsteuer in den verwaltungsinternen Ausgleich einzubeziehen.

Von einer Inanspruchnahme des Arbeitgebers oder einer verwaltungsinternen Überweisung der an ein unzuständiges Finanzamt abgeführten Lohnsteuer für abgelaufene Kalenderjahre ist aus Vereinfachungsgründen abzusehen, weil Art und Umfang des Ausgleichs durch die Vorschriften des Zerlegungsgesetzes bestimmt werden.

Beispiel 1:

Bei einer Lohnsteuer-Außenprüfung wurde festgestellt, dass sich die lohnsteuerliche Betriebsstätte im Land B befand. Die Lohnsteuer für dort beschäftigte und auch ansässige Arbeitnehmer wurde fehlerhaft an ein Finanzamt im Land A abgeführt und dieses Finanzamt in den Lohnsteuerbescheinigungen als das Finanzamt angegeben, an das die Lohnsteuer abgeführt worden ist.

Eine Korrektur ist nicht vorzunehmen. Die Lohnsteuer steht nach den Vorschriften des Zerlegungsgesetzes dem Wohnsitzland B zu. Eine Lohnsteuerzerlegung findet statt, wenn das Wohnsitzland des Arbeitnehmers nicht mit dem Land übereinstimmt, das die Lohnsteuer ausweislich der Eintragung in der Lohnsteuerbescheinigung vereinnahmt hat. Der Ausgleich der fehlerhaft an ein unzuständiges Finanzamt im Land A abgeführten Lohnsteuer erfolgt daher i.R. der Lohnsteuerzerlegung.

Beispiel 2:

Bei einer Lohnsteuer-Außenprüfung wurde festgestellt, dass sich die lohnsteuerliche Betriebsstätte im Land A befand. Die Lohnsteuer für dort beschäftigte, jedoch im Land B ansässige Arbeitnehmer war fehlerhaft an ein Finanzamt des Landes B abgeführt worden. Auf den Lohnsteuerbescheinigungen der betreffenden Arbeitnehmer war das Finanzamt des Landes B als das Finanzamt angegeben, an das die Lohnsteuer abgeführt worden ist.

Eine Korrektur ist nicht vorzunehmen. Die Lohnsteuer steht nach den Vorschriften des Zerlegungsgesetzes dem Wohnsitzland B zu und ist bereits an dieses abgeführt worden. Wäre die Lohnsteuer zutreffend an das zuständige Betriebsstättenfinanzamt im Land A abgeführt und dies auf den Lohnsteuerbescheinigungen entsprechend angegeben worden, stünde dem Land B ein Anspruch nach dem Zerlegungsgesetz zu.

Ein verwaltungsinterner Ausgleich der an ein unzuständiges Finanzamt abgeführten Lohnsteuer für abgelaufene Kalenderjahre ist nur in den Fällen durchzuführen, für die das Zerlegungsgesetz eine Zerlegung nach dem Wohnsitzprinzip vorsieht, die aber wegen der Besonderheiten des Sachverhalts nicht als Zerlegungsfälle erkannt werden können.

Beispiel 3:

Bei einer Lohnsteuer-Außenprüfung wurde festgestellt, dass sich eine lohnsteuerliche Betriebsstätte im Land B befand. Die Lohnsteuer für dort beschäftigte und im Land B ansässige Arbeitnehmer und/oder pauschale Lohnsteuer wurde jedoch an ein Finanzamt im Land A angemeldet und abgeführt. Auf den Lohnsteuerbescheinigungen dieser Arbeitnehmer war fehlerhaft vermerkt, dass die Lohnsteuer an das Betriebsstättenfinanzamt im Land B abgeführt worden sei.

Es ist ein verwaltungsinterner Ausgleich der Lohnsteuer durchzuführen. Die Lohnsteuer steht nach den Vorschriften des Zerlegungsgesetzes dem Wohnsitzland B zu. Ein Anspruch nach dem Zerlegungsgesetz für das Land B kann hingegen nicht entstehen, da auf den Lohnsteuerbescheinigungen fehlerhaft die Abführung an das Land B vermerkt ist. Wohnsitzland und das Land, an das die Lohnsteuer abgeführt worden ist, stimmen laut Lohnsteuerbescheinigung überein, so dass keine Zerlegung stattfinden würde, obwohl die Abführung tatsächlich an das Land A erfolgt ist. Für abgelaufene Kalenderjahre ist die pauschale Lohnsteuer nicht in den verwaltungsinternen Ausgleich einzubeziehen.

Die an das unzuständige Finanzamt bereits abgeführte **Kirchensteuer** und der **Solidaritätszuschlag** sind in den Fällen eines verwaltungsinternen Ausgleichs der Lohnsteuer für das laufende Kalenderjahr bzw. abgelaufene Kalenderjahre nicht einzubeziehen."

10. Verfahrensvorschriften

164 Die Lohnsteuer-Anmeldung steht einer **Steuerfestsetzung unter Vorbehalt der Nachprüfung** gleich und wirkt wie ein Steuerbescheid (§ 168 Satz 1 i.V.m. § 164 AO). Sie kann somit jederzeit – sowohl zu Gunsten als auch zu Ungunsten des Arbeitgebers – geändert werden, bis der Vorbehalt der Nachprüfung aufgehoben ist, allerdings nicht mehr nach Übermittlung oder Ausschreibung der Lohnsteuerbescheinigung (BFH v. 17.6.2009, VI R 46/07, BStBl II 2010, 72).

Der **Vorbehalt der Nachprüfung** wird aufgehoben

- nach **Abschluss einer Außenprüfung** oder
- kraft Gesetzes (§ 164 Abs. 4 AO) mit **Ablauf der Verjährungsfrist**, die regelmäßig **vier Jahre** beträgt, → *Verjährung* Rz. 4243.

Beispiel 1:

Arbeitgeber A hat seit Eröffnung seines Betriebs im Juni 2013 immer pünktlich seine Lohnsteuer-Anmeldungen abgegeben. Ende Juni 2026 findet bei ihm eine Lohnsteuer-Außenprüfung statt, die die Jahre 2024 bis Mai 2026 umfasst.

Mit dem Abschluss der Außenprüfung ist der Vorbehalt der Nachprüfung für alle Lohnsteuer-Anmeldungen einschließlich der am 10.6.2026 abgegebenen Anmeldung für den Monat Mai 2025 aufzuheben. Eine Änderung der Lohnsteuer-Anmeldungen gem. § 164 Abs. 2 AO ist damit – außerhalb der Änderungsnormen der §§ 172 ff. AO – weder zu Gunsten noch zu Ungunsten des Arbeitgebers mehr möglich.

Beispiel 2:

Sachverhalt wie oben, es findet jedoch keine Lohnsteuer-Außenprüfung statt.

Der Vorbehalt der Nachprüfung fällt mit Ablauf der Verjährungsfrist von vier Jahren weg. Diese beginnt mit dem Ende des Jahres, in dem die Lohnsteuer-Anmeldung abgegeben wird. Mit Ablauf des 31.12.2028 ist somit für alle Lohnsteuer-Anmeldungen Verjährung eingetreten, die bis zum 31.12.2024 abgegeben worden sind, also auch für die am 10.12.2024 abgegebene Lohnsteuer-Anmeldung für November 2024. Für die am 10.1.2025 abgegebene Anmeldung für Dezember 2024 endet die Verjährungsfrist hingegen erst mit Ablauf des 31.12.2029.

Sind Lohnsteuer-Anmeldungen mit Aufhebung des Vorbehalts der Nachprüfung bestandskräftig geworden, können sie nur geändert werden, wenn die Voraussetzungen der gesetzlichen Änderungsvorschriften der AO vorliegen (zuletzt BFH v. 26.1.2006, VI R 2/03, betr. eine Änderung nach § 175 AO wegen eines rückwirkenden Ereignisses).

Einschränkungen gelten für den Fall, dass es sich um Lohnsteuer des Arbeitnehmers handelt (also nicht vom Arbeitgeber selbst zu tragende pauschale Lohnsteuer) und diesem bereits die Lohnsteuerbescheinigung ausgehändigt worden ist (→ *Änderung des Lohnsteuerabzugs* Rz. 126).

Weicht das Finanzamt von der Anmeldung ab, muss es einen Steuerbescheid erteilen (§ 167 AO).

Die Lohnsteuer-Anmeldung betrifft den jeweiligen Arbeitnehmer als Schuldner der Lohnsteuer unmittelbar, weil er ihren Abzug vom Lohn zu dulden hat; er kann daher – ebenso wie der Arbeitgeber – die Lohnsteuer-Anmeldung des Arbeitgebers aus eigenem Recht anfechten, soweit sie ihn betrifft (BFH v. 20.7.2005, VI R 165/01, BStBl II 2005, 890). Im finanzgerichtlichen Verfahren ist dann der Arbeitgeber als Adressat der Bescheide beizuladen (BFH v. 7.8.2015, VI B 66/15).

11. Übernahme lohnsteuerlicher Pflichten durch Dritte

Einzelheiten hierzu → *Lohnsteuerabzug durch Dritte* Rz. 2937. 165

Anmeldung der Sozialversicherungsbeiträge

→ *Altersteilzeit* Rz. 80, → *Beiträge zur Sozialversicherung* Rz. 1261

Annehmlichkeiten

1. Allgemeines

Der Begriff „Annehmlichkeit" ist weder im EStG noch in den LStR definiert. Der BFH hat in früheren Urteilen den Begriff der „Annehmlichkeit" und des „Gelegenheitsgeschenks" (→ *Gelegen-* 166 *heitsgeschenke* Rz. 2285) geprägt (BFH v. 2.10.1968, VI R 79/68, BStBl II 1969, 116).

In seiner neueren Rechtsprechung hat der **BFH den Begriff der „Annehmlichkeit" aufgegeben**. Nunmehr sieht er als Arbeitslohn alle Einnahmen an, die dem Empfänger mit Rücksicht auf das Dienstverhältnis zufließen und sich als Ertrag der nichtselbständigen Arbeit darstellen, d.h. wenn sich die Leistung des Arbeitgebers im weitesten Sinne als Gegenleistung für das Zurverfügungstellen der individuellen Arbeitskraft des Arbeitnehmers erweist (vgl. BFH v. 17.7.2014, VI R 69/13, BStBl II 2015, 41). Soweit begrifflich Arbeitslohn vorliegt, ist dieser nur noch dann steuerfrei, wenn dies der Gesetzgeber ausdrücklich angeordnet hat.

Folgende Zuwendungen des Arbeitgebers sind allerdings von vornherein **nicht als Arbeitslohn** anzusehen:

- **Aufmerksamkeiten,**
- Leistungen des Arbeitgebers, die er im **ganz überwiegenden betrieblichen Interesse** erbringt.

Für die Behandlung von Zuwendungen des Arbeitgebers ergibt sich folgende Übersicht:

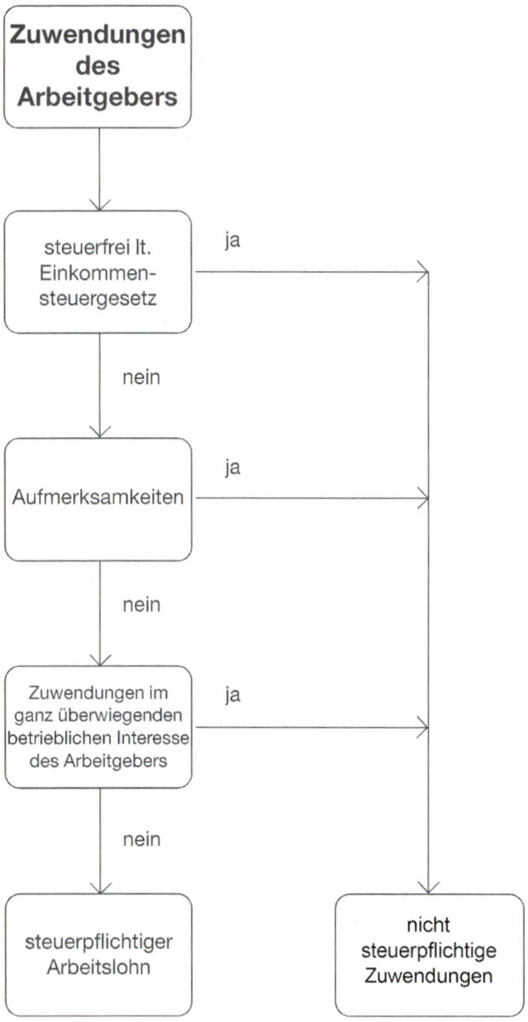

2. Aufmerksamkeiten

167 Aufmerksamkeiten sind **Sachleistungen** des Arbeitgebers, die auch im gesellschaftlichen Verkehr üblicherweise ausgetauscht werden und zu keiner ins Gewicht fallenden Bereicherung der Arbeitnehmer führen; sie gehören nicht zum Arbeitslohn (R 19.6 Abs. 1 LStR). Hierzu gehören alle Sachzuwendungen bis zu einem **Wert von 60 €** (inklusive Umsatzsteuer), z.B. Blumen, Genussmittel, ein Buch oder Tonträger, die dem Arbeitnehmer oder seinen Angehörigen aus Anlass eines besonderen persönlichen Ereignisses zugewendet werden (BFH v. 22.3.1985, VI R 26/82, BStBl II 1985, 641). Bei der Bewertung der Sachzuwendungen gilt R 8.1 Abs. 2 Satz 3 LStR, d.h., der Wert der Sachzuwendung kann aus Vereinfachungsgründen mit 96 % des Endpreises bewertet werden, zu dem sie der Abgebende oder dessen Abnehmer fremden Letztverbrauchern im allgemeinen Geschäftsverkehr anbietet.

Bei **Geschenkgutscheinen** ist die Freigrenze von 60 € nur anwendbar, wenn der Gutschein als Sachzuwendung anzusehen ist (FinMin Hamburg v. 3.7.2003, 52 – S 2363 – 002/03). Zur gesetzlichen Neuregelung seit 2020 hinsichtlich der Abgrenzung zwischen Geldleistung und Sachbezug → *Sachbezüge* Rz. 3799 und → *Warengutscheine* Rz. 4406.

Zu den Aufmerksamkeiten gehören auch unbelegte Backwaren (Brötchen oder Rosinenbrot), Getränke und Genussmittel, die der Arbeitgeber den Arbeitnehmern zum Verzehr im Betrieb unentgeltlich oder verbilligt überlässt (vgl. BFH v. 3.7.2019, VI R 36/17, BStBl II 2020, 788). Dasselbe gilt für **Speisen**, die der Arbeitgeber den Arbeitnehmern anlässlich und während eines **außergewöhnlichen Arbeitseinsatzes**, z.B. während einer betrieblichen Besprechung, zum Verzehr **im Betrieb** unentgeltlich oder verbilligt überlässt und deren Wert 60 € nicht überschreitet (R 19.6 Abs. 2 Satz 2 LStR; vgl. hierzu → *Arbeitsessen* Rz. 610).

Wenn der Wert der Sachzuwendung die Freigrenze von 60 € **übersteigt**, so ist die Zuwendung **in voller Höhe** steuer- und beitragspflichtig, und zwar auch dann, wenn mit ihr soziale Zwecke verfolgt werden oder wenn sie dem Arbeitnehmer anlässlich eines besonderen persönlichen Ereignisses zugewendet wird, z.B. Konfirmation des Kindes, vgl. H 19.6 (Gelegenheitsgeschenke) LStH. **Geldzuwendungen** sind stets steuer- und beitragspflichtig, auch wenn ihr Wert gering ist (R 19.6 Abs. 1 Satz 3 LStR).

LSt SV

Beispiel 1:

Der Arbeitgeber schenkt seinen Arbeitnehmern zum 50. Geburtstag jeweils einen Blumenstrauß und eine Flasche Champagner im Wert von 58 €.

Die Sachzuwendung ist steuer- und beitragsfrei, weil die Freigrenze von 60 € nicht überschritten wird.

Beispiel 2:

Da im Winter die Blumen teurer sind, kosten der Blumenstrauß und die Flasche Champagner bei einem Arbeitnehmer 63 €.

Die Sachzuwendung ist i.H.v. 63 € steuer- und beitragspflichtig, weil nach Anwendung der Vereinfachungsregelung der R 8.1 Abs. 2 Satz 3 LStR (96 % des Endpreises) die Freigrenze von 60 € überschritten wird (96 % von 63 € = 60,48 €).

Keine Aufmerksamkeiten liegen allerdings vor, wenn die „Aufmerksamkeiten" über Gehaltsumwandlung generiert werden. Hierdurch verlieren die gewährten Zuwendungen den Charakter als nicht steuerbare Aufmerksamkeiten, sondern führen vielmehr zu Arbeitslohn (durch den Austausch von Barlohn in Sachlohn), vgl. → *Barlohnumwandlung* Rz. 1221.

3. Leistungen im ganz überwiegenden Interesse des Arbeitgebers

Leistungen des Arbeitgebers, die im ganz überwiegenden be- 168
trieblichen Interesse erbracht werden, gehören nicht zum Arbeitslohn. Die Leistungen des Arbeitgebers sind dabei i.R. einer Gesamtwürdigung **einheitlich zu beurteilen**; eine **Aufteilung** zwischen Arbeitslohn und Zuwendung im betrieblichen Interesse ist **grds. nicht zulässig** (BFH v. 9.5.2019, VI R 28/17, BStBl II 2019, 785). Etwas anderes gilt nur, wenn eine **gemischt veranlasste Zuwendung** vorliegt, die nach **objektiven Kriterien aufteilbar** ist, weil sie sowohl abgrenzbare Elemente beinhaltet, bei denen die betriebliche Zielsetzung des Arbeitgebers ganz im Vordergrund steht, als auch solche, die mangels überwiegend eigenbetrieblicher Interessen des Arbeitgebers Arbeitslohn darstellen. In diesem Fall ist der Vorteil entsprechend letzterer Zuordnung in Arbeitslohn und eine Zuwendung im ganz überwiegend eigenbetrieblichen Interesse aufzuteilen (BFH v. 18.8.2005, VI R 32/03, BStBl II 2006, 30).

Der BFH beschreibt mit dem Begriff „Leistungen im ganz überwiegend eigenbetrieblichen Interesse" solche Vorteile, die sich bei objektiver Würdigung aller Umstände nicht als Entlohnung, sondern lediglich als **notwendige Begleiterscheinung betriebsfunktionaler Zielsetzungen** erweisen (so auch BFH v. 9.5.2019, VI R 28/17, BStBl II 2019, 785 betr. Übernahme von Steuerberatungskosten bei Nettolohnvereinbarungen).

Der BFH hat deshalb bei folgenden Leistungen des Arbeitgebers die Annahme von **Arbeitslohn verneint**:

- **Vorsorgeuntersuchungen** bei leitenden Angestellten (BFH v. 17.9.1982, VI R 75/79, BStBl II 1983, 39),
- **Mitgliedsbeiträge für einen Industrieclub** (BFH v. 20.9.1985, VI R 120/82, BStBl II 1985, 718),
- unentgeltliche Bereitstellung von **Speisen und Getränken** bei Dienstbesprechungen und Fortbildungsveranstaltungen, wenn das eigenbetriebliche Interesse des Arbeitgebers an der günstigen Gestaltung des Arbeitsablaufs den Vorteil der Arbeitnehmer bei weitem überwiegt (BFH v. 5.5.1994, VI R 55–56/92, BStBl II 1994, 771),
- Überlassung eines **Werkstattwagens** i.R. einer Wohnungsrufbereitschaft für Fahrten zwischen Wohnung und erster Tätigkeitsstätte (BFH v. 25.5.2000, VI R 195/98, BStBl II 2000, 690),
- Übernahme von **Massagekosten**, wenn die Maßnahme des Arbeitgebers einer spezifisch berufsbedingten Beeinträchtigung der Gesundheit des Arbeitnehmers vorbeugt oder ihr entgegenwirkt (BFH v. 30.5.2001, VI R 177/99, BStBl II 2001, 671),
- Erwerb des **Führerscheins der Klasse 3** i.R. einer umfassenden Gesamtausbildung zum Polizeivollzugsdienst, sofern das Ausbildungsinteresse des Dienstherrn im Vordergrund steht (BFH v. 26.6.2003, VI R 112/98, BStBl II 2003, 886),
- Gestellung **einheitlicher, während der Arbeitszeit zu tragender bürgerlicher Kleidung**, wenn das eigenbetriebliche Interesse des Arbeitgebers im Vordergrund steht (BFH v. 22.6.2006, VI R 21/05, BStBl II 2006, 915),
- Gewährung **unentgeltlicher Verpflegung an Bord eines Flusskreuzfahrtschiffes**, wenn das eigenbetriebliche Interesse des Arbeitgebers an einer Gemeinschaftsverpflegung wegen besonderer betrieblicher Abläufe den Vorteil der Arbeitnehmer bei weitem überwiegt (BFH v. 21.1.2010, VI R 51/08, BStBl II 2010, 700),
- **Übernahme von Steuerberatungskosten** für die Erstellung der Einkommensteuererklärungen des Arbeitnehmers, wenn mit dem Arbeitnehmer unter Abtretung der Steuererstattungsansprüche eine **Nettolohnvereinbarung** abgeschlossen wurde (BFH v. 9.5.2019, VI R 28/17, BStBl II 2019, 785),
- Kostenerstattung eines kirchlichen Arbeitgebers an seine Beschäftigten für die **Erteilung eines erweiterten Führungszeugnisses**, zu deren Einholung der Arbeitgeber zum Zwecke der Prävention gegen sexualisierte Gewalt kirchenrechtlich verpflichtet ist (BFH v. 8.2.2024, VI R 10/22, BStBl II 2024, 527).

LSt (durchgestrichen) SV (durchgestrichen)

Eine Zuwendung ist allerdings nicht bereits deswegen im ganz überwiegend eigenbetrieblichen Interesse, weil für sie betriebliche Gründe sprechen, beim Arbeitgeber also **Betriebsausgaben** vorliegen. Denn eine betriebliche Veranlassung liegt jeder Art von Lohnzahlungen zu Grunde. **Aus den Begleitumständen wie z.B.**

- Anlass,
- Art und Höhe des Vorteils,
- Auswahl der Begünstigten,
- freie oder nur gebundene Verfügbarkeit,
- Freiwilligkeit oder Zwang zur Annahme des Vorteils,
- besondere Geeignetheit für den jeweils verfolgten betrieblichen Zweck

muss sich ergeben, dass diese Zielsetzung ganz im Vordergrund steht und ein damit einhergehendes **eigenes Interesse des Arbeitnehmers**, den betreffenden Vorteil zu erlangen, deshalb **vernachlässigt** werden kann (BFH v. 5.5.1994, VI R 55–56/92, BStBl II 1994, 771). Zwischen dem eigenbetrieblichen Interesse des Arbeitgebers und dem Ausmaß der Bereicherung des Arbeitnehmers besteht allerdings eine **Wechselwirkung**. Das aus der Sicht des Arbeitgebers vorhandene eigenbetriebliche Interesse zählt umso geringer, je höher **aus der Sicht des Arbeitnehmers** die Bereicherung anzusetzen ist. Das bedeutet: Ist – neben dem eigenbetrieblichen Interesse des Arbeitgebers – ein nicht unerhebliches Interesse des Arbeitnehmers gegeben, so liegt die Gewährung des Vorteils nicht im ganz überwiegend eigenbetrieblichen Interesse des Arbeitgebers (BFH v. 14.11.2013, VI R 36/12, BStBl II 2014, 278 m.w.N. betr. Übernahme von Bußgeldern).

Anpassungsgeld, -hilfe

Älteren **landwirtschaftlichen Arbeitnehmern**, die ihren Arbeitsplatz auf Veranlassung des Arbeitgebers aufgeben müssen, werden in einigen Bundesländern vom Land sog. **Anpassungshilfen** gewährt. Hierbei handelt es sich um eine **Lohnzahlung durch Dritte** (→ *Lohnzahlung durch Dritte* Rz. 3040), weil die Zahlung durch das Dienstverhältnis veranlasst ist (FinMin Thüringen v. 11.10.1994, S 2340 A – 7/94 – 204.1). **169**

Zu dem nach dem Gesetz zur Förderung der Einstellung der landwirtschaftlichen Erwerbstätigkeit v. 21.2.1989, BGBl. I 1989, 233 von der **Alterskasse** gezahlten **Ausgleichsgeld** → *Ausgleichsgeld nach dem FELEG* Rz. 887.

I.R. des **Kohleausstiegsgesetzes** v. 8.8.2020, BStBl I 2021, 3 ist das **Anpassungsgeld für Arbeitnehmer der Braunkohlekraftwerke und -tagebaue sowie Steinkohlekraftwerke**, die aus Anlass einer Stilllegungsmaßnahme ihren Arbeitsplatz verloren haben, **steuerfrei** gestellt worden (§ 3 Nr. 60 EStG), unterliegt aber dem **Progressionsvorbehalt** (§ 32b Abs. 1 Satz 1 Nr. 1 Buchst. i EStG).

Die bisher in § 3 Nr. 60 EStG geregelten steuerfreien staatlichen Leistungen sind – mit Ausnahme des Anpassungsgelds für den Steinkohlenbergbau – ausgelaufen. Die weiter geltende Steuerbefreiung für das 2027 auslaufende Anpassungsgeld für den Steinkohlenbergbau ist **in § 52 Abs. 4 Satz 22 EStG geregelt** worden. Dieses Anpassungsgeld unterliegt allerdings nicht dem Progressionsvorbehalt (vgl. Entwurf zum Gesetz zur Reduzierung und zur Beendigung der Kohleverstromung und zur Änderung weiterer Gesetze (Kohleausstiegsgesetz), BT-Drucks. 19/17342).

Anrechnung/Abzug ausländischer Steuern

1. Allgemeines

Bei Personen, die Einkünfte aus Quellen außerhalb ihres Wohnsitzstaats erzielen, unterliegen diese ausländischen Einkünfte grds. sowohl im Wohnsitzstaat als auch im Quellen- bzw. Tätigkeitsstaat der Besteuerung. Dies gilt auch in Fällen mit Doppelwohnsitz, z.B. wenn ein Arbeitnehmer für seinen Arbeitgeber vorübergehend im Ausland tätig ist und während seines Auslandsaufenthalts auch dort einen Wohnsitz begründet. **170**

In diesen Fällen ist die **Anrechnung bzw. der Abzug der im Ausland gezahlten Steuer** eine Methode zur **Vermeidung der Doppelbesteuerung** (→ *Doppelbesteuerung* Rz. 1600).

Die Anrechnungsmethode ist anzuwenden, wenn

- insoweit kein DBA besteht,
- ein DBA für die Einkünfte die Anrechnungsmethode vorsieht.

Bei der Anrechnungsmethode werden die ausländischen Einkünfte mit in die Bemessungsgrundlage für die deutsche Einkommensteuer einbezogen. Dies gilt sowohl für positive als auch für negative Einkünfte, d.h. Letztere sind zum Ausgleich mit anderen Einkünften zuzulassen, soweit nicht ein Ausgleichs- und Abzugsverbot (insbesondere nach § 2a EStG) eingreift.

2. Bedeutung im Lohnsteuerabzugsverfahren/ Veranlagungsverfahren

Eine **Anrechnung** ausländischer Steuern ist nicht im Lohnsteuerabzugsverfahren, sondern **nur i.R. der Veranlagung des Arbeitnehmers** zur Einkommensteuer möglich. Der Arbeitnehmer muss ggf. zur Anrechnung ausländischer Steuern eine Veranlagung nach § 46 Abs. 2 Nr. 8 EStG beantragen. **171**

Ein **Abzug** ausländischer Steuern, die nicht auf die Einkünfte aus nichtselbständiger Arbeit entfallen, ist ebenfalls grds. nur im Veranlagungsverfahren des Arbeitnehmers möglich. Eine Berücksichtigung **im Lohnsteuerabzugsverfahren** ist allerdings **ausnahmsweise** dann möglich, wenn sich der Arbeitnehmer unter den Voraussetzungen des § 39a Abs. 1 Nr. 5 EStG auf Grund **negativer Einkünfte einen Freibetrag** eintragen lässt. Entfällt die ausländische Steuer auf Einkünfte aus nichtselbständiger Arbeit, so dürfte aus Gründen der Gleichbehandlung mit dem Einkommensteuervorauszahlungsverfahren eine Berücksichtigung im Ermäßigungsverfahren möglich sein.

3. Ermittlung, Nachweis und Umrechnung ausländischer Einkünfte und Steuern

172 **Art und Höhe** der ausländischen Einkünfte sind **nach deutschem Steuerrecht** zu ermitteln.

Der **Nachweis** über Höhe der ausländischen Einkünfte sowie über Festsetzung und Zahlung ausländischer Steuern muss durch entsprechende **Urkunden (z.B. Steuerbescheid**, Zahlungsquittung) erbracht werden (§ 68b EStDV). Wird die Steuer im Ausland vom Arbeitgeber/Unternehmer angemeldet, so genügt als Nachweis eine hinreichend klare Bescheinigung des Anmeldenden über die Höhe der abgeführten Steuer (H 34c (1–2) [Festsetzung ausländischer Steuern] EStH). Der Arbeitgeber sollte dem Arbeitnehmer daher bei Bedarf entsprechende Unterlagen zur Verfügung stellen.

Umrechnungsmaßstab ist – soweit vorhanden – der auf den Umrechnungszeitpunkt bezogene **Euro-Referenzkurs** der Europäischen Zentralbank. Lohnzahlungen sind bei Zufluss des Arbeitslohns anhand der von der Europäischen Zentralbank veröffentlichten **monatlichen Durchschnittsreferenzkurse umzurechnen**, denen die im BStBl I veröffentlichten Umsatzsteuer-Umrechnungskurse entsprechen (BFH v. 3.12.2009, VI R 4/08, BStBl II 2010, 698).

4. Anrechnungsmethode ohne DBA

173 Nach § 34c Abs. 1 Satz 1 EStG ist die Anrechnung von Steuern von folgenden **Voraussetzungen** abhängig:

- **unbeschränkte Steuerpflicht**,
- **ausländische Einkünfte** i.S.d. § 34d EStG, die der deutschen Besteuerung unterliegen,
- die Einkünfte werden im Quellenstaat zu einer der **deutschen Einkommensteuer entsprechenden** Steuer herangezogen.

Sind vorstehende Voraussetzungen erfüllt, wird die **festgesetzte und gezahlte und um einen entstandenen Ermäßigungsanspruch gekürzte ausländische Steuer** auf die deutsche Einkommensteuer angerechnet, die auf die Einkünfte **aus diesem Staat entfällt**.

Die Höchstbetragsberechnung ist für jeden Staat gesondert vorzunehmen (§ 68a EStDV).

Die auf die ausländischen Einkünfte entfallende deutsche Steuer ist wie folgt zu ermitteln:

$$\frac{\text{Ausländische Einkünfte} \times \text{deutsche ESt}}{\text{Summe der Einkünfte}}$$

Ist die im ausländischen Staat gezahlte Steuer höher als der so ermittelte Höchstbetrag, ist nur Letzterer anrechenbar. Die auf die ausländischen Einkünfte entfallende anteilige deutsche Einkommensteuer ist für die Einkünfte, die aus einem Staat stammen, jeweils insgesamt zu ermitteln. Pauschalierte Einkünfte, die Pauschsteuer und die der Freistellungsmethode unterliegenden Einkünfte sowie die im Ausland nicht besteuerten Einkünfte bleiben bei der Höchstbetragsberechnung außer Betracht.

5. Anrechnungsmethode mit DBA

174 Die Anrechnungsmethode kommt **nur** für die im jeweiligen DBA genannten Einkunftsarten zum Zuge. Sie gilt z.B. regelmäßig bei Einkünften aus Dividenden oder der Tätigkeit als Künstler oder Berufssportler. Die Anrechnung erfolgt grds. genau so, als wenn kein DBA vorhanden wäre. Allerdings kann eine gegenüber den im DBA vereinbarten Regelungen im Quellenstaat erhobene zu hohe ausländische Steuer insoweit nicht angerechnet werden. Der Stpfl. kann den Erstattungsanspruch wegen abkommenswidriger „Mehr"-Steuern nur gegenüber dem Quellenstaat geltend machen (BFH v. 15.3.1995, I R 98/94, BStBl II 1995, 580); s. auch → *Grenzgänger* Rz. 2431. Manche DBA sehen die Anrechnung fiktiver Steuern vor.

Zur Frage, mit welchem Betrag eine ausländische Einkommensteuer im Rahmen der inländischen Einkommensteuerveranlagung anrechenbar ist, wenn aus dem ausländischen Staat positive Einkünfte bezogen werden, die zum Teil in die inländische Bemessungsgrundlage eingehen (Veräußerung einer Kapitalgesellschafts-Beteiligung) und zum Teil dem inländischen Progressionsvorbehalt unterliegen, hat der BFH jüngst Stellung genommen. Dabei war insbesondere die Anwendung der Regelungen des DBA-USA in Art. 13 Abs. 1 Buchst. a und in Art. 23 Abs. 3 Buchst. a strittig.

Der BFH stellte klar, dass der Höchstbetrag für die Anrechnung einer ausländischen Steuer auf die inländische Steuer nach § 34c EStG die festgesetzte und gezahlte ausländische Steuer ist. Dabei gilt eine zeitliche und sachliche Begrenzung, so dass nur die Steuer anrechenbar ist, die auf die im Veranlagungszeitraum bezogenen und in die inländische Veranlagung als „ausländische Einkünfte" i.S. des § 34d EStG einbezogenen Einkünfte entfällt („Verhältnisrechnung"). Zu weiteren Details s. BFH v. 15.3.2023, I R 8/20, BStBl II 2024, 264, vorausgehend FG Nürnberg v. 22.1.2020, 3 K 1441/18.

6. Abzug ausländischer Steuern

Liegen die **Voraussetzungen** für die **Anrechnung** ausländischer Steuern **nicht** vor, weil diese nicht der deutschen Einkommensteuer entsprechen oder die Steuer nicht im Quellenstaat erhoben wurde oder keine ausländischen Einkünfte i.S.d. § 34d EStG vorliegen, sind diese nach § 34c Abs. 3 EStG **bei der Ermittlung der Einkünfte abzuziehen**. § 34c Abs. 3 EStG gilt nicht in DBA-Fällen. 175

Der **Abzug ausländischer Steuern** kann aber auch nach § 34c Abs. 2 EStG **auf Antrag statt der Anrechnung** gewählt werden. In DBA-Fällen ist ein Abzug bei der Ermittlung der Einkünfte auch dann zulässig, wenn das DBA ausdrücklich nur die Anrechnung erwähnt (R 34c Abs. 5 EStR). Das Wahlrecht muss für die gesamten Einkünfte aus einem Staat und für alle nach dem jeweiligen DBA anrechenbaren Steuern einheitlich ausgeübt werden. Der Abzug ausländischer Steuern kann günstiger sein in Verlustjahren oder wenn die ausländische Steuer höher ist als die auf die ausländischen Einkünfte entfallende deutsche Einkommensteuer.

Anreizprämie

→ *Belohnungen* Rz. 1331

Anrufungsauskunft

→ *Auskünfte und Zusagen des Finanzamts* Rz. 896

Ansässigkeitsstaat

→ *Doppelbesteuerungsabkommen: Allgemeines* Rz. 1601

Antrittsgebühr

→ *Arbeitslohn-ABC* Rz. 636

Anwärterbezüge, Unterhaltszuschüsse

→ *Arbeitslohn-ABC* Rz. 637

Anwesenheitsprämie

→ *Arbeitslohn-ABC* Rz. 638

Anzeigepflichten des Arbeitgebers

1. Lohnsteuer

176 Damit keine Steuerausfälle eintreten, hat der Gesetzgeber dem Arbeitgeber bestimmte Anzeigepflichten auferlegt. **So muss er dem Finanzamt unverzüglich schriftlich eine Anzeige erstatten, wenn**

- **der Barlohn eines Arbeitnehmers zur Deckung der einzubehaltenden Lohnsteuer nicht ausreicht** und der Fehlbetrag weder aus zurückbehaltenen anderen Bezügen des Arbeitnehmers noch durch einen entsprechenden Barzuschuss des Arbeitnehmers aufgebracht werden kann (§ 38 Abs. 4 Satz 2 EStG) – hierbei handelt es sich regelmäßig um Fälle, in denen der Arbeitnehmer neben dem Barlohn Sachbezüge oder Arbeitslohn von dritter Seite erhält;

Beispiel:

Arbeitgeber A hatte seinem Arbeitnehmer B eine Pensionszusage erteilt und diese durch eine Rückdeckungsversicherung abgesichert. Nach dem Ausscheiden des B wurde eine Vereinbarung getroffen, wonach B auf seine Rechte auf die Versorgungszusage verzichtete. Im Gegenzug trat A sämtliche Rechte aus der Rückdeckungsversicherung an die frühere Ehefrau des B ab, die Versicherungsgesellschaft zahlte die kapitalisierte Versicherungssumme an diese aus. Lohnsteuer wurde nicht einbehalten.

Der Arbeitgeber haftet für die nicht einbehaltene Lohnsteuer, weil er die Anzeige fehlender Barmittel (der vom Arbeitgeber geschuldete Lohn betrug nach dem Ausscheiden des B 0 € und reichte somit zur Deckung der Lohnsteuer nicht aus; auch haben weder B noch dessen frühere Ehefrau den Fehlbetrag zur Verfügung gestellt) gegenüber dem Betriebsstättenfinanzamt nach § 38 Abs. 4 Satz 2 EStG unterlassen hat (BFH v. 9.10.2002, VI R 112/99, BStBl II 2002, 884).

- **der Arbeitnehmer keine oder erkennbar unrichtige Angaben zu den von einem Dritten gewährten Bezügen macht und der Arbeitgeber weiß oder erkennen kann, dass derartige Vergütungen erbracht werden** (§ 38 Abs. 4 Satz 3 EStG), → *Lohnzahlung durch Dritte* Rz. 3040;
- der **Arbeitgeber in folgenden Fällen die Lohnsteuer nicht nachträglich einbehalten kann** (§ 41c Abs. 4 Satz 1 EStG):
  - Der Arbeitnehmer bezieht vom Arbeitgeber keinen Arbeitslohn mehr.
  - Der Arbeitgeber hat nach Ablauf des Kalenderjahres bereits die Lohnsteuer-Bescheinigung übermittelt oder ausgeschrieben.

Die Erfüllung der Anzeigepflichten ist auch deshalb von Bedeutung, weil der Arbeitgeber dann insoweit **nicht mehr zur Haftung herangezogen** werden kann (→ *Haftung für Lohnsteuer: Allgemeine Grundsätze* Rz. 2471).

Auf Grund der Änderungen durch das JStG 2024 v. 2.12.2024, BGBl. I 2024, Nr. 387, ist die Anzeige **ab dem Kalenderjahr 2026 nicht mehr schriftlich, sondern unverzüglich elektronisch** an die Finanzverwaltung zu übermitteln (Änderung von § 41c Abs. 4 Satz 1 EStG).

2. Sozialversicherung

177 Zu den Anzeigepflichten in der **Sozialversicherung** → *Meldungen für Arbeitnehmer in der Sozialversicherung* Rz. 3099.

AOK (Allgemeine Ortskrankenkassen)

→ *Krankenversicherung: gesetzliche* Rz. 2760

Apotheker

1. Beiträge zum Versorgungswerk

178 Angestellte oder selbständige Apotheker, die sowohl Pflichtmitglied im **Versorgungswerk der Apothekerkammer** als auch kraft Gesetzes Pflichtmitglied in der Berufskammer (Apothekerkammer) sind, können sich auf Antrag von der **Rentenversicherungspflicht** befreien lassen (§ 6 Abs. 1 Nr. 1 SGB VI). Eine freiwillige Zugehörigkeit zur Berufskammer reicht als Voraussetzung für die Befreiung nicht aus (BSG v. 9.3.2005, B 12 RA 11/04 R). Das **BSG** hat jedoch mit Urteil v. 22.3.2018, B 5 RE 5/16 R, entschieden, dass ein Apotheker nicht nur dann von der Versicherungspflicht befreit ist, wenn er tatsächlich als approbierter Apotheker tätig ist; ausreichend ist auch eine andere, nicht berufsfremde Tätigkeit. Aus Sicht der sog. **Industrieapotheker** verneint das BSG – anknüpfend an seine Entscheidung v. 7.12.2017, B 5 RE 10/16 R – die Approbationspflicht einer Tätigkeit und bestätigt, dass auf Grundlage des jeweiligen Landesrechts die maßgebenden kammer- und versorgungsrechtlichen Normen zu bestimmen sind, die eine Tätigkeit i.S.v. § 6 Abs. 1 Satz 1 Nr. 1 SGB VI als berufsspezifisch charakterisieren.

Die **Beiträge** des Arbeitgebers **an das Versorgungswerk** der Apothekerkammer sind **steuerpflichtiger Arbeitslohn**, sofern keine Befreiung von der Rentenversicherungspflicht erfolgt ist; die Steuerbefreiung des § 3 Nr. 62 EStG für Beiträge des Arbeitgebers zur Zukunftssicherung (→ *Zukunftssicherung: Gesetzliche Altersversorgung* Rz. 4776) des Arbeitnehmers ist insoweit nicht anzuwenden (R 3.62 Abs. 1 Satz 4 LStR).

Die **Leistungen des Versorgungswerks** gehören zu den **sonstigen Einkünften** i.S.d. § 22 Nr. 1 Satz 3 Buchst. a EStG, die nur mit dem Besteuerungsanteil zu versteuern sind.

2. Zuschüsse der Gehaltsausgleichskasse

Die Zuschüsse (Frauenzulage, Kinderzulage, Diebstahlszulage) 179
der **Gehaltsausgleichskasse** der Apothekerkammern (GAK) an pharmazeutische Angestellte sind mit ihrem monatlichen Anteil steuer- und beitragspflichtiger **Arbeitslohn**, selbst wenn sie unmittelbar von der GAK an die Angestellten ausgezahlt werden. Um auch insoweit den Lohnsteuerabzug vornehmen zu können, muss die GAK dem Arbeitgeber eine entsprechende Mitteilung geben.

LSt SV

3. Vertreter eines niedergelassenen Apothekers

Ein Apothekervertreter, der als Urlaubsvertreter einen anderen 180
selbständigen Apotheker in dessen Apotheke gegen Entgelt vertritt, ist insoweit dessen **Arbeitnehmer**. Der Apothekervertreter muss als Urlaubsvertreter regelmäßig während der Öffnungszeiten im Betrieb des vertretenen Apothekers arbeiten und ist dort organisatorisch eingegliedert. An der Einordnung des Vertreters als Arbeitnehmer ändert sich nichts, wenn der Vertreter ansonsten selbständig eine eigene Apotheke betreibt (BFH v. 20.2.1979, VIII R 52/77, BStBl II 1979, 414 sowie H 19.0 „Arbeitnehmereigenschaft“ LStH). Die Eingliederung in einen Betrieb kann bei einem Apothekervertreter auch bei einer kurzfristigen Beschäftigung gegeben sein (H 19.0 „Weisungsgebundenheit“ LStH und zuletzt FG München v. 23.7.2002, 2 K 3177/01, EFG 2002, 1513 m.w.N.).

Nach neuerer Auffassung des FG Rheinland-Pfalz (Urteil v. 30.11.2022, 2 K 1090/20, EFG 2025, 104) kommt es jedoch auf die Umstände des Einzelfalles und das Gesamtbild der Verhältnisse an, sodass Apotheker, die zu Vertretungszwecken selbständig tätig sind, auch wenn sie keine eigene Apotheke betreiben, Einkünfte aus Gewerbebetrieb erzielen können (zur Abgrenzung siehe Ausführungen im o.g. Urteil).

Das **LSG Nordrhein-Westfalen** (Urteil v. 20.6.2020, L 8 BA 6/18) hat demgegenüber eine Apothekerin als kurzzeitige Vertreterin einer Apothekeninhaberin als selbständig angesehen. Sie sei nicht abhängig beschäftigt, sondern **selbständig** tätig gewesen. Insbesondere eine Tätigkeit nach Weisungen und eine Eingliederung in die Arbeitsorganisation der Weisungsgeberin habe sich nicht feststellen lassen.

LSt SV

Arbeitgeber

1. Arbeitsrecht

Arbeitgeber i.S.d. Arbeitsrechts ist derjenige, der einen Arbeit- 181
nehmer beschäftigt. Insoweit kann Arbeitgeber sowohl eine **juristische Person** des Privatrechts (z.B. eine GmbH, KG oder AG) oder des öffentlichen Rechts oder eine **natürliche Person** sein oder auch eine Mehrzahl von natürlichen oder juristischen Personen **(Arbeitgebergruppe)**. Der Arbeitnehmer erhält indes keinen zweiten Arbeitgeber durch die Bildung eines gemeinsamen Betriebs. Ein solcher liegt vor, wenn mindestens zwei Unternehmen die in einer gemeinsamen Betriebsstätte vorhandenen materiellen und immateriellen Betriebsmittel für einen oder mehrere einheitliche arbeitstechnische Zwecke zusammenfassen, ordnen, gezielt

einsetzen und der Einsatz der menschliche Arbeitskraft von einem einheitlichen Leitungsapparat gesteuert wird; dazu müssen sich die beteiligten Unternehmen zumindest stillschweigend zu einer gemeinsamen Führung rechtlich verbunden haben. Diese einheitliche Leitung muss sich auf die wesentlichen Funktionen des Arbeitgebers in personellen und sozialen Angelegenheiten erstrecken. Ungeachtet dessen wächst dem Arbeitnehmer kein weiterer Schuldner zu, der gemeinsame Betrieb entfaltet allein Wirkungen in betriebsverfassungs- und kündigungsrechtlicher Hinsicht (Stichwort: unternehmensübergreifende Sozialauswahl).

Der Arbeitgeber als Vertragspartner des Arbeitsvertrages mit dem Arbeitnehmer ist Gläubiger (und Schuldner) der Beschäftigung und **Schuldner der Arbeitsvergütung**, soweit nicht eine dritte Person als Zahlarbeitgeber vereinbart ist. Für die Feststellung des rechtlich maßgeblichen Arbeitgebers eines Beschäftigungsverhältnisses können schriftliche Unterlagen wie insbesondere Abrechnungen nur dann maßgebliche Relevanz erlangen, wenn diese auf ernstlich gewollten geschäftlichen Vereinbarungen beruhen und nicht zu Täuschungszwecken wie namentlich im Sinne eines sog. „Etikettenschwindels" erstellt worden sind (LSG Niedersachsen-Bremen v. 6.11.2024, L 2 BA 37/22, FD-ArbR 2025, 942294). Bei der Prüfung, ob eine abhängige Beschäftigung vorliegt, ist eine Typisierung nicht zulässig. Die Zuordnung einer Tätigkeit zur abhängigen Beschäftigung oder zur selbständigen Tätigkeit erfordert vielmehr, dass alle nach Lage des Einzelfalls als Indizien in Betracht kommenden Umstände festgestellt, in ihrer Tragweite zutreffend erkannt und gewichtet in die Gesamtschau mit diesem Gewicht eingestellt und nachvollziehbar gegeneinander abgewogen werden. Erst wenn der wahre Inhalt der Vereinbarungen festgestellt ist, kann eine wertende Zuordnung des Rechtsverhältnisses zum Typus der Beschäftigung oder selbständigen Tätigkeit vorgenommen werden. Erst dann ist zu prüfen, ob besondere Umstände vorliegen, die eine hiervon abweichende Beurteilung notwendig machen (Schindele, ArbRAktuell 2025, 146).

Bei einem **Wechsel des Arbeitgebers** durch Betriebsübergang oder Teilbetriebsübergang nach § 613a BGB erhält der Arbeitnehmer im Übrigen automatisch und unabhängig von seinem Willen einen neuen Arbeitgeber. Er kann dem Übergang jedoch widersprechen.

Delegiert ein Arbeitgeber im vorgenannten Sinne seine **Weisungsbefugnisse** zur Ausübung auf andere Personen, z.B. auf Betriebs- oder Abteilungsleiter, so werden diese dadurch nicht zum Arbeitgeber (s. aber → *Arbeitnehmerüberlassung* Rz. 568).

2. Lohnsteuer

a) Begriff

182 Bei Einkünften aus nichtselbständiger Arbeit ist **Lohnsteuer** gem. § 38 Abs. 1 Satz 1 Nr. 1 i.V.m. Abs. 3 EStG **einzubehalten und abzuführen**, soweit der Arbeitslohn von einem Arbeitgeber gezahlt wird, der im Inland seine Geschäftsleitung, seinen Sitz, eine Betriebsstätte oder einen ständigen Vertreter i.S.d. §§ 1 bis 3 AO (**inländischer Arbeitgeber**) hat. Der Begriff des lohnsteuerlichen Arbeitgebers i.S.d. § 38 Abs. 1 Satz 1 EStG ist im Einkommensteuerrecht nicht definiert. Er kann auch nicht durch Rückgriff auf den arbeits- oder sozialrechtlichen Arbeitgeberbegriff als definiert angesehen werden, da Steuerrecht einerseits und **Arbeits- bzw. Sozialrecht** andererseits unterschiedlichen Zwecken folgen; auch der für DBA maßgebliche **abkommensrechtliche Arbeitgeberbegriff** kann vom lohnsteuerlichen Arbeitgeberbegriff abweichen.

Aus der Definition des Arbeitnehmers in § 1 Abs. 1 und 2 LStDV lässt sich jedoch im Umkehrschluss ableiten, dass **Arbeitgeber derjenige ist, dem der Arbeitnehmer die Arbeitsleistung schuldet, unter dessen Leitung er tätig wird oder dessen Weisung er zu folgen hat. Dies ist regelmäßig der Vertragspartner des Arbeitnehmers aus dem Arbeits- bzw. Dienstvertrag i.S.d. §§ 611 ff. BGB.**

Allerdings gibt es Fälle, in denen der Arbeitnehmer weder unter der Leitung seines Vertragspartners aus dem Dienstvertrag tätig wird noch dessen Weisungen zu folgen hat. So kann es sich bei **Arbeitnehmerüberlassung** oder bei sonstigen Formen des drittbezogenen Arbeitseinsatzes verhalten. In solchen Fällen wird als Arbeitgeber im lohnsteuerlichen Sinne derjenige angesehen, der dem Arbeitnehmer den Lohn im eigenen Namen und für eigene Rechnung auszahlt (BFH v. 19.2.2004, VI R 122/00, BStBl II 2004, 620 m.w.N.).

Unerheblich ist, ob derjenige, dem die Arbeitskraft geschuldet wird, den **Arbeitslohn zahlt** oder aber ein **Dritter** (→ *Lohnzahlung durch Dritte* Rz. 3040).

Bei **verbundenen Gesellschaften** ist nicht jede Gesellschaft Arbeitgeber des für verschiedene Gesellschaften handelnden Geschäftsführers, sondern nur diejenige, von der er angestellt ist und entlohnt wird und die ihn so mit der Tätigkeit für die andere Gesellschaft betraut hat. Das gilt auch im Verhältnis zwischen einer GmbH & Co. KG und ihrer Komplementär-GmbH (FG Hamburg v. 29.11.2004, III 352/02 (2), EFG 2005, 1268). Auch im **Konzern** ist eine GmbH grds. nicht Arbeitgeberin ihrer von einer Obergesellschaft entlohnten Geschäftsführer, wenn diese vorübergehend entsandt sind und nur i.R. ihres mit der Obergesellschaft abgeschlossenen Anstellungsvertrags tätig werden (BFH v. 19.2.2004, VI R 122/00, BStBl II 2004, 620). Sie kann in Fällen der **Arbeitnehmerentsendung** aber als **„wirtschaftlicher Arbeitgeber"** zum Lohnsteuerabzug verpflichtet sein (→ Rz. 184).

Dient die Überlassung eines Arbeitnehmers überwiegend dem aufnehmenden Unternehmen, in dessen Auftrag und auf dessen Risiko der Arbeitnehmer handelt, und trägt dieses auch wirtschaftlich die Vergütung des Arbeitnehmers, ist das aufnehmende Unternehmen auch dann als wirtschaftlicher Arbeitgeber i.S.v. § 38 Abs. 1 Satz 2 EStG anzusehen, wenn der Arbeitnehmer z.B. als Geschäftsführer in die Hierarchie des aufnehmenden Unternehmens eingebunden ist, an deren Spitze er steht. In den Fällen des § 38 Abs. 1 Satz 2 EStG ersetzt das wirtschaftliche Tragen des Arbeitslohns die für den zivilrechtlichen Arbeitgeberbegriff erforderliche arbeits- bzw. dienstvertragliche Bindung zwischen Arbeitgeber und Arbeitnehmer, auf der die Zahlung des lohnsteuerpflichtigen Arbeitslohns (zivilrechtlich) im Regelfall beruht. Nach allgemeinen Grundsätzen muss die entsandte Person als Arbeitnehmer des wirtschaftlichen Arbeitgebers anzusehen sein.

Soweit vollzeitbeschäftigte Arbeitnehmer eines Landkreises neben einer Arbeitnehmerüberlassung zusätzlich Arbeitslohn aus einem geringfügigen Beschäftigungsverhältnis mit einer GmbH beziehen, an der der Landkreis zu 40 % beteiligt ist, ist der Landkreis nicht Arbeitgeber im lohnsteuerrechtlichen Sinne (FG Baden-Württemberg v. 8.3.2010, 6 K 68/07, EFG 2010, 1037).

In § 1 Abs. 2 LStDV werden lediglich **öffentliche Körperschaften, Unternehmer und Haushaltsvorstände** als Arbeitgeber bezeichnet. Arbeitgeber können aber auch sein

- **natürliche oder juristische Personen** (z.B. Einzelpersonen oder -unternehmen, Kapitalgesellschaften, Körperschaften des öffentlichen Rechts),
- **Personenvereinigungen** (z.B. Personengesellschaften, Vereine, Wohnungseigentümergemeinschaften) oder Vermögensmassen, vgl. dazu FG Berlin v. 28.2.2001, 6 K 2396/98, EFG 2001, 1500 m.w.N. betr. eine Gesellschaft bürgerlichen Rechts,
- ein **Sportverein** hinsichtlich der von ihm eingesetzten Amateursportler (BFH v. 23.10.1992, VI R 59/91, BStBl II 1993, 303 und BFH v. 13.3.2003, VII R 46/02, BStBl II 2003, 960),
- der **Verleiher**, der einem Dritten (Entleiher) sog. Leiharbeitnehmer überlässt,
- kraft gesetzlicher Fiktion für **Zukunftssicherungsleistungen** i.S.d. § 3 Nr. 65 EStG eine **Pensionskasse oder Lebensversicherung**,
- wer Arbeitslohn aus einem **früheren oder für ein künftiges Dienstverhältnis** zahlt; s. R 19.1 LStR sowie H 19.1 (Arbeitgeber) LStH.

b) Zum Lohnsteuerabzug verpflichtete Arbeitgeber

Zur Vornahme des Lohnsteuerabzugs verpflichtet sind lediglich **inländische Arbeitgeber**, d.h. der Arbeitgeber muss im Inland 183

- einen Wohnsitz,
- seinen gewöhnlichen Aufenthalt,
- seine Geschäftsleitung,
- seinen Sitz,
- eine Betriebsstätte oder
- einen ständigen Vertreter

i.S.d. §§ 8 bis 13 AO haben (§ 38 Abs. 1 Nr. 1 EStG).

Beispiel:

Eine englische Firma führte für deutsche Unternehmen fest umrissene Projekte aus. Sie stellte hierfür den deutschen Unternehmen eigene, fest angestellte Arbeitskräfte zur Verfügung. Diese Arbeitskräfte wurden in Deutschland von einem deutschen Angestellten betreut, der ein Büro gemietet hatte. Der Angestellte zahlte die in Großbritannien errechneten und nach Deutschland überwiesenen Löhne an die englischen Arbeitnehmer aus. Lohnsteuer wurde nicht einbehalten.

Nach BFH v. 5.10.1977, I R 90/75, BStBl II 1978, 205 war die englische Firma zum Lohnsteuerabzug verpflichtet, weil sie durch ihr Büro im Inland eine **Betriebsstätte** unterhielt.

Die Frage, wer „inländischer Arbeitgeber" ist, hat auch für die **Lohnsteuerhaftung** Bedeutung.

Eine ausländische Betriebsstätte einer im Inland ansässigen Kapitalgesellschaft ist kein Arbeitgeber i.S. des Art. 15 Abs. 2 Buchst. b OECD-MustAbk, da eine Betriebsstätte nicht ansässig sein kann. Somit ist von der inländischen Kapitalgesellschaft als Arbeitgeberin der Lohnsteuerabzug nach § 38 Abs. 1 Satz 1 Nr. 1 EStG vom auf Inlandsdienstreisen entfallenden Arbeitslohn der Arbeitnehmer ihrer ausländischen Betriebsstätten vorzunehmen (BFH v. 12.12.2024, VI R 25/22, BStBl II 2025, 507).

Hinweis: Art. 15 des OECD regelt das Besteuerungsrecht von Einkünften aus unselbstständiger Arbeit bei Arbeitnehmern, die in ausländischen Zweigniederlassungen und Betriebsstätten tätig sind.

c) Lohnsteuerabzug durch inländische Unternehmen bei Arbeitnehmerentsendung

184 Nach § 38 Abs. 1 Satz 2 EStG ist **inländischer Arbeitgeber** i.S.d. Satzes 1 in den Fällen der Arbeitnehmerentsendung auch das **in Deutschland ansässige aufnehmende Unternehmen**, das den Arbeitslohn für die ihm geleistete Arbeit wirtschaftlich trägt oder nach den Fremdvergleichsgrundsätze hätte tragen müssen (sog. **wirtschaftlicher Arbeitgeber**). Hiervon ist insbesondere dann auszugehen, wenn die von dem anderen Unternehmen gezahlte Arbeitsvergütung dem deutschen Unternehmen weiterbelastet wird.

Verzicht auf finanziellen Ausgleichsanspruch durch das ausl. verbundene Unternehmen:

Bislang lag nach § 38 Abs. 1 Satz 2 EStG kein wirtschaftlicher Arbeitgeber im Inland in dem Fall vor, wenn das ausl. verbundene Unternehmen (oft auch die Muttergesellschaft) auf einen finanziellen Ausgleichsanspruch wegen des Arbeitslohns aus der Arbeitnehmerentsendung gegenüber dem inländischen Unternehmen verzichtet hatte, obwohl unter Fremden üblicherweise ein Ausgleich beansprucht worden wäre. Im Ergebnis konnten daher internationale Konzerne eine Lohnsteuerabzugsverpflichtung für die nach Deutschland entsandte Arbeitnehmer umgehen. Mit dem Gesetz zur weiteren Förderung der Elektromobilität und zur Änderung weiterer steuerlicher Vorschriften (Gesetz v. 12.12.2019, BGBl. I 2019, 2451) wurde die Vorschrift des § 38 Abs. 1 Satz 2 EStG angepasst und der Zusatz aufgenommen, dass das inl. aufnehmende Unternehmen auch dann wirtschaftlicher Arbeitgeber ist, wenn es den Arbeitslohn nach Fremdvergleichsgrundsätzen hätte tragen müssen.

Die Erfüllung der Arbeitgeberpflichten setzt nicht voraus, dass das inländische Unternehmen den Arbeitslohn im eigenen Namen und für eigene Rechnung auszahlt. Die Lohnsteuer entsteht bereits im Zeitpunkt der Arbeitslohnzahlung an den Arbeitnehmer, wenn das inländische Unternehmen auf Grund der Vereinbarung mit dem ausländischen Unternehmen mit einer Weiterbelastung rechnen kann; in diesem Zeitpunkt ist die Lohnsteuer vom inländischen Unternehmen zu erheben (R 38.3 Abs. 5 LStR).

d) Arbeitnehmer-Überlassung

185 Besonderheiten gelten für die Fälle der sog. Arbeitnehmerüberlassung (→ *Arbeitnehmerüberlassung* Rz. 579).

3. Sozialversicherung

186 Auch das Sozialversicherungsrecht definiert den Begriff des Arbeitgebers nicht näher, wohl aber hat die **Rechtsprechung** hierzu Stellung genommen. Danach ist als **Arbeitgeber derjenige anzusehen, der über Art, Ort, Zeit und Weise der Arbeitserledigung bestimmt und hierfür ein Entgelt zahlt (Ausnahme: Auszubildende ohne Entgelt)**. Zwischen Arbeitgeber und Arbeitnehmer besteht also ein Abhängigkeitsverhältnis persönlicher und wirtschaftlicher Art. Er verfügt die Einstellung und ggf. Entlassung, kann die Arbeitsleistung fordern und Arbeitsanweisungen geben, zu seinen Lasten wird das Entgelt gezahlt, er trägt auch das wirtschaftliche Risiko der Arbeitsleistung.

Arbeitgeber können sowohl natürliche Personen als auch juristische Personen des privaten oder öffentlichen Rechts sein.

Arbeitet der **Gesellschafter** in dem Unternehmen mit, wird er weiterhin als Arbeitgeber anzusehen sein, wenn er entweder durch seine Kapitalbeteiligung/sein Stimmrecht oder seine Sachkenntnis die Geschicke der Gesellschaft **maßgeblich** beeinflussen kann. Einzelheiten → *Gesellschafter/Gesellschafter-Geschäftsführer* Rz. 2322.

Auch der **Unternehmer**, der im eigenen Namen, aber für Rechnung eines Dritten (Unternehmers) den Betrieb führt, ist als Arbeitgeber anzusehen, es sei denn, der auftraggebende Unternehmer nimmt unmittelbaren Einfluss auf die Beschäftigungsverhältnisse der Arbeitnehmer.

Bei **erlaubter Arbeitnehmerüberlassung bleibt der Verleiher Arbeitgeber der Leiharbeitnehmer**. Daran ändert auch eine mögliche Haftung für die Erfüllung der Zahlungspflichten des Verleihers durch den Entleiher nichts (§ 28e Abs. 2 SGB IV).

Bei **unerlaubter** Arbeitnehmerüberlassung wird ein Arbeitsverhältnis zwischen Leiharbeitnehmer und Entleiher fingiert. Der Entleiher wird also ohne Arbeitsvertragsabschluss o.Ä. mit dem Arbeitnehmer als dessen Arbeitgeber angesehen mit der Folge der Verpflichtung zur Übernahme sämtlicher Arbeitgeberpflichten.

Führt der **Insolvenzverwalter** den Betrieb nach einem Insolvenzverfahren fort, ist er Arbeitgeber der weiterhin beschäftigten Arbeitnehmer.

Arbeitgeberbeiträge zur Sozialversicherung

1. Steuerfreie Arbeitgeberleistungen

Die Beitragsanteile des Arbeitgebers am **Gesamtsozialversicherungsbeitrag** (Rentenversicherung, Krankenversicherung, Pflegeversicherung, Arbeitslosenversicherung) **gehören nicht zum Arbeitslohn bzw. sind nach § 3 Nr. 62 EStG steuerfrei**, soweit der Arbeitgeber zur Beitragsleistung **gesetzlich verpflichtet** ist, auch wenn er den **Beitrag allein aufbringen** muss, z.B. bei Auszubildenden mit geringem Arbeitsentgelt, Kurzarbeit, sowie bei bestimmten Sachbezügen, Pauschalbeiträge für geringfügig Beschäftigte (zur Abgrenzung zuletzt BFH v. 13.2.2020, VI R 20/17, BStBl II 2021, 311 betr. Beiträge des österreichischen Arbeitgebers an eine österreichische betriebliche Vorsorgekasse als Arbeitslohn, überobligatorische Arbeitgeberbeiträge an eine schweizerische öffentlich-rechtliche Pensionskasse sind nach BFH v. 12.10.2023, VI R 46/20, BStBl II 2024, 297, keine gemäß § 3 Nr. 62 Satz 1 EStG steuerfreien Zukunftssicherungsleistungen). Beitragsteile, die auf Grund einer nach **ausländischen Gesetzen** bestehenden Verpflichtung an ausländische Sozialversicherungsträger, die den inländischen Sozialversicherungsträgern vergleichbar sind, geleistet werden, sind ebenfalls steuerfrei (R 3.62 Abs. 1 Satz 2 LStR und zuletzt FG Niedersachsen v. 30.11.2016, 9 K 143/15, EFG 2017, 470 m.w.N.). 187

Die Nachentrichtung von Arbeitnehmeranteilen zur Sozialversicherung über **pauschalierte Summenbescheide** gem. § 28f Abs. 2 SGB IV führt ebenfalls **nicht zu Arbeitslohn**. Wegen der (pauschalen) Erhebung der Sozialversicherungsbeiträge anhand der gezahlten Arbeitsentgelte (Lohnsummen) ist keine individuelle Zuordnung der beitragspflichtigen Arbeitsentgelte auf die einzelnen Arbeitnehmer möglich. Es fehlt an einem eigenen Leistungsanspruch des Arbeitnehmers und an einer objektiven wirtschaftlichen Bereicherung beim Arbeitnehmer (BFH v. 15.6.2023, VI R 27/20, s.u. → Rz. 189).

Führt ein Arbeitgeber Sozialversicherungsbeiträge, die aus Sicht des Arbeitnehmers zu Unrecht einbehalten wurden, an die Einzugsstelle ab, kann der Arbeitnehmer im Regelfall eine Erstattung nur von dieser, nicht aber vom Arbeitgeber beanspruchen (BFH v. 20.4.2016, II R 50/14, BStBl II 2016, 691).

LSt SV (durchgestrichen)

2. Steuerpflichtige Arbeitgeberleistungen

188 Steuerpflichtig sind hingegen

- Beitragsanteile des Arbeitgebers, die er auf Grund einer **tarifvertraglichen Verpflichtung** übernimmt (R 3.62 Abs. 1 Satz 4 LStR),
- Zuschüsse zur **Altersversorgung** (Lebensversicherung) eines **nicht versicherungspflichtigen Vorstandsmitglieds einer AG** (BFH v. 9.10.1992, VI R 47/91, BStBl II 1993, 169),
- **Zuschüsse**, die über die steuerfreien **„Pflichtbeiträge"** des § 3 Nr. 62 EStG **hinausgehen** (FG Hessen v. 24.3.1992, 4 K 1112/88, EFG 1993, 56).

LSt SV

Einzelheiten → *Zukunftssicherung: Gesetzliche Altersversorgung* Rz. 4776.

Die **Weiterleitung erstatteter Arbeitgeberanteile zur Rentenversicherung** durch den Gesellschafter-Geschäftsführer einer GmbH an dessen in der GmbH beschäftigte Ehefrau, für deren Altersversorgung die Arbeitgeberanteile irrtümlich gezahlt wurden, ist keine Zuwendung des Arbeitgebers, die dem Gesellschafter-Geschäftsführer als verdeckte Gewinnausschüttung i.S.d. § 20 Abs. 1 Nr. 1 Satz 2 EStG zuzurechnen ist, wenn das Arbeitsverhältnis fremdüblich vereinbart und tatsächlich durchgeführt wurde; es handelt sich um **Arbeitslohn der Ehefrau** (BFH v. 21.10.2014, VIII R 21/12, BStBl II 2015, 638).

3. Weitere Einzelfragen

189 Zur **Weiterzahlung von Rentenversicherungsbeiträgen nach einem Unfall** hat das FG Niedersachsen Folgendes entschieden (FG Niedersachsen v. 30.11.2016, 9 K 143/15, EFG 2017, 470):

- **Arbeitgeberanteile** zur gesetzlichen Sozialversicherung eines Arbeitnehmers gehören nicht zum Arbeitslohn. § 3 Nr. 62 Satz 1 EStG hat insofern nur deklaratorische Bedeutung. Rechnet der Arbeitgeberanteil der Beiträge zur Rentenversicherung schon gar nicht zu den steuerbaren Einkünften eines (aktiven) Arbeitnehmers, können solche von der Versicherung des Unfallgegners übernommenen Beiträge auch **nicht i.R. des § 24 Nr. 1 Buchst. a EStG zu steuerpflichtigen Einkünften führen.**
- Die direkt von der Versicherung des Unfallgegners an die Deutsche Rentenversicherung gezahlten **Arbeitnehmerbeiträge** zur gesetzlichen Rentenversicherung sind dagegen als **Einkünfte aus nichtselbständiger Arbeit** zu erfassen (§ 24 Nr. 1 Buchst. a i.V.m. § 19 Abs. 1 EStG). Der ursprüngliche Veranlassungszusammenhang ist durch das Unfallereignis und den Wegfall des Arbeitsverhältnisses nicht gelöst mit der Folge, dass das (ursprüngliche) Arbeitsverhältnis weiterhin der Grund für die Übernahme der Zahlung des Arbeitnehmeranteils zur gesetzlichen Rentenversicherung durch die Versicherung des Unfallgegners ist.
- Der **gesetzliche Forderungsübergang** (§ 119 Abs. 1 SGB X) hat keinen Einfluss auf die steuerrechtliche Beurteilung, denn dadurch werden nur die Zahlungswege verkürzt und gesichert.
- Es kann dahinstehen, ob die Einkommensteuerbelastung auf die Arbeitnehmeranteile zur gesetzlichen Rentenversicherung zivilrechtlich im Rahmen der **Schadensberechnung** auf Basis der sog. modifizierten Nettolohntheorie (bei der Berechnung des fiktiven Nettoeinkommens) nicht berücksichtigt wird und insoweit dadurch ein zusätzlicher – ggf. nicht (mehr) ausgleichsfähiger Schaden – entsteht. Dies wäre allein ein **Problem des zivilrechtlichen Schadensrechts** und hätte keine Auswirkung auf die steuerrechtliche Beurteilung.

Die Nachentrichtung von Arbeitnehmeranteilen zur Sozialversicherung über pauschalierte Summenbescheide gemäß § 28f Abs. 2 SGB IV führt nicht zu Arbeitslohn. Im Falle der Pauschalbesteuerung nach § 37b Abs. 2 EStG hatte der Arbeitgeber die Regelung des § 1 Abs. 1 Nr. 14 SvEV wissentlich im Streitfall nicht angewendet und daher die Unmöglichkeit der späteren Rückbelastung beim Arbeitgeber bewusst in Kauf genommen. Begründet wird diese Entscheidung durch das FG Köln v. 24.1.2020, 1 K 1041/17. Es sei keine individuelle Zuordnung der beitragspflichtigen Arbeitsentgelte auf die Arbeitnehmer wegen der pauschalen Erhebung der Sozialversicherungsbeiträge anhand der gezahlten Lohnsummen möglich. Die Zahlung auf Summenbescheide führe beim Arbeitnehmer zu keinem wirtschaftlichen Vorteil, da sich nach den Arbeitsentgelten teilweise die Höhe der späteren Leistungen an ihn richte. Beim Arbeitnehmer liege damit keine objektive wirtschaftliche Bereicherung vor. Die eingelegte Revision war erfolglos. Der BFH bestätigte, dass es sich bei den pauschalen Sozialversicherungsbeiträgen nicht um „fremdnützige" Leistungen zu Gunsten der Arbeitnehmer, sondern um „systemnützige" Zahlungen zum Vorteil der Sozialkassen handele. Die (Nach-)Entrichtung von Beiträgen zur Gesamtsozialversicherung auf Grund eines Summenbescheids nach § 28f Abs. 2 SGB IV durch den Arbeitgeber führe nicht zu Arbeitslohn; BFH v. 15.6.2023, VI R 27/20.

Arbeitgeberhaftung

→ *Haftung für Lohnsteuer: Allgemeine Grundsätze* Rz. 2471

Arbeitgeberleistungen: unentgeltliche

Erbringt der Arbeitgeber für einen Arbeitnehmer **unentgeltliche** 190
oder verbilligte Arbeitsleistungen, z.B. eine kostenlose Zahnbehandlung, liegt darin ein als Arbeitslohn anzusehender **Sachbezug**, der ggf. i.R. des § 8 Abs. 3 EStG, → *Rabatte* Rz. 3523, steuerfrei bleibt (s. z.B. → *Beratung* Rz. 1336). Entsprechendes gilt, wenn der Arbeitgeber einem Arbeitnehmer **unentgeltlich** oder verbilligt **Arbeitskräfte** für private Zwecke, z.B. zum Hausbau, überlässt. Der geldwerte Vorteil stellt steuer- und beitragspflichtigen Arbeitslohn dar.

Der Arbeitnehmer kann jedoch ggf. – auch wenn er eigentlich keine Aufwendungen gehabt hat – bis zur Höhe des steuerlich erfassten Arbeitslohns **Werbungskosten** (R 9.1 Abs. 4 Satz 2 LStR) oder **Herstellungskosten** geltend machen und auch insoweit z.B. für Baumaßnahmen an einem Gebäude die ggf. in Betracht kommenden Steuervergünstigungen (z.B. nach § 7i EStG betr. Baudenkmale) beantragen.

LSt SV

Arbeitnehmer

Inhalt

1. Allgemeines

In der Praxis werden immer häufiger „normale" Arbeitnehmer als 191
„freie Mitarbeiter" (→ *Freie Mitarbeiter* Rz. 2247) oder „Subunternehmer" beschäftigt, die **angeblich selbständig** tätig sind und somit nicht mehr dem Lohnsteuerabzug unterliegen (→ *Selbständigkeit* Rz. 3898). Die **Vorteile für den Unternehmer** können – Anerkennung vorausgesetzt – vielfältig sein: Keine Verpflichtung zum Lohnsteuerabzug und der Einbehaltung von Sozialversicherungsbeiträgen, keine Beachtung arbeitsrechtlicher Bestimmungen, besonders beim Kündigungsschutz, keine Bindung an tariflich festgelegte Arbeitslöhne usw.

Nachteile für den Arbeitnehmer: Kein Erwerb von Rentenansprüchen, ggf. zusätzliche Belastung durch Gewerbe- oder Umsatzsteuer.

Ob **Arbeitnehmereigenschaft** gegeben ist, richtet sich nach dem **Gesamtbild der Verhältnisse**, d.h., dass die **für** oder **gegen** ein Dienstverhältnis sprechenden Merkmale ihrer Bedeutung entsprechend **gegeneinander abzuwägen** sind, vgl. H 19.0 (Allgemeines) LStH. Es kommt immer auf die Gesamtumstände des einzelnen Falles an, so dass „auf den ersten Blick" unterschiedliche Entscheidungen nicht ausgeschlossen werden können.

Beispiel:

Das **FG Niedersachsen** hat eine Gutachterin, die als freie Pflegekraft für den Medizinischen Dienst der Krankenversicherung Niedersachsen (MDKN) die Durchführung von Begutachtungen nach dem Pflegeversicherungsgesetz selbständig ausübt, als **Unternehmerin** im umsatzsteuerlichen Sinne angesehen (Urteil v. 25.6.2015, 16 K 222/13, EFG 2016, 322).

Demgegenüber hat das **SG Münster** entschieden, dass die Tätigkeit als Gutachterin für den Medizinischen Dienst der Krankenkassen (MDK) zur Durchführung von sozialmedizinischen Beratungsaufgaben auf der Basis jährlich abgeschlossener Honorarverträge der **Versicherungspflicht in der Sozialversicherung** unterliegt (Urteil v. 12.11.2019, S 23 BA 134/18).

Es gibt zur Abgrenzung eine umfangreiche Rechtsprechung, auf die wir in den Einzelstichworten und insbesondere im **„Arbeitnehmer-ABC"** hingewiesen haben (→ *Arbeitnehmer-ABC* Rz. 207).

2. Arbeitsrecht

a) Vorbemerkung

192 Gesetzgeberisch wurde mit der Neuregelung des Arbeitnehmerüberlassungsgesetzes zum 1.4.2017 erstmals eine gesetzliche Definition des Arbeitnehmerbegriffs in § 611a BGB getroffen, die allerdings erklärtermaßen keine materielle Änderung bewirken sollte. Die nachfolgenden Ausführungen beanspruchen also weiter Gültigkeit. S.a. → *Arbeitnehmerüberlassung* Rz. 568.

Die **Regelung in § 611a BGB** lautet wie folgt:

„(1) Durch den Arbeitsvertrag wird der Arbeitnehmer im Dienste eines anderen zur Leistung weisungsgebundener, fremdbestimmter Arbeit in persönlicher Abhängigkeit verpflichtet. Das Weisungsrecht kann Inhalt, Durchführung, Zeit und Ort der Tätigkeit betreffen. Weisungsgebunden ist, wer nicht im Wesentlichen frei seine Tätigkeit gestalten und seine Arbeitszeit bestimmen kann. Der Grad der persönlichen Abhängigkeit hängt dabei auch von der Eigenart der jeweiligen Tätigkeit ab. Für die Feststellung, ob ein Arbeitsvertrag vorliegt, ist eine Gesamtbetrachtung aller Umstände vorzunehmen. Zeigt die tatsächliche Durchführung des Vertragsverhältnisses, dass es sich um ein Arbeitsverhältnis handelt, kommt es auf die Bezeichnung im Vertrag nicht an.

(2) Der Arbeitgeber ist zur Zahlung der vereinbarten Vergütung verpflichtet."

b) Allgemeines

193 Für den Arbeitnehmerbegriff fehlt es bislang an einer gesetzlichen, wohl aber existiert eine allgemein anerkannte Definition. Danach ist **Arbeitnehmer** im arbeitsrechtlichen Sinn, **wer auf Grund privatrechtlichen Vertrags oder ihm gleichgestellten Rechtsverhältnisses im Dienst eines anderen zur Arbeit verpflichtet ist**. Das wesentliche und in der Praxis für die Abgrenzung der Arbeitnehmereigenschaft bedeutsamste, aber auch am schwierigsten zu meisternde Merkmal ist dasjenige von der „Arbeit im Dienst eines anderen". **Selbständig** ist demgegenüber nach § 84 HGB, wer seine Tätigkeit im Wesentlichen frei gestalten und seine Arbeitszeit bestimmen kann. Ist der zur Dienstleistung Verpflichtete nach den tatsächlichen Umständen nicht in der Lage, seine vertraglichen Leistungspflichten alleine zu erfüllen, sondern auf Hilfskräfte angewiesen und vertraglich berechtigt, seine Leistungen durch Dritte erbringen zu lassen, liegt regelmäßig kein Arbeitsverhältnis vor (BAG v. 12.12.2001, 5 AZR 253/00). Der **Arbeitnehmer** unterscheidet sich von den sonstigen dienstpflichtigen Mitarbeitern durch den Grad der **persönlichen Abhängigkeit**, durch seine Weisungsgebundenheit, durch Zeit- und Ortsgebundenheit, durch den Grad der Eingliederung in den Betrieb des Arbeitgebers, durch fehlendes Tragen eines Unternehmerrisikos etc. Die **Darlegungs- und Beweislast** hinsichtlich der Arbeitnehmermerkmale trägt der Dienstnehmer (z.B. Handelsvertreter), der die Arbeitnehmereigenschaft geltend macht (BAG v. 20.8.2003, 5 AZR 610/02).

Nach ständiger **Rechtsprechung des BAG** (z.B. BAG v. 27.6.2017, 9 AZR 851/16, zur Beschäftigung einer Musikschullehrerin sowohl als Arbeitnehmerin als auch als freie Mitarbeiterin) lautet die **Arbeitnehmerdefinition** wie folgt:

„Ein Arbeitsverhältnis unterscheidet sich von dem Rechtsverhältnis eines freien Dienstnehmers durch den Grad der persönlichen Abhängigkeit, in der sich der zur Dienstleistung Verpflichtete befindet. Arbeitnehmer ist, wer auf Grund eines privatrechtlichen Vertrags im Dienste eines anderen zur Leistung weisungsgebundener, fremdbestimmter Arbeit in persönlicher Abhängigkeit verpflichtet ist. Das Weisungsrecht kann Inhalt, Durchführung, Zeit, Dauer und Ort der Tätigkeit betreffen. Arbeitnehmer ist derjenige Mitarbeiter, der nicht im Wesentlichen frei seine Tätigkeit gestalten und seine Arbeitszeit bestimmen kann (vgl. § 84 Abs. 1 Satz 2 und Abs. 2 HGB). Dabei hat auch die Eigenart der jeweiligen Tätigkeit Einfluss auf den Grad der persönlichen Abhängigkeit. Letztlich kommt es für die Beantwortung der Frage, welches Rechtsverhältnis im konkreten Fall vorliegt, auf eine Gesamtwürdigung aller maßgeblichen Umstände des Einzelfalls an. Der jeweilige Vertragstyp ergibt sich aus dem wirklichen Geschäftsinhalt. Die zwingenden gesetzlichen Regelungen für Arbeitsverhältnisse können nicht dadurch abbedungen werden, dass die Parteien ihrem Arbeitsverhältnis eine andere Bezeichnung geben. Der objektive Geschäftsinhalt ist den ausdrücklich getroffenen Vereinbarungen und der praktischen Durchführung des Vertrags zu entnehmen. Widersprechen sich Vereinbarung und tatsächliche Durchführung, ist letztere maßgeblich, weil sich aus der praktischen Handhabung der Vertragsbeziehungen am ehesten Rückschlüsse darauf ziehen lassen, von welchen Rechten und Pflichten die Vertragsparteien ausgegangen sind, was sie also wirklich gewollt haben (BAG v. 11.8.2015, 9 AZR 98/14, Rz. 16). Die neu eingefügte Vorschrift des § 611a BGB spiegelt diese Rechtsgrundsätze wider." (vgl. auch ArbG Freiburg v. 29.10.2024, 2 Ca 230/24).

An dieser Einschätzung hat sich – entgegen vielfachen Äußerungen im Schrifttum – auch durch das sog. „Herrenberg"-Urteil nichts geändert (BSG v. 28.6.2022, B 12 R 3/20, NZS 2022, 860). Das BSG hatte die Musikschullehrerin an einer städtischen Musikschule bejaht und bei seiner Entscheidung die typischen Kriterien angewendet und richterlich gewichtet. Das höchste deutsche Sozialgericht hatte bei seiner Entscheidung ferner klargestellt, dass die von der Rechtsprechung entwickelten Maßstäbe zur Abgrenzung zwischen Beschäftigung und Selbständigkeit auch für im Rahmen der Kunstgattung „Musik" verrichtete Tätigkeiten gelten und eine Modifikation insbesondere nicht auf Grund der durch Art. 5 Abs. 3 GG verfassungsrechtlich geschützten Kunstfreiheit geboten sei. Der Gesetzgeber ist daraufhin aktiv geworden und hat eine Beitragsamnestie für Musikschulen, alle anderen Bildungseinrichtungen und auch für Lehrer mit Wirkung ab dem 1.3.2025 geschaffen (BGBl. I 2025 Nr. 63, 7 f.). Der neue **§ 127 SGB IV** hindert übergangsweise bis 31.12.2026 die status- und beitragsrechtliche Umsetzung des „Herrenberg"-Urteils. Die Übergangsregelung gibt den Bildungsträgern Zeit, sich auf die Rahmenbedingungen einzustellen und gegebenenfalls ihre Organisationsmodelle anzupassen. Sie gilt auch für die Vergangenheit, selbst für die Musikschule in Herrenberg ist „Geld zurück" möglich. Selbständige Lehrer hingegen sind ab dem 1.3.2025 in der Beitragspflicht (ausführlich hierzu: Ziegelmeier/Rittweger, NZA 2025, 462). S.a. → *Arbeitnehmer-ABC* Rz. 291

Demgegenüber ist der **Grad der wirtschaftlichen Abhängigkeit** eines Mitarbeiters vom Einkommen bei einem bestimmten Dienstherrn **unerheblich** für die Arbeitnehmereigenschaft; die wirtschaftliche Abhängigkeit kann lediglich für die Einordnung als **arbeitnehmerähnlicher Mitarbeiter Bedeutung erlangen**.

Aus den wesentlichen Umständen müssen die das Rechtsverhältnis prägenden **charakteristischen Merkmale nach der praktischen Durchführung und Gestaltung** der Vertragsbeziehungen ermittelt und die nebensächlichen Merkmale ausgeschieden werden. Sodann ist aus der gewichtenden Gesamtschau unter Berücksichtigung der Verkehrsanschauung nach der Eigenart der jeweiligen Tätigkeit festzustellen, ob das Vertragsverhältnis als freie Mitarbeit (Dienstvertrag, → *Freie Mitarbeiter* Rz. 2247), sonstige freie Unternehmertätigkeit oder Arbeitsverhältnis einzuordnen ist. Ärzte, die als Honorarärzte in einem Krankenhaus tätig sind, sind in dieser Tätigkeit regelmäßig nicht als Selbständige anzusehen, sondern unterliegen als Beschäftigte des Krankenhauses der Sozialversicherungspflicht (BSG v. 4.6.2019, B 12 R 11/18 R). Gleichermaßen ist auch ein Zahnarzt, der als sogenannter Poolarzt im Notdienst tätig ist, nicht automatisch „selbstständig“, nur weil er an der vertragszahnärztlichen Versorgung teilnimmt. Maßgebend sind vielmehr – wie bei anderen Tätigkeiten auch – die konkreten Umstände des Einzelfalls (BSG v. 24.10.2023, B 12 R 9/21 R). Gleiches gilt für Pflegekräfte, die auf Honorarbasis in stationären Pflegeeinrichtungen beschäftigt sind. Diese sind in ihrer Tätigkeit regelmäßig nicht als selbständig anzusehen, sondern unterliegen als abhängig Beschäftigte der Sozialversicherungspflicht (BSG v. 7.6.2019, B 12 R 6/18 R). Demgegenüber wird eine Violinistin, die jeweils auf entsprechende Anfrage des Betreibers eines Orchesters und ihre entsprechende Zusage hin teils als Aushilfe in Vertretungsfällen und teils als Verstärkung bei größeren Produktionen in einem Orchester eingesetzt wird, nicht i.R. eines Arbeitsverhältnisses tätig. Dies gilt auch dann, wenn die Zusammenarbeit der Parteien über zwanzig Jahre angedauert und der Beschäftigungsumfang zuletzt ca. 1/5 einer Vollzeitbeschäftigung erreicht hat (LAG Baden-Württemberg v. 10.1.2020, 1 Sa 8/19).

Zur Beurteilung der Frage, ob eine Tätigkeit als abhängiges Beschäftigungsverhältnis i.S.d. Sozialversicherung oder als selbständige Erwerbstätigkeit zu bewerten ist, erfolgt eine Gesamtabwägung im Einzelfall. Das BSG hat nunmehr am Beispiel eine Lohnbuchhalters entschieden, dass ausnamensweise der Wille der Vertragsparteien dann entscheidungserheblich ist, wenn die Umstände bei der Gesamtabwägung gleichermaßen sowohl für ein abhängiges Beschäftigungsverhältnis als auch für eine selbständige Erwerbstätigkeit sprechen (BSG v. 22.7.2025, B 12 BA 7/23 R).

Die kontinuierliche Durchführung einer Vielzahl von Kleinstaufträgen („Mikrojobs“) durch Nutzer einer Online-Plattform (**„Crowdworker“**) auf der Grundlage einer mit dem Betreiber („Crowdsourcer“) getroffenen Rahmenvereinbarung kann i.R. der nach § 611a Abs. 1 Satz 5 BGB gebotenen Gesamtbetrachtung zur Annahme eines **Arbeitsverhältnisses** führen, wenn der Crowdworker zur persönlichen Leistungserbringung verpflichtet ist, die geschuldete Tätigkeit ihrer Eigenart nach einfach gelagert und ihre Durchführungen inhaltlich vorgegeben sind sowie die Auftragsvergabe und die konkrete Nutzung der Online-Plattform i.S. eines Fremdbestimmens durch den Crowdsourcer gelenkt wird (BAG v. 1.12.2020, 9 AZR 102/20). Hier wird nun die Richtlinie (EU) 2024/2831 des Europäischen Parlaments und des Rates v. 23.10.2024 zur Verbesserung der Arbeitsbedingungen in der Plattformarbeit zu beachten sein, die am 1.12.2024 in Kraft getreten und bis zum 2.12.2026 von den Mitgliedstaaten in nationales Recht umzusetzen ist (vgl. ausführlich B+P 2025, 19, 53).

Widersprechen sich die vertraglichen Vereinbarungen und die praktische Durchführung, kommt es **entscheidend** auf die **praktische Handhabung an** (ständige Rechtsprechung des BAG, z.B. Urteil v. 20.9.2000, 5 AZR 61/99). Die formale Durchführung der Tätigkeit als Selbständige ist für die Statusfeststellung irrelevant (LSG Berlin-Brandenburg v. 10.10.2024, L 9 BA 32/21).

Im Übrigen gilt wegen des Schriftformgebots für die Aufhebung des Arbeitsvertrags nach § 623 BGB: Die **Umwandlung eines Arbeitsvertrags in einen freien Dienstvertrag** ist nur bei gewahrter Schriftform wirksam (LAG Berlin v. 5.3.2003, 17 Sa 2269/02). Daran hat das Bürokratieentlastungsgesetz IV nichts geändert (BGBl. I 2024 Nr. 323 vom 29.10.2024).

3. Lohnsteuerrecht

a) Allgemeines

aa) Verhältnis zum Sozialversicherungsrecht und Arbeitsrecht

194 Voraussetzung für die Einbehaltung von Lohnsteuer und Sozialversicherungsbeiträgen ist die **Arbeitnehmer-Eigenschaft** der beschäftigten Person. Der **Begriff „Arbeitnehmer“** ist allerdings in diesen beiden Rechtsgebieten und auch im Arbeitsrecht **nicht einheitlich** und kann deshalb bei einigen Berufen „auseinanderlaufen“, s. z.B. → *Gesellschafter/Gesellschafter-Geschäftsführer* Rz. 2322, → *Amateursportler* Rz. 119 sowie → *Ehrenamtsinhaber* Rz. 1786. Der Grund für das „Auseinanderlaufen“ liegt darin, dass die einzelnen **Rechtsgebiete unterschiedliche Zielsetzungen** verfolgen: Dem Arbeitsrecht liegt z.B. der Gedanke der sozialen Schutzbedürftigkeit zu Grunde, das Sozialversicherungsrecht stellt mehr als das Steuerrecht auf die Weisungsgebundenheit ab.

Sozialversicherungspflichtig selbständig Tätige i.S.d. § 2 Satz 1 Nr. 9 SGB VI (**„arbeitnehmerähnliche Selbständige“**) sind steuerlich regelmäßig selbständig tätig (R 15.1 Abs. 3 EStR).

Grds. besteht zwischen arbeits- und sozialrechtlicher Einordnung einer Tätigkeit einerseits und steuerrechtlicher Bewertung andererseits ebenso wenig eine Bindung wie umgekehrt, auch wenn nach § 17 Abs. 1 Satz 2 SGB IV eine möglichst weitgehende Übereinstimmung zwischen Sozialversicherungs- und Steuerrecht hergestellt werden soll (LSG Nordrhein-Westfalen v. 22.5.2019, L 8 R 930/16). Die sozial- und arbeitsrechtliche Beurteilung einer Tätigkeit kann jedoch in jedem Fall ebenso ein **Indiz für die lohnsteuerliche Beurteilung der Tätigkeit als selbständig oder unselbständig** sein wie umgekehrt die steuerrechtliche Behandlung für die versicherungsrechtliche Beurteilung einer Tätigkeit, d.h. dass die Lohnsteuerpflicht für das Vorliegen eines Beschäftigungsverhältnisses spricht, während eine Veranlagung zur Einkommen- und Gewerbesteuer auf eine selbständige Tätigkeit hindeutet (vgl. BFH v. 19.1.2017, V R 47/15, BFH/NV 2020, 1046).

In Zweifelsfällen kann daher durchaus die zu diesen Rechtsgebieten ergangene Rechtsprechung hilfreich sein, meistens besteht in der Praxis Übereinstimmung. Der wichtigste Unterschied liegt darin, dass im lohnsteuerlichen Sinne Arbeitnehmer auch die Personen sein können, die Arbeitslohn aus einem **früheren Dienstverhältnis** erzielen; das kann sogar der **Rechtsnachfolger** (Erbe) sein (→ *Rechtsnachfolger* Rz. 3584).

bb) Verhältnis zur Umsatzsteuer und Gewerbesteuer

Übereinstimmung besteht dagegen regelmäßig mit Umsatzsteu- 195
er und Gewerbesteuer: Ob eine Person selbständig oder nichtselbständig ist, ist im Regelfall **für alle Steuerarten einheitlich** zu beurteilen, auch wenn eine förmliche Bindung nicht besteht (vgl. z.B. BFH v. 10.3.2005, V R 29/03, BStBl II 2005, 730). In Streitfällen kann daher auch die Rechtsprechung zur Umsatzsteuer und Gewerbesteuer herangezogen werden (vgl. BFH v. 19.1.2017, V R 47/15, BFH/NV 2020,1046 betr. die „Scheinselbständigkeit“ eines Kunsttherapeuten in einer JVA: Umsatzsteuerpflicht abgelehnt, weil der Kläger nach dem Gesamtbild der Verhältnisse Arbeitnehmer war).

Der Ausweis der **Umsatzsteuer** kann zwar ein Indiz für die Annahme einer selbständigen Tätigkeit sein, ist aber nicht allein entscheidend. Denn er kann auch auf einem Rechtsirrtum der Vertragsparteien beruhen (BFH v. 20.12.2000, XI R 32/00, BStBl II 2001, 496).

Die **Gewerbeanmeldung** der Arbeiter kann nicht als wesentliches Indiz dafür herangezogen werden, dass sie selbständig tätig gewesen sind, denn es findet keine Überprüfung durch das Gewerbeaufsichtsamt hinsichtlich des Vorliegens einer sozialversicherungsrechtlichen Beschäftigung statt. Die Anmeldung eines Gewerbes und die Vergütung in Form von Rechnungen setzen eine selbständige Tätigkeit voraus, begründen aber für sich allein keine solche (z.B. LSG Baden-Württemberg v. 17.5.2021, L 11 BA 543/20). **Dies gilt gleichermaßen auch für die Anmeldungen zur Berufsgenossenschaft und beim Finanzamt.**

Vertragsklauseln bzw. Abreden, die darauf gerichtet sind, an den Arbeitnehmer – bzw. Beschäftigtenstatus – anknüpfende arbeits-, steuer- und sozialrechtliche Regelungen abzubedingen bzw. zu vermeiden (z.B. Nichtgewährung von Entgeltfortzahlung im Krankheitsfall und Urlaub bzw. Urlaubsgeld; Verpflichtung, Einnahmen selbst zu versteuern; Obliegenheit, für mehrere Auftraggeber tätig zu werden oder für eine Sozial- und Krankenversicherung selbst zu sorgen), auch wenn sie in der Praxis tatsächlich umgesetzt werden, lassen ausschließlich Rückschlüsse auf den Willen der Vertragsparteien, Beschäftigung auszuschließen, zu. **Darüber hinaus kommt solchen Vertragsklauseln bei der i.R. des § 7 Abs. 1 SGB IV vorzunehmenden Gesamtabwägung keine eigenständige Bedeutung zu.** Die Vertragsparteien haben es nicht in der Hand, die kraft öffentlichen Rechts angeordnete Sozialversicherungspflicht durch bloße übereinstimmende Willenserklärung auszuschließen. Dem Willen der Vertragsparteien, keine sozialversicherungspflichtige Beschäftigung begründen zu wollen, kommt nach der Rechtsprechung des BSG aber **indizielle Bedeutung** zu, wenn dieser Wille den festgestellten sonstigen tatsächlichen Verhältnissen nicht offensichtlich widerspricht und er durch weitere Aspekte gestützt wird bzw. die übrigen Umstände gleichermaßen für Selbständigkeit wie für eine abhängige Beschäftigung sprechen. Der Wille der Vertragsparteien ist nicht maßgebend, wenn tatsächlich Umstände vorliegen, die bei einer Gesamtschau zwingend zu einer Beurteilung des Vertragsverhältnisses als abhängige Beschäftigung führen (LSG Baden-Württemberg v. 17.5.2021, L 11 BA 543/20).

cc) Abgrenzung zur „Liebhaberei“

196 Vor Prüfung der Frage, ob steuerpflichtiger Arbeitslohn anzunehmen ist oder ob die gezahlten Vergütungen zu einer anderen Einkunftsart gehören, muss entschieden werden, ob **überhaupt steuerpflichtige Einkünfte** vorliegen. Dies ist **nicht der Fall, wenn die sog. Überschusserzielungsabsicht fehlt**, wenn also z.B. die Einnahmen in Geld oder Geldeswert lediglich dazu dienen, in pauschalierender Weise die Selbstkosten zu decken (vgl. BFH v. 20.11.2018, VIII R 17/16, BStBl II 2019, 422). In diesem Fall ist die Tätigkeit dem steuerlich irrelevanten Bereich der sog. **Liebhaberei** zuzurechnen. Das hat steuerlich zur Folge, dass zwar die **Einnahmen** nicht der Besteuerung unterliegen, andererseits aber auch die **Aufwendungen** bei Arbeitnehmern nicht als Werbungskosten abgesetzt werden können.

Beurteilungseinheit für die Überschusserzielungsabsicht bei den Einkünften aus nichtselbständiger Arbeit ist das **einzelne Dienstverhältnis**. Fiktive weitere Einkünfte aus anderen Beschäftigungsverhältnissen, die sich im Anschluss an das jeweilige Dienstverhältnis ergeben könnten, sind für die Totalüberschussprognose nicht zu berücksichtigen. In die Totalüberschussprognose ist allerdings das zu **erwartende Ruhegehalt** des Stpfl. und eine etwaige Hinterbliebenenversorgung seines Ehegatten mit den nach der aktuellen Sterbetafel des Statistischen Bundesamts zu bestimmenden und nicht abzuzinsenden Verkehrswerten einer lebenslänglichen Leistung einzubeziehen (BFH v. 28.8.2008, VI R 50/06, BStBl II 2009, 243).

Liebhaberei kommt in der Praxis zwar v.a. bei sog. **Verlustzuweisungsgesellschaften**, der Vermietung von **Ferienwohnungen** (vgl. zuletzt BFH v. 26.5.2020, IX R 33/19, BStBl II 2020, 548 m.w.N.), sog. **Hobbytätigkeiten** (z.B. Malen, Töpfern, Pferdezucht) oder **anderen Tätigkeiten** vor, wenn aus persönlichen Gründen oder Neigungen ständige Verluste hingenommen werden (vgl. dazu BFH v. 23.8.2017, X R 27/16, BFH/NV 2018, 36), kann aber auch bei der **Anmietung einer als Home-Office genutzten Wohnung des Arbeitnehmers durch den Arbeitgeber** angenommen werden (BFH v. 17.4.2018, IX R 9/17, BStBl II 2019, 219 und im nachfolgenden 2. Rechtsgang FG Düsseldorf v. 12.2.2020, 5 K 2225/18).

Vor allem im **„ehrenamtlichen und sportlichen Bereich“** treten solche Fälle aber auch bei der Beschäftigung von **Arbeitnehmern** auf, wenn diese **im Wesentlichen nur Aufwandsersatz erhalten**. Für die Frage, ob eine steuerrechtlich erhebliche Überschusserzielungsabsicht vorliegt oder nicht, kann es allerdings keinen Unterschied machen, ob der Beschäftigung primär zum eigenen Vergnügen oder aber aus altruistischen, karitativen Erwägungen nachgegangen wird. **Der BFH hat es abgelehnt, eine subjektive Gewinnerzielungsabsicht erst bei einem angemessenen Stundenlohn anzunehmen**; denn diese Sichtweise könne Grauzonen für steuerfreie Nebeneinnahmen eröffnen, weil ehrenamtliche Nebentätigkeiten dann unter Umständen im wirtschaftlichen Nettoergebnis besser bezahlt würden als eine des Gelderwerbs wegen verrichtete Arbeit (**BFH** v. 13.6.2013, III B 156/12 im Ergebnis ebenso **FG Nürnberg** v. 25.3.2021, 4 K 961/19, EFG 2021, 1717 zur Steuerbarkeit des Pauschbetrags für Zeitaufwand des ehrenamtlich tätigen Vorsitzender des Vorstandes der X-Rentenversicherung).

Beispiel:

Fußballverein A spielt mit seiner 1. Mannschaft in der Verbandsliga. Der Verein zahlt den Spielern u.a. einen monatlichen Grundbetrag zwischen 50 € und 150 € sowie Einsatz- und Punkteprämien. Das Finanzamt sah den Verein als Arbeitgeber an und forderte nach einer Lohnsteuer-Außenprüfung Lohnsteuer nach.

Ob der Verein tatsächlich **Arbeitgeber der Spieler** ist, muss nach BFH v. 23.10.1992, VI R 59/91, BStBl II 1993, 303 weiter aufgeklärt werden. Begründung: Sport wird im Allgemeinen zum Selbstzweck (Freizeitgestaltung und Stärkung der Leistungsfähigkeit) ausgeübt, nicht aber um des Entgelts willen. Zahlungen, die nur den tatsächlichen Aufwand des Sportlers abdecken sollen, bewegen sich daher noch im Bereich der steuerlich unbeachtlichen „Liebhaberei“. Einkünfteerzielungsabsicht ist erst dann anzunehmen, wenn die **Zahlungen nicht nur ganz unwesentlich höher sind (mehr als 10 %) als die dem Sportler entstandenen Aufwendungen**. Je nach den vertraglichen Vereinbarungen kann der Spieler dann als Arbeitnehmer des Vereins anzusehen sein.

Der BFH hat den Fall an das FG zur weiteren Aufklärung zurückverwiesen, welchen Inhalt die mündlichen Vereinbarungen zwischen dem Verein und den einzelnen Spielern hatten und in welcher Höhe den jeweils geleisteten Zahlungen des Vereins Aufwendungen des jeweiligen Spielers gegenübergestanden haben. Wenn die Prüfung ergibt, dass die Zahlungen die Aufwendungen nicht nur unwesentlich überschritten haben, kann das Indiz für die **Arbeitnehmer-Eigenschaft der Spieler** sein, wenn der Grundbetrag auch im Falle des Urlaubs und der Krankheit gezahlt wird.

Hinweis:

Ein A-Jugend-Fußballspieler, der neben seiner Ausbildung in einem Amateurfußballverein gegen eine monatliche sog. **Aufwandsentschädigung** trainiert und spielt, begründet **sozialversicherungsrechtlich kein Arbeitsverhältnis**. An einer Beschäftigung fehlt es, wenn zwischen Sportler und Sportverein lediglich mitgliedschaftsrechtliche Bindungen bestehen (BSG v. 27.10.2009, B 2 U 26/08 R).

Die Honorierung des Einsatzes eines Fußballspielers insbesondere mit einer monatlichen **„Garantiesumme“ von 800 €** spricht indiziell nachdrücklich für die Begründung eines **abhängigen Beschäftigungsverhältnisses** (LSG Niedersachsen-Bremen v. 27.7.2021, L 2 BA 26/21).

Lohnsteuerlich ist dann ebenfalls ein Arbeitsverhältnis anzunehmen (→ *Amateursportler* Rz. 119).

Ein ähnliches Urteil des BFH v. 4.8.1994, VI R 94/93, BStBl II 1994, 944 betrifft die **ehrenamtlichen Sanitätshelfer** des Deutschen Roten Kreuzes. Die Finanzverwaltung folgt dieser Rechtsprechung und nimmt daher **keinen Arbeitslohn** an, wenn die Vergütungen die mit der Tätigkeit zusammenhängenden Aufwendungen nur unwesentlich übersteigen (H 19.3 [Beispiele] LStH). Die FinVerw. geht hiervon z.B. bei Übungsleitern in Vereinen aus, wenn der unselbständig Tätige von seinem Verein (Arbeitgeber) Vergütungen erhält, die im Kalenderjahr unter einem Betrag von 256 € bleiben. Hierbei handelt es sich um eine Freigrenze. Wird daher im Kalenderjahr Aufwendungsersatz – ggf. mit weiteren Vergütungen – über den als Werbungskosten abziehbaren Betrag von 256 € hinaus gewährt, dann ist der gesamte Betrag steuerpflichtig (vgl. Broschüre „Vereine und Steuern“ des Ministeriums der Finanzen des Landes Nordrhein-Westfalen, Ausgabe 12.2, im Internet abrufbar).

Diese Grenze dürfte aber auch für andere Arbeitnehmertätigkeiten gelten, wenn – wie z.B. bei **Gefälligkeiten** (→ *Gefälligkeiten* Rz. 2279) – die vereinbarte Vergütung den Rahmen einer pauschalierten Unkostenvergütung nicht überschreitet (vgl. dazu FG Hamburg v. 7.9.1999, I 1154/97, EFG 2000, 13).

b) Definition des Arbeitnehmerbegriffs nach § 1 LStDV

Eine gesetzliche Definition des Arbeitnehmerbegriffs fehlt, der 197
Begriff wird jedoch – auch nach Auffassung des BFH (vgl. BFH v. 22.2.2012, X R 14/10, BStBl II 2012, 511) – zutreffend in § 1 LStDV wie folgt umschrieben:

*„(1) **Arbeitnehmer** sind Personen, die in öffentlichem oder privatem Dienst **angestellt oder beschäftigt sind oder waren** und die aus diesem Dienstverhältnis oder einem früheren Dienstverhältnis Arbeitslohn beziehen. Arbeitnehmer sind auch die **Rechtsnachfolger** dieser Personen, soweit sie Arbeitslohn aus dem früheren Dienstverhältnis ihres Rechtsvorgängers beziehen.*

*(2) Ein **Dienstverhältnis** (Absatz 1) liegt vor, wenn der Angestellte (Beschäftigte) dem Arbeitgeber (öffentliche Körperschaft, Unternehmer, Haushaltsvorstand) seine **Arbeitskraft schuldet**. Dies ist der Fall, wenn die tätige Person in der Betätigung ihres geschäftlichen Willens unter der **Leitung des Arbeitgebers** steht oder im geschäftlichen Organismus des Arbeitgebers **dessen Weisungen zu folgen verpflichtet** ist.*

*(3) **Arbeitnehmer ist nicht**, wer Lieferungen und sonstige Leistungen innerhalb der von ihm **selbständig ausgeübten gewerblichen oder beruflichen Tätigkeit** im Inland gegen Entgelt ausführt, soweit es sich um die Entgelte für diese Lieferungen und sonstigen Leistungen handelt.“*

Arbeitnehmer ist nicht, wer auf Grund einer **öffentlich-rechtlichen Verpflichtung** zu bestimmten – z.B. gemeinnützigen – Arbeiten herangezogen wird. Eine freiwillig eingegangene Verpflichtung, die Arbeitskraft zu schulden, liegt dann nicht vor. Entsprechendes gilt für die Annahme eines Arbeitsverhältnisses i.S.d. Arbeitsrechts und eines Beschäftigungsverhältnisses i.S. der gesetzlichen Kranken-

und Rentenversicherung; vgl. dazu OFD Erfurt v. 15.3.1999, S 2331 A-08-St 332.

Ist ein Arbeitnehmer für **zwei verschiedene Betriebe desselben Inhabers** tätig, handelt es sich **nicht um ein einheitliches Beschäftigungsverhältnis** bei demselben Arbeitgeber (FG Münster v. 21.2.2003, 11 K 1158/01 L, EFG 2003, 864). Nach FG Niedersachsen v. 26.9.2017, 14 K 241/16, EFG 2018, 572 liegt demgegenüber **ein einheitliches Beschäftigungsverhältnis i.d.R. dann vor, wenn die beschäftigte Person eine geringfügige und eine versicherungspflichtige Beschäftigung bei demselben Arbeitgeber ausübt.** Der Arbeitgeberbegriff ist nicht betriebsbezogen, sondern personenbezogen zu verstehen.

c) Weitere Abgrenzungsmerkmale nach Rechtsprechung

198 Zur weiteren Abgrenzung gegenüber einer selbständig ausgeübten Tätigkeit hat der **BFH** ausgeführt, vgl. H 19.0 (Allgemeines) LStH sowie BFH v. 29.3.2017, I R 48/16, BFH/NV 2017, 1316, betr. Steuerliche Behandlung der Einkünfte des Geschäftsführers einer luxemburgischen S.a.r.l.:

„Nach § 1 Abs. 2 Sätze 1 und 2 der Lohnsteuer-Durchführungsverordnung -LStDV- (i.V.m. § 51 Abs. 1 Nr. 1 Buchst. a EStG), die nach ständiger Rechtsprechung des Bundesfinanzhofs (BFH) den Arbeitnehmerbegriff zutreffend auslegen, liegt ein Dienstverhältnis vor, wenn der Angestellte (Beschäftigte) dem Arbeitgeber seine Arbeitskraft schuldet. Dies ist der Fall, wenn die tätige Person in der Betätigung ihres geschäftlichen Willens unter der Leitung des Arbeitgebers steht oder im geschäftlichen Organismus des Arbeitgebers dessen Weisungen zu folgen verpflichtet ist. Es entspricht ständiger Rechtsprechung des BFH, dass der Arbeitnehmerbegriff sich nicht durch Aufzählung feststehender Merkmale abschließend bestimmen lässt. Das Gesetz bedient sich nicht eines tatbestandlich scharf umrissenen Begriffs. Es handelt sich vielmehr um einen offenen Typusbegriff, der nur durch eine größere und unbestimmte Zahl von Merkmalen beschrieben werden kann. Die Frage, ob jemand eine Tätigkeit selbständig oder nichtselbständig ausübt, ist deshalb anhand einer Vielzahl in Betracht kommender Merkmale nach dem Gesamtbild der Verhältnisse zu beurteilen. Diese Merkmale sind im konkreten Einzelfall zu gewichten und gegeneinander abzuwägen. Beides obliegt in erster Linie den Finanzgerichten als Tatsacheninstanz. Die im Wesentlichen auf tatrichterlichem Gebiet liegende Beurteilung ist revisionsrechtlich nur begrenzt überprüfbar (BFH v. 23.4.2009, VI R 81/06, BStBl II 2012, 262, m.w.N.).“

Für eine Arbeitnehmer-Eigenschaft können demnach insbesondere folgende Merkmale sprechen (vgl. z.B. BFH v. 19.1.2017, V R 47/15, BFH/NV 2020, 1047):

- persönliche Abhängigkeit,
- Weisungsgebundenheit bezüglich Ort, Zeit und Inhalt der Tätigkeit,
- feste Arbeitszeiten,
- festgelegter Arbeitsort,
- Ausübung der Tätigkeit gleichbleibend an einem bestimmten Ort,
- feste Bezüge,
- auch Ausfallzeiten werden vergütet,
- Urlaubsanspruch,
- Anspruch auf sonstige Sozialleistungen,
- Fortzahlung der Bezüge im Krankheitsfall,
- Überstundenvergütung,
- zeitlicher Umfang der Dienstleistungen,
- Unselbständigkeit in Organisation und Durchführung der Tätigkeit,
- kein Unternehmerrisiko (Vergütungsrisiko),
- kein Handeln auf eigene Rechnung und keine eigene Verantwortung,
- Freistellung von einem Vermögensrisiko der Erwerbstätigkeit,
- keine Unternehmerinitiative,
- kein Kapitaleinsatz,
- keine Pflicht zur Beschaffung von Arbeitsmitteln,
- Notwendigkeit der engen ständigen Zusammenarbeit mit anderen Mitarbeitern,
- Eingliederung in den Betrieb,
- Schulden der Arbeitskraft und nicht eines Arbeitserfolges,
- Ausführung von einfachen Tätigkeiten, die regelmäßig weisungsgebunden sind.

Die obige **Aufzählung ist nicht abschließend**. Weitere Merkmale **für die Arbeitnehmer-Eigenschaft** sind:

- Höhe der Einnahmen hängt nicht weitgehend von der Eigeninitiative ab,
- Tätigwerden nur für **einen** Vertragspartner,
- regelmäßige Berichterstattung,
- ernsthaft gewollte und tatsächlich durchgeführte Gestaltung,
- Tarifvertrag als Grundlage der Beschäftigung,
- Einbehaltung von Lohnsteuer und Sozialversicherungsbeiträgen,
- höchstpersönliche Arbeitsleistung, Unzulässigkeit der Vertretung,
- Nebentätigkeit für den Arbeitgeber der Haupttätigkeit bei engem Zusammenhang mit dem hauptberuflichen Dienstverhältnis,
- Anspruch oder Anwartschaft auf Alters- und Hinterbliebenenversorgung,
- vorgegebene Arbeitsbedingungen.

Diese Indizien stehen allerdings nicht für sich allein. Denn in die Würdigung ist insbesondere auch einzubeziehen, wie das der Beschäftigung zu Grunde liegende **Vertragsverhältnis ausgestaltet** worden ist; vereinbaren die Vertragsparteien eine Vergütung auf der Basis von **Erfolgshonoraren**, ist dies ein wesentliches Indiz dafür, dass **kein lohnsteuerrechtlich erhebliches Beschäftigungsverhältnis** vorliegt, sofern die Vereinbarungen ernsthaft gewollt und tatsächlich durchgeführt worden sind. In seinem Urteil v. 18.6.2015, VI R 77/12, BStBl II 2015, 903 zu Telefoninterviewern hat der BFH ausgeführt, dass

- die Vereinbarung und Durchführung einer Vergütung auf der Basis von **Erfolgshonoraren**, ein wesentliches Indiz dafür sei, dass kein lohnsteuerrechtlich erhebliches Beschäftigungsverhältnis vorliege;
- typischerweise keine Arbeitnehmertätigkeit vorliege, wenn ein Auftragnehmer im Falle einer **Erkrankung oder Urlaubsabwesenheit** keine Aufträge ausführen und keine Einnahmen erzielen könne und darüber hinaus die Möglichkeit habe, Aufträge abzulehnen;
- ein **fehlendes Unternehmerrisiko** sich nicht daraus ableiten lasse, dass die Mitarbeiter nach der getroffenen Vereinbarung ausschließlich i.R. einer Nebentätigkeit, also in nur geringem zeitlichen Umfang arbeiten sollen und
- **Urlaubsanspruch, Anspruch auf sonstige Sozialleistungen und Anspruch auf Fortzahlung der Bezüge im Krankheitsfall** Merkmale seien, die für eine Arbeitnehmereigenschaft sprächen (s. auch FG Hessen v. 29.11.2017, 4 K 1709/15, EFG 2018, 1294).

d) Gesamtbild der Verhältnisse

Die o.g. Merkmale ergeben sich regelmäßig aus dem der Beschäftigung zu Grunde liegenden **Vertragsverhältnis**, sofern die **Vereinbarungen ernsthaft gewollt sind und tatsächlich durchgeführt** werden. Maßgebend ist wie auch im Arbeitsrecht das **Gesamtbild der Verhältnisse**, d.h., dass die **für** oder **gegen** ein Dienstverhältnis sprechenden Merkmale ihrer Bedeutung entsprechend **gegeneinander abzuwägen** sind, vgl. H 19.0 (Allgemeines) LStH. Es ist also nicht zulässig, nur **eines** dieser Merkmale herauszugreifen und damit die Arbeitnehmer-Eigenschaft zu begründen oder auch abzulehnen. 199

Bei vielen Berufen kann die **Abgrenzung schwierig** sein, weil die Tätigkeit sowohl selbständig als auch unselbständig ausgeübt werden kann. Vgl. dazu das „Arbeitnehmer-ABC“ (→ *Arbeitnehmer-ABC* Rz. 207).

e) Weisungsgebundenheit

200 Die Weisungsgebundenheit ist ebenso wie im Arbeitsrecht eines der **wichtigsten Abgrenzungskriterien**, vgl. dazu H 19.0 (Weisungsgebundenheit) LStH. Sie kann auf einem besonderen öffentlich-rechtlichen Gewaltverhältnis beruhen, wie z.B. bei Beamten und Richtern, oder Ausfluss des Direktionsrechts sein, mit dem ein **Arbeitgeber die Art und Weise, Ort, Zeit und Umfang der zu erbringenden Arbeitsleistung bestimmt**. Die Weisungsbefugnis **kann eng, aber auch locker** sein, wie z.B. bei einem angestellten Chefarzt, der fachlich weitgehend eigenverantwortlich handelt. **Entscheidend ist, ob die beschäftigte Person einer etwaigen Weisung bei der Art und Weise der Ausführung der geschuldeten Arbeitsleistung zu folgen verpflichtet ist** oder ob ein solches Weisungsrecht nicht besteht. **Maßgebend ist das Innenverhältnis**; die Weisungsgebundenheit muss im Auftreten der beschäftigten Person nach außen hin nicht erkennbar sein. Deshalb kann ein Reisevertreter auch dann Arbeitnehmer sein, wenn er **erfolgsabhängig entlohnt** wird und ihm eine gewisse Bewegungsfreiheit eingeräumt ist, die nicht Ausfluss seiner eigenen Machtvollkommenheit ist. Die **Eingliederung in einen Betrieb kann auch bei einer kurzfristigen Beschäftigung gegeben** sein, wie z.B. bei einem Apothekervertreter als Urlaubsvertretung. Sie ist aber eher bei einfachen als bei gehobenen Arbeiten anzunehmen, z.B. bei einem Gelegenheitsarbeiter, der zu bestimmten unter Aufsicht durchzuführenden Arbeiten herangezogen wird. Bei **einfachen Handarbeiten**, bei denen der Beschäftigte kaum eine eigene Initiative entfalten kann, ist i.d.R. von seiner **Weisungsgebundenheit** auszugehen (z.B. FG Rheinland-Pfalz v. 23.8.1994, 2 K 1447/92).

Die vorstehenden Kriterien gelten auch für die Entscheidung, ob ein sog. **Schwarzarbeiter** Arbeitnehmer des Auftraggebers ist (→ *Schwarzarbeit* Rz. 3887). Die Rechts- oder Sittenwidrigkeit einer Tätigkeit ist nach § 40 AO für die steuerliche Behandlung der Einkünfte ohne Bedeutung (vgl. BFH v. 28.7.2017, X S 2/17 (PKH), BFH/NV 2017, 1629).

f) Eingliederung in den Betrieb

201 Ebenso wichtig ist die **organisatorische Eingliederung** in den Betrieb des Arbeitgebers. Sie kann schon dann vorliegen, wenn der Arbeitnehmer seine Dienstleistung zu **festen Arbeitszeiten** erbringen oder mit **anderen Arbeitnehmern des Betriebs zusammenarbeiten** muss. Deshalb sind auch Aushilfskräfte grds. Arbeitnehmer (→ *Aushilfskraft/Aushilfstätigkeit* Rz. 893).

g) Abgrenzungsprobleme in der Praxis

202 Welche Probleme sich bei der Beurteilung der vorgenannten Kriterien in der Praxis ergeben, zeigen folgende Beispielsfälle:

Beispiel 1 (Telefoninterviewer):

Firma A, ein Meinungsforschungsunternehmen, beschäftigt rund 1 000 Telefoninterviewer, die sie als freie Mitarbeiter behandelte und deshalb keine Lohnsteuer und Sozialversicherungsbeiträge einbehielt und abführte. Begründung: Es wurden ausdrücklich **Verträge über eine „freie Mitarbeit" abgeschlossen**; deshalb fehlen insbesondere auch Regelungen über die Urlaubsgewährung und die „Lohnfortzahlung im Krankheitsfall".

Der **BFH** hat die Telefoninterviewer dennoch als **Arbeitnehmer** angesehen, weil die für eine Arbeitnehmereigenschaft sprechenden Merkmale überwiegen (BFH v. 29.5.2008, VI R 11/07, BStBl II 2008, 933). Begründung: Die Telefoninterviewer trugen kein Unternehmerrisiko und konnten keine nennenswerte Unternehmerinitiative entfalten (es war ein fester Rahmenlohn zwischen 14 und 18 DM vorgegeben, der nicht beliebig steigerungsfähig war). Außerdem waren sie in erheblichem Umfang hinsichtlich Ort, Zeit und Inhalt ihrer Tätigkeit weisungsgebunden und fest in die betriebliche Organisation der Firma A eingebunden.

In einem **anderen Fall hat der BFH die Sache an das FG zurückverwiesen**, damit dieses die Arbeitnehmereigenschaft nochmals prüft (BFH v. 18.6.2015, VI R 77/12, BStBl II 2015, 903). Begründung: Vereinbaren die Vertragsparteien eine Vergütung auf der Basis von **Erfolgshonoraren, ist dies ein wesentliches Indiz dafür, dass kein lohnsteuerrechtlich erhebliches Beschäftigungsverhältnis vorliegt**, sofern diese Vereinbarung den tatsächlichen Verhältnissen nicht widerspricht. Diesen Umstand hat das FG nur unzureichend berücksichtigt. Das FG hat ein **Unternehmerrisiko** der Interviewer damit verneint, dass die Klägerin faktisch „ein begrenzt variables Stundenhonorar" gezahlt habe. Eine solche Würdigung verkennt indessen bereits, dass Stundenhonorare auch i.R. von selbständigen und gewerblichen Tätigkeiten durchaus üblich sind. So rechnen etwa selbständig tätige Handwerker ihre Leistungen regelmäßig auf Stundenbasis ab und auch selbständig tätige Rechtsanwälte stellen **Honorare auf Stundenbasis** in Rechnung. Die Erwägung des FG, ein maßgebliches Unternehmerrisiko sei nicht darin zu sehen, dass es die jeweiligen Interviewer nach Maßgabe des Rahmenhonorars in der Hand gehabt hätten, durch mehr Befragungen pro Zeiteinheit ihr Honorar zu steigern, berücksichtigt nicht hinreichend, dass auch andere zweifelsohne selbständig Tätige ihre Einkünfte ebenfalls nur durch entsprechend zügigere oder zusätzliche Arbeit steigern können, etwa wenn es branchen- oder ortsübliche Stundenhonorarsätze gibt.

Die Arbeitnehmereigenschaft verneint wurde dagegen bei den ebenfalls beschäftigten sog. **Codierern**, die Antworten nach einem vorgeschriebenen Kennzahlenplan verschlüsselten. Diese Personen waren in Heimarbeit tätig und hätten daher eine freiere und eigenverantwortlichere, gegen eine Arbeitnehmerstellung sprechende Tätigkeit ausgeübt. Auch sog. **Face to Face-Interviewer**, die persönliche Befragungen von Zielpersonen durchführen, wurden nicht als Arbeitnehmer angesehen (FG Köln v. 14.3.2012, 2 K 476/06, EFG 2012, 1650; im Revisionsverfahren VI R 77/12 war diese Frage nicht mehr streitig).

Wenn die Telefoninterviewer Anfragen des Auftraggebers auf Übernahme von Telefoninterviews ablehnen können und keine Vergütung im Urlaubs- oder Krankheitsfall erhalten, schließt dies jedenfalls dann, wenn die Telefoninterviews in Räumen und mit technischen Einrichtungen des Auftraggebers nach vorgegebenen Fragebögen erfolgen müssen und durch sog. Supervisoren mitgehört werden, die Beurteilung der nach Zeit bemessenen Vergütung als **Arbeitslohn** i.S.d. § 19 EStG nicht aus (**FG Hessen** v. 29.11.2017, 4 K 1709/15, EFG 2018, 1294; Abgrenzung zum o.g. BFH-Urteil v. 18.6.2015, VI R 77/12, BStBl II 2015, 903).

Beispiel 2 (Aushilfslehrer):

B ist auf Grund eines „freien Mitarbeitervertrags" als Vertretungslehrkraft an einer Privatschule tätig und gibt häufig Unterricht im Umfang von mehr als sechs Stunden wöchentlich. Die Schule behandelte die Vergütungen als Honorarzahlungen und unterwarf diese Beträge nicht der Lohnbesteuerung.

Das **Finanzamt** nahm Arbeitslohn an, weil B in den Schulbetrieb eingegliedert gewesen sei und er zudem mehr als sechs Stunden wöchentlich unterrichtete; in diesen Fällen sei nach R 19.2 Satz 3 LStR betr. Nebentätigkeit und Aushilfstätigkeit die Arbeitnehmereigenschaft zu bejahen.

Das **FG Berlin-Brandenburg** (Urteil v. 13.8.2020, 4 K 4123/18, EFG 2020, 1708) hat der Schule recht gegeben. Begründung: Bereits die Überschrift der Vertragsurkunde, die mit „freier Mitarbeitervertrag" überschrieben ist, deutet darauf hin, dass die Vertragsparteien keinen Arbeitsvertrag, sondern ein selbständiges Dienstverhältnis begründen wollten. Dem entspricht, dass es keinen Kündigungsschutz gab, B verpflichtet war, sein Honorar selbst zu versteuern, B auch für andere Auftraggeber Dienste verrichten durfte und ihm weder eine Lohnfortzahlung im Krankheitsfall noch Beihilfe, Urlaubs- oder Weihnachtsgeld oder eine Überstundenvergütung zustand. Da die Schule jederzeit davon absehen konnte, den Vertrag zu verlängern, hatte er auch ein Unternehmerrisiko zu tragen.

Die Regelung in R 19.2 Satz 3 LStR steht – so das FG – dieser Beurteilung nicht entgegen, denn sie bedeutet nicht, dass das Überschreiten der Sechsstundentätigkeit zwingend zur Annahme einer nichtselbständigen Tätigkeit führen müsste (so auch BFH v. 4.10.1984, IV R 131/82, BStBl III 1985, 51).

Im Ergebnis ebenso **BSG** v. 14.3.2018, B 12 R 3/17 R, betr. einen Musikschullehrer, der auf „honorarvertraglicher Grundlage" Unterricht erteilt hatte.

Beispiel 3 (Betonglätter):

Unternehmensgegenstand der Firma A ist die Herstellung von Industriefußböden (manueller Einbau des von Drittunternehmen angelieferten Betons mit einer vom Auftraggeber vorgegebenen Dicke). Zur Ausführung der Arbeiten beschäftigte die Firma A neben eigenen Arbeitnehmern zu unterschiedlichen Zeitpunkten insgesamt 41 Personen mit bulgarischer und in einem Fall algerischer Staatsangehörigkeit, die der Firma A ihre Leistungen im Zusammenhang mit dem „Glätten von Oberflächen" als **vorgeblich selbständige Subunternehmer** in Rechnung stellten, nachdem sie bei den zuständigen Behörden ein entsprechendes Gewerbe angemeldet hatten. Die Firma A erfasste die in Rechnung gestellten Beträge in ihrer Gewinnermittlung als Betriebsausgaben und vertrat die Auffassung, dass lohnsteuer- und sozialversicherungspflichtige Arbeitsverhältnisse nicht vorlägen, weshalb sie entsprechende Abzugsbeträge an die zuständigen Behörden weder einbehielt noch abführte.

Das **FG Hessen** hat die Verwaltungsauffassung bestätigt, wonach die sog. Betonglätter, die als Teil einer Arbeitskolonne mit dem Einbau und dem maschinellen Glätten von Betonfußböden beauftragt wurden, als **Arbeitnehmer** der Firma A tätig geworden sind, weil die Tätigkeiten ihrem Wesen nach einfach sind und eine enge zeitliche und inhaltliche Abstimmung der eingesetzten Personen erfordern. Daneben sind die Eingliederung in die Organisation der Firma A und die Abhängigkeit von den Weisungen eines Kolonnenführers notwendig und typisch (Urteil v. 21.3.2018, 6 K 1655/17).

S. auch LSG Baden-Württemberg v. 25.10.2021, L 8 BA 3118/20, betr. Scheinverträge (Werkverträge) eines Herstellers von Betonprodukten mit rumänischen Staatsangehörigen, die zur Umgehung der Sozialversicherungspflicht zahlreiche Gesellschaften bürgerlichen Rechts (GbR) gegründet hatten. Das Gericht hat die Rumänen als abhängig Beschäftigte angesehen, weil sie in den Betrieb des Herstellers eingegliedert waren und deren Weisungen unterlagen. Sie hatten keinerlei unternehmerisches Risiko getragen und weder über eine eigene Betriebsstätte noch über Betriebsmittel verfügt. Auch nach dem Gesellschaftsvertrag hatten sie keine Bar- und Sachmittel, sondern nur ihre Arbeitskraft eingebracht.

Es kommt vor, dass **Handelsvertreter, Versicherungsvertreter und andere Personen sowie ehemalige Angestellte als freie Mitarbeiter beschäftigt** werden, obwohl sie nach ihren Tätigkeitsmerkmalen den Arbeitnehmern zuzuordnen sind. Bei Beschäftigungsverhältnissen dieser Art ist von den vertraglichen Vereinbarungen auszugehen, es sei denn, die tatsächliche Gestaltung weicht davon ab. Abgrenzungskriterien ergeben sich aus H 19.0 „Allgemeines“ LStH.

Die Entscheidung, ob eine nichtselbständige oder eine selbständige Tätigkeit ausgeübt wird, ist besonders in den Fällen schwierig, in denen über die **Tätigkeit kein schriftlicher Vertrag vorhanden** ist. Dies ist i.d.R. jedoch nur bei kurzfristig beschäftigten Arbeitnehmern der Fall. Den o.g. Abgrenzungskriterien kommt hier eine besondere Bedeutung zu. Die gleichen Probleme ergeben sich auch bei **Arbeitnehmern, die gleichzeitig für denselben Arbeitgeber auf Grund eines zusätzlichen Beratungsvertrags tätig** sind.

Es gibt hierzu eine umfangreiche Rechtsprechung, auf die wir insbesondere im „Arbeitnehmer-ABC“ hingewiesen haben (→ *Arbeitnehmer-ABC* Rz. 207).

4. Sozialversicherungsrecht

203 In der Kranken-, Pflege-, Renten- und Arbeitslosenversicherung sind Arbeitnehmer, die gegen Arbeitsentgelt beschäftigt werden, versicherungspflichtig. Da selbständig Tätige in der Kranken-, Pflege- und Arbeitslosenversicherung nicht zum versicherungspflichtigen Personenkreis zählen und in der Rentenversicherung nur ein kleiner Kreis selbständig tätiger Personen versicherungspflichtig ist, bedarf es zur Unterscheidung einer selbständigen Tätigkeit von einer Beschäftigung als Arbeitnehmer bestimmter Abgrenzungskriterien.

Nach § 5 Abs. 5 SGB V werden Personen, die hauptberuflich selbständig erwerbstätig sind, von der Krankenversicherungspflicht als Arbeitnehmer nach § 5 Abs. 1 Nr. 1 SGB V ausgeschlossen. Dadurch wird vermieden, dass ein hauptberuflich selbständiger Erwerbstätiger durch Aufnahme einer versicherungspflichtigen Nebenbeschäftigung versicherungspflichtig wird und damit den umfassenden Schutz der gesetzlichen Krankenversicherung erhält (→ *Gemischte Tätigkeit* Rz. 2291).

Die Beschäftigung wird in § 7 Abs. 1 Satz 1 SGB IV als nichtselbständige Arbeit, insbesondere in einem Arbeitsverhältnis, definiert. Der Begriff des Beschäftigungsverhältnisses ist allerdings weiter gehend als der Begriff des Arbeitsverhältnisses; er erfasst somit auch Fälle, in denen ein Arbeitsverhältnis nicht vorliegt z.B. bei GmbH-Geschäftsführern (→ *Gesellschafter/Gesellschafter-Geschäftsführer* Rz. 2322). Typisches Merkmal einer Beschäftigung ist die Weisungsgebundenheit der Erwerbsperson und ihre betriebliche Eingliederung. Diese Merkmale sind nicht zwingend kumulativ für das Bestehen eines Beschäftigungsverhältnisses erforderlich, sie sind lediglich als Anhaltspunkte erwähnt, ohne eine abschließende Bewertung vorzunehmen. So kann das Weisungsrecht – vornehmlich bei Diensten höherer Art – eingeschränkt und zur „funktionsgerecht dienenden Teilhabe am Arbeitsprozess verfeinert“ sein. Ansonsten gelten die gleichen Abgrenzungskriterien wie im Arbeits- und Steuerrecht.

Die verschärfte Wettbewerbs- und Arbeitsmarktsituation hat im Zuge einer Deregulierung der Beschäftigung in den letzten Jahren zu einem Anstieg der sog. Scheinselbständigkeit geführt. Diese Erscheinung erstreckt sich – mit gewissen Schwerpunkten – auf zahlreiche Bereiche des Wirtschaftslebens.

In Zweifelsfällen wird deshalb empfohlen, das **Anfrageverfahren zur Statusklärung** (→ *Statusfeststellungsverfahren* Rz. 3977) **bei der Deutschen Rentenversicherung Bund nach § 7a SGB IV einzuleiten**. Zu weiteren Einzelheiten wird verwiesen auf die Darstellungen unter → *Selbständigkeit* Rz. 3898 und → *Freie Mitarbeiter* Rz. 2247.

5. Feststellung der Arbeitnehmereigenschaft und Abwicklungsfragen

Die Klärung der Arbeitnehmereigenschaft ist wegen der **Arbeitgeber-Haftung** nicht nur für das Lohnsteuerabzugsverfahren von **größter Bedeutung**, sondern auch für die **Einbehaltung von Sozialversicherungsbeiträgen und die Beachtung arbeitsrechtlicher Bestimmungen**. 204

Um Nachzahlungen von Steuern und Sozialversicherungsbeiträgen zu vermeiden, sollte – wenn Zweifel bestehen, ob die beschäftigte Person Arbeitnehmer ist – zweckmäßigerweise zunächst eine sog. **Anrufungsauskunft des Finanzamts** (§ 42e EStG) und der Einzugsstelle eingeholt oder ein **Anfrageverfahren nach § 7a SGB IV bei der Deutschen Rentenversicherung Bund eingeleitet** werden (→ *Auskünfte und Zusagen des Finanzamts* Rz. 896). Ergibt sich aus der Anmeldung des Arbeitgebers, dass der Beschäftigte Ehegatte, Lebenspartner oder Abkömmling des Arbeitgebers ist, erfolgt ein Statusfeststellungsverfahren über die Deutsche Rentenversicherung Bund (→ *Statusfeststellungsverfahren* Rz. 3977). Aufwendungen für das Anfrageverfahren sind im Übrigen als **Werbungskosten** abzugsfähig (BFH v. 6.5.2010, VI R 25/09, BStBl II 2010, 851).

Darüber hinaus gibt es noch folgende Möglichkeiten, die Arbeitnehmereigenschaft klären zu lassen:

- Der Arbeitgeber wartet die **nächste Lohnsteuer-Außenprüfung** ab. Wenn dann das Finanzamt einzelne Mitarbeiter als Arbeitnehmer ansieht und vom Arbeitgeber **im Haftungswege Lohnsteuer nachfordert, kann der Arbeitgeber im Einspruchs- und ggf. Klageverfahren** gegen den Haftungsbescheid eine Klärung herbeiführen. Fordert das Finanzamt die Lohnsteuer unmittelbar vom Arbeitnehmer an, so kann dieser den Nachforderungsbescheid anfechten und auf diese Weise eine Klärung seiner Arbeitnehmereigenschaft erreichen.
- Der Arbeitgeber nimmt vorsorglich den Lohnsteuerabzug vor und **überlässt es dem Arbeitnehmer**, beim Betriebsstättenfinanzamt eine Erstattung der aus seiner Sicht zu Unrecht einbehaltenen Lohnsteuer zu beantragen (→ *Erstattung von Lohnsteuer* Rz. 2050).

Daneben kann der Mitarbeiter regelmäßig auch mit einer sog. **Statusklage** beim Arbeitsgericht eine Klärung seiner Stellung herbeiführen, die aber i.d.R. im Nachhinein nach Beendigung des Vertragsverhältnisses nicht mehr zulässig ist; ein Feststellungsinteresse ist nur gegeben, wenn sich aus der Feststellung **Folgen für Gegenwart oder Zukunft** ergeben (vgl. zuletzt BAG v. 15.12.1999, 5 AZR 457/98, und BAG v. 21.6.2000, 5 AZR 782/98).

Bei einer erfolgreichen Statusklage muss die bisherige freie Mitarbeitervergütung an die zukünftig zu zahlende **Arbeitsvergütung angepasst** werden, die in aller Regel **niedriger** zu bemessen ist (BAG v. 21.1.1998, 5 AZR 50/97); eine bisher bestehende Vergütungsvereinbarung wird allerdings nicht ohne Weiteres unwirksam (BAG v. 12.12.2001, 5 AZR 257/00; BAG v. 21.11.2001, 5 AZR 87/00).

Zu den vielfältigen Fragen bei der **Abwicklung** eines nach Scheinselbständigkeit **aufgedeckten Arbeitsverhältnisses** im Hinblick auf Arbeitsrecht, Steuer und Sozialversicherung s. B+P 2000, 159; zu Rückwirkungsfragen s. auch Dütemeyer, NZA 2002, 712.

6. „Arbeitnehmer-ABC“

Das „Arbeitnehmer-ABC“ finden Sie unter dem besonderen Stichwort „Arbeitnehmer-ABC“ (→ *Arbeitnehmer-ABC* Rz. 207). 205

7. Nachversteuerung

Sind die Beteiligten eines Dienstverhältnisses irrtümlich von freier Mitarbeit ausgegangen und ist deshalb ein Lohnsteuerabzug unterblieben, sind als Arbeitslohn die zugeflossenen Einnahmen (Barlohn und Sachbezüge) anzusetzen und nicht ein um etwaige Lohnsteuerbeträge hochgerechneter Bruttolohn (BFH v. 23.4.1997, VI R 12/96, VI R 99/96, BFH/NV 1997, 656). 206

Arbeitnehmer-ABC

Ob Arbeitnehmereigenschaft gegeben ist, kann nur im jeweiligen Einzelfall unter Berücksichtigung der allgemeinen Abgrenzungs- 207 merkmale entschieden werden (→ *Arbeitnehmer* Rz. 191). Es gibt dazu eine Fülle von Gerichts- und Verwaltungsentscheidungen (s. z.B. den von den Spitzenverbänden der Sozialversicherungsträger herausgegebenen **„Katalog bestimmter Berufsgruppen zur Abgrenzung zwischen abhängiger Beschäftigung und selbständiger Tätigkeit", sog. Abgrenzungskatalog, Anlage 5 zum Rundschreiben v. 1.4.2022**, auch erhältlich in der werkbegleitenden Online-Datenbank unter „SV-Dokumente"; s. Benutzerhinweise auf S. IV). Auf Einige soll nachstehend hingewiesen werden.

Vorab ist auf Folgendes hinzuweisen:

1. **Die nachstehend aufgeführten Entscheidungen betreffen immer nur konkrete Einzelfälle und dürfen daher grds. nicht verallgemeinert werden.** Für die Beurteilung, ob eine Tätigkeit als Arbeitnehmer oder abhängig Beschäftigter ausgeübt wird, kommt es immer auf die Gesamtumstände des einzelnen Falles an. Andererseits können diese Entscheidungen wertvolle Entscheidungshilfen bieten.

2. **Grds. besteht zwischen arbeits- und sozialrechtlicher Einordnung einer Tätigkeit einerseits und steuerrechtlicher Bewertung andererseits ebenso wenig eine Bindung wie umgekehrt.** Die sozial- und arbeitsrechtliche Beurteilung einer Tätigkeit kann jedoch ein **wichtiges Indiz** für die lohnsteuerliche Beurteilung der Tätigkeit als selbständig oder unselbständig sein, abgesehen von bestimmten Berufen (z.B. Amateursportler, Gesellschafter-Geschäftsführer, ehrenamtliche Tätigkeiten) besteht **in der Praxis meistens Übereinstimmung** (→ *Arbeitnehmer* Rz. 194).

3. Dieses **„ABC" ist nicht abschließend**; soweit bei einzelnen Berufen noch andere Fragen von Bedeutung sind, wird bei den **Hauptstichworten** auch auf die Arbeitnehmereigenschaft hingewiesen.

208 **Ableser: Zählerableser** für Gas, Wasser, Strom und Heizung usw. stehen auch dann in einem abhängigen Beschäftigungsverhältnis, wenn nach der vertraglichen Vereinbarung über „freie Mitarbeit" in Ausnahmefällen das Ablesen auch von einem zuverlässigen Vertreter übernommen werden darf (FG Schleswig-Holstein v. 19.4.2005, 3 K 88/03, sowie SG Köln v. 23.5.2006, S 6 R 53/05, beide m.w.N.). Im Einzelfall (bei Unternehmerrisiko, Unternehmerinitiative kein Urlaubsanspruch, keine Entgeltfortzahlung im Krankheitsfall, weitgehende Freiheit hinsichtlich der Arbeitszeit und Organisation) kann auch eine selbständige Tätigkeit gegeben sein (FG Brandenburg v. 22.10.2003, 2 K 1792/02, EFG 2004, 34).

Bei **Wärmedienstablesern** sprechen hingegen im Regelfall gleichgewichtige Argumente sowohl für als auch gegen die Selbständigkeit, weshalb bei diesem Personenkreis auf den im Vertrag zum Ausdruck kommenden Willen der Vertragspartner abzustellen ist (LSG Bayern v. 21.12.2004, L 5 KR 210/03 und v. 5.4.2005, L 5 KR 80/04). „Ableser" einer Wärmemesser-Gesellschaft, die für die Gesellschaft nebenberuflich auf Grund von Werkverträgen Wärmemesseinrichtungen bei den Kunden der Gesellschaft ablesen, können auch dann nichtselbständig beschäftigt sein, wenn die einzelnen „Ableser" ein Gewerbe angemeldet haben (FG Köln v. 30.11.1993, 8 K 463/86).

Nicht jede Abstimmung über einzelne Arbeitsabläufe führt jedoch zu einer Eingliederung des Auftragnehmers in die Arbeitsorganisation des Auftraggebers und damit zur Annahme einer nichtselbständigen Tätigkeit. So hat das LSG Baden-Württemberg v. 25.9.2018, L 11 KR 4583/17, die selbständige Tätigkeit eines Wärmeablesers/Monteurs anerkannt, weil konkrete Vorgaben im Hinblick auf die Art und Weise der Erledigung der Aufgabe nicht getroffen waren.

Ein für ein Energieversorgungsunternehmen tätiger **Stromableser** ist als abhängig Beschäftigter einzustufen, wenn seine Handlungsfähigkeit durch die Arbeitsumstände eng begrenzt ist, ihm ein fester Ablesebezirk zugewiesen ist, er hinsichtlich Inhalt, Art und Weise der Arbeitsausführung nur einen geringen Spielraum besitzt, er die vertraglich vereinbarte Leistung persönlich zu erbringen hat und er, mit Ausnahme seines eigenen Kraftfahrzeuges, eigenes Kapital nicht einsetzt (LSG Sachsen v. 20.9.2006, L 1 KR 29/02).

S. hierzu auch den o.g. Abgrenzungskatalog.

209 **Abrufkraft:** Arbeitnehmer, wenn sie auf Grund einer Dauerrechtsbeziehung (z.B. bei Druckereien oder Lebensmittelfilialen) bei besonderem Arbeitsanfall immer wieder abgerufen werden kann (vgl. LAG Düsseldorf/Köln v. 19.3.1980, 2 Sa 685/79).

An einer die Versicherungsfreiheit wegen Zeitgeringfügigkeit ausschließenden „regelmäßigen" Beschäftigung fehlt es, wenn Tätigkeiten in den gesetzlichen zeitlichen Höchstgrenzen über Jahre hinweg beim selben Arbeitgeber zwar „immer wieder" ausgeübt werden, die einzelnen Arbeitseinsätze aber ohne bestehende Abrufbereitschaft nicht vorhersehbar zu unterschiedlichen Anlässen und ohne erkennbaren Rhythmus erfolgen sowie der Betrieb des Arbeitgebers nicht strukturell auf den Einsatz von Aushilfskräften ausgerichtet ist (BSG v. 7.5.2014, B 12 R 5/12 R).

Eine abhängige sozialversicherungsrechtliche Beschäftigung kann auch bei einer Vertragsgestaltung vorliegen, bei der es weitgehend dem Beschäftigten überlassen bleibt, ob er einen Auftrag annimmt oder ablehnt (Abruf- oder Aushilfsbeschäftigungsverhältnisse). Derartige auf den jeweiligen Einsatz bezogene Vertragskonstruktionen sind arbeitsrechtlich als Einzelverträge oder in Kombination mit einem Rahmenvertrag zulässig (LSG Baden-Württemberg v. 26.1.2016, L 11 R 3553/13).

Alters- und Pflegeheim: → *Pflegekräfte in stationären Einrichtungen* Rz. 448 210

Ambulante Sonntagshändler: Diese Personengruppe, die nur an Sonntagen tätig und ausschließlich mit dem eigenverantwortlichen Vertrieb der nur im Einzelhandel erhältlichen Sonntagszeitungen befasst ist, ist regelmäßig selbständig tätig (s.a. den o.g. Abgrenzungskatalog). 211

Amtsvormund: Kein Arbeitnehmer, sofern er nicht in ein Beamten- oder Angestelltenverhältnis übernommen worden ist (RFH v. 27.10.1939, RStBl 1940, 5). 212

Amway-Berater: Selbständige Tätigkeit (LSG Berlin-Brandenburg v. 14.3.2013, L 22 R 881/10). 213

Animateure: Animateure in Diskotheken sind sozialversicherungspflichtig beschäftigt, wenn sie lediglich für *einen* Auftraggeber tätig sind und keine eigenen unternehmerischen Aktivitäten wie Eigenwerbung entfalten. Eine selbständige Tätigkeit liegt dagegen dann vor, wenn *mehrere* Auftraggeber bzw. eigene Betriebsmittel (z.B. Kostüme) vorhanden sind sowie Eigenwerbung im Internet betrieben wird und die Bezahlung unmittelbar nach den jeweiligen Auftritten vom Auftraggeber erfolgt (SG Dortmund v. 19.8.2005, S 34 RJ 54/03). 214

Anwaltsvertreter: Kein Arbeitnehmer, wenn auch bei einer fest vereinbarten Vergütung Zeit und Art der Tätigkeit frei bestimmbar sind (BFH v. 12.9.1968, V 174/65, BStBl II 1968, 811). Dies gilt unter bestimmten Voraussetzungen auch für die Tätigkeit eines **Gerichtsreferendars** bei einem Rechtsanwalt (BFH v. 22.3.1968, VI R 228/67, BStBl II 1968, 455). Betätigt sich demgegenüber ein Gerichtsreferendar nebenher als freier Mitarbeiter für eine Anwaltssozietät, ist er Arbeitnehmer, wenn er sein Entgelt als monatliches Fixum erhält und ihm im Büro der Sozietät ein Arbeitsplatz eingeräumt ist (FG Baden-Württemberg v. 19.3.1975, V 238/73, EFG 1975, 361). 215

Anzeigenwerber: Kein Arbeitnehmer, wenn er gegen Provision arbeitet, ein Unternehmerrisiko trägt und in seiner Arbeits- und Zeiteinteilung frei ist (BFH v. 28.7.1977, V R 98/76). 216

Arbeitsvermittler der Bundesagentur für Arbeit: Selbständige Tätigkeit (OFD Nürnberg v. 21.8.1998, S 7179 – 103/St 43). Arbeitsvermittler der Bundesagentur für Arbeit, die auf Grund eines Arbeitsvertrags und unter Zahlung von Arbeitsentgelt bei der Bundesagentur für Arbeit beschäftigt sind, sind Arbeitnehmer. Wird die Tätigkeit als Arbeitsvermittler in einem Beamtenverhältnis durchgeführt, liegt keine Arbeitnehmereigenschaft vor. 217

Architekten: Regelmäßig keine Arbeitnehmer. 218

Archivar: Ist ein Archivar in den Betrieb des Auftraggebers eingegliedert, untersteht er dessen Weisungsrecht hinsichtlich Ort, Zeit und Art und Weise seiner Tätigkeit, ist seine Arbeitszeit vertraglich geregelt, hat er ein unternehmerisches Risiko nicht zu tragen und erfolgt die Entlohnung nicht nach Erfolg, sondern nach Zeitaufwand, so ist von dem Vorliegen einer abhängigen Beschäftigung auszugehen. Demgegenüber rechtfertigt das Fehlen von Regelungen zu Ansprüchen auf Urlaubsgeld bzw. Entgeltfortzahlung im Krankheitsfall für sich genommen nicht die Annahme eines unternehmerischen Risikos (SG Duisburg v. 6.2.2015, S 10 R 1315/12). 219

220 **Artist:** Arbeitnehmer, wenn er seine Arbeitskraft einem Unternehmer für eine Zeitdauer, die eine Reihe von Veranstaltungen umfasst (also nicht lediglich für einige Stunden eines Abends), ausschließlich zur Verfügung stellt (BFH v. 16.3.1951, IV 197/50 U, BStBl III 1951, 97 sowie BAG v. 20.10.1966, 5 AZR 28/66).

221 **Ärzte:** Versicherungspflichtige Beschäftigung einer Ärztin (in diesem Fall Augenärztin), die in einer fremden Praxis in arbeitsteiligem Zusammenwirken mit dem dort angestellten Praxispersonal tätig wird, ist nicht deshalb ausgeschlossen, weil 65 vom Hundert der aus ihrer Tätigkeit vereinnahmten Patientenhonorare den Praxisinhabern für die Überlassung von Räumen, Betriebsmitteln und Personal zustehen (BSG v. 12.12.2023, B 12 R 10/21 R).

Auch die Tätigkeit einer Ärztin für einen Anbieter von Gesundheitstagen ist eine sozialversicherungspflichtige Beschäftigung, wenn diese während ihrer Einsätze ohne eigene unternehmerische Freiheit fremdbestimmt in vorgegebene Arbeitsabläufe und Organisationsstrukturen eingegliedert ist (BSG v. 12.6.2024, B 12 BA 2/22 R).

222 **Arzthelferin:** Regelmäßig Arbeitnehmer (BAG v. 9.7.1959, 2 AZR 39/57).

223 **Ärztebesucher:** → *Pharmabetreuer* Rz. 449

224 **Ärztliche Leiter Rettungsdienst (ÄLRD):** Eine Mehrzahl der landesgesetzlichen Regelungen zum Rettungsdienst sieht zwischenzeitlich die Bestellung eines Ärztlichen Leiters Rettungsdienst vor. Dieser ist im Regelfall verantwortlich für das medizinische Qualitätsmanagement der Patientenversorgung und -betreuung im Notarzt- und Rettungsdienst. Wegen der Vielfalt unterschiedlicher überregionaler und regionaler rettungsdienstlicher Strukturen sind die Aufgaben und Rechte der Institution ÄLRD jedoch nicht in allen Bundesländern einheitlich normiert.

Bei der Tätigkeit eines Ärztlichen Leiters Rettungsdienst nach den in Bayern geltenden landesrechtlichen Regelungen handelt es sich um ein abhängiges Beschäftigungsverhältnis. Dies gilt gleichermaßen, wenn die Institution des Ärztlichen Leiters Rettungsdienst auch in anderen Bundesländern vorgesehen ist und jeweils vergleichbare gesetzliche Regelungen gelten (s.a. den o.g. Abgrenzungskatalog).

225 **Arztvertreter:** Arbeitnehmer, wenn er bei festgelegten Arbeitszeiten die sog. IGEL-Leistungen des vertretenen Arztes erbringt (LAG Köln v. 6.5.2022, 9 Ta 18/22, NWB 2022, 2109).

226 **Assessor:** Arbeitnehmer, wenn er halbtags in einer Anwaltskanzlei tätig ist (LAG Hamm v. 20.7.1989, 16 Sa 33/89).

227 **AStA (Allgemeiner Studierendenausschuss):** Die Studierendenschaft verwaltet ihre Angelegenheiten i.R. der gesetzlichen Bestimmungen selbst. Der Allgemeine Studierendenausschuss als exekutives Organ der Studierendenschaft erledigt deren laufenden Geschäfte und ist an die Beschlüsse des Studierendenparlaments gebunden. Die Mitglieder des Allgemeinen Studierendenausschusses üben ihre Tätigkeit ehrenamtlich aus, können aber eine angemessene Aufwandsentschädigung erhalten.

Da die Mitglieder des Allgemeinen Studierendenausschusses nach dem Gesamtbild der Verhältnisse i.R. eines Dienstverhältnisses i.S.d. § 1 Abs. 2 LStDV abhängig beschäftigt sind und als **Arbeitnehmer** tätig werden (BFH v. 22.7.2008, VI R 51/05, BStBl II 2008, 981), stellen die gezahlten **Aufwandsentschädigungen** grds. steuerpflichtigen Arbeitslohn dar. Die steuerlichen Arbeitgeberpflichten (insbesondere Einbehaltung und Abführung der Lohnsteuer) sind von der jeweiligen Studierendenschaft der Hochschule wahrzunehmen. Werden die Aufwandsentschädigungen **nicht für Verdienstausfall oder Zeitverlust** gewährt und sind sie dazu bestimmt, **Aufwendungen abzugelten**, die zumindest teilweise dem Grunde nach als Werbungskosten abziehbar sind, kommt eine Anwendung des § 3 Nr. 12 Satz 2 EStG nach Maßgabe der Vereinfachungsregelung der R 3.12 Abs. 3 Satz 3 LStR in Betracht. Danach sind die Aufwandsentschädigungen monatlich bis zu 250 € steuerfrei. Ein den Höchstbetrag ggf. übersteigender Betrag ist dem Lohnsteuerabzug zu unterwerfen (FinMin Baden-Württemberg v. 30.3.2017, 3 – S 233.7/39).

228 **Au-pair-Mädchen: Keine Arbeitnehmerin**, wenn es nur Taschengeld, Unterkunft und Verpflegung erhält (FG Hamburg v. 17.5.1982, VI 198/79, EFG 1983, 21 sowie OFD Koblenz v. 25.5.2009, S 2144d A – St 32 3).

Eine andere Auffassung vertritt das SG Landshut im Urteil v. 31.1.2018, S 11 AS 624/16. Begründung: Nachdem die Klägerin i.R. der Au-Pair-Beschäftigung neben mtl. 260 € auch Kost und Logis, mtl. 50 € zur Teilnahme an einem Sprachkurs, Unfall- und Krankenversicherung i.H.v. mtl. 60 €, bezahlten Urlaub, eine Prepaid-Telefonkarte sowie die freie Benutzung eines Autos inkl. zweier Tankfüllungen pro Monat erhalten hatte, ist nach Überzeugung der Kammer an einem **Arbeitsverhältnis** im unionsrechtlichen Sinne nicht zu zweifeln. Die „Vergütung" erreichte leicht den Gegenwert von über 1 000 € mtl. Hinzu kommt der bezahlte Urlaub. Im Gegenzug ist eine tägliche „Arbeitszeit" von 4 – 5 Stunden an wohl sechs Wochentagen als nahezu Vollzeitbeschäftigung anzusehen.

Mit Urteil v. 9.3.2016, 14 K 14151/14, bisher n.v., hat es das FG Berlin-Brandenburg abgelehnt, ein **Mietverhältnis** – zusätzlich zum Au-pair-Vertrag – zwischen dem Stpfl. und dem Au-pair über die von diesem genutzten Räume anzuerkennen. Insbesondere stelle sich die Überlassung der Wohnung im Haus des Stpfl. an das Au-pair nicht als entgeltliche Nutzungsüberlassung dar. Ausgehend von dem zugrundeliegenden Au-pair-Vertrag hatte der Stpfl. dem Au-pair die Wohnung unentgeltlich zu überlassen. Der demgegenüber vorhandene Anspruch auf die Au-pair-Leistungen habe damit zwar in einem Austauschverhältnis gestanden, sei aber im Hinblick auf die Besonderheiten eines Au-pair-Verhältnisses nicht an wirtschaftlichen Gesichtspunkten ausgerichtet gewesen. In dem zusätzlich geschlossenen Mietvertrag sah das FG daher ein nach § 41 Abs. 2 AO unbeachtliches Scheingeschäft mit dem Ziel der steuerlichen Berücksichtigung von Verlusten aus Vermietung und Verpachtung.

Außenrequisiteur bei Fernsehanstalten: Regelmäßig Arbeitnehmer (BAG v. 2.6.1976, 5 AZR 131/75). 229

Auszubildende in Pflegeberufen: Die Ausbildungen in der Altenpflege, der Gesundheits- und Krankenpflege und der Gesundheits- und Kinderkrankenpflege sind zu einem einheitlichen Berufsbild zusammengefasst. Die Ausbildung kann i.R. der dual organisierten beruflichen oder hochschulischen Pflegeausbildung erfolgen. 230

Teilnehmerinnen und Teilnehmer an Ausbildungen mit Abschnitten des schulischen Unterrichts und der praktischen Ausbildung, für die ein Ausbildungsvertrag und ein Anspruch auf Ausbildungsvergütung besteht, sind in den einzelnen Zweigen der Sozialversicherung den zur Berufsausbildung Beschäftigten gleichgestellt. Somit liegt in diesen Fällen Versicherungspflicht in der Kranken-, Pflege-, Renten- und Arbeitslosenversicherung vor.

Automatenbetreuer: Arbeitnehmer, wenn ein bestimmter Arbeitsplan, eine Mindestarbeitszeit und ein festes Arbeitspensum besteht; die Gestaltung als „freies Mitarbeiterverhältnis" ist dann unerheblich (FG Nürnberg v. 17.5.1977, V 75/76, EFG 1977, 555). 231

Automechaniker: Eine abhängige, sozialversicherungsrechtliche Beschäftigung eines auf Stundenlohnbasis in einer Werkstatt tätigen Automechanikers kann auch bei einer Vertragsgestaltung vorliegen, bei der es weitgehend dem Beschäftigten überlassen bleibt, ob er einen Auftrag annimmt oder ablehnt (LSG Baden-Württemberg v. 26.1.2016, L 11 R 3553/13). 232

Autor: Kein Arbeitnehmer. 233

Autoverkäufer: Autoverkäufer, die Neu- oder Gebrauchtfahrzeuge gegen Provision eines Autohauses verkaufen, führen diese Tätigkeit in einem abhängigen Beschäftigungsverhältnis und nicht als freier Handelsvertreter aus (s.a. den o.g. Abgrenzungskatalog). 234

Bäckerei-Verkaufsstellen-Betreiberin: Ist ein Franchisenehmer nach den tatsächlichen Umständen nicht in der Lage, seine vertraglichen Leistungspflichten alleine zu erfüllen, sondern auf Hilfskräfte angewiesen, und zugleich vertraglich berechtigt, seine Leistungen durch Dritte erbringen zu lassen, ist i.R. der erforderlichen Gesamtschau regelmäßig davon auszugehen, dass kein Arbeitsverhältnis vorliegt. Das gilt selbst dann, wenn er im Hinblick auf die tatsächliche Durchführung seiner Tätigkeit einer Vielzahl engmaschiger Vorgaben des Franchisegebers unterliegt (LAG Düsseldorf v. 27.8.2010, 10 Sa 90/10). 235

Bademeister in Badeanstalten: Arbeitnehmer (BSG v. 30.5.1967, 3 RK 74/64). 236

Baggerfahrer: Ein Baugeräteführer, der als Baggerfahrer Aufträge übernimmt, für die ein Festpreis vereinbart wurde, und der nach 237

Auftragserteilung keine Einzelweisungen mehr erhält, kann auch dann als Selbständiger tätig sein, wenn er über keinen eigenen Bagger verfügt (LSG Baden-Württemberg v. 16.12.2014, L 11 R 2387/13). **Bauarbeiter**, die auf Baustellen mit einfachen Arbeiten beschäftigt werden, hierfür einen Stundenlohn erhalten und am Markt nicht erkennbar unternehmerisch auftreten, sind hingegen regelmäßig abhängig Beschäftigte. Die Anmeldung eines eigenen Gewerbes oder die Tätigkeit für weitere Auftraggeber widerspricht dem nicht (LSG Baden-Württemberg v. 18.3.2025).

238 **Barmitarbeiter:** Eine **Bardame** ist Arbeitnehmerin, wenn sie nach dem Umsatz entlohnt wird, jedoch in den Betrieb eingegliedert ist, also z.B. feste Arbeitszeiten (Schichtdienst) hat (FG Rheinland-Pfalz v. 13.12.1982, 5 K 335/81, EFG 1983, 505; FG Köln v. 30.1.1985, I (VI) 589 – 593/80, EFG 1985, 524; BFH v. 27.1.1997, V B 83/96). Keine Arbeitnehmerin, wenn sie außer einem geringen Fixum mit 30 % am Sekt- und Weinumsatz beteiligt ist und sich Arbeitstage und -zeiten nach eigenem Gutdünken aussuchen kann (FG Rheinland-Pfalz v. 27.1.1986, 5 K 67/85, EFG 1986, 299).

Wer auf Grund eines **Beratervertrages** in einem Club bzw. einer Bar arbeitet und hierfür eine gleichbleibende monatliche Vergütung erhält, ist auch dann sozialversicherungspflichtig beschäftigt, wenn er nach dem Beratervertrag zwar unterschiedliche Dienstleistungen (z.B. Einarbeitung und Schulung von Mitarbeitern, Beratung der Gäste, Erstellen der Cocktailkarte) schuldet, diesen Aufgaben aber keine unterschiedlichen Vergütungen zugeordnet werden (LSG Baden-Württemberg v. 21.10.2014, L 11 R 487/13).

239 **Bau- und Projektleiter:** Ein als Architekt und Bauleiter in einem Bauunternehmen tätiger Diplom-Ingenieur gilt als abhängig Beschäftigter, wenn er am Betriebssitz des Unternehmens eingestellt ist, in der Gestaltung seiner Arbeitszeit eingeschränkt ist, eine erfolgsunabhängige Vergütung auf Stundenbasis erhält, weder eigenes Kapital noch eigene Betriebsmittel einsetzt und die Tätigkeit persönlich ausführt. Bei Vorliegen dieser Merkmale ist für die Annahme einer abhängigen Beschäftigung das Fehlen eines Urlaubsanspruchs und eines Anspruchs auf Entgeltfortzahlung im Krankheitsfall unbeachtlich. Dies gilt in gleicher Weise, wenn der Betreffende auch noch für andere Auftraggeber tätig ist (SG Detmold v. 25.3.2014, S 22 R 1001/13).

Die Tätigkeit als Bauleiter in einem Architekturbüro ist eine abhängige Beschäftigung (SG Dortmund v. 10.3.2020, S 34 BA 4/19).

240 **Baugewerbe:** Bei sog. Betonglättern, die als Teil einer Arbeitskolonne mit dem Einbau und dem maschinellen Glätten von Betonfußböden beauftragt werden, handelt es sich typischerweise nicht um selbständige Subunternehmer, sondern um Arbeitnehmer des Auftraggebers und Organisators der Kolonne, weil die Tätigkeiten ihrem Wesen nach einfach sind und eine enge zeitliche und inhaltliche Abstimmung der eingesetzten Personen erfordern. Daneben sind die Eingliederung in die Organisation des Auftraggebers und die Abhängigkeit von den Weisungen eines Kolonnenführers notwendig und typisch (FG Hessen v. 21.3.2018, 6 K 1655/17). Ebenso LSG Sachsen v. 17.2.2021, L 6 U 245/17, betr. angeblich als „Nachunternehmer" beschäftigte Monteure für Elektroarbeiten.

Bei als Subunternehmer beauftragten Bauhilfskräften handelt es sich um Scheinselbständige, wenn mangels schriftlicher Verträge und aussagekräftiger Rechnungen diesen ein konkret von ihnen zu erbringendes Werk nicht zugeordnet werden kann (LSG Berlin-Brandenburg v. 25.6.2021, L 28 BA 122/18).

Der mit einer aus drei ungarischen Staatsangehörigen bestehenden GbR geschlossene Nachunternehmervertrag über **Trockenbau- und Brandschutzarbeiten** ist für die Beurteilung des sozialversicherungsrechtlichen Status der drei Bauarbeiter nur von geringer Aussagekraft. Sofern der Vertrag in der Praxis in keinem seiner wesentlichen Punkte umgesetzt wird und die Arbeiter tatsächlich wie vergleichbare Arbeitnehmer behandelt werden (z.B. Bustransfer zu den Baustellen; kein Unternehmerrisiko), hat der Vertrag für die Statusbeurteilung keine Bedeutung (vgl. LSG Hessen v. 26.1.2023, L 8 BA 51/20).

241 **Bausparkasse:** Die Immobilienberaterin einer Bausparkasse steht in keinem Arbeitsverhältnis zu ihrem Vertragspartner, wenn sie im Wesentlichen frei ihre Arbeitszeit bestimmen und ihre Tätigkeit gestalten kann (LAG Rheinland-Pfalz v. 16.2.2012, 11 Sa 534/11).

Bedienungspersonal in Gastronomiebetrieben: Kellner werden ebenso wie Aushilfskellner regelmäßig als Arbeitnehmer tätig (BFH v. 24.11.1961, VI 183/59 S, BStBl III 1962, 37 und LSG Baden-Württemberg v. 21.6.2018, L 13 R 127/17, betr. eine Bedienung und Küchenhilfe in einem Spielcasino). Dies gilt selbst dann, wenn der Arbeitslohn in einer Umsatzprovision besteht. Für die Annahme einer selbständigen Tätigkeit fehlt es am Unternehmerrisiko. Es besteht lediglich ein gewisses Vergütungsrisiko, das aber für Arbeitnehmer in der Gastronomie berufstypisch ist. 242

Eine entsprechend dem Berufsbild einer gelernten Kellnerin arbeitende Servierkraft ist regelmäßig nichtselbständig tätig, auch wenn sie zum Teil höherwertige Aufgaben der Planung und Organisation wahrnimmt und als „Eventmanagerin" bezeichnet wird. Für die Einordnung als selbständige Tätigkeit ist nicht der Wille entscheidend, sondern die konkreten Umstände der Beschäftigung (LSG Sachsen-Anhalt v. 18.10.2012, L 1 R 283/11).

Hält ein gastronomischer Unternehmer fest angestelltes Stammpersonal und bedient er sich darüber hinaus aus einem Pool der ihm zur Verfügung stehenden Kellner und Barkeeper nach dem jeweiligen Bedarf, so folgt aus der fehlenden festen Anstellung dieser letztgenannten Mitarbeiter nicht, dass es sich bei diesen um selbständige Unternehmer handelt. Allein daraus, dass hier ein Beschäftigungsverhältnis je nach Bedarf ausgehandelt wird, ergibt sich keine andere Wertung, weil sie vollständig in die Arbeitsorganisation des Gastronomiebetriebes eingegliedert sind (LSG Sachsen-Anhalt v. 1.12.2010, L 1 R 213/10 B ER).

Das in Gastronomiebetrieben tätige Bedienungspersonal, welches ein Gewerbe zur „Vermittlung von Speisen und Getränken" angemeldet hat, ist nach dem Gesamtbild der ausgeübten Tätigkeit nichtselbständig tätig (s.a. den o.g. Abgrenzungskatalog sowie LSG Berlin-Brandenburg v. 30.5.2017, L 1 KR 280/16). Vgl. aber auch BAG v. 12.12.2001, 5 AZR 253/00: Übernahme der Stand- und Pausenbewirtung in einer Veranstaltungshalle – keine Arbeitnehmereigenschaft bei Berechtigung zur Erbringung der Dienstleistung durch Dritte.

Freiwillige Trinkgelder sind bei Arbeitnehmern seit 1.1.2002 in voller Höhe nach § 3 Nr. 51 EStG steuerfrei (→ *Trinkgelder* Rz. 4128).

Berater: Personen, die sich als sog. Auftragnehmer gegenüber einem Auftraggeber vertraglich zu einer Tätigkeit als „selbständiger Berater" verpflichten, sind bei diesem Auftraggeber abhängig (sozialversicherungspflichtig) beschäftigt, wenn sie in tatsächlicher Hinsicht ausschließlich für diesen Auftraggeber tätig werden, sie vom Auftraggeber nach Anzahl der geleisteten Beratungsstunden entlohnt werden und die vertraglich vereinbarte Beratungsleistung derart unbestimmt ist, dass sie durch weitere Vorgaben konkretisiert werden muss, und zudem nur dazu dient, dass der Auftraggeber eine eigene Verpflichtung gegenüber einem anderen Unternehmen (sog. Endkunde) erfüllen kann (LSG Baden-Württemberg v. 26.7.2016, L 11 R 5180/13). 243

Ein Berater mit nur einem Auftraggeber (ein Direktvertriebsunternehmen) kann dagegen selbständig tätig werden, wenn er nicht verpflichtet ist, tatsächlich tätig zu werden oder bestimmte Arbeits- oder Anwesenheitszeiten einzuhalten, keine Mindestmengen bestellen oder keine Pflichtumsätze erwirtschaften muss und seine Tätigkeit jederzeit ohne Einhaltung einer Kündigungsfrist beenden kann (LSG Baden-Württemberg v. 8.12.2017, L 4 R 5045/15). Ebenso LSG Berlin-Brandenburg v. 14.3.2013, L 22 R 881/10, für sog. Amway-Berater.

Beratungsanwärter bei der Bundesagentur für Arbeit: Arbeitnehmer, die Ausbildungsvergütungen sind nicht nach § 3 Nr. 11 EStG steuerfrei (FG Baden-Württemberg v. 25.8.1981, IX 384/78, IV 530/78, EFG 1982, 130). 244

Beratungsstellenleiter eines Lohnsteuerhilfevereins: Kein Arbeitnehmer, wenn sich die Vergütungen nach der Höhe der Mitgliedsbeiträge, der Aufnahmegebühren und der Zahl der Mitglieder richten und die Arbeitszeit frei eingeteilt werden kann (BFH v. 10.12.1987, IV R 176/85, BStBl II 1988, 273; BFH v. 18.5.1988, X R 57/81). 245

Bereitschaftsarzt für Blutproben: Kein Arbeitnehmer (BSG v. 22.2.1973, RU 110/71). 246

Bereitschaftsbetreuung, -pflege: Ist eine Betreuerin für die Kommune in der familiären Bereitschaftsbetreuung i.R. der Inobhutnahme von Kindern gem. § 42 SGB VIII in der Weise tätig, dass 247 das zu betreuende Kind in ihrer Familie lebt und erhält sie dafür monatlich 1 238 €, wovon 771 € auf die Kosten der Erziehung entfallen, so ist davon auszugehen, dass nicht das Erzielen von Einkünften, sondern die uneigennützige Hilfe der zu betreuenden Kinder im Vordergrund steht. Hierbei ist nicht von der Ausübung eines abhängigen Beschäftigungsverhältnisses auszugehen. Für diese Auslegung spricht die Regelung in § 39 Abs. 4 Satz 2 SGB VIII. Der Gesetzgeber ist danach davon ausgegangen, dass die Bereitschaftspflege im Regelfall nicht i.R. eines abhängigen Beschäftigungsverhältnisses ausgeübt wird. Spricht lediglich der Umstand, dass die Betreuungsperson in gewissem Umfang einem Zeit, Dauer, Ort und Art der Ausführung umfassenden Weisungsrecht der Kommune unterliegt, für ein abhängiges Beschäftigungsverhältnis, so ist in Anbetracht der niedrigen Vergütung, die eher einer Aufwandsentschädigung entspricht, bei einer Gesamtbetrachtung von einer selbständigen Tätigkeit auszugehen (SG Düsseldorf v. 13.12.2016, S 7 R 2581/14).

Auch die Verpflichtung, 24 Stunden täglich erreichbar zu sein, begründet nicht zwangsläufig eine abhängige Tätigkeit (SG Dresden v. 15.11.2016, S 33 R 773/13).

248 **Besamungstechniker:** Besamungstechniker bzw. Besamungsbeauftragte (Berufsbezeichnung aktuell: Fachagrarwirt/in für Besamungswesen) üben grds. eine abhängige Beschäftigung aus (s.a. den o.g. Abgrenzungskatalog).

249 **Besucherdienst im Bundestag:** Die Tätigkeit eines auf Honorarbasis tätigen Dozenten beim Besucherdienst des Deutschen Bundestags, der Besuchergruppen des Deutschen Bundestags – in erster Linie Schüler, aber auch Angehörige der Bundeswehr, Lehrer und andere Ausbilder sowie Multiplikatoren im Bereich der politischen Bildung – über dessen Funktion, Struktur und Arbeitsweise sowie über die demokratischen Willensbildungs- und Entscheidungsprozesse informiert, ist eine **selbständige Tätigkeit** (BFH v. 7.1.2015, V B 102/14). Ebenso BAG v. 15.2.2012, 10 AZR 111/11, betr. einen Rahmenvertrag als freier Mitarbeiter über die selbständige Betreuung von Veranstaltungen i.R. der Öffentlichkeitsarbeit des Deutschen Bundestages.

SG Berlin (Urteil v. 26.10.2012, S 81 KR 2081/10) nimmt demgegenüber eine **abhängige Beschäftigung** an, wenn eine Besucherbetreuerin des Bundestages in sehr hohem Maße in die Arbeitsorganisation des Besucherdienstes eingegliedert ist, weisungsgebunden tätig ist und die tatsächlichen Arbeitsbedingungen deutlich für eine Angestelltentätigkeit sprechen.

Dies gilt auch für sog. Honorarkräfte, die als „freie Mitarbeiter" die Betreuung von Veranstaltungen i.R. der Öffentlichkeitsarbeit des Deutschen Bundestags (Ausstellungen, Info-Mobil, Messen und Sonderveranstaltungen) übernehmen (LSG Berlin-Brandenburg v. 7.7.2017, L 1 KR 41/14).

250 **Betreuer:** Für Volljährige, die auf Grund einer psychischen Krankheit oder einer körperlichen, geistigen oder seelischen Behinderung ihre Angelegenheiten ganz oder teilweise nicht besorgen können, bestellt das **Betreuungsgericht einen Betreuer** (vgl. §§ 1896 ff. BGB). Die Rechte und Pflichten eines Betreuers sind gesetzlich geregelt und nicht abdingbar. Ein Betreuer wird vom Betreuungsgericht bestellt, das auch den Betreuungsumfang zur Gewährung staatlichen Beistands in Form von tatsächlicher und rechtlicher Fürsorge festlegt. Eine Tätigkeit als Berufsbetreuer setzt mindestens zehn Betreuungsverhältnisse voraus. **Berufsbetreuer** erhalten zwar eine Vergütung, die jedoch vom Betreuungsgericht festgelegt wird.

In dem übertragenen Aufgabenkreis vertritt der Betreuer den Betreuten gerichtlich und außergerichtlich (§ 1902 BGB) und er ergreift die erforderlichen Maßnahmen unter Beachtung des Wohls und der Wünsche des Betreuten (§ 1901 Abs. 1 bis 3 BGB). Gegenüber dem Betreuungsgericht hat der Betreuer Mitteilungspflichten und bestimmte Maßnahmen bedürfen der Genehmigung des Betreuungsgerichts.

Dieser gesetzliche Rahmen ist nicht geeignet, die Voraussetzungen eines Beschäftigungsverhältnisses weder in der Rechtsbeziehung zwischen Betreuer und Betreutem noch in dem Verhältnis zwischen Betreuer und Betreuungsgericht festzustellen (s.a. den o.g. Abgrenzungskatalog).

Zur steuerlichen Behandlung von **Mannschaftsbetreuern** usw. → *Nebenberufliche steuerbegünstigte Tätigkeiten* Rz. 3248. **Ehrenamtliche Betreuer**, die nach §§ 1896 ff. BGB Volljährige auf Grund einer psychischen Krankheit usw. betreuen, sind selbständig tätig; zur Besteuerung der Entschädigungen → *Nebenberufliche steuerbegünstigte Tätigkeiten* Rz. 3262.

Betriebsberater: Kein Arbeitnehmer, wenn er wie Unternehmensberater mit eigenem Büro für mehrere Auftraggeber sowie zeitlich unabhängig und auf eigene Kosten arbeitet (FG Niedersachsen v. 21.10.1974, IV 129/73, EFG 1975, 343). 251

Betriebshelfer in der Land- und Forstwirtschaft: → *Land- und forstwirtschaftliche Betriebshilfsdienste* Rz. 2830 252

Betriebsleiter: Ein Betriebsleiter (fachtechnischer Betriebsleiter, Bauleiter und Prokurist einer GmbH) nach § 7 Abs. 1 HwO ist i.S.v. § 7 Abs. 1 SGB IV in den Betrieb eingegliedert, weil leitende Tätigkeiten innerhalb eines Unternehmens generell nur bei einer Integration in die fremde Betriebsorganisation möglich sind (LSG Berlin-Brandenburg v. 15.1.2021, L 9 KR 439/17). 253

Betriebswirt in Rechtsanwaltskanzlei: Kann je nach Einzelfall Arbeitnehmer sein (OLG Köln v. 15.9.1993, 2 W 149/93). 254

Bewachungsgewerbe: Als Bewachungsgewerbe definiert § 34a GewO die gewerbsmäßige Bewachung von Leben oder Eigentum fremder Personen, die nach dieser Vorschrift der Erlaubnis der zuständigen Behörde bedarf. Für die Durchführung von Kontrollgängen im öffentlichen Verkehrsraum oder in Hausrechtsbereichen mit tatsächlich öffentlichem Verkehr, des Schutzes vor Ladendieben und der Bewachungen im Einlassbereich von gastgewerblichen Diskotheken ist darüber hinaus der Nachweis einer vor der Industrie- und Handelskammer erfolgreich abgelegten Sachkundeprüfung erforderlich. Dies gilt gleichermaßen für vom Gewerbetreibenden beschäftigte Personen. 255

Ohne Erlaubnis nach § 34a GewO darf demnach eine Person in nach Gewerberecht rechtlich zulässiger Weise nicht als Selbständiger im Bewachungsgewerbe für Dritte tätig werden (s.a. den o.g. Abgrenzungskatalog).

Bezirksleiter bei Lotto- und Totogesellschaften: Betreibt der Wetteinnehmer einer Lotto-Annahmestelle ein Ladengeschäft als Einzelkaufmann, erhält er von seinem Auftraggeber lediglich Provisionen für erfolgte Wetteinsätze, unterliegt er keinem Weisungsrecht, ist er frei hinsichtlich seiner Arbeitszeit, muss er seine Arbeitsleistung nicht persönlich erbringen und trägt er das unternehmerische Risiko für seine Tätigkeit allein, so ist von dem Bestehen einer selbständigen Tätigkeit auszugehen (LSG Berlin-Brandenburg v. 18.9.2020, L 1 BA 55/18). 256

A.A. LSG Niedersachsen-Bremen v. 13.12.2017, L 2 R 359/17: Ist die regelmäßig gewährte Vergütung zu erheblichen Teilen dazu bestimmt, vom Beauftragten persönlich zu erbringende Arbeitsleistungen zu honorieren, dann stellt dies auch dann ein für eine abhängige Beschäftigung sprechendes Indiz dar, wenn ein weiterer Teil der Vergütung zur Abgeltung des Einsatzes von Hilfskräften bestimmt ist. Die Einrichtung eines Einstandsgeldes durch den Dienstleistenden bei Aufnahme seiner Tätigkeit kann nicht als eine für eine selbständige Tätigkeit sprechende unternehmerische Investition gewertet werden, wenn mit dieser Zahlung keine werthaltigen Vermögensgegenstände oder Rechte erworben werden.

Bildberichterstatter: Grds. kein Arbeitnehmer (vgl. BFH v. 10.12.1964, IV 238/61 U, BStBl III 1965, 114) kann je nach den Umständen des einzelnen Falls aber auch als Arbeitnehmer tätig werden (BAG v. 29.1.1992, 7 ABR 25/91). 257

Bodenprüfer: Arbeitnehmer, wenn er durch Bindung an den Einsatzbezirk sowie Zeit und Umfang der Tätigkeit in den Betrieb einer Behörde eingegliedert ist (FG Nürnberg v. 15.3.1983, II 34/80, EFG 1984, 48). 258

Bodenverleger: Arbeitnehmer, wenn ihnen die Baustellen zugewiesen und die Zeiten der Leistungserbringung bestimmt werden. Das Fehlen von Bestimmungen in Bezug auf zustehenden Urlaub bzw. Lohnfortzahlung im Krankheitsfall ist bei kurzfristigen Arbeitseinsätzen ohne ausschlaggebende Bedeutung (BFH v. 2.3.2005, VI B 161/04). 259

Bordell: Sexarbeiterinnen eines Bordells, die umfassende und detaillierte Anweisungen bei ihrer Arbeit verfolgen müssen, sind als abhängig Beschäftigte tätig und unterliegen somit der Sozialversicherungspflicht (SG Düsseldorf v. 11.9.2014, S 5 R 120/14 ER). 260

Dies gilt auch für eine sog. Honorarkraft, die dort als Empfangsdame und Telefonistin tätig ist, Gelder von den Kunden kassiert und Getränke zubereitet (LSG Nordrhein-Westfalen v. 24.11.2015, L 8 R 595/15 B ER).

Bieten Prostituierte auf Honorarbasis ihre Dienste an und sind sie nicht in den Betrieb des Clubs eingegliedert, sondern entscheiden sie selbst über ihre Arbeitszeit, sind sie selbständig tätig und erzielen Einkünfte aus Gewerbebetrieb (BFH v. 12.5.2016, VII R 50/14, BStBl II 2016, 730 zum sog. Düsseldorfer Verfahren).

261 **Buchgemeinschaft:** Nebenberufliche Vertrauensleute sind keine Arbeitnehmer (BFH v. 11.3.1960, VI 186/58 U, BStBl III 1960, 215).

262 **Buchhalter, Buchführungshilfe, Bürokraft, Büroservicekraft:** Für die Beurteilung der Arbeitnehmereigenschaft kommt es immer auf die Gesamtumstände des einzelnen Falles an:

a) Arbeitnehmereigenschaft bejaht wurde z.B. bei

- einer mit Dienstleistungen im Bereich Buchhaltungs- und Lohnabrechnungsarbeiten beschäftigten Person, die in die organisatorischen Strukturen eines Unternehmens eingegliedert ist, dabei zur persönlichen Leistungserbringung verpflichtet ist, die Vergütung zudem zeitabhängig erfolgt und kein nennenswertes unternehmerisches Risiko besteht (SG Landshut v. 11.3.2019, S 1 BA 22/18; ebenso SG Dortmund v. 11.3.2019, S 34 BA 68/18, betr. eine Lohnbuchhalterin),
- einer Kauffrau, die ein Gewerbe für Buchungs-, Schreib- und Büroarbeiten angemeldet hat, für ihren Auftraggeber Lohn- und Finanzbuchungstätigkeiten verrichtet, diese Tätigkeit ausschließlich zu vereinbarten Zeiten in den Räumen ihres Auftraggebers ausübt, bei ihrer Tätigkeit auf die Zusammenarbeit mit festangestellten Mitarbeitern des Auftraggebers angewiesen ist, ein unternehmerisches Risiko nicht zu tragen hat und entweder eine vereinbarte Vergütung pro Arbeitsstunde oder ein monatliches steuerpflichtiges Arbeitsentgelt erhält; demgegenüber kommt dem Umstand, dass sie keine Ansprüche auf Entgeltfortzahlung im Krankheitsfall und auf bezahlten Urlaub hat, keine eigenständige Bedeutung zu (SG Landshut v. 11.3.2019, S 1 BA 30/18).

b) Arbeitnehmereigenschaft abgelehnt wurde dagegen z.B. bei

- einer für einen Steuerberater auf der Grundlage eines Vertrages über freie Mitarbeit mit einem Stundenhonorar von 35 € und einer zusätzlichen Umsatzbeteiligung tätigen Bilanzbuchhalterin, wenn in dem Vertrag das Weisungs- und Direktionsrecht des Arbeitgebers ausdrücklich ausgeschlossen wird; dem steht nicht entgegen, dass es sich dabei um eine zuarbeitende Tätigkeit handelt und die Endkontrolle und das damit verbundene Letztentscheidungsrecht (gegenüber dem Mandanten) vom Steuerberater (Arbeitgeber) ausgeübt wird (LSG Baden-Württemberg v. 23.10.2018, L 11 R 1095/17).

263 **Büfettier:** Arbeitnehmer (BFH v. 31.1.1963, V 80/60 U, BStBl III 1963, 230); kein Arbeitnehmer bei berechtigtem und notwendigem Einsatz von Hilfskräften (BAG v. 12.12.2001, 5 AZR 253/00).

264 **Bühnenbildner:** Arbeitnehmer, wenn er in einen Betrieb eingegliedert ist, d.h. feste Arbeitszeiten hat (BAG v. 3.10.1975, 5 AZR 445/74), nicht dagegen ein Gast-Bühnenbildner (LSG Berlin v. 8.5.1985, L 9 Kr 87/83). Zur Beurteilung der Frage, ob eine Tätigkeit als abhängiges Beschäftigungsverhältnis i.S.d. Sozialversicherung oder als selbständige Erwerbstätigkeit zu bewerten ist, erfolgt eine Gesamtabwägung im Einzelfall. Das BSG hat nunmehr entschieden, dass ausnahmsweise der Wille der Vertragsparteien dann entscheidungserheblich ist, wenn die Umstände bei der Gesamtabwägung gleichermaßen sowohl für ein abhängiges Beschäftigungsverhältnis als auch für eine selbständige Erwerbstätigkeit sprechen.

265 **Call-Agent:** Viele Firmen bedienen sich sog. Call-Agents, die Kunden anrufen und nach der Zufriedenheit mit den von ihnen gekauften Produkten fragen. Ein „Call-Agent" kann im Einzelfall selbständig beschäftigter Subunternehmer eines Telefonmarketing-Unternehmens sein (LSG Berlin-Brandenburg v. 26.6.2009, L 1 KR 156/08).

266 **Call-Center:** Die Tätigkeit als Call-Center-Mitarbeiterin, die – auch i.R. vorgegebener projektbezogener Einsätze – in einer Telemarketingagentur Dienstleistungen in Form von Beratung, Vermittlung und Verkauf an Neu- und Bestandskunden sowie Marktanalysen telefonisch durchführt und abwickelt, wird i.d.R. i.R. eines abhängigen Beschäftigungsverhältnisses ausgeübt, wenn sich die Tätigkeit von einer vergleichbaren Arbeitnehmertätigkeit nicht wesentlich unterscheidet und keine besonderen, auf ein Unternehmerrisiko hinweisenden Umstände im Einzelfall erkennbar sind (LSG Sachsen v. 6.3.2012, L 5 KR 152/10; s. ferner LSG Bayern v. 17.2.2009, L 5 R 412/08).

Das eine Sozialversicherungspflicht begründende Weisungsrecht des Arbeitgebers kann sich aus einem außerhalb des Beschäftigungsvertrages bestehenden Regelwerk ergeben, wenn im Beschäftigungsvertrag in Form einer dynamischen Verweisung auf dieses Regelwerk Bezug genommen wird (LSG Baden-Württemberg v. 28.4.2009, L 11 KR 2495/05).

Eine selbständige Tätigkeit ist jedoch anzunehmen, wenn die Mitarbeiterin ihre Arbeitszeit selbst steuern und bestimmen kann, sie keinem Weisungs- oder Direktionsrecht unterliegt, sie die Beratungstätigkeit in eigener Verantwortung ausführt, es keine Entgeltfortzahlung im Krankheitsfall gibt und keine Urlaubsregelung besteht und sie berechtigt ist, unter Beachtung der fachlichen Qualifikation für die Tätigkeit eigene Mitarbeiter einzusetzen (LSG Berlin-Brandenburg v. 4.5.2016, L 1 KR 397/15).

Chauffeurdienste: Ist ein Chauffeur für ein Fahrdienstleistungen 267
anbietendes Unternehmen in dessen betriebliche Organisation eingegliedert und den Weisungen seines Auftraggebers unterworfen, hat er kein unternehmerisches Risiko zu tragen, erfolgt die Abrechnung der Fahrdienstleistungen über das Unternehmen, stellt dieses die Fahrzeuge zur Verfügung und trägt die anfallenden Kosten und sind die Leistungen höchstpersönlich zu erbringen, so ist von dem Bestehen einer abhängigen Beschäftigung auszugehen. Dem widerspricht nicht die Anmeldung eines selbständigen Gewerbes durch den Chauffeur, das Fehlen eines Entgeltfortzahlungsanspruchs im Krankheitsfall und von bezahltem Urlaub und das Recht für weitere Auftraggeber tätig zu werden (LSG Berlin-Brandenburg v. 4.6.2021, L 26 BA 61/19).

Chefarzt: Arbeitnehmer, kann aber auch eine „gemischte Tätig- 268
keit" ausüben (→ *Arzt* Rz. 816).

Chorleiter: Nebenberufliche Leiter von Laienchören (vokal oder 269
instrumental) stehen regelmäßig nicht in einem abhängigen Beschäftigungsverhältnis zum Chor bzw. zum Trägerverein des Chores, sofern sich aus dem Engagementvertrag nichts Abweichendes ergibt (s.a. den o.g. Abgrenzungskatalog).

Codierungserfasser im Verlag: Arbeitnehmer (LAG Düsseldorf v. 270
5.12.1988, 4 Sa 1288/88).

Concierge: Der in einem Hotel tätige Concierge ist regelmäßig 271
abhängig beschäftigt (LSG Berlin-Brandenburg v. 26.11.2020, L 9 KR 242/17).

Conférencier: Im Allgemeinen kein Arbeitnehmer (FG Düsseldorf/ 272
Köln v. 27.6.1963, EFG 1963, 589).

Containerreparateur: Ist ein Rahmen für die Arbeitszeit ebenso 273
vorgegeben wie der Arbeitsort, werden keinerlei eigene Betriebsmittel eingesetzt und sieht der zugrundeliegende Vertrag ein beiderseitiges Kündigungsrecht vor, so sprechen solche Umstände für das Vorliegen eines abhängigen Beschäftigungsverhältnisses. Die Möglichkeit der Beauftragung von Subunternehmern spricht dann nicht gegen das Vorliegen einer abhängigen Beschäftigung, wenn diese nur theoretisch besteht, aber nicht praktiziert wird (LSG Hamburg v. 14.12.2011, L 2 R 139/10).

Croupier: Regelmäßig Arbeitnehmer (BFH v. 18.12.2008, 274
VI R 49/06, BStBl II 2009, 820 betr. Versteuerung der Trinkgelder sowie → *Spielbank: Mitarbeiter* Rz. 3969).

Crowdworker, Gigworker: Die kontinuierliche Durchführung 275
einer Vielzahl von Kleinstaufträgen („Mikrojobs") durch Nutzer einer Online-Plattform („Crowdworker") auf der Grundlage einer mit dem Betreiber („Crowdsourcer") getroffenen Rahmenvereinbarung kann i.R. der nach § 611a Abs. 1 Satz 5 BGB gebotenen Gesamtbetrachtung zur Annahme eines **Arbeitsverhältnisses** führen, wenn der Crowdworker zur persönlichen Leistungserbringung verpflichtet ist, die geschuldete Tätigkeit ihrer Eigenart nach einfach gelagert und ihre Durchführungen inhaltlich vorgegeben sind sowie die Auftragsvergabe und die konkrete Nutzung der Online-Plattform i.S. eines Fremdbestimmens durch den Crowdsourcer gelenkt wird (BAG v. 1.12.2020, 9 AZR 102/20); u.a. zu Plattformarbeit s.a. → *Arbeitnehmer* Rz. 193.

Cutterin: Auch bei nicht programmgestaltenden Mitarbeitern von 276
Rundfunkanstalten ist die Arbeitnehmereigenschaft anhand der

allgemeinen Kriterien für die Abgrenzung zwischen einem Arbeitsverhältnis und einem freien Dienstvertrag zu prüfen (LAG Berlin-Brandenburg v. 2.6.2015, 11 Sa 89/15, Arbeitnehmertätigkeit bejaht). Die Tätigkeit eines Cutters/Editors kann sowohl selbständig als auch in einem abhängigen Beschäftigungsverhältnis ausgeübt werden. Überwiegt die schöpferische Leistung, spricht dies für eine selbständige Tätigkeit (LSG Bayern v. 8.11.2011, L 5 R 858/09). Es liegt dagegen eine abhängige Beschäftigung vor, wenn eine Cutterin Vorgaben und Weisungen zu beachten hat und somit in den Arbeitsprozess integriert ist (LSG Berlin-Brandenburg v. 20.11.2015, L 1 KR 298/13; LSG Sachsen v. 26.10.2016, L 1 KR 142/13).

277 **Datenschutzbeauftragter:** Kein Arbeitnehmer (LAG Hessen v. 28.2.1989, 4 TaBV 106/88).

278 **Deichläufer:** Deichläufer, die bei Vorliegen einer Katastrophe das Deichsystem der Oder kontrollieren, stehen in keinem Dienstverhältnis zu einem öffentlichen Katastrophenhelfer (FG Brandenburg v. 17.5.2001, 6 K 331/00, EFG 2001, 1280).

279 **Dekorateur:** Kann selbständig oder nichtselbständig sein. Sind keine Zahlungen im Krankheitsfall vereinbart, kann das für eine selbständige Tätigkeit sprechen (BSG v. 27.1.1977, 12/3 RK 33/75). S. zur Abgrenzung auch FG Niedersachsen v. 14.1.1980, IX 100/78, EFG 1980, 349.

Ein Schaufenstergestalter, der Leistungen erbringt, deren Umfang im Wesentlichen bei der Auftragsvergabe vorab vereinbart wird und die überwiegend nicht nach Stunden, sondern pauschal vergütet werden, ist selbständig tätig (LSG Baden-Württemberg v. 29.9.2015, L 11 R 3559/14).

280 **Dentalhygieniker:** Eine in einer Zahnarztpraxis ohne schriftliche Vereinbarungen tätige Dentalhygienikerin ist selbständig tätig, wenn sie sowohl die Inhalte als auch die Zeiten, zu denen sie tätig sein will, frei bestimmen sowie Aufträge ablehnen kann und auch für andere Zahnarztpraxen tätig ist (SG Lüneburg v. 17.8.2015, S 1 R 529/11).

281 **Detektiv:** Bei einem Detektiv sind sowohl Merkmale der Selbständigkeit als auch der Abhängigkeit vorhanden – letztere überwiegen. Für die Abgrenzung ist nicht relevant eine für den Detektiv vorliegende Gewerbeerlaubnis, weil ein Gewerbeschein ohne nähere Prüfung ausgestellt wird. Ebenso ist nicht entscheidend, wenn kein Urlaub genommen wird. Gegen die Selbständigkeit spricht ein nicht vorhandenes Unternehmerrisiko des Detektivs, der keine Aufträge akquiriert und kein vorhandenes Kapital einsetzt. Ein festes erfolgsunabhängiges Honorar ist ein für einen Selbständigen untypisches Merkmal. Der Detektiv wird in der Rechtsprechung überwiegend als abhängig Beschäftigter beurteilt. (Kaufhaus-)Detektive, die i.R. eines Subunternehmerverhältnisses tätig sind, unterliegen als Arbeitnehmer der Versicherungs- bzw. Beitragspflicht in der Sozialversicherung (LSG Niedersachsen-Bremen v. 25.4.2018, L 2 R 558/17). S.a. den o.g. Abgrenzungskatalog.

Ist ein für eine Detektei zur Überwachung von Supermärkten Tätiger in den Betrieb seines Auftraggebers eingegliedert, erhält er eine nach einem vereinbarten Stundensatz festgelegte Vergütung entsprechend der geleisteten Arbeitszeit und hat er ein unternehmerisches Risiko nicht zu tragen, so ist von dem Bestehen eines abhängigen Beschäftigungsverhältnisses auszugehen. Dem widerspricht nicht, wenn er ein eigenes Gewerbe angemeldet hat und für weitere Auftraggeber tätig ist (LSG Hessen v. 6.4.2020, L 1 BA 27/18).

282 **Deutsche Gesellschaft zur Rettung Schiffbrüchiger:** Die ehrenamtlichen Mitarbeiter (z.B. Motormänner) sind Arbeitnehmer, sofern sie nicht nur Aufwandsersatz erhalten. Die Werbungskosten-Pauschsätze für Vor- und Motormänner und freiwillige Rettungsmänner sind ab 1.1.1998 aufgehoben worden (FinMin Niedersachsen v. 16.4.1998, S 2353 – 61 – 35, FR 1998, 586). Die Entschädigungen bleiben jedoch i.R. des § 3 Nr. 26 EStG steuerfrei (BayLfSt v. 8.9.2011, S 2121.1.1 – 1/33 St 32, sowie → *Nebenberufliche steuerbegünstigte Tätigkeiten* Rz. 3236).

283 **Deutsche Lebensrettungsgesellschaft (DLRG):** Rettungsschwimmer im vorbeugenden Wasserrettungsdienst sind keine Arbeitnehmer, sondern erzielen ggf. sonstige Einkünfte i.S.d. § 22 Nr. 3 EStG (OFD Niedersachsen v. 16.7.2014, S 2334 – 69 – St 213, auch zur Steuerbefreiung nach § 3 Nr. 26 EStG, → *Nebenberufliche steuerbegünstigte Tätigkeiten* Rz. 3236).

Diakonische Begleiter: Die diakonischen Begleiter christlicher Gefährdetenhilfen, die straffällige, strafentlassene oder auch drogenabhängige Personen betreuen und ihre Wiedereingliederung in ein geregeltes Leben fördern sollen, sind nach Auffassung der obersten Finanzbehörden Arbeitnehmer. 284

Diät- und Ernährungsberater: Im Krankenhaus tätige Ärzte, Krankenschwestern und -pfleger sowie Diät- und Ernährungsberater sind dort regelmäßig abhängig beschäftigt (LSG Baden-Württemberg v. 27.4.2016, L 5 R 852/14). 285

Dienstmänner (Gepäckträger): Regelmäßig keine Arbeitnehmer (RFH v. 29.4.1942, RStBl 1942, 572). Arbeitnehmer, wenn z.B. die Tätigkeit in einer sog. Gepäckträgergemeinschaft ausschließlich vom Willen der Deutschen Bahn AG abhängt und jegliches Unternehmerrisiko fehlt (FG Münster v. 28.5.1971, I 158/71 G, EFG 1971, 596). 286

Diplomanden: Durch einen Diplomandenvertrag (vorübergehende Beschäftigung zum Zweck der Anfertigung einer Diplomarbeit) wird kein steuerrechtliches Dienstverhältnis begründet (FG München v. 15.10.2001, 13 K 812/01). Nach Auffassung der Spitzenverbände der Sozialversicherungsträger (Besprechungsergebnis v. 15./16.11.2005) ist die für Diplomanden getroffene Regelung auf Personen, die sich zur Erstellung ihrer Abschlussarbeit i.R. eines Bachelor- oder Masterstudiengangs in einen Betrieb begeben, analog anzuwenden. Sofern die Absolventen eines Bachelor- oder Masterstudiengangs während der Zeit im Betrieb neben ihrer Abschlussarbeit keine für den Betrieb verwertbare Arbeitsleistung erbringen, gehören sie nicht zu den abhängig Beschäftigten; eine Kranken-, Pflege-, Renten- und Arbeitslosenversicherungspflicht kommt deshalb für sie nicht in Betracht. 287

Dirigenten: Der nebenberufliche Leiter eines Orchesters, das nur einmal wöchentlich im Rundfunk spielt und dessen wechselnde Mitglieder auch für andere Auftraggeber tätig sind, ist weder Arbeitnehmer des Rundfunks noch Arbeitgeber seiner Musiker (FG Hamburg v. 9.3.1955, EFG 1956, 19). Das Gleiche gilt für den Dirigenten eines Gesangvereins (RFH v. 14.12.1927, RStBl 1928, 124). S. zur weiteren Abgrenzung auch den sog. Künstlererlass (BMF v. 5.10.1990, IV B 6 – S 2332 – 73/90, BStBl I 1990, 638) sowie → *Künstler (und verwandte Berufe)* Rz. 2798. 288

Der Organisator und Dirigent einer **Kurkapelle**, der die vertraglich geschuldete Leistung nicht in Person zu erbringen hat, sondern die Durchführung der musikalischen Veranstaltungen als Ganzes und nicht nur die Tätigkeit eines Dirigenten schuldet, dazu die Musiker auswählen, engagieren, zur Verfügung stellen, entlohnen und die gesetzlichen Abgaben leisten muss, ist kein Arbeitnehmer, sondern selbständiger Unternehmer (BAG v. 20.1.2010, 5 AZR 99/09, sowie → *Musiker* Rz. 3197).

Es bestehen ernstliche Zweifel daran, ob ein Chefdirigent als Arbeitnehmer Einkünfte aus **nichtselbständiger Arbeit** erzielt und damit Lohnsteuer einzubehalten ist (**FG Berlin-Brandenburg** v. 13.1.2020, 9 V 9095/19, EFG 2020, 486).

Zur Abgrenzung der abhängigen Beschäftigung von der selbständigen Tätigkeit bei dem Chefdirigenten und künstlerischen Leiter eines Philharmonischen Orchesters gilt nach **SG Konstanz** v. 25.11.2019, S 4 R 2129/17, Folgendes:

1. Bei der Abgrenzung der abhängigen Beschäftigung von der selbständigen Tätigkeit ist von Ersterer auszugehen, wenn die Tätigkeit in einem Arbeitsverhältnis unter einer Weisungsgebundenheit verrichtet wird und eine Eingliederung in einen fremden Betrieb vorliegt. Demgegenüber ist eine selbständige Tätigkeit durch das eigene Unternehmerrisiko, eine eigene Betriebsstätte, die Verfügungsmöglichkeit über die eigene Arbeitskraft und die im Wesentlichen frei gestaltete Tätigkeit und Arbeitszeit gekennzeichnet.

2. Nach diesen Grundsätzen ist auch zu beurteilen, ob der Chefdirigent und künstlerische Leiter eines Philharmonischen Orchesters der Versicherungspflicht in der gesetzlichen Rentenversicherung und nach dem Recht der Arbeitsförderung unterliegt.

3. Unterliegt dieser keiner signifikanten Weisungsgebundenheit hinsichtlich Ort, Zeit und Art der Ausübung seiner Tätigkeit, ist ihm die freie Annahme und Ausführung anderweitiger Dirigate gestattet, kann er eigenständig die Programm- und Konzertinhalte bestimmen und hat er allenfalls ein geringes unternehmerisches Risiko zu tragen, so ist von dem Bestehen einer **selbständigen Tätigkeit** auszugehen.

4. Demgegenüber führt die Vereinbarung eines Pauschalhonorars nicht zur Annahme einer abhängigen Beschäftigung, wenn dessen Anteil am Gesamthonorar weniger als ein Viertel beträgt.

289 **Doktorand:** → *Doktoranden* Rz. 1599

290 **Doping-Kontrolleure** sind weisungsunterworfen und damit abhängig beschäftigt, wenn sie bei ihrer Tätigkeit streng an die Vorgaben von Anti-Doping-Organisationen gebunden sind, auch wenn das Unternehmen, das die Kontrolleure beschäftigt, die Dopingkontrollen lediglich im Auftrag der Anti-Doping-Organisationen durchführt. Die Vorgaben der Anti-Doping-Organisationen schlagen insoweit auf das Verhältnis zwischen den Kontrolleuren und dem Unternehmen durch (LSG Baden-Württemberg v. 18.3.2025, L 13 BA 3631/22).

291 **Dozenten: Lehrer**, die insbesondere durch Übernahme weiterer Nebenpflichten in den **Schulbetrieb** eingegliedert werden und nicht nur stundenweise Unterricht erteilen, stehen in einem abhängigen Beschäftigungsverhältnis.

Demgegenüber stehen **Dozenten/Lehrbeauftragte an Universitäten**, Hoch- und Fachhochschulen, Fachschulen, Volkshochschulen, Musikschulen sowie an sonstigen – auch privaten – Bildungseinrichtungen regelmäßig nicht in einem abhängigen Beschäftigungsverhältnis zu diesen Schulungseinrichtungen, wenn sie mit einer von vornherein zeitlich und sachlich beschränkten Lehrverpflichtung betraut sind, weitere Pflichten nicht zu übernehmen haben und sich dadurch von den fest angestellten Lehrkräften erheblich unterscheiden (s. ausführlich den o.g. Abgrenzungskatalog).

Im Übrigen kommt es für die Beurteilung der Arbeitnehmereigenschaft immer auf die Gesamtumstände des einzelnen Falles an (vgl. auch BSG v. 5.11.2024, B 12 BA 3/23 R):

a) Arbeitnehmereigenschaft bejaht wurde z.B. bei

- einem Dozenten/Lehrbeauftragten, der für ein Unternehmen, das im Weiterbildungs- und Qualifizierungsbereich tätig ist, Lehrveranstaltungen abhält; er ist trotz einer vertraglich vereinbarten Weisungsfreiheit und einer tatsächlich gelebten didaktischen Freiheit, auch in Ansehung dessen, dass aus dem Umstand, dass der Bildungsträger den äußeren Ablauf der Lehrveranstaltung bestimmt, nicht auf eine Weisungsgebundenheit geschlossen werden kann, jedenfalls dann nicht selbständig tätig, wenn er für seine Tätigkeit monatlich pauschal entlohnt worden ist und auch im Übrigen keinerlei unternehmerisches Risiko zu tragen hat (LSG Baden-Württemberg v. 22.9.2020, L 13 R 2137/17),
- einem Dozenten an einer Berufsfachschule; er war in deren Betrieb eingegliedert und der Schulleitung gegenüber weisungsgebunden, es war ein festes Stundenhonorar vereinbart und er hatte er kein unternehmerisches Risiko zu tragen. Dem widerspricht nicht das Fehlen eines Entgeltfortzahlungsanspruchs im Krankheitsfall (LSG Berlin-Brandenburg v. 7.12.2020, L 9 BA 54/18),
- einem Dozenten einer privaten Heilpraktikerschule wegen der allgemeinbildenden Schulen vergleichbaren starken Reglementierung des Ausbildungsganges sowie der starken betrieblichen Einbindung des Dozenten in den Unterrichtsbetrieb durch Vorgaben im Hinblick auf die Art und Weise der Erbringung der Leistung (Führen von Anwesenheitslisten sowie eines Klassenbuchs) und in Bezug auf das persönliche Verhalten des Dozenten (Pünktlichkeit, körperliche Verfassung, Einhalten von Thema und Termin uvm.). Demgegenüber fiel die Tatsache, dass der Dozent berechtigt war, die über ein Pool-System angebotenen Lehraufträge nicht anzunehmen, nicht entscheidend ins Gewicht (ArbG Heilbronn v. 15.8.2024, 8 Ca 325/24).

b) Arbeitnehmereigenschaft abgelehnt wurde dagegen z.B. bei

- einem Lehrer an einer Berufsfachschule für Notfallsanitäter; im Einzelfall wird eine Tätigkeit als Dozent an einer privaten, staatlich anerkannten Berufsfachschule für Notfallsanitäter als selbständige Tätigkeit erbracht, wenn von den Vertragsparteien eine selbständige Tätigkeit gewollt ist, was insbesondere in einem umfassenden Ausschluss eines Weisungsrechts zum Ausdruck kommt und in tatsächlicher Hinsicht die Erteilung von Weisungen hinsichtlich Ort, Zeit und Art und Weise der Durchführung nach Auftragsannahme in Abweichung von den vertraglichen Vereinbarungen nicht feststellbar ist. Das Unternehmerrisiko stellt bei reinen Dienstleistungen, die außer Know-how, Arbeitszeit- und Arbeitsaufwand, keinen besonderen Einsatz von Arbeitsmitteln erfordern, bei Fehlen von Investitionen kein ins Gewicht fallendes Indiz für eine abhängige Beschäftigung dar. Dies gilt gleichermaßen für die Vereinbarung eines festen Honorars (LSG Bayern v. 14.12.2020, L 7 BA 20/19);
- einem Dozenten einer privaten Heilpraktikerschule, der sich auf die in einem Dozentenportal ausgeschriebenen Kurse nach seiner freien Entscheidung bewerben konnte und mit dem sodann nach Zeit, Ort und Inhalt konkret benannte Einzelaufträge für Lehreinheiten vereinbart wurden (LAG Baden-Württemberg v. 10.12.2024, 2 Ta 5/24).

Anlässlich des weiteren Urteils des BSG v. 28.6.2022, B12 R 3/20 R (s.g. Herrenberg-Urteil, in dem das BSG in einem Einzelfall über die Versicherungspflicht der Tätigkeit einer Musiklehrerin an einer städtischen Musikschule auf Grund Beschäftigung entschieden hat) haben die Spitzenorganisationen der Sozialversicherung im Rahmen ihrer Besprechung über Fragen des gemeinsamen Beitragseinzugs am 4.5.2023 ihre Beurteilungsmaßstäbe für den Personenkreis der Lehrer und Dozenten präzisiert. Danach stehen Lehrer, Dozenten/Lehrbeauftragte an Universitäten, Hoch- und Fachhochschulen, Fachschulen, Volkshochschulen, Musikschulen sowie an sonstigen (auch privaten) Bildungseinrichtungen in einem Beschäftigungsverhältnis, wenn die Arbeitsleistung insbesondere unter den nachstehenden Umständen erbracht wird:

- Pflicht zur persönlichen Arbeitsleistung
- Festlegung bestimmter Unterrichtszeiten und Unterrichtsräume durch die Schule/Bildungseinrichtung
- kein Einfluss auf die zeitliche Gestaltung der Lehrtätigkeit
- Meldepflicht für Unterrichtsausfall auf Grund einer Erkrankung oder sonstiger Verhinderung
- Ausfallhonorar für unverschuldeten Unterrichtsausfall
- Verpflichtung zur Vorbereitung und Durchführung gesonderter Schülerveranstaltungen
- Verpflichtung zur Teilnahme an Lehrer- und Fachbereichskonferenzen oder ähnlichen Dienst- oder Fachveranstaltungen der Schuleinrichtung (dem steht eine hierfür vereinbarte gesonderte Vergütung als eine an der Arbeitszeit orientierte Vergütung nicht entgegen)
- selbstgestalteter Unterricht auf der Grundlage von Lehrplänen als Rahmenvorgaben geht nicht mit typischen unternehmerischen Freiheiten einher. Die zwar insoweit bestehende inhaltliche Weisungsfreiheit kennzeichnet die Tätigkeit insgesamt nicht als eine in unternehmerischer Freiheit ausgeübte Tätigkeit, insbesondere wenn
  1. keine eigene betriebliche Organisation besteht und eingesetzt wird,
  2. kein Unternehmerrisiko besteht,
  3. keine unternehmerischen Chancen bestehen, weil zum Beispiel die gesamte Organisation des Schulbetriebs in den Händen der Schuleinrichtung liegt und keine eigenen Schüler akquiriert und auf eigene Rechnung unterrichtet werden können, sowie die geschuldete Lehrtätigkeit nicht durch Dritte erbracht werden kann.

Die präzisierten Beurteilungsmaßstäbe waren ab 1.7.2023 – auch in laufenden Bestandsfällen – anzuwenden.

An diesen aus dem Herrenberg-Urteil hergeleiteten Beurteilungsmaßstäben haben sich Bildungseinrichtungen und Lehrkräfte über Jahre orientiert und sich darauf eingestellt. Auf dieser Grundlage haben sich in weiten Teilen des Bildungsbereichs die Organisations- und Geschäftsmodelle für den Einsatz von selbständigen Lehrkräften etabliert.

Bildungseinrichtungen sahen sich infolge des o.g. Urteils (BSG v. 28.6.2022, B 12 R 3/20 R, USK 2022-25) nunmehr z.T. hohen Nachforderungen von Sozialversicherungsbeiträgen ausgesetzt und dadurch nach Einschätzung des Gesetzgebers in ihrer Existenz gefährdet. Zudem beklagen Bildungseinrichtungen und Lehrkräfte Rechtsunsicherheiten hinsichtlich der Ausgestaltung der Verträge mit selbständigen Lehrkräften. Dies gefährdet die Aufrechterhaltung eines umfassenden Bildungsangebots. Auf Grund dieser besonderen Situation und der herausragenden gesamtgesellschaftlichen Bedeutung des Bildungsbereichs sieht es der Gesetzgeber ausnahmsweise als gerechtfertigt an, zum **einen für einen begrenzten Zeitraum von einer ansonsten zwingenden Nachforderung von Sozialversicherungsbeiträgen abzusehen** und zum **anderen Bildungseinrichtungen und Lehrkräften ausreichend Zeit zu geben, um die notwendigen Umstellungen der Organisations- und Geschäftsmodelle vorzunehmen**, damit Lehrtätigkeiten auch unter den veränderten Rahmenbedingungen weiterhin sowohl in abhängiger Beschäftigung als auch selbständig ausgeübt werden können (vgl. hierzu BT-Drucks. 20/14744 v. 29.1.2025). Daher wurde mit dem Gesetz zur Verbesserung rehabilitierungsrechtlicher Vorschriften für Opfer der politischen Verfolgung in der ehemaligen DDR und zur Änderung weiterer Vorschriften v. 28.2.2025, BGBl. I 2025, Nr. 63 mit **§ 127 SGB IV eine befristete Übergangsregelung für Lehrtätigkeiten** eingeführt. Diese befristete Regelung gilt sowohl für privatrechtliche Verträge als auch für öffentlich-rechtliche Auftragsverhältnisse.

Mit § 127 SGB IV wird für die Zeit vom 1.3.2025 bis 31.12.2026 festgelegt, dass bei einer Statusfeststellung durch die Clearingstelle der Deutschen Rentenversicherung Bund, einer versicherungsrechtlichen Beurteilung durch die Krankenkasse oder durch den betriebsprüfenden Rentenversicherungsträger die sich daraus ergebenden Beitragsnachforderungen nicht eintreten. Vielmehr besteht erst ab dem 1.1.2027 Versicherungs- und Beitragspflicht, soweit die Lehrtätigkeit anhand der o.g. Kriterien als abhängige Beschäftigung zu bewerten ist, die Vertragsparteien aber bei Vertragsschluss übereinstimmend von einer selbständigen Lehrtätigkeit ausgegangen sind, wenn die Vertragsparteien bei Vertragsschluss übereinstimmend von einer selbständigen Lehrtätigkeit ausgegangen sind und der Beschäftigte dem späteren Eintritt der Versicherungspflicht zustimmt. Ohne Zustimmung des Betroffenen verbleibt es auch für die Zeit vom 1.3.2025 bis 31.12.2026 bei dem Bestehen eines versicherungs- und beitragspflichtigen Beschäftigungsverhältnisses. Diese Erklärung des Betroffenen ist zu den Entgeltunterlagen zu nehmen.

Bislang unklar ist, ob dieser Beitragsaufschub auch in den Fällen greift, in denen eine (Status-)Feststellung in der Zeit vom 1.7.2023 bis zum 28.2.2025 zu dem Ergebnis führte, dass es sich bei der Lehrtätigkeit um eine abhängige Beschäftigung handelt. Auf Bescheide und Feststellungen, die vor dem 1.3.2025 bestandskräftig geworden sind, ist § 127 Abs. 1 Satz 1 SGB IV nicht anwendbar. Bestandskräftig sind Verwaltungsakte, die nicht mehr angefochten werden können. Sind Bescheide vor dem 1.3.2025 erlassen worden und an diesem Tag noch nicht bestandskräftig, kann § 127 SGB IV nur bis zum Abschluss eines Widerspruchsverfahrens Anwendung finden. Nicht anwendbar ist § 127 Abs. 1 Satz 1 SGB IV dagegen, wenn am 1.3.2025 ein Klageverfahren anhängig war (vgl. im Einzelnen TOP 1 der Besprechung der Spitzenorganisationen der Sozialversicherung vom 21.5.2025, www.deutsche-rentenversicherung.de).

Hat bislang weder die Clearingstelle der Deutschen Rentenversicherung Bund noch die zuständige Krankenkasse bzw. der betriebsprüfende Rentenversicherungsträger festgestellt, dass ein abhängiges Beschäftigungsverhältnis vorliegt, gilt die befristete Sonderregelung auch dann, wenn die Vertragsparteien bei Vertragsschluss übereinstimmend von einer selbständigen Tätigkeit ausgegangen sind und die Person, die die Lehrtätigkeit ausübt, gegenüber dem Vertragspartner zustimmt.

S.a. → *Lehrer* Rz. 409.

292 **DRK-Schwestern:** Diese sind zumindest arbeitnehmerähnliche Personen, so dass der Rechtsweg zu den Arbeitsgerichten für ihre Klagen gegen die DRK-Schwesternschaft eröffnet ist (LAG Düsseldorf v. 23.1.2024, 3 Ta 231/2).

293 **EDV-Fachkräfte:** Ob ein EDV-Berater, der EDV- Anlagen wartet, pflegt und ggf. eine fachliche Beratung bei technischer Erweiterung selbständig tätig oder abhängig beschäftigt sind, richtet sich danach, in welchem Maße sie in die Unternehmensstrukturen eingebunden sind und einem direkten Weisungsrecht unterliegen. Ist die Ausgestaltung ihrer Arbeitsleistung nach Art, Umfang und Möglichkeiten, am Markt unternehmerische Chancen wahrzunehmen, begrenzt, so liegt i.d.R. ein abhängiges Beschäftigungsverhältnis vor.

Im Bereich der Informationstechnologie (IT) existiert eine Vielzahl von Dienstleistungsunternehmen, die als Werkunternehmer IT-Projekte für unterschiedlichste Wirtschaftsunternehmen durchführen. Von diesen werden auch Personen als freie Mitarbeiter eingesetzt.

Bei derartigen „Dreiecksverhältnissen", bei denen ein Beteiligter selbst seine Dienstleistungen i.R. eines zwischen seinem Auftraggeber und einem Dritten abgeschlossenen Vertrages erbringt, hat sich als gewichtiges Indiz erwiesen, ob der Beteiligte i.R. eines bestehenden Werkvertrages Teilleistungen erbringt, die vertraglich soweit präzisiert sind, dass auf dieser Grundlage die Dienstleistung ohne weitere Weisungen in eigener Verantwortung erbracht werden kann, oder ob die vereinbarten Tätigkeiten ihrerseits vertraglich nicht als Werk klar abgegrenzt beziehungsweise abgrenzbar sind.

Nach den vom BAG zum Recht der Arbeitnehmerüberlassung erarbeiteten Grundsätzen liegt eine Tätigkeit als **Arbeitnehmer** vor, wenn die geschuldete Leistung derart unbestimmt ist, dass sie erst durch Weisungen des Auftraggebers konkretisiert wird. Dieser Gesichtspunkt ist auch bei der sozialversicherungsrechtlichen Statusbestimmung bedeutsam (s.a. den o.g. Abgrenzungskatalog).

Im Übrigen kommt es für die Beurteilung der Arbeitnehmereigenschaft immer auf die Gesamtumstände des einzelnen Falles an:

a) Arbeitnehmereigenschaft bejaht wurde z.B. bei

- einem gelernten Datenverarbeitungskaufmann, der selbständig im IT-Dienstleistungsbereich mit Tätigkeiten für verschiedene Kunden in Deutschland und der Schweiz und zugleich für ein international ausgerichtetes IT-Beratungs- und Dienstleistungsunternehmen als IT-Berater tätig ist; überwiegen in der Gesamtabwägung die Gesichtspunkte, die für ein abhängiges Beschäftigungsverhältnis sprechen (hier: Eingliederung in die betrieblichen Abläufe des IT-Beratungs- und Dienstleistungsunternehmens i.R. der Tätigkeit für den IT-Support beim Endkunden), so treten die Höhe der Entlohnung und das Fehlen fachlicher Weisungen i.R. der tatsächlichen Abwicklung als für selbständige Tätigkeit sprechende Merkmale zurück (LSG Baden-Württemberg v. 5.5.2018, L 11 R 3811/16). Begründung: Bei Rechtsbeziehungen in einem Dreiecksverhältnis zwischen einem IT-Beratungs- und Dienstleistungsunternehmen als Arbeitgeber/Auftraggeber, einem Arbeitnehmer/Auftragnehmer sowie einem Kunden des Unternehmens, für den der Arbeitnehmer/Auftragnehmer tätig ist, sind unter Berücksichtigung der für die Abgrenzung zwischen abhängiger Beschäftigung und selbständiger Tätigkeit generell geltenden Prüfungsmaßstäbe nicht nur die vertraglichen Vereinbarungen zwischen Arbeitgeber/Auftraggeber und einem Arbeitnehmer/Auftragnehmer, sondern sämtliche Rechtsbeziehungen zu betrachten, die den i.R. eines Statusfeststellungsverfahrens konkret zu beurteilenden „projektbezogenen Einsatz" eines IT-Dienstleisters prägen; bei einem deutlich über dem Arbeitsentgelt eines vergleichbar eingesetzten sozialversicherungspflichtig Beschäftigten liegenden und Eigenvorsorge zulassenden vereinbarten Honorar handelt es sich zwar um ein gewichtiges Indiz für eine selbständige Tätigkeit, zugleich aber nur um *eines* von unter Umständen vielen in der Gesamtwürdigung zu berücksichtigenden Indizien),
- einem in Heimarbeit tätigen Programmierer; Heimarbeiter sind als Beschäftigte pflichtversichert in der gesetzlichen Renten-, Kranken-, Pflege-, Unfall- und Arbeitslosenversicherung. Tätigkeiten, die eine höherwertige Qualifikation erfordern – wie die eines Programmierers –, sind hiervon nicht ausgenommen (LSG Hessen v. 18.6.2020, L 8 BA 36/19).

b) Arbeitnehmereigenschaft abgelehnt wurde dagegen z.B. bei

- einem IT-Consultanten, der im Bereich „BC PoS SDE/Infrastruktur/Umgebungsplanung" tätig ist (LSG Baden-Württemberg v. 7.11.2017, L 11 R 2507/16 ZVW),
- einem freiberuflichen IT-Berater (LSG Baden-Württemberg v. 20.4.2021, L 9 BA 1381/18).

Ehe-, Familien- und Lebensberaterin: Ehe-, Familien- und Le- 294
bensberater(innen) einer katholischen Familien- und Lebensberatungsstelle, die an den regelmäßig stattfindenden Sitzungen des der kollegialen Supervision dienenden Fallbesprechungsteams teilnehmen müssen, sind versicherungspflichtige abhängige Ar-

beitnehmer. Die Art der Einbindung eines Beschäftigten und die Art der von ihm geschuldeten Arbeit kann dazu führen, dass das Vertragsverhältnis mit einem nicht oder weniger stark weisungsgebundenen Mitarbeiter dennoch als abhängiges Arbeitsverhältnis einzuordnen ist (SG Hildesheim v. 11.4.2006, S 9 RA 28/03).

295 **Ehrenamtliche Mitarbeiter:** → *Ehrenamtsinhaber* Rz. 1784

296 **Ehrenamtliche Rettungssanitäter:** Ehrenamtliche Rettungssanitäter werden steuerrechtlich als Arbeitnehmer behandelt. Nichts anderes kann für die Sozialversicherung gelten. Die Anmerkungen zu Übungsleitern gelten sinngemäß. Zur Steuerbefreiung nach § 3 Nr. 26 EStG → *Nebenberufliche steuerbegünstigte Tätigkeiten* Rz. 3236.

297 **Ein-Euro-Kräfte:** Keine Arbeitnehmer, → *Ein-Euro-Jobs* Rz. 1738.

298 **Einzelfallhelfer:** Die Umstände des Einzelfalles entscheiden darüber, ob ein von einem freien Träger beauftragter Einzelfallhelfer, der Leistungen der Sozialhilfeträger erbringt (hier sozialpädagogische Einzelfallhilfe für ein autistisches Kind), abhängig beschäftigt oder selbständig tätig ist (LSG Berlin-Brandenburg v. 16.1.2015, L 1 KR 474/12 WA). Immer dann, wenn sich aus dem Vertrag zwischen Dienstgeber und Dienstnehmer ergibt, dass der Leistungsinhalt durch Dritte wesentlich vorgegeben oder gestaltet wird, sind auch die vertraglichen Beziehungen zwischen dem Dritten und dem Dienstgeber in die statusrechtlichen Überlegungen einzubeziehen. Darf ein Dienstnehmer zur Erfüllung seiner Leistungspflicht keine Dritten einsetzen, spricht diese für eine (abhängige) Beschäftigung (LSG Berlin-Brandenburg v. 26.11.2014, L 9 KR 154/12). S. zur Abgrenzung z.B. auch LSG Baden-Württemberg v. 22.4.2015, L 5 R 3908/14, m.w.N.

299 **Eisverkäufer:** Kein Arbeitnehmer, wenn er nur aushilfsweise gegen Umsatzprovision beschäftigt wird (FG Freiburg v. 13.6.1962, EFG 1963, 172).

300 **Ergotherapeut:** Verfügt ein Ergotherapeut mangels einer eigenen Betriebsstätte nicht über eine Krankenkassenzulassung als Heilmittelerbringer nach § 124 SGB V, ist er in der Praxis seines Auftraggebers ohne fest vereinbarte Arbeitszeiten tätig, ist er in der therapeutischen Behandlung weisungsfrei, ist eine prozentuale Vergütung abhängig von Art und Anzahl der therapeutischen Leistungen vereinbart, besteht kein Anspruch auf Entgeltfortzahlung und Urlaubsgeld, ist er in die Betriebsorganisation seines Auftraggebers eingebunden, tritt ausschließlich der Praxisinhaber gegenüber den verordnenden Ärzten als verantwortlicher Heilmittelerbringer in Erscheinung, so ist von dem Bestehen einer abhängigen Beschäftigung auszugehen. Dass die Höhe der Vergütung doppelt so hoch ist wie bei einem angestellten Ergotherapeuten, ist nicht entscheidend, wenn ein unternehmerisches Risiko nicht zu tragen ist (LSG Berlin-Brandenburg v. 8.5.2019, L 9 KR 439/15).

301 **Erhebungsbeauftragte (Interviewer):** Von Marktforschungsinstituten beauftragte Interviewer stehen nicht in einem abhängigen Beschäftigungsverhältnis, sofern deren Vergütung für die Tätigkeit sich jeweils auf einen Einzelauftrag bezieht, nicht die Existenzgrundlage bildet und mit einem unternehmereigentümlichen finanziellen Risiko verbunden ist. Weiterhin darf dem Marktforschungsinstitut kein für ein abhängiges Beschäftigungsverhältnis kennzeichnendes weitgehendes Verfügungsrecht über die Arbeitskraft der Interviewer eingeräumt sein. Vielmehr müssen sie bei der Durchführung des jeweiligen Auftrages zeitlich im Wesentlichen frei sein und dürfen sachlich und nur insoweit gebunden sein, als es nach der Natur des Auftrags unerlässlich ist.

Ein ausdrücklich davon abweichendes Gepräge des Gesamtbildes der Tätigkeit mit der Folge des Vorliegens einer abhängigen Beschäftigung hingegen liegt vor bei Telefon-Interviewern, die in den Räumlichkeiten und unter Nutzung der zur Verfügung gestellten Infrastruktur für ein Dienstleistungsunternehmen telefonische Befragungen im Auftrag von Markforschungsinstituten durchführen.

Gleiches gilt für Personen, die für ein Dienstleistungsunternehmen i.R. des „Reisenden-Erfassungs-Systems (RES)" der Deutsche Bahn AG Reisende in ausgewählten Zügen befragen (s.a. den o.g. Abgrenzungskatalog Stichwort „Interviewer").

Die Aufwandsentschädigungen bleiben i.R. der Drittelregelung der R 3.12 Abs. 3 Satz 2 Nr. 2 LStR nach § 3 Nr. 12 Satz 2 EStG steuerfrei (OFD Frankfurt v. 11.2.2016, S 2337 A – 67 – St 213). Werden für solche Tätigkeiten Gemeindebedienstete eingesetzt, kann Arbeitslohn vorliegen, der der Haupttätigkeit zuzurechnen ist; vgl. H 19.2 (Nebentätigkeit bei demselben Arbeitgeber) LStH.

Im Übrigen kommt es für die **Beurteilung der Arbeitnehmereigenschaft** immer auf die Gesamtumstände des einzelnen Falles an:

a) Arbeitnehmereigenschaft bejaht wurde z.B. bei

- den für **Marktforschungsunternehmen tätigen Telefoninterviewern**, sofern sie einen fest vorgegebenen Rahmenlohn haben, auf den sie nur geringen Einfluss haben, ihnen die gesamten Arbeitsmittel und die Büroräume vom Unternehmen zur Verfügung gestellt werden, ihre einzige Initiativmöglichkeit darin besteht, sich bei dem Unternehmen auf den Dienstplan setzen zu lassen, sie in erheblichem Umfang weisungsgebunden sind hinsichtlich Ort, Zeit und Inhalt ihrer Tätigkeit und die von ihnen zu verrichtende Tätigkeit nicht besonders anspruchsvoll und bereits nach kurzer Einarbeitungszeit möglich ist (BFH v. 29.5.2008, VI R 11/07, BStBl II 2008, 933 und FG Hessen v. 29.11.2017, 4 K 1709/15, EFG 2018, 1294); LSG Berlin-Brandenburg v. 13.1.2021, L 1 KR 167/17.

b) Arbeitnehmereigenschaft abgelehnt wurde z.B. bei

- den im Auftrag einer **Gemeinde oder eines Statistischen Landesamtes ehrenamtlich tätigen „Erhebungsbeauftragten"**, die statistische Erhebungen durchführen wie Mikrozensus, Zensus 2011, Wohnungszählungen u.Ä. (SG Stuttgart v. 21.1.2019, S 7 R 7366/16, sowie FinMin Baden-Württemberg v. 15.12.2009, 3 – S 233.7/66, betr. Preisermittler nach § 14 BStatG). Die Aufwandsentschädigungen an Erhebungsbeauftragte i.R. des **Zensus 2022** unterliegen nach § 20 Abs. 3 ZensG 2022 nicht der Besteuerung nach dem Einkommensteuergesetz (BayLfSt v. 3.9.2021, S 2113.1.1 – 2/3 St36).

Ernährungsberater: Ernährungsberater sind Personen, die Informationen über gesunde Ernährung, spezielle Ernährungsweisen sowie über verschiedene Diätformen vermitteln und Menschen mit ernährungsbedingten Krankheiten vornehmlich in Vorsorge- und Rehabilitationskliniken, bei Verbraucher- und Ernährungsberatungen oder Anbietern von Ernährungs- und Gesundheitsseminaren beraten. Ein Ernährungsberater, der in einem nach dem SGB V zugelassenen Krankenhaus gegen eine feste Stundenvergütung in den Räumlichkeiten des Krankenhauses zu festgelegten Zeiten Vorträge vor Patienten des Krankenhauses hält oder für vom Krankenhaus zugeführte Patienten Einzelberatungen durchführt, ist abhängig beschäftigt (LSG Baden-Württemberg v. 27.4.2016, L 5 R 852/14). 302

Als Ernährungsberater bezeichnen sich auch Personen, die auf der Grundlage eines Partnervertrages Mitglieder für ein firmenspezifisches System zur zielkontrollierten Gewichtsabnahme werben und Mitglieder mit dem Ziel betreuen, in Gruppensitzungen Tipps und Informationen zur Erlangung beziehungsweise Erhaltung eines Zielgewichts unter Verwendung firmenspezifischer Produkte zu vermitteln. Hierfür mieten sie entsprechende Räumlichkeiten an und können zur Unterstützung eigenes Personal beschäftigen. Die Ernährungsberater haben zwar die Arbeitsleistung persönlich zu erbringen, sind jedoch in der Gestaltung ihrer Tätigkeit und der Bestimmung ihrer Arbeitszeit weisungsfrei. Eine abhängige Beschäftigung liegt demnach nicht vor (BAG v. 9.5.1996, 2 AZR 438/95). S.a. den o.g. Abgrenzungskatalog.

Erntehelfer: In der Landwirtschaft und im Obstbau eingesetzte Erntehelfer sind Arbeitnehmer (vgl. LSG Hessen v. 6.2.2014, L 1 KR 31/12, sowie BSG v. 17.3.2017, B 12 KR 86/16 B). 303

Erzieherin: Eine Erzieherin, die vertretungsweise in einer Kindertagesstätte aushilft und mit einem Stundenentgelt honoriert wird, verfügt regelmäßig nicht über für eine Arbeitnehmerin uncharakteristische Handlungsspielräume, sondern übt eine abhängige Beschäftigung aus (LSG Niedersachsen-Bremen v. 15.7.2015, L 2 R 47/15). 304

Erziehungsbeistand: Bei Tätigkeiten als Erziehungsbeistand nach § 30 SGB VIII ist die weitgehende Weisungsfreiheit wegen der Art der Tätigkeit kein maßgebliches Abgrenzungskriterium für eine selbständige Beschäftigung. Aus den Vorschriften des SGB VIII, insbesondere aus der Letztverantwortung des Jugendamtes für das Kindeswohl, kann nicht auf das Vorliegen einer abhängigen Beschäftigung geschlossen werden. Entscheidend sind die Einbindung in den Betrieb, die vertraglichen Vereinbarungen und das Bestehen eines Unternehmerrisikos. Hierbei tritt die 305

Pflicht zur höchstpersönlichen Leistungserbringung in den Hintergrund. Die Vereinbarung eines festen Stundenhonorars spricht nicht notwendig für eine abhängige Beschäftigung, wenn es um reine Dienstleistungen geht und auf Grund der Eigenheit der zu erbringenden Leistung ein erfolgsabhängiges Entgelt regelmäßig ausscheidet. Liegt in diesen Fällen das vereinbarte und gezahlte Honorar deutlich über der Arbeitsvergütung sozialversicherungspflichtiger Beschäftigter und lässt es damit Eigenvorsorge zu, ist dies ein gewichtiges Indiz für eine selbständige Tätigkeit (BSG v. 31.3.2017, B 12 R 7/15 R).

306 **Erziehungshelfer:** Kann Arbeitnehmer oder auch selbständig sein (BFH v. 2.10.2003, IV R 4/02, BStBl II 2004, 129).

307 **Fahrkartenkontrolleure:** Sog. Service- und Sicherheitsmitarbeiter im Öffentlichen Personennahverkehr (ÖPNV), die Schwarzfahrer aufspüren sollen, sind i.d.R. abhängig beschäftigt, weil sie in die Arbeitsorganisation des Unternehmens eingegliedert sind und einem Zeit, Dauer, Ort und Art der Ausführung umfassenden Weisungsrecht unterliegen (BSG v. 27.4.2021, B 12 R 16/19 R).

308 **Fahrlehrer:** Fahrlehrer gehören zu den **selbständigen Lehrern**, wenn sie neben der Fahrlehrererlaubnis die zur Leitung der Fahrschule berechtigende **Fahrschulerlaubnis** besitzen. Ohne diese ist die selbständige Berufsausübung rechtlich nicht zulässig (LSG Bayern v. 11.11.2014, L 5 R 910/12). Abweichendes gilt, wenn Fahrlehrer, ohne im Besitz der Fahrschulerlaubnis zu sein, als Mitunternehmer bzw. Gesellschafter einer Fahrschule, die in Form einer juristischen Person oder als nicht rechtsfähiger Verein betrieben wird, tätig sind und auf Grund ihrer Mitunternehmer- bzw. Gesellschafterstellung keine abhängig Beschäftigten der Fahrschule sind (s.a. den o.g. Abgrenzungskatalog).

Fahrlehrer **ohne Fahrschulerlaubnis** sind regelmäßig **abhängig beschäftigt** (LSG Bayern v. 12.3.2020, L 7 BA 86/19, sowie LSG Hessen 6.5.2020, L 1 BA 15/18).

Er ist **Arbeitnehmer**, wenn er haupt- oder nebenberuflich in einem Beschäftigungsverhältnis zu einer Fahrschule steht und Fahrunterricht erteilt (OFD Frankfurt v. 5.11.1990, S 2331 A – 37 – St II 30). Die Vergleichbarkeit der Tätigkeit eines Fahrlehrers (ohne Fahrschulerlaubnis) mit der Tätigkeit eines Lehrers in allgemein bildenden Schulen, die auf Grund der Organisation der Tätigkeit regelmäßig nur i.R. von Arbeitsverhältnissen ausgeübt werden kann, spricht dafür, dass diese i.R. einer abhängigen Beschäftigung ausgeübt wird. Ein Fahrlehrer ist bei der Durchführung des theoretischen und praktischen Fahrschulunterrichts auf Grund der rechtlichen Rahmenbedingungen der Fahrschüler-Ausbildungsordnung und des Fahrlehrergesetzes grds. in die Betriebsorganisation der Fahrschule eingegliedert und unterliegt einem Zeit, Dauer, Ort und Art der Ausführung umfassenden Weisungsrecht (LSG Sachsen v. 23.10.2018, L 9 KR 263/13).

Fahrlehrer können aber auch als **selbständige Subunternehmer** tätig werden (vgl. dazu BFH v. 17.10.1996, V R 63/94, BStBl II 1997, 188). Dies gilt auch für Fahrlehrer, denen keine Fahrschulerlaubnis erteilt ist.

309 **Fahrradkurier:** Unterliegt ein Fahrradkurier keinerlei Weisungen seines Arbeitgebers hinsichtlich Zeit, Dauer, Ort und Art der Ausführung seiner Tätigkeit und ist er nicht in dessen Betriebsorganisation eingegliedert, ist er in der Ausführung seiner Arbeit frei und hat er die Anschaffungs- und Wartungskosten seines Fahrrads allein zu tragen, so ist vom Bestehen einer selbständigen Tätigkeit auszugehen (LSG Hessen v. 27.8.2020, L 8 BA 4/20).

310 **Fahrzeugüberführer:** Zur Abgrenzung zwischen selbständiger Tätigkeit und abhängiger Beschäftigung ist zunächst von den getroffenen Vereinbarungen auszugehen. Weichen diese von den tatsächlichen Verhältnissen ab, sind die letzteren entscheidend. Maßgeblich ist die Rechtsbeziehung so, wie sie praktiziert wird und rechtlich zulässig ist. Trifft einen Fahrzeugüberführer keine Beschäftigungspflicht, erhält er keine Lohnfortzahlung im Krankheitsfall und hat er keinen Anspruch auf bezahlten Urlaub, so sprechen diese Umstände für das Vorliegen einer selbständigen Tätigkeit. Das gilt auch dann, wenn nur ein geringes Unternehmerrisiko zu tragen ist (LSG Hessen v. 28.8.2008, L 1 KR 251/06).

311 **Familien- und Jugendbetreuer:** Ein Familien- und Jugendbetreuer ist bei einem freien Träger der Jugendhilfe abhängig beschäftigt, auch wenn er ein eigenes Gewerbe angemeldet hat und mit dem freien Träger einen Kooperationsvertrag wie ein Selbständiger geschlossen hat, wenn er gegenüber dem Jugendamt nur über den anerkannten Träger abrechnen kann (SG Stade v. 10.5.2012, S 30 R 355/11).

Familienhilfe: Ambulante Leistungen der Jugend- und Familienhilfe können sowohl durch abhängig Beschäftigte als auch durch selbständig Tätige erbracht werden (BSG v. 31.3.2017, B 12 R 7/15 R). Entscheidend für den sozialversicherungsrechtlichen Status eines Jugend- bzw. Familienhelfers ist, wie seine Tätigkeit im Verhältnis zu seinem Auftraggeber im Einzelnen organisiert und ausgestaltet ist. Ist der Auftraggeber berechtigt, dem Familienhelfer Einzelaufträge zuzuweisen, ist Letzterer dabei einer Qualitätskontrolle unterworfen, hat er die ihm zugewiesenen Aufträge abzuarbeiten, ist er verpflichtet, bei Urlaub und Krankheit seine Abwesenheit rechtzeitig mitzuteilen und seine Vorgehensweise jeweils mit dem Auftraggeber abzustimmen, so liegt keine selbständige Tätigkeit, sondern eine abhängige Beschäftigung vor (LSG Berlin-Brandenburg v. 27.9.2018, L 1 KR 488/17 WA). 312

Sog. Familienhelfer, die für einen Landkreis als Träger der öffentlichen Jugendhilfe tätig werden, werden im Regelfall selbständig tätig (z.B. SG München v. 14.4.2016, S 31 R 1089/15). Das gilt auch für einen sog. Umgangsbetreuer i.R. der Jugendhilfe (LSG Berlin-Brandenburg v. 16.4.2015, L 1 KR 258/13).

Feldgeschworene: Ehrenamtliche Feldgeschworene, die u.a. Grenzzeichen auswechseln, sind keine Arbeitnehmer der Kommune (OFD München v. 20.10.2003, S 2337 – 2 St 41, auch zur Anerkennung steuerfreier Aufwandsentschädigungen und pauschaler Betriebsausgaben). 313

Fernmeldetechniker: Ein Fernmeldetechniker, der für Kunden der Telekom Telefonneuanschlüsse installiert, ist nichtselbständig tätig, wenn er i.R. eines Dauerschuldverhältnisses in Gestalt eines Abrufarbeitsverhältnisses gem. § 12 Abs. 1 Satz 1 Teilzeit- und Befristungsgesetz tätig wird, wonach Arbeitgeber und Arbeitnehmer vereinbaren können, dass der Arbeitnehmer seine Arbeitsleistung entsprechend dem Arbeitsanfall zu erbringen hat. Der Stpfl. wurde von seiner Firma zur Deckung des durch die Telekom im Vertragsgebiet ausgelösten Bedarfs entsprechend dessen spezifischen Bedürfnissen und in diesem Sinne „auf Abruf" eingesetzt (LSG Nordrhein-Westfalen v. 17.8.2016, L 8 R 968/12). 314

Fernsehanstalten: → *Rundfunk- und Fernsehanstalten* Rz. 490 315

Fernsehshow: Der in der Renovierung durch die **Fernsehshow „Zuhause im Glück"** liegende geldwerte Vorteil führt zu sonstigen Einkünften des Teilnehmers i.S.d. § 22 Nr. 3 EStG (FG Köln v. 28.2.2019, 1 V 2304/18, EFG 2019, 895). Die Mitwirkung des Stpfl. bei der Produktion führt bei summarischer Prüfung auch nicht zu Einkünften aus nichtselbständiger Arbeit i.S.d. § 19 Abs. 1 Satz 1 Nr. 1 EStG. Denn der Stpfl. schuldet nicht seine Arbeitskraft in einem Über-/Unterordnungsverhältnis, sondern wird nur von der Kamera begleitet und steht zu Interviews zur Verfügung. Er gibt vielmehr durch seine persönliche Lebensgeschichte nur den Rahmen für die Produktion (vgl. zum Format **„Big Brother"** auch BFH v. 24.4.2012, IX R 6/10, BStBl II 2012, 581). 316

Filialleiter: Bei einer Filialleiterin deuten der Verkauf von Waren für Rechnung eines Auftraggebers in einer von ihm angemieteten und ausgestatteten Verkaufsstelle, die Einhaltung der üblichen Geschäftszeiten, die Bindung an Mindestpreise, die Verpflichtung zur täglichen Abrechnung der Einnahmen sowie die Übernahme der Geschäftsunkosten und die Zurücknahme unverkaufter Waren durch den Auftraggeber und seine Zuständigkeit für die überörtliche Werbung auf eine unselbständige Beschäftigung hin, während die Berechtigung der Filialleiterin zur Einstellung fremder Hilfskräfte und die damit verbundene freie Bestimmung über den Einsatz ihrer eigenen Arbeitskraft für eine selbständige Tätigkeit sprechen (BSG v. 13.7.1978, 12 RK 14/78). 317

Filmarchitekt: Gesichtspunkte der Kunstfreiheit gebieten keinerlei Abweichung von den allgemeinen Grundsätzen für die Statuseinstufung als Beschäftigter. Weder die künstlerische Freiheit der Mitwirkenden noch ein möglicher Schutz bei der Herstellung von Kunstwerken, Rundfunksendungen oder Film(beiträg)en nach Art. 5 Abs. 1 Satz 2 sowie Abs. 3 GG (Film- bzw. Kunstfreiheit) stehen dem entgegen. Leitende Tätigkeiten innerhalb eines Unternehmens oder einer zeitlich befristeten Produktion, die mit Weisungsbefugnissen gegenüber den dort Beschäftigten verbunden sind, können – vom Unternehmer selbst abgesehen – generell nur in Gestalt einer Eingliederung in eine fremde Betriebsorganisation ausgeübt werden. Für eine Einbindung eines leitenden Mit- 318 arbeiters in eine fremde Betriebsorganisation spricht, wenn er im Namen des Unternehmens nicht nur Verträge zu dessen Lasten z.B. mit Lieferanten und Handwerkern, schließen darf, sondern durch Anweisungen an diese auch die Ausführung der bestellten Leistungen koordiniert und überwacht. Es bleibt offen, ob i.R. der Statusprüfung „geheime" Zusatzvereinbarungen, auf deren Existenz im eigentlichen Vertrag (Hauptvertrag) nichts hinweist und die dem Sozialversicherungsträger im Verwaltungsverfahren – vermutlich bewusst – nicht vorgelegt wurden, überhaupt zu berücksichtigen sind. Jedenfalls dann, wenn diese Zusatzvereinbarungen Anhaltspunkte für eine Beschäftigung enthalten, dürfen sie im gerichtlichen Verfahren zu Gunsten des Sozialversicherungsträgers einbezogen werden (LSG Berlin-Brandenburg v. 7.12.2016, L 9 KR 434/14).

Für die statusrechtliche Beurteilung der auf Grund eines Honorarvertrages erbrachten Tätigkeit einer Filmschaffenden (hier: Szenenbildnerin/Filmarchitektin) sind die höchstrichterlich entwickelten allgemeinen Abwägungskriterien maßgeblich. Eine indiziell auch für eine Selbständigkeit sprechende Vertragsgestaltung ist in ihrer Wirkung abzuschwächen, wenn wegen eines erheblichen Ungleichgewichts der Verhandlungspositionen die Filmschaffende nicht in gleicher Weise wie die Produktionsfirma die Möglichkeit hatte, auf ihren sozialversicherungsrechtlichen Status Einfluss zu nehmen (LSG Berlin-Brandenburg v. 25.6.2021, L 28 BA 110/18).

319 **Filmeditor:** Filmeditoren werden dann für selbständig gehalten, wenn ihnen ein erheblicher künstlerischer Gestaltungsspielraum zugebilligt wird, so dass sich ihre Tätigkeit nicht in dem technischen Schnittvorgang erschöpft, sondern maßgeblichen Einfluss auf die künstlerische Gestaltung des Ergebnisses hat. Dann scheitert die Annahme von Selbständigkeit auch nicht daran, dass der Filmeditor bei seiner Tätigkeit Anregungen und Wünsche etwa von Redakteuren berücksichtigt. Dagegen ist eine abhängige Beschäftigung angenommen worden bei einem Sachverhalt, in dem sich die Tätigkeit des Filmeditors darin erschöpfte, zunächst das am Vortag gedrehte Material zu montieren und anschließend zusammen mit der Regie und der Produktion entsprechend der Vorgaben des Drehbuchs die endgültige Schnittfassung herzustellen. Eine abhängige Beschäftigung ist auch angenommen worden bei einem für ein Fernsehunternehmen tätigen Editor, der an fachliche Vorgaben, projektbezogene Zeitvorgaben und die Arbeitsabläufe seines Auftraggebers gebunden war und für seine Tätigkeit eine Vergütung nach einem festen vereinbarten Tagessatz erhielt (vgl. LSG Hessen v. 26.8.2021, L 8 BA 46/20, abhängige Beschäftigung verneint).

320 **Finanzberater, -planer:** Unterliegt ein Finanzberater bzw. Finanzplaner dem Weisungsrecht seines Auftraggebers, ist er in dessen betriebliche Organisation eingegliedert und hat er kein unternehmerisches Risiko zu tragen, so ist von dem Bestehen einer abhängigen Beschäftigung auszugehen. Dem widerspricht nicht das Fehlen einer vereinbarten Arbeitszeit, einer fehlenden Entgeltfortzahlung im Krankheitsfall und eines fehlenden Anspruchs auf bezahlten Urlaub (LSG Nordrhein-Westfalen v. 23.11.2020, L 8 BA 155/19).

321 **Fitnesstrainerin:** Eine Fitnesstrainerin übt eine abhängige Beschäftigung aus, wenn sie nicht über eine eigene Arbeitsorganisation verfügt, sondern vielmehr funktionsgerecht dienend in einer fremden Arbeitsorganisation tätig und folglich mit ihrer Tätigkeit in den Betriebsablauf des Fitness-Studios planmäßig eingebunden ist und auch kein wesentlich ins Gewicht fallendes Unternehmerrisiko trägt; es ist unerheblich, wenn sie auch noch für andere Fitnesscenter als Trainerin arbeitet (LSG Baden-Württemberg v. 27.7.2016, L 5 R 2554/15).

Zur Frage, unter welchen Voraussetzungen ein sog „Bereichsleiter Racket", der in einem Fitnessstudio Kunden betreut und Sportangebote ausarbeitet, in einem abhängigen Beschäftigungsverhältnis zum Auftraggeber steht, s. LSG Niedersachsen-Bremen v. 21.4.2010, L 2 R 561/09.

Fitnesstrainer, die neben der Betreuung der Kunden eines Fitnessstudios auch allgemeine Arbeiten für das Studio verrichten und keine nennenswerten Sachmittel einsetzen müssen, stehen diesem gegenüber in einem Beschäftigungsverhältnis (LSG Schleswig-Holstein v. 2.5.2019, L 5 BA 37/19 B ER).

Ein Trainer einem Fitnessstudio, der dort i.R. der Öffnungszeiten individuelle Einzelbetreuung durchführt, aber zugleich auch die an den Fitnessgeräten trainierenden Kunden als Ansprechpartner betreut, übt jedenfalls dann eine abhängige und damit sozialversicherungspflichtige Beschäftigung aus, wenn er seine Vergütung vom Betreiber des Studios erhält und diese als zeitabhängige Vergütung ausgestaltet ist, der Betreiber zudem die auszuübenden Tätigkeiten und die Art und Weise der Eingliederung in den Geschäftsbetrieb vorgibt und die Nutzung des Studios durch den Trainer kostenfrei erfolgt (SG Duisburg v. 13.9.2018, S 10 R 1216/13).

Fleischbeschauer: Regelmäßig Arbeitnehmer, wenn schriftliche 322
Arbeitsverträge abgeschlossen werden (OFD Magdeburg v. 14.7.2000, S 2331 – 25 – St 226, StEd 2000, 691). Im Einzelfall kann aber auch eine selbständige Tätigkeit vorliegen (z.B. FG Mecklenburg-Vorpommern v. 23.4.2009, 2 K 298/07, EFG 2009, 1862 betr. einen nebenberuflich tätigen Fleischbeschautierarzt).

In Sachsen-Anhalt werden die mit der Schlachttier- und Fleischbeschau beauftragten Personen regelmäßig als selbständig angesehen (OFD Magdeburg v. 26.8.2005, S 2331 – 25 – St 226, aktualisiert nach dem Stand 28.5.2014).

Fliesenleger: Ist der Mitarbeiter an streng geregelte Arbeitszeiten 323
gebunden, wurde mit firmeneigenen Fahrzeugen zu den jeweiligen Baustellen gefahren, wurden das zu verarbeitende Material und die Werkzeuge von dem Firmeninhaber gestellt und wurde der Mitarbeiter auf der Baustelle von dem Firmeninhaber kontrolliert, so sprechen solche Umstände deutlich für das Bestehen einer abhängigen Beschäftigung.

Maßgebliches Kriterium für das Bestehen eines Unternehmerrisikos ist, ob eigenes Kapital oder die eigene Arbeitskraft auch mit der Gefahr des Verlustes eingesetzt wird, der Erfolg des Einsatzes der persönlichen oder sächlichen Mittel also ungewiss ist. Das Fehlen von Ansprüchen auf Urlaubsentgelt bzw. Entgeltfortzahlung im Krankheitsfall rechtfertigt für sich allein nicht die Annahme eines unternehmerischen Risikos (LSG Nordrhein-Westfalen v. 21.2.2012, L 8 R 1047/11 B ER).

Ein Fliesenlegergeselle, der von einer Gesellschaft mit beschränkter Haftung (GmbH) als solcher beschäftigt wird, ist auch dann Arbeitnehmer, wenn er Gesellschafter oder Treugeber von Gesellschaftsteilen ist und die Geschäftsführerin im Innenverhältnis außerhalb der laufenden Verwaltung nur einvernehmlich mit den Gesellschaftern handeln darf bzw. bei Verstoß haftet (LAG Hessen v. 2.12.1988, 15 Sa 758/88).

Flugbegleiter: Flugbegleiterinnen bei einem Flugdienst im Anfor- 324
derungsverkehr ohne feste Abflugzeiten sind abhängig beschäftigt i.S.d. § 7 Abs. 1 SGB IV. Flugbegleiterinnen sind nicht mit Piloten vergleichbar, weshalb sie nicht als sogenannte „Freelancer" selbständig tätig sind (LSG Bayern v. 27.9.2019, L 16 R 5084/16).

Fluglehrerin: Die Arbeit einer Fluglehrerin für Tragschrauber, die 325
nur eine Vergütung für die geleisteten Flugstunden erhält, kann als selbständige Tätigkeit gewertet werden, selbst wenn sie einem bundesweiten Konkurrenzverbot unterliegt (LSG Baden-Württemberg v. 16.12.2014, L 11 R 3903/13).

Flurbereinigung: Die sog. Kassenverwalter und Vorstandsmit- 326
glieder der Teilnehmergemeinschaften können Arbeitnehmer sein (vgl. FG Freiburg v. 17.11.1964, EFG 1965, 129).

Forstarbeiter: Forstarbeiter ohne eigene Großgeräte sind i.R. ih- 327
rer Tätigkeit mit fremden Großgeräten regelmäßig abhängig beschäftigt (LSG Bayern v. 17.3.2015, L 7 R 186/15 B ER).

Fotograf: Kein Arbeitnehmer, sofern er nicht ausnahmsweise in 328
ein Unternehmen fest eingegliedert ist, z.B. bei einer Zeitung (BFH v. 14.12.1976, VIII R 76/75, BStBl II 1977, 474; FG Brandenburg v. 11.12.1995, 1 K 404/95 G). Dies gilt auch für Fotografen in der Möbelindustrie, die nicht weisungsgebunden tätig werden; durch die Berechtigung des Auftraggebers, Kontrollen durchzuführen sowie das vertragliche Rügerecht wahrzunehmen, wird der Status als freier Mitarbeiter nicht erschüttert. Auch der freie Mitarbeiter muss mit einer Kontrolle der Qualität seiner Arbeit rechnen. Zeitliche Vorgaben oder die Verpflichtung, bestimmte Termine für die Erledigung der übertragenen Aufgaben einzuhalten, sind kein wesentliches Merkmal für ein Arbeitsverhältnis (LAG Hamm v. 10.1.2013, 15 Sa 1238/12).

Pauschal bezahlte Fotoreporter einer Zeitungsredaktion können Arbeitnehmer sein, wenn sie – u.a. durch Dienstpläne – derart in den Arbeitsablauf eingebunden sind, dass sie faktisch die Übernahme von Fototerminen nicht ablehnen können (BAG v. 16.6.1998, 5 AZN 154/98). Sie sind dagegen selbständig tätig, wenn sie keinen Weisungen des Verlags unterworfen sind und das Recht haben, die Annahme des jeweiligen Auftrags ohne Angabe von Gründen abzulehnen (LAG Sachsen v. 22.8.2017, 1 Sa 143/17). Im Rahmen der Gesamtbetrachtung aller Umstände haben die Arbeitsgerichte bei ihrer Entscheidung verfassungsrechtlichen Wertungen Rechnung zu tragen. Ist der dienstberechtigte Träger des Grundrechts der Pressefreiheit (Art. 5 Abs. 1 Satz 2 GG), kann dies als ein weiterer Umstand i.S.d. § 611a Abs. 1 Satz 5 BGB zu würdigen sein. Ein grundsätzlicher Bedarf an Beschäftigung in freier Mitarbeit kann auf Grund der verfassungsrechtlichen Vorgaben des Art. 5 Abs. 1 Satz 2 GG bei den redaktionell verantwortlichen Mitarbeitern bestehen. Die Tatsacheninstanzen haben bei der Prüfung des Arbeitnehmerstatus einen weiten Beurteilungsspielraum. Ihre Würdigung ist in der Revisionsinstanz nur daraufhin zu überprüfen, ob sie den Rechtsbegriff des Arbeitnehmers selbst verkannt, Denkgesetze oder allgemeine Erfahrungssätze verletzt, bei der Subsumtion den Rechtsbegriff wieder aufgegeben oder wesentliche Umstände außer Betracht gelassen haben. Dies entbindet das Tatsachengericht jedoch nicht von der Verpflichtung, im Einzelnen darzulegen, ob und gegebenenfalls welches Gewicht es welchen Kriterien beigemessen hat und aus welchen Gründen es zu diesem und nicht zu einem anderen Abwägungsergebnis gelangt ist (BAG v. 30.11.2021, 9 AZR 145/21).

Eine vergütungsmäßige Abwicklung des Vertragsverhältnisses mit berechneter Mehrwertsteuer und die Mitgliedschaft in der Künstlersozialkasse stellen kein maßgebliches Indiz gegen eine rechtliche Qualifizierung des Vertragsverhältnisses der Parteien als Arbeitsverhältnis dar. Die Einbindung in die Betriebsorganisation, das notwendige Zusammenwirken mit den übrigen Mitarbeitern und die ständige Verfügbarkeit stellen ein wesentliches Indiz zur Bejahung eines arbeitsrechtlichen Verhältnisses dar (LAG Köln v. 2.10.2020, 10 Sa 129/19, Revision an das LAG Köln zurückverwiesen, BAG v. 30.11.2021, 9 AZR 145/21, betr. einen sog. Sportfotografen).

329 **Fotomodell:** Kein Arbeitnehmer des Werbefilmproduzenten, sofern es einmalig für ein bis drei Tage für Werbefilmaufnahmen engagiert ist (BFH v. 14.6.2007, VI R 5/06, BStBl II 2009, 931). Das BSG hat hingegen Fotomodelle als Arbeitnehmer angesehen, auch solche, die von Werbeagenturen, Fotografen u.Ä. zu meist nur eintägigen Aufnahmen herangezogen werden (BSG v. 12.12.1990, 11 RAr 73/90).

Ob Fotomodelle oder Mannequins als Arbeitnehmer zu betrachten sind, hängt davon ab, ob sie ihre Leistung in persönlicher Abhängigkeit unter Berücksichtigung von Zeit, Ort und Art der Ausführung der Arbeit erbringen. Von abhängiger Arbeit kann gesprochen werden, wenn sich die Modelle für einen Auftraggeber in Bereitschaft halten und dieser jederzeit auf das Modell zurückgreifen kann, wenn er es benötigt (OLG Düsseldorf v. 18.9.1987, 5 Ss (OWi) 306/87 – 229/87 I).

330 **Frachtführer/Unterfrachtführer:** Es ist davon auszugehen, dass Frachtführer i.S. der §§ 407 ff. HGB dann ein selbständiges Gewerbe ausüben, wenn sie beim Transport ein eigenes Fahrzeug einsetzen und für die Durchführung ihres Gewerbes eine Erlaubnis nach § 3 Güterkraftverkehrsgesetz oder die Gemeinschaftslizenz nach Art. 3 der Verordnung (EWG) 881/92 besitzen. Dies gilt auch dann, wenn sie als Einzelperson ohne weitere Mitarbeiter nur für ein Unternehmen tätig sind und dabei die Farben oder ein „Logo" dieses Unternehmens nutzen. Voraussetzung ist allerdings, dass ihnen weder Dauer noch Beginn und Ende der Arbeitszeit vorgeschrieben wird und sie die – nicht nur theoretische – Möglichkeit haben, Transporte auch für weitere eigene Kunden auf eigene Rechnung durchzuführen. Ob sie diese Möglichkeit tatsächlich nutzen, ist nicht entscheidend.

Um ein eigenes Fahrzeug i.S. der vorherigen Ausführungen handelt es sich nur dann, wenn es auf den Erwerbstätigen zugelassen ist und von ihm mit eigenem Kapitalaufwand erworben oder geleast wurde. Eine indirekte oder direkte Beteiligung an der Fahrzeug-/Leasingfinanzierung durch den Auftraggeber spricht gegen die Annahme einer selbständigen Tätigkeit.

Kraftfahrer ohne eigenes Fahrzeug beurteilen die Landessozialgerichte ganz überwiegend als **abhängig Beschäftigte** (s.a. den o.g. Abgrenzungskatalog). S. z.B. LSG Hessen v. 31.1.2020, L 8 BA 45/19: Es spricht maßgeblich gegen eine selbständige Tätigkeit eines Kraftfahrers im Güterverkehr, wenn dieser die ausgeführten Transporte nicht mit einem eigenen Lkw ausführt, sondern mit einem Fahrzeug, welches im Eigentum des Auftraggebers steht und ihm kostenfrei zur Verfügung gestellt wird. Damit verfügt er über keine wesentlichen Betriebsmittel, mit denen er unternehmerische Gestaltungsspielräume nutzen könnte und um anderweitig am Markt des Warentransports außerhalb einer abhängigen Beschäftigung als Kraftfahrer tätig zu sein.

Im Übrigen kommt es für die Beurteilung der Arbeitnehmereigenschaft immer auf die Gesamtumstände des einzelnen Falles an:

a) Arbeitnehmereigenschaft bejaht wurde z.B. bei

- einem Aushilfskraftfahrer ohne eigenen Lkw, der in erheblichem Umfang den Weisungen der Spedition unterlag, insbesondere wurden Zeit, Ort sowie Art und Weise durch die Struktur der täglichen Tour bestimmt (LSG Hessen v. 23.8.2018, L 1 KR 180/17),
- einem für eine Spedition tätigen Kraftfahrer; maßgeblich für eine Eingliederung in den Betrieb der Spedition und damit für Beschäftigung spricht, wenn dem als Subunternehmer geführten Fahrer sämtliche, für die (Fahrer-)Tätigkeit erforderlichen Betriebsmittel (Lkw einschließlich Treibstoff, Versicherungen, Reparaturen etc.) zur Verfügung gestellt werden; die Tatsache, dass der als Subunternehmer geführte Fahrer ein Gewerbe (u.a. Transporte) angemeldet hatte und teilweise betrieb, ändert hieran nichts, weil eine selbständige gewerbliche Tätigkeit und eine Beschäftigung auch zeitlich parallel bei verschiedenen Auftraggebern möglich ist; wird die den Fahrer als Subunternehmer einsetzende Spedition ihrerseits für eine Spedition tätig und hat der Fahrer nach der Vereinbarung mit der ihn einsetzenden Spedition bezüglich des Transportgutes (nach Art, Zeit und Ort) die Vorgaben des Dritten umzusetzen, bleibt der Fahrer weiterhin durch die ihn einsetzende Spedition fremdbestimmt (LSG Baden-Württemberg v. 13.12.2018, L 10 BA 537/18),
- einem Lkw-Fahrer mit eigenem Lkw, der in die Arbeitsorganisation des Auftraggebers (Speditionsunternehmen) eingegliedert ist und der kein wesentliches Unternehmerrisiko trägt (LSG Baden-Württemberg v. 13.12.2019, L 4 R 2333/17).

b) Arbeitnehmereigenschaft abgelehnt wurde dagegen z.B. bei

- einem Frachtführer, wenn er als Einzelperson ohne weitere Mitarbeiter nur für *einen* Spediteur tätig ist und beim Transport ein mit den Farben und dem Firmenzeichen des Spediteurs ausgestattetes eigenes Fahrzeug einsetzt; wird die Tätigkeit des Transporteurs stärker eingeschränkt, als es auf Grund gesetzlicher Regelungen oder wegen versicherungsrechtlicher Obliegenheiten geboten ist, so kann das Rechtsverhältnis als ein Arbeitsverhältnis anzusehen sein (BSG v. 11.3.2009, B 12 KR 21/07 R).

Freelancer: Ein Freelancer ist ein Selbständiger, der auf Grund 331
eines Dienst- oder Werkvertrags für ein Unternehmen Aufträge ausführt. Das LAG Köln hat im Urteil v. 12.3.2020, 8 Sa 507/19, Nichtzulassungsbeschwerde mit BAG v. 6.10.2020, 9 AZN 553/20 verworfen, einen „Freelancer im Bereich Veranstaltungstechnik" als selbständig angesehen und eine Kündigungsschutzklage abgewiesen. Begründung: Ein Arbeitsvertrag nach § 611a Abs. 1 BGB ist nicht gleichzusetzen mit einem sozialversicherungspflichtigen Beschäftigungsverhältnis gem. § 7 SGB IV. Maßgeblich für die Einordnung einer selbständigen Tätigkeit ist es, wenn der Selbständige selbst entscheiden kann, ob er überhaupt und ggf. an welchen Tagen er eine Tätigkeit erbringt. Die Bindung an einen für die Tätigkeit typischen Arbeitsort (hier: ausschließlich bei den jeweiligen Kunden vor Ort stattfindende Veranstaltungen) besagt nichts über eine persönliche Abhängigkeit. Bei der Feststellung der wirtschaftlichen Abhängigkeit sind auch wirtschaftliche Gestaltungsmöglichkeiten und unternehmerische Risiken zu berücksichtigen, nicht aber bei der persönlichen Abhängigkeit. Die Möglichkeit anderen Tätigkeiten nachzugehen ist ein Indiz für eine selbständige Tätigkeit, wobei es hierbei auf die tatsächliche Ausführung einer anderweitigen Tätigkeit nicht ankommt, sondern nur auf die Möglichkeit, dies zu tun.

Freie Berufe: Die alleinige Zugehörigkeit zu den freien Berufen 332
reicht nicht aus, um bei diesem Personenkreis auf Selbständigkeit zu erkennen. Maßgeblich ist die im Einzelfall vorzunehmende Ge-

samtbetrachtung, bei der geprüft werden muss, ob der Einzelne in das Unternehmen des Auftraggebers eingegliedert und dadurch Arbeitnehmer ist (s.a. den o.g. Abgrenzungskatalog).

333 **Freie Mitarbeiter:** Die Bezeichnung „freier Mitarbeiter" sagt noch nichts über die sozialversicherungsrechtliche Beurteilung aus und stellt für sich kein Kriterium für die Annahme einer selbständigen Tätigkeit dar. Die Beurteilung ist im Wege der Gesamtbetrachtung vorzunehmen (s.a. den o.g. Abgrenzungskatalog sowie → *Freie Mitarbeiter* Rz. 2247).

Überträgt ein Unternehmen das Bewerbungsmanagement (Bearbeitung von Stellenausschreibungen und Bewerbungen) an eine „freie Mitarbeiterin", liegt gleichwohl eine abhängige Beschäftigung vor, wenn diese weisungsgebunden und in das Unternehmen eingegliedert ist und die wesentlichen Arbeitsmittel in Form von Laptop, einschließlich des Zugangs zum Datensystem des Unternehmens, gestellt bekommt (LSG Bayern v. 29.4.2014, L 5 R 11/13).

334 **Freiwilliger Polizeidienst:** Die in einigen Bundesländern ehrenamtlich im sog. Freiwilligen Polizeidienst tätigen Bürger sind Arbeitnehmer; die Aufwandsentschädigungen bleiben i.R. des § 3 Nr. 12 Satz 2 EStG i.V.m. R 3.12 Abs. 3 LStR steuerfrei (OFD Frankfurt v. 6.4.2010, S 2337 A - 61 - St 211).

335 **Friedensrichter:** Die in **Sachsen** ehrenamtlich tätigen Friedensrichter, die nach Möglichkeit Streitfälle schlichten sollen, sind Arbeitnehmer, weil sie in gewissem Umfang der Aufsicht und den Weisungen der Gemeinde unterliegen (LSF Sachsen v. 25.6.2013, S 2331 - 22/28 - 212, auch zur Steuerbefreiung der Entschädigungszahlungen; a.A. SG Dresden v. 13.3.2008, S 16 KR 401/05: kein sozialversicherungspflichtiges Beschäftigungsverhältnis). In **Nordrhein-Westfalen** werden Friedensrichter dagegen als **selbständig** angesehen. Nach Auffassung der obersten Finanzbehörden ist eine unterschiedliche Behandlung in den einzelnen Bundesländern möglich, weil die landesrechtlichen Vorschriften unterschiedlich sein können.

336 **Garderobenfrau:** Das Abendpersonal an Theatern und Bühnen wird im Regelfall in einem Arbeitsverhältnis tätig (BAG v. 16.12.2003, 3 AZR 668/02, zur Frage, ob Beiträge an die VBL zu entrichten sind). Betreibt eine Garderobenfrau die Garderobe „ganz auf eigene Rechnung", ist sie Gewerbetreibende.

337 **Gästebetreuerin:** Die Tätigkeit der Begleitung bzw. Betreuung von Gästen der Bundesrepublik Deutschland ähnelt der Tätigkeit einer Fremdenführerin. An der Arbeitnehmereigenschaft fehlt es dann, wenn die Betreuerin nicht an Dienstzeiten gebunden ist, nicht weisungsgebunden ist und keine örtlichen Vorgaben erhält (LAG Köln v. 16.2.1994, 7 Sa 1092/93).

338 **Gebäudereiniger:** Erbringt ein Gebäudereiniger, der sein Gewerbe angemeldet hat, für ein Gebäudereinigungsunternehmen zeitlich unbefristet regelmäßig Leistungen im Bereich der Allgemeinreinigung, ist er dabei in die Arbeitsorganisation seines Auftraggebers eingegliedert, greift er auf dessen Betriebsmittel zurück und untersteht er dessen Weisungen, hat er ein unternehmerisches Risiko nicht zu tragen, ist eine feste monatliche Vergütung vereinbart und ist er nicht verpflichtet, die Leistungen persönlich zu erbringen, so ist von dem Bestehen einer abhängigen Beschäftigung auszugehen. Dieser Beurteilung widerspricht nicht das Fehlen eines Anspruchs auf Entgeltfortzahlung im Krankheitsfall und von bezahltem Urlaub sowie die Zulässigkeit, für weitere Auftraggeber tätig zu werden (LSG Nordrhein-Westfalen v. 23.1.2019, L 8 R 1020/16).

Die Wahlmöglichkeit, zunächst die Toiletten oder zunächst die Stockwerksküchen zu reinigen und hierbei mit dem Erdgeschoss oder mit dem Obergeschoss zu beginnen, begründet noch keine Unternehmereigenschaft (SG München v. 15.1.2015, S 30 R 1523/12).

339 **Gebrechlichkeitspfleger:** Kein Arbeitnehmer (OFD Saarbrücken v. 15.7.1997, StEd 1997, 585).

340 **Gefangene:** Können als Freigänger eine Arbeitnehmertätigkeit ausüben (FG Rheinland-Pfalz v. 29.5.1998, 3 K 2553/97, EFG 1998, 1313).

341 **Gelegenheitsarbeiter:** Arbeitnehmer, auch wenn sie nur wenige Stunden zu bestimmten, unter Aufsicht durchzuführenden Verlade- und Umladearbeiten herangezogen werden (BFH v. 18.1.1974, VI R 221/69, BStBl II 1974, 301).

Gerüstbauer: Zur Abgrenzung eines abhängigen Beschäftigungsverhältnisses von einer selbständigen Tätigkeit (hier Gerüstbauer der als „Subunternehmer" tätig ist) s. LSG Baden-Württemberg v. 3.2.2004, L 11 KR 1769/03. 342

Geschäftsführer: Regelmäßig keine Arbeitnehmer, → *Geschäftsführer* Rz. 2310. 343

Geschäftslokal-Betreiberin: Rechtsweg zum Arbeitsgericht, wenn „Arbeitsverhältnis" im Streit (BAG v. 19.12.2000, 5 AZB 16/00). 344

Gesetzlicher Vertreter: Der gesetzliche Vertreter einer natürlichen Person ist kein Arbeitnehmer der bestellenden Behörde (vgl. → *Amtsvormund* Rz. 212). Der gesetzliche Vertreter einer Kapitalgesellschaft kann dagegen Arbeitnehmer sein, → *Vorstandsmitglieder* Rz. 4393. 345

Grabungshelfer, archäologische: Die für ein Unternehmen, das archäologische baubegleitende Untersuchungen vornimmt (diese werden i.d.R. auf Grund von Nebenbestimmungen bei einer denkmalrechtlichen Erlaubnis für größere Bauvorhaben nach Ausschreibung durch das Land Brandenburg erbracht), tätigen Grabungshelfer sind Arbeitnehmer, da sie in die Arbeitsorganisation des Auftraggebers eingeordnet und dessen Weisungen hinsichtlich Zeit, Dauer, Ort und Art der Arbeitsleistung unterworfen sind. Angesichts solcher Merkmale können fehlende typische Arbeitgeberleistungen wie Lohnfortzahlung im Krankheitsfall, Weihnachts- und Urlaubsgeld nicht zur Annahme einer selbständigen Tätigkeit herangezogen werden (SG Cottbus v. 21.11.2013, S 28 R 300/11). 346

Grafiker: → *Layouter* Rz. 407 347

Gutachter: Regelmäßig kein Arbeitnehmer (vgl. z.B. BFH v. 22.6.1971, VIII 23/65, BStBl II 1971, 749 betr. einen Sachverständigen für Mobiliar und Kunst). 348

Eine Gutachterin für den Medizinischen Dienst der Krankenversicherung Niedersachsen (MDKN) übt eine selbständige Tätigkeit aus, wenn sie in eigener Verantwortung tätig ist und das Unternehmerrisiko trägt (FG Niedersachsen v. 25.6.2015, 16 K 222/13, EFG 2016, 322). A.A. SG Münster v. 12.11.2019, S 23 BA 134/18: Die Tätigkeit als Gutachterin für den Medizinischen Dienst der Krankenkassen (MDK) zur Durchführung von sozialmedizinischen Beratungsaufgaben auf der Basis jährlich abgeschlossener Honorarverträge unterliegt der Versicherungspflicht in der Sozialversicherung.

Gutachterausschuss/Umlegungsausschuss: Die Mitglieder der sog. kommunalen Gutachter- und Umlegungsausschüsse sind keine Arbeitnehmer, nur die Kommunalbeamten, die die Tätigkeit in einem dieser Ausschüsse i.R. ihres Hauptamts wahrnehmen, z.B. als Geschäftsführer (vgl. OFD Frankfurt v. 24.9.2018, S 2248 A - 012 - St 213, StEd 2018, 687, auch zur Steuerbefreiung der Aufwandsentschädigungen nach § 3 Nr. 12 Satz 2 EStG). 349

Handelsvertreter: Bei der Abgrenzung eines selbständigen Handelsvertreters von einem abhängigen Handlungsgehilfen ist zu berücksichtigen, dass die persönliche Gestaltungsfreiheit nur in ihrem Kerngehalt frei zu sein braucht. Entscheidend ist bei der Abgrenzung, ob das Weisungsrecht des Unternehmers so stark ausgeprägt ist, dass der Beauftragte seine Tätigkeitszeit wie ein Angestellter einrichten muss. Ein Unternehmensrisiko liegt nicht vor, wenn ein Anspruch auf ein monatliches Festgehalt besteht und der daneben stehende Provisionsanspruch nur in geringer Höhe anfallen kann sowie nur teilweise von dem tatsächlichen Umsatz des Beauftragten abhängt (SG Karlsruhe v. 14.3.2017, S 7 R 256/16). 350

Auch für die sozialrechtliche Beurteilung sind die Vorgaben des § 84 Abs. 1 HGB zu berücksichtigen, wonach der Beruf eines Handelsvertreters i.R. einer selbständigen Tätigkeit ausgeübt wird, soweit dieser seine Tätigkeit im Wesentlichen frei gestalten und seine Arbeitszeit bestimmen kann (LSG Niedersachsen-Bremen v. 17.5.2017, L 2 R 498/16).

S.a. → *Vertreter* Rz. 4346.

Handwerker: Ein Handwerker, dem maßgebliches Werkzeug fehlt, ohne das die Arbeit nicht erbracht werden kann, ist grds. abhängig beschäftigt (LSG Bayern v. 18.11.2014, L 5 R 1071/12). 351

Hausaufgabenbetreuer an Grundschulen: Tätigkeit kann grds. sowohl im Wege eines Arbeitsverhältnisses als auch im Wege einer selbständigen Tätigkeit erbracht werden. Entscheidend sind 352 die Umstände des Einzelfalls (LAG Düsseldorf v. 18.3.2013, 9 Sa 1746/12). Das LAG Rheinland-Pfalz hat die Nachmittagsbetreuerin an einer Ganztagsschule nicht als Arbeitnehmerin angesehen (Urteil v. 2.3.2021, 8 Sa 144/20, nachgehend BAG v. 21.6.2021, 9 AZN 332/21, sonstige Erledigung: Rücknahme).

353 **Hausmeister:** Wird ein Wohnungseigentümer als Mitglied einer **Wohnungseigentümergemeinschaft** für diese tätig, so kann die Tätigkeit unentgeltlich oder entgeltlich erfolgen. Tätigkeiten, die unentgeltlich für die Eigentümergemeinschaft ausgeführt werden, sind sozialversicherungsrechtlich unbedeutend.

Überträgt die Wohnungseigentümergemeinschaft dem Miteigentümer – ggf. per Beschluss – lediglich Einzelaufgaben wie etwa Gartenpflege, Rasenmähen oder Reinigungsarbeiten, so liegt i.d.R. **kein Beschäftigungsverhältnis** im sozialversicherungsrechtlichen Sinn vor, da die übertragenen Arbeiten Ausfluss der Pflichten nach § 14 Wohnungseigentumsgesetz (WEG) sind. Ferner wird sich der betreffende Wohnungseigentümer regelmäßig keine Weisungen erteilen lassen. Absprachen unter den Eigentümern oder mit dem Verwalter können grds. nicht als Weisungsgebundenheit ausgelegt werden. Wird die Tätigkeit des Wohnungseigentümers durch die übrigen Wohnungseigentümer (i.d.R. ohne vertraglichen Anspruch) in Form einer finanziellen Zuwendung honoriert, stellt die Zahlung generell kein Arbeitsentgelt i.S.d. § 14 SGB IV dar.

Vorstehende Ausführungen gelten jedoch dann nicht, wenn der Miteigentümer von der Wohnungseigentümergemeinschaft offiziell als **Hausmeister angestellt** wird. Indizien sind hierfür, wenn dem Miteigentümer vertraglich

- der umfassende Tätigkeitsbereich eines Hausmeisters übertragen wird, der auch die Pflicht zur Erledigung von Arbeiten beinhaltet, welche diesem nicht als Ausfluss der Pflichten nach § 14 WEG erwachsen,
- Art und Weise sowie Umfang der zu erbringenden Arbeiten vorgeschrieben sind und eine Weisungsbindung durch die Eigentümergemeinschaft, vertreten durch den Verwalter (§§ 20 ff. WEG), gegeben ist,
- alle im Zusammenhang mit der Tätigkeit anfallenden Ausgaben für Nebenkosten wie Telefon, Porto usw. ersetzt werden,
- die für die Verrichtung der geschuldeten Arbeiten erforderlichen Arbeitsmittel von der Wohnungseigentümergemeinschaft zur Verfügung gestellt werden,
- ein (bezahlter) Urlaubsanspruch vertraglich vereinbart ist,
- die vereinbarten Bezüge im Krankheitsfall fortbezahlt werden.

Eine **Arbeitnehmertätigkeit** kann auch vorliegen, wenn der Verwalter eine Person anstellt, die auch Wohnungseigentümer sein kann, um Arbeiten für ihn zu erledigen, zu deren Erfüllung er von der Wohnungseigentümergemeinschaft beauftragt wurde und deren Kosten der Verwalter auch mit der Wohnungseigentümergemeinschaft abrechnet (vgl. BSG v. 23.10.2014, B 11 AL 6/14 R, sowie den o.g. Abgrenzungskatalog).

Ist die Tätigkeit eines Hausverwalters und Hausmeisters ihrer Struktur nach so ausgelegt, dass der Beauftragte insbesondere angesichts des relativ geringen für die Ausübung der ihm von der Wohnungseigentümergemeinschaft übertragenen Tätigkeit benötigten Zeitaufwands und auf Grund weitgehender Freiheiten bei der Konkretisierung der Arbeitszeiten in vergleichbarer Weise auch gegenüber zahlreichen weiteren Auftraggebern tätig werden könnte, dann stellt dies einen i.R. der gebotenen Gesamtabwägung für die Annahme einer **selbständigen Tätigkeit** sprechenden Gesichtspunkt dar (LSG Niedersachsen-Bremen v. 22.10.2014, L 2 R 258/14).

Das **SG Landshut** hat mit Urteil v. 26.6.2019, S 1 BA 41/18, ebenfalls eine **selbständige Tätigkeit** angenommen. Begründung:

- Die Beteiligten haben entsprechende vertragliche Vereinbarungen geschlossen.
- Die Klägerin hat keine festen Arbeitszeiten und unterliegt auch keiner Zeiterfassung. Zwar sind für bestimmte Tätigkeiten (z.B. Prüfung der Brandmelder etc.) Kontrollintervalle vorgesehen. Auch insoweit bestimmt jedoch die Klägerin, wann sie konkret tätig wird.

  Dass Tätigkeiten wie Rasenmähen oder Schneeräumen nach Erfordernis (und nicht auf Weisung) zu erledigen sind, dürfte unstreitig sein.
- Die Klägerin ist nicht zur persönlichen Leistungserbringung (die nach der Rechtsprechung des BAG ein typisches Merkmal für ein Arbeitsverhältnis ist) verpflichtet, sondern kann sich bei der Auftragserledigung auch vertreten lassen.
- Die Klägerin erhält keine zeitabhängige Vergütung, sondern eine monatliche Pauschalvergütung. Im Gegensatz zur Einschätzung durch die Beklagte handelt es sich insoweit nach Auffassung der Kammer um ein Indiz, das für eine selbständige Tätigkeit spricht, da die zeitliche Beanspruchung eines Hausmeisters, zu dessen Aufgaben das Rasenmähen, die Pflege der Grünanlagen und der Winterdienst gehören, jahreszeitlich bedingt zwangsläufig großen Schwankungen unterliegt, die Vergütung jedoch gleich bleibt.
- Bei Verhinderung oder Ausfall ihrer Arbeitskraft hat die Klägerin selbst und auf eigene Kosten für Vertretung zu sorgen.
- Die Klägerin hat auch ein wesentliches unternehmerisches Risiko: Sie verwendet ihre eigenen Arbeitsmittel (Rasentraktor, Rasentrimmer, Motorsäge, Pkw-Anhänger, Gerätschaften für Baumpflege, Laubbläser, Kleinwerkzeug etc.) und ist – wie sich aus den vorgelegten Rechnungen ergibt – regelmäßig mit nicht unerheblichen Kosten für deren Instandhaltung und Reparatur belastet.

Wesentliche Merkmale für eine abhängige Beschäftigung vermag die Kammer nicht zu erkennen. Aus dem Umstand, dass in der Arbeitsanweisung detailliert die Arbeiten aufgeführt sind, die vom Hausmeister zu erledigen sind, kann keine Weisungsgebundenheit abgeleitet werden, dies schon deswegen, weil die überwiegende Anzahl der Arbeiten nicht nach strikten zeitlichen Vorgaben, sondern nach Erfordernis zu erledigen ist. Auch bei einem selbständigen Auftragsverhältnis ist es häufig notwendig, die Pflichten des Auftragnehmers eingehend in allen Einzelheiten zu definieren (Beispiel: Vertrag über Gebäudereinigung); mit dem Direktionsrecht des Arbeitgebers im Arbeitsverhältnis kann dies nicht gleichgestellt werden.

Diese Grundsätze gelten auch für eine **hausmeisterähnliche Tätigkeit in einem Hotel** (Tätigkeit im Bereich Facility Management, Erstellung von Statistiken, Schneeräumung, Verkehrssicherung, Malertätigkeiten und der Tätigkeit als Nachtportier). Kann der Betroffene weder Arbeitszeit noch Arbeitsort frei wählen, ist er in den Betrieb seines Auftraggebers eingegliedert und erhält er keine erfolgsabhängige Entlohnung, sondern eine Zeitvergütung, so sprechen solche Umstände für das Vorliegen einer **abhängigen Beschäftigung**. Typisch für eine abhängige Beschäftigung ist, wenn die Arbeitsleistung höchstpersönlich zu erbringen ist und sich der Beschäftigte nicht Dritter als Erfüllungsgehilfen bedienen kann (LSG Thüringen v. 27.5.2014, L 6 R 1524/12).

Zur Sozialversicherungspflicht eines Hausmeisters, der ein **Gewerbe** (u.a. technische Dienstleistungen) angemeldet hat und zugleich von einem Unternehmen für Detektiv-, Sicherheits- und Hausmeisterdienstleistungen mit technischen Hausmeistertätigkeiten beauftragt wird, s. LSG Baden-Württemberg v. 20.6.2018, L 5 R 2323/17: Bei einem deutlich über dem Arbeitsentgelt eines vergleichbar eingesetzten sozialversicherungspflichtig Beschäftigten liegenden und Eigenvorsorge zulassenden Honorar handelt es sich zwar um ein gewichtiges Indiz für eine selbständige Tätigkeit, zugleich aber nur um eines von unter Umständen vielen in der Gesamtwürdigung zu berücksichtigenden Indizien.

Ein Beschäftigter, der **Hausmeisterdienste für ein Unternehmen** erbringt, steht zu diesem regelmäßig in einem abhängigen und Versicherungspflicht begründenden Beschäftigungsverhältnis i.S.d. § 7 Abs. 1 SGB IV. Ein Unternehmerrisiko wird nicht allein durch die Nutzung eines in vielen Privathaushalten vorhandenen häuslichen Arbeitszimmers/Büros, eines privaten Pkw oder eines häuslichen Arbeitskellers mit einer den durchschnittlichen Haushalt nicht wesentlich übersteigenden Anzahl an Werkzeugen begründet. Dies gilt jedenfalls dann, wenn dies nicht mit gesteigerten Verdienstchancen einhergeht, da der Beschäftigte nicht durch unternehmerisches Geschick seine Arbeit so effizient gestalten kann, dass er das Verhältnis von Aufwand und Ertrag entscheidend beeinflussen kann (LSG Sachsen v. 24.9.2019, L 9 KR 193/14).

354 **Hausschlachter:** Ein nebenberuflich tätiger Hausschlachter, der gegenüber seinen Auftraggebern nicht verpflichtet ist, die Schlachtungen zu bestimmten Zeiten und nach irgendwelchen Anweisungen durchzuführen, steht nicht in einem Arbeitsverhältnis (BSG v. 30.4.1971, 7/2 RU 188/69).

Ist ein als Hausschlachter tätiger Rentner gegenüber seinen Auftraggebern nicht verpflichtet, die Hausschlachtung zu einer bestimmten Zeit und nach irgendwelchen Anweisungen zu verrichten, so liegt wegen des Fehlens der persönlichen Abhängigkeit kein Arbeitsverhältnis vor (BSG v. 17.12.1970, 7/2 RU 187/69).

355 **Hausvertrieb:** Der Hausvertrieb/Direktvertrieb (Homeservice) zeichnet sich grds. dadurch aus, dass Produkte oder auch Dienstleistungen durch Nutzung eines Vertriebsnetzes von Vertriebsrepräsentanten meist in der Wohnung der Umworbenen (Kaufinteressenten) angeboten werden. Die Mitarbeiter im Außendienst der Direktvertriebsunternehmen sind in erster Linie verkäuferische Laien.

Eine allgemeine Aussage zur versicherungsrechtlichen Beurteilung dieser Personen ist wegen der Vielfalt der Vertriebssysteme nicht möglich. Vielmehr wird eine Einzelfallprüfung i.R. einer Gesamtbetrachtung erforderlich. Bei einer hierarchischen Struktur muss teilweise von der Eingliederung in den Betrieb/die Organisation gesprochen werden. Letztlich müssen die Merkmale wie bei Handelsvertretern (→ *Vertreter* Rz. 4346) zur Beurteilung herangezogen werden (vgl. ausführlich den o.g. Abgrenzungskatalog).

356 **Hausverwalter für Wohnungseigentümergemeinschaft:** Kein Arbeitnehmer (BFH v. 13.5.1966, VI 63/64, BStBl III 1966, 489), sofern er nicht bei einem Hausverwaltungsunternehmen angestellt ist.

Ein Hausverwalter, der die für den Abschluss und die Beendigung der Mietverhältnisse erforderlichen Erklärungen abgibt, den Eingang der Mieten überwacht, Reparaturaufträge an Handwerker erteilt, jedoch bei allen Geschäftsvorfällen nach außen hin im Namen des Hausbesitzers handelt, wobei er diesem wöchentlich einmal Bericht zu erstatten hat, und der für seine Tätigkeit ein fest vereinbartes Arbeitsentgelt nebst Portokostenersatz erhält, unterliegt grds. als Arbeitnehmer der Versicherungspflicht; dem steht nicht entgegen, dass er seine Arbeiten in der eigenen Wohnung erledigt, an keine festen Arbeits- oder Bürozeiten gebunden ist und Telefon- und Fahrtkosten selbst zu tragen hat (BSG v. 18.11.1980, 12 RK 76/79).

Ist die Tätigkeit eines Hausverwalters und Hausmeisters ihrer Struktur nach so ausgelegt, dass der Beauftragte insbesondere angesichts des relativ geringen für die Ausübung der ihm von der Wohnungseigentümergemeinschaft übertragenen Tätigkeit benötigten Zeitaufwandes und auf Grund weitgehender Freiheiten bei der Konkretisierung der Arbeitszeiten in vergleichbarer Weise auch gegenüber zahlreichen weiteren Auftraggebern tätig werden könnte, dann stellt dies einen i.R. der gebotenen Gesamtabwägung für die Annahme einer selbständigen Tätigkeit sprechenden Gesichtspunkt dar (LSG Niedersachsen-Bremen v. 22.10.2014, L 2 R 258/14).

357 **Hebamme/Entbindungspfleger:** Zu den Aufgaben von Hebammen gehören u.a. die Beratung von Schwangeren, das Einleiten normaler Geburten, die Versorgung von Neugeborenen und die Überwachung des Wochenbettverlaufs. Nach dem Hebammengesetz (HebG) bedürfen Hebammen zur Berufsausübung in der Entbindungshilfe einer Erlaubnis.

Die Tätigkeit kann sowohl selbständig als auch i.R. eines abhängigen Beschäftigungsverhältnisses (sog. Anstaltshebamme) ausgeübt werden. Einer Selbständigkeit steht dabei nicht entgegen, wenn die Tätigkeit als sog. Beleghebamme in einem Krankenhaus oder Entbindungsheim ausgeübt wird. Beleghebammen werden als freiberufliche Hebammen selbständig tätig, wenn sie Schwangere, Gebärende, Wöchnerinnen und Neugeborene im Krankenhaus i.R. des Hebammengesetzes und der jeweiligen Berufsordnung in eigener Verantwortung weisungsfrei nichtärztlich geburtshilflich betreuen und die erbrachten Leistungen unmittelbar gegenüber den Patienten beziehungsweise den Versicherungsträgern abrechnen.

Eine Hebamme, die auf Grund eines sog. Beleghebammenvertrags in einem Krankenhaus tätig ist, steht in keinem Arbeitsverhältnis zu dem Krankenhaus (LAG Düsseldorf v. 3.9.2009, 11 Sa 608/09).

Entbindungspfleger ist die männliche Berufsbezeichnung einer Hebamme, es gelten daher sinngemäß die obigen Ausführungen zu Hebammen.

Heilpädagogin: → *Sozial- und Heilpädagogin* Rz. 509 358

Heimbetriebsleiter einer Kantine: Kein Arbeitnehmer (BAG v. 13.8.1980, 4 AZR 592/78). 359

Heimdienstfahrer (Getränkeauslieferung): Regelmäßig Arbeitnehmer (BSG v. 11.3.1970, 3 RK 25/67). Vgl. zur Abgrenzung auch BGH v. 21.10.1998, VIII ZB 54/97, betr. Tiefkühlverkäufer der Fa. Eismann. 360

Hofübergabe: Macht ein Stpfl. nachträglich für geleistete Dienste wegen fehlgeschlagener Vergütungserwartung (Hofübergabe) vor dem Arbeitsgericht mit Erfolg eine Vergütung geltend, begründet dies noch nicht die Feststellung, er sei auch im steuerlichen Sinne von Anfang an als Arbeitnehmer anzusehen (BFH v. 8.5.2008, VI R 50/05, BStBl II 2008, 868). 361

Honorarkräfte: Die Bezeichnung Honorarkraft sagt noch nichts über die sozialversicherungsrechtliche Beurteilung aus und stellt für sich kein Kriterium für die Annahme einer selbständigen Tätigkeit dar. Die Beurteilung ist im Wege der Gesamtbetrachtung vorzunehmen (s.a. den o.g. Abgrenzungskatalog). Ärzte, die als Honorarärzte in einem Krankenhaus tätig sind, sind in dieser Tätigkeit regelmäßig nicht als Selbständige anzusehen, sondern unterliegen als Beschäftigte des Krankenhauses der Sozialversicherungspflicht (BSG v. 4.6.2019, B 12 R 11/18 R). Gleichermaßen sind Pflegekräfte, die als Honorarpflegekräfte in stationären Pflegeeinrichtungen tätig sind, in dieser Tätigkeit regelmäßig nicht als Selbständige anzusehen, sondern unterliegen als Beschäftigte der Pflegeeinrichtung der Sozialversicherungspflicht (BSG v. 7.6.2019, B 12 R 6/18 R). 362

Hostessen, Hosts: Arbeitnehmer, auch wenn sie diese Tätigkeit „als Nebentätigkeit" für ihren Arbeitgeber ausüben (BFH v. 7.11.2006, VI R 81/02, HFR 2007, 228). Im Urteilsfall waren mehrere Mitarbeiterinnen für ihren Arbeitgeber (ein Kreditinstitut) im Anschluss an die reguläre Arbeitszeit als Service- und Betreuungskräfte bei Veranstaltungen (Buchvorstellungen, Empfänge, Vorträge usw.) tätig und erhielten dafür eine besondere Vergütung. 363

Im normalen Agenturbetrieb, in dem für Kunden Veranstaltungen organisiert und nicht die Arbeitnehmer überlassen werden, sind Hostessen/Hosts i.d.R. als Arbeitnehmer zu betrachten. Hierfür spricht die weitgehende Weisungsbefugnis der Agentur bzw. ihres Kunden betreffend der Ausführung der Tätigkeit, insbesondere in zeitlicher und fachlicher Hinsicht (vgl. auch LSG Hessen v. 20.10.2005, L 8/14 KR 334/04). Hinzu kommt, dass die Hostessen/Hosts häufig nur für *einen* Auftraggeber arbeiten und regelmäßig selbst keine versicherungspflichtigen Arbeitnehmer beschäftigen.

Die als Hostess bei Messen, Tagungen, Kongressen und anderen Veranstaltungen eingesetzten Personen (typischerweise Studentinnen und Studenten) können Arbeitnehmer sein; maßgeblich ist auch bei solchen Tätigkeiten, in welchem Maße sie Weisungen der Kunden oder ihrer Repräsentanten hinsichtlich der Arbeitsausführung in zeitlicher und fachlicher Hinsicht unterliegen und ob diese Weisungen typisch für ein Arbeitsverhältnis sind (LSG Nordrhein-Westfalen v. 11.3.2016, L 8 R 506/14 B ER).

Ist eine Studentin stundenweise für Projekte von Kunden ihres Auftraggebers werbend auf der Grundlage eines jeweils zwischen dem Kunden und dem Auftraggeber geschlossenen Vertrags tätig, ist sie dabei in eine Arbeitsorganisation des Auftraggebers nicht eingebunden, unterliegt sie weder einem Weisungsrecht ihres Auftraggebers noch des jeweiligen Kunden, muss sie Zeit und Kapital investieren, um Aufträge zu erhalten, ist sie gleichzeitig für mehrere Auftraggeber tätig, trägt sie ein unternehmerisches Risiko und kann sie Dritte zur Erbringung der vereinbarten Leistungen einsetzen, so ist sie nicht abhängig beschäftigt, sondern selbständig tätig (SG Wiesbaden v. 29.11.2007, S 2 KR 5/07).

Hotelleiter, Hotelmanager: Ein Hotelmanager ist als versicherungspflichtig Beschäftigter einzuordnen, wenn er nach dem Gesamtbild in die Arbeitsorganisation des Hotels eingegliedert und allein fremdbestimmt für die Zwecke des Hotelbesitzers tätig war und die Tätigkeiten nicht der unternehmerischen Betätigung im eigenen Betrieb dienten (SG Stuttgart v. 5.6.2013, S 4 R 6819/12). 364

Ein Hotelleiter ist im Allgemeinen abhängig beschäftigt. Eine Delegationsbefugnis, welche für die Abgrenzung einer abhängigen Beschäftigung zu einer selbständigen Tätigkeit Relevanz erlangen kann, kommt nur bei einer Befugnis des Dienstleistenden in Betracht, die geschuldeten Dienste durch andere von ihm ausgewählte Personen erbringen zu lassen und gleichwohl von dem Auftraggeber die vereinbarte Vergütung in derselben Höhe beanspruchen zu können, als wenn er die Dienste in eigener Person erbracht hätte. Die Belastung eines Erwerbstätigen, der im Übrigen nach der tatsächlichen Gestaltung des gegenseitigen Rechtsverhältnisses als Arbeitnehmer einzustufen wäre, mit zusätzlichen Risiken, vermag keinen Hinweis auf eine selbständige Tätigkeit zu begründen (LSG Niedersachsen-Bremen v. 17.5.2017, L 2 R 346/16).

365 **Hundeführer:** Ein Stöberhundeführer, der mit seinen eigenen Hunden an einer Schwarzwilddrückjagd teilnimmt, kann abhängig beschäftigt sein und deshalb Versicherungsschutz in der gesetzlichen Unfallversicherung genießen (BSG v. 6.9.2018, B 2 U 18/17 R).

Der Schweißhundeführer ist anders als ein Stöberhundeführer während seines Einsatzes nach Jagdende i.d.R. weder eng hierarchisch in die Jagdorganisation eingebunden noch muss er seine Nachsuche mit den übrigen Jagdteilnehmern koordinieren. Die Nachsuche nach angeschossenem Wild durch einen Schweißhundeführer stellt eine selbständige, nicht der gesetzlichen Unfallversicherung unterliegende Tätigkeit dar, wenn der Schweißhundeführer nach Wertung der konkreten Einzelmerkmale der Nachsuche nicht in die Jagdorganisation eingegliedert ist (LSG Sachsen 17.2.2021, L 6 U 76/20).

366 **Hygieneauditor:** Die Tätigkeit eines Hygieneauditors wird sowohl abhängig als auch selbständig ausgeübt. Die Tätigkeit besteht u.a. in der Prüfung der Einhaltung von Hygienestandards der Lebensmittelbranche. Dabei werden in vertraglich vereinbarten Zeitabständen visuelle Hygienekontrollen in Einzelhandelsbetrieben und Lebensmittelhandelsketten durchgeführt. Der angefertigte Bericht wird mit dem jeweiligen Marktleiter durchgesprochen; entnommene Proben werden einem Labor zur Analysierung übersandt. Wird der Hygieneauditor bei den Kunden des Auftraggebers eingesetzt, um dessen vertragliche Verpflichtungen zu erfüllen, tritt er diesen gegenüber als dessen Mitarbeiter auf, ist er in dessen Arbeitsorganisation eingegliedert und in dessen Arbeitsabläufe eingebunden, unterliegt er einem Weisungsrecht und erhält er eine pauschale Vergütung nach Rechnungstellung, so ist vom Vorliegen einer abhängigen Beschäftigung auszugehen. Einer solchen Annahme steht das Fehlen von Regelungen zu Ansprüchen auf Urlaubsentgelt oder Entgeltfortzahlung im Krankheitsfall nicht entgegen. Dies gilt erst recht, wenn er mangels eigener Zertifizierung auf die Aufträge seines Auftraggebers angewiesen ist und sich infolgedessen einen eigenen Kundenstamm nicht aufbauen kann (LSG Nordrhein-Westfalen v. 30.4.2014, L 8 R 376/12).

367 **Immobilienmakler:** Personen, die nach den vertraglichen Vereinbarungen bei der Durchführung ihrer Tätigkeit keinen Weisungen des Auftraggebers unterliegen (Vertrag über freie Mitarbeit) und denen auch keine Weisungen erteilt werden, sind nicht abhängig beschäftigt, wenn sie die für die Ausübung der selbständigen Tätigkeit erforderlichen Erlaubnis (hier: § 34c GewO) besitzen und die Tätigkeit erfolgsabhängig (Provision) vergütet wird. Dem steht i.R. der notwendigen Gesamtabwägung nicht zwingend entgegen, dass es auch Hinweise auf eine Eingliederung in den Betrieb des Auftraggebers (einheitliches Erscheinungsbild der Firma des Auftraggebers) gibt (LSG Baden-Württemberg v. 26.7.2016, L 11 R 3845/15).

368 **Influencer:** Regelmäßig gewerbliche Tätigkeit; s. ausführlich die auf den Internetseiten des BayLfSt veröffentlichten steuerlichen Informationen für Social-Media-Akteure, „Ich bin Influencer – Muss ich Steuern zahlen?", FAQ für Social-Media-Akteure.

369 **Informanden:** Angestellte eines ausländischen Unternehmens, die sich zu Informationszwecken bei einer inländischen AG aufhalten, sind nicht Arbeitnehmer des inländischen Unternehmens, solange sie nicht weisungsgebunden oder in den geschäftlichen Organismus eingegliedert sind (FG Niedersachsen v. 14.3.1977, IX L 71/74, EFG 1978, 177).

370 **Informanten:** Auf vertraglicher Grundlage beruhende Zahlungen eines Geschädigten an einen Informanten für die Anzeige und Übergabe von Informationen an die Strafverfolgungsbehörden zur Aufdeckung einer Straftat (sog. „Whistleblowing", im Streitfall erhielt ein Mitarbeiter für die Beauftragung von Unternehmen Zahlungen), stellen eine steuerpflichtige sonstige Leistung i.S.d. § 22 Nr. 3 EStG dar (BFH v. 23.3.2016, IX B 22/16: kein Arbeitslohn, weil die Zahlung nicht als Entgelt für eine Leistung angesehen werden konnte, die der Stpfl. i.R. des Dienstverhältnisses für seinen Arbeitgeber erbracht hat).

Ingenieur: Ein an einer Technischen Abendschule wöchentlich zwei Stunden unterrichtender Ingenieur ist Arbeitnehmer, wenn tatsächlich ein Arbeitsverhältnis gewollt ist; vgl. BFH v. 4.12.1975, IV R 180/72, BStBl II 1976, 292 sowie H 19.2 (Nebenberufliche Lehrtätigkeit) LStH. Trotz anders lautender Vereinbarungen Arbeitnehmer, wenn der Ingenieur in den Betrieb des Auftraggebers eingegliedert ist und bei der Ausführung seiner Arbeitsleistung dessen Weisungen untersteht (FG Rheinland-Pfalz v. 7.3.1996, 4 K 1744/93, EFG 1997, 15). 371

Zur Frage des Vorliegens eines abhängigen Beschäftigungsverhältnisses eines Ingenieurs, welchem mittels Rahmenvertrag einzelne Auftragsprojekte von einem Ingenieurbüro zur selbständigen Ausführung übertragen wurden, s. LSG Rheinland-Pfalz v. 1.7.2004, L 5 KR 120/03.

Integrationshelfer: Unterliegt ein i.R. der Eingliederungshilfe nach § 35a SGB VIII als Integrationshelfer eingesetzter Diplom-Pädagoge keinerlei Weisungen des für ihn zuständigen Jugendhilfeträgers, nutzt er zur Ausübung seiner Tätigkeit nicht die Struktur des Jugendamtes, existieren keine Weisungen hinsichtlich der Arbeitszeit, sondern richten sich diese nach den Schulzeiten des zu betreuenden Kindes, erfolgt die Vergütung als freier Mitarbeiter nach einer pro Arbeitsstunde vereinbarten Vergütung und trägt der Integrationshelfer damit für den zu entschädigenden Umfang seiner Tätigkeit das unternehmerische Risiko, so ist nicht von einer abhängigen Beschäftigung, sondern von einer selbständigen Tätigkeit auszugehen (LSG Baden-Württemberg v. 27.3.2015, L 4 R 574/14). 372

Eine Integrationshelferin ist beim Träger der Einrichtung dagegen abhängig beschäftigt, wenn es nach der vertraglichen Vereinbarung mit dem Träger der Jugendhilfe Aufgabe des Trägers der Einrichtung ist, die vom Träger der Jugendhilfe bewilligte Integrationsleistung zu erbringen und der Träger der Einrichtung die Verantwortung für die zu erbringende Integrationsleistung trägt (LSG Baden-Württemberg v. 27.7.2016, L 5 R 606/14).

Interviewer: → *Erhebungsbeauftragte (Interviewer)* Rz. 301 373

Jagdberater: Die ehrenamtlichen Jagdberater in Bayern sind selbständig tätig. Die Aufwandsentschädigungen bleiben nach § 3 Nr. 12 Satz 2 EStG i.V.m. R 3.12 Abs. 3 Satz 2 Nr. 2 LStR i.H.v. einem Drittel der Aufwandsentschädigung, mindestens 250 €, monatlich steuerfrei (FinMin Bayern v. 7.1.2001, S 2337 – 146 – 175/02). 374

Journalist: Kann nach den Umständen des Einzelfalls selbständig oder nichtselbständig sein: Für selbständige Tätigkeit sprechen mehrere Auftraggeber, Tätigkeit im eigenen Büro, Vergütung nach Art und Umfang des Beitrags. Für nichtselbständige Tätigkeit sprechen feste Arbeitszeit, ein Arbeitsplatz beim Arbeitgeber und eine feste Vergütung. Ein Journalist kann gleichzeitig mehrere Tätigkeiten ausüben, d.h. in einem Auftragsverhältnis nichtselbständig und in einem anderen selbständig tätig sein. Das Bestreben einer Journalistin, das Ergebnis ihrer Arbeit ohne Verlust ihrer Verwertungsrechte an einen Zeitungsverlag zu verkaufen, spricht gegen das Bestehen eines Arbeitsverhältnisses (LAG Bremen v. 18.1.2012, 2 Sa 39/11). 375

Eine selbständige Tätigkeit liegt vor, wenn eine Journalistin allein über die Auswahl der Themen, Art und Umfang der Berichterstattung und des Erscheinungszeitpunkts entscheiden kann. Für den eigenen Gestaltungsspielraum spricht, wenn sie weder vertraglich noch redaktionell Vorgaben des Verlags bei der Auftragsausübung unterliegt und ihr ein erheblicher Gestaltungsspielraum sowohl hinsichtlich der Art und Weise der Auftragserledigung zusteht als auch hinsichtlich des Orts und Zeit der Leistungserbringung (SG Frankfurt v. 1.3.2021, S 20 R 521/17).

Wird eine Journalistin nur auf Grund von zeitlich befristeten Rahmenvereinbarungen über einen längeren Zeitraum in der Weise beschäftigt, dass nach den geschlossenen Verträgen keine Verpflichtung zur Erteilung bzw. Annahme einzelner Aufträge besteht, kann gleichwohl nach den Umständen des konkreten Einzelfalles eine nichtselbständige Tätigkeit vorliegen, die nicht der Umsatzsteuer unterliegt (FG Hamburg v. 2.8.2013, 5 K 52/10, EFG 2013, 1967).

376 **Jugendbetreuer in Freizeiteinrichtungen:** Kein Arbeitnehmer, wenn er über Art und zeitliche Lage seiner Tätigkeit entsprechend den Wünschen der betreuten Jugendlichen und seinen eigenen Neigungen mitbestimmen kann (BAG v. 9.5.1984, 5 AZR 195/82).

377 **Kameraassistent:** Regelmäßig Arbeitnehmer (BAG v. 22.4.1998, 5 AZR 2/97).

378 **Kameramann:** Ein für öffentlich-rechtliche und private Sendeanstalten sowie Produzenten tätiger Kameramann kann selbständig tätig sein, wenn er im Kernbereich der von ihm übernommenen Aufgaben weisungsfrei tätig wird, d.h. er weitgehende gestalterische Freiheit hat und es seiner eigenen schöpferischen Entscheidung unterliegt, welche Optiken, Lichtgestaltungen, Kran- oder Dollyfahrten er unternimmt und ob er mit der Handkamera oder vom Stativ filmt bzw. bewegte oder statische Bilder macht (LSG Berlin-Brandenburg v. 6.11.2015, L 1 KR 136/13).

Ein Kameramann, der nicht weisungsgebunden arbeitet und nicht in einem fremden Betrieb eingegliedert ist, dem Auftraggeber projektbezogene Rechnungen stellt und über eigene Kameraausrüstung, Lichtanlage und Pkw verfügt und bei der Kameraführung eigenverantwortlich gestaltend tätig ist, ist selbständig (SG München v. 16.3.2017, S 31 R 388/16, bestätigt durch BSG v.12.12.2023, B 12 R 12/21 R, wonach in den Fällen, in denen die weitgehend eigenständige und eigenverantwortliche Erstellung von (Teil-)Werken ohne Eingliederung in eine fremde Arbeitsorganisation geschuldet wird, sach- und ergebnisorientierte Anweisungen zur Werkleistung alleine keine zu einer sozialversicherungspflichtigen Beschäftigung führende Weisungsabhängigkeit indizieren).

379 **Kantinenpächter:** Bei einem formal gestalteten Pachtverhältnis können die dem Pächter auferlegten Pflichten einen so hohen Grad der persönlichen Abhängigkeit vom Verpächter begründen, dass das Vertragsverhältnis als Arbeitsverhältnis angesehen werden muss (hier verneint). Voraussetzung hierfür ist, dass die Pflichten des Pächters gegenüber dem Verpächter eine Dienstleistung enthalten. Ist dies der Fall, ist für die Abgrenzung eines Arbeitsverhältnisses von einem Pachtverhältnis ebenso wie bei der Abgrenzung eines Arbeitsverhältnisses von einem freien Dienstverhältnis der Grad der persönlichen Abhängigkeit maßgebend, in der sich der zur Dienstleistung jeweils Verpflichtete befindet (LAG Schleswig-Holstein v. 18.12.2003, 1 Ta 210/03).

380 **Kartograph:** Ist ein für seinen Auftraggeber tätiger Kartograph bei seiner Tätigkeit nicht weisungsgebunden und nicht in dessen Arbeitsorganisation eingegliedert, hat er seinen Arbeitsplatz mit Einverständnis des Auftraggebers in seiner eigenen Wohnung, hat er ein unternehmerisches Risiko nicht zu tragen, stellt ihm sein Auftraggeber eine vereinbarte Mindestzahl von Aufträgen zur Verfügung und erhält er dafür ein vereinbartes Entgelt und unterliegt er bei der Ausführung seiner Tätigkeit keinen zeitlichen Vorgaben, so ist von dem Bestehen einer selbständigen Tätigkeit auszugehen (LSG Nordrhein-Westfalen v. 9.1.2019, L 8 R 295/16).

381 **Kassierer:** Hauptberuflich tätige Kassierer, z.B. in Supermärkten, Kaufhäusern usw., sind im Regelfall Arbeitnehmer. **Nebenberufliche Kassierer** können je nach den Umständen des Einzelfalls Arbeitnehmer oder Gewerbetreibende sein, sofern nicht nur „reiner Aufwandsersatz" gezahlt wird (→ *Arbeitnehmer* Rz. 196). Ein als sog. Haus- und Platzkassierer tätiges Vereinsmitglied wurde als Arbeitnehmer angesehen, obwohl die Einnahmen damals lediglich 299 DM bzw. 570 DM im Jahr betragen hatten (Urteil v. 25.10.1957, VI 143/56 U, BStBl III 1958, 15). Ein für lediglich 47 DM im Jahr tätiger Betriebskassierer der Gewerkschaft wurde dagegen nicht als Arbeitnehmer angesehen (Urteil v. 7.10.1954, IV 127/53 U, BStBl III 1954, 374); ebenfalls nicht die sog. Heber einer Ersatzkasse (Urteil v. 24.11.1961, VI 208/61 U, BStBl III 1962, 125). Nebenberufliche Beitragskassierer von Versicherungsunternehmen werden ebenfalls nicht als Arbeitnehmer tätig. Die Vergütungen können daher nur i.R. einer Einkommensteuerveranlagung erfasst werden, die Betriebsausgaben müssen einzeln nachgewiesen werden. Eine Pauschalierung mit 25 % der Einnahmen, höchstens 614 € im Jahr, ist **nicht** zulässig (FinMin Niedersachsen v. 30.11.1978, S 2144 – 60 – 31 1, BB 1979, 504; gleiches gilt für den ab dem Veranlagungszeitraum 2023 maßgebenden Höchstbetrag von 900 € jährlich, BMF v. 6.4.2023, IV C 6 – S 2246/20/10002 :001).

Katecheten: Arbeitnehmer der Schulträger (BFH v. 13.11.1987, VI R 154/84) oder der Kirche (LAG Niedersachsen v. 12.7.1985, 9 Sa 75/84). 382

Kellner: → *Bedienungspersonal in Gastronomiebetrieben* Rz. 242 383

Kinderbetreuung: Ist ein Anbieter als Träger für die Durchführung von Integrationskursen für Ausländer und Spätaussiedler vom Bundesamt für Migration und Flüchtlinge zugelassen und bedient er sich in diesem Rahmen zur Betreuung von Kleinkindern gegen einen festen Stundensatz Betreuungspersonen, sind diese bei ihren Betreuungseinsätzen an feste Orte und Zeiten gebunden und haben sie ein unternehmerisches Risiko erkennbar nicht zu tragen, so liegt bei diesen eine abhängige Beschäftigung und keine selbständige Tätigkeit vor (SG Aachen v. 14.10.2014, S 13 R 819/13). 384

Eine Person, die in einer festgelegten Zeit Kinder des Auftraggebers i.R. eines Pflegevertrags in dessen Haushalt gegen ein festes Entgelt betreut und hinsichtlich der inhaltlichen Ausgestaltung der Betreuung den Weisungen des Auftraggebers unterliegt, ist abhängig beschäftigt. Unbeachtlich ist dabei, wenn die Höhe der Vergütung nicht mit dem Auftraggeber vereinbart ist, sondern von der kommunalen Jugendhilfe gezahlt wird. Das Fehlen eines vertraglichen Vergütungsanspruchs im Urlaubs- oder Krankheitsfall stellt dabei kein Indiz für eine Selbständigkeit der Betreuungsperson dar (SG Aachen v. 26.3.2014, S 8 R 207/13).

Grds. können Lehrer und Erzieher sowohl abhängig beschäftigt als auch selbständig tätig sein. Dem Rentenversicherungsträger obliegt die Beweislast für das Vorliegen der die Versicherungs- und Beitragspflicht begründenden Umstände. In diesem Zusammenhang hat er bei einer Honorarkraft in der Kinderbetreuung die erforderlichen Ermittlungen u.a. hinsichtlich der Eingliederung in den Betrieb des Auftraggebers, der Weisungsgebundenheit und der Vergütung zu prüfen (LSG Nordrhein-Westfalen v. 30.9.2019, L 8 BA 7/19 B ER).

Kindertagespflege: Bei der Kindertagespflege nach § 22 SGB VIII soll eine Kindertagespflegeperson ein einer Kindertagesstätte ähnliches Angebot im familiären Rahmen bieten. Wird die Kindertagespflege im Haushalt der Kindertagespflegeperson, der Personensorgeberechtigten des Kindes oder in anderen geeigneten Räumen vorgenommen und betreut die Kindertagespflegeperson Kinder verschiedener Personensorgeberechtigter eigenverantwortlich, handelt es sich um eine **selbständige** erzieherische Tätigkeit i.S.v. § 18 Abs. 1 Nr. 1 EStG. 385

Betreut die Kindertagespflegeperson ein Kind oder mehrere Kinder in dessen/deren Familie nach Weisungen der Personensorgeberechtigten, ist sie i.d.R. Arbeitnehmer, die Personensorgeberechtigten sind die Arbeitgeber. In diesem Fall erzielt die Kindertagespflegeperson Einkünfte aus **nichtselbständiger Arbeit** i.S.v. § 19 EStG (BMF v. 6.4.2023, IV C 6 – S 2246/19/10004 :004, BStBl I 2023, 669, auch zum pauschalen Abzug von Betriebsausgaben bei selbständig Tätigen).

Zur (nicht bestehenden) Sozialversicherungspflicht einer Tagespflegerin, die auf eigene Rechnung in der Randzeitenbetreuung in einer Kindertageseinrichtung tätig ist, s. LSG Nordrhein-Westfalen v. 19.9.2018, L 8 R 800/16.

Der Gesetzgeber geht gem. § 23 Abs. 2 Nr. 3 SGB VIII grds. davon aus, dass die Tagespflege regelmäßig nicht durch abhängig Beschäftigte, sondern durch selbständig Tätige erfolgt. Infolgedessen müssen die Merkmale für eine abhängige Beschäftigung derart überwiegen, dass sie ein Abweichen von der Regel rechtfertigen. Ist eine bei ihrer Vertretungsfähigkeit in der Kindertagespflege als Springerkraft tätige Pflegerin nicht in den Betrieb ihres Auftraggebers eingegliedert, diesem gegenüber nicht weisungsgebunden, nicht in dessen Räumlichkeiten tätig und erhält sie für ihre Tätigkeit eine vereinbarte monatliche Pauschale, so ist von dem Bestehen einer selbständigen Tätigkeit auszugehen. Dem widerspricht nicht ein Anspruch auf Lohnfortzahlung an freien Tagen, sofern dies der gesetzlichen Vergütung der selbständig tätigen Kindertagespflegepersonen entspricht (SG Kiel v. 19.11.2018, S 44 KR 123/17).

Zur einkommensteuerrechtlichen Behandlung der Geldleistungen für Kinder in Vollzeitpflege nach § 33 SGB VIII, für die Erziehung in einer Tagesgruppe nach § 32 SGB VIII, für Heimerziehung/Erziehung in sonstiger betreuter Wohnform nach § 34 SGB VIII, für die intensive sozialpädagogische Einzelbetreuung nach § 35 SGB VIII sowie für die Unterbringung/Betreuung bei Inobhutnahme von Kindern und Jugendlichen (§§ 42, 42a SGB VIII sowie → *Betreuungskosten* Rz. 1405).

386 **Kirchenorganisten:** Personen, die nebenberuflich als Organist oder Organistin in Kirchengemeinden bei Gottesdiensten oder anderen Veranstaltungen tätig sind, stehen in einem abhängigen Beschäftigungsverhältnis zur Kirchengemeinde. Bei ihrem Einsatz sind sie den Vorgaben der Gottesdienstordnung, die der Gemeinde zuzurechnen und keine Kraft der Natur der Sache vorgegebene Ordnung ist, unterworfen. S.a. den o.g. Abgrenzungskatalog.

387 **Kistensortierer:** Bei einfachen Handarbeiten, bei denen der Beschäftigte kaum eine eigene Initiative entfalten kann, ist i.d.R. von seiner Weisungsgebundenheit auszugehen (FG Rheinland-Pfalz v. 23.8.1994, 2 K 1447/92).

388 **Koch:** Ein im Restaurant tätiger Koch ist im Allgemeinen nichtselbständig tätig, wenn er in die Arbeitsorganisation eingegliedert ist und nicht – wie es für einen Selbständigen typisch wäre – eigenständig und in seiner alleinigen inhaltlichen Verantwortung stehend bestimmte abgrenzbare Arbeiten erledigt, sondern arbeitsteilig an den im Restaurantbetrieb der GbR anfallenden Arbeitsabläufen mitwirkt und auch kein Unternehmerrisiko trägt (LSG Berlin-Brandenburg v. 30.5.2017, L 1 KR 280/16).

Ist ein Koch in den Betrieb und Arbeitsablauf seines Auftraggebers eingegliedert, benutzt er dabei dessen Betriebsmittel, hat er seine Arbeitsleistung persönlich zu erbringen, hat er ein relevantes unternehmerisches Risiko nicht zu tragen und bestimmt sich dessen Vergütung nach der geleisteten Arbeitszeit entsprechend eines vereinbarten Stundenlohns, so ist von dem Bestehen einer abhängigen Beschäftigung auszugehen. Dem widerspricht nicht das Fehlen eines Entgeltfortzahlungsanspruchs im Krankheitsfall und von bezahltem Urlaub, ebenso wenig der Umstand, dass der Koch Rechnungen geschrieben hat (LSG Berlin-Brandenburg v. 21.10.2019, L 1 BA 105/18, betr. einen sog. Event-Koch).

Die arbeitsteilige Tätigkeit eines Kochs kann in aller Regel allenfalls dann selbständig ausgeübt werden, wenn er selbst Inhaber des Restaurants oder Catering-Unternehmens ist (LSG Berlin-Brandenburg v. 20.11.2013, L 9 KR 152/11).

Keine versicherungspflichtige Beschäftigung liegt bei einem Koch vor, der zugleich atypischer (stiller) Gesellschafter ist (SG Schleswig v. 15.8.2000, S 2 KR 14/00).

Ein Koch, der als gastronomischer Leiter auf Schienenkreuzfahrten nach Tagessätzen bezahlt wird, auf Rechnung der Betriebsinhaberin einkauft und mit deren Mitarbeitern zusammenarbeitet, ist abhängig beschäftigt (LSG Baden-Württemberg v. 27.4.2016, L 5 R 2484/14).

Mietköche, die in einem hierarchisch gegliederten Küchenteam (Küchenchef, Postenchef und weitere Köche) mit festangestellten Köchen und Servicepersonal zusammenarbeiten und die wesentlichen Betriebsmittel des Auftraggebers (Küche, Küchenausstattung) nutzen sowie kein relevantes unternehmerisches Risiko tragen, verrichten ihre Tätigkeit im Rahmen eines abhängigen Beschäftigungsverhältnisses (SG Landshut v. 30.9.2024, S 1 BA 15/24).

389 **Kommissionär:** In der Regel selbständiger Gewerbetreibender. Ein Arbeitsverhältnis liegt jedoch vor, wenn Vereinbarungen getroffen und praktiziert werden, die zur Folge haben, dass der betreffende Kommissionär nicht mehr im Wesentlichen frei seine Tätigkeit gestalten und seine Arbeitszeit bestimmen kann. Die bloße Berechtigung, die vertraglich geschuldete Leistung durch Dritte erbringen zu lassen, schließt ein Arbeitsverhältnis nicht von vornherein aus, wenn die Leistungserbringung durch einen Dritten eine seltene Ausnahme darstellt, die das Gesamtbild der Tätigkeit nicht nennenswert verändert (BAG v. 4.12.2002, 5 AZR 667/01).

390 **Kommunikationshelferin:** Eine Kommunikationshelferin für hörbehinderte Schüler ist selbständig tätig, wenn sie einen Vergütungsanspruch in Gestalt eines Stundenhonorars (nur) für jede tatsächlich geleistete Unterrichtsstunde hat, in fachlicher Hinsicht keinem Weisungsrecht unterliegt und nicht in den Betrieb des Berufsförderungswerks eingegliedert ist, keinen bezahlten Urlaub erhält und keinen Anspruch auf Entgeltfortzahlung im Krankheitsfall hat (LSG Baden-Württemberg v. 15.4.2016, L 4 KR 1612/15).

Kompetenzberater für Schüler in einer beruflichen Förderungseinrichtung: Ist der für eine Einrichtung zur Förderung von beruflicher Bildung und Erziehung tätige Beobachter von Schülern zu deren späterer beruflicher Eignung als abhängige Beschäftigung oder selbständige Tätigkeit in die Organisation des Betriebs seines Auftraggebers eingegliedert, ist er an eine feste Arbeitszeit gebunden, ist er gegenüber seinem Auftraggeber weisungsgebunden, hat er ein unternehmerisches Risiko nicht zu tragen und erfolgt die Vergütung nach einem vereinbarten Tageshonorar, so ist von dem Bestehen einer abhängigen Beschäftigung auszugehen. Dem widerspricht nicht das Fehlen eines Entgeltfortzahlungsanspruchs im Krankheitsfall und eines Anspruchs auf bezahlten Urlaub (LSG Nordrhein-Westfalen v. 14.8.2019, L 8 R 456/17). 391

Kopfschlächter: Arbeitnehmer, wenn sie – wie dies regelmäßig der Fall ist – eine „Fließbandarbeit" verrichten oder nach Tarifverträgen entlohnt werden (FG Düsseldorf v. 26.11.2001, 16 K 1370/98 E, EFG 2002, 187 und OFD Magdeburg v. 26.8.2005, S 2331 – 25 – St 226, aktualisiert nach dem Stand 28.5.2014). 392

Eine einheitliche Rechtsprechung gibt es nicht: Das FG Düsseldorf hat die Unternehmereigenschaft – und damit die Selbständigkeit – eines Kopfschlächters anerkannt (Urteil v. 13.3.1996, 16 K 148/89, durch BFH v. 30.1.1997, V B 70/96, bestätigt). Ebenso ArbG Passau v. 13.3.1998, 4e Ca 906/97 E. Ein Stpfl., der als Fleischzerleger und Ausbeiner für verschiedene Zerlegebetriebe tätig wird, kann Unternehmer im umsatzsteuerrechtlichen Sinne sein, wenn er nach außen hin als Unternehmer auftritt und im Innenverhältnis zu den jeweiligen Auftraggebern Unternehmerinitiative und Unternehmerrisiko entfaltet. Das Tätigwerden des Stpfl. auch i.R. einer Kolonne schließt nicht zwingend seine Selbständigkeit aus (FG Sachsen v. 14.7.2004, 7 K 2385/01).

Bei der Sozialversicherung werden sog. **Ausbeiner** ebenfalls als Arbeitnehmer angesehen (BSG v. 4.6.1998, B 12 KR 5/97 R). S.a. den o.g. Abgrenzungskatalog.

Kommanditisten, die in ihrer Kommanditgesellschaft als Schlachter arbeiten, sind regelmäßig abhängig Beschäftigte, sofern sie nicht über die Rechtsmacht in der Kommanditgesellschaft verfügen (LSG Bayern v. 28.9.2017, L 7 R 504/15).

Korrekturleserin: Arbeitnehmerin, da sie vollständig in die betriebliche Organisation des Verlags eingliedert und damit vollständig fremdbestimmt beschäftigt war. Sie hatte die bearbeiteten Manuskripte von dem Zeitpunkt an, wo sie für ihre Tätigkeit bereit lagen, zu bearbeiten, sich an einen Endtermin zu halten, um die Produktion der Zeitung nicht zu gefährden, und war auf Grund einer ausdrücklichen Anweisung des Verlags auch verpflichtet, die Korrekturarbeiten im Betrieb des Verlags an einem dort für sie bereit gestellten Arbeitsplatz auszuführen (LAG Rheinland-Pfalz v. 12.3.2015, 3 Sa 437/14). 393

Kraftfahrer: → *Frachtführer/Unterfrachtführer* Rz. 330, → *Kurier-, Express- und Paketdienstfahrer* Rz. 405 394

Kranführer: Die Tätigkeit eines Kranführers, der durch ein Unternehmen gegen eine feste Stundenvergütung jeweils auf Baustellen vermittelt und dort auf Veranlassung und Führung der dortigen Entscheidungsträger auf vorhandenen Kränen eingesetzt wird, stellt regelmäßig eine sozialversicherungspflichtige abhängige Beschäftigung dar. Dabei verweist auch allein der Abschluss einer Betriebshaftpflichtversicherung durch den Kranführer nicht auf eine eigenverantwortliche selbständige Tätigkeit (LSG Nordrhein-Westfalen v. 9.1.2013, L 8 R 406/12 B ER). 395

Krankengymnast: → *Physiotherapeut* Rz. 450 396

Krankenpfleger, Krankenschwester: → *Krankenschwestern* Rz. 2755 397

Krankheitsvertretung: Schließt der Inhaber eines Einzelunternehmens einen (mündlichen) Vertrag mit einer Person, die für die Dauer der Arbeitsunfähigkeit des Inhabers den Betrieb weiterführt, ist die Tätigkeit dieser Person als abhängige sozialversicherungspflichtige Beschäftigung zu werten, wenn die Bezahlung dieser Tätigkeit nach einem Stundenlohn erfolgt und der Beschäftigte daher kein Unternehmerrisiko trägt (LSG Baden-Württemberg v. 16.1.2018, L 11 R 4682/16). 398

Kreisjägermeister: Der (ehrenamtliche) Kreisjägermeister, der in Niedersachsen auf Vorschlag der Organisation der Jäger von der Vertretung des Landkreises oder der kreisfreien Stadt für die Dau- 399 er von deren Wahlperiode gewählt wird, berät jagdlich die Jagdbehörde, sorgt für die Beachtung der allgemein anerkannten Grundsätze deutscher Waidgerechtigkeit und für die Durchführung der Hege, gleichzeitig ist er Vorsitzender der Prüfungskommission für die Jägerprüfung. Die Tätigkeit eines Kreisjägermeisters, die sich im Allgemeinen in einer nur beratenden Tätigkeit erschöpft, ist hiernach nicht als nichtselbständige Arbeit i.S.d. § 19 EStG anzusehen (OFD Magdeburg v. 29.4.2010, S 2337 – 108 – St 225).

400 **Kükensortierer:** Sog. Kükensortierer (Chickensexer), die bei den frisch geschlüpften Eintagsküken eine Geschlechtsbestimmung vornehmen, können auch dann als Arbeitnehmer angesehen werden, wenn sie sich zur Ausübung ihrer beruflichen Tätigkeit als Kommanditisten zu einer Kommanditgesellschaft und zu einer die Aufgaben der Komplementärin wahrnehmenden GmbH zusammengeschlossen haben (LSG Niedersachsen-Bremen v. 28.2.2018, L 2 R 258/17).

Sie üben ihre Tätigkeit auch dann, wenn sie sich als Gruppe zu einer Personen- oder Kapitalgesellschaft zusammenschließen und sie innerhalb dieser Gesellschaft nach den von der höchstrichterlichen Rechtsprechung entwickelten Kriterien nicht die Rechtsmacht besitzen, ihnen ungenehme Weisungen zu verhindern (vgl. z.B. BSG v. 14.3.2018, B 12 KR 13/17 R), regelmäßig in der Rechtsbeziehung zu dieser Gesellschaft (und nicht zur Brüterei, in deren Betriebsräumen die Tätigkeit verrichtet wird) i.R. einer abhängigen und dem Grunde nach versicherungspflichtigen Beschäftigung aus (LSG Sachsen v. 18.12.2018, L 9 KR 34/13).

401 **Kundenakquise:** Ist ein in der Kundenakquisition für ein Leuchtenproduktions- und -handelsunternehmen Tätiger in dessen Betrieb eingegliedert, ist ein wöchentliches bzw. monatliches zeitliches Arbeitsvolumen bei freier Zeiteinteilung vorgegeben, erfolgt die Bezahlung nach einem vereinbarten Stundensatz und besteht eine teilweise Weisungsgebundenheit gegenüber dem Auftraggeber, so ist von dem Bestehen einer abhängigen Beschäftigung auszugehen. Dem widerspricht nicht, wenn der Betreffende für weitere Auftraggeber tätig sein darf (LSG Hamburg v. 26.1.2021, L 3 BA 25/19).

Eine Vergütungsvereinbarung zwischen Auftraggeberin und Auftragnehmerin, bei der die Höhe der monatlichen Vergütung auf einen bestimmten Betrag begrenzt ist (Deckelung), und die außerdem so gestaltet ist, dass die Auftragnehmerin die volle (und der Höhe nach begrenzte) Vergütung nur dann erhält, wenn sie einen bestimmten Umsatz generiert, ist ein starkes Indiz für das Vorliegen einer abhängigen Beschäftigung. Muss die Auftragnehmerin bei ihrer Tätigkeit für die Auftraggeberin (hier: Neukundenakquise) auf den Terminkalender der Auftraggeberin zugreifen, um zu prüfen, ob ein Auftrag (hier: Reinigung von Matratzen) angenommen werden kann, ist die Auftragnehmerin in die Arbeitsorganisation der Auftraggeberin eingegliedert (LSG Baden-Württemberg v. 2.2.2021, L 11 BA 975/20).

402 **Kundenberaterin:** Eine auf „Honorarbasis" tätige Kundenschulungsbeauftragte, die Kunden an den von der Firma verkauften Maschinen (Faxgeräte, Fotokopierer) schult, ist Arbeitnehmerin; die Firma hatte exakte Weisungen gegeben, wann und wie sie die Kundenschulung zu betreiben hatte (BAG v. 6.5.1998, 5 AZR 247/97).

403 **Kunstmaler:** Ein Kunstmaler, der selbst bestimmen kann, wann und wo er malt, welche Themen er behandelt und seine Bilder nicht auf Einzelweisung hin anfertigen muss, übt keine abhängige Beschäftigung aus (BSG v. 29.11.1988, 11/7 RAr 89/87).

404 **Kunsttherapeutin:** Eine „Kunsttherapeutin", die u.a. zwar im Einsatz kreativer Medien bei der Diagnose und Therapie von seelischen Störungen von in einer Facharztpraxis für Psychiatrie und Psychotherapie behandelten Kinder frei ist, die einzusetzenden Medien selbst beschafft und deren persönliche Fähigkeiten im Umgang mit den Patienten in nicht unerheblichem Maße zum Erfolg der Sitzungen beiträgt, jedoch hinsichtlich der Tätigkeit durch den behandelnden Arzt umfassend überwacht wird, hinsichtlich der Testverfahren keinen Gestaltungsspielraum hat, da der Arzt den Test vorgibt und für dessen Auswertung zuständig ist, ist nicht selbständig tätig (FG Hessen v. 19.10.2009, 6 K 3138/06).

Die Tätigkeit eines freischaffenden Künstlers, der Gefangene in der sozialtherapeutischen Abteilung einer JVA kunsttherapeutisch betreut, kann auf Grund folgender Indizien als lediglich „scheinselbständig" – und somit als Arbeitnehmer – zu beurteilen sein: Einbindung über einen mehrjährigen Zeitraum in den Gefängnisalltag sowie in die hierarchische Struktur der JVA, Weisungsgebundenheit, feste Arbeitszeiten, festgelegter Arbeitsort, vorgegebene Arbeitsbedingungen einschließlich der Vorgabe der Teilnehmer an den Therapieprogrammen (BFH v. 19.1.2017, V R 47/15, HFR 2020, 1046).

Kurier-, Express- und Paketdienstfahrer: Der Wirtschaftszweig 405
der Kurier-, Express- und Paketdienstfahrer ist durch unterschiedlichste Größen der Betriebe und Ausgestaltung der einzelnen Dienstleistungsangebote geprägt. Deshalb ist bei der Statusbeurteilung auf die Besonderheiten des einzelnen Unternehmens abzustellen. Diese Angebotsvielfalt ist auch Ursache dafür, dass die gesetzlichen Regelungen zur Frage der Statusfeststellung für einige Betriebe dieses Wirtschaftszweiges kaum, für andere weniger und für andere Systeme wieder von erheblicher Bedeutung sind. Demzufolge ist eine sichere Beurteilung nur anhand des konkreten Vertrages und unter Berücksichtigung der tatsächlichen Verhältnisse möglich.

Die Frage der Arbeitnehmereigenschaft des Auftragnehmers ist danach zu beurteilen, ob die Tätigkeit weisungsgebunden ausgeübt wird oder ob er seine Chancen auf dem Markt selbständig und im Wesentlichen weisungsfrei suchen kann.

Bei diesem Personenkreis kann eine selbständige Tätigkeit aber nicht allein am Merkmal eines eigenen Fahrzeugs festgemacht werden, weil der wirtschaftliche Aufwand für den Erwerb eines solchen Fahrzeugs nicht so hoch ist, dass ein mit einem erheblichen wirtschaftlichen Risiko verbundener Aufwand begründet werden kann; i.d.R. wird das eigene Privatfahrzeug für die Dienste genutzt. Zudem gehören diese Fahrer regelmäßig nicht zu dem in § 3 Güterkraftverkehrsgesetz genannten Personenkreis. Sofern Kurierdienstfahrer und ähnliche Dienstleister gleichwohl über eine Erlaubnis nach § 3 Güterkraftverkehrsgesetz oder eine Gemeinschaftslizenz nach Art. 3 der Verordnung (EWG) 881/92 verfügen, gelten die Aussagen zu Frachtführern (→ Rz. 330).

Transportfahrer können – ungeachtet der für Frachtführer gesetzgeberischen Wertung als selbständige Gewerbetreibende (§ 418 HGB) bei weitreichenden Weisungsrechten sowohl des Spediteurs als auch des Absenders und Empfängers des Frachtgutes – jedenfalls dann sozialversicherungsrechtlich als abhängig Beschäftigte einzuordnen sein, wenn sich die Rechtsbeziehungen der Vertragsparteien nicht auf die jeden Frachtführer treffenden gesetzlichen Bestimmungen beschränken, sondern wenn Vereinbarungen getroffen und praktiziert werden, die die Tätigkeit engeren Bindungen unterwerfen. In der Delegationsmöglichkeit der eigenen Arbeitsleistung liegt kein entscheidendes Merkmal für das Vorliegen einer selbständigen Tätigkeit, wenn ein Transportfahrer diese Möglichkeit nur selten nutzt, regelmäßig keinen (versicherungspflichtigen) Arbeitnehmer beschäftigt und damit die persönliche Arbeitsleistung die Regel ist. Allein die Nutzung eines eigenen Kraftfahrzeugs reicht für das Vorliegen einer selbständigen Tätigkeit nicht aus; vielmehr bedarf es Feststellungen zur Art des Transportfahrzeugs und insbesondere zur Ausgestaltung der Tätigkeit sowie der Art und Weise der Vergütung (BSG v. 11.3.2009, B 12 KR 21/07 R).

Für die Beurteilung der Arbeitnehmereigenschaft kommt es immer auf die Gesamtumstände des einzelnen Falles an (s.a. den o.g. Abgrenzungskatalog).

a) Arbeitnehmereigenschaft bejaht wurde z.B. bei

- einem Transportfahrer ohne eigenes Fahrzeug, der Transportfahrten für ein Transportunternehmen erbringt. Transportfahrten setzen regelmäßig und ganz wesentlich das Vorhandensein und die Nutzung eines Transportfahrzeugs voraus. Verfügt ein im Transportgewerbe tätiger Auftragnehmer nicht über ein eigenes Fahrzeug, sondern wird ihm dieses kostenfrei vom Auftraggeber zur Verfügung gestellt, spricht dies maßgeblich gegen eine selbständige Tätigkeit. Entgegen der Auffassung des Klägers kommt dem fehlenden eigenen Fahrzeug bei der Abgrenzung von abhängiger Beschäftigung und Selbständigkeit eine mehrfache Indizwirkung zu: Zum einen zieht die hieraus resultierende notwendige Nutzung des Betriebsmittels des Auftraggebers eine Eingliederung in dessen Betriebsorganisation nach sich. Zum anderen liegt das Investitionsrisiko als Indiz für eine selbständige Tätigkeit beim Auftraggeber und gerade nicht beim Auftragnehmer. Darüber hinaus kann der Auftragnehmer mangels eigenen Fahrzeugs keine unternehmerischen Gestaltungsspielräume für eine anderweitige Tätigkeit am Markt des Warentransports außerhalb einer abhängigen Beschäftigung als Transportfahrer nutzen (LSG Nordrhein-Westfalen v. 22.6.2020, L 8 BA 78/18, sowie LSG Berlin-Brandenburg v. 28.10.2020, L 9 KR 352/17).

b) Arbeitnehmereigenschaft abgelehnt wurde dagegen z.B. bei

- einem Landwirt, der i.R. seines „Landwirtschaftlichen Lohnunternehmens" für ein Fuhrunternehmen, wenn eigenes Personal fehlt, einzelne Transporte von Kartoffeln übernimmt; die Übernahme landwirtschaftlicher Fahrten ohne eigenes Kfz kann eine selbständige Tätigkeit darstellen (LSG Bayern v. 23.11.2015, L 7 R 387/14).

406 **Kursleiter:** Der Leiter eines von der Kommune angebotenen Computerkurses bzw. eines Kurses Werken mit Holz, der direkt in den Betrieb einer kommunalen Jugendfreizeiteinrichtung eingebunden ist, deren Aufsicht unterliegt, an deren Arbeitsort gebunden ist und ausschließlich Räumlichkeiten sowie Material nutzt, welche ihm von der Einrichtung zur Verfügung gestellt werden, übt eine abhängige Beschäftigung aus. Dies gilt erst recht dann, wenn er hierbei kein unternehmerisches Risiko zu tragen hat, die Höhe seiner Vergütung sich nach Stundensätzen bemisst und er eigenes Kapital bei seiner Tätigkeit nicht einsetzt. Sind solche Umstände gegeben, so ist eine fehlende Lohnfortzahlung im Krankheitsfall kein Indiz für ein bestehendes unternehmerisches Risiko (LSG Berlin-Brandenburg v. 9.7.2014, L 9 KR 513/12). Ebenso LSG Berlin-Brandenburg v. 9.7.2014, L 9 KR 512/12, für den Mitarbeiter in einer kommunalen Jugendfreizeiteinrichtung, der für Jugendliche Musikveranstaltungen organisiert.

Bei der Frage, ob die Tätigkeit einer Hausfrau, die i.R. der städtischen Jugendhilfe oder eines Jugendbildungswerkes Koch- und Bastelkurse leitet, eine abhängige Beschäftigung oder eine selbständige Tätigkeit ist, kommt es entscheidend darauf an, inwieweit während der Durchführung der Aufgabe von Seiten der die Arbeit vergebenden Person Einfluss auf Ort, Zeit und Durchführung genommen werden kann. Die Ehrenamtlichkeit einer dem allgemeinen Erwerbsleben zugänglichen Tätigkeit schließt die Begründung eines abhängigen Beschäftigungsverhältnisses nicht aus (BSG v. 1.2.1979, 12 RK 7/77).

407 **Layouter:** Eine Layouterin, die für einen Zeitschriftenverlag arbeitet, ist abhängig beschäftigt, wenn sie in den Betrieb eingegliedert ist (überwiegende Tätigkeit im Büro des Verlags, erforderliche Zusammenarbeit mit den Redakteuren) und kein Unternehmerrisiko trägt (SG Duisburg v. 9.6.2016, S 10 R 1073/13).

Eine Grafikdesignerin, die in einer Rundfunkanstalt Hintergrundbilder, Infografiken und andere Designelemente für Nachrichten- und Informationssendungen erstellt, übt in einem gewissen Umfang eine programmgestaltende Tätigkeit aus. Die programmgestaltende Tätigkeit ist aber nicht so wesentlich, dass die Rundfunkanstalt berechtigt wäre, die Grafikdesignerin als arbeitnehmerähnliche Person in einem freien Mitarbeiterverhältnis zu beschäftigen. Dem Flexibilisierungsinteresse der Rundfunkanstalt kann hinreichend durch den Abschluss befristeter Arbeitsverträge Rechnung getragen werden (LAG Baden-Württemberg v. 3.6.2019, 1 Sa 1/18).

408 **Lehrbeauftragte:** Keine Arbeitnehmer (BFH v. 17.7.1958, IV 101/56 U, BStBl III 1958, 360).

409 **Lehrer:** Für den schulischen Bereich hat die die BAG/BSG-Rechtsprechung Kriterien aufgestellt, anhand derer der Arbeitsvertrag vom freien Dienstvertrag abzugrenzen ist (BAG v. 21.11.2017, 9 AZR 117/17, sowie BSG v. 14.3.2018, B 12 R 3/17 R, beide betr. Musikschullehrer). Wer an einer allgemeinbildenden Schule unterrichtet, ist danach i.d.R. Arbeitnehmer, auch wenn er seine Tätigkeit nebenberuflich ausübt.

Dagegen können etwa Volkshochschuldozenten und Musikschullehrer, die außerhalb schulischer Lehrgänge unterrichten, oder Lehrkräfte, die nur Zusatzunterricht erteilen, als freie Mitarbeiter beschäftigt werden. Zwar kann in der Anordnung, eine Tätigkeit nur in bestimmten Räumlichkeiten zu verrichten, und einer nur zeitlich beschränkten Zurverfügungstellung dieser Räumlichkeiten eine zeitliche Weisungsgebundenheit liegen. Das ist aber nicht anzunehmen, wenn die Zeitspanne so bemessen ist, dass dem Mitarbeiter ein erheblicher Spielraum verbleibt.

Auch bei Aushilfs- oder Vertretungslehrern, die auf Grund eines „freien Mitarbeitervertrags" tätig werden, kann, selbst wenn sie mehr als 6 Wochenstunden unterrichten, nach dem Gesamtbild der Verhältnisse (keine Überstundenvergütung, keine Lohnfortzahlung im Krankheitsfall und die Möglichkeit, auch für andere Auftraggeber Dienste zu verrichten) eine selbständige Tätigkeit angenommen werden (FG Berlin-Brandenburg v. 13.8.2020, 4 K 4123/18, EFG 2020, 1708). Die Regelung in R 19.2 Satz 3 LStR steht – so das FG – dieser Beurteilung nicht entgegen, denn sie bedeutet nicht, dass das Überschreiten der Sechsstundentätigkeit zwingend zur Annahme einer nichtselbständigen Tätigkeit führt (so auch BFH v. 4.10.1984, IV R 131/82, BStBl II 1985, 51 betr. Bezüge eines nebenberuflich tätigen Lehrbeauftragten an der Fachhochschule Rheinland-Pfalz).

Im Ergebnis ebenso SG Frankfurt v. 25.4.2017, S 25 KR 320/11, betr. eine Musiklehrerin an einer privaten Realschule: Übt die Lehrkraft ihre Tätigkeit in eigener Verantwortung auf Grund einer Honorarvereinbarung mit stündlichem Entgelt aus, unterliegt sie dabei keinerlei Weisungsrecht, ist sie nicht verpflichtet, jeden Auftrag höchstpersönlich auszuführen, ist sie nicht in die Betriebsorganisation ihres Auftraggebers eingebunden und in dessen Betriebsablauf integriert, erhält sie keine Lohnfortzahlung im Krankheitsfall, kein Urlaubsgeld und keine Vergütung bei Unterrichtsausfall, so ist von dem Vorliegen einer selbständigen Tätigkeit auszugehen, auch wenn sie nur ein geringes unternehmerisches Risiko zu tragen hat, weil ihr die vereinbarte Vergütung für die geleisteten Stunden garantiert war und sie für die Durchführung ihrer Tätigkeit keine hohen Aufwendungen hatte.

Zur Nebentätigkeit und Aushilfstätigkeit von Lehrern und der Unterscheidung zwischen nichtselbständiger und selbständiger Tätigkeit s. im Übrigen → *Nebenberufliche Lehr- und Prüfungstätigkeit* Rz. 3232.

Lehrer, die Privatstunden bei mehreren Auftraggebern oder außerhalb ihrer haupt- oder nebenamtlichen Lehrtätigkeit Nachhilfeunterricht erteilen, sind keine Arbeitnehmer (vgl. LAG Schleswig-Holstein v. 13.11.2013, 6 Sa 370/12). Dies gilt auch für Lehrer, die ausländischen Schülern bei den Hausaufgaben helfen (FinMin Niedersachsen v. 1.10.1987, S 2332 – 113 – 35 1, Lohnsteuerkartei OFD Hannover § 19 Fach 1 Nr. 28).

Zu den Auswirkungen des s.g. Herrenberg-Urteils des BSG v. 28.6.2022, B 12 R 3/20 R, in dem das BSG in einem Einzelfall über die Versicherungspflicht der Tätigkeit einer Musiklehrerin an einer städtischen Musikschule auf Grund Beschäftigung entschieden hat und infolgedessen die Spitzenorganisationen der Sozialversicherung am 4.5.2023 über die versicherungsrechtliche Beurteilung von Lehrkräften beraten und das Besprechungsergebnis veröffentlicht haben und nun eine Übergangsregelung geschaffen wurde. Für weitere Inhalte s.a. → *Dozenten* Rz. 291.

Leiter von juristischen Arbeitsgemeinschaften: Die Leitung von 410
juristischen Referendararbeitsgemeinschaften wird i.d.R. von Richtern, Staatsanwälten oder Beamten wahrgenommen. Sofern sie ihre Tätigkeit als Leiter einer juristischen Referendararbeitsgemeinschaft i.R. ihres bestehenden Dienstverhältnisses als Richter, Staatsanwalt oder Beamter ausüben, handelt es sich um ein akzessorisches Nebenamt. Es ist Bestandteil des jeweiligen Dienstverhältnisses, so dass sich die Versicherungsfreiheit auf Grund des Beamten- oder Richteramtsverhältnisses nach § 5 Abs. 1 Satz 1 Nr. 1 SGB VI auch auf dieses Nebenamt erstreckt. Voraussetzung hierfür ist, dass die oberste Verwaltungsbehörde des jeweiligen Bundeslandes feststellt, dass die jeweilige Tätigkeit als Leiter einer juristischen Referendararbeitsgemeinschaft als akzessorisches Nebenamt ausgeübt wird. S.a. den o.g. Abgrenzungskatalog sowie → *Nebenberufliche Lehr- und Prüfungstätigkeit* Rz. 3232 und → *Nebentätigkeit* Rz. 3272.

Lektor bei Hörfunk und Fernsehen: Kein Arbeitnehmer, wenn er 411
den wesentlichen Teil seiner Aufgaben in selbst bestimmter Arbeitszeit und an selbst gewähltem Arbeitsort verrichtet (BAG v. 27.3.1991, 5 AZR 194/90).

Eine Tätigkeit als Lektor für eine TV-Produktionsfirma ist kein Arbeitsverhältnis, sondern ein freies Mitarbeiterverhältnis, wenn zwar für Gutachten Abgabetermine beachten werden müssen, eine sachliche Eingrenzung der Stoffrecherche besteht und Tätigkeitsberichte zu erstellen sind, dies aber ohne fachliche Weisungsgebundenheit und ohne jede Arbeitszeitkontrolle stattfindet.

Auch die einmalige Urlaubsabsprache und das Anmieten von Büroräumen auf Anraten des Arbeitgebers reicht nicht zur Eingliederung in den Betrieb aus (ArbG Berlin v. 8.1.2004, 78 Ca 26918/03).

412 **Liquidator in Treuhandgesellschaften:** Kann Arbeitnehmer sein (BAG v. 29.12.1997, 5 AZB 38/97).

413 **Logopädin:** Bei der Abgrenzung der abhängigen Beschäftigung von der selbständigen Tätigkeit ist von Ersterer auszugehen, wenn die Tätigkeit in einem Arbeitsverhältnis unter einer Weisungsgebundenheit verrichtet wird und eine Eingliederung in einen fremden Betrieb vorliegt. Demgegenüber ist eine selbständige Tätigkeit durch das eigene Unternehmerrisiko, eine eigene Betriebsstätte, die Verfügungsmöglichkeit über die eigene Arbeitskraft und die im Wesentlichen frei gestaltete Tätigkeit und Arbeitszeit gekennzeichnet. Ist der als freier Mitarbeiter in einer Praxis für Logopädie Tätige in die Organisation seines Auftraggebers eingegliedert und diesem gegenüber weisungsgebunden, hat er kein unternehmerisches Risiko zu tragen und erfolgt die Vergütung für die Tätigkeit entsprechend einem vereinbarten Honorar von 70 % der aktuellen Krankenkassensätze pro Verordnung, so ist von dem Bestehen eines abhängigen Beschäftigungsverhältnisses auszugehen (LSG Berlin-Brandenburg v. 23.9.2020, L 26 BA 5/20).

414 **Lotse:** I.d.R. kein Arbeitnehmer, sondern übt eine freiberufliche Tätigkeit i.S.d. § 18 Abs. 1 Nr. 1 EStG aus (BFH v. 31.7.1996, XI R 5/95, HFR 1997, 294). Zum Nichtabzug von Umlagen für den gemeinschaftlich unterhaltenen Kantinenbetrieb einer Lotsenbrüderschaft als Betriebsausgaben s. BFH v. 17.2.2009, VIII R 21/08, HFR 2009, 861.

415 **Luftaufsicht:** Die nebenberuflich tätigen „Beauftragten für Luftaufsicht", die im Auftrag der Bezirksregierung in regelmäßigen Abständen Landeplätze und Segelfluggelände kontrollieren, sind Arbeitnehmer (FinMin Niedersachsen v. 21.2.1995, S 2331 – 67 – 351).

416 **Makler:** Ein Grundstücksmakler, der laut Dienstvertrag verpflichtet ist, Weisungen in Bezug auf seine Tätigkeit zu befolgen, ist Arbeitnehmer, auch wenn bei der Durchführung des Vertrages keine Weisungen praktiziert wurden (LAG Köln v. 18.12.2000, 7 Ta 184/00).

417 **Mannequin:** Kann Arbeitnehmer sein, wenn für die Dauer der Vorführung eine Eingliederung in den Betrieb des Arbeitgebers vereinbart und durchgeführt ist (BFH v. 2.10.1968, VI R 56/67, BStBl II 1969, 71). Ebenso Vorführdamen, die sich an mehreren aufeinander folgenden Tagen von 9 Uhr bis 18 Uhr in den Betriebsräumen des Unternehmens aufhalten, um den dort erscheinenden Kunden Kleider zu zeigen (FG Berlin v. 2.6.1967, III 37/65, EFG 1968, 64).

418 **Marketingassistent, Marketingberater:** Kann selbständig sein, wenn er nicht durchgehend zum Tätigwerden für den Auftraggeber verpflichtet ist, eine Auftragserteilung vielmehr in jedem Einzelfall (fern)mündlich erfolgt, die Stpfl. berechtigt ist, einen Auftrag abzulehnen und über Arbeitsort und Arbeitszeit frei entscheiden kann (LSG Baden-Württemberg v. 18.1.2018, L 7 R 850/17). Ebenso LSG Berlin-Brandenburg v. 14.8.2019, L 9 KR 364/16, betr. einen sog. SEM-Berater (Search Engine Marketing) sowie LSG Baden-Württemberg v. 22.1.2020, L 2 R 953/17, zum sozialversicherungsrechtlichen Status eines „freien Mitarbeiters" bei einer Werbe-, Marketing- und PR-Agentur im Bereich Text und Redaktion.

Ist ein in einem Marketing- und Zukunftsforschungsunternehmen als Strategieberater tätiger Student in dessen Betriebsorganisation eingegliedert, nutzt er bei seiner Tätigkeit dessen digitale Infrastruktur, ist eine bestimmte wöchentliche bzw. monatliche Arbeitszeit vorgegeben, erfolgt die Vergütung nach einem vereinbarten monatlichen Pauschalbetrag und hat er ein unternehmerisches Risiko nicht zu tragen, so ist von dem Bestehen einer abhängigen Beschäftigung auszugehen. Dem widerspricht nicht das Fehlen einer Weisungsgebundenheit gegenüber dem Auftraggeber sowie eines Anspruchs auf Urlaubsgeld und eines Lohnfortzahlungsanspruchs im Krankheitsfall (LSG Hamburg v. 27.10.2020, L 3 BA 21/19).

Eine kontinuierliche, erkennbar auf Dauer angelegte Beschäftigung kann zur rechtlichen Verklammerung einer Vielzahl aufeinanderfolgender Aufträge zu einem einheitlichen Arbeitsverhältnis des Beraters einer öffentlich-rechtlichen Rundfunkanstalt für das strategische Programm-Marketing führen (BAG v. 17.12.2024, 9 AZR 26/24).

Maschinenring: Durch einen Maschinenring vermittelte Aushilfskräfte sind als Arbeitnehmer eines gewerblichen Gartenbaubetriebs anzusehen, wenn sie nur einfache Arbeiten an verschiedenen Baustellen des Betriebs verrichten, ihre Arbeit nach Inhalt, Zeit und Ort nicht individuell gestalten können, ihre Dienstleistung keinen Kapitaleinsatz verlangt und sie kein Unternehmerrisiko tragen (BFH v. 7.2.2008, VI R 83/04, BStBl II 2009, 703). 419

Maskenbildner oder Visagisten: Die Tätigkeit einer Maskenbildnerin kann grds. sowohl in Form einer abhängigen als auch in Form einer selbständigen Tätigkeit ausgeübt werden. Das LSG Berlin-Brandenburg hat bei einer Visagistin (Make-up Artist, Maskenbildnerin), die das Haar- und Maskenbild der für einen Tag von der Produktionsfirma gebuchten Künstlerin zu erstellen sowie deren Betreuung während des Produktionstages zu übernehmen hatte, wegen der Einordnung der Stpfl. in die durch die Produktion vorgegebene Arbeitsorganisation des Unternehmens und der faktisch gegebenen Weisungsabhängigkeit eine abhängige Beschäftigung angenommen. Dem Willen der Vertragsparteien in Bezug auf die Regelung einer selbständigen Tätigkeit kommt sozialversicherungsrechtlich keine ausschlaggebende Bedeutung zu, wenn sowohl die konkrete Vertragsgestaltung als auch die tatsächlichen Gegebenheiten überwiegend für eine abhängige Beschäftigung sprechen (Urteil v. 19.3.2021, L 26 BA 1/20). 420

Masseure, Masseurinnen: Bei der Abgrenzung der abhängigen Beschäftigung von der selbständigen Tätigkeit ist von Ersterer auszugehen, wenn die Tätigkeit in einem Arbeitsverhältnis unter einer Weisungsgebundenheit verrichtet wird und eine Eingliederung in einen fremden Betrieb vorliegt. Demgegenüber ist eine selbständige Tätigkeit durch das eigene Unternehmerrisiko, eine eigene Betriebsstätte, die Verfügungsmöglichkeit über die eigene Arbeitskraft und die im Wesentlichen frei gestaltete Tätigkeit und Arbeitszeit gekennzeichnet. Verrichtet eine Wellness-Masseurin ihre Tätigkeit in den Räumen ihres Auftraggebers während festgesetzter Öffnungszeiten, ist sie an den Kosten des Auftraggebers nicht beteiligt, trägt sie kein unternehmerisches Risiko und erfolgt ihre Vergütung nach einer Vereinbarung zu einem festen Stundensatz, so liegt eine abhängige Beschäftigung vor. Eine weitere selbständig ausgeübte Tätigkeit in eigener Praxis hat hierauf keinen Einfluss. Trägt sie in ihrer Hauptbeschäftigung das Risiko einer fehlenden Vergütung, falls ein Kunde nicht erscheint, so führt dies nicht zur Annahme einer selbständigen Tätigkeit, weil diesem Risiko keine entsprechende unternehmerische Freiheit gegenübersteht (LSG Hessen v. 27.11.2014, L 8 KR 158/13). 421

Masseurinnen in Massagesalons sind Arbeitnehmerinnen, wenn die Inhaberin des Salons als die eigentliche Veranstalterin hinsichtlich der angebotenen Massagebehandlungen auftritt (FG Düsseldorf v. 9.11.1978, XVII (XII) 84/73 L, EFG 1979, 239).

Zur Versicherungspflicht von in Hallenbädern tätigen Masseuren, die i.R. freier Mitarbeitsverhältnisse tätig werden, s. LSG Bayern v. 2.10.2012, L 5 R 781/12 B ER.

Maurer: Abhängige Beschäftigung, wenn er für eine Firma die komplette Bausaison eines Jahres durchgängig tätig ist und sich seine Tätigkeiten von einer vergleichbaren Arbeitnehmertätigkeit nicht unterscheiden, d.h. Ausführung klassischer Maurerarbeiten (SG Oldenburg v. 27.7.2016, S 51 R 49/14). 422

Eine abhängige Beschäftigung muss sich positiv feststellen lassen. Eine Vermutung, dass bestimmte Tätigkeiten i.d.R. in abhängiger Beschäftigung ausgeübt werden, ist mit einfachem Recht und Verfassungsrecht nicht vereinbar. Grundvoraussetzung eines abhängigen Beschäftigungsverhältnisses ist die privatrechtliche Pflicht des Beschäftigten zur Erbringung von Arbeitsleistungen; hat der Auftragnehmer ein Ablehnungsrecht gegenüber dem Auftraggeber, spricht dies erheblich gegen eine abhängige Beschäftigung (LSG Baden-Württemberg v. 8.8.2019, L 7 BA 3027/18, zur selbständigen Tätigkeit eines Maurers als Subunternehmer für ein Bauunternehmen).

Meistersöhne: Im Betrieb mitarbeitende erwachsene Kinder (sog. Meistersöhne) können im Einzelfall Arbeitnehmer sein, wenn ein Beschäftigungsverhältnis mit Entgeltzahlung vorliegt (BSG v. 5.4.1956, 3 RK 65/55; BSG v. 29.3.1962, 3 RK 83/59, 84/59 und 85/59, sowie → *Angehörige* Rz. 135). 423

424 **Mentoren der Fernuniversität Hagen:** Arbeitnehmer (BAG v. 10.9.2002, 3 AZR 454/01).

425 **Menü-Bringer:** Ein Auslieferungsfahrer von Fertigmenüs kann Arbeitnehmer sein, auch wenn er Mitarbeiter einsetzen kann und lediglich eine umsatzabhängige Provision erhält (BSG v. 19.8.2003, B 2 U 38/02 R).

426 **Merchandiser:** → *Verkaufsförderer* Rz. 543

427 **Messehostessen:** → *Hostessen* Rz. 363

428 **Mitarbeiter-KG:** Wird eine Steuerfachangestellte über eine sog. Mitarbeiter-KG mit dem Ziel beschäftigt, die bei ihr bestehende Problematik der „Scheinselbständigkeit" zu umgehen, und wird hierdurch ein Arbeitsverhältnis verdeckt, handelt es sich um ein steuerlich unbeachtliches Scheingeschäft (§ 41 Abs. 2 Satz 1 AO). Auch wenn das Vergütungsrisiko ausschließlich bei der Steuerfachangestellten liegt, handelt es sich um eine nichtselbständige Beschäftigung, wenn ihre Tätigkeit im Übrigen der einer angestellten Steuerfachangestellten entspricht und sie umfassend in die betriebliche Organisation des Steuerbüros eingebunden ist (FG Köln v. 24.9.2015, 1 K 2185/12, EFG 2016, 448).

429 **Montagetätigkeiten, Mechaniker:** Ein Mechaniker, der i.R. eines Dienstleistungsvertrages Montagetätigkeiten ausübt, wird selbständig tätig, wenn er über seine Arbeitskraft frei verfügen kann, nicht an etwaige Geschäftszeiten gebunden ist, seine Montagetätigkeit unterbrechen kann, um zwischendurch Arbeiten für andere Auftraggeber zu erledigen, Urlaub, Urlaubsgeld und Lohnfortzahlung im Krankheitsfall nicht vereinbart waren (LSG Baden-Württemberg v. 22.1.2020, L 2 BA 689/19).

430 **Museum:** Auf Grund der engen Einbindung in die Arbeitsorganisation und eines fehlenden unternehmerischen Risikos ist die Tätigkeit als Rundgangleiter in einem Dokumentationszentrum als abhängige Beschäftigung einzuordnen. Eine vor Beginn der Tätigkeit durchgeführte Schulung, die künftige Museumsführer erst in die Lage versetzt, die Tätigkeit zu übernehmen, die mit einer Prüfung sowie Zertifizierung endet und die Voraussetzung für die Zulassung zur Tätigkeit ist, stellt eine vorgelagerte fachliche Weisung dar (LSG Bayern v. 16.5.2018, L 16 R 5110/16).

Eine selbständige Tätigkeit kann dagegen vorliegen, wenn nur die tatsächlichen Führungen vergütet werden und weder ein Anspruch auf Vergütung etwaiger ausgefallener Führungen noch auf eine Urlaubsvergütung oder auf eine Fortzahlung im Krankheitsfall besteht (FG Berlin v. 29.7.1976, V 38 – 39/76, EFG 1977, 316).

Personen, die im Auftrag eines Museums Führungen durchführen, unterliegen als sog. freie Mitarbeiter nicht der Sozialversicherungspflicht, wenn eine Zuweisung anderer Aufgaben durch das Museum nicht zulässig ist und auch nicht erfolgt, sie für die Durchführung ihrer Aufgabe keine Einzelweisungen erhalten mussten und auch nicht erhielten, der geschuldete Leistungsumfang (Thema der Führung, zeitlicher Rahmen und das konkrete Honorar nach Pauschalen) vorab vereinbart wird und die Anpassung an die Betriebsabläufe des Museums (Organisation der Führungen durch das Museum) lediglich unvermeidbaren organisatorischen Sachzwängen geschuldet ist (LSG Baden-Württemberg v. 26.7.2016, L 11 R 4903/15).

Eine **Kustodin** kann vom Träger eines Museums auch i.R. eines freien Dienstleistungsvertrages beschäftigt werden, Öffnungszeiten des Museums sind nicht mit vorgegebenen Arbeitszeiten gleichzusetzen (LAG Düsseldorf v. 18.12.2014, 15 Ta 582/14).

431 **Nachrichtenreporter, -sprecher:** Regelmäßig Arbeitnehmer (BAG v. 9.3.1977, 5 AZR 110/76, und v. 28.6.1973, 5 AZR 19/73), auch regelmäßig eingesetzte Sprecher und Übersetzer von Nachrichten- und Kommentartexten im fremdsprachlichen Dienst von Rundfunkanstalten, selbst wenn ihre wöchentliche Arbeitszeit nur vier Stunden beträgt (BAG v. 11.3.1998, 5 AZR 522/96). Wird ein Nachrichtensprecher dagegen für verschiedene Anstalten tätig, kann er selbständig sein (BAG v. 28.6.1973, 5 AZR 568/72).

Werden Dienstpläne für Nachrichtensprecher im Fernsehen auf Grund ins Einzelne gehender Vorgaben der Sprecher erstellt und haben die Sprecher die Möglichkeit, geplante Einsätze jederzeit untereinander zu tauschen und geplante Einsätze ersatzlos abzugeben, spricht dies gegen das Vorliegen eines Arbeitsverhältnisses (LAG Hamburg v. 1.4.2009, 3 Sa 58/08).

432 **Nageldesigner:** Ein Nageldesigner, der seine Tätigkeit nicht im eigenen Betrieb ausübt, ist in die Betriebsabläufe des Nagelstudios eingebunden und damit sozialversicherungspflichtig. An dieser Bewertung ändert sich insbesondere auch dann nichts, wenn der Designer an das Nagelstudio für Arbeitsplatz und Gerätschaften monatlich 200 € Miete zahlt (LSG Baden-Württemberg v. 9.2.2021, L 2 BA 4111/19).

NGO-Ortskraft: Die für eine NGO in einem Entwicklungsland tätige Ortskraft ist regelmäßig Arbeitnehmer (LAG Köln v. 29.12.2021, 9 Ta 174/21, NWB 2022, 1031). 433

Nichtsesshafte: Arbeitnehmer, wenn er eine i.R. des § 19 BSHG beschaffte Arbeit verrichtet und hierfür – neben der Hilfe zum Lebensunterhalt – ein nach Stunden bemessenes Arbeitsentgelt erhält (BSG v. 16.4.1985, 12 RK 53/83). 434

Notar: Grds. selbständig, auch bei gleichzeitiger Bestellung als Notariatsverweser (BFH v. 12.9.1968, V 174/65, BStBl II 1968, 811). Zu Notarvertretern s. entsprechend → *Anwaltsvertreter* Rz. 215. 435

Notarassessoren, Notariatsverwalter: Diese befinden sich im Anwärterdienst des Landes und erhalten **lohnsteuerpflichtige Anwärterbezüge**. Im Fall der **Bestellung als Notariatsverwalter** (§ 56 Bundesnotarordnung, nachfolgend BNotO) führt der Notarassessor sein Amt auf Rechnung der Notarkammer gegen eine angemessene Vergütung (Verwalterzulage) aus. Da die Kostenforderungen dem Notariatsverwalter im Außenverhältnis zustehen (§ 58 BNotO), wird er umsatzsteuerlich als Unternehmer behandelt. Die im eigenen Namen auf Rechnung der Notarkammer ausgeübte Verwaltertätigkeit kann daher nicht dem Arbeitslohn aus der Anwärtertätigkeit zugerechnet werden. Es handelt sich hierbei um Einkünfte aus **selbständiger Arbeit** i.S.d. § 18 Abs. 1 Nr. 1 Satz 2 EStG. 436

Zur steuerlichen Behandlung der als **Notariatsverweser (heute Notariatsverwalter)** eingesetzten Notarassessoren gilt nach OFD Koblenz v. 13.7.1971, S 7105 A – St 41 3, Folgendes:

Der BFH hat mit Urteil v. 12.9.1968, V 174/65, BStBl II 1968, 811 entschieden, dass ein Notar, der außerdem zum Notariatsverweser bestellt ist, auch dieses Amt als Unternehmer ausübt. In den Urteilsgründen hebt der BFH jedoch besonders hervor, dass diese Beurteilung dann nicht gilt, wenn ein Notariatsassessor, der kraft Gesetzes in einem öffentlich-rechtlichen Dienstverhältnis zum Staat steht (§ 7 Abs. 3 BNotO), das Amt eines Notariatsverwesers zu übernehmen hat (§ 56 Abs. 3 BNotO).

Vorbehaltlich einer anderen Entscheidung der Steuergerichte oder der obersten Finanzbehörden des Bundes und der Länder bitte ich deshalb die Auffassung zu vertreten, dass Notarassessoren, die als Notariatsverweser eingesetzt werden, dieses Amt nicht als Unternehmer ausüben, sondern insoweit **unselbständig** tätig sind. Die den Notarassessoren für diese Tätigkeit gezahlte Entschädigung unterliegt dem Steuerabzug vom Arbeitslohn.

Notfallsanitäter: Personen in der Ausbildung zur Notfallsanitäterin oder zum Notfallsanitäter sind als zur Berufsausbildung Beschäftigte anzusehen und unterliegen als solche für die gesamte Dauer der Ausbildung der Versicherungspflicht in der Kranken-, Pflege-, Renten- und Arbeitslosenversicherung (Besprechungsergebnis der Spitzenorganisationen der Sozialversicherung über Fragen des gemeinsamen Beitragseinzugs am 9.4.2014). 437

Omnibusfahrer: → *Busfahrer* Rz. 1509 438

Opernchorsänger: Bühnenkünstler stehen nicht in einer abhängigen Beschäftigung, wenn sich die Tätigkeit im Wesentlichen im Bühnenauftritt erschöpft und lediglich Rahmenvorgaben hinsichtlich Ort und Zeit der Aufführung sowie des „groben" Inhalts der Darbietung, innerhalb derer die übernommene Dienstleistung zu erbringen ist, zu beachten sind (BSG v. 14.3.2018, B 12 KR 3/17 R, betr. Opernchorsänger). S. zur Abgrenzung aber auch BFH v. 30.5.2018, I R 62/16, HFR 2018, 935 sowie → *Musiker* Rz. 3197. 439

Orchester- und Opernchoraushilfe: Die Beschäftigung als **Orchestermusiker** ist nicht nur als Arbeitnehmer, sondern auch als freier Mitarbeiter möglich. Für den Arbeitnehmerstatus eines zur Aushilfe engagierten Orchestermusikers ist entscheidend, ob der Mitarbeiter auch i.R. des übernommenen Engagements seine Arbeitszeit noch im Wesentlichen frei gestalten kann oder insoweit einem umfassenden Weisungsrecht der Orchesterleitung unterliegt (BAG v. 22.8.2001, 5 AZR 502/99). Der über mehrere Jahre turnusmäßig erfolgende Einsatz eines Orchestermusikers auf einer Position, die nach der künstlerischen Ausrichtung des Or- 440 chesters regelmäßig bei bestimmten Stücken zu besetzen ist, führt zu einer persönlichen Abhängigkeit und damit zum Entstehen eines Arbeitsverhältnisses (BAG v. 9.10.2002, 5 AZR 405/01). S. zur Abgrenzung auch → *Musiker* Rz. 3197.

Eine **Opernchoraushilfe**, die i.R. eines Auftragsverhältnisses tätig ist, nur für einzelne Vorstellungen engagiert wird und bei der keine Verpflichtung für den allgemeinen Dienst und somit insbesondere keine regelmäßige Probenverpflichtung besteht, sondern allenfalls eine kurze szenische (Sicherheits-)Einweisung und die Klärung der musikalischen Strichfassung unmittelbar vor dem Auftritt stattfindet, übt eine selbständige Tätigkeit aus (LSG Hessen v. 8.6.2005, 2 Sa 1150/04).

441 **Ordner im Stadion oder bei Festivals:** Personen, die im Auftrag Ordner- und Überwachungstätigkeiten zur Absicherung von Veranstaltungen, insbesondere Fußballspielen und Festivals, verrichten, sind sozialversicherungspflichtig beschäftigte Arbeitnehmer, wenn sie kein eigenes Gewerbe für die Personenüberwachung angemeldet haben und nicht über den Nachweis einer Sachkundeprüfung nach den Vorschriften der Gewerbeordnung i.V.m. der Bewachungsverordnung verfügen. Der Auftraggeber hat als Arbeitgeber dieser Personen seiner Aufzeichnungspflicht nachzukommen und Gesamtsozialversicherungsbeiträge zu entrichten (vgl. LSG Sachsen-Anhalt v. 26.1.2023, L 3 BA 6/19).

442 **Ortsgerichtsmitglieder:** Die in Hessen tätigen Mitglieder der sog. Ortsgerichte beziehen Einkünfte aus sonstiger selbständiger Tätigkeit i.S.d. § 18 Abs. 1 Nr. 3 EStG, keinen Arbeitslohn. Die Finanzämter dürfen daher bei den Ortsgerichten keine Lohnsteuer-außenprüfungen durchführen (OFD Frankfurt v. 16.9.2014, S 2337 A – 36 – St 213, StEd 2014, 682).

443 **Partnerschaftsvertrag:** Haben Freiberufler einen sog. Partnerschaftsvertrag abgeschlossen, ist für die Frage, ob ein Stpfl. eine Tätigkeit selbständig oder nichtselbständig ausübt, auch die Art und Weise der Vergütung von Bedeutung. Hat der Vertragspartner lediglich das Recht, monatlich einen bestimmten Betrag als Gewinn vorab zu Lasten des Verrechnungskontos zu entnehmen, auf das zuvor von ihm ein Darlehen in vertraglich bestimmter Höhe eingezahlt wurde und entfällt dieses Recht, wenn das geführte Konto nicht mehr positiv ist, handelt es sich um eine bloße Darlehensrückzahlung. Ist der Stpfl. darüber hinaus nur auf Grund eines vertraglich festgelegten Schlüssels am Honorarumsatz beteiligt, ist diese Beteiligung kein Entgelt für das bloße Zurverfügungstellen der Arbeitskraft und damit kein Arbeitslohn i.S.d. § 19 Abs. 1 Satz 1 Nr. 1 EStG (FG München v. 18.4.2012, 9 K 1249/09, EFG 2012, 1550).

444 **Peepshow-Modell:** Arbeitnehmer, auch soweit ihm neben den laufenden Auftritten noch „Sonderleistungen" in Filmen, Videos, Fotostudios sowie bei Striptease und Sextelefon vergütet werden (FG Baden-Württemberg v. 15.1.1998, 10 K 55/94, EFG 1998, 821).

445 **Pegel- und Messstellenbeobachter:** Auch bei nebenberuflicher Tätigkeit Arbeitnehmer; die Aufwandsentschädigungen bleiben zu einem Drittel nach § 3 Nr. 12 Satz 2 EStG steuerfrei (FinMin Thüringen v. 23.9.1997, S 2337 A – 22/97 – 204.1). In einigen Bundesländern, z.B. Bayern, werden Pegelbeobachter als „freie Mitarbeiter" beschäftigt.

446 **Personalberaterin:** Die Tätigkeit einer Personalberaterin, die zur Erfüllung einer eigenen vertraglichen Verpflichtung ihres Auftraggebers bei einem Kunden ihres Auftraggebers eingesetzt wird, ist als abhängige Beschäftigung bei ihrem Auftraggeber zu werten, wenn die Personalberaterin das Entgelt für ihre Beratungstätigkeit von ihrem Auftraggeber erhält, und wenn außerdem im Vertrag zwischen der Personalberaterin und ihrem Auftraggeber vereinbart ist, dass die Beratung des Kunden nach den Vorgaben des Auftraggebers zu erfolgen hat (LSG Baden-Württemberg v. 17.5.2021, L 11 BA 3492/19).

447 **Pflegekräfte in der ambulanten Pflege:** Ambulante Pflegedienste unterliegen engmaschigen regulatorischen Vorgaben, die aus dem gesetzlichen Versorgungsauftrag (§ 69 SGB XI), den Anforderungen für die Anerkennung als zur Wahrnehmung der Pflegeverantwortung i.S.d. § 71 Abs. 1 SGB XI befugten verantwortlichen Pflegefachkraft (§ 71 Abs. 3 SGB XI), den Voraussetzungen für den Abschluss eines Versorgungsvertrages (§ 72 Abs. 3 SGB XI) und den Maßstäben und Grundsätzen zur Sicherung und Weiterentwicklung der Pflegequalität (§ 11 SGB XI) resultieren. Aus diesen regulatorischen Vorgaben folgt i.d.R. die Eingliederung von Honorar-Pflegefachkräften in die Organisations- und Weisungsstruktur auch von ambulanten Pflegediensten. Für die daher im Sozialversicherungsrecht nur ausnahmsweise in Betracht kommende selbständige Tätigkeit einer von ambulanten Pflegediensten beauftragten Honorarpflegekraft muss daher eine Mehrzahl gravierender Indizien gegeben sein, die geeignet sind, die regulatorischen Vorgaben im Rahmen der statusrechtlichen Abwägungsentscheidung zu überwiegen. Die vom BSG für den stationären Pflegesektor aufgestellten Grundsätze zur Beurteilung des sozialversicherungsrechtlichen Status von vermeintlich freiberuflich tätigen Honorarpflegekräften sind auf die statusrechtliche Abwägungsentscheidung betreffend Pflegekräfte im Bereich der ambulanten Pflege übertragbar (LSG Schleswig-Holstein v. 26.8.2020, L 5 KR 72/17).

a) Arbeitnehmereigenschaft bejaht wurde z.B. bei (ältere Rechtsprechung s. Vorauflagen)

- einer ambulanten Pflegekraft; insbesondere die Einteilung in die Dienstpläne des Unternehmens, welches u.a. ambulante Pflegedienste anbietet, ist ein Indiz für die Eingliederung in eine fremde, von dritter Seite vorgegebene Organisationstruktur, und damit für das Vorliegen einer abhängigen Beschäftigung. Denn der Dienstplan ist ein Instrument der Personaleinsatzplanung in Betrieben und Unternehmen. Er soll sicherstellen, dass der mittels des Einsatzes von Arbeitskräften verfolgte Unternehmenszweck erreicht wird, im vorliegenden Fall, die Gewährleistung der 24-Stunden-Pflege des Patienten R (LSG Berlin-Brandenburg v. 25.6.2020, L 1 BA 87/18),
- einer ambulanten Pflegekraft; wer als Erfüllungsgehilfe eine Dienstleistung für einen Auftraggeber erbringt, die dieser einem Dritten vertraglich als Hauptleistungspflicht schuldet, ist typischerweise in die Arbeitsorganisation des Auftraggebers eingegliedert. Ergeben sich Arbeitsort und/oder -zeit aus den mit einer Tätigkeit verbundenen Notwendigkeiten („aus der Natur der Sache"), spricht dies nicht gegen ein Weisungsrecht (LSG Berlin-Brandenburg v. 17.2.2021, L 14 KR 52/16),
- einer ambulanten Pflegekraft, die in den Betrieb ihres Auftraggebers eingegliedert ist, hierbei über keinerlei unternehmerische Freiheiten verfügt, kein unternehmerisches Risiko zu tragen hat und ein vereinbartes festes Honorar erhält. Dem widerspricht nicht, wenn sie für weitere Auftraggeber tätig sein darf und sie eine Berufshaftpflichtversicherung abgeschlossen hat (LSG Mecklenburg-Vorpommern v. 5.5.2021, L 7 BA 20/18).

b) Arbeitnehmereigenschaft abgelehnt wurde dagegen z.B. bei (ältere Rechtsprechung s. Vorauflagen)

- einer im ambulanten Pflegedienst tätigen Altenpflegerin; diese war nicht wie ein klassischer Arbeitnehmer gehalten, Arbeitsanweisungen zur Vermeidung vertraglicher Sanktionen und/oder von Schadensersatzansprüchen Folge zu leisten, sondern konnte den Einsatz ihrer Arbeitskraft entsprechend ihren Bedürfnissen sehr weitreichend selbst steuern. Sie konnte die Einsätze ohne Begründung und auch ohne Folgen für spätere Einsatzoptionen vorzeitig abbrechen (LSG Baden-Württemberg v. 14.8.2020, L 5 BA 1102/18, Revision eingelegt). Das BSG (Urteil v. 19.10.2021, B 12 R 6/20 R) hat das Urteil aufgehoben und die Klage abgewiesen.

Pflegekräfte in stationären Einrichtungen: Pflegekräfte, die als 448
Honorarpflegekräfte in stationären Pflegeeinrichtungen tätig sind, sind in dieser Tätigkeit regelmäßig nicht als Selbständige anzusehen, sondern unterliegen als Beschäftigte der Sozialversicherungspflicht (BSG v. 7.6.2019, B 12 R 6/18 R). Zwar haben weder der Versorgungsauftrag einer stationären Pflegeeinrichtung noch die Regelungen über die Erbringung stationärer Pflegeleistungen nach dem SGB XI oder das Heimrecht des jeweiligen Landes eine zwingende übergeordnete Wirkung hinsichtlich des sozialversicherungsrechtlichen Status von in stationären Einrichtungen tätigen Pflegefachkräften. Regulatorische Vorgaben sind jedoch bei der Gewichtung der Indizien zur Beurteilung der Versicherungspflicht zu berücksichtigen. Sie führen im Regelfall zur Annahme einer Eingliederung der Pflegefachkräfte in die Organisations- und Weisungsstruktur der stationären Pflegeeinrichtung. Unternehmerische Freiheiten sind bei der konkreten Tätigkeit in einer stationären Pflegeeinrichtung kaum denkbar. Selbständigkeit kann nur ausnahmsweise angenommen werden. Hierfür müssen gewichtige Indizien sprechen. Bloße Freiräume bei der Aufgabener-

ledigung, z.B. ein Auswahlrecht der zu pflegenden Personen oder bei der Reihenfolge der einzelnen Pflegemaßnahmen, reichen hierfür nicht.

Ausgehend davon war die Pflegefachkraft im Urteilsfall beim Pflegeheim beschäftigt. Sie hat – nicht anders als bei dem Pflegeheim angestellte Pflegefachkräfte – ihre Arbeitskraft vollständig eingegliedert in einen fremden Betriebsablauf eingesetzt und war nicht unternehmerisch tätig.

An dieser Beurteilung ändert auch ein Mangel an Pflegefachkräften nichts: Die sowohl der Versichertengemeinschaft als auch den einzelnen Versicherten dienenden sozialrechtlichen Regelungen zur Versicherungs- und Beitragspflicht sind auch in Mangelberufen nicht zu suspendieren, um eine Steigerung der Attraktivität des Berufs durch eine von Sozialversicherungsbeiträgen „entlastete" und deshalb höhere Entlohnung zu ermöglichen.

a) Arbeitnehmereigenschaft bejaht wurde z.B. bei

- Pflegekräften, die als Honorarpflegekräfte in stationären Pflegeeinrichtungen tätig sind (BSG v. 7.6.2019, B 12 R 6/18 R),
- einer Pflegefachkraft, die in einer Wohneinheit für an Demenz erkrankte Bewohner im Schichtdienst arbeitet; sie ist auf Grund bestehender Weisungsabhängigkeit und Eingliederung in die Arbeitsorganisation abhängig beschäftigt (LSG Baden-Württemberg v. 10.8.2020, L 4 BA 2513/19).

b) Arbeitnehmereigenschaft abgelehnt wurde dagegen z.B. bei

- einer in einem Seniorenheim tätigen examinierten Pflegekraft, die für einen Stundenlohn von 28 € und außerdem für mehrere Auftraggeber tätig ist (LSG Schleswig-Holstein v. 24.5.2018, L 5 BA 16/18).

449 **Pharmabetreuer:** Regelmäßig Arbeitnehmer, wenn er in dem ihm zugewiesenen Reisegebiet pro Arbeitstag durchschnittlich zehn Arztbesuche ausführen und hierüber Berichte abliefern muss (LAG Hamm v. 13.10.1989, 5 Sa 746/89; LAG Hamm v. 15.10.1989, 16 Sa 762/89).

Zur Beurteilung des Gesamtbildes der Tätigkeit von Ärztebesuchern, die im Auftrag eines Arzneimittelherstellers für bestimmte Präparate bei Ärzten werben, gehört auch die Frage nach Art und Umfang von Tätigkeiten für andere Firmen sowie die Frage nach der Regelung der Unkostenvergütung (BSG v. 7.6.1979, 12 RK 12/77).

450 **Physiotherapeut, Krankengymnasten:** Physiotherapeuten, Krankengymnasten und ähnliche Berufsgruppen sind auch dann **nicht abhängig beschäftigt**, wenn sie wegen fehlender Zulassung nicht zur direkten Abrechnung der erbrachten Leistung mit den Krankenkassen berechtigt sind, aber mit dem Praxisinhaber einen Vertrag über die Tätigkeit als freier Mitarbeiter geschlossen haben. Das BSG hatte festgestellt, dass vertragliche Abreden für die Frage der Versicherungspflicht von Bedeutung sein können, insbesondere dann, wenn die Beziehungen der Beteiligten tatsächlich entsprechend der getroffenen Abreden gestaltet worden sind.

Physiotherapeuten, Krankengymnasten und ähnliche Berufsgruppen zählen grds. zu den **abhängig Beschäftigten**, wenn sie über keine eigene Betriebsstätte verfügen, Arbeitsgeräte und -materialien durch den Praxisinhaber gestellt werden, sie nur für *eine* Praxis (*einen* Auftraggeber) arbeiten, sie keine Eigenwerbung betreiben und keine eigenen Rechnungen stellen. Werden darüber hinaus von den freiberuflich tätigen Mitarbeitern die gleichen Arbeiten verrichtet wie von den festangestellten Krankengymnasten, Physiotherapeuten oder ähnlichen Berufsgruppen, ist dies ebenfalls ein Indiz für eine abhängige Beschäftigung. Der Einbindung in eine Praxisorganisation steht dabei nicht entgegen, wenn die Tätigkeit überwiegend in Form von Hausbesuchen erbracht wird (s.a. den o.g. Abgrenzungskatalog).

Im Übrigen kommt es für die Beurteilung der Arbeitnehmereigenschaft immer auf die Gesamtumstände des einzelnen Falles an:

a) Arbeitnehmereigenschaft bejaht wurde z.B. beim

- Physiotherapeuten in einer Physiotherapiepraxis auf Grundlage eines freien Mitarbeitervertrags; die BSG-Rechtsprechung, wonach den regulatorischen Rahmenbedingungen und einer dadurch bedingten Eingliederung in die Organisations- und Weisungsstruktur einer stationären Einrichtung bei der Abgrenzung selbständiger Tätigkeiten von abhängigen Beschäftigungsverhältnissen maßgebliche Bedeutung zukommt, ist auch für die Beurteilung von Tätigkeiten in ambulanten Einrichtungen (hier: Physiotherapiepraxis) maßgeblich. Das Gericht hat im Lichte der aktuellen BSG-Rechtsprechung dem Umstand, dass die Klägerin keine eigene Zulassung zur Erbringung von Leistungen zulasten der gesetzlichen Krankenkassen besaß und daneben auch die Erfassung und Abrechnung von Privatpatienten tatsächlich wie rechtlich ausschließlich über die Büroorganisation der Beigeladenen erfolgte, maßgebliche Bedeutung zugemessen (LSG Bayern v. 30.9.2020, L 6 BA 76/18, bestätigt durch BSG v. 23.3.2021, B 12 R 39/20 B),
- Physiotherapeuten, die als „freie Mitarbeiter" in einer physiotherapeutischen Praxis arbeiten, wenn sie in die Organisation der Praxis eingegliedert sind und kein Unternehmerrisiko tragen (LSG Baden-Württemberg v. 16.7.2021, L 4 BA 75/20). Ebenso LSG Mecklenburg-Vorpommern v. 14.7.2021, L 4 BA 5/20.

b) Arbeitnehmereigenschaft abgelehnt wurde dagegen z.B.

- einer in einer Praxis mitarbeitenden Physiotherapeutin, die über eine eigene Patientenkartei und einen eigenen, ihr zur alleinigen Verfügung stehenden Behandlungsraum verfügt, bei der Ausübung ihrer Tätigkeit nicht weisungsgebunden ist und nicht den allgemeinen Praxisregelungen unterliegt (LSG Baden-Württemberg v. 19.7.2018, L 7 R 1319/17).

Pilot: Regelmäßig Arbeitnehmer; auch ehemalige in den Diensten 451
ziviler Fluggesellschaften bzw. in den Diensten der Bundeswehr gestandene Flugzeugführer, die sich gegenüber einem Luftfahrtunternehmen als sog. **Freelancer** zur Mitarbeit verpflichten, sind auf Grund ihrer ständigen, i.R. des Dienstplans bestehenden Dienstbereitschaft als **Arbeitnehmer** anzusehen (FG Düsseldorf v. 24.2.1999, 2 K 7576/95 H (L), m.w.N.). Ebenso LSG Berlin-Brandenburg v. 22.4.2016, L 1 KR 250/14, betr. einen als Freelancer tätigen Piloten, der neben der Freelancer-Tätigkeit des Fliegens den Geschäftsführer auch zum Flughafen chauffieren sollte und dem weitere Tätigkeiten wie die Wartung des konzerneigenen Flugzeugs und seine Reinigung oblagen (LSG Berlin-Brandenburg v. 22.4.2016, L 1 KR 250/14).

Piloten können aber auch **selbständig** sein (BFH v. 16.5.2002, IV R 94/99, BStBl II 2002, 565).

Einem im Vertrag dokumentierten Willen der Vertragsparteien, kein sozialversicherungspflichtiges Beschäftigungsverhältnis zu wollen, kommt jedenfalls dann indizielle Bedeutung zu, wenn dieser dem festgestellten sonstigen tatsächlichen Verhältnis nicht offensichtlich widerspricht und er durch weitere Aspekte gestützt wird (hier: Dienstvertrag über freie Mitarbeit eines Flugzeugführers im Flugbetrieb eines Luftfahrtunternehmens). Eine im Widerspruch zu ursprünglich getroffenen Vereinbarungen stehende tatsächliche Beziehung und die sich hieraus ergebende Schlussfolgerung auf die tatsächlich gewollte Natur der Rechtsbeziehung geht der formellen Vereinbarung regelmäßig vor. In diesem Sinne gilt, dass die tatsächlichen Verhältnisse den Ausschlag geben, wenn sie von den Vereinbarungen abweichen. Daran, dass Vereinbarungen zwischen Freelancern und einem Luftfahrtunternehmen einer Pilotentätigkeit wesentlich das Gepräge einer selbständigen Tätigkeit geben, ändert nichts, dass den Piloten auch andere zumutbare Tätigkeiten zugewiesen werden können und sie sich an die Weisungen der Geschäftsleitung sowie der von ihr bevollmächtigten Personen zu halten haben. Soweit eine Tätigkeit wie die Pilotentätigkeit sowohl i.R. von Beschäftigungsverhältnissen als auch i.R. freier Dienstverhältnisse ausgeübt werden kann, zwingt allein die Feststellung wiederholter, jeweils gesondert und „von Fall zu Fall" vereinbarter Tätigkeiten i.R. eines Dauerrechtsverhältnisses nicht zu der Annahme eines Beschäftigungsverhältnisses. Erforderlich ist auch hier stets eine Bewertung der einzelnen Arbeitseinsätze am Maßstab der von der Rechtsprechung für die Abgrenzung zwischen selbständiger Tätigkeit und abhängiger Beschäftigung entwickelten Grundsätze (BSG v. 28.5.2008, B 12 KR 13/07 R).

Ein Pilot, der über kein eigenes Flugzeug verfügt und auch keinen eigenen unternehmerischen Gestaltungsspielraum hinsichtlich der Ausführung von Einsätzen hat, ist als abhängig beschäftigt anzusehen und somit auch sozialversicherungspflichtig (BSG v. 23.4.2024, B 12 BA 9/22 R).

Hat ein für einen Aussichtsfesselballonservice tätiger **Ballonpilot** ein unternehmerisches Risiko nicht zu tragen, bezieht er eine feste monatliche Grundvergütung und ist er zusätzlich vom Unternehmenserfolg beteiligt, ist er in die Arbeitsorganisation seines Auftraggebers eingebunden und dessen Weisungen unterworfen, so ist von dem Bestehen einer abhängigen Beschäftigung auszugehen. Dem widerspricht nicht das Fehlen einer Entgeltfortzahlung im Krankheitsfall sowie eines Anspruchs auf Urlaubsgeld (LSG Berlin-Brandenburg v. 22.8.2019, L 27 R 1065/16).

452 **Plakatkleber:** Kein Arbeitnehmer, wenn er von Fall zu Fall für mehrere Auftraggeber tätig und somit nicht in den Betrieb eingegliedert (vgl. LSG Rheinland-Pfalz v. 11.12.1980, L 5 K 39/79, sowie BAG v. 25.6.1996, 1 ABR 6/96) oder in der Zeiteinteilung weitgehend frei ist (BAG v. 13.3.2008, 2 AZR 1037/06).

Arbeitnehmer, wenn der Auftraggeber bestimmt, wo und an welchen Plakatanschlagstellen der Plakatkleber tätig werden soll und welche Verpflichtungen er dabei beachten muss, er also weisungsgebunden ist und kein Unternehmerrisiko zu tragen hat (LSG Hessen v. 18.5.1977, L 8 Kr 755/74).

453 **Platten- und Mosaikleger:** Es spricht nicht gegen eine von Anfang an selbständige Tätigkeit als Platten- und Mosaikleger, dass zu Beginn der Existenzgründung im Wesentlichen nur für *einen* Auftraggeber Arbeiten ausgeführt wurden, wenn das Gesamtbild des Tätigkeitsverlaufes durch objektive Umstände zeigt, dass der typische Fall eines im Aufbau befindlichen Unternehmens vorliegt, z.B. Ausweitung der Geschäftstätigkeit auf mehrere Auftraggeber (SG Landshut v. 3.7.2013, S 10 R 5033/12).

454 **Postagentur:** Der Betreiber einer Postagentur, der auf Grund eines mit der Deutschen Post AG geschlossenen Partnervertrages tätig wird, unterliegt als selbständiger Handelsvertreter nicht der Versicherungs- bzw. Beitragspflicht in der gesetzlichen Renten-, Kranken-, Pflege- und Arbeitslosenversicherung (LSG Baden-Württemberg v. 21.1.2014, L 11 R 2662/12).

455 **Pressefotograf:** Regelmäßig kein Arbeitnehmer (BAG v. 3.5.1989, 5 AZR 158/88).

456 **Pressesprecher:** Der Pressesprecher eines Vereins ist abhängig beschäftigt, wenn er trotz weitgehend selbständiger Tätigkeit das Letztentscheidungsrecht dem Vorstand überlassen muss. Diese eine abhängige Beschäftigung begründende Eingliederung lässt sich auch nicht mit dem Hinweis negieren, dass die Unterordnung unter den Vereinsvorstand wesensgemäße Aufgabe des Pressesprechers eines Vereins sei (LSG Berlin-Brandenburg v. 14.9.2017, L 1 KR 476/14).

457 **Probanden:** Testpersonen, die gegen Entgelt neue Medikamente testen, sind keine Arbeitnehmer; die Honorare sind gem. § 22 Nr. 3 EStG einkommensteuerpflichtig (FG Rheinland-Pfalz v. 18.3.2021, 4 K 1017/20, EFG 2021, 1103).

458 **Probenehmer für Erze u.Ä.:** Keine Arbeitnehmer (BFH v. 14.11.1972, VIII R 18/67, BStBl II 1973, 183; BFH v. 9.12.1986, VIII R 314/82).

459 **Programmierer:** → *EDV-Fachkräfte* Rz. 293

460 **Projektleiter:** Selbständige Tätigkeit, wenn sich die Vertragsparteien über viele Jahre hinweg bewusst gegen eine arbeitsvertragliche Regelung entschieden und projektbezogene Teilleistungsvereinbarungen bzw. einen Beratervertrag geschlossen haben, in dem die Selbständigkeit des Stpfl. festgeschrieben wurde, d.h. keine z.B. Ansprüche auf Urlaub, Lohnfortzahlung im Krankheitsfall, Kündigungsschutz, keine Abführung von Beiträgen an die Sozialversicherung, und der Stpfl. ein eigenes Unternehmerrisiko trägt, da er keinen Anspruch darauf hatte, jeweils mit Anschlussverträgen versorgt zu werden und eine gleichmäßige konstante Entlohnung zu erhalten (LSG Bayern v. 29.10.2010, L 4 KR 138/08). Bei einer Vielzahl von Auftraggebern und der Möglichkeit der Auftragsablehnung kann aber auch eine Tätigkeit als Selbständiger in Frage kommen (LSG Bayern v. 20.10.2016, L 7 R 260/15).

Wird ein Projektdienstleister im Umfang der üblichen Wochenarbeitszeit eines vollzeitbeschäftigten Arbeitnehmers in den Büroräumen des Unternehmens mit den vom Dienstgeber zur Verfügung gestellten Arbeitsmitteln (PC, Telefon, E-Mail-Adresse, Visitenkarte) tätig, ohne dass von betrieblichen Daueraufgaben abgrenzbare Projekte erkennbar sind, handelt es sich um ein Arbeitsverhältnis (LAG Köln v. 8.5.2019, 9 Ta 31/19).

461 **Prokurist:** Regelmäßig Arbeitnehmer. Bei einem Prokuristen ist dessen Vertretungsbefugnis zwingend auf den Umfang einer rechtsgeschäftlichen Prokura i.S. der §§ 48, 49 HGB begrenzt. Der Arbeitgeber hat es damit in der Hand, ihn zu entlassen, ohne dass der Prokurist die Rechtsmacht besitzt, dem mit Erfolgsaussicht entgegenzutreten. Werden neben einem festen Gehalt gewinnabhängige Tantiemezahlungen gewährt, so haben diese keinen Einfluss auf die Annahme einer abhängigen Beschäftigung. Gleiches gilt, wenn dem Arbeitgeber ein verzinsliches Kapitalanlagedarlehen gewährt wird; dies ist bei leitenden abhängig Beschäftigten nicht unüblich (LSG Nordrhein-Westfalen v. 30.4.2014, L 8 R 744/11).

Promotoren: Zur Frage, ob Promotoren, die auf der Grundlage 462
von sog. Promotionsverträgen und Aktionsvereinbarungen in Fachmärkten, Warenhäusern und unternehmenseigenen Verkaufs- und Beratungsstellen zum Zwecke der Bewerbung von Produkten und der Dokumentation der Marktpräsenz wie auch des Verkaufs von Mobilfunkgeräten und Zubehör sowie des Abschlusses von Mobilfunkverträgen eingesetzt werden, in einem sozialversicherungspflichtigen Beschäftigungsverhältnis stehen, s. BSG v. 11.3.2009, B 12 R 11/07 R; LSG Baden-Württemberg v. 10.10.2014, L 4 R 2204/13.

Die Beauftragung von Promotern, die gegen ein fest vereinbartes Tageshonorar Verkostungsaktionen in vorgegebenen Supermärkten durchführen sollen, erfolgt regelmäßig i.R. abhängiger Beschäftigungsverhältnisse (LSG Niedersachsen-Bremen v. 21.12.2016, L 2 R 326/15). Bei einer Vielzahl von Auftraggebern und der Möglichkeit der Auftragsablehnung kann auch ein Dienstleistungsgewerbe eine Tätigkeit als Selbständiger in Frage kommen (LSG Bayern v. 20.10.2016, L 7 R 260/15).

Bei einem Verkaufsförderer bzw. Promoter ist vom Vorliegen einer abhängigen Beschäftigung auszugehen, wenn im zugrundeliegenden Dienstleistungsvertrag sowohl die Orte der Tätigkeit als auch der zeitliche Rahmen, in dem die Aktionen durchzuführen sind, festgelegt sind. Dies gilt erst recht bei Zahlung eines festen Stundenlohns bzw. eines festen Entgelts ohne die Möglichkeit, dies steigern zu können. Ist die persönlich zu erbringende Dienstleistung die Regel, so kommt der vertraglich eingeräumten Möglichkeit, einen Ersatz zu stellen, i.R. der Abwägung keine wesentliche Bedeutung zu. Verfügt der Verkaufsförderer über keine eigene Betriebsstätte und setzt er keine eigenen Betriebsmittel ein, so führt das Fehlen einer Lohnfortzahlung im Krankheitsfall, eines Urlaubsanspruchs und einer sozialen Absicherung trotz eines vereinbarten Haftungsrisikos nicht zur Annahme einer selbständigen Tätigkeit. In gleicher Weise gilt dies, wenn es dem Promoter gestattet ist, für andere Auftraggeber tätig zu werden (LSG Hamburg v. 19.2.2014, L 2 R 158/11 und L 2 R 159/11).

Der Verkauf von Duft- und Pflegeprodukten als sog „Beauty Advisor" ist eine abhängige versicherungspflichtige Beschäftigung, wenn die Tätigkeit nach inhaltlichen und zeitlichen Vorgaben des Auftraggebers durchgeführt wird und die Vergütung für diese Tätigkeit unabhängig vom Verkaufserfolg auf Stundenlohnbasis erfolgt (LSG Baden-Württemberg v. 18.5.2015, L 11 R 5122/13).

Propagandisten: → *Verkaufsförderer* Rz. 543 463

Prorektor, studentischer: Kein Arbeitnehmer (BAG v. 9.4.2014, 464
10 AZR 590/13).

Prospekteinleger: Regelmäßig Arbeitnehmer (LAG Düsseldorf v. 465
19.3.1980, 2 Sa 685/79).

Prospektverteiler: Werbeprospektverteiler können je nach Um- 466
fang und Organisation der übernommenen Tätigkeit Arbeitnehmer oder Gewerbetreibende sein (BFH v. 9.9.2003, VI B 53/03, HFR 2003, 1181).

Prostituierte: Auch als (früher) sittenwidrig einzustufende Tätig- 467
keiten sind nach § 40 AO nicht von der Besteuerung auszunehmen (BFH v. 28.7.2017, X S 2/17 (PKH)).

Bieten Prostituierte auf Honorarbasis ihre Dienste an und sind sie nicht in den Betrieb des Clubs eingegliedert, sondern entscheiden sie selbst über ihre Arbeitszeit, sind sie **selbständig tätig** und erzielen Einkünfte aus Gewerbebetrieb (BFH v. 12.5.2016, VII R 50/14, BStBl II 2016, 730 zum sog. Düsseldorfer Verfahren). Eine selbständige Tätigkeit kann sich im Einzelfall aus der Ausgestaltung der Zahlungs- und sonstigen Leistungsverhältnisse zwischen dem Club (hier Swinger-Club), den Prostituierten und den Freiern ergeben (LSG Hessen v. 26.3.2009, L 1 KR 331/08 B ER).

Erbringt eine Prostituierte ihre sexuellen Dienstleistungen im Verhältnis zu ihrem Zuhälter in einem Verhältnis der Unterordnung

(„**hörige Prostituierte**“), sind ihre Umsätze dem Zuhälter unmittelbar zuzurechnen (FG Nürnberg v. 3.11.2015, 2 K 1038/13, EFG 2016, 417; ob ein Arbeitsverhältnis zwischen Prostituierter und Freier angenommen werden kann, ließ das FG dahingestellt).

Prostituierte, die in einem „Club“ (Bordell) ohne einen festen Arbeitsplatz, d.h. ohne festes Zimmer, tätig sind und sich in dessen Organisation u.a. zeitlich und/oder preislich einzufügen haben, sind jedenfalls dann **nichtselbständig tätig**, wenn ihnen der „Club“-Betreiber die für ihre Tätigkeit wesentlichen Vorrichtungen (wie Zimmer, Bettwäsche, Sanitäranlagen etc.) zur Verfügung stellt und sie auch als Animierdamen mit Beteiligung am Getränkeumsatz tätig sind. Dem steht nicht entgegen, wenn die Prostituierten keinen Grundlohn und/oder keine Vergütung im Krankheitsfall oder Urlaub, sondern ein ausschließlich leistungsbezogenes „Stichgeld“ und eine umsatzorientierte Vergütung (Getränkeprovision) erhalten. Ein Entgeltrisiko stellt noch kein echtes Unternehmerrisiko dar und schließt damit die Annahme eines Arbeitsverhältnisses nicht aus (FG München v. 19.3.2010, 8 K 1157/06, EFG 2011, 56).

Sexarbeiterinnen eines Bordells, die umfassende und detaillierte Anweisungen bei ihrer Arbeit befolgen müssen, sind als **abhängig Beschäftigte** tätig (SG Düsseldorf v. 11.9.2014, S 5 R 120/14 ER).

468 **Psychologe in Behindertenfürsorge:** Freier Mitarbeiter, wenn er Zeit und Ort seiner Tätigkeit frei bestimmen kann (BAG v. 9.9.1981, 5 AZR 477/79).

469 **Psychologische Psychotherapeuten:** Die Tätigkeit als Psychotherapeut in einer fremden Praxis kann auch dann als abhängiges Beschäftigungsverhältnis, das der Sozialversicherungspflicht unterliegt, gewertet werden, wenn der Psychotherapeut selbst über die Annahme eines Patienten und seine Terminplanung entscheiden konnte und zudem für die Nutzung der Praxisräume eine stundenbasierte Mietzahlung leistete, soweit er im Übrigen in den Betrieb der Praxis räumlich und organisatorisch fest eingegliedert war, insbesondere nach außen nicht als selbständig Tätiger erkannt werden konnte, kein unternehmerisches Risiko zu tragen hatte und sich den vom Praxisinhaber aufgestellten Regeln zur Praxisnutzung zu unterwerfen hatte (SG Nürnberg v. 21.9.2017, S 14 R 1193/15).

Durch das Gesetz zur Reform der Psychotherapeutenausbildung wurde die Ausbildung der Psychotherapeutinnen und Psychotherapeuten auf eine neue gesetzliche Grundlage gestellt. Seit dem Wintersemester 2020/2021 wurde ein Direktstudium etabliert, dass aus einem Bachelor- und Masterstudium mit anschließender Abschlussprüfung besteht. Der Kranken- und Pflegeversicherungsschutz ist in aller Regel durch die Krankenversicherung der Studenten sichergestellt.

Psychotherapeutinnen und Psychotherapeuten, die ihre Ausbildung noch vor der Rechtsänderung begonnen haben, können die Ausbildung nach altem Recht beenden. Auch Personen, die ein Studium abgeschlossen haben, über dass sie den Zugang zur Ausbildung erlangen, können sich weiterhin dafür entscheiden, die Ausbildung nach altem Recht zu machen.

Die praktische Tätigkeit nach § 2 PsychTh-APrV stellt eine zur Versicherungspflicht in der Sozialversicherung führende betriebliche Berufsausbildung dar. Die praktische Tätigkeit mit Krankenbehandlungen unter Supervision führt dagegen nicht zur Versicherungspflicht.

Der Kranken- und Pflegeversicherungsschutz der theoretischen und praktischen Ausbildung, der nicht zur Versicherungspflicht führt, kann evtl. durch eine Familienversicherung oder durch eine freiwillige Mitgliedschaft sichergestellt werden. Eine Versicherung zum Studentenbeitrag ist ausgeschlossen. Zur Versicherungs- und Beitragspflicht eines in einem Krankenhaus/einer Rehabilitationsklinik auf Stundenbasis in Vollzeit vermeintlich als Honorararzt freiberuflich selbständig tätigen ärztlichen Psychotherapeuten bei regulärer Einbindung in den fremdbestimmten Klinikalltag unter Zugrundelegung des Behandlungskonzeptes der Klinik sowie ihres konkreten Behandlungsplanes/Versorgungsauftrages s. SG Kassel v. 20.2.2013, S 12 KR 69/12.

470 **Qualitätsprüfer:** Die Tätigkeit eines Qualitätsprüfers kann grds. sowohl als Beschäftigung als auch i.R. einer selbständigen Tätigkeit ausgeübt werden. Die Ausübung der Tätigkeit in einem Drei-Schicht-System sowie auch die Bezahlung nach Arbeitsstunden nebst Schicht-, Wochenend- und Feiertagszuschlägen lassen nicht schon von vornherein nur auf einen (rechtlich zulässigen) Einsatz i.R. einer abhängigen Beschäftigung schließen. Ob jemand abhängig beschäftigt oder selbständig tätig ist, richtet sich nach dem Gesamtbild der Arbeitsleistung und hängt davon ab, welche Merkmale überwiegen. Dabei kommt es nicht auf die Anzahl der für eine abhängige Beschäftigung oder selbständige Tätigkeit sprechenden Merkmale an. Vielmehr ist zunächst eine Gewichtung der einzelnen Indizien vorzunehmen und hieran dann das Überwiegen festzustellen. Wenn die Honorarhöhe eine Eigenvorsorge zulässt und die Leistung auch durch Dritte – also nicht höchstpersönlich – erbracht werden kann, können dies gewichtige Indizien für die Annahme einer selbständigen Tätigkeit sein. Darüber hinaus kommt dem Willen der Vertragsparteien und der Vertragsbezeichnung vorrangige Bedeutung zu, wenn die tatsächliche Ausgestaltung der Tätigkeit sowohl für Selbständigkeit als auch für abhängige Beschäftigung spricht (LSG Sachsen-Anhalt v. 10.4.2019, L 1 BA 20/18; selbständige Tätigkeit bejaht).

Quartierbetreuer: Ein Quartierbetreuer mit festen Bürostunden 471
für die Mieterschaft einer bestimmten Wohnanlage, der in den Betrieb seines Auftraggebers eingegliedert ist und kein Unternehmerrisiko trägt, kann auch dann abhängig beschäftigt sein, wenn im Vertrag über seine freie Mitarbeit ausdrücklich Weisungsfreiheit vereinbart wurde. Eine Tätigkeit als Quartierbetreuer zeichnet sich durch freies Agieren und spontanes Reagieren aus, so dass dem Umstand, dass im Detail keine Handlungsanweisungen erfolgt sind, wenig Bedeutung zukommt (LSG Bayern v. 21.4.2016, L 14 R 345/14).

Radio- und Fernsehtechniker: Ist der für einen Fernsehsender 472
tätige Sendetechniker in dessen Sendebetrieb eingebunden, hat er Arbeitsleistungen auftragsgemäß zu erbringen und Arbeitszeiten mit dem Sender abzusprechen und erhält er für seine Tätigkeit eine vereinbarte Vergütung, so ist von dem Bestehen einer abhängigen Beschäftigung auszugehen (LSG Berlin-Brandenburg v. 11.11.2020, L 1 KR 451/15).

Ratsschreiber: Arbeitnehmer (BFH v. 8.3.1957, VI 121/55 U, 473
BStBl III 1957, 175).

Rechtsanwalt: Rechtsanwalt mit eigener Praxis ist kein Arbeit- 474
nehmer (BAG v. 15.4.1993, 2 AZB 32/92). Ob ein in einer Rechtsanwaltskanzlei beschäftigter Rechtsanwalt selbständiger Unternehmer oder Arbeitnehmer ist, bestimmt sich nach allgemeinen Grundsätzen. Die vertragliche Bezeichnung „freier Mitarbeiter“ und fehlende Vereinbarungen über die Abführung von Sozialversicherungsbeiträgen und Lohnsteuer sowie über die sonst üblichen Sozialleistungen sind für die rechtliche Beurteilung nicht maßgebend (FG Nürnberg v. 14.12.1993, II 279/92, EFG 1994, 544). Auch die Aufnahme eines angestellten Rechtsanwalts in den Briefkopf einer Rechtsanwaltspraxis ändert nichts daran, dass der Angestellte Arbeitnehmer ist (OFD Hannover v. 17.11.1998, S 7104 – 385 – StH 542). Rechtsanwälte, die in den Vermögensämtern der Landkreise der neuen Bundesländer an Aufgaben nach dem Vermögensgesetz mitwirken, können je nach vertraglicher Vereinbarung und tatsächlicher Durchführung freie Mitarbeiter (BAG v. 3.6.1998, 5 AZR 656/97) oder Arbeitnehmer sein (FG Hamburg v. 8.4.2004, II 367/02, EFG 2004, 1646). Rechtsanwälte, die in einem Beschäftigungsverhältnis als „freier Mitarbeiter“ stehen, wirtschaftlich jedoch weitgehend abhängig und somit nach ihrem sozialen Status einem Arbeitnehmer vergleichbar sind, sind „arbeitnehmerähnliche Personen“ (OLG München v. 24.11.1998, 29 W 3071/98).

Soweit jedoch die Kriterien der Weisungsgebundenheit und Eingliederung wegen der Eigenart der Anwaltstätigkeit im Einzelfall an Trennschärfe und Aussagekraft verlieren, ist vornehmlich auf das eigene Unternehmerrisiko und die Art der vereinbarten Vergütung abzustellen (BGH v. 8.3.2023, 1 StR 188/22).

Der Begriff des Arbeitnehmers definiert sich insbesondere im Umkehrschluss zu § 84 Abs. 1 Satz 3 HGB durch die persönliche Abhängigkeit des Arbeitnehmers, der seine Dienstleistung i.R. der vom Arbeitgeber bestimmten Arbeitsorganisation zu erbringen hat und dem Weisungsrecht des Arbeitgebers (Inhalt, Dauer, Durchführung, Zeit und Ort der Arbeitsleistung betreffend) unterliegt. Dabei kann der Grad der persönlichen Abhängigkeit sich abhängig vom ausgeübten Beruf und Berufsbild unterschiedlich stark ausprägen (hier Arbeitnehmereigenschaft eines Rechtsanwalts verneint, der als International Partner zu einer Jahresvergütung i.H.v. 650 000 € zuzüglich Bonus beschäftigt werden sollte). Eine arbeitnehmerähnliche Person i.S.v. § 5 Abs. 1 Satz 2 dritte Alternative

ArbGG muss ihrer gesamten sozialen Stellung nach einem Arbeitnehmer vergleichbar schutzwürdig sein – hier verneint (LAG Hessen v. 20.2.2012, 13 Ta 468/11).

Eine Rechtsanwältin, die für eine GmbH ohne eigene Rechtsabteilung als Geschäftsführerin angestellt ist, kann abhängig Beschäftigte i.S.d. § 7 SGB IV sein (LSG Berlin-Brandenburg v. 5.11.2014, L 16 R 406/11).

Eine hauptberuflich selbständige Rechtsanwältin, die neben ihrer anwaltlichen Tätigkeit als Geschäftsführerin eines eingetragenen Vereins (e.V.) tätig ist und hierfür eine monatliche Vergütung erhält, ist in der Tätigkeit als Geschäftsführerin abhängig beschäftigt; dies gilt auch für Zeiten, in denen sie dem Vorstand des Vereins angehört (LSG Baden-Württemberg v. 21.1.2020, L 11 BA 1596/19).

475 **Rechtsbeistand:** Kein Arbeitnehmer (BFH v. 18.3.1970, I R 147/67, BStBl II 1970, 455).

476 **Rechtspraktikant in einstufiger Juristenausbildung:** Arbeitnehmer (BFH v. 19.4.1985, VI R 131/81, BStBl II 1985, 465; BFH v. 24.9.1985, IX R 96/82, BStBl II 1986, 184).

477 **Redakteur:** Die Honorar-Tätigkeit einer Redakteurin in einem Übergangszeitraum von zwei Monaten zwischen einer angestellten Redakteurstätigkeit (Schwangerschaftsvertretung) und dem geplanten Antritt einer Planstelle als Angestellte bei dem gleichen Verlag kann als nichtselbständige Tätigkeit i.S.d. § 19 Abs. 1 EStG zu qualifizieren sein, auch wenn bei Krankheit und Urlaub in diesem Zeitraum kein Anspruch auf Entgeltfortzahlung bestanden hat (FG Niedersachsen v. 23.1.2013, 9 K 43/12, EFG 2013, 750).

Bei einem Redakteur einer Presseagentur kann entgegen der ausdrücklich getroffenen Vereinbarung ein Arbeitsverhältnis vorliegen, wenn ihm ein geringes Maß an Gestaltungsfreiheit, Eigeninitiative und Selbständigkeit verbleibt und die Arbeiten auch in zeitlicher Hinsicht zugewiesen werden. Das ist jedoch nicht der Fall, wenn ein Redakteur auf Themen inhaltlich Einfluss nehmen kann und Zeitungsartikel eigenverantwortlich im Wesentlichen frei von fremder Kontrolle inhaltlich und sprachlich erarbeitet, so dass sie ihm als Verfasser zugeordnet werden können und er durch namentliche Nennung nach außen auch als solcher erkennbar wird. Das ist darüber hinaus nicht der Fall, wenn dem Redakteur bei der Arbeitsleistung in zeitlicher und örtlicher Hinsicht Freiräume verbleiben; eine gewisse organisatorische Einbindung steht dem nicht entgegen. Einer freien Mitarbeit steht auch nicht entgegen, dass Steuern und Sozialversicherungsbeiträge wie bei einem Arbeitsverhältnis abgeführt werden (ArbG Stuttgart v. 6.10.2014, 11 Ca 2368/14).

Zur Abgrenzung eines Arbeitsverhältnisses von dem Rechtsverhältnis eines freien Mitarbeiters im Bereich des Rundfunks s. LAG Köln v. 9.5.2014, 4 Sa 8/14.

Auch eine sehr selbstbestimmt und mit großer organisatorischer und kreativer Eigenleistung arbeitende Fachkraft, wie die für einen Schulbuchverlag als Redakteurin tätige Klägerin, ist bei den konkreten Arbeitsumständen abhängig beschäftigt, wenn sie ausschließlich für diesen *einen* Verlag arbeitet und kein unternehmerisches Risiko trägt. Dies gilt auch, wenn die Eingliederung in die Arbeitsorganisation des Weisungsgebers nur gering ist, weil die Klägerin mit modernen Medien von zu Hause arbeitet (SG Augsburg v. 24.2.2017, S 4 R 1035/14).

Ist der Chefredakteur einer Zeitung in die Organisation seines Auftraggebers eingegliedert und diesem gegenüber weisungsgebunden, ist ein festes zeitliches Arbeitsvolumen pro Jahr bei einer festen jährlichen Vergütung vereinbart und hat er ein unternehmerisches Risiko nicht zu tragen, so ist von dem Bestehen einer abhängigen Beschäftigung auszugehen. Dieser Zuordnung widerspricht nicht das Fehlen eines Entgeltfortzahlungsanspruchs im Krankheitsfall und von bezahltem Urlaub (LSG Nordrhein-Westfalen v. 22.5.2019, L 8 R 930/16).

478 **Regalauffüller, Platzierungshilfen, Merchandiser:** In Warenhäusern und Supermärkten übernehmen bestimmte Personengruppen, die vorwiegend als Regalauffüller oder Platzierungshilfen bezeichnet werden, die Warenplatzierung, Regalpflege sowie Dispositionsaufgaben. Umfasst das Tätigkeitsfeld auch verantwortungsvollere Aufgaben, angereichert mit größeren Möglichkeiten eigenverantwortlicher Gestaltung, hat sich die Bezeichnung Merchandiser etabliert.

Zwischen dem Hersteller oder besonderen Serviceunternehmen und vornehmlich nicht hauptberuflich beschäftigten Personen (z.B. Hausfrauen) werden Dienst- bzw. Serviceverträge geschlossen. Die als „freie Mitarbeiter", „Rack-Jobber" oder auch „Vertriebsbeauftragte" bezeichneten Regalauffüller brauchen die von ihnen einzusortierenden Waren nicht zu erwerben. Ggf. kommt eine kurzfristige Lagerung – soweit dies auf Grund der Warenbeschaffenheit möglich ist – in Betracht.

Auf Grund der Eingliederung in den Betrieb, der bestehenden Weisungsgebundenheit zum Auftraggeber (entweder Warenhaus/Supermarkt oder Firma, die die Ware dem Warenhaus oder Supermarkt zur Verfügung stellt, z.B. bei einem „Rack-Shop-System") hat sich in der Rechtsprechung weit überwiegend die Auffassung durchgesetzt, dass ein abhängiges Beschäftigungsverhältnis vorliegt (BSG v. 18.11.2015, B 12 KR 16/13 R).

Ausnahmsweise kann eine **selbständige Tätigkeit** angenommen werden, wenn nicht nur eigenverantwortlich über die Platzierung der Waren in den Regalen und dabei vor allem bei Saison- und Neuware über das Regallayout, also die Verteilung der Ware im Regal entschieden wird, sondern auch mit der jeweiligen Marktleitung für die absatzgünstige Positionierung der Ware Standorte ausgehandelt werden können, ohne deren Entscheidungsgewalt zu unterliegen. Zudem muss nach selbst verantworteter Absatzeinschätzung bestimmt werden können, wann vor allem welche Saisonware und wann im Übrigen Ware in welchem Umfang bestellt und wann im Falle nicht gängigen Absatzes Ware aus dem Sortiment herausgenommen wird. In derartigen Fällen liegt keine Einbindung in das Weisungsgefüge der Verbrauchermärkte vor (s.a. den o.g. Abgrenzungskatalog).

Weitere Nachweise zur Arbeitnehmereigenschaft s. Vorauflagen.

Rehabilitand: Kein Arbeitnehmer (BAG v. 26.1.1994, 7 ABR 13/ 479
92).

Reinigungskraft: Für die Beurteilung der Arbeitnehmereigen- 480
schaft kommt es immer auf die Gesamtumstände des einzelnen Falles an:

a) Arbeitnehmereigenschaft bejaht wurde z.B. bei

- einer Reinigungskraft für Hotelzimmer; eine selbständige Tätigkeit ist nicht schon dann anzunehmen, wenn der Dienstherr ein ihm zustehendes Weisungsrecht tatsächlich nicht ausübt; vielmehr kommt es für die Abgrenzung zwischen einem sozialversicherungspflichtigen Beschäftigungsverhältnis und einer selbständigen Tätigkeit darauf an, ob dem Dienstherrn ein Weisungsrecht im Vertragsverhältnis zusteht (LSG Bayern v. 6.10.2015, L 7 R 66/13).

b) Arbeitnehmereigenschaft abgelehnt wurde dagegen z.B. bei

- einer Reinigungskraft (hier Vertrag über die Wartung und Beaufsichtigung einer öffentlichen Bedürfnisanstalt), wenn diese nach den tatsächlichen Umständen nicht in der Lage ist, ihre vertraglichen Leistungspflichten allein zu erfüllen, sondern auf Hilfskräfte angewiesen und vertraglich berechtigt ist, ihre Leistungen durch Dritte erbringen zu lassen; die Möglichkeit der Leistungserbringung durch Dritte ist ein wesentliches Merkmal des selbständigen Tätigwerdens, das mit dem Status eines Arbeitnehmers grds. nicht zu vereinbaren ist (LAG Köln v. 5.4.2012, 6 Sa 1018/11).

Reiseleiter: Ein Reiseleiter, der Teilnehmer einer Pauschalreise 481
am Zielort betreut, in seiner Tätigkeit konkreten Vorgaben zur Reiseleitung unterliegt, zu umfangreichen Berichten an den Reiseveranstalter verpflichtet ist und für seine Tätigkeit ein festes Tageshonorar erhält, ist **abhängig beschäftigt**, auch wenn er mit dem Reiseveranstalter einen Vertrag über eine Tätigkeit als „selbständiger Reiseleiter" geschlossen hat (LSG Hessen v. 28.5.2020, L 8 BA 42/19).

Eine Reiseleiterin einer deutschen Reiseagentur, die in der Dominikanischen Republik für die Fluggäste den Transfer zum Hotel zu organisieren und Sprechstunden im Hotel abzuhalten hat, in denen sie Exkursionen ins Landesinnere für eine einheimische Agentur gegen Provision verkauft, ist deshalb **nicht bereits Arbeitnehmerin**. Es kommt vielmehr auf die Umstände des Einzelfalles an (LAG Düsseldorf v. 3.12.1996, 8 Sa 1174/96).

Ein sog. Zielort-Reiseleiter, der ausschließlich am Zielort für ein Pauschalreiseunternehmen tätig ist, kann **selbständig** sein (BSG

v. 17.5.1973, 12 RK 23/72). Dies gilt auch für nur kurzfristig als Reiseleiter beschäftigte Personen (z.B. Studenten), wenn ihnen ein Gestaltungsspielraum bei der Ausgestaltung der Reise eingeräumt ist und ein gewisses Vergütungsrisiko besteht (FG Hamburg v. 29.6.2005, II 402/03).

482 **Reitpädagogin und Reitlehrerin:** Eine Reitpädagogin, die in einem Reitponyclub ausschließlich selbst die Reitstunden abhält und sich nicht durch andere Personen vertreten lässt und auch kein Unternehmerrisiko trägt (sie benutzt ausschließlich das Pferd des Clubs und wird nicht an den Nutzung der Reitanlage beteiligt), ist abhängig beschäftigt (SG Würzburg v. 6.7.2010, S 2 R 4087/10).

In einem ähnlich gelagerten Fall einer **Reitlehrerin** wurde auf Grund einer unentgeltlichen Nutzung der vereinseigenen Pferde und der Reithalle sowie des Fehlens eines unternehmerischen Risikos eine abhängige Beschäftigung festgestellt (LSG Hessen v. 2.5.2024, L 1 BA 22/23).

483 **Rendanten:** Rendanten (Rechnungsführer in größeren Kirchengemeinden) erfüllen ihre Aufgaben nach den für einen Geschäftsbesorgungs-Vertrag i.R. eines Werkvertrags geltenden Grundsätzen, wenn sie weder an bestimmte Dienstzeiten noch an einen bestimmten Dienstort gebunden sind. Ein abhängiges Beschäftigungsverhältnis liegt dann nicht vor (s.a. den o.g. Abgrenzungskatalog sowie OFD Köln v. 22.11.1982, S 2331 – 32 – St 113).

484 **Repetitor:** Eine selbständige Tätigkeit als juristischer Repetitor ist nach § 2 Satz 1 Nr. 1 SGB VI versicherungspflichtig, auch wenn im Hauptberuf als Rechtsanwalt keine Versicherungspflicht besteht (LSG Bayern v. 20.4.2021, L 13 R 508/12).

485 **Restaurantleiter:** Die Entscheidung, ob ein Beschäftigungsverhältnis oder eine selbständige Tätigkeit vorliegt, richtet sich danach, welche gesetzlichen und von der Rechtsprechung entwickelten Merkmale überwiegen. Hauptmerkmale sind die vertragliche Vereinbarung, die Weisungsgebundenheit, die Eingliederung in den fremden Betrieb und das Unternehmerrisiko. Ausschlaggebend ist das Gesamtbild der Arbeitsleistung unter Berücksichtigung der Verkehrsanschauung (LSG Sachsen-Anhalt v. 1.11.2012, L 1 R 306/10, hier selbständige Tätigkeit angenommen).

Der Pächter eines Schiffs-Restaurants kann in Wirklichkeit Arbeitnehmer sein (LAG Köln v. 27.5.1998, 7 (4) Sa 1769/97).

486 **Rettungsassistenten der Luftrettung:** Rettungsassistenten der Luftrettung sind nicht abhängig beschäftigt, wenn sie nicht verpflichtet sind, Dienste bzw. Schichten bei ihr wahrzunehmen. Die Möglichkeit eines Arbeitgebers, die Übernahme eines bestimmten Dienstes auch gegen den Willen des jeweiligen Arbeitnehmers i.R. der arbeitsvertraglichen Vereinbarung anzuordnen, ist als zentrales Merkmal eines abhängigen Beschäftigungsverhältnisses anzusehen (SG Stuttgart v. 24.4.2012, S 17 R 3913/10).

487 **Rohrreiniger:** Ist jemand Monat für Monat in erheblichem Umfang nur für einen Auftraggeber tätig, spricht der Umstand, dass er daneben auch noch für andere Auftraggeber tätig sein durfte, nicht für das Vorliegen einer selbständigen Tätigkeit (LSG Baden-Württemberg, 17.5.2021, L 11 BA 543/20).

488 **Rundfunkermittler, -gebührenbeauftragter:** Kein Arbeitnehmer, wenn die Höhe seiner Einnahmen weitgehend von seinem eigenen Arbeitseinsatz abhängt und er auch im Übrigen – insbesondere bei Ausfallzeiten – ein Unternehmerrisiko in Gestalt des Entgeltrisikos trägt (BFH v. 9.1.2004, V B 140/03, und BFH v. 25.4.2006, X R 9/04, beide m.w.N.). Können je nach Ausgestaltung der vertraglichen Beziehungen freie Mitarbeiter oder Arbeitnehmer sein (BAG v. 26.5.1999, 5 AZR 469/98). Rundfunkgebührenbeauftragte können arbeitnehmerähnliche Personen i.S.d. § 12a TVG sein (BAG v. 15.2.2005, 9 AZR 51/04).

489 **Rundfunkkorrespondent, -mitarbeiter, -sprecher:** Regelmäßig Arbeitnehmer, insbesondere, wenn er in den Dienstplänen der Anstalt aufgeführt ist (BAG v. 20.9.2000, 5 AZR 61/99). Der Redakteur einer Rundfunkanstalt kann auch dann Arbeitnehmer sein, wenn er auf der Basis von Einzelhonorarverträgen tätig ist, jedoch schon durch die festgelegten Arbeitszeiten in den Betrieb der Rundfunkanstalt eingegliedert ist (FG Rheinland-Pfalz v. 27.6.1988, 5 K 532/87, EFG 1989, 22). Auch sog. „feste freie Mitarbeiter“ einer Rundfunkanstalt, die programmgestaltend tätig sind, können Arbeitnehmer sein (BFH v. 25.6.2009, V R 37/08, BStBl II 2009, 873). Zur Abgrenzung gegenüber freier Mitarbeit s.a. BAG v. 14.3.2007, 5 AZR 499/06, betr. einen Sportredakteur: Arbeitsverhältnis verneint. Zur **Abgrenzung zur arbeitnehmerähnlichen Person** s.a. BAG v. 21.6.2011, 9 AZR 820/09, betr. einen Journalisten mit Honorar-Rahmenvertrag.

Rundfunk- und Fernsehanstalten: Programmgestaltende Mitarbeiter einer Sendeanstalt sind i.d.R. selbständig tätig; allein die Rücksichtnahmepflicht auf Belange anderer Mitarbeiter oder der Rundfunkanstalt bei der Urlaubsgewährung steht dem Status als arbeitnehmerähnliche Person nicht entgegen. Abhängige Arbeit wird nicht dadurch gekennzeichnet, dass der Vertragspartner Korrekturen verlangt. So ist beim Werkvertrag der Werkbesteller berechtigt, eine bestimmte Qualität festzusetzen und Nachbesserungen zu fordern. Auch die Einbindung in ein festes Programmschema und die Vorgabe des Programmablaufs wirken nicht statusbegründend. Rundfunk- und Fernsehanstalten können auch ihren freien Mitarbeitern bestimmte Themen vorgeben (LAG Rheinland-Pfalz v. 29.10.2020, 5 Sa 200/19, nachgehend BAG v. 15.6.2021, 9 AZN 46/21, Beschluss: Zurückweisung (nicht dokumentiert)). 490

Der Moderator bei einem privaten Hörfunksender übt eine selbständige Tätigkeit aus, wenn er die von ihm moderierten Sendungen inhaltlich gestaltet, indem er nicht – wie etwa ein Nachrichtensprecher – von der Redaktion vorgefertigte Texte verliest, sondern Inhalte selbst formuliert, Interviews eigenverantwortlich führt und ihnen damit eine bestimmte Richtung gibt (LSG Baden-Württemberg v. 18.5.2021, L 9 BA 1059/19).

Bei programmgestaltenden Mitarbeitern (hier: Redakteurin) kann entgegen einer ausdrücklich getroffenen Vereinbarung ein Arbeitsverhältnis vorliegen, wenn sie weitgehenden inhaltlichen Weisungen unterliegen, ihnen also nur ein geringes Maß an Gestaltungsfreiheit, Eigeninitiative und Selbständigkeit verbleibt und der Sender innerhalb eines zeitlichen Rahmens über ihre Arbeitsleistung verfügen kann – hier: verneint (LAG Rheinland-Pfalz v. 28.6.2017, 4 Sa 443/16).

Der Redakteur einer Rundfunkanstalt kann auch dann Arbeitnehmer sein, wenn er auf der Basis von Einzelhonorarverträgen tätig ist, jedoch schon durch die festgelegten Arbeitszeiten in den Betrieb der Rundfunkanstalt eingegliedert ist (FG Rheinland-Pfalz v. 27.6.1988, 5 K 532/87, EFG 1989, 22). Auch sog. „feste freie Mitarbeiter“ einer Rundfunkanstalt, die programmgestaltend tätig sind, können Arbeitnehmer sein (BFH v. 25.6.2009, V R 37/08, BStBl II 2009, 873).

Eine Redaktionsassistentin ist Arbeitnehmerin (LAG Berlin-Brandenburg v. 8.9.2017, 2 Sa 555/17).

Sargträger: Sargträgertätigkeiten sind nach der Verkehrsauffassung regelmäßig dem Bestattungsunternehmen zuzurechnen und Sargträger daher als Beschäftigte anzusehen (SG Hamburg v. 2.9.2011, S 40 U 57/10). Kein Arbeitnehmer, wenn er ohne konkrete Bereithaltungsverpflichtung kraft freier Einzelfallentscheidung nur von Fall zu Fall für ein Bestattungsunternehmen tätig wird (FG Saarland v. 8.11.1995, 2 K 43/94, EFG 1996, 98). Kann bei regelmäßiger Tätigkeit für ein Unternehmen aber selbst dann Arbeitnehmer sein, wenn er auf Betreiben der Arbeitgeberin ein entsprechendes Gewerbe angemeldet hat (LAG Düsseldorf v. 9.9.1997, 8 Sa 756/97). 491

Ein Arbeitsverhältnis einer Stadt mit Sargträgern liegt jedenfalls dann nicht vor, wenn die Hinterbliebenen ein Vertragsverhältnis mit den Sargträgern eingehen (FG Niedersachsen v. 31.8.2017, 14 K 49/16, EFG 2018, 238).

Schaufenstergestalter: → *Dekorateur* Rz. 279 492

Schiedsmann: Kein Arbeitnehmer (OFD Magdeburg v. 11.12.2007, S 2248 – 16 – St 213 V, StEd 2008, 60). 493

Schiedsrichter: Kein Arbeitnehmer; die vom Deutschen Fußball-Bund u.Ä. gezahlten Spesen gehören zu den sonstigen Einkünften i.S.d. § 22 Nr. 3 EStG oder – wenn der Schiedsrichter auch international z.B. für die FIFA eingesetzt wird – den Einkünften aus Gewerbebetrieb nach § 15 EStG (BFH v. 20.12.2017, I R 98/15, HFR 2018, 301; ebenso LAG Niedersachsen v. 12.2.2020, 2 Sa 172/19). Letzteres gilt auch für Einnahmen aus Werbetätigkeit, selbst wenn die Schiedsrichter ausschließlich auf nationaler Ebene eingesetzt werden (OFD Frankfurt v. 24.4.2012, S 2257 A – 19 – St 218). 494

Diese Grundsätze sind auf Schiedsrichter anderer Sportarten ohne Prüfung der Verbandsstrukturen nicht übertragbar (s. FG

Niedersachsen v. 24.11.2004, 9 K 147/00, EFG 2005, 766, zu Tennisschiedsrichtern). Voraussetzung für die Anerkennung von Einkünften ist immer das Vorliegen einer Einkünfteerzielungsabsicht (vgl. BFH v. 20.11.2018, VIII R 17/16, BStBl II 2019, 422 betr. Übungsleiter). Schiedsrichter im Amateursportbereich können ggf. den Freibetrag nach § 3 Nr. 26a EStG in Anspruch nehmen (R 3.2 EStR).

Ein in der Ober- bzw. Landesliga eingesetzter Basketballschiedsrichter ist kein Arbeitnehmer des ihn einsetzenden Verbandes (ArbG Duisburg v. 27.10.2016, 1 Ca 31/16).

Der Vertrag zwischen einem Schiedsrichterassistenten und der DFB Schiedsrichter GmbH über den Einsatz des Schiedsrichterassistenten in der 3. Profiliga begründet ein Arbeitsverhältnis (LAG Köln v. 16.6.2025, 5 Ta 58/25).

495 **Schiffsführer (Kapitän):** Ist ein Schiffsführer an die Weisungen seines Auftraggebers gebunden, hat er ein unternehmerisches Risiko nicht zu tragen und erfolgt die Vergütung nach der Anzahl der Tage, während deren er für seinen Auftraggeber tätig ist, so ist von dem Bestehen einer abhängigen Beschäftigung auszugehen. Dem widerspricht nicht, dass der Betreffende für andere Auftraggeber tätig werden kann (LSG Hamburg v. 22.2.2017, L 2 R 122/15, betr. einen Kapitän in der Binnenschifffahrt).

Ist ein für ein Schiffs- und Industriereinigungsunternehmen tätiger Kapitän, Schiffsführer oder Steuermann in die Arbeitsorganisation seines Auftraggebers eingegliedert, ist ihm der Ort und die Arbeitszeit vorgegeben, hat er ein unternehmerisches Risiko nicht zu tragen, erfolgt die Vergütung nach einem vereinbarten Tagessatz und entspricht das monatlich gezahlte Entgelt dem Bruttogehalt angestellter Seeleute, so ist von dem Bestehen einer abhängigen Beschäftigung auszugehen. Dem widerspricht nicht, dass der Betreffende berechtigt ist, für andere Auftraggeber tätig zu werden, dass er als selbständiger Gewerbetreibender angemeldet ist und er eine Betriebshaftpflichtversicherung abgeschlossen hat (SG Lübeck v. 24.10.2019, S 14 KR 656/15).

496 **Schlüsseldienste:** Arbeitnehmer, wenn ihnen Werkzeuge und Arbeitskleidung gestellt werden, sie kein Kapital einsetzen, kaum die Möglichkeit haben, die Höhe ihrer Einnahmen zu beeinflussen (also keine Unternehmerinitiative) und nach außen hin im Namen der Firma X auftreten (FG Hamburg v. 27.8.1991, I 301/87, EFG 1992, 279). Das Gericht hielt es nach dem „Gesamtbild der Verhältnisse" für unerheblich, dass Urlaub, Sozialleistungen, ein festes Gehalt und Lohnfortzahlung im Krankheitsfall nicht vereinbart waren.

Die Übernahme einer Service-Station für Schumacher- und Schlüsseldienstleistungen im Lebensmittelmarkt kann selbst dann als „arbeitnehmerähnlich" i.S.d. § 5 Abs. 1 Satz 2 ArbGG anzusehen sein, wenn der Betreiber die Preise seiner Dienstleistungen und Verkaufsprodukte selbst bestimmen kann (LAG Nürnberg v. 20.8.2002, 6 Ta 63/02).

497 **Schnittgestalter, Schnittmeister:** Unterliegt ein Diplom-Schnittmeister bei seiner Tätigkeit innerhalb der Post-Produktion von Filmen für ein Unternehmen keinerlei Weisungen, kann er über seine Arbeitszeit frei verfügen und erhält er von dem Auftraggeber eine pauschale Vergütung, hat er keinen Anspruch auf Entgeltfortzahlung im Krankheitsfall oder bezahlten Urlaub, so sprechen solche Umstände für die Annahme einer selbständigen Tätigkeit. Geht im Übrigen die Tätigkeit des Schnittmeisters über das einfache Schneiden eines Films weit hinaus, steht ihm vielmehr ein erheblicher künstlerisch-eigenschöpferischer Gestaltungsspielraum zu und unterliegt er damit einer inhaltlichen Einflussnahme seines Auftraggebers nicht, so liegt eine versicherungsfreie selbständige Tätigkeit vor; dies gilt erst recht dann, wenn er für mehrere Auftraggeber tätig ist (LSG Berlin-Brandenburg v. 4.4.2014, L 1 KR 57/13).

Ist ein künstlerischer Schnittgestalter (Editor) bei der Herstellung sendefähigen Drehmaterials für seinen Auftraggeber auf der Grundlage eines Dienstvertrags tätig, ist er hierbei in dessen Betrieb eingegliedert und arbeitet er in den Werkstätten seines Auftraggebers, richtet sich seine Vergütung nach dem zeitlichen Umfang des geleisteten Arbeitsaufwands, hat er keine Vergütungsabzüge wegen Schlechtleistung zu befürchten und hat er nur ein begrenztes unternehmerisches Risiko zu tragen, so ist von dem Bestehen einer abhängigen Beschäftigung auszugehen. Dieser Zuordnung widerspricht nicht eine fehlende Entgeltfortzahlung im Krankheitsfall und von Urlaubsgeld sowie die Verpflichtung, die Einnahmen selbst zu versteuern (LSG Berlin-Brandenburg v. 22.8.2018, L 9 KR 149/16).

Schreibkraft: Eine „Heimschreibkraft", die für ein Ministerium zu Hause Schreibarbeiten durchführt und nur nach dem Erfolg ihrer Arbeitsleistung – Seitenhonorar, nicht Stundenbezahlung – entlohnt wird, kann selbständig tätig sein (FG Düsseldorf v. 15.7.1970, DStZ/B 1970, 382; auch LSG Schleswig-Holstein v. 22.8.1967, L 2 KrV 1/67). 498

Werden Tätigkeiten, die – z.B. Schreibarbeiten – generell sowohl in den Räumlichkeiten des Auftraggebers als auch in denen des Auftragnehmers als auch an einem dritten Ort verrichtet werden können, wegen betrieblicher Zwänge des Auftraggebers in dessen Räumlichkeiten ausgeübt, spricht dies für eine Beschäftigung. Angesichts zunehmender Freiheiten bezüglich der Arbeitszeitgestaltung, die im Zuge moderner Entwicklungen der Arbeitswelt auch Arbeitnehmern eingeräumt werden, spricht viel dafür, Freiheiten in der Gestaltung und der Bestimmung des Umfangs beim Einsatz der eigenen Arbeitskraft nur dann als Indiz für Selbständigkeit anzusehen, wenn gerade hieraus verbesserte Verdienstchancen erwachsen (LSG Berlin-Brandenburg v. 15.12.2015, L 9 KR 82/13, zur Abgrenzung von Dienst- und Werkvertrag bei Schreibleistungen, im Urteilsfall abhängige Beschäftigung angenommen).

Schreinermeister: Ein Schreinermeister, der eigenverantwortlich Holzumformungsteile zum Transport komplexer medizinischer Großgeräte („Spezialpaletten") herstellt und für diverse Schreinerarbeiten auf Baustellen i.R. von Werkverträgen von einem Zimmereibetrieb als Subunternehmer eingesetzt wird, ist selbständig tätig (SG Stuttgart v. 14.7.2020, S 24 BA 3984/18). Die Klägerin setzte zur Erfüllung ihrer Aufträge bei Tätigkeiten, die sie als Zimmereibetrieb fachlich nicht ausführen konnte, einen Schreinermeister als Subunternehmer ein, der nach Ansicht der beklagten Rentenversicherung im Statusfeststellungverfahren nach § 7a SGB IV als bei der Klägerin versicherungspflichtig Beschäftigter anzusehen war. 499

Nach Ansicht der Kammer überwogen dagegen i.R. der Gesamtwürdigung die Merkmale einer selbständigen Tätigkeit: Der Schreinermeister wurde für die Klägerin in unregelmäßigen Abständen i.R. einzelner Werkverträge tätig und fertigte das jeweilige Werk nach der Auftragsbeschreibung der Klägerin und des Endkunden eigenverantwortlich und unter Einsatz eigener Betriebsmittel an, ohne weisungsgebunden oder in den Betrieb der Klägerin eingegliedert zu sein. Dafür erhielt er nach Abnahme des Werks die dafür verhandelte Vergütung, entweder als Pauschale oder stundenlohnbasiert. Für etwaige Mängel haftete der Schreinermeister. Insofern war für die Kammer nicht ausschlaggebend, dass der Schreinermeister die Spezialpaletten in der Halle der Klägerin anfertigte und dabei für Grobzuschnitte Großgeräte der Klägerin nutzte, weil dies weniger aufwändig war und er eigene Geräte dann nicht transportieren musste.

Schulbegleiter: Die Tätigkeit als Schulbegleiterin für einen Landkreis ist keine abhängige Beschäftigung (LSG Bayern v. 29.4.2015, L 16 R 935/13). Ebenso LAG Niedersachsen v. 3.3.2011, 7 Sa 1370/10, wenn der Schulbegleiter weder einem umfassenden Weisungsrecht im Hinblick auf Art und Weise der Ausführung seiner Tätigkeit unterlag noch in die Arbeitsorganisation des Landeskreises eingegliedert war. 500

Ein vom Träger der Schule vertraglich verpflichteter Schulbegleiter (Integrationshelfer) ist im Regelfall Arbeitnehmer im materiellen Sinne (ArbG Würzburg v. 28.7.2010, 1 Ca 2108/09).

Schulbusbegleiter: Arbeitnehmer, wenn er in die Organisation des Busunternehmens eingegliedert und hinsichtlich Zeit und Ort ihrer Tätigkeit an Weisungen gebunden ist (BSG v. 18.5.1983, 12 RK 41/81). Aufwandsentschädigungen der von Gemeinden eingesetzten Schulweghelfer und Schulbusbegleiter bleiben nach § 3 Nr. 12 Satz 2 EStG (→ *Aufwandsentschädigungen im öffentlichen Dienst* Rz. 865) und § 3 Nr. 26 EStG (→ *Nebenberufliche steuerbegünstigte Tätigkeiten* Rz. 3236) steuerfrei (OFD Niedersachsen v. 28.7.2011, S 2121 – 55 – St 213). 501

Schülerbetreuung: Die Honorarkraft bei einer über einen Verein organisierten Schülerbetreuung am Nachmittag für die Schüler des Schulzentrums (mit Mittagessen, Hausaufgabenbetreuung und Spielangeboten) übt eine selbständige Tätigkeit aus, wenn sie ihre Arbeitszeit unabhängig vom Arbeitstag vollkommen frei im 502 vorgegebenen Zeitrahmen zwischen 12:00 Uhr und 17:00 Uhr einsetzen kann, für Vertretung bei Verhinderung selbst zu sorgen hat, nur für tatsächlich erbrachte Stunden ein Honorar erhält, zu Mehrarbeit nicht verpflichtet ist und keine Vergütung im Krankheitsfall oder ein Urlaubsgeld erhält (LSG Baden-Württemberg v. 19.12.2018, L 2 R 3033/17).

503 **Schulhelfer:** An einigen Schulen werden sog. Schulhelfer beschäftigt (oft von Elternvereinen), die angeblich selbständig tätig werden („Honorarkräfte"). Sie sollen z.B. behinderte Kinder beim Unterricht unterstützen, z.B. beim Transport oder durch Hilfeleistungen bei der Einnahme von Mahlzeiten u.Ä. Die Finanzverwaltung sieht diese Schulhelfer als Arbeitnehmer an, weil nur einfachere Tätigkeiten verrichtet werden. Arbeitnehmer sind auch Betreuungspersonen, die Kinder i.R. von Modellen der „betreuten Grundschule" („Schule von 8.00 bis 13.00 Uhr") während des gesamten Vormittags – auch bei Unterrichtsausfall – betreuen (OFD Düsseldorf v. 3.11.1998, S 2331 A – St 122). Aufwandsentschädigungen bleiben ggf. nach § 3 Nr. 12 Satz 2 EStG (→ *Aufwandsentschädigungen im öffentlichen Dienst* Rz. 865) und §§ 3 Nr. 26, 26a EStG (→ *Nebenberufliche steuerbegünstigte Tätigkeiten* Rz. 3236) steuerfrei (OFD Niedersachsen v. 28.7.2011, S 2121 – 55 – St 213).

504 **Schweißer:** Ein Schweißer ohne besondere Qualifikationen, der faktisch in den laufenden Produktionsprozess eines Industriebetriebs eingegliedert ist und keine eigene Betriebsstätte hat, kann abhängig beschäftigt sein, auch wenn im Einzelfall eine werkvertragliche Vereinbarung geschlossen wurde und eine Abrechnung und Bezahlung auf Grundlage einer Honorarvereinbarung erfolgt (SG Stade v. 10.5.2012, S 30 R 384/11, sowie LSG Niedersachsen-Bremen v. 1.11.2017, L 2 R 227/17).

Bei der Tätigkeit eines hochqualifizierten Fachmannes für Schweißtechnik kann es sich aber auch um eine selbständige Beschäftigung handeln. Ein Unternehmerrisiko liegt auch dann vor, wenn der Unternehmer seine Arbeitsmaterialien wie etwa PC, selbst entwickelte Software und spezielles Know-how bereitstellt (SG Landshut v. 2.11.2016, S 7 R 5011/14).

505 **Sekretärin:** Kann „freie Mitarbeiterin" sein, wenn sie keinem Weisungsrecht unterliegt und immer nur einzelne Aufträge erhält. Im Regelfall ist jedoch von einem Arbeitsverhältnis auszugehen (BAG v. 11.12.1996, 5 AZR 708/95).

506 **Shop-in-Shop-Verkäufer:** Ein Verkäufer in einem Shop-in-Shop-System (hier in einem Baumarkt) unterliegt in seiner speziellen Tätigkeit – Präsentation und Vorführung von Waren beim Endkunden – der Sozialversicherungspflicht (SG Stuttgart v. 7.3.2012, S 4 R 6197/09).

507 **Skilehrer:** Skilehrer im Nebenberuf (ohne Arbeitsvertrag), der für Sporthäuser am Wochenende oder für einzelne Wochenkurse tätig wird, ist insoweit kein Arbeitnehmer (BFH v. 24.10.1974, IV R 101/72, BStBl II 1975, 407).

508 **Slow-Motion-Operator:** Die Tätigkeit als Slow-Motion-Operator im Rahmen von Live-Sportübertragungen kann eine selbständige Tätigkeit sein, auch wenn keine programmgestaltende Rolle vorliegt. Entscheidend hierfür sind Eigenverantwortung, Weisungsfreiheit und Unternehmerrisiko des Operators (vgl. LSG Bayern v. 7.4.2025, L 7 BA 24/24).

509 **Sozial- und Heilpädagogin:** Eine auf der Basis eines Vertrags über freie Mitarbeit als Sozial- und Heilpädagogin tätige Mitarbeiterin einer Frühförderstelle für behinderte Kinder unterliegt als abhängig Beschäftigte der Versicherungspflicht in der Sozialversicherung, wenn sie ihre Tätigkeit in der Frühförderstelle nach Maßgabe der inhaltlichen Konzeption der Einrichtung zu verrichten hat, wesentliche Arbeitsmittel und Räumlichkeiten von der Frühförderstelle gestellt werden und sie in deren Arbeitsorganisation eingebunden ist (SG Dortmund v. 11.3.2016, S 34 R 2052/12).

510 **Stadtführer:** Ist ein Stadtführer in die Betriebsorganisation seines Auftraggebers – Veranstalter von Stadtführungen – eingegliedert und dessen Weisungen unterworfen, erfolgen die Touren nach einem vorgegebenen Konzept, wird eine Hälfte der Touren nach einem vereinbarten Bezahlungsschlüssel durchgeführt, die andere Hälfte nach einem zu erbittenden und zu erwartenden Trinkgeld als Arbeitsentgelt in nicht genau vorbestimmter Höhe, so ist von dem Bestehen einer abhängigen Beschäftigung auszugehen. Dem widerspricht nicht das Fehlen eines Anspruchs auf Entgeltfortzahlung im Krankheitsfall und von bezahltem Urlaub (LSG Berlin-Brandenburg v. 4.11.2020, L 9 KR 399/17).

Standesbeamte: Nebenamtliche Standesbeamte sind Arbeitnehmer. 511

Statisten: Statisten, die i.R. einer Theateraufführung zum Einsatz kommen, sind jedenfalls dann keine Arbeitnehmer des Theaters und unterliegen somit auch nicht der Sozialversicherungspflicht, wenn sie ohne ausdrückliche Vertragsabrede für Proben und Aufführungen zum Einsatz kommen, dabei jederzeit ersetzbar sind und für einen Einsatz lediglich ein geringfügiges Entgelt als sog. Erfrischungsentgelt erhalten (SG Düsseldorf v. 25.3.2010, S 26 R 281/06). 512

Steuerberater, -gehilfe: Wird eine Steuerfachangestellte über eine sog. Mitarbeiter-KG mit dem Ziel beschäftigt, die bei ihr bestehende Problematik der „Scheinselbständigkeit" zu umgehen, und wird hierdurch ein Arbeitsverhältnis verdeckt, handelt es sich um ein steuerlich unbeachtliches Scheingeschäft (§ 41 Abs. 2 Satz 1 AO). Auch wenn das Vergütungsrisiko ausschließlich bei der Steuerfachangestellten liegt, handelt es sich um eine nichtselbständige Beschäftigung, wenn ihre Tätigkeit im Übrigen der einer angestellten Steuerfachangestellten entspricht und sie umfassend in die betriebliche Organisation des Steuerbüros eingebunden ist (FG Köln v. 24.9.2015, 1 K 2185/12, EFG 2016, 448). 513

Arbeitnehmer, wenn er für einen anderen Steuerberater in dessen Büro während der üblichen Geschäftszeit tätig ist, kein Unternehmerrisiko trägt und für seine Tätigkeit eine feste, zeitbezogene Vergütung sowie bezahlten Urlaub erhält (BSG v. 27.9.1972, 12/3 RK 31/71). Die Aufnahme eines angestellten Steuerberaters in den Briefkopf einer Steuerberaterpraxis ändert nichts daran, dass der Angestellte Arbeitnehmer ist (OFD Hannover v. 17.11.1998, S 7104 – 385 – StH 542). Freier Mitarbeiter, wenn er bei einem Steuerberater – oder auch zu Hause – an selbst gewählten Tagen gegen Honorar Steuererklärungen erstellt oder Buchhaltungsarbeiten vornimmt (LAG Köln v. 23.3.1988, 7 Sa 1378/87; LAG Berlin v. 29.5.1989, 9 Sa 17/89). Ein angestellter Steuerberater, der als Testamentsvollstrecker eines Erblassers, der zuvor Mandant des Arbeitgebers des Steuerberaters war, eingesetzt wird, kann insoweit selbständig tätig werden (FG Hamburg v. 22.5.2001, II 258/00, EFG 2001, 1246).

Die Tätigkeit einer Steuerberaterin bei einer Steuerberatungsgesellschaft unterliegt nicht der Sozialversicherungspflicht („freie Mitarbeiterin"), wenn die Steuerberaterin nur bestimmte, vorab ausgewählte Mandanten betreut und die Bezahlung ausschließlich in Form eines Anteils am mit diesen Mandanten erzielten Umsatz erfolgt (LSG Baden-Württemberg v. 13.12.2016, L 11 R 391/15).

Ein Steuerberater, der während der Phase des Aufbaus seines eigenen Steuerberaterbüros noch als freier Mitarbeiter bei einem anderen Steuerberater tätig ist, kann ebenfalls selbständig tätig werden (LSG Rheinland-Pfalz v. 12.12.2017, L 6 R 133/17).

Die Tätigkeit als Beratungsstellenleiter für den Lohnsteuer-Hilfe-Ring Deutschland e.V. ist keine selbständige Tätigkeit, sondern eine Beschäftigung i.S.v. § 7 SGB IV (LSG Baden-Württemberg v. 17.10.2001, L 5 AL 96/01).

Die allgemeinen Abgrenzungsmaßstäbe gelten auch für die sozialversicherungsrechtliche Beurteilung der Tätigkeit als Steuerberater, unbeschadet dessen, dass der Steuerberater ein unabhängiges Organ der Steuerrechtspflege und Angehöriger eines freien Berufs ist. Die Tätigkeit des Steuerberaters kann sowohl in selbständiger Form als auch i.R. einer abhängigen Beschäftigung ausgeübt werden (vgl. §§ 32, 58 StBerG). Übernimmt eine Steuerberaterin nach dem zugrundeliegenden Beratervertrag weisungsfrei und eigenverantwortlich Mandate, ist nicht in den Betrieb der Steuerkanzlei eingegliedert und erhält keinen festen Stundenlohn, sondern eine reine Umsatzbeteiligung, liegt eine selbständige Tätigkeit vor (SG Stuttgart v. 16.1.2020, S 24 BA 6242/18).

Straßenverkehrszähler: Die sog. Fremdzähler (meist Schüler, Studenten, Rentner oder Angehörige der Straßenbauverwaltung) sind Arbeitnehmer, weil sie weisungsgebunden sind (hinsichtlich Einsatzort und des zeitlichen Rahmens der Zählung) und bei einfachen Tätigkeiten eher eine Eingliederung in den Betrieb des Auftraggebers anzunehmen ist (OFD Hannover v. 7.2.1997, S 2360 – 35 – StH 212). 514

Stripteasetänzerin: In der Regel Arbeitnehmerin (BAG v. 7.6.1972, 5 AZR 512/71). Vgl. auch → *Prostituierte* Rz. 467. 515

516 **Stuntman, Stuntkoordinator:** Selbständig tätig, wenn es ihm überlassen bleibt, wie er den Stunt ausführt (SG Köln v. 10.1.2019, S 13 R 738/17, v. 21.3.2019, S 44 R 739/17, und v. 5.4.2019, S 22 R 899/17).

Hat ein Stuntkoordinator bei der Kinofilmproduktion die von ihm zu erbringenden Leistungen seinem Auftraggeber gegenüber i.R. eines Werkvertrags zu erbringen, ist er dabei frei, wann und wo er seine vorbereitenden Tätigkeiten ausführt, unterliegt er keinen inhaltlichen Weisungen, ist er für etwaige Schäden haftbar, trägt er ein unternehmerisches Risiko, ist er in den Betrieb seines Auftraggebers nicht eingegliedert und erfolgt die Vergütung nach einem vereinbarten Tageshonorar, so ist von dem Bestehen einer selbständigen Tätigkeit auszugehen (SG Köln v. 10.1.2019, S 13 R 738/17).

517 **Subunternehmer:** Es kommt auf die Gesamtumstände des Einzelfalls an: Ist Anlass für die Beschäftigung polnischer, in ihrem Heimatland selbständig tätiger Mitarbeiter bei einem Kfz-Betrieb in Deutschland die Ausführung einzelner, vorher genau bestimmter Reparaturarbeiten, bestimmt sich jedoch deren mehrwöchige Verweildauer nach dem Umfang der üblicherweise und regelmäßig in einem Kfz-Betrieb anfallenden Arbeiten, steht den Mitarbeitern zur Ausführung ihrer Arbeiten die Werkstatt und das schwere Arbeitsgerät zur Verfügung, erfolgt die Bezahlung nach dem vereinbarten Stundenlohn und wird den Mitarbeitern fortlaufend eine Unterkunft auf dem Werkstattgelände gestellt, sind die Mitarbeiter nicht als Subunternehmer, sondern nichtselbständig beschäftigt (FG Niedersachsen v. 10.4.2003, 11 K 130/01).

Bei als Subunternehmer beauftragten Bauhilfskräften handelt es sich um Scheinselbständige, wenn mangels schriftlicher Verträge und aussagekräftiger Rechnungen diesen ein konkret von ihnen zu erbringendes Werk nicht zugeordnet werden kann (LSG Berlin-Brandenburg v. 25.6.2021, L 28 BA 122/18). S.a. LSG Berlin-Brandenburg v. 27.8.2021, L 28 BA 12/21 B ER, betr. ungarische Subunternehmer, mit denen i.R. diverser Bauvorhaben jeweils Werkverträge geschlossen worden waren (abhängige Beschäftigung bejaht).

Keine Arbeitnehmereigenschaft liegt dagegen vor, wenn ein Monteur zwar nur für *einen* Auftraggeber als Subunternehmer tätig ist, nach außen hin jedoch als selbständiger Unternehmer auftritt, z.B. Aufsuchen der Baustellen mit eigenem Fahrzeug, Bereitstellen eigenen Werkzeugs und eigener Arbeitskleidung, Haftung für fehlerhafte Arbeiten, Übernahme von Konventionalstrafen usw. (FG Niedersachsen v. 14.1.1980, IX 100/78, EFG 1980, 349).

518 **Syndikusanwalt:** → *Zukunftssicherung: Gesetzliche Altersversorgung* Rz. 4776

519 **Tagesmütter:** Tagesmütter, die sich der häuslichen Beaufsichtigung und Betreuung von Kindern widmen, gehören grds. nicht zu den abhängig Beschäftigten. Die Übernahme der Betreuung der Kinder für Fremde ist regelmäßig nicht durch eine Weisungsabhängigkeit geprägt. Insbesondere die Beaufsichtigung und Betreuung von Kindern im Haushalt der Eltern kann jedoch bei entsprechender Weisungsgebundenheit i.R. eines abhängigen Beschäftigungsverhältnisses erfolgen (s.a. den o.g. Abgrenzungskatalog).

Tagesmütter, die in ihren Räumen häusliche Beaufsichtigung und Betreuung fremder Kinder übernehmen, sind keine weisungsabhängigen Arbeitnehmer; sie erzielen Einkünfte aus selbständiger Tätigkeit i.S.d. § 18 Abs. 1 Nr. 1 EStG. Betreut die Tagespflegeperson ein Kind jedoch in dessen Familie nach Weisungen der Personensorgeberechtigten, ist sie i.d.R. Arbeitnehmer und die Personensorgeberechtigten sind Arbeitgeber (OFD Magdeburg v. 17.7.2013, S 2248 – 13 – St 213, sowie OFD Frankfurt v. 14.8.2014, S 2121 A – 14 – St 210, auch zum Abzug von Betriebsausgaben und zur Steuerfreiheit von Erstattungen zur Unfallversicherung und Altersvorsorge).

Zur einkommensteuerrechtlichen Behandlung der Geldleistungen für Kinder in Vollzeitpflege nach § 33 SGB VIII, für die Erziehung in einer Tagesgruppe nach § 32 SGB VIII, für Heimerziehung/Erziehung in sonstiger betreuter Wohnform nach § 34 SGB VIII, für die intensive sozialpädagogische Einzelbetreuung nach § 35 SGB VIII sowie für die Unterbringung/Betreuung bei Inobhutnahme von Kindern und Jugendlichen (§§ 42, 42a SGB VIII sowie → *Betreuungskosten* Rz. 1405).

Talentscout: Ein Talentscout im Sportbereich ist abhängig beschäftigt, wenn er weisungsabhängig tätig wird, eine feste, vorab vereinbarte und monatlich ausgezahlte Vergütung in mehr als existenzsichernder Höhe erhält und kein relevantes unternehmerisches Risiko bestand (LSG Berlin Brandenburg v. 16.3.2016, L 9 KR 114/13). 520

Tankreinigungstrupp: Ein Zusammenschluss natürlicher Personen (hier: Tankreinigungstrupp) erbringt regelmäßig nur dann als selbständiger Unternehmer Leistungen gegen Entgelt, wenn dem Leistungsempfänger diese Personenmehrheit als Schuldner der vereinbarten Leistung und Gläubiger des vereinbarten Entgelts gegenübersteht. Grds. ist auf die zivilrechtlichen Vereinbarungen abzustellen (BFH v. 16.8.2001, V R 67/00, HFR 2002, 232). 521

Tankstellenverwalter: Kein Arbeitnehmer, auch soweit er in der von einer Treibstoffgesellschaft gepachteten Tankstelle Fremdgeschäfte (Verkauf im Namen und für Rechnung der Gesellschaft) tätigt (BSG v. 11.8.1966, 3 RK 57/63). Zum Status eines Tankstellenpächters, der alleiniger Gesellschafter und Geschäftsführer einer von ihm gegründeten GmbH ist, s. ArbG Mönchengladbach v. 19.1.2000, 2 Ca 3647/99. 522

Tankwarte: Regelmäßig Arbeitnehmer, auch bei Aushilfstätigkeit. Das Weisungsrecht des Arbeitgebers muss sich nicht auf die Arbeitszeit erstrecken, sondern kann sich auf Inhalt und Durchführung der geschuldeten Tätigkeit beschränken (BAG v. 12.6.1996, 5 AZR 960/94). 523

Taxifahrer: Taxifahrer, die kein eigenes Fahrzeug verwenden, gehören regelmäßig auf Grund der damit verbundenen persönlichen Abhängigkeit zu den abhängig Beschäftigten. Taxifahrer mit eigenem Fahrzeug sind als Selbständige anzusehen, wenn sie über eine Konzession verfügen. Eine Arbeitgebereigenschaft der „Taxizentrale" gegenüber diesen Personen scheidet aus (s.a. den o.g. Abgrenzungskatalog). 524

Von einer abhängigen Beschäftigung der an dem sog. „Mietmodell" beteiligten Taxifahrer kann nicht schon deshalb ausgegangen werden, weil die Taxifahrer weder über eine Konzession noch über ein eigenes Taxi verfügen. In diesen Fällen sind sämtliche für und gegen eine abhängige Beschäftigung bzw. selbständige Tätigkeit sprechenden Indizien, insbesondere zwischen dem Taxiunternehmen und den Taxifahrern evtl. getroffene Vereinbarungen, deren Weisungsgebundenheit sowie Verfügungsmöglichkeit über die Fahrzeuge und ihre Arbeitszeit aufzuklären (BSG v. 23.5.2017, B 12 KR 9/16 R).

Fahrer eines Velotaxis, die auf der Bundesgartenschau auf der Basis eines Dienstleistungsvertrags tätig werden, sind nichtselbständig tätig (LSG Mecklenburg-Vorpommern v. 4.11.2019, L 7 R 18/15).

Im Übrigen kommt es für die Beurteilung der Arbeitnehmereigenschaft immer auf die Gesamtumstände des einzelnen Falles an:

a) Arbeitnehmereigenschaft bejaht wurde z.B. bei

- einem Taxivermittler, wenn er in den Betrieb des Taxiunternehmens eingegliedert und diesem gegenüber weisungsgebunden ist (LSG Bayern v. 21.12.2004, L 5 KR 166/04).

b) Arbeitnehmereigenschaft abgelehnt wurde dagegen z.B. bei

- Aushilfstaxifahrern, die – vorwiegend in der Nacht und am Wochenende – auf Anfrage für ein Taxiunternehmen Fahrten durchführen, die ihnen von der Taxizentrale zugeteilt werden, ansonsten aber an keine festen Arbeitszeiten gebunden sind, d.h. sich jederzeit von der Taxizentrale „abmelden" und das Fahrzeug zurückgeben können, und einen bestimmten Prozentsatz (50 % bzw. 60 %) des eingefahrenen Umsatzes an das Taxiunternehmen abführen müssen (BAG v. 29.5.1991, 7 ABR 67/90).

Telearbeit: Telearbeit wird im besonderen Maße in der Texterfassung, bei der Erstellung von Programmen, in der Buchhaltung und in der externen Sachbearbeitung eingesetzt. In der Praxis gibt es mehrere Organisationsformen der Telearbeit. Sie kann durch Mitarbeiter zu Hause oder an einem von ihnen ausgewählten Ort ausgeübt werden. Verbreitet ist beispielsweise das Erfassen von Texten im Auftrag von Verlagen im heimischen Umfeld, wobei die Mitarbeiter keinen Arbeitsplatz mehr im Büro haben. Die Telearbeit ist auch im Bereich des modernen Außendienstes gebräuchlich. Dabei sind Mitarbeiter durch einen Online-Anschluss mit dem 525

Unternehmen verbunden, um Geschäftsvorfälle (Aufträge, Rechnungen) an das Unternehmen weiterzuleiten.

Vielfach handelt es sich hierbei lediglich um einen ausgelagerten Arbeitsplatz. In diesen Fällen ist von einem abhängigen Beschäftigungsverhältnis auszugehen, weil es nicht rechtserheblich ist, wo der Beschäftigte seine Tätigkeit verrichtet.

Die Beurteilung der Frage, ob die Telearbeit ein abhängiges Beschäftigungsverhältnis darstellt, richtet sich im Übrigen danach, inwieweit die Mitarbeiter in die Betriebsorganisation des Unternehmens eingegliedert sind. Ein abhängiges Beschäftigungsverhältnis liegt trotz räumlicher Abkoppelung dann vor, wenn eine feste tägliche Arbeitszeit – auch in einem Zeitkorridor – vorgegeben ist, seitens des Auftraggebers Rufbereitschaft angeordnet werden kann und die Arbeit von dem Betreffenden persönlich erbracht werden muss. Dies gilt auch dann, wenn die Telearbeit als Teilzeitarbeit konzipiert ist (s.a. den o.g. Abgrenzungskatalog).

Ob „Telearbeiter" selbständig oder nichtselbständig tätig sind, muss nach den Gesamtumständen des Einzelfalls entschieden werden (→ *Home-Office/Mobile-Office/Telearbeit* Rz. 2549).

526 **Telefoninterviewer:** → *Erhebungsbeauftragte (Interviewer)* Rz. 301

527 **Telefonistin, Telefonsex:** Keine Arbeitnehmerin bei arbeitstäglich dreistündiger Tätigkeit betr. „Termin-Legen" für Außendienstler nach vorgegebenen Listen mit vorformulierten Fragen (LAG München v. 22.1.2004, 3 Ta 440/03).

Telefonsexdienstleistungen können sowohl in einem freien Dienstverhältnis als auch i.R. eines Arbeitsverhältnisses erbracht werden. Die für ein Arbeitsverhältnis typische persönliche Abhängigkeit einer als freiberufliche Mitarbeiterin geführten Telefonsexdienstleisterin kann sich aus ihrer Eingliederung in eine fremde betriebliche Arbeitsorganisation ergeben (so auch LAG Köln v. 25.8.2020, 9 Ta 217/19). Das ist dann der Fall, wenn diese durch einseitige Vorgaben und der Kontrolle der Betriebsabläufe in einer Weise fremdbestimmt wird, die über die mögliche Einflussnahme bei einem freien Dienstverhältnis hinausgeht. Der Umstand, dass der Telefonsexdienstleisterin keine konkreten Weisungen zum Inhalt der Telefongespräche gemacht wurden, spricht wegen §§ 1, 3 ProstG (analog) nicht gegen den Bestand eines Arbeitsverhältnisses (LAG Köln v. 16.9.2020, 4 Sa 704/19).

Das FG Köln hat auch bei einer Telefonistin in einem Telefon-Sex-Callcenter die Arbeitnehmereigenschaft bejaht, weil sie hinsichtlich Arbeitszeit, Arbeitsort und Inhalt ihrer Tätigkeit weisungsgebunden war und kein nennenswertes Unternehmerrisiko trug (Urteil v. 19.1.2007, 10 K 2841/05, EFG 2007, 1032). Ebenso LSG Baden-Württemberg v. 18.2.2014, L 11 R 3323/12, zur Sozialversicherungspflicht der Tätigkeit als Telefon-Operator in den Bereichen Flirtgespräche, Telefonsex und Partnervermittlung.

Zur Sozialversicherungspflicht bzw. -freiheit einer i.R. eines Auftragsvertrags ausgeübten Tätigkeit als „telefonische Gesprächspartnerin" für ein Telekommunikationsunternehmen, wenn sich diese von zuhause aus in das Telekommunikationssystem des Unternehmens einwählt und ihre aktiven Sprechzeiten vom Unternehmen aufgezeichnet werden, s. BSG v. 30.10.2013, B 12 KR 17/11 R.

528 **Telefonseelsorger:** Durch eine echte ehrenamtliche Tätigkeit wird kein Arbeitsverhältnis begründet (BAG v. 29.8.2012, 10 AZR 499/11).

529 **Telefonverkäufer:** Kein Arbeitnehmer, wenn er Provisionen nur bei erfolgreichem Abschluss erhält und somit das unternehmerische Risiko trägt, keine Arbeitszeiten einhalten muss und auch keinen Anspruch auf Urlaub und auf Weiterzahlung des Arbeitslohnes im Krankheitsfalle hat (BFH v. 14.12.1988, X R 34/82).

Begründen die Parteien ein Vertragsverhältnis, das sowohl Elemente eines Arbeitsverhältnisses als auch (überwiegend) eines freien Mitarbeiterverhältnisses enthält, dann können die Parteien vereinbaren, dass die Tätigkeit i.R. eines Arbeitsverhältnisses erbracht wird. Ob ein Arbeitsverhältnis oder ein freier Dienstvertrag vorliegt hängt davon ab, ob derjenige, der die Dienste erbringt von seinem Vertragspartner persönlich abhängig ist (LAG Rheinland-Pfalz v. 17.4.2003, 2 Ta 216/03, betr. einen sog. Home-Agenten).

530 **Telefonvermittler:** Größere Versandunternehmen bieten ihre Waren und Serviceleistungen durch Kundenbetreuungsbüros, die sich über das gesamte Bundesgebiet verteilen, an. Die in den Kundenbetreuungsbüros angestellten Mitarbeiter sollen Neukunden werben, telefonische Bestellungen aufnehmen und diese mittels EDV an die Zentrale des Unternehmens weiterleiten. Neben dem angestellten Personal bedienen sich die Unternehmen freier Mitarbeiter, die automatisch die Anrufe erhalten, die von den Kundenbetreuungsbüros nicht zu schaffen sind. Das Konzept ist von vornherein so angelegt, dass die als freie Mitarbeiter beschäftigten Telefonvermittler einen größeren Teil der Anrufe erhalten. Die Versandunternehmen statten die Telefonvermittler mit dem erforderlichen Arbeitsmaterial (Bildschirmgerät, Tastatur, Telefon und Formulare) aus.

Die Telefonvermittler sind als abhängig Beschäftigte anzusehen. Das ergibt sich insbesondere daraus, dass die Telefonvermittler in den Betriebsablauf der Versandunternehmen eingegliedert sind. Sie sind hinsichtlich der Art der Gestaltung und der Durchführung ihrer Tätigkeit detaillierten Regelungen unterworfen, so dass von einer Weisungsgebundenheit auszugehen ist und nicht von einer freien Gestaltung ihrer Tätigkeit, wie das § 84 Abs. 1 Satz 2 HGB voraussetzt. Das Versandunternehmen überwacht durch Kontrollanrufe und Testkäufe das Verhalten der Mitarbeiter. Einhaltung der vorgegebenen Verfahrensabläufe, Schnelligkeit und die An- bzw. Abwesenheit zur Entgegennahme von Anrufen werden überprüft. Auch hinsichtlich der Gestaltung der Arbeitszeit sind die Mitarbeiter nicht frei, sondern an genaue Vorgaben des Unternehmens gebunden. Ferner tragen die Mitarbeiter kein Unternehmerrisiko.

Die Telefonvermittler sind keine Heimarbeiter i.S.d. § 12 Abs. 2 SGB IV, weil Versandunternehmen nicht zu den in Abs. 2 aufgezählten Auftraggebern gehören; insbesondere sind die Unternehmen keine Gewerbetreibenden im sozialversicherungsrechtlichen Sinne (s.a. den o.g. Abgrenzungskatalog).

Für die Abgrenzung einer sozialversicherungspflichtigen Beschäftigung von einer versicherungsfreien selbständigen Tätigkeit sind im Falle der Erbringung von telefonischen Dienstleistungen das Maß der Eingliederung des Auftragnehmers in die betriebliche Arbeitsorganisation des Auftraggebers und der Grad der i.R. dieser Eingliederung bestehenden Weisungsunterworfenheit des Auftragnehmers i.d.R. von ganz besonders wesentlichem Gewicht. Unterhält der Auftragnehmer eine betriebsmittelarme Betriebsstätte in seiner Privatwohnung, die ebenso als Home-Office qualifiziert werden kann, kommt diesem Umstand weder für die Annahme eines Beschäftigungsverhältnisses, noch für die Annahme einer selbständigen Tätigkeit eine Indizwirkung zu (LSG Schleswig-Holstein v. 15.6.2020, L 5 KR 16/17, betr. eine Telefonistin, die von zu Hause aus für einen Schmuckgroßhandel Kunden anrief, um mit diesen Kunden Termine für Außendienstmitarbeiter des Schmuckgroßhandels zu vereinbaren; abhängige Beschäftigung bejaht).

Testfahrer: Zur Frage, ob die Tätigkeit als Testfahrer für Reifen- 531
tests als Arbeitnehmer ausgeübt wurde, s. LAG Rheinland-Pfalz v. 14.9.2017, 2 Sa 117/17 (hier verneint). Gegen die Arbeitnehmereigenschaft spricht entscheidend, dass der Kläger jeweils selbständig entscheiden konnte, ob und ggf. welche Aufträge er übernehmen möchte, und dass die einzelnen Testreihen mit den jeweiligen Testtagen zwischen den Parteien stets im Voraus einzeln abgestimmt wurden. Der Auftraggeber hatte nicht die vertragliche Möglichkeit, den Kläger ohne dessen Zustimmung zur Durchführung von Reifentests im Wege des Direktionsrechts heranzuziehen. Der Kläger war daher ungeachtet seiner Einbindung in die Arbeitsorganisation des Auftraggebers nicht von dieser persönlich abhängig.

Die Tätigkeit als Rennfahrer, Testfahrer und Markenbotschafter für eine GmbH kann auch als selbständige, nicht versicherungspflichtige Tätigkeit ausgeübt werden (LSG Baden-Württemberg v. 30.6.2020, L 11 BA 1081/19).

Theaterintendant: Kann selbständig tätig sein (FG Berlin v. 532
18.7.2003, 3 K 3092/02, sowie → *Künstler (und verwandte Berufe)* Rz. 2798).

Therapeuten im Krankenhaus: Eine psychoonkologische The- 533
rapeutin, die Patienten eines Krankenhauses in den Räumen der Klinik ohne Kostenbeteiligung hieran und zu einem festen Stundenlohn behandelt und sich dabei den Strukturen des Krankenhausbetriebs unterwirft, ist abhängig beschäftigt. Ein Indiz für abhängige Beschäftigung ist, dass das Krankenhaus auf die psychoonkologischen Leistungen der Therapeutin angewiesen war,

um die Leistungen gegenüber den Krankenkassen abrechnen zu können. Auch waren die Leistungen der Therapeutin für eine Zertifizierung des Krankenhauses notwendig. Die Krankenhausbehandlung ist eine einheitliche, komplexe Gesamtleistung. Auch bei den vom Krankenhaus veranlassten Leistungen Dritter (§ 2 Abs. 2 Satz 2 Nr. 2 KHEntgG) muss sichergestellt sein, dass die Gesamtverantwortung für die Behandlung in fachlich-medizinischer Hinsicht weiterhin beim Krankenhaus liegt. Diese regulatorischen Vorgaben sind bei der Gewichtung der Indizien zur Statusbeurteilung zu berücksichtigen. In dem Dreiecksverhältnis „Patient – Leistungserbringer – gesetzliche Krankenkasse" kommt der Therapeutin auch bei weitgehend weisungsfreier Tätigkeit keine eigenständige rechtliche Stellung zu, wenn der gesamte organisatorische Rahmen vom Erstkontakt über die Behandlung im Krankenhaus bis zur Entlassung des Patienten und die Abrechnung der erbrachten Leistung in der Hand des Krankenhauses liegt. Weisungsgebundenheit und Eingliederung in eine fremde Arbeitsorganisation müssen zur Annahme einer Beschäftigung i.S.d. § 7 Abs. 1 Satz 2 SGB IV nicht kumulativ vorliegen und stehen nicht in einem Rangverhältnis zueinander (LSG Bayern v. 26.4.2021, L 16 BA 31/20).

534 **Toiletten-Service-Personal:** Auf Grund von Überprüfungen der Arbeitsagenturen wurde festgestellt, dass das Servicepersonal in Toilettenanlagen von Autobahnraststätten, Autobahntankstellen, U-Bahnhöfen und Kaufhäusern in freier Mitarbeit eingesetzt wird. Die Betreuung der Toilettenanlagen erfolgt durch ein Serviceunternehmen, das mit den Inhabern oder Pächtern der Toilettenanlagen einen Servicevertrag abgeschlossen hat. Das Personal arbeitet durchschnittlich acht Stunden in Wechselschicht, es ist an konkrete Weisungen gebunden, wann, wie, in welchem Umfang und an welchem Ort Reinigungs- und Aufsichtsarbeiten zu leisten sind. Nach Auffassung der Sozialversicherungsträger ist das Service-Personal abhängig beschäftigt, da es dem Direktionsrecht des Service-Betriebes bezüglich Zeit, Dauer, Art und Ort der Arbeitsausführung unterliegt, und zwar auch bei angeblich freier Mitarbeit (s. den o.g. Abgrenzungskatalog sowie FG Münster v. 9.7.2003, 8 K 5308/02 L, EFG 2003, 1549 und ArbG Köln v. 27.1.2012, 19 Ca 9160/10, betr. die Toilettenfrau eines Brauhauses).

Kein Arbeitnehmer, wenn der zur Dienstleistung Verpflichtete nach den tatsächlichen Umständen nicht in der Lage ist, seine vertraglichen Leistungspflichten allein zu erfüllen, sondern auf Hilfskräfte angewiesen und vertraglich berechtigt ist, seine Leistungen durch Dritte erbringen zu lassen (LAG Köln v. 5.4.2012, 6 Sa 1018/11).

535 **Trainer: Die steuerliche und die sozialversicherungsrechtliche Beurteilung sind nicht deckungsgleich:**

1. Lohnsteuer

Trainer von Sportvereinen können je nach den Gesamtumständen des Einzelfalls Arbeitnehmer oder selbständig sein. Fehlt die Absicht, einen Totalgewinn oder -überschuss der Einnahmen über die Ausgaben zu erzielen, liegt eine steuerlich unbeachtliche sog. Liebhaberei vor (BFH v. 20.11.2018, VIII R 17/16, BStBl II 2019, 422).

Die Finanzverwaltung sieht nebenberufliche Übungsleiter und vergleichbare Personen grds. als selbständig an, wenn sie in der Woche durchschnittlich nicht mehr als sechs Stunden tätig werden und zudem noch ausschließlich für die tatsächlich geleisteten Stunden bezahlt werden, d.h. keine Zahlung bei Krankheit oder während der Ferien erhalten (OFD Magdeburg v. 29.4.2010, S 2331 – 8 – St 225, sowie R 19.2 Satz 4 LStR). Bei der Ermittlung der Sechs-Stunden-Grenze sind die tatsächlich geleisteten Übungsleiterstunden maßgebend. Auf Anfahrts- und Vorbereitungszeiten etc. kommt es nicht an. Werden jedoch z.B. Mannschaftsbesprechungen zur Vor- und Nachbereitung von Spielen auch als Honorarstunden gerechnet, so sind auch diese Zeiten in die Sechs-Stunden-Grenze einzubeziehen. Fahrtzeiten werden nur einbezogen, wenn sie wie Arbeitszeit behandelt und honoriert werden.

Hauptberufliche Fußballtrainer sind Arbeitnehmer, wenn sie für mindestens *eine* Spielzeit verpflichtet werden. Entsprechendes gilt für die von Fußballverbänden verpflichteten Trainer.

Nebenberufliche Trainer sind im Allgemeinen selbständig tätig, wenn sie nicht mehr als sechs Stunden wöchentlich für den Verein tätig sind, R 19.2 Satz 4 LStR (s.a. FG Hessen v. 9.7.1993, 4 K 2744/92, EFG 1994, 396; BFH v. 13.5.1993, IV R 131/92). Etwas anderes gilt nur, wenn die der Tätigkeit zu Grunde liegende Vertragsbeziehung als Arbeitsvertrag zu werten ist, weil sie z.B. Versorgungsregelungen, Urlaubsvereinbarungen, Bestimmungen über die Entgeltfortzahlung im Krankheitsfall usw. enthält.

Bei nebenberuflicher Übungsleitertätigkeit bleiben unter den Voraussetzungen des § 3 Nr. 26 EStG von den Einnahmen jährlich 3 300 € (bis 2025 3 000 € → Rz. 3247) pauschal steuerfrei (→ *Nebenberufliche steuerbegünstigte Tätigkeiten* Rz. 3236).

2. Sozialversicherung

In der Sozialversicherung spielt die zeitliche Inanspruchnahme der Tätigkeit – im Unterschied zur Sechs-Stunden-Grenze im Steuerrecht – keine Rolle. Die Beurteilung, ob ein Übungsleiter seine Tätigkeit als Selbständiger oder in einem Beschäftigungsverhältnis ausübt, richtet sich nach den Umständen des Einzelfalls.

Kriterien für eine selbständige Tätigkeit sind

- Durchführung des Trainings in eigener Verantwortung; der Übungsleiter legt Dauer, Lage und Inhalte des Trainings selbst fest und stimmt sich wegen der Nutzung der Sportanlagen selbst mit anderen Beauftragten des Vereins ab;
- der zeitliche Aufwand und die Höhe der Vergütung; je geringer der zeitliche Aufwand des Übungsleiters und je geringer seine Vergütung ist, desto mehr spricht für seine Selbständigkeit.

Je größer dagegen der zeitliche Aufwand und je höher die Vergütung des Übungsleiters ist, desto mehr spricht für eine Eingliederung in den Verein und damit für eine abhängige Beschäftigung. Anhaltspunkte für die Annahme eines Beschäftigungsverhältnisses sind auch vertraglich mit dem Verein vereinbarte Ansprüche auf durchgehende Bezahlung bei Urlaub oder Krankheit sowie Ansprüche auf Weihnachtsgeld oder vergleichbare Leistungen (s.a. den o.g. Abgrenzungskatalog).

3. Weitere Rechtsprechungsnachweise

Im Übrigen kommt es für die Beurteilung der Arbeitnehmereigenschaft immer auf die Gesamtumstände des einzelnen Falles an:

a) Arbeitnehmereigenschaft bejaht z.B. bei

- dem Hockey-Trainer einer Oberliga-Hockeymannschaft; die Betreuung einer Sportmannschaft über einen längeren Zeitraum setzt regelmäßig eine Eingliederung in die betrieblichen Abläufe des Sportvereins voraus; liegen Eingliederung in betriebliche Abläufe und Weisungsgebundenheit vor, steht ein überdurchschnittlich hohes Honorar dem Vorliegen einer abhängigen Beschäftigung nicht entgegen (SG Wiesbaden v. 17.5.2019, S 8 R 312/16).

b) Arbeitnehmereigenschaft abgelehnt wurde dagegen z.B. bei

- einer Kursleiterin, die auf Grundlage eines Freier-Mitarbeiter-Vertrages für einen Sportverein die Leitung von Kursen (z.B. Rückengymnastik, Ganzkörperkräftigung, Herzsport) übernommen hatte; auf die inhaltliche Gestaltung der Kurse nahm der Sportverein keinen Einfluss; Ansprüche auf bezahlten Erholungsurlaub oder Entgeltfortzahlung im Krankheitsfall hatte sie nicht; sie hatte für ihre soziale Absicherung selbst zu sorgen, entsprechend erhielt sie mit einem Stundensatz von 22 € auch ein gegenüber festangestellten Mitarbeitern deutlich höheres Honorar, was ein gewichtiges Indiz für eine selbständige Tätigkeit darstellt (LSG Baden-Württemberg v. 21.2.2019, L 10 BA 1824/18),
- dem Trainer in einem Basketballverein; ist ein Basketballtrainer nicht in die Arbeitsorganisation seines Auftraggebers, der Inhaber einer Spedition ist, eingegliedert, unterliegt er nicht dessen Weisungsrecht hinsichtlich Ort und Arbeitszeit, ist er zur Wahrnehmung fester Trainingszeiten verpflichtet, hat er dabei ein unternehmerisches Risiko nicht zu tragen, erhält er eine monatlich gleichbleibende Vergütung, ist dabei aber mehr die Erzielung sportlicher Leistungen als diejenige von Einkommen maßgebliches Motiv, so ist von dem Bestehen einer selbständigen Tätigkeit auszugehen (LSG Berlin-Brandenburg v. 22.5.2019, L 9 KR 262/16),
- dem Trainerassistenten für verschiedene weibliche Hockey-Mannschaften (Jugend und Damen); eine abhängige Beschäftigung kann nicht allein aus der Tätigkeit „Trainerassistent" oder „Co-Trainer" abgeleitet werden (LAG Baden-Württemberg v. 5.9.2019, 15 Ta 2/19).

536 **Tutoren eines Studentenwohnheims:** Bei Begründung eines Arbeitsverhältnisses Arbeitnehmer, so in Nordrhein-Westfalen (FinMin Nordrhein-Westfalen v. 2.11.1981); in Bayern dagegen selbständige Tätigkeit (vgl. BFH v. 21.7.1972, VI R 188/69, BStBl II 1972, 738; BFH v. 28.2.1978, VIII R 116/75, BStBl II 1978, 387).

537 **Übersetzer:** Regelmäßig kein Arbeitnehmer (BAG v. 13.6.1990, 5 AZR 419/89). Regelmäßig eingesetzte Sprecher und Übersetzer von Nachrichten- und Kommentartexten im fremdsprachlichen Dienst von Rundfunkanstalten können jedoch auch dann Arbeitnehmer sein, wenn ihre wöchentliche Arbeitszeit nur vier Stunden beträgt (BAG v. 11.3.1998, 5 AZR 522/96).

Für die Arbeitnehmereigenschaft der Tätigkeit eines Übersetzers spricht, dass dieser seine Tätigkeit bei gestellten Arbeitsmitteln ausschließlich in einem eigens festgelegten Sicherheitsbereich des Arbeitgebers und nach vom Arbeitgeber vorgegebenen Schichtplänen zu erbringen hat. Durch solche Tätigkeitsbedingungen ist ein Grad der persönlichen Abhängigkeit gegeben, der typisch für ein Arbeitsverhältnis ist (LAG Rheinland-Pfalz v. 15.5.2014, 2 Sa 504/13). Vgl. ähnlich zu einer sozialversicherungsrechtlichen Beurteilung einer Tätigkeit als landeskundlicher Berater und Übersetzer für die Bundeswehr auf der Basis eines Dienstvertrages BSG v. 6.9.2023, L 10 KR 259/22.

538 **Unternehmensberater:** Kein Arbeitnehmer, auch wenn er seine Arbeitskraft lediglich in den Dienst eines beratenen Unternehmens stellt, jedoch keinen Weisungen hinsichtlich Ort, Zeit und Inhalt der Tätigkeit unterworfen ist und jederzeit abberufen werden kann (FG Baden-Württemberg v. 5.2.1997, 6 V 10/96, EFG 1997, 802).

Einmann-Unternehmensberater mit speziellem Fachwissen sind dann nicht selbständig, wenn sie im Dreiecksverhältnis tätig sind und lediglich die Funktion eines vergleichbaren leitenden Angestellten ausüben (LSG Bayern v. 14.4.2016, L 7 R 377/15).

539 **Veranstaltungstechniker, Videotechniker:** Ein Veranstaltungstechniker, der für eine Vielzahl von Auftraggebern tätig ist, unterschiedliche Vergütungen vereinbart und mittels Rechnung im eigenen Namen abrechnet und selbst am Markt werbend auftritt, ist selbständig tätig. Das für eine selbständige Tätigkeit typische Unternehmerrisiko ist nicht gleichzusetzen mit einem Kapitalrisiko. Geringer Kapitaleinsatz ist bei Dienstleistungen höherer Art, die auf besonderen Kenntnissen beruhen, typisch (LSG Berlin-Brandenburg v. 28.1.2009, L 9 KR 101/03). Im Ergebnis ebenso LSG Baden-Württemberg v. 31.7.2018, L 13 R 192/17: Ein gewichtiges gegen eine abhängige Beschäftigung sprechendes Indiz sei vorliegend die Tatsache, dass die Agentur für Arbeit dem Stpfl. Leistungen zur Existenzgründung bewilligt hat. Gem. § 93 Abs. 1 SGB III setzt die Gewährung eines Gründungszuschusses u.a. voraus, dass der Bezieher dieser Leistung durch Aufnahme einer selbständigen, hauptberuflichen Tätigkeit die Arbeitslosigkeit zu beenden beabsichtigt. Der Umstand, dass die zuständige Agentur für Arbeit bei der Prüfung des Antrags auf Gründungszuschuss offenbar die hier im Streit stehende Tätigkeit des Stpfl. als selbständige Tätigkeit gewertet hat, spricht für den Stpfl.

Ein für ein Unternehmen für Videotechnik im Eventgeschäft tätiger Techniker, der nach Kundenwunsch i.R. des Auf- und Abbaus der vermieteten Videotechnik und während der Veranstaltung im Standby zur Verfügung steht oder generell die vermietete Videotechnik bedient, übt eine abhängige Beschäftigung aus, wenn er in den Betrieb der Firma eingegliedert ist, weisungsgebunden ist und kein Unternehmerrisiko trägt. Das gilt auch dann, wenn er ein Gewerbe angemeldet hat, da dieses formale Kriterium für die Beurteilung der tatsächlichen Ausgestaltung der zu beurteilenden Tätigkeit ohne wesentliche Aussagekraft ist (LSG Nordrhein-Westfalen v. 11.5.2016, L 8 R 975/12).

540 **Vereine:** Ehrenamtlich tätige Mitglieder (z.B. Vereinsvorsitzende, Betreuer, Kassierer), denen der Verein im Wesentlichen nur die tatsächlichen Aufwendungen ersetzt, sind keine Arbeitnehmer (vgl. BFH v. 4.8.1994, VI R 94/93, BStBl II 1994, 944 sowie → *Arbeitnehmer* Rz. 196).

Werden dagegen von Vereinen Trainer usw. fest angestellt und entlohnt, kann es sich um Arbeitnehmer handeln (→ *Trainer* Rz. 535).

541 **Verkaufsberater:** Ein in einem Fachgeschäft für Braut- und Festmoden tätiger „Typ- und Stilberater" ist abhängig beschäftigt (LSG Nordrhein-Westfalen v. 15.2.2017, L 8 R 253/15).

Verkaufsfahrer: Regelmäßig Arbeitnehmer (BSG v. 11.3.1970, 3 RK 25/67). Vgl. auch BGH v. 21.10.1998, VIII ZB 54/97, betr. Tiefkühlverkäufer der Fa. Eismann. 542

Arbeitnehmer sind auch Verkäufer in mobilen Verkaufsständen (z.B. sog. Hähnchenwagenfahrer), wenn sie weisungsgebunden und in den Betrieb eingebunden sind, z.B. durch die Verpflichtung, das Verkaufsfahrzeug jeden Abend zur Betriebsstätte zurückbringen, damit es dort gereinigt werden kann, und kein Unternehmerrisiko tragen, weil alle Betriebsmittel gestellt werden (SG Detmold v. 23.6.2009, S 8 (2) R 260/07). Ebenso LSG Baden-Württemberg v. 1.7.2020, L 5 KR 3137/18, betr. den Fahrer und Verkäufer eines mobilen Supermarkts.

Verkaufsförderer: Verkaufsförderung betreiben Personen, die in der Praxis unter der Bezeichnung Werber, Werbedame, Promoter, Propagandist, Sortimentskraft/-verkäufer oder Merchandiser auftreten. Da diese Berufsbezeichnungen jedoch nicht typisierend einheitlich verwandt werden, sondern im Einzelfall unterschiedlichste Tätigkeitsfelder umfassen können, sagt die Berufsbezeichnung für sich nichts über den sozialversicherungsrechtlichen Status aus. Die sozialversicherungsrechtliche Beurteilung hat daher nach den allgemeinen Grundsätzen zu erfolgen, wonach i.R. der Gesamtbetrachtung auf die vertraglichen Regelungen und insbesondere die tatsächliche Ausgestaltung der Tätigkeit abzustellen ist, das heißt es kommt auf die Verhältnisse im Einzelfall an. 543

Unter Propagandisten werden dabei regelmäßig Personen verstanden, die Waren in Kaufhäusern zum Verkauf anbieten, während Promotor die Waren selbst nicht verkaufen, sondern für sie werben, z.B. durch das Verteilen von Prospekten oder Proben. Die Bezeichnungen werden jedoch nicht einheitlich verwendet, zum Teil werden diese Personen auch als Werber oder Werbedamen bezeichnet.

Der einem Kaufhaus gestellte Propagandist, der die Ware für Rechnung des Kaufhauses direkt anbietet oder verkauft, zählt auf Grund seiner Eingliederung in den Betrieb des Kaufhauses zu den abhängig beschäftigten Arbeitnehmern. Dies gilt gleichermaßen für sogenannte „Shop-in-Shop" Verkäufer.

Propagandisten, die von ihrem Auftraggeber hergestellte Waren gegen Provision in Kaufhäusern für deren Rechnung anbieten und verkaufen, zählen grds. ebenfalls zu den abhängig Beschäftigten. Das ist insbesondere dann der Fall, wenn eine Mindestprovision vom Auftraggeber garantiert wird.

Promotoren, die in einem Kaufhaus für Produkte ihres Auftraggebers lediglich werben und weder ein Mindesthonorar noch einen pauschalen Aufwendungsersatz, sondern ausschließlich eine erfolgsabhängige Provision von ihrem Auftraggeber erhalten, dabei aber weder an Weisungen des Auftraggebers noch an solche des jeweiligen Kaufhauses gebunden sind, insbesondere ihre Arbeitszeit frei einteilen können, stehen nicht in einem abhängigen Beschäftigungsverhältnis.

Erhalten die Promotoren hingegen eine erfolgsunabhängige feste Stundenvergütung oder Tagespauschale, überwiegen nach der jüngeren Rechtsprechung in der Gesamtwürdigung vermehrt die Merkmale für eine abhängige Beschäftigung (s.a. den o.g. Abgrenzungskatalog).

Im Übrigen kommt es für die Beurteilung der Arbeitnehmereigenschaft immer auf die Gesamtumstände des einzelnen Falles an:

a) Arbeitnehmereigenschaft bejaht wurde z.B. bei

- einem Verkaufsförderer, der ohne unternehmerisches Risiko Außendiensttätigkeiten wahrnimmt, d.h. Einholen von Aufträgen von Outlets, Beobachtung des Wettbewerbs, Markt- und Preiserhebungen usw. (SG München v. 12.9.2014, S 15 R 1125/13).

b) Arbeitnehmereigenschaft abgelehnt wurde dagegen z.B. bei

- einem als Rack-Jobber und Merchandiser Tätigen, der mehreren Auftraggebern seine Dienstleistungen im Bereich der Verkaufsförderung anbietet und dem es somit obliegt, zusätzlich zum Bestücken von Regalflächen auch die Warendarstellung/Warenpräsentation zu prüfen und ggf. mit dem Ziel steigender Umsätze zu optimieren (BSG v. 31.3.2015, B 12 KR 17/13 R; LSG Sachsen v. 10.9.2015, L 1 KR 175/12; s. auch BSG v. 18.11.2015, B 12 KR 16/13 R).

544 **Verkaufsstellenleiter:** Arbeitnehmer, auch wenn er am Umsatz beteiligt ist, seine Stellung sich aber von der eines angestellten Verkäufers nicht wesentlich unterscheidet (RFH v. 27.11.1935, RStBl 1936, 296).

545 **Vermögensberater:** Arbeitnehmer oder Handelsvertreter; offen gelassen in BAG v. 15.2.2005, 5 AZB 13/04, weil Ein-Firmen-Vertreter und prozessrechtlich Arbeitnehmer nach § 5 Abs. 3 ArbGG.

546 **Verputzer:** Arbeitnehmer, wenn sie kein Unternehmerrisiko tragen. Allein die Vereinbarung einer erfolgsbezogenen Entlohnung bedeutet noch nicht die Übernahme eines Unternehmerrisikos, solange sich dies lediglich als Arbeitnehmerrisiko besonderer Art darstellt (BFH v. 10.2.2005, IX B 183/03).

Auch ein selbständiger Unternehmer kann – trotz gleicher oder höherer Qualifikation – im Einzelfall für einen anderen Unternehmer eine abhängige Beschäftigung ausüben, z.B. als Mitglied einer Verputzerkolonne (BSG v. 30.1.2007, B 2 U 6/06 R).

547 **Versicherungsvermittler:** Bei einem Vermittler von Versicherungsverträgen und Kapitalanlagen ist bei der Abgrenzung der abhängigen Beschäftigung von der selbständigen Tätigkeit von Ersterer auszugehen, wenn die Tätigkeit in einem Arbeitsverhältnis unter einer Weisungsgebundenheit verrichtet wird und eine Eingliederung in einen fremden Betrieb vorliegt. Demgegenüber ist eine selbständige Tätigkeit durch das eigene Unternehmerrisiko, eine eigene Betriebsstätte, die Verfügungsmöglichkeit über die eigene Arbeitskraft und die im Wesentlichen frei gestaltete Tätigkeit und Arbeitszeit gekennzeichnet. Ist ein Vermittler von Versicherungsverträgen und Kapitalanlagen an Weisungen seines Auftraggebers nicht gebunden und nicht in dessen Betrieb eingegliedert, so ist es für dessen Zuordnung als selbständig Tätiger unbeachtlich, wenn er kein nennenswertes unternehmerisches Risiko zu tragen hat (LSG Nordrhein-Westfalen v. 26.11.2020, L 8 BA 228/19 B ER).

548 **Versicherungsvertreter:** Abhängig von Weisungsgebundenheit (BAG v. 15.12.1999, 5 AZR 566/98, 5 AZR 770/98 und 5 AZR 169/99; BAG v. 20.9.2000, 5 AZR 271/99); wegen der typologischen Doppelköpfigkeit ist grds. der gewählte Vertragstypus maßgeblich (BAG v. 9.6.2010, 5 AZR 332/09, sowie → *Vertreter* Rz. 4346).

549 **Vertreter:** → *Vertreter* Rz. 4346

550 **V-Leute:** Keine Arbeitnehmer; von den Vergütungen werden pauschal 10 % an die einzelnen Finanzkassen der Länder abgeführt; die Einkommensteuer ist damit abgegolten (vgl. BT-Drucks. 17/12470 v. 26.2.2013).

551 **Vormund:** → *Betreuer* Rz. 250

552 **Waschstraßenbetreiber:** Kein Arbeitnehmer, wenn Betreiber seine Tätigkeit weitgehend selbständig organisieren kann, eigenes Personal beschäftigt und keine unmittelbare Weisungsgebundenheit gegenüber dem Unternehmen besteht. Maßgeblich ist insbesondere, dass der Betreiber über seine Arbeitsorganisation entscheiden kann und nicht zur höchstpersönlichen Arbeitsleistung verpflichtet ist (BAG v. 12.11.2024, 9 AZR 205/23).

553 **WC-Kabinenfahrer:** WC-Kabinenfahrer bzw. Reiniger ohne eigene WC-Kabinen sind abhängig beschäftigt, auch wenn sie zur Ausübung ihrer Tätigkeit einen eigenen Lkw oder Pkw benutzen (LSG Baden-Württemberg v. 12.12.2008, L 4 R 3542/05).

554 **Werbebeauftragte:** Der Werbebeauftragte eines Unternehmens für den Direktvertrieb von Eiskrem und Tiefkühlkost ist nicht versicherungspflichtig, wenn seine Tätigkeitsvergütung ausschließlich vom Werbeerfolg abhängt und er seine Arbeitszeit im Wesentlichen frei gestalten kann (LSG Baden-Württemberg v. 27.6.2003, L 4 KR 2155/02, betr. Fa. bofrost).

555 **Werbedame:** → *Verkaufsförderer* Rz. 538

556 **Werbesprecher:** Sprecher von Werbesendungen bei Funk, Fernsehen und Kino, Anrufbeantwortern, Infoansagen, Stadionwerbung, Industriefilmen, Ladendurchsagen usw. sind – anders als Sprecher in Werbefilmen – im Allgemeinen selbständig.

557 **Werbezettelausträger:** Können je nach Umfang und Organisation der übernommenen Tätigkeit Arbeitnehmer oder Gewerbetreibende sein (BFH v. 9.9.2003, VI B 53/03, HFR 2003, 1181 sowie → *Zeitungsausträger, -werber* Rz. 4607).

Zahnarzt: Ein Zahnarzt, der als sogenannter Poolarzt im Notdienst tätig ist, ist nicht automatisch „selbstständig", nur weil er an der vertragszahnärztlichen Versorgung teilnimmt. Maßgebend sind vielmehr – wie bei anderen Tätigkeiten auch – die konkreten Umstände des Einzelfalls (BSG v. 24.10.203, B 12 R 9/21 R). 558

Zahnarztabrechnung: Eine zertifizierte zahnmedizinische Verwaltungshelferin sowie zertifizierte Praxismanagerin, die für eine Zahnarztpraxis Abrechnungen von Zahnarztleistungen vornimmt und in dieser integriert ist, ist Arbeitnehmerin (LSG Berlin-Brandenburg v. 29.1.2016, L 1 KR 118/14). Sie wird dagegen selbständig tätig, wenn sie nicht weisungsabhängig tätig wird und nicht in die Arbeitsorganisation des Auftraggebers eingegliedert ist (LSG Baden-Württemberg v. 8.7.2016, L 4 R 4979/15). 559

Zahntechniker: Ein Zahntechniker kann selbständig tätig sein, wenn er auf werklieferungsvertraglicher Basis zahntechnische Produkte für eine Zahnarztpraxis in deren Labor herstellt und dabei in zeitlicher Hinsicht auf Grund eines eigenen Schlüssels zur Praxis in der Gestaltung seiner Arbeitszeit frei ist und einen nicht unerheblichen Teil der Arbeitsgeräte in dem Labor selbst finanziert hat. Eine fehlende (vollständig) eigene Betriebsstätte sowie ein eventueller Verstoß gegen § 1 Handwerksordnung stehen der Annahme einer selbständigen Tätigkeit nicht zwingend entgegen (SG Berlin v. 31.5.2018, S 51 KR 2698/13). 560

Zeitschriften-Anzeigenwerber: Arbeitnehmer, wenn sie nur für *einen* Verlag tätig sind und ihnen die Anzeigenwerbung in einem abgegrenzten Bezirk und bei bestimmten Firmen obliegt (BFH v. 28.7.1977, V R 98/76). 561

Zeitungskorrespondent: Ein auswärtiger Zeitungskorrespondent kann je nach den getroffenen Vereinbarungen Angestellter oder auch völlig selbständiger Journalist sein, auch wenn an Stelle eines Zeilenhonorars eine Pauschalvergütung gezahlt wird. Für Selbständigkeit spricht, wenn er ein eigenes Büro unterhält, Hilfskräfte beschäftigt und auch für andere Zeitungen tätig ist (LAG Mannheim v. 26.5.1954, BB 1954, 686; ArbG Bremen v. 30.3.1954, III Ca 3152/54). 562

Zeitungszusteller/-austräger: → *Zeitungsausträger, -werber* Rz. 4607 563

Zeugen Jehovas: Auf Bund-Länder-Ebene wurde die Frage aufgeworfen, wie die Bezüge der Mitglieder des Ordens der Sondervollzeitdiener der Zeugen Jehovas in Deutschland steuerlich zu behandeln sind. Im fraglichen Fall erhielten die Mitglieder des Ordens zur Bestreitung ihres Lebensunterhalts Zuwendungen vom Träger des Ordens. Weiterhin wurde ihnen eine Wohnung zur unentgeltlichen Nutzung zur Verfügung gestellt. 564

Der Orden der Sondervollzeitdiener ist eine Organisationseinheit innerhalb der Zeugen Jehovas. Dieser ist in Deutschland als Körperschaft des öffentlichen Rechts anerkannt. Nach bundeseinheitlicher Abstimmung stellen die Bezüge der Ordensangehörigen seit der Anerkennung keine steuerpflichtigen Einkünfte dar. Die Bezüge der Ordensmitglieder sind weder als sonstige Einkünfte nach § 22 Nr. 1 EStG noch als Bezüge nach § 19 EStG der Besteuerung zu unterwerfen.

Da die Bezüge der Ordensmitglieder freiwillig oder auf Grund einer freiwillig begründeten Rechtspflicht gezahlt werden, handelt es sich nicht um wiederkehrende Einkünfte nach § 22 Nr. 1 Satz 1 EStG. Sie sind daher nach § 22 Nr. 1 Satz 2 erster Halbsatz EStG nicht dem Empfänger zuzurechnen. Die Rückausnahme nach § 22 Nr. 1 Satz 2 zweiter Halbsatz EStG greift nicht, da die Ordensmitglieder mit ihrer Tätigkeit kirchliche Aufgaben i.S.d. § 54 Abs. 2 AO übernehmen.

Bei der Tätigkeit der Sondervollzeitdiener der Zeugen Jehovas liegt zwischen den Ordensmitgliedern und dem Orden kein Dienstverhältnis i.S.d. § 19 EStG vor. Die Bezüge sind daher nicht nach § 19 EStG steuerpflichtig.

Zustelldienste: Ist eine Dienstleistung an 365 Tagen im Jahr mit dem Recht, hierbei andere Personen einzusetzen (Brötchenzustelldienst), übernommen worden und wird von der Einsatzmöglichkeit auch Gebrauch gemacht, fehlt es an dem für ein Arbeitsverhältnis typischen Direktionsrecht im Hinblick auf den persönlich geschuldeten Zeiteinsatz (LAG Köln v. 29.8.2011, 2 Sa 478/11, betr. Arbeitnehmerstatus einer „Service-Fahrerin" eines Backwaren- und Zeitungszustelldienstes). 565

Arbeitnehmerentsendung

→ *Arbeitgeber* Rz. 181

Arbeitnehmererfindung

→ *Erfindervergütungen* Rz. 2033

Arbeitnehmerjubiläum

→ *Bewirtungskosten* Rz. 1452, → *Jubiläumsgeschenke* Rz. 2653

Arbeitnehmer-Pauschbetrag

1. Lohnsteuer

566 Arbeitnehmer erhalten einen **Pauschbetrag i.H.v. 1 230 €** im Kalenderjahr (§ 9a Satz 1 Nr. 1 EStG, **erhöhter Betrag seit 2023**). Der Arbeitnehmer-Pauschbetrag hat den Charakter eines **„Werbungskosten-Pauschbetrags“**, d.h. die tatsächlichen Werbungskosten des Arbeitnehmers wirken sich nur dann steuermindernd aus, wenn bzw. soweit sie den Betrag von 1 230 € im Jahr übersteigen. Knüpfen außersteuerliche Rechtsnormen an die steuerlichen Begriffe Einkünfte, Summe der Einkünfte und Gesamtbetrag der Einkünfte an, mindern sich für deren Zwecke seit 2012 diese Größen zusätzlich um die nach § 10 Abs. 1 Nr. 5 EStG abziehbaren Kinderbetreuungskosten (→ *Betreuungskosten* Rz. 1403).

Die **Neuregelung der Rentenbesteuerung** (→ *Altersrenten* Rz. 64) hatte auch Auswirkungen auf den Arbeitnehmer-Pauschbetrag: Soweit es sich bei dem Arbeitslohn um **Versorgungsbezüge** handelt (z.B. Beamtenpensionen), wird lediglich ein **Arbeitnehmer-Pauschbetrag von 102 €** im Jahr gewährt. Begründet wurde dies mit der schrittweisen steuerlichen Gleichstellung von Altersrenten und Pensionen, denn auch Rentner erhalten einen Werbungskosten-Pauschbetrag i.H.v. 102 € (§ 9a Satz 1 Nr. 3 EStG). Solange diese Gleichstellung aber noch nicht vollzogen ist (das ist nunmehr erst 2058 der Fall), erhalten Versorgungsempfänger zusätzlich zum (abgesenkten) Arbeitnehmer-Pauschbetrag von 102 € und dem Versorgungsfreibetrag den **Zuschlag zum Versorgungsfreibetrag**; letztere Freibeträge werden bis zum Jahr 2058 schrittweise auf 0 € abgeschmolzen (→ *Versorgungsfreibeträge* Rz. 4340).

Hinweis: Die oben angesprochene Gleichstellung und Abschmelzung ab bzw. bis zum Kalenderjahr 2058 wurde durch das Wachstumschancengesetz v. 27.3.2024, BGBl. I 2024, Nr. 108 im EStG hinterlegt.

Das **BVerfG** hat den Arbeitnehmer-Pauschbetrag für **verfassungsgemäß** erklärt (BVerfG v. 10.4.1997, 2 BvL 77/92, BStBl II 1997, 518). Es ist auch nicht verfassungswidrig, dass bei Einkünften aus Kapitalvermögen ein Sparer-Freibetrag abgezogen wird und eine Übertragung des nicht ausgeschöpften Sparer-Freibetrags auf die Einkünfte des Arbeitnehmers aus nichtselbständiger Arbeit nicht zulässig ist (FG Mecklenburg-Vorpommern v. 22.7.1997, 2 K 77/96, EFG 1998, 53 sowie FG Sachsen-Anhalt v. 27.1.1998, I 145/95, EFG 1998, 1200).

Beim Zusammentreffen von „üblichem“ mit tarifermäßigt zu versteuerndem Arbeitslohn ist der Arbeitnehmer-Pauschbetrag bei der Ermittlung der nach § 34 Abs. 1, 2 EStG tarifbegünstigten Einkünfte aus nichtselbständiger Tätigkeit nur insoweit abzuziehen, als tariflich voll zu besteuernde Einnahmen dieser Einkunftsart dafür nicht mehr zur Verfügung stehen (BFH v. 29.10.1998, XI R 63/97, BStBl II 1999, 588). Der BFH hat sich damit für die für den Stpfl. günstigste Lösung entschieden. Die Finanzverwaltung wendet das Urteil in vollem Umfang an, und zwar auch auf die **Versorgungsfreibeträge** und den **Sparer-Freibetrag** (vgl. R 34.4 Abs. 4 EStR sowie OFD München v. 3.9.1999, S 2290 – 25 St 412). Zum Abzug des Arbeitnehmer-Pauschbetrags und zur Anwendung des Progressionsvorbehalts bei inländischen Lohnersatzleistungen und ausländischem Arbeitslohn s. OFD Magdeburg v. 6.9.2006, S 2295 – 47 – St 223.

Der Arbeitnehmer hat auch dann Anspruch auf den **(ungekürzten) Arbeitnehmer-Pauschbetrag**, wenn er auf demselben Arbeitsgebiet eine **Nebentätigkeit** ausübt. Die durch die verschiedenen Tätigkeiten veranlassten Aufwendungen sind den jeweiligen Einkunftsarten, ggf. nach einer im Schätzungswege vorzunehmenden Aufteilung, als Werbungskosten oder Betriebsausgaben zuzuordnen. Der Stpfl. kann keine beliebige Bestimmung treffen und auf diese Weise neben dem Arbeitnehmer-Pauschbetrag sämtliche nachgewiesenen Aufwendungen als Betriebsausgaben geltend machen (BFH v. 10.6.2008, VIII R 76/05, BStBl II 2008, 937 betr. einen Juristen, der als angestellter Assessor und als selbständiger Rechtsanwalt tätig war).

I.R.d. **Progressionsvorbehalts** ist vom **Elterngeld** der Arbeitnehmer-Pauschbetrag **nicht abzuziehen**, wenn bei der Ermittlung der Einkünfte aus nichtselbständiger Arbeit den Pauschbetrag übersteigende Werbungskosten abgezogen wurden (BFH v. 25.9.2014, III R 61/12, BStBl II 2015, 182). Mit Beschluss v. 18.2.2022, 2 BvR 3057/14, hat die 3. Kammer des Zweiten Senats die Verfassungsbeschwerde gegen die BFH-Entscheidung allerdings wegen nicht fristgerechter und den gesetzlichen Mindestanforderungen nicht entsprechender Begründung in einem Fall nicht zur Entscheidung angenommen.

2. Sozialversicherung

Der steuermindernde Arbeitnehmer-Pauschbetrag wirkt sich in 567
der Sozialversicherung nicht aus. Bei der Beitragsberechnung ist ein Abzug nicht möglich.

Arbeitnehmer-Sparzulage

→ *Vermögensbildung der Arbeitnehmer* Rz. 4295

Arbeitnehmerüberlassung

Inhalt

1. Arbeitsrecht

a) Arbeitnehmerüberlassungsgesetz (AÜG)

Die Leiharbeit ist nach wie vor sozialpolitisch nicht unumstritten 568
und wird nicht zuletzt wegen ihres teilweise prekären Charakters mit Verdrängung regulärer Arbeitsverhältnisse und der gegebenen **Missbrauchsgefahr** durch die verschiedenen Formen der illegalen Leiharbeit und der Schwarzarbeit mit Skepsis betrachtet, wozu auch die Merkwürdigkeiten bestimmter Tarifverträge mit Niedriglöhnen im Hinblick auf das Gebot der Lohngleichbehandlung (**Equal Pay**) beigetragen haben.

Zur Verhinderung von Missbräuchen bei der Leiharbeit hatte der Gesetzgeber das **AÜG** zuletzt 2017 reformiert (Gesetz zur Änderung des AÜG und anderer Gesetze v. 21.2.2017, BGBl. I 2017, 258). Die Änderungen sind seit dem 1.4.2017 in Kraft.

Hier die wichtigen **Eckpunkte** der Änderungen im Überblick:

- **Höchstüberlassungsdauer** von 18 Monaten für den – vorübergehenden – Einsatz eines Leiharbeitnehmers bei demselben Entleiher.
  - Ausnahme: Längere Einsatzzeiten durch Tarifvertrag.
  - Karenzzeit zwischen Einsätzen desselben Leiharbeitnehmers drei Monate; bei Unterschreiten Anrechnung der Voreinsatzzeit.
  - Rechtsfolge bei Überschreiten der Überlassungshöchstdauer: Fingiertes Arbeitsverhältnis mit fristgebundenem und schriftformbedürftigem Widerspruchsrecht des Leiharbeitnehmers durch eine sog. **Festhaltenserklärung** unter Einschaltung der Agentur für Arbeit.
- **Equal Pay/Equal Treatment** für Leiharbeitnehmer im Verhältnis zu Stammarbeitnehmern beim Entleiher spätestens nach neun Monaten.

  Ausnahme: Hinausschieben der Gleichstellung bis höchstens 15 Monate nach Tarifvertrag; insoweit Anrechnung von Voreinsatzzeiten desselben Leiharbeitnehmers bei Unterschreiten einer Karenzzeit von sechs Monaten.
- **Verbot der verdeckten Arbeitnehmerüberlassung** mit der Rechtsfolge der **Fiktion eines Arbeitsverhältnisses** zwischen dem Leiharbeitnehmer und dem Entleiher bei einem Verbotsverstoß.

  Hiergegen soll der Leiharbeitnehmer ein **fristgebundenes und schriftformbedürftiges Widerspruchsrecht** mit einer sog. **Festhaltenserklärung** unter Einschaltung der Agentur für Arbeit ausüben können. Die vom Arbeitnehmer abgegebene Erklärung führt nach § 9 Abs. 1 Nr. 1b zweiter Halbsatz AÜG indes lediglich dazu, dass das Arbeitsverhältnis zwischen Verleiher und Leiharbeitnehmer entgegen § 10 Abs. 1 Satz 1 AÜG für die Dauer von maximal weiteren 18 Monaten (zivilrechtlich) wirksam bleibt, beseitigt jedoch nicht das ordnungswidrige Verhalten bei einer Weiterbeschäftigung über den 18-Monate-Zeitraum hinaus (BayObLG v. 22.1.2020, 201 ObOWi 2474/19).
- Leiharbeitnehmer sollen **nicht** als **Streikbrecher** mit Einsatz für Tätigkeiten streikender Arbeitnehmer eingesetzt werden dürfen (BVerfG v. 25.2.2019, 1 BvR 842/17). § 11 Abs. 5 AÜG n.F. ist für verfassungsgemäß erklärt worden (BVerfG v. 19.6.2020, 1 BvR 842/17) und verletzt nicht die Koalitionsfreiheit aus Art. 9 Abs. 3 GG.
- **Betriebsverfassungsrechtliche Klarstellungen** zu den Schwellenwerten und zu den Informationspflichten gegenüber dem Betriebsrat.

Arbeitnehmerüberlassungsverträge, also der Vertrag zwischen dem Verleiher und dem Entleiher, dürfen ab dem 1.1.2025 auch in Textform geschlossen werden (Viertes Bürokratieentlastungsgesetz, BGBl. I 2024 Nr. 323 v. 29.10.2024). Der Arbeitnehmerüberlassungsvertrag muss zeitlich vor dem ersten Einsatz eines Leiharbeitnehmers wirksam abgeschlossen werden. Zudem ist zu konkretisieren, wer als Leiharbeitnehmer im Entleiherbetrieb eingesetzt wird. Für die Personaldienstleister bedeutet die Gesetzesänderung folglich eine spürbare Erleichterung.

Das AÜG steht regelmäßig auf dem Prüfstand, wenngleich drängende Fragen inzwischen höchstrichterlich geklärt worden sind. So hatte das **LAG Berlin-Brandenburg** mit Beschluss v. 13.5.2020, 15 Sa 1991/19, dem **EuGH** verschiedene Fragen zur Vorabentscheidung vorgelegt. So stand u.a. zur Prüfung, ob die Überlassung eines Leiharbeitnehmers an ein entleihendes Unternehmen schon dann nicht mehr als „vorübergehend“ i.S.v. Art. 1 der RL 2008/104 anzusehen ist, wenn die Beschäftigung auf einem Arbeitsplatz erfolgt, der dauerhaft vorhanden ist und der nicht vertretungsweise besetzt wird. Ferner hatte der EuGH die Frage zu beantworten, ob für den Leiharbeitnehmer ein Anspruch auf Begründung eines Arbeitsverhältnisses mit dem entleihenden Unternehmen besteht, auch wenn das nationale Recht eine solche Sanktion vor dem 1.4.2017 nicht vorsieht. Der EuGH (Urt. v. 17.3.2022, C-232/20) hat inzwischen bestimmt, dass Art. 1 Abs. 1 der Richtlinie 2008/104/EG des Europäischen Parlaments und des Rates vom 19. November 2008 über Leiharbeit dahin auszulegen ist, dass der in dieser Bestimmung verwendete Begriff „vorübergehend“ der Überlassung eines Arbeitnehmers, der einen Arbeitsvertrag oder ein Arbeitsverhältnis mit einem Leiharbeitsunternehmen hat, an ein entleihendes Unternehmen, die zur Beschäftigung auf einem Arbeitsplatz erfolgt, der dauerhaft vorhanden ist und der nicht vertretungsweise besetzt wird, nicht entgegensteht. Dementsprechend vermag der Leiharbeitnehmer aus dem Unionsrecht kein subjektives Recht auf Begründung eines Arbeitsverhältnisses mit dem entleihenden Unternehmen abzuleiten.

Auf der Grundlage des neuen Arbeitsschutzkontrollgesetzes v. 22.12.2020, BGBl. I 2020, 3334 sind in Schlachtbetrieben mit mindestens 50 Mitarbeitern Werkverträge ab dem 1.1.2021 und Leiharbeit ab dem 1.4.2021 verboten. Bis zum 31.3.2024 besteht nur noch unter sehr engen Voraussetzungen die Möglichkeit, bei tarifgebundenen Unternehmen Leiharbeitnehmer einzusetzen (§ 6a Abs. 3 GSA Fleisch). Ein solcher Einsatz ist zulässig, soweit die Leiharbeitnehmer einen Anteil von maximal 8 % des von eigenen Arbeitnehmern erbrachten jährlichen Arbeitszeitvolumen erbringen und zugleich im Bereich der Fleischverarbeitung das Arbeitszeitvolumen von 100 in Vollzeit beschäftigten eigenen Arbeitnehmern nicht überschritten wird. Sofern von der Ausnahme Gebrauch gemacht wird, muss vor Einsatz des Fremdpersonals und nach dessen Beendigung eine Anzeige bei der zuständigen Zollverwaltung erfolgen. Zweck dieser (befristeten) Ausnahme ist, Auftragsspitzen abfangen zu können. Abweichend von § 1 Abs. 1b AÜG darf derselbe Leiharbeitnehmer daher nicht länger als vier aufeinander folgende Monate bei demselben Unternehmen tätig werden. Zwischen jeder Überlassung müssen zudem mindestens sechs Monate liegen. Ab dem ersten Tag gelten die gleichen Arbeitsbedingungen. Die im AÜG geregelten Ausnahmemöglichkeiten vom Gleichstellungsgrundsatz finden keine Anwendung.

Die gegen das Fremdpersonalverbot in der Fleischindustrie erhobenen Verfassungsbeschwerden wurden als unzulässig verworfen und nicht zur Entscheidung angenommen (BVerfG v. 1.6.2022, 1 BvR 2888/20, 1 BvR 1156/21, 1 BvR 1155/21, 1 BvR 1154/21, 1 BvR 1153/21, 1 BvR 1152/21, NZA 2022, 1045). Die Beschwerden gegen das Verbot, in der Fleischwirtschaft Werkvertragsbeschäftigte oder Leiharbeiter einzusetzen, seien mangels ausreichender Begründung unzulässig, § 6b Abs. 1 GSA Fleisch weist die Kontrolle der Vorgaben des § 6a GSA Fleisch den Behörden der Zollverwaltung und für § 6a Abs. 3 Satz 4 Nr. 1a GSA Fleisch der BA zu. § 6b Abs. 2 GSA Fleisch nimmt hinsichtlich der Befugnisse der Kontrollbehörde, den Mitwirkungspflichten des Unternehmers und dem Rechtsschutz auf die Vorschriften des SchwarzArbG Bezug. Nach § 23 SchwarzArbG ist in öffentlich-rechtlichen Streitigkeiten über Verwaltungshandeln der Behörden der Zollverwaltung nach diesem Gesetz der Finanzrechtsweg gegeben (FG Nürnberg v. 20.7.2021, 1 K 382/21, die eingelegte Revision wurde zurückgenommen, BFH v. 3.7.2024, VII R 24/21, nicht dokumentiert).

b) Grundsätze

Arbeitnehmerüberlassung liegt vor, wenn ein Arbeitgeber (Verleiher) einem Dritten (Entleiher) bei ihm angestellte Arbeitskräfte (Leiharbeitnehmer) zur Verfügung stellt, die dieser nach seinen Vorstellungen und Zielen in seinem Betrieb wie eigene Arbeitnehmer einsetzt. Anders als bei **Arbeitsvermittlung**, die mit Abschluss eines Arbeitsvertrags ihr Ende findet, sind die Rechtsbeziehungen zwischen dem Überlassenden und dem überlassenen Arbeitnehmer von Dauer. 569

Nach der Neufassung des § 1 Abs. 1 Satz 4 AÜG erfolgt die Arbeitnehmerüberlassung bis zur Überlassungshöchstdauer **vorübergehend**, ohne dass der Gesetzgeber diesen Begriff näher erläutert oder zeitlich fixiert hätte. Bis zu der jüngsten Neuregelung stellte sich die Frage, welche Rechtsfolge eine gesetzwidrig nicht vorübergehende Überlassung hat, ob sie insbesondere die Fiktion eines Arbeitsverhältnisses mit dem Entleiher nach § 10 Abs. 1 Satz 1 AÜG auslöst. Das BAG hatte diese Frage in gefestigter Rechtsprechung jedenfalls verneint: Besaß ein Arbeitgeber die nach § 1 Abs. 1 Satz 1 AÜG erforderliche Erlaubnis, als Verleiher Entleihern Leiharbeitnehmer i.R. seiner wirtschaftlichen Tätigkeit zu überlassen, kam zwischen einem Leiharbeitnehmer und einem Entleiher kein Arbeitsverhältnis zu Stande, wenn der Einsatz des Leiharbeitnehmers entgegen der Regelung in § 1 Abs. 1 Satz 2 AÜG nicht nur vorübergehend erfolgte (BAG v. 10.12.2013, 9 AZR 51/13; BAG v. 29.4.2015, 9 AZR 883/13). Dem Merkmal vorübergehend kommt seit dem 1.4.2017 wegen der gesetzlich definierten Höchstüberlassungsdauer keine eigenständige begrenzende (mehr) Bedeutung zu (HK-AÜG/Ulrici, AÜG § 1 Rz. 92).

Zur **Abgrenzung zum Dienst- und Werkvertrag** → Rz. 572 sowie zuletzt BAG v. 18.1.2012, 7 AZR 723/10.

Die **Arbeitnehmerüberlassung**, soweit sie nicht erlaubnisfrei ist, darf nur mit **Erlaubnis der Bundesagentur für Arbeit**, die diese auf die Regionaldirektionen „delegiert" hat, betrieben werden (§§ 1, 17 AÜG). **Fehlt die Erlaubnis**, sind die Verträge zwischen Verleihern und Entleihern sowie zwischen Verleihern und Leiharbeitnehmern unwirksam (§ 9 Nr. 1 AÜG). § 10 Abs. 1 AÜG **fingiert** jedoch für diesen Fall das **Zustandekommen eines Arbeitsverhältnisses zwischen Entleiher und Leiharbeitnehmer**. Will der Arbeitnehmer das Bestehen eines Arbeitsverhältnisses gerichtlich feststellen lassen, ist er nicht an eine Frist gebunden. Die dreiwöchige Klagefrist nach § 17 Satz 1 TzBfG ist nicht analog anwendbar auf Klagen, mit denen das Zustandekommen eines Arbeitsverhältnisses nach §§ 9, 10 AÜG geltend gemacht wird (BAG v. 1.10.2024, 9 AZR 270/23).

Dies gilt auch bei der gesetzlich grds. verbotenen Arbeitnehmerüberlassung im Baugewerbe (BAG v. 8.7.1998, 10 AZR 274/97). Nach LAG Hessen v. 6.3.2001, 2/9 Sa 1246/00, soll dem Arbeitnehmer ein Widerspruchsrecht gegen die Fiktion eines Arbeitsverhältnisses mit dem Entleiher zustehen, bei dessen Ausübung es bei einem Arbeitsverhältnis mit dem Verleiher bleibt. Wurde jedoch ein Leiharbeitnehmer aus dem Ausland unerlaubt i.S.v. § 1 AÜG a.F. ins Inland überlassen, führt die Verletzung der Erlaubnispflicht nicht zur Unwirksamkeit des Leiharbeitsvertrags nach § 9 Nr. 1 AÜG a.F., wenn das Leiharbeitsverhältnis dem Recht eines anderen Mitgliedstaats der EU unterliegt. Auch die Voraussetzungen eines Arbeitgeberwechsels nach § 10 Abs. 1 Satz 1 AÜG a.F. sind in diesem Fall nicht erfüllt (BAG v. 26.4.2022, 9 AZR 228/21).

Unter **Personalführungsgesellschaft** versteht man den Zusammenschluss mehrerer Arbeitgeber, der Arbeitsverträge mit Arbeitnehmern mit dem Ziel abschließt, die Arbeitnehmer im Betrieb jedes Arbeitgebers nach Bedarf i.R. eines **Personalpools** einsetzen zu können. Hier handelt es sich regelmäßig um unerlaubte Arbeitnehmerüberlassung.

Bei **nicht gewerbsmäßiger Arbeitnehmerüberlassung** ist die Regelung des § 10 Abs. 1 Satz 1 AÜG, wonach im Falle einer unerlaubten gewerbsmäßigen Arbeitnehmerüberlassung ein Arbeitsverhältnis zwischen dem Arbeitnehmer und dem Entleiher fingiert wird, nicht entsprechend anwendbar (BAG v. 2.6.2010, 7 AZR 946/08).

Arbeitnehmerüberlassung in Betrieben des **Baugewerbes** (gemeint **Bauhauptgewerbe** laut BGH v. 17.2.2000, III ZR 78/99) ist **unzulässig** für Arbeiten, die üblicherweise von Arbeitern verrichtet werden. Sie ist jedoch – beim Vorliegen einer AÜG-Erlaubnis – zwischen Betrieben des Baugewerbes dann gestattet, wenn diese Betriebe von denselben Rahmen- und Sozialkassentarifverträgen oder von deren Allgemeinverbindlichkeit erfasst werden.

Nicht erlaubnispflichtig sind insbesondere die nicht gewerbsmäßig (z.B. ohne Gewinnerzielungsabsicht) ausgeübte Arbeitnehmerüberlassung, die Überlassung von Maschinen mit Bedienungspersonal und verschiedene gesetzlich geregelte Ausnahmen (z.B. § 1 Abs. 1 Satz 2 AÜG betr. Abordnung zu einer zur Herstellung eines Werkes gebildeten Arbeitsgemeinschaft).

Für die **Arbeitnehmerüberlassung im Konzern** gilt unter bestimmten Voraussetzungen nach § 1 Abs. 3 Nr. 2 AÜG das Gesetz nicht unter der Voraussetzung, dass der Arbeitnehmer nicht zwecks Überlassung eingestellt und beschäftigt wird; ansonsten gilt auch bei fehlender Gewinnerzielungsabsicht das AÜG. Bemerkenswert ist ein jüngeres Urteil des BAG. Danach sei das Konzernprivileg nicht nur dann unanwendbar, wenn Einstellung „und" Beschäftigung zum Zweck der Überlassung erfolgen. Die Konjunktion „und" in § 1 Abs. 3 Nr. 2 AÜG sei als Aufzählung der bezeichneten Sachverhalte zu verstehen. Nach dem Willen des Gesetzgebers komme das Konzernprivileg auch dann nicht zur Anwendung, wenn der Arbeitnehmer zum Zweck der Überlassung eingestellt „oder" beschäftigt werde. Dies sei regelmäßig dann der Fall, wenn der Arbeitnehmer seit Beschäftigungsbeginn über mehrere Jahre hinweg durchgehend als Leiharbeitnehmer eingesetzt werde. Denn eine solche Praxis indiziere einen entsprechenden Beschäftigungszweck (BAG v. 12.11.2024, 9 AZR 13/24).

Der Arbeitsausfall von Arbeitnehmern in einem Betrieb der gewerbsmäßigen Arbeitnehmerüberlassung ist als branchenüblich regelmäßig vermeidbar, so dass **kein Kurzarbeitergeld** gezahlt werden kann (BSG v. 21.7.2009, B 7 AL 3/08 R).

Der Leiharbeitnehmer hat grds. einen aus § 670 BGB analog begründeten Anspruch auf Ersatz der aus dem Einsatz bei verschiedenen Entleihern entstehenden **Fahrtkosten**, soweit diese die dem Arbeitnehmer für eine Anfahrt zum eigenen Vertragsarbeitgeber anfallenden Kosten überschreiten. Deshalb stellt eine Vereinbarung in Allgemeinen Geschäftsbedingungen, die einen Anspruch auf Ersatz von Anfahrtskosten zum Einsatzbetrieb pauschal ausschließt und als in dem gezahlten Entgelt enthalten bezeichnet, eine unangemessene Benachteiligung des Arbeitnehmers dar (LAG Hamm v. 30.1.2016, 5 Sa 1437/15).

Zur Mitbestimmung des Betriebsrats bei der Einstellung von Leiharbeitnehmern, speziell in einen **Leiharbeitnehmer-Pool**, s. BAG v. 23.1.2008, 1 ABR 74/06; s.a. Hamann, Leiharbeitnehmer-Pool, NZA 2008, 1042.

c) Speziell zum Grundsatz des Equal Pay

Nach diesem verfassungsrechtlich nicht zu beanstandenden **570**
(BVerfG v. 29.12.2004, 1 BvR 2283/03, 1 BvR 2504/03, 1 BvR 2582/03) Gebot gleicher Vertrags- und Beschäftigungsbedingungen/**Equal Pay** gilt im Einzelnen:

Für die Dauer der Arbeitnehmerüberlassung hat der Verleiher dem Leiharbeitnehmer grds. die für vergleichbare Arbeitnehmer des Entleihers geltenden wesentlichen Arbeitsbedingungen im Entleiherbetrieb einschließlich des Arbeitsentgelts zu gewähren, § 10 Abs. 4 AÜG. Unter **Arbeitsbedingungen** sind alle nach dem allgemeinen Arbeitsrecht vereinbarten Bedingungen, wie Dauer der Arbeitszeit und des Urlaubs oder die Nutzung sozialer Einrichtungen, unter **Arbeitsentgelt** nicht nur das laufende Entgelt, sondern auch Zuschläge, Ansprüche auf Entgeltfortzahlung und Sozialleistungen sowie andere Lohnbestandteile wie z.B. Jahressonderzahlungen und zusätzliche Urlaubsvergütung zu verstehen. Das **Vergleichsentgelt** i.S.v. § 10 Abs. 4 AÜG ist **tätigkeitsbezogen** zu bestimmen. Es ist das Arbeitsentgelt zu Grunde zu legen, das der Leiharbeitnehmer erhalten hätte, wenn er beim Entleiher für die gleiche Tätigkeit eingestellt worden wäre. Weitere Kriterien sind nur dann von Bedeutung, wenn der Entleiher diese bei der Ermittlung und Bemessung der Vergütung von vergleichbaren Stammarbeitnehmern als vergütungsrelevant berücksichtigen würde (BAG v. 21.10.2015, 5 AZR 604/14).

Entscheidend für die Behandlung als Arbeitsentgelt dürfte eine **funktionale Gleichwertigkeit** zwischen Tätigkeit und Vergütungsbestandteilen sein (BAG v. 18.4.2012, 4 AZR 139/10). Nach dem **NachwG** muss der Verleiher allerdings dem Leiharbeitnehmer allein die Vertragsbedingungen als die in seinem Vertragsverhältnis zum Verleiher geltenden Bedingungen nachweisen; eine Pflicht des Verleihers, die wesentlichen Arbeitsbedingungen des Entleiherbetriebs nachzuweisen, ist auch im AÜG nicht normiert (BAG v. 25.3.2015, 5 AZR 368/13). Mit dem Gesetz zur Umsetzung der RL (EU) 2019/1152 über transparente und vorhersehbare Arbeitsbedingungen in der Europäischen Union im Bereich des Zivilrechts und zur Übertragung von Aufgaben an die Sozialversicherung für Landwirtschaft, Forsten und Gartenbau (sog. Arbeitsbedingungenrichtlinie) vom 20.7.2022, BGBl. I 2022, 1174, sind die in § 11 AÜG geregelten zusätzlichen Nachweispflichten bei einer Arbeitnehmerüberlassung um die Pflicht zum Nachweis über die Identität der entleihenden Unternehmen erweitert worden. Ferner wird der Entleiher verpflichtet, Leiharbeitnehmern, die ihm mindestens sechs Monate überlassen sind und die in Textform ihren Wunsch nach Abschluss eines Arbeitsvertrags anzeigen, eine begründete Antwort in Textform innerhalb eines Monats nach Zugang der Anzeige zu übermitteln.

Die gesetzlichen Regelungen sind **zwingend** und begründen ggf. nach § 10 Abs. 4 AÜG einen **Anspruch** des Leiharbeitnehmers gegen seinen Verleiharbeitgeber auf Gewährung der Leistungen wie im Entleihbetrieb. Vereinbarungen, die gegen den Gleichbehandlungsgrundsatz verstoßen, sind gem. § 9 Nr. 2 AÜG unwirksam. Zur Sicherung des Leiharbeitnehmers begründet § 13 AÜG einen **Auskunftsanspruch** des Leiharbeitnehmers gegen den Entleiher. Eine rechtswidrig unterlassene oder eine fehlerhafte Auskunft des Entleihers kann im Übrigen zu einem **Schadenser-**

Dienstleistungsvertrag und nicht um Arbeitnehmerüberlassung (LAG Düsseldorf v. 11.11.2021, 13 Sa 96/21, ArbRAktuell 2022, 318).

Da Arbeitnehmerüberlassung eine Form der Dienstverschaffung, nämlich die Verschaffung von Arbeitsleistungen ist, kann ein von **Arbeitnehmerüberlassung abzugrenzender Dienstverschaffungsvertrag** nur dann in Betracht kommen, wenn ein Vertragspartner die Verpflichtung übernimmt, dem anderen Vertragspartner nicht die Arbeitsleistung, sondern die selbständige Dienstleistung eines Dritten zu verschaffen.

Voraussetzung dafür ist, dass der überlassene Dritte in wirtschaftlicher und sozialer Selbständigkeit und Unabhängigkeit die Dienste (z.B. als **Wirtschaftsprüfer**) leistet: Arbeitsvertragliche Beziehungen bzw. auf Grund der tatsächlichen Verhältnisse gegebene persönliche Abhängigkeit zu einem der Vertragspartner schließen einen derartigen Dienstverschaffungsvertrag aus. Es liegt dann entweder **Arbeitnehmerüberlassung oder Arbeitsvermittlung** vor.

d) Geschäftsbesorgungsvertrag

575 Vom Werkvertrag zu unterscheiden ist der **Geschäftsbesorgungsvertrag** (§ 675 BGB), der auf eine selbständige Tätigkeit wirtschaftlicher Art gerichtet ist (zuletzt BAG v. 6.8.2003, 7 AZR 180/03). Auch in diesem Fall liegt **keine Arbeitnehmerüberlassung** vor.

Beispiel:

Eine Werbefirma erhält den Auftrag, in einem Supermarkt mit eigenen personellen und sachlichen Mitteln eine Werbeaktion durchzuführen. Sie setzt zu diesem Zweck Werbedamen ein, die während der Geschäftszeiten im Supermarkt einen Probierstand aufgebaut haben.

Die Werbedamen sind Arbeitnehmer der Werbefirma. Es liegt keine Arbeitnehmerüberlassung vor. Der Supermarkt haftet daher nicht, wenn die Werbefirma die Lohnsteuer nicht korrekt einbehält und abführt.

e) Arbeitsleistung als Nebenleistung

576 Wird als Nebenleistung eines Kauf- oder Mietvertrages über Anlagen, Geräte, Systeme oder Programme Bedienungs-, Montage- oder Einweisungspersonal überlassen (z.B. Computer und Programme mit Einweisungspersonal, Spezialbaumaschine mit Fahrer, Flugzeug mit Pilot), wird in aller Regel nicht von Arbeitnehmerüberlassung auszugehen sein, wenn der wirtschaftliche Wert der Anlagen, Geräte, Systeme oder Programme erheblich höher ist als die Arbeitsleistung (vgl. R 42d.2 Abs. 2 Satz 5 LStR).

Beispiel:

A chartert von B ein Schiff mit Bedienungspersonal.

Es handelt sich um keine Arbeitnehmerüberlassung, weil Hauptzweck die Vercharterung des Schiffes ist. Wenn der „Verleiher" keine Lohnsteuer für seine Arbeitnehmer einbehält und abführt, kann sich das Finanzamt nicht an B als „Entleiher" halten. Vgl. auch BAG v. 17.2.1993, 7 AZR 167/92, betr. die Vermietung eines Flugzeugs mit Pilot.

Bei der Vermietung einer Schreibmaschine mit Personal muss dagegen Arbeitnehmerüberlassung angenommen werden, weil der Wert der Schreibmaschine eher gering ist.

f) Subunternehmer

577 Von einem Subunternehmerverhältnis spricht man, wenn sich der Subunternehmer gegenüber dem Generalunternehmer verpflichtet, ein bestimmtes Teilprojekt oder eine sonstige abgrenzbare Leistung zu erbringen. Handelt es sich insoweit um ein echtes Subunternehmerverhältnis, bei dem die Arbeitnehmer des Subunternehmers nicht dem Weisungsrecht des Generalunternehmers unterliegen, so handelt es sich nicht um (unerlaubte) Arbeitnehmerüberlassung.

Um die strengen Vorschriften des Arbeitnehmerüberlassungsgesetzes zu umgehen, treten die Verleiher von Arbeitskräften – vornehmlich **ausländische Unternehmer** im Grenzgebiet – insbesondere im Bau- und Baunebengewerbe häufig als Subunternehmer auf. Die vom Verleiher und dem Entleiher über die Arbeitnehmerüberlassung abgeschlossenen Verträge werden als **Werkverträge oder auch Subunternehmerverträge bezeichnet**, die nicht unter die Vorschriften des Arbeitnehmerüberlassungsgesetzes fallen und damit nicht erlaubnispflichtig sind. Diese Werkverträge enthalten zwar oft allgemeine Leistungsbestimmungen, doch aus den Abmachungen über die geleistete Arbeit ergibt sich häufig, dass keine der o.g. Grundvoraussetzungen für einen Werkvertrag erfüllt ist, sondern es sich um **gewerbsmäßige** und damit **erlaubnispflichtige Arbeitnehmerüberlassung** handelt.

Mitunter lassen Arbeitgeber **an sich nichtselbständige Tätigkeiten** durch selbständig tätige Einzelbetriebe, sog. **Ein-Mann-Betriebe, erledigen**. Es handelt sich hierbei häufig um **getarnte Arbeitsverhältnisse**. Ob ein Arbeitsverhältnis vorliegt, ist im Einzelfall nach dem Gesamtbild der Verhältnisse zu beurteilen (vgl. z.B. FG Hessen v. 21.3.2018, 6 K 1655/17, betr. in einer Arbeitskolonne tätige sog. Betonglätter).

g) Scheinverträge und Vorratserlaubnis

Die Form der Montagearbeit, des Werk- oder Dienstvertrags und 578
des Subunternehmerverhältnisses werden ebenso wie Maschinenüberlassungsverträge und Personalführungsgesellschaften gelegentlich missbraucht, um unerlaubte Arbeitnehmerüberlassung nach dem AÜG und die Schutzvorschriften des AÜG zu verdecken und zu umgehen. In solchen Fällen, in denen z.B. ein Schein-Werkvertrag abgeschlossen wird, in Wirklichkeit jedoch – unerlaubte – Leiharbeit vorliegt, weil die Arbeitnehmer dem Weisungsrecht des Drittarbeitgebers unterstellt werden, greift das AÜG ein (vgl. BAG v. 22.6.1994, 7 AZR 506/93). Die umstrittene Frage, ob und ggf. unter welchen Voraussetzungen eine derartige **verdeckte Arbeitnehmerüberlassung** zur Fiktion eines Arbeitsverhältnisses nach § 10 Abs. 1 Satz 2 AÜG führt, wenn der „verleihende" Arbeitgeber über eine – nicht offengelegte – unbeschränkte **Arbeitnehmerüberlassungserlaubnis**, sog. **Vorratserlaubnis**, verfügt, hatte das **BAG** (BAG v. 12.7.2016, 9 AZR 352/15) zwischenzeitlich geklärt: Besaß ein Arbeitgeber die nach § 1 Abs. 1 AÜG erforderliche Erlaubnis, als Verleiher Dritten (Entleihern) Arbeitnehmer (Leiharbeitnehmer) i.R. seiner wirtschaftlichen Tätigkeit zu überlassen, kam zwischen einem Leiharbeitnehmer und einem Entleiher nach geltendem Recht auch dann kein Arbeitsverhältnis zu Stande, wenn der Einsatz des Leiharbeitnehmers nicht als Arbeitnehmerüberlassung, sondern als Werkvertrag bezeichnet worden war (verdeckte Arbeitnehmerüberlassung). Mit dem in § 9 Abs. 1 Nr. 1a AÜG eingeführten **Verbot der verdeckten Arbeitnehmerüberlassung** stellen Vorratserlaubnisse kein geeignetes Mittel zur Absicherung gegen das Risiko der unerlaubten Arbeitnehmerüberlassung mehr dar.

Entscheidend für die Abgrenzung zwischen echten Verträgen und Scheinverträgen ist nicht die Vertragsbezeichnung und der Vertragsinhalt, sondern die **praktische Durchführung und Handhabung** der Vertragsbeziehungen, für die derjenige die Darlegungs- und Beweislast trägt, der sich auf das Vorliegen einer Arbeitnehmerüberlassung beruft (vgl. BAG v. 18.1.2012, 7 AZR 723/10; BGH v. 25.6.2002, X ZR 83/00).

Weisungen des Drittarbeitgebers reichen aber zur Annahme einer Arbeitnehmerüberlassung nicht in jedem Fall aus, wenn der Arbeitnehmer nicht für die Betriebszwecke des Drittarbeitgebers tätig wird, sondern weiterhin für seinen Hausarbeitgeber. Zur Annahme einer unerlaubten Arbeitnehmerüberlassung ist weiterhin eine Vereinbarung zwischen dem Hausarbeitgeber und dem Drittarbeitgeber erforderlich (vgl. BAG v. 26.4.1995, 7 AZR 850/94).

3. Arbeitgebereigenschaft

Bei der Überlassung von Arbeitnehmern durch Unternehmer an 579
andere Unternehmen bleibt der **Verleiher grds. Arbeitgeber** der Leiharbeitnehmer und ist damit zur Einbehaltung und Abführung der Steuerabzugsbeträge verpflichtet, sofern er **inländischer Arbeitgeber** ist (§ 38 Abs. 1 Satz 1 Nr. 1 EStG sowie R 19.1 Satz 5 LStR i.V.m. H 42d.2 „Steuerrechtlicher Arbeitgeber" LStH).

Der **Verleiher** hat auch bei **unerlaubter Arbeitnehmerüberlassung** die Arbeitgeber-Pflichten zu erfüllen, da § 10 Abs. 1 AÜG (danach ist an sich der Entleiher Arbeitgeber der Leiharbeitnehmer) steuerrechtlich nicht maßgebend ist, vgl. H 42d.2 (Steuerrechtlicher Arbeitgeber) LStH.

Der **Entleiher** wird nur in Ausnahmefällen als Arbeitgeber anzusehen sein, insbesondere wenn er die Löhne im eigenen Namen und auf eigene Rechnung an die Leiharbeitnehmer auszahlt (vgl. BFH v. 24.3.1999, I R 64/98, BStBl II 2000, 41 sowie R 42d.2 Abs. 1 Satz 3 LStR). Hierbei wird es sich regelmäßig um Fälle **unerlaubter Arbeitnehmerüberlassung** handeln, bei **erlaubter Arbeit-**

nehmerüberlassung liegt eine Lohnzahlung durch Dritte vor, die die Arbeitgebereigenschaft des Verleihers unberührt lässt.

Zu Abgrenzungsfragen und Besonderheiten im Zusammenhang mit der Arbeitnehmerüberlassung zwischen international verbundenen Unternehmen, insbesondere zu der Frage, wer als wirtschaftlicher Arbeitgeber i.S. der DBA anzusehen ist, s. BMF v. 12.12.2023, IV B 2 – S 1300/21/10024 :005, BStBl I 2023, 2179, Rz. 149 ff.

4. Steuerabzug durch ausländische Verleiher

a) Allgemeines

580 Nach § 38 Abs. 1 Satz 1 Nr. 2 EStG ist der ausländische Verleiher auch dann zum Lohnsteuerabzug verpflichtet, wenn er im Inland weder eine Betriebsstätte noch einen ständigen Vertreter i.S. der §§ 12, 13 AO hat oder der Entleiher als Arbeitgeber i.S. eines DBA anzusehen ist. Die Arbeitgebereigenschaft nach einem DBA hat nur Bedeutung für die Zuweisung des Besteuerungsrechts.

Die Verpflichtung gilt für die vom Beginn des Einsatzes im Inland an gezahlten Arbeitslöhne und unabhängig davon, wie lange der Einsatz dauert. Das deutsche Besteuerungsrecht bezieht sich auf alle Arbeitnehmer und nicht nur auf solche mit Leitungsfunktionen. Es kommt jedoch ggf. eine Freistellung des Arbeitslohns nach einem DBA in Betracht, wenn der ausländische Arbeitnehmer sich nicht länger als 183 Tage im Inland aufhält.

Zur Zuweisung des Besteuerungsrechts nach einem DBA

- bei **gewerblicher Arbeitnehmerüberlassung** → *Doppelbesteuerungsabkommen bei Einkünften aus nichtselbständiger Arbeit* Rz. 1650 und
- bei **gelegentlicher Arbeitnehmerüberlassung** → *Doppelbesteuerungsabkommen bei Einkünften aus nichtselbständiger Arbeit* Rz. 1654.

b) Sonderzuständigkeiten

581 Als Betriebsstätte im Fall des § 38 Abs. 1 Satz 1 Nr. 2 EStG gilt der Ort im Inland, an dem die Arbeitsleistung ganz oder vorwiegend stattfindet (§ 41 Abs. 2 EStG). In der Praxis stellt sich dabei die Frage, ob sich der für die Durchführung des Steuerabzugsverfahrens maßgebende Ort an der Tätigkeit der Leiharbeitnehmer im Inland (**personenbezogen**) orientiert oder danach, wo die meisten Arbeitnehmer des ausländischen Verleihers überlassen werden (**verleiherbezogen**). Der für die Durchführung des Steuerabzugsverfahrens maßgebende Ort der lohnsteuerlichen Betriebsstätte richtet sich nach der Tätigkeit der Leiharbeitnehmer im Inland. An das für diesen Ort zuständige **Betriebsstättenfinanzamt** hat der ausländische Verleiher die Steuerabzugsbeträge anzumelden und abzuführen.

§ 41 Abs. 2 Satz 2 zweiter Halbsatz EStG ist auch unter Beachtung einer zeitnahen Durchsetzung von Haftungs- und Sicherungsansprüchen gegenüber dem Entleiher vor Ort dahingehend zu verstehen, dass lohnsteuerliche Betriebsstätte der Ort im Inland ist, an dem die Arbeit des in einer Firma tätigen Leiharbeitnehmers bezogen auf die zwischen ausländischem Verleiher und Entleiher vereinbarte Arbeitnehmerüberlassungsvereinbarung ganz oder vorwiegend verrichtet wird. Das Gleiche gilt für Leiharbeitnehmer, die als Arbeitsgruppe i.R. einer Arbeitnehmerüberlassungsvereinbarung in einer Firma tätig werden. Wechselt der Arbeitnehmer die Arbeitnehmergruppe oder Teile der Arbeitnehmergruppe i.R. des Vereinbarten in eine andere Filiale oder in ein anderes Unternehmen im Konzernzusammenhang außerhalb eines Bundeslandes, wechselt nicht zwangsläufig auch die Zuständigkeit an ein anderes (Zentral-)Finanzamt in ein anderes Bundesland. Nur in dem Fall, in dem durch den Wechsel auch die vereinbarte Arbeitsleistung in der bisherigen Arbeitsstätte ganz endet oder nunmehr in der weiteren Arbeitsstätte vorwiegend verrichtet wird, wechselt auch die Zuständigkeit.

In den einzelnen Bundesländern bestehen für ausländische Verleiher (ohne Bauunternehmen) **Sonderzuständigkeiten,** die zuständigen Finanzämter sind aufgeführt in

- H 41.3 (Zuständige Finanzämter für ausländische Verleiher) LStH,
- H 41.3 (Zuständige Finanzämter für ausländische Werkvertragsunternehmer) LStH,
- sowie H 41.3 (Zuständige Finanzämter für ausländische Bauunternehmer) LStH.

Für ausländische Bauunternehmer sind die in der Umsatzsteuerzuständigkeitsverordnung genannten Finanzämter für die Verwaltung der Lohnsteuer zuständig (BMF v. 19.7.2022, BStBl I 2002, 1229, Tz. 98).

5. Haftung des inländischen Entleihers für die Lohnsteuer

a) Allgemeines

Der Entleiher haftet nach § 42d Abs. 6 EStG im Falle einer **Arbeitnehmerüberlassung** i.S.d. § 1 Abs. 1 Satz 1 AÜG neben dem Verleiher (Arbeitgeber), jedoch beschränkt auf die Lohnsteuer für die Zeit, für die ihm der Leiharbeitnehmer überlassen worden ist. Die Haftung des Entleihers richtet sich deshalb nach denselben Grundsätzen wie die Haftung des Arbeitgebers (→ *Haftung für Lohnsteuer: Allgemeine Grundsätze* Rz. 2471). Sie scheidet aus, wenn der Verleiher als Arbeitgeber nicht haften würde (R 42d.2 Abs. 2 Sätze 1 bis 3 LStR). 582

Die Haftung des Entleihers kommt nur bei **Arbeitnehmerüberlassung nach § 1 AÜG** in Betracht. Der erweiterte § 1 Abs. 1 Satz 1 AÜG stellt nur noch darauf ab, ob eine wirtschaftliche Tätigkeit ausgeübt wird. Auf die Gewerbsmäßigkeit der Arbeitnehmerüberlassung i.S.d. Gewerberechts kommt es für die Erlaubnispflicht der Arbeitnehmerüberlassung nicht mehr an.

Die i.R. der Entleiherhaftung zu erhebende Lohnsteuer ist nicht Gegenstand einer Lohnsteuer-Anmeldung. § 42d Abs. 6 EStG begründet einen eigenständigen Haftungstatbestand. Deshalb kann ein Arbeitgeber auch dann noch als Haftender nach § 42d Abs. 6 und 7 EStG in Anspruch genommen werden, wenn bei ihm bereits eine abschließende Lohnsteuer-Außenprüfung durchgeführt und der Vorbehalt der Nachprüfung für die betroffenen Lohnsteuer-Anmeldungen aufgehoben worden ist. Entsprechendes gilt sinngemäß bezüglich der Inanspruchnahme des Arbeitgebers nach § 42d Abs. 9 EStG in den Fällen, in denen ein Dritter nach § 38 Abs. 3a EStG die Arbeitgeberpflichten erfüllt.

Die Entleiher-Haftung gilt nach § 42d Abs. 6 Satz 1 EStG auch, wenn ein Arbeitnehmer dem Entleiher **länger als 18 Monate** überlassen wird. Die Regelung des § 1 Abs. 2 AÜG, die in diesem Fall nicht mehr von Arbeitnehmerüberlassung, sondern von Arbeitsvermittlung des Überlassenden ausgeht, ist insoweit ohne Bedeutung. Das schließt nicht aus, dass auch nach steuerlichen Grundsätzen der Entleiher nach Ablauf dieses Zeitraums als Arbeitgeber anzusehen ist; er haftet dann unmittelbar nach § 42d Abs. 1 EStG.

b) Baugewerbe

Für das Baugewerbe sind die Sondervorschriften über die sog. **Bauabzugssteuer** zu beachten (§§ 48 bis 48d EStG). Danach entfällt eine Entleiherhaftung nach § 42d Abs. 6 EStG, wenn der Entleiher als Leistungsempfänger für eine Bauleistung seiner Verpflichtung zur Anmeldung und Abführung der Bauabzugssteuer nachgekommen ist oder ihm eine im Zeitpunkt der Gegenleistung gültige Freistellungsbescheinigung hat (BMF v. 1.11.2001, IV A 5 – S 1900 – 292/01, BStBl I 2001, 804 Rz. 66). 583

c) Ausschluss der Entleiherhaftung für die Lohnsteuer

Die Haftung des Entleihers ist in nachfolgenden Fällen gesetzlich ausgeschlossen: 584

§ 42d Abs. 6 Satz 2 EStG lässt zunächst eine Ausnahme von der Entleiher-Haftung zu, wenn es sich um eine **erlaubte Arbeitnehmerüberlassung** nach § 1 AÜG handelt und soweit der Entleiher nachweist, dass er den nach § 51 Abs. 1 Nr. 2 Buchst. d EStG vorgesehenen Mitwirkungspflichten nachgekommen ist.

Dies ist der Fall, wenn der **Verleiher zur Zeit des Verleihs eine Erlaubnis** besessen hat oder die Erlaubnis in dieser Zeit nach § 2 Abs. 4 AÜG als fortbestehend gilt, d.h. bis zu **zwölf Monaten** nach Erlöschen der Erlaubnis für die Abwicklung der erlaubt abgeschlossenen Verträge (R 42d.2 Abs. 4 Satz 2 LStR). Der Überlassung liegt jedoch **keine Erlaubnis** zu Grunde, wenn Arbeitnehmer **gewerbsmäßig in Betriebe des Baugewerbes** für Arbeiten überlassen werden, die üblicherweise von Arbeitern verrichtet werden, weil dies nach § 1b AÜG unzulässig ist und sich die Erlaubnis nach § 1 AÜG auf solchen Verleih nicht erstreckt, es sei denn, die Überlassung erfolgt zwischen Betrieben des Baugewerbes, die von denselben Rahmen- und Sozialkassentarifverträgen oder von deren Allgemeinverbindlichkeit erfasst werden (R 42d.2 Abs. 4 Satz 3 LStR).

Diese **Haftungsausschlussmöglichkeit** des Entleihers in Fällen **erlaubter** Arbeitnehmerüberlassung ist in **der Praxis von erheblicher Bedeutung**. Der Entleiher sollte sich daher vergewissern, ob sein **Vertragspartner die Erlaubnis** nach § 1 AÜG hat. Dies muss der Verleiher in dem auf Grund der Änderung durch das Vierte Bürokratieentlastungsgesetz v. 23.10.2024, BGBl. I 2024, Nr. 323, seit dem 1.1.2025 auch in Textform abzuschließendem Überlassungsvertrag nach § 12 Abs. 1 AÜG erklären, kann aber auch der Entleiher selbst durch **Anfrage** bei der Regionaldirektion der Bundesagentur für Arbeit erfahren (R 42d.2 Abs. 4 Satz 9 LStR). Widersprechen sich der Überlassungsvertrag und seine tatsächliche Durchführung, ist für die rechtliche Einordnung des Überlassungsvertrags die tatsächliche Durchführung maßgebend (§ 12 Abs. 1 Satz 2 AÜG).

Eine Inanspruchnahme des Entleihers kommt regelmäßig auch dann nicht in Betracht, wenn die Bundesagentur für Arbeit gegenüber dem Entleiher die Auffassung vertreten hat, dass bei dem verwirklichten Sachverhalt keine Arbeitnehmerüberlassung vorliegt (R 42d.2 Abs. 3 Sätze 4 und 5 LStR).

Nach § 42d Abs. 6 Satz 3 EStG haftet der Entleiher ferner nicht, wenn er über das Vorliegen einer Arbeitnehmerüberlassung **ohne Verschulden irrte** und dies dem **Finanzamt nachweisen** kann (R 42d.2 Abs. 4 Satz 5 LStR). Diese Ausnahmeregelung gilt sowohl für die **erlaubte** wie auch für die **unerlaubte** Arbeitnehmerüberlassung.

Ein **Irrtum** wird in der Praxis insbesondere bei der – selbst nach Einschätzung der Finanzverwaltung schwierigen – Abgrenzung der Arbeitnehmerüberlassung gegenüber einem **Werkvertrag** vorkommen (vgl. R 42d.2 Abs. 4 Satz 6 i.V.m. Abs. 3 LStR). Im Bereich **unzulässiger Arbeitnehmerüberlassung** – also v.a. im **Baugewerbe** – sind wegen des Verbots in § 1b AÜG **strengere Maßstäbe** anzulegen, wenn sich der Entleiher darauf beruft, ohne Verschulden einem Rechtsirrtum erlegen zu sein. Dies gilt insbesondere, wenn das **Überlassungsentgelt deutlich günstiger** ist als dasjenige von anderen Anbietern (R 42d.2 Abs. 4 Sätze 7 und 8 LStR).

Für das **Baugewerbe** sind zudem die Vorschriften über die sog. Bauabzugssteuer zu beachten (§§ 48 – 48d EStG). Danach entfällt eine Entleiherhaftung nach § 42d Abs. 6 EStG, wenn der Entleiher als Leistungsempfänger für eine Bauleistung seiner Verpflichtung zur Anmeldung und Abführung der Bauabzugssteuer nachgekommen ist oder ihm eine im Zeitpunkt der Gegenleistung gültige Freistellungsbescheinigung vorgelegen hat, auf deren Rechtmäßigkeit er vertrauen durfte (H 42d.2 „Arbeitnehmerüberlassung im Baugewerbe" LStH sowie BMF v. 27.12.2002, IV A 5 – S 2272 – 1/02, BStBl I 2002, 1399, Rz. 96).

Dies gilt jedoch nicht, wenn Auftraggeber und Auftragnehmer missbräuchlich zusammenwirken. Dies ist dann der Fall, wenn dem Entleiher als Empfänger der Leistung bekannt ist oder nur durch grobe Fahrlässigkeit nicht bekannt ist, dass die Bescheinigung durch unlautere Mittel oder durch falsche Angaben erwirkt wurde. In diesen Fällen ist von einer illegalen Arbeitnehmerüberlassung auszugehen. Das für den Verleiher zuständige FA kann insoweit einen Haftungsbescheid nach § 48a Abs. 3 EStG erlassen, da keine Bauleistung vorliegt; vielmehr kommen die Vorschriften über die Entleiherhaftung gem. § 42d Abs. 6 EStG sowie ggf. die Regelung des § 160 AO zur Anwendung.

d) Höhe des Haftungsbetrags bei der Lohnsteuer

585 Die Höhe des Haftungsbetrags des Entleihers ist auf die Lohnsteuer begrenzt, die vom Verleiher ggf. anteilig für die Zeit einzubehalten war, für die der Leiharbeitnehmer dem Entleiher überlassen war. Hat der Verleiher einen Teil der von ihm insgesamt einbehaltenen und angemeldeten Lohnsteuer für den entsprechenden Lohnsteuer-Anmeldungszeitraum gezahlt, wobei er auch die Lohnsteuer des dem Entleiher überlassenen Leiharbeitnehmers berücksichtigt hat, so mindert sich der Haftungsbetrag im Verhältnis von angemeldeter zu gezahlter Lohnsteuer. Die **Haftungsschuld kann mit 15 % des zwischen Verleiher und Entleiher vereinbarten Entgelts** ohne Umsatzsteuer (§ 42d Abs. 6 Satz 7 EStG) angenommen werden, wenn nach den Umständen die Arbeitnehmerüberlassung im Einzelfall nicht oder nur schwer, d.h. nicht mit zumutbarem Aufwand, ermittelt werden kann. Die Haftungsschuld ist mit einem **niedrigeren Prozentsatz** zu schätzen, wenn der Entleiher dies glaubhaft macht.

e) Durchsetzung des Zahlungsanspruchs

Der Haftungsbescheid kann gegen den Entleiher ergehen, wenn 586
die Voraussetzungen der Haftung erfüllt sind. Auf Zahlungen darf er jedoch erst in Anspruch genommen werden nach einem Vollstreckungsversuch in das inländische bewegliche Vermögen des Verleihers oder wenn die Vollstreckung keinen Erfolg verspricht (§ 42d Abs. 6 Satz 6 EStG). Eine vorherige Zahlungsaufforderung an den Arbeitnehmer oder ein Vollstreckungsversuch bei diesem ist nicht erforderlich (entsprechende Anwendung des § 219 Satz 2 AO).

6. Haftung des Verleihers für die Lohnsteuer

Nach § 42d Abs. 7 EStG kann der Verleiher, der steuerrechtlich 587
nicht als Arbeitgeber zu behandeln ist, **wie ein Entleiher** nach § 42d Abs. 6 EStG als Haftender in Anspruch genommen werden. Insoweit kann er aber erst **nach dem Entleiher** auf Zahlung in Anspruch genommen werden.

Davon zu unterscheiden ist der **Erlass des Haftungsbescheids**, der vorher ergehen kann. Gegen den Haftungsbescheid kann sich der Verleiher deswegen nicht mit Erfolg darauf berufen, der Entleiher sei auf Grund der tatsächlichen Abwicklung einer unerlaubten Arbeitnehmerüberlassung als Arbeitgeber aller oder eines Teils der überlassenen Leiharbeitnehmer zu behandeln (R 42d.2 Abs. 7 LStR).

7. Sicherungsverfahren nach § 42d Abs. 8 EStG

Als Sicherungsmaßnahme kann das **Finanzamt den Entleiher** 588
verpflichten, einen bestimmten Euro-Betrag oder einen als Prozentsatz bestimmten Teil des vereinbarten Überlassungsentgelts einzubehalten und abzuführen. Hat der Entleiher bereits einen Teil der geschuldeten Überlassungsvergütung an den Verleiher geleistet, so kann der Sicherungsbetrag mit einem bestimmten Euro-Betrag oder als Prozentsatz bis zur Höhe des Restentgelts festgesetzt werden. Die Sicherungsmaßnahme ist nur anzuordnen in Fällen, in denen eine Haftung in Betracht kommen kann. Dabei darf berücksichtigt werden, dass sie den Entleiher im Ergebnis weniger belasten kann als die nachfolgende Haftung, wenn er z.B. einen Rückgriffsanspruch gegen den Verleiher nicht durchsetzen kann (R 42d.2 Abs. 8 LStR).

8. Haftungsbescheid

Wird der Entleiher oder Verleiher als Haftungsschuldner in Anspruch genommen, so ist ein Haftungsbescheid zu erlassen 589
(R 42d.2 Abs. 9 LStR).

Soweit die Haftung des Entleihers reicht, sind der Arbeitgeber (Verleiher), der Entleiher und der Arbeitnehmer **Gesamtschuldner** (§ 42d Abs. 6 Satz 5 EStG). Ob ein Haftungsbescheid gegen den Entleiher ergehen soll, obliegt – sofern die Voraussetzungen für die Entleiher-Haftung gegeben sind – daher dem Ermessen des Finanzamts (sog. **Auswahlermessen**).

Für eine **Zahlung** darf der Entleiher jedoch erst in Anspruch genommen werden nach einem **fehlgeschlagenen Vollstreckungsversuch** in das inländische bewegliche Vermögen des **Verleihers** oder wenn die Vollstreckung keinen Erfolg verspricht (§ 42d Abs. 6 Satz 6 EStG, R 42d.2 Abs. 6 Satz 2 LStR).

Eine **vorherige Zahlungsaufforderung an den Arbeitnehmer** oder ein Vollstreckungsversuch bei diesem ist dagegen nicht erforderlich (R 42d.2 Abs. 6 Satz 3 LStR).

9. Haftung für Sozialversicherungsbeiträge

a) Legale Arbeitnehmerüberlassung

Ein Arbeitgeber, der mit einer Erlaubnis der Bundesagentur für Arbeit 590
gewerbsmäßig Arbeitnehmerüberlassung betreibt, ist Arbeitgeber im sozialversicherungsrechtlichen Sinne. Für ihn gelten demgemäß die üblichen Arbeitgeberpflichten, d.h. er hat den Gesamtsozialversicherungsbeitrag für seine Beschäftigten an die jeweils zuständige Einzugsstelle zu entrichten. Allerdings haftet für die Erfüllung der Beitragspflicht des Arbeitgebers auch der **Entleiher** wie ein selbstschuldnerischer Bürge. Diese Bürgenhaftung

richtet sich nach der Hauptschuld, d.h. nach der gegenüber dem Verleiher bestehenden Beitragsforderung. Die Haftung beschränkt sich jedoch auf die Beitragsschuld für den Zeitraum, für den dem Entleiher Arbeitnehmer überlassen wurden. Der Entleiher kann jedoch die Zahlung verweigern, solange die Einzugsstelle den Verleiher nicht mit einer Fristsetzung gemahnt hat und die Frist nicht verstrichen ist.

Gegen diese Haftungsregelung kann sich der Entleiher i.d.R. nicht schützen. Auch eine von der Einzugsstelle ausgestellte Unbedenklichkeitsbescheinigung entbindet ihn nicht von der Haftung.

b) Illegale Arbeitnehmerüberlassung

591 Besitzt der Verleiher dagegen nicht die erforderliche Erlaubnis für die **gewerbsmäßige Arbeitnehmerüberlassung**, wird kraft Gesetzes ein Arbeitsverhältnis zwischen dem Entleiher und dem Leiharbeitnehmer begründet (§ 10 Abs. 1 AÜG). Der Entleiher hat – obwohl kein Arbeitsvertrag besteht – die Arbeitgeberpflichten wahrzunehmen und die Gesamtsozialversicherungsbeiträge zu zahlen. Das BAG hat entschieden (BAG v. 20.3.2018, 9 AZR 508/17), dass die widerspruchslose Wiederaufnahme der Arbeit im Betrieb des Verleihers nach Beendigung der Tätigkeit bei einem Entleiher regelmäßig noch nicht das für eine Verwirkung erforderliche Umstandsmoment erfüllt. Die bloße Nichtergreifung von Maßnahmen durch den Leiharbeitnehmer gegen seine Abberufung vom Entleiher begründe bei diesem ohne Hinzutreten weiterer Umstände noch kein schützenswertes Vertrauen, der Leiharbeitnehmer werde keine Rechte aus dem nach § 10 Abs. 1 Satz 1 AÜG mit dem Entleiher zustande gekommenen Arbeitsverhältnis geltend machen.

592 Die Arbeitgebereigenschaft des Entleihers bei unerlaubter Arbeitnehmerüberlassung wird nicht durch dessen Gutgläubigkeit oder durch einen Irrtum über die Erlaubnispflichtigkeit der Arbeitnehmerüberlassung beseitigt (BSG v. 27.8.1987, 2 RU 41/85). Zahlt allerdings der Verleiher den Arbeitnehmern das Arbeitsentgelt bzw. einen Teil des Arbeitsentgelts, so hat er auch die hierauf entfallenden Beiträge an die Einzugsstelle zu zahlen. Insoweit gelten hinsichtlich der Zahlungspflicht sowohl Entleiher als auch Verleiher als Arbeitgeber. Sie haften für den auf das vom Verleiher gezahlte Arbeitsentgelt entfallenden Gesamtsozialversicherungsbeitrag als Gesamtschuldner. Somit kann jeder von der Einzugsstelle in Anspruch genommen werden. Eine Mahnfrist, wie sie bei der erlaubten Arbeitnehmerüberlassung zu beachten ist, gilt dabei nicht. Mit dieser Regelung wird erreicht, dass der Verleiher für seine illegale Arbeitnehmerüberlassung haftet, da er sonst durch die illegale Arbeitnehmerüberlassung einen Vorteil hätte.

Besonderheit im Baugewerbe: Nach BAG v. 8.7.1998, 10 AZR 274/97, gilt Folgendes: Zwar ist im Baugewerbe Arbeitnehmerüberlassung grds. verboten. Betreibt jedoch ein Verleiher trotz dieses gesetzlichen Verbots Arbeitnehmerüberlassung, ohne die nach § 1 AÜG erforderliche Erlaubnis zur Arbeitnehmerüberlassung überhaupt zu besitzen, so gilt nach § 10 Abs. 1 AÜG ein Arbeitsverhältnis zwischen dem Entleiher und den Leiharbeitnehmern als zu Stande gekommen. Diese Rechtsfolge wird durch das grundsätzliche Verbot der Arbeitnehmerüberlassung im Baugewerbe nicht ausgeschlossen. Der **Entleiher** ist deshalb **verpflichtet**, für die überlassenen Leiharbeitnehmer Beiträge zur Sozialversicherung und zu den Sozialkassen des Baugewerbes **abzuführen**.

Arbeitnehmer-Vertreter

→ *Aufsichtsratsvergütungen* Rz. 855

Arbeitsbelohnungen von Patienten in psychiatrischen Krankenhäusern und Entziehungsanstalten

→ *Arbeitslohn-ABC* Rz. 640

Arbeitsentgelt

1. Allgemeines

593 In der **Sozialversicherung** kommt dem Arbeitsentgelt eine zentrale Bedeutung zu; so sind Arbeiter und Angestellte nur dann **versicherungspflichtig**, wenn sie **gegen Entgelt** beschäftigt werden. Eine **Ausnahme** besteht nur bei **Auszubildenden** und sonst zu ihrer Berufsausbildung Beschäftigten, diese sind auch versicherungspflichtig, wenn kein Arbeitsentgelt gezahlt wird. Die Beiträge der versicherungspflichtig Beschäftigten werden aus ihrem Arbeitsentgelt entrichtet. Zum Arbeitsentgelt gehören alle **laufenden und einmaligen Einnahmen** aus einer Beschäftigung, gleichgültig, ob ein Rechtsanspruch hierauf besteht, unter welchen Bezeichnungen und in welcher Form sie geleistet werden und ob sie unmittelbar aus der Beschäftigung oder im Zusammenhang mit ihr erzielt werden (§ 14 SGB IV). Das bedeutet, dass auch **Sachbezüge** und Entgeltfortzahlungen durch Dritte zum Arbeitsentgelt zählen. **Steuerfreie Aufwandsentschädigungen** (→ *Aufwandsentschädigungen im öffentlichen Dienst* Rz. 865) und die in **§ 3 Nr. 26 und 26a EStG** genannten steuerfreien Einnahmen (→ *Nebenberufliche steuerbegünstigte Tätigkeiten* Rz. 3236) sind nach § 1 Abs. 1 Nr. 16 SvEV dem Arbeitsentgelt nicht hinzuzurechnen. Soweit ein Beschäftigter steuerfreie Einnahmen i.S. der steuerrechtlichen Regelung des § 3 Nr. 26 und 26a EStG erhält, liegt ein **geldwerter Vorteil** und damit Arbeitsentgelt nicht vor.

Damit bei der Berechnung der Sozialversicherungsbeiträge eine möglichst weitgehende Übereinstimmung mit den Regelungen des Steuerrechts erreicht wird, hat auf Grund der Ermächtigungsregelung des § 17 SGB IV die Bundesregierung mit der **SvEV** Näheres zum Arbeitsentgelt geregelt. Danach sind einmalige Einnahmen, laufende Zulagen, Zuschläge, Zuschüsse sowie ähnliche Einnahmen, die **zusätzlich** zu Löhnen oder Gehältern gewährt werden, nicht dem Arbeitsentgelt zuzurechnen, soweit sie lohnsteuerfrei sind (§ 1 Abs. 1 Nr. 1 SvEV).

Nach § 1 Abs. 1 Satz 1 Nr. 2, 3 SvEV sind bestimmte Einnahmen, Beiträge und Zuwendungen nicht zum Arbeitsentgelt zu zählen, wenn sie lohnsteuerfrei belassen werden können oder pauschalbesteuert werden.

Für die in § 1 Abs. 1 Satz 1 Nr. 1, 4 und 4a SvEV näher bezeichneten Einnahmen, Beiträge und Zuwendungen gilt dies jedoch nur dann, wenn sie **zusätzlich** zu Löhnen oder Gehältern gewährt werden.

Für die Steuerfreiheit oder Pauschalbesteuerung bestimmter Zuwendungen sieht das Steuerrecht das Zusätzlichkeitserfordernis vor.

Bisher waren die Spitzenorganisationen der Sozialversicherung davon ausgegangen, dass das Zusätzlichkeitserfordernis im Steuerrecht restriktiver auszulegen ist als in der Sozialversicherung. Es wurde angenommen, dass im Sozialversicherungsrecht ein Entgeltverzicht bzw. eine Entgeltumwandlung dann nämlich zur Beitragsfreiheit führt, wenn der Verzicht ernsthaft gewollt und nicht nur vorübergehend sowie auf künftig fällig werdende Arbeitsentgeltbestandteile gerichtet und arbeitsrechtlich zulässig ist. Im Steuerrecht kann hingegen das Zusätzlichkeitserfordernis grundsätzlich nicht durch Entgeltumwandlungen erfüllt werden.

Das BSG hat mit Urteil vom 23.2.2021, B 12 R 21/18 R, zwischen dem für das Beitragsrecht wirksamen Entgeltverzicht und dem Zusätzlichkeitserfordernis differenziert. Die sich daraus ergebenden Grundsätze haben die Spitzenorganisationen der Sozialversicherung in ihrer Besprechung über Fragen des gemeinsamen Beitragseinzugs am 11.11.2021 erörtert. Hiernach werden Leistungen des Arbeitgebers für eine Beschäftigung nur dann zusätzlich zum ohnehin geschuldeten Arbeitsentgelt erbracht, wenn

- die Leistung nicht auf den Anspruch auf Arbeitsentgelt angerechnet,
- der Anspruch auf Arbeitslohn nicht zu Gunsten der Leistung herabgesetzt,
- die verwendungs- oder zweckgebundene Leistung nicht anstelle einer bereits vereinbarten künftigen Erhöhung des Arbeitslohns gewährt und
- bei Wegfall der Leistung der Arbeitslohn nicht erhöht

wird. Die geänderte Auffassung gilt – auch in Bestandsfällen – bereits für Entgeltabrechnungszeiträume seit 1.1.2022.

Bezüglich des Zusätzlichkeitserfordernisses wurde von den Spitzenorganisationen der Sozialversicherung in ihrer Besprechung über Fragen des gemeinsamen Beitragseinzugs am 4.5.2023 erneut beraten. Erörtert wurde die Thematik, ob die Festlegungen zum Zusätzlichkeitserfordernis in der Besprechung vom 11.11.2021 auch für die Verwendung von Einmalzahlungen Anwendung finden. Soweit in bisherigen Entscheidungen des BSG die Zusätzlichkeit für Direktversicherungsbeiträge zur betrieblichen Altersversorgung verwendeter Einmalzahlung ohne Begründung angenommen wurde, kann dem nicht ohne weitere konkrete Rechtsprechung gefolgt werden. Eine verallgemeinernde Rechtsauffassung, wonach die Finanzierung bestimmter Zuwendungen aus Einmalzahlungen die Zusätzlichkeit stets gegeben ist, lässt sich daraus nicht ableiten.

Aus Bestandsschutzgründen bleibt die Verwendung von Einmalzahlungen bei zusätzlich zu Löhnen und Gehältern gewährten Direktversicherungsbeiträge zur betrieblichen Altersversorgung jedoch weiterhin zulässig.

Eine vom Arbeitgeber erst im Nachhinein geltend gemachte Möglichkeit der Steuerfreiheit bzw. Pauschalbesteuerung wirkt sich auf die beitragsrechtliche Behandlung in der Sozialversicherung nur aus, wenn der Arbeitgeber die vorgenommene Behandlung noch ändern kann. Dies kann er allerdings nur bis zur Erstellung der Lohnsteuerbescheinigung, also spätestens bis zum letzten Tag des Monats Februar des Folgejahres.

Bei einem **vereinbarten Nettoarbeitsentgelt** gelten als Arbeitsentgelt die Einnahmen des Beschäftigten einschließlich der darauf entfallenden Steuern und der seinem gesetzlichen Anteil entsprechenden Beiträge zur Sozialversicherung. Für die **Ermittlung der beitragspflichtigen Einnahmen** ist das Nettoarbeitsentgelt in einen Bruttobetrag umzurechnen. Diese Hochrechnung erfolgt im Abtastverfahren anhand der Lohnsteuer- und Beitragstabellen (→ *Nettolöhne* Rz. 3281).

Sind bei illegalen Beschäftigungsverhältnissen Steuern und Beiträge zur Sozialversicherung nicht gezahlt worden, ist das beitragspflichtige Arbeitsentgelt im Rahmen einer Hochrechnung (im Abtastverfahren) zu ermitteln, wenn ein Nettolohn einem illegal Beschäftigten zuzuordnen ist.

2. Beitragsrechtliche Behandlung von nicht gezahlten Arbeitsentgelten

594 Im Beitragsrecht der Sozialversicherung gilt für die Erhebung der Einnahmen das sog. Entstehungsprinzip. Dies bedeutet, dass Beiträge dann fällig werden, wenn der Anspruch des Arbeitnehmers auf das Arbeitsentgelt entstanden ist (§ 22 Abs. 1 SGB IV). Das BSG hat dieses Entstehungsprinzip in seinen Urteilen BSG v. 25.9.1981, 12 RK 58/80, und BSG v. 26.10.1982, 12 RK 8/81, bekräftigt. Beiträge sind daher auch für geschuldetes, bei Fälligkeit aber noch nicht gezahltes Arbeitsentgelt zu zahlen. Damit unterscheidet sich das Beitragsrecht der Sozialversicherung grundlegend vom Steuerrecht. Im Steuerrecht gilt unverändert das sog. Zuflussprinzip; maßgebend ist also hier, ob und ggf. wann eine Einnahme zugeflossen ist.

Auf Grund des Entstehungsprinzips ergibt sich das für die Sozialversicherung maßgebliche Arbeitsentgelt aus dem für den Arbeitnehmer geltenden Arbeitsvertrag oder Tarifvertrag. Das Arbeitsvertragsrecht hat mithin entscheidende Bedeutung für das Beitragsrecht der Sozialversicherung, wobei das Auseinanderfallen von Steuerrecht und Beitragsrecht der Sozialversicherung in Fällen entstandener, aber nicht gezahlter Arbeitsentgeltansprüche in letzter Zeit vermehrt zu Problemen in der betrieblichen Praxis führt. Die Spitzenverbände der Sozialversicherungsträger geben deshalb zu häufig auftretenden Problemfällen die nachfolgenden Hinweise (Besprechungsergebnis v. 21./22.11.2001).

a) Tarifvertrag

595 Nach § 4 Abs. 1 Satz 1 TVG gelten die Rechtsnormen eines Tarifvertrags unmittelbar und zwingend lediglich zwischen den Arbeitgebern und Gewerkschaftsangehörigen, die unter den Geltungsbereich des Tarifvertrags fallen. Danach unterliegt regelmäßig nur der in der betreffenden Gewerkschaft organisierte Arbeitnehmer der Bindung eines Tarifvertrags. Dies bedeutet, dass die Tarifbestimmungen den Inhalt der Arbeitsverhältnisse gestalten, ohne dass es auf die Kenntnis von Arbeitnehmer und Arbeitgeber über den Arbeitsentgeltanspruch ankommt. Erst recht bedarf es keiner Anerkennung, Unterwerfung oder Übernahme des Tarifvertrags durch die Parteien eines Einzelarbeitsvertrags. Die Regelungen des Tarifvertrags gelten selbst dann, wenn die Arbeitsvertragsparteien ausdrücklich gegenteilige oder auch andere Bedingungen vereinbart haben. Auch neu geschlossene tarifwidrige Arbeitsverträge sind hinsichtlich des tarifwidrigen Teils unwirksam. Ebenfalls sind Vertragsabsprachen, die den durch Tarifvertrag gestalteten Arbeitsvertrag auf Zeit einschränken oder suspendieren wollen, unwirksam. Abweichende Abmachungen sind nur zulässig, soweit sie durch den Tarifvertrag gestattet sind oder eine Änderung zu Gunsten des Arbeitnehmers enthalten (§ 4 Abs. 3 TVG).

b) Allgemein verbindlich erklärte Tarifverträge

Eine besondere Stellung nehmen für allgemein verbindlich erklärte Tarifverträge ein. Nach § 5 Abs. 1 TVG kann der Bundesminister für Arbeit und Soziales im Einvernehmen mit dem Tarifausschuss, der sich aus jeweils drei Vertretern der Spitzenorganisationen der Arbeitgeber und der Arbeitnehmer zusammensetzt, einen Tarifvertrag auf Antrag einer Tarifvertragspartei für allgemein verbindlich erklären. Mit einer derartigen Erklärung erfassen die Rechtsnormen des Tarifvertrags in seinem Geltungsbereich auch die bisher nicht tarifgebundenen Arbeitgeber und Arbeitnehmer (§ 5 Abs. 4 TVG). 596

Ein Arbeitsentgeltanspruch mindestens in Höhe des in einem allgemein verbindlichen Tarifvertrag festgesetzten Lohns bzw. Gehalts kann demnach von den Parteien eines Arbeitsvertrags, die der Geltung dieses Tarifvertrags unterliegen, nicht rechtswirksam unterschritten werden.

Das BSG hat mit Urteilen v. 14.7.2004, B 12 KR 1/04 R, B 12 KR 10/03 R, B 12 KR 7/03 R, B 12 KR 7/04 und B 12 KR 34/03 R, das Entstehungsprinzip im Beitragsrecht der Sozialversicherung bestätigt. Die Nachberechnung von Beiträgen im Rahmen einer Betriebsprüfung der Rentenversicherungsträger für Arbeitnehmer, die ein tatsächliches Entgelt unter der Geringfügigkeitsgrenze erhalten haben, obwohl ihnen auf Grund eines für allgemeinverbindlich erklärten Tarifvertrags ein höheres Arbeitsentgelt zustand, war rechtens.

Das BMAS gibt zu Beginn eines jeden Quartals im Bundesarbeitsblatt ein Verzeichnis der für allgemein verbindlich erklärten Tarifverträge heraus. Das Verzeichnis der für allgemein verbindlich erklärten Tarifverträge kann im Internet unter www.bmas.de eingesehen werden. Es stellt allerdings lediglich eine Momentaufnahme dar. In einem besonderen Teil wird zwar auf die Tarifverträge hingewiesen, deren Allgemeinverbindlichkeit im abgelaufenen Quartal endete; darüber hinaus gibt es aber keine Historie.

Am 10.10.2025 fand die 1. Lesung im Bundestag zum Entwurf eines Gesetzes zur Stärkung der Tarifautonomie durch die Sicherung von Tariftreue bei der Vergabe öffentlicher Aufträge des Bundes (Tariftreuegesetz), BT-Drucks. 21/1941 v. 1.10.2025 statt. Auftragnehmern sollen danach zukünftig ein Tariftreueversprechen für die Auftragserteilung abverlangt werden, mit dem sich die Auftragnehmer zum einen dazu verpflichten, die vom BMAS durch Rechtsverordnung festgelegten Arbeitsbedingungen für die Dauer der Leistungserbringung einzuhalten. Zum anderen müssen sie gewährleisten, dass etwaige von ihnen beauftragte Nachunternehmer und Verleiher ebenfalls diese Arbeitsbedingungen einhalten. Die neuen Regelungen sollen für alle Branchen gelten. Das Gesetzgebungsverfahren war zum Zeitpunkt des Redaktionsschlusses noch nicht abgeschlossen. Wir unterrichten Sie über etwaige Änderungen über unseren Online-Aktualisierungsdienst (s. Benutzerhinweis S. IV).

c) Wirkung von Öffnungsklauseln

Der Tarifvertrag kann bestimmen, dass bestimmte Regelungen nicht für alle Tarifparteien gelten bzw. nicht für allgemein verbindlich erklärt werden (Öffnungsklausel). Auf Grund einer Öffnungsklausel nicht gezahltes Arbeitsentgelt wird – wie im Steuerrecht – auch in der Sozialversicherung nicht berücksichtigt. 597

d) Einzelarbeitsvertrag

Unterliegt der Arbeitnehmer nicht der Bindungswirkung eines Tarifvertrags, ist für die Sozialversicherung der Einzelarbeitsvertrag maßgebend. Nach § 2 NachwG müssen sich die wesentlichen Vertragsbedingungen aus dem schriftlichen Arbeitsvertrag ergeben, oder sie sind anderweitig schriftlich niederzulegen. Die Niederschrift ist zu unterschreiben und dem Arbeitnehmer auszuhändigen. Dies gilt nicht, wenn der Arbeitnehmer nur zur Aushilfe von höchstens einem Monat eingestellt ist. Der Einzelarbeitsvertrag ist auch bei bindendem Tarifvertrag insoweit zu beachten, als 598 er für den Arbeitnehmer günstigere Regelungen (z.B. ein höheres Arbeitsentgelt) vorsieht als der verbindliche Tarifvertrag.

e) Nachträgliche Minderung des Arbeitsentgeltanspruchs

599 Nach BSG v. 21.5.1996, 12 RK 64/94, mindert eine Vertragsstrafe, die nach dem Entstehen der Beitragsforderung zu einer Lohnkürzung führt, nachträglich nicht den bereits entstandenen Beitragsanspruch. Dies gilt nach dem Besprechungsergebnis der Spitzenorganisationen der Sozialversicherung v. 5./6.11.1996 (Die Beiträge 1997, 55) auch für Schadenersatzansprüche des Arbeitgebers, die nachträglich den Arbeitsentgeltanspruch mindern. Ein Beitragserstattungsanspruch auf Grund einer solchen Lohnminderung besteht somit nicht.

f) Arbeitsentgelt im Rechtsstreit

600 Nach BSG v. 18.11.1980, 12 RK 47/79, sind Ansprüche, die in einem gerichtlichen Vergleich derart geregelt werden, dass sie nicht mehr geltend gemacht werden können, so anzusehen, als ob sie von Anfang an nicht bestanden hätten. Gleiches nimmt das BSG bei einem Erlass von Ansprüchen im Wege des Vergleichs an. Etwas anderes gilt dann, wenn die streitige Arbeitsentgeltforderung sehr wohl als bestehend anerkannt worden ist, aber nur deshalb nicht im Vergleich erscheint, weil gegen eine andere Forderung des Arbeitgebers aufgerechnet oder diese wegen einer sonstigen Gegenleistung nicht mehr geltend gemacht worden ist. In diesen Fällen ist die Forderung auf Arbeitsentgelt nicht entfallen, sondern anderweitig erfüllt worden. Ein Beitragsanspruch besteht in diesem Fall auch aus dem anderweitig erfüllten Arbeitsentgeltanspruch.

Wird in einem Kündigungsschutzprozess der Arbeitgeber neben der Feststellung, dass die Kündigung unwirksam war, auch zur Zahlung von Arbeitsentgelt verurteilt, entsteht der Beitragsanspruch nach BSG v. 25.9.1981, 12 RK 58/80, nur aus diesem Arbeitsentgelt, und die Beitragsforderung wird regelmäßig erst nach der rechtskräftigen Beendigung des Rechtsstreits fällig. Mit seiner Entscheidung hat das BSG aber klargestellt, dass der Beitragsanspruch auch in einem Kündigungsschutzprozess bereits mit der Fälligkeit des Arbeitsentgeltanspruchs entsteht und die hinausgeschobene Fälligkeit nur den Beitragsanspruch berührt, der auf der streitbefangenen Arbeitsentgeltforderung beruht. Ausnahmsweise kann die Einzugsstelle aber auch vor der Beendigung des Kündigungsschutzprozesses berechtigt sein, den Beitrag zu fordern. Dies wird man dann annehmen können, wenn die Kündigung sich bei objektiver Betrachtung als offensichtlich unberechtigt erweist.

g) Unter auflösender Bedingung gezahltes Arbeitsentgelt

601 Nach BSG v. 28.2.1967, 3 RK 72/64 und 3 RK 73/64, verliert fälliges und gezahltes Arbeitsentgelt (z.B. Weihnachtsgeld) nachträglich seine Eigenschaft als Arbeitsentgelt, wenn es unter Vorbehalt gewährt und auf Grund einer Rückzahlungsklausel zurückgezahlt wird, so dass der daraus gezahlte Beitrag nach Maßgabe des § 26 Abs. 2 SGB IV sowie des § 351 Abs. 1 SGB III als zu Unrecht gezahlt zu erstatten ist.

h) Verzicht auf Arbeitsentgelt

602 Der Verzicht auf Teile des Arbeitsentgelts muss kumulativ folgende drei Kriterien erfüllen, um beitragsrechtlich berücksichtigt zu werden:

- Der Verzicht muss arbeitsrechtlich zulässig sein.

  Bei einem bindenden Tarifvertrag ist der Gehaltsverzicht nur zulässig, soweit eine Öffnungsklausel besteht. Im Fall eines Gehaltsverzichts einer Teilzeitkraft (insbesondere auf Einmalzahlungen) ist außerdem zu prüfen, ob der Verzicht gegen das TzBfG verstößt.

- Der Verzicht muss schriftlich niedergelegt sein.

  Nach § 2 Abs. 1 Satz 2 Nr. 6 NachwG müssen die Zusammensetzung und die Höhe des Arbeitsentgelts einschließlich Zuschlägen, Zulagen, Prämien und Sonderzuwendungen sowie anderer Bestandteile des Arbeitsentgelts und dessen Fälligkeit schriftlich niedergelegt sein. Ein Gehaltsverzicht gehört auch zu den schriftlich niederzulegenden Arbeitsvertragsinhalten.

  Ausgenommen von der Nachweispflicht sind die in § 1 NachwG genannten Personen (Arbeitnehmer, die nur zur vorübergehenden Aushilfe von höchstens einem Monat eingestellt werden).

- Der Verzicht darf nur auf künftig fällig werdende Arbeitsentgeltbestandteile gerichtet sein.

  Ein rückwirkender Verzicht der Arbeitnehmer auf Arbeitsentgeltanspruch führt nicht zu einer Reduzierung der Beitragsforderung. Der Beitragsanspruch ist bereits entstanden und wird durch den Verzicht auf das Arbeitsentgelt nicht mehr beseitigt (bestätigt durch LSG Nordrhein-Westfalen v. 31.10.2000, L 5 KR 27/00).

Erfüllt der Verzicht auch nur eines der o.g. drei Kriterien nicht, ist er beitragsrechtlich nicht zu beachten. Für die Prüfung der Versicherungspflicht und die Beitragsberechnung ist dann das Arbeitsentgelt ohne Verzicht maßgebend.

3. Beitragsrechtliche Behandlung von einmalig gezahltem Arbeitsentgelt

Das Entstehungsprinzip in der Sozialversicherung hat im Laufe der Jahre Durchbrechungen erfahren. Dabei handelt es sich u.a. um die beitragsrechtliche Behandlung von einmalig gezahltem Arbeitsentgelt (→ *Einmalzahlungen* Rz. 1793). Nach § 23a Abs. 1 SGB IV sind einmalig gezahltes Arbeitsentgelt Zuwendungen, die dem Arbeitsentgelt zuzurechnen sind und nicht für die Arbeit in einem einzelnen Entgeltabrechnungszeitraum gezahlt werden. Einmalig gezahltes Arbeitsentgelt ist grundsätzlich dem Abrechnungszeitraum zuzuordnen, in dem es gezahlt wird. Es kommt also nicht darauf an, wann der Entgeltanspruch entstanden ist, sondern wann das Arbeitsentgelt gezahlt wird. Diese Ausnahme ergibt sich aus der Definition des einmalig gezahlten Arbeitsentgelts; sie ist zugleich eine Konzession an die betriebliche Abrechnungspraxis. Würde in diesen Fällen streng am Entstehungsprinzip festgehalten, müssten bereits erfolgte Abrechnungen neu durchgeführt werden. Der damit verbundene Aufwand wäre nicht gerechtfertigt. Zur Vermeidung von Beitragsausfällen ist bei einmalig gezahltem Arbeitsentgelt anstatt einer monatlichen eine (anteilige) jährliche Beitragsbemessungsgrenze (BBG) vorgesehen. Einmalig gezahlte Arbeitsentgelte, die im ersten Quartal eines Jahres gezahlt werden, werden ggf. dem Vorjahr zugeordnet. 603

In seinem Urteil v. 14.5.2002, B 12 KR 15/01 R, hat das BSG die ausnahmsweise Anwendung des Zuflussprinzips in der Sozialversicherung bei der Beitragsberechnung von einmalig gezahltem Arbeitsentgelt bestätigt.

Dies bedeutet, dass Beitragsansprüche aus einmalig gezahltem Arbeitsentgelt entstehen, sobald dieses ausgezahlt worden ist. Erfolgt keine Auszahlung von einmalig gezahltem Arbeitsentgelt, können **keine** Beiträge erhoben werden.

Auf Grund der Entscheidung des BSG v. 7.2.2002, B 12 KR 12/01 R, hat der Gesetzgeber im o.a. Gesetz für eine weitere Klarstellung gesorgt. Nach der aktuellen BSG-Rechtsprechung war der geldwerte Vorteil für eine kostenlose Kontoführung (→ *Kontogebühren* Rz. 2732) oder Freiflüge (→ *Freiflüge* Rz. 2250) als einmaliges Arbeitsentgelt anzusehen. Dadurch konnte bei einer Pauschalbesteuerung keine Beitragsfreiheit eintreten. Mit der Änderung des § 23a SGB IV i.R. des o.a. Gesetzes sind folgende Arbeitsentgelte nicht als einmalig gezahltes anzusehen:

- Zuwendungen, wenn sie üblicherweise zur Abgeltung bestimmter Aufwendungen des Beschäftigten dienen, die auch im Zusammenhang mit der Beschäftigung stehen,
- Waren oder Dienstleistungen (Personalrabatte), die vom Arbeitgeber nicht überwiegend für den Bedarf seiner Beschäftigten hergestellt, vertrieben oder erbracht werden und monatlich in Anspruch genommen werden können (z.B. freie oder verbilligte Flüge von Mitarbeitern der Fluggesellschaften),
- sonstige Sachbezüge oder
- vermögenswirksame Leistungen.

Bei einer Pauschalversteuerung besteht Beitragsfreiheit.

Nach § 14 Abs. 3 SGB IV bleiben im Haushaltsscheckverfahren Zuwendungen unberücksichtigt, die nicht in Geld (Sachzuwendungen) gewährt worden sind.

Einmalzahlungen, die – ungeachtet der arbeitsrechtlichen Zulässigkeit – in jedem Kalendermonat zu einem Zwölftel zur Auszahlung gelangen, verlieren ihren Charakter als einmalig gezahltes Arbeitsentgelt (§ 23a SGB IV) und sind somit laufendes Arbeitsentgelt. Dies hat u.a. Auswirkungen auf die beitragsrechtliche Behandlung von Beiträgen zur Direktversicherung, die nach § 40b EStG pauschal versteuert werden, denn die pauschal versteuerten Direktversicherungsbeiträge sind nach § 1 Abs. 1 Nr. 4 SvEV nur dann nicht dem Arbeitsentgelt zuzuordnen, wenn es sich hierbei um zusätzliche Leistungen des Arbeitgebers handelt, die neben dem laufenden Arbeitsentgelt gezahlt werden, oder wenn sie aus Einmalzahlungen finanziert werden. Sofern also für die Direktversicherungsbeiträge laufendes Arbeitsentgelt verwendet wird, was im Falle einer Umstellung von Einmalzahlungen auf monatliche Zahlungen der Fall wäre, führt dies nicht zu einer Minderung des beitragspflichtigen Arbeitsentgelts, d.h. die aus dem laufenden Arbeitsentgelt finanzierten Direktversicherungsbeiträge unterliegen auch bei einer vorgenommenen Pauschalbesteuerung der Beitragspflicht.

Zur Begriffsabgrenzung hinsichtlich Arbeitslohn → *Arbeitslohn* Rz. 621.

4. Beitragsrechtliche Behandlung von arbeitgeberseitigen Leistungen während des Bezugs von Entgeltersatzleistungen (Sozialleistungen)

604 Die Sozialversicherung hat bisher – ohne eindeutige gesetzliche Regelung – geduldet, dass Arbeitsentgelte, die für die Zeit des Bezugs von Krankengeld oder anderer Sozialleistungen als sog. arbeitgeberseitige Leistungen gewährt worden sind, mit Ausnahme der Zuschüsse zum Elterngeld, i.d.R. ohne bestimmte Begrenzungen in ihrer Höhe beitragsfrei blieben. Dies galt allerdings bei Bezug von Krankengeld lediglich für Versicherte der gesetzlichen Krankenversicherung. **Bei privat Krankenversicherten** führten arbeitgeberseitige Leistungen während des Bezugs von Krankentagegeld dazu, dass die Beschäftigung gegen Arbeitsentgelt nicht unterbrochen war; es waren SV-Tage zu berücksichtigen und es bestand Beitragspflicht.

Nach § 23c SGB IV gelten arbeitgeberseitige Leistungen, die für die Zeit des Bezugs von Krankengeld, Versorgungskrankengeld, Verletztengeld, Übergangsgeld und Mutterschaftsgeld sowie von Krankentagegeld oder für eine Elternzeit in Anspruch genommen werden, **nicht als beitragspflichtiges Arbeitsentgelt**, soweit die Einnahmen zusammen mit den genannten Sozialleistungen das Nettoarbeitsentgelt nicht übersteigen. Dies gilt sowohl für **Versicherte der gesetzlichen Krankenversicherung als auch für Versicherte der privaten Krankenversicherung**. Zum 1.1.2008 wurde eine Bagatellgrenze i.H.v. 50 € eingeführt. Übersteigt die arbeitgeberseitige Leistung den SV-Freibetrag um mehr als 50 €, ist der gesamte Betrag beitragspflichtig. Ebenfalls seit 1.1.2008 ist für die beitragsrechtliche Beurteilung nach § 23c SGB IV nicht mehr die Elternzeit, sondern das Elterngeld maßgebend.

Die Spitzenorganisationen der Sozialversicherung haben die Auswirkungen der Regelung in einem Rundschreiben v. 13.11.2007 zusammengefasst.

a) Allgemeines

605 Die gesetzliche Regelung (§ 23c SGB IV) hat grundsätzlich die bisherige langjährige Praxis der Sozialversicherungsträger zur Beitragsfreiheit aufgegriffen und stellt eine einheitliche Rechtsanwendung für alle für die Zeit des Bezugs von Sozialleistungen gezahlten Leistungen des Arbeitgebers für Mitglieder sowohl der gesetzlichen als auch der privaten Krankenversicherung sicher.

Außerdem trägt die Regelung der Tatsache Rechnung, dass Zusatzleistungen, die nur für Zeiten der Arbeitsunfähigkeit oder auf Grund der sonstigen den Bezug der genannten Sozialleistungen begründenden Faktoren gewährt werden, insbesondere Krankengeldzuschüsse, grundsätzlich nicht in die Berechnungsgrundlage späterer Sozialleistungen einfließen sollen und damit z.B. zu höheren Rentenanwartschaften im Alter führen.

§ 23c SGB IV findet keine Anwendung auf Arbeitsentgelt aus einer während des Bezugs von Sozialleistungen tatsächlich ausgeübten Beschäftigung (z.B. Beschäftigung in Fällen der stufenweisen Wiedereingliederung in das Erwerbsleben, Teilzeitbeschäftigung während der Elternzeit). Die daneben vom Arbeitgeber laufend gezahlten Leistungen, die üblicherweise in einem Beschäftigungsverhältnis anfallen können, sind dem tatsächlichen Arbeitsentgelt hinzuzurechnen und unterliegen damit grundsätzlich in vollem Umfang der Beitragspflicht.

b) Beitragsrecht

Arbeitgeberseitige Leistungen, die für die Zeit des Bezugs von 606
Sozialleistungen gezahlt werden, gelten **nicht** als beitragspflichtiges Arbeitsentgelt, soweit die Einnahmen zusammen mit den Sozialleistungen das **Nettoarbeitsentgelt nicht übersteigen**. Das hat zur Folge, dass alle arbeitgeberseitigen Leistungen, die für die Zeit des Bezugs der Sozialleistungen laufend gezahlt werden, bis zum maßgeblichen Nettoarbeitsentgelt nicht der Beitragspflicht unterliegen. Alle darüberhinausgehenden Beträge sind hingegen als beitragspflichtige Einnahmen zu berücksichtigen, die Bagatellgrenze von 50 € ist zu beachten, vgl. → Rz. 593.

Zu den laufend gezahlten arbeitgeberseitigen Leistungen zählen insbesondere

- Zuschüsse zum Krankengeld, Verletztengeld, Übergangsgeld,
- Zuschüsse zum Mutterschaftsgeld,
- Zuschüsse zum Krankentagegeld privat Versicherter,
- Sachbezüge (z.B. Kost, Wohnung und private Nutzung von Geschäftsfahrzeugen),
- Firmen- und Belegschaftsrabatte,
- vermögenswirksame Leistungen,
- Kontoführungsgebühren,
- Zinsersparnisse aus verbilligten Arbeitgeberdarlehen,
- Telefonzuschüsse und
- Beiträge und Zuwendungen zur betrieblichen Altersvorsorge (§ 1b BetrAVG).

Das Gesetz erfasst folgende Sozialleistungen, neben denen laufend gezahlte arbeitgeberseitige Leistungen unter den genannten Voraussetzungen nicht als beitragspflichtige Einnahmen gelten:

- Krankengeld und Krankengeld bei Erkrankung des Kindes (Krankenkassen)
- Verletztengeld und Verletztengeld bei Verletzung des Kindes (Unfallversicherungsträger)
- Übergangsgeld (Rentenversicherungsträger/Bundesagentur für Arbeit/Unfallversicherungsträger/Kriegsopferfürsorge)
- Versorgungskrankengeld (Träger der Kriegsopferversorgung)
- Mutterschaftsgeld (Krankenkassen/Bund)
- Elterngeld
- Pflegeunterstützungsgeld bei Pflege eines Angehörigen
- Krankentagegeld (private Krankenversicherungsunternehmen)

Obwohl keine Sozialleistung im eigentlichen Sinne, wird von § 23c SGB IV auch die Elternzeit erfasst.

Zur Feststellung des SV-Freibetrags wird ein zu vergleichendes Nettoarbeitsentgelt (Vergleichs-Nettoarbeitsentgelt) benötigt. Der höchstmögliche SV-Freibetrag ist die Differenz zwischen dem Vergleichs-Nettoarbeitsentgelt und der Nettosozialleistung. Der so ermittelte Betrag bleibt für die Dauer des Bezugs von Sozialleistungen unverändert. Es bestehen keine Bedenken, wenn der Arbeitgeber monatlich das Nettoarbeitsentgelt als Vergleichs-Nettoarbeitsentgelt berücksichtigt, das im Fall der tatsächlichen Ausübung der Beschäftigung zu ermitteln wäre.

In verschiedenen Unternehmen sehen tarifliche Regelungen vor, die Mitarbeiter durch Zuzahlungen z.B. zum Krankengeld so zu stellen, dass sie ihr bisheriges Nettoarbeitsentgelt-Niveau behalten. Dies kann aber nur dadurch erreicht werden, dass der Differenzbetrag zwischen dem bisherigen Nettoarbeitsentgelt und dem Nettokrankengeld um die Steuern auf einen Bruttobetrag hochgerechnet und die Steuerschuld vom Arbeitgeber übernommen wird. Nur auf diesem Weg erhalten die Mitarbeiter einen Betrag, der insgesamt dem bisherigen Nettoarbeitsentgelt entspricht. Ergibt sich nur durch die Berücksichtigung von auf einen Zuschuss zu einer Sozialleistung zu zahlenden Steuern ein das Vergleichs-Nettoarbeitsentgelt übersteigender Betrag, wird dieser übersteigende Betrag unter Zurückstellung rechtlicher Bedenken nicht der Beitragspflicht unterworfen (vgl. Besprechungsergebnis der Spitzenverbände der Sozialversicherungsträger am 25./26.4.2006).

Nach einigen Tarifverträgen hat der Arbeitgeber für privat Krankenversicherte einen Zuschuss zur Entgeltersatzleistung in Höhe der Differenz zwischen dem in der gesetzlichen Krankenversicherung geltenden Krankengeldhöchstsatz für Versicherungspflichtige und dem Nettoarbeitsentgelt des Beschäftigten zu zahlen. In diesen Fällen bleibt der auf das Nettoarbeitsentgelt begrenzte Zuschuss beitragsfrei. Für jede weitere Zahlung des Arbeitgebers (z.B. Firmen- und Belegschaftsrabatte) besteht dann allerdings Beitragspflicht, weil insoweit davon auszugehen ist, dass das Nettoarbeitsentgelt damit überschritten wird (vgl. Besprechungsergebnis der Spitzenverbände der Sozialversicherungsträger am 25./26.4.2006).

Für die Berechnung des Zuschusses des Arbeitgebers zu einer Sozialleistung kann das durch arbeitsrechtliche oder tarifrechtliche Regelung vereinbarte Nettoarbeitsentgelt verwendet werden. Zur Berechnung des Nettoarbeitsentgelts ist für privat Krankenversicherte – wie bei freiwilligen Mitgliedern der gesetzlichen Krankenversicherung – der um den Beitragszuschuss für Beschäftigte verminderte Beitrag des Versicherten zur Kranken- und Pflegeversicherung abzuziehen (vgl. Besprechungsergebnis der Spitzenverbände der Sozialversicherungsträger am 25./26.4.2006).

c) Ermittlung der beitragspflichtigen Einnahmen

607 Der zusammen mit der jeweiligen Sozialleistung das Vergleichs-Nettoarbeitsentgelt übersteigende Teil der laufend gezahlten arbeitgeberseitigen Leistungen wird beitragspflichtig in der Sozialversicherung. Hierfür sind jeweils die Nettosozialleistung und die Bruttozahlungen des Arbeitgebers zu berücksichtigen.

Nettosozialleistung ist bei gesetzlichen Leistungsträgern die Bruttosozialleistung abzüglich der vom Versicherten zu tragenden Sozialversicherungs-Beitragsanteile. Sie bleibt für den gesamten Zeitraum des Bezugs von Sozialleistungen für die Ermittlung des SV-Freibetrags unverändert. Bei privaten Leistungsträgern sind Brutto- und Nettosozialleistung gleich.

Beitragspflichtige Einnahmen auf Grund von arbeitgeberseitigen Leistungen fallen – auch in Monaten mit nur teilweisem Sozialleistungsbezug – nur an, wenn unter Berücksichtigung eines vollen Abrechnungsmonats mit Bezug von Sozialleistungen die dem Grunde nach beitragspflichtigen laufend gezahlten arbeitgeberseitigen Leistungen zusammen mit der Sozialleistung das Vergleichs-Nettoarbeitsentgelt übersteigen. Die laufend gezahlten arbeitgeberseitigen Leistungen müssen somit höher sein als der SV-Freibetrag. Für jeden Kalendertag des Sozialleistungsbezugs ist vom SV-Freibetrag 1/30 – in vollen Kalendermonaten 30/30 – bei der Beitragsberechnung zu berücksichtigen. In den Fällen, in denen die Nettosozialleistung eines privaten Leistungsträgers das Vergleichs-Nettoarbeitsentgelt übersteigt, unterliegt die beitragspflichtige Einnahme in voller Höhe der Beitragspflicht.

Beispiel 1:

Bruttoarbeitsentgelt	3 000,– € mtl.
Vergleichs-Nettoarbeitsentgelt	2 100,– € mtl.
Bruttozahlungen des Arbeitgebers	500,– € mtl.
Nettokrankengeld	1 628,10 € mtl.
SV-Freibetrag (2 100 € – 1 628,10 €)	471,90 € mtl.

Der SV-Freibetrag wird durch den Zuschuss des Arbeitgebers monatlich um (500 € – 471,90 € =) 28,10 € überschritten; dieser Betrag übersteigt jedoch nicht die Freigrenze von 50 €. Es liegt keine beitragspflichtige Einnahme vor.

Beispiel 2:

Bruttoarbeitsentgelt	3 000,– € mtl.
Vergleichs-Nettoarbeitsentgelt	2 100,– € mtl.
Bruttozahlungen des Arbeitgebers	600,– € mtl.
Nettokrankengeld	1 628,10 € mtl.
SV-Freibetrag (2 100 € – 1 628,10 €)	471,90 € mtl.

Der SV-Freibetrag wird durch den Zuschuss des Arbeitgebers monatlich um (600 € – 471,90 € =) 128,10 € überschritten und übersteigt die Freigrenze von 50 €. Es liegt eine kalendertägliche beitragspflichtige Einnahme von (128,10 € : 30 =) 4,27 € vor.

Die Ermittlung der beitragspflichtigen Einnahmen aus arbeitgeberseitigen Leistungen erfolgt auf Basis der zu Beginn der Zahlung einer Sozialleistung maßgebenden Verhältnisse. Spätere (tarifvertragliche) Erhöhungen einer arbeitgeberseitigen Leistung sowie die auf Grund der gesetzlichen Regelungen vorgesehenen Erhöhungen der Sachbezugswerte und die Dynamisierungen der Sozialleistungen bleiben unberücksichtigt. Kommt während des Sozialleistungsbezugs eine weitere arbeitgeberseitige Leistung hinzu oder fällt von unterschiedlichen Leistungen des Arbeitgebers eine weg, ist die beitragspflichtige Einnahme aus arbeitgeberseitigen Leistungen neu zu ermitteln. Dies gilt auch bei einer Änderung der Sozialleistungsart.

Erhält der Arbeitnehmer für einen Teil des Monats noch Arbeitsentgelt (z.B. Entgeltfortzahlung) und für den anderen Teil des Monats eine Entgeltersatzleistung, sind die arbeitgeberseitigen Leistungen nur beitragspflichtig, wenn unter Berücksichtigung eines vollen Abrechnungsmonats mit Bezug von Sozialleistungen die dem Grunde nach beitragspflichtigen laufend gezahlten arbeitgeberseitigen Leistungen zusammen mit der Sozialleistung das Vergleichs-Nettoarbeitsentgelt übersteigen (vgl. Besprechungsergebnis der Spitzenverbände der Sozialversicherungsträger am 25./26.4.2006).

Erhält der Arbeitnehmer für den Teilmonat ein Arbeitsentgelt (Entgeltfortzahlung), das die für den Teilmonat maßgebende anteilige BBG überschreitet, und für die anschließende Zeit des Entgeltersatzleistungsbezugs eine beitragspflichtige Einnahme nach § 23c SGB IV, ist nach Auffassung der Spitzenverbände der Sozialversicherungsträger (Besprechungsergebnis v. 23./24.4.2007) für die Beitragsberechnung das im Teilmonat erzielte tatsächliche Arbeitsentgelt zuzüglich der beitragspflichtigen Einnahme nach § 23c SGB IV heranzuziehen, und zwar unter Zugrundelegung der monatlichen BBG (30 SV-Tage).

Beispiel 3:

Bezug von Krankengeld (krankenversicherungspflichtiger Arbeitnehmer) ab 11.4.

Bruttoarbeitsentgelt	4 000,– € mtl.
Vergleichs-Nettoarbeitsentgelt	2 100,– € mtl.
Brutto-Zahlungen des Arbeitgebers (Firmenwagen)	600,– € mtl.
Nettokrankengeld	2 015,37 € mtl.
Nettokrankengeld	1 628,10 € mtl.
SV-Freibetrag (2 100 € – 1 628,10 € =)	471,90 € mtl.

Der SV-Freibetrag wird durch den Zuschuss des Arbeitgebers monatlich um (600 € – 471,90 € =) 128,10 € überschritten und übersteigt die Freigrenze von 50 €. Es liegt eine kalendertägliche beitragspflichtige Einnahme von (128,10 € : 30 =) 4,27 € vor. Für die Zeit vom 11.4. bis 30.4. beträgt die beitragspflichtige Einnahme 85,40 €.

d) Bezug von Mutterschaftsgeld

Zuschüsse zum Mutterschaftsgeld nach § 20 MuSchG (→ *Mutterschaftsgeld* Rz. 3205) sind dem Arbeitsentgelt nicht zuzurechnen. 608
Der Arbeitgeber hat einen Zuschuss in Höhe des Unterschiedsbetrags zwischen 13 € und dem um die gesetzlichen Abzüge verminderten kalendertäglichen Arbeitsentgelt (Nettoarbeitsentgelt) zu zahlen.

Bei einem **kalendertäglichen Nettoarbeitsentgelt von bis zu 13 €** besteht somit kein Anspruch auf einen Arbeitgeberzuschuss. In diesem Fall **stellt jede arbeitgeberseitige Leistung eine beitragspflichtige Einnahme** dar.

Bei einem **kalendertäglichen Nettoarbeitsentgelt von über 13 €** übersteigt der Arbeitgeberzuschuss zusammen mit dem Mutterschaftsgeld nicht das Nettoarbeitsentgelt. Es liegt somit **ausschließlich eine nicht beitragspflichtige Einnahme** vor. Ein Überschreiten des SV-Freibetrags kann in diesem Fall nur (aber immer dann) eintreten, wenn der Arbeitgeber neben dem Zuschuss nach § 20 Abs. 1 MuSchG weitere arbeitgeberseitige Leistungen erbringt.

e) Beiträge und Zuwendungen für die betriebliche Altersvorsorge

Die vom Arbeitgeber für Zeiten des Bezugs von Sozialleistungen 609
übernommenen Beiträge zur betrieblichen Altersvorsorge, die i.R. des § 1 Abs. 1 Nr. 4 SvEV nicht dem Arbeitsentgelt zuzurechnen sind, können von vornherein als Arbeitsentgelt ausgeschlossen werden.

Arbeitsessen

1. Begriff

Unter einem Arbeitsessen versteht man die Bewirtung von Arbeit- 610
nehmern durch den Arbeitgeber am Firmensitz ohne die Teilnahme von Geschäftspartnern des Arbeitgebers. Werden solche Ar-

beitsessen vom Arbeitgeber durchgeführt, so liegt i.d.R. **steuerpflichtiger Arbeitslohn** vor.

LSt SV

Eine **Ausnahme** von dieser Regel kommt dann in Betracht, wenn eine Gesamtwürdigung aller Umstände des Einzelfalls ergibt, dass der Arbeitgeber die Aufwendungen für Speisen in seinem **ganz überwiegend eigenbetrieblichen Interesse** getätigt hat.

LSt (durchgestrichen) SV (durchgestrichen)

2. Eigenbetriebliches Interesse

611 Bei der Gewährung von Mahlzeiten durch den Arbeitgeber legt der **BFH den Begriff „eigenbetriebliches Interesse" sehr restriktiv** aus, weil die Nahrungsaufnahme – ebenso wie die Bekleidung – ein allgemeines menschliches Bedürfnis befriedigt und deshalb i.d.R. ein erhebliches eigenes Interesse des Arbeitnehmers an der unentgeltlichen Zuwendung einer Mahlzeit durch den Arbeitgeber anzunehmen ist (vgl. BFH v. 5.5.1994, VI R 55 – 56/92, BStBl II 1994, 771). Allerdings ist dann kein Arbeitslohn anzunehmen, wenn das eigenbetriebliche Interesse des Arbeitgebers an einer Gemeinschaftsverpflegung wegen besonderer betrieblicher Abläufe den Vorteil der Arbeitnehmer bei Weitem überwiegt (BFH v. 21.1.2010, VI R 51/08, BStBl II 2010, 700 betr. unentgeltliche Verpflegung an Bord eines Flusskreuzfahrtschiffes).

Auch wenn Speisen und Getränke anlässlich und während eines **außergewöhnlichen Arbeitseinsatzes** aus durch den Arbeitsablauf bedingten Gründen unentgeltlich überlassen werden, ist kein Arbeitslohn anzunehmen. In einem derartigen Fall kann im Hinblick auf ansonsten erforderliche andere Programmabläufe das eigene Interesse des Arbeitgebers daran, dass die Arbeitnehmer gemeinschaftlich und im zeitlichen Zusammenhang mit diesem Arbeitseinsatz ein vom Arbeitgeber unentgeltlich angebotenes Essen einnehmen, das Interesse der Arbeitnehmer an der Erlangung dieses Vorteils bei weitem überwiegen.

3. Außergewöhnlicher Arbeitseinsatz

612 Ein außergewöhnlicher Arbeitseinsatz **liegt allerdings nicht** bereits dann vor, wenn sich Arbeitnehmer des Arbeitgebers zu einer **beruflichen Besprechung** außerhalb der üblichen Arbeitszeiten oder während der Mittagszeit in einem Restaurant oder einer Gaststätte verabreden oder von dem Arbeitgeber zu einem derartigen Essen eingeladen werden. Hinzukommen muss, dass es sich beispielsweise um einen innerhalb einer kurzen Zeit zu erledigenden oder einen **unerwarteten Arbeitsanfall** handelt, so dass die Überlassung der Mahlzeit der im Interesse des Arbeitgebers liegenden Beschleunigung des Arbeitsablaufs dient, so z.B. wenn Überstunden zur Bewältigung kurzfristiger Arbeitsspitzen geleistet werden (FG Hamburg v. 24.7.2002, VI 226/99, EFG 2003, 89).

Allerdings kann einer Bewirtung ausschließlich eigener Arbeitnehmer ein Belohnungscharakter nur dann abgesprochen und damit ein ganz überwiegend eigenbetriebliches Interesse des Arbeitgebers lediglich dann angenommen werden, wenn das überlassene **Essen einfach und nicht aufwendig** ist. Hierzu hat die Finanzverwaltung in R 19.6 Abs. 2 Satz 2 LStR festgelegt, dass der Wert der Mahlzeit deshalb **60 €** nicht überschreiten darf.

Beispiel 1:

Im Betrieb des Arbeitgebers ist die Computeranlage ausgefallen. Die Systemtechniker des Arbeitgebers arbeiten über den normalen Feierabend hinaus, um den Fehler zu beheben. Da die eigene Kantine geschlossen ist, lädt der Arbeitgeber die Arbeitnehmer in der nahegelegenen Gaststätte zum Abendessen ein. Nach dem Abendessen wird die Arbeit fortgesetzt, weil am nächsten Morgen der Fehler behoben sein muss. Das Essen kostet pro Arbeitnehmer 15 €.

Die Mahlzeitengewährung führt bei den Arbeitnehmern nicht zu einem geldwerten Vorteil, weil die Mahlzeiten anlässlich und während eines außergewöhnlichen Arbeitseinsatzes abgegeben wurden.

Beispiel 2:

Wie Beispiel 1, bei der Gaststätte handelt es sich um ein Gourmet-Restaurant; der Wert der Mahlzeit beträgt deshalb 80 €.

Der Wert der Mahlzeit ist in voller Höhe als Arbeitslohn zu versteuern, weil die 60 €-Freigrenze überschritten worden ist.

Beispiel 3:

Wie Beispiel 1, der Computerfehler wurde behoben. Anschließend lädt der Arbeitgeber seine Techniker zum Abendessen ein.

Der Wert der Mahlzeit ist als Arbeitslohn bei den Arbeitnehmern zu versteuern, weil der Arbeitseinsatz bereits vor der Mahlzeitengewährung beendet worden ist (nicht während eines Arbeitseinsatzes, sondern danach). Jeder Arbeitnehmer hat grds. 15 € als Arbeitslohn zu versteuern. Sofern die Freigrenze von monatlich 50 € nach § 8 Abs. 2 Satz 11 EStG (→ *Sachbezüge* Rz. 3819) nicht überschritten wird, bleibt das Essen aus diesem Grund im Ergebnis steuerfrei.

Beispiel 4:

Die Arbeitnehmer einer Werbeagentur erhalten vom Arbeitgeber Verpflegungskosten erstattet, wenn für Projekte ein besonderer Termindruck besteht und Überstunden zur Bewältigung kurzfristiger Arbeitsspitzen angeordnet werden. Muss in diesen Fällen voraussichtlich länger als 22.00 Uhr gearbeitet werden, kann auf ausdrückliche Anordnung des zuständigen Etatdirektors bzw. Creativdirectors der Projektgruppe ab 20.00 Uhr eine zusätzliche Verpflegung zu Lasten der Agentur bestellt werden; dabei sind die verpflegten Personen namentlich unter Angabe der Projektnummer aufzulisten. Die Mahlzeiten werden z.T. nach Anlieferung durch einen Pizzaservice und dergleichen in der Agentur und z.T. in schlichten, in der Nähe der Agentur gelegenen Restaurants, teilweise nach Abschluss des Arbeitstags, eingenommen. In derartigen Fällen werden die Arbeiten für den nächsten Tag (z.B. Präsentationen bei Kunden) vorbereitet.

Sowohl die in der Agentur als auch in den Restaurants eingenommenen Mahlzeiten stellen steuerfreie Aufmerksamkeiten dar. Dies gilt auch, soweit die Mahlzeiten nach Abschluss des Arbeitstags in einem Restaurant eingenommen werden, weil sie der Beschleunigung der Arbeit dienen und damit im überwiegenden Interesse des Arbeitgebers liegen. Es wurden nämlich anlässlich des Essens noch Präsentationen bei Kunden am nächsten Tag besprochen (FG Hamburg v. 24.7.2002, VI 226/99, EFG 2003, 89).

4. Höhe des geldwerten Vorteils

Soweit Arbeitslohn anzunehmen ist, weil es sich um ein Beloh- 613
nungsessen (Incentive-Essen) handelt, ist als geldwerter Vorteil der maßgebende Wert der Mahlzeit anzusetzen, also der anteilige Rechnungsbetrag laut Gaststättenrechnung, und nicht etwa der niedrigere Sachbezugswert (R 8.1 Abs. 8 2. Spiegelstrich LStR). Muss der Arbeitnehmer für das Essen etwas zahlen, ist dieser Betrag anzurechnen.

Beispiel 1:

Der Arbeitgeber veranstaltet regelmäßig (etwa zehnmal im Jahr) an seinem Sitz Geschäftsleitungssitzungen in einer Gaststätte, die mit einem Mittagessen verbunden werden. Es nehmen jeweils etwa 25 leitende Angestellte – Prokuristen und Direktoren – teil. Die Arbeitsessen finden in der Zeit von 13.00 bis 14.30 Uhr statt. Das Essen wird von der Geschäftsleitung ohne Auswahlmöglichkeit für die einzelnen Teilnehmer bestimmt. Pro Teilnehmer entstehen jeweils Kosten von 35 €.

Die Überlassung von Mahlzeiten i.R. regelmäßig stattfindender Besprechungen der Geschäftsleitung hat belohnenden Charakter und führt daher bei den Arbeitnehmern, die an den Mahlzeiten teilgenommen haben, zu einem Zufluss von Arbeitslohn. Die Voraussetzungen für die Annahme eines außergewöhnlichen Arbeitseinsatzes mit der Folge, dass die Überlassung einer Mahlzeit durch den Arbeitgeber ausnahmsweise nicht als Arbeitslohn zu werten ist, liegen auch nicht vor, wenn Besprechungen der Geschäftsführung mit einer gewissen Regelmäßigkeit (ca. zehnmal im Jahr) stattfinden und planmäßig in die Mittagszeit gelegt werden. Die organisatorische Vereinfachung, die für den Arbeitgeber darin liegt, dass für alle Teilnehmer der Besprechung ein einheitliches Essen vorbestellt wird, überwiegt bei dieser Fallgestaltung den eigenen Vorteil der Arbeitnehmer an der Erlangung dieses Essens nicht (BFH v. 4.8.1994, VI R 61/92, BStBl II 1995, 59).

Das Arbeitsessen führt bei den teilnehmenden Arbeitnehmern zu einem geldwerten Vorteil von 35 €. Der Sachbezugswert für ein Mittagessen von 3,57 € ist nicht anzusetzen.

Ist das Arbeitsessen als Arbeitslohn des Arbeitnehmers anzusehen, so ist noch zu prüfen, ob die **Freigrenze von 50 €** für Sachbezüge überschritten wird (→ *Sachbezüge* Rz. 3819). Werden dem Arbeitnehmer außer dem Arbeitsessen im Kalendermonat keine weiteren Sachbezüge gewährt, so bleibt ein Arbeitsessen bis zu einem Wert von 50 € steuer- und beitragsfrei.

Beispiel 2:

Der Arbeitgeber gewährt seinen Arbeitnehmern grds. keine Rabatte oder ähnliche Vorteile. Jeden Monat wird allerdings der erfolgreichste Verkäufer zu einem Abendessen im Werte von 40 € eingeladen.

Bei dem Essen handelt es sich um ein Belohnungsessen, das der Arbeitnehmer grds. als Arbeitslohn zu versteuern hat. Da der Wert des Essens 50 € nicht übersteigt und er keine weiteren Sachbezüge erhält, bleibt der Sachbezug nach § 8 Abs. 2 Satz 11 EStG außer Ansatz.

5. Sonstiges

a) Beschränkung des Betriebsausgabenabzugs

614 Bei einem Arbeitsessen hat der Arbeitgeber die **Beschränkung des Betriebsausgabenabzugs** auf 70 % der Aufwendungen **nicht zu beachten**, er kann die Aufwendungen in voller Höhe als Betriebsausgaben abziehen (vgl. R 4.10 Abs. 7 Satz 1 EStR). Vgl. auch → *Bewirtungskosten* Rz. 1452.

b) Pauschalierung nach § 40 Abs. 2 Satz 1 Nr. 1a EStG

615 Eine **Lohnsteuerpauschalierung** nach § 40 Abs. 2 Satz 1 Nr. 1a EStG ist für Mahlzeiten, die im überwiegend eigenbetrieblichen Interesse des Arbeitgebers abgegeben werden, z.B. sog. Arbeitsessen, **nicht möglich**, weil insoweit kein steuerpflichtiger Arbeitslohn vorliegt (→ *Mahlzeiten aus besonderem Anlass* Rz. 3090).

c) Kürzung der Verpflegungspauschalen

616 Seit 2014 werden **Verpflegungspauschalen** nach § 9 Abs. 4a Satz 8 EStG **gekürzt**, wenn dem Arbeitnehmer eine Mahlzeit von seinem Arbeitgeber oder auf dessen Veranlassung von einem Dritten zur Verfügung gestellt wird.

Die **Kürzung gilt daher auch** für die Teilnahme des Arbeitnehmers an einem außerhalb der ersten Tätigkeitsstätte gewährten **Arbeitsessen** (R 19.6 Abs. 2 Satz 2 LStR), wenn der Arbeitgeber oder auf dessen Veranlassung ein Dritter die Mahlzeit zur Verfügung stellt. Es kommt nicht darauf an, ob Vorteile aus der Gestellung derartiger Mahlzeiten zum Arbeitslohn zählen.

Nimmt der Arbeitnehmer hingegen an einem **Arbeitsessen eines Dritten** teil, fehlt es i.d.R. an einer durch den Arbeitgeber zur Verfügung gestellten Mahlzeit; in diesem Fall sind die **Verpflegungspauschalen nicht zu kürzen**.

Einzelheiten → *Reisekosten: Erstattungen* Rz. 3661.

Arbeitsförderung

→ *Arbeitslosenversicherung* Rz. 716

Arbeitsgemeinschaft

→ *Auszubildende* Rz. 1184, → *Werbungskosten* Rz. 4505

Arbeitskammern/Arbeitnehmerkammern

617 Die nur in Bremen und im Saarland bestehenden Arbeitskammern sind Pflichtzusammenschlüsse der Arbeitnehmer und als Körperschaft des öffentlichen Rechts organisiert. **Beitragspflichtig** sind alle in diesen Bundesländern tätigen **Arbeitnehmer**. Die Beiträge sind vom **Arbeitgeber einzubehalten** und mit den Steuerabzugsbeträgen an das zuständige Betriebsstättenfinanzamt abzuführen. Einzelheiten s. zuletzt die Bekanntmachung des **SF Bremen** v. 17.12.2020, BStBl I 2021, 50 über die Einbehaltung, Anmeldung und Abführung der Beiträge zur Arbeitnehmerkammer im Land Bremen ab 1.1.2021. Ähnliche Regelungen bestehen im **Saarland**, Einzelheiten sind im Internet unter www.arbeitskammer.de veröffentlicht. Für die Einbehaltung, Abführung, Haftung usw. gelten die gleichen Grundsätze wie für das Lohnsteuerabzugsverfahren. Die Beiträge für das Saarland werden jährlich bekannt gemacht.

Übernimmt der Arbeitgeber die Beiträge des Arbeitnehmers, liegt steuerpflichtiger Arbeitslohn vor. Der Arbeitnehmer kann die versteuerten Beiträge aber als **Werbungskosten** absetzen.

LSt SV

Arbeitskampf

1. Arbeitsrecht

618 Durch den grds. als **Mittel des Arbeitskampfs zulässigen Streik** werden die wechselseitigen Pflichten der Arbeitsvertragsparteien aus dem Arbeitsvertrag suspendiert. Die streikenden Arbeitnehmer haben also **keinen Anspruch auf Arbeitsvergütung**. Dies gilt erst recht bei einem unzulässigen oder gar wilden Streik (zum Kündigungsrecht des Arbeitgebers im Fall des „wilden Streiks": LAG Berlin-Brandenburg v. 25.4.2023, 16 Sa 871/22). Auch bei Streikbeteiligung nach einer unwirksamen Kündigung steht ihnen für die Dauer der Teilnahme an dem Arbeitskampf keine Vergütung aus Annahmeverzug zu (BAG v. 17.7.2012, 1 AZR 563/11). Das Streikrecht umfasst die Befugnis einer streikführenden Gewerkschaft, die zur Arbeitsniederlegung aufgerufenen Arbeitnehmer unmittelbar vor dem Betreten des Betriebes anzusprechen, um sie für die Teilnahme am Streik zu gewinnen. Eine solche Aktion kann – abhängig von den konkreten örtlichen Gegebenheiten – mangels anderer Mobilisierungsmöglichkeiten auch auf einem vom bestreikten Arbeitgeber vorgehaltenen Firmenparkplatz vor dem Betriebsgebäude zulässig sein (BAG v. 20.11.2018, 1 AZR 12/17, 1 AZR 189/17). So ist es einer Gewerkschaft nicht grds. untersagt, **Arbeitskampfmaßnahmen auf dem Betriebsgelände des Arbeitgebers** durchzuführen. Entsprechend den Grundprinzipien des Streikrechts ist zentraler Maßstab für die Beurteilung von Arbeitskampfmaßnahmen der Grundsatz der Verhältnismäßigkeit. Danach ist eine Arbeitskampfmaßnahme dann rechtswidrig, wenn sie bezogen auf das Kampfziel offensichtlich ungeeignet, offensichtlich nicht erforderlich oder unangemessen ist (vgl. BAG v. 22.9.2009, 1 AZR 972/08, „Flashmob"). Ein Streik kann durch einstweilige Verfügung auch nur dann untersagt werden, wenn er offensichtlich rechtswidrig ist (ArbG Berlin v. 24.8.2021, 36 Ga 8475/21; a.A. jedoch ArbG Nürnberg v. 13.7.2023, 3 Ga 24/23). Das Ausbleiben des Abschlusses einer Notdienstvereinbarung führt aber z.B. nicht dazu, dass die gerichtliche Untersagung des Arbeitskampfes beansprucht werden kann. Der Abschluss einer Notdienstvereinbarung ist keine konstitutive Rechtmäßigkeitsvoraussetzung für die Durchführung von Streiks. Bei einem Streit der Arbeitskampfparteien über den Umfang des Notdienstes kann das Gericht vielmehr eine Notdienstregelung treffen. Aus dem Grundsatz der Verhältnismäßigkeit folgt, dass das Gericht anstelle einer Unterlassungsverfügung die Verpflichtung zur Einrichtung eines bestimmten Notdienstes aufzugeben hat (LAG Berlin-Brandenburg v. 20.10.2021, 12 Ta 1310/21; vgl. auch LAG Köln v. 16.3.2023, 8 SaGa 3/23).

Im Kontext der sog. Bahn-Streiks im Frühjahr 2024 haben die Obergerichte klargestellt, dass sich die Rechtsprechung nicht aufgefordert sieht, strengere Maßstäbe des Streikrechts im Bereich der Daseinsvorsorge aufzustellen, solange der Gesetzgeber nicht aktiv wird. Die „Wellenstreiks" mit kurzen Ankündigungsfristen (teilweise unter 24 Stunden) verstoßen daher nicht gegen den im Arbeitskampfrecht vorherrschenden Verhältnismäßigkeitsgrundsatz (LAG Hessen v. 12.3.2024, 10 GLa 229/24, vgl. auch Bayreuther, NZA 2024, 649). Der Arbeitskampf ist auch nicht deshalb rechtswidrig, weil er auf eine Forderung gerichtet ist, die nicht erstreikt werden kann. Auch einzelne Streikforderungen machen den Streik nicht insgesamt rechtswidrig. Überdies steht auch einem einzelnen Bahnkunden kein Anspruch auf Unterlassung von Streikmaßnahmen der Gewerkschaft GDL zu. Der Antrag auf eine einstweilige Verfügung gegen den geplanten Streik und die Einrichtung eines Ersatzverkehrs wurde zurückgewiesen, weil der klagende Bahnkunde nur als Dritter betroffen ist und keine Wiederholungsgefahr besteht. Zudem ist der Einzelne durch den Streik nicht in eigenen Rechten verletzt, da die Möglichkeit, den S-Bahn-Verkehr zu nutzen, kein geschütztes Recht i.S.d. § 823 BGB darstellt. Der Streik wirkt sich auf den Bahnkunden lediglich als Reflex aus (LAG Hessen v. 14.7.2025, 10 Ta 500/25, FDArbR 2025, 017395).

Ein bestreikter Arbeitgeber ist grds. berechtigt, zum Streik aufgerufene Arbeitnehmer durch Zusage einer Prämie von einer Streikbeteiligung abzuhalten (BAG v. 14.8.2018, 1 AZR 287/17). Zwar liege eine Ungleichbehandlung der streikenden und der nicht streikenden Beschäftigten vor. Diese ist jedoch vor dem Hintergrund der auf beiden Seiten bestehenden Kampfmittelfreiheit zulässig. Gem. § 11 Abs. 5 AÜG ist hingegen der **Einsatz von Leiharbeitnehmern als sog. Streikbrecher unzulässig**. Die gesetzliche Regelung ist verfassungsgemäß. Sie dient einem ausgewogenen Kräfteverhältnis im Arbeitskampf (BVerfG v. 19.6.2020, 1 BvR 842/17).

2. Lohnsteuer

Streikgelder oder Aussperrungsunterstützungen sind nicht 619
steuerpflichtig. Sie sind weder steuerpflichtiger Arbeitslohn

noch sonstige steuerpflichtige Einnahmen (BFH v. 24.10.1990, X R 161/88, BStBl II 1991, 337).

Damit entfällt aber gleichzeitig der **Werbungskostenabzug** von streikbedingten Aufwendungen, z.B. für Fahrten zum Streiklokal oder Mehraufwendungen für Verpflegung wegen der Teilnahme an Streikversammlungen.

Steuerpflichtige Betriebseinnahmen sind dagegen Streikunterstützungsleistungen, die ein **Unternehmer** anlässlich von Arbeitskämpfen von seinem Arbeitgeberverband erhält (FG Köln v. 1.3.2001, 5 K 3372/96, EFG 2001, 1230, auch zur steuerlichen Behandlung entsprechender Zahlungen bei Arbeitnehmern).

~~LSt~~ ~~SV~~

Steuerpflichtiger Arbeitslohn sind hingegen sog. **Streikbruchprämien** (s. dazu BAG v. 14.8.2018, 1 AZR 287/17), mit denen zum Streik aufgerufene Arbeitnehmer von einer Streikbeteiligung abgehalten werden sollen. Diese Prämien stehen in einem Veranlassungszusammenhang mit dem Arbeitsverhältnis. Unerheblich ist, ob die Prämie ein besonderer Anreiz zur Streikvermeidung ist.

LSt SV

3. Sozialversicherung

620 Die Mitgliedschaft in der **Kranken- und Pflegeversicherung** bleibt für einen Monat erhalten, wenn das Beschäftigungsverhältnis ohne Entgeltzahlung fortbesteht (→ *Arbeitsunterbrechungen durch Arbeitnehmer* Rz. 725). Im Falle eines rechtmäßigen Arbeitskampfs (Streik und Aussperrung) bleibt die Mitgliedschaft bis zu dessen Beendigung bestehen. Dies bedeutet, dass die Mitgliedschaft in der Kranken- und Pflegeversicherung bei einem rechtswidrigen Arbeitskampf spätestens nach einem Monat zu beenden ist. Der Arbeitnehmer hat dann die Möglichkeit, die Mitgliedschaft in der Krankenversicherung freiwillig fortzusetzen, sofern er die dafür erforderlichen Voraussetzungen erfüllt (→ *Freiwillige Krankenversicherung* Rz. 2261). In der Pflegeversicherung würde dann auch wieder kraft Gesetzes ein Versicherungsschutz bestehen.

Das Versicherungsverhältnis in der Arbeitslosenversicherung bleibt längstens für einen Monat bestehen. Dies gilt auch bei einem rechtmäßigen Arbeitskampf (§ 7 Abs. 3 SGB IV).

In der **Rentenversicherung** bleibt eine Beschäftigung gegen Arbeitsentgelt fortbestehen, solange das Beschäftigungsverhältnis ohne Anspruch auf Arbeitsentgelt fortdauert (z.B. unbezahlter Urlaub, Arbeitsbummelei, Streik, Aussperrung), jedoch nicht länger als einen Monat. In der Renten- und Arbeitslosenversicherung wird nicht zwischen einem rechtmäßigen und einem rechtswidrigen Arbeitskampf unterschieden. Das bedeutet, dass das Versicherungsverhältnis in der Renten- und Arbeitslosenversicherung generell nach einem Monat endet.

Da während des Arbeitskampfs kein Arbeitsentgelt gezahlt wird, sind auch für diese Zeit grds. keine Beiträge zur Kranken-, Pflege-, Renten- und Arbeitslosenversicherung zu entrichten. Dennoch handelt es sich bei diesem Zeitraum um eine beitragspflichtige Zeit. Das heißt, bei der Lohnabrechnung sind – wie beim unbezahlten Urlaub (→ *Unbezahlter Urlaub* Rz. 4191) – bei der Ermittlung der anteiligen BBG auch die Tage des Arbeitskampfs zu berücksichtigen (→ *Beiträge zur Sozialversicherung* Rz. 1276; → *Teillohnzahlungszeitraum* Rz. 4077).

~~LSt~~ ~~SV~~

Arbeitskleidung

→ *Berufskleidung* Rz. 1353

Arbeitslohn

Inhalt

1. Begriffsabgrenzung: Arbeitslohn und Arbeitsentgelt

Nachstehend werden lediglich die allgemeinen Grundsätze zum Begriff „Arbeitslohn“ dargestellt. Welche Leistungen beispielhaft steuerpflichtig sind oder nicht, ist im nachstehenden **„Arbeitslohn-ABC“** aufgeführt (→ *Arbeitslohn-ABC* Rz. 633). Soweit noch andere Fragen von Bedeutung sind (z.B. Steuerbefreiungen), s. die jeweiligen Stichworte. 621

Der **steuerliche Begriff Arbeitslohn** und der **sozialversicherungsrechtliche Begriff Arbeitsentgelt** (→ *Arbeitsentgelt* Rz. 593) stimmen in der Praxis im Regelfall überein, auch wenn – wie beim Begriff Arbeitnehmer (→ *Arbeitnehmer* Rz. 191) – Steuerrecht und Sozialversicherungsrecht grds. „auseinanderlaufen“ können. Die Gerichte der Sozialgerichtsbarkeit sind z.B. an die Auslegung vergleichbarer Vorschriften durch die Finanzgerichtsbarkeit nicht gebunden (BSG v. 18.11.1980, 12 RK 59/79). In § 17 SGB IV wird die Bundesregierung jedoch vom Gesetzgeber ermächtigt, durch Rechtsverordnung eine **möglichst weitgehende Übereinstimmung** mit den Regelungen des Steuerrechts sicherzustellen.

Der steuerrechtliche Arbeitslohnbegriff deckt sich auch nicht unbedingt mit dem Begriff des **Arbeitsentgelts im arbeitsrechtlichen Sinn**. Die arbeitsrechtliche Rechtsprechung ist deshalb für das Lohnsteuerrecht nicht ohne weiteres anwendbar. Der steuerrechtliche Arbeitslohnbegriff ist weit gefasst und umfasst somit – anders als das Arbeitsrecht – z.B. auch Schadensersatzleistungen, die ihre Grundlage in einem Dienstverhältnis haben (BFH v. 13.4.1976, VI R 216/72, BStBl II 1976, 694).

Ein **Dienstverhältnis i.S.d. § 611 BGB** ist nicht zwingende Voraussetzung der Steuerbarkeit eines als Arbeitslohn gewollten Zuflusses. Für die Anwendbarkeit des § 19 Abs. 1 Satz 1 Nr. 1 EStG genügt ein sog. **faktisches Dienstverhältnis**. Auf Grund der im Ertragsteuerrecht vorherrschenden wirtschaftlichen Betrachtungsweise liegt Lohnzufluss auch dann vor, wenn zwischen Zahlendem und Zahlungsempfänger kein Arbeitsverhältnis besteht, die Beteiligten dies aber rechtsirrig angenommen haben und daher einerseits ihre Arbeitskraft angedient und diese andererseits entlohnt haben (FG Köln v. 13.2.2014, 6 K 2745/10, EFG 2014, 843 betr. Lohnzufluss bei Streit über das Bestehen eines Arbeitsverhältnisses). Ein Arbeitgeber kann auch gänzlich auf die Arbeitsleistung eines Mitarbeiters verzichten, ohne dass dies der Annahme eines Arbeitsverhältnisses entgegenstünde (BFH v. 12.3.2019, IX R 44/17, BStBl II 2019, 574 betr. Aufstockungsbeträge zum Transferkurzarbeitergeld).

Arbeitslohn kann auch vorliegen, wenn Zuwendungen im Hinblick auf ein **zukünftiges Dienstverhältnis** erbracht werden (BFH v. 26.6.2014, VI R 94/13, BStBl II 2014, 864: Der geldwerte Vorteil aus dem verbilligten Erwerb einer Beteiligung, der im Hinblick auf eine spätere Beschäftigung als Geschäftsführer gewährt wird, ist als Arbeitslohn zu berücksichtigen).

2. Arbeitsrecht

Unter Arbeitslohn (Arbeitsvergütung, Arbeitsentgelt) ist arbeitsrechtlich die Vergütung zu verstehen, die der Arbeitgeber als **Gegenleistung für die Arbeitsleistung** schuldet (vgl. § 612 BGB). Dabei ist begrifflich sowohl der Lohn im engeren Sinne gemeint, d.h. die unmittelbar auf die erbrachte Arbeit bezogene Gegenleistung, als auch der Lohn im weiteren Sinne, d.h. Sozial- und Sonderleistungen mit indirektem Bezug zur Arbeit wie Gratifikationen, Prämien u.Ä. (Vergütung mit Mischcharakter). Zum Arbeitslohn zählen im Übrigen auch die **Lohnersatzleistungen**, wie z.B. die Entgeltfortzahlung im Krankheitsfall. Nicht zum Lohn zählen Leistungen, die ohne jeden Vergütungscharakter allein dem Ersatz von Aufwendungen oder Schäden dienen (z.B. Erstattung von Kontoführungsgebühren, Tage- und Übernachtungsgelder, Umzugskosten oder Aufwandsentschädigungen für den Einsatz des privaten Pkw für Dienstfahrten). 622

Der Anspruch des Arbeitnehmers auf eine **bestimmte Höhe** des Arbeitslohns kann sich ergeben aus einer mündlichen oder schriftlichen **Vertragsvereinbarung**, aus einem Tarifvertrag oder insbesondere bei Sonderleistungen auch aus einer Betriebsvereinbarung, u.U. auch aus dem Gleichbehandlungsgrundsatz.

Mit Wirkung zum 6.7.2017 ist das **Entgelttransparenzgesetz** (EntgTranspG) in Kraft getreten (Gesetz zur Förderung der Trans- 623 parenz von Entgeltstrukturen v. 30.6.2017, BGBl. I 2017, 2152). Ziel des Gesetzes ist es gem. § 1 EntgTranspG, „das Gebot des gleichen Entgelts für Frauen und Männer bei gleicher oder gleichwertiger Arbeit durchzusetzen". Für die betriebliche Praxis von besonderer Bedeutung sind der individuelle Auskunftsanspruch gem. § 10 Abs. 1 EntgTranspG, die Beteiligungsrechte des Betriebsrats (§ 13 EntgTranspG), das betriebliche Prüfverfahren sowie die **Berichtspflicht zur Gleichstellungslage** (§ 21 EntgTranspG). Der individuelle Auskunftsanspruch konnte nach § 25 Abs. 1 EntgTranspG erstmals sechs Kalendermonate nach Inkrafttreten des Gesetzes geltend gemacht werden, folglich **erstmals am 6.1.2018**. Eine neue Anfrage kann grds. erst alle zwei Jahre ab dem Tag des vorherigen Auskunftsverlangens gestellt werden und nur dann früher, wenn sich die Voraussetzungen (z.B. durch einen Stellenwechsel) in der Zwischenzeit wesentlich verändert haben. Nachdem am 6.6.2023 die „Richtlinie des Europäischen Parlaments und des Rates zur Stärkung der Anwendung des Grundsatzes des gleichen Entgelts für Männer und Frauen bei gleicher oder gleichwertiger Arbeit durch Entgelttransparenz und Durchsetzungsmechanismen" (RL (EU) 2023/970 v. 10.5.2023, L 132/21; sog Entgelttransparenzrichtlinie – „Entg-TranspRL") in Kraft getreten ist, die für Arbeitgeber im privaten und öffentlichen Sektor sowie für alle Arbeitnehmer, teilweise sogar für Stellenbewerber, gilt und keine Privilegierungen für tarifgebundene und tarifanwendende Arbeitgeber vorsieht, sollten sich Arbeitgeber nach der Umsetzung in deutsche Recht (bis Mitte 2026) auf strengere Anforderungen und eine höhere Bedeutung des EntgTranspG einstellen (praktische Lösungsvorschläge unterbreiten Flöter/Heimann, BB 2025, 2164 sowie Brors/Krumnack, SPA 2025, 149).

Besteht in dem Betrieb mit **mehr als 200 Beschäftigten** ein **Betriebsrat**, so ist dieser grds. für das Auskunftsverlangen und dessen Beantwortung zuständig. Nach § 13 Abs. 2 EntgTranspG sind demnach der Betriebsausschuss oder ein nach § 28 Abs. 1 Satz 3 BetrVG beauftragter Ausschuss für die Erfüllung dieser Aufgabe berechtigt, Einblick in die Listen über die Bruttolöhne und -gehälter zu nehmen. Dabei trifft den Arbeitgeber die Aufgabe, die Entgeltlisten so für den Betriebsrat aufzubereiten, dass dieser seine Aufgaben in ordnungsgemäßer Form wahrnehmen kann. Insoweit ergänzt die Vorschrift den bereits bislang in § 80 Abs. 2 BetrVG vorgesehenen Auskunftsanspruch hinsichtlich der Bruttogehaltslisten. Der Anspruch des Betriebsrats umfasst auch Informationen zu Entgeltbestandteilen, die von Dritten gezahlt werden, auf deren Umfang der Arbeitgeber aber durch Leistungsbeurteilungen und die Vereinbarung von Gesamtvergütungszielen Einfluss nimmt (z.B. Restricted Stock Units: LAG Berlin-Brandenburg v. 9.3.2021, 24 TaBV 481/20).

Das entgeltlistenbezogene Einsichts- und Auswertungsrecht nach § 13 Abs. 2 Satz 1 EntgTranspG ist an die Zuständigkeit des Betriebsrats für die Beantwortung individueller Auskunftsverlangen nach § 10 Abs. 1 EntgTranspG gebunden. Es besteht nicht, wenn der Arbeitgeber die Erfüllung der Auskunftsverpflichtung – berechtigterweise – vor Eingang des Auskunftsverlangens (LAG Berlin-Brandenburg v. 9.3.2021, 24 TaBV 481/20) an sich gezogen hat (BAG v. 28.7.2020, 1 ABR 6/19). Der Betriebsrat kann, wenn er dies auf Grund der Umstände des Einzelfalls für geboten hält, seine Pflicht zur Prüfung und Beantwortung des Auskunftsverlangens an den Arbeitgeber „delegieren" (§ 14 Abs. 1 Satz 4 EntgTranspG). Ein solcher Fall könnte z.B. eintreten, wenn ein Betriebsratsmitglied selbst einen Auskunftsanspruch geltend macht und diesen ganz bewusst durch den Arbeitgeber beantwortet sehen will. Im Gegenzug ist aber auch der Arbeitgeber bei Bestehen eines Betriebsrats gem. § 14 Abs. 2 Satz 1 EntgTranspG berechtigt, die Erfüllung der Auskunftsverpflichtung generell oder in bestimmten Fällen zu übernehmen (z.B. für außertariflich Angestellte). Das Einsichts- und Auswertungsrecht des Betriebsrates zur Beantwortung von Auskunftsverlangen der Beschäftigten nach den Vorgaben im EntgTranspG besteht dann nicht (mehr), wenn der Arbeitgeber die Erfüllung der Auskunftsverpflichtung berechtigterweise an sich gezogen hat (BAG v. 28.7.2020, 1 ABR 6/19, NJW 2020, 3130). Leitende Angestellte müssen sich mit ihrem Auskunftsverlangen stets an den Arbeitgeber wenden (§ 13 Abs. 4 EntgTranspG).

Die im Gesetzesentwurf ursprünglich stipulierte Verpflichtung zur Durchführung von Entgeltprüfverfahren (§ 17 Abs. 1 EntgTranspG) ist im Gesetz nicht mehr enthalten. Stattdessen werden alle Arbeitgeber **ab 500 Beschäftigten** lediglich aufgefordert, regelmäßig ein Prüfverfahren durchzuführen. Um dem Gesetz zu einer bestmöglichen Verbreitung zu verhelfen und das Thema der Gleichstellung in der medialen Wahrnehmung zu halten, hat der Gesetzgeber für **lageberichtspflichtige Unternehmen (§§ 264, 289 HGB) mit mehr als 500 Beschäftigten** zusätzliche Berichtspflichten vorgesehen. Diese sind verpflichtet, einen Bericht zur Gleichstellung und Entgeltgleichheit zu erstellen, in dem Maßnahmen zur Förderung der Gleichstellung von Frauen und Männern dargestellt werden. Sollte das Unternehmen keine solche Maßnahmen ergreifen, muss es erklären, warum es keine Maßnahmen ergreift (§ 21 Abs. 1 Satz 2 EntgTranspG). Tarifgebundene oder tarifanwendende Arbeitgeber müssen diesen Bericht alle fünf Jahre erstellen, alle anderen Arbeitgeber müssen diesen Bericht alle drei Jahre erstellen. **Der Bericht ist dem Lagebericht nach § 289 HGB als Anlage beizufügen** und im Bundesanzeiger zu veröffentlichen. Der erste Bericht unter dieser Vorschrift war bereits im Jahr **2018** zu verfassen und umfasste das Kalenderjahr 2016 (§ 25 EntgTranspG). Auch die gesetzliche Regelung des § 21 EntgTranspG sieht keine gesetzliche Sanktion für den Arbeitgeber vor, der diese Vorschrift nicht erfüllt.

Das Recht von Frauen auf die gleiche Vergütung wie für Männer besteht nach Maßgabe von Art. 157 AEUV, § 3 Abs. 1 und § 7 EntgTranspG. Eine Arbeitnehmerin hat auch dann Anspruch auf gleiches Entgelt für gleiche Arbeit, wenn der Arbeitgeber das höhere Gehalt eines männlichen Kollegen damit begründet, dass dieser sein Gehalt besser ausgehandelt habe (BAG v. 16.2.2023, 8 AZR 450/21). Das BAG hat somit in nachvollziehbarer Weise die Privatautonomie der Arbeitsvertragsparteien zu Gunsten einer größeren Entgeltgerechtigkeit eingeschränkt. Der ohne sachlichen Grund verweigerte Differenzlohn kann folglich auch unabhängig von der Betriebsgröße, ggf. in Kombination mit einem Schadenersatzanspruch nach AGG, eingeklagt werden. Der Umstand, dass das Entgelt einer weiblichen Kollegin geringer ist als das eines männlichen Kollegen, der die gleiche oder gleichwertige Arbeit verrichtet, begründet regelmäßig die Vermutung, dass diese Benachteiligung wegen des Geschlechts erfolgt ist. Kann der Arbeitgeber die aus einem solchen **Paarvergleich** folgende Vermutung einer Benachteiligung wegen des Geschlechts nicht widerlegen, ist er zur Zahlung des Entgelts verpflichtet, das er dem zum Vergleich herangezogenen Kollegen gezahlt hat (vgl. BAG v. 23.10.2025, 8 AZR 300/24).

Zum Mindestlohn als Lohnuntergrenze → *Mindestlohn* Rz. 3142.

3. Lohnsteuerrecht

a) Begriff

Der Begriff „Arbeitslohn" ist im **Gesetz nicht geregelt**. Nach § 2 Abs. 1 LStDV handelt es sich beim Arbeitslohn um **alle Einnahmen, die dem Arbeitnehmer aus dem Dienstverhältnis zufließen**. Es ist gleichgültig, ob es sich dabei z.B. um **laufende oder einmalige** Bezüge handelt, ob ein Rechtsanspruch darauf besteht, unter welcher Bezeichnung oder in welcher Form die Einnahmen gewährt werden und ob der Arbeitgeber die Aufwendungen als Betriebsausgaben abziehen kann. 624

Finanzverwaltung und Rechtsprechung sehen als Arbeitslohn grds. alle Einnahmen in Geld oder Geldeswert an, die **„für eine Beschäftigung"** gewährt werden, also als **Frucht der Arbeitsleistung für den Arbeitgeber** zu betrachten sind. S. z.B. BFH v. 1.10.2020, VI R 11/18 und VI R 12/18, BStBl II 2021, 352 und 356. Vorteile, die sich bei objektiver Würdigung aller Umstände nicht als Entlohnung, sondern lediglich als notwendige Begleiterscheinung betriebsfunktionaler Zielsetzungen erweisen, sind dagegen nicht als Arbeitslohn anzusehen.

Arbeitslohn liegt auch **nicht** vor, wenn der Arbeitnehmer einen (geldwerten) **Vorteil gegen den Willen des Arbeitgebers erlangt**, weil der Vorteil dann nicht „für" eine Beschäftigung im öffentlichen oder privaten Dienst gewährt wird (z.B. BFH v. 21.3.2013, VI R 46/11, BStBl II 2013, 1044 und BFH v. 18.4.2013, VI R 23/12, BStBl II 2013, 920 sowie BFH v. 16.6.2015, IX R 26/14, BStBl II 2015, 1019). Überweist eine mit Buchführungsaufgaben betraute Arbeitnehmerin ihr nicht zustehende Beträge unter eigenmächtiger Überschreitung ihrer Befugnisse auf ihr Konto, so gehören diese Beträge nicht zum Arbeitslohn i.S.d. § 19 EStG; es fehlt bereits an der „Gewährung" von Vorteilen (BFH v. 30.9.2020, VI R 34/18, BStBl II 2021, 446).

Richtlinien wie die **Compliance-Regeln** einer Konzernmuttergesellschaft schließen die einkommensteuerrechtliche Einordnung und Würdigung der Zuwendung als Lohnzahlung nicht aus. Sollte der Arbeitnehmer die Zuwendungen angesichts und in Befolgung dieser Compliance-Regeln in späteren Veranlagungszeiträumen wieder zurückgezahlt haben, spricht nichts dagegen, diese Rückzahlungen dann einkünftemindernd zu berücksichtigen (BFH v. 28.2.2013, VI R 58/11, BStBl II 2013, 642).

Es kommt nicht darauf an, ob der Arbeitnehmer die Zuwendung des Vorteils auch subjektiv als „Frucht seiner Dienstleistung für den Arbeitgeber" betrachtet (BFH v. 5.7.1996, VI R 10/96, BStBl II 1996, 545). Auch **überzahlte Gehaltsanteile**, die auf einen Rechenfehler bei der Lohnabrechnung zurückzuführen sind, sind als Arbeitslohn im Zeitpunkt des Zuflusses zu erfassen; die Rückzahlung wird ggf. erst im Folgejahr steuerlich berücksichtigt. Auch bei **beherrschenden Gesellschaftern** ist der Abfluss einer Arbeitslohnrückzahlung erst im Zeitpunkt der Leistung und nicht bereits im Zeitpunkt der Fälligkeit der Rückforderung anzunehmen (BFH v. 14.4.2016, VI R 13/14, BStBl II 2016, 778).

Ein allgemeines **Korrespondenzprinzip** besteht nicht; es gibt keine Rechtsgrundlage dafür, dass auf der Arbeitgeberseite einerseits und auf der Arbeitnehmerseite andererseits stets korrespondierende Ansätze vorzunehmen wären (BFH v. 3.9.2015, VI R 27/14, BStBl II 2016, 174). Grds. führt aber z.B. die Erstattung von Ausbildungskosten durch den Arbeitgeber zu steuerpflichtigem Arbeitslohn, auch wenn entsprechende Aufwendungen des Arbeitnehmers lediglich in begrenztem Umfang als Sonderausgaben abzugsfähig waren (BFH v. 19.2.2004, VI B 146/02; s. zur Abgrenzung aber → *Fortbildung* Rz. 2231 betr. Aufstiegsprämien, den sog. Meisterbonus oder das sog. Meister- oder Aufstiegs-BAföG).

Zur Frage, wann Arbeitslohn zugeflossen ist, → *Zufluss von Arbeitslohn* Rz. 4633.

b) Arbeitslohn von dritter Seite

625 Arbeitslohn kann auch bei der **Zuwendung eines Dritten** anzunehmen sein, wenn sie ein Entgelt „für" eine Leistung bildet, die der Arbeitnehmer i.R. des Dienstverhältnisses für seinen Arbeitgeber erbringt, erbracht hat oder erbringen soll. Voraussetzung ist, dass sie sich für den Arbeitnehmer als **Frucht seiner Arbeit für den Arbeitgeber darstellt** und im Zusammenhang mit dem Dienstverhältnis steht. Ist dies der Fall, kann auch die Zuwendung an einen Dritten als Arbeitslohn des Arbeitnehmers anzusehen sein. **Eine Drittzuwendung ist dem Arbeitnehmer immer dann als Arbeitslohn zuzurechnen, wenn ihm über den Dritten ein Vorteil für geleistete Dienste zugewendet wird** (BFH v. 3.7.2019, VI R 12/16, betr. Beteiligung eines Arbeitnehmers an einem künftigen Veräußerungserlös als Arbeitslohn und FG Bremen v. 17.1.2017, 1 K 111/16 (5), betr. Sachgeschenke an Arbeitnehmer von Geschäftspartnern als Arbeitslohn).

Gewährt ein **Autohersteller** den Arbeitnehmern eines verbundenen Unternehmens dieselben Rabatte beim Autokauf wie seinen eigenen Mitarbeitern (**Werksangehörigenprogramm**), so handelt es sich hierbei nicht um steuerpflichtigen Arbeitslohn. Der **Autobauer verfolgt mit der Rabattgewährung eigenwirtschaftliche (Verkaufs-)Interessen**, die nach der BFH-Rechtsprechung bei Zuwendungen von Dritten die Annahme von Arbeitslohn grds. ausschließen. Eine andere Beurteilung ergibt sich insoweit auch dann nicht, wenn es sich bei dem Arbeitgeber um einen Zulieferbetrieb handelt, an dem der Hersteller zu 50 % beteiligt ist (FG Köln v. 11.10.2018) – entgegen BMF v. 20.1.2015, IV C 5 – S 2360/12/10002, BStBl I 2015, 143. Das Revisionsverfahren VI R 53/18 ist abgeschlossen. Der BFH hat mit Urteil v. 16.2.2022, VI R 53/18, HFR 2022, 523, das Urteil des FG Köln aufgehoben und die Klage abgewiesen (Leitsätze):

„Gewährt ein Automobilhersteller Arbeitnehmern eines Zulieferers, an dem er kapitalmäßig beteiligt ist und dem er eigene Arbeitnehmer überlässt, die nämlichen Rabatte beim Erwerb von Fahrzeugen wie seinen eigenen Arbeitnehmern, handelt es sich bei den Preisnachlässen um lohnsteuerbaren Drittlohn."

Siehe zur Abgrenzung auch **FG Hamburg** v. 29.11.2017, 1 K 111/16, EFG 2018, 490: Gewährung von Rabatt gegenüber Arbeitnehmern eines Unternehmens durch einen Dritten führt nur ausnahmsweise zu steuerpflichtigem Lohn.

Werden **Rabatte beim Abschluss von Versicherungsverträgen** sowohl Arbeitnehmern von Geschäftspartnern als auch einem weiteren Personenkreis (Angehörige der gesamten Versicherungsbranche, Arbeitnehmer weiterer Unternehmen) eingeräumt, so liegt hierin kein Arbeitslohn vor. Rabatte, die ein Dritter einräumt, gehören nicht allein deshalb zum Arbeitslohn, weil der Arbeitgeber an deren Verschaffung mitgewirkt hat (BFH v. 10.4.2014, VI R 62/11, BStBl II 2015, 191).

In folgenden Fällen hat der BFH daher steuerpflichtigen **Arbeitslohn von dritter Seite bejaht**:

- unentgeltliche Teilnahme eines Arbeitnehmers an einer von einem Geschäftspartner seines Arbeitgebers veranstalteten und vorwiegend touristisch ausgerichteten **Reise** (BFH v. 5.7.1996, VI R 10/96, BStBl II 1996, 545),
- verbilligt überlassene **GmbH-Anteile** (BFH v. 15.3.2018, VI R 8/16, BStBl II 2018, 550),
- **Aktienoptionen**, die der bei einer inländischen Konzerntochtergesellschaft tätige Arbeitnehmer von der ausländischen Konzernobergesellschaft erhält (BFH v. 24.1.2001, I R 119/98, BStBl II 2001, 512; zum Lohnsteuerabzug s.a. BFH v. 4.4.2006, VI R 11/03, BStBl II 2006, 668),
- entgeltlicher Verzicht auf **Aktienankaufsrechte** (BFH v. 19.6.2008, VI R 4/05, BStBl II 2008, 826),
- Zahlungen aus der **Lohnausgleichskasse der Bauwirtschaft** (BFH v. 21.2.2003, VI R 74/00, BStBl II 2003, 497),
- das von einem Dritten eingeräumte **Wohnrecht** (BFH v. 19.8.2004, VI R 33/97, BStBl II 2004, 1076),
- der **verbilligte Wareneinkauf** bei einer Konzernschwestergesellschaft (BFH v. 10.5.2006, IX R 82/98, BStBl II 2006, 669),
- von einem Dritten einem Arbeitnehmer verliehener **Nachwuchsförderpreis** (BFH v. 23.4.2009, VI R 39/08, BStBl II 2009, 668),
- **Zuwendung der ehemaligen Konzernmuttergesellschaft des Arbeitgebers an dessen Arbeitnehmer mit der Veräußerung der GmbH-Anteile** (BFH v. 28.2.2013, VI R 58/11, BStBl II 2013, 642),
- **freiwillige Zahlungen von Spielbankkunden an die Saalassistenten einer Spielbank** für das Servieren von Speisen und Getränken, die allerdings als Trinkgelder nach § 3 Nr. 51 EStG steuerfrei bleiben (BFH v. 18.6.2015, VI R 37/14, BStBl II 2016, 751),
- **verbilligter Erwerb einer GmbH-Beteiligung durch eine vom Geschäftsführer des Arbeitgebers beherrschte GmbH**, auch wenn nicht der Arbeitgeber selbst, sondern ein Gesellschafter des Arbeitgebers die Beteiligung veräußert (BFH v. 1.9.2016, VI R 67/14, BStBl II 2017, 69).

In folgenden Fällen hat der BFH daher steuerpflichtigen **Arbeitslohn von dritter Seite verneint**:

- **Rabatte beim Abschluss von Versicherungsverträgen**, die sowohl Arbeitnehmern von Geschäftspartnern als auch einem weiteren Personenkreis (Angehörige der gesamten Versicherungsbranche, Arbeitnehmer weiterer Unternehmen) eingeräumt werden (BFH v. 10.4.2014, VI R 62/11, BStBl II 2015, 191).

Zur Behandlung von **Preisvorteilen**, die dem Arbeitnehmer nicht unmittelbar von seinem Arbeitgeber, sondern von **dritter Seite eingeräumt** werden, vgl. BMF v. 20.1.2015, IV C 5 – S 2360/12/10002, BStBl I 2015, 143 sowie FG Hamburg v. 29.11.2017, 1 K 111/16, EFG 2018, 490 sowie → *Rabatte* Rz. 3523.

Zur Frage, ob der Arbeitgeber oder der Dritte zur Einbehaltung und Abführung der auf die Zahlung des Dritten entfallenden Lohnsteuer verpflichtet ist, → *Lohnzahlung durch Dritte* Rz. 3040.

c) Arbeitslohn

Als Arbeitslohn zählen § 19 Abs. 1 EStG und § 2 Abs. 2 LStDV beispielhaft auf: 626

- **Gehälter, Löhne, Gratifikationen, Tantiemen** und andere Bezüge und Vorteile, die für eine Beschäftigung im öffentlichen oder privaten Dienst gewährt werden,
- **Wartegelder, Ruhegelder, Witwen- und Waisengelder** und andere Bezüge und Vorteile aus **früheren Dienstleistungen**,
- Einnahmen im Hinblick auf ein **künftiges Dienstverhältnis**,

- Einnahmen aus einem **früheren Dienstverhältnis**, auch wenn sie dem **Rechtsnachfolger** zufließen.

  Bezüge, die ganz oder teilweise auf **früheren Beitragsleistungen** des Bezugsberechtigten oder seines Rechtsvorgängers beruhen, gehören **nicht zum Arbeitslohn**, es sei denn, dass die Beitragsleistungen **Werbungskosten** gewesen sind. **Altersrenten** sind hiernach kein Arbeitslohn, sondern gehören zu den sonstigen Einkünften i.S.d. § 22 Satz 3 Nr. 1 Buchst. a EStG, die nur mit dem sog. **Ertragsanteil** einkommensteuerpflichtig sind,

- Ausgaben des Arbeitgebers für die **Zukunftssicherung** seiner Arbeitnehmer,
- **Entschädigungen**, die dem Arbeitnehmer oder seinem Rechtsnachfolger als **Ersatz für entgangenen oder entgehenden Arbeitslohn oder für die Aufgabe oder Nichtausübung einer Tätigkeit** gewährt werden,
- **besondere Entlohnungen** für Dienste, die über die regelmäßige Arbeitszeit hinaus geleistet werden, wie Entlohnung für **Überstunden, Überschichten, Sonntagsarbeit**,
- **Lohnzuschläge**, die wegen der Besonderheit der Arbeit gewährt werden,
- Entschädigungen für **Nebenämter und Nebenbeschäftigungen** i.R. eines Dienstverhältnisses.

Beispiel:

A, ein in der Schweiz lebender Wissenschaftler, soll eine Tätigkeit bei einem deutschen Forschungsinstitut aufnehmen und erhält hierfür einen sog. **signing bonus** (eine bei Abschluss des Arbeitsvertrags fällige Einmalzahlung, die dem im Ausland ansässigen Arbeitnehmer für eine künftig in Deutschland auszuübende Tätigkeit vorab gewährt wird).

Es handelt sich um Arbeitslohn. Nach § 2 Abs. 2 Nr. 1 LStDV gehören zum Arbeitslohn auch Einnahmen im Hinblick auf ein künftiges Dienstverhältnis. Es entspricht daher allgemeiner Meinung, dass z.B. vor Arbeitsvertragsschluss geleistete Handgelder und Antrittsprämien zu den Einkünften aus nichtselbständiger Arbeit rechnen, und zwar auch dann, wenn der Arbeitnehmer zum Zeitpunkt der Zahlung „lediglich" der beschränkten Steuerpflicht gem. § 49 Abs. 1 Nr. 4 Buchst. a EStG unterliegt. Hiergegen kann nach dem klaren und einschlägigen Wortlaut des § 2 Abs. 2 Nr. 1 LStDV nicht eingewendet werden, der sog. signing bonus habe nichts mit der Vergütung der später von A erbrachten Leistung zu tun, er werde allein für die Bereitschaft zum Wechsel des Beschäftigungsverhältnisses gezahlt und stelle daher kein Entgelt für künftige Tätigkeiten dar. Zudem soll A mit der Zahlung dazu bewegt werden, das Arbeitsverhältnis über mindestens fünf Jahre aufrechtzuerhalten und in diesem Zeitraum für das Forschungsinstitut zu arbeiten. Da es genügt, dass sich die Leistung des Arbeitgebers im weitesten Sinne als Gegenleistung für das Zurverfügungstellen der individuellen Arbeitskraft des Arbeitnehmers darstellt, besteht kein Zweifel am Arbeitslohncharakter der Einmalzahlung. Nach Art. 15 Abs. 1 Satz 2 DBA-Schweiz 1971/2010 steht Deutschland das Besteuerungsrecht zu (BFH v. 11.4.2018, I R 5/16, BStBl II 2018, 761).

d) Kein Arbeitslohn

627 Nicht zum Arbeitslohn gehören nach der Rechtsprechung des BFH zunächst Zuwendungen, die im Wesentlichen nur **Aufwendungsersatz** darstellen (→ *Arbeitnehmer* Rz. 196) oder **nicht zu einer Bereicherung des Arbeitnehmers führen** (BFH v. 19.4.2021, VI R 43/18, BStBl II 2021, 605: Kein lohnsteuerbarer Vorteil bei Überlassung eines Feuerwehreinsatzfahrzeugs).

Arbeitslohn liegt aber auch dann nicht vor, wenn die Zuwendung gewährt wird

- wegen **sonstiger, nicht auf dem Dienstverhältnis beruhender Beziehungen zwischen Arbeitnehmer und Arbeitgeber oder zwischen Arbeitnehmer und Dritten** (→ Rz. 628)
- oder im **ganz überwiegenden eigenbetrieblichen Interesse des Arbeitgebers** (→ Rz. 629).

Die Mitversicherung angestellter Klinikärzte in der **Betriebshaftpflichtversicherung eines Krankenhauses** nach § 102 Abs. 1 VVG ist kein Lohn, weil die Mitversicherung keine Gegenleistung für die Beschäftigung ist (BFH v. 19.11.2015, VI R 47/14, BStBl II 2016, 301).

Zur Übernahme der Beiträge zu einer **Berufshaftpflichtversicherung angestellter Rechtsanwälte** → *Beiträge: Übernahme durch Arbeitgeber* Rz. 1255 f.

aa) Andere Rechtsbeziehungen

Kein Arbeitslohn liegt vor, wenn die Zuwendung wegen anderer Rechtsbeziehungen oder wegen sonstiger, nicht auf dem Dienstverhältnis beruhender Beziehungen zwischen Arbeitnehmer und Arbeitgeber gewährt wird. Dem Arbeitnehmer entstandene Vorteile sind durch eigenständige, vom Arbeitsverhältnis unabhängige Sonderrechtsbeziehungen veranlasst, wenn ihnen andere Erwerbsgrundlagen als die Nutzung der eigenen Arbeitskraft des Arbeitnehmers zu Grunde liegen. Solche Rechtsbeziehungen zeigen ihre Unabhängigkeit und Eigenständigkeit insbesondere dadurch, dass diese auch selbständig und losgelöst vom Arbeitsverhältnis bestehen könnten (BFH v. 1.12.2020, VIII R 40/18, HFR 2021, 763: Der aus einer **Managementbeteiligung** an einer Kapitalgesellschaft erzielte Veräußerungserlös stellt keine Vergütung für die gegenüber einer Tochtergesellschaft erbrachte nichtselbständige Tätigkeit dar, wenn die Beteiligung als eine eigenständige Erwerbsgrundlage zur Erzielung von Einkünften anzusehen ist). 628

Entsprechendes gilt, wenn die Zuwendung auf anderen **Rechtsbeziehungen zwischen Arbeitnehmer und Drittem** gründet (BFH v. 3.7.2019, VI R 12/16). Dazu gehören neben direkten Beteiligungen am Unternehmen des Arbeitgebers auch Darlehen der Arbeitnehmer. Der Veräußerungsgewinn einer solchen Kapitalbeteiligung führt jedenfalls nicht allein deswegen zu Arbeitslohn, weil der Beteiligte oder der Darlehensgeber Arbeitnehmer des Unternehmens war und der Abschluss der Verträge auch nur Arbeitnehmern angeboten worden war (BFH v. 20.5.2010, VI R 12/08, BStBl II 2010, 1069). Auch bei der **verbilligten Überlassung von Wohnungen an Arbeitnehmer** ist, wenn der Arbeitgeber vergleichbare Wohnungen auch an fremde Dritte zu einem niedrigeren als dem üblichen Mietzins vermietet, zu prüfen, ob der Vorteil im Arbeitsverhältnis begründet ist oder auf anderen Rechtsbeziehungen beruht (BFH v. 11.5.2011, VI R 65/09, BStBl II 2011, 946).

Die Zuwendung kann dann jedoch nach **anderen Vorschriften einkommensteuerpflichtig sein**, so z.B.

- Einnahmen für die **Vermietung eines häuslichen Arbeitszimmers oder einer Garage** ggf. als Einkünfte aus Vermietung und Verpachtung (→ *Arbeitszimmer* Rz. 810, → *Garage* Rz. 2273);
- **Zinsen** aus stehen gelassenem und in ein Darlehen umgewandeltem Lohn oder einer fällig werdenden verzinslichen Gratifikation als Einkünfte aus Kapitalvermögen (BFH v. 12.7.2016, IX R 33/15, BStBl II 2017, 158, m.w.N.).

Die Abgrenzung kann im Einzelfall schwierig sein. **Arbeitslohn** kann auch vorliegen, wenn der Arbeitnehmer eine in einem unmittelbaren Zusammenhang mit seiner nichtselbständigen Tätigkeit stehende **Nebentätigkeit** ausübt und hierfür von seinem Arbeitgeber eine Sondervergütung erhält (BFH v. 20.12.2000, XI R 32/00, BStBl II 2001, 496 betr. ein Honorar, das ein leitender Angestellter von seinem Arbeitgeber dafür erhielt, dass er diesen bei Verhandlungen über den Verkauf des Betriebs beraten hat, sowie BFH v. 7.11.2006, VI R 81/02, HFR 2007, 228 betr. eine gelegentliche Hostessentätigkeit für den Arbeitgeber im Anschluss an die reguläre Arbeitszeit). Vgl. hierzu auch → *Nebentätigkeit* Rz. 3272.

Kein Arbeitslohn sind dagegen z.B. Leistungen des Arbeitgebers bzw. eines Dritten, wenn

- der Arbeitgeber dem Arbeitnehmer einen **Schaden ersetzt**, den dieser infolge einer Verletzung arbeits- oder sonstiger zivilrechtlicher (Fürsorge-)Pflichten oder einer unerlaubten Handlung des Arbeitgebers erlitten hat. Denn damit werden nicht die Dienste des Arbeitnehmers vergütet, sondern ein vom Arbeitgeber verursachter Schaden ausgeglichen (vgl. dazu BFH v. 20.9.1996, VI R 57/95, BStBl II 1997, 144 betr. Schadensersatzzahlungen des Arbeitgebers wegen einer fehlerhaften Lohnbescheinigung, BFH v. 14.6.2016, IX R 2/16, BStBl II 2016, 901 betr. Entschädigungszahlung an Berufsfeuerwehrleute für rechtswidrig geleistete Mehrarbeit – insoweit Arbeitslohn bejaht – und BFH v. 25.4.2018, VI R 34/16, BStBl II 2018, 600 betr. Schadensersatz wegen überhöhter Einkommensteuerfestsetzung),
- er dazu auf Grund **gesetzlicher Vorschriften verpflichtet** ist, weil der Gesetzgeber bestimmte sozialpolitische oder auch ordnungs- sowie verkehrspolitische Zwecke verfolgt (vgl. dazu BFH v. 6.6.2002, VI R 178/97, BStBl II 2003, 34),

- er anlässlich eines arbeitsgerichtlichen Vergleichs nach umstrittener Kündigung des Arbeitsverhältnisses eine **Spende** an eine gemeinnützige Organisation leistet (BFH v. 23.9.1998, XI R 18/98, BStBl II 1999, 98),
- die Zahlungen auf **anderen Rechtsbeziehungen** beruhen, z.B. auf einem **Mietvertrag über ein häusliches Arbeitszimmer** (BFH v. 17.4.2018, IX R 9/17, BStBl II 2019, 219) oder eine **Garage** (BFH v. 7.6.2002, VI R 145/99, BStBl II 2002, 829 und BFH v. 7.6.2002, VI R 53/01, BStBl II 2002, 878),
- der Arbeitnehmer sich i.R. der **Mitarbeiterbeteiligung** kapitalmäßig an seiner Firma beteiligt hat. Der Veräußerungsgewinn aus einer Kapitalbeteiligung an einem Unternehmen führt nicht allein deshalb zu Einkünften aus nichtselbständiger Arbeit, weil die sog. „**Managementbeteiligung**" von einem Arbeitnehmer der Unternehmensgruppe gehalten und nur leitenden Mitarbeitern angeboten worden war (BFH v. 1.12.2020, VIII R 40/18, HFR 2021, 763, m.w.N.). Bestehende Ausschluss- oder Kündigungsrechte hinsichtlich der Kapitalbeteiligung im Falle einer Beendigung des Arbeitsverhältnisses sind Ausdruck und Folge der Mitarbeiterbeteiligung und rechtfertigen für sich allein noch nicht die Annahme, dass dem Arbeitnehmer durch die Gewährung einer Möglichkeit zur Beteiligung Lohn zugewendet werden soll (BFH v. 4.10.2016, IX R 43/15, BStBl II 2017, 790 und BFH v. 14.12.2023, VI R 2/21),
- ein leitender Angestellter „hinter dem Rücken seines Arbeitgebers" von Firmen für Auftragsvergaben **Provisionen** erhält (FG München v. 29.7.2004, 14 K 4355/01),
- es sich um eine **„private Schenkung"** handelt (s. z.B. BFH v. 15.5.1986, IV R 119/84, BStBl II 1986, 609 betr. die Auszahlung eines Geldbetrags an eine über 50 Jahre in der Rechtsanwaltspraxis tätige Bürovorsteherin auf Grund eines Vermächtnisses des inzwischen verstorbenen Rechtsanwalts, sowie zur Abgrenzung FG Düsseldorf v. 6.3.2008, 16 K 4847/06 E, EFG 2008, 1121 betr. Zahlungen, die die bisherigen Anteilsinhaber im Zusammenhang mit der Veräußerung ihrer GmbH-Anteile einem kleinen Kreis von Führungskräften der Gesellschaft als Anerkennung für Leistungen in der Vergangenheit zukommen ließen),
- eine **Entschädigung für entgehende Einnahmen aus Genussrechten** gezahlt und es sich bei den Genussrechten um eine eigenständige Erwerbsgrundlage handelt, da weder die Höhe des Rücknahmepreises noch der Vergütung von dem früheren Arbeitsverhältnis abhängen (BFH v. 11.2.2015, VIII R 4/12, BStBl II 2015, 647),
- **Fachverkäufer im Einzelhandel vom Hersteller i.R. eines Verkaufsförderprogramms Prämien erhalten** (vgl. RiBFH Geserich in seiner Anmerkung in HFR 2018, 472 zu BFH v. 21.2.2018, VI R 25/16, BStBl II 2018, 389). Denn diese Zuwendungen des Herstellers entgelten im Urteilsfall nicht die Arbeitsleistung der Verkäufer gegenüber ihrem Arbeitgeber. Sie stehen nicht im Zusammenhang mit dem Dienstverhältnis und stellen sich deshalb nicht als Frucht ihrer Arbeit für den Arbeitgeber dar. Vielmehr beruhen die Prämien auf einer eigenständigen Rechtsbeziehung zwischen den (Arbeitnehmer-)Fachverkäufern und dem Hersteller. Die Prämien sind allerdings **nach § 22 Nr. 3 Satz 1 EStG als sonstige Leistung steuerpflichtig**, sofern sie die Freigrenze von 256 € übersteigen.

Beispiel 1:

A erhält von seinem Arbeitgeber eine Abfindung für die vorzeitige Auflösung seines Dienstverhältnisses. Mit einem bestimmten Teilbetrag sollen die Verluste des A „in seinem persönlichen und fachlichen Prestige" ausgeglichen werden.

Die Abfindung fällt nicht unter die sieben Einkunftsarten des EStG und wird somit nicht von der Einkommensteuer erfasst (BFH v. 29.10.1963, VI 290/62 U, BStBl III 1964, 12).

Beispiel 2:

A erhält von seinem Arbeitgeber eine Gratifikation, die im Betrieb „stehen bleibt" und erst nach zehn Jahren mit Zinsen ausgezahlt wird.

Die Zinsen beruhen nicht auf dem Dienstverhältnis und sind daher kein Arbeitslohn, sie gehören aber zu den Einkünften aus Kapitalvermögen (vgl. BFH v. 12.7.2016, IX R 33/15, BStBl II 2017, 158).

Entsprechendes gilt für Zinsen (auch Prozesszinsen), die für rückständigen Arbeitslohn gezahlt werden (FG Köln v. 19.6.1989, 7 K 2621/88, EFG 1989, 640); vgl. BFH v. 7.6.2002, VI R 145/99, BStBl II 2002, 829 m.w.N.

Die **Verzinsung von Arbeitszeitguthaben** auf Grund kollektiver arbeitsrechtlicher Vereinbarung (FG Köln v. 16.12.2003, 13 K 2681/03, EFG 2004, 654) sowie die Auszahlung von Zinsen aus einem **Zeitwertkonto** (s. Fußnote des BMF in BStBl II 2016, 691 m.w.N.) oder dem Arbeitgeber gewährter Darlehen i.R. eines sog. **Mitarbeiter-Beteiligungsmodells** (BFH v. 28.6.2007, VI B 23/07) führt dagegen zu steuerpflichtigem **Arbeitslohn**, nicht zu Einkünften aus Kapitalvermögen. Bei dieser Abgrenzung ist maßgebend, welche Einkunftsart im Vordergrund steht.

bb) Eigenbetriebliches Interesse

Vorteile, die sich bei objektiver Würdigung aller Umstände nicht als Entlohnung, sondern lediglich als notwendige Begleiterscheinung betriebsfunktionaler Zielsetzungen erweisen, sind dagegen nicht als Arbeitslohn anzusehen. Vorteile besitzen danach keinen Arbeitslohncharakter, wenn sie im ganz überwiegend eigenbetrieblichen Interesse des Arbeitgebers gewährt werden. Das ist der Fall, wenn sich aus den Begleitumständen wie Anlass, Art und Höhe des Vorteils, Auswahl der Begünstigten, freie oder nur gebundene Verfügbarkeit, Freiwilligkeit oder Zwang zur Annahme des Vorteils und seiner besonderen Geeignetheit für den jeweils verfolgten betrieblichen Zweck ergibt, dass diese Zielsetzung ganz im Vordergrund steht und ein damit einhergehendes eigenes Interesse des Arbeitnehmers, den betreffenden Vorteil zu erlangen, vernachlässigt werden kann (BFH v. 1.10.2020, VI R 11/18 und VI R 12/18, BStBl II 2021, 352 und 356). 629

Ob sich eine unentgeltlich oder verbilligt überlassene Sachzuwendung als geldwerter Vorteil oder als notwendige Begleiterscheinung betriebsfunktionaler Zielsetzung des Arbeitgebers erweist, hängt von den Umständen des Einzelfalls ab:

- Ergibt die Würdigung, dass sich die Zuwendung nahezu ausschließlich als notwendige Begleiterscheinung betriebsfunktionaler Zielsetzung darstellt und daher im ganz überwiegend eigenbetrieblichen Interesse des Arbeitgebers gewährt wird, liegt **insgesamt kein steuerpflichtiger Arbeitslohn** vor. Dies gilt auch, wenn die Zuwendung für den Arbeitnehmer mit angenehmen Begleitumständen verbunden ist (BFH v. 9.5.2019, VI R 28/17, BStBl II 2019, 785 betr. Übernahme von Steuerberatungskosten bei Nettolohnvereinbarung und Abtretung der Steuererstattungsansprüche kein Arbeitslohn).
- Liegt ein ganz überwiegend eigenbetriebliches Interesse des Arbeitgebers nicht vor und ist die Zuwendung nach Würdigung aller Umstände des Einzelfalls durch das Dienstverhältnis und nicht durch ein Sonderrechtsverhältnis veranlasst, ist der geldwerte Vorteil hingegen regelmäßig **in vollem Umfang Arbeitslohn** (so BFH v. 13.5.2020, VI R 13/18, BStBl II 2021, 395 betr. Aufwendungen für die Inanspruchnahme einer Eventagentur zur Durchführung von „Business Veranstaltungen"; das Interesse der Arbeitnehmer an der kostenlosen Teilnahme an den Wochenenden und an den Veranstaltungen des Fanclubs trat gegenüber den von der Klägerin mit den jeweiligen Zuwendungen verfolgten eigenbetrieblichen Interessen nicht nahezu vollständig in den Hintergrund).
- Etwas anderes gilt nur, wenn eine **gemischt veranlasste Zuwendung** vorliegt, die nach objektiven Kriterien aufteilbar ist, weil sie sowohl abgrenzbare Elemente beinhaltet, bei denen die betriebliche Zielsetzung des Arbeitgebers ganz im Vordergrund steht, als auch solche, die mangels überwiegend eigenbetrieblicher Interessen des Arbeitgebers Arbeitslohn darstellen. In diesem Fall ist der Vorteil entsprechend letzterer Zuordnung **in Arbeitslohn und eine Zuwendung im ganz überwiegend eigenbetrieblichen Interesse aufzuteilen.**

Eine **Aufteilung zugelassen** wurde z.B. bei

- der Übernahme der Kosten für eine **Geburtsfeier**. Vgl. dazu sinngemäß (das Urteil gilt für Arbeitnehmereinkünfte entsprechend) FG Münster v. 20.2.2019, 7 K 4084/16 E, EFG 2019, 772: Richtet eine Stiftung, für die der Stpfl. als Vorsitzender des Kuratoriums tätig ist, anlässlich des Geburtstags des Stpfl. eine Feierlichkeit aus, so führt dies zu steuerpflichtigen Einnahmen des Stpfl., soweit sich ein konkreter sachlicher und wirtschaftlicher Veranlassungszusammenhang mit den Einkünften des Stpfl. gem. § 18 Abs. 1 Nr. 3 EStG feststellen lässt. Dies ist der Fall, soweit die Feierlichkeit unter Berücksichtigung der jeweiligen Interessen und Motive der Stiftung und des Stpfl. nicht als Feier der Stiftung anzusehen, sondern dem Privatbereich des Stpfl. zuzurechnen ist. **Ist die Feierlichkeit sowohl betrieblich als auch privat veranlasst, so kann eine Aufteilung der Aufwendungen anhand der Gästeliste erfolgen.** Soweit die Gäste vorrangig dem privaten Umfeld des Stpfl. (Familie, Freunde und Wegbegleiter) zuzuordnen sind und dieser Anteil nicht von untergeordneter Bedeutung ist, liegen steuerpflichtige Einnahmen i.S.d. § 18 Abs. 1 Nr. 3 EStG vor.

Eine **Aufteilung nicht zugelassen** wurde dagegen z.B. bei

- der **Regenerierungskur** eines Fluglotsen (BFH v. 11.3.2010, VI R 7/08, BStBl II 2010, 763); die vom Stpfl. durchgeführte Regenerierungskur kann **wie jede andere Kur** nur einheitlich beurteilt werden. Sie kann nicht in betriebsfunktionale Bestandteile und Elemente mit Vorteilscharakter unterschieden werden,
- einer sog. **Sensibilisierungswoche**, sie kann nicht in betriebsfunktionale Bestandteile und Elemente mit Vorteilscharakter aufgeteilt werden (BFH v. 21.11.2018, VI R 10/17, BStBl II 2019, 404).

Zu den **Zuwendungen im eigenbetrieblichen Interesse** gehören auch Fälle, in denen

- ein **Vorteil der Belegschaft als Gesamtheit zugewendet** wird, wie z.B. die Ausgestaltung des Arbeitsplatzes oder auch Betriebsveranstaltungen.

  Ebenso pauschale Zahlungen des Arbeitgebers an ein Dienstleistungsunternehmen, das sich verpflichtet, alle Arbeitnehmer des Auftraggebers kostenlos in persönlichen und sozialen Angelegenheiten zu beraten und zu betreuen, beispielsweise durch die Übernahme der Vermittlung von Betreuungspersonen für Familienangehörige (R 19.3 Abs. 2 Nr. 5 LStR). Steuerfrei sind hiernach z.B. Zahlungen des Arbeitgebers an ein sog. **Kinderbüro/Familienservice** (→ *Kindergarten* Rz. 2667); zur Steuerbefreiung nach § 3 Nr. 34a EStG → *Betreuungskosten* Rz. 1398,
- dem Arbeitnehmer ein **Vorteil „aufgedrängt"** wird, wie z.B. Vorsorgeuntersuchungen. Die Leistung des Arbeitgebers darf dem Arbeitnehmer aber keinen individuellen und konkreten Vorteil bringen. Eine Lohnzuwendung kann in derartigen Fällen nur ausgeschlossen sein, wenn das eigene Interesse des Arbeitnehmers an dem „aufgedrängten" Vorteil in den Hintergrund tritt (vgl. BFH v. 11.4.2006, VI R 60/02, BStBl II 2006, 691 betr. Arbeitslohn bei Überlassung **hochwertiger Kleidungsstücke** an Arbeitnehmer zu Repräsentationszwecken). Dies ist jedoch regelmäßig nicht der Fall, wenn eine Firma Beiträge für die Mitgliedschaft eines angestellten GmbH-Geschäftsführers in einem **Golfclub** übernimmt, auch wenn eine solche Mitgliedschaft dem Beruf förderlich ist (BFH v. 21.3.2013, VI R 31/10, BStBl II 2013, 700).

Beispiel 1:

Ein Polizeianwärter erwirbt i.R. seiner Ausbildung auf Kosten des Arbeitgebers den Führerschein der Klasse B.

Es handelt sich nicht um Arbeitslohn, da das eigenbetriebliche Interesse des Dienstherrn ganz im Vordergrund steht. Der Anwärter soll auf Grund seines Wissens und der erlangten Fahrfertigkeit in der Lage sein, Polizeifahrzeuge selbständig auch in schwierigen Verkehrslagen und Grenzsituationen verkehrsgerecht und sicher zu führen (BFH v. 26.6.2003, VI R 112/98, BStBl II 2003, 886).

Beispiel 2:

Ein Arbeitgeber ersetzte verschiedenen ausländischen Arbeitnehmern, die aus beruflichen Gründen ihren Wohnsitz nach Deutschland verlegt hatten, die Kosten eines Sprachkurses (Deutsch).

Das FG München hat **keinen Arbeitslohn** angenommen (FG München v. 17.1.2002, 7 K 1790/00, EFG 2002, 617). Begründung: Das Erlernen der deutschen Sprache der im Betrieb tätigen ausländischen Arbeitnehmer ist als eine betriebsfunktionale Zielsetzung anzuerkennen, weil die Arbeitnehmer unmittelbar mit Mitarbeitern, Lieferanten und Kunden zu kommunizieren hatten und in der Lage sein mussten, Dokumente zu lesen und sich in der rechtlichen Umwelt ihres Unternehmens in Deutschland zurechtzufinden.

Ebenso BMF v. 4.7.2017, IV C 5 – S 2332/09/10005, BStBl I 2017, 882 betr. Deutschkurse für Flüchtlinge:

„Berufliche Fort- oder Weiterbildungsleistungen des Arbeitgebers führen nach R 19.7 LStR nicht zu Arbeitslohn, wenn diese Bildungsmaßnahmen im ganz überwiegenden betrieblichen Interesse des Arbeitgebers durchgeführt werden. Bei Flüchtlingen und anderen Arbeitnehmern, deren Muttersprache nicht Deutsch ist, sind Bildungsmaßnahmen zum Erwerb oder zur Verbesserung der deutschen Sprache dem ganz überwiegenden betrieblichen Interesse des Arbeitgebers zuzuordnen, wenn der Arbeitgeber die Sprachkenntnisse in dem für den Arbeitnehmer vorgesehenen Aufgabengebiet verlangt.

Arbeitslohn kann bei solchen Bildungsmaßnahmen nur dann vorliegen, wenn konkrete Anhaltspunkte für den Belohnungscharakter der Maßnahme vorliegen."

Ein **Werbungskostenabzug** wäre dagegen nicht möglich, weil die beruflichen und privaten Veranlassungsbeiträge untrennbar miteinander verbunden sind (vgl. BFH v. 15.3.2007, VI R 14/04, BStBl II 2007, 814 sowie BMF v. 6.7.2010, IV C 3 – S 2227/07/10003 :002, BStBl I 2010, 614).

Übernimmt der eine **Spedition betreibende Arbeitgeber die Bußgelder**, die gegen bei ihm angestellte Fahrer wegen Verstößen gegen die Lenk- und Ruhezeiten verhängt worden sind, handelt es sich dabei um **Arbeitslohn**. Vorteile haben zwar keinen Arbeitslohncharakter, wenn sie sich bei objektiver Würdigung aller Umstände nicht als Entlohnung, sondern lediglich als notwendige Begleiterscheinung betriebsfunktionaler Zielsetzung erweisen. Das ist der Fall, wenn sie aus ganz überwiegend eigenbetrieblichem Interesse des Arbeitgebers gewährt werden. **Ein rechtswidriges Tun ist aber keine beachtliche Grundlage einer solchen betriebsfunktionalen Zielsetzung** (BFH v. 14.11.2013, VI R 36/12, BStBl II 2014, 278).

Ebenso BFH v. 13.8.2020, VI R 1/17, BStBl II 2021, 103 betr. die Zahlung von **Verwarnungsgeldern** zu Gunsten von Paketzustellern durch den Arbeitgeber. Arbeitslohn hat der BFH aber schon deshalb verneint, weil der Arbeitgeber als Halter eines Kfz die Zahlung eines Verwarnungsgeldes wegen einer ihm gem. § 56 Abs. 1 Satz 1 OWiG erteilten Verwarnung **auf eine eigene Schuld leistete**. Die Zahlung führt daher nicht zu Arbeitslohn des die Ordnungswidrigkeit begehenden Arbeitnehmers. Arbeitslohn kann jedoch – so der BFH – vorliegen, wenn der Arbeitgeber darauf verzichtet, entsprechende **Regressansprüche** gegenüber dem Arbeitnehmer geltend zu machen.

Ein vom Arbeitgeber an einen Arbeitnehmer gezahlter **Zuschuss für dessen private Zusatzkrankenversicherung** wird angesichts des durch die Förderung des zusätzlichen Versicherungsschutzes für den Arbeitnehmer sich ergebenden eigenen Vorteils nicht im ganz überwiegend eigenbetrieblichen Interesse des Arbeitgebers erbracht (BFH v. 4.7.2018, VI R 16/17, BStBl II 2019, 373).

cc) Keine Vergünstigung

Arbeitslohn sind nicht Zuwendungen, die keine „echte" Vergünstigung darstellen, weil die vom Arbeitgeber gewährten **Vorteile jeder Dritte im normalen Geschäftsverkehr erhalten** kann (BFH v. 26.7.2012, VI R 30/09, BStBl II 2013, 400 und BFH v. 26.7.2012, VI R 27/11, BStBl II 2013, 402 betr. sog. Jahreswagen). **630**

Beispiel 1:

A, Angestellte eines Autohauses, erhält beim Kauf eines Fahrzeugs einen Rabatt von 8 %.

Der Rabatt wurde nicht als Arbeitslohn versteuert (FG Niedersachsen v. 9.12.1997, I 561/96, EFG 1998, 820). Das Gericht hatte durch Vernehmung der Autoverkäufer festgestellt, dass viele Kunden derartige Rabatte erhalten hatten.

Dagegen ist ein lohnsteuerpflichtiger geldwerter Vorteil nicht allein deshalb abzulehnen, weil der Arbeitnehmer eine vergleichbar günstige Ware oder Dienstleistung von **einem anderen Hersteller oder Dienstleister** hätte bekommen können (BFH v. 30.5.2001, VI R 123/00, BStBl II 2002, 230 und BFH v. 28.6.2007, VI R 45/02, HFR 2007, 979 betr. Vorteilsgewährung bei Lebensversicherungen).

Beispiel 2:

Den Bediensteten einer Sparkasse werden von der Sparkassenversicherung Sondertarife eingeräumt, die günstiger sind als die von anderen Letztverbrauchern zu zahlenden Beiträge. Sie sind aber nicht günstiger als etwa die Tarife der HUK-Coburg.

Der BFH hat entschieden, dass es allein darauf ankommt, ob der **Arbeitgeber** eine Ware oder Dienstleistung verbilligt abgegeben hat (BFH v. 30.5.2001, VI R 123/00, BStBl II 2002, 230).

dd) Aufmerksamkeiten

Kein Arbeitslohn sind Zuwendungen, die zu den sog. **Aufmerksamkeiten** gehören, s. FG Hessen v. 22.2.2018, 4 K 1408/17, betr. Arbeitslohn bei Weihnachtspäckchen des Arbeitgebers an Arbeit- **631** nehmer außerhalb einer Betriebsveranstaltung sowie BFH v. 3.7.2019, VI R 36/17, BStBl II 2020, 788: Stellt der Arbeitgeber seinen Arbeitnehmern unbelegte Backwaren wie Brötchen und Rosinenbrot nebst Heißgetränken zum sofortigen Verzehr im Betrieb bereit, handelt es sich bei den zugewandten Vorteilen grds. nicht um Arbeitslohn, sondern um nicht steuerbare Aufmerksamkeiten (R 19.6 LStR, → *Annehmlichkeiten* Rz. 166).

Einzelheiten zur Abgrenzung gegenüber „Belohnungsessen“, Bewirtungen auf Dienstreisen usw. → *Arbeitsessen* Rz. 610; → *Mahlzeiten aus besonderem Anlass* Rz. 3082.

R 19.3 LStR sowie H 19.3 (Beispiele) LStH enthalten eine **ausführliche Zusammenstellung** der Zuwendungen, die entweder zum Arbeitslohn oder aber nicht dazugehören. Vgl. hierzu die einzelnen Stichworte.

e) Arbeitslohn in ausländischer Währung

632 Wird der zu besteuernde Arbeitslohn in einer ausländischen Währung gezahlt, ist dieser vor Ermittlung der Lohnsteuer in einen Euro-Betrag umzurechnen. Umrechnungsmaßstab ist – soweit vorhanden – der auf den Umrechnungszeitpunkt bezogene **Euro-Referenzkurs der Europäischen Zentralbank**. Lohnzahlungen sind bei Zufluss des Arbeitslohns anhand der von der Europäischen Zentralbank veröffentlichten monatlichen Euro-Durchschnittsreferenzkurse umzurechnen, denen die im BStBl I veröffentlichten **Umsatzsteuer-Umrechnungskurse** entsprechen; eine taggenaue Umrechnung der monatlichen Gehaltszahlungen ist nicht erforderlich (BFH v. 3.12.2009, VI R 4/08, BStBl II 2010, 698; H 8.1 (1-4) „Ausländische Währung“ LStH; BMF v. 8.10.2024, IV C 5 – S 2367/23/10001 :001, BStBl I 2024, 1308, Rdnr. 28).

Einkünfte in einer gängigen, frei konvertiblen und im Inland handelbaren ausländischen Währung sind als Einnahmen in Geld zu besteuern; es handelt sich **nicht um einen Sachbezug** i.S.d. § 8 Abs. 2 EStG, auf den die 50 €-Freigrenze des § 8 Abs. 2 Satz 11 EStG anzuwenden wäre (R 8.1 Abs. 1 Satz 6 LStR sowie BFH v. 27.10.2004, VI R 29/02, BStBl II 2005, 135).

Die mit dem **Umtausch verbundenen Kosten und Gebühren** sind der privaten Lebensführung des Arbeitnehmers zuzuordnen und können daher nicht arbeitslohnmindernd oder als Werbungskosten berücksichtigt werden (BFH v. 24.6.2009, X R 57/06, BStBl II 2009, 1000 sowie BMF v. 8.10.2024, IV C 5 – S 2367/23/10001 :001, BStBl I 2024, 1308, Rdnr. 29).

Arbeitslohn-ABC

1. Allgemeines

633 Unter diesem Stichwort finden Sie zahlreiche Beispiele zur Frage, ob Arbeitslohn vorliegt oder nicht. Grundsätzliche Ausführungen zum Begriff „Arbeitslohn“ finden Sie unter → *Arbeitslohn* Rz. 621.

Dieses „ABC“ ist nicht abschließend; soweit bei einzelnen Zuwendungen des Arbeitgebers noch andere Fragen von Bedeutung sind (z.B. die Anwendung von Steuerbefreiungen), sehen Sie bitte unter den einzelnen Stichwörtern nach.

Für alle nachstehenden Arbeitslohnzahlungen gilt Folgendes:

- Ist der **Rabattfreibetrag von 1 080 € anzuwenden**, weil ein Sachbezug vom eigenen Arbeitgeber gewährt wird, bleibt er steuerfrei, wenn der Betrag von 1 080 € im Kalenderjahr nicht überschritten wird. Maßgebend ist der um 4 % geminderte Endpreis des Arbeitgebers (→ *Rabatte* Rz. 3523).
- Ist der **Rabattfreibetrag von 1 080 € nicht** anzuwenden, weil ein Sachbezug von einem mit dem Arbeitgeber verbundenen Unternehmen gewährt wird, bleibt er steuerfrei, wenn die **Freigrenze von 50 € im Kalendermonat** nicht überschritten wird (→ *Sachbezüge* Rz. 3819).
- Wenn der Arbeitslohn lohnsteuerpflichtig ist, unterliegt er auch der **Sozialversicherungspflicht**.

2. Arbeitslohn-ABC

634 Die nachstehende Aufzählung kann sich nur auf „Stichworte“ beschränken. Wenn Sie genauere Informationen wünschen, lesen Sie bitte die angegebenen Rechtsquellen nach:

635 **Abfallprodukte, Verwertungserlöse:** Erlöse aus dem Verkauf von Produktionsabfällen (z.B. Schrott oder Abfallgold in der Porzellanindustrie oder bei Zahnärzten), die der Arbeitnehmer mit Wissen und Wollen des Arbeitgebers auf eigene Rechnung verwerten darf, sind steuerpflichtiger Arbeitslohn (FG Münster v. 26.6.1969, V 338/67 L, EFG 1969, 600).

Dies gilt jedoch nicht, wenn die Verwertung ohne Wissen und Wollen des Arbeitgebers erfolgt (BFH v. 6.6.1973, I R 203/71, BStBl II 1973, 727 betr. das eigenmächtige Einsammeln von Pfandwert-Flaschen im Betrieb). Es gelten die gleichen Grundsätze wie für einen Diebstahl (→ *Diebstahl* Rz. 1535).

Antrittsgebühr: Die im graphischen Gewerbe für Sonntagsarbeit gezahlte Antrittsgebühr ist steuerpflichtiger Arbeitslohn, der aber teilweise nach § 3b EStG als Zuschlag für Sonntags-, Feiertags- oder Nachtarbeit steuerfrei sein kann (BFH v. 22.6.1962, VI 50/61 S, BStBl III 1962, 376). 636

Bei Packern gehört die Antrittsgebühr dagegen zum steuerpflichtigen Arbeitslohn (BFH v. 25.11.1966, VI 227/65, BStBl III 1967, 117).

Anwärterbezüge: Die an Beamte im Vorbereitungsdienst gezahlten Anwärterbezüge sind steuerpflichtiger Arbeitslohn, vgl. H 3.11 LStH (Steuerfreiheit nach § 3 Nr. 11 EStG), ebenso Anwärterbezüge, die ein Student der einstufigen Juristenausbildung erhält (→ *Referendare* Rz. 3586). 637

Die Steuerbefreiungen nach § 3 Nr. 11 oder 44 EStG kommen nicht in Betracht (BFH v. 19.4.1985, VI R 131/81, BStBl II 1985, 465). S.a. BZSt v. 28.7.2004, St I 4 – S 2471 – 325/04, BStBl I 2004, 612 betr. Studienbeihilfen für Absolventen dualer Studiengänge.

Anwesenheitsprämie: Die v.a. in der Baubranche gezahlten Anwesenheitsprämien (zur Zulässigkeit und zu Zulässigkeitsgrenzen s. § 4a EFZG) – Zahlung setzt i.d.R. voraus, dass der Arbeitnehmer in einem bestimmten Zeitraum nicht gefehlt hat – sind steuerpflichtiger Arbeitslohn. 638

Anzeigen: Personalrabatte: Erhalten Arbeitnehmer von Zeitungsverlagen die Möglichkeit, kostenlos Anzeigen in Zeitungen aufzugeben, so ist dieser Vorteil grds. steuerpflichtig. 639

Steuerfrei sind Anzeigen, in denen der Arbeitnehmer den Tod eines Angehörigen bekannt gibt (steuerfreie Unterstützung i.S.d. § 3 Nr. 11 EStG i.V.m. R 3.11 Abs. 2 LStR).

Arbeitsbelohnungen von Patienten in psychiatrischen Krankenhäusern und Entziehungsanstalten: Bei den sog. Arbeitsbelohnungen von Patienten in psychiatrischen Krankenhäusern und Entziehungsanstalten handelt es sich grds. um Einkünfte aus nichtselbständiger Arbeit. 640

Dient die Beschäftigung jedoch überwiegend der Rehabilitation und somit überwiegend therapeutischen und sozialen Zwecken und weniger der Erzielung eines produktiven Arbeitsergebnisses, ist kein Arbeitsverhältnis im steuerlichen Sinne anzunehmen. Das gilt besonders, wenn die Höhe des Entgelts durch die Arbeitsleistung nicht beeinflusst wird. Das Vorliegen dieser Voraussetzungen kann nicht generell unterstellt werden. Bei der steuerlichen Einordnung kommt es vielmehr auf den tatsächlichen Ablauf der Beschäftigung und die Gestaltung der Entlohnung im Einzelfall an (FinMin Bayern v. 26.9.1994, 32 – S 2331 – 49 – 52185).

Arbeitsplatz: Aufwendungen des Arbeitgebers für die Ausgestaltung des Arbeitsplatzes sowie Leistungen zur Verbesserung der Arbeitsbedingungen, z.B. die Bereitstellung von Aufenthalts- und Erholungsräumen, von betriebseigenen Dusch- und Badeanlagen oder Parkplätzen (→ *Parkplätze: Überlassung* Rz. 3302), stellen keinen Arbeitslohn dar, vgl. BFH v. 25.7.1986, VI R 203/83, BStBl II 1986, 868 sowie H 19.3 (Beispiele) LStH. Dazu gehört nicht die Bereitstellung von Tennis- oder Squashplätzen, → *Sport* Rz. 3971. 641

Arbeitsschutzkleidung: Die Überlassung von Arbeitsschutzkleidung ist nach § 3 Nr. 31 EStG steuerfrei (R 3.31 Abs. 1 Satz 3 LStR), → *Berufskleidung* Rz. 1353 und → *Bildschirmarbeit* Rz. 1481. 642

Aufstiegsprämien: Das **Land Hessen** gewährt nach Maßgabe der Hessischen Qualifizierungsoffensive – Förderung der beruflichen Kompetenzen und Qualifikationen für bestimmte erfolgreich abgelegte Prüfungen eine **Aufstiegsprämie** von 1 000 € pro Person und Abschluss. Ziel ist es, finanzielle Anreize dafür zu schaffen, dass sich Fachkräfte zu einer beruflichen Aufstiegsqualifizierung entschließen und damit die eigene Qualifikation stärken. 643

Die Aufstiegsprämie stellt eine nicht steuerbare Einnahme dar, welche nicht unter eine der sieben Einkunftsarten des § 2 Abs. 1 EStG subsumiert werden kann. Überdies mindert die Aufstiegsprämie nicht die vom Empfänger als Fortbildungskosten geltend gemachten Werbungskosten oder Betriebsausgaben. Es besteht auch kein unmittelbarer wirtschaftlicher Zusammenhang zwischen der Prämie und den geltend gemachten Aufwendungen, da diese nicht aufwandsspezifisch, sondern allein wegen des erfolgreichen Ablegens der begünstigten (Meister-)Prüfung gezahlt wird. Darüber hinaus ist § 3c Abs. 1 EStG nicht anwendbar, da es sich bei der Prämie nicht um eine steuerfreie Einnahme, sondern um eine nicht steuerbare Leistung handelt.

Entsprechendes gilt für den in **Bayern gezahlten Meisterbonus** von 3 000 € (Prüfung nach dem 31.12.2022) für die erfolgreiche berufliche Weiterbildung zum Meister oder zu einem gleichwertigen Abschluss (BayLfSt v. 6.7.2016, S 2324.2.1 – 262/6 St 32, StEd 2016, 617).

644 **Autoverkäufer**: Autoverkäufer bei einem Kfz-Händler sind zwar regelmäßig als Arbeitnehmer tätig. Erlöse aus der Veräußerung ihres Vorführwagens gehören jedoch nicht zum Arbeitslohn, wenn sie über den Verkauf frei entscheiden können. Dies gilt auch, wenn sie arbeitsvertraglich zum Halten eines Vorführwagens verpflichtet sind (BFH v. 12.4.1962, V 21/60 U, BStBl III 1962, 262).

645 **Backwaren: Zuwendungen an Arbeitnehmer:** Soweit an Arbeitnehmer in der Brotindustrie oder in Bäckereien kostenlos Brot oder Backwaren abgegeben werden, ist dieser Vorteil grds. steuerpflichtig (bei Verzehr im Betrieb → *Annehmlichkeiten* Rz. 166).

Stellt der Arbeitgeber seinen Arbeitnehmern unbelegte Backwaren wie Brötchen und Rosinenbrot nebst Heißgetränken zum sofortigen Verzehr im Betrieb bereit, handelt es sich bei den zugewandten Vorteilen grds. nicht um Arbeitslohn, sondern um nicht steuerbare Aufmerksamkeiten. Unbelegte Backwaren wie Brötchen und Rosinenbrot mit einem Heißgetränk stellen kein Frühstück i.S.v. § 2 Abs. 1 Satz 2 Nr. 1 SvEV dar. Für die Annahme eines (einfachen) Frühstücks muss jedenfalls ein Aufstrich oder Belag hinzutreten (BFH v. 3.7.2019, VI R 36/17, BStBl II 2020, 788).

646 **Bäder:** Leistungen zur Verbesserung der Arbeitsbedingungen sind nicht als Arbeitslohn anzusehen. Hierzu gehört auch die Bereitstellung betriebseigener Dusch- und Badeanlagen, vgl. H 19.3 (Beispiele) LStH.

Steuerpflichtig ist jedoch die unentgeltliche Überlassung von Eintrittskarten für ein öffentliches Schwimmbad oder die Übernahme solcher Kosten (→ *Eintrittskarten* Rz. 1810, → *Sport* Rz. 3971). Ausnahme: Der Arbeitnehmer soll sich dort reinigen, weil z.B. die betriebseigenen Duschen defekt sind.

647 **Bauprämien:** Eine für die pünktliche Fertigstellung eines Baus gezahlte Bauprämie ist als Leistungszulage steuer- und somit auch beitragspflichtig (§ 2 Abs. 2 Nr. 6 LStDV).

648 **Baustellenzulagen:** Baustellenzulagen, die z.B. wegen unzureichender Unterkunftsverhältnisse gewährt werden, sind als sog. Erschwerniszuschläge steuerpflichtig (§ 2 Abs. 2 Nr. 7 LStDV).

Wenn Baustellenzulagen dagegen als Ersatz von Mehraufwendungen für Verpflegung gezahlt werden, können sie nach den für die Doppelte Haushaltsführung oder Auswärtstätigkeiten geltenden Regeln steuerfrei bleiben (→ *Doppelte Haushaltsführung: Allgemeines* Rz. 1709; → *Reisekosten: Allgemeine Grundsätze* Rz. 3589).

649 **Bauzuschlag:** Der Bauzuschlag zur Abgeltung witterungsbedingter Arbeitsausfälle außerhalb der Schlechtwetterzeit ist als Erschwerniszuschlag steuerpflichtig (§ 2 Abs. 2 Nr. 7 LStDV).

650 **Beitragsrückvergütungen:** Beitragsrückvergütungen der Unfall- und Berufsgenossenschaften wegen erfolgreicher Unfallverhütung, die der Arbeitgeber an seine Arbeitnehmer weitergibt, ggf. durch Verlosung, sind steuerpflichtiger Arbeitslohn (FinMin Hamburg v. 12.9.1957, 54 – S 2220 – 77, DB 1957, 933 sowie → *Unfallverhütungsprämien* Rz. 4202).

651 **Bergmannsprämien:** Bergmannsprämien bei einer Beschäftigung unter Tage nach dem Gesetz über Bergmannsprämien waren nach § 3 Nr. 46 EStG a.F. steuerfrei. Im Rahmen des Steuervereinfachungsgesetzes 2011 ist diese Steuerbefreiung aufgehoben worden. Sie hatte keine Bedeutung mehr, weil bereits i.R. des Steueränderungsgesetzes 2007 (Art. 4) v. 19.7.2006, BStBl I 2006, 432 das Gesetz über Bergmannsprämien mit Wirkung ab 1.1.2008 aufgehoben worden war.

Beteiligung: Der **verbilligte Erwerb** von Aktien vom Arbeitgeber 652
(oder einem Dritten) z.B. i.R. von Management-Beteiligungsprogrammen an Vorstandsmitglieder einer AG kann zu Einnahmen aus nichtselbständiger Arbeit nach § 19 Abs. 1 Satz 1 Nr. 1 i.V.m. § 8 Abs. 1 EStG führen, wenn der Vorteil dem Arbeitnehmer „für" seine Arbeitsleistung gewährt wird (BFH v. 15.3.2018, VI R 8/16, BStBl II 2018, 550 m.w.N.).

Die schenkweise Überlassung von Gesellschaftsanteilen an leitende Mitarbeiter zur Sicherung der Unternehmensnachfolge führt jedoch nicht ohne Weiteres zu Arbeitslohn (BFH v. 20.11.2024, VI R 21/22, BStBl II 2025, 256). Entscheidend ist das **objektiv erkennbare Motiv** der Beteiligten für die Übertragung. Ergibt sich aus den Regelungen des Anteilsübertragungsvertrags, dass durch die Einbindung der fähigsten Mitarbeiter in den Gesellschafterbestand, der Fortbestand und die Weiterentwicklung der Gesellschaft gesichert werden soll und die Übertragungen nicht an den Fortbestand der Arbeitsverhältnisse geknüpft ist, löst die schenkweise Anteilsübertragung keinen Arbeitslohn aus.

Beteiligt sich ein Arbeitnehmer kapitalmäßig an seinem Arbeitgeber, kann die Beteiligung eigenständige Erwerbsgrundlage sein, so dass damit in Zusammenhang stehende Erwerbseinnahmen und Erwerbsaufwendungen in keinem einkommensteuerrechtlich erheblichen Veranlassungszusammenhang zum Arbeitsverhältnis stehen. Der Arbeitnehmer nutzt in diesem Fall sein Kapital als eine vom Arbeitsverhältnis unabhängige und eigenständige Erwerbsgrundlage zur Einkünfteerzielung, die daraus erzielten laufenden Erträge sind dann keine Einkünfte aus nichtselbständiger Arbeit, sondern solche aus Kapitalvermögen. Für den Charakter einer Beteiligung als eigenständige und vom Arbeitsverhältnis unabhängige Erwerbsgrundlage spricht es insbesondere, wenn der Arbeitsvertrag keinen Anspruch auf den Erwerb der Beteiligung und einen anteiligen Veräußerungserlös als Gegenleistung für die nichtselbständige Tätigkeit vorsieht, die Beteiligung vom Arbeitnehmer zum Marktpreis (und nicht etwa verbilligt) erworben und veräußert wird und der Arbeitnehmer das volle Verlustrisiko trägt sowie keine besonderen Umstände aus dem Arbeitsverhältnis erkennbar sind, die Einfluss auf die Veräußerbarkeit und Wertentwicklung der Beteiligung nehmen. Der Veräußerungsgewinn aus einer Kapitalbeteiligung führt auch nicht allein deshalb zu Einkünften aus nichtselbständiger Arbeit, weil die Beteiligung von einem Arbeitnehmer des Unternehmens gehalten und veräußert wurde und auch nur Arbeitnehmern im Allgemeinen oder sogar nur bestimmten (leitenden) Arbeitnehmern angeboten worden war (BFH v. 1.12.2020, VIII R 40/18, HFR 2021, 763: Der aus einer Managementbeteiligung an einer Kapitalgesellschaft erzielte Veräußerungserlös stellt keine Vergütung für die gegenüber einer Tochtergesellschaft erbrachte nichtselbständige Tätigkeit dar, wenn die Beteiligung als eine eigenständige Erwerbsgrundlage zur Erzielung von Einkünften anzusehen ist).

Zur **(marktüblichen) Veräußerung** einer Mitarbeiterkapitalbeteiligungen hat der BFH hat mit Urteil v. 14.12.2023, VI R 1/21, BStBl II 2024, 387 Folgendes ausgeführt:

1. Der Gewinn (Differenz zwischen [Rück-]Kaufpreis und Anschaffungskosten) aus der marktüblichen Veräußerung einer Mitarbeiterbeteiligung ist kein lohnsteuerbarer Vorteil, auch wenn der Arbeitnehmer die Beteiligung an seinem Arbeitgeber zuvor verbilligt erworben hat. Nach dem Erwerb eintretende Wertänderungen, aber auch (Veräußerungs-)Gewinne wie Verluste sind nämlich regelmäßig nicht (mehr) durch das Arbeitsverhältnis veranlasst, sondern durch das Sonderrechtsverhältnis *„Beteiligung"*. Sie werden dem Arbeitnehmer nicht durch den Arbeitgeber vermittelt, sondern sind dem Marktgeschehen geschuldet.
2. Ein lohnsteuerbarer Vorteil kann nur insoweit vorliegen, als der Arbeitnehmer aus der Veräußerung der Mitarbeiterbeteiligung einen durch das Arbeitsverhältnis veranlassten marktunüblichen Überpreis erzielt.

Ein Anteilsübertagungsgewinn des Gesellschafter-Geschäftsführers kann (teilweise) als Arbeitslohn zu qualifizieren sein, wenn die Zahlung an einen Mindestfortbestand der bisherigen Geschäftsführertätigkeit gebunden ist (FG Köln v. 4.12.2024, 12 K 1271/23, Revision eingelegt, Az. beim BFH: IX R 1/25). Im Streitfall verkaufte ein Gesellschafter-Geschäftsführer (zu 50 % an einer GmbH beteiligt) seine Gesellschaftsanteile. Im Kaufvertrag war ein Teil des Kaufpreises ausdrücklich für die Fortführung der Geschäftsführung über mindestens fünf Jahre vereinbart. Zudem war bei vorzeitiger Beendigung eine anteilige Rückzahlung vorgesehen. Der Kläger wollte diesen Teil als Veräußerungsgewinn i.S.d. § 17 EStG versteuern, das Finanzamt sah darin Arbeitslohn.

653 **Betriebsverlegung:** Zahlungen des Arbeitgebers an einzelne Arbeitnehmer auf Grund eines Sozialplans gem. § 112 Abs. 1 BetrVG (im Streitfall Fahrtkostenzuschüsse wegen der Verlegung von Betriebsteilen) erfolgen nicht im ganz überwiegend eigenbetrieblichen Interesse des Arbeitgebers und stellen daher Arbeitslohn dar (FG Baden-Württemberg v. 28.6.1989, XII K 26/85, EFG 1989, 574).

654 **Bleibeprämie:** Eine Bleibeprämie (z.B. an Mitarbeiter von bereits stillgelegten Betrieben, die nach Beendigung ihres Arbeitsverhältnisses noch übergangsweise mit Abwicklungsmaßnahmen beschäftigt sind) ist steuerpflichtiger Arbeitslohn (FG Baden-Württemberg v. 23.11.1988, XII K 1170/85, EFG 1989, 336).

655 **Brauereiarbeiter:** Der sog. Freitrunk (s.a. „Haustrunk") ist steuerpflichtiger Arbeitslohn, ebenso sog. Hefegelder der Braumeister aus dem Verkauf von Hefe.

656 **Bürgschaft:** Übernimmt ein Arbeitnehmer für seinen Arbeitgeber eine Bürgschaft und erhält er hierfür eine „Bürgschaftsprovision", so handelt es sich im Allgemeinen nicht um Arbeitslohn; die Provisionen sind jedoch ggf. als sonstige Einkünfte i.S.d. § 22 Nr. 3 EStG zu versteuern. Zu prüfen ist allerdings, ob tatsächlich eine „Bürgschaftsprovision" oder „versteckter Arbeitslohn" gezahlt wird (BFH v. 22.1.1965, VI 243/62 U, BStBl III 1965, 313).

657 **Clearing-Stelle:** Die Zahlung von Verwaltungskosten durch den Arbeitgeber an eine sog. Clearing Stelle (diese übernimmt für den Arbeitgeber Verwaltungsaufgaben i.R. der betrieblichen Altersversorgung) ist lohnsteuerlich irrelevant. Sie führt beim Arbeitnehmer nicht zum Zufluss von Arbeitslohn.

Verlangt der Arbeitgeber vom Arbeitnehmer die Erstattung solcher Aufwendungen, handelt es sich nicht um eine Entgeltumwandlung, sondern um Einkommensverwendung. Entgelt wird nicht in eine wertgleiche Anwartschaft auf Versorgungsleistungen umgewandelt, sondern für zusätzlich anfallende Verwaltungskosten verwendet. Die Steuerbefreiung des § 3 Nr. 63 EStG für Leistungen des Arbeitnehmers aus eigenem Einkommen ist nicht möglich und kommt daher für diese Beträge nicht in Betracht. Die Einbeziehung der Verwaltungskosten in die Vereinbarung einer Entgeltumwandlung zu Gunsten einer betrieblichen Altersversorgung hat auf die steuerliche Anerkennung der Entgeltumwandlung keinen Einfluss.

Die vom Arbeitnehmer an den Arbeitgeber zu erstattenden Kosten für die Beauftragung der Clearing Stelle stellen keine Aufwendungen des Arbeitnehmers zur Erzielung und zur Sicherung von Einkünften dar. Beim Arbeitnehmer liegen weder Werbungskosten bei den laufenden Einkünften aus § 19 EStG vor, noch können in ihnen Aufwendungen zur Sicherung einer zukünftigen Einkommensquelle (Einkünfte gem. § 22 Nr. 5 EStG bezogen auf die späteren Versorgungsleistungen) gesehen werden (BayLfSt v. 14.7.2008, S 2333.1.1 – 3/2 St32/St33).

658 **Deutscher Akademischer Austauschdienst:** Ausgleichszahlungen des Deutschen Akademischen Austauschdienstes für die Tätigkeit als Lektorin an einer ausländischen Hochschule gehören zu den Einkünften aus nichtselbständiger Arbeit. Sie sind nicht nach § 3 Nr. 64 EStG steuerfrei (FG Brandenburg v. 5.12.2001, 6 K 1585/00, EFG 2002, 311).

Abweichend hiervon haben die obersten Finanzbehörden beschlossen, in diesen Fällen die Steuerbefreiung nach § 3 Nr. 64 EStG analog anzuwenden, wenn mindestens die Voraussetzung des § 3 Nr. 64 Satz 2 EStG erfüllt wird, dass die Auszahlung der Ausgleichszulage aus einer öffentlichen Kasse erfolgt (FinMin Niedersachsen v. 26.1.2004, S 2341 – 3 – 35).

659 **Deutsch-Französisches Jugendwerk:** Im Rahmen des Austauschprogramms des Deutsch-Französischen Jugendwerks werden den französischen Praktikanten, die in der Bundesrepublik bei deutschen Arbeitgebern beschäftigt sind, Beihilfen in Höhe des Unterschieds zwischen dem monatlichen Netto-Arbeitsentgelt und einem als Mindesteinkommen garantierten Betrag gewährt. Die Beihilfen werden aus Haushaltsmitteln des Bundes dem DFJW zur Verfügung gestellt und von Trägerorganisationen oder vom Arbeitgeber ausgezahlt.

Die Beihilfen stellen Bezüge aus öffentlichen Mitteln i.S.d. § 3 Nr. 11 EStG dar und sind daher steuerfrei zu belassen (FinMin Hessen v. 11.2.1992, S 2342 A – 66 – II B 21).

Dienstleistungen/Mitarbeitervergünstigung: Die unentgeltliche oder verbilligte Erbringung von Dienstleistungen an den Arbeitnehmer, z.B. Beförderungsleistungen, Beratung, Kontenführung, stellt grds. steuerpflichtigen Arbeitslohn dar. Ausnahmen sind möglich, z.B. bei einer unentgeltlichen Steuerberatung im Arbeitgeberinteresse (→ *Beratung* Rz. 1336). 660

Der als Arbeitslohn zu versteuernde geldwerte Vorteil kann ggf. als Werbungskosten abgezogen werden (R 9.1 Abs. 4 Satz 2 LStR).

Dienstzimmer: Der Mietwert eines Dienstzimmers ist bei der Ermittlung des geldwerten Vorteils aus der Überlassung einer Dienstwohnung auszuklammern. Denkbar ist aber auch, dass der Arbeitnehmer mit seinem Arbeitgeber einen Mietvertrag über die Überlassung eines Dienstzimmers abschließt. Die Vergütungen gehören dann bei ihm zu den Einnahmen aus Vermietung und Verpachtung und unterliegen somit nicht dem Lohnsteuerabzug, dies war z.B. bei den sog. Posthaltern der Fall (BMF v. 23.4.1990, IV B 6 – S 2337 – 15/90, StEd 1990, 165). 661

Zum häuslichen Arbeitszimmer → *Arbeitszimmer* Rz. 769.

Dreizehntes Monatsgehalt: Das 13. und ggf. auch das 14. Monatsgehalt ist steuerpflichtiger Arbeitslohn und wird wie sonstige Bezüge versteuert (R 39b.2 Abs. 2 1. Spiegelstrich LStR); → *Sonstige Bezüge* Rz. 3936; zur sozialversicherungsrechtlichen Beurteilung → *Einmalzahlungen* Rz. 1793. 662

Einmalprämien: Einmalprämie zu einer Direktversicherung zu Gunsten des Arbeitnehmers oder seiner Hinterbliebenen ist Arbeitslohn (→ *Zukunftssicherung: Betriebliche Altersversorgung* Rz. 4653). 663

Erschwerniszuschläge: Erschwerniszuschläge wie Hitzezuschläge, Wasserzuschläge, Gefahrenzuschläge, Schmutzzulagen usw. gehören zum Arbeitslohn (R 19.3 Abs. 1 1. Spiegelstrich LStR). Weitere Einzelheiten → *Wechselschichtzulage* Rz. 4397, → *Zulagen* Rz. 4787 und → *Zuschläge* Rz. 4797. Nicht hierunter fallen Zuschläge für Sonntags-, Feiertags- oder Nachtarbeit, die i.R. des § 3b EStG steuerfrei sind (→ *Zuschläge für Sonntags-/Feiertags- oder Nachtarbeit* Rz. 4800). 664

Erziehungsbeihilfen: Erziehungsbeihilfen des Arbeitgebers (z.B. an Auszubildende) sind grds. steuerpflichtiger Arbeitslohn. Dies gilt z.B. auch für Unterhaltszuschüsse an Beamtenanwärter. 665

Erziehungsbeihilfen aus öffentlichen Mitteln können jedoch nach § 3 Nr. 11 EStG steuerfrei bleiben. Hierzu gehören z.B. die Leistungen nach dem Bundesausbildungsförderungsgesetz (BAföG) sowie Ausbildungszuschüsse bei Polizei und Bundeswehr. Einzelheiten s. H 3.11 (Steuerfreiheit nach § 3 Nr. 11 EStG) LStH sowie → *Stipendien* Rz. 4052.

Europäischer Sozialfonds: Das aus dem Europäischen Sozialfonds (ESF) finanzierte Unterhaltsgeld und die aus Landesmitteln ergänzten Leistungen aus dem ESF zur Aufstockung des Überbrückungsgeldes nach dem SGB III oder dem AFG sind steuerfrei (§ 3 Nr. 2 EStG). 666

Dem Progressionsvorbehalt nach § 32b Abs. 1 Satz 1 Nr. 1 Buchst. a EStG unterliegen jedoch nur das aus dem ESF finanzierte Unterhaltsgeld, nicht die aus Landesmitteln finanzierten ergänzenden Leistungen aus dem ESF zur Aufstockung des Überbrückungsgeldes (OFD Frankfurt v. 30.8.2004, S 2295 A – 6 – St II 2.06, DB 2004, 2073).

Eventagentur: Wird die Höhe des dem Arbeitnehmer zugeflossenen Sachbezugs – hier die Teilnahme an einer (betrieblichen) Veranstaltung – im Wege einer Schätzung anhand der Kosten des Arbeitgebers bestimmt, sind in die Schätzungsgrundlage nur solche Kosten des Arbeitgebers einzubeziehen, die geeignet sind, beim Arbeitnehmer einen geldwerten Vorteil auszulösen. Die Aufwendungen für einen Eventmanager sind nicht zu berücksichtigen. 667

In die Bemessungsgrundlage nach § 37b Abs. 1 Satz 2 EStG sind demgegenüber alle der Zuwendung direkt zuzuordnenden Aufwendungen (Einzelkosten) einzubeziehen, ungeachtet, ob sie beim Zuwendungsempfänger einen Vorteil begründen können. Besteht die Zuwendung in der kostenlosen oder verbilligten Teilnahme an einer (betrieblichen) Veranstaltung, gehören zu diesen Aufwendungen auch die Kosten eines Eventmanagers. § 37b

Abs. 1 Satz 2 EStG enthält für die Bewertung der Zuwendungen nach § 37b Abs. 1 Satz 1 EStG eine eigenständige Bemessungsgrundlage. Diese verdrängt in ihrem Anwendungsbereich die Bewertung nach § 8 Abs. 2 Satz 1 EStG (BFH v. 13.5.2020, VI R 13/18, BStBl II 2021, 395).

668 **Familienzuschläge:** Die nach den Besoldungsgesetzen, Tarifverträgen usw. zu zahlenden Ortszuschläge für Verheiratete, Kinderzuschläge usw. sind steuerpflichtiger Arbeitslohn.

Bei der Ermittlung des regelmäßigen Jahresarbeitsentgelts bleiben nach ausdrücklicher Bestimmung des § 6 Abs. 1 Nr. 1 SGB V Zuschläge, die mit Rücksicht auf den Familienstand gezahlt werden, unberücksichtigt (→ *Jahresarbeitsentgeltgrenze in der gesetzlichen Krankenversicherung* Rz. 2607).

669 **Ferienhäuser:** Stellt ein Arbeitgeber seinen Arbeitnehmern zu Erholungszwecken unentgeltlich angemietete Ferienhäuser zur Verfügung, so stellt dies auch dann Arbeitslohn dar, wenn die Ferienhäuser im Ausland belegen sind. Der geldwerte Vorteil ist mit den Sachbezugswerten anzusetzen (BFH v. 9.4.1997, I R 20/96, BStBl II 1997, 539).

Kein Arbeitslohn wird dagegen anzunehmen sein, wenn der Arbeitgeber ein Ferienhaus oder eine Ferienwohnung „ohne Wissen und Wollen" des Arbeitnehmers dessen Ehegatten verbilligt überlässt (vgl. FG Düsseldorf v. 27.8.1998, 15 K 3517/95 H (L), EFG 1999, 117 betr. die verbilligte Vermietung eines Ferienhauses).

670 **Fertighaus, verbilligte Überlassung:** Überlässt ein Fertighaushersteller einem Arbeitnehmer auf Grund des Dienstverhältnisses verbilligt ein Fertighaus, so ist die Differenz zwischen dem Endpreis am Abgabeort und dem Kaufpreis als geldwerter Vorteil zu versteuern (BFH v. 19.4.1974, VI R 107/70, BStBl II 1975, 383). Hinsichtlich des versteuerten geldwerten Vorteils liegen „Anschaffungskosten" vor, so dass der Arbeitnehmer auch insoweit Absetzungen für Abnutzung in Anspruch nehmen kann (FG Münster v. 1.3.1994, 1 K 2709/93 E, EFG 1994, 703, in BFH v. 27.8.1997, X R 138 – 139/94, HFR 1998, 358, offengelassen).

Ist dagegen der Preisnachlass mit der Auflage verbunden, das Fertighaus von Kunden des Arbeitgebers besichtigen zu lassen, liegt kein geldwerter Vorteil vor, wenn der Preisnachlass etwa dem Wert der übernommenen Auflagen entspricht (FG Rheinland-Pfalz v. 5.10.1978, III 191/76, EFG 1979, 122).

671 **Finderlohn:** Finderlohn gehört zum Arbeitslohn, wenn das Auffinden von Geld oder Wertsachen zu den eigentlichen Dienstobliegenheiten des Arbeitnehmers gehört, z.B. bei Detekteien. Das gilt auch für Zahlungen durch Dritte (s.a. „Fundgelder").

Finderlohn für das Auffinden von Gegenständen, die Dritte in den Räumen des Arbeitgebers verloren haben, ist dagegen regelmäßig kein Arbeitslohn, weil ein Veranlassungszusammenhang mit dem Dienstverhältnis fehlt.

672 **Frackgelder:** Orchestermusiker erhalten nach § 28 Abs. 2 des Tarifvertrags für die Musiker in Kulturorchestern (TVK) für jede Veranstaltung, für die Frack bzw. Abendkleid vorgeschrieben und getragen worden ist, eine als Kleidergeld bezeichnete Entschädigung. Dieses Kleidergeld ist nach § 3 Nr. 31 EStG steuerfrei (FinMin Niedersachsen v. 27.12.1984, S 2332 - 99 - 31 3).

673 **Frühstück: Zuwendungen an Arbeitnehmer:** Ein vom Arbeitgeber im Betrieb kostenlos gewährtes **Frühstück** ist weder als Ganzes noch hinsichtlich der verabreichten Getränke eine steuerfreie Annehmlichkeit, sondern steuerpflichtiger Arbeitslohn (BFH v. 14.6.1985, VI R 167/81). Ausnahme: Die Mahlzeitengewährung erfolgt im ganz überwiegenden Arbeitgeberinteresse (z.B. FG Baden-Württemberg v. 21.3.2013, 3 K 3932/11, EFG 2013, 1353: Wohnt eine angestellte Pflegekraft mit behinderten Menschen in einer Wohngemeinschaft, um diese rund um die Uhr pflegen, betreuen und versorgen zu können, ist für die vom Arbeitgeber der Pflegekraft kostenlos zur Verfügung gestellte Unterkunft und Verpflegung kein Sachbezug anzusetzen, weil die kostenlose Unterkunft und Verpflegung eigenbetrieblichen Interessen des Arbeitgebers dienen).

Stellt der Arbeitgeber seinen Arbeitnehmern **unbelegte Backwaren** wie Brötchen und Rosinenbrot nebst Heißgetränken zum sofortigen Verzehr im Betrieb bereit, handelt es sich bei den zugewandten Vorteilen grds. nicht um Arbeitslohn, sondern um nicht steuerbare Aufmerksamkeiten. Unbelegte Backwaren wie Brötchen und Rosinenbrot mit einem Heißgetränk stellen **kein Frühstück** i.S.v. § 2 Abs. 1 Satz 2 Nr. 1 SvEV dar. Für die Annahme eines (einfachen) Frühstücks muss jedenfalls ein Aufstrich oder Belag hinzutreten (BFH v. 3.7.2019, VI R 36/17, BStBl II 2020, 788).

Fundgelder: Fundgelder (Bargeld oder Jetons), die Arbeitnehmer 674
in Spielbanken mit Wissen und Billigung des Arbeitgebers behalten dürfen, sind steuerpflichtiger Arbeitslohn. Der Arbeitgeber haftet, wenn er den Lohnsteuerabzug nicht vornimmt (FG Rheinland-Pfalz v. 22.3.1990, 6 K 129/87).

Führungszeugnisse: Kostenerstattungen eines kirchlichen Ar- 675
beitgebers an seine Beschäftigten für die Erteilung erweiterter Führungszeugnisse, zu deren Einholung der Arbeitgeber zum Zwecke der Prävention gegen sexualisierte Gewalt kirchenrechtlich verpflichtet ist, führen nicht zu Arbeitslohn. Die Erstattung der Aufwendungen für die Einholung der erweiterten Führungszeugnisse erfolgte in diesem Fall nach einer Gesamtwürdigung im ganz überwiegend eigenbetrieblichen Interesse des Arbeitgebers (vgl. BFH v. 8.2.2024, VI R 10/22, BStBl II 2024, 527).

Gebührenanteile: Gebührenanteile, die ein Arbeitnehmer neben 676
dem festen Gehalt erhält, gehören grds. zum steuerpflichtigen Arbeitslohn. Sie können aber im öffentlichen Dienst, z.B. bei Gerichtsvollziehern, bis zu bestimmten Beträgen nach § 3 Nr. 12 EStG steuerfrei bleiben (→ *Aufwandsentschädigungen im öffentlichen Dienst* Rz. 865, → *Gerichtsvollzieher* Rz. 2297).

Geburts- und Heiratsbeihilfen: Die Steuerbefreiung für Geburts- 677
und Heiratsbeihilfen (§ 3 Nr. 15 EStG) ist zum 1.1.2006 durch das Gesetz zum Einstieg in ein steuerliches Sofortprogramm v. 22.12.2005, BStBl I 2006, 79 aufgehoben worden. Entsprechende Zahlungen des Arbeitgebers stellen nunmehr immer steuerpflichtigen Arbeitslohn dar.

Gefahrenzuschläge: Gefahrenzuschläge sind als sog. Erschwer- 678
niszuschläge steuerpflichtiger Arbeitslohn (R 19.3 Abs. 1 1. Spiegelstrich LStR). Es ist nicht verfassungswidrig, dass Gefahrenzuschläge nicht wie die sog. § 3b-Zuschläge (→ *Zuschläge für Sonntags-, Feiertags- oder Nachtarbeit* Rz. 4800) teilweise steuerfrei sind (BFH v. 15.9.2011, VI R 6/09, BStBl II 2012, 144 betr. Gefahrenzulagen und Zulagen im Kampfmittelräumdienst).

Gemeinschaftsunterkunft und -verpflegung: Ob bei einem 679
Zeitsoldaten, dem unentgeltlich eine **Gemeinschaftsunterkunft** in der Kaserne zur Verfügung gestellt wird, **Arbeitslohn** vorliegt, hat der BFH im Urteil v. 28.4.2020, VI R 5/18, BStBl II 2021, 725 offen gelassen, da dem Kläger ein Werbungskostenabzug in Höhe des als geldwerter Vorteil für die Gemeinschaftsunterkunft angesetzten Betrags zustand. Der Kläger hatte die Unterkunft nicht „zum Wohnen" (deshalb lag keine doppelte Haushaltsführung vor), sondern allein aus beruflichen Gründen (Aufbewahrung seiner Dienstkleidung und seiner Ausrüstung sowie zum Anlegen bzw. Wechseln der Uniform) genutzt.

Wird anlässlich einer Auswärtstätigkeit oder doppelten Haushaltsführung vom Arbeitgeber unentgeltlich eine **Gemeinschaftsverpflegung** angeboten, ist insoweit zwar **kein Arbeitslohn** zu versteuern. Stattdessen ist der anzusetzende Verpflegungsmehraufwand (§ 9 Abs. 4a Satz 12 i.V.m. Satz 1 bis 3 EStG) gem. § 9 Abs. 4a Satz 8 EStG zu kürzen, auch wenn der Stpfl. an einzelnen Mahlzeiten der Gemeinschaftsverpflegung nicht teilnimmt (BFH v. 7.7.2020, VI R 16/18, BStBl II 2020, 783 betr. Soldaten der Bundeswehr und BFH v. 12.7.2021, VI R 27/19, BStBl II 2021, 642 betr. Seeleute).

Die unentgeltliche Gestellung von Unterkünften und arbeitstäglichen Mahlzeiten an **ausländische Saisonarbeitskräfte** ist Arbeitslohn. Dass die Unterbringung der Saisonarbeitskräfte auf der Hofstelle des Landwirts besonders effiziente betriebliche Abläufe ermöglicht haben mag, reicht für ein ganz überwiegendes, die Eigeninteressen der Arbeitnehmer gänzlich in den Hintergrund tretenlassendes eigenbetriebliches Interesse des Landwirts an der Unterkunftsüberlassung nicht aus. Behält der Arbeitgeber von den Arbeitnehmern für die Unterkunftsgewährung ein Entgelt ein, liegt nur dann ein geldwerter Vorteil vor, falls und soweit der Einbehalt die Werte nach der Sozialversicherungsentgeltverordnung (SvEV) unterschreiten (FG Köln v. 27.11.2019, 13 K 927/16).

Genussrechte/Genussscheine: Die unentgeltliche oder verbil- 680
ligte Überlassung von Genussrechten/Genussscheinen ist Arbeitslohn (→ *Vermögensbeteiligungen* Rz. 4265). Der Vorteil ist

nicht deshalb zu vermindern, weil die Genussrechte einer zweijährigen Veräußerungssperre unterliegen.

Kann der Arbeitnehmer die von seinem Arbeitgeber erworbenen Genussrechte nur dadurch verwerten, dass er sie nach Ablauf der Laufzeit an diesen veräußert, und hängt die Höhe des Rückkaufswerts der Genussrechte davon ab, wie das Anstellungsverhältnis endet, handelt es sich bei dem Überschuss aus dem Rückverkauf der Genussrechte um **Einkünfte aus nichtselbständiger Arbeit**. Der geldwerte Vorteil fließt dem Arbeitnehmer zu dem Zeitpunkt zu, in dem ihm das Entgelt für die Rücknahme der Genussrechte ausgezahlt wird (BFH v. 5.11.2013, VIII R 20/11, BStBl II 2014, 275). Genussrechtserträge, die ein Arbeitnehmer von seinem Arbeitgeber erhält, können jedoch als **Kapitaleinkünfte** und nicht als Arbeitslohn behandelt werden, wenn die Genussrechte nur den leitenden Mitarbeitern angeboten werden, die leitenden Mitarbeiter aber das Genussrechtskapital aus ihrem eigenen Vermögen erbringen, ein effektives Verlustrisiko tragen und die Erträge aus dem Genussrechtskapital auch im Krankheitsfall oder während der Elternzeit gewährt werden (FG Münster v. 7.12.2018, 4 K 1366/17 E, EFG 2019, 620).

Bei der Verzinsung von Genussrechten kann es sich u.a. deshalb um Einkünfte aus nichtselbständiger Arbeit gem. § 19 Abs. 1 Satz 1 Nr. 1 i.V.m. § 8 Abs. 1 EStG und nicht um Kapitaleinkünfte gem. § 20 Abs. 1 Nr. 7 EStG handeln, weil die Höhe der Verzinsung völlig unbestimmt ist und von einem aus Arbeitgeber und einem Vertreter der Arbeitnehmer bestehenden Partnerschaftsausschuss bestimmt wird (BFH v. 21.10.2014, VIII R 44/11, BStBl II 2015, 593).

Kein Arbeitslohn liegt vor, wenn die Zuwendung wegen anderer Rechtsverhältnisse oder auf Grund sonstiger, nicht auf dem Dienstverhältnis beruhender Beziehungen zwischen Arbeitnehmer und Arbeitgeber gewährt wird. Dies wurde in BFH v. 11.2.2015, VIII R 4/12, BStBl II 2015, 647 angenommen, da die Entschädigungszahlung für entgehende Einnahmen aus Genussrechten in keinem einkommensteuerrechtlich erheblichen Veranlassungszusammenhang zu dem früheren Arbeitsverhältnis des Klägers stand. Bei den Genussrechten handelte es sich um eine eigenständige Erwerbsgrundlage, da weder die Höhe des Rücknahmepreises noch der Vergütung von dem früheren Arbeitsverhältnis des Klägers abhingen.

681 **Getränke: Zuwendung an Arbeitnehmer:** Getränke, die der Arbeitgeber den Arbeitnehmern zum Verzehr im Betrieb kostenlos oder verbilligt überlässt, gehören als Aufmerksamkeiten (→ *Annehmlichkeiten* Rz. 166) nicht zum Arbeitslohn und sind deshalb steuerfrei (R 19.6 Abs. 2 Satz 1 LStR). Zu den nicht der Lohnsteuer unterliegenden Aufmerksamkeiten gehören nicht nur die Abgabe von nicht alkoholischen Getränken, wie z.B. Kaffee, Tee, Milch, Mineralwasser oder Limonade, sondern auch die Abgabe von alkoholischen Getränken. So hat der BFH entschieden, dass die kostenlose Abgabe von täglich *einem* Liter Bier nicht der Lohnsteuer unterliegt, wenn es sich um Betriebe handelt, in denen die Verwendung von Bier zum Ausgleich von Flüssigkeitsverlusten üblich ist (BFH v. 2.10.1968, VI R 295/67, BStBl II 1969, 115).

Getränke, die der Arbeitgeber den Arbeitnehmern zum häuslichen Verzehr kostenlos oder verbilligt überlässt, z.B. im Brauereigewerbe oder in der Getränkeindustrie, sind keine Aufmerksamkeiten. Sie sind grds. steuerpflichtiger Arbeitslohn (→ Rz. 687 „Haustrunk“).

682 **Gewerkschaftsbeiträge:** Gewerkschaftsbeiträge des Arbeitnehmers dürfen vom Arbeitgeber nicht steuerfrei ersetzt werden, weil es hierfür keine Steuerbefreiungsvorschrift gibt (R 19.3 Abs. 3 Satz 1 LStR).

Sie können jedoch vom Arbeitnehmer als Werbungskosten abgesetzt werden (R 9.3 LStR).

683 **GmbH-Anteile:** → *Beteiligung* Rz. 652

684 **Gnadenbezüge:** Dem Lohnsteuerabzug unterliegen auch freiwillige Zahlungen des Arbeitgebers – sog. Gnadenbezüge – an die Witwe und andere Hinterbliebene, insbesondere an die Kinder (vgl. FG Berlin v. 24.1.1984, V 168/83, EFG 1984, 406 sowie → *Sterbegeld* Rz. 3982).

685 **Gutschrift von Arbeitslohn:** Arbeitslohn fließt dem Arbeitnehmer in dem Zeitpunkt zu, in dem er wirtschaftlich darüber verfügen kann. Das kann schon die Gutschrift auf einem Konto des Arbeitnehmers sein, der Zeitpunkt der Auszahlung ist unerheblich (R 38.2 LStR sowie → *Zufluss von Arbeitslohn* Rz. 4633).

Abgrenzungsschwierigkeiten ergeben sich oft bei der Frage, ob und wann Arbeitslohn, der im Betrieb „stehen gelassen“ wird (freiwillig oder unfreiwillig), dem Arbeitnehmer zufließt. Einzelheiten → *Einbehaltene Lohnteile* Rz. 1788, → *Gehaltsverzicht* Rz. 2281, → *Zufluss von Arbeitslohn* Rz. 4633.

Hausbrand: Die unentgeltliche oder verbilligte Überlassung von Feuerungsmaterial ist Arbeitslohn (BFH v. 10.6.1966, VI 261/64, BStBl III 1966, 607). Einzelheiten → *Sachbezüge* Rz. 3799; → *Rabatte* Rz. 3523. 686

Haustrunk: Soweit an Arbeitnehmer im Brauereigewerbe oder in der Getränkeindustrie kostenlos Bier oder alkoholfreie Getränke zur Verwendung außerhalb des Betriebs (zum sog. häuslichen Verzehr) abgegeben werden, ist dieser Vorteil grds. steuerpflichtig. 687

Nichtsteuerbare Aufmerksamkeiten sind dagegen gegeben, wenn der Unternehmer seinen Arbeitnehmern diese Waren zum Verzehr im Betrieb überlässt (vgl. LfSt Bayern v. 15.9.2021, S 7206.2.1/13 St33, zur umsatzsteuerlichen Bemessungsgrundlage für den Haustrunk im Brauereigewerbe).

Heilberufsausweis, elektronischer (eHBA): Der elektronische Heilberufsausweis (eHBA) ist eine personalisierte Chipkarte, mit der sich Angehörige von Heilberufen gegenüber der Telematikinfrastruktur (TI) ausweisen. Mit dem Ausweis werden die Datensicherheit und der Datenschutz im digitalen Gesundheitsnetz erhöht. Ärzte und Zahnärzte erhalten den eHBA über die Landesärzte- bzw. Zahnärztekammern. Psychotherapeuten erhalten die Ausweise von den Landespsychotherapeutenkammern; Apotheker von den zuständigen Landesapothekerkammern. 688

Die obersten Finanzbehörden haben entschieden (FinMin Thüringen v. 1.3.2021, S 2332 – A – 21.14), dass ein ganz überwiegend eigenbetriebliches Interesse des Arbeitgebers und somit kein Arbeitslohn anzunehmen ist, wenn der Arbeitgeber die Kosten für den Erwerb des eHBA durch seine in Heilberufen tätigen Arbeitnehmer übernimmt und dass es sich bei der Pauschale, welche in Heilberufen tätige Arbeitnehmer gem. § 9 Abs. 3 der Vereinbarung zur Finanzierung der bei den Krankenhäusern entstehenden Ausstattungs- und Betriebskosten i.R. der Einführung und des Betriebs der Telematikinfrastruktur gem. § 334 SGB V von ihrem Arbeitgeber erhalten, nicht um steuerpflichtigen Arbeitslohn handelt.

In der Folge kommt ein Abzug der Aufwendungen des Arbeitnehmers für den Erwerb und die Nutzung des eHBA als Werbungskosten nur in Betracht, soweit die Aufwendungen vom Arbeitgeber nicht erstattet wurden.

Hochschulstudium: Ein Arbeitsverhältnis wird begründet, wenn das Hochschulstudium Inhalt eines sog. Ausbildungsdienstverhältnisses ist, vgl. H 9.2 (Ausbildungsdienstverhältnis) LStH. Die Studienbeihilfen und Stipendien sind dann steuerpflichtiger Arbeitslohn (→ *Auszubildende* Rz. 1184, → *Doktoranden* Rz. 1599). 689

Kautionszahlung im Strafprozess: Zahlt der Arbeitgeber für einen Arbeitnehmer in einem strafprozessualen Verfahren eine Kaution, kann die Zahlung im ganz überwiegend eigenbetrieblichen Interesse des Arbeitgebers liegen und deshalb nicht zum Arbeitslohn gehören (vgl. FG Nürnberg v. 13.3.1986, VI 239/84, EFG 1986, 493 betr. Verkehrsunfall eines Arbeitnehmers auf einer Geschäftsfahrt durch die damalige DDR). 690

Im Allgemeinen dürfte aber Arbeitslohn anzunehmen sein, insbesondere wenn kein konkreter Zusammenhang mit dem Dienstverhältnis besteht. Die Tatsache allein, dass mit der Zahlung der Kaution eine Gefängnisstrafe des Arbeitnehmers abgewendet werden soll und der Arbeitgeber sich damit die Arbeitskraft des Arbeitnehmers erhalten will, dürfte nicht ausreichen.

Kommunion/Konfirmation: Zuwendungen des Arbeitgebers an den Arbeitnehmer anlässlich der Konfirmation bzw. Kommunion eines Kindes sind durch das individuelle Dienstverhältnis veranlasst und deshalb Arbeitslohn (BFH v. 9.8.1985, VI R 81/82, BStBl II 1986, 95). Sie können allenfalls i.R. der für Gelegenheitsgeschenke (→ *Gelegenheitsgeschenke* Rz. 2285) geltenden Grundsätze steuerfrei bleiben. 691

Kreditkosten: Zinszahlungen des Arbeitgebers auf ein vom Arbeitnehmer aufgenommenes Darlehen sind steuerpflichtiger Arbeitslohn (vgl. BFH v. 4.5.2006, VI R 67/03, BStBl II 2006, 914). Dies gilt selbst dann, wenn die Arbeitnehmer mit dem Kredit Pro- 692 dukte aus dem Unternehmen des Arbeitgebers erworben haben (FG Hessen v. 5.3.1990, 4 K 85/86, EFG 1990, 523).

Zur Annahme von Arbeitslohn bei Arbeitgeberdarlehen → *Darlehen an Arbeitnehmer* Rz. 1524.

693 **Kryptowährung:** Kryptowährungen sind Wirtschaftsgüter. Werden sie als Entgelt für eine Arbeitsleistung zugewendet, sind sie **Arbeitslohn** und im **Zuflusszeitpunkt** steuerpflichtig (§ 8 Abs. 1 EStG).

Die FinVerw. hatte im BMF-Schreiben v. 10.5.2022 (IV C 5 – S 2256/19/10003 :001, BStBl I 2022, 668) zur Frage der Behandlung von Token als Einnahmen aus nichtselbständiger Arbeit gem. § 19 EStG wie folgt Stellung genommen:

Werden dem Arbeitnehmer Token verbilligt oder unentgeltlich überlassen, ist im Einzelfall zu prüfen, ob eine Geldleistung i.S.d. § 8 Absatz 1 EStG oder ein Sachbezug i.S.d. § 8 Absatz 2 Satz 1 EStG vorliegt. Die Bewertung eines Sachbezugs erfolgt mit dem um die üblichen Preisnachlässe geminderten üblichen Endpreis am Abgabeort im Zeitpunkt des Zuflusses (§ 8 Absatz 2 Satz 1 EStG). Sachbezüge bleiben außer Ansatz, wenn sie im Kalendermonat insgesamt 50 € (bis 31. Dezember 2021 44 €) nicht übersteigen (§ 8 Absatz 2 Satz 11 EStG).

Token, die als Sachbezug einzuordnen sind, fließen dem Arbeitnehmer regelmäßig im Zeitpunkt der Einbuchung in die Wallet zu. Der Zufluss der Token erfolgt frühestens zu dem Zeitpunkt, ab dem die Token gehandelt werden können, da der Arbeitnehmer erst zu diesem Zeitpunkt die Möglichkeit hat, wirtschaftlich über die Token zu verfügen. Ein Zufluss liegt somit noch nicht vor, wenn der Arbeitgeber lediglich die Überlassung von Token schuldrechtlich zugesagt hat. Wird vom Arbeitnehmer bereits vor dem Zeitpunkt des Zuflusses der Token der schuldrechtliche Anspruch auf die Einbuchung der Token in seine Wallet gegen Entgelt an Dritte abgetreten, erfolgt schon zu diesem Zeitpunkt ein Zufluss von Arbeitslohn in Höhe der Differenz zwischen dem Verkaufserlös und den Erwerbsaufwendungen für die Token.

Diese Verwaltungsanweisung wurde jedoch zwischenzeitlich mit BMF-Schreiben v. 6.3.2025, IV C 1 – S 2256/0004/064/043, BStBl I 2025, 658 neugefasst. In der Neufassung befindet sich der Hinweis, dass Ausführungen zu Einkünften aus nichtselbständiger Arbeit und zum Lohnsteuerabzug im Zusammenhang mit der Gewährung von Kryptowerten im Rahmen eines Dienstverhältnisses nicht Gegenstand dieser neuen Verwaltungsverlautbarung sind. Es dürfte damit zu rechnen sein, dass die FinVerw. zu den Fragen der Kryptowährung im Zusammenhang mit den Einkünften aus nichtselbständiger Arbeit in einer gesonderten Verwaltungsverlautbarung Stellung nehmen wird. Bis dahin kann u.E. hilfsweise auf die Ausführungen im BMF-Schreiben v. 10.5.2022 a.a.O. zurückgegriffen werden.

694 **Lehrabschlussprämien:** Lehrabschlussprämien werden Auszubildenden häufig als Belohnung nach Bestehen ihrer Prüfung gezahlt; solche Vergütungen sind steuerpflichtig.

Wird lediglich ein Sachgeschenk bis zu einem Wert von 60 € als Prämie überreicht, liegt eine steuerfreie Aufmerksamkeit vor (→ *Annehmlichkeiten* Rz. 167).

695 **Lehrzulagen:** Lehrzulagen, die Arbeitnehmern, die für die Ausbildung im Betrieb zuständig sind, neben dem laufenden Arbeitslohn gezahlt werden, sind steuerpflichtig.

Im öffentlichen Dienst können solche Zahlungen als Aufwandsentschädigungen nach § 3 Nr. 12 EStG steuerfrei sein (→ *Aufwandsentschädigungen im öffentlichen Dienst* Rz. 865).

696 **Lesezirkel: Werbe-Vergütungen:** Lesezirkel erhalten von Illustrierten- und Zeitschriftenverlagen Geldbeträge, die an die Boten als Vergütung für die Reklamebeschriftung der boteneigenen Fahrzeuge weitergegeben werden. Diese Vergütungen sind Arbeitslohn der Boten, von dem der Lesezirkel den Lohnsteuerabzug vorzunehmen hat (FG Schleswig-Holstein v. 24.11.1964, EFG 1965, 286).

697 **Maifeier/Maigeld:** Zuwendungen des Arbeitgebers anlässlich des Maifeiertags (Maigeld) gehören zum steuerpflichtigen Arbeitslohn (BFH v. 30.8.1972, VI R 300/69, BStBl II 1973, 64).

698 **Managementbeteiligung:** → *Beteiligung* Rz. 652

699 **Nettolohn – Übernahme der Einkommensteuer und der Steuerberatungskosten des Arbeitnehmers:** Leistet der Arbeitgeber bei einer Nettolohnvereinbarung für den Arbeitnehmer eine **Einkommensteuernachzahlung** für einen vorangegangenen Veranlagungszeitraum, wendet er dem Arbeitnehmer Arbeitslohn zu, der dem Arbeitnehmer als sonstiger Bezug im Zeitpunkt der Zahlung zufließt. Der in der Tilgung der persönlichen Einkommensteuerschuld des Arbeitnehmers durch den Arbeitgeber liegende Vorteil unterliegt der Einkommensteuer. Er ist deshalb auf einen Bruttobetrag hochzurechnen (BFH v. 3.9.2015, VI R 1/14, BStBl II 2016, 31 sowie → *Nettolöhne* Rz. 3281).

Übernimmt der Arbeitgeber, der mit dem Arbeitnehmer unter Abtretung der Steuererstattungsansprüche eine **Nettolohnvereinbarung** abgeschlossen hat, die **Steuerberatungskosten** für die Erstellung der Einkommensteuererklärungen des Arbeitnehmers, wendet er damit keinen Arbeitslohn zu (BFH v. 9.5.2019, VI R 28/17, BStBl II 2019, 785; an seinem Urteil v. 21.1.2010, VI R 2/08, BStBl II 2010, 639 hält der BFH nicht mehr fest).

Richtfest: Kleine Beträge, die vom Bauherrn an die Arbeitnehmer 700
der Baufirma an Stelle der Ausrichtung eines Richtfestes gezahlt werden, zählen als freiwillige Trinkgelder nicht zum steuerpflichtigen Arbeitslohn. Das gilt auch dann, wenn die Baufirma bei der Verteilung der Gelder in der Art eines Treuhänders eingeschaltet wird (FG Nürnberg v. 20.8.1974, II 2/71, EFG 1974, 565 sowie BFH v. 18.6.2015, VI R 37/14, BStBl II 2016, 751).

Signing bonus: Ein sog. signing bonus – eine bei Abschluss des 701
Arbeitsvertrags fällige Einmalzahlung, die dem im Ausland ansässigen Arbeitnehmer für eine künftig in Deutschland auszuübende Tätigkeit vorab gewährt wird – stellt Arbeitslohn dar (BFH v. 11.4.2018, I R 5/16, BStBl II 2018, 761).

Sparprämien: Zahlt der Arbeitgeber seinen Arbeitnehmern Spar- 702
prämien, wenn sie am sog. Belegschaftssparen teilnehmen, so sind die Prämien Arbeitslohn.

Tabakwaren: Tabakwaren, die der Arbeitgeber den Arbeitneh- 703
mern zum Verzehr im Betrieb kostenlos oder verbilligt überlässt, gehören als Aufmerksamkeiten (→ *Annehmlichkeiten* Rz. 167) nicht zum Arbeitslohn und sind deshalb steuerfrei (R 19.6 Abs. 2 Satz 1 LStR).

Tabakwaren, die der Arbeitgeber den Arbeitnehmern zum häuslichen Verzehr kostenlos oder verbilligt überlässt, z.B. in der Tabakindustrie, sind keine Aufmerksamkeiten. Sie sind grds. steuerpflichtiger Arbeitslohn.

Tageszeitungen: Wenn der Arbeitgeber dem Arbeitnehmer Auf- 704
wendungen für regionale oder überregionale Tageszeitungen ersetzt, so sind diese Zahlungen steuerpflichtiger Arbeitslohn, denn Aufwendungen für Tageszeitungen gehören im Allgemeinen zu den nicht abziehbaren Kosten der Lebensführung i.S.v. § 12 EStG (→ *Werbungskosten* Rz. 4594 „Zeitungen, Zeitschriften"). Ein steuerfreier Arbeitgeberersatz für Werbungskosten wäre überdies grds. nicht möglich (R 19.3 Abs. 3 Satz 1 LStR).

Bei Zeitungsverlagen gehört die kostenlose Überlassung einer Tageszeitung an Arbeitnehmer zu den geldwerten Vorteilen (→ *Zeitungen: kostenlose Überlassung* Rz. 4606).

Treueprämien: Treueprämien, die Arbeitnehmern nach einer 705
gleich bleibenden Anzahl von Jahren der Betriebszugehörigkeit gezahlt werden, z.B. nach jeweils fünf Jahren, sind steuerpflichtig (→ *Jubiläumsgeschenke* Rz. 2653).

Verzugszinsen, Verzugspauschale: Zinsen für rückständigen 706
Arbeitslohn (auch Prozesszinsen) sind kein Arbeitslohn, aber ggf. i.R. der Einkünfte aus Kapitalvermögen zu versteuern (BFH v. 12.7.2016, IX R 33/15, BStBl II 2017, 158). Die Zinsen können vom Bruttolohn berechnet werden (BAG v. 7.3.2001, GS 1/00).

Die Verzugspauschale von 40 € nach § 288 Abs. 5 BGB stellt ebenfalls keinen Arbeitslohn dar, weil es sich nicht um eine Gegenleistung für die Zurverfügungstellung der individuellen Arbeitskraft handelt (Hinweis: Nach **BAG** v. 25.9.2018, 8 AZR 26/18, findet zwar § 288 Abs. 5 BGB grds. auch in Fällen Anwendung, in denen sich der Arbeitgeber mit der Zahlung von Arbeitsentgelt in Verzug befindet. Allerdings schließt § 12a Abs. 1 Satz 1 ArbGG als spezielle arbeitsrechtliche Regelung nicht nur einen prozessualen Kostenerstattungsanspruch wegen erstinstanzlich entstandener Beitreibungskosten, sondern auch einen entsprechenden materiell-rechtlichen Kostenerstattungsanspruch und damit auch den Anspruch auf Pauschalen nach § 288 Abs. 5 BGB aus).

Waisengeld: Die v.a. im öffentlichen Dienst gezahlten Waisengel- 707
der sind ebenso wie Witwenbezüge (→ *Witwenbezüge* Rz. 4599)

steuerpflichtiger Arbeitslohn, weil sie dem Kind als Rechtsnachfolger des verstorbenen Arbeitnehmers zufließen (R 19.9 LStR sowie BFH v. 12.6.2006, III B 189/05, betr. die Abgrenzung zur Halbwaisenrente). Für das Kind muss der Arbeitgeber Lohnsteuer einbehalten, selbst wenn das Waisengeld zusammen mit dem Witwengeld der Witwe ausgezahlt wird. Da es sich um Hinterbliebenenbezüge und somit um Versorgungsbezüge (→ *Versorgungsbezüge* Rz. 4334) handelt, können die Freibeträge für Versorgungsbezüge (→ *Versorgungsfreibeträge* Rz. 4340) gewährt werden.

708 **Weiterverpflichtungsprämie:** Weiterverpflichtungsprämien an Zeitsoldaten sind steuerpflichtiger Arbeitslohn, der aber tarifbegünstigt versteuert wird (→ *Arbeitslohn für mehrere Jahre* Rz. 712).

709 **Werbung auf Fahrzeugen des Arbeitnehmers:** Erhält der Arbeitnehmer von seinem Arbeitgeber Vergütungen dafür, dass er auf seinem Fahrzeug Werbung für die Firma seines Arbeitgebers anbringt, kann es sich entweder um **Arbeitslohn** oder um grds. steuerpflichtige **sonstige Einkünfte** i.S.d. § 22 Nr. 3 EStG (dabei ist allerdings die Freigrenze von 256 € im Jahr zu beachten) handeln.

Leistungen, die zu anderen Einkunftsarten führen können, wie z.B. eine Kostenerstattung für die arbeitnehmereigene Garage zur Unterstellung von Dienst-Kfz (grds. Einkünfte aus Vermietung und Verpachtung nach § 21 EStG, vgl. BFH v. 7.6.2002, VI R 145/99, BStBl II 2002, 829) oder die Werbeflächenanmietung auf dem arbeitnehmereigenen Kfz (grds. sonstige Einkünfte nach § 22 Nr. 3 EStG), stellen grds. keinen Arbeitslohn dar. Hierbei gilt es zu unterscheiden, ob der Zusammenhang zum Dienstverhältnis tatsächlich durchbrochen und daneben eine andere Rechtsbeziehung begründet wird (BFH v. 7.6.2002, VI R 145/99, BStBl II 2002, 829):

Beispiel 1 (Anmietung Werbefläche arbeitnehmereigenes Kfz mit Rückfallklausel):

Laut Werbeflächenmietvertrag stellt der Arbeitnehmer sein privates Kfz zur Werbung mittels eines Werbeträgers (Aufkleber oder Kennzeichenhalter) zur Verfügung. Vereinbart wurde ein Mietzins von 21 € pro Monat. Das Mietverhältnis wurde auf unbestimmte Zeit abgeschlossen und endet, wenn der Vermieter/Arbeitnehmer sein Fahrzeug verkauft, stilllegt, verschrottet oder die Nutzung aufgibt. Sollte der gewährte Baustein auf Grund geänderter tatsächlicher oder rechtlicher Voraussetzungen entfallen oder gekündigt werden, wird diese Leistung des Arbeitgebers durch eine andere Leistung ersetzt, die der entfallenen Leistung in ihrem Gehaltsvolumen bzw. Gehaltsumfang entspricht. Sofern sich die Parteien nicht einigen sollten, erhält der Arbeitnehmer das Gehalt, welches er erhalten hätte, wenn die jeweiligen Bausteine nicht gewährt worden wären. Der Arbeitnehmer kann am Ende eines jeden Kalenderjahres zudem eine Änderung dieser Vereinbarung dergestalt herbeiführen, dass er von diesem Baustein Abstand nimmt oder ihn durch einen anderen Baustein ersetzt. Wenn der Ersatz durch einen anderen Baustein nicht möglich ist, erhält der Arbeitnehmer den entsprechenden Ausgleich seiner Grundvergütung.

Grds. besteht die Möglichkeit, dass neben einem Arbeitsverhältnis ein weiteres Rechtsverhältnis besteht, wenn eine Zuwendung wegen anderer Rechtsbeziehungen oder sonstiger, nicht auf dem Dienstverhältnis beruhender Beziehung zwischen Arbeitnehmer und Arbeitgeber bewirkt wird (BFH v. 7.6.2002, VI R 145/99, BStBl II 2002, 829). Solche steuerlichen Verhältnisse sind grds. steuerlich getrennt zu betrachten, allerdings nur, wenn mit einem Dritten (Nichtarbeitnehmer) ein Mietvertrag gleichen Inhalts so abgeschlossen worden wäre und die Leistungen sich deshalb nicht – auch nicht im weitesten Sinne – nach ihrem wirtschaftlichen Gehalt als Gegenleistung für das Zurverfügungstellen der individuellen Arbeitskraft darstellten.

Da keine ausreichende Trennung zwischen Arbeitsvertrag (Änderung des Zusatzbausteins bei Wegfall seiner Voraussetzungen jederzeit bzw. ohne Angabe von Gründen am Ende eines jeden Kalenderjahres möglich bei gleichzeitig automatischer Rückkehr zum ursprünglich geschuldeten Arbeitslohn) und dem Mietvertrag vorliegt, handelt es sich bei den Werbezahlungen um Vorteile aus dem bestehenden Arbeitsverhältnis (§ 19 EStG) und nicht um sonstige Einkünfte (§ 22 Nr. 3 EStG). Die Zahlungen werden deshalb als **steuerpflichtiger Arbeitslohn** eingestuft.

Beispiel 2 (Anmietung Werbefläche arbeitnehmereigenes Kfz ohne Rückfallklausel, aber nicht dem Fremdvergleich standhaltende Mietzahlungen):

Laut Werbeflächenmietvertrag stellt der Arbeitnehmer sein privates Kfz zur Werbung auf dem Kennzeichenhalter zur Verfügung. Vereinbart wurde ein Mietzins von 21 € pro Monat. Das Mietverhältnis wird auf unbestimmte Zeit abgeschlossen und endet, wenn der Vermieter/Arbeitnehmer sein Fahrzeug verkauft, stilllegt, verschrottet oder die Nutzung aufgibt. Darüber hinaus haben Arbeitgeber und Arbeitnehmer ein Kündigungsrecht mit einer Frist von einem Monat.

Werbeflächen-Mietverträge werden zu diesen Konditionen nur mit eigenen Arbeitnehmern, nicht aber mit fremden Dritten (Nichtarbeitnehmern) abgeschlossen. Im vorliegenden Fall sollen mtl. 21 € für eine kleine Werbefläche auf der Kennzeichenhalterung bezahlt werden. Eine solche Vergütung ist weder dem Grunde und der Höhe nach auf „dem freien Markt" erzielbar noch bietet der Arbeitgeber entsprechende Vergütungen in repräsentativer Anzahl fremden Dritten für die Anmietung von kleinen Werbeflächen auf deren Kennzeichenhalterungen an.

Werbungen auf Kennzeichenhalterungen sind heutzutage zwar üblich und weit verbreitet, Vergütungen dafür werden aber nicht geleistet. Da keine ausreichende Trennung zwischen Dienstverhältnis (unübliche, nicht auf dem üblichen Markt erzielbare, Vergütungen nur für Arbeitnehmer) und dem Mietverhältnis vorliegt, handelt es sich bei den Werbezahlungen um Vorteile aus dem bestehenden Arbeitsverhältnis (§ 19 EStG) und nicht um sonstige Einkünfte (§ 22 Nr. 3 EStG). Die Zahlungen werden deshalb als **steuerpflichtiger Arbeitslohn** eingestuft. Diese Auffassung der Finanzverwaltung wurde von **FG Rheinland-Pfalz** v. 23.11.2016, 2 K 1180/16, EFG 2017, 1102 bestätigt. Für das FG ergab sich dies aus einer Gesamtschau der dem Urteilsfall zu Grunde liegenden Umstände:

- Rein äußerlich schon wurde diese Leistungsabrede als Nebenabrede zum Arbeitsvertrag mit dem Arbeits- bzw. Dienstverhältnis verbunden – und zwar im Rahmen einer Gesamtmaßnahme, mit der die Grundvergütung gegen Vereinbarung von Zusatzleistungen reduziert wurde. Damit besteht sowohl nach der Titulierung der Vereinbarung als auch zeitlich und wirtschaftlich ein enger Zusammenhang mit dem Arbeitsverhältnis.
- Dem Anbringen des Logos kam keine eigenständige wirtschaftliche Bedeutung zu, da eine inhaltlich relevante Werbewirkung auf Grund der Größe und Form nicht auszumachen war und der private Gebrauch der Fahrzeuge in keiner Weise beeinträchtigt wurde.
- Das Logo (Buchstabenfolge ohne weiteren Hinweis) stellte kein allgemein oder einem größeren Personenkreis bekanntes Markenzeichen dar.
- Vorgebliches Werbeentgelt war unabhängig von der Fahrleistung und dem Bewegungsumfeld (Stadtverkehr oder ländlich abgeschiedene Strecken) des jeweiligen Arbeitnehmers.

Das **FG Münster** hat mit Urteil v. 3.12.2019, 1 K 3320/18 L, EFG 2020, 356, Rev. zurückgewiesen durch BFH v. 21.6.2022, VI R 20/20, ebenso pro Arbeitslohn entschieden. Ebenso **FG München** v. 3.6.2016, 10 V 899/16, wenn keine ausreichende Trennung von Arbeitsvertrag und Werbevertrag vorliegt; im Urteilsfall wurde im Arbeitsvertrag selbst ein „Baustein zur Vermietung von Werbeflächen" vereinbart.

Beispiel 3 („Echte" Vermietung von Werbeflächen auf dem Kfz):

Sofern keine Rückfallklausel (vgl. Beispiel 1) vereinbart ist und dem Fremdvergleich standhaltende Mietzahlungen (vgl. Beispiel 2) geleistet werden, stellen die Zahlungen grds. keinen Arbeitslohn, sondern **sonstige Einkünfte** nach § 22 Nr. 3 EStG dar.

S. auch **FG Münster** v. 14.2.2020, 14 K 2450/18 L:

- Erfolgt eine Zahlung (hier: **monatliche Miete für Werbung** auf den Nummernschildträgern an den (Privat-)Fahrzeugen des Arbeitnehmers) faktisch ausschließlich, um die Bindung des Arbeitnehmers an das Unternehmen zu stärken bzw. ist die Zahlung an die Betriebszugehörigkeit des Arbeitnehmers gebunden, so handelt es sich um eine Leistung, die in einem untrennbaren Zusammenhang mit dem Arbeitsverhältnis steht und deshalb **Arbeitslohn** ist.
- Die unentgeltliche Zurverfügungstellung und **Anbringung von Nummernschildträgern** durch den Arbeitgeber stellt grds. (und auch im Streitfall) **keinen Arbeitslohn** dar, sofern die betriebsfunktionale Zielsetzung, Werbung für das Unternehmen zu machen, eindeutig im Vordergrund steht und der materielle Wert des Nummernschildträgers (hier: ca. 10 €) gering ist.

Wertmarken: Erhält der Arbeitnehmer vom Arbeitgeber Wertmarken, die er zu jeder Zeit in Bargeld eintauschen kann, so ist mit der Aushändigung der Wertmarken dem Arbeitnehmer der Arbeitslohn zugeflossen und nicht erst beim Umtausch der Wertmarken. 710

Kann dagegen der Arbeitnehmer die Wertmarken lediglich in Waren bzw. Dienstleistungen des Arbeitgebers eintauschen, so ist der Arbeitslohn erst bei Einlösung der Wertmarke zugeflossen (→ *Warengutscheine* Rz. 4406).

Zusatzverpflegung: Aufwendungen für Verpflegung gehören regelmäßig zu den nicht abziehbaren Kosten der Lebensführung (→ *Mahlzeiten* Rz. 3049). Dies gilt auch für zusätzliche Verpflegung, die infolge der Berufsausübung eingenommen wird (BFH v. 9.4.2014, X R 40/11, BFH/NV 2014, 1359 betr. Verpflegungsmehraufwendungen eines Kraftsportlers). Demzufolge kann der Arbeitgeber dem Arbeitnehmer weder die Aufwendungen für Verpflegung steuerfrei ersetzen noch entsprechende Mahlzeiten 711 steuerfrei zur Verfügung stellen (FG München v. 3.5.2013, 8 K 4017/09, EFG 2013, 1407 betr. kostenlose Mahlzeiten für Profi-Sportler).

Wird allerdings in Betrieben mit gesundheitsgefährdenden Tätigkeiten Zusatzverpflegung vom Arbeitgeber zur Verfügung gestellt, so führt dies nicht zu Arbeitslohn, weil es sich bei der Zusatzverpflegung um eine Sachleistung zur Verhütung einer typischen Berufskrankheit handelt (FinMin Niedersachsen v. 1.4.1963, DStZ/E 1963, 178).

Wird die Sachleistung jedoch durch Barzahlung abgegolten, so ist der gezahlte Betrag steuerpflichtiger Arbeitslohn.

Arbeitslohn für mehrere Jahre

1. Allgemeine Grundsätze

712 Nach § 34 Abs. 1, 2 Nr. 4 EStG wird für Vergütungen für mehrjährige Tätigkeiten eine **Tarifermäßigung („Fünftelregelung")** gewährt, da sich andernfalls insbesondere bei Lohnnachzahlungen für mehrere Jahre durch den progressiven Steuertarif (→ *Steuertarif* Rz. 4049) eine ungerechtfertigt hohe Steuerbelastung ergeben könnte.

Voraussetzung für die **Anwendung der Tarifermäßigung** ist, dass

- eine **„mehrjährige" Tätigkeit** vorliegt: Nach § 34 Abs. 2 Nr. 4 zweiter Halbsatz EStG ist eine Tätigkeit mehrjährig, soweit sie sich über **mindestens zwei Veranlagungszeiträume erstreckt und einen Zeitraum von mehr als zwölf Monaten** umfasst.

  Allerdings reicht es nicht aus, dass der Arbeitslohn in einem anderen Veranlagungszeitraum als dem zufließt, zu dem er wirtschaftlich gehört, und dort mit weiteren Einkünften aus nichtselbständiger Arbeit zusammentrifft. Die Entlohnung muss vielmehr für sich betrachtet **zweckbestimmtes Entgelt für eine mehrjährige Tätigkeit** sein, die Vergütung folglich für einen Zeitraum von **mehr als zwölf Monaten und veranlagungszeitraumübergreifend geleistet** werden. Diese mehrjährige Zweckbestimmung kann sich entweder aus dem Anlass der Zuwendung oder aus den übrigen Umständen ergeben. Soweit andere Hinweise auf den Verwendungszweck fehlen, kommt der Berechnung des Entgelts maßgebliche Bedeutung zu (zuletzt BFH v. 23.4.2021, IX R 3/20, BStBl II 2021, 692 betr. Auszahlung aus einem Aufbaukonto der betrieblichen Altersversorgung).

  Erzielt ein leitender Angestellter (Geschäftsleiter einer Tochtergesellschaft des Konzerns) durch eine Zusatzvereinbarung eine Vergütung, die sich an Veräußerungsgewinnen der Gesellschafter der Konzernmutter orientiert, handelt es sich um eine variable Vergütung, die einen Gehaltsbestandteil darstellt. Soweit der leitende Angestellte zwar weniger als zwölf Monate bei der Konzernmutter, aber insgesamt **mehr als zwölf Monate im Konzern beschäftigt** war, liegt eine mehrjährige Tätigkeit i.S.d. § 34 Abs. 2 Nr. 4 EStG vor, soweit es sich um eine im Wesentlichen unveränderte Tätigkeit handelt (FG Berlin-Brandenburg v. 9.4.2019, 8 K 8153/15, EFG 2019, 1093),

- **wirtschaftlich vernünftige Gründe für die zusammengeballte Entlohnung vorliegen.** Diese können sowohl in der Person des Arbeitnehmers als auch des Arbeitgebers vorliegen. Das Merkmal der wirtschaftlich vernünftigen Gründe dient der Verhütung von Missbräuchen. Deshalb schließt nur eine willkürliche, wirtschaftlich nicht gerechtfertigte Zusammenballung allein aus steuerlichen Gründen die Anwendung der Tarifbegünstigung auf mehrjährigen Arbeitslohn aus (zuletzt BFH v. 23.4.2021, IX R 3/20, BStBl II 2021, 692 betr. Auszahlung aus einem Aufbaukonto der betrieblichen Altersversorgung),

- **„außerordentliche Einkünfte"** i.S.d. § 34 Abs. 2 EStG vorliegen. Vergütungen für mehrjährige Tätigkeiten sind nur dann außerordentlich, wenn die **Zusammenballung** der Einkünfte nicht dem vertragsgemäßen oder typischen Ablauf der jeweiligen Einkünfteerzielung entspricht, also **atypisch** ist; die Kapitalisierung eines Anspruchs auf laufende Zahlungen stellt grds. keine Entschädigung i.S.d. § 34 Abs. 2 Nr. 2 EStG dar (BFH v. 22.11.2023, VI R 5/21, BFH/NV 2024, 382, betr. kapitalisierte Versorgungsbezüge).

Unerheblich ist dagegen, ob

- (anders als bei den Einkünften aus selbständiger Arbeit) die Vergütung für eine **abgrenzbare Sondertätigkeit** des Arbeitnehmers gezahlt wird. Insbesondere ist es nicht erforderlich, dass die Tätigkeit selbst von der regelmäßigen Erwerbstätigkeit abgrenzbar ist oder die in mehreren Veranlagungszeiträumen erdiente Vergütung auf einem besonderen Rechtsgrund beruht, der diese von den laufenden Einkünften unterscheidbar macht. Eine Einschränkung des Wortlauts des § 34 Abs. 2 Nr. 4 EStG ist bei den Einkünften aus nichtselbständiger Arbeit nicht erforderlich. Dementsprechend ist beim Arbeitnehmer jede Vergütung für eine Tätigkeit, die sich über mindestens zwei Veranlagungszeiträume erstreckt und einen Zeitraum von mehr als zwölf Monaten umfasst, atypisch zusammengeballt und damit außerordentlich i.S.d. § 34 Abs. 1 Satz 1 EStG (zuletzt BFH v. 23.4.2021, IX R 3/20, BStBl II 2021, 692 betr. Auszahlung aus einem Aufbaukonto der betrieblichen Altersversorgung),
- auf sie ein **Rechtsanspruch** besteht oder
- sie eine **zwangsläufige Zusammenballung** von Einnahmen darstellt (R 34.4 Abs. 2 EStR) und ob
- der Arbeitnehmer tatsächlich eine **Arbeitsleistung erbringt**: Begünstigt ist daher auch für mehrere Jahre vorausgezahlter Arbeitslohn (BFH v. 17.7.1970, VI R 66/67, BStBl II 1970, 683).

Beispiel 1:

Herr A war seit März 2020 arbeitsunfähig und später zu 100 % schwerbehindert. Im September 2021 ging er in Rente. Seinen Urlaubsanspruch für die Jahre 2020 und 2021 konnte er auf Grund seiner Arbeitsunfähigkeit nicht einlösen. Es handelte sich um 22 Tage für das Kalenderjahr 2020 und um 19 Tage für das Kalenderjahr 2021, d.h. insgesamt 41 Tage. Sein Arbeitgeber zahlte ihm im Jahr 2021 als Urlaubsabgeltungsanspruch für 41 Tage x €.

Ein **Urlaubsabgeltungsanspruch** für mehrere Jahre stellt keine Vergütung für eine mehrjährige Tätigkeit nach § 34 Abs. 2 Nr. 4 EStG dar (FG Hamburg v. 19.3.2019, 6 K 80/18). Mehrjährig ist eine Tätigkeit nach § 34 Abs. 2 Nr. 4 zweiter Halbsatz EStG, soweit sie sich über mindestens zwei Veranlagungszeiträume erstreckt und einen Zeitraum von mehr als zwölf Monaten umfasst. Allerdings reicht es nicht aus, dass die Einkünfte in einem anderen Veranlagungszeitraum zufließen, zu dem sie wirtschaftlich gehören und dort mit Einkünften derselben Einkunftsart zusammentreffen. **Erforderlich ist vielmehr, dass sie für sich betrachtet Entgelt für eine mehrjährige Tätigkeit darstellen.** Dies ist hier nicht der Fall. Vielmehr flossen die Urlaubsabgeltungsansprüche 2020 und 2021 lediglich in *einem* Veranlagungszeitraum zu. Sie stellten aber kein Entgelt für eine mehrjährige Tätigkeit dar. Vielmehr wurde der Urlaubsabgeltungsanspruch 2020 für den nicht genommenen Urlaub im Jahr 2020 gezahlt und der Urlaubsanspruch 2021 für den nicht genommen Urlaub im Jahr 2021.

Beispiel 2:

B ist als Vorstand einer als gemeinnützig anerkannten Stiftung, die sich überwiegend aus Spenden finanziert, tätig. Die Rechtsbeziehungen zwischen ihm und der Stiftung sind in einem Dienstvertrag geregelt. Beim BFH war streitig, ob es sich bei der von der Stiftung erhaltenen Tätigkeitsvergütung des B um ermäßigt zu besteuernden Arbeitslohn für mehrere Jahre handelt, denn der Lohnzahlungszeitraum sei ausnahmsweise – und mit Einverständnis des B – von zwölf auf 14 Monate erweitert worden. Dadurch sei der monatliche Durchschnittsbetrag seiner Bezüge um mehr als 10 % reduziert und eine möglicherweise unangemessen hohe gemeinnützigkeitsschädliche Vergütung i.S.d. § 55 der AO vermieden worden.

Der BFH hat die Tarifermäßigung gewährt (BFH v. 7.5.2015, VI R 44/13, BStBl II 2015, 890). B und die Stiftung haben nicht lediglich vereinbart, dass zusätzlich zum jährlichen Arbeitslohn eine Abschlagszahlung für die folgenden zwei Monate zu leisten war. Außerdem lagen für die auf der Verlängerung des Lohnzahlungszeitraums gründende Zusammenballung des Arbeitslohns wirtschaftlich vernünftige – im Streitfall gemeinnützigkeitsrechtliche – Gründe vor.

Die ermäßigte Besteuerung des § 34 Abs. 1 EStG kommt auch dann zur Anwendung, wenn ein Versorgungsguthaben für eine mehrjährige nichtselbständige Tätigkeit in einem Betrag zur **Auszahlung an die Witwe des regulär Begünstigten** gelangt. Auch bei Auszahlung des Versorgungskapitals des verstorbenen Ehemanns an die Witwe verbleibt es dabei, dass die ausbezahlte Vergütung Resultat einer mehrjährigen Tätigkeit ist. Die Qualität des Vergütungsanspruchs aus dem Arbeitsverhältnis als solchem, welcher durch mehrjähriges Tätigwerden entstanden ist, wird durch die Ausbezahlung an die Witwe nicht verändert (FG München v. 25.3.2015, 1 K 2723/13, EFG 2015, 1200).

Auch wenn **Überstundenvergütungen** anlässlich der **Aufhebung eines Arbeitsverhältnisses** (nach)gezahlt werden, setzt § 34 Abs. 2 Nr. 4 EStG betr. Vergütungen für mehrjährige Tätigkeiten – anders als § 34 Abs. 2 Nr. 2, § 24 Nr. 1 EStG betr. Entschädigungen – nicht voraus, dass der Stpfl. infolge der Beendigung des Arbeitsverhältnisses in dem jeweiligen Veranlagungszeitraum insgesamt mehr erhält, als er bei ungestörter Fortsetzung des Arbeitsverhältnisses erhalten würde (FG Münster v. 23.5.2019, 3 K 1007/18 E, EFG 2019, 1199, bestätigt durch BFH v. 2.12.2021, VI R 23/19, BStBl II 2022, 442 sowie → *Entschädigungen* Rz. 2019). Danach ist die Tarifermäßigung nicht nur auf die Nachzahlung von Festlohnbestandteilen, sondern auch auf Nachzahlungen von variablen Lohnbestandteilen – hier in Form der Überstundenvergütungen – anzuwenden. Entscheidend ist allein, ob die nachgezahlte Vergütung für einen Zeitraum von mehr als zwölf Monaten veranlagungszeitraumübergreifend geleistet worden ist (s. nachfolgend „Überstundenvergütung").

2. Anwendungsfälle

713 Die Tarifermäßigung des § 34 Abs. 1, 2 EStG ist z.B. **anzuwenden** auf

- **Lohn- und Gehaltsnachzahlungen** für frühere Jahre, z.B. nach einem Rechtsstreit vor dem Arbeitsgericht (BFH v. 15.11.2007, VI R 66/03, BStBl II 2008, 375) sowie auf Nachzahlungen von Versorgungsbezügen oder Betriebsrenten. Wird im Jahr 1999 auf Grund eines Vergleichs eine Gehaltsnachzahlung für die Jahre 1997 bis 1999 geleistet, so umfasst die Tarifbegünstigung auch den **Teil der Nachzahlung, der wirtschaftlich auf das laufende Jahr (1999) entfällt**; es handelt sich nicht um laufenden Arbeitslohn (FG Brandenburg v. 11.12.2002, 2 K 3118/00, EFG 2003, 395);
- **Vorauszahlungen** von Arbeitslohn anlässlich der Auflösung eines Arbeitsverhältnisses (BFH v. 23.7.1974, VI R 41/72, BStBl II 1974, 743);
- vom Arbeitgeber **voraus- oder nachgezahlte Prämien** mehrerer Kalenderjahre für eine Versorgung oder für eine Unfallversicherung des Arbeitnehmers, weil er dadurch günstigere Prämiensätze erzielt oder weil die Zusammenfassung satzungsgemäßen Bestimmungen einer Versorgungseinrichtung entspricht;
- **Tantiemen**, die dem Arbeitnehmer für mehrere Jahre in einem Kalenderjahr zusammengeballt zufließen (BFH v. 11.6.1970, VI R 338/67, BStBl II 1970, 639);
- Zuwendungen aus Anlass eines **Arbeitnehmerjubiläums**. Bei einem **Firmenjubiläum** dagegen nur, wenn die Zuwendungen auch nach der Dauer der Betriebszugehörigkeit des Arbeitnehmers bemessen werden (BFH v. 3.7.1987, VI R 43/86, BStBl II 1987, 820);
- die **Übernahme von Steuern** (geldwerter Vorteil) durch den Arbeitgeber für eine mehrjährige Auslandstätigkeit des Arbeitnehmers (BFH v. 24.11.2000, I R 102/99, BStBl II 2001, 195);
- eine vertraglich vereinbarte **Kapitalisierung einer Betriebsrentenverpflichtung auf Grund einer betrieblichen Altersversorgung** (FG Hamburg v. 20.4.2005, VI 113/03);
- die **Kapitalisierung laufenden Ruhegehalts** und anderer laufender Versorgungsansprüche, wenn die Kapitalisierung zwar ohne Zwangslage, aber aus wirtschaftlich vernünftigen Gründen in der Person des Arbeitnehmers oder Arbeitgebers erfolgt (BFH v. 14.12.2004, XI R 12/04, HFR 2005, 974);
- **nachgezahltes Arbeitslosengeld,** auch bei der Berechnung des **Progressionsvorbehalts** (FG Hamburg v. 19.2.2001, II 189/00);
- **Wandelung einer Darlehensrückzahlung in Aktien**, wenn das Wandelungsrecht erstmals nach einer zweijährigen Sperrfrist ausgeübt werden kann (FG München v. 11.12.2002, 1 K 1882/02, EFG 2003, 616);
- geldwerte Vorteile aus **Aktienoptionsprogrammen**, wenn die Laufzeit zwischen Einräumung und Ausübung der Optionsrechte mehr als zwölf Monate beträgt und der Arbeitnehmer in dieser Zeit auch bei seinem Arbeitgeber beschäftigt ist. Für die Anwendung der Tarifermäßigung ist es unschädlich, wenn dem Arbeitnehmer wiederholt Aktienoptionen eingeräumt werden und die jeweilige Option nicht in vollem Umfang einheitlich ausgeübt wird (BFH v. 18.12.2007, VI R 62/05, BStBl II 2008, 294 und zuletzt BFH v. 10.7.2008, VI R 70/06, HFR 2009, 130);
- **Ablösung einer vom Arbeitgeber erteilten Pensionszusage** (BFH v. 12.4.2007, VI R 6/02, BStBl II 2007, 581);
- **Zahlungen des Arbeitgebers für eine von ihm in Anspruch genommene Diensterfindung** an den Arbeitnehmer-Erfinder (zuletzt BFH v. 29.2.2012, IX R 28/11, BStBl II 2012, 569: Gibt der Arbeitnehmer mit seinem Interesse an einer Weiterführung der ursprünglichen Vereinbarung auf Arbeitnehmererfindervergütung im Konflikt mit seinem Arbeitgeber nach und nimmt dessen Abfindungsangebot an, so entspricht es dem Zweck des von der Rechtsprechung entwickelten Merkmals der Zwangssituation, nicht schon wegen dieser gütlichen Einigung in konfligierender Interessenlage einen tatsächlichen Druck in Frage zu stellen);
- **Ausgleichszahlungen an Berufsfeuerwehrleute für EG-rechtswidrig geleistete Mehrarbeit** (BFH v. 14.6.2016, IX R 2/16, BStBl II 2016, 901 sowie BFH v. 26.8.2016, VI B 95/15);
- eine **Überstundenvergütung**, die für einen Zeitraum von mehr als zwölf Monaten veranlagungszeitraumübergreifend geleistet wird; die Tarifermäßigung ist nach § 34 Abs. 2 Nr. 4 2. Halbsatz EStG zu gewähren (BFH v. 2.12.2021, VI R 23/19, HFR 2022, 530);
- Zahlungen eines Arbeitgebers aus einem **Langzeitvergütungsmodell** („Long Term Incentive Modell" – LTI –), deren Außerordentlichkeit in ihrer mehrere Veranlagungszeiträume umfassenden Berechnung begründet und deren Zusammenballung durch wirtschaftlich vernünftige Gründe gerechtfertigt ist; dem steht weder entgegen, dass dieselbe Tätigkeit sowohl durch laufende als auch – u.U. mehrfach – durch außerordentliche Einkünfte vergütet wird, noch, dass es durch die den Beschäftigten regelmäßig eröffnete Möglichkeit der Teilnahme am LTI zu jährlichen Zahlungen kommen kann (BFH v. 2.9.2021, VI R 19/19, BStBl II 2022, 136);
- ein einmaliges **Sterbegeld** aus einer betrieblichen Altersversorgung – Pensionskasse (BFH v. 5.11.2019, X R 38/18, HFR 2020, 620);
- **Leistungen aus einer Rückdeckungsversicherung** (BFH v. 22.4.2009, VI B 95/08);
- der im Zuge der **Auflösung eines Versorgungsguthabens aus einer betrieblichen Altersversorgung** vorgenommene Kapitalauszahlung, wenn die Auszahlung des im Aufbaukonto über mehrere Jahre im Wege der Entgeltumwandlung angesammelten Versorgungsguthabens als Einmalzahlung erfolgt. Dem Merkmal der Außerordentlichkeit steht nicht entgegen, wenn dem Arbeitnehmer daneben eine weitere Altersversorgung aus einem – vom Aufbaukonto getrennten – arbeitgeberfinanzierten Basiskonto zusteht, das darauf angesparte Versorgungsguthaben jedoch noch nicht zur Auszahlung gelangt ist Der im Auszahlungsbetrag enthaltene **Zinsanteil** ist steuerlich ebenso zu beurteilen wie die Versorgungsleistungen selbst (BFH v. 23.4.2021, IX R 3/20, BStBl II 2021, 692).

Nicht anzuwenden ist die Tarifermäßigung dagegen auf

- **gewinnabhängige Tantiemen**, die zwischen Arbeitgeber und Arbeitnehmer vereinbart sind und **regelmäßig ausgezahlt** werden, deren Höhe aber erst nach Ablauf des Wirtschaftsjahres festgestellt werden kann;
- **Jubiläumszuwendungen**, die **ohne Rücksicht auf die Dauer der Betriebszugehörigkeit** lediglich aus Anlass eines Firmenjubiläums erfolgen (vgl. H 34.4 (Jubiläumszuwendungen) EStH);
- Prämien für einen **betrieblichen Verbesserungsvorschlag**, die der Arbeitgeber auf Grund von Regelungen ermittelt, die **nicht** auf die **Dauer der Betriebszugehörigkeit** abstellen (BFH v. 16.12.1996, VI R 51/96, BStBl II 1997, 222) oder nicht nach dem Zeitaufwand des Arbeitnehmers, sondern ausschließlich nach der Kostenersparnis des Arbeitgebers in einem bestimmten künftigen Zeitraum berechnet werden (BFH v. 31.8.2016, VI R 53/14, BStBl II 2017, 322);

- **Wiedereingliederungsbeihilfe** der evangelischen Kirche, die ein Pastor nach Rückkehr von einem mehrjährigen Auslandsaufenthalt erhält. Die Beihilfe wird nicht für eine mehrjährige Tätigkeit, sondern zum **Aufbau eines neuen Hausstandes** gezahlt (FG Niedersachsen v. 21.6.1996, XII 443/94, EFG 1996, 1200);
- eine Abfindung aus Anlass einer **betriebsbedingten Kündigung** (FG Köln v. 19.12.2001, 10 K 2834/97, EFG 2002, 469);
- Abfindungszahlungen, die einen **Urlaubsanspruch abgelten,** der den Jahresurlaub unterschreitet, sowie eine Abfindung eines auf einen einjährigen Lohnzahlungszeitraum bezogenen **Weihnachtsgeldes** (FG Düsseldorf v. 22.8.2002, 15 K 381/01 E, sowie FG Hamburg v. 19.3.2019, 6 K 80/18, betr. einen Urlaubsabgeltungsanspruch für mehrere Jahre);
- eine **Pauschalvergütung für eine Arbeitnehmererfindung** nach dem ArbnErfG, wenn mit dieser nicht eine mehrjährige Tätigkeit des Arbeitnehmers entlohnt werden soll, sondern der Übergang der Verwertungsbefugnis an den Diensterfindungen des Arbeitnehmers (FG Münster v. 27.4.2013, 12 K 1625/12 E, EFG 2013, 1222);
- die **einmalige Kapitalabfindung laufender Ansprüche gegen eine der betrieblichen Altersversorgung dienende Pensionskasse**, wenn das Kapitalwahlrecht schon in der ursprünglichen Versorgungsregelung enthalten war (BFH v. 20.9.2016, X R 23/15, BStBl II 2017, 347);
- eine vom Arbeitgeber auf Grund einer **Bonusvereinbarung** geleistete Zahlung, wenn zum 31.3.2013 das Bezugsrecht auf eine Geldzahlung unbedingt zugesagt worden ist, die im Zeitraum vom 1.7.2013 bis 31.12.2015 abgerufen werden konnte, die Option bereits im November 2013 ausgeübt und der Bonus auch zugeteilt worden war, der Zeitraum von der Zuteilung bis zur Ausübung der Option somit weniger als 12 Monate umfasst und zudem der Arbeitgeber mit der Zahlung keine Arbeitserfolge in der Vergangenheit honoriert hat (FG Nürnberg v. 10.5.2017, 3 K 1935/15, EFG 2017, 1590). Bei einer jährlichen Bemessung und Gewährung von Boni fehlt es auch dann an einem an einem veranlagungszeitraumübergreifenden Geschehen für den jeweils erdienten Bonusanspruch, wenn die Boni auf einem **Bonuskonto** über einen mehrjährigen Zeitraum angesammelt und dann in einer Summe ausgezahlt werden (FG Nürnberg v. 13.11.2018, 1 K 833/17);
- i.R. eines **arbeitsgerichtlichen Vergleichs nachgezahlten Arbeitslohn** für den Zeitraum von nicht mehr als 12 Monaten, hier: März 2012 bis März 2013, Auszahlung im Jahr 2013 (BFH/NV v. 16.12.2021, VI R 10/18, HFR 2022, 529);
- die **nicht atypische Kapitalisierung von Versorgungsbezügen** (BFH v. 22.11.2023, VI R 5/21, BFH/NV 2024, 382);
- die auf einer Verdienstausfallentschädigung beruhende und vom Schädiger erstattete Steuerlast (BFH v. 15.10.2024, IX R 5/23, BStBl II 2025, 466).

Bei Arbeitslohnnachzahlungen für einen sehr langen Zeitraum kann die Erhebung von Einkommensteuer und Solidaritätszuschlag auch unter Berücksichtigung der Steuerermäßigung nach § 34 Abs. 1 und 2 Nr. 3 EStG (früher § 34 Abs. 3 EStG a.F.) sachlich unbillig sein, so dass zumindest ein **teilweiser Steuererlass** in Betracht kommt (vgl. FG Brandenburg v. 15.7.1999, 4 K 1327/98 AO, EFG 1999, 937 betr. Nachzahlung von Witwengeld für zehn Jahre).

3. Lohnsteuerverfahren

714 Diese Steuervergünstigung war für den Lohnsteuerabzug bis einschließlich 2024 vom Arbeitgeber bereits im Lohnsteuerabzugsverfahren anzuwenden. Mit dem Wachstumschancengesetz v. 27.3.2024, BGBl. I 2024 Nr. 108, sind die diesbezüglichen Regelungen in § 39b Sätze 9 und 10 EStG entfallen. Infolgedessen ist die Berücksichtigung der Tarifermäßigung nach § 34 Abs. 1 EStG (sogen. Fünftelregelung/-methode) für bestimmte Arbeitslöhne im Lohnsteuerabzugsverfahren für den Lohnsteuerabzug ab 2025 nicht mehr möglich. Diese Ermäßigung kann anstatt dessen nur noch im Rahmen der Veranlagung zur Einkommensteuer berücksichtigt werden.

Arbeitslohnrückzahlung

→ *Rückzahlung von Arbeitslohn* Rz. 3779

Arbeitslosengeld

Nach § 3 Nr. 2 Buchst. a EStG **steuerfrei** sind die in dieser Vorschrift aufgezählten Leistungen nach dem SGB III oder dem Arbeitsförderungsgesetz, also u.a. das **Arbeitslosengeld I** und das **Teilarbeitslosengeld**; sie unterliegen jedoch nach § 32b Abs. 1 Satz 1 Nr. 1a EStG dem sog. **Progressionsvorbehalt** (→ *Progressionsvorbehalt* Rz. 3501). Der Arbeitnehmer ist deshalb ggf. zur Einkommensteuer zu veranlagen (§ 46 Abs. 2 Nr. 1 EStG). 715

Leistungen, die den nach § 3 Nr. 2 Buchst. a EStG steuerfreien Leistungen, die auf Grund des Arbeitsförderungsgesetzes (AFG), des SGB III oder entsprechender Programme des Bundes und der Bundesländer gezahlt werden, vergleichbar sind, aber auf Grund **ausländischer Vorschriften** gezahlt werden, sind nicht nach § 3 Nr. 2 Buchst. a EStG steuerfrei (FG Köln v. 20.4.2012, 4 K 1943/09, EFG 2012, 1677 betr. Arbeitslosengeld nach belgischem Recht).

Das **Arbeitslosengeld II** ersetzte seit 2005 die bisherigen Leistungen „Arbeitslosenhilfe" und „Sozialhilfe". Diese Leistung war **steuerfrei** (§ 3 Nr. 2b EStG – Leistungen zur Sicherung des Lebensunterhalts und zur Eingliederung in Arbeit nach dem Zweiten Buch Sozialgesetzbuch), unterlag jedoch – anders als das Arbeitslosengeld I – **nicht dem Progressionsvorbehalt** des § 32b EStG, weil es in der abschließenden Aufzählung des § 32b Abs. 1 Satz 1 Nr. 1 EStG nicht enthalten war (OFD Münster v. 13.1.2006, Kurzinformation Nr. 002/2006, DStZ 2006, 133).

Das Arbeitslosengeld II wird seit dem 1.1.2023 als **Bürgergeld** (nach § 19 Abs. 1 Satz 1 SGB II) bezeichnet. Gleichzeitig wurden die Regelbedarfe fortgeschrieben. Mit dem Entwurf des Dreizehnten Gesetzes zur Änderung des SGB II und anderer Gesetze, welcher derzeit als noch nicht offiziell veröffentlichter Referentenentwurf im Internet verfügbar ist, soll zum 1.7.2026 das Bürgergeld durch **das Grundsicherungsgeld** ersetzt werden. Nach derzeitigem Stand werden die Regelbedarfe zunächst fortgeschrieben. Das Gesetzgebungsverfahren war bei Redaktionsschluss noch nicht abgeschlossen. Wir unterrichten Sie durch unseren Online-Aktualisierungsdienst (s. Benutzerhinweis auf S. IV).

Das Bürgergeld stellt keine Lohnersatzleistung dar, da es sich um eine reine Sozialleistung handelt. Folglich unterliegt es auch nicht dem sog. Progressionsvorbehalt. In einem zweiten Schritt sind zum 1.7.2023 neue Erleichterungen und Möglichkeiten der Unterstützung für Menschen mit Anspruch auf Bürgergeld eingeführt worden. Mit Unterstützung der Bundesagentur kann der Berechtigte einen Berufsabschluss durch eine Ausbildung oder Umschulung über einen Zeitraum von drei (statt wie bislang zwei) Jahren nachholen. Das während der Weiterbildung geleistete Weiterbildungsgeld wird durch eine Weiterbildungsprämie sowie einen sog. Bürgergeldbonus – abhängig von Zwischenerfolgen in der Ausbildung – ergänzt.

Seit dem 1.7.2023 werden zudem beim Einkommen höhere **Freibeträge** berücksichtigt. Junge Menschen behalten das Einkommen aus Schüler- und Studentenjobs und das Einkommen aus einer beruflichen Ausbildung bis zur Geringfügigkeitsgrenze (→ *Minijobs* Rz. 3166). Einkommen aus Schülerjobs in den Ferien bleibt gänzlich unberücksichtigt, wird also nicht auf das Bürgergeld angerechnet. Außerdem wird seit Juli 2023 das Mutterschaftsgeld nicht mehr als Einkommen angerechnet.

Erhält ein im Zeitpunkt des schädigenden Ereignisses Erwerbsloser vom Schädiger Ersatz für den verletzungsbedingt erlittenen Erwerbsschaden gem. § 842 BGB, kommt es nach BFH v. 20.7.2018, IX R 25/17, BStBl II 2020, 186 für die **Anwendung von § 24 Nr. 1 Buchst. a EStG** (→ *Entschädigungen* Rz. 2001) darauf an, ob mit der Zahlung steuerbare und steuerpflichtige Einnahmen ersetzt werden sollen (sog. **Verdienstausfall**) oder der **Wegfall des Anspruchs auf steuerfreie Sozialleistungen wie das Arbeitslosengeld** (§ 3 Nr. 2 Buchst. a EStG) oder das **Arbeitslosengeld II** (§ 3 Nr. 2 Buchst. d EStG).

Etwaige **spätere Zahlungen des Arbeitgebers an die Agentur für Arbeit** auf Grund des gesetzlichen Forderungsübergangs (§ 115 SGB X) sind ebenfalls steuerfrei, wenn über das Vermögen des Arbeitgebers das Insolvenzverfahren eröffnet worden ist oder einer der Fälle des § 165 Abs. 1 Nr. 2 oder 3 SGB III vorliegt.

LSt̶ SV̶

Zahlungen des Arbeitgebers an die Agentur für Arbeit, die die vorstehenden Voraussetzungen nicht erfüllen, sind **steuerpflichtiger Arbeitslohn**. Die Besteuerung erfolgt nach den Regeln für sonstige Bezüge (→ *Sonstige Bezüge* Rz. 3936).

Hat die Agentur für Arbeit in den Fällen der § 157 Abs. 3 und § 158 Abs. 4 SGB III zunächst Arbeitslosengeld gezahlt und zahlt der Arbeitnehmer dieses auf Grund dieser Vorschriften der Agentur für Arbeit zurück, bleibt die Rückzahlung mit Ausnahme des Progressionsvorbehalts (vgl. R 32b EStR) ohne steuerliche Auswirkung (§ 3c EStG); der dem Arbeitnehmer vom Arbeitgeber nachgezahlte Arbeitslohn ist steuerpflichtig (R 3.2 Abs. 1 Satz 3 LStR).

LSt SV

Arbeitslosenversicherung

1. Ziele der Arbeitsförderung

716 Die Arbeitsförderung ist der Kern der Arbeitsmarktpolitik und im SGB III geregelt. Sie verknüpft als übergreifendes Leistungssystem die Maßnahmen der aktiven Arbeitsmarktpolitik und die Leistungen der Arbeitslosenversicherung. Die Arbeitsförderung soll zu einem hohen Beschäftigungsstand beitragen und dient damit unmittelbar dem Erreichen des im Grundgesetz (Art. 109 Abs. 2 GG) und Stabilitätsgesetz (Gesetz zur Förderung der Stabilität und des Wachstums der Wirtschaft) formulierten Staatsziels des gesamtwirtschaftlichen Gleichgewichts. Konkret soll sie dem **Entstehen von Arbeitslosigkeit entgegenwirken**, die **Dauer** der Arbeitslosigkeit **verkürzen** und den **Ausgleich von Angebot und Nachfrage** auf dem Ausbildungs- und Arbeitsmarkt unterstützen (§ 1 SGB III).

Generell enthält das SGB III dabei die **Erwartung des Gesetzgebers an die Arbeitsvertragsparteien**, einen verantwortungsvollen Beitrag zur Erreichung der Ziele der Arbeitsförderung zu leisten (§ 2 SGB III).

Arbeitgeber haben danach bei ihren Entscheidungen verantwortungsvoll deren Auswirkungen auf den Arbeitsmarkt zu berücksichtigen (§ 2 Abs. 2 und Abs. 3 SGB III). Sie sollen insbesondere

- für die Anpassung der beruflichen Leistungsfähigkeit ihrer Arbeitnehmer sorgen,
- durch betriebliche Maßnahmen (z.B. Nutzung von Arbeitszeitflexibilisierung oder Arbeitszeitkonten, Urlaubsgewährung, etc.) die Inanspruchnahme von Leistungen der Arbeitsförderung sowie Entlassungen vermeiden,
- vor Beendigung des Arbeitsverhältnisses Arbeitnehmer frühzeitig über die Notwendigkeit eigener Suchaktivitäten sowie über die Meldepflicht nach § 38 Abs. 1 SGB III informieren, sie dafür und für die Teilnahme an erforderlichen Weiterbildungsmaßnahmen freistellen und
- die Arbeitsagenturen frühzeitig über betriebliche Veränderungen unterrichten, die Auswirkungen auf die Beschäftigung haben können (z.B. Betriebserweiterungen und den Arbeitskräftebedarf oder Betriebseinschränkungen und deren Folgen).

Entsprechende Erwartungen richtet das Gesetz an Arbeitnehmer. Sie haben bei ihren Entscheidungen verantwortungsvoll die Auswirkungen auf ihre beruflichen Möglichkeiten zu berücksichtigen (§ 2 Abs. 4 und Abs. 5 SGB III). Arbeitnehmer sollen insbesondere

- ihre berufliche Leistungsfähigkeit an sich verändernde Anforderungen anpassen,
- frühzeitig und eigenverantwortlich nach einer Beschäftigung suchen,
- eine zumutbare Beschäftigung aufnehmen oder fortsetzen und
- an einer beruflichen Eingliederungsmaßnahme teilnehmen.

Aus den in § 2 SGB III geregelten Obliegenheiten folgen jedoch keine unmittelbaren Sanktionen – weder für Arbeitgeber noch für Arbeitnehmer. Die Regelungen dienen aber als Maßstab bei der gesetzeskonformen Auslegung von Normen und unbestimmten Rechtsbegriffen.

2. Leistungen der Arbeitsförderung

Zu beachten ist der generelle Vorrang der Vermittlung vor den Entgeltersatzleistungen bei Arbeitslosigkeit und den Leistungen der aktiven Arbeitsförderung (§ 4 SGB III). Nur wenn eine ungeförderte dauerhafte Eingliederung in den Arbeitsmarkt nicht möglich ist, kommen die Leistungen der Arbeitsförderung in Betracht. 717

Die arbeitsmarktpolitischen Instrumente sind nach Unterstützungsleistungen geordnet, die für Ausbildungs- und Arbeitsuchende sowie Arbeitgeber und Träger in bestimmten Arbeitsmarktkontexten erforderlich werden können. **Bedarfslagen in diesem Sinne sind**:

- **Beratung und Vermittlung (z.B. Berufsberatung, Berufsorientierung),**
- **Aktivierung und berufliche Eingliederung (z.B. Vermittlungsgutschein),**
- **Berufswahl und Berufsausbildung (z.B. berufsvorbereitende Bildungsmaßnahmen),**
- **Berufliche Weiterbildung (z.B. Bildungsgutschein),**
- **Aufnahme einer Erwerbstätigkeit (z.B. Gründungszuschuss),**
- **Verbleib in Beschäftigung (z.B. Kurzarbeitergeld),**
- **Teilhabe behinderter Menschen am Arbeitsleben (z.B. Übergangsgeld).**

Arbeitnehmer erhalten Leistungen der aktiven Arbeitsförderung und Entgeltersatzleistungen. Leistungen der aktiven Arbeitsförderung sind Ermessensleistungen mit Ausnahme folgender Leistungen:

- Aktivierungs- und Vermittlungsgutschein nach § 45 Abs. 7 SGB III,
- Berufsausbildungsbeihilfe während der ersten Berufsausbildung oder einer berufsvorbereitenden Bildungsmaßnahme,
- Leistung zur Vorbereitung auf den nachträglichen Erwerb des Hauptschulabschlusses oder eines gleichwertigen Schulabschlusses im Rahmen einer berufsvorbereitenden Bildungsmaßnahme,
- Weiterbildungskosten zum nachträglichen Erwerb eines Berufsabschlusses, des Hauptschulabschlusses oder eines gleichwertigen Schulabschlusses,
- Kurzarbeitergeld bei Arbeitsausfall,
- Wintergeld,
- Leistungen zur Förderung der Teilnahme an Transfermaßnahmen,
- besondere Leistungen zur Teilhabe am Arbeitsleben und
- Arbeitslosengeld bei beruflicher Weiterbildung.

Das bedeutet, dass auf diese Leistungen ein Anspruch besteht, wenn die entsprechenden Voraussetzungen vorliegen.

Entgeltersatzleistungen sind:

- Arbeitslosengeld bei Arbeitslosigkeit und bei beruflicher Weiterbildung,
- Teilarbeitslosengeld bei Teilarbeitslosigkeit,
- Übergangsgeld bei Teilnahme an Maßnahmen zur Teilhabe am Arbeitsleben,
- Kurzarbeitergeld bei Arbeitsausfall,
- Insolvenzgeld bei Zahlungsunfähigkeit des Arbeitgebers,
- Qualifizierungsgeld bei strukturwandelbedingtem Qualifizierungsbedarf.

3. Versicherter Personenkreis

a) Versicherungspflichtige Personen

In der Arbeitslosenversicherung versicherungspflichtig sind u.a. 718

- Arbeitnehmer (Arbeiter und Angestellte), die gegen Arbeitsentgelt beschäftigt sind (anders als in der Krankenversicherung ist die Arbeitslosenversicherungspflicht nicht durch das Überschreiten einer Entgeltgrenze ausgeschlossen),
- Arbeitnehmer, die zu ihrer Berufsausbildung beschäftigt sind – auch wenn sie kein Arbeitsentgelt erhalten,
- Auszubildende in einer außerbetrieblichen Einrichtung, wenn ein Ausbildungsvertrag nach dem BBiG vorliegt, sowie Teilnehmer an dualen Studiengängen oder praxisintegrierten Aus-

bildungen; sie sind den zur Berufsausbildung Beschäftigten gleichgestellt,

- Jugendliche, die in Einrichtungen der beruflichen Rehabilitation, insbesondere in Berufsbildungswerken, an einer berufsfördernden Maßnahme teilnehmen, die ihnen eine Erwerbstätigkeit auf dem allgemeinen Arbeitsmarkt ermöglichen soll,
- Jugendliche, die in Einrichtungen der Jugendhilfe durch Beschäftigung für eine Erwerbstätigkeit befähigt werden sollen,
- Personen, die Mutterschaftsgeld, Krankengeld, Krankengeld der Sozialen Entschädigung, Verletztengeld oder Übergangsgeld beziehen oder Krankentagegeld von einem privaten Krankenversicherungsunternehmen erhalten,
- Personen, die ein Kind erziehen, das das dritte Lebensjahr noch nicht vollendet hat,
- Personen, die als Pflegeperson einen Pflegebedürftigen mit mindestens Pflegegrad 2 nicht erwerbsmäßig für mindestens zehn Stunden in der Woche in seiner häuslichen Umgebung pflegen.

Nach § 54a SGB III soll für Jugendliche, die bisher noch keinen Ausbildungsplatz gefunden haben, über ein betriebliches Praktikum eine Brücke zur Berufsausbildung geschlagen werden (Einstiegsqualifizierung).

Arbeitgeber, die eine betriebliche Einstiegsqualifizierung durchführen, können durch Zuschüsse zur Vergütung bis zu einer Höhe von 276 € monatlich zuzüglich eines pauschalierten Anteils am durchschnittlichen Gesamtsozialversicherungsbeitrag gefördert werden. Bei der Einstiegsqualifizierung handelt es sich um ein sozialversicherungspflichtiges Langzeitpraktikum von vier bis max. zwölf Monaten Dauer in Voll- oder Teilzeit mit mindestens 20 Wochenstunden, das für Personen, die zum förderfähigen Personenkreis gehören, der Vermittlung und Vertiefung von Grundlagen für den Erwerb beruflicher Handlungsfähigkeit dient.

Nach Auffassung der Spitzenorganisationen der Sozialversicherung (TOP 2 der Niederschrift über die Besprechung am 28./29.10.2004) gliedern sich die Jugendlichen während der Einstiegsqualifizierung in den Betrieb des Arbeitgebers ein; sie erwerben berufliche Kenntnisse, Fertigkeiten und Erfahrungen im Rahmen eines Vertragsverhältnisses nach § 26 BBiG und gehören damit in der Sozialversicherung zu den **zur Berufsausbildung Beschäftigten** i.S.d. § 7 Abs. 2 SGB IV. Damit unterliegen sie – die Zahlung von Arbeitsentgelt vorausgesetzt – der Versicherungspflicht in der Kranken- und Pflegeversicherung sowie – ungeachtet der Zahlung von Arbeitsentgelt – der Versicherungspflicht in der Renten- und Arbeitslosenversicherung.

b) Versicherungsfreie Personen

719 In der Arbeitslosenversicherung **versicherungsfrei** sind u.a.

- Beamte, Richter, Soldaten auf Zeit sowie Berufssoldaten der Bundeswehr und sonstige Beschäftigte des Bundes, eines Landes, eines Gemeindeverbands, einer Gemeinde, einer öffentlich-rechtlichen Körperschaft, Anstalt oder Stiftung oder deren Spitzenverbände, wenn sie nach beamtenrechtlichen Vorschriften oder Grundsätzen bei Krankheit Anspruch auf Fortzahlung der Bezüge und auf Beihilfe oder Heilfürsorge haben (→ *Beamte* Rz. 1231),
- Arbeitnehmer in geringfügigen Beschäftigungen i.S.d. § 8 SGB IV (→ *Mini-Jobs* Rz. 3163),
- Arbeitnehmer, die während der **Dauer ihrer Ausbildung** an einer **allgemein bildenden Schule** eine Beschäftigung ausüben,
- ordentliche Studierende einer Hochschule oder einer der fachlichen Ausbildung dienenden Schule, die während des Studiums eine Beschäftigung ausüben (→ *Studenten* Rz. 4058),
- Arbeitnehmer, die das Alter zum Bezug einer Regelaltersrente erreicht haben,
- Arbeitnehmer, die einen Anspruch auf eine Rente wegen voller Erwerbsminderung aus der gesetzlichen Rentenversicherung oder eine **vergleichbare Leistung eines ausländischen Leistungsträgers** haben (→ *Altersrenten* Rz. 62),
- Arbeitnehmer in **unständigen Beschäftigungen**, die sie berufsmäßig ausüben. Eine unständige Beschäftigung liegt vor, wenn sie auf weniger als eine Woche nach der Natur der Sache beschränkt oder im Voraus durch Arbeitsvertrag befristet ist,
- als Bürgermeister oder Beigeordneter beschäftige Arbeitnehmer, wenn diese Beschäftigung ehrenamtlich ausgeübt wird,
- **Heimarbeiter**, die gleichzeitig Zwischenmeister sind und den überwiegenden Teil ihres Verdienstes als Zwischenmeister beziehen (→ *Heimarbeit* Rz. 2538),
- Beschäftigte mit einem Beschäftigungszuschuss nach § 16e SGB II oder mit einer Förderung der Teilhabe am Arbeitsmarkt nach § 16i SGB II.

Eine neben dem Bezug von Arbeitslosengeld ausgeübte Beschäftigung ist in der Arbeitslosenversicherung versicherungsfrei, wenn weiterhin ein Anspruch auf Arbeitslosengeld besteht. Ein solcher Anspruch besteht nur dann, wenn u.a. Arbeitslosigkeit i.S.d. § 138 Abs. 1 SGB III vorliegt und der Arbeitnehmer in keinem versicherungspflichtigen Beschäftigungsverhältnis steht. Wird eine Beschäftigung mit einer Arbeitszeit von **weniger als 15 Stunden** wöchentlich ausgeübt, bleibt diese unberücksichtigt. Im Übrigen sind die Arbeitszeiten mehrerer nebeneinander ausgeübter Beschäftigungen **zusammenzurechnen**. Überschreitungen dieser Zeitgrenze von geringer Dauer sind dabei unerheblich. Eine Abweichung von geringer Dauer im vorgenannten Sinne ist nur anzuerkennen, wenn die Abweichung bei einer **befristeten Beschäftigung**

- von mindestens vier Wochen nicht mehr als eine Woche,
- von mindestens acht Wochen nicht mehr als zwei zusammenhängende Wochen,
- von mindestens zwölf Wochen nicht mehr als drei zusammenhängende Wochen

beträgt. Bei einer **unbefristeten Beschäftigung** liegt eine Abweichung von geringer Dauer nur vor, wenn die Abweichung nicht mehr als drei zusammenhängende Wochen umfasst. Das aus der Beschäftigung erzielte Arbeitsentgelt ist für die versicherungsrechtliche Beurteilung grundsätzlich ohne Bedeutung. Allerdings ist das Nebeneinkommen u.U. nach den Maßgaben des § 155 SGB III auf das Arbeitslosengeld anzurechnen. Führt die Anrechnung des Nebeneinkommens dazu, dass wegen der Höhe des Anrechnungsbetrags kein auszuzahlendes Arbeitslosengeld verbleibt, besteht der Anspruch auf die Leistung aber gleichwohl weiterhin fort mit der Folge, dass auch in diesen Fällen Arbeitslosenversicherungsfreiheit nach § 27 Abs. 5 SGB III gegeben ist. Beschäftigungslosigkeit i.S.d. § 138 Abs. 3 i.V.m. Abs. 1 Nr. 1 SGB III liegt hingegen **nicht mehr** vor, wenn die Zeitgrenze von 15 Stunden wöchentlich **überschritten** wird. Damit entfällt eine der Anspruchsvoraussetzungen für das Arbeitslosengeld, so dass ein Anspruch auf Arbeitslosengeld nicht mehr besteht und Versicherungsfreiheit in der Arbeitslosenversicherung nach § 27 Abs. 5 SGB III nicht mehr vorliegen kann.

c) Antragspflichtversicherung

Neben der Versicherungspflicht besteht in der Arbeitslosenversicherung die **Möglichkeit der Antragspflichtversicherung nach § 28a SGB III**. Bei einer Leistungsgewährung werden beide Versicherungsarten (Pflichtversicherung und Antragspflichtversicherung) gleich beurteilt. 720

Versicherungsberechtigt sind

- Selbständige, die eine Tätigkeit mit einem Umfang von mindestens 15 Stunden wöchentlich aufnehmen und ausüben,
- Arbeitnehmer, die eine Beschäftigung mit einem Umfang von mindestens 15 Stunden wöchentlich in einem Staat außerhalb der EU, eines Vertragsstaats des Europäischen Wirtschaftsraums oder der Schweiz aufnehmen und ausüben,
- Personen in einer Elternzeit nach § 15 BEEG,
- Personen in einer beruflichen Weiterbildung, wenn durch die Weiterbildung ein beruflicher Aufstieg ermöglicht, ein beruflicher Abschluss vermittelt oder zu einer anderen beruflichen Tätigkeit befähigt wird.

Für die Antragspflichtversicherung wird vorausgesetzt, dass der Antragsteller innerhalb der letzten 24 Monate vor der Aufnahme der Tätigkeit oder Beschäftigung oder dem Beginn der Elternzeit oder beruflichen Weiterbildung mindestens zwölf Monate arbeitslosenversicherungspflichtig war oder unmittelbar davor eine Entgeltersatzleistung (z.B. Arbeitslosengeld) bezogen hat.

Der **Antrag** muss spätestens innerhalb einer Ausschlussfrist von drei Monaten nach Aufnahme der Tätigkeit oder Beschäftigung oder dem Beginn der Elternzeit oder beruflichen Weiterbildung, die zur Antragspflichtversicherung berechtigt, gestellt werden. Es handelt sich um eine materiell-rechtliche **Ausschlussfrist**. Dabei beginnt die Antragspflichtversicherung mit dem Tag, an dem erstmals die Voraussetzungen erfüllt sind. Wird die Ausschlussfrist versäumt, ist die Antragspflichtversicherung nicht möglich.

Die Antragspflichtversicherung **endet**, wenn der Versicherungsberechtigte eine Entgeltersatzleistung (z.B. Arbeitslosengeld) bezieht, mit Ablauf des Tags, an dem die Voraussetzungen für das Versicherungspflichtverhältnis letztmals erfüllt werden, in den Fällen der Versicherungsfreiheit nach § 28 SGB III oder durch Kündigung des Versicherten. Die Kündigung ist erstmals nach Ablauf von fünf Jahren möglich. Ist der Versicherungsberechtigte mehr als drei Monate mit der Beitragszahlung in **Verzug**, wird die Versicherung ebenfalls beendet. Der Versicherte muss den Beitrag allein tragen und direkt an die BA zahlen.

d) Leistungsrechtliche Bindung

721 Der Anspruch auf Versicherungsleistungen der Arbeitslosenversicherung ist von dem Vorliegen eines Versicherungspflichtverhältnisses (§§ 24 bis 28 SGB III) abhängig. Mangelt es an einem Versicherungspflichtverhältnis in der Arbeitslosenversicherung, begründet weder die fehlerhafte Zahlung von Beiträgen noch die widerspruchslose Entgegennahme der Beiträge durch die Einzugsstelle (Krankenkasse) den Anspruch auf z.B. Arbeitslosengeld. Für geschäftsführende Gesellschafter einer GmbH, mitarbeitende Ehegatten und Lebenspartner sowie für Abkömmlinge des Arbeitgebers ist nach § 7a Abs. 1 SGB IV daher ein Statusfeststellungsverfahren obligatorisch. Da die Clearingstelle nicht mehr über die Versicherungspflicht entscheidet, sondern ausschließlich über den Status, hat die Bundesagentur für Arbeit über die Versicherungspflicht in der Arbeitslosenversicherung selbst zu entscheiden.

Nach § 28a Abs. 3 Satz 2 Nr. 1 Buchst. d und e SGB IV hat der Arbeitgeber in der Meldung des bei ihm sozialversicherungspflichtig Beschäftigten die Angabe zu machen, ob der Beschäftigte zu ihm in einer Beziehung als Ehegatte bzw. Lebenspartner steht, Abkömmling ist oder als GmbH-Gesellschafter-Geschäftsführer tätig ist (→ *Statusfeststellungsverfahren* Rz. 3977).

4. Finanzierung

722 Zur Durchführung ihrer Aufgaben erhebt die BA von **Arbeitnehmern** und **Arbeitgebern** Beiträge oder auch Umlagen. Der Beitragssatz der Arbeitslosenversicherung beträgt **2,6 %** (§ 341 Abs. 2 SGB III). Die Beiträge werden grundsätzlich je zur Hälfte von Arbeitgebern und Arbeitnehmern getragen.

Eine Ausnahme ergibt sich bei Beschäftigungen innerhalb des **sozialversicherungsrechtlichen Übergangsbereichs** (603,01 bis 2 000,00 €). Hier trägt der Arbeitgeber immer seinen hälftigen Beitragsanteil, während der des Arbeitnehmers kontinuierlich steigt, bis er bei 2 000,00 € den hälftigen Anteil erreicht. Der Arbeitnehmer muss somit erst ab einem monatlichen Arbeitsentgelt von 2 000 € die vollen hälftigen Beiträge zahlen (→ *Übergangsbereich in der Sozialversicherung* Rz. 4137).

5. Lohnsteuer

723 Nach § 3 Nr. 2 EStG sind u.a. das Arbeitslosengeld I (auch das Teilarbeitslosengeld), das Kurzarbeitergeld und verschiedene weitere Leistungen nach dem Dritten Buch Sozialgesetzbuch (SGB III) oder dem Arbeitsförderungsgesetz **steuerfrei**, unterliegen jedoch dem sog. **Progressionsvorbehalt** (→ *Progressionsvorbehalt* Rz. 3501). Zur steuerlichen Behandlung der Arbeitgeber- und Arbeitnehmerbeiträge → *Zukunftssicherung: Gesetzliche Altersversorgung* Rz. 4776.

Steuerfrei war auch das **Arbeitslosengeld II**, es unterlag jedoch **nicht dem Progressionsvorbehalt** des § 32b EStG (OFD Münster v. 13.1.2006, Kurzinformation Nr. 002/2006, DStZ 2006, 133). Das Arbeitslosengeld II wird seit 1.1.2023 als Bürgergeld (nach § 19 Abs. 1 Satz 1 SGB II) bezeichnet (durch das Bürger-Geldgesetz). Das Gesetz wandelt die Grundsicherung für Arbeitssuchende in ein Bürgergeld um.

Steuerfreie Leistungen i.S.d. § 3 Nr. 2 EStG, z.B. **Fahrtkostenerstattungen der BA**, sind nach § 3c EStG von den entsprechenden Aufwendungen abzuziehen, nicht jedoch das **Arbeitslosengeld bei beruflicher Weiterbildung** nach § 144 SGB III (BFH v. 13.10.2003, VI R 71/02, BStBl II 2004, 890).

Zur steuerlichen Behandlung sog. **Ein-Euro-Jobs** → *Ein-Euro-Jobs* Rz. 1807.

Die Beschränkung des **Abzugs von Beiträgen zur Arbeitslosenversicherung ist verfassungsgemäß**, auch wenn die Höchstbeträge für den Abzug von Vorsorgeaufwendungen regelmäßig schon durch Beiträge zur Renten- und Krankenversicherung ausgeschöpft sind (BFH v. 16.11.2011, X R 15/09, BStBl II 2012, 325).

Beiträge zur Arbeitslosenversicherung sind **nicht als Werbungskosten abzugsfähig**, da sie nicht der Erzielung der nichtselbständigen Einkünfte dienen; sie sind vielmehr Folge der konkret ausgeübten Tätigkeit. Unerheblich ist, ob der Stpfl. – im Urteilsfall ein beurlaubter Berufssoldat – jemals in den Genuss von Leistungen aus der Arbeitslosenversicherung kommen wird. Die Beiträge sind ihrem Charakter nach stets Sonderausgaben (BFH v. 21.9.2000, XI B 59/00).

~~LSt~~ ~~SV~~

Arbeitsmittel

→ *Werbungskosten* Rz. 4506

Arbeitsplatz

→ *Arbeitslohn-ABC* Rz. 641

Arbeitsschutzkleidung

Die Überlassung von Arbeitsschutzkleidung ist nach § 3 Nr. 31 EStG steuerfrei (R 3.31 Abs. 1 Satz 3 LStR sowie → *Berufskleidung* Rz. 1353 und → *Bildschirmarbeit* Rz. 1481). 724

~~LSt~~ ~~SV~~

Arbeitsunfähigkeit

→ *Entgeltfortzahlung* Rz. 1914

Arbeitsunterbrechungen durch Arbeitnehmer

1. Allgemeines

Nach § 7 Abs. 3 Satz 1 SGB IV gilt eine Beschäftigung gegen Arbeitsentgelt als fortbestehend, solange das Beschäftigungsverhältnis ohne Anspruch auf Arbeitsentgelt fortdauert (z.B. unbezahlter Urlaub, Arbeitsbummelei, Streik, Aussperrung), jedoch nicht länger als einen Monat. Diese Vorschrift gilt einheitlich für alle Zweige der Sozialversicherung und bedeutet, dass die Versicherungspflicht für die Dauer der Arbeitsunterbrechung ohne Anspruch auf Arbeitsentgelt in der Kranken-, Pflege-, Renten- und Arbeitslosenversicherung fortbesteht. Dabei wird nicht vorausgesetzt, dass die Dauer der Arbeitsunterbrechung von vornherein befristet ist. Die Versicherungspflicht bleibt mithin auch dann für einen Monat erhalten, wenn die Dauer der Arbeitsunterbrechung nicht absehbar oder die Unterbrechung von vornherein auf einen Zeitraum von mehr als einem Monat befristet ist. 725

Darüber hinaus findet diese Regelung in Bezug auf die Renten- und Arbeitslosenversicherung für krankenversicherungsfreie oder von der Krankenversicherungspflicht befreite Arbeitnehmer Anwendung, die arbeitsunfähig sind und deren Anspruch auf Fortzahlung des Arbeitsentgelts erschöpft ist, und zwar auch dann, wenn sie bei einem privaten Krankenversicherungsunternehmen versichert sind. Auch bei ihnen gilt die Beschäftigung gegen Arbeitsentgelt nach Ablauf der Entgeltfortzahlung noch für längstens einen Monat als fortbestehend, vorausgesetzt, dass das Beschäftigungsverhältnis weiterhin besteht.

Bei Überschreiten der Monatsfrist endet die Versicherung mit dem letzten Tag der Monatsfrist. Diese Fristenberechnung stellt sich wie folgt dar:

Letzter Tag des Arbeitsentgelts	Beginn der Monatsfrist	Ende der Monatsfrist
16.1.2026	17.1.2026	16.2.2026
31.1.2026	1.2.2026	28.2.2026
28.2.2026	1.3.2026	31.3.2026

Die Beschäftigung gegen Arbeitsentgelt gilt nicht als fortbestehend, wenn Krankengeld, Verletztengeld, Versorgungskrankengeld, Übergangsgeld oder Mutterschaftsgeld (nach § 19 Abs. 1 oder 2 MuSchG) oder nach gesetzlichen Vorschriften Elterngeld bezogen oder Elternzeit in Anspruch genommen wird. In der Kranken- und Pflegeversicherung bleibt in diesen Fällen die Mitgliedschaft nach den Vorschriften der Kranken- bzw. Pflegeversicherung erhalten. Dies gilt grundsätzlich auch für die Renten- und Arbeitslosenversicherung, denn in diesen Versicherungszweigen besteht (im Zusammenhang mit dem Leistungsbezug) auf Grund anderer gesetzlicher Vorschriften Versicherungspflicht bzw. verlängert sich in der Arbeitslosenversicherung die Rahmenfrist des § 143 SGB III.

Das Versicherungsverhältnis (zur Renten- und Arbeitslosenversicherung) für Versicherte in der privaten Krankenversicherung beim Krankentagegeldbezug wird nicht um einen Monat verlängert. Es erfolgte eine Gleichstellung mit dem Krankengeld, dessen Zahlung das Versicherungsverhältnis unmittelbar unterbricht, so dass keine Meldung mit Grund der Abgabe „34“, sondern mit Grund der Abgabe „51“ zu erstatten ist.

2. Mehrere unterschiedliche Unterbrechungstatbestände

726 Sofern mehrere Unterbrechungstatbestände unterschiedlicher Art aufeinandertreffen (z.B. unbezahlter Urlaub oder rechtmäßiger Arbeitskampf im Anschluss an den Bezug von Krankengeld, Mutterschaftsgeld oder Elternzeit), sind die Zeiten der einzelnen Arbeitsunterbrechungen nicht zusammenzurechnen (vgl. BSG v. 7.2.2004, B 1 KR 7/02 R). Etwas anderes gilt nur dann, wenn Unterbrechungstatbestände i.S.v. § 7 Abs. 3 Satz 1 SGB IV aufeinander treffen (z.B. unbezahlter Urlaub oder Streik, gegebenenfalls im Anschluss an eine Arbeitsunfähigkeit nach Ablauf der Entgeltfortzahlung bei einem privat krankenversicherten Arbeitnehmer). In diesen Fällen kommt für den Bereich der Renten- und Arbeitslosenversicherung ein Fortbestand des Beschäftigungsverhältnisses für längstens einen Monat in Betracht. Für den Bereich der Kranken- und Pflegeversicherung besteht das Beschäftigungsverhältnis u.U. auch darüber hinaus fort; allerdings ist in den Fällen, in denen im unmittelbaren Anschluss an einen rechtmäßigen Arbeitskampf ein unbezahlter Urlaub oder eine Arbeitsbummelei folgt, die Zeit des rechtmäßigen Arbeitskampfs auf die Monatsfrist anzurechnen.

Während die Versicherungspflicht in der Renten- und Arbeitslosenversicherung bei Arbeitskampfmaßnahmen (→ *Arbeitskampf* Rz. 618) – ungeachtet der Tatsache, ob die Maßnahmen rechtmäßig oder rechtswidrig sind – längstens für einen Monat fortbesteht, bleibt die Mitgliedschaft in der Kranken- und Pflegeversicherung im Falle eines rechtmäßigen Arbeitskampfs bis zu dessen Beendigung erhalten.

Außerdem bleibt die Mitgliedschaft in der Kranken- und Pflegeversicherung erhalten, solange Anspruch auf Krankengeld oder Mutterschaftsgeld besteht oder eine dieser Leistungen oder nach gesetzlichen Vorschriften Elterngeld bezogen oder Elternzeit in Anspruch genommen wird. Entsprechendes gilt, solange von einem Rehabilitationsträger während einer Leistung zur medizinischen Rehabilitation Verletztengeld, Versorgungskrankengeld oder Übergangsgeld gezahlt wird.

Ferner bleibt in der Kranken- und Pflegeversicherung die Mitgliedschaft von Schwangeren, deren Beschäftigungsverhältnis vom Arbeitgeber zulässig aufgelöst worden ist oder die unter Wegfall des Arbeitsentgelts beurlaubt worden sind, erhalten.

Bei stationärer Behandlung umfassen die Leistungen der Krankenversicherung nach § 11 Abs. 3 SGB V auch die aus medizinischen Gründen notwendige Mitaufnahme einer Begleitperson des Versicherten. Sofern die Begleitperson dadurch einen Verdienstausfall hat, kommt allerdings weder die Zahlung von Krankengeld nach § 47 SGB V noch nach § 45 SGB V in Betracht. Vielmehr wird in Fällen dieser Art als Nebenleistung der stationären Behandlung von der Krankenkasse der Verdienstausfall in Höhe des bei Arbeitsunfähigkeit zu gewährenden Krankengeldes ersetzt.

Die Spitzenverbände der Sozialversicherungsträger (Besprechungsergebnis am 28./29.3.2001) vertreten den Standpunkt, dass der Ersatz des Verdienstausfalls in Höhe des Krankengelds weder als Arbeitsentgelt anzusehen ist und damit über den Rahmen des § 7 Abs. 3 Satz 1 SGB IV hinaus zum Fortbestand des Versicherungsverhältnisses führt, noch einen Erhalt der Mitgliedschaft in der Kranken- und Pflegeversicherung zur Folge hat. Auch handelt es sich bei dem Ersatz des Verdienstausfalls nicht um eine Entgeltersatzleistung im Rechtssinne, die Versicherungs- bzw. Beitragspflicht in der Pflege-, Renten- und Arbeitslosenversicherung begründet.

3. Beiträge

Diese Arbeitsunterbrechungen haben mittelbar Auswirkungen auf die Beitragsberechnung und gegebenenfalls auf die Höhe der zu zahlenden Beiträge, denn die Zeiten der Arbeitsunterbrechung ohne Anspruch auf Arbeitsentgelt sind keine beitragsfreien, sondern dem Grunde nach beitragspflichtige Zeiten (→ *Beiträge zur Sozialversicherung* Rz. 1261). Dies bedeutet, dass für Zeiträume von Arbeitsunterbrechungen i.S.d. § 7 Abs. 3 Satz 1 SGB IV Sozialversicherungstage (SV-Tage) anzusetzen sind. Mithin sind diese Zeiträume auch bei der Ermittlung der anteiligen Jahresbeitragsbemessungsgrenzen (→ *Einmalzahlungen* Rz. 1793) zu berücksichtigen. In den Fällen, in denen die Versicherungspflicht wegen einer Arbeitsunterbrechung ohne Fortzahlung von Arbeitsentgelt im Laufe eines Monats geendet hat, kann ein nach Wiederbeginn der Versicherungspflicht in diesem Monat erzieltes laufendes Arbeitsentgelt nicht auf Zeiten davor verlagert werden. 727

Für den Bereich der Kranken- und Pflegeversicherung sind zwar die im Falle eines rechtmäßigen (→ *Arbeitskampf* Rz. 618) Arbeitskampfes über einen Monat hinausgehenden Tage als SV-Tage anzusehen. Im Interesse einer einheitlichen Berechnung der Beiträge aus Arbeitsentgelt für alle vier Versicherungszweige wird allerdings empfohlen, die über einen Monat hinausgehenden Tage nicht als SV-Tage zu berücksichtigen.

Für die Dauer des Anspruchs auf Krankengeld oder Mutterschaftsgeld sowie für die Dauer des Bezugs von Elterngeld besteht in der Kranken- und Pflegeversicherung Beitragsfreiheit. Dies bedeutet, dass bei der Beitragsberechnung aus dem Arbeitsentgelt für diese Zeiten keine SV-Tage anzusetzen sind.

Eine Elternzeit ohne Bezug von Elterngeld löst von Rechts wegen keine Beitragsfreiheit aus. Gleichwohl sollten Elternzeiten ohne Bezug von Elterngeld nicht als SV-Tage gewertet werden (vgl. Besprechung der Spitzenverbände der Sozialversicherungsträger über Fragen des gemeinsamen Beitragseinzugs am 12./13.5.1992).

Für Zeiten des Bezugs von Versorgungskrankengeld, Verletztengeld oder Übergangsgeld ist keine ausdrückliche Beitragsfreiheit in der Kranken- und Pflegeversicherung vorgesehen. Während des Bezugs von Versorgungskrankengeld, Verletztengeld oder Übergangsgeld wegen einer Leistung zur medizinischen Rehabilitation dürfte aber im Allgemeinen ein ruhender Anspruch auf Krankengeld bestehen, so dass gleichwohl Beitragsfreiheit eintritt.

Für die Bereiche der Renten- und Arbeitslosenversicherung fehlt eine entsprechende Vorschrift; der gemeinsame Einzug der Beiträge zur Kranken-, Pflege-, Renten- und Arbeitslosenversicherung gebietet es allerdings, diese Regelung für alle vier Versicherungszweige gleichermaßen auf die Beitragsberechnung aus Arbeitsentgelt aus dem Beschäftigungsverhältnis anzuwenden.

4. Lohnsteuer

Der Zeitraum, für den jeweils der laufende Arbeitslohn gezahlt wird, ist der Lohnzahlungszeitraum. Solange das Dienstverhältnis fortbesteht, sind auch solche in den Lohnzahlungszeitraum fallende Arbeitstage mitzuzählen, für die der Arbeitnehmer keinen steuerpflichtigen Arbeitslohn bezogen hat (z.B. wegen Krankheit oder unbezahltem Urlaub). 728

In den Fällen, in denen zwar das Beschäftigungsverhältnis weiterbesteht, der Anspruch auf Arbeitslohn aber für **mindestens fünf aufeinander folgende Arbeitstage** im Wesentlichen weggefallen ist, hat der Arbeitgeber jeweils den **Großbuchstaben „U“** (U = Unterbrechung) im Lohnkonto und in der elektronischen

Lohnsteuerbescheinigung des Arbeitnehmers einzutragen. Der Zeitraum, für den der Arbeitslohnanspruch weggefallen ist, muss nicht eingetragen werden (→ *Lohnkonto* Rz. 2865, → *Lohnsteuerbescheinigung* Rz. 2955).

Arbeitsversuch: missglückter

729 Die Mitgliedschaft in der **gesetzlichen Krankenversicherung** setzt i.d.R. eine **Beschäftigung** voraus. Dabei beginnt die Mitgliedschaft versicherungspflichtig Beschäftigter mit dem Eintritt in die versicherungspflichtige Beschäftigung. Hierunter wird im Allgemeinen die Aufnahme der Arbeit verstanden. Kann die Arbeit nicht aufgenommen werden, weil z.B. der Arbeitnehmer auf dem Weg zur erstmaligen Arbeitsaufnahme verunglückt, tritt nach der Rechtsprechung des BAG Versicherungspflicht in der Sozialversicherung ein. **Scheitert die Arbeitsaufnahme** daran, dass der Arbeitnehmer arbeitsunfähig krank ist, tritt gleichwohl **Versicherungspflicht in der Krankenversicherung** ein (Besprechungsergebnis der Spitzenverbände der Sozialversicherungsträger v. 6./7.5.1998).

Zugleich stellte das BSG allerdings fest, dass an den **Nachweis** der Tatsachen, die Krankenversicherungspflicht begründen, **strenge Anforderungen** zu stellen sind, wenn der Verdacht von Manipulation zu Lasten der Krankenkassen besteht (BSG v. 4.12.1997, 12 RK 46/94 und BSG v. 4.12.1997, 12 RK 3/97). Dies könne, zumal wenn weitere Umstände hinzutreten, der Fall sein, wenn bei Beginn der Arbeitsaufnahme Arbeitsunfähigkeit besteht, dieses bekannt ist und die Arbeit alsbald aufgegeben wird. Die Feststellungslast für die Tatsachen, die Versicherungspflicht begründen, trägt nach Ansicht des BSG derjenige, der sich auf sie beruft. Die **Beweislast** obliegt deshalb grds. dem Arbeitnehmer.

Vor diesem Hintergrund wird bei Verdachtsmomenten insbesondere kritisch geprüft, ob die Versicherungspflicht auf Grund eines **Scheinarbeitsverhältnisses** ausgeschlossen ist. So wird keine die Versicherungspflicht auslösende Beschäftigung i.S.d. §7 Abs. 1 SGB IV ausgeübt, wenn tatsächlich eine familienhafte Mithilfe oder eine selbständige Tätigkeit, insbesondere als Mitunternehmer oder Mitgesellschafter, vorliegt oder wenn ein Beschäftigungsverhältnis durch ein nach §117 BGB nichtiges Scheingeschäft vorgetäuscht wird.

Arbeitsvertrag

1. Begriff

730 Wurde der Arbeitsvertrag von beiden Arbeitsvertragsparteien in einer die Schriftform ersetzenden elektronischen, gleichermaßen beweiskräftigen Form nach §126a des Bürgerlichen Gesetzbuchs (BGB) geschlossen, entfällt – wie bereits bisher bei schriftlichen Arbeitsverträgen – die Verpflichtung, einen Nachweis zu erteilen, soweit bereits der Arbeitsvertrag die wesentlichen Vertragsbedingungen enthält. Die Änderungen sind vereinbar mit der Richtlinie (EU) 2019/1152 vom 20.6.2019 über transparente und vorhersehbare Arbeitsbedingungen in der EU (Arbeitsbedingungenrichtlinie).

Seit dem 1.1.2025 müssen die Nachweise nach dem NachweisG bzw. Arbeitsverträge also grundsätzlich nicht mehr der Schriftform genügen. Vielmehr genügt eine Übersendung der Datei per E-Mail nebst Aufforderung an den Arbeitnehmer zur Abgabe eines Empfangsbekenntnisses oder einer Zustimmungserklärung (Viertes Bürokratieentlastungsgesetz, BGBl. I 2024 Nr. 323 vom 29.10.2024). Dies gilt aber nicht im Bereich des §2a SchwarzArbG. In diesen Bereichen wird die Beibehaltung der Schriftform für die nachweisersetzende Wirkung von Arbeitsverträgen zum Schutz der Arbeitnehmerinnen und Arbeitnehmer für erforderlich gehalten. Dies gilt ferner nicht, wenn der Arbeitnehmer die Aushändigung schriftlicher Unterlagen verlangt oder die Inhalte ihres Vertrags aus anderen Gründen einer strengeren Form bedürfen, z.B. weil der Arbeitsvertrag befristet ist oder sie ein nachvertragliches Wettbewerbsverbot vereinbaren.

Durch den Arbeitsvertrag verpflichtet sich der Arbeitnehmer gem. §611 BGB zur Leistung der vereinbarten Arbeit nach Anleitung und Weisung (**Direktionsrecht**) des Arbeitgebers, wohingegen dieser sich zur **Zahlung** der **vereinbarten Vergütung** verpflichtet. Durch den Vertragsschluss wird das Arbeitsverhältnis begründet. Der Arbeitsvertrag ist dabei gekennzeichnet durch die persönliche Abhängigkeit des Arbeitnehmers.

2. Abschluss des Arbeitsvertrags

Der Arbeitsvertrag wird nach §§ 145 ff. BGB durch wechselseitige übereinstimmende Willenserklärung, durch Angebot und Annahme abgeschlossen. Dabei ist in §105 GewO auch für den Arbeitsvertrag der Grundsatz der **Vertragsfreiheit** ausdrücklich gesetzlich normiert. 731

Voraussetzung ist dabei beiderseitige **Geschäftsfähigkeit**, bei Minderjährigen die Zustimmung des gesetzlichen Vertreters.

Bei **Mängeln** beim Vertragsschluss (z.B. Geschäftsunfähigkeit oder bei arglistiger Täuschung mit erfolgreicher Anfechtung) ist der Vertrag nichtig, muss jedoch bis zur faktischen Beendigung als sog. **faktisches Arbeitsverhältnis** ordnungsgemäß abgewickelt werden.

Der Vertragsschluss ist, soweit sich nicht aus besonderer Gesetzesvorschrift, aus Tarifvertrag oder aus Betriebsvereinbarung etwas anderes ergibt, **formlos möglich**, wobei ein schriftlicher Vertrag aus Beweisgründen zu empfehlen ist. Ohnehin schreibt das **Nachweisgesetz** die Bestätigung wesentlicher Vertragspunkte vor. Der Gesetzgeber hat das Nachweisgesetz zur Umsetzung der Richtlinie (EU) 2019/1152 über transparente und vorhersehbare Arbeitsbedingungen, BGBl. I 2022, 1174, zum 1.8.2022 umfassend geändert. Mit den gesetzlichen Regelungen wurden die arbeitgeberseitigen Pflichten zum Nachweis wesentlicher Arbeitsbedingungen deutlich erweitert (vgl. den 15-Punkte-Katalog in §2 Abs. 1 NachwG) und mit neuen Sanktionsregelungen verknüpft. Das Gesetz führt einen Ordnungswidrigkeitentatbestand ein. Verstöße gegen Nachweispflichten können danach mit einer Geldbuße von bis zu 2 000 € geahndet werden.

Dabei werden alle Arbeitsverhältnisse erfasst, obwohl nach der hinter den Gesetzesänderungen stehenden EU-Richtlinie es zulässig gewesen wäre, Arbeitsverhältnisse aus dem Anwendungsbereich auszuschließen, bei denen Arbeitnehmer innerhalb eines Referenzzeitraums von vier aufeinanderfolgenden Wochen im Durchschnitt nicht mehr als drei Stunden pro Woche tätig sind.

Der Katalog in §2 NachwG ist u.a. um folgende Punkte erweitert worden:

- die Dauer der vereinbarten Probezeit;
- die vereinbarten Ruhepausen und -zeiten; bei vereinbarter Schichtarbeit das Schichtsystem, der Schichtrhythmus und die Voraussetzungen für Schichtänderungen;
- bei Arbeit auf Abruf die Vereinbarung, dass der Arbeitnehmer seine Arbeitsleistung entsprechend dem Arbeitsanfall zu erbringen hat, die Zahl der mindestens zu vergütenden Stunden, ferner der Zeitrahmen (Referenztage und -stunden), der für die Erbringung der Arbeitsleistung festgelegt ist, und die Frist, innerhalb derer der Arbeitgeber die Lage der Arbeitszeit im Voraus mitzuteilen hat;
- die Möglichkeit der Anordnung von Überstunden und deren Voraussetzungen;
- das bei der Kündigung des Arbeitsverhältnisses von Arbeitgeber und Arbeitnehmer einzuhaltende Verfahren (v.a. Nennung der Kündigungsfrist sowie Hinweis auf die dreiwöchige Klagefrist nach Erhalt einer Kündigung).

Von der Neufassung des NachwG sind **nicht nur Arbeitsverträge betroffen, die ab dem 1.8.2022** abgeschlossen werden. **Auf Verlangen des Arbeitnehmers** ist auch bei Altverträgen ein Nachweis über die wesentlichen Arbeitsbedingungen auszuhändigen (vgl. §5 NachwG). Spätestens am siebten Tag nach Zugang der Aufforderung beim Arbeitgeber ist die Niederschrift mit den Angaben nach §2 Abs. 1 Satz 2 Nr. 1-10 NachwG auszuhändigen. Die Niederschrift mit den übrigen Angaben nach §2 Abs. 1 Satz 2 NachwG ist spätestens einen Monat nach Zugang der Aufforderung auszuhändigen.

Zu beachten sind jedoch im Übrigen gesetzliche Formvorschriften für einzelne Regeln in einem Arbeitsvertrag, beispielsweise bei einer Befristung des Arbeitsverhältnisses. Hier muss gem. §14 Abs. 4 TzBfG die Befristungsregelung selbst schriftlich sein. Dies gilt auch bei einem nachvertraglichen Wettbewerbsverbot, wie sich aus §74 HGB ergibt.

Der Arbeitsvertrag kann im Übrigen auch konkludent oder **stillschweigend** abgeschlossen werden, insbesondere durch Aufnahme und Fortsetzung der Tätigkeit mit Billigung durch den Arbeitgeber.

3. Inhalt des Arbeitsvertrags

732 Für den Arbeitsvertrag gilt zunächst der Grundsatz der **Vertragsfreiheit:** Arbeitgeber und Arbeitnehmer bestimmen die Bedingungen ihres Vertragsverhältnisses in freier Vereinbarung. Die Vertragsfreiheit findet jedoch ihre **Grenze** in den **zwingenden Arbeitsschutzvorschriften**, die einzelvertraglich nicht unterlaufen werden können, weiterhin bei Tarifbindung in den tariflichen Mindestarbeitsbedingungen, in den durch Betriebsvereinbarungen gesetzten Bedingungen und in dem Grundsatz von Recht und Billigkeit.

Verstößt der Arbeitsvertrag in diesem Sinne gegen zwingendes Recht, so tritt an die Stelle der unwirksamen Regelung die entsprechende Mindestbedingung, z.B. bei einem Verstoß gegen den **Gleichbehandlungsgrundsatz** die vergleichbare Gestaltung. Zum zwingenden **Mindestlohn** als Lohnuntergrenze → *Mindestlohn* Rz. 3142.

Im Übrigen sind bei **Formulararbeitsverträgen** die Einschränkungen nach den **AGB-Bestimmungen** (§§ 305 ff. BGB) zu beachten.

4. Beendigung des Arbeitsvertrags

733 Der Arbeitsvertrag endet durch **Anfechtung**, gegenläufigen Vertrag/**Aufhebungsvertrag** (Achtung: Schriftformgebot nach § 623 BGB, der durch das Bürokratieentlastungsgesetz IV s.a. → Rz. 730 nicht geändert wurde), durch **Zeitablauf** bei wirksam befristetem Vertrag, durch Erreichen der **Altersgrenze**, sofern diese als Beendigungstatbestand zwischen den Parteien des Arbeitsvertrages vereinbart worden ist, oder durch eine wirksame **Kündigung**, um die wichtigsten Beendigungstatbestände anzuführen. Der Tod des Arbeitnehmers beendet stets das Arbeitsverhältnis; zu diesem Zeitpunkt entstandene, indes noch nicht erfüllte Ansprüche aus dem Arbeitsverhältnis sind grundsätzlich vererblich.

Arbeitszeit: Dokumentation

→ *Mindestlohn* Rz. 3142

Arbeitszeitmodelle

Inhalt

1. Vorbemerkung

734 In der betrieblichen Praxis kommen unterschiedliche **Modelle flexibler Arbeitszeit** verstärkt vor, z.B.

- Abrufarbeit,
- Altersteilzeitmodelle (→ *Altersteilzeit* Rz. 80),
- Gleitzeitmodelle,
- Jahresarbeitszeitmodelle,
- Arbeitszeitkontomodelle,
- Jobsharing,
- Lebensarbeitszeitmodelle,
- Sabbatjahrmodelle (→ *Sabbatjahr* Rz. 3798),
- Teilzeitmodelle.

Alle diese Modelle haben das Ziel, einerseits die Arbeitszeit der Arbeitnehmer besser an die Bedürfnisse der Unternehmen anzupassen, andererseits ggf. aber auch dem Arbeitnehmer mehr Gestaltungsspielraum einzuräumen, z.B. hinsichtlich der Vereinbarkeit von Familie und Beruf. **Gleitzeitmodelle** ermöglichen dem Arbeitnehmer den Beginn und das Ende seiner täglichen Arbeitszeit in einem festgelegten Rahmen frei zu wählen und geleistete Mehrarbeit innerhalb der Gleitzeit „abzubummeln“. **Jahresarbeitszeitkonten** gehen noch einen Schritt weiter. Sie ermöglichen, dass die zu bestimmten Zeiten geleistete **Mehrarbeit nicht mehr zusätzlich vergütet** werden muss, sondern in arbeitsarmen Zeiten in einem festgelegten Umfang in Freizeit eingetauscht werden kann. Zu diesem Zweck wird dann für jeden Arbeitnehmer ein Arbeitszeitkonto geführt, in dem die geleistete Mehrarbeit und die dagegen verrechneten Freizeittage aufgezeigt werden. **Sabbatjahrmodelle** sind z.B. im öffentlichen Dienst eingeführt worden. Bei ihnen wird das Gehalt in der „Arbeitsphase“ gekürzt, dafür aber in der „Freizeitphase“ weitergezahlt, vgl. im Einzelnen → *Sabbatjahr* Rz. 3798.

Insbesondere um jungen Menschen einen Einstieg in das Berufsleben zu ermöglichen, hatten die Tarifvertragsparteien im Zeichen der Verknappung von Arbeitsplätzen auch **Lebensarbeitszeitmodelle** eingeführt. Mit diesen Modellen sollten älteren Arbeitnehmern der Weg in einen vorzeitigen Ruhestand ermöglicht werden. Dazu wurden nicht nur die Möglichkeiten genutzt, die das Altersteilzeitgesetz (→ *Altersteilzeit* Rz. 80) bietet. Bei Lebensarbeitszeitmodellen hat der Arbeitnehmer die Möglichkeit, während seiner aktiven Tätigkeit auf die Bezahlung bestimmter Leistungen, wie z.B. Mehrarbeit, Erholungspausen, Zuschläge für Sonntags-, Feiertags- oder Nachtarbeit, Urlaubsgeld, Weihnachtsgeld, Tantiemen oder andere Gewinnbeteiligungen zu verzichten und sie stattdessen auf einem Lebensarbeitszeitkonto gutschreiben zu lassen. Diese Gutschriften werden vom Arbeitnehmer am Ende seiner Lebensarbeitszeit eingelöst, so dass er vorzeitig in Rente gehen kann.

Zu den sozialversicherungsrechtlichen Voraussetzungen → Rz. 755.

Die innerbetriebliche Erörterung von Arbeitszeitmodellen, insbesondere das der sog. **Vertrauensarbeitszeit**, wird unverändert maßgeblich von der kontroversen Diskussion beeinflusst, ob infolge der EuGH-Entscheidung in Sachen „CCOO“ (EuGH v. 14.5.2019, C-55/18) Arbeitgeber verpflichtet sind, ein objektives, verlässliches und zugängliches System einzurichten, mit dem die von einem jeden Beschäftigten geleistete tägliche Arbeitszeit gemessen werden kann (vgl. z.B. ArbG Emden v. 9.11.2020, 2 Ca 399/18; a.A. nachgehend LAG Niedersachsen v. 6.5.2021, 5 Sa 1292/20; BAG v. 4.5.2022, 5 AZR 359/21). Nachdem das BAG jedoch inzwischen entschieden hat, dass der Arbeitgeber nach § 3 Abs. 2 Nr. 1 ArbSchG verpflichtet sei, ein System einzuführen, mit dem die von den Arbeitnehmern geleistete Arbeitszeit erfasst werden kann (BAG v. 13.9.2022, 1 ABR 22/21), ist der Druck, gesetzgeberisch aktiv zu werden, drastisch gestiegen. Das BMAS hatte zunächst reagiert und hierzu einen **Gesetzentwurf zur Änderung des Arbeitszeitgesetzes und anderer Vorschriften** herausgeben. Im Wesentlichen sollte durch das Gesetz erstmals eine generelle Regelung zur Arbeitszeiterfassung im Arbeitszeitgesetz und einigen Nebengesetzen (u.a. im Jugendarbeitsschutzgesetz) gesetzlich kodifiziert werden. Die nachstehenden Ausführungen beziehen sich auf den Referentenentwurf (Bearbeitungsstand: 18.4.2023), der indes nicht in das Gesetzgebungsverfahren eingebracht wurde. Der Koalitionsvertrag der aktuellen CDU/CSU- und SPD-Fraktionen sieht unverändert eine Reform des Arbeitszeitrechts vor. So soll u.a. die tägliche Höchstarbeitszeit auf eine wöchentliche Höchstarbeitszeit umgestellt werden. Aktuell wird im ersten Halbjahr 2026 die Vorlage eines Gesetzesentwurfs erwartet.

Der (inzwischen überholte) Referentenentwurf umfasst neben Änderungen des Arbeitszeitgesetzes Änderungen des Jugendarbeitsschutzgesetzes und der Offshore-Arbeitszeitverordnung. Er betrifft im Wesentlichen **die Pflicht, dass zukünftig generell Beginn, Ende und Dauer der täglichen Arbeitszeit der Arbeitnehmer am Tag der Arbeitsleistung elektronisch aufzuzeichnen sind.** Kleinbetriebe, die nicht mehr als zehn Arbeitnehmer beschäftigen, können die Arbeitszeit der Beschäftigten weiterhin in nicht elektronischer Form erfassen. Zudem soll für tarifgebundene Unternehmen die Möglichkeit geschaffen werden, durch Tarifvertrag oder auf Grund eines Tarifvertrags in einer Betriebs- oder Dienstvereinbarung die Aufzeichnung der Arbeitszeit in nicht elektronischer Form zu regeln. Arbeitgeber sollen auf die Kontrolle der vertraglich vereinbarten Arbeitszeit verzichten können („Vertrauensarbeitszeit“). Damit bleibt das Modell der Vertrauensarbeitszeit prinzipiell möglich. Allerdings müssen sie sicherstellen, dass ihnen etwaige Verstöße gegen die gesetzlichen Bestimmungen zu Dauer und Lage der Arbeitszeit und der Ruhezeiten bekannt werden. Hierzu haben sie erforderliche Maßnahmen zu treffen. Die Verpflichtungen werden flankiert durch Auskunftsansprüche der Arbeitnehmer sowie Dokumentationspflichten des Arbeitgebers. Die Pflichten aus dem Arbeitszeitgesetz inkl. der Aufzeichnungspflichten treffen leitende Angestellte i.S.d. § 5 Abs. 3 BetrVG unverändert nicht.

Entgegen den Ankündigungen des Koalitionsvertrags der vergangenen Ampel-Koalition beschränkt sich der Entwurf auf neue Regulierungen. Es wird nicht die von der „Ampelkoalition" angekündigte Flexibilisierung der Höchstarbeitszeit bzw. der Ruhezeiten angegangen. Mit Blick auf die **Vertrauensarbeitszeit** bleibt unklar, welche Maßnahmen Arbeitgeber zur Einhaltung des Arbeitszeitgesetzes in diesem Bereich vornehmen sollen und wie weit die arbeitgeberseitigen Kontrollen zu reichen haben. Richtigerweise verortet der Entwurf die Arbeitszeiterfassungspflicht im Arbeitszeitgesetz. Dies schließt den Rückgriff auf das Arbeitsschutzgesetz zukünftig wohl aus. Das BAG hatte die Pflicht der Arbeitszeiterfassung im Wesentlichen aus dem ArbSchG und der darin verankerten Pflicht des Arbeitgebers zur Gefährdungsbeurteilung hergeleitet. Der Referentenentwurf und seine Begründung lassen indes die Frage unbeantwortet, ob das ArbSchG als Grundlage der Verpflichtung tatsächlich zukünftig ausscheidet. Das Gesetzgebungsverfahren muss daher weiter im Auge behalten werden. Bis dahin sei klargestellt, es besteht auch aktuell eine Pflicht zur Erfassung der Arbeitszeit aller Arbeitnehmer. Arbeitgebern mit mehr als zehn Arbeitnehmern wird empfohlen, sich über die Möglichkeiten der Einführung eines elektronischen Zeiterfassungssystem zu erkundigen.

Sollte die aktuelle Bundesregierung in 2026 ein neues Arbeitszeitgesetz verabschieden, unterrichten wir Sie durch unseren Online-Aktualisierungsdienst (s. Benutzerhinweis auf S. IV).

2. Arbeitsrecht

735 Flexible Arbeitszeit im Arbeitsverhältnis bedarf eines arbeitsrechtlichen Rahmens durch eine **Vereinbarung** (im Einzelnen → Rz. 756). Die Zulässigkeit der zu leistenden Arbeitszeit richtet sich nach der einzelvertraglichen Vereinbarung und nach Tarifvertrag und Betriebsvereinbarung, insbesondere aber nach den einschränkenden Rahmenregelungen des Arbeitszeitgesetzes. Eine nur befristet vereinbarte Aufstockung der Arbeitszeit kann je nach den Umständen zulässig oder wegen unangemessener Benachteiligung des Arbeitnehmers unwirksam sein (BAG v. 2.9.2009, 7 AZR 233/08).

Hinsichtlich der **Kündigung** eines Arbeitsverhältnisses gilt nach § 7 Abs. 1b SGB IV: Die Möglichkeit eines Arbeitnehmers zur Vereinbarung flexibler Arbeitszeiten ist nicht eine die Kündigung des Arbeitsverhältnisses durch den Arbeitgeber begründende Tatsache nach § 1 Abs. 2 KSchG.

Nach § 7d SGB IV sind als **Sicherung** Wertguthaben als Arbeitsentgeltguthaben einschließlich des darauf entfallenden Arbeitgeberanteils am Gesamtsozialversicherungsbeitrag zu führen. Die Arbeitszeitguthaben sind in Arbeitsentgelt umzurechnen. Arbeitgeber haben Beschäftigte mindestens einmal jährlich in Textform über die Höhe ihres im Wertguthaben enthaltenen Arbeitsentgeltguthabens zu unterrichten.

Zur Vermeidung unnötiger Risiken und Auseinandersetzungen ist im Übrigen zu empfehlen, eine **kontinuierlich fortgezahlte Vergütung** bzw. Durchschnittsvergütung zu vereinbaren mit einem Arbeitszeitkonto, auf dem die Abweichungen von der regulären Arbeitszeit positiv oder negativ angerechnet werden, sei es i.S. eines Wertguthabens oder i.S. eines reinen Zeitguthabens.

Zum **Arbeitszeitkonto** hat das **BAG** bisher Folgendes entschieden:

Aufbau und Abbau eines Arbeitszeitkontos können jeweils eigenen Regeln folgen (BAG v. 17.3.2010, 5 AZR 296/09). Tarifvertraglich begründete Arbeitszeitkonten, die einen im Vorhinein feststehenden Ausgleichszeitraum erfordern, in dem die durchschnittliche tarifvertraglich vorgesehene Arbeitszeit erreicht werden soll, sind nicht mit einer per Betriebsvereinbarung gestatteten Ausdehnung dieses Ausgleichszeitraums vereinbar. Die Ausdehnung führt im Ergebnis zur Aufhebung des Ausgleichszeitraums (BAG v. 4.12.2024, 5 AZR 277/23, ArbRAktuell 2025, 172).

Nach der Beendigung des Arbeitsverhältnisses kann eine Gutschrift auf einem Arbeitszeitkonto nicht mehr durchgesetzt werden (BAG v. 21.8.2013, 5 AZR 872/12).

Der Arbeitgeber darf das auf einem Arbeitszeitkonto ausgewiesene Zeitguthaben des Arbeitnehmers nur mit **Minusstunden verrechnen**, wenn ihm die der Führung des Arbeitszeitkontos zu Grunde liegende Vereinbarung (Arbeitsvertrag, Betriebsvereinbarung, Tarifvertrag) die Möglichkeit dazu eröffnet (BAG v. 21.3.2012, 5 AZR 676/11). Ein Arbeitszeitkonto im **Leiharbeitsverhältnis** darf nicht dazu eingesetzt werden, um das vom Verleiher zu tragende Beschäftigungsrisiko auf den Leiharbeitnehmer abzuwälzen (BAG v. 16.4.2014, 5 AZR 483/12).

Ein **negatives Guthaben** auf einem Arbeitszeitkonto stellt einen Lohn- und Gehaltsvorschuss des Arbeitgebers dar. Kann allein der Arbeitnehmer darüber entscheiden, ob und in welchem Umfang das negative Guthaben entsteht, hat er es im Fall der Beendigung des Vertrags bei nicht rechtzeitigem Zeitausgleich finanziell auszugleichen. Dazu darf der Arbeitgeber eine Verrechnung mit Vergütungsansprüchen vornehmen (BAG v. 13.12.2000, 5 AZR 334/99).

Weist der Arbeitgeber in einem Arbeitszeitkonto Guthabenstunden vorbehaltlos aus, stellt er damit das Guthaben streitlos. Will der Arbeitgeber im Nachhinein den auf dem Arbeitszeitkonto vorbehaltlos zu Gunsten des Arbeitnehmers ausgewiesenen Saldo erheblich bestreiten, obliegt es ihm im Einzelnen darzulegen, auf Grund welcher Umstände der ausgewiesene Saldo unzutreffend sei oder sich bis zur vereinbarten Schließung des Arbeitszeitkontos reduziert habe. Erst dann hat der Arbeitnehmer vorzutragen, wann er Arbeit verrichtet oder einer der Tatbestände vorgelegen habe, der eine Vergütungspflicht ohne Arbeit regelt (BAG v. 23.9.2015, 5 AZR 767/13).

Urlaubs- und gesetzliche Feiertage dürfen bei der Berechnung der Höchstarbeitszeit nach dem Arbeitszeitgesetz nicht als Ausgleich berücksichtigt werden (BVerwG v. 9.5.2018, 8 C 13/17). Sog. Arbeitszeitschutzkonten einer Universitätsklinik können demnach nicht in der Weise geführt werden, dass Urlaubs- und/Feiertage so verbucht werden, als sei an ihnen regulär gearbeitet worden. Zum Ausgleich für überdurchschnittlich geleistete Arbeit können allein Tage dienen, an denen der Arbeitnehmer nicht schon wegen Urlaubsgewährung von der Arbeitspflicht freigestellt ist.

Ein in der schriftlichen Lohnabrechnung ausgewiesenes **positives Guthaben** auf einem Arbeitszeitkonto muss zur Wahrung einer **Ausschlussfrist** nicht noch einmal geltend gemacht werden, und zwar auch dann nicht, wenn es sich später von einem Freizeitausgleichsanspruch in einen Auszahlungsanspruch umwandelt (BAG v. 28.7.2010, 5 AZR 521/09).

Wird ein in Vollzug einer tarifgerechten Betriebsvereinbarung über die flexible Gestaltung von Arbeitszeiten vor Ablauf des Ausgleichszeitraums entstandener sog. **Plusstundensaldo** durch Zahlung des Stundenlohns abgebaut, so sind auf diese Stundenlöhne keine Mehrarbeitszuschläge zu zahlen (BAG v. 25.10.2000, 4 AZR 596/99).

Der Anspruch auf Freizeitausgleich kann auch durch eine **widerrufliche Freistellung** erfüllt werden (BAG v. 19.5.2009, 9 AZR 433/08).

Verlangt der Arbeitnehmer beim Ausscheiden aus dem Arbeitsverhältnis die Auszahlung eines auf dem Arbeitszeitkonto vorhandenen **Saldos**, so muss er nicht die Tage und Tageszeiten vortragen, für die er weitere Arbeitsvergütung fordert; ausreichend ist die Darlegung der Vereinbarung eines Arbeitszeitkontos und die Höhe des Guthabens zum vereinbarten Auszahlungszeitpunkt (BAG v. 13.3.2002, 5 AZR 43/01). Wird der Arbeitnehmer im Hinblick auf die Beendigung des Arbeitsverhältnisses zum Ausgleich des Arbeitszeitguthabens freigestellt und wird er sodann **arbeitsunfähig krank,** hat er keinen Anspruch auf Auszahlung (BAG v. 11.9.2003, 6 AZR 374/02).

Bei der **Entgeltfortzahlung im Krankheitsfall** ist die ausfallende Arbeitszeit bezüglich Vergütung und Arbeitszeitkonto nach den konkreten Ausfallzeiten zu behandeln (BAG v. 26.9.2001, 5 AZR 539/00, und BAG v. 13.2.2002, 5 AZR 470/00). Dazu gehören auch Zeitgutschriften für (vergütungspflichtige) Umkleidezeiten (BAG v. 14.5.2025, 5 AZR 215/24, SPA 2025, 124; siehe auch LAG Hessen v. 31.1.2025, 10 SLa 564/24, NZA-RR 2025, 247 zur Vergütungspflicht von Wegezeiten).

Für die Führung des Arbeitszeitkontos betr. **Urlaubszeiten** gilt:

- Die in Folge des Urlaubs ausgefallenen Soll-Arbeitsstunden sind in das Arbeitszeitkonto als Ist-Stunden einzustellen;
- Die Vereinbarung, nur eine geringere Stundenanzahl als die Soll-Arbeitsstunden dem Konto gutzuschreiben, verstößt gegen § 13 BUrlG und ist unwirksam (BAG v. 19.6.2012, 9 AZR 712/10).

3. Lohnsteuer

736 Zur **lohnsteuerlichen Behandlung von Zeitwertkonten-Modellen** sowie den Voraussetzungen für die steuerliche Anerkennung hat die Finanzverwaltung wie folgt Stellung genommen (BMF v. 17.6.2009, IV C 5 – S 2332/07/0004, BStBl I 2009, 1286 unter Berücksichtigung der Änderungen durch BMF v. 8.8.2019, IV C 5 – S 2332/07/0004 :004, BStBl I 2019, 874):

a) Allgemeines zu Zeitwertkonten

aa) Steuerlicher Begriff des Zeitwertkontos

737 Bei **Zeitwertkonten** vereinbaren Arbeitgeber und Arbeitnehmer, dass der Arbeitnehmer **künftig fällig werdenden Arbeitslohn** nicht sofort ausbezahlt erhält, sondern dieser Arbeitslohn beim Arbeitgeber **nur betragsmäßig erfasst** wird, um ihn im Zusammenhang mit einer vollen oder teilweisen Freistellung von der Arbeitsleistung während des noch fortbestehenden Dienstverhältnisses auszuzahlen. **In der Zeit der Arbeitsfreistellung** ist **das angesammelte Guthaben um den Vergütungsanspruch zu vermindern**, der dem Arbeitnehmer in der Freistellungsphase gewährt wird. Der steuerliche Begriff des Zeitwertkontos entspricht insoweit dem Begriff der Wertguthabenvereinbarungen i.S.v. § 7b SGB IV (**sog. Lebensarbeitszeit- bzw. Arbeitszeitkonto**).

Keine Zeitwertkonten in diesem Sinne sind dagegen Vereinbarungen, die das Ziel der flexiblen Gestaltung der werktäglichen oder wöchentlichen Arbeitszeit oder den Ausgleich betrieblicher Produktions- und Arbeitszeitzyklen verfolgen (**sog. Flexi- oder Gleitzeitkonten**). Diese dienen lediglich zur Ansammlung von Mehr- oder Minderarbeitszeit, die zu einem späteren Zeitpunkt ausgeglichen wird. Bei Flexi- oder Gleitzeitkonten ist der Arbeitslohn mit Auszahlung bzw. anderweitiger Erlangung der wirtschaftlichen Verfügungsmacht des Arbeitnehmers zugeflossen und zu versteuern.

bb) Besteuerungszeitpunkt

738 Die **Vereinbarung eines Zeitwertkontos** oder die Wertgutschrift auf diesem Konto führen zu **keinem Zufluss von Arbeitslohn**, sofern die getroffene Vereinbarung den **nachfolgenden Voraussetzungen entspricht**. Erst die Auszahlung des Guthabens während der Freistellung löst Zufluss von Arbeitslohn und damit eine Besteuerung aus.

Beispiel 1:

Arbeitgeber A hat mit seinen Arbeitnehmern eine Betriebsvereinbarung abgeschlossen, nach der die **Vergütungen** für Mehrarbeit, das Urlaubs- und Weihnachtsgeld sowie ggf. die Tantiemen **nicht mehr ausbezahlt**, sondern **auf einem Zeitwertkonto erfasst** werden. Entsprechend dem Guthaben auf dem Zeitwertkonto wird der Arbeitnehmer schon ein, zwei oder drei Jahre vor Beginn der Rente unter Fortzahlung seiner Bezüge von der Arbeit freigestellt.

In der Arbeitsphase unterliegt nur der tatsächlich ausgezahlte Arbeitslohn der Lohnsteuer, nicht aber die dem Zeitwertkonto gutgeschriebenen Guthaben. Entsprechend unterliegt in der Entnahmephase der vom Arbeitgeber tatsächlich gezahlte Arbeitslohn der Lohnsteuer.

Die Gutschrift von Arbeitslohn (laufender Arbeitslohn, Einmal- und Sonderzahlungen) zu Gunsten eines Zeitwertkontos wird **aus Vereinfachungsgründen auch dann steuerlich anerkannt**, wenn die Gehaltsänderungsvereinbarung bereits erdiente, aber **noch nicht fällig gewordene Arbeitslohnteile** umfasst. Dies gilt auch, wenn eine Einmal- oder Sonderzahlung einen Zeitraum von mehr als einem Jahr betrifft.

Beispiel 2:

Sachverhalt wie Beispiel 1, **die Arbeitnehmer können** jedoch – bevor der Anspruch fällig wird – **wählen**, ob die Vergütung dem Zeitwertkonto gutgeschrieben oder sofort ausgezahlt werden soll. Ein Arbeitnehmer **wählt vor Fälligkeit der Überstundenvergütung die Gutschrift** auf seinem Zeitwertkonto.

Weil der Arbeitnehmer **vor Fälligkeit** des Arbeitslohns über die Überstundenentlohnung verfügt, fließt ihm der entsprechende Arbeitslohn erst später in der Entnahmephase zu.

cc) Verwendung des Guthabens zu Gunsten betrieblicher Altersversorgung

Wird das **Guthaben des Zeitwertkontos** auf Grund einer Vereinbarung zwischen Arbeitgeber und Arbeitnehmer **vor Fälligkeit** (planmäßige Auszahlung während der Freistellung) ganz oder teilweise **zu Gunsten der betrieblichen Altersversorgung herabgesetzt**, ist dies **steuerlich als eine Entgeltumwandlung** zu Gunsten der betrieblichen Altersversorgung **anzuerkennen**. Der Zeitpunkt des Zuflusses dieser zu Gunsten der betrieblichen Altersversorgung umgewandelten Beträge richtet sich nach dem Durchführungsweg der zugesagten betrieblichen Altersversorgung (BMF v. 12.8.2021, IV C 5 – S 2333/19/10008 :017, BStBl I 2021, 1050, Rz. 8). 739

Bei einem **Altersteilzeitarbeitsverhältnis** im sog. Blockmodell gilt dies in der Arbeitsphase und der Freistellungsphase entsprechend. Folglich ist auch in der Freistellungsphase steuerlich von einer Entgeltumwandlung auszugehen, wenn vor Fälligkeit (planmäßige Auszahlung) vereinbart wird, das Guthaben des Zeitwertkontos oder den während der Freistellung auszuzahlenden Arbeitslohn zu Gunsten der betrieblichen Altersversorgung herabzusetzen. **Sozialversicherungsrechtlich** liegt in diesen Fällen i.d.R. **ein Störfall** vor (→ Rz. 762).

dd) Begünstigter Personenkreis

(1) Grundsatz

Ein Zeitwertkonto kann für **alle Arbeitnehmer** (§ 1 LStDV) i.R. **eines gegenwärtigen Dienstverhältnisses** eingerichtet werden. 740

Dazu gehören auch Arbeitnehmer mit einer **geringfügig entlohnten Beschäftigung** i.S.d. § 8 bzw. § 8a SGB IV.

(2) Besonderheiten

- **Befristete Dienstverhältnisse**

Bei **befristeten Dienstverhältnissen** werden Zeitwertkonten steuerlich **nur anerkannt**, wenn die sich während der Beschäftigung ergebenden Guthaben bei normalem Ablauf **während der Dauer des befristeten Dienstverhältnisses**, d.h. innerhalb der vertraglich vereinbarten Befristung, **durch Freistellung ausgeglichen** werden. 741

- **Organe von Körperschaften**

Vereinbarungen über die Einrichtung von Zeitwertkonten bei Arbeitnehmern, die **zugleich als Organ einer Körperschaft bestellt** sind – z.B. bei Mitgliedern des Vorstands einer Aktiengesellschaft oder Geschäftsführern einer GmbH –, sind lohn- bzw. einkommensteuerlich grds. **anzuerkennen**, wenn der Arbeitnehmer **nicht an der Körperschaft beteiligt** ist (z.B. Fremd-Geschäftsführer); s. BFH v. 22.2.2018, VI R 17/16, BStBl II 2019, 496 und BMF v. 8.8.2019, IV C 5 – S 2332/07/0004 :004, BStBl I 2019, 874. 742

Ist der Arbeitnehmer an der Körperschaft **beteiligt, beherrscht diese aber nicht** (z.B. Minderheits-Gesellschafter-Geschäftsführer), ist nach den **allgemeinen Grundsätzen zu prüfen, ob eine verdeckte Gewinnausschüttung vorliegt**. Liegt danach keine verdeckte Gewinnausschüttung vor, sind Vereinbarungen über die Einrichtung von Zeitwertkonten lohn-/einkommensteuerlich grds. anzuerkennen (BMF v. 8.8.2019, IV C 5 – S 2332/07/0004 :004, BStBl I 2019, 874).

Ist der Arbeitnehmer an der Körperschaft **beteiligt und beherrscht diese**, liegt eine **verdeckte Gewinnausschüttung** vor; s. BFH v. 11.11.2015, I R 26/15, BStBl II 2016, 489 und BMF v. 8.8.2019, IV C 5 – S 2332/07/0004 :004, BStBl I 2019, 874. Vereinbarungen über die Einrichtung von Zeitwertkonten sind lohn-/einkommensteuerlich nicht anzuerkennen.

Der **Erwerb einer Organstellung** hat keinen Einfluss auf das bis zu diesem Zeitpunkt aufgebaute Guthaben eines Zeitwertkontos. Nach Erwerb der Organstellung ist hinsichtlich der weiteren Zuführungen zu dem Konto eine verdeckte Gewinnausschüttung zu prüfen (s. oben). Nach Beendigung der Organstellung und Fortbestehen des Dienstverhältnisses kann der Arbeitnehmer das Guthaben weiter aufbauen oder das aufgebaute Guthaben für Zwecke der Freistellung verwenden (BMF v. 8.8.2019, IV C 5 – S 2332/07/0004 :004, BStBl I 2019, 874).

Beispiel:

Eine AG hat mit seinen Arbeitnehmern eine Betriebsvereinbarung über die Bildung von Zeitwertkonten abgeschlossen. Arbeitnehmer B wird zum 1.10.2025 in den Vorstand der AG berufen; das Guthaben auf seinem Zeitwertkonto beträgt 100 000 €. B hat i.R. eines Mitarbeiterbeteiligungsmodells Aktien seines Unternehmens erworben.

Der Erwerb der Organstellung hat keinen Einfluss auf das bis zum 30.9.2025 angesammelte Guthaben; dieses ist erst bei Auszahlung als Arbeitslohn zu versteuern. Ab dem 1.10.2025 ist zu prüfen, ob die weiteren Zuführungen eine verdeckte Gewinnausschüttung darstellen. B ist zwar an der AG beteiligt, er beherrscht sie aber nicht. Auch nach den allgemeinen Grundsätzen liegt u.E. keine verdeckte Gewinnausschüttung vor, daher sind auch die weiteren Zuführungen erst bei Auszahlung als Arbeitslohn zu versteuern.

- **Als Arbeitnehmer beschäftigte beherrschende Anteilseigner**

743 Die Regelung für Organe von Körperschaften gilt entsprechend für Arbeitnehmer, die von der Körperschaft beschäftigt werden, die sie beherrschen.

b) Modellinhalte

aa) Aufbau des Zeitwertkontos

744 Zweck eines Zeitwertkontos ist die Verschiebung der Auszahlung von noch nicht fälligem Arbeitslohn in Zeiten der Arbeitsfreistellung. Deshalb können **keine weiteren Gutschriften mehr unversteuert** in ein Zeitwertkonto eingestellt werden, sobald feststeht, dass die dem Konto zugeführten Beträge **nicht mehr durch Freistellung vollständig aufgebraucht** werden können.

Bei Zeitwertkontenvereinbarungen, die **die Anforderungen** des § 7 Abs. 1a Satz 1 Nr. 2 SGB IV **hinsichtlich der Angemessenheit der Höhe** des während der Freistellung fälligen **Arbeitsentgelts** berücksichtigen, **wird davon ausgegangen**, dass die dem Konto zugeführten Beträge durch Freistellung **vollständig aufgebraucht werden können** und somit eine solche **Prognoseentscheidung regelmäßig entbehrlich** ist.

Für Zeitwertkonten, die diese Anforderungen nicht berücksichtigen und eine Freistellung für Zeiten, die unmittelbar vor dem Zeitpunkt liegen, zu dem der Beschäftigte eine Rente wegen Alters nach dem SGB VI bezieht oder beziehen könnte, vorsehen, ist hierfür **einmal jährlich eine Prognoseentscheidung** zu treffen.

Für diese Prognoseentscheidung ist zum einen der **ungeminderte Arbeitslohnanspruch** (ohne Berücksichtigung der Gehaltsänderungsvereinbarung) und zum anderen **der voraussichtliche Zeitraum** der maximal noch zu beanspruchenden Freistellung maßgeblich. Der voraussichtliche Zeitraum der Freistellung bestimmt sich dabei grds. nach der vertraglichen Vereinbarung. Das Ende des voraussichtlichen Freistellungszeitraums kann allerdings nicht über den Zeitpunkt hinausgehen, zu dem der Arbeitnehmer eine Rente wegen Alters nach dem SGB VI spätestens beanspruchen kann (Regelaltersgrenze). Jede weitere Gutschrift auf dem Zeitwertkonto ist dann Einkommensverwendung und damit steuerpflichtiger Zufluss von Arbeitslohn.

Beispiel 1:

Zwischen dem 55-jährigen Arbeitnehmer B und seinem Arbeitgeber wird vereinbart, dass ab dem 1.1.2018 die Hälfte des Arbeitslohns in ein Zeitwertkonto eingestellt wird, das dem Arbeitnehmer während der Freistellungsphase ratierlich ausgezahlt werden soll. Das Arbeitsverhältnis soll planmäßig mit Vollendung des 67. Lebensjahrs am 31.12.2029 beendet werden. Der aktuelle Jahresarbeitslohn beträgt 100 000 €. Nach sieben Jahren (31.12.2024) beträgt das Guthaben 370 000 € (einschließlich Wertzuwächsen). Der Jahresarbeitslohn im Kalenderjahr 2025 beläuft sich auf 120 000 €. Kann hiervon wieder die Hälfte dem Zeitwertkonto zugeführt werden?

Nach Ablauf des achten Jahres (31.12.2025) verbleiben für die Freistellungsphase noch vier Jahre. Eine Auffüllung des Zeitwertkontos ist bis zum Betrag von 480 000 € (= ungekürzter Arbeitslohn des laufenden Jahres × Dauer der Freistellungsphase in Jahren) steuerlich unschädlich. Daher können im Jahr 2025 weitere 60 000 € dem Zeitwertkonto zugeführt werden (370 000 € + 60 000 € = 430 000 € [Stand Guthaben 31.12.2025]).

Sollte im Kalenderjahr 2026 die Freistellungsphase noch nicht begonnen haben, können keine weiteren Beträge mehr unversteuert in das Zeitwertkonto eingestellt werden (Prognoserechnung: bei einem Jahresarbeitslohn von 120 000 € für die Freistellungsphase von drei Freistellungsjahren = 360 000 €).

Bei **erfolgsabhängiger Vergütung** ist dabei neben dem Fixum auch der erfolgsabhängige Vergütungsbestandteil zu berücksichtigen. Es bestehen keine Bedenken, insoweit den **Durchschnittsbetrag der letzten fünf Jahre** zu Grunde zu legen. Wird die erfolgsabhängige Vergütung noch keine fünf Jahre gewährt oder besteht das Dienstverhältnis noch keine fünf Jahre, ist der Durchschnittsbetrag dieses Zeitraums zu Grunde zu legen.

Beispiel 2:

Zwischen dem 55-jährigen Arbeitnehmer C und seinem Arbeitgeber wird vereinbart, dass ab dem 1.1.2018 die Hälfte des Arbeitslohns in ein Zeitwertkonto eingestellt wird, das dem Arbeitnehmer während der Freistellungsphase ratierlich ausgezahlt werden soll. Das Arbeitsverhältnis soll planmäßig mit Vollendung des 67. Lebensjahrs am 31.12.2029 beendet werden. C bezieht im Kalenderjahr 2018 ein Festgehalt von 100 000 €. Daneben erhält er erfolgsabhängige Vergütungsbestandteile, die ebenfalls hälftig dem Zeitwertkonto zugeführt werden sollen. Nach sieben Jahren (31.12.2024) beträgt das Guthaben des Zeitwertkontos 520 000 €. Die Fixvergütung beläuft sich im Kalenderjahr 2025 auf 120 000 €. Die variablen Vergütungsbestandteile im Kalenderjahr 2025 betragen 80 000 €; in den letzten fünf Jahren standen ihm variable Vergütungen i.H.v. insgesamt 300 000 € zu.

Dem Zeitwertkonto können im Kalenderjahr 2025 100 000 € unversteuert zugeführt werden. Damit beläuft sich das Guthaben des Zeitwertkontos am Ende des Kalenderjahres 2025 auf 620 000 € und ist – bezogen auf eine mögliche Freistellungsphase von noch vier Jahren – weiterhin geringer als das Vierfache des aktuellen jährlichen Fixgehalts (120 000 €) zuzüglich der durchschnittlichen jährlichen variablen Vergütungen von 60 000 € (300 000 € : 5), die sich somit für einen Freistellungszeitraum von vier Jahren auf 720 000 € belaufen (= 180 000 € × 4 Jahre).

bb) Verzinsung der Zeitwertkontenguthaben

I.R. von Zeitwertkonten kann dem Arbeitnehmer auch eine **Verzinsung des Guthabens** zugesagt sein. Diese kann beispielsweise bestehen in einem festen jährlichen Prozentsatz des angesammelten Guthabens, wobei sich der Prozentsatz auch nach dem Umfang der jährlichen Gehaltsentwicklung richten kann, oder in einem Betrag in Abhängigkeit von der Entwicklung bestimmter am Kapitalmarkt angelegter Vermögenswerte. 745

Die **Zinsen erhöhen das Guthaben des Zeitwertkontos**, sind jedoch erst bei tatsächlicher Auszahlung an den Arbeitnehmer als Arbeitslohn zu erfassen.

cc) Zuführung von steuerfreiem Arbeitslohn zu Zeitwertkonten

Wird vor der Leistung von steuerlich begünstigtem Arbeitslohn bestimmt, dass ein **steuerfreier Zuschlag auf dem Zeitwertkonto eingestellt** und **getrennt ausgewiesen** wird, bleibt **die Steuerfreiheit** bei Auszahlung **in der Freistellungsphase erhalten** (R 3b Abs. 8 LStR). Dies gilt jedoch **nur für den Zuschlag** als solchen, **nicht** hingegen für eine darauf beruhende **etwaige Verzinsung oder Wertsteigerung**. 746

dd) Kein Rechtsanspruch gegenüber einem Dritten

Wird das Guthaben eines Zeitwertkontos auf Grund der Vereinbarung zwischen Arbeitgeber und Arbeitnehmer z.B. als Depotkonto bei einem Kreditinstitut oder Fonds geführt, darf der Arbeitnehmer zur Vermeidung eines Lohnzuflusses **keinen unmittelbaren Rechtsanspruch gegenüber dem Dritten** haben. 747

Eine Verpfändung der Ansprüche an den Arbeitnehmer ist aber möglich, weil dieser bei einer Verpfändung gegenwärtig keine Rechte erwirbt, die ihm einen Zugriff auf das Zeitwertkonto und die darin angesammelten Werte ermöglichen. Entsprechendes gilt für eine aufschiebend bedingte Abtretung, weil die Abtretung rechtlich erst wirksam wird, wenn die Bedingung eintritt (§ 158 Abs. 1 BGB), vgl. BMF v. 6.12.2002, IV C 5 – S 2360 – 98/02, Steuer-Telex 2003, 169 sowie → *Rückdeckung/Rückdeckungsversicherung* Rz. 3776.

Beauftragt der Arbeitgeber ein **externes Vermögensverwaltungsunternehmen** mit der Anlage der Guthabenbeträge, findet die Minderung wie auch die Erhöhung des Depots z.B. durch Zinsen und Wertsteigerungen infolge von Kursgewinnen zunächst **in der Sphäre des Arbeitgebers** statt. Beim Arbeitnehmer sind die durch die Anlage des Guthabens erzielten Vermögensminderungen/-mehrungen – unter Berücksichtigung der Regelung zur Zeitwertkontengarantie – erst bei Auszahlung der Beträge in der Freistellungsphase lohnsteuerlich zu erfassen. Ein **Kapitalanlagewahlrecht des Arbeitnehmers** ist dann **unschädlich**.

Beispiel:

Arbeitgeber A hat mit seinen Arbeitnehmern eine Betriebsvereinbarung über die Bildung von Zeitwertkonten abgeschlossen und eine externe Vermögensverwaltungsgesellschaft mit der Anlage der Beträge beauftragt. Die Arbeitnehmer können bei der Gesellschaft zwischen folgenden Risikostufen wählen:

- Risikostufe A (risikoarm, konservativ),
- Risikostufe B (ausgewogen),
- Risikostufe C (risikobehaftet, chancenorientiert).

Die Wahlmöglichkeit der Kapitalanlage führt für den Arbeitnehmer allein noch nicht zu einem Zufluss von Arbeitslohn. Nur wenn keine Zeitwertkontengarantie vorgesehen ist, ist aus diesem Grunde bereits bei Anlage der Beträge Zufluss von Arbeitslohn anzunehmen.

Beim Erwerb von Ansprüchen des Arbeitnehmers gegenüber einem Dritten im Fall der **Eröffnung des Insolvenzverfahrens** ist § 3 Nr. 65 Buchst. c zweiter Halbsatz EStG zu beachten.

ee) Zeitwertkontengarantie

(1) Inhalt der Zeitwertkontengarantie

748 Zeitwertkonten werden im Hinblick auf die in §§ 7d und 7e SGB IV getroffenen Regelungen steuerlich **nur dann anerkannt**, wenn die zwischen Arbeitgeber und Arbeitnehmer getroffene Vereinbarung vorsieht, dass zum **Zeitpunkt der planmäßigen Inanspruchnahme** des Guthabens mindestens ein **Rückfluss der dem Zeitwertkonto zugeführten Arbeitslohn-Beträge** (Bruttoarbeitslohn im steuerlichen Sinne ohne den Arbeitgeberanteil am Gesamtsozialversicherungsbeitrag) gewährleistet ist (**Zeitwertkontengarantie**).

Im Fall der **arbeitsrechtlichen Garantie des Arbeitgebers** für die in das Zeitwertkonto für den Arbeitnehmer eingestellten Beträge bestehen seitens der Finanzverwaltung **keine Bedenken**, von der **Erfüllung der Zeitwertkontengarantie auszugehen**, wenn der Arbeitgeber für diese Verpflichtung insbesondere **die Voraussetzungen des Insolvenzschutzes** nach § 7e SGB IV entsprechend **erfüllt**. Dies gilt nicht nur zu Beginn, sondern **während der gesamten Auszahlungsphase**, unter Abzug der bereits geleisteten Auszahlungen.

Wertschwankungen sowie die Minderung des Zeitwertkontos (z.B. durch die Abbuchung von Verwaltungskosten und Depotgebühren) in der Zuführungsphase sind lohnsteuerlich unbeachtlich.

Beispiel 1 (Zeitwertkontengarantie und Wertschwankungen):

I.R. eines vereinbarten Zeitwertkontos ergibt sich zum Ende des dritten Jahres innerhalb der zehnjährigen Ansparphase ein Guthaben von 10 000 €. Bei jährlichen Zuführungen von 4 000 € ergab sich durch Wertschwankungen sowie die Belastung von Provisionszahlungen und Verwaltungskosten ein geringerer Wert als die Summe der zugeführten Arbeitslohnbeträge.

Die Minderung des Guthabens des Zeitwertkontos ist unschädlich, wenn bis zum Beginn der Auszahlungsphase die Wertminderung durch Wertsteigerungen der Anlage oder durch Erträge aus der Anlage wieder ausgeglichen wird.

Beispiel 2 (Zeitwertkontengarantie und Verwaltungskosten):

Der Bestand des Zeitwertkontos beträgt zu Beginn der Freistellungsphase 60 000 €, die aus jährlichen Gutschriften von jeweils 5 000 € innerhalb der achtjährigen Aufbauphase sowie Erträgen aus der Anlage und Wertsteigerungen herrühren. Während der Freistellungsphase fallen jährlich Verwaltungskosten i.H.v. 120 € an, die dem Zeitwertkonto belastet werden sollen.

Die Belastung des Zeitwertkontos mit Verwaltungskosten und sonstigen Gebühren ist unschädlich, denn die Summe der bis zu Beginn der Freistellungsphase zugeführten Beträge (= 40 000 €) wird hierdurch nicht unterschritten.

Beispiel 3 (Zeitwertkontengarantie und Verwaltungskosten):

Der Bestand des Zeitwertkontos beträgt zu Beginn der Auszahlungsphase 40 200 €, die aus jährlichen Zuführungen von jeweils 5 000 € innerhalb der achtjährigen Aufbauphase sowie Erträgen aus der Anlage herrühren, aber auch durch Wertschwankungen in der Vergangenheit beeinflusst wurden. Im Hinblick auf die ertragsschwache Anlage wird eine Beratung in Anspruch genommen, die Kosten von 500 € verursacht. Ferner fallen weitere Verwaltungskosten i.H.v. 180 € an.

Die Belastung des Zeitwertkontos ist nur bis zu einem Betrag von 200 € unschädlich (Summe der zugeführten Arbeitslohnbeträge zu Beginn der Freistellungsphase und als steuerpflichtiger Arbeitslohn während der Freistellung mindestens auszuzahlen 40 000 €). Die restlichen Aufwendungen i.H.v. 480 € (= 500 € + 180 € – 200 €) muss der Arbeitgeber, der für den Erhalt des Zeitwertkontos einzustehen hat, tragen.

(2) Zeitwertkontengarantie des Anlageinstituts

Wird das Guthaben eines Zeitwertkontos auf Grund der Vereinbarung zwischen Arbeitgeber und Arbeitnehmer bei einem externen Anlageinstitut (z.B. Kreditinstitut oder Fonds) geführt und liegt keine Zeitwertkontengarantie des Arbeitgebers vor, muss eine **vergleichbare Garantie durch das Anlageinstitut** vorliegen. 749

c) Planwidrige Verwendung der Zeitwertkontenguthaben

aa) Auszahlung bei existenzbedrohender Notlage

Die Vereinbarungen zur Bildung von Guthaben auf einem Zeitwertkonto werden **steuerlich auch dann noch anerkannt**, sofern die Möglichkeit der **Auszahlung des Guthabens** bei fortbestehendem Beschäftigungsverhältnis neben der Freistellung von der Arbeitsleistung **auf Fälle einer existenzbedrohenden Notlage des Arbeitnehmers begrenzt** wird. 750

Als existenzbedrohende Notfälle können in Betracht kommen:

- Vermögensschäden auf Grund höherer Gewalt (Brand, Hochwasser usw.),
- Tod eines Familienangehörigen,
- lebensbedrohende Erkrankung (Herzinfarkt, Bypass-Operation, Krebs, Schlaganfall, Nierenversagen, Aids, Multiple Sklerose usw.),
- schwerwiegende Behinderung des Arbeitnehmers oder einen Familienangehörigen bzw. Lebenspartners.

Keine existenzbedrohende Notlage ist jedoch die Heirat des Arbeitnehmers oder die Geburt eines Kindes.

Wenn entgegen der Vereinbarung **ohne existenzbedrohende Notlage** des Arbeitnehmers das Guthaben dennoch ganz oder teilweise **ausgezahlt** wird, ist bei dem einzelnen Arbeitnehmer **das gesamte Guthaben** – also neben dem ausgezahlten Betrag auch der verbleibende Guthabenbetrag – **im Zeitpunkt der planwidrigen Verwendung zu besteuern**.

Beispiel 1:

Arbeitgeber A hat mit seinen Arbeitnehmern eine Betriebsvereinbarung über die Bildung von Zeitwertkonten abgeschlossen. Die Vereinbarung sieht vor, dass nur im Falle einer lebensbedrohenden Erkrankung des Arbeitnehmers eine vorzeitige Verfügung über das Guthaben möglich ist. Arbeitnehmer B erleidet einen Schlaganfall und lässt sich deshalb am 9.5.2025 die Hälfte seines Guthabens von 100 000 €, das er in acht Jahren angespart hat, auszahlen.

Das Zeitwertkonten-Modell kann steuerlich anerkannt werden, da es nur für den Fall einer lebensbedrohenden Erkrankung eine vorzeitige Auszahlung des Guthabens vorsieht. Die Auszahlung von 50 000 € am 9.5.2025 führt zum Zufluss von Arbeitslohn, der als Arbeitslohn für mehrere Jahre nach der „Fünftelregelung“ ermäßigt besteuert wird (§ 34 Abs. 2 Nr. 4 EStG). Zum Wegfall der Berücksichtigung der Tarifermäßigung nach § 34 Abs. 1 EStG bei der Berechnung der Lohnsteuer → Rz. 714.

Beispiel 2:

Sachverhalt wie Beispiel 1, allerdings lässt sich Arbeitnehmer B am 9.5.2025 einen Betrag von 10 000 € auszahlen, weil seine Tochter heiratet.

Das Zeitwertkonten-Modell kann steuerlich anerkannt werden, da es nur für den Fall einer lebensbedrohenden Erkrankung eine vorzeitige Auszahlung des Guthabens vorsieht. Die planwidrige Auszahlung von 10 000 € führt dazu, dass das gesamte Guthaben von 100 000 € am 9.5.2025 lohnsteuerlich als zugeflossen gilt. Arbeitnehmer B hat also 100 000 € lohnzuversteuern. Da es sich um Arbeitslohn für mehrere Jahre handelt, kommt die „Fünftelregelung“ in Betracht.

bb) Beendigung des Dienstverhältnisses vor oder während der Freistellungsphase

Eine **planwidrige Verwendung** liegt im Übrigen vor, wenn das Dienstverhältnis **vor Beginn** oder während **der Freistellungsphase beendet** wird (z.B. durch Erreichen der Altersgrenze, Tod des Arbeitnehmers, Eintritt der Invalidität, Kündigung) und der Wert des Guthabens an den Arbeitnehmer oder seine Erben **ausgezahlt** wird. 751

Lohnsteuerlich gelten dann die allgemeinen Grundsätze, d.h. der Einmalbetrag ist i.d.R. **als sonstiger Bezug** zu besteuern. Wurde das Guthaben über einen Zeitraum von mehr als zwölf Monate hinweg angespart, kommt eine tarifermäßigte Besteuerung nach § 34 Abs. 2 Nr. 4 EStG in Betracht (→ *Arbeitslohn für mehrere Jahre* Rz. 712).

Beispiel:

Arbeitgeber A hat mit seinen Arbeitnehmern vor Jahren eine Betriebsvereinbarung über die Bildung von Zeitwertkonten abgeschlossen. Arbeitnehmer B verstirbt am 8.3.2025. A zahlt das Guthaben von 100 000 € im April 2025 an die Witwe aus.

Die Witwe hat im April 2025 das ausgezahlte Wertguthaben von 100 000 € als sonstigen Bezug zu versteuern; da es sich um Arbeitslohn für mehrere Jahre handelt, kommt die „Fünftelregelung" in Betracht. Zum Wegfall der Berücksichtigung der Tarifermäßigung nach § 34 Abs. 1 EStG bei der Berechnung der Lohnsteuer → Rz. 714.

Wurde das Zeitwertkontoguthaben während einer **Tätigkeit im Ausland angespart**, ist unabhängig vom Zeitpunkt der Auszahlung ein ggf. vorhandenes DBA zu beachten. Dabei stellt die Auszahlung des Guthabens keine Abfindung dar, sondern laufenden Arbeitslohn (FG Köln v. 11.9.2008, 10 K 1133/05, EFG 2009, 29).

cc) Planwidrige Weiterbeschäftigung

752 Der **Nichteintritt oder die Verkürzung der Freistellung** durch planwidrige Weiterbeschäftigung ist ebenfalls eine **planwidrige Verwendung**. Eine lohnsteuerliche Erfassung erfolgt in diesen Fällen im Zeitpunkt der Auszahlung des Guthabens.

Beispiel:

Arbeitgeber A hat mit seinen Arbeitnehmern vor Jahren eine Betriebsvereinbarung über die Bildung von Zeitwertkonten abgeschlossen. Für Arbeitnehmer B hätte am 1.4.2024 die Freistellungsphase begonnen. Auf Grund finanzieller Schwierigkeiten bittet B seinen Arbeitgeber, noch zwei Jahre länger arbeiten zu dürfen und ihm dann das Guthaben in einer Summe auszuzahlen.

Die Weiterbeschäftigung ist eine planwidrige Verwendung. Das Guthaben ist aber erst bei Auszahlung lohnzuversteuern, also erst im Jahr 2026. Da es sich um Arbeitslohn für mehrere Jahre handelt, kommt die „Fünftelregelung" in Betracht. Zum Wegfall der Berücksichtigung der Tarifermäßigung nach § 34 Abs. 1 EStG bei der Berechnung der Lohnsteuer → Rz. 714.

d) Übertragung des Zeitwertkontenguthabens bei Beendigung der Beschäftigung

753 Bei Beendigung einer Beschäftigung besteht die Möglichkeit, ein in diesem Beschäftigungsverhältnis aufgebautes **Zeitwertkonto zu erhalten** und nicht auflösen zu müssen.

Bei der **Übertragung des Guthabens an den neuen Arbeitgeber** (§ 7f Abs. 1 Satz 1 Nr. 1 SGB IV) tritt der neue Arbeitgeber an die Stelle des alten Arbeitgebers und übernimmt **im Wege der Schuldübernahme** die Verpflichtungen aus der Zeitwertkontenvereinbarung. Die Leistungen aus dem Zeitwertkonto durch den neuen Arbeitgeber sind Arbeitslohn, von dem er **bei Auszahlung Lohnsteuer einzubehalten** hat.

Im Fall der **Übertragung des Guthabens auf die Deutsche Rentenversicherung Bund** (§ 7f Abs. 1 Satz 1 Nr. 2 SGB IV) wird die **Übertragung durch** § 3 Nr. 53 EStG **steuerfrei gestellt**. Ein tatsächlich noch bestehendes Beschäftigungsverhältnis ist hierfür nicht erforderlich. Bei der Auszahlung des Guthabens durch die Deutsche Rentenversicherung Bund handelt es sich um Arbeitslohn, für den die **Deutsche Rentenversicherung Bund Lohnsteuer einzubehalten** hat (§ 38 Abs. 3 Satz 3 EStG).

Voraussetzung für die Übertragung des Guthabens auf die Deutsche Rentenversicherung Bund ist, dass das Wertguthaben höher ist als das Sechsfache der monatlichen Bezugsgröße (§ 7f Abs. 1 Satz 1 Nr. 2 SGB IV). Im Jahr 2026 beträgt dieser Wert 23 730 €. Eine Rückübertragung ist im Übrigen ausgeschlossen.

e) Rechtsprechung

754 Fragen zu Zeitwertkonten beschäftigen zunehmend die Finanzgerichte. Hier eine **Übersicht** zu aktuellen Urteilen:

- Bei außerplanmäßiger Vollauszahlung (sog. **„Störfall"**) des gesamten angesparten Zeitwertguthabens eines Arbeitnehmers liegt **laufender Arbeitslohn** vor. Die **Auszahlung eines Zeitwertguthabens** stellt **keine Abfindung** dar. Wurde das Zeitwertguthaben während einer Tätigkeit im Ausland angespart, ist, unabhängig vom Zeitpunkt der Auszahlung, ein ggf. vorhandenes DBA zu beachten (FG Köln v. 11.9.2008, 10 K 1133/05, EFG 2009, 29).
- Vereinbarungen zwischen Arbeitnehmer und Arbeitgeber, bei denen die **Möglichkeit des Totalverlustes** des auf einem Arbeitszeitkonto gutgeschriebenen Arbeitslohns besteht und ein **Kapitalanlagewahlrecht des Arbeitnehmers** vorgesehen ist, führen bei Einstellung des Wertguthabens auf dem Zeitwertkonto zum **Zufluss von Arbeitslohn** (FG Münster v. 24.3.2011, 8 K 3696/10 E, EFG 2011, 1712).
- Eine Vereinbarung, in welcher i.R. eines sog. Arbeitszeitkontos oder Zeitwertkontos auf die unmittelbare Entlohnung zu Gunsten von späterer (vergüteter) Freizeit verzichtet wird, **verträgt sich nicht mit dem Aufgabenbild des Gesellschafter-Geschäftsführers** einer GmbH. Dies gilt auch, wenn die Gutschrift während der Ansparphase nicht in Zeiteinheiten, sondern in Form eines Wertguthabens erfolgt. Die für Wertguthaben auf einem Zeitwertkonto einkommensmindernd gebildeten Rückstellungen führen bei der GmbH zu einer verdeckten Gewinnausschüttung (BFH v. 11.11.2015, I R 26/15, BStBl II 2016, 489).
- Wertgutschriften auf dem Zeitwertkonto eines **GmbH-Minderheits-Gesellschafter-Geschäftsführers** führen **nicht zum Zufluss von Arbeitslohn**, wenn der Geschäftsführer über die Beiträge erst in der Freistellungsphase wirtschaftlich verfügen kann (FG Berlin-Brandenburg v. 14.11.2017, 9 K 9235/15, EFG 2018, 190).
- **Gutschriften auf einem Wertguthabenkonto** zur Finanzierung eines vorzeitigen Ruhestands sind **kein gegenwärtig zufließender Arbeitslohn**. Dies gilt auch für Gutschriften auf dem Wertguthabenkonto eines **Fremd-Geschäftsführers** einer GmbH (BFH v. 22.2.2018, VI R 17/16, BStBl II 2019, 496).
- Wertgutschriften auf dem Zeitwertkonto eines **GmbH-Fremdgeschäftsführers** führen **nicht zum Zufluss von Arbeitslohn**, wenn der Geschäftsführer über die Beträge erst in der Freistellungsphase wirtschaftlich verfügen kann. Eine wirtschaftliche Verfügungsmacht ist nicht gegeben, wenn die Beiträge in eine vom Arbeitgeber abgeschlossene Rückdeckungsversicherung eingezahlt werden und der Geschäftsführer eine Auszahlung vor Beginn der Freistellungsphase nur durch Beantragung beim Arbeitgeber und nach dessen Abruf bei der Versicherung erreichen kann. Die Verpfändung der Ansprüche aus der Rückdeckungsversicherung zu Gunsten des Geschäftsführers ist insoweit unschädlich (BFH v. 4.9.2019, VI R 39/17, HFR 2020, 97).
- Schließen Ehegatten im Rahmen eines Arbeitsverhältnisses zusätzlich eine **Wertguthabenvereinbarung i.S.d. SGB IV** ab, muss für diese – gesondert – ein **Fremdvergleich** erfolgen. I.R. der Gesamtwürdigung ist wesentliches Indiz, ob die Vertragschancen und -risiken fremdüblich verteilt sind. Eine einseitige Verteilung zu Lasten des Arbeitgeber-Ehegatten ist i.d.R. anzunehmen, wenn der Arbeitnehmer-Ehegatte unbegrenzt Wertguthaben ansparen sowie Dauer, Zeitpunkt und Häufigkeit der Freistellungsphasen nahezu beliebig wählen kann (BFH v. 28.10.2020, X R 1/19, BStBl II 2021, 283).
- Abfindungen (hier: Entlassungsentschädigung) fließen dem Arbeitnehmer auch dann nicht zu, wenn die Vereinbarung über die Zuführung zu einem Wertguthaben des Arbeitnehmers oder die vereinbarungsgemäße Übertragung des Wertguthabens auf die DRV Bund sozialversicherungsrechtlich unwirksam sein sollten, soweit alle Beteiligten das wirtschaftliche Ergebnis gleichwohl eintreten und bestehen lassen (BFH v. 3.5.2023, IX R 25/21, BStBl II 2023, 978).

  Sozialversicherungsrechtlich gehören in ein Wertguthaben eingebrachte Einmalzahlungen auf Grund einer Vereinbarung aus Anlass der vorzeitigen Beendigung der Beschäftigung, ohne dass sich bis zum Ende der Beschäftigung eine Freistellung von der Arbeitsleistung beim Arbeitgeber anschließt, ebenso wie Entlassungsentschädigungen nicht zum Arbeitsentgelt i.S.d. § 14 Abs. 1 Satz 1 SGB IV. Dementsprechend können sie auch nicht wirksam zum Aufbau eines Wertguthabens i.S.d. § 7b SGB IV verwendet werden (Besprechung des GKV-Spitzenverbandes vom 23.11.2023, Top 3).
- Eine fehlende Insolvenzsicherung und das damit einhergehende Risiko des (Wert-)Verlustes eines vom Arbeitgeber nicht erfüllten Lohnanspruchs führt nicht zum Zufluss von Arbeitslohn (BFH v. 28.6.2023, VI R 28/21). Der Streitfall wies die Besonderheit auf, dass der Arbeitgeber mit den betroffenen Arbeitnehmern vereinbart hatte, dass Prämien und Weihnachtsgeld noch nicht ausbezahlt wurden und in einem **noch einzurichtenden Zeit-**

wertkonten gutgeschrieben werden sollten. Der BFH brauchte im Streitfall daher nicht darüber zu entscheiden, ob er sich der im BMF-Schreiben v. 17.6.2009, IV C 5 – S 2332/07/0004, BStBl I 2009, 1286 vertretenen Auffassung anschließt, dass bei fehlender Zeitwertkontengarantie ein Lohnzufluss anzunehmen ist. Eine Fallgestaltung, wie sie im Streitfall vorlag, kann nämlich von vornherein im BMF-Schreiben v. 17.6.2009, IV C 5 – S 2332/07/0004, BStBl I 2009, 1286 nicht angesprochen sein, denn es ist denklogisch ausgeschlossen, dass eine erst zu vereinbarende, aber nicht abgeschlossene Wertguthabenvereinbarung bereits eine Zeitwertkontengarantie beinhaltet.

4. Sozialversicherung

755 Die Sozialversicherungspflicht Beschäftigter ist grds. davon abhängig, dass eine Beschäftigung gegen Arbeitsentgelt ausgeübt wird (§ 2 Abs. 2 SGB IV). Durch die Vielzahl verschiedener Arbeitszeitmodelle kann es Phasen geben, in der Beschäftigte, ohne dass sie Arbeit leisten, Arbeitsentgelt erhalten, das vor oder nach der Freistellungsphase erzielt wird. Erfüllt eine schriftlich abgeschlossene Vereinbarung bestimmte Voraussetzungen, besteht auch in den Freistellungsphasen Sozialversicherungspflicht. Außerdem wird bei derartigen Vereinbarungen die Beitragsfälligkeit auf den Auszahlungszeitpunkt des bereits erarbeiteten Arbeitsentgelts hinausgeschoben. Die notwendigen Voraussetzungen sind seit dem 1.1.2009 in dem Gesetz zur Verbesserung der Rahmenbedingungen für die Absicherung flexibler Arbeitszeitregelungen und zur Änderung anderer Gesetze v. 21.12.2008 (BGBl. I 2008, 2940) – allgemein als Flexi II-Gesetz bezeichnet – geregelt.

a) Versicherungsrecht

756 Bei der sozialversicherungsrechtlichen Beurteilung ist zu unterscheiden, ob die Freistellung von der Arbeitsleistung auf Grund

- einer sonstigen flexiblen Arbeitszeitregelung zur flexiblen Gestaltung der werktäglichen oder wöchentlichen Arbeitszeit oder zum Ausgleich betrieblicher Produktions- und Arbeitszyklen oder
- einer Wertguthabenvereinbarung, die den Aufbau von Wertguthaben durch Verzicht auf erarbeitetes Arbeitsentgelt vorsieht,

erfolgt.

Bei einer bezahlten Freistellung i.R. sonstiger flexibler Arbeitszeitregelungen kann eine Sozialversicherungspflicht nicht über drei Monate hinaus bestehen bleiben. Bei längeren Freistellungen endet das sozialversicherungsrechtliche Beschäftigungsverhältnis nach drei Monaten. Dem steht die Rechtsprechung des BSG (Urteile v. 24.9.2008, B 12 KR 22/07 und B 12 KR 27/07) zum Fortbestand einer versicherungspflichtigen Beschäftigung in Zeiten der einvernehmlichen und unwiderruflichen Freistellung von der Arbeitsleistung nicht entgegen. Über den Drei-Monats-Zeitraum hinaus gezahltes, aus Arbeitszeitguthaben abgeleitetes Arbeitsentgelt ist beitragsrechtlich wie einmalig gezahltes Arbeitsentgelt zu behandeln und dem letzten Entgeltabrechnungszeitraum zuzuordnen.

Damit Sozialversicherungspflicht in den Fällen der Freistellung entsprechend § 7 Abs. 1a SGB IV bestehen kann, muss eine Wertguthabenvereinbarung schriftlich abgeschlossen werden. Wertguthabenvereinbarungen liegen also nur dann vor, wenn auch tatsächlich ein Wertguthaben als Arbeitsentgeltguthaben aufgebaut und nicht lediglich die flexible Gestaltung der werktäglichen oder wöchentlichen Arbeitszeit oder der Ausgleich betrieblicher Produktions- und Arbeitszyklen ermöglicht werden soll.

Eine Beschäftigung gegen Arbeitsentgelt besteht hiernach in Zeiten der Freistellung von der Arbeitsleistung von mehr als drei Monaten, wenn

- während der Freistellung Arbeitsentgelt aus einem Wertguthaben auf Grund einer Wertguthabenvereinbarung fällig ist und
- das monatlich fällige Arbeitsentgelt in der Zeit der Freistellung nicht unangemessen von dem für die vorausgegangenen zwölf Kalendermonate abweicht, in denen Arbeitsentgelt bezogen wurde.

Die Beschäftigung besteht während der Freistellungsphase auch dann, wenn sie danach nicht mehr fortgesetzt wird.

Eine Wertguthabenvereinbarung liegt vor, wenn

- der Aufbau des Wertguthabens auf Grund schriftlicher Vereinbarung erfolgt;
- die Vereinbarung nicht das Ziel der flexiblen Gestaltung der werktäglichen oder wöchentlichen Arbeitszeit oder den Ausgleich betrieblicher Produktions- und Arbeitszyklen verfolgt;
- Arbeitsentgelt in das Wertguthaben eingebracht wird, um es für Zeiten der Freistellung von der Arbeitsleistung oder der Verringerung der vertraglich vereinbarten Arbeitszeit zu entnehmen;
- das aus dem Wertguthaben fällige Arbeitsentgelt mit einer vor oder nach der Freistellung von der Arbeitsleistung oder der Verringerung der vertraglich vereinbarten Arbeitszeit erbrachten Arbeitsleistung erzielt wird und
- das fällige Arbeitsentgelt insgesamt die Geringfügigkeitsgrenze (→ *Mini-Jobs* Rz. 3166) übersteigt, es sei denn, die Beschäftigung wurde vor der Freistellung als geringfügige Beschäftigung ausgeübt.

Arbeitszeitregelungen wie Gleitzeitvereinbarungen werden nicht von den besonderen Regelungen für Wertguthabenvereinbarungen (z.B. über die Führung, Verwendung und den Insolvenzschutz von Wertguthaben) erfasst. Bei diesen Arbeitszeitvereinbarungen soll nicht – wie bei Wertguthabenvereinbarungen – die vollständige oder teilweise Freistellung von der Arbeitsleistung, sondern lediglich die Flexibilisierung von Beginn und Ende der werktäglichen oder wöchentlichen Arbeitszeit ermöglicht werden.

Zu den sozialversicherungsrechtlichen Auswirkungen einer Wertguthabenvereinbarung i.R. der Familienpflegezeit wird auf die Ausführungen zu → *Pflegezeiten* Rz. 3449 verwiesen.

aa) Angemessenheit des Arbeitsentgelts

Ein versicherungsrechtliches Beschäftigungsverhältnis bleibt nur dann erhalten, wenn das monatliche Arbeitsentgelt in der Freistellungsphase nicht unangemessen von dem Arbeitsentgelt, das in den der Freistellungsphase vorangegangenen zwölf Monaten erzielt wurde, abweicht. 757

Das Arbeitsentgelt gilt dann noch als angemessen, wenn es im Monat mindestens 70 % und maximal 130 % des bisherigen Arbeitsentgelts beträgt. Eine Über- bzw. Unterschreitung dieser Grenzwerte ist ohne Belang, sofern diese auf Änderungen von Beitragssätzen und/oder Beitragsbemessungsgrenzen zurückzuführen sind.

bb) Geringfügig entlohnte Beschäftigungen

Wertguthabenvereinbarungen sind auch in geringfügig entlohnten 758
Beschäftigungsverhältnissen möglich. In diesen Fällen darf für Zeiten der Freistellung von der Arbeitsleistung das Arbeitsentgelt ebenfalls nicht unangemessen von dem Arbeitsentgelt in den vorangegangenen letzten zwölf Kalendermonaten der geringfügig entlohnten Beschäftigung abweichen. Der Status der geringfügig entlohnten Beschäftigung ist jedoch während der Freistellung beizubehalten. In der Freistellung darf daher das Arbeitsentgelt ebenfalls regelmäßig die Geringfügigkeitsgrenze (→ *Mini-Jobs* Rz. 3166) monatlich nicht überschreiten. Die Begründung einer mehr als geringfügig entlohnten Beschäftigung in Zeiten der Freistellung von der Arbeitsleistung aus einem aus einer geringfügig entlohnten versicherungsfreien Beschäftigung aufgebauten Wertguthaben ist nicht möglich. Es bleibt sowohl in der Arbeitsphase als auch in der Freistellungsphase bei der Versicherungsfreiheit in der Kranken-, Pflege-, Renten- und Arbeitslosenversicherung (§ 8 Abs. 1 Nr. 1 SGB IV i.V.m. § 7 Abs. 1 SGB V, § 5 Abs. 2 Satz 1 Nr. 1 SGB VI, § 27 Abs. 2 SGB III). Bei der Übernahme von Wertguthaben aus geringfügig entlohnter Beschäftigung in eine mehr als geringfügig entlohnte Beschäftigung mit Wertguthabenbildung sind dementsprechend getrennte Wertguthaben mit getrennter Bildung der sog. SV-Luft (die Differenz zwischen dem jeweiligen beitragspflichtigen Arbeitsentgelt und der jeweiligen Beitragsbemessungsgrenze) zu führen, die eine differenzierte Entsparung für Zeiten der Freistellung bzw. der Verbeitragung im Störfall ermöglichen. Wurde in einer geringfügig entlohnten Beschäftigung auf die Rentenversicherungsfreiheit verzichtet, gilt der Verzicht auch in der Freistellung von der Arbeitsleistung weiter.

cc) Höherverdienende

Verringert sich das regelmäßige Jahresarbeitsentgelt auf Grund 759
einer Wertguthabenvereinbarung, so dass die maßgebende Jahresarbeitsentgeltgrenze nicht mehr überschritten wird, unterliegt der Arbeitnehmer von dem Tag an der Krankenversicherungs-

pflicht, von dem an feststeht, dass das regelmäßige Jahresarbeitsentgelt die Jahresarbeitsentgeltgrenze nicht mehr übersteigt. Unter den Voraussetzungen des § 8 Abs. 1 Nr. 3 SGB V besteht allerdings die Möglichkeit der Befreiung von der Krankenversicherungspflicht. Eine Besonderheit gilt nach § 6 Abs. 3a SGB V für Personen, die zum Zeitpunkt der Verringerung des Arbeitsentgelts und somit beim Eintritt der Krankenversicherungspflicht bereits das 55. Lebensjahr vollendet haben. Waren diese Personen in den letzten fünf Jahren vor dem Eintritt der Versicherungspflicht nicht in der gesetzlichen Krankenversicherung versichert und waren sie mindestens die Hälfte dieses Zeitraums krankenversicherungsfrei, von der Krankenversicherungspflicht befreit oder als hauptberuflich Selbständige nicht krankenversicherungspflichtig, tritt Krankenversicherungspflicht nicht ein.

dd) Freistellung bei Beschäftigungsbeginn

760 Ein **Beschäftigungsverhältnis** kann nach § 7 Abs. 1a Satz 2 SGB IV auch mit einer Freistellungsphase beginnen. In diesem Fall darf die Höhe des für die Freistellungsphase gezahlten Arbeitsentgelts nicht unangemessen von der Höhe des Arbeitsentgelts in der späteren Arbeitsphase abweichen. Dem steht nicht entgegen, dass die Arbeitsleistung, mit der das Arbeitsentgelt später erzielt werden soll, wegen einer im Zeitpunkt der Vereinbarung nicht vorhersehbaren vorzeitigen Beendigung des Arbeitsverhältnisses nicht mehr erbracht werden kann (§ 7 Abs. 1a Satz 3 SGB IV).

ee) Übertragung von Wertguthaben auf Dritte

761 Die vorstehenden Ausführungen gelten nach § 7 Abs. 1a Satz 5 SGB IV nicht für Personen, auf die Wertguthaben lediglich übertragen werden. Dadurch wird ausgeschlossen, dass Dritte durch **Erwerb von Wertguthaben**, die ein anderer Beschäftigter durch Arbeitsleistung angesammelt hat, einen sozialversicherungsrechtlichen Schutz ohne Arbeitsleistung begründen können. Bei demjenigen Arbeitnehmer, der das Wertguthaben erarbeitet hat, wird mit der Übertragung des Wertguthabens auf einen Dritten der übertragende Teil des Wertguthabens beitragspflichtig (§ 23b Abs. 4 SGB IV).

b) Beitragsrecht

762 Grundlage für die Beitragsberechnung ist das in dem jeweiligen Abrechnungszeitraum erzielte Arbeitsentgelt, das um den auf Grund der Vereinbarung nach § 7 Abs. 1a SGB IV als Wertguthaben verwendeten Teil zu vermindern ist.

Das für die Freistellungsphase vereinbarungsgemäß gezahlte Arbeitsentgelt ist ebenfalls eine beitragspflichtige Einnahme (§ 23b Abs. 1 SGB IV) und insoweit Grundlage für die Beitragsberechnung.

Soweit reine Arbeitszeitregelungen nicht von den besonderen Vorschriften für Wertguthabenvereinbarungen erfasst werden, findet auch nicht die Regelung über die hinausgeschobene Fälligkeit der Beiträge für erarbeitetes, jedoch ins Wertguthaben eingestellte Arbeitsentgelt Anwendung. Bei Ansprüchen auf ein festes Monatsentgelt bei flexibilisierter Arbeitszeit ist dies unproblematisch. Um jedoch bei Ansprüchen auf einen Stundenlohn flexible Arbeitszeitregelungen auch ohne Wertguthabenbildung zu ermöglichen, wurde für diese Fälle das Zuflussprinzip eingeführt. Hiernach werden Sozialversicherungsbeiträge aus einem Arbeitsentgelt, das aus – aus Arbeitszeitguthaben abgeleiteten – Entgeltguthaben errechnet wird, erst bei Auszahlung des Arbeitsentgelts fällig. **Die Übergangsbereichsregelung für die Berechnung der Gesamtsozialversicherungsbeiträge für den Niedriglohnbereich gilt nicht in den Fällen** der Altersteilzeit bzw. **bei flexiblen Arbeitszeitmodellen,** in denen das reduzierte Arbeitsentgelt in den Übergangsbereich (→ *Übergangsbereich in der Sozialversicherung* Rz. 4137) fällt.

aa) Einmalig gezahltes Arbeitsentgelt

763 Das angesparte und in der Freistellungsphase fällige Wertguthaben stellt ausnahmslos beitragspflichtiges laufendes Arbeitsentgelt dar; dies gilt insbesondere auch für angespartes einmalig gezahltes Arbeitsentgelt. Werden während der Freistellungsphase zusätzliche Beträge des Wertguthabens als Einmalzahlung (z.B. als Weihnachtsgeld u.Ä.) verwendet, ist § 23a SGB IV entsprechend anzuwenden. Voraussetzung ist jedoch, dass die Höhe der Einmalzahlung die Höhe der während einer Arbeitsphase zu zahlenden Einmalzahlung nicht übersteigt. Übersteigt die in der Freistellungsphase gezahlte Einmalzahlung die Höhe der in einer Arbeitsphase zu zahlenden Einmalzahlung, ist diese Verwendung des Wertguthabens insoweit als Teilauszahlung nicht für eine Zeit der Freistellung zu werten. Diese Einmalzahlung stellt dann insoweit einen Störfall dar mit der Folge der besonderen Beitragsberechnung.

bb) Fälligkeit

Grundsätzlich ist die Fälligkeit der Sozialversicherungsbeiträge an 764
die geleistete Arbeit gebunden. Für die i.R. einer Vereinbarung nach § 7 Abs. 1a SGB IV gebildeten Wertguthaben wird die Fälligkeit der Sozialversicherungsbeiträge auf die Freistellungszeiträume verschoben. Für die Fälle, in denen das i.R. einer flexiblen Arbeitszeitregelung gebildete Wertguthaben nicht entsprechend der getroffenen Vereinbarung für eine Freistellung von der Arbeitsleistung verwendet wird (**Störfälle**), wird ein besonderes Verfahren für die Berechnung und Zuordnung der Sozialversicherungsbeiträge sowie für das Meldeverfahren bestimmt.

cc) Beitragssatz in der Krankenversicherung

Während der Freistellungsphase besteht grds. ein Anspruch auf 765
Krankengeld. Der Anspruch ruht jedoch in dieser Zeit (§ 49 Abs. 1 Nr. 6 SGB V). Die Beiträge zur Krankenversicherung richten sich in den Fällen, in denen nach der Freistellungsphase die Beschäftigung wieder aufgenommen wird (z.B. Freistellung während einer Pflege- oder Elternzeit), nach dem allgemeinen Beitragssatz, weil der Beschäftigte nur vorübergehend den Krankengeldanspruch nicht realisieren kann. Wird nach der Freistellungsphase die Beschäftigung nicht wieder aufgenommen (z.B. Freistellung zur Verkürzung der Lebensarbeitszeit unmittelbar vor der Rente), sind Beiträge nach dem ermäßigten Beitragssatz zu berechnen, weil der Beschäftigte vom Zeitpunkt der Freistellung an dauerhaft den Krankengeldanspruch nicht realisieren kann.

dd) Störfall

Fälle, in denen das Wertguthaben nicht wie vereinbart für eine Zeit 766
der Freistellung verwendet wird (Störfälle), können insbesondere sein

- Beendigung des Beschäftigungsverhältnisses, z.B. durch Kündigung; dies gilt nicht, wenn das Wertguthaben zu einem neuen Arbeitgeber mitgenommen oder von der Möglichkeit zur Übertragung des Wertguthabens auf die Deutsche Rentenversicherung Bund Gebrauch gemacht wird,
- Beendigung des Beschäftigungsverhältnisses wegen Zubilligung einer Rente wegen Erwerbsminderung ohne Wiedereinstellungsgarantie,
- vollständige oder teilweise Auszahlung des Wertguthabens nicht für Zeiten einer Freistellung,
- Übertragung von Wertguthaben auf andere Personen,
- Verwendung des Wertguthabens für Zwecke der betrieblichen Altersversorgung aus Wertguthabenvereinbarungen, die nach dem 13.11.2008 geschlossen wurden,
- Verwendung des Wertguthabens für Zwecke der betrieblichen Altersversorgung aus Wertguthabenvereinbarungen, die nach dem 31.12.2000 und vor dem 14.11.2008 geschlossen waren und keine diesbezügliche Regelung enthielten,
- Tod des Arbeitnehmers.

Stellt der Rentenversicherungsträger i.R. einer Betriebsprüfung fest, dass die Insolvenzsicherungspflicht des Wertguthabens nicht beachtet wurde, wird der Arbeitgeber zur Zahlung der im Wertguthaben enthaltenen und im Störfall zu leistenden Gesamtsozialversicherungsbeiträge aufgefordert. Die Beitragsforderung kann abgewendet werden, wenn der Arbeitgeber die notwendige Insolvenzsicherung innerhalb von zwei Monaten nachweist.

Für den Fall, dass das Wertguthaben nicht wie vereinbart für eine laufende Freistellung von der Arbeit verwendet wird (**Störfall**), sieht § 23b Abs. 2 SGB IV ein besonderes Beitragsberechnungsverfahren vor. Näheres zu dieser speziellen Beitragsberechnung kann dem Gemeinsamen Rundschreiben der Spitzenverbände der Sozialversicherungsträger vom 31.3.2009 entnommen werden.

Die Gesamtvergütung von auf Arbeitszeitkonten angesparten Überstunden, die nicht auf einer Wertguthabenvereinbarung beruht, wird bei der Beitragsbemessung wie eine Einmalzahlung behandelt und unterliegt nicht der monatlichen, sondern der anteiligen Beitragsbemessungsgrenze (BSG v. 10.12.2019, B 12 R 9/18 R).

Für die Berechnung der Beiträge im Störfall sind nach § 23b Abs. 2 Satz 4 SGB IV die im Zeitpunkt der Fälligkeit der Beiträge **jeweils geltenden Beitragssätze** maßgebend. Diese Beiträge werden mit den Beiträgen der Entgeltabrechnung des Kalendermonats **fällig**, der auf den Monat folgt, in dem der Störfall eingetreten ist bzw. bei Zahlungsunfähigkeit des Arbeitgebers die Mittel für die Beitragszahlung verfügbar sind.

Sind vom Wertguthaben Beiträge zu einem Versicherungszweig zu zahlen, zu dem im Zeitpunkt des Störfalls oder der Fälligkeit der Beiträge keine Versicherungspflicht besteht, ist gleichwohl der **aktuelle Beitragssatz** dieses Versicherungszweiges anzuwenden.

Gilt zum Zeitpunkt des Eintritts eines Störfalls und der Auszahlung des Wertguthabens ein **anderer Beitragssatz** als zum Zeitpunkt der Fälligkeit der Beiträge, sind die Beiträge aus dem Wertguthaben nach einem anderen Beitragssatz zu ermitteln als die Beiträge aus dem Arbeitsentgelt des Abrechnungszeitraumes, in dem der Störfall eintrat. Um Probleme in der Entgeltabrechnung durch die Anwendung von zwei Beitragssätzen in einem Abrechnungszeitraum zu vermeiden, kann der Beitragssatz für die Berechnung der Beiträge nach § 23b Abs. 2 SGB IV angewendet werden, der im Abrechnungszeitraum, in dem das Wertguthaben ausgezahlt wurde, galt. Die Beiträge sind mit dem Beitragsnachweis dieses Abrechnungszeitraums nachzuweisen.

Die Krankenkasse, der der Versicherte im Zeitpunkt des Störfalls angehört, erhält die Krankenversicherungsbeiträge aus dem Wertguthaben. Dabei ist es unerheblich, ob im gesamten Zeitraum, auf den das Wertguthaben rückwirkend zu verteilen ist, eine Mitgliedschaft bei dieser Krankenkasse bestanden hat. Auch ist es unerheblich, in welcher Höhe für diesen Zeitraum bereits in der Vergangenheit – ohne das Wertguthaben – tatsächlich Beiträge zur Krankenversicherung entrichtet wurden.

Gehört der Arbeitnehmer zum Zeitpunkt des Störfalls oder der Fälligkeit der Beiträge keiner Krankenkasse an, umfasst das Wertguthaben aber auch einen zur Krankenversicherung beitragspflichtigen Teil, so ist der Beitragssatz der Krankenkasse anzuwenden, die im Zeitpunkt des Störfalls als Einzugsstelle die Beiträge zur Renten- oder Arbeitslosenversicherung annimmt.

Sind vom Wertguthaben **Beiträge zur Rentenversicherung** zu zahlen und besteht zum Zeitpunkt des Störfalls oder der Fälligkeit der Beiträge keine Rentenversicherungspflicht, sind die Beiträge zu dem Rentenversicherungszweig zu zahlen, dem der Arbeitnehmer zuletzt angehörte. Wird der Arbeitgeber insolvent, stellt das Wertguthaben nach § 23b Abs. 2 Satz 7 SGB IV nur insoweit beitragspflichtiges Arbeitsentgelt dar, als hiervon Beiträge entrichtet werden. Nach § 23b Abs. 2 Satz 8 SGB IV werden die Beiträge mit den Beiträgen des Monats fällig, der dem Monat folgt, in dem die Mittel für die Beitragszahlung zur Verfügung stehen. Jeweils dann, wenn Mittel für die Beitragszahlung zur Verfügung stehen, tritt ein Störfall mit der besonderen Beitragsberechnung ein. Für jeden dieser Störfälle gilt ein besonderer Fälligkeitstag.

ee) Besonderheiten in der Unfallversicherung

767 Nach § 23b Abs. 1 Satz 1 SGB IV ist bei Vereinbarungen nach § 7b SGB IV (Wertguthabenvereinbarungen) für Zeiten der tatsächlichen Arbeitsleistung und für Zeiten der Inanspruchnahme des Wertguthabens das in dem jeweiligen Zeitraum fällige Arbeitsentgelt als Arbeitsentgelt i.S. der Fälligkeitsregelung für Sozialversicherungsbeiträge (§ 23 Abs. 1 SGB IV) maßgebend. Die Regelung des § 23b SGB IV zur Fälligkeit von beitragspflichtigem Arbeitsentgelt bei flexiblen Arbeitszeitregelungen findet in der Unfallversicherung keine Anwendung. Für die Ermittlung der Unfallversicherungsbeiträge ist das laufende Arbeitsentgelt stets nach dem Entstehungsprinzip (§ 22 Abs. 1 Satz 1 SGB IV) heranzuziehen. Das bedeutet, dass in der Unfallversicherung – anders als in übrigen Sozialversicherungszweigen – in den Fällen der Inanspruchnahme eines Wertguthabens für gesetzlich geregelte oder vertragliche vereinbarte vollständige Freistellungen Unfallversicherungsbeiträge ausschließlich in der Ansparphase der flexiblen Arbeitszeitregelung erhoben werden. Diesem Ergebnis liegt der Gedanke zu Grunde, dass ein unfallversicherungsrechtlich relevantes Risiko in der Phase der vollständigen Freistellung nicht (mehr) besteht.

Die Deutsche Gesetzliche Unfallversicherung (DGUV) hat mitgeteilt, dass sie die Beitragspflicht von laufendem Arbeitsentgelt, das während der Freistellungsphase monatlich gezahlt und nicht aus dem Wertguthaben entnommen wird (z.B. vermögenswirksame Leistungen, Firmenwagen als geldwerter Vorteil, Jubiläumszahlungen), für gegeben hält. Zugleich ist die Möglichkeit ausgeschlossen, dass i.R. einer Sonderregelung auf Beiträge verzichtet werden kann. Das bedeutet, dass dieses Arbeitsentgelt auch dann in der Unfallversicherung zu verbeitragen und zu melden ist, wenn es sich im Einzelfall um geringe Beträge handelt.

Das der Beitragspflicht zur Unfallversicherung unterliegende laufende Arbeitsentgelt ist i.R. der Jahresmeldung zur Unfallversicherung anzugeben.

c) Melderecht

Werden Beiträge anlässlich des Eintritts eines Störfalls entrichtet, 768
ist das beitragspflichtige Arbeitsentgelt mit einer **besonderen Meldung** zu bescheinigen. Für die besondere Meldung gilt der **Grund der Abgabe 55**. Es sind jeweils der Personengruppenschlüssel und der Beitragsgruppenschlüssel anzugeben, die beim Versicherten zum Zeitpunkt des Störfalls zutreffen. Sind Beiträge zu einem Versicherungszweig zu entrichten, zu dem zum Zeitpunkt des Störfalls keine Versicherungspflicht besteht, ist der für den Versicherten **zuletzt** maßgebende Beitragsgruppenschlüssel anzugeben. Hiermit ist die letzte Pflichtbeitragsgruppe bezogen auf die einzelnen Versicherungszweige gemeint, zu denen Beiträge zu zahlen sind. Die Meldung hat das zur Rentenversicherung beitragspflichtige Arbeitsentgelt zu enthalten. Sind im Störfall keine Beiträge zur Rentenversicherung zu entrichten, weil der Arbeitnehmer z.B. im gesamten maßgebenden Zeitraum wegen der Zugehörigkeit zu einer berufsständischen Versorgungseinrichtung versicherungsfrei war, ist als Arbeitsentgelt „00000“ € zu melden.

Endet das Beschäftigungsverhältnis im Zusammenhang mit der Zuerkennung einer **Rente wegen verminderter Erwerbsfähigkeit**, gilt Folgendes:

- Wertguthaben, die bis zum Tag vor dem Eintritt der Erwerbsminderung erzielt wurden, sind nach § 28a Abs. 1 Nr. 19 SGB IV i.V.m. § 11a Abs. 1 DEÜV mit einer Sondermeldung (Abgabegrund: 55) unverzüglich zu melden. Als Meldezeitraum sind der Monat und das Jahr des Eintritts der Erwerbsminderung anzugeben.
- Das Wertguthaben, das seit Eintritt der Erwerbsminderung erzielt wurde, ist zusammen mit dem Arbeitsentgelt der erforderlichen Abmeldung wegen Ende der Beschäftigung zu melden. Hierdurch kann es vorkommen, dass die anteilige Beitragsbemessungsgrenze des Meldezeitraums überschritten wird. Es wird deshalb empfohlen, auch diesen Teil des Wertguthabens mit einer Sondermeldung zu melden. Als Meldezeitraum sind der Monat und das Jahr der nicht zweckentsprechenden Verwendung des Wertguthabens anzugeben. Ist seit dem Eintritt der Erwerbsminderung kein Wertguthaben erzielt worden, ist für diesen Zeitraum keine besondere Meldung abzugeben.

Nach § 28a Abs. 3 Nr. 4 Buchst. a SGB IV i.V.m. § 11a Abs. 1 DEÜV ist im Fall der Insolvenz des Arbeitgebers nur das Arbeitsentgelt gesondert zu melden, von dem tatsächlich Beiträge zur Rentenversicherung entrichtet wurden. Als Meldezeitraum sind nach § 28a Abs. 3 Nr. 4 Buchst. b SGB IV der Kalendermonat und das Jahr der Beitragszahlung anzugeben. Wurde aus Vereinfachungsgründen der Beitragssatz des Abrechnungszeitraumes angewandt, in dem das Wertguthaben ausgezahlt wurde, ist als Meldezeitraum der Monat und das Kalenderjahr des Abrechnungszeitraumes zu melden. Erfolgen mehrere Zahlungen, weil der Anspruch nur schrittweise erfüllt wurde, sind mehrere Meldungen mit den entsprechenden Meldezeiträumen zu erstatten.

Ergänzende Hinweise zur versicherungs- und beitragspflichtigen Beurteilung können dem Gemeinsamen Rundschreiben der Spitzenverbände der Sozialversicherungsträger v. 31.3.2009 entnommen werden.

Arbeitszimmer

auch → *Home-Office/Mobile-Office/Telearbeit* Rz. 2549, → *Werbungskosten* Rz. 4507

Inhalt

1. Arbeitsrecht

769 Anders als z.B. in den Niederlanden haben Arbeitnehmer in Deutschland gegenwärtig (noch) keinen gesetzlichen Anspruch auf die Einrichtung eines Home-Office.

Gem. § 106 GewO bestimmt der Arbeitgeber den Ort der Arbeit i.R. seines Weisungsrechts. Die Versetzung in das Home-Office ist davon aber nicht gedeckt (LAG Berlin-Brandenburg v. 14.11.2018, 17 Sa 562/18). Umgekehrt entsteht auch kein Anspruch des Arbeitnehmers, selbst dann nicht, wenn der Arbeitgeber den Arbeitnehmer anweist, „bis auf Weiteres" im Home-Office zu arbeiten und später diese Weisung aufhebt sowie die Versetzung des Arbeitnehmers in die Geschäftsstelle anordnet (LAG Köln v. 24.6.2010, 9 Ta 192/10). Der (dauerhafte) Einsatz im Home-Office bedarf folglich der Vereinbarung zwischen den Arbeitsvertragspartnern. Hierbei kommt vor allem den Themen Haftung, Zugangsrecht des Arbeitgebers, Datenschutz sowie Arbeitsschutzrecht erhebliche Bedeutung zu.

Die Nutzung eigener Räumlichkeiten (Home-Office) durch den Arbeitnehmer zur Erfüllung von Arbeitsaufgaben kann einen **Aufwendungsersatzanspruch des Arbeitnehmers** entsprechend § 670 BGB auslösen, wenn der Arbeitgeber ein im Verhältnis zum Arbeitnehmer ganz überwiegendes Interesse an der Nutzung eines häuslichen Arbeitszimmers hat. Dient das häusliche Arbeitszimmer dem Interesse des Arbeitnehmers durch Ersparnis von Wegezeit und Wegekosten sowie der freien Einteilung von Freizeit/Arbeitszeit, überwiegt das Interesse des Arbeitnehmers an der Nutzung. In diesem Fall kommt die Erstattung der Aufwendung nur durch eine entsprechende Vereinbarung zwischen Arbeitnehmer und Arbeitgeber in Betracht (BAG v. 12.4.2011, 9 AZR 14/10, HFR 2012, 215: Kein Ersatz von Aufwendungen für das häusliche Arbeitszimmer eines Lehrers).

2. Steuerrecht

a) Ersatzleistungen des Arbeitgebers als Arbeitslohn

770 Ersetzt der Arbeitgeber dem Arbeitnehmer die Kosten für ein **Arbeitszimmer** in dessen eigener oder gemieteter Wohnung, liegt grds. steuer- und beitragspflichtiger **Arbeitslohn** vor, weil es für diesen Werbungskostenersatz keine Steuerbefreiungsvorschrift gibt (R 19.3 Abs. 3 Satz 1 LStR). Das gilt auch, wenn ein Arbeitgeber einem Angestellten einen **pauschalen Bürokostenzuschuss** zahlt, weil dieser ein häusliches Arbeitszimmer benötigt. Auch wenn der Arbeitgeber dadurch Ausgaben für eigene Betriebsstätten erspart, erfolgen derartige Zahlungen nicht im überwiegend eigenbetrieblichen Interesse des Arbeitgebers; es handelt sich auch **nicht um steuerfreien Auslagenersatz** i.S.d. § 3 Nr. 50 EStG (BFH v. 8.3.2006, IX R 76/01, HFR 2006, 1081). Zur Abgrenzung gegenüber glaubwürdigen Mietverträgen → Rz. 810.

Eine **steuerfreie Ersatzmöglichkeit** haben lediglich **öffentlich-rechtliche Arbeitgeber**, welche die Steuerbefreiung nach § 3 Nr. 12 Satz 2 EStG anwenden können. Diese Steuerfreiheit ist jedoch auf die Höhe des möglichen Werbungskostenabzugs für das häusliche Arbeitszimmer begrenzt (BFH v. 13.6.2013, VI R 37/11, HFR 2013, 1089: Kürzung des Werbungskostenabzugs bei steuerfreiem Aufwendungsersatz für das häusliche Arbeitszimmer eines technischen Aufsichtsbeamten einer Berufsgenossenschaft).

Übernimmt der Arbeitgeber die dem Arbeitnehmer entstandenen Kosten der **Büroeinrichtung oder Arbeitsmittel** wie z.B. Telefon oder Kopierer usw., stellen diese Leistungen steuer- und beitragspflichtigen **Arbeitslohn** dar, weil es auch hierfür keine Steuerbefreiungsvorschrift gibt. Die Steuerbefreiung des § 3 Nr. 30 EStG i.V.m. R 3.30 LStR für die Überlassung von Werkzeugen findet keine Anwendung, weil solche Gegenstände **kein „Werkzeug"** sind (BFH v. 21.8.1995, VI R 30/95, BStBl II 1995, 906). Einzelheiten → *Home-Office/Mobile-Office/Telearbeit* Rz. 2549 sowie → *Werkzeuggeld* Rz. 4595. Besonderheiten gelten lediglich für die Überlassung oder auch Übereignung von **Computern** nebst Zubehör (→ *Computer* Rz. 1517). Allerdings stellt eine Erstattung beruflicher Telefonkosten des Arbeitnehmers grundsätzlich steuer- und sozialversicherungsfreien Auslagenersatz dar. Ein pauschaler Auslagenersatz ist zulässig, wenn mindestens für einen repräsentativen Zeitraum von drei Monaten Aufzeichnungen geführt werden. Diese Voraussetzung ist durch vorgelegte Rechnungen nur teilweise erfüllt, weil aus den Rechnungen der berufliche Nutzungsanteil nicht erkennbar ist.

Bei der Berechnung des **Mietwerts** einer vom Arbeitgeber zugewiesenen **Dienstwohnung** sind solche Räume **nicht einzubeziehen**, die dem Arbeitnehmer vom Arbeitgeber im **überwiegend eigenbetrieblichen Interesse als Büro oder Dienstzimmer zugewiesen** werden (z.B. OFD Frankfurt v. 23.6.2020, S 2334 A – 49 – St 210, betr. Lohn- und einkommensteuerliche Behandlung der Pfarrdienstwohnungen). Für ein solches überwiegend eigenbetriebliches Interesse kann z.B. die Möblierung des Büros durch den Arbeitgeber oder die gesonderte Erfassung der Energiekosten über gesonderte Energiezähler sprechen.

Erstattet der Arbeitgeber – ohne selbst Rechnungsempfänger zu sein – dem Arbeitnehmer die auf das dienstlich zugewiesene Zimmer entfallenden **Nebenkosten (Strom, Heizung), liegt steuerpflichtiger Arbeitslohn** vor; es bleibt dem Arbeitnehmer überlassen, die Aufwendungen als **Werbungskosten** – ggf. schon im Lohnsteuerermäßigungsverfahren – geltend zu machen. Entsprechendes gilt, wenn der Arbeitgeber dem Arbeitnehmer die Aufwendungen für ein Arbeitszimmer in der eigenen oder vom Arbeitnehmer angemieteten Wohnung ersetzt. Die Finanzverwaltung hat regelmäßig keine Bedenken, wenn dem Dienstnehmer die auf das Dienstzimmer entfallenden Kosten unter den Voraussetzungen des § 3 Nr. 12 Satz 2 EStG i.V.m. R 3.12 Abs. 3 Satz 3 LStR bis zu 250 € monatlich steuerfrei erstattet werden (→ *Aufwandsentschädigungen im öffentlichen Dienst* Rz. 865). Voraussetzung ist, dass die Zahlungen als Aufwandsentschädigungen gekennzeichnet sind. Ein Werbungskostenabzug scheidet insofern aus (OFD Münster v. 15.1.2013, S 2334 – 3 – St 22 – 31, NWB PAAAE-28104).

Zahlt der Arbeitgeber an Forstbedienstete im öffentlichen Dienst oder an Geistliche bzw. andere Mitarbeiter der öffentlich-rechtlichen Religionsgemeinschaften, die ebenfalls öffentliche Dienste leisten, **Amts- oder Dienstzimmerentschädigungen**, können diese unter den Voraussetzungen des § 3 Nr. 12 Satz 2 EStG i.V.m. R 3.12 Abs. 3 Satz 2 LStR **bis zur Höhe von 250 € monatlich steuerfrei** bleiben (→ *Aufwandsentschädigungen im öffentlichen Dienst* Rz. 865). Voraussetzung hierfür ist, dass die Zahlung deutlich als **„(Aufwands-)Entschädigung" gekennzeichnet** ist (OFD Düsseldorf v. 15.9.1997, S 2337 A – St 122).

b) Ertragsteuerliche Berücksichtigung, Rechtslage ab 2023

Die ertragsteuerliche Berücksichtigung der betrieblichen und beruflichen Betätigung in der häuslichen Wohnung nach § 4 Abs. 5 Satz 1 Nr. 6b und 6c, § 9 Abs. 5 und § 10 Abs. 1 Nr. 7 EStG wurde durch das **Jahressteuergesetz 2022 v. 16.12.2022** (JStG 2022 v. 16.12.2022, BGBl. I 2022, 2294 = BStBl I 2023, 7) ab dem **Kalenderjahr 2023** neu geregelt. Die Neuregelung ist für nach dem 771

31.12.2022 in der häuslichen Wohnung ausgeübte Tätigkeiten anzuwenden (§ 52 Abs. 6 Satz 12 EStG). Das BMF-Schreiben v. 6.10.2017, IV C 6 – S 2145/07/10002 :019, BStBl I 2017, 1320 und OFD Frankfurt v. 13.5.2020, S 2145 A – 16 – St 516 sind für die zuvor geltende Rechtslage weiterhin anzuwenden.

Mit Datum v. 15.8.2023 hat das BMF zu den Neuregelungen Stellung genommen (BMF v. 15.8.2023, IV C 6 – S 2145/19/10006 :027, BStBl I 2023, 1551). Erfreulicherweise wird mittels diesem Schreiben klargestellt, dass

- die Neuregelungen auf dem bisherigen Begriffsverständnis aufsetzen (entgegen dem ursprünglichen Entwurf des JStG 2022). Die Begriffe des häuslichen Arbeitszimmers sowie des Mittelpunktes der gesamten betrieblichen und beruflichen Betätigung entsprechen den früher geltenden Begriffen gemäß der zuvor geltenden Rechtslage. Die Begriffe werden insoweit unverändert auch in dem neuen Schreiben verwendet.
- neben den Arbeitsmitteln auch betrieblich oder beruflich veranlasste Aufwendungen für Telefon und Internet keine Aufwendungen für ein häusliches Arbeitszimmer darstellen und daher nicht im Rahmen der Jahrespauschale (→ Rz. 774) erfasst werden.

Dies erklärt, weshalb die Verweise auf das Abzugsverbot bzw. die Abzugsbegrenzung in § 4 Abs. 5 Satz 1 Nr. 6b und 6c EStG in § 9 Abs. 5 EStG und § 10 Abs. 1 Nr. 7 EStG beibehalten worden sind.

Einzelfragen zu den früheren Regelungen, insbesondere zur Abzugsbeschränkung, enthält z.B. BMF v. 6.10.2017, IV C 6 – S 2145/07/10002 :019, BStBl I 2017, 1320 und OFD Frankfurt v. 13.5.2020, S 2145 A – 16 – St 516.

Zu der seit 2020 eingeführten Home-Office-Pauschale s. → *Home-Office/Mobile-Office/Telearbeit* Rz. 2558.

c) Abzugsmöglichkeit für häusliche Arbeitszimmer

aa) Allgemeines, Neuregelung

772 Seit dem Kalenderjahr 2023 muss nur noch im „Mittelpunktfall" der Typusbegriff des häuslichen Arbeitszimmers erfüllt sein. Dann stehen entweder ein Abzug der tatsächlichen Aufwendungen oder ein pauschaler Abzug i.H.v. **1 260 €** zur Wahl.

Entfallen ist die Möglichkeit, Aufwendungen bis zu 1 250 € anzusetzen, falls **kein Mittelpunkt** der gesamten betrieblichen und beruflichen Betätigung vorhanden ist und für die betriebliche oder berufliche Tätigkeit kein anderer Arbeitsplatz zur Verfügung steht (§ 4 Abs. 5 Satz 1 Nr. 6b Satz 2 und 3 EStG alte Fassung [= alt]).

Die Möglichkeit, Aufwendungen i.H.v. 5 € je Kalendertag, höchstens 600 € im Wirtschafts- oder Kalenderjahr, anzusetzen (§ 4 Abs. 5 Satz 1 Nr. 6b Satz 4 EStG alt, Home-Office), ist ersetzt worden durch die Regelungen in § 4 Abs. 5 Satz 1 Nr. 6c EStG. Danach kann für jeden Kalendertag, an dem die betriebliche oder berufliche Tätigkeit überwiegend in der häuslichen Wohnung ausgeübt wird und keine außerhalb der häuslichen Wohnung belegene erste Tätigkeitsstätte aufgesucht wird, für die gesamte betriebliche und berufliche Betätigung ein Betrag von **6 € (Tagespauschale)**, höchstens **1 260 €** im Wirtschafts- oder Kalenderjahr, abgezogen werden; s. hierzu → *Home-Office/Mobile-Office/Telearbeit* Rz. 2559.

Weil die Abzugsvoraussetzungen für ein betrieblich oder beruflich genutztes Arbeitszimmer dieselben sind, wird in den nachfolgenden Erläuterungen auf die grundsätzliche Unterscheidung zwischen Betriebsausgaben bei den sog. Gewinneinkünften verzichtet und begrifflich stets auf die Behandlung als Werbungskosten abgestellt. Zur Klarstellung werden mitunter gleichwohl auf die Folgen für beide Einkunftsarten hingewiesen.

bb) Grundsatz

773 Aufwendungen der Stpfl. (z.B. Arbeitnehmer) für ein häusliches Arbeitszimmer sowie die Kosten für dessen Ausstattung dürfen **nicht** als Betriebsausgaben oder Werbungskosten abgezogen werden (Abzugsverbot, § 4 Abs. 5 Satz 1 Nr. 6b Satz 1 und § 9 Abs. 5 Satz 1 EStG, § 10 Abs. 1 Nr. 7 EStG). Diese Regelung sowie die folgenden Ausnahmen gelten für sämtliche steuerliche Einkunftsarten.

cc) Ausnahme

774 Vom o.g. Abzugsverbot für häusliche Arbeitszimmer ist folgende Ausnahme zu beachten (§ 4 Abs. 5 Satz 1 Nr. 6b Satz 2-4 EStG):

- Die **Aufwendungen** für ein häusliches Arbeitszimmer sowie die Kosten für dessen Ausstattung dürfen in **voller Höhe** angesetzt werden, wenn das Arbeitszimmer den **Mittelpunkt** der gesamten betrieblichen und beruflichen Betätigung bildet (§ 4 Abs. 5 Satz 1 Nr. 6b Satz 2 EStG).
- **Anstelle** der tatsächlichen Aufwendungen kann pauschal ein Betrag von **1 260 € (Jahrespauschale)** im Wirtschafts- oder Kalenderjahr abgezogen werden.

Somit sind die Aufwendungen für ein häusliches Arbeitszimmer, soweit der Mittelpunkt der gesamten betrieblichen und beruflichen Betätigung im häuslichen Arbeitszimmer liegt, **auch dann abziehbar**, wenn für die betriebliche oder berufliche Betätigung ein anderer Arbeitsplatz zur Verfügung steht. Für Mittelpunktfälle sind die Aufwendungen damit – wie vor 2023 – in voller Höhe abziehbar.

Alternativ zu den o.g. **tatsächlichen** Aufwendungen für das häusliche Arbeitszimmer darf der Stpfl. im Wirtschafts- oder Kalenderjahr **pauschal** einen Betrag von **1 260 €** (Pauschbetrag als Jahrespauschale) ansetzen (Wahlrecht). Für jeden vollen Kalendermonat, in dem die Voraussetzungen für den Abzug der Aufwendungen für das häusliche Arbeitszimmer nicht vorliegen, ermäßigt sich die Jahrespauschale von 1 260 € um ein Zwölftel (§ 4 Abs. 5 Satz 1 Nr. 6b Satz 4 EStG).

Der Betrag von 1 260 € ist ein Pauschbetrag, mit dem die Aufwendungen für die gesamte betriebliche und berufliche Betätigung im häuslichen Arbeitszimmer abgegolten sind. Das Wahlrecht zum Abzug der Jahrespauschale anstelle der Aufwendungen kann nur einheitlich für das gesamte Wirtschafts- oder Kalenderjahr ausgeübt werden. Die Ausübung des Wahlrechts ist bis zur Unanfechtbarkeit der Steuerfestsetzung möglich. Die Jahrespauschale ist personenbezogen anzuwenden. Sie kann nicht mehrfach für verschiedene Tätigkeiten in Anspruch genommen werden, sondern ist ggf. auf die unterschiedlichen Tätigkeiten aufzuteilen.

Auch bei der Nutzung mehrerer häuslicher Arbeitszimmer ist die Jahrespauschale auf Grund ihrer Personenbezogenheit nur einmal anzuwenden. Ein Abzug der Tagespauschale nach § 4 Abs. 5 Satz 1 Nr. 6c EStG ist zusätzlich zu den Aufwendungen für ein häusliches Arbeitszimmer oder zur (anteiligen) Jahrespauschale für denselben Zeitraum nicht zulässig (§ 4 Abs. 5 Satz 1 Nr. 6c Satz 3 EStG).

Allerdings ist auch hierfür zu beachten, dass das Arbeitszimmer den Mittelpunkt der gesamten betrieblichen und beruflichen Betätigung bilden muss (§ 4 Abs. 5 Satz 1 Nr. 6b Satz 3 EStG). Stpfl. mit einem häuslichen Arbeitszimmer sind folglich nicht schlechter gestellt als solche, die nur die Tagespauschale (→ *Home-Office/Mobile-Office/Telearbeit* Rz. 2559) abziehen können.

Mit dem Ansatz des Pauschbetrags sind die Aufwendungen für die gesamte betriebliche und berufliche Betätigung im häuslichen Arbeitszimmer **abgegolten**. Hervorzuheben ist, dass die Jahrespauschale nur **personenbezogen** angewendet werden darf. Dieser personenbezogene Betrag orientiert sich am Höchstbetrag der **Tagespauschale** nach § 4 Abs. 5 Nr. 6c EStG (zur Tagespauschale auch → *Home-Office/Mobile-Office/Telearbeit* Rz. 2559). In diesem Fall ist es unbeachtlich, wie viele Personen das Arbeitszimmer nutzen und für wie viele Tätigkeiten das Arbeitszimmer genutzt wird. Die Jahrespauschale kann pro Person nur einmal im Wirtschafts- oder Kalenderjahr angesetzt werden.

Ein Abzug der Home-Office-Tagespauschale nach § 4 Abs. 5 Satz 1 Nr. 6c EStG (§ 4 Abs. 5 Satz 1 Nr. 6c Satz 3 EStG) ist nicht neben der Jahrespauschale zulässig.

Die o.g. Beschränkung des Werbungskostenabzugs dient der typisierenden Begrenzung von Aufwendungen, welche den privaten Lebensbereich des Stpfl. berühren bzw. betreffen und in einer Sphäre anfallen, die einer sicheren Nachprüfung durch Finanzverwaltung und Finanzgericht entzogen ist; zugleich sollen **Missbräuche verhindert** werden (BFH v. 27.7.2015, GrS 1/14, BStBl II 2016, 265). Dieser Zweck schließt es aus, für die Frage, ob es sich um ein häusliches Arbeitszimmer handelt und demgemäß die Abzugsmöglichkeit zu beachten ist, danach zu differenzieren, ob der Stpfl. selbst oder dessen **angestellter Ehegatte das Büro tatsächlich nutzt** (vgl. z.B. BFH v. 29.4.2010, VI B 153/09).

Wird die Jahrespauschale gewählt, dürfen evtl. Aufwendungen für Arbeitsmittel zusätzlich angesetzt werden. Zur Berücksichtigung von Aufwendungen für Arbeitsmittel gelten die allgemeinen

Grundsätze für den Abzug von Betriebsausgaben oder Werbungskosten → Rz. 801.

dd) Anwendungsbereich der gesetzlichen Regelung

775 Die Abzugsregelungen bei Nutzung eines häuslichen Arbeitszimmers gelten für die Einkünfte aus sämtlichen Einkunftsarten (des § 2 Abs. 1 Satz 1 Nr. 1 bis 7 EStG). Der Begriff des **häuslichen Arbeitszimmers** wird im EStG nicht bestimmt (→ Rz. 779). Liegt von vornherein **kein** „häusliches" Arbeitszimmer vor, können die Aufwendungen ohne weitere Prüfung als Werbungskosten (oder Betriebsausgaben) berücksichtigt werden. Somit fallen nicht unter das vorgenannte Abzugsverbot des § 4 Abs. 5 Satz 1 Nr. 6b und § 9 Abs. 5 EStG (Kostenansatz oder Abzugsverbot) Räume, die ihrer Ausstattung und Funktion nach nicht einem üblichen Büro entsprechen (z.B. Lagerräume). Dies gilt selbst dann, wenn diese Räume mit der Wohnung des Stpfl. verbunden sind und in dessen häusliche Sphäre eingebunden sind (BFH v. 28.8.2003, IV R 53/01, BStBl II 2004, 55 und BFH v. 26.3.2009, VI R 15/07, BStBl II 2009, 598). Siehe hierzu auch → Rz. 787.

Eine nur untergeordnete private Mitbenutzung solcher Räume ist für die Abzugsfähigkeit der Aufwendungen unschädlich (BFH v. 22.3.2016, VIII R 24/12, BStBl II 2016, 884). Zusammenfassend kommt ein **Abzugsverbot** für „häusliche" Arbeitszimmer **nicht in Betracht** für

- **außerhäusliche Arbeitszimmer** (→ Rz. 783) sowie
- **Betriebsräume** (→ Rz. 787).

ee) Erfordernis für ein häusliches Arbeitszimmer

776 Soweit die Finanzverwaltung den Werbungskostenabzug in der Vergangenheit mitunter abgelehnt hat, weil das Arbeitszimmer nach Art und Umfang der Tätigkeit **nicht erforderlich** sei (z.B. OFD Nordrhein-Westfalen v. 13.1.2016, S 2130 – 2011/0003 – St 146, betr. ertragsteuerliche Behandlung von Photovoltaikanlagen und Blockheizkraftwerken), kann dieser Auffassung nach der eindeutigen BFH-Rechtsprechung nicht gefolgt werden (vgl. z.B. BFH v. 3.4.2019, VI R 46/17, HFR 2019, 855 betr. Aufwendungen für ein häusliches Arbeitszimmer einer Flugbegleiterin: *„Darauf, dass die Klägerin die Arbeiten, für die ihr kein anderer Arbeitsplatz zur Verfügung stand, am Küchentisch, im Esszimmer oder in einem anderen Raum hätte erledigen können, kommt es nicht an."*). Denn § 4 Abs. 5 Satz 1 Nr. 6b EStG bestimmt abschließend, unter welchen Voraussetzungen und in welcher Höhe Aufwendungen für ein häusliches Arbeitszimmer abziehbar sind. Weitere Voraussetzungen hinsichtlich der Abzugsfähigkeit der Aufwendungen für ein häusliches Arbeitszimmer regelt das Gesetz nicht.

Folglich ist es unerheblich, ob ein häusliches Arbeitszimmer für die Tätigkeit erforderlich ist. Für die Abzugsfähigkeit von Aufwendungen genügt die Veranlassung durch die Einkünfteerzielung. Der Gesetzgeber typisiert in § 4 Abs. 5 Satz 1 Nr. 6b EStG die Abzugsvoraussetzungen für ein häusliches Arbeitszimmer, in dem er die Abzugsmöglichkeit auf die im Gesetz genannte Fallgruppe (Mittelpunkt der gesamten betrieblichen und beruflichen Betätigung) begrenzt. Der Stpfl. ist in der vom Gesetz genannten Fallgruppe auf einen häuslichen Arbeitsplatz angewiesen, weshalb das Gesetz typisierend davon ausgeht, dass die Aufwendungen hierfür (nahezu) ausschließlich betrieblich/beruflich veranlasst sind, obwohl auch in diesem Fall eine private Nutzung des Raums nicht überprüft und damit nicht ausgeschlossen werden kann. Der in § 4 Abs. 5 Satz 1 Nr. 6b Satz 2 EStG angesprochenen **Fallgruppe** liegt daher die gesetzgeberische Überlegung zu Grunde, dass **die Aufwendungen für ein häusliches Arbeitszimmer in diesen Fällen erforderlich sind.** Hierdurch sollen Streitigkeiten über die Notwendigkeit eines Arbeitszimmers vermieden werden.

Diese Fiktion schließt im Zweifelsfall jedoch nicht aus, dass im **Einzelfall näher geprüft werden muss, welche Arbeiten der Stpfl. in dem als häusliches Arbeitszimmer deklarierten Raum tatsächlich verrichtet** und ob der Umfang der im Zimmer ausgeübten beruflichen Tätigkeiten es glaubhaft erscheinen lässt, dass der Stpfl. hierfür ein Arbeitszimmer vorhält (vgl. BFH v. 15.12.2016, VI R 86/13, BStBl II 2017, 941 betr. die „sporadische" Nutzung eines häuslichen Arbeitszimmers für Bereitschaftsdienste).

ff) Vorab entstandene Werbungskosten

777 Das vorgenannte Abzugsverbot für ein häusliches Arbeitszimmer gilt auch für sog. vorab entstandene Werbungskosten. Folglich können die Aufwendungen für ein häusliches Arbeitszimmer auch vor einer Erwerbsaufnahme nach den Regeln vorweggenommener Betriebsausgaben oder Werbungskosten abgezogen werden, **wenn und soweit dem Stpfl. ein Abzug der Aufwendungen unter den zu erwartenden Umständen der späteren betrieblichen oder beruflichen Tätigkeit zustehen würde** (BFH v. 2.12.2005, VI R 63/03, BStBl II 2006, 329).

Ob und in welchem Umfang die Aufwendungen für das Vorhalten und **Herrichten** eines häuslichen Arbeitszimmers zur Vorbereitung für eine nachfolgende berufliche Tätigkeit als Werbungskosten abziehbar sind, bestimmt sich **nach den zu erwartenden Umständen der späteren beruflichen Tätigkeit** (vgl. z.B. BFH v. 13.12.2011, VIII B 39/11, betr. eine beabsichtigte Tätigkeit als Berater und Dozent).

> **Beispiel:**
>
> Eine Beamtin bemüht sich vergeblich um eine Reaktivierung ihres Dienstverhältnisses und nutzt das Arbeitszimmer zur Vorbereitung auf ihre künftige Berufstätigkeit im öffentlichen Dienst an mindestens 20 Stunden pro Woche zur Fortbildung im Steuerrecht.
>
> Da der Beamtin von ihrem künftigen Arbeitgeber im öffentlichen Dienst ein Arbeitsplatz zur Verfügung gestellt worden wäre, wenn der Dienstherr von seiner Befugnis zur Reaktivierung des Dienstverhältnisses Gebrauch gemacht hätte, können die Aufwendungen für das häusliche Arbeitszimmer nicht als vorab entstandene Werbungskosten berücksichtigt werden (BFH v. 2.12.2005, VI R 63/03, BStBl II 2006, 329).

Nicht entscheidend ist, ob die beabsichtigte berufliche Nutzung des Arbeitszimmers bereits in dem Jahr beginnt, für das der Aufwand (erstmals) angesetzt wird (vgl. BFH v. 2.12.2005, VI R 63/03, BStBl II 2006, 329, betr. Nutzung des Arbeitszimmers während einer **Erwerbslosigkeit**).

Die Finanzverwaltung und der BFH lehnen es jedoch ab, bei **Erwerbslosen**, die sich im häuslichen Arbeitszimmer fortbilden, dieses als **Tätigkeitsmittelpunkt** anzusehen und einen unbegrenzten Abzug der Arbeitszimmerkosten zuzulassen (s. o.g. BFH v. 2.12.2005).

gg) Nutzung in Zeiten der Nichtbeschäftigung

Nutzt ein Stpfl. in Zeiten der **Nichtbeschäftigung** (z.B. Erwerbs- 778
losigkeit, Mutterschutz, Elternzeit) ein häusliches Arbeitszimmer, können die Aufwendungen dafür nach den Regeln vorweggenommener Betriebsausgaben oder Werbungskosten abgezogen werden, wenn und soweit dem Stpfl. der Abzug der Aufwendungen auch unter den zu erwartenden Umständen der späteren betrieblichen oder beruflichen Tätigkeit zustehen würde (vgl. z.B. BFH v. 2.12.2005, VI R 63/03, BStBl II 2006, 329).

In diesem Sinne hat der BFH für eine **Bankangestellte** entschieden, die als Personalreferentin vor der Elternzeit keinen Arbeitsplatz in der Bank hatte und im Home-Office arbeitete. Für sie war das Arbeitszimmer der „Mittelpunkt der beruflichen Betätigung" und so wird es auch nach der Elternzeit wieder sein. Daher sind die Kosten während ihrer Elternzeit in unbegrenzter Höhe abziehbar (BFH v. 19.8.2004, VI R 103/01).

d) Begriff „häusliches Arbeitszimmer"

aa) Allgemeines

Der Begriff des häuslichen Arbeitszimmers ist im Gesetz nicht nä- 779
her bestimmt. Es handelt sich um einen Typusbegriff, der durch die **BFH-Rechtsprechung geprägt** worden ist und den der Gesetzgeber mit der in § 4 Abs. 5 Satz 1 Nr. 6b EStG (alte und neue Fassung ab 2023) geschaffenen Regelung übernommen hat. Seine Begrenzung ist fließend und es gibt nicht eindeutig zuordnungsfähige Formen. Entscheidend ist das tatsächliche Gesamtbild.

Häusliches Arbeitszimmer i.S.d. § 4 Abs. 5 Satz 1 Nr. 6b EStG ist ein Raum, der seiner Ausstattung nach der Erzielung von Einnahmen dient und ausschließlich oder nahezu ausschließlich zur Erzielung von Einkünften genutzt wird. Ein häusliches Arbeitszimmer ist seiner Lage, Funktion und Ausstattung nach in die häusliche Sphäre des Stpfl. eingebunden und dient vorwiegend der Erledigung gedanklicher, schriftlicher, verwaltungstechnischer oder organisatorischer Arbeiten (BFH v. 19.9.2002, VI R 70/01, BStBl II 2003, 39 und v. 16.10.2002, XI R 89/00, BStBl II 2003, 185). Ein solcher Raum ist typischerweise mit Büromöbeln eingerichtet, wobei der Schreibtisch regelmäßig das zentrale Möbelstück ist (vgl. z.B. BFH v. 29.1.2020, VIII R 11/17, BStBl II 2020, 445 betr. eine sog. Notfallpraxis). Es muss sich aber nicht zwingend um Arbeiten büromäßiger Art handeln. Ein häusliches Arbeitszimmer kann auch bei geistiger, künstlerischer oder schriftstellerischer Betätigung gegeben sein.

Entspricht ein Raum nach seinem äußeren Bild durch seine Einrichtung mit Büromöbeln dem Typus des Arbeitszimmers, muss er überdies **ausschließlich oder nahezu ausschließlich (d.h. zu mindestens 90 %) zur Erzielung von Einkünften genutzt** werden (BFH v. 22.3.2016, VIII R 10/12, BStBl II 2016, 881; VIII R 24/12, BStBl II 2016, 884 und v. 8.9.2016, III R 62/11, BStBl II 2017, 163). Eine untergeordnete private Mitbenutzung (< 10 %) ist unschädlich (BFH v. 27.7.2015, GrS 1/14, BStBl II 2016, 265 sowie vgl. z.B. BFH v. 29.1.2020, VIII R 11/17, BStBl II 2020, 445 betr. eine sog. Notfallpraxis).

Aufwendungen für einen in die häusliche Sphäre eingebundenen Raum, der mit einem nicht unerheblichen Teil seiner Fläche auch privat genutzt wird (sog. Arbeitsecke), dürfen nicht als Betriebsausgaben oder Werbungskosten nach § 4 Abs. 5 Satz 1 Nr. 6b EStG abgezogen werden (BFH v. 17.2.2016, X R 32/11, BStBl II 2016, 708); s. hierzu ab 2023 → *Home-Office/Mobile-Office/Telearbeit* Rz. 2558.

Räume sind jedoch begrifflich **keine „häuslichen Arbeitszimmer"**, wenn sie für einen intensiven und dauerhaften **Publikumsverkehr geöffnet** sind. Insoweit kann auch die nach außen erkennbare Widmung der Räumlichkeiten für den Publikumsverkehr zur Folge haben, dass für diese ein Abzugsverbot nach § 4 Abs. 5 Satz 1 Nr. 6b EStG nicht in Betracht kommt; dabei kommt es nicht darauf an, ob in dem Raum tatsächlich Publikumsverkehr stattfindet (vgl. BFH v. 9.5.2017, X B 23/17, zur Abgrenzung eines häuslichen Arbeitszimmers von einer Betriebsstätte). Ein Herausfallen aus dem Anwendungsbereich des § 4 Abs. 5 Satz 1 Nr. 6b EStG ist allerdings nicht schon allein deshalb gegeben, weil ein Stpfl. Die von ihm genutzten Räumlichkeiten **gelegentlich für Beratungsgespräche** benutzt oder in diesen Räumen stundenweise Hilfskräfte für Büroarbeiten eingesetzt werden – anders bei andauernder Beschäftigung familienfremder Personen (vgl. z.B. BFH v. 15.10.2014, VIII R 8/11, HFR 2015, 914 m.w.N.).

bb) Begriff „Arbeitszimmer"

780 **Ein Arbeitszimmer ist typischerweise mit Büromöbeln eingerichtet**, wobei der Schreibtisch regelmäßig das zentrale Möbelstück ist. Die Ausstattung mit einem Schreibtisch ist indessen nicht zwingend erforderlich; der Begriff des Arbeitszimmers ist zudem nicht so zu verstehen, dass er lediglich solche Räume erfasst, die nach ihrer Funktion und Ausstattung nur zur büromäßigen Erledigung der vorstehend genannten konzeptionellen und organisatorischen Arbeiten bestimmt sind. Ebenso wenig muss der Raum für die Verrichtung menschlicher Arbeit von einer gewissen Dauer hergerichtet sein (vgl. z.B. BFH v. 9.6.2015, VIII R 8/13, HFR 2016, 13 m.w.N. betr. das Arbeitszimmer einer Klavierlehrerin und BFH v. 8.9.2016, III R 62/11, BStBl II 2017, 163 betr. das Büro eines Steuerfachwirts).

Aufwendungen für eine sog. **Arbeitsecke** sind nicht abzugsfähig, weil derartige Räume schon ihrer Art und ihrer Einrichtung nach erkennbar auch privaten Wohnzwecken dienen. Ein steuerlich berücksichtigungsfähiges Arbeitszimmer unterscheidet sich von einer nicht berücksichtigungsfähigen Arbeitsecke durch eine **feste bauliche Abgrenzung** gegen die privat genutzten Teile der Wohnung (vgl. z.B. BFH v. 13.12.2016, X R 18/12, BStBl II 2017, 450); **s. hierzu ab 2023 jedoch auch →** ***Home-Office/Mobile-Office/Telearbeit*** **Rz. 2558**.

Kein Arbeitszimmer ist anknüpfend an die raumbezogene Betrachtungsweise ferner ein Arbeitsbereich, der vom angrenzenden Wohnzimmer aus durch einen **offenen Durchgang ohne Türabschluss** betreten werden kann, der durch einen **Raumteiler** vom Wohnbereich abgetrennt ist oder der auf einer **Empore** oder **offenen Galerie** eingerichtet ist. Die Abtrennung durch ein Regal (**Sideboard**) oder einen Raumteiler genügt nicht, um aus einem einheitlichen Raum zwei Räume zu machen (BFH v. 17.2.2016, X R 32/11, BStBl II 2016, 708 und BFH v. 22.3.2016, VIII R 10/12, BStBl II 2016, 881).

cc) Begriff „häuslich"

Die **Häuslichkeit** beruflich genutzter Räumlichkeiten bestimmt 781
sich danach, ob sie sich als dem Wohnbereich und damit der privaten Lebenssphäre des Stpfl. zugehörig darstellen. **In die häusliche Sphäre eingebunden ist ein Arbeitszimmer regelmäßig nur dann, wenn es sich in einem Raum befindet, der unmittelbar zur privat genutzten Wohnung bzw. zum Wohnhaus des Stpfl. gehört.** Davon ist auszugehen, wenn die Räumlichkeiten auf Grund der unmittelbaren räumlichen Nähe mit den privaten Wohnräumen des Stpfl. als gemeinsame Wohneinheit verbunden sind (BFH v. 6.12.2017, VI R 41/15, BStBl II 2018, 355).

Dies betrifft nicht nur die Wohnräume, sondern ebenso **Zubehörräume**. So kann auch ein Raum, z.B. im **Keller oder unter dem Dach (Mansarde)** des Wohnhauses, in dem der Stpfl. seine Wohnung hat, ein häusliches Arbeitszimmer sein, wenn die Räumlichkeiten auf Grund der unmittelbaren Nähe mit den privaten Wohnräumen des Stpfl. als **gemeinsame Wohneinheit verbunden** sind.

Eine **Durchbrechung des inneren Zusammenhangs eines Arbeitszimmers mit den in demselben Gebäude gelegenen Wohnräumen** setzt regelmäßig voraus, dass das Arbeitszimmer über eine der Allgemeinheit zugängliche und auch von anderen Personen genutzte Verkehrsfläche zu erreichen ist, da nur in diesem Fall die räumliche Trennung zwischen Arbeitszimmer und Wohnhaus so stark ausgeprägt ist, dass der **Zusammenhang zur häuslichen Sphäre gelöst wird** (zu Ausnahmen → Rz. 787). Liegt der Raum in einem **Anbau**, der nicht vom Wohnhaus aus, sondern nur über einen separaten, straßenabgewandten Eingang vom Garten aus betreten werden kann, genügt dies noch für die Einbindung in die häusliche Sphäre (vgl. z.B. BFH v. 9.6.2015, VIII R 8/13, HFR 2016, 13 m.w.N. betr. das Arbeitszimmer einer Klavierlehrerin). Auch ein beruflich genutzter **Archivraum**, in dem Bücher, Akten und Unterlagen aufbewahrt, gesichtet und herausgesucht werden, kann der vorbereitenden und unterstützenden Erledigung gedanklicher, schriftlicher oder verwaltungstechnischer Arbeiten dienen und dadurch (Teil-)Funktionen erfüllen, die üblicherweise einem häuslichen Arbeitszimmer i.S.d. § 4 Abs. 5 Satz 1 Nr. 6b EStG zukommen (vgl. z.B. BFH v. 11.11.2014, VIII R 3/12, BStBl II 2015, 382 betr. das im Keller belegene häusliche Arbeitszimmer eines Pensionärs).

Ein häusliches Arbeitszimmer liegt in folgenden Fällen regelmäßig vor (folglich Prüfung des Abzugsverbots):

- Bei einem häuslichen Büro eines selbständigen Handelsvertreters, eines selbständigen Übersetzers oder eines selbständigen Journalisten.
- Bei Anmietung einer unmittelbar angrenzenden oder unmittelbar gegenüberliegenden Zweitwohnung in einem Mehrfamilienhaus (BFH v. 26.2.2003, VI R 124/01, sowie VI R 125/01, BStBl II 2004, 69 und 72).
- Beim häuslichen, ausschließlich beruflich genutzten Musikzimmer einer freiberuflich tätigen Konzertpianistin, in dem diese Musikunterricht erteilt.
- Bei einem zugleich als Büroarbeitsplatz und als Warenlager betrieblich genutzten Raum, wenn dieser nach dem Gesamtbild der Verhältnisse, vor allem auf Grund seiner Ausstattung und Funktion, ein typisches häusliches Büro ist und die Ausstattung und Funktion als Lager dahinter zurücktritt (BFH v. 22.11.2006, X R 1/05, BStBl II 2007, 304).
- Bei einem Raum, in dem der Stpfl. einen Telearbeitsplatz unterhält und der dem Typus des häuslichen Arbeitszimmers entspricht (BFH v. 26.2.2014, VI R 40/12, BStBl II 2014, 568).
- Bei betrieblich oder beruflich genutzten Räumen in einem ausschließlich vom Steuerpflichtigen genutzten Zweifamilienhaus, wenn der Stpfl. auf dem Weg dazwischen keine der Allgemeinheit zugängliche oder von fremden Dritten benutzte Verkehrsfläche betreten muss (BFH v. 15.1.2013, VIII R 7/10, BStBl II 2013, 374).
- Bei einer **zweiten abgeschlossenen Wohnung in einem vom Stpfl. bewohnten Zweifamilienhaus**. Um ein „außerhäusliches" Arbeitszimmer würde es sich erst dann handeln, wenn der Stpfl., um aus dem Wohnbereich in die Arbeitsräume zu

gelangen, zunächst das Haus verlassen und/oder eine auch von anderen Personen genutzte und der Allgemeinheit zugänglich gemachte Verkehrsfläche durchqueren müsste (BFH v. 13.5.2015, III R 59/13).

- Bei einem Zimmer, das sich in einem **Anbau** zum Wohnhaus des Stpfl. befindet und nur über einen separaten Eingang vom straßenabgewandten Garten aus betreten werden kann. Zwar ist der Anbau nicht direkt vom Wohnhaus aus zugänglich; er kann aber nur über den zum Wohnhaus gehörenden Garten betreten werden. Die räumliche Trennung zwischen Arbeitszimmer und Wohnhaus ist daher insgesamt nicht so stark ausgeprägt, dass sie den Zusammenhang der häuslichen Sphäre durchbrechen würde (BFH v. 13.11.2002, VI R 164/00, BStBl II 2003, 350).
- Bei einem als Arbeitszimmer genutzten **ausgebauten Dachgeschoss einer Doppelgarage**, die ca. 20 m vom selbstbewohnten Einfamilienhaus entfernt auf dem Grundstück des Stpfl. steht, weil es vom Privatbereich aus zugänglich ist (BFH v. 23.5.2013, VIII B 153/12).

Ohne Bedeutung ist, ob die zum häuslichen Arbeitszimmer gehörende Wohnung angemietet ist oder ob sie sich im Eigentum des Stpfl. befindet.

dd) Mehrere Räume als Arbeitszimmer

782 Auch mehrere Räume können als ein häusliches Arbeitszimmer anzusehen sein; hierfür ist aber eine Abtrennung der Räumlichkeiten vom übrigen Wohnbereich erforderlich. Gehören zum häuslichen Arbeitszimmer noch Nebenräume, dürfen die Aufwendungen hierfür nur berücksichtigt werden, wenn die Nebenräume – ebenso wie das häusliche Arbeitszimmer – so gut wie ausschließlich (mindestens 90 %) beruflich genutzt werden.

Beantragt der Stpfl. den Werbungskostenabzug für **mehrere in seine häusliche Sphäre eingebundene Räume**, ist die Qualifizierung als häusliches Arbeitszimmer grds. **für jeden Raum gesondert** vorzunehmen. Eine **gemeinsame Qualifizierung** kommt nur dann in Betracht, wenn die Räume eine **funktionale Einheit** bilden (zur funktionalen Einheit von Büro-, Ablage- und Archivräumen vgl. grundlegend BFH v. 19.9.2002, VI R 70/01, BStBl II 2003, 139). Denn es kann keinen Unterschied machen, ob auf Grund der räumlichen Situation die Nutzung in einem oder in mehreren Räumen erfolgt. Der BFH hat daher z.B. bei einem Unternehmer die Büroräume sowie den Ablage- und Archivraum im Kellergeschoss sowie die Besprechungsräume im Kellergeschoss und ersten Obergeschoss als funktionale Einheit angesehen und die Aufwendungen für alle Räume nur bis zum Höchstbetrag von 1 250 € (Regelung vor 2023) zugelassen, weil alle Räume mit den Beratungs- und Vermittlungsleistungen des Stpfl. als „externe Exportabteilung" mittelständischer Unternehmen in Zusammenhang standen (BFH v. 18.4.2012, X R 57/09, BStBl II 2012, 770 und vgl. z.B. BFH v. 15.10.2014, VIII R 8/11, HFR 2015, 914 m.w.N.).

Aufwendungen für Küche, Bad und Flur, welche in die häusliche Sphäre eingebunden sind und zu einem nicht unerheblichen Teil privat genutzt werden, können auch dann nicht als Werbungskosten berücksichtigt werden, wenn ein berücksichtigungsfähiges häusliches Arbeitszimmer vorhanden ist (BFH v. 17.2.2016, X R 26/13, BStBl II 2016, 611).

e) Außerhäusliche Arbeitszimmer

aa) Allgemeines

783 Das Abzugsverbot des § 4 Abs. 5 Satz 1 Nr. 6b EStG gilt **nicht für außerhäusliche Arbeitszimmer.** So kann es sich z.B. bei einem im Keller oder Dachgeschoss eines Mehrfamilienhauses befindlichen Raum, der nicht zur Privatwohnung des Stpfl. gehört, sondern zusätzlich angemietet wurde, um ein außerhäusliches Arbeitszimmer handeln (BFH v. 26.2.2003, VI R 160/99, BStBl II 2003, 515 und v. 18.8.2005, VI R 39/04, BStBl II 2006, 428). Maßgebend ist, ob eine innere häusliche Verbindung des Arbeitszimmers mit der privaten Lebenssphäre des Stpfl. besteht. Dabei ist das Gesamtbild der Verhältnisse im Einzelfall entscheidend. Ohne Bedeutung ist, ob die Wohnung, zu der das häusliche Arbeitszimmer gehört, gemietet ist oder ob sie sich im Eigentum des Stpfl. befindet. Auch mehrere Räume können als ein häusliches Arbeitszimmer anzusehen sein; die Abtrennung der Räumlichkeiten vom übrigen Wohnbereich ist erforderlich.

Im Einzelnen sind folgende Grundsätze zu beachten:

bb) Arbeitszimmer und Privatwohnung befinden sich im selben Haus

(1) Arbeitszimmer im selbstgenutzten Einfamilienhaus

Befindet sich ein Arbeitszimmer (z.B. Büro) im **selbst genutzten** 784
Einfamilienhaus, handelt es sich nicht um ein häusliches Arbeitszimmer, wenn seine Einbindung in die häusliche Sphäre etwa durch **Publikumsverkehr** oder durch eine Beschäftigung von nicht zur Familie gehörenden Teilzeitkräften **aufgehoben oder überlagert** wird. Sind Räume für einen intensiven und dauerhaften **Publikumsverkehr geöffnet,** rechnen sie nicht zur **„Häuslichkeit". Folglich greift das** Abzugsverbot des § 4 Abs. 5 Satz 1 Nr. 6b EStG nicht (vgl. z.B. BFH v. 9.5.2017, X B 23/17, zur Abgrenzung eines häuslichen Arbeitszimmers von einer Betriebsstätte).

Hierbei ist zu beachten, dass allein die Nutzung der Räumlichkeiten für **gelegentliche Beratungsgespräche** oder durch für Büroarbeiten stundenweise beschäftigte Hilfskräfte die Anwendung des § 4 Abs. 5 Satz 1 Nr. 6b EStG mit dem Abzugsverbot nicht ausschließt (vgl. z.B. BFH v. 15.10.2014, VIII R 8/11, HFR 2015, 914 m.w.N.). Anders verhält es sich in Fällen einer andauernden Beschäftigung von familienfremden Personen (s. vorgenanntes BFH-Urteil). Gleiches gilt, wenn die Funktion, gelegentliche Besprechungen zu ermöglichen, in einen **separaten Raum ausgelagert** wird. Umstände, welche die Einbindung in die häusliche Sphäre aufheben oder überlagern, können aber dann gegeben sein, wenn die funktionale Büroeinheit auch von Dritten (keine Familienangehörige) oder auch von nicht haushaltszugehörigen Personen genutzt wird (vgl. z.B. BFH v. 18.4.2012, X R 57/09, BStBl II 2012, 770 m.w.N.).

(2) Arbeitszimmer in einem Mehrfamilienhaus

Bewohnt der Arbeitnehmer kein Einfamilienhaus, gelten andere 785
Maßstäbe für die Zuordnung der Eigenschaft „Häuslichkeit". So kann es sich bei einem im Keller oder Dachgeschoss eines Mehrfamilienhauses zusätzlich angemieteten Raum, der nicht zur Privatwohnung des Stpfl. gehört, um ein außerhäusliches Arbeitszimmer handeln (BFH v. 18.8.2005, VI R 39/04, BStBl II 2006, 428). Regelmäßig fehlt es dann an einer Einbindung in die häusliche Sphäre. Dabei ist – wie stets – das Gesamtbild der Verhältnisse im Einzelfall entscheidend.

Ausnahmsweise kann es sich anders verhalten, wenn bei wertender Betrachtung auf Grund besonderer Umstände im Einzelfall ein **innerer Zusammenhang zwischen beiden Wohnungen besteht** (BFH v. 8.10.2020, VIII B 59/20 (AdV, BFH/NV 2021, 181), betr. für Zwecke einer GbR genutzte Büroetage in einem Dreifamilienhaus als häusliches Arbeitszimmer der Gesellschafter).

cc) Arbeitszimmer befindet sich außerhalb des Wohnhauses

Befindet sich das Arbeitszimmer außerhalb des Wohnhauses (z.B. 786
im Anbau oder in einer Garage), ist es **grds. „außerhäuslich"**, weshalb die Kosten wie für ein externes Büro in vollem Umfang als Werbungskosten berücksichtigt werden können.

Nicht anerkannt wegen der Missbrauchsgefahr hat die Rechtsprechung allerdings – abgesehen von der Ernsthaftigkeit des Mietvertrags, der tatsächlichen Durchführung und dem sog. Fremdvergleich – Fälle, in denen ein Arbeitszimmer im Nachbarhaus der Eltern oder Schwiegereltern angemietet wurde (z.B. FG Köln v. 29.9.2000, 7 K 4746/99, EFG 2001, 27; das Arbeitszimmer befand sich im Nachbarhaus, das der Mutter gehört).

f) Abgrenzung zu Betriebs-, Ausstellungs- und Lagerräumen

Das Abzugsverbot des § 4 Abs. 5 Satz 1 Nr. 6b EStG gilt nicht, 787
wenn der innerhalb des privaten Wohnbereichs betrieblich/beruflich genutzte Raum des Stpfl. über ein **betriebsstättenähnliches Gepräge** verfügt. In solchen Fällen liegt der für ein Abzugsverbot in § 4 Abs. 5 Satz 1 Nr. 6b EStG maßgebliche Grund der möglichen privaten Mitbenutzung nicht vor. Denn bereits aus ihrer Ausstattung (z.B. als Werkstatt) und/oder wegen ihrer Zugänglichkeit durch dritte Personen lässt sich eine private Mitbenutzung ausschließen (vgl. z.B. BFH v. 29.1.2020, VIII R 11/17, BStBl II 2020, 445 betr. eine Notfallpraxis). S. auch → Rz. 779.

Ist ein Raum nach außen erkennbar für den Publikumsverkehr gewidmet und für das Publikum (Patienten, Mandanten, Kunden) leicht zugänglich, liegt regelmäßig kein Arbeitszimmer vor (BFH v. 9.5.2017, X B 23/17, zur Abgrenzung eines häuslichen Arbeitszimmers von einer Betriebsstätte). An einer „leichten Zugänglichkeit" für Publikum fehlt es jedoch, wenn diese Personen erst einen den Privatbereich betreffenden Flur durchqueren müssen, der den Zugang zu den Wohnräumen ermöglicht (BFH v. 20.11.2003, IV R 3/02, BStBl II 2005, 203).

Allerdings verfügt ein mit Büromöbeln und einer Küchenzeile ausgestatteter Raum, der ausschließlich über einen dem Privatbereich zugehörigen Flur zugänglich ist, über kein betriebsstättenähnliches Gepräge (BFH v. 8.9.2016, III R 62/11, BStBl II 2017, 163 und vgl. z.B. BFH v. 9.5.2017, X B 23/17, zur Abgrenzung eines häuslichen Arbeitszimmers von einer Betriebsstätte).

Anerkannt als betrieblich genutzter Raum wurden vom BFH z.B. (folglich **keine Prüfung des Abzugsverbots**, da kein häusliches Arbeitszimmer):

- Das **„Dienstzimmer" eines Försters**, das auch von Kollegen genutzt werden darf (BFH v. 16.9.2004, VI R 25/02, BStBl II 2006, 10; s. auch FG Köln v. 27.8.2014, 7 K 3561/10, EFG 2015, 811);
- ein **Lager** im Keller eines Einfamilienhauses für pharmazeutische Produkte und Werbematerialien (BFH v. 19.3.2003, VI R 40/01);
- ein **Tonstudio**, selbst wenn es mit den Wohnräumen des Stpfl. räumlich verbunden ist (BFH v. 28.8.2003, IV R 53/01, BStBl II 2004, 55);
- das häusliche Arbeitszimmer bei dem **Direktionsreferenten einer Versicherung** (Außendienstmitarbeiter), weil der Büroraum einem nicht unwesentlichen **Publikumsverkehr** unterliegt (z.B. Gespräche und Beratungen mit Mitarbeitern bzw. Kunden, BFH v. 14.1.2004, VI R 55/03);
- die **Praxis eines Steuerberaters** (BFH v. 27.6.2011, VIII B 22/10);
- das **häusliche Arbeitszimmer einer Arbeitsmedizinerin**, sofern es sich um eine ärztliche Praxis handelt, die erkennbar besonders für die Untersuchung von Patienten eingerichtet und für jene leicht zugänglich ist (BFH v. 7.2.2013, VIII R 8/10, HFR 2013, 788);
- ein im Keller gelegener Arbeitsraum, der – anders als z.B. ein Archiv (BFH v. 19.9.2002, VI R 70/01, BStBl II 2003, 139) – keine (Teil-)Funktionen erfüllt, die typischerweise einem häuslichen Arbeitszimmer zukommen, z.B. Lager für Waren und Werbematerialien;
- eine Arzt-, Steuerberater- oder Anwaltspraxis, die an das Einfamilienhaus grenzt oder sich im selben Gebäude wie die Privatwohnung befindet, wenn diese Räumlichkeiten für einen intensiven und dauerhaften Publikumsverkehr geöffnet und z.B. bei häuslichen Arztpraxen für Patientenbesuche und -untersuchungen eingerichtet sind (BFH v. 5.12.2002, IV R 7/01, BStBl II 2003, 463 zu einer Notfallpraxis und Negativabgrenzung siehe BFH-Urteil v. 23.1.2003, IV R 71/00, BStBl II 2004, 43 zur Gutachtertätigkeit einer Ärztin). Allein der Umstand, dass die Patienten den Behandlungsraum nur über einen dem privaten Bereich zuzuordnenden Flur erreichen können, begründet keine Abzugsbeschränkung gemäß § 4 Abs. 5 Satz 1 Nr. 6b EStG (BFH v. 29.1.2020, VIII R 11/17, BStBl II 2020, 445).

Nicht als Betriebs- oder Lagerraum angesehen wurden dagegen vom BFH z.B. (folglich **Prüfung des Abzugsverbots**):

- Ein Raum, der **zusätzlich zum häuslichen Arbeitszimmer als Archiv** genutzt wird, wenn Archivraum und Arbeitszimmer eine funktionale Einheit bilden. Das ist z.B. der Fall, wenn der Archivraum im Wesentlichen mit Regalen ausgestattet ist, in denen eine Vielzahl von Aktenordnern aufbewahrt wird (vgl. z.B. BFH v. 18.4.2012, X R 57/09, BStBl II 2012, 770);
- die **Beratungsstelle für einen Lohnsteuerhilfeverein**. Trotz nicht unwesentlichen Publikumsverkehrs ist ein Büroraum im selbst genutzten Wohnhaus als häusliches Arbeitszimmer zu qualifizieren, wenn das Publikum (Patienten, Mandanten, Kunden) erst einen den Privatbereich betreffenden Flur durchqueren müssen, der den Zugang zu den Wohnräumen ermöglicht (BFH v. 15.10.2014, VIII R 8/11, HFR 2015, 914 m.w.N.);
- das Büro eines **Handelsvertreters** (BFH v. 31.3.2004, X R 1/03);
- als Büro genutzte **Räume im Souterrain eines Einfamilienhauses**, die von der Wohnung aus über eine Treppe und Diele ohne Weiteres erreichbar sind, auch wenn durch den Einbau besonderer Zugangstüren und spezieller Türverriegelungen der Zugang von den Büroräumen zur Wohnung erschwert worden ist. Unerheblich sind auch die Größe des Büros und die Ausstattung mit mehreren Schreib- und Computertischen (BFH v. 15.12.2004, XI R 14/03, HFR 2005, 1068);
- der Arbeitsraum eines **Schauspielers** (BFH v. 9.8.2011, VIII R 4/09);
- der Arbeitsraum eines **Journalisten** (BFH v. 4.1.2012, VIII B 186/10);
- das Arbeitszimmer einer **Musikerin** (BFH v. 10.10.2012, VIII R 44/10, HFR 2013, 288);
- das im Erdgeschoss ihres Einfamilienhauses belegene sog. **Klavierstudio einer Klavierlehrerin** (BFH v. 9.6.2015, VIII R 8/13, HFR 2016, 13);
- das **Büro eines Steuerfachwirts**, weil es weder einem betriebsstättenähnlichen Raum vergleichbar ausgestattet (z.B. Notfallpraxis, Tonstudio, Werkstatt) noch in der erforderlichen Weise für den Publikumsverkehr geöffnet war (BFH v. 8.9.2016, III R 62/11, BStBl II 2017, 163).

g) Mittelpunkt der gesamten betrieblichen und beruflichen Betätigung

aa) Begriff

Stellt das häusliche Arbeitszimmer den Mittelpunkt der gesamten betrieblichen und beruflichen Betätigung des Stpfl. dar, können die Aufwendungen **in vollem Umfang als Betriebsausgaben/Werbungskosten berücksichtigt** werden (§ 4 Abs. 5 Nr. 6b Satz 2 EStG). Ob es den Mittelpunkt der gesamten betrieblichen oder beruflichen Betätigung des Stpfl. bildet, bestimmt sich nach dem **inhaltlichen (qualitativen) Schwerpunkt der betrieblichen und beruflichen Betätigung des Stpfl.** 788

Ein häusliches Arbeitszimmer bildet den Mittelpunkt der gesamten betrieblichen und beruflichen Betätigung des Stpfl., wenn nach Würdigung des Gesamtbildes der Verhältnisse und der Tätigkeitsmerkmale dort diejenigen Handlungen vorgenommen und Leistungen erbracht werden, die für die konkret ausgeübte betriebliche oder berufliche Tätigkeit wesentlich und prägend sind. Bei der Gesamtbetrachtung zur Beurteilung des Mittelpunkts der gesamten betrieblichen und beruflichen Betätigung sind nur solche Einkünfte zu berücksichtigen, die grundsätzlich ein Tätigwerden des Stpfl. im jeweiligen Veranlagungszeitraum (Kalenderjahr) erfordern.

Versorgungsbezüge bleiben bei dieser Betrachtung zur Beurteilung des Mittelpunkts daher außen vor (BFH v. 11.11.2014, VIII R 3/12, BStBl II 2015, 382, betr. das im Keller belegene häusliche **Arbeitszimmer eines Pensionärs**).

Beispiel:

Herr A übt als Beamter nebenbei noch eine schriftstellerische Nebentätigkeit aus. Er hat sich dafür ein häusliches Arbeitszimmer eingerichtet (Kosten 5 000 € im Jahr). Am 1.1.2023 geht er in Ruhestand und bezieht Versorgungsbezüge, seine Nebentätigkeit übt er weiterhin aus.

Bis einschließlich 2022 kann Herr A bei der Ermittlung der Einkünfte aus der selbständigen (Neben-)Tätigkeit Aufwendungen für das häusliche Arbeitszimmer nur bis höchstens 1 250 € als Betriebsausgaben absetzen (Altregelung), weil ihm für diese Tätigkeit kein anderer Arbeitsplatz zur Verfügung steht (Altregelung). Ab 2023 ist – so hat der BFH für Vorjahre des Urteilsfalls entschieden – das häusliche Arbeitszimmer als Tätigkeitsmittelpunkt anzusehen, so dass Herr A seine Aufwendungen in voller Höhe als Betriebsausgaben absetzen kann (BFH v. 11.11.2014, VIII R 3/12, BStBl II 2015, 382).

Der Tätigkeitsmittelpunkt i.S.d. § 4 Abs. 5 Satz 1 Nr. 6b Satz 2 EStG bestimmt sich nach dem inhaltlichen (qualitativen) Schwerpunkt der betrieblichen und beruflichen Betätigung des Stpfl. Zum Poolarbeitsplatz eines Betriebsprüfers s. BFH v. 16.9.2015, IX R 19/14, HFR 2016, 436.

Dem zeitlichen (quantitativen) Umfang der Nutzung des häuslichen Arbeitszimmers kommt im Rahmen dieser Würdigung lediglich eine indizielle Bedeutung zu; das zeitliche Überwiegen der außerhäuslichen Tätigkeit schließt einen unbeschränkten Abzug der Aufwendungen für das häusliche Arbeitszimmer nicht von vornherein aus (BFH v. 13.11.2002, VI R 82/01, BStBl II 2004,62, und VI R 104/01, BStBl II 2004, 65 sowie VI R 28/02, BStBl II 2004, 59).

Befindet sich der Mittelpunkt der gesamten betrieblichen und beruflichen Betätigung im häuslichen Arbeitszimmer, ist nicht zu prüfen, ob dem Stpfl. ein weiterer Arbeitsplatz zur Verfügung steht. Der Mittelpunkt der gesamten betrieblichen und beruflichen Tätigkeit im häuslichen Arbeitszimmer führt – unabhängig vom Vorliegen eines anderen Arbeitsplatzes beim Arbeitgeber (einem Arbeitnehmer mit Telearbeit steht z.B. beim Arbeitgeber noch ein anderer Arbeitsplatz zur Verfügung) – zu einem unbegrenzten Abzug der Aufwendungen für ein häusliches Arbeitszimmer.

In Fällen, in denen die das Berufsbild prägende Tätigkeit außerhalb des häuslichen Arbeitszimmers stattfindet, kann auch eine zeitlich weit überwiegende Nutzung des häuslichen Arbeitszimmers **keine** Verlagerung des Mittelpunktes der gesamten betrieblichen und beruflichen Betätigung bewirken. In diesen Fällen erübrigen sich Feststellungen zum jeweiligen zeitlichen Umfang der betrieblichen oder beruflichen Nutzung eines häuslichen Arbeitszimmers (BFH v. 27.10.2011, VI R 71/10, BStBl II 2012, 234).

bb) Arbeitnehmer übt nur eine berufliche Tätigkeit aus

(1) Heimarbeit

789 Wird die gesamte berufliche und betriebliche Betätigung ausschließlich im häuslichen Arbeitszimmer ausgeübt, ist das Arbeitszimmer Mittelpunkt der gesamten betrieblichen und beruflichen Tätigkeit des Stpfl. Dies betrifft beispielsweise

- Telearbeiter und Heimarbeiter, die ihre Tätigkeit ausschließlich zu Hause ausüben,
- freiberufliche Schriftsteller, Journalisten, Übersetzer,
- Steuerberater, Rechtsanwälte, Architekten, Immobilienmakler, Versicherungsvertreter, Ingenieure, Künstler, Hausgewerbetreibende (BT-Drucks. 13/1686 v. 13.6.1995, 16),
- Rentner, Pensionäre (BFH v. 11.11.2014, VIII R 3/12, BStBl II 2015, 382).

(2) Tätigkeit außer Haus

790 Wie zuvor erläutert, bestimmt sich der Tätigkeitsmittelpunkt (i.S.d. § 4 Abs. 5 Satz 1 Nr. 6b Satz 2 EStG) nach dem inhaltlichen (qualitativen) Schwerpunkt der betrieblichen und beruflichen Betätigung des Stpfl.

Übt ein Stpfl. nur eine betriebliche oder berufliche Tätigkeit aus, die in qualitativer Hinsicht gleichwertig sowohl im häuslichen Arbeitszimmer als auch am außerhäuslichen Arbeitsort erbracht wird, so liegt der Mittelpunkt der gesamten betrieblichen und beruflichen Betätigung dann im häuslichen Arbeitszimmer, wenn der Stpfl. mehr als die Hälfte der Arbeitszeit im häuslichen Arbeitszimmer tätig wird (BFH v. 23.5.2006, VI R 21/03, BStBl II 2003, 600).

Dem zeitlichen (quantitativen) Umfang der Nutzung des häuslichen Arbeitszimmers kommt i.R. dieser Würdigung aber lediglich eine indizielle Bedeutung zu; das zeitliche Überwiegen der außerhäuslichen Tätigkeit schließt einen unbeschränkten Abzug der Aufwendungen für das häusliche Arbeitszimmer nicht von vornherein aus (BFH v. 16.9.2015, IX R 19/14, HFR 2016, 436 betr. den Poolarbeitsplatz eines Betriebsprüfers).

cc) Stpfl. übt mehrere berufliche Tätigkeiten aus

791 Übt ein Stpfl. **mehrere betriebliche und berufliche Tätigkeiten** nebeneinander aus, ist nicht auf eine Einzelbetrachtung der jeweiligen Betätigung abzustellen; vielmehr sind sämtliche Tätigkeiten in ihrer Gesamtheit zu erfassen (s. → Rz. 790).

h) Mittelpunkt der gesamten betrieblichen und beruflichen Betätigung (Gesamttätigkeit)

792 Grundsätzlich lassen sich folgende **drei Fallgruppen** unterscheiden:

Fall 1: Das Arbeitszimmer ist Mittelpunkt aller Tätigkeiten

- Bilden bei allen Erwerbstätigkeiten – jeweils – die im häuslichen Arbeitszimmer verrichteten Arbeiten den qualitativen Schwerpunkt, so liegt dort auch der Mittelpunkt der Gesamttätigkeit.

Fall 2: Die außerhäuslichen Tätigkeiten sind der Mittelpunkt

- Bilden hingegen die außerhäuslichen Tätigkeiten – jeweils – den qualitativen Schwerpunkt der Einzeltätigkeiten oder lassen sich diese keinem Schwerpunkt zuordnen, so kann das häusliche Arbeitszimmer auch nicht durch die Summe der darin verrichteten Arbeiten zum Mittelpunkt der Gesamttätigkeit werden.

Fall 3: Das Arbeitszimmer ist nicht Mittelpunkt aller Tätigkeiten

- Bildet das häusliche Arbeitszimmer den qualitativen Mittelpunkt lediglich einer einzelnen Tätigkeit, nicht jedoch im Hinblick auf die übrigen Tätigkeiten des Stpfl., ist regelmäßig davon auszugehen, dass das Arbeitszimmer nicht der Mittelpunkt der Gesamttätigkeit ist.

Entscheidend ist, dass die ausgeübte betriebliche oder berufliche Tätigkeit wesentlich und prägend ist. Bei der Gesamtbetrachtung zur Beurteilung des Mittelpunkts der gesamten betrieblichen und beruflichen Betätigung sind nur solche Einkünfte zu berücksichtigen, die grundsätzlich ein Tätigwerden des Steuerpflichtigen im jeweiligen Kalenderjahr erfordern.

Der Stpfl. hat die Möglichkeit, anhand konkreter Umstände des Einzelfalls glaubhaft zu machen oder nachzuweisen, dass die Gesamttätigkeit gleichwohl einem einzelnen qualitativen Schwerpunkt zugeordnet werden kann und dass dieser im häuslichen Arbeitszimmer liegt. Abzustellen ist dabei auf das Gesamtbild der Verhältnisse und die Verkehrsanschauung, nicht auf die Vorstellung des betroffenen Stpfl. (BFH v. 13.10.2003, VI R 27/02, BStBl II 2004, 771 und v. 16.12.2004, IV R 19/03, BStBl II 2005, 212; vgl. z.B. BFH v. 13.6.2020, VIII B 166/19). Der BFH hat seine o.g. Rechtsprechung im Urteil v. 9.6.2015, VIII R 8/13, HFR 2016, 13 nochmals bestätigt.

Übt der Stpfl. mehrere unterschiedliche i.R. der Gesamtbetrachtung zu berücksichtigende Tätigkeiten aus, ist zwar nicht erforderlich, dass das Arbeitszimmer den Mittelpunkt „jedweder" oder „einer jeden einzelnen betrieblichen und beruflichen Tätigkeit" bilden muss. Gleichwohl bedarf es zunächst der Bestimmung des jeweiligen Betätigungsmittelpunktes der einzelnen betrieblichen und beruflichen Tätigkeit des Stpfl., um sodann auf dieser Grundlage den qualitativen Schwerpunkt der Gesamttätigkeit zu ermitteln. **In diesem Zusammenhang ist sodann der Mittelpunkt der Gesamttätigkeit nach dem Mittelpunkt der Haupttätigkeit zu bestimmen.** Fehlt für die Feststellung einer solchen Haupttätigkeit eine insoweit indizielle nichtselbständige Vollzeitbeschäftigung auf Grund privat- oder öffentlich-rechtlicher Arbeits- oder Dienstverhältnisse, so ist in Zweifelsfällen zur Feststellung der Haupttätigkeit auf die Höhe der jeweils erzielten Einnahmen, das den einzelnen Tätigkeiten nach der Verkehrsauffassung zukommende Gewicht und den auf die jeweilige Tätigkeit insgesamt entfallenden Zeitaufwand abzustellen.

Das häusliche Arbeitszimmer und der Außendienst können nicht gleichermaßen ein „Mittelpunkt" der betrieblichen und beruflichen Betätigung eines Stpfl. sein (i.S.d. § 4 Abs. 5 Satz 1 Nr. 6b Satz 2 EStG, BFH v. 21.2.2003, VI R 14/02, BStBl II 2004, 68).

Beispiele, in denen das häusliche Arbeitszimmer den **Mittelpunkt** der gesamten betrieblichen und beruflichen Betätigung bildet (**folglich kein Abzugsverbot**):

- Bei einem Verkaufsleiter, der zur Überwachung von Mitarbeitern und zur Betreuung von Großkunden auch im Außendienst tätig ist, kann das häusliche Arbeitszimmer Tätigkeitsmittelpunkt sein, wenn er dort die für den Beruf wesentlichen Leistungen (z.B. Organisation der Betriebsabläufe) erbringt (BFH v. 13.11.2002, VI R 104/01, BStBl II 2004, 65).
- Bei einem Ingenieur, dessen Tätigkeit durch die Erarbeitung theoretischer, komplexer Problemlösungen im häuslichen Arbeitszimmer geprägt ist, kann dieses auch dann der Mittelpunkt der beruflichen Betätigung sein, wenn die Betreuung von Kunden im Außendienst ebenfalls zu seinen Aufgaben gehört (BFH v. 13.11.2002, VI R 28/02, BStBl II 2004, 59).
- Bei einem Praxis-Konsultant, der ärztliche Praxen in betriebswirtschaftlichen Fragen berät, betreut und unterstützt, kann das häusliche Arbeitszimmer auch dann den Mittelpunkt der gesamten beruflichen Tätigkeit bilden, wenn er einen nicht unerheblichen Teil seiner Arbeitszeit im Außendienst verbringt (BFH v. 29.4.2003, VI R 78/02, BStBl II 2004, 76).

- Bei einem **Pensionär**, der noch eine Gutachtertätigkeit ausübt (BFH v. 11.11.2014, VIII R 3/12, BStBl II 2015, 382).

Beispiele, in denen das Arbeitszimmer **nicht den Mittelpunkt** der gesamten betrieblichen und beruflichen Betätigung bildet (folglich keine Abzugsmöglichkeit):

- Bei einem – freien oder angestellten – Handelsvertreter liegt der Tätigkeitsschwerpunkt außerhalb des häuslichen Arbeitszimmers, wenn die Tätigkeit nach dem Gesamtbild der Verhältnisse durch die Arbeit im Außendienst geprägt ist, auch wenn die zu Hause verrichteten Tätigkeiten zur Erfüllung der beruflichen Aufgaben unerlässlich sind (BFH v. 13.11.2002, VI R 82/01, BStBl II 2004, 62).
- Ein kaufmännischer Angestellter eines Industrieunternehmens ist nebenbei als Mitarbeiter für einen Lohnsteuerhilfeverein selbständig tätig und nutzt für letztere Tätigkeit sein häusliches Arbeitszimmer als „Beratungsstelle", in dem er Steuererklärungen erstellt, Beratungsgespräche führt und Rechtsbehelfe bearbeitet. Für diese Nebentätigkeit ist das Arbeitszimmer zwar der Tätigkeitsmittelpunkt. Auf Grund der erforderlichen Gesamtbetrachtung ist das Arbeitszimmer jedoch nicht Mittelpunkt seiner gesamten betrieblichen und beruflichen Betätigung (BFH v. 23.9.1999, VI R 74/98, BStBl II 2000, 7).
- Bei einer Ärztin, die Gutachten über die Einstufung der Pflegebedürftigkeit erstellt und dazu ihre Patienten ausschließlich außerhalb des häuslichen Arbeitszimmers untersucht und dort (vor Ort) alle erforderlichen Befunde erhebt, liegt der qualitative Schwerpunkt nicht im häuslichen Arbeitszimmer, in welchem lediglich die Tätigkeit begleitende Aufgaben erledigt werden (BFH v. 23.11.2003, IV R 71/00, BStBl II 2004, 43).
- Bei einem Architekten, der neben der Planung auch mit der Ausführung der Bauwerke (Bauüberwachung) betraut ist, kann diese Gesamttätigkeit keinem konkreten Tätigkeitsschwerpunkt zugeordnet werden. Das häusliche Arbeitszimmer bildet in diesem Fall nicht den Mittelpunkt der gesamten betrieblichen und beruflichen Betätigung (BFH v. 26.6.2003, IV R 9/03, BStBl II 2004, 50).
- Bei Lehrern befindet sich der Mittelpunkt der betrieblichen und beruflichen Betätigung regelmäßig nicht im häuslichen Arbeitszimmer, weil die berufsprägenden Merkmale eines Lehrers im Unterrichten bestehen und diese Leistungen in der Schule o. Ä. erbracht werden (BFH v. 26.2.2003, VI R 125/01, BStBl II 2004, 72). Deshalb sind die Aufwendungen für das häusliche Arbeitszimmer auch dann nicht in voller Höhe abziehbar, wenn die überwiegende Arbeitszeit auf die Vor- und Nachbereitung des Unterrichts verwendet und diese Tätigkeit im häuslichen Arbeitszimmer ausgeübt wird. Auch bei einem Hochschullehrer ist das häusliche Arbeitszimmer grundsätzlich nicht der Mittelpunkt der beruflichen Tätigkeit (BFH v. 27.10.2011, VI R 71/10, BStBl II 2012, 234).
- Bei einem Richter liegt der Mittelpunkt der beruflichen Tätigkeit im Gericht (BFH v. 8.12.2011, VI R 13/11, BStBl II 2012, 236).

Ebenso **nicht** als **Tätigkeitsmittelpunkt anerkannt** (folglich keine Abzugsmöglichkeit) hat der BFH das Arbeitszimmer z.B. bei

- einem angestellten **Kirchenmusikdirektor**, der im Nebenberuf eine **Lehrtätigkeit an einer Musikhochschule** ausübt; der Tätigkeitsmittelpunkt liegt nicht im häuslichen Arbeitszimmer, sondern in der Musikhochschule (BFH v. 17.6.2004, IV R 33/02, HFR 2005, 303);
- einer **freiberuflich tätigen Dokumentarfilmerin**, die zugleich noch als Cutterin bei einer Rundfunkanstalt angestellt war (BFH v. 30.1.2007, XI B 84/06);
- einem **Geschäftsführer und Steuerberater**, auch wenn er daneben **Kapitaleinkünfte** bezieht (BFH v. 27.3.2009, VIII B 184/08, BStBl II 2009, 850);
- dem als Arbeitnehmer in Vollzeit tätigen **Syndikusanwalt eines Industrieunternehmens**, der daneben eine selbständige Tätigkeit als Rechtsanwalt ausübt und hierfür ein häusliches Arbeitszimmer nutzt (BFH v. 13.4.2010, VIII R 27/08);
- einem als **Rechtsbeistand tätigen pensionierten Beamten**, der daneben Einkünfte aus selbständiger Arbeit als Dozent sowie aus einer schriftstellerischen und beratenden Tätigkeit erzielte (BFH v. 9.8.2011, VIII R 5/09);
- einem angestellten **Steuerberater**, der das häusliche Arbeitszimmer für eine freiberufliche schriftstellerische Nebentätigkeit nutzt (BFH v. 25.4.2017, VIII R 52/13, BStBl II 2017, 949);
- einem **Rechtsanwalt**, der das häusliche Arbeitszimmer als Kanzleisitz für seine anwaltliche Nebentätigkeit nutzt (BFH v. 13.6.2020, VIII B 166/19).

i) Einrichtung des Arbeitszimmers

Im Arbeitszimmer sollten sich nach Möglichkeit nur beruflich genutzte Gegenstände befinden, d.h. insbesondere Schreibtisch, Bücherregale, Computer. **793**

Eine **Liege** ist nicht schädlich, sofern sie dazu benutzt wird, um sich im Liegen auf die Arbeit zu konzentrieren, Akten zu lesen und sich zwischen Arbeiten auszuruhen. Ebenso muss nicht jedes **„private" Buch** schon der steuerlichen Anerkennung des Arbeitszimmers entgegenstehen, auch nicht, wenn **wenig benutzte Kleidung** in einem Schrank aufbewahrt wird. Die Beantwortung der Frage, ob Gegenstände des privaten Gebrauchs der steuerlichen Anerkennung eines Arbeitszimmers entgegenstehen, erfordert eine Gewichtung der Intensität einerseits der beruflichen Nutzung des Zimmers und andererseits des von den Gegenständen ausgehenden Eindrucks auch privater Nutzung dieses Zimmers. Erst wenn das Vorhandensein privater Gegenstände gegenüber der beruflichen Nutzung auf eine mehr als nur untergeordnete private Mitbenutzung des Zimmers schließen lässt, wird das Arbeitszimmer steuerlich nicht anerkannt werden können (vgl. z.B. BFH v. 16.2.1990, VI R 144/86).

Ist das Arbeitszimmer dagegen z.B. mit einem **Bett, einem Kühlschrank mit Getränken und einer Kaffeemaschine** ausgestattet, spricht dies für eine nicht unerhebliche private Mitbenutzung des Arbeitszimmers. Die Aufwendungen können dann von vornherein nicht als Werbungskosten anerkannt werden (FG Niedersachsen v. 13.2.2001, 8 K 592/94 und 8 K 769/00, EFG 2002, 1586).

j) Abzugsfähige Kosten

aa) Allgemeines

Zu den abzugsfähigen Aufwendungen für das (häusliche) Arbeitszimmer gehören neben den originären Raumkosten (s. → Rz. 797) insbesondere die **Aufwendungen für die Ausstattung des Zimmers**, wie z.B. Tapeten, Teppiche, Fenstervorhänge, Gardinen und Lampen. Sie teilen das Schicksal der Kosten für das Arbeitszimmer und sind entweder in unbegrenzter Höhe oder gar nicht absetzbar. **794**

In voller Höhe abzugsfähig sind hingegen die **Aufwendungen für Arbeitsmittel**; und zwar als Werbungskosten nach § 9 Abs. 1 Satz 3 Nr. 6 EStG; hierzu können auch Einrichtungsgegenstände rechnen.

Nicht als Werbungskosten abzugsfähig sind Aufwendungen

- für die **Ausschmückung** des Arbeitszimmers (→ Rz. 798) sowie
- für **privat genutzte Gegenstände** (→ Rz. 799).

Diese Abgrenzung kann mitunter schwierig sein.

Nicht zu den als Betriebsausgaben/Werbungskosten abziehbaren Aufwendungen eines häuslichen Arbeitszimmers gehören auch die Aufwendungen des Stpfl. für in die private Sphäre eingebundene Räume, die bereits nach ihrem äußeren Erscheinungsbild nicht dem Typus des Arbeitszimmers zuzurechnen sind, sondern ihrer Art oder ihrer Einrichtung nach erkennbar auch privaten Wohnzwecken dienen. Aufwendungen für **Küche, Bad und Flur**, die in die häusliche Sphäre eingebunden sind und zu einem nicht unerheblichen Teil privat genutzt werden, können daher auch dann nicht als Betriebsausgaben/Werbungskosten berücksichtigt werden, wenn ein berücksichtigungsfähiges häusliches Arbeitszimmer vorhanden ist (vgl. BFH v. 14.5.2019, VIII R 16/15, BStBl II 2019, 510 betr. Badrenovierungskosten als Aufwendungen für das häusliche Arbeitszimmer). **795**

bb) Zur Ausstattung gehörende Gegenstände

Dem Grunde nach abziehbare Aufwendungen für die **Ausstattung** eines häuslichen Arbeitszimmers sind insbesondere Kosten für Tapeten, Teppiche, Fenstervorhänge, Gardinen und Lampen so- **796** wie andere **raumzugehörige funktionell dem Gebäude zuzurechnende Gegenstände**. Zu Teppichen → Rz. 800.

cc) Raumkosten

797 Zu den originären Raumkosten für ein häusliches Arbeitszimmer gehören insbesondere die folgenden **anteiligen Aufwendungen** für:

- Gebäude-AfA, Absetzungen für außergewöhnliche technische oder wirtschaftliche Abnutzung, Sonderabschreibungen bei Wohnungseigentum,
- Schuldzinsen für Kredite, die zur Anschaffung, Herstellung oder Reparatur des Gebäudes oder der Eigentumswohnung verwendet worden sind,
- (Kalt-)Miete,
- Wasser- und Energiekosten,
- Reinigungskosten,
- Grundsteuer, Müllabfuhrgebühren, Schornsteinfegergebühren, Hausrat- und Gebäudeversicherung,
- Renovierungskosten.

Die Aufwendungen einer **Gartenerneuerung** können anteilig den Kosten des häuslichen Arbeitszimmers zuzurechnen sein, wenn bei einer Reparatur des Gebäudes Schäden am Garten verursacht worden sind. Allerdings sind den Kosten des Arbeitszimmers nur diejenigen Aufwendungen zuzurechnen, welche der Wiederherstellung des ursprünglichen Zustands dienen (BFH v. 6.10.2004, VI R 27/01, BStBl II 2004, 1071).

dd) Ausschmückung des Arbeitszimmers

798 Aufwendungen zu **Ausschmückung** des Arbeitszimmers sowie für Luxusgegenstände sind nicht abzugsfähig. Hierzu gehören Aufwendungen für Gegenstände, deren Wert und Zweck **unabhängig von der Funktion des Raumes sind**, wie z.B. für Bilder, Blumen, Vasen und andere Kunstgegenstände.

Im Einzelfall mögen solche Gegenstände zwar die Arbeitsleistung und damit die berufliche Tätigkeit mittelbar fördern. Das ist aber für die Bejahung der beruflichen Veranlassung (§ 9 Abs. 1 Satz 1 EStG) nicht ausreichend. Nach § 12 Nr. 1 Satz 2 EStG sind **Kosten der Lebensführung** auch dann nicht als Werbungskosten abzugsfähig, wenn sie den Beruf oder die Tätigkeit des Stpfl. fördern; § 12 Nr. 1 EStG enthält zudem ein **Aufteilungs- und Abzugsverbot** für Aufwendungen, die sowohl durch die Lebensführung als auch durch den Beruf veranlasst sind (BFH v. 30.10.1990, VIII R 42/87, BStBl II 1991, 340 betr. ein Gobelinbild im häuslichen Arbeitszimmer).

ee) Privat genutzte Gegenstände

799 Aufwendungen für privat genutzte Gegenstände im häuslichen Arbeitszimmer sind zwar steuerlich nicht abzugsfähig (§ 12 Nr. 1 EStG), müssen aber der steuerlichen Anerkennung des Arbeitszimmers nicht von vornherein entgegenstehen.

Erst wenn das Vorhandensein privater Gegenstände gegenüber der beruflichen Nutzung auf eine mehr als nur untergeordnete private Mitbenutzung des Zimmers schließen lässt, wird das Arbeitszimmer steuerlich nicht anerkannt werden können (vgl. z.B. FG Münster v. 16.9.2020, 13 K 94/18 E, EFG 2020, 1839, Nichtzulassungsbeschwerde durch BFH v. 7.5.2021, IX B 65/20, nicht dokumentiert, als unbegründet zurückgewiesen: Anerkennung abgelehnt, weil im Arbeitszimmer eine Vielzahl von Büchern, Ordnern und privaten Gegenständen in Schränken und Regalen gelagert wurden).

Einzelne **„bürofremde" Gegenstände** wie eine Couch, ein Klappbett, Jagdwaffen und -trophäen oder Musikinstrumente hindern die grundsätzliche Einordnung des Raumes als häusliches Arbeitszimmer nicht, auch wenn sie im Einzelfall als Anhaltspunkte für eine nicht nur untergeordnete private Mitbenutzung gewertet werden können (BFH v. 19.9.2002, VI R 70/01, BStBl II 2003, 139). Auch eine im häuslichen Arbeitszimmer einer angestellten Fachärztin für Psychiatrie vorhandene **Liege** ändert nicht dessen Zweckbestimmung, sofern sie dazu benutzt wird, um sich im Liegen auf die Arbeit zu konzentrieren, Akten zu lesen und sich zwischen Arbeiten auszuruhen (BFH v. 16.2.1990, VI R 144/86).

Für eine nicht unerhebliche private Nutzung kann dagegen die Einrichtung des Arbeitszimmers mit **Kamin und Sitzgruppe mit drei großen Clubsesseln** sprechen (BFH v. 18.3.1988, VI R 49/85).

ff) Teppiche

Ein im Arbeitszimmer ausgelegter Teppich zählt **nicht zu den Arbeitsmitteln** i.S.d. § 9 Abs. 1 Satz 3 Nr. 6 EStG, denn dieses Wirtschaftsgut dient weder der unmittelbaren Erledigung der beruflichen Arbeiten, noch ist er für eine sinnvolle und effektive Erledigung der beruflichen Arbeiten erforderlich (BFH v. 8.11.1996, VI R 22/96, HFR 1997, 479). 800

Ein Teppich gehört

- zur **Ausstattung** des Arbeitszimmers (abzugsfähig, → Rz. 796), wenn er als Gebrauchsgegenstand zu beurteilen ist, was i.d.R. bei einem Teppich von durchschnittlicher Qualität und von durchschnittlichem Preis zu bejahen ist, zumal wenn er dazu dient, die Fußkälte des Arbeitszimmers zu vermindern (BFH v. 8.11.1996, VI R 22/96, HFR 1997, 479 betr. einen 5,77 qm großen Orientteppich für 3 900 DM im Jahr 1990). Die Kosten teilen dann das Schicksal der übrigen Arbeitszimmerkosten,
- zur **Ausschmückung** des Arbeitszimmers (nicht abzugsfähig, → Rz. 798), wenn er nach der Höhe der Anschaffungskosten nicht nur die Funktion eines Bodenbelags hat, sondern durch eine „wohnliche" Atmosphäre Wohlbehagen vermitteln soll (FG Saarland v. 14.10.1993, 1 K 92/93, EFG 1994, 235 betr. einen Teppich für 7 900 DM im Jahr 1987). Die Kosten sind nach § 12 Nr. 1 EStG nicht abzugsfähig.

gg) Arbeitsmittel

Nicht vom Abzugsverbot erfasst sind die Aufwendungen für die **beruflich genutzten Einrichtungsgegenstände** im Arbeitszimmer (z.B. Schreibtisch, Stuhl, Bücherregale, Klavier, Computer), bei denen es sich im steuerlichen Sinne um **Arbeitsmittel** i.S.d. § 9 Abs. 1 Nr. 7 EStG handelt (vgl. BFH v. 21.11.1997, VI R 4/97, BStBl II 1998, 351 und v. 23.9.2009, IV R 21/08, BStBl II 2010, 337). Gleiches gilt für betrieblich oder beruflich veranlasste Aufwendungen für Telefon und Internet. Diese werden von § 4 Abs. 5 Satz 1 Nr. 6b EStG auch dann nicht umfasst, wenn anstelle der Aufwendungen für das häusliche Arbeitszimmer die Jahrespauschale abgezogen wird. 801

Daraus folgt: Auch wenn das Arbeitszimmer nach den o.g. Grundsätzen steuerlich nicht anerkannt werden kann, gilt dies nicht für die in dem Zimmer befindlichen Arbeitsmittel wie z.B. den Schreibtisch eines Lehrers, wenn nach den gesamten Umständen des Einzelfalles unzweifelhaft feststeht, dass dieser weit überwiegend zu dienstlichen Zwecken benutzt wird (BFH v. 18.2.1977, VI R 182/75, BStBl II 1977, 464). Die jeweilige Abgrenzung kann schwierig sein; s. auch → Rz. 796.

Nicht als Arbeitsmittel anerkannt wurden – auch wenn sie sich im Arbeitszimmer befinden – z.B.

- **Teppiche** (BFH v. 8.11.1996, VI R 22/96, HFR 1997, 479, vgl. z.B. FG München v. 10.3.2005, 15 K 1857/04),
- eine **Couch** (FG München v. 28.9.2005, 10 K 1427/03).

k) Berechnung der abzugsfähigen Aufwendungen

aa) Allgemeines

Die auf ein häusliches Arbeitszimmer anteilig entfallenden Aufwendungen sind grds. nach dem Verhältnis der Fläche des Arbeitszimmers zu der nach §§ 42 bis 44 der **Zweiten Berechnungsverordnung** v. 17.10.1957, BGBl. I 1957, 1719 (II. BV) oder nach der **Wohnflächenverordnung** v. 25.11.2003, BGBl. I 2003, 2346 berechneten Wohnfläche der Wohnung (einschließlich des Arbeitszimmers) zu ermitteln (vgl. z.B. BFH v. 14.5.2019, VIII R 16/15, BStBl II 2019, 510 betr. Badrenovierungskosten als Aufwendungen für das häusliche Arbeitszimmer). 802

Die **Wohnfläche** einer Wohnung umfasst die Grundfläche der Räume, die ausschließlich zu dieser Wohnung gehören. **Nicht zur Wohnfläche** gehören hingegen die Grundflächen von **Zubehörräumen**. Bei einem im Keller belegenen häuslichen Arbeitszimmer ist entscheidend, ob es sich um einen zur Wohnfläche gehörenden Hauptraum oder um einen nicht zur Wohnfläche gehörenden Nebenraum handelt. Dient ein Raum unmittelbar seiner Funktion nach dem Wohnen und ist er nach seiner baulichen Beschaffenheit (z.B. Vorhandensein von Fenstern), Lage (unmittelbare Verbindung zu den übrigen Wohnräumen) und Ausstattung (Wand- und Bodenbelag, Beheizbarkeit, Einrichtung mit Mobiliar) dem Standard eines

Wohnraumes und nicht dem eines Zubehörraumes vergleichbar und zum dauernden Aufenthalt von Menschen tatsächlich geeignet und bestimmt, ist für die rechtliche Beurteilung nicht von Bedeutung, dass der Raum im **Kellergeschoss** liegt (BFH v. 11.11.2014, VIII R 3/12, BStBl II 2015, 382). Werden betrieblich oder beruflich genutzte Nebenräume in die Kostenberechnung einbezogen, sind die abziehbaren Kosten nach dem Verhältnis des gesamten betrieblich oder beruflich genutzten Bereiches (betrieblich oder beruflich genutzte Haupt- und Nebenräume) zu der Gesamtfläche aller Räume des Gebäudes aufzuteilen.

Der prozentuale Anteil, der auf das häusliche Arbeitszimmer entfällt, berechnet sich wie folgt:

Der Arbeitszimmeranteil ist wie folgt zu ermitteln:

$$\frac{\text{Fläche des Arbeitszimmers x 100}}{\text{Gesamtwohnfläche der Wohnung (einschl. Arbeitszimmer)}}$$

Die **Gesamtaufwendungen des Gebäudes** sind dann in Höhe des ermittelten Anteils für das Arbeitszimmer zu berücksichtigen. Auch wenn hiernach möglicherweise nicht alle Aufwendungen ganz zutreffend aufgeteilt werden, gilt dies aus Vereinfachungsgründen auch für die **Kosten für Wasser und Abwasser, Müllabfuhrgebühren und Stromkosten** (BFH v. 18.10.1983, VI R 68/83, BStBl II 1984, 112). Ebenso hat das FG Saarland die anteiligen Hauskosten anerkannt, weil „es nicht darauf ankommt, in welchem Umfang welche Betriebskosten für welchen Teil des Hauses angefallen sind. Dies gilt auch für die Wasserkosten, deren Auswirkungen sich im Übrigen in einem sehr begrenzten Rahmen bewegen“ (FG Saarland v. 30.5.2007, 1 K 1023/05, EFG 2007, 1421).

Aufwendungen, die direkt zugeordnet werden können, z.B. für die Ausstattung des häuslichen Arbeitszimmers, werden zu den anteiligen Aufwendungen addiert und die Summe stellt dann die gesamten Aufwendungen für das häusliche Arbeitszimmer dar. Diese sind dann je nach Rechtslage unbeschränkt oder insgesamt nicht als Betriebsausgaben/Werbungskosten abzugsfähig.

Mit Urteil v. 5.2.2025, VI R 3/23, BStBl II 2025, 650, hat der BFH entschieden, dass Aufwendungen des Stpfl. für einen Umzug in eine andere Wohnung (**Umzugskosten**), um dort (erstmals) ein Arbeitszimmer einzurichten, nicht als Werbungskosten abzugsfähig sind. Dies gilt auch dann, wenn der Stpfl. – wie in Zeiten der Corona-Pandemie – (zwangsweise) zum Arbeiten im häuslichen Bereich angehalten ist oder durch die Arbeit im Homeoffice Berufs- und Familienleben zu vereinbaren sucht.

bb) Aufteilung von Renovierungskosten

803 Renovierungsaufwendungen, die ausschließlich das häusliche Arbeitszimmer betreffen, sind in voller Höhe zu berücksichtigen. Es ist wie folgt zu unterscheiden (vgl. z.B. BFH v. 14.5.2019, VIII R 16/15, BStBl II 2019, 510 betr. Badrenovierungskosten als Aufwendungen für das häusliche Arbeitszimmer):

- Soweit die Aufwendungen die sog. **Allgemeinflächen** (z.B. Flur, Diele, Treppenhaus) oder bei Wohnungseigentum das **Gesamtgebäude** (z.B. Dachreparatur, Streichen der Außenfassade, Erneuerung der Heizung, Fenster oder Haustür) betreffen, ist allein der auf das häusliche Arbeitszimmer entfallende Anteil der Gesamtaufwendungen abzuziehen. Dieser Anteil ist grds. nach dem Wohnflächenverhältnis im Schätzwege zu ermitteln.
- Nicht abzugsfähig (auch nicht anteilig!) sind hingegen z.B. Renovierungs- und Umbaukosten, die für einen Raum anfallen, der ausschließlich oder mehr als in nur untergeordnetem Umfang privaten Wohnzwecken dient (z.B. **Wohnzimmer, Küche, Bad und Flur)**, auch wenn ein berücksichtigungsfähiges häusliches Arbeitszimmer vorhanden ist.
- Aufwendungen, die **nur das Arbeitszimmer betreffen** (z.B. Teppichbodenerneuerung oder Malerarbeiten in diesem Zimmer), können in voller Höhe als Betriebsausgaben oder Werbungskosten berücksichtigt werden.
- Aufwendungen für die (nicht durch die Reparatur des Gebäudes veranlasste) Neuanlage eines **Gartens** sind nicht anteilig den Kosten des häuslichen Arbeitszimmers im selbst genutzten Einfamilienhaus zuzurechnen (BFH v. 14.3.2008, IX B 183/07).

cc) Nicht ganzjährige Nutzung des häuslichen Arbeitszimmers

Ändern sich die Nutzungsverhältnisse innerhalb eines Wirt- **804**
schafts- oder Kalenderjahres, können nur die auf den Zeitraum entfallenden Aufwendungen in voller Höhe abgezogen werden, in dem das Arbeitszimmer den **Mittelpunkt** der gesamten betrieblichen und beruflichen Betätigung bildet. Für den **übrigen** Zeitraum kommt ggf. ein Abzug der **Tagespauschale** in Betracht → *Home-Office/Mobile-Office/Telearbeit* Rz. 2549.

Die **Jahrespauschale** i.H.v. 1 260 € darf nur zeitanteilig angesetzt werden, wenn die Abzugsvoraussetzungen nicht für das gesamte Kalenderjahr vorliegen. Die Ermäßigung beträgt ein Zwölftel für jeden Kalendermonat, in dem die Abzugsvoraussetzungen nicht vorgelegen haben.

Die **Aufwendungen selbst sind jedoch zeitanteilig zu kürzen**, wenn der Stpfl. erst während des Jahres eine Tätigkeit aufnimmt und dann ein häusliches Arbeitszimmer einrichtet oder während des Jahres – etwa wegen Eintritts in den Ruhestand – die Tätigkeit endgültig einstellt (BFH v. 15.12.2016, VI R 86/13, BStBl II 2017, 941).

Beispiel:

Ein Arbeitnehmer A hat im 1. Halbjahr den Mittelpunkt seiner gesamten betrieblichen und beruflichen Tätigkeit in seinem häuslichen Arbeitszimmer. Im 2. Halbjahr übt er die Tätigkeit am Arbeitsplatz bei seinem Arbeitgeber aus.

Die Aufwendungen für das Arbeitszimmer, die auf das 1. Halbjahr entfallen, sind in voller Höhe als Werbungskosten abziehbar. Für das 2. Halbjahr kommt ein Abzug nicht in Betracht.

Ermittelt A die tatsächlichen Gesamtaufwendungen nicht und macht er stattdessen die Jahrespauschale geltend, kann A für sechs Monate (Januar bis Juni) die zeitanteilige Jahrespauschale abziehen; sechs Zwölftel von 1 260 € = 630 €.

Für den Zeitraum ab Juli kann A die Tagespauschale abziehen, wenn die Abzugsvoraussetzungen dafür vorliegen.

Keine Kürzung ist hingegen vorzunehmen, wenn der Stpfl. das Zimmer zeitweise nicht nutzt, etwa während des **Urlaubs, Krankheit, Wochenenden oder mangels Aufträgen**. Maßgeblich ist allein, dass der Stpfl. ein häusliches Arbeitszimmer vorhält. Dabei dürfen Zeiten der Nichtnutzung nicht der außerberuflichen Nutzung zugerechnet werden (BFH v. 15.12.2016, VI R 86/13, BStBl II 2017, 941).

Wird das Arbeitszimmer für eine spätere Nutzung vorbereitet, bei der die Abzugsvoraussetzungen vorliegen, sind die darauf entfallenden Aufwendungen entsprechend zu berücksichtigen (BFH v. 23.5.2006, VI R 21/03, BStBl II 2006, 600). Die Jahrespauschale darf jedoch nur zeitanteilig angesetzt werden (ab der der späteren Nutzung, § 4 Abs. 5 Satz 1 Nr. 6b Satz 3 EStG).

l) Nutzung des Arbeitszimmers durch mehrere Personen

aa) Allgemeines

Die Abzugsbeschränkung ist nach der BFH-Rechtsprechung per- **805**
sonenbezogen anzuwenden. Daher kann jeder Nutzende die Aufwendungen, die er getragen hat, entweder unbegrenzt oder gar nicht abziehen. Nutzen mehrere Personen, wie z.B. Ehegatten, ein Arbeitszimmer gemeinsam, sind die Voraussetzungen des § 4 Abs. 5 Satz 1 Nr. 6b EStG bezogen auf die einzelne steuerpflichtige Person zu prüfen (BFH v. 15.12.2016, VI R 53/12, BStBl II 2017, 938 und VI R 86/13, BStBl II 2017, 941). Nutzen Miteigentümer das Arbeitszimmer gemeinsam zur Erzielung von Einkünften, kann jeder die seinem Anteil entsprechenden und von ihm getragenen Aufwendungen (z.B. Absetzung für Abnutzung, Schuldzinsen) als Betriebsausgaben oder Werbungskosten abziehen. Dasselbe gilt für Mietzahlungen für eine durch Ehegatten oder Lebenspartner gemeinsam gemietete Wohnung (BFH v. 15.12.2016, VI R 86/13, BStBl II 2017, 941).

Bei der Zahlung von einem gemeinsamen Konto sind die grundstücksorientierten Aufwendungen (z.B. Absetzung für Abnutzung, Schuldzinsen) beim Nutzenden als Betriebsausgaben oder Werbungskosten abziehbar, wenn sie von ihm geschuldet werden (BFH v. 6.12.2017, VI R 41/15, BStBl II 2018, 355). Dasselbe gilt für Mietzahlungen für eine gemeinsam gemietete Wohnung (BFH v. 15.12.2016, VI R 86/13, BStBl II 2017, 941) unabhängig davon, ob es sich um Ehegatten, Lebenspartner oder nichteheliche Lebensgemeinschaften handelt.

Haben **beiderseits berufstätige Eheleute** jeweils für sich ein separates Arbeitszimmer eingerichtet, so kann jeder seine Aufwendungen dafür ansetzen.

Der Abzug der Aufwendungen für das häusliche Arbeitszimmer setzt nach der o.g. BFH-Rechtsprechung jedoch voraus, dass dem jeweiligen Stpfl. in dem Arbeitszimmer ein Arbeitsplatz in einer Weise zur Verfügung steht, dass er ihn für seine betriebliche/berufliche Tätigkeit in dem konkret erforderlichen Umfang und in der konkret erforderlichen Art und Weise tatsächlich nutzen kann. Außerdem muss feststehen, dass im häuslichen Arbeitszimmer überhaupt eine nennenswerte berufliche oder betriebliche Tätigkeit entfaltet wird. Ferner muss der Stpfl. die Aufwendungen für das häusliche Arbeitszimmer, die er als Betriebsausgaben/Werbungskosten geltend macht, selbst getragen haben. Bei Ehegatten, die ein in ihrem hälftigen Miteigentum stehendes häusliches Arbeitszimmer gemeinsam nutzen, ist dabei davon auszugehen, dass die Kosten jedem Ehepartner grds. zur Hälfte zuzuordnen sind.

Beispiel 1:

A und B nutzen gemeinsam ein häusliches Arbeitszimmer jeweils zu 50 % (zeitlicher Nutzungsanteil). Die Gesamtaufwendungen betragen 4 000 €; A und B tragen sie zur Hälfte.

Für A bildet das häusliche Arbeitszimmer den Mittelpunkt der gesamten betrieblichen und beruflichen Betätigung. A kann 2 000 € als Betriebsausgaben oder Werbungskosten abziehen.

Für B bildet das häusliche Arbeitszimmer nicht den Mittelpunkt der gesamten betrieblichen und beruflichen Betätigung. Folglich kann B für die im häuslichen Arbeitszimmer ausgeübte betriebliche oder berufliche Tätigkeit ggf. die Tagespauschale i.H.v. 6 €/Tag als Betriebsausgaben oder Werbungskosten abziehen → *Home-Office/Mobile-Office/Telearbeit* Rz. 2558.

Beispiel 2:

A und B nutzen gemeinsam ein häusliches Arbeitszimmer jeweils zu 50 % (zeitlicher Nutzungsanteil) in der von B gemieteten Wohnung. Nur für A bildet das häusliche Arbeitszimmer den Mittelpunkt der gesamten betrieblichen und beruflichen Betätigung. Die Gesamtaufwendungen betragen 3 000 € für die Miete und 1 000 € für die nutzungsorientierten Aufwendungen. Sie werden vom gemeinsamen Konto bezahlt.

A kann nur 500 € (die Hälfte der nutzungsorientierten Aufwendungen, → Rz. 806) oder die Jahrespauschale als Betriebsausgaben oder Werbungskosten abziehen. B sind die Mietaufwendungen als grundstücksorientierte Aufwendungen zuzurechnen, da B die Miete vertraglich schuldet. Für die im häuslichen Arbeitszimmer ausgeübte betriebliche oder berufliche Tätigkeit kann B keine Aufwendungen für ein häusliches Arbeitszimmer abziehen.

Bei Vorliegen der Voraussetzungen des § 4 Abs. 5 Satz 1 Nr. 6c EStG kann B die Tagespauschale von 6 € pro Tag als Betriebsausgaben oder Werbungskosten abziehen.

Abwandlung zu Beispiel 2:

Die Miete wird vom Konto des A beglichen. Weil A die Miete selbst getragen hat, sind auch die grundstücksorientierten Aufwendungen von 1 500 €, bezogen auf seinen Nutzungsanteil von 50 %, als Betriebsausgaben oder Werbungskosten abziehbar.

Die **Jahrespauschale** i.H.v. 1 260 € darf personenbezogen angesetzt werden. Dabei kommt es nicht darauf an, wie viele Personen das Arbeitszimmer nutzen.

Beispiel 3:

Wie Beispiel 1; das häusliche Arbeitszimmer bildet jedoch für beide den Mittelpunkt der gesamten betrieblichen und beruflichen Betätigung. Sie möchten die für das Arbeitszimmer angefallenen Aufwendungen nicht ermitteln

Folglich darf sowohl A als auch B jeweils die Jahrespauschale i.H.v. 1 260 € als Betriebsausgaben oder Werbungskosten ansetzen.

bb) Abzug bei Ehegatten/Lebenspartnern

(1) Gemeinsames Haus

806 Nach der BFH-Rechtsprechung (BFH v. 6.12.2017, VI R 41/15, BStBl II 2018, 355 betr. Werbungskostenabzug bei beruflicher Nutzung einer im Miteigentum von Ehegatten stehenden Wohnung) ist für die Berücksichtigung von Aufwendungen für ein häusliches Arbeitszimmer bei Ehegatten/Lebenspartnern eine differenzierte Beurteilung vorzunehmen und zu unterscheiden zwischen

- **grundstücksorientierten Aufwendungen** (wie AfA, Schuldzinsen, Grundsteuern, Hausversicherungen) und
- **nutzungsorientierten Aufwendungen** (wie Energiekosten, Renovierungskosten für das Arbeitszimmer, Reinigungskosten)

(FinMin Bremen v. 4.11.2019 – 900 – S 2145 sowie FinMin Schleswig-Holstein v. 8.1.2020, VI 308 – S 2145 – 116, Einkommensteuer-Kurzinformation Nr. 2020/1).

Diese Unterscheidung ist deshalb erforderlich, weil die **grundstücksorientierten Aufwendungen** – unabhängig von der Bezahlung – **nur der Eigentümer** selbst steuerlich geltend machen kann. So werden nach Auffassung des GrS die grundstücksorientierten Aufwendungen bei Begleichung durch einen Nichteigentümer zumindest auch im Interesse des Eigentümers aufgewendet.

Somit ergibt sich bei einem im Miteigentum von Ehegatten/Lebenspartnern stehenden Wohnobjekt, dass der das Arbeitszimmer nutzende Ehegatte/Lebenspartner die grundstücksorientierten Aufwendungen nur entsprechend seinem **Miteigentumsanteil** geltend machen kann – auch wenn er sie ausschließlich alleine trägt. Beim Alleineigentum scheidet demzufolge ein Abzug vollständig aus, wenn der Nichteigentümer das Arbeitszimmer (alleine) nutzt.

Im Gegensatz dazu sind die anteilig auf das Arbeitszimmer entfallenden **nutzungsorientierten Aufwendungen** durch den Beruf desjenigen Ehegatten/Lebenspartner veranlasst, der das Arbeitszimmer nutzt. Bei diesen Aufwendungen kommt es in erster Linie darauf an, wer sie tatsächlich getragen hat und nicht, wer sie zivilrechtlich schuldet.

Folglich werden die **nutzungsorientierten Aufwendungen demjenigen zugerechnet, von dessen Konto sie gezahlt worden sind**. Werden diese Aufwendungen von einem gemeinsamen Bankkonto der Ehegatten/Lebenspartner beglichen, kann der Nichteigentümer die durch seine berufliche Nutzung verursachten Kosten insgesamt und nicht nur anteilig steuerlich geltend machen (Beispiel s. → Rz. 805).

Eine Differenzierung zwischen grundstücks- und nutzungsorientierten Aufwendungen mit den sich daraus ergebenen unterschiedlichen Rechtsfolgen ist nicht nur auf Eigentumsfälle beschränkt, sondern auch bei **angemieteten Wohnobjekten vorzunehmen**.

Nach Auffassung der Finanzverwaltung gehört die **(Kalt-)Miete zu den grundstücksorientierten Aufwendungen**. Somit kommt eine steuermindernde Berücksichtigung der (Kalt-)Miete nur in Betracht, wenn der das Arbeitszimmer nutzende Stpfl. auch gleichzeitig der Mieter ist. Bei einer **gemeinsam gemieteten Wohnung und Nutzung des Arbeitszimmers durch einen Ehegatten/Lebenspartner** kann dementsprechend die anteilig auf das Arbeitszimmer entfallende (Kalt-)Miete **nur zur Hälfte** steuerlich berücksichtigt werden.

Dagegen sind die **nutzungsorientierten Nebenkosten** (z.B. Energiekosten) steuerlich demjenigen zuzurechnen, der sie finanziell getragen hat. Werden die nutzungsorientierten Nebenkosten von einem gemeinsamen Bankkonto der Ehegatten überwiesen, ist der auf das Arbeitszimmer entfallende Betrag in voller Höhe abzugsfähig.

(2) Arbeitszimmer im Haus des Ehepartners

Der Arbeitnehmer, der ein im Alleineigentum seines Ehegatten 807
stehendes Arbeitszimmer nutzt, kann zunächst alle **nutzungsbezogenen Kosten** (z.B. Strom, Wasser, Müllabfuhr) als Werbungskosten abziehen, auch wenn die Kosten von einem gemeinsamen Konto gezahlt werden.

Die **anteilige Gebäude-Abschreibung** kann der Nichteigentümer dagegen nur als Werbungskosten abziehen, soweit er sich an den Anschaffungs- oder Herstellungskosten des Gebäudes beteiligt hat. Bemessungsgrundlage der AfA sind die auf das Arbeitszimmer entfallenden Anschaffungs- oder Herstellungskosten, soweit sie der Kostenbeteiligung des Stpfl. entsprechen. Eine finanzielle Beteiligung an den Anschaffungskosten oder Herstellungskosten eines dem Ehegatten gehörenden Gebäudes liegt vor, wenn der Nichteigentümer-Ehegatte (Mit-)Schuldner eines Darlehens ist, mit dem die Anschaffung oder Herstellung eines Gebäudes finanziert wird, und bei dem er die Tilgungen mitträgt (BFH v. 23.8.1999, GrS 1/97, BStBl II 1999, 778).

Auch die anteiligen **grundstücksbezogenen Aufwendungen** für das Arbeitszimmer (z.B. Schuldzinsen, Gebäudeversicherungen,

Grundsteuer) kann der Nichteigentümer-Ehegatte nur als Werbungskosten absetzen, wenn er diese Kosten getragen bzw. in Absprache mit dem Eigentümer-Ehegatten übernommen hat (BFH v. 23.8.1999, GrS 2/97, BStBl II 1999, 782).

m) Nutzung des Arbeitszimmers zur Erzielung unterschiedlicher Einkünfte

808 Übt ein Stpfl. mehrere betriebliche und berufliche Tätigkeiten nebeneinander aus und bildet das häusliche Arbeitszimmer den Mittelpunkt der gesamten betrieblichen und beruflichen Betätigung, so sind die Aufwendungen für das Arbeitszimmer oder die Jahrespauschale entsprechend dem Nutzungsumfang den darin ausgeübten Tätigkeiten zuzuordnen. Liegt dabei der Mittelpunkt einzelner Tätigkeiten außerhalb des häuslichen Arbeitszimmers, ist der Abzug der anteiligen Aufwendungen auch für diese Tätigkeiten möglich. Die Finanzverwaltung beanstandet es nicht, wenn der Stpfl. auf eine Aufteilung der Aufwendungen oder der Jahrespauschale auf die verschiedenen Tätigkeiten verzichtet und diese insgesamt einer Tätigkeit zuordnet.

Weil die Jahrespauschale für den Stpfl. zimmerbezogen angesetzt wird, erhöht sie sich nicht, wenn darin mehrere betriebliche und berufliche Tätigkeiten ausgeübt werden.

Beispiel 1:

A nutzt sein Arbeitszimmer sowohl für seine nichtselbständige Tätigkeit als auch für seine freiberufliche Nebentätigkeit. Der Mittelpunkt der gesamten freiberuflichen und beruflichen Betätigung liegt im häuslichen Arbeitszimmer.

A möchte die Jahrespauschale von 1 260 € ansetzen. Sie ist nach dem Nutzungsverhältnis des Arbeitszimmers auf die beiden Einkunftsarten aufzuteilen (keine Vervielfachung).

Beispiel 2:

A nutzt das häusliche Arbeitszimmer zu 60 % für eine nichtselbständige Tätigkeit und zu 40 % für eine gewerbliche Nebentätigkeit. Der Mittelpunkt der gesamten betrieblichen und beruflichen Betätigung liegt im häuslichen Arbeitszimmer. A verzichtet auf die Ermittlung der tatsächlichen Gesamtaufwendungen und zieht stattdessen die Jahrespauschale ab. Die Abzugsvoraussetzungen liegen für das ganze Kalenderjahr vor.

Die Jahrespauschale von 1 260 € ist nach dem Nutzungsverhältnis aufzuteilen. Auf die nichtselbständige Tätigkeit entfallen 60 % von 1 260 € = 756 €, die als Werbungskosten abgezogen werden können. Auf die gewerbliche Nebentätigkeit entfallen 40 % von 1 260 € = 504 €, die als Betriebsausgaben abgezogen werden können. Aus Vereinfachungsgründen kann A die Jahrespauschale auch insgesamt bei der nichtselbständigen Tätigkeit oder der gewerblichen Nebentätigkeit abziehen.

n) Nutzung des Arbeitszimmers zu Ausbildungszwecken

809 Wird ein häusliches Arbeitszimmer (oder Home-Office) für die **eigene (erstmalige) Berufsausbildung** genutzt, können die Aufwendungen dafür als Sonderausgaben angesetzt werden (§ 10 Abs. 1 Nr. 7 Satz 4 EStG). Voraussetzung hierfür ist, dass die betriebliche oder berufliche Tätigkeit in der häuslichen Wohnung ausgeübt wird

- im Rahmen einer eigenen erstmaligen Berufsausbildung

oder

- im Rahmen eines Erststudiums, das zugleich eine Erstausbildung vermittelt,

und dass die Tätigkeit **nicht** im Rahmen eines Dienstverhältnisses ausgeübt wird. Erstausbildungskosten dürfen im Kalenderjahr jedoch nur bis zu insgesamt 6 000 € als Sonderausgaben abgezogen werden (§ 10 Abs. 1 Nr. 7 Satz 1 EStG).

Wird das häusliche Arbeitszimmer auch zur Einkunftserzielung genutzt, gelten für die Aufteilung der Kosten die Grundsätze in → Rz. 808. Ein Ansatz der Tagespauschale ist zulässig (§ 4 Abs. 5 Satz 1 Nr. 6c EStG); schließt jedoch die Berücksichtigung weiterer Arbeitszimmerkosten aus.

o) Mietverhältnis mit dem Arbeitgeber

aa) Allgemeines

810 Um die Abzugsbeschränkungen des häuslichen Arbeitszimmers zu „umgehen", werden verschiedentlich „Mietverträge" mit dem Arbeitgeber über das häusliche Arbeitszimmer abgeschlossen. Die Mieteinnahmen werden als Einnahmen aus **Vermietung und Verpachtung** erklärt, als Werbungskosten bei Vermietung und Verpachtung werden die **vollen Kosten** des häuslichen Arbeitszimmers – d.h. **ohne Berücksichtigung der Abzugsbeschränkung** – geltend gemacht.

Die Finanzverwaltung **erkennt derartige Mietverhältnisse nicht an**, wenn ein **Missbrauch von Gestaltungsmöglichkeiten** des Rechts (§ 42 AO) gegeben ist (OFD Karlsruhe v. 13.2.2007, S 225.3/10 – St 122, auch zur Umsatzsteuer). In diesen Fällen wird die steuerliche Anerkennung eines Mietverhältnisses auch dann versagt, wenn der **Arbeitnehmer-Ehegatte Miteigentümer oder Alleineigentümer** des häuslichen Arbeitszimmers (d.h. der Wohnung) ist (vgl. FG Münster v. 5.6.2003, 8 K 5960/01 E, EFG 2003, 1374). Das Gleiche gilt bei **Untervermietung** eines Arbeitszimmers in einer gemieteten Wohnung. Die als Miete vereinbarten und geleisteten Zahlungen werden als **steuerpflichtiger Arbeitslohn** angesehen.

bb) Rechtsprechung und Verwaltungsregelung

Zur einkommensteuerrechtlichen Beurteilung der **Vermietung eines Arbeitszimmers oder einer als Home-Office genutzten Wohnung durch einen Arbeitnehmer an seinen Arbeitgeber** gelten die Regelungen im Schreiben des BMF v. 18.4.2019, IV C 1 – S 2211/16/10003 :005, BStBl I 2019, 461 auf Grund der geänderten BFH-Rechtsprechung (BFH v. 17.4.2018, IX R 9/17, BStBl II 2019, 219). Grundsätze bei der Vermietung eines häuslichen Arbeitsraums an den Auftraggeber eines Gewerbetreibenden enthält das Urteil des BFH v. 13.12.2016, X R 18/12, BStBl II 2017, 450. 811

Anerkannt wurde die Vermietung eines Arbeitszimmers z.B. bei Zahlungen der Forstverwaltung an einen Revierförster für die Überlassung eines Raums im selbstgenutzten Einfamilienhaus als Dienstzimmer (BFH v. 16.9.2004, VI R 25/02, BStBl II 2006, 10).

Arbeitslohn liegt hingegen vor, wenn

- ein Arbeitgeber dem Arbeitnehmer eine pauschale Nutzungsentschädigung für die Zurverfügungstellung eines Arbeitszimmers im eigenen Einfamilienhaus lediglich **auf Grund einer Betriebsvereinbarung** mit dem Betriebsrat zahlt, also nicht auf Grund eines zwischen Arbeitgeber und Arbeitnehmer abgeschlossenen Mietvertrags (FG Baden-Württemberg v. 27.5.2002, 12 K 22/01);
- der Arbeitsraum durch den Arbeitnehmer auf Grund eines **Arbeitsvertrags bereitzustellen** ist, **ohne dass insoweit ein Mietvertrag geschlossen** und dem Arbeitgeber ein Verfügungsrecht darüber eingeräumt wird (BFH v. 8.3.2006, IX R 76/01, HFR 2006, 1081 betr. einen sog. Bürokostenzuschuss sowie BFH v. 2.10.2008, VI B 102/07);
- eine **GmbH ihrem Geschäftsführer** ein Arbeitszimmer in seinem Haus überlässt (FG München v. 7.10.2008, 13 K 1037/06).

p) Verkauf des Arbeitszimmers

Nach § 23 Abs. 1 Satz 1 Nr. 1 Satz 1 EStG sind Gewinne aus der Veräußerung von Wohneigentum **innerhalb der zehnjährigen Spekulationsfrist grds. einkommensteuerpflichtig**. Ausgenommen sind Wirtschaftsgüter, die im Zeitraum zwischen Anschaffung oder Fertigstellung und Veräußerung ausschließlich zu eigenen Wohnzwecken oder im Jahr der Veräußerung und in den beiden vorangegangenen Jahren zu eigenen Wohnzwecken genutzt wurden (§ 23 Abs. 1 Satz 1 Nr. 1 Satz 3 EStG). 812

Nach Auffassung der **Finanzverwaltung** kommt die Besteuerung eines sog. Spekulationsgewinns auch dann in Betracht, wenn ein Arbeitnehmer ein häusliches Arbeitszimmer eingerichtet und steuerlich geltend gemacht hat (s. ausführlich BMF v. 5.10.2000, IV C 3 – S 2256 – 263/00, BStBl I 2000, 1383 Rdnr. 21 und 39).

Diese Auffassung hat der **BFH abgelehnt** und entschieden, dass der Veräußerungsgewinn auch insoweit gem. § 23 Abs. 1 Satz 1 Nr. 1 Satz 3 EStG von der Besteuerung ausgenommen ist, als er auf ein zur Erzielung von Überschusseinkünften genutztes häusliches Arbeitszimmer entfällt (BFH v. 1.3.2021, IX R 27/19, BStBl II 2021, 680).

Die Reaktion der Finanzverwaltung bleibt weiterhin abzuwarten.

q) Besondere Aufzeichnungspflichten

Nach § 4 Abs. 7 EStG dürfen Aufwendungen für ein häusliches Arbeitszimmer bei der Gewinnermittlung nur berücksichtigt werden, wenn sie besonders aufgezeichnet sind. Es bestehen keine 813

Bedenken, wenn die auf das Arbeitszimmer anteilig entfallenden Finanzierungskosten im Wege der Schätzung ermittelt werden und nach Ablauf des Wirtschafts- oder Kalenderjahres eine Aufzeichnung auf Grund der Jahresabrechnung des Kreditinstitutes erfolgt. Entsprechendes gilt für die verbrauchsabhängigen Kosten wie z.B. Wasser- und Energiekosten. Es ist ausreichend, Abschreibungsbeträge einmal jährlich – zeitnah nach Ablauf des Kalender- oder Wirtschaftsjahres – aufzuzeichnen.

Beim Abzug der Jahrespauschale bestehen die o.g. besonderen Aufzeichnungspflichten nach § 4 Abs. 7 EStG nicht.

r) Überprüfung der Aufwendungen für ein häusliches Arbeitszimmer durch die Finanzbehörden

814 Werden Aufwendungen für ein häusliches Arbeitszimmer erstmalig steuerlich geltend gemacht, sendet das Finanzamt in vielen Fällen einen **Fragebogen** zu, in dem u.a. Fragen zur Nutzung des Arbeitszimmers gestellt werden. Einen bundesweit einheitlichen Fragenkatalog gibt es nicht; im Internet sind jedoch z.B. die in Brandenburg verwendeten Fragebogen veröffentlicht. Daneben wird regelmäßig eine **Skizze der Wohnung** angefordert, aus der die Lage, Zugänge zu anderen Räumen und die Möblierung des Arbeitszimmers ersichtlich sind. Die Verwendung eines solchen Fragebogens ist nicht rechtsmissbräuchlich (FG Niedersachsen v. 25.8.1998, VIII 470/93, EFG 1999, 1003).

Nach FinMin Nordrhein-Westfalen v. 1.8.2003, S 0242, sind die Bediensteten der Finanzbehörden grds. befugt, **Arbeitszimmer in Augenschein zu nehmen**, um anhand ihrer Lage und ihrer Einrichtung die berufliche Nutzung der Arbeitszimmer zu ermitteln (§§ 98, 99 AO). Ein derartiges Vorgehen ist jedoch nur dann ermessensgerecht, wenn konkrete Hinweise vorliegen, die zu erheblichen Zweifeln an der nahezu ausschließlichen beruflichen Nutzung des Arbeitszimmers führen (wie z.B. der Beruf des Stpfl., die Größe des Arbeitszimmers im Verhältnis zur Größe der Wohnung bzw. der Anzahl der Familienmitglieder oder die Art und Höhe der geltend gemachten Aufwendungen). Die Besichtigung eines häuslichen Arbeitszimmers soll gem. § 99 Abs. 1 Satz 2 AO nach **vorheriger Anmeldung** erfolgen. Ausnahmsweise kann die Benachrichtigung der betroffenen Personen unterbleiben, wenn anderenfalls der Zweck der Maßnahme gefährdet oder sicher vereitelt werden würde. Hiervon sind besonders die Fälle betroffen, in denen die konkrete Nutzung des Arbeitszimmers anhand der Einrichtung überprüft werden soll.

Allerdings ist eine unangekündigte Wohnungsbesichtigung durch einen Beamten der Steuerfahndung als sog. Flankenschutzprüfer zur Überprüfung der Angaben des Stpfl. zu einem häuslichen Arbeitszimmer im Besteuerungsverfahren wegen Verstoßes gegen den Verhältnismäßigkeitsgrundsatz rechtswidrig, wenn der Stpfl. bei der Aufklärung des Sachverhalts mitwirkt; so der BFH v. 12.7.2022, VIII R 8/19. Dies gilt auch dann, wenn der Stpfl. der Ortsbesichtigung zustimmt und deshalb kein schwerer Grundrechtseingriff in Art. 13 Abs. 1 GG vorliegt.

Eine vorherige Ankündigung der Besichtigung kann zur Folge haben, dass der Stpfl. durch kurzfristiges Entfernen oder Umstellen von Einrichtungsgegenständen die Sachaufklärung vereitelt. Der Stpfl. kann zwar eine **Ortsbesichtigung** durch das Finanzamt ablehnen (insbesondere, wenn eine Besichtigung außerhalb der üblichen Geschäfts- und Arbeitszeiten begehrt wird, vgl. § 99 Abs. 1 Satz 1 AO), ohne dass dies „automatisch" zur Nichtanerkennung der Aufwendungen als Werbungskosten führen müsste. Da ihm aber die Beweislast über die so gut wie ausschließlich berufliche Nutzung des Arbeitszimmers obliegt, muss er dann überzeugende andere Beweise erbringen (FG Baden-Württemberg v. 15.12.1983, III 119/81, EFG 1984, 340 sowie FG Düsseldorf v. 14.10.1992, 5 K 144/90 E, EFG 1993, 64 und FG Niedersachsen v. 9.3.1993, VII 314/90, EFG 1994, 182).

Arzt

1. Allgemeines

815 Ärzte mit eigener Praxis üben eine **freiberufliche selbständige Tätigkeit** i.S.d. § 18 Abs. 1 Nr. 1 EStG aus. Die Vergütungen der Betriebsärzte, der Knappschaftsärzte, der nicht voll beschäftigten Hilfsärzte bei den Gesundheitsämtern, der Vertragsärzte und der Vertragstierärzte der Bundeswehr und anderer Vertragsärzte in ähnlichen Fällen gehören ebenfalls zu den Einkünften aus selbständiger Arbeit, unabhängig davon, ob neben der vertraglichen Tätigkeit eine eigene Praxis ausgeübt wird, es sei denn, dass besondere Umstände vorliegen, die für die Annahme einer nichtselbständigen Tätigkeit sprechen (R 18.1 Abs. 1 EStR).

Ärzte können aber auch **nichtselbständig** tätig sein, wenn sie z.B. im Beamtenverhältnis stehen (z.B. beim Gesundheitsamt) oder in einem Krankenhaus angestellt sind.

Maßgebend für die Entscheidung der **Sozialversicherung** (im Regelfall kann diese Einschätzung auch für die Lohnsteuer übernommen werden, → *Arbeitnehmer* Rz. 194) sind die Ausführungen im „Katalog bestimmter Berufsgruppen zur Abgrenzung zwischen abhängiger Beschäftigung und selbständiger Tätigkeit", sog. **Abgrenzungskatalog**, Anlage 5 zum Rundschreiben v. 1.4.2022, der auf den Internetseiten der Sozialversicherungsträger veröffentlicht ist, z.B. unter www.deutsche-rentenversicherung.de.

Wie üblich kommt es für die **Beurteilung der Arbeitnehmereigenschaft** stets auf die Gesamtumstände des einzelnen Falles an:

Eine abhängige Beschäftigung bzw. Arbeitnehmertätigkeit bejaht wurde zuletzt bei (ältere Rechtsprechung s. Vorauflagen)

- auf Grundlage sog. **Honorarverträge tätiger Ärzte**, die in die Organisationsstruktur eines **ambulanten palliativmedizinischen Dienstes** eingegliedert sind; die BSG-Rechtsprechung, wonach regulatorischen Rahmenbedingungen und der dadurch bedingten Eingliederung in die Organisations- und Weisungsstruktur einer stationären Einrichtung bei der Abgrenzung selbständiger Tätigkeiten von abhängigen Beschäftigungsverhältnissen maßgebliche Bedeutung zukommen, ist auch für Tätigkeiten in ambulanten Einrichtungen einschlägig (LSG München v. 29.7.2020, L 6 R 5130/17),
- einem Zahnarzt, der als Poolarzt im vertrags(zahn)ärztlichen Notdienst in die durch die Kassen(zahn)ärztliche Vereinigung vorgehaltenen Abläufe eingegliedert ist und sich bei seinem Bereitschaftsdienst in die vorgegebene Organisation einfügt (BSG v. 24.10.23, B 12 R 9/21 R). **Auf Grund dieses Urteils** haben die Kassenärztliche Bundesvereinigung, die Kassenärztlichen Vereinigungen und die Ärzteverbände die Befürchtung vor einem Ärztemangel, die Notdienst übernehmen, wenn sie dort nicht mehr selbständig tätig sein könnten. Das BMAS, das BMG und die Ärzteverbände haben drei Voraussetzungen erarbeitet, unter denen vertragsärztlicher Notdienst i.R. einer selbständigen Tätigkeit erbracht werden kann.
  - Die Ärzte rechnen, wie bei der Behandlung der Versicherten in eigener Praxis, die von ihnen konkret erbrachten Leistungen nach der Gebührenordnung mit eigener Abrechnungsnummer selbst ab und werden entsprechend ihrer tatsächlich erbrachten Leistungen vergütet.
  - Die Ärzte zahlen für die Nutzung der von den Kassen(zahn)ärztlichen Vereinigungen für den vertragsärztlichen Notdienst gestellten Räumlichkeiten sowie für die personellen und sachlichen Betriebsmittel ein im Verhältnis zu den tatsächlichen Betriebs-, Personal- und Materialkosten angemessenes (nicht notwendig kostendeckendes, aber auch nicht nur symbolisches) und nicht umsatzbezogenes Nutzungsentgelt. Das Nutzungsentgelt ist auch dann zu zahlen, wenn keine oder nur wenige Versicherte behandelt wurden.
  - Die Ärzte müssen den vertragsärztlichen Notdienst nicht höchstpersönlich erbringen, sondern können sich durch eine selbst gewählte und entsprechend qualifizierte Person vertreten lassen. Zum Zwecke der Patientensicherheit und zur Qualitätssicherung sind die Kassenärztlichen Vereinigungen berechtigt, einen Mindeststandard an die Qualifikation einer solchen Vertretungskraft festzulegen. Der im Auftrag des Arztes tätige Vertretungsarzt kann dabei auch von den Kassenärztlichen Vereinigungen oder sonstigen Dritten vermittelt werden.
  - Wenn diese Voraussetzungen erfüllt sind, ist von einer selbständigen Tätigkeit auszugehen. Die Spitzenorganisationen der Sozialversicherung haben die Punkte erörtert und sind der Auffassung, dass diese tragfähig sind und künftig und für vergangene Zeiträume herangezogen werden können.

- einem **voruntersuchenden Arzt** (Untersuchung zur Zulassung zur Blutspende nach dem Transfusionsgesetz) im **Blutspendedienst** des DRK in Baden-Württemberg und Hessen (LSG Baden-Württemberg v. 12.11.2020, L 10 BA 3314/18),
- einem mit der Vornahme von **Einschulungsuntersuchungen** betrauten Arzt; hat ein Arzt für seinen Auftraggeber – ein Bundesland – anhand standardisierter Texte Einschulungsuntersuchungen durchzuführen, ist er hierbei Weisungen der Behörde unterworfen und in deren Organisation eingegliedert, erfolgt die Vergütung nach einem vereinbarten Entgelt pro Untersuchung und hat er ein unternehmerisches Risiko nicht zu tragen, so ist von dem Bestehen einer abhängigen Beschäftigung auszugehen (LSG Berlin-Brandenburg v. 22.12.2020, L 28 BA 83/18),
- einer **Ärztin, die in einer Reha-Klinik** als Vertretung der Leiterin der orthopädischen Abteilung bei deren Abwesenheit an einzelnen Tagen im Monat eine orthopädische Sprechstunde abhält, auch wenn sie keinen Stationsdienst leistet (LSG Hessen v. 15.7.2021, L 8 BA 52/20),
- einem **Mund-Kiefer-Gesichtschirurg**, der auf Grund eines „Vertrags über die Tätigkeit als freier Mitarbeiter" in einer privatärztlichen Zahnarztpraxis tätig war (LSG Baden-Württemberg v. 13.8.2021, L 4 BA 328/19),
- Ärzten, die im Nebenjob immer wieder als **Notarzt im Rettungsdienst** tätig sind (BSG v. 19.10.2021, B 12 KR 29/19 R, B 12 R 9/20 R, B 12 R 10/20 R). Ausschlaggebend ist, dass die Ärzte während ihrer Tätigkeit als Notarzt in den öffentlichen Rettungsdienst eingegliedert waren. Sie unterlagen Verpflichtungen, z.B. der Pflicht, sich während des Dienstes örtlich in der Nähe des Notarztfahrzeuges aufzuhalten und nach einer Einsatzalarmierung durch die Leitstelle innerhalb einer bestimmten Zeit auszurücken. Dabei ist unerheblich, dass dies durch öffentlich-rechtliche Vorschriften vorgegeben ist. Zudem nutzten sie überwiegend fremdes Personal und Rettungsmittel. Dass es sich dabei in einem Fall nicht um Rettungsmittel des betroffenen Landkreises als Arbeitgeber, sondern der Stadt handelte, rechtfertigt keine andere Entscheidung. Denn der Arzt setzte jedenfalls keine eigenen Mittel in einem wesentlichen Umfang ein.

  Anhaltspunkte für eine selbständige Tätigkeit fielen demgegenüber nicht entscheidend ins Gewicht. Dass die Beteiligten davon ausgingen, die Tätigkeit erfolge freiberuflich bzw. selbständig, ist angesichts der Vereinbarungen und der tatsächlichen Durchführung der Tätigkeit irrelevant. Zudem konnten die Ärzte nur dadurch ihren Verdienst vergrößern und damit unternehmerisch tätig werden, indem sie mehr Dienste übernahmen. Während der einzelnen Dienste – und nur darauf kommt es an – hatten sie insbesondere auf Grund ihrer Eingliederung in eine fremde Organisation keine Möglichkeit, ihren eigenen Gewinn durch unternehmerisches Handeln zu steigern.

Eine abhängige Beschäftigung bzw. Arbeitnehmertätigkeit abgelehnt wurde dagegen zuletzt bei (ältere Rechtsprechung s. Vorauflagen)

- einem für einen Bundesligaverein tätigen **Mannschaftsarzt** (LSG Niedersachsen-Bremen v. 3.11.2020, L 9 R 520/17),
- einem **Zahnarzt im Notdienst**. Die Einteilung eines Zahnarztes, der nicht (mehr) zur vertragszahnärztlichen Versorgung zugelassen ist und auch nicht (mehr) über eine eigene Praxis verfügt, zum zahnärztlichen Notdienst durch die Kassenzahnärztliche Vereinigung erfolgt durch einen mitwirkungsbedürftigen Verwaltungsakt. Zahnärzte, die auf der Grundlage eines solchen Verwaltungsaktes für die Dauer des Notdienstes an der vertragszahnärztlichen Versorgung teilnehmen, sind weder in einen fremden Betrieb eingegliedert noch unterliegen sie Weisungen. Dies gilt auch dann, wenn der Notdienst in einem eigens hierzu von der Kassenzahnärztlichen Vereinigung eingerichteten Notfalldienstzentrum wahrgenommen wird (LSG Baden-Württemberg v. 20.7.2021, L 11 BA 3136/20).

Die Mitversicherung angestellter Klinikärzte in der **eigenen Betriebshaftpflichtversicherung eines Krankenhauses** nach § 102 Abs. 1 VVG ist **kein Lohn**, weil die Mitversicherung keine Gegenleistung für die Beschäftigung darstellt, sondern vielmehr der Absicherung unternehmerischer Betätigung durch entsprechende versicherungsrechtliche Regelungen und somit dem Unternehmenswohl dient; dies seien bloße Reflexwirkungen der originär eigenbetrieblichen Betätigung als Arbeitgeber (BFH v. 19.11.2015, VI R 47/14, BStBl II 2016, 301). Gem. § 102 Abs. 1 VVG erstreckt sich die Versicherung für ein Unternehmen auch auf die Haftpflicht der zur Vertretung des Unternehmens befugten Personen sowie der Personen, die in einem Dienstverhältnis zu dem Unternehmen stehen. Der BFH-Fall ist jedoch nicht mit den Fällen vergleichbar, in denen der **Arbeitgeber eigene Beträge der Arbeitnehmer zu deren von ihnen abzuschließenden Versicherungen übernimmt**. In solchen Fällen liegt weiterhin eine Zuwendung des Arbeitgebers vor, die zu Arbeitslohn führt.

Zur **Änderungsmöglichkeit** bei **doppelt erfassten Einkünften** (in Einkünften aus nichtselbständiger Arbeit als auch in denjenigen aus freiberuflicher Tätigkeit) → Rz. 816.

2. Chefärzte

Darüber hinaus können Ärzte **„gemischte Tätigkeiten"** ausüben, wenn ein Chefarzt z.B. nebenher privat liquidieren darf. Der BFH hat entschieden, dass ein angestellter Chefarzt mit den Einnahmen aus dem ihm eingeräumten Liquidationsrecht im stationären Bereich für die gesondert berechenbaren wahlärztlichen Leistungen i.d.R. **Arbeitslohn** bezieht, wenn die wahlärztlichen Leistungen innerhalb des Dienstverhältnisses erbracht werden (BFH v. 5.10.2005, VI R 152/01, BStBl II 2006, 94; ebenso zuletzt FG Münster v. 15.2.2019, 14 K 2122/16 E, EFG 2020, 629, BFH v.18.4.2023, VIII R 9/20, BStBl II 2023, 895, aus anderen Gründen an das FG zurückverwiesen). Grds. können nach dieser Rechtsprechung die wahlärztlichen Leistungen selbständig oder nichtselbständig erbracht werden. Entscheidend ist das Gesamtbild der Verhältnisse des Einzelfalls. Dabei ist insbesondere das Vorliegen bzw. das **Fehlen der Unternehmerinitiative und des Unternehmerrisikos von Bedeutung**. **816**

Zur Anwendung des o.g. BFH-Urteils gilt nach Auffassung der **Finanzverwaltung** Folgendes (s. z.B. OFD Frankfurt v. 2.5.2013, S 2332 A – 98 – St 211, sowie FinMin Bremen v. 17.7.2007, S 2332 – 444 – 11 – 3):

Für das Vorliegen von **Einkünften aus nichtselbständiger Arbeit** spricht Folgendes:

- Die Erbringung der wahlärztlichen Leistungen gehört zu den vertraglich geschuldeten Dienstaufgaben des Arztes gegenüber dem Krankenhaus.
- Die Verträge über die wahlärztlichen Leistungen werden unmittelbar zwischen den Patienten und dem Krankenhaus geschlossen.
- Der Arzt unterliegt – mit Ausnahme seiner rein ärztlichen Tätigkeit – den Weisungen des leitenden Arztes des Krankenhauses.
- Der Arzt erbringt die mit den wahlärztlichen Leistungen zusammenhängenden Behandlungen mit den Einrichtungen und Geräten des Krankenhauses.
- Neue diagnostische und therapeutische Untersuchungs- und Behandlungsmethoden bzw. Maßnahmen, die wesentliche Mehrkosten verursachen, können grds. nur im Einvernehmen mit dem Krankenhaus eingeführt werden.
- Der Dienstvertrag sieht für die gesondert berechenbaren wahlärztlichen Leistungen ausdrücklich vor, dass diese im Verhinderungsfall vom Stellvertreter übernommen werden.
- Der betroffene Arzt hat nur eine begrenzte Möglichkeit, den Umfang der wahlärztlichen Leistungen zu bestimmen.
- Sofern wahlärztliche Leistungen vereinbart werden, beziehen sich diese nicht speziell auf die Leistungen des liquidationsberechtigten Arztes, sondern auf die Leistungen aller an der Behandlung beteiligten liquidationsberechtigten Ärzte des Krankenhauses.
- Der Arzt kann es nicht ablehnen, die mit dem Krankenhaus vereinbarten wahlärztlichen Leistungen zu erbringen.
- Das Risiko eines Forderungsausfalls, das der liquidationsberechtigte Arzt zu tragen hat, ist gering.
- Das Krankenhaus rechnet über die wahlärztlichen Leistungen direkt mit den Patienten ab und vereinnahmt auch die geschuldeten Beträge.

Demgegenüber sprechen folgende Kriterien für eine **selbständige Tätigkeit**:

- Die Erbringung der wahlärztlichen Leistung wird nicht gegenüber dem Krankenhaus geschuldet.
- Der liquidationsberechtigte Arzt vereinbart die zu erbringende wahlärztliche Leistung direkt mit den Patienten und wird hierdurch unmittelbar verpflichtet.
- Nur der liquidationsberechtigte Arzt haftet für die von ihm vorgenommenen wahlärztlichen Behandlungen.
- Der liquidationsberechtigte Arzt rechnet direkt mit den Patienten ab und vereinnahmt auch selbst die geschuldeten Beträge.

Nach den aufgezeigten Abgrenzungsmerkmalen liegen jedenfalls in folgenden Fällen **Einkünfte aus nichtselbständiger Arbeit** vor:

- Der Vertrag für die Erbringung der wahlärztlichen Leistungen wird zwischen dem Krankenhaus und den Patienten geschlossen. Die Liquidation erfolgt ebenfalls durch das Krankenhaus.
- Der Vertrag für die Erbringung der wahlärztlichen Leistungen wird zwischen dem Krankenhaus und den Patienten geschlossen. Die Liquidation erfolgt aber durch den Arzt auf ein von ihm geführtes persönliches Konto.
- Der Vertrag für die Erbringung der wahlärztlichen Leistungen wird zwischen dem Arzt und den Patienten geschlossen. Die Liquidation erfolgt (im Namen und für Rechnung) durch das Krankenhaus.

Der **Krankenhausträger hat hier den Lohnsteuerabzug vorzunehmen**. Dabei ist es nach Auffassung der obersten Finanzbehörden zulässig, die Lohnsteuer von dem **(Netto-)Betrag** zu berechnen, der dem Arzt nach Abzug der gesetzlich oder vertraglich geschuldeten und aus den „Bruttoliquidationserlösen“ zu bestreitenden Zahlungen verbleibt.

Werden die Zahlungen regelmäßig geleistet (z.B. vierteljährlich) und liegt ihnen der gleiche Abrechnungszeitraum zu Grunde, handelt es sich um laufenden Arbeitslohn i.S. der R 39b.2 Abs. 1 LStR. Dass die Zahlungen in der Höhe Schwankungen unterliegen, führt allein noch nicht zu sonstigen Bezügen.

Einkünfte aus selbständiger Arbeit liegen nur vor, wenn die Verträge über die wahlärztlichen Leistungen unmittelbar zwischen den Patienten und dem Chefarzt abgeschlossen werden und die Liquidation durch den Chefarzt erfolgt. Soweit den Chefärzten neben den wahlärztlichen Leistungen im stationären Bereich auch die Möglichkeit eingeräumt wird, auf eigene Rechnung und eigenes Risiko Leistungen im ambulanten Bereich zu erbringen, handelt es sich ebenfalls um Einkünfte aus selbständiger Arbeit.

Hinweis:

Das o.g. BFH-Urteil v. 5.10.2005, VI R 152/01, BStBl II 2006, 94 ist **nicht unumstritten**. Nach Auffassung des **FG Düsseldorf** handelt es sich um einen **besonders gelagerten Sachverhalt**, der nicht verallgemeinert werden darf (FG Düsseldorf v. 22.10.2007, 3 V 1703/07 A (L), betr. Aussetzung der Vollziehung), vgl. hierzu allerdings BFH v. 11.8.2009, VI B 46/08, BFH/NV 2009, 1814, BFH v.18.4.2023, VIII R 9/20, BStBl II 2023, 895.

Auch das **FG Rheinland-Pfalz** hat das o.g. BFH-Urteil abgelehnt und entschieden, dass ein Chefarzt **freiberufliche Einkünfte** erzielt, wenn ein Patient mit dem Krankenhaus eine Wahlleistungsvereinbarung schließt, mit der das Krankenhaus zugleich als Vertreter seiner Chefärzte für diese einen Arztzusatzvertrag abschließt; denn diese Vereinbarungen begründen ein originäres Liquidationsrecht der Ärzte (FG Rheinland-Pfalz v. 22.10.2008, 2 K 2583/07). Begründung: Im Streitfall sei die konkrete Ausgestaltung der wahlärztlichen Vereinbarung als **„totaler Krankenhausvertrag mit Arztzusatzvertrag“** erfolgt. Der BFH sei aber im o.g. Urteil v. 5.10.2005, VI R 152/01, BStBl II 2006, 94, in dem die Liquidationserlöse den Einkünften aus nichtselbständiger Arbeit zugerechnet wurden, von einem **Krankenhausaufnahmevertrag ohne einen solchen Arztzusatzvertrag ausgegangen**.

Die weitere Rechtsprechung bleibt abzuwarten. Soweit ersichtlich, sind zur Frage der Zuordnung zur Einkunftsart zz. aber keine Verfahren beim BFH anhängig.

Aktuell ist die abgabenrechtliche Frage entschieden worden, ob bei einer **Doppelerfassung** von Einnahmen (Erfassung ärztlicher Leistungen durch das Krankenhaus im Rahmen der Lohnsteueranmeldung und Deklaration derselben Einnahmen als freiberufliche Einnahmen aus ärztlicher Tätigkeit) diese Doppelerfassung einer Korrektur zugänglich ist oder aber nicht.

Das Verfahren wurde zwar an das FG zurückverwiesen, der BFH stellte aber klar: Werden Einnahmen eines angestellten Chefarztes aus der Erbringung wahlärztlicher Leistungen im Rahmen der Einkommensteuererklärung irrtümlich sowohl bei den Einkünften aus selbständiger Arbeit als auch bei den Einkünften aus nichtselbständiger Arbeit erklärt, weil weder der Chefarzt noch sein Steuerberater erkannt haben und nach den Umständen des Streitfalls auch nicht erkennen mussten, dass diese Einnahmen bereits dem Lohnsteuerabzug unterlegen haben, liegt kein „grobes Verschulden“ i.S. des § 173 Abs. 1 Nr. 2 AO vor. Folglich konnten die strittigen Steuerbescheide grundsätzlich geändert werden; BFH v. 18.4.2023, VIII R 9/20, BStBl II 2023, 895. Ob in diesem Zusammenhang auch eine Änderungsmöglichkeit nach § 174 Abs. 1 AO gegeben ist, lies der BFH in seiner Entscheidung offen.

3. Arztvertreter

Das **BSG** hat bezüglich der „Eingliederung“ in einen fremden Arztbetrieb für einen Arztvertreter bereits 1959 ausgeführt, dass **eine Abhängigkeit nicht damit begründet werden könne, der Vertreter werde i.R. eines fremden „Arztbetriebes“ tätig**, indem er die Patienten regelmäßig in den Räumen des Praxisinhabers behandele, die von diesem festgelegten Sprechstunden einhalte, die in der Praxis vorhandenen Geräte (z.B. Röntgeneinrichtungen) benutze und sich des vorhandenen ärztlichen Hilfspersonals bediene. Um eine **„Eingliederung“** in diesem Sinne annehmen zu können, müsste aber ein – wie immer geartetes – Unterordnungsverhältnis vorliegen. Entscheidend für die Rechtstellung sei – auch unter dem Gesichtspunkt der sog. „Eingliederungstheorie“ –, dass er bei **Ausübung seiner Tätigkeit nicht den Weisungen des Praxisinhabers unterworfen** sei und somit nicht i.R. eines abhängigen Beschäftigungsverhältnisses, sondern auf Grund eines freien Dienstvertrages tätig werde (BSG v. 27.5.1959, 3 RK 18/55, zitiert von SG Karlsruhe v. 24.1.2013, S 17 R 1382/12: Ohne Weisungsbefugnis/Unterordnungsverhältnis genügt eine rein „räumliche“ Eingliederung – Benutzung der Behandlungsräume – nicht, um ein abhängiges Beschäftigungsverhältnis anzunehmen). 817

Für die **Beurteilung der Arbeitnehmereigenschaft** kommt es immer auf die Gesamtumstände des einzelnen Falles an:

Eine abhängige Beschäftigung bzw. Arbeitnehmertätigkeit bejaht wurde zuletzt bei

- einem **HNO-Arzt**, der eine HNO-Fachärztin tageweise bei deren Abwesenheit in ihrer Praxis vertreten hat. Begründung: Der HNO-Arzt sei insofern in den Betrieb der HNO-Fachärztin eingegliedert gewesen, als er mit deren Personal zusammengearbeitet und ihre für die HNO-ärztliche Tätigkeit erforderlichen Betriebsmittel genutzt habe. Er sei als Praxisvertreter nicht vollumfänglich in die Stellung der HNO-Fachärztin eingetreten und habe nicht die Organisation, Personalführung und Abrechnung übernommen. Die fehlende Weisungsgebundenheit sei nicht ausschlaggebend, der Umfang und das Ausmaß der Weisungsgebundenheit sei von der Art der Tätigkeit abhängig und könne gerade bei hochqualifizierten Tätigkeiten völlig fehlen oder jedenfalls hinter das Kriterium der Eingliederung in den Betrieb zurücktreten (LSG Niedersachsen-Bremen v. 28.11.2019, L 12 BA 18/18, bestätigt durch BSG v. 23.6.2020, B 12 R 11/20 B).

Eine abhängige Beschäftigung bzw. Arbeitnehmertätigkeit verneint wurde dagegen zuletzt bei

- der Tätigkeit eines **Tierarztes** als Praxisvertreter in einer Tierarztpraxis, weil er als approbierter und promovierter Tierarzt für den Zeitraum der Urlaubsvertretung in vollem Umfang an die Stelle des Praxisinhabers getreten war und ebenso wie dieser während der Vertretungszeit die Praxis eigenverantwortlich führen konnte, ohne Weisungen unterworfen zu sein. Der Praxisvertreter war während der Praxisvertretung in seiner Arbeitsgestaltung weitestgehend frei. Er war weder hinsichtlich der ärztlichen Behandlung noch bei der Einteilung und Ausführung aller ihm als Vertreter obliegenden Arbeiten Weisungen des Praxisinhabers unterworfen. Es bestand hinsichtlich Arbeitszeit, -dauer, -ort und Art der Ausführung kein umfassendes Weisungsrecht des Praxisinhabers (LSG Bayern v. 28.3.2012, L 2 U 424/09),
- einem **Facharzt für Allgemeinmedizin**, der eine Praxisvertretung übernommen hat; zur Annahme des Arbeitnehmerstatus

eines als Praxisvertreter tätigen Facharztes reicht nicht aus, dass dieser die Praxis in der gewohnten Weise in den Räumen und mit Instrumenten des vertretenen Praxisinhabers zu den von diesen gehabten Sprechstundenzeiten fortführt (LAG Thüringen v. 22.8.2011, 6 Ta 73/11),

- einer Tätigkeit als **Vertretungsärztin** in der Praxis eines niedergelassenen Arztes, wenn die Merkmale einer selbständigen Tätigkeit überwiegen (SG Frankfurt v. 2.11.2020, S 20 R 97/16).

Davon abzugrenzen sind Tätigkeiten als **Vorbereitungs-, Weiterbildungs- oder Entlastungsassistent**, die bereits nach den ärztlichen/zahnärztlichen Zulassungsbestimmungen allein i.R. einer Beschäftigung als angestellter Arzt zulässig sind.

~~LSt~~ ~~SV~~

4. Mitarbeiterbeteiligung

818 Zur steuerlichen Behandlung der Anteile der Assistenz- und Oberärzte sowie des übrigen Krankenhauspersonals an den Liquidationseinnahmen der Chefärzte gilt Folgendes (BMF v. 27.4.1982, IV B 6 – S 2332 – 16/82, BStBl I 1982, 530):

Vergütungen, die Arbeitnehmer eines Krankenhausträgers als Anteil an den Liquidationseinnahmen der liquidationsberechtigten Krankenhausärzte erhalten, gehören zu den **Einkünften aus nichtselbständiger Arbeit** (BFH v. 11.11.1971, IV R 241/70, BStBl II 1972, 213).

Für den Regelfall ist davon auszugehen, dass die Mitarbeit im Liquidationsbereich **i.R. des Dienstverhältnisses zum Krankenhausträger** geschuldet wird, und zwar auch dann, wenn die Tätigkeit zwar im Arbeitsvertrag nicht ausdrücklich vorgesehen ist, ihre Erfüllung aber vom Krankenhausträger nach der tatsächlichen Gestaltung des Dienstverhältnisses und nach der Verkehrsauffassung erwartet werden kann. Werden die Vergütungen nicht vom Krankenhausträger gezahlt oder ist dieser nicht in die Auszahlung eingeschaltet (R 38.4 Abs. 1 LStR), stellen sie **Lohnzahlungen Dritter** i.S.d. § 38 Abs. 1 Satz 3 EStG dar, für die der **Krankenhausträger als Arbeitgeber** zusammen mit dem dienstvertraglichen Arbeitslohn die Lohnsteuer einzubehalten und abzuführen hat. Dabei ist es unerheblich, ob die Vergütungen vom liquidationsberechtigten Arzt auf Grund einer besonderen Verpflichtung oder freiwillig erbracht und ob sie direkt oder aus einem **Mitarbeiterfonds (Liquidationspool)** gewährt werden.

Soweit der Krankenhausträger die Vergütungen nicht selbst ermitteln kann und sie ihm auch nicht vom liquidationsberechtigten Arzt mitgeteilt werden, hat sie der **Arbeitnehmer dem Krankenhausträger mitzuteilen** (R 38.4 Abs. 2 Satz 4 LStR). In diesem Fall entfällt eine **Haftung** für zu wenig einbehaltene Lohnsteuer (R 42d.1 Abs. 1 Satz 2 LStR).

Besteht gegenüber dem Krankenhausträger keine Verpflichtung zur Mitarbeit im Liquidationsbereich, weil der Arbeitnehmer ausschließlich auf Grund einer Vereinbarung mit dem Chefarzt im Liquidationsbereich tätig wird, ist der **liquidationsberechtigte Arzt als Arbeitgeber** anzusehen mit allen sich daraus im Steuerabzugsverfahren ergebenden Pflichten.

LSt SV

Das **FG Düsseldorf** hat die Verwaltungsauffassung bestätigt, dass die bei der Behandlung von Privatpatienten mitarbeitenden Bediensteten des Krankenhauses (Krankenschwestern, Büropersonal usw.) **keine Arbeitnehmer des liquidationsberechtigten Arztes** sind. Beteiligt dieser das Krankenhauspersonal an den Liquidationseinnahmen, handelt es sich nicht um steuerlich abzugsfähige Betriebsausgaben oder Werbungskosten (FG Düsseldorf v. 29.4.2002, 17 K 2860/99 E, EFG 2002, 971).

Vergütungen, die ein angestellter Arzt (z.B. der Oberarzt) aus einem sog. **Chefarzt-Pool** erhält, sind **keine steuerfreien Trinkgelder** i.S.d. § 3 Nr. 51 EStG (FG Baden-Württemberg v. 3.2.2009, 6 K 2319/07, EFG 2009, 1286). Entsprechendes gilt für freiwillige Zahlungen eines Klinikdirektors an eine Angestellte des Krankenhauses, die den Klinikdirektor bei der Durchführung von Vortragsveranstaltungen organisatorisch unterstützt hat (FG Hamburg v. 30.3.2009, 6 K 45/08, EFG 2009, 1367).

5. Gutachten

819 Bezüglich der Gutachten von Klinikärzten, die diese für Dritte erstellen, sind bei der Frage, ob es sich bei den Einnahmen aus dieser Tätigkeit um Einkünfte aus selbständiger oder aus nichtselbständiger Arbeit handelt, verschiedene Konstellationen zu unterscheiden. Allen Fällen ist jedoch gemeinsam, dass eine am Einzelfall orientierte Zuordnung unter Beachtung der allgemeinen Abgrenzungsmerkmale nach dem Gesamtbild der Verhältnisse vorgenommen werden muss. Besonders bedeutsam ist bei der Frage der Abgrenzung, ob die Gutachtertätigkeit innerhalb des Dienstverhältnisses erbracht wird (vgl. BFH v. 5.10.2005, VI R 152/01, BStBl II 2006, 94).

Im Einzelnen gilt Folgendes (OFD Frankfurt v. 2.5.2013, S 2332 A – 98 – St 211):

a) Gutachtertätigkeit von Chefärzten

Erstellen Chefärzte Gutachten für dem Klinikbetrieb nicht zuge- 820
hörige Dritte (z.B. Krankenkassen, Berufsgenossenschaften), so ist für die lohnsteuerrechtliche Behandlung der Einkünfte anhand der Gesamtumstände zu ermitteln, wie die Ausübung der Tätigkeit im konkreten Einzelfall erfolgt.

Für ein Ausüben der Tätigkeit innerhalb des Dienstverhältnisses und somit für das Vorliegen **nichtselbständiger Arbeit** spricht es hierbei z.B., wenn die Gutachteraufträge dem Chefarzt nicht direkt zugehen, sondern **über die Klinikleitung an ihn weitergereicht** werden und auch die Abrechnung der gutachtlichen Tätigkeit unter Mitwirkung der Klinik erfolgt.

LSt SV

Anhaltspunkte für das Vorliegen **selbständiger Arbeit** können hingegen etwa darin gesehen werden, dass der **Chefarzt dem Krankenhaus ein Entgelt für die Benutzung der zur Erstellung der Gutachten notwendigen Krankenhauseinrichtungen zahlt.** Des Weiteren kann es für eine selbständige Tätigkeit des Chefarztes sprechen, wenn der Chefarzt selbst die **Gutachten in seinem Namen und mit eigenem Briefkopf unterschreibt** (vgl. BFH v. 19.4.1956, IV 88/56 U, BStBl III 1956, 187).

~~LSt~~ ~~SV~~

b) Gutachtertätigkeit von nachgeordneten Ärzten/ Assistenzärzten

In der Praxis werden Gutachten häufig von bei der Klinik ange- 821
stellten Assistenzärzten oder unter deren Mitwirkung erstellt.

Werden die Gutachten von den Assistenzärzten ohne Mitwirkung eines übergeordneten Arztes/Chefarztes gefertigt, ist die Einordnung der Gutachtertätigkeit als selbständige oder nichtselbständige Arbeit anhand der oben beschriebenen Kriterien vorzunehmen. Hierbei ist allerdings zu beachten, dass **Tarifverträge oder auch Einzelarbeitsverträge der Ärzte eine Pflicht zur Erstellung von Gutachten beinhalten** können (besonders bei Universitätskliniken). Eine derartige Verpflichtung spricht dafür, dass das Erstellen des Gutachtens **i.R. des Dienstverhältnisses** erfolgt. Dies gilt insbesondere dann, wenn die Übernahme der Nebentätigkeit nur in besonders begründeten Ausnahmefällen verweigert werden darf. In diesen Fällen ist für die Frage, ob die Gutachtertätigkeit i.R. des Dienstverhältnisses erfolgt, besonders bedeutsam, inwiefern eine Weisungsabhängigkeit der Assistenzärzte besteht.

Gleiches gilt im Übrigen auch für die Zuordnung der Einkünfte der angestellten Assistenzärzte, wenn die Erstellung des Gutachtens i.R. einer zugelassenen Nebentätigkeit eines Chefarztes erfolgt, der sich der Hilfe eines Assistenzarztes bedient, wenn tarif- oder arbeitsvertraglich eine Pflicht der Assistenzärzte zur Gutachtenerstellung besteht und diese Pflicht sich auch auf die Erstellung von Gutachten i.R. der Nebentätigkeit des Chefarztes erstreckt. Auch hier ist für die Zuordnung der Tätigkeit zum Dienstverhältnis das Vorliegen einer Weisungsabhängigkeit zu beachten.

Der Umstand, dass die nachgeordneten Ärzte eine besondere Vergütung für ihre Gutachtertätigkeit erhalten, ist für die Einordnung der Einkünfte als solche aus nichtselbständiger Arbeit unschädlich.

LSt SV

Diese Grundsätze gelten für die **Sozialversicherung** entsprechend: Das SG Marburg hat entschieden, dass die Pflicht zur Aufbringung von Gesamtsozialversicherungsbeiträgen eines Krankenhausträgers sich nicht auf Zahlungen erstreckt, die ein Chefarzt an nachgeordnete Mitarbeiter der Klinik erbringt, um deren Hilfstätigkeiten bei seiner privaten nebenberuflichen Gutachtertätigkeit zu vergüten (SG Marburg v. 5.2.2008, S 2 R 8/05).

~~LSt~~ ~~SV~~

6. Stipendien

a) Sog. Thüringen-Stipendium

822 Zur steuerlichen Behandlung des sog. Thüringen-Stipendiums, das von der Stiftung zur Förderung der ambulanten ärztlichen Versorgung im Freistaat Thüringen (kurz: Stiftung) unter bestimmten Voraussetzungen an Weiterbildungsassistenten in Thüringen ausgereicht wird, → *Stipendien* Rz. 4055.

b) Gastärzte

823 Ärzte aus Saudi-Arabien werden an deutschen Kliniken i.R. einer Facharztausbildung tätig. Dies beruht auf einem Abkommen zwischen der Bundesrepublik Deutschland und dem Königreich Saudi-Arabien. **Die Gastärzte erhalten vom Staatshaushalt des Königreichs Saudi-Arabien Stipendien direkt ausgezahlt.** Entsprechende Abkommen gibt es auch mit anderen Ländern, z.B. **Libyen**.

Soweit in diesen Fällen reguläre Arbeitsverhältnisse zwischen dem deutschen Klinikum und den Gastärzten geschlossen sind (z.B. unter Abtretung der von den Heimatländern an diese Ärzte ausgezahlten Stipendien zur Refinanzierung des Arbeitslohns einschließlich der Lohnnebenkosten), sind die Voraussetzungen des § 19 Abs. 1 Satz 1 Nr. 1 EStG erfüllt, d.h. **Arbeitslohn** liegt vor.

Dagegen handelt es sich bei den **Stipendien**, die Gastärzten aus Saudi-Arabien von der saudi-arabischen Regierung direkt gezahlt werden, **nicht um Arbeitslohn von dritter Seite** i.S.d. § 19 EStG. Der Gastarzt erfüllt durch seine Tätigkeit eine eigene Pflicht gegenüber seinem Heimatland, die sich aus dem Vertrag über das Stipendium ergibt. Damit sind die Voraussetzungen des § 19 Abs. 1 Satz 1 Nr. 1 EStG bei dieser Fallgestaltung nicht erfüllt. Ob es sich um steuerbare sonstige Einkünfte nach § 22 Nr. 1 Satz 1 oder Nr. 3 EStG handelt, hätte das FG Niedersachsen im sog. 2. Rechtsgang prüfen müssen (BFH v. 8.7.2020, X R 6/19, BStBl II 2021, 557), die Sache wurde jedoch anschließend beim FG für erledigt erklärt.

~~LSt~~ ~~SV~~

c) Tätigkeit in hausärztlich unterversorgten Gebieten

824 Zur steuerlichen Behandlung von Studienbeihilfen an Medizinstudenten, wenn sich die Medizinstudenten im Gegenzug verpflichten, im Anschluss an die Facharztausbildung für Allgemeinmedizin für eine bestimmte Dauer in hausärztlich unterversorgten Gebieten tätig zu werden, → *Stipendien* Rz. 4055.

7. Steuerfreiheit von Zuschlägen für Sonntags-, Feiertags- oder Nachtarbeit nach § 3b EStG

825 Zur steuerlichen Behandlung der Zeitzuschläge für Bereitschaftsdienste in den Nachtstunden gem. **§ 12 Abs. 4 des Tarifvertrags für Ärztinnen und Ärzte an kommunalen Krankenhäusern** im Bereich der Vereinigung der kommunalen Arbeitgeberverbände (TK-Ärzte/VKA) sowie der anderen im Tarifvertrag aufgeführten Zuschläge vertritt die Finanzverwaltung folgende Auffassung (OFD Frankfurt v. 26.5.2011, S 2343 A – 37 – St 222, Lohnsteuer-Handausgabe 2023, 178):

Folgende Zuschläge können nach § 3b EStG steuerfrei gezahlt werden:

- **Ausgleich für Sonderformen der Arbeit** (§ 11 Abs. 1 TV-Ärzte/VKA): Die prozentualen Zuschläge für Nachtarbeit (Buchst. b), für Sonntagsarbeit (Buchst. c), für Feiertagsarbeit i.H.v. 35 % (Buchst. d) sowie für Arbeit am 24. und 31. Dezember (Buchst. e) sind i.R. des § 3b EStG steuerfrei.
- **Zeitzuschlag für Feiertagsarbeit** (§ 12 Abs. 3 TV-Ärzte/VKA): Der nach § 12 Abs. 3 TV-Ärzte/VKA zu gewährende Zeitzuschlag für Feiertagsarbeit ist bei einer Zahlung in Geld i.R. des § 3b EStG steuerfrei, da nach § 12 Abs. 5 TV-Ärzte/VKA ein vorrangiger Ausgleich in Geld besteht und das Wahlrecht zu Gunsten von Freizeit nur dem Arbeitgeber zusteht.
- **Nachtzuschlag** (§ 12 Abs. 4 TV-Ärzte/VKA): Der nach § 12 Abs. 4 TV-Ärzte/VKA in Geld zu zahlende Nachtzuschlag erfüllt ebenfalls die Voraussetzungen des § 3b EStG.

~~LSt~~ ~~SV~~

Für die nachfolgend aufgeführten Zuschläge kommt eine Steuerbefreiung nach § 3b EStG nicht in Betracht:

- **Zuschlag für Arbeit an gesetzlichen Feiertagen** (§ 8 Abs. 1 TV-Ärzte/VKA): Da hier ein Anspruch auf Ausgleich in Freizeit besteht, ist die Barabgeltung dieses Freizeitanspruchs kein begünstigter Lohnzuschlag (R 3b Abs. 1 Satz 6 LStR).
- **Rufbereitschaftsentschädigung** (§ 11 Abs. 3 TV-Ärzte/VKA): Die Rufbereitschaftsentschädigung ist nicht nach § 3b EStG steuerfrei. Dies gilt auch für den an Wochenenden bzw. Feiertagen zu zahlenden Verdopplungsbetrag, weil dieser auch an Samstagen und damit nicht nur für begünstigte Zeiten i.S.d. § 3b EStG gezahlt wird.
- **Wechselschichtzulage/Schichtzulage** (§ 11 Abs. 4 und 5 TV-Ärzte/VKA): Bei den beiden Zulagen handelt es sich nicht um Zuschläge für Sonntags-, Feiertags- oder Nachtarbeit. Sie sind folglich steuerpflichtig.
- **Bereitschaftsdienstentgelte** (§ 12 TV-Ärzte/VKA): Das „übliche" Bereitschaftsdienstentgelt nach § 12 Abs. 2 TV-Ärzte/VKA ist nicht nach § 3b EStG steuerfrei. Es handelt sich nicht um einen Zuschlag für tatsächlich geleistete Sonntags-, Feiertags- oder Nachtarbeit bzw. nicht um „neben dem Grundlohn gezahlte Zuschläge" (vgl. BFH v. 24.11.1989, VI R 92/88, BStBl II 1990, 315).

Auch der **BFH** hat entschieden, dass eine pauschale Vergütung für den Bereitschaftsdienst – ohne Rücksicht darauf, ob dieser auf Sonntage, Feiertage bzw. Nachtzeit oder auf steuerlich nicht begünstigte Zeiten entfällt – nicht den Anforderungen des § 3b Abs. 2 EStG entspricht (BFH v. 29.11.2016, VI R 61/14, BStBl II 2017, 718).

LSt SV

8. Werbungskosten

Aufwendungen eines Chefarztes an einer Universitätsklinik für eine **Antrittsvorlesung** mit anschließendem **Empfang** und für ein **Betriebsfest** können **in vollem Umfang als Werbungskosten** berücksichtigt werden; die für Bewirtungskosten geltende Abzugsbeschränkung auf 70 % der (angemessenen) Aufwendungen und die formellen Nachweiserfordernisse finden auf die „reine Arbeitnehmerbewirtung" keine Anwendung (BFH v. 10.7.2008, VI R 26/07). Nach dieser geänderten BFH-Rechtsprechung sind u. E. auch Aufwendungen eines Chefarztes für die **Weihnachtsfeier** mit dem Klinikpersonal als Betriebsausgaben bzw. Werbungskosten abzugsfähig (so auch FG Niedersachsen v. 27.2.2002, 4 K 30/96, EFG 2002, 1508). 826

Aufwendungen eines Oberarztes für eine Feier mit den Bediensteten des Krankenhauses aus Anlass des **Abschieds in den Ruhestand** können ohne Abzugsbeschränkung als Werbungskosten zu berücksichtigen sein (BFH v. 26.1.2010, VI B 95/09).

Aufwendungen eines angestellten Chefarztes für eine **Skifreizeit** zur Steigerung der Motivation seiner Mitarbeiter sind als Werbungskosten abzugsfähig, wenn sie nach der Gesamtwürdigung aller Umstände ausschließlich beruflich und nicht durch die gesellschaftliche oder wirtschaftliche Stellung des Stpfl. veranlasst waren. Auch die auf die eigene Teilnahme des Stpfl. an der Skifreizeit entfallenden Aufwendungen sind abzugsfähig, wenn die Anwesenheit des Stpfl. zwingend ist, um den Zweck der Veranstaltung zu erfüllen, und wenn dieser unter Würdigung der Gesamtumstände ein ausschließlicher beruflicher Anlass zu Grunde liegt, während die private Mitveranlassung unbedeutend ist (FG Thüringen v. 9.10.2013, 3 K 306/12, EFG 2014, 1290).

Zu den Betriebsausgaben gehören auch **Sponsoringaufwendungen** eines **Freiberuflers** zur Förderung von Personen oder Organisationen in sportlichen, kulturellen oder ähnlichen gesellschaftlichen Bereichen, wenn der Sponsor als Gegenleistung wirtschaftliche Vorteile, die insbesondere auch in der Sicherung oder Erhöhung des unternehmerischen Ansehens liegen können, für sein Unternehmen erstrebt oder für Produkte bzw. Dienstleistungen seines Unternehmens werben will. Ein Abzug von Sponsoringaufwendungen als Betriebsausgaben setzt voraus, dass der Sponsoringempfänger öffentlichkeitswirksam auf das Sponsoring oder die Produkte bzw. Dienstleistungen des Sponsors hinweist und hierdurch für Außenstehende eine konkrete Verbindung zu dem Sponsor und seinen Leistungen erkennbar wird. Erfolgt das Sponsoring durch eine Freiberufler-Personengesellschaft, liegt der erforderliche hinreichende Zusammenhang zum Sponsor auch dann vor, wenn auf die freiberufliche Tätigkeit und Qualifikation der einzelnen Berufsträger hingewiesen wird (BFH v. 14.7.2020, VIII R 28/17, BStBl II 2021, 14).

Arzthelferin

→ *Arbeitnehmer-ABC* Rz. 222

Ärztliche Betreuung

827 Die vom Arbeitgeber im ganz überwiegenden betrieblichen Interesse übernommenen Kosten für **Vorsorgeuntersuchungen** und **Kreislauftrainingskuren** der Arbeitnehmer sind **kein Arbeitslohn** (BFH v. 31.10.1986, VI R 73/83, BStBl II 1987, 142). Das Gleiche gilt für die ärztliche Betreuung der Belegschaft zur **Hebung des Gesundheitszustands** und damit der Arbeitsleistung (BFH v. 24.1.1975, VI R 242/71, BStBl II 1975, 340); vgl. sinngemäß auch BFH v. 30.5.2001, VI R 177/99, BStBl II 2001, 671 betr. Übernahme von Massagekosten für Bildschirmarbeitnehmer.

Bestimmte zusätzlich zum ohnehin geschuldeten Arbeitslohn erbrachte Leistungen des Arbeitgebers zur **betrieblichen Gesundheitsförderung sind bis zur Höhe von 600 € im Jahr steuerfrei** (§ 3 Nr. 34 EStG sowie → *Gesundheitsförderung, betriebliche* Rz. 2367 ff.).

LSt SV

Arbeitslohn liegt jedoch vor, wenn der Arbeitgeber die Kosten übernimmt für

- eine **Kur** für sämtliche **älteren Arbeitnehmer** im Betrieb, z.B. nach Vollendung ihres 50. Lebensjahres, ungeachtet ihrer Stellung und Bedeutung für den Betrieb (BFH v. 31.10.1986, VI R 73/83, BStBl II 1987, 142),
- ein **gesundheitsförderndes Trainingsprogramm in einem Sport-Center**, wenn das private Interesse des Arbeitnehmers an dem Programm nicht vernachlässigt werden kann (BFH v. 24.3.2009, VI B 106/08),
- die **Regenerierungskur eines Fluglotsen** (BFH v. 11.3.2010, VI R 7/08, BStBl II 2010, 763),
- eine sog. **Sensibilisierungswoche** zur Verbesserung des allgemeinen Gesundheitszustands der Arbeitnehmer und zur betrieblichen Gesundheitsförderung, wenn sich die Vorteile bei objektiver Würdigung aller Umstände als Entlohnung und nicht lediglich als notwendige Begleiterscheinung betriebsfunktionaler Zielsetzungen erweisen (BFH v. 21.11.2018, VI R 10/17, BStBl II 2019, 404).
- Mit Präventionsleistungen im Zusammenhang stehende unentgeltliche oder vergünstigte Unterkunfts- und Verpflegungsleistungen des Arbeitgebers sind regelmäßig nicht nach § 3 Nr. 34 des Einkommensteuergesetzes steuerfrei (BFH v. 23.11.2023, VI R 24/21, BFH/NV 2024, 455).

LSt SV

Asylbewerber, Flüchtlinge

1. Arbeitsrecht

a) Asylbewerberleistungsgesetz

aa) Allgemeines

828 Das Bundesamt für Migration und Flüchtlinge, das Auswärtige Amt und das BMAS haben auf ihren Internetseiten Fragen und Antworten zur Einreise aus der Ukraine und zum Aufenthalt in Deutschland zusammengestellt.

Mit dem **Dritten Gesetz zur Änderung des Asylbewerberleistungsgesetzes** v. 13.8.2019, BGBl. I 2019, 1290 wurden ab dem 1.9.2019 die Leistungen nach dem Asylbewerberleistungsgesetz (AsylbLG) angepasst, indem die Regelbedarfe weiterentwickelt worden sind und zugleich die verfassungsrechtlich gebotene Anpassung der Leistungen, orientiert an den Leistungen der Sozialhilfe (SGB XII), vorgenommen wurde. Das Gesetz enthält zudem **zwei Regelungen, die die Integration von Geflüchteten unterstützen** sollen:

- Das Schließen der „Förderlücke", die bisher vielfach zu Ausbildungs- und Studienabbrüchen unter Geflüchteten führte, sowie
- die Einführung eines neuen Ehrenamts-Freibetrags.

Veranlasst durch verschiedene Entscheidungen des Bundesverfassungsgerichts (BVerfG v. 9.2.2010, 1 BvL 1/09, 1 BvL 3/09, 1 BvL 4/09; v. 18.7.2012, 1 BvL 10/10, 1 BvL 2/11; v. 23.7.2014, 1 BvL 10/12, 1 BvL 12/12, 1 BvR 1691/13) hat der Gesetzgeber zum 1.1.2021 eine verfassungskonforme Ermittlung und Ausgestaltung der Regelbedarfe nach dem SGB XII und dem SGB II sowie der Grundleistungen nach dem AsylbLG normiert (Gesetz zur Ermittlung von Regelbedarfen und zur Änderung des Zwölften Buches Sozialgesetzbuch sowie des Asylbewerberleistungsgesetzes, BT-Drucks. 19/22750). Bei der Abgrenzung der für die Höhe der Regelbedarfe zu berücksichtigenden Verbrauchsausgaben werden bei den Kommunikationsausgaben auch die auf die Nutzung von Mobilfunk (Handy-Nutzung) entfallenden Verbrauchsausgaben berücksichtigt. Ferner wurde die für die im Jahr 2021 geltende Höhe der Leistungen durch die Berücksichtigung der Preis- und Lohnentwicklung aktualisiert.

bb) Die Regelungen im Einzelnen:

Im AsylbLG wird zwischen einem **notwendigen Bedarf** (z.B. Ernährung und Kleidung) und einem **notwendigen persönlichen Bedarf** (z.B. ÖPNV, Telefon, Hygieneartikel) unterschieden. Für beide Bedarfsarten gibt es **getrennte Leistungssätze**. Hintergrund ist, dass je nach Art der Unterbringung die Bedarfe als Sachleistung gedeckt werden können und damit eine Unterscheidung der Bedarfe einfacher ist. In Erstaufnahmeeinrichtungen (nach Einreise) wird z.B. der notwendige Bedarf zwingend als Sachleistung erbracht (z.B. Versorgung über Essensausgabe), bei der Unterbringung in Wohnungen hingegen vorrangig als Geldleistung. 829

Wenn **staatliche Stellen Unterkünfte für Flüchtlinge selbst anmieten** und mit Haushaltsgeräten und Möbeln ausstatten, werden die Leistungen für Hausrat als Sachleistung gewährt. Deshalb sind diese Bedarfe aus dem Leistungssatz ausgegliedert. Das wird in Zukunft auch für den Bedarf für Strom und Wohnungsinstandhaltung gelten, wenn staatliche Stellen mit Strom versorgte Unterkünfte anbieten, so dass der jeweils anzuerkennende Bedarf entsprechend niedriger ist. So sinken zwar die Geldleistungssätze, materiell werden die Leistungen allerdings voll erbracht.

Die **Bedarfsstufen (BS)** im Asylbewerberleistungsrecht sollen stärker an die Regelbedarfsstufen (RBS) in der Sozialhilfe bzw. der Grundsicherung für Arbeitsuchende angeglichen werden (also: Alleinstehende BS 1, Paare BS 2, Kinder BS 6 usw.). Für Erwachsene unter 25 Jahren, die im Haushalt der Eltern leben, soll zukünftig – wie im SGB II – BS 3 gelten. Kinder zwischen 6 und 13 Jahren sollen in Anpassung an die jüngsten statistischen Daten deutlich höhere Leistungen erhalten. Für Leistungsberechtigte, die in einer Sammelunterkunft (Erstaufnahmeeinrichtung oder Gemeinschaftsunterkunft) leben, soll künftig die BS 2 gelten, da beim Zusammenleben in Sammelunterkünften und gemeinschaftlicher Nutzung des Wohnraums bestimmte Kosten, etwa für die Mediennutzung, nicht für jede Person in voller Höhe anfallen. **Die neuen Leistungssätze sind unter www.bmas.de einsehbar.**

In der Vergangenheit gab es ferner eine **Lücke in der Unterstützung für studier- und ausbildungswillige Asylbewerberinnen und Asylbewerber und Geduldete**: Nach Ablauf der Aufenthaltsdauer von 15 Monaten werden die Leistungssätze im AsylbLG so berechnet wie in der Sozialhilfe (SGB XII). Wer sich in einer Ausbildung befindet oder ein Studium absolviert und auf finanzielle Unterstützung angewiesen ist, muss anstelle von Sozialhilfe eine Ausbildungsförderung (BAföG oder Berufsausbildungsbeihilfe) beantragen. Diese steht allerdings vielen Geflüchteten gar nicht offen. So fallen sie in eine **„Förderlücke"**, in der keines der Sicherungssysteme greift. Bislang führt das aus finanziellen Gründen zu Ausbildungs- und Studienabbrüchen. Faktisch sind die Betroffenen finanziell schlechter gestellt als diejenigen, die gar keiner Tätigkeit nachgehen. Diese **Schieflage wird beendet**, um dadurch langfristig bessere Perspektiven auf gute Arbeit und sozialversicherungspflichtige Beschäftigung zu erreichen. Von der Neuregelung profitieren auch Asylbewerberinnen, Asylbewerber und Geduldete, die eine berufliche oder weiterführende Schule besuchen, und als Inländer Schüler-BAföG beziehen würden.

cc) Der Ehrenamts-Freibetrag

Wenn sich **Leistungsberechtigte nach dem AsylbLG** während ihres Asylverfahrens ehrenamtlich engagieren (z.B. in Vereinen) und dafür eine **Ehrenamtspauschale erhalten**, werden sie bestimmte Beträge **anrechnungsfrei zusätzlich zu ihren Leistungen nach dem AsylbLG** behalten können. Für gewisse ehren- 830 amtliche Nebentätigkeiten werden Aufwandsentschädigungen gezahlt, die in bestimmter Höhe steuer- und sozialversicherungsfrei sind. Dies betrifft den Übungsleiterfreibetrag und den Betreuerfreibetrag für ehrenamtliche rechtliche Betreuer von jeweils 3 300 € (bis 2025: 3 000 €, § 3 Nr. 26 und 26b EStG), den Ehrenamtsfreibetrag von 960 € (bis 2025: 840 €, § 3 Nr. 26a EStG; → *Nebenberufliche steuerbegünstigte Tätigkeiten* Rz. 3236) sowie den Freibetrag für Aufwandsentschädigungen im öffentlichen Dienst von 3 000 € (§ 3 Nr. 12 EStG, → *Aufwandsentschädigungen im öffentlichen Dienst* Rz. 865).

Weitere Einzelheiten:

- Bei Beziehern von Bürgergeld bzw. Grundsicherungsgeld bleiben Aufwandsentschädigungen in dieser Höhe bei der Einkommensermittlung anrechnungsfrei, d.h. sie werden nicht als Einkommen angerechnet (§ 11a Abs. 1 Nr. 4 SGB II).
- Seit dem 1.1.2021 gibt es einen neuen Freibetrag für zusätzliche Altersvorsorge (§ 82 Abs. 4 und 5 SGB XII). Bei der Anrechnung auf die Grundsicherung bleibt von Riester- und Betriebsrenten sowie von Rürup-Renten ein bestimmter Betrag anrechnungsfrei, und zwar ein Sockelbetrag von 100 € zuzüglich 30 % des übersteigenden Betrages, höchstens jedoch 50 % der Regelbedarfsstufe 1 gem. § 28 SGB XII (2022: 563 €). Das bedeutet: Der Rentner mit Grundsicherung darf eine Riester- oder Betriebsrente bis zum halben „Hartz IV"-Satz zusätzlich behalten.
- Bezüge oder Einnahmen aus ehrenamtlicher Tätigkeit, die nach §§ 3 Nr. 12, 26, 26a, 26b EStG steuerbefreit sind, bleiben bis zu 275 € monatlich bei der Einkommensermittlung anrechnungsfrei (§ 7 Abs. 3 Satz 2 AsylbLG).
- Aufwendungen für Beiträge und notwendige Ausgaben, die den Leistungsberechtigten im Zusammenhang mit der Ausübung der betreffenden ehrenamtlichen oder nebenberuflichen Tätigkeit entstehen, sind grds. mit dem Freibetrag abgegolten. Bei einem steuerbegünstigten Einkommen oberhalb von 275 € monatlich können entsprechende Aufwendungen nicht zusätzlich zum Freibetrag berücksichtigt werden. Ein gesonderter Abzug entsprechender Ausgaben kommt daher nur in Betracht, wenn diese den Freibetrag von 275 € monatlich übersteigen und der Leistungsberechtigte dies nachweist.
- Wenn sich Leistungsberechtigte nach dem AsylbLG während ihres Asylverfahrens ehrenamtlich engagieren (z.B. in Vereinen) und dafür eine Ehrenamtspauschale erhalten, sollen sie davon zukünftig bis zu 275 € im Monat anrechnungsfrei zusätzlich zu ihren Leistungen nach dem AsylbLG behalten können. Nach Ablauf der Wartefrist (erste 15 Monate) gelten für Asylbewerber die Regelungen der Sozialhilfe gem. § 82 Abs. 2 Satz 2 SGB XII, d.h. auch dann bleiben bis zu 275 € monatlich anrechnungsfrei.

b) Gemeinnützige Beschäftigung

831 Nach § 5 AsylbLG sollen Asylbewerbern **Arbeitsgelegenheiten in Aufnahmeeinrichtungen** nach dem Asylverfahrensgesetz sowie (soweit möglich) bei staatlichen, kommunalen bzw. gemeinnützigen Trägern zur Verfügung gestellt werden. Arbeitsfähige, nicht erwerbstätige Leistungsberechtigte, die nicht mehr im schulpflichtigen Alter sind, sind zur Wahrnehmung derartiger Arbeitsgelegenheiten verpflichtet. Für die zu leistende Arbeit wird den Asylbewerbern eine **Aufwandsentschädigung von 0,80 € je Stunde** ausgezahlt. Ein Arbeitsverhältnis i.S.d. Arbeitsrechts wird nach der ausdrücklichen Bestimmung des § 5 Abs. 5 AsylbLG nicht begründet. Die in diesem Rahmen beschäftigten Asylbewerber sind daher – auch steuerlich – **nicht als Arbeitnehmer zu qualifizieren**.

Nach dem neuen § 5a AsylbLG können arbeitsfähige, nicht erwerbstätige Leistungsberechtigte, die das 18. Lebensjahr vollendet haben und nicht der Vollzeitschulpflicht unterliegen, von den zuständigen Behörden zu ihrer Aktivierung in Arbeitsgelegenheiten zugewiesen werden, die i.R. des von der Bundesagentur für Arbeit durchgeführten Arbeitsmarktprogramms **Flüchtlingsintegrationsmaßnahmen** gegen Mehraufwandsentschädigung bereitgestellt werden. Die in diesem Rahmen beschäftigten Asylbewerber sind nach § 421a SGB III **nicht als Arbeitnehmer zu qualifizieren**.

Möglich und zulässig ist nach dem neu eingefügten § 18 BFDG i.R. des **Bundesfreiwilligendienstes mit Flüchtlingsbezug** (→ *Freiwilligendienste* Rz. 2265) auch ein entsprechender Einsatz für Asylberechtigte, für Personen mit internationalem Schutz nach der Richtlinie 2011/95/EU oder für Asylbewerber, bei denen ein rechtmäßiger und dauerhafter Aufenthalt zu erwarten ist. Auch die in diesem Rahmen beschäftigten Personen sind **nicht als Arbeitnehmer zu qualifizieren**.

c) Beschäftigung im Arbeitsverhältnis mit Arbeitserlaubnis

Hinweise vorab: 832

1. Ausführliche Informationen und aktuelle Hinweise über mögliche Rechtsänderungen können Sie den Internetseiten des **Bundesamts für Migration und Flüchtlinge** entnehmen (www.bamf.de; im Bereich „Häufige Fragen": „FAQ: Zugang zum Arbeitsmarkt für geflüchtete Menschen").

2. Zur Frage, ob Asylsuchende, anerkannte Flüchtlinge und Geduldete in einem **Mini-Job beschäftigt** werden dürfen, hat die **Mini-Jobzentrale** auf ihren Internetseiten ausführliche Informationen bereitgestellt (www.minijob-zentrale.de).

3. Bei anderen Fragen zur Beschäftigung geflüchteter Menschen (z.B. Anerkennung ausländischer Berufsabschlüsse, Einreise und Aufenthalt usw.) können Sie sich an die „Hotline Arbeiten und Leben in Deutschland" wenden, welche gemeinsam vom Bundesamt für Migration und Flüchtlinge (BAMF) und der Bundesagentur für Arbeit betrieben wird. Die Hotline ist von Montag bis Freitag in der Zeit von 9 bis 15 Uhr unter der Rufnummer +49 30 1815-1111 erreichbar. Die Aufnahme eines regulären Arbeitsverhältnisses und die Tätigkeit als Arbeitnehmer in jedweder Form bzw. umgekehrt eine Beschäftigung durch einen Arbeitgeber ist (wie allgemein bei der Beschäftigung ausländischer Arbeitnehmer aus Drittstaaten) nur zulässig, wenn der Asylsuchende bzw. Flüchtling eine **Arbeitserlaubnis** besitzt.

Die nachfolgenden Ausführungen sollen insoweit einen Überblick über die Möglichkeiten der Beschäftigung von Asylbewerbern/Flüchtlingen geben. Im Einzelfall empfehlen sich konkrete Abstimmungen mit der örtlichen Ausländerbehörde und der regionalen Agentur für Arbeit.

aa) Personenkreis

Der Begriff „Flüchtlinge" wird im normalen Sprachgebrauch regelmäßig undifferenziert verwendet. Dennoch bestehen große Unterschiede, je nachdem, in welchem Stadium sich ein Asylverfahren befindet und ob ein Aufenthaltstitel vorliegt. In diesem Zusammenhang sind **drei Personengruppen** zu unterscheiden: 833

1. **Anerkannte Flüchtlinge mit Aufenthaltserlaubnis**

   „Anerkannte Flüchtlinge mit Aufenthaltserlaubnis" sind Menschen, die **im Asylverfahren einen positiven Bescheid mit Aufenthaltserlaubnis** aus völkerrechtlichen, humanitären oder politischen Gründen erhalten haben (§§ 22 bis 26 AufenthG).

2. **Asylsuchende mit Aufenthaltsgestattung**

   Menschen, deren **Asylverfahren noch nicht abgeschlossen** ist, wird in diesem Verfahrensstadium kein Aufenthaltstitel gewährt, § 55 Abs. 1 AsylG. Sie erhalten jedoch ein Sonderpapier, das die Aufenthaltsgestattung beinhaltet.

3. **Asylsuchende mit Duldungsstatus**

   Asylsuchende mit Duldungsstatus sind Menschen, deren **Asylantrag abgelehnt** wurde, die aber aus tatsächlichen oder rechtlichen Gründen (zeitweise) nicht abgeschoben werden können, § 60a AufenthG. Über einen Aufenthaltstitel verfügen Asylsuchende mit Duldungsstatus (häufig als „Geduldete" bezeichnet) nicht. Sie erhalten aber ein Sonderpapier, das ihren Duldungsstatus ausweist.

bb) Grundsätzliche Beschäftigungsvoraussetzungen

Der Aufenthaltsstatus und der Stand des Asylverfahrens entscheiden über die Möglichkeit einer Beschäftigungsaufnahme in Deutschland. Nach § 4 Abs. 2 Satz 1 AufenthG berechtigt ein **Aufenthaltstitel** zur Ausübung einer Erwerbstätigkeit, sofern es nach dem Aufenthaltsgesetz bestimmt ist oder der Aufenthaltstitel die Ausübung der Erwerbstätigkeit ausdrücklich erlaubt. **Ohne Aufenthaltserlaubnis** kann die Ausübung einer Beschäftigung einem Ausländer in Deutschland nur erlaubt werden, wenn die Bundesagentur für Arbeit zugestimmt hat oder durch Rechtsverordnung bestimmt ist, dass die Ausübung der Beschäftigung ohne 834

Zustimmung der Bundesagentur für Arbeit zulässig ist (§ 4 Abs. 2 Satz 3 AufenthG).

(1) Beschäftigungsverbot bei Aufenthaltspflicht in der Aufnahmeeinrichtung

835 Asylsuchende dürfen während der bis zu sechs Monaten dauernden Pflicht, in einer Aufnahmeeinrichtung zu wohnen, keine Erwerbstätigkeit ausüben, § 61 Abs. 1 AsylG.

(2) Beschäftigungsverbot in der Wartefrist

836 In den ersten drei Monaten des Aufenthalts ist eine Beschäftigung ausgeschlossen (§ 32 Abs. 1 Satz 1 Beschäftigungsverordnung). Es gilt ein Arbeitsverbot (sog. Wartefrist). Während dieser Wartefrist verhängt die Ausländerbehörde i.d.R. eine Residenzpflicht, was bedeutet, dass ein Aufenthalt des Asylsuchenden nur im Gebiet der zuständigen Ausländerbehörde zulässig ist. Nach Ablauf der dreimonatigen Frist wird diese regelmäßig in eine „Wohnsitzauflage" umgewandelt, die ein „freies Bewegen" im Bundesgebiet ermöglicht. Ein Wohnsitzwechsel ist der Ausländerbehörde aber anzuzeigen und wird von dieser geprüft.

cc) Beschäftigungsvoraussetzungen für anerkannte Flüchtlinge mit Aufenthaltserlaubnis

837 Die Möglichkeit der Beschäftigung von anerkannten Flüchtlingen mit Aufenthaltserlaubnis richtet sich nach § 31 Beschäftigungsverordnung. Diese Personengruppe darf für die Dauer der Aufenthaltserlaubnis jede Beschäftigung annehmen. Beschränkungen für Arbeitgeber bestehen nicht.

dd) Beschäftigungsvoraussetzungen für Asylsuchende mit Aufenthaltsgestattung und Asylsuchende mit Duldungsstatus

838 Die **Rechtsgrundlagen** für die Beschäftigung von Asylsuchenden mit Aufenthaltsgestattung oder Duldungsstatus (nachfolgend als „Asylsuchende" bezeichnet) sind in den §§ 59 bis 61 Asylgesetz, §§ 39, 40 Aufenthaltsgesetz und in den §§ 32 und 33 Beschäftigungsverordnung enthalten.

(1) Besonderheiten für Berufsausbildung

839 Durch die zum 1.1.2020 in Kraft getretene **Neufassung** der §§ 60a und § 18 a AufenthG erhalten geduldete Ausländer einen Bleibeanspruch für die Dauer einer Berufsausbildung und einer anschließenden zweijährigen Beschäftigung, wobei die bisherige Altersgrenze von 21 Jahren weggefallen ist.

Nach § 32 Abs. 2 Beschäftigungsverordnung ist für die Erlaubnis der Ausländerbehörde **keine Zustimmung der Agentur für Arbeit** u.a. erforderlich zur Ausübung einer **Berufsausbildung** in einem staatlich anerkannten oder vergleichbar geregelten Ausbildungsberuf:

- **Schulische Berufsausbildungen** sind für Asylbewerberinnen und Asylbewerber sowie Geduldete rechtlich immer möglich und müssen nicht durch die Ausländerbehörde genehmigt werden.
- **Betriebliche Berufsausbildungen** (duale Ausbildungen) können Asylbewerberinnen und Asylbewerber ab dem vierten Monat und Geduldete, sofern kein Arbeitsverbot vorliegt, ab der Erteilung der Duldung beginnen, sofern die Ausländerbehörde dies erlaubt. Die Beschränkungen für **sichere Herkunftsstaaten** gelten auch für die Aufnahme einer Berufsausbildung.
- Für den konkreten **Ausbildungsplatz** muss bei der Ausländerbehörde individuell eine Beschäftigungserlaubnis beantragt werden.
- Bei staatlich anerkannten oder vergleichbar geregelten Ausbildungsberufen muss die Bundesagentur für Arbeit nicht zustimmen.
- Die Ausländerbehörde kann die Duldung für die Aufnahme einer qualifizierten Berufsausbildung für die vereinbarte Dauer der Berufsausbildung erteilen. Die Duldung erlischt bei Abbruch der Ausbildung.
- **Nach erfolgreichem Abschluss** einer Berufsausbildung ohne eine Weiterbeschäftigung im Ausbildungsbetrieb wird die Duldung für sechs Monate zur Arbeitsplatzsuche verlängert. Erhält der Inhaber einer Ausbildungsduldung dagegen eine der Qualifikation entsprechende Beschäftigung, hat er nach dem neuen § 18a AufenthG nun nach Zustimmung der Bundesagentur für Arbeit (ohne Vorrangprüfung) einen Rechtsanspruch auf Erteilung einer zweijährigen Aufenthaltserlaubnis.

(2) Besonderheiten für Praktika

Nach § 32 Abs. 2 BeschäftigungsV ist für die Erlaubnis der Ausländerbehörde **keine Zustimmung der Agentur für Arbeit** u.a. erforderlich zur Ausübung eines **Praktikums** nach § 22 Abs. 1 Satz 2 Nr. 1 bis 4 MiLoG (→ *Mindestlohn* Rz. 3149); dies betrifft: 840

- Schüler, Studierende und Auszubildende, die ein Pflichtpraktikum absolvieren,
- Teilnehmer an Orientierungspraktika von maximal drei Monaten für die Aufnahme einer Ausbildung oder eines Studiums (bei Überschreitung der Höchstdauer von drei Monaten besteht der Mindestlohnanspruch rückwirkend für die gesamte Dauer des Praktikums, und zwar selbst dann, wenn vorab eine Befristung vorlag und jetzt verlängert wird),
- Teilnehmer an ausbildungs- oder studienbegleitenden Praktika von maximal drei Monaten (bei Überschreitung der Höchstdauer von drei Monaten besteht der Mindestlohnanspruch rückwirkend für die gesamte Dauer des Praktikums, und zwar selbst dann, wenn vorab eine Befristung vorlag und jetzt verlängert wird),
- Teilnehmer an Einstiegsqualifikationen nach § 54a SGB III und Berufsbildungsvorbereitungen nach §§ 68–70 BBiG.

(3) Erlaubnisentscheidung der Ausländerbehörde

Nach Ablauf der dreimonatigen Wartefrist endet das grundsätzliche Arbeitsverbot. Dennoch ist eine Beschäftigungsaufnahme nur möglich, wenn die Ausländerbehörde dies erlaubt (§ 32 Abs. 1 Satz 1 Beschäftigungsverordnung). Grds. gilt ein **nachrangiger Arbeitsmarktzugang** für Asylsuchende. Es handelt sich um eine Ermessensentscheidung der Ausländerbehörde, die ihre Erlaubnis insbesondere dann verweigern kann, wenn der Asylsuchende falsche oder unzureichende Angaben über seine Identität bzw. Staatsangehörigkeit macht. Die Entscheidung der Ausländerbehörde erfolgt in einem abgestuften Verfahren unter Beteiligung der Agentur für Arbeit in einem verwaltungsinternen Verfahren. Grds. ist eine **Zustimmung der Agentur für Arbeit** erforderlich, § 39 AufenthG. 841

Die Agentur für Arbeit entscheidet nach **zwei Kriterien**: I.R. der **Arbeitsmarktprüfung** (§ 39 Abs. 1 Nr. 2 Aufenthaltsgesetz) wird festgestellt, ob der Asylsuchende zu gleichwertigen Bedingungen wie ein Bewerber eingestellt werden soll, der keinen Arbeitsmarktbeschränkungen unterliegt. Geprüft werden die Arbeitsbedingungen der konkreten Stelle mit Verdienst und Arbeitszeit. Die Arbeitsbedingungen dürfen nicht ungünstiger sein als für inländische Arbeitnehmer. Die **Vorrangprüfung** (§ 39 Abs. 1 Nr. 1 Aufenthaltsgesetz) bedeutet, dass für die konkrete Stelle kein Bewerber vorhanden sein darf, dessen Arbeitsmarktzugang nicht beschränkt ist. Bewerber aus Deutschland, EU-Staatsbürger oder Ausländer mit dauerhaftem Aufenthaltsstatus sind vorrangig zu berücksichtigen.

Mit der Neufassung des § 32 Abs. 5 Nr. 3 BeschV **entfällt die Vorrangprüfung** für Asylsuchende und Geduldete, die eine Beschäftigung in dem Bezirk einer der in der Anlage zu § 32 aufgeführten Agenturen für Arbeit ausüben.

Im Übrigen **entfällt die Vorrangprüfung** in folgenden Fällen:

Nach drei Monaten entfällt die Verpflichtung zur Durchführung der Vorrangprüfung, wenn der Asylsuchende die Voraussetzungen für eine **„Blaue Karte EU"** in Engpassberufen erfüllt oder bei Fachkräften, die eine anerkannte Ausbildung für einen **Engpassberuf** nach einer Positivliste der Bundesagentur für Arbeit haben. Die **Voraussetzungen für die „Blaue Karte EU"** sind:

- Abgeschlossenes Hochschulstudium mit anerkanntem oder vergleichbarem Hochschulabschluss,
- Vorliegen eines konkreten Arbeitsplatzangebotes bzw. bereits bestehender Arbeitsvertrag und
- Erreichen eines konkret bezeichneten Mindestverdienstes.

Die **Engpassberufe** ergeben sich aus § 2 Abs. 2 Beschäftigungsverordnung. Es handelt sich um Berufe, die zu den Gruppen 21, 221 und 25 der Internationalen Standardklassifikation der Berufe

(ISCO) gehören. Dazu zählen insbesondere Naturwissenschaftler, Mathematiker, Ingenieure, Humanmediziner (ausgenommen Zahnärzte) und akademische Fachkräfte in der Informations- und Kommunikationstechnologie. Mit dem Gesetz zur Weiterentwicklung der Fachkräfteeinwanderung ist zum 1.11.2023 der Anwendungsbereich der Blauen Karte EU signifikant geöffnet worden. Kam diese zuvor ausschließlich in Betracht, sofern ein deutscher oder anerkannter beziehungsweise vergleichbarer Hochschulabschluss vorgelegt werden konnte, ist die Beantragung der Blauen Karte EU nunmehr auch ohne einen Hochschulabschluss möglich.

Generell entfällt **nach 15 Monaten** die Vorrangprüfung, wenn sich der Asylsuchende in dieser Zeit ununterbrochen in Deutschland aufgehalten hat (§ 32 Abs. 5 Nr. 2 BeschäftigungsV).

Nach vier Jahren entfällt insgesamt das Zustimmungserfordernis der Agentur für Arbeit (§ 32 Abs. 2 Nr. 5 BeschäftigungsvV).

Hinweis:
Die Voraussetzungen der Zustimmungserteilung für ein **Tätigwerden als Leiharbeitnehmer** sind nunmehr durch § 32 Abs. 3 und 5 Beschäftigungsverordnung n.F. erleichtert.

d) Speziell: Ausländer aus sicherem Herkunftsstaat

842 Ausländer, die aus einem **sicheren Herkunftsstaat** kommen und nach dem 31.8.2015 einen Asylantrag gestellt haben, erhalten keine Erlaubnis zur Ausübung einer Beschäftigung während des Asylverfahrens (§ 61 Abs. 2 Satz 4 AsylG). Als sichere Herkunftsstaaten gelten die Mitgliedstaaten der EU sowie die in Anlage II zu § 29a AsylG genannten Staaten. Dies sind derzeit: Albanien, Bosnien und Herzegowina, Ghana, Kosovo, Mazedonien, ehemalige jugoslawische Republik Montenegro, Senegal und Serbien.

e) Unerlaubte Beschäftigung von Asylbewerbern/Flüchtlingen

843 Die unerlaubte Beschäftigung von Ausländern kann schon für sich allein eine bußgeldbewehrte **Ordnungswidrigkeit** nach § 404 Abs. 1 Nr. 1 und 2, Abs. 2 Nr. 3 SGB III darstellen und sich unter zusätzlichen Voraussetzungen auch als **Straftat** darstellen (zu Einzelheiten s. Krug/Güttner, Beschäftigung von Ausländern und Flüchtlingen – die Straf- und Ordnungswidrigkeitenrisiken der Integration für Arbeitgeber, ArbRAktuell 2016, 155).

2. Lohnsteuer

a) Allgemeines

844 Bei den Leistungen nach dem AsylbLG (Grundleistungen, Ernährung, Unterkunft, Heizung, Kleidung, Gesundheits- und Körperpflege, Gebrauchs- und Verbrauchsgüter des Haushalts) handelt es sich um Bezüge aus öffentlichen Mitteln, die wegen Hilfsbedürftigkeit geleistet werden. Sie sind daher nach **§ 3 Nr. 11 EStG** (→ *Unterstützungen* Rz. 4217) **als steuerfrei zu behandeln und unterliegen nicht dem Progressionsvorbehalt nach § 32b EStG** (→ *Progressionsvorbehalt* Rz. 3501), vgl. OFD Frankfurt v. 1.9.2021, S 2342 A – 049 – St 29.

Bei Aufnahme einer Arbeit benötigt der Arbeitgeber für den Abruf der elektronischen Lohnsteuerabzugsmerkmale (ELStAM) die **IdNr** (→ *Identifikationsnummer* Rz. 2575 ff.) und das Geburtsdatum seines Arbeitnehmers. Sofern die IdNr noch nicht vorliegt, kann der Arbeitgeber für einen Zeitraum von bis zu drei Monaten die voraussichtlichen Lohnsteuerabzugsmerkmale anwenden (§ 39c Abs. 1 Satz 2 EStG). Auch für die Beantragung von Kindergeld sind sowohl die IdNr des Berechtigten als auch die des Kindes erforderlich. Weitere Einzelheiten → *ELStAM* Rz. 1841.

Zur Frage, ob Aufwendungen für einen **Deutschsprachkurs** – wenn die Kosten vom Arbeitgeber übernommen werden – als Arbeitslohn zu versteuern oder – wenn die Kosten vom Arbeitnehmer getragen werden – als Werbungskosten abzugsfähig sind, → *Fortbildung* Rz. 2233.

Kosten zum Erwerb der **„Blauen Karte EU“** (→ Rz. 841) **können Werbungskosten** sein, wenn die Anstellung bei einer Firma nur auf Grund dieses Aufenthaltstitels möglich ist (FG Nürnberg v. 9.8.2017, 5 K 815/15).

b) Wohnpatenschaften für geflüchtete junge Erwachsene

In Bremen ist in 2017 das Projekt „Wohnpatenschaften für geflüchtete junge Erwachsene“ konzipiert und mit dessen Durchführung die PiB gGmbH (Pflegekinder in Bremen) beauftragt worden. Die Wohnpaten verpflichten sich, in ihrem häuslichen Umfeld entweder ein Zimmer (Mindestgröße 12 qm) mit Küchen- und Badbenutzung oder eine Wohnung/Appartement zur Verfügung zu stellen. Zusätzlich soll der Wohnpate Ansprechpartner für alle Belange des jungen Erwachsenen sein und ihn bei seiner Integration unterstützen. 845

Als **Vergütung** erhält der Wohnpate folgende Geldleistungen, die nicht von der PiB, sondern unmittelbar durch das Amt für Soziale Dienste gezahlt werden:

- für die **Wohnraumüberlassung** = monatlich zwischen 363 € und 546 € zuzüglich einer Strom- und Heizungspauschale,
- für die **Unterstützungs- und Integrationsleistung** = monatlich einen Betrag von 237 €.

Des Weiteren ist festgelegt, dass die Wohnpaten keine finanziellen Verpflichtungen eingehen. So erhält der junge Erwachsene unmittelbar von der Sozialbehörde zusätzlich für seinen **Lebensunterhalt** mtl. 416 € sowie eine **Monatskarte** der BSAG.

Steuerlich gilt Folgendes:

1. Abgrenzung der Einkunftsarten

Im Hinblick auf die separat vereinbarten und auch wirtschaftlich abgrenzbaren Leistungen erzielt der Wohnpate sowohl Einkünfte aus Vermietung und Verpachtung (§ 21 EStG) als auch Einkünfte aus sonstiger selbständiger Tätigkeit (§ 18 Abs. 1 Nr. 3 EStG).

2. Steuerbefreiung nach § 3 Nr. 11 EStG

Die i.R. der sonstigen selbständigen Tätigkeit gezahlte Vergütung für die Betreuungsleistung fällt nicht unter die Steuerbefreiungsvorschrift des § 3 Nr. 11 EStG für Bezüge aus öffentlichen Mitteln zur Erziehung oder Ausbildung. Denn nach der vertraglichen Vereinbarung erfolgen diese Zahlungen ausdrücklich für Leistungen, die im Zusammenhang mit der „Unterstützung und Integration“ des jungen Erwachsenen stehen. Eine Erziehung durch den Wohnpaten ist somit gerade nicht vorgesehen und im Hinblick auf den geringen zeitlichen Umfang der Betreuungsleistung mit einem wöchentlichen Kontakt tatsächlich auch nicht möglich.

3. Steuerbefreiung nach § 3 Nr. 12 EStG

Eine Aufwandsentschädigung aus öffentlichen Kassen gem. § 3 Nr. 12 Satz 1 EStG ist ebenfalls nicht gegeben, weil die Leistungen weder auf einer landesgesetzlichen Regelung beruhen bzw. vom Senat festgesetzt wurden noch im Haushaltsplan als Aufwandsentschädigung festgesetzt worden sind.

Ebenso scheidet § 3 Nr. 12 Satz 2 EStG aus, weil die Entschädigung nicht an öffentliche Dienste leistende Personen gezahlt wird und im Übrigen die Vergütung den Aufwand des Empfängers wesentlich übersteigt.

4. Steuerbefreiung nach § 3 Nr. 26 EStG

Im Hinblick auf die geringe zeitliche Inanspruchnahme handelt es sich um eine **nebenberuflich ausgeübte Betreuungstätigkeit** (soweit eine Vergütung für die Unterstützungs- und Integrationsleistung gezahlt wird). Weil diese Tätigkeit auch im Auftrag einer juristischen Person des öffentlichen Rechts bzw. einer unter § 5 Abs. 1 Nr. 9 KStG fallenden gemeinnützigen GmbH ausgeübt wird, ist **§ 3 Nr. 26 EStG einschlägig** (→ *Nebenberufliche steuerbegünstigte Tätigkeiten* Rz. 3236). Danach sind Vergütungen für die Betreuungsleistung – ggf. zusammen mit anderen nach dieser Vorschrift begünstigten Einnahmen – bis zu 3 300 € (bis 2025 3 000 € → Rz. 3247) im Kalenderjahr steuerfrei.

Dies gilt **nicht** für die Vergütung, die für die **Wohnraumüberlassung** gewährt wird (BayLfSt v. 19.9.2019, S 2121.2.1 – 29/25 St36, NWB QAAAH-34991).

c) Ukraine-Krieg

Die Aufnahme von volljährigen Kriegsflüchtlingen aus der Ukraine durch Alleinstehende in ihren Haushalt **im Jahr 2022 bis 2024** führte aus Billigkeitsgründen nicht zu einer steuerschädlichen Haushaltsgemeinschaft und damit auch nicht zum Wegfall der Steuerklasse II bzw. des Entlastungsbetrags für Alleinerziehende (§ 24b EStG). Diese Billigkeitsmaßnahme ist nach einem Be- 846 schluss auf Bund-Länder-Ebene ab dem Kalenderjahr 2025 nicht mehr anzuwenden (AStW 2025, 305).

S.a. → *Arbeitslohn* Rz. 625, → *Unterstützungen* Rz. 4217

LSt SV

3. Sozialversicherung

847 Bei der Beschäftigung von Asylbewerbern und anderen Flüchtlingen ist bei der versicherungsrechtlichen Beurteilung einer Beschäftigung oder eines Praktikums zunächst nach den grundsätzlichen Kriterien vorzugehen.

Wird allerdings eine geringfügige Beschäftigung ausgeübt, sind für Flüchtlinge keine Pauschalbeiträge zur Krankenversicherung zu entrichten. Es fehlt hier die Mitgliedschaft in der gesetzlichen Krankenversicherung.

Ist die geringfügige Beschäftigung eine kurzfristige Beschäftigung, besteht keine Versicherungsfreiheit, man geht hier immer von Berufsmäßigkeit aus.

Beschäftigt ein Arbeitgeber einen Arbeitnehmer „illegal", wird ein Beschäftigungsverhältnis für den Zeitraum von drei Monaten vermutet. Er muss für diesen Zeitraum mit Beitragsnachforderungen rechnen.

Ukrainische Flüchtlinge können auf Grundlage einer EU-Richtlinie unbürokratisch einen Aufenthaltstitel erhalten. Dieser Aufenthaltstitel ist für die Aufnahme einer Beschäftigung notwendig. Bis zur endgültigen Erteilung des Aufenthaltstitels werden sogenannte Fiktionsbescheinigungen ausgestellt.

Die Fiktionsbescheinigung und der spätere Aufenthaltstitel sind mit dem Eintrag „Erwerbstätigkeit erlaubt" versehen.

Zu der Regelung in der Sozialversicherung bei Bestehen eines Beschäftigungsverhältnisses gelten die vorgenannten Regelungen.

Attest

→ *Entgeltfortzahlung* Rz. 1914

Aufbewahrungspflichten

1. Lohnsteuer

848 Die Lohnkonten hat der Arbeitgeber nach § 41 Abs. 1 Satz 10 EStG **bis zum Ablauf des sechsten Kalenderjahrs**, das auf die zuletzt eingetragene Lohnzahlung folgt, aufzubewahren. Für das Lohnkonto 2026 endet also die Aufbewahrungspflicht mit Ablauf des 31.12.2032. Die auf zehn bzw. acht Jahre verlängerte Aufbewahrungsfrist in § 147 Abs. 3 AO gilt auf Grund der Sonderregelung in § 41 Abs. 1 EStG nicht (OFD Hannover v. 18.2.2000, S 2375 - 22 - StH 212). Zur Verlängerung der Aufbewahrungspflicht bei der aufgeschobenen Besteuerung nach § 19a EStG → *Vermögensbeteiligungen* Rz. 4283.

Für den **Nachweis von Werbungskosten, Sonderausgaben** usw. gibt es nach Durchführung der Einkommensteuerveranlagung und Rückgabe durch das Finanzamt **keine gesetzliche Aufbewahrungspflicht**, selbst wenn die Veranlagung „vorläufig" durchgeführt worden ist (OFD Magdeburg v. 19.10.2006, S 0240 - 2 - St 251).

Seit dem Veranlagungszeitraum 2017 wurde die bislang geltende **Belegvorlagepflicht** bis auf wenige Ausnahmen in eine **Belegvorhaltepflicht geändert**. Dies bedeutet, dass Steuerzahler dem Finanzamt grds. nur noch dann Belege vorlegen müssen, wenn das Finanzamt dazu auffordert. Gemeint sind hiermit Belege, die in den früheren Jahren zwingend im Original vorgelegt werden mussten (Spendenbescheinigung, Kapitalertragsteuerbescheinigung, Nachweis über den Grad der Behinderung), und auch sonstige einzureichende Unterlagen, Aufstellungen und Erläuterungen, die für das Besteuerungsverfahren von Bedeutung sind, für die es aber keine gesetzliche Vorlagepflicht gab.

Für Arbeitnehmer gilt im Wesentlichen Folgendes:

Für die meisten Stpfl. gilt, dass sie Belege grds. **bis zum Ablauf der Einspruchsfrist** gegen den Steuerbescheid (diese endet einen Monat nach Erhalt des Steuerbescheids) und nach Einlegung eines Einspruchs oder einer Klage bis zum endgültigen Abschluss des Verfahrens aufbewahren sollten. **Belege, die für mehrere Jahre von Bedeutung sind** (z.B. ärztliche Atteste), sollten entsprechend länger aufbewahrt werden. Sollte der Steuerbescheid unter dem Vorbehalt der Nachprüfung stehen oder vorläufig sein, sollten die Belege ebenfalls aufbewahrt werden (Angaben hierzu finden sich in den Erläuterungstexten am Ende des Steuerbescheids).

Eine besondere Regelung gilt für **Zuwendungsnachweise**, also Bescheinigungen für Spenden und Mitgliedsbeiträge an als gemeinnützig anerkannte Vereine und Einrichtungen: Diese müssen **bis zu einem Jahr nach Bekanntgabe des Steuerbescheids aufbewahrt** werden, wenn sie nicht zuvor vom Finanzamt angefordert wurden.

Darüber hinaus müssen Privatpersonen weitere Belege aufbewahren: Für Leistungen, die im Zusammenhang mit einem **Grundstück** stehen, sind Rechnungen für die **Dauer von zwei Jahren aufzubewahren**. Das können beispielsweise **Handwerkerleistungen oder haushaltsnahe Dienstleistungen** sein. Die Frist beginnt mit dem Schluss des Kalenderjahres, in dem die Rechnung ausgestellt worden ist.

Beziehen Stpfl. **Überschusseinkünfte** (d.h. als Arbeitnehmer, aus nicht der Abgeltungsteuer unterliegendem Kapitalvermögen, aus Vermietung und Verpachtung oder sonstige Einkünfte), die in der **Summe höher als 500 000 € pro Jahr (ab VZ 2027 750 000 €, zur Übergangsregelung vgl. Art. 97 § 40 EGAO)** sind, müssen Belege und Aufzeichnungen in diesem Zusammenhang grds. **sechs Jahre aufbewahrt** werden (§ 147a Abs. 1 AO).

2. Sozialversicherung

Der Arbeitgeber ist verpflichtet, für jeden Beschäftigten, getrennt nach Kalenderjahren, Entgeltunterlagen (vgl. § 8 BVV) in deutscher Sprache zu führen. Auch für Geringverdiener, Aushilfskräfte, Pauschalbesteuerte usw. müssen detaillierte Entgeltunterlagen vorhanden sein. Die Lohn- und Gehaltsunterlagen hat er im Geltungsbereich des Sozialgesetzbuches bis zum Ablauf des auf die **letzte Betriebsprüfung** des Rentenversicherungsträgers **folgenden Kalenderjahrs** geordnet aufzubewahren (§ 28f Abs. 1 SGB IV). 849

Die vom Arbeitgeber erstellten **Beitragsabrechnungen** und bei der Einzugsstelle einzureichenden **Beitragsnachweise** sind ebenfalls bis zu diesem Zeitpunkt aufzubewahren. Die Verpflichtung zur Führung von Entgeltunterlagen und somit auch die Aufbewahrungsfristen gelten **nicht für die in privaten Haushalten Beschäftigten**.

Die Entgeltunterlagen sind elektronisch vorzuhalten. Dies gilt für alle neuen Tatbestände und Ereignisse seit 1.1.2022. Eine rückwirkende elektronische Führung der Entgeltunterlagen für Zeiten vor dem 1.1.2022 ist nicht zwingend erforderlich. Hat der Arbeitgeber auf Grund seines Antrags beim zuständigen Rentenversicherungsträger die Genehmigung erst ab 1.1.2027 am elektronischen Verfahren teilzunehmen, ist auch hier eine rückwirkende elektronische Führung der Entgeltunterlagen für Zeiten davor nicht zwingend erforderlich. Werden die Entgeltunterlagen in diesem Fall auf Datenträgern geführt, sind die Daten in der Aufbewahrungsfrist jederzeit verfügbar und unverzüglich lesbar vorzuhalten.

Nach § 17 Abs. 1 MiLoG haben Arbeitgeber Dokumentationspflichten bei geringfügig Beschäftigten zu befolgen. Hier müssen Beginn, Ende und Dauer der täglichen Arbeitszeit dokumentiert werden und die Unterlagen hierzu zwei Jahre lang aufbewahrt werden.

Aufklärungspflichten

Das **Finanzamt** soll einen Sachverhalt auch **zu Gunsten des Stpfl. – das kann auch der Arbeitgeber sein – prüfen** (§ 88 Abs. 2 AO) und ggf. die Abgabe von Erklärungen, die Stellung von Anträgen z.B. zur Inanspruchnahme von Steuervergünstigungen oder auch die Berichtigung von Erklärungen anregen (§ 89 AO). Dies gilt auch für das **Lohnsteuerabzugsverfahren**. 850

Dieser sehr weitgehende Grundsatz wird in der Praxis allerdings dadurch eingeengt, dass auch die **Beteiligten zur Mitwirkung bei der Ermittlung eines Sachverhaltes verpflichtet** sind (§ 90 AO). Erfüllen sie diese Verpflichtung nicht, endet auch die Ermittlungspflicht des Finanzamts. Außerdem endet die Ermittlungspflicht dort, wo die Ermittlungen einen **nicht mehr zumutbaren Aufwand** an Zeit und Arbeit erfordern würden (AEAO zu § 88 AO).

Auflassungsvollmachten: Notarangestellte

851 Vergütungen, die **Angestellte eines Notars** für die Übernahme der Auflassungsvollmacht von den Parteien eines beurkundeten Grundstücksgeschäfts erhalten, gehören zu den Einkünften aus der Haupttätigkeit und unterliegen somit dem **Lohnsteuerabzug** (BFH v. 9.12.1954, IV 46/54 U, BStBl III 1955, 55).

Nach § 17 Abs. 1 Satz 2 BNotO i.V.m. den Richtlinien der Westfälischen Notarkammer (gilt für andere Bundesländer entsprechend) ist ein **Gebührenerlass oder Gebührenermäßigung** ohne besondere Zustimmung der Notarkammer u.a. zulässig, soweit Angestellte des Notars sowie deren Ehegatten oder Lebenspartner, Kinder und Schwiegerkinder Kostenschuldner sind. Dies gilt nur, soweit das Urkundsgeschäft der Gestaltung der privaten Lebensführung dient. Es handelt sich um einen geldwerten Vorteil und damit lohnsteuerlich um **Arbeitslohn**.

Freiwillige Zahlungen von Notaren an Notarassessoren für deren Vertretungstätigkeit sind **keine steuerfreien Trinkgelder** i.S.d. § 3 Nr. 51 EStG, sondern steuerpflichtiger Arbeitslohn. Es liegt insbesondere kein kunden- oder kundenähnliches Verhältnis vor, wie es der Begriff des Trinkgelds, der auch § 3 Nr. 51 EStG zu Grunde liegt, voraussetzt. Notarassessoren gehören nicht zu der typischen Berufsgruppe, in der Arbeitnehmertrinkgelder traditionell einen flankierenden Bestandteil der Entlohnung darstellen (BFH v. 10.3.2015, VI R 6/14, BStBl II 2015, 767).

LSt SV

Aufmerksamkeiten

→ *Annehmlichkeiten* Rz. 166

Aufrechnung

1. Arbeitsrecht

852 Gegenüber den Ansprüchen des Arbeitnehmers auf Arbeitsentgelt kann der Arbeitgeber mit **fälligen Gegenansprüchen** nach §§ 387 ff. BGB aufrechnen, z.B. mit Rückzahlungsansprüchen aus Überzahlung oder Darlehen oder auch mit Schadensersatzansprüchen. Erforderlich ist eine **Aufrechnungserklärung**:

Bei einer solchen Aufrechnung muss allerdings nach § 394 BGB beachtet werden, dass gegen das Arbeitsentgelt nur i.R. der Pfändbarkeit (→ *Lohnpfändung* Rz. 2890) aufgerechnet werden kann. Der unpfändbare Teil des Arbeitsentgelts z.B. nach den Vorschriften der §§ 850 ff. ZPO (→ *Lohnpfändung* Rz. 2897) muss also dem Arbeitnehmer verbleiben und ausgezahlt werden. Dies gilt jedoch nicht bei der Verrechnung von Lohnvorschüssen (→ *Vorschüsse* Rz. 4352), die als vorweggenommene Tilgung des Lohnanspruchs anzusehen sind. Die pfändbaren Teile des Arbeitseinkommens sind nicht von Amts wegen zu ermitteln (BAG v. 5.12.2002, 6 AZR 569/01). Hat der Arbeitgeber mit einem Erstattungsanspruch gegen Arbeitseinkommen aufgerechnet, obliegt es ihm – unabhängig von einer entsprechenden Rüge des Arbeitnehmers – **darzulegen und ggf. zu beweisen**, dass die Aufrechnung unter Beachtung der Pfändungsschutzvorschriften erfolgt ist (BAG v. 22.9.2015, 9 AZR 143/14).

Der Pfändungsschutz für Arbeitseinkommen kann im Übrigen nicht durch eine Vereinbarung **umgangen** werden, in der z.B. dem Arbeitgeber die Befugnis eingeräumt wird, eine monatliche Beteiligung des Arbeitnehmers an der Reinigung und Pflege der Berufskleidung mit dem monatlichen Nettoentgelt ohne Rücksicht auf Pfändungsfreigrenzen zu „verrechnen" (BAG v. 17.2.2009, 9 AZR 676/07).

Bei Zusammentreffen von Aufrechnung mit einer Pfändung oder Abtretung geht die Aufrechnung vor, wenn die Forderung vor Pfändung oder Abtretung fällig war.

Ist eine Aufrechnungsforderung wegen Ablaufs einer **tariflichen Ausschlussfrist** verfallen, kann mit dem erloschenen Anspruch auch nicht mehr aufgerechnet werden.

Bei der Aufrechnung in der **Insolvenz** sind Besonderheiten zu beachten (BAG v. 21.1.2010, 6 AZR 593/07).

2. Lohnsteuer

I.R. des lohnsteuerlichen Verfahrens kann das Finanzamt z.B. einen **Lohnsteuererstattungsanspruch mit Umsatzsteuerschulden aufrechnen** (BFH v. 19.10.1982, VII R 64/80, BStBl II 1983, 541). Voraussetzung ist aber immer die sog. **Gegenseitigkeit**, d.h., das Finanzamt darf nur mit eigenen Forderungen aufrechnen. 853

Beispiel:

Das Finanzamt ist vom Landesarbeitsamt gebeten worden, den Einkommensteuererstattungsanspruch eines Arbeitnehmers mit einer rückständigen Darlehensforderung zu verrechnen.

Der BFH hat die Aufrechnung für unzulässig erklärt, weil es an der Gegenseitigkeit fehlt (BFH v. 13.10.1983, VII R 146/82, BStBl II 1984, 183).

Der **Geschäftsführer einer GmbH** ist verpflichtet, für Löhne, die im Anmeldungszeitraum – wenn auch nicht für diesen – gezahlt worden sind, die Lohnsteuer zum Fälligkeitstermin zu entrichten. Das durch die unterbliebene Entrichtung eingegangene Haftungsrisiko entfällt nicht, wenn ein Geschäftsführer irrtümlich annimmt, die Entrichtungsschuld durch vermeintliche **Vorsteuer-Guthaben** oder private Mittel bzw. solche eines Kreditinstituts begleichen zu können (BFH v. 24.3.2004, VII B 317/03, und BFH v. 25.11.2004, VI B 289/00).

Zahlt der **Arbeitgeber keinen Lohn** aus, weil er diesen mit rückständigen Forderungen gegen den Arbeitnehmer verrechnet, ist trotzdem beim Arbeitnehmer Zufluss von Arbeitslohn anzunehmen und Lohnsteuer einzubehalten.

Lohnsteuerlich ist zu beachten, dass für den **Zufluss von Arbeitslohn** i.S.d. § 11 Abs. 1 EStG in Aufrechnungsfällen die zivilrechtliche Rückwirkung (§ 389 BGB) unbeachtlich ist. Steuerrechtlich kommt es nicht auf den Zeitpunkt der sog. Aufrechnungslage an, sondern auf den Zeitpunkt der durch die Aufrechnungserklärung bewirkten Leistung. Entsprechendes gilt für den gleichen Grundsätzen folgenden **Abfluss von Werbungskosten** (vgl. BFH v. 2.5.2007, VI B 139/06).

LSt SV

3. Sozialversicherung

In der Sozialversicherung kann der zuständige Leistungsträger Ansprüche auf Geldleistungen gegen Ansprüche des Berechtigten **aufrechnen**, soweit die Ansprüche auf Geldleistungen **pfändbar** sind (§ 51 SGB I). Der für eine Geldleistung zuständige Leistungsträger kann mit Ermächtigung eines anderen Leistungsträgers dessen Ansprüche gegen den Berechtigten mit der ihm obliegenden Geldleistung verrechnen, soweit die Aufrechnung zulässig ist. 854

Aufsichtsratsvergütungen

1. Einkunftsart

a) Selbständige Tätigkeit

Aufsichtsratsmitglieder üben grds. eine **sonstige selbständige Tätigkeit** i.S.d. § 18 Abs. 1 Nr. 3 EStG aus, sofern nicht im Wesentlichen Aufgaben der Geschäftsführung selbst wahrgenommen werden; die Vergütungen unterliegen daher im Regelfall nicht dem Lohnsteuerabzug (BFH v. 9.4.2013, VIII R 19/11, BStBl II 2013, 689). Dies gilt auch für Aufsichtsratsmitglieder, die gleichzeitig als **Arbeitnehmer im selben Unternehmen tätig** sind, z.B. Vorstandsmitglieder, Führungskräfte (OFD Münster v. 8.10.2007, Kurzinformation Umsatzsteuer v. 8.10.2007, DB 2007, 2288), sowie für die sog. **Arbeitnehmer-Aufsichtsräte** (BFH v. 9.10.1980, IV R 81/76, BStBl II 1981, 29). Aufsichtsratsvergütungen stellen auch kein sozialversicherungsrechtliches Entgelt dar (LSG Nordrhein-Westfalen v. 13.9.1966, L 15 Kn U 156/64). 855

Wie „Aufsichtsräte" sind auch die sog. **Verwaltungsräte** zu behandeln, dies sind Mitglieder von Aufsichtsräten bei **Rundfunk- und Fernsehanstalten** sowie bei den **Sparkassen**; die Aufwandsentschädigungen können ggf. nach § 3 Nr. 12 Satz 2 EStG steuerfrei sein (vgl. OFD Frankfurt v. 16.9.2014, S 2248 A – 8 – St 213, betr. Aufwandsentschädigungen an die Mitglieder der Aufsichtsgremien im Bereich der öffentlich-rechtlichen Rundfunk-

und Fernsehanstalten (→ *Aufwandsentschädigungen im öffentlichen Dienst* Rz. 865).

Hinweis:

Der **BFH** hat in einem zur **Umsatzsteuer** ergangenen Urteil v. 27.11.2019, V R 23/19, BStBl II 2021, 542 entgegen bisheriger Rechtsprechung entschieden, dass das Mitglied eines Aufsichtsrats nicht als (selbständiger) Unternehmer tätig ist, wenn er auf Grund einer **nicht variablen Festvergütung**, die weder von der Teilnahme an Sitzung noch von seinen tatsächlich geleisteten Arbeitsstunden abhängig ist, kein Vergütungsrisiko trägt. Ausdrücklich offengelassen hat der BFH, ob für den Fall, dass das Aufsichtsratsmitglied eine **variable Vergütung** erhält, an der Unternehmereigenschaft entsprechend bisheriger Rechtsprechung festzuhalten ist. Ebenso **FG Köln** v. 26.11.2020, 8 K 2333/18, EFG 2021, 687 betr. Mitglieder des Aufsichtsrats eines Sportvereins sowie **FG Niedersachsen** v. 8.10.2020, 5 K 162/19, EFG 2021, 492 betr. Unternehmereigenschaft eines Mitglieds des Verwaltungsausschusses eines berufsständischen Versorgungswerks).

Die **Finanzverwaltung** hat sich inzwischen der BFH-Rechtsprechung angeschlossen (UStAE Abschn. 2.2 Abs. 3a).

Es bleibt abzuwarten, ob der BFH seine neue Rechtsprechung auf die bisherige einkommensteuerliche Behandlung von Vergütungen für Aufsichtsratstätigkeiten als Einkünfte aus einer sonstigen selbständigen Tätigkeit (§ 18 Abs. 1 Nr. 3 EStG) ausdehnen und in den o.g. Fällen Arbeitslohn annehmen wird. Denn im Allgemeinen ist davon auszugehen, dass die Frage, ob eine Person selbständig oder nichtselbständig ist, im Regelfall für alle Steuerarten einheitlich zu beurteilen ist, auch wenn eine förmliche Bindung nicht besteht (vgl. z.B. BFH v. 10.3.2005, V R 29/03, BStBl II 2005, 730 betr. die umsatzsteuerrechtliche Beurteilung der Tätigkeit des GmbH-Geschäftsführers).

Um Haftungsrisiken auszuschließen, wird daher empfohlen, in entsprechenden Fällen eine gebührenfreie **Lohnsteuer-Anrufungsauskunft** (§ 42e EStG) über die Frage der Arbeitnehmer-Eigenschaft einzuholen (s. ausführlich Frase in BeSt 2020 Nr. 2, S. 21 bis 22).

b) Nichtselbständige Tätigkeit

856 In Fällen, in denen die Aufsichtsratstätigkeit in einem engen sachlichen Zusammenhang mit einer nichtselbständig ausgeübten Hauptbeschäftigung steht, kann die ertragsteuerliche Würdigung vom o.g. Grundsatz abweichen (LSF Sachsen v. 22.12.2014, S 2248 – 19/8 – 212):

aa) Übernahme auf Veranlassung des Arbeitgebers

857 Nimmt ein Stpfl. die Tätigkeit in einem Aufsichtsrat auf Verlangen, Vorschlag oder Veranlassung seines Arbeitgebers wahr, so wird es nach einem Beschluss der Finanzministerkonferenz nicht beanstandet, die erhaltene Vergütung als **Einkünfte aus nichtselbständiger Arbeit** (§ 19 EStG) anzusehen.

Es besteht insoweit für den Arbeitgeber keine Pflicht zum Einbehalt von Lohnsteuer, vielmehr hat der Stpfl. die Vergütung eigenständig in seiner **Einkommensteuererklärung** anzugeben.

Beispiel:

A, Landesbeamter, wird auf Veranlassung seines Dienstherrn in den Aufsichtsrat eines Unternehmens entsandt, an dem das Land beteiligt ist.

Die Finanzverwaltung beanstandet es wegen der starken Bindung der Tätigkeit an das Dienstverhältnis nicht, wenn die Vergütungen als Arbeitslohn angesehen werden. Da der Dienstherr aber erst nach Ablauf des Kalenderjahres von der Höhe der Vergütung Kenntnis erlangt, wird vom Lohnsteuerabzug abgesehen. A muss seine Einkünfte in der Einkommensteuererklärung angeben. Er kann den an das Land abzuführenden Betrag als „durchlaufende Gelder" und seine übrigen Kosten als Werbungskosten absetzen, soweit diese nicht – wie z.B. Reisekosten – steuerfrei erstattet wurden (vgl. LSF Sachsen v. 22.12.2014, S 2248 – 19/8 – 212).

bb) Übernahme kraft Amt

858 Ist mit dem Antritt eines Hauptamtes unmittelbar die Übernahme eines Aufsichtsratspostens verbunden (Übernahme kraft Amt bzw. Funktion), so liegen insoweit **Einkünfte aus nichtselbständiger Arbeit** vor. Dies betrifft insbesondere Bedienstete im öffentlich-rechtlichen Bereich (z.B. Minister, Bürgermeister, Landräte). Als Arbeitslohn von dritter Seite unterliegt die Vergütung gem. § 38 Abs. 1 Satz 3 EStG grds. dem Lohnsteuerabzug, da sie dem Arbeitgeber/Dienstherren bekannt ist bzw. er diese kennen kann. Neben der Anzeigepflicht des Arbeitnehmers gem. § 38 Abs. 4 Satz 3 EStG liegt in diesen Fällen auch regelmäßig eine Abführungspflicht vor (→ *Aufsichtsvergütungen* Rz. 880).

Die Finanzverwaltung beanstandet es jedoch nicht, wenn auch in diesen Fällen der Arbeitgeber auf den **Lohnsteuerabzug verzichtet**. Hat der Arbeitgeber keinen Lohnsteuerabzug vorgenommen, ist der Arbeitnehmer verpflichtet, die Einnahmen im Rahmen seiner **Einkommensteuererklärung** zu deklarieren. Die Abführung der Aufsichtsratsvergütung an den Arbeitgeber führt zu negativem Arbeitslohn (OFD Frankfurt v. 23.9.2013, S 2337 A – 26 – St 211).

cc) Abführung der Vergütung an den Arbeitgeber

Auf Grund gesetzlicher oder vertraglicher Regelungen (Beamtenrecht, Tarifvertragsrecht) müssen bestimmte Personen, die nebenberuflich als Aufsichtsrat tätig sind, die erhaltene Vergütung ganz oder teilweise an ihren Arbeitgeber abführen. 859

Dabei ist die Vergütung auch im Falle einer sofortigen Abtretung, d.h. bei unmittelbarer Zahlung vom Unternehmen, dessen Aufsichtsrat der Stpfl. ist, an den Arbeitgeber/Dienstherren, dem Stpfl. zunächst als Einnahme zuzurechnen (BFH v. 1.10.1993, III R 32/92, BStBl II 1994, 179).

Die Abführung an den Arbeitgeber führt zu negativen Betriebseinnahmen bzw. negativem Arbeitslohn.

Unterbleibt im Einzelfall eine Abführung der Aufsichtsratsvergütung an den Arbeitgeber, weil die Vergütung z.B. einen bestimmten Grenzbetrag nicht überschreitet, ist dennoch ein enger ursächlicher Zusammenhang mit der Haupttätigkeit anzunehmen, wenn dem Grunde nach eine Abführungsverpflichtung für den Arbeitnehmer besteht.

dd) Weitere Hinweise

Nicht als Arbeitslohn sind Zuwendungen zu qualifizieren, die sich nicht als Entlohnung, sondern lediglich als Begleiterscheinung einer betriebsfunktionalen Zielsetzung erweisen. Solche Zuwendungen erfolgen im ganz überwiegenden betrieblichen Interesse des Arbeitgebers und stellen deshalb keinen steuerpflichtigen Arbeitslohn dar (vgl. H 19.3 „Allgemeines zum Arbeitslohn" LStH). 860

Nimmt ein Aufsichtsratsmitglied auch **Geschäfte des Vorstands** wahr, handelt es sich insoweit um **Arbeitslohn** (BFH v. 20.9.1966, I 265/62, BStBl III 1966, 688). Das Gleiche gilt, wenn der Aufsichtsrat **Sachverständige** zur Unterstützung seiner Kontrollfunktionen hinzuzieht (BFH v. 30.9.1975, I R 46/74, BStBl II 1976, 155).

Gibt ein **Arbeitnehmer-Vertreter** im Aufsichtsrat einer Kapitalgesellschaft seine **Aufsichtsratsvergütung an seine Arbeitskollegen weiter**, so erzielen diese hierdurch **keinen Arbeitslohn**, da die Zahlungen nicht durch das Dienstverhältnis veranlasst sind (BFH v. 7.8.1987, VI R 53/84, BStBl II 1987, 822). Beim Arbeitnehmer-Vertreter können diese Beträge als Betriebsausgaben abgezogen werden (BFH v. 9.10.1980, IV R 81/76, BStBl II 1981, 29).

2. Steuerpflichtige Einnahmen

Nach § 18 Abs. 1 Nr. 3 EStG zählen Vergütungen für die Tätigkeit als Aufsichtsratsmitglied zu den Einkünften aus selbständiger Arbeit. Darunter können auch **geldwerte Vorteile** fallen, wie z.B. Sachzuwendungen, sofern diese durch die Tätigkeit als Aufsichtsratsmitglied veranlasst sind. Hinsichtlich des Umfangs der sachlichen Steuerpflicht von Zuwendungen besteht zwischen den Einkünften aus selbständiger Arbeit und denen aus nichtselbständiger Arbeit kein Unterschied. Die Zuwendung von geldwerten Gütern ist steuerpflichtig, sofern zwischen der Zuwendung und der Einkunftsart ein konkreter sachlicher und wirtschaftlicher Veranlassungszusammenhang gegeben ist (BFH v. 9.4.2013, VIII R 19/11, BStBl II 2013, 689 betr. **Aktienoptionen**). 861

Für Sachzuwendungen ist ggf. eine Pauschalversteuerung nach § 37 EStG durch das zuwendende Unternehmen möglich.

Bei Zuwendungen von Unternehmen an ihre Aufsichtsräte handelt es sich nicht um Geschenke i.S.d. § 4 Abs. 5 Satz 1 Nr. 1 EStG, weil die Zuwendung durch die Rechtsbeziehung zwischen Aufsichtsrat und Unternehmen veranlasst ist.

3. Betriebsausgabenabzug

862 Ein Arbeitnehmervertreter im Aufsichtsrat einer Kapitalgesellschaft kann Zuwendungen, zu denen er sich im Interesse des Betriebs oder der sozialen Belange der Betriebsangehörigen vor seiner Wahl verpflichtet hatte (z.B. **Zuwendungen an eine betriebliche Urlaubskasse**), bei der Ermittlung seiner Einkünfte aus der Aufsichtsratstätigkeit als **Betriebsausgaben abziehen** (BFH v. 9.10.1980, IV R 81/76, BStBl II 1981, 29).

Dies gilt auch für **Zuwendungen an gewerkschaftliche Einrichtungen**, wenn zumindest die gewerkschaftlichen Richtlinien eingehalten werden. Fehlt es danach an einer allgemeinen (gewerkschaftlichen) Abführungspflicht und hat der Arbeitnehmer-Vertreter vor seiner Wahl in den Aufsichtsrat auch keine Verpflichtungserklärung abgegeben, erfolgen die Zahlungen auf freiwilliger Basis und können somit allenfalls i.R. des (begrenzten) **Spendenabzugs** nach § 10b EStG berücksichtigt werden (FG Berlin-Brandenburg v. 2.4.2009, 10 K 1190/06 B, EFG 2009, 1286 betr. Zahlungen an eine gemeinnützige gewerkschaftsnahe Stiftung).

Aufsichtsvergütungen

863 Vergütungen für die „**reine**" **Aufsichtsführung** bei den schriftlichen Prüfungsarbeiten für **juristische Staatsprüfungen** sind den Einnahmen aus der Haupttätigkeit zuzurechnen und somit als „normaler" **Arbeitslohn** zu versteuern (FinMin Bayern v. 23.3.1992, 32 – S 2332-15/185-19, 32). Es handelt sich um keine selbständig ausgeübte Nebentätigkeit. Die Aufsichtsführung ist vielmehr – anders als z.B. die Mitwirkung eines Hochschullehrers an juristischen Staatsprüfungen – als **Nebenpflicht aus dem Dienstverhältnis** anzusehen, deren Erfüllung der Arbeitgeber nach der tatsächlichen Gestaltung des Dienstverhältnisses und nach der Verkehrsauffassung erwarten darf, vgl. auch H 19.2 (Nebentätigkeit bei demselben Arbeitgeber) LStH.

Dies gilt entsprechend in anderen Bereichen, in denen Prüfungen abgehalten werden (z.B. bei der **Sparkassenschule** oder bei der **Steuerberaterprüfung**). Wie Aufsichtsvergütungen behandelt die Finanzverwaltung auch Vergütungen, die insbesondere Lehrkräfte für die **Abnahme medizinischer Tests** für die Zulassung zum Medizinstudium erhalten. Auch diese Tätigkeit wird als Nebenpflicht aus dem Arbeitsverhältnis angesehen mit der Folge, dass die Vergütungen zusammen mit dem Arbeitslohn für die Haupttätigkeit der Lohnsteuer zu unterwerfen sind (OFD Koblenz v. 12.6.1996, S 2332 A – St 33 1).

LSt SV

Diese Zurechnung zur Haupttätigkeit hat weiterhin zur Folge, dass der Arbeitnehmer **keine steuerbegünstigte nebenberufliche Tätigkeit** i.S.d. § 3 Nr. 26, 26a EStG ausübt und somit nicht den Steuerfreibetrag von 3 300 € (bis 2025: 3 000 €) bzw. 960 € (bis 2025: 840 €) in Anspruch nehmen kann (→ *Nebenberufliche steuerbegünstigte Tätigkeiten* Rz. 3236).

Die Aufsichtstätigkeit ist dagegen **Bestandteil der selbständig ausgeübten Prüfungstätigkeit** und damit nach § 3 Nr. 26 EStG begünstigt, wenn ein **Prüfer selbst** die Aufsichtsführung wahrnimmt, vgl. H 19.2 (Nebenberufliche Prüfungstätigkeit) LStH sowie OFD Magdeburg v. 20.6.1995, S 2332 – 14 – St 225.

LSt SV (durchgestrichen)

Aufstockungsbeträge

→ *Altersteilzeit* Rz. 80

Aufwandsentschädigungen für bestimmte nebenberufliche Tätigkeiten

864 Die Steuerbefreiung des **§ 3 Nr. 26 EStG** („Übungsleiterpauschale") beschränkt sich nicht allein auf den Zweck, wie Aufwendungsersatz (d.h. „**Aufwandsentschädigungen**"), sondern gilt für alle „**Einnahmen**" aus den begünstigten Tätigkeiten (vgl. zuletzt BFH v. 20.11.2018, VII R 17/16, BStBl II 2019, 422 betr. Übungsleiter). Die Steuerbefreiung des **§ 3 Nr. 26a EStG** („Ehrenamtspauschale") erfasst alle **Einnahmen** aus den begünstigten Tätigkeiten.

Aus systematischen Gründen sind die bisherigen Ausführungen nunmehr unter dem **Stichwort „Nebenberufliche steuerbegünstigte Tätigkeiten"** zu finden (→ *Nebenberufliche steuerbegünstigte Tätigkeiten* Rz. 3236).

Auch die Steuerbefreiung des **§ 3 Nr. 26b EStG** für rechtliche Betreuer, Vormünder und Pflegschaften wird dort erläutert.

Aufwandsentschädigungen im öffentlichen Dienst

1. Allgemeines

§ 3 Nr. 12 EStG stellt bestimmte Bezüge, die aus öffentlichen Kassen als Aufwandsentschädigung gezahlt werden, steuerfrei. 865
Die Steuerbefreiung unterscheidet hierbei zwischen

- Aufwandsentschädigungen, die aus Bundes- oder Landeskassen gezahlt werden (**§ 3 Nr. 12 Satz 1 EStG**), und
- anderen Aufwandsentschädigungen, die aus öffentlichen Kassen an öffentliche Dienste leistende Personen gezahlt werden (**§ 3 Nr. 12 Satz 2 EStG**).

Es handelt sich bei § 3 Nr. 12 EStG um zwei getrennt zu beurteilende Regelungen:

- Während § 3 Nr. 12 Satz 1 EStG unter bestimmten gesetzlichen Voraussetzungen die **Steuerbefreiung in voller Höhe** zulässt,
- ist die Steuerbefreiung nach § 3 Nr. 12 Satz 2 EStG ausdrücklich dem Grunde und der Höhe nach auf einen **„echten" Aufwandsersatz beschränkt**. Steuerfrei ist eine Aufwandsentschädigung nach § 3 Nr. 12 Satz 2 EStG nur, soweit nicht festgestellt wird, dass sie als Verdienstausfall oder Entschädigung der aufgebrachten Zeit gewährt wird, oder die Entschädigung den beim Empfänger entstehenden Aufwand offensichtlich übersteigt. Die Prüfung, ob es sich um eine „echte" Aufwandsentschädigung oder eine nicht steuerbegünstigte „Zeitaufwandsentschädigung" handelt, richtet sich nach R 3.12 Abs. 2, 3 und 5 LStR.

Diese differenzierte Beurteilung hat folgenden Hintergrund: **§ 3 Nr. 12 Satz 1 EStG** unterstellt, dass der Bundes- oder Landesgesetzgeber (§ 7 Abs. 1 BHO; für die Länder gelten entsprechende Regelungen) Aufwandsentschädigungen nur in einem bescheidenen Rahmen als Sachaufwandsersatz gewährt. Insoweit bedarf es neben einer Prüfung der formalen gesetzlichen Voraussetzungen keiner näheren Untersuchung zur Höhe der Entschädigung. Da in diesen Fällen der Gesetzgeber selbst die sachliche Berechtigung der Aufwandsentschädigung sowohl dem Grunde als auch der Höhe nach gewährleistet, ist insoweit eine weitere Prüfung durch die Finanzverwaltung entbehrlich. Das Prüfungsrecht der Finanzverwaltung ist auf die im Wesentlichen formellen Voraussetzungen beschränkt.

In den Fällen des **§ 3 Nr. 12 Satz 2 EStG** fehlt eine solche unmittelbare parlamentarische Kontrolle über die Festsetzung der Aufwandsentschädigungen. Diese Steuerbefreiungsnorm stellt deshalb strengere Anforderungen an die Steuerfreiheit und überträgt dem Finanzamt insbesondere ein Prüfungsrecht hinsichtlich des der Aufwandsentschädigung gegenüber stehenden Sachaufwands. Eine Nachprüfung, ob die Erstattungen Werbungskosten oder Betriebsausgaben abdecken, ist nach R 3.12 Abs. 2 Satz 6 LStR nur geboten, wenn dazu ein Anlass von einigem Gewicht besteht.

Die Steuerbefreiung nach § 3 Nr. 12 EStG ist **verfassungsrechtlich umstritten**, weil sie die Privatwirtschaft benachteiligt, wird aber in der FG-Rechtsprechung bisher allgemein akzeptiert (FG Nürnberg v. 5.12.2014, 7 K 1981/12, EFG 2015, 1188). Das **BVerfG** hat in seinem Beschluss zur „**Buschzulage**" für sog. Aufbauhelfer in den neuen Bundesländern zwar die Steuerfreiheit (nur) **dieser Zulage für verfassungswidrig erklärt** (weil es sich um eine „echte" Stellen- oder Erschwerniszulage handelt), **nicht** jedoch – wie von vielen erwartet worden war – die **Steuerbefreiung des § 3 Nr. 12 EStG insgesamt** (BVerfG v. 11.10.1998, 2 BvL 10/95, BStBl II 1999, 502).

Es bleibt vorerst auch dabei, dass z.B. die **Kostenpauschale der Bundestags- und Landtagsabgeordneten** nach § 3 Nr. 12 Satz 1 EStG steuerfrei ist (FG Niedersachsen v. 12.12.2018, 7 K 128/15, EFG 2019, 912), während vergleichbarer Werbungskostenersatz in der Privatwirtschaft steuerpflichtigen Arbeitslohn darstellt. Der Arbeitnehmer kann zwar seine Aufwendungen als Werbungskosten absetzen, dies ist jedoch ungünstiger als die Steuerfreiheit von Aufwandsentschädigungen (→ *Aufwandsentschädigungen privater Arbeitgeber* Rz. 884).

Die Steuerfreiheit der Aufwandsentschädigung hat zur Folge, dass der Arbeitnehmer nur diejenigen Aufwendungen als **Werbungskosten** geltend machen kann, die diese Entschädigung übersteigen. Dies folgt aus dem **Grundgedanken des § 3c EStG**, wonach bei steuerfreien Einnahmen kein doppelter steuerlicher Vorteil durch Abzug der damit unmittelbar zusammenhängenden Ausgaben erzielt werden soll (BFH v. 19.10.2016, VI R 23/15, BStBl II 2017, 345 betr. den Abzug von Reisekosten bei einem hauptamtlichen Bürgermeister, der eine steuerfreie Dienstaufwandsentschädigung erhält).

2. Steuerbefreiung nach § 3 Nr. 12 Satz 1 EStG

a) Allgemeines

866 Steuerfrei sind nach § 3 Nr. 12 Satz 1 EStG aus einer Bundes- oder Landeskasse gezahlte Bezüge, die zum einen

a) in einem Bundesgesetz oder Landesgesetz,

b) auf Grundlage einer bundesgesetzlichen oder landesgesetzlichen Ermächtigung beruhenden Bestimmung oder

c) von der Bundesregierung oder einer Landesregierung

als Aufwandsentschädigung festgesetzt sind und die zum anderen jeweils auch als Aufwandsentschädigung im **Haushaltsplan ausgewiesen** werden.

Die Leistung „öffentlicher Dienste“, wie dies die Steuerbefreiung nach § 3 Nr. 12 Satz 2 EStG verlangt, ist formal nicht Tatbestandsvoraussetzung in § 3 Nr. 12 Satz 1 EStG. Offenbar geht der Gesetzgeber hier davon aus, dass Aufwandsentschädigungen in diesen Fällen außerhalb eines öffentlichen Dienstes nicht denkbar sind.

b) Zahlung aus einer Bundes- oder Landeskasse

867 **Bundeskassen** sind diejenigen Kassen, über die die im Bundeshaushalt veranschlagten Einnahmen und Ausgaben des Bundes als Gebietskörperschaft abgewickelt werden (§ 11 BHO) und die über die Bundeshauptkasse abgeschlossen werden und insoweit in die Rechtslegung des Bundes eingehen (Art. 114 Abs. 1 GG; §§ 80 ff. BHO). Das sind z.B. die Kassen der Bundesverwaltung, des Bundestages, des Bundesrates und des BVerfG.

Keine Bundeskassen in diesem Sinne sind z.B. die Kasse der Bundesagentur für Arbeit und der Deutschen Bundesbank, da diese eigene Haushaltspläne aufstellen, die nicht Teile des Bundeshaushalts sind. Das gilt entsprechend für die privatisierten Unternehmen der Deutschen Post und Deutschen Bahn. Auch die Rentenversicherungen sind selbständige juristische Person des öffentlichen Rechts (BFH v. 3.7.2018, VIII R 28/15, BStBl II 2018, 715).

Die obigen Ausführungen sind auf den Begriff der **Landeskassen** übertragbar. Keine Landeskassen sind danach z.B. die Kassen der kommunalen Gebietskörperschaften und der Verbandskörperschaften.

Die aus **anderen als Bundes- oder Landeskassen** ausgezahlten Aufwandsentschädigungen erfüllen selbst dann nicht die Voraussetzungen des § 3 Nr. 12 Satz 1 EStG, wenn es sich um Bundes- oder Landesmittel handelt, deren Auszahlung lediglich auftragsgemäß auf eine andere Kasse verlagert wurde. In diesen Fällen kommt ggf. die eingeschränkte Steuerbefreiung nach § 3 Nr. 12 Satz 2 EStG in Betracht.

c) Festsetzung als Aufwandsentschädigung

868 Voraussetzung ist die Festsetzung der Aufwandsentschädigung in einem Bundes- oder Landesgesetz im formellen Sinne. Untergesetzliche Festsetzungen z.B. in einer Rechtsverordnung, Satzung oder Verwaltungsregelung genügen nur dann den Anforderungen des § 3 Nr. 12 Satz 1 EStG, wenn diese auf einer entsprechenden formalgesetzlichen Ermächtigung beruhen.

Als Empfänger für per Bundes- oder Landesgesetz festgesetzte Aufwandsentschädigungen kommen z.B. in Betracht: Bundespräsident, Bundeskanzler, Ministerpräsident, Mitglieder des Bundesrates, Bundes- und Landtagsabgeordnete, Bundes- und Landesminister, Dienststellenleiter von obersten Bundes- oder Landesbehörden usw.

d) Ausweis im Haushaltsplan

Durch das StAnpG Kroatien wurde § 3 Nr. 12 Satz 1 EStG neu gefasst. Darin wurde gesetzlich normiert, dass **alle** o.g. Festsetzungen von Aufwandsentschädigungen auch im entsprechenden **Haushaltsplan ausgewiesen** sein müssen. 869

Mit dieser Neufassung wurde die BFH-Rechtsprechung „ausgehebelt“, nach der im Gesetz geregelte Aufwandsentschädigungen nicht zusätzlich noch als Aufwandsentschädigung im Haushaltsplan ausgewiesen werden müssen (BFH v. 17.10.2012, VIII R 57/09, BStBl II 2013, 799 betr. Aufwandsentschädigungen der ehrenamtlichen rechtlichen Betreuer); für diese gilt ab 2011 als „lex specialis“ allein die besondere Steuerbefreiung des § 3 Nr. 26b EStG (FG Baden-Württemberg v. 6.3.2019, 2 K 317/17, EFG 2019, 1262, Revision hiergegen durch Rücknahme erledigt sowie → *Nebenberufliche steuerbegünstigte Tätigkeiten* Rz. 3236).

Da der Bundeshaushalt ohnehin durch Gesetz festgestellt wird (Art. 110 Abs. 2 GG), ist der Gesetzesvorbehalt (Ausweis im Haushaltsplan) bereits unmittelbar durch das betreffende Haushaltsgesetz erfüllt. Die im Bundeshaushalt festgesetzten Aufwandsentschädigungen unterliegen somit unmittelbar der parlamentarischen Kontrolle. Entsprechendes gilt für die Landeshaushalte.

Vorsorglich hatte der BFH allerdings darauf hingewiesen, dass seine Entscheidung **nicht für andere öffentlich-rechtliche Zahlungen wie Ministerialzulagen und oberstgerichtliche Zulagen gilt, die regelmäßig nicht ausschließlich auf die Abgeltung von Sonderaufwand ausgerichtet sind**. Für Zulagen dieser Art wäre die unwiderlegbare Vermutung des § 3 Nr. 12 Satz 1 EStG, nach dieser Vorschrift festgesetzte Zahlungen seien bei Einhaltung der gesetzlich benannten Festsetzungsvoraussetzungen Aufwandsentschädigungen, sachlich verfehlt.

3. Steuerbefreiung nach § 3 Nr. 12 Satz 2 EStG

a) Allgemeines

Erfüllt eine Aufwandsentschädigung nicht die formalen Voraussetzungen nach § 3 Nr. 12 Satz 1 EStG, kommt ggf. eine (teilweise) Steuerbefreiung nach § 3 Nr. 12 Satz 2 EStG in Betracht. 870

Aufwandsentschädigungen sind nach § 3 Nr. 12 Satz 2 EStG unter den folgenden Voraussetzungen steuerfrei:

- Zahlung als Aufwandsentschädigung aus einer öffentlichen Kasse,
- an öffentliche Dienste leistende Personen,
- soweit es sich nicht um Verdienstausfall oder eine Entschädigung für Zeitverlust handelt, oder die Entschädigung den Aufwand des Empfängers offenbar übersteigt.

Die Annahme des § 3 Nr. 12 Satz 1 EStG, wonach der Bundes- oder Landesgesetzgeber nur Aufwandsentschädigungen im engeren Sinne gewährt, greift hier nicht. Es gelten deshalb in § 3 Nr. 12 Satz 2 EStG **strengere Anforderungen an die Steuerfreiheit**, was insbesondere durch das Prüfungsrecht des Finanzamts hinsichtlich des der Aufwandsentschädigung gegenüber stehenden und dem Grunde nach steuerlich abziehbaren Aufwands deutlich wird.

b) Zahlung aus einer öffentlichen Kasse

Öffentliche Kassen sind die Kassen der inländischen juristischen Personen des öffentlichen Rechts wie z.B. die Kassen des Bundes, der Länder und der Gemeinden, der öffentlich-rechtlichen Religionsgemeinschaften, der öffentlich-rechtlichen Körperschaften, Anstalten und Stiftungen, der Ortskrankenkassen, Landwirtschaftliche Krankenkassen, Innungskrankenkassen und Ersatzkassen, die Kassen des Bundeseisenbahnvermögens, der Deutschen Bundesbank, der öffentlich-rechtlichen Rundfunkanstalten, der Berufsgenossenschaften und Gemeindeunfallverbände, der 871

Deutschen Rentenversicherung und die Kassen von kommunalen Zweckverbänden (H 3.11 „Öffentliche Kassen“ LStH sowie → *Öffentliche Kassen* Rz. 3289).

c) Öffentliche Dienste leistende Personen

872 **Öffentliche Dienste** i.S. dieser Vorschrift leisten grds. Personen, die im Dienst einer juristischen Person des öffentlichen Rechts stehen und hoheitliche (einschließlich schlichter Hoheitsverwaltung) Aufgaben ausüben, die **nicht der Daseinsvorsorge** (z.B. Pflegeleistungen i.R. der Nachbarschaftshilfe, s. dazu R 3.12 Abs. 1 LStR) zuzurechnen sind. Der Begriff „Daseinsvorsorge“ umschreibt die staatliche Aufgabe zur Bereitstellung der für ein menschliches Dasein als notwendig erachteten Güter und Leistungen. Zu dieser sog. Grundversorgung zählt als Teil der kommunalen Leistungsverwaltung die Bereitstellung von öffentlichen Einrichtungen für die Allgemeinheit, also das Verkehrs- und Beförderungswesen, Gas-, Wasser-, und Elektrizitätsversorgung, Müllabfuhr, Abwasserbeseitigung, Bildungs- und Kultureinrichtungen, Krankenhäuser, Friedhöfe, Bäder und Ähnliches. Diese Aufgaben werden größtenteils von kommunalwirtschaftlichen Betrieben wahrgenommen, die der fiskalischen Verwaltung zuzurechnen und bereits aus diesem Grund dem Anwendungsbereich von § 3 Nr. 12 Satz 2 EStG entzogen sind.

Öffentlicher Dienst ist z.B. die Tätigkeit als Mitglied in kommunalen Vertretungen, als kommunaler Wahlbeamter, Schöffe, oder öffentlich bestellter Sachverständiger, aber auch die Tätigkeit in Landwirtschaftskammern, Industrie- und Handelskammern (BFH v. 15.3.1968, VI R 288/66, BStBl II 1968, 437), Innungen sowie **in Berufs- und Standesorganisationen** (FinMin Berlin v. 6.6.2007, III A – S 2121 – 1/2007), ebenso die Tätigkeit als Verbandsvorsitzende eines Abwasserzweckverbands (FG Sachsen-Anhalt v. 12.7.2007, 1 K 147/06, EFG 2007, 1853).

Keine öffentlichen Dienste leisten hingegen Personen, die in der **fiskalischen Verwaltung** tätig sind (R 3.12 Abs. 1 Satz 2 LStR, H 3.12 „Fiskalische Verwaltung“ LStH). **Nicht steuerbegünstigte fiskalische Verwaltung ist die Tätigkeit in Betrieben der öffentlichen Hand, die im Wettbewerb mit der Privatwirtschaft stehen**, z.B. in einem land- und forstwirtschaftlichen Betrieb einer Gebietskörperschaft, oder einem **Betrieb gewerblicher Art** i.S.v. § 1 Abs. 1 Nr. 6 KStG, z.B. einem kommunalen Versorgungsbetrieb für Gas, Wasser, Strom oder Wärme (BFH v. 19.1.1990, VI R 42/86, BStBl II 1990, 679), einem kommunalen Hafenbetrieb oder einer kommunalen Sparkasse (BFH v. 13.8.1971, VI R 391/69, BStBl II 1971, 818). Gleiches gilt für andere Eigenbetriebe der Gebietskörperschaften, z.B. Krankenhäuser, Altersheime, Theater, Verkehrsbetriebe, und zwar auch dann, wenn diese Einrichtungen von öffentlich-rechtlichen Zweckverbänden betrieben werden. Ist der Empfänger einer Aufwandsentschädigung sowohl hoheitlich als auch fiskalisch tätig, kommt die Steuerbefreiung nur dann in Betracht, wenn die hoheitliche Tätigkeit überwiegt (BFH v. 31.1.1975, VI R 171/74, BStBl II 1975, 563).

Nicht gewährt werden kann die Steuerbefreiung nach § 3 Nr. 12 Satz 2 EStG auch für Aufwandsentschädigungen und Sitzungsgelder eines Präsidiumsmitglieds eines privatrechtlich organisierten kommunalen Spitzenverbands – hier: **Städte- und Gemeindebund NRW** (FG Münster v. 24.9.2019, 3 K 2458/18 E, EFG 2019, 1895: keine „öffentliche Kasse“, zudem leisten die Mitglieder keine „öffentlichen Dienste“). Auch eine Steuerbefreiung nach § 3 Nr. 26a EStG („Ehrenamtspauschale“, → *Nebenberufliche steuerbegünstigte Tätigkeiten* Rz. 3236) scheidet nach diesem Urteil aus.

Die Frage, ob es sich um einen **Betrieb gewerblicher Art** einer juristischen Person des öffentlichen Rechts handelt, beurteilt sich ausschließlich nach dem Körperschaftsteuerrecht (§ 4 KStG und R 4.1 KStR). Hierbei kommt es nicht darauf an, ob der Betrieb gewerblicher Art von der Körperschaftsteuer befreit ist

Aufwandsentschädigungen eines Versorgungswerks an ehrenamtliche Vorstandsmitglieder sind nach § 3 Nr. 12 Satz 2 EStG steuerfrei, wenn sich das Versorgungswerk als juristische Person des öffentlichen Rechts i.R. seiner gesetzlichen Aufgabenzuweisung auf die Gewährleistung der Alters-, Invaliden- und Hinterbliebenenversorgung für seine Zwangsmitglieder beschränkt und dabei die insoweit bestehenden Anlagegrundsätze beachtet (BFH v. 27.8.2013, VIII R 34/11, BStBl II 2014, 248).

d) Kein Verdienstausfall/Entschädigung für Zeitverlust

Die Steuerbefreiung von Aufwandsentschädigungen ist nur insoweit gerechtfertigt, als durch die Steuerbefreiung ein dem Emp- 873
fänger der Entschädigung ansonsten zustehender **Werbungskosten- oder Betriebsausgabenabzug vorweggenommen** wird (BVerfG v. 11.11.1998, 2 BvL 10/95, BStBl II 1999, 502). Eine – wenn auch nur geringe – Entlohnung insbesondere der für die Tätigkeit aufgebrachten (Arbeits-)Zeit ist deshalb grds. nicht steuerbefreit (FG Nürnberg v. 25.3.2021, 4 K 961/19, EFG 2021, 1717 zur Steuerbarkeit des Pauschbetrags für Zeitaufwand des ehrenamtlich tätigen Vorsitzenden des Vorstandes der X-Rentenversicherung). Gleiches gilt für eine **Verdienstausfallentschädigung** die – wirtschaftlich betrachtet – an die Stelle der ausgefallenen und im Grundsatz steuerpflichtigen Einnahmen tritt (vgl. § 24 Nr. 1 Buchst. a EStG), bzw. für eine **Entschädigung zur Abgeltung eines Haftungsrisikos** (R 3.12 Abs. 2 Satz 2 LStR).

Deshalb ist auch eine dem Grunde nach **steuerfreie, aber überhöht gezahlte Aufwandsentschädigung**, die den Empfängeraufwand offenbar übersteigt, in Höhe des überschießenden Teilbetrags steuerpflichtig. Der maßgebende Aufwand bestimmt sich hierbei nach den im Zusammenhang mit der betreffenden Tätigkeit typischerweise anfallenden Aufwendungen, die ohne Steuerbefreiung als Werbungskosten oder Betriebsausgaben steuerlich berücksichtigt werden könnten (BFH v. 29.11.2006, VI R 3/04, BStBl II 2007, 308). Hierbei kommt es auf den ansonsten steuerlich abziehbaren Aufwand an. **Abzugsbeschränkungen** z.B. für ein häusliches Arbeitszimmer (§ 4 Abs. 5 Nr. 6b EStG ggf. i.V.m. § 9 Abs. 5 EStG), die Höhe eines abziehbaren Verpflegungsmehraufwands bei Auswärtstätigkeit (§ 9 Abs. 4a EStG), Fahrtkosten für die Wege zwischen Wohnung und erster Tätigkeitsstätte (§ 9 Abs. 1 Satz 3 Nr. 4 EStG) oder sog. Repräsentationsaufwendungen (§ 12 Nr. 1 Satz 2 EStG) **sind zu beachten**; bei sog. gemischten Aufwendungen kommt ggf. eine Aufteilung in einen steuerlich abziehbaren und einen steuerlich irrelevanten Teil in Betracht (BFH v. 21.9.2009, GrS 1/06, BStBl II 2010, 672, ergänzend BMF v. 6.7.2010, IV C 3 – S 2227/07/10003 :002, BStBl I 2010, 614).

Beim Vergleich der Aufwandsentschädigung mit den typischerweise anfallenden Aufwendungen kommt es aber nicht auf die konkrete Höhe der beim individuell zu beurteilenden Entschädigungsempfänger tatsächlich angefallenen und nachgewiesenen Kosten an. Entscheidend ist vielmehr, ob vergleichbaren Personen mit entsprechenden Tätigkeiten im Durchschnitt abziehbare Aufwendungen in Höhe der gezahlten Aufwandsentschädigung entstehen. Das Finanzamt hat insoweit zwar ein Prüfungsrecht (BFH v. 9.6.1989, VI R 154/86 und VI R 27/88, BStBl II 1990, 121 und 123). **Anlass zu weiteren Nachforschungen gibt insoweit aber nur ein offensichtliches Missverhältnis von Entschädigung und typisiertem Aufwand** (R 3.12 Abs. 2 Sätze 4 und 5 LStR).

Die o.g. Vergleichsrechnung macht es erforderlich, dass zunächst ermittelt werden muss, welchen Aufwand die Entschädigung konkret abgelten soll. Werden für eine bestimmte Tätigkeit verschiedene Entschädigungen gezahlt, ist für jede dieser Entschädigungen bzw. Teilbeträge zu untersuchen, ob und inwieweit dem ein steuerlicher Kostenabzug gegenüber steht.

Wird z.B. eine dreigeteilte Entschädigung für Reisekosten, nachgewiesene Sachkosten und Verdienstausfall sowie Zeitverlust gezahlt, ist

- die Reisekostenentschädigung nach den Regelungen in § 3 Nr. 13 EStG steuerfrei,
- die Verdienstausfall- und Zeitverlustentschädigung steuerpflichtig
- und die Sachkostenentschädigung nach § 3 Nr. 12 Satz 2 EStG steuerfrei, soweit kein Anlass für die Vermutung einer überhöhten Zahlung besteht; im Zweifel kommt die Schätzung nach den unten genannten Regelungen der R 3.12 Abs. 3 LStR in Betracht (vgl. z.B. OFD Frankfurt v. 20.11.2014, S 2248 A – 1 – St 213, und BFH v. 3.7.2018, VIII R 28/15, BStBl II 2018, 715 betr. einkommensteuerliche Behandlung der Entschädigung ehrenamtlicher Tätigkeit bei Sozialversicherungsträgern).

Der sachliche Geltungsbereich der Aufwandsentschädigung ergibt sich aus der ihr zu Grunde liegenden Entschädigungsregelung.

Wird eine **einheitliche Gesamtaufwandsentschädigung** gezahlt, die sowohl dem Grunde nach steuerfreie als auch dem Grunde nach steuerpflichtige Entschädigungsbestandteile enthält, können die steuerfrei bleibenden Teilbeträge nach R 3.12 Abs. 3 LStR geschätzt werden. Das gilt auch dann, wenn zwar verschiedene Teilentschädigungen für bestimmte Aufwendungen, zusätzlich aber auch Entschädigungsteile gezahlt werden, die einen in diesem Sinne „gemischten" Aufwand ausgleichen sollen (vgl. z.B. OFD Frankfurt v. 20.11.2014, S 2248 A – 1 – St 213, und BFH v. 3.7.2018, VIII R 28/15, BStBl II 2018, 715 betr. einkommensteuerliche Behandlung der Entschädigung ehrenamtlicher Tätigkeit bei Sozialversicherungsträgern).

e) Vereinfachungsregelungen

874 Zur Erleichterung der Feststellung, inwieweit es sich in den Fällen des § 3 Nr. 12 Satz 2 EStG um eine steuerfreie Aufwandsentschädigung handelt, sind in R 3.12 Abs. 3 Sätze 1 bis 3 LStR folgende Vereinfachungsregelungen getroffen worden:

- Sind die Anspruchsberechtigten und der Betrag oder auch ein Höchstbetrag der aus einer öffentlichen Kasse gewährten Aufwandsentschädigung durch **Gesetz oder Rechtsverordnung bestimmt**, so ist die Aufwandsentschädigung
  - bei **hauptamtlich tätigen Personen in voller Höhe steuerfrei**,
  - bei **ehrenamtlich tätigen Personen i.H.v. 1/3 der gewährten Aufwandsentschädigung, mindestens 250 € (Betrag seit 2021) steuerfrei**.
- Sind die Anspruchsberechtigten und der Betrag oder auch ein Höchstbetrag **nicht durch Gesetz oder Rechtsverordnung bestimmt**, so kann bei hauptamtlich und ehrenamtlich tätigen Personen i.d.R. ohne weiteren Nachweis ein steuerlich anzuerkennender Aufwand von **250 € (Betrag seit 2021) monatlich** angenommen werden.

Werden **Aufwandsentschädigungen in monatlich unterschiedlicher Höhe gezahlt** und wird dadurch der steuerfreie Monatsbetrag von 250 € nicht ausgeschöpft, ist eine Übertragung in andere Monate dieser Tätigkeiten im selben Kalenderjahr möglich (R 3.12 Abs. 3 Satz 7 LStR). Maßgebend für die Ermittlung der Anzahl der in Betracht kommenden Monate ist die Dauer der ehrenamtlichen Funktion bzw. Ausübung im Kalenderjahr, auf den Umfang der Tätigkeit in dem betreffenden Kalendermonat kommt es nicht an (R 3.12 Abs. 3 Sätze 8 und 9 LStR); s. dazu auch gleich lautende Erlasse v. 15.10.2002, BStBl I 2002, 993.

Wird der Empfänger von Aufwandsentschädigungen für **verschiedene Körperschaften des öffentlichen Rechts tätig**, ist die Vereinfachungsregelung für die Tätigkeiten bei jeder dieser verschiedenen Körperschaften jeweils **gesondert anzuwenden** (R 3.12 Abs. 3 Satz 5 LStR). Das bedeutet, dass z.B. der steuerfrei bleibende Monatsbetrag i.H.v. 250 € ggf. mehrfach zum Zuge kommen, für die verschiedenen Tätigkeiten also vervielfältigt werden kann. **Verschiedene Tätigkeiten für dieselbe Körperschaft sind aber zusammenzurechnen** (R 3.12 Abs. 3 Satz 6 LStR).

Beispiel 1:

Ein hauptamtlicher Kreisbeigeordneter erhält eine gesetzlich geregelte Dienstaufwandsentschädigung. Diese ist in voller Höhe steuerfrei (R 3.12 Abs. 3 Satz 2 Nr. 1 LStR).

Daneben ist er als Wehrleiter der freiwilligen Feuerwehr seiner Heimatgemeinde ehrenamtlich tätig. Die hierfür kraft Landesverordnung gezahlte Aufwandsentschädigung ist i.H.v. 1/3 der Entschädigung, mindestens aber 250 € mtl. steuerfrei. Die Vereinfachungsregelung nach R 3.12 Abs. 3 Sätze 2 und 3 LStR ist für jede Tätigkeit gesondert anzuwenden, weil es sich um verschiedene Gebietskörperschaften, den Landkreis einerseits und die Ortsgemeinde andererseits, handelt.

Beispiel 2:

Ein vielseitig ehrenamtlich engagierter Bürger ist gleichzeitig ehrenamtlicher Jugend- und Migrationsbeirat in seiner Heimatgemeinde. Für beide Tätigkeiten erhält er gesonderte Aufwandsentschädigungen, die jeweils durch kommunale Satzung geregelt sind.

Mangels Regelung durch Gesetz oder Rechtsverordnung sind die Aufwandsentschädigungen bis zur Höhe von insgesamt 250 € mtl. steuerfrei. Der steuerfrei bleibende Betrag i.H.v. 250 € darf auch im Hinblick auf die verschiedenen Tätigkeiten nicht vervielfältigt werden, weil es sich um Tätigkeiten für dieselbe Gebietskörperschaft handelt.

Der Gewährung dieser ohne Nachweis für den entstandenen Aufwand anzuerkennenden Pauschale steht nicht entgegen, dass der ehrenamtlich Tätige seine **Reisekosten** (Tagegelder, Fahrt-, Übernachtungs- und Nebenkosten) auf Grund von Einzelnachweisen **erstattet erhält**. Werden jedoch neben den für entgangenen Verdienst und Zeitverlust gezahlten pauschalen Aufwandsentschädigungen die **gesamten Barauslagen auf Grund von Einzelnachweisen gesondert erstattet, so besteht für die Anwendung der Vereinfachungsregelung zur Feststellung des steuerfreien Teils der Aufwandsentschädigung keine Notwendigkeit**. In diesem Fall ist der gewährte Kostenersatz nach § 3 Nr. 12 Satz 2 EStG nur steuerfrei, soweit er für als Betriebsausgaben abzugsfähige Kosten gewährt wird. Die Vereinfachungsregelung soll lediglich in Fällen, in denen die an ehrenamtlich tätige Personen gezahlten Beträge sowohl echten Aufwand als auch den Aufwand an Zeit und Arbeitsleistung sowie den entgangenen Arbeitsverdienst und das Haftungsrisiko abgelten, die Feststellung erleichtern, in welcher Höhe die unter der Bezeichnung Aufwandsentschädigung gezahlten Beträge steuerfreie Aufwandsentschädigungen oder steuerpflichtige Einnahmen darstellen. Wenn aber **von der zahlenden Stelle bereits zwischen Auslagenersatz und einer Entschädigung für Zeitverlust oder entgehende Einnahmen unterschieden** wird, ist für eine vereinfachte Aufteilung der Gesamtentschädigung kein Raum (s. z.B. OFD Frankfurt v. 20.11.2014, S 2248 A – 1 – St 213).

Erhält ein ehrenamtlich tätiger Stpfl. für öffentliche Dienste aus einer öffentlichen Kasse eine Aufwandsentschädigung, kann er **im Einzelfall nachweisen, dass ihm höhere, nicht durch die steuerfreie Pauschale gedeckte tatsächliche Aufwendungen im Zusammenhang mit der ehrenamtlichen Tätigkeit entstanden sind**, die zu Betriebsausgaben bzw. Werbungskosten geführt haben. Voraussetzung ist aber, dass diese Aufwendungen unmittelbar ausschließlich oder ganz überwiegend durch die ehrenamtliche Tätigkeit des Stpfl. veranlasst sind. Als entsprechender Nachweis genügt daher nicht der durch Belege untermauerte Vortrag anteiliger auf den Stpfl. entfallender höherer Fixkosten einer Freiberuflerpraxis als „Sowieso-Kosten", weil die Berechnung Elemente in sich trägt, die nach ihrem wirtschaftlichen Ergebnis einem teilweisen Ausgleich eines Verdienstausfalls bzw. eines Zeitverlusts sehr nahe kommen, für den die gesetzliche Regelung eine Steuerfreiheit ausdrücklich ausschließt (FG Thüringen v. 13.9.2017, 3 K 170/17, EFG 2018, 543; BFH v. 29.9.2020, VIII R 5/18, n.v., als unbegründet zurückgewiesen).

f) Gelegentliche ehrenamtliche Tätigkeit

Von Pauschalentschädigungen, die Gemeinden oder andere ju- 875
ristische Personen des öffentlichen Rechts für eine gelegentliche ehrenamtliche Tätigkeit zahlen, darf ein Betrag bis zu **8 € (Betrag seit 2021) täglich** ohne nähere Prüfung als steuerfrei anerkannt werden. Bei höheren Pauschalentschädigungen hat das Finanzamt zu prüfen, ob auch ein Aufwand an Zeit und Arbeitsleistung sowie ein entgangener Verdienst abgegolten worden ist. Anstelle dieser Regelung kann auch die o.g. Vereinfachungsregelung der R 3.12 Abs. 3 LStR angewendet werden (R 3.12 Abs. 5 Satz 3 LStR).

Nachdem in R 3.12 Abs. 3 LStR der steuerfreie Mindestbetrag auf 250 € monatlich angehoben worden ist, hat die Regelung in R 3.12 Abs. 5 LStR an Bedeutung verloren.

Beispiel:

A hat für seine zwei Tage dauernde Tätigkeit als Wahlhelfer 30 € erhalten.

Nach der o.g. „8 €-Regelung" bleiben hiervon nur 16 € (2 Tage je 8 €) pauschal steuerfrei. Die allgemeine Regelung der R 3.12 Abs. 3 Satz 3 LStR ist somit günstiger, weil danach mindestens 250 € im Monat pauschal steuerfrei belassen werden können.

g) Sonderregelungen

Für bestimmte Aufwandsentschädigungen haben die obersten 876
Finanzbehörden der Länder im Einvernehmen mit dem BMF von der o.g. Vereinfachungsregelung in R 3.12 Abs. 3 Sätze 2 und 3 LStR abweichende steuerfrei bleibende Beträge festgelegt (R 3.12

Abs. 3 Satz 10 LStR). In den sog. **„Ratsherrenerlassen"** der Länder sind besondere Regelungen für die **ehrenamtlichen Mitglieder in Gemeinde- und Stadträten** festgelegt (→ *Abgeordnete* Rz. 13). Hierbei geht es insbesondere um höhere steuerfreie Mindestbeträge für die Ratsmitglieder in größeren Gemeinden bzw. für Ratsmitglieder mit Sonderfunktionen, z.B. Fraktionsvorsitzende. Diese Ratsherrenerlasse sind zwar bundesweit abgestimmt, gehen aber vor allem auf die jeweiligen landesrechtlichen Gegebenheiten der geltenden Kommunalverfassung ein. Die Gemeinde- und Stadträte erzielen mit den die steuerfrei bleibenden Beträge übersteigenden Entschädigungen i.d.R. **Einkünfte aus sonstiger selbständiger Arbeit** (§ 18 Abs. 1 Nr. 3 EStG).

Daneben gibt es landesspezifische Sonderregelungen für die bei den kommunalen Gebietskörperschaften **haupt- oder ehrenamtlich beschäftigten Wahlbeamten**, z.B. Landräte, Bürgermeister, Ortsvorsteher oder Beigeordnete. Deren steuerpflichtige Teile der Aufwandsentschädigungen unterliegen als Einkünfte aus nichtselbständiger Arbeit dem Lohnsteuerabzug.

h) Nachweis höherer Kosten

877 Der Empfänger einer Aufwandsentschädigung kann im Einzelfall auch einen höheren steuerlich abziehbaren Aufwand geltend machen (R 3.12 Abs. 4 LStR). In diesem Fall sind dann die glaubhaft gemachten oder nachgewiesenen Aufwendungen als Werbungskosten abziehbar, soweit sie die steuerfrei belassenen Teile der Aufwandsentschädigung übersteigen. Dieser Kostennachweis ist jedoch nur gegenüber dem Finanzamt, also i.R. der **Abgabe einer Steuererklärung** möglich.

Wird die Aufwandsentschädigung i.R. eines Beschäftigungsverhältnisses gezahlt, ist der **Arbeitgeber beim Lohnsteuerabzug an die o.g. Vereinfachungsregelung gebunden**, denn die Prüfung der Höhe der Werbungskosten oder Betriebsausgaben ist dem Finanzamt vorbehalten.

i) Steuerbefreiung nach § 3 Nr. 45 EStG

878 Stpfl., denen für ihre Tätigkeit eine steuerfreie Aufwandsentschädigung aus einer öffentlichen Kasse gewährt wird (§ 3 Nr. 12 EStG), erhalten auch die **Steuerbefreiung des § 3 Nr. 45 EStG für die Überlassung von betrieblichen Datenverarbeitungs- und Telekommunikationsgeräten zur Privatnutzung**. Die Vorschrift des § 3 Nr. 45 EStG wurde auf ehrenamtliche Mitglieder kommunaler Vertretungen und an andere öffentliche Dienste leistende Personen, die keine Arbeitnehmer sind, ausgedehnt, **sofern sie steuerfreie Aufwandsentschädigungen aus öffentlichen Kassen erhalten**. Steuerfrei sind die geldwerten Vorteile aus der Privatnutzung dienstlich überlassener Datenverarbeitungsgeräte sowie aus der Privatnutzung dienstlicher PC und Telekommunikationsgeräten.

4. Einzelfragen

879 Entschädigungen eines **gerichtlichen Sachverständigen** nach §§ 3, 4 des Gesetzes über die Entschädigung von Zeugen und Sachverständigen (ZuSEG) sind weder nach § 3 Nr. 12 Satz 1 EStG noch nach § 3 Nr. 12 Satz 2 EStG steuerbefreit; die Aufwandserstattungen eines Sachverständigen nach den §§ 8 ff. ZuSEG sind gem. § 3 Nr. 12 Satz 2 EStG steuerbefreit; die entsprechenden Betriebsausgaben sind nach § 3c Abs. 1 EStG unberücksichtigt zu lassen (FG Münster v. 24.6.2010, 3 K 3556/06 E, EFG 2010, 1675).

Entschädigungen eines ehrenamtlichen Richters nach dem Justizvergütungs- und Justizentschädigungsgesetz (JVEG) sind wie folgt steuerlich zu behandeln (BFH v. 31.1.2017, IX R 10/16, BStBl II 2018, 571):

- Eine Entschädigung für **Verdienstausfall** gem. § 18 JVEG ist nach § 19 Abs. 1 Satz 1 Nr. 1, § 24 Nr. 1 Buchst. a EStG steuerbar, wenn sie als Ersatz für entgangene Einnahmen aus einer nichtselbständigen Tätigkeit gezahlt wird; eine Steuerbefreiung nach § 3 Nr. 12 Satz 1 und 2 EStG kommt insoweit nicht in Betracht;
- die Entschädigung für **Zeitversäumnis** nach § 16 JVEG ist nicht steuerbar;
- auf die Tätigkeit als ehrenamtlicher Richter findet die Steuerbefreiung des **§ 3 Nr. 26a EStG** dann keine Anwendung, wenn nach § 3 Nr. 12 EStG steuerfreier Aufwendungsersatz gezahlt worden ist;
- Zahlungen nach § 5 JVEG (**Fahrtkosten und Parkgebühren**) und § 6 JVEG (**Entschädigung für Aufwand**) bleiben nach § 3 Nr. 12 Satz 2 EStG als Aufwandsentschädigungen steuerfrei.

Das o.g. BFH-Urteil ist ausschließlich für den Kreis der ehrenamtlichen Richter anwendbar und hat damit **keine Auswirkungen auf andere ehrenamtliche Tätigkeiten** (OFD Frankfurt v. 9.5.2018, S 2337 A – 073 – St 213, StEd 2018, 382; im Ergebnis ebenso BFH v. 3.7.2018, VIII R 28/15, BStBl II 2018, 715 betr. Entschädigungen für die ehrenamtliche Tätigkeit als Versichertenberater und Mitglied des Widerspruchsausschusses der Deutschen Rentenversicherung Bund sowie FG Nürnberg v. 25.3.2021, 4 K 961/19, EFG 2021, 1717 zur Steuerbarkeit des Pauschbetrags für Zeitaufwand des ehrenamtlich tätigen Vorsitzenden des Vorstandes der X-Rentenversicherung).

Die Steuerfreiheit nach § 3 Nr. 12 Satz 2 EStG ist nur dann gegeben, wenn die Entschädigung dazu bestimmt ist, Aufwendungen abzugelten, die steuerlich als **Werbungskosten abziehbar** wären. Der BFH hat daher für „Mietentschädigungen" für eine „Arbeitsecke" im Wohnzimmer die Steuerfreiheit versagt, weil die Voraussetzungen für einen Werbungskostenabzug der Aufwendungen für ein häusliches Arbeitszimmer mangels deutlicher Trennung von den Wohnräumen nicht gegeben waren (BFH v. 29.11.2006, VI R 3/04, BStBl II 2007, 308).

Ebenso kann eine Aufwandsentschädigung, die eine Stadt an den **Personalratsvorsitzenden** leistet, damit dieser den mit seiner Funktion verbundenen Aufwand bestreiten kann, **steuerfrei** sein; ein hinreichender beruflicher Zusammenhang kann vorliegen, wenn mit der Aufwandsentschädigung beruflich veranlasste Kosten u.a. für Bewirtung, Geschenke und Fahrten gedeckt werden (BFH v. 15.11.2007, VI R 91/04, HFR 2008, 687).

Der **BFH** hat mit Urteilen v. 26.3.2002, VI R 26/00, BStBl II 2002, 823, 827 gegen die Verwaltungsauffassung entschieden, dass die steuerfreie „Buschzulage" nicht in voller Höhe auf die durch die Abordnung in das Beitrittsgebiet verursachten **Werbungskosten angerechnet** werden darf, sondern die **Grundsätze des § 3c EStG anzuwenden** sind. Das heißt, dass die Werbungskosten zu dem Teil nicht abziehbar sind, der dem Verhältnis der steuerfrei gewährten Aufwandsentschädigung zu den im Zeitraum der Tätigkeit im Beitrittsgebiet erzielten Gesamteinnahmen entspricht. Die Werbungskosten müssen also aufgeteilt werden. Die Grundsätze gelten auch in anderen Fällen, in denen steuerfreie Aufwandsentschädigungen nach § 3 Nr. 12 Satz 2 EStG gewährt werden.

Pauschale Aufwandsentschädigungen, die ein Teilnehmer i.R. einer Mission der Organisation für Sicherheit und Zusammenarbeit in Europa (**OSZE**) im Kosovo neben der von der OSZE bezogenen Vergütung vom Auswärtigen Amt als Arbeitslohn von dritter Seite erhält, unterliegen nach dem Kassenstaatsprinzip des Art. 16 Abs. 3 DBA Jugoslawien der Besteuerung in der Bundesrepublik Deutschland. Die Zahlungen des Auswärtigen Amts sind nicht nach § 3 Nr. 12 EStG steuerfrei (BFH v. 20.8.2008, I R 35/08, HFR 2009, 348).

Es sind Fälle bekannt geworden, in denen **Gemeinden ihre bislang geringfügig beschäftigten Gemeindearbeiter als ehrenamtliche Friedhofs- bzw. öffentliche Grünpfleger bestellen** und dafür stundenbezogene Aufwandsentschädigungen zahlen, um auf diese Weise u.a. die Vermeidung einer Steuerlast zu erreichen. Die Finanzverwaltung vertritt dazu folgende Auffassung:

Die Steuerbefreiung gem. § 3 Nr. 12 Satz 2 EStG kommt im Falle einer begünstigten Tätigkeit grds. in Betracht, wenn die Zahlung **formal als Aufwandsentschädigung bezeichnet** wird. Dies bedeutet jedoch umgekehrt nicht, dass jede als Aufwandsentschädigung bezeichnete Zahlung auch eine Aufwandsentschädigung i.S.d. § 3 Nr. 12 Satz 2 EStG ist. Voraussetzung für eine Steuerbefreiung nach § 3 Nr. 12 Satz 2 EStG ist, dass finanzieller und sachlicher Aufwand ersetzt wird. Entschädigungen, die für Verdienstausfall oder Zeitverlust gezahlt werden, sind ausdrücklich von der Steuerbefreiung ausgenommen.

In den o.a. Fällen ist – ungeachtet der Frage, ob derartige Gestaltungen überhaupt kommunalverfassungsrechtlich zulässig und auch tarifrechtlich anzuerkennen sind – eine eingehende Überprüfung vorzunehmen und die Regelung des § 3 Nr. 12 Satz 2 EStG eng auszulegen. Wird ein bisher **reguläres Beschäftigungsverhältnis in ein „Ehrenamt" umgewandelt**, ist dies ein

Indiz dafür, dass es sich nach wie vor um eine Entlohnung der Gemeindearbeiter handelt, nämlich um die **Vergütung des Zeitaufwands**.

Ein **hauptamtlicher Bürgermeister** in Baden-Württemberg (Entsprechendes gilt in anderen Bundesländern), der eine **steuerfreie Dienstaufwandsentschädigung** erhält, die seine gesamten beruflich veranlassten Aufwendungen ersetzen soll, kann nur insoweit Werbungskosten geltend machen, als die Aufwendungen die Entschädigung übersteigen. Infolge eines unmittelbaren wirtschaftlichen Zusammenhangs zu § 3 Nr. 12 Satz 2 EStG fallen auch die nicht durch die steuerfreie Reisekostenvergütung i.S.d. § 3 Nr. 13 EStG abgegoltenen Reisekosten unter das Abzugsverbot des § 3c EStG, wenn die Dienstaufwandsentschädigung auch diese Aufwendungen abgelten soll. Die Antwort auf die Frage, wofür eine Aufwandsentschädigung gezahlt wird, ist dem jeweiligen Bundes- oder Landesgesetz zu entnehmen, in welchem die Zahlung der betreffenden Aufwandsentschädigung vorgesehen ist (BFH v. 19.10.2016, VI R 23/15, BStBl II 2017, 345).

5. Einzelregelungen

880 **Ergänzend soll auf folgende Einzelregelungen hingewiesen werden:**

- OFD Rheinland v. 3.4.2007, S 2337 – 67 – V B 3, betr. Aufwandsentschädigungen an **ehrenamtliche Mitglieder in Berufs- und Standesorganisationen**. Satzungen der Berufskammern, z.B. der Steuerberaterkammer, können Rechtsverordnungen nicht gleichgestellt werden, so dass die (günstigere) Vereinfachungsregelung der R 3.12 Abs. 3 Satz 2 LStR – hiernach bleibt pauschal 1/3 der gezahlten Aufwandsentschädigung ohne Höchstgrenze steuerfrei – keine Anwendung findet (OFD Magdeburg v. 28.3.2002, S 2337 – 38– St 223);
- FinMin Baden-Württemberg v. 18.2.2009, 3 – S 233.7/61, betr. **Aufwandsentschädigungen der Landräte, der hauptamtlichen Bürgermeister und der Ersten Beigeordneten**;
- FinMin Baden-Württemberg v. 8.4.2009, 3 – S 233.7/3, betr. **Entschädigungen an kommunale Beamte aus Anlass der Teilnahme an Sitzungen der Gemeinde- und Kreisorgane**;
- FinMin Baden-Württemberg v. 8.4.2009, S 233.7/64, betr. steuerliche Behandlung von Aufwandsentschädigungen an **kommunale Forstbedienstete**;
- OFD Frankfurt v. 6.4.2010, S 2337 A – 61 – St 211, betr. steuerliche Behandlung der Aufwandsentschädigungen für Angehörige des **Freiwilligen Polizeidienstes**;
- OFD Frankfurt v. 18.2.2011, S 2337 A – 3 – St 211, betr. **Aufwandsentschädigungen kommunaler Spitzenverbände an ihre Arbeitnehmer**;
- FinMin Baden-Württemberg v. 19.4.2011, 3 – S 233.7/67, betr. Aufwandsentschädigungen für ehrenamtliche Tätigkeiten bei den **Regionalverbänden** bzw. Regionen in Baden-Württemberg;
- OFD Frankfurt v. 10.11.2011, S 2337 A – 42 – St 213, betr. Aufwandsentschädigungen aus öffentlichen Kassen; **Kassenärztliche Vereinigung**;
- OFD Frankfurt v. 16.9.2014, S 2248 A – 8 – St 213, StEd 2014, 666 betr. Aufwandsentschädigungen im Bereich der **Rundfunk-/Fernsehanstalten**;
- OFD Frankfurt v. 20.11.2014, S 2248 A – 1 – St 213, betr. **ehrenamtliche Tätigkeit bei Sozialversicherungsträgern**;
- OFD Frankfurt v. 24.9.2018, S 2248 A – 012 – St 213, StEd 2018, 687 betr. Entschädigung der ehrenamtlichen Mitglieder der **Gutachterausschüsse** für Grundstückswerte und sonstige Wertermittlungen;
- FinMin Baden-Württemberg v. 11.1.2019, 3 – S 233.7/31, betr. **Dienstaufwandsentschädigung der Ersten Landesbeamtinnen und Ersten Landesbeamten ab 2019**;
- OFD Frankfurt v. 26.3.2020, S 2350 A – 07 – St 211, betr. steuerfreie Aufwandsentschädigung und Werbungskosten **hauptamtlicher kommunaler Wahlbeamtinnen und Wahlbeamter** in Hessen (s.a. → *Bürgermeister* Rz. 1507);
- LfSt Bayern v. 3.9.2021, S 2113.1.1 – 2/3 St36, betr. Steuerliche Behandlung der Aufwandsentschädigungen an Erhebungsbeauftragte i.R. des **Zensus 2022** (die Aufwandsentschädigungen unterliegen nach § 20 Abs. 3 ZensG 2022 nicht der Besteuerung nach dem Einkommensteuergesetz).

6. Ehrenamtliche Tätigkeiten

Nach Ausweitung der Steuerbefreiung nach § 3 Nr. 12 Satz 2 EStG i.V.m. R 3.12 Abs. 3 Satz 2 bis 8 LStR, die für viele in **Gemeinden ehrenamtlich Tätige** von erheblicher Bedeutung ist (so z.B. für Mitglieder kommunaler Volksvertretungen oder der Freiwilligen Feuerwehren, Landschaftspfleger, ehrenamtliche Frauenbeauftragte usw.), bleiben von den Aufwandsentschädigungen **mindestens 250 € monatlich steuerfrei**. 881

Beispiel:

A, Mitglied der Freiwilligen Feuerwehr, erhält von der Gemeinde eine monatliche Aufwandsentschädigung von 250 €.

Der gesamte Betrag von 250 € bleibt steuer- und damit auch sozialversicherungsfrei.

Es braucht deshalb in diesem Fall nicht weiter geprüft zu werden, ob A zugleich noch eine unter die Steuerbefreiungen nach § 3 Nr. 26, 26a EStG fallende Tätigkeit ausübt (→ *Nebenberufliche steuerbegünstigte Tätigkeiten* Rz. 3236).

7. Lohnsteuerabzug

Sind die Aufwandsentschädigungen den Einkünften aus nichtselbständiger Arbeit zuzuordnen (so z.B. bei den als **Arbeitnehmer** anzusehenden Funktionsträgern der Freiwilligen Feuerwehren oder sog. Wahlbeamten), unterliegen sie dem Lohnsteuerabzug (§ 38 EStG). Der Arbeitgeber hat die Steuerbefreiung nach § 3 Nr. 12 Satz 2 EStG bereits beim Lohnsteuerabzug zu berücksichtigen. 882

Praktische Schwierigkeiten können sich dadurch ergeben, dass die obersten Finanzbehörden die **Verrechnung eines nicht ausgeschöpften steuerfreien Monatsbetrags (250 €) mit steuerpflichtigen Aufwandsentschädigungen anderer Lohnzahlungszeiträume** dieser Tätigkeit im Kalenderjahr zugelassen haben. Eine Verrechnung ist auch mit abgelaufenen Lohnzahlungszeiträumen zulässig; sie kann auch bei Beendigung der Tätigkeit oder zum Ende des Kalenderjahres für die Dauer der ehrenamtlichen Funktion bzw. Amtsausübung im Kalenderjahr vorgenommen werden. Zu weiteren Einzelheiten s. die gleich lautenden Erlasse v. 15.10.2002, BStBl I 2002, 993 sowie R 3.12 Abs. 3 Sätze 8 und 9 LStR und H 3.12 Übertragung nicht ausgeschöpfter Monatsbeträge (Beispiel) LStH.

Bei mehreren Tätigkeiten für eine Körperschaft sind die Aufwandsentschädigungen für die Anwendung der Mindest- und Höchstbeträge zusammenzurechnen (R 3.12 Abs. 3 Satz 6 LStR).

8. Sozialversicherung

Die im Steuerrecht praktizierte Regelung, nach der nicht ausgeschöpfte steuerfreie Monatsbeträge nachträglich auf abgelaufene Entgeltabrechnungszeiträume übertragen werden können, ist **im Sozialversicherungsrecht nicht anzuwenden**. Die Spitzenverbände der Sozialversicherungsträger haben sich in der Besprechung am 2.6.2003 für die Beibehaltung des vom BSG in ständiger Rechtsprechung aufgestellten Grundsatzes, nach dem in abgewickelte Versicherungsverhältnisse nicht mehr rückwirkend eingegriffen werden darf, ausgesprochen (vgl. BSG v. 30.11.1978, 12 RK 26/78, BSG v. 28.5.1980, 5 RKn 21/79, und BSG v. 25.1.1995, 12 RK 51/93). Aus diesem Grunde ist für den Bereich der Sozialversicherung eine Übertragung nicht ausgeschöpfter steuerfreier Monatsbeträge auf abgelaufene Entgeltabrechnungszeiträume mit der Folge nachträglicher Beitragsfreiheit nicht zulässig. 883

Die Anhebung des Steuerfreibetrages für Aufwandserstattungen aus öffentlichen Kassen für ehrenamtlich Tätige nach § 3 Nr. 12 EStG auf 250 € wirkt sich im Versicherungs- und Beitragsrecht der Sozialversicherung erst für Entgeltabrechnungszeiträume seit Juni 2021 aus. Hier besteht die Möglichkeit, einen nicht ausgeschöpften Steuerfreibetrag in den Folgemonat zu übertragen. Demnach konnten für Entgeltabrechnungszeiträume seit Juni 2021 auch aus den Vormonaten nicht ausgeschöpfte Steuerfreibeträge i.H.v. bis zu 250 € versicherungs- und beitragsrechtlich berücksichtigt werden.

Aufwandsentschädigungen privater Arbeitgeber

1. Steuerfreie Erstattungen

884 Seit 1990 ist der Arbeitgeber grds. nicht mehr berechtigt, Werbungskosten seiner Arbeitnehmer steuerfrei zu erstatten, sofern es hierfür keine ausdrückliche Steuerbefreiungsvorschrift gibt. In Betracht kommen insbesondere

- § 3 Nr. 12 EStG – Aufwandsentschädigungen aus öffentlichen Kassen,
- § 3 Nr. 13 EStG – Ersatz von Reisekosten aus öffentlichen Kassen,
- § 3 Nr. 15 EStG – Steuerbefreiung sog. Jobtickets usw. (seit 1.1.2019),
- § 3 Nr. 16 EStG – Ersatz von Reisekosten durch private Arbeitgeber,
- § 3 Nr. 26 EStG – sog. Übungsleiterpauschale,
- § 3 Nr. 26a EStG – allgemeine Ehrenamtspauschale,
- § 3 Nr. 30 EStG – Werkzeuggeld,
- § 3 Nr. 31 EStG – Überlassung typischer Berufskleidung,
- § 3 Nr. 34 EStG – gesundheitsfördernde Maßnahmen des Arbeitgebers,
- § 3 Nr. 37 EStG – Steuerfreiheit der Überlassung betrieblicher Fahrräder,
- § 3 Nr. 45 EStG – Vorteile des Arbeitnehmers aus der privaten Nutzung von betrieblichen Datenverarbeitungsgeräten und Telekommunikationsgeräten sowie deren Zubehör,
- § 3 Nr. 46 EStG – zusätzlich zum ohnehin geschuldeten Arbeitslohn vom Arbeitgeber gewährte Vorteile für das elektrische Aufladen eines Elektrofahrzeugs oder Hybridelektrofahrzeugs i.S.d. § 6 Abs. 1 Nr. 4 Satz 2 zweiter Halbsatz EStG an einer ortsfesten betrieblichen Einrichtung des Arbeitgebers oder eines verbundenen Unternehmens (§ 15 AktG) und für die zur privaten Nutzung überlassene betriebliche Ladevorrichtung,
- § 3 Nr. 50 EStG – Durchlaufende Gelder, Auslagenersatz.

Vgl. die Zusammenstellung in H 19.3 (Beispiele) LStH.

Der Arbeitnehmer kann seine Aufwendungen entweder im Lohnsteuer-Ermäßigungsverfahren als **Lohnsteuerabzugsmerkmal** oder spätestens i.R. der **Einkommensteuerveranlagung** geltend machen. Steuerlich wirken sie sich dann allerdings nur aus, wenn und soweit der **Arbeitnehmer-Pauschbetrag von 1 230 € (2022: 1 200 €) überschritten** wird. Der steuerfreie Arbeitgeberersatz ist somit günstiger, weil hier der Pauschbetrag nicht gegenzurechnen ist. Das BVerfG hat dies jedoch für verfassungsgemäß erklärt (→ *Arbeitnehmer-Pauschbetrag* Rz. 566).

Das **BVerfG** hält es bisher auch grds. nicht für verfassungswidrig, dass Aufwandsentschädigungen aus öffentlichen Kassen nach § 3 Nr. 12 EStG steuerfrei sind, während vergleichbarer Werbungskostenersatz in der Privatwirtschaft versteuert werden muss (BVerfG v. 11.10.1998, 2 BvL 10/95, BStBl II 1999, 502 betr. die sog. Buschzulage für Aufbauhelfer in den neuen Bundesländern und zuletzt FG Nürnberg v. 5.12.2014, 7 K 1981/12, EFG 2015, 1188). Zur Steuerfreiheit der **Kostenpauschalen** der Bundes- und Landtagsabgeordneten → *Aufwandsentschädigungen im öffentlichen Dienst* Rz. 865.

2. Pauschalversteuerung

885 Folgende Werbungskosten-Ersatzleistungen sind zwar steuerpflichtig, können aber pauschal versteuert werden:

- § 40 Abs. 2 Satz 2 Nr. 1 EStG – Zuschüsse usw. des Arbeitgebers zu den nicht nach § 3 Nr. 15 EStG (→ *Job-Ticket* Rz. 2617) steuerfreien Aufwendungen des Arbeitnehmers für Wege zwischen Wohnung und erster Tätigkeitsstätte sowie Fahrten zu einem weiträumigen Tätigkeitsgebiet oder zu einem vom Arbeitgeber dauerhaft festgelegten Sammelpunkt, Pauschsteuersatz 15 % (ohne Anrechnung auf die Entfernungspauschale);
- § 40 Abs. 2 Satz 2 Nr. 2 EStG – alle in § 3 Nr. 15 EStG (→ *Job-Ticket* Rz. 2617) genannten Bezüge eines Kalenderjahres, wenn auf die Steuerfreiheit verzichtet wird, Pauschsteuersatz 25 % (ohne Anrechnung auf die Entfernungspauschale);
- § 40 Abs. 2 Satz 1 Nr. 4 EStG – Vergütungen für Verpflegungsmehraufwendungen aus Anlass von Auswärtstätigkeiten bis zum doppelten Betrag der Pauschbeträge, Pauschsteuersatz 25 %;
- § 40 Abs. 2 Satz 1 Nr. 5 EStG – Zuschüsse des Arbeitgebers, die zusätzlich zum ohnehin geschuldeten Arbeitslohn zu den Aufwendungen des Arbeitnehmers für die Internetnutzung gezahlt werden, Pauschsteuersatz 25 %;
- § 40 Abs. 2 Satz 1 Nr. 6 EStG – zusätzlich zum ohnehin geschuldeten Arbeitslohn unentgeltliche oder verbilligte Übereignung der Ladevorrichtung für Elektro- oder Hybridelektrofahrzeuge i.S.d. § 6 Abs. 1 Nr. 4 Satz 2 zweiter Halbsatz EStG. Das Gleiche gilt für Zuschüsse des Arbeitgebers, die zusätzlich zum ohnehin geschuldeten Arbeitslohn zu den Aufwendungen des Arbeitnehmers für den Erwerb und die Nutzung dieser Ladevorrichtung gezahlt werden.

LSt SV (durchgestrichen)

Aufwendungsausgleichsgesetz

→ *Lohnfortzahlung: Erstattungsverfahren für Arbeitgeber* Rz. 2846

Aufzeichnungspflicht

→ *Lohnkonto* Rz. 2863, → *Mindestlohn* Rz. 3161, → *Mini-Jobs* Rz. 3166

Ausbildungsbeihilfen

Ausbildungsbeihilfen können steuerfrei sein 886

- nach § 3 Nr. 2 Buchst. a EStG: Leistungen nach dem **Dritten Buch Sozialgesetzbuch** oder entsprechenden Programmen des Bundes und der Länder zur Förderung der Ausbildung oder Fortbildung;
- nach § 3 Nr. 11 EStG: **Bezüge aus öffentlichen Mitteln** u.a. für Zwecke der Ausbildung;
- nach § 3 Nr. 44 EStG: **Stipendien aus öffentlichen Mitteln** u.a. zur Förderung der Aus- oder Fortbildung; vgl. dazu R 3.44 EStR sowie H 3.44 EStH.

Steuerfrei können auch vom Arbeitgeber übernommene Fortbildungskosten sein (→ *Fortbildung* Rz. 2233; → *Stipendien* Rz. 4052).

Sind die besonderen Voraussetzungen der o.g. Steuerbefreiungen nicht erfüllt, z.B. bei **Studienbeihilfen privater Arbeitgeber**, die mit Rücksicht auf ein zukünftiges Dienstverhältnis gezahlt werden, oder Anwärterbezügen, liegt steuerpflichtiger Arbeitslohn vor. Einzelheiten → *Auszubildende* Rz. 1184; → *Stipendien* Rz. 4052.

LSt SV

Ausbildungsdienstverhältnis

→ *Auszubildende* Rz. 1184, → *Fortbildung* Rz. 2211

Ausbildungskosten

→ *Werbungskosten* Rz. 4508

Ausgleichsgeld nach dem FELEG

1. Allgemeines

Nach dem Gesetz zur Förderung der Einstellung der landwirtschaftlichen Erwerbstätigkeit v. 21.2.1989, BGBl. I 1989, 233 erhalten Arbeitnehmer, die in der gesetzlichen Rentenversicherung versichert waren und deren Beschäftigung in einem landwirtschaftlichen Unternehmen auf Grund dessen Stilllegung oder Abgabe endete, unter den in § 1 FELEG genannten Voraussetzungen ein monatlich auszuzahlendes **Ausgleichsgeld**. 887

Das Ausgleichsgeld wird von der **Landwirtschaftlichen Alterskasse** nach Abzug des Arbeitnehmeranteils zur Kranken- und Pflegeversicherung ausgezahlt. Zusätzlich dazu trägt der **Bund** nach § 15 FELEG

- die Beiträge für die gesetzliche Rentenversicherung,

– die Arbeitgeberanteile an den Kranken- und Pflegeversicherungsbeiträgen.

2. Lohnsteuer

888 Zu der steuerlichen Behandlung der aufgeführten Leistungen nach dem FELEG wird folgende Auffassung vertreten (OFD Magdeburg v. 14.1.1999, S 2333 – 42 – St 222):

a) Ausgleichsgeld

889 Das Ausgleichsgeld (einschließlich der Eigenanteile zur Kranken- und Pflegeversicherung) ist nach § 3 Nr. 27 EStG bis zu einem Höchstbetrag von **18 407 € steuerfrei**.

Ist durch die laufenden Zahlungen der Höchstbetrag überschritten worden, sind die übersteigenden Beträge als steuerpflichtiger Arbeitslohn i.S.d. § 19 Abs. 1 Nr. 2 EStG anzusehen, der unter den Voraussetzungen des § 19 Abs. 2 Nr. 2 EStG als **begünstigter Versorgungsbezug** zu behandeln ist.

Das steuerfreie Ausgleichsgeld nach § 3 Nr. 27 EStG unterliegt **nicht dem Progressionsvorbehalt**, da es in der abschließenden Aufzählung des § 32b Abs. 1 EStG nicht enthalten ist.

Abweichend hiervon sieht das **FG Mecklenburg-Vorpommern** (Urteil v. 12.1.2006, 3 K 560/05) das Ausgleichsgeld nicht als Arbeitslohn, sondern als Einkünfte aus einer Leibrente gem. § 22 Satz 3 Buchst. a EStG an, die nur mit dem Ertragsanteil steuerlich zu erfassen ist.

Ausgleichsgeld nach § 8 FELEG und Leistungen zur sozialen Sicherung nach § 15 FELEG sind als Entschädigungen den **Einkünften aus Land- und Forstwirtschaft** zuzuordnen, wenn sie als Ersatz für zuvor von einer Mitunternehmerschaft bezogene Tätigkeitsvergütungen gezahlt werden, die als Sondervergütungen zu den Einkünften aus Land- und Forstwirtschaft zählten (BFH v. 8.11.2007, IV R 30/06).

b) Beitragszahlungen des Bundes

890 Nach § 3 Nr. 27 EStG sind nur der Grundbetrag der Produktionsaufgaberente und das Ausgleichsgeld nach dem FELEG bis zu einem Höchstbetrag von 18 407 € steuerfrei.

Die Beiträge für die gesetzliche Rentenversicherung und Arbeitgeberanteile zur Kranken- und Pflegeversicherung, die der Bund nach § 15 FELEG trägt, stellen bei den ehemaligen Arbeitnehmern der stillgelegten landwirtschaftlichen Unternehmen **keinen Arbeitslohn** dar (BFH v. 14.4.2005, VI R 134/01, BStBl II 2005, 569). Sie sind jedoch, wenn der steuerfreie Höchstbetrag des § 3 Nr. 27 EStG von 18 407 € überschritten wird, als **sonstige Einkünfte** i.S.d. § 22 EStG zu erfassen.

Die **Eigenanteile** der Leistungsempfänger zur **Kranken- und Pflegeversicherung** sind, sobald der Höchstbetrag nach § 3 Nr. 27 EStG überschritten worden ist, als Sonderausgaben zu berücksichtigen (OFD Magdeburg v. 14.1.1999, S 2333 – 42 – St 222).

c) Verpflichtung zur Abgabe einer Einkommensteuererklärung

891 Das Ausgleichsgeld unterliegt nicht dem Lohnsteuerabzug nach § 38 Abs. 1 EStG, da es sich bei der landwirtschaftlichen Alterskasse nicht um den Arbeitgeber der Leistungsempfänger handelt und sie daher mangels gesetzlicher Regelung auch nicht die Arbeitgeberpflichten wahrnehmen muss.

Der Bezug von steuerpflichtigem Ausgleichsgeld sowie von den als Arbeitslohn zu erfassenden Beitragszahlungen des Bundes hat daher die Verpflichtung zur Abgabe einer Einkommensteuer-Erklärung nach § 46 Abs. 2 Nr. 1 EStG zur Folge.

Zu den von einzelnen Bundesländern gezahlten **Anpassungshilfen** → *Anpassungsgeld, -hilfe* Rz. 169.

3. Sozialversicherung

892 Während der Zahlung des Ausgleichsgelds besteht das rentenversicherungspflichtige Beschäftigungsverhältnis dem Grunde nach weiter (§ 15 Abs. 1 FELEG). Die Beiträge werden aus Steuermitteln finanziert.

Die Bezieher von Ausgleichsgeld nach dem FELEG werden in der Rentenversicherung und in der allgemeinen Krankenversicherung wie Arbeitnehmer behandelt; der Bezug von Ausgleichsgeld gilt als Bezug von Arbeitsentgelt (§ 15 Abs. 1, 3 und 4 FELEG). Demgegenüber gilt der Bezug von Ausgleichsgeld hinsichtlich der landwirtschaftlichen Krankenversicherung als Bezug einer Rente wegen Erwerbsunfähigkeit nach dem ALG (§ 14 Abs. 4 FELEG). Näheres über die Versicherungspflicht in der Kranken-, Pflege- und Rentenversicherung, die Zuständigkeit in der Rentenversicherung, die Fälligkeit der Beiträge, das Meldeverfahren, die Kranken- und Pflegeversicherung bei den landwirtschaftlichen Krankenkassen und Pflegekassen sowie die Versicherungskonkurrenz zwischen allgemeiner/knappschaftlicher und landwirtschaftlicher Krankenversicherung enthalten die vom Gesamtverband der landwirtschaftlichen Alterskassen, vom Verband Deutscher Rentenversicherungsträger, von der Bundesversicherungsanstalt für Angestellte und von den Spitzenverbänden der Krankenkassen und der Bundesagentur für Arbeit herausgegebenen Grundsätze zur versicherungs-, beitrags- und melderechtlichen Beurteilung in der gesetzlichen Kranken-, Pflege- und Rentenversicherung v. 14.9.1999. Hinsichtlich der Abgrenzung der Kassenzuständigkeit zwischen allgemeiner und landwirtschaftlicher Krankenversicherung wird auf das Gemeinsame Rundschreiben der Spitzenverbände der Krankenkassen und der Deutschen Rentenversicherung Bund v. 23.2.2007, Tit. B IV, verwiesen.

Die Beurteilung der Frage, welche versicherungs- und beitragsrechtlichen Auswirkungen eintreten, wenn ein Bezieher von Ausgleichsgeld nach dem FELEG eine geringfügig entlohnte Beschäftigung (→ *Mini-Jobs* Rz. 3161) aufnimmt, hängt nach Auffassung der Spitzenorganisationen der Sozialversicherung (Geringfügigkeits-Richtlinien v. 14.12.2023) vom Versicherungsverhältnis auf Grund des Bezugs von Ausgleichsgeld ab:

– **Pflichtversicherung in der Rentenversicherung sowie in der allgemeinen Krankenversicherung und Pflegeversicherung**

  Der Bezug von Ausgleichsgeld gilt als Bezug von Arbeitsentgelt (§ 15 Abs. 3 und 4 FELEG). Übt ein in der Kranken-, Pflege- und Rentenversicherung versicherungspflichtiger Bezieher von Ausgleichsgeld nach dem FELEG eine geringfügig entlohnte Beschäftigung aus, findet keine Zusammenrechnung mit dem Ausgleichsgeld statt, so dass die geringfügig entlohnte Beschäftigung in der Kranken- und Pflegeversicherung versicherungsfrei bleibt. Werden hingegen neben dem Bezug von Ausgleichsgeld mehrere geringfügig entlohnte Beschäftigungen ausgeübt, dann scheidet für eine geringfügig entlohnte Beschäftigung die Zusammenrechnung mit dem Ausgleichsgeld aus. Ausgenommen von der Zusammenrechnung wird dabei diejenige geringfügig entlohnte Beschäftigung, die zeitlich zuerst aufgenommen worden ist, so dass diese Beschäftigung versicherungsfrei bleibt. Die weiteren geringfügig entlohnten Beschäftigungen sind nach § 8 Abs. 2 Satz 1 SGB IV i.V.m. § 7 Abs. 1 Satz 2 SGB V bzw. § 5 Abs. 2 Satz 1 zweiter Halbsatz SGB VI mit dem Ausgleichsgeld zusammenzurechnen. Sind aber Bezieher von Ausgleichsgeld in der landwirtschaftlichen Krankenversicherung als Rentner versichert, werden sie auf Grund einer daneben ausgeübten Beschäftigung in der Krankenversicherung wie beschäftigte Rentner behandelt.

– **Freiwillige Versicherung in der allgemeinen Krankenversicherung**

  Üben freiwillig krankenversicherte Bezieher von Ausgleichsgeld eine geringfügig entlohnte Beschäftigung aus, findet § 249b Satz 1 SGB V Anwendung; der Arbeitgeber hat aus der geringfügig entlohnten Beschäftigung den pauschalen Beitrag zur Krankenversicherung zu zahlen.

Aushilfskraft/Aushilfstätigkeit

1. Arbeitsrecht

In der betrieblichen Praxis wird der Begriff des Aushilfsarbeitsverhältnisses vielfach pauschal zur Bezeichnung verschiedener Fallgestaltungen verwendet, die vom normalen Vollzeitarbeitsverhältnis abweichen. So wird beispielsweise Teilzeitarbeit in ihren verschiedenen Formen, Nebentätigkeit oder geringfügige Beschäftigung, häufig als Aushilfstätigkeit bezeichnet. 893

Der **arbeitsrechtliche Begriff** des Aushilfsarbeitsverhältnisses ist jedoch sehr viel enger gefasst: Ein Aushilfsarbeitsverhältnis liegt vor, wenn durch die vereinbarte Einstellung zur Aushilfe ein **vorübergehend auftretender Bedarf** an Arbeitskraft gedeckt werden soll (vgl. BAG v. 11.12.1985, 5 AZR 135/85).

Für den Begriff des Aushilfsarbeitsverhältnisses kommt es also entscheidend auf den **Aushilfszweck** an, der sich aus den betrieblichen Bedürfnissen nach vorübergehend zusätzlicher Arbeitskraft ergeben muss. Diese betrieblichen Bedürfnisse müssen mit anderen Worten einem Arbeitsverhältnis auf unbestimmte Zeit entgegenstehen i.S. eines lediglich für einen bestimmten Zeitraum anfallenden Arbeitskräftebedarfs. Insoweit kommen Aushilfsarbeitsverhältnisse für gewerbliche Arbeitnehmer ebenso wie für Angestellte in Betracht.

Als **typische Fallgruppen** für vorübergehend auftretenden Bedarf zur Begründung von Aushilfsarbeitsverhältnissen sind:

- **Ersatz- und Vertretungsbedarf** für fehlende Arbeitnehmer, z.B. bei Krankheit, Urlaub, Schwangerschaft, Elternzeit, Wehrdienst (**anders** aber bei den für eine Vielzahl solcher Fehlzeiten vom Betrieb vorgehaltenen Ersatzkräften, z.B. Springern), wobei es zulässig ist, dass ein ständiger Mitarbeiter die Aufgaben des ausfallenden Arbeitnehmers übernimmt und die Aushilfe in **mittelbarer Vertretung** (BAG v. 25.8.2004, 7 AZR 32/04) den ständigen Mitarbeiter vertritt,
- **Zusatzbedarf** an Arbeitskräften bei vorübergehender Produktionserhöhung oder vorübergehender Mehrbedarf (BAG v. 19.3.2008, 7 AZR 1098/06),
- **Saisonbedarf**, z.B. für den Schlussverkauf im Einzelhandel, für das Sommerhoch in der Eis- und Getränkeindustrie, für das Wintersporthotel oder für die Weihnachtskonfektion in der Schokoladenindustrie.

Ist andererseits ein ständiger betrieblicher Bedarf für bestimmte Arbeit vorhanden, geht aber das **Interesse des Arbeitnehmers** auf eine nur vorübergehende Beschäftigung, so kann dies **nicht** zur Begründung eines Aushilfsarbeitsverhältnisses führen. Es handelt sich weder mit Rücksicht auf das Wort „Aushilfe" noch im Hinblick auf Sinn und Zweck des Aushilfsarbeitsverhältnisses um Aushilfsarbeit im arbeitsrechtlichen Sinne.

Wegen des Aushilfszweckes zur Abdeckung eines vorübergehenden Bedarfs ist im Übrigen das Aushilfsarbeitsverhältnis typischerweise befristet; eine solche **Befristung** ist wegen ihrer Kürze ohne Sachgrund i.R. des § 14 Abs. 2 TzBfG, daneben aber auch als Sachgrundbefristung nach § 14 Abs. 1 Nr. 1 TzBfG zulässig. Die **Befristungsabrede** bedarf der **Schriftform**!

Speziell zu **Tagesaushilfen** gilt: Das BAG (Urteil v. 29.8.1979, 4 AZR 863/77) hat insoweit im Fall **studentischer Sitz- oder Sonderwachen** in einem Krankenhaus, die sich selbst aus einem Pool ohne Mitwirkung der Verwaltung dienstplanmäßig einteilen, ein dauerndes Teilzeitarbeitsverhältnis mit einem Anspruch der studentischen Sitzwachen auf Urlaub angenommen. In einem anderen Fall eines „aushilfsweise" an einer Autobahntankstelle tätigen **studentischen Tankwarts** mit regelmäßig zumindest neun Schichten im Monat hat das BAG (Urteil v. 12.6.1996, 5 AZR 960/94) ebenfalls ein Dauerarbeitsverhältnis angenommen und für unbeachtlich erklärt, dass der Arbeitnehmer die Arbeitszeit selbst durch Eintragung in vom Arbeitgeber ausgelegte Listen bestimmen konnte.

Generell gilt für **Ein-Tages-Aushilfsverträge:** Ob ein unbefristeter Arbeitsvertrag oder einzelne, jeweils befristete Arbeitsverträge geschlossen werden, richtet sich allein nach dem Parteiwillen (BAG v. 16.5.2012, 5 AZR 268/11). Damit **Tagesaushilfen** als Ein-Tages-Arbeitsverhältnisse (und nicht als Dauerarbeitsverhältnis) anerkannt werden können, darf **kein Rahmenarbeitsvertrag** abgeschlossen sein. Zulässig und unschädlich ist insoweit nach dem BAG (Urteil v. 31.7.2002, 7 AZR 181/01) eine den Arbeitnehmer und Arbeitgeber nicht bindende Rahmenvereinbarung (BAG v. 7.5.2008, 7 ABR 17/07). Eine Rahmenvereinbarung, welche nur die Bedingungen der **erst noch abzuschließenden Arbeitsverträge** wiedergibt, selbst aber noch keine Verpflichtung zur Arbeitsleistung begründet, ist kein Arbeitsvertrag; ein solcher kann sich aber aus einer abweichenden tatsächlichen Handhabung ergeben. Es besteht keine Verpflichtung, statt der Kombination einer solchen Rahmenvereinbarung mit Einzelvereinbarungen über die jeweiligen Einsätze ein Abrufarbeitsverhältnis nach § 12 TzBfG zu vereinbaren; zwingendes Kündigungsschutz- oder Befristungskontrollrecht wird dadurch nicht umgangen (BAG v. 15.2.2012, 10 AZR 111/11). Auch bei befristeten Ein-Tages-Aushilfsverträgen ist jedoch nicht auszuschließen, dass der Arbeitnehmer – zukunftsgerichtet – im Wege der **Befristungskontrollklage die** Unzulässigkeit der Befristung einer Tagesaushilfe auf einen Tag geltend macht wegen des **Verbots der Anschlussbefristung** nach § 14 Abs. 2 TzBfG (vgl. insoweit BAG v. 16.4.2003, 7 AZR 187/02; BAG v. 12.11.2008, 7 ABR 73/07).

Bei Aushilfsarbeitsverhältnissen bis zu drei Monaten darf im Übrigen die gesetzliche **Mindestkündigungsfrist** durch Vereinbarung **verkürzt** werden, § 622 Abs. 5 BGB.

Fehlt hingegen der erforderliche Aushilfszweck – **Scheinaushilfe** –, so gelten die arbeitsrechtlichen Sonderregelungen für Aushilfsarbeitsverhältnisse nicht. **Missbräuchlich** und arbeitsrechtlich unwirksam ist im Übrigen auch die Umfunktionierung eines Aushilfsarbeitsverhältnisses in ein Verhältnis der **freien Mitarbeit** (Scheinselbständigkeit), insbesondere um die Abführung von pauschaler Lohnsteuer und ggf. auch von Sozialversicherungsbeiträgen zu umgehen; so ist z.B. ein studentischer Tankwart auf Abruf regelmäßig Arbeitnehmer (BAG v. 12.6.1996, 5 AZR 960/94).

2. Lohnsteuer

Die Aushilfstätigkeit kann nichtselbständig oder selbständig ausgeübt werden. Maßgebend sind die **allgemeinen Abgrenzungsmerkmale** (→ *Arbeitnehmer* Rz. 191); dabei ist die Aushilfstätigkeit i.d.R. für sich allein zu beurteilen. Die Art einer etwaigen Haupttätigkeit ist für die Beurteilung nur wesentlich, wenn beide Tätigkeiten unmittelbar zusammenhängen, vgl. H 19.2 (Allgemeines) LStH. 894

Aushilfskräfte sind im Allgemeinen **nichtselbständig** tätig, selbst wenn sie nur tage- oder **stundenweise beschäftigt** sind (LSG Niedersachsen-Bremen v. 14.9.2016, L 2 R 5/16, betr. Beschäftigung von Aushilfskräften aus einem sog. Arbeitskräftepool). Hierfür spricht zumeist schon die **Eingliederung in den Betrieb** hinsichtlich Ort und Zeit der Arbeitsleistung sowie die Tatsache, dass sie meist nur eine **einfache Tätigkeit verrichten**, die ständig kontrolliert wird.

Ein **Arbeitsverhältnis bejaht** wurde hiernach z.B. bei

- Schülern als **Erntehelfer** (BFH v. 10.7.1959, VI 73/58 U, BStBl III 1959, 354);
- Aushilfen zum **Bewachen und Abladen** in einem Lager (BFH v. 24.11.1961, VI 87/60 U, HFR 1962, 137);
- Aushilfen in einem **Kohlengroß- und Einzelhandel** (BFH v. 24.11.1961, VI 183/59 S, BStBl III 1962, 37);
- Gelegenheitsarbeitern in **Markthallen** (BFH v. 18.1.1974, VI R 221/69, BStBl II 1974, 301);
- **Musikern, die in einer Gaststätte auftreten** (zuletzt FG Baden-Württemberg v. 24.4.2007, 4 K 200/04, sowie → *Musiker* Rz. 3197).

LSt

Kein Arbeitsverhältnis wird hingegen begründet, wenn sich die Vergütung nach dem **Arbeitserfolg** richtet, die **Zeiteinteilung frei** ist und **eigene Geräte** eingesetzt werden, so z.B. bei

- **Hopfentretern**, die für mehrere Auftraggeber tätig waren, nach Leistung bezahlt wurden und ihre Arbeitsgeräte selbst stellten (BFH v. 24.11.1961, VI 87/60 U, BStBl III 1962, 69);
- **Fensterputzern** (BFH v. 19.1.1979, VI R 28/77, BStBl II 1979, 326),

oder wenn es sich um bloße **Gefälligkeiten** (→ *Gefälligkeiten* Rz. 2279) handelt.

LSt (durchgestrichen)

Wird die Aushilfskraft **nichtselbständig** tätig, ist der **Lohnsteuerabzug** nach den allgemeinen Regeln vorzunehmen. Unter bestimmten Voraussetzungen darf alternativ die Lohn- und Kirchensteuer aber auch nach § 40a EStG mit einem **Pauschsteuersatz** erhoben werden (→ *Pauschalierung der Lohnsteuer bei Aushilfskräften* Rz. 3353).

Der Arbeitgeber darf den **Lohnsteuerabzug nicht unterlassen**, weil der Arbeitnehmer voraussichtlich auf das ganze Jahr gesehen die **Besteuerungsgrenzen** (→ *Steuertarif* Rz. 4044) **nicht überschreitet** (BFH v. 15.11.1974, VI R 167/73, BStBl II 1975, 297). In diesem Fall muss die Lohnsteuer nach den „normalen" Regeln einbehalten werden; der Arbeitnehmer kann sich dann die Lohnsteuer i.R. einer Veranlagung zur Einkommensteuer erstatten lassen (→ *Veranlagung von Arbeitnehmern* Rz. 4233). Seit 2000 kann ggf. der bei dem ersten Dienstverhältnis nicht ausgenutzte Tabellenfreibetrag beim zweiten Dienstverhältnis berücksichtigt werden (→ *Übertragung des Grundfreibetrags* Rz. 4158).

LSt SV

3. Sozialversicherung

895 Für Aushilfen, die nur **gelegentlich** einer Beschäftigung nachgehen, gelten im Sozialversicherungsrecht bei der versicherungsrechtlichen Beurteilung **Besonderheiten**. Bei einem Verdienst in Höhe bis zur Geringfügigkeitsgrenze (seit 1.1.2026 603 € monatlich) tritt grds. bis auf in der Rentenversicherung keine Versicherungspflicht ein, ausführlich hierzu → *Mini-Jobs* Rz. 3161.

Auskünfte und Zusagen des Finanzamts

Inhalt

1. Allgemeines

896 Nach § 89 Abs. 2 AO kann der Stpfl. aus Gründen der Planungs- und Entscheidungssicherheit eine verbindliche Auskunft (Zusage) darüber verlangen, wie ein in der Zukunft liegender Besteuerungstatbestand steuerlich zu beurteilen ist. Dabei handelt es sich um einen Verwaltungsakt nach § 118 Satz 1 AO, gegen den ggf. Rechtsmittel eingelegt werden kann. Die verbindliche Auskunft regelt aber lediglich, wie die Finanzbehörde eine ihr zur Prüfung gestellte hypothetische Gestaltung gegenwärtig beurteilt, nicht aber trifft sie die – dem Steuerbescheid vorbehaltene – endgültige Aussage über die materielle Rechtmäßigkeit einer Steuerfestsetzung (BFH v. 29.2.2012, IX R 11/11, BStBl II 2012, 651). Zur Auslegung und Bindungswirkung einer verbindlichen Auskunft s. grds. BFH v. 12.8.2015, I R 45/14; danach darf das Finanzamt eine erteilte verbindliche Auskunft später nicht unter Hinweis auf formelle Mängel widerrufen. Weitere Hinweise s. AEAO zu § 89.

Die verbindliche Auskunft ist mit einer Gebührenpflicht verbunden (vgl. § 89 Abs. 3 bis 7 AO). Diese ist dem Grunde und der Höhe nach verfassungsrechtlich gerechtfertigt und verstößt nicht gegen das Grundgesetz (BFH v. 22.4.2015, IV R 13/12, BStBl II 2015, 989). Die Gebührenpflicht entsteht auch, wenn eine verbindliche Auskunft aus formalen Gründen abgelehnt wird (FG Hessen v. 6.7.2011, 4 K 3139/09, EFG 2011, 1938). Nach BFH v. 27.11.2019, II R 24/17, BStBl II 2020, 528 kann für jeden Antrag auf Erteilung einer verbindlichen Auskunft nach § 89 Abs. 2 Satz 1 AO eine Gebühr nach § 89 Abs. 3 Satz 1 AO erhoben werden. Eine Antragsschrift kann mehrere Anträge enthalten. Soll die verbindliche Auskunft Bindungswirkung für mehrere existente oder noch nicht existente Stpfl. entfalten, sind jedenfalls so viele Anträge gestellt, wie Stpfl. von dieser Auskunft umfasst sein sollen.

Die Gebührenpflicht gilt jedoch nicht für

- Anträge auf **verbindliche Zusagen auf Grund einer Außenprüfung** nach §§ 204 ff. AO,
- **Lohnsteueranrufungsauskünfte** nach § 42e EStG,
- Anfragen, die **keine verbindliche Auskunft** des Finanzamts i.S.d. § 89 Abs. 2 AO zum Ziel haben. Hierzu gehören z.B. Fragen von **Arbeitnehmern** nach steuerlichen Abzugsmöglichkeiten für beruflich veranlasste Aufwendungen (z.B. Fahrten zur Arbeit, häusliche Arbeitszimmer, Fortbildungskosten). Vgl. AEAO zu § 89, Tz. 4.1.3.

Eine gesetzliche Rechtsgrundlage ist mit § 89a AO erstmalig für ein Vorabverständigungsverfahren eingeführt worden (Abzugsteuerentlastungsmodernisierungsgesetz v. 2.6.2021, BStBl I 2021, 787). Durch § 89a AO werden grenzüberschreitende Sachverhalte verbindlich und übereinstimmend gewürdigt. Mit dieser Regelung soll eine frühzeitige Rechts- und Planungssicherheit erreicht werden.

Liegt eine unanfechtbar gewordene Gebührenfestsetzung vor und wurde die Gebühr entrichtet, wird das Vorabverständigungsverfahren eingeleitet. Welche formalen Anforderungen an einen Antrag auf Einleitung des Vorabverständigungsverfahrens gestellt werden, regelt § 89a Abs. 2 AO. Hinweis: Dem Antrag ist eine Erklärung beizufügen, ob über den zur Beurteilung gestellten Sachverhalt bereits eine verbindliche Auskunft nach § 89 AO, eine verbindliche Zusage nach § 204 AO, eine Anrufungsauskunft nach § 42e EStG oder eine vergleichbare Zusage/Auskunft in einem anderen Staat gestellt wurde bzw. vorliegt.

Für das Lohnsteuerabzugsverfahren ist eine Sonderregelung geschaffen worden. Zur Milderung der aus der Verpflichtung zur Einbehaltung der Lohnsteuer resultierenden besonders hohen Haftungsrisiken hat der Gesetzgeber dem Arbeitgeber mit der sog. Anrufungsauskunft nach § 42e EStG die Möglichkeit eingeräumt, vom Finanzamt verbindlich zu erfahren, wie er im Zweifelsfall beim Lohnsteuerabzug verfahren soll (BFH v. 9.10.1992, VI R 97/90, BStBl II 1993, 166). Ähnliches bezweckt zwar auch die verbindliche Zusage, zwischen beiden Verfahren bestehen jedoch gravierende Unterschiede.

Im Einzelfall kann zudem – auch wenn vom Finanzamt weder eine Zusage noch eine verbindliche Auskunft noch eine Anrufungsauskunft gegeben worden ist – der Grundsatz von Treu und Glauben eine Bindungswirkung erzeugen. Das FG Baden-Württemberg hat einen gegen den Arbeitgeber gerichteten Nachforderungsbescheid von Lohnsteuer aufgehoben, weil durch eindeutige Äußerungen bei einer Lohnsteuer-Außenprüfung ein Vertrauen in eine bestimmte steuerliche Behandlung von wiederkehrenden Zuwendungen (hier Sachzuwendungen bei Weihnachtsfeiern) erzeugt worden ist. Wenn aus diesem Grund eine Haftung des Arbeitgebers ausgeschlossen ist, dann muss entsprechend auch bei Übernahme der Lohnsteuer durch den Arbeitgeber eine Nachforderung ausgeschlossen sein (Urteil v. 10.10.1996, 3 K 268/92, EFG 1997, 109).

Ändert sich die einer unverbindlichen Auskunft zu Grunde liegende Rechtslage, ist das Finanzamt nicht nach Treu und Glauben gehindert, einen der geänderten Rechtslage entsprechenden erstmaligen Bescheid zu erlassen, es sei denn, es hat anderweitig einen Vertrauenstatbestand geschaffen (BVerfG v. 11.5.2015, 1 BvR 741/14, HFR 2015, 882). Das Finanzamt schafft i.d.R. nicht dadurch einen Vertrauenstatbestand, dass es nach Änderung der einer unverbindlichen Auskunft zu Grunde liegenden Rechtslage einen entsprechenden Hinweis an den Stpfl. unterlässt (BFH v. 30.3.2011, XI R 30/09, BStBl II 2011, 613 betr. Umsatzsteuer).

Eine Auskunft (dies gilt nicht nur für verbindliche Zusagen, sondern auch für sog. Anrufungsauskünfte und tatsächliche Verständigungen) ist jedoch nur dann verbindlich, wenn sie der für die spätere Entscheidung zuständige Beamte (i.d.R. der Sachgebietsleiter) oder Vorsteher erteilt hat; Äußerungen eines Sachbearbeiters oder Betriebsprüfers entfalten keine Bindungswirkung (BFH v. 20.10.2016, VI R 27/15, BStBl II 2018, 441).

Bei schwierigen Sachverhaltsermittlungen gibt es darüber hinaus noch die Möglichkeit, mit dem Finanzamt im Wege der „Tatsächlichen Verständigung" eine Vereinbarung über die steuerliche Behandlung bestimmter Sachverhalte zu treffen (→ Rz. 912).

2. Anrufungsauskunft

a) Allgemeines

897 Nach § 42e EStG hat das Betriebsstättenfinanzamt auf Anfrage eines Beteiligten darüber Auskunft zu geben, ob und inwieweit im einzelnen Fall die Vorschriften über die Lohnsteuer anzuwenden sind. Eine Anrufungsauskunft ist – unabhängig von einer Lohnsteuer-Außenprüfung – stets gebührenfrei möglich und kann sich auf alle Fragen im Zusammenhang mit dem Lohnsteuerabzug erstrecken.

Die obersten Finanzbehörden haben ein (aktualisiertes) BMF-Schreiben v. 12.12.2017, IV C 5 – S 2388/14/1001, BStBl I 2017, 1656 herausgegeben, das insbesondere die neue BFH-Rechtsprechung berücksichtigt.

b) Berechtigte Personen

898 Mögliche Antragsteller einer Anrufungsauskunft (Beteiligte i.S.v. § 42e Satz 1 EStG) sind

- der Arbeitgeber,
- der die Pflichten des Arbeitgebers erfüllende Dritte i.S.v. § 38 Abs. 3a EStG
- und der Arbeitnehmer.

Auch der Arbeitnehmer kann sich als „Beteiligter" mit Fragen zu seinem Lohnsteuerabzug an das Betriebsstättenfinanzamt des Arbeitgebers wenden (BFH v. 9.3.1979, VI R 185/76, BStBl II 1979, 451). Ihm soll es bei Meinungsverschiedenheiten mit dem Arbeitgeber ermöglicht werden, auf schnellem Wege und ohne arbeitsgerichtliches Verfahren einen evtl. vom Arbeitgeber vorgenommenen zu hohen Lohnsteuerabzug durch eine ihm günstige Auskunft des für seinen Arbeitgeber zuständigen Finanzamts zu verringern (BFH v. 9.10.1992, VI R 97/90, BStBl II 1993, 166). Das Betriebsstättenfinanzamt des Arbeitgebers sollte dann seine Auskunft mit dem Wohnsitzfinanzamt des Arbeitnehmers, das für eine evtl. spätere Einkommensteuerveranlagung zuständig ist, abstimmen).

Eine Anrufungsauskunft können auch Personen beantragen, die nach Vorschriften außerhalb des EStG für Lohnsteuer haften, z.B. gesetzliche Vertreter wie z.B. GmbH-Geschäftsführer, Vermögensverwalter und Verfügungsberechtigte i.S. der §§ 34 und 35 AO.

c) Anwendungsbereich

899 Gegenstand einer Anrufungsauskunft können nur Fragen zum Lohnsteuerabzugsverfahren sein, also z.B. ob Arbeitnehmer-Eigenschaft gegeben ist, ob der Arbeitslohn steuerpflichtig ist, ob die Lohnsteuer pauschal berechnet werden kann und wie Sachbezüge zu besteuern sind. Nicht dazu gehören Fragen z.B. zum Abzug von Werbungskosten oder Sonderausgaben des Arbeitnehmers, auch wenn dieser hierfür einen entsprechenden Freibetrag beantragt. Derartige Anfragen sind an das Wohnsitzfinanzamt des Arbeitnehmers zu richten.

Im Gegensatz zum engen Gesetzeswortlaut („im einzelnen Fall") muss die erbetene Auskunft nicht nur einen einzigen Fall betreffen, sondern kann sich auch auf einen bestimmten Falltypus oder eine Fallgruppe beziehen. Voraussetzung ist lediglich, dass der Anfrage ein konkreter Anlass zu Grunde liegt, da das Finanzamt nicht zur Erteilung aller denkbaren theoretischen Auskünfte ohne konkretes Rechtsschutzbedürfnis verpflichtet ist (BFH v. 9.10.1992, VI R 97/90, BStBl II 1993, 166).

Beispiel 1:

Arbeitgeber A fragt beim Finanzamt an, in welchem Umfang er seinen Außendienstmitarbeitern steuerfreie Auslösungen zahlen kann.

Das Finanzamt wird ohne weiteres eine Auskunft erteilen.

Beispiel 2:

Arbeitgeber B will vom Finanzamt wissen, unter welchen Voraussetzungen Zuschläge für Sonntags-, Feiertags- oder Nachtarbeit steuerfrei sind. Der Arbeitgeber beschäftigt jedoch keine Arbeitnehmer, für die steuerfreie Zuschläge i.S.d. § 3b EStG in Betracht kommen.

Das Finanzamt wird die Erteilung der Auskunft ablehnen, weil kein konkretes Rechtsschutzbedürfnis ersichtlich ist.

d) Rechtswirkungen, Haftung

900 Hat der Arbeitgeber eine Anrufungsauskunft eingeholt und ist er danach verfahren, ist das Betriebsstättenfinanzamt im Lohnsteuer-Abzugsverfahren daran gebunden (BFH v. 7.10.2013, VI R 44/12, BStBl II 2014, 892). Eine Nacherhebung der Lohnsteuer ist auch dann nicht zulässig, wenn der Arbeitgeber nach einer Lohnsteuer-Außenprüfung einer Pauschalierung nach § 40 Abs. 1 Satz 1 Nr. 2 EStG zugestimmt hat (BFH v. 16.11.2005, VI R 23/02, BStBl II 2006, 210). Der Grundsatz von Treu und Glauben geht dem Grundsatz der Gleichmäßigkeit der Besteuerung vor. Das gilt auch, wenn der Arbeitnehmer vom Betriebsstättenfinanzamt des Arbeitgebers eine unrichtige Auskunft erhalten hat, selbst wenn er auf die Auskunft hin keine besonderen wirtschaftlichen Maßnahmen getroffen hat (BFH v. 9.3.1979, VI R 185/76, BStBl II 1979, 451).

Der Arbeitgeber ist zwar gesetzlich nicht verpflichtet, nach der Anrufungsauskunft des Finanzamts zu verfahren, wenn er anderer Rechtsauffassung ist. Wenn sich die Rechtsauffassung des Arbeitgebers aber als unrichtig erweist, haftet er für die zu wenig einbehaltene Lohnsteuer und kann auch strafrechtlich verfolgt werden. Ein Haftungsausschluss kann nicht dadurch erreicht werden, dass der Arbeitgeber die Abweichung, die Differenzbeträge und die steuerlichen Daten der betreffenden Arbeitnehmer dem Betriebsstättenfinanzamt anzeigt (BFH v. 4.6.1993, VI R 95/92, BStBl II 1993, 687).

Hat der Arbeitgeber in schwierigen Fällen, in denen ihm bei Anwendung der gebotenen Sorgfalt Zweifel über die Rechtslage kommen müssen, von der Möglichkeit der Anrufungsauskunft keinen Gebrauch gemacht, so ist ein auf dieser Unterlassung beruhender Rechtsirrtum grundsätzlich nicht entschuldbar und steht der Inanspruchnahme des Arbeitgebers im Wege der Haftung nicht entgegen (zuletzt BFH v. 29.5.2008, VI R 11/07, BStBl II 2008, 933 betr. Arbeitnehmereigenschaft sog. Telefoninterviewer).

e) Formvorschriften

Für den Antrag nach § 42e EStG ist keine bestimmte Form vorgeschrieben, grds. reichen daher mündliche Anfragen aus. Der Haftungsausschluss des Arbeitgebers wird aber nur wirksam, wenn er alle rechtlich bedeutsamen Tatsachen dem Finanzamt mitgeteilt hat. Kann der Arbeitgeber dies im Streitfall nicht beweisen, geht dies zu seinen Lasten (FG Niedersachsen v. 13.6.1978, VI (IX) L 199/76, EFG 1978, 594). Um solche Schwierigkeiten zu vermeiden, sollten Anfragen immer schriftlich an das Finanzamt gerichtet werden. 901

Das Betriebsstättenfinanzamt soll die Anrufungsauskunft unter ausdrücklichem Hinweis auf § 42e EStG schriftlich erteilen. Dies gilt auch, wenn der Beteiligte die Auskunft nur formlos erbeten hat. Wird eine Anrufungsauskunft abgelehnt oder abweichend vom Antrag erteilt, hat die Auskunft oder die Ablehnung der Erteilung immer schriftlich zu erfolgen.

Im Auskunftsantrag sind konkrete Rechtsfragen darzulegen, die für den Einzelfall von Bedeutung sind.

f) Bindungswirkung

Die Erteilung und die Aufhebung (Rücknahme und Widerruf) einer Anrufungsauskunft stellt nicht nur eine Wissenserklärung (unverbindliche Rechtsauskunft) des Betriebsstättenfinanzamts dar, sondern ist ein feststellender, aber nicht vollziehbarer Verwaltungsakt i.S.d. § 118 Satz 1 AO, mit dem sich das Finanzamt selbst bindet (→ Rz. 905). Der Arbeitgeber hat ein Recht auf förmliche Bescheidung seines Antrags und kann eine ihm erteilte Anrufungsauskunft im Rechtsbehelfsverfahren inhaltlich überprüfen lassen (→ Rz. 906). 902

Hat der Arbeitgeber für einen einzelnen Arbeitnehmer eine Anrufungsauskunft erhalten und verfährt er auch in gleich gelagerten Fällen danach, kann er sich auch insoweit auf die Auskunft berufen (FG Berlin v. 9.9.1969, III 41/69, EFG 1970, 364).

Erteilt das Betriebsstättenfinanzamt eine Anrufungsauskunft, sind die Finanzbehörden i.R. des Lohnsteuerabzugsverfahrens an diese gegenüber allen Beteiligten gebunden (BFH v. 17.10.2013, VI R 44/12, BStBl II 2014, 892). Das Betriebsstättenfinanzamt kann daher die vom Arbeitgeber auf Grund einer (unrichtigen) Anrufungsauskunft nicht einbehaltene und abgeführte Lohnsteuer vom Arbeitnehmer nicht nach § 42d Abs. 3 Satz 4 Nr. 1 EStG nachfordern.

Die Bindungswirkung einer Anrufungsauskunft erstreckt sich – unabhängig davon, ob sie dem Arbeitgeber oder dem Arbeitnehmer erteilt wurde – dagegen nicht auf das Veranlagungsverfahren. Das Wohnsitzfinanzamt kann daher bei der Einkommensteuerveranlagung des Arbeitnehmers einen anderen Rechtsstandpunkt als das Betriebsstättenfinanzamt einnehmen (BFH v. 18.6.2015, VI R 37/14, BStBl II 2016, 751 m.w.N.).

Zu beachten ist hiernach, dass strikt zwischen dem Lohnsteuer-Abzugsverfahren und dem Einkommensteuer-Veranlagungsverfahren zu unterscheiden ist:

- **Lohnsteuer-Abzugsverfahren**

  Der Arbeitnehmer kann als Schuldner der Lohnsteuer (§ 38 Abs. 2 Satz 1 EStG) grds. für nicht einbehaltene und nicht abgeführte Lohnsteuer in Anspruch genommen werden. Allerdings gilt dies nur dann, wenn der Arbeitgeber die Lohnsteuer nicht vorschriftsmäßig vom Arbeitslohn einbehalten hat (§ 42d Abs. 3 Satz 4 Nr. 1 EStG). An dieser vorschriftswidrigen Einbehaltung der Lohnsteuer fehlt es jedoch, wenn der Arbeitgeber eine Anrufungsauskunft eingeholt hat und danach verfahren ist. Selbst wenn die erteilte Auskunft daher materiell unrichtig war, hat der Arbeitgeber, sofern er entsprechend der Auskunft verfahren ist, den „Weisungen und Vorschriften" des auftraggebenden Finanzamts Rechnung getragen und damit die Lohnsteuer vorschriftsmäßig einbehalten. Dementsprechend können in diesen Fällen im Lohnsteuer-Abzugsverfahren weder Arbeitgeber noch Arbeitnehmer in Anspruch genommen werden.

- **Einkommensteuer-Veranlagungsverfahren**

  Das Wohnsitzfinanzamt ist bei der Einkommensteuer-Festsetzung gegenüber dem Arbeitnehmer nicht an die Anrufungsauskunft gebunden. Die Bindungswirkung der Anrufungsauskunft beschränkt sich auf das Lohnsteuer-Abzugsverfahren und erstreckt sich nicht auf das Einkommensteuer-Veranlagungsverfahren (BFH v. 17.10.2013, VI R 44/12, BStBl II 2014, 892). Bei Anfragen des Arbeitnehmers soll deshalb das Betriebsstättenfinanzamt seine Auskunft ggf. mit dessen Wohnsitzfinanzamt abstimmen.

Mit der Anrufungsauskunft entscheidet das Finanzamt nicht über den Steueranspruch. Das Finanzamt bindet sich damit aber im Lohnsteuer-Abzugsverfahren in der Weise, Lohnsteuer weder im Wege eines Haftungs- noch eines Nachforderungsbescheides nachzuerheben. Voraussetzung hierfür ist, dass der später verwirklichte Sachverhalt nicht von dem der Auskunft zu Grunde gelegten Sachverhalt abweicht. Die Anrufungsauskunft führt zu einer einseitigen Selbstbindung der Finanzverwaltung. Der Antragsteller ist an die ihm erteilte Auskunft nicht gebunden. Weicht der Arbeitgeber von einer erteilten Anrufungsauskunft ab, kann er nicht dadurch einen Haftungsausschluss nach § 42d Abs. 2 Nr. 1 i.V.m. § 41c Abs. 4 EStG erreichen, dass er die Abweichung und die zur Besteuerung notwendigen Angaben dem Betriebsstättenfinanzamt anzeigt (BFH v. 4.6.1993, VI R 95/92, BStBl II 1993, 687). Die Anrufungsauskunft ist im Übrigen nicht bindend, wenn sie zuungunsten des Stpfl. dem geltenden Recht widerspricht.

Das Finanzamt ist nicht an eine erteilte Anrufungsauskunft gebunden, wenn der verwirklichte Sachverhalt von dem der Anrufungsauskunft zu Grunde liegenden abweicht (FG München v. 17.2.2012, 8 K 3916/08, EFG 2012, 2313).

g) Zuständigkeit

903 Das **Betriebsstättenfinanzamt** (§ 41a Abs. 1 Nr. 1 i.V.m. § 41 Abs. 2 EStG) ist für die Erteilung der Anrufungsauskunft zuständig. Eine Bindungswirkung tritt jedoch nur ein, wenn die Auskunft auch von der **zuständigen Stelle des Finanzamts („Arbeitgeberstelle") erteilt** wurde. Der **Lohnsteuer-Außenprüfer** ist für die Erteilung von Anrufungsauskünften nicht zuständig.

Hat ein **Arbeitgeber mehrere Betriebsstätten**, so hat das zuständige Finanzamt seine Auskunft mit den anderen Betriebsstättenfinanzämtern abzustimmen, soweit es sich um einen Fall von einigem Gewicht handelt und die Auskunft auch für die anderen Betriebsstätten von Bedeutung ist. Bei Anrufungsauskünften grundsätzlicher Art informiert das zuständige Finanzamt die übrigen betroffenen Finanzämter.

Sind mehrere Arbeitgeber unter einer einheitlichen Leitung zusammengefasst (Konzernunternehmen), bleiben für den einzelnen Arbeitgeber entsprechend der Regelung des § 42e Sätze 1 und 2 EStG das Betriebsstättenfinanzamt bzw. das Finanzamt der Geschäftsleitung für die Erteilung der Anrufungsauskunft zuständig.

Sofern es sich bei einer Anrufungsauskunft um einen Fall von einigem Gewicht handelt und erkennbar ist, dass die Auskunft auch für andere Arbeitgeber des Konzerns von Bedeutung ist oder bereits Entscheidungen anderer Finanzämter vorliegen, ist insbesondere auf Antrag des Auskunftsersuchenden die zu erteilende Auskunft mit den übrigen betroffenen Finanzämtern abzustimmen. Dazu informiert das für die Auskunftserteilung zuständige Finanzamt das Finanzamt der Konzernzentrale. Dieses koordiniert daraufhin die Abstimmung mit den Finanzämtern der anderen Arbeitgeber des Konzerns, die von der zu erteilenden Auskunft betroffen sind. Befindet sich die Konzernzentrale im Ausland, koordiniert das Finanzamt die Abstimmung, das als erstes mit der Angelegenheit betraut war.

In Fällen der **Lohnzahlung durch Dritte**, in denen der Dritte die Pflichten des Arbeitgebers trägt, ist die Anrufungsauskunft bei dem Betriebsstättenfinanzamt des Dritten zu stellen. Fasst dieser die dem Arbeitnehmer in demselben Lohnzahlungszeitraum aus mehreren Dienstverhältnissen zufließenden Arbeitslöhne zusammen, ist die Anrufungsauskunft bei dem Betriebsstättenfinanzamt des Dritten zu stellen. Dabei hat das Betriebsstättenfinanzamt seine Auskunft in Fällen von einigem Gewicht mit dem anderen Betriebsstättenfinanzamt abzustimmen.

Ist eine öffentliche Kasse einer juristischen Person des öffentlichen Rechts berechtigt eine Anrufungsauskunft zu beantragen, hat das Betriebsstättenfinanzamt eine Auskunft zu erteilen, in dessen Bezirk die lohnsteuerliche Betriebsstätte des Arbeitgebers liegt. Die Zuständigkeit richtet sich sinngemäß nach § 42e Sätze 2 bis 4 EStG.

Sind für einen Arbeitgeber mehrere Betriebsstättenfinanzämter (§ 41 Abs. 2 EStG) zuständig, so erteilt das Finanzamt die Auskunft, in dessen Bezirk sich die Geschäftsleitung (§ 10 AO) des Arbeitgebers im Inland befindet. Ist dieses Finanzamt kein Betriebsstättenfinanzamt, so ist das Finanzamt zuständig, in dessen Bezirk sich die Betriebsstätte mit den meisten Arbeitnehmern befindet. In diesen Fällen hat der Arbeitgeber sämtliche Betriebsstättenfinanzämter, das Finanzamt der Geschäftsleitung und erforderlichenfalls die Betriebsstätte mit den meisten Arbeitnehmern anzugeben sowie zu erklären, für welche Betriebsstätten die Auskunft von Bedeutung ist (§ 42e Sätze 2 bis 4 EStG).

h) Regelungsinhalt

Die Anrufungsauskunft trifft eine Regelung dahin, wie die Finanzbehörde den vom Antragsteller dargestellten Sachverhalt gegenwärtig beurteilt. Der Beteiligte, der eine Anrufungsauskunft beantragt, hat zwar einen Anspruch auf eine inhaltlich richtige Auskunft, die nach den allgemeinen Regeln angefochten werden kann. Das **Finanzgericht** überprüft die Auskunft allerdings sachlich nur daraufhin, ob der von dem Antragsteller dargestellte Sachverhalt zutreffend erfasst und die rechtliche Beurteilung nicht evident fehlerhaft ist (s.a. → Rz. 906). Einer umfassenden gerichtlichen Kontrolle, welche lohn- und einkommensteuerrechtlichen Folgen der Sachverhalt hat, bedarf es nicht, da mit der Anrufungsauskunft keine Entscheidung über den materiellen Einkommensteueranspruch getroffen wird. **Es ist nicht die Aufgabe des Anrufungsverfahrens, ungeklärte Rechtsfragen abschließend zu beantworten oder die Übereinstimmung von Verwaltungsanweisungen mit dem Gesetz zu überprüfen.** Denn die Anrufungsauskunft dient vornehmlich der Vermeidung des Haftungsrisikos des Arbeitgebers, soweit er ihren Inhalt den von ihm einzureichenden Lohnsteuer-Anmeldungen zu Grunde legt. Sie bezweckt hingegen nicht, ihm das Prozessrisiko abzunehmen, falls er nicht nach dem Inhalt der Auskunft verfahren will. Auf Grund des vorläufigen Charakters des Lohnsteuer-Abzugsverfahrens kommt es lediglich darauf an, ob das Betriebsstättenfinanzamt mit der Aussage über die gegenwärtige Einschätzung der Rechtslage den Anforderungen an ein faires Verwaltungsverfahren genügt hat (FG Berlin-Brandenburg v. 20.9.2018, 4 K 4277/15, EFG 2018, 1996 betr. Arbeitnehmereigenschaft der Funktionsträger der Freiwilligen Feuerwehren in Brandenburg). 904

i) Widerruf

Das Betriebsstättenfinanzamt ist an die erteilte Auskunft gebunden, solange sie nicht widerrufen wird. Es kann die Auskunft mit Wirkung für die Zukunft widerrufen oder ändern, wenn sich z.B. Verwaltungsanweisungen oder Rechtsprechung geändert haben. 905

Hierbei handelt es sich um eine Ermessensentscheidung, die zu begründen ist (BFH v. 2.9.2010, VI R 3/09, BStBl II 2011, 233).

Zur Aufhebung einer Anrufungsauskunft gem. § 42e EStG hat der BFH hat mit Urteil v. 2.9.2021, VI R 19/19, BStBl II 2022, 136 ausführlich Stellung genommen. Danach kann eine Anrufungsauskunft gem. § 42e EStG entsprechend § 207 Abs. 2 AO mit Wirkung für die Zukunft aufgehoben oder geändert werden. Die Aufhebung oder Änderung einer Anrufungsauskunft ist jedoch ermessensfehlerhaft, wenn das Finanzamt zu Unrecht von deren Rechtswidrigkeit ausgeht (im Urteilsfall hatte das Finanzamt zu Unrecht die Tarifermäßigung nach § 34 Abs. 2 Nr. 4 EStG für Zahlungen aus einem Langzeitvergütungsmodell versagt).

Eine Anrufungsauskunft tritt außerdem außer Kraft, wenn die Rechtsvorschriften, auf denen die Entscheidung beruht, geändert werden (analoge Anwendung des § 207 Abs. 1 AO). Ein besonderer Widerruf durch das Finanzamt ist dann nicht erforderlich (FG Düsseldorf v. 8.5.2003, 15 K 1455/00 H (L), EFG 2003, 1105 m.w.N. betr. die Ermittlung des geldwerten Vorteils eines Firmenwagens nach Einführung der „1 %-Regelung"). Der BFH verlangt im Urteil v. 9.3.1965, VI 109/62 U, BStBl III 1965, 426 sogar vom Arbeitgeber, dass er sich auch über die im BStBl veröffentlichten LStR auf dem Laufenden hält. Dies dürfte aber wohl zu weit gehen.

Das Betriebsstättenfinanzamt kann die Auskunft befristen. In diesem Fall endet die Wirksamkeit des Verwaltungsaktes durch Zeitablauf (§ 124 Abs. 2 AO).

j) Rechtsbehelf, Klage

906 Die Regelungen über das außergerichtliche Rechtsbehelfsverfahren (§§ 347 ff. AO) sind anzuwenden. Im Falle der Ablehnung, Aufhebung (Rücknahme, Widerruf) oder Änderung einer Anrufungsauskunft nach § 42e EStG kommt eine Aussetzung der Vollziehung allerdings nicht in Betracht, da es sich nicht um einen vollziehbaren Verwaltungsakt handelt (BFH v. 15.1.2015, VI B 103/14, BStBl II 2015, 447).

Im Klageverfahren kann die Ablehnung, Aufhebung (Rücknahme, Widerruf) oder Änderung einer Anrufungsauskunft dagegen nur eingeschränkt überprüft werden. Die Lohnsteueranrufungsauskunft beinhaltet nach der BFH-Rechtsprechung (BFH v. 27.2.2014, VI R 23/13, BStBl II 2014, 894 und BFH v. 7.5.2014, VI R 28/13) nur, wie die Finanzbehörde den vom Antragsteller dargestellten Sachverhalt gegenwärtig beurteilt. Deshalb beschränkt sich die inhaltliche Überprüfung einer erteilten Lohnsteueranrufungsauskunft durch die Finanzgerichte darauf, ob das Finanzamt den zur Entscheidung gestellten Sachverhalt zutreffend erfasst und ob die gegenwärtige rechtliche Einordnung des zur Prüfung gestellten Sachverhalts in sich schlüssig und nicht evident rechtsfehlerhaft ist. Dies bedeutet, dass bei zutreffend erfassten Sachverhalten allenfalls eine evident rechtsfehlerhafte Auskunft einen gerichtlich durchsetzbaren Anspruch auf eine andere Auskunft begründen kann. Ist der Sachverhalt hingegen zutreffend erfasst und die Auskunft nicht evident rechtsfehlerhaft, kann eine (angeblich) falsche Rechtsansicht der Finanzbehörde nur mittelbar durch Rechtsbehelfe gegen die darauf beruhenden Lohnsteuerfestsetzungen und nicht durch unmittelbare Klage gegen die erteilte Auskunft angefochten werden (FG Hessen v. 22.2.2018, 4 K 1408/17: Es ist nicht evident rechtsfehlerhaft, wenn die Finanzbehörde i.R. einer Lohnsteueranrufungsauskunft davon ausgeht, dass es sich bei vom Arbeitgeber den Arbeitnehmern außerhalb einer Betriebsveranstaltung zugewendeten Weihnachtspäckchen mit Lebensmitteln im Wert von je 20 € um Arbeitslohn handelt).

3. Verbindliche Zusage

a) Voraussetzungen (§ 204 AO)

907 Unabhängig von der Anrufungsauskunft kann der **Arbeitgeber** (nicht der Arbeitnehmer) im Anschluss an eine Lohnsteuer-Außenprüfung eine verbindliche Zusage gem. § 204 AO dazu beantragen, wie ein für die Vergangenheit geprüfter und im Prüfungsbericht dargestellter Sachverhalt in Zukunft steuerrechtlich behandelt wird (R 42f Abs. 5 LStR sowie AEAO zu § 204, Tz. 1). Sie ist jedoch immer an eine vorhergehende **Außenprüfung** und damit an wesentlich engere Voraussetzungen geknüpft als die Anrufungsauskunft. Der Arbeitgeber kann außerdem nur erfahren, wie ein für die **Vergangenheit geprüfter Sachverhalt in Zukunft lohnsteuerlich behandelt** wird. Die verbindliche Zusage ist gebührenfrei.

Die Voraussetzungen im Einzelnen:

- Die Zusage kann nur **„im Anschluss" an eine Außenprüfung** erteilt werden. Da § 204 AO die Erteilung einer verbindlichen Zusage nur im Zusammenhang mit einer bereits durchgeführten Außenprüfung regelt, muss ein zeitlicher Zusammenhang zwischen der Zusage und der Außenprüfung bestehen. Welcher Zeitpunkt noch rechtzeitig ist, ist unter Berücksichtigung aller Umstände des Einzelfalls zu entscheiden. Der sachliche und zeitliche Zusammenhang mit einer Außenprüfung wurde von der Rechtsprechung als noch gewahrt angesehen, wenn die Zusage kurz nach Erhalt des Prüfungsberichts beantragt wird (vgl. FG Baden-Württemberg v. 20.7.2000, 3 K 67/95, EFG 2000, 1161). Ein erst lange Zeit nach der Außenprüfung gestellter Antrag ist dagegen unzulässig. Der für die Erteilung einer verbindlichen Zusage erforderliche zeitliche Zusammenhang zwischen Zusage und Abschluss der Außenprüfung ist nicht mehr gewahrt, wenn der Antrag auf Erteilung erst vier Jahre nach Abschluss der Außenprüfung beim Finanzamt gestellt wird (FG Nürnberg v. 23.5.2019, 4 K 862/17, EFG 2020, 895).
- Der Anwendungsbereich der Vorschrift erstreckt sich praktisch nur auf für die Vergangenheit geprüfte (verwirklichte) und im Prüfungsbericht dargestellte Sachverhalte, die für die Zukunft von Bedeutung sind.
- Die Kenntnis der künftigen steuerrechtlichen Behandlung dieses Sachverhalts muss für die geschäftlichen Maßnahmen des Arbeitgebers von Bedeutung sein. Sachverhalte, die erst in Zukunft verwirklicht werden sollen, können also nicht Gegenstand einer verbindlichen Zusage sein. Hier hat der Arbeitgeber nur die Möglichkeit, eine Anrufungsauskunft nach § 42e EStG zu beantragen.

Beispiel:

Arbeitgeber A zahlt seinen Arbeitnehmern erstmals Weihnachtsgeld. Er will wissen, ob er hierfür die Lohnsteuer pauschal berechnen kann.

Zu dieser Frage kann A nur eine Anrufungsauskunft erbitten.

Gegen den Inhalt oder auch die Ablehnung einer verbindlichen Zusage kann der Arbeitgeber Einspruch und ggf. anschließend Klage erheben. Eine verbindliche Auskunft gem. § 204 AO hindert den Arbeitgeber im Übrigen nicht, Rechtsschutz gegen einen der Auskunft inhaltlich folgenden Steuerbescheid (z.B. Haftungsbescheid) zu suchen, ohne die Auskunft selbst mit dem Rechtsmittel anzugreifen (FG Hamburg v. 29.6.2005, II 402/03).

b) Form und Inhalt (§ 205 AO)

Die verbindliche Auskunft ist schriftlich zu erteilen und als verbindlich zu kennzeichnen. Die verbindliche Zusage hat den zu Grunde gelegten Sachverhalt, die Entscheidungsgründe und die Rechtsvorschriften, auf die die Entscheidung gestützt wird, den Zeitraum und die Steuerart, für die sie gilt, und notwendige Nebenbestimmungen (§ 120 Abs. 2 AO) zu enthalten. Hinsichtlich des Sachverhalts kann auf den Prüfungsbericht Bezug genommen werden. 908

c) Bindungswirkung (§ 206 AO)

Die verbindliche Zusage ist für das Lohnsteuer-Abzugsverfahren bindend. Entspricht jedoch der nach Erteilung der verbindlichen Zusage festgestellte und steuerlich zu beurteilende Sachverhalt nicht dem der verbindlichen Zusage zu Grunde gelegten Sachverhalt, so ist das Finanzamt an die erteilte Zusage auch ohne besonderen Widerruf nicht gebunden. 909

Die Bindungswirkung besteht auch, wenn die Zusage nicht dem geltenden Recht entspricht. Etwas anderes gilt aber dann, wenn die verbindliche Zusage zu Ungunsten des Arbeitgebers dem geltenden Recht widerspricht. Er kann dann die Anwendung der zutreffenden Rechtsvorschriften verlangen. Hierbei ist es unerheblich, ob die Fehlerhaftigkeit der Zusage bereits bei ihrer Erteilung erkennbar war oder erst später (z.B. durch Rechtsprechung zu Gunsten des Arbeitgebers) erkennbar geworden ist.

Mündlich erteilte Zusagen haben nicht die Bindungswirkung des § 206 AO, doch kann das Finanzamt evtl. nach dem Gebot von Treu und Glauben daran gebunden sein. Die Tatsache, dass das Finanzamt Auskünfte mündlich erteilt hat, legt jedoch die Annahme nahe, dass nur eine unverbindliche Meinungsäußerung und keine bindende (verbindliche) Zusage angestrebt und gegeben worden ist. An den Nachweis der eine Bindung des Finanzamts begründenden Merkmale sind daher strenge Anforderungen zu stellen (vgl. z.B. BFH v. 9.12.2004, VII B 129/04, m.w.N., betr. mündliche Auskünfte eines Sachbearbeiters). Vorbehalte (z.B. „vorbehaltlich des Ergebnisses einer Besprechung mit den obersten Finanzbehörden der Länder") schließen die Bindung aus (BFH v. 4.8.1961, VI 269/60 S, BStBl III 1961, 562).

d) Außerkrafttreten, Aufhebung und Änderung (§ 207 AO)

910 Enthält die Zusage keine zeitliche Einschränkung, so bleibt sie bis zur Aufhebung oder Änderung wirksam.

Eine verbindliche Zusage tritt – ohne besonderen Widerruf – außer Kraft, wenn die Rechtsvorschriften geändert werden, auf denen sie beruht (vgl. FG Düsseldorf v. 8.5.2003, 15 K 1455/00 H (L), EFG 2003, 1105 und BVerfG v. 11.5.2015, 1 BvR 741/14, HFR 2015, 882). In einem solchen Fall können aber Billigkeitsmaßnahmen in Betracht gezogen werden, wenn sich für den Arbeitgeber unbillige Härten ergeben. Grds. kann jedoch das Vertrauen auf den Fortbestand einer Rechtsvorschrift keinen Schutz genießen.

Das Finanzamt kann eine verbindliche Zusage mit Wirkung für die Zukunft widerrufen oder ändern, wenn sich die steuerliche Beurteilung des zu Grunde gelegten Sachverhalts durch Rechtsprechung oder Verwaltungsvorschriften zum Nachteil des Arbeitgebers ändert (vgl. auch BFH v. 21.3.1996, XI R 82/94, BStBl II 1996, 518). Verwaltungsvorschriften begründen für sich allein keinen Vertrauensschutz, insbesondere wenn der Stpfl. keine entsprechenden Dispositionen getroffen hat (BFH v. 10.2.2005, IX B 182/03, betr. eine Änderung der LStR). Auch in solchen Fällen können jedoch Billigkeitsmaßnahmen gerechtfertigt sein, wenn sich der Arbeitgeber nicht mehr ohne erheblichen Aufwand bzw. unter beträchtlichen Schwierigkeiten von den getroffenen Dispositionen oder eingegangenen vertraglichen Verpflichtungen lösen kann.

Wird festgestellt, dass eine verbindliche Zusage durch unlautere Mittel wie Täuschung, Zwang oder Bestechung erwirkt worden ist, kann sie auch rückwirkend aufgehoben oder geändert werden (§ 130 Abs. 2 AO).

4. Treu und Glauben

911 Abgesehen von den Fällen der verbindlichen Zusage und der Anrufungsauskunft, kann es nach den allgemeinen Grundsätzen von Treu und Glauben ausgeschlossen sein, einen materiell-rechtlich entstandenen Steueranspruch geltend zu machen. Ein solcher Fall kann gegeben sein, wenn eine Nachforderung mit einem vorausgegangenen, nachhaltigen und einen Vertrauensschutz für den Betroffenen schaffenden Verhalten der Finanzbehörden im Widerspruch steht. Dies ist insbesondere der Fall, wenn im Vertrauen auf das Verhalten der Finanzbehörden Dispositionen getroffen wurden, die nicht mehr rückgängig zu machen sind oder deren Rückgängigmachung nicht zumutbar ist.

5. Tatsächliche Verständigung

a) Allgemeines

912 In Fällen erschwerter Sachverhaltsermittlung dient es unter bestimmten Voraussetzungen der Effektivität der Besteuerung und allgemein dem Rechtsfrieden, wenn sich die Beteiligten über die Annahme eines bestimmten Sachverhalts und über eine bestimmte Sachbehandlung einigen können. Derartige Vereinbarungen zwischen dem Stpfl./Arbeitgeber und der Finanzbehörde werden als „Tatsächliche Verständigung" bezeichnet. Sie können nach der BFH-Rechtsprechung in jedem Stadium des Veranlagungsverfahrens, insbesondere auch anlässlich einer Außenprüfung und während eines anhängigen Rechtsbehelfsverfahrens, getroffen werden (vgl. BFH v. 1.9.2009, VIII R 78/06, HFR 2010, 562 m.w.N. zur Bindungswirkung einer tatsächlichen Verständigung). Eine tatsächliche Verständigung über reine Rechtsfragen ist jedoch nicht zulässig (BFH v. 15.4.2021, IV R 25/18, BStBl II 2021, 703 betr. den Abzug von Bestechungsgeldern).

Die tatsächliche Verständigung hat auch im Lohnsteuerbereich erhebliche Bedeutung, und zwar nicht nur für den Lohnsteuerabzug durch den Arbeitgeber, sondern auch für den Werbungskostenabzug des Arbeitnehmers.

Beispiel 1:

Ein Arbeitgeber streitet sich mit dem Lohnsteuer-Außenprüfer über die Frage, in welchem Umfang bei seinen Arbeitnehmern die Voraussetzungen für die pauschale Versteuerung von Arbeitslohn nach § 40a Abs. 2 EStG vorliegen.

Soweit es um eine Frage der Sachverhaltsfeststellung geht, kann eine Schätzung im Wege einer tatsächlichen Verständigung erfolgen.

Beispiel 2:

Ein Lehrer schafft in erheblichem Umfang Fachbücher sowie allgemein bildende Literatur an.

In dem vergleichbaren Fall eines selbständigen Publizisten hat der BFH darauf hingewiesen, dass eine Schätzung des als Betriebsausgaben oder Werbungskosten abzugsfähigen beruflichen Teils im Rahmen einer tatsächlichen Verständigung wohl das Vernünftigste sei (BFH v. 21.5.1992, IV R 70/91, BStBl II 1992, 1015).

b) Voraussetzungen

Die Voraussetzungen für eine „Tatsächliche Verständigung" sind im Wesentlichen von der Rechtsprechung entwickelt worden. Die geltenden Grundsätze sind in BMF v. 30.7.2008, IV A 3 – S 0223/07/10002, BStBl I 2008, 831, ergänzt/geändert durch BMF v. 15.4.2019, IV A 3 – S 0223/07/10002, BStBl I 2019, 447 und BMF v. 23.6.2023, IV D 1 – S 0223/20/10001 :003). 913

Auskunftspflicht des Arbeitgebers

1. Lohnsteuer

Nach der Abgabenordnung gibt es verschiedene Vorschriften, die den Arbeitgeber zur Auskunftserteilung verpflichten (vgl. z.B. §§ 90, 93, 93a AO). Dies gilt v.a. für die **Lohnsteuer-Außenprüfung** (vgl. § 200 Abs. 1 AO). Häufig sind aber auch Rückfragen der Finanzämter, wenn sich bei der Bearbeitung der **Einkommensteuerveranlagung des Arbeitnehmers Unklarheiten** ergeben. 914

Beispiel:

Arbeitnehmer A hat in seiner Einkommensteuererklärung Reisekosten für Auswärtstätigkeiten als Werbungskosten geltend gemacht. Die Frage nach steuerfreien Erstattungen des Arbeitgebers hat er verneint, auch nach einer entsprechenden Rückfrage des Finanzamts.

Wenn weiterhin Zweifel bestehen, kann das Finanzamt den Arbeitgeber nach § 93 Abs. 1 Satz 3 AO um Auskunft bitten. Um die hierdurch entstehende Mehrarbeit von vornherein zu vermeiden, sollte der Arbeitgeber steuerfreie Reisekostenerstattungen immer in den Nummern 20 und 21 der Lohnsteuerbescheinigung eintragen.

2. Sozialversicherung

Soweit es in der Sozialversicherung einschließlich der Arbeitslosenversicherung im Einzelfall für die **Erbringung** von Sozialleistungen erforderlich ist, hat der Arbeitgeber **auf Verlangen dem Leistungsträger** oder der zuständigen **Einzugsstelle** Auskunft über die Art und Dauer der Beschäftigung, den Beschäftigungsort und das Arbeitsentgelt zu erteilen. Wegen der Entrichtung von Beiträgen hat der Arbeitgeber über **alle Tatsachen Auskunft zu geben, die für die Erhebung der Beiträge notwendig** sind. Der Arbeitgeber hat die Geschäftsbücher, Listen oder andere Unterlagen, aus denen die Angaben über die Beschäftigung hervorgehen, während der Betriebszeit nach seiner Wahl den o.a. Versicherungsträgern entweder in deren oder in seinen eigenen Geschäftsräumen zur Einsicht vorzulegen (vgl. § 98 SGB X). Die Versicherungsträger sind berechtigt, beim Arbeitgeber über den Bereich der Lohn- und Gehaltsabrechnung, jedoch nicht über den Bereich des Rechnungswesens hinaus zu prüfen. 915

Außerdem ist der Arbeitgeber verpflichtet, **unaufgefordert** Bescheide und **Prüfberichte der Finanzbehörden** vorzulegen, die für die Aufgabenerfüllung der Prüfer, insbesondere für die Versicherungs- oder Beitragspflicht und die Beitragshöhe, von Bedeutung sind (vgl. § 10 Abs. 2 Beitragsverfahrensverordnung).

Auslagenersatz und durchlaufende Gelder

1. Allgemeine Voraussetzungen

916 Steuerfrei sind nach § 3 Nr. 50 EStG

- die Beträge, die der Arbeitnehmer vom Arbeitgeber erhält, um sie für ihn auszugeben **(durchlaufende Gelder)**, und
- die Beträge, durch die Auslagen des Arbeitnehmers ersetzt werden **(Auslagenersatz)**.

LSt SV

Der Unterschied begründet sich wie folgt:

Der **Auslagenersatz** ist Ersatz der in der **Vergangenheit** gemachten Aufwendungen. **Durchlaufende Gelder** sind dagegen Beträge, die für **zukünftige Aufwendungen** bestimmt sind (BFH v. 10.6.1966, VI 261/64, BStBl III 1966, 607).

Durchlaufende Gelder oder Auslagenersatz liegen nur vor, wenn

- der Arbeitnehmer die Ausgaben für **Rechnung des Arbeitgebers** macht, wobei es gleichgültig ist, ob das im Namen des Arbeitgebers oder im eigenen Namen geschieht, und
- über die **Ausgaben grds. im Einzelnen abgerechnet** wird (R 3.50 Abs. 1 1. Spiegelstrich LStR). Pauschaler Auslagenersatz kann nur unter engen Voraussetzungen anerkannt werden.

Durchlaufende Gelder und Auslagenersatz werden immer zusätzlich gezahlt, da sie ihrem Wesen nach keinen Arbeitslohn darstellen; sie können daher auch keinen anderen Arbeitslohn ersetzen (R 3.50 Abs. 1 Satz 4 LStR). Eine **Gehaltsumwandlung** kommt daher beim **einzeln abgerechneten Auslagenersatz** in diesen Fällen nicht in Betracht.

Im Gegensatz zum vorstehend beschriebenen einzeln abgerechneten Auslagenersatz kann beim **pauschalen Auslagenersatz** (R 3.50 Abs. 2 LStR) eine **Gehaltsumwandlung** von bisher steuerpflichtigem in steuerfreien Arbeitslohn durchaus vorgenommen werden, zu den Voraussetzungen → *Barlohnumwandlung* Rz. 1218.

Beispiel 1 (Reinigung von Berufskleidung – Erstattung tatsächlicher Kosten):

Der Arbeitnehmer verzichtet mtl. im Vorhinein auf einen Teil seines Gehalts. Stattdessen erhält er die tatsächlichen Reinigungskosten seiner vom Arbeitgeber gestellten Berufskleidung vom Arbeitgeber erstattet. Der Arbeitnehmer muss dem Arbeitgeber mtl. im Nachhinein die Belege hierfür vorlegen.

Die von den Arbeitnehmern getätigten Ausgaben für Rechnung des Arbeitgebers, die sie im Einzelnen abrechnen, stellen durchlaufende Gelder bzw. Auslagenersatz dar. Echter Auslagenersatz und echte durchlaufende Gelder werden nur dann als steuerfrei anerkannt, wenn sie zusätzlich zum geschuldeten Arbeitslohn gezahlt werden, da sie ihrem Wesen nach an sich keinen Arbeitslohn darstellen. Sie können daher auch keinen anderen Arbeitslohn ersetzen (R 3.50 Abs. 1 LStR).

Beispiel 2 (Reinigung von Berufskleidung – Erstattung pauschaler Reinigungskosten):

Der Arbeitnehmer verzichtet mtl. im Vorhinein auf 20 € und erhält stattdessen vom Arbeitgeber pauschal 20 € Reinigungskosten für seine Berufskleidung erstattet.

Pauschale Leistungen für die Reinigung von Arbeitskleidung sind grds. kein Auslagenersatz und keine durchlaufenden Gelder. Insoweit mangelt es am Einzelnachweis.

Etwas anderes kann nur dann gelten, wenn der pauschale Auslagenersatz regelmäßig wiederkehrt und der Arbeitnehmer die entstandenen Aufwendungen für die Reinigung arbeitgebereigener Berufskleidung für einen repräsentativen Zeitraum von drei Monaten im Einzelnen nachweist (R 3.50 Abs. 2 LStR).

Zu beachten ist auch, dass der Ersatz von Kosten der privaten Lebensführung (keine echte Berufskleidung) bzw. der Ersatz von Werbungskosten (soweit tatsächlich arbeitnehmereigene Berufskleidung gereinigt wird) nicht steuerfrei gezahlt werden kann (H 3.50 „Allgemeines" LStH).

2. Abgrenzung gegenüber steuerpflichtigem Werbungskostenersatz

917 In der Praxis bereitet besonders die Abgrenzung gegenüber dem steuerpflichtigen Ersatz von Werbungskosten erhebliche Schwierigkeiten. Denn nach der BFH-Rechtsprechung kommt die Steuerfreiheit des § 3 Nr. 50 EStG nicht in Betracht, wenn der **Arbeitnehmer** an den Aufwendungen ein nicht ganz unerhebliches **eigenes Interesse** hat, so z.B. beim Ersatz von Werbungskosten und von Kosten der privaten Lebensführung (vgl. z.B. BFH v. 5.4.2006, IX R 109/00, BStBl II 2006, 541 betr. Sicherheitsmaßnahmen am Wohnhaus eines Bankvorstands). Nach welchen Merkmalen die Abgrenzung vorzunehmen ist, ist noch nicht für alle Fälle abschließend geklärt (BFH v. 28.3.2006, VI R 24/03, BStBl II 2006, 473 betr. Instrumentengelder sowie BFH v. 15.3.2011, VI B 151/10, betr. pauschale Fahrtkostenerstattungen des Arbeitgebers für Auswärtstätigkeiten). In den LStR heißt es lediglich, dass

- die Ausgaben des Arbeitnehmers bei ihm so zu beurteilen sind, als hätte der **Arbeitgeber sie selbst getätigt**
- und dass hiernach die Steuerfreiheit der durchlaufenden Gelder oder des Auslagenersatzes nach § 3 Nr. 50 EStG stets dann **ausgeschlossen** ist, wenn die Ausgaben **durch das Dienstverhältnis des Arbeitnehmers veranlasst** sind (R 3.50 Abs. 1 Satz 2 und 3 LStR).

Auslagenersatz ist jedenfalls dann anzunehmen, wenn der Arbeitnehmer im ganz **überwiegenden Interesse des Arbeitgebers Aufwendungen tätigt, die der Arbeitsausführung dienen und die nicht zu einer Bereicherung des Arbeitnehmers führen**. Liegen diese Voraussetzungen vor, wird auch zivilrechtlich ein Erstattungsanspruch des Arbeitnehmers gegenüber dem Arbeitgeber bejaht. Auslagenersatz liegt hiernach grds. immer vor, wenn der Arbeitgeber dem Arbeitnehmer **Hilfs- und Betriebsstoffe**, die für die Arbeitsausführung erforderlich sind, ersetzen muss. Die Eigentumsverhältnisse spielen dann keine Rolle, weil beim Arbeitnehmer bei solchen sich ständig verschleißenden Hilfsmitteln – anders als bei dem Erwerb eines längerfristig nutzbaren Wirtschaftsguts – keine Bereicherung eintritt (BFH v. 21.8.1995, VI R 30/95, BStBl II 1995, 906).

Beispiel 1:

Außendienstmitarbeiter A kauft Kundengeschenke und legt die Rechnung seinem Arbeitgeber vor.

Die Erstattung durch den Arbeitgeber ist steuerfrei. Dies gilt selbst dann, wenn der Arbeitnehmer die Kundengeschenke im eigenen Namen erworben hat.

Beispiel 2:

Außendienstmitarbeiter B kauft einen Computer, der so gut wie ausschließlich zu beruflichen Zwecken genutzt wird. Der Arbeitgeber übernimmt die Kosten.

Die Erstattung durch den Arbeitgeber kann nicht als Auslagenersatz steuerfrei bleiben, weil es sich bei dem Computer um einen Gegenstand von tatsächlich mehrjähriger Nutzungsdauer handelt und er im Eigentum des Arbeitnehmers steht. Die Leistungen des Arbeitgebers führen bei ihm auch zu einer Bereicherung. Die verwaltungsseitig angenommene Nutzungsdauer für einen Computer von einem Jahr (BMF v. 22.2.2022, IV C 3 – S 2190/21/10002:025, BStBl I 2022, 187) ist m.E. hier nicht entscheidungserheblich, weil defacto Computer immer noch mehr als ein Jahr genutzt werden und somit eine Bereicherung eintritt.

Es handelt sich somit um steuerpflichtigen Werbungskostenersatz, der Arbeitnehmer kann die Aufwendungen jedoch als Werbungskosten absetzen. Es ist dabei unerheblich, dass der Arbeitgeber die Kosten getragen hat, da nur steuerfreie Bezüge den Werbungskostenabzug ausschließen (vgl. R 9.1 Abs. 4 Satz 3 LStR).

Der Arbeitgeber kann nach § 40 Abs. 2 Satz 1 Nr. 5 EStG die Lohnsteuer für die Schenkung eines Datenverarbeitungsgeräts mit 25 % pauschal erheben (→ *Computer* Rz. 1518).

Steuerfrei sind z.B.

- der Ersatz von Gebühren für ein geschäftliches **Telefongespräch**, das der Arbeitnehmer für den Arbeitgeber außerhalb des Betriebs führt, vgl. H 3.50 (Allgemeines) LStH; das gilt auch für Telefonkosten vom **häuslichen Telefon** (→ *Telekommunikation* Rz. 4092). Zum pauschalen Auslagenersatz → Rz. 919;
- als durchlaufende Gelder nach R 9.13 Abs. 2 LStR in bestimmter Höhe **Heimarbeiterzuschläge** (→ *Heimarbeit* Rz. 2538);
- die vom Arbeitgeber erstatteten **Garagenmieten**, wenn der Arbeitnehmer den Dienstwagen in einer von ihm angemieteten Garage unterstellt und die Kosten vom Arbeitgeber erstattet werden; bei „Untervermietung" gemieteter Garagen an den Arbeitgeber sind dagegen Einkünfte aus Vermietung und Verpachtung anzunehmen (BFH v. 7.6.2002, VI R 145/99, BStBl II 2002, 829 und BFH v. 7.6.2002, VI R 53/01, BStBl II 2002, 878);
- Zuschüsse des Arbeitgebers, der ein Orchester unterhält, zu der von den Musikern abgeschlossenen **Instrumentenversi-**

cherung (FG Thüringen v. 15.10.2003, IV 272/00, EFG 2004, 716) sowie für die **Instandhaltung und Wartung der Instrumente** seiner Orchestermitglieder, wenn die Rechtsgrundlage für den Aufwandsersatzanspruch der Musiker tarifvertraglich fixiert ist (zuletzt FG Saarland v. 2.9.2013, 2 K 1425/11, EFG 2014, 1821);

- **Weinpräsente** für Geschäftsfreunde (FG Düsseldorf v. 18.12.2002, 13 K 2376/01 E, insoweit rkr., s. zu einer anderen Frage BFH v. 14.9.2005, VI R 37/03, BStBl II 2006, 72).

Nicht steuerfrei sind hingegen

- die Erstattung von **Mitgliedsbeiträgen an gesellige Vereinigungen** durch den Arbeitgeber (BFH v. 27.2.1959, VI 271/57 U, BStBl III 1959, 230);
- der Ersatz von **Verzehraufwendungen** durch eine Sparkasse an Mitarbeiter, die auf Aufforderung der Sparkassenleitung in ihrer Freizeit Gaststätten besuchen müssen, deren Inhaber Kunden der Sparkasse sind (BFH v. 19.1.1976, VI R 227/72, BStBl II 1976, 231);
- von einer Bank übernommene Kosten für **Sicherheitsmaßnahmen am Wohnhaus** eines Bankvorstands (BFH v. 5.4.2006, IX R 109/00, BStBl II 2006, 541);
- eine vom Arbeitgeber finanzierte **Outplacement-Beratung** (FG Düsseldorf v. 5.4.2000, 13 K 9505/97 E, EFG 2000, 740 sowie FG Baden-Württemberg v. 6.3.2007, 4 K 280/06, EFG 2007, 832);
- **Kontoführungsgebühren**, die der Arbeitgeber dem Arbeitnehmer ersetzt (R 19.3 Abs. 3 Satz 2 Nr. 1 LStR sowie OFD Hannover v. 30.4.2002, S 2354 – 20 – StH 214).

3. Pauschaler Auslagenersatz

a) Allgemeines

918 Grds. ist Auslagenersatz nur bei **Einzelabrechnung** steuerfrei; **pauschaler Auslagenersatz** führt regelmäßig zu Arbeitslohn (R 3.50 Abs. 2 Satz 1 LStR). Ausnahmsweise kann pauschaler Auslagenersatz steuerfrei bleiben, wenn er

- regelmäßig wiederkehrt und der Arbeitnehmer die entstandenen Aufwendungen für einen Zeitraum von **mindestens drei Monaten im Einzelnen nachweist**. Der pauschale Auslagenersatz bleibt grds. so lange steuerfrei, bis sich die Verhältnisse wesentlich ändern (R 3.50 Abs. 2 Sätze 2 und 3 LStR). Nach der BFH-Rechtsprechung können vom Arbeitgeber auch Auslagen des Arbeitnehmers von mehr als 51 € monatlich pauschal steuerfrei ersetzt werden (BFH v. 21.8.1995, VI R 30/95, BStBl II 1995, 906),
- oder auf Grund einer **tarifvertraglichen Verpflichtung** des Arbeitgebers gezahlt wird (BFH v. 28.3.2006, VI R 24/03, BStBl II 2006, 473 betr. sog. **Instrumentengelder** für Orchestermitglieder).

Als **steuerfrei anerkannt** wurden weiter

- eine **pauschale Zuwendung** von monatlich 25 DM (umgerechnet 12,78 €) an **Baustellenleiter** zur Abgeltung kleinerer Ausgaben im Außendienst (BFH v. 21.8.1959, VI 1/59);
- eine **Auslagenpauschale** von monatlich 20 DM (umgerechnet 10,23 €) zur Abgeltung von Ermittlungsauslagen an Bedienstete der **Steuerfahndung** (FinMin Niedersachsen v. 29.10.1975, S 2337 – 66 – 31 3, DB 1975, 2206);
- eine sog. **Sachkostenpauschale**, die ein gemeinnütziger Verein an die bei ihm angestellten Betreuer für die vollstationäre Betreuung von Kindern in einer familienähnlichen Wohngruppe neben dem Gehalt zahlt, sofern der Stpfl. nachweist, dass die Pauschale den tatsächlichen Aufwendungen im Großen und Ganzen entspricht. Kann der Nachweis nicht erbracht werden, ist die Pauschale als Bestandteil des Arbeitslohns steuerpflichtig. Die tatsächlichen Aufwendungen des Stpfl., die notfalls im Wege der Schätzung zu ermitteln sind, stellen Werbungskosten dar (BFH v. 2.10.2003, IV R 4/02, BStBl II 2004, 129);
- eine **Kostenpauschale** von 1 350 DM je Kind und Monat, die eine angestellte **Erzieherin** von ihrem Arbeitgeber im Jahr 2000 und 2001 neben ihrem laufenden Arbeitslohn für die Unterbringung, Verpflegung und Betreuung von drei Kindern erhielt (BFH v. 20.4.2010, VI R 44/09, BStBl II 2010, 691);
- pauschale **Erstattungen von Stromkosten für das elektrische Aufladen eines Dienstwagens** nach § 3 Nr. 46 EStG (BMF v. 11.11.2025, IV C 5 – S 2334/00087/014/013; BStBl I 2025, 1929; s.a. → *Elektromobilität* Rz. 1826).

Nicht anerkannt wurden hingegen

- ein vom Arbeitgeber gezahlter **pauschaler Bürokostenzuschuss**, weil sein Arbeitnehmer ein häusliches Arbeitszimmer benötigt (BFH v. 8.3.2006, IX R 76/01, HFR 2006, 1081); ebenso FG Nürnberg v. 23.4.2009, 7 K 1954/2007, betr. das Arbeitszimmer eines Außendienstprüfers einer Rentenversicherung;
- **Schmiergeldzahlungen**;
- eine sog. **Wagenpflegepauschale**, die der Arbeitgeber für die Säuberung des einem Arbeitnehmer unentgeltlich überlassenen Firmenwagens zahlt. Ein steuerfreier Auslagenersatz kommt nur im Rahmen der R 3.50 LStR zur Anwendung. Damit ist die Erstattung der tatsächlichen Kosten oder eines pauschalen Auslagenersatzes nur bei Nachweis über einen repräsentativen Zeitraum möglich. Die **obersten Finanzbehörden** haben es abgelehnt, das zu „beamteneigenen Wagen" ergangene Urteil des BFH v. 26.7.2001, VI R 122/98, BStBl II 2001, 844 auf von „privaten Arbeitgebern" überlassene Firmenwagen anzuwenden;
- die Leistung von **Erziehungshilfe**, wenn der Stpfl. die betreuten Kinder zeitweise in seinen Haushalt aufnimmt und dafür von einem privaten Träger der Kinder- und Jugendhilfe neben einem Gehalt eine pauschale Kostenerstattung erhält. Steuerfreier Auslagenersatz liegt nur vor, wenn der Stpfl. nachweist, dass die Pauschale den tatsächlichen Aufwendungen im Großen und Ganzen entspricht. Kann der Nachweis nicht erbracht werden, ist die Pauschale als Bestandteil des Arbeitslohns steuerpflichtig. Die tatsächlichen Aufwendungen des Stpfl., die notfalls im Wege der Schätzung zu ermitteln sind, stellen Werbungskosten dar (FG Schleswig-Holstein v. 19.4.2005, 3 K 50337/03, EFG 2005, 1173);
- **pauschale Fahrtkostenerstattungen** des Arbeitgebers für Dienstfahrten mit privaten Pkw, wenn nicht durch Aufzeichnungen o.Ä. nachgewiesen ist, dass die erstatteten Beträge zumindest in etwa den tatsächlichen Aufwendungen entsprechen (BFH v. 15.3.2011, VI B 151/10).

Beispiel:

Eine GmbH hatte an ihre Geschäftsführer mehrere 10 000 € gegen Kassenauszahlungsbelege mit dem Vermerk „Geschenke über 75 €" ausgezahlt. Die GmbH behandelte die Zahlungen als nicht abzugsfähige Betriebsausgaben nach § 4 Abs. 5 Satz 1 Nr. 1 EStG und gab an, dass es sich bei den Zahlungen um Schmiergelder für Geschäftsfreunde gehandelt habe, die sie nicht benennen wolle.

Das FG Brandenburg (Urteil v. 2.12.1996, 5 V 1368/96 H, n.v.) hat die Zahlungen als steuerpflichtigen Arbeitslohn der Geschäftsführer angesehen. Begründung: Die Anerkennung nicht steuerbaren Auslagenersatzes i.S.d. § 3 Nr. 50 EStG kommt grds. nur bei **Einzelabrechnung** der vom Arbeitnehmer verauslagten Beträge in Betracht. Es muss nämlich praktisch feststehen, dass das gesamte erhaltene Geld im Interesse des Arbeitgebers verbraucht wird und nicht auch nur ein kleiner Teil davon bei dem Arbeitnehmer verbleibt.

Zwar sind **Pauschalzahlungen** steuerlich als Auslagenersatz anzuerkennen, wenn sie im Großen und Ganzen den tatsächlichen Aufwendungen entsprechen. Dies gilt jedoch nicht, wenn die Zahlungen an den Arbeitnehmer überhöht sind oder wenn anhand der angebotenen Beweismittel nicht aufklärbar ist, ob sie den tatsächlichen Aufwendungen im Großen und Ganzen entsprechen. Im entschiedenen Fall war nach den Angaben der GmbH gerade **nicht aufklärbar**, ob und an wen die Empfänger der Zahlungen diese weitergegeben hatten. Da nicht festzustellen war, ob und in welcher Höhe Schmiergelder an Geschäftsfreunde gezahlt worden waren, mussten die als Auslagenersatz deklarierten Zahlungen in voller Höhe als **Arbeitslohn der Geschäftsführer** angesehen werden.

b) Aufwendungen für Telekommunikation

Nach R 3.50 Abs. 2 Satz 3 bis 5 LStR können bei Aufwendungen 919
für Telekommunikation auch die Aufwendungen für das **Nutzungsentgelt** einer Telefonanlage sowie für den **Grundpreis** der Anschlüsse entsprechend dem beruflichen Anteil der Verbindungsentgelte an den gesamten Verbindungsentgelten (Telefon

und Internet) steuerfrei ersetzt werden. Fallen erfahrungsgemäß beruflich veranlasste Telekommunikationsaufwendungen an, können aus Vereinfachungsgründen **ohne Einzelnachweis bis zu 20 % des Rechnungsbetrags, höchstens 20 € monatlich steuerfrei ersetzt** werden.

Damit der pauschale Auslagenersatz nicht für jeden Monat neu ermittelt werden muss, kann der **monatliche Durchschnittsbetrag**, der sich aus den Rechnungsbeträgen für einen repräsentativen Zeitraum von **drei Monaten** ergibt, dem pauschalen Auslagenersatz zu Grunde gelegt werden. Diese Regelung soll der weiteren Vereinfachung dienen, weil der Aufwand beim Arbeitgeber zu groß wäre, wenn er die Rechnungsbelege während des ganzen Jahres zum Lohnkonto nehmen müsste.

Der pauschale Auslagenersatz bleibt auch hier grds. so lange steuerfrei, bis sich die **Verhältnisse wesentlich ändern** (R 3.50 Abs. 2 Satz 6 LStR).

Beispiel 1:

A, Außendienstmitarbeiter einer Computerfirma, muss von zu Hause aus viele berufliche Telefongespräche führen (Entgegennahme von Störungsmeldungen, Terminabsprachen usw.). Seine monatlichen Telefonrechnungen betragen im Monat Januar 80 €, Februar 90 € und März 112 €.

Wenn A seinem Arbeitgeber die monatlichen Telefonrechnungen vorlegt, kann dieser jeweils 20 % der Rechnungsbeträge als Auslagenersatz steuerfrei ersetzen, d.h. für Januar 16 €, Februar 18 € und März 20 € (20 % von 112 € = 22,40 €, höchstens jedoch 20 €). Weist A auf Grund der den Telefonrechnungen beiliegenden Einzelverbindungsnachweise einen höheren beruflichen Anteil der Telefonnutzung nach, kann der Arbeitgeber A auch einen höheren Betrag steuerfrei ersetzen.

Der Arbeitgeber muss die monatlichen Telefonrechnungen zum Lohnkonto nehmen.

Beispiel 2:

Sachverhalt wie Beispiel 1. Der Arbeitgeber möchte sich jedoch nicht mehr alle Telefonrechnungen vorlegen lassen und zum Lohnkonto nehmen.

Der Arbeitgeber kann ab April 20 % des Durchschnittsbetrags von 94 € (80 € + 90 € + 112 € = 282 € : 3) = 18,80 € (der Höchstbetrag von 20 € wird nicht überschritten) pauschal als Auslagenersatz steuerfrei ersetzen.

Nur die Rechnungen für die Monate Januar bis März sind zum Lohnkonto zu nehmen. Dieser Betrag kann so lange steuerfrei ersetzt werden, bis sich die Verhältnisse wesentlich ändern, also auch noch in den Folgejahren.

Vgl. im Übrigen → *Telekommunikation* Rz. 4092.

4. Verfahren

920 Die Abgrenzung, wann pauschaler steuerfreier Auslagenersatz anerkannt werden kann, wird im Einzelfall schwierig sein. Der BFH hat hierzu aber ausdrücklich darauf hingewiesen, dass der **Arbeitgeber die Möglichkeit hat**, vorher vom Finanzamt unter Nachweis der tatsächlichen Beträge eines bestimmten Zeitraums gem. § 42e EStG eine **Anrufungsauskunft** (→ *Auskünfte und Zusagen des Finanzamts* Rz. 896) darüber einzuholen, ob die vereinbarte Pauschalabgeltung nach Ansicht der Finanzverwaltung als nicht steuerbarer Auslagenersatz oder als steuerpflichtiger Arbeitslohn zu beurteilen ist (BFH v. 21.8.1995, VI R 30/95, BStBl II 1995, 906).

Ausländische Arbeitnehmer

1. Arbeitsrecht

a) Allgemeines

921 Das Recht ausländischer Arbeitnehmer, am deutschen Arbeitsmarkt teilzunehmen, richtet sich zum größten Teil nach dem AufenthG. Das Gesetz dient dabei der Steuerung und Begrenzung des Zuzugs von Ausländern nach Deutschland. Zudem soll es Zuwanderung unter Berücksichtigung der Aufnahme- und Integrationsfähigkeit sowie der wirtschaftlichen und arbeitsmarktpolitischen Interessen der Bundesrepublik Deutschland ermöglichen und gestalten. Das Gesetz dient zugleich der Erfüllung der humanitären Verpflichtungen der BRD (siehe hierzu auch *Asylbewerber, Flüchtlinge* → Rz. 828). Es regelt hierzu die Einreise, den Aufenthalt, die Erwerbstätigkeit und die Integration von Ausländern. Für EU-Bürger innerhalb der Gemeinschaft gilt die weitgehend unbeschränkt verwirklichte Arbeitnehmerfreizügigkeit. Staatsangehörige aus Staaten, die nicht der EU oder dem Europäischen Wirtschaftsraum (EWR) angehören, benötigen für die Einreise und den Aufenthalt im Bundesgebiet einen Aufenthaltstitel. Der Zugang zum deutschen Arbeitsmarkt bestimmt sich nach den Regelungen des Aufenthaltsgesetzes (AufenthG) sowie der hierzu erlassenen Verordnung über die Beschäftigung von Ausländerinnen und Ausländern (Beschäftigungsverordnung – BeschV). § 18 AufenthG regelt den Aufenthalt zum Zwecke der Erwerbstätigkeit und setzt eine Zustimmung der Bundesagentur für Arbeit (BA) voraus, wenn nicht durch ein Gesetz, eine zwischenstaatliche Vereinbarung oder durch die Beschäftigungsverordnung bestimmt ist, dass die Ausübung der Beschäftigung ohne Zustimmung der Bundesagentur für Arbeit zulässig ist.

Ausländische Arbeitnehmer bedürfen danach für die Einreise und den Aufenthalt im Bundesgebiet eines Aufenthaltstitels (vgl. § 4 AufenthG). Für alle Drittstaatsangehörigen ist Erwerbstätigkeit nur gestattet, wenn eine entsprechende Arbeitsgenehmigung vorliegt, die gemeinsam mit dem Aufenthaltstitel nach § 4 Abs. 3 AufenthG erteilt wird. Nach § 34 BeschV erhalten allerdings Staatsangehörige verschiedener Staaten (z.B. Andorra, Australien, Israel, Japan, Kanada, Monaco, Neuseeland, USA u.a.) die Zustimmung zu einem Aufenthaltstitel zur Ausübung einer Beschäftigung ohne Bindung an einen festen Arbeitsplatz, wenn sie die allgemeinen Voraussetzungen zur Arbeitsaufnahme für Ausländer nach dem AufenthG erfüllen und auf dem Arbeitsmarkt keine bevorrechtigten Bewerber verfügbar sind. Im Übrigen benötigen nicht privilegierte Drittstaatsangehörige vor der Einreise ein Visum oder einen anderen Aufenthaltstitel. Die Aufenthaltstitel werden erteilt als Visum, Aufenthaltserlaubnis, Niederlassungserlaubnis oder Erlaubnis zum Daueraufenthalt-EG (§§ 6 – 9a AufenthG). Zuständig für die Erteilung der Aufenthaltstitel im Ausland sind die deutschen Auslandsvertretungen in dem Staat, in dem der Einreisewillige wohnt. In Deutschland erfolgt die Bearbeitung durch die Ausländerbehörde des beantragten inländischen Einreiseziels. Drittstaatenangehörige, die einen deutschen Aufenthaltstitel haben, genießen Freizügigkeit für Kurzaufenthalte in allen Schengen-Staaten.

Ausländische Arbeitnehmer, die einen Aufenthaltstitel besitzen, dürfen nach § 4a AufenthG eine Erwerbstätigkeit ausüben, es sei denn, ein Gesetz bestimmt ein Verbot. Die Erwerbstätigkeit kann durch Gesetz beschränkt sein. Die Ausübung einer über das Verbot oder die Beschränkung hinausgehenden Erwerbstätigkeit bedarf der Erlaubnis. Der Aufenthalt und die Aufnahme einer Beschäftigung in der BRD werden gemäß den Vorschriften des AufenthG einem Akt durch die Ausländerbehörde zugelassen, sofern die Bundesagentur für Arbeit intern zugestimmt hat.

Ein Verstoß führt nicht nur – so die überwiegende Auffassung – zur Nichtigkeit des abgeschlossenen Arbeitsvertrags, sondern ist auch bußgeld- bzw. strafbewehrt. Der Aufenthaltstitel muss erkennen lassen, ob die Ausübung einer Tätigkeit erlaubt ist.

Nach § 18 AufenthG orientiert sich die Zulassung ausländischer Beschäftigter insgesamt an den Erfordernissen des Wirtschafts- und Wissenschaftsstandortes Deutschland unter Berücksichtigung der Verhältnisse auf dem Arbeitsmarkt. Die besonderen Möglichkeiten für ausländische Fachkräfte dienen der Sicherung der Fachkräftebasis und der Stärkung der sozialen Sicherungssysteme. Sie sind ausgerichtet auf die nachhaltige Integration von Fachkräften in den Arbeitsmarkt und die Gesellschaft unter Beachtung der Interessen der öffentlichen Sicherheit (vgl. § 18 AufenthG). Einzelheiten der Zulassung von Ausländern zum Arbeitsmarkt enthält die Beschäftigungsverordnung (BeschV). Die Verordnung steuert die Zuwanderung ausländischer Arbeitnehmer und bestimmt, unter welchen Voraussetzungen sie und die bereits in Deutschland lebenden Ausländer zum Arbeitsmarkt zugelassen werden können (§ 1 BeschV).

Die Bundesagentur für Arbeit bzw. die Zentrale Auslands- und Fachvermittlung (ZAV) hält Informationen über die Beschäftigung ausländischer Arbeitnehmer bereit, die regelmäßig aktualisiert werden und im Internet abrufbar sind.

Alle Angehörigen aus den EU-Staaten genießen auf Grund des Freizügigkeitsgesetzes/EU gemeinschaftsrechtlich Freizügigkeit, können also in jedem EU-Land eine Beschäftigung aufnehmen. Für ausländische Arbeitnehmer, die gewöhnlich in der Bundesrepublik ihre Arbeit erbringen, gilt im Allgemeinen das deutsche Arbeitsrecht, und zwar auch dann, wenn sie vorübergehend ins Ausland entsandt sind. Sie unterliegen im Regelfall auch der deutschen Arbeitsgerichtsbarkeit. Für ausländische Arbeitnehmer, die unter das Arbeitnehmer-Entsendegesetz fallen, z.B. im Baubereich, im Gebäudereinigungshandwerk, Postdienstleistungen, Maler- und Lackiererhandwerk und Wäsche, gilt weitgehend Entsprechendes. Ausgenommen von der für ausländische Arbeitgeber zwingenden Geltung sind gemäß § 13b Abs. 1 Satz 1 Nr. 1, 2 AEntG in Übereinstimmung mit Art. 3 Abs. 1a UAbs. 2 Richtlinie 96/71/EG alle Regelungen über den Abschluss und die Beendigung des Arbeitsverhältnisses einschließlich nachvertraglicher Wettbewerbsverbote und die betriebliche Altersversorgung. Dies betrifft vor allem Vorschriften des BGB über den Vertragsschluss, die Anforderungen an die Befristung von Arbeitsverträgen gem. TzBfG und kündigungsschutzrechtliche Vorschriften des KSchG sowie andere spezialgesetzliche Kündigungsschutzvorschriften, wie im MuSchG oder im BEEG mit der Vertragsbeendigung verbundene Wettbewerbsverbote, sowie das BetrAVG. Ferner gehören hierher Regelungen über Form und Frist von Kündigungen.

b) Fachkräfteeinwanderungsgesetz

922 Vor dem Hintergrund des demographischen Wandels suchen Arbeitgeber bereits seit Jahren Fachkräfte aus dem In- und Ausland. Um die **Stellenbesetzung zu erleichtern**, sollen Menschen mit entsprechenden Qualifikationen leichter als in der Vergangenheit Zugang zum deutschen Arbeitsmarkt erlangen. Durch das **Fachkräfteeinwanderungsgesetz** v. 15.8.2019, BGBl. I 2019, 1307, überwiegend zum 1.3.2020 in Kraft getreten, sollte der Fachkräftemangel in Deutschland gelindert werden. Erleichtert hatte der Gesetzgeber die Voraussetzungen für Ausländer, die in Deutschland einen **Ausbildungsplatz** suchen. Betroffene müssen nicht mehr einen Schulabschluss vorweisen, der zum Studium in Deutschland berechtigt. Ausreichend ist, dass der Abschluss ein Studium im Heimatland ermöglicht.

Der deutsche Arbeitsmarkt wurde nicht nur für Hochqualifizierte geöffnet, sondern auch für **Menschen mit anerkannter Berufsausbildung**, die von der Wirtschaft dringend benötigt werden. Das Gesetz regelt dabei klar und transparent, wer zu Arbeits- und Ausbildungszwecken nach Deutschland kommen darf und wer nicht.

Zu den wichtigsten Regelungen zählen:

- Ein einheitlicher Fachkräftebegriff, der Hochschulabsolventen und Beschäftigte mit qualifizierter Berufsausbildung erfasst.
- Verzicht auf die bisher durchgeführte Vorrangprüfung bei anerkannter Qualifikation und Vorliegen eines Arbeitsvertrags. Diese kann jedoch bei Verschlechterung der Arbeitsmarktlage kurzfristig wiedereingeführt werden.
- Wegfall der Begrenzung auf Mangelberufe bei qualifizierter Berufsausbildung.
- Die Möglichkeit für Fachkräfte mit qualifizierter Berufsausbildung entsprechend der bestehenden Regelung für Hochschulabsolventen, für eine befristete Dauer (sechs Monate) zur Arbeitsplatzsuche nach Deutschland zu kommen, wobei notwendige Sprachkenntnisse und die Sicherung des eigenen Lebensunterhalts vorausgesetzt werden. Dabei ist eine Probearbeit von wöchentlich bis zu zehn Stunden möglich.
- Bestehende Regelungen zur Anerkennung ausländischer Berufsqualifikationen sowie die Verfahren zur Anerkennung sollen gebündelt und im Wege eines „beschleunigten Fachkräfteverfahrens“ anwenderfreundlicher gestaltet werden.
- Für bessere Zukunftsperspektiven sollen Fachkräfte, die einen deutschen Hochschulabschluss oder eine deutsche Berufsausbildung haben, künftig nach zwei Jahren Beschäftigung eine Niederlassungserlaubnis erhalten und Fachkräfte mit ausländischem Abschluss nach vier Jahren.

aa) Gesetz zur Weiterentwicklung der Fachkräfteeinwanderung

923 Mit dem **Gesetz zur Weiterentwicklung der Fachkräfteeinwanderung v. 16.8.2023, BGBl. I 2023, Nr. 17** sowie der **Verordnung zur Weiterentwicklung der Fachkräfteeinwanderung v. 31.8.2023, BGBl. I 2023, Nr. 233** sollen ausländische Fachkräfte noch schneller und unbürokratischer in Deutschland arbeiten können. Mit den neu eingeführten, sukzessive in Kraft tretenden Änderungen wurden die Möglichkeiten, nach Deutschland einzureisen, um hier erwerbstätig zu sein oder eine Ausbildung zu absolvieren, weiter erleichtert.

bb) Blaue Karte EU

Seit dem 1.11.2023 können Hochschulabsolventen **jede qualifizierte Beschäftigung** ausüben. Die Blaue Karte EU ist nun für noch mehr Fachkräfte mit Hochschulabschluss erreichbar. Zudem ist es attraktiver, für eine Berufsausbildung oder ein Studium nach Deutschland zu kommen und hier zu bleiben. Zudem wird Arbeitskräften die Einwanderung ermöglicht, die mindestens zwei Jahre **Berufserfahrung** und einen im Herkunftsland staatlich anerkannten Berufsabschluss haben. Jedoch ist eine Gehaltsschwelle einzuhalten oder der Arbeitgeber muss tarifgebunden sein. Der Berufsabschluss muss künftig nicht mehr in Deutschland anerkannt sein. Wer seinen Berufsabschluss in Deutschland anerkennen lassen will, kann das künftig auch erst nach der Einreise nach Deutschland tun. Dafür müssen sich Fachkräfte und Arbeitgeber zu einer Anerkennungspartnerschaft verpflichten. 924

Die Mindestgehaltsschwelle für die Erteilung der Blue Card für Regelberufe liegt nur noch bei 50 % der jährlichen Beitragsbemessungsgrenze (BBG, → *Beiträge zur Sozialversicherung* Rz. 1288) in der allgemeinen Rentenversicherung (z.B. 2024 = 45 300 €). Diese Grenze lag zuletzt noch bei 58 400 €. Bei den sog. **Engpassberufen** ist die Gehaltsschwelle mit 45,3 % (2025 = 43 759,80 € noch niedriger. Die Mindestgehaltsschwelle gilt – sowohl für Engpassberufe als auch für Regelberufe – ebenfalls für Hochschulabsolventen, wenn der Abschluss nicht mehr als drei Jahre vor Beantragung der Blauen Karte EU zurückliegt.

Die Liste der Engpassberufe wurde zudem deutlich erweitert (aktuell 200 Berufe). Zu den beschäftigungsstärksten Engpassberufen zählen Pflegeberufe, Berufskraftfahrer, Medizinische Fachangestellte, Bauberufe sowie Berufe in der Kinderbetreuung oder Kraftfahrzeugtechnik. Auf Ebene der Spezialisten und Experten kommen etwa Apotheker, Architekten oder Berufe im IT-Bereich hinzu. IT-Spezialisten können künftig eine Blue Card erhalten, wenn sie zwar keinen Hochschulabschluss besitzen, aber mindestens drei Jahre vergleichbare Berufserfahrung nachweisen können.

Ferner muss die ausgeübte Tätigkeit nicht mit dem Abschluss übereinstimmen. Das gilt nicht nur für den Hochschulabschluss: Auch für Fachkräfte mit Berufsausbildung muss die Tätigkeit nicht mehr zwingend i.V.m. dem Abschluss stehen. Fachkräfte können damit jede qualifizierte Beschäftigung ausüben. Beispielsweise kann eine als Kauffrau für Büromanagement anerkannte Fachkraft auch im Bereich Logistik als Fachkraft beschäftigt werden. Ausnahmen gelten nur für die reglementierten Berufe.

cc) Anerkennungspartnerschaft

Seit März 2024 gelten neue Regelungen zur Beschäftigung und Anerkennung. Dies betrifft unter anderem den Aufenthalt zur Anerkennung einer ausländischen Berufsqualifikation. Auch ohne dass ihr Abschluss in Deutschland formal anerkannt ist, dürfen ausländische Fachkräfte künftig in nicht reglementierten Berufen in Deutschland arbeiten. Voraussetzung sind mindestens zwei Jahre Berufserfahrung sowie ein im Herkunftsland staatlich anerkannter Berufsabschluss mit mindestens zweijähriger Ausbildungsdauer. Das bedeutet deutliche Vereinfachungen und somit kürzere Verfahren. Jedoch ist eine Gehaltsschwelle einzuhalten oder es muss eine Tarifbindung vorliegen. Hierdurch soll verhindert werden, dass eigentlich qualifizierte Fachkräfte im Niedriglohnsektor landen. 925

Ferner soll die Aufnahme einer Beschäftigung in Deutschland mit einer sog. **Anerkennungspartnerschaft** möglich werden, sollte die Gehaltsschwelle nicht erreicht sein. Die künftige Fachkraft kann dann – soweit dies berufsrechtlich erlaubt ist – einen Aufenthaltstitel erhalten und in Deutschland bereits vom ersten Tag an eine Beschäftigung aufnehmen, obwohl ihr Berufsabschluss noch nicht anerkannt ist. Dies gilt auch, wenn noch Qualifizierungsmaßnahmen notwendig sind. Das Anerkennungsverfahren bzw. das Vorliegen eines Bescheids über die teilweise Gleichwertigkeit sind vor Einreise nicht erforderlich. Beschäftigte und Arbeitgeber verpflichten sich, bei Visumserteilung das Anerkennungsverfahren zügig durchzuführen. Voraussetzung ist neben einem Arbeitsvertrag eine mindestens zweijährige Berufsqualifikation.

dd) Chancenkarte

926 Neu eingeführt wird (voraussichtlich) zum **Juni 2024** eine **Chancenkarte** zur Arbeitssuche für zunächst ein Jahr, die auf einem Punktesystem basiert. Zu den Auswahlkriterien gehören Qualifikation, Deutsch- und Englischkenntnisse, Berufserfahrung, Deutschlandbezug, Alter und das Potenzial des mitziehenden Ehe- oder Lebenspartners bzw. der mitziehenden Ehe- oder Lebenspartnerin. Mit der Chancenkarte wird die Suche nach einem Arbeitsplatz deutlich erleichtert. Schon während der Arbeitsplatzsuche ist eine Beschäftigung im Umfang von bis zu zwanzig Wochenstunden erlaubt, auch die Probebeschäftigung bei einem zukünftigen Arbeitgeber für bis zu zwei Wochen. Außerdem wird für Branchen mit besonders großem Bedarf erstmals eine kontingentierte kurzzeitige Beschäftigung geschaffen. Wer über diesen Weg kommt, darf unabhängig von einer Qualifikation acht Monate in Deutschland arbeiten. Voraussetzung ist ein tarifgebundener Arbeitgeber. Die Beschäftigung wird vom ersten Tag an sozialversicherungspflichtig sein.

ee) Hochqualifizierte

927 Nach § 19 Abs. 1 AufenthG erhalten hochqualifizierte Ausländer, die in Deutschland tätig werden wollen, einen Aufenthaltstitel in Form der Niederlassungserlaubnis, wenn die Bundesagentur für Arbeit dem zugestimmt hat oder aber eine solche Zustimmung nicht erforderlich und die Annahme gerechtfertigt ist, dass die Integration in die Lebensverhältnisse der Bundesrepublik Deutschland und die Sicherung des Lebensunterhalts ohne staatliche Hilfe gewährleistet sind. Als hochqualifiziert gelten Wissenschaftler mit besonderen fachlichen Kenntnissen, Lehrpersonen in herausgehobener Funktion, wissenschaftliche Mitarbeiter in herausgehobener Funktion sowie Spezialisten und leitende Angestellte mit besonderer Berufserfahrung, die eine Vergütung in Höhe der Beitragsbemessungsgrenze in der Rentenversicherung erhalten (§ 19 Abs. 2 AufenthG).

2. Steuerrecht

928 Auch ein ausländischer Arbeitnehmer ist nach § 1 Abs. 1 EStG unbeschränkt steuerpflichtig, wenn er in Deutschland einen Wohnsitz oder seinen gewöhnlichen Aufenthalt hat (→ *Steuerpflicht: unbeschränkte* Rz. 4035). Zu **familien- und ehegattenbezogenen Entlastungen** für Familienangehörige im Ausland → *Steuerpflicht* Rz. 4008. Der Lohnsteuerabzug ist nach den Lohnsteuerabzugsmerkmalen vorzunehmen.

Hat der Arbeitnehmer **keinen Wohnsitz/gewöhnlichen Aufenthalt** in Deutschland, ist er grds. nach § 1 Abs. 4 EStG mit seinen inländischen Einkünften (§ 49 EStG) beschränkt steuerpflichtig, sofern er nicht die Voraussetzungen für die unbeschränkte Steuerpflicht auf Antrag (§ 1 Abs. 3 EStG) oder die erweiterte unbeschränkte Steuerpflicht (§ 1 Abs. 2 EStG) erfüllt. Der Lohnsteuerabzug ist auch in diesem Fall nach den Lohnsteuerabzugsmerkmalen vorzunehmen (§ 39b Abs. 1 EStG).

Das deutsche Besteuerungsrecht kann insbesondere jeweils durch ein DBA eingeschränkt sein, wenn Wohnsitz- und Tätigkeitsstaat auseinander fallen. Zum Einfluss eines DBA auf das Lohnsteuerabzugsverfahren → *Doppelbesteuerungsabkommen bei Einkünften aus nichtselbständiger Arbeit* Rz. 1612.

Zu weiteren Einzelheiten auch → *Steuerpflicht* Rz. 4002.

3. Sozialversicherung

a) Allgemeines

929 Auf Grund des Territorialitätsprinzips sind grundsätzlich alle in Deutschland beschäftigten Arbeitnehmer, und damit auch ausländische Arbeitnehmer, in allen Zweigen der Sozialversicherung einschließlich der Arbeitslosenversicherung versicherungspflichtig. In diesem Punkt gibt es im Vergleich zu deutschen Arbeitnehmern insoweit keine Unterschiede. Der Arbeitgeber benötigt hierfür auch keine Betriebsstätte in Deutschland. Nach § 28f Abs. 1b SGB IV ist in solch einem Fall ein Bevollmächtigter zu bestellen. Ausländische Arbeitnehmer unterliegen allerdings nicht den deutschen Vorschriften und sind damit von der Sozialversicherungspflicht befreit, wenn

- sie im Rahmen eines im Ausland bestehenden Beschäftigungsverhältnisses nach Deutschland entsandt sind und
- die Entsendung wegen der Eigenart der Beschäftigung oder vertraglich im Voraus zeitlich begrenzt ist (sog. Einstrahlung).

Für Selbständige gelten die Vorschriften über die Einstrahlung entsprechend.

Weitere Ausnahmen können sich auf Grund des Abkommens über Handel und Zusammenarbeit zwischen der Europäischen Union und der Europäischen Atomgemeinschaft einerseits und dem Vereinigten Königreich Großbritannien und Nordirland andererseits (vgl. *Brexit* → Rz. 1496) und auf Grund von bilateralen Sozialversicherungsabkommen ergeben.

Informationen bietet hierzu u.a. die Deutsche Verbindungsstelle Krankenversicherung Ausland (DVKA) www.dvka.de.

b) Melderecht

Wenn der ausländische Arbeitnehmer zum ersten Mal eine sozialversicherungspflichtige Beschäftigung beginnt, liegt i.d.R. bei der Anmeldung keine gültige Versicherungsnummer (→ *Sozialversicherungsausweis/Versicherungsnummernnachweis* Rz. 3960) vor. Der Arbeitgeber muss dann bei der Anmeldung des Arbeitnehmers (hierzu → *Meldungen für Arbeitnehmer in der Sozialversicherung* Rz. 3099) die folgenden Angaben gemäß § 5 Abs. 7 DEÜV zu ergänzen: 930

- Name
- Geburtsname, wenn dieser vom Familiennamen abweicht
- Geburtsort
- Geburtsdatum
- Geburtsland
- Geschlecht (Schlüssel → Rz. 3104)
- Staatsangehörigkeit (Schlüssel → Rz. 3110)

Die Einzugsstelle (Krankenkasse) teilt dem Arbeitgeber dann die Rentenversicherungsnummer mit, sobald diese für den Beschäftigten durch die Rentenversicherung vergeben wurde.

Ausländische Einkünfte

→ *Anrechnung/Abzug ausländischer Steuern* Rz. 170

Ausländische Lehrkräfte

1. Allgemeines

Ausländische Lehrkräfte sind **unbeschränkt steuerpflichtig**, wenn sie im **Inland einen Wohnsitz oder ihren gewöhnlichen Aufenthalt** haben (→ *Steuerpflicht: unbeschränkte* Rz. 4035). Da entsandte Lehrkräfte zumeist ihren Wohnsitz im Heimatland (Entsendestaat) beibehalten oder Arbeitslohn aus einer öffentlichen Kasse ihres Heimatlands erhalten, unterliegen sie auch dort der Steuerpflicht. 931

Das deutsche Besteuerungsrecht kann durch DBA eingeschränkt sein.

2. Sonderregelung für Gastlehrkräfte nach DBA

Sofern Deutschland mit dem Entsendestaat ein **DBA** abgeschlossen hat, ist zu prüfen, ob dieses eine **Sonderregelung zur Befreiung von Lehrtätigkeitsvergütungen** bei Gastlehrkräften enthält. Dies ist im Interesse des Kulturaustauschs häufig der Fall. Zum Begriff der Lehranstalten und des Lehrers i.S. der Regelungen für Gastlehrer vgl. BMF v. 10.1.1994, IV C 5 – S 1300 – 196/93, BStBl I 1994, 14. 932

Die Befreiung von der deutschen Einkommen-/Lohnsteuer hängt oft z.B. davon ab, dass der Arbeitnehmer im Entsendestaat i.S. der DBA ansässig ist, ggf. zumindest unmittelbar vor Aufnahme der Tätigkeit, oder Vergütungen von Quellen außerhalb des Tätigkeitsstaats erzielt.

Nach mehreren DBA sind die Lehrkräfte aus dem Partnerstaat mit ihren Lehrvergütungen in Deutschland steuerbefreit, wenn sie sich hier **vorübergehend für höchstens zwei Jahre zu Unterrichtszwecken** aufhalten (z.B. Art. 19 DBA-Großbritannien). Bei längerem Aufenthalt tritt für die ersten beiden Jahre auch dann keine Steuerbefreiung ein, wenn ursprünglich eine kürzere Verweildauer geplant war und der Aufenthalt später verlängert wurde (BFH v. 22.7.1987, I R 224/83, BStBl II 1987, 842). Liegt ein Zeitraum von mehr als sechs Monaten zwischen zwei Aufenthalten, so gelten die Aufenthalte nicht als zusammenhängend. Beträgt der Zeitraum weniger als sechs Monate, so gilt der Aufenthalt als nicht unterbrochen, es sei denn, aus den Umständen des Einzelfalls ergibt sich, dass die beiden Aufenthalte völlig unabhängig voneinander sind. Zur Dauer des Aufenthalts bei zeitweiser Beurlaubung für einen Forschungsauftrag im Heimatland vgl. FG Baden-Württemberg v. 28.6.2001, 14 K 341/94, EFG 2001, 1261.

Im Einzelfall sind die Voraussetzungen für die Steuerfreiheit stets nach den Vorschriften des jeweiligen DBA zu prüfen. Bei einer Besoldung der Lehrkräfte aus Kassen des ausländischen Entsendestaats sind die jeweiligen Abkommensbestimmungen zum öffentlichen Dienst anzuwenden.

3. Bescheinigung der Steuerbefreiung durch das Betriebsstättenfinanzamt

933 Ist nach einem DBA (→ *Doppelbesteuerungsabkommen bei Einkünften aus nichtselbständiger Arbeit* Rz. 1612) die **Steuerbefreiung** von einem **Antrag** abhängig, so darf der Lohnsteuerabzug nur dann unterbleiben, wenn das **Betriebsstättenfinanzamt** bescheinigt, dass der Arbeitslohn nicht der deutschen Lohnsteuer unterliegt (BFH v. 10.5.1989, I R 50/85, BStBl II 1989, 755). Ist die Steuerbefreiung antragsunabhängig, hat das Betriebsstättenfinanzamt gleichwohl auf Antrag eine Freistellungsbescheinigung zu erteilen (R 39.5 LStR). Wird zulässigerweise kein Antrag gestellt, kann die für die Lohnsteuerbefreiung maßgebende Zwei-Jahres-Frist (→ Rz. 932) i.R. einer Lohnsteuer-Außenprüfung überprüft werden und die Inanspruchnahme des Arbeitgebers als **Haftungsschuldner** in Frage kommen. Der Arbeitgeber sollte daher vom **Antragsrecht zur Vermeidung des Haftungsrisikos** Gebrauch machen. Ist zweifelhaft, ob die Zwei-Jahres-Frist eingehalten wird oder nicht, kann das Finanzamt eine Freistellungsbescheinigung unter dem Vorbehalt der Nachprüfung (§ 164 AO) erteilen und Steuerfestsetzungen nach § 165 AO vorläufig erlassen oder die Festsetzung aussetzen. Zu weiteren Einzelheiten vgl. → *Freistellungsbescheinigung* Rz. 2260.

4. Billigkeitsmaßnahmen

934 Liegen die Voraussetzungen für eine Steuerfreiheit nach den oben genannten Grundsätzen nicht vor, kann im Einzelfall nach Maßgabe der allgemeinen Vorschriften, z.B. wegen einer schwangerschaftsbedingten Verlängerung des Aufenthalts oder Beendigung des vorübergehenden Aufenthalts durch Begründung eines Familienwohnsitzes nach Heirat eines in Deutschland ansässigen Partners, eine Billigkeitsmaßnahme in Betracht kommen (BMF v. 10.1.1994, IV C 5 – S 1300 – 196/93, BStBl I 1994, 14).

5. Beschäftigung von Lehramtsassistenten

935 Vergütungen, die ausländischen Lehramtsassistenten gewährt werden, sind unter den Voraussetzungen des § 3 Nr. 11 EStG steuerfrei (FinMin Bremen v. 20.11.1984, S 2342 – 210).

(LSt durchgestrichen)

Ausländische Praktikanten

1. Steuerpflicht

936 Der ausländischen Praktikanten gezahlte Arbeitslohn ist **grds. lohnsteuerpflichtig**. Es ist allerdings zu prüfen, ob das deutsche Besteuerungsrecht durch ein DBA mit dem Heimatland des Praktikanten eingeschränkt ist; s.a. → *Ausländische Studenten* Rz. 939 und → *Ausländische Arbeitnehmer* Rz. 921.

2. Sozialversicherungspflicht

937 In der Bundesrepublik Deutschland abgeleistete Praktika ausländischer Studenten sind unter der gleichen Voraussetzung versicherungsfrei, sofern das Praktikum in einer Studien- oder Prüfungsordnung vorgeschrieben ist. Sofern das Praktikum auf Grund einer ausländischen Studien- oder Prüfungsordnung ohne Arbeitsentgelt durchgeführt wird, besteht sowohl für Vor- und Nachpraktika als auch für Zwischenpraktika keine Versicherungspflicht (Grundsätzliche Hinweise des GKV-Spitzenverbandes vom 20.3.2020). Als Nachweis der Versicherungsfreiheit hat der Arbeitgeber unbedingt eine **aktuelle Immatrikulationsbescheinigung** der ausländischen Hochschule zu seinen Entgeltunterlagen zu nehmen (→ *Lohnkonto* Rz. 2863).

Ausländischer Arbeitslohn

Bei unbeschränkt steuerpflichtigen Arbeitnehmern ist die Frage, inwieweit ausländischer Arbeitslohn vorliegt, insbesondere für eine etwaige Einschränkung des Besteuerungsrechts oder eine **Steuerermäßigung bei ausländischen Einkünften** nach § 34c EStG von Bedeutung (→ *Anrechnung/Abzug ausländischer Steuern* Rz. 170). Das Besteuerungsrecht für ausländischen Arbeitslohn ist bei Vorliegen eines **DBA** regelmäßig eingeschränkt. Liegt kein DBA vor, ist der Arbeitslohn unter den Voraussetzungen des **Auslandstätigkeitserlasses** steuerfrei. Steuerfreier ausländischer Arbeitslohn ist regelmäßig beim **Progressionsvorbehalt** zu berücksichtigen. Auf diesen entfallende Werbungskosten dürfen die inländischen Einkünfte nicht mindern. 938

Ausländischer Arbeitslohn ist gem. § 34d Nr. 5 EStG Arbeitslohn

- für eine **Tätigkeit**, die
  - in einem ausländischen Staat ausgeübt wird oder worden ist, oder
  - ohne in Deutschland ausgeübt worden zu sein, **im Ausland verwertet** wird oder worden ist, oder
- der aus einer **ausländischen öffentlichen Kasse** mit Rücksicht auf ein Dienstverhältnis gewährt worden ist.

Einkünfte aus einer **inländischen öffentlichen Kasse** gelten auch bei Ausübung der Tätigkeit in einem ausländischen Staat als inländische Einkünfte.

Zur Behandlung von Arbeitslohn aus einer Tätigkeit im Ausland, die im Inland verwertet wird, → *Steuerpflicht* Rz. 4011.

Zu weiteren Einzelheiten → *Steuerpflicht* Rz. 4002; → *Auslandstätigkeitserlass* Rz. 957.

Zur Ermittlung, Umrechnung und zum Nachweis von Arbeitslohn und Einkünften in ausländischer Währung → *Anrechnung/Abzug ausländischer Steuern* Rz. 172.

Ausländische Studenten

1. Keine Sonderregelung nach deutschem Steuerrecht

Für ausländische Studenten gelten grds. **dieselben Regelungen wie für andere ausländische Arbeitnehmer**. Das deutsche Besteuerungsrecht kann aber insbesondere durch ein DBA eingeschränkt sein (→ *Doppelbesteuerungsabkommen: Allgemeines* Rz. 1601). Eine Einschränkung durch die „183 Tage-Regelung" (→ *Doppelbesteuerungsabkommen bei Einkünften aus nichtselbständiger Arbeit* Rz. 1612) scheitert grds. daran, dass die Vergütungen von einem oder für einen im Inland ansässigen Arbeitgeber oder von einer inländischen Betriebsstätte/festen Einrichtung eines ausländischen Arbeitgebers gezahlt werden. 939

2. Sonderregelungen in DBA

Allerdings enthalten DBA i.d.R. Sonderregelungen für Studenten und vergleichbare Personen, also z.B. Schüler, Lehrlinge, Praktikanten, Volontäre oder Personen, die sich zur Erlangung technischer, beruflicher Erfahrungen oder zur Ausbildung oder Forschung in Deutschland aufhalten (vgl. Art. 20 OECD-MA). 940

3. Ausgestaltung der Sonderregelungen

Die Steuerbefreiungen für ausländische Studenten und vergleichbare Personen sind in den einzelnen DBA unterschiedlich ausgestaltet. 941

Die **Anknüpfungsmerkmale** sind aber im Wesentlichen

- **ausbildungsbezogene Tätigkeit**,
- **Dauer** der Tätigkeit,
- **Höhe der Vergütung.**

a) Ausbildungsbezogene Tätigkeit

Voraussetzung für die Steuerfreiheit in Deutschland ist regelmäßig, dass die in Deutschland ausgeübte Tätigkeit eine **Beziehung zum Studienfach hat.** 942

Häufig verlangen DBA zusätzlich, dass die ausbildungsbezogene Tätigkeit ein **notwendiges Praktikum** ist. Die Steuerfreiheit ist dann von einem entsprechenden **Nachweis** abhängig (vgl. auch BFH v. 22.1.1992, I R 49/91, BStBl II 1992, 546).

Ist die Steuerfreiheit nicht von der Ausbildungsbezogenheit abhängig, so sind auch andere Einkünfte des Studenten, z.B. **durch „Jobben" erzielte Einkünfte**, steuerfrei. Die Steuerfreiheit der Einkünfte ist günstiger als die Pauschalierung für Aushilfskräfte, nach § 40a Abs. 1 EStG (→ *Pauschalierung der Lohnsteuer bei Aushilfskräften* Rz. 3353), so dass in diesen Fällen ein Verzicht auf die Pauschalierung ratsam ist.

b) Dauer der Tätigkeit

943 Voraussetzung für die Steuerfreiheit in Deutschland ist nach vielen DBA, dass die Person nicht **länger als 183 Tage beschäftigt** werden darf.

c) Dauer des Aufenthalts

944 In vielen DBA ist auch die **Aufenthaltsdauer in Deutschland beschränkt**, z.B. ein Jahr.

d) Höhe der Vergütung

945 Manche DBA machen die Steuerfreiheit in Deutschland von einer **Höchst- oder Freigrenze für Vergütungen abhängig**.

4. Unterlassen des Lohnsteuerabzugs

946 Ist nach einem DBA die Steuerbefreiung von einem Antrag abhängig, darf der Arbeitgeber den Lohnsteuerabzug nur unterlassen, wenn eine **Freistellungsbescheinigung** des Betriebsstättenfinanzamts vorliegt. Zu Einzelheiten vgl. → *Freistellungsbescheinigung* Rz. 2260.

5. Sozialversicherung

947 Zur versicherungsrechtlichen Beurteilung → *Ausländische Praktikanten* Rz. 936.

Auslandsaufenthalt (Sozialversicherung)

→ *Ausstrahlung* Rz. 1175, → *Einstrahlung* Rz. 1809

Auslandsbeamte

1. Steuerpflicht

948 Als Auslandsbeamte werden aktive und pensionierte Beamte bezeichnet, die im Ausland leben, in einem Dienstverhältnis zu einem inländischen Dienstherrn stehen und **Arbeitslohn bzw. Bezüge aus einer inländischen öffentlichen Kasse** beziehen. Ihr Arbeitslohn unterliegt dem **Lohnsteuerabzug**, weil es sich stets um inländische Einkünfte aus nichtselbständiger Arbeit eines inländischen Arbeitgebers i.S.d. § 49 Abs. 1 Nr. 4 EStG handelt, die sowohl bei beschränkter als auch bei unbeschränkter Steuerpflicht der deutschen Einkommensteuer/ Lohnsteuer unterliegen, und in Fällen eines DBA das Besteuerungsrecht auf Grund des **Kassenstaatsprinzips** der Bundesrepublik Deutschland zusteht (→ *Doppelbesteuerungsabkommen bei Einkünften aus nichtselbständiger Arbeit* Rz. 1626). Zur Besteuerung des von Organen der EU gezahlten Tagegelds für in ihrem Bereich verwendete deutsche Beamte s. BMF v. 12.4.2006, IV B 3 – S 1311 – 75/06, BStBl I 2006, 340; und zur Besteuerung von Tagegeldern für einen bei der EU-Kommission als nationaler Sachverständiger tätigen deutschen Beamten s. BFH v. 15.3.2000, I R 28/99, BStBl II 2002, 238.

Seit der **Einschränkung des sog. Beamtenprivilegs** erhalten öffentlich Bedienstete, soweit sie nicht mit ihren Angehörigen erweitert unbeschränkt steuerpflichtig (§ 1 Abs. 2 EStG) sind, grds. personen- und familienbezogene Entlastungen unter **denselben Voraussetzungen wie Arbeitnehmer der Privatwirtschaft**. Eine **Ausnahme** besteht insoweit, als der Splittingtarif (= Steuerklasse III) nach § 1a Abs. 2 EStG auch bei einem Wohnsitz außerhalb eines EU-/EWR-Mitgliedstaats gewährt wird, wenn es sich um den **Dienstort** handelt, und die Einkünfte fast ausschließlich der deutschen Besteuerung unterliegen. Keine Sonderregelungen bestehen hinsichtlich des Abzugs von Unterhaltsaufwendungen an den geschiedenen Ehegatten (Realsplitting) und wenn der Beamte z.B. nach der Pensionierung freiwillig im Ausland lebt (→ *Steuerpflicht* Rz. 4009).

2. Sozialversicherungspflicht

Beamte einer deutschen Körperschaft des öffentlichen Rechts, 949
die ihren Wohnsitz im Ausland haben, sind – wie inländische Beamte – sozialversicherungsfrei.

Auslandsjournalisten

auch → *Korrespondenten* Rz. 2734

Zur einkommensteuerrechtlichen Behandlung der **nicht im Inland** 950
ansässigen Korrespondenten inländischer Rundfunk- und Fernsehanstalten sowie inländischer Zeitungsunternehmen s. BMF v. 13.3.1998, IV B 4 – S 2303 – 28/98, BStBl I 1998, 351. Auslandsjournalisten sind grds. beschränkt steuerpflichtig, wenn sie nicht ausnahmsweise nach § 1 Abs. 3 EStG auf Antrag als unbeschränkt steuerpflichtig behandelt werden. Soweit sie nicht Arbeitslohn von einem inländischen Arbeitgeber erhalten, der dem **Lohnsteuerabzug** unterliegt, ist regelmäßig der **Steuerabzug nach** § 50a EStG vorzunehmen. Vgl. hierzu im Einzelnen → *Steuerpflicht* Rz. 4011.

Nach den **DBA** hat Deutschland regelmäßig für Korrespondenten, die im Ausland ansässig und tätig sind, **kein Besteuerungsrecht**. Abweichend davon hat Deutschland das Besteuerungsrecht bei Einkünften aus **nichtselbständiger Arbeit** für Vergütungen, die von einer deutschen juristischen Person des öffentlichen Rechts (z.B. Rundfunk- oder Fernsehanstalt) an Korrespondenten gezahlt werden,

- unabhängig von der Staatsangehörigkeit des Korrespondenten nach den DBA-Marokko, Spanien,
- wenn der Korrespondent die deutsche Staatsangehörigkeit oder nicht die Staatsangehörigkeit des Wohnsitzstaats hat oder die Ansässigkeit im Ausland ausschließlich im Hinblick auf die Tätigkeit begründet worden ist nach den DBA-Belgien, Bolivien, Dänemark, Frankreich, Kasachstan, Litauen, Luxemburg, Niederlande, Norwegen, Österreich, Schweden, Schweiz.

Sofern vom Steuerabzug nicht bereits auf Grund eines DBA abgesehen werden kann, wird auf den **Steuerabzug verzichtet**, wenn nachgewiesen wird, dass von den Einkünften im Tätigkeitsstaat eine der deutschen Einkommensteuer entsprechende Steuer tatsächlich erhoben wird. In diesen Fällen darf vom Steuerabzug nur abgesehen werden, wenn eine **Freistellungsbescheinigung des Finanzamts** vorliegt. Vgl. auch → *Steuerpflicht* Rz. 4011.

Zur Lohnsteuerabzugspflicht ausländischer Medienunternehmen in Bezug auf sog. Korrespondentenbetriebsstätten s. OFD Düsseldorf v. 29.9.1998, S 1301 A – St 112 – D.

Auslandslehrer

1. Begriff des Auslandslehrers

Ein Auslandslehrer ist eine Lehrkraft, die vom Dienstherrn an eine 951
Schule im Ausland abgeordnet worden ist.

2. Art der Steuerpflicht

Sofern Auslandslehrer ihren **Wohnsitz im Inland beibehalten**, 952
unterliegen sie weiterhin der **unbeschränkten Steuerpflicht. Geben** Auslandslehrer ihren **inländischen Wohnsitz auf**, können sie unter den Voraussetzungen des § 1 Abs. 2 EStG der erweiterten unbeschränkten Steuerpflicht unterliegen. Die Voraussetzungen für die erweiterte unbeschränkte Steuerpflicht werden **grds. nicht erfüllt** werden, weil der Empfangsstaat die Lehrkräfte regelmäßig nicht nur in einem der beschränkten Steuerpflicht entsprechenden Umfang besteuert (→ *Steuerpflicht* Rz. 4002).

Ausnahmen:

In den **USA, Ecuador und Kolumbien** werden amtlich in diese Staaten vermittelte Lehrkräfte sowie andere nicht entsandte, dort tätige Arbeitnehmer und ihre Ehegatten nur in einem der beschränkten Steuerpflicht ähnlichen Umfang zur Einkommensteuer herangezogen. Sie können daher unter den übrigen Voraussetzungen des § 1 Abs. 2 EStG der erweiterten Steuerpflicht unterliegen (im Einzelnen BMF v. 10.11.1994, IV B 4 – S 2102 – 27/94, BStBl I 1994, 853 und BMF v. 17.6.1996, IV B 4 – S 2102 – 35/96, BStBl I 1996, 688).

Vgl. im Übrigen → *Auslandsbeamte* Rz. 948.

3. Zulagen an Lehrer bei den Europäischen Schulen

953 Die vom Obersten Rat der Europäischen Schulen an die Lehrkräfte der Europäischen Schulen in **München** und **Karlsruhe** gezahlte Gehaltszulage und Ausgleichszulage ist nach § 5 der Verordnung über die Gewährung von Vorrechten und Befreiungen an den Europäischen Schulen in Karlsruhe und München v. 12.8.1985, BGBl. II 1985, 999 **steuerfrei**, und zwar auch dann, wenn sie den an diesen Schulen tätigen **deutschen Lehrkräften** gezahlt werden. Die Zulagen unterliegen nicht dem Progressionsvorbehalt (→ *Progressionsvorbehalt* Rz. 3501).

Nach der Verordnung über die Gewährung von Vorrechten und Befreiungen an die Direktoren und Lehrer bei den **Europäischen Schulen im Ausland** v. 18.8.1995, BStBl I 1995, 416 sind die Zulagen, die den Direktoren und Lehrern der in Anwendung des Protokolls über die Gründung Europäischer Schulen v. 13.4.1962, BGBl. II 1969, 1301 im Ausland gegründeten Schulen auf Grund der Vorschriften des Statuts des Lehrerpersonals der Europäischen Schulen gezahlt werden, von der **Einkommensteuer befreit**. Die Zulagen unterliegen nicht dem Progressionsvorbehalt (BFH v. 15.12.1999, I R 80/98, HFR 2000, 577).

4. Zulagen allgemein

954 S. → *Kaufkraftausgleich* Rz. 2659.

Auslandsreise

→ *Reisekosten: Allgemeine Grundsätze* Rz. 3589

Auslandsreisekosten, Auslandstagegelder

→ *Reisekosten: Erstattungen* Rz. 3661

Auslandstätigkeit

1. Steuerpflicht

955 Wenn Arbeitnehmer für ihren inländischen Arbeitgeber im Ausland tätig werden, ist zu prüfen:

- Ob und in welchem Umfang ist der Arbeitslohn im Inland steuerpflichtig? Die Besteuerung des Arbeitslohns hängt im Wesentlichen von der **persönlichen Steuerpflicht** des Arbeitnehmers ab. S. → *Steuerpflicht* Rz. 4002.
- Kommt eine **Steuerfreistellung** in Betracht
  - nach einem **DBA** (→ *Doppelbesteuerungsabkommen: Allgemeines* Rz. 1601),
  - bei **unbeschränkt steuerpflichtigen** Arbeitnehmern (→ *Steuerpflicht: unbeschränkte* Rz. 4035) nach § 34c Abs. 5 EStG, insbesondere nach den Grundsätzen des **Auslandstätigkeitserlasses** (→ *Auslandstätigkeitserlass* Rz. 957),
  - bei **beschränkt steuerpflichtigen Arbeitnehmern** (→ *Steuerpflicht* Rz. 4002) nach § 50 Abs. 4 EStG, z.B. wegen inländischer **Verwertung** einer im Ausland ausgeübten Tätigkeit (→ *Steuerpflicht* Rz. 4011)?
- Sofern der ausländische Staat vom Arbeitslohn für die Auslandstätigkeit eine Steuer erhoben hat, kann diese bei unbeschränkt steuerpflichtigen Arbeitnehmern unter den Voraussetzungen des § 34c EStG auf die deutsche Einkommensteuer angerechnet oder bei der Ermittlung der Einkünfte abgezogen werden? S.a. → *Anrechnung/Abzug ausländischer Steuern* Rz. 170.

2. Sozialversicherungspflicht

Die **Versicherungs- und Beitragspflicht** in der deutschen Sozialversicherung entsteht nur dann, wenn eine Beschäftigung im Geltungsbereich des Sozialgesetzbuchs, d.h. in Deutschland (Inland), ausgeübt wird **(Territorialitätsprinzip)**. Beschäftigungen im Ausland werden dagegen nach den Rechtsvorschriften des entsprechenden Staates sozialrechtlich beurteilt. Ausnahmen hiervon sieht SGB IV für die Fälle vor, in denen im Inland bestehende Beschäftigungsverhältnisse vorübergehend im Ausland ausgeübt werden (→ *Ausstrahlung* Rz. 1175). 956

Auslandstätigkeitserlass

Inhalt

1. Allgemeines

a) Lohnsteuer

Mit Schreiben vom 10.6.2022 hat das BMF den sog. **Auslandstätigkeitserlass aktualisiert** und neu herausgegeben (BMF v. 957
10.6.2022, IV C 5 – S 2293/19/10012 :001, BStBl I 2022, 997). Er ist ab dem **Kalenderjahr 2023** anzuwenden; lohnsteuerlich präzise formuliert: Erstmals auf den laufenden Arbeitslohn, der für einen nach dem 31.12.2022 endenden Lohnzahlungszeitraum gezahlt wird, und auf sonstige Bezüge, die nach dem 31.12.2022 zufließen. Der Auslandstätigkeitserlass v. 31.10.1983, IV B 6 – S 2293 – 50/83, BStBl I 1983, 470, welcher den früheren Montageerlass ersetzt hat, ist ab 2023 nicht mehr anzuwenden.

Hervorzuheben sind folgende **Neuerungen** als Voraussetzungen für die Anwendung des (neuen) Auslandstätigkeitserlasses:

- Nunmehr werden neben den inländischen und sonstigen Arbeitgebern im EU-Raum auch solche des **EWR-Raums** genannt (waren zuvor bereits einbezogen durch EuGH v. 28.2.2013, C-544/11, BStBl II 2013, 847),
- die deutsche öffentliche **Entwicklungshilfe** i.R. der technischen oder finanziellen Zusammenarbeit gehört zu den begünstigten Tätigkeiten, wenn eine Projektförderung unmittelbar oder mittelbar aus inländischen öffentlichen Mitteln zu mindestens 75 % vorliegt;
- es wird eine **ausländische Mindestbesteuerung** verlangt. Der Arbeitslohn abzüglich Werbungskosten (= Einkünfte) muss in dem ausländischen Staat einer der deutschen Einkommensteuer entsprechenden Steuer von durchschnittlich mindestens 10 % unterliegen und diese Steuer muss auch tatsächlich entrichtet werden.

Durch den Auslandstätigkeitserlass werden zur Förderung der zunächst (nur) deutschen Exportwirtschaft, inzwischen aber der des EU-/EWR-Raums, bestimmte Arbeitnehmereinkünfte bei **Auslandstätigkeiten** auf der Grundlage der §§ 34c, 50 Abs. 4 EStG von der **Einkommensteuer/Lohnsteuer freigestellt; zudem soll eine Doppelbesteuerung vermieden werden.** Er gilt für unbeschränkt steuerpflichtige Arbeitnehmer. Weil mit diesen Sonderregelungen ausschließlich Tätigkeiten im Ausland angesprochen werden und die Anwendung des Auslandstätigkeitserlasses beim Bezug von Arbeitslohn aus inländischen öffentlichen Kassen ausgeschlossen ist (→ Rz. 958), darf der Erlass bei beschränkter Steuerpflicht (grundsätzlich) nicht angewendet werden (→ Rz. 967).

Voraussetzung für die Steuerfreiheit ist, dass der **Arbeitslohn**

- für ein **gegenwärtiges Dienstverhältnis**,
- von einem **Arbeitgeber mit Sitz, Geschäftsleitung, Betriebsstätte oder einem ständigen Vertreter in einem Mitgliedstaat der Europäischen Union (EU) oder einem Staat, auf den das Abkommen über den Europäischen Wirtschaftsraum (EWR) Anwendung findet (EU-/EWR-Arbeitgeber),**
- für eine **begünstigte Tätigkeit im Ausland**,
- **nicht aus einer inländischen öffentlichen Kasse** – einschließlich der Kassen der Deutschen Bundesbank –

gezahlt wird (BMF v. 10.6.2022, IV C 5 – S 2293/19/10012 :001, BStBl I 2022, 997, Rdnr. 1, 2 und Rdnr. 11). Ferner darf mit dem Tätigkeitsstaat **kein DBA** bestehen, das sich auf Einkünfte aus nichtselbständiger Arbeit bezieht. Ist jedoch bereits ein Abkommen für die Zeit vor seinem Inkrafttreten anzuwenden, so sind die Regelungen des Auslandstätigkeitserlasses anzuwenden, wenn sie für den Arbeitnehmer günstiger sind. Bitte beachten: Für die übrigen Staaten sind die Regelungen des sog. 183-Tage Schreibens „Steuerliche Behandlung des Arbeitslohns nach den Doppelbesteuerungsabkommen" BMF v. 12.12.2023, IV B 2 – S 1300/21/10024 :005, BStBl I 2023, 2179 anzuwenden.

Der Verzicht auf die Besteuerung im Steuerabzugsverfahren ist vom Arbeitgeber oder Arbeitnehmer beim Betriebsstättenfinanzamt zu beantragen (Freistellungsbescheinigung). Dabei ist glaubhaft zu machen, dass die nach deutschem Recht ermittelten Einkünfte im Tätigkeitsstaat voraussichtlich einer der deutschen Einkommensteuer entsprechenden Steuer unterliegen; der Nachweis über die Höhe der Besteuerung (vgl. Abschnitt V Nr. 3, Rn. 11) ist erst im Veranlagungsverfahren erforderlich.

Zudem muss der Arbeitnehmer bereits i.R. der Freistellungsbescheinigung dem Finanzamt gegenüber glaubhaft machen, dass der Arbeitslohn in dem Tätigkeitsstaat einer der deutschen Einkommensteuer entsprechenden Steuer in einer durchschnittlichen Höhe von mindestens 10 % unterliegt. Der Nachweis über die Höhe der Besteuerung ist erst im Veranlagungsverfahren zur Einkommensteuer erforderlich → Rz. 968.

b) Inländische öffentliche Kasse

958 Arbeitslöhne können nur von der inländischen Besteuerung ausgenommen werden, soweit sie **nicht unmittelbar oder mittelbar aus inländischen öffentlichen Kassen** einschließlich der Kassen des Bundeseisenbahnvermögens und der Deutschen Bundesbank gezahlt werden (BMF v. 10.6.2022, IV C 5 – S 2293/19/10012 :001, BStBl I 2022, 997, Rdnr. 11 Nr. 1 und Rdnr. 13).

Die **Kassen von inländischen juristischen Personen des Privatrechts** und sonstigen inländischen öffentlich-rechtlichen oder privatrechtlichen Institutionen sind **nur dann inländische öffentliche Kassen**, wenn die juristische Person des Privatrechts oder die Institution **überwiegend** (d.h. zu mehr als 50 %) **aus inländischen (öffentlichen) Haushaltsmitteln finanziert** wird. **Weitere Voraussetzung** ist (BMF v. 13.11.2019, IV C 5 – S 2300/19/10009 :003, BStBl I 2019, 1082), dass

- der Bund und/oder ein Land oder mehrere Länder (unmittelbar oder mittelbar) an der juristischen Person des Privatrechts oder der Institution – wie z.B. an der Deutschen Gesellschaft für Internationale Zusammenarbeit (GIZ) GmbH – mehrheitlich beteiligt sind (i.S.d. § 91 Abs. 1 Nr. 4 BHO oder vergleichbarer landesrechtlicher Vorschriften) oder
- bei mitgliedschaftlich organisierten Institutionen der Bund, die Länder oder andere inländische juristische Personen des öffentlichen Rechts satzungsgemäß als ordentliche Mitglieder maßgeblichen Einfluss auf die Institution ausüben, wie z.B. bei dem Deutschen Akademischen Austauschdienst e.V. (DAAD) oder dem Goethe-Institut e.V.

Etwas anderes gilt nur, wenn die Tätigkeit im Rahmen eines durch andere Träger bzw. weitere Institutionen, die keine inländische öffentliche Kasse sind (z.B. Institutionen der EU), kofinanzierten Projekts ausgeübt wird. Im Falle einer derartigen Mischfinanzierung sind die Zahlungen aufzuteilen. Das gilt bei unmittelbaren wie bei mittelbaren Zahlungen aus inländischen öffentlichen Kassen gleichermaßen (BMF-Schreiben vom 13.11.2019, IV C 5 – S 2300/19/10009 :003, BStBl I 2019, 1082, Rdnr. 12 f.).

Beispiel 1: Kofinanzierung

Das Unternehmen A (inländische öffentliche Kasse) entsendet seinen Arbeitnehmer B im Rahmen eines zu 75 % mit Haushaltsmitteln des Bundes und zu 25 % mit Mitteln der EU dotierten Entwicklungshilfeprojekts für drei Jahre in den Staat S (kein DBA mit Deutschland). B behält seinen Wohnsitz in Deutschland bei und bezieht sein Gehalt weiterhin ausschließlich von A.

Im Rahmen der unbeschränkten Einkommensteuerpflicht (§ 1 Abs. 1 EStG) unterliegt der Arbeitslohn des B der Besteuerung. Der Auslandstätigkeitserlass ist grundsätzlich anzuwenden, da eine Projektförderung aus inländischen öffentlichen Mitteln zu mindestens 75 % vorliegt. Soweit das Projekt aus einer inländischen öffentlichen Kasse finanziert wird, ist die Anwendung aber ausgeschlossen (nach BMF v. 10.6.2022, IV C 5 – S 2293/19/10012 :001, BStBl I 2022, 997, Rdnr. 11). Soweit das Projekt aus Mitteln der EU finanziert wird, liegt hingegen kein Arbeitslohn aus inländischen öffentlichen Kassen vor. Somit sind 25 % des Gehalts des B steuerfrei und unterliegen dem Progressionsvorbehalt (vgl. BMF v. 10.6.2022, IV C 5 – S 2293/19/10012 :001, BStBl I 2022, 997, Rdnr. 10).

Zur Besteuerung von Zahlungen der **GIZ** für eine Tätigkeit in Kambodscha vgl. FG Berlin-Brandenburg v. 16.12.2014, 4 K 4264/11, EFG 2015, 928.

c) Sozialversicherung

Wegen des in der Sozialversicherung geltenden **Territorialprinzips** besteht für die Beschäftigung von deutschen Arbeitnehmern im Ausland nur in seltenen Fällen Sozialversicherungspflicht (z.B. bei Angehörigen deutscher Botschaften und Konsulate, bei Entwicklungshelfern auf Antrag). 959

Die deutsche Sozialversicherungspflicht bleibt bestehen, wenn sich die kurzfristige Entsendung eines deutschen Arbeitnehmers ins Ausland als **Ausstrahlung** des inländischen Beschäftigungsverhältnisses darstellt (→ *Ausstrahlung* Rz. 1175).

2. EU-/EWR-Arbeitgeber

Der Begriff des inländischen Arbeitgebers bzw. des EU-/EWR-Arbeitgebers bestimmt sich nach den allgemeinen Grundsätzen des deutschen Einkommen- bzw. Lohnsteuerrechts. Der Erlass nennt bereits die Voraussetzungen, wonach entweder Sitz, Geschäftsleitung, Betriebsstätte oder ein ständiger Vertreter im o.g. Bereich vorhanden sein muss → *Arbeitgeber* Rz. 182). Arbeitgeber, die ihren Sitz außerhalb eines EU-/EWR-Mitgliedstaats haben, sind (weiterhin) nicht begünstigt (LFD Thüringen v. 25.1.2017, S 2293 A – 04 – A 3.12, Lohnsteuer-Handausgabe 2022, 554). Zur Frage (Altfälle), ob der Auslandstätigkeitserlass vom 31.10.1983 (BStBl I 1983, 470) über das Abkommen zwischen der Europäischen Gemeinschaft und ihren Mitgliedstaaten einerseits und der Schweizerischen Eidgenossenschaft andererseits über die Freizügigkeit vom 21.6.1999 (BGBl. I 2001, 811) eine Anwendung findet, wenn ein unbeschränkt einkommensteuerpflichtiger Arbeitnehmer von seinem Arbeitgeber in der Schweizerischen Eidgenossenschaft zu einer Baustelle ins Drittland, mit dem es kein Doppelbesteuerungsabkommen gibt, entsandt wird, vgl. Hessisches FG-Urteil vom 13.11.2024, 1 K 792/21, Rev.-Verfahren beim BFH unter VI R 3/25). 960

3. Tätigkeitsstaat

Mit den meisten Staaten hat Deutschland ein DBA abgeschlossen, um zu vermeiden, dass bei einem Steuerpflichtigen Einkünfte für denselben Zeitraum durch gleichartige Steuern mehrfach belastet werden (→ *Doppelbesteuerungsabkommen: Allgemeines* Rz. 1601). Erfasst das DBA die Einkünfte aus nichtselbständiger Arbeit, so gilt der Auslandstätigkeitserlass hier nicht. Derzeit hat der Auslandstätigkeitserlass z.B. Bedeutung für Tätigkeiten in Brasilien, Libyen, Nigeria und Saudi-Arabien. 961

Für Tätigkeiten in der Antarktis sind die Regelungen des Auslandstätigkeitserlasses nicht anzuwenden. Die Antarktis gehört nicht zum Hoheitsgebiet irgendeines Staates und stellt daher – steuerrechtlich – Niemandsland dar (BFH v. 14.6.1991, VI R 185/87, BStBl II 1991, 926).

4. Begünstigte Auslandstätigkeit

a) Sachliche Voraussetzungen

Begünstigt ist die **Auslandstätigkeit für einen EU-/EWR-Arbeitgeber als Lieferant, Hersteller, Auftragnehmer oder Inha-** 962

ber ausländischer Mineralaufsuchungs- oder -gewinnungsrechte. Unmittelbare Tätigkeiten ausschließlich für ausländische Geschäftspartner sind hiernach nicht begünstigt. Der EU-/EWR-Inlandsbezug ist wegen des Gesetzeszwecks „Förderung der jeweiligen (zuvor deutschen) Volkswirtschaft" erforderlich. Die Auslandstätigkeit muss im **Zusammenhang** stehen mit

- der Planung, Errichtung, Einrichtung, Inbetriebnahme, Erweiterung, Instandsetzung, Modernisierung, Überwachung oder Wartung von **Fabriken, Bauwerken, ortsgebundenen großen Maschinen** oder ähnlichen Anlagen. Insoweit wird dem Beschluss des BFH v. 5.10.2021, I B 18/21 (AdV), HFR 2022, 317, Rechnung getragen. In diesem Aussetzungsverfahren hat der BFH entschieden, dass es ernstlich zweifelhaft ist, dass Restaurierungsarbeiten an historischen Gebäuden und Denkmälern nicht unter den Tatbestand der Instandsetzung von „Bauwerken" i.S.d. Auslandstätigkeitserlasses fallen,
- dem Einbau, der Aufstellung oder Instandsetzung **sonstiger Wirtschaftsgüter**. Das Betreiben der Anlagen bis zur Übergabe an den Auftraggeber ist ebenso begünstigt wie die **reine Wartung** sonstiger Wirtschaftsgüter. Zu den begünstigten sonstigen Wirtschaftsgütern zählen auch Militärflugzeuge und Militärfahrzeuge.

  Diese Wirtschaftsgüter müssen ausschließlich von EU-/EWR-Arbeitgebern hergestellt oder instandgesetzt bzw. gewartet werden. Bei der Wartung sonstiger Wirtschaftsgüter kommt es nicht darauf an, dass das gewartete Wirtschaftsgut im EU-/EWR-Raum hergestellt worden ist,
- dem **Aufsuchen** oder der Gewinnung von Bodenschätzen,
- der **Beratung** (Consulting) ausländischer Auftraggeber oder Organisationen im Hinblick auf Vorhaben im vorstehenden Sinne oder
- der deutschen **öffentlichen Entwicklungshilfe** i.R. der technischen oder finanziellen Zusammenarbeit, wenn die Projektförderung unmittelbar oder mittelbar aus inländischen öffentlichen Mitteln zu mindestens 75 % vorliegt. Denn das Vorliegen einer öffentlichen Entwicklungshilfe verlangt die finanzielle Unterstützung der Hilfsorganisation durch staatliche Stellen. Diese Mittel werden regelmäßig durch das Bundesministerium für wirtschaftliche Zusammenarbeit und Entwicklung (BMZ) oder der GIZ aufgebracht. Folglich sind Entwicklungshilfeprojekte im **privaten Bereich nicht** begünstigt (s. nachfolgend).

  Erhält eine Hilfsorganisation für ein entsprechend finanziertes Projekt eine durch europäische Fördergelder unterstützte Anschlussfinanzierung, kann ab diesem Zeitpunkt der Auslandstätigkeitserlass **nicht** mehr angewendet werden. Eine Anwendung des Auslandstätigkeitserlasses kommt i.d.R. auch nicht in Betracht, wenn kein Projekt der Entwicklungszusammenarbeit, sondern ein Projekt der humanitären Hilfe vorliegt und wenn das Entwicklungshilfeprojekt nur durch Mittel der EU finanziert wird (FG Köln v. 22.3.2018, 7 K 585/15, EFG 2018, 1748, Revision eingelegt, Az. beim BFH: I R 51/23).

  Hinweis: Entsandte Mitarbeiter der GIZ erhalten keine Freistellung durch den Auslandstätigkeitserlass, weil sie aus einer inländischen öffentlichen Kasse entlohnt werden, vgl. → Rz. 958.

Weiterhin zu beachten ist das Revisionsverfahren I R 51/23 gegen das Urteil des FG Köln v. 22.3.2018, 7 K 585/15, EFG 2018, 1748. Dazu hat der BFH entschieden, eine Vorabentscheidung des EuGH zu folgender Frage einzuholen (BFH v. 13.7.2021, I R 20/18, HFR 2022, 234, Az. des EuGH: C-15/22):

„Sind Art. 4 Abs. 3 EUV und Art. 208 i.V.m. Art. 210 AEUV dahingehend auszulegen, dass sie einer einzelstaatlichen Verwaltungspraxis entgegenstehen, nach der ein Steuerverzicht nicht in Fällen ausgesprochen wird, in denen ein Projekt der Entwicklungszusammenarbeit durch den Europäischen Entwicklungsfonds finanziert wird, während unter bestimmten Voraussetzungen auf die Besteuerung des Arbeitslohns verzichtet wird, den der Arbeitnehmer auf Grund eines gegenwärtigen Dienstverhältnisses für eine Tätigkeit im Zusammenhang mit der deutschen öffentlichen Entwicklungshilfe i.R. der technischen oder finanziellen Zusammenarbeit erzielt, die zu mindestens 75 % durch ein für die Entwicklungszusammenarbeit zuständiges Bundesministerium oder aber durch eine staatseigene private Entwicklungshilfegesellschaft finanziert wird?"

Der EUGH hat die diesbezügliche Vorlage des BFH zwischenzeitlich i.S. der Verwaltungsauffassung entschieden und eine Nichtbegünstigung der Auslandstätigkeit in diesen Fällen nicht als europarechtswidrig angesehen (EuGH v. 7.9.2023, C-15/22, DStRE 2023, 1297). **Begünstigt ist auch das Betreiben** der o.g. Anlagen bis zur Übergabe an den Auftraggeber.

Nicht begünstigt sind

- die Tätigkeit des **Bordpersonals** auf **Seeschiffen**,
- die Produktion von Schiffen im Ausland (BMF v. 10.6.2022, IV C 5 – S 2293/19/10012 :001, BStBl I 2022, 997, Rdnr. 3, LFD Thüringen v. 25.1.2017, S 2293 A – 04 – A 3.12, Lohnsteuer-Handausgabe 2022, 554),
- die **finanzielle Beratung** mit Ausnahme der deutschen öffentlichen Entwicklungshilfe i.R. der technischen und finanziellen Zusammenarbeit,
- das Einholen von Aufträgen **(Akquisition)**, ausgenommen die Beteiligung an Ausschreibungen,
- die personelle und technische Unterstützung des seit Jahren **laufenden Betriebs eines Flugzeugs** durch einen Verkehrsflugzeugführer (FG Baden-Württemberg v. 24.1.2011, 10 K 3251/09, EFG 2011, 1162),
- dem laufenden Flugbetrieb dienende **Wartungsarbeiten und Instandsetzungsarbeiten an einem Verkehrsflugzeug** (FG Hessen v. 23.3.2020, 3 K 831/12),
- die **Beratungstätigkeit beim Aufbau einer Zweitmarke für ein bestehendes Kommunikationsnetz**, insbesondere Beratung beim Aufbau eines virtuellen Kommunikationssystembetreibers, Unterstützung bei der Erstellung einer IT-Strategie, Planung der IT-Infrastruktur und Erstellen von Projektfortschrittsberichten (FG Köln v. 19.6.2020, 15 K 609/18, EFG 2020, 1621),
- Sanierungs-, Restaurierungs-, Reinigungs- und Sicherungsarbeiten an Bauwerken ohne industrielle bzw. technische Nutzung (vgl. hierzu aber das Urteil des FG Thüringen, wonach der Auslandstätigkeitserlass Arbeiten an Bauwerken aller Art begünstigt; die Begünstigung ist nach Auffassung des FG **nicht auf industrielle Bauwerke beschränkt** (FG Thüringen v. 10.2.2021, 1 V 364/20, EFG 2021, 855, nachfolgend ADV-Beschluss des BFH v. 5.10.2021, I B 18/21 (AdV), BFH/NV 2022, 323)),
- die Tätigkeiten im Bereich der humanitären Hilfe,
- die Tätigkeit eines angestellten Orthopädietechnikermeisters/Werkstattleiters, der in einer bereits bestehenden ausländischen Prothesen- und Orthesenklinik unter anderem Prothesen- und Orthesentechniker ausbildet, Personal akquiriert, Klinikabläufe organisiert, Budget- und Materialverantwortung trägt sowie sonstige Managementaufgaben erledigt (FG Bremen v. 15.9.2022, 1 K 74/20 (6), DSTRE 2023,1165).

Der Auslandstätigkeitserlass ist **auch für Leiharbeitnehmer** anzuwenden, sofern die übrigen Voraussetzungen des Auslandstätigkeitserlasses vorliegen; die frühere Eingrenzung ist nun entfallen (für Vorjahre s. aber LFD Thüringen v. 25.1.2017, S 2293 A – 04 – A 3.12, Lohnsteuer-Handausgabe 2022, 554).

b) Zeitliche Voraussetzungen

aa) Mindestzeitraum

963 Die Auslandstätigkeit muss **mindestens drei Monate ununterbrochen** in Staaten ausgeübt werden, mit denen für Einkünfte aus nichtselbständiger Arbeit kein DBA besteht. Der Mindestzeitraum **beginnt** mit dem **Antritt der Reise** ins Ausland und **endet** mit der **endgültigen Rückkehr** ins Inland. Er muss nicht in einem Kalenderjahr oder Steuerjahr liegen, kann sich also über die Jahreswende erstrecken. Der Ablauf des Mindestzeitraums kann ein rückwirkendes Ereignis i.S.d. § 175 Abs. 1 Satz 1 Nr. 2 AO sein, wenn er nach Bekanntgabe des Steuerbescheids eintritt (FG Münster v. 25.2.2003, 6 K 5165/00 E, EFG 2003, 897).

Reisetage einschließlich der inländischen Reisezeiten gehören zur begünstigten Tätigkeit. Es handelt sich auch dann um eine begünstigte Auslandstätigkeit, wenn der Arbeitnehmer während des

Mindestzeitraums **bei einem oder mehreren Objekten** in **einem oder mehreren Ländern** beschäftigt war.

bb) Unterbrechungen

964 Eine **vorübergehende Rückkehr ins Inland** oder ein kurzer Aufenthalt in einem Staat, mit dem für Einkünfte aus nichtselbständiger Arbeit ein DBA besteht, gelten bis zu einer Gesamtaufenthaltsdauer **von zehn vollen Kalendertagen** innerhalb des Mindestzeitraums **nicht als Unterbrechung** der Auslandstätigkeit, wenn sie **zur weiteren Durchführung oder Vorbereitung eines begünstigten Vorhabens notwendig** sind. Dies gilt bei längeren Auslandstätigkeiten entsprechend für die jeweils letzten drei Monate.

Beispiel 2:

Beginn der begünstigten Auslandstätigkeit:	1.11.2025
Klärung von Montageproblemen im Inland	16.11. bis 18.11.2025
und vom	25.1. bis 10.2.2025
Rückreise ins Ausland	11.2.2026

Die Zehn-Tage-Grenze gilt für sämtliche Unterbrechungen gemeinsam, so dass die Unterbrechungstage zusammengerechnet werden müssen. Der Mindestzeitraum von drei Monaten ist erfüllt, weil der 1.2.2026 (11. Unterbrechungstag) außerhalb des Zeitraums liegt.

Der Arbeitslohn ist

steuerfrei	vom 1.11.2025 bis 31.1.2026
steuerpflichtig	ab 1.2.2026

Mit dem Reisetag 11.2.2026 beginnt ein neuer Mindestzeitraum.

Beispiel 3:

Der Arbeitnehmer übt eine begünstigte Tätigkeit in Libyen aus und hält sich objektbedingt in Deutschland und Frankreich auf.

Aufenthaltsdauer:

Libyen	1.1. bis 4.4.2025
Frankreich	5.4. bis 13.4.2025
Libyen	14.4. bis 9.7.2025
Deutschland	10.7. bis 19.7.2025
Abreise nach Libyen	20.7.2025

Zu berücksichtigen sind nur die Unterbrechungstage innerhalb der letzten drei Monate vor der letzten Rückkehr ins Inland. Der Arbeitnehmer hielt sich in diesem Zeitraum (10.4. bis 9.7.2025) an vier Tagen (10.4. bis 13.4.2025) objektbedingt nicht in Libyen auf. Von der Zehn-Tage-Grenze verbleiben noch sechs Tage, die der begünstigten Auslandstätigkeit zugerechnet werden können, obwohl der Arbeitnehmer in dieser Zeit seine Tätigkeit objektbedingt nicht mehr in Libyen ausübt. Das bedeutet, dass der Zeitraum vom 10.7. bis 15.7.2025 der Tätigkeit in Libyen zuzurechnen ist mit der Folge, dass auch der hierfür bezogene Arbeitslohn steuerfrei ist.

Der Arbeitslohn ist

Steuerfrei	vom 1.1. bis 15.7.2025
steuerpflichtig	ab 16.7.2025
Vom 16.7.2023 ist der Mindestzeitraum unterbrochen.	
Neubeginn des Mindestzeitraums	20.7.2025

Eine Unterbrechung der Tätigkeit im Fall eines **Urlaubs** oder einer **Krankheit** ist unschädlich, unabhängig davon, wo sich der Arbeitnehmer während der Unterbrechung aufhält. Zeiten der unschädlichen Unterbrechung sind bei dem Mindestzeitraum nicht mitzurechnen, d.h., der Mindestzeitraum verlängert sich um Urlaubs- und Krankheitstage.

Beispiel 4:

Begünstigte Auslandstätigkeit (Bautätigkeit)	ab 1.8.2025
Erkrankung	31.10. bis 10.12.2025
Urlaub	11.12.2024 bis 1.1.2026

Der Mindestzeitraum beginnt am 1.8.2025 und endet grds. am 31.10.2025. Die Krankheits- und Urlaubstage bewirken eine Verlängerung des Mindestzeitraums um 63 Tage (31.10. bis 10.12.2025 = 41 Tage, 11.12.2025 bis 1.1.2026 = 22 Tage). Dieser endet damit erst am 2.1.2026 (31.10.2025 + 63 Tage). Der für die Zeit vom 1.8.2025 bis 1.1.2026 bezogene Arbeitslohn kann daher nur dann steuerfrei gestellt werden, wenn A am 2.1.2026 wieder auf der ausländischen Baustelle tätig wird.

Als **unschädliche Unterbrechung** gelten auch **Freizeitblöcke** (inklusive eingeschlossener arbeitsfreier Wochenenden und Feiertage) während einer begünstigten Auslandstätigkeit, sofern die Arbeitnehmertätigkeit zusammengenommen mindestens drei Monate in einem Staat ausgeübt wird, mit dem kein DBA besteht, in das Einkünfte aus nichtselbständiger Arbeit einbezogen sind (BMF v. 10.6.2022, IV C 5 – S 2293/19/10012 :001, BStBl I 2022, 997, Rdnr. 6).

5. Begünstigter Arbeitslohn

a) Art des Arbeitslohns

Zum begünstigten Arbeitslohn gehört der auf die begünstigte Auslandstätigkeit entfallende Arbeitslohn **einschließlich folgender steuerpflichtiger Einnahmen**, **soweit** sie **für eine begünstigte Auslandstätigkeit gezahlt** werden: 965

- **Zulagen**, Prämien oder Zuschüsse des Arbeitgebers für Aufwendungen des Arbeitnehmers, die durch eine begünstigte Auslandstätigkeit veranlasst sind (z.B. Tropenkleidung), oder die entsprechende unentgeltliche Ausstattung oder Bereitstellung durch den Arbeitgeber;
- **Weihnachtszuwendungen**, **Erfolgsprämien oder Tantiemen**;
- Arbeitslohn, der auf den **Urlaub** – einschließlich eines angemessenen Sonderurlaubs auf Grund einer begünstigten Tätigkeit – entfällt, Urlaubsgeld oder Urlaubsabgeltung (es kommt daher nicht darauf an, wann der Urlaub vom Arbeitnehmer genommen wird);
- Entgelt-/Lohnfortzahlung auf Grund einer **Erkrankung** während einer begünstigten Auslandstätigkeit bis zur Wiederaufnahme dieser oder einer anderen begünstigten Tätigkeit oder bis zur endgültigen Rückkehr ins Inland.

Bei vorübergehender Rückkehr ins Inland sowie bei einem kurzen Aufenthalt in einem Staat, mit dem ein DBA besteht, bleibt auch der für zehn unschädliche Unterbrechungstage (→ Rz. 963) gezahlte Arbeitslohn steuerfrei.

Hat der Arbeitnehmer während der aktiven Phase bei **Altersteilzeit** begünstigten Arbeitslohn erzielt, so bleibt auch der während der Freistellungsphase gezahlte Arbeitslohn steuerfrei.

b) Aufteilung einheitlicher Zuwendungen – Aufteilungsmaßstab

Zuwendungen (Gehaltsbestandteile), die nicht gesondert für die begünstigte Tätigkeit geleistet werden, sind aufzuteilen (BMF v. 14.3.2017, IV C 5 – S 2369/10/10002, BStBl I 2017, 473, Rdnr. 25, für Arbeitslohn, der für einen nach dem 31.12.2024 endenden Lohnzahlungszeitraum gezahlt wird, und für sonstige Bezüge, die nach dem 31.12.2024 zufließen vgl. BMF v. 8.10.2024, IV C 5 – S 2367/23/10001 :001, BStBl I 2024, 1308). Danach ist der nicht direkt zuordenbare, verbleibende Arbeitslohn bei der Veranlagung zur Einkommensteuer und **im Lohnsteuerabzugsverfahren nach der Zahl der tatsächlichen Arbeitstage** innerhalb des Erdienenszeitraumes aufzuteilen (→ *Doppelbesteuerungsabkommen bei Einkünften aus nichtselbständiger Arbeit* Rz. 1681). 966

Bei Anwendung dieses Aufteilungsmaßstabs ist Folgendes zu beachten:

- Die in → Rz. 965 genannten **Zulagen, Prämien und Zuschüsse** des Arbeitgebers für Aufwendungen des Arbeitnehmers sind i.d.R. der begünstigten Auslandstätigkeit (steuerfrei) oder der nicht begünstigten Inlandstätigkeit (steuerpflichtig) **direkt zuordenbar**. Können sie weder der Auslandstätigkeit noch der Inlandstätigkeit direkt zugeordnet werden, sind sie aufzuteilen.
- Bei **Weihnachtszuwendungen, Urlaubsgeld und Tantiemen** sowie bei dem auf Urlaubstage entfallenden Arbeitslohn (Urlaubsentgelt und Urlaubsabgeltung) handelt es sich i.d.R. um Gehaltsbestandteile, die **weder der begünstigten Auslandstätigkeit noch der nicht begünstigten Inlandstätigkeit direkt zugeordnet** werden können. Solche Zahlungen sind ebenfalls aufzuteilen.

Zur Zuordnung und Aufteilung von sonstigen Bezügen zur begünstigten Auslandstätigkeit oder zur nicht begünstigten Inlandstätigkeit → *Doppelbesteuerungsabkommen bei Einkünften aus nichtselbständiger Arbeit* Rz. 1690. Die in diesem Stichwort abgedruckten Beispiele einer ganzjährigen Beschäftigung mit Abrechnung nach den voraussichtlichen tatsächlichen Arbeitstagen im Kalenderjahr und Überprüfung (→ *Doppelbesteuerungsabkommen bei Einkünften aus nichtselbständiger Arbeit* Rz. 1692) sowie für eine nicht ganzjährige Beschäftigung (→ *Doppelbesteuerungsabkommen bei Einkünften aus nichtselbständiger Arbeit* Rz. 1693) gelten bei Anwendung des Auslandstätigkeitserlasses entsprechend.

6. Folgen der Steuerfreiheit

967 Weil der begünstigte Arbeitslohn steuerfrei ist, dürfen **Werbungskosten**, die mit dem steuerfreien Arbeitslohn in unmittelbarem wirtschaftlichem Zusammenhang stehen (z.B. für die Begründung eines doppelten Haushalts im Ausland), **nicht steuermindernd berücksichtigt** werden (§ 3c Abs. 1 EStG); ein steuerfreier Ersatz von Reisekosten u.Ä. durch den Arbeitgeber ist jedoch möglich. Auch **Vorsorgeaufwendungen**, die mit dem steuerfreien Arbeitslohn in unmittelbarem wirtschaftlichem Zusammenhang stehen, können **nicht als Sonderausgaben** berücksichtigt werden (§ 10 Abs. 2 Satz 1 Nr. 1 1. Halbsatz EStG).

Der nach dem Auslandstätigkeitserlass steuerfreie Arbeitslohn unterliegt bei unbeschränkt steuerpflichtigen Arbeitnehmern und bei beschränkt steuerpflichtigen Arbeitnehmern mit EU-/EWR-Staatsangehörigkeit, die nach § 50 Abs. 5 Nr. 2 EStG auf Antrag veranlagt werden, auf der Grundlage des § 34c Abs. 5 und § 50 Abs. 4 EStG dem **Progressionsvorbehalt** (→ *Progressionsvorbehalt* Rz. 3501), vgl. BMF v. 10.6.2022, IV C 5 – S 2293/19/10012 :001, BStBl I 2022, 997, Abschn. IV.

7. Verfahrensvorschriften

968 Der **Verzicht auf die Besteuerung** (Freistellung) im Steuerabzugsverfahren ist vom Arbeitgeber oder Arbeitnehmer beim Betriebsstättenfinanzamt auf amtlichem Vordruck **zu beantragen**. Der Arbeitgeber ist verpflichtet, für **jeden einzelnen Arbeitnehmer** einen gesonderten Antrag zu stellen; Sammelanträge für mehrere Arbeitnehmer sind nicht zulässig. Dabei ist glaubhaft zu machen, dass die nach deutschem Recht ermittelten Einkünfte im Tätigkeitsstaat voraussichtlich einer der deutschen Einkommensteuer entsprechenden Steuer unterliegen. Ein Nachweis über die Höhe der Besteuerung (→ Rz. 957) ist erst im Veranlagungsverfahren erforderlich.

Die **Freistellungsbescheinigung** wird für die Dauer der Auslandstätigkeit, längstens für drei Jahre, erteilt. Danach ist eine neue Bescheinigung zu beantragen. Liegt **keine Freistellungsbescheinigung** vor, so darf der Arbeitgeber – anders als in antragsunabhängigen Fällen eines DBA – **nicht vom Lohnsteuerabzug absehen**. Hat der Arbeitgeber gleichwohl vom Lohnsteuerabzug abgesehen, kann von einer Nachversteuerung abgesehen werden, wenn die Voraussetzungen für die Freistellung offensichtlich erfüllt sind. Das Betriebsstättenfinanzamt hat aber in diesen Fällen das Wohnsitzfinanzamt des Arbeitnehmers zu unterrichten, damit die unter → Rz. 967 dargelegten Folgerungen der Steuerfreiheit (insbesondere Anwendung des Progressionsvorbehalts) gezogen werden können.

Ist glaubhaft gemacht worden, dass die Voraussetzungen für die Steuerbefreiung vorliegen, so kann die **Freistellungsbescheinigung rückwirkend nur** erteilt werden, solange dem Arbeitgeber eine **Änderung des Lohnsteuerabzugs** möglich ist (§ 41c EStG).

Der Arbeitgeber muss sich im Übrigen verpflichten, das **folgende Verfahren** einzuhalten:

- Der begünstigte Arbeitslohn ist im **Lohnkonto** (→ *Lohnkonto* Rz. 2863) und in der **Lohnsteuerbescheinigung** ggf. der besonderen Lohnsteuerbescheinigung (→ *Lohnsteuerbescheinigung* Rz. 2952) sowie in der Gehaltsbescheinigung bzw. dem Entgeltnachweis usw. getrennt von dem übrigen Arbeitslohn anzugeben.
- Die **Freistellungsbescheinigung** ist als **Beleg zum Lohnkonto** des Arbeitnehmers zu nehmen.
- Für Arbeitnehmer, die während des Kalenderjahres begünstigten Arbeitslohn nach dem Auslandstätigkeitserlass bezogen haben, darf der Arbeitgeber weder die Lohnsteuer **nach dem voraussichtlichen Jahresarbeitslohn** (permanenter Lohnsteuer-Jahresausgleich, § 39b Abs. 2 Satz 12 EStG) noch einen **Lohnsteuer-Jahresausgleich** nach § 42b EStG durchführen.

Der Arbeitgeber ist bis zur Übermittlung oder Ausschreibung der Lohnsteuerbescheinigung berechtigt, bei der jeweils nächstfolgenden Lohnzahlung bisher noch nicht erhobene Lohnsteuer nachträglich einzubehalten, wenn er erkennt, dass die Voraussetzungen für den Verzicht auf die Besteuerung nicht vorgelegen haben. Macht er von dieser Berechtigung keinen Gebrauch oder kann die Lohnsteuer nicht nachträglich einbehalten werden, so ist er zu einer **Anzeige an das Betriebsstättenfinanzamt** verpflichtet (§ 41c Abs. 4 EStG).

Die **abschließende** Prüfung der Steuerfreistellung des Arbeitslohns erfolgt im Rahmen der Veranlagung zur Einkommensteuer. Dazu hat der Arbeitnehmer für die ab dem **Kalenderjahr 2023** bezogenen Arbeitslöhne nachzuweisen,

- dass die Einkünfte aus nichtselbständiger Arbeit (Arbeitslohn abzüglich der damit in unmittelbarem wirtschaftlichen Zusammenhang stehenden Werbungskosten) in dem Staat, in dem die Tätigkeit ausgeübt wird, einer der deutschen Einkommensteuer entsprechenden Steuer in einer durchschnittlichen Höhe von mindestens 10 % unterliegen,

  und
- dass die auf die Einkünfte festgesetzte Steuer tatsächlich entrichtet worden ist.

Zur Ermittlung der durchschnittlichen Steuerbelastung sind die Einkünfte aus nichtselbständiger Arbeit im Tätigkeitsstaat nach dem deutschem Steuerrecht zu ermitteln.

Beispiel 5: Mindestbesteuerung

Der Angestellte eines international tätigen Unternehmens im Bereich des Anlagenbaus erhält für seinen zehnmonatigen Einsatz zur Inbetriebnahme einer Fabrik im Staat S (kein DBA mit Deutschland) ein Gehalt i.H.v. 110 000 €. Die nach dem EStG ermittelten Werbungskosten, die mit dieser begünstigten Tätigkeit in Zusammenhang stehen, betragen 10 000 €. Seinen Wohnsitz in Deutschland behält er bei.

Auf das Gehalt zahlt er in S ausweislich des von ihm vorgelegten Steuerbescheides eine der deutschen Einkommensteuer entsprechende Steuer i.H.v. umgerechnet 9 000 €. Bezogen auf die Einkünfte von 100 000 € ergibt sich ein durchschnittlicher Steuersatz von 9 %. Da dieser unter 10 % liegt, findet die Steuerbefreiung hier keine Anwendung.

Die im Ausland gezahlte Steuer kann unter den Voraussetzungen des § 34c EStG auf die deutsche Einkommensteuer angerechnet oder bei der Ermittlung der Einkünfte abgezogen werden.

Soweit nicht bereits während der Tätigkeit vom Steuerabzug abgesehen worden ist, kann der **Arbeitnehmer den Verzicht auf die Besteuerung** bei seinem **Wohnsitzfinanzamt** beantragen (i.R. einer Einkommensteuerveranlagung). Der Steuerfreistellung kann noch nach Bestandskraft des Einkommensteuerbescheids, jedoch notwendigerweise vor Eintritt der Festsetzungsverjährung beantragt werden (FinMin Niedersachsen v. 13.7.1993, S 2293 – 135 – 35 2, sowie BFH v. 17.6.2020, I R 7/18, BStBl II 2021, 211).

Entsprechend den allgemeinen Regelungen für das Lohnsteuerabzugsverfahren hat eine dem Arbeitgeber erteilte Freistellungsbescheinigung des Betriebsstättenfinanzamts keine Bindungswirkung für die Einkommensteuerveranlagung des Arbeitnehmers (FG Köln v. 22.3.2001, 7 K 1709/99, EFG 2001, 974).

Hat das Finanzamt **rechtsirrtümlich eine Freistellungsbescheinigung** ausgestellt, obwohl es den vollständigen Sachverhalt kannte, so **scheidet eine Haftung des Arbeitgebers grds.** aus. Es kommt dann allenfalls die Besteuerung des Arbeitslohns i.R. der Veranlagung des Arbeitnehmers in Betracht.

Auslandsumzug

→ *Umzugskosten* Rz. 4162

Auslandszulagen

Auslandszulagen sind unter den Voraussetzungen des § 3 Nr. 64 EStG steuerfrei (→ *Kaufkraftausgleich* Rz. 2659). Daneben kommt eine generelle Steuerfreistellung von Auslands- und Ausgleichszulagen nicht in Betracht (BFH v. 14.11.1986, VI R 209/82, BStBl II 1989, 351). 969

Auslösungen

Sog. Auslösungen (der Begriff stammt nicht aus dem Steuerrecht) 970
sind oft tarifvertraglich oder in Betriebsvereinbarungen festgelegte Zahlungen des Arbeitgebers als **Ausgleich für bestimmte Mehraufwendungen** des Arbeitnehmers **bei Auswärtstätigkeiten**, z.B. für erhöhte Fahrtkosten, Mehraufwendungen für Verpflegung und Übernachtungskosten. Sie bleiben nach § 3 Nr. 13 oder 16 EStG ganz oder teilweise steuer- und beitragsfrei, soweit sie die Voraussetzungen für die steuerliche Anerkennung als **Doppelte Haushaltsführung** oder **Auswärtstätigkeit** erfüllen (→ *Doppelte*

Haushaltsführung: Allgemeines Rz. 1709; → *Reisekosten: Allgemeine Grundsätze* Rz. 3589).

Außenprüfung

→ *Beitragsüberwachung* Rz. 1309, → *Lohnsteuer-Außenprüfung* Rz. 2944

Außergewöhnliche Belastungen: Allgemeines

Inhalt

1. Allgemeines

971 Normalerweise bleiben private Ausgaben, d.h. die üblichen Lebensführungskosten, steuerlich ohne Auswirkung (Abzugsverbot des § 12 Nr. 1 EStG), weil sie schon durch den **Grundfreibetrag** (§ 32a Abs. 1 EStG) i.H.v. 12 348 € für 2026 (jeweils Verdoppelung bei Ehegatten) abgegolten sind.

Besondere Situationen können aber zu außergewöhnlichen Belastungen führen, die dann doch – ebenso wie Sonderausgaben – steuermindernd vom Gesamtbetrag der Einkünfte abgezogen werden dürfen. Diese Fälle sind in den §§ 33 bis 33b EStG gesondert geregelt.

Erwachsen einem Stpfl. zwangsläufig größere Aufwendungen als der überwiegenden Mehrzahl der Stpfl. gleicher Einkommensverhältnisse, gleicher Vermögensverhältnisse und gleichen Familienstandes (**außergewöhnliche Belastung**), so wird auf Antrag die Einkommensteuer in bestimmtem Umfang ermäßigt (**§ 33 Abs. 1 EStG**). Gem. § 33 Abs. 2 Satz 1 EStG erwachsen dem Stpfl. Aufwendungen zwangsläufig, wenn er sich ihnen aus rechtlichen, tatsächlichen oder sittlichen Gründen nicht entziehen kann und soweit die Aufwendungen den Umständen nach notwendig sind und einen angemessenen Betrag nicht übersteigen. Ziel des § 33 EStG ist es, zwangsläufige Mehraufwendungen für den existenznotwendigen Grundbedarf zu berücksichtigen, die sich wegen ihrer Außergewöhnlichkeit einer pauschalen Erfassung in allgemeinen Freibeträgen entziehen. Aus dem **Anwendungsbereich des § 33 EStG ausgeschlossen** sind dagegen die üblichen **Aufwendungen der Lebensführung**, die in Höhe des Existenzminimums durch den **Grundfreibetrag abgegolten** sind (BFH v. 18.5.2017, VI R 9/16, BStBl II 2017, 988).

Der Gesetzgeber unterscheidet dabei

- **außergewöhnliche Belastungen allgemeiner Art** (z.B. Krankheitskosten), die unter den weiteren Voraussetzungen des § 33 EStG (Notwendigkeit, Angemessenheit, Zwangsläufigkeit) grds. in voller Höhe berücksichtigt werden, wobei lediglich die sog. **zumutbare Belastung** (§ 33 Abs. 2 EStG) abgezogen wird (→ Rz. 973),
- **außergewöhnliche Belastungen in besonderen Fällen**, die in § 33a EStG geregelt sind: der Abzug von Unterhaltsaufwendungen nach § 33a Abs. 1 EStG (→ *Außergewöhnliche Belastungen in besonderen Fällen* Rz. 1142) und der Freibetrag zur Abgeltung des Sonderbedarfs eines sich in Berufsausbildung befindenden, auswärtig untergebrachten, volljährigen Kindes (sog. Ausbildungsfreibetrag) nach § 33a Abs. 2 EStG (→ *Außergewöhnliche Belastungen in besonderen Fällen* Rz. 1156). In diesen Fällen handelt es sich um abschließende (typisierende) Regelungen, d.h. dass derartige Aufwendungen auch nicht wahlweise als (allgemeine) außergewöhnliche Belastungen nach § 33 EStG berücksichtigt werden können (§ 33a Abs. 4 EStG),
- und die in § 33b EStG geregelten **Pauschbeträge für Menschen mit Behinderungen, Hinterbliebene und Pflegepersonen**. In diesen Fällen (Ausnahme: Hinterbliebenen-Pauschbetrag) können die Aufwendungen wahlweise als (allgemeine) außergewöhnliche Belastungen nach § 33 EStG (→ *Außergewöhnliche Belastungen in besonderen Fällen* Rz. 1161) berücksichtigt werden.

2. Voraussetzungen

Der Abzug außergewöhnlicher Belastungen nach § 33 EStG ist an mehrere enge Voraussetzungen geknüpft: 972

- Die Aufwendungen müssen „**außergewöhnlich**“ sein, d.h. dem Stpfl. müssen größere Aufwendungen erwachsen als der überwiegenden Mehrzahl der Stpfl. gleicher Einkommens- und Vermögensverhältnisse und gleichen Familienstands (z.B. Krankheitskosten, Todesfall), typische alltägliche Lebenshaltungskosten sind nicht außergewöhnlich,
- die Aufwendungen müssen „**zwangsläufig**“ entstehen. Das ist nach § 33 Abs. 2 Satz 1 EStG der Fall, wenn sich der Stpfl. den Aufwendungen aus rechtlichen, tatsächlichen oder sittlichen Gründen nicht entziehen kann. Zwangsläufigkeit dem Grunde nach wird i.d.R. auf Aufwendungen des Stpfl. für sich selbst oder für Angehörige i.S.d. § 15 AO beschränkt sein. Aufwendungen für andere Personen können diese Voraussetzung nur ausnahmsweise (z.B. bei sittlicher Pflicht) erfüllen (R 33.1 Sätze 4 und 5 EStR),
- die Aufwendungen müssen den Umständen nach „**notwendig und angemessen**“ sein. Die Angemessenheit ist nach objektiven Gesichtspunkten zu bestimmen. Liegt Unangemessenheit vor, sind nur die angemessenen Kosten berücksichtigungsfähig,
- der Stpfl. muss auf Grund außergewöhnlicher und dem Grunde und der Höhe nach zwangsläufiger Aufwendungen **belastet** sein. Der Stpfl. ist belastet, wenn ein Ereignis in seiner persönlichen Lebenssphäre ihn zu Ausgaben zwingt, die er selbst endgültig zu tragen hat. Die Belastung tritt mit der Verausgabung ein, Erstattungen von dritter Seite (z.B. durch Versicherungen) sind anzurechnen (vgl. R 33.1 Sätze 1 bis 3 EStR).

Gehören Aufwendungen bereits zu den **Betriebsausgaben bzw. Werbungskosten oder Sonderausgaben**, können sie grds. nicht mehr zu den außergewöhnlichen Belastungen zählen (§ 33 Abs. 2 EStG). Das gilt auch dann, wenn sich die Ausgaben steuerlich dort nicht oder nicht in vollem Umfang auswirken (z.B. BFH v. 7.11.2000, III R 23/98, BStBl II 2001, 338: kein Abzug der über den Höchstbetrag der als Sonderausgaben nach § 10 Abs. 1 Nr. 1 EStG – sog. Realsplitting – hinausgehenden Unterhaltsleistungen an den geschiedenen oder getrennt lebendenden Ehegatten als außergewöhnliche Belastung).

Aufwendungen i.S.d. § 33 Abs. 1 EStG sind grds. in dem Veranlagungszeitraum zu berücksichtigen, in dem der Stpfl. sie geleistet hat. Eine abweichende Steuerfestsetzung im **Billigkeitswege** nach § 163 AO ist atypischen Ausnahmefällen vorbehalten. Sie kommt nicht bereits dann in Betracht, wenn sich Aufwendungen im Veranlagungszeitraum der Verausgabung (im Urteilsfall Ausgaben für den behindertengerechten Umbau eines Hauses) nicht in vollem Umfang steuermindernd ausgewirkt haben (BFH v. 12.7.2017, VI R 36/15, BStBl II 2017, 979).

3. Zumutbare Belastung

Einen gewissen Eigenanteil soll jeder Stpfl. selber tragen. Der Gesetzgeber hat daher in § 33 Abs. 3 Satz 1 EStG eine nach Einkommen und Familienstand gestaffelte sog. zumutbare Belastung festgelegt, um die die steuerlich abzugsfähigen Aufwendungen gekürzt werden. Sie beträgt: 973

bei einem Gesamtbetrag der Einkünfte	bis 15 340 €	15 340 € bis 51 130 €	über 51 130 €
bei Alleinstehenden ohne Kinder	5 %	6 %	7 %
bei Verheirateten ohne Kinder	4 %	5 %	6 %
bei Arbeitnehmern mit 1 oder 2 Kindern	2 %	3 %	4 %
bei Arbeitnehmern mit 3 oder mehr Kindern	1 %	1 %	2 %

Als **Kinder** des Stpfl. zählen die, für die er Anspruch auf einen Freibetrag nach § 32 Abs. 6 EStG oder auf Kindergeld hat (§ 33 Abs. 3 Satz 2 EStG sowie → *Kindergeld/Freibeträge für Kinder* Rz. 2672). Es reicht aus, wenn der Anspruch lediglich für *einen* Monat bestanden hat; ändert sich die Zahl der Kinder während des Jahres, gilt der günstigere Prozentsatz.

BVerfG und BFH haben entschieden, dass es bei der einkommensteuerrechtlichen Berücksichtigung von Krankheitskosten als außergewöhnliche Belastungen **von Verfassungs wegen nicht geboten ist, auf den Ansatz der zumutbaren Belastung zu verzichten** (BFH v. 21.2.2018, VI R 11/16, BStBl II 2018, 469 und BVerfG v. 8.6.2018, 2 BvR 1936/17, StEd 2018, 617). Der Ansatz der zumutbaren Belastung nach § 33 EStG bei sog. beihilfefähigen Krankheitskosten benachteiligt Stpfl. ohne Beihilfeanspruch nicht in verfassungswidriger Weise gegenüber beihilfeberechtigten Beschäftigten im öffentlichen Dienst (BFH v. 1.9.2021, VI R 18/19).

Von erheblicher Bedeutung für die Praxis ist jedoch ein neueres Urteil des BFH, wonach die zumutbare Belastung künftig völlig neu berechnet werden muss (BFH v. 19.1.2017, VI R 75/14, BStBl II 2017, 684). Danach ist abweichend von der bisherigen (durch die Rechtsprechung gebilligten) Verwaltungsauffassung, wonach sich die Höhe der zumutbaren Belastung ausschließlich nach dem höheren Prozentsatz richtet, sobald der Gesamtbetrag der Einkünfte eine der in § 33 Abs. 3 Satz 1 EStG genannten Grenzen überschreitet, die Regelung so zu verstehen, dass **nur der Teil des Gesamtbetrags der Einkünfte, der den im Gesetz genannten Grenzbetrag übersteigt, mit dem jeweils höheren Prozentsatz belastet** wird.

Die Finanzverwaltung verfährt inzwischen nach der neuen BFH-Rechtsprechung.

Beispiel:

Die Eheleute A, zwei Kinder, haben Krankheitskosten i.H.v. 4 148 € als außergewöhnliche Belastungen geltend gemacht; ihr Gesamtbetrag der Einkünfte (GdE) beträgt 51 835 €.

Das **Finanzamt** hat nach Abzug der zumutbaren Belastung von 2 073 € (4 % von 51 835 €) nur **2 075 €** als Krankheitskosten steuerlich berücksichtigt.

Nach dem BFH-Urteil ist die zumutbare Belastung dagegen stufenweise zu berechnen:

– 2 % des Teils des GdE bis 15 340 €:	15 340 € x 2 % =	306,80 €
– 3 % des Teils des GdE zwischen 15 340 € und 51 130 €:	35 790 € x 3 % =	1 073,70 €
– 4 % des Teils des GdE über 51 130 €:	705 € x 4 % =	28,20 €
ergibt zusammen		1 408,70 €

Es verbleiben somit abzugsfähige Krankheitskosten i.H.v. **2 739 €** (4 148 € – 1 409 €); d.h. Differenz zu Gunsten des Stpfl. 664 € (2 739 € – 2 075 €).

4. ABC der außergewöhnlichen Belastungen

974 Nachstehend einige BFH- und FG-Entscheidungen sowie Verwaltungsanweisungen zur Anerkennung außergewöhnlicher Belastungen (s.a. R 33.1 bis 33.4 EStR, H 33.1–33.4 EStH sowie die weiteren Hinweise im Amtlichen Einkommensteuer-Handbuch 2024, veröffentlicht auf den Internetseiten des BMF):

975 **Abfindungen:** Abfindungen aus Anlass einer Vermögensauseinandersetzung (z.B. Erbauseinandersetzung, Ehescheidung) gehören nicht zu den außergewöhnlichen Belastungen, da es sich um eine bloße Vermögensverschiebung handelt. Das Gleiche gilt grds. für Abfindungen aus Anlass eines Wohnungswechsels. Soweit der Wohnungswechsel jedoch z.B. wegen der Krankheit eines völlig gelähmten Sohnes notwendig war, können die Aufwendungen nach § 33 EStG zu berücksichtigen sein (BFH v. 8.10.2008, VI B 66/08, m.w.N.).

976 **Abkürzung des Zahlungsweges, Abzugsberechtigte Person:** Bei den außergewöhnlichen Belastungen kommt der Abzug von Aufwendungen eines Dritten auch unter dem Gesichtspunkt der Abkürzung des Vertragswegs nicht in Betracht (BMF v. 7.7.2008, IV C 1 – S 2211/07/10007, BStBl I 2008, 717).

977 **Ablösung:** Die Ablösung laufender Leistungen, die selbst eine außergewöhnliche Belastung darstellen, sind gleichfalls außergewöhnliche Belastung, wenn die Ablösung zwangsläufig ist (BFH v. 17.5.1963, VI 273/62 U, BStBl III 1963, 378).

978 **Abrisskosten:** Verletzt der Eigentümer eines Gebäudes seine Instandhaltungspflicht und wird das Gebäude hierdurch einsturzgefährdet und schließlich im Wege der Ersatzvornahme abgerissen, kann der Eigentümer die Abrisskosten nicht als außergewöhnliche Belastung geltend machen, da diese ihm nicht zwangsläufig erwachsen sind. Dies gilt auch, wenn er sich durch eine Absprache mit einem zwischenzeitlich verstorbenen Miteigentümer an einer Einflussnahme auf das Haus gehindert sah (FG Hamburg v. 23.1.2020, 5 K 132/18, EFG 2020, 580).

Abwehrkosten: Abwehrkosten zur Abwehr drohender Rechtsnachteile sind i.d.R. keine außergewöhnliche Belastung, da sie regelmäßig auf freiwilliges eigenes Tun zurückzuführen sind (BFH v. 15.11.1957, VI 279/56 U, BStBl III 1958, 105, BFH v. 19.1.1956, IV 604/54 U, BStBl III 1956, 85 und BFH v. 23.2.1956, IV 598/54 U, BStBl III 1956, 128). 979

Die Kosten für die Beauftragung eines privaten Sicherheitsdienstes führen zu außergewöhnlichen Belastungen, wenn die Aufwendungen notwendig und angemessen sind, um eine Gefahr für Leib und Leben abzuwehren (FG Münster v. 11.12.2017, 13 K 1045/15 E, EFG 2018, 560).

Adoption: Aufwendungen für die Adoption eines Kindes sind keine außergewöhnlichen Belastungen (BVerfG v. 13.6.2016, 2 BvR 1208/15, StEd 2016, 467). 980

Alkoholismus: Aufwendungen zur Bekämpfung/Heilung von Alkoholismus sowie medizinisch indizierte Nachbehandlungskosten einer Therapie sind als außergewöhnliche Belastung abzugsfähig. Es handelt sich um Krankheitskosten, die ohne Rücksicht darauf abzugsfähig sind, ob der Krankheitszustand selbst verursacht wurde (BFH v. 13.2.1987, III R 208/81, BStBl II 1987, 427). 981

Nicht abzugsfähig sind dagegen die Kosten zur Befriedigung des Alkoholismus (Sucht).

Allergiker: Aufwendungen für das Fällen der das Wohnhaus umgebenden Birken können als außergewöhnliche Belastung abgezogen werden, wenn sie wegen der Birkenpollenallergie des minderjährigen Kindes anfallen (BFH v. 15.3.2007, III R 28/06). 982

Altersheim: → *„Heimunterbringung"* Rz. 1046, → *„Heimunterbringung von Angehörigen"* Rz. 1047, → *„Pflegeaufwendungen, eigene"* Rz. 1036, → *„Pflegeaufwendungen für Dritte"* Rz. 1083. 983

Angehörige: Für übliche Unterhaltsleistungen gilt abschließend die Sonderregelung des § 33a Abs. 1, 4 EStG (→ *Außergewöhnliche Belastungen in besonderen Fällen* Rz. 1141). Soweit die Leistungen auf Grund besonderer Umstände geleistet werden, kann eine Anwendung von § 33 EStG in Betracht kommen. 984

Typische Unterhaltsleistungen sind insbesondere die Leistungen nach dem Bundessozialhilfegesetz, wie z.B. Aufwendungen für Ernährung, Kleidung, Wohnung, Hausrat und notwendige Versicherungen.

Erwachsen dem Stpfl. außer Aufwendungen für den typischen Unterhalt und eine Berufsausbildung Aufwendungen für einen besonderen Unterhaltsbedarf der unterhaltenen Person, z.B. Krankheitskosten, kommt dafür eine Steuerermäßigung nach § 33 EStG in Betracht.

Aufwendungen für die krankheitsbedingte Unterbringung von Angehörigen in einem Altenpflegeheim fallen unter § 33 EStG, während Aufwendungen für deren altersbedingte Heimunterbringung nur nach § 33a Abs. 1 EStG berücksichtigt werden können.

Der BFH hat entschieden, dass Unterhaltsleistungen an in Deutschland (lediglich) geduldete (= Aussetzung der Abschiebung), nicht unterhaltsberechtigte Angehörige weder nach § 33a EStG noch nach § 33 EStG als außergewöhnliche Belastungen zu berücksichtigen sind. Dies gilt auch dann, wenn sich der Stpfl. gem. § 68 AufenthG gegenüber der Ausländerbehörde/Auslandsvertretung verpflichtet hat, die Kosten für den Lebensunterhalt seiner Angehörigen zu tragen, BFH v. 2.12.2021, VI R 40/19, HFR 2022, 442 hat das Urteil des FG Köln v. 9.4.2019 aufgehoben und die Klage abgewiesen.

Asbestbeseitigung: Aufwendungen zur Beseitigung von Asbest können außergewöhnliche Belastungen sein, wenn von dem Asbest konkret zu befürchtende Gesundheitsgefährdungen ausgehen. Der Stpfl. muss nachweisen, dass er sich den Aufwendungen aus tatsächlichen Gründen nicht entziehen konnte. Die Notwendigkeit einer Asbestsanierung hängt maßgeblich von der verwendeten Asbestart und den baulichen Gegebenheiten ab. Die Aufwendungen sind nur dann abziehbar, wenn dem Grundstückseigentümer kein Verschulden an der Belastung trifft, die Belastung für ihn beim Grundstückserwerb nicht erkennbar war und realisierbare Ersatzansprüche gegen Dritte nicht gegeben sind (BFH v. 29.3.2012, VI R 47/10, BStBl II 2012, 570 sowie → *„Gesundheitsgefährdung"* Rz. 1040). 985

Asyl: Die Anerkennung als Asylberechtigter lässt nicht ohne weiteres auf ein unabwendbares Ereignis für den Verlust von Hausrat 986 und Kleidung schließen (BFH v. 26.4.1991, III R 69/87, BStBl II 1991, 755 sowie → *„Flucht“* Rz. 1032).

987 **Auflagen nach Strafverfahren:** Aufwendungen zur Erfüllung von Auflagen und Weisungen sind bei einer Einstellung des Strafverfahrens nach § 153a Abs. 2 StPO nicht als außergewöhnliche Belastung zu berücksichtigen (BFH v. 21.9.2016, VI B 34/16).

988 **Augen-Laser-Operation:** Es handelt sich stets um Krankheitskosten, da die Behandlung zur Heilung einer Krankheit (Fehlsichtigkeit) dient. Für die Anerkennung der Aufwendungen ist die Vorlage eines amtsärztlichen Gutachtens nicht erforderlich (R 33.4 Abs. 1 Satz 2 EStR).

989 **Ausbildungskosten:** Ausbildungskosten der eigenen Berufsausbildung erwachsen regelmäßig nicht zwangsläufig, sondern erwachsen auf Grund freier Entschließung des Stpfl. (BFH v. 18.4.1990, III R 126/86, BStBl II 1990, 738). Soweit die Ausgaben nach § 10 Abs. 1 Nr. 7 EStG als Sonderausgaben abzugsfähig sind, ist insoweit die Berücksichtigung als außergewöhnliche Belastung nach § 33 Abs. 1 Satz 2 zweiter Halbsatz EStG ausgeschlossen. Die üblichen Kosten der Aus- und Weiterbildung sind gleichfalls nicht zwangsläufig.

Studiengebühren für den Besuch einer (privaten) Hochschule sind grds. weder nach § 33a Abs. 2 EStG noch nach § 33 EStG als außergewöhnliche Belastung abziehbar (BFH v. 17.12.2009, VI R 63/08, BStBl II 2010, 341).

Aufwendungen für Lerntherapie und Erziehungsberatung eines hochbegabten Kindes sind nicht als außergewöhnliche Belastungen abziehbar, wenn das Kind im Zeitpunkt der betreffenden Therapiemaßnahme nicht erkrankt ist. Eine Hochbegabung als solche stellt keine Erkrankung dar (BFH v. 19.11.2015, VI R 45/14, HFR 2016, 338 und FG Köln v. 20.3.2019, 4 K 1961/16).

Aufwendungen für den Besuch einer Schule für Hochbegabte können als außergewöhnliche Belastungen abziehbar sein, wenn der Schulbesuch medizinisch angezeigt war. Da Hochbegabung keine Behinderung i.S.d. § 64 Abs. 1 Nr. 2 Buchst. c EStDV ist, ist der Nachweis nach § 64 Abs. 1 Nr. 1 EStDV zu erbringen (BFH v. 12.5.2011, VI R 37/10, BStBl II 2013, 783).

Kosten einer Umschulung können zwangsläufig sein, wenn der Berufswechsel selbst zwangsläufig ist, wenn der bisherige Beruf etwa infolge Krankheit oder Behinderung nicht mehr ausgeübt werden kann (BFH v. 22.3.1967, VI R 300/66, BStBl II 1967, 596).

990 **Auslandsstudium:** Typische Aufwendungen für ein Auslandsstudium sind durch den Ausbildungsfreibetrag nach § 33a Abs. 2 EStG abgegolten. Auch Kosten eines Auslandsstudiums bei numerus-clausus-Fächern sind nicht abzugsfähig (BFH v. 21.4.1987, III B 165/86).

991 **Außergewöhnlich:** Außergewöhnlich sind Aufwendungen, wenn sie nicht nur der Höhe, sondern auch ihrer Art und dem Grunde nach außerhalb des Üblichen liegen und insofern nur einer Minderheit entstehen. Die typischen Aufwendungen der Lebensführung sind aus dem Anwendungsbereich des § 33 EStG ungeachtet ihrer Höhe im Einzelfall ausgeschlossen (BFH v. 12.11.1996, III R 38/95, BStBl II 1997, 387).

992 **Aussteuer:** Aufwendungen für die Aussteuer einer heiratenden Tochter sind regelmäßig nicht als zwangsläufig anzusehen. Dies gilt auch dann, wenn die Eltern ihrer Tochter keine Berufsausbildung gewährt haben (BFH v. 3.6.1987, III R 141/86, BStBl II 1987, 779).

993 **Auswanderung:** Kosten einer Auswanderung erwachsen grds. nicht zwangsläufig. Auch Kosten der nachträglichen Legalisierung einer nicht genehmigten Auswanderung sind nicht abzugsfähig (BFH v. 15.4.1992, III R 11/91, BStBl II 1992, 821 m.w.N.).

994 **Ayurveda-Behandlung:** Abzugsfähig bei Vorlage eines vor Behandlungsbeginn erstellten amtsärztlichen Attests (BFH v. 1.2.2001, III R 22/00, BStBl II 2001, 543).

995 **Baumängel:** Aufwendungen zur Beseitigung selbst gesundheitsgefährdender Baumängel sind grds. nicht abzugsfähig. Ohne Bedeutung ist, ob es sich um gewöhnliche und ungewöhnliche Baumängel handelt (BFH v. 15.6.2016, VI R 44/15, HFR 2017, 44). Dies gilt auch für Kosten, die durch Rechtsstreitigkeiten im Zusammenhang mit der Errichtung eines Eigenheims entstanden sind (FG Rheinland-Pfalz v. 7.5.2020, 3 K 2036/19).

Aufwendungen des Stpfl. für die Beseitigung von Baumängeln zur Ermöglichung einer erstmaligen baurechtskonformen und brandschutzrechtskonformen Nutzung einer Dachgeschosswohnung zu eigenen Wohnzwecken sind keine außergewöhnliche Belastung i.S.v. § 33 Abs. 1 EStG. Aufwendungen zur Beseitigung von durch Baumängel verursachten Schäden führen grds. nicht zum Abzug als außergewöhnliche Belastung nach § 33 EStG, auch dann nicht, wenn eine selbstgenutzte Wohnung betroffen ist und Gewährleistungsansprüche gegenüber Dritten nicht durchsetzbar sind (FG Berlin-Brandenburg v. 18.3.2021, 9 K 9147/19).

Beerdigung: Beerdigungskosten können als außergewöhnliche Belastung nur abgezogen werden, soweit sie nicht aus dem Nachlass oder durch sonstige im Zusammenhang mit dem Tod zugeflossene Geldleistungen gedeckt sind (BFH v. 21.2.2018, VI R 11/16, BStBl II 2018, 469 sowie FG Hamburg v. 1.8.2019, 6 K 53/19, m.w.N.). Bei der Ermittlung des Werts des Nachlasses sind Hausrat und Kleidung außer Ansatz zu lassen (OFD Berlin v. 27.11.2003, St 177 – S 2284 – 1/90). 996

Der BFH hat mit Urteil v. 22.10.2019, VI R 48/17, HFR 2020, 235 entschieden, dass Aufwendungen für die Sanierung einer Grabstätte keine außergewöhnliche Belastung sind. Dies gilt auch dann, wenn es sich um eine über 100 Jahre alte Familiengrabstätte handelt und Standsicherheitsmängel auf Anordnung der Friedhofsverwaltung beseitigt werden.

Beerdigungskosten werden außerdem nur insoweit berücksichtigt, als sie als **angemessen** (zwangsläufig) angesehen werden können. Das ist nur dann der Fall, wenn die Beerdigungskosten seit 2003 **7 500 €** (einschließlich Grabstein) nicht übersteigen. Der Betrag von 7 500 € ist um Versicherungs- und sonstige Drittleistungen zu kürzen (OFD Berlin v. 27.11.2003, St 177 – S 2284 – 1/90).

Leistungen aus einer **Sterbegeldversicherung** oder aus einer **Lebensversicherung**, die dem Stpfl. anlässlich des Todes eines nahen Angehörigen außerhalb des Nachlasses zufließen, sind auf die als außergewöhnliche Belastung anzuerkennenden Kosten anzurechnen (BFH v. 22.2.1996, III R 7/94, BStBl II 1996, 413), **nicht** dagegen das an Hinterbliebene als lohnsteuerpflichtiger Versorgungsbezug ausgezahlte **Sterbegeld** für Beschäftigte im öffentlichen Dienst; anzurechnen ist nur der steuerfrei bleibende Teil des Versorgungsbezugs (FG Düsseldorf v. 15.6.2020, 11 K 2024/18 E, EFG 2020, 1295, Revision als unbegründet zurückgewiesen, BFH v. 15.6.2023, VI R 33/20).

Zu den außergewöhnlichen Belastungen gehören nur solche Aufwendungen, die unmittelbar mit der eigentlichen Bestattung zusammenhängen. Nur **mittelbar** mit einer Bestattung zusammenhängende Kosten werden mangels Zwangsläufigkeit nicht als außergewöhnliche Belastung anerkannt. Zu diesen mittelbaren Kosten gehören z.B.:

- Aufwendungen für Blumen und Kränze sowie für die Bewirtung von Trauergästen (FG Düsseldorf v. 15.6.2020, 11 K 2024/18 E, EFG 2020, 1295, Revision als unbegründet zurückgewiesen, Az. des BFH: VI R 33/20),
- Aufwendungen für die Trauerkleidung (BFH v. 12.8.1966, VI R 76/66, BStBl II 1967, 364),
- Reisekosten für die Teilnahme an einer Bestattung eines nahen Angehörigen (BFH v. 17.6.1994, III R 42/93, BStBl II 1994, 754).

Dagegen sind Aufwendungen für eine Bestattungsvorsorge (Sterbegeldversicherung) nicht als außergewöhnliche Belastung gem. § 33 Abs. 1 EStG abzugsfähig (FG Münster v. 23.6.2025, 10 K 1483/24 E).

Begleitperson: Neben dem Behinderten-Pauschbetrag können auch Aufwendungen für eine Begleitperson als außergewöhnliche Belastung geltend gemacht werden (BFH v. 4.7.2002, III R 58/98, BStBl II 2002, 765). Die Notwendigkeit der Betreuung des Stpfl. durch eine Begleitperson ist durch ein amtsärztliches Gutachten oder eine ärztliche Bescheinigung eines Medizinischen Dienstes der Krankenversicherung (§ 275 SGB V) zu erbringen, sofern sich diese nicht bereits aus dem Nachweis der Behinderung nach § 65 Abs. 1 Nr. 1 EStDV ergibt (§ 64 Abs. 1 Nr. 2d EStDV). 997

Unterscheidet sich die von Eltern mit ihren schwer behinderten Kindern unternommene Reise – abgesehen von den besonderen behinderungsbedingten Erschwernissen – nicht von einem üblichen Familienurlaub, so können die auf die Eltern entfallenden Reisekosten nicht als außergewöhnliche Belastung abgezogen werden (BFH v. 26.1.2006, III R 22/04).

Aufwendungen eines Schwerbehinderten für eine Begleitperson bei Reisen sind jedoch nicht als außergewöhnliche Belastung abziehbar, wenn die Begleitperson ein Ehegatte ist, der aus eigenem Interesse an der Reise teilgenommen hat und für den kein durch die Behinderung des anderen Ehegatten veranlasster Mehraufwand angefallen ist (BFH v. 7.5.2013, VIII R 51/10, BStBl II 2013, 808).

Ist bei einer Kinderkur die Unterbringung in einem Kinderheim zur Erreichung des Kurerfolgs medizinisch nicht geboten, ist bei minderjährigen Kindern die Notwendigkeit einer Begleitperson auf Grund ihres Alters allerdings offenkundig. Eines weiteren (medizinischen) Nachweises bedarf es insoweit nicht (BFH v. 5.10.2011, VI R 88/10, HFR 2012, 36).

998 **Behindertengerechte Ausstattung:** Mehraufwendungen für die notwendige behindertengerechte Gestaltung des individuellen Wohnumfelds sind außergewöhnliche Belastungen. Sie stehen so stark unter dem Gebot der sich aus der Situation ergebenden Zwangsläufigkeit, dass die Erlangung eines etwaigen Gegenwerts regelmäßig in den Hintergrund tritt. Es ist nicht erforderlich, dass die Behinderung auf einem nicht vorhersehbaren Ereignis beruht und deshalb ein schnelles Handeln des Stpfl. oder seiner Angehörigen geboten ist. Auch die Frage nach zumutbaren Handlungsalternativen stellt sich in solchen Fällen nicht (BFH v. 24.2.2011, VI R 16/10, BStBl II 2011, 1012). S.a. → *„Motoryacht"* Rz. 1079.

Ist ein schwerbehinderter Stpfl. Eigentümer eines von ihm bewohnten Einfamilienhauses mit Garten, so können Aufwendungen für die behindertengerechte Umgestaltung des Gartens als außergewöhnliche Belastungen nach § 33 EStG anzuerkennen sein. Das gilt allerdings nur für solche Aufwendungen, die getätigt werden, um dem behinderten Stpfl. den Zugang zum Garten und damit die Nutzung des Gartens dem Grunde nach zu ermöglichen. Ist dagegen der Zugang zum Garten bereits gewährleistet, so sind Baumaßnahmen, die lediglich eine bestimmte Art der Gartennutzung ermöglichen sollen, nicht mehr als zwangsläufig anzusehen (BFH v. 26.10.2022, VI R 25/20, DStR 2023, 391). Aufwendungen für die Anlage eines rollstuhlgerechten Weges bzw. für die Verbreiterung eines Weges im Garten eines Einfamilienhauses waren im Urteilsfall nicht nach § 33 EStG abzugsfähig, weil sich auf der Rückseite des Hauses eine Terrasse befand, die vom Haus aus mit einem Rollstuhl zu erreichen war, und die Stpfl. demnach den Garten bereits vor Durchführung der Baumaßnahme nutzen konnte. Die Verbreiterung des Weges auf der Hausvorderseite erfolgte ausschließlich zu dem Zweck, der Stpfl. den Anbau von Pflanzen auf Hochbeeten und damit eine Freizeitaktivität zu ermöglichen.

Um- oder Neubaukosten eines Hauses oder einer Wohnung können im Veranlagungszeitraum des Abflusses eine außergewöhnliche Belastung darstellen, soweit die Baumaßnahme durch die Behinderung bedingt ist. Eine Verteilung auf mehrere Veranlagungszeiträume ist nicht zulässig (R 33.4 Abs. 5 Sätze 1 und 2 EStR).

Für den **Nachweis der Zwangsläufigkeit** der Aufwendungen ist die Vorlage folgender Unterlagen ausreichend (R 33.4 Abs. 5 Satz 3 EStR):

- der Bescheid eines gesetzlichen Trägers der Sozialversicherung oder der Sozialleistungen über die Bewilligung eines pflege- bzw. behinderungsbedingten Zuschusses (z.B. zur Verbesserung des individuellen Wohnumfeldes nach § 40 Abs. 4 SGB XI) oder
- das Gutachten des Medizinischen Dienstes der Krankenversicherung (MDK), des Sozialmedizinischen Dienstes (SMD) oder der Medicproof Gesellschaft für Medizinische Gutachten mbH.

Mehrkosten für die Anschaffung eines größeren Grundstücks zum Bau eines behindertengerechten Bungalows sind nicht als außergewöhnliche Belastung i.S.d. § 33 EStG zu berücksichtigen. Sie entstehen nicht zwangsläufig. Denn sie sind nicht vornehmlich der Krankheit oder Behinderung geschuldet, sondern in erster Linie Folge des frei gewählten Wohnflächenbedarfs des Stpfl. (BFH v. 17.7.2014, VI R 42/13, BStBl II 2014, 931).

999 **Besuchsreisen:** Zu den nicht außergewöhnlichen, bei typisierender Betrachtung abgegoltenen Aufwendungen gehören i.d.R. die Kosten für Fahrten, um nahe Angehörige zu besuchen (FG Münster v. 1.3.2021, 9 K 1651/18 E). Durch die Regelungen des Familienleistungsausgleichs sind auch die Kosten eines alleinstehenden Elternteils für Wochenendfahrten zu einem von ihm getrennt lebenden Kind in Erfüllung der elterlichen Pflicht zur Personensorge abgegolten (BFH v. 11.1.2011, VI B 60/10).

Besuchsfahrten zu einem für längere Zeit in einem Krankenhaus liegenden Ehegatten oder Kind des Stpfl. können berücksichtigt werden, wenn der behandelnde Krankenhausarzt bestätigt, dass der Besuch des Stpfl. zur Heilung oder Linderung der Krankheit entscheidend beitragen kann (§ 64 Abs. 1 Nr. 3 EStDV).

Aufwendungen für Besuchsreisen ins Ausland sind auch dann keine außergewöhnliche Belastung, wenn der Stpfl., in dessen Haushalt das Kind lebt, die Aufwendungen des anderen Elternteils für dessen Besuchsreise zu tragen hat (FG Niedersachsen v. 5.12.2018, 3 K 15/18, EFG 2019, 344).

Betreuervergütung: Vergütungen für einen ausschließlich zur 1000
Vermögenssorge bestellten Betreuer stellen keine außergewöhnlichen Belastungen, sondern Betriebsausgaben bzw. Werbungskosten bei den mit dem verwalteten Vermögen erzielten Einkünften dar, sofern die Tätigkeit des Betreuers weder einer kurzfristigen Abwicklung des Vermögens noch der Verwaltung ertraglosen Vermögens dient (BFH v. 14.9.1999, III R 39/97, BStBl II 2000, 69).

Betrug: Durch Betrug veranlasste vergebliche Zahlungen für einen 1001
Grundstückskauf sind nicht zwangsläufig (BFH v. 19.5.1995, III R 12/92, BStBl II 1995, 774).

Brandschaden: Bei Zerstörung von Kleidung und Hausrat durch 1002
Brand sind Ersatzleistungen aus der Hausratversicherung in vollem Umfang als Vorteilsausgleich anzurechnen (BFH v. 30.6.1999, III R 8/95, BStBl II 1999, 766).

Brille: Als Krankheitskosten abzugsfähig. Wurde die Notwendig- 1003
keit einer Sehhilfe in der Vergangenheit durch einen Augenarzt festgestellt, genügt in den Folgejahren die Sehschärfenbestimmung durch einen Augenoptiker (R 33.4 Abs. 1 Satz 4 EStR).

Bulimie: Durch Bulimie entstandene erhöhte Lebensmittelauf- 1004
wendungen sind nicht als außergewöhnliche Belastung nach § 33 EStG abziehbar (FG Münster v. 19.2.2019, 12 K 302/17 E, EFG 2019, 623).

Bürgschaft: Die Inanspruchnahme aus einer Bürgschaft ist nur 1005
dann zwangsläufig, wenn die Eingehung der Bürgschaftsverpflichtung zwangsläufig und nicht anfechtbar war. Leistungen auf Grund einer freiwillig eingegangenen Bürgschaft sind nicht zwangsläufig. Auch wenn die Eingehung einer Bürgschaftsverpflichtung für nahe Angehörige menschlich verständlich ist, ist sie nicht aus sittlichen Gründen zwangsläufig. Daher ist auch die Eingehung einer Bürgschaft für betriebliche Schulden des Ehegatten nicht zwangsläufig (BFH v. 18.11.1977, VI R 142/75, BStBl II 1978, 147).

Darlehen: Darlehenszinsen sind als außergewöhnliche Belastung 1006
abzugsfähig, wenn die Darlehensaufnahme selbst zwangsläufig war. Darlehensfinanzierte Aufwendungen, die ihrer Art nach eine außergewöhnliche Belastung darstellen, sind bereits im Veranlagungszeitraum der Verausgabung und nicht erst im Jahr der Darlehenstilgung zu berücksichtigen (BFH v. 10.6.1988, III R 248/83, BStBl II 1988, 814 sowie → *„Verausgabung"* Rz. 1123).

Der Verlust eines Darlehens ist grds. keine außergewöhnliche Belastung.

Darlehenstilgung nach dem BAföG: Die Rückzahlung eines 1007
Darlehens nach dem BAföG ist keine außergewöhnliche Belastung i.S.d. § 33 Abs. 1 EStG.

Delfintherapie: Aufwendungen für Behandlungen mit wissen- 1008
schaftlich umstrittenen Methoden wie für eine Delfintherapie sind – mögen sie auch nicht auf den ersten Blick wertlos sein – grds. nur dann als außergewöhnliche Belastung abziehbar, wenn die medizinische Indikation durch ein vor der Behandlung ausgestelltes amtsärztliches oder vertrauensärztliches Gutachten oder ein Attest eines anderen öffentlich-rechtlichen Trägers nachgewiesen wird (BFH v. 15.11.2007, III B 205/06).

Deutschkurs: → *„Sprachkurs"* Rz. 1102 1009

Diätverpflegung: Aufwendungen, die durch Diätverpflegung ent- 1010
stehen, sind von der Berücksichtigung als außergewöhnliche Belastung auch dann ausgeschlossen, wenn die Diätverpflegung an die Stelle einer sonst erforderlichen medikamentösen Behandlung tritt (§ 33 Abs. 2 Satz 3 EStG, BFH v. 21.6.2007, III R 48/04, BStBl II 2007, 880). Der BFH (v. 4.11.2021, VI R 48/18, HFR 2022, 239) hat nun entschieden, dass das Abzugsverbot für Aufwendungen für

Diätverpflegung nach § 33 Abs. 2 Satz 3 EStG verfassungsgemäß ist und die Revision der Kläger gegen das Urteil des FG Köln v. 13.9.2018 als unbegründet zurückgewiesen. Entsprechend hat die Finanzverwaltung den Vorläufigkeitserlass aufgehoben (BMF v. 28.3.2022, IV A 3 – S 0338/19/10006 :001, BStBl I 2022, 203).

Aufwendungen für Arzneimittel i.S.d. § 2 des Arzneimittelgesetzes unterfallen nicht dem Abzugsverbot für Diätverpflegung nach § 33 Abs. 2 Satz 3 EStG, wenn die Zwangsläufigkeit (medizinische Indikation) der Medikation durch ärztliche Verordnung nachgewiesen ist (BFH v. 14.4.2015, VI R 89/13, BStBl II 2015, 703).

1011 **Diebstahl:** Grundsätzlich ist weder der Verlust einer Sache durch Diebstahl noch die anschließende Ersatzbeschaffung eine außergewöhnliche Belastung. Sind jedoch Hausrat, Kleidung oder andere existenziell notwendige Gegenstände durch ein unabwendbares Ereignis verloren gegangen, so ist die Ersatzbeschaffung außergewöhnliche Belastung, wenn es sich um Sachen handelt, die zur angemessenen Auffüllung (des Hausrats) üblicherweise notwendig sind. Ein solches unabwendbares Ereignis ist grds. auch der Verlust infolge Diebstahls, hier ist jedoch im Einzelfall zu prüfen, ob die Ersatzbeschaffung tatsächlich notwendig war. Bedeutsam ist zudem, ob eine allgemein zugängliche Versicherung abgeschlossen wurde (s. ausführlich R 33.2 EStR).

1012 **Doktortitel:** Druckkosten einer Dissertation sind keine außergewöhnliche Belastung. Eine „Verpflichtung" zu promovieren besteht nicht (BFH v. 7.8.1967, VI R 297/66).

1013 **Ehescheidung:** Prozesskosten sind **seit 2013** grds. vom Abzug als außergewöhnliche Belastung ausgeschlossen (§ 33 Abs. 2 Satz 4 EStG sowie → *Prozesskosten* Rz. 1086). Dies gilt auch für die Kosten der Scheidung/Aufhebung einer Lebenspartnerschaft sowie für Rechtsstreitigkeiten über Umgangsrecht und Unterhalt (BFH v. 13.8.2020, VI R 27/18, BStBl II 2021, 86).

1014 **Eheschließung:** Damit verbundene Kosten sind nicht als außergewöhnliche Belastung abzugsfähig. Dies gilt auch dann, wenn bei einer Eheschließung ein Ehegatte aus Übersee stammt, so dass Aufwendungen entstehen, die bei einer Eheschließung zweier am selben Ort ansässiger Deutscher nicht angefallen wären. Aufwendungen für eine Eheschließung stellen generell keine außergewöhnliche Belastung dar. Dies gilt auch unter Berücksichtigung von Art. 6 Abs. 1 GG (BFH v. 15.4.1992, III R 11/91, BStBl II 1992, 821).

1015 **Ehrenamt:** Aufwendungen, die mit einem Ehrenamt verbunden sind, können grds. nicht als außergewöhnliche Belastung anerkannt werden. Für Aufwendungen, die einem Stpfl. durch die Tätigkeit als Vormund, Beistand oder Pfleger entstehen und die nicht von dritter Seite ersetzt werden, kann jedoch eine Steuerermäßigung wegen außergewöhnlicher Belastung nach § 33 EStG in Betracht kommen, wenn der Stpfl. zur Übernahme des Amtes verpflichtet war, so dass nach den Umständen des Einzelfalles die Aufwendungen als zwangsläufig anzusehen sind (FinMin Baden-Württemberg v. 20.11.1984, S 2384 – 2/68).

1016 **Eigene Pflegeaufwendungen:** Ob die Pflegebedürftigkeit bereits vor Beginn des Heimaufenthalts oder erst später eingetreten ist, ist ohne Bedeutung (BMF v. 20.1.2003, IV C 4 – S 2284 – 2/03, BStBl I 2003, 89).

Werden die Aufwendungen des Stpfl. für seine behinderungsbedingte Unterbringung in einem Altenwohnheim als außergewöhnliche Belastung nach § 33 EStG berücksichtigt, steht dem Stpfl. daneben der Behinderten-Pauschbetrag nach § 33b Abs. 3 Satz 3 EStG nicht zu (BFH v. 4.11.2004, III R 38/02, BStBl II 2005, 271).

1017 **Einbürgerung:** Kosten der Einbürgerung erwachsen nicht zwangsläufig.

1018 **Elektrosmog:** Ein Abzug als außergewöhnliche Belastung kommt nicht in Betracht, wenn die gesetzlich festgelegten Grenzwerte für Mobilfunkstrahlen nicht überschritten sind und es an einem vor Ergreifen der Schutzmaßnahmen erstellten amtsärztlichen Attest zum Nachweis der behaupteten Gesundheitsbeeinträchtigung fehlt (BFH v. 29.1.2007, III B 137/06).

1019 **Eltern-Kind-Verhältnis:** Aufwendungen des nichtsorgeberechtigten Elternteils zur Kontaktpflege sind nicht außergewöhnlich (BFH v. 27.9.2007, III R 28/05, BStBl II 2008, 287).

1020 **Ergänzungspflegervergütung:** Wird für einen Minderjährigen im Zusammenhang mit einer Erbauseinandersetzung die Anordnung einer Ergänzungspflegschaft erforderlich, sind die Aufwendungen hierfür nicht als außergewöhnliche Belastungen zu berücksichtigen (BFH v. 14.9.1999, III R 39/97, BStBl II 2000, 69).

Erpressungs- und Lösegelder: Erpressungsgelder sind keine außergewöhnlichen Belastungen, wenn der Erpressungsgrund selbst und ohne Zwang geschaffen worden ist (BFH v. 18.3.2004, III R 31/02, BStBl II 2004, 867). 1021

Ersatz von dritter Seite: Nach der BFH-Rechtsprechung geltenden folgende Grundsätze: 1022

1. Allgemeines

Ersatz und Unterstützungen von dritter Seite zum Ausgleich der Belastung sind von den berücksichtigungsfähigen Aufwendungen abzusetzen, es sei denn, die vertragsgemäße Erstattung führt zu steuerpflichtigen Einnahmen beim Stpfl. (BFH v. 14.3.1975, VI R 63/73, BStBl II 1975, 632 und BFH v. 6.5.1994, III R 27/92, BStBl II 1995, 104). Die Ersatzleistungen sind auch dann abzusetzen, wenn sie erst in einem späteren Kalenderjahr gezahlt werden, der Stpfl. aber bereits in dem Kalenderjahr, in dem die Belastung eingetreten ist, mit der Zahlung rechnen konnte (BFH v. 21.8.1974, VI R 236/71, BStBl II 1975, 14). Werden Ersatzansprüche gegen Dritte nicht geltend gemacht, entfällt die Zwangsläufigkeit, wobei die Zumutbarkeit Umfang und Intensität der erforderlichen Rechtsverfolgung bestimmt (BFH v. 20.9.1991, III R 91/89, BStBl II 1992, 137 und BFH v. 18.6.1997, III R 84/96, BStBl II 1997, 805). Der Verzicht auf die Inanspruchnahme von staatlichen Transferleistungen (z.B. Eingliederungshilfe nach § 35a SGB VIII) steht dem Abzug von Krankheitskosten als außergewöhnliche Belastungen nicht entgegen (BFH v. 11.11.2010, VI R 17/09, BStBl II 2011, 969). Der Abzug von Aufwendungen nach § 33 EStG ist ausgeschlossen, wenn der Stpfl. eine allgemein zugängliche und übliche Versicherungsmöglichkeit nicht wahrgenommen hat (BFH v. 6.5.1994, III R 27/92, BStBl II 1995, 104). Dies gilt auch, wenn lebensnotwendige Vermögensgegenstände, wie Hausrat und Kleidung wiederbeschafft werden müssen (BFH v. 26.6.2003, III R 36/01, BStBl II 2004, 47).

Werden Krankheitskosten als außergewöhnliche Belastungen geltend gemacht und der Nachweis der Zwangsläufigkeit nach § 64 EStDV erbracht, ist die Zwangsläufigkeit der Aufwendungen nicht dadurch ausgeschlossen, dass der Stpfl. seiner Krankenversicherungspflicht nicht nachkommt. R 33.2 Nr. 7 EStR und H 33.1-33.4 „Ersatz von dritter Seite" EStH sind insoweit nicht – analog – anzuwenden (LfSt Rheinland-Pfalz v. 18.12.2014, S 2284 A – St 32 3).

2. Hausratversicherung

Anzurechnende Leistungen aus einer Hausratversicherung sind nicht aufzuteilen in einen Betrag, der auf allgemein notwendigen und angemessenen Hausrat entfällt, und in einen solchen, der die Wiederbeschaffung von Gegenständen und Kleidungsstücken gehobenen Anspruchs ermöglichen soll (BFH v. 30.6.1999, III R 8/95, BStBl II 1999, 766).

3. Krankenhaustagegeldversicherungen

Bis zur Höhe der durch einen Krankenhausaufenthalt verursachten Kosten sind die Leistungen abzusetzen, nicht aber Leistungen aus einer Krankentagegeldversicherung (BFH v. 22.10.1971, VI R 242/69, BStBl II 1972, 177).

4. Private Pflegezusatzversicherung

Das aus einer privaten Pflegezusatzversicherung bezogene Pflege(tage)geld mindert die abziehbaren Pflegekosten (BFH v. 14.4.2011, VI R 8/10, BStBl II 2011, 701).

Fahrstuhl: → *„Treppenlift"* Rz. 1111 1023

Fahrtkosten, allgemein: Unumgängliche Fahrtkosten, die dem Grunde nach als außergewöhnliche Belastung zu berücksichtigen sind, sind bei Benutzung eines Pkw nur in Höhe der Kosten für die Benutzung eines öffentlichen Verkehrsmittels abziehbar, es sei denn, es bestand keine zumutbare öffentliche Verkehrsverbindung (BFH v. 3.12.1998, III R 5/98, BStBl II 1999, 227). 1024

S.a. → *„Fahrtkosten von Menschen mit Behinderungen"* Rz. 1025, → *„Familienheimfahrten"* Rz. 1027, → *„Kur"* Rz. 1064, → *„Mittagsheimfahrt"* Rz. 1078, → *„Pflegeaufwendungen für Dritte"* Rz. 1083, → *„Zwischenheimfahrten"* Rz. 1140.

Fahrtkosten von Menschen mit Behinderungen: Kraftfahrzeugkosten von Menschen mit Behinderungen konnten nach bisherigen Verwaltungsregelungen i.R. der Angemessenheit und in einem bestimmten Umfang neben den Behinderten-Pauschbe- 1025 trägen nach § 33b EStG berücksichtigt werden (zuletzt H 33.1 – 33.4 „Fahrtkosten behinderter Menschen" EStH 2019).

Diese Verwaltungsregelungen und die darauf beruhende Rechtsprechung (s. ebenfalls H 33.1 – 33.4 „Fahrtkosten behinderter Menschen" EStH 2019) sind **seit 2021** aus Vereinfachungsgründen durch eine abgeltende gesetzliche Regelung in § 33 Abs. 2a EStG („**behinderungsbedingte Fahrtkostenpauschale**") **ersetzt worden** (→ *Außergewöhnliche Belastungen in besonderen Fällen* Rz. 1162).

1026 **Familienfeste:** Aufwendungen für die Bewirtung von Angehörigen und anderen Gästen bei Anlässen persönlicher Art wie z.B. bei Taufen, Kommunion, Hochzeit oder Geburtstag sind nicht zwangsläufig (BFH v. 17.9.1987, III R 242/83, BStBl II 1988, 130).

1027 **Familienheimfahrten:** Aufwendungen verheirateter Wehrpflichtiger für Familienheimfahrten sind keine außergewöhnliche Belastung (BFH v. 5.12.1969, VI B 74/69, BStBl II 1970, 210).

1028 **Fehlbelegungsabgabe:** Mit Beschluss v. 26.3.1996, 2 BvR 1810/95, hat die 1. Kammer des Zweiten Senats des BVerfG die Verfassungsbeschwerde gegen ein Urteil des FG Hessen nicht zur Entscheidung angenommen, durch welches das Gericht festgestellt hatte, die Fehlbelegungsgabe erfülle nicht die nach § 10b EStG an eine Spende zu stellenden Anforderungen und stelle auch keine außergewöhnliche Belastung i.S.d. § 33 EStG dar.

1029 **Fettabsaugung, -reduktion:** Aufwendungen für Liposuktion (Operation zur Fettabsaugung) bei Lipödem (sog. Reiterhosenfettsucht) können außergewöhnliche Belastungen sein, wenn die Aufwendungen medizinisch indiziert sind (BFH v. 26.6.2014, VI R 51/13, BStBl II 2015, 9 sowie BFH v. 18.6.2015, VI R 68/14, BStBl II 2015, 803).

Nach BFH v. 23.3.2023, VI R 39/20, BFH/NV 2023, 1003 und v. 10.8.2023, VI R 36/20, BFH/NV 2024, 7 können Kosten einer Liposuktion (Fettabsaugung) bei einer Lipödemerkrankung als außergewöhnliche Belastung abgezogen werden, wenn eine ärztliche Verordnung vorliegt. Ein vorheriges amtsärztliches Gutachten ist – abweichend von der bisherigen finanzgerichtlichen Rechtsprechung – nicht erforderlich.

Eine Fettleibigkeit im Bereich des Mons pubis (Schambein) begründet einen Anspruch auf Krankenbehandlung nur dann, wenn diese einen Krankheitswert hat. Ein im zivilgerichtlichen Verfahren hierzu eingeholtes Sachverständigengutachten kann auch im finanzgerichtlichen Verfahren verwertet werden. Eine psychische Belastung wegen einer Unzufriedenheit mit dem äußeren Erscheinungsbild kann eine medizinische Notwendigkeit einer Operation nicht begründen. Vielmehr sind die psychischen Folgen einer Entstellung, die keinen Krankheitswert erreicht, mit den Mitteln der Psychotherapie zu lindern (FG Nürnberg v. 1.10.2020, 4 K 1023/18, EFG 2021, 455).

1030 **Feuerwehrabgabe:** Haben nicht zum Feuerwehrdienst herangezogene Bürger bestimmter Altersklassen eine Abgabe dafür zu leisten (so die Feuerwehrabgabe in Baden-Württemberg), so ist dies keine außergewöhnliche Belastung (BFH v. 12.12.1973, VI R 23/71, BStBl II 1974, 300).

1031 **Fitness- und Gesundheitsclubs:** Aufwendungen für den Besuch eines Fitness- und Gesundheitsclubs sind auch dann nicht als außergewöhnliche Belastung abziehbar, wenn dort auf ärztliche Empfehlung in erster Linie nur Thermalbewegungsbäder und Muskelaufbautraining durchgeführt werden, soweit für diese Maßnahmen keine konkreten (Einzel-)Verordnungen eines Arztes oder Heilpraktikers vorliegen. Pauschale ärztliche Bescheinigungen, in denen allgemein festgestellt wird, dass bei dem Krankheitsbild des Stpfl. Sporttherapie, Krankengymnastik und Übungen im Bewegungsbad unter therapeutischer Anleitung erforderlich und hilfreich seien, sind insoweit nicht ausreichend (FG Köln v. 30.1.2019, 7 K 2297/17, EFG 2019, 1451).

1032 **Flucht:** Der BFH hat Aufwendungen für die Wiederbeschaffung von Hausrat dann dem Grunde nach als außergewöhnliche Belastung anerkannt, wenn der Hausrat durch ein unabwendbares Ereignis verloren gegangen war und wieder beschafft werden musste. Ein unabwendbares Ereignis in diesem Sinne liegt – neben Krieg, Naturkatastrophen, Brand etc. – auch vor, wenn ein Stpfl. aus Gründen politischer Verfolgung sein Heimatland verlassen musste und dabei seinen Hausrat verloren hat. Voraussetzung ist in diesem Fall jedoch, dass ein Verbleiben im Heimatland mit Gefahren für Leib und Leben oder die persönliche Freiheit des Stpfl. verbunden wäre. Ein unabwendbares Ereignis i.S.d. § 33 EStG ist hingegen nicht gegeben, wenn das Heimatland in erster Linie aus anderen, z.B. beruflichen oder wirtschaftlichen Gründen verlassen wurde. Aus der Anerkennung als Asylberechtigter gem. § 28 des Ausländergesetzes durch die zuständigen Behörden kann nicht ohne weiteres geschlossen werden, dass die Verfolgung des Asylberechtigten auf einem unabwendbaren Ereignis i.S.d. § 33 EStG beruht (BFH v. 26.4.1991, III R 69/87, BStBl II 1991, 755).

Formaldehydemission: → *„Gesundheitsgefährdung"* Rz. 1040 1033

Freiwillige Ablösungen: Die freiwillige Ablösung von laufenden Kosten für die Unterbringung eines pflegebedürftigen Kindes in einer Anstalt ist keine außergewöhnliche Belastung i.S.d. § 33 EStG (BFH v. 14.11.1980, VI R 106/78, BStBl II 1981, 130). 1034

Frischzellenbehandlung: Aufwendungen für eine Frischzellenbehandlung können als Krankheitskosten berücksichtigt werden, wenn der Nachweis der medizinischen Notwendigkeit durch ein amtsärztliches Gutachten oder eine Bescheinigung des medizinischen Dienstes der Krankenversicherung erbracht wurde (§ 64 Abs. 1 Nr. 2f EStDV). 1035

Nicht abzugsfähig sind die Kosten, soweit die Behandlung der Vorbeugung und der allgemeinen Gesundheit dient (BFH v. 11.1.1991, III R 70/88).

Führerschein: Kosten für den Erwerb des Führerscheins gehören regelmäßig zu den Kosten der privaten Lebensführung. Führerscheinkosten eines Gehbehinderten können außergewöhnliche Belastungen sein, wenn sich der Behinderte außerhalb des Hauses nur mit Hilfe eines Fahrzeugs fortbewegen kann und die Behinderung ursächlich für den Erwerb des Führerscheins ist (BFH v. 26.3.1996, III R 9/92, BStBl II 1993, 749). 1036

Geburt: Die mit der Geburt eines Kindes unmittelbar zusammenhängenden Aufwendungen (z.B. für Arzt, Hebamme, Klinikaufenthalt) werden als außergewöhnliche Belastung anerkannt. Dies gilt jedoch nicht für alle weiteren Aufwendungen wie z.B. für die Erstlingsausstattung (Kinderwagen, Wiege etc.) – auch nicht bei Zwillingen – sowie der Erwerb von Umstandskleidung (BFH v. 28.2.1964, VI 168/63 U, BStBl III 1964, 302). Derartige Aufwendungen sind steuerlich durch das Kindergeld bzw. den Freibetrag nach § 32 Abs. 6 EStG abgegolten. 1037

Gegenwert: Die Erlangung eines Gegenwerts schließt insoweit die Belastung des Stpfl. aus. Ein Gegenwert liegt vor, wenn der betreffende Gegenstand oder die bestellte Leistung eine gewisse Marktfähigkeit besitzen, die in einem bestimmten Verkehrswert zum Ausdruck kommt (BFH v. 4.3.1983, VI R 189/79, BStBl II 1983, 378 und BFH v. 29.11.1991, III R 74/87, BStBl II 1992, 290). Bei der Beseitigung eingetretener Schäden an einem Vermögensgegenstand, der für den Stpfl. von existenziell wichtiger Bedeutung ist, ergibt sich ein Gegenwert nur hinsichtlich von Wertverbesserungen, nicht jedoch hinsichtlich des verlorenen Aufwandes (BFH v. 6.5.1994, III R 27/92, BStBl II 1995, 104). 1038

S.a. → *„Gesundheitsgefährdung"* Rz. 1040, → *„Behindertengerechte Ausstattung"* Rz. 998.

Geldstrafen, Geldbußen: Grundsätzlich nicht abzugsfähig. Auch Aufwendungen zur Erfüllung von Auflagen bei Einstellung des Strafverfahrens nach § 153a StPO sind nicht abzugsfähig (BFH v. 19.12.1995, III R 177/94, BStBl II 1996, 197). 1039

Gesundheitsgefährdung: Geht von einem Gegenstand des existenznotwendigen Bedarfs eine konkrete Gesundheitsgefährdung aus, die beseitigt werden muss (z.B. asbesthaltige Außenfassade des Hauses), sind die Sanierungskosten und die Kosten für eine ordnungsgemäße Entsorgung des Schadstoffs aus tatsächlichen Gründen zwangsläufig entstanden. Die Sanierung muss im Zeitpunkt ihrer Durchführung unerlässlich sein (BFH v. 9.8.2001, III R 6/01, BStBl II 2002, 240 und BFH v. 23.5.2002, III R 52/99, BStBl II 2002, 592). Der Stpfl. ist verpflichtet, die medizinische Indikation der Maßnahmen nachzuweisen. Eines amts- oder vertrauensärztlichen Gutachtens bedarf es hierzu nicht (BFH v. 11.11.2010, VI R 16/09, BStBl II 2011, 966). 1040

Tauscht der Stpfl. gesundheitsgefährdende Gegenstände des existenznotwendigen Bedarfs aus, steht die Gegenwertlehre dem Abzug der Aufwendungen nicht entgegen. Der sich aus der Erneuerung ergebende Vorteil ist jedoch anzurechnen, „Neu für Alt" (BFH v. 11.11.2010, VI R 16/09, BStBl II 2011, 966).

Sind die von einem Gegenstand des existenznotwendigen Bedarfs ausgehenden konkreten Gesundheitsgefährdungen auf einen Dritten zurückzuführen und unterlässt der Stpfl. die Durchsetzung realisierbarer zivilrechtlicher Abwehransprüche, sind die Aufwendungen zur Beseitigung konkreter Gesundheitsgefährdungen nicht abziehbar (BFH v. 29.3.2012, VI R 47/10, BStBl II 2012, 570).

S.a. → *„Mietzahlungen"* Rz. 1077.

1041 **Gutachter:** Ergibt sich aus Gutachten die Zwangsläufigkeit von Aufwendungen gem. § 33 Abs. 2 EStG, können auch die Aufwendungen für das Gutachten berücksichtigt werden (BFH v. 23.5.2002, III R 52/99, BStBl II 2002, 592).

1042 **Haushaltsersparnis:** Wird bei einer Heimunterbringung wegen Pflegebedürftigkeit der private Haushalt aufgelöst, können nur die über die üblichen Kosten der Unterhaltung eines Haushalts hinausgehenden Aufwendungen als außergewöhnliche Belastung berücksichtigt werden (BFH v. 15.4.2010, VI R 51/09, BStBl II 2010, 794). Kosten der Unterbringung in einem Krankenhaus können regelmäßig ohne Kürzung um eine Haushaltsersparnis als außergewöhnliche Belastung anerkannt werden.

In der Haushaltsersparnis, die bei der Ermittlung der abziehbaren außergewöhnlichen Belastungen für eine krankheitsbedingte Unterbringung zu berücksichtigen ist, sind keine Aufwendungen enthalten, die eine Steuerermäßigung nach § 35a Abs. 2 EStG (→ *Haushaltsnahe Beschäftigungsverhältnisse und Dienstleistungen: Steuerermäßigung* Rz. 2530 ff.) rechtfertigen (BFH v. 16.12.2020, VI R 46/18, BStBl II 2021, 476).

1043 **Hausrat, Kleidung und Wohnung:** Die Anschaffung von Hausrat ist regelmäßig nicht von § 33 EStG erfasst, es sei denn der Hausrat ging auf Grund eines außergewöhnlichen Ereignisses verloren und muss wiederbeschafft werden.

Aufwendungen zur Wiederbeschaffung oder Schadensbeseitigung werden i.R. des Notwendigen und Angemessenen als außergewöhnliche Belastung berücksichtigt, wenn sie einen existenziell notwendigen Gegenstand betreffen; dies sind Wohnung, Hausrat und Kleidung, nicht aber z.B. Pkw, eine Garage oder Außenanlagen. Voraussetzung für die steuerliche Berücksichtigung ist, dass der Verlust oder die Beschädigung durch ein unabwendbares Ereignis wie Brand, Hochwasser, Kriegseinwirkung, Vertreibung, politische Verfolgung verursacht worden ist und dies nicht auf ein Verschulden des Arbeitnehmers oder seines Mieters oder auf einen Baumangel zurückzuführen ist (z.B. Schimmelpilzbildung). Außerdem darf das schädigende Ereignis nicht länger als drei Jahre zurückliegen; bei Baumaßnahmen muss mit der Wiederherstellung oder Schadensbeseitigung innerhalb von drei Jahren nach dem schädigenden Ereignis begonnen worden sein (R 33.2 EStR).

Bei der Ersatzbeschaffung sind Leistungen aus der Hausratversicherung voll anzurechnen.

Aufwendungen für die Wiederbeschaffung existenznotwendiger Vermögensgegenstände, wie Kleidung und Hausrat, welche auf Grund eines unabwendbaren Ereignisses beschädigt oder zerstört worden sind, können wegen fehlender Zwangsläufigkeit nicht steuermindernd als außergewöhnliche Belastung berücksichtigt werden, wenn der Geschädigte es unterlassen hat, eine allgemein übliche und zumutbare Versicherung – wie eine Hausratversicherung – abzuschließen (BFH v. 26.6.2003, III R 36/01, BStBl II 2004, 47 und BFH v. 20.11.2003, III R 2/02).

1044 **Hausschwamm:** Aufwendungen zur Sanierung eines mit Echtem Hausschwamm befallenen Gebäudes können im Einzelfall ein unabwendbares Ereignis sein, wenn der Befall unentdeckt bleibt, die konkrete Gefahr der Unbewohnbarkeit eines Gebäudes droht und daraus eine aufwendige Sanierung folgt (BFH v. 29.3.2012, VI R 70/10, BStBl II 2012, 572).

1045 **Heileurythmie:** Die Heileurythmie ist ein Heilmittel i.S. der §§ 2 und 32 SGB V. Für den Nachweis der Zwangsläufigkeit von Aufwendungen im Krankheitsfall ist eine Verordnung eines Arztes oder Heilpraktikers nach § 64 Abs. 1 Nr. 1 EStDV ausreichend (BFH v. 26.2.2014, VI R 27/13, BStBl II 2014, 824).

S.a. → *„Wissenschaftlich nicht anerkannte Heilmethoden"* Rz. 1135.

1046 **Heimunterbringung:** Die **altersbedingte** Unterbringung in einem Altersheim gehört zu den üblichen Aufwendungen der Lebensführung. Aufwendungen eines nicht pflegebedürftigen Stpfl., der mit seinem pflegebedürftigen Ehegatten in ein Wohnstift übersiedelt, erwachsen nicht zwangsläufig (BFH v. 14.11.2013, VI R 20/12, BStBl II 2014, 456).

Bei einem durch **Krankheit** veranlassten Aufenthalt in einem Seniorenheim oder -wohnstift sind die Kosten für die Unterbringung außergewöhnliche Belastungen. Eine Unterscheidung zwischen „normalen" und altersbedingten Erkrankungen ist hierbei nicht vorzunehmen. Auch häufig im Alter auftretende Krankheiten können eine krankheitsbedingte Unterbringung rechtfertigen. Der Aufenthalt in einem Seniorenheim kann auch dann krankheitsbedingt sein, wenn eine ständige Pflegebedürftigkeit (noch) nicht gegeben ist. Der Höhe nach sind Aufwendungen jedoch nicht über den Betrag berücksichtigungsfähig, der rechnerisch auf eine übliche Wohnfläche in einem Seniorenheim von 30 qm entfällt (FG Niedersachsen v. 19.4.2018, 11 K 212/17, insoweit rkr.; der BFH hatte sich im Revisionsurteil v. 16.12.2020, VI R 46/18, BStBl II 2021, 476 lediglich mit der Anwendung des § 35a EStG in Bezug auf zumutbare Belastung und Haushaltsersparnis zu befassen).

Der Aufenthalt kann auch krankheitsbedingt sein, wenn keine zusätzlichen Pflegekosten entstanden sind und kein Merkmal „H" oder „Bl" im Schwerbehindertenausweis festgestellt ist. Die Unterbringungskosten sind nach Maßgabe der für Krankheitskosten geltenden Grundsätze als außergewöhnliche Belastungen zu berücksichtigen, soweit sie nicht außerhalb des Rahmens des Üblichen liegen. Aufwendungen für die krankheitsbedingte Unterbringung sind im Grundsatz um eine Haushaltsersparnis zu kürzen, es sei denn, der Pflegebedürftige behält seinen normalen Haushalt bei. Die Haushaltsersparnis des Stpfl. ist entsprechend dem in § 33a Abs. 1 EStG vorgesehenen Höchstbetrag für den Unterhalt unterhaltsbedürftiger Personen zu schätzen. Sind beide Ehegatten krankheitsbedingt in einem Alten- und Pflegeheim untergebracht, ist für jeden der Ehegatten eine Haushaltsersparnis anzusetzen (BFH v. 4.10.2017, VI R 22/16, BStBl II 2018, 179).

Kosten für die behinderungsbedingte Unterbringung in einer sozial-therapeutischen Einrichtung können außergewöhnliche Belastungen sein (BFH v. 9.12.2010, VI R 38/09, BStBl II 2011, 1011).

Aufwendungen, die durch einen notwendigen Aufenthalt zur Pflege entstehen, sind auch dann abzugsfähig, wenn die Unterbringung nicht in einem Heim i.S.d. HeimG, sondern in einer dem jeweiligen Landesrecht unterliegenden Pflegewohngemeinschaft erfolgt (BFH v. 10.8.2020, VI R 40/20).

Zur Berücksichtigung der Aufwendungen von Eltern erwachsener behinderter Menschen in vollstationärer Heimunterbringung als außergewöhnliche Belastung s. BMF v. 14.4.2003, IV C 4 – S 2284 – 45/03, BStBl I 2003, 360.

S.a. H 33a.1 „Abgrenzung zu § 33 EStG" EStH.

Heimunterbringung von Angehörigen: Aufwendungen für die altersbedingte Heimunterbringung von Angehörigen sind unter den Voraussetzungen von § 33a Abs. 1 EStG zu berücksichtigen. 1047

Aufwendungen für die krankheitsbedingte/pflegebedingte/behinderungsbedingte Heimunterbringung fallen (nur) unter § 33 EStG, auch wenn sie sich wegen der Anrechnung der zumutbaren Belastung steuerlich nicht voll auswirken – eine teilweise Berücksichtigung der Kosten als Unterhaltsaufwendungen nach § 33a Abs. 1 EStG ist nicht möglich (FG Baden-Württemberg v. 13.3.2018, 11 K 3653/15, EFG 2019, 46).

Hochzeit: Aufwendungen für die Hochzeit sind nicht nach § 33 EStG zu berücksichtigen. Auch wenn Brautleute aus verschiedenen Orten oder aus verschiedenen Ländern heiraten und somit umfangreiche Reisekosten anfallen, sind die Kosten nicht außergewöhnlich, auch wenn sie im Einzelfall vergleichsweise hoch sind (BFH v. 15.4.1992, III R 11/91, BStBl II 1992, 821). 1048

Insolvenz: Vermögenseinbußen durch Insolvenz sind im Regelfall keine außergewöhnliche Belastung. Vergütungen für den Insolvenzverwalter bzw. -treuhänder i.R. einer Privatinsolvenz sind nicht als außergewöhnliche Belastungen absetzbar (BFH v. 4.8.2016, VI R 47/13, BStBl II 2017, 276). 1049

Auch nicht als außergewöhnliche Belastung gem. § 33 Abs. 1 EStG zu berücksichtigen ist die zu Gunsten des Insolvenzverwalters festgesetzte Tätigkeitsvergütung beim Insolvenzschuldner (BFH v. 16.12.2021, VI R 41/18, HFR 2022, 334).

1050 **Integrationskurse:** Aufwendungen für den Besuch von Integrationskursen sind nicht als außergewöhnliche Belastungen abziehbar, es sei denn, der Stpfl. weist durch Vorlage einer Bestätigung der Teilnahmeberechtigung nach § 6 Abs. 1 Satz 1 und 3 der Verordnung über die Durchführung von Integrationskursen für Ausländer und Spätaussiedler nach, dass die Teilnahme am Integrationskurs verpflichtend war und damit aus rechtlichen Gründen zwangsläufig erfolgte (R 33.4 Abs. 6 Satz 2 EStR).

1051 **Kapitalabfindung von Unterhaltsansprüchen:** Der Abzug einer vergleichsweise vereinbarten Kapitalabfindung zur Abgeltung sämtlicher möglicherweise in der Vergangenheit entstandener und künftiger Unterhaltsansprüche eines geschiedenen Ehegatten scheidet in aller Regel wegen fehlender Zwangsläufigkeit aus (BFH v. 26.2.1998, III R 59/97, BStBl II 1998, 605).

1052 **Katastrophen:** Katastrophen sind unabwendbare Ereignisse, so dass Aufwendungen für Ersatz des dadurch beschädigten Hausrats/Kleidung abzugsfähig sind, s. „Hausrat". Auch Instandsetzungskosten von für den Stpfl. existenziell notwendigen Vermögensgegenständen sind bei Ausschöpfung der üblichen Versicherungsmöglichkeiten abzugsfähig (s. → *„Vermögensschäden"* Rz. 1126).

1053 **Kinder:** Aufwendungen für den Unterhalt und die Berufsausbildung von Kindern sind grds. durch den sog. Familienleistungsausgleich (Kindergeld/Freibeträge für Kinder) abgegolten (z.B. BFH v. 17.9.2015, III R 36/14, HFR 2016, 457: Ein Alleinerziehender kann weder wegen der Unterhaltsleistungen an seine Kinder noch wegen seiner besonderen Belastungssituation als Alleinerziehender außergewöhnliche Belastungen nach § 33 EStG geltend machen). Dies gilt auch, wenn Eltern für ihren Sohn Prozesskosten einer sog. Kapazitätsklage zur Erlangung eines Studienplatzes übernehmen (FG Münster v. 13.8.2019, 2 K 3783/18 E).

1054 **Kinderbetreuungskosten:** Kinderbetreuungskosten sind nur bis zu bestimmten Höchstbeträgen als Sonderausgaben abzugsfähig (§ 10 Abs. 1 Nr. 5 EStG, → *Betreuungskosten* Rz. 1403). Ein Abzug der darüber hinausgehenden Aufwendungen als außergewöhnliche Belastung ist nicht möglich.

1055 **Kinderkur:** Aufwendungen für eine Kinderkur können als außergewöhnliche Belastung zu berücksichtigen sein, wenn die Kur auf Grund der Erkrankungen des Kindes medizinisch angezeigt ist (BFH v. 5.10.2011, VI R 88/10, HFR 2012, 36).

1056 **Kleidung:** Aufwendungen für Kleidung sind mit dem Grundfreibetrag abgegolten und können nicht nach § 33 EStG berücksichtigt werden. Das gilt auch, wenn infolge von Gewichtsveränderung die Änderung von Kleidung oder die Neuanschaffung erforderlich wird (vgl. BFH v. 29.1.1986, III B 63–64/85).

1057 **Kosmetische Operationen:** Aufwendungen sind zwangsläufig, wenn die Operation medizinisch indiziert ist, z.B. infolge psychischer Erkrankung. Aufwendungen für eine operative Fettabsaugung und die operative Behandlung herabgesunkener Augenlider sind nicht als außergewöhnliche Belastung abziehbar, wenn der Stpfl. vor Beginn der Maßnahmen kein amts- oder vertrauensärztliches Attest eingeholt hat, aus dem sich zweifelsfrei die medizinische Indikation der Operationen ergibt (BFH v. 24.11.2006, III B 57/06). Im Anwendungsbereich von § 64 EStG ist der Nachweis nach § 64 Abs. 1 Nr. 1 EStDV zu führen.

1058 **Krankenhaustagegeldversicherung:** Die Leistungen sind von den berücksichtigungsfähigen Aufwendungen abzusetzen (BFH v. 22.10.1971, VI R 242/69, BStBl II 1972, 177).

1059 **Krankentagegeldversicherung:** Die Leistungen sind – im Gegensatz zu Leistungen aus einer Krankenhaustagegeldversicherung – kein Ersatz für Krankenhauskosten (BFH v. 22.10.1971, VI R 242/69, BStBl II 1972, 177).

1060 **Krankenversicherungsbeiträge:** Da Krankenversicherungsbeiträge ihrer Art nach Sonderausgaben sind, können sie auch bei an sich beihilfeberechtigten Angehörigen des öffentlichen Dienstes nicht als außergewöhnliche Belastung berücksichtigt werden, wenn der Stpfl. wegen seines von Kindheit an bestehenden Leidens keine Aufnahme in eine private Krankenversicherung gefunden hat (BFH v. 29.11.1991, III R 191/90, BStBl II 1992, 293).

Krankenversicherungsbeiträge zu Gunsten Dritter sind Unterhaltsaufwendungen, die nur i.R. des § 33a Abs. 1 EStG berücksichtigt werden können (→ *Außergewöhnliche Belastungen in besonderen Fällen* Rz. 1141).

Krankheitskosten: Nach ständiger BFH-Rechtsprechung (BFH v. 1061
21.2.2018, VI R 11/16, BStBl II 2018, 469 betr. Reiki-Behandlungen) erwachsen dem Stpfl. Krankheitskosten – ohne Rücksicht auf die Art und die Ursache der Erkrankung – aus tatsächlichen Gründen zwangsläufig. Aufwendungen für die eigentliche Heilbehandlung werden typisierend als außergewöhnliche Belastung berücksichtigt, ohne dass es im Einzelfall der nach § 33 Abs. 2 Satz 1 EStG an sich gebotenen Prüfung der Zwangsläufigkeit dem Grunde und der Höhe nach bedarf. Bei den typischen und unmittelbaren Krankheitskosten wird die Außergewöhnlichkeit letztlich unwiderleglich vermutet und die Zwangsläufigkeit dieser Aufwendungen weder dem Grunde nach (stets aus tatsächlichen Gründen zwangsläufig) noch der Höhe nach (Angemessenheit und Notwendigkeit im Einzelfall) geprüft. Auch Aufwendungen, denen es objektiv an der Eignung zur Heilung oder Linderung mangelt, können – vorbehaltlich der Nachweisanforderungen des § 64 Abs. 1 EStDV – zu den zwangsläufigen Krankheitskosten zählen, wenn der Stpfl. an einer Erkrankung mit einer nur noch begrenzten Lebenserwartung leidet, die nicht mehr auf eine kurative Behandlung anspricht.

Wissenschaftlich anerkannt ist eine Behandlungsmethode, wenn Qualität und Wirksamkeit dem allgemein anerkannten Stand der medizinischen Erkenntnisse entsprechen. Dies wird angenommen, wenn die große Mehrheit der einschlägigen Fachleute (Ärzte, Wissenschaftler) die Behandlungsmethode befürwortet und über die Zweckmäßigkeit der Therapie Konsens besteht. Dies setzt im Regelfall voraus, dass über Qualität und Wirksamkeit der Methode zuverlässige, wissenschaftlich nachprüfbare Aussagen gemacht werden können. Die Therapie muss in einer für die sichere Beurteilung ausreichenden Zahl von Behandlungsfällen erfolgreich gewesen sein. Ob eine Behandlungsmethode als wissenschaftlich anerkannt anzusehen ist, hat das FG auf Grund der ihm obliegenden Würdigung der Umstände des Einzelfalls festzustellen (BFH v. 21.2.2018, VI R 11/16, BStBl II 2018, 469 betr. Reiki-Behandlungen, Abzug abgelehnt).

Der Stpfl. hat die Zwangsläufigkeit von Aufwendungen im Krankheitsfall nach § 64 EStDV nachzuweisen (diese Regelung ist verfassungsgemäß, auch die rückwirkende Anwendung, vgl. BFH v. 21.2.2018, VI R 11/16, BStBl II 2018, 469).

1. durch eine Verordnung eines Arztes oder Heilpraktikers für Arznei-, Heil- und Hilfsmittel (§§ 2, 23, 31 bis 33 SGB V);

2. durch ein amtsärztliches Gutachten oder eine ärztliche Bescheinigung eines Medizinischen Dienstes der Krankenversicherung (§ 275 SGB V) für

a) eine Bade- oder Heilkur; bei einer Vorsorgekur ist auch die Gefahr einer durch die Kur abzuwendenden Krankheit, bei einer Klimakur der medizinisch angezeigte Kurort und die voraussichtliche Kurdauer zu bescheinigen,

b) eine psychotherapeutische Behandlung; die Fortführung einer Behandlung nach Ablauf der Bezuschussung durch die Krankenversicherung steht einem Behandlungsbeginn gleich,

c) eine medizinisch erforderliche auswärtige Unterbringung eines an Legasthenie oder einer anderen Behinderung leidenden Kindes des Stpfl.,

d) die Notwendigkeit der Betreuung des Stpfl. durch eine Begleitperson, sofern sich diese nicht bereits aus dem Nachweis der Behinderung nach § 65 Abs. 1 Nr. 1 EStDV ergibt,

e) medizinische Hilfsmittel, die als allgemeine Gebrauchsgegenstände des täglichen Lebens i.S.v. § 33 Abs. 1 SGB V anzusehen sind,

f) wissenschaftlich nicht anerkannte Behandlungsmethoden, wie z.B. Frisch- und Trockenzellenbehandlungen, Sauerstoff-, Chelat- und Eigenbluttherapie.

Der nach den o.g. Regelungen zu erbringende Nachweis muss vor Beginn der Heilmaßnahme oder dem Erwerb des medizinischen Hilfsmittels ausgestellt worden sein;

3. durch eine Bescheinigung des behandelnden Krankenhausarztes für Besuchsfahrten zu einem für längere Zeit in einem Krankenhaus liegenden Ehegatten oder Kind des Stpfl., in dem bestätigt wird, dass der Besuch des Stpfl. zur Heilung oder Linderung einer Krankheit entscheidend beitragen kann.

Die zuständigen Gesundheitsbehörden haben auf Verlangen des Stpfl. die für steuerliche Zwecke erforderlichen Gesundheitszeugnisse, Gutachten oder Bescheinigungen auszustellen.

Der Stpfl. hat den Nachweis der Zwangsläufigkeit von Aufwendungen im Krankheitsfall auch dann nach § 64 Abs. 1 Satz 1 Nr. 2 Buchst. f EStDV durch ein amtsärztliches Gutachten oder eine ärztliche Bescheinigung des Medizinischen Dienstes der Krankenversicherung zu erbringen, wenn eine **Erkrankung mit begrenzter Lebenserwartung** vorliegt (BFH v. 24.10.2018, VI B 120/17).

Die in § 64 EStDV vorgesehenen Nachweise können nicht durch andere Unterlagen ersetzt werden (BFH v. 15.1.2015, VI R 85/13, BStBl II 2015, 586).

Als Nachweis der angefallenen Krankheitsaufwendungen kann auch die **Vorlage der Erstattungsmitteilung der privaten Krankenversicherung oder der Beihilfebescheid** einer Behörde ausreichen. Diese Erleichterung entbindet den Stpfl. aber nicht von der Verpflichtung, dem Finanzamt die Zwangsläufigkeit, Notwendigkeit und Angemessenheit nicht erstatteter Aufwendungen auf Verlangen nachzuweisen. Wurde die Notwendigkeit einer Kur offensichtlich i.R. der Bewilligung von Zuschüssen oder Beihilfen anerkannt, genügt bei Pflichtversicherten die Bescheinigung der Versicherungsanstalt und bei öffentlich Bediensteten der Beihilfebescheid (R 33.4 Sätze 5 bis 7 EStR).

Werden Krankheitskosten als außergewöhnliche Belastungen geltend gemacht und der Nachweis der Zwangsläufigkeit nach § 64 EStDV erbracht, ist die Zwangsläufigkeit der Aufwendungen nicht dadurch ausgeschlossen, dass der Stpfl. seiner Krankenversicherungspflicht nicht nachkommt. R 33.2 Nr. 7 EStR und H 33.1–33.4 „Ersatz von dritter Seite" EStH sind insoweit nicht – analog – anzuwenden (LfSt Rheinland-Pfalz v. 18.12.2014, S 2284 A – St 32 3).

Krankheitskosten, die ein Stpfl. selbst trägt, um eine Beitragsrückerstattung von seiner privaten Krankenkasse zu erhalten, sind mangels Zwangsläufigkeit nicht als außergewöhnliche Belastung i.S.d. § 33 EStG zu berücksichtigen (FG Niedersachsen v. 20.2.2019, 9 K 325/16, EFG 2019, 712).

Verzichtet ein Stpfl. auf die Erstattung seiner Krankheitskosten, um von seiner privaten Krankenversicherung eine Beitragserstattung zu erhalten, können diese Kosten nicht von den erstatteten Beiträgen abgezogen werden, die ihrerseits die Höhe der abziehbaren Krankenversicherungsbeiträge gem. § 10 Abs. 1 Nr. 3 Satz 1 Buchst. a Satz 3 EStG reduzieren. Ein Abzug als außergewöhnliche Belastung nach § 33 EStG kam wegen der Anrechnung der zumutbaren Belastung nicht in Betracht.

Ist ein Stpfl. sowohl Pflichtmitglied in einer gesetzlichen Krankenkasse als auch freiwillig privat krankenversichert, kann er lediglich die Beiträge gem. § 10 Abs. 1 Nr. 3 Satz 1 Buchst. a EStG abziehen, die er an die gesetzliche Krankenversicherung entrichtet. Der Abzug der nicht als Sonderausgaben abziehbaren Krankenversicherungsbeiträge als **außergewöhnliche Belastung** scheidet ebenfalls aus (BFH v. 29.11.2017, X R 5/17, BStBl II 2018, 230).

1062 **Krankheitskosten für Unterhaltsberechtigte:** Für einen Unterhaltsberechtigten aufgewendete Krankheitskosten können beim Unterhaltspflichtigen grds. nur insoweit als außergewöhnliche Belastung anerkannt werden, als der Unterhaltsberechtigte nicht in der Lage ist, die Krankheitskosten selbst zu tragen (BFH v. 11.7.1990, III R 111/86, BStBl II 1991, 62). Ein schwerbehindertes Kind, das angesichts der Schwere und der Dauer seiner Erkrankung seinen Grundbedarf und behinderungsbedingten Mehrbedarf nicht selbst zu decken in der Lage ist und bei dem ungewiss ist, ob sein Unterhaltsbedarf im Alter durch Leistungen Unterhaltspflichtiger gedeckt werden kann, darf jedoch zur Altersvorsorge maßvoll Vermögen bilden. Die das eigene Vermögen des Unterhaltsempfängers betreffende Bestimmung des § 33a Abs. 1 Satz 4 EStG kommt i.R. des § 33 EStG nicht zur Anwendung (BFH v. 11.2.2010, VI R 61/08, BStBl II 2010, 621).

1063 **Künstliche Befruchtung wegen Krankheit:** Aufwendungen für eine künstliche Befruchtung, die einem Ehepaar zu einem gemeinsamen Kind verhelfen soll, das wegen Empfängnisunfähigkeit der Ehefrau sonst von ihrem Ehemann nicht gezeugt werden könnte (homologe künstliche Befruchtung), können außergewöhnliche Belastungen sein (BFH v. 18.6.1997, III R 84/96, BStBl II 1997, 805). Dies gilt auch für ein nicht verheiratetes Paar, wenn die Richtlinien der ärztlichen Berufsordnungen beachtet werden; insbesondere eine fest gefügte Partnerschaft vorliegt und der Mann die Vaterschaft anerkennen wird (BFH v. 10.5.2007, III R 47/05, BStBl II 2007, 871).

Aufwendungen eines Ehepaares für eine medizinisch angezeigte künstliche Befruchtung mit dem Samen eines Dritten (heterologe künstliche Befruchtung) sind als Krankheitskosten zu beurteilen und damit als außergewöhnliche Belastung zu berücksichtigen (BFH v. 16.12.2010, VI R 43/10, BStBl II 2011, 414).

Aufwendungen einer empfängnisunfähigen (unfruchtbaren) Frau für eine heterologe künstliche Befruchtung durch In-vitro-Fertilisation (IVF) sind als außergewöhnliche Belastung (Krankheitskosten) auch dann zu berücksichtigen, wenn die Frau in einer gleichgeschlechtlichen Partnerschaft lebt. Da die Aufwendungen dazu dienen, die Fertilitätsstörung der Stpfl. auszugleichen, sind sie als insgesamt – einschließlich der auf die Bereitstellung und Aufbereitung des Spendersamens entfallenden Kosten – auf dieses Krankheitsbild abgestimmte Heilbehandlung darauf gerichtet, die Störung zu überwinden. Eine Aufteilung der Krankheitskosten kommt insoweit nicht in Betracht (BFH v. 5.10.2017, VI R 47/15, BStBl II 2018, 350).

Aufwendungen für eine künstliche Befruchtung nach vorangegangener freiwilliger Sterilisation sind keine außergewöhnlichen Belastungen (BFH v. 3.3.2005, III R 68/03, BStBl II 2005, 566).

Aufwendungen einer unverheirateten Frau für In-vitro-Fertilisation sind nicht zwangsläufig, wenn sie durch die zumutbare Inanspruchnahme anderweitiger Ersatzmöglichkeiten abgewendet werden können (BFH v. 21.2.2008, III R 30/07).

Aufwendungen für eine künstliche Befruchtung können nicht als außergewöhnliche Belastungen nach § 33 EStG abgezogen werden, wenn die Behandlung nach inländischen Maßstäben nicht mit dem Embryonenschutzgesetz (ESchG) oder anderen Gesetzen vereinbar ist. Ein Verstoß gegen § 1 Abs. 1 Nr. 5 ESchG liegt nicht vor, wenn zwar mehr als drei Eizellen befruchtet werden, aber lediglich ein oder zwei entwicklungsfähige Embryonen zum Zwecke der Übertragung entstehen sollen und der Behandlung eine vorherige sorgfältige individuelle Prognose zu Grunde liegt, sog. deutscher Mittelweg (BFH v. 17.5.2017, VI R 34/15, BStBl II 2018, 344).

Die auf einem objektiv „anormalen regelwidrigen" Körperzustand beruhende Empfängnisunfähigkeit einer Frau ist eine Krankheit i.S.d. § 33 EStG. Dementsprechend sind Aufwendungen für eine künstliche Befruchtung, die mit dem Ziel erfolgt, die „Krankheit" der Frau im vorgenannten Sinne (Empfängnisunfähigkeit) zu überwinden, außergewöhnliche Belastungen gem. § 33 EStG. Dagegen ist die objektiv feststellbare herabgesetzte Fertilität einer (40-jährigen) Frau, die nicht auf „anormalen" organischen Ursachen beruht, sondern auf dem fortgeschrittenen Alter der Frau, keine Krankheit i.S.d. § 33 EStG. Es handelt sich in diesem Fall gerade nicht um einen „regelwidrigen" Körperzustand, sondern um die Folge eines natürlichen biologischen Vorgangs. Dementsprechend können die Aufwendungen für eine künstliche Befruchtung ohne den Nachweis einer organischen Infertilität nicht als außergewöhnliche Belastungen gem. § 33 EStG berücksichtigt werden (FG Berlin-Brandenburg v. 18.10.2018, 9 K 11390/16, EFG 2019, 106).

Kosten für die künstliche Befruchtung einer Frau können zu steuerlich abzugsfähigen außergewöhnlichen Belastungen führen, wobei es nicht darauf ankommt, ob die Frau verheiratet ist oder in einer festen Beziehung lebt (FG Münster v. 24.6.2020, 1 K 3722/18, EFG 2020, 1420). Die Unfruchtbarkeit der Klägerin stelle – so das Gericht – einen Krankheitszustand dar und ist nicht auf ihr Alter zurückzuführen. In der heutigen Zeit seien Schwangerschaften von Frauen über 40 nicht ungewöhnlich. Aus den anzuerkennenden Kosten seien die Aufwendungen für die Samenspende nicht herauszurechnen, da diese mit der Behandlung eine untrennbare Einheit bildeten.

Der BFH hat entschieden, dass die Aufwendungen für eine künstliche Befruchtung unter Verwendung von gespendeten Eizellen im Ausland nicht als außergewöhnliche Belastungen abgezogen werden können, weil die Behandlung nicht mit dem deutschen Gesetz zum Schutz von Embryonen (Embryonenschutzgesetz – ESchG) vereinbar ist. Diese Beurteilung verstößt weder gegen verfassungsrechtliche noch gegen europarechtliche Vorgaben

(BFH v. 25.1.2022, VI R 34/19, VI R 34/19 und VI R 36/19, die Revisionen des Klägers gegen die Urteile des FG München v. 8.10.2019 wurde als unbegründet zurückgewiesen und die Revisionen des Finanzamts als unzulässig verworfen).

1064 **Kur:** Es gelten folgende Grundsätze:

1. Allgemeines

Kosten für eine Kurreise können als außergewöhnliche Belastung nur abgezogen werden, wenn die Kurreise zur Heilung oder Linderung einer Krankheit nachweislich notwendig ist und eine andere Behandlung nicht oder kaum erfolgversprechend erscheint (BFH v. 12.6.1991, III R 102/89, BStBl II 1991, 763).

2. Erholungsurlaub/Abgrenzung zur Heilkur

Im Regelfall ist zur Abgrenzung einer Heilkur vom Erholungsurlaub ärztliche Überwachung zu fordern. Gegen die Annahme einer Heilkur können auch die Unterbringung in einem Hotel oder Privatquartier anstatt in einem Sanatorium und die Vermittlung durch ein Reisebüro sprechen (BFH v. 12.6.1991, III R 102/89, BStBl II 1991, 763).

3. Fahrtkosten

Als Fahrtkosten zum Kurort sind grds. die Kosten der öffentlichen Verkehrsmittel anzusetzen (BFH v. 12.6.1991, III R 102/89, BStBl II 1991, 763). Die eigenen Kfz-Kosten können nur ausnahmsweise berücksichtigt werden, wenn besondere persönliche Verhältnisse dies erfordern (BFH v. 30.6.1967, VI R 104/66, BStBl II 1967, 655).

Aufwendungen für Besuchsfahrten zu in Kur befindlichen Angehörigen sind keine außergewöhnliche Belastung (BFH v. 16.5.1975, VI R 132/72, BStBl II 1975, 536).

4. Nachkur

Nachkuren in einem typischen Erholungsort sind auch dann nicht abziehbar, wenn sie ärztlich verordnet sind; dies gilt erst recht, wenn die Nachkur nicht unter einer ständigen ärztlichen Aufsicht in einer besonderen Kranken- oder Genesungsanstalt durchgeführt wird (BFH v. 4.10.1968, IV R 59/68, BStBl II 1969, 179).

5. Kuren im Ausland

Kosten für Kuren im Ausland sind i.d.R. nur bis zur Höhe der Aufwendungen anzuerkennen, die in einem dem Heilzweck entsprechenden inländischen Kurort entstehen würden.

6. Verpflegungsmehraufwendungen

Verpflegungsmehraufwendungen anlässlich einer Kur können nur in tatsächlicher Höhe nach Abzug der Haushaltsersparnis von 1/5 der Aufwendungen berücksichtigt werden (R 33.4 Abs. 3 EStR).

1065 **Lärmschutz:** Aufwendungen zum Einbau von Lärmschutzfenstern in eine gemietete Wohnung sind keine außergewöhnliche Belastung (BFH v. 23.1.1976, VI R 62/74, BStBl II 1976, 194).

1066 **Legasthenie:** Aufwendungen von Eltern für die auswärtige Unterbringung eines Kindes, dessen Lese- und Rechtschreibfähigkeit beeinträchtigt ist, sind als außergewöhnliche Belastung i.S.d. § 33 EStG zu berücksichtigen, wenn die Lese- und Rechtschreibschwäche Krankheitswert hat (Legasthenie im medizinischen Sinn) und die auswärtige Unterbringung für eine medizinische Behandlung erforderlich ist. Der Nachweis der Legasthenie im medizinischen Sinn ist durch Vorlage eines amtsärztlichen Attests zu führen (BFH v. 26.6.1992, III R 8/91, BStBl II 1993, 278).

1067 **Lipödem, Liposuktion:** → *„Fettabsaugung"* Rz. 1029

1068 **Logopädische Therapie:** Kosten einer logopädischen Therapie für ein Kind sind nur dann als außergewöhnliche Belastungen zu berücksichtigen, wenn im Einzelfall ein vor Durchführung der Maßnahme ausgestelltes amtsärztliches oder vertrauensärztliches Zeugnis nachweist, dass die Maßnahme zur Heilung oder Linderung einer Krankheit erforderlich ist und eine andere Behandlung nicht oder kaum erfolgversprechend erscheint (BFH v. 3.3.2005, III R 64/03, HFR 2005, 846).

1069 **Lösegeld:** → *„Erpressungs- und Lösegelder"* Rz. 1021

1070 **Magnetfeldtherapie:** Es handelt sich um eine nicht allgemein anerkannte Methode (FG Köln v. 21.3.2018, 3 K 544/17, EFG 2018, 1904). Abzugsfähig nur bei im Voraus erstellter amtsärztlicher Bescheinigung (§ 64 Abs. 1 Nr. 2 Buchst. f EStDV).

1071 **Marderbefall:** Die Kosten für Maßnahmen, mit denen dem möglichen Eintritt von Schäden vorgebeugt werden soll, sind keine außergewöhnliche Belastung. Die Kosten für die Beseitigung von Mardertoiletten in einem Wohngebäude sind keine außergewöhnliche Belastung, wenn es über Jahre von Mardern aufgesucht wurde und infolge dessen konkrete Gesundheitsgefahren oder unzumutbare Gerüche auftreten. Soweit der Stpfl. nicht nachweisen kann, dass dies nicht erkennbar war oder es keine wirksamen Gegenmaßnahmen gab, ist davon auszugehen, dass es sich bei den später anfallenden Kosten um Folgen seiner freien Willensentschließung handelt, die nicht zwangsläufig i.S.d. § 33 EStG sind (FG Hamburg v. 21.2.2020, 3 K 28/19, EFG 2020, 837, Nichtzulassungsbeschwerde durch BFH v. 17.12.2020, VI B 41/20, nicht dokumentiert, als unzulässig verworfen).

Mediation: Nach BFH v. 30.6.2005, III R 36/03 und III R 27/04, BStBl II 2006, 491 und 492 können Kosten, die durch eine Familienmediation im Ehescheidungsverfahren entstehen, nicht mehr als außergewöhnliche Belastungen nach § 33 EStG berücksichtigt werden. Diese Kosten entstehen dem Stpfl. nach der Rechtsprechung des BFH nicht zwangsläufig, weil in einem Mediationsverfahren lediglich Regelungen über Familiensachen außerhalb des Zwangsverbundes nach § 623 Abs. 1 Satz 3 ZPO vereinbart werden. 1072

Medikamente: Soweit – auch nicht verschreibungspflichtige – Arzneimittel durch einen Arzt oder einen Heilpraktiker verordnet werden, sind die damit verbundenen Aufwendungen zwangsläufig und als außergewöhnliche Belastung abziehbar. Bei einer andauernden Erkrankung mit einem anhaltenden Verbrauch bestimmter Arzneimittel genügt die einmalige Vorlage der Verordnung (R 33.4 Abs. 1 Satz 3 EStR). Nachweis bei E-Rezept: Kassenbeleg bzw. Rechnung der Online Apotheke, BMF v. 26.11.2024, IV C 3 – S 2284/20/10002 :005, BStBl I 2024, 1429. 1073

Medizinisch erforderliche auswärtige Unterbringung eines Kindes: Für den Begriff der „Behinderung" i.S.d. § 64 Abs. 1 Nr. 2 Satz 1 Buchst. c EStDV ist auf § 2 Abs. 1 SGB IX abzustellen. Danach sind Menschen behindert, wenn ihre körperliche Funktion, geistige Fähigkeit oder seelische Gesundheit mit hoher Wahrscheinlichkeit länger als sechs Monate von dem für das Lebensalter typischen Zustand abweichen und daher ihre Teilhabe am Leben in der Gesellschaft beeinträchtigt ist (BFH v. 18.6.2015, VI R 31/14, BStBl II 2016, 40). 1074

Medizinische Fachliteratur: Aufwendungen eines Stpfl. für medizinische Fachliteratur sind auch dann nicht als außergewöhnliche Belastungen zu berücksichtigen, wenn die Literatur dazu dient, die Entscheidung für eine bestimmte Therapie oder für die Behandlung durch einen bestimmten Arzt zu treffen (BFH v. 24.10.1995, III R 106/93, BStBl II 1996, 88). 1075

Medizinische Hilfsmittel als Gebrauchsgegenstände des täglichen Lebens: Gebrauchsgegenstände des täglichen Lebens i.S.v. § 33 Abs. 1 SGB V sind nur solche technischen Hilfen, die getragen oder mit sich geführt werden können, um sich im jeweiligen Umfeld zu bewegen, zurechtzufinden und die elementaren Grundbedürfnisse des täglichen Lebens zu befriedigen. Ein Nachweis nach § 64 Abs. 1 Nr. 2 Satz 1 Buchst. e EStDV kann nur gefordert werden, wenn ein medizinisches Hilfsmittel diese Merkmale erfüllt. Ein Treppenlift erfüllt nicht die Anforderungen dieser Legaldefinition eines medizinischen Hilfsmittels, so dass die Zwangsläufigkeit von Aufwendungen für den Einbau eines Treppenlifts nicht formalisiert nachzuweisen ist (BFH v. 6.2.2014, VI R 61/12, BStBl II 2014, 458). 1076

Mietzahlungen: Mietzahlungen für eine ersatzweise angemietete Wohnung kö nnen als außergewöhnliche Belastung zu berücksichtigen sein, wenn eine Nutzung der bisherigen eigenen Wohnung wegen Einsturzgefahr amtlich untersagt ist. Dies gilt jedoch nur bis zur Wiederherstellung der Bewohnbarkeit oder bis zu dem Zeitpunkt, in dem der Stpfl. die Kenntnis erlangt, dass eine Wiederherstellung der Bewohnbarkeit nicht mehr möglich ist (BFH v. 21.4.2010, VI R 62/08, BStBl II 2010, 965). 1077

Mittagsheimfahrt: Aufwendungen für Mittagsheimfahrten stellen keine außergewöhnliche Belastung dar, auch wenn die Fahrten wegen des Gesundheitszustands oder einer Behinderung des Stpfl. angebracht oder erforderlich sind (BFH v. 4.7.1975, VI R 30/73, BStBl II 1975, 738). 1078

Motoryacht: Aufwendungen für den behindertengerechten Umbau einer Motoryacht erwachsen dem Stpfl. nicht zwangsläufig und sind deshalb nicht als außergewöhnliche Belastung i.S.d. § 33 EStG zu berücksichtigen (BFH v. 2.6.2015, VI R 30/14, BStBl II 2015, 775). 1079

1080 **Multiple Chemical Sensitivity:** Aufwendungen im Zusammenhang mit einer sog. Multiple Chemical Sensitivity (MCS) sind nicht als außergewöhnliche Belastung zu berücksichtigen, wenn der Stpfl. seine Beschwerden nicht durch ein amtsärztliches Gutachten nach § 64 Abs. 1 Nr. 2 Buchst. f EStDV nachweist (BFH v. 17.3.2006, III B 93/05).

1081 **Nachhilfe:** Aufwendungen für Nachhilfe können nur dann nach § 33 EStG abzugsfähig sein, wenn es sich ausnahmsweise um Krankheitskosten handelt, sonst kommt nur Abzug nach § 33a EStG in Betracht.

1082 **Pflegeaufwendungen, eigene:** Zu den als außergewöhnliche Belastung zu berücksichtigenden Aufwendungen infolge Pflegebedürftigkeit und erheblich eingeschränkter Alltagskompetenz zählen sowohl Kosten für die Beschäftigung einer ambulanten Pflegekraft und/oder die Inanspruchnahme von Pflegediensten von Einrichtungen der Tages- oder Nachtpflege, der Kurzzeitpflege oder von nach Landesrecht anerkannten niedrigschwelligen Betreuungsangeboten als auch Aufwendungen zur Unterbringung in einem Heim. Wird bei einer Heimunterbringung wegen Pflegebedürftigkeit der private Haushalt aufgelöst, ist die Haushaltsersparnis (→ *„Haushaltsersparnis“* Rz. 1042) mit dem in § 33a Abs. 1 Satz 1 EStG genannten Höchstbetrag der abziehbaren Aufwendungen anzusetzen. Liegen die Voraussetzungen nur während eines Teiles des Kalenderjahres vor, sind die anteiligen Beträge anzusetzen, d.h. 1/360 pro Tag, 1/12 pro Monat (R 33.3 Abs. 2 EStR).

Der Nachweis der Pflegebedürftigkeit ist durch eine Bescheinigung der Pflegekasse (z.B. Leistungsbescheid oder -mitteilung) bzw. des privaten Versicherungsunternehmens, oder nach § 65 Abs. 2 EStDV zu führen (R 33.3 Abs. 1 Satz 2 EStR).

Ob die Pflegebedürftigkeit bereits vor Beginn des Heimaufenthalts oder erst später eingetreten ist, ist ohne Bedeutung (BMF v. 20.1.2003, IV C 4 – S 2284 – 2/03, BStBl I 2003, 89).

Aufwendungen wegen Pflegebedürftigkeit sind nur insoweit zu berücksichtigen, als die Pflegekosten die Leistungen der Pflegepflichtversicherung und das aus einer ergänzenden Pflegekrankenversicherung bezogene Pflege(tage)geld übersteigen (BFH v. 14.4.2011, VI R 8/10, BStBl II 2011, 701).

Macht der Stpfl. geltend, trotz seiner vollstationären Unterbringung in einem Pflegeheim seien zusätzliche pflegerische Leistungen notwendig, die von dem Pflegeheim nicht erbracht würden und für die deshalb noch ambulante Pflegekräfte beschäftigt werden müssten, obliegt ihm die entsprechende Darlegungs- und Feststellungslast (BFH v. 30.3.2017, VI R 55/15, HFR 2017, 832).

1083 **Pflegeaufwendungen für Dritte:** Nach H 33.1–33.4 „Pflegeaufwendungen für Dritte“ EStH gilt Folgendes:

1. Allgemeines

Pflegeaufwendungen (z.B. Kosten für die Unterbringung in einem Pflegeheim), die dem Stpfl. infolge der Pflegebedürftigkeit einer Person erwachsen, der gegenüber der Stpfl. zum Unterhalt verpflichtet ist (z.B. seine Eltern oder Kinder), können unter Abzug der zumutbaren Belastung als außergewöhnliche Belastungen nach § 33 EStG abgezogen werden, sofern die tatsächlich angefallenen Pflegekosten von den reinen Unterbringungskosten abgegrenzt werden können (FG Baden-Württemberg v. 13.3.2018, 11 K 3653/15, EFG 2019, 46). Zur Berücksichtigung von besonderem Unterhaltsbedarf einer unterhaltenen Person (z.B. wegen Pflegebedürftigkeit) neben typischen Unterhaltsaufwendungen s. BMF v. 2.12.2002, IV C 4 – S 2284 – 108/02, BStBl I 2002, 1389. Aufwendungen, die einem Stpfl. für die krankheitsbedingte Unterbringung eines Angehörigen in einem Heim entstehen, stellen als Krankheitskosten eine außergewöhnliche Belastung i.S.d. § 33 EStG dar (BFH v. 30.6.2011, VI R 14/10, BStBl II 2012, 876). Ob die Pflegebedürftigkeit bereits vor Beginn des Heimaufenthalts oder erst später eingetreten ist, ist ohne Bedeutung (BMF v. 20.1.2003, IV C 4 – S 2284 – 2/03, BStBl I 2003, 89). Abziehbar sind neben den Pflegekosten auch die im Vergleich zu den Kosten der normalen Haushaltsführung entstandenen Mehrkosten für Unterbringung und Verpflegung (BFH v. 30.6.2011, VI R 14/10, BStBl II 2012, 876).

2. Fahrtkosten

Aufwendungen für Fahrten, um einen kranken Angehörigen, der im eigenen Haushalt lebt, zu betreuen und zu versorgen, können unter besonderen Umständen außergewöhnliche Belastungen sein. Die Fahrten dürfen nicht lediglich der allgemeinen Pflege verwandtschaftlicher Beziehungen dienen (BFH v. 6.4.1990, III R 60/88, BStBl II 1990, 958 und BFH v. 22.10.1996, III R 265/94, BStBl II 1997, 558).

3. Übertragung des gesamten sicheren Vermögens

Aufwendungen für die Unterbringung und Pflege eines bedürftigen Angehörigen sind nicht als außergewöhnliche Belastung zu berücksichtigen, soweit der Stpfl. von dem Angehörigen dessen gesamtes sicheres Vermögen in einem Zeitpunkt übernommen hat, als dieser sich bereits im Rentenalter befand (BFH v. 12.11.1996, III R 38/95, BStBl II 1997, 387).

Hat der pflegebedürftige Dritte im Hinblick auf sein Alter oder eine etwaige Bedürftigkeit dem Stpfl. Vermögenswerte zugewendet, z.B. ein Hausgrundstück, kommt ein Abzug der Pflegeaufwendungen nur in der Höhe in Betracht, wie die Aufwendungen den Wert des hingegebenen Vermögens übersteigen (R 33.3 Abs. 5 EStR).

4. Zwangsläufigkeit bei persönlicher Pflege

Aufwendungen, die durch die persönliche Pflege eines nahen Angehörigen entstehen, sind nur dann außergewöhnliche Belastungen, wenn die Übernahme der Pflege unter Berücksichtigung der näheren Umstände des Einzelfalls aus rechtlichen oder sittlichen Gründen i.S.d. § 33 Abs. 2 EStG zwangsläufig ist. Allein das Bestehen eines nahen Verwandtschaftsverhältnisses reicht für die Anwendung des § 33 EStG nicht aus. Bei der erforderlichen Gesamtbewertung der Umstände des Einzelfalls sind u. a. der Umfang der erforderlichen Pflegeleistungen und die Höhe der für den Stpfl. entstehenden Aufwendungen zu berücksichtigen (BFH v. 22.10.1996, III R 265/94, BStBl II 1997, 558).

Die Übernahme von Kosten für einen nahen Angehörigen (z.B. für eine Heimunterbringung) ist allerdings nur dann zwangsläufig, wenn die untergebrachte Person kein oder nur ein geringes Vermögen besitzt und soweit ihre eigenen Einkünfte und Bezüge zur Deckung dieser Kosten nicht ausreichen. Bei der Beurteilung, ob die eigenen Einkünfte und Bezüge nicht ausreichen, ist ein angemessener Betrag für einen zusätzlichen persönlichen Bedarf zu berücksichtigen. Als angemessen kann regelmäßig der für den zusätzlichen persönlichen Bedarf erklärte Betrag anerkannt werden, soweit er 1 550 € jährlich nicht übersteigt (BMF v. 2.12.2002, IV C 4 – S 2284 – 108/02, BStBl I 2002, 1389).

Die Aufwendungen können nicht berücksichtigt werden, soweit der Angehörige Vermögen auf den Stpfl. übertragen hat (BFH v. 12.11.1996, III R 38/95, BStBl II 1997, 387).

Aufwendungen für Fahrten, um einen kranken Angehörigen zu betreuen und zu versorgen, der im eigenen Haushalt lebt, können außergewöhnliche Belastungen sein, auch wenn der Betreute nicht hilflos ist. Die Fahrten dürfen allerdings nicht lediglich der allgemeinen Pflege verwandtschaftlicher Beziehungen dienen (BFH v. 22.10.1996, III R 265/94, BStBl II 1997, 558).

Praxisgebühr: Bei der (inzwischen abgeschafften) Praxisgebühr handelt es sich um zusätzliche Krankheitskosten und damit um außergewöhnliche Belastungen i.S.d. § 33 EStG (FinMin Schleswig-Holstein v. 6.1.2005, VI 314 – S 2284 – 123, offengelassen in BFH v. 18.7.2012, X R 41/11, BStBl II 2012, 821). 1084

Privatschule: Aufwendungen für den Schulbesuch eines Kindes sind durch die Vorschriften des Kinderlastenausgleichs und § 33a Abs. 2 EStG abgegolten und können daher grds. nur dann außergewöhnliche Belastungen sein, wenn es sich bei diesen Aufwendungen um unmittelbare Krankheitskosten handelt (BFH v. 17.4.1997, III B 216/96, BStBl II 1997, 752). 1085

Aufwendungen für den Schulbesuch eines Kindes können ausnahmsweise als unmittelbare Krankheitskosten als außergewöhnliche Belastung nach § 33 EStG abziehbar sein, etwa wenn für ein an Asthma erkranktes Kind eine längerfristige Unterbringung in einem Ort mit einem zur Heilung oder Linderung der Krankheit geeigneten Klima unabdingbar notwendig ist oder wenn eine Legasthenie einer medizinisch indizierten Behandlung unterworfen wird und im Zusammenhang damit Kosten einer auswärtigen Unterbringung in einem Internat anfallen, die zugleich der schulischen Ausbildung dient. § 33 EStG ist dagegen nicht anwendbar auf die Unterbringung eines Kindes in einer Privatschule, die aus sozialen, psychologischen oder pädagogischen Gründen erfolgt, und zwar auch dann nicht, wenn die Unterbringung erfolgt, weil das Kind behindert ist oder weil es kein Deutsch spricht (BFH v. 17.4.1997, III B 216/96, BStBl II 1997, 752).

Ist ein Kind ausschließlich wegen einer Behinderung im Interesse einer angemessenen Berufsausbildung auf den Besuch einer Privatschule (Sonderschule oder allgemeine Schule in privater Trägerschaft) mit individueller Förderung angewiesen, weil eine geeignete öffentliche Schule oder eine den schulgeldfreien Besuch ermöglichende geeignete Privatschule nicht zur Verfügung steht oder nicht in zumutbarer Weise erreichbar ist, ist das Schulgeld dem Grunde nach als außergewöhnliche Belastung nach § 33 EStG – neben einem auf den Stpfl. übertragbaren Pauschbetrag für behinderte Menschen – zu berücksichtigen. Der Nachweis, dass der Besuch der Privatschule erforderlich ist, muss durch eine Bestätigung der zuständigen obersten Landeskultusbehörde oder der von ihr bestimmten Stelle geführt werden (R 33.4 Abs. 2 EStR).

Aufwendungen für den Privatschulbesuch eines Kindes sind grds. auch dann nicht außergewöhnlich, wenn das Kind infolge Krankheit lernbehindert ist. Ein Abzug als außergewöhnliche Belastung ist nur dann möglich, wenn es sich bei den Aufwendungen um unmittelbare Krankheitskosten handelt; erforderlich wäre danach, dass der Privatschulbesuch zum Zwecke der Heilbehandlung erfolgt und dort eine spezielle, unter der Aufsicht medizinisch geschulten Fachpersonals durchgeführte Heilbehandlung stattfindet (hier: Abzug verneint wegen fehlenden Nachweises der medizinischen Notwendigkeit des Privatschulbesuches eines an Asperger-Syndrom und hyperkinetischer Störung des Sozialverhaltens leidenden Kindes). Der Vortrag des Stpfl., dass bereits der bloße Besuch einer bestimmten Schule als die eigentliche Heilmaßnahme anzusehen sein soll, weil sich die dort herrschenden Bedingungen günstig auf die Krankheit des Kindes auswirken, führt nicht zur Annahme von Krankheitskosten. Eine Hochbegabung als solche stellt keine Erkrankung dar (FG Köln v. 20.3.2019, 4 K 1961/16).

1086 **Prozesskosten:** Aufwendungen für die Führung eines Rechtsstreits (Prozesskosten) sind **seit 2013** vom Abzug als außergewöhnliche Belastung ausgeschlossen, es sei denn es handelt sich um Aufwendungen, ohne die der Stpfl. Gefahr liefe, seine Existenzgrundlage zu verlieren und seine lebensnotwendigen Bedürfnisse in dem üblichen Rahmen nicht mehr befriedigen zu können (§ 33 Abs. 2 Satz 4 EStG). Unter der Existenzgrundlage i.S.d. § 33 Abs. 2 Satz 4 EStG ist nur die **materielle Lebensgrundlage** des Stpfl. zu verstehen.

Als außergewöhnliche Belastungen **nicht anerkannt** wurden z.B. Prozesskosten

- von Eltern für die Strafverteidigung ihres volljährigen Kindes, wenn es sich um ein innerlich noch nicht gefestigtes, erst heranwachsendes Kind handelt, dessen Verfehlung strafrechtlich noch nach dem Jugendstrafrecht geahndet werden kann (BFH v. 10.8.2022, VI R 29/20),
- für Rechtsstreitigkeiten über ein Namensrecht und ein Umgangsrecht für das eigene minderjährige Kind, wenn nicht das Namensrecht und das Umgangsrecht ursächlich für eine Gefährdung der materiellen Existenzgrundlage und eine Gefährdung der Befriedigung lebensnotwendiger Bedürfnisse des Stpfl. im üblichen Rahmen sind, sondern die Gefährdung auf Grund der finanziellen Belastung durch die geführten Prozesse besteht (FG Münster v. 12.2.2019, 2 K 750/17 E),
- für einen Arzthaftungsprozess sowie für Rechtsstreitigkeiten einer Mutter mit dem Vater ihres Kindes über Umgangsrecht und Unterhalt (BFH v. 13.8.2020, VI R 27/18, BStBl II 2021, 86),
- anlässlich eines Umgangsrechtsstreits und der Rückführung des Kindes aus dem Ausland zurück nach Deutschland (BFH v. 13.8.2020, VI R 15/18, BStBl II 2021, 83).

Als außergewöhnliche Belastungen **anerkannt** wurden z.B. Prozesskosten

- bei einem 12-jährigen Verkehrsunfallopfer für die zivilprozessuale Auseinandersetzung mit der Versicherungsgesellschaft des Schädigers. Denn die unter irreversiblen geistigen und körperlichen Folgeschäden leidende Klägerin ist zeitlebens auf fremde Hilfe angewiesen. Der mit der Versicherungsgesellschaft ausgehandelte Vergleich diente in diesem Zusammenhang dazu, die Kosten dieser notwendigen Hilfe und damit die weitere Existenz der Klägerin wirtschaftlich abzusichern (BFH v. 26.5.2020, IX R 15/19, HFR 2020, 1138).

Sind die Kosten für einen Zivilprozess nur zum Teil als außergewöhnliche Belastung abziehbar, ist der abziehbare Teil der Kosten mit Hilfe der Streitwerte der einzelnen Klageanträge zu ermitteln (BFH v. 17.12.2015, VI R 7/14, BStBl II 2018, 742).

Psychotherapie: Die Anerkennung außergewöhnlicher Belastungen setzt im Falle von psychotherapeutischen Behandlungen und der medizinisch erforderlichen auswärtigen Unterbringung eines an einer Behinderung leidenden Kindes des Stpfl. voraus, dass die in § 64 Abs. 1 Nr. 2 Satz 2 EStDV normierten Nachweise erbracht werden. Diese Nachweise können nicht durch andere Unterlagen ersetzt werden (BFH v. 15.1.2015, VI R 85/13, BStBl II 2015, 586). 1087

Abgelehnt ferner für eine „Burnout-Erkrankung", weil der Stpfl. nicht den Nachweis der Zwangsläufigkeit durch ein vor Beginn der Heilmaßnahme oder dem Erwerb des medizinischen Hilfsmittels ausgestelltes amtsärztliches Gutachten oder eine vorherige ärztliche Bescheinigung eines medizinischen Dienstes der Krankenversicherung nach § 64 Abs. 1 Nr. 2 Satz 2 EStDV erbracht hat (BFH v. 9.11.2015, VI R 36/13, HFR 2016, 194).

Zu den Voraussetzungen der steuerlichen Abzugsfähigkeit von Anforderungen für eine psychotherapeutische Behandlung in Form medizinischer Heilhypnose durch eine Heilpraktikerin/Hypnosetherapeutin als außergewöhnliche Belastungen nach § 33 EStG s. FG Hessen v. 24.6.2021, 6 K 1784/19.

Rechtliche Pflicht: Zahlungen in Erfüllung rechtsgeschäftlicher Verpflichtungen erwachsen regelmäßig nicht zwangsläufig. Unter rechtliche Gründe i.S.v. § 33 Abs. 2 EStG fallen danach nur solche rechtlichen Verpflichtungen, die der Stpfl. nicht selbst gesetzt hat (BFH v. 19.5.1995, III R 12/92, BStBl II 1995, 774). 1088

Regresszahlungen: Regresszahlungen des Vaters eines nichtehelichen Kindes gem. § 1615b BGB für vom Ehemann der Mutter des Kindes (Scheinvater) gewährten Unterhalt sind nicht als außergewöhnliche Belastung abzugsfähig, wenn in den Veranlagungszeiträumen der Unterhaltsgewährung durch den Scheinvater für das Kind ein Anspruch auf Kindergeld oder ein Anspruch auf einen Kinderfreibetrag bestand. 1089

Sanierung eines selbst genutzten Gebäudes: Aufwendungen für die Sanierung eines selbst genutzten Wohngebäudes, nicht aber die Kosten für übliche Instandsetzungs- und Modernisierungsmaßnahmen oder die Beseitigung von Baumängeln, können als außergewöhnliche Belastung abzugsfähig sein, wenn 1090

- durch die Baumaßnahmen konkrete Gesundheitsgefährdungen abgewehrt werden z.B. bei einem asbestgedeckten Dach (BFH v. 29.3.2012, VI R 47/10, BStBl II 2012, 570), s. aber → *„Asbestbeseitigung"* Rz. 985,
- unausweichliche Schäden beseitigt werden, weil eine konkrete und unmittelbar bevorstehende Unbewohnbarkeit des Gebäudes droht und daraus eine aufwändige Sanierung folgt z.B. bei Befall eines Gebäudes mit Echtem Hausschwamm (BFH v. 29.3.2012, VI R 70/10, BStBl II 2012, 572),
- vom Gebäude ausgehende unzumutbare Beeinträchtigungen behoben werden z.B. Geruchsbelästigungen (BFH v. 29.3.2012, VI R 21/11, BStBl II 2012, 574).

Der Grund für die Sanierung darf weder beim Erwerb des Grundstücks erkennbar gewesen noch vom Grundstückseigentümer verschuldet worden sein. Auch muss der Stpfl. realisierbare Ersatzansprüche gegen Dritte verfolgen, bevor er seine Aufwendungen steuerlich geltend machen kann und er muss sich den aus der Erneuerung ergebenden Vorteil anrechnen lassen („Neu für Alt"). Die Zwangsläufigkeit der Aufwendungen ist anhand objektiver Kriterien nachzuweisen.

Schadensersatzleistungen: Schadensersatzzahlungen können dann zwangsläufig i.S.d. § 33 EStG sein, wenn der Stpfl. bei der Schädigung nicht vorsätzlich oder leichtfertig gehandelt hat (BFH v. 3.6.1982, VI R 41/79, BStBl II 1982, 749). Nach diesem Urteil bedarf die Auslegung des Begriffes der „Zwangsläufigkeit" im Bereich des Schadensersatzes im Zusammenhang mit Unfällen im Verkehr einer Lockerung in dem Sinne, dass bestimmte Formen eines geringfügigen menschlichen Versagens (etwa der Fall eines Bedienungsfehlers oder der Fall, dass der Stpfl., durch den äußeren Geschehensablauf überfordert, falsch reagiert) mitumfasst werden. 1091

Schäden: Aufwendungen zur Wiederbeschaffung oder Schadensbeseitigung an existentiell notwendigen Gegenständen (dies sind Wohnung, Hausrat und Kleidung, nicht aber z.B. ein Pkw oder eine Garage) können i.R. des Notwendigen und Angemessenen 1092 unter den in R 33.2 EStR genannten Voraussetzungen als außergewöhnliche Belastung berücksichtigt werden.

1093 **Schallschutzmaßnahmen:** Aufwendungen für Schallschutzmaßnahmen wegen Lärmbelästigung (z.B. Fluglärm) können nicht als außergewöhnliche Belastung anerkannt werden, weil der Gesetzgeber Grenzwerte für Lärmbelästigung festgelegt hat. Werden diese Grenzwerte überschritten, stehen dem Bürger Abwehrmöglichkeiten zur Verfügung. Werden die Grenzwerte nicht überschritten, ist die Lärmbelästigung nicht außergewöhnlich (OFD Kiel v. 4.2.2003, S 2284 A – St 254).

1094 **Scheidung:** → *„Ehescheidung"* Rz. 1013

1095 **Schönheitsoperationen:** Aufwendungen für eine operative Fettabsaugung und die operative Behandlung herabgesunkener Augenlider sind nicht als außergewöhnliche Belastung abziehbar, wenn der Stpfl. vor Beginn der Maßnahmen kein amtsärztliches oder vertrauensärztliches Attest eingeholt hat, aus dem sich zweifelsfrei die medizinische Indikation der Operationen ergibt. Bei Operationen, die häufig nur aus kosmetischen Gründen durchgeführt werden, ist es dem Stpfl. zuzumuten, fachlichen Rat einzuholen, unter welchen Voraussetzungen Aufwendungen für derartige Operationen steuerlich berücksichtigt werden (BFH v. 24.11.2006, III B 57/06).

1096 **Schulbesuch:** Nach H 33.1 – 33.4 „Schulbesuch" EStH gilt Folgendes:

- Aufwendungen für den Privatschulbesuch eines Kindes werden durch die Vorschriften des Familienleistungsausgleichs und § 33a Abs. 2 EStG abgegolten und können daher grds. nur dann außergewöhnliche Belastungen sein, wenn es sich bei diesen Aufwendungen um unmittelbare Krankheitskosten handelt (BFH v. 17.4.1997, III B 216/96, BStBl II 1997, 752).
- Außergewöhnliche Belastungen liegen nicht vor, wenn ein Kind ausländischer Eltern, die sich nur vorübergehend im Inland aufhalten, eine fremdsprachliche Schule besucht (BFH v. 23.11.2000, VI R 38/97, BStBl II 2001, 132).
- Aufwendungen für den Besuch einer Schule für Hochbegabte können außergewöhnliche Belastungen sein, wenn dies medizinisch angezeigt ist und es sich hierbei um unmittelbare Krankheitskosten handelt. Dies gilt auch für die Kosten einer auswärtigen der Krankheit geschuldeten Internatsunterbringung, selbst wenn diese zugleich der schulischen Ausbildung dient. Ein zusätzlicher Freibetrag nach § 33a Abs. 2 EStG kann nicht gewährt werden (BFH v. 12.5.2011, VI R 37/10, BStBl II 2011, 783).

Zur Frage, ob eine auswärtige Unterbringung i.S.d. § 33a Abs. 2 EStG (sog. Ausbildungsfreibetrag) vorliegt, s. H 33a.2 „Auswärtige Unterbringung" EStH.

Ist ein Kind ausschließlich wegen einer Behinderung im Interesse einer angemessenen Berufsausbildung auf den Besuch einer Privatschule (Sonderschule oder allgemeine Schule in privater Trägerschaft) mit individueller Förderung angewiesen, weil eine geeignete öffentliche Schule oder eine den schulgeldfreien Besuch ermöglichende geeignete Privatschule nicht zur Verfügung steht oder nicht in zumutbarer Weise erreichbar ist, ist das Schulgeld dem Grunde nach als außergewöhnliche Belastung nach § 33 EStG – neben einem auf den Stpfl. übertragbaren Pauschbetrag für behinderte Menschen (§ 33b EStG; → *Außergewöhnliche Belastungen in besonderen Fällen* Rz. 1161) – zu berücksichtigen. Der Nachweis, dass der Besuch der Privatschule erforderlich ist, muss durch eine Bestätigung der zuständigen obersten Landeskultusbehörde oder der von ihr bestimmten Stelle geführt werden (R 33.4 Abs. 2 EStR).

1097 **Schulden:** → *„Darlehen"* Rz. 1006

1098 **Schuldzinsen:** Schuldzinsen und andere mit einem Kredit in Zusammenhang stehende Aufwendungen können nur dann eine außergewöhnliche Belastung bilden, wenn die Schuldaufnahme durch Ausgaben veranlasst ist, die ihrerseits eine außergewöhnliche Belastung darstellen (BFH v. 29.7.1997, IX R 89/94, BStBl II 1997, 772).

1099 **Sittliche Pflicht:** Eine die Zwangsläufigkeit von Aufwendungen begründende sittliche Pflicht ist nur dann zu bejahen, wenn diese so unabdingbar auftritt, dass sie ähnlich einer Rechtspflicht von außen her als eine Forderung oder zumindest Erwartung der Gesellschaft derart auf den Stpfl. einwirkt, dass ihre Erfüllung als eine selbstverständliche Handlung erwartet und die Missachtung dieser Erwartung als moralisch anstößig empfunden wird, wenn das Unterlassen der Aufwendungen also Sanktionen im sittlich-moralischen Bereich oder auf gesellschaftlicher Ebene zur Folge haben kann (BFH v. 27.10.1989, III R 205/82, BStBl II 1990, 294 und BFH v. 22.10.1996, III R 265/94, BStBl II 1997, 558). Die sittliche Pflicht gilt nur für unabdingbar notwendige Aufwendungen (BFH v. 12.12.2002, III R 25/01, BStBl II 2003, 299). Bei der Entscheidung ist auf alle Umstände des Einzelfalls, insbesondere die persönlichen Beziehungen zwischen den Beteiligten, ihre Einkommens- und Vermögensverhältnisse sowie die konkrete Lebenssituation, bei der Übernahme einer Schuld auch auf den Inhalt des Schuldverhältnisses abzustellen (BFH v. 24.7.1987, III R 208/82, BStBl II 1987, 715).

Die allgemeine sittliche Pflicht, in Not geratenen Menschen zu helfen, kann allein die Zwangsläufigkeit nicht begründen (BFH v. 8.4.1954, IV 342/53 U, BStBl III 1954, 188).

Zwangsläufigkeit kann vorliegen, wenn das Kind des Erblassers als Alleinerbe Nachlassverbindlichkeiten erfüllt, die auf existentiellen Bedürfnissen seines in Armut verstorbenen Elternteils unmittelbar vor oder im Zusammenhang mit dessen Tod beruhen (BFH v. 24.7.1987, III R 208/82, BStBl II 1987, 715).

Nachzahlungen zur Rentenversicherung eines Elternteils sind nicht aus sittlichen Gründen zwangsläufig, wenn auch ohne die daraus entstehenden Rentenansprüche der Lebensunterhalt des Elternteils sichergestellt ist (BFH v. 7.3.2002, III R 42/99, BStBl II 2002, 473).

Spielsucht: Aufwendungen zur Bekämpfung einer Spielsucht sind außergewöhnliche Belastungen, wenn sie medizinisch indiziert sind. Zum Nachweis der medizinischen Notwendigkeit einer Teilnahme an Gruppentreffen suchtgefährdeter Menschen ist grds. die Vorlage eines vor Beginn der Maßnahme ausgestellten amtsärztlichen oder vertrauensärztlichen Zeugnisses erforderlich (BFH v. 21.7.1998, III R 25/97, HFR 1999, 180). 1100

Sport: Aufwendungen für die Ausübung eines Sports können als Krankheitskosten nur dann außergewöhnliche Belastungen sein, wenn der Sport nach genauer Einzelverordnung und unter Verantwortung eines Arztes, Heilpraktikers oder einer sonst zur Ausübung der Heilkunde zugelassenen Person betrieben wird, um eine Krankheit oder ein Gebrechen zu heilen oder zu seiner Besserung oder Linderung beizutragen (BFH v. 14.8.1997, III R 67/96, BStBl II 1997, 732). 1101

Sprachkurs: Aufwendungen für den Besuch von Sprachkursen, in denen Deutsch gelehrt wird, sind nicht als außergewöhnliche Belastungen abziehbar (R 33.4 Abs. 6 Satz 1 EStR). 1102

Sterilisation: Aufwendungen für die Wiederherstellung der Zeugungsfähigkeit nach einer selbst veranlassten Sterilisation sind keine außergewöhnliche Belastung, da es an der Zwangsläufigkeit für diese Aufwendungen fehlt. 1103

Steuerberatungskosten: Steuerberatungskosten sind grds. nicht als außergewöhnliche Belastung nach § 33 EStG abziehbar (BFH v. 4.2.2010, X R 10/08, BStBl II 2010, 617). 1104

Strafen: → *„Geldstrafen"* Rz. 1039 1105

Studiengebühren: Gebühren für die Hochschulausbildung eines Kindes sind weder nach § 33a Abs. 2 EStG noch nach § 33 EStG als außergewöhnliche Belastung abziehbar (BFH v. 17.12.2009, VI R 63/08, BStBl II 2010, 341). 1106

Studienplatz: Bei Gerichtskosten und Rechtsanwaltskosten, die im Zusammenhang mit einer Kapazitätsklage bzw. Studienplatzklage (hier: bezüglich eines Medizinstudiums) erwachsen, handelt es sich um typische Aufwendungen für die Berufsausbildung. Kosten dieser Art sind von der Typisierung und Pauschalierung in § 33a EStG mitumfasst (→ *Außergewöhnliche Belastung in besonderen Fällen* Rz. 1141). Übernimmt die Stpfl. für ihren Sohn die Prozesskosten einer sog. Kapazitätsklage zur Erlangung eines Studienplatzes, sind die Kosten nicht nach § 33 Abs. 1 EStG als außergewöhnliche Belastungen abzugsfähig (FG Münster v. 13.8.2019, 2 K 3783/18 E). 1107

Tomatis-Therapie: Die für den Abzug als außergewöhnliche Belastung erforderliche Zwangsläufigkeit fehlt, wenn auf den Zeitpunkt der Vornahme der Behandlung (im Streitfall: eine Horch- bzw. Hörtherapie nach Tomatis zur Behandlung einer krankhaften Überempfindlichkeit gegenüber Schall) nicht nachgewiesen wird, 1108 dass es sich um eine wissenschaftlich anerkannte Behandlungsmethode handelt und ein vor Beginn der Heilmaßnahme ausgestelltes amtsärztliches Gutachten oder eine vorherige ärztliche Bescheinigung eines Medizinischen Dienstes der Krankenversicherung nicht vorgelegt werden kann. Wissenschaftlich anerkannt ist eine Behandlungsmethode nur dann, wenn Qualität und Wirksamkeit dem anerkannten Stand der medizinischen Erkenntnisse entsprechen (FG Niedersachsen v. 16.6.2020, 9 K 182/19).

1109 **Toupet:** Aufwendungen für ein Haarteil (sog. Toupet) können nur dann als außergewöhnliche Belastung anerkannt werden, wenn eine krankheitsbedingte Notwendigkeit der Anschaffung durch ein vor dem Kauf ausgestelltes Attest eines Amts- oder Vertrauensarztes nachgewiesen wird und der Stpfl. vor der Geltendmachung der Aufwendungen als außergewöhnliche Belastung ihre Erstattung ohne Erfolg bei seiner Krankenkasse oder Beihilfestelle schriftlich geltend gemacht hat.

1110 **Transsexuelle:** Aufwendungen für die Anschaffung von Kleidung und Schuhen, die ein Transsexueller zur Vorbereitung auf die Geschlechtsumwandlung während eines Alltagstests trägt, sind nicht als außergewöhnliche Belastung abziehbar. Offen blieb, ob die Anschaffungskosten für die Damenschuhe und die Damenbekleidung als außergewöhnliche Belastung abzugsfähig sind, wenn der Alltagstest negativ verläuft und die für die Phase angeschaffte Kleidung später nicht mehr verwendet werden kann (BFH v. 25.10.2007, III R 63/06).

1111 **Treppenlift:** Der Einbau eines Treppenlifts kann eine außergewöhnliche Belastung darstellen, wenn der Einbau medizinisch indiziert ist. Der Nachweis der Zwangsläufigkeit ist nicht formalisiert nach § 64 Abs. 1 Nr. 2e EStDV zu erbringen (BFH v. 6.2.2014, VI R 61/12, BStBl II 2014, 458), da ein Treppenlift kein Gebrauchsgegenstand des täglichen Lebens i.S.v. § 33 Abs. 1 SGB V ist. Dies sind nur solche technischen Hilfen, die getragen oder mit sich geführt werden können, um sich im jeweiligen Umfeld zu bewegen, zurechtzufinden und die elementaren Grundbedürfnisse des täglichen Lebens zu befriedigen.

1112 **Trinkgelder:** Trinkgelder sind nicht zwangsläufig i.S.d. § 33 Abs. 1 EStG, und zwar unabhängig davon, ob die zu Grunde liegende Leistung selbst als außergewöhnliche Belastung zu beurteilen ist (BFH v. 19.4.2012, VI R 74/10, BStBl II 2012, 577).

1113 **Trinkwasserversorgung:** Die Kosten einer Trinkwasserversorgungsanlage für ein Wohngrundstück im Außenbereich sind auch dann, wenn eine alte, kostenfreie Wasserversorgung ersetzt wird, nicht als außergewöhnliche Belastung abzugsfähig, wenn für den Verzicht auf die kostenfreie Versorgung eine Entschädigung geleistet worden ist (BFH v. 25.2.2005, III B 96/04).

1114 **Trunksucht:** Aufwendungen, die einem Stpfl. durch den Besuch einer Gruppe der Anonymen Alkoholiker entstehen, sind als außergewöhnliche Belastung zu berücksichtigen, wenn die Teilnahme an den Gruppentreffen als therapeutische Maßnahme zur Heilung von Trunksucht medizinisch indiziert ist. Der Nachweis dieser Voraussetzungen ist durch ein vor Beginn der Therapie ausgestelltes amtsärztliches Zeugnis zu erbringen, das auch die voraussichtliche Dauer der empfohlenen Teilnahme an der Gruppentherapie enthält (BFH v. 13.2.1987, III R 208/81, BStBl II 1987, 427).

1115 **Umrüstung eines Fahrzeugs:** Aufwendungen für die behindertengerechte Umrüstung eines PKW können nur im Jahr des Abflusses als außergewöhnliche Belastungen neben den angemessenen Aufwendungen für Fahrten berücksichtigt werden. Eine Verteilung der Aufwendungen auf mehrere Jahre ist nicht zulässig (R 33.4 Abs. 4 Sätze 2 und 3 EStR und BFH v. 21.11.2018, VI R 28/16, HFR 2019, 278 m.w.N.).

1116 **Umschulungskosten:** Kosten für eine Zweitausbildung sind dann nicht berücksichtigungsfähig, wenn die Erstausbildung nicht endgültig ihren wirtschaftlichen Wert verloren hat (BFH v. 28.8.1997, III R 195/94, BStBl II 1998, 183).

1117 **Umweltbelastungen:** → *„Gesundheitsgefährdung“* Rz. 1040, → *„Elektrosmog“* Rz. 1018

1118 **Umzug:** Umzugskosten sind unabhängig von der Art der Wohnungskündigung durch den Mieter oder Vermieter i.d.R. nicht außergewöhnlich. Etwas anderes gilt ausnahmsweise nur dann, wenn der Umzug wegen einer Krankheit zwingend erforderlich ist (BFH v. 8.10.2008, VI B 66/08, m.w.N.).

Unfall: Der durch einen Unfall bei einem PKW entstandene Vermögensverlust kann nicht als außergewöhnliche Belastung steuermindernd berücksichtigt werden. Eine Ausnahme gilt nur für Unfallschäden gehbehinderter Personen (BFH v. 24.4.2006, III B 164/05). 1119

Aufwendungen zur Wiederherstellung der eigenen Gesundheit sind jedoch als Krankheitskosten abzugsfähig.

Unterbringung eines nahen Angehörigen in einem Heim: S. ausführlich BMF v. 2.12.2002, IV C 4 – S 2284 – 108/02, BStBl I 2002, 1389. 1120

Unterhaltsleistungen: Typische Unterhaltsleistungen an gesetzlich unterhaltsberechtigte Personen sind nur i.R. des § 33a EStG abzugsfähig (→ *Außergewöhnliche Belastungen in besonderen Fällen* Rz. 1141). 1121

Urlaubsreise: Aufwendungen für die Wiederbeschaffung von Kleidungsstücken, die dem Stpfl. auf einer Urlaubsreise entwendet wurden, können regelmäßig nicht als außergewöhnliche Belastung angesehen werden, weil üblicherweise ein notwendiger Mindestbestand an Kleidung noch vorhanden ist (BFH v. 3.9.1976, VI R 185/74, BStBl II 1976, 712). 1122

Ein Körperbehinderter, bei dem die Notwendigkeit ständiger Begleitung nachgewiesen ist, kann Mehraufwendungen, die ihm auf einer Urlaubsreise durch Kosten für Fahrten, Unterbringung und Verpflegung der Begleitperson entstehen, bis zu 1 500 DM (767 €) neben dem Pauschbetrag für Körperbehinderte als außergewöhnliche Belastung abziehen (BFH v. 4.7.2002, III R 58/98, BStBl II 2002, 765).

Unterscheidet sich die von Eltern mit ihren schwer behinderten Kindern unternommene Reise – abgesehen von den besonderen behinderungsbedingten Erschwernissen – nicht von einem üblichen Familienurlaub, so können die auf die Eltern entfallenden Reisekosten nicht als außergewöhnliche Belastung abgezogen werden (BFH v. 26.1.2006, III R 22/04, HFR 2006, 781).

Verausgabung: Aus dem Zusammenhang der Vorschriften von § 33 Abs. 1 EStG und § 11 Abs. 2 Satz 1 EStG folgt, dass außergewöhnliche Belastungen für das Kalenderjahr anzusetzen sind, in dem die Aufwendungen tatsächlich geleistet worden sind. Dies gilt grds. auch, wenn die Aufwendungen (nachträgliche) Anschaffungs- oder Herstellungskosten eines mehrjährig nutzbaren Wirtschaftsguts darstellen. Nur bei zwingenden atypischen Besonderheiten ist es gerechtfertigt, durch eine Billigkeitsentscheidung von den Grundsätzen der Abschnittsbesteuerung sowie des Zu- und Abflussprinzips abzuweichen, nicht aber bereits dann, wenn sich Aufwendungen (im Urteilsfall Ausgaben für den behindertengerechten Umbau eines Hauses) im Veranlagungszeitraum der Verausgabung nicht in vollem Umfang steuermindernd ausgewirkt haben (BVerfG v. 12.6.2018, 1 BvR 33/18, HFR 2018, 660). 1123

S.a. → *„Darlehen“* Rz. 1006, → *„Ersatz von dritter Seite“* Rz. 1022.

Vergleich: Ein prozessbeendender Vergleich ist nur dann als zwangsläufige Belastung anzusehen, wenn der vorausgegangene Rechtsstreit selbst zwangsläufig gewesen ist. Hat der Stpfl. hingegen einen Prozess nicht abgewendet, obwohl ihm dies möglich und zumutbar gewesen ist, so fehlen Gründe der Zwangsläufigkeit (BFH v. 26.2.1998, III R 59/97, BStBl II 1998, 605). 1124

Vermögensebene: Auch Kosten zur Beseitigung von Schäden an einem Vermögensgegenstand können Aufwendungen i.S.v. § 33 EStG sein, wenn der Vermögensgegenstand für den Stpfl. von existentiell wichtiger Bedeutung ist. Eine Berücksichtigung nach § 33 EStG scheidet aus, wenn Anhaltspunkte für ein Verschulden des Stpfl. erkennbar oder Ersatzansprüche gegen Dritte gegeben sind oder wenn der Stpfl. eine allgemein zugängliche und übliche Versicherungsmöglichkeit nicht wahrgenommen hat (BFH v. 6.5.1994, III R 27/92, BStBl II 1995, 104). Dies gilt auch, wenn lebensnotwendige Vermögensgegenstände, wie Hausrat und Kleidung wiederbeschafft werden müssen (BFH v. 26.6.2003, III R 36/01, BStBl II 2004, 47). 1125

Vermögensschäden: Wiederherstellungskosten bei Schäden an Vermögensgegenständen können nur dann abzugsfähig sein, wenn ein für den Stpfl. existenziell wichtiger Bereich berührt ist, keine Anhaltspunkte für eigenes Verschulden erkennbar und Ersatzansprüche gegen Dritte nicht gegeben sind (→ *„Schäden“* Rz. 1092). 1126

1127 **Verschulden:** Ein eigenes (ursächliches) Verschulden des Stpfl. schließt die Berücksichtigung von Aufwendungen zur Wiederherstellung von Vermögensgegenständen nach § 33 EStG aus (BFH v. 6.5.1994, III R 27/92, BStBl II 1995, 104).

1128 **Versicherung:** Eine Berücksichtigung von Aufwendungen zur Wiederherstellung von Vermögensgegenständen nach § 33 EStG scheidet aus, wenn der Stpfl. eine allgemein zugängliche und übliche Versicherungsmöglichkeit nicht wahrgenommen hat (BFH v. 6.5.1994, III R 27/92, BStBl II 1995, 104). Dies gilt auch, wenn lebensnotwendige Vermögensgegenstände, wie Hausrat und Kleidung, wiederbeschafft werden müssen (BFH v. 26.6.2003, III R 36/01, BStBl II 2004, 47).

S.a. → *„Ersatz von dritter Seite"* Rz. 1022, → *„Vermögensebene"* Rz. 1125, → *„Beerdigung"* Rz. 996.

1129 **Versorgungsausgleich:** Die Zahlung, die ein geschiedener Ehegatte als Versorgungsausgleich nach der inzwischen durch das BVerfG für nichtig erklärten Vorschrift des § 1587b Abs. 3 Satz 1 Teilsatz 1 BGB für seinen früheren Ehegatten zur Begründung einer Rentenanwartschaft an die gesetzliche Rentenversicherung geleistet hat, kann weder als Werbungskosten noch als außergewöhnliche Belastung berücksichtigt werden (BFH v. 15.6.2010, X R 23/08, m.w.N.).

Ausgleichszahlungen zur Vermeidung eines Versorgungsausgleichs können seit dem Veranlagungszeitraum 2015 nur noch unter den Voraussetzungen des § 10 Abs. 1a Nr. 3 EStG, insbesondere einer korrespondierenden Besteuerung beim zustimmungspflichtigen Empfänger, als Sonderausgaben abgezogen werden (FG Köln v. 14.2.2019, 15 K 2800/17). S.a. → *Sonderausgaben* Rz. 3930.

1130 **Veruntreuung:** Die zweifache Zahlung zur Abwendung eines Verbraucherinsolvenzverfahrens nach Veruntreuung der zunächst erbrachten Zahlung durch den Rechtsanwalt des Stpfl. ist nicht als außergewöhnliche Belastung zu berücksichtigen (BFH v. 17.11.2009, VI B 18/09).

1131 **Vormund:** Vergütungen für einen ausschließlich zur Vermögenssorge bestellten Vormund/Betreuer stellen keine außergewöhnlichen Belastungen, sondern Betriebsausgaben bzw. Werbungskosten bei den mit dem verwalteten Vermögen erzielten Einkünften dar, sofern die Tätigkeit des Vormunds/Betreuers weder einer kurzfristigen Abwicklung des Vermögens noch der Verwaltung ertraglosen Vermögens dient (BFH v. 14.9.1999, III R 39/97, BStBl II 2000, 69).

1132 **Wasserschaden:** Hochwasserschäden an selbstgenutztem Einfamilienhaus sind grds. abzugsfähig (BFH v. 20.1.2016, VI R 40/13).

Für Grundwasserschäden soll dies nur in Ausnahmefällen gelten. Von einem unabwendbaren Ereignis ist nicht auszugehen, wenn das zu eigenen Wohnzwecken genutzte Objekt in einem „Feuchtgebiet" liegt und es infolge höherer Niederschlagsmengen zu einem allmählichen Grundwasseranstieg kommt. Etwas anderes gilt nur dann, wenn das Auftreten von Hochwasser zum plötzlichen Anstieg des Grundwasserspiegels führt und der dadurch verursachte hohe Grundwasserstand zu Vernässungsschäden an Vermögenswerten führt (OFD Kiel v. 28.4.2003, S 2284 A – St 254).

1133 **Wehrdienst:** Zahlungen, die ein Gastarbeiter an den türkischen Staat leistet, um seinen Wehrdienst zu verkürzen, können nicht als außergewöhnliche Belastung berücksichtigt werden (BFH v. 20.12.1985, VI R 45/84, BStBl II 1986, 459).

1134 **Wiederbeschaffung lebensnotwendiger Vermögensgegenstände:** Aufwendungen zur Wiederbeschaffung oder Schadensbeseitigung können i.R. des Notwendigen und Angemessenen unter folgenden Voraussetzungen als außergewöhnliche Belastung berücksichtigt werden (R 33.2 EStR):

1. **Sie müssen einen existenziell notwendigen Gegenstand betreffen** – dies sind Wohnung, Hausrat und Kleidung, nicht aber z.B. ein Pkw oder eine Garage.
2. Der Verlust oder die Beschädigung muss durch ein unabwendbares Ereignis wie Brand, Hochwasser, Kriegseinwirkung, Vertreibung, politische Verfolgung verursacht sein, oder von dem Gegenstand muss eine Gesundheitsgefährdung ausgehen, die beseitigt werden muss und die nicht auf Verschulden des Stpfl. oder seines Mieters oder auf einen Baumangel zurückzuführen ist (z.B. bei Schimmelpilzbildung).
3. **Dem Stpfl. müssen tatsächlich finanzielle Aufwendungen entstanden sein**; ein bloßer Schadenseintritt reicht zur Annahme von Aufwendungen nicht aus.
4. **Die Aufwendungen müssen ihrer Höhe nach notwendig und angemessen sein** und werden nur berücksichtigt, soweit sie den Wert des Gegenstandes im Vergleich zu vorher nicht übersteigen.
5. **Nur der endgültig verlorene Aufwand kann berücksichtigt werden**, d.h. die Aufwendungen sind um einen etwa nach Schadenseintritt noch vorhandenen Restwert zu kürzen.
6. Der Stpfl. muss glaubhaft darlegen, dass er den Schaden nicht verschuldet hat und dass realisierbare Ersatzansprüche gegen Dritte nicht bestehen.
7. Ein Abzug scheidet aus, sofern der Stpfl. zumutbare Schutzmaßnahmen unterlassen oder eine allgemein zugängliche und übliche Versicherungsmöglichkeit nicht wahrgenommen hat.
8. **Das schädigende Ereignis darf nicht länger als drei Jahre zurückliegen**, bei Baumaßnahmen muss mit der Wiederherstellung oder Schadensbeseitigung innerhalb von drei Jahren nach dem schädigenden Ereignis begonnen worden sein.

Kosten zur Wiederbeschaffung lebensnotwendiger Vermögensgegenstände, wie Hausrat und Kleidung, die auf Grund eines unabwendbaren Ereignisses beschädigt oder zerstört worden sind, können mangels Zwangsläufigkeit **nicht steuermindernd als außergewöhnliche Belastung berücksichtigt werden, wenn der Geschädigte es unterlassen hat, eine allgemein übliche und zumutbare Versicherung (z.B. eine Hausratversicherung) abzuschließen** (BFH v. 26.6.2003, III R 36/01, BStBl II 2004, 47).

Wissenschaftlich nicht anerkannte Behandlungsmethoden: Wissenschaftlich nicht anerkannt i.S.d. § 64 Abs. 1 Nr. 2 Satz 1 Buchst. f EStDV ist eine Behandlungsmethode dann, wenn Qualität und Wirksamkeit nicht dem allgemein anerkannten Stand der medizinischen Erkenntnisse entsprechen (BFH v. 26.6.2014, VI R 51/13, BStBl II 2015, 9). 1135

Maßgeblicher Zeitpunkt für die wissenschaftliche Anerkennung einer Behandlungsmethode ist der Zeitpunkt der Behandlung (BFH v. 18.6.2015, VI R 68/14, BStBl II 2015, 803).

Die Behandlungsmethoden, Arznei- und Heilmittel der besonderen Therapierichtungen nach § 2 Abs. 1 Satz 2 SGB V (Phytotherapie, Homöopathie und Anthroposophie mit dem Heilmittel Heileurythmie) gehören nicht zu den wissenschaftlich nicht anerkannten Behandlungsmethoden. Der Nachweis der Zwangsläufigkeit von Aufwendungen im Krankheitsfall ist daher nicht nach § 64 Abs. 1 Nr. 2f EStDV zu führen. Sofern es sich um Aufwendungen für Arznei-, Heil- und Hilfsmittel handelt, ist der Nachweis der Zwangsläufigkeit nach § 64 Abs. 1 Nr. 1 EStDV zu führen (BFH v. 26.2.2014, VI R 27/13, BStBl II 2014, 824).

S.a. → *„Fettabsaugung"* Rz. 1029.

Wohngemeinschaft: Nicht erstattete Kosten für die behinderungsbedingte Unterbringung eines Menschen im arbeitsfähigen Alter in einer betreuten Wohngemeinschaft können außergewöhnliche Belastungen sein. Werden die übrigen Kosten vom Sozialhilfeträger übernommen, kann die Notwendigkeit der Unterbringung unterstellt werden (BFH v. 23.5.2002, III R 24/01, BStBl II 2002, 567). 1136

Zeitaufwand: Reiner Zeitaufwand führt auch dann nicht zur steuerlichen Berücksichtigung als außergewöhnliche Belastung nach § 33 EStG, wenn dieser i.R. einer ehrenamtlichen Betreuung der eigenen Mutter anfällt und wenn für jede Stunde ein fiktiver Geldwert durch den betreuenden Sohn angesetzt wird (FG Hessen v. 11.3.2011, 11 K 1850/10). 1137

Zinsen: Zinsen für ein Darlehen können ebenfalls zu den außergewöhnlichen Belastungen zählen, soweit die Darlehensaufnahme selbst zwangsläufig erfolgt ist (BFH v. 6.4.1990, III R 60/88, BStBl II 1990, 958); sie sind im Jahr der Verausgabung abzuziehen. 1138

Zöliakie: Aufwendungen für eine glutenfreie Diätverpflegung auf Grund einer Zöliakie (Glutenunverträglichkeit) sind gem. § 33 Abs. 2 Satz 3 EStG vom Abzug als außergewöhnliche Belastungen ausgeschlossen. Dies gilt unabhängig davon, ob die entsprechenden Diätmittel auf Grund einer ärztlichen Verordnung eingenommen werden und ob sie lediglich zur Unterstützung einer medikamentösen Behandlung in ernährungstherapeutischer Hinsicht oder selbst unmittelbar als Therapeutikum mit heilender Wirkung 1139 als Medikament im medizinischen Sinne eingesetzt werden. Das Abzugsverbot für Aufwendungen für Diätverpflegung nach § 33 Abs. 2 Satz 3 EStG ist verfassungsgemäß (BFH v. 4.11.2021, VI R 48/18, HFR 2022, 239 und die Revision der Kläger gegen das Urteil des FG Köln v. 13.9.2018 wurde als unbegründet zurückgewiesen).

1140 **Zwischenheimfahrten:** Fahrtkosten aus Anlass von Zwischenheimfahrten können als sog. mittelbare Krankheitskosten nicht berücksichtigt werden. Dies gilt nicht für Kosten der Zwischenheimfahrten einer Begleitperson, die ein krankes, behandlungsbedürftiges Kind, das altersbedingt einer Begleitperson bedarf, zum Zwecke einer amtsärztlich bescheinigten Heilbehandlung von mehrstündiger Dauer gefahren und wieder abgeholt hat, wenn es der Begleitperson nicht zugemutet werden kann, die Behandlung abzuwarten (BFH v. 3.12.1998, III R 5/98, BStBl II 1999, 227).

Außergewöhnliche Belastungen in besonderen Fällen

Inhalt

1. Allgemeines

1141 Für bestimmte häufig wiederkehrende Fälle außergewöhnlicher Belastungen hat der Gesetzgeber aus Vereinfachungsgründen in **§§ 33a, 33b EStG Sonderregelungen** getroffen, die einerseits bestimmte Pausch- oder Höchstbeträge, andererseits aber **keine Kürzung um die sog. zumutbare Belastung** (→ *Außergewöhnliche Belastungen: Allgemeines* Rz. 973) vorgesehen.

Beim Abzug von Unterhaltsaufwendungen nach § 33a Abs. 1 EStG und dem sog. Ausbildungsfreibetrag nach § 33a Abs. 2 EStG handelt es sich darüber hinaus um abschließende (typisierende) Regelungen, d.h. dass derartige Aufwendungen auch nicht wahlweise als (allgemeine) außergewöhnliche Belastungen nach § 33 EStG (→ *Außergewöhnliche Belastungen: Allgemeines* Rz. 971) berücksichtigt werden können (§ 33a Abs. 4 EStG). Möglich ist dies dagegen beim Pauschbetrag für Menschen mit Behinderungen (§ 33b Abs. 1 – 3 EStG, → Rz. 1161) und den Pflege-Pauschbeträgen (§ 33b Abs. 6 EStG, → Rz. 1167).

2. Unterhalt bedürftiger Angehöriger (§ 33a Abs. 1 EStG)

a) Allgemeines

Erwachsen einem Stpfl. Aufwendungen für den Unterhalt und eine etwaige Berufsausbildung einer dem Stpfl. oder seinem Ehegatten gegenüber **gesetzlich unterhaltsberechtigten Person**, so wird auf Antrag die Einkommensteuer dadurch ermäßigt, dass die Aufwendungen bis zur Höhe des Grundfreibetrags nach § 32a Abs. 1 Satz 2 Nr. 1 EStG im vom Gesamtbetrag der Einkünfte abgezogen werden. Die betragsmäßige Angabe des Unterhaltshöchstbetrags im Gesetzestext des § 33a Abs. 1 EStG ist seit dem Kalenderjahr 2023 entfallen. Damit zukünftige Betragsanpassungen beim Unterhaltshöchstbetrag als Folgeänderungen auf Grund der Anhebung des Grundfreibetrags entfallen können, wird durch einen dynamischen Verweis auf den Grundfreibetrag in § 32a Abs. 1 Satz 2 Nr. 1 EStG der Gleichklang gesichert. Für 2026 gilt deshalb ein Unterhaltshöchstbetrag von 12 348 €. 1142

Weil für jeden vollen Kalendermonat, in denen die Voraussetzungen für den Abzug von Unterhaltsleistungen gemäß § 33a Abs. 1 Satz 1 EStG nicht erfüllt sind, sich die Höhe des Unterhaltshöchstbetrags um je ein Zwölftel mindert, ist eine Rundungsregelung in den Gesetzestext aufgenommen worden. Sollte sich als Ergebnis einer zeitanteiligen Minderung ein Unterhaltshöchstbetrag mit Nachkommastellen ergeben, ist dieser Betrag auf den nächsten vollen Euro-Betrag aufzurunden (§ 33a Abs. 3 Satz 1, letzter Satzteil EStG, Änderung durch das Inflationsausgleichsgesetz zum 1.1.2023). Der **Höchstbetrag erhöht sich** um den Betrag der im jeweiligen Veranlagungszeitraum nach § 10 Abs. 1 Nr. 3 EStG für die Absicherung der unterhaltsberechtigten Person aufgewandten Beiträge (**Basis- und Pflegepflichtversicherung**, → Rz. 1148).

Voraussetzung für die steuerliche Berücksichtigung der Aufwendungen ist, dass **weder der Arbeitnehmer noch eine andere Person Anspruch auf die Freibeträge für Kinder oder auf Kindergeld für die unterstützte Person** hat (§ 33a Abs. 1 Satz 1 EStG, → *Kindergeld/Freibeträge für Kinder* Rz. 2672). Dabei kommt es nicht darauf an, ob der Anspruch geltend gemacht wird oder ob er sich steuerlich auswirkt.

Die Unterhaltsleistungen müssen im Einzelnen nachgewiesen werden. In diesem Zusammenhang ist zu beachten, dass auf Grund der Neuregelungen durch das Jahressteuergesetz 2024 (BGBl. I 2024 Nr. 387) der Abzug von Unterhaltsleistungen nach § 33a Abs. 1 Satz 1 EStG in Form von Geldzuwendungen nur noch dann möglich ist, wenn die Zahlung des Unterhalts durch Banküberweisung auf ein Konto des Unterhaltsempfängers erfolgt (§ 33a Abs. 1 Satz 12 EStG, BMF v. 15.10.2025, IV C 3 – S 2285/00031/001/025, Rz. 37 betr. Allgemeine Hinweise zu Berücksichtigung von Unterhaltsaufwendungen nach § 33a Abs. 1 EStG als außergewöhnliche Belastung und BMF v. 15.10.2025, IV C 3 – S 2285/00031/001/024, Rz. 13 ff. betr. Berücksichtigung von Aufwendungen für den Unterhalt von Personen im Ausland als außergewöhnliche Belastung nach § 33a Abs. 1 EStG). Gehört die unterhaltsberechtigte Person zum Haushalt des Stpfl., kann regelmäßig davon ausgegangen werden, dass ihm dafür Unterhaltsaufwendungen in Höhe des maßgeblichen Höchstbetrags erwachsen (R 33a.1 Abs. 1 Satz 5 EStR).

Nicht auf Euro lautende Beträge sind entsprechend dem für Ende September des Jahres vor dem Veranlagungszeitraum von der Europäischen Zentralbank bekannt gegebenen Referenzkurs umzurechnen (§ 33a Abs. 1 Satz 8 EStG).

b) Gesetzlich unterhaltsberechtigte Personen

Gesetzlich unterhaltsberechtigt sind Personen, denen gegenüber der Stpfl. nach dem BGB oder dem LPartG unterhaltsverpflichtet ist. Somit müssen die zivilrechtlichen Voraussetzungen eines Unterhaltsanspruchs vorliegen und die Unterhaltskonkurrenzen beachtet werden. Für den Abzug ist dabei die tatsächliche Bedürftigkeit des Unterhaltsempfängers erforderlich (sog. konkrete Betrachtungsweise). Eine Prüfung, ob im Einzelfall tatsächlich ein Unterhaltsanspruch besteht, ist aus Gründen der Verwaltungsvereinfachung nicht erforderlich, wenn die unter- 1143 stützte Person unbeschränkt steuerpflichtig sowie dem Grunde nach (potenziell) unterhaltsberechtigt ist, tatsächlich Unterhalt erhält und alle übrigen Voraussetzungen des § 33a Abs. 1 EStG vorliegen; insoweit wird die Bedürftigkeit der unterstützten Person typisierend unterstellt.

Gesetzlich unterhaltsberechtigte Personen sind nach § 1601 BGB Verwandte in gerader Linie (z.B. Eltern, Kinder, Großeltern, Enkel) oder aber auch Ehegatten und Lebenspartner einer eingetragenen Lebenspartnerschaft, nicht aber Verwandte in der Seitenlinie (Geschwister, Onkel und Tanten, Neffen usw.).

Gesetzlich unterhaltsberechtigt ist auch der **getrennt lebende oder geschiedene Ehegatte**. Ein Abzug als außergewöhnliche Belastung kommt jedoch nur in Betracht, wenn die Unterhaltsaufwendungen nicht als Sonderausgaben nach § 10 Abs. 1 Nr. 1 EStG (sog. Realsplitting) geltend gemacht werden.

Den **gesetzlich unterhaltsberechtigten Personen gleichgestellt** ist eine Person, wenn bei ihr zum Unterhalt bestimmte inländische öffentliche Mittel (z.B. Sozialhilfe oder Arbeitslosengeld II) mit Rücksicht auf die Unterhaltsleistungen des Arbeitnehmers gekürzt werden (§ 33a Abs. 1 Satz 3 EStG). Nach BFH v. 31.3.2021, VI R 2/19, HFR 2021, 645 gilt dies nicht, wenn diese nicht wegen der Unterhaltsleistungen, sondern wegen des Bezugs von BAföG keinen Anspruch auf Sozialleistungen hat.

Zur Berücksichtigung von Unterhaltsleistungen an **Personen mit einer Aufenthalts- oder Niederlassungserlaubnis nach § 23 Aufenthaltsgesetz** (AufenthG) s. BMF v. 27.5.2015, IV C 4 – S 2285/07/0003 :006, BStBl I 2015, 474.

Wegen weiterer Hinweise s. R 33a Abs. 1 EStR sowie H 33a.1 „Unterhaltsanspruch der Mutter bzw. des Vaters eines nichtehelichen Kindes" sowie „Unterhaltsberechtigung" EStH.

c) Unterhaltsaufwendungen

1144 Abziehbare Aufwendungen i.S.d. § 33a Abs. 1 Satz 1 EStG sind solche für den typischen Unterhalt, d.h. die üblichen für den laufenden Lebensunterhalt bestimmten Leistungen, sowie Aufwendungen für eine Berufsausbildung. Dazu können auch gelegentliche oder einmalige Leistungen gehören. Diese dürfen aber regelmäßig nicht als Unterhaltsleistungen für Vormonate und auch nicht zur Deckung des Unterhaltsbedarfs für das Folgejahr berücksichtigt werden. Den Aufwendungen für den typischen Unterhalt sind auch Krankenversicherungsbeiträge (Basisabsicherung), deren Zahlung der Stpfl. übernommen hat, zuzurechnen (H 33a.1 „Allgemeines zum Abzug von Unterhaltsaufwendungen" EStH und BFH v. 25.4.2018, VI R 35/16, BStBl II 2018, 643).

Typische Unterhaltsaufwendungen – insbesondere für Ernährung, Kleidung, Wohnung, Hausrat und notwendige Versicherungen – können nur nach § 33a Abs. 1 EStG berücksichtigt werden. Erwachsen dem Stpfl. außer Aufwendungen für den typischen Unterhalt und eine Berufsausbildung Aufwendungen für einen **besonderen Unterhaltsbedarf** der unterhaltenen Person, z.B. **Krankheitskosten**, kommt dafür eine Steuerermäßigung nach § 33 EStG in Betracht (weitere Einzelheiten s. H 33a.1 „Abgrenzung zu § 33 EStG" EStH).

d) Arbeitskraft und Vermögen

1145 Die zu unterhaltende Person muss zunächst ihr eigenes Vermögen, wenn es nicht geringfügig ist, einsetzen und verwerten. Hinsichtlich des **vorrangigen Einsatzes und Verwertung der eigenen Arbeitskraft** ist R 33a Abs. 1 Satz 4 EStR entsprechend anzuwenden. Als **geringfügig** kann i.d.R. ein Vermögen bis zu einem gemeinen Wert **(Verkehrswert) von 15 500 €** angesehen werden (diese von den Finanzbehörden seit 1975 angewendete Grenze ist nach BFH v. 29.2.2024, VI R 21/21, BStBl II 2024, 594 auch für das Streitjahr 2019, trotz zwischenzeitlich eingetretener Geldentwertungen, nicht zu beanstanden).

Dabei bleiben außer Betracht (R 33a Abs. 2 EStR):

- Vermögensgegenstände, deren Veräußerung offensichtlich eine Verschleuderung bedeuten würde,
- Vermögensgegenstände, die einen besonderen persönlichen Wert, z.B. Erinnerungswert, für den Unterhaltsempfänger haben oder zu seinem Hausrat gehören, und ein angemessenes Hausgrundstück i.S.d. § 90 Abs. 2 Nr. 8 SGB XII, wenn der Unterhaltsempfänger das Hausgrundstück allein oder zusammen mit Angehörigen bewohnt, denen es nach seinem Tode weiter als Wohnung dienen soll.

Der BFH hat seine Rechtsprechung bestätigt, nach der unverwertbares Vermögen bei der Anwendung des § 33a Abs. 1 Satz 3 EStG unberücksichtigt zu bleiben hat. Eine generelle Unverwertbarkeit kann dabei nur angenommen werden, wenn aus tatsächlichen oder rechtlichen Gründen eine Verwertung des Vermögens ausgeschlossen ist. An der Verwertbarkeit des Vermögens kann es daher fehlen, wenn der Unterhaltsempfänger nicht in der Lage ist, die Verwertung innerhalb einer feststehenden Zeitspanne durch eigenes Handeln herbeizuführen (BFH v. 8.12.2017, VI B 53/17).

Weitere Einzelheiten s. H 33a.1 „Geringes Vermögen („Schonvermögen")" EStH.

e) Opfergrenze

Unter Berücksichtigung seiner Verhältnisse ist ein Stpfl. nur insoweit zur Unterhaltsleistung verpflichtet, als die Unterhaltsaufwendungen in einem vernünftigen Verhältnis zu seinen Einkünften stehen und ihm nach Abzug der Unterhaltsaufwendungen genügend Mittel zur Bestreitung des Lebensbedarfs für sich und ggf. für seinen Ehegatten und seine Kinder verbleiben (sog. Opfergrenze). Vgl. hierzu auch BMF v. 15.10.2025, IV C 3 – S 2285/00031/001/025, Rz. 16 ff. betr. Allgemeine Hinweise zur Berücksichtigung von Unterhaltsaufwendungen nach § 33a Abs. 1 EStG als außergewöhnliche Belastung und BMF v. 15.10.2025, IV C 3 – S 2285/00031/001/024, Rz. 37 ff. betr. Berücksichtigung von Aufwendungen für den Unterhalt von Personen im Ausland als außergewöhnliche Belastung nach § 33a Abs. 1 EStG. 1146

Die Opfergrenze ist unabhängig davon zu beachten, ob die unterhaltene Person im Inland oder im Ausland lebt (R 33a Abs. 4 Satz 1 EStR).

Die Opfergrenzenregelung gilt **nicht** bei Aufwendungen für den Unterhalt an den (ggf. auch geschiedenen) **Ehegatten** (BMF v. 15.10.2025, IV C 3 – S 2285/00031/001/025, Rz. 23, betr. Allgemeine Hinweise zur Berücksichtigung von Unterhaltsaufwendungen nach § 33a Abs. 1 EStG als außergewöhnliche Belastung).

f) Identifikationsnummer

Voraussetzung für den Abzug der Aufwendungen ist **die Angabe der erteilten IdNr** (§ 139b AO, → *Identifikationsnummer* Rz. 2575 ff.) der unterhaltenen Person in der Steuererklärung des Unterhaltsleistenden, wenn die unterhaltene Person der unbeschränkten oder beschränkten Steuerpflicht unterliegt. Die unterhaltene Person ist für diese Zwecke verpflichtet, dem Unterhaltsleistenden ihre erteilte IdNr (§ 139b AO) mitzuteilen. Kommt die unterhaltene Person dieser Verpflichtung nicht nach, ist der Unterhaltsleistende berechtigt, bei der für ihn zuständigen Finanzbehörde die IdNr der unterhaltenen Person zu erfragen (§ 33a Abs. 1 Sätze 9 bis 11 EStG). 1147

Diese Änderung soll vor allen Dingen die Kontrolle des rechtmäßigen Abzugs wie auch der korrekten Erfassung bei dem den Unterhalt empfangenen Stpfl. erleichtern.

g) Höchstbetrag

Die Unterhaltsleistungen sind jährlich bis zum maßgebenden Grundfreibetrag als **Höchstbetrag** abziehbar (ab 2026: 12 348 € → Rz. 1142). 1148

Der Höchstbetrag nach § 33a Abs. 1 Satz 1 EStG erhöht sich um die für die Absicherung der unterhaltsberechtigten Person aufgewandten **Beiträge zur Kranken- und Pflegeversicherung nach § 10 Abs. 1 Nr. 3 EStG (Basisabsicherung)**, wenn für diese beim Unterhaltsleistenden kein Sonderausgabenabzug möglich ist. Dabei ist es nicht notwendig, dass die Beiträge tatsächlich von dem Unterhaltsverpflichteten gezahlt oder erstattet wurden. Für diese Erhöhung des Höchstbetrages genügt es, wenn der Unterhaltsverpflichtete seiner Unterhaltsverpflichtung nachkommt. Die Gewährung von Sachunterhalt (z.B. Unterkunft und Verpflegung) ist ausreichend (Hinweis auf den geänderten § 10 Abs. 1 Nr. 3 EStG sowie R 33a.1 Abs. 5 EStR).

Bei der Berechnung des Unterhaltshöchstbetrags nach § 33a Abs. 1 EStG sind keine fiktiven Einkünfte einer nach § 33a Abs. 1 Satz 3 EStG gesetzlich Unterhaltsberechtigten gleichgestellten Person anzusetzen (BFH v. 9.3.2017, VI R 16/16, BStBl II 2017, 890).

h) Unterhalt mehrerer Personen

1149 **Unterhält der Stpfl. mehrere Personen**, die einen gemeinsamen Haushalt führen, so ist der nach § 33a Abs. 1 EStG abziehbare Betrag grds. für jede unterhaltsberechtigte oder gleichgestellte Person getrennt zu ermitteln. Der insgesamt nachgewiesene Zahlungsbetrag ist unterschiedslos nach Köpfen aufzuteilen. Handelt es sich bei den unterhaltenen Personen um in Haushaltsgemeinschaft lebende Ehegatten, z.B. Eltern, sind die Einkünfte und Bezüge zunächst für jeden Ehegatten gesondert festzustellen und sodann zusammenzurechnen. Die zusammengerechneten Einkünfte und Bezüge sind um 1 248 € (zweimal 624 €) zu kürzen (→ Rz. 1151). Der verbleibende Betrag ist von der Summe der beiden Höchstbeträge abzuziehen (H 33a.1 „Unterhalt für mehrere Personen" EStH).

i) Unterhaltstragung durch mehrere Personen

1150 Werden die Aufwendungen für eine unterhaltene Person von mehreren Stpfl. getragen, so wird bei jedem der Teil des sich hiernach ergebenden Betrags abgezogen, der seinem Anteil am Gesamtbetrag der Leistungen entspricht (§ 33a Abs. 1 Satz 7 EStG).

Unterhaltsbeiträge von Personen, die die Voraussetzungen von § 33a Abs. 1 Sätze 1 und 3 EStG nicht erfüllen, führen jedoch nicht zu einer anteiligen Kürzung des Unterhaltshöchstbetrags nach § 33a Abs. 1 Satz 7 EStG. Sie sind aber als **„andere Einkünfte und Bezüge"** der unterhaltenen Person gem. § 33a Abs. 1 Satz 5 EStG (→ Rz. 1151) zu berücksichtigen (BFH v. 28.4.2020, VI R 43/17, BStBl II 2021, 209: Keine Kürzung des Unterhaltshöchstbetrags bei Unterhaltsleistungen an ein mit dem Lebensgefährten zusammenlebendes Kind).

j) Eigene Einkünfte und Bezüge

1151 **Hat die unterhaltene Person andere Einkünfte oder Bezüge, so vermindert sich die Summe der nach § 33a Abs. 1 Satz 1 und Satz 2 EStG ermittelten abzugsfähigen Beträge um den Betrag,**

- um den diese **Einkünfte und Bezüge den Betrag von 624 € Kalenderjahr übersteigen**,
- sowie – **in voller Höhe** – um die von der unterhaltenen Person als **Ausbildungshilfe aus öffentlichen Mitteln** oder von Förderungseinrichtungen, die hierfür öffentliche Mittel erhalten, bezogenen Zuschüsse (§ 33a Abs. 1 Satz 5 EStG).

Einkünfte sind stets in vollem Umfang zu berücksichtigen, also auch soweit sie zur Bestreitung des Unterhalts nicht zur Verfügung stehen oder die Verfügungsbefugnis beschränkt ist. Dies gilt auch für Einkünfte, die durch unvermeidbare Versicherungsbeiträge des Kindes gebunden sind. **Bezüge** i.S.v. § 33a Abs. 1 Satz 5 EStG sind alle Einnahmen in Geld oder Geldeswert, die nicht i.R. der einkommensteuerrechtlichen Einkunftsermittlung erfasst werden, z.B. steuerfreie Einnahmen oder pauschal besteuerte Bezüge nach § 40a EStG. S. ausführlich R 33a.1 Abs. 3 EStR, die zugleich eine beispielhafte Auflistung von anzurechnenden Bezügen enthält.

Bei der Feststellung der anzurechnenden Bezüge sind aus **Vereinfachungsgründen insgesamt 180 € (Kostenpauschale) im Kalenderjahr abzuziehen**, wenn nicht höhere Aufwendungen, die im Zusammenhang mit dem Zufluss der entsprechenden Einnahmen stehen, nachgewiesen oder glaubhaft gemacht werden. Ein solcher Zusammenhang ist z.B. bei Kosten eines Rechtsstreits zur Erlangung der Bezüge und bei Kontoführungskosten gegeben (R 33a Abs. 3 Sätze 5 und 6 EStR).

Zu den **ohne anrechnungsfreien Betrag anzurechnenden Zuschüssen** gehören z.B. die als Zuschuss gewährten Leistungen nach dem **BAföG**, nach dem SGB III gewährte Berufsausbildungsbeihilfen und Ausbildungsgelder sowie Stipendien aus öffentlichen Mitteln. Dagegen sind Stipendien aus dem ERASMUS/SOKRATES-Programm der EU nicht anzurechnen, da die Stipendien nicht die üblichen Unterhaltsaufwendungen, sondern allein die anfallenden Mehrkosten eines Auslandsstudiums (teilweise) abdecken (H 33a.1 „Anrechnung eigener Einkünfte und Bezüge" 6. Spiegelstrich EStH).

Zu weiteren Einzelheiten s. R 33a.1 Abs. 3 EStR und H 33a.1 „Anrechnung eigener Einkünfte und Bezüge" EStH.

Bei der Ermittlung der als außergewöhnliche Belastungen abzugsfähigen Unterhaltsleistungen sind die anrechenbaren Einkünfte der unterhaltenen Person nicht um die Arbeitnehmerbeiträge zur gesetzlichen Renten- und Arbeitslosenversicherung sowie um die Beiträge zur gesetzlichen Krankenversicherung für Leistungen, die über das sozialhilferechtliche Niveau der Krankenversorgung hinausgehen, zu mindern (BFH v. 18.6.2015, VI R 45/13, BStBl II 2015, 928).

k) Zwölftelung

Der Höchstbetrag für den Abzug von Unterhaltsaufwendungen 1152
(§ 33a Abs. 1 EStG) und der Freibetrag nach § 33a Abs. 2 EStG sowie der anrechnungsfreie Betrag nach § 33a Abs. 1 Satz 5 EStG **ermäßigen sich für jeden vollen Kalendermonat, in dem die Voraussetzungen für die Anwendung der betreffenden Vorschrift nicht vorgelegen haben, um je ein Zwölftel** (§ 33a Abs. 3 Satz 1 EStG und BFH v. 25.4.2018, VI R 35/16, BStBl II 2018, 643). Sollte sich dabei ein Unterhaltshöchstbetrag mit Nachkommastellen ergeben, ist dieser Betrag auf den nächsten vollen Euro-Betrag aufzurunden (§ 33a Abs. 3 Satz 1, letzter Satzteil EStG, Änderung durch das Inflationsausgleichsgesetz zum 1.1.2023).

Erstreckt sich das Studium eines Kindes einschließlich der unterrichts- und vorlesungsfreien Zeit über den ganzen Veranlagungszeitraum, kann davon ausgegangen werden, dass beim Stpfl. in jedem Monat Aufwendungen anfallen, so dass § 33a Abs. 3 Satz 1 EStG nicht zur Anwendung kommt.

Eigene Einkünfte und Bezüge der unterhaltenen Person sind nur anzurechnen, soweit sie auf den Unterhaltszeitraum entfallen (§ 33a Abs. 3 Satz 2 EStG).

S. hierzu ausführlich R 33a.3 EStR sowie H 33a.3 EStH mit Beispielen für die Aufteilung eigener Einkünfte und Bezüge auf die Zeiten innerhalb und außerhalb des Unterhalts sowie zu Besonderheiten bei Zuschüssen (auch → Rz. 1155).

l) Besonderheiten bei Unterhaltsleistungen an Personen im Ausland

Lebt die unterhaltene Person im Ausland, können Unterhalts- 1153
leistungen nur insoweit abgezogen werden, als sie nach den Verhältnissen des Wohnsitzstaats der unterhaltenen Person notwendig und angemessen sind. Nach der sog. **Ländergruppeneinteilung** (BMF v. 18.12.2023, IV D 5 – S 2285/19/10001 :004, BStBl I 2023, 2236) tritt je nach Wohnsitzland des Unterhaltsempfängers an die Stelle des jährlichen Höchstbetrags (maßgebender Grundfreibetrag, ab 2026: 12 348 € → Rz. 1142) der anteilige Höchstbetrag von 3/4, 1/2 oder 1/4. Dementsprechend werden auch die eigenen Einkünfte und Bezüge der unterhaltenen Person bereits angerechnet, soweit sie 468 € (3/4), 312 € (1/2) oder 156 € (1/4) übersteigen. Ob der Stpfl. zum Unterhalt gesetzlich verpflichtet ist, ist nach inländischen Maßstäben zu beurteilen (§ 33a Abs. 1 Satz 6 EStG).

Der Stpfl. hat die Voraussetzungen für den Abzug von Unterhaltszahlungen gem. § 33a Abs. 1 EStG nachzuweisen, und zwar neben der Bedürftigkeit des Unterstützungsempfängers insbesondere auch die behaupteten Zahlungen. Gem. § 90 Abs. 2 AO sind bei Unterhaltszahlungen an im Ausland lebende Unterstützungsempfänger die Beteiligten in besonderem Maße verpflichtet, bei der Aufklärung mitzuwirken und die Beweismittel zu beschaffen. Der Nachweis einer Bargeldübergabe verlangt neben einer belastbaren Empfängerbestätigung einen zeitnahen, lückenlosen Nachweis der „Zahlungskette", also Nachweise über die Abhebungen oder konkrete Verfügbarkeit dieser Beträge zum Zeitpunkt der Übergabe durch den Stpfl.; allein das Vorliegen entsprechender Einkommens- und Vermögensverhältnisse genügt hierfür nicht. Der Unterhaltsverpflichtete ist zwar nicht gehalten, die Barzuwendung persönlich zu übergeben, jedoch hat er in einem solchen Fall den Überbringer des Geldes zu benennen (BFH v. 9.3.2017, VI R 33/16, HFR 2017, 727).

Nachweis von Unterhaltszuwendungen in Form von Geldzuwendungen ab Vz 2025:

Auf Grund der Neuregelungen durch das Jahressteuergesetz 2024 (BGBl. I 2024 Nr. 387) ist der Abzug von Unterhaltsleistungen nach § 33a Abs. 1 Satz 1 EStG in Form von Geldzuwendungen ab dem Vz

2025 nur noch dann möglich ist, wenn die Zahlung des Unterhalts durch Banküberweisung auf ein Konto des Unterhaltsempfängers erfolgt (§ 33a Abs. 1 Satz 12 EStG, BMF v. 15.10.2025, IV C 3 - S 2285/00031/001/025, Rz. 37 betr. Allgemeine Hinweise zu Berücksichtigung von Unterhaltsaufwendungen nach § 33a Abs. 1 EStG als außergewöhnliche Belastung und BMF v. 15.10.2025, IV C 3 - S 2285/00031/001/024, Rz. 13 ff. betr. Berücksichtigung von Aufwendungen für den Unterhalt von Personen im Ausland als außergewöhnliche Belastung nach § 33a Abs. 1 EStG).

Nicht auf Euro lautende Beträge sind entsprechend dem für Ende September des Jahres vor dem Veranlagungszeitraum von der Europäischen Zentralbank bekannt gegebenen Referenzkurs umzurechnen.

Einzelheiten über die steuerliche Berücksichtigung von Unterhaltsleistungen an Personen im Ausland sind in BMF v. 15.10.2025, IV C 3 – S 2285/00031/001/025, betr. Allgemeine Hinweise zur Berücksichtigung von Unterhaltsaufwendungen nach § 33a Abs. 1 EStG als außergewöhnliche Belastung und BMF v. 15.10.2025, IV C 3 – S 2285/00031/001/024, betr. Berücksichtigung von Aufwendungen für den Unterhalt von Personen im Ausland als außergewöhnliche Belastung nach § 33a Abs. 1 EStG geregelt (insbesondere der Nachweis der Unterhaltsbedürftigkeit und der Unterhaltszahlungen sowie die Verteilung der Zahlungen auf Kinder, den Ehegatten bzw. Lebenspartner und andere unterhaltene Personen).

m) Geschiedene oder dauernd getrennt lebende Ehegatten/Lebenspartner

1154 Unterhaltsleistungen an den geschiedenen oder dauernd getrennt lebenden Ehegatten werden durch Antrag und Zustimmung nach § 10 Abs. 1 Nr. 1 EStG (sog. **Realsplitting**) zu Sonderausgaben umqualifiziert. Ein Abzug als außergewöhnliche Belastung ist nicht möglich, auch nicht, soweit sie den für das Realsplitting geltenden Höchstbetrag übersteigen (BFH v. 7.11.2000, III R 23/98, BStBl II 2001, 338).

Sind für das Kalenderjahr der Trennung oder Scheidung die Vorschriften über die Ehegattenbesteuerung (§§ 26 bis 26b, § 32a Abs. 5 EStG) anzuwenden, dann können Aufwendungen für den Unterhalt des dauernd getrennt lebenden oder geschiedenen Ehegatten nicht nach § 33a Abs. 1 EStG abgezogen werden (BFH v. 31.5.1989, III R 166/86, BStBl II 1989, 658).

n) Zusammenfassende Beispiele

1155 **Ein häufig vorkommender Fall ist die Unterstützung über 25 Jahre alter, noch in Berufsausbildung befindlicher Kinder, für die kein Kindergeld/Freibetrag für Kinder mehr gewährt werden kann.**

Beispiel 1:

Herr S unterstützt im Jahre 2026 seinen 28-jährigen Sohn Markus, der noch studiert und in der studentischen Krankenversicherung pflichtversichert ist, mit monatlich 1 500 €. Markus bezahlt die Beiträge zur Kranken- und Pflegeversicherung i.H.v. 80 € monatlich aus den Unterhaltszahlungen seines Vaters (er selbst macht diese steuerlich nicht geltend). Er lebt weiterhin im elterlichen Haushalt.

Herr S kann folgende Aufwendungen als Unterhaltsleistungen nach § 33a Abs. 1 EStG steuerlich geltend machen:

Unterhaltsaufwendungen 12 x 1 500 €	18 000 €
Höchstbetrag nach § 33a Abs. 1 EStG	12 348 €
Erhöhungsbetrag für Versicherungsbeiträge	960 €
Abzugsfähige Unterhaltsleistungen	**13 308 €**

Bei einem (angenommenen) Grenzsteuersatz von 30 % (→ *Steuertarif* Rz. 4048) beträgt die Steuerersparnis allein bei der Einkommensteuer 3 992 €, ist also höher als der Wegfall des Kindergeldes von (255 € x 12 Monate) 3 060 €.

Ein Nachweis der Unterhaltszahlungen an den Sohn ist nicht erforderlich. Gehört die unterhaltsberechtigte Person zum Haushalt des Stpfl., kann regelmäßig davon ausgegangen werden, dass ihm dafür Unterhaltsaufwendungen in Höhe des maßgeblichen Höchstbetrags erwachsen (R 33a.1 Abs. 1 Satz 5 EStR).

Zu beachten ist jedoch, dass die abzugsfähigen Beträge zu kürzen sind, wenn der Unterhaltsempfänger eigene Einkünfte und Bezüge hat.

Beispiel 2:

Wie Beispiel 1, Markus erzielt jedoch Einnahmen aus einer selbständig ausgeübten nebenberuflichen Tätigkeit i.S.d. § 3 Nr. 26 EStG i.H.v. 400 € monatlich, von denen monatlich 250 € steuerfrei bleiben.

Unterhaltshöchstbetrag wie oben		13 308 €
Einnahmen des Sohnes aus selbständiger Arbeit	4 800 €	
– steuerfrei nach § 3 Nr. 26 EStG (Erhöhung auf Grund Steueränderungsgesetz 2025)	3 300 €	
ergibt Einkünfte	1 500 €	
Bezüge des Sohnes (steuerfreie Einnahmen)	3 300 €	
– Kostenpauschale	180 €	
ergibt anzurechnende Bezüge	3 120 €	
Einkünfte und Bezüge zusammen	4 620 €	
– Anrechnungsfreibetrag	624 €	
anzurechnen insgesamt	3 996 €	3 996 €
gekürzter Höchstbetrag		**9 312 €**

H 33a.3 EStH enthält darüber hinaus Beispiele zur Berechnung der abzugsfähigen Unterhaltsaufwendungen, wenn der Unterhaltsempfänger eigene Einkünfte und Bezüge innerhalb und außerhalb der Unterhaltszeitraums bezieht sowie zu den Besonderheiten bei Zuschüssen.

3. Freibetrag für Sonderbedarf, sog. Ausbildungsfreibetrag (§ 33a Abs. 2 EStG)

a) Allgemeines

Der „normale" Unterhalt von Kindern wird grds. durch Kindergeld bzw. steuerliche Freibeträge berücksichtigt (→ *Kindergeld/Freibeträge für Kinder* Rz. 2672). 1156

Zur **Abgeltung des Sonderbedarfs eines sich in Berufsausbildung befindenden, auswärtig untergebrachten, volljährigen Kindes**, für das Anspruch auf einen Freibetrag nach § 32 Abs. 6 EStG (Freibetrag für Kinder) oder Kindergeld besteht, kann der Stpfl. einen **Freibetrag i.H.v. 1 200 €** je Kalenderjahr vom Gesamtbetrag der Einkünfte abziehen (sog. **Ausbildungsfreibetrag**. Die Regelung des § 33a Abs. 2 Satz 1 EStG, die die Berücksichtigung eines Ausbildungsfreibetrags von der Volljährigkeit des Kindes abhängig macht, ist verfassungsrechtlich nicht zu beanstanden (FG Rheinland-Pfalz v. 27.3.2018, 3 K 1651/16, EFG 2018, 1269).

Der Freibetrag wird seit 2012 nicht mehr um die eigenen Einkünfte und Bezüge des Kindes sowie um Ausbildungshilfen aus öffentlichen Mitteln (z.B. BAföG) oder Zuschüsse von Förderungseinrichtungen gekürzt.

Mit diesem Freibetrag ist der durch die auswärtige Unterbringung des Kindes entstandene Sonderbedarf abgegolten (BFH v. 25.11.2010, III R 111/07, BStBl II 2011, 281). Über den Freibetrag hinausgehende Mehraufwendungen für eine auswärtige Unterbringung des Kindes können weder nach § 33a Abs. 2 EStG noch als außergewöhnliche Belastung nach § 33 EStG abgezogen werden (BFH v. 17.12.2009, VI R 63/08, BStBl II 2010, 341).

Der Freibetrag wird – ggf. gemindert um anzurechnende Beträge – um **je 1/12 für jeden Monat gekürzt**, in dem die Voraussetzungen nicht vorgelegen haben, z.B. bei Beendigung der Ausbildung des Kindes im Laufe des Jahres (§ 33a Abs. 3 EStG).

b) Berufsausbildung

In Berufsausbildung befindet sich, wer seine Berufsziele noch nicht erreicht hat, sich aber ernsthaft darauf vorbereitet. Der Begriff der Berufsausbildung ist identisch mit dem nach § 33a Abs. 1 Satz 1 EStG und damit mit dem nach § 32 Abs. 4 Satz 1 Nr. 2 Buchst. a EStG für Kindergeld und Freibeträge für Kinder (→ *Kindergeld/Freibeträge für Kinder* Rz. 2681). Einzubeziehen sind alle Maßnahmen, bei denen es sich um den Erwerb von Kenntnissen, Fähigkeiten und Erfahrungen handelt, die als Grundlage für die Ausbildung des angestrebten Berufes geeignet sind. 1157

Die Tätigkeit i.R. eines **freiwilligen sozialen Jahres** ist grds. nicht als Berufsausbildung zu beurteilen (BFH v. 12.10.2023, III R 10/22). Für den Zeitraum, in dem das Kind ein freiwilliges soziales Jahr leistet, steht den Eltern daher kein Ausbildungsfreibetrag zu (BFH v. 25.11.2014, VI B 1/14 m.w.N.).

c) Auswärtige Unterbringung

Eine auswärtige Unterbringung i.S.d. § 33a Abs. 2 Satz 1 EStG liegt vor, wenn ein Kind außerhalb des Haushalts der Eltern wohnt. Dies ist nur anzunehmen, wenn für das Kind außerhalb des Haushalts der Eltern eine Wohnung ständig bereitgehalten und das Kind auch außerhalb des elterlichen Haushalts verpflegt wird. Seine Unterbringung muss darauf angelegt sein, die **räumliche Selbständigkeit des Kindes** während seiner ganzen Ausbildung, z.B. 1158 eines Studiums, oder eines bestimmten Ausbildungsabschnitts, z.B. eines Studiensemesters oder -trimesters, zu gewährleisten. **Voraussetzung ist, dass die auswärtige Unterbringung auf eine gewisse Dauer angelegt ist**. Auf die Gründe für die auswärtige Unterbringung kommt es nicht an (R 33a.2 Abs. 2 EStR).

Wegen ausführlicher Rechtsprechungsnachweise s. H 33a.2 „Auswärtige Unterbringung" EStH.

d) Aufteilung des Freibetrags

1159 **Jedem Elternteil steht grds. die Hälfte des Abzugsbetrags zu** (§ 33a Abs. 2 Satz 5 EStG). Deshalb wird bei geschiedenen oder verheirateten, aber dauernd getrennt lebenden Eltern und bei Eltern eines nichtehelichen Kindes der Freibetrag grds. jedem Elternteil zur Hälfte gewährt.

Auf gemeinsamen Antrag der Eltern ist eine andere Aufteilung möglich (§ 33a Abs. 2 Satz 6 EStG). Bei einer Veranlagung zur Einkommensteuer kann daher die einem Elternteil zustehende Hälfte am Abzugsbetrag auf den anderen Elternteil übertragen werden. Wenn der andere Elternteil nicht im Inland lebt oder verstorben ist, kann der Freibetrag in voller Höhe beim Lohnsteuerabzug berücksichtigt werden.

e) Kinder im Ausland

1160 Für Kinder im Ausland gibt es entsprechend der o.g. **Ländergruppeneinteilung** (→ Rz. 1072) um 1/3 bzw. 2/3 verminderte Beträge (§ 33a Abs. 2 Satz 2 EStG).

Weitere Einzelheiten s. R 33a.2 EStR und H 33a.2 EStH.

4. Pauschbeträge für Menschen mit Behinderungen (§ 33b Abs. 3 EStG)

a) Allgemeines

1161 Wegen der Aufwendungen für die Hilfe bei den gewöhnlichen und regelmäßig wiederkehrenden Verrichtungen des täglichen Lebens, für die Pflege sowie für einen erhöhten Wäschebedarf können Menschen mit Behinderungen unter den nachstehenden Voraussetzungen anstelle einer Steuerermäßigung nach § 33 EStG nach § 33b Abs. 3 EStG **Pauschbeträge für Menschen mit Behinderungen** geltend machen. Die Pauschbeträge sind durch das **Gesetz zur Erhöhung der Behinderten-Pauschbeträge und zur Anpassung weiterer steuerlicher Regelungen** mit Wirkung zum 1.1.2021 neu geregelt und insbesondere verdoppelt worden. Das Wahlrecht kann für die genannten Aufwendungen im jeweiligen Veranlagungszeitraum nur einheitlich ausgeübt werden (§ 33b Abs. 1 EStG).

Einen Pauschbetrag erhalten Menschen, deren Grad der Behinderung auf **mindestens 20 festgestellt** ist, sowie Menschen, die **hilflos** i.S.d. Absatzes 3 Satz 4 sind (§ 33b Abs. 2 EStG). Es kommt ab 2021 bei einem Grad der Behinderung von weniger als 50 und mehr als 25 aus Vereinfachungsgründen nicht mehr darauf an, ob die Behinderung zu einer dauernden Einbuße der körperlichen Beweglichkeit geführt hat, die Behinderung auf einer typischen Berufskrankheit beruht oder dem Stpfl. wegen seiner Behinderung eine gesetzliche Rente oder Bezug zusteht.

Folgende Pauschbeträge sind zu berücksichtigen (§ 33b Abs. 3 EStG):

bei einem Grad der Behinderung	Pauschbetrag
von 20 (neu)	384 €
von 30	620 €
von 40	860 €
von 50	1 140 €
von 60	1 440 €
von 70	1 780 €
von 80	2 120 €
von 90	2 460 €
von 100	2 840 €
Hilflose, Blinde und Taubblinde (Merkzeichen „H", „Bl" und „TBl")	7 400 €

Die Behinderten-Pauschbeträge werden an Stelle einer allgemeinen Steuerermäßigung für **außergewöhnliche Belastungen nach § 33 EStG** (→ *Außergewöhnliche Belastungen: Allgemeines* Rz. 971) gewährt; der Arbeitnehmer hat insoweit ein **Wahlrecht**, das für die o.g. Aufwendungen im jeweiligen Veranlagungszeitraum jedoch nur einheitlich ausgeübt werden kann.

Der BFH hat mit Urteil v. 20.12.2017, III R 2/17, BStBl II 2018, 468 entschieden, dass nach § 26a Abs. 2 Satz 2 EStG auf übereinstimmenden Antrag der Ehegatten der grds. einem Ehegatten zustehende Behinderten-Pauschbetrag bei der **Einzelveranlagung** der Ehegatten jeweils zur Hälfte abzuziehen ist.

Wenn es für den Arbeitnehmer günstiger ist, kann er auch seine gesamten Krankheitskosten nachweisen und als außergewöhnliche Belastung nach § 33 EStG absetzen. Anders als bei den Pauschbeträgen ist auf die nachgewiesenen tatsächlichen Krankheitskosten jedoch die **zumutbare Belastung anzurechnen**.

Weitere Einzelheiten s. R 33b EStR und H 33b EStH.

Bei Beginn, Änderung oder Wegfall der Behinderung im Laufe eines Kalenderjahres ist stets der **Pauschbetrag nach dem höchsten Grad** zu gewähren, der im Kalenderjahr festgestellt war. Eine Zwölftelung ist nicht vorzunehmen (R 33b Abs. 8 EStR).

b) Abgeltungswirkung der Pauschbeträge

aa) Allgemeines

Mit dem Pauschbetrag für Menschen mit Behinderungen werden 1162
die **laufenden und typischen Aufwendungen** für die Hilfe bei den gewöhnlichen und regelmäßig wiederkehrenden Verrichtungen des täglichen Lebens, für die Pflege sowie für einen erhöhten Wäschebedarf **abgegolten**. Es handelt sich um Aufwendungen, die Menschen mit Behinderungen erfahrungsgemäß durch ihre Krankheit bzw. Behinderung entstehen und deren alleinige behinderungsbedingte Veranlassung nur schwer nachzuweisen ist.

Alle übrigen behinderungsbedingten Aufwendungen (z.B. Operationskosten sowie Heilbehandlungen, Kuren, Arznei- und Arztkosten) **können daneben als außergewöhnliche Belastung nach § 33 EStG berücksichtigt werden** (R 33b Abs. 1 EStR). S. hierzu ausführlich H 33b „Neben den Pauschbeträgen für behinderte Menschen zu berücksichtigende Aufwendungen" EStH.

Reparaturaufwendungen als Folge eines verschleißbedingten **Pkw-Motorschadens** eines außergewöhnlich gehbehinderten Stpfl. sind keine außergewöhnlichen Belastungen i.S.d. § 33 Abs. 1 EStG. Sie sind bereits mit dem zusätzlichen Pauschbetrag für private Pkw-Aufwendungen (→ *Außergewöhnliche Belastungen: Allgemeines* Rz. 1025) abgegolten (BFH v. 19.1.2017, VI R 33/16, HFR 2017, 727).

Die Inanspruchnahme eines Behinderten-Pauschbetrags schließt die Berücksichtigung von Pflegeaufwendungen als allgemeine außergewöhnliche Belastung i.R. des § 33 EStG aus (R 33.3 Abs. 4 EStR). Unabhängig von einer Übertragung des Behinderten-Pauschbetrags nach § 33b Abs. 5 EStG (→ Rz. 1165) können Eltern ihre eigenen zwangsläufigen Aufwendungen für ein behindertes Kind als allgemeine außergewöhnliche Belastung abziehen (R 33b Abs. 2 EStR).

bb) Behinderungsbedingte Fahrtkostenpauschale

Seit 2021 wird für Aufwendungen für durch eine Behinderung 1163
veranlasste Fahrten auf Antrag des Stpfl. eine Pauschale gewährt (**behinderungsbedingte Fahrtkostenpauschale**, § 33 Abs. 2a EStG). Die Pauschale erhalten:

1. geh- und stehbehinderte Menschen mit einem Grad der Behinderung von mindestens 80 oder mit einem von mindestens 70 und dem Merkzeichen „G" (**Pauschale 900 €**),

2. Menschen mit den Merkzeichen „aG", „Bl", „TBl" oder „H" (**Pauschale 4 500 €**). Der Pauschbetrag nach Nr. 1 (900 €) kann nicht zusätzlich in Anspruch genommen werden.

Die Pauschale hat **abgeltende Wirkung**, mit ihr sind alle behinderungsbedingten Fahrtkosten abgegolten.

Für den **Nachweis der Anspruchsvoraussetzungen** zur behinderungsbedingten Fahrtkostenpauschale sind die Vorschriften des § 65 EStDV anzuwenden (§ 64 Abs. 3 EStDV).

Der neue Fahrtkostenpauschale ist anstelle der bisher individuell ermittelten Aufwendungen für Fahrtkosten von Menschen mit Behinderung unter **Abzug der zumutbaren Belastung** zu berücksichtigen (§ 33 Abs. 1 EStG).

c) Nachweis

1164 Wie der Nachweis einer Behinderung zu führen ist, ist in **§ 65 EStDV geregelt (Schwerbehindertenausweis oder Bescheinigung des Versorgungsamtes).**

Bei erstmaliger Geltendmachung des Pauschbetrags oder bei Änderung der Verhältnisse hat der Stpfl. die Unterlagen zusammen mit seiner Steuererklärung oder seinem Antrag auf Lohnsteuerermäßigung, ansonsten auf Anforderung des Finanzamts, vorzulegen (§ 65 Abs. 3 EStDV).

Mit dem Jahressteuergesetz 2024 v. 2.12.2024, BGBl. I 2024, Nr. 387, wurde in § 65 Abs. 3a EStDV ab dem Vz 2026 neu geregelt, dass die Berücksichtigung des Behinderten-Pauschbetrags voraussetzt, dass die für die Feststellung einer Behinderung zuständige Stelle als mitteilungspflichtige Stelle ihre Feststellungen zur Behinderung auf Antrag des Stpfl. nach Maßgabe des § 93c AO an die für die Besteuerung der betroffenen Person (Wohnsitzfinanzamt) übermittelt hat. Neben den nach § 93c Abs. 1 AO zu übermittelnden Daten sind zusätzlich folgende Daten zu übermitteln:

- der Grad der Behinderung,
- die Feststellung weiterer gesundheitlicher Merkmale wie G (erheblich gehbehindert, aG (außergewöhnlich gehbehindert), B (ständige Begleitung notwendig), H (hilflos), Bl (blind) und TBl (taubblind),
- das Datum des Eingangs des Antrags auf Feststellung einer Behinderung,
- das Datum des Bescheides über die jeweilige Feststellung der Behinderung,
- die Dauer der Gültigkeit der jeweiligen Feststellung einer Behinderung.

Diese Neuregelung gilt **ab dem Vz 2026**. Bis dahin gelten die bisherigen Nachweisregelungen (§ 84 Abs. 3g EStDV).

Der Nachweis der Behinderung nach § 65 Abs. 1 Nr. 2 Buchst. a EStDV gilt als geführt, wenn die dort genannten Bescheinigungen Menschen mit Behinderungen nur noch in elektronischer Form übermittelt werden und der Ausdruck einer solchen elektronisch übermittelten Bescheinigung vom Stpfl. vorgelegt wird (R 33b Abs. 9 EStR).

Die Feststellung eines Versorgungsamtes über das Vorliegen und den Grad einer Behinderung ist ein **Grundlagenbescheid** i.S.d. § 171 Abs. 10 AO. Ein Einkommensteuerbescheid ist demzufolge – solange keine Festsetzungsverjährung eingetreten ist – nach § 175 Abs. 1 Satz 1 Nr. 1 AO zu ändern, wenn bei Festsetzung der Einkommensteuer ein im Hinblick auf eine festgestellte Behinderung zu gewährender Behinderten-Pauschbetrag nicht berücksichtigt worden ist. Eine **rückwirkende Änderung** ist auch dann zulässig, wenn der Grundlagenbescheid bereits bei der früheren Steuerfestsetzung hätte berücksichtigt werden können. Es kommt außerdem nicht darauf an, ob ein Antrag auf Gewährung des Behinderten-Pauschbetrags dem Grunde nach bereits bis zur Bestandskraft der Steuerfestsetzung gestellt worden ist (s. ausführlich BayLfSt v. 6.10.2017, S 0353.1.1 – 2/3 St 42, StEd 2017, 680).

Für Streitigkeiten bei der Feststellung der Behinderung, ihrem Grad sowie weiterer gesundheitlicher Merkmale sind nach § 51 Abs. 1 Nr. 7 SGG die **Gerichte der Sozialgerichtsbarkeit** zuständig.

Den Nachweis einer Behinderung hat der Stpfl. bei einer Behinderung, deren Grad auf weniger als 50, aber mindestens 20 festgestellt worden ist, nach § 65 Abs. 1 Nr. 2 EStDV zu erbringen:

- durch eine Bescheinigung oder einen Bescheid der § 152 Abs. 1 SGB IX zuständigen Behörde (variiert je nach Bundesland, oft Ämter für Versorgung oder Landesämter) oder
- wenn dem Stpfl. wegen seiner Behinderung nach den gesetzl. Vorschriften Renten oder andere laufende Bezüge zustehen, durch den Rentenbescheid oder den die anderen laufenden Bezüge nachweisenden Bescheid.

Weitere Einzelheiten s. H 33b „Nachweis der Behinderung" EStH.

d) Pauschbeträge für Kinder mit Behinderung

1165 Steht der Pauschbetrag für Menschen mit Behinderungen einem Kind zu, für das der Stpfl. Anspruch auf einen Freibetrag nach § 32 Abs. 6 EStG oder auf Kindergeld hat (→ *Kindergeld/Freibeträge für Kinder* Rz. 2672), so wird der **Pauschbetrag auf Antrag auf den Stpfl. übertragen, wenn ihn das Kind nicht in Anspruch nimmt** (z.B. weil es keine eigenen Einkünfte hat). Dabei ist der Pauschbetrag grds. **auf beide Elternteile je zur Hälfte aufzuteilen**, es sei denn, der Kinderfreibetrag wurde auf den anderen Elternteil übertragen. Auf gemeinsamen Antrag der Eltern ist eine andere Aufteilung möglich. In diesen Fällen besteht für Aufwendungen, für die der Pauschbetrag für Menschen mit Behinderungen gilt, kein Anspruch auf eine Steuerermäßigung nach § 33 EStG (§ 33b Abs. 5 EStG). Zur Verhinderung der Mehrfachberücksichtigung der o.g. Pauschbeträge ist eine Übertragung seit 2021 nur noch bei Angabe der **IdNr des Kindes** in der Einkommensteuererklärung möglich (§ 33b Abs. 5 Satz 5 EStG).

Unabhängig von einer Übertragung des Pauschbetrags für Menschen mit Behinderungen nach § 33b Abs. 5 EStG können Eltern ihre eigenen zwangsläufigen Aufwendungen für ein behindertes Kind nach § 33 EStG abziehen (R 33b Abs. 2 EStR).

Zum Nachweis der **Behinderung von in Deutschland nicht steuerpflichtigen Kindern** bei Übertragung des Pauschbetrags für Menschen mit Behinderungen nach § 33b Abs. 5 EStG s. BMF v. 8.8.1997, IV B 1 – S 2286 – 60/97, BStBl I 1997, 1016.

Der Pauschbetrag nach § 33b Abs. 3 EStG für ein behindertes Kind kann nicht nach § 33b Abs. 5 EStG auf einen im Inland unbeschränkt steuerpflichtigen Elternteil übertragen werden, wenn das Kind im Ausland außerhalb eines EU-/EWR-Mitgliedstaats seinen Wohnsitz oder gewöhnlichen Aufenthalt hat und im Inland keine eigenen Einkünfte erzielt (R 33b Abs. 3 EStR sowie BFH v. 2.6.2005, III R 15/04, BStBl II 2005, 828).

Zur Aufteilung des Behinderten-Pauschbetrags eines Kindes bei der Übertragung auf die Eltern s.a. BMF v. 28.6.2013, IV C 4 – S 2282a/10/10002, BStBl I 2013, 845 mit Ergänzungen durch BMF v. 17.1.2014, IV C 4 – S 2282-a/0:004, BStBl I 2014, 109.

5. Hinterbliebene (§ 33b Abs. 4 EStG)

Personen, denen laufende Hinterbliebenenbezüge, z.B. nach dem SGB XIV oder der gesetzlichen Unfallversicherung, bewilligt worden sind, erhalten auf Antrag einen **Hinterbliebenen-Pauschbetrag von 370 € jährlich**. Der Pauschbetrag wird auch dann gewährt, wenn das Recht auf die Bezüge ruht oder durch die Zahlung eines Kapitalbetrags abgefunden worden ist (§ 33b Abs. 4 EStG). 1166

Nach welchen Vorschriften die Hinterbliebenenbezüge gewährt werden müssen, ist in § 33b Abs. 4 Satz 1 EStG und in H 33b „Hinterbliebenen-Pauschbetrag" EStH einzeln aufgeführt.

Steht der Pauschbetrag einem Kind zu, kann er auf die Eltern übertragen werden (§ 33b Abs. 5 EStG); es gilt das Gleiche wie für den Pauschbetrag für Menschen mit Behinderungen (→ Rz. 1165).

Bei Beginn, Änderung oder Wegfall im Laufe eines Kalenderjahres ist stets der volle Pauschbetrag zu gewähren, eine Zwölftelung ist nicht vorzunehmen (R 33b Abs. 8 EStR).

6. Pauschbeträge für Pflegepersonen (§ 33b Abs. 6 EStG)

a) Allgemeines

Wegen der außergewöhnlichen Belastungen, die einem Stpfl. durch die Pflege einer Person erwachsen, kann er anstelle einer Steuerermäßigung nach § 33 einen Pauschbetrag geltend machen (**Pflege-Pauschbetrag**), wenn er dafür keine Einnahmen im Kalenderjahr erhält und der Stpfl. die Pflege entweder in seiner Wohnung oder in der Wohnung des Pflegebedürftigen persönlich durchführt und diese Wohnung in einem Mitgliedstaat der Europäischen Union oder in einem Staat gelegen ist, auf den das Abkommen über den Europäischen Wirtschaftsraum anzuwenden ist (§ 33b Abs. 6 Satz 1 EStG). Unschädlich ist, wenn sich der Stpfl. zur Unterstützung zeitweise einer ambulanten Pflegekraft bedient oder sich z.B. im Urlaub oder bei eigener Verhinderung (z.B. Krankheit) durch eine andere Person vertreten lässt (vgl. R 33b Abs. 4 EStR). Die Regelung des § 33b Abs. 6 Satz 3 EStG ist durch das **Gesetz zur Erhöhung der Behinderten-Pauschbeträge und zur Anpassung weiterer steuerlicher Regelungen** mit Wirkung zum 1.1.2021 grundlegend geändert worden. 1167

Als Pflege-Pauschbetrag wird gewährt:

– bei Pflegegrad 2	600 €
– bei Pflegegrad 3	1 100 €
– bei Pflegegrad 4 oder 5	1 800 €

Ein Pflege-Pauschbetrag i.H.v. **1 800 €** wird auch gewährt, wenn die gepflegte Person (das kann auch der Ehegatte sein) **hilflos** i.S.d. § 33b Abs. 3 Satz 4 EStG ist (§ 33b Abs. 6 Satz 4 EStG). Für den Abzug der Pflege-Pauschbeträge kommt es nicht auf die Höhe der Aufwendungen an.

Hilflos ist eine Person, wenn sie für eine Reihe von häufig und regelmäßig wiederkehrenden Verrichtungen zur Sicherung ihrer persönlichen Existenz im Ablauf eines jeden Tages fremder Hilfe dauernd bedarf. Diese Voraussetzungen sind auch erfüllt, wenn die Hilfe in Form einer Überwachung oder einer Anleitung zu den in Satz 4 genannten Verrichtungen erforderlich ist oder wenn die Hilfe zwar nicht dauernd geleistet werden muss, jedoch eine ständige Bereitschaft zur Hilfeleistung erforderlich ist (§ 33b Abs. 6 Sätze 3 und 4 EStG).

Dem **amtlich bestellten Betreuer** sind Pflege-Pauschbeträge nur auf Grund des Betreuungsverhältnisses ohne eine darüber hinausgehende enge persönliche Beziehung zum Betreuten nicht zu gewähren, da dem Betreuer aus dem Betreuungsverhältnis die Pflege des Betreuten nicht zwangsläufig i.S.d. § 33 Abs. 2 EStG erwächst. Die dem amtlich bestellten Betreuer gewährte Aufwandsentschädigung ist jedoch keine Einnahme für die Pflege der betreuten Person i.S.d. § 33b Abs. 6 Satz 1 EStG, durch die die Geltendmachung der Pflege-Pauschbeträge ausgeschlossen wäre (BFH v. 4.9.2019, VI R 52/17, BStBl II 2020, 97). Offengelassen hat der BFH, ob für die Gewährung der Pflege-Pauschbeträge grds. ein bestimmter Umfang an Pflegeleistungen erforderlich ist und ob im Falle einer Heimunterbringung überhaupt ein Pflege-Pauschbetrag i.S.d. § 33b Abs. 6 EStG geltend gemacht werden kann.

Da es sich um „außergewöhnliche Belastungen" handelt, muss die **Pflege der hilflosen Person grds. zwangsläufig erfolgen**, allerdings ist hier die Zwangsläufigkeit nach weniger strengen Kriterien als gem. § 33 Abs. 2 EStG zu beurteilen (z.B. bei Nachbarschaftshilfe). Eine **sittliche Verpflichtung** zur Pflege ist anzuerkennen, wenn eine enge persönliche Beziehung zu der gepflegten Person besteht (BFH v. 29.8.1996, III R 4/95, BStBl II 1997, 199: im Streitfall keine enge persönliche Beziehung zwischen dem Stpfl., einem Mitbegründer und ehrenamtlichen Mitarbeiter eines Vereins zur Bekämpfung von Aids, und einem nicht verwandten, nicht in der Wohnung des Stpfl. lebenden Aidskranken, der vom Stpfl. bis zum Tode betreut wurde).

Es handelt sich bei den Pflege-Pauschbeträgen um **Jahresbeträge**: Sie werden also auch dann in voller Höhe gewährt, wenn die Pflege erst im Laufe des Jahres beginnt oder endet, z.B. durch Tod der gepflegten Person (R 33b Abs. 8 Satz 3 EStR, BFH v. 19.6.2008, III R 34/07, HFR 2009, 132).

Die Pflege-Pauschbeträge nach § 33b Abs. 6 EStG können neben dem nach § 33b Abs. 5 EStG vom Kind auf die Eltern übertragenen Pauschbetrag für behinderte Menschen in Anspruch genommen werden (R 33b Abs. 6 EStR).

Höhere Aufwendungen als die o.g. Pflege-Pauschbeträge können als außergewöhnliche Belastung allgemeiner Art nach § 33 EStG geltend gemacht werden, allerdings unter Anrechnung der zumutbaren Belastung.

Weitere Voraussetzung für die Gewährung des Pflege-Pauschbetrags ist seit 2021 die Angabe der erteilten **IdNr** (§ 139b AO) der gepflegten Person in der Einkommensteuererklärung des Stpfl.

Weitere Einzelheiten s. R 33b EStR und H 33b EStH.

b) Anrechnung des Pflegegeldes

1168 Die Pflege-Pauschbeträge werden nur gewährt, wenn der **Stpfl. für die Pflege keine Einnahmen erhält** (§ 33b Abs. 6 Satz 1 EStG). Zu den Einnahmen nach Satz 1 zählt unabhängig von der Verwendung nicht das von den Eltern eines Kindes mit Behinderungen für dieses Kind empfangene Pflegegeld (§ 33b Abs. 6 Satz 2 EStG); s. hierzu auch BMF v. 7.11.1996, IV B 1 – S 2286 – 62/96, BStBl I 1996, 1433; OFD Düsseldorf v. 8.3.2004, S 2286 A – St 122; BFH v. 21.3.2002, III R 42/00, BStBl II 2002, 417.

Auch die dem **amtlich bestellten Betreuer** gewährte Aufwandsentschädigung ist keine Einnahme für die Pflege der betreuten Person i.S.d. § 33b Abs. 6 Satz 1 EStG, durch die die Geltendmachung der Pflege-Pauschbeträge ausgeschlossen wäre (BFH v. 4.9.2019, VI R 52/17, BStBl II 2020, 97).

Empfänger des Pflegegeldes ist die pflegebedürftige Person. Einnahmen der Pflegeperson, die der Gewährung der Pflege-Pauschbeträge entgegenstehen, liegen deshalb nur dann vor, wenn das **Pflegegeld an die Pflegeperson weitergeleitet** wird. In diesem Fall ist das weitergeleitete Pflegegeld für die Gewährung der Pflege-Pauschbeträge allerdings regelmäßig unabhängig davon schädlich, ob das Pflegegeld als Aufwendungsersatz oder als Entgelt für die geleistete Pflege an die Pflegepersonen gezahlt wird.

Der **Empfang des Pflegegeldes durch die Pflegeperson kann ausnahmsweise unschädlich** sein, wenn diese das Pflegegeld nicht als Aufwendungsersatz oder Entgelt zu ihrer persönlichen Verfügung erhält. Dies ist z.B. der Fall, wenn die Pflegeperson

- das **Pflegegeld lediglich treuhänderisch für den Pflegebedürftigen verwaltet** wird und damit ausschließlich Aufwendungen des Pflegebedürftigen bestritten werden. In diesem Falle muss die Pflegeperson die konkrete Verwendung des Pflegegeldes nachweisen und ggf. nachträglich noch eine Vermögenstrennung durchführen (BFH v. 3.3.2002, III R 42/00, BStBl II 2002, 417),
- das erhaltene Pflegegeld ausschließlich dazu verwendet, Aufwendungen des Pflegebedürftigen zu bestreiten (BFH v. 17.7.2008, III R 98/06).

Beiträge zur Rentenversicherung, Kranken- und Pflegeversicherung der pflegenden Person, die die Pflegekasse übernimmt, führen ebenfalls nicht zu Einnahmen i.S.d. § 33b Abs. 6 Satz 1 EStG (R 33b Abs. 7 EStR).

c) Aufteilung der Pflegepauschbeträge

Wird ein Pflegebedürftiger von mehreren Stpfl. im Veranlagungszeitraum gepflegt, werden die Pauschbeträge nach der Zahl der Pflegepersonen, bei denen die Voraussetzungen der Sätze 1 bis 4 vorliegen, geteilt (§ 33b Abs. 6 Satz 9 EStG). Die Pflege-Pauschbeträge nach § 33b Abs. 6 EStG sind nicht nach der Zahl der Personen aufzuteilen, welche bei ihrer Einkommensteuerveranlagung die Berücksichtigung eines Pflege-Pauschbetrags begehren, sondern nach der Zahl der Stpfl., welche eine hilflose Person in ihrer Wohnung oder in der Wohnung des Pflegebedürftigen tatsächlich persönlich gepflegt haben (BFH v. 14.10.1997, III R 102/96, BStBl II 1998, 20). Beteiligen sich mehrere Personen an der Pflege, sind die Pauschbeträge auch dann zwischen allen Personen aufzuteilen, welche tatsächlich persönlich gepflegt haben, wenn einige nach § 33 EStG den Abzug ihrer tatsächlichen Aufwendungen beantragen oder auf eine steuerliche Geltendmachung verzichten (§ 33b Abs. 6 Satz 1 EStG). Die Pflege-Pauschbeträge sind ein Jahresbetrag. Die Aufteilung richtet sich daher nur nach der Zahl der Pflegepersonen und nicht nach den Monaten, in denen diese gepflegt haben. Eine einvernehmliche andere Aufteilung als die nach Köpfen scheidet aus (BFH v. 19.6.2008, III R 34/07, HFR 2009, 132). Zur Frage, ob die Pflege-Pauschbeträge auch dann auf alle an der Pflege Beteiligten aufzuteilen ist, wenn zwar mehrere Personen eine Person pflegen, aber eine Pflegeperson hierfür Einnahmen erhält, s. FinMin Schleswig-Holstein v. 16.4.2014, VI 3012 – S 2286 – 073. 1169

d) Nachweis

Den Nachweis der Einstufung in einen Pflegegrad nach dem SGB XI, dem SGB XII oder diesen entsprechenden gesetzlichen Bestimmungen hat der Stpfl. durch Vorlage des entsprechenden Bescheides nachzuweisen (§ 65 Abs. 2a EStDV). 1170

Dem Merkzeichen „H" steht die Einstufung als pflegebedürftige Person mit schwersten Beeinträchtigungen der Selbständigkeit oder der Fähigkeiten in die Pflegegrade 4 oder 5 nach dem SGB XI, dem SGB XII oder diesen entsprechenden gesetzlichen Bestimmungen gleich (§ 65 Abs. 2 Satz 2 EStDV).

Werden die o.g. Voraussetzungen für die Anerkennung eines Pflege-Pauschbetrags **rückwirkend festgestellt**, sind Einkommensteuerbescheide ggf. rückwirkend zu ändern; es gelten dieselben Grundsätze wie für den Behindertenpauschbetrag (→ Rz. 1164).

e) Pflege durch mehrere Personen

Wird ein Pflegebedürftiger von mehreren Stpfl. im Veranlagungszeitraum gepflegt, wird der Pflege-Pauschbetrag – unabhängig vom Wert oder zeitlichen Umfang der Pflegeleistungen – nach der Zahl der Pflegepersonen, bei denen die Voraussetzungen der Sätze 1 bis 4 vorliegen, geteilt (vgl. § 33b Abs. 6 Satz 9 EStG). Nach R 33b Abs. 5 EStR gilt dies auch, wenn nur *ein* Stpfl. den Pflege-Pauschbetrag tatsächlich in Anspruch nimmt (BFH v. 14.10.1997, III R 102/96 BStBl II 1998, 20). 1171

Voraussetzung für die Gewährung des Pflege-Pauschbetrags ist seit 2021 die Angabe der erteilten **IdNr** (§ 139b AO) der gepflegten Person in der Einkommensteuererklärung des Stpfl. Die nach § 33b Abs. 6 Satz 8 EStG verpflichtende Angabe der IdNr der Pflegebedürftigen als weitere Anspruchsvoraussetzung soll sicherstellen, dass der Pauschbetrag, der pro Pflegebedürftigem gewährt wird, nicht mehrfach in voller Höhe für die Pflege desselben Pflegebedürftigen in Anspruch genommen werden kann.

7. Aufteilung bei der Einzelveranlagung von Ehegatten

1172 Der BFH hat mit Urteil v. 20.12.2017, III R 2/17, BStBl II 2018, 468 gegen die bisherige Verwaltungspraxis entschieden, dass nach § 26a Abs. 2 Satz 2 EStG auf übereinstimmenden Antrag der Ehegatten der grds. *einem* Ehegatten zustehende Behinderten-Pauschbetrag bei der **Einzelveranlagung** der Ehegatten jeweils zur Hälfte abzuziehen ist.

Die obersten Finanzbehörden haben entschieden, die vorgenannte Entscheidung des BFH zum Abzug des hälftigen Behinderten-Pauschbetrags bei der Einzelveranlagung von Ehegatten analog anzuwenden auf

- den Hinterbliebenen-Pauschbetrag (§ 33b Abs. 4 EStG) und
- die Pflege-Pauschbeträge (§ 33b Abs. 6 EStG).

Entsprechendes gilt für

- den Ausbildungsfreibetrag (§ 33a Abs. 2 EStG),
- den Hinterbliebenen-Pauschbetrag eines Kindes (§ 33b Abs. 5 EStG) und
- die Übertragung des Behinderten-Pauschbetrags für ein Kind (§ 33b Abs. 5 EStG),

es sei denn, für die Eltern gilt das gemeinsame Veranlagungswahlrecht nach § 26 Abs. 1 Satz 1 EStG.

Die besonderen Aufteilungsregelungen gem. § 33a Abs. 2 EStG und § 33b Abs. 5 EStG gehen demzufolge vor, wenn es sich um ein **gemeinsames Kind der Ehegatten** handelt. In diesem Fall ist der Abzugsbetrag wie bisher nur i.R. der Einzelveranlagung des jeweiligen Ehegatten zu berücksichtigen. Er fließt nicht in die hälftige Verteilung nach § 26a Abs. 2 Satz 2 EStG ein.

Sind die Ehegatten hingegen **nicht zugleich Eltern des Kindes**, ist in korrespondierender Anwendung des o.g. BFH-Urteils der Abzugsbetrag des *einen* Elternteils bei der hälftigen Verteilung nach § 26a Abs. 2 Satz 2 EStG zu berücksichtigen.

Außergewöhnlicher Arbeitseinsatz

→ *Arbeitsessen* Rz. 610

Aussetzung der Vollziehung

1. Lohnsteuer

1173 Gegen Steuerbescheide ist als Rechtsbehelf der **Einspruch** gegeben (§ 347 AO). Durch die Einlegung des Einspruchs wird die Vollziehung des Steuerbescheides **grds. nicht gehemmt** (§ 361 Abs. 1 AO).

Aussetzung der Vollziehung kann jedoch gewährt werden, wenn bei einer **summarischen Prüfung der Sach- und Rechtslage**

- **ernstliche Zweifel an der Rechtmäßigkeit eines Verwaltungsakts oder der Verfassungsmäßigkeit eines Gesetzes bestehen** (FG Berlin v. 13.1.2020, 9 V 9095/19, EFG 2020, 486 betr. Aussetzung der Vollziehung eines Lohnsteuerhaftungsbescheids),
- oder die sofortige Vollziehung **für den Stpfl. eine unbillige, nicht durch überwiegende öffentliche Interessen gebotene Härte** zur Folge hätte (vgl. § 361 Abs. 2 AO).

Diese Vorschrift kann auch für **Arbeitgeber** Bedeutung haben, die z.B. nach einer **Lohnsteuer-Außenprüfung einen Haftungsbescheid** erhalten, weil der Arbeitgeber insoweit selbst Schuldner ist. Von der Verpflichtung zur **Einbehaltung der Lohnsteuer** kann der Arbeitgeber aber weder durch Stundung noch durch Aussetzung der Vollziehung befreit werden, vgl. → *Stundung* Rz. 4071.

Der **Arbeitnehmer** kann zwar im Wege der Aussetzung der Vollziehung keine vorzeitige Erstattung der vom Arbeitgeber abgeführten Lohnsteuer erlangen (BFH v. 2.11.1999, I B 49/99, BStBl II 2000, 57). Im Freibetragsverfahren kann jedoch ggf. im Wege der Aussetzung der Vollziehung ein **Freibetrag als Lohnsteuerabzugsmerkmal berücksichtigt oder eine Steuerklassenänderung vorgenommen** werden (FG München v. 2.10.2012, 8 V 3233/11, EFG 2013, 86).

Da die **Lohnsteueranrufungsauskunft** nach § 42e EStG lediglich eine Regelung dahin trifft, wie die **Finanzbehörde** den vom Antragsteller dargestellten typischerweise hypothetischen Sachverhalt im Hinblick auf die Verpflichtung zum Lohnsteuerabzug **gegenwärtig beurteilt**, erschöpft sich der Inhalt des Widerrufs einer Lohnsteueranrufungsauskunft darin, dass das Finanzamt mitteilt, von nun an eine andere Auffassung als bisher zu vertreten. Die Wirkung eines Widerrufs einer Lohnsteueranrufungsauskunft geht damit nicht über die Negation des zuvor Erklärten hinaus. Vollziehbar sind jedoch nur solche Verwaltungsakte, deren Wirkung sich nicht auf eine reine Negation beschränkt. Legt der Arbeitgeber oder Arbeitnehmer gegen den Widerruf Einspruch bzw. Klage ein, ist ein Antrag auf **Aussetzung der Vollziehung nicht statthaft** (BFH v. 15.1.2015, VI B 103/14, BStBl II 2015, 447).

2. Sozialversicherung

Ein Beitragsbescheid der für den Beitragseinzug zuständigen Krankenkasse stellt einen Verwaltungsakt dar, der unter bestimmten Voraussetzungen für die Beteiligten bindend wird. Er kann jedoch durch **Widerspruch** angefochten werden. Enthält der Beitragsbescheid eine vollständige Rechtsbehelfsbelehrung, ist der Widerspruch binnen eines Monats, nachdem der Verwaltungsakt bekannt gegeben worden ist, schriftlich oder zur Niederschrift bei der Stelle einzureichen, die den Verwaltungsakt erlassen hat (§ 84 Abs. 1 SGG). Der Widerspruch gegen Nacherhebungsbescheide hat **keine** aufschiebende Wirkung. Der Widerspruch gegen Verwaltungsakte, die die Rückforderung von Beiträgen betreffen, hat dagegen aufschiebende Wirkung (§ 86 Abs. 2 SGG). Wird der Widerspruch nicht innerhalb dieser Monatsfrist erhoben, ist der Beitragsbescheid bindend geworden. Vgl. im Übrigen auch → *Stundung* Rz. 4072. 1174

Aussperrung

→ *Arbeitskampf* Rz. 618

Ausstrahlung

1. Allgemeines

Die **Versicherungs- und Beitragspflicht** in der deutschen Sozialversicherung entsteht nur dann, wenn eine Beschäftigung im Geltungsbereich des Sozialgesetzbuchs, d.h. in der Bundesrepublik Deutschland (Inland), ausgeübt wird **(Beschäftigungsstaatprinzip)**. Beschäftigungen im Ausland werden dagegen nach den Rechtsvorschriften des entsprechenden Staats sozialrechtlich beurteilt. Ausnahmen hiervon sieht das SGB IV für die Fälle vor, in denen im Inland bestehende Beschäftigungsverhältnisse vorübergehend im Ausland ausgeübt werden. Nach den Vorschriften über die **Ausstrahlung** (§ 4 Abs.1 SGB IV) bleibt die Versicherung in der Kranken-, Pflege-, Renten- und Arbeitslosenversicherung nach deutschem Sozialversicherungsrecht weiter bestehen, wenn 1175

- es sich um eine **Entsendung**
- im Rahmen eines **im Inland bestehenden Beschäftigungsverhältnisses** handelt und
- die Dauer der Beschäftigung im Ausland **im Voraus zeitlich begrenzt** ist.

Bei der s.g. Workation, womit die Arbeit im Urlaub gemeint ist, handelt es sich ebenfalls um eine Entsendung, wenn die vorgenannten Voraussetzungen erfüllt sind. Zur versicherungsrechtlichen Beurteilung von Arbeitnehmern bei Ausstrahlung haben die Spitzenverbände der Sozialversicherungsträger **eine Verlautbarung** herausgegeben, die in den wesentlichen Punkten **nachfolgend dargestellt sind.**

2. Anwendungsbereich

1176 Nach § 3 Nr. 1 SGB IV i.V.m. der Gemeinsamen Verlautbarung der Spitzenorganisationen der Sozialversicherung zur versicherungsrechtlichen Beurteilung entsandter Arbeitnehmer vom 18.3.2020, gelten die Vorschriften über die Versicherungspflicht in der Sozialversicherung grundsätzlich nur für Personen, die im Geltungsbereich des SGB beschäftigt sind (Beschäftigungsstaatprinzip). Ausnahmen von diesem Prinzip regeln die Vorschriften über die Ausstrahlung (§ 4 Abs. 1 SGB IV) und die Einstrahlung (§ 5 Abs. 1 SGB IV, → *Einstrahlung* Rz. 1809). Diese gelten einheitlich für die Kranken-, Pflege-, Renten- und Unfallversicherung sowie für das Recht der Arbeitsförderung. Abweichende Regelungen des über- und zwischenstaatlichen Rechts sind vorrangig zu beachten (§ 6 SGB IV).

Liegen die Voraussetzungen der Ausstrahlung vor, gelten die deutschen Rechtsvorschriften über die Versicherungspflicht in der Sozialversicherung und nach dem Recht der Arbeitsförderung. Sie gelten nicht, wenn die Voraussetzungen der Einstrahlung vorliegen. Auf die Staatsangehörigkeit des Arbeitnehmers kommt es hierbei nicht an. Die maßgeblichen Rechtsbegriffe (Entsendung im Rahmen eines Beschäftigungsverhältnisses, zeitliche Begrenzung der Entsendung) sind bei Ausstrahlung und Einstrahlung gleich.

In § 6 SGB IV wird klargestellt, dass abweichende Regelungen des über- und zwischenstaatlichen Rechts unberührt bleiben, d.h. vorrangig sind. Überstaatliches Recht sind in erster Linie die Regelungen des europäischen Gemeinschaftsrechts für den Bereich der sozialen Sicherheit; zwischenstaatliches Recht sind in erster Linie die von der Bundesrepublik Deutschland mit anderen Staaten abgeschlossenen Abkommen über soziale Sicherheit. Die §§ 4 und 5 SGB IV sind uneingeschränkt nur in solchen Fällen anzuwenden, in denen über- oder zwischenstaatliche Regelungen über das anzuwendende Versicherungsrecht (im Folgenden: Zuständigkeitsregelungen) nicht greifen. Dies ist der Fall, wenn es entsprechende Zuständigkeitsregelungen nicht gibt oder aber der sachliche, persönliche oder gebietliche Geltungsbereich der jeweiligen Zuständigkeitsregelung eingeschränkt ist.

Bei Entsendungen innerhalb der Mitgliedstaaten der Europäischen Union sind ab 1.5.2010 der Art. 12 EG-Verordnung Nr. 883/2004, die Art. 14 und 15 EG-Durchführungsverordnung 987/2009 und der Beschluss A2 der EG-Verwaltungskommission für die Koordinierung der Systeme der sozialen Sicherheit zu beachten (s. ABl.EU 2010 Nr. C 106 v. 24.4.2010).

Die persönlichen Zuständigkeitsregelungen der Verordnung (EG) Nr. 883/2004 gelten für:

- die Staatsangehörigen der EU-Mitgliedstaaten (Belgien, Bulgarien, Dänemark, Deutschland, Estland, Finnland, Frankreich, Griechenland, Irland, Italien, Kroatien, Lettland, Litauen, Luxemburg, Malta, Niederlande, Österreich, Polen, Portugal, Rumänien, Schweden, Slowakei, Slowenien, Spanien, Tschechien, Ungarn und Zypern),
- Staatenlose i.S.d. Abkommens über die Rechtsstellung der Staatenlosen sowie für Flüchtlinge i.S. der Genfer Flüchtlingskonvention, die in einem EU-Mitgliedstaat wohnen,
- die Staatsangehörigen der EWR-Staaten Island, Liechtenstein und Norwegen (Beschluss Nr. 76/2011 des Gemeinsamen EWR-Ausschusses),
- die Staatsangehörigen der Schweiz (Art. 1 Abs. 2 des Anhangs II Personenfreizügigkeitsabkommen),
- britische Staatsangehörige uneingeschränkt bis 31.12.2020 – siehe Art. 126 des Abkommens über den Austritt des Vereinigten Königreichs Großbritannien und Nordirland aus der Europäischen Union und der Europäischen Atomgemeinschaft sowie
- Drittstaatsangehörige, die ihren rechtmäßigen Wohnsitz in einem EU-Mitgliedstaat haben und in der Europäischen Union von einem grenzüberschreitenden Sachverhalt betroffen sind (Verordnung (EU) Nr. 1231/2010).

Bei Entsendungen aus Deutschland nach Dänemark und aus Dänemark nach Deutschland ist zu beachten, dass die Verordnung (EG) Nr. 883/2004 nicht für Drittstaatsangehörige gilt.

Ausgenommen hiervon sind türkische Staatsangehörige, da das deutsch-dänische Abkommen für diese Regelungen zur Kranken-, Renten-, Unfall- und Arbeitslosenversicherung enthält. Für andere Drittstaatsangehörige gelten die §§ 4 und 5 SGB IV.

Bei Entsendungen aus Deutschland in das Vereinigte Königreich und aus dem Vereinigten Königreich nach Deutschland ist zu beachten, dass die Verordnung (EG) Nr. 883/2004 nicht für Drittstaatsangehörige gilt. Insoweit ist die Verordnung (EWG) Nr. 1408/71 zu beachten, die alle Zweige der sozialen Sicherheit einschließt. Dies gilt auch über den 1.1.2021 hinaus. Näheres zu den Regelungen für Sachverhalte im Zusammenhang mit dem Vereinigten Königreich ist dem Stichwort → *Brexit* Rz. 1493 zu entnehmen.

Bei Entsendungen aus Deutschland nach Island, Liechtenstein und Norwegen sowie aus Island, Liechtenstein und Norwegen nach Deutschland ist zu beachten, dass die Verordnung (EG) Nr. 883/2004 nicht für Staatsangehörige der Schweiz und für Drittstaatsangehörige gilt.

Im Verhältnis zu Liechtenstein ist das deutsch-liechtensteinische Abkommen über Soziale Sicherheit zu beachten, dass auch Staatsangehörige der Schweiz und Drittstaatsangehörige einschließt und Regelungen zur Renten- und Arbeitslosenversicherung sowie zum Kindergeld enthält.

Bei Entsendungen aus Deutschland in die Schweiz und aus der Schweiz nach Deutschland ist zu beachten, dass die Verordnung (EG) Nr. 883/2004 nicht für die Staatsangehörigen Islands, Liechtensteins, Norwegens sowie für Drittstaatsangehörige gilt. Insoweit ist das deutsch-schweizerische Abkommen über Soziale Sicherheit, dass Regelungen zur Kranken-, Renten, Unfall- und Arbeitslosenversicherung sowie zum Kindergeld enthält, zu beachten.

Wird eine Person nicht vom persönlichen Geltungsbereich der EG-Verordnung Nr. 883/2004 erfasst (z.B. Drittstaatsangehörige im Verhältnis zu Dänemark, dem Vereinigten Königreich und Nordirland) oder ist diese Verordnung auf Grund einer vorübergehenden Beschäftigung in Island, Liechtenstein, Norwegen oder der Schweiz nicht anwendbar, ist die Anwendbarkeit der EWG-Verordnung Nr. 1408/71 zu prüfen.

Beispiel:

Arbeitnehmer B mit der Staatsangehörigkeit Ägyptens und rechtmäßigem Wohnsitz in Deutschland wird von seinem inländischen Arbeitgeber nach Island entsandt.

Er wird von der VO (EWG) Nr. 1408/71 auch hinsichtlich der Zuständigkeitsregelungen erfasst.

Die sachlichen Zuständigkeitsregelungen der VO (EG) Nr. 883/2004 gelten für alle Zweige der Sozialversicherung. Dies gilt auch für die Entgeltfortzahlung im Krankheitsfall sowie die Leistungen bei Mutterschaft. Dementsprechend gilt im Anwendungsbereich der Regelungen des europäischen Gemeinschaftsrechts der Grundsatz, dass sich die Umlagepflicht des Arbeitgebers hinsichtlich der Teilnahme am Ausgleich der Aufwendungen nach dem AAG (U1- und U2-Verfahren) grundsätzlich auf die Arbeitsentgelte der im Betrieb beschäftigten Arbeitnehmer bezieht, für die die deutschen Rechtsvorschriften über soziale Sicherheit gelten. Das Insolvenzgeld und die Insolvenzgeldumlage fallen dagegen nicht in den sachlichen Anwendungsbereich der Regelungen des europäischen Gemeinschaftsrechts; gleichwohl sind die Arbeitgeber im Falle der Entsendung, für die nach Maßgabe des § 4 Abs. 1 SGB IV die deutschen Vorschriften über die Versicherungspflicht gelten, umlagepflichtig.

Die Zuständigkeitsregelungen der übrigen Sozialversicherungsabkommen gelten ohne Rücksicht auf die Staatsangehörigkeit. Ausnahmen bestehen für die Abkommen über Soziale Sicherheit mit Marokko und Tunesien. Diese Abkommen gelten nur für die Staatsangehörigen der jeweiligen Vertragsstaaten sowie für Flüchtlinge und Staatenlose.

Von den Abkommen über soziale Sicherheit sind die Umlagen nach dem AAG sowie die Insolvenzgeldumlage generell nicht erfasst; gleichwohl sind die Arbeitgeber im Falle der Entsendung, für die nach Maßgabe des § 4 Abs. 1 SGB IV die deutschen Vorschriften über die Versicherungspflicht gelten, umlagepflichtig. Schließt ein Sozialversicherungsabkommen hinsichtlich seines Geltungsbereichs die Arbeitsförderung bzw. Arbeitslosenversicherung ein, besteht für den Arbeitgeber die Verpflichtung zur Zahlung der Insolvenzgeldumlage, wenn für seinen Arbeitnehmer bei Beschäftigung im Abkommensstaat weiterhin die deutschen Rechtsvorschriften anzuwenden sind. In den umgekehrten Fällen, in denen nicht die deutschen, sondern die Rechtsvorschriften des Vertrags- bzw. Abkommensstaates Anwendung finden, besteht eine Insolvenzgeldumlagepflicht hingegen nicht. Die soziale Pflegeversicherung ist kein Bestandteil der Abkommen über soziale Sicherheit.

Am 7.11.2018 haben die Ukraine und Deutschland ein Abkommen über Soziale Sicherheit unterzeichnet. Zum endgültigen Inkrafttreten müssen noch die parlamentarischen Gremien beider Staaten zustimmen.

Aus der folgenden Aufstellung sind die in Betracht kommenden Staaten, mit denen Regelungen des über- und zwischenstaatlichen Rechts getroffen wurden, und der jeweilige sachliche Geltungsbereich ersichtlich.

Abkommensstaat	Krankenversicherung	Pflegeversicherung	Rentenversicherung	Arbeitslosenversicherung	Unfallversicherung
Albanien[1])	–	–	X	–	–
Australien	–	–	X	X	–
Belgien	X	X	X	X	X
Bosnien-Herzegowina (& Republik Srpska)	X	–	X	X	X
Brasilien	–	–	X	X	–
Bulgarien	X	X	X	X	X
Chile	–	–	X	X	–
China[2)]	–	–	X	X	–
Dänemark	X	X	X	X	X
Estland	X	X	X	X	X
Finnland	X	X	X	X	X
Frankreich	X	X	X	X	X
Griechenland	X	X	X	X	X
Indien	–	–	X	X	–
Irland[3)]	X	X	X	X	X
Island	X	X	X	X	X
Israel	X	–	X	–	X
Italien	X	X	X	X	X
Japan	–	–	X	X	–
Kanada a) Quebec	–	–	X	X	X
b) übrige Provinzen	–	–	X	X	–
Korea	–	–	X	X	–
Kroatien	X	X	X	X	X
Lettland	X	X	X	X	X
Liechtenstein	X	X	X	X	X
Litauen	X	X	X	X	X
Luxemburg	X	X	X	X	X
Malta	X	X	X	X	X
Marokko	X	–	X	X	X
Mazedonien	X	X	X	X	X
Montenegro	X	–	X	X	X
Niederlande	X	X	X	X	X
Norwegen	X	X	X	X	X
Österreich	X	X	X	X	X
Philippinen	–	–	X	X	–
Polen	X	X	X	X	X
Portugal	X	X	X	X	X
Republik Moldau[1])	–	–	X	–	X
Rumänien	X	X	X	X	X
Schweden	X	X	X	X	X
Schweiz	X	X	X	X	X
Serbien	X	–	X	X	X
Slowakei	X	X	X	X	X
Slowenien	X	X	X	X	X
Spanien	X	X	X	X	X
Tschechien	X	X	X	X	X
Türkei	X	–	X	X	X
Tunesien	X	–	X	–	X
Ungarn	X	X	X	X	X
Uruguay[1])	–	–	X	–	–
USA[4])	–	–	X	–	–
Vereinigtes Königreich[3])	X	X	X	X	X
Zypern	X	X	X	X	X

1) Der sachliche Geltungsbereich erstreckt sich in Bezug auf Deutschland auf die gesetzliche Rentenversicherung (für die Republik Moldau auch für die Unfallversicherung). Gelten für einen in Albanien, der Republik Moldau oder Uruguay beschäftigten Arbeitnehmer weiterhin die deutschen Rechtsvorschriften in der deutschen gesetzlichen Rentenversicherung, so kommen hinsichtlich dieser Beschäftigung auch ausschließlich die deutschen Vorschriften in Bezug auf die Kranken-, Pflege- und Unfallversicherung sowie die Versicherungspflicht nach dem Recht der Arbeitsförderung zur Anwendung.

2) Das Abkommen mit China gilt nicht für die Sonderverwaltungsgebiete Hongkong und Macao.

3) Nach dem Austritt des Vereinigten Königreichs aus der EU wurden die Regelungen der Verordnung (EG) 883/2004 und der Verordnung (EWG) Nr. 1408/71 ab dem 1.1.2021 durch das Abkommen über Handel und Zusammenarbeit weitgehend übernommen (→ *Brexit* Rz. 1493).

4) Gelten für eine Person nach den Zuständigkeitsregelungen des Abkommens die deutschen Rechtsvorschriften, finden auf sie die bundesstaatliche Krankenversicherung für Alte und Gebrechliche (Hospital Insurance für Aged and Disabled-Medicare, Part A) keine Anwendung. Ist eine Person auf Grund der Zuständigkeitsregeln des Abkommens von den deutschen Rechtsvorschriften freigestellt, gilt dies auch für die Kranken- und Pflegeversicherung. Das Abkommen mit den USA gilt in den Bundesstaaten sowie für den Distrikt Columbia, den Freistaat Puerto Rico, die Jungferninseln, Guam, Amerikanisch-Samoa und den Bund der Nördlichen Marianen.

Die Regelungen des europäischen Gemeinschaftsrechts gelten bei Entsendungen von einem in einen anderen Mitgliedstaat, soweit der Beschäftigungsort vom gebietlichen Geltungsbereich des Gemeinschaftsrechts erfasst wird. Entsprechendes gilt bei Entsendung in Abkommensstaaten.

Sofern Zuständigkeitsregelungen des über- bzw. zwischenstaatlichen Rechts gelten, sehen diese i.d.R. vor, dass die Rechtsvorschriften des Entsendestaats lediglich für eine konkrete Höchstdauer weiterhin gelten. Für den Begriff der Entsendung gelten aber im Abkommensbereich grundsätzlich die gleichen Merkmale wie bei den §§ 4 Abs. 1 und 5 Abs. 1 SGB IV (BSG v. 8.12.1994, 2 RU 37/93).

Sofern die Regelungen der EG-Verordnung Nr. 883/2004 Anwendung finden, ist ein Entsendezeitraum von bis zu 24 Monaten möglich. Dies gilt bei EU-Staatsangehörigen und seit dem 1.4.2012 auch für die Schweiz bzw. seit dem 1.6.2012 auch für Island, Liechtenstein und Norwegen. Findet die EWG-Verordnung Nr.1408/71 Anwendung, ist der Entsendezeitraum auf zwölf Monate begrenzt. Eine Verlängerung um weitere zwölf Monate kann mit Hilfe eines Verlängerungsantrages bewirkt werden.

3. A1- und Entsende-Bescheinigung

a) A1-Bescheinigung für Entsendungen in der EU

Für die Zeit ab dem 1.1.2025 sind für das Antrags- und Beschei- 1177
nigungsverfahren A1 sowohl für Arbeitnehmer als auch für Selbständige die „Gemeinsamen Grundsätze für das elektronische Antrags- und Bescheinigungsverfahren A1 nach § 106 SGB IV sowie für selbständig Erwerbstätige nach § 106a Abs. 2 Ziffern 2 und 3 SGB IV" und die „Gemeinsamen Grundsätze für das elektronische Antrags- und Bescheinigungsverfahren A1 nach § 106a und § 106b SGB IV" vom 2.4.2024 zu beachten. Diese sind unter dem nachfolgenden Link in der Rubrik „Entsendung" bzw. „Entsendung Selbständige" abrufbar: https://gkv-datenaustausch.de/arbeitgeber/arbeitgeber.jsp.

Die Entsendebescheinigung A1 ist bei einer vorübergehenden Erwerbstätigkeit in einem anderen EU-Staat grundsätzlich im Voraus bei der Krankenkasse, bei der der Arbeitnehmer versichert ist, bzw. beim zuständigen Rentenversicherungsträger zu beantragen. Die A1-Bescheinigung kann jedoch im Einzelfall auch nachträglich und rückwirkend ausgestellt werden. Daher kann bei kurzfristig anberaumten Geschäftsreisen oder bei sehr kurzen Entsendungen von bis zu einer Woche auf den Antrag zur Ausstellung der A1-Bescheinigung verzichtet werden (vgl. Art. 15 Abs. 1 VO (EG) Nr. 987/2009 und EuGH v. 30.3.2000, C-178/97, Ziffer 49-57). Das BMAS hat diese Regelung 2019 jedoch wie folgt eingeschränkt: Soweit die Pflicht zur Beantragung einer A1-Bescheinigung nach dem geltenden Recht des Zielstaates besteht, kann der Verzicht der vorherigen Antragstellung auch in Ausnahmefällen nicht empfohlen werden. Dies gilt insbesondere für Frankreich und Österreich. Darüber hinaus haben aber auch Belgien Italien, Luxemburg, Niederlande, Portugal, Schweiz und Spanien die Kontrolldichte erhöht.

Für die A1-Bescheinigung sowie für Ausnahmevereinbarungen ist das **elektronische Antragsverfahren** für Arbeitgeber und Dienstherren von abhängig beschäftigten Arbeitnehmern und für verbeamtete Personen verpflichtend. Papieranträge für den Personenkreis der Arbeitnehmer in der Privatwirtschaft werden daher nicht mehr entgegengenommen. Soweit Arbeitgeber nicht über ein entsprechendes systemgeprüftes Entgeltabrechnungsprogramm verfügen, kann der elektronische Antrag mittels einer Ausfüllhilfe aus sv.net (Infos unter www.itsg.de) bzw. ab 1.10.2023 aus dem SV-Meldeportal (hierzu ausführlich → Rz. 3101) gestellt werden. Die Verpflichtung zur elektronischen Beantragung der A1-Bescheinigung gilt auch für Selbständige und Personen, die gewöhnlich in mehreren Mitgliedstaaten der EU, des EWR und der Schweiz beschäftigt sind. Zu A1-Bescheiniungen bei Entsendungen ins Vereinigte Königreich siehe → *Brexit* Rz. 1493.

b) Entsendungen in Abkommensstaaten

1178 Ab dem 1.1.2026 wird das elektronische Antrags- und Bescheinigungsverfahren nach § 106a SGB IV auch in Bezug auf Einsätze in Staaten, mit denen Deutschland ein Sozialversicherungsabkommen abgeschlossen hat, verpflichtend. Die Gemeinsamen Grundsätze zu den Inhalten der Anträge und den zu übermittelnden Datensätzen finden Sie unter www.gkv-datenaustausch.de → Arbeitgeberverfahren → SVA Verfahren.

Ab diesem Zeitpunkt sind Anträge einheitlich für alle Abkommensstaaten ausschließlich an die gesetzlichen Krankenkassen zu senden,

- wenn es um den Auslandseinsatz von abhängig Beschäftigen geht,
- für die der Arbeitgeber die Rentenversicherungsbeiträge an diese Krankenkasse als Einzugsstelle abführt und
- der Arbeitgeber einen Antrag auf Prüfung der weiteren Anwendung der deutschen Rechtsvorschriften und Ausstellung einer entsprechenden Bescheinigung nach dem jeweiligen Sozialversicherungsabkommen stellt.

Für Selbständige, die die Ausstellung einer solchen Bescheinigung wünschen, sowie für weitere Personen, auf welche die o.g. Kriterien nicht zutreffen, liegt die Zuständigkeit in Abhängigkeit vom jeweiligen Abkommen zukünftig ausschließlich entweder beim GKV-Spitzenverband (DVKA) oder bei der DRV Bund. Sämtliche Anträge sind nach § 106c SGB IV ausschließlich elektronisch an den zuständigen Träger zu übermitteln. Die Deutsche Rentenversicherung Bund wird das elektronische Verfahren jedoch nicht bis zum 1.1.2026 umsetzen können, so dass hier weiterhin die entsprechenden Antragsvordrucke auf der Homepage der DRV Bund vorgehalten werden.

4. Mehrfachbeschäftigte in der EU

1179 Personen, die gewöhnlich in zwei oder mehr EU-Staaten tätig sind, gelten als Mehrfachbeschäftigte. Für diesen Personenkreis wird die Prüfung der anzuwendenden Rechtsvorschriften von der Deutschen Verbindungsstelle Krankenversicherung Ausland vorgenommen. Dies gilt bei der Anwendbarkeit der EG-Verordnung Nr. 883/2004 auch für Personen, die im Internationalen Verkehrswesen tätig sind.

Hat eine Mehrfachbeschäftigung einen Bezug sowohl zum europäischen Gemeinschaftsrecht als auch zu einem oder mehreren Abkommensstaaten, ist zunächst zu ermitteln, welcher Mitgliedstaat für den Teil der Erwerbstätigkeit zuständig ist, der ausschließlich Berührungspunkte zum Gemeinschaftsrecht aufweist. Soweit danach deutsches Recht anwendbar ist, ist anschließend zu prüfen, ob dies auch auf den Teil der Erwerbstätigkeit zutrifft, der Berührungspunkte zu einem oder mehreren Abkommensstaaten aufweist.

Für Mehrfachbeschäftigte ergaben sich durch eine Corona-bedingt vorübergehende andere Verteilung der Arbeitszeit keine Änderungen des anwendbaren Sozialversicherungsrechts. Dies galt selbst dann, wenn die Tätigkeit vorübergehend ausschließlich zu Hause ausgeübt wurde. Ausgestellte A1-Bescheinigungen blieben auch für diese Zeit gültig. Die pandemiebedingte Sonderregelung wurde bis zum 30.6.2023 verlängert (vgl. RS 2020/712 der DVKA v. 23.11.2022). Das heißt, dass sich das anwendbare Sozialversicherungsrecht für Mehrfachbeschäftigte ab dem 1.7.2023 wieder ausschließlich nach der Verordnung (EG) 883/04 bzw. der Verordnung (EG) 987/09 richtet. Telearbeit wird somit nicht anders bewertet als alle übrigen Formen der Arbeit – sie wird dem Mitgliedstaat zugeschlagen, in dem sie physisch ausgeübt wird. Zu den Ausnahmeregelungen für Grenzgänger siehe → *Grenzgänger* Rz. 2391.

5. Flugbesatzungen

Am 22.5.2012 trat die Verordnung (EU) Nr. 465/2012 zur Änderung 1180
der Verordnung (EG9 Nr. 883/2004 und der Verordnung (EG) Nr. 987/2009 in Kraft. Hiernach gelten für Flugbesatzungen die sozialversicherungsrechtlichen Vorschriften der Heimatbasis, also des Ortes, an dem sie ihre Arbeit aufgenommen und beendet haben. Nach den Übergangsregeln der Änderungsverordnung müssen die Flugbesatzungen zunächst bei dem zuständigen Träger des Wohnortes die Anwendung des neuen Rechts beantragen, wenn sie dieses als günstiger empfinden. Wird ein solcher Antrag gestellt, gilt die Änderung ab dem ersten Tag des auf den Antrag folgenden Monats. Ansonsten gilt das neue Recht spätestens mit Ablauf von zehn Jahren seit Inkrafttreten der Änderungsverordnung, also vom 28.6.2022 an. Die besonderen Regelungen für Flug- und Kabinenpersonal gelten seit dem 2.2.2013 auch für die EWR-Staaten Island, Liechtenstein und Norwegen. Im Zusammenhang mit der Schweiz sind die Regelungen seit 1.1.2015 anwendbar. Auch hier gilt eine Übergangsregelung von maximal zehn Jahren bis 1.1.2023 bzw. 31.12.2024.

6. Ausstrahlung

Ein Arbeitnehmer unterliegt bei einer Beschäftigung im Ausland im 1181
Wege der Ausstrahlung nach § 4 Abs. 1 SGB IV den deutschen Vorschriften über die Sozialversicherung, wenn

- es sich um eine Entsendung im Rahmen eines in Deutschland bestehenden Beschäftigungsverhältnisses handelt und
- die Dauer der Beschäftigung im Ausland vertraglich oder durch ihre Eigenart im Voraus zeitlich begrenzt ist.

Ist eine dieser Voraussetzungen nicht erfüllt, liegt keine Ausstrahlung i.S.v. § 4 Abs. 1 SGB IV vor.

Das europäische Gemeinschaftsrecht kennt als einen Ausschlusstatbestand für eine Entsendung die Ablösung eines zuvor entsandten Arbeitnehmers (Art. 12 Abs. 1 der Verordnung (EG) Nr. 883/2004). Ein derartiges Ablöseverbot hat demgegenüber bei der Prüfung der Voraussetzungen einer Entsendung i.S. der Ausstrahlung nach § 4 Abs. 1 SGB IV grundsätzlich keine Bedeutung.

Eine Entsendung i.S. der Ausstrahlung liegt vor, wenn sich ein Beschäftigter auf Weisung seines Arbeitgebers vom Inland in das Ausland begibt, um dort eine Beschäftigung für diesen Arbeitgeber auszuüben.

> **Beispiel 1:**
> Ein Beschäftigter der Firma G, Pflichtmitglied bei einer deutschen gesetzlichen Krankenkasse, wird von seinem Arbeitgeber für elf Monate nach Mexiko entsandt.
> Er unterliegt nach § 4 Abs. 1 SGB IV weiterhin den deutschen Rechtsvorschriften über soziale Sicherheit, d.h. die Versicherungspflicht in der Kranken-, Pflege-, Renten-, Arbeitslosen- und Unfallversicherung bleibt bestehen.

Dem steht nicht entgegen, dass der Beschäftigte eigens für eine Beschäftigung im Ausland eingestellt worden ist, also im Inland noch nicht für den entsendenden Arbeitgeber tätig gewesen ist.

> **Beispiel 2:**
> Der Arbeitnehmer G wird von einer Arbeitsgemeinschaft eigens für die Beschäftigung in Argentinien eingestellt.
> Für den befristet nach Argentinien entsandten Arbeitnehmer handelt es sich um eine Entsendung i.S. der Ausstrahlung.

Darüber hinaus können auch Beschäftigte, die unmittelbar vor der Auslandsbeschäftigung im Inland gelebt und noch nicht im Erwerbsleben gestanden haben (z.B. Schüler, Studenten, Hausfrauen), i.S. der Vorschriften über die Ausstrahlung entsandt werden.

Die Entsendung muss sich nicht nur auf einen Staat beschränken. Eine Entsendung i.S. der Ausstrahlung liegt vielmehr auch dann vor, wenn ein Arbeitnehmer nacheinander in mehrere Staaten ohne zeitliche Unterbrechung entsandt wird, vorausgesetzt, dass der Auslandseinsatz insgesamt im Voraus zeitlich begrenzt ist.

Typisches Merkmal einer Entsendung ist die fortbestehende Inlandsintegration bei vorübergehender Auslandsbeschäftigung. Demzufolge dürfen keine Anhaltspunkte dafürsprechen, dass der Arbeitnehmer nach dem Auslandseinsatz nicht in die Bundesrepublik Deutschland zurückkehrt, um dort seinen Wohnsitz oder gewöhnlichen Aufenthalt (wieder) zu nehmen. Wird dagegen eine Person von einem in Deutschland ansässigen Unternehmen in einem anderen Staat eingestellt und von dort in einen Drittstaat entsandt, so handelt es sich nicht um eine Entsendung i.S.d. § 4 Abs. 1 SGB IV; d.h., die betreffende Person unterliegt nicht den deutschen Rechtsvorschriften.

Beispiel 3:

Ein Unternehmen mit Sitz in der Bundesrepublik Deutschland stellt in Ägypten den dort wohnenden Arbeitnehmer M ein, um ihn in Tunesien für eine von vornherein begrenzte Zeit zu beschäftigten.

Dies ist keine Entsendung aus der Bundesrepublik Deutschland.

Eine andere Beurteilung kann sich im Ausnahmefall dann ergeben, wenn der Arbeitnehmer (mit Wohnsitz außerhalb Deutschlands) unmittelbar vor der Einstellung zur Entsendung in einen anderen Staat den deutschen Rechtsvorschriften unterlag oder – falls der Arbeitnehmer nicht unmittelbar zuvor den deutschen Rechtsvorschriften unterlag – bereits eine hinreichende Beziehung zur deutschen Sozialversicherung nachweisen kann (z.B. durch den Nachweis über die rentenrechtlichen Zeiten im Versicherungsverlauf der Rentenversicherung).

Eine Entsendung i.S.d. Ausstrahlung liegt ebenfalls nicht vor, wenn eine Person im Ausland lebt und dort als sog. Ortskraft eine Beschäftigung für einen inländischen Arbeitgeber aufnimmt. Dies gilt selbst dann, wenn die Person beabsichtigt, ihren Wohnsitz in die Bundesrepublik Deutschland zu verlegen oder sich zunächst kurzzeitig in Deutschland aufhält, ums sich beispielsweise mit der Produktpalette ihres neuen Arbeitgebers vertraut zu machen.

Eine Entsendung kann auch dann vorliegen, wenn ein Arbeitgeber einen Arbeitnehmer vom Inland in das Ausland verleiht und hierfür die erforderliche Verleiherlaubnis nach dem Arbeitnehmerüberlassungsgesetz (AÜG) hat. Entscheidend ist, dass die organisatorische Eingliederung in das entsendende Verleihunternehmen bestehen bleibt und sich der arbeitsvertragliche Anspruch auf Arbeitsentgelt gegen den entsendenden Arbeitgeber richtet.

Eine Entsendung kommt ebenfalls in Betracht, wenn ein Arbeitnehmer von einem in Deutschland zur Arbeitnehmerüberlassung berechtigten Unternehmen (Verleiher) zu einem in Deutschland ansässigen Unternehmer (Entleiher) entliehen wird, um von diesem zeitlich begrenzt im Ausland eingesetzt zu werden.

Fehlt die für die Arbeitnehmerüberlassung erforderlich Erlaubnis, ist der Vertrag zwischen Verleiher und Leiharbeitnehmer unwirksam (§ 9 Nr. 1 AÜG); insoweit liegt auf Grund von § 10 Abs. 1 AÜG keine Entsendung und somit keine Ausstrahlung vor. Wird ein Arbeitnehmer in das Ausland, und zwar in ein auf der Grundlage zwischenstaatlicher Vereinbarungen begründetes deutsch-ausländisches Gemeinschaftsunternehmen verliehen, an dem der Verleiher beteiligt ist (§ 1 Abs. 3 Nr. 3 AÜG), haben die Regelungen des AÜG für die Ausstrahlung keine Bedeutung.

Der Beschäftigte muss im Rahmen eines inländischen Beschäftigungsverhältnisses entsandt werden. Es muss eine Beschäftigung im sozialversicherungsrechtlichen Sinne im Inland fortbestehen. Dies bedeutet, dass der im Ausland Beschäftigte organisatorisch in den Betrieb des inländischen Arbeitgebers eingegliedert bleiben bzw. sein muss. Außerdem muss er dem Weisungsrecht des inländischen Arbeitgebers in Bezug auf Zeit, Dauer, Ort und Art der Ausführung der Arbeit – u.U. in einer durch den Auslandseinsatz bedingten gelockerten Form – unterstehen. Der Erfüllung dieser Voraussetzungen steht nicht entgegen, dass der Arbeitnehmer mit Zustimmung des Arbeitgebers die abhängige Beschäftigung im Ausland in Form von Telearbeit „von zu Hause aus“ (sog. Home-Office) erledigt. Schließlich muss sich der Arbeitsentgeltanspruch des Arbeitnehmers gegen den bisherigen Arbeitgeber richten.

Beispiel 4:

Arbeitnehmer H eines inländischen Unternehmens wird von einer in Paraguay errichteten Arbeitsgemeinschaft, der das inländische Unternehmen angehört, eingestellt. Das Arbeitsverhältnis zu dem inländischen Unternehmen besteht ohne Zahlung von Arbeitsentgelt fort.

Es handelt sich nicht um eine Entsendung i.S. der Ausstrahlung.

Wesentliches Indiz ist, gegen wen der arbeitsrechtliche Entgeltanspruch besteht. Für das Vorliegen des Indizes spricht, wenn der inländische Arbeitgeber das Arbeitsentgelt des im Ausland Beschäftigten – weiterhin – in der Entgeltabrechnung wie für seine Beschäftigten im Inland ausweist. In diesem Falle bedarf es im Allgemeinen keiner Ermittlungen über die Eingliederung und das Weisungsrecht. Unterbleibt eine Heranziehung zur Lohnsteuer wegen eines Abkommens zur Vermeidung der Doppelbesteuerung, so ist dies unbeachtlich.

Zur Fortführung des in der Bundesrepublik Deutschland begründeten Sozialversicherungsverhältnisses im Rahmen der Ausstrahlung des § 4 Abs. 1 SGB IV (BSG v. 25.1.1994, 4 RA 48/92) reicht ein im Inland bestehendes sog. Rumpfarbeitsverhältnis nicht aus. Voraussetzung ist vielmehr, dass die gegenseitigen sich aus dem Beschäftigungsverhältnis ergebenden Hauptpflichten fortbestehen. Abreden über das Ruhen der Hauptpflichten auf Arbeitsleistung und die Zahlung von Arbeitsentgelt sowie das „automatische“ Wiederaufleben der Rechte und Pflichten aus dem ursprünglichen Arbeitsvertrag oder eine vertraglich zugesicherte Wiedereintrittsklausel bei Rückkehr ins Inland sind Kriterien für ein Rumpfarbeitsverhältnis. Insofern ist in Fällen, in denen der Arbeitsvertrag ruhend gestellt wird, nicht von einem Fortbestehen des Beschäftigungsverhältnisses auszugehen.

Besondere Ermittlungen sind dann erforderlich, wenn sich Anhaltspunkte dafür ergeben, dass trotz Vorliegens der Indizien ein Fortbestehen des inländischen Beschäftigungsverhältnisses fraglich erscheint.

Eine Entsendung i.S. einer Ausstrahlung nach § 4 Abs. 1 SGB IV bei Beschäftigung bei einer ausländischen Beteiligungsgesellschaft (z.B. einer Tochtergesellschaft) ist grundsätzlich möglich. Keine Ausstrahlung i.S.v. § 4 Abs. 1 SGB IV liegt vor, wenn das Beschäftigungsverhältnis bei einer ausländischen Beteiligungsgesellschaft den Schwerpunkt der rechtlichen und tatsächlichen Gestaltungsmerkmale ausweist und das bisherige inländische Arbeitsverhältnis in den Hintergrund tritt (z.B. ruht). Dies gilt selbst dann, wenn

- die im Voraus zeitlich begrenzte Beschäftigung auf Veranlassung oder mit Zustimmung der inländischen Gesellschaft zu Stande gekommen ist,
- der Beschäftigte von dieser weiterhin als Vertrauensperson betrachtet wird,
- eine Abrechnung von Personalkosten zwischen beiden Unternehmen stattfindet,
- die im Entsendestaat ansässige Gesellschaft Arbeitsentgelt zu eigenen Lasten zahlt.

Grundsätzlich ist ohne Bedeutung, ob die ausländische Gesellschaft von dem im Inland ansässigen Unternehmen wirtschaftlich beherrscht wird; mithin gelten insoweit die gleichen Kriterien wie bei Entsendung zu einem sonstigen ausländischen Unternehmen. Ein nur formelles Fortbestehen des Arbeitsvertrags mit der inländischen Gesellschaft begründet wegen der fehlenden Beschäftigungsmerkmale keine Entsendung i.S.d. § 4 Abs. 1 SGB IV, beispielsweise auch nicht eine zwischen den Beteiligten vereinbarte Berechtigung der in Deutschland ansässigen Gesellschaft, den Beschäftigten jederzeit zur Arbeitsleistung für sie selbst in das Inland zurückzurufen. Bei der Entsendung zu einem rechtlich selbständigen Unternehmen innerhalb eines Konzerns, aber auch bei der Entsendung zu einer rechtlich unselbständigen Zweigniederlassung eines Unternehmens, bestimmt sich der Schwerpunkt des Beschäftigungsverhältnisses nach den tatsächlichen Merkmalen der Beschäftigung und nicht nach dem Arbeitsvertrag mit dem entsendenden Unternehmen. Für die Zuordnung des Beschäftigungsverhältnisses ist daher der Arbeitsvertrag nicht entscheidend.

Beispiel 5:

Das Unternehmen N mit Sitz in Weiden stellt den Arbeitnehmer Y an sein Tochterunternehmen in Albanien ab. Der Arbeitnehmer hat auch einen befristeten Arbeitsvertrag mit der albanischen Tochtergesellschaft, das

Arbeitsentgelt wird aber weiterhin von der Muttergesellschaft auf ein Konto in Deutschland überwiesen. Die Personalkosten werden mit der albanischen Tochtergesellschaft abgerechnet, die diese bei der Gewinnermittlung als Betriebsausgabe steuerlich geltend macht. Der Arbeitnehmer erbringt seine Arbeitsleistung für die albanische Tochtergesellschaft und ist in den Betrieb dieses Unternehmens eingegliedert. Der albanischen Tochtergesellschaft wird die Arbeitsleistung wirtschaftlich zugerechnet, weil sie die Kosten dafür auch als Betriebsausgabe steuerrechtlich geltend macht. Im Übrigen verwirklicht der Arbeitnehmer den Betriebszweck der Tochtergesellschaft. Es handelt sich dabei, trotz der Entgeltzahlung durch das Unternehmen N, nicht um eine Entsendung i.S. der Ausstrahlung.

Hinsichtlich der Auswirkung der Entgeltzahlung auf die Zuordnung des Beschäftigungsverhältnisses ist bei Konzernunternehmen zudem zu berücksichtigen, ob das Arbeitsentgelt bei der Gewinnermittlung im Inland als Betriebsausgabe steuerrechtlich geltend gemacht wird (BSG v. 7.11.1996, 12 RK 79/94). Die steuerliche Geltendmachung des Arbeitsentgelts als Betriebsausgabe durch die Konzerngesellschaft im Ausland ist jedoch unschädlich, wenn der vorübergehende Einsatz des Arbeitnehmers nur kurzfristig für die Dauer von bis zu zwei Monaten ist und der Beschäftigte keinen anderen Arbeitnehmer ablöst, der zuvor vorübergehend dort eingesetzt war (vgl. TOP 1 des Besprechungsergebnisses der Spitzenorganisationen der Sozialversicherung zu Fragen des gemeinsamen Beitragseinzugs v. 30.3.2011).

Unter Repräsentanz ist die unselbständige Geschäftsstelle eines inländischen Unternehmens zu verstehen. Sie dient etwa der Marktforschung und der Kontaktpflege (oft bei Banken). Da die Beschäftigten in vollem Umfang Arbeitnehmer des inländischen Arbeitgebers bleiben, handelt es sich um eine Entsendung im Rahmen eines inländischen Beschäftigungsverhältnisses.

Eine zeitliche Begrenzung der Entsendung i.S. der Ausstrahlung ist nur dann zu bejahen, wenn die Begrenzung bei vorausschauender Betrachtungsweise gegeben ist. Die Begrenzung im Voraus kann sich aus der Eigenart der Beschäftigung oder aus einem Vertrag ergeben. Auf feste Zeitgrenzen (etwa zwei Jahre, wie im europäischen Gemeinschaftsrecht) ist nicht abzustellen. Es ist somit unschädlich, wenn die Entsendung auf mehrere Jahre befristet ist. Das Erreichen der Altersgrenze für eine Vollrente wegen Alters ist allerdings keine zeitliche Begrenzung in diesem Sinne.

Eine Entsendung ist im Voraus zeitlich begrenzt, wenn bereits zu ihrem Beginn feststeht, dass eine objektive Begrenzung gegeben ist. Ergibt sich die Begrenzung erst im Laufe der Entsendung, so liegt keine Ausstrahlung i.S.v. § 4 Abs. 1 SGB IV vor.

Beispiel 6:

Ein inländisches Unternehmen entsendet die Arbeitnehmer Q und R im Rahmen eines in Deutschland bestehenden Beschäftigungsverhältnisses nach Pakistan. Die Dauer der Entsendung des Arbeitnehmers Q ist von Anfang an auf drei Jahre begrenzt. Der Arbeitnehmer R ist zunächst für unbestimmte Zeit entsandt worden, nach einem Jahr stellt sich aber wider Erwarten heraus, dass die Entsendung im nächsten Jahr enden wird.

Die Entsendung des Arbeitnehmers Q ist im Voraus zeitlich begrenzt, deshalb handelt es sich um eine Entsendung i.S. der Ausstrahlung. Da die zeitliche Begrenzung der Entsendung des Arbeitnehmers R nicht im Voraus bestanden hat, sondern sich erst im Laufe der Entsendung ergab, ist eine Entsendung i.S. der Ausstrahlung zu verneinen.

Ob bei mehreren aufeinander folgenden Auslandseinsätzen jeder einzelne Einsatz eine befristete Entsendung darstellt oder ob es sich insgesamt um eine – unbefristete – Entsendung handelt, hängt von den Umständen des Einzelfalls ab. Sind z.B. von Anfang an nur Auslandseinsätze geplant oder kommen wegen der Art der Tätigkeit nur solche in Frage, liegt keine Befristung vor (BSG v. 25.8.1994, 2 RU 14/93). Aus einem Recht des Arbeitgebers, den Beschäftigten jederzeit aus dem Ausland zurückzurufen und ihm einen Arbeitsplatz im Inland zuzuweisen, ergibt sich keine im Voraus bestehende zeitliche Begrenzung der Entsendung. In diesem Falle steht nicht bereits zu Beginn der Entsendung fest, ob und ggf. wann der Arbeitgeber von seinem Rückrufrecht Gebrauch machen wird.

Beschäftigungen, die nach allgemeiner Lebenserfahrung nicht auf Dauer angelegt sind, gelten als begrenzt. Dies gilt z.B. für Beschäftigungen, die mit Projekten usw. im Zusammenhang stehen, deren Fertigstellung eine absehbare Zeit in Anspruch nimmt – insbesondere für Montage- und Einweisungsarbeiten, Arbeiten im Zusammenhang mit der Errichtung von Bauwerken und Betriebsanlagen.

Auch hier ist in vorausschauender Betrachtungsweise zu beurteilen, ob Wesen, Inhalt oder Umfang der vorgesehenen Beschäftigung deren zeitliche Beschränkung ergeben.

Ob eine Entsendung im Voraus vertraglich begrenzt ist, lässt sich dem Arbeitsvertrag entnehmen, wenn dieser ein Datum enthält, zu dem die Entsendung endet. Eine vertragliche Begrenzung ist dagegen zu verneinen, wenn ein befristeter Vertrag vorliegt, der – wenn er nicht gekündigt wird – sich automatisch fortsetzt (BSG v. 4.5.1994, 11 RAr 55/93).

Eine zunächst begrenzte Entsendung, die nach dem Vertrag für einen weiteren begrenzten Zeitraum fortgesetzt werden kann, gilt grundsätzlich auch für die Verlängerungszeit als im Voraus zeitlich begrenzt.

Beispiel 7:

Arbeitnehmer S wird für zwei Jahre nach Brasilien entsandt, wobei der Vertrag vorsieht, dass eine Verlängerung der Entsendung für weitere zwei Jahre möglich ist.

Es handelt sich um eine im Voraus zeitlich begrenzte Entsendung.

Regelmäßig ist die Ausstrahlung auch beendet, wenn

- der ausländische Beschäftigungsort derselbe bleibt, aber der inländische Arbeitgeber gewechselt wird oder
- der Arbeitgeber derselbe bleibt, jedoch der Beschäftigungsort vorübergehend vom Ausland ins Inland verlegt wird oder
- eine befristete Entsendung in eine unbefristete Auslandsbeschäftigung umgewandelt wird.

Es sind dabei die nachfolgenden Erläuterungen zu beachten:

Erfolgt ein Wechsel des Arbeitgebers lediglich dadurch, dass das Unternehmen des bisherigen Arbeitgebers durch ein anderes Unternehmen übernommen wird, so ist dieser Wechsel unbeachtlich. Es handelt sich um eine einheitliche Entsendung.

Ein vertraglich vorgesehener vorübergehender kurzzeitiger Aufenthalt im Inland während der Entsendung, etwa aus Urlaubsgründen oder für eine Beschäftigung (zur Berichterstattung, zur Unterrichtung über neue Techniken, Geschäftsgrundsätze usw. für die Dauer von höchstens zwei Monaten/50 Arbeitstagen, § 8 SGB IV), unterbricht die Entsendung nicht. Für die Beurteilung, ob eine zeitliche Begrenzung der Entsendung i.S. der Ausstrahlung vorliegt, ist mithin von dem insgesamt vorgesehenen Entsendezeitraum auszugehen. Ist eine Fortsetzung der Entsendung nicht geplant, ist vom Arbeitgeber der Abbruch des Auslandseinsatzes anzuzeigen.

Ist vertraglich vorgesehen, dass die Beschäftigung im Inland über den in § 8 Abs. 1 Nr. 2 SGB IV festgelegten Zeitraum hinausgeht, ist zu prüfen, ob es sich bei der Fortsetzung der Beschäftigung im Ausland um eine neue Entsendung i.S. der Ausstrahlung handelt.

Durch § 9 Abs. 6 SGB IV wird der Beschäftigungsort insbesondere in solchen Fällen geregelt, in denen der Beschäftigte eigens für die Arbeit im Ausland eingestellt wurde. Danach gilt als Beschäftigungsort der Ort, an dem der Betrieb, von dem der Beschäftigte entsandt wird, seinen Sitz hat. Bei Entsendungen im Rahmen des Jugendfreiwilligendienstes gilt nach § 10 Abs. 1 SGB IV als Beschäftigungsort der Ort, an dem der Träger des Jugendfreiwilligendienstes seinen Sitz hat.

Bei der Ausstrahlung treten die sich aus § 4 Abs. 1 SGB IV ergebenden Rechtsfolgen unabhängig davon ein, ob Versicherungspflicht in der Sozialversicherung des in Betracht kommenden anderen Staats besteht; insofern kann eine „doppelte Absicherung" nicht ausgeschlossen werden. Dies gilt entsprechend für die Einstrahlung (§ 5 Abs. 1 SGB IV), wobei es nicht darauf ankommt, ob Versicherungspflicht im Entsendestaat besteht.

Die Spitzenorganisationen der Sozialversicherung haben am 18.11.2015 (neue Fassung v. 18.3.2020) die Entsenderichtlinie aktualisiert.

Seitdem liegt eine Einstrahlung auch dann vor, wenn neben dem bestehenden Arbeitsvertrag in Deutschland zusätzlich ein befristeter Arbeitsvertrag mit dem im Ausland ansässigen Unternehmen geschlossen wird.

Voraussetzung ist weiterhin, dass allein das entsendende Unternehmen das Arbeitsentgelt schuldet und wirtschaftlich trägt und auch die Weisungsverhältnisse beim entsendenden Unternehmen liegen.

7. Entsendung auf fremdflaggige Seeschiffe

1182 Seit 1.1.1998 gelten die Regelungen über die Ausstrahlung ohne Einschränkung auch für die auf fremdflaggige Seeschiffe entsandten Personen. Die o.a. Ausführungen gelten entsprechend.

In der Seefahrt ist eine Beschäftigung i.d.R. bereits auf Grund ihrer Besonderheiten zeitlich befristet, z.B. bei Beschäftigung für die Dauer einer Reise, bei Urlaubsvertretung, bei Charter eines Schiffs oder bei befristeter Ausflaggung des Schiffs. Eine Entsendung liegt auch vor, wenn die Beschäftigung bei demselben Arbeitgeber nacheinander auf verschiedenen Schiffen ausgeübt wird. Einer Entsendung steht nicht entgegen, dass das Heuerverhältnis eigens für die Beschäftigung begründet wird, und zwar auch bei Anmusterung im Ausland.

Ob eine Entsendung i.S. der Ausstrahlung vorliegt, hängt im Wesentlichen davon ab, ob das fremdflaggige Schiff, auf dem die Beschäftigung ausgeübt wird, im deutschen Seeschiffsregister eingetragen ist.

Werden Seeleute auf Schiffe entsandt, die im deutschen Seeschiffsregister eingetragen sind, jedoch nach § 7 Flaggenrechtsgesetz mit Genehmigung des Bundesamts für Seeschifffahrt und Hydrographie für bestimmte Zeit an Stelle der deutschen Flagge eine andere Nationalflagge führen, besteht grundsätzlich Versicherungspflicht kraft Ausstrahlung, wenn diese Seeleute ungeachtet der Nationalität ihren Lebensmittelpunkt in Deutschland haben und bei Beschäftigungsaufnahme davon auszugehen ist, dass sie nach Beendigung des Beschäftigungsverhältnisses oder der Ausflaggung wieder nach Deutschland zurückkehren.

Werden Seeleute auf Schiffe entsandt, die in einem ausländischen Seeschiffsregister eingetragen und z.B. von einem Unternehmen mit Sitz in Deutschland aus dem Ausland „bareboat" gechartert sind, tritt eine Versicherung kraft Ausstrahlung i.d.R. nur bei befristeten Heuerverhältnissen ein. Seeleute, die unbefristet ausschließlich auf solchen Schiffen beschäftigt werden, erfüllen nicht die Voraussetzungen einer Entsendung und sind demzufolge nicht kraft Ausstrahlung versichert. Hat ein Arbeitgeber jedoch sowohl im deutschen als auch im ausländischen Seeschiffsregister eingetragene Schiffe unter deutscher oder fremder Flagge im Einsatz und schließt der Heuervertrag einen wechselnden Einsatz nicht aus, liegt auch bei einer Beschäftigung auf einem Schiff unter fremder Flagge Versicherungspflicht kraft Ausstrahlung vor.

Eine Entsendung kann grundsätzlich auch bei einer im Voraus zeitlich befristeten Beschäftigung auf einem Schiff vorliegen, das unter der Flagge eines Staates fährt, in dem die Regelungen des europäischen Gemeinschaftsrechts gelten, oder mit dem ein Sozialversicherungsabkommen geschlossen wurde. In diesen Fällen sind die besonderen Bestimmungen des über- und zwischenstaatlichen Rechts zu beachten. Für Seeleute gilt nach § 10 Abs. 3 SGB IV als Beschäftigungsort der Heimathafen des Seeschiffs. Ist ein inländischer Heimathafen nicht vorhanden, gilt als Beschäftigungsort Hamburg.

8. Beitragseinzug

1183 Bleibt das Versicherungsverhältnis nach deutschem Recht bestehen, hat der Arbeitgeber wie bei allen anderen Arbeitnehmern die Gesamtsozialversicherungsbeiträge an die zuständige Einzugsstelle abzuführen. Besondere Meldungen sind nicht erforderlich.

Auswärtstätigkeit

→ *Reisekosten: Allgemeine Grundsätze* Rz. 3589, → *Reisekosten: Erstattungen* Rz. 3661

Auszubildende

Inhalt

1. Arbeitsrecht

a) Berufsausbildungsverhältnis

Das Berufsausbildungsverhältnis ist ein besonders ausgestaltetes Arbeitsverhältnis, der Berufsausbildungsvertrag demzufolge ein **Arbeitsvertrag**, mit dem die berufliche Grundausbildung des Auszubildenden und die Vermittlung fachlicher Fertigkeiten und Kenntnisse für eine qualifizierte berufliche Tätigkeit geregelt wird, i.d.R. in einem nach § 4 BBiG anerkannten Ausbildungsberuf. Für den Abschluss des Berufsausbildungsvertrags als Arbeitsvertrag gelten deshalb zunächst die allgemeinen Regelungen für den Abschluss eines Arbeitsvertrags, § 10 Abs. 2 BBiG (→ *Arbeitsvertrag* Rz. 730). 1184

b) Ausbildungsvertrag

Der Ausbildungsvertrag muss als befristeter Vertrag nach der Vorschrift des § 623 BGB **schriftlich** abgeschlossen werden. Entgegen einer verbreiteten irrigen Auffassung führt aber ein nur mündlich abgeschlossener Vertrag nicht zu dessen Unwirksamkeit: Auch ein mündlich abgeschlossener Ausbildungsvertrag ist also wirksam und bindet die Vertragsparteien (bei bis zum 31.12.2024 geltenden Pflicht des Arbeitgebers zur schriftlichen Niederlegung der wesentlichen Vertragsbedingungen nach dem **NachweisG**, s. BAG v. 21.8.1997, 5 AZR 713/96). 1185

c) Mindestvergütung für Berufsausbildungen

Nach § 17 Abs. 1 BBiG ist die Pflicht des Ausbildenden zur Zahlung einer angemessenen **Ausbildungsvergütung** zwingend vorgeschrieben, die nach dem Lebensalter des Auszubildenden so zu bemessen ist, dass sie mit fortschreitender Berufsausbildung (also mit zunehmendem betrieblichem Nutzen der Arbeitsleistung) mindestens jährlich ansteigt. In § 17 Abs. 2 BBiG ist zudem eine ausbalancierte und unbürokratische Mindestvergütung für Auszubildende in das Gesetz eingefügt worden. Die Höhe der Mindestvergütung soll danach auf der Grundlage der durchschnittlichen Entwicklung der vertraglich vereinbarten Ausbildungsvergütungen angepasst werden. Ab dem zweiten Ausbildungsjahr trägt ein mit fortschreitender Berufsausbildung steigender Aufschlag (18 %) dem wachsenden Beitrag der Auszubildenden zur betrieblichen Wertschöpfung Rechnung. Im dritten Ausbildungsjahr beträgt der Aufschlag 35 % und im vierten Ausbildungsjahr 40 %. 1186

Mit der aktuellen Bekanntmachung zur Fortschreibung der Höhe der Mindestvergütung für Berufsausbildungen nach dem Berufsbildungsgesetz v. 7.10.2025, BGBl. I 2025, Nr. 235 beträgt die Höhe der monatlichen Mindestvergütung nach § 17 Abs. 2 Satz 1 BBiG, wenn die Berufsausbildung im Zeitraum vom 1.1.2025 bis zum 31.12.2025 begonnen wird,

- im ersten Jahr einer Berufsausbildung 724 € (§ 17 Abs. 2 Satz 1 Nr. 1 BBiG),
- im zweiten Jahr einer Berufsausbildung 854 € (§ 17 Abs. 2 Satz 1 Nr. 2 BBiG),
- im dritten Jahr einer Berufsausbildung 977 € (§ 17 Abs. 2 Satz 1 Nr. 3 BBiG) und
- im vierten Jahr einer Berufsausbildung 1 014 € (§ 17 Abs. 2 Satz 1 Nr. 4 BBiG).

Die regelmäßig streitige Frage nach der **Angemessenheit einer Ausbildungsvergütung** – Auszubildende sind aus dem persönlichen Anwendungsbereich des **Mindestlohngesetzes** nach § 22 MiLoG **ausgenommen** (→ *Mindestlohn* Rz. 3143) – stellt sich angesichts der gesetzlichen Regelung des § 17 Abs. 2 BBiG nicht (mehr).

Tarifvertraglich vereinbarte Ausbildungsvergütungen haben weiter Vorrang vor der Mindestvergütung. Soweit in der betrieblichen Praxis die tariflich vorgesehenen Ausbildungsvergütungen vereinbart sind, gelten diese unverändert. Besteht keine Tarifbindung und ist die **tarifliche Ausbildungsvergütung** auch nicht vereinbart, so wird die Frage der Angemessenheit zukünftig durch die gesetzlichen Vorgaben beantwortet.

d) Weiterarbeit nach Beendigung des Ausbildungsverhältnisses

1187 **Wichtig** wegen der Sonderregelung in § 24 BBiG: Wird der Auszubildende **im Anschluss an das Berufsausbildungsverhältnis beschäftigt**, ohne dass hierüber ausdrücklich etwas vereinbart worden ist, so gilt ein **Arbeitsverhältnis auf unbestimmte Zeit als begründet**. Will also der Arbeitgeber ein Arbeitsverhältnis mit dem Auszubildenden nicht begründen, so muss er die Weiterbeschäftigung ablehnen, ggf. die tatsächliche Arbeitsleistung ausdrücklich zurückweisen. Tut er dies nicht, so entsteht kraft Gesetzes ein Arbeitsverhältnis auf unbestimmte Zeit, dessen Inhalt sich bei tarifgebundenen Arbeitnehmern nach dem Tarifrecht, im Übrigen nach den üblichen Bedingungen, z.B. hinsichtlich Lohn und Urlaub, richtet. Hinzuweisen ist an dieser Stelle auf § 78a BetrVG. Danach hat der Arbeitgeber, der beabsichtigt, einen Auszubildenden, der Mitglied der Jugend- und Auszubildendenvertretung, des Betriebsrats, der Bordvertretung oder des Seebetriebsrats ist, nach Beendigung des Berufsausbildungsverhältnisses nicht in ein Arbeitsverhältnis auf unbestimmte Zeit zu übernehmen, dies drei Monate vor Beendigung des Berufsausbildungsverhältnisses dem Auszubildenden schriftlich mitzuteilen. Ein Betriebsratsmitglied, das die praktische Phase eines aus mehreren Ausbildungsabschnitten bestehenden dualen Studiengangs in einem Partnerunternehmen absolviert, ist jedenfalls im letzten, auf den Erwerb des Hochschulgrads „Bachelor of Arts" an einer nach Landesrecht staatlich anerkannten Hochschule gerichteten, Ausbildungsabschnitt jedoch kein Auszubildender i.S.v. § 78 a BetrVG. Auf die i.R. eines dualen Studiums durchzuführende betriebliche Tätigkeit findet das BBiG nach § 3 Abs. 2 Nr. 1 BBiG keine Anwendung (BAG v. 17.6.2020, 7 ABR 46/18).

Zu achten ist außerdem darauf, ob sich im einschlägigen **Tarifvertrag** eine automatische **Übernahme** in ein Arbeitsverhältnis oder ein Anspruch auf Übernahme nach Verlangen findet (vgl. BAG v. 14.10.1997, 7 AZR 298/96).

Die **Beendigung eines Berufsausbildungsverhältnisses** nach § 21 Abs. 2 BBiG vor Ablauf der vereinbarten Ausbildungszeit durch Bestehen der Abschlussprüfung tritt nur dann ein, wenn das Prüfungsverfahren abgeschlossen und dem Auszubildenden das Ergebnis der Prüfung mitgeteilt worden ist. Wenn für das Bestehen der Abschlussprüfung nur noch die erfolgreiche Ablegung einer mündlichen Ergänzungsprüfung in einem einzelnen Prüfungsbereich erforderlich ist, tritt das vorzeitige Ende des Berufsausbildungsverhältnisses mit der verbindlichen Mitteilung des Gesamtergebnisses in diesem Fach ein (BAG v. 20.3.2018, 9 AZR 479/17). Ein Ausbildender muss also rasch handeln, wenn er einen Auszubildenden nach vorzeitig bestandener Prüfung sachgrundlos in einem Arbeitsverhältnis befristet weiter beschäftigen will. Ein Ausbildender hat bereits dann Kenntnis vom Bestehen der Prüfung, wenn er weiß, dass eine nur noch abzulegende mündliche Ergänzungsprüfung in einem einzelnen Prüfungsbereich erfolgreich bestanden wurde. Ab Kenntnis darf er einen Auszubildenden nicht mehr, und zwar auch nicht nur kurzfristig, im Ausbildungsverhältnis weiter beschäftigen. Ansonsten wird gesetzlich fingiert, dass das Ausbildungsverhältnis in ein Arbeitsverhältnis übergeleitet wird. Wenn der Ausbildende den Auszubildenden nicht übernehmen will, darf er ihn auf keinen Fall mehr – auch nicht nur kurzfristig – weiter beschäftigen, und er tut gut daran, alle mit der Ausbildung beauftragten Mitarbeiter entsprechend anzuweisen. Will ein Arbeitgeber den Ausgebildeten sachgrundlos befristet in einem Arbeitsverhältnis beschäftigen, so ist auch das nur möglich, wenn er ihn nicht zuvor noch in Kenntnis der bestandenen Prüfung weiter beschäftigt hatte.

Nach § 12 Abs. 2 BBiG ist eine Vereinbarung über die Verpflichtung des Auszubildenden, für die Berufsausbildung eine **Entschädigung** zu zahlen, nichtig. Die Vorschrift ist nach § 25 BBiG nicht abdingbar, gilt aber nur bei betrieblicher, nicht bei schulischer Ausbildung; sie setzt voraus, dass der Auszubildende **in einen Betrieb eingegliedert** ist, in einer dem Arbeitsverhältnis nahestehenden Rechtsbeziehung zum Ausbildenden steht und für den Betrieb mit einer vom Ausbildungszweck bestimmten Zielrichtung arbeitet (BAG v. 21.11.2001, 5 AZR 158/00). Der Ausbildende darf also den Auszubildenden nicht an den Ausbildungskosten beteiligen, z.B. einen Auszubildenden zum Berufskraftfahrer nicht an den Kosten zum Erwerb der Fahrerlaubnis der Klasse 2 (BAG v. 25.4.1984, 5 AZR 386/83).

Das Verbot der Rückzahlung von Ausbildungskosten nach § 12 BBiG gilt aber nur für Berufsausbildungsverhältnisse im engeren Sinne nach § 1 Abs. 3 BBiG, **nicht für die berufliche Fortbildung und Umschulung** (vgl. aber BAG v. 9.7.2024, AZR 227/23, NZA 2024, 1713 zu Rückzahlungsklauseln bei Ausbildungs- und Studienbeihilfe). Zu **Zulässigkeit und Grenzen von Rückzahlungsklauseln** der vom Arbeitgeber übernommenen Ausbildungs- und Fortbildungskosten s. die Darstellung von N. Besgen, Rückzahlungsklauseln für Fortbildungskosten – Rechtliche Rahmenbedingungen und Gestaltungsmöglichkeiten, B+P 2010, 737.

2. Lohnsteuer

a) Arbeitnehmereigenschaft

Arbeitnehmer sind Personen, die in öffentlichem oder privatem 1188
Dienst angestellt oder beschäftigt sind oder waren und aus diesem Dienstverhältnis oder einem früheren Dienstverhältnis Arbeitslohn beziehen (§ 1 Abs. 1 Satz 1 LStDV). Auszubildende sind steuerlich im Regelfall Arbeitnehmer, auch wenn dies arbeitsrechtlich zweifelhaft sein mag (vgl. zuletzt BZSt v. 28.7.2004, St I 4 – S 2471 – 325/04, BStBl I 2004, 612 betr. Absolventen dualer Studiengänge).

LSt SV

b) Arbeitslohn

Ausbildungsvergütungen sind, auch wenn der Auszubildende kei- 1189
ne eigentliche Arbeitsleistung erbringt, **steuerpflichtiger Arbeitslohn**; dies gilt auch, soweit ihnen Unterhaltscharakter zukommt, die Steuerbefreiung des § 3 Nr. 11 EStG scheidet in diesen Fällen aus (vgl. zuletzt BFH v. 12.3.2019, IX R 44/17, BStBl II 2019, 574 m.w.N.). Dies gilt auch für die **Anwärterbezüge** an Beamte im Vorbereitungsdienst, die zur Sicherstellung von Nachwuchskräften gezahlten **Studienbeihilfen** und die für die Fertigung einer **Habilitationsschrift** gewährten Beihilfen, vgl. H 3.11 (Steuerfreiheit nach § 3 Nr. 11 EStG) LStH.

Arbeitslohn liegt auch vor, wenn der Arbeitgeber einem Arbeitnehmer **Ausbildungskosten erstattet**. Dem steht bei einer beträchtlichen Höhe des erstatteten Betrags nicht entgegen, dass der Arbeitgeber mit der Zahlung auch **eigenbetriebliche Interessen** verfolgt (FG Köln v. 19.7.2000, 14 K 6947/99, EFG 2000, 1251 und BFH v. 19.2.2004, VI B 146/02, betr. Erstattung von Schulungskosten für Pilotenlizenz; der Vorteil der Arbeitnehmer an solch einer Zahlung wird nicht durch eigenbetriebliche Interessen des Arbeitgebers an einem guten Betriebsklima im Cockpit überlagert).

Ein Dienstverhältnis liegt auch vor, wenn zwischen einem **Ausbildungsträger** (Unternehmen) und einem Auszubildenden ein Ausbildungsvertrag abgeschlossen wird, die Ausbildungsvergütungen dem Ausbildungsträger aber aus **öffentlichen Mitteln**, z.B. auf Grund eines Sonderprogramms zur Bekämpfung der Jugendarbeitslosigkeit, erstattet werden. Die Ausbildungsvergütungen unterliegen dem Lohnsteuerabzug (s.a. OFD Düsseldorf v. 15.2.1977, S 2332 A – St 12 H, DB 1977, 2163).

c) Kein Arbeitslohn

Die **eigentliche Ausbildung** ist nicht als steuerpflichtiger geld- 1190
werter Vorteil zu erfassen (R 19.7 LStR). Steuerfrei nach § 3 Nr. 11 und 44 EStG sind auch BAföG-Leistungen, Stipendien aus öffentlichen Mitteln sowie Ausbildungszuschüsse nach verschiedenen

bundes- und landesrechtlichen Regelungen, vgl. H 3.11 (Steuerfreiheit nach § 3 Nr. 11 EStG) LStH. Dies gilt auch, wenn ein Betrieb mit einer Person einen **Studien- und Ausbildungsvertrag** abschließt, nach dem zwar die **praktische Ausbildung im Ausbildungsbetrieb** durchgeführt, die **theoretische Ausbildung jedoch einer Ausbildungsakademie** übertragen wird.

Trägt der Ausbildungsbetrieb neben der Ausbildungsvergütung die **Kosten des Studiums an der Berufsakademie als unmittelbarer Schuldner**, stellen die vom Arbeitgeber getragenen Studiengebühren keinen steuerpflichtigen Arbeitslohn dar. Die Studiengebühren werden auf Grund des Ausbildungsdienstverhältnisses vom Ausbildungsbetrieb geschuldet und sind ebenso wie in dem Fall, in dem der Ausbildungsbetrieb eine eigene Ausbildungsanstalt unterhält, kein geldwerter Vorteil für den Auszubildenden (OFD Hannover v. 1.4.2008, S 2332 – 235 – StO 212, betr. Studiengebühren, die an eine **Berufsakademie** geleistet werden).

d) Duale Studiengänge

1191 In der Praxis ist immer wieder streitig, ob die **Übernahme von Studiengebühren für einen Auszubildenden i.R. eines berufsbegleitenden Studiums durch den Arbeitgeber**

- als lohnsteuerpflichtiger Arbeitslohn anzusehen ist,
- ob es sich um steuerfreie Leistungen im ganz überwiegenden betrieblichen Interesse des Arbeitgebers handelt
- oder um Darlehen, die nicht steuerpflichtig sind.

Die **Finanzverwaltung** hat zu dieser Frage wie folgt Stellung genommen (BMF v. 13.4.2012, IV C 5 – S 2332/07/0001, BStBl I 2012, 531):

„Grds. gehören nach § 19 Abs. 1 Satz 1 Nr. 1 i.V.m. § 8 Abs. 1 EStG alle Einnahmen in Geld oder Geldeswert, die durch ein individuelles Dienstverhältnis veranlasst sind, zu den Einkünften aus nichtselbständiger Arbeit. Dies gilt – vorbehaltlich der weiteren Ausführungen – auch für vom Arbeitgeber übernommene Studiengebühren für ein berufsbegleitendes Studium des Arbeitnehmers.

1. Ausbildungsdienstverhältnis

*Ein berufsbegleitendes Studium findet **i.R. eines Ausbildungsdienstverhältnisses** statt, wenn die Ausbildungsmaßnahme Gegenstand des Dienstverhältnisses ist (vgl. R 9.2 LStR und H 9.2 „Ausbildungsdienstverhältnis“ LStH sowie die dort angeführte Rechtsprechung des BFH). Voraussetzung ist, dass die Teilnahme an dem berufsbegleitenden Studium zu den Pflichten des Arbeitnehmers aus dem Dienstverhältnis gehört.*

*Ein berufsbegleitendes Studium findet insbesondere **nicht i.R. eines Ausbildungsdienstverhältnisses** statt, wenn*

- *das Studium nicht Gegenstand des Dienstverhältnisses ist, auch wenn das Studium seitens des Arbeitgebers durch Hingabe von Mitteln, z.B. eines Stipendiums, gefördert wird oder*
- *Teilzeitbeschäftigte ohne arbeitsvertragliche Verpflichtung ein berufsbegleitendes Studium absolvieren und das Teilzeitarbeitsverhältnis lediglich das Studium ermöglicht.*

1.1. Arbeitgeber ist Schuldner der Studiengebühren

*Ist der Arbeitgeber i.R. eines Ausbildungsdienstverhältnisses Schuldner der Studiengebühren, wird ein ganz überwiegend eigenbetriebliches Interesse des Arbeitgebers unterstellt und steuerrechtlich **kein Vorteil mit Arbeitslohncharakter angenommen**. So sind auch Studiengebühren kein Arbeitslohn, die der Arbeitgeber bei einer im dualen System durchgeführten Ausbildung auf Grund einer Vereinbarung mit der Bildungseinrichtung als unmittelbarer Schuldner trägt.*

1.2. Arbeitnehmer ist Schuldner der Studiengebühren

*Ist der Arbeitnehmer i.R. eines Ausbildungsdienstverhältnisses Schuldner der Studiengebühren und übernimmt der Arbeitgeber die Studiengebühren, wird ein ganz überwiegend eigenbetriebliches Interesse des Arbeitgebers unterstellt und steuerrechtlich **kein Vorteil mit Arbeitslohncharakter angenommen**, wenn*

- *sich der Arbeitgeber arbeitsvertraglich zur Übernahme der Studiengebühren verpflichtet **und***
- *der Arbeitgeber die übernommenen Studiengebühren vom Arbeitnehmer arbeitsvertraglich oder auf Grund einer anderen arbeitsrechtlichen Rechtsgrundlage zurückfordern kann, sofern der Arbeitnehmer das ausbildende Unternehmen auf eigenen Wunsch **innerhalb von zwei Jahren nach dem Studienabschluss verlässt**.*

*Ein ganz überwiegend eigenbetriebliches Interesse des Arbeitgebers kann auch dann angenommen werden, wenn der Arbeitgeber die übernommenen Studiengebühren nach arbeitsrechtlichen Grundsätzen nur zeitanteilig zurückfordern kann. Scheidet der Arbeitnehmer zwar auf eigenen Wunsch aus dem Unternehmen aus, fällt der Grund für das Ausscheiden aus dem Arbeitsverhältnis aber allein in die Verantwortungs- oder Risikosphäre des Arbeitgebers (Beispiele: Der vertraglich zugesagte Arbeitsort entfällt, weil der Arbeitgeber den Standort schließt. Der Arbeitnehmer nimmt das Angebot eines Ausweicharbeitsplatzes nicht an und kündigt), kann eine vereinbarte **Rückzahlungsverpflichtung** nach arbeitsrechtlichen Grundsätzen hinfällig sein. In diesen Fällen genügt die Vereinbarung der Rückzahlungsverpflichtung für die Annahme eines überwiegenden eigenbetrieblichen Interesses an der Übernahme der Studiengebühren.*

*Der Arbeitgeber hat auf der ihm vom Arbeitnehmer zur Kostenübernahme vorgelegten Originalrechnung die Kostenübernahme sowie deren Höhe anzugeben. Eine Ablichtung der insoweit ergänzten Originalrechnung ist als **Beleg zum Lohnkonto** aufzubewahren.*

2. Berufliche Fort- und Weiterbildungsleistung

Ein berufsbegleitendes Studium kann als berufliche Fort- und Weiterbildungsleistung des Arbeitgebers i.S. der R 19.7 LStR anzusehen sein, wenn es die Einsatzfähigkeit des Arbeitnehmers im Betrieb erhöhen soll. Ist dies der Fall, führt die Übernahme von Studiengebühren für dieses Studium durch den Arbeitgeber nicht zu Arbeitslohn, denn sie wird im ganz überwiegend eigenbetrieblichen Interesse des Arbeitgebers durchgeführt. Die lohnsteuerliche Beurteilung, ob das berufsbegleitende Studium als berufliche Fort- und Weiterbildungsleistung des Arbeitgebers i.S. der R 19.7 LStR anzusehen ist, ist nach den konkreten Umständen des Einzelfalls vorzunehmen.

Hierbei ist Folgendes zu beachten:

2.1. Schuldner der Studiengebühren

Es kommt für die Annahme eines ganz überwiegend eigenbetrieblichen Interesses des Arbeitgebers nicht darauf an, ob der Arbeitgeber oder der Arbeitnehmer Schuldner der Studiengebühren ist. Ist der Arbeitnehmer Schuldner der Studiengebühren, ist nur insoweit die Annahme eines ganz überwiegend eigenbetrieblichen Interesses des Arbeitgebers möglich, wie der Arbeitgeber vorab die Übernahme der zukünftig entstehenden Studiengebühren schriftlich zugesagt hat (R 19.7 Abs. 1 Satz 3 und 4 LStR). Der Arbeitgeber hat auf der ihm vom Arbeitnehmer zur Kostenübernahme vorgelegten Originalrechnung die Kostenübernahme sowie deren Höhe anzugeben. Eine Ablichtung der insoweit ergänzten Originalrechnung ist als Beleg zum Lohnkonto aufzubewahren.

2.2. Rückforderungsmöglichkeit des Arbeitgebers

Für die Annahme eines ganz überwiegend eigenbetrieblichen Interesses des Arbeitgebers ist es nicht erforderlich, dass der Arbeitgeber die übernommenen Studiengebühren vom Arbeitnehmer arbeitsvertraglich oder auf Grund einer anderen arbeitsrechtlichen Rechtsgrundlage zurückfordern kann.

2.3. Übernahme von Studienkosten durch den Arbeitgeber im Darlehenswege

*Bei einer Übernahme von Studienkosten durch den Arbeitgeber im Darlehenswege, bei der marktübliche Vereinbarungen über Verzinsung, Kündigung und Rückzahlung getroffen werden, **führt weder die Hingabe noch die Rückzahlung der Mittel zu lohnsteuerlichen Folgerungen.***

*Ist das Arbeitgeberdarlehen nach den getroffenen Vereinbarungen nur dann tatsächlich zurückzuzahlen, wenn der Arbeitnehmer aus Gründen, die in seiner Person liegen, vor Ablauf des vertraglich festgelegten Zeitraums (i.d.R. zwei bis fünf Jahre) aus dem Arbeitsverhältnis ausscheidet oder ist der marktübliche Zinssatz unterschritten, ist zu prüfen, ob im Zeitpunkt der Einräumung des Arbeitgeberdarlehens die **Voraussetzungen der** R 19.7 LStR **vorliegen. Wird dies bejaht, ist der Verzicht auf die Darlehensrückzahlung oder der Zinsvorteil eine Leistung des Arbeitgebers im ganz überwiegend eigenbetrieblichen Interesse.***

Liegen die Voraussetzungen der** R 19.7 LStR **nicht vor, stellt der (Teil-)Erlass des Darlehens einen Vorteil mit Arbeitslohn-

***charakter für den Arbeitnehmer dar.** Gleiches gilt für einen Zinsvorteil nach Maßgabe des BMF-Schreibens v. 19.5.2015, IV C 5 – S 2334/07/0009, BStBl I 2015, 484. Der Arbeitslohn fließt dem Arbeitnehmer bei einem Darlehens(teil-)erlass in dem Zeitpunkt zu, in dem der Arbeitgeber zu erkennen gibt, dass er auf die (Teil-)Rückzahlung des Darlehens verzichtet (BFH v. 27.3.1992, VI R 145/89, BStBl II 1992, 837).*

2.4. Prüfschema

Es ist nicht zu beanstanden, wenn die lohnsteuerliche Beurteilung nach folgendem Prüfschema vorgenommen wird:

1. Liegt eine erstmalige Berufsausbildung oder ein Erststudium als Erstausbildung außerhalb eines Ausbildungsdienstverhältnisses i.S.d. § 9 Abs. 6 vor? Vgl. auch BMF v. 22.9.2010, IV C 4 – S 2227/07/10002 :002, BStBl I 2010, 721.

Wenn ja:

=> Es handelt sich weder um Werbungskosten des Arbeitnehmers noch liegt ein ganz überwiegendes betriebliches Interesse des Arbeitgebers vor. Die Übernahme von Studiengebühren durch den Arbeitgeber führt zu Arbeitslohn.

Wenn nein:

2. Ist eine berufliche Veranlassung gegeben?

Wenn nein:

=> Es handelt sich weder um Werbungskosten des Arbeitnehmers noch liegt ein ganz überwiegendes betriebliches Interesse des Arbeitgebers vor. Die Übernahme von Studiengebühren durch den Arbeitgeber führt zu Arbeitslohn.

Wenn ja:

3. Sind die Voraussetzungen der R 19.7 LStR (vgl. auch Tz. 2.1. bis 2.3.) erfüllt?

Wenn nein:

=> Es handelt sich um Werbungskosten des Arbeitnehmers, aber kein ganz überwiegendes betriebliches Interesse des Arbeitgebers. Die Übernahme von Studiengebühren durch den Arbeitgeber führt zu Arbeitslohn.

Wenn ja:

=> Es liegt eine Leistung des Arbeitgebers im ganz überwiegend eigenbetrieblichen Interesse vor. Die Übernahme von Studiengebühren durch den Arbeitgeber führt nicht zu Arbeitslohn. Zur Übernahme von weiteren durch die Teilnahme des Arbeitnehmers an dem berufsbegleitenden Studium veranlassten Kosten durch den Arbeitgeber vgl. R 19.7 Abs. 3 LStR."

Die vorstehenden Grundsätze soll das nachstehende Beispiel verdeutlichen:

Beispiel 1:

Das Studium an der Fachhochschule X wird in einem **dualen System durchgeführt. Nach einem theoretischen Semester an der Fachhochschule folgt jeweils ein Praxissemester in einem Partnerunternehmen der Fachhochschule.** Die einzelnen Partnerunternehmen schließen jeweils mit der **Fachhochschule einen Kooperationsvertrag** ab, der nur im Zusammenhang mit einem zwischen der **Fachhochschule und einem Studierenden abgeschlossenen Studienvertrag** wirksam wird. Von den jeweiligen **Partnerunternehmen sind Studiengebühren an die Fachhochschule zu entrichten.** Zwischen dem **Studierenden und dem Partnerunternehmen besteht ein sog. Praktikantenvertrag**, in dem ein monatliches Gehalt vereinbart ist, das durchgehend – also auch während der theoretischen Ausbildung an der Fachhochschule – gezahlt wird. Der Praktikantenvertrag enthält weiterhin allgemeine Regelungen über die Anwesenheitszeit, Gehaltsfortzahlung im Krankheitsfall, Urlaub und Nebenbeschäftigung. Außerdem legt der Vertrag eine **Verpflichtung zur Rückzahlung der Ausbildungskosten bei vorzeitigem Abbruch der Ausbildung fest.** Neben der monatlichen Vergütung hat der Studierende dem Partnerunternehmen ggf. auch die Studiengebühren zurückzuzahlen. Des Weiteren ist der Studierende verpflichtet, nach Beendigung der Ausbildung mindestens drei Jahre in dem Partnerunternehmen tätig zu sein.

Es liegt in diesem Fall ein **Ausbildungsdienstverhältnis** vor, bei dem die **Übernahme der Studiengebühren keinen steuerpflichtigen Arbeitslohn darstellt**, weil das eigenbetriebliche Interesse des Arbeitgebers im Vordergrund steht (BMF v. 13.4.2012, IV C 5 – S 2332/07/0001, BStBl I 2012, 531). Theoretische und praktische Ausbildung sind nach den o.g. vertraglichen Regelungen untrennbar miteinander verbunden.

(LSt durchgestrichen) (SV durchgestrichen)

Ergänzend haben die obersten Finanzbehörden entschieden, dass steuerpflichtiger Arbeitslohn vorliegt, wenn im Falle des Arbeitgeberwechsels der neue Arbeitgeber die Verpflichtung des Arbeitnehmers, die Studiengebühren an den bisherigen Arbeitgeber zurückzuzahlen, übernimmt. In diesen Fällen ist kein überwiegend eigenbetriebliches Interesse des neuen Arbeitgebers anzunehmen. Dies gilt sowohl bei sofortiger Übernahme des gesamten Rückzahlungsbetrags als auch bei Übernahme des Rückzahlungsbetrags durch den neuen Arbeitgeber im Darlehenswege (entsprechend Tz. 2.3. des o.g. BMF-Schreibens); vgl. dazu OFD Frankfurt v. 4.1.2016, S 2332 A – 63 – St 211.

Beispiel 2:

Der neue Arbeitgeber verpflichtet sich vertraglich vor Beginn des Dienstverhältnisses zur Übernahme der Rückzahlungsverpflichtung und zahlt spätestens unmittelbar nach Beginn des Dienstverhältnisses den vollen Rückzahlungsbetrag an den Mitarbeiter aus, der damit seine Rückzahlungsverpflichtung gegenüber seinem alten Arbeitgeber erfüllt, oder der neue Arbeitgeber überweist den vollen Rückzahlungsbetrag auf dem abgekürzten Zahlungsweg direkt an den alten Arbeitgeber.

Die Zahlung des neuen Arbeitgebers führt zu steuerpflichtigem Arbeitslohn.

Beispiel 3:

Der neue Arbeitgeber gewährt dem Mitarbeiter auf Grund einer vor Beginn des Dienstverhältnisses getroffenen Vereinbarung in Höhe der Rückzahlungsverpflichtung ein Darlehen, auf dessen Rückzahlung für jeden vollen Monat der Tätigkeit beim neuen Arbeitgeber dann schrittweise verzichtet wird. Die Laufzeit des Darlehens entspricht hierbei der ursprünglich mit dem alten Arbeitgeber vertraglich vereinbarten Mindestdauer des Beschäftigungsverhältnisses abzüglich der bereits beim alten Arbeitgeber erbrachten Arbeitszeit.

Im Zeitpunkt des Verzichts auf Rückzahlung des Darlehens führt dies zu steuerpflichtigem Arbeitslohn.

Bei der Übernahme einer Rückzahlungsverpflichtung von Studiengebühren durch den neuen Arbeitgeber im Falle eines Arbeitgeberwechsels sind die Voraussetzungen für eine **Steuerbefreiung nach § 3 Nr. 19 EStG bereits deshalb nicht gegeben**, weil es sich nicht um eine vom neuen Arbeitgeber veranlasste Weiterbildungsleistung handelt. Vielmehr handelt es sich um Aufwendungsersatz für vor Beginn des Dienstverhältnisses entstandene Ausbildungskosten. Die Voraussetzungen zum Werbungskostenabzug sind gegeben (vgl. BFH v. 28.4.2020, VI R 5/18, BStBl II 2021, 725).

(LSt) (SV)

e) Abgrenzung Arbeitslohn/Darlehen

Zur Abgrenzung Arbeitslohn/Darlehen bei der Übernahme von **1192**
Studiengebühren für ein **berufsbegleitendes Studium** durch den Arbeitgeber s. Tz. 2.3 des vorstehenden BMF-Schreibens v. 13.4.2012, IV C 5 – S 2332/07/0001, BStBl I 2012, 531.

Die eventuelle **Rückzahlung** von Teilen der Vergütung durch den Studierenden wirkt sich erst im Zeitpunkt ihres Abflusses aus (BFH v. 22.6.2006, VI R 5/03, BStBl II 2007, 4b).

Bei einem zinslosen **öffentlichen Förderdarlehen von der Kassenärztlichen Vereinigung** zur Weiterbildung zum Facharzt für Allgemeinmedizin handelt es sich um **Arbeitslohn von dritter Seite**. Die als steuerpflichtige Einnahmen zu wertenden Mittel der Kassenärztlichen Vereinigung sind nach § 11 EStG **im Jahr des Zuflusses zu erfassen.** Das ist das Jahr, in dem der Arzt die Mittel erhält, und zwar unabhängig davon, ob als sog. leistungsfreies Darlehen oder als Zuschuss, denn die Kassenärztliche Vereinigung kann in beiden Fällen die Mittel nicht zurückfordern, wenn der Arzt entsprechend dem Förderungszweck des Darlehensvertrags die Facharzt-Anerkennung als Allgemeinmediziner erhält (FG Münster v. 6.12.2006, 8 K 4463/02 E, EFG 2007, 921).

f) Abzug als Werbungskosten bzw. Sonderausgaben

Aufwendungen für die **erstmalige Berufsausbildung** bzw. für ein **1193**
Erststudium, das zugleich eine Erstausbildung vermittelt, sind nur begrenzt als **Sonderausgaben** abzugsfähig (§ 9 Abs. 6 EStG sowie → *Fortbildung* Rz. 2218).

Voll abzugsfähige (ggf. sog. vorab entstandene) **Werbungskosten** können dagegen bei einem **Erststudium nach abgeschlossener Berufsausbildung**, bei Fortbildungsmaßnahmen, einer Umschulung oder auch einem Ergänzungs- oder Zweitstudium vorliegen, sofern sie beruflich veranlasst sind (vgl. BFH v. 12.2.2020, VI R 17/20, BStBl II 2020, 719, betr. Aufwendungen für ein Master-Studium im Anschluss an ein Bachelor-Studium sowie BMF v. 22.9.2010, IV C 4 – S 2227/07/10002 :002, BStBl I 2010, 721).

Die Abgrenzung kann schwierig sein, vgl. z.B. OFD Frankfurt v. 4.10.2010, S 2332 A – 63 – St 211, betr. Aus- und Fortbildungsmaßnahmen in der Bankwirtschaft, insbesondere Bachelor- und Masterstudiengänge sowie Studiengänge zum „Bankfachwirt"/„Bankbetriebswirt"/„Dipl. Bankbetriebswirt". Weitere Einzelheiten s. BMF v. 22.9.2010, IV C 4 – S 2227/07/10002 :002, BStBl I 2010, 721 sowie → *Fortbildung* Rz. 2212.

Für die steuerliche Abzugsfähigkeit von als Darlehen gewährten **BAföG-Leistungen** ist maßgebend, wann die kreditfinanzierten Aufwendungen verausgabt worden sind. Unabhängig davon, ob es sich bei den Aufwendungen für das Studium um Werbungskosten, Sonderausgaben oder außergewöhnliche Belastungen handelt, können sie allenfalls im **Jahr des tatsächlichen Abflusses**, nämlich der Verwendung der Darlehensmittel, berücksichtigt werden. Bei der Tilgung des Darlehens handelt es sich um keine unmittelbaren Aufwendungen für eine Berufsausbildung (BFH v. 27.8.2010, III B 70/09, m.w.N.).

Studiengebühren gehören – sofern sie weder Betriebsausgaben noch Werbungskosten sind – zu den Sonderausgaben i.S.d. § 10 Abs. 1 Nr. 7 EStG, die bis zu 6 000 € im Kalenderjahr berücksichtigt werden können. Um allen Studierenden den Zugang zum Hochschulstudium zu ermöglichen, werden teilweise Studienkredite von staatlichen Banken eingesetzt, aus denen den Studenten während des Studiums Geldmittel zufließen, die sie nach Abschluss des Studiums und einer gewissen Karenzzeit wieder zurückzahlen müssen. Die mit Hilfe der Darlehen bezahlten Studiengebühren können nach § 10 Abs. 1 Nr. 7 EStG **im Kalenderjahr der Zahlung geltend gemacht werden**, wirken sich jedoch steuerlich im Regelfall nicht aus, da Studierende im Allgemeinen keine oder nur geringe eigene Einkünfte haben. Nach Aufnahme der Berufstätigkeit wirken sich nur die Zinsen für die Ausbildungsdarlehen als Sonderausgaben aus, nicht aber die Aufwendungen zur Tilgung der Darlehen.

Ein anderes Modell ist das Modell der **nachlaufenden Studiengebühren**. Hierbei wird auf eine dritte Partei, welche die Vorfinanzierung regelt, verzichtet. Es wird stattdessen eine **staatliche Stundung der Studienbeiträge** und eine einkommensabhängige Rückzahlung eingeführt. Dies hat, anders als bei einer Finanzierung durch Darlehen, steuerlich zur Folge, dass **Aufwendungen für Studiengebühren erst nach Abschluss des Studiums anfallen** und der Stpfl. sie sodann – auch nach Abschluss der Berufsausbildung – i.R. des § 10 Abs. 1 Nr. 7 EStG als Sonderausgaben geltend machen kann. Es kommt nicht darauf an, ob das Studium schon beendet ist. Die Studiengebühren verlieren durch Beendigung des Studiums nicht ihren Charakter als Sonderausgaben und ihren Veranlassungszusammenhang (R 10.9 Abs. 2 EStR). Da die Stpfl. zu diesem Zeitpunkt im Regelfall Einkünfte erzielen, wirken sich die als Sonderausgaben abzuziehenden Studiengebühren in diesen Fällen steuerlich aus. Diese unterschiedliche steuerliche Behandlung darlehensfinanzierter und nachlaufender Studiengebühren ist nicht zu beanstanden (OFD Frankfurt v. 4.2.2009, S 2221 A – 28 – St 218).

Streitig ist häufig auch die Frage, ob ein „Ausbildungs**dienst**verhältnis" oder lediglich ein „Ausbildungsverhältnis" vorliegt, denn nur im erstgenannten Fall können auch nach der ab 2004 geltenden gesetzlichen Neuregelung Ausbildungskosten als vorab entstandene **Werbungskosten** berücksichtigt und in späteren Jahren steuerlich abgezogen werden (§ 10d EStG). S. zur Abgrenzung ausführlich Tz. 1 BMF v. 13.4.2012, IV C 5 – S 2332/07/0001, BStBl I 2012, 531 sowie → *Fortbildung* Rz. 2223.

Beispiel:

A schließt nach seinem Abitur einen Schulungsvertrag zum Verkehrsflugzeugführer mit der X-Schulungs-GmbH ab, die zum Konzern der X-AG gehört. Im Schulungsvertrag wird bereits festgelegt, dass A bei erfolgreicher Schulung ein Arbeitsplatz im Konzern der X-AG angeboten wird. Gleichzeitig wird mit der X-AG ein Darlehensvertrag abgeschlossen über den von A zu tragenden Eigenanteil an der Schulungsmaßnahme. Während der Schulungsmaßnahme erhält A weder von der X-Schulungs-GmbH noch von der X-AG Arbeitslohn.

Es handelt sich nach Auffassung der Finanzverwaltung **nicht um ein Ausbildungsdienstverhältnis** mit der X-AG, daher können die Ausbildungskosten nicht als vorab entstandene Werbungskosten berücksichtigt werden (so auch BFH v. 7.7.2020, VI R 18/20).

Da es sich um Aufwendungen für die **erstmalige Berufsausbildung** des A handelt, kommt lediglich ein auf 6 000 € jährlich begrenzter Sonderausgabenabzug nach § 10 Abs. 1 Nr. 7 EStG in Betracht.

Beim Werbungskostenabzug ist **§ 3c Abs. 1 EStG** zu berücksichtigen: Aufwendungen, die mit **steuerfreien Einnahmen** in unmittelbarem Zusammenhang stehen, dürfen nicht als Werbungskosten abgezogen werden. Allein die Möglichkeit, dass die Berufstätigkeit später auch im Ausland ausgeübt werden könnte, begründet allerdings noch keinen unmittelbaren wirtschaftlichen Zusammenhang i.S.d. § 3c Abs. 1 EStG zwischen den Berufsausbildungskosten und später tatsächlich erzielten **steuerfreien Auslandseinkünften** (BFH v. 28.7.2011, VI R 5/10, BStBl II 2012, 553 und FG Köln v. 19.10.2011, 9 K 3301/10, EFG 2012, 2210 betr. ein Forschungsstipendium in Kanada). Auf als vorweggenommene Werbungskosten geltend gemachte Ausbildungskosten sind nach § 3c EStG Leistungen nach dem **BAföG** nur anzurechnen, soweit sie nicht für den allgemeinen Lebensunterhalt bestimmt sind und nicht als Darlehen gewährt werden (FG Münster v. 24.1.2018, 7 K 1007/17 E,F, EFG 2018, 549; in seiner Revisionsentscheidung v. 14.5.2020, VI R 3/18, BStBl II 2021, 302 hat der BFH diese Frage offen gelassen).

Unabhängig davon kann der Werbungskostenabzug – ganz oder teilweise – schon daran scheitern, dass dem **Auszubildenden keine Kosten entstehen, soweit er ein (steuerfreies) Stipendium erhält**. Folglich sind als Werbungskosten abziehbare Aufwendungen für ein Masterstudium um steuerfreie Leistungen zu kürzen, die der Steuerpflichtige aus einem steuerfreien Stipendium erhält (BFH v. 29.9.2022, VI R 34/20). Zur Anrechnung steuerfreier Stipendien auf den Werbungskostenabzug s.a. → *Werbungskosten* Rz. 4480.

g) Abgrenzung Eigenaufwand – Drittaufwand

Als Werbungskosten können nur solche Aufwendungen i.S.d. § 9 Abs. 1 EStG abgezogen werden, welche die **persönliche Leistungsfähigkeit des Stpfl. mindern** (zuletzt BFH v. 6.12.2017, VI R 41/15, BStBl II 2018, 355 betr. Werbungskostenabzug bei beruflicher Nutzung einer im Miteigentum von Ehegatten stehenden Wohnung). Das ist auch bei Aufwendungen der Fall, die der Stpfl. aus Mitteln bestreitet, die ihm schenkweise oder in Erfüllung der gesetzlichen Unterhaltspflicht von dritter Seite zugewendet worden sind. **1194**

Auch Zahlungen Dritter können im Falle der sog. **Abkürzung des Zahlungswegs** oder **Abkürzung des Vertragsweges** als Aufwendungen des Stpfl. zu werten sein (→ *Werbungskosten* Rz. 4489 sowie zuletzt BFH v. 6.12.2017, VI R 41/15, BStBl II 2018, 355 betr. Werbungskostenabzug bei beruflicher Nutzung einer im Miteigentum von Ehegatten stehenden Wohnung).

Leistet dagegen der Dritte auf eine eigene Schuld, handelt es sich um **echten Drittaufwand**, der insbesondere bei Dauerschuldverhältnissen nicht zu abziehbaren Aufwendungen des Stpfl. führt (H 4.7 „Drittaufwand" EStH).

Beispiel 1:

Abschluss des Ausbildungsvertrags durch den Stpfl.; die Lehrgangsgebühren werden monatlich von den Eltern gezahlt.

Die Zahlungen der Eltern führen unter dem Gesichtspunkt der **Abkürzung des Zahlungswegs** als eigene Aufwendungen zu abziehbaren Werbungskosten des Stpfl. (vgl. BFH v. 22.7.2003, VI R 4/02, HFR 2004, 215).

Beispiel 2:

Abschluss des Ausbildungsvertrags durch den Vater, der auch die Lehrgangsgebühren monatlich zahlt.

Es handelt sich um **Drittaufwand**, den der Stpfl. mangels eigener Aufwendungen nicht als Werbungskosten abziehen kann (vgl. BFH v. 13.3.1996, VI R 103/95, BStBl II 1996, 375).

3. Bildungseinrichtung als erste Tätigkeitsstätte

Als erste Tätigkeitsstätte gilt seit 2014 auch eine Bildungseinrichtung, die außerhalb eines Dienstverhältnisses zum Zwecke eines Vollzeitstudiums oder einer vollzeitigen Bildungsmaßnahme aufgesucht wird (§ 9 Abs. 4 Satz 8 EStG). **1195**

Die Aufwendungen für die Wege zu der als „erste Tätigkeitsstätte" zu behandelnden Bildungseinrichtung sind (nur) mit der **Entfernungspauschale** anzusetzen (§ 9 Abs. 1 Satz 3 Nr. 4 EStG). **Ver-**

pflegungsmehraufwendungen können nicht geltend gemacht und **Übernachtungskosten** nur berücksichtigt werden, sofern es sich um Mehraufwendungen i.R. einer anzuerkennenden doppelten Haushaltsführung (§ 9 Abs. 1 Satz 3 Nr. 5 EStG) oder Auswärtstätigkeit (§ 9 Abs. 4a EStG) handelt (BFH v. 14.5.2020, VI R 24/18, BStBl II 2020, 770 betr. einen viermonatigen Schweißtechnikerlehrgang sowie BFH v. 14.5.2020, VI R 3/18, BStBl II 2021, 302 betr. Auslandssemester).

Weitere Einzelheiten und zur Abgrenzung gegenüber einem Studium oder einer Bildungsmaßnahme i.R. einer **Auswärtstätigkeit sowie innerhalb eines Dienstverhältnisses** s. R 9.2 LStR und R 19.7 LStR sowie → *Reisekosten: Allgemeine Grundsätze* Rz. 3620 ff.

4. Anwendungsfälle

a) Wege zwischen Wohnung und Betrieb

1196 In vielen Fällen (z.B. beim berufsbegleitenden Studium) ist der Ausbildungsbetrieb als erste Tätigkeitsstätte anzusehen. Die Fahrten des Auszubildenden von seiner Wohnung zum Betrieb sind dann „normale“ Fahrten zwischen Wohnung und erster Tätigkeitsstätte, für welche die Abzugsbeschränkungen der **Entfernungspauschale** gelten und die vom Arbeitgeber nicht steuerfrei ersetzt werden dürfen. Soweit der Auszubildende die Fahrtkosten nach § 9 Abs. 1 Satz 3 Nr. 4 EStG als Werbungskosten absetzen könnte, kommt eine **Pauschalversteuerung** nach § 40 Abs. 2 Satz 2 Nr. 1 EStG mit 15 % oder nach § 40 Abs. 2 Satz 2 Nr. 2 EStG mit 25 % in Betracht (→ *Wege zwischen Wohnung und erster Tätigkeitsstätte* Rz. 4453 bzw. → Rz. 4466).

b) Fahrten zur Berufsschule

1197 Der Besuch der Berufsschule ist zeitlich unbeschränkt als **Auswärtstätigkeit** anzusehen. **Fahrtkosten** können entweder in voller nachgewiesener Höhe oder bei Fahrten mit dem eigenen Pkw mit dem pauschalen km-Satz von 0,30 € Werbungskosten geltend gemacht bzw. vom Arbeitgeber nach § 3 Nr. 16 EStG steuerfrei erstattet werden.

Der Abzug der **Verpflegungsmehraufwendungen** ist zwar auf die ersten drei Monate einer längerfristigen beruflichen Tätigkeit an derselben Tätigkeitsstätte beschränkt. Eine berufliche Tätigkeit an derselben Tätigkeitsstätte liegt jedoch nur vor, wenn der Arbeitnehmer an dieser mindestens an drei Tagen wöchentlich tätig wird. Die **Dreimonatsfrist** beginnt daher nicht, solange die auswärtige Tätigkeitsstätte (hier die Berufsschule) an nicht mehr als zwei Tagen wöchentlich aufgesucht wird (→ *Reisekosten: Erstattungen* Rz. 3685).

Fährt der Auszubildende **morgens erst zum Betrieb und dann von dort zur Berufsschule weiter**, ist nur die zweite Fahrt und ggf. die Rückfahrt zur Wohnung als Auswärtstätigkeit zu berücksichtigen.

Beispiel:

A fährt mit seinem Pkw morgens um 7.00 Uhr zum Betrieb, weil er noch eine Arbeit erledigen will, und dann von dort weiter zur Berufsschule. Nach Schulschluss fährt er direkt nach Hause.

Dienstreisen sind nur die Fahrten zwischen Betrieb und Berufsschule und die Rückfahrt von der Berufsschule zur Wohnung. Diese Fahrten darf der Arbeitgeber nach den Grundsätzen für Auswärtstätigkeiten steuerfrei erstatten, ggf. mit dem pauschalen km-Satz von 0,30 €. Eine zusätzliche steuerfreie Erstattung von Verpflegungsmehraufwendungen wird kaum in Betracht kommen, weil die erforderliche Mindestabwesenheitsdauer von mehr als acht Stunden nicht überschritten werden dürfte.

Für die morgendliche Fahrt zum Betrieb kann A die „halbe Entfernungspauschale“ geltend machen (BFH v. 12.2.2020, VI R 42/17, BStBl II 2020, 473).

Ist die **Berufsschule an die erste Tätigkeitsstätte am Betriebssitz des Ausbildungsbetriebs angeschlossen**, sind die Fahrten des Auszubildenden wie Fahrten zwischen Wohnung und erster Tätigkeitsstätte als Werbungskosten zu berücksichtigen, d.h. Ansatz der Entfernungspauschale und kein Abzug von Verpflegungsmehraufwendungen (BFH v. 10.4.2014, III R 35/13, BStBl II 2014, 1011).

c) Betriebliche Aus- und Fortbildungen

aa) Im Betrieb

Sucht der Arbeitnehmer den Betrieb (= erste Tätigkeitsstätte) an 1198
einigen Tagen nur deshalb auf, weil er ganztägig an einer Aus- oder Fortbildungsmaßnahme teilnimmt, richtet sich die steuerliche Behandlung nach den Grundsätzen für Wege zwischen Wohnung und erster Tätigkeitsstätte; es liegt **keine Auswärtstätigkeit** vor, denn die Abzugsbeschränkung des § 9 Abs. 1 Satz 3 Nr. 4 EStG (Entfernungspauschale) setzt nicht voraus, dass der Arbeitnehmer seine erste Tätigkeitsstätte zum Zwecke eines Arbeitseinsatzes aufsucht (BFH v. 10.4.2014, III R 35/13, BStBl II 2014, 1011). Das gilt auch, wenn die erste Tätigkeitsstätte freiwillig zum Zweck der Aus- oder Fortbildung aufgesucht wird (BFH v. 26.2.2003, VI R 30/02, BStBl II 2003, 495 und BFH v. 5.8.2004, VI R 40/03, BStBl II 2004, 1074).

Beispiel:

Lehrling A sucht am Wochenende freiwillig den Betrieb auf, um an einem Computerkurs teilzunehmen.

Es handelt sich um eine „normale“ Fahrt zwischen Wohnung und erster Tätigkeitsstätte, für die die Abzugsbeschränkung auf die Entfernungspauschale gilt.

bb) Außerhalb des Betriebs

Fahrten zu **überbetrieblichen Aus- und Fortbildungsstätten sind dagegen Auswärtstätigkeiten**, wenn der **Betrieb als erste Tätigkeitsstätte anzusehen** ist. Der Arbeitgeber darf während der ganzen Aus- und Fortbildungszeit Fahrten zwischen Wohnung oder Betrieb und Fortbildungsstätte sowie ggf. Übernachtungskosten nach den Grundsätzen für Auswärtstätigkeiten steuerfrei erstatten, Verpflegungsmehraufwendungen dagegen nur in den ersten drei Monaten; insoweit ergibt sich die Beschränkung aus dem Gesetz (§ 9 Abs. 4a Satz 7 EStG). 1199

Beispiel:

Ein Sparkassenschüler (verheiratet) wird für sechs Monate an eine auswärtige Sparkassenschule abgeordnet, die Sparkasse X ist dienst- und arbeitsrechtlich seine erste Tätigkeitsstätte. Er übernachtet dort und wird auch unentgeltlich verpflegt. Er fährt jedes Wochenende nach Hause.

Der Arbeitgeber darf nach den Grundsätzen für Auswärtstätigkeiten steuerfrei erstatten

- **Fahrtkosten** in voller Höhe, bei Benutzung eines Pkw können auch pauschal 0,30 € je km gezahlt werden,
- **Verpflegungskosten** in den ersten drei Monaten je nach Abwesenheitsdauer pauschal bis 28 € je Tag. Die Pauschbeträge sind jedoch seit 2014 um die unentgeltlich gewährten Mahlzeiten zu kürzen, hier bis auf 0 €,
- **Übernachtungskosten** in nachgewiesener Höhe oder pauschal 20 € je Übernachtung, sofern er die Unterkunft nicht unentgeltlich gestellt hat.

Eine **Auswärtstätigkeit** liegt auch vor, wenn der Arbeitnehmer – mit oder ohne Lohnfortzahlung – zwecks Teilnahme an einer Bildungsmaßnahme **beurlaubt** (auch Sonderurlaub) oder **vom Dienst freigestellt** ist oder sich während der **Elternzeit** für den Beruf fortbildet.

d) Abschnittsweise Lehrgänge

In der Praxis (besonders bei der Ausbildung im **öffentlichen** 1200
Dienst) wechseln sich häufig Ausbildungsabschnitte und praktische Tätigkeiten in einer Behörde oder einem Betrieb ab. Ob und inwieweit die Aufwendungen nach den Grundsätzen für Auswärtstätigkeiten berücksichtigt werden können, hängt davon, welche Dienststelle als erste Tätigkeitsstätte bestimmt wird.

Beispiel 1:

In der Finanzverwaltung werden **Anwärter** mit Begründung ihres Beamtenverhältnisses auf Widerruf ihrem **Einstellungsfinanzamt zugeordnet**. Auf Grund der Zuordnung zu dem Einstellungsfinanzamt begründen sie hier ihre erste Tätigkeitsstätte i.S.d. § 9 Abs. 4 Satz 1 EStG.

Weitere Ausbildungsmaßnahmen, die im Wege der Abordnungen (jeweils unter 48 Monaten) außerhalb des Einstellungsfinanzamts durchgeführt werden, sind über deren gesamte Dauer als beruflich veranlasste **Auswärtstätigkeiten** einzustufen; dies gilt sowohl für den Ausbildungsabschnitt an der Fachhochschule für Verwaltung und Dienstleistung im Lande X als auch dem Bildungszentrum der Steuerverwaltung des Landes X als auch einem anderen Finanzamt, z.B. beim Ausbildungsabschnitt „Bewertung“, wenn im Einstellungsfinanzamt keine Bewertungsstelle vorhanden ist (OFD Niedersachsen v. 15.3.2017, S 2350 – 14 – St 215, StEd 2017, 214).

S. zu Abordnungen ausführlich → *Reisekosten: Allgemeine Grundsätze* Rz. 3607.

Für die Berücksichtigung von **Verpflegungsmehraufwendungen** ist die Dreimonatsfrist zu beachten. Um die Berechnung der Dreimonatsfrist zu vereinfachen, ist seit 2014 eine rein zeitliche Bemessung der Unterbrechungsregelung eingeführt worden. Danach führt eine Unterbrechung der beruflichen Tätigkeit an derselben Tätigkeitsstätte zu einem Neubeginn der Dreimonatsfrist, wenn sie mindestens vier Wochen dauert (§ 9 Abs. 4a Satz 7 EStG). Der Grund der Unterbrechung ist unerheblich; es zählt nur noch die Unterbrechungsdauer (→ *Reisekosten: Erstattungen* Rz. 3685).

Beispiel 2:

A wird für die Zeit vom 1. Januar bis 31. Dezember zu einem auswärtigen Lehrgang an die Fachschule abgeordnet; erste Tätigkeitsstätte ist die Sparkasse X. Nach dem Ausbildungsplan ist in den Monaten August und September eine praktische Tätigkeit in der Sparkasse X abzuleisten.

Der gesamte Lehrgang ist als Auswärtstätigkeit anzusehen; der Arbeitgeber kann daher für den gesamten Zeitraum Fahrtkosten sowie ggf. Übernachtungskosten nach § 3 Nr. 16 EStG steuerfrei erstatten.

Dagegen ist die Erstattung von Verpflegungsmehraufwendungen grds. auf die ersten drei Monate beschränkt; insoweit ergibt sich die Beschränkung unmittelbar aus dem Gesetz (§ 9 Abs. 4a Satz 6 EStG). Ab Oktober beginnt jedoch eine neue Dreimonatsfrist, weil der Lehrgang in den Monaten August und September um mindestens vier Wochen unterbrochen wird (§ 9 Abs. 4a Satz 7 EStG).

e) Sonstige Aus- und Fortbildungen

1201 Nimmt ein Arbeitnehmer **„aus eigenem Antrieb"**, d.h. ohne Veranlassung seines Arbeitgebers, an Fortbildungsveranstaltungen teil, sind die Aufwendungen zwar ebenfalls als **Werbungskosten** abzugsfähig; sie können in sinngemäßer Anwendung der Grundsätze für **Auswärtstätigkeiten** (→ *Reisekosten: Erstattungen* Rz. 3661) berücksichtigt werden.

Ein **steuerfreier Arbeitgeberersatz** ist dagegen nicht möglich, selbst wenn der Arbeitnehmer die Aufwendungen als Werbungskosten absetzen kann (R 19.3 Abs. 3 Nr. 1 LStR). Das gilt auch für die Reisekosten (insbesondere Fahrtkosten und Verpflegungsmehraufwendungen), weil die Steuerbefreiung des § 3 Nr. 16 EStG **„echte" Dienstreisen** voraussetzt, die hier aber gerade nicht vorliegen.

Beispiel:

Weil im Betrieb die Produktion auf eine Computerunterstützung umgestellt wird, besucht A bei der Volkshochschule an vier Wochenenden einen Computerkurs.

A kann die Aufwendungen als Werbungskosten absetzen. Neben den Kursgebühren usw. können die Fahrt- und Verpflegungskosten nach den Grundsätzen für Auswärtstätigkeiten geltend gemacht werden.

Ein steuerfreier Arbeitgeberersatz ist dagegen nicht möglich.

Für den **Werbungskostenabzug** ist es unerheblich, ob es sich um kürzere, oft am freien Wochenende durchgeführte Aus- oder Fortbildungsmaßnahmen (sog. **Samstagslehrgänge**, z.B. Teilnahme an einem Sprachkurs oder Seminar) oder aber um **mehrmonatige Lehrgänge** handelt. Auch spielt es grds. keine Rolle, ob daneben noch das Arbeitsverhältnis besteht (z.B. Beurlaubung zum Zwecke eines Studiums) und welchem Zweck die Aus- oder Fortbildungsmaßnahme dient, sofern berufliche Gründe ausschlaggebend sind (z.B. Aufstieg im Beruf, Umschulung, Wiederaufnahme der Berufstätigkeit nach Elternzeit). Gegebenenfalls handelt es sich um sog. **vorab entstandene Werbungskosten** – ausgenommen sind jedoch Aufwendungen für eine **erstmalige Berufsausbildung** oder für ein **Erststudium** (→ *Fortbildung* Rz. 2217).

Entgegen der Verwaltungsauffassung in Rz. 34 des BMF-Schreibens vom 25.11.2020, BStBl I 2020, 1228, hat das FG Niedersachsen entschieden, dass es sich bei dem vom Kläger (dieser übte im Veranlagungszeitraum keine Erwerbstätigkeit aus) absolvierten Teilzeitstudium außerhalb eines Dienstverhältnisses nicht um ein Vollzeitstudium bzw. um eine vollzeitige Bildungsmaßnahme nach § 9 Abs. 4 Satz 8 EStG handelt. In der Konsequenz wurden die Aufwendungen für diese Fahrten nicht mit der Entfernungspauschale berücksichtigt, sondern der Ansatz erfolgte nach allgemeinen Reisekostengrundsätzen (FG Niedersachsen v. 16.2.2022, 4 K 113/20, EFG 2022, 841). Der BFH hat sich dieser Rechtsauffassung im nachfolgenden Revisionsverfahren (BFH v. 24.10.2024, VI R 7/22, BStBl II 2025, 354) angeschlossen und entschieden, dass ein Vollzeitstudium i.S.d. § 9 Abs. 4 Satz 8 EStG nur dann vorliegt, wenn das Studium nach der Studienordnung darauf ausgelegt ist, dass sich die Studierenden diesem – vergleichbar einem vollbeschäftigten Arbeitnehmer – zeitlich vollumfänglich widmen müssen. Davon sei auszugehen, wenn das Studium nach den Ausbildungsbestimmungen oder der allgemeinen Erfahrung insgesamt etwa 40 Wochenstunden (Unterricht, Praktika sowie Vor- und Nachbereitung zusammengenommen) erfordern bzw. im Durchschnitt pro Semester 30 ECTS-Leistungspunkte (Creditpoints) vergeben werden. Hingegen läge ein Teilzeitstudium vor, wenn das Studium nach der jeweiligen Studienordnung darauf ausgerichtet sei, dass die Studierenden für die Erbringung der vorgeschriebenen Studienleistungen nur einen Teil ihrer Arbeitszeit aufwenden müssen. Unbeachtlich für die Einordnung eines Studiums als Teil- oder Vollzeitstudium sei in diesem Zusammenhang, ob die Studierenden daneben in einem Beschäftigungsverhältnis stünden oder aber anderweitig erwerbstätig seien. Im Streitfall sei daher das Studium an der Fernuniversität nicht die erste Tätigkeitsstätte des Klägers gewesen. Der Kläger musste sich nach den Feststellungen dem Studium nicht zeitlich vollumfänglich widmen, weil er nach seinem Hörerstatus etwa 20 Stunden wöchentlich studierte. Der Werbungskostenabzug für die Fahrten zur Fernuniversität seinen daher im Streitfall nicht auf die Entfernungspauschale begrenzt, sondern können nach den allgemeinen Grundsätzen für eine Auswärtstätigkeit berücksichtigt werden.

f) Lernarbeitsgemeinschaften

aa) Dienstliche Arbeitsgemeinschaften

Insbesondere bei Beamtenanwärtern und Referendaren sind Arbeitsgemeinschaften häufig Bestandteil der Ausbildung, an deren Teilnahme sie verpflichtet sind (sog. Pflichtarbeitsgemeinschaften). Die Aufwendungen können in diesen Fällen als Werbungskosten berücksichtigt werden. 1202

Falls die Arbeitsgemeinschaften außerhalb der ersten Tätigkeitsstätte stattfinden, handelt es sich um Auswärtstätigkeiten mit der Folge, dass die tatsächlichen Fahrtkosten oder – bei Pkw-Nutzung – der pauschale km-Satz von 0,30 € (hin und zurück!) sowie bei einer Abwesenheit von mehr als 8 Stunden Verpflegungspauschbeträge berücksichtigt werden können (→ *Reisekosten: Erstattungen* Rz. 3661).

Finden die Arbeitsgemeinschaften am Ort der ersten Tätigkeitsstätte statt, sind die Fahrten dorthin nur mit der Entfernungspauschale absetzbar. In diesem Fall werden keine Verpflegungspauschbeträge gewährt (BFH v. 12.8.1983, VI R 83/82, BStBl II 1983, 720).

bb) Private Arbeitsgemeinschaften

Ein Werbungskostenabzug kann auch für Aufwendungen (insbesondere Fahrtkosten) zu **„privaten Lernarbeitsgemeinschaften"**, also im häuslichen Bereich der Auszubildenden, in Betracht kommen. Ob Kosten für die Durchführung von Lerngemeinschaften nahezu ausschließlich beruflich und damit als Werbungskosten zu beurteilen sind oder in nicht untergeordnetem Maße privat mit veranlasst sind, ist eine Frage der Einzelfallwürdigung. **Findet die private Arbeitsgemeinschaft im häuslichen Bereich eines Teilnehmers statt, so entspricht es allgemeiner Lebenserfahrung, dass in diesem außerberuflichen Rahmen regelmäßig auch private Interessen der Teilnehmer von nicht nur untergeordneter Bedeutung verfolgt werden.** Denn nicht nur unter Freunden, Bekannten und Verwandten, sondern auch unter Berufs- und Lehrgangskollegen besteht häufig das Bedürfnis, sich in der Freizeit auch privat auszutauschen. Daher obliegt es dem Stpfl., diesen Erfahrungssatz durch substantiierten und widerspruchsfreien Vortrag und Vorlage detaillierter Aufzeichnungen über den zeitlichen und inhaltlichen Ablauf der von ihm besuchten Arbeitsgemeinschaft zu widerlegen (zuletzt FG Rheinland-Pfalz v. 21.2.2013, 4 K 1810/11, sowie FG Saarland v. 28.2.2013, 2 K 1305/12, beide m.w.N.). 1203

Für die Beurteilung kommt es letztlich immer auf die Gesamtumstände des Einzelfalls an. Für die Abgrenzung ist besonders von Bedeutung, zu welchen Zeiten und wie oft die Lerngemeinschaften stattgefunden haben oder ob nur weit entfernt wohnende Kollegen aufgesucht wurden. Auch der Tagungsort (Wohnung, Gaststätte, Schulungseinrichtung) ist bei der Abgrenzung zu berücksichtigen.

Anerkannt wurden

- Aufwendungen eines im Außendienst tätigen Diplomingenieurs auf dem Gebiet der Nachrichtentechnik für eine der Fortbildung dienende Lerngemeinschaft (FG Köln v. 16.2.2005, 11 K 1795/01, EFG 2005, 1030);
- Fahrten einer angehenden Gesundheits- und Krankenpflegerin zu einer Lerngemeinschaft mit ihrer Kollegin; die Aufwendungen sind in voller Höhe bzw. mit dem pauschalen km-Satz von 0,30 € abzugsfähig (keine Abzugsbeschränkung auf die Entfernungspauschale), selbst wenn die Kollegin auf dem Klinikgelände (= erste Tätigkeitsstätte) wohnt (BFH v. 10.4.2014, III R 35/13, BStBl II 2014, 1011).

Nicht anerkannt wurden dagegen

- Kosten für die Durchführung privater Lernarbeitsgemeinschaften, wenn die Treffen im häuslichen Bereich der Teilnehmer stattfinden und ein Nachweis über den genauen und konkreten Inhalt und Ablauf eines jeden Termins nicht erbracht werden kann (zuletzt FG Düsseldorf v. 25.10.2012, 14 K 1173/11 Kg, EFG 2013, 130; FG Rheinland-Pfalz v. 21.2.2013, 4 K 1810/11, und FG Saarland v. 28.2.2013, 2 K 1305/12).

5. Sozialversicherung

a) Auszubildende

1204 Zur Berufsausbildung Beschäftigte (Auszubildende) sind in der Kranken-, Pflege-, Renten- und Arbeitslosenversicherung versicherungspflichtig. Der Erwerb beruflicher Kenntnisse, Fertigkeiten oder Erfahrungen i.R. betrieblicher **Berufsbildung gilt als Beschäftigungsverhältnis** im sozialversicherungsrechtlichen Sinne. Die Versicherungspflicht tritt selbst dann ein, wenn kein Arbeitsentgelt gezahlt wird. In der Kranken- und Pflegeversicherung werden diese Auszubildenden **versicherungstechnisch allerdings als Praktikanten behandelt**. Sie haben dann – sofern keine Familienversicherung in der gesetzlichen Krankenversicherung (§ 10 SGB V) besteht – selber einen **Beitrag** in Höhe des gesetzlich **vorgeschriebenen Studentenbeitrags** zu zahlen. Erhalten die Auszubildenden ohne Arbeitsentgelt Arbeitslosengeld bei beruflicher Weiterbildung oder Übergangsgeld, besteht in der Kranken- und Pflegeversicherung auf Grund der Konkurrenzregelung ausschließlich Beitragspflicht auf Grund des Leistungsbezugs. In der **Renten- und Arbeitslosenversicherung** gelten die Auszubildenden ohne Arbeitsentgelt als Arbeitnehmer, so dass der Arbeitgeber verpflichtet ist, den Auszubildenden anzumelden und die Beiträge an die zuständige Einzugsstelle abzuführen. Als beitragspflichtiges Arbeitsentgelt ist fiktiv 1 % der monatlichen Bezugsgröße (vgl. § 162 SGB VI, § 342 SGB III) anzusetzen, das sind 2026 39,55 € (in allen Bundesländern).

Die Regelungen zur Versicherungsfreiheit wegen **Geringfügigkeit** (→ *Mini-Jobs* Rz. 3161) sind bei Auszubildenden nicht anwendbar (vgl. § 7 SGB V, § 5 Abs. 2 Satz 2 SGB VI, § 27 Abs. 2 Nr. 1 SGB III, § 20 SGB XI).

b) Duale Studiengänge

1205 Teilnehmer an dualen Studiengängen sind seit dem 1.1.2012 in versicherungsrechtlicher Hinsicht kraft gesetzlicher Fiktion in § 5 Abs. 4a Satz 2 SGB V, § 1 Satz 5 SGB VI, § 25 Abs. 1 Satz 2 SGB III den zur Berufsausbildung Beschäftigten gleichgestellt. Als solche unterliegen sie damit für die gesamte Dauer des dualen Studiums, das heißt, sowohl während der Praxisphasen als auch während der Studien- bzw. Vorlesungsphasen, der Versicherungspflicht in der Kranken-, Pflege-, Renten- und Arbeitslosenversicherung. Die Spitzenorganisation haben dies in ihrem Gemeinsamen Rundschreiben der Spitzenverbände der Sozialversicherungsträger v. 23.11.2016 berücksichtigt. Das Rundschreiben finden Sie auch in der werkbegleitenden Online-Datenbank unter „SVDokumente“ (s. Benutzerhinweise auf S. IV).

c) Förderung lernbeeinträchtigter und sozial benachteiligter junger Menschen

Durch das Instrument der **Assistierten Ausbildung** kann die Agentur für Arbeit förderungsbedürftige junge Menschen und deren Ausbildungsbetriebe während der betrieblichen Berufsausbildung unterstützen. Ziel ist der erfolgreiche Abschluss der Berufsausbildung. 1206

Ein Bildungsanbieter ist der Dienstleister, der Unterstützung bietet, damit Ausbildungsverhältnisse zustande kommen und erfolgreich verlaufen.

Hierzu gehören Bewerbungstrainings und Praktika in der Vorbereitungsphase, Nachhilfe, Beratung, Hilfen zur Lebensbewältigung und Existenzsicherung.

Die Assistierte Ausbildung gliedert sich in die ausbildungsvorbereitende Phase und die ausbildungsbegleitende Phase bis zum erfolgreichen Abschluss.

Durch das Gesetz zur Stärkung der Aus- und Weiterbildungsförderung vom 17.7.2023, BGBl. I 2023, Nr. 191 wurde zum 1.4.2024 die sogenannte „Ausbildungsgarantie“ eingeführt. Hiermit soll jungen Menschen signalisiert werden, dass sie bei der Ausbildungssuche unterstützt werden. So soll es berufsorientierende Kurzpraktika in Betrieben geben. Es soll erreicht werden, dass die Betriebe Kontakt zu den Jugendlichen bekommen und ihnen ggf. eine berufliche Perspektive bieten können. Darüber hinaus soll es durch einen Mobilitätszuschuss leichter gemacht werden, Ausbildungsplätze auch in entfernten Regionen anzunehmen.

d) Auszubildende im Handwerk mit gezahlter Vorwegausbildungsvergütung

Die Schulgesetze einzelner Länder (z.B. Baden-Württemberg) schreiben in bestimmten Ausbildungsberufen im Handwerk den **Besuch einer einjährigen Berufsfachschule vor dem eigentlichen Ausbildungsbeginn** vor. Mit dem Besuch einer Berufsfachschule liegt, auch wenn ein Vorvertrag eine Übernahme bei erfolgreichem Besuch der Schule garantiert, **kein ordentliches Beschäftigungsverhältnis** bzw. Berufsausbildungsverhältnis i.S.d. Berufsbildungsgesetzes vor. Sozialversicherungspflicht tritt somit nicht ein. Die während des Besuchs der Berufsfachschule gezahlte monatlich gleich bleibende Zuwendung (Taschengeld) stellt deshalb **kein beitragspflichtiges Arbeitsentgelt** i.S. der Sozialversicherung dar. 1207

Darüber hinaus sehen vertragliche Regelungen die Zahlung einer sog. „**Vorwegausbildungsvergütung**“ vor. Diese hat zum Ziel, den Schüler zum regelmäßigen Besuch der Schule und zu guten Leistungen zu motivieren; sie ist also dem Grunde nach eine zeitbezogene – da der Schulzeit zuordenbare – Vergütung. Kommt ein ordentliches Berufsausbildungsverhältnis nicht zu Stande, verbleibt die Vorwegausbildungsvergütung beim Arbeitgeber.

Der Anspruch des Auszubildenden auf die Vorwegausbildungsvergütung entsteht erst dann, wenn die **Probezeit erfolgreich abgeschlossen** wurde. Faktisch wird diese Vorwegausbildungsvergütung während eines bestehenden sozialversicherungspflichtigen Beschäftigungsverhältnisses an den Auszubildenden gezahlt. Die anspruchsbegründenden Umstände für die Zahlung der Vorwegausbildungsvergütung sind zweifelsfrei dem Beschäftigungsverhältnis zuzuordnen (Auszahlung). Nach Auffassung der Spitzenverbände der Sozialversicherungsträger (Besprechungsergebnis v. 25./26.4.2006) handelt es sich hier um ein dem Ausbildungsverhältnis zuzuordnendes **einmalig gezahltes Arbeitsentgelt** i.S.d. § 14 i.V.m. § 23a SGB IV.

Der Begriff der „**Berufsbildung**“ des § 1 Abs. 1 BBiG erfasst Schüler, die mit dem Abschlusszeugnis einer Realschule oder einem als gleichwertig anerkannten Zeugnis einer Fachoberschule sich innerhalb von zwei Jahren auf den Erwerb der Fachhochschulreife vorbereiten können. Im ersten Jahr erfolgt eine fachpraktische Ausbildung. Diese ist als Bestandteil der Gesamtausbildung zu werten, in der der fachtheoretische Unterricht überwiegt. Versicherungspflicht tritt nicht ein, weil insgesamt von einer schulischen Maßnahme auszugehen ist.

Ausnahmen:

Ausländer in einer Beschäftigung zur beruflichen Aus- und Fortbildung **sind beitragsfrei in der Arbeitslosenversicherung** (§ 27 Abs. 3 Nr. 3 SGB III), **wenn**

- die berufliche Aus- und Fortbildung als Entwicklungshilfe aus Mitteln der öffentlichen Hand oder einer Einrichtung oder Organisation gefördert wird, die sich i.R. der Entwicklungshilfe der beruflichen Aus- oder Fortbildung widmet,
- der Arbeitnehmer verpflichtet ist, nach Beendigung der geförderten Aus- oder Fortbildung Deutschland zu verlassen und
- in Deutschland zurückgelegte Beitragszeiten weder nach dem Recht der Europäischen Gemeinschaft noch nach zwischenstaatlichen Abkommen oder dem Recht des Wohnlandes des Ausländers dort einen Anspruch auf Leistungen für den Fall der Arbeitslosigkeit begründen.

e) Beiträge zur Sozialversicherung

1208 Die Beiträge zur Kranken-, Pflege-, Renten- und Arbeitslosenversicherung sind grds. vom Auszubildenden und vom Arbeitgeber je zur Hälfte zu übernehmen.

Der Arbeitgeber trägt den Beitrag allein

- für Beschäftigte, deren monatliches Arbeitsentgelt den Betrag von 325 € (→ *Geringverdienergrenze* Rz. 2307) nicht übersteigt,
- für Personen, die Jugendfreiwilligendienst leisten.

Die Übergangsbereichsregelung für den Niedriglohnbereich **gilt nicht für Personen, die zu ihrer Berufsausbildung beschäftigt sind** (→ *Übergangsbereich in der Sozialversicherung* Rz. 4137).

Wird infolge einmalig gezahlten Arbeitsentgelts die o.g. Grenze überschritten, tragen der Versicherungspflichtige und der Arbeitgeber den Betrag von dem diese Grenze übersteigenden Teil des Arbeitsentgelts jeweils zur Hälfte; im Übrigen trägt der Arbeitgeber den Beitrag allein (→ *Geringverdienergrenze* Rz. 2307).

Bei Auszubildenden in außerbetrieblichen Einrichtungen werden die Beiträge zur Kranken-, Pflege-, Renten- und Arbeitslosenversicherung je zur Hälfte von der Einrichtung und dem Auszubildenden getragen. Darüber hinaus ist nicht mehr der durchschnittliche, sondern der kassenindividuelle Zusatzbeitragssatz maßgebend.

Teilnehmer an Ausbildungen mit Abschnitten des schulischen Unterrichts und der praktischen Ausbildung, für die ein Ausbildungsvertrag und ein Anspruch auf Ausbildungsvergütung besteht, sind zum 1.7.2020 in den einzelnen Zweigen der Sozialversicherung den zur Berufsausbildung Beschäftigten gleichgestellt worden. Durch diese Änderungen im 7. SGB IV-Änderungsgesetz liegt somit Versicherungspflicht in der Kranken-, Pflege-, Renten- und Arbeitslosenversicherung vor. Diese Regelung findet grds. auf Ausbildungen Anwendung, die nach dem 30.6.2020 begonnen wurden. Durch Übergangs- und Bestandsschutzregelungen gilt die Versicherungspflicht rückwirkend auch für Ausbildungen, die vor dem 1.7.2020 aufgenommen wurden, wenn hierfür bereits Beiträge gezahlt worden sind. Sind keine Beiträge gezahlt worden, beginnt die Versicherungspflicht ab Aufnahme der Beitragszahlung.

Der GKV-Spitzenverband hat dazu erläutert, dass eine vor dem Inkrafttreten des 7. SGB IV-Änderungsgesetzes rückabgewickelte Zeit einer Versicherungspflicht (Stornierung der Anmeldung und Erstattung der gezahlten Beiträge) rückwirkend erneut entstehen kann. Der Auszubildende muss der rückwirkenden Versicherungspflicht allerdings zustimmen.

Beispiel:

Zum 1.3.2019 wurde die Auszubildende zur Radiologieassistentin versicherungspflichtig angemeldet. Im Mai 2019 überprüft die Krankenkasse die versicherungsrechtliche Beurteilung und kommt nach damaliger Rechtslage zu keinem Vorliegen von Versicherungspflicht. Die Anmeldung wird storniert und die Beiträge werden erstattet.

Die Versicherungspflicht tritt dann zum 1.7.2020 ein.

Ist die Auszubildende mit der rückwirkenden Versicherungspflicht zum 1.3.2019 einverstanden, tritt erneut Versicherungspflicht ein. Allerdings müssen die Beiträge wieder nachentrichtet werden. Hierbei liegt für die verspätete Beitragsabführung kein Verschulden des Arbeitgebers vor, so dass die Arbeitnehmeranteile einzubehalten sind.

Zu Meldungen (Beginn/Ende der Berufsausbildung, Jahresentgeltmeldungen etc.) → *Meldungen für Arbeitnehmer in der Sozialversicherung* Rz. 3099.

Autoinsassen-Unfallversicherung

→ *Unfallversicherung: freiwillige* Rz. 4205

Automobil

→ *Kraftfahrzeug* Rz. 2735, → *Reisekosten* Rz. 3589, → *Wege zwischen Wohnung und erster Tätigkeitsstätte* Rz. 4419

Backwaren: Zuwendungen an Arbeitnehmer

→ *Arbeitslohn-ABC* Rz. 645

Badekuren

→ *Erholung: Arbeitgeberzuwendungen* Rz. 2036

Bäder

→ *Arbeitslohn-ABC* Rz. 646

BahnBonus

→ *Kundenbindungsprogramme* Rz. 2784

BahnCard

1. Allgemeines

Mit dem Kauf der BahnCard der Deutschen Bahn AG erwirbt der 1209
Kunde den Anspruch, über einen Zeitraum von einem Jahr Fahrscheine der DB AG und der kooperierenden Beförderungsunternehmen, wie z.B. Privatbahnen und Verkehrsverbünde, zu einem ermäßigten Fahrpreis lösen zu können. Weit verbreitet sind die BahnCard 25, BahnCard 50 und BahnCard 100 jeweils 1. oder 2. Klasse.

Gestellt der Arbeitgeber dem Arbeitnehmer eine BahnCard zur beruflichen und (oder nur) privaten Nutzung, führt dies zu einem geldwerten Vorteil, der grundsätzlich sofort als Arbeitslohn zufließt. Die Finanzverwaltung begründet dies mit der uneingeschränkten Nutzungsmöglichkeit im Bereich des Verkehrsträgers. Zu prüfen ist, ob dieser Vorteil steuerpflichtig oder steuerfrei ist.

2. Steuerbefreiung nach § 3 Nr. 15 EStG

a) Grundsatz

Nach § 3 Nr. 15 EStG sind steuerfrei Arbeitgeberleistungen (Zu- 1210
schüsse und entsprechende Sachbezüge, z.B. die Hingabe sog. Job-Tickets), die **zusätzlich zum ohnehin geschuldeten Arbeitslohn** (→ *Barlohnumwandlung* Rz. 1218) erbracht werden,

- für **Fahrten mit öffentlichen Verkehrsmitteln im Linienverkehr (ohne Luftverkehr) zwischen Wohnung und erster Tätigkeitsstätte und nach § 9 Abs. 1 Satz 3 Nr. 4a Satz 3 EStG zu einem sog. Sammelpunkt oder weiträumigen Tätigkeitsgebiet**
- sowie für **private Fahrten im öffentlichen Personennahverkehr**.

Die Steuerbefreiung kann grds. auch für die Überlassung von BahnCards an den Arbeitnehmer gewährt werden:

Beispiel:

A wohnt in Hannover und ist von seinem Arbeitgeber für 3 Jahre an eine Filiale in Berlin abgeordnet worden. Wegen der kurzen Abordnungszeit zieht er nicht nach Berlin um und begründet dort auch keinen doppelten Haushalt, sondern fährt täglich mit der Bahn. Kosten einer Monatskarte 2. Klasse im Abo 5 832 € im Jahr. Sein Arbeitgeber möchte sich an den Fahrtkosten beteiligen, sich aber nicht immer die Monatskarten vorlegen lassen. Er stellt A deshalb eine BahnCard 100 2. Klasse zur Verfügung (Kosten bei einmaliger Zahlung 4 899 €).

Die Überlassung der BahnCard 100 ist nach § 3 Nr. 15 EStG steuerfrei, weil die Kosten geringer sind als die Kosten der Monatskarten (s.a. BMF v. 15.8.2019, IV C 5 – S 2342/19/10007 :001, BStBl I 2019, 875 Rdnr. 13).

b) Deutschland-Ticket

Unter die Steuerbefreiung des § 3 Nr. 15 EStG fällt auch die Über- 1211
lassung eines **Deutschland-Tickets**, wenn der Arbeitgeber es zusätzlich zum ohnehin geschuldeten Arbeitslohn gewährt. Denn das Deutschland-Ticket berechtigt nur für Fahrten im öffentlichen

Personennahverkehr. Diese Steuerfreiheit des Deutschland-Tickets gilt auch, wenn ein kostenpflichtiges Upgrade der Fahrtberechtigung gewählt worden bzw. inbegriffen ist (z.B. für die Benutzung der 1. Klasse sowie für die Fahrradmitnahme). In einem aktuellen Schreiben hat das BMF klargestellt, dass es bei der **Steuerfreiheit** bleibt, wenn eine Fahrberechtigung für den öffentlichen Personennahverkehr (wie z.B. das Deutschland-Ticket) auch für die Nutzung bestimmter Fernzüge freigegeben worden ist. In diesem Fall liegt weiterhin eine Fahrt im öffentlichen Personennahverkehr i.S.d. § 3 Nr. 15 EStG vor; wörtlich: *„Hierunter fällt insbesondere die Freigabe des Deutschlandtickets für bestimmte IC/ICE-Verbindungen.“*; BMF v. 7.11.2023, IV C 5 – S 2342/19/10007 :009, BStBl I 2023, 1969.

Der monatlich steuerfreie geldwerte Vorteil des Deutschland-Tickets ist nach den allgemeinen Regelungen im Lohnkonto des jeweiligen Arbeitnehmers aufzuzeichnen; er mindert die anzusetzende Entfernungspauschale, falls keine reisekostenrechtliche Steuerfreiheit in Betracht kommt (nach § 3 Nr. 13 oder Nr. 16 EStG, → Rz. 1213). Folglich ist der nach § 3 Nr. 15 EStG steuerfreie Jahresbetrag des Deutschland-Tickets in der Zeile 17 der (elektronischen) Lohnsteuerbescheinigung des Arbeitnehmers anzugeben. Die Sachbezugsfreigrenze und der Rabatt-Freibetrag sind nicht zu berücksichtigen (BMF v. 15.8.2019, IV C 5 – S 2342/19/10007 :001, BStBl I 2019, 875 Rdnr. 14 ff. und 42).

Hingegen **unterbleibt eine Minderung der Entfernungspauschale**, wenn der Arbeitgeber seine Aufwendungen für das Deutschland-Ticket mit 25 % pauschal besteuert (§ 40 Abs. 2 Satz 2 Nr. 2 EStG i.V.m. § 40 Abs. 2 Satz 4 EStG). Die pauschal besteuerten Bezüge sind im Lohnkonto des jeweiligen Arbeitnehmers aufzuzeichnen; sie sind jedoch nicht in der Lohnsteuerbescheinigung anzugeben. S. auch → Rz. 1212, → Rz. 1213, → *Wege zwischen Wohnung und erster Tätigkeitsstätte* Rz. 4453.

Siehe ergänzend zur Steuerfreiheit nach § 3 Nr. 15 EStG sowie zum Vorrang der Steuerfreistellung nach § 3 Nr. 13 oder Nr. 16 EStG ausführlich BMF v. 15.8.2019, IV C 5 – S 2342/19/10007 :001, BStBl I 2019, 875, dessen Tz. 8 wurde geändert durch BMF v. 7.11.2023, IV C 5 – S 2342/19/10007 :009, BStBl I 2023, 1969, sowie → *Job-Ticket* Rz. 2617.

3. Überlassung durch den Arbeitgeber

a) Arbeitslohn

1212 **Kann die o.g. Steuerbefreiung des § 3 Nr. 15 EStG nicht angewendet werden**, weil die Arbeitgeberleistungen **nicht zusätzlich zum ohnehin geschuldeten Arbeitslohn** (→ *Barlohnumwandlung* Rz. 1218) erbracht werden, gelten folgende Grundsätze:

Überlässt der Arbeitgeber einem Arbeitnehmer unentgeltlich eine BahnCard ausschließlich für **private Zwecke**, liegt in vollem Umfang **steuerpflichtiger Arbeitslohn** vor (**Sachzuwendung**). Bei der Bewertung des geldwerten Vorteils sind übliche Rabatte abzuziehen (BFH v. 14.11.2012, VI R 56/11, BStBl II 2013, 382). Die sog. **50 €-Freigrenze** nach § 8 Abs. 2 Satz 11 EStG (→ *Sachbezüge* Rz. 3819) findet keine Anwendung, weil der geldwerte Vorteil in voller Höhe bereits im Zeitpunkt der Überlassung der BahnCard zufließt – eine Verteilung auf die einzelnen Monate des Gültigkeitszeitraums wird von der BFH-Rechtsprechung abgelehnt (zuletzt BFH v. 7.7.2020, VI R 14/18, BStBl II 2021, 232 m.w.N.).

Der Arbeitgeber kann die Versteuerung nach den allgemeinen Grundsätzen vornehmen oder aber nach **§ 37b EStG mit einem Pauschsteuersatz von 30 %**, so dass der geldwerte Vorteil beim Empfänger steuerfrei bleibt (→ *Pauschalierung der Einkommensteuer bei Sachzuwendungen* Rz. 3303).

Unter den dort genannten weiteren Voraussetzungen können die Arbeitgeberleistungen auch nach § 40 Abs. 2 Satz 2 **Nr. 1** EStG mit 15 % oder nach § 40 Abs. 2 Satz 2 **Nr. 2** EStG mit 25 % **pauschal versteuert** werden (→ Rz. 1210, → *Wege zwischen Wohnung und erster Tätigkeitsstätte* Rz. 4453).

LSt SV (durchgestrichen)

b) Steuerfreier Reisekostenersatz

1213 Stellt der Arbeitgeber einem Arbeitnehmer unentgeltlich eine BahnCard zur Verfügung oder ersetzt er entsprechende Kosten des Arbeitnehmers, sind neben den zuvor genannten Möglichkeiten folgende Fälle zu **unterscheiden**:

- Nutzt der Arbeitnehmer die BahnCard ausschließlich für **private Zwecke**, liegt in vollem Umfang **steuerpflichtiger Arbeitslohn** vor.
- Nutzt der Arbeitnehmer die BahnCard ausschließlich für **Fahrten zwischen Wohnung und erster Tätigkeitsstätte**, ist die Erstattung des Arbeitgebers **steuerpflichtiger Arbeitslohn** (R 19.3 Abs. 3 Nr. 2 LStR), der nach § 40 Abs. 2 Satz 2 Nr. 1 EStG **pauschal mit 15 % versteuert** werden kann (→ *Wege zwischen Wohnung und erster Tätigkeitsstätte* Rz. 4453 und → Rz. 4466).
- Nutzt der Arbeitnehmer die BahnCard für dienstliche Reisen i.R. von **Auswärtstätigkeiten**, kann die Erstattung des Arbeitgebers nach § 3 Nr. 13 oder 16 EStG als **Reisekostenersatz steuerfrei** sein. Allerdings muss sich für den Arbeitgeber ein wirtschaftlicher Vorteil ergeben. Seine Aufwendungen für die BahnCard und die ermäßigt abgerechneten dienstlichen Bahnfahrten müssen unter den Kosten liegen, die ohne BahnCard entstanden wären. Andernfalls ist der Mehraufwand als Arbeitslohn zu versteuern.

Die Finanzverwaltung unterscheidet bei der BahnCard 100 und der BahnCard 50 zwei Fallgestaltungen (zuletzt OFD Frankfurt v. 9.12.2019, S 2334 A – 80 – St 212, StEd 2020, 43):

1. Prognose einer Vollamortisation

Unabhängig von der privaten Nutzungsmöglichkeit kann aus Vereinfachungsgründen ein überwiegend eigenbetriebliches Interesse des Arbeitgebers an der Überlassung angenommen werden, wenn nach der Prognose zum Zeitpunkt der Hingabe der BahnCard die ersparten Kosten für Einzelfahrscheine, die i.R. der Auswärtstätigkeit (z.B. nach Reiserichtlinie) ohne Nutzung der BahnCard während deren Gültigkeitsdauer anfallen würden, die Kosten der BahnCard erreichen oder übersteigen (prognostizierte Vollamortisation). In diesem Fall stellt die Überlassung der BahnCard an den Arbeitnehmer keinen Arbeitslohn dar. Die private Nutzungsmöglichkeit der BahnCard (z.B. an Wochenenden) wird unter diesen Voraussetzungen als unerheblich angesehen.

Tritt die prognostizierte Vollamortisation aus unvorhersehbaren Gründen (z.B. Krankheit) nicht ein, ist keine Nachversteuerung vorzunehmen; das überwiegend eigenbetriebliche Interesse bei Hingabe der BahnCard wird hierdurch nicht berührt.

Beispiel 1:

Der Außendienstmitarbeiter A erhält von seinem Arbeitgeber im Januar eine BahnCard 100 (1. Klasse, Wert: 7 999 € bei einmaliger Zahlung), die von ihm auch privat genutzt wird. Nach der Prognose des Arbeitgebers würden Einzelfahrscheine für die beruflich veranlassten Auswärtstätigkeiten des A im Kalenderjahr insgesamt ca. 8 500 € kosten.

Die Überlassung der BahnCard an Arbeitnehmer A stellt keinen Arbeitslohn dar, weil nach der Prognose des Arbeitgebers zum Zeitpunkt der Hingabe der BahnCard die ersparten Kosten für Einzelfahrscheine die Kosten der BahnCard übersteigen.

Da es steuerlich kein „Kargheitsgebot“ gibt (vgl. BFH v. 19.1.2017, VI R 37/15, BStBl II 2017, 526 betr. Nutzung eines Privatflugzeugs für beruflich veranlasste Reisen), ist es auch nicht zu beanstanden, wenn der Arbeitgeber dem Arbeitnehmer eine BahnCard der 1. Klasse (und nicht für die 2. Klasse) zur Verfügung stellt.

LSt (durchgestrichen) SV (durchgestrichen)

2. Prognose einer Teilarmortisation

Erreichen die durch die Nutzung der überlassenen BahnCard ersparten Fahrtkosten, die i.R. der Auswärtstätigkeit ohne Nutzung der BahnCard während deren Gültigkeitsdauer anfallen würden, nach der Prognose zum Zeitpunkt der Hingabe der BahnCard deren Kosten voraussichtlich nicht vollständig (Prognose der Teilamortisation), liegt die Überlassung der BahnCard 100 nicht im überwiegend eigenbetrieblichen Interesse des Arbeitgebers; der Wert der BahnCard ist als geldwerter Vorteil zu erfassen. Die Überlassung der BahnCard stellt in diesem Fall zunächst in voller Höhe steuerpflichtigen Arbeitslohn dar.

Die während der Gültigkeitsdauer der BahnCard durch deren Nutzung für dienstliche Fahrten ersparten Fahrtkosten können dann ggf. monatsweise oder auch am Ende des Gültigkeitszeitraumes als Korrekturbetrag den steuerpflichtigen Arbeitslohn mindern (als Verrechnung des dann feststehenden steuerfreien Reisekostenerstattungsanspruchs des Arbeitnehmers mit der zunächst steuerpflichtigen Vorauszahlung auf mögliche Reisekosten in Form der BahnCard).

Für die Höhe des Korrekturbetrags können aus Vereinfachungsgründen – anstelle einer quotalen Aufteilung (Nutzung zu dienstlichen Zwecken im Verhältnis zur Gesamtnutzung) – auch die ersparten Reisekosten für Einzelfahrscheine, die i.R. der Auswärtstätigkeit ohne Nutzung der BahnCard während deren Gültigkeitsdauer angefallen wären, begrenzt auf die Höhe der tatsächlichen Kosten der BahnCard, zu Grunde gelegt werden.

Beispiel 2:

Wie Beispiel 1, nach der Prognose des Arbeitgebers würden Einzelfahrscheine für die beruflich veranlassten Auswärtstätigkeiten des A im Kalenderjahr insgesamt ca. 5 000 € kosten.

Die Überlassung der BahnCard an Arbeitnehmer A ist zunächst in vollem Umfang als Arbeitslohn (7 999 €) zu versteuern, da nach der Prognose des Arbeitgebers zum Zeitpunkt der Hingabe der BahnCard die ersparten Kosten für Einzelfahrscheine die Kosten der BahnCard nicht erreichen.

Bei der Lohnabrechnung für Dezember oder i.R. des betrieblichen Lohnsteuer-Jahresausgleichs für dieses Kalenderjahr mindern die tatsächlich ersparten Fahrtkosten (z.B. 5 000 €) als Korrektur den steuerpflichtigen Arbeitslohn im Wege der Verrechnung.

LSt SV

c) Überlassung an Bahnmitarbeiter

1214 Erhalten **Arbeitnehmer von Unternehmen der Bahngruppe eine persönliche Jahresnetzkarte** (BahnCard 100) **uneingeschränkt zur dienstlichen und privaten Nutzung,** so ist der Wert ebenfalls als geldwerter Vorteil zu erfassen. Es kann der Betrag angesetzt werden, der sich ergibt, wenn von dem nach § 8 EStG maßgebenden Wert (96 % des Preises für eine Jahresnetzkarte abzüglich Eigenanteil, → *Sachbezüge* Rz. 3817) der Betrag abgezogen wird, der für die nachgewiesenen oder glaubhaft gemachten Dienstfahrten unter Berücksichtigung des günstigsten Preises anzusetzen wäre. Aufzeichnungen über die privaten und dienstlichen Fahrten nach dem Muster eines Fahrtenbuchs werden von der Finanzverwaltung mangels objektiver Nachprüfbarkeit nicht anerkannt (FinMin Hessen v. 25.2.2002, S 2334 A – 15 – II B 2a).

Auf Fahrvergünstigungen, welche die **Deutsche Bahn AG Ruhestandsbeamten** des Bundeseisenbahnvermögens gewährt, ist gem. § 12 Abs. 8 des Deutsche Bahn Gründungsgesetzes der **Rabattfreibetrag** nach § 8 Abs. 3 EStG entsprechend anwendbar. Werden Sachbezüge für eine Beschäftigung gewährt und erfüllen sie damit den Lohnbegriff, so findet § 8 Abs. 3 EStG unabhängig davon Anwendung, ob es sich um einen Sachbezug aus einem gegenwärtigen, früheren oder zukünftigen Dienstverhältnis handelt (BFH v. 26.6.2014, VI R 41/13, BStBl II 2015, 39).

Die Anwendung des Rabattfreibetrags ist jedoch nur dann möglich, wenn es sich um Waren oder Dienstleistungen handelt, die vom Arbeitgeber nicht überwiegend für den Bedarf seiner Arbeitnehmer hergestellt, vertrieben oder erbracht werden, d.h. der Rabattfreibetrag gilt nur bei Produkten, die so auch auf dem „freien Markt" erhältlich sind. Bei den Fahrvergünstigungen **„Tagesticket M Fern F"** (=Freifahrten im Fernverkehr für Mitarbeiter bzw. Angehörige) und **„Tagesticket M Fern P"** (=Tickets für den Fernverkehr zu reduzierten Preisen für Mitarbeiter) handelte es sich **nach bisheriger Auffassung der Finanzverwaltung** um Produkte, die in dieser Form nicht im normalen Kundenverkehr der Deutschen Bahn angeboten werden, so dass für diese Produkte der **Rabattfreibetrag nicht gewährt wurde.**

Diese Auffassung hat der BFH abgelehnt und mit Grundsatzurteil v. 26.9.2019, VI R 23/17, BStBl II 2020, 162 (und in den Parallelverfahren VI R 4/17 und VI R 7/19) entschieden, dass

- sich der Rabattfreibetrag auf alle Fahrvergünstigungen erstreckt, die die Deutsche Bahn AG (ehemaligen) Arbeitnehmern gewährt. Dies gilt auch dann, wenn die unentgeltlich oder verbilligt gewährten Freifahrtscheine auf Grund besonderer Nutzungsbestimmungen fremden Letztverbrauchern nicht angeboten werden,
- und dass mit dem Bezug der Freifahrtscheine der darin verkörperte geldwerte Vorteil unabhängig vom konkreten Fahrtantritt zugeflossen ist.

Fahrvergünstigungen für Ruhestandsbeamte des Bundeseisenbahnvermögens sind **Versorgungsbezüge** i.S.d. § 19 Abs. 2 EStG (→ *Versorgungsbezüge* Rz. 4334), da sie keine Gegenleistung für Dienstleistungen des Ruhestandsbeamten darstellen, die im gleichen Zeitraum geschuldet und erbracht werden. Dies gilt auch, wenn die Fahrvergünstigungen auf Grund eines vor Erreichen der Altersgrenze abgeschlossenen privatrechtlichen Vertrags geleistet werden (BFH v. 11.3.2020, VI R 26/18, BStBl II 2020, 565).

Zur lohnsteuerlichen Behandlung des Prämienprogramms für Bahnfahrer **„bahn.bonus"** → *Kundenbindungsprogramme* Rz. 2784.

LSt SV

d) Zeitpunkt der Versteuerung

Ist nach den vorstehenden Grundsätzen lohnsteuerpflichtiger Arbeitslohn anzunehmen, liegt bereits **im Zeitpunkt der Hingabe steuerpflichtiger Arbeitslohn** vor (d.h. nicht erst im Zeitpunkt der Nutzung), wenn dem Arbeitnehmer mit der Karte ein uneingeschränktes Nutzungsrecht eingeräumt wird. Bei der Bewertung des geldwerten Vorteils sind übliche Rabatte abzuziehen (vgl. sinngemäß BFH v. 14.11.2012, VI R 56/11, BStBl II 2013, 382 betr. Jobtickets). S. auch die weiteren Hinweise in BFH v. 7.7.2020, VI R 14/18, BStBl II 2021, 232 betr. Lohnzufluss bei vom Arbeitgeber eingeräumter Möglichkeit der vergünstigten Nutzung von Fitnessstudios: Anders als bei einer Jahresfahrkarte fließt Arbeitnehmern der geldwerte Vorteil aus der vergünstigten Nutzung von Fitness-Studios monatlich zu. 1215

4. Werbungskosten

Der Arbeitnehmer kann die Kosten einer BahnCard in voller Höhe als Werbungskosten absetzen, wenn er diese für berufliche Fahrten (Fahrten zur Arbeitsstätte oder zu Auswärtstätigkeiten) erworben hat und sich dadurch die beruflichen Fahrtkosten insgesamt um den Preis der BahnCard verringern. Das gilt auch für den Erwerb einer BahnCard der 1. Klasse, da es für den **Werbungskostenabzug „kein Kargheitsgebot"** gibt – der Arbeitnehmer kann frei entscheiden, welche Aufwendungen er für notwendig hält (vgl. BFH v. 19.1.2017, VI R 37/15, BStBl II 2017, 526 betr. Nutzung eines Privatflugzeugs für beruflich veranlasste Reisen). 1216

Die Möglichkeit der privaten Nutzung der BahnCard ist in diesem Fall ohne Bedeutung, weil die Aufwendungen des Arbeitnehmers bei Verzicht auf den Erwerb der BahnCard höher wären (OFD Hannover v. 16.11.1992, S 2351 – 132 – StH 211).

Aufwendungen für den Erwerb der BahnCard 100 sind auch dann grds. im Kalenderjahr der Zahlung als Werbungskosten absetzbar, soweit die **Fahrten erst im Folgejahr durchgeführt** werden (FG Baden-Württemberg v. 17.1.2008, 6 K 2192/07, EFG 2008, 1019).

Demgegenüber lehnt das FG Niedersachsen den Abzug einer „vorausgezahlten BahnCard 100" im Jahr der Zahlung ab, auch wenn die Anschaffung in diesem Jahr wirtschaftlich sinnvoll gewesen ist, wenn die Laufzeit erst zum 1.1. des Folgejahres beginnt und die BahnCard 100 somit erst im Folgejahr für Fahrten zwischen Wohnung und erster Tätigkeitsstätte genutzt werden kann; begründet wird dies mit den Besonderheiten der Entfernungspauschale (Urteil v. 21.10.2014, 12 K 79/13).

Bei Nutzung der BahnCard für Fahrten zwischen Wohnung und erster Tätigkeitsstätte kann der Arbeitnehmer die **verkehrsmittelunabhängige Entfernungspauschale** (zur Höhe → *Wege zwischen Wohnung und erster Tätigkeitsstätte* Rz. 4431) absetzen, grds. jedoch begrenzt auf einen Höchstbetrag von 4 500 € (§ 9 Abs. 1 Satz 1 Nr. 4 EStG). Höhere nachgewiesene Kosten (z.B. für die BahnCard) können als Werbungskosten berücksichtigt werden, soweit sie den als Entfernungspauschale abziehbaren Betrag übersteigen (§ 9 Abs. 2 Satz 2 EStG). **Steuerfreie Arbeitgeberleistungen nach § 3 Nr. 15 EStG sind jedoch auf die Entfernungspauschale anzurechnen** (→ *Wege zwischen Wohnung und erster Tätigkeitsstätte* Rz. 4444).

Ballbesuch

Der von einem **Arbeitgeber** (z.B. einem Unternehmen der Atelier-, Film-, Funk- und Musikbranche) **angeordnete Besuch des Presseballs** durch seine leitenden Angestellten mit Ehefrauen kann im ganz überwiegend **eigenbetrieblichen Interesse des Arbeitgebers** liegen (Werbung für das Unternehmen). Die vom Arbeitgeber übernommenen Kosten des Ballbesuchs der Arbeitnehmer und deren Ehefrauen sind dann kein Arbeitslohn (FG Hamburg v. 1217

15.1.1987, II 326/84, EFG 1987, 286). Dies gilt auch, wenn ein Arbeitgeber seine Außendienstmitarbeiter nebst Ehefrauen zu einem **Branchenball** entsendet, bei dem das betriebliche Interesse (d.h. Pflege der Absatzbeziehungen) im Vordergrund steht (FG Köln v. 5.11.1998, 3 K 110/97, EFG 1999, 287, bestätigt durch BFH v. 31.5.2001, VI B 18/99).

LSt SV

Die o.g. Entscheidungen sollten aber **nicht verallgemeinert** werden. Im Regelfall ist davon auszugehen, dass die Kostenübernahme für Bälle **Arbeitslohn** darstellt, weil ein Ballbesuch regelmäßig mehr oder weniger den **gesellschaftlichen außerberuflichen Bereich** des einzelnen Teilnehmers berührt (so auch FG Hamburg v. 28.4.1988, II 301/85, EFG 1988, 471 betr. vom Arbeitgeber zur Kontaktpflege mit Kunden veranstaltete Bälle, an denen die Außendienstmitarbeiter auf Kosten des Arbeitgebers teilgenommen hatten).

LSt SV

Zur Frage, ob Arbeitslohn vorliegt, wenn Außendienstmitarbeiter zu Tagungen mit Kunden, die mit einem Rahmenprogramm verbunden sind (z.B. ein Ball oder ein Galadinner), im geschäftlichen Interesse des Arbeitgebers ihren Ehegatten mitbringen sollen, → *Fortbildung* Rz. 2239.

Barablösung

→ *Berufskleidung* Rz. 1353, → *Werkzeuggeld* Rz. 4595

Barlohnumwandlung

1. Allgemeines

1218 Das EStG sieht bei bestimmten Leistungen des Arbeitgebers an seine Arbeitnehmer eine Steuerbefreiung oder die Möglichkeit der Pauschalversteuerung vor. Will der Arbeitgeber diese Leistungen **nicht zusätzlich zu dem vereinbarten Arbeitslohn zahlen**, stellt sich die Frage, ob er üblichen („normalen") **Arbeitslohn des Arbeitnehmers in steuerfreien oder pauschal besteuerten Arbeitslohn** umwandeln kann (Barlohn- oder Gehaltsumwandlung). Würde eine Barlohnumwandlung im Steuer- und Sozialversicherungsrecht bedingungslos anerkannt werden, würden sich durch die Minderung des normalen Arbeitslohns und die Ausnutzung der Steuerfreiheit bzw. Pauschalversteuerung niedrigere Steuerabzugsbeträge ergeben, wie das nachfolgende Beispiel zeigt:

Beispiel:

Der Arbeitnehmer (ledig, 21 Jahre, Steuerklasse I, Religion rk) in Köln hat einen tarifvertraglichen Lohnanspruch auf 3 000 € im Monat. Die Lohnabrechnung für Dezember 2025 sieht wie folgt aus:

Arbeitslohn	3 000,– €
– Lohnsteuer	306,50 €
– Solidaritätszuschlag	0,– €
– Kirchensteuer	27,58 €
– Arbeitnehmeranteil zur Krankenversicherung einschließlich kassenindividueller Zusatzbeitrag 219 € (1/2 von 14,6 %) + 37,50 € (1/2 von 2,5 %)	256,50 €
Pflegeversicherung (1/2 von 3,6 %)	54,00 €
Rentenversicherung (1/2 von 18,6 %)	279,– €
Arbeitslosenversicherung (1/2 von 2,6 %)	39,– €
= Ausgezahlter Betrag	2 037,42 €

Der Arbeitnehmer vereinbart mit dem Arbeitgeber, dass ihm nicht der Tariflohn, sondern nur 2 800 € ausgezahlt werden und der Arbeitgeber ihm im Gegenzug die Aufwendungen für den Kindergarten seiner nicht schulpflichtigen Tochter i.H.v. monatlich 200 € ersetzt. Würde eine Barlohnumwandlung steuer- und sozialversicherungsrechtlich anerkannt werden, ergäbe sich folgende Lohnabrechnung:

Arbeitslohn	2 800,– €
– Lohnsteuer	262,50 €
– Solidaritätszuschlag	0,– €
– Kirchensteuer	23,62 €
– Arbeitnehmeranteil zur Krankenversicherung einschließlich kassenindividueller Zusatzbeitrag 204,40 € (1/2 von 14,6 %) + 35,– € (1/2 von 2,5 %)	239,40 €
Pflegeversicherung (1/2 von 3,6 %)	50,40 €
Rentenversicherung (1/2 von 18,6 %)	260,40 €
Arbeitslosenversicherung (1/2 von 2,6 %)	36,40 €
= Zwischensumme	1 927,28 €
+ nach § 3 Nr. 33 EStG steuerfreier Kindergartenzuschuss	200,– €
= Ausgezahlter Betrag	2 127,28 €

Der Arbeitnehmer hätte also durch niedrigere Steuern und Sozialversicherungsabgaben einen höheren monatlichen Nettobetrag von 89,86 € (2 127,28 € – 2 037,42 €).

Auch der Arbeitgeber hätte einen Vorteil: Da sich der Arbeitgeber-Anteil am Gesamtsozialversicherungsbeitrag von monatlich insgesamt 628,50 € auf 586,60 € vermindern würde, würde der Arbeitgeber monatlich 41,90 € sparen.

Für die **steuerliche Anerkennung einer Barlohnumwandlung** ist Voraussetzung, dass die Vereinbarungen **vor der Entstehung des Vergütungsanspruchs** zwischen Arbeitnehmer und Arbeitgeber **abgeschlossen** werden. Dies ist i.d.R. vor der Fälligkeit der entsprechenden Lohnzahlungen der Fall (BFH v. 27.4.2001, VI R 2/98, BStBl II 2001, 601).

Verzichtet der Arbeitnehmer also **unter Änderung des Anstellungs-/Arbeitsvertrags** auf einen Teil seines Barlohns und gewährt ihm der Arbeitgeber stattdessen Sachlohn (z.B. in Form eines Nutzungsvorteils), ist der verbliebene Barlohn mit dem Nennwert und der Sachlohn mit den Werten des § 8 Abs. 2 und 3 EStG anzusetzen (BFH v. 20.8.1997, VI B 83/97, BStBl II 1997, 667). Zu beachten bleibt, dass der bisherige Bruttobarlohn nicht mehr in der Lohn-/Gehaltsabrechnung aufgeführt werden darf, sondern nur noch der verminderte Bruttobarlohn.

Steuerlich sind **zwei Arten** von Vergütungsbestandteilen zu unterscheiden:

- Die (neuen) Vergütungsbestandteile brauchen **nicht zusätzlich** zum ohnehin geschuldeten Arbeitslohn erbracht werden (**zulässige Barlohnumwandlungen**),
- die (neuen) Vergütungsbestandteile müssen **zusätzlich zum ohnehin geschuldeten Arbeitslohn** erbracht werden (**Barlohnumwandlungen sind unzulässig**).

2. Zulässige Barlohnumwandlung

Die Barlohnumwandlung ist **ohne Zusätzlichkeitsvorausset- 1219
zung möglich** z.B. bei

- Zahlung von steuerfreiem **Verpflegungsmehraufwand** bei beruflichen Auswärtstätigkeiten nach § 3 Nr. 13 oder 16 EStG (→ *Reisekosten: Erstattungen* Rz. 3661),
- Zahlung von **Heimarbeitszuschlägen** nach § 3 Nr. 30 und 50 EStG (→ *Heimarbeit* Rz. 2542),
- Erwerb von **Vermögensbeteiligungen** nach § 3 Nr. 39 EStG (→ *Vermögensbeteiligungen* Rz. 4265),
- Überlassung betrieblicher **Datenverarbeitungsgeräte und Telekommunikationsgeräte** sowie deren Zubehör, bei Vorteilen aus zur privaten Nutzung überlassenen System- und Anwendungsprogrammen, die der Arbeitgeber auch in seinem Betrieb einsetzt und von Vorteilen aus den in diesem Zusammenhang erbrachten Dienstleistungen nach § 3 Nr. 45 EStG (→ *Computer* Rz. 1517 und → *Telekommunikation* Rz. 4092),
- regelmäßigen pauschalen Barablösungen für (nachgewiesene) **Reinigungskosten** für vom Arbeitgeber gestellte **typische Berufskleidung** nach § 3 Nr. 50 EStG (→ *Berufskleidung* Rz. 1361),
- Leistungen des Arbeitgebers zur **betrieblichen Altersvorsorge** nach § 3 Nr. 63 EStG (BMF v. 12.8.2021, IV C 5 – S 2333/19/10008 :017, BStBl I 2021, 1050), → *Zukunftssicherung: Betriebliche Altersversorgung* Rz. 4653,
- Zahlung von **Sonntags-, Feiertags- oder Nachtzuschlägen**, Zuschlägen zur Rufbereitschaft nach § 3b EStG (→ *Zuschläge für Sonntags-, Feiertags- oder Nachtarbeit* Rz. 4715),
- **Firmenwagengestellung** nach § 8 Abs. 2 Sätze 2 bis 5 EStG (→ *Firmenwagen zur privaten Nutzung* Rz. 2144),
- Sachbezügen zur Ausschöpfung des **Rabattfreibetrags** nach § 8 Abs. 3 EStG (→ *Rabatte* Rz. 3523),
- Barzuschüssen in Form von z.B. **Restaurantschecks** für unentgeltlich oder verbilligt abgegebene Mahlzeiten nach R 8.1 Abs. 7 Nr. 4 LStR (→ *Mahlzeiten* Rz. 3057),
- **Fehlgeldentschädigungen** nach R 19.3 Abs. 1 Nr. 4 LStR (→ *Fehlgeldentschädigung* Rz. 2094),
- **Werbung auf Fahrzeugen des Arbeitnehmers** (steuerpflichtig nach § 22 Nr. 3 EStG als sonstige Einkünfte, aber Jahresfreigrenze i.H.v. 256 €) (→ *Arbeitslohn-ABC* Rz. 709),

- **Pauschalierung** von unentgeltlich oder verbilligt abgegebenen **arbeitstäglichen Mahlzeiten** nach § 40 Abs. 2 Satz 1 Nr. 1 EStG (→ *Mahlzeiten* Rz. 3079),
- **Pauschalierung** von **Erholungsbeihilfen** nach § 40 Abs. 2 Satz 1 Nr. 3 EStG (→ *Erholung: Arbeitgeberzuwendungen* Rz. 2036),
- Zuschüssen des Arbeitgebers zu den Aufwendungen des Arbeitnehmers für **Fahrten zwischen Wohnung und erster Tätigkeitsstätte an Stelle der Steuerfreiheit nach § 3 Nr. 15 EStG**, insbesondere für Fahrten mit öffentlichen Verkehrsmitteln im Linienverkehr und für Fahrten im öffentlichen Personennahverkehr (§ 40 Abs. 2 Satz 2 Nr. 2 EStG),
- **Pauschalierung** nach § 40b EStG für **Beiträge zu Direktversicherungen** und Zuwendungen an Pensionskassen für Versorgungszusagen, die vor dem 1.1.2005 erteilt wurden (R 40b.1 Abs. 5 LStR), → *Zukunftssicherung: Betriebliche Altersversorgung* Rz. 4653.

Durch die **Umwandlung** entstehen je nach neuem Vergütungsbestandteil entweder **steuerfreie** oder **pauschal** zu besteuernde Lohnbestandteile.

Die Annahme einer **Entgeltumwandlung** ist in diesen Fällen auch dann **möglich**, wenn der bisherige ungekürzte Arbeitslohn weiterhin Bemessungsgrundlage für künftige Erhöhungen des Arbeitslohns oder andere Arbeitgeberleistungen (z.B. Weihnachtsgeld) ist, die Gehaltsminderung zeitlich begrenzt ist oder vereinbart wird, dass der Arbeitnehmer oder Arbeitgeber sie einseitig ändern kann. Entscheidend ist lediglich, dass entsprechend der vorgelegten Verträge im Vorhinein **auf künftig fälligen Arbeitslohn** verzichtet wird (vgl. BMF v. 12.8.2021, IV C 5 – S 2333/19/10008 :017, BStBl I 2021, 1050, Rz. 13).

Dies gilt allerdings nicht für die pauschale Lohnsteuer nach § 40b EStG (§ 40b Abs. 4 Satz 1 i.V.m. § 40 Abs. 3 Satz 2 zweiter Halbsatz EStG), → *Abwälzung der pauschalen Lohnsteuer auf den Arbeitnehmer* Rz. 28.

In **gegenseitigem Einvernehmen** zwischen Arbeitnehmer und Arbeitgeber **durchgeführte Gehaltsumwandlungen** im Vorhinein erkennt die Finanzverwaltung steuerlich grds. an. So ist es z.B. zulässig, in einer Vereinbarung auf einen bestimmten Teil des Bruttoarbeitslohns zu verzichten und zugleich vom Arbeitgeber einen Pkw oder ein Datenverarbeitungsgerät zur Verfügung gestellt zu bekommen.

Es darf sich dabei aber **nicht um eine bloße Lohnverwendungsabrede** handeln (vgl. BFH v. 6.3.2008, VI R 6/05, BStBl II 2008, 530). Eine solche liegt z.B. in Fällen vor, in denen sich Arbeitnehmer ihre Verbindlichkeiten gegenüber Dritten etwa aus Kauf, Miete oder Darlehen erfüllen lassen, wie auch für die Fälle, in denen Arbeitgeber und Arbeitnehmer Rechtsgeschäfte wie zwischen fremden Dritten abschließen, zu deren Erfüllung Barlohn verwendet wird. Keine Lohnverwendung liegt dagegen vor, wenn eine Gehaltsminderung vereinbart wurde. Ein Verzicht auf Lohn und die Verfügung über die Verwendung würden sich gegenseitig ausschließen.

Beispiel 1:

Ein Arbeitgeber schließt mit einem Mobilfunkanbieter Verträge (Telekommunikation/mobile Daten einschließlich Smartphones) ab und überlässt diese seinen Arbeitnehmern unentgeltlich zur privaten Nutzung. Die monatlichen Kosten hierfür betragen einschließlich Smartphone 40 €.

Die Überlassung betrieblicher Datenverarbeitungsgeräte ist steuerfrei gem. § 3 Nr. 45 EStG.

Beispiel 2:

Ein Arbeitgeber schenkt seinen Arbeitnehmern zum Geburtstag ein Smartphone.

Es handelt sich nicht um die Überlassung eines betrieblichen Datenverarbeitungsgeräts, sondern um eine Übereignung. § 3 Nr. 45 EStG ist daher nicht anwendbar, es liegt steuerpflichtiger Arbeitslohn vor. Sofern das Smartphone dem Arbeitnehmer zusätzlich zum ohnehin geschuldeten Arbeitslohn geschenkt wird, kann der geldwerte Vorteil mit 25 % pauschal lohnversteuert werden (§ 40 Abs. 2 Satz 1 Nr. 5 EStG).

Beispiel 3:

Ein Arbeitgeber schließt mit einem Mobilfunkanbieter einen Vertrag (Telekommunikation/mobile Daten einschließlich Smartphone) ab und überlässt diesen seinem Arbeitnehmer zur privaten Nutzung. Die monatlichen Kosten hierfür betragen einschließlich Smartphone 40 €. Der Arbeitnehmer hat einen Anspruch auf einen Bruttoarbeitslohn von monatlich 3 000 €. Ergänzend zum Arbeitsvertrag wird am 21.10.2024 geregelt: „Ab 1.11.2024 beträgt der Bruttoarbeitslohn 2 960 €. Darüber hinaus erhält der Mitarbeiter ein betriebliches Smartphone zur privaten Nutzung."

Der ab 1.11.2024 gewährte Sachbezug „Smartphone" einschließlich Verbindungsentgelte ist steuerfrei nach § 3 Nr. 45 EStG, weil es sich um ein betriebliches Gerät handelt. In diesen Fällen sind auch die vom Arbeitgeber getragenen Verbindungsentgelte steuerfrei. Die Gehaltsumwandlung ist anzuerkennen, weil sie im Vorhinein wirksam vertraglich vereinbart wurde. Der steuerpflichtige Arbeitslohn beträgt ab 1.11.2024 2 960 €.

Beispiel 4:

Ein Arbeitgeber „kauft" das Mobiltelefon des Arbeitnehmers zu einem nicht marktüblichen Preis von 1 € und stellt es anschließend dem Arbeitnehmer zur privaten Nutzung zur Verfügung. Die Verbindungsentgelte des Arbeitnehmers werden nach dem „Kauf" vom Arbeitgeber übernommen.

Entgegen der Auffassung der Finanzverwaltung stellte der BFH in zwei Urteilen klar, dass solch eine Erstattung von Telefonkosten für einen vom Arbeitnehmer abgeschlossenen Mobilfunkvertrag durch den Arbeitgeber auch dann nach § 3 Nr. 45 EStG steuerfrei ist, wenn der Arbeitgeber das Mobiltelefon, durch dessen Nutzung die Telefonkosten entstanden sind, vom Arbeitnehmer zu einem niedrigen, ggf. auch unter dem Marktwert liegenden Preis erworben hat und er das Mobiltelefon dem Arbeitnehmer unmittelbar danach wieder zur privaten Nutzung überlässt (BFH v. 23.11.2022, VI R 49/20 und VI R 50/20, BStBl II, 584).

3. Nichtzulässige Barlohnumwandlung

In vielen Fällen hat der Gesetzgeber ausdrücklich die Steuerfreiheit oder die Pauschalierungsmöglichkeit davon abhängig gemacht, dass die Leistungen **zusätzlich zum ohnehin geschuldeten Arbeitslohn** erbracht werden, z.B. bei **1220**

- Zuschüssen des Arbeitgebers zu den Aufwendungen des Arbeitnehmers für **Fahrten mit öffentlichen Verkehrsmitteln im Linienverkehr** (ohne Luftverkehr) **zwischen Wohnung und erster Tätigkeitsstätte** sowie für **Fahrten im öffentlichen Personennahverkehr** (§ 3 Nr. 15 EStG),
- Leistungen des Arbeitgebers zur Unterbringung und Betreuung von nicht schulpflichtigen Kindern der Arbeitnehmer in **Kindergärten** oder vergleichbaren Einrichtungen (§ 3 Nr. 33 EStG),
- Leistungen des Arbeitgebers zur Verbesserung des allgemeinen Gesundheitszustands und der **betrieblichen Gesundheitsförderung** (§ 3 Nr. 34 EStG),
- Leistungen des Arbeitgebers an ein **Dienstleistungsunternehmen zwecks Beratung** oder Vermittlung von Betreuungspersonen sowie für die **kurzfristige Betreuung** – auch im privaten Haushalt – **von Kindern und pflegebedürftigen Angehörigen** bis zu 600 € im Jahr (§ 3 Nr. 34a EStG),
- der **Überlassung eines betrieblichen Fahrrads**, das kein Kraftfahrzeug i.S.d. § 6 Abs. 1 Nr. 4 Satz 2 EStG ist (§ 3 Nr. 37 EStG),
- vom Arbeitgeber gewährten Vorteilen für das elektrische **Aufladen eines Elektrofahrzeugs** oder Hybridelektrofahrzeugs an einer ortsfesten betrieblichen Einrichtung des Arbeitgebers oder eines verbundenen Unternehmens (§ 15 AktG) und für die zur privaten Nutzung überlassenen betrieblichen Ladevorrichtungen (§ 3 Nr. 46 EStG),
- Anwendung der 50 €-Freigrenze nach § 8 Abs. 2 Satz 11 zweiter Halbsatz EStG bei **Gutscheinen und Geldkarten** i.S.d. § 8 Abs. 1 Satz 3 EStG (→ *Warengutscheine* Rz. 4406),
- **Pauschalierung der Einkommensteuer bei Sachzuwendungen an Arbeitnehmer** (§ 37b Abs. 2 EStG),
- Zuschüssen des Arbeitgebers zu den Aufwendungen des Arbeitnehmers für **Fahrten zwischen Wohnung und erster Tätigkeitsstätte**, insbesondere Fahrten mit dem Pkw (§ 40 Abs. 2 Satz 2 Nr. 1 Buchst. b EStG),
- Zuschüssen des Arbeitgebers zu den Aufwendungen des Arbeitnehmers für die **Internetnutzung** und bei der unentgeltlichen oder verbilligten **Übereignung von Datenverarbeitungsgeräten** an Arbeitnehmer (§ 40 Abs. 2 Satz 1 Nr. 5 EStG),
- Zuschüssen des Arbeitgebers zu den Aufwendungen des Arbeitnehmers für den Erwerb und die Nutzung von **Ladevor-**

richtungen für Elektrofahrzeuge oder Hybridelektrofahrzeuge und bei der unentgeltlichen oder verbilligten **Übereignung solcher Ladevorrichtungen** an Arbeitnehmer (§ 40 Abs. 2 Satz 1 Nr. 6 EStG),

- **Übereignung eines betrieblichen Fahrrads**, das kein Kraftfahrzeug i.S.d. § 6 Abs. 1 Nr. 4 Satz 2 EStG ist (§ 40 Abs. 2 Satz 1 Nr. 7 EStG).

Diese Vergütungsbestandteile werden nur dann steuerlich begünstigt, wenn sie **zusätzlich zum ohnehin geschuldeten Arbeitslohn** erbracht werden. Auch der BAV-Förderbetrag darf vom Arbeitgeber nur beansprucht werden, wenn der Arbeitgeberbeitrag zusätzlich zum ohnehin geschuldeten Arbeitslohn gezahlt wird (→ *Zukunftssicherung: BAV-Förderbetrag* Rz. 4640).

1221 **Durchlaufende Gelder und Auslagenersatz** nach § 3 Nr. 50 EStG werden **immer zusätzlich gezahlt**, da sie ihrem Wesen nach keinen Arbeitslohn darstellen. Sie können daher auch **keinen anderen Arbeitslohn ersetzen** (R 3.50 Abs. 1 Satz 4 LStR). Eine Gehaltsumwandlung kommt daher in diesen Fällen nicht in Betracht (→ *Auslagenersatz und durchlaufende Gelder* Rz. 916). Gleiches gilt u.E. auch für eine „Umwandlung" von Arbeitslohn in Sachzuwendung mit einem Wert bis zu 60 € aus Anlass eines besonderen persönlichen Ereignisses (Aufmerksamkeiten i.S. der R 19.6 LStR). Da auch Aufmerksamkeiten ihrem Wesen nach keinen Arbeitslohn darstellen (→ *Annehmlichkeiten* Rz. 167), können sie auch **keinen anderen Arbeitslohn ersetzen**.

Beispiel 1:

Ein Arbeitnehmer verzichtet monatlich im Vorhinein auf einen Teil seines Gehalts. Stattdessen erhält er die tatsächlichen Reinigungskosten seiner vom Arbeitgeber gestellten Berufskleidung vom Arbeitgeber erstattet. Der Arbeitnehmer muss dem Arbeitgeber monatlich im Nachhinein die Belege hierfür vorlegen.

Die vom Arbeitnehmer getätigten Ausgaben für Rechnung des Arbeitgebers, die er im Einzelnen abrechnet, stellen durchlaufende Gelder bzw. Auslagenersatz dar. Echter Auslagenersatz und echte durchlaufende Gelder werden nur dann als steuerfrei anerkannt, wenn sie zusätzlich zum geschuldeten Arbeitslohn gezahlt werden, weil sie ihrem Wesen nach an sich keinen Arbeitslohn darstellen. Sie können daher auch keinen anderen Arbeitslohn ersetzen (R 3.50 Abs. 1 LStR).

Beispiel 2:

Ein Arbeitnehmer verzichtet monatlich im Vorhinein auf 20 € und erhält stattdessen vom Arbeitgeber pauschal 20 € Reinigungskosten für seine Berufskleidung erstattet.

Pauschale Leistungen für die Reinigung von Arbeitskleidung sind grds. kein Auslagenersatz und keine durchlaufenden Gelder. Insoweit mangelt es am Einzelnachweis. Etwas anderes kann nur dann gelten, wenn der pauschale Auslagenersatz regelmäßig wiederkehrt und der Arbeitnehmer die entstandenen Aufwendungen für die Reinigung arbeitgebereigener Berufskleidung für einen repräsentativen Zeitraum von drei Monaten im Einzelnen nachweist (R 3.50 Abs. 2 LStR).

Beispiel 3:

In einer Ergänzung zum Arbeitsvertrag wird geregelt, dass ein Arbeitnehmer einen Anspruch auf Aufmerksamkeiten zu „persönlichen Ereignissen" (z.B. Geburtstag, Hochzeit, Geburt des Kindes, Namenstag) i.H.v. 60 € hat, die er mittels Warengutschein erhält. In dieser Vereinbarung wird im Vorhinein wirksam vereinbart, dass der Arbeitnehmer in derselben Höhe auf seinen Bruttoarbeitslohn verzichtet.

Sachleistungen des Arbeitgebers, die auch im gesellschaftlichen Verkehr üblicherweise ausgetauscht werden und zu keiner ins Gewicht fallenden Bereicherung der Arbeitnehmer führen, gehören als bloße Aufmerksamkeiten nicht zum Arbeitslohn, wenn der Wert der Sachleistung 60 € nicht übersteigt (→ *Annehmlichkeiten* Rz. 167).

In diesem Fall liegt allerdings keine Aufmerksamkeit vor, weil die „Aufmerksamkeiten" über Gehaltsumwandlung generiert werden. Hierdurch verlieren die gewährten Zuwendungen den Charakter als nicht steuerbare Aufmerksamkeiten, sondern führen vielmehr zu Arbeitslohn (durch den Austausch von Barlohn in Sachlohn).

4. Begriff und Kriterium „ohnehin geschuldeter Arbeitslohn"

a) Gesetzliche Regelung

1222 Mit dem Jahressteuergesetz 2020 hat der Gesetzgeber den Begriff **„zusätzlich zum ohnehin geschuldeten Arbeitslohn"** rückwirkend zum 1.1.2020 wie Folgt definiert:

„Im Sinne dieses Gesetzes werden Leistungen des Arbeitgebers oder auf seine Veranlassung eines Dritten (Sachbezüge oder Zuschüsse) für eine Beschäftigung nur dann zusätzlich zum ohnehin geschuldeten Arbeitslohn erbracht, wenn

1. *die Leistung nicht auf den Anspruch auf Arbeitslohn angerechnet,*
2. *der Anspruch auf Arbeitslohn nicht zu Gunsten der Leistung herabgesetzt,*
3. *die verwendungs- oder zweckgebundene Leistung nicht an Stelle einer bereits vereinbarten künftigen Erhöhung des Arbeitslohns gewährt und*
4. *bei Wegfall der Leistung der Arbeitslohn nicht erhöht*

wird. Unter den Voraussetzungen des Satzes 1 ist von einer zusätzlich zum ohnehin geschuldeten Arbeitslohn erbrachten Leistung auch dann auszugehen, wenn der Arbeitnehmer arbeitsvertraglich oder auf Grund einer anderen arbeits- oder dienstrechtlichen Rechtsgrundlage (wie Einzelvertrag, Betriebsvereinbarung, Tarifvertrag, Gesetz) einen Anspruch auf diese hat."

Diese Neuregelung ist als eine Reaktion des Gesetzgebers auf wohl „unliebsame" BFH-Entscheidungen zu sehen (z.B. BFH-Urteil v. 1.8.2019, VI R 32/18, BStBl II 2020, 106). Die ausführliche Gesetzesbegründung dazu findet sich in der BR-Drucks. 503/20 sowie der BT-Drucks. 19/25160.

Letztlich ist dadurch die vorangegangene arbeitnehmerfreundliche **BFH-Rechtsprechung nicht mehr anzuwenden.**

Das bedeutet im Einzelnen:

b) Keine Gehaltsumwandlung

Die gesetzliche Zusätzlichkeitsvoraussetzung ist nur erfüllt, wenn 1223 die zweckbestimmte Leistung zu dem Arbeitslohn hinzukommt, den **der Arbeitgeber arbeitsrechtlich schuldet**, zur Frage, wann eine zusätzliche Leistung arbeitsrechtlich geschuldet wird, → *Gratifikationen* Rz. 2389, → *Weihnachtsgratifikation* Rz. 4474. Reine **Gehaltsumwandlungen sind danach schädlich**, s. BMF v. 15.3.2022, IV C 5 – S 2334/19/10007 :007, BStBl I 2022, 242.

Kommt die zweckbestimmte Leistung zu dem Arbeitslohn hinzu, den der Arbeitgeber (vor der Gewährung dieser Leistung) schuldet, ist das Tatbestandsmerkmal „zusätzlich zum ohnehin geschuldeten Arbeitslohn" auch dann erfüllt, wenn der Arbeitnehmer arbeitsvertraglich oder auf Grund einer anderen arbeits- oder dienstrechtlichen Rechtsgrundlage einen **Anspruch auf die zweckbestimmte Leistung** hat.

Eine **zusätzliche Leistung liegt auch vor**, wenn sie **unter Anrechnung auf eine andere freiwillige Sonderzahlung**, z.B. freiwillig geleistetes Weihnachtsgeld, erbracht wird. **Unschädlich** ist es, wenn der Arbeitgeber **verschiedene zweckgebundene Leistungen zur Auswahl** anbietet oder die übrigen Arbeitnehmer **die freiwillige Sonderzahlung** erhalten.

Beispiel 1:

Die Arbeitnehmer erhalten vom Arbeitgeber Fahrtkostenzuschüsse für die Fahrten mit ihrem Pkw, die nach § 40 Abs. 2 Satz 2 Nr. 1 Buchst. b EStG mit 15 % pauschal versteuert werden. Die Fahrtkostenzuschüsse werden auf das **unter Freiwilligkeitsvorbehalt gezahlte Weihnachtsgeld** angerechnet, d.h. Arbeitnehmer mit höheren Fahrtkostenzuschüssen erhalten weniger Weihnachtsgeld als Arbeitnehmer mit niedrigeren Fahrtkostenzuschüssen.

Weil auf das Weihnachtsgeld **kein arbeitsrechtlicher Anspruch** besteht (→ *Weihnachtsgratifikation* Rz. 4474), werden die Fahrtkostenzuschüsse zusätzlich zum ohnehin geschuldeten Arbeitslohn gezahlt und können **pauschal versteuert** werden (→ *Wege zwischen Wohnung und erster Tätigkeitsstätte* Rz. 4453).

Beispiel 2:

Sachverhalt wie Beispiel 1, aber das Weihnachtsgeld wird auf Grund eines Tarifvertrags gezahlt.

Da auf das Weihnachtsgeld **ein arbeitsrechtlicher Anspruch** besteht (→ *Weihnachtsgratifikation* Rz. 4474), werden die Fahrtkostenzuschüsse nicht zusätzlich zum ohnehin geschuldeten Arbeitslohn gezahlt und dürfen daher **nicht pauschal versteuert** werden.

Beispiel 3:

Der Arbeitgeber hat mit dem Arbeitnehmer bisher einen Bruttoarbeitslohn von 3 000 € vereinbart. Seit Mai 2025 erhält der Arbeitnehmer an Stelle einer Barlohnerhöhung einen Kindergartenzuschuss i.H.v. 100 €. Diese Vereinbarung wird als Anhang zum Arbeitsvertrag genommen.

Der Kindergartenzuschuss ist nach § 3 Nr. 33 EStG **steuerfrei**, weil der Arbeitgeber den Zuschuss **zusätzlich zum ohnehin geschuldeten Arbeitslohn** leistet. Der Arbeitnehmer sollte dem Arbeitgeber für das Lohnkonto einen Nachweis über die Kindergartenbeiträge im Original aushändigen.

Schädlich sind sog. **Rückfallklauseln**, wonach ab dem Wegfall der Voraussetzungen für die Ersatzvergütung diese nicht ersatzlos wegfällt, sondern dem Arbeitnehmer nun wieder automatisch ein Anspruch auf den ursprünglichen Bruttoarbeitslohn zusteht.

Beispiel 4:

Bis Juli 2025 besucht das Kind des Arbeitnehmers den Kindergarten, für dessen Gebühren der Arbeitnehmer vom Arbeitgeber steuerfreie Zuschüsse nach § 3 Nr. 33 EStG erhält. Ab September 2025 befindet sich das Kind des Arbeitnehmers in der Grundschule. Arbeitgeber und Arbeitnehmer hatten seinerzeit vereinbart, dass mit Eintritt der Schulpflicht des Kindes der vormalige Arbeitslohnanspruch wieder auflebt.

Mit der arbeitsvertraglichen Vereinbarung hätte der Arbeitnehmer automatisch ab September 2025 einen arbeitsvertraglichen Anspruch auf den vormaligen Arbeitslohn vor der Herabsetzung. Die Vereinbarung ist daher von Anfang an nicht anzuerkennen mit der Folge, dass **kein steuerfreier Kindergartenzuschuss** gezahlt werden darf.

Zudem ist es **schädlich**, wenn dem Arbeitnehmer **einseitig** ein **Kündigungsrecht mit Anspruch auf Rückkehr zum ursprünglichen Bruttoarbeitslohn** eingeräumt wird, d.h. der Arbeitnehmer kann jederzeit nach eigenem Entschluss von seinem Kündigungsrecht Gebrauch machen und zum ursprünglichen Barlohn zurückkehren.

c) Befristete Arbeitsverträge

1224 Sofern beim Auslaufen befristeter Arbeitsverträge in **neuen** Arbeitsverträgen entsprechende Regelungen getroffen werden, ist das Tatbestandsmerkmal „zusätzlich zum ohnehin geschuldeten Arbeitslohn" grds. **erfüllt, sofern keine Rückfallklauseln** vereinbart wurden.

d) Unbefristete Arbeitsverträge

1225 Werden unbefristete Arbeitsverträge abgeändert, z.B. durch eine Änderungskündigung, ist das Tatbestandsmerkmal „zusätzlich zum ohnehin geschuldeten Arbeitslohn" nach § 8 Abs. 4 EStG **nicht erfüllt**, weil durch die im gegenseitigen Einvernehmen abgeschlossenen Änderungsverträge arbeitsrechtlich geschuldeter Arbeitslohn **lediglich umgewandelt** wird.

Beispiel:

Der Arbeitnehmer hat nach seinem Arbeitsvertrag Anspruch auf einen Bruttoarbeitslohn von monatlich 3 000 €. Er vereinbart mit seinem Arbeitgeber im März 2025, ab April 2025 den Bruttoarbeitslohn auf 2 920 € herabzusetzen und einen nach § 3 Nr. 33 EStG steuerfreien Kindergartenzuschuss i.H.v. 80 € monatlich zu zahlen.

Der ab April 2025 gezahlte Kindergartenzuschuss ist **nicht steuerfrei**, weil er **nicht zusätzlich zum ohnehin geschuldeten**, sondern durch Umwandlung von geschuldetem Bruttoarbeitslohn erbracht wird. Der steuerpflichtige Bruttoarbeitslohn beträgt daher auch ab April 2025 unverändert 3 000 € monatlich.

5. Weitere Einzelfälle

1226 Der **BFH** hat in folgenden Fällen eine Umwandlung von Barlohn **anerkannt:**

- Umwandlung von Barlohn in steuerfreie Vergütungen zur Erstattung von **Reisekosten** (BFH v. 27.4.2001, VI R 2/98, BStBl II 2001, 601). Voraussetzung ist allerdings, dass Arbeitgeber und Arbeitnehmer die Lohnumwandlung **vor der Entstehung** des Vergütungsanspruchs vereinbaren,
- Umwandlung von Barlohn in Sachbezüge (BFH v. 20.8.1997, VI B 83/97, BStBl II 1997, 667). Im Urteilsfall ist den Arbeitnehmern ein **Leasing-Fahrzeug zur privaten Nutzung** überlassen worden, wofür die Arbeitnehmer **unter Änderung ihrer Anstellungsverträge** auf einen Teil ihrer Bezüge verzichteten.

Hingegen hat der **BFH** im folgenden Fall die Umwandlung von Barlohn als steuerlich nicht zulässig **abgelehnt:**

- Umwandlung eines tarifvertraglich festgelegten **Urlaubsanspruchs** gegen einen beim Arbeitgeber einzulösenden **Warengutschein** (BFH v. 6.3.2008, VI R 6/05, BStBl II 2008, 530).

6. Sozialversicherung

Anders als im Steuerrecht wirkt sich eine Umwandlung des **laufenden Arbeitsentgelts im Sozialversicherungsrecht nicht beitragsmindernd aus**. Vielmehr gehören die vorgenannten Leistungen, die vom laufenden Arbeitsentgelt abgezweigt werden, in voller Höhe zum Arbeitsentgelt. So hat zuletzt das BSG entschieden, dass Tankgutscheine über einen bestimmten Euro-Betrag und Einnahmen aus der Vermietung von Werbeflächen auf privaten Pkws, die als neue Gehaltsanteile an Stelle des Bruttoarbeitslohns erzielt werden, sozialversicherungspflichtiges Arbeitsentgelt sind und der Beitragspflicht unterliegen (BSG v. 23.2.2021, B 12 R 21/18 R). 1227

Pauschal besteuerte Zukunftssicherungsleistungen sind nur dann vom Arbeitsentgelt ausgenommen, wenn es sich um eine zusätzliche Leistung des Arbeitgebers handelt oder aber, wenn die Leistungen aus Einmalzahlungen finanziert werden (→ *Zukunftssicherung: Betriebliche Altersversorgung* Rz. 4653).

Basisabsicherung

→ *Vorsorgeaufwendungen* Rz. 4359

Bauabzugssteuer

Gemäß §§ 48 bis 48d EStG haben unternehmerisch tätige Auftraggeber von Bauleistungen (Leistungsempfänger) im Inland einen **Steuerabzug von 15 %** der Gegenleistung für Rechnung des die Bauleistung erbringenden Unternehmens (Leistender) vorzunehmen, wenn nicht eine gültige, vom zuständigen Finanzamt des Leistenden ausgestellte Freistellungsbescheinigung vorliegt oder bestimmte Freigrenzen nicht überschritten werden. Zuständig für den Steuerabzug im Zusammenhang mit Bauleistungen ist das Finanzamt des Leistenden; ist der leistende Unternehmer eine natürliche Person, ist dies das Wohnsitzfinanzamt. Weitere Einzelheiten enthält das BMF-Einführungsschreiben (BMF v. 19.7.2022, IV C 8 – S 2272/19/10003 :002, BStBl I 2022, 1229). 1228

Für das **Lohnsteuerverfahren** sind folgende Regelungen von Bedeutung:

- Das bauausführende Unternehmen kann die einbehaltene Bauabzugssteuer auf die nach § 41a Abs. 1 EStG einbehaltene und angemeldete **Lohnsteuer anrechnen**; die Anrechnung wird vom Finanzamt vorgenommen, die Lohnsteueranmeldung enthält deshalb keine entsprechende Eintragungsmöglichkeit.
- Im Zusammenhang mit der Einführung des Steuerabzugs wurde außerdem für Unternehmen des Baugewerbes, die ihren Sitz oder ihre Geschäftsleitung im Ausland haben, jeweils eine zentrale **örtliche Zuständigkeit von Finanzämtern im Bundesgebiet** geschaffen (§ 20a Abs. 1 AO). Diese umfasst auch das **Lohnsteuerabzugsverfahren** sowie die Einkommensbesteuerung der von diesen Unternehmen im Inland beschäftigten Arbeitnehmer mit Wohnsitz im Ausland. Ein im Ausland ansässiges Bauunternehmen kann danach im Inland nur eine lohnsteuerliche Betriebsstätte haben. Daher sind die in der **Umsatzsteuerzuständigkeitsverordnung** genannten Finanzämter für die Besteuerung der inländischen Umsätze des im Inland steuerpflichtigen Einkommens des Leistenden, für die Verwaltung der Lohnsteuer der Arbeitnehmer des Leistenden, für die Anmeldung und Abführung des Steuerabzugs nach § 48 EStG, für die Erteilung oder Ablehnung von Freistellungsbescheinigungen und für die Anrechnung oder Erstattung des Steuerabzugs nach § 48c EStG zuständig. Entsprechendes gilt nach § 20a Abs. 2 AO in Fällen der **Arbeitnehmerüberlassung** durch ausländische Verleiher, sofern die überlassene Person im Baugewerbe eingesetzt ist.

Bauabzugsteuer i.S.d. § 48 Abs. 1 Satz 1 EStG kann auch für die Errichtung von **Freiland-Photovoltaikanlagen** anfallen, da die Begriffe Bauwerk und Bauleistung normspezifisch auszulegen sind. Die der Bauabzugsteuer unterliegenden Bauwerke sind insbesondere nicht auf Gebäude oder unbewegliche Wirtschaftsgüter beschränkt, sondern kommen auch bei Scheinbestandteilen, Betriebsvorrichtungen und technischen Anlagen in Betracht. Ob die Einkünfte des Leistenden in Deutschland steuerpflichtig sind, spielt für die Bauabzugsteuer grds. keine Rolle. Die **Bauabzugsteuer ist mit Unionsrecht vereinbar**, da die dadurch verursachte Beschränkung der Dienstleistungsfreiheit gem. Art. 56 AEUV unter dem Gesichtspunkt der Effizienz der Steuerbeitreibung gerechtfertigt ist (BFH v. 7.11.2019, I R 46/17, BStBl II 2020, 552).

Baudarlehen

→ *Zinsersparnisse/Zinszuschüsse* Rz. 4615

Baugenossenschaften

1229 Den Arbeitnehmern überlassene **Anteile an Genossenschaften** sind unter weiteren Voraussetzungen nach § 3 Nr.39 EStG steuerbegünstigt und können mit vermögenswirksamen Leistungen erworben werden (→ *Vermögensbeteiligungen* Rz. 4267, → *Vermögensbildung der Arbeitnehmer* Rz. 4295).

LSt SV

Zur Besteuerung eines geldwerten Vorteils bei der **Vermietung von Wohnungen** eines ehemals gemeinnützigen Wohnungsunternehmens an Arbeitnehmer verbundener Unternehmen → *Dienstwohnung* Rz. 1544.

Baukostenzuschüsse

→ *Darlehen an Arbeitnehmer* Rz. 1523, → *Dienstwohnung* Rz. 1544

Bausparbeträge

→ *Vermögensbildung der Arbeitnehmer* Rz. 4295

Bausparkassen-Mitarbeiter

1230 **Bausparkassenvertreter** üben je nach den vertraglichen Gestaltungen im Einzelfall entweder eine gewerbliche Tätigkeit (vgl. BFH v. 28.6.1989, I R 114/85, BStBl II 1989, 965 betr. einen Aktionsleiter) oder eine nichtselbständige Tätigkeit aus (→ *Arbeitnehmer* Rz. 191, → *Vertreter* Rz. 4346).

Die **Immobilienberaterin** einer Bausparkasse steht in keinem Arbeitsverhältnis zu ihrem Vertragspartner, wenn sie im Wesentlichen frei ihre Arbeitszeit bestimmen und ihre Tätigkeit gestalten kann (LAG Rheinland-Pfalz v. 16.2.2012, 11 Sa 534/11).

Der Verzicht auf die Erhebung der Abschlussgebühr bleibt bei Bausparkassenmitarbeitern i.R. des § 8 Abs. 3 EStG steuerfrei, vgl. → *Rabatte* Rz. 3523; zu **Provisionszahlungen** von Bausparkassen an Arbeitnehmer von Kreditinstituten → *Provisionen* Rz. 3510; ferner → *Abschlussgebühr: Zahlungsverzicht* Rz. 21.

LSt (durchgestrichen) SV (durchgestrichen)

Beamte

1. Lohnsteuer

a) Allgemeines

1231 Beamte üben ihre **Haupttätigkeit** grds. als **Arbeitnehmer** aus, das Gehalt ist steuerpflichtiger Arbeitslohn. Bei der Berechnung der Lohnsteuer ist diese nach der **besonderen Lohnsteuertabelle** zu ermitteln, weil Beamte in keinem Sozialversicherungszweig versichert sind (→ *Lohnsteuertabellen* Rz. 3038). Zur Berechnung der Vorsorgepauschale bei Beamten → *Vorsorgepauschale* Rz. 4378.

Auch **Beamtenanwärter** sind Arbeitnehmer; die Anwärterbezüge stellen steuerpflichtigen Arbeitslohn dar, s. z.B. → *Referendare* Rz. 3586. Die Beamtenanwärter können abhängig vom jeweiligen Ausbildungsablauf ihre Ausbildung i.R. von Dienstreisen oder auch als Einsatzwechseltätigkeit ausüben (Reisekosten); auch → *Auszubildende* Rz. 1188.

b) „Selbständige" Nebentätigkeiten

1232 **Nebentätigkeiten** können hingegen selbständig ausgeübt werden. So sind z.B. nebenberuflich ausgeübte **Lehr- oder Prüfungstätigkeiten** als freiberufliche Tätigkeiten i.S.d. § 18 Abs. 1 Nr. 1 EStG anzusehen, vgl. H 19.2 (Nebenberufliche Lehrtätigkeit) LStH. Dies gilt auch für die

- Tätigkeit als **Aufsichtsratsmitglied**, es sei denn, die Tätigkeit ist auf Verlangen, Vorschlag oder Veranlassung des Dienstherrn übernommen worden (→ *Aufsichtsratsvergütungen* Rz. 855), oder für
- Vergütungen eines **Gemeindedirektors** für die Tätigkeit als **Mitglied einer Schätzungskommission** (BFH v. 8.2.1972, VI R 7/69, BStBl II 1972, 460).

Vergütungen für selbständige Nebentätigkeiten unterliegen nicht dem Lohnsteuerabzug. Der Empfänger hat sie ggf. in seiner Einkommensteuererklärung anzugeben (→ *Veranlagung von Arbeitnehmern* Rz. 4233). Für Lehr- und Prüfungstätigkeiten kann ggf. die Steuerbefreiung nach § 3 Nr. 26 EStG in Anspruch genommen werden (→ *Nebenberufliche steuerbegünstigte Tätigkeiten* Rz. 3236).

c) „Unselbständige" Nebentätigkeiten

Streitig ist in der Praxis immer wieder die Abgrenzung der Einkunftsart bei bestimmten **Hilfstätigkeiten**, die mit der hauptberuflichen Tätigkeit unmittelbar zusammenhängen. Der BFH rechnet solche Tätigkeiten der Haupttätigkeit zu, wenn dem Arbeitnehmer aus seinem **„Hauptdienstverhältnis" Nebenpflichten obliegen**, die zwar im Arbeitsvertrag nicht ausdrücklich vorgesehen sind, deren Erfüllung der **Arbeitgeber aber nach der tatsächlichen Gestaltung des Dienstverhältnisses und nach der Verkehrsanschauung erwarten darf**. Als Nebenpflichten aus dem Dienstverhältnis sind jedoch nur solche Pflichten anzusehen, die in einer **unmittelbaren sachlichen Beziehung** zu der nichtselbständig ausgeübten Tätigkeit stehen, auch wenn der Arbeitgeber die zusätzlichen Leistungen besonders vergütet. Die Ausübung der Nebenpflichten muss der Weisung und Kontrolle des Dienstherrn unterliegen. Liegt ein unmittelbarer Zusammenhang in diesem Sinne zwischen der Haupt- und der Nebentätigkeit des Arbeitnehmers nicht vor, so ist die Nebentätigkeit ohne Rücksicht auf die hauptberufliche Tätigkeit zu beurteilen, vgl. H 19.2 (Allgemeines) LStH und H 19.2 (Nebentätigkeit bei demselben Arbeitgeber) LStH. 1233

Vergütungen für folgende „Nebenpflichten" aus dem Dienstverhältnis werden hiernach der **Haupttätigkeit zugerechnet** und sind somit zusammen mit dem **„normalen" Arbeitslohn dem Lohnsteuerabzug zu unterwerfen:**

- Aufsichtsvergütungen für die **„reine" Aufsichtsführung** bei juristischen Staatsprüfungen (OFD Hannover v. 23.5.1995, S 2332 – 135 – StH 211),
- Vergütungen für die **Abnahme medizinischer Tests** bei medizinischen Studiengängen (OFD Koblenz v. 12.6.1996, S 2332 A – St 33 1).

Mit der Zuordnung der Nebentätigkeit zur Haupttätigkeit **entfallen** gleichzeitig die auf bestimmte **nebenberufliche Tätigkeiten beschränkten Steuerbefreiungen der** § 3 Nr. 26, 26a EStG (→ *Nebenberufliche steuerbegünstigte Tätigkeiten* Rz. 3236).

Ein Beamter kann mit einer Nebentätigkeit aber auch ein **zweites Dienstverhältnis** begründen. Nach Auffassung des FG Niedersachsen ist die Tätigkeit eines **Kommunalbeamten in einer von einer Stadt beherrschten GmbH** jedenfalls dann als gesondertes Dienstverhältnis zu werten, wenn die Gesellschaft auf Grund des geschlossenen Geschäftsführervertrags mit dem Beamten ein eigenes Vertragsverhältnis bekundet und die Aufwandsentschädigung für die Geschäftsführertätigkeit auch von dieser gezahlt wird (Urteil v. 14.3.2005, 3 K 644/04). Der Arbeitslohn aus der Nebentätigkeit konnte daher von der GmbH nach § 40a EStG **pauschal versteuert** werden.

d) Arbeitslohn

Zum steuerpflichtigen Arbeitslohn gehören zunächst das Gehalt und die spätere Pension, aber auch Übergangsgelder und Übergangsbeihilfen wegen einer Entlassung aus dem Dienstverhältnis, z.B. die Sonderzahlungen an Zeitsoldaten anlässlich des Ausscheidens aus der Bundeswehr. 1234

Häufig sind Beamte, bevor sie tatsächlich verbeamtet werden, zunächst als Angestellte bei ihrem Dienstherrn tätig. Erfolgt die Übernahme ins Beamtenverhältnis innerhalb von fünf Jahren, können die Neu-Beamten eine **Erstattung der geleisteten Ar-**

beitnehmerbeiträge zur Rentenversicherung beantragen (§ 210 Abs. 1a SGB VI). Der **BFH** (Urteil v. 7.7.2020, X R 35/18, BStBl II 2021, 750) hat entschieden, dass die Erstattung von Rentenversicherungsbeiträgen gem. § 210 Abs. 1a SGB VI eine steuerbare, aber nach § 3 Nr. 3 Buchst. b EStG **steuerfreie Einnahme darstellt. Dies steht einer Behandlung als sog. negative Sonderausgaben entgegen**, d.h. dass der Erstattungsbetrag nicht mit im gleichen Jahr als Sonderausgaben geltend gemachten Altersvorsorgeaufwendungen verrechnet werden dürfen.

Aus **Haushaltsgründen** werden Angehörige des öffentlichen Dienstes zunehmend an den **Kosten ihrer Versorgung beteiligt**; die lohnsteuerliche Behandlung ist unterschiedlich:

- Die Beteiligung der Polizeibeamten u.a. des Landes Niedersachsen an den **Kosten der Heilfürsorge** i.H.v. 1,3 % des jeweiligen Grundgehalts stellt eine **Minderung des Arbeitslohns** dar, so dass nur die geminderten Bezüge dem Lohnsteuerabzug unterliegen (FinMin Niedersachsen v. 9.2.1999, S 2284 – 259 – 35).

  Zur steuerlichen Behandlung der **Krankenversicherungszuschüsse für Polizeibeamte** des Landes Baden-Württemberg und für **Feuerwehrbeamte der Kommunen** ab dem 1.1.2011 s. FinMin Baden-Württemberg v. 14.8.2015, 3 – S 233.3/81, StEd 2015, 603. Hiernach sind die Leistungen der Heilfürsorge steuerfrei (§ 3 Nr. 4 Buchst. d EStG). Anstelle der Leistungen aus der Heilfürsorge können Beamte des Polizeivollzugsdienstes, auch wenn sie in Planstellen des Landesamtes für Verfassungsschutz eingewiesen sind, weiterhin einen Zuschuss zu den Beiträgen an eine Krankenversicherung erhalten (§ 79 Abs. 7 LBG). Der auf Grund gesetzlicher Verpflichtung gewährte Zuschuss ist nach § 3 Nr. 62 Satz 1 EStG steuerfrei. Ferner können auch Beamte des Einsatzdienstes der Feuerwehr anstelle der Leistungen aus der Heilfürsorge zu den Aufwendungen in Krankheitsfällen Beihilfe nach den beihilferechtlichen Vorschriften des Landes und einen Zuschuss zu den Beiträgen an eine Krankenversicherung erhalten (§ 79 Abs. 4 LBG). Der auf Grund gesetzlicher Verpflichtung gewährte Zuschuss ist nach § 3 Nr. 62 Satz 1 EStG steuerfrei. Die steuerfreien Zuschüsse zu den Beiträgen an eine Krankenversicherung mindern die als Sonderausgaben abzugsfähigen Beiträge an eine Krankenversicherung (§ 10 Abs. 2 Satz 1 Nr. 1 zweiter Halbsatz EStG).

- Der von Beamten erhobene (und gleich vom Gehalt einbehaltene) **Kostenanteil für die weitere volle Beihilfe-Erstattung der sog. Wahlleistungen** ist nicht als steuerpflichtiger Arbeitslohn anzusehen (Umwandlung von Barlohn zu Gunsten einer Zusage des Arbeitgebers auf Versorgungsleistungen im Krankheitsfall); nur der geminderte Arbeitslohn unterliegt dem Lohnsteuerabzug. Die Kostenübernahme von Wahlleistungen im Krankheitsfall stellt eine nach § 3 Nr. 11 EStG steuerfreie Beihilfe des Arbeitgebers dar. Ein steuerpflichtiger geldwerter Vorteil entsteht nicht. Die Beamten können die einbehaltenen Beträge nicht als Sonderausgaben geltend machen (FinMin Baden-Württemberg v. 25.2.2004, 3 – S 235.0/21).

- Die um eine sog. **Kostendämpfungspauschale** gekürzte Beihilfe zu Krankheitsaufwendungen kann nicht als negativer Arbeitslohn i.S.d. § 19 EStG steuerlich geltend gemacht werden.

Zur Besteuerung von **Beihilfen und Unterstützungen** → *Beihilfen* Rz. 1251 sowie → *Unterstützungen* Rz. 4217.

Mit dem **Thüringer Gesetz zur Anpassung von Vorschriften aus dem Bereich des Dienstrechts** v. 30.7.2019 (GVBl. 2019, 298) wurde das ThürBG zusätzlich um eine neue Form der Beihilfe ergänzt. Dabei handelt es sich um die **pauschale Beihilfe**, die in § 72 Abs. 6 ThürBG geregelt ist. Seit dem 1.1.2020 können freiwillig in der gesetzlichen Krankenversicherung (GKV) oder in einer privaten Krankenvollversicherung (100 %) versicherte beihilfeberechtigte Personen **alternativ zur bisherigen „individuellen" Beihilfe, die jeweils zu den tatsächlich anfallenden Aufwendungen gewährt wird, die pauschale Beihilfe wählen.**

Die pauschale Beihilfe beträgt grds. die Hälfte des Beitrags einer Krankenvollversicherung. Dabei ist es ohne Bedeutung, ob die Krankenvollversicherung in der GKV besteht oder ein Versicherungsvertrag mit einer privaten Krankenversicherung (PKV) abgeschlossen wurde. Ergänzende Beihilfen werden neben der pauschalen Beihilfe nicht gewährt.

Die pauschale Beihilfe nach § 72 Abs. 6 ThürBG ist gem. § 3 Nr. 62 Satz 1 EStG in vollem Umfang **steuerfrei** und als steuerfreier Zuschuss des Arbeitgebers bei freiwillig in der GKV versicherten Beamten in der **Nr. 24a der Lohnsteuerbescheinigung** einzutragen. Entsprechende Zuschüsse zu einer PKV sind vom Arbeitgeber in der Nr. 24b der Lohnsteuerbescheinigung zu bescheinigen (FinMin Thüringen v. 19.12.2019, S 2333 – A – 34 – 21.14).

Das **erhöhte Unfallruhegehalt** nach § 37 BeamtVG wird „auf Grund der Dienstzeit" i.S.v. § 3 Nr. 6 EStG gewährt und ist somit nicht nach dieser Vorschrift steuerbefreit (BFH v. 29.5.2008, VI R 25/07, BStBl II 2009, 150).

e) Steuerfreiheit nach § 3 Nr. 67 EStG

Die Steuerbefreiung der **Kindererziehungs- und Pflegezuschläge** nach den §§ 50a bis 50e Beamtenversorgungsgesetz (BeamtVG) und den §§ 70 bis 74 des Soldatenversorgungsgesetzes (SVG) ist nach § 3 Nr. 67 EStG i.d.F. des Zollkodex-Anpassungsgesetzes v. 22.12.2014, BStBl I 2015, 58 **abgeschafft** worden, soweit die Zuschläge für ein nach dem 31.12.2014 eingetretenes Ereignis gewährt werden. Die Zuschläge sind Bestandteil des Ruhegehalts, das grds. nach § 19 Abs. 1 Satz 1 Nr. 2 EStG zu versteuern ist. Sie sind jedoch auf Grund der Sonderregelung des § 3 Nr. 67 EStG bisher steuerfrei, so dass das Ruhegehalt in einen steuerpflichtigen und einen steuerfreien Anteil aufzuteilen ist. 1235

Wird einem Stpfl. für die Erziehung eines vor dem 1.1.2015 geborenen Kindes oder für die vor dem 1.1.2015 begonnene Pflege einer pflegebedürftigen Person ein Zuschlag nach den §§ 50a bis 50e des BeamtVG oder nach den §§ 70 bis 74 des Soldatenversorgungsgesetzes oder nach vergleichbaren Regelungen der Länder gewährt, so sind für diesen Stpfl. sämtliche Zuschläge, die nach diesen Vorschriften für Zeiten nach dem 31.12.2014 anzurechnen sind, nach § 3 Nr. 67 Buchst. d EStG steuerfrei (BMF v. 8.3.2016, IV C 3 – S 2342/07/0007 :005, BStBl I 2016, 278).

Für **Altfälle** ist darüber hinaus klargestellt worden, dass die Steuerbefreiung die auf Landesrecht beruhenden Zuschläge für Kindererziehungszeiten umfasst, soweit sie den Zuschlägen nach §§ 50a bis 50e BeamtVG entsprechen (s. ausführlich die Gesetzesbegründung BR-Drucks. 432/14 S. 45).

2. Sozialversicherung

Wie im Steuerrecht gehören die Beamten im Sozialversicherungsrecht auch zur **Gruppe der Arbeitnehmer**. Jedoch nehmen sie hier eine Sonderstellung ein. 1236

a) Krankenversicherung

Beamte – hierzu zählen Richter, Soldaten auf Zeit, Berufssoldaten der Bundeswehr sowie sonstige Beschäftigte des Bundes, eines Landes, eines Gemeindeverbandes, einer Gemeinde, von öffentlich-rechtlichen Körperschaften, Anstalten, Stiftungen oder Verbänden öffentlich-rechtlicher Körperschaften oder deren Spitzenverbänden – sind in der gesetzlichen **Krankenversicherung versicherungsfrei**, wenn sie nach beamtenrechtlichen Vorschriften oder Grundsätzen bei Krankheit 1237

- Anspruch auf Fortzahlung der Bezüge und
- Anspruch auf Beihilfe oder Heilfürsorge

haben (§ 6 Abs. 1 Nr. 2 SGB V).

Sind diese Voraussetzungen erfüllt, besteht nicht nur in der **Hauptbeschäftigung als Beamter Krankenversicherungsfreiheit**, sondern auch in einer möglichen **Nebenbeschäftigung** außerhalb des Dienstverhältnisses. Damit soll vermieden werden, dass Beamte durch eine gering entlohnte Beschäftigung in der sozialen Krankenversicherung zu einem besonders günstigen Beitrag versichert werden. In derartigen Fällen braucht auch der privatrechtliche Arbeitgeber keine Beiträge zur Krankenversicherung zu entrichten. Für geringfügig entlohnt beschäftigte Beamte mit einem monatlichen Arbeitsentgelt, das die Geringfügigkeitsgrenze nicht überschreitet (seit 1.1.2026 603 € monatlich → *Mini-Jobs* Rz. 3166) hat der Arbeitgeber grds. einen pauschalen Krankenversicherungsbeitrag i.H.v. 13 % des Arbeitsentgelts zu entrichten. Dies gilt jedoch nur dann, wenn der Beamte freiwilliges Mitglied einer gesetzlichen Krankenkasse ist. Besteht dagegen keine Versicherung bei einer gesetzlichen Krankenkasse, braucht der Arbeitgeber für den außerhalb der Beamtentätigkeit geringfügig entlohnt beschäftigten Beamten keine pauschalen Krankenversicherungsbeiträge zu entrichten.

Ist der Beamte allerdings vom **Dienst beurlaubt** worden, tritt in einer evtl. ausgeübten **Nebenbeschäftigung** Krankenversicherungspflicht ein. In diesem Falle hätte der Arbeitgeber – vorausgesetzt, der beurlaubte Beamte übt eine geringfügige Beschäftigung i.S.d. § 8 Abs. 1 Nr. 1 SGB IV aus (→ *Mini-Jobs* Rz. 3161) – einen **pauschalen Krankenversicherungsbeitrag** zu zahlen.

Verpflichtet sich der private Arbeitgeber jedoch, dem **beurlaubten Beamten** im Krankheitsfall für die gesamte Zeit der Beurlaubung das vereinbarte Arbeitsentgelt und die den **Beihilfevorschriften** entsprechenden Leistungen zu gewähren, und erklärt der beurlaubende Dienstherr gleichzeitig, die **Rückkehr** des beurlaubten Beamten von dem Zeitpunkt an zu gewährleisten, **von dem an der Arbeitgeber diese Leistungen im Krankheitsfall** nicht mehr erbringt, besteht nach Auffassung der Spitzenverbände der Sozialversicherungsträger (Besprechung v. 8./9.11.1989) auch in der bei einem privaten Arbeitgeber ausgeübten Beschäftigung Krankenversicherungsfreiheit. Das BSG hat durch Urteile v. 29.7.2003, B 12 KR 15/02 R und B 12 KR 27/03 R, gegenteilig entschieden. Hierbei handelt es sich um Einzelfälle. In den entschiedenen Fällen wurden Berufssoldaten zur Ausübung einer Beschäftigung bei einem privatrechtlich organisierten Flugsicherungsunternehmen unter Wegfall der Dienstbezüge beurlaubt. Bei Krankheit bestand kein Anspruch auf Fortzahlung der Dienstbezüge und auf Beihilfe nach beamtenrechtlichen Grundsätzen. Die Entscheidungsgründe des BSG auf Grund dieser Einzelfälle können sich nach Auffassung der Spitzenverbände der Sozialversicherungsträger (Besprechung v. 26./27.5.2004) nicht auf die bisherige Handhabung auswirken, da diese nicht mit den gerichtlichen Fällen vergleichbar ist.

Eine **Beamtenwitwe, die neben ihrer Witwenpension eine Beschäftigung ausübt**, ist in dieser Beschäftigung auf keinen Fall auf Grund des Beihilfeanspruchs ihres verstorbenen Ehegatten krankenversicherungsfrei (vgl. BSG v. 21.9.1993, 12 RK 39/91). Krankenversicherungsfreiheit käme nur dann in Betracht, wenn das Einkommen aus dieser Beschäftigung die Jahresarbeitsentgeltgrenze überschreiten würde. Die Witwenpension darf bei der Ermittlung des Jahresarbeitsentgelts jedoch nicht berücksichtigt werden (vgl. BSG v. 23.6.1994, 12 RK 42/92). Das BVerfG hat mit Beschluss v. 25.2.2004, 1 BvR 1564/94, die hiergegen gerichtete Verfassungsbeschwerde für unbegründet gehalten und deshalb nicht zur Entscheidung angenommen.

Beispiel:

Eine Beamtenwitwe (52 Jahre) bezieht eine Pension von 1 050 € monatlich. Am 1.4.2026 nimmt sie eine Beschäftigung als Lohnbuchhalterin auf. Das Arbeitsentgelt beträgt bei einer wöchentlichen Arbeitszeit von 38,5 Stunden 2 500 €.

In der Krankenversicherung besteht Versicherungspflicht. Die Versicherungsfreiheit auf Grund der Witwenpension erstreckt sich nicht auf das neue Beschäftigungsverhältnis. Bei der Ermittlung des Jahresarbeitsentgelts wird die Witwenpension nicht berücksichtigt. Das Arbeitsentgelt übersteigt die Jahresarbeitsentgeltgrenze nicht.

b) Pflegeversicherung

1238 In der sozialen Pflegeversicherung gelten **grds. die gleichen Regelungen wie in der gesetzlichen Krankenversicherung**. Allerdings haben Personen, die nach **beamtenrechtlichen Vorschriften** oder Grundsätzen bei Pflegebedürftigkeit Anspruch auf Beihilfe haben, die Verpflichtung, bei einem **privaten Versicherungsunternehmen** eine anteilige Pflegeversicherung abzuschließen. Dies gilt auch für die hinterbliebenen Versorgungsbezieher (vgl. § 23 Abs. 3 SGB XI).

c) Rentenversicherung

1239 Beamte, Richter, Berufs- und Zeitsoldaten sind i.R. ihres Dienstverhältnisses rentenversicherungsfrei, da durch die direkte Versorgungszusage des Dienstherrn eine spezielle Alterssicherung besteht (vgl. § 5 Abs. 1 Satz 1 Nr. 1 SGB VI). Dies gilt auch **für Beamte auf Zeit oder auf Probe, Beamte auf Widerruf** im **Vorbereitungsdienst sowie für Soldaten auf Zeit**. Sonstige Beschäftigte in einem öffentlich-rechtlichen Dienstverhältnis (z.B. Geistliche und Kirchenbeamte) sowie Arbeitnehmer mit einem dem Beamtenrecht vergleichbaren Versorgungsstatus (z.B. Dienstordnungs-Angestellte von Sozialversicherungsträgern oder deren Verbänden) sind nur dann **rentenversicherungsfrei**, wenn ihnen nach beamtenrechtlichen Vorschriften oder Grundsätzen oder entsprechenden kirchenrechtlichen Regelungen **Anwartschaft auf Versorgung** bei verminderter Erwerbsfähigkeit und im Alter auf Hinterbliebenenversorgung **gewährleistet** wird und die Erfüllung der Gewährleistung gesichert ist.

Ehemalige Berufssoldaten, die nach dem Personalstärkegesetz vorzeitig in den Ruhestand versetzt worden sind und eine Versorgung beziehen, sind in der Rentenversicherung versicherungsfrei, wenn sie eine entgeltliche Beschäftigung ausüben (BSG v. 22.2.1996, 12 RK 3/95).

Im Gegensatz zur Krankenversicherung erstreckt sich die **Versicherungsfreiheit nur auf das Dienstverhältnis** und **nicht auf anderweitige Beschäftigungen bei einem privaten Arbeitgeber** (vgl. BSG v. 10.9.1975, 3/12 RK 6/74), so dass bei einer Nebenbeschäftigung Rentenversicherungspflicht eintreten kann.

Übt der Beamte eine Nebenbeschäftigung mit einem monatlichen Einkommen von regelmäßig unterhalb der Geringfügigkeitsgrenze (seit 1.1.2026 603 € monatlich; → *Mini-Jobs* Rz. 3166) aus, besteht in der Rentenversicherung auf Grund der Geringfügigkeit Versicherungspflicht (§ 5 Abs. 2 Satz 1 Nr. 1 SGB VI i.V.m. § 8 Abs. 1 Nr. 1 SGB IV), auf die jedoch verzichtet werden kann (→ *Mini-Jobs* Rz. 3173). Die Zusammenrechnung einer nicht geringfügigen Beschäftigung mit geringfügig entlohnten Beschäftigungen ist nur vorgesehen, wenn die nicht geringfügige Beschäftigung Versicherungspflicht begründet. Mithin scheidet z.B. eine Zusammenrechnung einer nach § 6 Abs. 1 Nr. 2 SGB V und § 5 Abs. 1 Nr. 1 SGB VI in der Kranken-, Pflege- und Rentenversicherung versicherungsfreien (nicht geringfügigen) Beamtenbeschäftigung mit geringfügig entlohnten Beschäftigungen aus. Allerdings sind mehrere neben einer versicherungsfreien Beamtenbeschäftigung ausgeübte geringfügig entlohnte Beschäftigungen zusammenzurechnen (→ *Mini-Jobs* Rz. 3169).

Bei geringfügig Beschäftigten i.S.d. § 8 Abs. 1 Nr. 1 SGB IV – und somit auch bei den o.a. Beamten – hat der Arbeitgeber Rentenversicherungsbeiträge i.H.v. 15 % des der Beschäftigung zu Grunde liegenden Arbeitsentgelts zu entrichten. Für Beamte, die neben ihrer Beamtenbeschäftigung eine geringfügig entlohnte Beschäftigung ausüben, auf die die Gewährleistung einer Versorgungsanwartschaft erstreckt worden ist, ist kein Pauschalbeitrag zu zahlen (→ *Beiträge zur Sozialversicherung* Rz. 1261).

d) Arbeitslosenversicherung

Beamte, Richter, Soldaten auf Zeit sowie Berufssoldaten der Bundeswehr sind **arbeitslosenversicherungsfrei**. Das Gleiche gilt für sonstige beamtenähnliche Beschäftigte des Bundes, eines Landes, eines Gemeindeverbandes, einer Gemeinde, einer öffentlich-rechtlichen Körperschaft, Anstalt, Stiftung oder eines Verbandes öffentlich-rechtlicher Körperschaften oder deren Spitzenverbänden, wenn sie nach beamtenrechtlichen Vorschriften oder Grundsätzen bei Krankheit Anspruch auf Fortzahlung der Bezüge und auf Beihilfe oder Heilfürsorge haben (vgl. § 27 Abs. 1 Nr. 1 SGB III). 1240

Die Arbeitslosenversicherungsfreiheit ist auf die jeweilige Beschäftigung im öffentlichen Dienst beschränkt. Bei Beamten und beamtenähnlichen Personen, die **außerhalb ihres Dienstverhältnisses** eine anderweitige Beschäftigung ausüben, kommt für die Beschäftigung bei einem privaten Arbeitgeber Arbeitslosenversicherungsfreiheit grds. nicht in Betracht. Eine Ausnahme gilt für beurlaubte Beamte und beurlaubte beamtenähnliche Personen. Sie sind dann arbeitslosenversicherungsfrei, wenn sich der private Arbeitgeber verpflichtet, dem beurlaubten Beamten im Krankheitsfall für die gesamte Zeit der Beurlaubung das vereinbarte Arbeitsentgelt und die den Beihilfevorschriften entsprechenden Leistungen zu gewähren, und der beurlaubende Dienstherr erklärt, die Rückkehr des beurlaubten Beamten von dem Zeitpunkt an zu gewährleisten, von dem an der Arbeitgeber diese Leistungen im Krankheitsfall nicht mehr erbringt. Diese Verpflichtung sollte durch eine Bescheinigung des privaten Arbeitgebers und des beurlaubenden Dienstherrn nachgewiesen werden.

~~SV~~

Bei Berufssoldaten, die zur Ausübung einer Beschäftigung bei einem privatrechtlich organisierten Flugsicherungsunternehmen unter Wegfall der Dienstbezüge beurlaubt sind, besteht Arbeitslosenversicherungspflicht (vgl. BSG v. 29.7.2003, B 12 KR 15/02 R und B 12 KR 27/03 R). Nach Auffassung des Gerichts gehörte der Kläger zu dem Personenkreis des § 24 Abs. 1 SGB III. Er war damit nach generellen Merkmalen schutzbedürftig.

SV

Beispiel:

Ein Beamter (monatliches Einkommen aus dem Dienstverhältnis 2 000 €) übt in den Nachmittagsstunden eine Aushilfsbeschäftigung im Supermarkt aus. Die wöchentliche Arbeitszeit beträgt 19 Std. Es wird ein monatliches Entgelt von 1 000 € gezahlt.

In der Kranken- und Pflegeversicherung besteht auf Grund der Zweitbeschäftigung bei einem privaten Arbeitgeber keine Versicherungspflicht. Allerdings hat der Arbeitgeber den Arbeitnehmer zur Renten- und Arbeitslosenversicherung anzumelden. Versicherungsfreiheit auf Grund anderer Tatbestände ist nicht gegeben.

e) Beamtenanwärter

1241 Für Zeiten vor der eigentlichen Übernahme in das Beamtenverhältnis tritt Kranken- und Pflegeversicherungsfreiheit nur ein, wenn ein Anspruch auf Fortzahlung der Bezüge nach beamtenrechtlichen Vorschriften oder Grundsätzen besteht (vgl. Besprechungsergebnis der Spitzenverbände der Sozialversicherungsträger v. 24./25.4.1989). Auch in der **Renten- und Arbeitslosenversicherung** besteht vor Übernahme in das Beamtenverhältnis für diese Personen Versicherungspflicht.

Beamtenpension

→ *Pensionäre* Rz. 3391

Beerdigungskosten

1242 Übernimmt der Arbeitgeber an Stelle der Erben die Kosten für die Beerdigung eines verstorbenen Arbeitnehmers, so ist der geldwerte Vorteil grds. **bei den Erben als Arbeitslohn** zu versteuern (§ 19 Abs. 1 Satz 1 Nr. 2 EStG).

LSt SV

Dies gilt nur dann nicht, wenn die Erben zur Tragung der Kosten nicht in der Lage gewesen wären und somit die Voraussetzungen für eine Steuerbefreiung als Unterstützungen i.S.d. § 3 Nr. 11 EStG i.V.m. R 3.11 LStR vorliegen (→ *Unterstützungen* Rz. 4217).

Wendet der Arbeitgeber allerdings aus **geschäftlichen Repräsentationsgründen** höhere Kosten auf als sie die Hinterbliebenen von sich aus zu einer standesgemäßen Beerdigung aufgewendet hätten, ist insoweit nach den Grundsätzen der „aufgedrängten Bereicherung" kein Arbeitslohn anzunehmen (BFH v. 17.1.1956, I 77/55 U, BStBl III 1956, 94).

Aufwendungen für Kränze, Blumen usw. anlässlich der Beerdigung eines Kollegen oder Geschäftsfreundes sind **nicht als Werbungskosten abzugsfähig**, weil sie immer auch privat mitveranlasst sind und eine Aufteilung nicht möglich ist (vgl. FG Saarland v. 12.10.1988, 1 K 150/87, EFG 1989, 102).

Ausgaben eines Stpfl. für die Beerdigung eines nahen Angehörigen sind regelmäßig als **außergewöhnliche Belastung** nach § 33 EStG zu berücksichtigen, sofern die Aufwendungen nicht aus dem Nachlass bestritten werden können oder durch sonstige einem Stpfl. im Zusammenhang mit dem Tod des Angehörigen zugeflossene Geldleistungen gedeckt sind (s. ausführlich H 33.1–33.4 „Bestattungskosten" EStH sowie → *Außergewöhnliche Belastungen: Allgemeines* Rz. 996).

~~LSt~~ ~~SV~~

Beförderung

→ *Bewirtungskosten* Rz. 1452

Befreiung vom Lohnsteuerabzug

Auch wenn der Lohnsteuerabzug recht kompliziert ist – der Arbeitgeber ist zur Vornahme verpflichtet (§ 38 Abs. 3 Satz 1 EStG). 1243
Er darf sich dieser Verpflichtung nicht entziehen, selbst wenn das Finanzamt die Lohnsteuer ebenso gut im **Veranlagungsverfahren** des Arbeitnehmers erheben könnte. Der Arbeitgeber darf den Lohnsteuerabzug auch nicht mit der Begründung unterlassen, sein Arbeitnehmer würde auf das ganze Jahr gesehen die **Besteuerungsgrenzen nicht überschreiten**, z.B. bei Aushilfskräften (BFH v. 15.11.1974, VI R 167/73, BStBl II 1975, 297). Seit 2000 kann ggf. der bei dem ersten Dienstverhältnis nicht ausgenutzte Tabellenfreibetrag beim zweiten Dienstverhältnis berücksichtigt werden (→ *Übertragung des Grundfreibetrags* Rz. 4158).

Nur in ganz wenigen Einzelfällen lässt die Finanzverwaltung aus Vereinfachungsgründen eine **„direkte Zahlung"** der Lohnsteuer durch den Arbeitnehmer i.R. der Veranlagung zur Einkommensteuer zu, so z.B. bei **Beamten**, die auf Verlangen, Vorschlag oder Veranlassung ihres Dienstherrn in den Aufsichtsrat eines Unternehmens entsandt werden (zuletzt LSF Sachsen v. 22.12.2014, S 2248 – 19/8 – 212), bei **(reaktivierten) Pensionären** des Landes Hessen oder ehemaligen Bundesbediensteten (pensionierte Bundesbeamte oder Bundeswehrangehörige), die zur Unterstützung der Aufgaben der hessischen Erstaufnahmeeinrichtung (HEAE) für Flüchtlinge eingesetzt werden, oder in einigen Bundesländern bei **Impfärzten in regionalen Impfzentren** oder mobilen Impfteams, die Honorarverträge abgeschlossen haben, wenn für die Tätigkeit nach §§ 130, 131 SGB IV keine Beitragspflicht zur Sozialversicherung gegeben ist (OFD Frankfurt v. 15.3.2021, S 2331 A – 49 – St 210, StEd 2021, 250).

Behinderte (Menschen mit Behinderungen)

1. Arbeitsrecht

Durch das sog. **Bundesteilhabegesetz**, BGBl. I 2016, 3234, vgl. 1244
hierzu Düwell/Beyer, Das neue Recht für behinderte Beschäftigte, wurde das SGB IX neu geregelt. Die Integration von Menschen mit Behinderungen in den allgemeinen Arbeitsmarkt soll begleitet, die Beschäftigungssituation nachhaltig verbessert und so die Lebenssituation von Menschen mit Behinderungen insgesamt verbessert und die Eingliederungshilfe zu einem modernen Teilhaberecht weiterentwickelt werden. Die Reform erfolgt in vier Stufen, die erste trat zum 1.1.2018 in Kraft. Die dritte Reformstufe wurde auf Grund notwendiger Umstellungsprozesse in der Sozialverwaltung zum 1.1.2020 wirksam. Seitdem werden die Fachleistungen der Eingliederungshilfe von den existenzsichernden Leistungen getrennt und Verbesserungen in der Einkommens- und Vermögensheranziehung mit dem Ergebnis erzielt, dass die Leistungsbezieher mehr von ihren Einkünften behalten können als in der Vergangenheit.

Für Menschen mit Behinderungen mit einem Grad der Behinderung von wenigstens 50 (schwerbehinderte Menschen), ebenso nach Gleichstellung behinderter Menschen mit einem Grad der Behinderung von wenigstens 30, gelten die Regelungen des SGB IX mit vielfältigen besonderen Rechten des Arbeitnehmers (z.B. auf Zusatzurlaub) einerseits und Pflichten des Arbeitgebers andererseits, insbesondere verschärften Kündigungsschutzvorschriften (§§ 168 ff. SGB IX). Hierzu zählt auch die Verpflichtung, die Schwerbehindertenvertretung vor Einholung der Zustimmung des Integrationsamtes sowie Ausspruch der Kündigung anzuhören (§ 178 Abs. 2 SGB IX). Für die Anhörung der Schwerbehindertenvertretung zur Kündigung einer schwerbehinderten Arbeitnehmerin genügt es regelmäßig nicht, der Schwerbehindertenvertretung lediglich das an den Personalrat bzw. Betriebsrat gerichtete Anhörungsschreiben zur Kenntnisnahme zuzuleiten (LAG Mecklenburg-Vorpommern v. 7.3.2023, 5 Sa 127/22). Die Schwerbehindertenvertretung muss jedoch nicht von einer beabsichtigten Umsetzung eines Arbeitnehmers unterrichtet und angehört werden, der als behinderter Mensch mit einem GdB von 30 die Gleichstellung mit einem schwerbehinderten Menschen beantragt und dies dem Arbeitgeber mitgeteilt hat, sofern über den Gleichstellungsantrag des Arbeitnehmers noch nicht entschieden ist. Dies gilt selbst dann, wenn anschließend eine rückwirkende Gleichstellung des Arbeitnehmers mit einem schwerbehinderten Menschen erfolgt. Die Kenntnis des Arbeitgebers von der auf Gleichstellung gerichteten Antragstellung ist unerheblich (BAG v. 22.1.2020, 7 ABR 18/18). Ein schwerbehinderter Arbeitnehmer vermag sich ferner nicht auf den Beschäftigungsanspruch nach § 164 Abs. 4 SGB IX zu berufen, wenn eine Weiterbeschäftigungsmöglichkeit auf Grund eines neuen Organisationskonzepts des Arbeitgebers nicht mehr gegeben ist (BAG v. 16.5.2019, 6 AZR 329/18). Grundsätzlich hat der schwerbehinderte Arbeitnehmer jedoch Anspruch auf einen leidensgerechten (freien) Arbeitsplatz. Wiederholt der Antrag auf leidensgerechte Beschäftigung indes allein die ärztlich attestierten Einschränkungen, genügt er nicht dem Bestimmtheitsgebot des § 253 Abs. 2 Nr. 2 ZPO. Zur Konkretisierung wären vielmehr Angaben zu der begehrten Art der Weiterbeschäftigung und den Arbeitsleistungen, die der schwerbehinderte Arbeitnehmer angesichts seiner Vorbildung trotz seiner gesundheitlichen Beeinträchtigungen verrichten könnte, erforderlich (LAG Niedersachsen v.16.6.2025, 15 SLa 856/24, SPA 2025, 148).

Des Weiteren ist auf die Regelungen über das **betriebliche Eingliederungsmanagement** nach § 167 SGB IX ebenso wie auf die Antidiskriminierungsbestimmungen des Allgemeinen Gleichbehandlungsgesetzes (**AGG**) zu achten. In der instanzgerichtlichen Rechtsprechung wird in jüngster Zeit die Auffassung vertreten, die Pflicht des Arbeitgebers bei aufkommenden Schwierigkeiten im Arbeitsverhältnis mit einem schwerbehinderten Menschen ein Präventionsverfahren durchzuführen, sei nicht auf den Zeitraum nach Ablauf der Wartezeit aus § 1 Abs. 1 KSchG beschränkt (anders: BAG v. 21.4.2016, 8 AZR 402/14). Die Pflicht bestehe vielmehr im Grundsatz schon in den ersten sechs Monaten des Arbeitsverhältnisses (LAG Köln v. 12.9.2024, 6 SLa 76/24; ArbG Freiburg v. 4.6.2024, 2 Ca 51/24). Wenn das Präventionsverfahren nicht durchgeführt werde, könne dies gemäß § 22 AGG die Vermutung begründen, dass eine Kündigung wegen der Behinderung ausgesprochen wurde und damit die Vermutung, dass die Kündigung wegen des Diskriminierungsverbots in § 164 II SGB IX i.V.m. § 134 BGB nichtig ist. Dieser Rechtsprechung hat das BAG nunmehr Einhalt geboten: Der Arbeitgeber ist vor Ausspruch einer ordentlichen Kündigung nur zur Durchführung eines Präventionsverfahrens i.S.d. § 167 Abs. 1 SGB IX verpflichtet, wenn das Arbeitsverhältnis dem zeitlichen und sachlichen Geltungsbereich des Kündigungsschutzgesetzes (§§ 1 Abs. 1, 23 Abs. 1) unterliegt (BAG v. 3.4.2025, 2 AZR 178/24, NZA 2025, 1172).

Der Arbeitgeber ist verpflichtet, bei der Besetzung freier Stellen unter Beteiligung der Schwerbehindertenvertretung, des Betriebsrats und der Arbeitsverwaltung zu prüfen, ob er Schwerbehinderte einstellen kann (§ 164 Abs. 1 SGB IX). Denn es besteht nach § 154 SGB IX eine **Pflicht der Arbeitgeber zur Beschäftigung schwerbehinderter Menschen.** Wenn der Arbeitgeber über jahresdurchschnittlich monatlich mindestens 20 und weniger als 40 Arbeitsplätze verfügt, muss er einen Schwerbehinderten, bei weniger als 60 Arbeitsplätzen zwei Schwerbehinderte und bei mehr Arbeitsplätzen auf 5 % der Arbeitsplätze Schwerbehinderte beschäftigen. Kommt der Arbeitgeber seiner Beschäftigungspflicht nicht nach, hat er eine Ausgleichsabgabe zu zahlen. Die Höhe der Ausgleichsabgabe wird in § 160 SGB IX bestimmt.

Arbeitgeber mit mehr als 20 Arbeitnehmern haben hierzu auch für jeden Betrieb ein Verzeichnis der bei ihm beschäftigten Schwerbehinderten und Gleichgestellten zu führen **und einmal jährlich bis zum 31. März** der Agentur für Arbeit für das vergangene Jahr die in § 163 SGB IX genannten Angaben zu machen.

Mit dem am 13.6.2023 verabschiedeten **Gesetz zur Förderung eines inklusiven Arbeitsmarktes v. 13.6.2023,** BGBl. I 2023, Nr. 146, soll der inklusive Arbeitsmarkt gestärkt werden. Zum größten Teil sind die neuen Regelungen am 1.1.2024 in Kraft getreten. Das Gesetz sieht u.a. vor, dass Arbeitgeber, die trotz Beschäftigungspflicht keinen einzigen schwerbehinderten Menschen beschäftigen, eine höhere Ausgleichsabgabe zahlen müssen. Für kleinere Arbeitgeber gelten wie bisher Sonderregelungen. Die Gelder der Ausgleichsabgabe sollen vollständig dafür verwendet werden, die Beschäftigung schwerbehinderter Menschen auf dem allgemeinen Arbeitsmarkt zu fördern. Zur Verbesserung des Bewilligungsverfahrens der Integrationsämter ist für Anspruchsleistungen (Arbeitsassistenz und Berufsbegleitung im Rahmen der Unterstützten Beschäftigung) eine Genehmigungsfiktion nach Ablauf von sechs Wochen eingeführt worden. Auch ist die Begrenzung des Lohnkostenzuschusses beim Budget für Arbeit aufgehoben werden. Der vom Leistungsträger zu erstattende Lohnkostenzuschuss war früher auf 40 % der Bezugsgröße begrenzt. Durch die Abschaffung der Deckelung soll sichergestellt werden, dass auch mit der Anhebung des jeweils geltenden Mindestlohns (*Mindestlohn* → Rz. 3142) der maximale Lohnkostenzuschuss – soweit nach den Umständen des Einzelfalls erforderlich – gewährt werden kann. Für Arbeitgeber soll es damit attraktiver werden, Menschen mit Behinderungen über das Budget für Arbeit einzustellen.

2. Lohnsteuer

a) Ausgleichsabgabe

Leistungen an Schwerbehinderte aus der „Ausgleichsabgabe" **1245**
sind nach § 3 Nr. 11 EStG **steuerfrei**. Es handelt sich um Bezüge aus öffentlichen Mitteln, die wegen Hilfsbedürftigkeit gewährt werden.

b) Pauschbeträge für Menschen mit Behinderungen

Menschen mit Behinderungen haben Anspruch auf nach dem **1246**
Grad der Behinderung gestaffelte Pauschbeträge (§ 33b EStG; → *Außergewöhnliche Belastungen in besonderen Fällen* Rz. 1161), die als Lohnsteuerabzugsmerkmal berücksichtigt werden können, allerdings nur vom **Finanzamt** (R 39a.1 Abs. 2 LStR); andernfalls darf der **Arbeitgeber** die Pauschbeträge nicht berücksichtigen.

c) Beschützende Werkstätten

Streitig ist häufig, ob die in sog. beschützenden Werkstätten un- **1247**
tergebrachten Menschen mit Behinderungen **Arbeitnehmer sind** und die gezahlten Vergütungen deshalb dem Lohnsteuerabzug unterliegen. Hierzu hat die **Finanzverwaltung** folgende Regelung getroffen (FinMin Berlin v. 3.8.1990, III B 21 – S 2334 – 12/90, vgl. ergänzend FG Münster v. 24.11.1993, 8 K 828/91 L, EFG 1994, 658):

In beschützenden Werkstätten tätige Menschen mit Behinderungen sind grds. als **Arbeitnehmer** anzusehen, wenn sie im sog. **Arbeitsbereich tätig** sind. Trotzdem wird nur in den wenigsten Fällen Lohnsteuer einzubehalten sein, weil die Arbeitsentgelte i.d.R. unter den Freigrenzen der Lohnsteuertabelle liegen dürften (→ *Steuertarif* Rz. 4051).

LSt SV

Bei Tätigkeiten im sog. **Eingangs- und Arbeitstrainingsbereich**, die überwiegend der Rehabilitation und somit **überwiegend therapeutischen und sozialen Zwecken** und weniger der Erzielung eines produktiven Arbeitsergebnisses dienen, kann dagegen ein **Arbeitsverhältnis nicht angenommen** werden. Das gilt insbesondere, wenn lediglich die Anwesenheit des Menschen mit Behinderungen belohnt, die Höhe des Entgelts aber durch die Arbeitsleistung nicht beeinflusst wird. In diesen Fällen entfallen aber auch Begünstigungen (z.B. vermögenswirksame Leistungen), die an ein Dienstverhältnis anknüpfen.

Für die lohnsteuerliche Behandlung der **Arbeitsbelohnungen von Patienten in psychiatrischen Krankenhäusern und Entziehungsanstalten** gilt die zu den Behindertenwerkstätten getroffene Regelung sinngemäß (FinMin Bayern v. 26.9.1994, 32 – S 2331 – 49 – 52185): „Dient die Beschäftigung überwiegend der Rehabilitation und somit überwiegend therapeutischen und sozialen Zwecken und weniger der Erzielung eines produktiven Arbeitsergebnisses, ist kein Arbeitsverhältnis im steuerlichen Sinne anzunehmen. Das gilt besonders, wenn die Höhe des Entgelts durch die Arbeitsleistung nicht beeinflusst wird. Das Vorliegen dieser Voraussetzungen kann nicht generell unterstellt werden. Bei der steuerlichen Einordnung kommt es vielmehr auf den tatsächlichen Ablauf der Beschäftigung und die Gestaltung der Entlohnung im Einzelfall an."

Die von einer Werkstatt für Menschen mit Behinderungen (anteilig) getragenen Aufwendungen für **Ferienmaßnahmen**, die die Werkstatt mit den bei ihr beschäftigten Menschen mit Behinderungen durchführt, sind dann **kein steuerpflichtiger Arbeitslohn**, wenn es sich bei diesen Ferienmaßnahmen nicht um eine übliche Urlaubsgestaltung, sondern um **Bildungsmaßnahmen** mit sozialpädagogischen Schwerpunkten handelt (FG Münster v. 24.11.1993, 8 K 828/91 L, EFG 1994, 658). Etwas anderes gilt, wenn eine sozialpädagogische Fachkraft als Einzelbetreuerin mit dem betreuten verhaltensgestörten Kind regelmäßig während der Schulferien Ferienreisen unternimmt und sie allein und ohne Weisung Dritter entscheiden kann, ob und wohin sie Reisen als sog. erlebnispädagogische Maßnahme unternimmt (vgl. BFH v. 21.11.1997, VI R 24/97, HFR 1998, 355).

Die den Menschen mit Behinderungen von den beschützenden Werkstätten gezahlten **Zuschüsse zu den Fahrtkosten und Mittagessen** sind als Beihilfe i.S.d. § 3 Nr. 11 EStG **steuerfrei**, weil sie aus öffentlichen Mitteln gewährt werden (BMF v. 2.8.1990, IV B 6 – S 2334 – 97/90, DB 1990, 1796).

d) Förderbetreuungsbereiche

1248 Menschen mit Behinderungen, die die in § 136 Abs. 2 SGB IX genannten Aufnahmekriterien für die Förderung und Beschäftigung in einer Werkstatt für Menschen mit Behinderungen nicht oder noch nicht erfüllen, werden nach § 136 Abs. 3 SGB IX in Förderbetreuungsbereiche aufgenommen. **Diese sind den Werkstätten für Menschen mit Behinderungen organisatorisch angegliedert, aber rechtlich nicht Teil dieser Werkstätten.** Eine räumliche Anbindung erleichtert die Anforderung, Menschen mit Behinderungen, die noch nicht die Voraussetzungen für eine Werkstattaufnahme erfüllen, an Maßnahmen der Teilhabe am Arbeitsleben in einer Werkstatt heranzuführen und hierauf vorzubereiten. Es gelten nicht die gesetzlichen Aufgaben der Werkstätten und die an diese gerichteten fachlichen Anforderungen, da im Mittelpunkt die Förderung, Betreuung und Pflege von Menschen mit Behinderungen steht.

Für die in den Einrichtungen aufgenommenen Menschen mit Behinderungen gelten ausdrücklich nicht die Vorschriften für Menschen mit Behinderungen in den Werkstätten. Die Menschen mit Behinderungen stehen gegenüber den Einrichtungen **nicht in einem arbeitnehmerähnlichen Rechtsverhältnis**, wie dies nach § 138 SGB IX für die in den Werkstätten beschäftigten Menschen mit Behinderungen gilt. Sie haben keinen Anspruch auf Arbeitsentgelt, weil eine zu vergütende Arbeitsleistung nicht erbracht wird und unterliegen auch nicht der Sozialversicherungspflicht (OFD Frankfurt v. 7.8.2014, S 7175 A – 13 – St 16).

~~LSt~~ ~~SV~~

e) Unterbringung in Gastfamilien

1249 **Gastfamilien**, die i.R. des betreuten Wohnens Menschen mit Behinderungen aufnehmen, erzielen insoweit **Einkünfte aus freiberuflicher Tätigkeit** (§ 18 Abs. 1 Nr. 1 EStG); ein Lohnsteuerabzug entfällt somit.

Nach **§ 3 Nr. 10 EStG** sind Einnahmen einer Gastfamilie für die Aufnahme eines Menschen mit Behinderungen oder von Behinderung bedrohten Menschen nach § 2 Abs. 1 SGB IX zur Pflege, Betreuung, Unterbringung und Verpflegung, die auf Leistungen eines Leistungsträgers nach dem Sozialgesetzbuch beruhen, **steuerfrei**. Für Einnahmen im vorstehenden Sinne, die nicht auf Leistungen eines Leistungsträgers nach dem Sozialgesetzbuch beruhen (die Geldleistungen werden vom Menschen mit Behinderungen selbst an die Gastfamilie gezahlt), gilt Entsprechendes bis zur Höhe der Leistungen nach dem SGB XII. Überschreiten die auf Grund der o.g. Tätigkeit bezogenen Einnahmen der Gastfamilie den steuerfreien Betrag, dürfen die mit der Tätigkeit in unmittelbarem wirtschaftlichen Zusammenhang stehenden Ausgaben abweichend von § 3c nur insoweit als Betriebsausgaben abgezogen werden, als sie den Betrag der steuerfreien Einnahmen übersteigen (vgl. BayLfSt v. 17.9.2010, S 2121.1.1 – 5/3St 32).

Bei einer **Fachfamilie** i.S.d. § 34 SGB VIII erfolgt die Betreuung, die zudem betriebserlaubnispflichtig (§ 45 SGB VIII) ist, durch qualifizierte Fachkräfte. Die Erziehung i.S.d. § 34 SGB VIII ist darauf gerichtet, dass der Erziehungsbedürftige auf kürzere oder längere Zeit seinen Lebensmittelpunkt außerhalb der eigenen Familie hat.

Da die Maßnahmen nach § 34 SGB VIII – im Gegensatz zur Betreuungsleistung durch Gastfamilien – i.R. einer beruflichen Tätigkeit ausgeübt werden und eine entsprechende entgeltliche Vergütung erfolgt, fallen gem. § 34 SGB VIII gezahlte Gelder **nicht unter die Steuerbefreiung nach § 3 Nr. 10 EStG** (BayLfSt v. 17.9.2010, S 2121.1.1 – 5/3 St 32).

S. hierzu ausführlich auch → *Betreuungskosten* Rz. 1405.

~~LSt~~ ~~SV~~

3. Sozialversicherung

In der Sozialversicherung sind **Menschen mit Behinderungen**, **1250**
die

- in anerkannten Werkstätten für Menschen mit Behinderungen oder in nach dem Blindenwarenvertriebsgesetz anerkannten Blindenwerkstätten oder sofern sie für diese Einrichtungen in Heimarbeit tätig sind, oder
- in **Anstalten, Heimen oder gleichartigen Einrichtungen** in gewisser Regelmäßigkeit eine Leistung erbringen, die einem **Fünftel der Leistung** eines voll erwerbsfähigen Beschäftigten in gleichartiger Beschäftigung entspricht, wozu auch Dienstleistungen für den Träger der Einrichtung gehören,

kranken-, pflege- und rentenversicherungspflichtig. Arbeitslosenversicherungspflicht kommt i.d.R. nicht in Betracht, da wegen einer Minderung der Leistungsfähigkeit eine Verfügbarkeit auf dem allgemeinen Arbeitsmarkt nicht gegeben ist (§ 28 Abs. 1 Nr. 2 SGB III). Die Versicherungsfreiheit nach § 28 Abs. 1 Nr. 2 SGB III gilt allerdings nicht für jugendliche Behinderte, die in Einrichtungen für Behinderte, insbesondere in Berufsbildungswerken, an einer berufsfördernden Maßnahme teilnehmen, die ihnen eine Erwerbsfähigkeit auf dem allgemeinen Arbeitsmarkt ermöglichen soll. Dieser Personenkreis ist vielmehr nach § 26 Abs. 1 Nr. 1 SGB III arbeitslosenversicherungspflichtig. Im **Gegensatz zum Steuerrecht** wird bei der **Beitragsberechnung** nicht nur das tatsächlich erzielte Arbeitsentgelt zu Grunde gelegt. Vielmehr sind in den jeweiligen Versicherungszweigen Mindestentgelte zu Grunde zu legen, wenn die tatsächlichen Einnahmen niedriger sind. So sind in der Kranken- und Pflegeversicherung Beiträge mindestens i.H.v. 20 % der monatlichen Bezugsgröße (2026 = 791 € alle Bundesländer); auf Grund der Rechtsangleichung zum 1.1.2025 gelten in den alten und neuen Bundesländern einheitliche Rechengrößen → *Beiträge zur Sozialversicherung* Rz. 1261) und in der Rentenversicherung i.H.v. mindestens 80 % der monatlichen Bezugsgröße (2026 = 3164 € alle Bundesländer) zu Grunde zu legen. Die Mindestbemessungsgrundlagen gelten auch dann, wenn behinderte Menschen eine Teilzeitbeschäftigung in einer Werkstatt für behinderte Menschen ausüben (Besprechungsergebnis am 28./29.10.2004). Die Beiträge sind von den Trägern der Einrichtungen zu tragen. **Die Regelung zum Übergangsbereich in der Sozialversicherung** (→ *Übergangsbereich in der Sozialversicherung* Rz. 4137) **gilt nicht bei Beschäftigungen, für deren Beitragsberechnung fiktive Arbeitsentgelte zu Grunde gelegt werden** (z.B. bei der Beschäftigung von Menschen mit Behinderungen).

Beihilfen

1. Lohnsteuer

Beihilfen und Unterstützungen des Arbeitgebers zu Gunsten seiner Arbeitnehmer sind zwar grds. Arbeitslohn, jedoch in vielen Fällen nach § 3 Nr. 11 EStG i.V.m. R 3.11 LStR steuerfrei (→ *Unterstützungen* Rz. 4217). **1251**

Die an **öffentlich Bedienstete** (einschließlich beamtete Versorgungsempfänger) nach den Beihilfevorschriften des Bundes und der Länder gezahlten **Beihilfen zu Krankheitskosten** sind nach § 3 Nr. 11 EStG steuerfrei (R 3.11 Abs. 1 Nr. 1 LStR).

Mit dem **Thüringer Gesetz zur Anpassung von Vorschriften aus dem Bereich des Dienstrechts** v. 30.7.2019 (GVBl. 2019, 298) wurde das ThürBG zusätzlich um eine neue Form der Beihilfe ergänzt. Dabei handelt es sich um die **pauschale Beihilfe**, die in § 72 Abs. 6 ThürBG geregelt ist. Seit dem 1.1.2020 können freiwillig in der gesetzlichen Krankenversicherung (GKV) oder in einer privaten Krankenvollversicherung (100 %) versicherte beihilfeberechtigte Personen **alternativ zur bisherigen „individuellen" Beihilfe**, die jeweils zu den tatsächlich anfallenden Aufwendungen gewährt wird, **die pauschale Beihilfe wählen.**

Die pauschale Beihilfe beträgt grds. die Hälfte des Beitrags einer Krankenvollversicherung. Dabei ist es ohne Bedeutung, ob die

Krankenvollversicherung in der GKV besteht oder ein Versicherungsvertrag mit einer privaten Krankenversicherung (PKV) abgeschlossen wurde. Ergänzende Beihilfen werden neben der pauschalen Beihilfe nicht gewährt.

Die pauschale Beihilfe nach § 72 Abs. 6 ThürBG ist gem. § 3 Nr. 62 Satz 1 EStG in vollem Umfang **steuerfrei** und als steuerfreier Zuschuss des Arbeitgebers bei freiwillig in der GKV versicherten Beamten in der **Nr. 24a der Lohnsteuerbescheinigung** einzutragen. Entsprechende Zuschüsse zu einer PKV sind vom Arbeitgeber in der Nr. 24b der Lohnsteuerbescheinigung zu bescheinigen (FinMin Thüringen v. 19.12.2019, S 2333 – A –34 – 21.14).

(LSt durchgestrichen) (SV durchgestrichen)

In einigen Bundesländern wird der **Beihilfeanspruch** von Beamtinnen und Beamten auf Wahlleistungen von einem **Kostenbeitrag i.H.v. 13 € monatlich abhängig** gemacht. Das Gleiche gilt für beihilfeberechtigte Angestellte und Arbeiter, die wegen Überschreitens der Jahresarbeitsentgeltgrenze krankenversicherungsfrei sind und sich in der gesetzlichen Krankenversicherung freiwillig oder bei einem privaten Krankenversicherungsunternehmen versichern. Der zu zahlende Betrag wird im Übrigen monatlich **vom Arbeitgeber einbehalten.**

Nach Auffassung der Finanzverwaltung ist der Kostenbeitrag **steuerlich** wie folgt zu behandeln (FinMin Baden-Württemberg v. 25.2.2004, 3 – S 235.0/21):

- Der Kostenbeitrag ist als Umwandlung von Barlohn zu Gunsten einer Zusage des Arbeitgebers auf Versorgungsleistungen im Krankheitsfall anzusehen. In Höhe des einbehaltenen Kostenbeitrags liegt daher **kein steuerpflichtiger Arbeitslohn** vor.
- Mangels Arbeitslohnqualität des einbehaltenen Kostenbeitrags stellt sich nicht die Frage des Sonderausgabenabzugs.
- Die Kostenübernahme von Wahlleistungen im Krankheitsfall stellt eine steuerfreie Beihilfeleistung des Arbeitgebers dar (§ 3 Nr. 11 EStG). Ein steuerpflichtiger geldwerter Vorteil entsteht nicht.

Nach § 3 Nr. 11 Satz 4 EStG sind seit dem 1.1.2007 Beitragsermäßigungen und Prämienrückzahlungen eines Trägers der gesetzlichen Krankenversicherung für nicht in Anspruch genommene Beihilfeleistungen den Bezügen aus öffentlichen Mitteln wegen Hilfsbedürftigkeit gleichgestellt und somit steuerfrei. Dies gilt insbesondere für Beitragsermäßigungen, welche die „DO-Angestellten" der gesetzlichen Krankenkassen erhalten (OFD Hannover v. 2.7.2007, S 2334 – 191 – StO 212).

Entsprechendes gilt

- für den Beitragszuschuss zur freiwilligen Krankenversicherung, der den sog. **AT-Angestellten** (einige AOKs beschäftigen neben den sog. DO-Angestellten zumeist in gehobenen Positionen sog. AT-Angestellte) vom Arbeitgeber gewährt wird, sowie
- für **Zuschüsse kirchlicher Arbeitgeber** bei freiwilliger Mitgliedschaft ihrer Beamten in der gesetzlichen Kranken- und Pflegeversicherung. § 3 Nr. 62 EStG ist für diese Zuschüsse nicht anwendbar, weil keine gesetzliche Verpflichtung des Arbeitgebers zur Zahlung der Zuschüsse besteht.

(LSt durchgestrichen)

An nichtbeamtete Versorgungsempfänger geleistete Beihilfezahlungen im Krankheitsfall sind **Versorgungsleistungen** i.S.d. § 19 Abs. 2 EStG mit der Folge, dass lediglich ein Werbungskostenpauschbetrag von 102 € in Ansatz zu bringen ist (BFH v. 6.2.2013, VI R 28/11, BStBl II 2013, 572 sowie → *Versorgungsbezüge* Rz. 4335).

2. Sozialversicherung

1252 Nach Auffassung der **Spitzenverbände der Sozialversicherungsträger stellt** der Kostenbeitrag für den Beihilfeanspruch im Falle von Wahlleistungen eine Umwandlung von Barlohn zu Gunsten einer Zusage des Arbeitgebers auf Versorgungsleistungen im Krankheitsfalle dar. Für diese Art der Entgeltumwandlung enthält das Recht der Sozialversicherung bislang keinerlei Regelungen. § 14 Abs. 1 Satz 2 i.V.m. § 115 SGB IV findet insoweit keine Anwendung. Abgesehen davon fallen die umgewandelten Arbeitsentgeltteile auch nicht unter § 1 SvEV, denn sie werden nicht zusätzlich zu Löhnen oder Gehältern gezahlt. Die Umwandlung von Barlohn zu Gunsten einer Zusage des Arbeitgebers auf Versorgungsleistungen im Krankheitsfall hat beitragsrechtlich keinerlei Auswirkungen. **Die umgewandelten Entgeltbestandteile stellen vielmehr Arbeitsentgelt i.S.d. § 14 Abs. 1 Satz 1 SGB IV dar** (Besprechungsergebnis am 26./27.3.2003).

Kann der Arbeitgeber eine Beihilfe nach billigem Ermessen gem. § 315 BGB gewähren, darf er eine Neubestimmung nur nach einer Änderung der tatsächlichen oder rechtlichen Verhältnisse vornehmen (BAG v. 8.5.2003, 6 AZR 43/02).

(SV)

Beiträge: Übernahme durch Arbeitgeber

1. Arbeitslohn

Übernimmt der Arbeitgeber Beiträge des Arbeitnehmers zu Vereinen, Berufsverbänden, Kammern, Berufshaftpflichtversicherungen usw., so liegt regelmäßig auch dann steuerpflichtiger Arbeitslohn vor, wenn die Mitgliedschaft des Arbeitnehmers zugleich im beruflichen Interesse liegt. Nur wenn die Übernahme der Kosten im **ganz überwiegend eigenbetrieblichen Interesse des Arbeitgebers erfolgt, ist kein Arbeitslohn** anzunehmen. 1253

Gewährt der Arbeitgeber seinem Arbeitnehmer **Versicherungsschutz** ist zu prüfen, ob ein Zufluss von Arbeitslohn vorliegt und wenn dies zu bejahen ist, ob der zugeflossene Arbeitslohn steuerfrei ist, denn bei der Gewährung von Versicherungsschutz handelt es sich im weiteren Sinne um **Zukunftssicherungsleistungen**.

Laut BFH v. 16.4.1999, VI R 60/96, BStBl II 2000, 406 gehören Beiträge des Arbeitgebers **nicht zum gegenwärtig zufließenden Arbeitslohn**, wenn zwar der Arbeitnehmer versichert ist, aber ausschließlich der Arbeitgeber die Rechte aus dem Versicherungsvertrag geltend machen kann. Der Arbeitnehmer hat in diesem Fall selbst keinen unmittelbaren Rechtsanspruch auf die Versicherungsleistung (sog. Rückdeckungsversicherung des Arbeitgebers).

Die Beiträge stellen hingegen Arbeitslohn dar, wenn der versicherte Arbeitnehmer die Rechte aus dem Versicherungsvertrag selbst geltend machen kann.

Soweit es sich bei den Versicherungsbeiträgen um Arbeitslohn handelt, ist zu prüfen, ob eine Steuerbefreiungsvorschrift greift oder die **50 €-Freigrenze** (§ 8 Abs. 2 Satz 11 EStG) Anwendung findet. Für die Anwendung der Freigrenze ist ausschlaggebend, ob **Geldleistungen oder Sachbezüge** vorliegen. Der BFH hat mit Urteilen v. 7.6.2018, VI R 13/16, BStBl II 2019, 371 und BFH v. 4.7.2018, VI R 16/17, BStBl II 2019, 373 entschieden:

- Die Gewährung von Krankenversicherungsschutz ist in Höhe der Arbeitgeberbeiträge **Sachlohn**, wenn der Arbeitnehmer auf Grund des Arbeitsvertrags ausschließlich Versicherungsschutz, nicht aber eine Geldzahlung verlangen kann.
- Demgegenüber wendet der Arbeitgeber **Geld** und keine Sache zu, wenn er einen Zuschuss unter der Bedingung zahlt, dass der Arbeitnehmer mit einem vom ihm benannten Unternehmen einen Versicherungsvertrag schließt.

S. ausführlich → *Sachbezüge* Rz. 3819, → *Zukunftssicherung: Betriebliche Altersversorgung* Rz. 4709. Für die Prüfung der 50 €-Freigrenze für Sachbezüge sind die Ausgaben des Arbeitgebers nach Köpfen auf die Anzahl der begünstigten Arbeitnehmer zu verteilen.

Die Freigrenze wird nicht auf Zukunftssicherungsleistungen i.S.d. § 40b EStG angewendet (R 8.1 Abs. 3 Satz 1 LStR). Ein Sachbezug kann auch in Form von Prämienleistungen vorliegen (Arbeitnehmer bekommt durch Vertrag des Arbeitgebers mit einer Versicherungsgesellschaft vergünstigte Tarife).

Zu sog. **Directors&Officers-Versicherungen** → *Directors&Officers-Versicherungen* Rz. 1594, und zu **Berufshaftpflichtversicherungen** → Rz. 1254.

Arbeitslohn wurde daher z.B. angenommen, wenn

- ein Unternehmen Beiträge für die **Mitgliedschaft eines angestellten GmbH-Geschäftsführers in einem Golfclub übernimmt**, auch wenn eine solche Mitgliedschaft dem Beruf förderlich ist (BFH v. 21.3.2013, VI R 31/10, BStBl II 2013, 700);
- eine Steuerberatungsgesellschaft die von der **Steuerberaterkammer** erhobenen Beiträge zu Gunsten der bei ihr angestellten **Steuerberater** (FG Düsseldorf v. 3.4.2003, 10 K 3063/00 H (L), EFG 2003, 999) oder **Geschäftsführer** übernimmt

(BFH v. 17.1.2008, VI R 26/06, BStBl II 2008, 378): Dem eigenbetrieblichen Interesse der Gesellschaft an der Beschäftigung eines zugelassenen Steuerberater-Geschäftsführers steht das zumindest gleichwertige Interesse des angestellten Geschäftsführers an der Befreiung von seiner Beitragsverbindlichkeit und der Inanspruchnahme von Kammerleistungen gegenüber.

Der Arbeitnehmer kann die als Arbeitslohn versteuerten Beträge ggf. als **Werbungskosten** absetzen (R 9.1 Abs. 4 Satz 2 LStR).

LSt SV

Kein Arbeitslohn wurde hingegen angenommen, wenn

- eine GmbH zu Gunsten ihres Geschäftsführers die Beiträge für die Mitgliedschaft in einem **Industrieclub** übernimmt (BFH v. 20.9.1985, VI R 120/82, BStBl II 1985, 718). Diese Entscheidung muss jedoch als „äußerster Grenzfall“ angesehen werden (FG Düsseldorf v. 3.4.2003, 10 K 3063/00 H (L), EFG 2003, 999 m.w.N.);
- eine Firma für ihre Gesellschafter-Geschäftsführer und Vertriebsleiter die Kosten der Mitgliedschaft in einem **Wirtschaftsclub** übernimmt und die Kostenübernahme sich bei objektiver Würdigung aller Umstände nicht als Entlohnung, sondern lediglich als notwendige Begleiterscheinung betriebsfunktionaler Zielsetzung erweist (FG Niedersachsen v. 31.5.2007, 11 K 555/04). Der Vorteil für die Firma lag u.a. darin, dass sie die Säle des Clubs kostenlos für Präsentationen und Konferenzen nutzen konnte. S. zur Abgrenzung auch FG Bremen v. 15.10.2015, 1 K 95/13 (6): Die Übernahme der Mitgliedsbeiträge an einem Club durch eine vom Geschäftsführer von seiner Wohnadresse aus geführten Kapitalgesellschaft stellt sich als durch das Gesellschaftsverhältnis veranlasste Vermögensminderung und damit als **verdeckte Gewinnausschüttung** an ihren beherrschenden Gesellschafter dar, wenn ein ausschließlich betriebliches Interesse an der Nutzung der Club-Mitgliedschaft nicht erkennbar ist, nach dem die Räumlichkeiten des Clubs zwar für geschäftliche Besprechungen der Kapitalgesellschaft, aber auch für private Angelegenheiten genutzt werden. Dem steht die Möglichkeit zur geschäftlichen Kontaktaufnahme nicht entgegen;
- eine Kapitalgesellschaft für ihren Gesellschafter-Geschäftsführer die **Mitgliedsbeiträge für einen „Zigarren-Club“** übernimmt, selbst wenn der Geschäftsführer zugleich Arbeitnehmer der Gesellschaft ist und nur eine Minderheitsbeteiligung hält – allerdings handelt es sich um eine bei den Einkünften aus Kapitalvermögen zu erfassende steuerpflichtige verdeckte Gewinnausschüttung (FG Hamburg v. 21.4.2009, 2 K 8/07, EFG 2009, 1672);

~~LSt~~ ~~SV~~

Auch wenn Mitgliedsbeiträge und andere Aufwendungen (z.B. für ehrenamtliche Tätigkeiten) eines Arbeitnehmers für „seinen“ **Berufsverband** bzw. „seine“ **Gewerkschaft** bei ihm als **Werbungskosten** abzugsfähig sind (R 9.3 LStR), führt dies **nicht zur Annahme steuerfreien Arbeitslohns** für etwaige Ersatzleistungen des Arbeitgebers, weil es hierfür keine Steuerbefreiungsvorschrift gibt (R 19.3 Abs. 3 LStR).

Führen Zuwendungen des Arbeitgebers, durch die sich der Arbeitnehmer eigene Aufwendungen erspart, beim Arbeitnehmer zu steuerpflichtigen Einnahmen, können in Höhe der Zuwendungen abziehbare **Werbungskosten** vorliegen, wenn die Zahlungen durch den Arbeitnehmer zu abziehbaren Werbungskosten geführt hätten (R 9.1 Abs. 4 Satz 2 LStR sowie BFH v. 28.4.2020, VI R 5/18, HFR 2020, 1122 betr. Zuwendungen der Bundeswehr durch die Zurverfügungstellung einer Gemeinschaftsunterkunft).

Zur Übernahme von Beiträgen für **Sportvereine** → *Sport* Rz. 3972.

2. Berufshaftpflichtversicherungen

a) Allgemeines

1254 Die vom Arbeitgeber gezahlte Versicherungsprämie zu einer Berufshaftpflichtversicherung ist **Arbeitslohn**, wenn kein überwiegend eigenbetriebliches Interesse des Arbeitgebers vorliegt (es werden Risiken versichert, die üblicherweise durch eine individuelle Berufshaftpflichtversicherung abgedeckt werden).

Im Einzelnen gilt Folgendes:

b) Rechtsanwälte

aa) Arbeitslohn

Die Übernahme der Beiträge für die Mitgliedschaft einer ange- 1255
stellten Rechtsanwältin im Deutschen Anwaltverein führt zu **Arbeitslohn**, wenn der Arbeitgeber nicht im überwiegend eigenbetrieblichen Interesse handelt (BFH v. 12.2.2009, VI R 32/08, BStBl II 2009, 462).

Dagegen führt die eigene Berufshaftpflichtversicherung einer **Rechtsanwalts-GmbH** nach § 59j BRAO **nicht zu Lohn** bei den angestellten Anwälten. Die Rechtsanwalts-GmbH wendet dadurch weder Geld noch einen geldwerten Vorteil in Form des Versicherungsschutzes zu (BFH v. 19.11.2015, VI R 74/14, BStBl II 2016, 303).

Übernimmt eine Rechtsanwaltssozietät den Versicherungsbeitrag einer angestellten Rechtsanwältin, die im Außenverhältnis nicht für eine anwaltliche Pflichtverletzung haftet, liegt Arbeitslohn regelmäßig nur in Höhe des übernommenen Prämienanteils vor, der auf die in § 51 Abs. 4 BRAO vorgeschriebene **Mindestversicherungssumme** entfällt und den die Rechtsanwältin zur Erfüllung ihrer Versicherungspflicht nach § 51 Abs. 1 Satz 1 BRAO benötigt (BFH v. 15.12.2021, VI R 32/19). Die **selbständige Höherversicherung** des angestellten und zivilrechtlich nicht haftenden „Briefkopfanwalts“ ist allein dem Umstand geschuldet, dass für die Sozien im haftungsrechtlichen Sinn durch Anwendung der Durchschnittsleistung im Versicherungsfall keine Unterdeckung entsteht. Insoweit besteht ein **ganz überwiegend eigenbetriebliches Interesse der Sozietät an der versicherungsrechtlich benötigten Höherversicherung** und der hierdurch abgedeckten Versicherungssumme. Soweit der angestellte Rechtsanwalt im Falle einer Anwaltstätigkeit außerhalb der Sozietät von der Höherversicherung profitieren könnte, handelt es sich um einen bloßen Reflex der originär eigenbetrieblichen Tätigkeit des Arbeitgebers. Die Übernahme der Umlage für die Einrichtung des besonderen **elektronischen Anwaltspostfachs** einer angestellten Rechtsanwältin durch den Arbeitgeber führt zu Arbeitslohn (BFH v. 1.10.2020, VI R 11/18 und VI R 12/18, BStBl II 2021, 352 und 356).

Haftet der angestellte „Briefkopfanwalt“ im Außenverhältnis nicht für eine anwaltliche Pflichtverletzung, ist seine Einbeziehung in den über die Mindestversicherungssumme hinausgehenden Versicherungsschutz der Sozietät allein dieser aus versicherungsrechtlichen Gründen geschuldet. Der hierauf entfallende Prämienanteil führt daher nicht zu Arbeitslohn (BFH v. 1.10.2020, VI R 12/18, BStBl II 2021, 356).

Die Zahlung der Beiträge zur eigenen Berufshaftpflichtversicherung des Arbeitgebers (**Rechtsanwalts-GbR**) für seine „Tätigkeit als Rechtsanwalt“, bei der sich der Versicherungsschutz auf die in der Anlage zum Versicherungsschein namentlich aufgeführten angestellten Rechtsanwälte erstreckt, ist für seine angestellten Rechtsanwälte Arbeitslohn. Eine Gleichbehandlung mit der eigenen Berufshaftpflichtversicherung einer Rechtsanwalts-GmbH ist nicht geboten (BFH v. 23.7.2021, VI R 42/20, nicht dokumentiert).

Bei einer für die Rechtsanwälte der Kanzlei (ggf. Sozien und angestellte Rechtsanwälte) insgesamt abgeschlossenen Haftpflichtversicherung ist für die Ermittlung des auf den einzelnen angestellten Rechtsanwalt entfallenden Arbeitslohns der Gesamtbetrag der zu leistenden **Versicherungsbeiträge nach Köpfen zu verteilen** (FinMin Berlin v. 22.7.2010, III B – S 2332 – 3/2008, StEd 2010, 526).

LSt SV

bb) Kein Arbeitslohn

Die eigene Berufshaftpflichtversicherung einer Rechtsan- 1256
walts-GmbH nach § 59j BRAO führt dagegen nicht zu Lohn bei den angestellten Anwälten. Die Rechtsanwalts-GmbH wendet dadurch weder Geld noch einen geldwerten Vorteil in Form des Versicherungsschutzes zu. Die Berufshaftpflichtversicherung nach § 59j BRAO lässt die Versicherungspflicht nach § 51 Abs. 1 BRAO nicht entfallen. Denn die Berufshaftpflichtversicherung der angestellten Rechtsanwälte nach § 51 Abs. 1 BRAO besteht unabhängig davon und selbständig neben der Berufshaftpflichtversicherung i.S.d. § 59j BRAO (BFH v. 19.11.2015, VI R 74/14, BStBl II 2016, 303).

Leistet eine Partnerschaftsgesellschaft mit beschränkter Berufshaftung (**PartGmbB**) Beiträge für ihre Berufshaftpflichtversicherung nach Maßgabe des **§ 51a BRAO**, ist das o.g. BFH-Urteil v. 19.11.2015 entsprechend anzuwenden – Arbeitslohn liegt somit nicht vor (FinMin Berlin v. 3.5.2016, III B – S 2332 – 3/2008, StEd 2016, 366).

Auch Beiträge einer **Rechtsanwalts-GbR** zu ihrer eigenen Berufshaftpflichtversicherung führen bei den angestellten Rechtsanwälten nicht zu Arbeitslohn (BFH v. 10.3.2016, VI R 58/14, BStBl II 2016, 621). Dies gilt auch, soweit sich der Versicherungsschutz auf Ansprüche gegen die angestellten Rechtsanwälte erstreckt. Denn insoweit handelt es sich um eine bloße Reflexwirkung der eigenbetrieblichen Betätigung der Rechtsanwalts-GbR. Die Erweiterung des Versicherungsschutzes dient dazu, der Rechtsanwalts-GbR einen möglichst umfassenden Schutz für alle bei ihr beschäftigten Rechtsanwälte zu gewähren, weil sie nur so erreichen kann, ihre Haftungsrisiken möglichst umfassend auf den Versicherer abzuwälzen. Das BFH-Urteil bezieht sich allerdings nur auf die eigene Berufshaftpflichtversicherung der Rechtsanwalts-GbR. Übernimmt die GbR Beiträge für eine Berufshaftpflichtversicherung, die ein bei ihr angestellter Rechtsanwalt selbst abgeschlossen hat, liegt lohnsteuerpflichtiger Arbeitslohn vor.

LSt SV

cc) Claims-Made-Versicherungen und Rückwärtsversicherungen

1257 Bei einer **Claims-Made-Versicherung** kommt es abweichend von üblichen Haftpflichtversicherungen nicht darauf an, dass die einen Schaden auslösende Pflichtverletzung innerhalb der Versicherungsperiode eingetreten ist, sondern dass die Geltendmachung des Regressanspruches innerhalb der Versicherungsperiode erfolgt.

Bei einer **Rückwärtsversicherung** wird dagegen auf den Eintritt der Pflichtverletzung abgestellt; diese liegt dabei in der Vergangenheit und wird nachträglich höher versichert. Aus diesen beiden Versicherungsformen kommt es nur dann zu einer Versicherungsleistung, wenn die zuvor für die Versicherungsperiode abgeschlossene Berufshaftpflichtversicherung ausgeschöpft ist.

Die vom Arbeitgeber für diesen zusätzlichen verbesserten Versicherungsschutz übernommenen Beiträge führen auch hier zu **Arbeitslohn der angestellten Rechtsanwälte**. In analoger Anwendung der Regelungen zur Berufshaftpflichtversicherung ist der geldwerte Vorteil nach Köpfen der im Versicherungsvertrag genannten Personen aufzuteilen. Die Besteuerung als geldwerter Vorteil berechtigt zum Werbungskostenabzug i.R. der persönlichen Steuererklärung der Anwälte.

LSt SV

c) Steuerberater

1258 Die o.g. Rechtsprechung ist auf die Übernahme von Beiträgen zur Berufshaftpflichtversicherung angestellter Steuerberater nicht übertragbar. Der angestellte Steuerberater ist nicht selbst versicherungspflichtig. Vielmehr umfasst die Berufshaftpflichtversicherung, zu deren Abschluss der ihn beschäftigende Steuerberater verpflichtet ist, auch die sich aus der Berufstätigkeit seiner Angestellten ergebenden Haftpflichtgefahren. Mithin führt die (Mit-) Versicherung eines angestellten Steuerberaters bei diesem **nicht zu Arbeitslohn** (BMF v. 25.8.2009, IV C 5 – S 2332/0, n.v.).

LSt SV

d) Krankenhaus

1259 Die Mitversicherung angestellter Klinikärzte in der Betriebshaftpflichtversicherung eines Krankenhauses nach § 102 Abs. 1 VVG ist **kein Lohn**, weil die Mitversicherung keine Gegenleistung für die Beschäftigung ist. Die Ausdehnung des Versicherungsschutzes auf die gesetzliche Haftpflicht von Betriebsangehörigen hilft, Spannungen zwischen den Mitarbeitern und dem Versicherungsnehmer (Arbeitgeber) zu vermeiden, die bei ihrer unmittelbaren Inanspruchnahme durch den geschädigten Dritten entstehen können, und **dient so letztlich dem Unternehmenswohl**. Regelungszweck des § 102 Abs. 1 VVG ist damit zuvörderst nicht die Zuwendung lohnsteuerrechtlicher Vorteile, sondern die Absicherung unternehmerischer Betätigung durch entsprechende versicherungsrechtliche Regelungen (BFH v. 19.11.2015, VI R 47/14, BStBl II 2016, 301).

LSt SV

3. Berufsverbände

Berufsverbände sind z.B. Arbeitgebervereinigungen, Gewerk- 1260
schaften, Beamtenbund, Ärztekammern, Industrie- und Handelskammer, Handwerkskammer, nicht dagegen Automobilvereine, Bund der Steuerzahler, Lohnsteuerhilfevereine.

Ob ein Verband ein „**Berufsverband**“ ist oder nicht (weil er auch allgemein politische Belange verfolgt), ist in der Praxis häufig zweifelhaft.

Als Berufsverband **anerkannt** worden sind z.B.

- sog. **Marketing-Clubs** (FinMin Bayern v. 13.9.1982, S 2725 – 2/5 – 52 313, sowie BFH v. 27.4.1990, VI R 35/86),
- der **Wirtschaftsrat der CDU** (FG Rheinland-Pfalz v. 26.4.1995, 1 K 2662/93, EFG 1995, 799),
- der **Verband deutscher Ingenieure,** VDI (FG Baden-Württemberg v. 22.2.2002, 12 K 119/01).

Nicht anerkannt wurde hingegen

- der **„Völklinger Kreis“**, da die Zielsetzung weit über eine rein berufliche Gleichstellung homosexueller Menschen hinausgeht (FG Saarland v. 14.3.2005, 1 K 30/02).

Übernimmt der Arbeitgeber **Reisekosten** für von einem Berufsverband veranstaltete Fortbildungsveranstaltungen, können diese ggf. nach den Grundsätzen für Auswärtstätigkeiten steuerfrei ersetzt werden (vgl. R 9.3 Abs. 2 i.V.m. R 9.4 Abs. 2 LStR; → *Reisekosten: Allgemeine Grundsätze* Rz. 3589).

Zum Werbungskostenabzug von Gewerkschaftsbeiträgen → *Werbungskosten* Rz. 4535.

Beiträge zur Sozialversicherung

Zum Beitragszuschuss zur Krankenversicherung s. → *Beitragszuschuss zur Krankenversicherung* Rz. 1315

Inhalt

1. Allgemeines

a) Beiträge zur Krankenversicherung

1261 Im Gesundheitsfonds fließen die Geldmittel der gesetzlichen Krankenversicherung zusammen, also die Krankenversicherungsbeiträge und ein Bundeszuschuss. Der Bundeszuschuss dient der pauschalen Abgeltung der Aufwendungen, die die Krankenkassen für versicherungsfremde Leistungen aufbringen. Hierzu gehören z.B. die Haushaltshilfe, das Kinderkrankengeld, die Leistungen für Schwangere und Mütter sowie die beitragsfreie Mitversicherung von Ehepartnern und Kindern. Seit der Einführung des Gesundheitsfonds haben alle **gesetzlichen Krankenkassen den identischen Beitragssatz**. Dieser wird jeweils von der Bundesregierung bekannt gegeben.

Daneben gibt es noch einen **kassenindividuellen prozentualen Zusatzbeitragssatz**. Dieser ist von den Krankenkassen in der Satzung zu regeln und immer dann zu nehmen, wenn die Zuweisungen aus dem Gesundheitsfonds nicht ausreichen. Der kassenindividuelle Zusatzbeitragssatz ist grundsätzlich von allen Mitgliedern zu erheben. Von der Zahlungsverpflichtung sind keine Personengruppen ausgenommen. Bei Rentnern und Beziehern von Versorgungsbezügen kommt der Zusatzbeitragssatz allerdings immer mit einer zweimonatigen Verzögerung zum Tragen. Bis zum Eintritt der Wirksamkeit gilt der bisher erhobene Zusatzbeitragssatz.

Für bestimmte Personenkreise wird anstelle des kassenindividuellen Zusatzbeitrags der **durchschnittliche Zusatzbeitragssatz** erhoben. Dieser stellt eine rechnerische Größe dar und wird jährlich zum 1.11. vom BMG bekanntgegeben (vgl. hierzu § 242a SGB V) und beträgt **2,9 % für das Jahr 2026** (BMG v. 7.11.2025, BAnz AT 10.11.2025 B 7). Der durchschnittliche Zusatzbeitragssatz gilt insbesondere für Personengruppen, deren Beiträge von Dritten getragen werden, wie z.B. Bezieher von Bürgergeld bzw. Grundsicherungsgeld ab 1.6.2026 s.a. → Rz. 715. Der durchschnittliche Zusatzbeitragssatz kommt auch dann zur Anwendung, wenn die Krankenkasse keinen kassenindividuellen Zusatzbeitragssatz erhebt.

b) Beiträge in der Pflegeversicherung

1262 In der gesetzlichen Pflegeversicherung (→ *Pflegeversicherung* Rz. 3401) werden die Leistungen ausschließlich durch **Beiträge der Versicherten und Arbeitgeber** bzw. den arbeitgeberähnlichen Personen aufgebracht. Allerdings werden die Pflegeversicherungsbeiträge nicht je Krankenkasse bzw. Pflegekasse individuell nach dem zu versichernden Personenkreis kalkuliert, sondern nach einem **im Gesetz festgeschriebenen bei allen Pflegekassen einheitlich geltenden Beitragssatz berechnet**.

Zum Ausgleich der mit den Arbeitgeberbeiträgen verbundenen Belastungen der Wirtschaft werden die Beiträge in der Pflegeversicherung nur dann zur Hälfte vom Arbeitgeber getragen, wenn durch die Länder ein gesetzlicher landesweiter Feiertag, der stets auf einen Werktag fällt, aufgehoben wird (→ Rz. 1288).

Das BVerfG hat mit Urteil v. 7.4.2022, 1 BvL 3/18, BvR 2824/17, BvR 2257/16, BvR 717/16 die verfassungswidrige Benachteiligung von Eltern, die mehr als ein Kind betreut und erzogen haben, dargestellt. Diese Situation werde beim derzeitigen Kinderzuschlag nicht ausreichend berücksichtigt. Der Gesetzgeber wurde aufgefordert bis spätestens zum 31.7.2023 eine Neuregelung vorzunehmen. Der Gesetzgeber ist der Forderung mit dem Gesetz zur Unterstützung und Entlastung in der Pflege (Pflegeunterstützungs- und -entlastungsgesetz – PUEG) zum 1.7.2023 nachgekommen. Näheres hierzu unter → *Pflegeversicherung* Rz. 3401.

c) Beiträge zur Rentenversicherung

1263 Die Leistungen der Rentenversicherung (→ *Rentenversicherung* Rz. 3730) werden zum einen durch Beiträge der **Versicherten und Arbeitgeber** und zum anderen durch einen Bundeszuschuss gedeckt.

d) Beiträge zur Arbeitslosenversicherung

1264 In der Arbeitslosenversicherung gelten grundsätzlich gleichartige Regelungen wie in der Kranken-, Pflege- und Rentenversicherung. Die Mittel für die Durchführung der Aufgaben der Bundesagentur für Arbeit werden von den Arbeitnehmern und Arbeitgebern durch Beiträge je zur Hälfte getragen, soweit für bestimmte Ausgaben die Mittel nicht durch Umlagen aufgebracht werden (z.B. **Insolvenzgeldversicherung**). Der Beitragssatz wird durch Gesetz festgelegt.

2. Rechtsangleichung

Im Jahr 2001 wurde die Rechtskreistrennung in der gesetzlichen Krankenversicherung aufgehoben. Daher gelten seit 2001 in der Krankenversicherung und auch Pflegeversicherung im gesamten Bundesgebiet einheitliche Rechengrößen (Bezugsgröße und Beitragsbemessungsgrenze), und zwar die des Bundesgebiets West. Durch das Renten-Überleitungs-Abschlussgesetz vom 17.7.2017, BGBl. I 2017, 2575, wurden zum 1.1.2025 auch die Werte in der Renten- und Arbeitslosenversicherung angeglichen (→ *Rechtskreise (Ost und West)* Rz. 3583). 1265

3. Beitragsberechnung

a) Grundsätze

Sozialversicherungsbeiträge werden prozentual aus dem erarbeiteten Arbeitsentgelt (→ *Arbeitsentgelt* Rz. 593) berechnet. Daher richtet sich die Höhe der Beiträge nach den Beitragssätzen und dem beitragspflichtigen Arbeitsentgelt unter Beachtung der **BBG**. Außerdem ist der beitragspflichtige Zeitraum (**Beitragszeit**) zu beachten. Beträgt dieser nicht einen vollen Kalendermonat, ist die monatliche BBG auf diesen Teillohnzahlungszeitraum umzurechnen (→ *Teillohnzahlungszeitraum* Rz. 4077). 1266

Die Beiträge werden zunächst für den Versichertenanteil berechnet. Der Gesamtbetrag (Versichertenanteil und Arbeitgeberanteil) ergibt sich durch Verdoppelung des zuvor kaufmännisch gerundeten (d.h. die zweite Stelle ist um 1 zu erhöhen, wenn in der dritten Stelle eine der Ziffern 5 bis 9 erscheint) Versichertenanteils. Der einkommensabhängige individuelle Zusatzbeitrag ist ebenfalls von beiden Parteien paritätisch zu tragen. Folgende Berechnungsmethode kommt zur Anwendung:

Beispiel:

monatliches Arbeitsentgelt	2 534,91 €
allgemeiner Beitragssatz (§ 241 SGB V)	14,6 %
kassenindividueller Zusatzbeitragssatz (angenommener Wert)	2,6 %

Arbeitgeberbeitragsanteil	Arbeitnehmerbeitragsanteil
(2 534,91 € × 7,3 %) = 185,05 €	(2 534,91 € × 7,3 %) = 185,05 €
(2 534,91 € × 1,3 %) = 32,95 €	(2 534,91 € × 1,3 %) = 32,95 €
218,00 €	218,00 €

Gesamtbetrag Krankenversicherung (218,00 € + 218,00 €) = 436,00 €

Sind die Beiträge auf Grund gesetzlicher Vorschriften vom Arbeitgeber allein zu tragen, dann kann der volle Beitrag (Arbeitgeber- und Arbeitnehmeranteil) direkt berechnet werden.

Der Arbeitgeber hat die Möglichkeit, die Beiträge direkt aus dem beitragspflichtigen Arbeitsentgelt prozentual zu berechnen.

b) Übergangsbereich

Während geringfügig entlohnte Beschäftigungen mit einem Arbeitsentgelt in Höhe bis zur Geringfügigkeitsgrenze (→ *Mini-Jobs* Rz. 3166) versicherungsfrei (Ausnahme: Rentenversicherung aber mit Verzichtsmöglichkeit) bleiben, sind Beschäftigungen mit einem monatlichen Arbeitsentgelt in dem sich anschließenden Übergangsbereich von 603,01 € bis 2 000 € versicherungspflichtig. Allerdings hat der Arbeitnehmer in diesem Bereich nur einen reduzierten Beitragsanteil am Gesamtsozialversicherungsbeitrag zu zahlen. Die Regelungen zum Übergangsbereich gelten jedoch nicht für Auszubildende. Einzelheiten → *Übergangsbereich in der Sozialversicherung* Rz. 4137. 1267

4. Beitragsabrechnungszeitraum

a) Grundsätze

Der Zeitraum, für den Sozialversicherungsbeiträge zu berechnen und abzuführen sind, ist gesetzlich nicht genau definiert. Das Gesetz enthält jedoch verschiedene Regelungen, die auf einen **kalendermonatlichen Beitragsabrechnungszeitraum** hindeuten; z.B. durch § 23 SGB IV. Danach sind die Beiträge, die nach dem Arbeitsentgelt zu bemessen sind, spätestens am drittletzten 1268

Bankarbeitstag des Monats fällig, der dem Monat folgt, in dem die Beschäftigung ausgeübt worden ist oder als ausgeübt gilt.

Der Arbeitgeber ist grundsätzlich an keinen bestimmten Entgeltabrechnungszeitraum gebunden. Er kann ohne weiteres das Arbeitsentgelt wöchentlich, zweiwöchentlich oder in anderen Abständen abrechnen. Allerdings hat er die **Gesamtsozialversicherungsbeiträge** für einen Kalendermonat abzuführen. Es empfiehlt sich daher, den Entgeltabrechnungszeitraum dem kalendermonatlichen Beitragsabrechnungszeitraum gleichzustellen. Damit erspart sich der Arbeitgeber erhebliche Mehrarbeit. Die Mehrheit der Arbeitgeber hat sich bereits hierauf eingestellt und rechnet das Arbeitsentgelt für ganze Kalendermonate ab.

Bei der Berechnung ist die monatliche BBG dem abweichenden Bemessungszeitraum anzupassen. Hierzu ist die Jahres-BBG durch 360 zu dividieren und mit der Anzahl der auf den Bemessungszeitraum entfallenden Kalendertage zu vervielfachen. Deckt sich der Lohnabrechnungszeitraum nicht mit dem Kalenderjahr, in dem der Anfang des Lohnabrechnungszeitraums liegt (z.B. 15. Dezember bis 14. Januar), so ist der Abrechnungszeitraum, der das Ende des Kalenderjahres überschreitet, in zwei Abrechnungszeiträume aufzuteilen: Der erste Zeitraum endet mit dem 31. Dezember des Jahres, der zweite Zeitraum beginnt mit dem 1. Januar des folgenden Jahres. Die BBG für den vollen Lohnzahlungszeitraum darf nicht überschritten werden. Eine Aufteilung des Abrechnungszeitraumes gilt auch dann, wenn der Beitragssatz in einem Sozialversicherungszweig geändert wird.

b) Besonderheiten

1269 Arbeitsentgelt ist in der Sozialversicherung grundsätzlich **in dem Entgeltabrechnungszeitraum** zu berücksichtigen, in dem es erzielt worden ist. Hieraus folgt, dass bei **rückwirkenden Entgeltzahlungen** (z.B. bei rückwirkenden Lohnerhöhungen oder bei zeitversetzt gezahlten Arbeitsentgelten) **Korrekturen der Beitragsberechnung** vorzunehmen sind. Da solche Korrekturen z.T. mit erheblicher Mehrarbeit verbunden sind, sehen die Spitzenorganisationen der Sozialversicherung keine Bedenken, **wie nachfolgend beschrieben** zu verfahren:

aa) Zeitversetzte Arbeitsentgeltbestandteile

1270 Provisionen, die zwar zeitversetzt, aber monatlich ausgezahlt werden, sind im Entgeltabrechnungszeitraum der Auszahlung zur Beitragsberechnung heranzuziehen. Diese Zuordnung gilt auch für die Anwendung des Zusatzbeitrags in der Krankenversicherung. Sofern Provisionen in größeren Zeitabständen als monatlich gezahlt werden, können sie nach Auffassung der Spitzenverbände gleichmäßig auf den Zahlungszeitraum (z.B. Quartal) verteilt werden. Bei Provisionen oder Überstundenvergütungen, die erst nach Beendigung des Beschäftigungsverhältnisses zur Auszahlung gelangen, sollte als Kriterium für die zeitliche Zuordnung die Handhabung während des bestehenden Beschäftigungsverhältnisses als maßgeblich angesehen werden. Dies bedeutet, dass die nach Beendigung des Beschäftigungsverhältnisses noch anfallenden Provisionen oder Überstundenvergütungen dem letzten Entgeltabrechnungszeitraum des Beschäftigungsverhältnisses zugeordnet werden können, wenn diese während des bestehenden Beschäftigungsverhältnisses monatlich gezahlt wurden. Wurden sie dagegen in größeren Zeitabständen ausgezahlt, dann sind sie dem entsprechenden letzten Entgeltabrechnungszeitraum zuzuordnen. Voraussetzung hierfür ist jedoch, dass eine **kontinuierliche Abrechnung** der variablen Arbeitsentgeltbestandteile innerhalb des Betriebes gewährleistet ist (Abrechnung z.B. mit einmonatiger oder zweimonatiger Verzögerung). Um dies zu erreichen, muss sich der Arbeitgeber an seine einmal getroffene Entscheidung zur zeitlichen Zuordnung halten. Hiervon kann er nur abweichen, wenn die Einzugsstellen dem zustimmen.

bb) Rückwirkende Erhöhung des Arbeitsentgelts

1271 Nachzahlungen auf Grund rückwirkender Lohn- oder Gehaltserhöhungen sind auf die Entgeltabrechnungszeiträume zu verteilen, für die sie bestimmt sind. Aus Vereinfachungsgründen kann für die Nachzahlungen jedoch § 23a SGB IV mit der Maßgabe angewendet werden, dass die anteiligen Jahres-BBG des Nachzahlungszeitraums zu Grunde zu legen sind (→ *Einmalzahlungen* Rz. 1793); dadurch wird der Charakter der Nachzahlung als laufendes Arbeitsentgelt nicht berührt (vgl. Gemeinsames Rundschreiben der Spitzenverbände der Sozialversicherungsträger v. 18.11.1983, BKK 1984, 46 ff.).

5. Beitragsbemessungsgrundlage

a) Grundsätze

Für die Berechnung der Beiträge ist das in dem der Berechnung zu Grunde liegenden Lohnabrechnungszeitraum erzielte beitragspflichtige Arbeitsentgelt (→ *Arbeitsentgelt* Rz. 593) höchstens bis zu den für diesen Lohnzahlungszeitraum geltenden BBG maßgebend. Das beitragspflichtige Arbeitsentgelt i.S. der Sozialversicherung ist i.d.R. **mit dem lohnsteuerrechtlichen Arbeitslohn identisch**. Allerdings können steuerrechtlich zu gewährende **Freibeträge** (z.B. Altersentlastungsbetrag, Versorgungsfreibetrag) bei der Beitragsberechnung **nicht berücksichtigt** werden, d.h. diese Freibeträge wirken sich **nicht** beitragsmindernd aus. Arbeitsentgelt aus einer nicht der Versicherungspflicht unterliegenden bzw. einer versicherungsfreien Beschäftigung kann nicht zur Beitragsberechnung herangezogen werden. Für bestimmte Personengruppen (z.B. beschäftigte Behinderte in geschützten Einrichtungen; → *Behinderte (Menschen mit Behinderungen)* Rz. 1244) sind **Mindestbemessungsgrundlagen** zu beachten. 1272

Wurden während des Lohnabrechnungszeitraums auch Einmalzahlungen gewährt, gelten Sonderregelungen, denn bei der Beitragsberechnung aus **Sonderzahlungen** werden die monatlichen BBG außer Kraft gesetzt. Für die Beurteilung der Beitragspflicht des einmalig gezahlten Arbeitsentgelts wird dann eine **Vergleichsberechnung** vorgenommen (→ *Einmalzahlungen* Rz. 1793). Sind Beiträge nicht für einen vollen Kalendermonat, sondern nur für einen **Teil-Entgeltabrechnungszeitraum** zu berechnen, weil z.B. der Arbeitnehmer im Laufe des Entgeltabrechnungszeitraums in die Beschäftigung eintritt oder ausscheidet oder Beitragsfreiheit (→ *Beitragsfreiheit* Rz. 1308) wegen des Bezuges von Krankengeld besteht, sind für diesen Teil-Entgeltabrechnungszeitraum auch Teil-BBG (→ *Teillohnzahlungszeitraum* Rz. 4077) zu berechnen.

Die Beiträge sind unmittelbar aus dem (ggf. auf die für den Abrechnungszeitraum geltende BBG reduzierten) Arbeitsentgelt (tatsächliches Arbeitsentgelt) zu errechnen.

b) Beitragsbemessungsgrundlage für unständig Beschäftigte

Für unständig Beschäftigte, deren Beschäftigungsverhältnis jeweils auf **weniger als eine Woche entweder nach der Natur der Sache** befristet zu sein pflegt oder im Voraus durch Arbeitsvertrag befristet ist, gilt hinsichtlich der Beitragsberechnung eine Sonderregelung. Das innerhalb eines Kalendermonats erzielte Arbeitsentgelt ist ohne Rücksicht darauf, an wie vielen Tagen im Monat eine Beschäftigung ausgeübt wurde, jeweils bis zur monatlichen Beitragsbemessungsgrenze (BBG) der Kranken- und Pflegeversicherung bzw. Rentenversicherung heranzuziehen. **In der Arbeitslosenversicherung besteht Versicherungsfreiheit**. Dies gilt nicht, wenn die Versicherungspflicht als berufsmäßig unständig Beschäftigter im Laufe eines Kalendermonats beginnt oder endet. In derartigen Fällen ist die für den entsprechenden Monatsteil maßgebende BBG zu Grunde zu legen. 1273

Übt ein unständig Beschäftigter innerhalb eines Kalendermonats mehrere Beschäftigungen bei verschiedenen Arbeitgebern aus und übersteigt das Arbeitsentgelt insgesamt die BBG, dann sind die **einzelnen Arbeitsentgelte anteilmäßig zu berücksichtigen**. Da eine eventuell in Betracht kommende anteilige Kürzung erst dann vorgenommen werden kann, wenn das in dem jeweiligen Kalendermonat erzielte Arbeitsentgelt der Höhe nach feststeht, sind die Arbeitsentgelte aus den einzelnen unständigen Beschäftigungen zunächst bis zur monatlichen BBG der Beitragspflicht zu unterwerfen. Im Nachhinein erstattet die Einzugsstelle auf Antrag des unständig Beschäftigten oder eines Arbeitgebers zu Unrecht gezahlte Beiträge.

Beantragt der Versicherte den Ausgleich überzahlter Beiträge, so hat er – nach Monaten getrennte – Verdienstbescheinigungen oder Entgeltabrechnungen sämtlicher Arbeitgeber, bei denen er auch im ausgleichenden Zeitraum beschäftigt war, der Krankenkasse vorzulegen. Die Krankenkasse hat die Kranken-, Pflege- und Rentenversicherungsbeiträge anteilmäßig entsprechend den Arbeitsentgelten zu verteilen und die zu viel gezahlten Beiträge dem zu erstatten, der sie getragen hat.

Beantragt ein Arbeitgeber den Ausgleich überzahlter Beiträge, hat er der Krankenkasse – nach Monaten getrennte – Listen über die an die einzelnen unständig Beschäftigten gezahlten Arbeitsentgelte einzureichen. Die Krankenkasse hat dann von den in der Liste aufgeführten unständig Beschäftigten oder von den anderen Arbeitgebern der unständig Beschäftigten die weiteren für den Ausgleich erforderlichen Daten anzufordern. Sie hat die Kranken-, Pflege- und Rentenversicherungsbeiträge entsprechend den Arbeitsentgelten zu verteilen und die zu viel gezahlten Beiträge sowohl den betroffenen unständig Beschäftigten als auch ihren Arbeitgebern zu erstatten.

Die anteilmäßige Kürzung der Arbeitsentgelte ist jeweils in der Weise vorzunehmen, dass die monatliche BBG mit dem beim einzelnen Arbeitgeber in dem betreffenden Monat erzielten Arbeitsentgelt zu multiplizieren und durch das in diesem Monat erzielte Gesamtentgelt zu dividieren ist; das Ergebnis bildet die Grundlage für die Berechnung der Beiträge für die bei diesem Arbeitgeber in dem betreffenden Monat ausgeübte Beschäftigung:

$$\frac{\text{monatliche BBG} \times \text{Einzelentgelt}}{\text{Gesamtentgelt}} = \text{Beitragsbemessungsgrundlage für das Einzelentgelt}$$

Werden unständige Beschäftigungen ausnahmslos bei einem Arbeitgeber ausgeübt, kann die BBG von vornherein berücksichtigt werden. Der Arbeitgeber hat in derartigen Fällen in den einzelnen Kalendermonaten von dem jeweiligen Arbeitsentgelt aus den unständigen Beschäftigungen so lange Beiträge zu entrichten, bis die jeweilige BBG erreicht ist.

Liegt eine Dauerbeschäftigung oder eine regelmäßig wiederkehrende Beschäftigung vor, besteht grundsätzlich vom Tag der Aufnahme dieser Beschäftigung bis zu deren Ende Versicherungs- und damit Beitragspflicht in allen Zweigen der gesetzlichen Sozialversicherung. Bei einer Dauerbeschäftigung ist für die Berechnung der Beiträge das innerhalb eines Kalendermonats erzielte Arbeitsentgelt ohne Rücksicht darauf, an wie vielen Tagen im Monat die Beschäftigung tatsächlich ausgeübt wurde, jeweils bis zur monatlichen BBG der Kranken-, Pflege-, Renten- und Arbeitslosenversicherung heranzuziehen. Dies gilt nicht, wenn – wie bei der lediglich regelmäßig wiederkehrenden Beschäftigung – die Versicherungspflicht im Laufe eines Kalendermonats beginnt oder endet. In diesem Fall ist die für den entsprechenden Monatsteil maßgebende BBG zu Grunde zu legen. Nach § 7 Abs. 3 Satz 1 SGB IV besteht das versicherungspflichtige Beschäftigungsverhältnis jedoch für Zeiten, in denen das Beschäftigungsverhältnis ohne Anspruch auf Arbeitsentgelt besteht, für einen Monat fort.

Unständig Beschäftigte haben wegen der Befristung ihrer Beschäftigungsverhältnisse keinen Anspruch auf Lohn- oder Gehaltsfortzahlung für mindestens sechs Wochen. Sie haben (seit 2009) auch keinen gesetzlichen Anspruch auf Krankengeld. Deshalb ist für sie der ermäßigte Beitragssatz maßgebend. Für das Krankengeld hält die jeweilige Krankenkasse einen Wahltarif vor. Dies gilt auch bei regelmäßig wiederkehrenden Beschäftigungen. Für Bezieher einer Vollrente wegen Alters oder einer Rente wegen voller Erwerbsminderung gilt ebenfalls für die aus dem Arbeitsentgelt der unständigen Beschäftigung zu bemessenden Beiträge der ermäßigte Beitragssatz, da für diese Personen kein Anspruch auf Krankengeld besteht. Für Dauerbeschäftigte gilt grundsätzlich der allgemeine Beitragssatz nach § 241 SGB V und in der Pflegeversicherung nach § 55 SGB XI.

c) Beitragsbemessungsgrundlage bei geringfügig Beschäftigten

1274 Für geringfügig entlohnte Beschäftigte mit einem monatlichen Arbeitsentgelt bis zur Geringfügigkeitsgrenze (seit 1.1.2026 603 €, → *Mini-Jobs* Rz. 3161) haben Arbeitgeber vom Arbeitsentgelt einen pauschalen Beitrag zur Krankenversicherung i.H.v. 13 % und zur Rentenversicherung i.H.v. 15 % zu entrichten.

Zur Pflege- und Arbeitslosenversicherung fallen solche Pauschalbeiträge nicht an. Auch für versicherungsfreie kurzfristige Beschäftigungen sind keine Beiträge zu zahlen.

Soweit geringfügig entlohnte Beschäftigungen durch Zusammenrechnung der Versicherungspflicht in Kranken-, Pflege- und Rentenversicherung unterliegen, besteht zu diesen Versicherungszweigen auch Beitragspflicht. Hierfür gelten die üblichen beitragsrechtlichen Regelungen. Überschreiten die Arbeitsentgelte aus den einzelnen Beschäftigungen insgesamt die BBG, sind die Beiträge von den Arbeitgebern anteilmäßig entsprechend der Höhe der Arbeitsentgelte zu zahlen (→ *Mehrfachbeschäftigung* Rz. 3094). Zu den beitragsrechtlichen Auswirkungen → *Mini-Jobs* Rz. 3161.

d) Weitere Beitragsbemessungsgrundlagen

Zu Einzelheiten → *Mehrfachbeschäftigung* Rz. 3094. 1275

Zu Einzelheiten → *Einmalzahlungen* Rz. 1793.

6. Beitragsbemessungsgrenzen (BBG)

Beiträge sind für jeden Tag der Mitgliedschaft zu zahlen. Die bei- 1276
tragspflichtigen Einnahmen werden jedoch nicht unbegrenzt zur Beitragsberechnung herangezogen. Vielmehr werden die **beitragspflichtigen Einnahmen** höchstens bis zur jeweiligen **BBG** des jeweiligen Versicherungszweiges berücksichtigt. Einnahmen, die diese BBG übersteigen, bleiben außer Ansatz, d.h. beitragsfrei. Bei der Berechnung von grundlohnorientierten Leistungen (z.B. Krankengeld, Übergangsgeld, Renten) bleiben diese Beträge oberhalb der BBG auch unberücksichtigt.

Beispiel 1:

Arbeitnehmer S ist Polier bei einer Bauunternehmung in Essen. Im Monat März 2026 erhält er ein Entgelt von 5 900 €. Im Entgelt ist auch eine Überstundenvergütung enthalten.

Unter Berücksichtigung der BBG ergeben sich für die Beitragsberechnung folgende Ausgangswerte:

Arbeitsentgelt im März 2026	5 900,– €	
	BBG	Beiträge werden berechnet aus:
Kranken- und Pflegeversicherung	5 812,50 €	5 812,50 €
Renten- und Arbeitslosenversicherung	8 450,– €	5 900,– €

Der Beitragsberechnung liegt i.d.R. das monatliche Arbeitsentgelt zu Grunde, so dass auch die monatlichen BBG anzusetzen sind. Wird das Arbeitsentgelt dagegen nicht für einen vollen Kalendermonat gezahlt, weil z.B. die Beschäftigung während eines Monats aufgenommen wurde, ist für den beitragspflichtigen Teil des Monats auch die **BBG** entsprechend umzurechnen. Dazu wird die jährliche BBG durch 360 Tage geteilt und mit der Anzahl der beitragspflichtigen Tage vervielfältigt (→ *Teillohnzahlungszeitraum* Rz. 4077).

Beispiel 2:

Der Arbeitnehmer F nimmt als Feinmechaniker eine Beschäftigung in Köln auf. Die Beschäftigung beginnt am 20. April. Für die Zeit vom 20. bis 30.4.2026 erhält er ein Arbeitsentgelt i.H.v. 2 200 €. Krankenversicherungspflicht besteht.

Unter Berücksichtigung der BBG ergeben sich für die Beitragsberechnung folgende Ausgangswerte:

Arbeitsentgelt im April 2026	2 200,– €	
	BBG	Beiträge werden berechnet aus:
Kranken- und Pflegeversicherung 20.4. bis 30.4.	2 131,25 €	2 131,25 €
Renten- und Arbeitslosenversicherung 20.4. bis 30.4.	3 098,33 €	2 200,– €

In den einzelnen Zweigen der Sozialversicherung gelten folgende BBG:

Kalenderjahre 2019 bis 2026 in Euro

	Kalenderjahr	West seit 1.1.2025 einheitliche Werte für Ost und West		Ost seit 1.1.2025 einheitliche Werte für Ost und West	
		jährlich	monatlich	jährlich	monatlich
Kranken- und Pflegeversicherung	2019	54 450,–	4 537,50	54 450,–	4 537,50
	2020	56 250,–	4 687,50	56 250,–	4 687,50
	2021	58 050,–	4 837,50	58 050,–	4 837,50
	2022	58 050,–	4 837,50	58 050,–	4 837,50
	2023	59 850,–	4 987,50	59 850,–	4 987,50
	2024	62 100,–	5 175,–	62 100,–	5 175,–
	2025	66 150,–	5 512,50	66 150,–	5 512,50
	2026	69 750,–	5 812,50	69 750,–	5 812,50

	Kalender-jahr	West seit 1.1.2025 einheitliche Werte für Ost und West		Ost seit 1.1.2025 einheitliche Werte für Ost und West	
		jährlich	monatlich	jährlich	monatlich
Renten- und Arbeitslosen-versicherung	2019	80 400,–	6 700,–	73 800,–	6 150,–
	2020	82 800,–	6 900,–	77 400,–	6 450,–
	2021	85 200,–	7 100,–	80 400,–	6 700,–
	2022	84 600,–	7 050,–	81 000,–	6 750,–
	2023	87 600,–	7 300,–	85 200,–	7 100,–
	2024	90 600,–	7 550,–	89 400,–	7 450,–
	2025	96 600,–	8 050,–	96 600,–	8 050,–
	2026	101 400,–	8 450,–	101 400,–	8 450,–
Knappschaft-liche Renten-versicherung	2019	98 400,–	8 200,–	91 200,–	7 600,–
	2020	101 400,–	8 450,–	94 800,–	7 900,–
	2021	104 400,–	8 700,–	99 000,–	8 250,–
	2022	103 800,–	8 650,–	100 200,–	8 350,–
	2023	107 400,–	8 950,–	104 400,–	8 700,–
	2024	111 600,–	9 300,–	110 400,–	9 200,–
	2025	118 800,–	9 900,–	118 800,–	9 900,–
	2026	124 800,–	10 400,–	124 800,–	10 400,–

7. Beitragssätze

a) Krankenversicherung

1277 Der allgemeine Beitragssatz beträgt seit 2015 14,6 %, der ermäßigte 14,0 %.

aa) Allgemeiner Beitragssatz

1278 Für Arbeitnehmer, die im Falle der Arbeitsunfähigkeit Anspruch auf Fortzahlung des Arbeitsentgelts für mindestens sechs Wochen haben, gilt der allgemeine Beitragssatz (§ 241 SGB V). Der allgemeine Beitragssatz ist auch bei neu eingestellten Arbeitnehmern anzuwenden, wenn in den ersten vier Wochen des Beschäftigungsverhältnisses der Anspruch auf Entgeltfortzahlung ruht (→ *Entgeltfortzahlung* Rz. 1914).

Der allgemeine Beitragssatz gilt u.a. auch für

- krankenversicherungspflichtige Behinderte nach § 5 Abs. 1 Nr. 7 und 8 SGB V, da auch für sie grundsätzlich ein Anspruch auf Fortzahlung der Vergütung für sechs Wochen besteht;
- Bezieher von Arbeitslosengeld, da die genannten Leistungen bei Arbeitsunfähigkeit für sechs Wochen weitergezahlt werden;
- krankenversicherungspflichtige Teilnehmer an berufsfördernden Rehabilitationsmaßnahmen, die Übergangsgeld beziehen;
- Rentner, die neben der Rente noch einen Versorgungsbezug (z.B. Betriebsrente) erhalten, → *Versorgungsbezüge* Rz. 4339.

Bei Arbeitnehmern, die von der Arbeitsleistung freigestellt sind und danach nicht unmittelbar aus dem Erwerbsleben ausscheiden, ist der allgemeine Beitragssatz zu berücksichtigen, und zwar bereits auch in der Freistellungsphase (LSG Berlin-Brandenburg v. 29.9.2014, L 9 KR 389/12). Die Krankenkassen haben diese Vorgehensweise bestätigt.

bb) Ermäßigter Beitragssatz

1279 Ist der Anspruch auf Krankengeld auf Grund gesetzlicher Regelung ausgeschlossen, wird der Beitragssatz entsprechend ermäßigt (§ 243 SGB V).

Keinen Anspruch auf Krankengeld haben

- **Personen in Einrichtungen der Jugendhilfe**, die für eine Erwerbstätigkeit befähigt werden sollen,
- **Vorruhestandsgeldbezieher**,
- krankenversicherungspflichtige Teilnehmer an **berufsfördernden Rehabilitationsmaßnahmen** ohne Anspruch auf Übergangsgeld,
- unständig Beschäftigte,
- kurzzeitig Beschäftigte,
- Bezieher einer Rente wegen voller Erwerbsminderung oder einer **Vollrente wegen Alters**;
- Bürgergeldbezieher bzw. ab 1.6.2026 Grundsicherungsgeldbezieher → Rz. 715.

Somit ist für diese Versicherten der ermäßigte Beitragssatz anzuwenden. Während der Freistellungsphase in der Altersteilzeit ist der zu leistende Krankenversicherungsbeitrag auf der Grundlage des ermäßigten Beitragssatzes zu bemessen (BSG v. 25.8.2004, B 12 KR 22/02 R). Diese Regelung gilt jedoch nur, wenn der Arbeitnehmer nach der Freistellungsphase tatsächlich aus dem Erwerbsleben ausscheidet.

cc) Zusatzbeitrag

2015 wurde der **kassenindividuelle prozentuale Zusatzbeitragssatz** eingeführt, den jede Krankenkasse für sich in der Satzung regelt, um den Finanzbedarf, der über die Zuweisungen aus dem Gesundheitsfonds hinausgehen, zu regeln (s.a. → Rz. 1261). Der Zusatzbeitrag ist Bestandteil des Gesamtsozialversicherungsbeitrages und damit i.R.d. Quellenabzugsverfahrens z.B. vom Arbeitgeber zusammen mit den anderen Beiträgen abzuführen. Zum durchschnittlichen Zusatzbeitragssatz → Rz. 1261. 1280

dd) Pauschaler Beitragssatz

Für geringfügig entlohnte Beschäftigte, deren monatliches Arbeitsentgelt die Geringfügigkeitsgrenze (→ *Mini-Jobs* Rz. 3166) nicht überschreitet, hat der Arbeitgeber grundsätzlich einen pauschalen Krankenversicherungsbeitrag i.H.v. 13 % des Arbeitsentgelts zu entrichten. Die Pauschalbeiträge werden durch den vom Arbeitnehmer zu tragenden zusätzlichen Beitragssatz nicht verändert. 1281

b) Beitragssatz der Pflegeversicherung

Der Beitragssatz in der Pflegeversicherung wird grundsätzlich durch Gesetz festgelegt (§ 55 Abs. 1 SGB XI). Die Bundesregierung kann ihn aber auch per Verordnungsermächtigung anpassen (vgl. hierzu § 55 Abs. 1 Satz 2 i.V.m Abs. 2 SGB XI). Hierzu hat die scheidende Bundesregierung die Verordnung zur Anpassung des Beitragssatzes in der sozialen Pflegeversicherung 2025 (Pflege-Beitragssatz-Anpassungsverordnung 2025 - PBAV 2025) beschlossen, wonach sich der Pflegeversicherungsbeitrag seit 1.1.2025 um 0,2 % auf 3,6 % erhöht hat. 1282

Vom 1.7.2023 bis 31.12.2024 betrug mit Änderung durch das Pflegeunterstützungs- und -Entlastungsgesetz - PUEG der Beitragssatz der Pflegeversicherung noch 3,4 % der beitragspflichtigen Einnahmen (ausführlich zum Beitragssatz auch → *Pflegeversicherung* Rz. 3418). Mit dem Gesetz wurde ab 1.7.2023 auch der Beitragszuschlag für kinderlose Mitglieder ab Vollendung des 23. Lebensjahrs von 0,35 % auf 0,6 % erhöht. **Dieser Beitragszuschlag für Kinderlose i.H.v. 0,6 % gilt auch im Jahr 2026.**
Kinderlose Mitglieder, die vor dem 1.1.1940 geboren sind, Wehr- und Zivildienstleistende sowie Bezieher von Bürgergeld werden von der Zuschlagspflicht ausgenommen.
Beihilfeberechtigte Beamte und Versorgungsempfänger ohne Kinder haben, wenn sie in der sozialen Pflegeversicherung versichert sind, den vollen Beitragszuschlag aufzubringen.

Kalenderjahr	Pflegeversicherung	Beitragszuschlag für Kinderlose
2013 – 2014	2,05 %	0,25 %
2015 – 2016	2,05 %	0,25 %
2017 – 2018	2,55 %	0,25 %
2019 – 2021	3,05 %	0,25 %
2022 – Juni 2023	3,05 %	0,35 %
Juli 2023 – 2024	3,40 %	0,60 %
seit 2025	3,60 %	0,60 %

Mit dem PUEG wurde zum 1.7.2023 ein **Beitragsabschlag für Eltern** eingeführt. Für diese reduziert sich der Beitragssatz für jedes Kind **ab dem zweiten Kind bis zum fünften Kind** um jeweils einen Abschlag i.H.v. 0,25 % bis zum Ablauf des Monats, in dem das jeweilige Kind das 25. Lebensjahr vollendet hat. Diese Altersbegrenzung gilt nicht für das erste Kind. Zum Beitragsabschlag und den dadurch geltenden Beitragssätzen ausführlich → *Pflegeversicherung* Rz. 3420.

c) Beitragssatz der Rentenversicherung

Der Beitragssatz wird durch Rechtsverordnung festgelegt (vgl. § 158 SGB VI). In den alten und neuen Bundesländern gilt stets der gleiche Beitragssatz. Er beträgt aktuell 18,6 % und in der knapp- 1283 schaftlichen Rentenversicherung 24,7 % (vgl. Bekanntmachung v. 25.11.2025, BGBl. I 2025, Nr. 291).

Kalenderjahr	allgemeine Rentenversicherung	knappschaftliche Rentenversicherung[1])
2011	19,9 %	26,4 %
2012	19,6 %	26,0 %
2013	18,9 %	25,1 %
2014	18,9 %	25,1 %
2015 – 2017	18,7 %	24,8 %
2018 – 2026	18,6 %	24,7 %

1) Bitte beachten Sie, dass die Aufteilung zwischen Arbeitgeber- und Arbeitnehmeranteil nicht der sonstigen Systematik entspricht.

d) Beitragssatz der Arbeitslosenversicherung

1284 Der Beitragssatz in der Arbeitslosenversicherung beträgt ab 1.1.2023 2,6 %. Er wird durch Gesetz festgelegt. In den alten und neuen Bundesländern gilt stets der gleiche Beitragssatz.

Kalenderjahr	Arbeitslosenversicherung
2011 – 2018	3,0 %
2019	2,5 %
2020 – 2022	2,4 %
2023 – 2026	2,6 %

8. Beitragstragung

a) Grundsatz

1285 Der Gesamtsozialversicherungsbeitrag ist vom Arbeitnehmer und Arbeitgeber je zur Hälfte (paritätisch) zu tragen.

b) Geringverdiener

1286 Der Arbeitgeber hat für Praktikanten, deren Vergütung ein Arbeitsentgelt von 325 € nicht übersteigt, sowie für Personen, die Jugendfreiwilligendienst leisten, den Gesamtsozialversicherungsbeitrag allein zu tragen (§ 20 Abs. 3 SGB IV). Diese besondere Beitragstragungspflicht des **Arbeitgebers** umfasst auch den auf den zusätzlichen Beitragssatz entfallenden Beitragsanteil. Dies gilt für den Beitragszuschlag zur Pflegeversicherung (→ Rz. 1282) entsprechend.
Die Geringverdienergrenze beträgt:

Kalenderjahr	In allen Bundesländern
seit 1.8.2003	325 €

Wird durch die Gewährung von **Sonderzuwendungen die Geringverdienergrenze überschritten**, muss der Arbeitgeber die Beiträge von dem Arbeitsentgelt bis zu 325 € allein aufbringen; hinsichtlich des 325 € übersteigenden Teils des Arbeitsentgelts hat der Arbeitnehmer seinen Beitragsteil zu tragen (→ *Geringverdienergrenze* Rz. 2307).

c) Zusatzbeitrag in der Krankenversicherung

1287 Der kassenindividuelle Zusatzbeitrag wird paritätisch von Arbeitgeber und Arbeitnehmer getragen. Dies gilt nicht bei Geringverdienern.

d) Pflegeversicherung

1288 In der Pflegeversicherung gelten grundsätzlich die gleichen Regelungen wie in den anderen Zweigen der Sozialversicherung. Arbeitgeber und Arbeitnehmer teilen sich den Beitrag paritätisch. Nur für den Fall, dass zum Ausgleich der mit den Arbeitgeberbeiträgen verbundenen Belastungen der Wirtschaft **kein landesweiter gesetzlicher Feiertag**, der stets auf einen Werktag fällt, aufgehoben wird, tragen die Arbeitnehmer den Beitrag von 1 % allein. Diese Sonderregelung gilt lediglich im Bundesland Sachsen.

Mit der Einführung der stationären Pflegeleistungen ab 1.7.1996 und der damit verbundenen Erhöhung des Beitrags sollte ursprünglich ein weiterer Feiertag, der stets auf einen Werktag fällt, abgeschafft werden. Hierzu ist es jedoch nicht gekommen. Die o.a. Regelung besteht somit weiterhin. Arbeitnehmer im Bundesland Sachsen haben weiterhin den Beitrag von 1 % allein zu tragen, hinzu kommt der halbe Anteil aus dem Beitragsanteil des jeweils aktuell geltenden Beitragssatzes zur Pflegeversicherung (→ Rz. 1282).

Der Beitragszuschlag für kinderlose Mitglieder i.H.v. 0,6 % ist vom Mitglied allein zu tragen (gilt nicht bei Geringverdienern).

Das bedeutet, dass 2026 von kinderlosen Mitgliedern ein Beitrag von 2,4 % (in Sachsen von 2,9 %) vom beitragspflichtigen Entgelt zu zahlen ist. Der Arbeitgeberbeitrag beträgt 1,8 % (in Sachsen 1,3 %). Beim Berechnungsvorgang ist dann § 2 Abs. 1 Satz 3 BVV zu berücksichtigen. Werden danach Beiträge vom Arbeitgeber und vom Beschäftigten nicht je zur Hälfte getragen, wird nämlich der Beitrag aus der Summe der getrennt berechneten gerundeten Anteile errechnet.

Zum ab 1.7.2023 neu eingeführten Beitragsabschlag siehe ausführlich → *Pflegeversicherung* Rz. 3420.

e) Rentner

Seit 1.1.2017 besteht **Rentenversicherungsfreiheit für beschäftigte Altersvollrentner** nur noch nach Erreichen der Regelaltersgrenze (→ *Hinzuverdienstgrenzen* Rz. 2545). Der Arbeitgeber hat seinen Arbeitgeberanteil zu entrichten. Diese beschäftigten Altersvollrentner können nach Erreichen der Regelaltersgrenze auf die Rentenversicherungsfreiheit verzichten. Der Verzicht gilt nur mit Wirkung für die Zukunft und für die Dauer der Beschäftigung. Die Erklärung ist schriftlich gegenüber dem Arbeitgeber abzugeben. Diese Beiträge wirken sich bei einer Rentenneuberechnung rentensteigernd aus. Dies bedeutet aber auch, dass Beschäftigte über den Beginn einer vorzeitigen Altersvollrente hinaus bis zum Erreichen der Regelaltersgrenze rentenversicherungspflichtig bleiben. 1289

Im Rahmen einer **Bestandsschutzregelung** bleiben Arbeitnehmer, die am 31.12.2016 auf Grund des Bezuges einer Altersvollrente rentenversicherungsfrei beschäftigt waren, in dieser Beschäftigung rentenversicherungsfrei. Sie können aber gegenüber ihrem Arbeitgeber auf die Versicherungsfreiheit verzichten. Der Verzicht kann auch nur für die Zukunft erklärt werden und ist für diese Beschäftigung bindend.

In der **Arbeitslosenversicherung** ist seit 1.1.2022 der Arbeitgeberanteil zur Arbeitslosenversicherung ab dem Zeitpunkt des Erreichens der Regelaltersgrenze wieder zu zahlen.

Arbeitgeber, die Bezieher einer **Vollrente wegen Alters oder Bezieher von Versorgungsbezügen** beschäftigen, haben – um Wettbewerbsvorteile zu verhindern – für diese Arbeitnehmer, obwohl diese rentenversicherungsfrei sind, den Arbeitgeberbeitragsanteil zu zahlen. Diese Arbeitgeber sollen so gestellt werden, als wenn sie jemanden beschäftigen, für den Beiträge an die Rentenversicherung abzuführen wären. Dies gilt auch bei Beamten bzw. beamtenähnlichen Personen, die bereits vor Erreichen der Altersgrenze in den Ruhestand versetzt werden, → *Ruhestandsbeamte* Rz. 3797. In der Arbeitslosenversicherung besteht eine ähnliche Regelung. Für beschäftigte **Arbeitnehmer, die eine Regelaltersrente beziehen,** hat der Arbeitgeber – obwohl diese Arbeitnehmer arbeitslosenversicherungsfrei sind – dennoch den Arbeitgeberanteil zur Arbeitslosenversicherung zu entrichten.

f) Kurzarbeitergeld/Saison-Kurzarbeitergeld

Für den Zeitraum, in dem **Kurzarbeitergeld oder Saison-Kurzarbeitergeld** gezahlt wird, gelten hinsichtlich der Beitragsberechnung und Beitragstragung besondere Regelungen (→ *Kurzarbeitergeld* Rz. 2808; → *Saison-Kurzarbeitergeld* Rz. 3850). 1290

g) Haushaltshilfen

Für Haushaltshilfen bzw. für geringfügig entlohnte Beschäftigungen in Privathaushalten ist das Haushaltsscheckverfahren anzuwenden. Das Haushaltsscheckverfahren wird – wie das Beitrags- und Meldeverfahren für geringfügig Beschäftigte insgesamt – ausschließlich von der Deutschen Rentenversicherung Knappschaft-Bahn-See durchgeführt (→ *Mini-Jobs* Rz. 3161). 1291

Arbeitgeber von geringfügig entlohnten Beschäftigten in Privathaushalten haben gegenüber Arbeitgebern im gewerblichen Bereich besondere Vergünstigungen. Anstelle der sonst üblichen Beitrags- und Steuerlast für gewerbliche Arbeitgeber von 30 % (Krankenversicherung: 13 %; Rentenversicherung: 15 %; Pauschsteuer: 2 %) beläuft sich der Arbeitgeberaufwand für Privathaushalte lediglich auf 12 % (Krankenversicherung: 5 %; Rentenversicherung: 5 %; Pauschsteuer: 2 %). Diese Regelungen können nicht bei Beschäftigungen, die mit Wohnungseigentümergemeinschaften geschlossen werden, angewandt werden. Es handelt sich hierbei nicht um einen Privathaushalt in diesem Sinne (vgl. Besprechungsergebnis der Spitzenverbände der Sozialversicherungsträger am 30./31.10.2003).

Die Kosten, die dem Arbeitgeber für die Beschäftigung im Privathaushalt entstehen, werden steuerlich gefördert. S. → *Haushaltsnahe Beschäftigungsverhältnisse und Dienstleistungen: Steuerermäßigung* Rz. 2530.

9. Beitragsabzug

1292 Der Arbeitgeber hat einen Anspruch gegen den Arbeitnehmer auf den vom Arbeitnehmer zu tragenden Anteil am Gesamtsozialversicherungsbeitrag. Dieser Anspruch darf nur im Wege des Lohn- oder Gehaltsabzugs realisiert werden. Der zusätzliche Beitrag in der Krankenversicherung gehört zum Gesamtsozialversicherungsbeitrag und kann durch Abzug vom Arbeitsentgelt geltend gemacht werden.

Bei einem **unterbliebenen Beitragsabzug** ist es dem Arbeitgeber gestattet, diesen bei den nächsten **drei Lohn- oder Gehaltszahlungen nachzuholen**. Danach ist ein Beitragsabzug nur noch dann erlaubt, wenn der Abzug ohne Verschulden des Arbeitgebers unterblieben ist. Das ist z.B. dann der Fall, wenn der Arbeitgeber den Beitragsabzug unterlassen hat, weil er von der Krankenkasse eine unrichtige Auskunft erhalten hat. Eine schuldlose nachträgliche Beitragsentrichtung liegt dagegen nicht schon dann vor, wenn der Arbeitgeber aus Rechtsirrtum den Abzug unterlässt. Hat der Arbeitgeber den rechtzeitigen Beitragsabzug versäumt, dann muss er den auf den Arbeitnehmer entfallenden Beitragsanteil selbst tragen. **Ein Rückgriffsrecht gegenüber dem Arbeitnehmer steht ihm auch nach bürgerlichem Recht grundsätzlich nicht zu**. Das gilt auch dann, wenn das Beschäftigungsverhältnis beendet ist oder Zahlungen nicht mehr anfallen, es sei denn, dass der Arbeitnehmer das Arbeitsverhältnis kündigt oder dem Arbeitgeber Grund zur Kündigung gibt mit dem Ziel, den Beitragsabzug vom Lohn oder Gehalt zu umgehen; in Fällen dieser Art kann u.U. ein Schadensersatzanspruch nach § 826 BGB bestehen (vgl. BAG v. 14.1.1988, 8 AZR 238/85).

Kommt der Arbeitnehmer **vorsätzlich** oder **grob fahrlässig** seinen **Meldepflichten** (z.B. über mögliche weitere Beschäftigungen) gegenüber dem Arbeitgeber nicht nach und wird dadurch das Versicherungsverhältnis nicht richtig beurteilt, hat der Arbeitgeber immer einen Anspruch auf den vom Arbeitnehmer zu tragenden Beitragsanteil.

Arbeitgeber, die ihrem Arbeitnehmer gegenüber einen höheren Beitragsanteil vom Arbeitsentgelt abziehen als gesetzlich vorgeschrieben oder bei Geringverdienern nicht den vollen Beitrag übernehmen, handeln ordnungswidrig. Sie haben in derartigen Fällen mit einer Geldbuße zu rechnen. Zuständig für dieses Verfahren sind die Einzugsstellen.

10. Abführung der Beiträge

a) Beitragsgruppen

1293 Sowohl für das Meldeverfahren als auch für die Berechnung der Beiträge zur Kranken-, Pflege-, Renten- und Arbeitslosenversicherung (Gesamtsozialversicherungsbeitrag) ist eine **eindeutige Kennzeichnung, zu welchen Versicherungszweigen Versicherungs- und Beitragspflicht** besteht, notwendig. Der zusätzliche Beitragssatz zur Krankenversicherung ist gesondert aufzuführen.

b) Beitragsnachweis

1294 Nach § 28f Abs. 3 SGB IV hat der Arbeitgeber der Einzugsstelle einen Beitragsnachweis rechtzeitig durch Datenübertragung einzureichen. Der Beitragsnachweis ist zwei Arbeitstage vor Fälligkeit der Beiträge durch Datenübertragung zu übermitteln. Er muss bereits um 0.00 Uhr zur Verfügung stehen. Die Beiträge zur Sozialversicherung sind spätestens am drittletzten Bankarbeitstag des jeweiligen Monats fällig.

Eine Datenübermittlung ist nur mittels zugelassener Programme oder maschinell erstellter Ausfüllhilfen möglich. Für die Datenübertragung sind bei der Nutzung allgemein zugänglicher Netze Verschlüsselungsverfahren anzuwenden. Der Beitragsnachweis-Datensatz gilt für die Vollstreckung als Leistungsbescheid der Einzugsstelle. Er gilt somit auch als Dokument zur Glaubhaftmachung der Forderung der Einzugsstelle in Insolvenzverfahren.

Die Beitragsnachweis-Datensätze finden sowohl für den allgemeinen Beitragsnachweis als auch für den Beitragsnachweis für geringfügig Beschäftigte Verwendung. Die Deutsche Rentenversicherung Knappschaft Bahn-See kann die Beitragsnachweis-Datensätze gem. § 28b Abs. 3 SGB IV um knappschaftliche bzw. seemännische Besonderheiten erweitern.

Im Beitragsnachweis-Datensatz war jeweils der Rechtskreis anzugeben, für den die Beiträge bestimmt waren. Hatte ein Arbeitgeber Beiträge sowohl für Beschäftigte in den alten Bundesländern (einschließlich West-Berlin) als auch für Beschäftigte in den neuen Bundesländern (einschließlich Ost-Berlin) nachzuweisen, so musste er für die Rechtskreise „West" und „Ost" separate Beitragsnachweis-Datensätze erstellen.

Anders als im Meldeverfahren waren im Beitragsnachweisverfahren die Beitragsnachweise weiterhin getrennt nach den Rechtskreisen abzugeben. **Dies galt unabhängig davon, ob die Beiträge für Zeiten vor oder für Zeiten ab dem 1.1.2025 nachzuweisen waren. Diese Regelung galt bis 31.12.2025** (→ *Rechtskreise (Ost und West)* Rz. 3583).

Die Spitzenorganisationen der Sozialversicherung haben in ihrer Besprechung über Fragen des gemeinsamen Beitragseinzugs am 21.5.2025 beschlossen, dass für die Rechtskreistrennung ab 1.1.2026 keine Notwendigkeit mehr gesehen wird. Dies gilt auch, wenn es sich um Beiträge für Zeiten bis zum 31.12.2025 handelt. Die Gemeinsamen Grundsätze zum Aufbau der Datensätze für die Übermittlung von Beitragsnachweisen durch Datenübertragung nach § 28b Abs. 1 Satz 1 Nr. 2 SGB IV in der am 1.1.2026 geltenden Fassung wurden entsprechend angepasst.

Soll der Beitragsnachweis-Datensatz nicht nur für den laufenden Entgeltabrechnungszeitraum, sondern auch für folgende Entgeltabrechnungszeiträume gelten, ist im Beitragsnachweis-Datensatz das Feld „Art des Beitragsnachweises" als Dauer-Beitragsnachweis zu kennzeichnen. Die Beiträge sind im Beitragsnachweis-Datensatz nach Beitragsgruppen getrennt anzugeben, wobei die Pflegeversicherungsbeiträge – soweit sie zum Gesamtsozialversicherungsbeitrag gehören (Beitragsgruppen 0001 und 0002) – unter der Beitragsgruppe „0001" zusammengefasst auszuweisen sind. Auch der Beitragszuschlag für Kinderlose ist zusammen mit den übrigen Pflegeversicherungsbeiträgen unter der Beitragsgruppe 0001 mit nachzuweisen.

Arbeitgeber mit mehreren Betriebsstätten können die für dieselbe Einzugsstelle bestimmten Beitragsnachweise mit gleicher Rechtskreiszuordnung in Absprache mit der jeweiligen Einzugsstelle in einem Beitragsnachweis-Datensatz unter einer „führenden" Betriebs- bzw. Beitragskontonummer des Arbeitgebers zusammenfassen, wobei die Einzugsstelle bei der Absprache darüber zu unterrichten ist, für welche Betriebsstätten unter welcher Betriebs- bzw. Beitragskontonummer die Beiträge vom Arbeitgeber zusammengefasst übermittelt werden. Der Beitragsnachweis-Datensatz ist der Datenannahmestelle – abgesehen vom Dauer-Beitragsnachweis – für jeden Entgeltabrechnungszeitraum zu übermitteln, in dem versicherungspflichtig Beschäftigte oder geringfügig entlohnte Beschäftigte gemeldet sind. Folglich ist ein Beitragsnachweis-Datensatz (mit Nullbeträgen) auch für Entgeltabrechnungszeiträume zu erstellen, in denen ausnahmsweise keine Beiträge anfallen. Hierdurch werden Beitragsschätzungen vermieden, die die Einzugsstelle dann vorzunehmen hat, wenn der Arbeitgeber den Beitragsnachweis-Datensatz nicht oder nicht rechtzeitig übermittelt.

Bei einer Insolvenz des Arbeitgebers sind die Beiträge für freigestellte Arbeitnehmer und weiterbeschäftigte Arbeitnehmer getrennt auszuweisen. Für diese Unterscheidung gibt es seit 1.1.2018 im Beitragsnachweis-Datensatz für die freigestellten Arbeitnehmer ein entsprechendes Kennzeichen.

c) Entgeltunterlagen (§ 8 BVV)

1295 Der Arbeitgeber hat in den Entgeltunterlagen u.a. folgende Angaben über die Beschäftigten aufzunehmen:

- den Familien- und Vornamen und ggf. das betriebliche Ordnungsmerkmal
- das Geburtsdatum
- bei Ausländern aus Staaten außerhalb des Europäischen Wirtschaftsraums die Staatsangehörigkeit und den Aufenthaltstitel
- die Anschrift
- den Beginn und das Ende der Beschäftigung
- den Beginn und das Ende der Altersteilzeitarbeit
- das Wertguthaben aus flexibler Arbeitszeit einschließlich der Änderungen (Zu- und Abgänge), den Abrechnungsmonat der ersten Gutschrift sowie den Abrechnungsmonat für jede Änderung; besondere Aufzeichnungen über beitragspflichtige Arbeitsentgelte sind entbehrlich, soweit das Wertguthaben 250 Stunden Freistellung von der Arbeitsleistung nicht überschreitet; bei auf Dritte übertragenen Wertguthaben sind diese beim Dritten zu kennzeichnen
- den Nachweis eines Krankenversicherungsschutzes nach § 28a Abs. 9a SGB IV
- die Beschäftigungsart
- die für die Versicherungsfreiheit oder die Befreiung von der Versicherungspflicht maßgebenden Angaben
- den Antrag auf Aufhebung der Befreiung von der Versicherungspflicht nach § 6 Abs. 6 SGB VI, auf dem der Tag des Eingangs beim Arbeitgeber dokumentiert ist,
- das Arbeitsentgelt nach § 14 SGB IV, seine Zusammensetzung und zeitliche Zuordnung, ausgenommen sind Sachbezüge und Belegschaftsrabatte, soweit für sie eine Aufzeichnungspflicht nach dem EStG nicht besteht
- das beitragspflichtige Arbeitsentgelt bis zur BBG der Rentenversicherung, seine Zusammensetzung und zeitliche Zuordnung
- das in der Unfallversicherung beitragspflichtige Arbeitsentgelt, die anzuwendende Gefahrtarifstelle und die jeweilige zeitliche Zuordnung
- den Betrag nach § 3 Abs. 1 Nr. 1 Buchst. b des Altersteilzeitgesetzes
- den Beitragsgruppenschlüssel
- die Einzugsstelle für den Gesamtsozialversicherungsbeitrag
- den vom Beschäftigten zu tragenden Anteil am Gesamtsozialversicherungsbeitrag, nach Beitragsgruppen getrennt
- die für die Erstattung von Meldungen erforderlichen Daten
- bei Entsendung Eigenart und zeitliche Begrenzung der Beschäftigung
- gezahltes Kurzarbeitergeld und die hierauf entfallenden beitragspflichtigen Einnahmen
- Wertguthaben aus flexibler Arbeitszeit bis zum 31.12.2009, für die noch Beiträge zur gesetzlichen Unfallversicherung zu entrichten sind.

Welche Unterlagen noch zu den Entgeltunterlagen zu nehmen sind, entnehmen Sie § 8 Abs. 2 BVV.

Einzelheiten hierzu → *Lohnkonto* Rz. 2886.

d) Zahlung der Beiträge

1296 → *Fälligkeit der Sozialversicherungsbeiträge* Rz. 2083

11. Berechnungsbeispiele

1297 **Beispiel 1:**

Der Maschinenschlosser N (kinderlos) ist in Leipzig (Sachsen) beschäftigt. Im Monat August 2026 erhält er ein Entgelt von 3 421,90 €. Es besteht Krankenversicherungspflicht.

Daraus ergibt sich folgende Beitragsberechnung:

	Beitragsbemessungsgrundlage	Arbeitnehmer-Anteil	Arbeitgeber-Anteil	Gesamtbeitrag
Arbeitsentgelt 3 421,90 €		€		
Krankenversicherung Beitragssatz 14,6 % Kassenindividueller Zusatzbeitragssatz 2,6 % (angenommener Wert)	3 421,90 3 421,90	249,80 44,48 294,28	249,80 44,48 294,28	 588,56
Pflegeversicherung Beitragssatz 3,6 % Beitragszuschlag 0,6 %	 3 421,90 3 421,90	78,70 20,53 99,23	 44,48	 143,71
Rentenversicherung Beitragssatz 18,6 %	3 421,90	318,24	318,24	636,48
Arbeitslosenversicherung Beitragssatz 2,6 %	3 421,90	44,48	44,48	88,96
Gesamtsozialversicherungsbeitrag		756,23	701,48	1 457,71

Beispiel 2:

Der Kraftfahrer B (2 Kinder) ist in Essen beschäftigt. Im Monat August 2026 erhält er ein Entgelt von 3 200 €. Es besteht Krankenversicherungspflicht.

Daraus ergibt sich folgende Beitragsberechnung:

	Beitragsbemessungsgrundlage	Arbeitnehmer-Anteil	Arbeitgeber-Anteil	Gesamtbeitrag
Arbeitsentgelt 3 200 €		€		
Krankenversicherung Beitragssatz 14,6 % Zzgl. Kassenindividueller Zusatzbeitragssatz 2,6 % (angenommener Wert) Insgesamt:	3 200 3 200	233,60 41,60 275,20	233,60 41,60 275,20	 550,40
Pflegeversicherung Beitragssatz 3,6 % Beitragsabschlag 0,25 %	3 200 3 200	57,60 –8,00 49,60	57,60	 107,20
Rentenversicherung Beitragssatz 18,6 %	3 200	297,60	297,60	595,20
Arbeitslosenversicherung Beitragssatz 2,6 %	3 200	41,60	41,60	83,20
Gesamtsozialversicherungsbeitrag		664,00	672,00	1 336,00

Beispiel 3:

Ein technischer Angestellter (kinderlos) ist bei einem Maschinenbauunternehmen in München beschäftigt. Das monatliche Einkommen (Oktober 2026) beträgt 5 600 €. Er bekommt zusätzlich im Mai ein Monatsgehalt als Urlaubsgeld und im November ein Monatsgehalt als Weihnachtsgeld. Der Arbeitnehmer ist auf Grund seines Einkommens nicht krankenversicherungspflichtig und bei einem privaten Krankenversicherungsunternehmen kranken- und pflegeversichert. Die Beiträge werden prozentual ohne Lohnsteuerstufen berechnet.

Daraus ergibt sich folgende Beitragsberechnung:

	Beitragsbemessungsgrundlage	Arbeitnehmer-Anteil	Arbeitgeber-Anteil	Gesamtbeitrag
Arbeitsentgelt 5 600 €		€		
Krankenversicherung Beitragssatz 14,6 % Durchschnittlicher Zusatzbeitragssatz 2,9 %	–	–	Beitragszuschuss[1] 424,31 84,28 508,59	–
Pflegeversicherung Beitragssatz 3,6 %	–	–	Beitragszuschuss[2] 104,63	–
Rentenversicherung Beitragssatz 18,6 %	5 600,–	520,80	520,80	1 041,60

	Beitrags-bemes-sungs-grundlage	Arbeit-neh-mer-Anteil	Arbeit-geber-Anteil	Gesamt-beitrag
Arbeitslosenversicherung Beitragssatz 2,6 %	5 600,–	72,80	72,80	145,60
Gesamtsozialversicherungsbeitrag		593,60	593,60	1 187,20

1) Beitragszuschuss zur Krankenversicherung
2) Beitragszuschuss zur Pflegeversicherung

Beitragsbemessungsgrenzen

→ *Beiträge zur Sozialversicherung* Rz. 1261

Beitragserstattung

1. Allgemeines

1298 In der Sozialversicherung werden zu Unrecht gezahlte Beiträge zur Kranken-, Pflege-, Renten- und Arbeitslosenversicherung grundsätzlich erstattet. Für die Erstattung der Beiträge ist in erster Linie die Krankenkasse zuständig, an die die Beiträge gezahlt wurden. Dies gilt auch für die Pflege-, Renten- und Arbeitslosenversicherungsbeiträge. Zwischen den Sozialversicherungsträgern wurde diese vereinfachte Vorgehensweise abgesprochen (Gemeinsame Grundsätze für die Auf- bzw. Verrechnung und Erstattung zu Unrecht gezahlter Beiträge zur Kranken-, Pflege-, Renten- und Arbeitslosenversicherung der Spitzenverbände der Sozialversicherungsträger v. 20.11.2019).

Zu **Unrecht gezahlte Sozialversicherungsbeiträge** werden jedoch nur dann erstattet, wenn für den Arbeitnehmer

- auf Grund dieser Beiträge oder
- für den Zeitraum, für den die Beiträge zu Unrecht entrichtet worden sind,

keine Leistungen (z.B. Krankengeld durch die Krankenkasse) erbracht wurden. Die zweite Alternative „für den Zeitraum" gilt nach BSG v. 25.4.1991, 12/1 RA 65/89, nicht in der Rentenversicherung. Sofern jedoch während des Bezugs von Leistungen Beitragsfreiheit bestanden hat, sind während dieser Zeit zu Unrecht gezahlte Beiträge zu erstatten.

Beiträge, die im Wege der Störfallbeitragsberechnung von insolvenzgesichertem Wertguthaben durch Treuhänder/Insolvenzverwalter in Unkenntnis einer ggf. niedrigeren SV-Luft (→ *Altersteilzeit* Rz. 80) zu hoch gezahlt werden, gelten ebenfalls als zu Unrecht entrichtete Beiträge. Vor der Erstattung von Beiträgen zur Kranken- und Pflegeversicherung und/oder Rentenversicherung ist zu prüfen, ob die zu Unrecht gezahlten Beiträge im Zusammenhang mit erbrachten Leistungen an den Arbeitnehmer stehen. Eine Erstattung von Beiträgen scheidet grundsätzlich in allen Fällen aus, in denen in der **irrtümlichen Annahme eines Versicherungsverhältnisses Beiträge gezahlt und Leistungen** gewährt wurden. Hierbei kommt es im Allgemeinen nicht darauf an, ob der einzelne Beitrag sich auf die rechtliche Grundlage der Leistung ausgewirkt hat. Eine Beitragserstattung kommt ferner nicht in Betracht, wenn **versehentlich zu hohe Beiträge** gezahlt und dementsprechend auch höhere Leistungen erbracht worden sind.

Dagegen sind die Teile von Beiträgen (Beiträge in nicht voller Höhe), die z.B. auf Grund von Ablesefehlern in der Beitragstabelle oder Rechenfehlern bei der Ermittlung des Arbeitsentgelts zu Unrecht gezahlt worden sind, zu erstatten, wenn sie die Leistungen nicht beeinflusst haben, d.h., wenn die Leistungen auch ohne die Beitragsüberzahlung unverändert erbracht worden wären.

Die Verfallklausel in § 26 Abs. 2 SGB IV greift nur für die Beiträge des Versicherungszweigs, indem die Leistung erbracht wurde. Einem Antrag auf Erstattung von Beiträgen zur Kranken- und Pflegeversicherung kann daher für den Bereich der Pflegeversicherung entsprochen werden, wenn für den Zeitraum, für den die Beiträge zu Unrecht gezahlt worden sind, lediglich Leistungen der Krankenversicherung erbracht wurden. Etwas anderes gilt, wenn dem (unzuständigen) Versicherungsträger eines Versicherungszweigs, der zunächst eine Leistung zur medizinischen Rehabilitation oder zur Teilhabe am Arbeitsleben erbracht hat, die Aufwendungen durch den für die Erbringung dieser Leistung zuständigen Rehabilitationsträger eines anderen Versicherungszweigs erstattet worden sind. In diesen Fällen gilt die Leistung als von dem Versicherungsträger erbracht, der die Aufwendungen erstattet hat.

Zu Unrecht gezahlte Arbeitslosenversicherungsbeiträge sind grundsätzlich zu erstatten. Allerdings mindert sich der Erstattungsanspruch um den Betrag der Leistung, die in der irrtümlichen Annahme der Versicherungspflicht gezahlt worden ist (vgl. BSG v. 25.3.2004, B 12 AL 1/03 R). Sind Leistungen aus anderen Gründen zu Unrecht gezahlt worden, so können diese aufgerechnet werden. Der Bezug von Bürgergeld bzw. ab 1.7.2026 Grundsicherungsgeld (→ Rz. 715) steht der Erstattung von Arbeitslosenversicherungsbeiträgen nicht entgegen.

Viele Tarifverträge sehen für den Fall der Beendigung des Beschäftigungsverhältnisses Regelungen über die Rückforderung von Einmalzahlungen (insbesondere des Weihnachtsgeldes) vor. Die Versicherten und die (ehemaligen) Arbeitgeber haben dann nach § 26 Abs. 3 SGB IV grundsätzlich einen Anspruch auf Erstattung der zu Unrecht entrichteten Beiträge. Wurde bereits vor der Rückforderung der Einmalzahlung Krankengeld – unter Berücksichtigung der Einmalzahlung – gezahlt, kommt auf Grund der Leistungsgewährung eine Beitragserstattung in der gesetzlichen Krankenversicherung nicht in Betracht, mit der Folge, dass die Krankengeldberechnung nicht zu korrigieren ist.

Fordert ein Arbeitgeber eine Einmalzahlung vor dem Beginn der Krankengeldzahlung zurück, bleibt der Anspruch auf Beitragserstattung unberührt. Diese Einmalzahlungen werden nicht bei der Ermittlung des Brutto-Hinzurechnungsbetrags berücksichtigt.

Dies bedeutet, dass – ungeachtet der Tatsache, dass der Arbeitgeber einmalig gezahltes Arbeitsentgelt wegen Beendigung des Beschäftigungsverhältnisses zurückfordert – eine Erstattung der auf das einmalig gezahlte Arbeitsentgelt entfallenden Krankenversicherungsbeiträge nicht in Betracht kommt, wenn das einmalig gezahlte Arbeitsentgelt bei der Berechnung des Krankengelds berücksichtigt worden ist (Besprechungsergebnis der Spitzenverbände der Sozialversicherungsträger v. 28./29.3.2001).

2. Erstattungsberechtigter

Der Anspruch auf Beitragserstattung steht demjenigen zu, der die Beiträge getragen hat, also dem Arbeitgeber und dem Arbeitnehmer. Hat der Arbeitgeber die Beiträge allein getragen, werden die Gesamtsozialversicherungsbeiträge direkt an den Arbeitgeber gezahlt (→ *Geringverdienergrenze* Rz. 2307). 1299

3. Erstattungsverfahren

Der Antrag auf Erstattung von Gesamtsozialversicherungsbeiträgen ist bei der Einzugsstelle einzureichen, die die Beiträge erhalten hat. Die Spitzenverbände der Sozialversicherungsträger haben hierzu einen einheitlichen Erstattungsvordruck entwickelt, der bei den Krankenkassen erhältlich ist. Der Arbeitgeber darf fällige Beiträge in Erwartung einer Beitragserstattung oder Beitragsgutschrift nicht zurückbehalten. Die zu Unrecht gezahlten Gesamtsozialversicherungsbeiträge werden i.d.R. von der Einzugsstelle erstattet. Sie sorgt auch dafür, dass die Meldungen entsprechend berichtigt werden. Zusätzlich hat die Einzugsstelle den Rentenversicherungsträger über die durchgeführte Beitragserstattung zu informieren. Die Benachrichtigung enthält bei mitarbeitenden Familienangehörigen und GmbH-Gesellschaftern die Aussage, dass die Einzugsstelle ihre versicherungsrechtliche Beurteilung mit dem für die Betriebsprüfung zuständigen Rentenversicherungsträger abgestimmt hat und dessen Auffassung teilt. Eine Benachrichtigung der Agenturen für Arbeit über die Erstattung von Beiträgen zur Arbeitslosenversicherung durch die Einzugsstelle ist hingegen nicht erforderlich und soll deshalb grundsätzlich unterbleiben. 1300

Stellt die Einzugsstelle fest, dass die Renten- und Arbeitslosenversicherungsbeiträge z.B. wegen der Inanspruchnahme von Leistungen oder wegen einer zwischenzeitlich eingetretenen Verjährung grundsätzlich nicht erstattet werden können, leitet sie die Anträge an diese zuständigen Sozialversicherungsträger weiter. Die Antragsteller werden hierüber informiert. Der Rentenversicherungsträger und/oder die Bundesagentur für Arbeit entscheiden dann abschließend über die Erstattungsanträge.

4. Verrechnung durch den Arbeitgeber

1301 Zu viel gezahlte Beiträge können unter den nachstehenden Voraussetzungen vom Arbeitgeber, von der Einzugsstelle oder vom Rentenversicherungsträger im Rahmen einer Betriebsprüfung verrechnet werden, wenn sichergestellt ist, dass der Arbeitnehmer die verrechneten Beiträge, soweit sie von ihm getragen wurden, zurückerhält.

Der **Arbeitgeber kann Beiträge** in voller Höhe oder Teile von Beiträgen zur Kranken-, Pflege-, Renten- und Arbeitslosenversicherung, die er **zu viel gezahlt hat,** unter Beachtung nachfolgender Voraussetzungen verrechnen, wenn

- bei Verrechnung von Beiträgen in voller Höhe der Beginn des Zeitraums, für den die Beiträge irrtümlich gezahlt wurden, nicht länger als sechs Kalendermonate zurückliegt. Für die Verrechnung hat der Arbeitnehmer eine schriftliche Erklärung darüber abzugeben, dass
  - kein Bescheid über eine Forderung eines Leistungsträgers (Krankenkasse, Pflegekasse, Rentenversicherungsträger, Agentur für Arbeit) vorliegt und seit Beginn des Erstattungszeitraums Leistungen der Kranken-, Pflege-, Renten- und Arbeitslosenversicherung nicht gewährt wurden und
  - die gezahlten Rentenversicherungsbeiträge dem Rentenversicherungsträger nicht als freiwillige Beiträge verbleiben sollen bzw. der Arbeitnehmer für diese Zeit keine freiwilligen Beiträge nachzahlen will.
- oder bei Verrechnung von Teilen von Beiträgen der Zeitraum, für den Beiträge zu viel gezahlt wurden, nicht länger als 24 Kalendermonate zurückliegt. Beruht die Beitragszahlung darauf, dass Beiträge **irrtümlich** von einem zu hohen Arbeitsentgelt gezahlt worden sind, so ist eine Verrechnung der Beiträge ausgeschlossen, wenn der überhöhte Betrag der Bemessung von Geldleistungen an den Versicherten (z.B. Krankengeldberechnung) zu Grunde gelegt wurde.

Eine Verrechnung zu Unrecht gezahlter Beiträge scheidet aus, soweit für den Erstattungszeitraum oder für Teile des Erstattungszeitraums eine **Prüfung beim Arbeitgeber** stattgefunden hat oder wenn von einem Berechtigten **Zinsen** geltend gemacht werden. In den Fällen, in denen eine Verrechnung ausgeschlossen ist, ist eine Erstattung der Beiträge bei der Einzugsstelle oder dem Versicherungsträger zu beantragen.

Die zu viel gezahlten Beiträge sind mit den Beiträgen für den laufenden Entgeltabrechnungszeitraum zu verrechnen. Erfolgt eine **Verrechnung**, weil der Berechnung der Beiträge irrtümlich ein zu hohes Arbeitsentgelt zu Grunde gelegt wurde, so ist der zu verrechnende Betrag in der Weise zu ermitteln, dass die zunächst unrichtig berechneten Beiträge um den Betrag vermindert werden, der sich bei einer Neuberechnung aus dem maßgeblichen beitragspflichtigen Arbeitsentgelt ergibt. Bei der Verrechnung sind die für den Verrechnungszeitraum jeweils maßgebenden Beitragsfaktoren zu Grunde zu legen. Alle sich aus Anlass der Verrechnung ergebenden Berichtigungen und Stornierungen sind auf den einzelnen Lohn- bzw. Gehaltsunterlagen so zu vermerken, dass sie prüffähig sind. Soweit Beiträge oder Teile von Beiträgen für vorangegangene Kalenderjahre verrechnet werden, sind die Korrekturen im laufenden Beitragsnachweis zu berücksichtigen; Voraussetzung ist allerdings, dass dann die Korrekturen von Rentenversicherungsbeiträgen nur noch in den Beitragsgruppen 0100, 0300 und 0500 nachgewiesen werden (vgl. Gemeinsame Grundsätze für die Auf- bzw. Verrechnung von Erstattung zu Unrecht gezahlter Beiträge zur Kranken-, Pflege-, Renten- und Arbeitslosenversicherung v. 20.11.2019). Die o.a. Erklärung des Arbeitnehmers ist den Lohn- bzw. Gehaltsunterlagen beizufügen. Bereits erstattete Meldungen nach der DEÜV sind vom Arbeitgeber zu stornieren und ggf. neu zu erstatten.

5. Verrechnung durch die Einzugsstelle

1302 Die Einzugsstelle kann unter Beachtung der Verjährungsfrist des § 27 Abs. 2 SGB IV Kranken-, Pflege-, Renten- und/oder Arbeitslosenversicherungsbeiträge verrechnen, wenn

- der Arbeitgeber zur Verrechnung von Beiträgen berechtigt ist und er von dieser Möglichkeit keinen Gebrauch macht,
- sie zu viel Beiträge berechnet hat und diese vom Arbeitgeber gezahlt worden sind,
- zu viel gezahlte Beiträge anlässlich einer Prüfung beim Arbeitgeber festgestellt werden und nicht die Zuständigkeit des Rentenversicherungsträgers besteht.

Verrechnungen durch die Einzugsstelle sind in den Beitragsunterlagen zu vermerken und dem Arbeitgeber zwecks Dokumentation in den Lohn- bzw. Gehaltsunterlagen bekannt zu geben.

Bereits erstattete Meldungen nach der DEÜV sind vom Arbeitgeber zu stornieren und ggf. neu zu erstatten.

6. Verrechnung durch den Rentenversicherungsträger

Der Rentenversicherungsträger kann unter Beachtung der Verjährungsfrist Kranken-, Pflege-, Renten- und/oder Arbeitslosenversicherungsbeiträge verrechnen, wenn zu viel gezahlte Beiträge anlässlich einer Prüfung beim Arbeitgeber festgestellt werden, die keine Berichtigung der beitragspflichtigen Einnahmen erfordern (z.B. bei Anwendung falscher Beitragssätze, bei Beitragszahlungen von Entgeltteilen über die Beitragsbemessungsgrenze). Die Verrechnungen durch den Rentenversicherungsträger im Rahmen einer Beitragsprüfung sind im Prüfbescheid vorzunehmen. Bereits erstattete Meldungen nach der DEÜV sind vom Arbeitgeber zu stornieren und ggf. neu zu erstatten. 1303

7. Erstattung

Zu Unrecht gezahlte Beiträge, die nicht verrechnet werden, werden auf Antrag erstattet. Die Erstattung kann auch in Form einer Gutschrift (Sollberichtigung) auf dem Beitragskonto erfolgen. Dem Arbeitgeber können auch die Arbeitnehmerbeitragsanteile ausgezahlt werden, wenn sichergestellt ist, dass dem Arbeitnehmer die zu viel gezahlten Beiträge erstattet werden. 1304

Die Erstattung von Rentenversicherungsbeiträgen scheidet aus, wenn der Erstattungsanspruch bereits verjährt ist. Der Erstattungsanspruch verjährt in vier Jahren nach Ablauf des Kalenderjahrs, in dem die Beiträge entrichtet worden sind.

Solche zu Unrecht entrichteten Beiträge gelten nach Ablauf der Verjährungsfrist als zu Recht entrichtete Beiträge. Eine Erstattung außerhalb dieses Zeitraums ist somit nicht möglich.

Die Spitzenorganisationen der Sozialversicherung haben in ihrer Besprechung über Fragen des gemeinsamen Beitragseinzugs am 23.11.2023 festgelegt, dass der Beanstandungsschutz auch für anteilige Beiträge gilt.

8. Meldeberichtigungen

Wird durch die Beitragserstattung das Versicherungsverhältnis oder die Höhe des rentenversicherungspflichtigen Entgelts verändert, sind auch die bisher erstatteten Meldungen nach der Datenerfassungs- und Übermittlungsverordnung (DEÜV) zu stornieren, ggf. sind neue Meldungen mit zutreffenden Angaben zu erstellen. Ist die Einzugsstelle für die Erstattung der zu Unrecht gezahlten Beiträge zuständig, veranlasst und überwacht sie den Eingang der Berichtigungs-/Stornierungsmeldungen durch den Arbeitgeber. Bei einer Verrechnung durch den Arbeitgeber hat dieser eine Stornierung vorzunehmen und ggf. eine neue Meldung zu erstatten. 1305

9. Verzinsung

Der Erstattungsanspruch ist nach Ablauf eines Kalendermonats nach Eingang des vollständigen Erstattungsantrags zu verzinsen. Wird kein Erstattungsantrag eingereicht, beginnt die Frist nach der Bekanntgabe der Entscheidung über die Erstattung. Zinsen sind bis zum Ablauf des Kalendermonats vor der Zahlung i.H.v. 4 % zu zahlen (§ 27 Abs. 1 SGB IV). Der Kalendermonat wird dabei mit 30 Tagen angesetzt. 1306

10. Verjährung

Der Erstattungsanspruch verjährt in vier Jahren nach Ablauf des Kalenderjahrs, in dem die Beiträge entrichtet wurden (§ 27 Abs. 2 SGB IV). Dies gilt auch dann, wenn zwischenzeitlich eine Betriebsprüfung durch den Rentenversicherungsträger (früher: Einzugsstelle) stattgefunden hat (vgl. BSG v. 29.7.2003, B 12 AL 1/02 R und BSG v. 20.2.2017, B 12 KR 24/16 B). 1307

Beitragsfreiheit

1308 Beitragsfrei ist ein Mitglied für die Dauer des **Anspruchs auf Krankengeld** oder **Mutterschaftsgeld** oder des Bezugs von **Elterngeld**. Die Beitragsfreiheit erstreckt sich nur auf diese Leistungen (vgl. § 224 SGB V). Gleiches gilt in der sozialen Pflegeversicherung (§ 56 SGB XI) sowie in der Renten- und Arbeitslosenversicherung. Da die Beitragsfreiheit nicht von dem Bezug, sondern von dem Anspruch auf Krankengeld abhängig ist, kommt Beitragsfreiheit auch in Betracht, wenn der Anspruch auf Krankengeld wegen des Bezugs von Versorgungskrankengeld, Verletztengeld oder Übergangsgeld während einer medizinischen Rehabilitationsmaßnahme ruht.

Zuschüsse, die der Arbeitnehmer während des **Sozialleistungsbezugs** erhält, sind nach § 23c SGB IV kein Arbeitsentgelt, soweit die Einnahmen zusammen mit der Sozialleistung das Nettoarbeitsentgelt nach § 47 SGB V (SV-Freibetrag) nicht übersteigen. Darüber hinaus gibt es eine Freigrenze i.H.v. 50 €. Bis zu diesem Betrag bleiben laufend gezahlte arbeitgeberseitige Leistungen, die den SV-Freibetrag übersteigen, beitragsfrei (→ *Arbeitsentgelt* Rz. 604).

Beitragsgruppen

→ *Meldungen für Arbeitnehmer in der Sozialversicherung* Rz. 3099

Beitragsnachweis

→ *Beiträge zur Sozialversicherung* Rz. 1261

Beitragsprüfung, Sozialversicherung

→ *Beitragsüberwachung* Rz. 1309

Beitragsrückvergütungen

→ *Arbeitslohn-ABC* Rz. 650, → *Beitragserstattung* Rz. 1298

Beitragsüberwachung

1. Allgemeines

1309 Die Steuerprüfung der Finanzverwaltung und die Betriebsprüfung der Rentenversicherungsträger können zusammen durchgeführt werden. Hierzu muss der Arbeitgeber beim Betriebsstättenfinanzamt einen formlosen Antrag stellen. Das Betriebsstättenfinanzamt regelt die Einzelheiten dann mit dem Träger der Rentenversicherung. Seit 1.1.2025 besteht die Verpflichtung, die notwendigen Daten aus der Finanzbuchhaltung elektronisch zu übermitteln. Diese Daten sind durch ein systemgeprüftes Entgeltabrechnungsprogramm zu übermitteln, alternativ ist dies auch über eine systemgeprüfte Schnittstelle oder ein systemgeprüftes Programm der Finanzbuchhaltung möglich.

Die **Prüfung durch die Rentenversicherungsträger** ist in § 28p SGB IV geregelt. Danach haben sie mindestens **alle vier Jahre** die Richtigkeit der vorgenommenen Beurteilungen der Beschäftigungsverhältnisse (Versicherungspflicht/-freiheit), der Beitragsermittlung und -zahlung sowie die Abgabe der Meldungen in den Betrieben zu prüfen. Die Prüfung umfasst auch die Verpflichtung des Arbeitgebers, für jeden Beschäftigten Entgeltunterlagen (vgl. § 8 BVV) getrennt nach Kalenderjahren zu führen. Dabei werden auch die Entgeltunterlagen der Beschäftigten, für die Beiträge nicht gezahlt wurden, geprüft.

Hat ein Arbeitgeber mehrere Beschäftigungsbetriebe, wird er insgesamt geprüft.

Stellen die Träger der Rentenversicherung im Rahmen der Betriebsprüfung Verstöße gegen das Mindestlohngesetz fest, haben sie die Behörden der Zollverwaltung, im Speziellen die Finanzkontrolle Schwarzarbeit darüber zu unterrichten.

Die Betriebsprüfung kann auch in kürzeren Abständen erfolgen, wenn der Arbeitgeber dies verlangt. Die Rentenversicherungsträger führen umgehend eine Prüfung durch, wenn z.B. Hinweise der Agentur für Arbeit, Behörden der Zollverwaltung, Kriminalpolizei, Staatsanwaltschaft vorliegen und es sich nicht nur um geringfügige Meldeverstöße handelt.

2. Prüfung in den Geschäftsräumen

Bisher fand die Prüfung i.d.R. in den Geschäftsräumen des Arbeitgebers bzw. beim Steuerberater statt, wenn dieser im Auftrag des Arbeitgebers die Entgeltunterlagen führt, Beitragsnachweise und Meldungen erstellt. 1310

Im Zeitalter der elektronischen Betriebsprüfung werden vor Ort-Prüfungen zur Ausnahme.

Sollte eine vor Ort-Prüfung stattfinden, erfolgt dies grundsätzlich nach **vorheriger Ankündigung** durch den prüfenden Versicherungsträger. Die Ankündigung soll möglichst einen Monat, sie muss jedoch spätestens **14 Tage vor der Prüfung** erfolgen. Mit Zustimmung des Arbeitgebers kann von der Mindestfrist abgewichen werden. Die Prüfer der Versicherungsträger haben sich auszuweisen. Wenn besondere Gründe es rechtfertigen (z.B. wenn dem Versicherungsträger Anhaltspunkte für eine Beitragshinterziehung vorliegen), kann auch eine unvermutete Prüfung in den Geschäftsräumen des Arbeitgebers stattfinden.

Die Arbeitgeber haben im Rahmen des Verfahrens der elektronisch unterstützten Betriebsprüfung (euBP) die erforderlichen Daten elektronisch anzuliefern und Entgeltunterlagen elektronisch zu führen. Die DRV Bund führt ein Dateisystem, in dem die Träger der Rentenversicherung ihre elektronischen Akten führen, die im Zusammenhang mit der Durchführung der Betriebsprüfungen stehen. Die in diesem Dateisystem gespeicherten Daten dürfen nur für die Prüfung bei den Arbeitgebern durch die jeweils zuständigen Träger der Rentenversicherung verarbeitet werden. Hierdurch soll datenschutzrechtlichen Belangen Rechnung getragen werden.

Das für die Prüfung erforderliche Dateisystem beinhaltet folgende Daten:

1. Die Betriebsnummern eines jeden Arbeitgebers
2. Die Absendernummern
3. Die Betriebsnummern der Abrechnungsstellen
4. Das Aktenzeichen des Arbeitgebers
5. Die Betriebsnummern des für den Arbeitgeber der zuständigen Unfallversicherungsträgers
6. Die Unternehmernummer und die Unternehmensnummern einschließlich des Anhangs nach § 136a Abs. 1 Satz 4 SGB VII für den Arbeitgeber
7. Das in der Unfallversicherung beitragspflichtige Entgelt der beim Arbeitgeber Beschäftigten in Euro
8. Die anzuwendenden Gefahrtarifstellen der beim Arbeitgeber Beschäftigten
9. Die Versicherungsnummern der beim Arbeitgeber Beschäftigten einschl. Beginn und Ende der Beschäftigung
10. Die Betriebsnummer der für jeden Beschäftigten zuständigen Einzugsstelle
11. Eine Kennzeichnung des Vorliegens einer geringfügigen Beschäftigung
12. Die Kennung des verwendeten Entgeltabrechnungsprogamms oder die Version einer Ausfüllhilfe
13. Das Identifikationskennzeichen jeder Meldung
14. Bei Stornierung einer Meldung zusätzlich das Identifikationskennzeichen der ursprünglichen Meldung

Durch das 7. SGB IV-Änderungsgesetz ist die euBP **seit 1.1.2023 verpflichtend** (§ 28p Abs. 6a Satz 1 SGB IV). Die Arbeitgeber können jedoch im begründeten Einzelfall vom Prüfdienst des zuständigen Rentenversicherungsträgers bis zum 31.12.2026 davon befreit werden. Wird der dazu erforderliche Antrag vom zuständigen Rentenversicherungsträger bewilligt, gilt die elektronische Führung der Entgeltunterlagen ebenfalls für alle neuen Tatbestände und Ereignisse, die sich spätestens ab dem 1.1.2027 ergeben. Eine rückwirkende elektronische Führung der Entgeltunterlagen für Zeiten vor dem 1.1.2027 ist in diesem Fall nicht zwingend erforderlich.

Durch die Verpflichtung ab 1.1.2025 auch die Daten der Finanzbuchhaltung elektronisch zu übermitteln, stellt sich die Frage, ob die Befreiung durch den Prüfdienst des zuständigen Rentenversicherungsträgers bis zum 31.12.2026 auch für die Daten der Finanzbuchhaltung gilt. Diese Frage ist zu bejahen, es ist somit keine zusätzliche Antragstellung erforderlich.

Die Daten werden dann durch eine Prüfsoftware analysiert und die Ergebnisse als Hinweise für die Prüfung genutzt. Im Rahmen einer Betriebsprüfung nimmt der Rentenversicherungsträger dann Einsicht in die gespeicherten Daten und wertet diese maschinell aus.

Entgeltabrechnungsprogramme verfügen hierfür über das Modul euBP, um die Daten bereitzustellen. Inzwischen können viele Lohnabrechnungsprogramme auch die Daten aus der Finanzbuchhaltung zur Verfügung stellen.

Arbeitgeber haben beim Wechsel der von Ihnen verwendeten systemgeprüften Programmen für die Unterlagen, die der nächsten Prüfung unterliegen, die Daten an die Datenstelle der Rentenversicherung zu übermitteln. Die Datenstelle speichert die Daten bis zum Abschluss der Prüfung.

Für Arbeitgeber besteht seit 1.1.2022 die Verpflichtung, die Entgeltunterlagen in elektronischer Form zu führen (vgl. § 8 Abs. 2 BVV) und deshalb seit 1.1.2023 im Zusammenhang mit der euBP digital zu übermitteln. Hierzu zählen insbesondere Unterlagen:

- zur Staatsangehörigkeit;
- über die erstatteten Meldungen;
- zur Versicherungspflicht bzw. Versicherungsfreiheit;
- zur Entsendung;
- Mitgliedsbescheinigungen der Krankenkassen.

Auch hiervon können sich die Arbeitgeber auf Antrag bis zum 31.12.2026 von der Verpflichtung der elektronischen Führung der Unterlagen befreien lassen.

Die Deutsche Rentenversicherung stellt bei Meldekorrekturen (quasi als Rückweg) den Arbeitgebern maschinell Grunddaten für die Berichtigung der Entgeltmeldungen zur Verfügung.

Die Spitzenorganisationen der Sozialversicherung haben gemeinsame Grundsätze nach § 9a BVV für die Entgeltunterlagen nach § 8 BVV und für die Beitragsberechnung nach § 9 BVV in der Fassung vom 1.4.2022, sowie die Grundsätze für die Übermittlung der Daten für die elektronisch unterstützte Betriebsprüfung, in der vom 1.1.2025 an geltenden Fassung, aufgestellt. Durch die euBP haben sich die Prüfungen für die Arbeitgeber wie folgt verändert:

- Minimaler Personalaufwand bei der Vorbereitung durch Definition einheitlicher Datensätze
- Gemeinsame Sachverhaltsaufklärung und ggf. Schlussbesprechung
- Ggf. Unterlagen eingeschränkt notwendig
- Nutzung von Büroräumen durch die Prüfer vor Ort, eingeschränkt

3. Mitwirkung des Arbeitgebers

1311 Der Arbeitgeber hat das Recht, im Vorfeld der Prüfung mit dem prüfenden Versicherungsträger den technischen Ablauf der Prüfung abzustimmen (z.B. Prüfung der Abrechnungsprogramme durch Verarbeitung von **Testaufgaben**). Die Arbeitgeber haben bei der Beitragsüberwachung mitzuwirken.

Diese Mitwirkung erstreckt sich auf die

- kostenlose **Überlassung eines geeigneten Raumes** oder Arbeitsplatzes sowie der erforderlichen Hilfsmittel zur ordnungsgemäßen Durchführung der Prüfung,
- Überlassung aller **erforderlichen Entgeltunterlagen**, Beitragsabrechnungen und Beitragsnachweise während der Prüfung (bei Einsatz automatischer Einrichtungen zur Lohn-/Gehaltsabrechnung hat der Arbeitgeber die für die Prüfung der Entgeltunterlagen erforderlichen Darstellungsprogramme sowie die Maschinenzeiten und sonstige Hilfsmittel, z.B. Bildschirme, Lesegeräte, bereitzustellen und personelle Unterstützung zu gewähren),
- Vorlage der **Prüfmitteilungen anderer Versicherungsträger** (sofern bei einer Prüfung Bedenken gegen das vom Arbeitgeber durchgeführte Beitragsverfahren ausgesprochen worden sind, eine Prüfmitteilung aber noch nicht vorliegt, hat der Arbeitgeber dieses den Prüfern mitzuteilen),
- Vorlage von Auszügen aus den **Prüfberichten der Finanzbehörden**, sofern diese für die Aufgabenerfüllung der Prüfer, insbesondere für die Beurteilung der Versicherungspflicht, Beitragspflicht und die Beitragshöhe, von Bedeutung sind,
- Vorlage anderer **Unterlagen, die außerhalb der Lohn- und Gehaltsabrechnung** im Bereich des Rechnungswesens geführt werden, soweit es Gründe für die Annahme gibt, dass diese Unterlagen für die Versicherungspflicht, Beitragspflicht und die Beitragshöhe erhebliche Angaben enthalten,
- Verarbeitung von **Testaufgaben** zur Prüfung der ordnungsgemäßen Beitragsberechnung und Beitragszahlung,
- maschinelle **Selektion** prüfrelevanter Fallgruppen, sofern eine Verarbeitung von Testaufgaben nicht erfolgt,
- unverzügliche **Behebung der festgestellten Mängel** und ggf. Mitteilung an den jeweiligen Versicherungsträger.

4. Umfang der Prüfung

Die Prüfung der Aufzeichnungen einschließlich der Unterlagen über Versicherungsfreiheit sowie der Beitragsnachweise kann auf **Stichproben** beschränkt werden. Die Prüfung der gemeldeten Arbeitsentgelte kann auf solche Fälle beschränkt werden, **in denen Unstimmigkeiten** bei der Abstimmung der Beiträge nicht aufgeklärt werden konnten. Die Versicherungsträger sind berechtigt, beim Arbeitgeber über den Bereich der Lohn- und Gehaltsabrechnung, jedoch nicht über den Bereich des Rechnungswesens hinaus zu prüfen, soweit es Gründe für die Annahme gibt, dass sich für die Versicherungs- oder Beitragspflicht und die Beitragshöhe erhebliche Unterlagen auch außerhalb der Lohn- und Gehaltsabrechnung befinden. Der Arbeitgeber hat Unterlagen, die der Aufgabenerfüllung der Prüfer dienen, insbesondere zur Klärung, ob ein versicherungs- oder beitragspflichtiges Beschäftigungsverhältnis vorliegt oder nicht, auf Verlangen vorzulegen. Hierzu können auch die Inhalte im Online-Speicher des SV Meldeportals genutzt werden. 1312

Die Prüfdienste der Rentenversicherungsträger führen auch die Betriebsprüfung für die Unfallversicherung durch. Prüfgegenstände werden die Zuordnung der Entgelte zu den trägerspezifischen Gefahrtarifstellen sowie die zutreffende Beurteilung des beitragspflichtigen Arbeitsentgelts zur Unfallversicherung sein. Zur Umsetzung des Prüfauftrags wurde das Meldeverfahren angepasst. Weitere Einzelheiten → *Meldungen für Arbeitnehmer in der Sozialversicherung* Rz. 3099.

Die Rentenversicherungsträger prüfen auch bei allen Arbeitgebern mit mehr als 19 Beschäftigten die Abgabepflicht nach dem Künstlersozialversicherungsgesetz. Bei Arbeitgebern mit weniger als 20 Beschäftigten sollen 40 % der Arbeitgeber überprüft werden. Bei den übrigen 60 % wird anlässlich der Prüfung schriftlich über die Künstlersozialabgabe informiert. Der Arbeitgeber muss bestätigen, dass er diese Informationen erhalten hat.

5. Prüfung durch Testaufgaben

Bei der Prüfung von Programmen durch Testaufgaben hat der Arbeitgeber die erforderlichen Arbeiten auszuführen und das Testergebnis den Prüfern zu übergeben. Bei der Prüfung durch Testaufgaben können nur gemeinsame Testaufgaben verwendet werden. Der Arbeitgeber kann eine Änderung der Testaufgaben verlangen, soweit dies durch betriebliche Gegebenheiten begründet ist. Ist der Arbeitgeber mit der Verwendung von Testaufgaben nicht einverstanden oder kommt eine **Prüfung von Programmen** durch Testaufgaben bereits aus programm- oder speichertechnischen Gründen nicht in Betracht, sollen, um Massenarbeiten zu vermeiden, prüfungsrelevante Fallgruppen vom Arbeitgeber herausgesucht und ausgedruckt werden. 1313

Prüfrelevante Fallgruppen für Selektionsprüfungen sind:

- **versicherungsfreie Beschäftigte**,
- nach dem SGB III oder dem Arbeitsförderungsgesetz **beitragsfreie Beschäftigte**,
- in der Rentenversicherung versicherungsfreie Beschäftigte,
- **kurzzeitig Beschäftigte**, die eine Rente wegen **Erwerbsunfähigkeit** oder ein Altersruhegeld beziehen,
- Beschäftigte, für die in der Rentenversicherung oder zur Bundesagentur für Arbeit nur der Arbeitgeberanteil zu zahlen ist,
- bestimmte Berufsgruppen (z.B. Fahrer, Pförtner, Praktikanten),
- einzelne Lohnarten,
- **Einmalzahlungen**, die dem Vorjahr zugeordnet worden sind.

Zusätzlich zur Selektionsprüfung kann der Prüfer verlangen, dass ihm Fälle, die manuell abgerechnet worden sind oder in denen das beitragspflichtige Arbeitsentgelt manuell vorgegeben worden ist, vorgelegt werden. Die selektierten Daten sind den Lohn- und Gehaltsabrechnungen des laufenden Kalenderjahres zu entnehmen. Daten vergangener Kalenderjahre dürfen für die **Selektionsprüfung** nur im **Rahmen der programm- und speichertechnischen Möglichkeiten** des eingesetzten Systems verlangt werden. Die Selektionsprüfung ist mit dem Arbeitgeber rechtzeitig vorzubereiten. Kann eine Selektionsprüfung nicht durchgeführt werden, sind den Prüfern die von ihnen gewünschten Entgeltunterlagen und Beitragsabrechnungen unverzüglich auszudrucken oder es sind lesbare Reproduktionen herzustellen, soweit den Prüfern die Nutzung der betrieblich installierten Technik nicht zuzumuten ist.

6. Nachforderung von Beiträgen

1314 Die Rentenversicherungsträger erlassen im Rahmen der Prüfung die erforderlichen Verwaltungsakte (Nachberechnungsbescheide; aber auch eine beanstandungsfrei durchgeführte Betriebsprüfung muss durch einen Verwaltungsakt beendet werden, der den Bestimmtheitsanforderungen genügt und Gegenstand sowie Ergebnis der Prüfung angibt, vgl. BSG v. 19.9.2019, B 12 R 25/18 R, einschließlich der Widerspruchsbescheide; sie umfassen auch die Umlagen nach dem Aufwendungsausgleichsgesetz). Aus dem Wortlaut des Gesetzes lässt sich allerdings keine Verpflichtung zum Erlass eines Verwaltungsaktes bei einer beanstandungsfreien Betriebsprüfung ableiten. Der Gesetzgeber sieht lediglich eine Berechtigung, einen Verwaltungsakt zu erlassen, vor. Die Rentenversicherungsträger haben beschlossen, dem Leitsatz des BSG nicht zu folgen. Das Prüfergebnis kann auf Wunsch auch elektronisch zum Abruf bereitgestellt werden. Voraussetzung ist, dass die Betriebsprüfung mit euBP-Lohndaten durchgeführt worden ist. Das Ergebnis wird dann als PDF-Dokument zum Abruf bereitgestellt. Der Abruf erfolgt über das systemgeprüfte Entgeltabrechnungsprogramm. Dies bieten allerdings noch nicht alle Entgeltabrechnungsprogramme an. Das Verfahren ist in den Grundsätzen für die Übermittlung der Daten für die elektronisch unterstützte Betriebsprüfung beschrieben.

Die Rentenversicherungsträger sind in den Verfahren vor den Gerichten der Sozialgerichtsbarkeit aktiv legitimiert. Soweit die Rentenversicherungsträger Verwaltungsakte der Einzugsstellen abändern, finden die allgemeinen Verwaltungsverfahrensregelungen Anwendung. Dadurch ist das Vertrauen des Arbeitgebers in die Entscheidungen der Einzugsstellen gewährleistet.

Die Rentenversicherungsträger berechnen Säumniszuschläge bis zum Zeitpunkt der Schlussbesprechung. Ihnen obliegt auch die Prüfung, ob und inwieweit ein Bescheid über Säumniszuschläge zurückzunehmen ist, wenn der Arbeitgeber geltend macht, dass die Säumniszuschläge im Rahmen der Betriebsprüfung zu Unrecht erhoben wurden.

Das Recht auf Geltendmachung einer Beitragsforderung ist nicht schon dadurch verwirkt, dass die vom Arbeitgeber in Anspruch genommene Versicherungsfreiheit bei früheren Betriebsprüfungen nicht beanstandet oder vom Betriebsprüfer sogar ausdrücklich gebilligt worden ist; der **Nachforderung von Sozialversicherungsbeiträgen** steht auch nicht entgegen, dass die Einzugsstelle nicht auf die Möglichkeit einer Befreiung von der Versicherungspflicht hingewiesen hat. Betriebsprüfungen haben den Zweck, die rechtmäßige Beitragsentrichtung zu den einzelnen Zweigen der Sozialversicherung zu sichern; eine über diese Kontrollfunktion hinausgehende Bedeutung kommt der Betriebsprüfung nicht zu (vgl. BSG v. 30.11.1978, 12 RK 6/76).

Die Verjährung von Beiträgen wird für die Dauer einer Betriebsprüfung beim Arbeitgeber gehemmt, d.h. sie wird für diesen Zeitraum vorübergehend ausgesetzt. Die Hemmung der Verjährung beginnt mit dem Tag des Beginns der Prüfung beim Arbeitgeber. Sie endet mit der Bekanntgabe des Beitragsbescheids, spätestens nach Ablauf von sechs Kalendermonaten nach Abschluss der Prüfung. Die Hemmung tritt auch ein, wenn der Rentenversicherungsträger eine Prüfung angekündigt und auch einen Termin vereinbart hat, der Prüfungstermin aber ohne Verschulden des Rentenversicherungsträgers nicht eingehalten werden kann.

Beitragszuschuss zur Krankenversicherung

Allgemein zur Beitragsberechnung → *Beiträge zur Sozialversicherung* Rz. 1261

1. Allgemeines

In der gesetzlichen Krankenversicherung sind Arbeitnehmer nur dann versichert, wenn ihr regelmäßiges Jahresarbeitsentgelt (JAE) die Jahresarbeitsentgeltgrenze (JAE-Grenze) nicht überschreitet (→ *Jahresarbeitsentgeltgrenze in der gesetzlichen Krankenversicherung* Rz. 2607). Anderenfalls besteht Versicherungsfreiheit in der Krankenversicherung mit der Folge, dass der Arbeitnehmer seinen **Versicherungsschutz** selbst sicherstellen muss. Damit diese Arbeitnehmer nicht schlechter gestellt werden als versicherungspflichtige Arbeitnehmer, bei denen der Arbeitgeber – wie in allen anderen Versicherungszweigen – den halben Beitragsanteil übernehmen muss, erhalten die Arbeitnehmer einen Beitragszuschuss. Die **Gewährung des Beitragszuschusses** nach § 257 SGB V ist an strenge Voraussetzungen gebunden, um eine Gleichbehandlung aller Personenkreise zu erreichen. Für die öffentlich-rechtlichen Arbeitgeber hat das BMI mit Erlass v. 9.10.2000 nachfolgende Anspruchsvoraussetzungen für die tägliche Praxis zusammengefasst: 1315

Angestellte und Arbeiter, deren regelmäßiges JAE die JAE-Grenze übersteigt und die nur deswegen versicherungsfrei sind, oder Beschäftigte, die auf Antrag **von der Versicherungspflicht befreit** sind, erhalten zur Gleichstellung mit den krankenversicherungspflichtigen Arbeitnehmern einen Beitragszuschuss, wenn sie entweder

- freiwillig in der gesetzlichen Krankenversicherung oder
- bei einem privaten Krankenversicherungsunternehmen unter den nachstehend erläuterten Voraussetzungen

versichert sind.

Angestellte und Arbeiter, deren regelmäßiges JAE die JAE-Grenze überschreitet, sind nicht anspruchsberechtigt, wenn sie auch aus einem **anderen Grund** versicherungsfrei sind; in diesem Fall sind sie nicht „nur" wegen des Überschreitens der JAE-Grenze versicherungsfrei (BSG v. 10.3.1994, 12 RK 12/93).

Ein Zuschuss nach § 257 Abs. 2 SGB V steht auch den Arbeitnehmern zu, die die Voraussetzungen der Versicherungsfreiheit nach § 6 Abs. 3a SGB V erfüllen. Damit wird sichergestellt, dass sich die Arbeitgeber auch bei über 55-jährigen Arbeitnehmern, die eine dem Grunde nach krankenversicherungspflichtige Beschäftigung ausüben, aber keinen Zugang zur gesetzlichen Krankenversicherung mehr haben, an der Beitragsaufbringung beteiligen.

Dies gilt sinngemäß auch für ins Ausland entsandte Beschäftigte für die Dauer der zeitlich begrenzten Beschäftigung im Ausland.

2. Freiwillige Mitglieder in der gesetzlichen Krankenversicherung

Anspruchsberechtigt sind alle in der gesetzlichen Krankenversicherung (Orts-, Betriebs-, Innungs- oder Ersatzkasse oder bei der See-Krankenkasse oder Knappschaft) **freiwillig versicherten Beschäftigten**. Diese Beschäftigten brauchen lediglich den Nachweis ihrer freiwilligen Versicherung zu erbringen und die Höhe des von ihnen zu zahlenden Beitrags anzugeben. 1316

3. Privatversicherte

Diese Beschäftigten erhalten den Zuschuss zu ihrem Krankenversicherungsbeitrag, wenn sie bei einem privaten Krankenversicherungsunternehmen versichert sind und für sich und ihre Angehörigen, die bei Versicherungspflicht des **Beschäftigten nach § 10 SGB V** versichert wären, Vertragsleistungen beanspruchen können, die der Art nach den Leistungen des SGB V entsprechen. 1317

Der Zuschuss für eine private Krankenversicherung wird seit 1.1.2009 nur gezahlt, wenn das Versicherungsunternehmen

- diese Krankenversicherung nach Art der Lebensversicherung betreibt,
- einen Basistarif i.S.d. § 152 Abs. 1 Versicherungsaufsichtsgesetzes anbietet,

- sich verpflichtet, Interessenten vor Abschluss der Versicherung das amtliche Informationsblatt der Bundesanstalt für Finanzdienstleistungsaufsicht gemäß § 146 Abs. 1 Nr. 6 des Versicherungsaufsichtsgesetzes auszuhändigen, welches über die verschiedenen Prinzipien der gesetzlichen sowie der privaten Krankenversicherung aufklärt,
- soweit es über versicherte Personen im brancheneinheitlichen Standardtarif i.S.v. § 257 Abs. 2a SGB V in der bis zum 31.12.2008 geltenden Fassung verfügt, sich verpflichtet, die in § 257 Abs. 2a SGB V in der bis zum 31.12.2008 geltenden Fassung in Bezug auf den Standardtarif genannten Pflichten einzuhalten,
- sich verpflichtet, den überwiegenden Teil der Überschüsse, die sich aus dem selbst abgeschlossenen Versicherungsgeschäft ergeben, zu Gunsten der Versicherten zu verwenden,
- vertraglich auf das ordentliche Kündigungsrecht verzichtet,
- die Krankenversicherung nicht zusammen mit anderen Versicherungssparten betreibt, wenn das Versicherungsunternehmen seinen Sitz im Geltungsbereich dieses Gesetzes hat.

Diese Voraussetzungen sollen sicherstellen, dass der private Versicherungsschutz, für den der Arbeitgeber einen Zuschuss zu zahlen hat, auch hinsichtlich bestimmter struktureller Kriterien mit dem Versicherungsschutz in der gesetzlichen Krankenversicherung vergleichbar ist. Soweit das private Krankenversicherungsunternehmen die Voraussetzungen nicht erfüllt, kann der Versicherte den Versicherungsvertrag mit sofortiger Wirkung **kündigen** (§ 257 Abs. 2c SGB V).

Der Versicherungsnehmer hat dem Arbeitgeber hierzu eine **Bescheinigung des Versicherungsunternehmens** darüber vorzulegen, dass die Aufsichtsbehörde (i.d.R. ist dies die Bundesanstalt für Finanzdienstleistungsaufsicht) dem Versicherungsunternehmen bestätigt hat, dass die o.a. Voraussetzungen erfüllt sind. Die der Bescheinigung zu Grunde liegende Bestätigung kann auch von der Aufsichtsbehörde eines anderen EU-Staats ausgestellt sein, sofern diese zuständig ist (vgl. BT-Drucks. 12/3608, S. 116). Nach Auffassung des Bundesministeriums für Gesundheit haben Arbeitnehmer, die in Deutschland arbeiten und ihren Wohnsitz in einem Nachbarstaat haben (Grenzgänger), auch dann einen Anspruch auf den Arbeitgeberzuschuss zu ihrem Krankenversicherungsbeitrag, wenn sie bei einem privaten **Krankenversicherungsunternehmen mit Sitz im Ausland** versichert sind, welches die o.a. besonderen Voraussetzungen nicht erfüllt. Zweck des Arbeitgeberzuschusses für privat krankenversicherte Arbeitnehmer ist insbesondere die Wettbewerbsneutralität für Arbeitgeber. Dem Arbeitgeber soll kein Vorteil daraus entstehen, dass er für Arbeitnehmer mit einem Einkommen oberhalb der Versicherungspflichtgrenze keine dem Arbeitgeberanteil für Pflichtversicherte vergleichbaren Beitragsbeteiligungen zu leisten hätte.

„Angehörige" im o.a. Sinne sind Personen, die im Fall der Pflichtversicherung in der gesetzlichen Krankenversicherung kostenfrei mitversichert wären (§ 10 SGB V). Zu den Angehörigen gehören daher

- der **Ehegatte** und
- die **Kinder** einschließlich der nach § 10 Abs. 4 SGB V als Kinder geltenden **Stiefkinder, Enkel und Pflegekinder** sowie die mit dem Ziel der Annahme als Kind in die Obhut des Beschäftigten aufgenommenen Kinder.

Besteht der Krankenversicherungsschutz nicht nur bei einem, sondern **bei mehreren Versicherungsunternehmen**, hat der Beschäftigte auch Anspruch auf einen Beitragszuschuss, vorausgesetzt, die Versicherungsunternehmen erfüllen alle die o.a. strukturellen Voraussetzungen.

Da die Leistungen des privaten Krankenversicherungsunternehmens nur **der Art nach denen der gesetzlichen Krankenversicherung** entsprechen müssen, sind die Voraussetzungen für einen Beitragszuschuss auch dann gegeben, wenn die private Krankenversicherung eine Selbstbeteiligung des Versicherten an seinen Aufwendungen in Höhe eines festgesetzten Sockelbetrages vorsieht.

Auch eine **Absicherung des gesamten Leistungskataloges**, wie sie die gesetzliche Krankenversicherung vorsieht, ist nicht erforderlich; vielmehr bleibt es dem zuschussberechtigten Beschäftigten selbst überlassen, welche Leistungen er im Einzelnen absichern will. Es kommt danach insbesondere nicht darauf an, ob etwa Anspruch auf Krankengeld oder auf eine dem Krankengeld entsprechende Leistung für mindestens 78 Wochen besteht. Arbeitnehmer mit einem (tarif-)vertraglichen Anspruch auf Entgeltfortzahlung von 78 Wochen könnten z.B. auf eine Krankengeldversicherung verzichten, ohne den Anspruch auf den Beitragszuschuss zu verlieren. Andererseits sind Beitragsaufwendungen des Beschäftigten für eine private Versicherung, die solche Leistungen vorsieht, zuschussfähig. Dagegen sind zusätzliche Sterbegeldversicherungen nicht zuschussfähig.

4. Bemessung des Zuschusses

a) Freiwillige Mitglieder

Der Beitragszuschuss für einen **in der gesetzlichen Kranken- versicherung freiwillig versicherten Beschäftigten** (§ 257 Abs. 1 SGB V) beträgt die Hälfte des Beitrags, der bei Versicherungspflicht des Beschäftigten bei der Krankenkasse zu zahlen wäre, bei der die freiwillige Mitgliedschaft besteht (→ *Beiträge zur Sozialversicherung* Rz. 1261). Auf Grund dieser Regelung besteht kein Raum mehr für eine Bezuschussung von Aufwendungen für eine Zusatzversicherung bei einem privaten Krankenversicherungsunternehmen. Eine Vergleichsberechnung mit dem Höchstbeitrag der „Pflichtkrankenkasse" kommt nicht mehr in Betracht. 1318

Beispiel:

Ein Arbeitnehmer mit einem Einkommen über der JAE-Grenze ist freiwilliges Mitglied einer gesetzlichen Krankenkasse. Bei einem Beitragssatz von 14,6 % hat er einen monatlichen Krankenversicherungsbeitrag i.H.v. 941,63 € inkl. des kassenindividuellen Zusatzbeitrages von 1,6 % (angenommener Wert) zu zahlen. Zusätzlich hat er noch eine private Krankenversicherung (Zweibettzimmer-Zuschlag bei stationärer Behandlung) abgeschlossen. Die monatliche Prämie beträgt 51 €. Von seinem Arbeitgeber kann er einen Zuschuss i.H.v. (5 812,50 € × [7,3 % + 0,8 %] =) 470,81 € erhalten. Die Prämie der Privatversicherung hat er allein zu tragen. Dies gilt auch, wenn der Arbeitnehmer bei einer Ersatzkasse versichert wäre.

Besteht die Krankenversicherungsfreiheit wegen Überschreitens der JAE-Grenze nicht auf Grund der Höhe der laufenden Bezüge, sondern ausschließlich durch die **Hinzurechnung von voraussehbaren Einmalzahlungen** (z.B. vertraglich zugesichertes Weihnachtsgeld), sollte der Beitragszuschuss auch in Höhe des für diese Versicherten in Betracht kommenden Höchstbeitrags gezahlt werden (→ *Jahresarbeitsentgeltgrenze in der gesetzlichen Krankenversicherung* Rz. 2607). Diese Beschäftigten werden daher als freiwillige Versicherte von dem Träger der gesetzlichen Krankenversicherung ohne Rücksicht auf die Höhe des laufenden Arbeitsentgelts in Beitragsklassen für solche Arbeitnehmer eingestuft, die wegen Überschreitens der JAE-Grenze nicht krankenversicherungspflichtig sind. Es bestehen keine Bedenken, wenn dies auch in den Fällen geschieht, in denen die Krankenkassen bei der Beitragsberechnung nur das niedrigere laufende Arbeitsentgelt berücksichtigen und im Monat der Einmalzahlung eine **Beitragsneuberechnung** – unter Berücksichtigung der noch nicht in Anspruch genommenen Beitragsbemessungsgrenze – vornehmen. Sonst müsste der Arbeitgeber **im Monat der Einmalzahlung** einen höheren Beitragszuschuss gewähren.

Bestehen innerhalb desselben Zeitraums mehrere Beschäftigungsverhältnisse, sind die Arbeitgeber nach dem Verhältnis der Höhe der jeweiligen Arbeitsentgelte zur Zahlung des Beitragszuschusses verpflichtet.

Für Beschäftigte, die Kurzarbeitergeld oder Saison-Kurzarbeitergeld nach dem SGB III beziehen, hat der Arbeitgeber als Beitragszuschuss die Hälfte des Beitrags, der aus dem tatsächlich erzielten Entgelt zu ermitteln ist, zu zahlen. Soweit für Beschäftigte Beiträge vom Kurzarbeitergeld oder Saison-Kurzarbeitergeld zu zahlen sind, hat der Arbeitgeber den Beitrag inkl. des Zusatzbeitrages allein zu tragen.

Durch eine Klarstellung im Gesetz zur Stärkung der Versorgung in der gesetzlichen Krankenversicherung (GKV-Versorgungsstärkungsgesetz) wird bei der Berechnung des Beitragszuschusses für die Zeit des Kurzarbeitergeldbezugs bei einem privat versicherten Arbeitnehmer neben dem allgemeinen oder ermäßigten Beitragssatz auch der durchschnittliche Zusatzbeitragssatz berücksichtigt.

Freiwillig Versicherte, die eine Beschäftigung nach dem Jugendfreiwilligendienstgesetz oder nach dem Bundesfreiwilligendienstgesetz ausüben, erhalten von ihrem Arbeitgeber als Beitragszuschuss den Betrag, den er nach § 20 Abs. 3 Satz 1 Nr. 2 SGB IV (= Gesamtbeitrag) für die Krankenversicherung zu tragen hätte.

b) Privatversicherte

1319 Der Beitragszuschuss beträgt die Hälfte des für den **„Basistarif" maßgeblichen durchschnittlichen Höchstbeitrags** der gesetzlichen Krankenversicherung, höchstens jedoch die Hälfte des Betrags, den der Arbeitnehmer für seine Krankenversicherung zu zahlen hat.

Der Beitragszuschuss für privat krankenversicherte Arbeitnehmer **beträgt seit 1.1.2026 508,59 €** inkl. der Hälfte des durchschnittlichen Zusatzbeitragssatzes von 1,45 %. Der Beitragszuschuss richtet sich nach dem allgemeinen Beitragssatz i.H.v. 14,6 % zuzüglich des jeweils geltenden durchschnittlichen Zusatzbeitragssatzes (2026 = 2,9 %), **höchstens** erhält der Arbeitnehmer aber die **Hälfte des Betrags**, den er für seine private Krankenversicherung aufwendet. Für krankenversicherungspflichtige Arbeitnehmer, die Altersteilzeit leisten, ist für Zeiten der Freistellungsphase der ermäßigte Beitragssatz anzuwenden. Dies hat auch Auswirkungen auf den Beitragszuschuss für privat Krankenversicherte. In diesen Fällen ist bei der Berechnung des Beitragszuschusses der ermäßigte Beitragssatz zu Grunde zu legen = 14,0 % : 2 = 7,0 %.

Der Höchstbeitragszuschuss beträgt somit für das **Jahr 2026 491,16 €** (5 812,50 € × [7,0 % + 1,45 %]), inkl. der Hälfte des durchschnittlichen Zusatzbeitragssatzes von 1,45 %.

Bei der zweiten **Begrenzung in Höhe der Hälfte der tatsächlichen Aufwendungen** hat der Arbeitgeber individuell den Umfang des jeweiligen Versicherungsschutzes zu ermitteln. Dabei hat er Folgendes zu beachten:

- Beiträge zur Privatversicherung für **Familienmitglieder, die nicht „Angehörige"** i.S. der gesetzlichen Krankenversicherung sind, bleiben bei der Ermittlung der Höhe des Beitragszuschusses außer Betracht.
- Das BSG hat entschieden, dass **ein privat krankenversicherter Beschäftigter** keinen Anspruch auf einen Beitragszuschuss für **seine freiwillig in der gesetzlichen Krankenversicherung versicherte Ehefrau** hat (BSG v. 20.3.2013, B 12 KR 4/11 R). Der Leitsatz der Entscheidung lautet: „Der Anspruch eines privat krankenversicherten Beschäftigten gegen seinen Arbeitgeber auf einen Beitragszuschuss umfasst nicht die Beiträge für seine freiwillig in der gesetzlichen Krankenversicherung versicherte Ehefrau." Die Ausführungen gelten sinngemäß auch für die Pflegeversicherung. Die Spitzenorganisationen der Sozialversicherung haben sich in ihrer Besprechung am 20./21.11.2013 (TOP 9) darauf verständigt, dass das Urteil spätestens seit 1.1.2014 anzuwenden ist. Soweit in der Vergangenheit anders verfahren wurde, erfolgt keine Beanstandung.
- Bei einem privat krankenversicherten Arbeitnehmer sind die Aufwendungen für die ebenfalls **privat krankenversicherte Ehefrau** während des Mutterschutzes und Erziehungsurlaubs auch dann bei der Bemessung des Beitragszuschusses des Arbeitgebers nach § 257 Abs. 2 SGB V zu berücksichtigen, wenn die Ehefrau zuvor wegen Überschreitens der JAE-Grenze krankenversicherungsfrei war und ihr Beschäftigungsverhältnis für die Dauer des Mutterschutzes und Erziehungsurlaubs ohne Entgeltzahlung fortbesteht (BSG v. 29.6.1993, 12 RK 9/92).
- Beiträge, die von **versicherungspflichtigen Studenten oder Praktikanten** nach §§ 245, 254 SGB V zu zahlen sind, wirtschaftlich jedoch vom zuschussberechtigten Beschäftigten getragen werden, sind bei der Bemessung des Beitragszuschusses zu berücksichtigen, wenn bei unterstellter Versicherungspflicht des Beschäftigten in der gesetzlichen Krankenversicherung der Student oder Praktikant nach § 10 SGB V familienversichert wäre.
- **Nachträgliche Beitragsrückerstattungen sind** bei der Ermittlung der Zuschusshöhe **nicht zu berücksichtigen**. Das bedeutet, dass Rückzahlungen wegen der Nichtinanspruchnahme von Versicherungsleistungen den bisher gezahlten Zuschuss nicht mindern.
- Dagegen ist ein **Beitragsnachlass** eines privaten Versicherungsunternehmens, weil Beiträge im Wege des sog. Sammelinkasso erhoben werden, bei der Berechnung des Beitragszuschusses zu berücksichtigen. Der Beitragszuschuss ist somit geringer.
- Wird eine Beitragsermäßigung wegen eines vereinbarten Selbstbehalts gewährt, beträgt der Zuschuss höchstens die Hälfte des tatsächlich gezahlten Beitrags.

Auch für die Zeiten des Bezuges von Kurzarbeitergeld steht dem PKV-versicherten Bezieher ein Beitragszuschuss zur privaten Krankenversicherung zu. Da der Gesetzgeber keine Differenzierung zwischen dem Kurzarbeitergeld für einen vollen Monat oder dem, das nur für einige Tage gezahlt wird, vorgenommen hat, gab es zur Zuschussberechnung unterschiedliche Interpretationen.

Das Bundesministerium für Gesundheit vertritt folgende Auffassung, der sich die Spitzenorganisationen der Sozialversicherung angeschlossen haben (spätestens ab 1.1.2022):

- Ermittlung des Beitragszuschusses, der auf das Fiktiventgelt entfällt
- ggf. Begrenzung auf die Höhe des vollen PKV-Beitrages
- anschließend Berechnung des Zuschusses auf das tatsächliche Arbeitsentgelt, maximal in Höhe der Differenz von PKV-Beitrag und Beitragszuschuss für das Fiktiventgelt

Beispiel:

Ein Arbeitnehmer mit einem monatlichen Arbeitslohn von 7 000 € ist in der PKV versichert, die monatliche Prämie beträgt 500 €. Im Mai 2026 ordnet der Arbeitgeber Kurzarbeit an, so dass sich der Arbeitslohn auf 3 000 € vermindert.

Der Beitragszuschuss ermittelt sich wie folgt:

a) Ermittlung fiktives Arbeitsentgelt	
Arbeitsentgelt ohne Kurzarbeit (Soll-Entgelt)	7 000,– €
Tatsächliches Arbeitsentgelt (Ist-Entgelt)	3 000,– €
Differenzbetrag	4 000,– €
davon 80 % (fiktives Arbeitsentgelt)	3 200,– €
da das Ist-Entgelt und das fiktive Arbeitsentgelt (3 000 € + 3 200 € = 6 200 €) die BBG KV (5 812,50 €) übersteigt, wird das fiktive Arbeitsentgelt entsprechend gekürzt (6 200 € – 5 812,50 € = 387,50 €) das gekürzte fiktive Arbeitsentgelt beträgt (3 200 € – 387,50 €)	2 812,50 €
b) Ermittlung Arbeitgeberzuschuss zum fiktiven Arbeitsentgelt	
Beitragszuschuss Krankenversicherung (2 812,50 € × 14,6 %)	410,63 €
zuzüglich durchschnittlicher Zusatzbeitragssatz (2 812,50 € × 2,9 %)	81,56 €
Insgesamt (aber begrenzt auf die Höhe des vollen PKV-Beitrags von 500 €)	429,19 €
c) Ermittlung Arbeitgeberzuschuss zum tatsächlichen Arbeitsentgelt	
Beitragszuschuss Krankenversicherung (½ von 14,6 % × 3 000 €)	219,– €
zuzüglich durchschnittlicher Zusatzbeitragssatz (½ von 2,9 % × 3 000 €)	37,50 €
Insgesamt	256,50 €
aber begrenzt auf die Hälfte der Differenz zwischen PKV-Beitrag und Zuschuss für das fiktive Entgelt ([500 € – 429,19 €] : 2	35,41 €
d) Ermittlung Gesamtzuschuss des Arbeitgebers	
Arbeitgeberzuschuss zum fiktiven Arbeitsentgelt	429,19 €
Arbeitgeberzuschuss zum tatsächlichen Arbeitsentgelt	35,41 €
Gesamtzuschuss des Arbeitgebers	464,60 €

5. Verfahren

Bei dem Anspruch auf einen Beitragszuschuss nach § 257 SGB V 1320 handelt es sich um einen öffentlich-rechtlichen Anspruch. Durch Beschluss des Gemeinsamen Senats der Obersten Gerichtshöfe des Bundes v. 4.6.1974, GmS OGB 2/73, ist für Streitigkeiten über den Anspruch auf den Zuschuss des Arbeitgebers der **Rechtsweg zu den Gerichten der Sozialgerichtsbarkeit** gegeben. Nach BSG v. 2.6.1982, 12 RK 66/81, ist der Arbeitgeber verpflichtet, den Arbeitnehmer über die Gewährung eines Beitragszuschusses aufzuklären und die Voraussetzungen für die Zahlung des Zuschusses festzustellen und diesen an den Versicherten auszuzahlen.

Voraussetzung für die Zahlung des Beitragszuschusses ist, dass für den in der gesetzlichen Krankenversicherung freiwillig versicherten Beschäftigten durch eine Bescheinigung seiner Krankenkasse das Bestehen der Versicherung und die Höhe des Krankenversicherungsbeitrags nachgewiesen ist. Bei privat Krankenversicherten ist diesem **Nachweis auch eine Bescheinigung** des Versicherungsunternehmens nach § 257 Abs. 2a Satz 3 SGB V beizufügen.

6. Ende der Zuschusszahlung

1321 Solange die Voraussetzungen des § 257 SGB V gegeben sind, ist der Beitragszuschuss zu zahlen. Bei Privatversicherten hat der Arbeitgeber kein Recht, einen Nachweis über die tatsächliche Beitragszahlung zu fordern.

Der Beitragszuschuss ist in der nachgewiesenen Höhe so lange an den Beschäftigten zu zahlen, wie die in § 257 SGB V bezeichneten Voraussetzungen gegeben sind. Die Zahlung des Zuschusses ist nicht von dem Nachweis abhängig, dass der Beschäftigte seinen monatlichen Beitrag an die Krankenkasse oder an das private Krankenversicherungsunternehmen tatsächlich gezahlt hat. Es genügt der Nachweis, dass der Beschäftigte verpflichtet ist, den bescheinigten monatlichen Beitrag zu entrichten.

Ein Anspruch auf den Zuschuss besteht nur für Zeiten, für die bei Versicherungspflicht des Beschäftigten ein Arbeitgeberanteil zum Krankenversicherungsbeitrag zu zahlen wäre. Der Zuschuss wird daher nur für Zeiten gezahlt, für die dem Beschäftigten Vergütung, Urlaubsvergütung, Lohn, Urlaubslohn oder Krankenbezüge in Höhe der Urlaubsvergütung oder des Urlaubslohnes zustehen. Der **Zuschuss ist somit insbesondere nicht für Zeiten zu zahlen**,

- in denen das Arbeitsverhältnis wegen der Ableistung eines freiwilligen Wehrdienstes oder wegen der Gewährung einer Zeitrente ruht,
- für die die Beschäftigte Mutterschaftsgeld erhält oder in denen sich die/der Beschäftigte in Elternzeit nach dem BEEG befindet.

Wird während einer **Elternzeit** eine elterngeldunschädliche Teilzeitbeschäftigung ausgeübt und ist die/der Beschäftigte während dieser Beschäftigung von der Krankenversicherungspflicht befreit, kann jedoch für Zeiten, in denen Bezüge zustehen, ein Anspruch auf einen Beitragszuschuss in Betracht kommen.

Bei Beschäftigten, denen **nach § 1 Abs. 2 ArbPlSchG** Entgelt weiterzugewähren ist, ist **wie folgt zu verfahren**:

- In der gesetzlichen Krankenversicherung freiwillig versicherte Beschäftigte erhalten für die Dauer der Wehrübung keinen Zuschuss;
- Beschäftigte, die bei einem privaten Krankenversicherungsunternehmen versichert sind, erhalten während des Zeitraums ein Drittel des Arbeitgeberzuschusses, der zu zahlen wäre, wenn die Beschäftigung nicht durch die Wehrübung unterbrochen wäre.

Beitragszuschüsse, die für Zeiträume gezahlt worden sind, in denen die o.a. bezeichneten Voraussetzungen nicht oder nicht mehr vorgelegen haben, sind dem Arbeitgeber nach Maßgabe der für das Arbeitsverhältnis geltenden gesetzlichen und tarifvertraglichen Vorschriften zu erstatten. Dieser **Erstattungsanspruch des Arbeitgebers** ist nicht den Angelegenheiten der Sozialversicherung zuzuordnen. Er unterliegt somit i.d.R. der sechsmonatigen Ausschlussfrist.

7. Steuerliche Behandlung

1322 Für die steuerliche Behandlung von Zuschüssen des Arbeitgebers zu den Krankenversicherungsbeiträgen gilt Folgendes (R 3.62 LStR):

- **Beitragszuschüsse des Arbeitgebers nach § 257 Abs. 1 SGB V** eines in der **gesetzlichen Krankenversicherung freiwillig Versicherten** sind nach § 3 Nr. 62 EStG steuerfrei und somit beitragsfrei in der Sozialversicherung. Wird der für einen versicherungspflichtigen Arbeitnehmer maßgebende Krankenversicherungsbeitrag satzungsgemäß auf den nächsten vollen Euro-Betrag aufgerundet, so bleibt aus Vereinfachungsgründen ein Arbeitgeberzuschuss bis zur Hälfte des aufgerundeten Krankenversicherungsbeitrags steuerfrei.
- **Beitragszuschüsse des Arbeitgebers nach § 257 Abs. 2 SGB V** eines in der **privaten Krankenversicherung Versicherten** sind ebenfalls nach § 3 Nr. 62 EStG steuer- und beitragsfrei.
- Die Bescheinigung des Krankenversicherungsträgers bzw. privaten Krankenversicherungsunternehmens ist zu den **Entgeltunterlagen** zu nehmen. Ab dem 1.1.2026 hat das Bescheinigungsverfahren im Rahmen eines elektronischen Datenübermittlungsverfahrens zu erfolgen.

Zahlt der Arbeitgeber dagegen einen höheren Zuschuss als den gesetzlich festgeschriebenen, so ist der diesen Teil überschreitende Betrag steuer- und beitragspflichtig.

Der Anspruch auf den Arbeitgeberzuschuss an den bei einem privaten Krankenversicherungsunternehmen versicherten Arbeitnehmer setzt voraus, dass der private Krankenversicherungsschutz Leistungen zum Inhalt hat, die ihrer Art nach auch im SGB V bestehen. Voraussetzung ist nicht, dass der private Krankenversicherungsschutz einen bestimmten Mindestumfang hat, also sich auf alle Leistungen des SGB V erstreckt; soweit der private Krankenversicherungsschutz andere Leistungen umfasst, die der Art nach nicht zu den Leistungen des SGB V gehören, bleibt der darauf entfallende Teil des Beitrags bei der Bemessung des Arbeitgeberzuschusses unberücksichtigt. **Wählt der Arbeitnehmer einen höherwertigen Krankenversicherungsschutz**, der zwar der Art, aber nicht der Höhe nach zu den Leistungen der gesetzlichen Krankenversicherung zählt (z.B. Krankentagegeldversicherung über der Leistungsbemessungsgrenze in der Krankenversicherung), ist der vom Arbeitgeber zu leistende Zuschuss bis zur Hälfte des durchschnittlichen Höchstzuschusses in der gesetzlichen Krankenversicherung **steuerfrei.**

Zuwendungen des Arbeitgebers zu einer betrieblichen Krankenversicherung, die auf Grund einer freiwillig begründeten Rechtspflicht erbracht werden, sind **nicht nach § 3 Nr. 62 EStG steuer- und beitragsfrei** (→ *Zukunftssicherung: Gesetzliche Altersversorgung* Rz. 4777).

Bei einer betrieblichen Krankenversicherung schließt der Arbeitgeber i.d.R. für seine Arbeitnehmer mit einem Versicherungsunternehmen einen Vertrag ab bzw. übernimmt die Versicherungsbeiträge eines vom Arbeitnehmer abgeschlossenen Vertrags, der den versicherten Arbeitnehmern besondere Leistungen bei Krankheit oder zur Vorsorge zusichert.

In diesen Fällen liegt eine **Barlohnzuwendung** vor, wenn der Arbeitgeber an den Arbeitnehmer bei Abschluss einer Krankenversicherung und Beitragszahlung durch den Arbeitnehmer, einen Zuschuss zahlt, selbst wenn die Zahlung des Arbeitgebers mit der Auflage verbunden ist, dass der Arbeitnehmer mit einem vom Arbeitgeber benannten Unternehmen einen Versicherungsvertrag schließt (§ 8 Abs. 1 Satz 2 EStG sowie BFH v. 4.7.2018, VI R 16/17, BStBl II 2019, 373 und BMF v. 15.3.2022, IV C 5 – S 2334/19/10007 :007, BStBl I 2022, 242, Rz. 18). Dagegen liegt eine **Sachzuwendung** vor, wenn der Arbeitgeber Krankenversicherungsschutz gewährt, die Beiträge an das Versicherungsunternehmen zahlt und der Arbeitnehmer keine Geldzahlung verlangen kann (BFH v. 7.6.2018, VI R 13/16, BStBl II 2019, 371 und BMF v. 15.3.2022, IV C 5 – S 2334/19/10007 :007, BStBl I 2022, 242, Rz. 6 f.). Einzelheiten → *Sachbezüge* Rz. 3819.

Die Spitzenorganisationen der Sozialversicherung **folgen dieser Auffassung** (Besprechungsergebnis der Spitzenverbände der Sozialversicherungsträger am 20.11.2019):

- Liegt steuerrechtlich **Sachlohn** vor, bleiben die Zuwendungen bei Anwendung der 50 €-Freigrenze steuerlich außer Ansatz und sind unter diesen Voraussetzungen auch kein beitragspflichtiges Arbeitsentgelt (§ 3 Abs. 1 Satz 4 SvEV). Darüber hinaus gehören die Zuwendungen bei pauschaler Besteuerung nach § 40 Abs. 1 Satz 1 Nr. 1 EStG zu den nicht als einmalig gezahltes Arbeitsentgelt geltenden sonstigen Sachbezügen i.S. von § 23a Abs. 1 Satz 2 Nr. 3 SGB IV, sodass sie dem beitragspflichtigen Arbeitsentgelt nach § 1 Abs. 1 Satz 1 Nr. 2 SvEV nicht zuzurechnen und damit beitragsfrei sind.

  SV

- Liegt steuerrechtlich **Barlohn** vor, handelt es sich um einmalig gezahltes Arbeitsentgelt, das zum beitragspflichtigen Arbeitsentgelt gehört.

  SV

Zu Einzelheiten → *Zukunftssicherung: Gesetzliche Altersversorgung* Rz. 4776.

Beitragszuschuss zur Pflegeversicherung

1323 Freiwillig krankenversicherte Arbeitnehmer, die in der Pflegeversicherung kraft Gesetzes pflichtversichert sind, und bei einem privaten Krankenversicherungsunternehmen versicherte Arbeitnehmer, die nach den Vorschriften des Pflegeversicherungsgesetzes verpflichtet sind, eine private Pflegeversicherung abzuschließen, erhalten von ihrem Arbeitgeber nach § 61 Abs. 1 Satz 1 SGB XI einen Zuschuss zu ihrem Pflegeversicherungsbeitrag.

Durch die Gewährung von Zuschüssen zu den Beiträgen zur Pflegeversicherung wird erreicht, dass der Grundsatz der hälftigen Aufteilung der Beitragslast zwischen Arbeitnehmern und Arbeitgebern auch dann gilt, wenn der Arbeitnehmer seine Zahlungspflichten selbst zu erfüllen hat, sei es wegen einer freiwilligen Mitgliedschaft in der gesetzlichen Krankenversicherung oder weil ein Pflege-Pflichtversicherungsschutz bei einem privaten Versicherungsunternehmen besteht.

1. Freiwillig krankenversicherte Arbeitnehmer

1324 Arbeiter und Angestellte, die freiwillig in der gesetzlichen Krankenversicherung versichert sind, erhalten einen Zuschuss zu ihrem Pflegeversicherungsbeitrag. Als Zuschuss ist der Betrag zu zahlen, der als Arbeitgeberanteil bei Versicherungspflicht zu zahlen wäre. Zum Beitragszuschlag für kinderlose Mitglieder ist kein Zuschuss vom Arbeitgeber zu zahlen (→ *Beiträge zur Sozialversicherung* Rz. 1261, → *Pflegeversicherung* Rz. 3401). Der Beitragsabschlag für mehrere Kinder (→ *Pflegeversicherung* Rz. 3420) hat ebenfalls keinen Einfluss auf den Arbeitgeberzuschuss.

Arbeitnehmer mit Beschäftigungsort Sachsen, in dem kein Feiertag abgeschafft wurde, erhielten bis zum 30.6.1996 keinen Beitragszuschuss. Seit dem 1.7.1996 erhalten diese Arbeitnehmer in Sachsen auf Grund der Einführung der stationären Pflegeleistungen maximal einen Beitragszuschuss in Höhe der Hälfte des 1 % übersteigenden Prozentsatzes, seit 1.1.2025 1,3 %.

Für den Fall, dass innerhalb desselben Zeitraums mehrere Beschäftigungsverhältnisse bestehen (→ *Mehrfachbeschäftigung* Rz. 3094), sind die beteiligten Arbeitgeber anteilig nach dem Verhältnis der Höhe der jeweiligen Arbeitsentgelte zur Zahlung des Beitragszuschusses verpflichtet. Der Beitragszuschuss errechnet sich aus der für die gesetzliche Krankenversicherung geltenden Beitragsbemessungsgrenze und dem gesetzlich festgelegten Beitragssatz i.H.v. 3,6 %.

Beispiel:

Ein Arbeitnehmer in NRW mit einem Kind, der freiwilliges Mitglied der gesetzlichen Krankenversicherung ist, erhält ein monatliches Arbeitsentgelt von 5 900 €. Die Beiträge zur Pflegeversicherung im August 2026 werden aus einem Entgelt von 5 812,50 € berechnet. Der Pflegeversicherungsbeitrag beträgt monatlich 209,25 €. Der steuerfreie Beitragszuschuss des Arbeitgebers beträgt (5 812,50 € × 1,8 % =) 104,63 €.

Die Regelung entspricht inhaltlich **weitgehend** dem **Krankenversicherungsrecht** (→ *Beitragszuschuss zur Krankenversicherung* Rz. 1315). Formell kommt es hinsichtlich des anspruchsberechtigten Personenkreises zu keinen Abweichungen zwischen Kranken- und Pflegeversicherung. Zu den anspruchsberechtigten Arbeitnehmern zählen auch die Vorstandsmitglieder von Aktiengesellschaften bzw. von großen Versicherungsvereinen auf Gegenseitigkeit. Freiwillig krankenversicherte Arbeitnehmer, die nach beamtenrechtlichen Vorschriften oder Grundsätzen bei Krankheit und Pflege Anspruch auf Beihilfe oder Heilfürsorge haben, erhalten keinen Beitragszuschuss von ihrem Dienstherrn. An die Stelle des Zuschusses tritt in diesen Fällen die Beihilfe oder Heilfürsorge des Dienstherrn zu den Aufwendungen aus Anlass der Pflege.

2. Privat versicherte Arbeitnehmer

1325 Arbeiter und Angestellte, die verpflichtet sind, bei einem privaten Krankenversicherungsunternehmen zur Absicherung des Pflegerisikos einen Versicherungsvertrag abzuschließen und aufrechtzuerhalten, erhalten unter bestimmten Voraussetzungen von ihrem Arbeitgeber einen Zuschuss zu ihrem Pflegeversicherungsbeitrag. Als Beitragszuschuss ist der Betrag zu zahlen, der als Arbeitgeberanteil bei Versicherungspflicht in der sozialen Pflegeversicherung zu zahlen wäre. Der Zuschuss ist allerdings **begrenzt** auf die Hälfte des Betrags, den der Beschäftigte für seine private Pflegeversicherung zu zahlen hat. Der höchstmögliche Beitragszuschuss gilt für die Zeit vom 1. Januar bis 31. Dezember eines Jahres, sofern sich nicht Bemessungsgrundlagen ändern.

Beispiel:

Ein privat versicherter Arbeitnehmer in NRW zahlt bei einem monatlichen Einkommen von 5 900 € bei dem privaten Krankenversicherungsunternehmen für seine Pflegeversicherung eine Prämie von 64 €. Die Hälfte des Pflegebeitrags i.H.v. 32 € übersteigt nicht den höchstmöglichen Beitragszuschuss von (5 812,50 € × 1,8 % =) 104,63 €. Der steuerfreie Beitragszuschuss des Arbeitgebers beträgt 32 €.

Arbeitnehmer, die nach beamtenrechtlichen Vorschriften oder Grundsätzen bei Krankheit und Pflege Anspruch auf Beihilfe oder Heilfürsorge haben und bei einem privaten Krankenversicherungsunternehmen pflegeversichert sind, erhalten keinen Beitragszuschuss von ihrem Dienstherrn. Für diese Personen tritt an die Stelle des Beitragszuschusses die Beihilfe oder Heilfürsorge des Dienstherrn zu den Aufwendungen aus Anlass der Pflege.

Der **Zuschuss** für eine private Pflegeversicherung **wird nur dann gezahlt, wenn** das Versicherungsunternehmen

- die Pflegeversicherung nach Art der Lebensversicherung betreibt,
- sich verpflichtet, den überwiegenden Teil der Überschüsse, die sich aus dem selbst abgeschlossenen Versicherungsgeschäft ergeben, zu Gunsten der Versicherten zu verwenden,
- die Pflegeversicherung nur zusammen mit der Krankenversicherung, nicht zusammen mit anderen Versicherungssparten betreibt oder, wenn das Versicherungsunternehmen seinen Sitz in einem anderen Mitgliedstaat der Europäischen Union hat, den Teil der Prämien, für den Berechtigte den Zuschuss erhalten, nur für die Kranken- und Pflegeversicherung verwendet.

Der Arbeitnehmer hat dem Arbeitgeber seine **Zuschussberechtigung** durch Vorlage einer Versicherungsbescheinigung **nachzuweisen**. Diese darf nur dann ausgestellt werden, wenn die zuständige Aufsichtsbehörde dem Versicherungsunternehmen bestätigt hat, dass es die Versicherung, die Grundlage des Versicherungsvertrags ist, nach den vorgenannten Voraussetzungen betreibt (§ 61 Abs. 6 SGB XI).

Beköstigung am Arbeitsort

Aufwendungen des Arbeitnehmers für die Beköstigung am Arbeitsort sind nach § 12 Nr. 1 EStG steuerlich nicht abzugsfähige 1326
Kosten der Lebensführung, selbst wenn der Arbeitnehmer **berufsbedingt** arbeitstäglich überdurchschnittlich oder ungewöhnlich lange von seiner Wohnung abwesend ist (zuletzt BFH v. 11.5.2005, VI R 16/04, BStBl II 2005, 789 m.w.N.).

Eventuelle **Ersatzleistungen des Arbeitgebers** oder unentgeltlich gewährte Mahlzeiten im Betrieb sind daher grds. **steuerpflichtiger Arbeitslohn**, selbst wenn der Arbeitnehmer verpflichtet ist, an der **Gemeinschaftsverpflegung** teilzunehmen (z.B. BFH v. 11.3.2004, VI B 26/03, und FG München v. 3.5.2013, 8 K 4017/09, EFG 2013, 1407).

Die **Kürzung** der i.R. einer doppelten Haushaltsführung anzusetzenden **Verpflegungspauschale** nach § 9 Abs. 4a Satz 8 EStG ist unabhängig davon vorzunehmen, ob der Stpfl. die ihm zur Verfügung gestellten Mahlzeiten tatsächlich eingenommen hat (BFH v. 7.7.2020, VI R 16/18, BStBl II 2020, 783 und zuletzt BFH v. 12.7.2021, VI R 27/19, BStBl II 2021, 642).

LSt SV

Arbeitslohn liegt dagegen nicht vor, wenn die unentgeltliche Mahlzeitengewährung in ganz überwiegend **eigenbetrieblichem Interesse des Arbeitgebers** liegt (zuletzt FG Düsseldorf v. 13.8.2020, 14 K 2158/16 L, EFG 2021, 1130: Bei der unentgeltlichen Mahlzeitengestellung sowohl an das Kabinenpersonal als auch an das Cockpitpersonal an Bord eines Flugzeuges handelt es sich nicht um Arbeitslohn, sofern die Mahlzeiten auf Langstrecken- und Mittelstreckenflügen bei Flugzeiten von über sechs Stunden mit kurzen „Turn-Around-Zeiten“ unentgeltlich überlassen werden).

Bei der Bereitstellung von kostenlosem Mittagessen an die ausländischen **Saisonarbeitskräfte** steht der betriebsfunktionalen Zielsetzung des Arbeitgebers dagegen ein nicht unerhebliches eigenes Interesse der Arbeitnehmer gegenüber, so dass es sich bei der unentgeltlichen Mahlzeitengestellung gegenüber den ausländischen Saisonarbeitskräften um **Arbeitslohn** in Form eines geldwerten Vorteils handelt (FG Köln v. 27.11.2019, 13 K 927/16; a.A. FG Sachsen v. 12.7.2013, 4 K 1911/11).

Weitere Einzelheiten und mögliche **Ausnahmefälle** s. R 8.1 Abs. 7 und 8 LStR sowie → *Arbeitsessen* Rz. 610, → *Mahlzeiten* Rz. 3049 und → *Mahlzeiten aus besonderem Anlass* Rz. 3082.

Belegschaftsaktien

→ *Vermögensbeteiligungen* Rz. 4265

Belegschaftsrabatte

→ *Rabatte* Rz. 3523

Belegschaftsspenden

1. Arbeitslohn

1327 Es kommt häufig vor, dass die Belegschaft auf Teile ihres Arbeitslohns zu Gunsten gemeinnütziger Einrichtungen oder auch zu bestimmten aktuellen Anlässen (**z.B. in Katastrophenfällen**) verzichtet (sog. Arbeits- oder Belegschaftsspenden). Die Finanzverwaltung lässt es unter bestimmten Voraussetzungen aus Vereinfachungsgründen zu, dass diese Spenden an Stelle des sonst üblichen Spendenabzugs (§ 10b EStG) bei den einzelnen Arbeitnehmern von vornherein nicht zum steuerpflichtigen Arbeitslohn gerechnet werden (z.B. FinMin Hessen v. 27.7.2021, S 1915 A – 026 – II 1a/7, StEd 2021, 521 betr. steuerliche Maßnahmen zur Berücksichtigung der Schäden im Zusammenhang mit den Unwetterereignissen im Juli 2021).

Zu weiteren steuerlichen Maßnahmen in der Zeit vom 24.2.2022 bis zum 31.12.2025 zählen auch die **Unterstützung der vom Krieg in der Ukraine Geschädigten** (z.B. Spendenabzug, Unterstützung an Arbeitnehmer, Arbeitslohnspenden, s. BMF v. 17.3.2022, IV C 4 – S 2223/19/10003 :013, BStBl I 2022, 330, zu V. Lohnsteuer „Arbeitslohnspende“). Mit BMF v. 4.12.2025, IV D 5 – S 2223/00044/030/052, wird der zeitliche Anwendungsbereich auf alle Maßnahmen erweitert, die bis zum 31.12.2026 durchgeführt werden. Ob auf Grund des anhaltenden Krieges eine weitere Verlängerung der vorgenannten Maßnahme erfolgt, ist zum Redaktionsschluss noch offen und sollte daher individuell geprüft werden.

Steuerpflichtiger Arbeitslohn liegt auch dann nicht vor, wenn der von Schülern i.R. von **Schulprojekten**, z.B. bei der Aktion „Dein Tag für Afrika“, in Unternehmen oder Privathaushalten erarbeitete Arbeitslohn an gemeinnützige Organisationen gespendet wird (→ *Schüler* Rz. 3884).

Zum **Verzicht auf Lohn- oder Honorarforderungen** als Spende (sog. **Aufwandsspenden**) nach § 10b EStG s. BMF v. 25.11.2014, IV C 4 – S 2223/07/0010 :005, BStBl I 2014, 1584, teilweise geändert durch BMF v. 24.8.2016, IV C 4 – S 2223/07/0010 :007, BStBl I 2016, 994.

2. Sozialversicherung

1328 Das **Sozialversicherungsrecht** sieht nach der geltenden Rechtslage für Arbeitslohnspenden ins **Ausland** keine Freistellung von der Beitragspflicht vor (so ausdrücklich zuletzt BMF v. 15.6.2020, IV C 4 – S 2223/19/10003 :002, BStBl I 2020, 498 betr. Steuerliche Maßnahmen zur Unterstützung der Opfer des Erdbebens in Albanien v. 26.11.2019), lediglich bei Spenden zu Gunsten von durch **Naturkatastrophen im Inland** Geschädigten handelt es sich nicht um Arbeitsentgelt (§ 1 Abs. 1 Satz 1 Nr. 11 SvEV).

3. Spendenabzug

a) Rückzahlung von Urlaubs- und Weihnachtsgeld

1329 Es kommt in der Praxis vor, dass insbesondere Wohlfahrtsorganisationen ihre Arbeitnehmer auf Grund wirtschaftlicher Engpässe auffordern, bereits ausgezahltes **Urlaubs- und Weihnachtsgeld in Form einer Spende zurückzuzahlen.** Verbunden ist der Spendenaufruf mit dem Hinweis, dass andernfalls Arbeitsplätze durch Kündigung wegfallen würden. Die Finanzverwaltung lehnt einen **Spendenabzug** ab, wenn der Arbeitgeber starken Druck auf die Arbeitnehmer zur Rückzahlung von Lohnbestandteilen ausübt, da es sich dann nicht mehr um eine freiwillige Zahlung (Spende) des Arbeitnehmers an den Arbeitgeber handelt (OFD Berlin v. 20.5.2003, St 172 – S 2223 –5/03).

Die Rückzahlung ist jedoch als **negative Einnahme** bei den Einkünften aus nichtselbständiger Arbeit zu berücksichtigen (→ *Negative Einnahmen und Werbungskosten* Rz. 3279, → *Rückzahlung von Arbeitslohn* Rz. 3781).

b) Spenden im Kollegenkreis

Im Zusammenhang mit der **Hochwasserkatastrophe** im August 1330
2002 ist die Frage gestellt worden, wie bei den einzelnen Arbeitnehmern der steuerliche Spendenabzug ermöglicht werden kann, wenn im **Kollegenkreis Spenden gesammelt** werden und der **Arbeitgeber** das Geld dann auf ein Sonderkonto für die Opfer der Hochwasserkatastrophe der Stadt X einzahlt. Die **Finanzverwaltung** hat folgendes Verfahren zugelassen (OFD Frankfurt v. 9.9.2002, S 2223 A – 165 – St II 25):

Grds. genügt bei Spenden zur Linderung der Not in Katastrophenfällen, die auf ein Sonderkonto eingezahlt werden, der Bareinzahlungsbeleg oder die Buchungsbestätigung eines Kreditinstituts als Nachweis (vereinfachter Nachweis, § 50 Abs. 2 Nr. 1 EStDV). Damit die einzelnen Arbeitnehmer ihre Spende steuerlich geltend machen können, erhalten die einzelnen Spender eine **Ablichtung des Einzahlungsbelegs** (vereinfachter Spendennachweis). Daneben erstellt der **Arbeitgeber eine Liste über alle beteiligten Spender** inklusive der jeweils geleisteten Beträge und händigt diese den spendenden Arbeitnehmern aus. Die (Einzel-)Spender können die Zuwendung in der Einkommensteuererklärung durch Vorlage der Ablichtung des Einzahlungsbelegs bzw. der Buchungsbestätigung auf das begünstigte Sonderkonto zusammen mit der Steuererklärung nachweisen.

Im Einzelfall ist auch möglich, dass der **Arbeitgeber** an Stelle der Liste eine **(Einzel-)Bestätigung** darüber erteilt, wie viel der einzelne Arbeitnehmer zu dem Gesamtbetrag der Überweisung beigetragen hat. Diese ist dann zusammen mit der Ablichtung des Einzahlungsbelegs der Steuererklärung beizufügen.

Belohnungen

1. Arbeitsrecht

Bei Belohnungen für den Arbeitnehmer durch den Arbeitgeber 1331
außerhalb der typisierten üblichen Sonderzahlungen wie Gratifikationen, Urlaubsgeld, Leistungszulagen, Boni u.Ä. handelt es sich grds. um **freiwillige Leistungen ohne Rechtsanspruch**, über deren Voraussetzungen und Höhe der Arbeitgeber frei entscheiden kann, soweit er sich nicht durch **Zusagen** gebunden oder sich die Entscheidungsfreiheit durch **Freiwilligkeits- oder Widerrufsvorbehalt** erhalten hat.

Trotz Entscheidungsfreiheit muss der **Gleichbehandlungsgrundsatz** bei der Leistungsgewährung und u.U. die Mitbestimmung des Betriebsrats nach § 87 Abs. 1 Nr. 10 BetrVG beachtet werden.

2. Belohnungen als Arbeitslohn

a) Belohnungen vom Arbeitgeber

Belohnungen des Arbeitnehmers gehören grds. zum steuerpflich- 1332
tigen Arbeitslohn, wenn sie **mit Rücksicht auf das Dienstverhältnis und nicht im ganz überwiegend eigenbetrieblichen Interesse des Arbeitgebers** gezahlt werden.

Arbeitslohn liegt danach z.B. vor bei

- Prämien des Arbeitgebers im Rahmen eines sog. **Sicherheitswettbewerbs** (BFH v. 11.3.1988, VI R 106/84, BStBl II 1988, 726),
- Prämien für **Verbesserungsvorschläge oder Erfindervergütungen**,
- Belohnungen für **gute Leistungen**,
- Belohnungen für einzelne Arbeitnehmer, die durch persönlichen Einsatz oder besonders umsichtiges Verhalten **eine unmittelbare Gefahr für Leib und Leben anderer Personen abgewendet** oder einen erheblichen **Sachschaden verhin-**

dert haben (FinMin Niedersachsen v. 6.2.1985, S 2332 – 208 – 31 3, DB 1985, 575),
- **„Fangprämien" für Ladendiebe**, die z.B. ein Kaufhaus seinen Angestellten auslobt.

LSt SV

b) Belohnungen von Dritten

1333 Auch **Belohnungen von dritter Seite** gehören zum steuerpflichtigen **Arbeitslohn**. Dabei muss aber besonders sorgfältig geprüft werden, ob sie tatsächlich **auf dem Dienstverhältnis beruhen**. Dies kann der Fall sein bei

- Belohnungen durch einen **Kunden des Arbeitgebers für besonders gute Arbeitsleistungen** (RFH v. 21.9.1944, RStBl 1944, 731). Dabei ist allerdings die **Steuerfreiheit von Trinkgeldern** nach § 3 Nr. 51 EStG zu beachten (→ *Trinkgelder* Rz. 4128);
- Belohnungen des Deutschen Sparkassen- und Giroverbandes an Schalterbedienstete der Deutschen Bundespost zwecks **Verhinderung von Scheckbetrügereien** (BMF v. 23.4.1985, IV B 6 – S 2332 – 2/85);
- **Preisgeldern**, die für besondere Leistungen im Zusammenhang mit der beruflichen Tätigkeit vergeben werden (vgl. zuletzt FG Köln v. 18.2.2020, 1 K 1309/18, EFG 2020, 1237, betr. ein Preisgeld, das eine wissenschaftliche Mitarbeiterin für ihre Dissertation erhält). Einzelheiten zur Abgrenzung → *Preise* Rz. 3497;
- Auszahlung eines **Nachwuchsförderpreises** (BFH v. 23.4.2009, VI R 39/08, BStBl II 2009, 668).

Kein steuerpflichtiger Arbeitslohn angenommen wurde dagegen bei

- Belohnungen der **Berufsgenossenschaften für besondere Verdienste bei der Verhütung von Unfällen**, die von diesen auf Vorschlag des Arbeitgebers an seine Arbeitnehmer ausgezahlt werden (BFH v. 22.2.1963, VI 165/61 U, BStBl III 1963, 306);
- einem **Preisgeld**, das ein Oberarzt von einer gemeinnützigen Stiftung für eine wissenschaftliche Arbeit erhalten hat, zu der er arbeitsvertraglich nicht verpflichtet war (FG Nürnberg v. 25.2.2014, 1 K 1718/12, EFG 2014, 1187);
- Prämien eines Herstellers von Fotoartikeln auf Grund eines **Bonusprogramms** an die im Fachhandel tätigen Fachverkäufer, die auf Grund einer **eigenständigen Rechtsbeziehung** zwischen dem Arbeitnehmer (Fachverkäufer) und dem Hersteller gewährt werden; die Einnahmen sind jedoch als sonstige Einkünfte nach § 22 Nr. 3 Satz 1 EStG steuerpflichtig (s. die Anmerkung von RiBFH Geserich zu BFH v. 21.2.2018, VI R 25/16, BStBl II 2018, 389 in HFR 2018, 472).

Ist der **Arbeitgeber in das Belohnungsverfahren eingeschaltet**, ist eine Lohnzahlung durch Dritte anzunehmen mit der Folge, dass die Belohnungen dem **Lohnsteuer- und Beitragsabzug** zu unterwerfen sind (→ *Lohnzahlung durch Dritte* Rz. 3040).

LSt SV

3. Werbungskosten

1334 Belohnungen für Mitarbeiter, entweder für gute Leistungen oder zur Motivation, können als Werbungskosten abzugsfähig sein. Dies gilt insbesondere für Arbeitnehmer mit variablen Bezügen, die der Höhe nach vom Erfolg seiner Mitarbeiter oder seines Tätigkeitsbereichs abhängig sind, z.B. bei einem Handelsvertreter. Nicht erforderlich ist, dass der Arbeitnehmer die Bewirtung vorher den Mitarbeitern als Belohnung in Aussicht gestellt hat. Die Bewirtungsaufwendungen unterliegen auch nicht der Abzugsbeschränkung gem. § 4 Abs. 5 Satz 1 Nr. 2 i.V.m. § 9 Abs. 5 EStG (zuletzt FG Thüringen v. 9.10.2013, 3 K 306/12, EFG 2014, 1290 betr. Aufwendungen eines angestellten Chefarztes für eine Skifreizeit zur Steigerung der Motivation seiner Mitarbeiter).

Belohnungsessen

→ *Arbeitsessen* Rz. 610

Belohnungsreise

→ *Incentive-Reisen* Rz. 2579

Benzin: Mitarbeitervergünstigung

Räumt der Arbeitgeber seinen Mitarbeitern die Möglichkeit ein, an der **betriebseigenen Tankstelle verbilligt Leistungen** (Tanken, Wagenwäsche, Einkauf von Motorenöl) **zu beziehen**, so handelt es sich hinsichtlich der Differenz zwischen ortsüblichem Mittelpreis und Abgabepreis um steuer- und beitragspflichtigen Arbeitslohn. Die gewährten Preisvorteile sind weder unter dem Gesichtspunkt des Auslagenersatzes noch des überwiegenden eigenbetrieblichen Interesses steuerfrei (FG Rheinland-Pfalz v. 17.7.1996, 1 K 1978/93). Auch → *Sachbezüge* Rz. 3799. 1335

Die verbilligte Abgabe von Benzin an **Arbeitnehmer der Mineralölbranche**, z.B. Raffinerien oder Tankstellen, ist nur steuerpflichtig, soweit der Rabattfreibetrag (→ *Rabatte* Rz. 3523) nach § 8 Abs. 3 EStG von **1 080 €** überschritten wird. In diesem Fall kann der Rabattfreibetrag angewendet werden, weil das Benzin überwiegend an andere Verbraucher abgegeben wird. Der Rabattfreibetrag findet dagegen keine Anwendung, wenn – **wie in einem „normalen" Betrieb** – das Benzin mengenmäßig nicht überwiegend an fremde Dritte abgegeben wird (vgl. R 8.2 Abs. 1 Nr. 3 Satz 2 LStR). Dies gilt selbst dann, wenn der Betrieb an der Mitbelieferung seiner Arbeitnehmer interessiert ist, um durch einen „Großeinkauf" günstigere Rabatte eingeräumt zu bekommen.

Zu sog. **Benzin- oder Tankgutscheinen** → *Warengutscheine* Rz. 4406.

Zur Steuerbefreiung des § 3 Nr. 46 EStG für zusätzlich zum ohnehin geschuldeten Arbeitslohn vom Arbeitgeber gewährte Vorteile für das **elektrische Aufladen eines Elektro- oder Hybridelektrofahrzeugs** i.S.d. § 6 Abs. 1 Nr. 4 Satz 2 zweiter Halbsatz EStG an einer ortsfesten betrieblichen Einrichtung des Arbeitgebers oder eines verbundenen Unternehmens (§ 15 AktG) → *Elektromobilität* Rz. 1819.

LSt SV

Beratung

Vermittelt oder organisiert der Arbeitgeber eine unentgeltliche Beratung seines Arbeitnehmers in persönlichen Angelegenheiten durch ein Dienstleistungsunternehmen, Rechtsanwalt oder Steuerberater usw., führt dies zu einem **steuerpflichtigen geldwerten Vorteil**. Zur Bewertung → *Rabatte* Rz. 3523. Der Arbeitnehmer kann die als Arbeitslohn versteuerten Beträge ggf. als **Werbungskosten** absetzen (R 9.1 Abs. 4 Satz 2 LStR). 1336

Übernimmt der Arbeitgeber, der mit dem Arbeitnehmer unter Abtretung der Steuererstattungsansprüche eine Nettolohnvereinbarung abgeschlossen hat, die Steuerberatungskosten für die Erstellung der Einkommensteuererklärungen des Arbeitnehmers, wendet er damit regelmäßig keinen Arbeitslohn zu (BFH v. 9.5.2019, VI R 28/17, BStBl II 2019, 785). Arbeitslohn liegt dagegen regelmäßig vor, soweit die Steuerberatungskosten anderen Einkunftsarten (z.B. Kapitalvermögen oder Vermietung und Verpachtung) als den aus dem Arbeitsverhältnis zum Arbeitgeber oder verbundenen Unternehmen (§ 15 AktG) erzielten Einkünften aus nichtselbständiger Arbeit zuzuordnen sind (BMF v. 12.12.2023, IV B 2 – S 1300/21/10024, BStBl I 2023, 2179, Rz. 345).

Wird indes für die Steuerberatungskosten eine pauschale Vergütung je Arbeitnehmer oder für alle Arbeitnehmer vereinbart, bestehen grds. keine Bedenken, wenn aus **Vereinfachungsgründen** auf die Erfassung der anteilig den anderen Einkunftsarten zuzuordnenden Steuerberatungskosten **verzichtet** wird (BMF v. 12.12.2023, IV B 2 – S 1300/21/10024, BStBl I 2023, 2179, Rz. 346).

~~LSt~~ ~~SV~~

Berechnung der Lohnsteuer

Inhalt

1. Allgemeines

1337 Grundlage des Lohnsteuerabzugsverfahrens sind im Allgemeinen die elektronischen Lohnsteuerabzugsmerkmale, die Arbeitgeber und Arbeitnehmer von der Finanzverwaltung mitgeteilt werden (→ *ELStAM* Rz. 1841). **Ausnahmen**:

- Die **Lohnsteuer** wird nach den §§ 40 bis 40b EStG **pauschal** erhoben (→ *Pauschalierung der Lohnsteuer* Rz. 3336). Dies ist z.B. zulässig bei
  - nur **kurzfristig beschäftigten Arbeitnehmern**: Pauschsteuersatz 25 % des Arbeitslohns (§ 40a Abs. 1 EStG);
  - **geringfügig Beschäftigten** i.S.d. § 8 Abs. 1 Nr. 1 oder des § 8a SGB IV, für die der Arbeitgeber **pauschale Rentenversicherungsbeiträge** zu entrichten hat: Pauschsteuersatz 2 % des Arbeitslohns (§ 40a Abs. 2 EStG);
  - **geringfügig Beschäftigten** i.S.d. § 8 Abs. 1 Nr. 1 oder § 8a SGB IV, für die der Arbeitgeber **keine pauschalen Rentenversicherungsbeiträge** zu entrichten hat: Pauschsteuersatz 20 % des Arbeitslohns (§ 40a Abs. 2a EStG);
  - **Aushilfskräften in der Land- und Forstwirtschaft**: Pauschsteuersatz 5 % des Arbeitslohns (§ 40a Abs. 3 EStG);
  - **beschränkt steuerpflichtige Arbeitnehmer**, die einer ausländischen Betriebsstätte des Arbeitgebers zugeordnet sind und im Inland nur eine **kurzfristige Tätigkeit** ausüben: Pauschsteuersatz 30 % des Arbeitslohns (§ 40a Abs. 7 EStG).
- **Beschränkt steuerpflichtige Arbeitnehmer**: Der Lohnsteuerabzug erfolgt nach einer vom Betriebsstättenfinanzamt auszustellenden Bescheinigung – soweit sie (seit 2020) noch nicht in das ELStAM-Verfahren einbezogen worden sind. Dies betrifft insbesondere Fälle, in denen für beschränkt steuerpflichtige Arbeitnehmer ein Freibetrag i.S.d. § 39a EStG zu berücksichtigen ist oder Sachverhalte, in denen Arbeitslohn nach den Regelungen in Abkommen zur Vermeidung der Doppelbesteuerung auf Antrag von der Besteuerung freigestellt oder der Steuerabzug nach den Regelungen in Abkommen zur Vermeidung der Doppelbesteuerung auf Antrag gemindert oder begrenzt wird. In diesen Fällen und auch für Arbeitnehmer, die nach § 1 Abs. 2 EStG erweitert unbeschränkt einkommensteuerpflichtig sind oder nach § 1 Abs. 3 EStG auf Antrag wie unbeschränkt einkommensteuerpflichtig zu behandeln sind, hat das Betriebsstättenfinanzamt des Arbeitgebers (§ 41a Abs. 1 Satz 1 Nr. 1 EStG) wie bisher auf Antrag eine Bescheinigung für den Lohnsteuerabzug auszustellen und den Arbeitgeberabruf zu sperren (vgl. hierzu BMF v. 13.12.2024, IV C 5 – S 2363/19/10007 :004, BStBl I 2025, 64, Rz. 134 sowie → *Steuerpflicht* Rz. 4017).

Solange der Arbeitnehmer dem Arbeitgeber zum Zweck des Abrufs der elektronischen Steuerabzugsmerkmale (§ 39e Abs. 4 Satz 1 EStG) die ihm zugeteilte IdNr sowie den Tag der Geburt schuldhaft nicht mitteilt oder die Finanzverwaltung in Gestalt des BZSt die Mitteilung elektronischer Lohnsteuerabzugsmerkmale ablehnt, hat der Arbeitgeber die Lohnsteuer nach der **Steuerklasse VI** zu ermitteln (s. zum Verfahren ausführlich → *ELStAM* Rz. 1841).

2. Anwendung der Tabellen

1338 Das BMF hat letztmals für die Jahre 2002 und 2003 (→ *Steuertarif* Rz. 4045) auf der Grundlage der Einkommensteuertabellen **amtliche Lohnsteuertabellen** aufgestellt und bekannt gemacht. Dieses Verfahren ist eingestellt worden; nunmehr erstellten private Verlage die Lohnsteuertabellen nach amtlichen Vorgaben.

Aus den Jahreslohnsteuertabellen werden abgeleitet eine

- **Monatslohnsteuertabelle**,
- **Tageslohnsteuertabelle**.

Welche Tabelle anzuwenden ist, richtet sich nach dem jeweiligen Lohnzahlungszeitraum (→ Rz. 1339). Bei tageweiser Lohnzahlung gilt z.B. die Tageslohnsteuertabelle. Die Jahreslohnsteuertabelle hat Bedeutung für den Lohnsteuer-Jahresausgleich durch den Arbeitgeber sowie für die Berechnung der Lohnsteuer von Sonstigen Bezügen (→ *Lohnsteuer-Jahresausgleich durch den Arbeitgeber* Rz. 3015; → *Sonstige Bezüge* Rz. 3936).

Der Arbeitgeber hat ferner zu entscheiden, ob

- die **Allgemeine Lohnsteuertabelle** für einen Arbeitnehmer, der in allen Sozialversicherungszweigen versichert ist, oder
- die **Besondere Lohnsteuertabelle** für einen Arbeitnehmer, der in keinem Sozialversicherungszweig versichert und privat kranken- und pflegeversichert ist sowie dem Arbeitgeber keine Kranken- und Pflege-Pflichtversicherungsbeiträge mitgeteilt hat,

anzuwenden ist (→ *Lohnsteuertabellen* Rz. 3038).

3. Lohnzahlungszeitraum

a) Allgemeines

Der Zeitraum, **für den jeweils der laufende Arbeitslohn gezahlt** wird, ist der Lohnzahlungszeitraum. Normalerweise wird der Lohn **nach Monaten, Wochen oder Tagen** berechnet. Ist wegen einer besonderen Entlohnungsart, z.B. beim **Akkordlohn**, ein Lohnzahlungszeitraum nicht feststellbar, so tritt an seine Stelle die **Summe der tatsächlichen Arbeitstage oder der tatsächlichen Arbeitswochen** (§ 39b Abs. 5 Satz 4 EStG sowie → *Akkordlohn* Rz. 35). 1339

Solange das **Dienstverhältnis fortbesteht**, sind auch solche in den Lohnzahlungszeitraum fallende Arbeitstage mitzuzählen, für die der Arbeitnehmer **keinen Lohn** bezogen hat (R 39b.5 Abs. 2 LStR).

Beispiel:

A, der regelmäßig monatlich entlohnt wird, erhält für sechs Tage des Monats April steuerfreies Kurzarbeitergeld.

Lohnzahlungszeitraum ist trotz der „Fehltage" der Monat, so dass der für die verbleibenden Arbeitstage des Monats April gezahlte Arbeitslohn nach der Monatslohnsteuertabelle zu versteuern ist.

b) Teillohnzahlungszeiträume

Für Lohnzahlungszeiträume, für die **keine Lohnsteuertabellen aufgestellt** sind (z.B. für zehn Tage, zwei oder drei Wochen), ergibt sich die Lohnsteuer aus den mit der Zahl der Kalendertage oder Wochen dieser Zeiträume **vervielfachten Beträgen der Lohnsteuertagestabelle oder der Lohnsteuerwochentabelle**. Insbesondere bei **Einstellung oder Kündigung** von Arbeitnehmern können **mehrtägige Lohnzahlungszeiträume** vorkommen; in diesen Fällen ist die **Lohnsteuertagestabelle** anzuwenden. Hierfür ist zunächst der Arbeitslohn festzustellen, der auf die einzelnen Kalendertage entfällt; der Arbeitslohn ist durch die Zahl der Kalendertage zu teilen. Anhand der Tagestabelle wird die Lohnsteuer für den errechneten Tagesarbeitslohn festgestellt. Dieser Lohnsteuerbetrag wird mit der Zahl der errechneten Kalendertage vervielfacht. Die so ermittelte Lohnsteuer ist vom Arbeitslohn einzubehalten. 1340

Beispiel:

Ein Arbeitgeber zahlt seinen Arbeitnehmern Monatslöhne. Am 25.11.2025 wird ein rentenversicherungspflichtiger Arbeitnehmer mit der Steuerklasse III eingestellt. Der krankenkassenindividuelle Zusatzbeitrag seiner Krankenkasse beträgt 1,0 %. Er erhält für den Rest des Monats für 6 Arbeitstage einen Arbeitslohn i.H.v. 600 €.

Die Lohnsteuer ist wie folgt zu berechnen:

Der Arbeitslohn ist für sechs Kalendertage gezahlt worden. Der Tageslohn beträgt 600 € : 6 = 100 €. Auf einen Tag entfällt hierauf eine Lohnsteuer von 1,57 €. Von dem Arbeitslohn i.H.v. 600 € sind also 6 × 1,57 € = 9,42 € Lohnsteuer einzubehalten.

4. Laufender Arbeitslohn

a) Allgemeines

Der Arbeitgeber hat die Lohnsteuer grds. bei jeder Zahlung von Arbeitslohn einzubehalten. Er hat dabei die Höhe des laufenden Arbeitslohns und den Lohnzahlungszeitraum festzustellen. Vom **Arbeitslohn sind dann abzuziehen** 1341

- der Versorgungsfreibetrag und der Zuschlag zum Versorgungsfreibetrag (§ 19 Abs. 2 EStG); → *Versorgungsfreibeträge* Rz. 4340;
- der Altersentlastungsbetrag (§ 24a EStG); → *Altersentlastungsbetrag* Rz. 56 und
- ein als Lohnsteuerabzugsmerkmal berücksichtigter **Freibetrag**, z.B. wegen erhöhter Werbungskosten, oder auch der Pauschbetrag für Behinderte; → *Lohnsteuer-Ermäßigungsverfahren* Rz. 2993.

Der Versorgungsfreibetrag, der Zuschlag zum Versorgungsfreibetrag und der Altersentlastungsbetrag werden nicht als Lohnsteuerabzugsmerkmal berücksichtigt. Der Arbeitgeber muss daher selbst prüfen, ob die Voraussetzungen für den Abzug gegeben sind (§ 39b Abs. 2 Satz 2 EStG).

Wird der Arbeitslohn für einen Lohnzahlungszeitraum gezahlt, für den der steuerfreie Betrag nicht den Lohnsteuerabzugsmerkmalen entnommen werden kann, so hat der Arbeitgeber für diesen Lohnzahlungszeitraum den steuerfreien Betrag selbst zu berechnen. Er hat dabei von dem als Lohnsteuerabzugsmerkmal für den monatlichen Lohnzahlungszeitraum berücksichtigten – also aufgerundeten – steuerfreien Betrag auszugehen (R 39b.5 Abs. 3 LStR). Der Wochenbetrag ist mit 7/30 und der Tagesbetrag mit 1/30 des Monatsbetrags anzusetzen.

b) Nachzahlungen, Vorauszahlungen

1342 Der Arbeitgeber hat die Lohnsteuer grds. bei jeder Lohnzahlung einzubehalten, also auch bei Nachzahlungen oder Vorauszahlungen (→ *Vorschüsse* Rz. 4352), auf die der Arbeitnehmer eigentlich noch keinen Rechtsanspruch hat. Bei **kleineren Vorschüssen**, die mit den nächsten Lohnzahlungen verrechnet werden, wird es aber im Allgemeinen nicht beanstandet, wenn die Lohnsteuer erst bei der Verrechnung des Vorschusses einbehalten und abgeführt wird. Bei **größeren Beträgen** ist der Lohnsteuerabzug hingegen sofort vorzunehmen.

Beispiel:

A bekommt zusätzlich zu seinem Monatslohn von 5 000 € einen Gehaltsvorschuss von 500 €, der mit der nächsten Lohnzahlung verrechnet werden soll.

Es handelt sich hier um einen kleineren Vorschuss, der lohnsteuerlich im Zeitpunkt der Zahlung außer Betracht bleiben kann. Bei der nächsten Lohnzahlung ist dann aber vom ungekürzten Arbeitslohn Lohnsteuer einzubehalten.

Denkbar ist aber auch, dass der Vorschuss als **Darlehen** gegeben wird, sofern Arbeitgeber und Arbeitnehmer **entsprechende Vereinbarungen** getroffen haben, z.B. über den Zeitpunkt der Rückzahlung. Die Hingabe des Darlehens unterliegt nicht dem Lohnsteuerabzug. Bei einer späteren Verrechnung mit Arbeitslohn ist dann aber der Lohnsteuerabzug vom ungekürzten Arbeitslohn vorzunehmen. Zu beachten ist allerdings, dass Zinsvorteile, welche der Arbeitnehmer durch Arbeitgeberdarlehen erhält, Sachbezüge sind. Diese sind steuerpflichtig, wenn die Summe des noch nicht getilgten Darlehens am Ende des Lohnzahlungszeitraums 2 600 € übersteigt.

Stellen Nachzahlungen oder Vorauszahlungen **laufenden Arbeitslohn** dar, so ist die Nachzahlung oder Vorauszahlung für die Berechnung der Lohnsteuer den Lohnzahlungszeiträumen zuzurechnen, für die sie geleistet werden. Die Besteuerung kann dabei nach den Regeln für sonstige Bezüge (→ *Sonstige Bezüge* Rz. 3936) erfolgen, sofern der Arbeitnehmer nicht die Besteuerung als laufenden Arbeitslohn verlangt (R 39b.5 Abs. 4 LStR). Einzelheiten → *Nachzahlungen* Rz. 3223; → *Vorauszahlung von Arbeitslohn* Rz. 4351.

c) Abschlagszahlungen

1343 Zahlt der Arbeitgeber den Arbeitslohn für den üblichen Lohnzahlungszeitraum nur in **ungefährer Höhe (Abschlagszahlung)** und nimmt er eine genaue Lohnabrechnung für einen längeren Zeitraum vor, so braucht er nach § 39b Abs. 5 EStG die Lohnsteuer erst bei der **Lohnabrechnung** einzubehalten, wenn der Lohnabrechnungszeitraum **fünf Wochen** nicht übersteigt und die Lohnabrechnung innerhalb von **drei Wochen** nach Ablauf des Lohnabrechnungszeitraums erfolgt (→ *Abschlagszahlungen* Rz. 18).

5. Sonstige Bezüge

Sonstige Bezüge werden anders als laufender Arbeitslohn besteuert: 1344

- Die Lohnsteuer wird in einem **besonderen Verfahren nach der Jahreslohnsteuertabelle berechnet**: Sie ist mit dem Unterschiedsbetrag zu erheben, der sich bei Anwendung der Jahreslohnsteuertabelle auf den maßgebenden Jahresarbeitslohn zuzüglich des sonstigen Bezugs und auf den maßgebenden Jahresarbeitslohn ohne den sonstigen Bezug ergibt. Einzelheiten → *Sonstige Bezüge* Rz. 3936.
- Sie sind in dem **Lohnzahlungszeitraum zu versteuern, in dem sie zufließen**. Es kommt also nicht darauf an, für welchen Zeitraum sie gezahlt werden (→ *Zufluss von Arbeitslohn* Rz. 4633).

Beispiel:

A erhält den Lohn für den Monat Dezember 2025 zusammen mit dem Weihnachtsgeld von 500 € erst am 10.1.2026 ausgezahlt.

Laufender Arbeitslohn (hier der Dezemberlohn) gilt nach § 38a Abs. 1 Satz 1 EStG in dem Kalenderjahr als bezogen, in dem der Lohnzahlungszeitraum endet (hier also noch im Jahr 2025). Der Arbeitgeber muss diesen Arbeitslohn daher in die Lohnabrechnung für Dezember 2025 einbeziehen und mit der Lohnsteueranmeldung zum 10.1.2026 anmelden.

Die Weihnachtszuwendung stellt dagegen einen sonstigen Bezug dar, der dem Arbeitnehmer erst am 10.1.2026 zugeflossen ist. Diese Zuwendung ist somit erst bei der Lohnabrechnung für den Monat Januar 2026 zu berücksichtigen.

6. Kirchensteuer

Bei kirchenangehörigen Arbeitnehmern hat der Arbeitgeber zusätzlich die Kirchensteuer einzubehalten. Diese beträgt länderunterschiedlich entweder **8 % oder 9 % der Lohnsteuer**. Bei Arbeitnehmern mit Kindern ist **vor Berechnung der Kirchensteuer** der als Lohnsteuerabzugsmerkmal berücksichtigte **Kinderfreibetrag abzuziehen**, selbst wenn der Arbeitnehmer nur Kindergeld erhält. Diese Berechnung braucht der Arbeitgeber aber nicht selbst vorzunehmen: In den u.a. vom Stollfuß Verlag herausgegebenen Lohnsteuertabellen ist die sich für Arbeitnehmer mit Kindern ergebende Kirchensteuer ausgewiesen (→ *Kirchensteuer* Rz. 2705). 1345

7. Solidaritätszuschlag

Seit 1995 ist zusätzlich zur Lohnsteuer ein Solidaritätszuschlag zu erheben (→ *Solidaritätszuschlag* Rz. 3903). Die u.a. vom Stollfuß Verlag herausgegebenen Lohnsteuertabellen enthalten auch den Solidaritätszuschlag. Allerdings soll seit dem Kalenderjahr 2021 der Solidaritätszuschlag für rund 90 % der Lohn- und Einkommenssteuerzahler weggefallen sein. 1346

8. Berechnungsbeispiele

Berechnungsbeispiele sind unter den jeweiligen Stichworten ausführlich dargestellt, z.B. → *Pauschalierung der Lohnsteuer* Rz. 3336 sowie → *Sonstige Bezüge* Rz. 3936. 1347

An dieser Stelle wird daher nur ein „unkompliziertes" Beispiel einer Lohnabrechnung dargestellt:

Beispiel:

Die Lohnabrechnung eines Arbeitnehmers in Niedersachsen mit der Steuerklasse III, kein Kind, 26 Jahre, hat für den Monat November 2025 wie folgt ausgesehen:

Ermittlung der Bruttobezüge		
Monatslohn		5 000,– €
steuerpflichtige Zulage		100,– €
vermögenswirksame Leistungen		26,– €
Kleidergeld (steuerfrei)		17,– €
Brutto-Verdienst		5 143,– €
Ermittlung der Abzüge		
Steuerrechtliche Abzüge		
Steuerpflichtiger Arbeitslohn	5 126,– €	
Lohnsteuer (StKl III/0)	422,16 €	
Solidaritätszuschlag (5,5 %)	0,– €	
Kirchensteuer (9 %)	37,99 €	460,15 €
Sozialversicherungsrechtliche Abzüge		
Brutto Kranken-/Pflegeversicherung	4 987,50 €	
Brutto Renten-/Arbeitslosenversicherung	5 126,– €	

Krankenversicherung einschließlich kassen-individueller Zusatzbeitrag (1/2 von 14,6 % + 1/2 von 2,5 % [angenommener Wert])	438,28 €	
Pflegeversicherung einschließlich Zuschlag für Kinderlose (1/2 von 3,4 % + 0,6 %)	123,03 €	
Rentenversicherung (1/2 von 18,6 %)	476,72 €	
Arbeitslosenversicherung (1/2 von 2,6 %)	66,64 €	1 104,67 €
ergibt **Nettolohn** (einschl. steuerfreies Kleidergeld)		3 561,18 €
Private Abzüge		
Vermögenswirksame Leistungen		40,– €
Auszahlungsbetrag		3 538,18 €

Berechnung der Sozialversicherungsbeiträge

→ *Beiträge zur Sozialversicherung* Rz. 1261

Bereitschaftsdienst

1. Steuerfreiheit von Bereitschaftsdienstvergütungen

1348 Die v.a. an Ärzte und Pflegepersonal von Krankenhäusern gezahlten **Bereitschaftsdienstvergütungen** (Überstundenvergütungen) können nach § 3b EStG als Zuschläge für Sonntags-, Feiertags- oder Nachtarbeit steuerfrei belassen werden, soweit sie die in § 3b EStG vorgesehenen Prozentsätze, gemessen an der Rufbereitschaftsentschädigung, nicht übersteigen (BFH v. 27.8.2002, VI R 64/96, BStBl II 2002, 883).

Erhält der in einem Krankenhaus angestellte Oberarzt für die sonntags, feiertags oder zu Nachtzeiten erbrachten Rufbereitschaftsdienste von seinem Arbeitgeber **keine Zuschläge**, welche gem. § 3b Abs. 1 EStG allein als steuerfrei behandelt werden könnten, sondern wird ihm für alle Stunden des Bereitschaftsdienstes, **unabhängig vom Zeitpunkt der Leistung, vom Arbeitgeber dieselbe Vergütung** i.H.v. 40 % des Grundlohns gezahlt, scheidet eine Steuerfreiheit der Vergütung, soweit sie auf die in § 3b Abs. 1 Nr. 1 bis 4 i.V.m. Abs. 2 EStG begünstigten Zeiten entfällt, aus (BFH v. 11.11.2010, VI B 72/10).

Werden Bereitschaftsdienste **pauschal zusätzlich zum Grundlohn** ohne Rücksicht darauf vergütet, ob die Tätigkeit an einem Samstag oder einem Sonntag erbracht wird, handelt es sich ebenfalls nicht um steuerfreie Zuschläge für Sonntags-, Feiertags- oder Nachtarbeit i.S.d. § 3b Abs. 1 EStG (BFH v. 29.11.2016, VI R 61/14, BStBl II 2017, 718).

LSt SV

Zur steuerlichen Behandlung der Zeitzuschläge für Bereitschaftsdienste sowie der anderen im **Tarifvertrag für Ärztinnen und Ärzte an kommunalen Krankenhäusern** im Bereich der Vereinigung der kommunalen Arbeitgeberverbände (**TV-Ärzte/VKA**) aufgeführten Zuschläge → *Arzt* Rz. 825.

Vergütungen für Bereitschaftsdienst nach den „Richtlinien für Arbeitsverträge in den Einrichtungen des **Deutschen Caritasverbandes**" (AVR) sind nicht nach § 3b EStG steuerfrei (OFD Hannover v. 17.1.1980, S 2343 - 32 - StH 212).

Für **nebenberufliche Tätigkeiten** können ggf. die Steuerbefreiungen nach § 3 Nr. 26, 26a EStG gewährt werden, bei Rettungssanitätern usw. nach geänderter Verwaltungsauffassung auch hinsichtlich der Bereitschaftsdienste (→ *Nebenberufliche steuerbegünstigte Tätigkeiten* Rz. 3236, → *Jahresarbeitsentgeltgrenze in der gesetzlichen Krankenversicherung* Rz. 2607).

LSt-durchgestrichen SV-durchgestrichen

2. Berücksichtigung zusätzlicher Fahrtkosten

1349 Die zusätzlichen Fahrten zur Arbeit während des Bereitschaftsdienstes oder der Rufbereitschaft sind beim Arbeitnehmer seit dem 1.1.2001 nicht mehr als **Werbungskosten** abzugsfähig, → *Wege zwischen Wohnung und erster Tätigkeitsstätte* Rz. 4429. Das bedeutet für den **Arbeitgeber**, dass er die Fahrtkostenzuschüsse für solche „zusätzlichen Fahrten" nicht mehr nach § 40 Abs. 2 Satz 2 EStG mit **15 % pauschal versteuern** kann.

LSt SV-durchgestrichen

Bergmannsprämien

→ *Arbeitslohn-ABC* Rz. 651

Berichtigung des Lohnsteuerabzugs

→ *Änderung des Lohnsteuerabzugs* Rz. 126

Berufsausbildung

Die betriebliche **Berufsausbildung** wird durch das SGB III und das Bundesausbildungsförderungsgesetz (BAföG) gefördert (→ *Ausbildungsbeihilfen* Rz. 886, → *Auszubildende* Rz. 1184). 1350

Zu beruflichen **Fort- und Weiterbildungsleistungen** des Arbeitgebers → *Auszubildende* Rz. 1184 und → *Fortbildung* Rz. 2232.

Berufsgenossenschaften

1. Sozialversicherung

Bei **Arbeitsunfällen**, Unfällen auf dem Weg zur Arbeitsstätte und wieder nach Hause (Arbeits- bzw. Wegeunfälle) und bei Berufskrankheiten tritt die **gesetzliche Unfallversicherung** (→ *Unfallversicherung: gesetzliche* Rz. 4213) ein. 1351

Träger der gesetzlichen Unfallversicherungen sind u.a. die Berufsgenossenschaften. Sie sind zuständig für die **Heilbehandlung**, Berufsförderung und andere Leistungen zur Erhaltung, Besserung und Wiederherstellung der Erwerbsfähigkeit sowie zur Erleichterung der Verletzungsfolgen einschließlich wirtschaftlicher Hilfen. Sie gewähren außerdem **Renten** wegen Minderung der Erwerbsfähigkeit und an Hinterbliebene und Sterbegeld. Zu ihren Aufgaben gehören auch die Maßnahmen zur Verhütung von Unfällen, zur ersten Hilfe und zur Früherkennung von Berufskrankheiten.

Die Unfallversicherung wird allein von den Arbeitgebern finanziert und losgelöst von den anderen Versicherungszweigen durchgeführt.

2. Lohnsteuer

Die Berufsgenossenschaften sind **öffentliche Kassen** i.S.d. § 3 Nr. 12 und 13 EStG, vgl. H 3.11 (Öffentliche Kassen) LStH. **Aufwandsentschädigungen und Reisekostenerstattungen** der Mitarbeiter von Berufsgenossenschaften sind daher nach Maßgabe dieser Vorschriften steuerfrei (→ *Aufwandsentschädigungen im öffentlichen Dienst* Rz. 865). 1352

Die **Vorstandsmitglieder** und ihre Stellvertreter üben eine **sonstige selbständige Tätigkeit** i.S.d. § 18 Abs. 1 Nr. 3 EStG aus, sofern der Vorstand kein Verwaltungsorgan ist (BFH v. 3.12.1965, VI 167/63 U, BStBl III 1966, 153). Das Gleiche gilt für die ehrenamtlichen Mitglieder in Organen der Berufsgenossenschaften.

Zur Übernahme der Beiträge an die Berufsgenossenschaft bei einem Gesellschafter-Geschäftsführer durch den Arbeitgeber → *Gesellschafter/Gesellschafter-Geschäftsführer* Rz. 2344.

LSt-durchgestrichen SV-durchgestrichen

Berufskleidung

1. Arbeitsrecht

a) Allgemeines

Die vielfältigen Facetten der Kleidung und Dienstkleidung im Arbeitsverhältnis einschließlich Unterwäsche – sowie sonstige Aspekte von Outfit- und Accessoires – werfen vielfältige Fragen auf: von der Tragepflicht bzw. dem Tragerecht über Schadensersatz und über Kosten der verschiedensten Art, über Sanktionen, über die Wirksamkeit von Bekleidungsvorschriften usw.; dabei können Streitfragen erhebliche Unruhe in das individualrechtliche Verhältnis zwischen Arbeitgeber und Arbeitnehmer und in das kollektivrechtliche Verhältnis zwischen Arbeitgeber-Betriebsrat-Arbeitnehmer tragen (s. z.B. das sog. „Schlüpfer-Urteil" des LAG Köln v. 18.8.2010, 3 TaBV 15/10). Begrifflich geht es aus arbeitsrechtlicher Sicht um verschiedene Komplexe: Arbeitsschutzkleidung, Dienstkleidung, Berufskleidung, Arbeitskleidung und nicht zuletzt um das äußere Erscheinungsbild des Arbeitnehmers i.R. des Arbeitsverhältnisses (Kleiderordnung/Image-Kleidung/Dresscode). 1353

In der betrieblichen Praxis treten insbesondere hauptsächlich folgende Streitfragenkomplexe auf:

- Müssen bestimmte Kleidungsstücke getragen werden?
- Dürfen bestimmte Kleidungsstücke getragen werden?
- Darf das Tragen bestimmter Kleidungsstücke untersagt werden?
- Wer trägt die Kosten für bei der Arbeit getragene Kleidung und deren Reinigung, welche Verteilung ist ggf. zulässig?
- Zählen Umkleidezeiten zur vergütungspflichtigen Arbeitszeit?

Die Lösung der angeführten und weiterer Problemfragen im Einzelfall ergibt sich aus gesetzlichen Vorgaben (z.B. § 618 und § 670 BGB), aus arbeitsvertraglicher Vereinbarung, aus Richtlinien, aus Direktionsrecht, aus Betriebsvereinbarung, aus Tarifvertrag, wobei im Einzelfall noch abzuwägen sein kann zwischen dem Persönlichkeitsrecht des Arbeitnehmers contra Arbeitgeberinteressen.

Beispiel:

So gehört z.B. in einem Lebensmittelunternehmen nicht nur die erforderliche Hygienekleidung selbst, sondern auch die **Reinigung der Hygienekleidung** zu den öffentlich-rechtlichen Pflichten. Deshalb kann der Arbeitgeber einen Anspruch auf Erstattung der verauslagten Reinigungskosten gegenüber dem Arbeitnehmer nicht aus § 670 BGB herleiten. Zwar enthält diese Vorschrift den allgemeinen Rechtsgrundsatz, dass derjenige, der im Interesse eines anderen Aufwendungen macht, für die er keine Vergütung erhält, Ersatz der Aufwendungen von demjenigen verlangen kann, für den er tätig geworden ist. Der Lebensmittelunternehmer macht die Reinigungsaufwendungen jedoch nicht im Fremd-, sondern im Eigeninteresse, weil er damit seine Pflicht zur Einhaltung der Lebensmittelhygiene erfüllt (BAG v. 14.6.2016, 9 AZR 181/15).

b) Umkleidezeit und Umkleidewegezeit als – vergütungspflichtige – Arbeitszeit

1354 Zur Arbeit gehört auch das Umkleiden für die Arbeit, wenn der Arbeitgeber das Tragen einer bestimmten Kleidung vorschreibt. Die Tarifvertragsparteien sind indes berechtigt, bestimmte Teile der Arbeitszeit, wie z.B. Zeiten für Umkleiden und Waschen, von der andererseits bestehenden Vergütungspflicht des Arbeitgebers auszunehmen (BAG v. 13.12.2016, 9 AZR 574/15). Für die Vergütung der Umkleide- und der diesbezüglichen innerbetrieblichen Wegezeiten als Arbeitszeit gelten im Übrigen folgende **Grundsätze** (BAG v. 19.9.2012, 5 AZR 678/11; bestätigend BAG v. 17.11.2015, 1 ABR 76/13):

- Muss das Umkleiden auf **Weisung** des Arbeitgebers **im Betrieb** erfolgen, zählt die Umkleidezeit zur Arbeitszeit, weil sich die **Fremdnützigkeit** des Umkleidens schon aus der Weisung des Arbeitgebers ergibt, die ein Anlegen der Arbeitskleidung zu Hause und ein Tragen auf dem Weg zur Arbeitsstätte ausschließt, ggf. aber auch daraus, dass das Tragen von Berufs- und Bereichskleidung primär hygienischen Zwecken und damit betrieblichen Belangen dient.
- Auch bei dem An- und Ablegen einer **auffälligen Dienstkleidung** innerhalb des Betriebs handelt es sich um eine ausschließlich fremdnützige Tätigkeit des tragepflichtigen Personenkreises und damit um Arbeitszeit.
- An der ausschließlichen Fremdnützigkeit fehlt es aber, also keine Arbeitszeit, wenn der Arbeitnehmer sich entscheidet, eine solche Dienstkleidung **zu Hause anzulegen** und sich nicht im Betrieb umzieht (BAG v. 12.11.2013, 1 ABR 59/12). Dabei kommt es dann nicht darauf an, ob es sich um eine besonders auffällige oder unauffällige Dienstkleidung handelt. Die ausschließliche Fremdnützigkeit entfällt indes nicht, wenn sich der Arbeitnehmer zu Hause umzieht und ihm eine zumutbare betriebliche Umkleidemöglichkeit durch den Arbeitgeber nicht zur Verfügung gestellt wird (LAG Berlin-Brandenburg v. 21.8.2019, 15 Sa 575/19; bestätigt durch BAG v. 13.10.2021, 5 AZR 295/20, NZA 2022, 720).
- Wenn die Arbeit mit dem Umkleiden beginnt, zählen auch die **innerbetrieblichen Wege** zur Arbeitszeit, die dadurch veranlasst sind, dass der Arbeitgeber das Umkleiden nicht am Arbeitsplatz ermöglicht, sondern dafür eine vom Arbeitsplatz **getrennte Umkleidestelle** einrichtet, die der Arbeitnehmer zwingend benutzen muss.
- Nicht zur Arbeitszeit zählende **Wegezeit** bleibt aber der Weg **von der Wohnung** des Arbeitnehmers bis zu der Stelle, an der die Arbeit beginnt, z.B. also der Weg vom Eingang des Arbeitsgebäudes bis zur Umkleidestelle.
- Wenn die Arbeit mit dem innerbetrieblichen Umkleiden in eine **besonders auffällige Dienstkleidung** beginnt, z.B. auf dem Betriebshof für einen Busfahrer, die eigentliche Arbeit aber erst an einer **außerbetrieblichen Stelle** aufgenommen wird, zählt auch die diesbezügliche Wegezeit zur Arbeitszeit, ebenso die Rückkehr zum Betrieb, um dort die Dienstkleidung abzulegen. **Begrifflich** handelt es sich um eine besonders auffällige Dienstkleidung dann, wenn der Arbeitnehmer im öffentlichen Raum auf Grund der Ausgestaltung seiner Kleidungsstücke ohne Weiteres als Angehöriger seines Arbeitgebers erkannt werden kann, z.B. bei einer unauffälligen Farbgestaltung der Dienstkleidung, wenn auf dieser ein Emblem oder Schriftzüge angebracht sind, die auf Grund ihrer Bekanntheit in der Öffentlichkeit mit einem bestimmten Rechtsträger oder einer Unternehmensgruppe in Verbindung gebracht werden (BAG v. 17.11.2015, 1 ABR 76/13).
- Auch beim **Abholen von Dienstkleidung** an einer von der Arbeitsstelle ausgelagerten Ausgabestelle handelt es sich um eine fremdnützige, den betrieblichen Belangen des Arbeitgebers (und nicht privaten Belangen des Arbeitnehmers) dienende Tätigkeit, die vom Arbeitgeber zu vergüten ist, weil er die Entgegennahme der Dienstkleidung nicht am Arbeitsplatz ermöglicht (BAG v. 19.3.2014, 5 AZR 954/12).
- Bei der **konkreten Bemessung der Umkleide- und Wegezeit** gilt: In welchem zeitlichen Umfang Umkleide- und innerbetriebliche Wegezeiten zur Arbeitszeit rechnen, ergibt sich – soweit keine anderweitige Regelung besteht – nach allgemeinen Grundsätzen. Der Arbeitnehmer darf seine Leistungspflicht nicht willkürlich selbst bestimmen, er muss vielmehr unter angemessener Ausschöpfung seiner persönlichen Leistungsfähigkeit arbeiten. Das BAG hat entschieden, dass die unter Ausschöpfung der persönlichen Leistungsfähigkeit erforderliche Zeit des An- und Ablegens der Dienstkleidung im Betrieb zur vergütungspflichtigen Arbeitszeit zählt (BAG v. 25.4.2018, 5 AZR 245/17). Dieser **modifizierte subjektive Maßstab** gilt auch für das Umkleiden und das Zurücklegen des Wegs von der Umkleide- zur Arbeitsstelle. Nur die Zeitspanne, die dazu für den einzelnen Arbeitnehmer unter Ausschöpfung seiner persönlichen Leistungsfähigkeit erforderlich ist, zählt zur Arbeitszeit, die z.B. bei einem schwerbehinderten Arbeitnehmer durchaus länger sein kann.
- Zu **Wege- und Körperreinigungszeiten** gilt, dass Körperreinigungszeiten zur vergütungspflichtigen Arbeitszeit gehören, wenn sich der Arbeitnehmer bei seiner geschuldeten Arbeitsleistung so sehr verschmutzt, dass ihm ein Anlegen der Privatkleidung, das Verlassen des Betriebs und der Weg nach Hause ohne eine vorherige Reinigung des Körpers im Betrieb nicht zugemutet werden kann (vgl. BAG v. 23.4.2024, 5 AZR 212/23).
- Die Arbeit beginnt grds. nicht schon mit Betreten des Betriebsgeländes, sondern erst dann, wenn der Arbeitnehmer die Arbeit bestimmungsgemäß aufnimmt. Daran ändert sich auch nichts dadurch, wenn z.B. das Betriebsgelände ein Flughafen ist und über eine große räumliche Ausdehnung verfügt und der Arbeitnehmer auf dem Weg zu der konkreten Arbeitsstelle eine Vielzahl von Vorgaben durch den Arbeitgeber, wie das Passieren von Kontrollpunkten, Nutzung eines vom Arbeitgeber betriebenen Shuttleservice etc., befolgen muss (vgl. LAG Hessen v. 31.1.2025, 10 SLa 564/24; ArbRAktuell 2025, 378 m. Anm. Eufinger, Rev. eingelegt, Az. BAG: 5 AZR 75/25).

Zum Fragenbereich s. auch die ausführliche Darstellung von D. Besgen, Kleidung und Outfit im Arbeitsverhältnis, B+P 2013, 163.

2. Lohnsteuer

Nicht nur die Überlassung und **Gestellung typischer Berufsbekleidung** durch den Arbeitgeber ist gem. **§ 3 Nr. 31 EStG** steuerfrei, sondern auch deren **Reinigung** als Auslagenersatz gem. **§ 3 Nr. 50 EStG** (→ *Auslagenersatz und durchlaufende Gelder* Rz. 916). 1355

Stattet der Arbeitgeber den Arbeitnehmer unentgeltlich oder verbilligt mit der im Beruf benötigten Kleidung aus, ist zu unterscheiden:

a) Typische Berufskleidung

1356 Die Überlassung und Gestellung von Bekleidung durch den Arbeitgeber ist grds. **Arbeitslohn**, sofern nicht ein überwiegend eigenbetriebliches Interesse des Arbeitgebers im Vordergrund steht (→ Rz. 1358).

Steuerfrei nach § 3 Nr. 31 erster Halbsatz EStG i.V.m. R 3.31 Abs. 1 LStR und somit auch beitragsfrei ist nur die unentgeltliche oder verbilligte Überlassung **typischer Berufskleidung**. Unerheblich ist dabei, ob die Berufskleidung **leihweise** überlassen wird oder endgültig in das **Eigentum** des Arbeitnehmers übergeht (R 3.31 Abs. 1 Satz 1 LStR). Zuschüsse des Arbeitgebers zu einer betrieblichen **Kleiderkasse**, bei der die Arbeitnehmer kostenlos oder verbilligt typische Arbeitskleidung erhalten, sind ebenfalls steuerfrei.

~~LSt~~ ~~SV~~

Zur **typischen Berufskleidung** gehören Kleidungsstücke, die

- als **Arbeitsschutzkleidung** auf die jeweils ausgeübte Berufstätigkeit zugeschnitten sind oder
- nach ihrer z.B. uniformartigen Beschaffenheit **oder dauerhaft angebrachten Kennzeichnung durch Firmenemblem**, das nicht zu klein sein darf und daher in der Öffentlichkeit erkennbar sein muss (zuletzt FG Köln v. 28.4.2009, 12 K 839/08, betr. „normale" Kleidung eines Straßenbahnfahrers), objektiv eine berufliche Funktion erfüllen,

wenn ihre private Nutzung so gut wie ausgeschlossen ist. Normale Schuhe und Unterwäsche sind z.B. keine typische Berufskleidung, ebenso wenig ein Lodenmantel, vgl. H 3.31 (Lodenmantel) LStH. Zur Arbeitsschutzkleidung gehören z.B. Helme, Arbeitswesten, sog. Blaumänner, Kittel und Arbeitsschuhe.

Ein seinem Charakter nach zur bürgerlichen Kleidung gehörendes Kleidungsstück wird allerdings **nicht** schon dadurch zur typischen Berufskleidung, dass es nach der **Dienstanweisung** des Arbeitgebers zur Dienstbekleidung zählt und mit einem **Dienstabzeichen versehen** ist (BFH v. 19.1.1996, VI R 73/94, BStBl II 1996, 202 betr. den Lodenmantel eines Försters). Das o.g. BFH-Urteil soll jedoch von den Finanzämtern nicht über den entschiedenen Einzelfall hinaus allgemein angewendet werden, d.h. im Regelfall ist zivile Kleidung mit einem von Größe und Anbringung her deutlich erkennbaren Firmenlogo als typische Berufskleidung anzuerkennen (FinMin Niedersachsen v. 1.11.1996, S 2354 – 70 – 35, DB 1996, 2414).

Die Finanzverwaltung geht aus **Vereinfachungsgründen von typischer Berufskleidung aus**, wenn der Arbeitnehmer von seinem Arbeitgeber die Berufskleidung **zusätzlich zum ohnehin geschuldeten Arbeitslohn** erhält, wenn nicht das Gegenteil offensichtlich ist, z.B. bei Überlassung normaler Schuhe (vgl. R 3.31 Abs. 1 Satz 2 LStR). Mit diesem Satz sollten Fälle erfasst werden, in denen der Arbeitgeber ein ganz besonderes Interesse an dem Tragen einer besonderen, mit großer Wahrscheinlichkeit kaum privat getragenen Kleidung für bestimmte Arbeitnehmergruppen (z.B. Kraftfahrer) hat und deshalb die Kosten dafür zusätzlich zum ohnehin geschuldeten Arbeitslohn trägt. Er hat jedoch nur in **„Grenzfällen" Bedeutung**, wenn zweifelhaft ist, ob typische Berufskleidung vorliegt oder nicht. Die **Gestellung eindeutiger bürgerlicher Kleidung** zusätzlich zum ohnehin geschuldeten Arbeitslohn ist **auch nach dieser Regelung nicht steuerfrei**.

b) Bürgerliche Kleidung

aa) Arbeitslohn

1357 **Steuerpflichtiger Arbeitslohn** ist der Ersatz der Aufwendungen für sog. bürgerliche Kleidung, das sind Kleidungsstücke, **die auch außerhalb des Berufs getragen werden können** – die Möglichkeit reicht schon aus. Ein Werbungskostenabzug und damit auch ein steuerfreier Arbeitgeberersatz kommt selbst dann nicht in Betracht, wenn

- diese Kleidung **tatsächlich ausschließlich im Beruf getragen** und am Arbeitsplatz aufbewahrt wird, selbst wenn der Kauf bei dem Arbeitgeber von diesem erwartet oder verlangt worden ist (FG Münster v. 1.7.2015, 9 K 3675/14 E: Kein Werbungskostenabzug von Aufwendungen einer Schuhverkäuferin für von ihr während der Arbeitszeit getragene und beim Arbeitgeber erworbene Schuhe und BFH v. 20.11.1979, VI R 25/78, BStBl II 1980, 75 – zur Bekleidung eines Dekorateurs),
- **berufsbedingt außergewöhnlich hohe Kosten anfallen** (vgl. BFH v. 6.7.1989, IV R 91 – 92/87, BStBl II 1990, 49 betr. außergewöhnlich hohe Aufwendungen für Kleidung und Kosmetika einer Schauspielerin und Fernsehansagerin),
- ein Arbeitgeber **Mitgliedern seiner Geschäftsleitung qualitativ und preislich hochwertige Bekleidungsstücke** zur Verfügung stellt; der Entlohnungscharakter der Zuwendung kann nicht mit einem überwiegend eigenbetrieblichen Interesse widerlegt werden, weil das Tragen der vom Arbeitgeber hergestellten Kleidungsstücke neben Repräsentationszwecken auch der Werbung dienen würde oder der Arbeitnehmer nach der firmeneigenen Kleiderordnung die überlassene Kleidung tragen muss (BFH v. 11.4.2006, VI R 60/02, BStBl II 2006, 691),
- der Arbeitgeber (eine **Bank**) von seinen männlichen Angestellten das **Tragen von Anzügen** während der Arbeitszeit verlangt (FG Saarland v. 28.1.2008, 2 K 1497/07),
- ein **neuer Anzug** angeschafft wird, weil der alte Anzug bei einem auf dem Weg zur ersten Tätigkeitsstätte erlittenen **Unfall beschädigt** wurde (FG Sachsen v. 18.5.2018, 4 K 194/18, EFG 2019, 685),
- ein **dreiteiliger Business-Anzug** nur während der Arbeit getragen wird (BFH v. 18.6.2024, VIII R 32/20, BStBl II 2025, 168),
- ein erhöhter, beruflich veranlasster Verschleiß von bürgerlicher Kleidung im Beruf erfolgt (BFH v. 24.7.1981, VI R 171/78, BStBl II 1981, 781 – Arbeit mit Säuren),
- die konkreten Kleidungsstücke ohne die beruflichen Gründe überhaupt nicht angeschafft worden wären (BFH v. 20.3.1992, VI R 55/89, BStBl II 1993, 192 betr. Aufwendungen für die Anschaffung von Bekleidung, die wegen des mit dem Umzug verbundenen Klimawechsels erforderlich wird) bzw. die Aufwendungen infolge der beruflichen Gepflogenheiten besonders hoch sind (BFH v. 18.4.1991, IV R 13/90, BStBl II 1991, 751 betr. Aufwendungen einer Instrumentalsolistin für Abendkleider und schwarze Hosen) bzw. Mehraufwendungen für Bekleidung entstehen, weil der Stpfl. seine individuellen Bedürfnisse den Wünschen des Arbeitgebers oder den Gepflogenheiten bestimmter Wirtschaftskreise unterordnen muss (BFH v. 27.5.1994, VI R 67/92, BStBl II 1995, 17 betr. umzugsbedingte Neuanschaffung von bürgerlicher Kleidung, auch im Urteil v. 19.1.1996, VI R 73/94, BStBl II 1996, 202 betr. den Lodenmantel eines Försters hat der VI. Senat des BFH ausgeführt, dass durch die Anordnung des Arbeitgebers, z.B. im Umgang mit Kunden gehobene bürgerliche Kleidung zu tragen, diese Kleidung, obwohl deren Anschaffung mit einem Mehraufwand verbunden ist, nicht zur typischen Berufskleidung wird).

LSt SV

Ausnahmsweise kann aber auch bürgerliche Kleidung zur typischen Berufskleidung zählen, wenn eine Verwendung dieser Kleidungsstücke zum Zwecke der privaten Lebensführung auf Grund der **berufsspezifischen Eigenschaften so gut wie ausgeschlossen ist (BFH v. 6.12.1990, IV R 65/90, BStBl II 1991, 348)**. Die Qualifizierung eines Kleidungsstücks als typische Berufskleidung scheidet aber dann aus, wenn die Benutzung – objektiv – als normale bürgerliche Kleidung i.R. des Möglichen und Üblichen liegt (BFH v. 16.3.2022, VIII R 33/18, BStBl II 2022, 614). Soweit der BFH in älteren Entscheidungen auch bürgerliche Kleidung, die nach ihrer Beschaffenheit nicht nur nahezu ausschließlich beruflich, sondern v.a. auch privat genutzt werden konnte, als typische Berufskleidung angesehen hat (z.B. schwarzer Anzug eines Leichenbestatters, BFH v. 30.9.1970, I R 33/69, BStBl II 1971, 50 sowie schwarzer Anzug und schwarze Hose eines Oberkellners, BFH v. 10.11.1989, VI R 159/86, BFH/NV 1990, 288 und schwarzer Anzug eines katholischen Geistlichen, BFH v. 4.12.1987, VI R 20/95, BFH/NV 1988, 703), ist diese Rechtsprechung auf Grund Entscheidung des Großen Senats des BFH (BFH v. 21.9.2009, GrS 1/06, BStBl II 2010, 672) überholt (BFH v. 16.3.2022, VIII R 33/18, BStBl II 2022, 614).

Vgl. auch → Rz. 1359 Einzelfälle aus der Rechtsprechung.

bb) Kein Arbeitslohn

Die Überlassung sog. bürgerlicher Kleidung führt aber nicht „automatisch" zur Annahme von steuerpflichtigem Arbeitslohn: Vor- 1358 teile, die der **Arbeitgeber aus eigenbetrieblichem Interesse gewährt, stellen keinen Arbeitslohn** dar, wenn eine Gesamtwürdigung ergibt, dass der mit der Vorteilsgewährung verfolgte betriebliche Zweck ganz im Vordergrund steht. Ein vorrangiges eigenbetriebliches Interesse an der Überlassung von Kleidungsstücken kann z.B. dann bejaht werden, wenn ein im Lebensmitteleinzelhandel tätiger Arbeitgeber seinem Verkaufspersonal – u.a. aus hygienischen Gründen und zur Verbesserung des Erscheinungsbilds des Unternehmens – **einheitliche bürgerliche Kleidung** (auch ohne Firmenlogo) zur Verfügung stellt (BFH v. 22.6.2006, VI R 21/05, BStBl II 2006, 915).

Infolgedessen bedurfte es im Urteilsfall keiner Prüfung mehr, ob ggf. auch die Steuerbefreiung des § 3 Nr. 31 EStG Anwendung findet. Dieses überwiegend eigenbetriebliche Interesse wird aber verneint, sofern ein nicht unerhebliches Interesse des Arbeitnehmers vorliegt (BFH v. 11.4.2006, VI R 60/02, BStBl II 2006, 691). Dieses Interesse des Arbeitnehmers äußert sich i.d.R. durch die (verbilligte) Überlassung der Kleidung und somit der Bereicherung des Arbeitnehmers bzw. der Ersparnis der Kosten für den Erwerb eigener angemessener Kleidung.

c) Einzelfälle aus der Rechtsprechung

1359 **Anerkannt** als typische Berufskleidung wurden z.B.

- **weiße Kittel, Arztjacken und Hosen bei Ärzten und Masseuren** (BFH v. 16.8.1994, I B 5/94),
- die **Uniform von Soldaten, selbst Sportkleidung mit Offiziersbalken** (FG Bremen v. 17.12.1991, II 163/88 K, EFG 1992, 735),
- die mit einem **Posthorn versehene Dienstkleidung der Postbediensteten** (FG Niedersachsen v. 22.6.1990, XIII 260/89, EFG 1991, 18),
- die in **Farbe und Schnitt einheitlich gestaltete Kleidung von Flugbegleitern** (FG Hessen v. 9.3.1992, EFG 1993, 648) oder des Personals von **Friseurbetrieben** (FG Hamburg v. 8.10.1986, I 56/83, EFG 1987, 172) oder in **Lebensmittelfilialen**, auch wenn sie keine ausgesprochene Arbeitsschutzbekleidung darstellt und nicht dauerhaft mit einem Firmenemblem gekennzeichnet ist, aber das Erscheinungsbild des Unternehmens (sog. **corporate identity**) verbessern soll (BFH v. 22.6.2006, VI R 21/05, BStBl II 2006, 915),
- mit **Logo und Namenszeichen versehene Pullover, Hemden, Hosen und Lederkrawatten**, die ein Kfz-Betrieb seinen Service-Mitarbeitern unentgeltlich zur Verfügung gestellt hat, um das Erscheinungsbild des Unternehmens nach innen und außen positiv zu beeinflussen und die außerhalb der Arbeitszeit nicht getragen werden durften (FG Baden-Württemberg v. 25.10.1996, 9 K 89/95, INF 4/1999, S. IV),
- die für **Messezwecke** zur Verfügung gestellten **Blazer mit Firmenemblem**, die der Arbeitnehmer nach Abschluss der Messe wieder zurückgeben muss (FG Baden-Württemberg v. 13.4.2000, 3 K 20/97, EFG 2000, 1113),
- die Schutzkleidung von **Waldarbeitern** (FG Rheinland-Pfalz v. 23.9.2004, 6 K 2813/01).

Nicht anerkannt als typische Berufskleidung wurde demgegenüber z.B.

- der **Trachtenanzug eines Geschäftsführers in einem bayerischen Lokal**, selbst wenn er nahezu ausschließlich im Beruf getragen wurde (BFH v. 20.11.1979, VI R 143/77, BStBl II 1980, 73),
- **Abendkleider und schwarze Hosen einer Instrumentalsolistin** (BFH v. 18.4.1991, IV R 13/90, BStBl II 1991, 751), ebenso ein **schwarzes Sakko und schwarze Hosen eines Orchestermusikers** (FG Münster v. 13.7.2016, 8 K 3646/15 E),
- **weiße Hemden, Socken und Schuhe bei Ärzten und Masseuren** (BFH v. 16.8.1994, I B 5/94),
- der **Lodenmantel eines Forstbeamten** (BFH v. 19.1.1996, VI R 73/94, BStBl II 1996, 202),
- **schwarze Röcke und weiße Blusen einer Hotel-Empfangssekretärin** (FG Saarland v. 12.10.1988, 1 K 23/88, EFG 1989, 110),
- die **einheitlich grau gestaltete Kleidung von Chauffeuren** (OFD Münster v. 25.3.1987, StLex 4, 19 – 19a, 1142; die obersten Finanzbehörden haben diese Auffassung im Jahre 1996 nochmals ausdrücklich bestätigt),
- die mit dem **Firmenlogo einer Bank** versehenen Seidentücher, Krawatten und Sportkleidung (OFD Münster v. 25.10.1988, S 2334 – 73 – St 12 – 31, DB 1988, 2384),
- **Pilotenjacken und Fellwesten eines Fuhrunternehmers** (BFH v. 15.2.2000, X B 122/99),
- **schwarze und rote Kostüme, die Verkäuferinnen auf Grund arbeitsvertraglicher Verpflichtung tragen**; auch ein sog. **Schuhgeld** für die Anschaffung schwarzer Schuhe ist lohnsteuerpflichtig (FG Düsseldorf v. 12.12.2000, 17 K 4509/95 H (L), EFG 2001, 362),
- **weiße Kleidung einer Krankenpflege-Helferin**, auch wenn sie diese auf Weisung ihres Arbeitgebers während ihrer Tätigkeit bei einem ambulanten Pflegedienst zu tragen hat (FG Hamburg v. 14.3.2002, VI 247/00, EFG 2002, 963),
- eine **schwarze Hose, ein Paar schwarze Schuhe und zwei Paar Sportschuhe bei einem Soldaten**, die sich weder dem Aussehen noch der Funktion nach von normaler bürgerlicher Kleidung unterscheiden, selbst wenn sie ausschließlich bei der Berufsausübung getragen werden (BFH v. 6.6.2005, VI B 80/04),
- **Schuhe, Strümpfe und Make-up einer Flugbegleiterin**, wenn die Kleidungsstücke und das Make-up ohne die Dienstuniform weder als Uniformbestandteile erscheinen noch sonst berufsspezifische Eigenschaften aufweisen und deshalb ohne weiteres als private Kleidung bzw. privates Make-up verwendbar sind (FG München v. 15.4.2005, 15 K 4973/04),
- **Jeanshosen, Latzhosen, Pullover, T-Shirts und Anoraks eines Baumaschinisten**; diese ihrer Art nach bürgerlichen Kleidungsstücken stellen nicht wegen ihrer unvermeidlichen und irreversiblen Verschmutzung durch den Einsatz bei der beruflichen Tätigkeit eine typische Berufskleidung dar (FG Sachsen v. 27.4.2005, 5 K 1031/04),
- **schwarze Anzüge eines Croupiers in einem Spielcasino** (FG Baden-Württemberg v. 31.1.2006, 4 K 448/01, EFG 2006, 809),
- **Smoking bei einem Piano-Entertainer** (FG München v. 23.2.2006, 14 K 3585/03, EFG 2006, 1018),
- **Jacken, Shirts, Trainingsanzüge, Inliner eines Sportlehrers** (BFH v. 18.6.2007, VI B 28/07),
- **T-Shirts, Polohemden, Pullover, Jacke, Jeans eines Straßenbahnfahrers** trotz Aufdruck eines Firmenemblems (FG Köln v. 28.4.2009, 12 K 839/08),
- **weiße Hosen und Socken einer Hauswirtschafterin im Kloster**; allein die Anbringung eines völlig unauffälligen Emblems, das von der Stpfl. selbst angebracht wurde, um den Charakter einer Berufskleidung zu belegen, führt nicht zur Qualifizierung als Berufskleidung. Aufwendungen für die Reinigung von Kleidung sind auch dann grds. nichtabzugsfähige Kosten der allgemeinen Lebensführung, wenn die Kleidung – ggf. auch auf Weisung des Arbeitgebers – ausschließlich während der Berufsausübung getragen wird. Abzugsfähig sind dagegen Reinigungskosten für das Waschen der typischen Berufskleidung (hier: Kopfbedeckung, T-Shirt, Kittel, Vorbinder) in der eigenen Waschmaschine (FG Rheinland-Pfalz v. 28.9.2010, 2 K 1638/09),
- **Business-Kleidung** eines Angestellten sowie eines Rechtsanwalts (BFH v. 13.11.2013, VI B 40/13, sowie FG Hamburg v. 26.3.2014, 6 K 231/12, EFG 2014, 1377),
- **Sportbekleidung bei einem Profifußballspieler** (FG Rheinland-Pfalz v. 18.7.2014, 1 K 1490/12),
- ausschließlich im Beruf getragene und am Arbeitsplatz aufbewahrte **Schuhe einer Schuhverkäuferin** (FG Münster v. 1.7.2015, 9 K 3675/14 E),
- die von einem **katholischen Geistlichen getragene Priesterkleidung**, etwas anderes gilt für liturgische Gewänder (FG München v. 5.12.2016, 7 K 2031/13),
- die von einem Trauerredner getragene bürgerliche schwarze Bekleidung (BFH v. 16.3.2022, VIII R 33/18, BStBl II 2022, 614).

d) Bundeswehr u.a.

1360 Bei Angehörigen der Bundeswehr, der Bundespolizei, der Bereitschaftspolizei der Länder, der Vollzugspolizei und der Berufsfeuerwehr der Länder und Gemeinden und bei Vollzugsbeamten der Kriminalpolizei des Bundes, der Länder und Gemeinden bleiben nach § 3 Nr. 4 EStG steuerfrei

- der Geldwert der ihnen aus Dienstbeständen überlassenen **Dienstkleidung** sowie
- **Einkleidungsbeihilfen und Abnutzungsentschädigungen** für die Dienstkleidung der zum Tragen oder Bereithalten von Dienstkleidung Verpflichteten und für dienstlich notwendige Kleidungsstücke der Vollzugsbeamten der Kriminalpolizei sowie der Angehörigen der Zollverwaltung.

Diese Steuerbefreiung gilt für sämtliche Dienstbekleidungsstücke, die die Angehörigen der genannten Berufsgruppen nach den jeweils maßgebenden Dienstbekleidungsvorschriften zu tragen verpflichtet sind.

LSt (durchgestrichen) SV (durchgestrichen)

Als „Angehörige der Vollzugspolizei" sind auch sog. **gemeindliche Vollzugsbedienstete** anzusehen, die die Polizei von bestimmten Aufgaben entlasten sollen.

Zu den Angehörigen der Bundeswehr oder der Bundespolizei gehören **nicht die Zivilbediensteten** (R 3.4 LStR). Nicht unter diese Steuerbefreiung fallen Abnutzungsentschädigungen für im Dienst getragene **Zivilkleidung** (BMF v. 15.4.1981, IV B 6 – S 2337 – 50/80, BB 1981, 832).

LSt SV

3. Barablösung

a) Allgemeines

1361 Anstelle der unentgeltlichen oder verbilligten Überlassung typischer Berufskleidung kann der Arbeitgeber auch den Anspruch auf Gestellung von typischer Berufskleidung in Form einer **Barvergütung ablösen** (§ 3 Nr. 31 zweiter Halbsatz EStG). Eine Steuerfreiheit kann aber nur dann berücksichtigt werden, wenn der Anspruch

- nicht nur auf einer Einzelvereinbarung, sondern auf einer betrieblichen Vereinbarung, die alle vergleichbaren Arbeitnehmer im Betrieb des Arbeitgebers umfasst, oder
- auf einer tarifvertraglichen Vereinbarung oder
- auf einer gesetzlichen Grundlage (z.B. Unfallverhütungsvorschriften) beruht und
- die Barablösung betrieblich veranlasst ist und die entsprechenden Aufwendungen des Arbeitnehmers nicht offensichtlich übersteigt.

Eine **betriebliche Veranlassung** liegt z.B. vor, wenn die Beschaffung der Kleidungsstücke durch den Arbeitnehmer für den Arbeitgeber vorteilhafter ist (R 3.31 Abs. 2 Satz 2 LStR).

Die Steuerfreiheit nach § 3 Nr. 31 EStG setzt bei Bargeldablösungen schon nach dem Wortlaut der Norm **tatsächliche Aufwendungen** voraus, die der Arbeitnehmer nachweisen muss (BFH v. 8.6.2015, VI R 37/14, BStBl II 2016, 751 betr. Kleidergeldzahlungen einer Spielbank an Saalassistenten).

b) Höhe der Barablösung

1362 Sofern die Barablösung die entsprechenden Aufwendungen des Arbeitnehmers offensichtlich übersteigt, ist der überschreitende Betrag nicht steuerfrei.

Pauschale Barablösungen sind steuerfrei, soweit sie die regelmäßigen Absetzungen für Abnutzung (AfA) und die üblichen Instandhaltungs- und Instandsetzungskosten der typischen Berufsbekleidung abgelten.

Aufwendungen für die **Reinigung der Berufsbekleidung** gehören regelmäßig nicht zu den Instandhaltungs- und Instandsetzungskosten typischer Berufsbekleidung (R 3.31 Abs. 2 Satz 4 LStR).

Sofern eine Barablösung steuerfrei gezahlt wird, kann der Arbeitnehmer seine Ausgaben für die typische Berufsbekleidung gem. § 3c Abs. 1 EStG nicht als Werbungskosten absetzen.

Als Barablösung einer Verpflichtung zur Gestellung von typischer Berufskleidung **anerkannt** worden sind

- das **Kleidergeld der Kaminkehrergesellen** nach § 8 Nr. 5 des Bundestarifvertrags für das Schornsteinfegerhandwerk sowie
- das sog. **Frackgeld** der Orchestermusiker nach § 13 des Tarifvertrags für die Musiker in Kulturorchestern (FinMin Niedersachsen v. 27.12.1984, S 2332 – 99 – 31 3).

LSt (durchgestrichen) SV (durchgestrichen)

Abgelehnt wurde die Steuerbefreiung dagegen z.B.

- für **Kleidergeldzahlungen einer Spielbank an einen Saalassistenten**, weil der Stpfl. nicht nachweisen konnte, dass er überhaupt Aufwendungen für (typische) Berufskleidung getätigt hat (BFH v. 8.6.2015, VI R 37/14, BStBl II 2016, 751).

LSt SV

4. Vom Arbeitgeber erstattete Reinigungskosten als Auslagenersatz

Beim Auslagenersatz handelt es sich um die Erstattung von Auf- 1363
wendungen, die im eigenbetrieblichen Interesse des Arbeitgebers durch den Arbeitnehmer verausgabt wurden. Echter Auslagenersatz und echte durchlaufende Gelder werden immer zusätzlich gezahlt, da sie ihrem Wesen nach an sich keinen Arbeitslohn darstellen. **Sie können daher auch keinen anderen Arbeitslohn ersetzen, eine Gehaltsumwandlung ist daher nicht möglich**.

Voraussetzung der Steuerbefreiung des § 3 Nr. 50 EStG ist grds. eine **Einzelabrechnung der Auslagen** und Erstattungen.

Pauschaler Auslagenersatz führt regelmäßig zu Arbeitslohn. Ausnahmsweise kann der pauschale Auslagenersatz steuerfrei bleiben, wenn die Pauschale den tatsächlichen Aufwendungen im Großen und Ganzen entspricht. Voraussetzung ist, dass er regelmäßig wiederkehrt und der Arbeitnehmer die entstandenen Aufwendungen mindestens für einen repräsentativen Zeitraum von drei Monaten im Einzelnen nachweist. Ändern sich die beruflichen Verhältnisse wesentlich (z.B. Wechsel des Tätigkeitsbereichs), ist der Aufwand erneut nachzuweisen.

Ein **Wäschegeld** ist als Auslagenersatz nur steuerfrei, soweit es für die Reinigung der vom Arbeitgeber gestellten typischen Arbeitskleidung ausgegeben wird. In diesem Zusammenhang wird darauf hingewiesen, dass Arbeitgeber im Lohnkonto genau dokumentieren müssen, welche Aufwendungen für Berufskleidung sie konkret steuerfrei erstatten. Vgl. hierzu auch FG Niedersachsen v. 2.11.1966, IV L 95-99/66, EFG 1967, 173, wonach ein angemessenes Wäschegeld, das der Inhaber eines Schlachtereigeschäfts den Verkäuferinnen und Schlachtergehilfen für die Beschaffung und Reinigung der Berufskleidung zahlt, als Werkzeuggeld oder als Leistung der betrieblichen Fürsorge steuerfrei ist.

Beispiel 1 (Erstattung tatsächlicher Kosten):

Der Arbeitnehmer verzichtet mtl. im Vorhinein auf einen Teil seines Gehalts. Stattdessen erhält er die tatsächlichen Reinigungskosten seiner vom Arbeitgeber gestellten Berufskleidung vom Arbeitgeber erstattet. Der Arbeitnehmer muss dem Arbeitgeber mtl. im Nachhinein die Belege hierfür vorlegen.

Die von den Arbeitnehmern getätigten Ausgaben für Rechnung des Arbeitgebers, die sie im Einzelnen abrechnen, stellen durchlaufende Gelder bzw. Auslagenersatz dar. Echter Auslagenersatz und echte durchlaufende Gelder werden nur dann als steuerfrei anerkannt, wenn sie zusätzlich zum geschuldeten Arbeitslohn gezahlt werden, da sie ihrem Wesen nach an sich keinen Arbeitslohn darstellen. Sie können daher auch keinen anderen Arbeitslohn ersetzen (R 3.50 Abs. 1 LStR).

Beispiel 2 (Erstattung pauschaler Reinigungskosten):

Der Arbeitnehmer verzichtet mtl. im Vorhinein auf 20 € und erhält stattdessen vom Arbeitgeber pauschal 20 € Reinigungskosten für seine Berufskleidung erstattet.

Pauschale Leistungen für die Reinigung von Arbeitskleidung sind grds. kein Auslagenersatz und keine durchlaufenden Gelder. Insoweit mangelt es am Einzelnachweis.

Etwas anderes kann nur dann gelten, wenn der pauschale Auslagenersatz regelmäßig wiederkehrt und der Arbeitnehmer die entstandenen Aufwendungen für die Reinigung arbeitgebereigener Berufskleidung für einen repräsentativen Zeitraum von drei Monaten im Einzelnen nachweist (R 3.50 Abs. 2 LStR).

Nach der BFH-Rechtsprechung darf der Arbeitnehmer zwar auch Aufwendungen für die Reinigung von Berufskleidung in der **privaten Waschmaschine als Werbungskosten** absetzen (BFH v. 29.6.1993, VI R 77/91, BStBl II 1993, 837 und BFH v. 29.6.1993, VI R 53/92, BStBl II 1993, 838). Diese Urteile haben jedoch für den **Arbeitgeberersatz keine Bedeutung**, weil es insoweit keine

Steuerbefreiungsvorschrift gibt (R 19.3 Abs. 3 LStR). Insbesondere handelt es sich bei diesen Kosten, selbst wenn sie dem Arbeitgeber in Rechnung gestellt werden, nicht um Auslagenersatz oder durchlaufende Gelder i.S.d. § 3 Nr. 50 EStG (→ *Auslagenersatz und durchlaufende Gelder* Rz. 937). Steuerpflichtig ist auch die unentgeltliche Reinigung der vom Arbeitnehmer selbst beschafften Berufskleidung durch den Arbeitgeber.

LSt SV

Steuerfrei ist dagegen ein sog. **Wäschegeld**, wenn damit

- entweder die Reinigungskosten der vom Arbeitgeber gestellten Berufskleidung abgegolten werden (§ 3 Nr. 50 EStG, → *Auslagenersatz und durchlaufende Gelder* Rz. 937)
- oder es sich um die Barablösung eines nicht nur einzelvertraglichen Anspruchs auf **Gestellung** typischer Berufskleidung handelt, wenn die Barablösung betrieblich veranlasst ist und die entsprechenden Aufwendungen des Arbeitnehmers nicht offensichtlich übersteigt (§ 3 Nr. 31 EStG, → Rz. 1373).

LSt (durchgestrichen) SV (durchgestrichen)

Zu beachten ist im Übrigen, dass der Ersatz von Kosten der privaten Lebensführung (keine echte Berufskleidung) bzw. der Ersatz von Werbungskosten (soweit tatsächlich **arbeitnehmereigene Berufskleidung** gereinigt wird) nicht steuerfrei gezahlt werden kann (H 3.50 „Allgemeines" LStH).

5. Werbungskostenabzug

1364 Aufwendungen für Kleidung (inklusive deren Reinigung und Instandsetzung) sind ebenso wie Aufwendungen für Wohnung und Verpflegung grds. **Kosten der Lebensführung** und mit dem Ansatz des Grundfreibetrags für das steuerliche Existenzminimum abgegolten (BMF v. 6.7.2010, IV C 3 – S 2227/07/10003 :002, BStBl I 2010, 614). Dies gilt sowohl dann, wenn die Bekleidung nahezu ausschließlich während der Berufsausübung getragen wird (z.B. der Trachtenanzug eines Restaurant-Geschäftsführers), als auch dann, wenn die bürgerliche Kleidung durch die berufliche Tätigkeit verschmutzt worden sein sollte, es sei denn, diese Verschmutzung wäre ausnahmsweise von einer gewöhnlichen Verschmutzung nach objektiven Maßstäben zutreffend und in leicht nachprüfbarer Weise abgrenzbar (zuletzt FG Nürnberg v. 24.10.2014, 7 K 1704/13, EFG 2015, 1162 m.w.N.).

Eine **Ausnahme** von diesem Grundsatz gilt gem. § 9 Abs. 1 Satz 3 Nr. 6 EStG nur dann, wenn es sich um **typische Berufskleidung** handelt. Zwar dient auch die typische Berufskleidung neben ihrer besonderen beruflichen Zweckbestimmung regelmäßig ebenfalls dem allgemeinen menschlichen Bedürfnis, bekleidet zu sein, und damit der allgemeinen Lebensführung. Nach der ausdrücklichen Regelung des § 9 Abs. 1 Satz 3 Nr. 6 EStG tritt der berufliche Bezug jedoch bei typischer Berufskleidung derart in den Vordergrund, dass der Bezug zur allgemeinen Lebensführung hier nach dem ausdrücklichen Willen des Gesetzgebers zu vernachlässigen ist. § 9 Abs. 1 Satz 3 Nr. 6 EStG stellt insofern eine konstitutive Regelung dar, die die typische Berufskleidung in den Werbungskostenbereich verlagert und die Anwendbarkeit des Aufteilungs- und Abzugsverbots des § 12 EStG insoweit als spezialgesetzliche Norm verdrängt (FG Nürnberg v. 24.10.2014, 7 K 1704/13, EFG 2015, 1162 m.w.N.).

Als Werbungskosten können nicht nur die tatsächlich nachgewiesenen Reinigungskosten für Berufskleidung in Wäschereien abgezogen werden, sondern auch die Kosten für die **Reinigung in der „privaten Waschmaschine"**. Die Kosten hierfür können nach den Erfahrungswerten der Verbraucherverbände geschätzt werden (zuletzt FG Nürnberg v. 24.10.2014, 7 K 1704/13, EFG 2015, 1162 m.w.N. betr. Berufskleidung eines Wachmannes); die **Erfahrungswerte zum Stand Dezember 2002** sind z.B. in OFD Magdeburg v. 24.11.2003, S 2354 – 16 – St 223, veröffentlicht worden.

Neuere Zahlen gibt es nicht, die Finanzverwaltung geht immer noch von den alten Zahlen aus und weist zur Begründung darauf hin, dass sich auf Grund des technischen Fortschritts (z.B. Herstellung verbrauchsoptimierter Waschmaschinen und Wäschetrockner) und der gesunkenen durchschnittlichen Anschaffungskosten dieser Geräte die Kosten für die Wäschepflege nicht erheblich geändert haben, auch wenn in den letzten Jahren die Kosten für Strom und Wasser deutlich gestiegen sind.

Möglich ist jedoch auch eine **Schätzung** in der Form, dass ausgehend von der jährlich anfallenden Menge der zu reinigenden typischen Berufskleidung die dafür insgesamt erforderliche Zahl **zusätzlicher Waschmaschinenläufe** bestimmt und mit den Kosten eines Waschmaschinenlaufs vervielfältigt wird (FG Nürnberg v. 24.10.2014, 7 K 1704/13, EFG 2015, 1162 m.w.N.). Sofern Aufwendungen für das **Trocknen von Berufskleidung** geltend gemacht werden, wird das Finanzamt ggf. hinterfragen (und sich im Zweifelsfall auch nachweisen lassen), ob überhaupt ein Wäschetrockner im Haushalt genutzt wurde (z.B. in den Sommermonaten).

Aus Vereinfachungsgründen und zur Vermeidung von Beleganforderungen bei kleineren Beträgen erkennen viele Finanzämter **jährliche Aufwendungen bis zu 100 €** ohne weitere Nachweise an. Eine bundeseinheitliche Verwaltungspraxis gibt es jedoch nicht, einige Bundesländer lehnen Pauschalen generell ab, z.B. Sachsen (OFD Chemnitz v. 8.9.2003, S 2355 – 10/2 – St 22, NWB 2003 Fach 1, 301). Einen Rechtsanspruch auf die Anwendung der Pauschale gibt es ohnehin nicht (z.B. FG Hamburg v. 22.1.2003, I 72/02).

Soweit das FG Niedersachsen im Urteil v. 10.12.2008, 7 K 166/08, EFG 2010, 707 den Abzug von Reinigungskosten, soweit sie nicht höher sind als Reinigungskosten für „normale Kleidung", entgegen der o.g. BFH-Rechtsprechung abgelehnt hat, sind die Finanzämter angewiesen, daraus keine Konsequenzen zu ziehen (verbindlich sind allein die im BStBl II veröffentlichten BFH-Urteile).

Berufskraftfahrer

→ *Reisekosten: Allgemeine Grundsätze* Rz. 3589

Berufskrankheiten

1. Arbeitsrecht

Berufskrankheiten sind Krankheiten, die ein Versicherter der gesetzlichen Unfallversicherung bei einer vom Versicherungsschutz umfassten Tätigkeit erleidet (§ 9 SGB VII). Diese Krankheiten sind in einer RechtsVO der Bundesregierung bezeichnet (Berufskrankheiten-VO v. 31.10.1997, BGBl. I 1997, 2623). Eine Arbeitsunfähigkeit des Arbeitnehmers infolge einer Berufskrankheit verpflichtet den Arbeitgeber gesetzlich zur Entgeltfortzahlung im Krankheitsfall bis zur Höchstdauer von sechs Wochen nach den allgemeinen Grundsätzen (→ *Entgeltfortzahlung* Rz. 1914); auf evtl. tarifvertragliche Besonderheiten ist zu achten. Eine Berufskrankheit begründet als solche noch keinen personenbedingten Grund i.S.v. § 1 Abs. 2 Satz 1 KSchG. Ein Kündigungsgrund ist erst dann anzunehmen, wenn der Arbeitsunfall oder die Berufskrankheit die Eignung oder Fähigkeit des Arbeitnehmers beeinträchtigt, die geschuldete Arbeitsleistung zu erbringen, und erhebliche betriebliche Störungen herbeiführt sowie unter Berücksichtigung der berechtigten Interessen des Arbeitnehmers (z.B. Ursache der Berufskrankheit) dem Arbeitgeber die Fortsetzung des Arbeitsverhältnisses unzumutbar macht. 1365

2. Lohnsteuer

Leistungen des Arbeitgebers zur Vermeidung von Berufskrankheiten seiner Arbeitgeber stellen **keinen steuerpflichtigen Arbeitslohn** dar, wenn sie im ganz überwiegend eigenbetrieblichen Interesse des Arbeitgebers erbracht werden (vgl. BFH v. 30.5.2001, VI R 177/99, BStBl II 2001, 671 betr. Übernahme von Massagekosten für Bildschirmarbeitnehmer sowie v. 4.7.2007, VI B 78/06, betr. Übernahme der Kosten für ein Rückentrainingsprogramm für Arbeitnehmer mit Bildschirmtätigkeit). Weitere Beispiele → *Krankheitskosten* Rz. 2774. 1366

Aufwendungen zur Behandlung einer **typischen Berufskrankheit** können in voller Höhe als **Werbungskosten** berücksichtigt werden (→ *Krankheitskosten* Rz. 2779); normalerweise sind Krankheitskosten nur gekürzt um die sog. zumutbare Belastung als außergewöhnliche Belastung nach § 33 EStG abzugsfähig.

Ein **steuerfreier Arbeitgeberersatz** ist in diesen Fällen jedoch **nicht möglich**, weil es hierfür keine Steuerbefreiungsvorschrift gibt (R 19.3 Abs. 3 Satz 1 LStR). Unter bestimmten Voraussetzungen bleiben jedoch sog. **Unterstützungen** steuerfrei (→ *Unterstützungen* Rz. 4217).

Folgende Leistungen des Arbeitgebers unterliegen **nicht dem Lohnsteuerabzug**:

- **Erholungsbeihilfen** (→ *Erholung: Arbeitgeberzuwendungen* Rz. 2036),
- **Urlaubsgelder** an silikosegefährdete Bergarbeiter und
- **Sachzuwendungen** (Milch, Zusatzverpflegung) zur Verhütung von Berufserkrankungen.

LSt SV (durchgestrichen)

Weitere Einzelheiten, auch zur **Steuerbefreiung nach § 3 Nr. 34 EStG für gesundheitsfördernde Maßnahmen des Arbeitgebers**, → *Krankheitskosten* Rz. 2772.

Berufsschule

→ *Auszubildende* Rz. 1184

Berufssoldat

→ *Bundeswehr* Rz. 1498

Berufssportler

1. Abgrenzung der Einkunftsart

a) Allgemeines

1367 Schwierig ist in der Praxis die Abgrenzung, ob Berufssportler nach der jeweiligen Vertragsgestaltung **Arbeitnehmer** sind oder **gewerbliche Einkünfte** erzielen. Zuvor ist allerdings zu prüfen, ob überhaupt eine **Einkünfteerzielungsabsicht** anzunehmen ist. Sollen die Zahlungen nur den tatsächlichen Aufwand des Sportlers abdecken, so verwirklichen sie noch nicht den Tatbestand der Einkünfteerzielung, sondern bewegen sich im Bereich der **Liebhaberei** (BFH v. 20.12.2017, III R 23/15, BStBl II 2019, 469 sowie BFH v. 20.11.2018, VIII R 17/16, BStBl II 2019, 422). Ebenso rechtfertigen einzelne **Preisgelder** für sich genommen noch nicht die Annahme gewerblicher Tätigkeit (zuletzt BFH v. 9.4.2014, X R 40/11, HFR 2015, 461).

Erbringt ein Fußballverein regelmäßige wirtschaftlich ins Gewicht fallende Zahlungen an einen Fußballspieler (im Urteilsfall zuletzt 800 € monatlich und eine sog. „Auflaufprämie" von 50 € je Spiel), dann spricht dies für die Begründung eines **abhängigen Beschäftigungsverhältnisses** (LSG Niedersachsen-Bremen v. 5.7.2019, L 2 BA 38/19 B ER).

Arbeitnehmereigenschaft anerkannt wurde bei

- Lizenzspielern der **Bundesligen** beim Fußball, Handball, Eishockey usw. (zuletzt FG Saarland v. 3.12.2014, 2 K 1088/12, m.w.N.), ebenso bei Fußballspielern der **Amateurligen**, sofern sie vom Verein nicht lediglich Aufwandsersatz erhalten (→ *Amateursportler* Rz. 119),
- **Berufsringern** (Catchern) sowie **Ringrichtern und Turnierleitern** (BFH v. 29.11.1978, I R 159/76, BStBl II 1979, 182),
- einem **Motorradhändler**, der nebenbei für eine Fahrzeugfirma als **„Werk-Motocross-Fahrer"** tätig ist und auf Grund von „Sportverträgen" bei Deutschen Meisterschaften, Weltmeisterschaften usw. Rennen fährt. Die hierfür gezahlten Vergütungen sind nicht seinen Einkünften aus Gewerbebetrieb zuzurechnen, wenn er während der Rennveranstaltungen in einen „Rennbetrieb" der Fahrzeugfirma eingegliedert ist und kein eigenes wirtschaftliches Risiko trägt. Es handelt sich insoweit um Einkünfte aus nichtselbständiger Arbeit, die dem Lohnsteuerabzug unterliegen (FG Düsseldorf v. 25.9.1990, 1 K 352/85 G, EFG 1991, 192); allerdings würde in einem solchen Fall keine Krankenversicherungspflicht eintreten. Vgl. zu einer **Motorrad-Rennfahrerin** (Werksfahrerin) auch BAG v. 17.6.1999, 5 AZB 23/98, wonach diese Arbeitnehmerin oder arbeitnehmerähnliche Person sein kann.

LSt SV

Gewerbliche Einkünfte wurden dagegen angenommen bei

- **Berufsboxern**, deren Vergütung vom Ausgang des Wettkampfs abhängig ist und die deshalb ein höheres unternehmerisches Risiko tragen (BFH v. 22.1.1964, I 398/60 U, BStBl III 1964, 207), ebenso FG Sachsen-Anhalt v. 30.11.2011, 2 K 49/07, betr. Boxer der 1. Box-Bundesliga,
- **Berufsradrennfahrern** einschließlich der Sechstagefahrer (FinMin Hessen v. 12.9.1958, S 2110 A – 10 – II/24, DB 1958, 1086),
- **Motorsportlern** (BFH v. 15.7.1993, V R 61/89, BStBl II 1993, 810),
- **Gewichthebern** (BFH vom 9.4.2014, X R 40/11, HFR 2015, 461); im zweiten Rechtsgang (Urteil v. 14.7.2015, 3 K 200/14) hat das FG Mecklenburg-Vorpommern entschieden, dass der Stpfl. mit den vom Sportverein erhaltenen Siegprämien und Zahlungen gewerbliche Einkünfte erzielt; überdies handelte er mit Gewinnerzielungsabsicht und erzielte während der Dauer seiner sportlichen Tätigkeit auch einen Totalgewinn,
- national und **international** tätigen **Fußballschiedsrichtern** (BFH v. 20.12.2017, I R 98/15, HFR 2018, 301). Dagegen gehören die vom Deutschen Fußball-Bund u.Ä. gezahlten Spesen zu den **sonstigen Einkünften** i.S.d. § 22 Nr. 3 EStG, wenn ihr Einsatz ausschließlich auf **nationaler** Ebene vom Verband (DFB einschließlich der Landes- und Regionalverbände) bestimmt wird (OFD Frankfurt v. 24.4.2012, S 2257 A – 19 – St 218),
- einem **Rennrodler** (BFH v. 15.12.2021, X R 19/19).

Nicht als abhängig beschäftigt (also keine Arbeitnehmer) angesehen wurden von den Sozialgerichten ferner

- ein für einen Verein der Ringerbundesliga tätiger **Ringkampfsportler**, wenn er keinem Weisungs- und Direktionsrecht unterliegt und – im Unterschied zu einem Lizenzfußballspieler – in Bezug auf Zeit, Dauer, Art und Ort der Vorbereitungs-/Trainingszeit frei und nicht in die Organisation des Vereins eingebunden ist, von einem persönlicher Privattrainer auf die einzelnen Kämpfe vorbereitet wird, er frei entscheiden kann, an welchen der ihm vom Verein vorgelegten Wettkampfterminen er teilnimmt und die mit der Ausübung des Ringkampfsports verbundenen Ausgaben im Wesentlichen selbst tragen muss (LSG Saarland v. 12.11.2010, L 7 R 176/092),
- **Gastringer**, die entsprechend dem Lizenzringerstatut des Deutschen Ringer-Bundes nur bei Wettkämpfen eingesetzt sind und dort Taktik und Ausführung des Ringkampfes im Wesentlichen selbst bestimmen (LSG Bayern v. 17.1.2012, L 5 R 589/10),
- **Tennisspieler** in einem Tennisverein; auch wenn in den Spielerverträgen eines als gemeinnützig anerkannten Tennisvereins eine Spielverpflichtung für die Vertragspartner enthalten ist, wenn die Spieler selbst Mitglieder im Verein sind, sie sich von der Spielverpflichtung tatsächlich abmelden und selbst gewählte Spiele wahrnehmen können und zudem die an die Spieler erbrachten Geldleistungen (hier: Prämien und Entgelte) darauf abzielen, die Bindung an den Verein zu stärken und Anreize zur Förderung der sportlichen Leistungsbereitschaft zu setzen. Dies gilt erst recht, wenn dem Verein keine Weisungsbefugnis im Hinblick auf Trainingszeiten und den Trainingsablauf zukommt (SG Düsseldorf v. 5.6.2014, S 44 R 967/14 ER).

Denkbar ist aber auch, dass ein Berufssportler sowohl eine nichtselbständige als auch eine gewerbliche Tätigkeit ausübt (sog. **gemischte Tätigkeit**), so insbesondere durch Werbetätigkeit (→ Rz. 1370).

Trainer von Sportvereinen können je nach den Gesamtumständen des Einzelfalls Arbeitnehmer oder selbständig sein (→ *Arbeitnehmer-ABC* Rz. 535).

b) Nationalspieler

aa) Verwaltungsauffassung

Geldprämien, die von **Sportverbänden** für Einsätze des Sportlers in der **Nationalmannschaft** gezahlt werden, gehören bei Sportlern, die bei einem Verein unter Vertrag stehen, zum lohnsteuerpflichtigen Arbeitslohn. Der **Verein** hat grds. solche Zuwendungen auch dann dem **Lohnsteuerabzug** zu unterwerfen, wenn die Zuwendungen vom Verband direkt an die Sportler gezahlt werden (→ *Lohnzahlung durch Dritte* Rz. 3040). Die Vereine sind von der Finanzverwaltung durch das Merkblatt „Hinweise für Arbeitgeber und Arbeitnehmer aus dem Bereich des Profi-Mannschaftssports" hierüber unterrichtet worden (OFD Hannover v. 14.7.2009, S 2366 – 9 – StO 212). 1368

Aus dem Merkblatt:

„Profi-Mannschaftssportler/innen, die zu einem Verein oder einer in anderer Rechtsform geführten juristischen Person (nachfolgend umfassend als Verein bezeichnet) in einem Arbeitsverhältnis stehen, begründen im Rahmen ihrer sportlichen Tätigkeit als Nationalspieler/innen kein (weiteres) Arbeitsverhältnis zum Verband oder einer dem Verband zuzurechnenden Einrichtung. Die von Fall zu Fall anstehende und unter der Leitung des Verbandes ausgeübte nichtselbständige Tätigkeit – insbesondere Länderspiele, Turniere, Test- und Freundschaftsspiele, Trainingslager, Sichtungs- und andere Lehrgänge, Regenerationsmaßnahmen usw. – ist vielmehr Ausfluss des mit dem Verein bestehenden Arbeitsverhältnisses. ***Dementsprechend gehören steuerpflichtige Zuwendungen, die der Verband hierfür an die Spieler/innen leistet, zum Arbeitslohn, der im Rahmen des mit dem Verein bestehenden Arbeitsverhältnisses zufließt.***

Bei Einkünften aus nichtselbständiger Arbeit i.S.d. § 19 EStG ist die Einkommensteuer zwingend durch Abzug vom Arbeitslohn zu erheben (Lohnsteuer), soweit dieser von einem inländischen Arbeitgeber gezahlt wird (§ 38 Abs. 1 Satz 1 EStG). Die Pflicht des Arbeitgebers (Verein) zur Vornahme des Steuerabzugs gilt gem. § 38 Abs. 1 Satz 3 EStG auch für Arbeitslohn, der – wie hier – im Rahmen des Dienstverhältnisses von einem Dritten (Verband) gewährt wird.

Der Gesetzgeber unterstellt auf Grund der umfassenden und engen Verflechtung von Verein und Verband, dass der Verein weiß oder erkennen kann, dass derartige Vergütungen vom Verband erbracht worden sind *(§ 38 Abs. 1 Satz 3 EStG). Es ist dem Verein daher grds. nicht möglich, den Steuerabzug mit Hinweis auf fehlende Kenntnisse zu den Empfängern oder zur exakten Höhe der Verbandszahlungen zu unterlassen. Dies gilt umso mehr, als sich die Zahl der in Frage kommenden Spieler/innen in einem leicht überschaubaren Rahmen hält.* ***Der Spieler/die Spielerin ist verpflichtet, dem Verein die vom Verband gewährten Bezüge am Ende des jeweiligen Lohnzahlungszeitraums (i.d.R. Kalendermonat) zwecks Versteuerung anzugeben*** *(§ 38 Abs. 4 Satz 3 EStG). Die dem Verein bei der Lohnzahlung durch Dritte auferlegte Lohnsteuer-Abzugspflicht erfordert, dass dieser seine Spieler/innen auf ihre gesetzliche Verpflichtung zur zeitnahen Angabe der vom Verband m Übrigen aber auch der von anderen Dritten – gewährten Bezüge hinweist (R 38.4 Abs. 2 Satz 3 LStR 2008).*

Der Verein kann i.d.R. unterstellen, dass die Angaben seiner Spieler/innen zum Zeitpunkt und zur Höhe der vom Verband erhaltenen Zuwendungen korrekt sind. Muss der Verein in begründeten Ausnahmefällen Zweifel an den diesbezüglichen Angaben seiner Spieler/innen haben, ist er verpflichtet, dem Finanzamt, an das er die Lohnsteuer abführt, unverzüglich entsprechende Angaben zu machen (§ 38 Abs. 4 Satz 3 EStG). Es ist dem Verein allerdings auch nicht verwehrt, sich die Angaben seiner Spieler/innen vom Verband bestätigen zu lassen oder mit dem Verband eine Absprache zur unmittelbaren Information bezüglich solcher Zahlungen zu treffen.

Vorstehende Ausführungen gelten in gleicher Weise, falls das Tätigwerden der Spieler/innen und/oder diesbezügliche Vergütungen nicht unmittelbar mit der Verbandsspitze, sondern einer dazugehörigen anderen Einrichtung des Verbandes abgewickelt werden."

LSt SV

bb) Rechtsprechung

1369 **Nach Auffassung des FG Münster haftet ein Verein nicht für Lohnsteuer seiner bei ihm angestellten Handballspieler, die auf Entgelte und Reisekosten des Deutschen Handballbunds (DHB) für Einsätze der Spieler in Länder- und Auswahlspielen entfallen.** Die Zahlungen des DHB an die Spieler stellen keine Gegenleistung dar, die durch das Dienstverhältnis des Vereins zu den Spielern für das Zurverfügungstellen ihrer individuellen Arbeitskraft veranlasst sind. Begründung: Die Spieler sind gegenüber dem Verein nicht zur Teilnahme an den Maßnahmen des DHB verpflichtet. Die jeweiligen Arbeitsverträge enthalten keine Regelung zu der Teilnahme an Länderspielen und vorbereitenden Trainingslagern. Schließlich spricht auch der Umstand, dass die Teilnahme eines Spielers an Spielen der Nationalmannschaft nicht zwangsläufig im Interesse des Vereins liegt, gegen einen unmittelbaren Veranlassungszusammenhang zwischen dem mit dem Spielervertrag begründeten Arbeitsverhältnis und den Zahlungen des DHB. Zwar kann der Verein durch die Zugehörigkeit eines Spielers zur Nationalmannschaft an Prestige gewinnen und unter Umständen bei einem Transfer des Spielers auf Grund dessen gestiegenen Marktwerts einen höheren Transfererlös vereinnahmen. Jedoch kann die Abwesenheit des Spielers bei Spielen für den DHB, das damit verbundene Risiko einer Verletzung des Spielers sowie die bessere Verhandlungsposition eines zur Nationalmannschaft berufenen Spielers bei der Verlängerung des Arbeitsvertrags mit dem Verein auch Nachteile für den Verein bedeuten (FG Münster v. 25.3.2015, 7 K 3010/12 L, EFG 2015, 989). Welcher Art die rechtliche Beziehung zwischen den einzelnen Spielern und dem DHB ist, hat das FG ebenso offen lassen wie die Frage, ob es sich bei den Zahlungen des DHB an die Spieler um Einkünfte aus selbständiger Arbeit oder um solche aus nichtselbständiger Arbeit handelt. In beiden Alternativen besteht keine Verpflichtung des Vereins zum Lohnsteuerabzug. **Der BFH hat die vom Finanzamt eingelegte Revision als unzulässig verworfen** (BFH v. 11.1.2017, VI R 26/15). Das Finanzamt habe sich nicht im Ansatz mit der Begründung des FG auseinandergesetzt, wonach es im Streitfall – gerade anders als bei Fußballbundesligaspielern – schon an einer **arbeitsrechtlichen Verpflichtung der Handballbundesligaspieler fehle,** an die Nationalmannschaft betreffenden Maßnahmen des DHB teilzunehmen. Auch auf die Argumentation des FG, die weiteren Umstände (wie u.a. die Einladungspraxis, die Aushandlung der Vergütungen zwischen dem Spielerrat und dem DHB) sprächen für eine gesonderte, von dem Dienstverhältnis mit der Klägerin getrennte Rechtsbeziehung zwischen den Spielern und dem DHB, geht das Finanzamt nicht ein.

Es bleibt abzuwarten, ob die Finanzverwaltung o.g. Merkblatt auf Grund der neuen BFH-Entscheidung aktualisieren wird.

LSt (durchgestrichen) SV (durchgestrichen)

2. Werbeeinnahmen

a) Verwaltungsauffassung

Zur steuerlichen Behandlung von Werbeeinnahmen hat die **Finanzverwaltung** folgende Regelung getroffen (BMF v. 25.8.1995, IV B 6 – S 2331 – 9/95, DStR 1995, 1508): 1370

„Einnahmen eines Sportlers aus einer Werbetätigkeit sind als ***Arbeitslohn*** *anzusehen, wenn die Werbemaßnahme durch die nichtselbständige Sporttätigkeit veranlasst wird, also* ***Ausfluss des Dienstverhältnisses*** *ist. Dies ist stets dann der Fall, wenn der einzelne Sportler gegenüber einer* ***Vermarktungsgesellschaft zur Teilnahme an verschiedenen Werbemaßnahmen verpflichtet*** *ist; in solchen Fällen ist der Sportler organisatorisch in die Vermarktungsgesellschaft eingegliedert. Der Sportler schuldet auch insoweit als in einem Dienstverhältnis weisungsgebundene und organisatorisch eingegliederte Person seine Arbeitskraft, ist dabei vom Vermögensrisiko der Erwerbstätigkeit freigestellt und ist deshalb als Arbeitnehmer anzusehen. Dies gilt auch dann, wenn einem herausragenden Sportler aus den Verträgen mit der Vermarktungsgesellschaft und dem Arbeitgeber höhere Einnahmen zufließen als anderen Sportlern.*

Die Sportler erzielen mit ihren Werbeeinnahmen auch bei einer ***Ausgliederung der Werbetätigkeit*** *auf eine rechtlich selbständige Vermarktungsgesellschaft Einkünfte aus nichtselbständiger Arbeit, die dem Lohnsteuerabzug zu unterwerfen sind.* ***Arbeitgeber ist der Verein oder die Spielbetriebs-GmbH;*** *bei den Zahlungen der Vermarktungsgesellschaft handelt es sich um* ***Lohnzahlungen durch einen Dritten****, die grds. vom* ***Arbeitgeber dem Lohnsteuerabzug zu unterwerfen*** *sind (R 38.4 LStR).*

LSt SV

Demgegenüber führen Einnahmen aus der Werbetätigkeit eines Sportlers nach der BFH-Rechtsprechung (BFH v. 19.11.1985, VIII R 104/85, BStBl II 1986, 424) regelmäßig zu ***Einnahmen aus Gewerbebetrieb****, wenn der Sportler die Werbetätigkeit* ***selbständig und nachhaltig mit Gewinnerzielungsabsicht ausübt*** *und sich die Werbetätigkeit als* ***Beteiligung am allgemeinen wirtschaftlichen Verkehr*** *darstellt. Dies ist bei* ***Spitzensportlern*** *anzunehmen, die* ***ohne Eingliederung in eine Vermarktungsgesellschaft*** *oder eine andere Werbeorganisation* ***nach freier Entscheidung*** *bestimmte Werbeleistungen erbringen; insofern handeln die Sportler selbständig.*

Unter den vorstehenden Voraussetzungen können grds. auch ***herausragende Sportler, die Mannschaftssport*** *betreiben, mit*

Werbeleistungen, die ***außerhalb der nichtselbständigen Tätigkeit für den Verein vermarktet werden, Einkünfte aus Gewerbebetrieb*** *erzielen. Dabei kann die für eine selbständige Tätigkeit erforderliche Entscheidungsfreiheit jedoch nur dann angenommen werden, wenn dem* ***Mannschaftssportler ein eigener persönlicher Werbewert*** *zukommt.“*

Einkünfte aus **Gewerbebetrieb** liegen auch vor, wenn die **Fördergesellschaft deutsche Sporthilfe** GmbH Werbeverträge zu Gunsten von Amateursportlern abschließt oder wenn Amateursportler bei einzelnen Wettkampfveranstaltungen sog. **Startgelder** erhalten (OFD Frankfurt v. 25.6.1996, S 0187 A – 6 – St II 20).

LSt SV

b) Rechtsprechung

1371 Diese Verwaltungsauffassung wird auch von der Rechtsprechung **geteilt** (s. z.B. BGH v. 7.11.2006, 5 StR 165/06, HFR 2007, 597 betr. Lizenzfußballspieler). So hat auch das FG Saarland eine **Berufstischtennisspielerin**, die alle Rechte zur Vermarktung ihres Namens und Bildes gegen einen festen Jahresbetrag einem „Werbepartner“ überließ und sich im Gegenzug verpflichtete, sich zu Vermarktungszwecken nach dessen Weisungen in angemessener Form zur Verfügung zu stellen, als **Arbeitnehmerin** des Werbepartners angesehen, auch wenn keine Lohnsteuer und Sozialabgaben abgeführt und keine Urlaubsregelungen getroffen wurden (FG Saarland v. 11.3.1994, 1 K 53/94, EFG 1995, 751).

Werbeeinkünfte eines Berufssportlers, die dieser z.B. durch das Mitwirken in Werbefilmen, bei Fotoreklamen, Pressekonferenzen oder Autogrammstunden erzielt, wurden dagegen als Einkünfte aus **Gewerbebetrieb** angesehen (BFH v. 19.12.2007, I R 19/06, BStBl II 2010, 398), ebenso sog. Start- und Preisgelder sowie Honorare aus Werbe- und Ausrüsterverträgen (FG Münster v. 10.5.2006, 1 K 92/03 E, EFG 2006, 1677).

Ein **Fußball-Nationalspieler**, dem der DFB Anteile an den durch die zentrale Vermarktung der Fußball-Nationalmannschaft erwirtschafteten Werbeeinnahmen überlässt, erzielt insoweit Einkünfte aus **Gewerbebetrieb**, wenn er mit Unternehmerrisiko und Unternehmerinitiative handelt. Die nach dem DFB-Musterarbeitsvertrag für Spieler der Fußball-Bundesliga geltende arbeitsrechtliche Pflicht zur Teilnahme an Spielen der Nationalmannschaft umfasst nicht die Teilnahme an Werbeleistungen (BFH v. 22.2.2012, X R 14/10, BStBl II 2012, 511).

Leistungen der Sportförderung an Berufssportler, die auf Grund von Sponsoren- bzw. Werbeverträgen Einkünfte aus Gewerbebetrieb erzielen, sind gewerbliche Betriebseinnahmen und keine wiederkehrende Bezüge i.S.d. § 22 Nr. 1 EStG (FG Thüringen v. 20.3.2019, 3 K 273/17, EFG 2019, 1386, Rev. zurückgewiesen durch BFH v. 15.12.2021, X R 19/19).

Handelt es sich dagegen „nur“ um einen **Freizeitsportler**, auch wenn er in seiner Sportart deutscher Meister und sogar Vizeweltmeister geworden ist, sind etwaige Einnahmen aus Werbeauftritten und Sponsorengelder als **sonstige Einkünfte** i.S.d. § 22 Nr. 3 Satz 1 EStG zu versteuern. Aufwendungen für die Ausübung des Sports, auch wenn der Stpfl. täglich trainieren musste, sind nach § 12 Nr. 1 EStG nicht als Werbungskosten abzugsfähig. Abgezogen werden können lediglich die Kosten für die Anreise zu Sponsorenterminen und Autogrammstunden und der damit verbundene Sachaufwand wie etwa die Ersatzbeschaffung für die auf diesen Terminen zerstörte Ausrüstung (FG Baden-Württemberg v. 9.9.2014, 6 K 4193/12).

3. Sonstiger Arbeitslohn

a) Allgemeines

1372 Zum Arbeitslohn gehören nicht nur die laufenden Vergütungen, sondern auch **Punkteprämien, Auflaufprämien, Aufstiegs- oder Nichtabstiegsprämien** usw. (vgl. dazu BAG v. 6.12.1995, 5 AZR 237/94, betr. Gehaltsfortzahlung an Berufsfußballspieler). Einsatzprämien und Punkteprämien, die an einen Fußballspieler unabhängig von der Dauer oder zeitlichen Lage der Spiele an Sonn- oder Feiertagen bzw. zur Nachtzeit gezahlt wurden und einen Leistungsanreiz bezwecken, sind nicht nach § 3b EStG steuerbefreit (FG Düsseldorf v. 4.8.2006, 18 K 2736/04 E).

Arbeitslohn sind ferner Anteile an gezahlten **Ablösesummen** (vgl. FG Köln v. 28.8.1998, 15 K 4889/98, EFG 1998, 1586 und zuletzt BGH v. 7.11.2006, 5 StR 165/06, HFR 2007, 597 betr. Lizenzfußballspieler), selbst wenn sie der aufnehmende Verein zahlt („Handgelder“), bei mehrjährigen Vertragsverhältnissen kommt jedoch die Tarifermäßigung nach § 34 Abs. 1, 2 Nr. 3 EStG zur Anwendung (→ *Arbeitslohn für mehrere Jahre* Rz. 712). Ein **Preisnachlass**, den ein Autohändler einem Fußballbundesligaspieler auf den Erwerb einer bestimmten Marke einräumt, kann ebenfalls als geldwerter Vorteil steuerpflichtiger Arbeitslohn sein (FG München v. 25.8.2005, 1 K 3173/04, EFG 2005, 1865). Arbeitslohn liegt ebenfalls vor, wenn ein Fußballverein einem Lizenzspieler ein Entgelt nicht – wie vorgetäuscht – für den Erwerb von Vermarktungsrechten, sondern für das Zurverfügungstellen der Arbeitskraft durch den Spieler zahlt (BGH v. 7.11.2006, 5 StR 165/06, HFR 2007, 597) oder wenn der Lohn von einem Sponsor übernommen wird – die Zuwendung an den Verein kann der **Schenkungsteuer** unterliegen (BFH v. 30.8.2017, II R 46/15, BStBl II 2019, 38).

Nicht als Arbeitslohn, sondern als gewerbliche Einkünfte angesehen wurden dagegen Einnahmen eines Fußballspielers aus einem **Abschiedsspiel**, weil diese nicht mehr mit dem Dienstverhältnis zusammenhängen (FG Köln v. 30.1.2002, 5 K 4500/98, EFG 2003, 80).

Die Einkommen- bzw. Lohnsteuer **beschränkt steuerpflichtiger Berufssportler**, die im Inland keinen Wohnsitz bzw. gewöhnlichen Aufenthalt haben, wird nach § 50a Abs. 4 und 5 EStG pauschal erhoben. Ist der Berufssportler als Arbeitnehmer einzustufen, ist seit 1996 der Lohnsteuerabzug vorzunehmen (→ *Steuerpflicht* Rz. 4031).

Zu weiteren Einzelfragen → *Amateursportler Rz. 119*; → *Preise Rz. 3497*.

b) Mahlzeitengewährung

Auch für Spieler und Funktionsteams von Fußballbundesligisten gelten die Grundsätze, die für **Mahlzeiten aus besonderem Anlass** in R 8.1 Abs. 8 LStR und R 19.6 LStR geregelt sind: 1373

Danach sind Mahlzeiten, die zur üblichen Beköstigung der Arbeitnehmer anlässlich oder während einer **Auswärtstätigkeit** (also insbesondere bei Trainingslagern und Auswärtsspielen) abgegeben werden, mit dem **amtlichen Sachbezugswert** nach der SvEV anzusetzen. Eine **übliche Beköstigung liegt nur vor, wenn der Wert der Mahlzeit 60 € nicht übersteigt**. Übersteigt der Wert der Mahlzeit den Betrag von 60 €, ist der geldwerte Vorteil entsprechend § 8 Abs. 2 Satz 1 EStG mit den um übliche Preisnachlässe geminderten üblichen Endpreisen am Abgabeort anzusetzen (§ 8 Abs. 2 Satz 8 EStG und R 8.1 Abs. 8 Nr. 2 Satz 2 LStR). Hier ist die **Freigrenze für Sachbezüge i.H.v. 50 € im Kalendermonat** nach § 8 Abs. 2 Satz 11 EStG zu beachten. Es handelt es sich um eine Freigrenze, nicht um einen Freibetrag. Wird die Freigrenze überschritten, ist der gesamte Betrag lohnsteuerpflichtig.

Sofern **keine Auswärtstätigkeit** vorliegt, sind die Grundsätze für sog. **Arbeitsessen** anzuwenden (R 19.6 Abs. 2 Satz 2 LStR). Danach gehören Speisen, die der Arbeitgeber den Arbeitnehmern anlässlich oder während eines außergewöhnlichen Arbeitseinsatzes, z.B. während einer außergewöhnlichen betrieblichen Besprechung oder Sitzung, im ganz überwiegenden betrieblichen Interesse an einer günstigen Gestaltung des Arbeitsablaufs unentgeltlich oder teilentgeltlich überlässt und deren Wert **60 € nicht überschreitet, nicht zum Arbeitslohn**. Bei Überschreitung der Grenze von 60 € hat eine Versteuerung zu erfolgen.

Die Argumentation vieler (Sport-)Vereine, die Gewährung und Ausgestaltung der Mahlzeiten sei für die Platzierung in der Tabelle und damit auch den finanziellen Erfolg des Vereins mit ursächlich, ändert an dieser Einordnung und steuerlichen Behandlung der Mahlzeiten nichts. Ergänzend ist darauf hinzuweisen, dass nach der BFH-Rechtsprechung (Urteil v. 4.8.1994, VI R 61/92, BStBl II 1995, 59) ein mit einer gewissen **Regelmäßigkeit stattfindendes Arbeitsessen in einer Gaststätte am Sitz des Unternehmens bei den Arbeitnehmern zu einem Zufluss von Arbeitslohn führt**. Dies dürfte bei Mahlzeitengestellung anlässlich von Heimspielen regelmäßig der Fall sein. Eine geschäftlich veranlasste Bewirtung i.S.d. § 4 Abs. 5 Satz 1 Nr. 2 EStG liegt hier nicht vor.

Das **FG München** hat diese Auffassung bestätigt und entschieden, dass mit der Übernahme der Kosten für die – verpflichtend einzunehmende – Verpflegung von Profifußballern anlässlich der

Heimspiele und Auswärtsspiele sowie der Trainingslager den Fußballspielern ein steuerpflichtiger geldwerter Vorteil zugewandt wird. An der Einnahme sportmedizinisch abgestimmter Speisen besteht neben dem eigenbetrieblichen Interesse des Arbeitgebers ein – zur Annahme von Arbeitslohn führendes – nicht unerhebliches Interesse der Sportler (FG München v. 3.5.2013, 8 K 4017/09, EFG 2013, 1407).

c) Anwendung des § 3b EStG

1374 Der BFH hat im Falle von Profi-Sportmannschaften, die regelmäßig zu Auswärtsterminen in Mannschaftsbussen anreisen, geurteilt (Leitsätze):

„Tatsächlich geleistete Sonntags-, Feiertags- oder Nachtarbeit ist jede zu den begünstigten Zeiten tatsächlich im Arbeitgeberinteresse ausgeübte Tätigkeit des Arbeitnehmers, für die er einen Anspruch auf Grundlohn hat. Die arbeitszeitrechtliche Einordnung der Tätigkeit nach dem Arbeitszeitgesetz ist für die Auslegung des Begriffs der tatsächlich geleisteten Sonntags-, Feiertags- oder Nachtarbeit i.S.v. § 3b Abs. 1 EStG ohne Bedeutung. Eine konkret (individuell) belastende Tätigkeit des Arbeitnehmers verlangt § 3b EStG für die Steuerfreiheit von Sonntags-, Feiertags- oder Nachtarbeitszuschlägen nicht. Erforderlich, aber auch ausreichend ist, dass der Arbeitnehmer eine grundlohnbewehrte Tätigkeit tatsächlich zu den begünstigten Zeiten ausübt.“ (Urteil v. 16.12.2021, VI R 28/19, BStBl II 2022, 209) und die Revision des Finanzamts gegen das Urteil des FG Düsseldorf v. 11.7.2019 als unbegründet zurückgewiesen (→ *Zuschläge für Sonntags-, Feiertags- oder Nachtarbeit* Rz. 4812).

4. Werbungskosten

1375 Sog. **Beratungshonorare** eines (auch ausländischen) Berufsfußballspielers sind nicht als Werbungskosten abzugsfähig, soweit es sich um die private Lebensführung betreffende Beratungen handelt. Privat veranlasste Aufwendungen sind etwa die Beratung bei Kauf- und Leasingverträgen für Kraftfahrzeuge, beim Abschluss privater Versicherungen, bei Bank- und Finanzierungsgeschäften sowie bei Behördengängen (BFH v. 2.9.2010, VI B 42/10).

Aufwendungen für eine sog. **Sportlerkost** (erhöhter Ernährungsbedarf) können auch nach dem Beschluss des Großen Senats des BFH v. 21.9.2009, GrS 1/06, BStBl II 2010, 672 nicht – auch nicht teilweise – als Werbungskosten berücksichtigt werden (BFH v. 9.4.2014, X R 40/11, HFR 2015, 461 betr. Gewichtheber).

Ob ein Profifußballspieler oder -trainer Aufwendungen für **Pay TV, für Sportbekleidung und für einen Personal-Trainer** als Werbungskosten abziehen kann, hängt von davon ab, ob und inwieweit eine berufliche Nutzung nachgewiesen oder zumindest glaubhaft gemacht werden kann. Das **FG Rheinland-Pfalz** (Urteil v. 18.7.2014, 1 K 1490/12) sowie das **FG Münster** (Urteil v. 24.3.2015, 2 K 3027/12 E) haben den Abzug derartiger Aufwendungen abgelehnt; der **BFH** und das **FG Düsseldorf** haben dagegen Aufwendungen eines Bundesliga-Torwarttrainers für ein Sky-Bundesliga-Abo anerkannt, sofern dieser – ggf. nach Vernehmung von Trainerkollegen und Spielern – die berufliche Verwendung nachweist bzw. glaubhaft machen kann (BFH v. 16.1.2019, VI R 24/16, BStBl II 2019, 376 und FG Düsseldorf v. 5.11.2019, 15 K 1338/19 E, EFG 2020, 90).

Auch wenn ein Berufssportler ein erhöhtes Risiko hat, auf Grund eines Unfalls oder einer Erkrankung seinen derzeitigen Beruf (Sport) nicht mehr ausüben zu können, sind Beiträge für eine **Sportunfähigkeitsversicherung** grds. nicht als Werbungskosten, sondern nur als Sonderausgaben abzugsfähig, sofern die Versicherung nicht ausnahmsweise auf berufsspezifische Unfälle/Erkrankungen beschränkt ist. Gibt es eine solche Beschränkung nicht, kommt ein Abzug als Werbungskosten wegen des Abzugsverbots des § 12 Nr. 1 EStG nur in Betracht, wenn

a) die berufliche Veranlassung bei weitem überwiegt und das Hineinspielen der Lebensführung nicht ins Gewicht fällt oder soweit

b) sich der beruflich veranlasste Teil der Aufwendungen anhand von Unterlagen nach objektiv nachprüfbaren Merkmalen leicht und einwandfrei von den nichtabziehbaren Kosten der Lebensführung trennen lässt (FG Düsseldorf v. 12.1.2021, 10 K 2192/17 E, EFG 2021, 446).

Beschäftigungsgesellschaften

1. Allgemeines

In Beschäftigungsgesellschaften (auch Transfergesellschaften) werden Arbeitnehmer eingegliedert, deren Arbeitsplätze im bisherigen Betrieb infolge von Personalanpassungsmaßnahmen auf Grund einer Betriebsänderung auf Dauer weggefallen sind. Diese Arbeitnehmer erhalten unter den Voraussetzungen des § 111 SGB III dann **Transferkurzarbeitergeld** in einer sog. **betriebsorganisatorisch eigenständigen Einheit (beE)**, die meist von einem privaten Transferanbieter – unter Beteiligung des bisherigen Arbeitgebers – eingerichtet wird. Entweder im Interessenausgleich oder im Sozialplan oder ggf. in einer besonderen Vereinbarung zwischen den Betriebsparteien werden die Finanzierungsbedingungen der beE geregelt. Insofern trägt der frühere Arbeitgeber i.d.R. u.a. die **arbeitsrechtlichen Kosten** (Fortzahlung von Arbeitsentgelt an Urlaubstagen [ggf. Feiertagen]), die Sozialversicherungsbeiträge für die Transferkurzarbeitergeld-Bezieher (→ *Kurzarbeitergeld* Rz. 2810), die Verwaltungskosten der beE und die Qualifizierungskosten. 1376

Der Zahlung von **Transferkurzarbeitergeld** kann eine **Förderung der Teilnahme an einer Transfermaßnahme** nach § 110 SGB III vorausgehen. Beide Leistungen lassen sich sinnvoll aufeinander abstimmen und im Sozialplan oder in einer sozialplanähnlichen Regelung vereinbaren. Ziel beider Leistungen ist die unmittelbare Vermittlung von Arbeit in Arbeit (**Job-to-Job**) ohne zwischenzeitliche Arbeitslosigkeit.

2. Voraussetzungen für den Bezug von Transferkurzarbeitergeld

a) Allgemeines

Das **Transferkurzarbeitergeld** wird an Arbeitnehmer zur Vermeidung von Entlassungen und zur Verbesserung ihrer Vermittlungsaussichten bei betrieblichen Restrukturierungen gezahlt, wenn 1377

- und solange sie von einem dauerhaften unvermeidbaren Arbeitsausfall mit Entgeltausfall betroffen sind,
- die betrieblichen Voraussetzungen vorliegen,
- die persönlichen Voraussetzungen erfüllt sind,
- sich die Betriebsparteien im Vorfeld der Entscheidung über die Inanspruchnahme von Transferkurzarbeitergeld, insbesondere i.R. ihrer Verhandlungen über einen die Integration der Arbeitnehmer fördernden Interessenausgleich oder Sozialplan nach § 112 BetrVG, von der Agentur für Arbeit beraten lassen haben und
- der dauerhafte Arbeitsausfall der Agentur für Arbeit angezeigt worden ist.

b) Dauerhafter unvermeidbarer Arbeitsausfall mit Entgeltausfall

Ein dauerhafter unvermeidbarer Arbeitsausfall mit Entgeltausfall liegt vor, wenn der Arbeitsausfall auf Grund einer Betriebsänderung (Anwendung des § 111 BetrVG, unabhängig von der Unternehmensgröße und unabhängig davon, ob im jeweiligen Betrieb das BetrVG anzuwenden ist, § 111 Abs. 2 Satz 1 SGB III und § 110 Abs. 1 Satz 3 SGB III) **nicht nur vorübergehend** ist und dadurch **im Betrieb die Beschäftigungsmöglichkeiten** für die Arbeitnehmer entfallen. Der Entgeltausfall kann auch jeweils 100 % des monatlichen Bruttoentgelts betragen (sog. Kurzarbeit Null). 1378

c) Betriebliche Voraussetzungen

Die betrieblichen Voraussetzungen sind erfüllt, wenn 1379

- in einem Betrieb **Personalanpassungsmaßnahmen** auf Grund einer Betriebsänderung durchgeführt werden,
- die Arbeitnehmer zur Vermeidung von Entlassungen und zur Verbesserung ihrer Eingliederungschancen **in einer beE zusammengefasst** werden,
- die Organisation und Mittelausstattung der beE den angestrebten Integrationserfolg erwarten lassen und
- ein System zur Sicherung der Qualität angewendet wird.

Wird die beE von einem **Dritten** (privater Transferanbieter/Transfergesellschaft) durchgeführt, tritt an die Stelle der Voraussetzung, dass ein Qualitätssicherungssystem angewendet wird, die **Trägerzulassung** nach § 178 SGB III.

d) Persönliche Voraussetzungen

1380 Die persönlichen Voraussetzungen liegen vor, wenn der Arbeitnehmer

- von **Arbeitslosigkeit bedroht** ist,
- eine **versicherungspflichtige Beschäftigung fortsetzt** oder im Anschluss an die Beendigung einer Berufsausbildung aufnimmt,
- **nicht vom Kurzarbeitergeldbezug ausschlossen** ist und
- sich vor der Überleitung in die beE (Transfergesellschaft) aus Anlass der Betriebsänderung bei der Agentur für Arbeit arbeitsuchend gemeldet hat und an einer **Profilingmaßnahme teilgenommen** hat; können in berechtigten Ausnahmefällen trotz Mithilfe der Agentur für Arbeit die notwendigen Profilingmaßnahmen nicht rechtzeitig durchgeführt werden, sind diese im unmittelbaren Anschluss an die Überleitung in die beE innerhalb eines Monats nachzuholen.

e) Anzeige des Arbeitsausfalls

1381 Die Anzeige über den Arbeitsausfall ist **schriftlich bei der Agentur für Arbeit** zu erstatten, in deren Bezirk der personalabgebende Betrieb seinen Sitz hat. Mit der Anzeige sind die Voraussetzungen glaubhaft zu machen.

f) Dauer der Förderung

1382 Die Förderungsdauer beträgt **maximal zwölf Monate**. Eine Verlängerungsmöglichkeit ist nicht vorgesehen.

g) Verpflichtungen des Arbeitgebers der beE (Transfergesellschaft)

1383 Während des Bezugs von Transferkurzarbeitergeld hat der Arbeitgeber/die Transfergesellschaft den geförderten Arbeitnehmern **Vermittlungsvorschläge zu unterbreiten.** Stellt der Arbeitgeber oder die Agentur für Arbeit fest, dass Arbeitnehmer Qualifizierungsdefizite aufweisen, soll der Arbeitgeber geeignete Maßnahmen zur **Verbesserung der Eingliederungsaussichten** (Qualifizierungsmaßnahmen) anbieten. Als geeignet gelten insbesondere

1. Maßnahmen der beruflichen Weiterbildung, für die und für deren Träger eine Zulassung nach dem SGB III vorliegt, oder
2. eine zeitlich begrenzte, längstens sechs Monate dauernde Beschäftigung zum Zwecke der Qualifizierung bei einem anderen Arbeitgeber.

§ 111a SGB III sieht die Möglichkeit der teilweisen Übernahme der Weiterbildungskosten durch die Agentur für Arbeit vor. Die Teilnahme der Arbeitnehmer an Maßnahmen der beruflichen Weiterbildung, die während des Bezugs von Transferkurzarbeitergeld enden, kann durch die Übernahme der Weiterbildungskosten gefördert werden, wenn

1. die Agentur für Arbeit die Arbeitnehmer vor Beginn der Maßnahme beraten hat,
2. der Bildungsträger und die Maßnahme zur Förderung nach dem SGB III zugelassen sind und
3. der Arbeitgeber mindestens 50 % der Lehrgangskosten trägt.

Bei Teilnahme an einer Maßnahme der beruflichen Weiterbildung, die nach dem Bezug des Transferkurzarbeitergeldes endet, können Arbeitnehmer nach § 81 SGB III gefördert werden, wenn die Maßnahme spätestens drei Monate oder bei länger als ein Jahr dauernden Maßnahmen spätestens sechs Monate vor dem Ausschöpfen des Anspruchs auf Transferkurzarbeitergeld beginnt und der Arbeitgeber mindestens 50 % der Lehrgangskosten während des Bezugs von Transferkurzarbeitergeld trägt. Es gelten die allgemeinen Fördervoraussetzungen für die berufliche Weiterbildung nach § 81 ff. SGB III. In Betrieben mit weniger als 250 Beschäftigten reduziert sich der Mindestanteil des Arbeitgebers auf 25 % der Lehrgangskosten während des Bezugs von Transferkurzarbeitergeld. In Insolvenzfällen kann die Agentur für Arbeit auch eine geringe Beteiligung des Arbeitgebers an den Lehrgangskosten akzeptieren, um notwendige Weiterbildungsmaßnahmen zu ermöglichen.

h) Anspruchsausschluss

Der Anspruch auf Transferkurzarbeitergeld ist ausgeschlossen, 1384
wenn die Arbeitnehmer **nur vorübergehend** in einer beE zusammengefasst werden, um anschließend einen anderen Arbeitsplatz in dem gleichen oder einem anderen Betrieb des Unternehmens/Konzerns zu besetzen. Der Anspruch auf Transferkurzarbeitergeld in der beE ist jedoch nicht ausgeschlossen, wenn sich im Laufe der Umstrukturierungsphase in Einzelfällen ein gesicherter Arbeitskräftebedarf im Betrieb auf Dauer ergibt und entgegen der ursprünglichen Planung einzelne i.R. eines betrieblichen Anpassungskonzeptes in die beE versetzte Arbeitnehmer wieder in den ehemaligen Betrieb einmünden.

Von der Förderung ausgeschlossen sind auch **Arbeitnehmer des öffentlichen Dienstes** mit Ausnahme der Beschäftigten von Unternehmen, die in selbständiger Rechtsform erwerbswirtschaftlich betrieben werden (z.B. Sparkassen, Verkehrsgesellschaften in öffentlicher Hand).

3. Arbeitsrecht/Arbeitsförderungsrecht

Die Arbeitnehmer scheiden aus dem bisherigen Betrieb i.d.R. 1385
durch **Aufhebungsvertrag** aus. **Anschließend** werden sie auf Grund eines besonderen Arbeitsvertrages nahtlos **von der Beschäftigungsgesellschaft übernommen (sog. dreiseitiger Vertrag)**. Die Beschäftigungsbedingungen der Arbeitnehmer in der beE werden im Sozialplan oder in einer gesonderten Vereinbarung zwischen den Betriebsparteien geregelt. Sie können auch in einer **tarifvertraglichen Vereinbarung** zwischen der Gewerkschaft und der Beschäftigungsgesellschaft oder in dem individuellen Arbeitsvertrag geregelt werden. Hierzu zählen insbesondere die Dauer des befristeten Beschäftigungsverhältnisses, das Einverständnis des Arbeitnehmers mit der i.d.R. **auf Null verkürzten Arbeitszeit** sowie das Einverständnis zur Aufnahme einer Beschäftigung bei einem anderen Arbeitgeber.

Die Übernahme in eine derartige Gesellschaft schließt die üblicherweise vom früheren Arbeitgeber wegen der Beendigung des Arbeitsverhältnisses (insbesondere Verzicht auf die Kündigungsfrist) zu zahlende Abfindung, Entschädigung oder ähnliche Leistung (→ *Entlassungsabfindungen/Entlassungsentschädigungen* Rz. 1972) nicht aus, schränkt sie ggf. nur insoweit ein, als der frühere Arbeitgeber diese auch in Form von Zuschüssen zum Transferkurzarbeitergeld der Beschäftigungsgesellschaft auf ein Treuhandkonto zur Verfügung stellen kann. Zuschüsse des Arbeitgebers zum Transferkurzarbeitergeld gehören grds. nicht zum beitragspflichtigen Arbeitsentgelt mit der Folge, dass sie bei der Berechnung der Beiträge zur Sozialversicherung außer Betracht bleiben (→ *Kurzarbeitergeldzuschüsse* Rz. 2820). Sie sind außerdem kraft ausdrücklicher gesetzlicher Regelung (§ 106 Abs. 2 Satz 2 SGB III) auch bei der Berechnung des Istentgelts nicht zu berücksichtigen (vermindern daher die Höhe des Kurzarbeitergeldes nicht), wenn die Beschäftigungsgesellschaft sie unter Anrechnung des Transferkurzarbeitergeldes und aufstockend zu diesem zahlt.

Die **Entlassungsentschädigung** selbst führt bei der Zahlung von Transferkurzarbeitergeld, **anders** als **beim Arbeitslosengeld** (§ 158 SGB III), nicht zu einem **Ruhen** des Transferkurzarbeitergeldes.

Nach § 111 Abs. 7 Satz 3 Nr. 2 SGB III besteht auch die Möglichkeit der Qualifizierung durch eine **zeitlich begrenzte Beschäftigung bei** einem **anderen Arbeitgeber**. Eine Beschäftigung zum Zwecke der Qualifizierung kann z.B. in der Form des „Lernens bei der Arbeit" gegeben sein. Sie ist auf diese Art der Durchführung von Qualifizierungsmaßnahmen beschränkt und orientiert sich an den praktischen Bedürfnissen. Sollten sich die Erwartungen an die anschließende **Übernahme in eine Beschäftigung** nicht realisieren, ist die Rückkehr in beE für die Restlaufzeit möglich.

4. Lohnsteuer

a) Arbeitgebereigenschaft

aa) Allgemeines

Werden bei der Entlassung von Arbeitnehmern sog. Beschäfti- 1386
gungsgesellschaften eingeschaltet, ist zu klären, ob

- das **Dienstverhältnis des Arbeitnehmers zum ehemaligen Arbeitgeber aufgelöst** und ein neues Dienstverhältnis zur Beschäftigungsgesellschaft begründet wird

– oder ob sich die Tätigkeit bei der Beschäftigungsgesellschaft **als Fortsetzung des bisherigen Dienstverhältnisses** darstellt:

bb) Begründung eines neuen Arbeitsverhältnisses

1387 I.d.R. führt ein solcher Arbeitgeberwechsel zur **Auflösung des Dienstverhältnisses zum alten und zur Neubegründung zum neuen Arbeitgeber**. Dies gilt insbesondere dann, wenn mit dem neuen Arbeitgeber ein Arbeitsvertrag geschlossen wird, mit dem gegenüber dem bisherigen Dienstverhältnis neue Pflichten und Rechte begründet werden. Ein solcher Fall kann vorliegen, wenn der Arbeitnehmer gegenüber der Beschäftigungsgesellschaft neben der Teilnahme an Qualifizierungs- und Fortbildungsmaßnahmen noch **echte Arbeitsleistungen z.B. als Leiharbeitnehmer zu erbringen** hat. Gegen die Auflösung des alten Dienstverhältnisses spricht nicht, dass das neue Dienstverhältnis noch während des Bestehens des alten Dienstverhältnisses auf Vorschlag des bisherigen Arbeitgebers vereinbart worden ist. Es handelt sich weder um eine Änderungskündigung, da das Dienstverhältnis nicht mit dem bisherigen Arbeitgeber weitergeführt wird, noch um die Fortsetzung eines einheitlichen Dienstverhältnisses (vgl. BFH v. 20.7.2010, IX R 23/09, BStBl II 2011, 218). **Der BFH sieht eine Beschäftigungsgesellschaft als neuen Arbeitgeber an, wenn es sich um eine eigenständige juristische Person mit eigenem Gesellschaftszweck handelt, die auch über ihre Gesellschafter nicht mit dem früheren Arbeitgeber unternehmerisch verbunden ist.** In diesem Fall liegt auch dann ein neues eigenständiges Arbeitsverhältnis vor, wenn die Beschäftigungsgesellschaft für den früheren Arbeitgeber aus von ihm zur Verfügung gestellten Mitteln Auszahlungen vornimmt. Beim Ausscheiden der Arbeitnehmer aus einer solchen Beschäftigungsgesellschaft gezahlte Abfindungen haben keinen Einfluss mehr auf die steuerliche Behandlung der vom früheren Arbeitgeber gezahlten Entlassungsentschädigung.

Beispiel:

Die Firma A baute im Werk B bereits seit einigen Jahren und zuletzt mit der endgültigen Schließung im Dezember 2014 auf Grund von Rahmenvereinbarungen möglichst sozialverträglich Stellen ab. Dazu wurde auf Veranlassung von Firma A mit Arbeitnehmern und der Firma X-Transfer GmbH (im Folgenden nur noch „GmbH-Transfer" genannt) ein dreiseitiger Vertrag geschlossen. In diesem Vertrag wurde das Arbeitsverhältnis zwischen Firma A und dem Arbeitnehmer gegen Zahlung einer Abfindung aufgehoben und beendet. Zudem begründeten der Arbeitnehmer und die GmbH-Transfer im Anschluss ein auf 12 Kalendermonate befristetes Arbeitsverhältnis. Während des befristeten Arbeitsverhältnisses mit „Kurzarbeit Null" sollten die Arbeitsmarktchancen des Arbeitnehmers von der GmbH-Transfer durch entsprechende Beratungen und Qualifizierungsmaßnahmen verbessert werden. Dabei wurden alle Arbeitnehmer mit Transferkurzarbeit in einer betriebsorganisatorisch eigenständigen Einheit geführt. **Das gesetzliche Transferkurzarbeitergeld wurde von der GmbH-Transfer durch einen Zuschuss als Bruttozahlung auf 80 % des bisherigen Nettoentgelts bei Firma A aufgestockt.** Machte der Arbeitnehmer von seinem Recht auf vorzeitige Kündigung des befristeten Arbeitsverhältnisses Gebrauch, erhielt er von der GmbH-Transfer eine Abfindung (**Sprinterprämie**) i.H.v. 1 000 € brutto je vollen Monat, um den sich das Vertragsverhältnis bei der GmbH-Transfer verkürzte. Der befristete Arbeitsvertrag mit der GmbH-Transfer stand unter den aufschiebenden Bedingungen, dass Firma A die Transfergesellschaft finanzierte und die Bundesagentur für Arbeit Transferkurzarbeit genehmigte. Die GmbH-Transfer ist nicht über ihre Gesellschafter mit Firma A verbunden.

Steuerlich gilt Folgendes (vgl. BFH v. 12.3.2019, IX R 44/17, BStBl II 2019, 574):

Das Arbeitsverhältnis der Arbeitnehmer mit Firma A endete jeweils an dem im dreiseitigen Vertrag angegebenen Tag. Die **Abfindungszahlungen** von Firma A sind **steuerbegünstigte Entschädigungen** i.S.d. § 24 Nr. 1 Buchst. a EStG und bei Vorliegen der übrigen Voraussetzungen nach § 34 Abs. 1 EStG ermäßigt zu besteuern (sog. **Fünftelregelung**). Zum geplanten Wegfall der Berücksichtigung der Tarifermäßigung nach § 34 Abs. 1 EStG bei der Berechnung der Lohnsteuer → Rz. 714.

Mit der GmbH-Transfer als externer Beschäftigungs- und Qualifizierungsgesellschaft wurde ein **neues Arbeitsverhältnis begründet**. Entscheidend ist in dem Zusammenhang, dass die GmbH-Transfer eine eigenständige juristische Person mit eigenem Gesellschaftszweck ist und nicht mit Firma A unternehmerisch verbunden ist. Ob die Arbeitnehmer bei GmbH-Transfer eine Tätigkeit ausüben oder sich dies in der Teilnahme an Weiterbildungs- oder Qualifikationsmaßnahmen erschöpft, ist unerheblich.

Die von der GmbH-Transfer gezahlten monatlichen **Zuschüsse zum Transferkurzarbeitergeld** stellen somit keinen ermäßigt, sondern **regulär zu besteuernden steuerpflichtigen Arbeitslohn** dar. Dass sich Verpflichtungen des Arbeitnehmers aus dem Arbeitsvertrag in erster Linie auf die Teilnahme an Qualifizierungsmaßnahmen, die Durchführung eines Profilings (§ 111 SGB III) oder sonstige Maßnahmen zur Verbesserung seiner Arbeitsmarktchancen beziehen, spricht nach dem o.g. BFH-Urteil nicht gegen die Annahme laufender Einnahmen i.S.d. § 19 EStG.

Die von der GmbH-Transfer gezahlten **Sprinterprämien** sind dagegen steuerbegünstigte Entschädigungen i.S.d. § 24 Nr. 1 Buchst. a EStG und bei Vorliegen der übrigen Voraussetzungen (insbesondere der Zusammenballung von Einkünften unter Berücksichtigung der wegfallenden Einnahmen – 2. Prüfung i.S.v. Abschn. II. Nr. 2.2 BMF v. 1.11.2013, IV C 4 – S 2290/13/10002, BStBl I 2013, 1326) ebenfalls nach § 34 Abs. 1 EStG ermäßigt zu besteuern (ebenso FG Hessen v. 31.5.2021, 10 K 1597/20, EFG 2021, 1546; a.A. zuletzt FG Baden-Württemberg v. 22.2.2021, 8 K 3125/18, Rev. zurückgewiesen durch BFH v. 6.12.2021, IX R 10/21).

cc) Fortsetzung des alten Dienstverhältnisses

In Ausnahmefällen ist es jedoch möglich, dass trotz formalen 1388
Wechsels in der Person des Arbeitgebers von einer **Fortsetzung des alten Dienstverhältnisses** ausgegangen werden kann. Dies ist anzunehmen, wenn der Wechsel in die Beschäftigungsgesellschaft lediglich der Abwicklung des bisherigen Beschäftigungsverhältnisses dient, der bisherige Arbeitgeber die gesamten finanziellen Lasten der Weiterbeschäftigung in der Beschäftigungsgesellschaft zu tragen hat und die **Arbeitnehmer gegenüber der Beschäftigungsgesellschaft keine echten Arbeitsleistungen erbringen** müssen. Hierbei übernimmt die Beschäftigungsgesellschaft lediglich die **Funktion einer Zahlstelle des bisherigen Arbeitgebers gegenüber den gekündigten Arbeitnehmern und übt keine eigene wirtschaftliche Tätigkeit aus.**

Zahlungen des Arbeitgebers für den Wechsel zur Beschäftigungsgesellschaft sind nach § 34 EStG (sog. **Fünftelregelung**) **tarifermäßigt zu besteuern**, wenn es sich um Entschädigungen für entgangene oder entgehende Einnahmen i.S.d. § 24 Nr. 1 Buchst. a EStG handelt und eine „Zusammenballung" der Einkünfte vorliegt (→ *Entschädigungen* Rz. 2016). Zum geplanten Wegfall der Berücksichtigung der Tarifermäßigung nach § 34 Abs. 1 EStG bei der Berechnung der Lohnsteuer → Rz. 714.

Beispiel:

Über das Vermögen der Firma A wurde am 2.1.2008 das Insolvenzverfahren eröffnet. Die bei dieser Firma beschäftigten Arbeitnehmer waren (zumindest zum größten Teil) am 1.10.2006 i.R. eines Betriebsübergangs nach § 613a BGB von der Firma X-AG zur Firma A gewechselt.

Es wurde vereinbart, dass alle Arbeitnehmer entsprechend der Vorschrift des § 111 SGB III in eine **betriebsorganisatorisch eigenständige Einheit** bei der Personalentwicklungs- und Arbeitsmarktagentur Firma P-GmbH wechseln konnten. Zu diesem Zweck beendeten die Arbeitnehmer in einer „Vereinbarung zum Wechsel in eine Transfergesellschaft der P-GmbH" ihr Arbeitsverhältnis mit der Firma A auf deren Veranlassung zum 31.12.2007 und begründeten für die Zeit vom 1.1. bis 31.12.2008 ein befristetes Arbeitsverhältnis mit der P-GmbH. Dieses befristete Arbeitsverhältnis endete am 31.12.2008, ohne dass eine Kündigung ausgesprochen werden musste. Die Arbeitnehmer konnten ihre Arbeitsverhältnisse mit der P-GmbH auch mit einer Kündigungsfrist von einem Tag vorzeitig kündigen. Während des befristeten Arbeitsverhältnisses mit der P-GmbH wurden Kurzarbeit Null umgesetzt sowie Integrations- und Qualifizierungsmaßnahmen angeboten.

Für das Ausscheiden aus der P-GmbH gab es folgende Vereinbarungen über Zusatzdotierungen:

- Beendete der Arbeitnehmer sein Arbeitsverhältnis mit der P-GmbH durch Eigenkündigung/Abschluss einer Aufhebungsvereinbarung in den Zeiträumen zwischen dem 1.4. und 15.7.2008 oder zwischen dem 1.10. und 3.12.2008 (maßgeblich war jeweils das Datum der Beendigung des Arbeitsverhältnisses mit der P-GmbH), erhielt er von der P-GmbH eine einmalige **Arbeitsplatz-Startprämie** i.H.v. 12 000 € und zusätzlich einen pauschalierten **Nachteilsausgleich** i.H.v. ebenfalls 12 000 € (jeweils brutto).
- Arbeitnehmer, die erst am 31.12.2008 aus der P-GmbH ausschieden (maßgeblich war das Datum der Beendigung des Arbeitsverhältnisses mit der P-GmbH) und zu diesem Zeitpunkt keinen neuen Arbeitsplatz gefunden hatten, erhielten eine **einmalige Überbrückungsbeihilfe** i.H.v. (brutto) 0,8 Bruttomonatsentgelten × Dienstjahre bei Firma A und Firma X-AG, mindestens aber 2 700 € × Dienstjahre.

Die finanzielle Ausstattung zur Durchführung der betriebsorganisatorisch eigenständigen Transfergesellschaft für die (ehemaligen) Arbeitnehmer der Firma A erhielt die P-GmbH von den Firmen A bzw. von X-AG als ehemaligem Arbeitgeber.

Mit dem Wechsel in die P-GmbH wurden steuerrechtlich die **Arbeitsverhältnisse mit der Firma A nicht aufgelöst und neue Arbeitsverhältnisse mit der P-GmbH begründet**. Mit der betriebsorganisatorisch eigenständigen Transfergesellschaft der Firma A-Arbeitnehmer übte die P-GmbH keine eigene wirtschaftliche Tätigkeit aus. Sie übernahm lediglich in **Funktion einer Zahlstelle** die Abwicklung der Beschäftigungsverhältnisse für den bisherigen Arbeitgeber (Lohnfortzahlung und Qualifizierungsmaßnahmen). Die (ehemaligen) Arbeitnehmer der Firma A waren nicht verpflichtet, in der P-GmbH eine Arbeitsleistung zu erbringen (Kurzarbeit Null).

Sowohl die **Arbeitsplatz-Startprämie und der Nachteilsausgleich als auch die Überbrückungsbeihilfe wurden als Ersatz für entgehende Einnahmen** i.S.d. § 24 Nr. 1 Buchst. a EStG wegen der von Firma A veranlassten Auflösung des Dienstverhältnisses gezahlt. Damit handelt es sich bei diesen als „Zusatzdotierungen" bezeichneten Zahlungen – unabhängig von der Bezeichnung, der unterschiedlichen Höhe und dem Auszahlenden – um Einkünfte i.S.d. § 34 Abs. 2 Nr. 2 EStG, die bei zusammengeballtem Zufluss in **einem** Veranlagungszeitraum als außerordentliche Einkünfte nach § 34 Abs. 1 EStG **tarifermäßigt zu besteuern** sind (→ *Entschädigungen* Rz. 2001).

b) Arbeitslohn

1389 **Qualifikations- und Trainingsmaßnahmen** entsprechend dem SGB III, die der Arbeitgeber oder eine zwischengeschaltete **Beschäftigungsgesellschaft** im Zusammenhang mit **Auflösungsvereinbarungen** erbringt, sind den Arbeitnehmern nicht als steuerpflichtiger Arbeitslohn zuzurechnen, denn die Leistungen liegen im ganz überwiegenden betrieblichen Interesse (R 19.7 Abs. 2 Satz 5 LStR). Grund ist, dass für die ausscheidenden Arbeitnehmer möglichst schnell eine neue Arbeitsstelle gefunden und damit Kosten eingespart werden sollen.

Beispiel:

Arbeitgeber A macht Arbeitnehmern ein alternatives Abfindungsangebot, nach dem diese gegen eine prozentuale Kürzung ihrer Entlassungsentschädigung in ein Personal-Dienstleistungsunternehmen (**Beschäftigungsgesellschaft**) wechseln und mit diesem einen neuen Arbeitsvertrag schließen können.

Bei diesem Dienstleistungsunternehmen handelt es sich um eine gemeinsame Tochtergesellschaft des Arbeitgebers und eines Zeitarbeitsunternehmens, das die Mehrheit der Anteile besitzt und das die Beschäftigungsgesellschaft leitet. Das Unternehmen erbringt mit eigenen (Stamm-)Mitarbeitern Dienstleistungen für andere Unternehmen (Arbeitnehmerüberlassung und andere Dienstleistungen) und bietet sich anderen Arbeitgebern als Übernehmerin abzubauender Arbeitnehmer an.

Nachdem das bisherige Dienstverhältnis zu einem bestimmten Zeitpunkt beendet und eine Entlassungsabfindung vereinbart worden ist, schließen die betroffenen Arbeitnehmer mit der Beschäftigungsgesellschaft einen neuen, auf längstens zwölf Monate befristeten Arbeitsvertrag mit einem i.d.R. deutlich geringeren Arbeitslohn als zuvor (z.B. 80 % des letzten Bruttogehalts).

Während der Beschäftigungsdauer sorgt die Beschäftigungsgesellschaft durch Qualifizierungsmaßnahmen für höhere Chancen bei der Vermittlung eines neuen Arbeitsplatzes und der Arbeitnehmer erhält – falls er z.B. nach zwölf Monaten keine neue feste Anstellung gefunden hat – eine sog. Outplacement-Beratung (Hilfe bei der Suche nach einem neuen, adäquaten Arbeitsplatz).

Die Abfindungen können unter den Voraussetzungen der §§ 24 Nr. 1 Buchst. a und 34 Abs. 1 und 2 EStG **ermäßigt besteuert** werden (→ *Entschädigungen* Rz. 2001).

Die **Qualifizierungsmaßnahmen sind nicht als geldwerter Vorteil** zu versteuern (R 19.7 Abs. 2 Satz 5 LStR).

~~LSt~~ ~~SV~~

Die **Finanzgerichte** sehen demgegenüber sog. **Outplacement-Beratungen** als geldwerten Vorteil und damit als **steuerpflichtigen Arbeitslohn** an (→ *Outplacement* Rz. 3297).

5. Sozialversicherung

1390 Nach dem Besprechungsergebnis der Spitzenverbände der Krankenkassen, des VDR und der Bundesagentur für Arbeit am 19./20.11.1997 sind die Beschäftigungsgesellschaften als **Arbeitgeber**, mit allen sich daraus ergebenden sozialversicherungsrechtlichen Konsequenzen anzusehen.

Während des Bezugs von Kurzarbeitergeld bleibt – ungeachtet des „Arbeitgeberwechsels" – nach Auffassung der Besprechungsteilnehmer die Mitgliedschaft in der Kranken- und Pflegeversicherung (§ 192 Abs. 1 Nr. 4 SGB V) bzw. das Versicherungsverhältnis in der Rentenversicherung (§ 1 Satz 1 Nr. 1 SGB VI) erhalten. Die Beitragsberechnung erfolgt nach § 232a Abs. 2 SGB V bzw. § 163 Abs. 6 SGB VI.

Bestechungsgelder

→ *Schmiergelder* Rz. 3881

Betreuungsgeld

1. Allgemeines

Das Betreuungsgeld wurde ursprünglich durch das Betreuungs- 1391
geldgesetz eingeführt und war für Eltern gedacht, die ihre ein- und zweijährigen Kinder nicht in staatlich geförderten Betreuungseinrichtungen betreuen lassen. Die Zahlung des Betreuungsgeldes wurde jedoch durch BVerfG v. 21.7.2015, 1 BvF 2/13, für verfassungswidrig erklärt, da der Bund nicht zuständig sei. Die Zahlung wurde daraufhin eingestellt, wobei einige Bundesländer eigene Regelungen eingeführt haben, wie z. B. das Bayerische Familiengeld, das ab 2026 durch das reduzierte Kinderstartgeld ersetzt werden sollte. Bayern hat das Gesetz jedoch Mitte November 2025 gekippt, so dass es auch nun diese reduzierte Form nicht geben wird.

2. Lohnsteuer und Sozialversicherung

Das Betreuungsgeld war wie das Elterngeld (→ *Elterngeld* 1392
Rz. 1901) weder steuer- noch sozialversicherungspflichtig. Anders als das Elterngeld wurde es aber nicht in den Progressionsvorbehalt nach § 32b EStG einbezogen (ist in der abschließenden Aufzählung des Gesetzes nicht enthalten), da es sich nicht um eine Lohnersatzleistung handelt und auch nicht mit anderen dem Progressionsvorbehalt unterliegenden Lohnersatzleistungen vergleichbar ist. Das Betreuungsgeld verfolgt sozialpolitische Zwecke (OFD Karlsruhe v. 29.8.2014, VAST 03/2014, n.v.).

Das Landeserziehungsgeld war ebenso wie das Bayerische Familiengeld und das Kinderstartgeld nach § 3 Nr. 67 Buchst. a EStG steuerfrei und unterliegt ebenfalls nicht dem Progressionsvorbehalt (ist in der abschließenden Aufzählung des § 32b EStG nicht enthalten).

Die obersten Finanzbehörden hatten beschlossen, dass das o.g. Betreuungsgeld sowohl bei staatlicher als auch privater Betreuung nicht auf die als Sonderausgaben zu berücksichtigenden Kinderbetreuungskosten (→ *Betreuungskosten* Rz. 1403) angerechnet wird (FinMin Schleswig-Holstein v. 27.5.2015, VI 303 – S 2263 – 010). Entsprechendes galt u.E. für das Landeserziehungsgeld.

~~LSt~~ ~~SV~~

Betreuungskosten

1. Allgemeines

Aufwendungen für die Kinderbetreuung sind nach ständiger 1393
Rechtsprechung des BVerfG sowie des BFH selbst dann nicht als „echte" Betriebsausgaben bzw. Werbungskosten abzugsfähig, wenn die Kinderbetreuung unerlässliche Voraussetzung für die Ausübung des Berufs ist, weil die Kinder während der beruflich bedingten Abwesenheit nicht alleine gelassen werden können. Außerdem erfasst der **Betreuungsfreibetrag** in § 32 Abs. 6 Satz 1 EStG (→ *Kindergeld/Freibeträge für Kinder* Rz. 2672) auch den **erwerbsbedingten Betreuungsbedarf** (BFH v. 14.11.2013, III R 18/13, BStBl II 2014, 383 m.w.N.).

Entsprechendes gilt für die **Betreuung pflegebedürftiger Angehöriger**.

Für Kinderbetreuungskosten ist seit **2012** lediglich ein Abzug als **Sonderausgaben** nach § 10 Abs. 1 Nr. 5 EStG möglich (Einzelheiten → Rz. 1403). Dies gilt nicht für **beschränkt steuerpflichtige Arbeitnehmer**, da § 10 Abs. 1 Nr. 5 EStG nicht als für beschränkt steuerpflichtige Arbeitnehmer anwendbare Vorschrift in § 50 Abs. 1 Satz 4 EStG aufgenommen wurde.

2. Arbeitslohn

Entsprechende Ersatzleistungen des Arbeitgebers stellen grds. 1394
steuerpflichtigen **Arbeitslohn** dar (vgl. R 19.3 Abs. 3 Satz 1 LStR).

Ausnahmen gelten nach

- § 3 Nr. 33 EStG für Zuschüsse des Arbeitgebers für die Unterbringung nicht schulpflichtiger Kinder in Kindergärten oder vergleichbaren Einrichtungen, sofern die Voraussetzungen dieser Steuerbefreiung vorliegen (→ *Kindergarten* Rz. 2666)

- oder nach § 3 Nr. 34a EStG für bestimmte Beratungs- und Betreuungsleistungen des Arbeitgebers für die Betreuung von Kindern oder pflegebedürftigen Angehörigen (→ Rz. 1398).

LSt SV

3. Kein Arbeitslohn

a) Allgemeines

1395 Die o.g. Steuerbefreiungen kommen jedoch erst dann zur Anwendung, wenn überhaupt steuerpflichtiger Arbeitslohn anzunehmen ist.

Nicht als Arbeitslohn anzusehen sind nach der weiter geltenden R 19.3 Abs. 2 Nr. 5 LStR pauschale **Zahlungen des Arbeitgebers an ein Dienstleistungsunternehmen**, das sich verpflichtet, alle Arbeitnehmer des Auftraggebers kostenlos in persönlichen und sozialen Angelegenheiten zu beraten und zu betreuen, beispielsweise durch die Übernahme der Vermittlung von Betreuungspersonen für Familienangehörige.

b) Familienbüros

1396 **Ein weiterer Anwendungsfall dieser Regelung ist die Vermittlung von Tagesmüttern oder Babysittern.**

Beispiel:

Ein großes Unternehmen schließt mit einem „Kinderbüro/Familienservice" einen Vertrag ab, nach dem dieses sich verpflichtet, den interessierten Arbeitnehmern Tagesmütter, Babysitter und andere geeignete Betreuungspersonen zu vermitteln und deren Zuverlässigkeit zu überwachen. Die Firma vergütet diese Leistung mit einem Pauschalbetrag, der sich zwar an der Größe des Unternehmens orientiert, nicht aber an den Leistungen, die der einzelne Arbeitnehmer tatsächlich in Anspruch nimmt.

Die „reine" Vermittlung von Unterbringungs- und Betreuungsmöglichkeiten der Kinder durch Dritte fällt zwar nicht unter die Steuerbefreiung des § 3 Nr. 33 EStG. Hier liegt aber schon deshalb kein Arbeitslohn vor, weil ein geldwerter Vorteil gar nicht individuell einem einzelnen Arbeitnehmer zugeordnet werden könnte. Die Leistung des „Kinderbüros/Familienservice" dient der Belegschaft als Ganzem (FinMin Bayern v. 29.4.1996, Lohnsteuer-Handausgabe 1998, 135).

LSt SV (durchgestrichen)

Arbeitslohn liegt dagegen grds. vor, wenn der Arbeitgeber dem Arbeitnehmer Aufwendungen für Tagesmütter usw. ersetzt. Allerdings kann sich eine **Steuerbefreiung nach § 3 Nr. 34a EStG** ergeben (→ Rz. 1398).

LSt SV

c) Notbetreuung

1397 Es kommt gerade bei alleinstehenden Arbeitnehmern vor, dass ihre Kinder über die üblichen Betreuungseinrichtungen (Kindergarten, Schule) hinaus betreut werden müssen, weil der **Arbeitnehmer aus dringenden betrieblichen Gründen Überstunden machen muss oder sich auf einem Fortbildungslehrgang befindet (sog. Notbetreuung).** Ob es sich bei der Kostenübernahme durch den Betrieb um steuerpflichtigen Arbeitslohn handelt oder die Leistungen im ganz überwiegend eigenbetrieblichen Interesse des Arbeitgebers erbracht werden und damit nicht der Lohnsteuer unterliegen (vgl. H 19.0 „Allgemeines zum Arbeitslohnbegriff" LStH), ist – soweit ersichtlich – bisher **höchstrichterlich nicht geklärt.** Eine Steuerbefreiung nach § 3 Nr. 33 EStG setzt voraus, dass es sich bei der Kostenübernahme für eine Notbetreuung um Leistungen des Arbeitgebers handelt, die zusätzlich zum ohnehin geschuldeten Arbeitslohn erbracht werden (zur Zusätzlichkeitsvoraussetzung → *Barlohnumwandlung* Rz. 1218).

In Ausnahmefällen kann u.E. die Bereitstellung oder Kostenübernahme für eine Notbetreuung im Betrieb, einer Kindertageseinrichtung oder bei einer Tagesmutter **lohnsteuerfrei** sein, soweit sie sich als **notwendig für betriebsfunktionale Zielsetzungen erweist.**

Voraussetzung hierfür ist aber, dass die persönlichen Interessen der Arbeitnehmer an der Betreuung klar hinter den betrieblichen Interessen, z.B. am Zustandekommen eines dringend erforderlichen Arbeitseinsatzes, zurücktreten. Da die Betreuung der Kinder in der Mehrzahl der Fälle maßgeblich auch die persönlichen Interessen der Arbeitnehmerinnen und Arbeitnehmer berührt, liegt ein ganz überwiegendes betriebliches Interesse des Arbeitgebers nur selten vor. **Bei der Kostenübernahme für eine Notbetreuung, die zu Hause bei der Mitarbeiterin oder dem Mitarbeiter erfolgt, wird nach einem Beschluss der obersten Finanzbehörden ein überwiegendes eigenbetriebliches Interesse nicht anerkannt.**

Es besteht in diesen Fällen in der Kostenübernahme für die Kinderbetreuung zwar auch ein betriebliches Interesse; dieses ist aber nicht ganz überwiegend. Gerade die Leistungen der Kinderbetreuung zu Haus berühren in so starkem Maße die persönlichen Interessen der Arbeitnehmer, dass **Arbeitslohn** anzunehmen ist.

In diesen Fällen ist jedoch zu prüfen, ob und inwieweit die **Steuerbefreiung nach § 3 Nr. 34a EStG** in Betracht kommt (→ Rz. 1398).

LSt SV

4. Steuerbefreiung nach § 3 Nr. 34a EStG

a) Die gesetzliche Regelung

Um die Rahmenbedingungen für eine bessere Vereinbarkeit von Beruf und Familie zu verbessern und um z.B. den Beschäftigten, die nach der Elternzeit wieder in den Beruf zurückkehren, den Wiedereinstieg problemloser zu ermöglichen oder die Arbeitnehmer, die pflegebedürftige Angehörige betreuen, zu unterstützen, soll die seit 2015 eingeführte Steuerbefreiung nach § 3 Nr. 34a EStG dem Arbeitgeber die Möglichkeit bieten, seine Arbeitnehmer mit steuerfreien Serviceleistungen zu unterstützen und so die Vereinbarkeit von Beruf und Familie zu erleichtern (s. zur Gesetzesbegründung BR-Drucks. 432/14). 1398

Nach § 3 Nr. 34a EStG bleiben steuerfrei (und damit auch beitragsfrei) zusätzlich zum ohnehin geschuldeten Arbeitslohn erbrachte Leistungen des Arbeitgebers

- an ein **Dienstleistungsunternehmen, das den Arbeitnehmer hinsichtlich der Betreuung von Kindern oder pflegebedürftigen Angehörigen berät oder hierfür Betreuungspersonen vermittelt** (§ 3 Nr. 34a Buchst. a EStG) sowie
- zur **kurzfristigen Betreuung (sog. Notbetreuung) von Kindern** i.S.d. § 32 Abs. 1 EStG, die das 14. Lebensjahr noch nicht vollendet haben oder die wegen einer vor Vollendung des 25. Lebensjahres eingetretenen körperlichen, geistigen oder seelischen Behinderung außerstande sind, sich selbst zu unterhalten, oder **pflegebedürftigen Angehörigen** des Arbeitnehmers, wenn die Betreuung aus **zwingenden und beruflich veranlassten Gründen notwendig** ist, auch wenn sie im privaten Haushalt des Arbeitnehmers stattfindet, soweit die Leistungen **600 € im Kalenderjahr nicht übersteigen** (§ 3 Nr. 34a Buchst. b EStG).

b) Leistungen zusätzlich zum ohnehin geschuldeten Arbeitslohn

Durch das Merkmal „zusätzlich zum ohnehin geschuldeten Arbeitslohn" wird sichergestellt, dass die Steuerbefreiung allein für Leistungen beansprucht werden kann, die der Arbeitgeber zusätzlich für den Zweck „bessere Vereinbarkeit von Familie und Beruf" erbringt (zur Zusätzlichkeitsvoraussetzung → *Barlohnumwandlung* Rz. 1218). 1399

c) Beratungs- und Vermittlungsleistungen

Die Steuerbefreiung nach § 3 Nr. 34a Buchst. a EStG umfasst **zusätzliche Arbeitgeberleistungen zu Gunsten eines Dienstleistungsunternehmens (also keine direkten Zahlungen an Arbeitnehmer!)**, das den Arbeitnehmer hinsichtlich 1400

- der Betreuung von Kindern oder
- pflegebedürftigen Angehörigen

berät oder hierfür Betreuungspersonal vermittelt. **Diese Leistungen sind der Höhe nach unbegrenzt steuerbefreit.**

Die Steuerfreiheit umfasst dabei auch die Beratungs- und Vermittlungsleistungen, die von Fremdfirmen angeboten werden und durch den Arbeitgeber beauftragt werden.

Beispiel:

Auf Grund des mehrtägigen Streiks der Erzieher in den städtischen Kindergärten wendet sich Arbeitgeber A an ein Dienstleistungsunternehmen, das für eine Mitarbeiterin, die ein 3-jähriges Kind hat, Unterbringungsmöglichkeiten vermittelt (Kosten 1 000 €).

Es handelt sich um einen nach § 3 Nr. 34 Buchst. a EStG steuerfreien Sachbezug; anders als bei der Steuerbefreiung nach § 3 Nr. 34 Buchst. b EStG ist die **Begrenzung auf 600 € hier unbeachtlich.**

Leistungen des Arbeitgebers für die Vermittlung einer Unterbringungs- und Betreuungsmöglichkeiten der Kinder durch Dritte fallen zwar wie bisher nicht unter die Steuerbefreiung des § 3 Nr. 33 EStG, → *Kindergarten* Rz. 2666 (R 3.33 Abs. 1 Satz 3 LStR). Nunmehr kommt jedoch eine Steuerbefreiung nach § 3 Nr. 34a Buchst. a EStG in Betracht.

d) Betreuungsleistungen (Notbetreuung)

1401 Des Weiteren sind Leistungen des Arbeitgebers zur **kurzfristigen Betreuung von Kindern oder pflegebedürftigen Angehörigen** des Arbeitnehmers nach § 3 Nr. 34a Buchst. b EStG bis 600 € (Freibetrag) steuerfrei, wenn die Betreuung aus zwingenden und beruflich veranlassten Gründen notwendig ist (sog. **Notbetreuung**), auch wenn sie im Privathaushalt des Arbeitnehmers stattfindet.

Dazu gehören Betreuungsaufwendungen für eine **zusätzliche, außergewöhnliche** – also außerhalb der regelmäßig üblicherweise erforderlichen – Betreuung, die z.B.

- durch dienstlich veranlasste Fortbildungsmaßnahmen des Arbeitnehmers,
- einen zwingenden beruflichen Einsatz zu außergewöhnlichen Dienstzeiten
- oder bei Krankheit eines Kindes bzw. pflegebedürftigen Angehörigen, notwendig werden.

Die Notbetreuung kann auch durch eine Kinderpflegerin, Hausgehilfin oder Familienangehörige erfolgen, soweit die in Rechnung gestellten Leistungen dem Üblichen entsprechen.

Nach dem Gesetzeswortlaut des § 3 Nr. 34a EStG sind Kinder i.S.d. § 32 Abs. 1 EStG gemeint, die das 14. Lebensjahr noch nicht vollendet haben oder die wegen einer vor Vollendung des 25. Lebensjahres eingetretenen körperlichen, geistigen oder seelischen Behinderung außerstande sind, sich selbst zu unterhalten. Die Finanzverwaltung beanstandet es jedoch nicht, wenn bei einer Notbetreuung der im Haushalt lebenden leiblichen Kinder des Ehegatten bzw. Lebenspartners des Arbeitnehmers (Stiefkinder) die Erstattungen des Arbeitgebers steuerfrei bleiben. **Nicht** nach § 3 Nr. 34a Buchst. b EStG begünstigt sind jedoch die Leistungen des Arbeitgebers, die für Kinder der Partnerin oder des Partners einer **nichtehelichen Lebensgemeinschaft** geleistet werden.

Kinder i.S.d. § 32 Abs. 1 EStG sind Kinder, die im ersten Grad mit dem Stpfl. verwandt sind sowie Pflegekinder. Zu den nach § 3 Nr. 34a Buchst. b EStG begünstigten Kindern zählen – analog zum Kinderbegriff nach § 63 EStG – auch die im Haushalt des Arbeitnehmers aufgenommen Kinder des Ehegatten bzw. Lebenspartners (**Stiefkinder**) und die aufgenommenen **Enkel**.

Fahrt- und Übernachtungskosten der Betreuungsperson und der betreuten Person sind auch Betreuungskosten, die i.R. des § 3 Nr. 34a Buchst. b EStG steuerfrei vom Arbeitgeber geleistet werden können. Fahrt- und Übernachtungskosten können auch dann steuerfrei erstattet werden, wenn die **Betreuung unentgeltlich** erfolgt und somit ausschließlich Fahrt- oder Übernachtungskosten anfallen.

Der gesetzlich festgelegte Freibetrag für diese zusätzliche außergewöhnliche Betreuung von **600 €** je Kalenderjahr und Arbeitnehmer soll einer gewissen typisierten sachlichen Begrenzung der Steuerbefreiung dienen. Es handelt sich um einen **Freibetrag, d.h. übersteigende Aufwendungen sind steuerpflichtig.** Bei dem Betrag von 600 € handelt es sich um einen **jährlichen Höchstbetrag**, der nur einmal in Anspruch genommen werden kann, unabhängig davon, ob der Arbeitnehmer im Kalenderjahr nacheinander oder nebeneinander in mehreren Dienstverhältnissen steht.

Beispiel:

Wie vorstehendes Beispiel. Das Kind der Mitarbeiterin hatte einen Unfall und muss vier Wochen zu Hause betreut werden. Die Mitarbeiterin beschäftigt für diese Zeit – nach Vermittlung durch ein Dienstleistungsunternehmen – eine Tagesmutter, die das Kind während der beruflichen Abwesenheit der Mutter zu Hause betreut. Die Kosten der Tagesmutter (1 000 €) trägt zunächst die Mutter, lässt sich diese aber anschließend vom Arbeitgeber ersetzen. Außerdem zahlt der Arbeitgeber 300 € an ein Dienstleistungsunternehmen für die Vermittlung der Tagesmutter.

Die Erstattung der Kosten (Geldzuwendung) für die Tagesmutter ist bis zur Höhe von 600 € im Jahr nach § 3 Nr. 34a Buchst. b EStG steuerfrei. Der übersteigende Betrag von 400 € ist steuer- und beitragspflichtig.

Die Kosten für die Vermittlung der Tagesmutter (Sachzuwendung) bleiben **daneben** nach § 3 Nr. 34a Buchst. a EStG steuerfrei.

Handelt es sich bei der Leistung um eine **Sachzuwendung**, die mit dem Marktpreis gem. § 8 Abs. 2 Satz 1 EStG bewertet wird, kann auf den 600 € übersteigenden Betrag die **50 €-Freigrenze** nach § 8 Abs. 2 Satz 11 EStG zur Anwendung kommen. Durch die steuerfreie Leistung von maximal 600 € wird die 50 €-Freigrenze nicht verbraucht.

e) Aufzeichnungen im Lohnkonto

Die Verwendung der steuerfreien Geld- oder Sachleistung ist vom 1402
Arbeitgeber durch entsprechende Originalbelege im Lohnkonto des jeweiligen Arbeitnehmers nachzuweisen. Hierdurch soll sichergestellt werden, dass zumindest die Aufwendungen nicht mehrfach durch unterschiedliche Arbeitgeber bezuschusst werden. Bei Barleistungen des Arbeitgebers müssen dem Arbeitnehmer entsprechende Aufwendungen entstanden sein.

5. Kinderbetreuungskosten als Sonderausgaben

Seit **2012 kommt für Kinderbetreuungskosten nur noch ein** 1403
beschränkter Abzug als Sonderausgaben nach § 10 Abs. 1 Nr. 5 EStG in Betracht. Dabei kommt es nicht mehr darauf an, ob Kinderbetreuungskosten z.B. wegen Berufstätigkeit oder Krankheit der Eltern anfallen (BMF v. 14.3.2012, IV C 4 – S 2221/07/0012 :012, BStBl I 2012, 307 und ergänzend OFD Niedersachsen v. 9.8.2012, S 2221b – 1 – St 236).

Nach § 10 Abs. 1 Nr. 5 EStG als Sonderausgaben abzugsfähig sind

- **80 % der Aufwendungen (bis 2024: zwei Drittel der Aufwendungen), höchstens 4 800 € je Kind (bis 2024: 4 000 € je Kind)**, für Dienstleistungen zur Betreuung eines zum Haushalt des Stpfl. gehörenden Kindes i.S.d. § 32 Abs. 1 EStG (diese Abzugsbeschränkung verstößt nicht gegen das Grundgesetz, BFH v. 5.7.2012, III R 80/09, BStBl II 2012, 816 m.w.N. und sinngemäß FG Hamburg v. 16.5.2017, 2 K 75/16, im Übrigen wurden die Abzugsbeschränkungen mit dem Jahressteuergesetz 2024 v. 2.12.2024, BGBl. I 2024, Nr. 387, ab Vz 2025 angepasst),
- welches das **14. Lebensjahr noch nicht vollendet** hat (diese Altersgrenze ist ebenfalls verfassungsgemäß, vgl. FG Nürnberg v. 15.12.2016, 4 K 651/15),
- oder wegen **einer vor Vollendung des 25. Lebensjahres eingetretenen körperlichen, geistigen oder seelischen Behinderung außer Stande ist, sich selbst zu unterhalten.**

Bei der Ermittlung der Bemessungsgrundlage der als Sonderausgaben abziehbaren Kinderbetreuungskosten nach § 10 Abs. 1 Nr. 5 EStG sind vom **Arbeitgeber steuerfrei gezahlte Zuschüsse nach § 3 Nr. 33 EStG** zur Betreuung des Kindes im Kindergarten oder vergleichbaren Einrichtungen auf den Bruttobetrag der Kinderbetreuungskosten anzurechnen (BFH v. 14.4.2021, III R 30/20, BStBl II 2021, 772).

Der Begriff der **Kinderbetreuung** ist weit zu fassen. Er umfasst nicht nur die behütende und beaufsichtigende Betreuung, sondern auch die pädagogisch sinnvolle Gestaltung der in Kindergärten und ähnlichen Einrichtungen verbrachten Zeit. Der Bildungsauftrag dieser Einrichtungen hindert den vollständigen Abzug der von den Eltern geleisteten Beiträge und Gebühren grds. nicht (BFH v. 19.4.2012, III R 29/11, BStBl II 2012, 862).

Nicht begünstigt sind dagegen Aufwendungen für Unterricht, die Vermittlung besonderer Fähigkeiten sowie für sportliche und andere Freizeitbetätigungen (§ 10 Abs. 1 Nr. 5 Satz 2 EStG). Nicht begünstigte Aufwendungen für Unterricht oder die Vermittlung besonderer Fähigkeiten liegen nur dann vor, wenn die Dienstleistungen in einem regelmäßig organisatorisch, zeitlich und räumlich verselbständigten Rahmen stattfinden und die vom Leistungserbringer während der Unterrichtszeit ausgeübte Aufsicht über das Kind und damit die behütende Betreuung gegenüber der Vermittlung der besonderen Fähigkeiten als dem Hauptzweck der Dienstleistung in den Hintergrund rückt. Werden den Kindern im Kindergarten – neben der eigentlichen Betreuung durch Erzieher – durch sog. Sprachassistenten spielerisch

Grundkenntnisse in einer Fremdsprache beigebracht, ist dies noch der nach § 10 Abs. 1 Nr. 5 EStG begünstigten Betreuung zuzurechnen (BFH v. 19.4.2012, III R 29/11, BStBl II 2012, 862). Im Übrigen haben die obersten Finanzbehörden entschieden, auch den **Vorschulbesuch** in die Steuervergünstigung einzubeziehen, denn „Unterricht" beginnt erst mit dem Eintritt in eine Grundschule (FinMin Berlin v. 11.2.2008, III B 24 – S 2288a – 1/2007).

Nicht abzugsfähig sind Aufwendungen für **Ferienreisen** oder ein **Ferienlager** der Kinder, wenn sie wegen ihrer inhaltlichen Ausgestaltung das Merkmal der Freizeitbetätigung i.S.d. § 10 Abs. 1 Nr. 5 Satz 2 EStG erfüllen (BFH v. 23.1.2025, III R 33/24, III R 50/17, BStBl II 2025, 516).

Dagegen sind **Unterbringungskosten in einem Internat** bei einem Kind unter 14 Jahren als Kinderbetreuungskosten anzuerkennen. Der vom Gesetz nicht definierte Begriff der Kinderbetreuung ist weit zu fassen. Neben der behütenden und beaufsichtigenden Betreuung i.S. eines Schutzes vor Gefahren, Verletzungen und Schäden umfasst er grds. auch die Personensorge i.S.d. § 1631 BGB (FG Thüringen v. 25.10.2016, 2 K 95/15, EFG 2016, 1940 sowie FinMin Schleswig-Holstein, Einkommensteuer-Kurzinformation Nr. 2017/25 v. 21.12.2017, VI 303 – S 2221 – 356).

Ist das zu betreuende Kind nicht nach § 1 Abs. 1 oder 2 EStG unbeschränkt einkommensteuerpflichtig, ist der Betrag von 4 800 € (bis 31.12.2024: 4 000 €) nach § 10 Abs. 1 Nr. 5 Satz 3 EStG zu kürzen, soweit es nach den Verhältnissen im Wohnsitzstaat des Kindes notwendig und angemessen ist (sog. **Ländergruppeneinteilung**, BMF v. 18.12.2023, IV D 5 – S 2285/19/10001 :004, BStBl I 2023, 2236).

Voraussetzung für den Abzug der Aufwendungen ist weiterhin, dass der Stpfl. für die Aufwendungen eine **Rechnung erhalten hat und die Zahlung auf das Konto des Erbringers der Leistung erfolgt ist** (§ 10 Abs. 1 Nr. 5 Satz 4 EStG). Rechnung in diesem Sinne kann auch eine auf gesetzlichen Regelungen beruhende Abtretungserklärung über die gesetzlich bestimmten monatlichen Zahlbeträge aus der Erziehungsgeldbewilligung sein. Bei gesetzlich angeordneter Abtretung kann es unbeachtlich sein, wenn die Zahlung auf das Konto des Betreuungsleistungsträgers durch einen Dritten erfolgt.

Aufwendungen für Dienstleistungen zur Betreuung eines zum Haushalt des Stpfl. gehörenden Kindes nach § 9c Abs. 3 Satz 3 EStG a.F. können auch bei einer i.R. eines **geringfügigen Beschäftigungsverhältnisses beschäftigten Betreuungsperson** nur dann steuerrechtlich berücksichtigt werden, wenn die Zahlungen auf ein Konto der Betreuungsperson erfolgt sind (BFH v. 18.12.2014, III R 63/13, BStBl II 2015, 583). Das Urteil gilt sinngemäß für die Nachfolgeregelung des § 10 Abs. 1 Nr. 5 EStG (Abzug von Kinderbetreuungskosten als Sonderausgaben). Nach Satz 4 der Vorschrift ist Voraussetzung für den Abzug, dass der Stpfl. für die Aufwendungen eine Rechnung erhalten hat und die Zahlung auf das Konto des Erbringers der Leistung erfolgt.

Auch das FG Köln hat die Verwaltungsauffassung bestätigt, nach der bar geleistete Kinderbetreuungskosten nicht abziehbar sind (FG Köln v. 10.1.2014, 15 K 2882/13, EFG 2014, 1085). Die Ungleichbehandlung zwischen baren und unbaren Zahlungsvorgängen wird als durch das am Gemeinwohl orientierte Ziel gerechtfertigt angesehen, die Schwarzarbeit im Privathaushalt zu bekämpfen. Dies gilt sowohl für die Kinderbetreuung im Privathaus des Stpfl. (z.B. Au-Pair-Mädchen, angestellte Kinderfrau, Babysitter) als auch bei außerhäuslichen Betreuungsformen (z.B. Tagesmutter, Betreuung bei Großeltern oder anderen Verwandten), selbst wenn die Betreuungsperson auf Barzahlung bestanden hat (BFH v. 8.5.2012, III B 2/11). Das gilt auch für Zahlungen an ausländische Au-Pair-Mädchen; der Ausschluss von Barzahlungen bewirkt offensichtlich keine dem Unionsrecht widersprechende versteckte Diskriminierung (BFH v. 23.3.2012, III B 126/11).

„Aufwendungen" setzen den Einsatz eigener Mittel oder Mittel, die dem Stpfl. von einem Dritten zur Verfügung gestellt worden sind, voraus. Leistungen aus einem bewilligten **Landeserziehungsgeld** stellen auch dann eigene Mittel im vorgenannten Sinne dar, wenn sie auf Grund gesetzlicher Anordnung an den Träger der Kindertagesstätte für die Betreuung des Kindes abgetreten werden müssen (FG Thüringen v. 17.3.2010, 4 K 828/08, EFG 2010, 1407).

Zum Abzug von Kinderbetreuungskosten bei der Beschäftigung sog. **Au-pairs oder naher Angehöriger** s. OFD Koblenz v. 25.5.2009, S 2144d A – St 32 3.

Das FG Baden-Württemberg hat mit Urteil v. 9.5.2012, 4 K 3278/11, EFG 2012, 1439 entschieden, dass die **Fahrtkosten, die einer Großmutter im Zusammenhang mit der unentgeltlichen Betreuung ihres Enkelkindes** entstanden sind und ihr von den Eltern des Kindes erstattet werden, bei entsprechender Vertragsgestaltung bei den Eltern als Kinderbetreuungskosten abziehbar sind. In vielen Fällen scheitert der Abzug jedoch daran, dass den Betreuungsleistungen der Großeltern keine klare und eindeutige Vereinbarung zu Grunde liegt, die inhaltlich dem zwischen fremden Dritten entspricht und tatsächlich so durchgeführt wird, oder dass die zunächst gezahlten Beträge den Eltern kurze Zeit danach wieder zurücküberwiesen werden (vgl. FG Nürnberg v. 30.5.2018, 3 K 1382/17, sowie FG Nürnberg v. 12.8.2019, 4 K 936/18, EFG 2020, 707).

Die obersten Finanzbehörden haben entschieden, dass – wenn die Voraussetzungen für den Abzug nur für einen Teil des Jahres erfüllt sind – die **Aufteilung** der Kinderbetreuungskosten aus Vereinfachungsgründen **monatsweise** (also nicht taggenau) vorgenommen werden kann (OFD Koblenz v. 5.2.2008, S 2144d/S 2221b/S 2350 A – St 32 3).

Bei Eltern, die in einer **eheähnlichen Gemeinschaft** leben, können Kinderbetreuungskosten nur von demjenigen abgezogen werden, der sie getragen hat; wenn von den zusammen lebenden, nicht miteinander verheirateten Eltern nur ein Elternteil den Vertrag mit der Kindertagesstätte abschließt und das Entgelt von seinem Konto zahlt, dann kann dieses weder vollständig noch anteilig dem anderen Elternteil unter dem Gesichtspunkt des abgekürzten Zahlungs- oder Vertragswegs als von ihm getragener Aufwand zugerechnet werden (BFH v. 25.11.2010, III R 79/09, BStBl II 2011, 450).

Es ist gefragt worden, wie die **nachträgliche Zahlung bzw. Erstattung von Kinderbetreuungskosten** steuerlich zu behandeln ist. Hintergrund sind diverse kommunale Satzungen, nach denen sich die Höhe der Elternbeiträge für den Besuch eines Kindes in einer Kindertageseinrichtung grds. nach dem Einkommen der Eltern im vorangegangenen Kalenderjahr richtet. Abweichend davon ist das tatsächliche Jahreseinkommen zu Grunde zu legen, wenn es voraussichtlich auf Dauer höher oder niedriger ist als das Einkommen des vorangegangenen Jahres. Der Elternbeitrag ist in einem solchen Fall neu festzusetzen. Dabei erfolgt zunächst eine vorläufige Festsetzung, für die das Einkommen des Jahres geschätzt wird. Nach Vorlage der gesamten Einkommensnachweise für das Jahr wird der Beitrag dann zu einem späteren Zeitpunkt endgültig festgesetzt. Die Finanzverwaltung verfährt wie folgt:

Beispiel 1:

Ehegatten werden gemeinsam zur Einkommensteuer veranlagt. Die in 2019 geborene Tochter besucht bis August 2025 einen Kindergarten und seit September 2025 die Grundschule (Hortgebühren seit September monatlich 70 €). Für die Monate Januar bis August 2025 wurden im Kalenderjahr 2025 Elternbeiträge (Kita-Gebühren) i.H.v. 200 € monatlich gezahlt. Für den Veranlagungszeitraum 2025 machen die Ehegatten Kinderbetreuungskosten i.H.v. (200 € × 8 + 70 € × 4 =) 1 880 € in ihrer Einkommensteuererklärung geltend. Diese werden i.H.v. (80% =) 1 504 € als Sonderausgaben berücksichtigt.

Im Kalenderjahr 2026 fallen Hortgebühren i.H.v. (70 € × 12 =) 840 € an. Des Weiteren erfolgt im März 2026 die endgültige Festsetzung der Kindergartenbeiträge für das Kalenderjahr 2025. Es ergibt sich eine Nachzahlung i.H.v. 80 € × 8 Monate = 640 €.

Für die Frage der Abzugsfähigkeit kommt es darauf an, ob in dem Zeitraum, für den die Aufwendungen geleistet werden, die Voraussetzungen für eine Abzugsfähigkeit erfüllt sind. Für den Abzug von Sonderausgaben gilt das Zu- und Abflussprinzip des § 11 EStG.

Es sind somit im Veranlagungszeitraum 2025 Kinderbetreuungskosten i.H.v. (80 % von (840 € + 640 €) =) 1 184 € zu berücksichtigen.

Beispiel 2:

Wie Beispiel 1, es ergibt sich jedoch eine Erstattung i.H.v. 120 € × 8 Monate = 960 €.

Es sind die im Veranlagungszeitraum 2026 gezahlten mit den in diesem Veranlagungszeitraum erstatteten Kinderbetreuungskosten zu verrechnen. In Höhe des Erstattungsüberhangs ist der Sonderausgabenabzug der Kinderbetreuungskosten für das 2026 zu korrigieren, da eine Verrechnung mit anderen Sonderausgaben nicht möglich ist.

6. Kindertagespflege

1404 Bei der Kindertagespflege nach § 22 SGB VIII soll eine Kindertagespflegeperson ein einer Kindertagesstätte ähnliches Angebot im familiären Rahmen bieten. Wird die Kindertagespflege im Haushalt der Kindertagespflegeperson, der Personensorgeberechtigten des Kindes oder in anderen geeigneten Räumen vorgenommen und betreut die Kindertagespflegeperson Kinder verschiedener Personensorgeberechtigter eigenverantwortlich, handelt es sich um eine **selbständige** erzieherische Tätigkeit i.S.v. § 18 Abs. 1 Nr. 1 EStG.

Betreut die Kindertagespflegeperson ein Kind oder mehrere Kinder in dessen/deren Familie nach Weisungen der Personensorgeberechtigten, ist sie i.d.R. **Arbeitnehmer**, die Personensorgeberechtigten sind die Arbeitgeber. **In diesem Fall erzielt die Kindertagespflegeperson Einkünfte aus nichtselbständiger Arbeit i.S.v. § 19 EStG.** Von den Einnahmen aus der Tätigkeit als Kindertagespflegeperson können die tatsächlich angefallenen Werbungskosten (§ 9 Abs. 1 EStG) oder alternativ der Arbeitnehmer-Pauschbetrag (§ 9a Satz 1 Nr. 1 Buchst. a EStG) von 1 230 € (ab 2023, für 2022: 1 200 €) abgezogen werden. Weitere Einzelheiten, auch zur **Ermittlung des Gewinns** bei einer selbständigen Kindertagespflegeperson und den von der Finanzverwaltung zugelassenen Betriebsausgabenpauschalen, s. BMF v. 11.11.2016, IV C 6 – S 2246/07/10002 :005, BStBl I 2016, 1236.

Ein Abzug anteiliger **Aufwendungen für das selbstgenutzte Wohnhaus** als Betriebsausgaben einer selbständigen Tagesmutter kommt nicht in Betracht, wenn nicht nach objektivierbaren Kriterien bestimmt werden kann, in welchem Umfang eine Nutzung der teils gemischt, teils ausschließlich genutzten Räumlichkeiten des Hauses im Zusammenhang mit der Tätigkeit als Tagesmutter erfolgte. Bei einer Gesamtschau kam im Streitfall wegen des Ineinandergreifens privater und beruflicher Nutzung **eine Aufteilung nach Flächen- oder Zeitanteilen nicht in Betracht**; ein anderer Aufteilungsmaßstab unter Zugrundelegung objektiv bestimmbarer Kriterien war nicht ersichtlich (FG Baden-Württemberg v. 7.5.2019, 8 K 751/17). Im Streitfall verblieb es bei der Berücksichtigung der **Betriebskostenpauschale** nach dem o.g. BMF-Schreiben v. 11.11.2016.

7. Betreuung von Kindern und Jugendlichen

1405 Für Kinder in Vollzeitpflege (§ 33 SGB VIII), für die Erziehung in einer Tagesgruppe (§ 32 SGB VIII), für die Heimerziehung/Erziehung in sonstiger betreuter Wohnform (§ 34 SGB VIII), für die intensive sozialpädagogische Einzelbetreuung (§ 35 SGB VIII) nach § 39 SGB VIII vereinnahmte Gelder zum Unterhalt des Kindes oder des Jugendlichen, sowie für vereinnahmte Gelder für die Unterbringung und Betreuung bei Inobhutnahme von Kindern und Jugendlichen (§§ 42, 42a SGB VIII) gilt Folgendes (BMF v. 31.8.2021, IV C 3 – S 2342/20/0003 :138, BStBl I 2021, 1802):

a) Vollzeitpflege (§ 33 SGB VIII)

1406 Die Vollzeitpflege nach § 33 SGB VIII dient dazu, einem Kind zeitlich befristet oder dauerhaft im Haushalt der Pflegeeltern ein neues Zuhause zu bieten. Zwischen Pflegeeltern und Kind soll ein dem Eltern-Kind-Verhältnis ähnliches Band entstehen. Formen der Vollzeitpflege sind die Dauerpflege, die Kurzzeitpflege, die Bereitschaftspflege, die Wochenpflege, die Sonderpflege sowie die Familienpflege für besonders beeinträchtigte Kinder und Jugendliche. Auch die Betreuung von Kindern und Jugendlichen im Privathaushalt ausgebildeter Erzieher stellt eine Vollzeitpflege nach § 33 SGB VIII dar (BFH v. 5.11.2014, VIII R 29/11, BStBl II 2017, 432).

I.R. der Vollzeitpflege wird Pflegegeld ausgezahlt, welches die materiellen Aufwendungen und die Kosten der Erziehung abdeckt. Zusätzlich werden anlassbezogene Beihilfen und Zuschüsse geleistet. **Sowohl das Pflegegeld als auch die anlassbezogenen Beihilfen und Zuschüsse aus öffentlichen Mitteln sind steuerfreie Beihilfen i.S.d. § 3 Nr. 11 EStG, die die Erziehung unmittelbar fördern, sofern eine Erwerbstätigkeit nicht vorliegt.** Werden mehr als sechs Kinder gleichzeitig im Haushalt aufgenommen, wird eine Erwerbstätigkeit vermutet. Bei einer **Betreuung von bis zu sechs Kindern** ist ohne weitere Prüfung davon auszugehen, dass die Pflege nicht erwerbsmäßig betrieben wird. Weder die besondere Qualifikation noch ein in diesem Kontext für eine Familienpflege für besonders beeinträchtigte Kinder gezahltes bedarfsabhängiges erhöhtes Pflegegeld schließen die Annahme einer Beihilfe zur Förderung der Erziehung i.S.v. § 3 Nr. 11 EStG aus.

Die Bestandteile der **Vergütungen** an Bereitschaftspflegepersonen, die unabhängig von der tatsächlichen Aufnahme von Kindern geleistet werden, fördern nicht unmittelbar die Erziehung. Für den Fall, dass sog. **Platzhaltekosten und Bereitschaftsgelder** gezahlt werden, sind diese – mit Ausnahme der Erstattungen zur Unfallversicherung und Altersvorsorge – insoweit **steuerpflichtig.**

b) Erziehung in einer Tagesgruppe (§ 32 SGB VIII)

Die Hilfe zur Erziehung in einer Tagesgruppe soll die Entwicklung 1407
des Kindes oder Jugendlichen durch soziales Lernen in der Gruppe, Begleitung der schulischen Förderung und Elternarbeit unterstützen und dadurch den Verbleib des Kindes oder des Jugendlichen in seiner Familie sichern. Die Ausgestaltung der Hilfe zur Erziehung in einer **Tagesgruppe** findet i.d.R. in institutionalisiertem Rahmen nach § 32 Satz 1 SGB VIII statt. Die Betreuung wird von beim Träger angestellten Fachkräften erwerbsmäßig geleistet. Diese Tagesgruppen als Teil einer Einrichtung unterliegen dem Erlaubnisvorbehalt (§ 45 SGB VIII). **Die Einnahmen hieraus sind nicht nach § 3 Nr. 11 EStG steuerfrei.**

§ 32 Satz 2 SGB VIII ermöglicht die Hilfe zur Erziehung in einer Tagesgruppe auch in geeigneten Formen der **Familienpflege**. Diese Form der spezialisierten Tagespflege nach § 32 Satz 2 SGB VIII erfordert, dass die betreuende Person bestimmte pädagogische Voraussetzungen erfüllt. Sie unterscheidet sich daher von der Kindertagespflege nach § 23 SGB VIII. Die Hilfe nach § 32 Satz 2 SGB VIII bietet über die typische Betreuungs- und Erziehungsform einer Kindertagespflege hinaus vor allem älteren Kindern mit Leistungs- und Verhaltensproblemen Hilfestellung. Wird eine solche Hilfe gewährt, so wird auch der notwendige Unterhalt des Kindes oder Jugendlichen außerhalb des Elternhauses sichergestellt. Er umfasst die Kosten für den Sachaufwand sowie für die Pflege und Erziehung des Kindes oder Jugendlichen. Bei diesen Geldleistungen der Jugendämter handelt es sich um **Beihilfen**, die unmittelbar die Erziehung fördern und aus öffentlichen Mitteln geleistet werden. **Sie sind daher bei der Pflegeperson als steuerfreie Einnahme i.S.d. § 3 Nr. 11 EStG zu behandeln.**

c) Heimerziehung/Erziehung in sonstiger betreuter Wohnform (§ 34 SGB VIII)

Hilfe zur Erziehung in einer Einrichtung über Tag und Nacht 1408
(Heimerziehung) oder in einer sonstigen betreuten Wohnform soll Kinder und Jugendliche durch eine Verbindung von Alltagserleben mit pädagogischen und therapeutischen Angeboten in ihrer Entwicklung fördern. Das langfristige Ziel dieser Form der Pflege ist – entsprechend dem Alter und Entwicklungsstand des Kindes oder des Jugendlichen sowie den Möglichkeiten der Verbesserung der Erziehungsbedingungen in der Herkunftsfamilie –, eine Rückkehr in diese Familie zu erreichen oder – falls dies nicht möglich ist – die Erziehung in einer anderen Familie vorzubereiten oder durch eine auf längere Zeit angelegte Lebensform auf ein selbständiges Leben vorzubereiten. Zur Heimerziehung und sonstigen betreuten Wohnform können u.a. heilpädagogische oder therapeutische Heime, Kinderdörfer, Kinderhäuser zählen.

Die sozialrechtliche Einordnung entfaltet für die Anwendung des § 3 Nr. 11 EStG, welche sich an den tatsächlichen Verhältnissen orientiert, keine Tatbestandswirkung. Ob es sich um eine Betreuung in einer Vollzeitpflegestelle nach § 33 SGB VIII oder in einem Heim oder in einer sonstigen betreuten Wohnform nach § 34 SGB VIII handelt, bestimmt sich daher allein nach den tatsächlichen Verhältnissen der konkreten Unterbringung. Sonstige betreute Wohnformen i.S.d. § 34 SGB VIII sind nur dann gegeben, wenn sie als Einrichtung einen institutionalisierten Rahmen für die stationäre Betreuung über Tag und Nacht bieten; lediglich angemietete Wohnungen oder die bloße Überlassung von Wohnraum wie z.B. eines Zimmers im Haushalt der Betreuungsperson genügen nicht. Unter „Einrichtung“ ist eine auf eine gewisse Dauer angelegte Verbindung von sächlichen und persönlichen Mitteln zu einem bestimmten Zweck unter der Verantwortung des Trägers zu verstehen. Privathaushalte der Betreuungspersonen sind daher i.d.R. keine Einrichtungen i.S.d. § 34 SGB VIII (BFH v. 5.11.2014, VIII R 29/11, BStBl II 2017, 432). Ausnahmen können im Einzelfall z.B. sog. familienangelehnte Wohngruppen darstellen, insbesondere dann, wenn neben den Pflegeeltern pädagogisch ausgebildete Fachkräfte beschäftigt werden.

Die Erziehung in sonstiger betreuter Wohnform i.S.d. § 34 SGB VIII wird anders als bei den meisten Pflegefamilien i.S.d. § 33 SGB VIII grds. durch besonders qualifizierte Fachkräfte übernommen, sodass diese Form der Erziehungshilfe in diesen Einrichtungen regelmäßig erwerbsmäßig ausgeübt wird und eine berufliche Tätigkeit der Betreuungsperson darstellt. **Die hierfür gezahlten Gelder sind wegen ihres entgeltlichen Charakters keine Beihilfen i.S.d. § 3 Nr. 11 EStG und deshalb steuerpflichtig**. Einnahmen einer Betreuungsperson gem. § 34 SGB VIII für die Pflege, Betreuung, Unterkunft und Verpflegung eines behinderten oder von Behinderung bedrohten Menschen nach § 2 Abs. 1 SGB IX sind auch **nicht nach § 3 Nr. 10 EStG steuerfrei**.

Werden der Betreuungsperson Leistungen für die Bestreitung der Sach- und Unterhaltsaufwendungen des Kindes gezahlt, gilt Folgendes:

Ist die **Betreuungsperson freiberuflich** (§ 18 Abs. 1 Nr. 1 EStG) tätig, stellen die Zahlungen für die Bestreitung der Sach- und Unterhaltsaufwendungen des Kindes **Betriebseinnahmen** dar.

Grds. sind nur die tatsächlich angefallenen und auch nachgewiesenen Sach- und Unterhaltsaufwendungen für das Kind als **Betriebsausgaben** abziehbar. Aus Vereinfachungsgründen ist es jedoch nicht zu beanstanden, wenn statt der tatsächlich angefallenen und nachgewiesenen Betriebsausgaben ein Betriebsausgabenabzug für Sach- und Unterhaltskosten des Kindes in Höhe der hierfür erhaltenen kinderbezogenen Leistungen geltend gemacht wird. Der Betriebsausgabenabzug für anderweitige, im Zusammenhang mit der Kindesbetreuung entstandene Kosten, die keine Sach- und Unterhaltsaufwendungen für das Kind darstellen, bleibt unberührt.

d) Intensive sozialpädagogische Einzelbetreuung (§ 35 SGB VIII)

1409 Intensive sozialpädagogische Einzelbetreuung soll Jugendlichen gewährt werden, die einer intensiven Unterstützung zur sozialen Integration und zu einer eigenverantwortlichen Lebensführung bedürfen. Die Hilfe ist i.d.R. auf längere Zeit angelegt und soll den individuellen Bedürfnissen des Jugendlichen Rechnung tragen. Adressaten dieser Form der Hilfe sind besonders belastete oder gefährdete Jugendliche, die Gewalt erlebt haben, Kontakt mit dem Drogen- und Prostituiertenmilieu haben und z.T. ohne feste Unterkunft oder Arbeit sind bzw. bereits häufig strafrechtlich in Erscheinung getreten sind. Der Jugendliche wird bei der Bewältigung persönlicher Krisen, der Gewinnung neuer Perspektiven sowie bei der Alltagsbewältigung in Schule, Ausbildung oder Arbeit durch eine Einzelperson intensiv begleitet.

Erfolgt die Betreuung eines Kindes bzw. Jugendlichen im Haushalt der Betreuungsperson, dann ist unabhängig von der sozialrechtlichen Qualifikation des Betreuungsverhältnisses als intensive sozialpädagogische Einzelbetreuung i.S.d. § 35 SGB VIII die steuerliche Beurteilung der hierfür gezahlten Pflegegelder ausschließlich nach Inhalt und Durchführung des individuellen Pflegeverhältnisses vorzunehmen. Maßgeblich ist, ob das Kind bzw. der Jugendliche zeitlich unbefristet Teil des Haushalts der Betreuungsperson sein soll und eine umfassende Betreuung erhält, die mit der eines leiblichen Kindes vergleichbar ist.

Leistungen, die aus öffentlichen Mitteln der Jugendhilfe für eine intensive sozialpädagogische Einzelbetreuung verhaltensauffälliger Kinder bzw. Jugendlicher erbracht werden, sind **gem. § 3 Nr. 11 EStG als steuerfreie Bezüge zu behandeln**, wenn jeweils nur ***ein*** Kind bzw. ***ein*** Jugendlicher zeitlich unbefristet in den Haushalt des Betreuers aufgenommen und dort umfassend betreut wird.

Für die steuerliche Beurteilung nicht maßgebend ist der Umstand, dass die besondere Situation der Kinder bzw. Jugendlichen hohe Anforderungen an die persönliche und fachliche Qualifikation der Pflegeperson stellt und dementsprechend dessen pädagogisches Konzept Bestandteil des Betreuungsverhältnisses ist. Ebenso ist nicht allein deswegen von einer steuerpflichtigen Vergütung auszugehen, wenn der Betrag des bedarfsabhängig gezahlten Pflegegelds die Regelsätze für die Vollzeitpflege von Kindern und Jugendlichen übersteigt, solange mit der Zahlung kein vollständiger Ersatz des sachlichen und zeitlichen Aufwands der Pflegeeltern beabsichtigt ist. Der Steuerfreiheit widerspricht es schließlich auch nicht, wenn der Betreuer und die das Pflegegeld zahlende Stelle einen jederzeit kündbaren, privatrechtlichen Pflegevertrag abgeschlossen haben. Aus der jederzeitigen Kündigungsmöglichkeit kann dabei nicht ohne Weiteres gefolgert werden, dass das Betreuungsverhältnis nur kurzfristig bestehen soll (BFH v. 14.7.2020, VIII R 27/18, BStBl II 2021, 672).

Die Annahme einer steuerpflichtigen erwerbsmäßigen Betreuung ist dagegen gerechtfertigt, wenn die Umstände des Pflegeverhältnisses für den Vergütungscharakter der gezahlten Gelder sprechen. Besonders ins Gewicht fallen dabei die Anzahl der durch die Pflegeperson betreuten Kinder bzw. Jugendlichen, sowie die Absicht einer nur kurzfristigen Betreuung.

e) Leistungen des Jugendamtes über einen zwischengeschalteten Träger der freien Jugendhilfe

Werden die nach den vorstehenden Grundsätzen als steuerfreie 1410
Beihilfe gem. § 3 Nr. 11 EStG zu beurteilenden Leistungen nach § 39 SGB VIII an Betreuungspersonen über einen zwischengeschalteten Träger der freien Jugendhilfe geleistet, steht dies der Einstufung als steuerfreie Beihilfen nach § 3 Nr. 11 EStG grds. nicht entgegen. Voraussetzung ist, dass der Finanzbedarf für die zur Betreuung erforderlichen Leistungen in den Haushaltsplänen des Trägers des zuständigen Jugendamts festgestellt wird und die Verwendung der Mittel der Rechnungskontrolle durch die Jugendhilfebehörde unterliegt. Gegenstand der notwendigen öffentlichen Rechnungskontrolle ist die Frage, ob die für ein bestimmtes Kind bewilligten Jugendhilfemittel an die vom freien Träger vertraglich zur Betreuung verpflichtete Pflegeperson tatsächlich abfließen. Es genügt für die erforderliche Kontrolle der zweckgerichteten Mittelverausgabung, wenn diese Feststellung der öffentlichen Hand anhand ggf. vom freien Träger vorzulegender Unterlagen möglich ist (BFH v. 25.3.2021, VIII R 37/19, BStBl II 2021, 685).

Der Steuerfreiheit der Beihilfe i.S.d. § 3 Nr. 11 EStG steht es grds. auch nicht entgegen, wenn vom freien Träger von dem bewilligten Tagessatz ein Eigenanteil einbehalten und nur ein (Rest-)Betrag für die Betreuung (für Honorar, Sachkostenersatz und weiterzuleitendes Taschen- und Bekleidungsgeld) an die Pflegepersonen weitergeleitet wird.

Pflegegelder eines freien Trägers der Jugendhilfe, die seit dem 1.1.2022 geleistet werden, werden jedoch nur dann als nach den haushaltsrechtlichen Vorschriften verausgabt und der gesetzlich geregelten Kontrolle der Mittelverwendung genügend anerkannt, wenn anhand geeigneter Unterlagen (z.B. durch schriftliche Bestätigung des freien Trägers oder des beteiligten Jugendamts) dokumentiert ist, dass die nachstehenden Vorgaben kumulativ erfüllt sind (BFH v. 25.3.2021, VIII R 37/19, BStBl II 2021, 685):

- das zuständige Jugendamt weiß, ob und in welcher Höhe der freie Träger einen Eigenanteil einbehält, und billigt dies,
- dem zuständigen Jugendamt steht gegen den freien Träger ein gesetzlicher oder vertraglicher Anspruch zu, auf Grund dessen es eine Rechnungslegung über die Mittelverwendung und die Vorlage geeigneter Nachweise verlangen kann.

Für Pflegegelder eines freien Trägers der Jugendhilfe, die bis zum 31.12.2021 geleistet wurden, kann unterstellt werden, dass die o.g. Kriterien erfüllt sind.

f) Erstattungen zur Unfallversicherung und Altersvorsorge

Die Leistungen des Jugendamtes umfassen nach § 39 Abs. 4 1411
SGB VIII auch die Erstattung nachgewiesener Aufwendungen für Beiträge zu einer Unfallversicherung sowie die hälftige Erstattung nachgewiesener Aufwendungen zu einer angemessenen Alterssicherung der Pflegeperson. Diese Teilbeträge sind nach **§ 3 Nr. 9 EStG steuerfrei**. Das gilt auch dann, wenn die Geldleistungen an sich steuerpflichtig sind.

g) Inobhutnahme von Kindern und Jugendlichen (§§ 42, 42a SGB VIII)

Nach § 42 SGB VIII nimmt das Jugendamt unter bestimmten Vor- 1412
aussetzungen ein Kind oder einen Jugendlichen in seine Obhut und bringt das Kind oder den Jugendlichen bei einer geeigneten

Person, in einer geeigneten Einrichtung oder in einer sonstigen Wohnform vorläufig unter. Nach § 42a SGB VIII erfolgt eine vorläufige Inobhutnahme von ausländischen Kindern und Jugendlichen nach unbegleiteter Einreise. In den Fällen der Sätze 1 und 2 gelten für die Unterbringung und Betreuung die vorstehenden Ausführungen entsprechend.

h) Betreuungspersonen, die als Arbeitnehmer tätig sind

1413 **Soweit die Betreuungsperson als Arbeitnehmer(in) tätig ist, kann nach § 3 Nr. 11 Satz 3 EStG keine Steuerbefreiung gewährt werden.**

Auch die Zahlung einer **Sach- und Unterhaltskostenpauschale** je Monat und Kind gehört grds. zu den Einkünften aus nichtselbständiger Arbeit. Sie kann jedoch aus Vereinfachungsgründen als **steuerfreier Auslagenersatz** nach § 3 Nr.50 EStG behandelt werden, wenn sie den bei Vollzeitpflege nach § 33 SGB VIII gezahlten Sätzen entspricht. Die Pauschale gehört in diesem Fall nicht zum steuerpflichtigen Arbeitslohn. Gleiches trifft auf einmalige Beihilfen zu, die auf Einzelantrag unter Beifügung eines Nachweises erstattet werden. Korrespondierend dazu dürfen nach § 3c Abs. 1 EStG die damit abgegoltenen Aufwendungen nicht als Werbungskosten geltend gemacht werden.

8. Weitere Einzelfragen

1414 Bei einer **sozialpädagogischen Lebensgemeinschaft** sind die Aufwendungen für Gemeinschaftsräume, die sowohl der eigenen Wohnnutzung des Stpfl. und seiner Familie wie auch der (entgeltlichen) Betreuung der in die Familie integrierten fremden Kinder dienen, regelmäßig nach der Zahl der der Haushaltsgemeinschaft zugehörigen Personen aufzuteilen (BFH v. 25.6.2009, IX R 49/08, BStBl II 2010, 122).

9. Sozialversicherung

a) Abgrenzung

1415 Mit dem Gesetz zur Förderung von Kindern unter drei Jahren in Tageseinrichtungen und in der Kindertagespflege (Kinderförderungsgesetz – KiföG) v. 10.12.2008, BGBl. I 2008, 2403 üben **Tagespflegepersonen i.d.R. eine selbständige Tätigkeit** aus. In der Ausbauphase der Betreuungsplätze ist bei einer Betreuung von bis zu fünf Kindern noch keine hauptberuflich selbständige Erwerbsarbeit i.S.d. SGB V anzunehmen. Diese Regelung galt bis zum 31.12.2018 und wurde auch nicht nochmals verlängert.

Im Einzelfall und in Abhängigkeit von der konkreten Ausgestaltung des Verhältnisses zwischen dem bzw. den Personensorgeberechtigten (das sind im Regelfall die Eltern) und der Tagespflegeperson kann jedoch ein **Beschäftigungsverhältnis** bestehen, wenn die für das Vorliegen eines Beschäftigungsverhältnisses von der Rechtsprechung aufgestellten Kriterien erfüllt sind. Hierbei kommt es auf die Gesamtwürdigung der tatsächlichen Umstände des Einzelfalls an.

Die Förderung der Kindertagespflege nach dem SGB VIII wird unabhängig davon erbracht, ob die von einer Tagespflegeperson in ihrem Haushalt oder im Haushalt des Personensorgeberechtigten geleistete Kindertagespflege i.R. einer selbständigen Tätigkeit oder eines abhängigen Beschäftigungsverhältnisses erbracht wird (s. zur steuerlichen Beurteilung BMF v. 11.11.2016, IV C – S 2246/07/10002 :005, BStBl I 2016, 1236). Auch die in einem Beschäftigungsverhältnis zu den Personensorgeberechtigten stehenden Tagespflegepersonen haben grds. einen Anspruch auf Erstattung der Beiträge zur Unfall-, Renten-, Kranken- und Pflegeversicherung nach Maßgabe des § 23 Abs. 2 Nr. 3 und 4 SGB VIII. Da hier die Personensorgeberechtigten als Arbeitgeber auftreten und im Innenverhältnis gegenüber der Tagespflegeperson und im Verhältnis zu den Sozialversicherungsträgern zur Leistung bzw. Beitragszahlung verpflichtet sind, kann im Wege eines öffentlich-rechtlichen Vertrags nach §§ 53 ff. SGB X zwischen Jugendamt und Tagespflegeperson bzw. Personensorgeberechtigten die Zahlung der laufenden Geldleistung an die Personensorgeberechtigten (etwa im Wege der Abtretung) vereinbart werden.

Die Geldleistungen nach § 23 Abs. 2 SGB VIII stehen zwar in engem Zusammenhang mit der Arbeitsleistung der Tagespflegeperson. Allerdings wird die Geldleistung i.R. der Übernahme der Kindertagespflege im öffentlichen Auftrag des Trägers der Jugendhilfe erbracht. Bei der Leistung handelt es sich um eine Sozialleistung i.S.d. § 11 i.V.m. § 27 Abs. 1 Nr. 3 SGB I, die i.R. eines öffentlich-rechtlichen Leistungsverhältnisses beansprucht wird. Dies schließt die Behandlung der Geldleistung als von einem Dritten gezahltes Arbeitsentgelt aus. Sofern die i.R. eines abhängigen Beschäftigungsverhältnisses einer Tagespflegeperson gewährten Geldleistungen vom Träger der Jugendhilfe an die Personensorgeberechtigten zur Auszahlung an die Tagespflegepersonen erbracht werden, ist die Leistung nach § 23 Abs. 2 Nr. 2 SGB VIII (Betrag zur Anerkennung der Förderungsleistung) Arbeitsentgelt nach § 14 Abs. 1 SGB V. Dies gilt auch für die nach § 23 Abs. 2 Nr. 1 SGB VIII für die Erstattung tatsächlicher Sachaufwandskosten gewährten Leistungen. Da die Personensorgeberechtigten nach der Intention des Gesetzgebers auch bei der Beschäftigung von Tagespflegepersonen (grds.) nicht belastet werden sollen, werden die Beitragsleistungen nach § 23 Abs. 2 Nr. 3 und 4 SGB VIII in diesen Fällen zur Finanzierung der von den Personensorgeberechtigten zu tragenden Arbeitgeberbeitragsanteile zur Kranken-, Pflege- und Rentenversicherung sowie zur Umlage zur Unfallversicherung gewährt und sind daher nicht zum Arbeitsentgelt nach § 14 Abs. 1 SGB IV zu zählen (Besprechungsergebnis der Spitzenverbände der Sozialversicherungsträger v. 30.3.2011, www.aok-business.de).

b) Kranken- und Pflegeversicherung

Die Kranken- und Pflegeversicherungsbeiträge i.R. einer freiwilligen Mitgliedschaft in der gesetzlichen Krankenversicherung berechnen sich im Jahr 2026 nach einer Mindestbemessungsgrundlage von 1 318,33 €. Weiterhin bleibt die Möglichkeit zur beitragsfreien Familienversicherung beim Ehepartner bis zu einem Gesamteinkommen von 565 € (im Jahre 2026) im Monat erhalten. Ist der Gewinn aus der Tätigkeit als selbständige Tagespflegeperson aber höher als 565 €, gibt es durch die Einstufung als selbständige Tätigkeit keine Möglichkeit einer beitragsfreien Mitversicherung mehr. Die Tagespflegeperson muss sich freiwillig in einer gesetzlichen Krankenversicherung oder aber privat versichern. Insbesondere die Regelung der Mindestbemessungsgrundlage bei Tagespflegepersonen entlastet Betreuer und Tagesmütter bei ihren Sozialversicherungsbeiträgen. 1416

Hier drei Beispiele von verheirateten Tagespflegepersonen. In allen Fällen sind beide Ehegatten gesetzlich krankenversichert und die Tagespflegeperson hat keine weiteren beitragspflichtigen Einnahmen:

1. Fall:

Eine Tagesmutter betreut nur ein Kind für 450 € im Monat als selbständige Tätigkeit. Ihr steuerlicher Gewinn wäre, abzüglich der Betriebsausgabenpauschale von 300 € je Kind und Monat, 150 €.

Krankenversicherungsbeiträge werden für sie nicht fällig, da sie unterhalb der Geringfügigkeitsschwelle 565 € (2026) für die beitragsfreie Familienversicherung liegt. Für Kommune und Tagespflegeperson fällt keine monatliche Mehrbelastung an.

2. Fall:

Die Tagesmutter betreut drei Kindern für je 500 € im Monat. Ihr steuerlicher Gewinn beträgt dann 600 €.

Betreuungsgeld (500 € × 3)	1 500 €
– Betriebsausgabenpauschale (300 € × 3)	900 €
= steuerlicher Gewinn	600 €

Da der steuerliche Gewinn i.H.v. 600,– € den Grenzwert für eine kostenfreie Familienversicherung übersteigt, hat sich die Tagesmutter selbst zu versichern. Krankenversicherungsbeiträge fallen i.H.v. 205,66 € (1 318,33 € x 15,6 % [14,0 % zuzüglich 1,6 % kassenindividueller Zusatzbeitragssatz – angenommener Wert –] an so dass sich eine monatliche Mehrbelastung für die Kommune und die Tagespflegeperson von je 102,83 € ergibt. War die Tagespflegeperson bisher schon freiwillig bei einer gesetzlichen Krankenkasse versichert, hat sie allerdings keine Mehrbelastung, sondern sogar eine Entlastung durch den hälftigen Beitragszuschuss.

3. Fall:

Betreuung von fünf Kindern für je 455 € im Monat. Betreut eine Tagesmutter fünf Kinder für je 455 €, hat sie immerhin einen steuerlichen Gewinn von 775 €.

Die Kosten für ihre Beiträge zur Krankenversicherung betragen auch dann nur 205,66 €. Ohne die Änderungen im Sozialgesetzbuch sowie die Einführung der hälftigen Erstattung hätte die Belastung für eine einzelne Tagespflegeperson um die 411 € monatlich betragen, nun liegt sie bei 102,83 € für einen vollen Krankenversicherungsschutz.

c) Rentenversicherung

1417 Tagespflegepersonen sind dann rentenversicherungspflichtig, wenn sie monatlich über den Grenzwert für Minijobs (→ *Mini-Jobs* Rz. 3161) verdienen und darüber hinaus keinen versicherungspflichtigen Mitarbeiter beschäftigen. Die Beiträge richten sich nach dem Einkommen. Das Jugendamt erstattet die Hälfte der angemessenen Beiträge. Verdienen die Tagespflegepersonen nicht mehr oder beschäftigen sie versicherungspflichtige Mitarbeiter, können sie sich freiwillig gesetzlich in der Rentenversicherung versichern.

d) Arbeitslosenversicherung

1418 Tagespflegepersonen sind nicht arbeitslosenversicherungspflichtig. Sie können sich jedoch freiwillig versichern, vorausgesetzt, die Selbständigkeit schließt sich an eine versicherungspflichtige Zeit an. Der Antrag ist innerhalb eines Monats nach Aufnahme der Tätigkeit bei der Agentur für Arbeit zu stellen. Eine Beteiligung an der Beitragslast durch das Jugendamt erfolgt nicht.

Betreuungsreise

→ *Incentive-Reisen* Rz. 2579

Betriebliche Altersversorgung

→ *Zukunftssicherung: Betriebliche Altersversorgung* Rz. 4653

Betriebliche Gesundheitsförderung

→ *Ärztliche Betreuung* Rz. 827, → *Gesundheitsförderung, betriebliche* Rz. 2367, → *Krankheitskosten* Rz. 2772

Betriebliche Weiterbildung

→ *Fortbildung* Rz. 2211

Betriebsarzt

→ *Arzt* Rz. 815

Betriebsausflug

→ *Betriebsveranstaltungen* Rz. 1427, → *Werbungskosten* Rz. 4510

Betriebskrankenkassen

→ *Krankenversicherung: gesetzliche* Rz. 2760

Betriebsnummer

→ *Meldungen für Arbeitnehmer in der Sozialversicherung* Rz. 3099

Betriebsprüfung

→ *Beitragsüberwachung* Rz. 1309, → *Lohnsteuer-Außenprüfung* Rz. 2944

Betriebsrat

1. Arbeitsrecht

1419 Der Betriebsrat vertritt die Belegschaft gegenüber dem Arbeitgeber. Die Betriebsratsmitglieder üben ihre Betriebsratstätigkeit nach § 37 Abs. 1 BetrVG als unentgeltliches **Ehrenamt** aus, haben jedoch nach § 37 Abs. 2 BetrVG Anspruch auf **Fortzahlung der Arbeitsvergütung** für die Zeit ihrer Freistellung für Betriebsratstätigkeit, nach § 37 Abs. 6 und 7 BetrVG auch unter bestimmten Voraussetzungen für die Teilnahme an Betriebsräteschulungen. Dies gilt auch für Betriebsratsmitglieder in **Teilzeitbeschäftigung**.

Insoweit kann Betriebsratsmitgliedern für Betriebsratstätigkeit außerhalb der Arbeitszeit nach § 37 Abs. 3 BetrVG Freizeitausgleich und u.U. auch **Mehrarbeitsvergütung** zustehen.

Außerdem haben Betriebsräte nach § 40 BetrVG unter bestimmten Voraussetzungen Anspruch auf **Erstattung von Aufwendungen** für sächliche Mittel und Reisekosten, z.B. bei erforderlichen Betriebsräteschulungen. Auch einzelne Betriebsratsmitglieder können eigene Ansprüche auf Bereitstellung von Sachmitteln aus § 40 Abs. 2 BetrVG geltend machen, sofern diese für ihre Tätigkeit als Betriebsratsmitglieder erforderlich sind. Ein Gremienbeschluss des Betriebsrats ist in solchen Fällen nicht erforderlich, wenn das Betriebsratsmitglied in eigener Verantwortung handelt. So kann auch die Bereitstellung von personalisierten E-Mail-Adressen, die eine Kommunikation auch außerhalb der unternehmenseigenen Domain ermöglichen, für die Wahrnehmung betriebsverfassungsrechtlicher Aufgaben einzelner Betriebsratsmitglieder erforderlich sein (LAG Niedersachsen v. 25.4.2025, 17 TaBV 62/24, NZA-RR 2025, 389).

Betriebsräte sind wegen der möglichen persönlichen Haftung zu einer kostenschonenden Politik gezwungen. So kann ein vom Betriebsrat beauftragtes Beratungsunternehmen einen direkten Anspruch gegen den Betriebsrat auf Zahlung des Honorars in der Höhe haben, in der dem Betriebsrat kein Ausgleichsanspruch gegenüber dem Arbeitgeber zusteht. Wird die Grenze des Ausgleichsanspruchs bei der Honorarvereinbarung durch die Vertreter des Betriebsrats überschritten, d.h. waren die Beratungsleistungen nicht erforderlich, so können die Vertreter des Betriebsrates entsprechend § 179 BGB haften, soweit ein Vertrag zwischen dem Beratungsunternehmen und dem Betriebsrat nicht wirksam zustande gekommen ist (BGH v. 25.10.2012, III ZR 266/11).

§§ 15 KSchG und 103 BetrVG gewähren den Betriebsratsmitgliedern einen besonderen Kündigungs- und Versetzungsschutz. Ihr Arbeitsverhältnis kann nur im Ausnahmefall durch den Arbeitgeber beendet werden: Die ordentliche Kündigung von Betriebsratsmitgliedern ist bis auf wenige Ausnahmen ausgeschlossen. Der Ausspruch einer außerordentlichen Kündigung aus wichtigem Grund bleibt davon unberührt (z.B. Arbeitszeitbetrug). Diese erfordert jedoch die vorherige Einwilligung des Betriebsrates. Verweigert der Betriebsrat die Zustimmung, kann der Arbeitgeber nach § 103 Abs. 2 BetrVG einen Antrag auf Ersetzung der Zustimmung stellen (vgl. z.B. ArbG Lüneburg v. 5.4.2023, 2 BV 6/22). Der besondere Kündigungsschutz ist auf Grund des Betriebsrätemodernisierungsgesetzes v. 18.6.2021, BGBl. I 2021, 1762 auf die Wahlinitiatoren ausgeweitet worden (§ 15 Abs. 3a Satz 1 KSchG).

Ein zulässig sachgrundlos befristetes Arbeitsverhältnis eines Betriebsratsmitglieds endet mit Ablauf der vereinbarten Befristung. Unionsrechtliche Vorgaben gebieten insoweit keine teleologische Reduktion des Anwendungsbereichs von § 14 Abs. 2 TzBfG. Benachteiligt jedoch ein Arbeitgeber ein befristet beschäftigtes Betriebsratsmitglied, indem er wegen dessen Betriebsratstätigkeit den Abschluss eines unbefristeten Folgevertrags ablehnt, hat das Betriebsratsmitglied im Wege des Schadensersatzes einen Anspruch auf Abschluss des Folgevertrags (BAG v. 18.6.2025, 7 AZR 50/24, ArbRAktuell 2025, 385).

Betriebsratsmitglieder dürfen zudem aus der Betriebsratstätigkeit auch keine sonstigen Nachteile in ihrem beruflichen Fortkommen erleiden. Sie sind also insbesondere nach dem Ende der Betriebsratstätigkeit so zu stellen, als hätten sie die betriebsübliche Entwicklung genommen. Eine Entwicklung ist betriebsüblich, die bei objektiv vergleichbarer Tätigkeit Arbeitnehmer mit vergleichbarer fachlicher und persönlicher Qualifikation bei Berücksichtigung der normalen betrieblichen und personellen Entwicklung in beruflicher Hinsicht genommen haben (BAG v. 17.8.2005, 7 AZR 528/04). Betriebsratsmitglieder dürfen indes auch nicht begünstigt werden (§ 78 Satz 2 BetrVG). Wer sich auf einen Verstoß gegen das Begünstigungsverbot beruft, muss das beweisen. Gelingt der Nachweis nicht, darf eine Verletzung der betriebsverfassungsrechtlichen Pflichten nicht angenommen und folglich auch die Verwirklichung des Untreuetatbestands nicht darauf gestützt werden (a.A. offenbar LG Braunschweig v. 28.9.2021, 16 KLs 85/19 u.a.). Der BGH hat mit

Urteil vom 10.1.2023 (6 StR 133/22) das Urteil des LG Braunschweig zur Vergütung von Betriebsräten der Volkswagen AG aufgehoben und die Sache zu neuer Verhandlung und Entscheidung an eine andere Wirtschaftsstrafkammer des Landgerichts zurückverwiesen. Die Veranlassung der Zahlung einer zu hohen Betriebsratsvergütung birgt jedenfalls gewaltige Risiken, insbesondere strafrechtlicher Natur, nach Maßgabe von § 119 Abs. 1 BetrVG und § 266 StGB (Untreue). Die Entscheidung des BGH legt nahe, dass auch der Verzicht auf die Geltendmachung des Rückforderungsanspruchs überhöhter Betriebsratsvergütung als strafrechtlich relevante Untreue anzusehen ist. Ob eine Pflicht zur Durchsetzung derartiger Ansprüche tatsächlich besteht, hängt letztlich von den Umständen des Einzelfalls ab.

Das Urteil des BAG v. 10.1.2023, 6 StR 133/22 hat zu Rechtsunsicherheit in der Praxis geführt. Um negative Folgen für die betriebliche Mitbestimmung insgesamt auszuschließen, wurden mit dem **Zweiten Gesetz zur Änderung des BetrVG v. 24.7.2024, BGBl. I 2024, Nr. 248** Änderungen vorgenommen. Nun ist in § 37 Abs. 4 BetrVG gesetzlich klargestellt, dass zur Bestimmung der mit dem Betriebsratsmitglied vergleichbaren Arbeitnehmer auf den Zeitpunkt der Übernahme des Betriebsratsamts abzustellen ist (vgl. Bayreuther, NZA 2024, 946). Sollte ein sachlicher Grund vorliegen, kann eine Neubestimmung der Vergleichsgruppe vorgenommen werden. Zusätzlich können die Betriebsparteien in einer Betriebsvereinbarung ein Verfahren zur Festlegung vergleichbarer Arbeitnehmer regeln und um einen Anreiz für mehr Transparenz zu schaffen, soll außerdem bestimmt werden, dass sowohl die Konkretisierung der Vergleichbarkeit in der Betriebsvereinbarung als auch die nachfolgende einvernehmliche Festlegung der konkreten Vergleichspersonen zwischen Arbeitgeber und Betriebsrat in Textform nur auf grobe Fehlerhaftigkeit überprüft werden kann.

Des Weiteren wurden mit einer Ergänzung in § 78 BetrVG im Einklang mit der Rechtsprechung, die Maßstäbe des Begünstigung- und Benachteiligungsverbot dahingehend konkretisiert, dass eine Begünstigung oder Benachteiligung im Hinblick auf das gezahlte Arbeitsentgelt nicht vorliegt, wenn das Betriebsratsmitglied die für die Gewährung des Arbeitsentgelts erforderlichen Anforderungen und Kriterien erfüllt und die Festlegung nicht ermessensfehlerhaft erfolgt.

2. Lohnsteuerrecht

1420 Stellt der Arbeitgeber Betriebsratsmitgliedern unentgeltlich **Arbeitsmittel** (v.a. Fachliteratur) zur Verfügung, ist **kein Arbeitslohn** anzunehmen. Steuerfrei ist die Erstattung von **Reisekosten**, wenn ein Betriebsratsmitglied in dieser Eigenschaft an auswärtigen Schulungsveranstaltungen teilnimmt; es gelten dann die Grundsätze für Auswärtstätigkeiten (→ *Reisekosten: Allgemeine Grundsätze* Rz. 3589).

Im **öffentlichen Dienst** kann die Steuerbefreiung nach § 3 Nr. 12 EStG in Betracht kommen (→ *Aufwandsentschädigungen im öffentlichen Dienst* Rz. 865). Vgl. z.B. für Personalratsmitglieder in der Bundesverwaltung FinMin Baden-Württemberg v. 1.4.1981, S 2337 A – 1/69. Auch eine **Aufwandsentschädigung**, die eine Stadt an den Personalratsvorsitzenden leistet, damit dieser den mit seiner Funktion verbundenen Aufwand bestreiten kann, kann nach § 3 Nr. 12 Satz 2 EStG **steuerfrei** sein. Ein hinreichender beruflicher Zusammenhang kann vorliegen, wenn mit der Aufwandsentschädigung **beruflich veranlasste Kosten** u.a. für Bewirtung, Geschenke und Fahrten erstattet werden (BFH v. 15.11.2007, VI R 91/04, HFR 2008, 687).

LSt (durchgestrichen) SV (durchgestrichen)

Aufwandsentschädigungen an von der eigentlichen Arbeit freigestellte Betriebsratsmitglieder sind steuerpflichtiger Arbeitslohn. Das gilt auch für **Zuschläge für Sonntags-, Feiertags- oder Nachtarbeit**. Die Steuerbefreiung des § 3b EStG kann insoweit nicht gewährt werden, weil die Zuschläge nicht für **tatsächlich geleistete** Sonntags-, Feiertags- oder Nachtarbeit gezahlt werden, sondern zum Ausgleich des dem Betriebsratsmitglied durch seine Tätigkeit im Betriebsrat entstehenden Verdienstausfalls (BFH v. 3.5.1974, VI R 211/71, BStBl II 1974, 646). Insoweit besteht auch kein Anspruch gegen den Arbeitgeber auf Erstattung der Steuern und Sozialabgaben (BAG v. 29.7.1980, 6 AZR 231/78).

LSt SV

Zur steuerlichen Behandlung der Einkünfte von **Arbeitnehmer-Vertretern** im **Aufsichtsrat** von Unternehmen → *Aufsichtsratsvergütungen* Rz. 855.

3. Werbungskostenabzug

Aufwendungen eines Arbeitnehmers im Zusammenhang mit seiner ehrenamtlichen Tätigkeit im Betriebsrat oder in der für ihn zuständigen Gewerkschaft können als Werbungskosten abgezogen werden, soweit sie beruflich veranlasst sind (BFH v. 28.11.1980, VI R 193/77, BStBl II 1981, 368). Abzugsfähig sind bei Betriebs- bzw. Personalratsmitgliedern auch Aufwendungen für **kleinere Werbegeschenke zur Vorbereitung der Wahl in den Betriebs- bzw. Personalrat** (FG Berlin-Brandenburg v. 28.3.2007, 7 K 9184/06 B, EFG 2007, 1323) sowie Kosten u.a. für **Bewirtung und Geschenke** (BFH v. 15.11.2007, VI R 91/04, HFR 2008, 687; das Urteil betrifft zwar steuerfreie Aufwandsentschädigungen, gilt aber für den Werbungskostenabzug sinngemäß). 1421

Betriebsrente

→ *Altersrenten* Rz. 61, → *Pensionäre* Rz. 3391, → *Versorgungsbezüge* Rz. 4334

Betriebssport

→ *Sport* Rz. 3971, → *Werbungskosten* Rz. 4511

Betriebsstätte

Der Betrieb des Arbeitgebers stellt in den meisten Fällen auch seine „Betriebsstätte" im steuerlichen Sinne dar; von diesem Begriff hängen verschiedene lohnsteuerrechtliche Folgen ab. Dabei gelten unterschiedliche Betriebsstättenbegriffe: 1422

1. Inländischer Arbeitgeber

Jeder Arbeitgeber, der im Inland einen Wohnsitz, seinen gewöhnlichen Aufenthalt, seine Geschäftsleitung, seinen Sitz, eine **Betriebsstätte** oder einen ständigen Vertreter i.S. der §§ 8 bis 13 AO hat („inländischer Arbeitgeber"), ist zur **Einbehaltung der Lohnsteuer verpflichtet** (§ 38 Abs. 1 Nr. 1 EStG). Das kann auch ein **im Ausland ansässiger Arbeitgeber** sein, der **im Inland eine Betriebsstätte oder einen ständigen Vertreter** hat, vgl. H 38.3 (Inländischer Arbeitgeber) LStH; zur Abgrenzung aber auch → *Arbeitgeber* Rz. 183. Maßgebend ist der **Betriebsstättenbegriff nach § 12 AO**: 1423

Betriebsstätte ist danach **jede feste Geschäftseinrichtung oder Anlage**, die der Tätigkeit eines Unternehmens dient (vgl. BFH v. 17.9.2003, I R 12/02, BStBl II 2004, 396: Verkaufsstand auf dem Weihnachtsmarkt ist keine Betriebsstätte). Nach dem Katalog des § 12 Satz 2 AO sind als Betriebsstätten insbesondere anzusehen:

- die Stätte der Geschäftsleitung (§ 10 AO),
- Zweigniederlassungen,
- Geschäftsstellen,
- Fabrikations- oder Werkstätten,
- Warenlager,
- Ein- oder Verkaufsstellen,
- Bergwerke, Steinbrüche oder andere stehende, örtlich fortschreitende oder schwimmende Stätten der Gewinnung von Bodenschätzen,
- Bauausführungen oder Montagen, auch örtlich fortschreitende oder schwimmende, wenn
  - die einzelne Bauausführung oder Montage oder
  - eine von mehreren zeitlich nebeneinander bestehenden Bauausführungen oder Montagen oder
  - mehrere ohne Unterbrechung aufeinander folgende Bauausführungen oder Montagen

  länger als sechs Monate dauern.

Neben diesen in § 12 Satz 2 AO aufgeführten Einrichtungen sind Betriebsstätten auch Landungsbrücken (Anlegestellen von Schifffahrtsgesellschaften), Kontore und sonstige Geschäftseinrichtungen, die dem Unternehmer oder Mitunternehmer oder seinem ständigen Vertreter, z.B. einem Prokuristen, zur Ausübung des Gewerbes dienen (R 38.3 Abs. 2 LStR).

Ständiger Vertreter nach § 13 AO kann hiernach z.B. auch eine Person sein, die eine Filiale besitzt oder die Aufsicht über einen Bautrupp führt. Der im Inland von Fall zu Fall einzelne Montagearbeiten ausführende Monteur ist kein ständiger Vertreter (R 38.3 Abs. 3 LStR).

2. Lohnsteuerlicher Betriebsstättenbegriff

1424 Nachdem geklärt ist, wer „inländischer Arbeitgeber" ist, ist zu prüfen, **wo dieser seinen lohnsteuerlichen Pflichten nachzukommen und an welches Finanzamt er die Lohnsteuer abzuführen hat („Betriebsstättenfinanzamt")**. Hierfür gilt nach § 41 Abs. 2 Satz 1 EStG ein eigener, mit § 12 AO nicht deckungsgleicher **weiter gefasster Betriebsstättenbegriff**. Wichtig ist diese Vorschrift besonders für **Unternehmen mit mehreren Betriebsteilen** im Inland (z.B. Zweigwerken und -niederlassungen).

Nach R 41.3 LStR ist **lohnsteuerliche Betriebsstätte** der im Inland gelegene Betrieb oder Betriebsteil des Arbeitgebers, an dem der **Arbeitslohn insgesamt ermittelt wird**, d.h. wo die einzelnen Lohnbestandteile oder bei maschineller Lohnabrechnung die Eingabewerte zu dem für die Durchführung des Lohnsteuerabzugs maßgebenden Arbeitslohn zusammengefasst werden. Es kommt nicht darauf an, wo einzelne Lohnbestandteile ermittelt, die Berechnung der Lohnsteuer vorgenommen wird und die für den Lohnsteuerabzug maßgebenden Unterlagen aufbewahrt werden (OFD Magdeburg v. 11.10.1999, S 2376 - 3 - St 224, sowie FG Sachsen-Anhalt v. 28.2.2007, 2 K 1143/06).

Bei einem **ausländischen Arbeitgeber** mit Wohnsitz und Geschäftsleitung im Ausland, der im Inland einen ständigen Vertreter (§ 13 AO) hat, aber keine Betriebsstätte unterhält, gilt als Mittelpunkt der geschäftlichen Leitung der Wohnsitz oder der gewöhnliche Aufenthalt des ständigen Vertreters. Ein **selbständiges Dienstleistungsunternehmen**, das für einen Arbeitgeber tätig wird, kann nicht als Betriebsstätte dieses Arbeitgebers angesehen werden.

Beispiel 1:

Ein Unternehmen hat mehrere Filialen. Der Arbeitslohn wird nur am Stammsitz X ermittelt.

In X ist das Betriebsstättenfinanzamt. Der Arbeitgeber kann also durch die Bestimmung des Orts, an dem der Arbeitslohn ermittelt wird, Einfluss darauf nehmen, welches Finanzamt zuständig sein soll.

Beispiel 2:

Ein Unternehmen hat mehrere Filialen. Der Arbeitslohn wird in jeder Filiale ermittelt.

Jede Filiale ist Betriebsstätte und muss Lohnsteuer an „ihr" Finanzamt abführen.

Beispiel 3:

Ein Unternehmen hat mehrere Filialen. Der Arbeitslohn der leitenden Angestellten wird in der Hauptverwaltung ermittelt, der der übrigen Mitarbeiter in den einzelnen Filialen.

Sowohl die Hauptverwaltung als auch die Filialen sind einzelne Betriebsstätten und müssen an ihre jeweiligen Betriebsstättenfinanzämter die Lohnsteuer abführen.

Wird der maßgebende Arbeitslohn nicht in dem Betrieb oder einem Teil des Betriebs des Arbeitgebers (also „außer Haus") oder nicht im Inland ermittelt, so gilt nach § 41 Abs. 2 Satz 2 EStG als Betriebsstätte der **Mittelpunkt der geschäftlichen Leitung** des Arbeitgebers im Inland. Insoweit handelt es sich um einen Auffangtatbestand. Diese Voraussetzung kann erfüllt sein, wenn der Arbeitgeber die Lohnabrechnungen von einem fremden Dritten durchführen lässt. Ein **selbständiges Dienstleistungsunternehmen**, das für einen Arbeitgeber tätig wird, kann also nicht als Betriebsstätte dieses Arbeitgebers angesehen werden (R 41.3 Satz 4 LStR).

Beispiel 4:

Der Sitz (§ 11 AO) eines Unternehmens befindet sich in X, die Buchführung einschließlich der gesamten Lohnabrechnung obliegt dem Steuerberater in Y.

Die Lohnsteuer ist an das Betriebsstättenfinanzamt in X abzuführen.

Die Voraussetzungen des § 41 Abs. 2 Satz 2 EStG können insbesondere dann vorliegen, wenn in größeren **Konzernen** rechtlich selbständige Personen bzw. Kapitalgesellschaften die Durchführung ihrer Lohnabrechnungen einem Dritten (z.B. der Konzernmutter oder einer anderen Kapitalgesellschaft) übertragen. Insbesondere ist z.B. eine in der Konzernzentrale zentralisierte Lohnabrechnungsstelle regelmäßig keine lohnsteuerliche Betriebsstätte eines rechtlich selbständigen konzernzugehörigen Arbeitgebers (Tochterunternehmen), vgl. auch R 41.3 LStR.

Um das Steueraufkommen ihres jeweiligen Bundeslandes zu sichern, prüfen die Finanzämter verstärkt, wo sich lohnsteuerliche Betriebsstätten befinden.

Bei **Wohnungseigentümergemeinschaften**, bei denen der Verwalter sämtliche die Gemeinschaft betreffenden Arbeitgeberpflichten (Einstellung bzw. Entlassung des Personals, Zusammenstellung der für den Lohnsteuerabzug maßgebenden Lohnteile, Abgabe der Lohnsteuer-Anmeldungen und Abführung der Lohnsteuer) erfüllt, befindet sich der Mittelpunkt der geschäftlichen Leitung des Arbeitgebers i.S.d. § 41 Abs. 2 Satz 2 EStG am Sitz des Verwalters. Hat der Verwalter die Rechtsform einer juristischen Person, so ist das für die Verwaltungsfirma zuständige Finanzamt auch Betriebsstättenfinanzamt für die Wohnungseigentümergemeinschaft, selbst wenn das Grundstück im Bezirk eines anderen Finanzamts liegt (OFD Bremen v. 28.7.1997, S 2376 – St 22).

Im Fall des § 38 Abs. 1 Satz 1 Nr. 2 EStG (**Arbeitnehmerüberlassung durch ausländische Verleiher**) gilt als Betriebsstätte der **Ort im Inland, an dem die Arbeitsleistung ganz oder vorwiegend stattfindet** (§ 41 Abs. 2 Satz 2 EStG).

Als Betriebsstätte gilt nach § 41 Abs. 2 Satz 3 EStG auch der **inländische Heimathafen deutscher Handelsschiffe**, wenn die Reederei im Inland keine Niederlassung hat (§ 41 Abs. 2 Satz 3 EStG).

Zu **Sonderzuständigkeiten** für die Besteuerung der grenzüberschreitenden Arbeitnehmerüberlassung sowie der im Ausland ansässigen Werkvertragsunternehmer und -arbeitnehmer s. H 41.3 (Zuständige Finanzämter für ausländische Bauunternehmer und ausländische Verleiher) LStH.

3. Betriebsstättenbegriff nach DBA

Das Vorhandensein einer Betriebsstätte kann bei der Anwendung 1425
der sog. **183 Tage-Klausel** verschiedener DBA von Bedeutung sein. Maßgebend ist der sich aus dem jeweiligen DBA ergebende Betriebsstättenbegriff, die Regelungen des § 12 AO und des § 41 Abs. 2 EStG gelten insoweit nicht. Die Unterschiede können erheblich sein, weil nach den meisten DBA z.B. **Baustellen bis zu einer Dauer von zwölf Monaten keine Betriebsstätte begründen** (→ *Doppelbesteuerungsabkommen: Allgemeines* Rz. 1601).

Betriebsstättenfinanzamt

Betriebsstättenfinanzamt ist das Finanzamt, in dessen Bezirk sich 1426
die Betriebsstätte i.S.d. § 41 Abs. 2 EStG des Arbeitgebers befindet (§ 41a Abs. 1 Satz 1 Nr. 1 EStG; → *Betriebsstätte* Rz. 1422). Er hat dort die **Lohnsteuer-Anmeldungen** abzugeben und die einbehaltene und übernommene **Lohnsteuer abzuführen** (→ *Abführung der Lohnsteuer* Rz. 6).

Hiervon abweichend kann eine (an sich örtlich unzuständige) Finanzbehörde gem. § 27 Satz 1 AO die Besteuerung im Einvernehmen mit der Finanzbehörde übernehmen, die nach den Vorschriften der Steuergesetze örtlich zuständig ist, wenn der Betroffene zustimmt (**Zuständigkeitsvereinbarung**). Anwendungsfälle der Vorschrift des § 27 AO sind z.B. die Beibehaltung der bisherigen Zuständigkeit bei Wohnsitzverlegung des Stpfl. für die vorangegangenen Jahre und bei Begründung eines zusätzlichen ausländischen Wohnsitzes die Klarstellung der örtlichen Zuständigkeit, die mehrfache Zuständigkeit und die Ermöglichung einer Zuständigkeitsregelung bei Amtsangehörigen des zuständigen Finanzamtes. Die Aufhebung einer gem. § 27 AO begründeten Zuständigkeitsvereinbarung bedarf nicht der Zustimmung des Stpfl., der dem Abschluss der Zuständigkeitsvereinbarung zwischen den beteiligten Finanzämtern als Betroffener zugestimmt hatte (BFH v. 12.7.2021, VI R 13/19, HFR 2021, 953, betr. Festsetzung eines Verspätungszuschlags für verspätet abgegebene Lohnsteueranmeldungen).

An das Betriebsstättenfinanzamt muss sich der Arbeitgeber auch wenden, wenn es z.B. um die Einreichung der **Lohnsteuerbescheinigungen**, **Genehmigung der Pauschalierung** nach § 40 EStG oder die Erteilung von **Anrufungsauskünften** geht.

Betriebsveranstaltungen

Inhalt

1. Allgemeines

1427 **Seit 2015** ist der **Begriff der Betriebsveranstaltung gesetzlich normiert**. Nach § 19 Abs. 1 Satz 1 Nr. 1a EStG gehören Zuwendungen des Arbeitgebers an seinen Arbeitnehmer und dessen Begleitpersonen anlässlich von Veranstaltungen auf betrieblicher Ebene mit gesellschaftlichem Charakter (Betriebsveranstaltung) zum Arbeitslohn des Arbeitnehmers. Zuwendungen in diesem Sinne sind alle Aufwendungen des Arbeitgebers einschließlich Umsatzsteuer unabhängig davon, ob sie einzelnen Arbeitnehmern individuell zurechenbar sind oder ob es sich um einen rechnerischen Anteil an den Kosten der Betriebsveranstaltung handelt, die der Arbeitgeber gegenüber Dritten für den äußeren Rahmen der Betriebsveranstaltung aufwendet. Soweit solche Zuwendungen den Betrag von 110 € je Betriebsveranstaltung und teilnehmenden Arbeitnehmer nicht übersteigen, gehören sie nicht zu den Einkünften aus nichtselbständiger Arbeit, wenn die Teilnahme an der Betriebsveranstaltung allen Angehörigen des Betriebs oder eines Betriebsteils offensteht. Der Freibetrag von 110 € gilt für bis zu zwei Betriebsveranstaltungen jährlich. Die Zuwendungen sind abweichend von § 8 Abs. 2 EStG mit den anteilig auf den Arbeitnehmer und dessen Begleitpersonen entfallenden Aufwendungen des Arbeitgebers anzusetzen.

Der Gesetzgeber hat damit auf die **Rechtsprechung des BFH** reagiert (vgl. BFH v. 16.5.2013, VI R 7/11, BStBl II 2015, 189; BFH v. 16.5.2013, VI R 94/10, BStBl II 2015, 186), diese **außer Kraft gesetzt** und die bisherige Verwaltungsauffassung gesetzlich normiert. Begründung (BR-Drucks. 432/14):

„Die Neuregelung dient der Steuervereinfachung, da der BFH mit seiner neuesten Rechtsprechung zu Betriebsveranstaltungen die seit langer Zeit bestehenden und anerkannten Verwaltungsgrundsätze zum Teil abgelehnt und dies zu einer unklaren und komplizierten Rechtslage geführt hat. Die bisherigen Verwaltungsgrundsätze werden nun gesetzlich festgeschrieben. Die bisherigen Verwaltungsgrundsätze gelten auch insoweit fort als sie die gesetzliche Regelung präzisieren.“

Bei der Prüfung, ob die Aufwendungen des Arbeitgebers nicht zum Arbeitslohn des Arbeitnehmers gehören, kann folgendes **Prüfschema** verwendet werden:

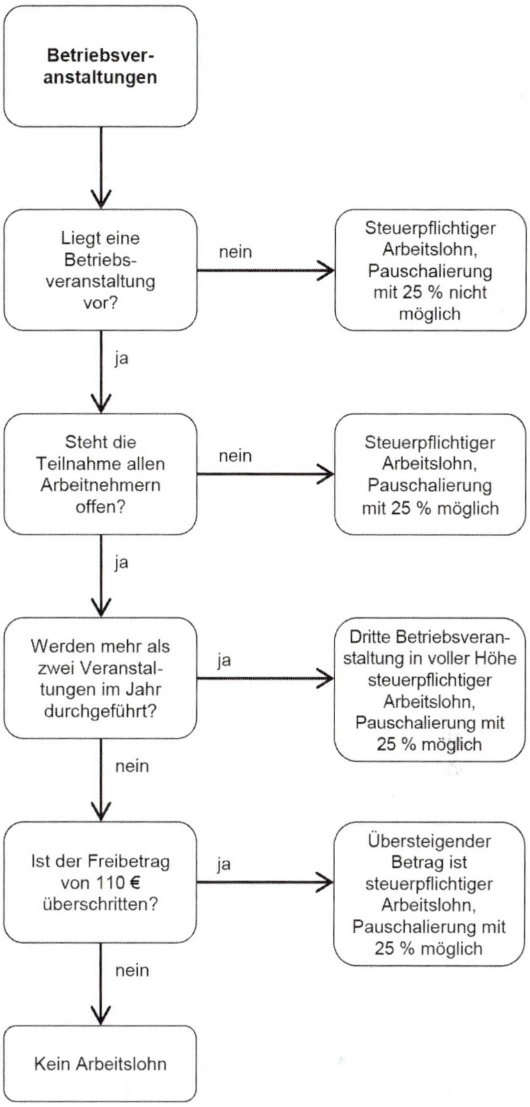

Bei der Anwendung der gesetzlichen Neuregelung ist nach **folgenden Grundsätzen zu verfahren** (BMF v. 14.10.2015, IV C 5 – S 2332/15/10001/III C 2 – S 7109/15/10001, BStBl I 2015, 832):

2. Begriff der Betriebsveranstaltung

Betriebsveranstaltungen sind Veranstaltungen auf betrieblicher Ebene mit **gesellschaftlichem Charakter**, z.B. 1428

- Betriebsausflüge,
- Weihnachtsfeiern oder
- Jubiläumsfeiern.

Ob die Veranstaltung vom Arbeitgeber, Betriebsrat oder Personalrat durchgeführt wird, ist unerheblich. Auch eine gesetzlich vorgeschriebene Betriebsversammlung (**Personalversammlung**), zu der Arbeitgeber und Betriebsrat (Personalrat) gemeinsam einladen und an die sich laut Einladung ein **„gemütliches Beisammensein mit Imbiss“** anschließt, kann insgesamt eine Betriebsveranstaltung sein (FG Baden-Württemberg v. 3.2.1983, III 159/80, EFG 1983, 576). Entsprechendes gilt für ein Rahmenprogramm mit kulturellem, sportlichem oder gesellschaftlichem Charakter, welches mit einer **betrieblichen Fortbildungsmaßnahme des Arbeitgebers** (→ *Fortbildung* Rz. 2233) verbunden wird.

Eine Betriebsveranstaltung liegt nur vor, wenn der Teilnehmerkreis sich **überwiegend aus Betriebsangehörigen**, deren Begleitpersonen und ggf. Leiharbeitnehmern oder Arbeitnehmern anderer Unternehmen im Konzernverbund zusammensetzt.

Keine Betriebsveranstaltungen sind danach z.B.

- **Veranstaltungen zur Ehrung eines einzelnen Jubilars** oder die **Verabschiedung eines einzelnen Mitarbeiters** aus dem

Betrieb, und zwar auch dann nicht, wenn weitere Mitarbeiter beteiligt sind.

Bei **runden Arbeitnehmerjubiläen** (beim 40-, 50- oder 60-jährigen Arbeitnehmerjubiläum kann auch hier die Feier bis zu fünf Jahre vorverlegt werden) oder bei der Verabschiedung eines Arbeitnehmers gehören jedoch **übliche Sachleistungen nicht zum Arbeitslohn**, es sei denn, die Aufwendungen betragen einschließlich Umsatzsteuer **mehr als 110 €** je teilnehmender Person; auch Geschenke bis zu einem Gesamtwert von 60 € sind in die 110 €-Grenze einzubeziehen (R 19.3 Abs. 2 Nr. 3 LStR). In diesem Zusammenhang ist allerdings die Rechtsprechung des FG Niedersachsen v. 23.4.2024, 8 K 66/22, Revision eingelegt, Az. beim BFH: VI R 18/24, zu beachten. Das FG findet diese Verwaltungsauffassung insoweit nicht widerspruchsfrei, als diese unterscheidet zwischen Aufwendungen anlässlich der Verabschiedung eines Arbeitnehmers (R 19 Abs. 2 Nr. 3 LStR), die bei Überschreiten der Freigrenze von 110 € insgesamt zu Arbeitslohn des Arbeitnehmers führt, und den Aufwendungen anlässlich eines runden Geburtstags (vgl. nachfolgend), die lediglich bei Überschreiten der Freigrenze von 110 € **Arbeitslohn hinsichtlich des betroffenen Arbeitnehmers und seiner privaten Gäste** annimmt. Dem Gericht erscheint es vielmehr gerechtfertigt, die hinsichtlich des Fests des Arbeitgebers aus Anlass eines runden Geburtstags eines Arbeitnehmers aufgestellten Grundsätze auch für den Fall der Verabschiedung eines Arbeitnehmers anzuwenden. Die Revisionsentscheidung bleibt abzuwarten.

- **Veranstaltungen anlässlich eines Geburtstags** eines Arbeitnehmers.

  Bei einem Empfang anlässlich eines **runden Arbeitnehmergeburtstags** gehören jedoch **übliche Sachleistungen nicht zum Arbeitslohn**, wenn es sich unter Berücksichtigung aller Umstände des Einzelfalls um **ein Fest des Arbeitgebers** (betriebliche Veranstaltung) handelt. Die anteiligen Aufwendungen des Arbeitgebers, die auf den Arbeitnehmer selbst, seine Familienangehörigen sowie private Gäste des Arbeitnehmers entfallen, gehören jedoch zum steuerpflichtigen Arbeitslohn, wenn die Aufwendungen des Arbeitgebers mehr als 110 € je teilnehmender Person betragen; auch Geschenke bis zu einem Gesamtwert von 60 € sind in die 110 €-Grenze einzubeziehen (R 19.3 Abs. 2 Nr. 4 LStR).

- **Arbeitsessen** (BFH v. 4.8.1994, VI R 61/92, BStBl II 1995, 59; → *Arbeitsessen* Rz. 610).

Erfüllt eine Veranstaltung des Arbeitgebers **nicht den Begriff der Betriebsveranstaltung**, ist nach allgemeinen Grundsätzen **zu prüfen**, ob es sich bei geldwerten Vorteilen, die der Arbeitgeber seinen Arbeitnehmern i.R. dieser Veranstaltung gewährt, **um Arbeitslohn** nach § 19 EStG **handelt**.

3. Zuwendungen i.R. einer Betriebsveranstaltung

1429 Zu den Zuwendungen anlässlich einer Betriebsveranstaltung zählen **alle Aufwendungen des Arbeitgebers einschließlich Umsatzsteuer**, und zwar unabhängig davon, ob sie einzelnen Arbeitnehmern individuell zurechenbar sind oder ob es sich um einen rechnerischen Anteil an den Kosten der Betriebsveranstaltung handelt, die der Arbeitgeber gegenüber Dritten für den äußeren Rahmen der Betriebsveranstaltung aufwendet (§ 19 Abs. 1 Satz 1 Nr. 1a Satz 2 EStG).

Zuwendungen in diesem Sinne sind insbesondere:

- **Speisen, Getränke, Tabakwaren** und **Süßigkeiten**,
- die **Übernahme von Übernachtungs- und Fahrtkosten**,
- **Musik, künstlerische Darbietungen** sowie **Eintrittskarten** für kulturelle und sportliche Veranstaltungen, wenn sich die Veranstaltung nicht im Besuch der kulturellen oder sportlichen Veranstaltung erschöpft (vgl. BFH v. 21.2.1986, VI R 21/84, BStBl II 1986, 406),
- **Barzuwendungen**, die statt der oben genannten Sachzuwendungen gewährt werden, wenn ihre zweckentsprechende Verwendung sichergestellt ist,
- **Geschenke**; dies gilt auch für die nachträgliche Überreichung der Geschenke an solche Arbeitnehmer, die aus betrieblichen oder persönlichen Gründen nicht an der Betriebsveranstaltung teilnehmen konnten, nicht aber für eine deswegen gewährte Barzuwendung,
- **Zuwendungen an Begleitpersonen** des Arbeitnehmers,
- **Aufwendungen für den äußeren Rahmen**, z.B. für Räume, Beleuchtung oder Eventmanager.

Zwar hat der BFH entschieden, dass die **Aufwendungen eines Eventmanagers** bei der Ermittlung der geldwerten Vorteile i.S.d. § 8 Abs. 2 Satz 1 EStG **nicht zu berücksichtigen sind** (BFH v. 13.5.2020, VI R 13/18, BStBl II 2021, 395 betr. Aufwendungen für Event-Agenturleistungen des Arbeitgebers als Arbeitslohn); dieses Urteil ist aber zum „alten" Recht ergangen und damit **für die Anwendung des seit 2015 geltenden „neuen" Rechts (§ 19 Abs. 1 Satz 1 Nr. 1a EStG) ohne Bedeutung**.

Zur Anwendung des § 37b EStG hat der BFH in diesem Urteil ebenfalls entschieden, dass in die Bemessungsgrundlage nach § 37b Abs. 1 Satz 2 EStG alle der Zuwendung direkt zuzuordnenden Aufwendungen (Einzelkosten) einzubeziehen sind, ungeachtet, ob sie beim Zuwendungsempfänger einen Vorteil begründen können; hierzu gehören auch die Kosten eines Eventmanagers. § 37b Abs. 1 Satz 2 EStG enthält für die Bewertung der Zuwendungen nach § 37b Abs. 1 Satz 1 EStG eine eigenständige Bemessungsgrundlage. Diese verdrängt in ihrem Anwendungsbereich die Bewertung nach § 8 Abs. 2 Satz 1 EStG (BFH v. 13.5.2020, VI R 13/18, BStBl II 2021, 395). Auch § 19 Abs. 1 Satz 1 Nr. 1a EStG enthält eine eigenständige Bemessungsgrundlage (vgl. die Fußnote in BStBl II 2021, 395).

Als **Aufwendungen für den äußeren Rahmen** sind auch die Kosten zu erfassen, die nur zu einer abstrakten Bereicherung des Arbeitnehmers führen, wie z.B.

- Kosten für anwesende Sanitäter,
- für die Erfüllung behördlicher Auflagen,
- Stornokosten oder
- Trinkgelder.

Keine Aufwendungen für den äußeren Rahmen sind die rechnerischen Selbstkosten des Arbeitgebers, wie z.B. die anteiligen Kosten der Lohnbuchhaltung für die Erfassung des geldwerten Vorteils der Betriebsveranstaltung oder die anteilige AfA sowie Kosten für Energie- und Wasserverbrauch bei einer Betriebsveranstaltung in den Räumlichkeiten des Arbeitgebers.

Die gesetzliche Regelung stellt nicht darauf ab, ob es sich um übliche Zuwendungen handelt. Auch unübliche Zuwendungen, wie z.B. Geschenke, deren Wert je Arbeitnehmer 60 € übersteigt (→ *Annehmlichkeiten* Rz. 167), oder Zuwendungen an einzelne Arbeitnehmer aus Anlass – nicht nur bei Gelegenheit – einer Betriebsveranstaltung unterfallen daher § 19 Abs. 1 Satz 1 Nr. 1a EStG.

Bei **gemischt veranlassten Veranstaltungen**, also Veranstaltungen, die sowohl eine Betriebsveranstaltung als auch eine im ganz überwiegend eigenbetrieblichen Interesse des Arbeitgebers durchgeführte Veranstaltung umfassen, sind die Sachzuwendungen grds. aufzuteilen. Übersteigen die anteiligen Aufwendungen für den Betriebsveranstaltungsteil den Freibetrag von 110 € nicht, so sind die Aufwendungen kein Arbeitslohn (BFH v. 16.11.2005, VI R 118/01, BStBl II 2006, 444 und BFH v. 30.4.2009, VI R 55/07, BStBl II 2009, 726).

Beispiel 1:

Ein Arbeitgeber aus Hannover veranstaltet eine Reise nach Düsseldorf. Der Ausflug beginnt am Freitag, 6.2.2026 um 15.00 Uhr. Am Abend findet eine Betriebsfeier statt. Nach einer Übernachtung findet am Samstag eine Betriebsbesichtigung beim Hauptkunden des Arbeitgebers statt. Die Veranstaltung endet anschließend gegen 17.30 Uhr. Die Aufwendungen je Arbeitnehmer betragen 115 €.

Der BFH sieht die Reise als gemischt veranlasste Reise an. Denn sie enthält sowohl Elemente einer Betriebsveranstaltung als auch einer hiervon zu trennenden, im ganz überwiegenden eigenbetrieblichen Interesse des Arbeitgebers durchgeführten Betriebsbesichtigung. Daher sind die Aufwendungen nach dem Verhältnis der Zeitanteile aufzuteilen. Da die Aufwendungen des Arbeitgebers für die Betriebsveranstaltung nach Aufteilung unter dem Freibetrag von 110 € liegen, sind diese anteiligen Aufwendungen folglich nicht der Besteuerung zu unterwerfen. Die anteiligen Aufwendungen, die auf den Betriebsbesichtigungsteil entfallen, stellen ebenfalls keinen Arbeitslohn dar, weil die Besichtigung im ganz überwiegenden eigenbetrieblichen Interesse des Arbeitgebers durchgeführt wird (BFH v. 16.11.2005, VI R 118/01, BStBl II 2006, 444).

Beispiel 2:

Ein Arbeitgeber führt für seine Arbeitnehmer auf einem Dampfschiff eine Betriebsversammlung durch, der sich abends in einem Hotel ein Betriebsfest mit Unterhaltungsprogramm anschließt. Die Teilnahme an der Schiffsfahrt ist nach den Angaben des Arbeitgebers für alle Arbeitnehmer verpflichtend, während die Teilnahme am Betriebsfest freigestellt ist.

Der BFH sieht in der gesamten Veranstaltung sowohl Elemente einer typischen Betriebsveranstaltung als auch einer sonstigen betrieblichen Veranstaltung. Der Abend ist durch den geselligen Charakter einer Betriebsfeier bestimmt. Demgegenüber ist die auf dem Schiff durchgeführte Betriebsversammlung auch durch die betriebliche Zielsetzung des Arbeitgebers geprägt. Eine Trennung der Veranstaltung in zwei Veranstaltungsteile ist nicht möglich, weil die Veranstaltung insgesamt einen eher gesellschaftlichen Charakter gehabt hat. Vor allem die Tatsache, dass die sog. Betriebsversammlung auf einem Ausflugsschiff stattfindet, macht den Ausflugscharakter auch dieses Teils der Unternehmung deutlich. Daher sind die Aufwendungen aufzuteilen (BFH v. 30.4.2009, VI R 55/07, BStBl II 2009, 726).

Zur **Abgrenzung** einer Betriebsveranstaltung von einer betrieblichen Veranstaltung zu Werbezwecken s. FG Baden-Württemberg v. 5.5.2015, 6 K 115/13, EFG 2015, 2167.

4. Arbeitnehmer

1430 Erfasst werden Zuwendungen des Arbeitgebers an

- seine aktiven Arbeitnehmer,
- seine ehemaligen Arbeitnehmer,
- Praktikanten,
- Referendare,
- ähnliche Personen sowie
- Begleitpersonen.

Aus Vereinfachungsgründen beanstandet es die Finanzverwaltung nicht, wenn auch **Leiharbeitnehmer** bei Betriebsveranstaltungen des Entleihers sowie **Arbeitnehmer anderer konzernangehöriger Unternehmen** einbezogen werden.

Die Anwendbarkeit der Regelung auf Leiharbeitnehmer und Arbeitnehmer anderer konzernangehöriger Unternehmen setzt voraus, dass hinsichtlich dieser Personengruppen die weiteren Voraussetzungen (Offenstehen der Betriebsveranstaltung für alle Angehörigen dieser Personengruppe) des § 19 Abs. 1 Satz 1 Nr. 1a EStG erfüllt sind.

5. Bewertung der Zuwendungen

1431 Die Zuwendungen (→ Rz. 1429) sind **abweichend von § 8 Abs. 2 EStG** mit den anteilig auf den **Arbeitnehmer und dessen Begleitpersonen** entfallenden **Aufwendungen des Arbeitgebers** anzusetzen (§ 19 Abs. 1 Satz 1 Nr. 1a Satz 5 EStG).

Das bedeutet, dass es allein auf die Aufwendungen des Arbeitgebers ankommt. Der **übliche Endpreis** am Abgabeort (§ 8 Abs. 2 Satz 1 EStG) und die **Freigrenze von 50 €** (→ *Sachbezüge* Rz. 3819) finden **keine Anwendung**.

Aufzuteilen sind die Zuwendungen auf die teilnehmenden Arbeitnehmer und deren Begleitpersonen. Begleitpersonen in diesem Sinne können sowohl **Familienangehörige** (Ehegatte, Lebenspartner, Kinder) sein als auch **fremde Dritte**, die den Arbeitnehmer zur Betriebsveranstaltung begleiten.

Bei der Ermittlung der anteiligen Zuwendungen je teilnehmenden Arbeitnehmer (§ 19 Abs. 1 Satz 1 Nr. 1a Satz 3 EStG) ist auf die bei der Betriebsveranstaltung **anwesenden Teilnehmer** und nicht auf die angemeldeten Teilnehmer abzustellen. Dies gilt auch für die Kosten des Caterings.

Dies hat der BFH bestätigt. Bei der Bewertung von Arbeitslohn anlässlich einer Betriebsveranstaltung sind alle mit dieser in unmittelbarem Zusammenhang stehenden Aufwendungen des Arbeitgebers anzusetzen, ungeachtet dessen, ob sie beim Arbeitnehmer einen Vorteil begründen können. Die danach zu berücksichtigenden Aufwendungen (Gesamtkosten) des Arbeitgebers sind **zu gleichen Teilen auf die bei der Betriebsveranstaltung anwesenden Teilnehmer aufzuteilen** (BFH v. 29.4.2021, VI R 31/18, BStBl II 2021, 606). Damit gehören auch „No-Show-Kosten" zu den Zuwendungen anlässlich einer Betriebsveranstaltung.

Die Aufteilung der Gesamtkosten auf die angemeldeten/eingeladenen Teilnehmer und die Zurechnung des so ermittelten individuellen Vorteils auf die tatsächlich an der Betriebsveranstaltung teilnehmenden Arbeitnehmer/Begleitpersonen würde nach Ansicht des BFH dazu führen, dass nicht alle Aufwendungen des Arbeitgebers i.S.v. § 19 Abs. 1 Satz 1 Nr. 1a Satz 2 EStG als Arbeitslohn angesetzt würden, und damit dem dahingehenden Anliegen des Gesetzgebers zuwiderlaufen.

Beispiel:

Ein Arbeitgeber eine Betriebsveranstaltung durch. Im Vorfeld wurden die Arbeitnehmer befragt, ob sie an der Betriebsveranstaltung teilnehmen und evtl. Begleitpersonen (z.B. Ehegatte, Verlobter, Lebensgefährte, Freundin, Bekannte) mitbringen. Insgesamt ergab sich eine Teilnehmerzahl von 40 Personen. Die Gesamtkosten betragen

– Saalmiete	150 €
– Kapelle	2 000 €
– Speisenpauschale (40 × 35 €)	1 400 €
– Getränkepauschale (40 × 20 €)	800 €
= Insgesamt	4 350 €

Tatsächlich nahmen aber nur 30 Personen an der Betriebsveranstaltung teil.

Die Gesamtkosten der Betriebsveranstaltung sind auf die Zahl der **Teilnehmer** (Arbeitnehmer und dessen Begleitpersonen) **zu verteilen** (BFH v. 29.4.2021, VI R 31/18, BStBl II 2021, 606). Pro Teilnehmer sind Kosten von 145 € entstanden (4 350 € : 30).

6. 110 €-Freibetrag bei Betriebsveranstaltungen

Soweit die Zuwendungen (→ Rz. 1429) den Betrag von 110 € je Betriebsveranstaltung und teilnehmenden Arbeitnehmer nicht übersteigen, gehören sie nicht zu den Einkünften aus nichtselbständiger Arbeit, wenn die Teilnahme an der Betriebsveranstaltung allen Angehörigen des Betriebs oder eines Betriebsteils offensteht (§ 19 Abs. 1 Satz 1 Nr. 1a Satz 3 EStG). Dies gilt für bis zu zwei Betriebsveranstaltungen jährlich. 1432

Mit dem Entwurf des Wachstumschancengesetzes war 2023/2024 geplant, die Freigrenze für Betriebsveranstaltungen von bisher 110 € auf 150 € mit Wirkung ab 2024 zu erhöhen. Diese Regelung wurde im Rahmen des Vermittlungsverfahren gestrichen. Die Freigrenze beträgt damit unverändert 110 €.

a) Berechnung des Freibetrags

Die Höhe der dem einzelnen Arbeitnehmer gewährten Zuwendungen berechnet sich wie folgt: 1433

Alle zu berücksichtigenden **Aufwendungen des Arbeitgebers einschließlich Umsatzsteuer** sind zu gleichen Teilen auf alle bei der Betriebsveranstaltung anwesenden Teilnehmer aufzuteilen (→ Rz. 1431). Sodann ist der auf eine Begleitperson entfallende Anteil der Aufwendungen dem jeweiligen Arbeitnehmer zuzurechnen. Für die Begleitperson ist kein zusätzlicher Freibetrag von 110 € anzusetzen.

Beispiel 1:

Die Aufwendungen für eine Betriebsveranstaltung betragen 10 000 €. Der Teilnehmerkreis setzt sich aus 75 Arbeitnehmern zusammen, von denen 25 von je einer Person begleitet werden.

Die Aufwendungen sind auf 100 Personen zu verteilen, so dass auf jede Person ein geldwerter Vorteil von 100 € entfällt. Sodann ist der auf die Begleitperson entfallende geldwerte Vorteil dem jeweiligen Arbeitnehmer zuzurechnen. 50 Arbeitnehmer haben somit einen geldwerten Vorteil von 100 €, der den Freibetrag von 110 € nicht übersteigt und daher nicht steuerpflichtig ist. Bei 25 Arbeitnehmern beträgt der geldwerte Vorteil 200 €; nach Abzug des Freibetrags von 110 € ergibt sich für diese Arbeitnehmer ein steuerpflichtiger geldwerter Vorteil von jeweils 90 €.

Beispiel 2:

Ein Arbeitgeber führt im Dezember 2026 für seine 13 Arbeitnehmer (darunter drei geringfügig Beschäftigte und ein Praktikant) einen Betriebsausflug durch. Die Gesamtkosten für Speisen und Getränke betragen 1 250 € zuzüglich 19 % Umsatzsteuer, also 1 487,50 €.

Der Arbeitgeber hat Nettoaufwendungen von 96,15 € je Arbeitnehmer (1 250 € : 13); diese liegen unter dem Freibetrag von 110 €. Es kommt aber auf die Bruttoaufwendungen je Arbeitnehmer an. Diese betragen 114,42 € (1 487,50 € : 13). Da der Freibetrag von 110 € überschritten ist, sind **die übersteigenden Aufwendungen** (114,42 € – 110 € = 4,42 €) steuerpflichtiger Arbeitslohn. Allerdings ist eine Pauschalbesteuerung möglich (→ Rz. 1437).

b) Offenstehen der Betriebsveranstaltung für alle Arbeitnehmer

1434 Voraussetzung für die Gewährung des Freibetrags ist, dass die Betriebsveranstaltung **allen Angehörigen des Betriebs oder eines Betriebsteils offensteht**. Veranstaltungen, die nur für einen beschränkten Kreis der Arbeitnehmer von Interesse sind, sind nach § 19 Abs. 1 Satz 1 Nr. 1a Satz 3 EStG begünstigte Betriebsveranstaltungen, wenn sich die Begrenzung des Teilnehmerkreises nicht als eine Bevorzugung bestimmter Arbeitnehmergruppen darstellt.

Als **begünstigte Betriebsveranstaltungen** sind deshalb auch solche Veranstaltungen anzuerkennen, die z.B.

- jeweils nur **für eine Organisationseinheit** des Betriebs, z.B. Abteilung oder Filiale, durchgeführt werden, wenn **alle Arbeitnehmer** dieser Organisationseinheit an der Veranstaltung teilnehmen können,
- nur **für einzelne Abteilungen** eines Unternehmens, die eng zusammenarbeiten, gemeinsam durchgeführt werden; Voraussetzung ist, dass die abteilungsübergreifende Veranstaltung allen Arbeitnehmern der teilnehmenden Abteilungen offen steht (vgl. BFH v. 4.8.1994, VI R 61/92, BStBl II 1995, 59),
- nach der Art des Dargebotenen nur **für einen beschränkten Kreis der Arbeitnehmer** von Interesse sind (z.B. Weihnachtsfeier für Arbeitnehmer mit Kindern, bei der ein Märchen aufgeführt wird; vgl. BFH v. 5.3.1976, VI R 76/73, BStBl II 1976, 392),
- nur **für alle im Ruhestand** befindlichen früheren Arbeitnehmer des Unternehmens veranstaltet werden (**Pensionärstreffen**),
- nur für solche Arbeitnehmer durchgeführt werden, die bereits im Unternehmen ein rundes (10-, 20-, 25-, 30-, 40-, 50-, 60-jähriges) Arbeitnehmerjubiläum gefeiert haben oder i.V.m. der Betriebsveranstaltung feiern (**Jubilarfeiern**); dabei ist es unschädlich, wenn neben den Jubilaren auch ein begrenzter Kreis anderer Arbeitnehmer, wie z.B. die engeren Mitarbeiter und Abteilungsleiter des Jubilars, Betriebsrats-/Personalratsvertreter oder auch die Familienangehörigen des Jubilars eingeladen werden; der Annahme eines 40-, 50- oder 60-jährigen Arbeitnehmerjubiläums steht nicht entgegen, wenn die Jubilarfeier zu einem Zeitpunkt stattfindet, der **höchstens fünf Jahre vor den bezeichneten Jubiläumsdienstzeiten** liegt.

Betriebsveranstaltungen, die **nicht allen Angehörigen** des Betriebs oder eines Betriebsteils **offenstehen**, sind z.B.

- eine nur **Führungskräften eines Unternehmens** vorbehaltene Abendveranstaltung (vgl. BFH v. 15.1.2009, VI R 22/06, BStBl II 2009, 476),
- **Veranstaltungen**, die zum Anlass genommen werden, Arbeitnehmer **für besondere Leistungen zusätzlich zu entlohnen** (vgl. BFH v. 9.3.1990, VI R 48/87, BStBl II 1990, 711), z.B. nur die 50 erfolgreichsten Verkäufer werden eingeladen oder eine Feier wird nur mit Arbeitnehmern durchgeführt, die im abgelaufenen Kalenderjahr einen Verbesserungsvorschlag eingereicht haben.

Beispiel 1:

Der Arbeitgeber veranstaltet eine Abendveranstaltung mit musikalischen und künstlerischen Darbietungen. Zu der Abendveranstaltung werden nur die Führungskräfte des Arbeitgebers eingeladen.

Die Abendveranstaltung ist eine Betriebsveranstaltung i.S.d. § 19 Abs. 1 Satz 1 Nr. 1a EStG, denn es handelt sich um eine Veranstaltung auf betrieblicher Ebene mit gesellschaftlichem Charakter. Daher gehören die Zuwendungen des Arbeitgebers zum Arbeitslohn der Teilnehmer. Die Bewertung der Zuwendungen erfolgt mit den anteilig auf den Arbeitnehmer und dessen Begleitpersonen entfallenden Aufwendungen des Arbeitgebers. Da die Betriebsveranstaltung aber nicht allen Angehörigen des Betriebs oder eines Betriebsteils offensteht, findet der **Freibetrag von 110 € keine Berücksichtigung**. Eine Pauschalierung der Lohnsteuer kommt aber in Betracht (→ Rz. 1437).

Beispiel 2:

Der niedersächsische Arbeitgeber feiert das 125-jährige Firmenjubiläum der gesamten Firmengruppe. Zur Feier des Firmenjubiläums finden zwei Veranstaltungen in einem Fußballstadion statt. Zur ersten Veranstaltung sind 684 (lt. Einladungsliste) Gäste aus Wirtschaft und Politik geladen. Es handelt sich um ein sog. „VIP-Event". Für die zweite Veranstaltung wird hingegen die gesamte Belegschaft der Firmengruppe, insgesamt 20 604 Personen, zur Teilnahme aufgefordert. Insgesamt lassen sich 18 589 Mitarbeiter als Teilnehmer registrieren. Mit der Gesamtorganisation wird ein Eventveranstalter beauftragt. Von einer ursprünglich angedachten zusätzlichen Einladung aller Pensionäre der Firmengruppe wird wegen des organisatorischen und logistischen Aufwands Abstand genommen. Die Versammlungsgenehmigung wird, noch ausgehend von einer Einladung der Pensionäre, für 26 809 Personen beantragt. Es stehen Anreisekapazitäten für 23 129 Personen bereit (153 Busse, 9 Sonderzüge und 4 000 Parkplätze). Die tatsächliche Teilnehmerzahl beträgt 16 000.

Die Kosten für die zweite Veranstaltung belaufen sich auf 1 800 000 €. Dabei handelt es sich im Wesentlichen um Kosten für Künstler, Eventveranstalter, Stadionmiete und Catering. Allein auf die Stadionmiete entfallen 120 000 €.

Nach § 19 Abs. 1 Satz 1 Nr. 1a EStG handelt es sich um eine Betriebsveranstaltung. Als Zuwendungen sind alle Aufwendungen des Arbeitgebers einschließlich Umsatzsteuer anzusehen, einschließlich der Kosten für Künstler, Eventveranstalter, Stadionmiete (§ 19 Abs. 1 Satz 1 Nr. 1a Satz 2 EStG).

Die Aufwendungen von 1 800 000 € sind durch die Anzahl der teilnehmenden Arbeitnehmer zu teilen (§ 19 Abs. 1 Satz 1 Nr. 1a Satz 4 EStG). Damit ergibt sich ein Betrag von 112,50 € (1 800 000 € : 16 000 Arbeitnehmer).

Da der Freibetrag von 110 € überschritten ist, ist bei jedem Arbeitnehmer ein Betrag von 2,50 € als Arbeitslohn anzusetzen.

Alternativ kann der Arbeitgeber die Lohnsteuer mit einem Pauschsteuersatz von 25 % erheben (→ Rz. 1437):

Arbeitslohn aus Anlass einer Betriebsveranstaltung (2,50 € x 16 000 Arbeitnehmer)	40 000 €
pauschale Lohnsteuer (25 % von 40 000 €)	10 000 €
Solidaritätszuschlag (5,5 % von 10 000 €)	550 €
Kirchensteuer (6 % von 10 000 €)	600 €
Insgesamt	11 150 €

Veranstaltet ein Arbeitgeber **für seine Filialen jeweils getrennte Betriebsveranstaltungen**, so ist u.E. für die Prüfung, ob der Freibetrag von 110 € überschritten wird, jede Betriebsveranstaltung für sich zu bewerten. Dies gilt auch dann, wenn die Betriebsveranstaltungen der Filialen am selben Tag stattfinden.

Beispiel 3:

Ein Arbeitgeber mit Hauptsitz in Hannover hat Filialen in München und Stuttgart. Auf Grund der Entfernung veranstalten die Filialen eigene Betriebsveranstaltungen, die am selben Tag stattfinden wie die Betriebsveranstaltung in Hannover. Die Aufwendungen für Speisen und Getränke bei den Betriebsveranstaltungen betragen:

– in Hannover	56 000 €	(Teilnehmer 500 Personen),
– in München	8 000 €	(Teilnehmer 80 Personen),
– in Stuttgart	12 600 €	(Teilnehmer 120 Personen).

Könnten die Betriebsveranstaltungen als Einheit angesehen werden, wäre der Freibetrag von 110 € nicht überschritten, denn bei Gesamtkosten von 76 600 € und 700 teilnehmenden Personen ergäbe sich ein Durchschnittsbetrag von 109,43 € je Teilnehmer. Da es sich u.E. aber um verschiedene Betriebsveranstaltungen handelt, ist für jede Veranstaltung der Freibetrag von 110 € gesondert zu prüfen. Das bedeutet, die Aufwendungen je Teilnehmer betragen:

– in Hannover	112 €	(56 000 € : 500),
– in München	100 €	(8 000 € : 80),
– in Stuttgart	105 €	(12 600 € : 120).

Da der Freibetrag von 110 € bei der Betriebsveranstaltung in Hannover überschritten ist, haben die Arbeitnehmer in Hannover jeweils einen Betrag von 2 € als Arbeitslohn zu versteuern. Allerdings ist eine Pauschalbesteuerung möglich (→ Rz. 1437). Die Betriebsveranstaltungen in München und Stuttgart sind dagegen in voller Höhe steuerfrei.

c) Zahl der Betriebsveranstaltungen

Der Freibetrag gilt für **bis zu zwei Betriebsveranstaltungen jährlich**. Nimmt der Arbeitnehmer an **mehr als zwei Betriebsveranstaltungen** teil, können die beiden Veranstaltungen, für die der Freibetrag gelten soll, **ausgewählt** werden. **Auch Jubilarfeiern** – nicht dagegen die Ehrung eines einzelnen Jubilars – **sind Betriebsveranstaltungen** i.S.d. § 19 Abs. 1 Satz 1 Nr. 1a Satz 4 EStG. Die Teilnahme an einer Jubilarfeier ist somit in die Prüfung einzubeziehen, ob der Arbeitnehmer an mehr als zwei Betriebsveranstaltungen teilgenommen hat. 1435

Beispiel 1:

Ein Arbeitgeber veranstaltet im Kalenderjahr jeweils einen Betriebsausflug, ein Pensionärstreffen sowie eine Jubilarfeier für alle Arbeitnehmer, die im Laufe des Jahres ihr 10-, 25- oder 40-jähriges Dienstjubiläum feiern. Ein Arbeitnehmer, der sein 40-jähriges Dienstjubiläum feiert und noch im selben Jahr in den Ruhestand tritt, nimmt sowohl an dem Betriebsausflug als auch an der Jubilarfeier und dem Pensionärstreffen teil.

Es handelt sich um drei Betriebsveranstaltungen; der Arbeitnehmer kann die beiden Veranstaltungen wählen, für die der Freibetrag gelten soll.

Beispiel 2:

Der Arbeitgeber führt im Kalenderjahr folgende fünf Betriebsveranstaltungen durch:

Art der Veranstaltung	**Kosten je Teilnehmer**
1. Betriebsausflug nach Hamburg	75 €
2. Pensionärstreffen	40 €
3. Schützenfestbesuch in Hannover	60 €
4. Jubiläumsfeier mit allen Jubilaren der Firma	70 €
5. Weihnachtsfeier für alle Arbeitnehmer	80 €

Der Freibetrag gilt für **bis zu zwei Betriebsveranstaltungen jährlich**. Da der Arbeitgeber fünf Betriebsveranstaltungen durchgeführt hat, kann der Arbeitnehmer wählen, bei welchen Veranstaltungen der Freibetrag gelten soll. Sinnvollerweise wird er die beiden Betriebsveranstaltung mit den höchsten Aufwendungen wählen, im Beispielsfall also den Betriebsausflug nach Hamburg und die Weihnachtsfeier. Für die übrigen drei Betriebsveranstaltungen ergibt sich jeweils ein steuerpflichtiger geldwerter Vorteil von 40 €, 60 € und 70 €. Die 50 €-Freigrenze nach § 8 Abs. 2 Satz 11 EStG ist nicht zu berücksichtigen. Allerdings kann der Arbeitgeber den steuerpflichtigen Arbeitslohn mit 25 % pauschal versteuern (→ Rz. 1437).

Dient die **Teilnahme eines Arbeitnehmers** an einer Betriebsveranstaltung der **Erfüllung beruflicher Aufgaben**, z.B. wenn der Personalchef oder Betriebsrats-/Personalratsmitglieder die Veranstaltungen mehrerer Abteilungen besuchen, ist der auf diesen Arbeitnehmer entfallende Anteil an den Gesamtaufwendungen **kein Arbeitslohn**.

Beispiel 3:

Ein Arbeitgeber hat fünf Filialen. Er veranstaltet für jede Filiale eine getrennte Betriebsveranstaltung. An den fünf Betriebsveranstaltungen nehmen auf Wunsch des Arbeitgebers auch jeweils der Personalchef und die Betriebsratsmitglieder teil.

Die Teilnahme des Personalchefs und der Betriebsratsmitglieder an den fünf Betriebsveranstaltungen dient der Erfüllung beruflicher Aufgaben; der auf sie entfallende Anteil an den Gesamtaufwendungen ist **kein Arbeitslohn**.

Auf die Dauer der Betriebsveranstaltung kommt es nicht an. Daher gilt der Freibetrag von 110 € auch bei **zwei- oder mehrtägigen Betriebsveranstaltungen** für bis zu zwei Betriebsveranstaltungen jährlich.

7. Lohnsteuer- und Beitragspflicht der Zuwendungen

1436 Gehören Zuwendungen aus Anlass von Betriebsveranstaltungen zum Arbeitslohn, weil es sich um die dritte Betriebsveranstaltung handelt oder weil der Freibetrag von 110 € überschritten ist, unterliegen die Vorteile nach den allgemeinen Vorschriften dem Steuerabzug. Ebenso sind Beiträge zur Sozialversicherung zu entrichten. Eine **Pauschalierung** der Lohnsteuer nach § 40 Abs. 2 Satz 1 Nr. 2 EStG **mit 25 %** ist grds. möglich. Wird von der Lohnsteuerpauschalierung Gebrauch gemacht, gehören diese Zuwendungen nicht zum Arbeitsentgelt i.S. der Sozialversicherung (vgl. § 1 Abs. 1 Satz 1 Nr. 3 SvEV, siehe aber → Rz. 1438 bei verspäteter Pauschalierung).

Für die Bewertung der lohnsteuerpflichtigen Zuwendungen gilt dabei Folgendes:

- Die Zuwendungen sind abweichend von § 8 Abs. 2 EStG mit den **anteilig auf den Arbeitnehmer** und dessen Begleitpersonen **entfallenden Aufwendungen des Arbeitgebers** anzusetzen; die **Freigrenze von 50 €** (→ *Sachbezüge* Rz. 3819) findet **keine Anwendung** (§ 19 Abs. 1 Satz 1 Nr. 1a Satz 5 EStG).
- **Barzuwendungen** sind mit dem Wert der Zuwendung anzusetzen.
- **Geschenke**, die „aus Anlass" von Betriebsveranstaltungen übergeben werden, sind in die Gesamtkosten des Arbeitgebers und damit in die Bemessungsgrundlage für die Aufteilung auf die Teilnehmer einzubeziehen; Geschenke, die lediglich „bei Gelegenheit" von Betriebsveranstaltungen übergeben werden, hingegen nicht.

  Aus Vereinfachungsgründen beanstandet es die Finanzverwaltung nicht, wenn Geschenke, deren Wert je Arbeitnehmer 60 € nicht übersteigt, als Zuwendungen anlässlich einer Betriebsveranstaltung in die Bemessungsgrundlage für die Ermittlung des Freibetrags einbezogen werden.

  Bei Geschenken, deren Wert je Arbeitnehmer 60 € übersteigt, ist im Einzelfall zu prüfen, ob sie „anlässlich" oder „nur bei Gelegenheit" einer Betriebsveranstaltung zugewendet werden.

  Geschenke, die vom Zuwendenden nach § 37b Abs. 1 EStG pauschaliert werden, sind nicht in die Berechnung der Gesamtkosten einer Betriebsveranstaltung einzubeziehen.

Beispiel 1:

Anlässlich einer Betriebsveranstaltung erhalten alle teilnehmenden Arbeitnehmer Geschenke im Werte von 70 €. Die übrigen Aufwendungen betragen je Arbeitnehmer 90 €.

Als Zuwendungen sind alle Aufwendungen des Arbeitgebers einschließlich Umsatzsteuer anzusehen, einschließlich der Kosten für die Geschenke (§ 19 Abs. 1 Satz 1 Nr. 1a Satz 2 EStG). Da die Zuwendungen je teilnehmenden Arbeitnehmer i.H.v. 160 € (70 € + 90 €) den Freibetrag von 110 € übersteigen, sind 50 € je Arbeitnehmer lohnsteuerpflichtig. Die 50 € können pauschal mit 25 % nach § 40 Abs. 2 Satz 1 Nr. 2 EStG versteuert werden (→ Rz. 1437).

Beispiel 2:

Wie Beispiel 1, die Arbeitnehmer erhalten aber nur eine Geschenk im Wert von 20 €.

Als Zuwendungen sind alle Aufwendungen des Arbeitgebers einschließlich Umsatzsteuer anzusehen, einschließlich der Kosten für die Geschenke (§ 19 Abs. 1 Satz 1 Nr. 1a Satz 2 EStG). Da die Zuwendungen je teilnehmenden Arbeitnehmer i.H.v. 110 € (20 € + 90 €) den Freibetrag von 110 € nicht übersteigen, sind die Zuwendungen in voller Höhe steuerfrei.

8. Pauschalierung der Lohnsteuer

Nach § 40 Abs. 2 Satz 1 Nr. 2 EStG kann der Arbeitgeber die Lohnsteuer mit einem **Pauschsteuersatz von 25 %** erheben, soweit er Arbeitslohn **aus Anlass von Betriebsveranstaltungen** zahlt. Hierzu gilt Folgendes: 1437

- Die Pauschalierung der Lohnsteuer ist nicht abhängig von einem Antrag des Arbeitgebers; sie bedarf daher **keiner Zustimmung** des Finanzamts.
- Der Arbeitgeber darf die **Pauschalbesteuerung nachholen**, solange keine Lohnsteuerbescheinigung ausgeschrieben ist, eine Lohnsteuer-Anmeldung noch berichtigt werden kann und noch keine Festsetzungsverjährung eingetreten ist. Zur Beitragspflicht aber → Rz. 1438.
- Die Pauschalierung ist sowohl bei **unbeschränkt** als auch bei **beschränkt einkommensteuerpflichtigen Arbeitnehmern** möglich.
- Der **pauschal** besteuerte Arbeitslohn und die **pauschale Lohnsteuer** bleiben bei einer **Einkommensteuer-Veranlagung des Arbeitnehmers außer Ansatz** (§ 40 Abs. 3 EStG).
- **Schuldner der pauschalen Lohnsteuer ist der Arbeitgeber**, er hat die pauschale Lohnsteuer zu übernehmen (§ 40 Abs. 3 EStG). Es ist jedoch möglich, dass die pauschale Lohnsteuer **im Innenverhältnis** vom Arbeitnehmer getragen wird; hierdurch mindert sich jedoch nicht die steuerliche Bemessungsgrundlage (→ *Abwälzung der pauschalen Lohnsteuer auf den Arbeitnehmer* Rz. 27).
- Der **Begriff der Betriebsveranstaltung** ist entsprechend § 19 Abs. 1 Satz 1 Nr. 1a EStG auszulegen (vgl. BFH v. 9.3.1990, VI R 48/87, BStBl II 1990, 711). Eine Pauschalierung kommt von vornherein nicht in Betracht, wenn es sich bei der Veranstaltung nicht um eine Betriebsveranstaltung handelt.
- Eine Pauschalierung der Lohnsteuer kommt auch dann in Betracht, wenn die Betriebsveranstaltung nicht allen Angehörigen des Betriebs oder Betriebsteils offensteht (BFH v. 27.3.2024, VI R 5/22, BStBl II 2024, 748). Mit dem Steueränderungsgesetz 2025 soll durch eine Neuformulierung des § 40 Abs 2 Satz 1 Nr. 2 EStG die Regelung zur Pauschalierung im Falle einer Betriebsveranstaltung an die neue Rechtsprechung des BFH angepasst werden. Das Gesetzgebungsverfahren war bei Redaktionsschluss noch nicht endgültig abgeschlossen. Wir informieren Sie über unseren Online-Aktualisierungsdienst (s. Benutzerhinweis auf S. IV).
- Neben der pauschalen Lohnsteuer sind auch der **Solidaritätszuschlag** und die **Kirchensteuer** zu entrichten.

- Die **Pauschalierung hängt nicht** davon ab, dass eine **größere Zahl von Arbeitnehmern** betroffen ist. Eine Pauschalierung ist daher auch möglich, wenn z.B. ein Rechtsanwalt mit seinen drei Angestellten einen Betriebsausflug macht.
- Durch die Pauschalierung der Lohnsteuer tritt **Sozialversicherungsfreiheit** ein (§ 1 Abs. 1 Nr. 3 SvEV).
- **R 40.2 Abs. 1 Nr. 2 LStR** a.F. war seit dem Jahr 2015 insoweit **überholt**, als dort eine gesonderte Pauschalierung der Lohnsteuer bei nicht üblichen Zuwendungen zugelassen war. Seit 2015 (Neuregelung und -fassung des Begriffs der Betriebsveranstaltung) gehören auch **nicht übliche Zuwendungen** zu den maßgebenden **Gesamtkosten einer Betriebsveranstaltung** (und sind damit auch pauschalierungsfähig).
- Zuwendungen aus Anlass von Betriebsveranstaltungen **an Arbeitnehmer von anderen Unternehmen** im Konzernverbund sowie an **Leiharbeitnehmer** durch den Entleiher können wahlweise vom Zuwendenden oder vom Arbeitgeber versteuert werden. § 40 Abs. 2 Satz 1 Nr. 2 EStG ist auch insoweit anwendbar. Wendet der Zuwendende die Freibetragsregelung an, hat sich der Zuwendende beim Arbeitgeber zu vergewissern, dass für den Arbeitnehmer die unter → Rz. 1435 dargestellten Voraussetzungen erfüllt sind.

Werden den Arbeitnehmern i.R. einer Betriebsveranstaltung **Barbeträge** überreicht, deren zweckentsprechende Verwendung **nicht sichergestellt** ist, oder andere Zuwendungen nicht aus Anlass einer Betriebsveranstaltung, sondern lediglich **bei Gelegenheit einer Betriebsveranstaltung** gewährt, so ist eine Erhebung der Lohnsteuer nach § 40 Abs. 2 Satz 1 Nr. 2 EStG insoweit nicht möglich (BFH v. 7.2.1997, VI R 3/96, BStBl II 1997, 365 und BFH v. 7.11.2006, VI R 58/04, BStBl II 2007, 128).

Beispiel 1:

Ein Arbeitgeber überreicht den Mitarbeitern i.R. der Weihnachtsfeier ein Geschenkkästchen mit einer Sonderzuwendung von 500 €. Teilzeit- und Aushilfskräfte sowie Beschäftigte, die erst nach dem 1. Juli tätig wurden, erhalten das Geld später ausbezahlt. Frauen, die sich zum Zeitpunkt der Weihnachtsfeier im Mutterschutz oder in der Elternzeit befinden, sind zur Weihnachtsfeier eingeladen und erhalten das Geldgeschenk ebenfalls.

Eine Pauschalierung der Sonderzuwendung nach § 40 Abs. 2 Satz 1 Nr. 2 EStG mit 25 % ist nicht möglich, denn die Sonderzuwendung wird nicht aus Anlass der Betriebsveranstaltung gewährt, sondern nur „bei Gelegenheit" der Betriebsveranstaltung (BFH v. 7.2.1997, VI R 3/96, BStBl II 1997, 365).

Beispiel 2:

Der Arbeitgeber überreicht i.R. einer betrieblichen Weihnachtsfeier allen Arbeitnehmern ohne vertragliche Verpflichtung eine ausländische Goldmünze im Wert von 250 € als „Weihnachtsgeld".

Die i.R. einer Betriebsveranstaltung an alle Arbeitnehmer überreichten Goldmünzen dürfen nicht nach § 40 Abs. 2 Satz 1 Nr. 2 EStG pauschal versteuert werden (BFH v. 7.11.2006, VI R 58/04, BStBl II 2007, 128).

Eine Erhebung der Lohnsteuer nach § 40 Abs. 2 Satz 1 Nr. 2 EStG ist auch **nicht möglich** für Zuwendungen, die **an Stelle der Teilnahme** an einer Betriebsveranstaltung gewährt werden.

Beispiel 3:

Der Arbeitgeber veranstaltet ein Betriebsfest anlässlich seines 100-jährigen Firmenjubiläums. Mitarbeiter, die an der Feier nicht teilnehmen können, weil sie für Notdienste eingesetzt werden, erhalten vom Arbeitgeber einen „Gutschein über 70 €". Bei Vorlage dieses Gutscheins zusammen mit einem beliebigen Bewirtungsbeleg werden die tatsächlichen Bewirtungsaufwendungen bis zu einem Betrag von 70 € vom Arbeitgeber erstattet.

Eine Pauschalierung der Gutscheine nach § 40 Abs. 2 Satz 1 Nr. 2 EStG mit 25 % ist nicht möglich, denn die Gutscheine werden nicht aus Anlass der Betriebsveranstaltung gewährt, sondern **an Stelle der Betriebsveranstaltung** (FG München v. 24.9.2010, 8 K 2633/08, EFG 2011, 138).

Wenn allerdings feststeht, dass die Zuwendungen aus Anlass einer Betriebsveranstaltung gewährt werden, so besteht die Möglichkeit der Pauschalbesteuerung nach § 40 Abs. 2 Satz 1 Nr. 2 EStG sowohl für **Sach- als auch für Barzuwendungen**. Daher ist eine Pauschalversteuerung auch für Geldgewinne möglich, deren Verlosung während einer betrieblichen Weihnachtsfeier ausschließlich unter den teilnehmenden Mitarbeitern erfolgt, denn die Gewinne werden **aus Anlass einer Betriebsveranstaltung** zugewandt (FG Münster v. 7.10.2003, 13 K 6659/00, EFG 2004, 203).

Beispiel 4:

Der Arbeitgeber führte auf einer Weihnachtsfeier eine Verlosung durch, bei der an Stelle von Sachgeschenken in Briefumschlägen verpackte Geldbeträge verlost wurden. Die Verlosung fand ausschließlich unter den Teilnehmern der Weihnachtsfeier statt, an der jeder Arbeitnehmer teilnehmen konnte. Die **Quote der Nieten lag über 50 %**.

Die Verlosung findet aus Anlass einer Betriebsveranstaltung statt. Die Aufwendungen des Arbeitgebers für die Verlosung gehören zu den Zuwendungen i.S.d. § 19 Abs. 1 Satz 1 Nr. 1a Satz 2 EStG). Soweit der Freibetrag von 110 € überschritten ist, sind die Zuwendungen lohnsteuerpflichtig. Eine **Lohnsteuerpauschalierung** nach § 40 Abs. 2 Satz 1 Nr. 2 EStG **ist möglich** (FG Münster v. 7.10.2003, 13 K 6659/00, EFG 2004, 203).

Beispiel 5:

Der Arbeitgeber führte auf einer Weihnachtsfeier eine Verlosung durch, bei der Reisegutscheine im Wert von 6 000 € bis 26 600 € verlost wurden. Bei der Verlosung gab es **keine Nieten**.

Die Verlosung findet nur bei Gelegenheit, nicht aber aus Anlass einer Betriebsveranstaltung statt. Die Aufwendungen des Arbeitgebers für die Verlosung gehören damit nicht zu den Zuwendungen i.S.d. § 19 Abs. 1 Satz 1 Nr. 1a Satz 2 EStG). Somit sind die Verlosungsgewinne nach den allgemeinen Regeln lohnsteuerpflichtig. Eine **Lohnsteuerpauschalierung** nach § 40 Abs. 2 Satz 1 Nr. 2 EStG ist **nicht möglich** (FG München v. 17.2.2012, 8 K 3916/08, EFG 2012, 2313).

9. Pauschalierung und Beitragspflicht

Nach den maßgeblichen Vorschriften kommt es entscheidend darauf an, dass die pauschale Besteuerung „mit der Entgeltabrechnung für den jeweiligen Abrechnungszeitraum" erfolgt. Dies zeigt das Urteil BSG v. 23.4.2024, B 12 BA 3/22 R. Danach sind Aufwendungen von mehr als 110 € je Beschäftigten für eine betriebliche Jubiläumsfeier als geldwerter Vorteil in der Sozialversicherung beitragspflichtig, wenn sie nicht mit der Entgeltabrechnung, sondern erst erheblich später pauschal versteuert werden. In diesem konkreten Fall hätte die Pauschalierung mit der Entgeltabrechnung für September 2015 vorgenommen werden müssen. Tatsächlich wurde die Pauschalbesteuerung aber erst Ende März 2016 durchgeführt und damit sogar nach dem Zeitpunkt, zu dem die Lohnsteuerbescheinigung für das Vorjahr übermittelt werden muss. Dass im Steuerrecht bei der Pauschalbesteuerung anders verfahren werden kann, ändert an der sozialversicherungsrechtlichen Beurteilung nichts. Mit Besprechung v. 28.11.2024 haben auch die Spitzenorganisationen der Sozialversicherung zu dem o.a. Urteil Stellung genommen, da es in der Praxis zu Verunsicherungen geführt hat. Dabei wird darauf hingewiesen, *„dass die Anmeldung zur pauschalen Besteuerung von Aufwendungen anlässlich einer Betriebsveranstaltung in dem Monat, in dem die Veranstaltung stattgefunden hat, i.d.R. daran scheitert, dass bis dahin noch nicht alle Rechnungen vorliegen und damit die konkrete Aufwendungshöhe noch nicht bestimmt werden kann. Von daher ist die Frage gestellt worden, ob das höchstrichterliche Urteil eine Neupositionierung der Spitzenorganisationen der Sozialversicherung in der Frage der Auslegung des § 1 Absatz 1 Satz 2 SvEV nach sich zieht oder ob die Grundsätze des Besprechungsergebnisses vom 20.4.2016 fortgelten. Die Besprechungsteilnehmer halten in der Frage der Auslegung des § 1 Absatz 1 Satz 2 SvEV an den Grundsätzen des Besprechungsergebnisses vom 20.04.2016 fest. Danach setzt die Nichtzurechnung der in § 1 Absatz 1 Satz 2 SvEV genannten Einnahmen, Zuwendungen und Leistungen zum Arbeitsentgelt voraus, dass diese vom Arbeitgeber oder einem Dritten mit der Entgeltabrechnung für den jeweiligen Abrechnungszeitraum, also in einem zeitlich engen Zusammenhang, lohnsteuerfrei behandelt oder pauschal besteuert werden. Ein derart zeitlich enger Zusammenhang wird angenommen, wenn die lohnsteuerfreie Behandlung der Einnahmen, Zuwendungen und Leistungen bzw. die Pauschalbesteuerung vom Arbeitgeber spätestens mit der Entgeltabrechnung vor Erstellung der Lohnsteuerbescheinigung, also bis zum letzten Tag des Monats Februar des Folgejahres, tatsächlich durchgeführt wird."* 1438

10. Reisekosten

Zuwendungen anlässlich einer Betriebsveranstaltung sind insbesondere die Übernahme von Übernachtungs- und Fahrtkosten. **Ausnahmsweise liegen Reisekosten** vor, wenn 1439

- die Betriebsveranstaltung außerhalb der ersten Tätigkeitsstätte des Arbeitnehmers stattfindet,
- die Anreise der Teilnahme an der Veranstaltung dient und
- die Organisation dem Arbeitnehmer obliegt.

Steuerfreie Erstattungen durch den Arbeitgeber sind in diesen Fällen nach den Grundsätzen des § 3 Nr. 13 oder 16 EStG zulässig (BMF v. 14.10.2015, IV C 5 – S 2332/15/10001/III C 2 – S 7109/15/10001, BStBl I 2015, 832, Tz. 6).

In Fällen, in denen die Anreise und Übernachtung im Zusammenhang mit einer Betriebs-veranstaltung **direkt vom Arbeitgeber über betriebsinterne Reisemanagementsysteme** für den Arbeitnehmer organisiert und abgewickelt werden, sind die o.a. Kriterien nicht erfüllt. Die Aufwendungen sind in diesen Fällen daher den Zuwendungen der Betriebsveranstaltung zuzurechnen.

Beispiel 1:
Der Arbeitgeber veranstaltet einen Betriebsausflug. Mitarbeiter, die an einem anderen Standort tätig sind, reisen für den Betriebsausflug zunächst zur Unternehmenszentrale an. Die Anreise organisiert jeder Arbeitnehmer selbst.
Die Fahrtkosten – sowie ggf. im Zusammenhang mit der An- und Abreise entstehende Verpflegungspauschalen und Übernachtungskosten – gehören nicht zu den Zuwendungen anlässlich der Betriebsveranstaltung, sondern können als Reisekosten vom Arbeitgeber steuerfrei erstattet werden.

Beispiel 2:
Der Arbeitgeber veranstaltet einen Betriebsausflug. Mitarbeiter, die an einem anderen Standort tätig sind, reisen für den Betriebsausflug zunächst zur Unternehmenszentrale an. Die Anreise wird vom Arbeitgeber über das betriebsinterne Reisemanagementsystem für alle Anreisenden organisiert.
Die Fahrtkosten – sowie ggf. im Zusammenhang mit der An- und Abreise entstehende Verpflegungspauschalen und Übernachtungskosten – gehören zu den Zuwendungen anlässlich der Betriebsveranstaltung und können nicht als Reisekosten vom Arbeitgeber steuerfrei erstattet werden.

Beispiel 3:
Der Arbeitgeber veranstaltet einen Betriebsausflug. Für die Fahrt vom Unternehmen zum Ausflugsziel organisiert er eine gemeinsame Busfahrt.
Die Kosten hierfür zählen zu den Zuwendungen anlässlich der Betriebsveranstaltung.

Beispiel 4:
Der Betriebsausflug beginnt mit einer ganztägigen Fahrt auf einem Fahrgastschiff. Am nächsten Tag wird die Betriebsveranstaltung am Zielort fortgesetzt.
Sowohl die übernommenen Fahrtkosten als auch die Übernachtungskosten gehören zu den Zuwendungen anlässlich der Betriebsveranstaltung.

Nach Auffassung des **FG Düsseldorf** kommt es für die Beurteilung von Reisekosten als geldwerter Vorteil nicht darauf an, ob der Arbeitgeber die Anreise zu einer Betriebsveranstaltung organisiert. Die Anreise ist nicht ohne weiteres – unabhängig vom Erlebniswert – Teil der Betriebsveranstaltung (FG Düsseldorf v. 22.2.2018, 9 K 580/17 E, EFG 2018, 966). Allerdings ist die Entscheidung zum „alten" Recht ergangen (Streitjahr 2008) und daher nicht ohne weiteres auf die geltende gesetzliche Regelung (§ 19 Abs. 1 Satz 1 Nr. 1a EStG) übertragbar.

11. Verlosungen bei Betriebsveranstaltungen

1440 Anlässlich von Betriebsveranstaltungen finden oft Verlosungen statt. Hierzu → *Verlosungsgeschenke/Verlosungsgewinne* Rz. 4259.

12. Abgrenzung zwischen betrieblich und geschäftlich veranlassten Veranstaltungen

1441 Zur **Abgrenzung zwischen betrieblich und geschäftlich veranlassten Veranstaltungen** gilt Folgendes (OFD Nordrhein-Westfalen, Kurzinformation ESt Nr. 20/2016 v. 21.9.2016, DB 2016, 2267):

Eine Veranstaltung gilt als **betrieblich**, wenn sie **überwiegend für eigene Arbeitnehmer** (ggf. mit Begleitpersonen) stattfindet. Betriebsveranstaltungen i.S.d. § 19 Abs. 1 Satz 1 Nr. 1a EStG sind grds. betrieblich veranlasst.

Im Gegensatz dazu ist eine Veranstaltung als **geschäftlich** anzusehen, wenn **überwiegend betriebsfremde Personen** (z.B. Geschäftsfreunde, Kunden, Lieferanten) teilnehmen. Indiz für die Abgrenzung ist die Überwiegensprüfung.

- **Betriebsausgabenabzug bei betrieblicher Veranstaltung:**

  Zuwendungen i.R. einer Betriebsveranstaltung (→ Rz. 1429) **an eigene Arbeitnehmer** (auch z.B. ehemalige Arbeitnehmer, Praktikanten, Referendare) und deren teilnehmende Begleitpersonen zuzüglich der ggf. nicht abziehbaren Vorsteuer berechtigen **in vollem Umfang zum Betriebsausgabenabzug**. Dies gilt auch für Aufwendungen, die auf den teilnehmenden Arbeitgeber und dessen Begleitperson entfallen, soweit auch Begleitpersonen der Arbeitnehmer in gleichem Maße an der Veranstaltung teilnehmen können.

  Aufwendungen, die der **geschäftlich veranlassten Teilnahme von Geschäftspartnern** oder **Arbeitnehmern verbundener Unternehmen und Leiharbeitern** sowie deren Begleitpersonen an betrieblich veranlassten Veranstaltungen zuzuordnen sind, unterliegen dagegen den Beschränkungen des § 4 Abs. 5 Satz 1 Nr. 1 und 2 EStG (R 4.10 Abs. 7 Satz 3 EStR). Das bedeutet, dass **Geschenke nur bis zu 50 € (bis 2023: 35 €; s.a. → *Geschenke* Rz. 2319) als Betriebsausgaben abgezogen** werden dürfen und bei **Bewirtungsaufwendungen die Abzugsbeschränkung auf 70 % der Aufwendungen** greift (→ *Bewirtungskosten* Rz. 1452). Vgl. hierzu auch BMF v. 7.12.2016, IV C 5 – S 2332/15/10001.

  Aufwendungen, die auf die **privat veranlasste Teilnahme von Personen** entfallen (z.B. Begleitperson des Arbeitgebers, soweit die Teilnahme von Begleitpersonen den Arbeitnehmern nicht eingeräumt wird), sind vom **Betriebsausgabenabzug ausgeschlossen**.

- **Betriebsausgabenabzug bei geschäftlicher Veranstaltung:**

  Soweit der Aufwand für Bewirtungskosten sowie die übrigen Kosten auf **Geschäftspartner oder Arbeitnehmer verbundener Unternehmen und Leiharbeiter** sowie deren Begleitpersonen entfällt, gelten die Beschränkungen des § 4 Abs. 5 Satz 1 Nr. 1 und 2 EStG. Das bedeutet, dass **Geschenke nur bis zu 50 € (bis 2023: 35 €) als Betriebsausgaben abgezogen** werden dürfen und bei **Bewirtungsaufwendungen die Abzugsbeschränkung auf 70 % der Aufwendungen** greift (→ *Bewirtungskosten* Rz. 1452).

  Nehmen daneben auch **Arbeitnehmer an geschäftlichen Veranstaltungen teil**, ist der **Betriebsausgabenabzug** für diese **ebenfalls** nach § 4 Abs. 5 Satz 1 Nr. 1 und 2 EStG **beschränkt** (R 4.10 Abs. 6 Satz 7 EStR).

Der Anteil der auf einen Personenkreis entfallenden Aufwendungen bestimmt sich danach, dass alle zu berücksichtigenden Aufwendungen zu gleichen Teilen auf alle bei der Betriebsveranstaltung anwesenden Teilnehmer aufzuteilen sind. Dann ist der auf eine Begleitperson entfallende Anteil der Aufwendungen dem jeweiligen Geschäftspartner oder Arbeitnehmer zuzurechnen.

Betriebsverlegung

→ *Arbeitslohn-ABC* Rz. 653

Betriebsversammlung

1. Arbeitsrecht

Der Betriebsrat hat nach **§ 43 Abs. 1 Satz 1 BetrVG** einmal **in jedem Kalendervierteljahr** eine Betriebsversammlung einzuberufen und ihr einen Tätigkeitsbericht zu erstatten. Nach § 43 Abs. 2 Satz 1 BetrVG ist der Arbeitgeber zu den Betriebsversammlungen unter Mitteilung der Tagesordnung einzuladen. Zu unterscheiden sind die **ordentlichen** von den **außerordentlichen** Betriebsversammlungen. Während erstere zwingend durchzuführen sind, finden die letzteren nur auf Wunsch des Arbeitgebers, auf Antrag eines Viertels der wahlberechtigten Arbeitnehmer oder aus eigenem Entschluss des Betriebsrats statt. 1442

Bei den ordentlichen Betriebsversammlungen handelt es sich im Einzelnen um:

- die ordentliche vierteljährliche Betriebsversammlung, auch wenn sie als Abteilungsversammlung durchgeführt wird (**§ 43 Abs. 1 Sätze 1 und 2 BetrVG**),
- eine in jedem Kalenderhalbjahr vom Betriebsrat einberufene weitere Betriebs- bzw. Abteilungsversammlung (**§ 43 Abs. 1 Satz 4 BetrVG**),
- die Wahlversammlung (**§§ 14a, 17 BetrVG**) und
- die auf Wunsch des Arbeitgebers einberufenen außerordentlichen Betriebs- oder Abteilungsversammlungen (**§ 43 Abs. 3 BetrVG** – hierbei handelt es sich zwar dem Grunde nach um eine außerordentliche Versammlung, da sie jedoch auf Wunsch des Arbeitgebers einberufen wurde, wird sie hinsichtlich Lage und Kostentragungspflicht wie eine ordentliche behandelt).

Nach § 44 Abs. 1 Satz 1 BetrVG finden die o.g. Betriebsversammlungen grds. während der **Arbeitszeit** statt, sofern nicht die Eigenart des Betriebs eine andere Regelung zwingend erfordert. Betriebsversammlungen sind Präsenzveranstaltungen. Anders als z.B. für Betriebsratssitzungen ist mit dem Betriebsrätemodernisierungsgesetz v. 18.6.2021 nicht die Option geschaffen worden, Betriebsversammlungen ganz oder in Teilen virtuell durchführen zu können.

Als Arbeitszeit gilt allein die betriebliche und nicht die persönliche Arbeitszeit des einzelnen Arbeitnehmers.

Nach § 44 Abs. 1 Sätze 2 und 3 BetrVG ist die Zeit der Teilnahme an einer ordentlichen Betriebsversammlung einschließlich der zusätzlichen Wegezeiten wie Arbeitszeit zu **vergüten**. Dies gilt auch dann, wenn die Versammlung wegen der Eigenart des Betriebs außerhalb der Arbeitszeit stattfindet. **Fahrtkosten**, die den Arbeitnehmern durch die Teilnahme an einer solchen Versammlung entstehen, sind vom Arbeitgeber zu erstatten. Der Arbeitnehmer hat Anspruch auf sein Arbeitsentgelt, das er erlangt hätte, wenn er während dieser Zeit gearbeitet hätte.

Findet die Versammlung **während der persönlichen** Arbeitszeit des Arbeitnehmers statt, ist diese Regelung folglich **ohne Belang**. Bedeutsam ist dies nur für die Arbeitnehmer, die, etwa auf Grund von Schichtarbeit, im Zeitpunkt der Durchführung der Betriebsversammlung nicht hätten arbeiten müssen, aber an der Versammlung teilnehmen.

Für die Berechnung ist das **individuelle Arbeitsentgelt** einschließlich etwaiger Zulagen des jeweiligen Arbeitnehmers zu Grunde zu legen. Daraus folgt zugleich, dass der Arbeitnehmer den zeitlichen Aufwand nicht wie Mehrarbeit vergütet verlangen kann und folglich auch **keinen Anspruch auf Überstunden- und Mehrarbeitszuschläge** hat.

Beispiel:
So hat beispielsweise ein Schichtarbeiter keinen Anspruch auf einen tariflichen Sonntagszuschlag, wenn er während seiner Freischicht an einer Betriebsversammlung teilnimmt, die an einem Sonntag abgehalten wird.

Die **Wegezeiten** müssen zusätzlich entstehen, also durch die Teilnahme an der Betriebs- oder Abteilungsversammlung veranlasst sein. Abzustellen ist dabei auf die persönliche Arbeitszeit des Arbeitnehmers. Wegezeiten können dann entstehen, wenn die Versammlung unmittelbar vor oder nach der persönlichen Arbeitszeit abgehalten wird oder über die normale persönliche Arbeitszeit hinaus andauert und der Arbeitnehmer deshalb – etwa wegen schlechterer Anschlussmöglichkeiten der Verkehrsmittel – einen längeren Heimweg hat. Soweit dem Arbeitnehmer **Fahrtkosten** entstehen, sind sie vom Arbeitgeber zu erstatten. Das ist ausdrücklich bestimmt für den Fall der Teilnahme an einer Versammlung, die wegen der Eigenart des Betriebes außerhalb der Arbeitszeit stattfindet, muss aber auch dann gelten, wenn eine Versammlung zwar während der (betrieblichen) Arbeitszeit, nicht aber während der individuellen Arbeitszeit eines Arbeitnehmers abgehalten wird, so dass zusätzliche Wegezeiten und daher auch Fahrtkosten entstehen.

Alle anderen Betriebs- oder Abteilungsversammlungen, sog. außerordentliche Versammlungen, finden gem. **§ 44 Abs. 2 Satz 1 BetrVG** grds. **außerhalb der Arbeitszeit** statt. Hiervon kann im Einvernehmen mit dem Arbeitgeber abgewichen und die Betriebsversammlung während der Arbeitszeit durchgeführt werden.

Für die außerordentlichen Betriebsversammlungen, die zwar grds. außerhalb der Arbeitszeit stattzufinden haben, die aber im Einvernehmen mit dem Arbeitgeber in die Arbeitszeit verlegt wurden, bestimmt **§ 44 Abs. 2 Satz 2 zweiter Halbsatz BetrVG**, dass der Arbeitgeber nicht berechtigt ist, das Arbeitsentgelt der Arbeitnehmer zu mindern.

Anders als bei den ordentlichen Versammlungen, die grds. während der (betrieblichen) Arbeitszeit stattfinden müssen, soll den Arbeitnehmern durch die Teilnahme **lediglich kein Ausfall an Arbeitsentgelt** entstehen. Sollte die Versammlung über die betriebliche Arbeitszeit hinausgehen oder die Versammlung außerhalb der persönlichen Arbeitszeit des Arbeitnehmers stattfinden, hat der Arbeitnehmer keinen Anspruch auf Arbeitsentgelt.

Wird eine außerordentliche Betriebsversammlung ohne Einvernehmen mit dem Arbeitgeber außerhalb der Arbeitszeit durchgeführt, so haben die Arbeitnehmer weder Anspruch auf Zahlung von Arbeitsentgelt für die Zeit der Teilnahme und etwaiger Wegezeiten noch einen Anspruch auf Fahrtkostenerstattung. Das gilt auch dann, wenn die Teilnahme in ihre persönliche Arbeitszeit fällt, so dass sie gegen den Arbeitgeber nur einen Anspruch auf Arbeitsbefreiung unter Wegfall des Arbeitsentgelts haben. Eine Ausnahme hiervon gilt, wie bereits gesagt, nur, wenn die Versammlung im Einvernehmen mit dem Arbeitgeber in die Arbeitszeit gelegt wird.

Betriebsversammlungen sind Präsenzveranstaltungen. Auf Grund der Corona-Pandemie war die Durchführung von Betriebsversammlungen per Videokonferenz nach § 129 BetrVG – befristet bis zum 19.3.2022 – ausnahmsweise statthaft. Hierdurch hat der Gesetzgeber gleichzeitig die streitige Diskussion in der Literatur um die Statthaftigkeit von „virtuellen" Betriebsversammlungen (vgl. hierzu Thüsing/Beden BB 2019, 372, 376 f.) mit dem sog. Betriebsrätemodernisierungsgesetz de lege lata geklärt.

2. Lohnsteuer und Sozialversicherung

Betriebsversammlungen sind keine Betriebsveranstaltungen, so 1443
dass Zuwendungen des Arbeitgebers grds. steuerpflichtig sind (→ *Betriebsveranstaltungen* Rz. 1427). Dies gilt z.B. für sog. **Wegezeit-Vergütungen**, die dem laufenden Arbeitslohn des Lohnzahlungszeitraums hinzuzurechnen sind (FinMin Baden-Württemberg v. 29.9.1992, S 2351/8).

Die **Fahrtkostenerstattungen** des Arbeitgebers sind wie folgt zu behandeln:

a) Betriebsversammlung im Betrieb

Im Regelfall ist der **Betrieb „erste Tätigkeitsstätte"** i.S.d. § 9 1444
Abs. 4 EStG.

Benutzt der Arbeitnehmer ein **eigenes Kfz**, kann die Lohnsteuer nach § 40 Abs. 2 Satz 2 EStG mit **15 % pauschal ermittelt** werden, sofern die Fahrtkosten als Werbungskosten abgezogen werden könnten. Das ist nicht der Fall, wenn die Versammlung während der Arbeitszeit stattfindet (zusätzliche Fahrtkosten zur Betriebsversammlung entstehen dann gar nicht erst) oder sogar nach der Arbeit stattfindet und somit eine zusätzliche Fahrt des Arbeitnehmers zum Betrieb erforderlich ist (ein Arbeitnehmer mit Frühschicht muss z.B. nachmittags noch einmal in den Betrieb fahren). Denn zusätzliche Fahrten können nach Einführung der Entfernungspauschale seit dem 1.1.2001 nicht mehr als Werbungskosten berücksichtigt werden (→ *Wege zwischen Wohnung und erster Tätigkeitsstätte* Rz. 4429). Die Fahrtkostenerstattungen sind damit lohnsteuer- und sozialversicherungspflichtig.

Seit der Einführung der **Steuerbefreiung des § 3 Nr. 15 EStG** zum 1.1.2019 sind unter den dort genannten Voraussetzungen (→ *Job-Ticket* Rz. 2617) vom Arbeitgeber ersetzte Fahrtkosten für **Fahrten mit öffentlichen Verkehrsmitteln** bzw. entsprechende Sachbezüge für Fahrten zur Betriebsversammlung steuerfrei.

b) Betriebsversammlung außerhalb des Betriebs

Die Aufwendungen können in diesen Fällen auch bei Benutzung 1445
eines Kraftfahrzeugs nach § 3 Nr. 16 EStG in voller Höhe oder mit dem pauschalen km-Satz von 0,30 € steuerfrei erstattet werden, da insoweit die Voraussetzungen einer **Auswärtstätigkeit** erfüllt

sind. Wird die Versammlung **während der Arbeitszeit** abgehalten, darf nur die Entfernung von der Arbeitsstätte zum Versammlungsort und zurück berücksichtigt werden. Findet die Versammlung **im Anschluss an die Arbeitszeit** statt, so ist nicht nur eine etwaige Umwegstrecke, sondern die **gesamte Strecke** von der Arbeitsstätte zur Wohnung als Auswärtstätigkeit zu werten.

Beispiel:

A nimmt an einer Betriebsversammlung teil, die nach Feierabend in einem Hotel stattfindet. A muss hierfür einen Umweg von 10 km fahren, die einfache Strecke Wohnung – Arbeitsstätte beträgt 20 km.

Der Arbeitgeber darf für die gesamte Strecke von 30 km (Fahrt vom Betrieb zum Hotel und von dort zur Wohnung) den für Auswärtstätigkeiten geltenden pauschalen km-Satz von 0,30 € steuerfrei ersetzen. Es ist dabei unerheblich, dass A ohnehin 20 km hätte fahren müssen, um von seiner Arbeitsstelle nach Hause zu kommen und diese Fahrtkosten als Aufwendungen für „Wege zwischen Wohnung und erster Tätigkeitsstätte" nicht vom Arbeitgeber steuerfrei ersetzt werden dürfen.

Bewachung

1. Aufwendungen des Arbeitgebers

1446 Es kommt vor, dass **Arbeitgeber** für Arbeitnehmer, die auf Grund ihrer beruflichen Position gefährdet sind (v.a. Führungskräfte der Wirtschaft, Bankbedienstete, Minister usw.), Kosten für Sicherheitsmaßnahmen übernehmen. Es kann sich dabei um die Bereitstellung von Personenschutz („Bodyguards") oder den Einbau von Sicherheitseinrichtungen in der Wohnung oder im Fahrzeug des Arbeitnehmers handeln. Übernimmt der Arbeitgeber die Kosten nicht, kann sie u.U. der Arbeitnehmer als Werbungskosten geltend machen.

Für die steuerliche Behandlung sind die einzelnen Sachverhalte zu unterscheiden:

a) Personenschutz

1447 Der vom Arbeitgeber zur Verfügung gestellte Personenschutz wird im Allgemeinen **nicht als steuerpflichtiger Arbeitslohn** angesehen werden können, insbesondere wenn diese Leistungen dem Arbeitnehmer „aufgedrängt" werden. Es handelt sich dann um nicht steuerpflichtige Leistungen im ganz überwiegenden eigenbetrieblichen Interesse des Arbeitgebers.

b) Wohnungssicherung

1448 Soweit Arbeitnehmer den **Angriffen gewaltbereiter politisch motivierter Personen ausgesetzt sind (Positionsgefährdung, Einordnung in die Gefährdungsstufen 1 bis 3 durch die zuständige Sicherheitsbehörde)** und der Arbeitgeber deshalb Kosten für Sicherheitsmaßnahmen in der Wohnung der Arbeitnehmer (z.B. Alarm- und Überwachungsanlagen) übernimmt, wird unter bestimmten Voraussetzungen kein steuerpflichtiger Arbeitslohn angenommen. Vgl. im Einzelnen BMF v. 11.11.2024, IV C 5 – S 2332/23/10006 :001, BStBl I 2024, 1412.

Für Arbeitnehmer, die nach der Gefährdungsanalyse der zuständigen Behörde (Sicherheitsbehörde) nicht in die Gefährdungsstufen 1 bis 3 eingeordnet sind, führen die vom Arbeitgeber übernommenen Kosten für Sicherheitseinrichtungen stets zu steuerpflichtigem Arbeitslohn, ein Werbungskostenabzug ist nicht möglich (BMF v. 11.11.2024, IV C 5 – S 2332/23/10006 :001, Rdnr. 4, BStBl I 2024, 1412).

Beispiel:

A ist Vorstandsmitglied einer Bank. Auf Grund eines Vorstandsbeschlusses hat die Bank den Einbau verschiedener Sicherheitsmaßnahmen in dem von A und seiner Familie bewohnten Einfamilienhaus bezuschusst. Die Sicherheitsmaßnahmen entsprachen einer Empfehlung der Kriminalpolizei (keine Einordnung in die Gefährdungsstufen 1 bis 3).

Die von der Bank erstatteten Kosten sind steuerpflichtiger Arbeitslohn. Sie sind **kein steuerfreier Auslagenersatz** nach § 3 Nr. 50 EStG, weil die Aufwendungen zugleich das private Interesse des A berühren. Steuerpflichtiger Arbeitslohn ist zwar auch dann nicht anzunehmen, wenn die Leistungen im **eigenbetrieblichen Interesse des Arbeitgebers** erbracht werden. Dies ist aber nicht der Fall, wenn – wie hier – die Sicherheitsmaßnahmen zugleich mit erheblichen Vorteilen für den einzelnen Arbeitnehmer verbunden sind, also nicht der gesamten Belegschaft zugutekommen, und der Arbeitgeber deshalb auch nur einen Teil der Kosten übernimmt (BFH v. 5.4.2006, IX R 109/00, BStBl II 2006, 541).

A kann nach dem o.g. Urteil die Aufwendungen für die Wohnungssicherung auch **nicht** als **Werbungskosten** absetzen.

2. Sicherheitseinrichtungen im Kfz des Arbeitnehmers

Trägt der Arbeitgeber **zusätzlich zu den mit dem pauschalen Kilometersatz nach § 9 Abs. 1 Satz 3 Nr. 4 EStG** (ab 2026 auf Grund der Neuregelung durch das Steueränderungsgesetz 2025 ab dem ersten Entfernungskilometer 0,38 €) erstatteten Fahrtkosten die Kosten für Sicherheitseinrichtungen im Kraftfahrzeug eines Arbeitnehmers (z.B. Winterreifen), das dieser zu Auswärtstätigkeiten nutzt (so besonders bei Außendienstmitarbeitern), **liegt grds. steuerpflichtiger Arbeitslohn** vor. Die Erstattungen des Arbeitgebers können weder als steuerfreier Auslagenersatz nach § 3 Nr. 50 EStG noch als Leistungen im ganz überwiegenden Interesse des Arbeitgebers steuerfrei belassen werden, weil die Arbeitnehmer im Regelfall ein **nicht unerhebliches Eigeninteresse** an dem Einbau derartiger Sicherheitseinrichtungen haben. Unerheblich ist deshalb, dass der Arbeitgeber Unfälle seiner Arbeitnehmer vermeiden und so den Krankenstand möglichst niedrig halten will (so FG Bremen v. 8.7.2003, 1 K 116/03). Eine steuerfreie Erstattung kommt nur in Betracht, wenn die tatsächlichen Kfz-Kosten nachgewiesen werden (FG Hamburg v. 13.3.1997, II 164/95, EFG 1997, 856). 1449

Die **Finanzverwaltung** wendet das o.g. Urteil des FG Bremen jedoch nicht an und lässt daher bei der „Firmenwagenbesteuerung" den Wert der zusätzlich überlassenen Winterreifen nebst Felgen außer Betracht (R 8.1 Abs. 9 1. Spiegelstrich Satz 6 LStR).

Zur Bemessung des **Nutzungswerts** sicherheitsgeschützter Fahrzeuge für Privatfahrten usw. → *Firmenwagen zur privaten Nutzung* Rz. 2121.

3. Aufwendungen des Arbeitnehmers

Aufwendungen des Arbeitnehmers für Sicherheitsaufwendungen usw. dienen in erster Linie dem **Schutz des eigenen Lebens** und werden, weil die beruflichen und privaten Veranlassungsbeiträge untrennbar ineinandergreifen, nach der Rechtsprechung selbst dann den Kosten der „Lebensführung" i.S.d. § 12 Nr. 1 Satz 2 EStG zugerechnet, wenn sie z.T. **auch beruflich veranlasst** sind (vgl. BMF v. 6.7.2010, IV C 3 – S 2227/07/10003 :002, BStBl I 2010, 614). 1450

Abgelehnt wurde daher der Werbungskostenabzug z.B. für

- die **Pistole** eines Richters (FG Baden-Württemberg v. 26.7.1979, III 419/77, EFG 1979, 546),
- den **Selbstverteidigungskurs** eines leitenden Bankangestellten (FG Hessen v. 28.10.1987, 8 K 81/87, EFG 1988, 230),
- den **Wachhund eines Schulhausmeisters** (BFH v. 10.9.1990, VI R 101/86),
- Aufwendungen für die **Wohnungssicherung**, selbst wenn der Arbeitgeber die Maßnahmen verlangt hat oder es in der Vergangenheit tatsächlich zu beruflich bedingten Anschlägen auf die Wohnung gekommen ist (vgl. BFH v. 5.4.2006, IX R 109/00, BStBl II 2006, 541 sowie FG München v. 7.10.2008, 6 K 3433/07, betr. einen Soldaten, der in Neapel stationiert war). S. hierzu auch BMF v. 11.11.2024, IV C 5 – S 2332/23/10006 :001, BStBl I 2024, 1412.
- **Lösegeldzahlungen**, selbst wenn die Entführung anlässlich einer Dienstreise erfolgt (vgl. sinngemäß FG Berlin v. 19.6.2000, 8 K 8497/98, EFG 2001, 308).

4. Bewachungsgewerbe

Bei Arbeitnehmern im Bewachungsgewerbe stellt der **Wachhund im steuerlichen Sinne ein Arbeitsmittel** dar; ein steuerfreier Arbeitgeberersatz ist nicht möglich, wohl aber der Werbungskostenabzug. Entsprechendes gilt für Polizisten mit Diensthunden (→ *Hundehaltung* Rz. 2569). 1451

Bewerbungskosten

→ *Werbungskosten* Rz. 4512

Bewirtungskosten

→ auch *Incentive-Reisen* Rz. 2597

Inhalt

1. Allgemeines

1452 Die steuerliche Beurteilung von Bewirtungskosten entweder als **Werbungskosten** bzw. – bei Erstattung durch den Arbeitgeber – **steuerfreier Auslagenersatz** oder aber als nicht abzugsfähige **Kosten der Lebensführung** ist in der Praxis immer wieder problematisch, weil sie von verschiedenen Faktoren abhängt (beruflicher oder privater Anlass, bewirteter Personenkreis, Ort der Bewirtung usw.) und sich ferner die BFH-Rechtsprechung zu Gunsten der betroffenen Arbeitnehmer geändert hat (→ Rz. 1465). Außerdem sind grds. die **Abzugsbeschränkung auf 70 % der (angemessenen) Bewirtungskosten** und die **besonderen Aufzeichnungspflichten** zu beachten (§ 4 Abs. 5 Satz 1 Nr. 2 i.V.m. § 9 Abs. 5 EStG). Die Absenkung der Abzugsbeschränkung von 80 % auf 70 % seit dem Jahre 2004 ist **verfassungsgemäß** (BVerfG v. 11.12.2018, 2 BvL 4/11, 2 BvL 5/11 und 2 BvL 4/13, StEd 2019, 118).

Allerdings fällt **nicht jede Bewirtung unter diese Abzugsbeschränkung**; dies gilt z.B. für Bewirtungskosten, wenn der **Arbeitnehmer**

- **nicht selbst als bewirtende Person auftritt**, weil es sich z.B. um ein **„Fest des Arbeitgebers“** handelt (BFH v. 19.6.2008, VI R 48/07, BStBl II 2008, 870 betr. die Kommandoübergabe eines Brigadegenerals), oder
- aus beruflichem Anlass – dies gilt besonders für Arbeitnehmer mit variablen Bezügen – **Aufwendungen für die Bewirtung von Arbeitskollegen seines Arbeitgebers** trägt (BFH v. 10.11.2016, VI R 7/16, BStBl II 2017, 409 betr. Aufwendungen eines Arbeitnehmers für die Feier seines Geburtstags).

Von vornherein vom **Abzug als Betriebsausgaben oder Werbungskosten ausgeschlossen** sind dagegen nach § 4 Abs. 5 Satz 1 Nr. 4 EStG **Aufwendungen für Jagd und Fischerei, für Segeljachten oder Motorjachten sowie für ähnliche Zwecke und für die hiermit zusammenhängenden Bewirtungen**, soweit die damit verfolgten Zwecke nicht selbst Gegenstand einer mit Gewinnabsicht ausgeübten Betätigung des Stpfl. sind (§ 4 Abs. 5 Satz 2 EStG). S. hierzu BFH v. 13.7.2016, VIII R 26/14, BStBl II 2017, 161: Betriebsausgaben, die für die Unterhaltung von Geschäftsfreunden aufgewendet werden, unterliegen als Aufwendungen für „ähnliche Zwecke“ nur dann dem Abzugsverbot nach § 4 Abs. 5 Satz 1 Nr. 4 EStG, wenn sich aus der Art und Weise der Veranstaltung und ihrer Durchführung ableiten lässt, dass es sich um Aufwendungen handelt, die für eine überflüssige und unangemessene Unterhaltung und Repräsentation getragen werden.

Nicht abzugsfähig sind hiernach z.B. Aufwendungen eines Unternehmers einschließlich der Bewirtungskosten anlässlich

- einer sog. **Regatta-Begleitfahrt** bei der Kieler Woche mit Geschäftspartnern (BFH v. 2.8.2012, IV R 25/09, BStBl II 2012, 824),
- der **Veranstaltung eines Golfturniers** mit Abendveranstaltung, sofern die Aufwendungen für Zwecke der sportlichen Betätigung, der Unterhaltung von Geschäftsfreunden, der Freizeitgestaltung und Repräsentation getätigt werden; dies gilt auch dann, wenn beide Veranstaltungen auch dem Zweck dienen, Spenden für die Finanzierung einer Wohltätigkeitsveranstaltung zu generieren (BFH v. 16.12.2015, IV R 24/13, BStBl II 2017, 224, s.a. OFD Frankfurt v. 30.6.2016, S 2145 A – 11 – St 210).

Im Einzelnen gilt Folgendes:

2. Bewirtung und Bewirtungsaufwendungen

a) Bewirtung

„Bewirtung“ i.S.d. § 4 Abs. 5 Satz 1 Nr. 2 EStG ist jede Darreichung 1453
von Speisen, Getränken oder sonstigen Genussmitteln zum sofortigen Verzehr. Es kommt nicht darauf an, ob die Beköstigung der bewirteten Person im Vordergrund steht oder (aus der Sicht des Bewirtenden) „auch“ bzw. „in erster Linie“ der Werbung oder der Repräsentation dient (FG Köln v. 29.4.2021, 10 K 2648/20). Die Nichtzulassungsbeschwerde gegen das Urteil des FG Köln v. 29.4.2021 (betr. eine Spielhalle, die ihren Besuchern kostenlos Getränke und Snacks zur Verfügung stellt, damit diese sich möglichst lange in der Spielhalle aufhalten, um höhere Einnahmen zu erzielen) hat der BFH mit Beschluss v. 18.1.2022, XI B 54/21 (nicht dokumentiert) als unzulässig verworfen. Allerdings sind Aufwendungen bei branchenüblichen **Produkt- oder Warenverkostungen oder sog. „Kundschaftstrinken“ („Werbebewirtungen“) von der Abzugsbeschränkung nicht erfasst**. Dies setzt aber voraus, dass Hersteller oder Vertreiber von Speisen und Getränken durch die Bewirtung für die eigenen Produkte, die auch Gegenstand der Bewirtung sind, werben. Der Abzugsbeschränkung unterfallen nicht nur die Aufwendungen für Speisen und Getränke, sondern ebenso die sachlich damit im Zusammenhang stehenden Aufwendungen für Service, Dekoration, Musik etc. Fallen neben den Bewirtungskosten weitere Aufwendungen an, bei denen ein sachlicher Zusammenhang mit der Bewirtung nicht besteht, sind diese Aufwendungen separat zu beurteilen und unterliegen nicht der Einschränkung des § 4 Abs. 5 Satz 1 Nr. 2 EStG. Bewirtungskosten liegen vor, wenn der Stpfl. die betreffenden Bewirtungsaufwendungen getragen hat; ob der Bewirtete weiß, wer die Kosten tatsächlich trägt, ist nicht von Belang (BFH v. 17.7.2013, X R 37/10, HFR 2014, 227 betr. Beköstigung von Teilnehmern in Gaststätten bei sog. Kaffeefahrten, wenn der Verkäufer die Rechnung des Gastwirts zahlt, die Verkaufsveranstaltung aber nicht selbst veranlasst/organisiert hat).

Die Anwendung des § 4 Abs. 5 Satz 1 Nr. 2 EStG scheidet nicht schon dann aus, wenn die Verköstigung in einen anderen betrieblichen Vorgang eingebunden und diesem gegenüber untergeordnet ist. Bewirtet ein Unternehmen i.R. einer **Schulungsveranstaltung** an dieser Veranstaltung teilnehmende Personen, die nicht seine Arbeitnehmer sind (z.B. freie Mitarbeiter), so unterliegt der Bewirtungsaufwand ebenfalls der Abzugsbeschränkung gem. § 4 Abs. 5 Satz 1 Nr. 2 EStG (BFH v. 18.9.2007, I R 75/06, BStBl II 2008, 116).

Aufwendungen anlässlich einer Bewirtung, an der **ausschließlich Arbeitnehmer des Stpfl.** teilnehmen, sind deshalb von der Abzugsbeschränkung nicht betroffen (R 4.10 Abs. 6 Satz 2 EStR).

In Fällen einer **„gemischten Bewirtung“**, an der sowohl Arbeitnehmer des bewirtenden Unternehmens wie auch Nicht-Arbeitnehmer teilnehmen, kann eine Aufteilung in Betracht kommen (R 4.10 Abs. 7 Satz 3 EStR).

Zu den Bewirtungskosten können auch Aufwendungen gehören, die zwangsläufig im Zusammenhang mit der Bewirtung anfallen, wenn sie i.R. des insgesamt geforderten Preises von untergeordneter Bedeutung sind, wie z.B. **Trinkgelder und Garderobengebühren**. Die Beurteilung der Art der Aufwendungen richtet sich grds. nach der Hauptleistung. Werden dem bewirtenden Stpfl. die Bewirtungsaufwendungen i.R. eines Entgelts ersetzt (z.B. bei einer Seminargebühr oder einem Beförderungsentgelt), unterliegen diese Aufwendungen nicht der in § 4 Abs. 5 Satz 1 Nr. 2 EStG festgelegten Kürzung (vgl. FG Düsseldorf v. 16.1.2001, 6 K 2061/97 K, F, EFG 2001, 731 betr. Bewirtung bei Schulungsveranstaltungen für Mitarbeiter von Kunden). Dies gilt nur, wenn die Bewirtung in den Leistungsaustausch einbezogen ist (R 4.10 Abs. 5 EStR).

Cateringaufwendungen, die ein Filmproduktionsunternehmen für unentgeltlich ausgegebene Speisen und Getränke für die am Drehort (Set) mit der Herstellung der Aufnahmen beschäftigten Personen aufwendet, sind Aufwendungen für „die Bewirtung von Personen aus geschäftlichem Anlass" und nur zu 70 % als Betriebsausgaben abzugsfähig, soweit die Speisen und Getränke auch denjenigen Personen gereicht werden, die nicht den zu den eigenen Arbeitnehmern des Unternehmens gehören, aber z.B. als Arbeitnehmer der beteiligten Fernsehsender bei der Produktion am Set mitwirken (FG Köln v. 6.9.2018, 13 K 939/13, EFG 2019, 55).

b) Keine Bewirtung

1454 Die Abzugsbeschränkung umfasst alle Bewirtungen „aus geschäftlichen Anlass"; **die „reine Arbeitnehmerbewirtung", z.B. bei Fortbildungsveranstaltungen, fällt somit nicht darunter** (BFH v. 18.9.2007, I R 75/06, BStBl II 2008, 116).

Keine Bewirtung liegt ferner vor bei der Beköstigung von Teilnehmern in Gaststätten bei sog. Kaffeefahrten. Siehe hierzu BFH v. 17.7.2013, X R 37/10, BFH/NV 2014, 347 mit Hinweisen auf nachstehende weitere Fälle, in den keine Bewirtung vorliegt:

- Gewährung von **Aufmerksamkeiten in geringem Umfang** (wie Kaffee, Tee, Gebäck) z.B. **anlässlich betrieblicher Besprechungen**, wenn es sich hierbei um eine **übliche Geste der Höflichkeit** handelt; die Höhe der Aufwendungen ist dabei nicht ausschlaggebend; beim Ausschank von **Alkohol** i.R. von Besprechungen oder Vertragsabschlüssen handelt es sich nicht um geringfügige Aufmerksamkeiten, sondern um Bewirtungskosten i.S.v. § 4 Abs. 5 Satz 1 Nr. 2 EStG.
- **Produkt-/Warenverkostungen z.B. im Herstellungsbetrieb, beim Kunden, beim (Zwischen-)Händler, bei Messeveranstaltungen**; hier besteht ein unmittelbarer Zusammenhang mit dem Verkauf der Produkte oder Waren. Voraussetzung für den unbeschränkten Abzug ist, dass nur das zu veräußernde Produkt und ggf. Aufmerksamkeiten (z.B. Brot anlässlich einer Weinprobe) gereicht werden. Diese Aufwendungen können als **Werbeaufwand** unbeschränkt als Betriebsausgaben abgezogen werden. Entsprechendes gilt, wenn ein Dritter mit der Durchführung der Produkt-/Warenverkostung beauftragt war.

Solche Aufwendungen können **unbegrenzt als Betriebsausgaben** oder – sollte sie der Arbeitnehmer tragen – als **Werbungskosten** abgezogen werden, vgl. FG Münster v. 29.9.1995, 9 K 2834/92 K, G, 9 K 2835/92 U, EFG 1996, 1203.

c) Keine Abzugsbeschränkung beim Leistungsaustausch

1455 Das Abzugsverbot des § 4 Abs. 5 Satz 1 Nr. 2 EStG gilt nicht, wenn und soweit die Bewirtung **Gegenstand eines Austauschverhältnisses i.S. eines Leistungsaustausches** ist. Bewirtungsaufwendungen, die im Leistungsaustausch vergütet werden, gehören nicht zu den in § 4 Abs. 5 Satz 1 Nr. 2 EStG gemeinten Aufwendungen, was etwa der Fall ist, wenn diese Bewirtungsaufwendungen in Teilnehmergebühren wie etwa Seminargebühren eingerechnet worden sind.

Für die Frage, ob ein Leistungsaustausch vorliegt, ist auf die konkrete, d.h. jede einzelne Bewirtung abzustellen. Die Annahme eines Leistungsaustausches in diesem Sinne erfordert nicht zwingend, dass das Entgelt für die Bewirtung in Geld entrichtet wird. Die **Gegenleistung** kann vielmehr u.a. auch in Form einer Werk-, Dienst-, oder Vermittlungsleistung erbracht werden. Das Zuführen von potentiellen Kunden stellt eine die Anwendung von § 4 Abs. 5 Satz 1 Nr. 2 EStG ausschließende Gegenleistung des Busfahrers für die Bewirtung durch den Raststättenbetreiber dar (BFH v. 26.4.2018, X R 24/17, BStBl II 2018, 750).

3. Betrieblicher und geschäftlicher Anlass, Bewirtungskosten

a) Betrieblicher und geschäftlicher Anlass

Weitere Voraussetzung der Anwendbarkeit des § 4 Abs. 5 Satz 1 1456
Nr. 2 EStG ist die Bewirtung von Personen aus **geschäftlichem Anlass**. „Geschäftlicher Anlass" in diesem Sinne ist ein besonderer Fall der betrieblichen Veranlassung. Erfasst wird die Bewirtung von Personen, zu denen bereits Geschäftsbeziehungen bestehen, sowie von Personen, zu denen Geschäftsbeziehungen angebahnt werden sollen, aber auch von Besuchern des Betriebs, z.B. i.R. der Öffentlichkeitsarbeit, und von Besuchern zum Zwecke der Imagepflege, wie z.B. Journalisten, Politiker und sonstige Vertreter des öffentlichen Lebens (vgl. BFH v. 7.9.2011, I R 12/11, BStBl II 2012, 194).

Kein „geschäftlicher Anlass" i.S.d. § 4 Abs. 5 Satz 1 Nr. 2 EStG ist lediglich die Bewirtung eigener Arbeitnehmer, äußerstenfalls auch noch die von Angehörigen der eigenen Arbeitnehmer unter besonderen Voraussetzungen. Aufwendungen anlässlich einer Bewirtung, an der **ausschließlich Arbeitnehmer des Stpfl.** teilnehmen, sind deshalb von der Abzugsbeschränkung nicht betroffen.

Nicht unter das Abzugsverbot des § 4 Abs. 5 Satz 1 Nr. 2 EStG fallen zum einen sog. **Kundschaftsessen bzw. -trinken**, bei denen die Hersteller von Lebensmitteln, Speisen oder Getränken für ihre Produkte werben, indem sie Kostproben überreichen, und zum anderen **Aufmerksamkeiten in geringem Umfang**, soweit sie Gesten der allgemein erwarteten Höflichkeit darstellen, wie z.B. die Darreichung von Kaffee, Tee und Kleingebäck anlässlich **geschäftlicher Besprechungen**. Die Bewirtung mit kleineren Gerichten wie belegten Brötchen, kleinen Kartoffel- oder Nudelgerichten, Suppen sowie Kuchen oder Torten geht jedoch bereits über die Gewährung einer Aufmerksamkeit in diesem Sinne hinaus (BFH v. 17.7.2013, X R 37/10, HFR 2014, 227 betr. Beköstigung von Teilnehmern in Gaststätten bei sog. Kaffeefahrten).

Ein geschäftlicher Anlass kann auch dann noch gegeben sein, wenn die Bewirtungen von Geschäftsfreunden aus deren beruflichen Gründen (insbesondere weil sie werktags arbeiten müssen) nur am **Wochenende** und unter **Teilnahme der Ehefrauen der Kunden** stattfinden (FG Niedersachsen v. 20.8.1996, II (VIII) 291/91, betr. Bewirtungskosten eines nichtselbständigen Handelsvertreters, der an Bäcker den Verkauf von Backwaren vermittelt). Ebenso FG Saarland v. 29.6.1999, 1 K 210/97. Andererseits kann die Teilnahme von Begleitpersonen (Ehefrauen usw.) **Indiz für die Annahme einer gesellschaftlichen und damit steuerlich nicht abzugsfähigen privaten Veranstaltung** sein (vgl. FG Rheinland-Pfalz v. 16.9.2008, 2 K 2606/06, EFG 2009, 9 betr. die Jubiläumsfeier eines Steuerberaters kurz nach Vollendung seines 60. Geburtstags).

b) Bewirtungskosten

Für die **Anwendung dieser Abzugsbeschränkung sind zu-** 1457
nächst folgende Kosten auszuscheiden:

- Teile der Bewirtungskosten, die **privat veranlasst** sind;
- Teile der Bewirtungsaufwendungen, die nach allgemeiner Verkehrsauffassung als **unangemessen** anzusehen sind;
- Bewirtungsaufwendungen, deren **Höhe und betriebliche Veranlassung nicht nachgewiesen** sind;
- Bewirtungsaufwendungen, die wegen **Verletzung der besonderen Aufzeichnungspflichten nicht abgezogen** werden können (§ 4 Abs. 7 EStG, R 4.11 EStR);
- Aufwendungen, die nach ihrer Art **keine Bewirtungsaufwendungen** sind (z.B. Kosten für Bühne, Licht und Tontechnik, Show/Ensemble für eine Betriebsfeier); solche Aufwendungen sind in vollem Umfang abziehbar, wenn die übrigen Voraussetzungen vorliegen.

Von den verbleibenden Aufwendungen dürfen nur 70 % den Gewinn mindern.

Die **Abzugsbegrenzung** gilt bei der Bewirtung von Personen aus geschäftlichem Anlass auch für den Teil der Aufwendungen, der auf den an der **Bewirtung teilnehmenden Stpfl. oder dessen Arbeitnehmer** entfällt. Aufwendungen für die Bewirtung von Personen aus geschäftlichem Anlass **in der Wohnung des Stpfl.** gehören regelmäßig nicht zu den Betriebsausgaben, sondern zu den Kosten der Lebensführung (§ 12 Nr. 1 EStG). Bei Bewirtungen in einer **be-**

triebseigenen Kantine wird aus Vereinfachungsgründen zugelassen, dass die Aufwendungen nur aus den **Sachkosten** der verabreichten Speisen und Getränke sowie den **Personalkosten** ermittelt werden; es ist nicht zu beanstanden, wenn – im Wirtschaftsjahr einheitlich – je **Bewirtung ein Betrag von 15 € angesetzt** wird, wenn dieser Ansatz nicht zu einer offenbar unzutreffenden Besteuerung führt. Unter dem Begriff **„betriebseigene Kantine"** sind alle betriebsinternen Einrichtungen zu verstehen, die es den Arbeitnehmern des Unternehmens ermöglichen, Speisen und Getränke einzunehmen, und die für fremde Dritte nicht ohne weiteres zugänglich sind. Auf die Bezeichnung der Einrichtung kommt es nicht an; zu Kantinen können deshalb auch Einrichtungen gehören, die im Betrieb als „Kasino" oder „Restaurant" bezeichnet werden.

Nicht geschäftlich, sondern allgemein betrieblich veranlasst ist ausschließlich die **Bewirtung von Arbeitnehmern** des bewirtenden Unternehmens (R 4.10 Abs. 7 EStR). Diese Aufwendungen sind zu **100 % als Betriebsausgaben abziehbar**.

4. Bewirtungen durch den Arbeitgeber

a) Bewirtung im ganz überwiegenden betrieblichen Interesse des Arbeitgebers

1458 **Kein steuerpflichtiger Arbeitslohn** liegt vor, wenn Mahlzeiten im ganz überwiegenden betrieblichen Interesse des Arbeitgebers an die Arbeitnehmer abgegeben werden. Hierzu gehören nach R 8.1 Abs. 8 1. Spiegelstrich LStR Bewirtungen bei

- **der Teilnahme des Arbeitnehmers an geschäftlichen Bewirtungen** (→ *Mahlzeiten aus besonderem Anlass* Rz. 3082);
- **sog. Arbeitsessen** (→ *Arbeitsessen* Rz. 610);
- **Betriebsveranstaltungen** (→ *Betriebsveranstaltungen* Rz. 1429).

b) Bewirtung auf Auswärtstätigkeiten oder bei Fortbildungsmaßnahmen

1459 Mahlzeiten, die der Arbeitgeber oder auf dessen Veranlassung ein Dritter zur üblichen Beköstigung der Arbeitnehmer anlässlich oder während einer **Auswärtstätigkeit** oder i.R. einer **doppelten Haushaltsführung** an die Arbeitnehmer abgibt, sind grds. **steuerpflichtiger Arbeitslohn**. Eine Versteuerung unterbleibt jedoch nach § 8 Abs. 2 Satz 11 EStG, wenn beim Arbeitnehmer für ihm entstehende Mehraufwendungen für Verpflegung ein Werbungskostenabzug nach § 9 Abs. 4 EStG in Betracht käme (→ *Reisekosten-Erstattungen* Rz. 3661 sowie → *Mahlzeiten aus besonderem Anlass* Rz. 3082).

Kein steuerpflichtiger Arbeitslohn liegt vor, wenn der Arbeitnehmer selbst während einer Auswärtstätigkeit Geschäftsfreunde seines Arbeitgebers bewirtet und sich die Kosten erstatten lässt; insoweit handelt es sich um steuerfreien Auslagenersatz. Der auf den Arbeitnehmer selbst entfallende Anteil ist kein steuerpflichtiger geldwerter Vorteil.

c) Bewirtung als Gegenleistung (Arbeitslohn)

1460 Mahlzeiten, die der Arbeitgeber als Gegenleistung für das Zurverfügungstellen der individuellen Arbeitskraft an seine Arbeitnehmer abgibt, sind **steuerpflichtiger Arbeitslohn** und mit ihrem tatsächlichen Preis anzusetzen. Dies gilt z.B. für Mahlzeiten, die i.R. unüblicher Betriebsveranstaltungen oder regelmäßiger Geschäftsleitungssitzungen abgegeben werden, s. R 8.1 Abs. 8 2. Spiegelstrich LStR und H 8.1 Abs. 8 (Individuell zu versteuernde Mahlzeiten) LStH. Die Freigrenze des § 8 Abs. 2 Satz 11 EStG von 50 € monatlich ist zu beachten.

Weitere Einzelheiten → *Mahlzeiten aus besonderem Anlass* Rz. 3082.

d) Bewirtung aus Anlass von Feierlichkeiten des Arbeitnehmers (Allgemeines)

1461 Die Ausrichtung einer Feier durch den Arbeitgeber für einen Arbeitnehmer aus Anlass eines besonderen Ereignisses in der Person des Arbeitnehmers (z.B. **Jubiläum, Verabschiedung, Amtseinführung, Geburtstag, Beförderung) ist kein Arbeitslohn**, wenn die Zuwendungen im **ganz überwiegenden betrieblichen Interesse des Arbeitgebers** liegen (BFH v. 15.2.2008, VI B 97/07, m.w.N.). Entsprechendes gilt für die **Erstattung von Aufwendungen des Arbeitnehmers** durch den Arbeitgeber. Es kommt in diesen Fällen nicht darauf an, dass die Aufwendungen des Arbeitnehmers ohne Erstattung des Arbeitgebers mangels Aufteilungsmöglichkeit ggf. zu den nicht abzugsfähigen Kosten der Lebensführung i.S.d. § 12 Nr. 1 Satz 2 EStG gehören (vgl. BMF v. 6.7.2010, IV C 3 – S 2227/07/10003 :002, BStBl I 2010, 614 Tz. 5 zu Feierlichkeiten aus einem persönlichen Anlass, z.B. Geburtstag). Denn dieses Abzugsverbot gilt nur für den **Werbungskostenabzug** und hat für den steuerfreien **Arbeitgeberersatz** keine Bedeutung (BFH v. 18.8.2005, VI R 32/03, BStBl II 2006, 30 m.w.N.).

Für die steuerliche Behandlung ist grds. zu unterscheiden, ob die Bewirtung

- anlässlich des besonderen Ereignisses lediglich **betriebsfunktionalen Zwecken** dient und daher im **eigenbetrieblichen Interesse** des Arbeitgebers liegt oder
- **Entlohnungscharakter** hat (BFH v. 28.1.2003, VI R 48/99, BStBl II 2003, 724).

Daraus ergibt sich Folgendes:

- Übliche Sachleistungen des Arbeitgebers aus Anlass der **Diensteinführung**, eines **Amts- oder Funktionswechsels**, eines **runden Arbeitnehmerjubiläums** (s. BMF v. 14.10.2015, IV C 5 – S 2332/15/10001/III C 2 – S 7109/15/10001, BStBl I 2015, 832) oder der **Verabschiedung eines Arbeitnehmers** stellen keinen Arbeitslohn dar; betragen die Aufwendungen des Arbeitgebers einschließlich Umsatzsteuer jedoch **mehr als 110 € je teilnehmender Person**, so sind die Aufwendungen dem Arbeitslohn des Arbeitnehmers hinzuzurechnen. Geschenke bis zu einem Gesamtwert von 60 € sind in die 110 €-Grenze einzubeziehen (R 19.3 Abs. 2 3. Spiegelstrich LStR).
- Im Fall der **Beförderung oder Höhergruppierung** eines Arbeitnehmers stellen die Bewirtungskosten des Arbeitgebers ebenfalls in vollem Umfang Arbeitslohn dar, sofern es sich um ein „Fest des Arbeitnehmers" handelt; zur Abgrenzung s. die nachstehenden Grundsätze.
- Übernimmt der Arbeitgeber die **Kosten alljährlicher Brunchveranstaltungen** („Frühstück im Advent") im Privathaus des Vorstandsvorsitzenden und handelt es sich den Umständen nach nicht um ein „Fest des Arbeitgebers", liegt steuerpflichtiger Arbeitslohn vor (FG Hamburg v. 4.9.2003, VI 118/00, EFG 2004, 193).

Nach der in § 8 Abs. 2 Satz 11 EStG eingeführten **Freigrenze** von **50 € monatlich** für bestimmte Sachbezüge bleibt auch der geldwerte Vorteil durch Bewirtungen des Arbeitgebers – soweit es sich überhaupt um steuerpflichtigen Arbeitslohn handelt – in diesem Rahmen steuerfrei.

e) Bewirtung aus Anlass von Geburtstagen des Arbeitnehmers

aa) Allgemeines

Lädt ein Arbeitgeber anlässlich eines Geburtstags eines Arbeit- 1462
nehmers Geschäftsfreunde, Repräsentanten des öffentlichen Lebens, Vertreter von Verbänden und Berufsorganisationen sowie Mitarbeiter zu einem Empfang ein, so ist unter Berücksichtigung aller Umstände des Einzelfalles zu entscheiden, ob es sich um ein **Fest des Arbeitgebers** (betriebliche Veranstaltung, aber keine Betriebsveranstaltung i.S.v. § 19 Abs. 1 Satz 1 Nr. 1a EStG) oder um ein **privates Fest des Arbeitnehmers** handelt (BFH v. 11.1.2007, VI R 52/03, BStBl II 2007, 317, BFH v. 1.2.2007, VI R 25/03, BStBl II 2007, 459 sowie BFH v. 15.2.2008, VI B 97/07, m.w.N.). Dies gilt sowohl für Veranstaltungen (Empfänge) privater als auch öffentlicher Arbeitgeber.

bb) Fest des Arbeitnehmers

Bei einem **privaten Fest des Arbeitnehmers** sind sämtliche vom 1463
Arbeitgeber getragenen Aufwendungen dem steuerpflichtigen **Arbeitslohn** dieses Arbeitnehmers zuzurechnen (BFH v. 28.1.2003, VI R 48/99, BStBl II 2003, 474).

cc) Fest des Arbeitgebers

Bei einem Fest des Arbeitgebers ist **kein steuerpflichtiger Ar-** 1464
beitslohn anzunehmen, sofern die Anzahl privater Gäste von untergeordneter Bedeutung ist (BFH v. 28.1.2003, VI R 48/99, BStBl II 2003, 724).

Für ein **Fest des Arbeitgebers** (betriebliche Veranstaltung) spricht,

- wenn dieser als Gastgeber auftritt,
- er die Gästeliste nach geschäftsbezogenen Gesichtspunkten bestimmt,
- in seine Geschäftsräume einlädt und
- das Fest den Charakter einer betrieblichen Veranstaltung und nicht einer privaten Feier des Arbeitnehmers hat.

Der **Geburtstag des Arbeitnehmers darf also nicht das tragende Element der Veranstaltung sein**, sondern lediglich „Aufhänger" für die ansonsten im Vordergrund stehende **Repräsentation des Unternehmens**. Unschädlich ist, wenn der Arbeitnehmer einen begrenzten Kreis der teilnehmenden Personen selbst benennen kann (sog. **private Gäste**).

Ist die Feierlichkeit sowohl betrieblich als auch privat veranlasst, so kann eine Aufteilung der Aufwendungen anhand der Gästeliste erfolgen. Soweit die Gäste vorrangig dem privaten Umfeld des Stpfl. (Familie, Freunde und Wegbegleiter) zuzuordnen sind und dieser **Anteil nicht von untergeordneter Bedeutung ist, liegt steuerpflichtiger Arbeitslohn** vor (vgl. sinngemäß FG Münster v. 20.2.2019, 7 K 4084/16 E, EFG 2019, 772 betr. Kosten für eine von einer Stiftung anlässlich des Geburtstags ihres Kurators veranstaltete Feier als steuerpflichtige Einnahme. Im Urteilsfall waren 10 % der Gäste private Teilnehmer, das FG sah dies nicht als unbeachtlich an und hielt eine **Aufteilung für geboten**).

Beispiel 1:

Eine Genossenschaftsbank hat aus Anlass des 60. Geburtstags des Vorstands einen Empfang veranstaltet (Kosten 6 661 €), an dem 100 Gäste teilnahmen. Der ohne Mitwirkung des „Geburtstagskinds" bestimmte Gästekreis bestand im Wesentlichen aus Geschäftspartnern und Angehörigen des öffentlichen Lebens und der Presse.

Der BFH hat entschieden, dass zumindest die auf die **Geschäftspartner** entfallenden Kosten nicht als Arbeitslohn anzusehen sind (BFH v. 28.1.2003, VI R 48/99, BStBl II 2003, 724).

Das FG Niedersachsen hatte im Urteil v. 28.1.1999, XI 264/95, EFG 1999, 552 die auf das **„Geburtstagskind" und seine Familienangehörigen** entfallenden Kosten (333 €) als Arbeitslohn angesehen. Ob diese Beurteilung zutreffend ist, hat der BFH aus verfahrensrechtlichen Gründen offen gelassen. Von der Finanzverwaltung wird diese Frage bejaht, sofern die Aufwendungen des Arbeitgebers mehr als 110 € je teilnehmender Person betragen (R 19.3 Abs. 2 4. Spiegelstrich LStR). Vgl. im Übrigen die Anmerkung zu diesem Urteil von Pust in HFR 2003, 574.

Nach **Auffassung der Finanzverwaltung** soll dies jedoch nur gelten, wenn

- es sich um **runde Geburtstage** des Arbeitnehmers und um übliche Sachleistungen handelt (z.B. Vollendung des 50., 60. oder 65. Lebensjahres) und
- die Aufwendungen des Arbeitgebers einschließlich der Umsatzsteuer **nicht mehr als 110 € je teilnehmender Person** betragen. **Geschenke** bis zu einem Gesamtwert von 60 € sind in die 110 €-Grenze einzubeziehen (R 19.3 Abs. 2 4. Spiegelstrich LStR).

Es bleibt abzuwarten, ob der BFH diese Richtlinienregelung bestätigen wird.

Beispiel 2:

Die Bruttoaufwendungen bei einem Fest des Arbeitgebers (betriebliche Veranstaltung) für einen Empfang anlässlich des 60. Geburtstags des Arbeitnehmers A betragen 8 000 €. Unter den 80 teilnehmenden Gästen sind neben dem Arbeitnehmer auch seine Ehefrau, seine beiden Kinder und vier weitere private Gäste.

Da die Aufwendungen je teilnehmender Person 100 € betragen (8 000 € : 80 Gäste = 100 €), sind sie nicht – auch nicht anteilig – dem Arbeitslohn des A hinzuzurechnen.

Beispiel 3:

Wie Beispiel 2, die Bruttoaufwendungen des Arbeitgebers betragen jedoch 9 600 €.

Je teilnehmender Person betragen die Bruttoaufwendungen des Arbeitgebers 120 €. Die auf A, seine Ehefrau, seine beiden Kinder und seine vier privaten Gäste entfallenden Aufwendungen i.H.v. 960 € (8 Personen je 120 €) sind dem Arbeitslohn des A hinzuzurechnen. Für die auf die übrigen 72 teilnehmenden Personen entfallenden Aufwendungen ist kein geldwerter Vorteil anzusetzen (R 8.1 Abs. 8 1. Spiegelstrich LStR).

Die gesamten Aufwendungen unterliegen beim Arbeitgeber der Abzugsbeschränkung für Bewirtungsaufwendungen nach § 4 Abs. 5 Satz 1 Nr. 2 EStG.

Handelt es sich **nicht um eine betriebliche Veranstaltung**, weil der Arbeitgeber nicht in erster Linie Geschäftsfreunde, Repräsentanten des öffentlichen Lebens oder Verbandsvertreter eingeladen hat, und ist die Veranstaltung auf Grund ihrer Ausgestaltung auch **nicht als privates Fest des Arbeitnehmers** anzusehen, kann es sich um eine **Betriebsveranstaltung** i.S.v. § 19 Abs. 1 Satz 1 Nr. 1a EStG handeln (→ *Betriebsveranstaltungen* Rz. 1427).

5. Bewirtungen durch den Arbeitnehmer

a) Allgemeines

Für die Beurteilung, ob Aufwendungen für Durchführung einer **1465**
Veranstaltung oder Feier beruflich oder privat veranlasst sind, ist **in erster Linie auf den Anlass der Feier abzustellen**. Indes ist der Anlass einer Feier nur ein erhebliches **Indiz**, nicht aber das allein entscheidende Kriterium für die Beurteilung der beruflichen oder privaten Veranlassung der Bewirtungsaufwendungen. Trotz eines **herausgehobenen persönlichen Ereignisses** kann sich aus den übrigen Umständen des Einzelfalls ergeben, dass die Aufwendungen für die **Feier beruflich veranlasst** sind. Umgekehrt begründet ein Ereignis in der beruflichen Sphäre allein nicht die Annahme, die Aufwendungen für eine Feier seien (nahezu) ausschließlich beruflich veranlasst. Denn auch diese Ereignisse werden häufig i.R. eines **privaten Festes unter Einschluss befreundeter Arbeitskollegen** begangen. Ob die Aufwendungen Werbungskosten sind, ist daher anhand **weiterer Kriterien** zu beurteilen. So ist von Bedeutung,

- wer als Gastgeber auftritt,
- wer die Gästeliste bestimmt,
- ob es sich bei den Gästen um Kollegen, Geschäftsfreunde oder Mitarbeiter (des Stpfl. oder des Arbeitgebers), um Angehörige des öffentlichen Lebens, der Presse, um Verbandsvertreter oder um private Bekannte oder Angehörige des Stpfl. handelt,
- an welchem Ort die Veranstaltung stattfindet,
- ob sich die finanziellen Aufwendungen i.R. vergleichbarer betrieblicher Veranstaltungen bewegen und
- ob das Fest den Charakter einer privaten Feier aufweist oder ob das nicht der Fall ist (BFH v. 10.11.2016, VI R 7/16, BStBl II 2017, 409 betr. Aufwendungen eines Arbeitnehmers für die Feier seines Geburtstags).

b) Aufteilung der Kosten

Der **Große Senat des BFH** hat mit Beschluss v. 21.9.2009, GrS 1/ **1466**
06, BStBl II 2010, 672 entschieden, dass § 12 Nr. 1 Satz 2 EStG **kein allgemeines Aufteilungs- und Abzugsverbot** für Aufwendungen normiert, die sowohl durch die Einkünfteerzielung als auch privat veranlasste Teile enthalten (sog. **gemischte Aufwendungen**). Nach diesen Grundsätzen ist auch zu klären, ob und in welchem Umfang die von einem Arbeitnehmer für die Durchführung einer Veranstaltung oder Feier getragenen Kosten als Werbungskosten in Abzug gebracht werden können.

Da Personen, die zusammen arbeiten, häufig auch private Kontakte untereinander pflegen, kann für die Zuordnung der Aufwendungen zum beruflichen oder privaten Bereich neben weiteren Abgrenzungskriterien (Anlass der Feier, Bestimmung der Gästeliste, Ort der Veranstaltung) ferner bedeutsam sein, ob

- nur ausgesuchte Arbeitskollegen eingeladen werden
- oder ob die Einladung nach allgemeinen Kriterien ausgesprochen wird.

Werden Arbeitskollegen wegen ihrer Zugehörigkeit zu einer bestimmten betrieblichen Einheit (z.B. **alle Arbeitnehmer einer Abteilung**) oder nach ihrer **Funktion**, die sie innerhalb des Betriebes ausüben (z.B. alle Außendienstmitarbeiter oder Auszubildenden), eingeladen, legt dies den Schluss nahe, dass die Aufwendungen für diese Gäste **(nahezu) ausschließlich beruflich veranlasst** sind, und zwar auch dann, wenn der Stpfl. zu einzelnen dieser nach abstrakten berufsbezogenen Gründen eingeladenen Kollegen freundschaftlichen Kontakt pflegen sollte (BFH v. 8.7.2015, VI R 46/14, BStBl II 2015, 1013 betr. Aufwendungen eines Arbeitnehmers für die Feier des Geburtstags und der Bestellung zum

Steuerberater; „der Schluss auf rein berufliche Erwägungen für die Einladung einzelner oder aller Arbeitskollegen wird insbesondere dann in Betracht kommen, wenn und soweit diese nach abstrakten berufsbezogenen Kriterien eingeladen wurden, z.B. wenn der Stpfl. sämtliche Steuerberater des Unternehmens oder der Niederlassung, bei der er tätig ist, eingeladen haben sollte").

Werden demgegenüber **nur einzelne Arbeitskollegen eingeladen**, kann dies nach diesem Urteil auf eine nicht nur **unerhebliche private Mitveranlassung** der Aufwendungen für diese Gäste schließen lassen und ein Abzug deshalb ausscheiden (BFH v. 20.1.2016, VI R 24/15, BStBl II 2016, 744 betr. Aufwendungen eines Arbeitnehmers für die Feier seines Dienstjubiläums).

Für die Aufteilung der Kosten gilt nach der o.g. neuen BFH-Rechtsprechung somit Folgendes:

aa) Beruflich veranlasste Feiern

1467 Ein **voller Abzug als Werbungskosten** ist möglich, wenn die Aufwendungen so gut wie ausschließlich beruflich veranlasst sind. Eine **untergeordnete private Bedeutung** ist im Regelfall anzunehmen, wenn der Zusammenhang mit der privaten Lebensführung **weniger als 10 %** beträgt (so schon BFH v. 10.7.2008, VI R 26/07).

Beispiel 1:

A hält als neuer Ordinarius in den Räumen der Universität seine Antrittsvorlesung. An dem anschließenden Empfang nehmen 270 geladene Gäste teil, von denen 15 dem privaten Umfeld des A zuzurechnen sind. Die Kosten des Empfangs von rund 10 000 € werden von A übernommen.

Die Antrittsvorlesung und der anschließende Empfang sind beruflich veranlasst, so dass die Aufwendungen in vollem Umfang als Werbungskosten abgezogen werden können. Dies gilt auch für den Anteil, der auf die privat eingeladenen Gäste entfällt, da diese weniger als 10 % der Gäste ausmachen (BFH v. 10.7.2008, VI R 26/07).

Nach der neuen BFH-Rechtsprechung (BFH v. 20.1.2016, VI R 24/15, BStBl II 2016, 744) ist ein **Dienstjubiläum ein berufsbezogenes Ereignis** ist. Denn der Beschäftigte wird i.R. eines Dienstjubiläums für seine langjährige, treue Pflichterfüllung gegenüber dem Dienstherrn geehrt. Mit dem Dienstjubiläum spricht der Dienstherr dem Beamten Dank und Anerkennung für treu geleistete Dienste aus. Bei einem Dienstjubiläum steht mithin die Würdigung der vom Beamten für den Dienstherrn geleisteten Dienste im Vordergrund. Es ist damit Teil der Berufstätigkeit des Beamten. Die Aufwendungen können in voller Höhe als Werbungskosten berücksichtigt werden.

Dies gilt nach dem im o.g. BFH-Urteil zitierten BFH-Urteil v. 8.3.1990, IV R 108/88, allerdings **nicht**, wenn es sich bei der Feier um eine **gesellschaftliche Veranstaltung** (Empfang mit rund 250 geladenen Personen des öffentlichen Lebens, die vom dortigen Kläger – ebenfalls einer Persönlichkeit des öffentlichen Lebens – zur Erfüllung seiner Repräsentationspflichten, die die gehobene berufliche Position mit sich brachte, ausgerichtet wurde) handelt. Die Aufwendungen sind dann nach **§ 12 Nr. 1 EStG insgesamt nicht abzugsfähig**.

Beispiel 2:

Finanzbeamter A beging im April sein 40-jähriges Dienstjubiläum und lud aus diesem Anlass an einem Montag für die Zeit von 11 bis 13 Uhr zu einer Feier in den Sozialraum des Finanzamts ein. Die Einladung richtete er per E-Mail an alle Amtsangehörigen des Finanzamts. Zur Bewirtung der Gäste bestellte er für 50 Personen Häppchen und kaufte Wein und Sekt ein (Kosten insgesamt 833,73 €).

Der **BFH** hat die Aufwendungen als ausschließlich oder nahezu ausschließlich beruflich veranlasst angesehen und daher als Werbungskosten anerkannt (BFH v. 20.1.2016, VI R 24/15, BStBl II 2016, 744). Begründung:

- Dies folgt zum einen aus dem dienstlichen (beruflichen) Anlass der Feier.
- Zum anderen wird dieser Schluss von dem Umstand getragen, dass der Kläger unterschiedslos alle Amtsangehörigen eingeladen hat.
- Schließlich sind im Streitfall auch keine durchgreifenden Umstände ersichtlich, die für eine private Veranlassung der vom Kläger geltend gemachten Aufwendungen streiten. Vielmehr sprechen die maßvollen Kosten (ca. 830 € bei 50 Gästen), Veranstaltungsort (Sozialraum des Finanzamts) und -zeit (Montag von 11 Uhr bis 13 Uhr und damit zumindest teilweise während der Dienstzeit) sowie die „Genehmigung" der Feier durch die Amtsleitung gegen einen privaten Charakter der Feier.

bb) Gemischt veranlasste Feiern

Sind Aufwendungen für eine Feier gemischt veranlasst, d.h. im o.g. Urteil aus **beruflichem Anlass** (Bestellung zum Steuerberater) und aus **privatem Anlass** (30. Geburtstag), und haben daran sowohl Gäste aus dem privaten als auch dem beruflichen Umfeld teilgenommen, kann der als Werbungskosten abziehbare Betrag anhand der Herkunft der Gäste aus dem beruflichen Umfeld ermittelt werden (= Aufteilung der Aufwendungen nach Köpfen). Soweit nach den Grundsätzen des BFH v. 8.7.2015, VI R 46/14, BStBl II 2015, 1013 nicht nur ausgesuchte Gäste bzw. **Kollegen** aus dem beruflichen Umfeld eingeladen werden, sondern z.B. die ganze Abteilung, sind die auf diese Personen entfallenden Aufwendungen nahezu **ausschließlich beruflich veranlasst** und ein Werbungskostenabzug insoweit möglich. 1468

Die Aufwendungen für die **privat eingeladenen Gäste** (z.B. Familie, Freunde) sind dagegen insgesamt nicht abzugsfähig.

cc) Privat veranlasste Feiern

Nach **BMF** v. 6.7.2010, IV C 3 – S 2227/07/10003 :002, BStBl I 2010, 614, Tz. 5 sind Bewirtungskosten aus einem **rein persönlichen Anlass**, z.B. **Geburtstag**, als sog. Repräsentationskosten im Allgemeinen steuerlich insgesamt nicht abzugsfähig, auch nicht soweit es sich bei den Gästen um Mitarbeiter, Kunden usw. handelt. 1469

Auch nach der **BFH-Rechtsprechung** sind Aufwendungen für eine Feier anlässlich eines **Geburtstags** i.d.R. auch durch die gesellschaftliche Stellung des Arbeitnehmers veranlasst und im Allgemeinen nicht als Werbungskosten anzuerkennen. Allerdings kann sich trotz des herausgehobenen persönlichen Ereignisses aus den übrigen Umständen des einzelnen Falls ergeben, dass die Kosten für eine solche Feier ausnahmsweise ganz oder teilweise beruflich veranlasst sind. Dies ist insbesondere möglich, wenn die Feier nicht in erster Linie der Ehrung des Jubilars und damit nicht der repräsentativen Erfüllung gesellschaftlicher Konventionen, sondern dem kollegialen Miteinander und daher der Pflege des Betriebsklimas dient, der Jubilar mit seiner Einladung der Belegschaft (den Kolleginnen und Kollegen) Dank und Anerkennung zollt oder gefestigten betrieblichen Gepflogenheiten Rechnung trägt (BFH v. 10.11.2016, VI R 7/16, BStBl II 2017, 409).

c) Bewirtung von Geschäftsfreunden des Arbeitgebers in Gaststätten

Lädt ein Arbeitnehmer z.B. während einer Auswärtstätigkeit (z.B. Dienstreise oder Messe) **Geschäftsfreunde** (z.B. Kunden, Lieferanten, Handelsvertreter, Pressevertreter, Besucher) in Gaststätten zum Essen ein, so können die Aufwendungen grds. als Werbungskosten berücksichtigt werden (BFH v. 8.11.1984, IV R 186/82, BStBl II 1985, 286). Dabei ist die **neuere BFH-Rechtsprechung** zu beachten, wonach die berufliche Veranlassung einer Aufwendung grds. nicht davon abhängt, ob sie sich konkret auf die Höhe des Arbeitslohns auswirkt, weil der Arbeitnehmer umsatz- oder erfolgsabhängige Einnahmen erzielt. Bei der Würdigung, ob Aufwendungen (insbesondere für Bewirtung und Werbegeschenke) beruflich veranlasst sind, kann der Umstand, ob ein Arbeitnehmer **variable, vom Erfolg seiner Arbeit abhängige Entlohnung** erhält, zwar ein gewichtiges **Indiz** darstellen. Denn in einem solchen Fall hat es ein Arbeitnehmer in größerem Umfang selbst in der Hand, die Höhe seiner Bezüge zu beeinflussen. Liegt indessen eine derartige Entlohnung nicht vor, so verlieren Aufwendungen nicht ohne Weiteres ihren beruflichen Charakter; der Erwerbsbezug kann sich auch aus **anderen Umständen** ergeben (BFH v. 24.5.2007, VI R 78/04, BStBl II 2007, 721 betr. Bewirtungskosten und Werbegeschenke eines Außendienstmitarbeiters). 1470

Werden dem Arbeitnehmer die Aufwendungen vom Arbeitgeber erstattet, handelt es sich – auch hinsichtlich des „Eigenanteils" des Arbeitnehmers – um **steuerfreien Auslagenersatz** (§ 3 Nr. 50 EStG). Der Arbeitgeber darf diese Kosten allerdings nur zu 70 % als Betriebsausgaben absetzen.

Lehnt der Arbeitgeber eine Erstattung ab, kann dies allerdings **ein** Indiz dafür sein, dass die Aufwendungen in nicht unerheblichem Umfang privat mitveranlasst sind (vgl. BFH v. 27.8.2002, VI R 22/

01, BStBl II 2003, 369 m.w.N. betr. nicht ersetzte Reisekosten für eine Auslandsdienstreise).

Anerkannt als Werbungskosten wurden z.B.

- Aufwendungen eines **Vertriebsbeauftragten im kaufmännischen Außendienst** für die Bewirtung von Kunden (BFH v. 16.3.1984, VI R 174/80, BStBl II 1984, 433);
- Aufwendungen eines angestellten **Vertreters einer Elektro-Großhandlung** für Blumen, Zigaretten und Getränke für Kunden seines Arbeitgebers bei geschäftlichen Besprechungen (FG Berlin v. 6.3.1981, III 366/79, EFG 1981, 559).

Nicht anerkannt als Werbungskosten wurden dagegen z.B.

- Aufwendungen eines **Pharmaberaters** für die Bewirtung von Ärzten und deren Mitarbeitern im Zusammenhang mit der Präsentation von Pharmaprodukten (BFH v. 12.4.2007, VI R 77/04). Im Streitfall war die berufliche Veranlassung der Bewirtungskosten schon deshalb nicht glaubhaft, weil einige der (angeblichen) Bewirtungen an Wochenenden, an Feiertagen und sogar am Geburtstag des Pharmaberaters stattgefunden haben sollen.

d) Bewirtung in der Wohnung

1471 Aufwendungen für die Bewirtung von Personen – das können auch Geschäftsfreunde des Arbeitgebers sein – aus geschäftlichem Anlass in der Wohnung des Arbeitnehmers sind dagegen im Allgemeinen **nicht als Werbungskosten abzugsfähig**, weil dann persönliche Beziehungen unterstellt werden (BFH v. 10.6.1966, VI 261/64, BStBl III 1966, 607 sowie R 4.10 Abs. 6 Satz 8 EStR). Die Rechtsprechung hat daher z.B. Aufwendungen einer Englischlehrerin für die vorübergehende Aufnahme einer Englischlehrerin aus England in ihren Haushalt, um ihre Englischkenntnisse zu verbessern, nicht als Werbungskosten anerkannt (BFH v. 8.10.1993, VI R 10/90, BStBl II 1994, 114). Auf Grund dieses Urteils lehnt die Finanzverwaltung auch den Werbungskostenabzug von Aufwendungen für die **Aufnahme von Gastlehrern i.R. des Schüleraustausches** ab, selbst wenn es sich um einen „Gegenbesuch" handelt (FinMin Bayern v. 27.3.1995, 32 – S 2350 – 28/7 – 4714; a.A. FG Baden-Württemberg v. 8.5.2008, 14 K 218/02, EFG 2008, 1370 betr. Aufwendungen eines Schulleiters für die Aufnahme einer Gastlehrerin aus Israel i.R. des Schüleraustauschs).

Ausnahmen gelten, wenn

- **ausländische Geschäftsfreunde die Unterbringung in einem Hotel ablehnen**, um Einblick in deutsche Familien zu gewinnen (BFH v. 10.6.1966, VI 261/64, BStBl III 1966, 607),
- wegen der **Vielzahl der aus betrieblichem Anlass bewirteten Personen** das private Umfeld völlig in den Hintergrund tritt (BFH v. 1.2.2007, VI R 25/03, BStBl II 2007, 459 betr. Gartenfest des Geschäftsführers anlässlich seines 25-jährigen Dienstjubiläums für die Belegschaft),
- eine **geschäftliche Unterredung geheim gehalten** werden soll oder aus Zeitgründen keine in der Nähe liegende geeignete Gaststätte aufgesucht werden konnte,
- die Besprechung und damit auch die Bewirtung der Geschäftsfreunde in betrieblichen Räumen, z.B. im **häuslichen Arbeitszimmer**, erfolgt.

An den **Nachweis** der nahezu ausschließlichen beruflichen Veranlassung sind jedoch **strenge Anforderungen** zu stellen (FG Düsseldorf v. 25.10.2012, 14 K 1173/11 Kg, EFG 2013, 130; FG Rheinland-Pfalz v. 21.2.2013, 4 K 1810/11, und FG Saarland v. 28.2.2013, 2 K 1305/12, betr. sog. **Lernarbeitsgemeinschaften im häuslichen Bereich**).

e) Bewirtung von Mitarbeitern

aa) Arbeitnehmer hat „feststehende Bezüge"

1472 Aufwendungen von Arbeitnehmern mit feststehenden Bezügen zu Gunsten anderer, ihnen unterstellter Arbeitnehmer desselben Arbeitgebers oder für die Bewirtung anderer Personen konnten nach bisheriger BFH-Rechtsprechung grds. nicht als Werbungskosten anerkannt werden, auch wenn sie zugleich der **Verbesserung des Betriebsklimas** dienen sollten.

Nach der **neueren BFH-Rechtsprechung** hängt die berufliche Veranlassung einer Aufwendung jedoch grds. nicht davon ab, ob sie sich konkret auf die Höhe des Arbeitslohns auswirkt. Ob ein Arbeitnehmer **erfolgsabhängige bzw. erfolgsunabhängige Bezüge hat, ist lediglich noch als Indiz für die berufliche oder private Veranlassung der Aufwendungen zu werten** (BFH v. 24.5.2007, VI R 78/04, BStBl II 2007, 721 sowie ausführlich FG Thüringen v. 9.10.2013, 3 K 306/12, EFG 2014, 1290 betr. Aufwendungen für eine „Mitarbeitermotivationsskifreizeit" als Werbungskosten eines angestellten Chefarztes). Der BFH hat Bewirtungsaufwendungen, die einem **Offizier für einen Empfang aus Anlass der Übergabe der Dienstgeschäfte** (Kommandoübergabe) und der Verabschiedung in den Ruhestand entstehen, in voller Höhe als Werbungskosten anerkannt (vgl. BFH v. 11.1.2007, VI R 52/03, BStBl II 2007, 317 und BFH v. 19.6.2008, VI R 48/07, BStBl II 2008, 870). Der BFH sah es als unerheblich an, dass der Kläger als Soldat keine erfolgsabhängigen Bezüge erhielt und nach der Beendigung der aktiven Dienstzeit nur noch ein Ruhegehalt bezog.

Anerkannt als Werbungskosten wurden im Anschluss an die geänderte BFH-Rechtsprechung z.B. auch Bewirtungsaufwendungen

- eines **Lehrers** für die Aufnahme einer russischen Gastlehrerin sowie Aufwendungen anlässlich einer Weihnachtsaktion (Bewirtung) und im Zusammenhang mit Theateraufführungen (Fahrtkosten, Blumenpräsent) der Schule, wenn der Aufenthalt der Gastlehrerin mit dem konkreten beruflichen Bildungsauftrag des Lehrers in Verbindung gestanden und die Schule mangels eigener finanzieller Mittel von dem Lehrer eine Beherbergung und Verköstigung der Gastlehrerin i.R. der Erfüllung seines Bildungsauftrags erwartet hat (BFH v. 18.10.2007, VI R 43/04, HFR 2008, 332);
- eines **Personalrats** u.a. für Kaffee oder sonstige Getränke sowie kleinere Präsente (Geschenke, Blumen etc.) bei örtlichen und überörtlichen Zusammenkünften und Treffen mit anderen Personalräten, Amtsleitern, Beigeordneten, Kollegen u.a. anlässlich von Besprechungen, Jubiläen und Beförderungen (BFH v. 15.11.2007, VI R 91/04, HFR 2008, 687);
- eines **Behördenleiters** für eine Feier mit seinen Mitarbeitern anlässlich des fünfjährigen Bestehens der Behörde im Anschluss an eine Dienstbesprechung und als Ersatz für die üblicherweise stattfindende Weihnachtsfeier (BFH v. 6.3.2008, VI R 68/06, HFR 2008, 928);
- eines **Chefarztes** an einer Universitätsklinik für eine Antrittsvorlesung mit anschließendem Empfang sowie für eine Betriebsfeier mit seinen Mitarbeitern (BFH v. 10.7.2008, VI R 26/07);
- eines **Schulleiters** für die Aufnahme einer Gastlehrerin aus Israel i.R.d. Schüleraustauschs (FG Baden-Württemberg v. 8.5.2008, 14 K 218/02, EFG 2008, 1370);
- von **leitenden Beamten** (z.B. Minister, Staatssekretäre, Abteilungsleiter), wenn diese sich durch Zuschüsse an betrieblichen Weihnachtsfeiern, Betriebsausflügen usw. beteiligen, nicht dagegen, wenn es sich nicht um „Feiern der Behörde" handelt, sondern um zusätzliche, auf eigene Initiative und Kosten durchgeführte Veranstaltungen (OFD Niedersachsen v. 13.3.2017, S 2350 – 32 – St 215, Lohnsteuer-Handausgabe 2021 Anhang 45). Anerkannt wurden auch Bewirtungskosten anlässlich einer Versetzung, sog. Ausstand (FG München v. 21.7.2009, 6 K 2907/08);
- eines in den **Ruhestand tretenden Oberarztes** eines Krankenhauses für eine krankenhausinterne Abschiedsfeier mit Mitarbeitern (BFH v. 26.1.2010, VI B 95/09);
- eines **angestellten Klinikarzt für eine Habilitationsfeier** (BFH v. 18.8.2016, VI R 52/15, HFR 2017, 119). Eine Habilitation ist ein Ereignis mit überwiegend berufsbezogenem Charakter. Aufwendungen für die Gäste der Habilitationsfeier aus dem beruflichen Umfeld eines Arbeitnehmers können (nahezu) ausschließlich beruflich veranlasst und damit als Werbungskosten bei den Einkünften aus nichtselbständiger Arbeit zu berücksichtigen sein, wenn der Arbeitnehmer die Gäste nach abstrakten allgemeinen berufsbezogenen Kriterien eingeladen hat.

Ein Werbungskostenabzug kommt ferner in Betracht, wenn die Bewirtung ausschließlich beruflich veranlasst ist, z.B. anlässlich einer **Dienstbesprechung oder Fortbildungsveranstaltung**

(BFH v. 4.12.1992, VI R 59/92, BStBl II 1993, 350 sowie FG Baden-Württemberg v. 18.1.2000, 1 K 255/99, EFG 2000, 312).

Nicht anerkannt als Werbungskosten wurden dagegen z.B. Aufwendungen

- eines **Schulleiters** für Geschenke an Kollegen und Mitarbeiter anlässlich von Jubiläen, Verabschiedungen, Geburtstagen, sowie von Krankheitsbesuchen von Kollegen, Elternvertretern sowie Besuchern der Schule (FG Bremen v. 17.1.2008, 4 K 168/07 (6), EFG 2008, 1281);
- für die Feierlichkeiten anlässlich der Übergabe einer Festschrift an einen **emeritierten Hochschulprofessor**. Eine quotale Aufteilung in betrieblich und private veranlasste Beträge kommt nicht in Betracht, da insoweit kein vernünftiger Aufteilungsmaßstab erkennbar ist (FG Köln v. 15.12.2011, 10 K 2013/10, EFG 2012, 590).

bb) Arbeitnehmer hat „erfolgsabhängige Bezüge"

1473 Bewirtungskosten eines Arbeitnehmers zu Gunsten anderer, insbesondere ihm **unterstellter Arbeitnehmer** desselben Arbeitgebers, können v.a. dann als **Werbungskosten** abzugsfähig sein, wenn es sich um einen Arbeitnehmer mit **variablen Bezügen handelt, die der Höhe nach vom Erfolg seiner Mitarbeiter oder seines Tätigkeitsbereichs abhängig** sind (z.B. bei einem Handelsvertreter). Die Bewirtungskosten des Arbeitnehmers dienen dann dem Zweck, seine von deren Erfolg abhängigen Bezüge zu steigern, und sind somit beruflich veranlasste Werbungskosten. Die berufliche Veranlassung der Aufwendungen kann sich allerdings auch aus **anderen Umständen** ergeben (BFH v. 19.6.2008, VI R 33/07, BStBl II 2009, 11 m.w.N. betr. Aufwendungen eines Bereichsleiters mit teilweise variablen, vom Erfolg der Mitarbeiter abhängigen Bezügen für die Bewirtung seiner Mitarbeiter i.R. gesellschaftlicher Veranstaltungen). Die Tatsache allein, dass ein Arbeitnehmer erfolgsabhängige Bezüge erhält, reicht nach diesem Urteil jedoch für die Anerkennung von Aufwendungen für Feierlichkeiten als Werbungskosten nicht aus. Zu prüfen ist auch in diesen Fällen, ob die **sonstigen Umstände der Bewirtungen (wie Anlass der Feier, Ort der Veranstaltung, Teilnehmer, sonstige Begleitumstände) für eine berufliche oder eher private Veranlassung sprechen**. Nicht erforderlich ist dagegen, dass der Arbeitnehmer die Bewirtung vorher den Mitarbeitern als Belohnung in Aussicht gestellt hat.

Anerkannt als Werbungskosten wurden z.B. Aufwendungen

- eines **Geschäftsführers**, der neben einem festen Gehalt eine erfolgsabhängige Tantieme bezog, für sein 25-jähriges Dienstjubiläum (BFH v. 1.2.2007, VI R 25/03, BStBl II 2007, 459);
- eines **Außendienstmitarbeiters** für Bewirtung und Werbegeschenke für Kunden (BFH v. 24.5.2007, VI R 78/04, BStBl II 2007, 721);
- eines **Versicherungskaufmanns** für eine Jahresabschlussfeier mit ihm unterstellten Mitarbeitern (BFH v. 19.6.2008, VI R 7/07);
- eines **Abteilungsleiters** für eine Weihnachtsfeier mit Mitarbeitern in einem Brauhaus (BFH v. 19.6.2008, VI R 12/07);
- eines **Bereichsleiters** für die Bewirtung seiner Mitarbeiter bei einer Jahresabschlussfeier (FG Rheinland-Pfalz v. 19.2.2009, 5 K 1666/08);
- eines **Dipl.-Ing.** für eine Abschiedsfeier anlässlich seines Arbeitgeberwechsels, zu der nahezu ausschließlich Kollegen und Geschäftspartner eingeladen wurden (FG Münster v. 29.5.2015, 4 K 3236/12 E, EFG 2015, 1520).

f) Bewirtung von Fachkollegen

1474 Aufwendungen für die Bewirtung von Kollegen sind in der Rechtsprechung bisher im Allgemeinen nicht als Werbungskosten anerkannt worden. Auch hier ist jedoch die **Rechtsprechungsänderung** zu beachten, wonach es immer auf die Gesamtumstände des einzelnen Falls ankommt.

Anerkannt als Werbungskosten wurden z.B. Aufwendungen

- eines **Lehrers** für die Aufnahme einer Gastlehrerin aus Israel i.R. des Schüleraustauschs (FG Baden-Württemberg v. 8.5.2008, 14 K 218/02, EFG 2008, 1370).

Nicht anerkannt als Werbungskosten wurden dagegen z.B.

- Aufwendungen eines **Schulleiters** für Geschenke an Kollegen und Mitarbeiter anlässlich von Jubiläen, Verabschiedungen, Geburtstagen, sowie von Krankheitsbesuchen von Kollegen, Elternvertretern sowie Besuchern der Schule (FG Bremen v. 17.1.2008, 4 K 168/07 (6), EFG 2008, 1281).

g) Bewirtung aus Anlass von Feierlichkeiten

In seiner **neueren Rechtsprechung** erkennt der BFH – entsprechend der Behandlung auf der „Arbeitslohnseite" (→ Rz. 1458) – den **Werbungskostenabzug** an, wenn 1475

- der **Arbeitnehmer eine variable, vom Erfolg seiner Arbeit abhängige Entlohnung erhält** und die Veranstaltung nicht den Charakter einer privaten Feier aufweist (BFH v. 19.6.2008, VI R 33/07, BStBl II 2009, 11 sowie → Rz. 1472),
- oder es sich um ein **„Fest des Arbeitgebers" handelt** (BFH v. 11.1.2007, VI R 52/03, BStBl II 2007, 317 und BFH v. 19.6.2008, VI R 48/07, BStBl II 2008, 870 betr. einen Empfang aus Anlass der Übergabe der Dienstgeschäfte und der Verabschiedung in den Ruhestand sowie BFH v. 1.2.2007, VI R 25/03, BStBl II 2007, 459 zum Dienstjubiläum).

Ein **„Fest des Arbeitgebers"** ist nach diesen Urteilen anzunehmen, wenn

- der Arbeitgeber als Gastgeber auftritt, der die Gästeliste bestimmt,
- es sich bei den Gästen um Geschäftspartner des Arbeitgebers, Angehörige des öffentlichen Lebens sowie der Presse, Verbandsfunktionäre, Kollegen, Mitarbeiter des Arbeitnehmers oder des Arbeitgebers handelt (also nicht um private Bekannte und Freunde des Arbeitnehmers!),
- der Empfang in den Räumen des Arbeitgebers stattfindet
- und das Fest nicht den Charakter einer privaten Feier aufweist.

In der Praxis sind diese Voraussetzungen häufig auch bei **Bewirtungskosten von Behördenleitern aus Anlass der Übergabe der Dienstgeschäfte** erfüllt.

Beispiel:

A, Vorsteher des Finanzamts B, wird in den Ruhestand verabschiedet; gleichzeitig wird der neue Vorsteher eingeführt. Die Feier findet im Sitzungssaal des Finanzamts statt. Die Gästeliste wird im Wesentlichen von der Oberfinanzdirektion bestimmt. Der Eigenanteil des A an den Bewirtungskosten beträgt 1 000 €.

Es handelt sich auch hier um ein „Fest des Arbeitgebers". A kann somit die von ihm getragenen Bewirtungskosten in voller Höhe als Werbungskosten absetzen (OFD Niedersachsen v. 13.3.2017, S 2350 – 32 – St 215, Lohnsteuer-Handausgabe 2021 Anhang 45 i.V.m. BFH v. 19.6.2008, VI R 48/07, BStBl II 2008, 870).

Anerkannt als Werbungskosten wurden z.B. Aufwendungen

- für die **Kommandoübergabe mit Verabschiedung aus dem Dienst eines Brigadegenerals** (BFH v. 19.6.2008, VI R 48/07, BStBl II 2008, 870);
- eines **Geschäftsführers für sein 25-jähriges Dienstjubiläum** (BFH v. 1.2.2007, VI R 25/03, BStBl II 2007, 459);
- eines **Beamten für die Feier seines Dienstjubiläums** (BFH v. 20.1.2016, VI R 24/15, BStBl II 2016, 744);
- eines in den **Ruhestand tretenden Oberarztes** eines Krankenhauses für eine krankenhausinterne Abschiedsfeier mit Mitarbeitern (BFH v. 26.1.2010, VI B 95/09);
- für eine **Abschiedsfeier eines Bereichsleiters** mit seinen Mitarbeitern nach einem „Rausschmiss", auch wenn die Feier nicht in den Räumen des Arbeitgebers stattfindet, sondern in einem Clubhaus (FG Niedersachsen v. 17.8.2010, 8 K 90/08, B+P 2010, 769);
- eines **Finanzbeamten für eine Abschiedsfeier mit Kollegen** im Finanzamt anlässlich seines Ausscheidens aus dem Beamtenverhältnis, weil er sich selbständig machen wollte (FG Hessen v. 23.4.2013, 3 K 11/10, EFG 2013, 1583);
- eines **Beamten anlässlich des Beginns der Freistellungsphase seiner Altersteilzeit** (FG Schleswig-Holstein v. 8.7.2014, 5 K 154/12).

Nicht anerkannt als Werbungskosten wurden dagegen z.B. Aufwendungen

- eines leitenden Angestellten mit Personalverantwortung für einen **zweitägigen Wanderausflug** nach Südtirol mit ihm zugeordneten Mitarbeitern und ihren Lebenspartnern aus Anlass seines 65. Geburtstags und seines Eintritts in den Ruhestand (FG München v. 23.10.2007, 13 K 3466/06);

- des Gesellschafters einer Sozietät anlässlich einer Veranstaltung, mit der sein **Berufsjubiläum in zeitlicher Nähe zu seinem „runden" Geburtstag** gefeiert wird (FG Rheinland-Pfalz v. 16.9.2008, 2 K 2606/06, EFG 2009, 9);
- eines verbeamteten Priesters für eine Feier anlässlich seines **25-jährigen Priesterjubiläums**, da die Feier ausschließlich der kirchlichen Sphäre und nicht wie das Dienstjubiläum eines Beamten der beruflichen Sphäre zuzuordnen ist (BFH v. 24.9.2013, VI R 35/11, und BFH v. 20.1.2016, VI R 24/15, BStBl II 2016, 744);
- des **Gesellschafter-Geschäftsführers einer GmbH anlässlich seines 60. Geburtstags** (FG Münster v. 12.5.2011, 10 K 1643/10 E);
- für eine **Hochzeit** (FG Köln v. 11.11.2014, 2 K 1706/11, EFG 2015, 635 sowie FG Nürnberg v. 5.12.2014, 7 K 1981/12, EFG 2015, 1188);
- eines **katholischen Priesters für die Primizfeier**, da die Primiz für die künftige Tätigkeit als Pfarrer nicht Voraussetzung ist und vorliegend auch nicht mit einem Dienst- bzw. Arbeitsverhältnis im Zusammenhang stand, sondern durch die gesellschaftliche Stellung des Neupriesters in seiner Heimatgemeinde veranlasst war (FG München v. 7.12.2017, 13 K 3477/16).

6. Gesetzliche Beschränkung des Werbungskostenabzugs

a) Abzugsbeschränkung

1476 Nach § 4 Abs. 5 Satz 1 Nr. 2 EStG, der über § 9 Abs. 5 EStG auch für den Werbungskostenabzug von **Arbeitnehmern** gilt, sind Aufwendungen für die Bewirtung von Personen aus geschäftlichem Anlass nur bis zu **70 % der Aufwendungen** abzugsfähig. Voraussetzung für den Werbungskostenabzug ist weiter, dass die Aufwendungen als **angemessen** anzusehen sind und die Höhe der Bewirtungskosten sowie die betriebliche bzw. berufliche Veranlassung **nachgewiesen** wird. Das gilt auch, wenn sie betrieblich veranlasst sind (BFH v. 15.1.2003, XI B 159/02).

b) Keine Abzugsbeschränkung

1477 Die Beschränkungen gelten nicht, wenn ein **Arbeitnehmer Dritte nicht aus „geschäftlichem Anlass"** i.S.d. § 4 Abs. 5 Satz 1 Nr. 2 EStG, **sondern aus allgemeinen beruflichen Gründen bewirtet** und die Voraussetzungen für den Werbungskostenabzug vorliegen.

Dies ist z.B. der Fall, wenn der Arbeitnehmer

- **nicht selbst als bewirtende Person auftritt, weil es sich z.B. um ein „Fest des Arbeitgebers" handelt** (s. z.B. BFH v. 19.6.2008, VI R 48/07, BStBl II 2008, 870 betr. die Kommandoübergabe eines Brigadegenerals),
- **erfolgsabhängige Bezüge hat und Mitarbeiter bewirtet**, um sie zu Leistungssteigerungen zu motivieren (s. z.B. BFH v. 19.6.2008, VI R 12/07, sowie BFH v. 19.6.2008, VI R 7/07, betr. die Weihnachtsfeiern leitender Angestellter mit ihren Mitarbeitern),
- aus beruflichem Anlass **Aufwendungen für die Bewirtung von Arbeitskollegen seines Arbeitgebers** trägt (BFH v. 10.11.2016, VI R 7/16, BStBl II 2017, 409 betr. Aufwendungen eines Arbeitnehmers für die Feier seines Geburtstags).

In diesen Fällen sind die Aufwendungen **in voller Höhe als Werbungskosten abzugsfähig**.

c) Nachweispflichten

1478 Zum Nachweis der Höhe und der betrieblichen Veranlassung der Aufwendungen hat der Stpfl. schriftlich die folgenden Angaben zu machen (§ 4 Abs. 5 Satz 1 Nr. 2 EStG):

*„Ort, Tag, Teilnehmer und Anlass der Bewirtung sowie die Höhe der Aufwendungen. Hat die Bewirtung in einer **Gaststätte** stattgefunden, so genügen Angaben zu dem Anlass und den Teilnehmern der Bewirtung; die Rechnung über die Bewirtung ist beizufügen".*

Diese formellen Voraussetzungen gelten grds. auch für **Bewirtungskosten von Arbeitnehmern** (FG Köln v. 2.5.2007, 5 K 703/07, EFG 2007, 1890), allerdings nur, wenn die Abzugsbeschränkung des § 4 Abs. 5 Satz 1 Nr. 2 EStG überhaupt Anwendung findet (zu den Ausnahmefällen → Rz. 1476).

Weitere Einzelheiten zu den Nachweispflichten sind in **R 4.10 Abs. 8 und 9 EStR** sowie im BMF-Schreiben v. 19.11.2025, IV C 6 – S 2145/00026/005/033 geregelt.

Der Nachweis der Höhe und der betrieblichen Veranlassung der Aufwendungen durch schriftliche Angaben zu Ort, Tag, Teilnehmer und Anlass der Bewirtung sowie Höhe der Aufwendungen ist **gesetzliches Tatbestandsmerkmal** für den Abzug der Bewirtungsaufwendungen als Betriebsausgaben. Bei Bewirtung in einer **Gaststätte** genügen neben der beizufügenden Rechnung Angaben zu dem Anlass und den Teilnehmern der Bewirtung; auch hierbei handelt es sich um ein gesetzliches Tatbestandsmerkmal für den Abzug der Bewirtungsaufwendungen als Betriebsausgaben. Aus der Rechnung müssen sich **Name und Anschrift der Gaststätte sowie der Tag der Bewirtung ergeben**. Die **Rechnung muss auch den Namen des bewirtenden Stpfl.** enthalten; dies gilt **nicht**, wenn der **Gesamtbetrag der Rechnung 150 € nicht übersteigt** (BFH v. 18.4.2012, X R 57/09, BStBl II 2012, 770 m.w.N.). Die schriftlichen Angaben können auf der Rechnung oder **getrennt** gemacht werden. Erfolgen die Angaben getrennt von der Rechnung, müssen das **Schriftstück über die Angaben und die Rechnung grds. zusammengefügt** werden. Ausnahmsweise genügt es, den Zusammenhang dadurch darzustellen, dass auf der Rechnung und dem Schriftstück über die Angaben **Gegenseitigkeitshinweise** angebracht werden, so dass Rechnung und Schriftstück jederzeit zusammengefügt werden können. Die Rechnung muss den **Anforderungen des § 14 UStG** genügen und **maschinell erstellt und registriert** sein. Die in Anspruch genommenen Leistungen sind nach Art, Umfang, Entgelt und Tag der Bewirtung in der Rechnung gesondert zu bezeichnen; die für den Vorsteuerabzug ausreichende **Angabe „Speisen und Getränke"** und die Angabe der für die Bewirtung in Rechnung gestellten Gesamtsumme sind für den Betriebsausgabenabzug **nicht ausreichend**.

Angaben wie „Geschäftsbesprechung, Akquisitionsbesprechung oder Mandatsbesprechung" sind zu allgemein, um die betriebliche Veranlassung der Betriebsausgaben in hinreichender Weise nachprüfen zu können (FG München v. 31.10.2007, 1 V 3459/07). Es reicht auch nicht aus, dass die bewirtete Person – wie z.B. der Steuerberater der Firma – in dauernder Geschäftsbeziehung zu dem Stpfl. steht (FG Berlin-Brandenburg v. 11.5.2011, 12 K 12209/10, EFG 2011, 2130).

Zur **Bezeichnung der Teilnehmer** der Bewirtung ist grds. die **Angabe ihres Namens** erforderlich. Auf die Angabe der Namen kann jedoch verzichtet werden, wenn ihre **Feststellung dem Stpfl. nicht zugemutet** werden kann. Das ist z.B. bei Bewirtungen anlässlich von **Betriebsbesichtigungen** durch eine größere Personenzahl und bei vergleichbaren Anlässen der Fall. In diesen Fällen sind die Zahl der Teilnehmer der Bewirtung sowie eine die Personengruppe kennzeichnende **Sammelbezeichnung** anzugeben. Die Angaben über den Anlass der Bewirtung müssen den **Zusammenhang mit einem geschäftlichen Vorgang** oder einer Geschäftsbeziehung erkennen lassen.

Beispiel:

A lädt während der Hannover-Messe einen Kunden zum Essen in ein Lokal ein. Der Arbeitnehmer lässt sich die Rechnung von seinem Arbeitgeber erstatten.

Die Erstattung der Kosten ist als Auslagenersatz nach § 3 Nr. 50 EStG steuerfrei (→ *Auslagenersatz und durchlaufende Gelder* Rz. 916). Der Arbeitgeber kann die Kosten zu 70 % als Betriebsausgaben absetzen, soweit sie nicht unangemessen sind. Dies wäre z.B. der Fall, wenn A den Kunden in ein Striptease-Lokal eingeladen hätte (vgl. z.B. BFH v. 16.2.1990, III R 21/86, BStBl II 1990, 575). Damit der Arbeitgeber die Aufwendungen als Betriebsausgaben absetzen kann, sollte A darauf achten, dass er vom Wirt eine „ordnungsgemäße Rechnung" erhält und er auf dieser die erforderlichen Eintragungen (Anlass und Teilnehmer der Bewirtung) vornimmt.

Die formellen Kriterien müssen bei allen Berufen genau befolgt werden. Auch **Journalisten** können die erforderlichen **Angaben** zu Teilnehmern und Anlass einer Bewirtung i.d.R. **nicht** unter Berufung auf das Pressegeheimnis **verweigern**, die Angabe „Hintergrund- oder Infogespräch" reicht somit für die steuerliche Anerkennung nicht aus (BFH v. 19.3.1998, IV R 40/95, BStBl II 1998, 610 und BFH v. 1.9.1998, VIII R 46/93, HFR 1999, 453). Entsprechendes gilt für **Rechtsanwälte,** die der Schweigepflicht unterliegen (BFH v. 26.2.2004, IV R 50/01, BStBl II 2004, 502).

Für den Abzug von Bewirtungskosten kann die unterbliebene Angabe des Bewirtenden im Rechtsbehelfsverfahren nachgeholt werden (BFH v. 19.3.1998, IV R 40/95, BStBl II 1998, 610 und BFH v. 1.9.1998, VIII R 46/93, HFR 1999, 453).

Bewirtungskosten müssen einzeln und getrennt von den sonstigen Betriebsausgaben aufgezeichnet werden (§ 4 Abs. 7 Satz 1 EStG). Dieser Aufzeichnungspflicht ist nur genügt, wenn die Bewirtungsaufwendungen jeweils von Anfang an, fortlaufend und zeitnah, gesondert von sonstigen Betriebsausgaben schriftlich festgehalten werden, weil nur so die sachlich zutreffende Zuordnung solcher Aufwendungen und die einfache Prüfung ihrer Abziehbarkeit gewährleistet ist (BFH v. 13.5.2004, IV R 47/02, HFR 2004, 1179).

Aufwendungen für die Bewirtung von Personen aus geschäftlichem Anlass sind auch dann i.S.v. § 4 Abs. 7 Satz 1 EStG getrennt von den sonstigen Betriebsausgaben aufgezeichnet, wenn in der Buchführung nur **ein Konto** für Bewirtungsaufwendungen vorgesehen ist und auf diesem Konto auch Bewirtungsaufwendungen gebucht werden, die nicht der Abzugsbeschränkung gem. § 4 Abs. 5 Satz 1 Nr. 2 EStG unterliegen. Eine **Fehlbuchung** auf einem Konto, das für die in § 4 Abs. 7 Satz 1 EStG bezeichneten Aufwendungen vorgesehen ist, steht einer getrennten Aufzeichnung dieser Aufwendungen nicht entgegen, wenn sich die Fehlbuchung nach dem Rechtsgedanken des § 129 AO als offenbare Unrichtigkeit erweist (BFH v. 19.8.1999, IV R 20/99, BStBl II 2000, 203).

Ein Verstoß gegen die einkommensteuerrechtlichen Aufzeichnungspflichten für Bewirtungsaufwendungen (z.B. ein **fehlender Bewirtungsbeleg**) führt nicht zugleich zur Versagung des **Vorsteuerabzugs**; entscheidend ist insoweit vielmehr, ob die unternehmerische Verwendung der Bewirtungsleistungen nachgewiesen und die Aufwendungen nach allgemeiner Verkehrsauffassung als angemessen zu beurteilen sind (FG Berlin-Brandenburg v. 9.4.2019, 5 K 5119/18, EFG 2019, 1142; a.A. FG Münster v. 27.4.2020, 5 K 1722/18 U).

d) Pauschalierung der Einkommensteuer

1479 Nach dem seit 2007 geltenden § 37b EStG können Stpfl. aus Vereinfachungsgründen die Einkommensteuer für **Sachzuwendungen**, und zwar für

- **betrieblich veranlassten Zuwendungen, die zusätzlich zur ohnehin vereinbarten Leistung oder Gegenleistung erbracht werden** (hierzu gehören z.B. Eintrittskarten für den Besuch sportlicher, kultureller oder musikalischer Veranstaltungen oder auch Incentive-Reisen),
- und **Geschenke** i.S.d. § 4 Abs. 5 Satz 1 Nr. 1 EStG,

sowohl an **Nichtarbeitnehmer** des Stpfl. (z.B. Kunden, Geschäftsfreunde, deren Arbeitnehmer) als auch an **eigene Arbeitnehmer** des Stpfl. unter bestimmten Voraussetzungen mit einem **Pauschsteuersatz von 30 %** erheben. Diese Pauschalsteuer gilt die steuerliche Erfassung des geldwerten Vorteils beim Zuwendungsempfänger ab; steuerlicher Arbeitslohn fällt also auf der Empfängerseite nicht an.

Weitere Einzelheiten → *Pauschalierung der Einkommensteuer bei Sachzuwendungen* Rz. 3303.

Bezüge

→ *Laufender Arbeitslohn* Rz. 2831, → *Sonstige Bezüge* Rz. 3936

Bezugsgröße

1480 Die Bezugsgröße (§ 18 SGB IV) entspricht dem **Durchschnittsentgelt aller in der gesetzlichen Rentenversicherung** versicherten Arbeitnehmer im vorvergangenen Kalenderjahr.

Während es in der Kranken- und Pflegeversicherung ab 1.1.2001 zu einer Vereinheitlichung der Rechtskreise Ost und West (→ Rz. 3583) kam, galten in der Renten- und Arbeitslosenversicherung für die neuen Bundesländer noch bis 31.12.2024 unterschiedliche Bezugsgrößen. Durch das Renten-Überleitungsgesetz v. 17.7.2017, BGBl. I 2017, 2575 gelten **seit 1.1.2025 in allen Bundesländern einheitliches Bezugsgrößen für die Kranken- und Pflegeversicherung und die Renten- und Arbeitslosenversicherung** (→ *Beiträge zur Sozialversicherung* Rz. 1261).

Kalenderjahr	Rechtskreis West		Rechtskreis Ost	
	jährlich	monatl.	jährlich	monatl.
2020 KV/PV	38 220 €	3 185 €	38 220 €	3 185 €
2020 RV/ALV	38 220 €	3 185 €	36 120 €	3 010 €
2021 KV/PV	39 480 €	3 290 €	39 480 €	3 290 €
2021 RV/ALV	39 480 €	3 290 €	37 380 €	3 115 €
2022 KV/PV	39 480 €	3 290 €	39 480 €	3 290 €
2022 RV/ALV	39 480 €	3 290 €	37 800 €	3 150 €
2023 KV/PV	40 740 €	3 395 €	40 740 €	3 395 €
2023 RV/ALV	40 740 €	3 395 €	39 480 €	3 290 €
2024 KV/PV	42 420 €	3 535 €	42 420 €	3 535 €
2024 RV/ALV	42 420 €	3 535 €	41 580 €	3 465 €
2025 KV/PV/RV/ALV	44 940 €	3 745 €	44 940 €	3 745 €
2026 KV/PV/RV/ALV	47 460 €	3 955 €	47 460 €	3 955 €

Bildschirmarbeit

1. Arbeitgeberersatz

Die vom Arbeitgeber auf Grund gesetzlicher Verpflichtung nach § 3 Abs. 2 Nr. 1 und Abs. 3 ArbSchG i.V.m. der ArbMedVV übernommenen angemessenen Kosten für eine spezielle Sehhilfe des Arbeitnehmers stellen **keinen Arbeitslohn** dar, wenn auf Grund einer Untersuchung der Augen und des Sehvermögens **durch eine fachkundige Person i.S. der ArbMedVV** die spezielle Sehhilfe notwendig ist, um eine ausreichende Sehfähigkeit in den Entfernungsbereichen des Bildschirmarbeitsplatzes zu gewährleisten (R 19.3 Abs. 2 Nr. 2 LStR). 1481

Nach Auffassung der Finanzverwaltung kann als „fachkundige Person" nur ein **Augenarzt (oder auch der Betriebsarzt) angesehen werden, nicht jedoch ein Optiker**. Lässt sich ein Arbeitnehmer vom Optiker eine spezielle Bildschirmarbeitsbrille anfertigen, stellt die Übernahme dieser Kosten durch den Arbeitgeber nur dann keinen Arbeitslohn dar, wenn **vor** der Anfertigung eine spezielle Bildschirmarbeitsbrille vom **Augenarzt verordnet** wurde. Eine nachträglich vorgelegte Verordnung erkennt die Finanzverwaltung regelmäßig nicht an (FinMin Berlin v. 28.9.2009, III B – S 2332 – 10/2008, StEd 2009, 681).

Die Übernahme von **Massagekosten** für Bildschirmarbeitnehmer durch den Arbeitgeber stellt **keinen steuerpflichtigen Arbeitslohn** dar, wenn mit den Massagen einer spezifisch berufsbedingten Beeinträchtigung der Gesundheit des Arbeitnehmers vorgebeugt oder entgegengewirkt werden soll; der Arbeitgeber muss allerdings nachweisen, dass er mit der Verabreichung der Massagen **besonders wichtige betriebsfunktionale Zielsetzungen** (z.B. die Minderung des Krankheitsstandes der Bildschirmarbeitnehmer) verfolgt und die Massagen für die Erreichung dieses Zwecks besonders geeignet waren (BFH v. 30.5.2001, VI R 177/99, BStBl II 2001, 671).

Seit 2008 ist ggf. die **Steuerbefreiung nach** § 3 Nr. 34 EStG **für gesundheitsfördernde Maßnahmen** des Arbeitgebers zu beachten (**Höchstbetrag** v. **600 € jährlich je Arbeitnehmer**), die jedoch nicht für ohne ärztliche Verordnung durch einen Optiker angefertigte Bildschirmarbeitsbrillen in Betracht kommt (→ *Gesundheitsförderung, betriebliche* Rz. 2367 ff.).

LSt SV

2. Werbungskosten

Aufwendungen für die Anschaffung einer sog. **Bildschirmarbeitsbrille**, die der Korrektur einer Sehschwäche dient, sind trotz entsprechender augenärztlicher Verordnung auch dann **keine Werbungskosten**, wenn die Brille nur am Arbeitsplatz getragen wird. Ausnahme: Die Sehbeschwerden können auf die Tätigkeit am Bildschirm zurückgeführt werden oder sind Folge einer typischen Berufskrankheit. Die Regelung der ArbMedVV (zuvor Bildschirmarbeitsverordnung) rechtfertigt keine abweichende Beurteilung (BFH v. 20.7.2005, VI R 50/03). 1482

Ein Volkshochschulkurs zur Erlernung der „Kunst des Sehens" (**Augentraining**), mit dem nicht nur die **durch** die berufliche **Bildschirmtätigkeit beeinträchtigte Sehkraft wiederhergestellt**, sondern auch ganz allgemein geistige Fähigkeiten verbessert werden sollen, ist nicht beruflich veranlasst. Derartige Aufwendungen zur Kompensation körperlicher Behinderungen oder

Mängel oder auch zur Gesundheitsvorsorge berühren stets auch die allgemeine Lebensführung und sind somit nach § 12 Nr. 1 Satz 2 EStG steuerlich nicht abzugsfähig (FG München v. 26.9.1997, 8 K 642/95, EFG 1998, 183).

LSt SV

Bildungsgutschein

1. Allgemeines

1483 Arbeitnehmer können bei beruflicher Weiterbildung nach § 81 SGB III durch Übernahme der **Weiterbildungskosten** gefördert werden, wenn

1. die **Weiterbildung** notwendig ist, um sie bei **Arbeitslosigkeit** beruflich einzugliedern, eine ihnen drohende Arbeitslosigkeit abzuwenden oder weil bei ihnen wegen fehlenden **Berufsabschlusses** die Notwendigkeit der **Weiterbildung** anerkannt ist.

   Die Feststellungen zur **Notwendigkeit einer Weiterbildung** schließen immer auch die arbeitsmarktlichen Bedingungen ein. Das heißt, die Agentur für Arbeit muss abwägen, ob z.B. die Arbeitslosigkeit auch ohne eine Weiterbildung beendet werden kann, ob andere arbeitsmarktpolitische Instrumente erfolgversprechender sind und ob mit dem angestrebten Bildungsziel mit hinreichender Wahrscheinlichkeit eine Eingliederung auf dem Arbeitsmarkt erwartet werden kann.
2. die Agentur für Arbeit sie vor Beginn der Teilnahme beraten hat und
3. die Maßnahme und der Träger der Maßnahme für die Förderung zugelassen sind.

Anerkannt wird die Notwendigkeit der Weiterbildung bei Arbeitnehmern wegen fehlenden Berufsabschlusses, wenn sie

1. über einen Berufsabschluss verfügen, jedoch auf Grund einer mehr als vier Jahre ausgeübten Beschäftigung in an- oder ungelernter Tätigkeit eine dem Berufsabschluss entsprechende Beschäftigung voraussichtlich nicht mehr ausüben können, oder
2. nicht über einen Berufsabschluss verfügen, für den nach bundes- oder landesrechtlichen Vorschriften eine Ausbildungsdauer von mindestens zwei Jahren festgelegt ist. Arbeitnehmer ohne einen solchen Berufsabschluss, die noch nicht drei Jahre beruflich tätig gewesen sind, können nur gefördert werden, wenn eine Berufsausbildung oder eine berufsvorbereitende Bildungsmaßnahme aus in ihrer Person liegenden Gründen nicht möglich oder nicht zumutbar ist.
3. für den angestrebten Beruf geeignet sind.
4. voraussichtlich erfolgreich an der Maßnahme teilnehmen werden.
5. mit dem angestrebten Beruf ihre Beschäftigungschancen verbessern.

Zeiten der Arbeitslosigkeit, der Kindererziehung und der Pflege einer pflegebedürftigen Person mit mindestens Pflegegrad 2 stehen Zeiten einer Beschäftigung gleich.

Arbeitnehmer werden durch Übernahme der Weiterbildungskosten zum **nachträglichen Erwerb des Hauptschulabschlusses** oder eines gleichwertigen Schulabschlusses gefördert, wenn

1. sie die Voraussetzungen für die Förderung der beruflichen Weiterbildung nach den vorstehenden Ausführungen erfüllen und
2. zu erwarten ist, dass sie an der Maßnahme erfolgreich teilnehmen werden.

Die Leistung wird nur erbracht, soweit sie nicht für den gleichen Zweck durch Dritte erbracht wird.

Auch der **Erwerb von Grundkompetenzen** kann durch die Übernahme der Weiterbildungskosten gefördert werden, wenn

1. die oben genannten Voraussetzungen für die Förderung der beruflichen Weiterbildung erfüllt sind,
2. der Erwerb der Grundkompetenzen die Grundlage schafft für eine erfolgreiche berufliche Weiterbildung oder allgemein die Beschäftigungsfähigkeit verbessert.

Dem Arbeitnehmer wird das Vorliegen der Voraussetzungen für eine Förderung bescheinigt (**Bildungsgutschein**). Der Bildungsgutschein kann zeitlich befristet sowie regional und auf bestimmte Bildungsziele beschränkt werden. Der vom Arbeitnehmer ausgewählte Träger hat der Agentur für Arbeit den Bildungsgutschein vor Beginn der Maßnahme vorzulegen. Die Agentur für Arbeit kann auf die Ausstellung eines Bildungsgutscheins bei beschäftigten Arbeitnehmern verzichten, wenn der Arbeitgeber und der Arbeitnehmer damit einverstanden sind.

Weitere Auskünfte erhalten Arbeitnehmer und Arbeitgeber bei Bedarf von der Agentur für Arbeit.

2. Lohnsteuer und Sozialversicherung

Die von der Agentur für Arbeit übernommenen Weiterbildungskosten sind nach § 3 Nr. 2 EStG **steuerfrei** (und damit auch sozialversicherungsfrei); es handelt sich um „Leistungen nach dem Dritten Buch Sozialgesetzbuch oder dem Arbeitsförderungsgesetz und den entsprechenden Programmen des Bundes und der Länder, soweit sie Arbeitnehmern oder Arbeitsuchenden oder zur Förderung der Ausbildung oder Fortbildung der Empfänger gewährt werden“. 1484

Soweit die Kosten nicht von der Agentur für Arbeit übernommen werden, können sie ggf. als **Werbungskosten** abgezogen werden.

LSt SV

Bildungsurlaub

1. Arbeitsrecht

a) Allgemeines

Ein **bundesgesetzlicher Anspruch** des Arbeitnehmers auf bezahlten Urlaub zum Zwecke der allgemeinen, beruflichen oder politischen Bildung oder Weiterbildung **besteht nicht**. Bisher sind lediglich **für bestimmte Arbeitnehmergruppen** (z.B. Betriebsratsmitglieder gem. § 37 BetrVG, Betriebsärzte und Fachkräfte für Arbeitssicherheit gem. § 2 Abs. 3 und § 5 Abs. 3 des Arbeitssicherheitsgesetzes sowie Mitglieder der Schwerbehindertenvertretung gem. § 176 ff. SGB IX) **und in mehreren Bundesländern** gesetzliche Ansprüche auf einen Bildungsurlaub begründet worden. Darüber hinaus enthalten **Tarifverträge** Vorschriften über bezahlten und unbezahlten Bildungsurlaub, die aber insbesondere im Bereich der Privatwirtschaft insgesamt doch nur verhältnismäßig geringe Bedeutung erlangt haben. 1485

b) Besondere landesrechtliche Regelungen

Soweit ersichtlich, haben in den Bundesländern **Baden-Württemberg, Berlin, Brandenburg, Bremen, Hamburg, Hessen, Mecklenburg-Vorpommern, Niedersachsen, Nordrhein-Westfalen, Rheinland-Pfalz, Saarland, Sachsen-Anhalt, Schleswig-Holstein und Thüringen** Arbeitnehmer auf Grund entsprechender Landesgesetze mit unterschiedlicher Bezeichnung sowie unterschiedlichen Voraussetzungen einen Anspruch auf einen **bezahlten Sonderurlaub zur** beruflichen oder politischen (in **Bremen** auch zur allgemeinen) **Weiterbildung. Voraussetzung** für diesen Bildungsurlaub ist, dass der Arbeitnehmer an einer **anerkannten Bildungsveranstaltung** teilnimmt. In den **übrigen Bundesländern** Bayern und Sachsen besteht **kein Anspruch** auf einen Bildungsurlaub. 1486

Hinweis: Achten Sie auf aktuelle Entwicklungen in Ihrem jeweiligen Bundesland.

Unter welchen Voraussetzungen Bildungsveranstaltungen als geeignet für die Arbeitnehmerweiterbildung anzuerkennen sind, ist in den einzelnen Bundesländern unterschiedlich geregelt. Nach dem **Berliner Bildungsurlaubsgesetz** kann selbst ein von der Volkshochschule angebotener, fünftägiger Kurs „Yoga I – erfolgreich und entspannt im Beruf mit Yoga und Meditation“ die Voraussetzungen des Bildungsurlaubs erfüllen (vgl. hierzu LAG Berlin-Brandenburg v. 11.4.2019, 10 Sa 2076/18). Danach reicht es aus, dass eine Veranstaltung entweder der politischen Bildung oder der beruflichen Weiterbildung dient. Der Begriff der beruflichen Weiterbildung ist nach der Gesetzesbegründung weit zu verstehen. Hiernach soll unter anderem Anpassungsfähigkeit und Selbstbehauptung von Arbeitnehmern unter den Bedingungen fortwährenden und sich beschleunigenden technischen und sozialen Wandels gefördert werden. Auch ein **Yogakurs** mit einem geeigneten didaktischen Konzept könne diese Voraussetzungen erfüllen.

Der Arbeitnehmer, der seinen Anspruch auf Bildungsurlaub geltend macht, muss dem Arbeitgeber **Auskunft** geben über den

Veranstalter, ob dieser eine anerkannte Einrichtung der Weiterbildung ist und ob die konkrete Veranstaltung anerkannt ist. Er muss den **detaillierten Themen- und Zeitplan** vorlegen und im Streitfall alle Voraussetzungen für den Anspruch auf Bildungsurlaub beweisen (BAG v. 16.8.1990, 8 AZR 654/88; BAG v. 9.2.1993, 9 AZR 203/90). Eine Studienreise, die grds. nicht als Bildungsveranstaltung anerkannt werden kann, ist dadurch gekennzeichnet, dass ihr wesentliche Elemente eines organisierten Lernens fehlen. Zu den wesentlichen Merkmalen eines organisierten Lernens gehört eine ausreichende Vor- und Nachbereitung des in den einzelnen Veranstaltungen vermittelten Wissens (VG Hannover v. 12.7.2018, 6 B 3743/18).

Die **Dauer** des Bildungsurlaubs differiert in den Bundesländern. Für die Dauer des Bildungsurlaubs ist dem Arbeitnehmer das **Arbeitsentgelt fortzuzahlen**; der Arbeitnehmer hat allerdings keinen Anspruch auf Sachkostenbeteiligung.

c) Freiwillige Arbeitgeberleistungen

1487 Gewährt der Arbeitgeber bezahlten Bildungsurlaub in den Fällen, in denen **kein gesetzlicher oder sonstiger Anspruch** besteht, so stellt dies eine **freiwillige Sonderleistung** dar. In dem Kontext ist auf den seit dem 1.8.2022 geltenden Nachweistatbestand in § 2 Abs. 1 Satz 2 Nr. 12 NachwG hinzuweisen. Danach ist der Arbeitnehmer darauf hinzuweisen, dass er – soweit dies vereinbart wurde – einen Anspruch auf Fortbildung hat. Beteiligt sich der Arbeitgeber an einer beruflichen Weiterbildung des Arbeitnehmers durch Vergütungszahlung und/oder Kostenbeteiligung und bringt die Weiterbildung dem Arbeitnehmer einen beruflichen Vorteil, so kann der Arbeitgeber seine finanzielle Beteiligung mit einer **Ausbildungskostenrückzahlungsvereinbarung** (→ *Fortbildung* Rz. 2211) verbinden, nach der der Arbeitnehmer die Kosten, ratierlich gesenkt, zurückzahlen muss, wenn er das Arbeitsverhältnis vor Ablauf eines bestimmten Zeitpunktes auflöst. Anerkannt sind – bei erheblichen Ausbildungskosten – **Bindungsklauseln** bis zu drei Jahren bei ratierlicher Verminderung des Rückzahlungsbetrages pro Monat des fortbestehenden Arbeitsverhältnisses.

Zur lohnsteuerlichen Behandlung solcher Rückzahlungsvereinbarungen → *Rückzahlung von Arbeitslohn* Rz. 3779.

d) Mitbestimmung

1488 Das Mitbestimmungsrecht des Betriebsrats nach § 87 Abs. 1 Nr. 5 BetrVG betrifft nicht nur den Erholungsurlaub nach § 1 BUrlG, sondern auch die Gewährung von Bildungsurlaub nach den landesrechtlichen Arbeitnehmerweiterbildungsgesetzen. Es betrifft allerdings insoweit lediglich die Aufstellung allgemeiner Freistellungsgrundsätze und eines Freistellungsplans und ggf. die Festsetzung der zeitlichen Lage der Arbeitsfreistellung im Einzelfall (BAG v. 28.5.2002, 1 ABR 37/01). Eine im Rahmen des (in den Weiterbildungsgesetzen des Landes Schleswig-Holstein verankerten) Konsensprinzips geschlossene Vereinbarung zur Gewährung von Bildungsfreistellung ist unverhältnismäßig, wenn sie einen Teil der Beschäftigten fast vollständig von der Möglichkeit, Bildungsfreistellung zu erhalten, ausschließt (VG Schleswig v. 26.2.2021, 9 A 125/19).

2. Lohnsteuer und Sozialversicherung

1489 Erhält der Arbeitnehmer von seinem Arbeitgeber bezahlten Bildungsurlaub, unterliegt – wie bei „normalem Urlaub" – der **weitergezahlte Arbeitslohn der Lohnsteuer und der Beitragspflicht in der Sozialversicherung**.

(LSt) (SV)

Wie vom Arbeitgeber übernommene Kosten für die **Fortbildung des Arbeitnehmers** steuerlich zu behandeln sind, → *Fortbildung* Rz. 2232.

Ersetzt der Arbeitgeber einem Arbeitnehmer die **Kosten** für eine i.R.d. Bildungsurlaubs durchgeführte **Studienreise** oder für einen **Sprachkurs**, so ist diese Ersatzleistung nur dann nach § 3 Nr. 16 EStG steuer- und beitragsfrei, wenn

- die sehr engen Voraussetzungen nach H 12.2 EStH für die Anerkennung als **Werbungskosten (Auswärtstätigkeit)** erfüllt sind (→ *Reisekosten: Allgemeine Grundsätze* Rz. 3589) oder
- die Reise im ganz überwiegenden **eigenbetrieblichen Interesse des Arbeitgebers** durchgeführt wird (R 19.7 LStR sowie → *Fortbildung* Rz. 2233).

Die **Anerkennung** einer Studienreise oder auch eines Sprachkurses als **Bildungsurlaub** bedeutet noch nicht, dass die Voraussetzungen für den Werbungskostenabzug erfüllt sind (BFH v. 6.3.1995, VI R 76/94, BStBl II 1995, 393 und FG Berlin-Brandenburg v. 24.1.2018, 7 K 7100/16).

Billigkeitsmaßnahmen

→ *Erlass von Lohnsteuer* Rz. 2045, → *Forderungsverzicht* Rz. 2205

Binnenschiffer

Seeleute und Binnenschiffer haben regelmäßig **keine ortsfeste erste Tätigkeitsstätte** i.S.d. § 9 Abs. 4 Satz 1 EStG und üben somit eine **Auswärtstätigkeit** aus (→ *Reisekosten: Allgemeine Grundsätze* Rz. 3593). Der Arbeitgeber kann daher grds. Aufwendungen für Fahrten von der Wohnung zu den einzelnen Anlegestellen in Höhe der tatsächlichen Kfz-Kosten (oder für Pkw pauschal 0,30 €/km) sowie Mehraufwendungen für Verpflegung nach den Grundsätzen für Auswärtstätigkeiten steuerfrei erstatten; die Beschränkung auf drei Monate gilt für die Fahrtätigkeit nicht (→ *Reisekosten: Allgemeine Grundsätze* Rz. 3589 und → *Reisekosten: Erstattungen* Rz. 3684). 1490

Soll der Dienstantritt (die Ein- und Ausschiffung) aber typischerweise arbeitstäglich von dem gleichen Anleger (wie z.B. einem Fähranleger, Liegeplatz des Seenotrettungskreuzers, Anleger des Fahrgastschiffes) erfolgen, werden die Fahrten zu diesem Ort (**Sammelpunkt**) ebenso behandelt wie die Fahrten von der Wohnung zu einer ersten Tätigkeitsstätte und unterliegen damit der Abzugsbeschränkung auf die **Entfernungspauschale** (vgl. sinngemäß BFH v. 19.4.2021, VI R 6/19, BStBl II 2021, 727 betr. einen Baumaschinisten, der täglich zum Betriebshof gefahren ist und von dort per Sammelbeförderung an den jeweiligen auswärtigen Arbeitsplatz gefahren wurde).

Auf die Berücksichtigung von Verpflegungspauschalen oder Übernachtungskosten als Werbungskosten oder den steuerfreien Arbeitgeberersatz hat diese Festlegung hingegen keinen Einfluss, da der Arbeitnehmer weiterhin außerhalb einer ersten Tätigkeitsstätte und somit auswärts beruflich tätig wird. Es wird keine erste Tätigkeitsstätte fingiert, sondern nur die Anwendung der Entfernungspauschale für die Fahrtkosten von der Wohnung zu diesem Ort sowie die Besteuerung eines geldwerten Vorteils bei Firmenwagengestellung durch den Arbeitgeber nach § 8 Abs. 2 Satz 3 und 4 EStG festgelegt und der steuerfreie Arbeitgeberersatz für diese Fahrten nach § 3 Nr. 16 EStG ausgeschlossen (→ *Reisekosten: Allgemeine Grundsätze* Rz. 3627).

Die Verpflegungspauschalen sind auch dann nach § 9 Abs. 4a Satz 8 EStG zu kürzen, wenn der Arbeitgeber dem Arbeitnehmer Mahlzeiten zur Verfügung stellt, der Arbeitnehmer aber nicht über eine erste Tätigkeitsstätte verfügt (BFH v. 12.7.2021, VI R 27/19, BStBl II 2021, 642). Ob die vom Arbeitgeber zur Verfügung gestellte **Mahlzeit vom Arbeitnehmer tatsächlich eingenommen** wird oder die Aufwendungen für die vom Arbeitgeber gestellte Mahlzeit niedriger sind als der jeweilige pauschale Kürzungsbetrag, ist nach diesem BFH-Urteil für die Kürzung der Verpflegungspauschalen unbeachtlich. Das Zurverfügungstellen einer Mahlzeit durch den Arbeitgeber (oder auf dessen Veranlassung durch einen Dritten) i.S.v. § 9 Abs. 4a Satz 8 EStG erfordert nicht, dass der Arbeitnehmer die Mahlzeit auch tatsächlich einnimmt. Aus welchen Gründen der Arbeitnehmer eine ihm von seinem Arbeitgeber zur Verfügung gestellte Mahlzeit nicht einnimmt, ist insoweit ebenfalls unerheblich. Nur soweit dem Seemann an einzelnen Hafentagen vom Arbeitgeber tatsächlich keine Mahlzeiten zur Verfügung gestellt wurden, konnten für diese Tage Verpflegungsmehraufwendungen gewährt werden.

Eine Mahlzeitengestellung kann auch vorliegen, wenn der Arbeitgeber die Kosten der Zubereitung von den Arbeitnehmern selbst beschaffter Lebensmittel trägt (FG Niedersachsen v. 27.11.2019, 1 K 167/17 E, EFG 2020, 438).

Verpflegt der Arbeitgeber die Besatzungsmitglieder an Bord eines Flusskreuzfahrtschiffes unentgeltlich, so ist der den Arbeitnehmern gewährte Vorteil dann **kein Arbeitslohn**, wenn das eigenbetriebliche Interesse des Arbeitgebers an einer **Gemeinschafts-**

verpflegung wegen besonderer betrieblicher Abläufe den Vorteil der Arbeitnehmer bei weitem überwiegt (BFH v. 21.1.2010, VI R 51/08, BStBl II 2010, 700). Eine Kürzung der Verpflegungspauschalen ist gleichwohl vorzunehmen.

~~LSt~~ ~~SV~~

Bleibeprämie

→ *Arbeitslohn-ABC* Rz. 654

Blockmodell

→ *Altersteilzeit* Rz. 80

Bonus

1. Lohnsteuer

1491 Eine als Bonus bezeichnete **Sonderzuwendung des Arbeitgebers** an den Arbeitnehmer gehört grds. zum steuer- und beitragspflichtigen Arbeitslohn, kann jedoch wie Tantiemen als sonstige Bezüge versteuert werden (→ *Sonstige Bezüge* Rz. 3936).

Eine vom Arbeitgeber auf Grund einer Bonusvereinbarung geleistete Zahlung stellt **keine Vergütung für eine mehrjährige Tätigkeit** dar, wenn zum 31.3.00 das Bezugsrecht auf eine Geldzahlung unbedingt zugesagt worden ist, die im Zeitraum vom 1.7.00 bis 31.12.02 abgerufen werden konnte, die Option bereits im November 00 ausgeübt und der Bonus auch zugeteilt worden war, der Zeitraum von der Zuteilung bis zur Ausübung der Option somit weniger als 12 Monate umfasst und zudem der Arbeitgeber mit der Zahlung keine Arbeitserfolge in der Vergangenheit honoriert hat (vgl. insoweit FG Nürnberg v. 10.5.2017, 3 K 1935/15, EFG 2017, 1590).

Bei einer jährlichen Bemessung und Gewährung von Boni fehlt es auch dann an einem veranlagungszeitraumübergreifenden Geschehen für den jeweils erdienten Bonusanspruch, wenn die Boni auf einem **Bonuskonto über einen mehrjährigen Zeitraum angesammelt und dann in einer Summe ausgezahlt werden**; es handelt sich somit nicht um tarifbegünstigte Vergütungen für mehrjährige Tätigkeiten i.S.d. § 34 Abs. 2 Nr. 4 EStG, sog. „Fünftelregelung" (FG Nürnberg v. 13.11.2018, 1 K 833/17).

Ggf. kann auch **Arbeitslohn von dritter Seite** vorliegen, sofern die Bonusgewährung **nicht auf einer eigenständigen Rechtsbeziehung** zwischen dem Arbeitnehmer und dem Dritten beruht – ggf. sind dann **sonstige Einkünfte** i.S.d. § 22 Nr. 3 Satz 1 EStG anzunehmen (s. ausführlich die Anmerkung von RiBFH Geserich zu BFH v. 21.2.2018, VI R 25/16, BStBl II 2018, 389 in HFR 2018, 472 betr. Prämien eines Herstellers von Fotoartikeln auf Grund eines Bonusprogramms an die im Fachhandel tätigen Fachverkäufer).

LSt SV

Die von einer **gesetzlichen Krankenkasse gewährte Geldprämie (Bonus)** für gesundheitsbewusstes Verhalten **mindert nicht den Sonderausgabenabzug** für Krankenversicherungsbeiträge, sofern hierdurch ein finanzieller Aufwand des Stpfl. ganz oder teilweise ausgeglichen wird. Dies gilt auch in den Fällen, in denen der Bonus pauschal ermittelt wird. Soweit die Bonuszahlungen nicht als Beitragserstattungen, sondern als Leistungen der Krankenkasse anzusehen sind, liegen **keine steuerbaren Einkünfte** vor (BFH v. 6.5.2020, X R 16/18, BStBl II 2022, 109 betr. Geldprämie [Bonus] für gesundheitsbewusstes Verhalten einer gesetzlichen Krankenkasse). **Bonuszahlungen einer privaten Krankenkasse** mindern als Beitragserstattung die nach § 10 Abs. 1 Nr. 3 Satz 1 Buchst. a EStG abzugsfähigen Sonderausgaben, wenn diese unabhängig davon gezahlt werden, ob dem Versicherungsnehmer finanzieller Gesundheitsaufwand entstanden ist oder nicht. Der mit den Bonuszahlungen einhergehende teilweise Verlust eines Erstattungsanspruchs für Gesundheitsaufwendungen berührt nicht die für § 10 Abs. 1 Nr. 3 Satz 1 Buchst. a EStG maßgebliche Beitragsebene (BFH v. 16.12.2020, X R 31/19, BStBl II 2022, 106 betr. Bonuszahlungen als Beitragserstattung einer privaten Krankenkasse). S.a. → *Vorsorgeaufwendungen* Rz. 4366.

Die Finanzverwaltung hat Folgerungen aus diesen Urteilen gezogen. Die Rdnr. 88 und 89 der bisherigen Verwaltungsanweisung (BMF v. 24.5.2017, IV C 3 – S 2221/16/10001 :004, BStBl I 2017, 820 unter Berücksichtigung der Änderungen durch BMF v. 6.11.2017, IV C 3 – S 2221/17/10006 :001, BStBl I 2017, 1455 und BMF v. 28.9.2021, IV C 3 – S 2221/21/10016 :001, BStBl I 2021, 1833) sind neu gefasst und die Rdnr. 89a und 89b neu eingefügt (BMF v. 16.12.2021, IV C 3 – S 2221/20/10012 :002, BStBl I 2022, 155) bzw. Rdnr. 89b (BMF v. 28.12.2023, IV C 3 – S 2221/20/10012 :005, BStBl I 2024, 209) überarbeitet worden:

„88 Beitragsrückerstattungen in diesem Sinne sind z.B. auch Prämienzahlungen nach § 53 SGB V und Bonusleistungen nach § 65a SGB V, soweit diese Bonusleistungen nicht eine Leistung der GKV darstellen (vgl. Rdnr. 89). Beitragsrückerstattungen aus Bonusprogrammen sind zu dem Zeitpunkt zu melden, zu dem der Vorteil aus der Bonusleistung dem Grunde nach verfügbar ist (Zufluss). Als Zufluss gilt bei

- *Geldprämien der Zeitpunkt der Auszahlung des Geldbetrags,*
- *Sachprämien der Zeitpunkt der Ausgabe der Sachprämie,*
- *einer Gutschrift auf dem Bonuskonto der Zeitpunkt der Gutschrift,*
- *Verzicht auf eine Bonusleistung der Zeitpunkt des Verzichts.*

Wird der Vorteil z.B. in Form von Bonuspunkten gewährt, sind diese in Euro umzurechnen und als Beitragsrückerstattung zu melden. Boni für familienversicherte Bonusprogrammteilnehmer sind dem Stammversicherten zuzurechnen. Aus Vereinfachungsgründen kann die Beitragsrückerstattung aus Bonusprogrammen, bei denen der Bonuskontoinhaber erst mit dem Erfüllen bestimmter Mindestvoraussetzungen – z.B. nach einem gewissen Zeitablauf oder nach Erreichen einer bestimmten Anzahl von Bonuspunkten – über fortlaufend angesammelte und dem Bonuskonto gutgeschriebene Bonuspunkte verfügen kann, erst in dem Jahr gemeldet werden, in dem die Bonuspunkte in Form einer Sach- oder Geldprämie an den Versicherten ausgezahlt bzw. ausgegeben werden oder auf die Bonusleistung verzichtet wird. Die Meldung hat in den Fällen, in denen die Versicherten ein Wahlrecht haben, ob sie eine Geldprämie oder eine Sachprämie in Anspruch nehmen, erst für das Jahr der Ausübung des Wahlrechts zu erfolgen.

89 Werden von der GKV im Rahmen eines Bonusprogramms nach § 65a SGB V Kosten für Gesundheitsmaßnahmen erstattet bzw. bonifiziert, die nicht im regulären Versicherungsumfang des Basiskrankenversicherungsschutzes enthalten sind (z.B. Osteopathie-Behandlung) bzw. der Förderung gesundheitsbewussten Verhaltens dienen (z.B. Mitgliedschaft in einem Sportverein oder einem Fitnessstudio) und von den Versicherten privat finanziert werden bzw. worden sind, handelt es sich um eine nicht steuerbare Leistung der Krankenkasse und nicht um eine Beitragsrückerstattung (BFH v. 6.5.2020, X R 16/18, BStBl II 2022, 109). Die als Sonderausgaben abziehbaren Krankenversicherungsbeiträge sind daher nicht um den Betrag der Kostenerstattung bzw. des darauf entfallenden Bonus zu mindern. Auf den Zeitpunkt des Abflusses der Kosten kommt es nicht an (§ 11 Abs. 2 EStG). Eine pauschale Bonusleistung muss die tatsächlich entstandenen bzw. entstehenden Kosten nicht exakt abdecken.

89a Eine Beitragsrückerstattung liegt vor, wenn sich ein Bonus der GKV auf eine Maßnahme bezieht, die vom Basiskrankenversicherungsschutz umfasst ist (insbesondere gesundheitliche Vorsorge- oder Schutzmaßnahmen, z.B. zur Früherkennung bestimmter Krankheiten) oder für aufwandsunabhängiges Verhalten (z.B. Nichtraucherstatus, gesundes Körpergewicht) gezahlt wird.

89b Aus Vereinfachungsgründen wird davon ausgegangen, dass Bonuszahlungen auf der Grundlage von § 65a SGB V bis zur Höhe von 150 € pro versicherte Person Leistungen der GKV darstellen. Übersteigen die Bonuszahlungen diesen Betrag, liegt in Höhe des übersteigenden Betrags eine Beitragsrückerstattung vor. Etwas anderes gilt nur, soweit der Stpfl. nachweist, dass Bonuszahlungen von mehr als 150 € auf Leistungen der GKV gemäß Rdnr. 89 beruhen.

Diese Regelung gilt für bis zum 31.12.2024 geleistete Zahlungen."

Die im BMF-Schreiben v. 28.12.2023, IV C 3 – S 2221/20/10012 :005, BStBl I 2024, 209, Rdnr. 89b enthaltene Vereinfachungsregelung hat sich in der Praxis bewährt und wurde daher mit dem Jahressteuergesetz 2024 v. 2.12.2024, BGBl. I 2024, Nr. 387, in § 10 Abs. 2b Sätze 2 und 3 EStG gesetzlich verstetigt. (LSt durchgestrichen) (SV durchgestrichen)

2. Arbeitsrecht

1492 Zahlt der Arbeitgeber einem Arbeitnehmer mehrfach einen jährlichen Bonus, kann darin im Zusammenhang mit Äußerungen und schlüssigem Verhalten des Arbeitgebers die Zusage liegen, auch künftig einen Bonus zu zahlen. Eine solche Zusage scheitert nicht allein daran, dass die Höhe der Zahlungen wechselt, ohne dass für den Arbeitnehmer eine Regelhaftigkeit erkennbar ist. In Betracht kommt eine Zusage dem Grunde nach, da die Höhe der Bonuszahlung typischerweise von unterschiedlichen Voraussetzungen wie dem Betriebsergebnis oder der persönlichen Leistung des Arbeitnehmers abhängt und deshalb schwankt (BAG v. 21.4.2010, 10 AZR 163/09), s.a. → *Zielvereinbarungen* Rz. 4612. Die Vereinbarung eines Stichtags in einer Gesamtzusage, wonach einem Arbeitnehmer, der sich nach dem Stichtag in der Freistellungsphase der Altersteilzeit im Blockmodell befindet, eine Inflationsausgleichsprämie, die zugleich auch Arbeitsleistung belohnt, nicht zusteht, ist jedoch unwirksam (LAG Düsseldorf v. 19.7.2024, 7 Sa 1186/239).

Brexit

1. Allgemeines

1493 Das Vereinigte Königreich ist am 31.1.2020 aus der EU ausgetreten und seit dem 1.1.2021 ist das Vereinigte Königreich grds. arbeitsrechtlich, steuerrechtlich und sozialversicherungsrechtlich als Drittstaat zu behandeln, d.h. für die Beschäftigung von Briten in Deutschland sowie von EU-Bürgern im Vereinigten Königreich wird grundsätzlich eine Aufenthalts- und Arbeitserlaubnis benötigt.

2. Arbeitsrecht

1494 Mit der Zweiten Verordnung zur Änderung der Beschäftigungsverordnung und der Aufenthaltsverordnung v. 18.12.2020, BGBl. I 2020, 3046 wurden aufenthaltsrechtliche Erleichterungen für Staatsangehörige des Vereinigten Königreichs Großbritannien und Nordirland in Deutschland beschlossen.

Britische Staatsangehörige, die ab dem Jahr 2021 nach Deutschland einreisen, können – wie auch Angehörige anderer bestimmter Staaten (z.B. Australien, Israel, Japan oder den USA) – nach § 26 Abs. 1 BeschV **jede Beschäftigung** unabhängig von einer Qualifikation und vom Sitz des Arbeitgebers **ausüben**. **Die BA muss zustimmen**. Die Einreise ist nach § 41 Abs. 1 AufenthV auch dann visumfrei möglich, wenn ein längerfristiger Aufenthalt in Deutschland geplant ist, z.B. zu Erwerbszwecken. Großbritannien sieht für Einreisen ein Punktesystem vor. Ob eine Aufenthalts- und Arbeitsgenehmigung erteilt wird, hängt dabei u.a. vom ausgeübten Beruf (Mangelberufe) und der Höhe des zu zahlenden Arbeitsentgelts ab. In der Regel werden nur befristete Arbeitsgenehmigungen erteilt.

3. Lohnsteuer

1495 Als Drittstaat sind für das Vereinigte Königreich Regelungen des EStG, die sich auf EU-/EWR-Staaten beziehen, für das Vereinigte Königreich nicht mehr anwendbar. Seit dem 1.1.2021 (Ende des Übergangszeitraums) wird das Vereinigte Königreich steuerrechtlich wie ein Drittstaat behandelt.

Mit dem **Gesetz über steuerliche Begleitregelungen zum Austritt des Vereinigten Königreichs Großbritannien und Nordirland aus der Europäischen Union** (Brexit-Steuerbegleitgesetz – Brexit-StBG) v. 25.3.2019, BStBl I 2019, 223 werden nachteilige steuerliche Rechtsfolgen, die sich allein durch den Brexit, ohne weiteres Zutun des Stpfl., ergeben würden, vermieden.

Das Gesetz enthält z.B. eine **Regelung zur Vermeidung des Eintritts der Folgen einer schädlichen Verwendung** (§ 93 Abs. 1 EStG) in bestimmten definierten „Altfällen" und zur Verhinderung unbilliger Härten im Rahmen der **„Riester"-Förderung.**

Grundsätzlich gilt darüber hinaus auch das Abkommen zur Vermeidung von Doppelbesteuerung (DBA) beider Länder, das zuletzt 2010 neu geschlossen wurde (v. 30.3.2010, BGBl. II 2010, 1333). Dieses am 30.12.2010 in Kraft getretene Abkommen (BGBl. II 2011, 536) ist zwischenzeitlich durch zwei Änderungsprotokolle geändert worden; v. 17.3.2014 (BGBl. II 2015, 1298) sowie v. 12.1.2021 (BGBl. II 2021, 667, BGBl. 2022, 124). Das Abkommen ist in dieser Fassung seit dem 1.1.2021 anzuwenden.

4. Sozialversicherung

Mit dem **Gesetz zu Übergangsregelungen im Bereich Arbeit, Bildung, Gesundheit, Soziales und Staatsangehörigkeit nach dem Austritt des Vereinigten Königreichs Großbritannien und Nordirland aus der Europäischen Union** (BrexitSozSichÜG) v. 8.4.2019, BGBl. I 2019, 418 werden nachteilige sozialversicherungsrechtliche Rechtsfolgen, die sich allein durch den Brexit, ohne weiteres Zutun der versicherten Personen, ergeben würden, verhindert. So wurde u.a. Personen mit Wohnsitz im Vereinigten Königreich, die bisher den deutschen Rechtsvorschriften unterlagen, unter bestimmten Voraussetzungen ein Beitrittsrecht zur Kranken-, Pflege- und Rentenversicherung eingeräumt. Von diesem Grundsatz, dass das Vereinigte Königreich sozialversicherungsrechtlich als Drittstaat zu behandeln ist, gibt es folgende **Ausnahmen**: 1496

Das zwischen der EU und dem Vereinigten Königreich ausgehandelte **Abkommen über Handel und Zusammenarbeit** (Abkommen über Handel und Zusammenarbeit zwischen der Europäischen Union und der Europäischen Atomgemeinschaft einerseits und dem Vereinigten Königreich Großbritannien und Nordirland andererseits) v. 30.4.2021, Amtsblatt EU Nr. L 149, 10, ist am 1.5.2021 in Kraft getreten. Das Abkommen enthält Regelungen für den Bereich der Koordinierung der Systeme der sozialen Sicherheit, die im Wesentlichen den Bestimmungen der Verordnungen (EG) Nr. 883/2004 und 987/2009 entsprechen. Es findet seit 1.1.2021 für Situationen Anwendung, die seit dem 1.1.2021 beginnen und vorher keinerlei grenzüberschreitenden Bezug zwischen einem EU-Mitgliedstaat und dem Vereinigten Königreich hatten. 1497

Beispiel:

Der Arbeitnehmer wurde von seinem in Deutschland ansässigen Arbeitgeber vom 15.1.2021 bis 15.5.2022 ins Vereinigte Königreich entsandt.

Da die Entsendung nach dem 1.1.2021 begann, sind die Regelungen des Abkommens über Handel und Zusammenarbeit anzuwenden. Auf Grund der Übertragung der Bestimmungen der Verordnung 883/2004 und 987/2009 konnte auch für diesen Sachverhalt eine A1-Bescheinigung nach Art. 12 Abs. 1 VO (EG) 883/2004 ausgestellt werden – im Falle der Verlängerung des Aufenthaltes längstens bis zum 14.1.2023.

Die Regelungen des Abkommens über Handel und Zusammenarbeit gelten unabhängig von der Staatsangehörigkeit für Personen,

- für die das Sozialversicherungsrecht mindestens eines Mitgliedstaates oder des Vereinigten Königreichs gilt oder gegolten hat, sowie deren Familienangehörigen und Hinterbliebenen, und die
- rechtmäßig in einem Mitgliedstaat oder dem Vereinigten Königreich wohnen.

Der sachliche Geltungsbereich des Abkommens über Handel und Zusammenarbeit umfasst die Kranken-, Renten- und Unfallversicherung sowie die Arbeitsförderung. Familienleistungen sind nicht erfasst. Der Export von Leistungen bei Pflegebedürftigkeit ist nicht erfasst, jedoch gilt für gesetzlich krankenversicherte Personen, für die auf Grund des Abkommens die deutschen Rechtsvorschriften im Bereich der Krankenversicherung gelten, nach § 22 SGB XI Versicherungspflicht in der sozialen Pflegeversicherung. Durch das 8. SGB IV-Änderungsgesetz vom 20.12.2022, BGBl. I 2022, 2759 wurde ab dem 1.1.2024 die Nutzung des elektronischen Verfahrens zur Beantragung der A1-Bescheinigung für Arbeitnehmer, selbständig Erwerbstätige und bei Ausnahmevereinbarungen auch im Rahmen von Entsendungen in das Vereinigte Königreich verpflichtend.

Die Regelungen des Abkommens über Handel und Zusammenarbeit gelten **auch bei Grenzgängern** (→ *Grenzgänger* Rz. 2391).

Brillen

→ *Werbungskosten* Rz. 4516

Bücher

→ *Werbungskosten* Rz. 4517

Bundesfreiwilligendienst

→ *Freiwilligendienste* Rz. 2262

Bundeswehr

1. Lohnsteuer

a) Allgemeines

1498 Seit 1.7.2011 wurde die gesetzliche Dienstpflicht zur Ableistung des Wehrdienstes und damit einhergehend die gesetzliche Pflicht zur Ableistung des Zivildienstes ausgesetzt. **An die Stelle der gesetzlichen Verpflichtung sind der freiwillige Wehrdienst und der Bundesfreiwilligendienst gerückt.**

Seit dem 1.4.2021 können sich Interessierte für den **Freiwilligen Wehrdienst im Heimatschutz** melden. Die aktive Dienstzeit umfasst sieben Monate, in den darauffolgenden sechs Jahren folgen für insgesamt fünf Monate Reserveübungen und mögliche Einsätze, z.B. bei Naturkatastrophen. Das monatliche Einstiegsgehalt beträgt ca. 1 400 € netto, im Reservistendienst wird das Gehalt nach dem Unterhaltssicherungsgesetz pro aktiven Reservistentag berechnet, mind. 87 € netto.

Bundeswehrangehörige bzw. Zivildienstleistende sind **Arbeitnehmer**. Der **Arbeitslohn** kann jedoch nach mehreren Steuerbefreiungen (insbesondere nach § 3 Nr. 4 oder 5 EStG) **steuerfrei** sein.

Die Bezüge für den Freiwilligen Grundwehrdienst, den Freiwilligen Zivildienst und den Freiwilligen Wehrdienst im Heimatschutz sind grds. steuerpflichtig.

Regierungsentwurf zum Wehrdienst-Modernisierungsgesetz (WDModG):

Der vom Kabinett beschlossene Entwurf sieht vor, dass mit Einführung des Neuen Wehrdienstes zahlreiche attraktivitätssteigernde Maßnahmen vorgenommen werden. So tritt beispielsweise anstelle des bislang „Freiwilligen Wehrdienstes als besonderes staatsbürgerliches Engagement" der Status einer Soldatin beziehungsweise eines Soldaten auf Zeit. Dies führt zu besoldungs- und versorgungsrechtlichen Verbesserungen.

Im Zuge der Wehrerfassung, so sieht es der vom Kabinett beschlossene Gesetzentwurf vor, gibt es eine für Männer verpflichtende Befragung über deren Bereitschaft und Fähigkeit zur Ableistung des Wehrdienstes, die sogenannte Bereitschaftserklärung. Alle jungen Menschen erhalten nach ihrem 18. Geburtstag einen Brief mit einem QR-Code zugesandt, der zu einem Onlinefragebogen führt. Junge Männer sind verpflichtet, den Fragebogen auszufüllen. Für Personen anderen Geschlechts ist die Beantwortung der Fragen freiwillig, da sie nicht der Wehrpflicht unterliegen.

Die weitere Entwicklung im Gesetzgebungsverfahren bleibt abzuwarten.

b) Hinweise

1499 Nach § 11 des Tarifvertrags über sozialverträgliche Begleitmaßnahmen im Zusammenhang mit der Umgestaltung der Bundeswehr (TV UmBw) verzichtet der Arbeitgeber auf die arbeitsvertraglich geschuldete Arbeitsleistung des Arbeitnehmers unter Zahlung eines auf 72 % abgesenkten Entgelts (Härtefallregelung, heute: Ausgleichszahlung i.H.d. um 20 % verminderten Einkommens). Das BSG hat mit Urteil v. 24.9.2008, B 12 KR 22/07 R, festgestellt, dass das versicherungspflichtige Beschäftigungsverhältnis bei dieser Gestaltung nicht beendet wird, mit der Konsequenz, dass eine Sozialversicherungspflicht besteht. **Bei einer Inanspruchnahme der o.g. Härtefallregelung seit dem 1.7.2009 sind die Arbeitgeberbeiträge zur Sozialversicherung daher steuerfrei nach § 3 Nr. 62 EStG.**

Seit dem 1.1.2020 dürfen aktive Soldaten in Uniform alle Züge der Deutschen Bahn im Nah- und Fernverkehr für dienstliche und private Fahrten kostenfrei nutzen. Die kostenlose Fahrt gilt für die 2. Klasse. Sitzplatzreservierung oder Upgrade in die 1. Klasse ist möglich, aber auf eigene Rechnung. Die Soldaten müssen die Fahrten in Uniform antreten. Die Bahn bekommt von der Bundeswehr eine pauschale Vergütung.

Nach dem seit 2021 geltenden **§ 40 Abs. 2 Satz 2 Nr. 3 erster Halbsatz EStG** kann die Bundeswehr den geldwerten Vorteil **pauschal mit 25 % ihrer Aufwendungen versteuern** (vorher gab es eine entsprechende Verwaltungsregelung). Obwohl die Fahrten kostenlos sind, dürfen die Soldaten nach § 40 Abs. 2 Satz 2 Nr. 3 zweiter Halbsatz EStG die Fahrten zur Arbeit und die wöchentlichen Heimfahrten i.R. der doppelten Haushaltsführung mit der **Entfernungspauschale als Werbungskosten** absetzen (→ *Wege zwischen Wohnung und Arbeitsstätte* Rz. 4466).

Zur lohnsteuerlichen Behandlung des **Bundesfreiwilligendienstes** → *Freiwilligendienste* Rz. 2265.

2. Werbungskosten

a) Allgemeines

Ob bei einem Zeitsoldaten, dem unentgeltlich eine **Gemeinschaftsunterkunft** in der Kaserne zur Verfügung gestellt wird, **Arbeitslohn** vorliegt, hat der BFH im Urteil v. 28.4.2020, VI R 5/18, BStBl II 2021, 725 offen gelassen, da dem Kläger ein **Werbungskostenabzug** in Höhe des als geldwerter Vorteil für die Gemeinschaftsunterkunft angesetzten Betrags zustand. Der Kläger hatte die Unterkunft nicht „zum Wohnen", sondern allen aus beruflichen Gründen (Aufbewahrung seiner Dienstkleidung und seiner Ausrüstung sowie zum Anlegen bzw. Wechseln der Uniform) genutzt. 1500

Der i.R. einer **doppelten Haushaltsführung** anzusetzende Verpflegungsmehraufwand (§ 9 Abs. 4a Satz 12 i.V.m. Satz 1 bis 3 EStG) ist gem. § 9 Abs. 4a Satz 8 EStG zu kürzen, wenn und soweit einem Berufssoldaten vom Arbeitgeber in der Kaserne eine **Gemeinschaftsverpflegung** unentgeltlich angeboten wird. Das gilt auch dann, wenn der Soldat an einzelnen Mahlzeiten der Gemeinschaftsverpflegung nicht teilnimmt (BFH v. 7.7.2020, VI R 16/18, BStBl II 2020, 783).

b) Beurlaubte Soldaten

Gehen Soldaten nach Dienstschluss oder während ihres Urlaubs noch einer anderen Arbeitnehmertätigkeit nach, können sie steuerpflichtigen Arbeitslohn beziehen. **Beiträge zur Bundesagentur für Arbeit** eines beurlaubten und bei einem privatrechtlichen Arbeitgeber beschäftigten Soldaten sind nicht deshalb als **Werbungskosten** abzugsfähig, weil er kaum jemals in den Genuss von Leistungen aus der Arbeitslosenversicherung kommen wird. Die Beiträge sind ihrem Charakter nach stets Sonderausgaben i.S.d. § 10 Abs. 1 Nr. 2a EStG (BFH v. 21.9.2000, XI B 59/00). 1501

3. Wehrübungen, Reservistendienst Leistende

Wehrpflichtige, die ausschließlich nach § 3 Nr. 5 EStG steuerfreien Wehrsold beziehen, konnten im Hinblick auf § 3c EStG keine Werbungskosten geltend machen. Dies gilt jedoch z.B. nicht für **beamtete Reserveoffiziere**, die im Ausland (z.B. in Kroatien) eine Wehrübung ableisten und während dieser Zeit – außer dem weitergezahlten Gehalt – nach § 3 Nr. 64 EStG steuerfreie Auslandsverwendungszuschläge erhalten. In diesen Fällen können Aufwendungen für eine doppelte Haushaltsführung anteilig als Werbungskosten berücksichtigt werden (BFH v. 31.5.2005, VI B 93/04). 1502

Die durch die Reservistendienstleistung entstandenen Aufwendungen stehen nicht im Veranlassungszusammenhang mit den Versorgungsbezügen als pensionierter Berufssoldat, die in genau gleicher Höhe auch bestünden, wenn die Reservistendienstleistung nicht erbracht worden wäre, sondern allein mit den anlässlich der Dienstleistung zusätzlich erhaltenen **Beträgen auf Grund des USG (Mindestleistung für Versorgungsempfänger, Reservistendienstleistungsprämie und Auslandzuschlag), die gem. § 3 Nr. 48 EStG jedoch steuerfrei** gewährt werden. Pensionierte Berufssoldaten, die Reservistendienst leisten, können daher durch den Dienst entstehende Aufwendungen **nicht als Werbungskosten abziehen**. Aktive Beamte und aktive Arbeitnehmer des öffentlichen Dienstes, die Reservistendienst leisten, können seit der Novellierung des Unterhaltssicherungsgesetzes zum 1.11.2015 ebenfalls keinen Werbungskostenabzug mehr geltend machen (Änderung der Rechtslage). Der Unterschied beim Werbungskostenabzug zwischen aktiven Berufssoldaten und pensionierten Berufssoldaten ist verfassungsgemäß (FG Berlin-Brandenburg v. 16.8.2017, 3 K 3118/17, EFG 2017, 1665).

4. Ehrenamtliche Tätigkeit für den Deutschen Bundeswehrverband e.V.

1503 Die beim Deutschen Bundeswehrverband e.V. ehrenamtlich tätigen Personen erzielen hinsichtlich der für die Tätigkeit für den Bundeswehrverband gezahlten Gelder **Einkünfte aus Gewerbebetrieb** i.S.v. § 15 Abs. 1 Nr. 1, § 19 EStG ist nicht einschlägig (**Arbeitslohn liegt also nicht vor**). Ausschlaggebend hierfür ist, dass diese Mandatsträger nicht in die Arbeitsorganisation des Bundeswehrverbandes eingegliedert sind und in der Art und dem Umfang der Ausübung ihres Mandats frei sind. Sie dürfen nach der Satzung des Bundeswehrverbandes keine ihre Unabhängigkeit beeinträchtigende Tätigkeit ausüben. Zudem stellt der Bundeswehrverband keine Organisationskapazitäten zur administrativen Abwicklung der Mandatstätigkeit zur Verfügung. Es steht ihnen – und hier liegt der wesentliche Unterschied zu Arbeitnehmern – insbesondere frei, an sie herangetragene Aufträge aufzugreifen oder abzulehnen.

Aus diesem Grund ist die Anwendung einer **Betriebsausgabenpauschale (H 18.2 „Betriebsausgabenpauschale" EStH) ausgeschlossen**; nur nachgewiesene Betriebsausgaben sind abzugsfähig (Fach-Info der Finanzbehörde Hamburg 1/2016, O 1000 – 2016/00 – 52).

5. Sozialversicherung

a) Berufssoldaten bzw. Soldaten auf Zeit

1504 Berufssoldaten und Soldaten auf Zeit haben – wie Beamte – bei Krankheit einen **Anspruch auf Beihilfe** nach beamtenrechtlichen Vorschriften oder Grundsätzen sowie einen Anspruch auf Fortzahlung der Bezüge während einer Arbeitsunfähigkeit. Obwohl es sich hier um abhängig Beschäftigte handelt, besteht auf Grund von Sonderregelungen in der Kranken-, Renten- und Arbeitslosenversicherung **Versicherungsfreiheit** (vgl. § 6 Abs. 1 Nr. 2 SGB V, § 5 Abs. 1 Satz 1 Nr. 1 SGB VI, § 27 Abs. 1 Nr. 1 SGB III, → *Beamte* Rz. 1231). In der **Pflegeversicherung** hingegen besteht **Versicherungspflicht**. Berufssoldaten, die freiwilliges Mitglied einer gesetzlichen Krankenkasse oder bei einem privaten Krankenversicherungsunternehmen versichert sind, haben zur Absicherung des Risikos der Pflegebedürftigkeit ihren bisherigen Versicherungsschutz zu erweitern. Die Verpflichtung zum Abschluss eines anteiligen beihilfekonformen Pflege-Versicherungsvertrages bei einem privaten Krankenversicherungsunternehmen besteht für die **Berufssoldaten** auch dann, wenn sie für das Risiko Krankheit keine Versicherung abgeschlossen haben. Dagegen werden **Soldaten auf Zeit**, wenn sie gegen das Risiko Krankheit weder in der gesetzlichen Krankenversicherung noch bei einem privaten Krankenversicherungsunternehmen versichert sind, Pflichtmitglied in der sozialen Pflegeversicherung bei einer gesetzlichen Krankenkasse (§ 21 Satz 1 Nr. 6 SGB XI).

Nach dem GKV-Versichertenentlastungsgesetz erhalten Soldatinnen und Soldaten auf Zeit nach dem Ausscheiden aus dem Dienst ein eigenständiges Beitrittsrecht zur gesetzlichen freiwilligen Kranken- und Pflegeversicherung. § 9 Abs. 1 Satz 1 SGB V hat eine neue Nummer 8 bekommen. Die Regelung gilt für Personen, die ab dem 31.12.2018 aus dem Dienst ausscheiden.

b) Freiwilliger Wehrdienst

1505 Seit 1.7.2011 wurde die gesetzliche Dienstpflicht zur Ableistung des Wehrdienstes und damit einhergehend die gesetzliche Pflicht zur Ableistung des Zivildienstes ausgesetzt.

An die Stelle der gesetzlichen Verpflichtung sind der freiwillige Wehrdienst und der Bundesfreiwilligendienst gerückt (zum Bundesfreiwilligendienst → *Freiwilligendienste* Rz. 2265).

Wird durch den freiwilligen Wehrdienst eine Beschäftigung für mehr als einen Kalendermonat unterbrochen, ist vom Arbeitgeber eine Unterbrechungsmeldung mit Abgabegrund 53 zu tätigen. In der Gesamtbetrachtung gelten für den freiwilligen Wehrdienst die Regularien der bisherigen Dienstpflicht.

Eine neben dem freiwilligen Wehrdienst ausgeübte **geringfügig entlohnte Beschäftigung** ist nach § 7 Satz 1 erster Halbsatz SGB V, § 5 Abs. 2 Satz 1 erster Halbsatz SGB VI und § 27 Abs. 2 Satz 1 SGB III in der Kranken-, Pflege- und Arbeitslosenversicherung versicherungsfrei; dabei spielt es keine Rolle, ob die geringfügig entlohnte Beschäftigung beim bisherigen Arbeitgeber oder bei einem anderen Arbeitgeber ausgeübt wird. Mehrere neben dem freiwilligen Wehrdienst ausgeübte geringfügig entlohnte Beschäftigungen sind allerdings zusammenzurechnen (→ *Mini-Jobs* Rz. 3169). Hat in einer weiteren geringfügig entlohnten Beschäftigung wegen einer Hauptbeschäftigung Versicherungspflicht in der Kranken-, Pflege- und Rentenversicherung bestanden, entfällt diese (Ausnahme: Rentenversicherung) bei Antritt des freiwilligen Wehrdienstes und Wegfall der Hauptbeschäftigung, es sei denn, durch die Zusammenrechnung der geringfügig entlohnten Beschäftigungen wird die Geringfügigkeitsgrenze (seit 1.1.2026 603 € → *Mini-Jobs* Rz. 3166) überschritten. Im Übrigen hat der Arbeitgeber für den geringfügig entlohnten versicherungsfreien Beschäftigten nach § 172 Abs. 3 SGB VI pauschale Beiträge zur Rentenversicherung und, wenn der geringfügig Beschäftigte in der gesetzlichen Krankenversicherung versichert ist, nach § 249b SGB V pauschale Beiträge zur Krankenversicherung zu zahlen.

Arbeitnehmer, deren Beschäftigungsverhältnis durch den freiwilligen Wehrdienst unterbrochen wird und die während des freiwilligen Wehrdienstes eine auf drei Monate bzw. 70 Arbeitstage befristete Beschäftigung aufnehmen und mehr als 603 € im Monat verdienen, üben diese Beschäftigung nicht berufsmäßig aus (→ *Mini-Jobs* Rz. 3176).

LSt SV

Bürgermeister

1. Lohnsteuer

Hauptamtliche Bürgermeister einer Gemeinde sind als **Arbeitnehmer** tätig und beziehen nach kommunalen Besoldungsordnungen zur Abgeltung der durch das Amt verursachten persönlichen Aufwendungen **Aufwandsentschädigungen**, die nach § 3 Nr. 12 Satz 2 EStG steuerfrei sind. 1506

Ob die **ehrenamtlich** tätigen Vorsitzenden der Gemeindevertretung Arbeitnehmer sind, richtet sich nach den **unterschiedlichen Kommunalverfassungen** der einzelnen Bundesländer:

- In Niedersachsen z.B. erzielen die Bürgermeister „alter Art" (d.h. sie sind „nur" Ratsvorsitzende) Einkünfte aus **sonstiger selbständiger Arbeit** i.S.d. § 18 Abs. 1 Nr. 3 EStG (BFH v. 3.12.1987, IV R 41/85, BStBl II 1988, 266 und zuletzt BFH v. 13.6.2013, III B 156/12).

  ~~LSt~~ ~~SV~~

- Ist der Bürgermeister hingegen zugleich **hauptamtlicher Leiter der Gemeindeverwaltung** („Stadtdirektor"), ist er **Arbeitnehmer**. Dies gilt in Bayern, Thüringen, Sachsen und Schleswig-Holstein auch für die **ehrenamtlichen Ersten Bürgermeister** (BFH v. 5.2.1971, VI R 82/68, BStBl II 1971, 353 sowie zuletzt FG Schleswig-Holstein v. 17.12.2015, 5 K 127/13, EFG 2016, 815, m.w.N.; so auch **BSG** v. 27.4.2021, B 12 R 8/20 R: Bürgermeister sind grds. **sozialversicherungspflichtig beschäftigt**, wenn sie nicht nur Vorsitzende des Stadtrats, sondern auch Spitze der Verwaltung und Dienstvorgesetzte sind und dafür eine Entschädigung erhalten, die deutlich über die steuerrechtliche Ehrenamtspauschalen hinausgeht (→ Rz. 1508).

  LSt SV

Übernimmt die Gemeinde für ihren Bürgermeister Aufwendungen für **persönliche Feiern**, kann auch insoweit steuerpflichtiger Arbeitslohn vorliegen; ein Werbungskostenabzug ist nicht möglich (→ *Bewirtungskosten* Rz. 1452).

LSt SV

2. Aufwandsentschädigungen und Werbungskostenabzug

Einkommensteuerpflichtig sind grds. die **Aufwandsentschädigungen**, soweit sie nicht unter die **Steuerbefreiung des § 3 Nr. 12 Satz 2 EStG** fallen. Zur Steuerbefreiung der Aufwandsentschädigungen an kommunale Mandatsträger → *Abgeordnete* Rz. 13. 1507

Streitig ist in der Praxis immer wieder, welche Aufwendungen mit der Zahlung einer steuerfreien Aufwandsentschädigung abgegolten sind bzw. welche daneben als Werbungskosten berücksichtigt werden können. Nach OFD Frankfurt v. 26.3.2020, S 2350 A – 07 – St 211, betr. Steuerfreie Aufwandsentschädigung und Werbungskosten hauptamtlicher kommunaler Wahlbeamtinnen und Wahlbeamter in Hessen gilt Folgendes (ähnliche Regelungen bestehen in anderen Bundesländern):

*„Die gesetzlichen Regelungen über die Dienstaufwandsentschädigungen **hauptamtlicher kommunaler Wahlbeamten** sind in den einzelnen Bundesländern unterschiedlich.*

Die auf Grund des § 19 Abs. 4 und des § 24 des Hessischen Besoldungsgesetzes v. 27.5.2013 (GVBl. S. 218, 256, 508), zuletzt geändert durch Gesetz v. 20.11.2013 (GVBl. S. 578), erlassene Verordnung über die Besoldung, Dienstaufwandsentschädigung und Reisekostenpauschale der hauptamtlichen kommunalen Wahlbeamtinnen und Wahlbeamten auf Zeit (KomBesDAV ab 1.3.2014 geltende Fassung s. GVBl I 2014 S. 54 ff), sieht nach der Einwohnerzahl gestaffelte Beträge für Bürgermeister, Landräte, hauptamtliche Beigeordnete/Stadträte sowie für den Direktor/die Direktorin des Landeswohlfahrtverbandes und den Verbandsdirektor/die Verbandsdirektorin des Regionalverbandes Frankfurt-RheinMain vor, die in vollem Umfang nach § 3 Nr. 12 Satz 2 EStG steuerfrei sind (s. R 3.12 Abs. 3 Sätze 1 und 2 Nr. 1 LStR).

Gem. § 6 KomBesDAV erhalten hauptamtliche Wahlbeamte grds. eine monatliche Dienstaufwandsentschädigung, die für Bürgermeister und Landräte nach der Einwohnerzahl gestaffelt ist. Der Direktor/ die Direktorin des Landeswohlfahrtverbandes und der Verbandsdirektor/die Verbandsdirektorin des Regionalverbandes FrankfurtRheinMain erhalten einen monatlichen Festbetrag (§ 6 Abs. 3 KomBesDAV), die Entschädigung der hauptamtlichen Beigeordneten beträgt zwischen 40 bis 60 % der Dienstaufwandsentschädigung nach § 6 Abs. 1 bis 3 (§ 6 Abs. 4 KomBesDAV).

*Der BFH hat in mehreren Urteilen entschieden, es sei den jeweils unterschiedlichen landesgesetzlichen Regelungen zu entnehmen, wofür einem hauptamtlichen kommunalen Wahlbeamten eine steuerfreie Aufwandsentschädigung gezahlt werde. Soweit die Aufwandsentschädigung nach Landesrecht nur einen bestimmten Aufwand des Wahlbeamten abdecke, könne der Beamte daneben sonstige Werbungskosten ohne Anrechnung der steuerfreien Aufwandsentschädigungen abziehen (s.a. R 3.12 Abs. 4 Satz 1 LStR). Nach einem die hessische Regelung betreffenden Urteil des BFH v. 9.6.1989, VI R 154/86, BStBl II 1990, 121 und der zugrundeliegenden Entscheidung des FG Hessen v. 27.5.1986, EFG 1987, 68 sind **in Hessen durch die steuerfreie Dienstaufwandsentschädigung im Wesentlichen nur die infolge vielfältiger dienstlicher Verpflichtungen des betroffenen Personenkreises anfallenden, indes „schwernachweisbaren, aber nach der Lebenserfahrung entstehenden Mehrkosten" abgegolten**.*

***Andere beruflich veranlasste Aufwendungen können daneben als Werbungskosten abgezogen werden**.* Hiernach sind insbesondere

- Aufwendungen für Fahrten zwischen Wohnung und Tätigkeitsstätte,
- vom Dienstherrn nicht erstattete Reisekosten,
- Wahlkampfkosten bei Wahlen und Wiederwahlen und
- Kosten für ein häusliches Arbeitszimmer, soweit die gesetzlichen Voraussetzungen erfüllt sind (vgl. BMF v. 15.8.2023, IV C 6 – S 2145/19/10006 :027, BStBl I 2023, 1551)

neben der steuerfreien Dienstaufwandsentschädigung als Werbungskosten steuermindernd zu berücksichtigen, wenn und soweit ihre berufliche Veranlassung im Einzelfall nachgewiesen oder glaubhaft gemacht wird.

*Zu den vorerwähnten **Wahlkampfkosten** wird noch auf Folgendes hingewiesen:*

Derartige Aufwendungen stellen bei hauptamtlichen kommunalen Wahlbeamten grds. Werbungskosten i.R. der Einkünfte aus nichtselbständiger Arbeit dar, vgl. BFH v. 8.3.1974, VI R 198/71, BStBl II 1974, 407.

Dies gilt auch für bereits getätigte Wahlkampfkosten für die nun wegen der Corona-Krise verschobenen Bürgermeister-Wahlen in Hessen. Diese sind als (ggf. vorweggenommene) Werbungskosten abziehbar.

Es muss sich bei dem mit der Wahl angestrebten Amt um eine hauptberufliche Tätigkeit i.S. einer Vollbeschäftigung handeln. Ob die Wahl direkt oder durch ein Gremium, z.B. durch eine Gemeindevertretung/Stadtverordnetenversammlung, erfolgt, ist unerheblich. Unter diesen Voraussetzungen hängt die Anerkennung der Aufwendungen als Werbungskosten nicht davon ab, dass der Kandidat tatsächlich gewählt wird (erfolglose Werbungskosten).

*Die Aufwendungen können im Einzelnen jedoch nur dann als Werbungskosten anerkannt werden, wenn sie **nicht als Repräsentationsaufwendungen** den nach § 12 Nr. 1 EStG nicht abziehbaren Kosten der Lebensführung zuzurechnen sind. Hierzu gehören insbesondere **Bewirtungskosten**, die allenfalls nur mittelbar mit dem angestrebten Wahlamt in Zusammenhang stehen. Bewirtungskosten gehören deshalb grds. nicht zu den als Werbungskosten abziehbaren Wahlkampfkosten (s. hierzu auch BFH v. 23.1.1991, X R 6/84, BStBl II 1991, 396). Dies schließt nicht aus, dass in besonders gelagerten Einzelfällen besondere Umstände eine **Trennung der Bewirtungskosten** von den Aufwendungen für die Lebensführung und damit den Werbungskostenabzug zu rechtfertigen vermögen. Derartige Einzelfälle sind allerdings einer generalisierenden Regelung nicht zugänglich.*

*Zu den nicht abzugsfähigen Aufwendungen gehören insbesondere auch die **Kosten für die Bewirtung von Gästen aus Anlass der Wahl/Wiederwahl**. Dass eine Veranstaltung dieser Art durchgeführt wird, gehört zu den typischen gesellschaftlichen Repräsentationspflichten, die die berufliche Position des Wahlbeamten mit sich bringt und die durch den Beruf nur mittelbar veranlasst sind (s. hierzu auch BFH v. 8.3.1990, IV R 108/88, und das rechtskräftige Urteil des FG Hessen v. 21.1.1997, 2 K 2317/96, EFG 1997, 792).*

*Übernimmt der Dienstherr (z.B. Gemeinde oder Landkreis) die Aufwendungen für eine solche Feier, so ist **Arbeitslohn** nur dann anzunehmen, wenn die Aufwendungen einschließlich der Umsatzsteuer die Freigrenze i.H.v. 110 € je teilnehmender Person überschreiten, vgl. R 19.3 Abs. 2 Nr. 3 LStR.*

*Zur steuerlichen Behandlung von Werbungskosten und Aufwandsentschädigungen bei **ehrenamtlich tätigen Personen** verweise ich auf R 3.12 Abs. 3 und Abs. 4 Satz 3 LStR."*

Infolge eines unmittelbaren wirtschaftlichen Zusammenhangs zu § 3 Nr. 12 Satz 2 EStG fallen auch die nicht durch die steuerfreie Reisekostenvergütung i.S.d. § 3 Nr. 13 EStG abgegoltenen **Reisekosten unter das Abzugsverbot des § 3c EStG**, wenn – wie in Baden-Württemberg und den meisten anderen Bundesländern – die **steuerfreie Dienstaufwandsentschädigung auch diese Aufwendungen abgelten** soll. Wofür eine Aufwandsentschädigung gezahlt wird, ist dem jeweiligen Bundes- oder Landesgesetz zu entnehmen, in welchem die Zahlung der betreffenden Aufwandsentschädigung vorgesehen ist (BFH v. 19.10.2016, VI R 23/15, BStBl II 2017, 345).

Es treten vermehrt Fälle auf, in denen die Sozialversicherung bei Bürgermeister/-innen die Tätigkeit nicht in einen selbständigen Teil nach § 18 EStG und einen nichtselbständigen Teil nach § 19 EStG aufteilt, sondern von einem einheitlichen Beschäftigungsverhältnis ausgeht. Für den Teil der Aufwandsentschädigung, der steuerlich als **selbständige Einkünfte** i.S.d. § 18 Abs. 1 Nr. 3 EStG zu qualifizieren ist, nimmt die Sozialversicherung dann ebenfalls eine **Pauschalierung der Lohnsteuer** i.S.d. § 40a Abs. 2 EStG vor. In diesen Fällen liegt im Gegensatz zum Steuerrecht **nach Sozialversicherungsrecht ein einheitliches Beschäftigungsverhältnis** vor. Da sich die Entscheidung, ob ein **geringfügiges Beschäftigungsverhältnis** i.S.d. § 8 Abs. 1 Nr. 1 SGB IV vorliegt oder nicht, **nach dem Sozialrecht und nicht nach dem Steuerrecht richtet**, hat sich die Finanzverwaltung im Zweifel über die Auslegung des sozialrechtlichen Arbeitsentgelt-Begriffs grds. an die Beurteilung der Sozialverwaltung zu halten.

Wenn eine Gemeinde daher eine Pauschalierung der Lohnsteuer gem. § 40a Abs. 2 EStG durchführt, weil nach Sozialversicherungsrecht eine geringfügige Beschäftigung i.S.d. § 8 Abs. 1 Nr. 1 SGB IV vorliegt, bleiben das Arbeitsentgelt sowie die pauschale Lohnsteuer bei der Veranlagung zur Einkommensteuer außer Ansatz (§ 40a Abs. 5 i.V.m. § 40 Abs. 3 Satz 3 und 4 EStG).

Entscheidet sich eine Gemeinde jedoch gegen eine Pauschalierung der Lohnsteuer gem. § 40a Abs. 2 EStG, sind die Einkünfte entsprechend in eine unter § 18 EStG fallende ehrenamtliche Tätigkeit und eine unter § 19 EStG fallende Verwaltungstätigkeit aufzuteilen.

3. Sozialversicherung

Die Sozialversicherungspflicht auf Grund der Beschäftigung von Ortsvorstehern und Bürgermeistern ist nach **neuer BSG-Recht-** 1508

sprechung nicht ausgeschlossen, weil sie ihre Tätigkeit zugleich als Ehrenbeamte ausüben. Vielmehr kommt es auch bei diesen Organen juristischer Personen des öffentlichen Rechts darauf an, inwieweit sie in ihrer Tätigkeit Weisungen unterliegen und konkret in Verwaltungsabläufe eingegliedert, z.B. Dienstvorgesetzte sind. Ein weiteres Kriterium ist, ob die Betroffenen eine Gegenleistung erhalten, die sich als Arbeitsentgelt und nicht als Aufwandsentschädigung für eine von ideellen Zwecken geprägte Tätigkeit darstellt. Dies ist in jedem Einzelfall zu prüfen. Die Gegenleistung darf unter Berücksichtigung bestimmter Merkmale – wie Höhe, Bemessung, steuerrechtliche Ehrenamts- und kommunalrechtliche Entschädigungspauschalen – nicht evident über den Ausgleich für den tatsächlichen Aufwand des Ehrenamts hinausgehen.

Bei der hierfür gebotenen Einzelfallbetrachtung besteht keine Möglichkeit, eine für alle Tätigkeiten gleichermaßen geltende Grenze der Unentgeltlichkeit vorzugeben. Ohne eine gesetzlich vorgegebene Grenze bedarf es einer Gesamtwürdigung der im Einzelfall festzustellenden Umstände (Besprechung der Träger der Sozialversicherung über Fragen des gemeinsamen Beitragseinzugs am 5.5.2022).

Ortsvorsteher, die im Wesentlichen ihr Wahlamt ausüben, sind grds. **nicht abhängig beschäftigt**. Eine dafür gezahlte Aufwandsentschädigung ist jedenfalls dann nicht beitragspflichtig, wenn sie nicht offensichtlich eine verdeckte Vergütung ist (BSG v. 27.4.2021, B 12 KR 25/19 R).

Bürgermeister sind dagegen grds. **sozialversicherungspflichtig beschäftigt**, wenn sie nicht nur Vorsitzende des Stadtrats, sondern auch Spitze der Verwaltung und Dienstvorgesetzte sind und dafür eine Entschädigung erhalten, die deutlich über die steuerrechtliche Ehrenamtspauschalen hinausgeht (BSG v. 27.4.2021, B 12 R 8/20 R).

Die Spitzenverbände der Sozialversicherungsträger haben klargestellt (Besprechungsergebnis v. 16./17.11.1999), dass in den Bundesländern, in denen Bürgermeister nicht nur Repräsentations-, sondern auch **Verwaltungsaufgaben** wahrnehmen, nicht nur der **Erste Bürgermeister**, sondern auch seine **Stellvertreter in einem sozialversicherungsrechtlich relevanten Beschäftigungsverhältnis** stehen. Da die Zweiten und Dritten Bürgermeister für eine eventuelle Vertretung des Ersten Bürgermeisters auf Abruf bereit stehen und damit ständig dienstbereit sein müssen und zudem eine – unabhängig von ihrer tatsächlichen Vertretung – laufende monatliche Aufwandsentschädigung erhalten, ist von einem **Dauerarbeitsverhältnis** bzw. einer sich regelmäßig wiederholenden Beschäftigung i.S. der BSG-Rechtsprechung (vgl. BSG v. 11.5.1993, 12 RK 23/91, und BSG v. 23.5.1995, 12 RK 60/93) auszugehen, so dass die Annahme einer kurzfristigen Beschäftigung i.S.d. § 8 Abs. 1 Nr. 2 SGB IV ausgeschlossen ist.

Bei der Beschäftigung der **Zweiten und Dritten Bürgermeister** handelt es sich, sofern der steuerpflichtige Teil der ihnen gewährten Aufwandsentschädigung regelmäßig die Geringfügigkeitsgrenze (seit 1.1.2026 603 € monatlich → *Mini-Jobs* Rz. 3166) nicht übersteigt, um eine **geringfügig entlohnte Beschäftigung** i.S.d. § 8 Abs. 1 Nr. 1 SGB IV mit der Folge, dass in der Kranken- und Pflegeversicherung Versicherungsfreiheit nach § 7 Satz 1 Halbsatz 1 SGB V bzw. § 5 Abs. 2 Satz 1 Halbsatz 1 SGB VI besteht. Übt der Zweite bzw. Dritte Bürgermeister eine versicherungspflichtige Hauptbeschäftigung aus, kommt für den Bereich der Kranken-, Pflege- und Rentenversicherung eine Zusammenrechnung der Hauptbeschäftigung mit der geringfügig entlohnten Beschäftigung nicht mehr in Betracht. Die geringfügige Beschäftigung bleibt grds. versicherungsfrei. Es sind Pauschalbeiträge zur Kranken- und Rentenversicherung zu zahlen (→ *Mini-Jobs* Rz. 3161).

In der **Arbeitslosenversicherung** besteht für ehrenamtliche Bürgermeister allerdings Versicherungsfreiheit nach § 27 Abs. 3 Nr. 4 SGB III.

Für die **Lohnsteuer** (d.h. insbesondere für die Beurteilung der Arbeitnehmereigenschaft) haben die neuen BSG-Urteile keine unmittelbaren Auswirkungen, weil § 1 LStDV insoweit keine Ausnahmeregelungen für Ehrenämter oder dergleichen enthält. Ehrenamtliche Tätigkeiten werden u.a. durch Steuerbefreiungen nach § 3 Nr. 26, 26a EStG besonders gefördert (→ *Nebenberufliche steuerbegünstigte Tätigkeiten* Rz. 3236). Eine Änderung der bisherigen Verwaltungsauffassung erscheint gleichwohl nicht ausgeschlossen.

Bürgschaft

→ *Arbeitslohn-ABC* Rz. 656, → *Werbungskosten* Rz. 4518

Busfahrer

1. Einkunftsart

Ist der als Fahrer für ein Reiseunternehmen Tätige in dessen Betriebsorganisation eingegliedert, stellt das Unternehmen die Fahrzeuge zur Verfügung, ist er einem umfassenden Weisungsrecht hinsichtlich Zeit, Ort und Inhalt der Tätigkeit unterworfen, verfügt er nicht über eine eigene Betriebsstätte, unterliegt er keinem unternehmerischen Risiko und ist er zu einem vereinbarten Tagessatz für das Unternehmen tätig, so ist von dem Bestehen einer **abhängigen Beschäftigung** auszugehen. Einer solchen Bewertung widerspricht weder die Anmeldung eines eigenen Gewerbes durch den Fahrer, noch die Tatsache, dass der Betreffende für weitere Auftraggeber tätig wird. Der sozialversicherungsrechtliche Status eines Betriebsinhabers wird seitens der Gewerbeaufsicht nicht geprüft (LSG Nordrhein-Westfalen v. 30.8.2017, L 8 R 822/14). Ebenso BSG v. 17.12.2020, B 12 R 28/20 B. 1509

Ein Busfahrer, der einen Bus im Auftrag des Busunternehmers bei vorgegebenen Fahrten für ein Tages- bzw. Stundenhonorar steuert, übt regelmäßig eine **abhängige Beschäftigung bzw. Arbeitnehmertätigkeit** aus (LSG Berlin-Brandenburg v. 14.12.2016, L 9 KR 344/13 sowie zuletzt LSG Berlin-Brandenburg v. 1.2.2019, L 9 KR 279/16).

Allein die Möglichkeit, einen Ersatzfahrer zu benennen, mit dem das Reiseunternehmen (anstatt mit dem zunächst Herangezogenen) unmittelbar in eine dienstrechtliche Beziehung tritt, reicht nicht aus, um von einer arbeitnehmeruntypischen Vertragsgestaltung auszugehen. Durch die nur bedarfsweise Heranziehung zu den Diensten auf Grund einer Vereinbarung im konkreten Einzelfall erlangt ein Busfahrer keine unternehmerische Selbständigkeit. Die Heranziehung auf Abruf unterstreicht vielmehr die abhängige Stellung der Fahrer. Dass ohne das vertraglich bindende Angebot und den Einsatz der eigenen Arbeitskraft keine Aussicht auf Entgelt besteht, ist kein Merkmal selbständiger Tätigkeit, sondern gilt auch für jeden Arbeiter (SG Dresden v. 8.8.2012, S 18 KR 412/09).

LSt SV

Gegen die Arbeitnehmereigenschaft spricht es allerdings, wenn die geschäftliche Beziehung des Busfahrers zu dem Busunternehmen nur wenige Tage andauern sollte und eine Eingliederung in den Geschäftsbetrieb des Auftraggebers nicht stattgefunden hat (LAG Hessen v. 14.2.2019, 10 Ta 350/18).

Reisebusfahrer, die während der Reise oder in den Fahrtpausen auf eigene Rechnung eingekaufte **Getränke an Fahrgäste verkaufen** und die Erlöse selbst vereinnahmen, üben insoweit keine nichtselbständige Tätigkeit aus (die Einnahmen sind als gewerbliche Einkünfte anzusehen). Dies gilt auch dann, wenn der Busunternehmer den Fahrern den Verkauf der Getränke ausdrücklich gestattet und den Bus zu diesem Zweck mit einem Kühlschrank ausgestattet hat (OFD Koblenz v. 20.10.1987, S 7104/S 7100/S 2331 – St 51 2/St 33 2).

LSt SV

2. Reisekosten

Bus- oder LKW-Fahrer haben regelmäßig **keine ortsfeste erste Tätigkeitsstätte** i.S.d. § 9 Abs. 4 Satz 1 EStG und üben somit eine **Auswärtstätigkeit** aus. Der Arbeitgeber kann daher grds. Aufwendungen für Fahrten von der Wohnung zu den einzelnen Übernahmestellen des Fahrzeugs in Höhe der tatsächlichen Kfz-Kosten (oder für Pkw pauschal 0,30 €/km) sowie Mehraufwendungen für Verpflegung nach den Grundsätzen für Auswärtstätigkeiten steuerfrei erstatten; die Beschränkung auf drei Monate gilt für die Fahrtätigkeit nicht (→ *Reisekosten: Allgemeine Grundsätze* Rz. 3594 und → *Reisekosten: Erstattungen* Rz. 3684). 1510

Lediglich wenn dauerhaft und typischerweise arbeitstäglich ein vom Arbeitgeber festgelegter Ort aufgesucht werden soll (z.B. der **Betriebshof**), werden die Fahrten von der Wohnung zu diesem Ort (**Sammelpunkt**) gleichbehandelt mit den Fahrten von der Wohnung zu einer ersten Tätigkeitsstätte und unterliegen der Abzugsbeschränkung auf die **Entfernungspauschale** nach § 9 Abs. 1 Satz 3 Nr. 4 Satz 8 EStG (vgl. sinngemäß BFH v. 19.4.2021, VI R

6/19, BStBl II 2021, 727 betr. einen Baumaschinisten, der täglich zum Betriebshof gefahren ist und von dort per Sammelbeförderung an den jeweiligen auswärtigen Arbeitsplatz gefahren wurde).

Auf die Berücksichtigung von Verpflegungspauschalen oder Übernachtungskosten als Werbungskosten oder den steuerfreien Arbeitgeberersatz hat diese Festlegung hingegen keinen Einfluss, da der Arbeitnehmer weiterhin außerhalb einer ersten Tätigkeitsstätte und somit auswärts beruflich tätig wird. Es wird keine erste Tätigkeitsstätte fingiert, sondern nur die Anwendung der Entfernungspauschale für die Fahrtkosten von der Wohnung zu diesem Ort sowie die Besteuerung eines geldwerten Vorteils bei Firmenwagengestellung durch den Arbeitgeber nach § 8 Abs. 2 Satz 3 und 4 EStG festgelegt und der steuerfreie Arbeitgeberersatz für diese Fahrten nach § 3 Nr. 16 EStG ausgeschlossen (→ *Reisekosten: Allgemeine Grundsätze* Rz. 3627).

Bußgelder

1. Arbeitslohn

1511 Übernimmt der Arbeitgeber Bußgelder, Geldstrafen, Ordnungs- und Verwarnungsgelder, Vertragsstrafen usw. zu Gunsten seiner Arbeitnehmer, liegt grds. als sonstiger Bezug zu versteuernder Arbeitslohn vor. Die vom Arbeitgeber erstatteten Kosten sind auch **kein steuerfreier Auslagenersatz**, weil der Arbeitgeber mit dem Ersatz keine eigene Verpflichtung erfüllt. Übernimmt ein Arbeitgeber nicht aus ganz überwiegend eigenbetrieblichem Interesse die Zahlung einer Geldbuße und einer Geldauflage, die gegen einen bei ihm beschäftigten Arbeitnehmer wegen **Verstößen gegen das Lebensmittelrecht** verhängt worden sind, so handelt es sich hierbei um Arbeitslohn (BFH v. 22.7.2008, VI R 47/06, BStBl II 2009, 151).

Übernimmt der eine Spedition betreibende Arbeitgeber die Bußgelder, die gegen bei ihm angestellte Fahrer wegen **Verstößen gegen die Lenk- und Ruhezeiten** verhängt worden sind, handelt es sich um Arbeitslohn. Vorteile haben keinen Arbeitslohncharakter, wenn sie sich bei objektiver Würdigung aller Umstände nicht als Entlohnung, sondern lediglich als notwendige Begleiterscheinung betriebsfunktionaler Zielsetzung erweisen. Das ist der Fall, wenn sie aus ganz überwiegend eigenbetrieblichem Interesse des Arbeitgebers gewährt werden. Ein rechtswidriges Tun ist aber keine beachtliche Grundlage einer solchen betriebsfunktionalen Zielsetzung (BFH v. 14.11.2013, VI R 36/12, BStBl II 2014, 278).

Hat der Arbeitgeber Bußgelder usw. gezahlt, die von seinem Arbeitnehmer verursacht worden sind (z.B. wegen Geschwindigkeitsüberschreitung), oder behält er Vertragsstrafen, die in Tarifverträgen oder Betriebsvereinbarungen festgelegt sein können, vereinbarungsgemäß vom Lohn ein, so unterliegt trotzdem der **volle Arbeitslohn dem Lohnsteuerabzug** – es handelt sich nicht um eine auch steuerlich anzuerkennende sog. Gehaltskürzung (→ *Einbehaltene Lohnteile* Rz. 1788).

LSt SV

2. Kein Arbeitslohn

1512 **Arbeitslohn liegt nicht vor**, wenn der Arbeitgeber als Halter eines Kfz die Zahlung eines Verwarnungsgeldes wegen einer ihm gem. § 56 Abs. 1 Satz 1 OWiG erteilten Verwarnung **auf eine eigene Schuld leistet**. Die Zahlung führt dann nicht zu Arbeitslohn des die Ordnungswidrigkeit begehenden Arbeitnehmers.

Arbeitslohn kann jedoch vorliegen, wenn der **Arbeitgeber darauf verzichtet, den Arbeitnehmer für das von ihm verursachte Verwarnungsgeld in Regress zu nehmen** (BFH v. 13.8.2020, VI R 1/17, BStBl II 2021, 103).

3. Werbungskosten

1513 Geldbußen, Ordnungsgelder und Verwarnungsgelder, die von einem Gericht oder einer Behörde im Geltungsbereich des EStG oder von einem Mitgliedstaat oder von Organen der Europäischen Union festgesetzt wurden, sowie damit zusammenhängende Aufwendungen sind grds. **nicht als Betriebsausgaben/Werbungskosten abzugsfähig**, selbst wenn die Ursachen im Beruf liegen sollten, z.B. bei einer Geschwindigkeitsüberschreitung, um noch pünktlich zur Arbeit zu kommen (§ 4 Abs. 5 Satz 1 Nr. 8, § 9 Abs. 5 und § 12 Nr. 4 EStG; s. dazu ausführlich R 4.13 sowie R 12.3 EStR und die dazugehörigen Hinweise im Einkommensteuer-Handbuch sowie BFH v. 22.7.2008, VI R 47/06, BStBl II 2009, 151). Ausnahme: Die von einem ausländischen Gericht verhängte Strafe verletzt wesentliche Grundsätze der deutschen Rechtsordnung (BFH v. 31.7.1991, VIII R 89/86, BStBl II 1992, 85).

Als **Werbungskosten** abzugsfähig sind hingegen sog. **Vertragsstrafen** (zuletzt BFH v. 22.6.2006, VI R 5/03, BStBl II 2007, 4 betr. die Rückzahlung von Ausbildungskosten wegen vorzeitiger Kündigung des Dienstverhältnisses). Das Abzugsverbot des § 12 Nr. 4 EStG gilt ferner nicht für vom Gericht verhängte **Geldauflagen zur Schadenswiedergutmachung** (BFH v. 15.1.2009, VI R 37/06, BStBl II 2010, 111 betr. Abzugsfähigkeit von Ausgleichszahlungen an das geschädigte Tatopfer).

Zum Abzug von **Prozess- und Strafverteidigungskosten** → *Werbungskosten* Rz. 4562.

4. Sozialversicherung

Durch BFH v. 14.11.2013, VI R 36/12, BStBl II 2014, 278 ist deut- 1514
lich geworden, dass der BFH an seiner bisherigen Auffassung, wonach die Übernahme der Verwarnungsgelder wegen Verletzung des Halteverbots im ganz überwiegenden eigenbetrieblichen Interesse des Arbeitgebers liegt, nicht weiter festhält. Die Spitzenorganisationen der Sozialversicherung haben sich in der Besprechung über Fragen des gemeinsamen Beitragseinzugs am 9.4.2014 darauf verständigt, dies auch für die Sozialversicherung umzusetzen.

Das Urteil des BFH v. 13.8.2020, VI R 1/17, BStBl II 2021, 103 hat keine Änderung bei der beitragsrechtlichen Bewertung von übernommenen Buß- und Verwarnungsgeldern gebracht. Ob eine Sanktion nun gegen den Arbeitnehmer bzw. Fahrer festgesetzt wurde, spielt keine Rolle; in beiden Fällen handelt es sich um steuer- und beitragspflichtiges Arbeitsentgelt.

Bußgelder, Geldstrafen, Ordnungsgelder, Verwarnungsgelder

→ *Bußgelder* Rz. 1513

Choreograph

→ *Künstler (und verwandte Berufe)* Rz. 2798

Chorleiter/Chormitglieder

1. Lohnsteuer

Chorleiter sind regelmäßig als **Arbeitnehmer** tätig; bei nebenbe- 1515
ruflicher Tätigkeit z.B. für die Kirche oder einen gemeinnützigen Verein können die Entschädigungen bis 3 300 € (Erhöhung ab 2026, bis 2025 3 000 €; Erhöhung durch das Steueränderungsgesetz 2025 beachte → Rz. 3247) im Jahr nach § 3 Nr. 26 EStG steuerfrei sein (OFD Hannover v. 2.1.2002, S 2331 – 95 – StH 212, sowie → *Nebenberufliche steuerbegünstigte Tätigkeiten* Rz. 3236).

LSt SV

Chorleiter bei Hörfunk und Fernsehen sind regelmäßig selbständig tätig, soweit sie als Gast mitwirken oder Träger des Chores oder Arbeitgeber der Mitglieder des Chores sind (BMF v. 5.10.1990, IV B 6 – S 2332 – 73/90, BStBl I 1990, 638).

Die **Opernchormitgliedern** unentgeltlich gestellte **Arbeitskleidung** (Frack, Abendkleid) oder das stattdessen gezahlte Frackgeld ist nach § 3 Nr. 31 EStG steuerfrei (→ *Arbeitslohn-ABC* Rz. 672). Zum Werbungskostenabzug → *Berufskleidung* Rz. 1354.

~~LSt~~ ~~SV~~

2. Sozialversicherung

Nach übereinstimmender Auffassung wird die Tätigkeit der **Orga-** 1516
nisten bei Gottesdiensten oder anderen Veranstaltungen grds. i.R. eines abhängigen Beschäftigungsverhältnisses zur Kirchengemeinde ausgeübt. Demgegenüber wird bei der sozialversicherungsrechtlichen Beurteilung von **Chorleiterdiensten** ganz überwiegend von einer selbständigen Tätigkeit ausgegangen.

In vielen Kirchengemeinden ist der Organist zugleich auch **Leiter des Kirchenchores**. Bei einer Mischtätigkeit der vorliegenden Art richtet sich die versicherungsrechtliche Beurteilung nach der vom zeitlichen Umfang her überwiegenden Tätigkeit, die sich aus dem Gesamterscheinungsbild ergibt. Dies bedeutet, dass von einer abhängigen und damit in der Kranken-, Pflege-, Renten- und Arbeitslosenversicherung versicherungspflichtigen Beschäftigung auszugehen ist, wenn die Tätigkeit als Organist überwiegt. Liegt das Schwergewicht vom zeitlichen Umfang her auf der Chorleitertätigkeit, ist von einer selbständigen Tätigkeit auszugehen, die ggf. Versicherungspflicht in der Rentenversicherung nach § 2 Satz 1 Nr. 5 bzw. 9 SGB VI begründet, es sei denn, die Tätigkeit ist geringfügig i.S.d. § 8 SGB IV.

Clearingstelle Deutsche Rentenversicherung Bund

→ *Statusfeststellungsverfahren* Rz. 3977

Computer

1. Arbeitgeberersatz

a) Steuerbefreiung nach § 3 Nr. 45 EStG

1517 Nach § 3 Nr. 45 EStG **sind in folgenden vier Fällen die geldwerten Vorteile aus der privaten Nutzung durch den Arbeitnehmer steuerfrei:**

- betriebliche Datenverarbeitungsgeräte und Zubehör,
- betriebliche Telekommunikationsgeräte und Zubehör,
- System- und Anwendungsprogramme, die der Arbeitgeber auch im Betrieb einsetzt,
- erbrachte Dienstleistungen zu den ersten drei Punkten.

Für die Steuerfreiheit der geldwerten Vorteile ist nicht Voraussetzung, dass sie zusätzlich zum ohnehin geschuldeten Arbeitslohn erbracht werden. Eine **Gehaltsumwandlung** ist daher möglich, wenn Arbeitgeber und Arbeitnehmer im gegenseitigen Einvernehmen Barlohn durch einen steuerfreien Sachbezug i.S.d. § 3 Nr. 45 EStG durch eine Änderung des Arbeitsvertrages ersetzen (→ *Barlohnumwandlung* Rz. 1218). Dies gilt auch in den Fällen von sog. **Mitarbeiter-PC-Programmen in Leasingfällen.**

Beispiel 1:

Der Arbeitgeber least einen PC und überlässt dieses Gerät dem Arbeitnehmer zur ausschließlich privaten Nutzung. Gegenüber dem Leasinggeber schuldet der Arbeitgeber die Leasingraten. In entsprechender Höhe wird eine Herabsetzung des Bruttogehalts vereinbart (Gehaltsumwandlung).

Da die Steuerbefreiungsvorschrift des § 3 Nr. 45 EStG keine Zusätzlichkeitsvoraussetzung enthält, ist die Herabsetzung des Bruttogehalts im Wege der Gehaltsumwandlung anzuerkennen; die Vereinbarung einer etwaigen Rückfallklausel/Ausstiegsklausel steht der Anerkennung nicht entgegen. Vgl. H 3.45 „Anwendungsbereich" LStH.

Beispiel 2:

Der Arbeitgeber „kauft" vom Arbeitnehmer ein Mobiltelefon zu einem nicht marktüblichen Preis von z.B. 1 € und stellt es anschließend dem Arbeitnehmer zur privaten Nutzung zur Verfügung. Die Verbindungsentgelte des Arbeitnehmers werden nach dem „Kauf" vom Arbeitgeber übernommen.

Nach der Rechtsprechung des BFH ist die Erstattung von Telefonkosten für einen vom Arbeitnehmer abgeschlossenen Mobilfunkvertrag durch den Arbeitgeber auch dann nach § 3 Nr. 45 EStG steuerfrei, wenn der Arbeitgeber das Mobiltelefon, durch dessen Nutzung die Telefonkosten entstanden sind, von dem Arbeitnehmer zu einem niedrigen, auch unter dem Marktwert liegenden Preis erworben hat und das Mobiltelefon dem Arbeitnehmer unmittelbar danach wieder zur privaten Nutzung überlässt (BFH v. 23.11.2022, VI R 49/20, BFH/NV 2023, 373; BFH v. 23.11.2022, VI R 50/20, BFH/NV 2023, 437 und BFH v. 23.11.2022, VI R 51/20, BFH/NV 2023, 374).

Durch den im § 3 Nr. 45 EStG verwendeten **Begriff „Datenverarbeitungsgeräte"** sind nicht nur die geldwerten Vorteile aus der Überlassung von **betrieblichen PC steuerfrei**, zu denen auch Mobilcomputer (Notebook, Netbook) zählen, sondern auch neuere Geräte wie **Smartphones oder Tablets.**

H 3.45 „Anwendungsbereich" LStH enthält eine beispielhafte (nicht abschließende) Aufzählung begünstigter und nicht begünstigter Leistungen:

- **Betriebliche Datenverarbeitungsgeräte und Telekommunikationsgeräte**

  Begünstigt sind u.a. Personalcomputer, Laptop, Handy, Smartphone, Smartwatch, Tablet, Autotelefon.

  Regelmäßig **nicht begünstigt** sind Smart-TV, Konsole, MP3-Player, Spielautomat, E-Book-Reader, Gebrauchsgegenstand mit eingebautem Mikrochip, Digitalkamera und digitaler Videocamcorder, weil es sich nicht um betriebliche Geräte des Arbeitgebers handelt. Nicht begünstigt ist auch ein vorinstalliertes Navigationsgerät im Pkw (BFH v. 16.2.2005, VI R 37/04, BStBl II 2005, 563).

- **System- und Anwendungsprogramme**

  Begünstigt sind u.a. Betriebssystem, Browser, Virenscanner, Softwareprogramm (z.B. Home-Use-Programme, Volumenlizenzvereinbarung).

  Regelmäßig **nicht begünstigt** sind mangels Einsatz im Betrieb des Arbeitgebers u.a. Computerspiele.

- **Zubehör**

  Begünstigt sind u.a. betriebliche Monitore, Drucker, Beamer, Scanner, Modem, Netzwerkswitch, Router, Hub, Bridge, ISDN-Karte, Sim-Karte, UMTS-Karte, LTE-Karte, Ladegeräte und Transportbehältnisse.

- **Dienstleistung**

  Begünstigt ist insbesondere die Installation oder Inbetriebnahme der begünstigten Geräte und Programme i.S.d. § 3 Nr. 45 EStG durch einen IT-Service des Arbeitgebers.

Dienstleistungen sind letztendlich Leistungen, die im engen Zusammenhang mit den in § 3 Nr. 45 EStG genannten Geräten, Zubehörteilen und Programmen stehen und sich nicht nur auf allgemeine, nicht komponentenspezifische Aspekte beziehen. Insofern können sich die Dienstleistungen auch auf das Zubehör oder die Nebenkosten beziehen.

Es kommt nicht darauf an, ob die Vorteile zusätzlich zum ohnehin geschuldeten Arbeitslohn oder auf Grund einer Vereinbarung mit dem Arbeitgeber über die Herabsetzung von Arbeitslohn erbracht werden. Unschädlich ist es, wenn der Arbeitnehmer die Datenverarbeitungsgeräte und das Zubehör in seiner **Privatwohnung nutzt.**

In ihrer **Antwort auf eine Kleine Anfrage im Bundestag** (BT-Drucks. 17/9811 v. 23.5.2012, 8 ff.) hat die Bundesregierung ergänzend auf Folgendes hingewiesen:

- Es muss sich nach wie vor um ein betriebliches Gerät des Arbeitgebers handeln, so dass z.B. die Überlassung von **Smart TVs, Konsolen, iPods, MP 3-Player, Spielautomaten** etc. – sofern diese nach Sinn und Zweck der Vorschrift begrifflich überhaupt ein Datenverarbeitungsgerät sind – i.d.R. **nicht steuerfrei** sind. Zubehörteile werden auch von der Regelung erfasst.
- Mit der Änderung des § 3 Nr. 45 EStG sollen geldwerte Vorteile aus **Dienstleistungen steuerfrei** gestellt werden, die im Zusammenhang mit der privaten Nutzung von betrieblichen Datenverarbeitungsgeräten und Telekommunikationsgeräten sowie deren Zubehör und im Zusammenhang mit zur privaten Nutzung überlassenen System- und Anwendungsprogrammen, die der Arbeitgeber auch in seinem Betrieb einsetzt, erbracht werden. Eine Dienstleistung i.S. dieser Vorschrift ist insbesondere die **Installation oder Inbetriebnahme durch einen IT-Service des Arbeitgebers**, die technische Unterstützung, Reparaturleistungen oder andere Serviceleistungen. Entscheidend ist, dass die erbrachten Dienstleistungen im konkreten Zusammenhang mit den übrigen Zuwendungen stehen.
- Die Frage, ob nach der Neuregelung des § 3 Nr. 45 EStG nun auch im Pkw vorinstallierte **Navigationsgeräte** steuerfrei gestellt werden, so dass die dafür angefallenen Kosten i.R. der **1 %-Regelung** nicht berücksichtigt werden müssen, ist zu verneinen. Bemessungsgrundlage für die Bewertung der Nutzung eines betrieblichen Kraftfahrzeugs zu privaten Fahrten nach der 1 %-Regelung ist der inländische Bruttolistenpreis einschließlich des darin enthaltenen Aufpreises für ein werkseitig eingebautes Satellitennavigationsgerät. Nach BFH v. 16.2.2005, VI R 37/04, BStBl II 2005, 563 ist ein werkseitig in das betriebliche Kraftfahrzeug fest eingebautes Satellitennavigationsgerät kein eigenständiges Wirtschaftsgut, dessen Nutzbarkeit getrennt von der Möglichkeit zum privaten Ge-

brauch des Kraftfahrzeugs bewertet – und damit gesondert nach § 3 Nr. 45 EStG steuerfrei gestellt – werden könnte.

- Die Steuerbefreiung setzt ein aktives Dienstverhältnis i.S.v. § 1 Abs. 2 LStDV zwischen Arbeitgeber und Arbeitnehmer voraus. **Die Steuerbefreiung findet somit auf ausgeschiedene Mitarbeiter keine Anwendung.**

Voraussetzung für die Steuerfreiheit nach § 3 Nr. 45 EStG ist, dass es sich um „betriebliche Datenverarbeitungsgeräte" handelt. **Sie dürfen dem Arbeitnehmer also lediglich leihweise überlassen werden und nicht in sein Eigentum übergehen.** Der Arbeitgeber selbst muss dagegen nicht Eigentümer sein, er kann die Geräte auch gemietet oder geleast haben. Eine nach § 3 Nr. 45 EStG steuerfreie Überlassung liegt jedoch nicht vor, wenn die **vom Arbeitgeber geleasten und den Arbeitnehmern überlassenen Datenverarbeitungsgeräte nicht dem Arbeitgeber, sondern dem Arbeitnehmer zuzurechnen** sind (FG Sachsen v. 2.11.2017, 8 K 870/17).

Wird das Datenverarbeitungsgerät und das Zubehör dem **Arbeitnehmer übereignet**, entsteht hieraus ein lohnsteuerpflichtiger geldwerter Vorteil. Ggf. hat der Arbeitgeber die Möglichkeit der Pauschalbesteuerung mit 25 % nach § 40 Abs. 2 Nr. 5 EStG.

Voraussetzung für die Steuerfreiheit der zur privaten Nutzung überlassenen **System- und Anwendungsprogramme** (z.B. Betriebssystem, Virenscanner, Browser) ist, dass der **Arbeitgeber diese auch im Betrieb einsetzt. Computerspiele können daher i.d.R. nicht steuerfrei überlassen werden.** Nach der Regelung sind insbesondere geldwerte Vorteile des Arbeitnehmers aus der privaten Nutzung unentgeltlich oder verbilligt überlassener System- und Anwendungsprogramme i.R. sog. **Home Use Programme (HUP) steuerfrei**, bei denen der Arbeitgeber mit dem Softwareanbieter eine sog. Volumenlizenzvereinbarung für Software abschließt, die auch für Arbeitnehmer eine private Nutzung der Software auf dem privaten Personalcomputer ermöglicht.

Beispiel 3:

Arbeitgeber B setzt in der Firma MS-Office ein. Er hat mit dem Softwareanbieter ein HUP vereinbart. Danach können die Arbeitnehmer eine Lizenz von MS-Office über ihren Arbeitgeber erhalten und diese auf ihren privaten Computern zum privaten Gebrauch installieren. Die Nutzung durch den Arbeitnehmer für eigene gewerbliche Zwecke ist ausgeschlossen.

Die Softwareüberlassung fiel bisher nicht unter die Steuerbefreiung nach § 3 Nr. 45 EStG. Es entstand ein geldwerter Vorteil. Die Kosten für die Software waren auf eine fiktive Nutzungsdauer von drei Jahren zu verteilen und flossen mtl. zu. Ggf. war die Freigrenze nach § 8 Abs. 2 Satz 11 EStG anzuwenden.

Die Softwareüberlassung i.R. des HUP ist in vollem Umfang steuerfrei nach § 3 Nr. 45 EStG.

Die Steuerfreiheit gilt nur für die **Überlassung** zur Nutzung durch den Arbeitgeber oder auf Grund des Dienstverhältnisses durch einen Dritten. **Übereignet** der Arbeitgeber seinem Arbeitnehmer unentgeltlich oder verbilligt Datenerfassungsgeräte, Zubehör und Internetzugang, findet die Steuerbefreiung nach § 3 Nr. 45 EStG keine Anwendung. Die Übereignung stellt einen geldwerten Vorteil dar, der in Höhe des ortsüblichen Preises (Verkehrswert) abzgl. üblicher Preisnachlässe und ggf. einer Zuzahlung des Arbeitnehmers steuerpflichtiger Arbeitslohn darstellt. **Dies gilt auch dann, wenn es sich um gebrauchte Geräte handelt, die der Arbeitgeber bereits auf 0 € abgeschrieben hat.**

Die Steuerbefreiung kommt auch **nicht für geschenkte Computer** (eine Schenkung liegt auch vor, wenn das sog. wirtschaftliche Eigentum übertragen wird) sowie für den verbilligten Erwerb eines Computers in Betracht. Insoweit ist jedoch die **Freigrenze des** § 8 Abs. 2 Satz 11 EStG **von monatlich 50 € zu beachten**. Außerdem kann der Arbeitgeber in diesen Fällen die Lohnsteuer nach § 40 Abs. 2 Nr. 5 EStG pauschal erheben (→ Rz. 1518).

Beispiel 4:

Vor dem Kauf der PCs bzw. Notebooks durch den Arbeitgeber wird der Arbeitslohn in Höhe des Kaufpreises zu Gunsten eines Sachbezugs umgewandelt, wobei die Gehaltsumwandlung auch in monatlichen Teilbeträgen erfolgen kann. Nach der schriftlichen Vereinbarung überlässt der Arbeitgeber dem Arbeitnehmer den PC bzw. das Notebook für die Dauer von drei Jahren zur privaten Nutzung. Nach Ablauf der drei Jahre bzw. zum Zeitpunkt der vorherigen Beendigung des Arbeitsverhältnisses geht der PC bzw. das Notebook in das Eigentum des Arbeitnehmers über.

Die Privatnutzung betrieblicher Personalcomputer ist grds. nach § 3 Nr. 45 EStG steuerfrei. Begünstigt sind jedoch nur die Vorteile aus der Überlassung zur Nutzung, **nicht dagegen der Eigentumserwerb**. Unerheblich ist dann, dass die Vorteile auf Grund einer Vereinbarung mit dem Arbeitgeber über die Herabsetzung von Arbeitslohn erbracht wurden (vgl. R 3.45 LStR).

Die Arbeitnehmer haben im vorliegenden Fall aber bereits von Anfang an bei Überlassung der PCs bzw. Notebooks **wirtschaftliches Eigentum erworben** mit der Folge, dass steuerrechtlich von einer Veräußerung durch den Arbeitgeber an die Arbeitnehmer auszugehen ist, so dass die Anwendung des § 3 Nr. 45 EStG ausgeschlossen ist.

Eine vom zivilrechtlichen Eigentum abweichende Zuordnung von Wirtschaftsgütern im Steuerrecht kommt grds. nur in Betracht, wenn ein anderer als der rechtliche Eigentümer die tatsächliche Herrschaft ausübt und den nach bürgerlichem Recht Berechtigten (durch vertragliche Vereinbarung oder aus anderen Gründen) für die gewöhnliche Nutzungsdauer wirtschaftlich von der Einwirkung ausschließen kann (§ 39 Abs. 2 Nr. 1 AO), so dass der Herausgabeanspruch des zivilrechtlichen Eigentümers keine wirtschaftliche Bedeutung mehr hat. Dies ist unter Würdigung der gesamten Umstände im Einzelfall anhand der gewählten Vertragsgestaltung und der tatsächlichen Durchführung zu entscheiden. Hierzu können auch die durch den BFH aufgestellten Grundsätze zum Leasing herangezogen werden.

Im Regelfall ist derjenige, der lediglich als Mieter eines Wirtschaftsguts zur Nutzung berechtigt ist, nicht wirtschaftlicher Eigentümer. In der vorliegenden Konstellation überschreitet aber die fest vereinbarte Überlassungsdauer von drei Jahren die betriebsgewöhnliche Nutzungsdauer eines PC oder Notebooks von einem Jahr (zur Nutzungsdauer: BMF v. 22.2.2022, IV C 3 – S 2190/21/10002 :025, BStBl I 2022, 187). Entsprechend der Vereinbarung geht das zivilrechtliche Eigentum nach den drei Jahren bzw. bei vorherigem Ausscheiden des Arbeitnehmers aus dem Unternehmen auf den Arbeitnehmer über. Bei Eigentumsübergang ist auch kein weiterer Kaufpreis zu entrichten.

Die Vereinbarung zwischen dem Arbeitgeber und den Arbeitnehmern war unter Berücksichtigung dieser Umstände von Anfang an auf den vermögensmäßigen Erwerb der PCs bzw. Notebooks durch den Arbeitnehmer ausgerichtet. Der Arbeitgeber war als bürgerlich-rechtlicher Eigentümer wirtschaftlich betrachtet während der betriebsgewöhnlichen Nutzungsdauer von einem Jahr auf Grund der getroffenen Vereinbarung von der Einwirkung auf die PCs bzw. Notebooks ausgeschlossen. Auf Grund dieses Ausschlusses und des anschließenden Eigentumsübergangs kam den Herausgabeansprüchen des Arbeitgebers keine wirtschaftliche Bedeutung mehr zu.

Hinweis:

S. hierzu auch **FG Sachsen** v. 2.11.2017, 8 K 870/17: Eine Überlassung von „betrieblichen Datenverarbeitungsgeräten" i.S.d. § 3 Nr. 45 EStG liegt nicht vor, wenn die den Mitarbeitern überlassenen Personalcomputer (Mitarbeiter-PC) nicht der Arbeitgeberin als betriebliche Geräte zugerechnet werden können. Das ist der Fall, wenn nach den Bestimmungen des Nutzungsvertrages die Arbeitgeberin in Bezug auf das jeweils überlassene Datenverarbeitungsgerät keine wesentlichen Befugnisse behält, die vom Leasinggeber abgeleitete rechtliche Position von der Arbeitgeberin als Leasingnehmerin an den jeweiligen Arbeitnehmer weitergegeben wird und der Rückgabeanspruch am Ende der (hier: zweijährigen) Nutzungszeit wirtschaftlich obsolet ist. **Der geleaste Gegenstand ist dann während der Grundmietzeit dem Mitarbeiter zuzurechnen.**

Die auf **Arbeitnehmer** beschränkte Steuerfreiheit für die Vorteile aus der privaten Nutzung von betrieblichen Personalcomputern und Telekommunikationsgeräten nach § 3 Nr. 45 EStG verletzt nicht den Gleichheitssatz (BFH v. 21.6.2006, XI R 50/05, BStBl II 2006, 715 und BFH v. 14.3.2007, XI R 1/06).

Die private Nutzungsmöglichkeit eines sog. **Tablet-PC**, der kommunalen Mandatsträgern (oder anderen ehrenamtlich tätigen Personen) von der Gebietskörperschaft zur Verfügung gestellt wird, ist nach **Erweiterung des § 3 Nr. 45 EStG** seit 2015 steuerfrei, sofern sie i.R. ihrer Tätigkeit eine steuerfreie Aufwandsentschädigung i.S.d. § 3 Nr. 12 EStG erhalten (→ *Aufwandsentschädigungen im öffentlichen Dienst* Rz. 865).

b) Lohnsteuerpauschalierung nach § 40 Abs. 2 Satz 1 Nr. 5 EStG

Übereignet der Arbeitgeber seinem Arbeitnehmer unentgeltlich 1518
oder verbilligt Datenerfassungsgeräte, Zubehör und Internetzugang, findet die Steuerbefreiung nach § 3 Nr. 45 EStG keine Anwendung. Die Übereignung stellt einen **geldwerten Vorteil** dar, der in Höhe des ortsüblichen Preises (Verkehrswert) abzgl. übli-

cher Preisnachlässe und ggf. einer Zuzahlung des Arbeitnehmers steuerpflichtiger Arbeitslohn darstellt. Dies gilt auch dann, wenn es sich um gebrauchte Geräte handelt, die der Arbeitgeber bereits auf 0 € abgeschrieben hat. Der geldwerte Vorteil kann nach § 40 Abs. 2 Satz 1 Nr. 5 EStG **pauschal mit 25 % besteuert** werden. Die Pauschbesteuerung hat im Übrigen zur Folge, dass für den Vorteil nach § 1 Abs. 1 Satz 1 Nr. 3 SvEV **keine Sozialversicherungsbeiträge** anfallen.

Die Pauschalbesteuerung mit 25 % ist nur zulässig, wenn die **Arbeitgeberleistungen zusätzlich zum ohnehin geschuldeten Arbeitslohn erbracht** werden (→ *Barlohnumwandlung* Rz. 1218). Die Pauschalierungsvorschrift findet unter dieser Voraussetzung auch auf **technisches Zubehör oder Software für einen PC des Arbeitnehmers Anwendung**. Dabei ist es unerheblich, ob es sich hierbei um eine Erstausstattung, Ergänzung, Aktualisierung oder den Austausch bereits vorhandener Bestandteile handelt bzw. ob ausschließlich technisches Zubehör und Software übereignet werden. Telekommunikationsgeräte, die nicht Zubehör eines PC sind oder nicht für die Internetnutzung verwendet werden können, sind von der Pauschalierung ausgeschlossen (R 40.2 Abs. 5 LStR).

§ 40 Abs. 2 Nr. 5 EStG umfasst als weitere Fallgruppe Zuschussleistungen des Arbeitgebers zu den Aufwendungen der privaten Internetnutzung des Arbeitnehmers. Hat der Arbeitnehmer einen Internetzugang, dürfen Barzuschüsse des Arbeitgebers, die er zusätzlich zum ohnehin geschuldeten Arbeitslohn für die Internetnutzung des Arbeitnehmers erbringt, ebenfalls mit 25 % pauschal besteuert werden. Die Möglichkeit der Lohnsteuer-Pauschalierung besteht für die Zuschussleistungen zu den laufenden Kosten, also z.B. die Grundgebühr sowie die laufenden Gebühren für die Internetnutzung, ebenso für die Zuschussleistung zu den Kosten für die Einrichtung eines Anschlusses, Modems oder internetfähigen PC (R 40.2 Abs. 5 LStR).

Zur **Vereinfachung der Nachweisführung** bezüglich der beim Arbeitnehmer entstandenen Aufwendungen für die laufende Internetnutzung ist eine **Kleinbetragsgrenze von 50 € pro Monat** festgelegt (R 40.2 Abs. 5 Satz 7 LStR). Danach sind Zuschussleistungen des Arbeitgebers bis zu diesem Betrag mit 25 % pauschalierungsfähig, wenn der Arbeitnehmer dem Arbeitgeber erklärt, dass er einen Internetzugang besitzt und ihm für die laufende Internetnutzung Aufwendungen i.H.v. mindestens 50 € pro Monat entstehen. Der Arbeitgeber hat diese schriftliche Eigenerklärung des Arbeitnehmers als Beleg zum Lohnkonto aufzubewahren.

Beispiel:

Ein Arbeitgeber bezahlt einem leitenden Angestellten einen Zuschuss von mtl. 50 € für den häuslichen Internetanschluss. Die mtl. Gesamtgebühren (Verbindungsentgelte und Grundpreis) liegen bei rd. 100 €. Eine entsprechende Erklärung des Arbeitnehmers liegt vor. Eine Nachweisführung erfolgt nicht, da der Internetanschluss nicht zu beruflichen Zwecken eingesetzt wird.

Der Barzuschuss stellt lohnsteuerpflichtigen Arbeitslohn dar. Der Arbeitgeber kann die Lohnsteuer bis zum Betrag von 50 € pro Monat mit dem Pauschsteuersatz von 25 % übernehmen. Sozialabgaben fallen insoweit nicht an.

Die Lohnsteuer-Pauschalierung **höherer Zuschüsse** zu Aufwendungen zur Internetnutzung des Arbeitnehmers ist nur dann zulässig, wenn der Arbeitnehmer für einen repräsentativen Zeitraum von drei Monaten anhand der Rechnungsbelege Aufzeichnungen führt. Die Ausführungen zum steuerfreien Auslagenersatz beim häuslichen Telefonanschluss des Arbeitnehmers gelten sinngemäß (→ *Telekommunikation* Rz. 4092).

Nutzt der Arbeitnehmer seinen Internetzugang auch für berufliche Zwecke, kann der Arbeitgeber **sowohl steuerfreien Auslagenersatz** (→ *Telekommunikation* Rz. 4092) **als auch pauschalbesteuerte Internetzuschusszahlungen gewähren**. Beide Steuervergünstigungen können nebeneinander angewandt werden. Bezahlt der Arbeitgeber steuerfreien Auslagenersatz i.H.v. 20 € mtl., indem er von der o.g. Kleinbetragsregelung Gebrauch macht, erhöhen sich die erforderlichen Internetkosten, für die der Arbeitnehmer eine schriftliche Bestätigung dem Arbeitgeber vorzulegen hat, auf den Mindestbetrag von 70 € pro Monat, um gleichzeitig die Pauschalbesteuerung i.R. der Freigrenze für Sachbezüge anwenden zu können.

2. Werbungskostenabzug

a) Allgemeines

Aufwendungen für die Computer- und Internetnutzung können – **ungeachtet der sog. „90 %-Grenze“** – in Höhe des nachgewiesenen oder glaubhaft gemachten beruflichen Nutzungsanteils als Werbungskosten anerkannt werden. Diese Grundsätze gelten für die Aufwendungen eines privat angeschafften Computers einschließlich der Peripheriegeräte und sonstiger mit der Nutzung in Zusammenhang stehender Aufwendungen einschließlich der Aufwendungen für die Internetnutzung (FinMin Nordrhein-Westfalen v. 14.2.2002, S 2354 – 1 – V B 3; BFH v. 19.2.2004, VI R 135/01, BStBl II 2004, 958). Wie der **Nachweis bzw. die Glaubhaftmachung** erfolgen sollen, lassen Finanzverwaltung und BFH leider offen, u.E. dürften Anschreibungen über die zeitliche berufliche und private Nutzung ausreichen. 1519

Kann der Stpfl. eine nicht unwesentliche berufliche Nutzung des Computers nachweisen oder zumindest glaubhaft machen, sollen die Finanzämter nach dem o.g. BFH-Urteil aus Vereinfachungsgründen von einer **hälftigen privaten bzw. beruflichen Nutzung** ausgehen (so auch FG Saarland v. 25.6.2012, 2 K 1363/11).

Arbeitnehmer, die eine berufliche Nutzung von **mindestens 90 %** nachweisen oder glaubhaft machen, können somit wie bisher die gesamten Kosten (also 100 %!) als Werbungskosten absetzen (R 9.1 Abs. 2 Satz 3 Nr. 1 LStR).

Nach dem seit 2018 geänderten § 6 Abs. 2 EStG sind nur noch Aufwendungen über 800 € (mit 19 % Umsatzsteuer 952 €) auf die gewöhnliche Nutzungsdauer zu verteilen, können also nur über die **Absetzungen für Abnutzung** nach § 7 Abs. 1 EStG steuerlich abgezogen werden (R 9.12 Satz 2 LStR). Im Hinblick auf die von der FinVerw. nun angenommene einjährige Nutzungsdauer eines Computers (BMF v. 22.2.2022, IV C 3 – S 2190/21/10002 :025, BStBl I 2022, 187), hat diese Überlegung an praktischer Relevanz verloren.

b) Nutzungsdauer

Für den Ansatz der Nutzungsdauer ist grds. von der **amtlichen AfA-Tabelle** für allgemein verwendbare Anlagegüter auszugehen (BMF v. 15.12.2000, IV D 2 – S 1551 – 188/00, BStBl I 2000, 1532). Nach den bisherigen Regelungen war bei Personalcomputern und Peripheriegeräten (Drucker, Scanner, Bildschirme u.Ä.) grds. von einer **dreijährigen Nutzungsdauer** auszugehen; dies galt auch für **Notebooks** (BFH v. 5.7.2012, VI R 99/10, HFR 2012, 1157). 1520

Zwischenzeitlich sah sich jedoch die FinVerw. vor dem Hintergrund, dass die Computerhardware (einschließlich dazu gehörender Peripheriegeräte) sowie die für die Dateneingabe und -verarbeitung erforderliche Betriebs- und Anwendersoftware auf Grund des raschen technischen Fortschritts einem immer schnelleren Wandel unterliegen, zu einer neuen Einschätzung hinsichtlich der betriebsgewöhnlichen Nutzungsdauer dieser Wirtschaftsgüter veranlasst. Dabei ergab sich nach Auffassung der FinVerw. ein Anpassungsbedarf. Das BMF hat daher ein aktualisiertes Schreiben zur Nutzungsdauer von Computerhardware und Software zur Dateneingabe und -verarbeitung herausgegeben (BMF v. 22.2.2022, IV C 3 – S 2190/21/10002 :025, BStBl I 2022, 187). Auf Grund dessen geht die FinVerw. für diese Wirtschaftsgüter von einer betriebsgewöhnlichen Nutzungsdauer von einem Jahr aus.

Der **Begriff „Computerhardware“** umfasst Computer, Desktop-Computer, Notebook-Computer, Desktop-Thin-Clients, Workstations, Dockingstations, externe Speicher- und Datenverarbeitungsgeräte (Small-Scale-Server), externe Netzteile sowie Peripheriegeräte.

Der **Begriff „Software“** i.S.d. BMF-Schreibens erfasst die Betriebs- und Anwendersoftware zur Dateneingabe und -verarbeitung. Dazu gehören auch die nicht technisch-physikalischen Anwendungsprogramme eines Systems zur Datenverarbeitung, sowie neben Standardanwendungen auch auf den individuellen Nutzer abgestimmte Anwendungen wie ERP-Software, Software für Warenwirtschaftssysteme oder sonstige Anwendungssoftware zur Unternehmensverwaltung oder Prozesssteuerung.

Welche Aufwendungen hiernach begünstigt sind, ist in dem BMF-Schreiben (BMF v. 22.2.2022, IV C 3 – S 2190/21/10002 :025, BStBl I 2022, 187) ausführlich (und abschließend) dargelegt. **Smartphones** sind nicht dabei. Für diese gilt somit nach der

Amtlichen AfA-Tabelle wie bisher eine Nutzungsdauer von **5 Jahren** (BMF v. 15.12.2000, IV D 2 – S 1551 – 188/00, BStBl I 2000, 1532).

Die kürzere Nutzungsdauer wird angewendet auf solche Wirtschaftsgüter, die nach dem 31.12.2020 angeschafft worden sind.

Beispiel:

Arbeitnehmer A nutzt seinen am 4.8.2026 angeschafften PC (Kosten nebst Zubehör 2 100 €), der im häuslichen Arbeitszimmer steht, ausschließlich beruflich. Er kann den Umfang der beruflichen Nutzung durch Anschreibungen glaubhaft machen. Er entscheidet sich für eine Nutzungsdauer von einem Jahr.

A kann den PC im Jahr der Anschaffung als Werbungskosten geltend machen, und zwar in voller Höhe bereits im Kalenderjahr 2026.

c) Sonstige Hinweise

1521 Aufwendungen für einen Computer können auch während Zeiten einer Nichtbeschäftigung (z.B. **Arbeitslosigkeit**) beruflich veranlasst sein; für die Höhe des Werbungskostenabzugs kommt es auf den Umfang der beruflichen Nutzung an, z.B. für Bewerbungsschreiben (FG Düsseldorf v. 14.10.2004, 10 K 4057/04 E, EFG 2005, 779).

Aufwendungen für einen **Sprachcomputer** (Deutsch/Englisch) mit der Ausstattung einer französischen Sprachkarte sind selbst bei einem Arbeitnehmer, der aus beruflichen Gründen Französischkenntnisse benötigt, nur dann den Werbungskosten zuzurechnen, wenn die berufliche Veranlassung bei weitem überwiegt und die Lebensführung ganz in den Hintergrund tritt (FG Hamburg v. 25.2.2004, V 300/00; anerkannt wurden jedoch die Aufwendungen für die französische **Sprachkarte**).

Nicht abzugsfähig sind auch Aufwendungen für **Computerzeitschriften** (z.B. Computerbild, Chip und PC Professionell), die zu einem beachtlichen Teil Artikel enthalten, die auch für private Computernutzer von Interesse sind, etwa in Bezug auf Computerspiele oder eBay-Verkäufe (zuletzt FG Münster v. 21.7.2014, 5 K 2767/13 E).

Aufwendungen für die Anschaffung einer sog. **Bildschirm-Arbeitsbrille**, die der Korrektur einer Sehschwäche dient, sind trotz entsprechender augenärztlicher Verordnung auch dann keine Werbungskosten, wenn die Brille nur am Arbeitsplatz getragen wird. Ausnahme: Die Sehbeschwerden können auf die Tätigkeit am Bildschirm zurückgeführt werden oder sind Folge einer typischen Berufskrankheit. Nach BFH v. 20.7.2005, VI R 50/03, rechtfertigte die – mittlerweile allerdings zum 3.12.2016 außer Kraft getretene – Bildschirmarbeitsverordnung auch keine abweichende Beurteilung.

Aufwendungen eines Lagerarbeiters für einen **Computerkurs** sind in voller Höhe als Werbungskosten abzugsfähig, wenn nach der Bescheinigung des Arbeitgebers die PC-Schulung (im Urteilsfall Office-Paket) zwingend erforderlich war, da die an seinem Arbeitsplatz benötigten Grundkenntnisse nicht vorhanden waren und der Arbeitnehmer privat über keinen PC verfügte (FG Rheinland-Pfalz v. 24.10.2005, 5 K 1944/03).

Zur Frage, ob **Arbeitslohn** vorliegt, wenn der Arbeitgeber derartige Kosten ersetzt, → *Bildschirmarbeit* Rz. 1481.

3. Umsatzsteuer

1522 Nach dem BFH-Beschluss v. 29.6.2007, V B 1/06, BFH/NV 2007, 1899 unterliegt die kostenlose Überlassung von Telekommunikationsgeräten an Arbeitnehmer zur privaten Nutzung der Umsatzsteuer, soweit sie nicht dadurch gekennzeichnet ist, dass betriebliche Zwecke des Arbeitgebers die privaten Arbeitnehmerbelange überlagern. Damit ist die umsatzsteuerliche Beurteilung sachverhaltsabhängig und im Einzelfall zu beurteilen (so auch der Tenor der zwischenzeitlich aufgehobenen Verfügung der OFD Hannover v. 11.6.2001, S 7109 – 4 – StO 355). In der Praxis dürften jedoch die mit der Überlassung von Telekommunikationsgeräten verbundenen betrieblichen Zwecke in aller Regel die privaten Arbeitnehmerbelange überlagern, so dass sich hieraus keine umsatzsteuerpflichtigen Vorgänge ergeben.

Croupier

→ *Spielbank: Mitarbeiter* Rz. 3969

Dachdeckerhandwerk: Lohnausgleich

→ *Lohnausgleichskasse* Rz. 2840

Darlehen an Arbeitnehmer

1. Arbeitsrecht

Ein Darlehen an Arbeitnehmer liegt begrifflich vor, wenn der Arbeitgeber dem Arbeitnehmer einen Geldbetrag zur Verfügung stellt, **der typischerweise auch sonst als Kredit aufgenommen wird**. 1523
Kennzeichnend für ein Arbeitgeber-Darlehen ist, dass die Zahlung völlig **unabhängig von der Entlohnung** des Arbeitnehmers erfolgt. **Von einem Arbeitgeber-Darlehen sind Vorschüsse und Abschlagszahlungen abzugrenzen**. Abschlagszahlungen sind Zahlungen des Arbeitgebers auf bereits erdienten, aber noch nicht abgerechneten Arbeitslohn des Arbeitnehmers. Vorschüsse sind Zahlungen des Arbeitgebers auf zukünftig zu verdienenden Arbeitslohn. Abzugrenzen ist weiterhin die Kreditierung des Bezugs von Waren vom Arbeitgeber und der Verkauf von Waren zum Selbstkostenpreis mit Anrechnung auf die Lohnzahlung (§ 107 Abs. 2 GewO). Wenn mit einem Darlehen eine auch im Interesse des Arbeitgebers liegende Fortbildung (z.B. Erwerb einer Musterberechtigung für das Flugzeugmuster Airbus A320 Family) finanziert wird, damit der Fortgebildete auf Grund eines später abgeschlossenen Arbeitsvertrages bei der Arbeitgeberin eingesetzt werden kann, können Ausbildungsvereinbarung, Darlehensvertrag und Arbeitsvertrag ein einheitliches Rechtsgeschäft darstellen. Die AGB-Prüfung der Tilgungsabrede im Darlehensvertrag bestimmt sich dann nach den Kriterien der Rechtsprechung zu arbeitsvertraglichen Rückzahlungsklauseln bei Aus- und Fortbildungsmaßnahmen. Sie stellt nur dann keine unangemessene Benachteiligung i.S.d. § 307 Abs. 1 Satz 1 BGB dar, wenn dem Arbeitnehmer die Möglichkeit eingeräumt wird, der Rückzahlungsverpflichtung durch Betriebstreue zu entgehen (ArbG Düsseldorf v. 7.10.2021, 9 Ca 2977/21; LAG Berlin-Brandenburg v. 20.1.2021, 15 Sa 1128/20).

Die Vereinbarung eines Arbeitgeber-Darlehens wird im Regelfall schriftlich erfolgen und Vereinbarungen über die **Tilgung, Laufzeit, Verzinsung** und ggf. **Sicherung der Rückzahlung** enthalten. Im Einzelnen gelten hier insbesondere die Bestimmungen der **AGB-Kontrolle** (BAG v. 23.1.2007, 9 AZR 482/06).

Üblicherweise wird die **ratenweise Rückerstattung** des Darlehensbetrags durch Verrechnung mit dem Lohn vereinbart. Bei der Vereinbarung der monatlichen Rückzahlungsrate sind die Pfändungsgrenzen zu berücksichtigen (→ *Lohnpfändung* Rz. 2896). Dies bedeutet, dass bei Vorliegen von Vorpfändungen eine Rückzahlung eines danach gewährten Darlehens durch monatliche **Verrechnung** mit dem Anspruch auf Arbeitsentgelt erst nach Befriedigung der Vorpfändung möglich wird. Daher sollte der Weg der **Abtretung** (→ *Abtretung des Arbeitslohns* Rz. 24) gewählt werden (→ *Lohnpfändung* Rz. 2890).

Gerade die oftmals **langfristige Rückzahlungsvereinbarung** führt dann zu Problemen, wenn bei **Beendigung des Arbeitsverhältnisses** das Darlehen noch teilweise valutiert ist. Haben die Parteien für den Fall der vorzeitigen Beendigung des Arbeitsverhältnisses vereinbart, dass die **Rückzahlung** des Darlehens in Höhe des noch offenstehenden Restbetrags mit der Beendigung fällig wird, so ist im Zeitpunkt des Auslaufens der Kündigungsfrist der gesamte dann noch offen stehende Restbetrag in einer Summe fällig und an den Arbeitgeber zurückzuzahlen. Eine solche der **AGB-Kontrolle** unterliegende Klausel ist aber dann wegen unangemessener Benachteiligung des Arbeitnehmers unwirksam, wenn sie den Arbeitgeber zur Kündigung des Darlehensvertrages in allen Fällen berechtigt, in denen das Arbeitsverhältnis vor vollständiger Rückzahlung des Darlehens beendet wird (BAG v. 12.12.2013, 8 AZR 829/12). Ebenso stellt eine Rückzahlungsvereinbarung ausschließlich für den Fall der Eigenkündigung des Arbeitnehmers eine (verbotene) **Kündigungserschwernis** dar und ist demnach unwirksam.

Zulässig ist im Übrigen auch die Vereinbarung, dass ein besonders günstiger Darlehenszinssatz bei Beendigung des Arbeitsverhältnisses auf den üblichen **Zinssatz angehoben** wird (BAG v. 23.2.1999, 9 AZR 737/97).

Fehlt eine derartige **Rückzahlungsvereinbarung**, so ist eine Kündigung des Darlehens bei Beendigung des Arbeitsverhältnisses wegen Wegfalls der Geschäftsgrundlage i.d.R. nicht begründet, dürfte allerdings dann zu bejahen sein, wenn der Arbeitnehmer einen Grund zur fristlosen Kündigung gesetzt hat. Bei **betriebsbedingten und krankheitsbedingten Kündigungen** des Arbeitgebers, also bei unverschuldetem Ausscheiden des Arbeitnehmers, erscheint ein (vorzeitiges) Rückzahlungsverlangen eines Arbeitgeberdarlehens hingegen bedenklich.

Der Rückzahlungsanspruch des Arbeitgebers kann einer **Ausschlussfrist/Verfallklausel** unterliegen; ob dies der Fall ist, hängt von der Formulierung und Auslegung der Vereinbarung ab (BAG v. 21.1.2010, 6 AZR 556/07).

Die sich aus dem Arbeitgeberdarlehen ergebenden Zins- und Rückzahlungsansprüche fallen nicht unter die von den Vertragsparteien in einem Aufhebungsvertrag vereinbarte **Ausgleichsklausel**, dass „mit diesem Vertrag ... sämtliche aus dem bestehenden Arbeitsverhältnis und seiner Beendigung abzuleitenden wechselseitigen Ansprüche ..., seien sie bekannt oder nicht bekannt, gleich aus welchem Rechtsgrund, geregelt und abgegolten" sind (BAG v. 19.1.2011, 10 AZR 873/08).

2. Lohnsteuer

a) Darlehensgewährung

1524 Ein Arbeitgeberdarlehen liegt vor, wenn durch den Arbeitgeber oder auf Grund des Dienstverhältnisses durch einen Dritten dem Arbeitnehmer Geld überlassen wird und diese Geldüberlassung auf einem Darlehensvertrag beruht.

Gehaltsvorschüsse im öffentlichen Dienst, die nach den Vorschussrichtlinien des Bundes oder der entsprechenden Richtlinien der Länder gewährt werden, sind Arbeitgeberdarlehen. Keine Arbeitgeberdarlehen sind dagegen insbesondere Reisekostenvorschüsse, vorschüssig gezahlter Auslagenersatz, Lohnabschläge und Lohnvorschüsse, wenn es sich hierbei um eine abweichende Vereinbarung über die Bedingungen der Zahlung des Arbeitslohns handelt (BMF v. 19.5.2015, IV C 5 – S 2334/07/0009, BStBl I 2015, 484).

Bei der Gewährung eines Arbeitgeber-Darlehens liegt **kein Zufluss von Arbeitslohn** vor. Ebenso ist die Rückzahlung des Darlehens lohnsteuerlich unbeachtlich. Zur Abgrenzung Arbeitslohn/ Darlehen bei Auszubildenden → *Auszubildende* Rz. 1192.

(LSt durchgestrichen) (SV durchgestrichen)

Erlässt der Arbeitgeber dem Arbeitnehmer die Rückzahlung des Darlehens, so stellt dies für den Arbeitnehmer einen **geldwerten Vorteil** dar (zuletzt BFH v. 19.2.2004, VI B 146/02). Der Arbeitslohn fließt dem Arbeitnehmer in dem Zeitpunkt zu, in dem der Arbeitgeber zu erkennen gibt, dass er auf die Rückzahlung des Darlehens verzichtet (BFH v. 27.3.1992, VI R 145/89, BStBl II 1992, 837). Inwieweit aus unterbliebenen Beitreibungsmaßnahmen auf einen endgültigen Verzicht des Arbeitgebers auf die Rückzahlung des Darlehens geschlossen werden kann, bedarf allerdings der Würdigung aller Umstände des Einzelfalls. Ergeben diese, dass der Arbeitgeber endgültig davon abgesehen hat, seinen Anspruch geltend zu machen und durchzusetzen, obgleich ihm das möglich wäre, ist die erlassene Darlehensforderung als Arbeitslohn anzusehen (BFH v. 25.1.1985, VI R 173/80, BStBl II 1985, 437).

(LSt) (SV)

Nur dann, wenn der Arbeitgeber eine nach wie vor aufrechterhaltene Darlehensforderung nicht realisieren kann, weil der Arbeitnehmer zahlungsunfähig geworden ist, und der Arbeitgeber deshalb auf Beitreibungsmaßnahmen verzichtet, liegt kein Arbeitslohn vor.

(LSt durchgestrichen) (SV durchgestrichen)

b) Darlehensverzinsung und geldwerter Vorteil

1525 Gewährt der Arbeitgeber dem Arbeitnehmer **ein Darlehen zu günstigeren als den marktüblichen Konditionen**, so sind die Zinsvorteile des Arbeitnehmers grds. steuer- und beitragspflichtig. Der zur Anwendung des Lohnsteuerabzugsverfahrens verpflichtete Arbeitgeber hat die Lohnsteuer nach Maßgabe von § 38 Abs. 1 i.V.m. Abs. 4 Satz 3 EStG einzubehalten und abzuführen, sofern er sie nicht nach § 40 Abs. 1 EStG pauschal erhebt oder die Einkommensteuer nicht nach § 37b EStG pauschal erhoben wird.

Für die Ermittlung des geldwerten Vorteils aus der Überlassung eines zinslosen oder zinsverbilligten Arbeitgeberdarlehens ist zwischen einer Bewertung nach § 8 Abs. 2 EStG (z.B. der Arbeitnehmer eines Einzelhändlers erhält ein zinsverbilligtes Arbeitgeberdarlehen) und einer Bewertung nach § 8 Abs. 3 EStG (z.B. der Bankangestellte erhält von seinem Arbeitgeber ein zinsverbilligtes Arbeitgeberdarlehen mit Ansatz des Rabattfreibetrags) zu unterscheiden. Zinsvorteile sind als Sachbezüge zu versteuern, wenn die **Summe der noch nicht getilgten Darlehen** am Ende des Lohnzahlungszeitraums **2 600 € übersteigt** (BMF v. 19.5.2015, IV C 5 – S 2334/07/0009, BStBl I 2015, 484). Zur lohnsteuerlichen Behandlung sog. **Arbeitgeber-Vorratsbausparverträge** → *Zinsersparnisse/Zinszuschüsse* Rz. 4628. Zur **Bewertung der Zinsvorteile** nach § 8 Abs. 2 EStG → *Zinsersparnisse/Zinszuschüsse* Rz. 4615 und nach § 8 Abs. 3 EStG → *Rabatte* Rz. 3551.

(LSt) (SV)

Datenverarbeitungsgeräte

→ *Computer* Rz. 1517, → *Telekommunikation* Rz. 4092

Deputate

→ *Sachbezüge* Rz. 3799

Deutscher Akademischer Austauschdienst

→ *Arbeitslohn-ABC* Rz. 658

Deutsches Rotes Kreuz

1. Arbeitnehmereigenschaft

a) Ehrenamtliche Helfer

Die an ehrenamtliche Helfer des Deutschen Roten Kreuzes und 1526
anderer Hilfsorganisationen gezahlten Entschädigungen können als steuerpflichtiger **Arbeitslohn** anzusehen sein, wenn sie die durch die ehrenamtliche Tätigkeit veranlassten Aufwendungen der einzelnen Helfer regelmäßig nicht nur unwesentlich (d.h. um nicht mehr als 10 %) übersteigen (vgl. BFH v. 4.8.1994, VI R 94/93, BStBl II 1994, 944 betr. Sanitätshelfer des DRK sowie → *Arbeitnehmer* Rz. 196).

Die seit 1957 bestehenden **Werbungskosten-Pauschbetragsregelungen** für ehrenamtliche Mitarbeiter des Luftschutzsanitätsdienstes des DRK sind seit 1.1.1998 aufgehoben worden (FinMin Niedersachsen v. 7.1.1998, S 2531 – 5 – 35).

(LSt) (SV)

b) Rot-Kreuz-Schwestern

Die angestellten Rot-Kreuz-Schwestern sind **steuerlich als Ar-** 1527
beitnehmer anzusehen. Es ist für die steuerliche Beurteilung unerheblich, dass **arbeitsrechtlich ein Arbeitsverhältnis abzulehnen ist**, weil sich das Rechtsverhältnis zwischen einer Schwesternschaft vom Roten Kreuz und ihren Mitgliedern mangels Abschlusses eines besonderen Arbeitsvertrags in den vereinsrechtlichen Pflichten erschöpft und daher nicht den arbeitsrechtlichen Bestimmungen unterliegt (BFH v. 25.11.1993, VI R 115/92, BStBl II 1994, 424).

Schwestern vom Deutschen Roten Kreuz gehören auch zu den **Beschäftigten** i.S. der Rentenversicherung (vgl. § 1 Satz 1 Nr. 1 SGB VI).

(LSt) (SV)

2. Nebentätigkeit von DRK-Beschäftigten

Werden **hauptberuflich** beim DRK usw. beschäftigte Personen 1528
nebenbei als Sanitätshelfer usw. eingesetzt, so nimmt die Finanzverwaltung regelmäßig ein **einheitliches Beschäftigungsverhältnis** an. Folge: Die Vergütungen für die Nebentätigkeit sind der Haupttätigkeit zuzurechnen und somit zusammen mit dem „normalen" Arbeitslohn dem Lohnsteuerabzug zu unterwerfen (FinMin Nordrhein-Westfalen v. 26.4.1990, S 2355 – 3 – V B 3, DB 1990, 966). Der BFH hat im o.g. Urteil v. 4.8.1994, VI R 94/93, BStBl II 1994, 944 diese Verwaltungsregelung nicht grds. beanstandet. Er hat vom FG lediglich – und zwar für jeden einzelnen Arbeitnehmer – Aufklärung darüber verlangt,

- ob zwischen den hauptberuflich geschuldeten und den ehrenamtlich erbrachten Leistungen **ein untrennbarer innerer Zusammenhang** bestanden hat
- oder ob die jeweiligen Tätigkeiten ausnahmsweise deshalb **voneinander getrennt** werden können, weil sie ihrer **Art nach unterschiedlich** gewesen sind.

Die Vergütungen für die Nebentätigkeit als **Sanitätshelfer** sind dann entweder von vornherein **nicht steuerpflichtig**, weil nur Kostenersatz geleistet wird, oder sie fallen zumindest unter die **Steuerbefreiungen** der § 3 Nr. 26, 26a EStG (→ Rz. 1530).

LSt SV

3. Lohnsteuerpauschalierung

1529 Die Lohnsteuer kann unter den Voraussetzungen des § 40a EStG auch **pauschal erhoben** werden (→ *Pauschalierung der Lohnsteuer bei Aushilfskräften* Rz. 3353). Diese Möglichkeit wird jedoch bei den zuvor genannten Helfern, die neben ihrer ehrenamtlichen Tätigkeit auch hauptberuflich beim DRK usw. tätig sind und bei denen die Nebentätigkeit untrennbar mit der Haupttätigkeit zusammenhängt, regelmäßig ausscheiden (OFD Frankfurt v. 30.5.1996, S 2337 A – 46 – St II 30, DB 1996, 1547).

4. Steuerbefreiungen

a) § 3 Nr. 26 EStG

1530 Liegt nach den o.g. Grundsätzen **überhaupt eine steuerpflichtige Tätigkeit** vor, so ist zu prüfen, inwieweit Steuerbefreiungen in Betracht kommen. Von Bedeutung ist dabei v.a. § 3 Nr. 26 EStG (→ *Nebenberufliche steuerbegünstigte Tätigkeiten* Rz. 3236).

Steuerfrei sind danach Einnahmen bis 3 300 € (bis 2025 3 000 €; Erhöhung durch das Steueränderungsgesetz 2025 beachte → Rz. 3247) im Jahr für

- nebenberufliche Tätigkeiten als **Übungsleiter, Ausbilder, Erzieher, Betreuer oder für eine vergleichbare nebenberufliche Tätigkeit**:

  Hierunter fallen beim DRK besonders Ausbilder, die **Erste-Hilfe-Kurse** geben, **nicht** dagegen Tätigkeiten im **Vorstand** oder **„reine Helfertätigkeiten"** z.B. als Kassierer, Spendensammler, Kartenverkäufer, weil insoweit keine pädagogisch ausgerichteten Tätigkeiten ausgeübt werden (R 3.26 Abs. 1 Satz 1 und 2 LStR).
- die nebenberufliche **Pflege alter, kranker oder behinderter Menschen**:

  Die Vorschrift umfasst insoweit nicht nur die **Dauerpflege**, sondern auch **Hilfsdienste** bei der häuslichen Betreuung durch ambulante Pflegedienste und bei **Sofortmaßnahmen gegenüber Schwerkranken** und Verunglückten, z.B. durch **Rettungssanitäter und Ersthelfer** (R 3.26 Abs. 1 Satz 2 LStR) einschließlich der Bereitschaftsdienste z.B. bei Großveranstaltungen (→ *Nebenberufliche steuerbegünstigte Tätigkeiten* Rz. 3236).

Die Steuerbefreiungen der § 3 Nr. 26, 26a EStG können jedoch nicht gewährt werden, wenn die Nebentätigkeit der **Haupttätigkeit zuzurechnen** ist.

b) § 3 Nr. 26a EStG

1531 Nach § 3 Nr. 26a EStG gibt es einen **allgemeinen Steuerfreibetrag** von bis zu **960 € (bis 2025 840 €; Erhöhung durch das Steueränderungsgesetz 2025 beachte → Rz. 3247)** im Jahr für alle nebenberuflichen Tätigkeiten in gemeinnützigen Vereinen usw., wenn für die Einnahmen aus der Tätigkeit nicht die Steuerbefreiungen nach § 3 Nr. 12 EStG oder § 3 Nr. 26 EStG gewährt werden. Weitere Einzelheiten → *Nebenberufliche steuerbegünstigte Tätigkeiten* Rz. 3236.

Diese Steuerbefreiung kommt auch für ehrenamtliche Tätigkeiten beim DRK in Betracht, die nicht unter die o.g. Steuerbefreiung des § 3 Nr. 26 EStG fallen (so z.B. Tätigkeiten im Vorstand oder „reine Helfertätigkeiten" wie z.B. Kassierer, Spendensammler, Kartenverkäufer).

c) § 3 Nr. 16 EStG

1532 Die Kassen des DRK sind im Regelfall (Ausnahme: Bayern) **keine öffentlichen Kassen**, so dass die Steuerbefreiung des § 3 Nr. 12 Satz 2 EStG nicht in Betracht kommt (→ *Aufwandsentschädigungen im öffentlichen Dienst* Rz. 865).

Die Finanzverwaltung hatte zugelassen, dass Entschädigungen **bis 10 € für einen mehr als achtstündigen Einsatz** ehrenamtlicher Helfer z.B. im Unfallrettungsdienst oder Krankentransport **als Reisekostenersatz** nach § 3 Nr. 16 EStG steuerfrei bleiben (OFD Frankfurt v. 30.5.1996, S 2337 A – 46 – St II 30, DB 1996, 1547). Diese Regelung ist **seit 1.1.1999 ersatzlos aufgehoben** worden, weil die Helfer i.d.R. nur Aufwandsersatz erhalten und deshalb **insgesamt kein steuerpflichtiger Arbeitslohn vorliegt** (FinMin Nordrhein-Westfalen v. 16.11.1998, S 2355 – 3 – V B 3, DB 1999, 121).

Wird bei einer auswärtigen Tätigkeit die **Mindestabwesenheitsdauer von mehr als acht Stunden nicht überschritten**, ist eine steuerfreie Erstattung von Verpflegungsmehraufwendungen grds. nicht mehr zulässig. Die Finanzverwaltung hat es abgelehnt, für ehrenamtliche Tätigkeiten eine Sonderregelung zu treffen und auch für kürzere Abwesenheiten eine steuerfreie Verpflegungspauschale zu gewähren (BMF v. 13.3.1996, IV B 3 – S 2257 – 10/96, DB 1996, 960). Bei **nebenberuflichen Tätigkeiten** sind dagegen die o.g. Steuerbefreiungen nach § 3 Nr. 26, 26a EStG zu beachten, so dass in diesen Fällen ggf. auch die „Tagegelder" i.R. der Höchstbeträge von 3 300 € (bis 2025 3 000 €) bzw. 960 € (bis 2025 840 €) steuerfrei belassen werden können; es kommt hier nicht darauf an, wofür der Stpfl. „Einnahmen" erhält.

Bei einem **Rettungsassistenten** ist die Rettungswache, der er zugeordnet ist, dessen **erste Tätigkeitsstätte**, wenn er dort arbeitstäglich vor dem Einsatz auf dem Rettungsfahrzeug vorbereitende Tätigkeiten vornimmt (z.B. Überprüfung des Rettungsfahrzeugs in Bezug auf Sauberkeit und ordnungsgemäße Bestückung mit Medikamenten und sonstigem (Verbrauchs-)Material, im Bedarfsfall Reinigung sowie Bestückung des Fahrzeugs mit fehlenden Medikamenten und fehlendem (Verbrauchs-)Material). Somit können erst mit dem Verlassen der ersten Tätigkeitsstätte Verpflegungsmehraufwendungen als Werbungskosten durch Nachweis entsprechender Abwesenheitszeiten geltend gemacht werden (BFH v. 30.9.2020, VI R 11/19, BStBl II 2021, 308). Nach der Rechtsprechung des BFH v. 8.2.2024, VI B 46/23, m.w.N. kann bei einem Rettungssanitäter allerdings keine erste Tätigkeitsstätte allein auf Grund im Vorhinein aufgestellter monatlicher Dienstpläne mit Schwerpunkt auf einer Rettungswache angenommen werden. S.a. → *Reisekosten: Allgemeine Grundsätze* Rz. 3589.

Deutsch-Französisches Jugendwerk

→ *Arbeitslohn-ABC* Rz. 659

Diakonissen

1. Lohnsteuer

Diakonissen stehen zu ihrem Mutterhaus **nicht in einem Arbeitsverhältnis**. Es handelt sich vielmehr um ein familienähnliches Verhältnis eigener Art, das auf dem aus religiösen Gründen geleisteten Gelübde der Diakonisse gegründet und vom lebenslangen Verzicht auf nennenswerte materielle Vorteile geprägt ist (BFH v. 30.7.1965, VI 205/64 U, BStBl III 1965, 525). 1533

LSt (durchgestrichen) SV (durchgestrichen)

Eine **Diakonie-Schwester** ist dagegen regelmäßig **Arbeitnehmer** des Diakonievereins (Schwesternschaft) und bezieht Arbeitslohn. Ihre Tätigkeit stellt sich nicht lediglich als ein uneigennütziger Akt tätiger Nächstenliebe dar, sondern ist hauptsächlich Berufsausübung (FG Baden-Württemberg v. 4.2.1975, IV 1/74, EFG 1975, 210); auch → *Ordensangehörige* Rz. 3292.

LSt SV

2. Sozialversicherung

Satzungsmäßige Mitglieder geistlicher Genossenschaften, Diakonissen und ähnliche Personen sind krankenversicherungsfrei, wenn sie sich aus überwiegend religiösen oder sittlichen Beweggründen mit Krankenpflege, Unterricht oder anderen gemeinnützigen Tätigkeiten beschäftigen und nicht mehr als freien Unterhalt oder ein geringes Arbeitsentgelt beziehen, das nur zur Beschaf- 1534 fung der unmittelbaren Lebensbedürfnisse an Wohnung, Verpflegung, Kleidung und dergleichen ausreicht. Die Krankenversicherungsfreiheit hat zugleich Versicherungsfreiheit in der Arbeitslosenversicherung zur Folge. In der Rentenversicherung besteht Versicherungsfreiheit, wenn nach den Regeln der Gemeinschaft bei verminderter Erwerbsfähigkeit und im Alter eine Versorgung eigener Art gewährleistet ist. Die Krankenversicherungsfreiheit bewirkt, dass in dieser Beschäftigung auch keine Versicherungspflicht in der Pflegeversicherung besteht.

Nach Ansicht der Spitzenverbände der Sozialversicherungsträger (Besprechung am 26./27.6.2002) liegt ein geringes Arbeitsentgelt vor, wenn 1/20 der monatlichen Bezugsgröße nicht überschritten wird; im Kalenderjahr 2026 beläuft sich dieser Betrag auf 197,75 € (→ *Bezugsgröße* Rz. 1480). Dagegen sind jedoch solche Personen den Arbeitnehmern zuzurechnen, die am Markt wie ein Arbeitnehmer auftreten und auf der Grundlage eines Arbeitsvertrages ihre Arbeitskraft zum Zwecke des wirtschaftlichen Erwerbs zur Verfügung stellen. Mitglieder geistlicher Genossenschaften, die i.R. eines Gestellungsvertrages tätig werden, zählen hinsichtlich des die Dienste in Anspruch nehmenden Arbeitgebers als Arbeitnehmer, nicht jedoch in Bezug auf die geistliche Genossenschaft.

(SV durchgestrichen)

Diäten

→ *Abgeordnete* Rz. 10

Diebstahl

1. Arbeitsrecht

1535 Der Diebstahl kann für den Arbeitgeber in verschiedener Hinsicht bedeutsam werden. So kann der Arbeitgeber z.B. konfrontiert sein mit Diebstählen, die ein Arbeitnehmer **zu seinen Lasten** begeht, **oder** mit Verlusten, die ein **Arbeitnehmer** infolge eines Diebstahls **erleidet**.

Soweit der Arbeitgeber vom Arbeitnehmer bestohlen wird, hat dieser einen Anspruch auf Herausgabe der gestohlenen Sache aus ungerechtfertigter Bereicherung oder auch einen Anspruch auf Schadensersatz aus unerlaubter Handlung, wenn die Sache nicht mehr herausgegeben werden kann. Der Arbeitnehmer hat dem Arbeitgeber ferner die durch das Tätigwerden eines Detektivs oder auch einer spezialisierten Anwaltskanzlei entstandenen notwendigen Kosten zu ersetzen, wenn der Arbeitgeber auf Grund eines konkreten Tatverdachts einem Detektiv die Überwachung des Arbeitnehmers überträgt und der Arbeitnehmer einer vorsätzlichen Vertragspflichtverletzung überführt wird. Erstattungsfähig sind allerdings nur Aufwendungen, die der Abwehr drohender Nachteile dienen. Dies ist anzunehmen, wenn es um die Beseitigung einer Störung bzw. eines Schadens oder um die Verhinderung eines konkret drohenden (weiteren) Schadens geht, etwa darum, eine – drohende – Vertragspflichtverletzung des Arbeitnehmers durch eine Beendigung des Arbeitsverhältnisses zu beseitigen. Soweit die durch das Tätigwerden des Dritten entstandenen Kosten höher sind als die Kosten, die dem Arbeitgeber im Fall eigener Ermittlungen entstehen, muss der Schädiger diese nur dann ersetzen, wenn eigene Ermittlungen durch den Arbeitgeber bzw. bei ihm beschäftigter Personen nicht oder nicht in zumutbarer Weise in Betracht kommen. Darüber hinaus muss es sich um Ermittlungsmaßnahmen handeln, die ein vernünftiger, wirtschaftlich denkender Arbeitgeber nach den Umständen des Einzelfalls zur Beseitigung der Störung bzw. zur Schadensverhütung nicht nur als zweckmäßig, sondern auch als erforderlich ergriffen haben würde. Dieses Erfordernis gilt nicht nur für die Art der Aufwendungen, sondern auch für deren Umfang (BAG v. 29.4.2021, 8 AZR 276/20). Einem solchen Ersatzanspruch des Arbeitgebers steht § 12a Abs. 1 Satz 1 ArbGG, der als spezielle arbeitsrechtliche Regelung nicht nur einen prozessualen Kostenerstattungsanspruch, sondern auch einen materiell-rechtlichen Anspruch auf Erstattung von bis zum Schluss einer eventuellen ersten Instanz entstandenen Beitreibungskosten und damit auch einen Anspruch auf Erstattung außer- und vorgerichtlicher Rechtsverfolgungskosten ausschließt, nicht entgegen. Vielmehr ist in einem solchen Fall eine teleologische Reduktion von § 12a Abs. 1 Satz 1 ArbGG geboten (BAG v. 29.4.2021, 8 AZR 276/20).

Hinsichtlich der vom Arbeitnehmer in den Betrieb des Arbeitgebers eingebrachten Sachen hat der Arbeitgeber eine **Schutzpflicht**, soweit die Sachen berechtigterweise in den Betrieb eingebracht sind und der Arbeitnehmer diese während der Arbeit nicht selber sicher aufbewahren kann. Der Arbeitgeber ist also verpflichtet, die berechtigterweise auf das Betriebsgelände mitgebrachten Sachen des Arbeitnehmers durch zumutbare Maßnahmen vor Beschädigungen durch Dritte zu schützen. Wie weit diese Pflicht geht, ist im Einzelfall nach Treu und Glauben unter Berücksichtigung der betrieblichen und örtlichen Verhältnisse zu bestimmen. Der Arbeitgeber haftet bei schuldhafter Pflichtverletzung auf Schadensersatz (BAG v. 25.5.2000, 8 AZR 518/99).

Aus seiner allgemeinen Fürsorgepflicht leiten sich Obhuts- und Verwahrungspflichten des Arbeitgebers in Bezug auf eingebrachte Sachen des Arbeitgebers ab. Dem Arbeitgeber können indes allein solche Schutzmaßnahmen abverlangt werden, die dem Arbeitgeber nach den konkreten beruflichen und betrieblichen Verhältnissen zumutbar sind. Bei unzureichender Erfüllung der gebotenen Schutzmaßnahmen haftet der Arbeitgeber nach den allgemeinen Grundsätzen des BGB. Die Obhuts- und Verwahrungspflicht gilt uneingeschränkt für persönlich unentbehrliche Sachen des Arbeitnehmers aber auch für unmittelbar arbeitsdienliche Sachen (z.B. Fachbücher, Werkzeug, Arbeitskleidung und sonstiges Arbeitsmaterial), sofern die Einbringung dieser Sachen aus Arbeitnehmersicht notwendig und für den Arbeitgeber zumutbar ist. Keine Ersatzpflicht besteht bei Schäden an solchen Sachen, die weder für die Arbeitsleistung des Arbeitnehmers notwendig sind noch im Zusammenhang mit der Arbeitsleistung üblicherweise eingebracht werden. Der **Arbeitgeber** hat für eine **geeignete Aufbewahrungsmöglichkeit zu sorgen** (BAG v. 1.7.1965, 5 AZR 264/64), z.B. durch Zurverfügungstellung abschließbarer Schränke o.Ä. Kommt der Arbeitgeber dieser Nebenpflicht schuldhaft nicht nach, haftet er dem Arbeitnehmer auf **Schadensersatz**, wenn solche Gegenstände z.B. gestohlen werden. Der Schadensersatz umfasst allerdings nicht solche entwendeten Gegenstände des Arbeitnehmers, die nicht notwendigerweise oder üblicherweise von dem Arbeitnehmer in den Betrieb mitgebracht werden, z.B. größere Geldbeträge, Fotoapparate, Schmuckstücke; insoweit besteht keine Obhutspflicht des Arbeitgebers. Entscheidend sind die Umstände des Einzelfalles.

Zu der Frage, ob der Arbeitgeber ausreichenden und geeigneten **Parkraum** zur Verfügung zu stellen hat für den Fall, dass der Arbeitnehmer mit dem **Pkw** zur Arbeit kommt, kommt es wiederum auf die Umstände des Einzelfalles an. Das BAG bejaht diese Pflicht des Arbeitgebers, wenn dies technisch nach den örtlichen Gegebenheiten möglich, nach der Lage der Sache unter Berücksichtigung der Belange sowohl der Arbeitnehmer wie des Arbeitgebers erforderlich und es dem Arbeitgeber zumutbar ist; eine Bewachungspflicht besteht aber grds. nicht (vgl. BAG v. 25.6.1975, 5 AZR 260/74). Hinsichtlich des Kraftfahrzeugs, mit dem der Arbeitnehmer die Arbeitsstelle aufsucht, haftet der Arbeitgeber, sofern er Parkplätze zur Verfügung stellt und Schäden eintreten, die auf die Verletzung der allgemeinen Verkehrssicherungspflicht zurückgehen. Sofern also der Arbeitgeber mit der Bereitstellung von Firmenparkplätzen eine potentielle Gefahrenquelle eröffnet hat, hat er zur Vermeidung etwaiger Schäden an den dort parkierten Fahrzeugen seiner Mitarbeiter i.R. der Zumutbarkeit alles Gebotene zu tun, um deren Eintritt zu verhindern. Dementsprechend ist der Arbeitgeber bei einer Sturmwarnung verpflichtet, das Betriebsgelände abzugehen und etwaige Gefahrenquellen zu sichern. Unterlässt er das, muss er für Sturmschäden am Pkw des Arbeitnehmers haften (LAG Düsseldorf v. 11.9.2017, 9 Sa 42/17).

Die Schaffung von sicheren Unterstellmöglichkeiten für **Fahrräder** dürfte meist zumutbar sein, da hierfür verhältnismäßig geringe Aufwendungen erforderlich sind.

2. Lohnsteuer

a) Einnahmen durch Diebstähle als Arbeitslohn

Vermögensvorteile, die ein Arbeitnehmer durch Diebstahl (oder 1536
auch **Veruntreuung**) zu Lasten seines Arbeitgebers erlangt, gehö-

ren bei ihm schon deshalb **nicht zum Arbeitslohn**, weil der **Zufluss nicht mit Wissen und Wollen des Arbeitgebers** erfolgt (vgl. BFH v. 30.9.2020, VI R 34/18, BStBl II 2021, 446 zur Veruntreuung von Arbeitslohn sowie BFH v. 18.4.2013, VI R 23/12, BStBl II 2013, 920 betr. unerlaubte Nutzung eines Firmenwagens für Privatfahrten), s. dazu auch BMF v. 3.3.2022, IV C 5 – S 2334/21/10004, BStBl I 2022, 232, Rz. 21. Das Gleiche gilt, wenn Lohngelder beim Arbeitgeber gestohlen werden. Der Verkauf von gestohlenen Gegenständen ist aber ggf. nach § 15 EStG (Einkünfte aus **Gewerbebetrieb**) einkommensteuerpflichtig (FG Münster v. 23.5.2001, 8 K 7105/98 E, G, EFG 2001, 1291 betr. den Verkauf von durch Untreue erlangten Fleischwölfen des Arbeitgebers).

~~LSt~~ ~~SV~~

Arbeitslohn kann jedoch anzunehmen sein, wenn der **Arbeitgeber** auf einen **Regressanspruch verzichtet** oder die **Diebstähle duldet** (BGH v. 9.12.1987, 3 StR 104/87, HFR 1989, 217; BFH v. 27.3.1992, VI R 145/89, BStBl II 1992, 837).

LSt SV

b) Ersatz von Diebstahlsverlusten durch den Arbeitgeber

aa) Ersatz von Arbeitsmitteln

1537 Ersetzt der Arbeitgeber seinem Arbeitnehmer den Verlust von Arbeitsmitteln (z.B. eines Laptops), liegt immer **steuerpflichtiger Arbeitslohn** vor. Dies gilt auch, wenn der Diebstahl **am Arbeitsplatz** geschehen ist, denn es gibt keine allgemeine Steuerbefreiungsvorschrift für den Ersatz von Werbungskosten (R 19.3 Abs. 3 LStR). Der Arbeitnehmer kann jedoch den Wertverlust, soweit die Anschaffungskosten noch nicht „abgeschrieben" sind, als **Werbungskosten** geltend machen.

bb) Ersatz von Privatkleidung

1538 Steuerpflichtig sind auch Ersatzleistungen des Arbeitgebers für den Verlust von Privatkleidung des Arbeitnehmers am Arbeitsplatz; ein Werbungskostenabzug ist in diesem Fall jedoch nicht zulässig (FG Köln v. 8.6.1990, 4 K 23/85, EFG 1991, 193).

LSt SV

cc) Verluste während einer Auswärtstätigkeit

1539 Ersetzt der Arbeitgeber dagegen einem Arbeitnehmer Diebstahlsverluste von Gegenständen, die der Arbeitnehmer auf einer Auswärtstätigkeit verwenden musste, so sind die Ersatzleistungen dem Grunde nach dann als nach § 3 Nr. 16 EStG **steuerfreier Reisekostenersatz** zu beurteilen, wenn der Schaden sich als **Konkretisierung einer reisespezifischen Gefährdung** (z.B. Diebstahls-, Transport- oder Unfallschaden) erweist und **nicht nur gelegentlich** der Reise eingetreten ist (BFH v. 30.11.1993, VI R 21/92, BStBl II 1994, 256).

Beispiel:

Arbeitgeber A ersetzt seinen Arbeitnehmern auf Dienstreisen durch Diebstahl abhanden gekommene Gegenstände und Kleiderschäden i.R. einer Zeitwerttabelle, die mit dem Betriebsrat vereinbart worden ist. Das Finanzamt hat die Ersatzleistungen als Arbeitslohn versteuert.

Der BFH hat hierzu entschieden (Urteil v. 30.11.1993, VI R 21/92, BStBl II 1994, 256), dass es sich bei den Ersatzleistungen um steuerfreien Reisekostenersatz i.S.d. § 3 Nr. 16 EStG handeln kann. Das bedeutet aber nicht, dass der Arbeitgeber seinen Arbeitnehmern nun jeden gelegentlich einer Dienstreise eingetretenen Schaden steuerfrei ersetzen dürfte. Erforderlich ist, dass sich der geltend gemachte Schaden als Konkretisierung einer typischen Gefahr des Reisens (z.B. Diebstahls-, Transport- oder Unfallschaden) erweist. Denn nur dann ist ein ausreichend enger Zusammenhang zwischen der beruflichen Tätigkeit und dem eingetretenen Schaden anzunehmen.

Der BFH **verlangt vom Arbeitgeber** zur Verhinderung von Missbräuchen **detaillierte Nachweise**, dass ein reisespezifischer Schaden entstanden ist. Die bloße Behauptung des Arbeitnehmers, er habe auf seiner Dienstreise einen Schaden erlitten, reicht nicht aus. So muss er z.B. im Falle des Diebstahls eine **polizeiliche Anzeige** vorlegen. Bei sonstigen Verlusten muss er nachweisen, dass mögliche **Ersatzansprüche** gegenüber den in Betracht kommenden Ersatzpflichtigen (z.B. das Hotel) geltend gemacht worden sind. Wenn der Arbeitnehmer die Gegenstände lediglich verloren oder z.B. im Hotel liegen gelassen hat, kommt ein steuerfreier Arbeitgeberersatz nicht in Betracht.

Wenn der Arbeitgeber nicht bereit ist, die erforderlichen Nachweise über das Vorliegen der o.g. Voraussetzungen zu erbringen bzw. sich vom Arbeitnehmer vorlegen zu lassen, kann er seine **Ersatzleistungen der Lohnsteuer unterwerfen und den Arbeitnehmer auf den Werbungskostenabzug verweisen** oder aber dem Arbeitnehmer an Stelle eigener Ersatzleistungen die **Prämien** für eine auf Dienstreisen beschränkte **Reisegepäckversicherung steuerfrei erstatten**.

Steuerfrei erstattet werden kann dem Arbeitnehmer auch der **Verlust seines Pkw durch Diebstahl** (BFH v. 25.5.1992, VI R 171/88, BStBl II 1993, 44) oder der **Verlust von Privatgepäck** während einer Dienstreise, sofern der Arbeitnehmer die nach den Umständen des Einzelfalles zumutbaren Sicherheitsvorkehrungen zum Schutz seines Reisegepäcks getroffen hat (BFH v. 30.6.1995, VI R 26/95, BStBl II 1995, 744). Was „zumutbar" ist, kann nur im jeweiligen Einzelfall beurteilt werden. Hier wird man aber wohl verlangen können, dass ein Pkw auf einem bewachten Parkplatz abgestellt und Pässe sowie Flugtickets im Hotelsafe aufbewahrt werden.

~~LSt~~ ~~SV~~

Steuerfrei ist aber nur der Ersatz für den Verlust von Gegenständen, die der Arbeitnehmer auf der Dienstreise verwenden musste, z.B. Kleidung. **Nicht dazu gehören private Wertsachen wie Schmuck, Geld** usw. (vgl. FG München v. 7.7.1999, 1 K 3088/98, EFG 1999, 1216 betr. Schmuck einer Schauspielerin, auch wenn die Produktionsfirma sie aufgefordert hatte, ihren eigenen Schmuck für Dreharbeiten mitzubringen).

dd) Verluste bei mitgereisten Personen

Der BFH hat im Urteil v. 30.6.1995, VI R 26/95, BStBl II 1995, 744 1540
den **Werbungskostenabzug** für gestohlene Kleidungsstücke, die der auf eine Dienstreise mitgenommenen Ehefrau gehörten, **abgelehnt**, weil deren Mitnahme – selbst wenn die Ehefrau den Arbeitnehmer bei seiner beruflichen Tätigkeit unterstützt haben sollte – der **privaten Sphäre** zuzurechnen ist. Ein steuerfreier Arbeitgeberersatz kommt daher auch insoweit nicht in Betracht.

LSt SV

Etwas anderes gilt nur, wenn die Tätigkeit des Ehegatten für den **Arbeitgeber so wichtig** ist, dass er ihn dafür auch **bezahlt**. Dies könnte z.B. der Fall sein, wenn die mitgereiste **Ehefrau** im Ausland einen **Dolmetscher ersetzt**.

~~LSt~~ ~~SV~~

ee) Höhe der steuerfreien Erstattung

Steuerfrei ist nach den o.g. Urteilen die Ersatzleistung nur in der 1541
Höhe, in der die Anschaffungs- oder Herstellungskosten des Gegenstands im Falle ihrer Verteilung auf die übliche Gesamtnutzungsdauer auf die **Zeit nach dem Eintritt des Schadens** entfallen würden **(sog. fiktiver Buchwert)**. Es dürfen also weder die ursprünglichen Anschaffungskosten noch der Zeitwert oder gar die Wiederbeschaffungskosten berücksichtigt werden.

Beispiel:

A ist auf einer Dienstreise am 31.12.2025 ein Ledermantel gestohlen worden. Dieser ist am 2.1.2022 für 1 000 € angeschafft worden; die Nutzungsdauer soll fünf Jahre betragen.

Bei einer gleichmäßigen Verteilung der Anschaffungskosten auf die Nutzungsdauer beträgt der fiktive Buchwert des Mantels am 31.12.2025 noch 200 € (1 000 € abzüglich vier Jahre je 200 €). Nur dieser Betrag darf vom Arbeitgeber als Reisenebenkosten steuerfrei ersetzt werden. Vgl. sinngemäß FG Thüringen v. 4.11.1999, II 276/98, EFG 2000, 211.

c) Dienstreise-Gepäckversicherung

Schließt ein Arbeitgeber für seine Arbeitnehmer eine Reisege- 1542
päckversicherung ab, aus der den **Arbeitnehmern ein eigener Anspruch gegenüber dem Versicherer zusteht**, so führt die Zahlung der Prämien durch den Arbeitgeber grds. zu **Arbeitslohn**. Dieser ist nur dann nach § 3 Nr. 16 EStG **steuerfrei**, wenn sich der Versicherungsschutz auf **Dienstreisen beschränkt**.

Bezieht sich der Versicherungsschutz dagegen auf **sämtliche Reisen** des Arbeitnehmers, so ist eine **Aufteilung** der gesamten Prämie in einen beruflichen (steuerfreien) und einen privaten (steuerpflichtigen) Anteil zulässig, wenn der **Versicherer eine Auskunft über die Kalkulation seiner Prämie erteilt**, die eine **Aufteilung ohne weiteres ermöglicht** (sinngemäß auch → *Rechtsschutzversicherung* Rz. 3585). Eine Aufteilung, die auf

Grund der Auskunft des Versicherers möglich wäre, hat zu unterbleiben mit der Folge, dass dann die gesamte Prämie als steuerpflichtiger Arbeitslohn anzusehen ist, wenn der **Arbeitnehmer nur sporadisch oder gar keine Dienstreisen durchführt** (BFH v. 19.2.1993, VI R 42/92, BStBl II 1993, 519).

3. Werbungskosten

1543 → *Werbungskosten* Rz. 4521

Dienstaufsichtsbeschwerde

→ *Rechtsbehelfe* Rz. 3570

Dienstgang

→ *Reisekosten: Allgemeine Grundsätze* Rz. 3589

Dienstjubiläum

→ *Bewirtungskosten* Rz. 1452, → *Jubiläumsgeschenke* Rz. 2653

Dienstkleidung

→ *Berufskleidung* Rz. 1353

Dienstleistungen/Mitarbeitervergünstigung

→ *Arbeitslohn-ABC* Rz. 660

Dienstreisen

→ *Reisekosten: Allgemeine Grundsätze* Rz. 3589

Dienstverhältnis

→ *Arbeitgeber* Rz. 181, → *Arbeitnehmer* Rz. 191, → *Arbeitsvertrag* Rz. 730

Dienstvertrag

→ *Arbeitnehmer* Rz. 191, → *Arbeitnehmerüberlassung* Rz. 568

Dienstwagen zur privaten Nutzung

→ *Firmenwagen zur privaten Nutzung* Rz. 2121

Dienstwohnung

Inhalt

1. Allgemeines

Innerhalb des großen Rahmens der „Sozialleistungen" des Arbeitgebers nimmt der Wohnungsbereich einen breiten Raum ein. Zum Teil werden **Mietnachlässe** oder **sonstige Verbilligungen** bereits in den Arbeitsverträgen oder Betriebsvereinbarungen festgelegt. **1544**

Die unentgeltliche oder verbilligte Überlassung von Wohnräumen durch den Arbeitgeber ist **steuer- und beitragspflichtiger Arbeitslohn**. Dabei ist unerheblich, ob die Wohnung z.B. als Werks- oder Dienstwohnung im Eigentum des Arbeitgebers oder dem Arbeitgeber auf Grund eines Belegungsrechts zur Verfügung steht oder von ihm angemietet worden ist (R 8.1 Abs. 6 Satz 8 LStR).

Ein geldwerter Vorteil in Form der verbilligten Wohnungsüberlassung ist auch dann i.R. des Arbeitsverhältnisses zugeflossen, wenn die Wohnung des Arbeitgebers **von dessen 100 %iger Tochtergesellschaft verwaltet** und in deren Namen an den Arbeitnehmer vermietet wird. Ein geldwerter Vorteil liegt auch vor, wenn die **Verbilligung der Miete unbeabsichtigt** erfolgt (BFH v. 7.11.2006, VI R 70/02, HFR 2007, 109).

LSt SV

Die **Bewertung der unentgeltlichen oder verbilligten Überlassung** von Wohnraum erfolgt mit dem um übliche Preisnachlässe geminderten üblichen Endpreis am Abgabeort (§ 8 Abs. 2 Satz 1 EStG), soweit nicht nach § 8 Abs. 2 Satz 6 EStG die Sachbezugswerte nach der SvEV anzusetzen sind.

Durch das Gesetz zur weiteren steuerlichen Förderung der Elektromobilität und zur Änderung weiterer steuerlicher Vorschriften ist **seit 2020** bei der Überlassung einer Wohnung **ein Bewertungsabschlag eingeführt** worden (→ Rz. 1572). Danach unterbleibt der Ansatz eines Sachbezugs für eine dem Arbeitnehmer vom Arbeitgeber zu eigenen Wohnzwecken überlassene Wohnung, soweit das vom Arbeitnehmer gezahlte Entgelt mindestens zwei Drittel des ortsüblichen Mietwerts und dieser nicht mehr als 25 € je Quadratmeter ohne umlagefähige Kosten i.S. der Verordnung über die Aufstellung von Betriebskosten beträgt (§ 8 Abs. 2 Satz 12 EStG).

Darüber hinaus ist auch eine Anwendung des Rabattfreibetrags von 1 080 € möglich, wenn der Arbeitgeber Wohnungen überwiegend an fremde Dritte vermietet, wie dies z.B. bei Wohnungsgenossenschaften der Fall ist.

2. Ansatz der Sachbezugswerte

a) Allgemeines

Die **für die Sozialversicherung festgesetzten Sachbezugswerte gelten** nach § 8 Abs. 2 Satz 6 EStG **auch für den Steuerabzug vom Arbeitslohn**. Die Werte betreffen Kost, Wohnung, Heizung und Beleuchtung. Die darin festgesetzten Werte sind grds. bei allen Arbeitnehmern im steuerlichen Sinne anzuwenden (§ 8 Abs. 2 **1545**

Satz 7 EStG), d.h. auch bei Arbeitnehmern, die nicht in der gesetzlichen Rentenversicherung versichert sind.

Die Sachbezugswerte gelten auch dann, wenn in einem **Tarifvertrag** (Tarifordnung), einer Betriebsvereinbarung oder in dem Arbeitsvertrag für die Sachbezüge höhere oder niedrigere Werte festgesetzt sind. Sie gelten ferner, wenn an Stelle der vorgesehenen Sachbezüge die im Tarifvertrag oder in dem Arbeitsvertrag festgesetzten Werte nur gelegentlich oder vorübergehend (z.B. bei tageweiser auswärtiger Beschäftigung, bei Krankheit oder Urlaub) bar ausgezahlt werden.

Die Sachbezugswerte sind zwingend auch der Höhe nach anzusetzen (BFH v. 7.1.2004, VI B 108/02), dies gilt auch, wenn die gezahlte Miete ortsüblich ist und unter dem Wert der SvEV liegt (BFH v. 23.8.2007, VI R 74/04, BStBl II 2007, 948). Das Urteil des BFH v. 19.8.2004, VI R 33/97, BStBl II 2004, 1076, nach dem Sachbezugswerte für eine Wohnung mit außergewöhnlicher Ausstattung nicht anzusetzen sind, hat keine Bedeutung mehr, weil für die Überlassung einer Wohnung keine Sachbezugswerte mehr festgesetzt werden (§ 2 Abs. 4 SvEV).

Liegen die Voraussetzungen für die Anwendung der Sachbezugswerte vor, so sind diese Werte auch dann anzusetzen, wenn der Arbeitgeber die Unterkünfte zu einem höheren Mietzins angemietet hat.

Der BFH hat mit Beschluss v. 12.5.2022, VI B 73/21, zur Bewertung einer Unterkunft als Sachbezug Stellung genommen (Leitsätze):

„Der Wert einer einem Arbeitnehmer als Sachbezug zur Verfügung gestellten Unterkunft ist beim Zusammenleben in einer Wohngemeinschaft nicht nach § 2 Abs. 3 Satz 2 Nr. 3 Buchst. a SvEV („Belegung mit zwei Beschäftigten") zu mindern, wenn nicht auch das zur Verfügung gestellte Zimmer (die Unterkunft) mit zwei Beschäftigten belegt ist (Anschluss an BSG v. 23.2.2017, B 11 AL 1/16 R, Rdnr. 28)."

b) Begriff der Unterkunft

1546 Ein Sachbezugswert für die Überlassung von Wohnraum wird nur angesetzt, wenn der Arbeitgeber dem Arbeitnehmer **keine Wohnung**, sondern lediglich eine **Unterkunft** überlässt. Nach den LStR ist eine **Unterkunft** dann anzunehmen, wenn es sich nicht um eine Wohnung handelt (R 8.1 Abs. 5 LStR). Der Begriff der Wohnung ist in R 8.1 Abs. 6 LStR wie folgt definiert:

*„Eine **Wohnung** ist eine in sich geschlossene Einheit von Räumen, in denen ein selbständiger Haushalt geführt werden kann. Wesentlich ist, dass eine Wasserversorgung und -entsorgung, zumindest eine einer Küche vergleichbare Kochgelegenheit sowie eine Toilette vorhanden sind. Danach stellt z.B. ein Einzimmerappartement mit Küchenzeile und WC als Nebenraum eine Wohnung dar, dagegen ist ein Wohnraum bei Mitbenutzung von Bad, Toilette und Küche eine Unterkunft."*

Liegt nach dieser Definition keine Wohnung vor, so ist eine Unterkunft anzunehmen; der Vorteil ist dann mit dem Sachbezugswert anzusetzen, soweit nicht zulässigerweise § 8 Abs. 3 EStG angewandt wird oder die Ausnahmeregelung nach § 2 Abs. 3 Satz 3 SvEV zur Anwendung kommt. Dabei ist der amtliche Sachbezugswert auch dann maßgebend, wenn der Arbeitgeber die dem Arbeitnehmer überlassene Unterkunft gemietet und ggf. mit Einrichtungsgegenständen ausgestattet hat.

Beispiel:

Ein Arbeitgeber mietet in einem Studentenwohnheim ein 13 qm großes Appartement mit Gemeinschaftsteeküche für monatlich 100 € und überlässt es einem Arbeitnehmer unentgeltlich.

Bei dem Appartement handelt es sich nicht um eine Wohnung, weil es keine eigene Kochgelegenheit besitzt (BFH v. 2.4.1997, X R 141/94, BStBl II 1997, 611). Der Arbeitnehmer hat daher diesen Vorteil nach den Werten der SvEV zu versteuern, und zwar unabhängig von der vom Arbeitgeber gezahlten Miete.

Keine Unterkunft liegt hingegen vor, wenn der Arbeitnehmer in einem **Erholungsheim** des Arbeitgebers oder auf Kosten des Arbeitgebers zur Erholung in einem anderen Beherbergungsbetrieb untergebracht oder verpflegt wird. In diesen Fällen ist die Leistung mit dem entsprechenden **Pensionspreis** eines vergleichbaren Beherbergungsbetriebs am selben Ort zu bewerten; dabei können jedoch Preisabschläge in Betracht kommen, wenn der Arbeitnehmer z.B. nach der Hausordnung Bedingungen unterworfen wird, die für Hotels und Pensionen allgemein nicht gelten (BFH v. 18.3.1960, VI 345/57 U, BStBl III 1960, 237).

Typisches Merkmal einer **Gemeinschaftsunterkunft** ist, dass der Unterbringung Wohnheimcharakter zukommt. Gemeinschaftsunterkünfte stellen beispielsweise Lehrlingswohnheime, Schwesternwohnheime und Kasernen dar, die durch gemeinschaftlich zu nutzende Wasch- bzw. Duschräume, WC-Anlagen und ggf. Gemeinschaftsküchen bzw. Kantinen gekennzeichnet sind (R 8.1 Abs. 5 Satz 3 LStR).

c) Höhe der Sachbezugswerte

Der Wert der einem Arbeitnehmer zur Verfügung gestellten Unterkunft beträgt nach § 2 Abs. 3 Satz 1 SvEV **für 2026 monatlich 285 €**. Dabei wurde als Maßstab für die Bewertung der für ein beheiztes Zimmer zu zahlende Preis herangezogen. Der Wert für die Unterkunft **schließt daher Kosten für Heizung und auch Beleuchtung ein**. Wird die Unterkunft **unbeheizt** zur Verfügung gestellt, führt dies zu keiner Kürzung des Sachbezugswerts. 1547

Für **in den neuen Bundesländern** einschließlich Berlin (Ost) belegene Unterkünfte gilt **der gleiche Wert**, denn Abschläge wurden nur bis zum Kalenderjahr 2007 berücksichtigt.

Diese Werte reduzieren sich

- bei Aufnahme im Haushalt des Arbeitgebers oder Unterbringung in einer Gemeinschaftsunterkunft (§ 2 Abs. 3 Satz 2 Nr. 1 SvEV) um **15 %**,
- für Jugendliche bis zur Vollendung des 18. Lebensjahrs und Auszubildende (§ 2 Abs. 3 Satz 2 Nr. 2 SvEV) um **15 %**,
- bei der Belegung (§ 2 Abs. 3 Satz 2 Nr. 3 SvEV)
  - mit zwei Beschäftigten um **40 %**,
  - mit drei Beschäftigten um **50 %**,
  - mit mehr als drei Beschäftigten um **60 %**.

Erfüllt ein Arbeitnehmer mehrere dieser Voraussetzungen, sind die Prozentsätze zu addieren.

Beispiel:

Ein Arbeitgeber mit Betriebsstätten in Hannover und Dresden unterhält dort jeweils ein Lehrlingswohnheim für seine Auszubildenden. Zwei Auszubildende teilen sich ein Zimmer.

Die kostenlose Unterkunft ist mit dem Sachbezugswert nach der SvEV zu bewerten. Dieser beträgt in Hannover und auch in Dresden für 2026 285 €. Es kommen folgende Abschläge in Betracht:

- 15 % wegen Gemeinschaftsunterkunft,
- 15 % wegen Ausbildung,
- 40 % wegen Belegung mit zwei Auszubildenden.

Der Abschlag beträgt insgesamt 70 %. Der monatliche Sachbezugswert beträgt daher für die Auszubildenden

- in Hannover (30 % von 285 €) 85,50 €,
- in Dresden (30 % von 285 €) 85,50 €.

Wird eine Unterkunft **nicht für den gesamten Monat überlassen**, so ist für jeden Tag der Überlassung ein Dreißigstel des Monatswerts zu Grunde zu legen. Die Berechnungen der anteiligen Sachbezugswerte sind **jeweils auf zwei Dezimalstellen** durchzuführen. Dabei ist die letzte Dezimalstelle kaufmännisch zu runden.

Eine **Tabelle mit den Einzelwerten** für alle Möglichkeiten der Unterbringung ist im Anhang abgedruckt, vgl. → *Anhang, B. Sozialversicherung* Rz. 4834.

Soweit es **nach Lage des einzelnen Falles unbillig** ist, den Sachbezugswert anzusetzen, kann die Unterkunft **mit dem ortsüblichen Mietwert** bewertet werden (§ 2 Abs. 3 Satz 3 SvEV). Damit soll bei Unterkünften – wie bei Wohnungen – den in Einzelfällen sehr unterschiedlichen Ausstattungsqualitäten Rechnung getragen werden können. Bei wesentlichen Abweichungen vom Durchschnittsstandard einer Unterkunft soll statt des Sachbezugswerts der – niedrigere – ortsübliche Mietpreis oder die nach § 2 Abs. 4 Satz 2 SvEV festgesetzten Werte (→ Rz. 1558) angesetzt werden.

Einen solchen Fall der Unbilligkeit hat das FG Köln bei einem land- und forstwirtschaftlichen Betrieb gesehen, der seine ausländischen Saisonarbeitskräfte in auf dem Betriebsgelände aufgestellten Containern übernachten ließ. Die Container waren mit je drei Personen pro Zimmer besetzt und mit Gemeinschaftstoiletten und Gemeinschaftswaschräumen ausgestattet (FG Köln v. 27.11.2019, 13 K 927/16).

d) Werbungskosten

1548 Die versteuerten geldwerte Vorteile für eine von der Bundeswehr unentgeltlich bereitgestellte, aber tatsächlich nicht zur Übernachtung genutzte Gemeinschaftsunterkunft sind **als allgemeine Werbungskosten abzugsfähig**, wenn die Gemeinschaftsunterkunft ausschließlich für dienstliche Zwecke und nicht zum Wohnen am Beschäftigungsort genutzt wird (BFH v. 28.4.2020, VI R 5/18, BStBl II 2021, 725).

Beispiel:

Z ist ledig und Zeitsoldat bei der Bundeswehr. Die Bundeswehr stellte ihm unentgeltlich eine Gemeinschaftsunterkunft in der Kaserne zur Verfügung. Grds. bestand für Z die Verpflichtung, in der Gemeinschaftsunterkunft zu wohnen. Er war allerdings nicht zur Übernachtung in der Gemeinschaftsunterkunft verpflichtet. Die Ausgangsregelungen der Bundeswehr ließen eine Rückkehr an den Heimatwohnort nach Dienstschluss zu (sog. „Ausgang bis zum Wecken"). Z nutzte die Unterkunft in der Kaserne dementsprechend **nicht für Übernachtungen** (nach Dienstende fuhr Z von der Kaserne zu seiner Wohnung), sondern **nur für dienstliche Zwecke** (Aufbewahrung der Dienstkleidung und Ausrüstung, Wechseln der Uniform). Für die Gestellung der Unterkunft setzte die Bundeswehr einen geldwerten Vorteil nach der SvEV an. Z beantragte in seiner Einkommensteuererklärung die Anerkennung von Unterkunftskosten am Beschäftigungsort in Höhe des von der Bundeswehr in Ansatz gebrachten Sachbezugswerts.

Der **BFH** hat Z recht gegeben. Führen Zuwendungen des Arbeitgebers, durch die sich der Arbeitnehmer eigene Aufwendungen erspart, beim Arbeitnehmer zu steuerpflichtigen Einnahmen, können in Höhe der Zuwendungen abziehbare Werbungskosten vorliegen, wenn die Zahlungen durch den Arbeitnehmer zu abziehbaren Werbungskosten geführt hätten. Daher sind Zuwendungen der Bundeswehr durch die kostenlose Zurverfügungstellung einer Gemeinschaftsunterkunft bei einem Zeitsoldaten als Werbungskosten abziehbar, wenn er die Gemeinschaftsunterkunft **ausschließlich für dienstliche Zwecke** und **nicht zum Wohnen am Beschäftigungsort** nutzt (BFH v. 28.4.2020, VI R 5/18, BStBl II 2021, 725).

3. Ansatz der ortsüblichen Miete

1549 Wird dem Arbeitnehmer vom Arbeitgeber **eine Wohnung** unentgeltlich oder verbilligt überlassen, so ist für die Bewertung des Vorteils der um übliche Preisnachlässe geminderte übliche Endpreis am Abgabeort maßgebend (**ortsüblicher Mietwert**). Darunter ist der **Mietzins** zu verstehen, der unter Berücksichtigung der örtlichen Verhältnisse und unter Beachtung gesetzlicher Mietpreisbestimmungen für eine nach Baujahr, Lage, Art, Größe, Ausstattung und Beschaffenheit vergleichbare Wohnung üblich ist (R 8.1 Abs. 6 Satz 5 LStR). Nach Abzug des Bewertungsabschlags nach § 8 Abs. 2 Satz 12 EStG (→ Rz. 1572) ergibt sich eine **Vergleichsmiete** als Bemessungsgrundlage für die Bewertung der Mietvorteile. Das vom Arbeitgeber tatsächlich gezahlte Entgelt für die Wohnung (tatsächlich erhobene Miete und tatsächlich abgerechnete Nebenkosten) ist auf die Vergleichsmiete anzurechnen (BFH v. 11.5.2011, VI R 65/09, BStBl II 2011, 946).

Beispiel:

Ein Arbeitgeber mit Betriebsstätte in Hannover unterhält dort ein Lehrlingswohnheim für seine Auszubildenden, da dieses aber voll belegt ist, mietet der Arbeitgeber für einen Auszubildenden ein Einzimmerappartement mit Küche und Bad (15 qm) für 270 € an.

Da dem Auszubildenden eine Wohnung zur Verfügung gestellt wird und keine Unterkunft, ist der Sachbezugswert nicht anzusetzen. Der geldwerte Vorteil bemisst sich vielmehr nach der ortsüblichen Miete für das Einzimmerappartement.

Der geldwerte Vorteil beträgt daher – unter Berücksichtigung des Bewertungsabschlags nach § 8 Abs. 2 Satz 12 EStG (→ Rz. 1572) von 90,00 € (= ein Drittel von 270 €) – 180,00 €.

Macht der Arbeitnehmer geltend, dass die ihm überlassene Wohnung sein Wohnbedürfnis übersteigt, rechtfertigt dies grds. nicht, einen geringeren Mietwert anzusetzen, vgl. H 8.1 (5–6) (Persönliche Bedürfnisse des Arbeitnehmers) LStH. Eine Ausnahme gilt nur, wenn sichergestellt ist, dass der Arbeitnehmer ihm überlassene Räume nicht nutzt. Eine Nutzung ist auch darin zu sehen, dass der Arbeitnehmer die „überzähligen" Wohnräume als Abstellräume nutzt.

In die Berechnung des Mietwerts sind allerdings solche Räume **nicht einzubeziehen**, die dem Arbeitnehmer vom Arbeitgeber **im ganz überwiegend betrieblichen Interesse** als Büro bzw. Dienstzimmer **zugewiesen werden**. Für die Herausnahme aus der Bemessungsgrundlage müssen jedoch neben der ausdrücklichen – schriftlichen – Zuweisung dieses Raums als Büro bzw. Dienstzimmer **weitere Indizien vorliegen**, die die Anerkennung eines ganz überwiegend betrieblichen Arbeitgeberinteresses rechtfertigen. Sie müssen die tatsächliche Abgrenzung zu den Wohnräumen erkennen lassen. Als solche Merkmale kommen z.B. die (Teil-)Möblierung des Büros durch den Arbeitgeber, die Erfassung der anteiligen Energiekosten über gesonderte Zähler oder die räumliche Trennung durch eine separate Eingangstür in Betracht.

Die Nichtmöblierung durch den Arbeitgeber führt andererseits nicht in jedem Fall zur Einbeziehung des Raums in die Mietwertberechnung. Maßgebend sind letztlich die Gesamtumstände des Einzelfalls.

4. Berechnungsmethoden zur Ermittlung der ortsüblichen Miete

Überlässt der Arbeitgeber seinen Arbeitnehmern eigene Wohnungen, so ist die Ermittlung der ortsüblichen Miete nicht immer einfach. Folgende Bewertungsmethoden können dabei angewendet werden: 1550

a) Vergleichsmieten

In den Fällen, in denen der Arbeitgeber Wohnungen nicht nur an Arbeitnehmer, sondern auch **in nicht unerheblichem Umfang an fremde Dritte vermietet**, sind die von den fremden Dritten geforderten Mieten als Vergleichsmieten anzusehen. Dies gilt selbst dann, wenn der Arbeitgeber die Wohnungen zu einer niedrigeren als der ortsüblichen Miete vermietet (R 8.1 Abs. 6 Satz 6 LStR). Von einem nicht unerheblichen Umfang an Fremdvermietungen ist auszugehen, wenn etwa 20 bis 30 % der Wohnungen fremdvermietet werden. Es kann jedoch **nicht typisierend davon ausgegangen** werden, dass bei einem **unter 10 % liegenden Anteil** an fremdvermieteten Wohnungen ein Veranlassungszusammenhang zum Arbeitsverhältnis besteht, d.h. Arbeitslohn vorliegt (BFH v. 11.5.2011, VI R 65/09, BStBl II 2011, 946). 1551

b) Mietspiegel

Vermietet der Arbeitgeber seine Wohnungen **nicht oder nur in geringem Umfang an Dritte**, so kann i.d.R. die ortsübliche Miete anhand der örtlichen Mietspiegel ermittelt werden. 1552

Ist für die betreffende Gemeinde ein Mietspiegel nicht aufgestellt worden, so kann die ortsübliche Miete anhand eines Mietspiegels einer vergleichbaren Gemeinde ermittelt werden (§ 558a Abs. 4 Satz 2 BGB). Etwaige örtlich bedingte Abweichungen können in Form von Zu- oder Abschlägen berücksichtigt werden. Vergleichbare Gemeinde ist dabei allerdings nicht immer gleichzusetzen mit Nachbargemeinde.

Bei Anwendung eines Mietspiegels ist im Allgemeinen **vom niedrigsten Wert** des anzuwendenden Preisrahmens auszugehen. Denn überlässt der Arbeitgeber seinem Arbeitnehmer eine Wohnung zu einem Mietpreis, der innerhalb der Mietpreisspanne des Mietspiegels der Gemeinde liegt, scheidet regelmäßig die Annahme eines geldwerten Vorteils durch verbilligte Wohnraumüberlassung aus (BFH v. 17.8.2005, IX R 10/05, BStBl II 2006, 71).

Nebenleistungen sind in den Mietspiegeln regelmäßig nicht berücksichtigt. Bei der Ermittlung der ortsüblichen Miete müssen diese dann ggf. gesondert ermittelt werden.

c) Besondere Bewertungen

Steht ein örtlicher oder vergleichbarer **Mietspiegel nicht zur Verfügung**, so kann die Vergleichsmiete **anhand einer Mietdatenbank** (§ 558e BGB) oder entsprechender Mieten für drei vergleichbare Wohnungen Dritter ermittelt werden. Es darf sich dabei jedoch nicht um ungewöhnliche Mietverträge handeln (z.B. mit Verwandten). 1553

Darüber hinaus besteht auch die Möglichkeit, ein **Gutachten eines öffentlich bestellten oder vereidigten Sachverständigen** für Mietfragen einzuholen.

d) Index für Wohnungsmieten

1554 Sind örtliche **Mietspiegel nicht vorhanden** und kann auch **nicht** auf den **Mietspiegel einer vergleichbaren Nachbargemeinde** zurückgegriffen werden, bietet der Index Wohnungsmieten im Preisindex für die Lebenshaltung aller privaten Haushalte einen Anhaltspunkt für die Feststellung der ortsüblichen Miete, insbesondere zur Anpassung der Mieten. Ein Mietvergleich anhand der Indexentwicklung führt jedoch nur dann zu einem zutreffenden Ergebnis, wenn als Ausgangsmiete die ortsübliche Miete i.S.d. § 8 Abs. 2 Satz 1 EStG zu Grunde gelegt wird.

Neben dem Bundesindex werden auch Indizes von den Bundesländern herausgegeben. Der Bundesindex weicht zwar von den einzelnen Landesindizes ab, gibt jedoch zumindest einen Überblick über die Tendenz der Preisentwicklung.

Die folgende Übersicht zeigt die Entwicklung der Wohnungsmieten (Nettokaltmieten) im Preisindex für Verbraucherpreise auf der Basis 2020 = 100 (Statistisches Bundesamt, www.destatis.de):

Entwicklung der Wohnungsmieten

Jahr	Nettokaltmieten
2020	100,0
2021	101,4
2022	103,1
2023	105,2
2024	107,5

Um die jährliche Mietsteigerung in Prozenten zu erhalten, ist die Indexentwicklung nach Punkten nach folgender Formel umzurechnen:

$$\frac{\text{Neuer Indexstand} \times 100}{\text{Alter Indexstand}} - 100 = 6\,\%$$

Beispiel:

Der Arbeitgeber hat Wohnungen an Arbeitnehmer überlassen. Die vom Finanzamt bisher akzeptierte Miete galt vom 1.1.2022 bis zum 31.12.2024 (Turnus von drei Jahren). Bei der Mietanpassung zum 1.1.2025 ist dem Jahresdurchschnittsindex 2021 (gilt ab 1.1.2022) der Jahresdurchschnittsindex 2024 (gilt ab 1.1.2025) gegenüberzustellen.

Indexstand 2021: 101,4
Indexstand 2023: 107,5

$$\frac{107{,}5 \times 100}{101{,}4} - 100 = 6{,}01\,\%$$

Die Mieten sind zur Ermittlung des ortsüblichen Mietwerts zum 1.1.2025 um 6,01 % zu erhöhen.

e) Aufwendige Wohnungen

1555 Bei aufwendigen Wohnungen, die weder nach Art, Lage und Ausstattung den sonst errichteten Wohnungen entsprechen noch in Mietspiegeln ihren Niederschlag gefunden haben und für die sich darüber hinaus eine Marktmiete nicht oder nur unverhältnismäßig schwer feststellen lässt, kann die ortsübliche Miete als **Kostenmiete** in Anlehnung an die Zweite Berechnungsverordnung ermittelt werden (BFH v. 11.10.1977, VIII R 20/75, BStBl II 1977, 860).

f) Einfamilienhäuser, Zweifamilienhäuser

1556 Bei der Überlassung von Ein- und Zweifamilienhäusern an Arbeitnehmer gelten die oben dargestellten Grundsätze entsprechend. Bei Anwendung der örtlichen Mietspiegel wird es jedoch regelmäßig erforderlich sein, zu den dort aufgeführten Mietpreisen **angemessene Zuschläge** zu machen, weil in diesen Mietspiegeln im Allgemeinen Ein- und Zweifamilienhäuser nicht berücksichtigt sind.

Bei aufwendig gestalteten oder ausgestatteten Ein- und Zweifamilienhäusern, für die regelmäßig kein ortsüblicher Mietwert feststellbar ist, kann ggf. auf den **überörtlichen Markt** abgestellt werden. Außerdem besteht die Möglichkeit, ein Gutachten eines öffentlich bestellten oder vereidigten Sachverständigen in Mietfragen einzuholen.

g) Dienstwohnungen der Arbeitnehmer im öffentlichen Dienst

1557 Dienstwohnungen des öffentlichen Dienstes sind solche Wohnungen oder auch einzelne Wohnräume, die Inhabern bestimmter Dienstposten aus dienstlichen Gründen zugewiesen werden.

Bei der Prüfung, inwieweit Inhabern von Dienstwohnungen eine Verbilligung eingeräumt worden ist, hat das Finanzamt – abgesehen von den Fällen, in denen von den Werten der SvEV auszugehen ist – nach der Rechtsprechung des BFH den steuerlich maßgebenden Mietwert unabhängig von den für Besoldungszwecke festgesetzten Beträgen, z.B. nach der Dienstwohnungsverordnung eines Landes, selbst zu ermitteln (BFH v. 15.12.1978, VI R 36/77, BStBl II 1979, 629).

Zur Dienstwohnung gehörende **Empfangs- und Diensträume** können bei der Mietermittlung außer Betracht bleiben, wenn es sich um in sich geschlossene Räume handelt und ihre ausschließlich oder fast ausschließlich dienstliche Benutzung nachgewiesen oder glaubhaft gemacht wird (RFH v. 19.7.1932, VI A 2190/30, RStBl 1933, 20).

h) Besondere Mietwertermittlung

Lässt sich im Einzelfall der Mietwert **nicht** oder nur unter außer- 1558
gewöhnlichen Schwierigkeiten **ermitteln**, so ist für 2026 ein Betrag von 5,01 € je qm monatlich anzusetzen (§ 2 Abs. 4 Satz 2 SachBezV). Bei einfacher Ausstattung (ohne Sammelheizung oder ohne Bad oder Dusche) ermäßigt sich der Wert für 2026 auf 4,10 € je qm monatlich (§ 2 Abs. 4 Satz 2 SachbezV).

Eine außergewöhnlich schwierige Mietwertermittlung ist insbesondere **im landwirtschaftlichen Bereich** denkbar, wenn die Wohnungen in Gebäude des landwirtschaftlichen Betriebsvermögens integriert und nicht frei vermietbar sind.

i) Angemietete Wohnungen

Überlässt der Arbeitgeber seinen Arbeitnehmern Wohnungen un- 1559
entgeltlich oder verbilligt, die er von einem fremden Dritten angemietet hat, so ist für die Ermittlung der ortsüblichen Miete regelmäßig von der vom Arbeitgeber gezahlten Miete auszugehen (BFH v. 3.3.1972, VI R 242/68, BStBl II 1972, 490; v. 3.10.1974, VI R 79/72, BStBl II 1975, 81; v. 23.5.1975, VI R 54/73, BStBl II 1975, 715).

Die vorstehenden Grundsätze gelten nicht, wenn die vom Arbeitgeber tatsächlich an einen Dritten gezahlte Miete nicht der ortsüblichen Miete entspricht, sondern erkennbar überhöht ist.

5. Gesetzliche Mietpreisbeschränkungen

Nach R 8.1 Abs. 6 Satz 9 LStR sind **gesetzliche Mietpreisbe-** 1560
schränkungen bei der Bewertung des geldwerten Vorteils **zu beachten**. Dies gilt jedoch nur, soweit die maßgebliche Ausgangsmiete den ortsüblichen Mietwert oder die gesetzlich zulässige Höchstmiete nicht unterschritten hat. Gesetzliche Mietpreisbeschränkungen ergeben sich insbesondere aus § 558 BGB.

6. Beschränkung bei öffentlich geförderten Wohnungen

Nach § 3 Nr. 59 EStG sind **Mietvorteile steuerfrei**, die i.R. eines 1561
Dienstverhältnisses gewährt werden und die auf der Förderung nach dem Zweiten Wohnungsbaugesetz, dem Wohnungsbaugesetz für das Saarland, dem Wohnraumförderungsgesetz oder einem Landesgesetz zur Wohnraumförderung beruhen. Mietvorteile, die sich aus dem Einsatz von Wohnungsfürsorgemitteln aus öffentlichen Haushalten ergeben, sind ebenfalls steuerfrei.

Beispiel 1:

Der Arbeitgeber hat für seine Arbeitnehmer Mietwohnungen mit 80 qm errichtet. Hierfür hat er öffentliche Mittel in Anspruch genommen. Um die öffentlichen Mittel zu erhalten, musste sich der Arbeitgeber verpflichten, eine Miete von höchstens 6 € pro qm zu verlangen. Er hat die Wohnungen für 480 € an seine Arbeitnehmer vermietet, die ortsübliche Miete beträgt hingegen 1 120 € (14 € je qm).

Nach Abzug des Bewertungsabschlags nach § 8 Abs. 2 Satz 12 EStG (1/3 von 1 120 € = 373,33 €) ergibt sich eine Vergleichsmiete von 746,67 €. Normalerweise wäre die Differenz zwischen Vergleichsmiete (746,67 €) und verlangter Miete (480 €) als geldwerter Vorteil des Arbeitnehmers zu versteuern. In diesem Fall ist der Vorteil allerdings nach § 3 Nr. 59 EStG steuerfrei.

Bei einer Wohnung, die **ohne Inanspruchnahme von Mitteln aus öffentlichen Haushalten** errichtet worden ist, sind Mietvorteile i.R. eines Dienstverhältnisses steuerfrei, wenn die Wohnung im **Zeitpunkt ihres Bezugs** durch den Arbeitnehmer für eine Förderung mit Mitteln aus öffentlichen Haushalten in Betracht gekommen wäre (R 3.59 Satz 4 LStR). Hier sind v.a. die

Wohnungsgröße und der Baustandard zu nennen. Bei Einhaltung dieser Förderbedingungen spielt es keine Rolle, ob das Unternehmen die Wohnungen ohne Inanspruchnahme von Fördermitteln nach den Wohnungsbaugesetzen mit Eigenmitteln oder „üblichen" Bankkrediten errichtet. Die Finanzverwaltung stellt deshalb auf den Zeitpunkt des Bezugs der Wohnung ab, weil ansonsten eine erst Jahre nach Errichtung des Gebäudes aufgelegte Fördermaßnahme – die zufälligerweise auf das Objekt „passt" – zur Steuerfreiheit der gewährten Mietvorteile führen könnte. Ältere Bauten, die seinerzeit – bei Errichtung – die Voraussetzungen der damaligen Förderbestimmungen erfüllten, sind auch in die Vergünstigung einzubeziehen. Allerdings ist § 3 Nr. 59 EStG nur auf Wohnungen anwendbar, die im Geltungszeitraum der genannten Wohnungsbaugesetze errichtet worden sind, d.h. auf Baujahrgänge ab 1957 (R 3.59 Satz 5 LStR). Eine Prüfung, ob der Arbeitnehmer nach seinen Einkommensverhältnissen als Mieter einer geförderten Wohnung in Betracht kommt, ist nicht anzustellen. **Der Höhe nach** ist die Steuerbefreiung auf die Mietvorteile begrenzt, die sich aus der Förderung nach den genannten Wohnungsbaugesetzen ergeben würden. § 3 Nr. 59 EStG ist deshalb nicht anwendbar auf Wohnungen, für die der Förderzeitraum nach den genannten Wohnungsbaugesetzen bereits abgelaufen ist. Wenn der Förderzeitraum im Zeitpunkt des Bezugs der Wohnung durch den Arbeitnehmer noch nicht abgelaufen ist, ist ein Mietvorteil bis zur Höhe des Teilbetrags steuerfrei, auf den der Arbeitgeber gegenüber der Vergleichsmiete verzichten müsste, wenn die Errichtung der Wohnung nach den Wohnungsbaugesetzen gefördert worden wäre. Der steuerfreie Teilbetrag verringert sich in dem Maße, in dem der Arbeitgeber nach den Förderregelungen eine höhere Miete verlangen könnte. Mit Ablauf der Mietbindungsfrist läuft auch die Steuerbefreiung aus. Soweit später zulässige Mieterhöhungen z.B. nach Ablauf des Förderzeitraums im Hinblick auf das Dienstverhältnis unterblieben sind, sind sie in den steuerpflichtigen Mietvorteil einzubeziehen (R 3.59 Sätze 6 bis 12 LStR). Der BFH hat zwar entschieden, dass die Steuerbefreiung nach § 3 Nr. 59 EStG auf Fälle beschränkt ist, in denen die Vorteile auf der Förderung nach dem Zweiten Wohnungsbaugesetz beruhen (BFH v. 16.2.2005, VI R 58/03, BStBl II 2005, 750). Die Finanzverwaltung wendet das Urteil zwar an, hält aber an ihrer Auslegung in R 3.59 Sätze 2 bis 4 LStR fest (BMF v. 10.10.2005, IV C 5 – S 2334 – 75/05, BStBl I 2005, 959).

Beispiel 2:

Der Arbeitgeber hat für seine Arbeitnehmer Mietwohnungen mit 80 qm errichtet. Hierfür hat er keine öffentlichen Mittel in Anspruch genommen, obwohl er nach den Förderrichtlinien öffentliche Mittel bekommen hätte. Der Arbeitgeber verlangt von seinen Arbeitnehmern eine Miete von 6 € pro qm. Dies ist die Miete, die er bei Inanspruchnahme der öffentlichen Förderung höchstens hätte verlangen können. Die ortsübliche Miete beträgt 14 € je qm.

Die Differenz zur ortsüblichen Miete ist nach R 3.59 Satz 7 LStR nicht als Arbeitslohn zu versteuern.

Wenn der Förderzeitraum abgelaufen ist, gelten die allgemeinen mietrechtlichen Regelungen. Unter Beachtung der gesetzlichen Mietpreisbeschränkungen ist eine Anhebung bis zur Vergleichsmiete möglich. Unterlässt der Arbeitgeber eine Anhebung im Hinblick auf das Dienstverhältnis, so entsteht auch hier ein geldwerter Vorteil für den Arbeitnehmer. Auch bei einer Neuvermietung an Arbeitnehmer nach Ablauf des Förderzeitraums findet § 3 Nr. 59 EStG keine Anwendung.

7. Mietwert von Dienstwohnungen und Werkswohnungen im Ausland

1562 Die unentgeltliche oder verbilligte Überlassung von Dienstwohnungen oder Werkswohnungen im Ausland kann dann zu Härten führen, wenn, bedingt durch die dortigen Verhältnisse, ein weit überhöhter Mietpreis gefordert wird. In diesen Fällen ist als steuerlicher Mietwert der überlassenen Wohnungen **höchstens 18 % des Arbeitslohns** ohne Kaufkraftausgleich **zzgl. 10 % des Mehrbetrags** anzusetzen (R 8.1 Abs. 6 Satz 11 LStR). Dieser Wert gilt für die Anwendung des Bewertungsabschlags (§ 8 Abs. 2 Satz 12 EStG) als ortsüblicher Mietwert (→ Rz. 1579).

Beispiel:

Ein Arbeitnehmer arbeitet für seinen Arbeitgeber im Ausland. Der monatliche Arbeitslohn beträgt ohne Kaufkraftausgleich 2 500 €. Darüber hinaus hat der Arbeitgeber eine Wohnung angemietet, die er seinem Arbeitnehmer kostenlos zur Verfügung stellt. Er zahlt hierfür die ortsübliche Miete von 1 000 €.

Mietwert der Wohnung	1 000,– €
maximal aber 18 % von 2 500 €	450,– €
zzgl. 10 % des darüber hinausgehenden Betrags von 550 € (1 000 € – 450 €)	55,– €
Als ortsüblicher Mietwert sind anzusetzen	505,– €
– Bewertungsabschlag nach § 8 Abs. 2 Satz 12 EStG (1/3 von 505 €)	168,33 €
= vom Arbeitnehmer zu versteuern	336,67 €

8. Nebenleistungen

Die Mietverträge enthalten im Allgemeinen neben der Grundmiete (Kaltmiete) Vereinbarungen über die Kosten für Heizung, Wasser und Schönheitsreparaturen. 1563

Vereinbarungen über die **Kosten von Strom und Gas** enthalten die Mietverträge i.d.R. nicht. Diese Kosten werden vom Mieter auf Grund von Zähleruhren unmittelbar mit den Energieversorgungsunternehmen abgerechnet.

Trägt der Arbeitgeber die Kosten für Energie, **Wasser** und **sonstige Nebenkosten**, liegt hierin regelmäßig **ein geldwerter Vorteil**, soweit die tatsächlich erhobene Miete zusammen mit den tatsächlich abgerechneten Nebenkosten die ortsübliche Miete (Kaltmiete plus umlagefähige Nebenkosten) unterschreitet (BFH v. 11.5.2011, VI R 65/09, BStBl II 2011, 946).

a) Heizung

Kann der übliche Endpreis am Abgabeort bei der Gewährung unentgeltlicher oder verbilligter Heizung als Sachbezug nicht individuell ermittelt werden (z.B. anhand einer Heizkosten(ab-)rechnung für die Wohnung), so können – soweit die Länder keine eigenen Werte festgesetzt haben – als ortsüblicher Endpreis **die Werte angesetzt werden**, die vom BMF **jährlich als Entgelt bei Anschluss der Heizung an dienstliche Versorgungsleitungen** nach § 26 Abs. 3 Satz 2 Dienstwohnungsverordnung für Dienstwohnungen festgesetzt werden, die an eine zentrale Heizungsanlage oder entsprechende Fernversorgung angeschlossen sind, die auch der Beheizung von Diensträumen dient. Die maßgebenden Werte können bei Bedarf vom Betriebsstättenfinanzamt erfragt werden. 1564

LSt SV

b) Wasser

Soweit ausnahmsweise der Arbeitgeber auch die Kosten für entnommenes Kaltwasser trägt, ist der Betrag als Vorteil anzusetzen, den der Arbeitnehmer selbst hätte aufwenden müssen. Dabei kann von einem durchschnittlichen Wasserverbrauch **von monatlich vier Kubikmeter pro Person** ausgegangen werden, falls die tatsächlichen Aufwendungen nicht zu ermitteln sind. 1565

c) Beleuchtung

Für den Sachbezug Beleuchtung ist der **übliche Endpreis am Abgabeort** maßgeblich (§ 2 Abs. 4 Satz 5 SvEV). Zur Beleuchtung gehört auch der notwendige Haushaltsstrom für den Betrieb des Radios, Fernsehers, der Küchengeräte, der Warmwasserbereitung usw. 1566

LSt SV

d) Schönheitsreparaturen

Die Übernahme von Aufwendungen für Schönheitsreparaturen durch den Arbeitgeber in Arbeitnehmern zur Verfügung gestellten Wohnungen ist steuerlich wie folgt zu behandeln: 1567

(a) Der Arbeitgeber trägt die Kosten für Schönheitsreparaturen in gemieteten oder eigenen, bereits vorher bewohnten Wohnungen, **bevor sie erstmals an Arbeitnehmer (unter)vermietet werden**.

Die vom Arbeitgeber getragenen Kosten der Schönheitsreparaturen sind steuerpflichtiger Arbeitslohn. Es ist durchaus üblich, dass der Vermieter eine Wohnung ohne Renovierung vermietet, so dass der neue Mieter die Kosten hierfür selbst aufbringen muss. Hat der neue Mieter diese Kosten wirtschaftlich nicht selbst zu tragen, weil sie von seinem Arbeitgeber übernommen werden, so rechnen die Kosten zum steuerpflichtigen Arbeitslohn.

LSt SV

Bei dem **erstmaligen Bezug einer Neubauwohnung** liegt in der Tapezierung und dem Anstrich der Wohnung durch den Vermieter (Arbeitgeber) kein geldwerter Vorteil.

LSt SV (durchgestrichen)

(b) Der Arbeitgeber trägt die Kosten für Schönheitsreparaturen in frei werdenden gemieteten oder eigenen Wohnungen, wenn infolge **einer Versetzung des Arbeitnehmers oder aus anderen Gründen ein (Unter)Mieterwechsel stattfindet**.

War der ausziehende Arbeitnehmer (Vormieter) zur Renovierung der Wohnung nicht verpflichtet, weil nach dem Mietvertrag die Kosten der Schönheitsreparaturen vom Arbeitgeber zu tragen sind oder der Vermieter seiner mietvertraglichen Verpflichtung zur turnusmäßigen Durchführung von Schönheitsreparaturen nachgekommen ist, liegt in der Übernahme der Schönheitsreparaturen für den nachfolgenden Mieter (Arbeitnehmer) steuerpflichtiger Arbeitslohn, vgl. die Ausführungen zu (a).

LSt SV

Ist der ausziehende Arbeitnehmer (Vormieter) seiner mietvertraglichen Verpflichtung zur Durchführung turnusmäßiger Schönheitsreparaturen nicht nachgekommen oder übernimmt der Arbeitgeber die Kosten für die Schönheitsreparaturen, so liegt darin steuerpflichtiger Arbeitslohn **für den ausziehenden Arbeitnehmer** (Vormieter).

LSt SV

Ein geldwerter Vorteil **für den einziehenden Arbeitnehmer** (Nachmieter) entfällt, da in der Ablösung der Verpflichtung des Vormieters durch den Arbeitgeber keine Vorteilsgewährung des Arbeitgebers an den Nachmieter liegt.

LSt SV (durchgestrichen)

Ein Mieter ist i.d.R. bei Auszug aus der Wohnung zur Durchführung von Schönheitsreparaturen nicht verpflichtet, wenn er die Wohnung während der Mietzeit turnusmäßig renoviert hat. Die Bestimmung eines vom Vermieter verwandten Formularmietvertrags über Wohnraum, nach der der Mieter verpflichtet ist, die Mieträume bei Beendigung der Mietzeit renoviert zurückzugeben, und zwar unabhängig davon, in welchem zurückliegenden Zeitpunkt die letzte (z.B. turnusmäßig durchgeführte) Schönheitsreparatur stattgefunden hat, ist unwirksam (BGH v. 14.5.2003, VIII ZR 308/02). Eine Formularklausel in einem Mietvertrag, die den Mieter bei Beendigung des Mietverhältnisses zur Zahlung eines allein vom Zeitablauf abhängigen Anteils an den Kosten für noch nicht fällige Schönheitsreparaturen nach festgelegten Prozentsätzen auch dann verpflichtet, wenn ein diesem Kostenanteil entsprechender Renovierungsbedarf auf Grund des tatsächlichen Erscheinungsbilds der Wohnung noch nicht gegeben ist (Abgeltungsklausel mit starrer Abgeltungsquote), ist unwirksam (BGH v. 18.10.2006, VIII ZR 52/06).

Der Mieter hat dem Vermieter beim Auszug aus der Wohnung statt der Durchführung der **turnusmäßig fälligen Schönheitsreparaturen** einen Ausgleich in Geld zu zahlen, wenn der Vermieter die Schönheitsreparaturen durch Umbau- oder Reparaturarbeiten nach dem Auszug aus der Wohnung alsbald wieder zerstören würde (BGH v. 30.4.1984, VIII ARZ 1/84). Verzichtet der Vermieter (Arbeitgeber) auf den Ausgleich durch den Mieter (Arbeitnehmer), so liegt darin für den Arbeitnehmer ein steuerpflichtiger geldwerter Vorteil.

LSt SV

(c) Der Arbeitgeber trägt die **Kosten der Schönheitsreparaturen** in Wohnungen, die **der Arbeitnehmer selbst angemietet** hat, beim erstmaligen Bezug der Wohnung.

Die vom Arbeitgeber übernommenen Kosten der Wohnungsreparaturen sind grds. steuerpflichtiger Arbeitslohn. Es gelten die Ausführungen zu (a).

LSt SV

(d) Der Arbeitgeber trägt die Kosten der **laufenden Schönheitsreparaturen** in den Arbeitnehmern zur Verfügung gestellten Wohnungen.

Trägt der Arbeitgeber die Kosten für Schönheitsreparaturen in einer dem Arbeitnehmer überlassenen Wohnung, ohne dies bei der Mietfestsetzung zu berücksichtigen, so liegt darin für den Arbeitnehmer ein steuerpflichtiger geldwerter Vorteil (BFH v. 17.8.1973, VI R 8/70, BStBl II 1974, 8). Dabei ist es gleichgültig, ob die Übernahme der Kosten für Schönheitsreparaturen durch den Arbeitgeber freiwillig erfolgt oder auf vertraglicher Vereinbarung bzw. – wie bei Dienstwohnungen im öffentlichen Dienst – auf gesetzlicher Verpflichtung beruht.

LSt SV

In diesen Fällen ist als monatlicher ortsüblicher Mietwert der Mietzins maßgebend, der für vergleichbare Wohnungen zu zahlen ist, bei denen im monatlichen Mietzins bereits die Übernahme der Kosten für Schönheitsreparaturen durch den Vermieter berücksichtigt ist. Wird in Ermangelung derartiger Vergleichsmieten als ortsüblicher Mietwert ein Mietspiegelwert zu Grunde gelegt, so ist dieser Mietspiegelwert um einen entsprechenden Zuschlag zu erhöhen. Im Zeitpunkt der Durchführung der Schönheitsreparaturen bleiben die tatsächlichen Kosten dann unberücksichtigt.

Der Zuschlag für die Übernahme der Kosten für Schönheitsreparaturen ist grds. auf der Basis der tatsächlichen Aufwendungen für Schönheitsreparaturen festzulegen. Ist dies nicht möglich, kann der Zuschlag in Anlehnung an den Wert nach § 28 Abs. 4 II. BV vorgenommen werden. Danach sind seit 2002 einheitlich 8,50 € je qm Wohnfläche anzusetzen. Dieser Betrag verändert sich am 1.1.2005 und am 1. Januar eines jeden darauf folgenden dritten Jahres um den Prozentsatz, um den sich der vom Statistischen Bundesamt festgestellte Verbraucherpreisindex für Deutschland für den der Veränderung vorausgehenden Monat Oktober gegenüber dem Verbraucherpreisindex für Deutschland für den der letzten Veränderung vorausgehenden Monat Oktober erhöht oder verringert hat (§ 28 Abs. 5a i.V.m. § 28 Abs. 4 II. BV). Es ergeben sich danach u.E. folgende Zuschlagswerte:

Zeitraum	Zuschlag je qm Wohnfläche und Jahr
1.1.2002 – 31.12.2004	8,50 €
1.1.2005 – 31.12.2007	8,88 €
1.1.2008 – 31.12.2010	9,39 €
1.1.2011 – 31.12.2013	9,74 €
1.1.2014 – 31.12.2016	10,29 €
1.1.2017 – 31.12.2019	10,48 €
1:1.2020 – 31.12.2022	10,99 €
1.1.2023 – 31.12.2025	12,76 €

Nach § 28 Abs. 4 II. BV umfassen Schönheitsreparaturen nur das Tapezieren, Anstreichen oder Kalken der Wände und Decken, das Streichen der Fußböden, Heizkörper einschließlich Heizrohre, der Innentüren sowie der Fenster und Außentüren von innen.

Einheitliche Sätze für Schönheitsreparaturen bei aufwendigen Wohnungen bzw. aufwendigen Einfamilienhäusern lassen sich nicht festsetzen. Hier ist der zutreffende Wert nach den örtlichen Gegebenheiten zu schätzen oder der tatsächlich aufgewandte Betrag anzusetzen.

Bei Einfamilienhäusern, insbesondere bei aufwendigen Einfamilienhäusern, übernimmt der Arbeitgeber vielfach die **Kosten für die Gartenpflege**. Diese Kosten sind mit dem üblichen Endpreis des Abgabeorts nach § 8 Abs. 2 Satz 1 EStG bzw. mit den tatsächlich anfallenden Kosten zu erfassen.

9. Abschläge vom Mietwert

Ungewöhnlich starke **Beeinträchtigungen des Wohnwerts** durch Lärm oder Luftverschmutzung können Abschläge vom ortsüblichen Mietwert rechtfertigen. 1568

Bei Hauswarten oder Hausmeistern kann der Mietwert zu mindern sein, wenn den Hausbewohnern der Zugang zu der Hauswart- oder Hausmeisterwohnung gewährt werden muss und Werkzeug und Material in der Wohnung bzw. den Nebenräumen gelagert wird (BFH v. 3.10.1974, VI R 79/72, BStBl II 1975, 81). Bei Schulhausmeistern erkennt die Finanzverwaltung z.B. im Regelfall eine Minderung des Mietwerts um 20 % an. Das FG Schleswig-Holstein hat bei einem Einfamilienhaus, in dem sich auch eine ländliche Polizeistation befand, einen Abschlag von **30 %** von der ortsüblichen Vergleichsmiete wegen der Beeinträchtigung des Wohnwerts durch den Dienstbetrieb anerkannt (Urteil v. 10.7.2001, V 294/99). Bei **Pfarrdienstwohnungen** erkennt die Finanzverwaltung **folgende Abschläge** für örtlich bedingte Wertminderungen an (OFD Frankfurt v. 23.6.2020, S 2334A – 49 – St 210):

- bei dienstlicher Beeinträchtigung bzw. Mitbenutzung des privaten Wohnbereichs – je nach Beeinträchtigung bzw. Mitbenutzung – **10 bis 20 %**,
- für zusätzliche Beeinträchtigungen (z.B. anerkannte Baumängel, Proben eines Posaunenchors) **bis zu 10 %**, in besonders gravierenden Fällen **bis zu 15 %**, und
- für die Übergröße der Wohnung **10 %** (bei Dienstwohnungen mit mehr als 140 qm) bzw. **15 %** (bei Dienstwohnungen mit mehr als 170 qm).

Sind mehrere Abschläge nebeneinander zu berücksichtigen, ist jeder Abschlag vom Basiswert zu berechnen. Es können also sämtliche zu gewährenden prozentualen Abschläge addiert und dann die Summe vom Basismietwert abgezogen werden. Vorweg ist jedoch zu prüfen, ob sich die oben genannten Ermäßigungsgründe nicht bereits bei der Wertfindung (Bemessungsgrundlage) ausgewirkt haben (BFH v. 13.12.1974, III R 82/73, BStBl II 1975, 191).

10. Turnus der Mietwertfestsetzungen

1569 Der **ortsübliche Mietwert ändert sich laufend**, so dass auch der Arbeitgeber regelmäßig vor der Frage steht, wann und wie oft er den zu versteuernden Betrag oder die von seinen Arbeitnehmern zu erhebende Miete anpassen muss. Bei Ansatz der ortsüblichen Miete muss jedoch bedacht werden, dass der Arbeitgeber nur dann eine Anpassung des Mietwerts vornehmen muss, wenn er auf Grund der mietpreisrechtlichen Bestimmungen berechtigt wäre eine Mieterhöhung vorzunehmen (vgl. R 8.1 Abs. 6 LStR). Außer Betracht bleiben muss, dass bei den Werkswohnungen dem Betriebsrat ein Mitbestimmungsrecht zusteht.

Im Allgemeinen ist es nicht zu beanstanden, wenn die Mietwerte **im Turnus von drei Jahren überprüft** und, soweit erforderlich, angepasst werden. Lediglich außergewöhnliche Umstände (z.B. wesentliche Änderung des Mietpreisniveaus oder bauliche Veränderungen) sollten die Bindung beiderseits ausschließen.

11. Modernisierungsmaßnahmen

1570 Hat der Vermieter bauliche Maßnahmen durchgeführt, die den Gebrauchswert der Wohnung nachhaltig erhöhen, die allgemeinen Wohnverhältnisse auf die Dauer verbessern oder nachhaltige Einsparungen von Energie oder Wasser bewirken (Modernisierung), oder hat er andere bauliche Maßnahmen auf Grund von Umständen durchgeführt, die er nicht zu vertreten hat, so kann er die jährliche Miete um 8 % der für die Wohnung aufgewendeten Kosten erhöhen (§ 559 Abs. 1 BGB).

Dabei darf sich die monatliche Miete innerhalb von sechs Jahren nicht um mehr als 3 € je qm Wohnfläche erhöhen. Beträgt die monatliche Miete vor der Mieterhöhung allerdings weniger als 7 € pro qm Wohnfläche, so darf sie sich nicht um mehr als 2 € je qm Wohnfläche erhöhen (§ 559 Abs. 3a BGB).

Bei der Ermittlung der Mieterhöhung ist Folgendes zu berücksichtigen (§ 559a BGB):

- Kosten, die vom Mieter oder für diesen von einem Dritten übernommen oder die mit Zuschüssen aus öffentlichen Haushalten gedeckt werden, gehören nicht zu den aufgewendeten Kosten i.S.d. § 559 BGB.
- Werden die Kosten für die baulichen Maßnahmen ganz oder teilweise durch zinsverbilligte oder zinslose Darlehen aus öffentlichen Haushalten gedeckt, so verringert sich der Erhöhungsbetrag nach § 559 BGB um den Jahresbetrag der Zinsermäßigung. Dieser wird errechnet aus dem Unterschied zwischen dem ermäßigten Zinssatz und dem marktüblichen Zinssatz für den Ursprungsbetrag des Darlehens. Maßgebend ist der marktübliche Zinssatz für erstrangige Hypotheken zum Zeitpunkt der Beendigung der Maßnahmen. Werden Zuschüsse oder Darlehen zur Deckung von laufenden Aufwendungen gewährt, so verringert sich der Erhöhungsbetrag um den Jahresbetrag des Zuschusses oder Darlehens.
- Ein Mieterdarlehen, eine Mietvorauszahlung oder eine von einem Dritten für den Mieter erbrachte Leistung für die baulichen Maßnahmen stehen einem Darlehen aus öffentlichen Haushalten gleich. Mittel der Finanzierungsinstitute des Bundes oder eines Landes gelten als Mittel aus öffentlichen Haushalten.

Die o.g. Grundsätze sind auch für die Ermittlung des ortsüblichen Mietwerts i.S.d. § 8 Abs. 2 Satz 1 EStG anzuwenden.

12. Instandhaltungskosten

Übernehmen Arbeitgeber die Instandhaltungskosten an den Häusern, die sich im Eigentum von Arbeitnehmern befinden – z.B. bei Vorstandsmitgliedern und anderen leitenden Angestellten –, so ist dieser **geldwerte Vorteil** mit den effektiven Kosten steuerlich zu erfassen. Dabei kann es sich sowohl um Großreparaturen (Dachreparaturen, Außenanstrich usw.) als auch um kleine Instandsetzungsarbeiten (z.B. Installationsarbeiten an Heizung, sanitären Einrichtungen usw.) handeln. 1571

LSt SV

13. Bewertungsabschlag nach § 8 Abs. 2 Satz 12 EStG

a) Allgemeines

Bei der Überlassung einer Wohnung gibt es **seit 2020 einen Bewertungsabschlag**. § 8 Abs. 2 EStG ist um folgenden Satz 12 ergänzt worden: 1572

„Der Ansatz eines Sachbezugs für eine dem Arbeitnehmer vom Arbeitgeber, auf dessen Veranlassung von einem verbundenen Unternehmen (§ 15 AktG) oder bei einer juristischen Person des öffentlichen Rechts als Arbeitgeber auf dessen Veranlassung von einem entsprechend verbundenen Unternehmen zu eigenen Wohnzwecken überlassene Wohnung unterbleibt, soweit das vom Arbeitnehmer gezahlte Entgelt mindestens zwei Drittel des ortsüblichen Mietwerts und dieser nicht mehr als 25 € je Quadratmeter ohne umlagefähige Kosten i.S.d. Verordnung über die Aufstellung von Betriebskosten beträgt."

Die Gesetzesbegründung aus dem JStG 2019 (BR-Drucks. 356/19):

„Die gesetzliche Änderung hat das Ziel, dem in hochpreisigen Ballungsgebieten bestehenden Bedarf an bezahlbarem Wohnraum nachzukommen und gleichzeitig die soziale Fürsorge des Arbeitgebers zu unterstützen, seinen Arbeitnehmern entsprechenden Wohnraum anzubieten. Mit dem neuen gesetzlichen Bewertungsabschlag in § 8 Abs. 2 Satz 12 EStG können bei der Bewertung von Mietvorteilen mögliche Steuerbelastungen bei niedrigen Bestandsmieten abgemildert werden.

Die Aufwendungen eines Stpfl. für seinen Wohnraum gehören grds. zu den steuerlich nicht abzugsfähigen Kosten der privaten Lebensführung (§ 12 EStG).

Vorteile, die der Arbeitgeber dem Arbeitnehmer auf Grund des Dienstverhältnisses in Form einer unentgeltlichen oder verbilligten Überlassung von Wohnraum gewährt, stellen daher einen steuerpflichtigen Sachbezug dar (§ 19 Abs. 1 i.V.m. § 8 Abs. 1 EStG).

Als Wohnung wird eine geschlossene Einheit von Räumen angesehen, in denen ein selbständiger Haushalt geführt werden kann. Vermietet der Arbeitgeber Wohnungen nicht überwiegend an fremde Dritte, sind die Mietvorteile nach § 8 Abs. 2 Satz 1 EStG mit den um übliche Preisnachlässe geminderten üblichen Endpreisen am Abgabeort (ortsüblicher Mietwert) zu bewerten. Als ortsüblicher Mietwert ist die Kaltmiete zuzüglich der nach der Betriebskostenverordnung (BetrKV) umlagefähigen Kosten anzusetzen, die für eine nach Baujahr, Art, Größe, Ausstattung, Beschaffenheit und Lage vergleichbare Wohnung üblich ist (Vergleichsmiete). Ortsüblicher Mietwert ist auch der niedrigste Mietwert der Mietpreisspanne des Mietspiegels für vergleichbare Wohnungen zuzüglich der nach der BetrKV umlagefähigen Kosten, die konkret auf die überlassene Wohnung entfallen.

Bei dynamisch steigenden Mieten kann die im Mietspiegel abgebildete ortsübliche Vergleichsmiete auf Grund des relativ kurzen Betrachtungszeitraums von vier Jahren deutlich von niedrigeren Bestandsmieten langjähriger Mieter abweichen. Das Anknüpfen an den Mietspiegel kann daher bei der Bewertung von Mietvorteilen verstärkt zu zusätzlichen Steuerbelastungen für den Arbeitnehmer führen.

Begünstigt ist nach der Neuregelung nur die Überlassung einer Wohnung zu eigenen Wohnzwecken des Arbeitnehmers. Für die

Bewertung einer Unterkunft, die keine Wohnung ist, ist wie bisher der amtliche Sachbezugswert nach der SvEV maßgebend. Auf die Eigentümereigenschaft des Arbeitgebers als Bauherr oder als Käufer kommt es nicht an. Auch vom Arbeitgeber angemietete Wohnungen, die dem Arbeitnehmer überlassen werden, sind von der gesetzlichen Änderung umfasst.

Der Bewertungsabschlag beträgt ein Drittel vom ortsüblichen Mietwert (z.B. der niedrigste Mietwert der Mietpreisspanne des Mietspiegels für vergleichbare Wohnungen zuzüglich der nach der BetrKV umlagefähigen Kosten, die konkret auf die überlassene Wohnung entfallen) und wirkt wie ein Freibetrag. Die nach Anwendung des Bewertungsabschlags ermittelte Vergleichsmiete ist Bemessungsgrundlage für die Bewertung der Mietvorteile. Das vom Arbeitnehmer tatsächlich gezahlte Entgelt (tatsächlich erhobene Miete und tatsächlich abgerechnete Nebenkosten) für die Wohnung ist auf die Vergleichsmiete anzurechnen (BFH v. 11.5.2011, VI R 65/09, BStBl II 2011, 946).

Die feste Mietobergrenze von 25 €/qm bezieht sich auf den ortsüblichen Mietwert ohne die nach der BetrKV umlagefähigen Kosten und dient der Gewährleistung sozialer Ausgewogenheit und Vermeidung der steuerbegünstigten Vermietung von Luxuswohnungen. Beträgt die ortsübliche Kaltmiete mehr als 25 €/qm, ist der Bewertungsabschlag nicht anzuwenden.“

Die Gesetzesbegründung zur Ergänzung durch das JStG 2020 (BT-Drucks. 19/25160):

1573 *„Bisher gilt der Bewertungsabschlag nur für Mietvorteile aus einer dem Arbeitnehmer vom lohnsteuerlichen Arbeitgeber überlassenen Wohnung. Die gesetzliche Ergänzung soll den Anwendungsbereich auf verbundene Unternehmen (§ 15 AktG) ausweiten (Konzernklausel). Gerade bei größeren Unternehmen sind eigenständige Wohnungsunternehmen als Tochterunternehmen gegründet worden, um z.B. den mit der Wohnungsvermietung zusammenhängenden Verwaltungsaufwand zu minimieren. Auch diese Fälle sollen begünstigt sein. Auf die Eigentümereigenschaft des verbundenen Unternehmens als Bauherr oder als Käufer kommt es nicht an. Auch vom verbundenen Unternehmen angemietete Wohnungen, die dem Arbeitnehmer überlassen werden, sind von der gesetzlichen Änderung umfasst. Die gesetzliche Ergänzung soll den Anwendungsbereich entsprechend auf verbundene Unternehmen ausweiten, wenn der Arbeitgeber eine juristische Person des öffentlichen Rechts ist. Nicht begünstigt sind weiterhin die Gewährung von Mietvorteilen auf Veranlassung des Arbeitgebers durch einen Dritten außerhalb verbundener Unternehmen (z.B. durch Vermittlung des Arbeitgebers, Belegungsrechte) sowie Geldleistungen in jeglicher Form (z.B. Zuschüsse zu den Mietaufwendungen des Arbeitnehmers für dessen Wohnung, bestimmte Ausgleichszahlungen für vereinbarte Miethöhenbegrenzung).“*

Zur **Anwendung des Bewertungsabschlags** nach § 8 Abs. 2 Satz 12 EStG und R 8.1 Abs. 6a LStR folgende Beispiele:

Beispiel 1:

Ein Arbeitgeber hat ein Wohngebäude errichtet, das sechs Mietwohnungen enthält. Alle Wohnungen werden an Mitarbeiter des Arbeitgebers zu einem Quadratmeterpreis von 7 € vermietet. Der übliche Mietwert für derartige Wohnungen beträgt 9 €. Alle Wohnungen haben eine Größe von 80 qm.

Der Bewertungsabschlag ist zu berücksichtigen, weil die ortsübliche Miete nicht mehr als 25 €/qm beträgt. Der geldwerte Vorteil nach § 8 Abs. 2 EStG ist wie folgt zu ermitteln:

Übliche Miete der Wohnung (80 qm × 9 €)	720 €
– Bewertungsabschlag nach § 8 Abs. 2 Satz 12 EStG (1/3 von 720 €)	240 €
= Vergleichsmiete	480 €
– Miete des Arbeitnehmers (80 qm × 7 €)	560 €
= geldwerter Vorteil im Monat	0 €

Beispiel 2:

Sachverhalt wie Beispiel 1. Allerdings liegt das Wohngebäude in der Innenstadt von München und der übliche Mietwert beträgt 22 € zuzüglich Nebenkosten nach der BetrKV von 5 €/qm, insgesamt also 27 €/qm. Die Arbeitnehmer zahlen eine Miete von 12 €/qm zuzüglich Nebenkosten von 5 €/qm.

Der Bewertungsabschlag ist zu berücksichtigen, weil die ortsübliche Miete – ohne Berücksichtigung der Nebenkosten nach der BetrKV – nicht mehr als 25 €/qm beträgt. Der geldwerte Vorteil nach § 8 Abs. 2 EStG ist wie folgt zu ermitteln:

Übliche Miete der Wohnung (80 qm × 27 €)	2 160 €
– Bewertungsabschlag nach § 8 Abs. 2 Satz 12 EStG (1/3 von 2 160 €)	720 €
= Vergleichsmiete	1 440 €
– Miete des Arbeitnehmers (80 qm × 17 €)	1 360 €
= geldwerter Vorteil im Monat	80 €

Beispiel 3:

Ein Arbeitgeber vermietet an einen Vorstand ein luxuriöses Einfamilienhaus am Tegernsee. Die ortsübliche Miete für die Luxusvilla beträgt 30 €/qm zuzüglich Nebenkosten nach der BetrKV.

Der Bewertungsabschlag ist nicht zu berücksichtigen, weil die ortsübliche Miete – ohne Berücksichtigung der Nebenkosten nach der BetrKV – mehr als 25 €/qm beträgt.

b) Anwendungsfragen

Zur Anwendung des Bewertungsabschlags nach § 8 Abs. 2 Satz 12 EStG haben sich in der Praxis folgende Fragen ergeben: 1574

aa) 50 €-Freigrenze

Die **50 €-Freigrenze kann nach Anwendung des Bewertungsabschlags** in Anspruch genommen werden (FinMin Thüringen v. 15.3.2021, S 2319-A-44-21.2, Tz. 14). Sofern die tatbestandlichen Voraussetzungen bei den zu beurteilenden Mietvorteilen gegeben sind, ist bei der Bewertung nach § 8 Abs. 2 Satz 1 EStG im ersten Schritt ein Freibetrag in Form eines Bewertungsabschlags nach § 8 Abs. 2 Satz 12 EStG zu berücksichtigen. § 8 Abs. 2 Satz 12 EStG gibt dabei die Ermittlung des Freibetrags mit eigenen Tatbestandsvoraussetzungen i.R. der Bewertung nach § 8 Abs. 2 Satz 1 EStG vor. Im zweiten Schritt kann zu Gunsten des Stpfl. die 50 €-Freigrenze angewendet werden. Das bedeutet gleichzeitig aber auch, dass Mietvorteile – wie bisher – zum Überschreiten der 50 €-Freigrenze führen können (→ *Sachbezüge* Rz. 3819). 1575

bb) Anwendung bei Arbeitslohn von dritter Seite

Durch eine entsprechende Ergänzung des § 8 Abs. 2 Satz 12 EStG i.R. des JStG 2020 ist der **Anwendungsbereich auf verbundene Unternehmen** (§ 15 AktG) **ausgeweitet** worden (sog. Konzernklausel). Zur Begründung → Rz. 1573. 1576

Denn gerade bei größeren Unternehmen sind teilweise eigenständige Wohnungsunternehmen als Tochterunternehmen gegründet worden, um z.B. den mit der Wohnungsvermietung zusammenhängenden Verwaltungsaufwand zu minimieren. Auf die Eigentümereigenschaft des verbundenen Unternehmens als Bauherr oder als Käufer kommt es nicht an. Auch vom verbundenen Unternehmen angemietete Wohnungen, die dem Arbeitnehmer überlassen werden, sind umfasst. Dies gilt auch für verbundene Unternehmen, wenn der Arbeitgeber eine juristische Person des öffentlichen Rechts ist.

Nicht begünstigt sind weiterhin die Gewährung von Mietvorteilen auf Veranlassung des Arbeitgebers durch einen Dritten außerhalb verbundener Unternehmen sowie Geldleistungen in jeglicher Form (z.B. Zuschüsse zu den Mietaufwendungen des Arbeitnehmers für dessen Wohnung, bestimmte Ausgleichszahlungen für eine vereinbarte Miethöhenbegrenzung).

cc) Belegungsrechte u.Ä.

Bei **Belegungsrechten** zahlt der Arbeitgeber dem Eigentümer der Wohnung für das eingeräumte Belegungsrecht einen Betrag im Voraus. Nach Auffassung der Finanzverwaltung handelt es sich bei dieser Zahlung um eine notwendige Begleiterscheinung betriebsfunktionaler Zielsetzungen des Arbeitgebers und damit **nicht um Arbeitslohn des Arbeitnehmers**. 1577

Zahlt der Arbeitgeber dem Vermieter für die Instandsetzung der Wohnung einen **Investitionskostenzuschuss** (z.B. um die Qualität von Wohnungen zu verbessern und einen guten Marktstandard zu erreichen oder zu halten) und berechtigen die qualitätserhöhenden Maßnahmen den Vermieter dann **nicht zu einer Mieterhöhung** gegenüber dem Arbeitnehmer, erhält der Arbeitnehmer durch diese Maßnahmen einen Sachbezug in Form eines Mietvorteils (gleiche Miete für bessere Wohnung). Dieser ist durch den Ansatz des ortsüblichen Mietwerts – der die werterhöhende Instandsetzung der Wohnung berücksichtigt – bei der Bewertung abgebildet. Der Arbeitgeber wirkt hier an der Verschaffung des entsprechenden Mietvorteils aktiv mit, denn aus dem Handeln des Arbeitgebers ist ein Anspruch des Arbeitnehmers auf den Mietvorteil entstanden (BMF v. 20.1.2015, IV C 5 – S 2360/12/10002, BStBl I 2015, 143), so dass es sich um **Arbeitslohn von dritter Seite** handelt (→ *Rabatte* Rz. 3537).

Zahlt der Arbeitgeber dem Vermieter einen **Ausgleich für eine vereinbarte Miethöhenbegrenzung**, so dass der Arbeitnehmer nur eine begrenzte Miete zahlt und der Arbeitgeber die Differenz zu dieser Mietverbilligung trägt, verschafft der Arbeitgeber dem Arbeitnehmer durch diese Maßnahmen keinen Sachbezug in Form eines Mietvorteils, sondern es liege eine (zweckgebundene) Geldleistung des Arbeitgebers in Form einer Mietzuschusszahlung für den Arbeitnehmer im abgekürzten Zahlungsweg an den Dritten vor. Dieser Fall ist steuerlich so zu behandeln, als ob der Arbeitgeber eine Zahlung an den Arbeitnehmer mit der Auflage leistet, diese für die Begleichung seiner Mietkosten zu verwenden. Für solche zweckgebundenen Geldleistungen i.S.d. § 8 Abs. 1 Satz 2 EStG ist eine Bewertung nach § 8 Abs. 2 EStG nicht vorgesehen (→ *Sachbezüge* Rz. 3799).

dd) Rabattfreibetrag

1578 Vermietet der Arbeitgeber Wohnungen überwiegend an fremde Dritte (z.B. Wohnungsunternehmen) besteht ein **Wahlrecht** zwischen den Bewertungsmethoden nach § 8 Abs. 2 und Abs. 3 EStG (→ *Rabatte* Rz. 3526).

Das bedeutet, dass die Bewertung entweder nach § 8 Abs. 2 EStG (mit Bewertungsabschlag nach § 8 Abs. 2 Satz 12 EStG) oder nach § 8 Abs. 3 EStG (mit Rabattfreibetrag) erfolgt. Der **Bewertungsabschlag** (§ 8 Abs. 2 Satz 12 EStG) und der **Rabattfreibetrag** des § 8 Abs. 3 EStG können somit **nicht gleichzeitig in Anspruch** genommen werden.

ee) Auslandswohnungen

1579 Eine i.R. einer **Auslandstätigkeit überlassene Wohnung** ist mit höchstens 18 % des Arbeitslohns ohne Kaufkraftausgleich zuzüglich 10 % der darüber hinausgehenden ortsüblichen Miete zu bewerten (→ Rz. 1562).

Nach Auffassung der Finanzverwaltung gilt für die Anwendung des § 8 Abs. 2 Satz 12 EStG der nach R 8.1 Abs. 6 Satz 11 LStR ermittelte Wert als ortsüblicher Mietwert.

c) Sozialversicherung

1580 Durch die Verordnung zur Änderung der SvEV und der Unfallversicherungsobergrenzenverordnung v. 15.12.2020, BStBl I 2021, 58 ist § 2 Abs. 4 Satz 1 SvEV wie folgt gefasst worden:

„Für eine als Sachbezug zur Verfügung gestellte Wohnung ist als Wert der ortsübliche Mietpreis unter Berücksichtigung der sich aus der Lage der Wohnung zum Betrieb ergebenden Beeinträchtigungen sowie unter entsprechender Anwendung des § 8 Abs. 2 Satz 12 EStG anzusetzen.“

Damit ist der Bewertungsabschlag nach § 8 Abs. 2 Satz 12 EStG **auch bei der Sozialversicherung zu berücksichtigen**.

14. Anwendung der Freigrenze von 50 €

1581 Die Freigrenze von 50 € nach § 8 Abs. 2 Satz 11 EStG gilt **nur** für Sachbezüge, die mit dem um übliche Preisnachlässe geminderten üblichen Endpreis am Abgabeort bewertet werden (§ 8 Abs. 2 Satz 1 EStG). Für Sachbezüge, die mit dem amtlichen **Sachbezugswert** nach der SvEV bewertet werden (§ 8 Abs. 2 Satz 6 EStG) oder für die **Durchschnittswerte** festgelegt worden sind (§ 8 Abs. 2 Satz 10 EStG), ist die Freigrenze **nicht anwendbar**.

Wird die Freigrenze von 50 € auch nur **geringfügig** überschritten, ist der **gesamte geldwerte Vorteil** steuer- und beitragspflichtig. Allerdings ist die Freigrenze von 50 € auch dann anwendbar, wenn der Arbeitgeber die Wohnung anmietet und damit der geldwerte Vorteil feststeht.

Einzelheiten zur 50 €-Freigrenze und Beispiele → *Sachbezüge* Rz. 3819.

15. Anwendung des Rabattfreibetrags

1582 Die Anwendung des Rabattfreibetrags von 1 080 € (Jahresbetrag) ist auch bei der unentgeltlichen oder verbilligten Wohnungsüberlassung möglich (BFH v. 4.11.1994, VI R 81/93, BStBl II 1995, 338). Voraussetzung ist allerdings, dass der Arbeitgeber Wohnungen **überwiegend an fremde Dritte** vermietet. Dabei muss die Vermietung von Wohnungen nicht unbedingt der Geschäftszweck des Arbeitgebers sein, wie dies bei Wohnungsvermietungsgesellschaften der Fall ist. Auch bei anderen Arbeitgebern – sofern sie nicht überwiegend an Arbeitnehmer vermieten – ist der Rabattfreibetrag von 1 080 € anwendbar (BFH v. 7.2.1997, VI R 17/94, BStBl II 1997, 363; BFH v. 11.5.2011, VI R 65/09, BStBl II 2011, 946).

Unterscheiden sich **Hausmeisterwohnungen** durch ihre Merkmale in einem solchen Maße von anderen Wohnungen, dass sie nur als Hausmeisterwohnungen genutzt werden können, kommt der Rabattfreibetrag nur zur Anwendung, wenn Hausmeisterwohnungen überwiegend an fremde Dritte vermietet werden (BFH v. 16.2.2005, VI R 46/03, BStBl II 2005, 529).

Die Anwendung des Rabattfreibetrags bedeutet, dass der geldwerte Vorteil nicht mehr nach dem um übliche Preisnachlässe geminderten üblichen Endpreis am Abgabeort bemessen wird. Auch der Bewertungsabschlag nach § 8 Abs. 2 Satz 12 EStG ist nicht zu berücksichtigen. Nach § 8 Abs. 3 EStG ist der konkrete Angebotspreis des Arbeitgebers maßgebend, allerdings noch gemindert um 4 %.

Beispiel 1:

Eine Wohnungsvermietungsgesellschaft vermietet einem Arbeitnehmer eine Drei-Zimmer-Wohnung mit 68,75 qm. Hierfür zahlt er eine ermäßigte Miete von 7 € pro qm. Vergleichbare Wohnungen werden an fremde Dritte zu einem Quadratmeterpreis von 8 € vermietet.

Bei einer Wohnungsvermietungsgesellschaft ist davon auszugehen, dass sie überwiegend an fremde Dritte vermietet, daher ist der geldwerte Vorteil nach § 8 Abs. 3 EStG zu ermitteln:

Endpreis des Arbeitgebers (68,75 qm × 8 €)	550,– €
– 4 % Abschlag	22,– €
= Endpreis i.S.d. § 8 Abs. 3 EStG	528,– €
– Miete des Arbeitnehmers (68,75 qm × 7 €)	481,25 €
= geldwerter Vorteil im Monat	46,75 €
– Rabattfreibetrag je Monat (1 080 € : 12)	90,– €
= zu versteuern	0,– €

Der Arbeitnehmer hat für die Überlassung der Wohnung keinen geldwerten Vorteil zu versteuern.

Die **Anwendung des Rabattfreibetrags** muss nicht immer vorteilhaft für den Arbeitnehmer sein, sie kann sich **auch** zu seinem **Nachteil** auswirken. Daher kann der Arbeitnehmer in der Einkommensteuerveranlagung **zwischen den Bewertungsmethoden** nach § 8 Abs. 2 EStG und § 8 Abs. 3 EStG **wählen**; der Arbeitgeber ist hingegen im Lohnsteuerabzugsverfahren nicht verpflichtet, die Günstigerprüfung vorzunehmen (BMF v. 16.5.2013, IV C 5 – S 2334/07/0011, BStBl I 2013, 729).

Beispiel 2:

Eine Spedition hat ein Wohngebäude errichtet, das sechs Mietwohnungen enthält. Drei Wohnungen werden an fremde Dritte zu einem Quadratmeterpreis von 10 € vermietet. In den übrigen drei Wohnungen wohnen Mitarbeiter der Spedition zu einem Quadratmeterpreis von 6 €. Der übliche Mietwert für derartige Wohnungen beträgt 9 €. Alle Wohnungen haben eine Größe von 100 qm.

Da die Wohnungen **nicht überwiegend** an fremde Dritte vermietet werden, ist der geldwerte Vorteil nach § 8 Abs. 2 EStG zu ermitteln. Der Rabattfreibetrag ist nicht anzuwenden.

Übliche Miete der Wohnung (100 qm × 9 €)	900 €
– Bewertungsabschlag nach § 8 Abs. 2 Satz 12 EStG (1/3 von 900 €)	300 €
= Vergleichsmiete	600 €
– Miete des Arbeitnehmers (100 qm × 6 €)	600 €
= geldwerter Vorteil im Monat	0 €

Der Arbeitnehmer hat für die Überlassung der Wohnung nichts zu versteuern, denn nach Abzug des Bewertungsabschlags nach § 8 Abs. 2 Satz 12 EStG ergibt sich kein geldwerter Vorteil.

Beispiel 3:

Wie Beispiel 2, ein Mitarbeiter zieht aus und die Wohnung wird an einen fremden Dritten vermietet.

Da die Wohnungen **überwiegend** an fremde Dritte vermietet werden, ist der geldwerte Vorteil grds. nach § 8 Abs. 3 EStG zu ermitteln.

Endpreis des Arbeitgebers (100 qm × 10 €)	1 000 €
– 4 % Abschlag	40 €
= Endpreis i.S.d. § 8 Abs. 3 EStG	960 €
– Miete des Arbeitnehmers (100 qm × 6 €)	600 €
= geldwerter Vorteil im Monat	360 €

– Rabattfreibetrag je Monat (1 080 € : 12)	90 €
= zu versteuern	270 €

Der Arbeitnehmer hat 270 € im Monat für die Überlassung der Wohnung zu versteuern. Auf Grund des Bewertungsabschlags nach § 8 Abs. 2 Satz 12 EStG ist die Bewertung nach § 8 Abs. 2 EStG für den Arbeitnehmer vorteilhafter. Er kann daher in der Einkommensteuerveranlagung die Bewertung nach § 8 Abs. 2 EStG wählen (BMF v. 16.5.2013, IV C 5 – S 2334/07/0011, BStBl I 2013, 729). Obwohl der Arbeitgeber nicht verpflichtet ist, die Günstigerprüfung im Lohnsteuerabzugsverfahren vorzunehmen, kann auch er die günstigere Bewertungsmethode anwenden.

16. Wohnrecht

1583 Räumt der Arbeitgeber dem Arbeitnehmer im Hinblick auf das Dienstverhältnis ein befristetes oder lebenslängliches Wohnrecht an einer Wohnung ein, so fließt dem Arbeitnehmer der geldwerte Vorteil nicht im Zeitpunkt der Bestellung des Wohnrechts in Höhe des kapitalisierten Werts, sondern fortlaufend in Höhe des jeweiligen Nutzungswerts der Wohnung zu (BFH v. 19.8.2004, VI R 33/97, BStBl II 2004, 1076). Einzelheiten → *Grundstücke: verbilligte Überlassung* Rz. 2452.

17. Sonstige Arbeitgeberaufwendungen

1584 Soweit Arbeitgeber sonstige Aufwendungen für die Wohnungsbeschaffung ihrer Arbeitnehmer leisten, ohne dass ein Besetzungsrecht oder ein Verzicht auf einen Teil der Miete bei Fremdvermietung vereinbart wird, ist nach folgenden Grundsätzen zu verfahren (FinMin Niedersachsen v. 28.2.1966, S 2228 – 80 – 314, DStZ/E 1966, 140):

a) Verlorene Zuschüsse des Arbeitgebers für ein Eigenheim

1585 Wenn der Arbeitgeber dem Arbeitnehmer ohne jede Auflage einen **verlorenen Zuschuss** zum **Bau oder Erwerb eines Eigenheims** bzw. einer Eigentumswohnung gewährt, so ist dieser Zuschuss steuer- und beitragspflichtiger Arbeitslohn. Der Zuschuss ist im Jahr des Zuflusses zu versteuern.

LSt SV

b) Zinsgünstige Darlehen

1586 Gewährt der Arbeitgeber dem Arbeitnehmer ein **zinsloses oder ein zinsgünstiges Darlehen**, so ist der Zinsvorteil steuerpflichtiger Arbeitslohn, wenn der vereinbarte Zinssatz unter dem üblichen Endpreis am Abgabeort liegt (→ *Zinsersparnisse/Zinszuschüsse* Rz. 4617).

LSt SV

c) Erstattung von Zinsen

1587 **Erstattet** der Arbeitgeber dem Arbeitnehmer die **Zinsen für einen Kredit**, den der Arbeitnehmer zum Bau eines Eigenheims bzw. einer Eigentumswohnung von einem Dritten, z.B. einer Bank oder Lebensversicherung, aufgenommen hat, so ist steuerpflichtiger Arbeitslohn anzunehmen (→ *Zinsersparnisse/Zinszuschüsse* Rz. 4616).

LSt SV

d) Verkauf von Bauland

1588 **Veräußert** der Arbeitgeber dem Arbeitnehmer **Bauland** zu einem Kaufpreis, der unter dem um übliche Preisnachlässe geminderten üblichen Endpreis am Abgabeort liegt, so stellt der Unterschiedsbetrag steuerpflichtigen Arbeitslohn dar (→ *Grundstücke: verbilligte Überlassung* Rz. 2452).

LSt SV

e) Verlorene Zuschüsse des Arbeitgebers zur Miete

1589 Wenn der Arbeitgeber dem Arbeitnehmer ohne jede Auflage einen **verlorenen Zuschuss zur Miete** gewährt, so ist dieser Zuschuss steuer- und beitragspflichtiger Arbeitslohn. Der Zuschuss ist im Jahr des Zuflusses zu versteuern.

LSt SV

f) Zuschüsse des Arbeitgebers als Mietvorauszahlung

1590 Gewährt der Arbeitgeber dem Arbeitnehmer einen Zuschuss zur Miete einer Wohnung mit der Auflage, dass der Arbeitnehmer den Zuschuss an den Vermieter **als Mietvorauszahlung** weiterleiten muss, und muss der Arbeitnehmer den Zuschuss **in Höhe der Mietminderung** an den Arbeitgeber **zurückzahlen**, so hat der Zuschuss den Charakter eines Darlehens. Steuer- und beitragspflichtiger Arbeitslohn liegt mithin nicht vor.

~~LSt~~ ~~SV~~

Ist der Zuschuss (das Darlehen) nicht verzinst oder liegt der vereinbarte Zinssatz unter dem üblichen Endpreis am Abgabeort, so ist der Zinsvorteil steuerpflichtiger Arbeitslohn (→ *Zinsersparnisse/Zinszuschüsse* Rz. 4617).

LSt SV

g) Zuschüsse des Arbeitgebers mit Rückzahlungsverpflichtung

Gewährt der Arbeitgeber dem Arbeitnehmer einen **Zuschuss zur** 1591
Miete einer Wohnung mit der Auflage, dass der Arbeitnehmer den Zuschuss **bei vorzeitigem Ausscheiden aus dem Dienstverhältnis** ganz oder teilweise an den Arbeitgeber **zurückzahlen muss**, so ist der Zuschuss steuer- und beitragspflichtig.

LSt SV

Muss der Arbeitnehmer den Zuschuss im Falle des Ausscheidens ganz oder teilweise zurückzahlen, so liegt eine Arbeitslohnrückzahlung vor, die im Zahlungszeitpunkt den steuerpflichtigen Arbeitslohn mindert (→ *Rückzahlung von Arbeitslohn* Rz. 3779).

h) Rückzahlung von Darlehen

Löst der Arbeitnehmer ein unverzinsliches oder niedrig verzinsli- 1592
ches Wohnungsbaudarlehen **vorzeitig** ab und gewährt der Arbeitgeber im Hinblick auf die vorzeitige Tilgung einen **Teilerlass** in Höhe des Abzinsungsbetrags, so liegt in Höhe des Teilerlasses grds. steuer- und beitragspflichtiger Arbeitslohn vor.

LSt SV

Dienstzimmer

→ *Arbeitslohn-ABC* Rz. 661, → *Arbeitszimmer* Rz. 769

Diplomaten und Konsularbeamte

Nach dem **Wiener Übereinkommen** v. 18.4.1961 über diplomati- 1593
sche Beziehungen und v. 24.4.1963 über konsularische Beziehungen ist u.a. ein Diplomat einer ausländischen Mission und ein Konsularbeamter einer ausländischen Vertretung von Einkommensteuern befreit (Art. 34 WÜD, Art. 49 und 71 WÜK). Die Befreiung gilt nicht für Steuern von privaten Einkünften aus Quellen des Empfangsstaats. Gleiches gilt für Mitglieder/Bedienstete des Verwaltungs- und technischen Personals sowie die zum Haushalt eines ausländischen Diplomaten oder Konsularbeamten sowie eines Mitglieds/Bediensteten gehörenden **Familienangehörigen**, sofern diese weder die Staatsangehörigkeit des Empfangsstaats besitzen noch dort ständig ansässig sind. Unter vorgenannten Voraussetzungen sind auch die Dienstbezüge des **Hauspersonals** oder die Bezüge privater Hausangestellter von Mitgliedern einer ausländischen Mission steuerfrei. Darüber hinaus können für andere Mitglieder des Personals einer Mission und Hausangestellte nach besonderen Regelungen Steuerbefreiungen bestehen (vgl. im Einzelnen H 3.29 EStH sowie OFD Frankfurt v. 1.8.2019, S 1310 A – 005 – St 62, StEd 2019, 514).

Danach werden ausländische Personen mit diplomatischem oder konsularischem Status im Empfangsstaat nur in einem der beschränkten Steuerpflicht ähnlichen Umfang besteuert. Ggf. können in einem DBA abweichende Regelungen getroffen worden sein (→ *Doppelbesteuerungsabkommen bei Einkünften aus nichtselbständiger Arbeit* Rz. 1612).

Im Übrigen sind die Gehälter und Bezüge ausländischer Diplomaten und Berufskonsuln sowie Angehöriger der Botschaft bzw. des Konsulats in dem in § 3 Nr. 29 EStG bezeichneten Umfang steuerfrei.

Ausländische Botschaftsangehörige sind ausnahmsweise unbeschränkt steuerpflichtig, wenn sie in Deutschland ständig ansässig sind (FG Köln v. 24.1.2001, 12 K 7040/98, EFG 2001, 552).

Deutsche Personen mit diplomatischem oder konsularischem Status **im Ausland** unterliegen in Deutschland der erweiterten unbeschränkten Steuerpflicht nach § 1 Abs. 2 EStG (→ *Steuerpflicht* Rz. 4003).

Hat ein inländischer Arbeitgeber eine Person mit diplomatischem oder konsularischem Status in Deutschland i.R. einer dienstrechtlich zulässigen Nebentätigkeit beschäftigt, so unterliegt der Arbeitslohn nach den Regelungen für beschränkt steuerpflichtige Arbeitnehmer dem Lohnsteuerabzug.

Eine Zusammenveranlagung (**Splitting/Steuerklasse III**) eines unbeschränkt steuerpflichtigen Arbeitnehmers **mit einem ausländischen Ehepartner** mit konsularischem oder diplomatischem Status ist nur unter den Voraussetzungen der §§ 1 Abs. 1, 1a EStG möglich (→ *Steuerpflicht* Rz. 4008).

Zur Besteuerung sog. **Ortskräfte** s. BFH v. 13.11.1996, I R 119/95, HFR 1997, 826 und OFD Frankfurt v. 1.8.2019, S 1310 A – 005 –St 62, StEd 2019, 514. Zur lohnsteuerlichen Behandlung der bei der Botschaft und den Generalkonsulaten der Republik Türkei beschäftigten Ortskräfte s. FinMin Brandenburg v. 22.8.2014, 36 – S 2330 – 2014/001.

Ähnliche Privilegien wie für Diplomaten und Konsularbeamte beinhaltet das Gesetz über die Vorrechte, Immunitäten, Befreiungen und Erleichterungen in der Bundesrepublik Deutschland als Gaststaat internationaler Einrichtungen (**Gaststaatgesetz**) v. 30.11.2019, BGBl. I 2019, 1929. Das Gesetz unterscheidet die Kategorien der klassischen internationalen Organisationen, der weiteren internationalen Einrichtungen und der internationalen Nichtregierungsorganisationen und zielt darauf ab, einen einheitlichen, verbindlichen und transparenten Rechtsrahmen für die Ansiedlung internationaler Einrichtungen in Deutschland zu schaffen, z.B. im Bereich der Besteuerung oder des Aufenthaltsrechts.

Directors&Officers-Versicherungen

1. Allgemeines

a) Versicherungsschutz als Arbeitslohn

1594 Gewährt der Arbeitgeber seinem Arbeitnehmer **Versicherungsschutz**, ist zu prüfen, ob ein Zufluss von Arbeitslohn vorliegt und wenn dies zu bejahen ist, ob der zugeflossene Arbeitslohn steuerfrei ist, denn bei der Gewährung von Versicherungsschutz handelt es sich im weiteren Sinne um Zukunftssicherungsleistungen.

Lt. BFH v. 16.4.1999, VI R 60/96, BStBl II 2000, 406 gehören Beiträge des Arbeitgebers **nicht zum gegenwärtig zufließenden Arbeitslohn**, wenn zwar der Arbeitnehmer versichert ist, aber ausschließlich der Arbeitgeber die Rechte aus dem Versicherungsvertrag geltend machen kann. Der Arbeitnehmer hat in diesem Fall selbst keinen unmittelbaren Rechtsanspruch auf die Versicherungsleistung (sog. Rückdeckungsversicherung des Arbeitgebers).

Die Beiträge stellen hingegen **Arbeitslohn** dar, wenn der versicherte Arbeitnehmer die Rechte aus dem Versicherungsvertrag selbst geltend machen kann.

Zur Anwendung der **50 €-Freigrenze** → *Sachbezüge* Rz. 3819.

b) Begriff D&O-Versicherung

1595 Bei den sog. D&O-Versicherungen handelt es sich um **Haftpflichtversicherungen für Aufsichtsratsmitglieder, Vorstände und Geschäftsführer**. Versicherte Personen sind alle gegenwärtigen oder ehemaligen Mitglieder des Aufsichtsrats, Vorstands oder der Geschäftsführung des Versicherungsnehmers. Versicherte Tatbestände sind die Fälle, in denen versicherte Personen auf Grund einer Pflichtverletzung bei Ausübung der versicherten Tätigkeit von der eigenen Gesellschaft (**Innenhaftung**) oder einem Dritten (**Außenhaftung**) auf Grund eines Vermögensschadens in Anspruch genommen werden.

2. Lohnsteuer

1596 Der Versicherungsschutz liegt damit grds. im Interesse des Arbeitnehmers. Deshalb stellen die Beiträge zu einer solchen Versicherung **grds. Arbeitslohn** dar.

a) Kein Arbeitslohn

Beiträge des Arbeitgebers zu einer D&O-Versicherung werden jedoch **nicht als Arbeitslohn** angesehen, wenn der Arbeitgeber die Leistungen **in ganz überwiegendem betrieblichem Interesse** erbringt. Dies ist nach Verwaltungsauffassung (vgl. z.B. FinMin Niedersachsen v. 25.1.2002, S 2332 – 161 – 35) der Fall, wenn 1597

- es sich um eine Vermögensschaden-Haftpflichtversicherung handelt, die in erster Linie das Unternehmen oder den Wert des Unternehmens gegen Schadensersatzforderungen Dritter absichert, die ihren Grund in dem Tätigwerden/Untätigwerden der für das Unternehmen verantwortlichen Organe und Leistungsverantwortliche haben,
- durch die Versicherung regelmäßig das Management als Ganzes versichert ist und Versicherungsschutz für einzelne Personen nicht in Betracht kommt,
- Basis für die Prämienkalkulation nicht individuelle Merkmale der versicherten Organmitglieder sind, sondern die Betriebsdaten des Unternehmens und
- die Verträge für die Versicherung besondere Klauseln zur Firmenhaftung (Company Reimbursement) enthalten, die im Ergebnis wirtschaftlich dazu führen, dass der Versicherungsanspruch aus der Versicherung dem Unternehmen als Versicherungsnehmer zusteht.

Die **Finanzverwaltung** geht von Letzterem z.B. aus, wenn der Arbeitgeber oder die Tochtergesellschaft als Versicherungsnehmer den Arbeitnehmer als versicherte Person in rechtlich zulässiger Weise auf Grund einer vertraglichen oder gesetzlichen Freistellungsverpflichtung durch Erfüllung des Haftpflichtanspruchs freistellt und ihm hierdurch ein Zahlungsanspruch gegenüber dem Versicherer zusteht oder der Versicherer den Gläubiger befriedigt und seinerseits auf einen Regress bei dem zur Freistellung verpflichteten Arbeitgeber oder einer Tochtergesellschaft verzichtet.

In Fällen, in denen der Arbeitnehmer durch **gesetzliche Regelungen** (z.B. § 84 Sächsisches Beamtengesetz, § 14 Bundesangestelltentarifvertrag) grds. in einem dem vertraglichen Versicherungsschutz entsprechenden Maß von der Haftung befreit ist, liegt der Abschluss der D&O-Versicherung im überwiegend eigenbetrieblichen Interesse des Arbeitgebers. Die Zahlung der Versicherungsprämie durch den Arbeitgeber führt in diesen Fällen nicht zu steuerpflichtigem Arbeitslohn beim Arbeitnehmer.

Das **FG München** hat die Verwaltungsauffassung für **Geschäftsführer** und **leitende Angestellte** von GmbHs bestätigt, neigt aber offensichtlich im Gegensatz zur Finanzverwaltung dazu, bei **Vorständen von Aktiengesellschaften** Arbeitslohn anzunehmen, weil sie nicht weisungsgebunden sind (Urteil v. 5.8.2002, 7 K 5726/00, EFG 2002, 1524). Die weitere Rechtsprechung bleibt abzuwarten.

Aufwendungen des Arbeitgebers für **Industrie-Strafrechtsschutzversicherungen** werden wegen ihrer Vergleichbarkeit mit D&O-Versicherungen ebenfalls nicht als Arbeitslohn angesehen, weil diese Leistungen im überwiegend eigenbetrieblichen Interesse des Unternehmens liegen.

b) Arbeitslohn

Ein **überwiegend eigenbetriebliches Interesse ist hingegen zu verneinen**, wenn Risiken versichert werden, die üblicherweise durch eine individuelle Berufshaftpflichtversicherung abgedeckt werden. In diesem Fall liegt weiterhin **steuerpflichtiger Arbeitslohn** vor (so auch jüngst FG Rheinland-Pfalz v. 9.9.2020, EFG 2021, 103). 1598

Zur Ermittlung der Arbeitslohnhöhe ist die Versicherungsprämie zunächst den versicherten Risiken zuzuordnen und danach auf die versicherten Personen aufzuteilen; § 8 Abs. 2 Satz 11 EStG (sog. **50 €-Freigrenze**) ist anzuwenden. Soweit das Vorliegen von Arbeitslohn bejaht wird, sind die als geldwerter Vorteil erfassten Versicherungsprämien bei den Versicherten als Werbungskosten abzugsfähig.

Bei Versicherten, die nicht Arbeitnehmer sind (insbesondere **Aufsichtsratsmitglieder**), gelten die o.g. Grundsätze sinngemäß.

§ 93 Abs. 2 Satz 3 AktG enthält für Neuverträge seit 5.8.2009 folgende Regelung:

„Schließt die Gesellschaft eine Versicherung zur Absicherung eines Vorstandsmitglieds gegen Risiken aus dessen beruflicher Tätigkeit für die Gesellschaft ab, ist ein ***Selbstbehalt*** *von mindestens 10 % des Schadens bis mindestens zur Höhe des Eineinhalbfachen der festen jährlichen Vergütung des Vorstandsmitglieds vorzusehen."*

Werden die **Versicherungsprämien vom Arbeitgeber getragen**, ist nach Verwaltungsauffassung beim Vorstandsmitglied zwar steuerpflichtiger Arbeitslohn mit Lohnsteuereinbehaltungsverpflichtung anzunehmen, er kann jedoch in gleicher Höhe **Werbungskosten** geltend machen.

LSt SV

Direktversicherung

→ *Zukunftssicherung: Betriebliche Altersversorgung* Rz. 4653

Direktzusage

→ *Zukunftssicherung: Betriebliche Altersversorgung* Rz. 4653

Doktoranden

1599 Doktoranden sind **Arbeitnehmer**, wenn

- die Promotion Gegenstand eines Dienstverhältnisses ist, d.h. dass die Pflicht zu promovieren, ausschließlicher oder wesentlicher Gegenstand des Dienstverhältnisses ist (BFH v. 9.10.1992, VI R 176/88, BStBl II 1993, 115),
- eine selbständige Forschungstätigkeit als fremdbestimmte Dienstleistung erbracht wird und der Forschende seine Arbeitskraft ausschließlich in den Dienst des Unternehmens stellt. Das Fehlen eines eigenen Unternehmerrisikos, die Unterordnung des Forschenden unter die wirtschaftlichen Interessen des Unternehmens sowie eine Bezahlung, die dem Entgelt eines in Vollzeit beschäftigten Mitarbeiters entspricht, sind deutliche Indizien für das Bestehen eines (versicherungspflichtigen) Beschäftigungsverhältnisses (LSG Berlin-Brandenburg v. 8.11.2006, L 9 KR 161/02),
- ein Doktorand zur Anfertigung einer Doktorarbeit gegen Zahlung eines Entgelts mit voller Arbeitszeit für ein Unternehmen tätig und dabei in den arbeitsteilig und hierarchisch organisierten wissenschaftlichen Apparat eingebunden ist. Das gilt auch dann, wenn zwischen den Vertragsparteien keine Regelungen zur Entgeltfortzahlung im Krankheitsfall oder zum Urlaubsanspruch vereinbart waren (SG München v. 13.4.2016, S 30 R 1549/14).

Hiervon abzugrenzen ist jedoch ein sog. **Stipendienvertrag**, der kein arbeitsvertragstypisches Weisungsrecht der Hochschule gegenüber dem Doktoranden begründet und die typischen Kriterien einer Arbeitsvertragsvereinbarung nicht erfüllt (LAG Köln v. 23.7.2009, 7 Sa 108/09).

Es ist regelmäßig davon auszugehen, dass dem Promotionsstudium und der Promotion durch die Hochschule selber der Abschluss eines Studiums vorangeht. Aufwendungen für ein **Promotionsstudium und die Promotion stellen Betriebsausgaben oder Werbungskosten** dar, sofern ein berufsbezogener Veranlassungszusammenhang zu bejahen ist (BFH v. 4.11.2003, VI R 96/01, BStBl II 2004, 891). Dies gilt auch, wenn das Promotionsstudium bzw. die Promotion im Einzelfall ohne vorhergehenden berufsqualifizierenden Studienabschluss durchgeführt wird. Eine Promotion stellt keinen berufsqualifizierenden Abschluss eines Studienganges dar (BMF v. 22.9.2010, IV C 4 – S 2227/07/10002 :002, BStBl I 2010, 721 Rdnr. 26). Auch der Erwerb eines ausländischen universitären Titels kann ausschließlich beruflich veranlasst sein, weil auch ein so erworbener Titel objektiv geeignet ist, das berufliche Fortkommen zu begünstigen (FG München v. 17.4.2018, 12 K 1400/15, EFG 2020, 1495).

Ein Abzug als (ggf. vorab entstandene) **Werbungskosten** ist ferner zugelassen worden, wenn das Promotionsstudium Gegenstand eines sog. **Ausbildungsdienstverhältnisses** ist (→ *Fortbildung* Rz. 2223).

In diesen Fällen kann auch der Arbeitgeber Reisekosten nach § 3 Nr. 16 EStG steuerfrei ersetzen.

Steht die Erlangung eines **Doktoren- oder Professorentitels** nicht mit einer erwerbsbezogenen (Fort-)Bildung in Zusammenhang, kommt dem **gesellschaftlichen Prestige**, welches der privaten Lebensführung zuzuordnen ist, ein höheres Gewicht zu mit der Folge, dass die Aufwendungen nicht abzugsfähig sind (FG Münster v. 13.10.2017, 4 K 1891/14 F, EFG 2017, 1949 zum Betriebsausgabenabzug eines Zahnarztes für Kosten zur Erlangung eines Professorentitels in Ungarn). Ein Werbungskostenabzug ist ausnahmsweise zulässig, wenn z.B. die Titelführung Voraussetzung für die (weitere) Beschäftigung des Stpfl. als Chefarzt ist (FG Schleswig-Holstein v. 6.3.2019, 4 K 48/18, EFG 2019, 681).

Aufwendungen eines Stpfl. für ein Promotionsstudium in Polen sind dagegen **nicht als Werbungskosten abzugsfähig**, wenn bei der Promotion eine Honorarzahlung und nicht die eigene wissenschaftliche Arbeit im Vordergrund steht (BFH v. 8.6.2004, VI B 158/03).

Vergütungen für die ins **Ausland** entsandten Doktoranden sind **nicht** nach dem Auslandstätigkeitserlass steuerfrei, weil sie aus öffentlichen Kassen (Universitäten) gezahlt werden (BMF v. 17.6.1991, IV B 6 – S 2293 – 5/91 II, sowie → *Auslandstätigkeitserlass* Rz. 957).

Zur **Steuerfreiheit eines Promotionsstipendiums** nach § 3 Nr. 44 EStG s. zuletzt FG Münster v. 16.5.2013, 2 K 3208/11 E, EFG 2014, 19.

Aufwendungen für einen **Promotionsberater und Promotionsvermittler**, dessen vertraglich geschuldeten und offensichtlich auch erbrachten Leistungen schwerpunktmäßig in der Mithilfe bei der Themenfindung, der Analyse der gemäß den Prüfungsanordnungen in Betracht kommenden Fakultäten und der für das wissenschaftliche Fachgebiet des Stpfl. in Betracht kommenden Lehrstühle sowie in dem Vorschlag eines Betreuers und der letztlich erfolgten Herstellung des Kontaktes zu diesem liegen, sind **keine Betriebsausgaben/Werbungskosten** (FG Sachsen v. 13.7.2017, 8 K 1677/16). Aber selbst bei Anerkennung der beruflichen Veranlassung unterliegen die Kosten für die Promotionsvermittlung dem Abzugsverbot des § 9 Abs. 5 Satz 1 i.V.m. § 4 Abs. 5 Satz 1 Nr. 10 EStG, weil in Bayern die Zuwendung der Vermittlungsgebühr den Tatbestand des Art. 68 Abs. 7 BayHSchG erfüllt. Unter diese Strafnorm fällt nicht nur die Vermittlung eines Titelkaufs, sondern auch die entgeltliche Vermittlung von Promotionsmöglichkeiten, also die Möglichkeit zum Erwerb eines Doktortitels, für den im Ausland noch eine wissenschaftliche Leistung erbracht werden muss (FG München v. 17.4.2018, 12 K 1400/15, EFG 2020, 1495).

Dokumentationspflicht

→ *Mindestlohn* Rz. 3142, → *Mini-Jobs* Rz. 3166

Doppelbesteuerung

Ausländische Einkünfte unterliegen zumeist der Besteuerung 1600
im Wohnsitzstaat nach den Regeln der unbeschränkten Steuerpflicht **und** im Quellen-/Tätigkeitsstaat nach den Regeln der beschränkten Steuerpflicht (→ *Steuerpflicht* Rz. 4002). Um solch eine Doppelbesteuerung zu vermeiden, kommen folgende Methoden in Betracht:

- **Anrechnung/Abzug der ausländischen Steuern** auf/von der maßgebenden inländischen Steuer nach § 34c EStG (→ *Anrechnung/Abzug ausländischer Steuern* Rz. 170),
- **Freistellung** der ausländischen Einkünfte von der inländischen Steuer; bei dieser Methode werden die Einkünfte nicht mit in die Bemessungsgrundlage für die Berechnung der Einkommen- bzw. Lohnsteuer einbezogen, sie werden aber grds. bei der Bemessung des Steuersatzes (→ *Progressionsvorbehalt* Rz. 3501) berücksichtigt.

Grundlage für die Anrechnung/den Abzug ausländischer Steuern oder die Freistellung ausländischer Einkünfte (ggf. unter Progressionsvorbehalt) in Deutschland sind

- Vorschriften des EStG (insbesondere §§ 34c, 50 Abs. 4 EStG), auf denen z.B. der **Auslandstätigkeitserlass** (→ *Auslandstätigkeitserlass* Rz. 957) und der Besteuerungsverzicht bei der

Verwertung von Einkünften im Inland nach R 39.4 Abs. 3 LStR beruht und

- zwischenstaatliche Vereinbarungen, insbesondere **DBA** (→ *Doppelbesteuerungsabkommen: Allgemeines* Rz. 1601).

Doppelbesteuerungsabkommen: Allgemeines

auch → *Anrechnung/Abzug ausländischer Steuern* Rz. 170

1. Bedeutung für das Lohnsteuerabzugsverfahren

1601 DBA sind zwischenstaatliche Vereinbarungen zur Vermeidung der Doppelbesteuerung oder ggf. der Keinmalbesteuerung. Sie sind erst dann anzuwenden, wenn beide Staaten sie durch Zustimmungsgesetze umgesetzt und sich gegenseitig darüber informiert haben. Dem Abkommen beigefügte Dokumente (z.B. Protokolle) sind deren Bestandteil.

Der **Arbeitgeber** muss ein **DBA im Lohnsteuerabzugsverfahren beachten**, wenn

- er einen **Arbeitnehmer aus einem ausländischen Staat in Deutschland beschäftigt** oder
- er einen inländischen **Arbeitnehmer in einen ausländischen Staat** entsendet (→ *Auslandsbeamte* Rz. 948, → *Ausländischer Arbeitslohn* Rz. 938) und
- die Bundesrepublik Deutschland mit dem jeweiligen ausländischen Staat ein **DBA** abgeschlossen hat, das Abkommen für den Besteuerungszeitraum anzuwenden und in Kraft getreten ist (→ *Doppelbesteuerungsabkommen bei Einkünften aus nichtselbständiger Arbeit* Rz. 1612 sowie BMF v. 12.12.2023, IV B 2 – S 1300/21/10024 :005, BStBl I 2023, 2179 zur steuerlichen Behandlung des Arbeitslohns nach den Doppelbesteuerungsabkommen).

Die meisten von Deutschland abgeschlossenen Abkommen orientieren sich am OECD-Musterabkommen. Im Einzelfall ist das jeweilige Abkommen zu beachten. Besteht kein **DBA** s. → *Ausländischer Arbeitslohn* Rz. 938.

2. Geltende DBA

1602 Das BMF veröffentlicht regelmäßig jährlich im BStBl I eine Übersicht über den Stand der DBA und anderer Abkommen im Steuerbereich sowie über die Abkommensverhandlungen; zuletzt zum 1.1.2025 mit Schreiben v. 20.1.2025, IV B 2 – S 1301/01499/004/003, BStBl I 2025, 291. Aufgelistet werden dort u.a. die jeweiligen Fundstellen sowie das Inkrafttreten der Abkommen.

Nach dem **Stand vom 1.1.2025** gelten DBA mit folgenden Staaten:

Ägypten
Albanien
Algerien
Argentinien
Armenien[1])
Aserbaidschan
Australien
Bangladesch
Belarus (Weißrussland)[5])
Belgien
Bolivien
Bosnien und Herzegowina[2])
Bulgarien
China (ohne Hongkong und Macau)
Costa Rica
Côte d'Ivoire
Dänemark
Ecuador
Italien
Jamaika
Japan
Jersey
Kanada
Kasachstan
Kenia
Kirgisistan
Korea, Republik
Kosovo[2])
Kroatien
Kuwait
Lettland
Liberia
Liechtenstein
Litauen
Luxemburg
Malaysia
Malta
Marokko
Mauritius
Mexiko
Portugal
Rumänien
Russische Föderation[2])
Sambia
Schweden
Schweiz
Serbien[3])
Simbabwe
Singapur
Slowakei[4])
Slowenien
Spanien
Sri Lanka
Südafrika
Syrien
Tadschikistan
Thailand
Trinidad und Tobago
Tschechien[3])
Tunesien
Türkei
Turkmenistan[1])
Ukraine
Estland
Finnland
Frankreich
Georgien
Ghana
Griechenland
Indien
Indonesien
Iran Islamische Republik
Irland
Island
Israel
Moldau, Republik[1])
Mongolei
Montenegro[2])
Namibia
Neuseeland
Niederlande
Nordmazedonien
Norwegen
Österreich
Pakistan
Philippinen
Polen
Ungarn
Uruguay
Usbekistan
Venezuela
Vereinigte Arabische Emirate (nur bis 31.12.2021)
Vereinigtes Königreich
Vereinigte Staaten
Vietnam
Zypern

1) DBA mit UdSSR gilt fort.

2) Die Russische Föderation hat mit Verbalnote vom 8.8.2023 ohne konkrete Angabe einer Rechtsgrundlage mit sofortiger Wirkung und bis auf Weiteres die „Aussetzung" von Art. 5 bis 22 und 24 des DBA auf dem Gebiet der Steuern vom Einkommen und vom Vermögen vom 29.5.1996 (BGBl. II 1996, 2711) in der Fassung des Änderungsprotokolls vom 15.10.2007 (BGBl. II 2008, 1399) sowie der Nr. 2 bis 7 des Protokolls zu diesem Abkommen mitgeteilt. Dies betrifft sämtliche im DBA und ergänzend im Protokoll zum DBA erfasste Einkunftsarten sowie die Suspendierung des Diskriminierungsverbots nach Art. 24 DBA i.V.m. dem Protokoll zum DBA. Diese einseitige Suspendierung führt völkerrechtlich nicht zu einer Aufhebung des Abkommens, so dass dieses weiterhin besteht. Jedoch werden ab dem 1.1.2024 deutsche Besteuerungsrechte durch das DBA mit der Russischen Föderation auf Grund des § 1 Abs. 3 Satz 2 Steueroasen-Abwehrgesetz (BGBl. I 2021, 2056) i.V.m. der Verordnung zur Durchführung des § 3 des Steueroasen-Abwehrgesetzes vom 23.12.2021 (BGBl. I 2021, 5236) in der Fassung der Zweiten Verordnung zur Änderung der Steueroasen-Abwehrverordnung (BGBl. I 2023, 375) nicht mehr berührt.

3) DBA mit SFR-Jugoslawien gilt fort.

4) DBA mit Tschechoslowakei gilt fort.

5) Das DBA vom 30.9.2005, BGBl. II 2006, 1042 = BStBl I 2007, 276 zwischen der BRD und der Republik Belarus ist mit Wirkung zum 1.1.2025 vollständig ausgesetzt (BGBl. II 2025, Nr. 6). Dies wurde der Republik Belarus am 30.12.2024 notifiziert. Die Republik Belarus hatte einzelne Vorschriften des DBA bereits zum 1.6.2024 ausgesetzt. Einer Aufforderung der Bundesregierung, diese Teilaussetzung des Abkommens rückgängig zu machen, ist die Republik Belarus nicht nachgekommen. Hierin sieht die Bundesregierung einen wesentlichen Bruch des Abkommens i.S.d. Wiener Vertragsrechtskonvention.

Hongkong und Macau sind besondere Teile der VR China (Hongkong Special Administrative Region bzw. Macau Special Administrative Region), ohne dass dort das allgemeine Steuerrecht der VR China gilt. Das mit der VR China abgeschlossene DBA ist im Verhältnis zu Hongkong und Macau **nicht anwendbar**.

Auf Grund des besonderen völkerrechtlichen Status von **Taiwan** wurde im Dezember 2011 ein Abkommen zur Vermeidung der Doppelbesteuerung nur von den Leitern des Deutschen Instituts in Taipeh und der Taipeh Vertretung in der Bundesrepublik Deutschland unterzeichnet, das ab 1.1.2013 anzuwenden ist (Gesetz v. 2.10.2012, BStBl I 2013, 20).

Das DBA zwischen der Bundesrepublik Deutschland und den Vereinigten Arabischen Emiraten zur Vermeidung der Doppelbesteuerung und der Steuerverkürzung auf dem Gebiet der Steuern vom Einkommen (BGBl. II 2011, 538 = BStBl I 2011, 942) vom 1.7.2010 ist zum 31.12.2021 außer Kraft getreten.

Soweit die DBA Rechtsvorschriften in DM-Beträgen enthalten, sind diese Beträge mit dem Kurs 1 € = 1,95583 DM punktgenau in Euro umzurechnen (BMF v. 16.3.2001, IV B 3 – S 1300 – 14/01, BStBl I 2001, 204).

3. Gliederung der DBA

Will der Arbeitgeber anhand eines DBA prüfen, ob Einkünfte der 1603
deutschen Besteuerung unterliegen, so erleichtern ihm folgende Hinweise über die Gliederung der Abkommen die Orientierung

(s. auch das OECD-Musterabkommen zur Vermeidung der Doppelbesteuerung auf dem Gebiet der Steuern vom Einkommen und vom Vermögen, an dem sich die meisten von Deutschland abgeschlossenen Abkommen orientieren):

- Geltungsbereich, Art. 1 und 2 OECD-MA,
- Begriffsbestimmungen (z.B. Ansässigkeit, Betriebsstätte), Art. 3 bis 5 OECD-MA,
- Besteuerungsrechte Art. 6 bis 21 OECD-MA,
- Vermeidung der Doppelbesteuerung durch den Ansässigkeitsstaat (sog. Methodenartikel), Art. 23 A (Befreiungs-Freistellungsmethode) und Art. 23 B (Anrechnungsmethode) OECD-MA (s.a. → *Doppelbesteuerung* Rz. 1600);
- Diskriminierungsverbot, Verständigungsverfahren, Informationsaustausch, Amtshilfe, Behandlung von Diplomaten und Konsularbeamten, Ausdehnung des räumlichen Geltungsbereichs, In-/Außerkrafttreten, Art. 24 bis 30 OECD-MA.

Einzelne Bestimmungen können in zusätzlichen (Protokoll-/Konsultations-)Vereinbarungen (z.B. Schlussprotokoll) modifiziert oder erläutert sein.

Ergänzende Einzelheiten zur Bedeutung der OECD-Musterkommentars für die Auslegung von Abkommen zur Vermeidung der Doppelbesteuerung regelt das BMF-Schreiben v. 19.4.2023, IV B 2 – S 1301/22/10002 :004, als Reaktion zum Urteil des BFH v. 11.7.2018, I R 44/16, → Rz. 1612.

4. Besteuerungsregeln der DBA

1604 Bei der Prüfung des deutschen Besteuerungsrechts sollte der Arbeitgeber Folgendes beachten: DBA können das **deutsche (innerstaatliche) Besteuerungsrecht nur einschränken**, nicht erweitern.

Die Regelungen über die Zuweisung des Besteuerungsrechts (vgl. Art. 6 bis 21 OECD-MA) lassen grds. noch keine Rückschlüsse auf die Besteuerung im Ansässigkeitsstaat und die dortige Vermeidung der Doppelbesteuerung zu. Dies ergibt sich erst im Zusammenhang mit dem sog. Methodenartikel (→ Rz. 1603). Hat der Quellen- bzw. Tätigkeitsstaat ein Besteuerungsrecht, so stellt der Ansässigkeitsstaat die Einkünfte danach entweder frei (grds. unter Anwendung des Progressionsvorbehalts) oder er erfasst sie unter Anrechnung der ausländischen Steuer (→ *Anrechnung/Abzug ausländischer Steuern* Rz. 170). Steht einem Staat das Besteuerungsrecht nicht zu, so hat er grds. nicht zu prüfen, ob der andere Staat sein Besteuerungsrecht auch ausübt. Der Verzicht eines Vertragsstaats auf das Besteuerungsrecht gilt – soweit sich aus dem Abkommen nichts anderes ergibt – zwingend und ausnahmslos (Verbot der virtuellen Doppelbesteuerung; s. BFH v. 20.10.1982, I R 104/79, BStBl II 1983, 402). Allerdings wird **bei unbeschränkt steuerpflichtigen Arbeitnehmern** die **Freistellung** von Arbeitslohn nach einem DBA **i.R. einer Veranlagung nur nach Maßgabe des** § 50d Abs. 8 EStG **gewährt** (→ *Doppelbesteuerungsabkommen bei Einkünften aus nichtselbständiger Arbeit* Rz. 1621). Die Überschreibung von Völkervertragsrecht durch innerstaatliches Gesetz (sog. **Treaty override**) ist **verfassungsgemäß** (BVerfG v. 15.12.2015, 2 BvL 1/12, HFR 2016, 405). Allerdings ist beim BVerfG noch ein Verfahren hierzu anhängig (BFH v. 20.8.2014, I R 86/13, BStBl II 2015, 18, Az. beim BVerfG: 2 BvL 21/14).

DBA können unterschiedliche Regelungen enthalten, um zu verhindern, dass die Abkommensanwendung zur **Nichtbesteuerung von Einkünften** bzw. zur **ungerechtfertigten Inanspruchnahme von Abkommensvorteilen** führt. Je nach Ausgestaltung dieser Bestimmungen unterscheidet man hauptsächlich zwischen

- Rückfall- bzw. **Subject-to-tax-Klauseln** (Besteuerungsvorbehalten),
- **Remittance-base-Klauseln** (Überweisungsklauseln) und
- **Switch-over-Klauseln** (Umschaltklauseln).

Diese Klauseln sind vorrangig vor den nationalen Vorschriften (u.a. § 50d Abs. 8 und 9 EStG) anzuwenden. Zur **Anwendung dieser Klauseln** nach den DBA, insbesondere unter Berücksichtigung BFH v. 17.10.2007, I R 96/06, BStBl II 2008, 953, vgl. BMF v. 20.6.2013, IV B 2 – S 1300/09/10006, BStBl I 2013, 980. Die Rückfallklausel in einem DBA (hier Art. 16 DBA-Südafrika) ermöglicht die Besteuerung im Inland, wenn der ausländische Staat sein bestehendes Besteuerungsrecht nicht ausübt (BFH v. 10.5.2017, I R 82/15).

5. Auslegung

Bei der Auslegung von DBA ist folgende **Reihenfolge** maßgebend: 1605

- Wortlaut und Definition des Abkommens einschließlich der diesem beigefügten Dokumente (Protokolle, Briefwechsel usw.),
- Sinn und Vorschriftenzusammenhang innerhalb des Abkommens,
- Begriffsbestimmung des innerstaatlichen Rechts (BFH v. 10.7.1996, I R 83/95, BStBl II 1997, 341).

6. Abkommensberechtigung/Ansässigkeit

Die Anwendung des DBA („**Abkommensberechtigung**") setzt voraus, dass der Stpfl., also z.B. der Arbeitnehmer, **in einem Vertragsstaat ansässig** ist. Ist der Arbeitnehmer in keinem Vertragsstaat ansässig, kommt eine Anwendung des DBA mit dem Tätigkeitsstaat nicht in Betracht. Es verstößt **nicht gegen EU-Recht**, wenn eine Vorschrift des DBA zwischen Tätigkeitsstaat und einem anderen EU-Mitgliedstaat nicht auf Staatsangehörige eines nicht am Abkommen beteiligten Mitgliedstaats erstreckt wird (EuGH v. 5.7.2005, C-376/03, HFR 2005, 1035). 1606

Beispiel:

Ein Belgier mit Wohnsitz in Brüssel ist für einen deutschen Arbeitgeber in Belgien und Frankreich tätig.

Das Besteuerungsrecht des gesamten Arbeitslohns bestimmt sich nach dem DBA-Belgien. Das DBA-Frankreich findet keine Anwendung, weil der Arbeitnehmer weder in Frankreich noch in Deutschland ansässig ist.

Der Begriff der Ansässigkeit ist auf den Anwendungsbereich der DBA und die dortige Verteilung der Besteuerungsrechte beschränkt und hat **keine Auswirkungen auf die persönliche Steuerpflicht** (→ *Steuerpflicht* Rz. 4002). Die Frage, ob ein Stpfl. einen Wohnsitz oder seinen gewöhnlichen Aufenthalt i.S. der Steuerpflicht in Deutschland hat, ist allein nach innerstaatlichem Recht zu bestimmen (§§ 8, 9 AO); vgl. → *Steuerpflicht: unbeschränkte* Rz. 4035. Allerdings sind **unbeschränkt Stpfl.** i.S.d. § 1 Abs. 1 EStG auch i.S.d. jeweiligen DBA in Deutschland **ansässig**. Steuerpflicht auf Antrag nach § 1 Abs. 3 EStG begründet keine Ansässigkeit (vgl. BMF v. 25.1.2000, IV B 3 – S 1301 Schz – 1/00). Ist der Stpfl. in beiden Staaten ansässig, so bestimmen die DBA grds. einen Staat als Ansässigkeitsstaat i.S.d. Abkommens.

Einige Abkommen enthalten keine entsprechenden Regelungen. Das Besteuerungsrecht beider Staaten bleibt dann bestehen. Bei einer Abwesenheit von mehr als 365 Tagen besteht allerdings keine Doppelansässigkeit mehr (vgl. BMF v. 9.7.2002, IV B 4 – S 1304 JAPAN – 6/02). Regelmäßig gilt: Der Stpfl. gilt in dem Staat als ansässig, in dem er eine ständige Wohnstätte hat (zur Auslegung s. BFH v. 16.12.1998, I R 40/97, BStBl II 1999, 207). Besteht in beiden Staaten eine Wohnstätte, ist Ansässigkeitsstaat der Staat, zu dem die engeren persönlichen und wirtschaftlichen Beziehungen bestehen (Mittelpunkt der Lebensinteressen). Kann der Lebensmittelpunkt nicht bestimmt werden, entscheidet grds. der gewöhnliche Aufenthalt (BFH v. 23.10.1985, I R 274/82, BStBl II 1986, 133; FG Berlin v. 18.6.2002, 5 K 5386/00), hilfsweise die Staatsangehörigkeit, oder es erfolgt eine Einigung der Staaten.

Das Besteuerungsrecht für ausländische Einkünfte hängt davon ab, ob Deutschland Quellenstaat oder Ansässigkeitsstaat ist. Gilt die Bundesrepublik bei Doppelansässigkeit nicht als Ansässigkeitsstaat, so hat sie regelmäßig – wie bei beschränkt Stpfl. (→ *Steuerpflicht* Rz. 4002) – kein Besteuerungsrecht für die Einkünfte, die dem Ansässigkeitsstaat zugewiesen werden. Zur Frage, ob diese Einkünfte dem Progressionsvorbehalt nach § 32b EStG unterliegen, s. → *Progressionsvorbehalt* Rz. 3501.

Die Ansässigkeit i.S. der DBA ist grds. unabhängig von der Staatsangehörigkeit. **Ausnahme:** Staatsangehörige der USA, die in Deutschland ansässig sind, sind sowohl in Deutschland als auch in den USA unbeschränkt steuerpflichtig (Protokoll Abschn. 1 zu Art. 1 und Art. 23 Abs. 3 DBA-USA).

7. Deutschland ist Ansässigkeitsstaat

Ist Deutschland Ansässigkeitsstaat und hat der Quellenstaat nach den Artikeln über die Zuweisung der Besteuerungsrechte **kein** 1607

Besteuerungsrecht für Quellen aus seinem Land, so sind die (nach deutschem Steuerrecht ermittelten) ausländischen Einkünfte i.S.d. EStG bei der deutschen Besteuerung zu erfassen. Anrechnung/Abzug ausländischer Steuern scheidet dann aus.

Darf auch der Quellenstaat die Einkünfte besteuern, so ist im Methodenartikel des DBA nachzulesen, ob die Doppelbesteuerung in Deutschland durch die **Anrechnungsmethode** (→ *Anrechnung/Abzug ausländischer Steuern* Rz. 170) oder die **Freistellungsmethode** (→ *Doppelbesteuerung* Rz. 1600) vermieden wird.

8. Deutschland ist Quellenstaat

1608 Hat Deutschland kein Besteuerungsrecht, bleiben die Einkünfte grds. unberücksichtigt, wenn der Stpfl. in Deutschland keinen Wohnsitz/gewöhnlichen Aufenthalt hat (Ausnahme: Progressionsvorbehalt bei unbeschränkter Steuerpflicht auf Antrag und Wechsel der Steuerpflicht; → *Progressionsvorbehalt* Rz. 3501).

Hat Deutschland das Besteuerungsrecht, vermeidet der Ansässigkeitsstaat die Doppelbesteuerung entweder durch Anrechnungs- oder Freistellungsmethode.

9. Freistellungsverfahren

1609 Zur Auswirkung eines fehlenden Besteuerungsrechts für Einkünfte aus nichtselbständiger Arbeit s. → *Doppelbesteuerungsabkommen bei Einkünften aus nichtselbständiger Arbeit* Rz. 1612.

Bestehen Geschäftsbeziehungen auch zu **selbständig** tätigen beschränkt Stpfl. (insbesondere zu Künstlern oder Sportlern), kann der Arbeitgeber auch zum Steuerabzug nach § 50a EStG verpflichtet sein (→ *Steuerpflicht* Rz. 4002). Zur Möglichkeit der Aussetzung der Vollziehung der Steueranmeldung und Erstattung vgl. BFH v. 13.8.1997, I B 30/97, BStBl II 1997, 700. Sofern Einkünfte, die dem (Quellen-)Steuerabzug nach § 50a EStG oder vom Kapitalertrag unterliegen, nach einem DBA nicht oder niedriger besteuert werden dürfen als nach deutschem Recht, ist der Steuerabzug gem. § 50d EStG grds. ohne Rücksicht auf das Abkommen vorzunehmen (vgl. hierzu auch BFH v. 21.5.1997, I R 79/96, BStBl II 1998, 113). Der Schuldner der Vergütungen darf also nicht von sich aus vom Steuerabzug absehen. Zur Frage des Steuerabzugs bei beschränkter Steuerpflicht nach § 50a Abs. 4 Satz 1 Nr. 1 EStG bei ausländischen professionellen Musik- oder Theaterensembles (für im Inland aufgeführte Konzerte, Opern, Operetten oder Musicals) und einer erforderlichen Gewinnerzielungsabsicht vgl. BFH v. 25.10.2023, I R 35/21, BStBl II 2024, 343.

Der Gläubiger der Vergütungen (Steuerschuldner) hat einen Anspruch auf Erstattung der überhöht einbehaltenen und abgeführten Steuer (**Erstattungsverfahren**). Der Anspruch ist **nach amtlichem Vordruck** beim BZSt, An der Küppe 1, 53225 Bonn, geltend zu machen. Darin hat der Steuerschuldner durch eine Bestätigung der für ihn zuständigen ausländischen Steuerbehörde nachzuweisen, dass er dort ansässig ist (**Ansässigkeitsbescheinigung**, § 50d Abs. 4 EStG). Der Erstattungsantrag muss grds. innerhalb von vier Jahren nach Zufluss der Vergütungen/Erträge gestellt werden. Der Vergütungsschuldner darf vom Steuerabzug ganz oder teilweise absehen, wenn das BZSt auf Antrag bescheinigt hat, dass die Voraussetzungen hierfür vorliegen (Freistellungsbescheinigung nach § 50d Abs. 2 EStG). Die Freistellungsbescheinigung kann nicht rückwirkend beantragt werden. Das Freistellungsverfahren ist auch anzuwenden, wenn das BZSt den Schuldner auf Antrag hierzu allgemein ermächtigt hat (Kontrollmeldeverfahren, § 50d Abs. 5 EStG, s. hierzu BMF v. 18.12.2002, IV B 4 – S 2293 – 54/02, BStBl I 2002, 1386). Im Kontrollmeldeverfahren gilt die Zustimmung des Gläubigers und des Schuldners zur Weiterleitung des Antrags an den Wohnsitzstaat des Gläubigers als erteilt. Die **Freistellungsbescheinigung** oder die Ermächtigung zum Kontrollmeldeverfahren sind als **Beleg** aufzubewahren. Das BZSt gibt Merkblätter zur Entlastung von deutscher Abzugsteuer nach § 50a EStG (vgl. BMF v. 7.5.2002, IV B 4 – S 2293 – 26/02, BStBl I 2002, 521) und Kapitalertragsteuer (vgl. BMF v. 1.3.1994, IV C 5 – S 1300 – 49/94, BStBl I 1994, 203) heraus. Informationen hierzu sind auch im Internet unter www.bzst.de abrufbar.

10. Verständigungsvereinbarungen

1610 Die Vertragsstaaten können sich nach den DBA in **Zweifelsfällen** verständigen. Nachdem der BFH wiederholt entschieden hat, dass Verständigungsvereinbarungen die Gerichte nicht binden (BFH v. 2.9.2009, I R 111/08, BStBl II 2010, 387 betr. Verständigungsvereinbarung mit der Schweiz und BFH v. 2.9.2009, I R 90/08, BStBl II 2010, 394 betr. Verständigungsvereinbarung mit Belgien), ist in § 2 Abs. 2 AO eine Ermächtigung eingeführt worden, dass das BMF mit Zustimmung des Bundesrats zur Sicherung der Gleichmäßigkeit der Besteuerung und zur Vermeidung einer Doppelbesteuerung oder doppelten Nichtbesteuerung Rechtsverordnungen zur Umsetzung von Konsultationsvereinbarungen erlassen kann. Folgende Konsultationsvereinbarungsverordnungen sind erlassen worden:

- Deutsch-Amerikanische Konsultationsvereinbarungsverordnung – KonsVerUSAV – v. 20.12.2010, BStBl I 2011, 102,
- Deutsch-Belgische Konsultationsvereinbarungsverordnung – KonsVerBELV – v. 20.12.2010, BStBl I 2011, 103, geändert durch Art. 8 der Verordnung zum Erlass und zur Änderung steuerlicher Verordnungen v. 11.12.2012, BStBl I 2013, 2,
- Deutsch-Französische Konsultationsvereinbarungsverordnung – KonsVerFRAV – v. 20.12.2010, BStBl I 2011, 104,
- Deutsch-Niederländische Konsultationsvereinbarungsverordnung – KonsVerNLDV – v. 20.12.2010, BStBl I 2011, 142,
- Deutsch-Österreichische Konsultationsvereinbarungsverordnung – KonsVerAUTV – v. 20.12.2010, BStBl I 2011, 144,
- Deutsch-Schweizerische Konsultationsvereinbarungsverordnung – KonsVerCHEV – v. 20.12.2010, BStBl I 2011, 146,
- Deutsch-Luxemburgische Konsultationsvereinbarungsverordnung – KonsVerLUXV – v. 9.7.2012, BStBl I 2012, 693, geändert durch Gesetz vom 18.7.2014, BGBl. I 2014, 1042) und Verordnung v. 25.6.2020 (BGBl. I 2020, 1495),
- Deutsch-Britische Konsultationsvereinbarungsverordnung – KonsVerGBRV – v. 9.7.2012, BStBl I 2012, 862.

Der BFH hat aber erneut entschieden, dass § 2 Abs. 2 AO als Ermächtigungsnorm **nicht den Bestimmtheitsanforderungen genügt**, die nach Art. 80 Abs. 1 GG an eine Verordnungsermächtigung zu stellen sind, und deshalb die **Gerichte nicht bindet** (BFH v. 10.6.2015, I R 79/13, BStBl II 2016, 326). Nach **Auffassung der Finanzverwaltung** gilt dies aber **nur in Bezug auf die Besteuerung von Abfindungszahlungen** aus Anlass der Auflösung des Arbeitsverhältnisses. Im Übrigen sind die **Rechtsverordnungen weiter anzuwenden** (BMF v. 31.3.2016, IV B 2 – S 1304/09/10004, BStBl I 2016, 474).

Der Stpfl. kann bei abkommenswidriger Besteuerung Einspruch einlegen oder die Einleitung eines Verständigungsverfahrens beantragen (s. im Einzelnen Merkblatt des BMF v. 1.7.1997, IV C 5 – S 1300 – 189/96, BStBl I 1997, 717).

Die Frage, wie die Verordnung zur Umsetzung von Konsultationsvereinbarungen zwischen der Bundesrepublik Deutschland und dem Großherzogtum **Luxemburg** (KonsVerLUXV) anzuwenden ist, hat der BFH am 28.6.2023, I R 43/20, entschieden (zuvor FG Rheinland-Pfalz v. 7.10.2020, 1 K 1272/18, EFG 2021, 88). Danach gilt sie nur für das DBA-Luxemburg 1958/2009, nicht aber auch für das DBA-Luxemburg 2012. Es fehle an einer Einbeziehung der KonsVerLUXV in das DBA-Luxemburg 2012 durch den Verordnungsgeber. Auch sei die in der KonsVerLUXV wiedergegebene Verwaltungspraxis nicht in das neue Abkommen selbst aufgenommen oder in einer Protokollerklärung dazu festgehalten worden.

Im Urteilsfall ging es um die Frage, ob der Arbeitslohn, den ein Arbeitnehmer in den Jahren 2015 und 2016 für Tage bezogen hat, an denen er als Berufskraftfahrer teilweise in Deutschland und teilweise in Luxemburg gearbeitet hat, im Wege einer Schätzung jeweils hälftig auf Deutschland und Luxemburg aufgeteilt werden kann. Diese Frage verneinte der BFH in seinem o.g. Urteil. Es seien vielmehr die vom Stpfl. vorgelegten Unterlagen als zum Nachweis der im jeweiligen Vertragsstaat ausgeübten Arbeitszeit heranzuziehen.

11. Sonderregelungen

Einige DBA enthalten Sonderregelungen für Arbeitnehmer und Rentner. Zu diesen Sonderregelungen gehören insbesondere 1611

- **Grenzgängerregelung** mit **Frankreich** und der **Schweiz**. Einzelheiten → *Grenzgänger* Rz. 2391.
- **Grenzpendlerregelung** mit **Luxemburg**. Einzelheiten → *Grenzpendler* Rz. 2450.

- **Sonderregelung** mit **Belgien** (Minderung der deutschen Einkommensteuer um 8 %). Einzelheiten → *Grenzgänger* Rz. 2392.
- **Sonderregelung** zur steuerlichen Behandlung von **Alterseinkünften** im **deutsch-türkischen Verhältnis**. Einzelheiten → *Rentner* Rz. 3739.
- **Sonderregelungen** mit den **Niederlanden**, **Norwegen** und **Spanien** zur steuerlichen Behandlung von Ruhegehältern (Wartegelder, Ruhegelder, Werks- oder Betriebsrenten, Witwen- und Waisengelder).
  - Ruhegehälter, Renten oder Sozialversicherungsrenten aus Deutschland, die ein in den **Niederlanden** ansässiger Empfänger bezieht, können nur in Deutschland besteuert werden, wenn die Summe der Bruttobeträge all dieser Leistungen in einem Kalenderjahr die Summe von 15 000 € übersteigt. Entsprechendes gilt für den umgekehrten Fall (Art. 17 Abs. 2 DBA Niederlande).
  - Ruhegehälter, ähnliche Zahlungen und Zahlungen i.R. des Sozialversicherungssystems aus Deutschland, die ein in **Norwegen** ansässiger Empfänger bezieht, können in Deutschland besteuert werden; allerdings darf die Steuer **höchstens 15 % der Bruttozahlung** betragen. Entsprechendes gilt für den umgekehrten Fall (Art. 18 Abs. 1 DBA Norwegen).
  - Ruhegehälter, Renten und ähnliche Zahlungen aus Deutschland, die ein in **Spanien** ansässiger Empfänger bezieht, können in Deutschland besteuert werden, wenn der Versorgungsbeginn nach dem 31.12.2014 eintritt; allerdings darf die Steuer **höchstens 5 % der Bruttozahlung** betragen (bei Versorgungsbeginn nach dem 31.12.2029 höchstens 10 %). Entsprechendes gilt für den umgekehrten Fall (Art. 17 Abs. 2 DBA Spanien).

  Für die Ermittlung des Lohnsteuerabzugs bei Versorgungsbezügen von beschränkt steuerpflichtigen Versorgungsempfängern, denen die Abkommensvorteile nach den DBA Türkei, Spanien oder Norwegen zustehen, hat die Finanzverwaltung einen besonderen Programmablaufplan veröffentlicht (BMF v. 28.1.2016, IV C 5 – S 2361/14/10002, BStBl I 2016, 202). Einzelheiten → *Maschinelle Lohnabrechnung* Rz. 3093.
- **Sonderregelung** mit **Frankreich** für **Rentner**. Seit 2016 werden **Rentenzahlungen** aus der deutschen gesetzlichen Sozialversicherung an in Frankreich ansässige Bezieher ausschließlich in Frankreich besteuert. Entsprechendes gilt für den umgekehrten Fall (**Gesetz zu dem Zusatzabkommen v. 31.3.2015 zum DBA Frankreich** v. 20.11.2015, BStBl I 2016, 515). Hierzu hat die Finanzverwaltung ein Durchführungsschreiben veröffentlicht. Dieses dient als Verfahrensbeschreibung und Arbeitshilfe für die mit der Festlegung und der Durchführung des Rentenfiskalausgleichs befassten Behörden (BMF v. 18.1.2018, IV B 3 – S 1301-FRA/16/10001 :002, BStBl I 2018, 266).

Doppelbesteuerungsabkommen bei Einkünften aus nichtselbständiger Arbeit

Inhalt

1. Allgemeines

a) Regelungsbereich eines DBA/des OECD-MA

Die Doppelbesteuerungsabkommen (DBA) enthalten **Regelungen für die Zuweisung des Besteuerungsrechts** sowie zur **Vermeidung einer Doppelbesteuerung** im Verhältnis der beiden vertragschließenden Staaten zueinander. Sie begründen selbst **keinen Besteuerungsanspruch**. Die Abkommen werden durch Protokolle, die Denkschrift, Briefwechsel oder andere Dokumente ergänzt und erläutert. Diese Dokumente sind Bestandteile des Abkommens und in gleicher Weise verbindlich. **1612**

Im Nachfolgenden wird die abkommensrechtliche Behandlung der Vergütungen aus unselbständiger Arbeit anhand des OECD-MA (Musterabkommen der Organisation für wirtschaftliche Zusammenarbeit und Entwicklung [Organisation for Economic Co-operation and Development] zur Vermeidung von Doppelbesteuerung) dargestellt. Sowohl das OECD-MA als auch der OECD-MK (OECD-Musterkommentar, welcher die Auslegung des Musterabkommens erläutert) werden vom Steuerausschuss der OECD laufend weiterentwickelt. Das OECD-MA entfaltet selbst keine rechtliche Bindungswirkung; die von Deutschland abgeschlossenen und rechtlich wirksamen DBA orientieren sich jedoch nach Inhalt und Aufbau am OECD-MA. Im konkreten Einzelfall sind die jeweiligen Vorschriften des anzuwendenden DBA maßgeblich, nicht das OECD-MA. Soweit im Einzelfall Anknüpfungspunkte zu mehreren Staaten bestehen, können verschiedene DBA nebeneinander zu beachten sein (z.B. bei Berufskraftfahrern, → Rz. 1704).

Bei der steuerlichen Beurteilung von Vergütungen aus unselbständiger Arbeit sind daher insbesondere die Bestimmungen des nationalen Rechts und die des jeweils einschlägigen DBA zu beachten. Die Regelungen des OECD-MA als auch des OECD-MK sind unter Berücksichtigung der nachfolgenden Grundsätze bei der Auslegung zu berücksichtigen. Im aktuellen BMF-Schreiben v. 19.4.2023, IV B 2 – S 1301/22/10002 :004, wird erläutert, welche Bedeutung der OECD-MK für die Auslegung von Abkommen zur Vermeidung der Doppelbesteuerung hat. Dies ist eine Reaktion auf das BFH-Urteil v. 11.7.2018, I R 44/16, mit der Feststellung, dass der OECD-MK nicht auf einer Stufe mit der auszulegenden völkervertraglichen Regelung stehe.

Beispiel 1:

Der Arbeitnehmer ist nur in Deutschland unbeschränkt steuerpflichtig. Er ist in Österreich und Belgien tätig.

Es sind die DBA zwischen Deutschland und dem jeweiligen Tätigkeitsstaat (DBA-Österreich und DBA-Belgien) zu prüfen.

Beispiel 2:

Der Arbeitnehmer ist nur in Österreich unbeschränkt steuerpflichtig. Er ist in Deutschland und zusätzlich in Belgien tätig. Er erstellt Marktanalysen und erzielt daraus Vergütungen, die insgesamt nach § 1 Abs. 4 EStG i.V.m. § 49 Abs. 1 Nr. 4 Buchst. a EStG beschränkt steuerpflichtig sind (BFH v. 12.11.1986, I R 69/83, BStBl II 1987, 379).

Es ist ausschließlich das DBA zwischen Österreich und Deutschland zu prüfen, da nur für dieses DBA eine Abkommensberechtigung nach Art. 4 Abs. 1 i.V.m. Art. 1 DBA-Österreich vorliegt. Soweit die Vergütungen auf die in Belgien ausgeübte Tätigkeit entfallen, sind sie grds. nach Art. 15 Abs. 1 Satz 1 DBA-Österreich in Österreich als Ansässigkeitsstaat zu besteuern.

Durch ein DBA mit einem nicht kooperativen Steuerhoheitsgebiet (§ 2 StAbwV) werden deutsche Besteuerungsrechte für den Zeitraum nicht berührt, in dem das Steueroasen-Abwehrgesetz bezogen auf dieses Steuerhoheitsgebiet Anwendung findet (§ 3 i.V.m. § 1 Abs. 3 Satz 2 StAbwG).

b) OECD-Musterabkommen

aa) Bestimmung der Ansässigkeit

1613 Für die Anwendung eines DBA ist der **Staat zu bestimmen**, in dem der Arbeitnehmer und ggf. der Arbeitgeber entsprechend Art. 1 i.V.m. Art. 4 OECD-MA **ansässig sind**. Der abkommensrechtliche Begriff der Ansässigkeit entspricht nicht dem im innerstaatlichen Recht verwendeten Begriff der unbeschränkten Steuerpflicht.

Während die unbeschränkte Steuerpflicht nach nationalem Recht eine umfassende Steuerpflicht begründet, führt **die Ansässigkeit einer Person** in einem der Vertragsstaaten **zu ihrer Abkommensberechtigung** (Art. 1 OECD-MA). Zugleich wird mit der Bestimmung der Ansässigkeit einer Person in einem Vertragsstaat dieser Staat für die Anwendung des Abkommens zum Ansässigkeitsstaat; der andere Vertragsstaat ist Quellenstaat. Eine Person kann zwar in beiden Vertragsstaaten (z.B. auf Grund doppelten Wohnsitzes) unbeschränkt steuerpflichtig sein, dagegen kann sie nur in einem der beiden Vertragsstaaten als ansässig i.S.d. DBA gelten.

Eine natürliche Person ist nach Art. 4 Abs. 1 Satz 1 OECD-MA **in einem Staat ansässig**, wenn sie dort **auf Grund ihres Wohnsitzes, ihres ständigen Aufenthalts oder eines anderen ähnlichen Merkmals steuerpflichtig** ist (→ Rz. 1619). Zu berücksichtigen ist jedoch, dass nach Art. 4 Abs. 1 Satz 2 OECD-MA eine Ansässigkeit in einem Staat nicht begründet wird, wenn die Person in diesem Staat nur mit Einkünften aus Quellen in diesem Staat oder mit in diesem Staat gelegenem Vermögen steuerpflichtig ist, die Person nach deutschem Rechtsverständnis dort also nur der beschränkten Steuerpflicht unterliegt. Die Ansässigkeit nach Art. 4 Abs. 1 OECD-MA setzt damit **eine unbeschränkte Steuerpflicht** nach dem jeweiligen innerstaatlichen Recht **voraus**.

Dies gilt auch für Abkommen, in denen der deklaratorische Zusatz des Art. 4 Abs. 1 Satz 2 OECD-MA nicht enthalten ist. Zu beachten sind deshalb die Besonderheiten, die sich durch die speziellen Regelungen in einzelnen DBA (z.B. Art. 4 Abs. 1 Buchst. b DBA-VAE bis 31.12.2021) bzw. durch den Rückgriff auf das jeweilige nationale Recht (z.B. China, Südafrika) ergeben können.

Nach China entsandte Arbeitnehmer eines inländischen Arbeitgebers können z.B. unter Berücksichtigung des chinesischen Einkommensteuerrechts auch in China i.S.d. Art. 4 Abs. 1 Satz 1 DBA-China ansässig sein, wenn sie sich dort zwischen ein und fünf Jahren zur Arbeitsausübung aufhalten und die chinesische Steuerbehörden dem Antrag auf Anwendung der sog. „Time-Apportionment-Methode" stattgegeben haben. Bei einem Aufenthalt von weniger als einem Jahr unterliegen sie jedoch nicht der dortigen unbeschränkten Steuerpflicht.

Beispiel 1:

Ein Arbeitnehmer begründet während seines zehnmonatigen Aufenthalts in China einen Wohnsitz. Die Familie ist dem Arbeitnehmer in den Tätigkeitsstaat gefolgt. Die Wohnung im bisherigen Ansässigkeitsstaat steht der Familie jederzeit zur Nutzung zur Verfügung. Trotz der Begründung des Wohnsitzes wird nach chinesischem Recht bei einem kurzfristigen Aufenthalt keine unbeschränkte Steuerpflicht ausgelöst. Vielmehr werden lediglich die für eine in China ausgeübte Tätigkeit gezahlten Vergütungen der dortigen Besteuerung unterworfen (beschränkte Steuerpflicht).

Der Arbeitnehmer ist nach Art. 4 Abs. 1 DBA-China nur in Deutschland ansässig.

Ist die Person nach Art. 4 Abs. 1 Satz 1 OECD-MA in beiden Vertragsstaaten ansässig (sog. doppelte Ansässigkeit), ist nach der in Art. 4 Abs. 2 OECD-MA festgelegten Prüfungsreihenfolge festzustellen, in welchem Vertragsstaat die Person als ansässig gilt. Verfügt die Person nur in einem Staat über eine ständige Wohnstätte, so gilt sie als nur in diesem Staat ansässig. Unter einer ständigen Wohnstätte sind Räumlichkeiten zu verstehen, die nach Art und Einrichtung zum Wohnen geeignet sind, die ständig genutzt werden können und die tatsächlich regelmäßig genutzt werden. Es handelt sich um eine in den allgemeinen Lebensrhythmus der Person einbezogene Anlaufstelle (BFH v. 23.10.1985, II R 274/82, BStBl II 1986, 133, v. 16.12.1998, I R 40/97, BStBl II 1999, 207 und v. 5.6.2007, I R 22/06 BStBl II 2007, 812). Verfügt die Person in beiden Staaten über eine ständige Wohnstätte, so gilt sie als nur in dem Staat ansässig, zu dem sie die engeren persönlichen und wirtschaftlichen Beziehungen hat (Mittelpunkt der Lebensinteressen). Dabei sind ihre familiären und gesellschaftlichen Beziehungen, ihre berufliche, politische, kulturelle und sonstige Verwurzelung, der Ort ihrer Geschäftstätigkeit, der Ort, von wo aus sie ihr Vermögen verwaltet, und Ähnliches zu berücksichtigen. Die Umstände sind als Ganzes zu prüfen und nach objektiven Kriterien gegeneinander abzuwägen. Lässt sich die Ansässigkeit nach diesen Kriterien nicht bestimmen, sind als Hilfsmerkmale zunächst der gewöhnliche Aufenthalt und danach die Staatsangehörigkeit heranzuziehen. Kann die Ansässigkeit auch nach dem letztgenannten Kriterium nicht bestimmt werden, weil die Person Staatsangehöriger beider Staaten oder keines der Staaten ist, regeln die betreffenden Staaten die Frage in gegenseitigem Einvernehmen nach Art. 25 OECD-MA.

Beispiel 2:

Der Arbeitnehmer begründet während seines Aufenthalts im ausländischen Tätigkeitsstaat einen Wohnsitz. Die Familie ist dem Arbeitnehmer nicht in den Tätigkeitsstaat gefolgt. Es liegt sowohl im Inland als auch im Ausland eine ständige Wohnstätte i.S.v. Art. 4 Abs. 2 Buchst. a OECD-MA vor.

Der Mittelpunkt der Lebensinteressen des Arbeitnehmers befindet sich i.d.R. auch während seines Aufenthalts im ausländischen Tätigkeitsstaat weiterhin in dem bisherigen Ansässigkeitsstaat (kein Ansässigkeitswechsel). Insbesondere hat der Arbeitnehmer nach wie vor persönliche Beziehungen zu seiner Familie im bisherigen Ansässigkeitsstaat. Demgegenüber treten die persönlichen Beziehungen, die der Arbeitnehmer im Tätigkeitsstaat unterhält, in aller Regel stark zurück. Zudem verfügt der Arbeitnehmer häufig auch im bisherigen Ansässigkeitsstaat über wirtschaftliche Beziehungen (z.B. Grundbesitz, Kapitalvermögen, Arbeitgeber ist in diesem Staat ansässig), während die wirtschaftlichen Beziehungen zum Tätigkeitsstaat i.d.R. nur vorübergehender Natur sind.

Beispiel 3:

Der Arbeitnehmer begründet während seines auf 12 Monate befristeten Aufenthalts im ausländischen Tätigkeitsstaat einen Wohnsitz. Die Wohnung im bisherigen Ansässigkeitsstaat steht ihm und ggf. seiner Familie jederzeit zur Nutzung zur Verfügung. Es liegt sowohl im Inland als auch im Ausland eine ständige Wohnstätte i.S.v. Art. 4 Abs. 2 Buchst. a OECD-MA vor. Das Arbeitsverhältnis zum bisherigen Arbeitgeber besteht fort.

a) Der Arbeitnehmer ist alleinstehend.

b) Die Familie ist dem Arbeitnehmer in den Tätigkeitsstaat gefolgt.

Der Mittelpunkt der Lebensinteressen befindet sich – unabhängig vom Familienstand – i.d.R. weiterhin im bisherigen Ansässigkeitsstaat (BFH v. 23.10.1985, I R 274/82, BStBl II 1986, 133), weil bei einem auf kurze Zeit befristeten Aufenthalt im Tätigkeitsstaat und dem Fortbestehen des bisherigen Arbeitsverhältnisses die persönlichen und wirtschaftlichen Beziehungen zum bisherigen Ansässigkeitsstaat zumeist gewichtiger sind als die zum anderen Staat. Dies bedeutet jedoch nicht, dass sich der Mittelpunkt der Lebensinteressen bei einem vorübergehenden Aufenthalt von über einem Jahr zwangsläufig in den anderen Staat verlagern muss. Vielmehr ist stets das Gesamtbild der Verhältnisse zu würdigen.

Beispiel 4:

Der Arbeitnehmer begründet während seines fünfjährigen oder unbefristeten Aufenthalts im ausländischen Tätigkeitsstaat einen Wohnsitz. Die Familie ist dem Arbeitnehmer in den Tätigkeitsstaat gefolgt. Die Wohnung im bisherigen Ansässigkeitsstaat steht der Familie jederzeit zur Nutzung zur Verfügung. Es liegt sowohl im Inland als auch im Ausland eine ständige Wohnstätte i.S.v. Art. 4 Abs. 2 Buchst. a OECD-MA vor.

Wegen des inländischen Wohnsitzes besteht weiterhin die unbeschränkte Einkommensteuerpflicht im Inland. Der Mittelpunkt der Lebensinteressen befindet sich in diesem Fall i.d.R. im Tätigkeitsstaat.

bb) Vergütungen aus unselbständiger Arbeit

(1) Art. 15 OECD-MA

1614 Nach Art. 15 Abs. 1 OECD-MA können die Vergütungen aus unselbständiger Arbeit **nur im Ansässigkeitsstaat des Arbeitnehmers besteuert** werden, es sei denn, die Tätigkeit wird im anderen Staat ausgeübt. Wird die unselbständige Arbeit **im anderen Staat (Tätigkeitsstaat) ausgeübt**, steht grds. diesem Staat das Besteuerungsrecht für die bezogenen Vergütungen (sog. Arbeitsortprinzip) zu. Die bloße Verwertung einer unselbständigen Arbeit (§ 49 Abs. 1 Nr. 4 Buchst. a zweite Alternative EStG) stellt keine Tätigkeit i.S.d. DBA dar.

Abweichend hiervon steht unter den Voraussetzungen des Art. 15 Abs. 2 OECD-MA (**sog. 183-Tage-Klausel**) das Besteuerungsrecht für solche Vergütungen nur dem Ansässigkeitsstaat des Arbeitnehmers zu.

Art. 15 Abs. 3 OECD-MA enthält eine **gesonderte Bestimmung für die Besteuerung der Vergütungen des Bordpersonals von Seeschiffen und Luftfahrzeugen** im internationalen Verkehr und des Bordpersonals von Schiffen im Binnenverkehr (→ Rz. 1705).

(2) Grenzgängerregelung

1615 **Grenzgänger** sind Arbeitnehmer, die i.d.R. im Grenzbereich des einen Staates arbeiten und täglich zu ihrem Wohnsitz im Grenzbereich des anderen Staates zurückkehren. Das OECD-MA sieht für Grenzgänger keine spezielle Regelung vor. Für diese Arbeitnehmer gelten Besonderheiten nach den DBA mit Frankreich (Art. 13 Abs. 5), Österreich (Art. 15 Abs. 6) und der Schweiz (Art. 15a), Einzelheiten → *Grenzgänger* Rz. 2391.

Besonderheiten bei **Grenzpendlern nach Luxemburg** sind in der Verständigungsvereinbarung v. 26.5.2011, neu geregelt durch Konsultationsvereinbarung vom 11.1.2024 (BMF v. 15.1.2024, IV B 3 – S 1301-LUX/23/10001 :001, BStBl I 2024, 201) hinterlegt, Einzelheiten → *Grenzpendler* Rz. 2450. Zur Reichweite und steuerlichen Zulässigkeit von Konsultations- oder Verständigungsvereinbarungen vgl. BFH v. 20.3.2025, VI R 24/22, BFH/NV 2025, 855, wonach die „Grenzmarke" für das richtige Abkommensverständnis der jeweilige Abkommenswortlaut ist. Wird das in der Konsultationsvereinbarung gefundene Abkommensverständnis durch den Wortlaut nicht gedeckt, kann die Vereinbarung die Abkommensauslegung durch die Gerichte nicht beeinflussen oder die Gerichte gar binden (BFH v. 28.6.2023, I R 43/20, BStBl II 2024, 861, Rz. 27 f. zu § 7 Abs. 2 Satz 1 Nr. 1 KonsVerLUXV, BFH v. 1.8.2024, VI R 23/22, Rz. 48, BFH/NV 2024, 1446).

Am 6.7.2023 ist ein Änderungsprotokoll zum bestehenden DBA mit Luxemburg beschlossen worden. Weil mobiles Arbeiten mehr und mehr zum „Normalfall" wird, haben sich Deutschland und Luxemburg mit Blick auf die Nutzung der Homeoffice-Möglichkeiten darauf verständigt, die bestehende Bagatellregelung für grenzüberschreitend tätige Beschäftigte rechtssicher in das DBA aufzunehmen und auf 34 Tage pro Kalenderjahr auszuweiten. Zudem wird eine vergleichbare Regelung für Beschäftigte des öffentlichen Dienstes geschaffen. Diese beiden Regelungen gelten ab dem Kalenderjahr 2024.

(3) Besondere Regelungen

1616 Das OECD-MA bzw. die einzelnen DBA enthalten von Art. 15 OECD-MA **abweichende Regelungen für bestimmte Arbeitnehmer**, insbesondere

- für das für die Geschäftsführung eines Unternehmens verantwortliche Personal (→ Rz. 1698),
- für Künstler und Sportler (Art. 17 OECD-MA),
- für Ruhegehaltsempfänger (Art. 18 OECD-MA),
- für die Arbeitnehmer der Gebietskörperschaften, teilweise auch für weitere öffentlich-rechtliche Körperschaften sowie für Vergütungen, die i.R. eines Entwicklungshilfeprogramms eines Vertragsstaates gezahlt werden (Art. 19 OECD-MA),
- für Studenten, Schüler, Lehrlinge und sonstige Auszubildende (Art. 20 OECD-MA),
- für Hochschullehrer und Lehrer (z.B. Art. 21 DBA-Italien; Art. 20 DBA-Österreich; Art. 20 DBA-USA) sowie
- für Mitglieder diplomatischer Missionen und konsularischer Vertretungen (Art. 28 OECD-MA).

Darüber hinaus enthalten neue DBA sog. Förderstaatsklauseln (z.B. Großbritannien, Spanien, Luxemburg, Niederlande). Danach ist die Besteuerung von Renten und Ruhegehältern in der Auszahlungsphase davon abhängig, in welchem Vertragsstaat eine Förderung in der Aufbauphase erfolgte.

cc) Vermeidung der Doppelbesteuerung

Deutschland als Ansässigkeitsstaat vermeidet bei Einkünften aus unselbständiger Arbeit die Doppelbesteuerung regelmäßig durch Freistellung der Einkünfte (Anwendung der Freistellungsmethode entsprechend Art. 23 A OECD-MA) unter Berücksichtigung des § 32b Abs. 1 Satz 1 Nr. 3 EStG (Progressionsvorbehalt). **Die Steuerfreistellung setzt allerdings i.d.R. die ausländische Besteuerung voraus**; diesbezüglich wird auf die Ausführungen zu § 50d Abs. 8 bzw. 9 EStG und zu den Rückfallklauseln in den DBA verwiesen (→ Rz. 1621, → Rz. 1631, → Rz. 1706). 1617

Nach einzelnen DBA-Bestimmungen werden die Einkünfte nicht von der Besteuerung freigestellt; stattdessen wird die Doppelbesteuerung durch Steueranrechnung nach Maßgabe des § 34c EStG vermieden (**Anwendung der Anrechnungsmethode**). Dies gilt u.a. für Fälle der gewerbsmäßigen Arbeitnehmerüberlassung (z.B. DBA mit Dänemark, Frankreich, Italien, Norwegen, Polen oder Schweden) oder für Vergütungen des Bordpersonals von Schiffen und Luftfahrzeugen. In einigen Fällen sehen DBA die **Anrechnungsmethode** grds. vor (z.B. Art. 22 Abs. 1 DBA-VAE; Art. 23 Abs. 1 Buchst. b Doppelbuchst. ee DBA-Liechtenstein; Art. 22 Abs. 1 DBA-Zypern; Art. 23 Abs. 2 Buchst. a DBA-Mauritius, Art. 23 Abs. 2 Buchst. b Doppelbuchst. cc DBA-Norwegen). Wegen der regelmäßig auftretenden Doppelbesteuerung von Lohneinkünften hat die Finanzverwaltung keine Bedenken, aus Billigkeitsgründen für die voraussichtlich abzuführende ausländische Abzugsteuer einen Freibetrag für das Lohnsteuerabzugsverfahren zu bilden. Der Freibetrag darf jedoch die Einnahmen, die unter die Anrechnungsmethode fallen, nicht übersteigen. Zu den Einzelheiten dieser Billigkeitsregelung → Rz. 1653.

Wird dem anderen Staat in der Verteilungsnorm **ein sog. ausschließliches Besteuerungsrecht zugewiesen**, wird die Doppelbesteuerung für diese Einkünfte stets durch die Freistellungsmethode (mit Progressionsvorbehalt) vermieden, auch wenn das DBA im Methodenartikel grds. die Anrechnungsmethode vorsieht (z.B. Art. 22 Abs. 2 i.V.m. Art. 14 Abs. 4 DBA-Zypern).

Eine besondere Regelung enthält Punkt 11 des Schlussprotokolls zu Art. 23 DBA-Belgien i.d.F. des Zusatzabkommens von 2002. **Danach rechnet Deutschland die von belgischen Gemeinden erhobene Zusatzsteuer pauschal i.H.v. 8 % der deutschen Steuer an.** Die danach verbleibende deutsche Einkommensteuer ist Bemessungsgrundlage für die Kirchensteuer und den Solidaritätszuschlag. Die pauschale Anrechnung erfolgt nur, soweit Belgien als Ansässigkeitsstaat des Arbeitnehmers anzusehen ist und Deutschland als Quellenstaat für die der deutschen Steuer zugrundeliegenden Einkünfte nach Art. 15 DBA-Belgien das Besteuerungsrecht hat und Belgien diese Einkünfte grds. nach Art. 23 Abs. 2 Nr. 1 DBA-Belgien freistellt. Unterfallen die Einkünfte aus nichtselbständiger Arbeit, für die Deutschland das Besteuerungsrecht zusteht, einem anderen Artikel, z.B. Art. 16 DBA-Belgien, greift die vorgenannte Anrechnung nicht.

Die vollständige Anrechnung ausländischer Steuern i.S.d. § 36 EStG stellt eine seltene Ausnahme dar (z.B. Art. 15a Abs. 3 Buchst. a DBA-Schweiz).

dd) Abgrenzung zu anderen Abkommen und Bestimmungen

Neben den DBA sind **weitere zwischenstaatliche Abkommen bzw. Vereinbarungen zu beachten**, nach denen u.a. Arbeitnehmer von deutschen Steuern befreit sind (z.B. bei Tätigkeiten für die EU, UNO oder NATO). Die Finanzverwaltung hat eine Zusammenstellung der einzelnen Fundstellen zum 1.1.2013 bekannt gemacht (BMF v. 18.3.2013, IV B 4 – S 1311/07/10039, BStBl I 2013, 404). 1618

Nach dem **Protokoll über die Vorrechte und Befreiungen der EU** v. 26.10.2012 (Abl. EU C 326, 266 – EU-Privilegienprotokoll) unterliegen z.B. Gehälter, Löhne und andere Bezüge, welche die

EU ihren eigenen Beamten und sonstigen Bediensteten zahlt, nicht der nationalen Steuer in den EU-Mitgliedstaaten. Soweit Einkünfte auf Grund dessen in Deutschland freizustellen sind, unterliegen sie **nicht dem Progressionsvorbehalt** gem. § 32b Abs. 1 Satz 1 Nr. 4 EStG, weil das EU-Privilegienprotokoll keinen entsprechenden Vorbehalt vorsieht. Vergütungen für eine Tätigkeit bei einem Organ bzw. einer Einrichtung der EU oder i.R. eines EU-Projektes, die an Personen gezahlt werden, die keine EU-Beamten oder sonstigen Bediensteten der EU sind (z.B. nationale Sachverständige), fallen i.d.R. nicht unter eine unionsrechtliche Befreiungsvorschrift. Hier ist ggf. die Anwendung eines DBA zu prüfen (BMF v. 12.4.2006, IV B 3 – S 1311 – 75/06, BStBl I 2006, 340, zur steuerlichen Behandlung des EU-Tagegeldes).

2. Besteuerung im Inland

a) Steuerpflicht nach dem EStG

1619 Steuerliche Sachverhalte mit Auslandsbezug, die nach dem nationalen Recht der Besteuerung im Inland unterliegen, können im Verhältnis zu DBA-Staaten nur besteuert werden, wenn das jeweils anzuwendende DBA das deutsche Besteuerungsrecht nicht ausschließt.

Hat ein Arbeitnehmer einen Wohnsitz oder seinen gewöhnlichen Aufenthalt im Inland, unterliegt er als unbeschränkt Stpfl. grds. **mit seinem gesamten Welteinkommen** der inländischen Besteuerung (§ 1 Abs. 1 i.V.m. § 2 Abs. 1 EStG).

Fehlt es sowohl an einem solchen Wohnsitz als auch an einem gewöhnlichen Aufenthalt, ist ein Arbeitnehmer, der inländische Einkünfte i.S.d. § 49 Abs. 1 Nr. 4 EStG erzielt, grds. nach § 1 Abs. 4 EStG **beschränkt einkommensteuerpflichtig**. Die Erzielung inländischer Einkünfte nach § 49 Abs. 1 Nr. 4 EStG ist allein vom dort definierten inländischen Anknüpfungspunkt und nicht von einem Mindestaufenthalt im Inland abhängig.

Beispiel:

Der in Dänemark wohnhafte Arbeitnehmer A ist für den in Flensburg ansässigen Arbeitgeber B tätig. A übt seine Tätigkeit zu 60 % in Deutschland und zu 40 % in Dänemark aus.

Soweit A seine Tätigkeit im Inland ausübt, erzielt er inländische Einkünfte i.S.d. § 49 Abs. 1 Nr. 4 Buchst. a EStG. Nur für den auf diese Tätigkeit entfallenden Arbeitslohn besteht eine beschränkte Steuerpflicht nach § 1 Abs. 4 EStG.

Einzelheiten zur Steuerpflicht → *Steuerpflicht* Rz. 4002.

Das Wachstumschancengesetz v. 27.3.2024, BGBl. I 2024, Nr. 108, sieht ab 2024 eine Ergänzung der beschränkten Einkommensteuerpflicht von Arbeitnehmern gemäß § 49 Abs. 1 Nr. 4 Buchst. a EStG vor.

Um für die bestehende und für zukünftige entsprechende DBA-Regelungen das bestehende Hindernis des Fehlens einer umfassenden beschränkten Steuerpflicht zu beheben, wurde Nr. 4 folgender Wortlaut angefügt:

„Die nichtselbständige Arbeit gilt dabei auch als im Inland ausgeübt oder verwertet, soweit die Tätigkeit im Ansässigkeitsstaat des Steuerpflichtigen oder in einem oder mehreren anderen Staaten ausgeübt wird und ein mit dem Ansässigkeitsstaat abgeschlossenes Abkommen zur Vermeidung der Doppelbesteuerung oder eine zwischenstaatliche Vereinbarung für diese im Ansässigkeitsstaat oder in einem oder mehreren anderen Staaten ausgeübte Tätigkeit Deutschland ein Besteuerungsrecht zuweist, Satz 2 gilt nicht für Deutschland entsprechend Satz 2 zugewiesener Besteuerungsrechte hinsichtlich der Einkünfte aus einer an Bord eines Schiffes im internationalen Verkehr ausgeübten nichtselbständigen Arbeit.“

b) Progressionsvorbehalt

1620 Ist nach nationalem Recht zeitweise oder ganzjährig eine unbeschränkte Steuerpflicht gegeben, sind aber die Einkünfte nach einem DBA in Deutschland freizustellen, unterliegen die in Deutschland freigestellten Einkünfte dem **Progressionsvorbehalt** nach § 32b Abs. 1 Satz 1 Nr. 2 bzw. 3 EStG. Eine Freistellung ist aber nur dann zu gewähren, wenn eine Rückfallklausel weder nach DBA (→ Rz. 1706) noch nach nationalem Recht (z.B. § 50d Abs. 8 bzw. 9 EStG) anzuwenden ist (→ Rz. 1621, → Rz. 1631).

Bei einer im Veranlagungszeitraum nur zeitweise bestehenden unbeschränkten Steuerpflicht sind die ausländischen Einkünfte, die bereits vom nationalen deutschen Steuerrecht nicht erfasst werden und damit im Veranlagungszeitraum nicht der deutschen Einkommensteuer unterlegen haben, ebenfalls in den Progressionsvorbehalt einzubeziehen (§ 32b Abs. 1 Satz 1 Nr. 2 EStG).

Zu beachten ist, dass der nach § 32b Abs. 1 Satz 2 EStG angeordnete **Ausschluss des Progressionsvorbehalts** für Fälle des § 32b Abs. 1 Satz 1 Nr. 3 EStG **nicht Einkünfte aus unselbständiger Arbeit betrifft** und nicht für den Progressionsvorbehalt nach § 32b Abs. 1 Satz 1 Nr. 2 EStG gilt.

Bei Arbeitnehmern, die im Inland weder einen Wohnsitz noch ihren gewöhnlichen Aufenthalt haben, ist in den Fällen der Veranlagung nach § 1 Abs. 3, § 1a und § 50 Abs. 2 Satz 2 Nr. 4 EStG zu beachten, dass die nicht der deutschen Einkommensteuer oder dem Steuerabzug unterliegenden Einkünfte grds. dem Progressionsvorbehalt zu unterwerfen sind (§ 32b Abs. 1 Satz 1 Nr. 5 EStG).

Einkünfte, die nach einem sonstigen zwischenstaatlichen Übereinkommen steuerfrei sind, werden nach § 32b Abs. 1 Satz 1 Nr. 4 EStG in den Progressionsvorbehalt einbezogen, wenn in dem jeweiligen Übereinkommen die Anwendung des Progressionsvorbehalts ausdrücklich zugelassen worden ist.

Die Höhe der Einkünfte, die dem Progressionsvorbehalt unterliegen, ist **nach deutschem Steuerrecht zu ermitteln** (BFH v. 20.9.2006, I R 59/05, BStBl II 2007, 756 und BFH v. 11.2.2009, I R 25/08, BStBl II 2010, 536). Dies bedeutet, dass z.B. ausländische Werbungskostenpauschalen oder Steuerbefreiungsvorschriften nicht zu berücksichtigen sind. Die steuerfreien ausländischen Einkünfte aus unselbständiger Arbeit i.S.d. § 32b Abs. 1 Satz 1 Nr. 2 bis 5 EStG sind als Überschuss der Einnahmen über die Werbungskosten zu berechnen.

Bei der Ermittlung der Einkünfte i.S.d. § 32b Abs. 1 Satz 1 Nr. 2 bis 5 EStG

- ist der Arbeitnehmer-Pauschbetrag abzuziehen, soweit er nicht schon bei der Ermittlung der Einkünfte aus nichtselbständiger Arbeit abgezogen wurde,
- sind Werbungskosten nur insoweit zu berücksichtigen, als sie zusammen mit den bei der Ermittlung der Einkünfte aus unselbständiger Arbeit abziehbaren Werbungskosten den Arbeitnehmer-Pauschbetrag übersteigen.

Beispiel 1:

Der inländische steuerpflichtige Arbeitslohn im Kalenderjahr 2025 beträgt 20 000 €; die Werbungskosten betragen 500 €. Der nach DBA unter Progressionsvorbehalt steuerfreie Arbeitslohn beträgt 10 000 €; im Zusammenhang mit der Erzielung des steuerfreien Arbeitslohns sind Werbungskosten i.H.v. 400 € tatsächlich angefallen.

Inländischer steuerpflichtiger Arbeitslohn	20 000 €
– Werbungskosten im Zusammenhang mit steuerpflichtigem Arbeitslohn, min. Arbeitnehmer-Pauschbetrag (§ 9a Satz 1 Nr. 1 Buchst. a EStG)	1 230 €
Steuerpflichtige Einkünfte nach § 19 EStG	**18 770 €**
Ausländische Progressionseinnahmen	10 000 €
– Gesamtwerbungskosten abzgl. bereits in Anspruch genommener Arbeitnehmer-Pauschbetrag oder abzgl. tatsächliche inländische Werbungskosten, sofern diese höher sind als der Arbeitnehmer-Pauschbetrag	0 €
Maßgebende Progressionseinkünfte (§ 32b Abs. 2 Nr. 2 Satz 2 EStG)	**10 000 €**

Beispiel 2:

Sachverhalt wie Beispiel 1 (Werbungskosten Inland 600 €), jedoch sind im Zusammenhang mit der Erzielung des steuerfreien Arbeitslohns tatsächlich Werbungskosten i.H.v. 700 € angefallen. Die Summe der tatsächlichen Werbungskosten beträgt somit 1 300 €. Sie überschreitet den Arbeitnehmer-Pauschbetrag i.H.v. 1 230 € um 70 €.

Inländischer steuerpflichtiger Arbeitslohn		20 000 €
– Werbungskosten im Zusammenhang mit steuerpflichtigem Arbeitslohn, min. Arbeitnehmer-Pauschbetrag (§ 9a Satz 1 Nr. 1 Buchst. a EStG)	1 230 €	
Steuerpflichtige Einkünfte nach § 19 EStG		**18 770 €**
Ausländische Progressionseinnahmen		10 000 €

– Gesamtwerbungskosten	1 300 €	
abzgl. bereits bei den stpfl. Einkünften in Anspruch genommener Arbeitnehmer-Pauschbetrag	1 230 €	
oder abzgl. tatsächliche inländische Werbungskosten, sofern diese höher sind als der Arbeitnehmer-Pauschbetrag		70 €
Maßgebende Progressionseinkünfte (§ 32b Abs. 2 Nr. 2 Satz 2 EStG)		**9 930 €**

c) Anwendung des § 50d Abs. 8 EStG

aa) Anwendungsbereich

1621 Bei Einkünften aus nichtselbständiger Arbeit, die nach einem DBA in einem ausländischen Staat besteuert werden können, wird die **unter Progressionsvorbehalt erfolgende Freistellung** von der deutschen Steuer eines unbeschränkt Stpfl. i.R. der Einkommensteuerveranlagung nach der Regelung des § 50d Abs. 8 EStG **nur unter bestimmten Voraussetzungen gewährt**. Der Stpfl. muss für die Freistellung nachweisen, dass die in dem ausländischen Staat festgesetzten Steuern entrichtet wurden oder dass dieser Staat auf sein Besteuerungsrecht verzichtet hat. Das gilt nicht für Einkünfte aus Staaten, auf die der Auslandstätigkeitserlass (→ *Auslandstätigkeitserlass* Rz. 957) anzuwenden ist.

Die Regelung des § 50d Abs. 8 EStG ist auch in den Fällen nicht anzuwenden, in denen das einschlägige DBA das Besteuerungsrecht an Deutschland zurückverweist, weil **der ausländische Staat** von dem **ihm zugewiesenen Besteuerungsrecht** insoweit **keinen Gebrauch** macht (z.B. Art. 13 Abs. 2 DBA-Frankreich, Art. 15 Abs. 4 DBA-Österreich, Art. 15 Abs. 3 und 4 DBA-Schweiz) oder die **Besteuerung von der Überweisung der Einkünfte in den Tätigkeitsstaat** abhängig macht (z.B. Art. 24 DBA-Großbritannien, Art. 29 DBA-Irland, Art. 2 Abs. 2 DBA-Israel). Nach der Normenhierarchie gehen die im einzelnen DBA enthaltenen Rückfallklauseln grds. den nationalen Rückfallklauseln vor (BMF v. 20.6.2013, IV B 2 – S 1300/09/10006, BStBl I 2013, 980).

Die Anwendung des § 50d Abs. 8 EStG erfordert nicht, dass Deutschland als Ansässigkeitsstaat anzusehen ist, sondern knüpft allein **an die unbeschränkte Steuerpflicht im Inland** an. Auch der Umstand, dass bei einer Verteilungsnorm mit abschließender Rechtsfolge die Freistellung nicht aus dem Methodenartikel, sondern aus der Verteilungsnorm selbst resultiert, bleibt bei Anwendung der Vorschrift ohne Bedeutung. Ebenso wird § 50d Abs. 8 EStG nicht durch ein zeitlich nachfolgendes DBA überschrieben (BFH v. 25.5.2016, I R 64/13, BStBl II 2017, 1185).

bb) Nachweispflicht

(1) Allgemeines

1622 Das BMF hat ein neues ausführliches BMF-Schreiben zur steuerlichen Behandlung des Arbeitslohns nach den Doppelbesteuerungsabkommen herausgegeben (156-seitiges Schreiben, BMF v. 12.12.2023, IV B 2 – S 1300/21/10024 :005, BStBl I 2023, 2179). Mit ihm werden die BMF v. 3.5.2018, IV B 2 – S 1300/08/10027, BStBl I 2018, 643 sowie v. 22.4.2020, IV B 2 – S 1300/08/10027-01, BStBl I 2020, 483 aufgehoben und ersetzt. Die Regelungen des neuen Schreibens sind in allen offenen Fällen anzuwenden, sofern dem keine gesetzliche Regelungen entgegenstehen (vgl. Rn. 427 des BMF-Schreibens v. 12.12.2023).

Das aktualisierte Schreiben enthält zusätzliche Beispiele zur Erläuterung und Anwendung der Rechtslage und insbesondere umfangreichere Ausführungen zur Tätigkeit im Home Office, zur grenzüberschreitenden Arbeitnehmerentsendung zwischen verbundenen Unternehmen, zur Definition der Arbeitnehmerentsendung sowie zur Abgrenzung und Frage, ob tatsächlich eine Arbeitnehmerentsendung vorliegt. Dies ist der Fall, wenn das entsendende Unternehmen an das aufnehmende Unternehmen derselben internationalen Unternehmensgruppe einen Arbeitnehmer für eine bestimmte Zeit in einen anderen Staat entsendet (vgl. Rn. 149 f. des BMF v. 12.12.2023). Die Aufteilung von Abfindungszahlungen ist weiterhin grundsätzlich nach der Dauer des Arbeitsverhältnisses beim Arbeitgeber vorzunehmen.

Konkret genannt wird nun die Verpflichtung des Arbeitgebers, Änderungen des Lohnsteuerabzugs bei nachfolgenden Lohnzahlungen zu berücksichtigen, wenn dies wirtschaftlich zumutbar ist (§ 41c Abs. 1 EStG, vgl. Rn. 226 des BMF v. 12.12.2023). Zuvor wurde lediglich auf die Verpflichtung des Arbeitgebers hingewiesen, solche Änderungen nach § 41c Abs. 4 EStG anzuzeigen.

Auf Grund seiner erhöhten Mitwirkungspflicht nach § 90 Abs. 2 AO bei Auslandssachverhalten hat **der Stpfl. nachzuweisen**, dass seine Einkünfte im Ausland (ggf. in einem anderen Veranlagungszeitraum) der Besteuerung unterworfen wurden bzw. werden oder dass der Staat, dem nach dem Abkommen das Besteuerungsrecht zusteht, auf dieses **Besteuerungsrecht verzichtet** hat (→ Rz. 1625). Bei der Anforderung und Prüfung von Nachweisen sind die objektiven Umstände des Einzelfalles und der **Grundsatz der Verhältnismäßigkeit zu beachten**.

Die **Nachweispflicht nach § 50d Abs. 8 EStG** besteht erst im Veranlagungsverfahren. Sie gilt **nicht für das Lohnsteuerabzugsverfahren** (BMF v. 8.10.2024, IV C 5 – S 2367/23/10001 :001, BStBl I 2024, 1308). Das Betriebsstättenfinanzamt kann daher unverändert auf Antrag des Arbeitnehmers oder des Arbeitgebers ein Lohnsteuerabzugsmerkmal erteilen (§ 39 Abs. 4 Nr. 5 EStG). In der Bescheinigung über die Freistellung des Arbeitslohns vom Steuerabzug auf Grund eines DBA ist ein Hinweis auf die abschließende Prüfung i.R. der Veranlagung enthalten. Für den nach § 50d Abs. 8 EStG erforderlichen Nachweis, dass der Tätigkeitsstaat auf sein Besteuerungsrecht verzichtet hat, reicht die Vorlage eines zwischen einem deutschen Unternehmen – dem Arbeitgeber – und einem ausländischen Ministerium bzw. einer ausländischen Körperschaft des öffentlichen Rechts **geschlossenen Consultingvertrags** jedenfalls dann **nicht aus**, wenn dieser zwar eine Steuerbefreiung für entsandte Mitarbeiter vorsieht, aber nicht eindeutig ist, ob es sich hierbei um eine Verzichtserklärung mit Billigung der zuständigen staatlichen Stelle oder um eine bloße Absichtserklärung handelt (FG Düsseldorf v. 6.4.2017, 13 K 3086/15 E, EFG 2017, 1356).

(2) Besteuerung im ausländischen Staat

- **Ermittlung und Nachweis der Höhe der Einkünfte**

Die Einkünfte i.S.d. § 50d Abs. 8 EStG sind nach den Vorschriften des deutschen Steuerrechts zu ermitteln. Auf Grund der unterschiedlichen Steuersysteme und Begriffsbestimmungen können sich bei den **der ausländischen und deutschen Besteuerung zu Grunde gelegten Einkünften Abweichungen ergeben**. Diese können unter anderem entstehen, weil der ausländische Staat ein vom Kalenderjahr abweichendes Steuerjahr (→ Rz. 1639) hat oder Sachverhalte zeitlich abweichend von den Regelungen des deutschen Rechts erfasst. Daneben können Abweichungen resultieren 1623

- aus der Definition der Begriffe „Arbeitslohn" und „Werbungskosten",
- aus der Zuordnung von Bezügen zu steuerpflichtigen oder steuerfreien Einnahmen,
- der Bewertung von Sachbezügen und nachträglichen Bonuszahlungen oder
- der Behandlung von Altersteilzeitmodellen.

Soweit der Stpfl. die Ursachen eventueller Abweichungen glaubhaft macht (z.B. Kopie der ausländischen Steuererklärung/en und/oder Steuerbescheid/e, Berechnungsschema), gilt der Nachweis über die Höhe der Einkünfte für den jeweiligen Veranlagungszeitraum als erbracht.

- **Nachweis über die Festsetzung und Entrichtung der Steuern**

Der **Nachweis über die Zahlung der festgesetzten Steuern** ist grds. durch **Vorlage des Steuerbescheids der ausländischen Behörde und des Zahlungsbelegs** (Überweisungs- bzw. Einzahlungsbeleg der Bank oder Finanzbehörde) zu erbringen. Sofern der andere Staat ein Selbstveranlagungsverfahren vorsieht und daher keinen Steuerbescheid erteilt (z.B. USA), reicht die Vorlage des Zahlungsbelegs und einer Kopie der Steuererklärung aus. 1624

Soweit der Stpfl. aus tatsächlichen Gründen nicht in der Lage ist, geeignete Nachweise zu erbringen oder in Fällen, in denen ein Quellensteuerabzug/Lohnsteuerabzug mit Abgeltungswirkung im anderen Staat vorgenommen wird (z.B. Italien, Spanien, Österreich) und somit keine Veranlagung zur Einkommensteuer erfolgt oder diese Einkünfte wegen des Steuereinbehalts nicht in die Veranlagung einbezogen werden, kann die tatsächliche Besteuerung im anderen Staat durch eine **entsprechende Bescheinigung**

des zivilrechtlichen oder wirtschaftlichen Arbeitgebers (→ Rz. 1644) über den Steuerabzug (z.B. Quellen-/Lohnsteuerbescheinigung, ausländische Gehaltsabrechnungen mit Ausweis der abgeführten Quellensteuern) nachgewiesen werden. Dabei ist die ausländische Steuerbehörde – unter Angabe der dortigen Steuernummer – zu benennen, an die die Quellen-/Lohnsteuer abgeführt wurde. Darüber hinaus müssen aus der Bescheinigung insbesondere hervorgehen

- die Höhe der im jeweiligen Veranlagungszeitraum zugeflossenen Einnahmen,
- die vom Arbeitgeber abgeführten Steuern, einschließlich der dafür maßgeblichen steuerpflichtigen Einkünfte (steuerliche Bemessungsgrundlage) und
- der Zeitraum der Tätigkeit im Ausland.

Eine tatsächliche Besteuerung im anderen Staat ist auch dann anzunehmen, wenn eine **pauschale Steuer abgeführt** wurde, die der Arbeitgeber getragen hat.

(3) Verzicht auf das Besteuerungsrecht

1625 Wenn der ausländische Staat auf das ihm zugewiesene Besteuerungsrecht verzichtet, hat der **Stpfl. Unterlagen vorzulegen, aus denen sich der Verzicht ergibt**. Es kann sich hierbei um einen Verzicht gegenüber Einzelpersonen, bestimmten Personengruppen oder um einen generellen Verzicht handeln (z.B. Erlass, Steuerbefreiung, genereller Verzicht auf die Steuererhebung, völkerrechtlicher Vertrag).

In Staaten, in denen **generell auf die Erhebung von Ertragsteuern verzichtet** wird (z.B. VAE und Kuwait), ist von einem **Nachweis** über den Verzicht des ausländischen Staates auf das Besteuerungsrecht **abzusehen**, sofern die Ausübung der Tätigkeit in einem dieser Staaten nachgewiesen wurde (Arbeitgeberbescheinigung oder Lohnabrechnung).

Hinsichtlich der Steuerfreistellung des niederländischen Arbeitslohns auf Grund der Anwendung der niederländischen „30 %-Regelung" hat der BFH im Urteil v. 10.4.2025, VI R 29/22, BStBl II 2025, 594, festgestellt, dass eine tatsächliche Besteuerung im anderen Vertragsstaat vorliegt, wenn dieser die betreffenden Einkünfte in die steuerliche Bemessungsgrundlage einbezieht. Eine Steuer(zahl)last muss hierdurch nicht entstehen. Eine tatsächliche Besteuerung liegt auch vor, soweit sich die Einkünfte steuerlich nicht auswirken, weil zum Beispiel Freibeträge gewährt oder Verluste verrechnet werden. Bei der niederländischen „30 %-Regelung" handelt es sich nicht um eine persönliche oder sachliche Steuerbefreiung, die eine tatsächliche Nichtbesteuerung bewirkt, sondern um die **pauschalierte Erstattung von steuererheblichen Aufwendungen des Steuerpflichtigen**. Von einer Nichtbesteuerung i.S.v. Art. 22 Abs. 1 Buchst. a DBA-Niederlande 2012/2016 kann auf Grund einer solchen aufwandsentlastenden Steuerfreistellung wie bei Freibeträgen und steuermindernden Vorschriften im Rahmen der Einkommensermittlung daher **nicht ausgegangen** werden. Der maßgebliche Arbeitslohn war demnach **unter Anwendung des Progressionsvorbehalts** von der Bemessungsgrundlage der deutschen Steuer **auszunehmen**, als der Arbeitnehmer den Arbeitslohn auf Grund der sogenannten 30 %-Regelung steuerfrei erhalten hat.

Hinsichtlich der gesetzlichen Neuregelung des § 50d Abs. 15 EStG durch das Jahressteuergesetz 2024 in Zusammenhang mit widerruflichen oder unwiderruflichen Arbeitsfreistellungen bei der Beendigung des Arbeitsverhältnisses gezahlt werden: siehe auch → Rz. 1698.

cc) Entwicklungszusammenarbeit

(1) Besteuerungsrecht des Kassenstaates (Deutschland)

1626 Sofern Vergütungen i.R. der Entwicklungszusammenarbeit gezahlt werden, ist zunächst zu prüfen, ob das anzuwendende DBA Deutschland als Kassenstaat das Besteuerungsrecht zuweist und **eine Anwendung des § 50d Abs. 8 EStG damit ausscheidet** (z.B. Art. 19 Abs. 3 DBA-Bangladesch, Art. 18 Abs. 2 DBA-Bolivien, Art. 18 Abs. 2 DBA-Ecuador, Art. 19 Abs. 4 DBA-Indien, Art. 19 Abs. 3 DBA-Indonesien, Art. 19 Abs. 3 DBA-Pakistan).

Bei **DBA mit sog. Entwicklungshilfeklauseln** können Vergütungen, die i.R. eines Entwicklungshilfeprogramms eines Vertragsstaates aus Mitteln, die ausschließlich von diesem Staat bereitgestellt werden, an Fachkräfte oder freiwillige Helfer gezahlt werden, die in den anderen Vertragsstaat mit dessen Zustimmung entsandt worden sind, **nur in diesem Staat** (Kassenstaat) **besteuert** werden (sog. erweiterte Kassenstaatsklausel bzw. Entwicklungshelferklausel, BFH v. 7.7.2015, I R 42/13, BStBl II 2016, 14). Zur Frage, wann sich ein Besteuerungsrecht Deutschlands aus der sog. Kassenstaatsklausel konkret nach Art. 18 Abs. 1 Buchst. a DBA-Tadschikistan ergibt, deren Anwendung nicht durch Art. 18 Abs. 4 DBA-Tadschikistan verdrängt wird, s. BFH v. 8.9.2021, I R 17/18, HFR 2022, 295 zur Besteuerung von Zuschüssen der GIZ/CIM für eine Tätigkeit als Integrierte Fachkraft in Tadschikistan.

(2) Besteuerungsrecht des Tätigkeitsstaates/Freistellung im Tätigkeitsstaat

Soweit Arbeitnehmer i.R. der Entwicklungszusammenarbeit auf Grund von zwischenstaatlichen oder diesen vergleichbaren Abkommen oder Vereinbarungen in dem jeweiligen ausländischen Staat **von der Steuer befreit** sind (Verzicht auf das Besteuerungsrecht), ist dies **durch geeignete Unterlagen nachzuweisen**. 1627

Als Nachweis ist dabei eine Bescheinigung des jeweiligen Arbeitgebers i.V.m. einem Auszug des geltenden Abkommens bzw. der Vereinbarung anzuerkennen.

Arbeitgeber sind Organisationen und Firmen, die direkt oder indirekt durch die Bundesregierung, Landesregierungen oder andere deutsche staatliche Stellen mit der Durchführung personeller Leistungen i.R. der Entwicklungszusammenarbeit beauftragt worden sind. Weitere Auftraggeber sind z.B. die EU, internationale Finanzierungsinstitute und Regierungen anderer Staaten.

dd) Festsetzungsverfahren

(1) Festsetzung im Falle eines fehlenden Nachweises

Soweit die erforderlichen **Nachweise nicht oder nicht vollständig vorgelegt** werden (→ Rz. 1622, → Rz. 1627), ist die **Steuer unter Einbeziehung der betroffenen Einkünfte** festzusetzen. 1628

Der Einkommensteuerbescheid ist nach § 50d Abs. 8 Satz 2 EStG **zu Gunsten des Stpfl. zu ändern**, sobald die tatsächliche Besteuerung oder der Verzicht auf die Besteuerung im Ausland nachgewiesen wird. Die Festsetzungsfrist beginnt mit Ablauf des Jahres, in dem das Ereignis (Erbringung des Nachweises) eintritt (§ 50d Abs. 8 Satz 3 EStG). Die Verzinsung richtet sich nach § 233a Abs. 1 und 2 AO.

(2) Bagatellgrenze

Aus Vereinfachungsgründen gewährt die Finanzverwaltung bis auf Weiteres **die Freistellung unter Progressionsvorbehalt** von der deutschen Einkommensteuer auch ohne das Erbringen von Nachweisen, wenn der maßgebende, nach deutschem Recht ermittelte Arbeitslohn, der nach einem DBA freizustellen wäre, in dem jeweiligen Veranlagungszeitraum insgesamt **nicht mehr als 10 000 €** beträgt. Diese Bagatellgrenze gilt nicht pro Staat, sondern nur einmal je Veranlagungszeitraum BMF v. 12.12.2023, IV B 2 – S 1300/21/10024 :005, BStBl I 2023, 2179, Rz. 78. 1629

Bei **Ortskräften diplomatischer Vertretungen** mit Staatsangehörigkeit der jeweiligen Staatenvertretung kann auf den Besteuerungsnachweis nach § 50d Abs. 8 EStG **verzichtet** werden.

ee) Informationsaustausch und Lohnsteuererstattung bei zu Unrecht einbehaltener Lohnsteuer

Die **Grundsätze zur zwischenstaatlichen Amtshilfe durch Informationsaustausch in Steuersachen** hat die Finanzverwaltung in einem Merkblatt (Amtshilfe-Merkblatt) zusammengefast (BMF v. 29.5.2019, IV B 6 – S 1320/07/10004 :008, BStBl I 2019, 480). 1630

In den Fällen, in denen der Stpfl. Die Nachweise i.S.d. § 50d Abs. 8 EStG erbracht hat, sind **weder Auskunftsersuchen zu stellen noch Spontanauskünfte zu erteilen**.

Bestehen Zweifel hinsichtlich der Zahlung der festgesetzten Steuer bzw. des Verzichts des ausländischen Staates auf sein Besteuerungsrecht, wird das Finanzamt die Steuer unter Einbeziehung der betroffenen Einkünfte festsetzen (→ Rz. 1628) und **ein Auskunftsersuchen an den ausländischen Staat richten**. Entsprechendes gilt, soweit unklar ist, ob sämtliche steuerfrei zu stellenden Gehaltsbestandteile (z.B. Gratifikationen, Tantiemen, Urlaubsgeld) im ausländischen Staat zur Besteuerung herangezogen wurden. In diesen Fällen entfällt eine Anhörung des Stpfl., sofern die Informationen auf Angaben beruhen, die der Stpfl. in einem Antrag oder einer Erklärung gemacht hat (BMF v. 29.5.2019, IV B 6 – S 1320/07/10004 :008, BStBl I 2019, 480). Gleichwohl kann der Stpfl. Gegen die Übermittlung auf Grund seiner Angaben in der Einkommensteuererklärung Einwendungen erheben (BMF v. 23.11.2015, IV B 6 – S 1320/07/10004 :007, BStBl I 2015, 928, Tz. 3.2.1).

Behält der Arbeitgeber Lohnsteuer ein, **obwohl** die Besteuerung abkommensrechtlich dem **Wohnsitzstaat des Arbeitnehmers** zugewiesen ist, besteht die Möglichkeit, einen **Erstattungsantrag** in analoger Anwendung des § 50c Abs. 3 Satz 1 EStG (vormals Erstattung analog § 50d Abs. 1 Satz 2 EStG) zu stellen, soweit

- für die entsprechenden Einkünfte aus nichtselbständiger Arbeit nicht bereits eine Veranlagung nach § 50 Abs. 2 Satz 2 Nr. 4 Buchst. b i.V.m. Satz 7 EStG beantragt worden ist oder
- es sich um eine Pflichtveranlagung zur Einkommensteuer handelt.

Der Erstattungsanspruch ist dabei gegen das Betriebsstättenfinanzamt des Arbeitgebers zu richten (BFH v. 21.10.2009, I R 70/08, BStBl II 2012, 493). Gegebenenfalls sind für den Erstattungsantrag besondere formelle Anforderungen (z.B. Fristen), die in den jeweiligen DBA geregelt sind, zu beachten (s. z.B. BMF v. 25.6.2012, IV B 5 – S 1301-USA/0-04, BStBl I 2012, 692). Ebenso ist zu verfahren, wenn eine Zahlung des Arbeitgebers zu Unrecht dem Lohnsteuerabzug unterworfen wurde, obwohl weder eine unbeschränkte noch eine beschränkte Steuerpflicht des Arbeitnehmers im Inland bestanden hat (BMF v. 27.6.2022, IV B 8 – S 2301/13/10002, BStBl I 2022, 956).

d) Anwendung des § 50d Abs. 9 EStG

1631 Bei Einkünften oder Einkunftsteilen, die nach einem DBA in einem ausländischen Staat besteuert werden können, wird bei einem unbeschränkt Stpfl. die Steuerfreistellung nach DBA unter den Voraussetzungen des § 50d Abs. 9 EStG nicht gewährt. Die Anwendung des § 50d Abs. 9 EStG erfordert nicht, dass Deutschland als Ansässigkeitsstaat anzusehen ist, sondern knüpft allein an die unbeschränkte Steuerpflicht im Inland an.

Fällt das Besteuerungsrecht nicht bereits nach einer Bestimmung des DBA an Deutschland zurück (→ Rz. 1706), sind nach § 50d Abs. 9 Satz 1 Nr. 1 EStG Einkünfte **nicht freizustellen**, soweit die **Nichtbesteuerung** oder niedrige Besteuerung im anderen Staat die **Folge eines Qualifikationskonfliktes** ist. Qualifikationskonflikte haben ihre Ursache in einer nicht übereinstimmenden Anwendung der Vorschriften eines DBA durch die Vertragsstaaten, weil sie

- von unterschiedlichen Sachverhalten ausgehen,
- Abkommensbestimmungen unterschiedlich auslegen oder
- Abkommensbegriffe, die im DBA nicht definiert sind, nach ihrem nationalen Recht unterschiedlich auslegen (s. Art. 3 Abs. 2 OECD-MA).

Soweit das Besteuerungsrecht nicht durch eine im DBA einschlägige Regelung (→ Rz. 1706) an Deutschland zurückfällt, sind Einkünfte nach § 50d Abs. 9 Satz 1 Nr. 2 EStG **nicht von der Besteuerung auszunehmen**, soweit die **Nichtbesteuerung darauf zurückzuführen** ist, dass sich der andere Vertragsstaat an der Ausübung seines DBA-Besteuerungsrechts **durch sein innerstaatliches Recht**, das diese Einkünfte ganz oder teilweise i.R. der beschränkten Steuerpflicht nicht erfasst, **gehindert sieht**. Als Nichtbesteuerung gilt auch, wenn Einkünfte oder Einkunftsteile nur deshalb im anderen Vertragsstaat besteuert werden, weil der Stpfl. es versäumt, einen Antrag auf Erstattung der erstattungsfähigen Steuer zu stellen. § 50d Abs. 9 EStG verhindert auch dann eine vom DBA angeordnete Steuerfreistellung, wenn der andere Vertragsstaat das ihm abkommensrechtlich zugewiesene Besteuerungsrecht an den Einkünften i.R. der beschränkten Steuerpflicht nur für einen Teil der Einkünfte wahrnimmt.

§ 50d Abs. 9 EStG kann auch dann zur Besteuerung von Einkünften aus unselbständiger Arbeit führen, wenn die Einkünfte nach § 50d Abs. 8 EStG oder einer DBA-Rückfallklausel steuerfrei belassen werden können. Die Regelungen des § 50d Abs. 8 und 9 EStG sind insoweit nebeneinander anzuwenden.

Die Ausführungen zu den Nachweispflichten im Zusammenhang mit § 50d Abs. 8 EStG (→ Rz. 1624) gelten entsprechend. Der Stpfl. Muss für die Freistellung regelmäßig nachweisen, dass **sämtliche seiner ausländischen Einkünfte und Einkunftsteile im ausländischen Staat besteuert wurden** und er **die ausländischen Steuern entrichtet** hat. Weist der Stpfl. nach, dass die Einkünfte, die er im ausländischen Staat erzielt hat, der ausländische Staat wegen der dortigen beschränkten Steuerpflicht nicht erfassen kann, der ausländische Staat die entsprechenden Einkünfte aber bei unbeschränkt Stpfl. ebenfalls nicht besteuert, ist § 50d Abs. 9 Satz 1 Nr. 2 EStG nicht anwendbar. In diesen Fällen bleibt es bei der Freistellung von der deutschen Einkommensteuer.

Aus Vereinfachungsgründen kann i.R. des Lohnsteuerabzugsverfahrens auf die Prüfung der Anwendung des § 50d Abs. 9 EStG verzichtet werden (BMF v. 8.10.2024, IV C 5 – S 2367/23/10001 :001, BStBl I 2024, 1308).

In den Fällen des § 50d Abs. 9 EStG sind § 34c Abs. 1 bis 3 sowie Abs. 6 Satz 6 EStG entsprechend anzuwenden (§ 34c Abs. 6 Satz 5 EStG).

Beispiel:

Ein Arbeitnehmer ist in Deutschland ansässig und sowohl bei seinem Arbeitgeber in Deutschland als auch bei einer Schwestergesellschaft in einem anderen DBA-Staat tätig. Im Jahr 01 hält sich K an 150 Tagen im anderen DBA-Staat auf. Der Arbeitslohn wird vom deutschen Arbeitgeber bezahlt und – soweit er auf die Tätigkeit im anderen DBA-Staat entfällt – der Schwestergesellschaft im anderen DBA-Staat weiterberechnet. Der Steuerberater beantragt die Freistellung des Arbeitslohns, der auf die Tätigkeit im anderen DBA-Staat entfällt, unter Hinweis auf Art. 15 Abs. 2 Buchstabe b des DBA (wirtschaftlicher Arbeitgeber→ Rz. 1644). Die Einkommensteuer im anderen DBA-Staat wird mit 0 € festgesetzt. Der Steuerberater weist nach, dass es im anderen DBA-Staat das Rechtsinstitut des wirtschaftlichen Arbeitgebers i.S. des DBA nicht gibt.

Lösung:

Die Höhe der im anderen DBA-Staat festgesetzten Steuer beträgt 0 €. Der Stpfl. Hat somit nachgewiesen, dass die festgesetzte Steuer „entrichtet" wurde (§ 50d Abs. 8 Satz 1 zweite Alternative EStG). Nach § 50d Abs. 9 Satz 1 Nr. 1 EStG kann die Steuerfreistellung in Deutschland dann nicht gewährt werden, soweit der andere Staat die Bestimmungen des DBA so anwendet, dass die Einkünfte in diesem Staat von der Besteuerung auszunehmen sind. Da die **Nichtbesteuerung im anderen DBA-Staat ihre Ursache in einer nicht übereinstimmenden Anwendung von DBA-Bestimmungen** hat (Qualifikationskonflikt), **entfällt** nach § 50d Abs. 9 Satz 1 Nr. 1 EStG **die Freistellung des Arbeitslohns**.

e) Abzugsbeschränkungen

Nach § 3c Abs. 1 EStG dürfen **Ausgaben, die mit steuerfreien Einnahmen in unmittelbarem wirtschaftlichen Zusammenhang stehen, nicht als Werbungskosten abgezogen** werden. 1632
Sind Einkünfte auf Grund eines DBA freizustellen, sind i.d.R. nicht nur die Einnahmen, sondern auch die damit zusammenhängenden Werbungskosten von der Bemessungsgrundlage der deutschen Steuer auszunehmen (BFH v. 11.2.2009, I R 25/08, BStBl II 2010, 536). Darunter fallen sowohl laufende Werbungskosten (z.B. Kosten für die Unterkunft im Ausland, Kosten für Sprachkurse, Fahrtkosten und Mehraufwendungen für Verpflegung), die durch steuerfreie Auslandseinkünfte veranlasst sind, als auch vorweggenommene Werbungskosten, die sich auf steuerfreie Auslandseinkünfte beziehen (BFH v. 20.9.2006, I R 59/05, BStBl II 2007, 756). Gleiches gilt für nachträgliche Werbungskosten.

Lassen sich die Werbungskosten nicht eindeutig zuordnen, sind diese nach den zu § 3c Abs. 1 EStG entwickelten Kriterien aufzuteilen. Hierbei sind die Werbungskosten den steuerfreien Einnahmen in dem Verhältnis zuzuordnen, in dem die steuerfreien Einnahmen zu den gesamten Einnahmen stehen, die der Stpfl. Im betreffenden Zeitraum bezogen hat (BFH v. 26.3.2002, VI R 26/00, BStBl II 2002, 823).

§ 10 Abs. 2 Satz 1 Nr. 1 zweiter Halbsatz EStG regelt abweichend von diesem Grundsatz, in welchen Fällen und unter welchen Voraussetzungen entsprechende Vorsorgeaufwendungen als Sonderausgaben zu berücksichtigen sind. Demnach sind Vorsorgeaufwendungen i.S.d. § 10 Abs. 1 Nr. 2, 3 und 3a EStG jeweils als Sonderausgaben abzugsfähig, soweit sie in unmittelbarem wirtschaftlichen Zusammenhang mit Einnahmen aus nichtselbständiger Tätigkeit stehen, die in einem Mitgliedstaat der EU, einem Vertragsstaat des EWR-Abkommens oder in der Schweiz erzielt wurden, soweit diese Einnahmen nach einem DBA im Inland steuerfrei sind und soweit der Tätigkeitsstaat keinerlei steuerliche Berücksichtigung dieser Vorsorgeaufwendungen bei der Besteuerung dieser Einnahmen zulässt. Diese Voraussetzungen müssen **kumulativ** erfüllt sein.

Die Aufteilung der abziehbaren und nichtabziehbaren Vorsorgeaufwendungen hat im Verhältnis des steuerpflichtigen Arbeitslohns zum gesamten Arbeitslohn, unabhängig von der Beitragsbemessungsgrenze, zu erfolgen. Vergütungsbestandteile, die unabhängig von der Beitragsbemessungsgrenze nicht der Sozialversicherungspflicht unterliegen (z.B. Entlassungsabfindungen), sind nicht in die Verhältnisrechnung einzubeziehen. Die Verhältnisrechnung ist auch durchzuführen, wenn der steuerpflichtige Arbeitslohn im VZ die für die Beitragsberechnung maßgebende Beitragsbemessungsgrenze übersteigt.

Ein Arbeitnehmer kann während seiner Auslandstätigkeit ausschließlich dem Sozialversicherungsrecht des Ansässigkeits-, des Tätigkeitsstaates oder dem Sozialversicherungsrecht beider Staaten unterworfen sein. Bei Letzterem unterliegt der Arbeitslohn sowohl dem Sozialversicherungsrecht des Ansässigkeitsstaates als auch dem Sozialversicherungsrecht des Tätigkeitsstaates. Dabei kann das jeweilige Sozialversicherungsrecht insbesondere eine verpflichtende Renten-, Arbeitslosen- oder Krankenversicherung, aber auch Wahlrechte und freiwillige Versicherungen umfassen. Vom Arbeitgeber geleistete Beiträge bzw. Zuschüsse zu einer Renten-, Arbeitslosen- oder Krankenversicherung stellen regelmäßig Arbeitslohn dar → *Vorsorgeaufwendungen* Rz. 4359.

Der im Inland wohnhafte Arbeitnehmer ist im Jahr 01 für seinen Arbeitgeber sowohl im Ansässigkeitsstaat als auch im ausländischen Tätigkeitsstaat tätig. Der auf den Ansässigkeitsstaat entfallende Arbeitslohnanteil beträgt brutto 25 000 €. Enthalten sind sowohl direkt als auch nicht direkt zuordenbare Lohnbestandteile. Die Steuer im Ansässigkeitsstaat beträgt 5 000 €. Sie wird vom Arbeitgeber nicht übernommen. Der auf den ausländischen Tätigkeitsstaat entfallende Arbeitslohnanteil beträgt brutto 50 000 €. Enthalten sind auch hier sowohl direkt als auch nicht direkt zuordenbare Lohnbestandteile. Die hierauf entfallende Steuer beläuft sich im Tätigkeitsstaat auf 10 000 €. Sie wird vom Arbeitgeber ebenfalls nicht übernommen. Der Sozialversicherungsbeitrag beträgt – bezogen auf das gesamte Kj. – 15 000 €.

Die Lohnabrechnung sieht wie folgt aus:

Bruttoarbeitslohn Ansässigkeitsstaat	25 000 €
Bruttoarbeitslohn Tätigkeitsstaat	50 000 €
Abzgl. Steuer Ansässigkeitsstaat	5 000 €
Abzgl. Steuer Tätigkeitsstaat	10 000 €
Abzgl. Sozialversicherungsbeitrag (einheitlich für das gesamte Kj.)	15 000 €
Nettoauszahlungsbetrag	45 000 €

Lösung:

Der Bruttoarbeitslohn wird abkommensrechtlich zu 1/3 dem Ansässigkeitsstaat und zu 2/3 dem ausländischen Tätigkeitsstaat zugerechnet. In diesem Verhältnis – 1/3 zu 2/3 – wird auch der Sozialversicherungsbeitrag verteilt (bezüglich der Abzugsbeschränkungen von Sonderausgaben im Zusammenhang mit steuerfreien Einkünften, s.o.).

3. Besteuerung im Tätigkeitsstaat

1633 Die Vergütungen aus unselbständiger Arbeit können **ausschließlich im Ansässigkeitsstaat** des Arbeitnehmers besteuert werden, **es sei denn, die Tätigkeit wird im anderen Staat ausgeübt** (Art. 15 Abs. 1 Satz 1 OECD-MA). Wird die unselbständige Arbeit im anderen Staat ausgeübt, steht grds. Diesem Staat (**Tätigkeitsstaat**) das Besteuerungsrecht für die bezogenen Vergütungen zu (Art. 15 Abs. 1 Satz 2 OECD-MA).

Der Ort der Arbeitsausübung ist grds. der Ort, an dem sich der Arbeitnehmer zur Ausführung seiner Tätigkeit tatsächlich persönlich aufhält (BFH v. 25.11.2014, I R 27/13, BStBl II 2015, 448). Unerheblich ist, woher oder wohin die Zahlung des Arbeitslohns geleistet wird oder wo der Arbeitgeber ansässig ist.

4. „183 Tage-Regel"

a) Voraussetzungen

1634 Für eine im Ausland ausgeübte Tätigkeit steht abweichend vom Tätigkeitsstaatsprinzip grds. Dem **Ansässigkeitsstaat** das **Besteuerungsrecht** zu, wenn

- der Arbeitnehmer sich insgesamt **nicht länger als 183 Tage** innerhalb eines im jeweiligen DBA näher beschriebenen Zeitraums im Tätigkeitsstaat aufgehalten oder die Tätigkeit dort ausgeübt hat **und**
- der **Arbeitgeber**, der die Vergütungen wirtschaftlich trägt oder hätte tragen müssen, **nicht im Tätigkeitsstaat ansässig** ist **und**
- der Arbeitslohn **nicht** von einer **Betriebsstätte , die der Arbeitgeber im Tätigkeitsstaat** hat, getragen wurde oder zu tragen gewesen wäre.

Nur wenn alle drei Voraussetzungen vorliegen, steht dem Ansässigkeitsstaat des Arbeitnehmers das Besteuerungsrecht für Vergütungen, die für eine unselbständige Tätigkeit im Ausland gezahlt werden, zu. Liegen dagegen **nicht** sämtliche Voraussetzungen zusammen vor, steht dem Tätigkeitsstaat das Besteuerungsrecht für die Einkünfte aus der vom Arbeitnehmer dort ausgeübten unselbständigen Arbeit zu.

Nach dem DBA-Norwegen ist weitere Voraussetzung, dass der Arbeitgeber im selben Staat wie der Arbeitnehmer ansässig ist (Art. 15 Abs. 2 Buchst. b DBA-Norwegen).

Steht in einem solchen Fall dem ausländischen Staat das Besteuerungsrecht zu, sind die Vergütungen i.d.R. unter Beachtung einer etwaigen Rückfallklausel im DBA oder des § 50d Abs. 8 bzw. 9 EStG im Inland freizustellen und nur i.R. des Progressionsvorbehalts zu berücksichtigen (→ *Progressionsvorbehalt* Rz. 3501).

Ist Deutschland der Tätigkeitsstaat, ist nach den einkommensteuerrechtlichen Vorschriften zu prüfen, ob die Vergütungen des Arbeitnehmers aus seiner im Inland ausgeübten Tätigkeit im Wege der unbeschränkten oder der beschränkten Steuerpflicht der inländischen Besteuerung unterliegen.

b) Ermittlung der 183 Tage

aa) Aufenthalts-/Ausübungstage

Die in den DBA genannte 183 Tage-Frist bezieht sich häufig auf 1635
den **Aufenthalt** im Tätigkeitsstaat. Nach einigen DBA ist jedoch die Dauer der **Ausübung** der unselbständigen Arbeit im Tätigkeitsstaat maßgebend.

Die genannte 183 Tage-Frist kann sich entweder auf das **Steuerjahr** oder auf das **Kalenderjahr** oder auch auf einen **Zeitraum von zwölf Monaten** beziehen.

bb) Aufenthalt im Tätigkeitsstaat

Wird in einem DBA zur Ermittlung der Aufenthalts-/Ausübungs- 1636
tage auf den **Aufenthalt** im Tätigkeitsstaat abgestellt (z. B. Art. 13 Abs. 4 Nr. 1 DBA-Frankreich; Art. 15 Abs. 2 Buchst. a DBA-Italien; Art. 15 Abs. 2 Buchst. a DBA-Österreich), so ist hierbei nicht die Dauer der beruflichen Tätigkeit maßgebend, sondern **allein die körperliche Anwesenheit** im Tätigkeitsstaat. Es kommt darauf an, ob der Arbeitnehmer an mehr als 183 Tagen im Tätigkeitsstaat anwesend war. Dabei ist auch eine nur kurzfristige Anwesenheit an einem Tag als voller Aufenthaltstag im Tätigkeitsstaat zu berücksichtigen. Es muss sich nicht um einen zusammenhängenden Aufenthalt im Tätigkeitsstaat handeln; mehrere Aufenthalte im selben Tätigkeitsstaat sind zusammenzurechnen.

Als volle Tage des Aufenthalts im Tätigkeitsstaat werden u.a. mitgezählt:

- der **Ankunfts- und Abreisetag**,
- alle Tage der Anwesenheit im Tätigkeitsstaat **unmittelbar vor, während und unmittelbar nach der Tätigkeit**, z.B. Samstage, Sonntage, öffentliche Feiertage,
- Tage der Anwesenheit im Tätigkeitsstaat während **Arbeitsunterbrechungen**, z.B. bei Streik, Aussperrung, Ausbleiben von Lieferungen oder bei Krankheit, es sei denn, die Krankheit steht der Abreise des Arbeitnehmers entgegen und er hätte ohne sie die Voraussetzungen für die Steuerbefreiung im Tätigkeitsstaat erfüllt,
- **Urlaubstage**, die unmittelbar, während und nach oder in einem engen zeitlichen Zusammenhang mit der Tätigkeit **im Tätigkeitsstaat** verbracht werden; dabei sind im Tätigkeitsstaat verbrachte Urlaubstage auch dann „mitzuzählen", wenn der Arbeitnehmer nach Beendigung der befristeten Arbeit im Ausland den Tätigkeitsstaat für wenige Tage verlässt, um seine Familie abzuholen und anschließend im Tätigkeitsstaat seinen Urlaub verbringt (BFH v. 23.2.2005, I R 13/04, HFR 2005, 1062).

Tage, die **ausschließlich außerhalb des Tätigkeitsstaates** verbracht werden, unabhängig davon, ob aus beruflichen oder privaten Gründen, werden nicht mitgezählt. Auch zählen **Tage des Transits** in einem Durchreisestaat nicht als Aufenthaltstage für diesen Staat. Eine Ausnahme hiervon gilt für Berufskraftfahrer (→ Rz. 1704).

Kehrt der Arbeitnehmer täglich zu seinem Wohnsitz im Ansässigkeitsstaat zurück, so ist er täglich im Tätigkeitsstaat anwesend (BFH v. 10.7.1996, I R 4/96, BStBl II 1997, 15). Zur Ermittlung der Aufenthaltstage nach dem DBA-Frankreich vgl. Deutsch-Französische Konsultationsvereinbarungsverordnung v. 20.12.2010, BStBl I 2011, 104. Danach werden unter bestimmten Voraussetzungen bei mehrtägigen Dienstreisen grds. Auch Sonn- und Feiertage, Urlaubs- und Krankheitstage sowie kurze Unterbrechungen im Zusammenhang mit Reisen in den Heimatstaat oder in Drittstaaten als Tage des Aufenthalts im Tätigkeitsstaat mitgezählt.

Bei Arbeitnehmern, die – ohne Grenzgänger i.S.d. Art. 13 Abs. 5 DBA-Frankreich zu sein – arbeitstäglich in den Tätigkeitsstaat fahren und nach Erbringung der Arbeitsleistung wieder in den Wohnsitzstaat zurückkehren (sog. Grenzpendler), ist jedoch auf die tatsächlich im anderen Staat verbrachten Tage abzustellen (BFH v. 12.10.2011, I R 15/11, BStBl II 2012, 548). Beim Grenzpendler zählt jeder einzelne Tätigkeitstag als ein abgeschlossener Aufenthaltstag. Ein sich über mehrere Arbeitstage oder Wochen erstreckender Aufenthalt im anderen Staat liegt nicht vor.

Beispiel 1:

A ist für seinen deutschen Arbeitgeber mehrere Monate lang jeweils von Montag bis Freitag in den Niederlanden tätig. Seine Wochenenden verbringt er bei seiner Familie in Deutschland. Dazu fährt er an jedem Freitag nach Arbeitsende nach Deutschland. Er verlässt Deutschland jeweils am Montagmorgen, um in den Niederlanden seiner Berufstätigkeit nachzugehen.

Die Tage von Montag bis Freitag sind jeweils als volle Anwesenheitstage in den Niederlanden zu berücksichtigen, weil sich A dort zumindest zeitweise aufgehalten hat. Dagegen können die Samstage und Sonntage mangels Aufenthalt in den Niederlanden nicht als Anwesenheitstage i.S. der 183 Tage-Klausel berücksichtigt werden.

Beispiel 2:

Wie Beispiel 1. Jedoch fährt A an jedem Samstagmorgen von den Niederlanden nach Deutschland und an jedem Sonntagabend zurück in die Niederlande.

In diesem Fall sind auch die Samstage und Sonntage als volle Anwesenheitstage in den Niederlanden i.S. der 183 Tage-Klausel zu berücksichtigen, weil sich A an diesen Tagen zumindest zeitweise dort aufgehalten hat.

Beispiel 3:

B ist für seinen deutschen Arbeitgeber vom 1.1.2025 bis 15.6.2025 in Schweden tätig. Im Anschluss hieran hielt er sich zu Urlaubszwecken bis einschließlich 24.6.2025 in Deutschland auf. Vom 25.6.2025 bis 24.7.2025 verbringt er seinen weiteren Urlaub in Schweden.

Das Besteuerungsrecht für den Arbeitslohn hat Schweden, weil sich B länger als 183 Tage im Kalenderjahr in Schweden aufgehalten hat (Art. 15 DBA-Schweden), denn die Urlaubstage, die B im Anschluss an seine Tätigkeit in Schweden verbringt, stehen in einem engen zeitlichen Zusammenhang mit dieser Tätigkeit und werden daher für die Aufenthaltsdauer berücksichtigt.

Beispiel 4:

C (kein Berufskraftfahrer) fährt für seinen deutschen Arbeitgeber an einem Montag mit dem Pkw von Hamburg nach Mailand, um dort eine Montagetätigkeit auszuüben. Er unterbricht seine Fahrt in Österreich, wo er übernachtet. Am folgenden Tag fährt C weiter nach Mailand. Am Freitag fährt C von Mailand über Österreich nach Hamburg zurück.

C durchquert Österreich lediglich für Zwecke des Transits. Zur Berechnung der Aufenthaltstage in Österreich werden daher die Tage, die C auf seiner Fahrt von und nach Mailand in Österreich verbringt, nicht gezählt; damit sind für Italien vier Tage zu zählen, für Österreich ist kein Tag zu berücksichtigen.

cc) Dauer der Ausübung

1637 Wird in einem DBA zur Ermittlung der Aufenthalts-/Ausübungstage auf die **Dauer der Ausübung** der unselbständigen Arbeit im Tätigkeitsstaat abgestellt (z.B. Art. 15 Abs. 2 Buchst. a DBA-Dänemark), so ist hierbei jeder Tag zu berücksichtigen, an dem sich der Arbeitnehmer, sei es auch nur für kurze Zeit, in dem anderen Vertragsstaat zur Arbeitsausübung tatsächlich aufgehalten hat. Tage der Anwesenheit im Tätigkeitsstaat, an denen eine Ausübung der beruflichen Tätigkeit ausnahmsweise nicht möglich ist, werden mitgezählt, z.B. bei Streik, Aussperrung, Ausbleiben von Lieferungen oder bei Krankheit, es sei denn, die Krankheit steht der Abreise des Arbeitnehmers entgegen und er hätte ohne sie die Voraussetzungen für die Steuerbefreiung im Tätigkeitsstaat erfüllt. Alle arbeitsfreien Tage der Anwesenheit im Tätigkeitsstaat vor, während und nach der Tätigkeit, z.B. Samstage, Sonntage, öffentliche Feiertage, Urlaubstage, sind nicht zu berücksichtigen.

Beispiel 1:

A ist für seinen deutschen Arbeitgeber mehrere Monate lang jeweils von Montag bis Freitag in Dänemark tätig. Seine Wochenenden verbringt er bei seiner Familie in Deutschland. Dazu fährt er an jedem Samstagmorgen von Dänemark nach Deutschland und an jedem Sonntagabend zurück nach Dänemark.

Die Tage von Montag bis Freitag sind jeweils als volle Tage in Dänemark zu berücksichtigen, weil A an diesen Tagen dort seine berufliche Tätigkeit ausgeübt hat. Dagegen können die Samstage und Sonntage mangels Ausübung der Tätigkeit in Dänemark nicht als Tage i.S. der 183 Tage-Klausel berücksichtigt werden.

Im **Verhältnis zu Belgien** (Art. 15 Abs. 2 Nr. 1 DBA-Belgien) gilt die Besonderheit, dass für die Berechnung der 183 Tage-Frist Tage der Arbeitsausübung und **übliche Arbeitsunterbrechungen** auch dann **mitgezählt** werden, wenn sie nicht im Tätigkeitsstaat verbracht werden, z.B. Tage wie Samstage, Sonntage, Krankheits- und Urlaubstage, soweit sie auf den Zeitraum der Auslandstätigkeit entfallen (Art. 15 Abs. 2 Nr. 1 DBA-Belgien). Dies gilt aber nicht für den Anreise- und Abreisetag, wenn an diesen Tagen nicht gearbeitet wird. Insofern handelt es sich nicht um Arbeitsunterbrechungen.

Beispiel 2:

B ist für seinen deutschen Arbeitgeber zwei Wochen in Belgien tätig. Hierzu reist B am Sonntag nach Brüssel und nimmt dort am Montag seine Tätigkeit auf. Am folgenden arbeitsfreien Wochenende fährt B am Samstag nach Deutschland und kehrt am Montagmorgen zurück nach Brüssel. Nach Beendigung seiner Tätigkeit am darauf folgenden Freitag kehrt B am Samstag nach Deutschland zurück.

Der Anreisetag sowie der Abreisetag werden nicht als Tage in Belgien berücksichtigt, weil B an diesen Tagen dort seine berufliche Tätigkeit nicht ausgeübt hat und eine Arbeitsunterbrechung nicht gegeben ist. Die Tage von Montag bis Freitag sind jeweils als Tage in Belgien zu berücksichtigen, weil B an diesen Tagen dort seine berufliche Tätigkeit ausgeübt hat. Das dazwischen liegende Wochenende wird unabhängig vom Aufenthaltsort für Belgien berücksichtigt, weil eine übliche Arbeitsunterbrechung vorliegt. Somit sind für die 183 Tage-Frist zwölf Tage zu berücksichtigen.

Eine dem DBA-Belgien ähnliche Regelung ist in den Abkommen mit der Côte d'Ivoire (Art. 15 Abs. 2 Buchst. a DBA-Côte d'Ivoire), Marokko (Art. 15 Abs. 2 Nr. 1 DBA-Marokko) und Tunesien (Art. 15 Abs. 2 Buchst. a DBA-Tunesien) vereinbart. Diese Abkommen beziehen sich zwar auf die Dauer des Aufenthalts, jedoch werden auch hier gewöhnliche Arbeitsunterbrechungen bei der Berechnung der 183 Tage-Frist berücksichtigt.

dd) 12-Monats-Zeitraum

Wird in einem DBA zur Ermittlung der Aufenthalts-/Ausübungstage 1638
entsprechend dem aktuellen OECD-Standard (Art. 15 Abs. 2 OECD-MA) auf einen „Zeitraum von zwölf Monaten" abgestellt, so sind hierbei alle denkbaren 12-Monats-Zeiträume in Betracht zu ziehen, auch wenn sie sich z.T. überschneiden. Wenn sich der Arbeitnehmer in einem beliebigen 12-Monats-Zeitraum an mehr als 183 Tagen in dem anderen Vertragsstaat aufhält, steht diesem für die Einkünfte, die auf diese Tage entfallen, das Besteuerungsrecht zu. Mit jedem Aufenthaltstag des Arbeitnehmers in dem anderen Vertragsstaat ergeben sich somit neue zu beachtende 12-Monats-Zeiträume.

Zu den Staaten, mit denen ein 12-Monats-Zeitraum vereinbart worden ist (Stand: 1.1.2018), s. BMF v. BMF v. 12.12.2023, IV B 2 – S 1300/21/10024 :005, BStBl I 2023, 2179 Rdnr. 125.

Beispiel 1:

A ist für seinen deutschen Arbeitgeber vom 1.4.2025 bis 20.4.2025, zwischen dem 1.8.2025 und dem 31.3.2025 für 90 Tage sowie vom 25.4.2026 bis zum 31.7.2026 für 97 Tage in Spanien tätig.

Für die Vergütungen, die innerhalb des Zeitraums 1.8.2025 bis 31.7.2026 auf Tage entfallen, an denen sich A in Spanien aufhält, hat Spanien das Besteuerungsrecht, weil sich A innerhalb eines 12-Monats-Zeitraums dort an insgesamt mehr als 183 Tagen (insgesamt 187 Tage) aufgehalten hat. Das Besteuerungsrecht für die Einkünfte, die auf den Zeitraum

1.4.2025 bis 20.4.2025 entfallen, steht dagegen Deutschland zu, weil sich A in allen auf diesen Zeitraum bezogenen denkbaren 12-Monats-Zeiträumen an nicht mehr als 183 Tagen in Spanien aufgehalten hat.

Beispiel 2:

B ist für seinen deutschen Arbeitgeber zwischen dem 1.1.2025 und dem 28.2.2025 sowie vom 1.5.2025 bis zum 30.4.2026 für jeweils monatlich 20 Tage in Spanien tätig.

Das Besteuerungsrecht für die Vergütungen, die innerhalb des Zeitraums 1.5.2025 bis 30.4.2026 auf Tage entfallen, an denen sich B in Spanien aufhält, hat Spanien, weil sich B innerhalb eines 12-Monats-Zeitraums dort an insgesamt mehr als 183 Tagen (insgesamt = 240 Tage) aufgehalten hat. Gleiches gilt für den Zeitraum 1.1.2025 bis 28.2.2025, weil sich B auch innerhalb des 12-Monats-Zeitraums vom 1.1.2025 bis zum 31.12.2025 an insgesamt mehr als 183 Tagen (insgesamt = 200 Tage) in Spanien aufgehalten hat.

ee) Steuerjahr/Kalenderjahr

1639 Wird in einem DBA zur Ermittlung der Aufenthalts-/Ausübungstage an Stelle eines 12-Monats-Zeitraums auf das Steuerjahr oder Kalenderjahr abgestellt, so sind die Aufenthalts-/Ausübungstage **für jedes Steuer- oder Kalenderjahr** gesondert zu ermitteln. Das Kj. wurde z.B. mit folgenden Staaten (Stand 1.1.2023) vereinbart: Belgien, Dänemark, Island, Österreich, Portugal, Schweden, Schweiz, USA.

Weicht das Steuerjahr des anderen Vertragsstaates vom Steuerjahr Deutschlands (= Kalenderjahr) ab, ist jeweils das Steuerjahr des Vertragsstaates maßgebend, in dem die Tätigkeit ausgeübt wird.

Folgende Vertragsstaaten haben z.B. ein vom Kalenderjahr **abweichendes Steuerjahr**:

Südafrika, Namibia:	1.3. bis 28./29.2.
Iran:	21.3. bis 20.3.
Indien, Neuseeland, Sri Lanka:	1.4. bis 31.3.
Bangladesch, Pakistan:	1.7. bis 30.6.

Beispiel 1:

A ist vom 1.10.2025 bis 31.5.2026 für seinen deutschen Arbeitgeber in Schweden tätig.

Die Aufenthaltstage sind für jedes Kalenderjahr getrennt zu ermitteln. A hält sich weder im Kalenderjahr 2025 (92 Tage) noch im Kalenderjahr 2026 (151 Tage) länger als 183 Tage in Schweden auf.

Beispiel 2:

B ist für seinen deutschen Arbeitgeber vom 1.1.2026 bis 31.7.2026 in Indien (Steuerjahr 1.4. bis 31.3.) tätig.

Die Aufenthaltstage sind für jedes Steuerjahr getrennt zu ermitteln. Maßgeblich ist das Steuerjahr des Tätigkeitsstaates. Da das Steuerjahr 2025/2026 in Indien am 31.3.2026 endet, hält sich B weder im Steuerjahr 2025/2026 (90 Tage) noch im Steuerjahr 2026/2027 (122 Tage) länger als 183 Tage in Indien auf.

ff) Besonderheiten

1640 Bei Umstellung eines DBA vom Steuerjahr auf einen 12-Monats-Zeitraum ist – soweit im DBA nichts anderes vereinbart ist – ab Anwendbarkeit des neuen DBA auch dann ein 12-Monats-Zeitraum zu betrachten, wenn dessen Beginn in den Anwendungszeitraum des alten DBA hineinreicht.

Beispiel 1:

Ein deutscher Arbeitgeber entsendet einen in Deutschland ansässigen Mitarbeiter A vom 15.11.2010 bis 31.5.2011 (insgesamt 198 Tage) nach Großbritannien.

Das neue DBA mit Großbritannien ist ab dem 1.1.2011 anzuwenden (Art. 32 Abs. 2 Buchst. a Doppelbuchst. Bb DBA-Großbritannien) und enthält als maßgeblichen Bezugszeitraum einen 12-Monats-Zeitraum, der während des bestehenden Steuerjahres (6.4. bis 5.4.) beginnt bzw. endet. Für 2010 bedeutet das, dass zur Ermittlung der Aufenthaltstage auf das britische Steuerjahr (6.4.2010 bis 5.4.2011) abzustellen ist (Art. XI Abs. 3 DBA-Großbritannien 1964). In diesem Zeitraum hielt sich A an 142 Tagen und somit nicht länger als 183 Tage in Großbritannien auf. In 2010 verbleibt somit das Besteuerungsrecht für die in 2010 erhaltenen Einkünfte des A in Deutschland. Für 2011 ist allerdings zu prüfen, ob sich A insgesamt länger als 183 Tage innerhalb eines 12-Monats-Zeitraum, der in 2010 beginnt und im Steuerjahr 2011 endet, in Großbritannien aufgehalten hat (Art. 14 Abs. 2 DBA-Großbritannien 2010). A hat sich 198 Tage in Großbritannien aufgehalten. In 2011 erhält somit Großbritannien das Besteuerungsrecht für die vom 1.1.2011 bis 31.5.2011 vereinnahmten Einkünfte des A.

Bei einem Wechsel der Ansässigkeit innerhalb der vorgenannten Bezugszeiträume sind bei der Berechnung der 183 Aufenthalts-/Ausübungstage diejenigen Tage, an denen der Stpfl. im Tätigkeitsstaat ansässig, nicht zu berücksichtigen.

Beispiel 2:

Vom 1.1.2024 bis 31.12.2024 ist A in Polen ansässig. Am 1.1.2025 wird A von einem in Deutschland ansässigen Arbeitgeber eingestellt und ab diesem Zeitpunkt in Deutschland ansässig. A wird vom 15.3.2025 bis 31.3.2025 von seinem deutschen Arbeitgeber nach Polen entsandt.

In diesem Fall hält sich A zwischen dem 1.4.2024 und dem 31.3.2025 insgesamt 292 Tage in Polen auf. Da er aber zwischen dem 1.4.2024 und dem 31.12.2025 in Polen ansässig war, kann dieser Zeitraum für die Berechnung der 183 Tage nicht berücksichtigt werden (das DBA-Polen sieht als maßgeblichen Bezugszeitraum für die 183 Tage-Frist den 12-Monats-Zeitraum vor). A hat sich somit zwischen dem 1.4.2024 und 31.3.2025 nur 17 Tage (15.3.2025 bis 31.3.2025) in Polen aufgehalten, ohne zugleich dort ansässig zu sein.

Beispiel 3:

Vom 15.10.2025 bis 31.10.2025 hält sich A, der in Polen ansässig ist, in Deutschland auf, um dort die Erweiterung der Geschäftstätigkeit seines Arbeitgebers, der in Polen ansässig ist, vorzubereiten. Am 1.5.2026 zieht A nach Deutschland, wo er ansässig wird und für eine in Deutschland neu gegründete Tochtergesellschaft seines bisherigen Arbeitgebers arbeitet.

In diesem Fall hält sich A zwischen dem 15.10.2025 und dem 14.10.2026 insgesamt 184 Tage in Deutschland auf. Da er aber zwischen dem 1.5.2026 und dem 14.10.2026 in Deutschland ansässig war, wird dieser letztere Zeitraum bei der Berechnung nicht berücksichtigt. A hat sich somit zwischen dem 15.10.2025 und dem 14.10.2026 nur 17 Tage (15.10.2025 bis 31.10.2025) in Deutschland aufgehalten, ohne zugleich dort ansässig zu sein.

Beispiel 4:

Vom 1.1.2025 bis 30.4.2025 ist A in Deutschland und vom 1.5.2025 bis 31.12.2025 in den USA ansässig.

Bis zum 30.4.2025 ist A bei einem deutschen Arbeitgeber beschäftigt. Vom 1.3.2025 bis 6.3.2025 ist A für seinen deutschen Arbeitgeber in den USA tätig. Der deutsche Arbeitgeber hat in den USA keine Betriebsstätte.

Deutschland hat für den Zeitraum bis zum 30.4.2025 das Besteuerungsrecht, weil Deutschland der Ansässigkeitsstaat war, sich A nicht mehr als 183 Tage in den USA aufgehalten hat (der Zeitraum 1.5.2025 bis 31.12.2025 wird insoweit nicht mitgerechnet, weil A in diesem Zeitraum in den USA ansässig war), und der Arbeitslohn nicht von einem Arbeitgeber oder einer Betriebsstätte in den USA getragen wurde.

gg) Nachträgliche Änderung der Zuweisung des Besteuerungsrechts

Bei der Anwendung der 183 Tage-Regelung auf einen 12-Monats-Zeitraum (→ Rz. 1638) kann eine einmal vorgenommene Zuordnung des Besteuerungsrechts durch weitere, nach der Veranlagung des Vorjahres durchgeführte Auslandseinsätze abweichend zu beurteilen sein. 1641

Beispiel:

A, wohnhaft und ansässig in Deutschland, wird für seinen Arbeitgeber (ebenfalls in Deutschland ansässig) vom 1.8.2025 bis 31.12.2025 in Spanien tätig. Der Arbeitslohn wird deshalb weiterhin von seinem deutschen Arbeitgeber bezahlt. A hält sich während dieses Zeitraums ausschließlich in Spanien auf (153 Aufenthaltstage). Auf Grund unvorhersehbarer Umstände muss A nochmals in der Zeit vom 15.5.2026 bis 20.6.2026 in Spanien tätig werden (37 Aufenthaltstage). A gibt seine Einkommensteuererklärung für 2025 im März 2026 ab. Die Veranlagung erfolgt

a) am 20.4.2026 (Bescheid v. 28.4.2026),

b) am 22.6.2026 (Bescheid v. 30.6.2026).

In beiden Fällen wurde der in Spanien erzielte Arbeitslohn der deutschen Besteuerung unterworfen, weil – nach den Kenntnissen des Finanzamts am Veranlagungstag – alle drei Bedingungen der 183 Tage-Regelung (Art. 14 Abs. 2 DBA-Spanien) erfüllt waren. A informiert das Finanzamt am 6.7.2026 über seinen erneuten Arbeitsaufenthalt in Spanien und beantragt, die Veranlagung 2025 in der Weise zu ändern, dass der in Spanien erzielte Arbeitslohn steuerfrei gestellt und nur noch dem Progressionsvorbehalt unterworfen wird.

Durch den erneuten Aufenthalt in Spanien hat sich A in dem 12-Monats-Zeitraum, der am 1.8.2025 beginnt und am 31.7.2026 endet, an mehr als 183 Tagen in Spanien aufgehalten (190 Aufenthaltstage).

a) Aus Sicht des Veranlagungszeitpunktes war die inländische Besteuerung des in der Zeit vom 1.8.2025 bis 31.12.2025 in Spanien erzielten Arbeitslohns zutreffend. Durch den nach der Veranlagung erfolgten erneuten Aufenthalt in Spanien erweist sich diese Zuordnung des Besteuerungsrechts nunmehr als unzutreffend, weil A seinen Aufenthalt insgesamt an mehr als 183 Tagen in einem 12-Monats-Zeitraum (1.8.2025 bis 31.7.2026) in Spanien hatte. Die Veranlagung 2025 ist deshalb antragsgemäß nach § 50d Abs. 8 Satz 2 EStG zu ändern, sofern A die Besteuerung dieses Arbeitslohns in Spanien nach § 50d Abs. 8 Satz 1 EStG nachweist.

b) Nach den tatsächlichen Verhältnissen im Veranlagungszeitpunkt lagen die Voraussetzungen für eine inländische Besteuerung des in der Zeit vom 1.8.2025 bis 31.12.2025 in Spanien erzielten Arbeitslohns objektiv nicht vor, da A sich in dem 12-Monats-Zeitraum an mehr als 183 Tagen in Spanien aufgehalten hat. Dem Finanzamt war der zweite Spanienaufenthalt am Veranlagungstag allerdings nicht bekannt. Nach § 50d Abs. 8 Satz 2 EStG ist die Veranlagung 2025 zu ändern. Die Festsetzungsfrist beginnt nach § 50d Abs. 8 Satz 3 EStG i.V.m. § 175 Abs. 1 Satz 2 AO erst mit Ablauf des Kj., in dem der Nachweis nach § 50d Abs. 8 Satz 1 EStG geführt wird. So hat der Steuerpflichtige ausreichend Zeit, die entsprechende steuerliche Behandlung herbeizuführen.

c) Zahlung durch einen im Tätigkeitsstaat ansässigen Arbeitgeber

aa) Allgemeines

1642 Erfolgt die Zahlung durch einen oder für einen im Tätigkeitsstaat ansässigen Arbeitgeber, sind die Voraussetzungen für die Besteuerung im Ansässigkeitsstaat nach Art. 15 Abs. 2 Buchst. b OECD-MA nicht erfüllt.

Die im Ausland ausgeübte unselbständige Tätigkeit eines Arbeitnehmers kann für seinen zivilrechtlichen Arbeitgeber (→ Rz. 1643), für seinen wirtschaftlichen Arbeitgeber i.R. einer Arbeitnehmerentsendung zwischen verbundenen Unternehmen (→ Rz. 1644) oder aber für einen nicht verbundenen Unternehmer (→ Rz. 1650 und → Rz. 1654) erfolgen.

Dabei wird eine Vergütung auch insoweit i. S. des Art. 15 Abs. 2 Buchst. b OECD-MA von einem Arbeitgeber „gezahlt“, als dieser die Vergütung entsprechend dem Fremdvergleichsgrundsatz wirtschaftlich trägt oder entsprechend diesem Grundsatz hätte tragen müssen. Soweit ein anderer als der unmittelbar Zahlende (i.d.R. der zivilrechtliche Arbeitgeber) die Vergütung wirtschaftlich entsprechend dem Fremdvergleichsgrundsatz trägt oder hätte tragen müssen, kann auch dies eine Zahlung i.S.d. Art. 15 Abs. 2 Buchst. b OECD-MA darstellen (BFH-Urteil v. 23.2.2005, BStBl II 2005, 547). Dies ist insbesondere im Rahmen der grenzüberschreitenden Arbeitnehmerentsendung zwischen verbundenen Unternehmen von Bedeutung.

Ist eine Personengesellschaft Arbeitgeberin, bestimmt sich deren Ansässigkeit für Zwecke des Art. 15 Abs. 2 Buchst. b OECD-MA grds. Nach dem Ort der Geschäftsleitung. Entsprechendes gilt für eine Personengesellschaft, die im anderen Staat wie eine Kapitalgesellschaft besteuert wird.

Eine **Betriebsstätte** kommt **zivilrechtlich nicht als Arbeitgeberin i.S.d. DBA** in Betracht (BFH v. 29.1.1986, I R 109/85, BStBl II 1986, 442 und BFH v. 29.1.1986, I R 296/82, BStBl II 1986, 513), s. aber → Rz. 1655.

Beispiel:

A ist Arbeitnehmer des britischen Unternehmens B. Er wohnt seit Jahren in Deutschland und ist bei einer deutschen Betriebsstätte des B in Hamburg beschäftigt. In 2025 befindet er sich an fünf Arbeitstagen bei Kundenbesuchen in der Schweiz und an fünf Arbeitstagen bei Kundenbesuchen in Norwegen.

Aufenthalt in der Schweiz: Maßgeblich ist das DBA-Schweiz, weil A in Deutschland ansässig ist (Art. 1, 4 Abs. 1 DBA-Schweiz) und die „Quelle“ der Einkünfte aus nichtselbständiger Arbeit in dem Staat liegt, in dem die Tätigkeit ausgeübt wird. Nach Art. 15 Abs. 2 DBA-Schweiz hat Deutschland das Besteuerungsrecht, weil neben der Erfüllung der weiteren Voraussetzungen dieser Vorschrift A von einem Arbeitgeber entlohnt wird, der nicht in der Schweiz ansässig ist.

Aufenthalt in Norwegen: Maßgeblich ist das DBA-Norwegen. Deutschland hat kein Besteuerungsrecht für die Tätigkeit in Norwegen. Zwar hält sich A nicht länger als 183 Tage in Norwegen auf. Das ausschließliche Besteuerungsrecht würde Deutschland nach Art. 15 Abs. 2 Buchst. b DBA-Norwegen nur dann zustehen, wenn der Arbeitgeber in dem Staat ansässig ist, in dem auch der Arbeitnehmer ansässig ist. Arbeitgeber ist hier das britische Unternehmen B; die inländische Betriebsstätte kann nicht Arbeitgeber i.S.d. DBA sein. Deutschland vermeidet in diesem Fall die Doppelbesteuerung der Lohneinkünfte durch Anrechnung der in Norwegen gezahlten Steuern (Art. 23 Abs. 2 Buchst. b Doppelbuchst. cc DBA-Norwegen).

bb) Auslandstätigkeit für den zivilrechtlichen Arbeitgeber

Sofern der im Inland ansässige Arbeitnehmer für seinen **zivilrechtlichen Arbeitgeber**, der nicht im Tätigkeitsstaat ansässig ist (z.B. i.R. einer Lieferung- oder Werk-/Dienstleistung) bei einem Unternehmen im Ausland tätig ist, ist regelmäßig davon auszugehen, dass der zivilrechtliche Arbeitgeber auch der Arbeitgeber i.S.d. DBA ist. Sofern in diesem Fall auch keine Betriebsstätte des Arbeitgebers vorliegt, die die Vergütungen wirtschaftlich trägt, fällt das Besteuerungsrecht erst dann an den Tätigkeitsstaat, wenn die 183 Tage-Frist überschritten ist. 1643

Entsprechendes gilt für einen im Ausland ansässigen Arbeitnehmer, der für seinen zivilrechtlichen Arbeitgeber im Inland tätig ist.

Beispiel:

Das ausschließlich in Spanien ansässige Unternehmen S ist spezialisiert auf die Installation von Computeranlagen. Das in Deutschland ansässige, nicht mit S verbundene Unternehmen D hat kürzlich eine neue Computeranlage angeschafft und schließt für die Durchführung der Installation dieser Anlage einen Werkleistungsvertrag mit S ab. X, ein in Spanien ansässiger Angestellter von S, wird für vier Monate an den Firmensitz von D im Inland gesandt, um die vereinbarte Installation durchzuführen. S berechnet D für die Installationsleistungen (einschließlich Reisekosten des X, Gewinnaufschlag etc.) einen pauschalen Betrag. Der Arbeitslohn des X ist dabei lediglich ein nicht gesondert ausgewiesener Preisbestandteil i.R. der Preiskalkulation des S.

X wird i.R. einer Werkleistungsverpflichtung und nicht i.R. einer Arbeitnehmerentsendung des S bei D tätig. Vorausgesetzt, X hält sich nicht mehr als 183 Tage während des betreffenden 12-Monats-Zeitraums in Deutschland auf und S hat in Deutschland keine Betriebsstätte, der die Gehaltszahlungen an X zuzurechnen sind, weist Art. 14 Abs. 2 DBA-Spanien das Besteuerungsrecht für die Vergütungen aus unselbständiger Arbeit Spanien zu.

X ist in Deutschland nach nationalem Recht beschränkt steuerpflichtig, weil die Tätigkeit in Deutschland ausgeübt wurde (§ 49 Abs. 1 Nr. 4 Buchs. A EStG). Da Deutschland für den entsprechenden Arbeitslohn nach Art. 14 Abs. 2 DBA-Spanien kein Besteuerungsrecht hat, ergibt sich für X insoweit keine Einkommensteuer. Der Lohnsteuerabzug für die in Deutschland ausgeübte Tätigkeit kann bereits deshalb unterbleiben, weil in Deutschland kein inländischer Arbeitgeber vorliegt und darüber hinaus auch auf der Abkommensebene Deutschland kein Besteuerungsrecht zusteht. S ist kein in § 38 Abs. 1 Satz 1 Nr. 1 und 2 EStG genannter inländischer abzugspflichtiger Arbeitgeber. Eine Abzugsverpflichtung ergibt sich für Deutschland auch nicht nach § 38 Abs. 1 Satz 2 EStG, weil X i.R. einer Werkleistungsverpflichtung tätig wird. Für den Fall, dass S und D verbundene Unternehmen sind, ergibt sich keine abweichende Lösung.

cc) Arbeitnehmerentsendung zwischen verbundenen Unternehmen

Eine grenzüberschreitende Arbeitnehmerentsendung (Personalentsendung) ist die Entsendung eines Arbeitnehmers für eine bestimmte Zeit seitens eines Unternehmens (entsendendes Unternehmen) an ein anderes Unternehmen (aufnehmendes Unternehmen) derselben multinationalen Unternehmensgruppe in einem anderen Staat. Der Arbeitnehmer wird, ohne dass der bisherige Arbeitsvertrag mit dem entsendenden Unternehmen beendet wird (ruhender Arbeitsvertrag), bei einem aufnehmenden Unternehmen tätig und schließt mit diesem Unternehmen einen (weiteren) Arbeitsvertrag, trifft mit diesem Unternehmen eine Nebenabrede zum bestehenden Arbeitsvertrag, oder dieses Unternehmen gilt als wirtschaftlicher Arbeitgeber (→ Rz. 1653). Eine Arbeitnehmerentsendung liegt nicht vor, wenn ein Arbeitnehmer zur Erfüllung einer Dienst- oder Werkleistungsverpflichtung des entsendenden Unternehmens bei einem anderen Unternehmen tätig wird und sein Arbeitslohn Preisbestandteil der Dienst- oder Werkleistung ist (z.B. beim gewerblichen Arbeitnehmerverleih oder bei Werkleistungen). Liegt keine Arbeitnehmerentsendung vor → Rz. 1652. Bei gewerblicher Arbeitnehmerüberlassung → Rz. 1659. 1643.1

(1) Wirtschaftlicher Arbeitgeber

Arbeitgeber i.S.d. DBA kann nicht nur der zivilrechtliche Arbeitgeber, sondern auch eine andere natürliche oder juristische Person sein, die die Vergütung für die ihr geleistete nichtselbständige Tätigkeit wirtschaftlich trägt oder hätte tragen müssen (BFH v. 23.2.2005, I R 46/03, BStBl II 2005, 547). Entsprechendes gilt für Personengesellschaften. Wird die unselbständige Tätigkeit eines im Inland ansässigen Arbeitnehmers bei einem im Ausland ansässigen verbundenen Unternehmen (Art. 9 OECD-MA) ausgeübt, ist zu prüfen, welches dieser Unternehmen als Arbeitgeber i.S.d. DBA und damit als wirtschaftlicher Arbeitgeber anzusehen ist. 1644

Hierbei ist auf den **wirtschaftlichen Gehalt** und die **tatsächliche Durchführung** der zu Grunde liegenden Vereinbarungen abzustellen.

Entsprechendes gilt, wenn ein im Ausland ansässiger Arbeitnehmer bei einem im Inland ansässigen verbundenen Unternehmen (Art. 9 OECD-MA) tätig ist.

Das Unternehmen wird Arbeitgeber im abkommensrechtlichen Sinne (**wirtschaftlicher Arbeitgeber**), wenn

- der **Arbeitnehmer** in das aufnehmende Unternehmen **eingebunden** ist, z.B. weil das aufnehmende Unternehmen über Art und Umfang der täglichen Arbeit entscheidet und ggf. erforderliche Arbeitsmittel zur Verfügung stellt, und
- das aufnehmende Unternehmen den **Arbeitslohn** (infolge seines eigenen betrieblichen Interesses an der Entsendung des Arbeitnehmers) für die ihm geleistete unselbständige Arbeit **wirtschaftlich trägt** oder nach dem Fremdvergleichsgrundsatz hätte tragen müssen; hierbei ist es unerheblich, ob die Vergütungen unmittelbar dem betreffenden Arbeitnehmer ausgezahlt werden oder ein anderes Unternehmen mit diesen Arbeitsvergütungen in Vorlage tritt; eine „willkürliche" Weiterbelastung des Arbeitslohns führt nicht zur Begründung der Arbeitgebereigenschaft, ebenso wie eine unterbliebene Weiterbelastung die Arbeitgebereigenschaft beim aufnehmenden Unternehmen nicht verhindern kann.

Zu einem Wechsel der abkommensrechtlichen Arbeitgeberstellung bedarf es weder einer förmlichen Änderung des Arbeitsvertrages zwischen dem Arbeitnehmer und dem entsendenden Unternehmen noch ist der Abschluss eines zusätzlichen Arbeitsvertrages zwischen dem Arbeitnehmer und dem aufnehmenden Unternehmen oder eine im Vorhinein getroffene Verrechnungspreisabrede zwischen den betroffenen verbundenen Unternehmen erforderlich (BFH-Urteil v. 23.2.2005, BStBl II 2005, 547). In den Fällen der Arbeitnehmerentsendung ist der wirtschaftliche Arbeitgeber i.S.d. Abkommensrechts auch der zum Lohnsteuerabzug verpflichtete inländische Arbeitgeber i.S.d. § 38 Abs. 1 Satz 2 EStG, BMF v. 27.1.2004, BStBl I 2004, 173.

Für die Entscheidung, ob der Arbeitnehmer in das aufnehmende Unternehmen eingebunden ist, ist das **Gesamtbild der Verhältnisse** maßgebend. Hierbei ist insbesondere zu berücksichtigen, ob

- das aufnehmende Unternehmen die **Verantwortung oder das Risiko** für die durch die Tätigkeit des Arbeitnehmers erzielten Ergebnisse trägt und
- der Arbeitnehmer den **Weisungen** des aufnehmenden Unternehmens **unterworfen** ist.

Darüber hinaus kann für die **Entscheidung** u.a. zu **berücksichtigen** sein, wer über die **Höhe der Bezüge**, die Teilnahme an einem etwaigen Erfolgsbonus- und Aktienerwerbsplan des Konzerns oder die Urlaubsgewährung entscheidet, das **Risiko für eine Lohnzahlung** im Nichtleistungsfall trägt, das Recht der Entscheidung über **Kündigung oder Entlassung** hat oder für die Sozialversicherungsbelange des Arbeitnehmers verantwortlich ist, in wessen Räumlichkeiten die Arbeit erbracht wird, welchen Zeitraum das Tätigwerden im aufnehmenden Unternehmen umfasst, wem gegenüber Abfindungs- und Pensionsansprüche erwachsen und mit wem der Arbeitnehmer **Meinungsverschiedenheiten aus dem Arbeitsvertrag** auszutragen hat.

Nach diesen Grundsätzen wird z.B. bei Entsendung eines Arbeitnehmers von einer Muttergesellschaft zu ihrer Tochtergesellschaft das aufnehmende Unternehmen nicht zum wirtschaftlichen Arbeitgeber, wenn der Arbeitnehmer nicht in dessen Hierarchie eingebunden ist. In diesem Fall wird der Arbeitnehmer ausschließlich als Vertreter der Muttergesellschaft tätig, während im Verhältnis zur Tochtergesellschaft die für ein Arbeitsverhältnis kennzeichnende Abhängigkeit fehlt. Hier bleibt selbst dann, wenn die Tochtergesellschaft der Muttergesellschaft den Arbeitslohn ersetzt, letztere Arbeitgeberin im abkommensrechtlichen Sinne (BFH v. 23.2.2005, I R 46/03, BStBl II 2005, 547). Zahlt daher der ausländische Entleiher i.R. einer konzerninternen Arbeitnehmerüberlassung an den inländischen Verleiher lediglich einen **kalkulatorisch ermittelten Pauschalpreis pro Arbeitsstunde**, so wird der Entleiher hierdurch **nicht zum wirtschaftlichen Arbeitgeber** (FG Münster v. 24.8.2016, 7 K 821/13 E, EFG 2016, 1587).

Zu einem **Wechsel der wirtschaftlichen Arbeitgeberstellung** bedarf es weder einer förmlichen Änderung des Arbeitsvertrags zwischen dem Arbeitnehmer und dem entsendenden Unternehmen, noch ist der Abschluss eines zusätzlichen Arbeitsvertrags zwischen dem Arbeitnehmer und dem aufnehmenden Unternehmen oder eine im Vorhinein getroffene Verrechnungspreisabrede zwischen den betroffenen verbundenen Unternehmen erforderlich (BFH v. 23.2.2005, I R 46/03, BStBl II 2005, 547).

Auf den **Sonderfall eines Arbeitnehmers**, der im Interesse seines inländischen Arbeitgebers die Funktion als Verwaltungsratsmitglied oder -beirat bei einem ausländischen verbundenen Unternehmen wahrnimmt, wird hingewiesen (BFH v. 23.2.2005, I R 46/03, BStBl II 2005, 547). Leitende Angestellte, wie z.B. Vorstände und Geschäftsführer, sind regelmäßig Teil der Hierarchie des aufnehmenden Unternehmens, wenn sie in die laufende Geschäftsführung eingebunden sind. Hiervon abzugrenzen sind Managementgesellschaften Bei einer Arbeitnehmerentsendung zwischen international verbundenen in- und ausländischen Unternehmen von nicht mehr als drei Monaten (auch jahresübergreifend für sachlich zusammenhängende Tätigkeiten) spricht eine widerlegbare Anscheinsvermutung dafür, dass das aufnehmende Unternehmen mangels Einbindung des Arbeitnehmers nicht als wirtschaftlicher Arbeitgeber anzusehen ist. Die Anscheinsvermutung kann im Einzelfall unter Beachtung der o.g. Kriterien entkräftet werden. Folglich sind stets die tatsächlichen Verhältnisse des Einzelfalls maßgeblich.

Eine Einbindung des Arbeitnehmers in das aufnehmende Unternehmen führt allein jedoch noch nicht dazu, dass das aufnehmende Unternehmen die Vergütungen wirtschaftlich trägt oder hätte tragen müssen (wirtschaftlicher Arbeitgeber). Hierzu bedarf es zusätzlich der Prüfung, in wessen Interesse der Arbeitnehmer tätig geworden ist. Dabei ist zu beachten, dass eine Entsendung im Interesse des aufnehmenden Unternehmens, des entsendenden Unternehmens oder beider Unternehmen liegen kann.

Die Interessenslage kann z.B. anhand folgender Aspekte beurteilt werden:

- ausgeübte Funktion (genaue Tätigkeitsbeschreibung z.B. im Arbeits- oder Entsendevertrag),
- benötigte fachliche Qualifikation,
- Zusammenhang zwischen den Aufwendungen für den entsandten Arbeitnehmer und seinem Beitrag zum wirtschaftlichen Erfolg des Unternehmens,
- Tätigkeitsort,
- von welchem Unternehmen geht die Initiative für die Arbeitnehmerentsendung aus,
- welches Unternehmen profitiert am meisten von der Entsendung,
- ist die Tätigkeit des entsandten Arbeitnehmers einzelprojektbezogen,
- ist auf dem lokalen Arbeitsmarkt des aufnehmenden Unternehmens ein Angebot an Arbeitskräften mit der nach objektiven Maßstäben erforderlichen Qualifikation nicht vorhanden und auch nicht im Rahmen betrieblicher Ausbildung oder Qualifizierung zu schaffen,
- sind gleichwertig qualifizierte Arbeitnehmer auf dem lokalen Arbeitsmarkt des aufnehmenden Unternehmens verfügbar, die einen geringeren Aufwand verursachen,
- übt der Arbeitnehmer Planungs-, Koordinierungs- oder Kontrolltätigkeiten aus,
- werden nach Rückkehr des Arbeitnehmers dessen gesammelte Auslandserfahrungen im Rahmen seiner weiteren Beschäftigung beim entsendenden Unternehmen genutzt,
- wird der Arbeitnehmer im Rahmen eines Rotationssystems entsandt,
- der prozentuale Anteil der entsandten Arbeitnehmer an der Gesamtbelegschaft,
- objektives Erfordernis von Sprachkenntnissen oder persönlichen Beziehungen i.V.m. der ausgeübten Funktion oder anderer Spezialkenntnisse.

Werden Arbeitnehmer **ausschließlich zu Aus- oder Fortbildungszwecken entsandt**, erfolgt dies im Interesse des entsendenden Unternehmens.

Bei einer grenzüberschreitenden Arbeitnehmerentsendung im Unternehmensverbund beziehen sich die Auskunfts- und Beweismittelbeschaffungspflichten i. S. des § 90 Abs. 2 AO auf die Höhe der weiterbelasteten Kosten und auf die Interessenlage, nach der sich die Zuordnung der Tätigkeit des entsandten Arbeitnehmers sowie eine ggf. vorzunehmende Aufteilung des Arbeitslohns richtet.

Die Interessenlage ist vom Steuerpflichtigen darzulegen und durch geeignete Nachweise zu belegen. Hierfür kommen z.B. in Betracht:

- Entsendevertrag, ggf. Konzernentsenderichtlinie, Schriftverkehr zur Begründung der Entsendung,
- Beschreibung der Tätigkeit des aufnehmenden Unternehmens sowie seiner Produkte bzw. Dienstleistungen; Tätigkeitsbeschreibungen für den entsandten Arbeitnehmer,
- konkrete Tätigkeitsnachweise, z.B. Berichte, Protokolle, die der entsandte Arbeitnehmer für das entsendende Unternehmen angefertigt hat,
- Stellenanzeigen,
- Arbeitsverträge des Arbeitnehmers mit dem entsendenden und ggf. aufnehmenden Unternehmen,
- Nachweis über die Höhe des Arbeitslohns vor der Entsendung,
- Zeitnachweise für Art und Umfang der Tätigkeit,
- Reisekostenabrechnungen,
- funktionsorientiertes Arbeitnehmerorganigramm oder ähnliche Unterlagen.

Zur Indizwirkung der Bescheinigung des Arbeitgebers über die an das aufnehmende Unternehmen im Tätigkeitsstaat nach dem Fremdvergleichsgrundsatz weiterbelasteten Kosten s.u.

Von einem Arbeitgeber getragene oder zu tragende Vergütungen

Die Übernahme der Kosten für eine Arbeitnehmerentsendung muss dem Fremdvergleichsgrundsatz (BMF-Schreiben v. 6.6.2023, Kapitel III A, BStBl I 2023, 1093) entsprechen. Die Kosten sind nach dem Fremdvergleichsgrundsatz von dem Unternehmen zu tragen, in dessen Interesse die Entsendung erfolgt. Hierzu gehören alle Kosten, die im wirtschaftlichen Zusammenhang mit der gesamten Arbeitnehmertätigkeit im Entsendezeitraum stehen und die den Gewinn des aufnehmenden oder des entsendenden Unternehmens gemindert haben, unabhängig davon, ob sie zum Lohn des Arbeitnehmers gehören und unabhängig davon, ob sie im Zusammenhang mit der Auslandstätigkeit selbst stehen.

Dazu gehören alle Lohn- und Lohnnebenkosten sowie Lohnverwaltungskosten wie im Einzelnen z.B.:

- laufender Arbeitslohn,
- Urlaubs- und Weihnachtsgeld, Abfindungen, Bonifikationen,
- Zuführungen zu Pensionsrückstellungen,
- Sozialversicherungsbeiträge,
- (Auslands-)Zulagen,
- Sachbezüge (wie z.B. Aktienvergütungen oder Firmenwagen),
- übernommene Steuerzahlungen,
- Kostenerstattungen für doppelte Haushaltsführung, Schulgeld, Internatskosten etc.,
- Beratungsleistungen, wie z.B. Erstellung der Lohnabrechnungen und Lohnsteueranmeldungen sowie Einkommensteuererklärungen oder sonstige Steuerberatungskosten, Steuerausgleichsberechnungen,
- Beratungsleistungen im Zusammenhang mit sozialversicherungsrechtlichen Fragen etc.,
- Fortbildungskosten sowie Kosten für die Gesundheitsvorsorge,
- sonstige Lohn- und Personalverwaltungskosten (Gemeinkosten).

Der Arbeitgeber hat dem Arbeitnehmer zu bescheinigen, in welcher Höhe die o.g. Kosten nach dem Fremdvergleichsgrundsatz weiterbelastet wurden und in welcher Höhe diese vom entsendenden Unternehmen getragen wurden. Dabei sind die nach innerstaatlichem Steuerrecht als Arbeitslohn zu behandelnden Vergütungsbestandteile und die sonstigen Lohnkosten gesondert auszuweisen. **Dieser Bescheinigung kommt Indizwirkung zu.** Es ist widerlegbar zu vermuten, dass die vom Arbeitgeber bescheinigte Zuordnung der Kosten im Einklang mit dem Fremdvergleichsgrundsatz steht. Demzufolge kann i.d.R. davon ausgegangen werden, dass die Tätigkeit ausschließlich im Interesse des aufnehmenden Unternehmens stattfindet, wenn eine Weiterbelastung aller mit der Arbeitnehmerentsendung in Verbindung stehenden Lohn-, Lohnneben- und Lohnverwaltungskosten an das aufnehmende Unternehmen bescheinigt wird. Verbleiben diese Kosten ganz oder teilweise beim entsendenden Unternehmen, wird die Arbeitnehmerentsendung insoweit (auch) im Interesse des entsendenden Unternehmens ausgeführt.

In den **Fällen der grenzüberschreitenden Arbeitnehmerentsendung** ist das **in Deutschland ansässige aufnehmende Unternehmen**, das den Arbeitslohn für die ihm geleistete Arbeit wirtschaftlich trägt oder nach dem Fremdvergleichsgrundsatz hätte tragen müssen, **zum Steuerabzug verpflichtet** (§ 38 Abs. 1 Satz 2 EStG). Der wirtschaftliche Arbeitgeberbegriff ist damit auch für Zwecke des Lohnsteuerabzugs zu beachten. Nicht erforderlich ist hierfür, dass das deutsche Unternehmen den Arbeitslohn im eigenen Namen und für eigene Rechnung, z.B. auf Grund eigener arbeitsrechtlicher Verpflichtung, auszahlt. Die Lohnsteuerabzugsverpflichtung des inländischen Unternehmens entsteht bereits im Zeitpunkt der Auszahlung des Arbeitslohns an den Arbeitnehmer, insbesondere, wenn es auf Grund einer Vereinbarung mit dem ausländischen, entsendenden Unternehmen mit einer Weiterbelastung rechnen kann (R 38.3 Abs. 5 LStR).

Sämtliche Gehaltsbestandteile für im Inland ausgeübte Tätigkeiten – auch die von anderen konzernverbundenen Unternehmen gezahlten Bonuszahlungen oder gewährten Aktienoptionen – unterliegen grds. Dem **inländischen Lohnsteuerabzug** (§ 38 Abs. 1 Satz 3 EStG).

Beispiel 1:

Das ausschließlich in Spanien ansässige Unternehmen S ist die Muttergesellschaft einer Firmengruppe. Zu dieser Gruppe gehört auch D, ein im Inland ansässiges Unternehmen, das Produkte der Gruppe verkauft. S hat eine neue weltweite Marktstrategie für die Produkte der Gruppe entwickelt. Um sicherzustellen, dass diese Strategie von D richtig verstanden und umgesetzt wird, wird X, ein in Spanien ansässiger Angestellter von S, der an der Entwicklung der Marktstrategie mitgearbeitet hat, für vier Monate an den Firmensitz von D gesandt. Das Gehalt von X wird ausschließlich von S getragen.

D ist nicht als wirtschaftlicher Arbeitgeber des X anzusehen, denn S trägt allein die Gehaltsaufwendungen des X. Zudem übt X seine Tätigkeit im alleinigen Interesse von S aus. Eine Eingliederung in die organisatorischen Strukturen des D erfolgt nicht. Das Besteuerungsrecht für die Vergütungen des X wird Spanien zugewiesen (Art. 14 Abs. 2 DBA-Spanien). Deutschland stellt die Vergütungen steuerfrei.

X ist in Deutschland nach nationalem Recht bereits deshalb beschränkt steuerpflichtig, weil die Tätigkeit in Deutschland ausgeübt wird (§ 49 Abs. 1 Nr. 4 Buchst. a EStG). Da Deutschland für den entsprechenden Arbeitslohn kein Besteuerungsrecht hat (Art. 14 Abs. 2 DBA-Spanien), ergibt sich für X insoweit keine Einkommensteuer.

S und D sind keine inländischen Arbeitgeber i.S.d. § 38 Abs. 1 EStG des X und daher auch nicht zum Lohnsteuerabzug verpflichtet. D ist auch kein inländischer Arbeitgeber des X i.S.d. § 38 Abs. 1 EStG, weil es den Arbeitslohn des X wirtschaftlich nicht getragen hat oder nach dem Fremdvergleichsgrundsatz hätte tragen müssen. Da beide Unternehmen zudem keine ausländischen Arbeitnehmerverleiher i.S.d. § 38 Abs. 1 Satz 1 Nr. 2 EStG sind, sind beide auch nicht zum Lohnsteuerabzug nach innerstaatlichem Recht verpflichtet.

Beispiel 2:

Ein internationaler Hotelkonzern betreibt durch eine Anzahl von Tochtergesellschaften weltweit Hotels. S, eine in Spanien ansässige Tochtergesellschaft, betreibt in Spanien ein Hotel. D, eine weitere Tochtergesellschaft der Gruppe, betreibt ein Hotel in Deutschland. D benötigt für fünf Monate einen Arbeitnehmer mit spanischen Sprachkenntnissen. Aus diesem Grund wird X, ein in Spanien ansässiger Angestellter der S, zu D entsandt, um während dieser Zeit an der Rezeption im Inland tätig zu sein. X bleibt während dieser Zeit bei S angestellt und wird auch weiterhin von S bezahlt. D übernimmt die Reisekosten von X und bezahlt an S eine Gebühr, die auf dem Gehalt, den Sozialabgaben und weiteren Vergütungen des X für diese Zeit basiert (Fremdvergleichsgrundsatz).

Für den Zeitraum der Tätigkeit des X im Inland ist D als wirtschaftlicher Arbeitgeber des X anzusehen. Die Entsendung des X zwischen den international verbundenen Unternehmen erfolgt im Interesse des aufnehmenden Unternehmens D. X ist in dem genannten Zeitraum in den Geschäftsbetrieb des D eingebunden. Zudem trägt D wirtschaftlich die Arbeitsvergütungen. Die Tatbestandsvoraussetzung des Art. 14 Abs. 2 Buchst. b DBA-Spanien sind damit nicht gegeben. Obwohl X sich an nicht mehr als 183 Tage in Deutschland aufhält, wird Deutschland gem. Art. 14 Abs. 1 DBA-Spanien das Besteuerungsrecht für die Vergütungen des X für den genannten Zeitraum zugewiesen.

X ist in Deutschland nach nationalem Recht bereits deshalb beschränkt steuerpflichtig, weil die Tätigkeit in Deutschland ausgeübt wird (§ 49 Abs. 1 Nr. 4 Buchst. a EStG).

D ist inländischer Arbeitgeber i.S.d. § 38 Abs. 1 Satz 2 EStG. D zahlt den Arbeitslohn zwar nicht an X aus, trägt ihn aber wirtschaftlich und ist daher zum Lohnsteuerabzug verpflichtet (R 38.3 Abs. 5 LStR). Der Lohnsteuerabzug für X ist daher von D durchzuführen.

(2) Vereinfachungsregelung

1645 Bei einer Arbeitnehmerentsendung zwischen international verbundenen Unternehmen von **nicht mehr als drei Monaten** (auch jahresübergreifend für sachlich zusammenhängende Tätigkeiten) spricht eine widerlegbare Anscheinsvermutung dafür, dass das aufnehmende Unternehmen mangels Einbindung des Arbeitnehmers **nicht als wirtschaftlicher Arbeitgeber** anzusehen ist. Die Anscheinsvermutung kann im Einzelfall unter Beachtung der Kriterien zum wirtschaftlichen Arbeitgeber entkräftet werden. Folglich sind stets die tatsächlichen Verhältnisse des Einzelfalls maßgeblich. Ergibt sich nach den tatsächlich feststellbaren Verhältnissen eine Eingliederung in das aufnehmende Unternehmen, ist dieses auch bei Tätigkeiten von bis zu drei Monaten als wirtschaftlicher Arbeitgeber i.S.d. DBA anzusehen. Die „Verwaltungsgrundsätze-Arbeitnehmerentsendung" (BMF v. 9.11.2001, IV B 4 – S 1341 – 20/01, BStBl I 2001, 796) sind zu beachten.

(3) Entsendendes und aufnehmendes Unternehmen sind Arbeitgeber

1646 Ist ein Arbeitnehmer sowohl für seinen inländischen zivilrechtlichen Arbeitgeber als auch für ein weiteres im Ausland ansässiges verbundenes Unternehmen tätig (z.B. ein Arbeitnehmer einer deutschen Muttergesellschaft wird abgrenzbar in Spanien und/oder in Deutschland sowohl im Interesse der spanischen aufnehmenden Gesellschaft als auch im Interesse der entsendenden deutschen Gesellschaft tätig), können abkommensrechtlich **beide Unternehmen „Arbeitgeber" des betreffenden Arbeitnehmers** sein. Voraussetzung ist, dass nach den vorgenannten Grundsätzen beide Unternehmen für die jeweils anteiligen Vergütungen als Arbeitgeber i.S.d. DBA anzusehen sind. Dies kann z.B. der Fall sein, wenn sowohl das entsendende als auch das aufnehmende Unternehmen ein Interesse an der Entsendung haben, weil der Arbeitnehmer Planungs-, Koordinierungs- oder Kontrollfunktionen für das entsendende Unternehmen ausübt. Die Tätigkeiten für das entsendende und für das aufnehmende Unternehmen sind mit ihrer (zeit-)anteiligen Vergütung jeweils getrennt zu beurteilen.

Erhält der Arbeitnehmer seine Vergütungen aus unselbständiger Tätigkeit **in vollem Umfang von seinem zivilrechtlichen Arbeitgeber** und trägt das im Ausland ansässige verbundene Unternehmen wirtschaftlich die an den Arbeitnehmer gezahlten (zeit-)anteiligen Vergütungen für die in diesem Unternehmen ausgeübte Tätigkeit, indem die (zeit-)anteiligen Vergütungen zwischen den verbundenen Unternehmen verrechnet werden, ist zu prüfen, ob der Betrag dieser (zeit-)anteiligen Vergütungen **höher** ist, als sie ein **anderer Arbeitnehmer unter gleichen oder ähnlichen Bedingungen** für diese Tätigkeit in diesem anderen Staat **erhalten hätte**. Der übersteigende Betrag stellt keine Erstattung von Arbeitslohn dar, sondern ist Ausfluss des Verhältnisses der beiden verbundenen Unternehmen zueinander. Der übersteigende Betrag gehört nicht zum Arbeitslohn für die Auslandstätigkeit. Das Besteuerungsrecht steht insoweit dem Ansässigkeitsstaat des Arbeitnehmers zu.

Besetzt das entsendende Unternehmen ständig Arbeitsplätze beim aufnehmenden Unternehmen im **Rotationsverfahren**, ist davon auszugehen, dass die Entsendung den Interessen beider Unternehmen dient. Ein solches Rotationsverfahren liegt typischerweise vor, wenn den Entsendungen ein Personaleinsatz- und Entwicklungskonzept der multinationalen Unternehmensgruppe dergestalt zu Grunde liegt, dass das aufnehmende Unternehmen bei Stellenbesetzungen nicht frei entscheiden kann, sondern bestimmte Positionen mit Arbeitnehmern des entsendenden Unternehmens zu besetzen hat oder für zu entsendende Arbeitnehmer geeignete Positionen schaffen muss. Ob ein solches Rotationssystem vorliegt, entscheidet sich nach dem Gesamtbild der Verhältnisse.

Anhaltspunkte für das Vorliegen eines derartigen Rotationssystems sind u.a.:

- die Entsendungen erfolgen einseitig von der Konzernobergesellschaft an nachgeordnete Gesellschaften, nicht aber wechselseitig zwischen den verbundenen Unternehmen, die Entsendungen dauern i.d.R. drei bis fünf Jahre,
- bestimmte Führungspositionen oder technische Schlüsselfunktionen bei der aufnehmenden Gesellschaft werden ständig mit Arbeitnehmern anderer Konzerngesellschaften besetzt,
- die aufnehmende Gesellschaft unternimmt keine ernsthaften Versuche (z.B. durch Stellenanzeigen), diese Arbeitsplätze mit Arbeitnehmern des lokalen Stellenmarktes, einschließlich selbst ausgebildeten Personals, zu besetzen.

Beispiel 1:

Ein in Deutschland ansässiger Arbeitnehmer wird vom 15.8.2025 bis 31.12.2025 (80 Arbeitstage) an eine chinesische Tochtergesellschaft entsandt. Der Arbeitslohn i.H.v. 110 000 € wird weiterhin vom deutschen Unternehmen ausbezahlt. Davon werden (nach Fremdvergleichsgrundsätzen zutreffend) jedoch 80 000 € an die chinesische Tochtergesellschaft weiterbelastet, weil der Arbeitnehmer nicht nur im Interesse der aufnehmenden Tochtergesellschaft, sondern auch im Interesse der entsendenden Muttergesellschaft (z.B. Aufsichtsfunktion zur Umsetzung eines von der Muttergesellschaft vorgegebenen Konzepts) entsendet wird. Der Arbeitnehmer hält sich während des gesamten Zeitraums (80 Arbeitstage) stets im Interesse beider Arbeitgeber an 20 Arbeitstagen in Deutschland und an 60 Arbeitstagen in China auf. Folglich nimmt er zu jeder Zeit in beiden Staaten jeweils Aufgaben sowohl von der deutschen Muttergesellschaft als auch von der chinesischen Tochtergesellschaft wahr.

Nach Art. 15 Abs. 1 DBA-China können Vergütungen nur im Ansässigkeitsstaat besteuert werden, es sei denn die Tätigkeit wird im anderen Vertragsstaat ausgeübt. Wird die Arbeit dort ausgeübt, so können die dafür bezogenen Vergütungen im anderen Staat besteuert werden. **Soweit** die Voraussetzungen des Art. 15 Abs. 2 DBA-China erfüllt sind, bleibt es jedoch beim ausschließlichen Besteuerungsrecht des Ansässigkeitsstaates.

Behandlung der nicht weiterbelasteten Lohnbestandteile:

Da der Arbeitnehmer auch im Interesse des entsendenden Unternehmens (deutsche Muttergesellschaft) in China tätig wird, entfallen die nicht an die chinesische Tochtergesellschaft weiterbelasteten Lohnbestandteile i.H.v. 30 000 € nach Art. 15 Abs. 1 DBA-China zwar auf die in China ausgeübte Tätigkeit. Insoweit liegen aber die Voraussetzung des Art. 15 Abs. 2 DBA-China („183 Tage-Regel") vor. Der Arbeitnehmer hat sich innerhalb eines 12-Monats-Zeitraums (z.B. vom 15.8.2023 bis 14.8.2024) nicht länger als 183 Tage im Tätigkeitsstaat China aufgehalten, die Vergütung wurde in dieser Höhe (zutreffend) nicht von einem im Tätigkeitsstaat ansässigen Arbeitgeber oder einer dort gelegenen Betriebsstätte bezahlt und war im ausländischen Tätigkeitsstaat China nach Fremdvergleichsgrundsätzen auch nicht von einem dort ansässigen Arbeitgeber oder einer dort gelegenen Betriebsstätte zu tragen. Das ausschließliche Besteuerungsrecht an diesem Vergütungsbestandteil i.H.v. 30 000 € verbleibt deshalb im Ansässigkeitsstaat Deutschland. Das deutsche Unternehmen kann die entsprechenden Lohnkosten i.H.v. 30 000 € als Betriebsausgaben geltend machen.

Behandlung der weiterbelasteten Lohnbestandteile:

Der übrige Lohnanteil (80 000 €) ist anhand der auf diesen Zeitraum entfallenden tatsächlichen Arbeitstage (80) auf die in Deutschland und die in China ausgeübte Tätigkeit aufzuteilen. Der Arbeitslohn entfällt i.H.v. 80 000 € x 20/80 = 20 000 € auf die im Inland ausgeübte Tätigkeit. Das Besteuerungsrecht steht nach Art. 15 Abs. 1 Satz 1 erster Halbsatz DBA-China ausschließlich dem Ansässigkeitsstaat Deutschland zu.

Für den auf die Tätigkeit in China entfallenden Arbeitslohn i.H.v. 80 000 € x 60/80 = 60 000 € hat hingegen China nach Art. 15 Abs. 1 Satz 2 DBA-China das Besteuerungsrecht. Insbesondere sind auf Grund der nach Fremdvergleichsgrundsätzen zutreffenden Weiterbelastung der Lohnkosten an die chinesische Tochtergesellschaft in dieser Höhe die Voraussetzungen des Art. 15 Abs. 2 DBA-China nicht erfüllt. Der Arbeitslohn ist folglich i.H.v. 60 000 € unter Beachtung der nationalen Rückfallklauseln des § 50d Abs. 8 und 9 EStG und der im DBA enthaltenen Rückfallklauseln sowie unter Anwendung des Progressionsvorbehalts von der deutschen Besteuerung auszunehmen (Art. 23 Abs. 2 Buchstabe a und d DBA-China), soweit nicht die innerstaatlichen Rückfallklauseln des § 50d Abs. 8 und 9 EStG oder im DBA enthaltenen Rückfallklauseln eingreifen (Art. 23 Abs. 2 Buchst. e DBA-China).

Beispiel 2:

Sachverhalt wie Beispiel 1, jedoch entfallen die nicht an die Tochtergesellschaft weiterbelasteten Lohnbestandteile i.H.v. 30 000 € lediglich auf die 20 in Deutschland verbrachten Arbeitstage. Gleichwohl führt der Arbeitnehmer während seines Aufenthalts in Deutschland auch Aufgaben im Interesse der chinesischen Tochtergesellschaft aus.

Behandlung der nicht weiterbelasteten Lohnbestandteile:

Die nicht an die chinesische Tochtergesellschaft weiterbelasteten Lohnbestandteile i.H.v. 30 000 € entfallen auf eine ausschließlich in Deutschland ausgeübte Tätigkeit. Damit steht dem Ansässigkeitsstaat Deutschland nach Art. 15 Abs. 1 Satz 1 erster Halbsatz DBA-China das ausschließliche Besteuerungsrecht zu.

Behandlung der weiterbelasteten Lohnbestandteile:

Die Behandlung der an die chinesische Tochtergesellschaft nach Fremdvergleichsgrundsätzen zutreffend weiterbelasteten Lohnbestandteile entspricht der Lösung im Beispiel 1.

(4) Geschäftsführer, Vorstände und Prokuristen

1647 Wenn lediglich das im Ausland ansässige verbundene Unternehmen den formellen Anstellungsvertrag mit der natürlichen Person schließt und diese i.R. eines **Managementvertrags** an das inländische verbundene Unternehmen überlässt und die natürliche Person **in das deutsche Handelsregister einträgt**, ist das **deutsche aufnehmende Unternehmen dann als wirtschaftlicher Arbeitgeber anzusehen**, wenn die Person in das deutsche aufnehmende Unternehmen eingegliedert ist. und das aufnehmende Unternehmen den Arbeitslohn (infolge seines eigenen betrieblichen Interesses an der Tätigkeit) für die ihm geleistete unselbständige Arbeit wirtschaftlich trägt oder nach dem Fremdvergleichsgrundsatz hätte tragen müssen. Die auf diese Tätigkeit entfallenden Vergütungen sind nach dem Fremdvergleichsgrundsatz dem aufnehmenden Unternehmen (als wirtschaftlichem Arbeitgeber) zuzurechnen. Dies gilt allerdings nicht, wenn die leitende Person zur Erfüllung einer Dienstleistungsverpflichtung des entsendenden Unternehmens bei einem verbundenen Unternehmen tätig wird und sein Arbeitslohn Preisbestandteil der Dienstleistung ist. In diesem Fall wäre zu prüfen, ob durch die Tätigkeit dieser Person eine Betriebsstätte begründet wird.

Gleiches gilt in Fällen, in denen für die Tätigkeit als leitende Person beim inländischen verbundenen Unternehmen **keine gesonderte Vergütung vereinbart** wird oder die Tätigkeit für das deutsche Unternehmen ausdrücklich **unentgeltlich** erfolgen soll, weil der auf die leitende Tätigkeit entfallende Lohnanteil bereits in dem insgesamt im Ausland geschuldeten Arbeitslohn enthalten ist (BFH-Urteil v. 4.11.2021, BStBl II 2022, 562). Das Besteuerungsrecht für den Arbeitslohn, der dem deutschen verbundenen Unternehmen zuzurechnen ist, steht nach den allgemeinen Grundsätzen des Art. 15 OECD-MA Deutschland zu, sofern die natürliche Person in Deutschland ansässig ist. Ist die natürliche Person im Ausland ansässig, gilt dies nur insoweit, als die Tätigkeit in Deutschland ausgeübt wird.

Sondervorschriften in einzelnen DBA zu Geschäftsführern, Vorständen oder anderen leitenden Angestellten wie z.B. Art. 16 DBA-Österreich, Art. 15 Abs. 4 DBA-Schweiz, Art. 15 Abs. 2 DBA-Niederlande und Art 16 DBA-Polen sind jedoch stets **vorrangig anzuwenden**. In diesen Sonderfällen ist der Ort, an dem die Tätigkeit für das inländische Unternehmen ausgeübt wird, für die Zuteilung des Besteuerungsrechts der Einkünfte aus unselbständiger Arbeit unbeachtlich. Die Sondervorschriften gelten jedoch nur, wenn die Gesellschaft nicht im gleichen Staat ansässig ist wie die leitende Person. Des Weiteren ist auch in diesen Fällen zu prüfen, ob die Freistellungsmethode oder die Anrechnungsmethode zum Zuge kommt.

Beispiel 1:

X (mit einzigem Wohnsitz in Österreich) ist Vorstand bei der in Österreich ansässigen Y AG. Der monatliche laufende Arbeitslohn beträgt 10 000 €. Darüber hinaus erhält X eine Weihnachtszuwendung von 30 000 €. In 2025 wird der Arbeitsvertrag dahingehend geändert, dass X bei der in Deutschland neu gegründeten Z GmbH (Tochtergesellschaft der Y AG) als Geschäftsführer tätig werden soll (Eintrag in das deutsche Handelsregister). Es wird vereinbart, dass X die Tätigkeit in Deutschland unentgeltlich erbringt. Nach den tatsächlichen Verhältnissen ergibt sich, dass X 40 % seiner Arbeitszeit für die deutsche Z GmbH aufwendet. Die restlichen 60 % entfallen auf die schon bisher ausgeübte Tätigkeit in Österreich. Die Tätigkeit für die deutsche Z GmbH wird zu je 50 % in Deutschland und in Österreich ausgeübt. Das von der österreichischen Y AG ausgezahlte Gehalt bleibt unverändert. Ein gesonderter Arbeitsvertrag mit der deutschen Z GmbH wurde nicht geschlossen. X begründet in Deutschland keinen Wohnsitz oder gewöhnlichen Aufenthalt. In Deutschland ist zudem ein weiterer Geschäftsführer für die Z GmbH tätig. Es existiert keine Dienstleistungsvereinbarung zwischen der Y AG und der Z GmbH.

Die Tätigkeit des X ist nach dem Gesamtbild der Verhältnisse als nichtselbständige Arbeit zu werten. Nach wirtschaftlicher Betrachtungsweise sind auf Grund des Umfangs der Tätigkeit für die deutsche Z GmbH 40 % von 150 000 € (= 60 000 €) der Z GmbH zuzuordnen.

X erzielt aus seiner Tätigkeit für die deutsche Z GmbH inländische Einkünfte nach § 49 Abs. 1 Nr. 4 Buchst. c EStG.

Die Z GmbH ist als wirtschaftlicher Arbeitgeber i.S.d. DBA-Österreich anzusehen. Nach Art. 16 Abs. 2 DBA-Österreich steht Deutschland für den gesamten Betrag der Geschäftsführervergütung (60 000 €) das Besteuerungsrecht zu. Dies gilt unabhängig davon, dass die Tätigkeit sowohl in Deutschland als auch in Österreich ausgeübt wird. Die deutsche Z GmbH ist als wirtschaftlicher Arbeitgeber i.S.d. § 38 Abs. 1 Satz 2 EStG zum Lohnsteuerabzug verpflichtet.

Beispiel 2:

Sachverhalt wie Beispiel 1. Allerdings befindet sich die Y AG nicht in Österreich, sondern in Liechtenstein, und X (mit einzigem Wohnsitz in Liechtenstein) übt seine Tätigkeit in Liechtenstein und in Deutschland aus.

Zwar unterliegt X nach wie vor mit 60 000 € der beschränkten Steuerpflicht in Deutschland. Diese wird jedoch nach Art. 14 Abs. 1 DBA-Liechtenstein insoweit beschränkt, als die Geschäftsführertätigkeit im Inland ausgeübt wurde. Deutschland kann also lediglich einen Arbeitslohn i.H.v. 30 000 € besteuern. Der Rückfall des Besteuerungsrechts an den Ansässigkeitsstaat nach Art. 14 Abs. 2 DBA-Liechtenstein greift nicht, weil die deutsche Z GmbH als wirtschaftlicher Arbeitgeber in Deutschland anzusehen ist.

Diese Grundsätze gelten auch in den Fällen, in denen es sich **nicht um verbundene Unternehmen** handelt.

Im Urteil v. 4.11.2021, VI R 22/19, hatte der BFH ebenfalls entschieden, dass ein inländisches Tochterunternehmen als wirtschaftlicher Arbeitgeber für nicht einbehaltene Lohnsteuer eines von der Schweizer Muttergesellschaft überlassenen Geschäftsführers haftet. Das Gericht stellte klar, dass das wirtschaftliche Tragen des Arbeitslohns in den Fällen des § 38 Abs. 1 Satz 2 EStG die für den zivilrechtlichen Arbeitgeberbegriff erforderliche arbeits- bzw. dienstvertragliche Bindung zwischen Arbeitgeber und Arbeitnehmer ersetzt, auf der die Zahlung des lohnsteuerpflichtigen Arbeitslohns (zivilrechtlich) im Regelfall beruht. Unbeschadet dessen muss die entsandte Person aber nach allgemeinen Grundsätzen als Arbeitnehmer des wirtschaftlichen Arbeitgebers anzusehen sein. Der Fall wurde jedoch an das FG Thüringen zurückverwiesen, da dieses wesentliche Umstände für die Beurteilung der GmbH als Arbeitgeberin bzw. des Arbeitnehmers nicht berücksichtigt hat.

(5) Gestaltungsmissbrauch i.S.d. § 42 AO

Dient eine Arbeitnehmerentsendung ausschließlich oder fast aus- 1648
schließlich dazu, die **deutsche Besteuerung zu vermeiden**, ist im Einzelfall zu prüfen, ob ein Missbrauch rechtlicher Gestaltungsmöglichkeiten nach § 42 AO vorliegt.

Beispiel:

Ein in der Schweiz ansässiger Gesellschafter-Geschäftsführer einer inländischen Kapitalgesellschaft unterlag in der Vergangenheit der inländischen Besteuerung nach Art. 15 Abs. 4 DBA-Schweiz. Die Grenzgängereigenschaft war bei ihm nicht gegeben. Er legt diese Beteiligung in eine Schweizer AG ein, an der er ebenfalls als Gesellschafter-Geschäftsführer wesentlich beteiligt ist und als Verwaltungsratspräsident für die Geschäftsführung verantwortlich ist. Der Veräußerungserlös ist nach Art. 13 Abs. 3 i.V.m. Abs. 4 DBA-Schweiz in Deutschland steuerfrei. Sein inländischer Anstellungsvertrag wird aufgelöst, er wird ab der Umstrukturierung als Arbeitnehmer der neuen Muttergesellschaft i.R. eines Managementverleihvertrags für die deutsche Tochtergesellschaft tätig.

Dient die gewählte Gestaltung nur dazu, die Anwendung des Art. 15 Abs. 4 DBA-Schweiz zu vermeiden, ist die Gestaltung nach § 42 AO nicht anzuerkennen.

(6) Arbeitgeber i.R. einer Poolvereinbarung

Schließen sich verbundene Unternehmen zu einem **Pool** zusam- 1649
men, handelt es sich steuerlich um eine Innengesellschaft. Das gegebene zivilrechtliche Arbeitsverhältnis bleibt in diesen Fällen unverändert bestehen. Maßgeblich für die Anwendung des DBA ist dieses Arbeitsverhältnis. Das Schreiben v. 30.12.1999, IV B 4 – S 1341 – 14/99, BStBl I 1999, 1122, ist zum 31.12.2018 aufgehoben worden und nicht mehr anzuwenden (BMF v. 5.7.2018, IV B 5 – S 1341/0 :003, BStBl I 2018, 743). Für die Prüfung der Einkünfteabgrenzung durch Umlageverträge zwischen international verbundenen Unternehmen gelten nunmehr die Grundsätze des Kapitels VIII der OECD-Verrechnungspreisleitlinien 2017 (OECD

Transfer Pricing Guidelines for Multinational Enterprises and Tax Administrations). Diese OECD-Regelungen sind aktueller gefasst als im o.g. BMF-Schreiben. Grundsätzliche Änderungen haben sich dadurch nicht ergeben.

Beispiel:

Fünf europäische Landesgesellschaften eines international tätigen Maschinenbau-Konzerns schließen sich zusammen, um eine Einsatzgruppe von Technikern zu bilden, die je nach Bedarf in Notfällen für die Landesgesellschaften in den einzelnen Ländern tätig werden sollen. Jede Landesgesellschaft stellt hierfür drei Techniker; die Kosten der Gruppe werden nach einem Umsatzschlüssel auf die Gesellschaften verteilt.

Arbeitgeber i.S.d. DBA ist der jeweilige zivilrechtliche Arbeitgeber (die jeweilige Landesgesellschaft) des Technikers.

dd) Gewerbliche Arbeitnehmerüberlassung

(1) Allgemeines

1650 Gewerbliche Arbeitnehmerüberlassung liegt bei Unternehmen (Verleiher) vor, die Dritten (Entleiher) **gewerbsmäßig** Arbeitnehmer (Leiharbeitnehmer) **zur Arbeitsleistung** überlassen.

Bei einer **grenzüberschreitenden Arbeitnehmerüberlassung** nimmt der Entleiher grds. die wesentlichen Arbeitgeberfunktionen wahr. Die entliehenen Arbeitnehmer sind i.d.R. in den Betrieb des Entleihers eingebunden. Dementsprechend ist bereits **mit Aufnahme der Tätigkeit** des Leiharbeitnehmers beim **Entleiher** i.d.R. dieser **als Arbeitgeber** i.S.d. DBA anzusehen.

Bei einer doppel- oder mehrstöckigen gewerblichen Arbeitnehmerüberlassung ist i.d.R. der letzte Entleiher in der Kette als wirtschaftlicher Arbeitgeber nach DBA anzusehen.

Die **Arbeitgeberstellung des Entleihers** ergibt sich insbesondere **anhand nachfolgender Kriterien**. Dabei sind die einzelnen Kriterien nach den Umständen des Einzelfalls ggf. unterschiedlich zu gewichten:

- Der Entleiher trägt die Verantwortung oder das Risiko für die durch die Tätigkeit des Arbeitnehmers erzielten Ergebnisse.
- Der Entleiher hat im Falle von Beanstandungen das Recht, den Arbeitnehmer an den Verleiher zurückzuweisen.
- Der Entleiher hat das Recht, dem Arbeitnehmer Weisungen zu erteilen, auf welche Weise die anfallenden Arbeiten auszuführen sind.
- Der Entleiher kontrolliert und verantwortet die Einrichtung, in der der Arbeitnehmer seine Tätigkeit ausübt.
- Der Entleiher stellt dem Arbeitnehmer im Wesentlichen die Werkzeuge und das Material zur Verfügung.
- Der Entleiher bestimmt die Zahl und die Qualifikation der Arbeitnehmer.
- Der Entleiher trägt das Lohnkostenrisiko im Falle der Nichtbeschäftigung.
- Der Entleiher legt die Arbeitszeiten sowie die Urlaubszeiten des Arbeitnehmers fest bzw. muss diesen zustimmen.
- Die Vergütung für den Verleiher wird auf Grundlage der Arbeitszeit des verliehenen Arbeitnehmers berechnet. Es handelt sich nicht lediglich um eine Art Dienstleistungsvertrag, in dem die Arbeitsstunden des Arbeitnehmers ggf. einer von vielen Kostenbestandteilen ist.

In begründeten Ausnahmefällen kann auch der **Verleiher als Arbeitgeber** i.S.d. DBA anzusehen sein, weil wesentliche Arbeitgeberfunktionen beim Verleiher verbleiben. Dies setzt jedoch i.d.R. voraus, dass die Vergütung für den Verleiher unabhängig von der geleisteten Arbeitszeit des verliehenen Arbeitnehmers ermittelt wird (BFH v. 4.9.2002, I R 21/01, BStBl II 2003, 306) und die gewerbliche Arbeitnehmerüberlassung lediglich von kurzer Dauer ist (nach BFH v. 4.9.2002, I R 21/01, BStBl II 2003, 306 zweieinhalb Wochen).

Beispiel 1: (Verleih im Inland mit anschließender grenzüberschreitender Lieferungs- oder Werkleistungsverpflichtung)

Der im Inland ansässige Verleiher überlässt den im Inland ansässigen Arbeitnehmer an ein ebenfalls im Inland ansässiges Unternehmen (Entleiher), das den Arbeitnehmer für nicht mehr als 183 Tage zur Erfüllung einer eigenen Lieferungs- oder Werkleistungsverpflichtung bei einem fremden dritten Unternehmen im Ausland einsetzt.

Das im Ausland ansässige Unternehmen nimmt als Empfänger einer Lieferung bzw. Werkleistung keinerlei Arbeitgeberfunktionen gegenüber dem Arbeitnehmer wahr und ist damit nicht dessen Arbeitgeber im abkommensrechtlichen Sinne. Wirtschaftlicher Arbeitgeber des Arbeitnehmers ist vielmehr der im Inland ansässige Entleiher. Das Besteuerungsrecht für die vom Arbeitnehmer im Ausland ausgeübte Tätigkeit richtet sich ausschließlich nach den Art. 15 Abs. 1 und 2 OECD-MA entsprechenden Vorschriften der DBA. Da der Arbeitnehmer nicht mehr als 183 Tage im Ausland eingesetzt ist und der Entleiher dort weder ansässig ist, noch eine Betriebsstätte unterhält, steht das Besteuerungsrecht für die Vergütungen aus der Tätigkeit ausschließlich Deutschland zu.

Beispiel 2: (Verleih im Inland mit anschließender grenzüberschreitender Arbeitnehmerentsendung)

Der im Inland ansässige Verleiher überlässt den im Inland ansässigen Arbeitnehmer an ein ebenfalls im Inland ansässiges Unternehmen (Entleiher), das den Arbeitnehmer für nicht mehr als 183 Tage im Ausland bei einem zum Konzern gehörenden Unternehmen einsetzt.

In diesem Fall ist zu prüfen, welche der beiden Konzerngesellschaften als Arbeitgeber i.S.d. DBA anzusehen ist (→ Rz. 1644). Ist der im Inland ansässige Entleiher der wirtschaftliche Arbeitgeber des Leiharbeitnehmers, entspricht die Lösung der im Beispiel 1 und das Besteuerungsrecht verbleibt im Inland.

Ist dagegen das im Ausland ansässige Unternehmen als wirtschaftlicher Arbeitgeber anzusehen, sind die Voraussetzungen des Art. 15 Abs. 2 OECD-MA nicht erfüllt und der ausländische Tätigkeitsstaat hat nach Art. 15 Abs. 1 OECD-MA das Besteuerungsrecht.

Beispiel 3: (Grenzüberschreitender Verleih mit anschließender Lieferungs- oder Werkleistungsverpflichtung im Inland)

Der im Inland ansässige Verleiher überlässt den im Inland ansässigen Arbeitnehmer an ein im Ausland ansässiges Unternehmen (Entleiher), das den Arbeitnehmer für nicht mehr als 183 Tage zur Erfüllung einer eigenen Lieferungs- oder Werkleistungsverpflichtung bei einem Unternehmen im Inland einsetzt.

Es liegt eine grenzüberschreitende gewerbliche Arbeitnehmerüberlassung vor, in deren Rahmen der Arbeitnehmer an ein im Ausland ansässiges Unternehmen verliehen wird. Der Entleiher ist auch Arbeitgeber im abkommensrechtlichen Sinne, sofern er die wesentlichen Arbeitgeberfunktionen wahrnimmt. Soweit jedoch der Arbeitnehmer seine unselbständige Arbeit im Inland ausübt, ist der Ansässigkeitsstaat des Arbeitnehmers zugleich dessen Tätigkeitsstaat. Für die auf diese Tätigkeit entfallenden Vergütungen hat Deutschland das ausschließliche Besteuerungsrecht. Allein deshalb, weil der im anderen Vertragsstaat ansässige Entleiher im abkommensrechtlichen Sinne der Arbeitgeber ist und den Arbeitslohn an den Arbeitnehmer zahlt, ist das Besteuerungsrecht nicht dem anderen Vertragsstaat zuzuweisen.

Beispiel 4: (Grenzüberschreitender Verleih mit anschließender Arbeitnehmerentsendung in das Inland)

Der im Inland ansässige Verleiher überlässt den im Inland ansässigen Arbeitnehmer an ein im Ausland ansässiges Unternehmen (Entleiher), das den Arbeitnehmer für nicht mehr als 183 Tage bei einem im Inland ansässigen zum Konzern gehörenden Unternehmen einsetzt.

Soweit der Arbeitnehmer seine unselbständige Arbeit im Inland ausübt, ist der Ansässigkeitsstaat des Arbeitnehmers zugleich dessen Tätigkeitsstaat. Für die auf diese Tätigkeit entfallenden Vergütungen hat Deutschland das ausschließliche Besteuerungsrecht. In diesem Fall ist (abweichend von Beispiel 2) nicht entscheidend, welche der beiden Konzerngesellschaften als Arbeitgeber i.S.d. DBA anzusehen ist.

Beispiel 5: (Grenzüberschreitender Verleih mit anschließender Lieferungs- oder Werkleistungsverpflichtung im gleichen ausländischen Staat)

Der im Inland ansässige Verleiher überlässt den im Inland ansässigen Arbeitnehmer an ein im Ausland ansässiges Unternehmen (Entleiher), das den Arbeitnehmer für nicht mehr als 183 Tage zur Erfüllung einer eigenen Lieferungs- oder Werkleistungsverpflichtung bei einem dritten Unternehmen im gleichen ausländischen Staat einsetzt.

Es liegt eine grenzüberschreitende gewerbliche Arbeitnehmerüberlassung vor, in deren Rahmen der Arbeitnehmer an ein im Ausland ansässiges Unternehmen entliehen und auch in diesem ausländischen Staat tätig wird. Der Entleiher ist Arbeitgeber im abkommensrechtlichen Sinne, sofern er die wesentlichen Arbeitgeberfunktionen wahrnimmt. Die Voraussetzungen des Art. 15 Abs. 2 OECD-MA sind nicht erfüllt und der ausländische Tätigkeitsstaat hat nach Art. 15 Abs. 1 OECD-MA das Besteuerungsrecht.

Beispiel 6: (Grenzüberschreitender Verleih mit anschließender Arbeitnehmerentsendung innerhalb des gleichen ausländischen Staates)

Der im Inland ansässige Verleiher überlässt den im Inland ansässigen Arbeitnehmer an ein im Ausland ansässiges Unternehmen (Entleiher), das den Arbeitnehmer für nicht mehr als 183 Tage bei einem im gleichen ausländischen Staat ansässigen zum Konzern gehörenden Unternehmen einsetzt.

Die Voraussetzungen des Art. 15 Abs. 2 OECD-MA sind nicht erfüllt und der ausländische Tätigkeitsstaat hat nach Art. 15 Abs. 1 OECD-MA das Besteuerungsrecht für die Vergütungen, die auf diese Tätigkeit entfallen. In diesem Fall ist (abweichend von Beispiel 2) nicht entscheidend, welche der beiden Konzerngesellschaften als Arbeitgeber i.S.d. DBA anzusehen ist, weil beide im gleichen ausländischen Staat ansässig sind.

Beispiel 7: (Grenzüberschreitender Verleih mit anschließender Lieferungs- oder Werkleistungsverpflichtung in einem weiteren ausländischen Staat)

Der im Inland ansässige Verleiher überlässt den im Inland ansässigen Arbeitnehmer an ein im Staat X ansässiges Unternehmen (Entleiher), das den Arbeitnehmer für nicht mehr als 183 Tage zur Erfüllung einer eigenen Lieferungs- oder Werkleistungsverpflichtung bei einem dritten Unternehmen in einem dritten Staat Y einsetzt.

Es liegt eine grenzüberschreitende gewerbliche Arbeitnehmerüberlassung vor, in deren Rahmen der Arbeitnehmer an das in Staat X ansässige Unternehmen entliehen wird. Der Entleiher ist Arbeitgeber im abkommensrechtlichen Sinne, sofern er die wesentlichen Arbeitgeberfunktionen wahrnimmt. Staat X hat nach Art. 15 Abs. 1 OECD-MA dennoch kein Besteuerungsrecht für die Vergütungen, soweit diese auf die im Staat Y ausgeübte Tätigkeit des Arbeitnehmers entfallen.

Das im Staat Y ansässige Unternehmen nimmt keinerlei Arbeitgeberfunktionen gegenüber dem Arbeitnehmer wahr und ist damit nicht dessen Arbeitgeber im abkommensrechtlichen Sinne. Wenn der Arbeitnehmer nicht mehr als 183 Tage in Staat Y eingesetzt ist und der nicht in Staat Y ansässige Arbeitgeber im abkommensrechtlichen Sinne dort keine Betriebsstätte unterhält, steht das Besteuerungsrecht für die Vergütungen aus der Tätigkeit ausschließlich Deutschland zu.

Beispiel 8: (Grenzüberschreitender Verleih mit anschließender Arbeitnehmerentsendung in einen weiteren ausländischen Staat)

Der im Inland ansässige Verleiher überlässt den im Inland ansässigen Arbeitnehmer an ein im Staat X ansässiges Unternehmen (Entleiher), das den Arbeitnehmer für nicht mehr als 183 Tage bei einem zum Konzern gehörenden, in Staat Y ansässigen Unternehmen einsetzt.

In diesem Fall ist zu prüfen, welche der beiden in ausländischen Staaten ansässigen Konzerngesellschaften als Arbeitgeber i.S.d. DBA anzusehen ist (→ Rz. 1644). Ist der im Staat X ansässige Entleiher der wirtschaftliche Arbeitgeber des Leiharbeitnehmers, entspricht die Lösung der im Beispiel 7 und das Besteuerungsrecht bleibt im Inland.

Ist dagegen das im Staat Y ansässige Unternehmen als wirtschaftlicher Arbeitgeber anzusehen, sind die Voraussetzungen des Art. 15 Abs. 2 OECD-MA nicht erfüllt und der ausländische Tätigkeitsstaat Y hat nach Art. 15 Abs. 1 OECD-MA das Besteuerungsrecht.

Beispiel 9: (Grenzüberschreitender Verleih mit anschließendem Verleih in einen weiteren ausländischen Staat)

Der im Inland ansässige gewerbliche Verleiher überlässt den im Inland ansässigen Arbeitnehmer an ein im Staat X ansässiges Unternehmen (Entleiher), das ebenfalls ein gewerblicher Verleiher ist und den Arbeitnehmer für nicht mehr als 183 Tage einem dritten, in Staat Y ansässigen Unternehmen (Entleiher) überlässt.

Es liegt eine grenzüberschreitende gewerbliche Arbeitnehmerüberlassung vor. Als wirtschaftlicher Arbeitgeber im abkommensrechtlichen Sinne ist der letzte, in Staat Y ansässige Entleiher in der Kette anzusehen, sofern er die wesentlichen Arbeitgeberfunktionen wahrnimmt. Die Voraussetzungen des Art. 15 Abs. 2 OECD-MA sind nicht erfüllt und der ausländische Tätigkeitsstaat Y hat nach Art. 15 Abs. 1 OECD-MA das Besteuerungsrecht.

Die vorstehenden Grundsätze zum grenzüberschreitenden Arbeitnehmerverleih sind auch in den Fällen anzuwenden, in denen ein im Inland ansässiger Arbeitnehmer bei einem ausländischen gewerbsmäßigen Arbeitnehmerverleiher beschäftigt ist und dieser den Arbeitnehmer an ein Unternehmen im Ausland verleiht.

(2) Besondere Regelungen in einzelnen DBA

1651 Einige DBA enthalten zur Vermeidung von Missbrauch in Fällen von **grenzüberschreitenden Leiharbeitsverhältnissen besondere Regelungen**, die als sog. **Spezialregelung vorrangig anzuwenden** sind (zu diesen Staaten [Stand 1.1.2023] s. BMF v. 12.12.2023, IV B 2 – S 1300/21/10024 :005, BStBl I 2023, 2179 Rz. 203.

Regelmäßig bleibt es beim **Besteuerungsrecht des Tätigkeitsstaates** nach den Art. 15 Abs. 1 OECD-MA entsprechenden Vorschriften der DBA, unabhängig davon, wie lange der Arbeitnehmer in diesem Staat tätig ist.

Fälle in denen Deutschland als Ansässigkeitsstaat die Doppelbesteuerung **durch Steueranrechnung** vermeidet sind in Rz. 205 des BMF-Schreibens v. 12.12.2023, IV B 2 – S 1300/21/10024 :005, BStBl I 2023, 2179 hinterlegt.

(3) Weitere Besonderheiten

Art. 15 Abs. 3 DBA-Österreich regelt, dass Art. 15 Abs. 2 Buchst. b (Arbeitgeber i.S.d. DBA) **für den Fall der gewerblichen Arbeitnehmerüberlassung dann keine Anwendung findet**, wenn sich der Arbeitnehmer **nicht länger als 183 Tage** im anderen Staat aufhält. Damit wird dem Ansässigkeitsstaat des Arbeitnehmers das Besteuerungsrecht auch dann zugewiesen, wenn der Entleiher seinen Sitz im Tätigkeitsstaat hat und sich der Arbeitnehmer an nicht mehr als 183 Tagen im anderen Staat aufgehalten hat. Die Regelung des DBA wird durch Nr. 6 des Protokolls dahingehend flankiert, dass die 183 Tage-Regelung nur dann nicht zur Anwendung kommt, wenn der Verleiher im anderen Staat **eine Betriebsstätte unterhält**, die die Vergütungen trägt. Steht nach diesen Regeln Österreich als Tätigkeitsstaat das Besteuerungsrecht zu, vermeidet Deutschland die Doppelbesteuerung durch Anwendung der Freistellungsmethode nach Art. 23 Abs. 1 Buchst. a DBA-Österreich. 1652

In folgenden Fällen, in denen es wegen der Anwendung der Anrechnungsmethode im laufenden Kalenderjahr zu einer zeitweiligen Doppelbesteuerung kommen kann, hat die Finanzverwaltung keine Bedenken, dass **aus Billigkeitsgründen** entsprechend der Regelung des § 39a Abs. 1 Satz 1 Nr. 5 Buchst. c EStG maximal **das Vierfache der voraussichtlich abzuführenden ausländischen Abzugsteuer als Freibetrag** für das Lohnsteuerabzugsverfahren gebildet wird, begrenzt auf die Höhe des voraussichtlichen im Ausland zu versteuernden Arbeitslohns, für den die Anrechnungsmethode anzuwenden ist: 1653

- Das DBA sieht für Lohneinkünfte die Anwendung der Anrechnungsmethode vor.
- Berücksichtigung ausländischer Steuern nach § 34c Abs. 1 EStG, die von Staaten erhoben werden, mit denen kein DBA besteht, und wenn der Auslandstätigkeitserlass (→ *Auslandstätigkeitserlass* Rz. 957) nicht anzuwenden ist. Es ist jedoch zu beachten, dass der Auslandstätigkeitserlass grds. Auch bei Arbeitnehmerüberlassungen angewendet werden kann.

Hierzu ist es erforderlich, dass der Arbeitnehmer **durch geeignete Unterlagen** (z.B. Bestätigung des Arbeitgebers) **glaubhaft** macht, dass der Quellensteuerabzug im anderen Staat **bereits vorgenommen wurde** oder mit dem Quellensteuerabzug zumindest **ernsthaft zu rechnen** ist. Bei der Berechnung des Freibetrags dürfen ausländische Steuern eines Nicht-DBA-Staates nur zu Grunde gelegt werden, wenn sie der deutschen Einkommensteuer entsprechen. Auf Grund der Eintragung eines Freibetrags besteht eine Veranlagungsverpflichtung nach § 46 Abs. 2 Nr. 4 EStG.

ee) Gelegentliche Arbeitnehmerüberlassung zwischen fremden Dritten

Sofern **gelegentlich** ein Arbeitnehmer **bei einem fremden Dritten eingesetzt** wird, kann entweder eine Arbeitnehmerüberlassung oder eine Tätigkeit zur Erfüllung einer Lieferungs- oder Werkleistungsverpflichtung vorliegen. 1654

Eine gelegentliche Arbeitnehmerüberlassung liegt grds. Dann vor, wenn der zivilrechtliche Arbeitgeber, dessen **Unternehmenszweck nicht die Arbeitnehmerüberlassung** ist, mit einem nicht verbundenen Unternehmen vereinbart, den Arbeitnehmer für eine befristete Zeit bei letztgenanntem Unternehmen tätig werden zu lassen, und das aufnehmende Unternehmen entweder eine arbeitsrechtliche Vereinbarung (Arbeitsverhältnis) mit dem Arbeitnehmer schließt oder als wirtschaftlicher Arbeitgeber anzusehen ist.

Bezogen auf die vom Entleiher gezahlten Vergütungen und unter den Voraussetzungen → 1652 und → 1653 ist in diesen Fällen regelmäßig der **Entleiher als Arbeitgeber** i.S.d. DBA anzusehen.

Beispiel:

S, ein in Spanien ansässiges Unternehmen, und D, ein in Deutschland ansässiges Unternehmen, sind ausschließlich mit der Ausübung technischer Dienstleistungen befasst. Sie sind keine verbundenen Unternehmen i.S.d. Art. 9 OECD-MA. D benötigt für eine Übergangszeit die Leistungen eines Spezialisten, um eine Bauleistung im Inland fertig zu stellen, und wendet sich deswegen an S. Beide Unternehmen vereinbaren, dass X, ein in Spanien ansässiger Angestellter von S, für die Dauer von vier Monaten für D unter der direkten Aufsicht von dessen erstem Ingenieur arbeiten soll. X bleibt während dieser Zeit formal weiterhin bei S angestellt. D zahlt S einen Betrag, der dem Gehalt, Sozialversicherungsabgaben, Reisekosten und andere Vergütungen des Technikers für diesen Zeitraum entspricht. Zusätzlich wird ein Aufschlag von 5 % gezahlt. Es wurde vereinbart, dass S von allen Schadenersatzansprüchen, die in dieser Zeit auf Grund der Tätigkeit von X entstehen sollten, befreit ist.

Es liegt eine gelegentliche Arbeitnehmerüberlassung zwischen fremden Unternehmen vor. D ist während des genannten Zeitraums als wirtschaftlicher Arbeitgeber des X anzusehen da der Angestellte X in den Betrieb von Unternehmen D eingegliedert ist und dieses auch alle angefallenen Kosten für ihn trägt. Die Tatbestandsvoraussetzung des Art. 14 Abs. 2 Buchst. b DBA-Spanien sind damit nicht erfüllt. Nach Art. 14 Abs. 1 DBA-Spanien hat somit Deutschland als Tätigkeitsstaat das Besteuerungsrecht für die Vergütungen des X für den genannten Zeitraum. Der Aufschlag i.H.v. 5 % stellt keinen Arbeitslohn des X dar.

X ist in Deutschland nach nationalem Recht beschränkt steuerpflichtig, weil die Tätigkeit in Deutschland ausgeübt wird (§ 49 Abs. 1 Nr. 4 Buchst. a EStG).

D ist inländischer Arbeitgeber i.S.d. § 38 Abs. 1 Satz 2 EStG, da es den Arbeitslohn für die ihm geleistete Arbeit wirtschaftlich trägt, und daher zum Lohnsteuerabzug verpflichtet.

d) Zahlung des Arbeitslohns zu Lasten einer Betriebsstätte des Arbeitgebers im Tätigkeitsstaat

1655 Erfolgt die Zahlung zu Lasten einer Betriebsstätte des Arbeitgebers im Tätigkeitsstaat, sind die Voraussetzungen für die alleinige Besteuerung im Ansässigkeitsstaat nach Art. 15 Abs. 2 Buchst. c OECD-MA nicht erfüllt.

Maßgebend für den Begriff der „Betriebsstätte“ ist die **Definition in dem jeweiligen Abkommen** (Art. 5 OECD-MA). Nach vielen DBA ist z.B. eine Bau- oder Montagestelle erst ab einem Zeitraum von mehr als zwölf Monaten eine Betriebsstätte (abweichend von § 12 AO, wonach bei einer Dauer von mehr als sechs Monaten eine Betriebsstätte vorliegt).

Der Arbeitslohn wird zu Lasten einer Betriebsstätte gezahlt, wenn die Zahlungen **wirtschaftlich der Betriebsstätte zuzuordnen** sind. Nicht entscheidend ist, wer die Vergütungen auszahlt oder in seiner Teilbuchführung abrechnet. Es kommt nicht darauf an, dass die Vergütungen zunächst von der Betriebsstätte ausgezahlt und später vom übrigen Unternehmen erstattet werden. Ebenso ist es nicht entscheidend, wenn eine zunächst vom übrigen Unternehmen ausgezahlte Vergütung später in der Form einer Kostenumlage auf die ausländische Betriebsstätte abgewälzt wird. Entscheidend ist allein, ob und ggf. in welchem Umfang die ausgeübte Tätigkeit des Arbeitnehmers nach dem jeweiligen DBA der Betriebsstätte zuzuordnen ist (BMF v. 24.12.1999, IV B 4 – S 1300 – 111/99, BStBl I 1999, 1076 und BMF v. 22.12.2016, IV B 5 – S 1341/12/10001-03, BStBl I 2017, 182) und die Vergütung deshalb wirtschaftlich zu Lasten der Betriebsstätte geht (BFH v. 24.2.1988, I R 143/84, BStBl II 1988, 819).

Eine Betriebsstätte kann zivilrechtlich nicht Arbeitgeber sein. Dies gilt unabhängig davon, welchem Vertragsstaat die maßgeblichen Personalfunktionen i.S.d. § 1 Abs. 5 AStG zuzuordnen sind. Damit bleibt es auch ohne Auswirkung, ob in einem DBA der einschlägige Artikel zur Besteuerung der Unternehmensgewinne (z.B. Protokoll Nr. 4 zu Art. 7 DBA-USA, Art. 7 DBA-Luxemburg und Art. 7 DBA-Großbritannien) bezüglich des Betriebsstättengewinns eine Formulierung entsprechend des OECD-Betriebsstättenberichts 2010 (AOA) enthält. Der Grundsatz des AOA, wonach Betriebsstätten bei der Gewinnermittlung nach DBA als selbständige Unternehmen behandelt werden (Selbständigkeitsfiktion), ist bei **Arbeitnehmerentsendung zwischen einer Betriebsstätte und dem Stammhaus nicht zu übernehmen**.

Eine selbständige Tochtergesellschaft (z.B. GmbH) ist grds. nicht Betriebsstätte der Muttergesellschaft, kann aber ggf. eine Vertreterbetriebsstätte begründen oder selbst Arbeitgeber sein.

Vgl. im Übrigen die „Grundsätze der Verwaltung für die Prüfung der Aufteilung der Einkünfte bei Betriebsstätten international tätiger Unternehmen – Betriebsstätten-Verwaltungsgrundsätze –“ (BMF v. 24.12.1999, IV B 4 – S 1300 – 111/99, BStBl I 1999, 1076, zuletzt geändert durch BMF v. 25.8.2009, IV B 5 – S 1341/07/10004, BStBl I 2009, 888, BStBl I 2010, 354, BStBl I 2013, 980, BStBl I 2014, 1258) sowie die Verwaltungsgrundsätze Betriebsstättengewinnaufteilung (BMF-Schreiben v. 22.12.2016, BStBl I 2017, 182).

Beispiel 1:

Der in Deutschland ansässige A ist vom 1.1.2025 bis 31.3.2025 bei einer Betriebsstätte seines deutschen Arbeitgebers in Frankreich (nicht innerhalb der Grenzzone nach Art. 13 Abs. 5 DBA-Frankreich) tätig. Der Lohnaufwand ist der Betriebsstätte als Betriebsausgabe zuzurechnen.

Das Besteuerungsrecht für den Arbeitslohn steht Frankreich zu. A hält sich zwar nicht länger als 183 Tage in Frankreich auf. Da der Arbeitslohn aber zu Lasten einer französischen Betriebsstätte des Arbeitgebers geht, bleibt das Besteuerungsrecht Deutschland nicht erhalten (Art. 13 Abs. 4 DBA-Frankreich). Frankreich kann als Tätigkeitsstaat den Arbeitslohn besteuern (Art. 13 Abs. 1 DBA-Frankreich). Deutschland stellt die Einkünfte unter Beachtung des Progressionsvorbehalts frei (Art. 20 Abs. 1 Buchst. a DBA-Frankreich) soweit nicht § 50d Abs. 8 bzw. 9 EStG anzuwenden sind.

Beispiel 2:

Der in Frankreich ansässige B ist bei einer deutschen Betriebsstätte seines französischen Arbeitgebers F (nicht innerhalb der Grenzzone nach Art. 13 Abs. 5 DBA-Frankreich) vom 1.1.2025 bis 31.3.2025 in Deutschland tätig. Der Lohnaufwand ist der deutschen Betriebsstätte nach Art. 4 DBA-Frankreich als Betriebsausgabe zuzurechnen.

Das Besteuerungsrecht für den Arbeitslohn hat Deutschland. B hält sich zwar nicht länger als 183 Tage in Deutschland auf, der Arbeitslohn geht aber zu Lasten einer deutschen Betriebsstätte. Deutschland kann daher als Tätigkeitsstaat den Arbeitslohn besteuern (Art. 13 Abs. 1 DBA-Frankreich i.V.m. §§ 1 Abs. 4 und 49 Abs. 1 Nr. 4 Buchst. a EStG).

F ist inländischer Arbeitgeber i.S.d. § 38 Abs. 1 Satz 1 Nr. 1 EStG, weil er im Inland über eine Betriebsstätte verfügt, und deshalb zum Lohnsteuerabzug verpflichtet ist.

Wird ein Arbeitnehmer, dessen Tätigkeit einer Betriebsstätte zuzuordnen ist, anderen Vertragsstaat tätig, in dem sein Arbeitgeber ansässig ist, steht dem Ansässigkeitsstaat des Arbeitgebers grds. **das Besteuerungsrecht zu** (BFH v. 5.6.2007, I R 1/06, BStBl II 2007, 810). Dies gilt auch dann, wenn die Tätigkeit nur von kurzer Dauer ist (vgl. Art. 15 Abs. 2 Buchst. a OCED-MA).

Für die Zuweisung des Besteuerungsrechts nach DBA ist somit die **Dauer der v.g. Tätigkeit ebenso ohne Bedeutung** wie die Frage, wer die Aufwendungen für den Arbeitnehmer trägt oder hätte tragen müssen (vgl. Art. 15 Abs. 2 Buchst. c OCED-MA). Die Tatbestandsvoraussetzung für den Rückfall des Besteuerungsrechts an den Ansässigkeitsstaat des Arbeitnehmers i.R. der sog. 183 Tage-Klausel ist bereits dann nicht gegeben, wenn der Arbeitgeber (auch) im Tätigkeitsstaat ansässig ist.

Beispiel 3:

Ein im Ausland ansässiger **Mitarbeiter einer ausländischen Betriebsstätte** besucht für eine Woche eine interne Schulungsveranstaltung beim übrigen Unternehmen bzw. bei der Muttergesellschaft in Deutschland. Der Arbeitslohn wird vollständig durch die Betriebsstätte getragen; eine Weiterbelastung der Kosten erfolgt nicht.

Die Betriebsstätte kann nicht Arbeitgeber sein. Deutschland hat nach Art. 15 Abs. 1 i.V.m. Art. 15 Abs. 2 Buchst. b OECD-MA das Besteuerungsrecht für die fünf deutschen Arbeitstage, die Arbeitsausübung in Deutschland stattfindet und der Arbeitgeberdort ansässig ist. Folglich muss vom deutschen Stammhaus Lohnsteuer einbehalten und abgeführt werden.

Hinweis: Für diese Fälle ist **seit 2020 eine Pauschalierungsmöglichkeit mit 30 % eingeführt** worden (→ *Pauschalierung der Lohnsteuer bei Aushilfskräften* Rz. 3375).

Einen entsprechenden Sachverhalt hat der BFH aktuell in diesem Sinne entschieden. Die ausländische Betriebsstätte einer im Inland ansässigen rechtlich selbständigen Person kann nach Auffassung des BFH im Urteil v. 12.12.2024, VI R 25/22, BStBl II 2025, 507 nicht Arbeitgeber i.S.d. Art. 14 Abs. 2 Buchst. b DBA-Niederlande 2012/2016, DBA-Japan 2015, DBA-Großbritannien 2010/2014, DBA-Spanien 2011, DBA-Australien 2015, DBA-Irland 2011/2014; Art. 15 Abs. 2 Nr. 2 DBA-Belgien 1967/2010; Art. 15 Abs. 2 Buchst. b DBA-Schweiz 1971/2010, DBA-Italien 1989, DBA-Dänemark 1995, DBA-Kanada 2001, DBA-Singapur 2004, DBA-Norwegen 1991/2013; Art. XI Abs. 3 Buchst. b DBA-Griechenland 1966 und Art. 13 Abs. 4 Nr. 2 DBA-Frankreich 1959/2015 sein.

Im Urteilssachverhalt reisten die Mitarbeiter ausländischer Zweigniederlassungen ebenfalls in unregelmäßigen Abständen kurzfristig für Schulungen, Seminare, Workshops, Projektarbeiten oder Managementforen nach Deutschland. Sie hielten sich nicht mehr als 183 Tage im Steuer- bzw. Kalenderjahr oder innerhalb eines Zeitraums von zwölf Monaten, der während des betreffenden Jahres beginnt oder endet, in Deutschland auf. Die Dienstreisen nahmen die Arbeitnehmer im Interesse der jeweiligen Auslandsniederlassung vor, welche neben der kompletten Tätigkeitsvergütung auch die Reisekosten trug. Die gesamten mit der Tätigkeit dieser Mitarbeiter verbundenen Kosten erfassten die jeweiligen Auslandszweigniederlassungen in ihrer Buchführung. Das Stammhaus erstattete diese Kosten nicht.

Der BFH sah die im Inland ansässige Person (Klägerin) als einzige Arbeitgeberin von im In- und im Ausland wohnhaften Arbeitnehmer an. Diese sei nicht nur zivilrechtliche, sondern gleichzeitig auch wirtschaftliche Arbeitgeberin. Außer der im Inland ansässigen Person gebe es keine (andere) Person, die den Arbeitslohn der in das Inland entsandten ausländischen Arbeitnehmer wirtschaftlich trage. Die in ihrem jeweiligen Beschäftigungsstaat wohnhaften Arbeitnehmer sind daher nach Auffassung des BFH mit dem für ihre Tätigkeit in Deutschland bezogenen Arbeitslohn beschränkt steuerpflichtig, sodass entsprechend Lohnsteuer einzubehalten war.

Beispiel 4 (Abwandlung Beispiel 3):

Ein im Ausland ansässiger **Mitarbeiter einer ausländischen Tochtergesellschaft** besucht für eine Woche die vorgenannte interne Schulungsveranstaltung. Der Arbeitslohn wird vollständig durch die ausländische Tochtergesellschaft getragen; eine Weiterbelastung der Kosten erfolgt nicht.

Der ausländische Ansässigkeitsstaat hat nach Art. 15 Abs. 2 OECD-MA das ausschließliche Besteuerungsrecht an den Lohneinkünften, weil der Arbeitnehmer die 183 Tage-Frist nicht überschreitet und sein Arbeitslohn nicht von einem in Deutschland ansässigen Arbeitgeber gezahlt wird und auch nicht von einer in Deutschland gelegenen Betriebsstätte seines Arbeitgebers (Tochtergesellschaft) getragen wird. Ein deutsches Besteuerungsrecht besteht nicht.

5. Ermittlung des steuerpflichtigen/steuerfreien Arbeitslohns

a) Grundsatz

1656 Nach Art. 15 Abs. 1 OECD-MA können die **Vergütungen aus unselbständiger Arbeit ausschließlich im Ansässigkeitsstaat** des Arbeitnehmers besteuert werden, es sei denn, die Tätigkeit wird im anderen Staat ausgeübt. Wird die unselbständige Arbeit **im anderen Staat ausgeübt**, steht auch diesem Staat das Besteuerungsrecht für Vergütungen zu, die für die dort ausgeübte Tätigkeit gezahlt werden. Nach Art. 15 Abs. 2 OECD-MA ist zu prüfen, ob trotz der Auslandstätigkeit dem Ansässigkeitsstaat des Arbeitnehmers das ausschließliche Besteuerungsrecht an den Vergütungen aus unselbständiger Arbeit verbleibt. I.R. dieser Prüfung wird u.a. eine Berechnung der nach dem jeweils anzuwendenden DBA maßgeblichen Aufenthalts- oder Ausübungstage im Ausland anhand der 183 Tage-Klausel vorgenommen. Für das Kriterium der Ansässigkeit i.S.d. dem Art. 4 OECD-MA entsprechenden Bestimmung des anzuwendenden DBA, ist stets auf den Zeitpunkt des Zuflusses nach § 11 EStG abzustellen (BFH-Urteil v. 21.12.2022, BStBl II 2023, 825).

Die Ermittlung des steuerpflichtigen/steuerfreien Arbeitslohns erfolgt sodann in einem weiteren gesonderten Schritt.

Der Arbeitnehmer hat den Nachweis über die Ausübung der Tätigkeit in dem anderen Staat und deren Zeitdauer durch Vorlage geeigneter Aufzeichnungen (z.B. Stundenprotokolle, Terminkalender, Reisekostenabrechnungen) zu führen (§ 90 Abs. 2 AO).

Ist der Arbeitslohn in Deutschland nach einem DBA freizustellen, ist zunächst zu prüfen, inwieweit die Vergütungen **unmittelbar der Auslandstätigkeit** oder **unmittelbar der Inlandstätigkeit** zugeordnet werden können. Soweit eine derartige Zuordnung nicht möglich ist, ist der verbleibende **tätigkeitsbezogene Arbeitslohn aufzuteilen**. Die Aufteilung hat der Arbeitgeber im Lohnsteuerabzugsverfahren entsprechend der Verwaltungsregelung zur Ermittlung des steuerfreien und steuerpflichtigen Arbeitslohns nach den DBA sowie nach dem Auslandstätigkeitserlass im Lohnsteuerabzugsverfahren (BMF v. 8.10.2024, IV C 5 – S 2367/23/10001 :001, BStBl I 2024, 1308) vorzunehmen; zum Erfordernis der Freistellungsbescheinigung vgl. R 39.5 LStR. Darüber hinaus hat der Arbeitgeber den steuerfrei belassenen Arbeitslohn in der Lohnsteuerbescheinigung anzugeben. Das Lohnsteuerabzugsverfahren ist ein Vorauszahlungsverfahren, dessen Besonderheiten und Regelungen nicht in das Veranlagungsverfahren hineinwirken (BFH-Urteil v. 13.1.2011, BStBl II 2011, 479). Jedoch haftet der Arbeitgeber auch nach Erstellung der Lohnsteuerbescheinigung für die zutreffende Anmeldung und Abführung der Lohnsteuer und ist, wenn ihm dies wirtschaftlich zumutbar ist, **verpflichtet**, Änderungen des Lohnsteuerabzugs bei der nachfolgenden Lohnzahlung zu berücksichtigen (§ 41c Abs. 1 EStG). Die Fälle, in denen der Arbeitgeber die Lohnsteuer nicht nachträglich einbehält bzw. einbehalten kann, hat er beim Betriebsstättenfinanzamt unverzüglich anzuzeigen (§ 41c Abs. 4 EStG). Das Finanzamt ist nicht gehindert, im Einkommensteuerveranlagungsverfahren die vorgenommene Aufteilung zu überprüfen. Es ist nicht an eine fehlerhaft erteilte Freistellungsbescheinigung gebunden (BFH-Urteil v. 13.3.1985, BStBl II 1985, 500).

b) Direkte Zuordnung

Gehaltsbestandteile, die unmittelbar auf Grund einer **konkreten inländischen oder ausländischen Arbeitsleistung** gewährt werden, sind vorab **direkt zuzuordnen**. Dies können z.B. Reisekosten, Überstundenvergütungen, Zuschläge für Sonntags-, Feiertags- oder Nachtarbeit, Auslandszulagen(z.B. Lebenshaltungskostenausgleich – „Cost of living allowance“ / COLA, Erschwerniszulage – „Hardship allowance“, Mobilitätszulage – „Mobility allowance“), Gestellung einer Wohnung im Tätigkeitsstaat, Kosten für eine Orientierungsreise, Sprachunterricht, interkulturelle Schulungen, Aufwendungen für Visa oder medizinische Untersuchungen für die Auslandstätigkeit und sonstige Auslagen oder Unterstützungsleistungen für die mitumziehende Familie sein. Daran schließt sich die Würdigung an, ob überhaupt steuerpflichtiger Arbeitslohn vorliegt oder ob nicht Leistungen im ganz überwiegend betrieblichen Interesse bzw. steuerfreie Aufwandserstattungen vorliegen. Der Gesamtarbeitslohn abzüglich der direkt zugeordneten Gehaltsbestandteile ist der verbleibende Arbeitslohn. 1657

c) Aufteilung des verbleibenden Arbeitslohns

Der nicht direkt zuordenbare, verbleibende Arbeitslohn ist aufzuteilen. Zum verbleibenden Arbeitslohn gehören z.B. neben den laufenden Vergütungen (z.B. Grundgehalt) auch Zusatzvergütungen, die auf die nichtselbständige Arbeit des Arbeitnehmers innerhalb des gesamten Berechnungszeitraums entfallen (z.B. Weihnachts- und Urlaubsgeld). Hat sich das vereinbarte Gehalt während des Kalenderjahres verändert, so ist dieser Veränderung Rechnung zu tragen. 1658

Grundlage für die Berechnung des steuerfreien Arbeitslohns ist die Zahl der tatsächlichen Arbeitstage innerhalb eines Erdienungszeitraums. Den tatsächlichen Arbeitstagen ist das für die entsprechende Zeit bezogene und nicht direkt zugeordnete Arbeitsentgelt gegenüberzustellen.

aa) Definition der tatsächlichen Arbeitstage

Die tatsächlichen Arbeitstage sind alle Tage innerhalb eines Kalenderjahres, an denen der Arbeitnehmer seine Tätigkeit tatsächlich ausübt und für die er Arbeitslohn bezieht. Krankheitstage mit oder ohne Lohnfortzahlung, Urlaubstage und Tage des ganztägigen Arbeitszeitausgleichs sind folglich keine Arbeitstage. Dagegen können auch Wochenend- oder Feiertage grds. Als tatsächliche Arbeitstage zu zählen sein, wenn der Arbeitnehmer an diesen Tagen seine Tätigkeit tatsächlich ausübt und diese durch den Arbeitgeber vergütet wird. Eine solche Vergütung liegt auch vor, wenn dem Arbeitnehmer ein entsprechender Arbeitszeitausgleich gewährt wird. Als volle Arbeitstage zählen auch Tage mit verkürzten Arbeitszeiten. Es kommt weder auf die Zahl der Kalendertage (365) noch auf die Anzahl der vertraglich vereinbarten Arbeitstage an. 1659

Beispiel 1:

Ein Arbeitnehmer ist grds. An 250 Werktagen zur Arbeit verpflichtet und verfügt über einen Anspruch von 30 Urlaubstagen (= vereinbarte Arbeitstage: 220). Die tatsächlichen Tage verändern sich wie folgt:

Vereinbarte Arbeitstage	220
Arbeitnehmer überträgt 10 Urlaubstage vom Vorjahr	– 10
Arbeitnehmer überträgt 20 Urlaubstage ins Folgejahr	+ 20
Arbeitnehmer ist 30 Tage krank mit Lohnfortzahlung	– 30
Arbeitnehmer ist 30 Tage krank ohne Lohnfortzahlung	– 30
Tatsächliche Arbeitstage gesamt	170

Beispiel 2:

Arbeitnehmer C ist laut Arbeitsvertrag von montags bis freitags verpflichtet zu arbeiten. Er macht eine Auslandsdienstreise von Freitag bis Montag, wobei C auch am Samstag und Sonntag für seinen Arbeitgeber tätig ist. Von seinem Arbeitgeber erhält C für Samstag eine Überstundenvergütung und für Sonntag einen ganztägigen Freizeitausgleich, den er bereits am Dienstag in Anspruch nimmt.

Außer Dienstag sind alle Tage als Arbeitstage zu zählen, weil C an diesen Tagen tatsächlich und entgeltlich gearbeitet hat. An dem Dienstag wurde jedoch tatsächlich keine Tätigkeit ausgeübt.

bb) Durchführung der Aufteilung

1660 Das aufzuteilende Arbeitsentgelt ist in Bezug zu den tatsächlichen Arbeitstagen zu setzen. Daraus ergibt sich ein Arbeitsentgelt pro tatsächlichen Arbeitstag. Das aufzuteilende Arbeitsentgelt pro tatsächlichem Arbeitstag ist mit den tatsächlichen Arbeitstagen zu multiplizieren, an denen der Arbeitnehmer seine Tätigkeit im anderen Vertragsstaat ausgeübt hat, um den freizustellenden verbleibenden Arbeitslohn zu ermitteln.

Beispiel 1:

A ist vom 1.1.2025 bis 31.7.2025 für seinen deutschen Arbeitgeber in Österreich tätig. Die vereinbarten Arbeitstage des A belaufen sich auf 220 Tage. Tatsächlich hat A jedoch in Österreich an 145 Tagen und in Deutschland an 95 Tagen gearbeitet (240 Tage). Der aufzuteilende Arbeitslohn beträgt 120 000 €.

Der Arbeitslohn ist nach den tatsächlichen Arbeitstagen aufzuteilen. Den tatsächlichen Arbeitstagen im Jahr 2025 ist das im Jahr 2025 aufzuteilende Arbeitsentgelt i.H.v. 120 000 € gegenüberzustellen. Es ergibt sich ein aufzuteilendes Arbeitsentgelt pro tatsächlichem Arbeitstag i.H.v. 500 € (120 000 €/240 tatsächliche Arbeitstage). Sofern keine Rückfallklauseln anzuwenden sind, stellt Deutschland Einkünfte i.H.v. 145 x 500 € = 72 500 € unter Progressionsvorbehalt steuerfrei und unterwirft 120 000 € - 72 500 € = 47 500 € (entspricht 95 x 500 €) der deutschen Besteuerung.

A muss im Rahmen der Veranlagung die Anzahl der tatsächlichen Gesamtarbeitstage und die in Österreich verbrachten Arbeitstage nachweisen, da abkommensrechtlich nur insoweit eine Freistellung in Betracht kommt. Der Nachweis der Arbeitstage, an denen im Ansässigkeitsstaat eine Tätigkeit ausgeübt wurde, reicht nicht aus.

Beispiel 2:

A ist vom 1.1.2026 bis 31.7.2026 für seinen deutschen Arbeitgeber in Japan tätig. Seinen Familienwohnsitz in Deutschland behält er bei. Er erhält in 2025 einen Arbeitslohn einschließlich Weihnachtsgeld und Urlaubsgeld i.H.v. 80 000 €. Für die Tätigkeit in Japan erhält er zusätzlich eine Zulage i.H.v. 30 000 €. A ist in 2024 vertraglich an 200 Tagen zur Arbeit verpflichtet, übt seine Tätigkeit jedoch tatsächlich an 220 Tagen (davon 140 in Japan) aus.

Deutschland hat für den Arbeitslohn, der auf die Tätigkeit in Japan entfällt, kein Besteuerungsrecht, weil sich A länger als 183 Tage (210 Tage) in 2025 in Japan aufgehalten hat. Der steuerfreie Arbeitslohn berechnet sich wie folgt:

Die Zulage i.H.v. 30 000 € ist der Auslandstätigkeit unmittelbar zuzuordnen und deshalb im Inland steuerfrei. Der übrige Arbeitslohn i.H.v. 80 000 € ist nach den tatsächlichen Arbeitstagen aufzuteilen. Den tatsächlichen Arbeitstagen in 2025 ist das aufzuteilende Arbeitsentgelt i.H.v. 80 000 € gegenüberzustellen. Es ergibt sich ein aufzuteilendes Arbeitsentgelt pro tatsächlichem Arbeitstag i.H.v. 363,64 €. Dieses Entgelt ist mit den tatsächlichen Arbeitstagen zu multiplizieren, die auf die Tätigkeit in Japan entfallen, hier 140 Tage. Von den 80 000 € Arbeitslohn sind daher 140 × 363,64 € = 50 910 € im Inland steuerfrei. Der insgesamt steuerfreie Arbeitslohn i.H.v. 80 910 € (30 000 € + 50 910 €) ist nach Abzug von Werbungskosten, die in unmittelbarem wirtschaftlichen Zusammenhang mit der Tätigkeit in Japan angefallen sind, freizustellen und nur im Wege des Progressionsvorbehalts zu berücksichtigen (sofern keine Rückfallklausel anzuwenden ist). Der übrige Arbeitslohn i.H.v. 29 090 € ist im Inland steuerpflichtig.

Dabei ist zu beachten, dass Vergütungen grds. Dem Zeitraum zugeordnet werden müssen, in dem sie erdient bzw. für den sie gezahlt wurden (Erdienungszeitraum). Der Erdienungszeitraum kann kalenderjahrübergreifend zu bemessen sein oder sich – je nach Art der Zahlung – über mehrere Jahre erstrecken (z. B. bei Jubiläumszuwendungen, Mitarbeiteraktienoptionen).

Der für die Aufteilung des laufenden Arbeitslohns maßgebliche **Erdienungszeitraum ist grds. Das Kalenderjahr**, da der Arbeitnehmer seine Einnahmen aus nichtselbständiger Arbeit regelmäßig erhält, weil er mit dem Arbeitgeber vereinbart hat, seine Arbeitsleistung an einer bestimmten Zahl von Tagen innerhalb eines Jahres zur Verfügung zu stellen. Die vertragliche Vereinbarung einer wöchentlichen Arbeitszeit steht dieser Betrachtungsweise nicht entgegen.

Beginnt oder endet das Arbeitsverhältnis während des Kalenderjahres, so verkürzt sich der Erdienungszeitraum auf die Dauer des Arbeitsverhältnisses während des Kalenderjahres. Darüber hinaus kann ein vom Kalenderjahr abweichender Erdienungszeitraum gegeben sein, wenn ein Arbeitnehmer i.R. seines Arbeitsverhältnisses eine neue Funktion ausübt (z.B. Beförderung, Übernahme neuer Aufgaben) und damit eine maßgebliche Veränderung seines Arbeitslohns einhergeht. Hat sich das vereinbarte Gehalt während des Kalenderjahres ohne Funktionswechsel verändert (z.B. Tarifanpassung), so kann dieser Veränderung auf Antrag Rechnung getragen werden, in dem durch die erstmalige Auszahlung des veränderten Gehalts der Beginn eines neuen Erdienungszeitraum begründet wird.

Beispiel 3:

Der in Deutschland ansässige A übt seine Tätigkeit als Ingenieur für die deutsche X-AG an 240 Arbeitstagen pro Kalenderjahr tatsächlich aus (20 tatsächliche Arbeitstage im Monat). In 2025 arbeitet er im Februar und März an insgesamt 35 Arbeitstagen tatsächlich in Japan und erzielt dabei einen Bruttomonatslohn i.H.v. 5 000 €. Ab April 2025 wird er zum Abteilungsleiter befördert und wird in dieser Eigenschaft bis November an insgesamt 150 Tagen tatsächlich in Japan tätig. Mit seiner Beförderung geht eine Gehaltsanpassung auf 7 500 € pro Monat einher. Ab Mai 2026 erhält A eine im Tarifvertrag vorgesehene Gehaltsanpassung von 3 % (neues Bruttomonatsgehalt 7 725 €). Er war bis zu diesem Zeitpunkt an 80 Arbeitstagen in Japan tätig. Von Juni bis November 2026 arbeitete er an 105 Tagen in Japan.

Deutschland hat für den Arbeitslohn, der auf die Tätigkeit in Japan entfällt, kein Besteuerungsrecht, da sich A jeweils länger als 183 Tage innerhalb eines 12-Monats-Zeitraums in Japan aufgehalten hat (Art. 14, 22 Abs. 2 Buchst. a DBA-Japan). Der steuerfreie Arbeitslohn berechnet sich wie folgt:

Deutschland hat für den Arbeitslohn, der auf die Tätigkeit in Japan entfällt, kein Besteuerungsrecht, da sich A jeweils länger als 183 Tage innerhalb eines Zwölf-Monats-Zeitraums in Japan aufgehalten hat (Art. 14, 22 Abs. 2 Buchst. a DBA-Japan). Der steuerfreie Arbeitslohn berechnet sich wie folgt:

Jahr 2025:

Der im Rahmen der Beförderung zum Abteilungsleiter angefallenen, wesentlichen Gehaltserhöhung ist zwingend Rechnung zu tragen, sodass für die Aufteilung des laufenden Gehalts gesonderte Erdienungszeiträume zu betrachten sind.

Der Erdienungszeitraum für die Tätigkeit als Ingenieur endet am 31.3. Das bis dahin bezogene aufzuteilende Arbeitsentgelt pro Arbeitstag i.H.v. 250 € (15 000 €/60 tatsächliche Arbeitstage) ist mit den in diesem Zeitraum in Japan verbrachten tatsächlichen 35 Arbeitstagen zu multiplizieren. Von den 15 000 € Arbeitslohn in diesem Zeitraum sind also 35 x 250 € = 8 750 € unter Progressionsvorbehalt steuerfrei.

Der Erdienungszeitraum für die Tätigkeit als Abteilungsleiter umfasst die Monate April bis Dezember. Das aufzuteilende Arbeitsentgelt beträgt 67 500 € (9 x 7 500 €) in diesem Erdienungszeitraum. Daraus ergibt sich ein aufzuteilendes Arbeitsentgelt pro tatsächlichem Arbeitstag i.H.v. 375 € (67 500 €/180 tatsächliche Arbeitstage), das mit den in diesem Erdienungszeitraum in Japan verbrachten tatsächlichen 150 Arbeitstagen zu multiplizieren ist (150 x 375 € = 56 250 €). Von den 67 500 € Arbeitslohn sind somit in diesem Zeitraum 56 250 € unter Progressionsvorbehalt steuerfrei. Insgesamt sind vom Arbeitslohn des Jahres 01 i.H.v. 82 500 € also 65 000 € (8 750 € + 56 250 €) unter Progressionsvorbehalt von der deutschen Besteuerung auszunehmen (Art. 22 Abs. 2 Buchst. a und b DBA-Japan, § 32b Abs. 1 Satz 1 Nr. 3 EStG), soweit nicht § 50d Abs. 8 oder 9 EStG anzuwenden ist.

Jahr 2026:

Das Bruttojahresgehalt setzt sich wie folgt zusammen:

Januar – April (4 × 7 500 €)	30 000 €
Mai – Dezember (8 × 7 725 €)	61 800 €
Bruttojahresgehalt:	91 800 €

Das aufzuteilende Arbeitsentgelt pro tatsächlichem Arbeitstag beträgt 382,50 € (91 800 € / 240 tatsächliche Arbeitstage). Insgesamt sind also 70 762,50 € (185 x 382,50 €) unter Progressionsvorbehalt von der Besteuerung auszunehmen. Auf Antrag könnte A auch geltend machen, dass der tarifvertraglichen Gehaltsveränderung Rechnung zu tragen ist. Insoweit wird auf die Lösung von Jahr 2024 verwiesen.

Beispiel 4:

Der ausschließlich in Deutschland ansässige D übt seine Tätigkeit für einen deutschen Arbeitgeber i.R. einer Werkleistungsverpflichtung in 2025 an 30 Tagen bei Kunden in Deutschland und an 200 Tagen bei Kunden in der Schweiz aus. In 2026 wird er ausschließlich in der Schweiz tätig. Er erhält im Februar 2026 eine allgemeine Prämienzahlung für 2025.

Die Prämienzahlung ist nach den Verhältnissen des Erdienungszeitraums (2025) aufzuteilen und lediglich zu 200/230 unter Progressionsvorbehalt von der deutschen Besteuerung auszunehmen (Art. 24 Abs. 1 Nr. 1 Buchst. d DBA-Schweiz, § 32b Abs. 1 Satz 1 Nr. 3 EStG), soweit nicht § 50d Abs. 8 oder 9 EStG anzuwenden ist).

Beispiel 5:

B ist in 2025 und 2026 für seinen deutschen Arbeitgeber sowohl im Inland als auch in Schweden tätig. Seinen Familienwohnsitz in Deutschland behält er bei. In beiden Jahren hält sich B länger als 183 Tage in Schweden auf. Die vereinbarten Arbeitstage des B belaufen sich in den Kalenderjahren 2025 und 2026 auf jeweils 220 Tage zuzüglich der vertraglichen Urlaubstage von je 30 Tagen. Der Urlaub von 2025 und 2026 wird vollständig in 2026 genommen. Die tatsächlichen Arbeitstage in 2025 betragen in Schweden 230 Tage, auf das Inland entfallen 20 Arbeitstage. In 2026 entfallen 150 tatsächliche Arbeitstage auf Schweden und 40 tatsächliche Arbeitstage auf das Inland. Der aufzuteilende Arbeitslohn beträgt 50 000 € in 2025 und 60 000 € in 2026.

Deutschland hat für den Arbeitslohn, der auf die Tätigkeit in Schweden entfällt, kein Besteuerungsrecht, weil sich B länger als 183 Tage in 2025 und 2026 in Schweden aufgehalten hat (Art. 15, 23 Abs. 1 Buchst. a DBA-Schweden). Der steuerfreie Arbeitslohn berechnet sich wie folgt:

Jahr 2025:

Die tatsächlichen Arbeitstage (250) setzen sich aus den vertraglich vereinbarten Arbeitstagen (220) und aus den in 2025 nicht genommenen Urlaubstagen (30) zusammen. Die so ermittelten 250 tatsächlichen Arbeitstage sind dem aufzuteilenden Arbeitsentgelt von 50 000 € gegenüberzustellen. Das aufzuteilende Arbeitsentgelt pro Arbeitstag beträgt 200 €. Dieser Betrag ist mit den Arbeitstagen zu multiplizieren, an denen sich B tatsächlich in Schweden aufgehalten hat. Von den 50 000 € Jahresarbeitslohn sind in 2024 daher 46 000 € (230 Tage × 200 €) im Inland unter Beachtung des § 50d Abs. 8 und 9 EStG steuerfrei und nach Abzug von Werbungskosten, die im Zusammenhang mit der in Schweden ausgeübten Tätigkeit angefallen sind, beim Progressionsvorbehalt zu berücksichtigen. Der übrige Arbeitslohn i.H.v. 4 000 € ist im Inland steuerpflichtig.

Jahr 2026:

Wegen des aus dem Kalenderjahr 2025 übertragenen Urlaubs sind nur 190 tatsächliche Arbeitstage angefallen. Aus Vereinfachungsgründen kann die wirtschaftliche Zuordnung des auf den Urlaub des Jahres 2025 entfallenden Arbeitslohns verzichtet werden. Bei einem Jahresarbeitslohn von 60 000 € im Kalenderjahr 2025 ergibt sich ein Arbeitslohn pro Kalendertag von 315,79 € (60 000 €/190). Im Kalenderjahr 2026 sind danach insgesamt 47 369 € (375,79 € x 150 tatsächliche Arbeitstage) im Inland unter Beachtung des § 50d Abs. 8 und 9 EStG steuerfrei und beim Progressionsvorbehalt zu berücksichtigen, soweit nicht § 50d Abs. 8 oder 9 EStG anzuwenden ist. Der verbleibende Betrag i.H.v. 12 631 € ist im Inland steuerpflichtig.

Beispiel 6:

Sachverhalt wie Beispiel 5. Der in 2025 in das Jahr 2026 übertragene Urlaub wird jedoch nicht beansprucht, sondern vom Arbeitgeber im Juli 2026 mit einer Einmalzahlung i.H.v. 10 000 € abgegolten. Der Arbeitnehmer übte seine Tätigkeit an 150 Arbeitstagen in Schweden und an 70 Arbeitstagen in Deutschland aus.

Jahr 2025:

Lösung wie in Beispiel 5

Jahr 2026:

B hat im Jahr 2026 tatsächlich an 220 Arbeitstagen seine Tätigkeit ausgeübt. Der Urlaub, der mit der Einmalzahlung abgegolten wurde, ist wirtschaftlich dem Jahr 2025 zuzuordnen. Folglich sind für diese Einmalzahlung die Verhältnisse von 2025 entscheidend. In 2026 ergibt sich deshalb folgender steuerfrei zu stellender Arbeitslohn:

60 000 € × 150/220 =	40 909 €
+ 10 000 € × 230/250 =	9 200 €
insgesamt	50 109 €

Der übrige Arbeitslohn i.H.v. 19 891 € (70 000 € – 50 109 €) ist der deutschen Besteuerung zu unterwerfen.

Erbringt der Arbeitnehmer an einem Arbeitstag seine Tätigkeit nicht ausschließlich im anderen Staat, sondern auch im Ansässigkeitsstaat oder in Drittstaaten (z.B. an Reisetagen, stundenweise Tätigkeit im Homeoffice und am betrieblichen Arbeitsplatz, vgl. Tz. 5.6, Rn. 350), so ist das Arbeitsentgelt für diesen Arbeitstag zeitanteilig aufzuteilen. Dies muss ggf. im Schätzungswege erfolgen. Hierbei ist die tatsächliche Arbeitszeit für diesen Tag zu Grunde zu legen. Darüber hinaus ist bei der Aufteilung zu berücksichtigen, dass tatsächliche Arbeitszeiten, die in Transitländern verbracht werden, dem Ansässigkeitsstaat zuzuordnen sind. Zu den Besonderheiten bei Berufskraftfahrern s. → Rz. 1704.

Die folgenden bilateralen Verständigungsvereinbarungen enthalten besondere Regelungen für untertägige grenzüberschreitende Tätigkeiten von Arbeitnehmern bestimmter Berufsgruppen:

- Verständigungsvereinbarung mit Luxemburg vom 7.9.2011 hinsichtlich Berufskraftfahrern, Lokomotivführern und Begleitpersonal (BMF-Schreiben v. 19.9.2011, BStBl I 2011, 849),
- Verständigungsvereinbarung mit der Schweiz vom 9./16.6.2011 hinsichtlich der Arbeitnehmer im internationalen Transportgewerbe (BMF-Schreiben v. 29.6.2011, BStBl I 2011, 621).

Für die Besteuerung des Arbeitslohns von Arbeitnehmern nach dem DBA-Luxemburg vgl. die Verständigungsvereinbarung vom 26.5.2011 (BMF-Schreiben v. 14.6.2011, BStBl I 2011, 576). Der dort verwendete Begriff „Grenzpendler" ist auf alle Sachverhalte anzuwenden, die grenzüberschreitend tätige Arbeitnehmer betreffen und die die in der Verständigungsvereinbarung enthaltenen Voraussetzungen erfüllen. Insbesondere ist es nicht relevant, wo der Arbeitgeber ansässig ist, ob ein Arbeitnehmer für eine Betriebsstätte eines Arbeitgebers aus seinem Ansässigkeitsstaat tätig wird und ob eine regelmäßige Pendelbewegung stattfindet.

Zur Reichweite und steuerlichen Zulässigkeit von Konsultations- oder Verständigungsvereinbarungen vgl. BFH v. 20.3.2025, VI R 24/22, BFH/NV 2025, 855, wonach die „Grenzmarke" für das richtige Abkommensverständnis der jeweilige Abkommenswortlaut ist. Wird das in der Konsultationsvereinbarung gefundene Abkommensverständnis durch den Wortlaut nicht gedeckt, kann die Vereinbarung die Abkommensauslegung durch die Gerichte nicht beeinflussen oder die Gerichte gar binden (BFH v. 28.6.2023, I R 43/20, BStBl II 2024, 861, Rz. 27 f. zu § 7 Abs. 2 Satz 1 Nr. 1 KonsVerLUXV, BFH v. 1.8.2024, VI R 23/22, Rz. 48, BFH/NV 2024, 1446).

d) Beispiele für die Aufteilung bestimmter Lohnbestandteile

aa) Tantiemen und andere Erfolgsvergütungen

Unabhängig vom Zuflusszeitpunkt werden Erfolgsvergütungen an Arbeitnehmer i.d.R. für eine zuvor ausgeübte unselbständige Tätigkeit gewährt (BFH-Urteil v. 27.1.1972, BStBl II 1972, 459). Sofern sie nicht für eine konkrete Tätigkeit in einem Vertragsstaat (z.B. projektbezogene Erfolgsvergütung) gezahlt werden, erfolgt die Aufteilung nach den Grundsätzen in → Rz. 1656. Der maßgebliche Erdienungszeitraum ist der Zeitraum, für den die Erfolgsvergütung gezahlt wird. 1661

bb) Antrittsgeld (Signing Bonus)

Eine bei Abschluss des Arbeitsvertrags fällige Einmalzahlung (Antrittsgeld – „Signing Bonus") gehört zu den Einkünften aus nichtselbständiger Arbeit (§ 19 EStG, § 2 Abs. 2 Nr. 1 LStDV). Ein Antrittsgeld ist damit den Vergütungen aus unselbständiger Arbeit i.S.d. Art. 15 Abs. 1 OECDMA zuzuordnen. 1662

Soweit ein Antrittsgeld für eine konkrete noch auszuübende Tätigkeit gewährt wird, richtet sich das Besteuerungsrecht danach, wo die Tätigkeit erbracht werden soll (BFH-Urteil v. 11.4.2018, BStBl II 2018, 761). Dementsprechend ist die Vergütung zunächst nach den voraussichtlich tatsächlichen Arbeitstagen des Erdienungszeitraums aufzuteilen. Der Erdienungszeitraum ist in diesem Fall grundsätzlich die Vertragslaufzeit bzw. der Eintritt der Unverfallbarkeit des Antrittsgeldes. Eine entsprechende Aufteilung ist ggf. im Wege der sachgerechten Schätzung zu ermitteln. Die Steuer ist bis zum Ende des Erdienungszeitraums nach § 165 AO vorläufig festzusetzen. Nach Abschluss des Erdienungszeitraums ist die Zuweisung des Besteuerungsrechts anhand der tatsächlichen Verhältnisse im Erdienungszeitraum zu überprüfen und bei Abweichungen gegenüber den vorläufig angenommenen Verhältnissen, z.B. insbesondere in Bezug auf die tatsächlichen Arbeitstage ggf. zu korrigieren. Die Aufteilung erfolgt nach den Grundsätzen in → Rz. 1656.

Muss das Antrittsgeld nach dem Arbeitsvertrag oder etwaiger Nebenabreden nicht zurückgezahlt werden, wenn der Arbeitnehmer das Unternehmen vorzeitig verlässt, fehlt es an einem Erdienungszeitraum, sodass grundsätzlich dem Ansässigkeitsstaat des Arbeitnehmers das Besteuerungsrecht zusteht (Art. 15 Abs. 1 Satz 1 erster Halbsatz OECD-MA). Dies gilt nicht für zeitlich befristete Arbeitsverträge, die der Arbeitnehmer weder vorzeitig auflösen noch kündigen kann; in diesen Fällen bestimmt sich der Erdienungszeitraum nach der Vertragslaufzeit.

cc) Urlaubsentgelte, Urlaubs- und Weihnachtsgeld

Urlaubsentgelt (laufende Vergütung), Urlaubs- und Weihnachtsgeld (Vergütungen, die auf den gesamten Berechnungszeitraum 1663 entfallen) sind in die Aufteilung einzubeziehen. Dies gilt auch für Bezüge, die für den Verzicht auf den Urlaub gezahlt werden (Urlaubsabgeltung für nicht genommenen Urlaub). Dabei ist der Teil der Urlaubsentgelte im Inland freizustellen, der auf die im Ausland ausgeübte Tätigkeit entfällt (→ Rz. 1660 Beispiel 6).

dd) Nachzahlung für eine frühere aktive Tätigkeit

1664 Eine einmalige Zahlung (z.B. Jubiläumszahlung), die eine Nachzahlung für eine frühere aktive Tätigkeit darstellt und **anteilig auf die Auslands- und Inlandstätigkeit entfällt**, ist nach den Grundsätzen in → Rz. 1658 aufzuteilen. Für die Zuweisung des Besteuerungsrechts kommt es nicht darauf an, zu welchem Zeitpunkt und wo die Vergütung bezahlt wird, sondern allein darauf, dass sie dem Arbeitnehmer für eine Auslandstätigkeit gezahlt wird (BFH v. 5.2.1992, I R 158/90, BStBl II 1992, 660). Eine Nachzahlung für eine frühere aktive Tätigkeit liegt nicht vor, wenn die einmalige Zahlung ganz oder teilweise der Versorgung dient (BFH-Urteil v. 5.2.1992, BStBl II 1992, 660).

ee) Abfindungen und Vergütungen für Diensterfindungen

(1) Grundsätze zur Besteuerung von Abfindungen

1665 Abfindungen, die dem Arbeitnehmer anlässlich seines Ausscheidens aus dem Arbeitsverhältnis gezahlt werden, Entlassungsentschädigungen, sind i.d.R. den **Vergütungen aus unselbständiger Arbeit** i.S.d. Art. 15 Abs. 1 OECD-MA **zuzuordnen**. Unter Abfindungen in diesem Sinne sind Zahlungen zu verstehen, die der Arbeitnehmer als Ausgleich für die mit der Auflösung des Dienstverhältnisses verbundenen Nachteile, insbesondere für den Verlust des Arbeitsplatzes, erhält. Ein zeitlicher Zusammenhang zwischen dem Zufluss der Abfindung und der Beendigung des Arbeitsverhältnisses ist nicht erforderlich, wenn ein sachlicher Zusammenhang gegeben ist.Nach § 50d Abs. 12 EStG gelten Abfindungen, die anlässlich der Beendigung eines Dienstverhältnisses gezahlt werden, für Zwecke der Anwendung eines DBA **als für eine frühere Tätigkeit geleistetes zusätzliches Entgelt**. Abfindungen sind daher nach § 50d Abs. 12 Satz 1 EStG insoweit im ehemaligen Tätigkeitsstaat des Arbeitnehmers zu besteuern, als diesem das Besteuerungsrecht für die aktive Tätigkeit zustand. Maßgeblich für die Anwendung des § 50d Abs. 12 EStG ist der Zuflusszeitpunkt i.S.d. § 11 EStG i.V.m. § 38a Abs. 1 Satz 3 EStG (BFH v. 24.2.1988, I R 143/84, BStBl II 1988, 819 und BFH v. 10.7.1996, I R 83/95, BStBl II 1997, 341). Für die Anwendung von § 50d Abs. 12 EStG kommt es nicht darauf an, zu welchem Zeitpunkt die Abfindungsvereinbarung getroffen wurde. Trifft das einschlägige DBA für Abfindungen, die anlässlich der Beendigung eines Dienstverhältnisses gezahlt werden, in einer gesonderten Vorschrift ausdrücklich eine von § 50d Abs. 12 Satz 1 EStG abweichende Regelung, wird durch § 50d Abs. 12 Satz 2 EStG sichergestellt, dass die DBA-Regelung anzuwenden ist. § 50d Abs. 12 Satz 3 EStG regelt insbesondere den Rückfall des Besteuerungsrechts an Deutschland in entsprechender Anwendung des § 50d Abs. 9 Satz 1 Nr. 1 EStG, soweit die Abfindungen im vormaligen Tätigkeitsstaat auf Grund eines abweichenden DBA-Verständnisses nicht besteuert werden.

Die **Aufteilung des abkommensrechtlichen Besteuerungsrechts für Abfindungszahlungen** soll grds. nach der Dauer des Beschäftigungsverhältnisses beim Arbeitgeber erfolgen, weil die Höhe der Abfindungszahlung i.d.R. von der Dauer des Dienstverhältnisses abhängt. Hat der Arbeitnehmer innerhalb eines Konzerns (ggf. auch mehrfach) den Arbeitgeber gewechselt, sind die Dienstzeiten bei den unterschiedlichen Arbeitgebern zusammenzurechnen, wenn sich die Höhe der Abfindung nach der gesamten Beschäftigungsdauer bemisst.

Bei Tätigkeiten in verschiedenen Staaten bilden die jeweiligen Tätigkeitszeiten des Arbeitsverhältnisses die Grundlage für eine anteilige Zuordnung der Abfindungszahlung als nachträgliches Arbeitsentgelt i.S.d. Art. 15 Abs. 1 Satz 2 OECD-MA. Dies gilt beispielsweise auch dann, wenn der Arbeitnehmer während dieser Zeit unterschiedliche Positionen (mit jeweils unterschiedlichem Gehaltsniveau) innehatte. Soweit die Tätigkeitsausübung während der gesamten Beschäftigungsdauer im Einzelnen nicht mehr ermittelt werden kann, soll die Abfindungszahlung dennoch so aufgeteilt werden, dass der tatsächlichen Tätigkeitsausübung im Beschäftigungszeitraum möglichst Rechnung getragen wird. Auf die Tätigkeitsausübung in den letzten zwölf Monaten des Beschäftigungsverhältnisses kann grundsätzlich nicht abgestellt werden, es sei denn, dass Tatsachen oder Anhaltspunkte für einen längeren Zeitraum tatsächlich nicht feststellbar sind (Tz. 2.7 des OECD-MK zu Art. 15 OECD-MA).

Beispiel:

Der ausschließlich in Deutschland ansässige Arbeitnehmer A ist seit 1.1.2016 bei einem deutschen Unternehmen beschäftigt (fünf Jahre). Er wird vom 1.1.2021 bis zum 31.12.2025 zu einem verbundenen Unternehmen (wirtschaftlicher Arbeitgeber) nach Japan entsandt (fünf Jahre). Im Dezember 2025 wird das Beschäftigungsverhältnis des A nach zehnjähriger Betriebszugehörigkeit beendet. Er erhält eine Entlassungsabfindung i.H.v. 100 000 €. In dem Zeitraum von 2016 bis 2020 arbeitete er jeweils 220 Tage im Inland. In dem Zeitraum von 2021 bis 2025 arbeitete er jeweils 190 Tage in Japan, 20 Tage in Drittstaaten und 10 Tage im Inland.

Lösung:

Der gesamte Erdienungszeitraum bezüglich der Aufteilung der Abfindung ist zu berücksichtigen. Folglich sind die Arbeitstage des gesamten Arbeitsverhältnisses heranzuziehen. Die tatsächlichen Arbeitstage des gesamten Arbeitsverhältnisses betragen 2.200 Arbeitstage (10 x 220 Tage). Davon war A an 950 Arbeitstagen (5 x 190 Tage) in Japan tätig.

Die Entlassungsabfindung ist in Deutschland i.H.v. 43 182 € (100 000 € x 950/2 200) unter Progressionsvorbehalt steuerfrei, soweit nicht § 50d Abs. 8 oder 9 EStG anzuwenden ist (Art. 14 Abs. 1 i.V.m. Art. 22 Abs. 2 Buchst. a und b DBA-Japan). Das Besteuerungsrecht für die in Drittstaaten ausgeübte Tätigkeit verbleibt bei einer Art. 15 Abs. 2 OECD-MA vergleichbaren Regelung bei Deutschland als Ansässigkeitsstaat. In Deutschland steuerpflichtig sind damit insgesamt 56 818 € (100 000 € abzüglich 43 182 €). § 34 EStG ist sowohl für den steuerpflichtigen Anteil der Einnahmen als auch für den steuerfreien Anteil der Einnahmen (§ 32b Abs. 2 Nr. 2 EStG) zu beachten.

Keine Abfindungen im vorstehenden Sinne stellen Zahlungen zur Abgeltung bereits vertraglich erdienter Ansprüche (z.B. Ausgleichszahlungen für Urlaubs- oder Tantiemeansprüche) dar. Diese sind als nachträglicher Arbeitslohn anzusehen und entsprechend den Aktivbezügen zu behandeln.

Hat eine **Abfindung Versorgungscharakter**, wird das Besteuerungsrecht nach Art. 18 OECD-MA (Ruhegehälter) zugeordnet. Ob ein solcher Versorgungscharakter vorliegt, **richtet sich stets nach dem Grund der Zahlung**. Dem zeitlichen Aspekt kann jedoch indizielle Bedeutung zukommen.

Abfindungen zur Ablösung eines Pensionsanspruchs, die während eines laufenden Arbeitsverhältnisses oder bei dessen Beendigung gezahlt werden, sind als laufende Vergütungen aus unselbständiger Arbeit nach Art. 15 Abs. 1 OECD-MA zu behandeln und können im Tätigkeitsstaat besteuert werden, sofern diesem im Zeitpunkt des Zuflusses ein Besteuerungsrecht nach Art. 15 Abs. 1 OECD-MA zusteht. Sie können dagegen Versorgungscharakter haben, wenn der Arbeitnehmer höchstens ein Jahr vor dem Eintritt in den gesetzlichen Ruhestand steht. Ein Ruhegehalt kann weiterhin vorliegen, wenn bereits laufende Pensionszahlungen kapitalisiert und in einem Einmalbetrag ausgezahlt werden (BFH v. 19.9.1975, VI R 61/73, BStBl II 1976, 65).

(2) Abfindungsbesteuerung in Sonderfällen und beim Vorliegen von Konsultationsvereinbarungen

Die steuerliche Behandlung von Abfindungszahlungen kann aller- 1666
dings von den bislang dargestellten Grundsätzen abweichen, wenn **in einem DBA hierzu eine Sonderregelung enthalten** ist oder mit dem jeweils betroffenen **Vertragsstaat eine Konsultationsvereinbarung** bezüglich der Besteuerung von Abfindungen vereinbart wurde oder aus der Besonderheit der Fassung des im Abkommen einschlägigen Artikels eine andere Zuordnung abzuleiten ist, z.B. DBA-Frankreich.

Mit folgenden Staaten wurden Konsultationsvereinbarungen vereinbart, die sich mit der Besteuerung von Abfindungen befassen:

Belgien, BStBl I 2007, 261,

Luxemburg, BStBl I 2024, 201,

Österreich, BStBl I 2021, 2456,

Schweiz, BStBl I 2010, 268,

Vereinigtes Königreich, BStBl I 2011, 1221.

Im **Verhältnis zu Belgien, Luxemburg, der Schweiz und dem Vereinigten Königreich** richtet sich die steuerliche Behandlung von Abfindungen nach dem **Charakter der Abfindungszahlung**.

Während **Abfindungen mit Versorgungscharakter** als Ruhegehälter im Ansässigkeitsstaat besteuert werden können, steht das Besteuerungsrecht für **Abfindungen, bei denen es sich um Lohn- oder Gehaltsnachzahlungen** oder andere Vergütungen aus dem früheren Arbeitsverhältnis handelt oder die allgemein für das vorzeitige Ausscheiden aus dem Dienst gewährt werden, dem (früheren) Tätigkeitsstaat zu, sofern diesem das Besteuerungsrecht für die aktive Tätigkeit zustand.

Allerdings hat der BFH zur Reichweite und steuerlichen Zulässigkeit von Konsultations- oder Verständigungsvereinbarungen in Zusammenhang mit dem DBA-Luxemburg aktuell eine einschränkende Sichtweise an den Tag gelegt (vgl. BFH v. 20.3.2025, VI R 24/22, BFH/NV 2025, 855), wonach die „Grenzmarke" für das richtige Abkommensverständnis der jeweilige Abkommenswortlaut ist. Wird das in der Konsultationsvereinbarung gefundene Abkommensverständnis durch den Wortlaut nicht gedeckt, kann die Vereinbarung die Abkommensauslegung durch die Gerichte nicht beeinflussen oder die Gerichte gar binden (BFH v. 28.6.2023, I R 43/20, BStBl II 2024, 861, Rz. 27 f. zu § 7 Abs. 2 Satz 1 Nr. 1 KonsVerLUXV, BFH v. 1.8.2024, VI R 23/22, Rz. 48, BFH/NV 2024, 1446). Auf Grund dieser Sichtweise hat der BFH Deutschland hat nach Art. 14 Abs. 1 Satz 1 DBA-Luxemburg 2012 als Ansässigkeitsstaat ein Besteuerungsrecht für eine Abfindung, die der Arbeitnehmer für den Verlust seines Arbeitsplatzes im Großherzogtum Luxemburg erhalten hat, zugesprochen.

Zur **Aufteilung des Besteuerungsrechts** in den Fällen, in denen der Arbeitnehmer in der Zeit vor dem Ausscheiden aus dem Dienst nicht nur in seinem (früheren) Tätigkeitsstaat, sondern auch in seinem Wohnsitzstaat oder in Drittstaaten tätig war, wird auf dieo.g. Konsultationsvereinbarungen mit Belgien, dem Vereinigten Königreich, Luxemburg und der Schweiz verwiesen. Durch den Verweis in § 50d Abs. 12 Satz 3 EStG auf Rechtsverordnungen i.S.d. § 2 Abs. 2 AO sind auch die Grundsätze der jeweils einschlägigen Rechtsverordnung uneingeschränkt anzuwenden.

Im **Verhältnis zu Österreich** steht nach der o.g. Konsultationsvereinbarung das Besteuerungsrecht für Abfindungen aus Anlass der Beendigung des Arbeitsverhältnisses sowie für Urlaubsentschädigungen ungeachtet von deren Charakter **stets dem Staat zu, der auch für die Bezüge aus der aktiven Zeit besteuerungsberechtigt** war.

Eine **spezielle Regelung für Abfindungszahlungen** ist im **DBA mit Liechtenstein** enthalten (Nr. 5 des Protokolls zu Art. 14 und 17 DBA-Liechtenstein).

Unter das **DBA-Frankreich fallende Abfindungen**, die zur Abgeltung von mit der Auflösung des Dienstverhältnisses verbundenen Nachteilen gezahlt werden, sind auf Grund des besonderen Wortlauts des Art. 13 Abs. 1 DBA-Frankreich (abweichend zu den Art. 15 OECD-MA entsprechenden Regelungen und vorbehaltlich etwaiger Sonderregelungen, wie Art. 13 Abs. 5 DBA-Frankreich bei Grenzgängern) auch bereits vor Inkrafttreten von § 50d Abs. 12 EStG **ausschließlich im (ehemaligen) Tätigkeitsstaat zu besteuern** (BFH v. 24.7.2013, I R 8/13, BStBl II 2014, 929). Zur tätigkeitsbezogenen Aufteilung vgl. BFH v. 20.11.2024, VI R 33/21, BFH/NV 2025, 506).

Bei Grenzgängern (→ *Grenzgänger* Rz. 2391) erfolgt die Besteuerung der Abfindung im Ansässigkeitsstaat, soweit der Vergütungsempfänger während seines aktiven Berufslebens mit seinen laufenden Einkünften als Grenzgänger dem Besteuerungsrecht des Ansässigkeitsstaates unterlag.

(3) Erfindervergütungen

1667 Eine Vergütung für eine sog. **Diensterfindung** i.S.d. § 9 ArbnErfG unterliegt als Arbeitslohn i.S.d. § 19 EStG grds. der **Steuerpflicht nach innerstaatlichem Recht** (BFH v. 21.10.2009, I R 70/08, BStBl II 2012, 493). Dies gilt auch dann, wenn das Arbeitsverhältnis im Zeitpunkt der Zahlung nicht mehr besteht (§ 24 Nr. 2 EStG). Bei diesen Vergütungen liegt – ausgehend von der Qualifikation nach innerstaatlichem Recht (Art. 3 Abs. 2 OECD-MA) – zwar grds. Arbeitslohn i.S.d. Art. 15 OECD-MA vor. Um zusätzliches Entgelt für eine frühere Tätigkeit i.S.d. Art. 15 Abs. 1 Satz 2 OECD-MA, für das der Tätigkeitsstaat das Besteuerungsrecht hat, handelt es sich jedoch regelmäßig nicht.

Soweit aber die Vergütungen als konkrete Gegenleistung zu einer früheren Arbeitsleistung anzusehen sind, kommt eine Besteuerung im ehemaligen Tätigkeitsstaat in Betracht; ein bloßer Anlasszusammenhang zwischen Zahlung und Tätigkeit reicht hierfür nicht aus.

ff) Aktienoptionen

Das **Einräumen von Aktienoptionen** ist häufig Bestandteil moderner Vergütungssysteme, wodurch Arbeitnehmer direkt an der Steigerung des Unternehmenswertes („Shareholder Value") beteiligt und gleichzeitig an den Arbeitgeber gebunden werden sollen. 1668

Aktienoptionen i.R. eines Arbeitsverhältnisses liegen vor, wenn ein Arbeitgeber oder eine Konzernobergesellschaft (Optionsgeber) seinen Beschäftigten das Recht einräumt, sich zu einem bestimmten Übernahmepreis am Unternehmen zu beteiligen. Dieses Recht kann zu einem späteren Zeitpunkt durch den Arbeitnehmer ausgeübt und die Beteiligungen damit verbilligt bezogen werden („Stock Options"). Mitunter wird auch das Recht eingeräumt, dass der Arbeitnehmer das Optionsrecht selbst veräußern darf, ohne vorher die Beteiligung am Unternehmen erworben zu haben.

Zum Zuflusszeitpunkt und zur Höhe des geldwerten Vorteils nach nationalem Recht → *Aktienoption* Rz. 38.

Bezüglich des Zeitpunkts der Besteuerung und der Aufteilung des Besteuerungsrechtes existieren aus internationaler Sicht unterschiedliche Rechtsauffassungen. Eingetretene Doppelbesteuerungen können i.d.R. nur i.R. eines zwischenstaatlichen **Streitbeilegungsverfahren** beseitigt werden.

Zur Aufteilung des Besteuerungsrechts nach Abkommensrecht bei Aktienoptionen und weiteren Aktienvergütungsmodellen (z.B. Virtuelle Aktienoptionen („Stock-Appreciation-Rights", „Phantom-Stock-Awards"), Dividendenäquivalente Aktienoptionspläne mit vorgeschaltetem Wandeldarlehen oder Wandelanleihe (Wandelschuldverschreibung), Verfügungsbeschränkungen) vgl. BMF v. 12.12.2023, IV B 2 – S 1300/21/10024 :005, BStBl I 2023, 2179, Rz. 274 ff., BFH v. 21.12.2022, I R 11/20, BFH v. 20.11.2024, VI R 33/21, BFH/NV 2025, 506), s.a. → *Aktienoption* Rz. 39.

gg) Kaufkraftausgleich, Standortbonus und Sicherung des Wechselkurses

Gleicht der Arbeitgeber die gegenüber dem bisherigen Ansässigkeitsstaat höheren Lebenshaltungskosten im Tätigkeitsstaat durch Zahlung eines Auslandsverwendungszuschlags/Kaufkraftausgleiches aus und sind die in § 3 Nr. 64 EStG genannten Beträge überschritten, liegt **nach innerstaatlichem Recht steuerpflichtiger Arbeitslohn** vor (→ *Kaufkraftausgleich* Rz. 2659), der nach den DBA **ausschließlich der Tätigkeit im Tätigkeitsstaat zuzuordnen** ist. 1669

Der **Standortbonus** ist eine zusätzliche Vergütung, mit der die Bereitschaft eines Arbeitnehmers zu internationalen Einsätzen, insbesondere an schwierigen Standorten mit vom Wohnsitzstaat abweichenden Lebensbedingungen, gewürdigt werden soll. Auch hier handelt es sich **nach innerstaatlichem Recht um Arbeitslohn**, der abkommensrechtlich **der Tätigkeit im Tätigkeitsstaat direkt zuzuordnen** ist (Ausnahme ggf. Entsendezulagen → Rz. 1672).

Gleicht der Arbeitgeber **Wechselkursschwankungen** in gewissen Zeitabständen aus, indem er wechselkursbezogen einen Mehrbetrag ermittelt, den er an den Arbeitnehmer auszahlt oder einen Minderbetrag ermittelt, den er vom Arbeitnehmer zurückfordert, ist dieser Mehr- oder Minderbetrag in demselben Verhältnis aufzuteilen, in dem das wechselkursgesicherte Gehalt auf den Ansässigkeitsstaat und den Tätigkeitsstaat entfällt.

hh) Arbeitszeitkonto

Auf Zahlungen aus **Zeitwertkonten** (→ *Arbeitszeitmodelle* Rz. 734) an den Arbeitnehmer ist Art. 15 OECD-MA anzuwenden. 1670
Das Besteuerungsrecht des Ansässigkeitsstaates wird danach nur insoweit durchbrochen, als der Arbeitnehmer im anderen Vertragsstaat tätig wird und hierfür Vergütungen bezieht. Ausgehend von dem engen Veranlassungszusammenhang zwischen Auslandstätigkeit und Vergütungsbezug, hat der Tätigkeitsstaat das Besteuerungsrecht für Auszahlungen aus dem Zeitwertkonto nur insofern, als ihnen eine dort erbrachte Arbeitsleistung zu Grunde liegt (Erdienungsprinzip).

Zu Einzelheiten vgl. BMF v. 12.12.2023, IV B 2 – S 1300/21/10024 :005, BStBl I 2023, 2179. Für Vereinbarungen über die Einrichtung von Zeitwertkonten bei Arbeitnehmern, die zugleich als Organe einer Körperschaft bestellt sind (Vorstandsmitglieder, Geschäftsführer) s. BMF v. 8.8.2019, BStBl I 2019, 874.

ii) Steuerausgleich („Tax-Equalization"), Steuerschutz („Tax-Protection" / „Hypo Tax")Treuhandmodelle

1671 Schließt der Arbeitgeber mit dem Arbeitnehmer eine Vereinbarung über den Ausgleich oder die Tragung von Steuern des Auslandsaufenthalts, wird bei der Berechnung des Arbeitslohns für Arbeitnehmer im internationalen Einsatz in vielen Fällen eine sog. **fiktive bzw. hypothetische Steuer (auch Hypotax)** ausgewiesen. Einzelheiten hierzu → *Hypotax* Rz. 2571.

Davon zu unterscheiden sind **Treuhandmodelle**, bei denen die Arbeitnehmer freiwillig Beiträge in ein gemeinsames Treuhandvermögen leisten, ohne dass der Arbeitgeber eine Zuschuss- oder Insolvenzpflicht hat und aus diesem Treuhandvermögen die ausländischen Steuern beglichen werden. Einzelheiten hierzu → *Hypotax* Rz. 2566 sowie BMF v. 12.12.2023, IV B 2 – S 1300/21/10024 :005, BStBl I 2023, 2179, Rz. 317 ff.

jj) Entsendezulagen

1672 Dient eine Entsendezulage dem Ausgleich von Kosten und Erschwernissen, die durch die Tätigkeit im Staat des aufnehmenden Unternehmens entstehen, ist die Zulage dieser Tätigkeit direkt zuzuordnen. Dagegen ist eine Entsendezulage entsprechend Aufteilung des verbleibenden Arbeitslohns → Rz. 1658 aufzuteilen, wenn sie eine Vergütung für die Tätigkeit für das aufnehmende Unternehmen darstellt. Die Abgrenzung hat nach den Umständen des Einzelfalls zu erfolgen.

kk) Übernahme von bestimmten Aufwendungen durch den Arbeitgeber

1673 Die **Steuerfreiheit bestimmter Einnahmen** nach § 3 EStG (z.B. § 3 Nr. 13 und § 3 Nr. 16 EStG) ist **zu beachten**; einige nach § 3 EStG steuerfreie Einnahmen unterliegen nicht dem Progressionsvorbehalt.

(1) Zahlungen im Hinblick auf einen zukünftigen internationalen Einsatz

1674 Zahlungen, die der Arbeitgeber **im Hinblick auf einen künftigen internationalen Einsatz** des Arbeitnehmers aufwendet, stellen i.d.R. Arbeitslohn dar, der abkommensrechtlich direkt dem Tätigkeitsstaat zuzuordnen ist. Dies sind z.B. Kosten:

- für eine **Orientierungsreise**, um dem Arbeitnehmer einen Einblick in die Lebensbedingungen am Einsatzort zu geben (z.B. für Unterkunft, Mietwagen, Reisekosten oder Verpflegung),
- für **Visa** sowie **Arbeits- oder Aufenthaltsgenehmigungen**,
- für **Sprachunterricht** oder **interkulturelles Training** in Bezug auf den rechtlichen, kulturellen, sozialen und wirtschaftlichen Rahmen am Einsatzort (Ausnahmen s. → *Fortbildung* Rz. 2235),
- für **medizinische Vorsorge** oder sonstige Hilfestellungen und Informationen (u.a. Eröffnung von Bankkonten, Wohnraumbeschaffung).

Das gilt auch für:

- **Übergangszuschüsse**, die der Arbeitgeber als zusätzliche Leistung an bestimmten Einsatzorten zahlt, um höhere Kosten des Arbeitnehmers in der Orientierungsphase auszugleichen oder
- **Ausgleichszahlungen** des Arbeitgebers für Verluste des Arbeitnehmers aus privaten Veräußerungen im Wohnsitzstaat anlässlich des internationalen Einsatzes.

(2) Kostenübernahme während eines internationalen Einsatzes

1675 Übernimmt der Arbeitgeber während des Einsatzes **Aufwendungen für den Arbeitnehmer im Tätigkeitsstaat** (z.B. für die Unterbringung, die Verpflegung, den Umzug oder den Dienstwagen) **oder im Ansässigkeitsstaat** (z.B. für die Beibehaltung der bisherigen Wohnung oder deren Aufgabe) **oder für Fahrten zwischen beiden Staaten (z.B. „Home-Leave")** und dies nur in Fällen des internationalen Einsatzes, liegt insoweit i.d.R. Arbeitslohn vor, der **abkommensrechtlich direkt dem Tätigkeitsstaat zuzuordnen** ist.

Soweit eine Leistung jedoch **nicht auf Fälle des internationalen Einsatzes beschränkt** ist und auch dem Wohnsitzstaat nicht direkt zugeordnet werden kann, ist eine **Aufteilung vorzunehmen**. Das gilt entsprechend auch für Zuschüsse, die der Arbeitgeber dem Arbeitnehmer zum Ausgleich für dessen Aufwendungen im Zusammenhang mit dem Einsatz zahlt (z.B. Unterstützungsleistungen für den Arbeitnehmer und dessen Familie, Zuschüsse bei Anschaffungen). Diese Informationen gehen regelmäßig aus den monatlichen Gehaltsabrechnungen („Payslips") inklusive Schattengehaltsabrechnungen („Shadow-Payroll") des Arbeitnehmers aus dem In- und Ausland hervor.

(3) Übernahme von Steuerberatungskosten

Die **Übernahme von Steuerberatungskosten** durch den Arbeitgeber führt i.d.R. zum **Zufluss eines geldwerten Vorteils** in Höhe der tatsächlichen Kosten (inkl. Umsatzsteuer). Hierzu gehören insbesondere sämtliche Leistungen, die mit der Erstellung der Einkommensteuererklärung des Arbeitnehmers oder seiner Angehörigen in Verbindung stehen (z.B. Erstellung der Steuererklärung, Vorbereitungsgespräche, Beantwortung der Fragen des Finanzamts, Bescheidüberprüfung und Einspruchsverfahren, Beantragung Kindergeld, Beratungsleistungen, VIP-Services etc.), s. BFH v. 3.9.2015, VI R 1/14, BStBl II 2016, 31. 1676

Der in diesem Zusammenhang zugeflossene Arbeitslohn ist grds. dergestalt **direkt zuzuordnen**, dass die Kosten für die **Erklärungsabgabe im Heimatstaat** ausschließlich **der Tätigkeit im Heimatstaat** und die **Kosten für die Erklärungsabgabe im Einsatzstaat** ausschließlich der **Tätigkeit im Einsatzstaat zuzurechnen** sind. Erfolgt die Übernahme der Steuerberatungskosten jedoch im ausschließlichen wirtschaftlichen Zusammenhang mit der im Inland oder im Ausland ausgeübten Tätigkeit (z.B. auf Grund ausdrücklicher und auf die Dauer der Entsendung beschränkter Vereinbarung im Entsendevertrag), so ist der hieraus resultierende Lohn ausschließlich dieser Tätigkeit zuzuordnen.

Übernimmt der Arbeitgeber, der mit dem Arbeitnehmer **unter Abtretung der Steuererstattungsansprüche eine Nettolohnvereinbarung abgeschlossen** hat, die Steuerberatungskosten für die Erstellung der Einkommensteuererklärungen des Arbeitnehmers, wendet er damit i.d.R. **keinen Arbeitslohn** zu (BFH v. 9.5.2019, VI R 28/17, BStBl II 2019, 785). Arbeitslohn liegt dagegen i.d.R. vor, soweit die **Steuerberatungskosten anderen Einkunftsarten** (z.B. Kapitalvermögen oder Vermietung und Verpachtung) als den aus dem Dienstverhältnis zum Arbeitgeber oder verbundenen Unternehmen (§ 15 AktG) erzielten Einkünften aus nichtselbständiger Arbeit zuzuordnen sind.

Wird für die Steuerberatungskosten **eine pauschale Vergütung** je Arbeitnehmer oder für alle Arbeitnehmer vereinbart, bestehen nach Auffassung der Finanzverwaltung grds. **keine Bedenken**, wenn **aus Vereinfachungsgründen auf die Erfassung** der anteilig den anderen Einkunftsarten zuzuordnenden Steuerberatungskosten **verzichtet** wird.

Betreffen die Aufwendungen jedoch **nur Arbeitgeberleistungen** (z.B. Erstellung der Lohnabrechnung und Lohnsteueranmeldung, Steuerausgleichsberechnungen [TEQ], Beratungsleistungen im Zusammenhang mit sozialversicherungsrechtlichen Fragen etc.), handelt es sich um **Aufwendungen im sog. überwiegenden betrieblichen Interesse**, die beim einzelnen Arbeitnehmer zu keiner Bereicherung führen und insoweit keinen Zufluss von Arbeitslohn darstellen.

(4) Gestellung eines Dienstwagens

Stellt der Arbeitgeber dem Arbeitnehmer **einen Dienstwagen zur Verfügung**, ist der hieraus resultierende geldwerte Vorteil für Privatfahrten und der für Fahrten zwischen Wohnung und erster Tätigkeitsstätte **nach dem Veranlassungszusammenhang zuzuordnen**. Der anlässlich der Fahrten zwischen Wohnung und erster Tätigkeitsstätte entstehende geldwerte Vorteil ist **direkt der Tätigkeit im Ansässigkeitsstaat oder im Tätigkeitsstaat** zuzuordnen. Wird dagegen der **Dienstwagen allgemein** ohne Abhängig- 1677 keit von einer bestimmten Tätigkeit im Aus- oder Inland **überlassen**, handelt es sich um Arbeitslohn, der **nicht direkt zugeordnet** werden kann.

(5) Aufwendungen für die Reintegration

1678 Übernimmt der Arbeitgeber **Aufwendungen für die Reintegration des Arbeitnehmers** in den früheren Ansässigkeitsstaat (z.B. für die Unterbringung, die Verpflegung, den Rückumzug) und war der zurückliegende Einsatz in dem anderen Staat **von vornherein befristet**, liegt insoweit i.d.R. Arbeitslohn vor, der **abkommensrechtlich direkt dem Tätigkeitsstaat zuzuordnen** ist.

Erfolgte dagegen der **Einsatz in dem anderen Staat unbefristet**, ist die Rückkehr in den Ansässigkeitsstaat i.d.R. durch eine neue Tätigkeit im Wohnsitzstaat veranlasst. In diesem Fall sind die Aufwendungen des Arbeitgebers für die Reintegration des Arbeitnehmers in den Ansässigkeitsstaat ggf. **dieser neuen Tätigkeit zuzuordnen**.

II) Außerhalb des vom Arbeitgeber eingerichteten Arbeitsplatzes ausgeübte Tätigkeiten

Die Grundsätze zur Aufteilung des Besteuerungsrechts über den Arbeitslohn zwischen zwei oder mehreren Staaten sind auch auf Sachverhalte anzuwenden, in denen der Arbeitnehmer seine Tätigkeit oder einen Teil seiner Tätigkeit außerhalb des für ihn im Betrieb eingerichteten Arbeitsplatzes (z.B. Tätigkeiten in den Wohnräumen des Arbeitnehmers oder im Homeoffice) ausübt. Art. 15 OECD-MA sieht hierfür keine besonderen Regelungen vor. Dem folgend enthalten auch deutsche DBA i.d.R. keine Sonderregelungen.

Abweichend hiervon können sich aus den Grenzgängerregelungen andere Rechtsfolgen für die Tätigkeitausübung im Homeoffice ergeben.

Beispiel: Tätigkeit im Homeoffice

Der ausschließlich in Deutschland ansässige Arbeitnehmer D arbeitet für einen in Dänemark ansässigen Arbeitgeber 40 Stunden pro Woche an fünf Tagen die Woche. Von Montag bis Mittwoch übt D die Tätigkeit am betrieblichen Arbeitsplatz in Dänemark aus. Donnerstags arbeitet D vier Stunden in Dänemark und vier Stunden im Homeoffice. Freitags arbeitet D sechs Stunden ausschließlich im Homeoffice.

Lösung:

Für D sind in diesen Wochen fünf tatsächliche Arbeitstage zu zählen. Davon übt er 3,5 Tage in Dänemark (Montag bis Mittwoch ganztägig und Donnerstag halbtägig) und 1,5 Tage in Deutschland (Donnerstag halbtägig, Freitag ganztägig) aus. Der Freitag ist ungeachtet der verkürzten Arbeitszeit als voller tatsächlicher Arbeitstag zu berücksichtigen. Soweit nicht § 50d Abs. 8 oder 9 EStG anzuwenden sind, kann der Arbeitslohn, der auf die Arbeitstage in Dänemark entfällt, nach Art. 15 Abs. 1 Satz 2 i.V.m. Art. 24 Abs. 1 Buchst. a DBA-Dänemark steuerfrei gestellt werden. Soweit der Arbeitslohn auf die im Inland ausgeübten Arbeitstage entfällt, steht dem Ansässigkeitsstaat Deutschland das Besteuerungsrecht zu (Art. 15 Abs. 1 Satz 1 erster Halbsatz DBA-Dänemark).

6. Aufteilung im Lohnsteuerabzugsverfahren

a) Allgemeines

1679 Der nicht direkt zuordenbare, verbleibende Arbeitslohn ist nach der Zahl der tatsächlichen Arbeitstage innerhalb eines Erdienungszeitraums aufzuteilen in einen steuerfreien Arbeitslohnteil und einen steuerpflichtigen Arbeitslohnteil (BMF v. 12.12.2023, IV B 2 – S 1300/21/10024 :005, BStBl I 2023, 2179).

Für die Aufteilung des Arbeitslohns im Lohnsteuerabzugsverfahren gelten hierzu ergänzend die folgenden Grundsätze (BMF v. 8.10.2024, IV C 5 – S 2367/23/10001 :001, BStBl I 2024, 1308).

b) Ermittlung des steuerfreien und steuerpflichtigen Arbeitslohns

1680 Zahlt der Arbeitgeber seinem Arbeitnehmer Arbeitslohn, der nach einem DBA teilweise steuerfrei und teilweise steuerpflichtig ist, so hat der Arbeitgeber für den nach § 38 Abs. 3 EStG vorzunehmenden Lohnsteuerabzug zunächst den im jeweiligen Zeitraum, für den im Einzelfall Arbeitslohn gezahlt wird **direkt zuordenbaren Arbeitslohn** zu ermitteln und entsprechend **als steuerfrei oder steuerpflichtig** zu behandeln (→ Rz. 1657). Sodann hat der Arbeitgeber den verbleibenden und nicht direkt zuordenbaren Arbeitslohn in einen **steuerfreien und steuerpflichtigen Teil aufzuteilen** (→ Rz. 1658).

Als unmittelbar auf Grund einer konkreten inländischen oder ausländischen Arbeitsleistung **direkt zuordenbarer Arbeitslohn** kommen z.B. in Betracht:

- Reisekosten,
- Überstundenvergütungen,
- Zuschläge für Sonntags-, Feiertags- oder Nachtarbeit,
- Auslandszulagen,
- die Gestellung einer Wohnung im Tätigkeitsstaat und
- Unterstützungsleistungen für die mitumziehende Familie.

Der Gesamtarbeitslohn abzüglich des direkt zugeordneten Arbeitslohnes ist der verbleibende Arbeitslohn. Zum verbleibenden Arbeitslohn gehören z.B. neben den laufenden Vergütungen auch Zusatzvergütungen, die auf die nichtselbständige Arbeit des Arbeitnehmers innerhalb des Erdienungszeitraums entfallen (z.B. sonstige Bezüge wie Weihnachts- und Urlaubsgeld, → Rz. 1690).

c) Aufteilung des verbleibenden laufenden Arbeitslohns

Der **nicht direkt zuordenbare verbleibende Arbeitslohn** ist bei der Veranlagung zur Einkommensteuer und im Lohnsteuerabzugsverfahren stets nach den im In- und Ausland verbrachten **tatsächlichen Arbeitstagen** innerhalb eines Erdienungszeitraums **aufzuteilen**. Der für die Aufteilung des laufenden Arbeitslohns maßgebliche Erdienungszeitraum ist i.d.R. das Kalenderjahr (BMF v. 12.12.2023, Rn. 237 ff.). 1681

Während des Kalenderjahres werden beim laufenden Lohnsteuerabzug für den einzelnen Kalendermonat zur Aufteilung des nicht direkt zuordenbaren Arbeitslohns im Hinblick darauf, dass die endgültigen Werte zu diesem Zeitpunkt nicht bestimmt werden können, folgende Alternativen zugelassen.

aa) Aufteilung nach tatsächlichen Arbeitstagen im gesamten Beschäftigungszeitraum innerhalb eines Kalenderjahres

Anhand der am Ende des einzelnen Kalendermonats bekannten Tatsachen werden die voraussichtlichen tatsächlichen Tage im In- und Ausland **mit einer Prognose ermittelt** und ins Verhältnis zu den voraussichtlichen Gesamtarbeitstagen **des gesamten Beschäftigungszeitraums** innerhalb des Kalenderjahres gesetzt. Die maßgeblichen Tage können dadurch ermittelt werden, dass die möglichen Arbeitstage nach Abzug der bekannten Urlaubstage sowie bereits angefallener Krankheitstage angesetzt werden. Künftige Krankheitstage sind nur dann zu berücksichtigen, wenn sie nach den bekannten Verhältnissen voraussichtlich anfallen werden, z.B. nach Angabe in einer vorliegenden Arbeitsunfähigkeitsbescheinigung. Dieser Aufteilungsmaßstab wird auf den einzelnen Kalendermonat angewandt. 1682

bb) Aufteilung nach tatsächlichen Arbeitstagen im einzelnen Kalendermonat

Alternativ können auch **die tatsächlichen Arbeitstage des einzelnen Kalendermonat** für die Aufteilung des Arbeitslohns herangezogen werden. 1683

cc) Aufteilung nach pauschal angesetzten Arbeitstagen im gesamten Beschäftigungszeitraum innerhalb eines Kalenderjahres

Alternativ können für die Aufteilung des Arbeitslohns pauschal 20 Arbeitstage je Kalendermonat im In- und Ausland angesetzt werden und diese mit den tatsächlichen ausgeübten Arbeitstagen im In- und Ausland ins Verhältnis gesetzt werden. Der pauschale Ansatz der Gesamtarbeitstage verringert sich verhältnismäßig, wenn der Arbeitnehmer typischerweise an weniger als 5 Arbeitstagen in der Kalenderwoche tätig ist (Teilzeitarbeit). Dieser Aufteilungsmaßstab wird auf den einzelnen Kalendermonat angewandt. Ändert sich die Prognose zu den voraussichtlich anfallenden Arbeitstagen im In- und Ausland (z.B. wegen Verlängerung der Entsendung oder einer Erhöhung von Homeoffice-Tagen im Ausland), ist der neu ermittelte Aufteilungsmaßstab ab diesem Kalendermonat anzuwenden → Rz. 1688. 1684

dd) Aufteilung nach pauschal angesetzten Arbeitstagen im einzelnen Kalendermonat

1684.1 Alternativ können auch die pauschal mit 20 angesetzten Gesamtarbeitstage des einzelnen Kalendermonats für die Aufteilung des Arbeitslohns herangezogen werden. Der pauschale Ansatz der Gesamtarbeitstage verringert sich verhältnismäßig, wenn der Arbeitnehmer typischerweise an weniger als 5 Arbeitstagen in der Kalenderwoche tätig ist (Teilzeitarbeit).

ee) Aufteilung nach vereinbarten Arbeitstagen im einzelnen Kalendermonat

1685 Die für den Kalendermonat vereinbarten Arbeitstage im In- und Ausland werden mit den tatsächlichen ausgeübten Arbeitstagen im Ausland ins Verhältnis gesetzt. Dieser Aufteilungsmaßstab wird für die Aufteilung des Arbeitslohns des konkreten Kalendermonats angewandt.

Die vertraglich vereinbarten Arbeitstage sind die Kalendertage pro Kalendermonat abzüglich der Tage, an denen der Arbeitnehmer laut Arbeitsvertrag nicht verpflichtet ist, zu arbeiten (z.B. Urlaubs- und Wochenendtage) oder für die ein erkrankter Arbeitnehmer keine Lohnfortzahlung erhält. Es kommt weder auf die Zahl der Kalendertage (365), noch auf die Steuertage im Kalenderjahr (360) an. In einem anderen Staat verbrachte Tage, die nicht zu den vereinbarten Arbeitstagen rechnen (z.B. Aufenthalt aus privaten Gründen), werden bei der Berechnung der steuerfreien Einkünfte nicht berücksichtigt.

ff) Abrechnung nach einheitlichen Grundsätzen

1686 Innerhalb eines Dienstverhältnisses während des Kalenderjahres darf der Arbeitgeber **nur nach einheitlichen Grundsätzen abrechnen**. Zwischen den Alternativen darf also **nicht unterjährig gewechselt** werden.

d) Ermittlung der Verhältnisse zur Lohnabrechnung

1687 Der Zeitpunkt für die Ermittlung der Verhältnisse zur Lohnabrechnung ist der Tag, an dem der Zeitraum endet, für den jeweils der laufende Arbeitslohn gezahlt wird (R 39b.5 Abs. 1 Satz 3 i.V.m. Abs. 2 Satz 1 LStR). Für Lohnzahlungen und Lohnabrechnungen vor dem Ende des vorgenannten Zeitraums können aus Vereinfachungsgründen die zu diesem Zeitpunkt bekannten Verhältnisse zu Grunde gelegt werden (R 39b.5 Abs. 1 Satz 4 i.V.m. Abs. 2 Satz 1 LStR).

e) Änderung der Verhältnisse

1688 Ändert sich die Prognose für die Anzahl der tatsächlichen Arbeitstage in einem folgenden Kalendermonat, ist der neu ermittelte Aufteilungsmaßstab **ab diesem Kalendermonat** anzuwenden. Die bisher vorgenommenen Lohnabrechnungen können bis zur Überprüfung am Ende des Kalenderjahres oder bei Beendigung des Dienstverhältnisses unverändert bleiben.

f) Beginn und Beendigung des Dienstverhältnisses während des Kalendermonats

1689 Beim Beginn oder bei einer Beendigung des Dienstverhältnisses im Laufe eines Kalendermonats ist regelmäßig ein verkürzter Lohnzahlungszeitraum zu beachten. Zu den Einzelheiten siehe R 39b.5 Abs. 2 Satz 3 und 4 LStR und H 39b.5 (teilweise steuerpflichtiger Arbeitslohn im Inland) LStH. Dies gilt unabhängig davon, ob der Arbeitnehmer der unbeschränkten oder der beschränkten Einkommensteuerpflicht unterliegt. Zu Lohnzahlungen vor Ende des Lohnzahlungszeitraumes → Rz. 1687.

g) Zuordnung und Aufteilung von sonstigen Bezügen

1690 Kann ein sonstiger Bezug entweder dem steuerfreien oder dem steuerpflichtigen Teil **direkt zugeordnet** werden (z.B. Erfolgsprämie für die nach dem DBA steuerbegünstigte Tätigkeit oder eine Sonderzahlung für die Tätigkeit im Inland), erfolgt eine **vollständige Steuerfreistellung** (mit Progressionsvorbehalt) oder eine **vollständige Besteuerung** im Inland. Ist eine solche **Zuordnung nicht möglich** (z.B. für Urlaubs- oder Weihnachtsgeld), ist **eine Aufteilung im Kalenderjahr** nach → Rz. 1682 und → Rz. 1684 vorzunehmen (Anteil an den Gesamtarbeitstagen im Beschäftigungszeitraum des Kalenderjahres). Die sonstigen Bezüge sind im Kalenderjahr des Zuflusses nach den Verhältnissen des Erdienungszeitraums aufzuteilen (→ Rz. 1660 Beispiel 4).

Maßgeblich für diese Aufteilung sind die dem Arbeitgeber bekannten Tatsachen zum Ende des Kalendermonats des Zuflusses (R 39b.6 Abs. 3 Satz 2 LStR). **Aus Vereinfachungsgründen** können jedoch auch die **im Zeitpunkt der Lohnabrechnung bekannten Tatsachen** zu Grunde gelegt werden.

Lohnsteuerberechnung bei einem verkürzten Lohnzahlungszeitraum (sog. Teillohnzahlungszeitraum):

Bei monatlichen Lohnzahlungen können die zur Umrechnung des Arbeitslohns zur tageweisen Lohnsteuerberechnung maßgeblichen Tage (sog. Steuertage) nach dem Verhältnis der Kalendertage zu den Gesamtarbeitstagen ermittelt werden; Bruchteile können auf volle Tage abgerundet werden. Es bestehen keine Bedenken, die Gesamtarbeitstage pauschal mit 20 Arbeitstagen anzusetzen, so dass für Zwecke der Umrechnung des Arbeitslohns der voraussichtlich tatsächliche Arbeitstag mit dem Faktor 1,5 angesetzt werden kann (30 Kalendertage / 20 Gesamtarbeitstage). Der pauschale Ansatz der Gesamtarbeitstage verringert sich verhältnismäßig, wenn der Arbeitnehmer typischerweise an weniger als 5 Arbeitstagen in der Kalenderwoche tätig ist (Teilzeitarbeit).

Alternativ kann der Arbeitgeber auch die Anwesenheitstage des Arbeitnehmers im Inland (Arbeitstage und Nichtarbeitstage) als Steuertage berücksichtigen. In diesem Fall hat der Arbeitnehmer die Anwesenheitstage im Inland glaubhaft zu machen.

h) Überprüfung der im Kalenderjahr durchgeführten Lohnabrechnungen

Der Arbeitgeber hat den innerhalb eines Kalenderjahres durchgeführten Lohnsteuerabzug **am Ende des Kalenderjahres** oder **bei Beendigung des Dienstverhältnisses** zu **überprüfen** und **bei Abweichungen zu korrigieren**. Ab diesem Zeitpunkt ist der Arbeitgeber in der Lage, die **tatsächlichen In- und Auslandstage** im Beschäftigungszeitraum des Kalenderjahres zu ermitteln, die bei der Überprüfung der Lohnabrechnungen anzusetzen sind. Ein Wahlrecht, wie unter → Rz. 1682 bis → Rz. 1685 dargestellt, besteht bei der (abschließenden) Überprüfung nicht. Es ist stets die Anzahl der tatsächlichen Arbeitstage im In- und Ausland zu berücksichtigen. Dies gilt sowohl für die Aufteilung des verbleibenden Arbeitslohns als auch für die Ermittlung der Lohnsteuer nach der sog. Tagestabelle bei Anwendung der Ermittlungsmethode nach dem Verhältnis der Kalendertage zu den Gesamtarbeitstagen (s.o. und R 39b.5 Abs. 2 Satz 3 u. 4 LStR, H 39b.5 [teilweise steuerpflichtiger Arbeitslohn im Inland] LStH). In Fällen der Ermittlung der Steuertage nach den Anwesenheitstagen des Arbeitnehmers im Inland (s.o.) sind außerdem die Anwesenheitstage des Arbeitnehmers im Inland zu berücksichtigen. 1691

Dabei ist die Korrektur des bisherigen Lohnsteuerabzugs bei unbeschränkt sowie bei beschränkt Steuerpflichtigen für den jeweiligen Kalendermonat vorzunehmen. Dies gilt unabhängig davon, ob das Dienstverhältnis das ganze Kalenderjahr oder nur einen Teil des Kalenderjahres bestanden hat. Soweit der Lohnsteuerabzug Abgeltungswirkung nach § 50 Abs. 2 Satz 1 EStG hat, wie bei beschränkt Steuerpflichtigen, hat die Korrektur besondere Bedeutung. Die Regelungen des § 41c EStG und R 41c.1 LStR sind anzuwenden. Auch bei einer Korrektur des bisherigen Lohnsteuerabzugs hat die Ermittlung der Lohnsteuer nach der sog. Tagestabelle für sämtliche Kalendermonate des Kalenderjahres bzw. des Beschäftigungszeitraums zu erfolgen (R 39b.5 Abs. 2 Satz 3 u. 4 LStR, H 39b.5 [teilweise steuerpflichtiger Arbeitslohn im Inland] LStH). Der Arbeitgeber hat die **zu viel erhobene Lohnsteuer an den Arbeitnehmer zu erstatten**. Noch nicht erhobene Lohnsteuer hat der **Arbeitgeber nachträglich einzubehalten**. Soweit der Arbeitgeber auf Grund einer Änderung des Lohnsteuerabzugs nach Ablauf des Kalenderjahres nachträglich Lohnsteuer erstattet oder einbehält, handelt es sich um **Lohnsteuer des abgelaufenen Kalenderjahres**, die zusammen mit der übrigen einbehaltenen Lohnsteuer des abgelaufenen Kalenderjahres **in einer**

Summe in der Lohnsteuerbescheinigung zu übermitteln oder anzugeben ist. Die nachträglich erstattete bzw. einbehaltene Lohnsteuer ist für den Anmeldungszeitraum, gegebenenfalls getrennt nach den Kalenderjahren in denen der Arbeitslohn bezogen wird oder als bezogen gilt, anzugeben und abzuführen, in dem sie erstattet oder einbehalten wurde (§ 41a Abs. 1 Satz 1 Nr. 1 EStG).

i) Zusammenfassendes Beispiel einer ganzjährigen Beschäftigung mit Abrechnung nach den voraussichtlichen tatsächlichen Arbeitstagen im Kalenderjahr und Überprüfung

1692 **Beispiel:**

Der in Deutschland wohnende Arbeitnehmer A arbeitet in 2026 i.d.R. an fünf Tagen pro Woche für einen niedersächsischen Arbeitgeber und erhält einen Arbeitslohn von monatlich 5 000 €. Darüber hinaus erhält A im Juli eine Erfolgsprämie (sonstiger Bezug) für das laufende Kalenderjahr von 10 000 € und im Dezember ein Weihnachtsgeld von 8 000 €. Arbeitsvertraglich stehen ihm 30 Urlaubstage zu. Es ist geplant, dass A in 2026 insgesamt an 60 Tagen im Ausland tätig wird.

Im Oktober erkrankt A und fällt tatsächlich an zehn Arbeitstagen aus. Nach seiner Rückkehr im Oktober stellt sich heraus, dass A an zusätzlichen 20 Arbeitstagen ins Ausland reisen soll, sodass im Kalenderjahr voraussichtlich 80 Auslandsarbeitstage anfallen. Um bestehende Projekte abzuschließen, entscheidet sich A im Dezember dazu, fünf Urlaubstage in das Kalenderjahr 2027 zu übertragen.

Der auf die Tätigkeit im Ausland entfallende Arbeitslohn ist nach dem anzuwendenden DBA im Inland steuerfrei. Weil der ausgezahlte Arbeitslohn nicht direkt zugeordnet werden kann, ist er durch eine Verhältnisrechnung aufzuteilen.

Zusammenfassung für das Kalenderjahr 2026:

Der Arbeitgeber ermittelt den Aufteilungsmaßstab für die einzelnen Kalendermonate nach den voraussichtlichen tatsächlichen Arbeitstagen im gesamten Beschäftigungszeitraum

Voraussichtliche Urlaubstage nach Kenntnis des Arbeitgebers bis September:	30
voraussichtliche Urlaubstage nach Kenntnis des Arbeitgebers ab Dezember: (A darf fünf Urlaubstage in das Kalenderjahr 2027 übertragen)	25
Krankheitstage im Oktober:	10
Bruttolohn monatlich:	5 000 €
Erfolgsprämie für das laufende Kalenderjahr (ausgezahlt im Juli):	10 000 €
Weihnachtsgeld (ausgezahlt im Dezember):	8 000 €
voraussichtlich tatsächliche Auslandstage nach Kenntnis des Arbeitgebers bis September:	60
voraussichtlich tatsächliche Auslandstage nach Kenntnis des Arbeitgebers ab Oktober:	80

Berechnung:

Ermittlung des Aufteilungsmaßstabs

Prognosezeitpunkt	Mögliche Arbeitstage p.a.	Voraussichtliche Urlaubstage p.a.	Tatsächlich angefallene Krankheitstage p.a.	Verbleibende tatsächliche Arbeitstage p.a.	Anteil Ausland (steuerfrei)	Anteil Inland (steuerpflichtig)
ab Januar	254	30	0	224	60/224	163/224
ab Oktober (Krankheit und Erhöhung der Auslandstage)	254	30	10	214	80/214	133/214
ab Dezember (Übertrag Urlaub nach 02)	254	25	10	219	80/219	138/219

Ermittlung des steuerfreien und des steuerpflichtigen Arbeitslohns (während des laufenden Kalenderjahres)

Monat	Bruttoarbeitslohn in €	Steuerfreier Anteil	Steuerfreier Bruttoarbeitslohn in €	Steuerpflichtiger Anteil	Steuerpflichtiger Bruttoarbeitslohn in €
Januar	5 000,00	60/224	1 339,29	164/224	3 660,71
Februar	5 000,00	60/224	1 339,29	164/224	3 660,71
März	5 000,00	60/224	1 339,29	164/224	3 660,71
April	5 000,00	60/224	1 339,29	164/224	3 660,71
Mai	5 000,00	60/224	1 339,29	164/224	3 660,71
Juni	5 000,00	60/224	1 339,29	164/224	3 660,71
Juli lfd. Arbeitslohn	5 000,00	60/224	1 339,29	164/224	3 660,71
Juli sonst. Bezug	10 000,00	60/224	2 678,57	164/224	7 321,43
August	5 000,00	60/224	1 339,29	164/224	3 660,71
September	5 000,00	60/224	1 339,29	164/224	3 660,71
Oktober	5 000,00	80/214	1 339,29	134/214	3 130,84
November	5 000,00	80/214	1 339,29	134/214	3 130,84
Dezember lfd. Arbeitslohn	5 000,00	80/219	1 826,48	139/219	3 173,52
Dezember sonst. Bezug	8 000,00	80/219	2 922,37	139/219	5 077,63

Infolge des anhand der Prognose für das Kalenderjahr 2026 ermittelten Aufteilungsmaßstabs wird in jedem Kalendermonat sowohl steuerfreier als auch steuerpflichtiger Arbeitslohn bezogen. Folglich ist die Lohnsteuer in jedem Kalendermonat nach der sog. Tagestabelle zu ermitteln (siehe R 39b.5 Abs. 2 Satz 3 und 4 LStR und H 39b.5 (teilweise steuerpflichtiger Arbeitslohn im Inland) LStH).

Für die Umrechnung des im Kalendermonat bezogenen steuerpflichtigen Arbeitslohns zur tageweisen Lohnsteuerberechnung ist das nach der Prognose für die ganzjährige Beschäftigung ermittelte Verhältnis der Arbeitstage in Deutschland zu den Gesamtarbeitstagen zu Grunde zu legen. Für den einzelnen Monat ergeben sich – am Beispiel des Monats Januar 2026 – folgende Ermittlungsschritte:

30 Tage x 164/224 = 21,96 Tage, abgerundet auf 21 Tage

Für einen Betrag von 174,32 € (3 660,71 € / 21 Tage) ist die Tageslohnsteuer zu ermitteln und diese mit 21 zu vervielfachen.

Am Ende des Kalenderjahres errechnet sich für das gesamte Kalenderjahr 01 folgender Anteil an steuerfreiem bzw. steuerpflichtigen Arbeitslohn, der nicht direkt zuordenbar ist:

Anteil steuerfrei:	80/219
Anteil steuerpflichtig:	139/219

Mit diesem Aufteilungsmaßstab ist für jeden Kalendermonat eine Überprüfung, und gegebenenfalls eine Berichtigung der bisherigen Lohnabrechnungen vorzunehmen. Dieser vorgenannte Aufteilungsmaßstab gilt auch für den im Juli 2026 und Dezember 2026 zugeflossenen sonstigen Bezug. Eine Korrektur nach den Berechnungsgrundsätzen des § 42b EStG ist nicht zulässig.

Ermittlung des steuerfreien und des steuerpflichtigen Arbeitslohns (am Ende des Kalenderjahres)

Monat	Bruttoarbeitslohn in €	Steuerfreier Anteil	Steuerfreier Bruttoarbeitslohn in € (bisheriger Wert)	Steuerpflichtiger Anteil	Steuerpflichtiger Bruttoarbeitslohn in € (bisheriger Wert)
Januar	5 000,00	80/219	1 826,48 (1 339,29)	139/219	3 173,52 (3 660,71)
Februar	5 000,00	80/219	1 826,48 (1 339,29)	139/219	3 173,52 (3 660,71)
März	5 000,00	80/219	1 826,48 (1 339,29)	139/219	3 173,52 (3 660,71)
April	5 000,00	80/219	1 826,48 (1 339,29)	139/219	3 173,52 (3 660,71)
Mai	5 000,00	80/219	1 826,48 (1 339,29)	139/219	3 173,52 (3 660,71)
Juni	5 000,00	80/219	1 826,48 (1 339,29)	139/219	3 173,52 (3 660,71)
Juli lfd. Arbeitslohn	5 000,00	80/219	1 826,48 (1 339,29)	139/219	3 173,52 (3 660,71)
Juli sonst. Bezug	10 000,00	80/219	3 652,97 (2 678,57)	139/219	6 347,03 (7 321,43)
August	5 000,00	80/219	1 826,48 (1 339,29)	139/219	3 173,52 (3 660,71)

Monat	Brutto-arbeits-lohn in €	Steuer-freier Anteil	Steuer-freier Bruttoar-beitslohn in € (bis-heriger Wert)	Steuer-pflich-tiger Anteil	Steuer-pflichti-ger Brut-toarbeits-lohn in € (bisheri-ger Wert)
September	5 000,00	80/219	1 826,48 (1 339,29)	139/219	3 173,52 (3 660,71)
Oktober	5 000,00	80/219	1 826,48 (1 869,16)	139/219	3 173,52 (3 130,84)
November	5 000,00	80/219	1 826,48 (1 869,16)	139/219	3 173,52 (3 130,84)
Dezember lfd. Arbeitslohn	5 000,00	80/219	1 826,48 (1 826,48)	139/219	3 173,52 (3 173,52)
Dezember sonst. Bezug	8 000,00	80/219	2 922.37 (2 922,37)	139/219	5 077,63 (5 077,63)

Da für den Monat Dezember 2026 bereits der zutreffende Aufteilungsmaßstab angesetzt wird, führt die Überprüfung hier zu keiner Änderung. Für die Monate Januar 2026 bis November 2026 sind die Lohnabrechnungen hingegen zu korrigieren.

Am Beispiel des Monats Januar 2026 ergibt sich folgende korrigierte Ermittlung:

30 Tage x 139/219 = 19,04 Tage, abgerundet auf 19 Tage

Für einen Betrag von 167,03 € (3 173,52 € / 19 Tage) ist die Tageslohnsteuer zu ermitteln und diese mit 19 zu vervielfachen.

Auf Grund der Differenz zum bisherigen Lohnsteuerabzug ist die Lohnabrechnung für den Monat Januar 2026 zu korrigieren.

j) Beispiel für eine nicht ganzjährige Beschäftigung

1693 **Beispiel:**

Arbeitnehmer B ist beim Arbeitgeber A im Kalenderjahr 2026 vom 1.1. bis zum 31.10. beschäftigt (5 Arbeitstage pro Woche) und erhält einen Arbeitslohn von monatlich 5 000 €, der jeweils zum 25. eines Monats gezahlt wird. Es ist geplant, dass B im Kalenderjahr 2026 vom 1.2. bis zum 15.4. an insgesamt 50 Tagen im Ausland tätig wird. Arbeitsvertraglich stehen ihm bis zum Ende des Dienstverhältnisses am 31.10.2026 insgesamt 25 Urlaubstage zu. B möchte vom 16.4. bis 30.4. an 10 Arbeitstagen Urlaub nehmen. Ab dem 1.5. soll B wieder im Inland arbeiten (voraussichtlich an 20 Tagen im Monat).

Im Juli erhält B ein Urlaubsgeld (sonstiger Bezug) von 2 000 €. Am 2.9. erkrankt B (19 Arbeitstage Krankheit). Vom 1.10. bis zum 24.10. nimmt B seinen Resturlaub (15 Arbeitstage). Am 25.10. arbeitet B im Inland. Um weitere Projekte zu betreuen, arbeitet B unvorhergesehen vom 26.10. bis zum 31.10. im Ausland in der Betriebsstätte seines Arbeitgebers (4 Arbeitstage), sodass im Beschäftigungszeitraum insgesamt 54 Auslandsarbeitstage bei der ausländischen Betriebsstätte anfallen.

Der auf die Tätigkeit im Ausland entfallende Arbeitslohn ist nach dem anzuwendenden DBA im Inland steuerfrei. Weil der ausgezahlte Arbeitslohn nicht direkt zugeordnet werden kann, ist er durch eine Verhältnisrechnung aufzuteilen.

Zusammenfassung für den Beschäftigungszeitraum 2026

Voraussichtliche Urlaubstage nach Kenntnis des Arbeitgebers bis Oktober:	25
Krankheitstage im September:	19
voraussichtliche tatsächliche Auslandstage nach Kenntnis des Arbeitgebers bis September:	50
voraussichtliche tatsächliche Auslandstage nach Kenntnis des Arbeitgebers im Oktober:	54
Arbeitslohn monatlich:	5 000 €
Urlaubsgeld für das laufende Kalenderjahr, ausgezahlt im Juli:	2 000 €

Variante 1: Aufteilung nach den voraussichtlichen tatsächlichen Arbeitstagen des jeweiligen Kalendermonats

Ermittlung des Aufteilungsmaßstabs und Abrechnung nach den voraussichtlichen tatsächlichen Arbeitstagen des jeweiligen Kalendermonats:

Prognose-zeitraum	Mögli-che tat-sächli-che Ar-beitsta-ge im Monat	Voraus-sichtli-che Ur-laubs-tage im Monat	Tat-säch-lich an-gefal-lene Krank-heits-tage im Monat	Verblei-bende tat-sächli-che Ar-beits-tage im Monat	Ar-beits-tage Aus-land (steu-erfrei)	Ar-beits-tage Inland (steu-er-pflich-tig)
Januar	20	0	0	20	0	20
Februar – März	20	0	0	20	20	0
April	20	10	0	10	10	0
Mai – August	20	0	0	20	0	20
im September (Krankheit)	20	0	19	1	0	1
im Oktober (Erhöhung der Aus-landstage)	20	15	0	5	4	1
Summe	200	25	19	156	54	102

Der Arbeitgeber ermittelt den Aufteilungsmaßstab für die einzelnen Kalendermonate nach den voraussichtlichen tatsächlichen Arbeitstagen des einzelnen Kalendermonats.

Ermittlung des steuerfreien und des steuerpflichtigen Arbeitslohns (während des Beschäftigungsverhältnisses):

Prognose-zeitraum	Mögli-che tat-sächli-che Ar-beitsta-ge im Monat	Voraus-sichtli-che tat-sächli-che Ar-beitsta-ge im Monat (Nenner für Aus-land und In-land)	Voraus-sichtli-che tat-sächli-che Ar-beitsta-ge Aus-land im Monat (Zähler für Aus-land)	Verblei-bende voraus-sichtli-che tat-sächli-che Ar-beitsta-ge In-land im Monat (Zähler für In-land)	Brutto-ar-beits-lohn Anteil Aus-land (steu-erfrei) in €	Brutto-arbeits-lohn Anteil Inland (steuer-pflich-tig) in €
Januar	21	0	0	21	0	21
Januar (nur Inland)	20	20	0	20	0	5 000
Februar (nur Ausland)	20	20	20	0	5 000	0
März (nur Ausland)	20	20	20	0	5 000	0
April	20	10	10	0	5 000	0
Mai	20	20	0	20	0	5 000
Juni	20	20	0	20	0	5 000
Juli lfd. Arbeitslohn	20	20	0	20	0	5 000
Juli sonst. Bezug (deshalb hier Prognose für den gesamten Beschäftigungszeitraum)	200	175	50	125	2 000 x 50/175 = 571,43	2 000 x 125/175 = 1 428,57
August	20	20	0	20	0	5 000

Prognose-zeitraum	Mögliche tatsächliche Arbeitstage im Monat	Voraussichtliche tatsächliche Arbeitstage im Monat (Nenner für Ausland und Inland)	Voraussichtliche tatsächliche Arbeitstage Ausland im Monat (Zähler für Ausland)	Verbleibende voraussichtliche tatsächliche Arbeitstage Inland im Monat (Zähler für Inland)	Bruttoarbeitslohn Anteil Ausland (steuerfrei) in €	Bruttoarbeitslohn Anteil Inland (steuerpflichtig) in €
September (1 Arbeitstag im Inland)	20	1	0	1	0	5 000
Oktober (4 Arbeitstage im Ausland)	20	5	4	1	4 000	1 000

Für die Monate Januar, Mai, Juni, August und September 2026 ist die Lohnsteuer nach der sog. Monatstabelle zu berechnen, da an jedem Tag des Kalendermonats Arbeitslohn bezogen wird, der dem inländischen Lohnsteuerabzug unterliegt.

Für die Monate Februar, März und April 2026 ist keine Lohnsteuer einzubehalten, da an keinem Tag des Kalendermonats steuerpflichtiger Arbeitslohn bezogen wird.

Für die Monate Juli und Oktober 2026 ist die Lohnsteuer nach der sog. Tagestabelle zu ermitteln, da zusätzlich zum steuerpflichtigen Arbeitslohn auch Arbeitslohn bezogen wird, der nicht dem inländischen Lohnsteuerabzug unterliegt.

Am Ende des Beschäftigungszeitraums errechnet sich für den Beschäftigungszeitraum vom 1.1. bis 31.10.2026 folgender Anteil an steuerfreiem bzw. steuerpflichtigem Arbeitslohn, der nicht direkt zuordenbar ist:

Anteil steuerfrei:	54/156
Anteil steuerpflichtig:	102/156

Mit diesem Aufteilungsmaßstab ist für jeden Kalendermonat von Januar bis Oktober 2026 eine Überprüfung und ggf. eine Berichtigung der bisherigen Lohnabrechnungen vorzunehmen. Dieser vorgenannte Aufteilungsmaßstab gilt auch für den im Juli 2026 zugeflossenen sonstigen Bezug.

Die Differenz beim steuerpflichtigen Arbeitslohn beruht auf den Änderungen der Verhältnisse während des Beschäftigungszeitraums, da der Arbeitgeber zunächst die voraussichtlichen tatsächlichen Arbeitstage des einzelnen Kalendermonats angesetzt hat. Da die Überprüfung nach den Verhältnissen des Beschäftigungszeitraums vom 1.1.2026 bis zum 31.10.2026 abweichende Werte ergab, sind die einzelnen Lohnabrechnungen noch vor Übermittlung der Lohnsteuerbescheinigung durch den Arbeitgeber zu berichtigen (§ 41c Abs. 1 EStG). Eine Korrektur nach den Berechnungsgrundsätzen des § 42b EStG ist nicht zulässig.

Ermittlung des steuerfreien und des steuerpflichtigen Arbeitslohns (nach Beendigung des Beschäftigungszeitraums):

Monat	Arbeitslohn in €	Steuerfreier Anteil	Steuerfreier Arbeitslohn in € (bisheriger Wert)	Steuerpflichtiger Anteil	Steuerpflichtiger Arbeitslohn in € (bisheriger Wert)
Januar	5 000,00	54/156	1 730,77 (0)	102/156	3 269,23 (5 000)
Februar	5 000,00	54/156	1 730,77 (5 000)	102/156	3 269,23 (0)
März	5 000,00	54/156	1 730,77 (5 000)	102/156	3 269,23 (0)
April	5 000,00	54/156	1 730,77 (5 000)	102/156	3 269,23 (0)
Mai	5 000,00	54/156	1 730,77 (0)	102/156	3 269,23 (5 000)
Juni	5 000,00	54/156	1 730,77 (0)	102/156	3 269,23 (5 000)
Juli lfd. Arbeitslohn + sonstiger Bezug	7 000,00	54/156	2 423,08 (0 + 571,43)	102/156	4 576,92 (5 000 + 1 428,57)
August	5 000,00	54/156	1 730,77 (0)	102/156	3 269,23 (5 000)
September	5 000,00	54/156	1 730,77 (0)	102/156	3 269,23 (5 000)
Oktober	5 000,00	54/156	1 730,77 (4 000)	102/156	3 269,23 (1 000)

Für die Monate Januar bis Oktober 2026 sind die Lohnabrechnungen zu korrigieren.

Am Beispiel des Monats Januar 2026 ergibt sich folgende korrigierte Ermittlung:

30 Tage x 102/156 = 19,62 Tage, abgerundet auf 19 Tage

Für einen Betrag von 172,06 € (3 269,23 € / 19 Tage) ist die Tageslohnsteuer zu ermitteln und diese mit 19 zu vervielfachen. Auf Grund der Differenz zum bisherigen Lohnsteuerabzug ist die Lohnabrechnung für den Monat Januar 2026 zu korrigieren.

10.2 Variante 2: Aufteilung nach den voraussichtlichen tatsächlichen Arbeitstagen des gesamten Beschäftigungszeitraums innerhalb eines Kalenderjahres

Ermittlung des Aufteilungsmaßstabs und Abrechnung nach den voraussichtlichen tatsächlichen Arbeitstagen des Beschäftigungszeitraums im Kalenderjahr (während des Beschäftigungsverhältnisses)

Der Arbeitgeber ermittelt den Aufteilungsmaßstab für die einzelnen Kalendermonate nach den voraussichtlichen tatsächlichen Arbeitstagen im gesamten Beschäftigungszeitraum. Für den steuerpflichtigen Arbeitslohn ist die Lohnsteuer in jedem Kalendermonat nach der sog. Tagestabelle zu ermitTeln.

Prognose-zeitpunkt	Mögliche Arbeitstage	Voraussichtliche Urlaubstage	Tatsächlich angefallene Krankheitstage	Verbleibende tatsächliche Arbeitstage	Anteil Ausland (steuerfrei)	Anteil Inland (steuerpflichtig)
Januar bis August	200	25	0	175	50/175	125/175
September (Krankheit)	200	25	19	156	50/156	106/156
Oktober (Erhöhung der Auslandstage)	200	25	19	156	54/156	102/156

Ermittlung des steuerfreien und des steuerpflichtigen Arbeitslohns

Monat	Arbeitslohn in €	Steuerfreier Anteil	Steuerfreier Arbeitslohn in €	Steuerpflichtiger Anteil	Steuerpflichtiger Arbeitslohn in €
Januar	5 000,00	50/175	1 428,57	125/175	3 571,43
Februar	5 000,00	50/175	1 428,57	125/175	3 571,43
März	5 000,00	50/175	1 428,57	125/175	3 571,43
April	5 000,00	50/175	1 428,57	125/175	3 571,43
Mai	5 000,00	50/175	1 428,57	125/175	3 571,43
Juni	5 000,00	50/175	1 428,57	125/175	3 571,43
Juli lfd. Arbeitslohn	5 000,00	50/175	1 428,57	125/175	3 571,43
Juli sonst. Bezug	2 000,00	50/175	571,43	125/175	1 428,57
August	5 000,00	50/175	1 428,57	125/175	3 571,43
September	5 000,00	50/156	1 602,56	106/156	3 397,44
Oktober	5 000,00	54/156	1 730,77	102/156	3 269,23

Am Ende des Beschäftigungszeitraums errechnet sich für den Beschäftigungszeitraum vom 1.1. bis 31.10.2026 folgender Anteil an steuerfreiem bzw. steuerpflichtigem Arbeitslohn, der nicht direkt zuordenbar ist:

Anteil steuerfrei:	54/156
Anteil steuerpflichtig:	102/156

Mit diesem Aufteilungsmaßstab ist für jeden Kalendermonat von Januar bis Oktober 2026 eine Überprüfung und ggf. eine Berichtigung der bisherigen Lohnabrechnung vorzunehmen. Weil für den Kalendermonat Oktober 2026 bereits der zutreffende Aufteilungsmaßstab angesetzt wird, führt die Überprüfung zu keiner Änderung.

Die Differenz beim steuerpflichtigen Arbeitslohn beruht auf den Änderungen der Verhältnisse während des Beschäftigungszeitraums. Da die Überprüfung nach den Verhältnissen des Beschäftigungszeitraums vom 1.1. bis zum 31.10.2026 abweichende Werte ergab, sind die einzelnen Lohnabrechnungen – ohne Oktober 2026 – noch vor Übermittlung der Lohnsteuerbescheinigung durch den Arbeitgeber zu berichtigen (§ 41c Abs. 1 EStG). Eine Korrektur nach den Berechnungsgrundsätzen des § 42b EStG ist nicht zulässig.

Monat	Arbeitslohn in €	Steuerfreier Anteil	Steuerfreier Arbeitslohn in €	Steuerpflichtiger Anteil	Steuerpflichtiger Arbeitslohn in € (bisheriger Wert)
Januar	5 000,00	54/156	1 730,77 (1 428,57)	102/ 156	3 269,23 (3 571,43)
Februar	5 000,00	54/156	1 730,77 (1 428,57)	102/ 156	3 269,23 (3 571,43)
März	5 000,00	54/156	1 730,77 (1 428,57)	102/ 156	3 269,23 (3 571,43)
April	5 000,00	54/156	1 730,77 (1 428,57)	102/ 156	3 269,23 (3 571,43)
Mai	5 000,00	54/156	1 730,77 (1 428,57)	102/ 156	3 269,23 (3 571,43)
Juni	5 000,00	54/156	1 730,77 (1 428,57)	102/ 156	3 269,23 (3 571,43)
Juli lfd. Arbeitslohn + sonstiger Bezug	7 000,00	54/156	2 423,08 (1 428,57 + 571,43)	102/ 156	4 576,92 (3 571,43 + 1 428,57)
August	5 000,00	54/156	1 730,77 (1 428,57)	102/ 156	3 269,23 (3 571,43)
September	5 000,00	54/156	1 730,77 (1 602,56)	102/ 156	3 269,23 (3 397,44)
Oktober	5 000,00	54/156	1 730,77 (1 730,77)	102/ 156	3 269,23 (3 269,23)

Ermittlung des steuerfreien und des steuerpflichtigen Arbeitslohns (nach Beendigung des Beschäftigungszeitraums):

Für die Monate Januar bis September 2026 sind die Lohnabrechnungen zu korrigieren.

Am Beispiel des Monats Januar 2026 ergibt sich folgende korrigierte Ermittlung:

30 Tage x 102/156 = 19,62 Tage, abgerundet auf 19 Tage

Für einen Betrag von 172,06 € (3 269,23 € / 19 Tage) ist die Tageslohnsteuer zu ermitteln und diese mit 19 zu vervielfachen. Auf Grund der Differenz zum bisherigen Lohnsteuerabzug ist die Lohnabrechnung für den Monat Januar 2026 zu korrigieren.

k) Steuerliche Behandlung von Arbeitnehmereinkünften bei Auslandstätigkeiten (Auslandstätigkeitserlass)

1694 Die vorgenannten Grundsätze zur Aufteilung des Arbeitslohns sind auch bei der steuerlichen Behandlung von Arbeitnehmereinkünften bei Auslandstätigkeiten nach dem Auslandstätigkeitserlass v. 10.6.2022 (BStBl I, 997) anzuwenden (→ *Auslandstätigkeitserlass* Rz. 966).

l) Anwendung der Regelungen des § 50d Abs. 9 EStG

1695 Bei Lohneinkünften, die nach einem DBA in einem ausländischen Staat besteuert werden können, wird die unter Progressionsvorbehalt (§ 32b Abs. 1 Satz 1 Nr. 3 EStG) erfolgende Freistellung von der deutschen Steuer eines unbeschränkt Steuerpflichtigen nur gewährt, wenn die Voraussetzungen hierfür nach § 50d Abs. 8 und 9 EStG gegeben sind.

Der Steuerpflichtige muss für die Freistellung regelmäßig nachweisen, dass sämtliche seiner ausländischen Einkünfte und Einkunftsteile im ausländischen Staat besteuert wurden und er die ausländischen Steuern entrichtet hat oder dass der Staat, dem nach dem DBA das Besteuerungsrecht zusteht, auf dieses Besteuerungsrecht verzichtet hat. § 50d Abs. 8 EStG ist im Lohnsteuerabzugsverfahren grundsätzlich nicht anzuwenden. Auch die sich aus der Anwendung des § 50d Abs. 9 EStG ergebenden Änderungen der Bemessungsgrundlage müssen aus Vereinfachungsgründen nicht im Rahmen des Lohnsteuerabzugsverfahrens geprüft und durchgeführt werden. Gleiches gilt für die Anwendung der im jeweiligen DBA enthaltenen Rückfallklauseln (Schreiben durch BMF v. 12.12.2023, IV B 2 – S 1300/21/10024 :005, BStBl I 2023, 2179, Rn. 418 ff.).

m) Zahlung des Arbeitslohns in ausländischer Währung

Die einzubehaltenden sowie die an das zuständige Betriebsstättenfinanzamt anzumeldenden und abzuführenden **Lohnsteuerbeträge sind stets in Euro auszuweisen**. Wird der zu besteuernde Arbeitslohn **in einer ausländischen Währung gezahlt**, ist dieser vor Ermittlung der Lohnsteuer in einen **Euro-Betrag umzurechnen**. Umrechnungsmaßstab ist – soweit vorhanden – der auf den **Umrechnungszeitpunkt bezogene Euro-Referenzkurs der Europäischen Zentralbank**. Lohnzahlungen sind bei Zufluss des Arbeitslohns anhand der von der Europäischen Zentralbank veröffentlichten monatlichen Euro-Durchschnittsreferenzkurse umzurechnen, denen die im BStBl I veröffentlichten Umsatzsteuer-Umrechnungskurse entsprechen (BFH v. 3.12.2009, VI R 4/08, BStBl II 2010, 698). Der für den jeweiligen Kalendermonat angesetzte Referenzkurs ist auch dann beizubehalten, wenn der Arbeitslohn nach einem anderen Maßstab aufgeteilt wird. 1696

Die mit dem **Umtausch verbundenen Kosten und Gebühren** sind der privaten Lebensführung des Arbeitnehmers zuzuordnen und können daher **nicht arbeitslohnmindernd oder als Werbungskosten berücksichtigt** werden (BFH v. 24.6.2009, X R 57/06, BStBl II 2009, 1000).

n) Anwendung

Die Grundsätze sind im Lohnsteuerabzugsverfahren für den laufenden Arbeitslohn anzuwenden, der für einen nach dem 31.12.2024 endenden Lohnzahlungszeitraum gezahlt wird, und für sonstige Bezüge, die nach dem 31.12.2024 zufließen. Bis dahin wird es aus Vereinfachungsgründen auch nicht beanstandet, wenn die Regelung in R 39b.5 Abs. 2 Satz 4 LStR nicht berücksichtigt wird. Bis zum Inkrafttreten der Regelungen des BMF-Schreibens v. 8.10.2024 (BStBl I 2024, 1308) sind die Vorgaben des BMF-Schreibens vom 14.3.2017 (BStBl I 2017, 473) zu beachten. 1697

7. Beurteilung bestimmter Auslandstätigkeiten

a) Organe von Kapitalgesellschaften

Bei der Besteuerung der Organe von Kapitalgesellschaften ist zwischen den geschäftsführenden und den überwachenden Organen zu unterscheiden. 1698

Die Vergütungen von geschäftsführenden Organen (z.B. Vorstände und Geschäftsführer) von Kapitalgesellschaften fallen regelmäßig in den Anwendungsbereich des Art. 15 OECD-MA. Der Ort der Geschäftsleitung oder der Sitz der Gesellschaft ist für die Aufteilung des Besteuerungsrechts ebenso wenig relevant wie der Ort, an dem die Tätigkeit „verwertet" wird, da die Mitglieder der Geschäftsleitung abkommensrechtlich ihre Tätigkeit grundsätzlich an dem Ort ausüben, an dem sie sich persönlich aufhalten (BFH-Urteil vom 5.10.1994, BStBl II 1995, 95). Soweit der innerstaatliche Besteuerungsanspruch nicht durch diese abkommensrechtliche Regelung beschränkt wird, unterliegt der Arbeitslohn gemäß § 49 Abs. 1 Nr. 4 Buchstabe c EStG auch dann der beschränkten Einkommensteuerpflicht, wenn die geschäftsführenden Organe ihre Aufgaben im Ausland erfüllen.

Davon abzugrenzen sind jedoch die Vergütungen der überwachenden Organe von Kapitalgesellschaften (z.B. Aufsichts- und Verwaltungsräte). Dabei handelt es sich innerstaatlich um Einkünfte aus selbständiger Tätigkeit i.S.d. § 18 EStG, die abkommensrechtlich unter den Anwendungsbereich des Art. 16 OECD-MA fallen. Das Besteuerungsrecht wird regelmäßig dem Ansässigkeitsstaat der Kapitalgesellschaft zugewiesen. Die Doppelbesteuerung wird durch die Anrechnungsmethode vermieden. Soweit der innerstaatliche Besteuerungsanspruch nicht durch die abkommensrechtliche Regelung beschränkt wird, unterliegen die Vergütungen gemäß § 49 Abs. 1 Nr. 3 EStG nur dann der beschränkten Einkommensteuerpflicht, wenn die Tätigkeit im Inland ausgeübt oder verwertet wird oder worden ist oder für die Tätigkeit im Inland eine feste Einrichtung oder eine Betriebsstätte unterhalten wird.

In einigen Staaten ist es üblich, dass bestimmte Organe von Kapitalgesellschaften sowohl geschäftsführende als auch überwachende Aufgaben wahrnehmen (z.B. Schweizer Verwaltungsrat, kanadisches Board of Directors). In diesem Fall sind die Vergütungen unter Beachtung von Fremdüblichkeitsgrundsätzen aufzuteilen (BFH-Urteil v. 14.3.2011, BStBl II 2013, 73). Soweit die Einnahmen auf die geschäftsführenden Tätigkeiten entfallen, ist das Besteuerungsrecht nach Art. 15 OECD-MA zuzuweisen. Der übrige Teil fällt unter die Anwendung des Art. 16 OECD-MA.

Abweichend von den vorstehend genannten Grundsätzen wird in einigen DBA geregelt, dass das Besteuerungsrecht an den Geschäftsführervergütungen dem Ansässigkeitsstaat der Gesellschaft zusteht (z.B. Art. 16 DBA-Belgien, Art. 16 Abs. 2 DBA-Kasachstan, Art. 15 Abs. 2 DBA-Niederlande, Art. 16 DBA-Österreich, Art. 16 Abs. 2 DBA-Polen, Art. 16 DBA-Schweden, Art. 15 Abs. 4 DBA-Schweiz, s. auch Tz. 1.2.2.3, Rn. 30). Bezüglich der Anwendung des Methodenartikels in Zusammenhang mit Art. 15 Abs. 4 DBA-Schweiz wird auf das BMF-Schreiben v. 3.12.2013, BStBl I 2013, 1610 hingewiesen.

Abfindungen wegen Auflösung des Arbeitsverhältnisses unterfallen ebenfalls den vorgenannten Sonderregelungen (BFH-Urteil v. 30.9.2020, BStBl II 2021, 275). Soweit gemäß dem anzuwendenden DBA auf die Eigenschaft als Geschäftsführer abzustellen ist, unterliegt die gesamte zugeflossene feste und variable Vergütung einschließlich einer Abfindungszahlung den vorgenannten Sonderregelungen (z.B. Art. 16 Abs. 2 DBA-Polen). Auf das Ende der tatsächlichen Ausübung (z.B. durch Freistellung, Aufkündigung des Geschäftsführervertrages oder Löschung im Handelsregister) kommt es insoweit nicht an (BFH-Urteil v. 30.9.2020, BStBl II 2021, 275). Soweit auf die konkrete Tätigkeit der Geschäftsführertätigkeit abzustellen ist, endet die Anwendung des Art. 15 Abs. 4 DBA-Schweiz für Organe von Kapitalgesellschaften bereits dann, wenn die Tätigkeit als leitender Angestellter nachweislich tatsächlich nicht mehr ausgeübt wird (i.d.R. ab Antrag auf Löschung aus dem Handelsregister oder Aufkündigung des Geschäftsführervertrages). Ab diesem Zeitpunkt greift der allgemeine Artikel über unselbständige Arbeit (Art. 15 OECD-MA).

Beispiel 1:

Der ausschließlich in Deutschland ansässige X arbeitet als Geschäftsführer für eine niederländische Kapitalgesellschaft und als Aufsichtsrat einer belgischen Kapitalgesellschaft. Seine Tätigkeit übt er zu 1/3 in den Niederlanden, zu 1/3 in Belgien und zu 1/3 in Drittstaaten aus.

Lösung:

Nach Art. 16 Abs. 1 DBA-Belgien bzw. Art. 15 Abs. 2 DBA-Niederlande steht ungeachtet dessen, ob X in geschäftsführender oder in überwachender Funktion tätig ist, dem jeweiligen Ansässigkeitsstaat der Kapitalgesellschaft das Besteuerungsrecht zu. Dies würde auch dann gelten, wenn X in Deutschland tätig wäre. Nach dem DBA-Niederlande 2012 gilt zudem die Besonderheit, dass die Doppelbesteuerung auch für geschäftsführende Organe nach Art. 22 Abs. 1 Buchst. b Doppelbuchst. cc durch die Anrechnungsmethode vermieden wird.

In einigen DBA sind auf Grund unterschiedlicher Übersetzungen des Art. 16 zum Teil Organe genannt, die lediglich geschäftsführenden und keinen überwachenden Charakter haben. Da geschäftsführende Tätigkeiten nach deutscher Auffassung jedoch regelmäßig unter Art. ten, die im Verständigungsverfahren (s. Tz. 11) zu lösen sind. Soweit eine doppelte Nichtbesteuerung droht, kann der ausländische Staat – vorbehaltlich einer innerstaatlichen Rechtsgrundlage – mittels einer Spontanauskunft über die drohende Nichtbesteuerung informiert werden.

Beispiel 2:

Der ausschließlich in Deutschland ansässige A ist Geschäftsführer einer in Österreich ansässigen GmbH. A erhält einen Arbeitslohn i.H.v. 120 000 € pro Jahr. Die Tätigkeit übt er an 100 Tagen in Österreich und an 50 Tagen im Homeoffice Deutschland aus. A wird ab September für 90 Tage

1. widerruflich von der Arbeit freigestellt;
2. unwiderruflich von der Arbeit freigestellt.

Zum Zeitpunkt der Freistellung hält sich A in Deutschland auf.

Lösung:

Nach Art. 16 Abs. 2 DBA-Österreich steht für alle Vergütungen, die „in der Eigenschaft als Mitglied der Geschäftsführung" erzielt werden, dem Ansässigkeitsstaat der Kapitalgesellschaft das Besteuerungsrecht zu (hier: Österreich). Da Art. 16 Abs. 2 DBA-Österreich keine Vergütung für eine ausgeübte Tätigkeit verlangt, spielt es keine Rolle, ob die Arbeitsfreistellung widerruflich oder unwiderruflich erfolgt und wo sich A während der Arbeitsfreistellung aufhält.

Der Arbeitslohn ist daher vollständig in Deutschland unter Progressionsvorbehalt steuerfrei (Art. 23 Abs. 1 Buchst. a DBA-Österreich), sofern keine Rückfallklauseln anzuwenden sind (BFH v. 30.9.2020, BStBl II 2021, 275). Vgl. BMF v. 12.12.2023, IV B 2 – S 1300/21/10024 :005, BStBl I 2023, 2179.

In diesem Zusammenhang ist auf die gesetzliche Neuregelung des § 50d Abs. 15 EStG durch das Jahressteuergesetz 2024 hinzuweisen. Sofern die in einem Abkommen zur Vermeidung der Doppelbesteuerung enthaltene Regelung für Einkünfte aus unselbständiger Arbeit dem Artikel des OECD-Musterabkommens folgt, wird der Arbeitslohn, den ein von seiner Tätigkeit freigestellter Arbeitnehmer für die Zeit vor Beendigung seines Arbeitsverhältnisses erhält, in dem Staat besteuert wird, in dem die Tätigkeit ohne die Freistellung ausgeübt worden wäre. Nach bisheriger deutscher Sichtweise (vgl. insbesondere BMF v. 12.12.2023, BStBl I 2023, 2179, Rn. 361 und 362) konnte dieser Arbeitslohn i.d.R. nur im Ansässigkeitsstaat des Arbeitnehmers besteuert werden. § 50d Abs. 15 EStG sieht deshalb nunmehr vor, dass Arbeitslohn, der für Zeiten einer widerruflichen oder unwiderruflichen Arbeitsfreistellung im Zusammenhang mit der Beendigung des Arbeitsverhältnisses gezahlt wird, für Zwecke der Anwendung eines Abkommens zur Vermeidung der Doppelbesteuerung als Vergütung, die für die Ausübung einer Tätigkeit in dem Staat gewährt wird, in dem die Tätigkeit ohne die Freistellung ausgeübt worden wäre, gilt. Dies gilt nicht, soweit das Abkommen in einer gesonderten, ausdrücklich solchen Arbeitslohn betreffenden Vorschrift eine abweichende Regelung trifft. Die Regelung tritt mit Wirkung für den Veranlagungszeitraum 2024 in Kraft.

b) Sich-zur-Verfügung-Halten

Soweit die **Arbeitsleistung in einem Sich-zur-Verfügung-Halten** 1699
(z.B. Bereitschaftsdienst, Zeiträume der widerruflichen Arbeitsfreistellung im Zusammenhang mit der Beendigung des Arbeitsverhältnisses) besteht, ohne dass es zu einer Tätigkeit kommt, wird die Arbeitsleistung dort erbracht, wo sich der Arbeitnehmer während der Dauer des Sich-zur-Verfügung-Haltens **tatsächlich aufhält** (BFH v. 9.9.1970, I R 19/69, BStBl II 1970, 867).

Im Falle einer **unwiderruflichen Arbeitsfreistellung** findet dagegen keine Tätigkeitsausübung statt, sodass nach Art. 15 Abs. 1 Satz 1 OECD-MA grds. der **Ansässigkeitsstaat das Besteuerungsrecht** an den übrigen Vergütungen inne hat. Zeiten der unwiderruflichen Arbeitsfreistellung sind regelmäßig nicht in den Erdienungszeitraum von Vergütungen aus unselbständiger Arbeit einzubeziehen, da eine Ausübung der Tätigkeit nicht mehr stattfinden kann.

Zur gesetzlichen Neuregelung des § 50d Abs. 15 EStG → Rz. 1698.

c) Vorruhestandsgelder

Laufend ausgezahlte Vorruhestandsgelder haben immer Ver- 1700
sorgungscharakter. Sie sind daher Art. 18 OECD-MA zuzuordnen und **im Ansässigkeitsstaat zu besteuern**.

Erdiente kapitalisierte Vorruhestandsgelder, bei denen ein Versorgungscharakter angenommen werden kann, weil sie kurz (maximal ein Jahr) vor dem Eintrittsalter nach dem Recht des Quellenstaats in eine gesetzliche Rentenversicherung gezahlt werden, sind Art. 18 OECD-MA zuzuordnen. Das Besteuerungsrecht steht daher **dem Ansässigkeitsstaat** zu.

Bei Einmalzahlungen zur Ablösung eines bereits im Arbeitsvertrag vereinbarten **Anspruchs auf Vorruhestandsgeld**, denen kein Versorgungscharakter beigemessen werden kann, weil sie nicht in einem nahen zeitlichen Zusammenhang vor Erreichen der gesetzlichen Altersgrenze gezahlt werden, handelt es sich grds. um Vergütungen aus unselbständiger Arbeit i.S.d. Art. 15 Abs. 1 OECD-MA, für die dem **Tätigkeitsstaat das Besteuerungsrecht** zusteht.

Werden solche Einmalzahlungen aber **in einem nahen zeitlichen Zusammenhang mit dem Erreichen des gesetzlichen Rentenalters** geleistet, d.h. innerhalb eines Jahres vor diesem Zeitpunkt, unterfallen sie nicht mehr Art. 15 Abs. 1 OEC-MA. Die Zuordnung des Besteuerungsrechts erfolgt dann über Art. 18 OECD-MA.

Liegen andere Umstände für Versorgungsleistungen aus einer Sozialversicherung vor, wie z.B. Berufsunfähigkeit, kann auch bei einem nicht engen zeitlichen Zusammenhang mit dem gesetzlichen Renteneintrittsalter ein Versorgungscharakter der Einmalzahlung angenommen werden und das Besteuerungsrecht nach Art. 18 OECD-MA zuzuordnen sein. Ist ein laufendes **Vorruhestandsgeld** dagegen **nicht in einem Arbeitsvertrag vereinbart** und somit nicht durch eine bestimmte Tätigkeit erdient, sondern wird der Anspruch erst im Zusammenhang mit der Auflösung eines Dienstverhältnisses begründet, steht das Besteuerungsrecht nach Art. 18 OECD-MA nicht dem Tätigkeitsstaat, sondern dem **Ansässigkeitsstaat im Zeitpunkt der Zahlung** zu.

d) Konkurrenz- oder Wettbewerbsverbot

1701 Vergütungen an den Arbeitnehmer für ein **Konkurrenz- oder Wettbewerbsverbot** fallen unter Art. 15 OECD-MA. Es handelt sich hierbei um Vergütungen, die für **eine in die Zukunft gerichtete Verpflichtung** gezahlt werden und nicht der Abgeltung und Abwicklung von Interessen aus dem bisherigen Rechtsverhältnis dienen (BFH v. 12.6.1996, XI R 43/94, BStBl II 1996, 516). Die Arbeitsleistung, das Nicht-Tätig-Werden, wird **in dem Staat erbracht**, in dem sich der **Arbeitnehmer während der Dauer des Verbotes aufhält**. Die Fiktion eines Tätigkeitsortes unabhängig von der körperlichen Anwesenheit, beispielsweise in dem Staat, in dem der Stpfl. nicht tätig werden darf, ist nicht möglich (BFH v. 5.10.1994, I R 67/93, BStBl II 1995, 95). Hält sich der Arbeitnehmer während dieses Zeitraums in mehreren Staaten auf, ist das Entgelt entsprechend aufzuteilen.

Im Verhältnis zu Österreich werden Zahlungen anlässlich eines im Rahmen der Auflösung des Dienstverhältnisses vereinbarten Wettbewerbsverbots (Karenzentschädigung) dem vormaligen Tätigkeitsstaat in dem Verhältnis zugewiesen, in dem die für die zuvor ausgeübte Tätigkeit bezogenen Einkünfte dort der Besteuerung unterlegen haben (§ 5 KonsVerAUTV, BStBl I 2011, 144). Im Verhältnis zur Schweiz sind die Besonderheiten der Konsultationsvereinbarung zu Abfindungen (BStBl I 2010, 268) auf Zahlungen im Zusammenhang mit einem bei Auflösung eines Dienstverhältnisses vereinbarten Wettbewerbsverbot sinngemäß anzuwenden.

e) Altersteilzeit im Blockmodell

1702 Bei **Altersteilzeit** nach dem Blockmodell stellt der Arbeitslohn **in der Arbeits- und in der Freistellungsphase** eine Vergütung i.S.d. Art. 15 OECD-MA dar. In der Freistellungsphase handelt es sich dabei einheitlich um nachträglich gezahlten Arbeitslohn (BFH v. 12.1.2011, BStBl II 2011, 446), der aufzuteilen ist. Dabei ist als Erdienungszeitraum der Zeitraum der Arbeitsphase zu Grunde zu legen. Der Arbeitslohn wird durch den sog. Aufstockungsbetrag erhöht. Dabei wird der Aufstockungsbetrag nicht für die im Ausland geleistete Tätigkeit gezahlt, sondern für die Bereitschaft des Arbeitnehmers eine Altersteilzeitvereinbarung mit dem Arbeitgeber einzugehen. Diese ist unabhängig von der Auslandstätigkeit des Mitarbeiters vereinbart. Der Wert der Auslandsarbeit des Arbeitnehmers wird durch die Zahlung des Aufstockungsbetrags nicht erhöht, weil der Arbeitnehmer im Ausland keine anderswertige Tätigkeit erbringt als diejenige, die er ohne Altersteilzeitvereinbarung erbringen würde. Als solche Vergütung fällt der Aufstockungsbetrag als Arbeitslohn nicht in das Besteuerungsrecht des Tätigkeitsstaates, sondern steht ausschließlich dem Ansässigkeitsstaat zu. Ist Deutschland der Ansässigkeitsstaat, ist eine Steuerbefreiung nach § 3 Nr. 28 EStG (→ *Altersteilzeit* Rz. 83) zu prüfen.

Zu weiteren Einzelheiten vgl. BMF v. 3.5.2018, IV B 2 – S 1300/08/10027, BStBl I 2018, 643, Rdnr. 328 ff. unter Berücksichtigung der Änderungen durch BMF v. 22.4.2020, IV B 2 – S 1300/08/10027-01, BStBl I 2020, 483.

f) Betriebliche Altersversorgung

1703 Eine betriebliche Altersversorgung nach dem BetrAVG liegt vor, wenn dem Arbeitnehmer auf Grund seines Arbeitsverhältnisses vom Arbeitgeber Leistungen oder Beiträge zur Absicherung mindestens eines biometrischen Risikos (Alter, Tod, Invalidität) zugesagt werden und Ansprüche auf diese Leistungen erst mit dem Eintritt des biologischen Ereignisses fällig werden (§ 1 BetrAVG). Die Zusage des Arbeitgebers muss somit einem im BetrAVG geregelten Versorgungszweck dienen, die Leistungspflicht nach dem Inhalt der Zusage durch ein im Gesetz genanntes biologisches Ereignis ausgelöst werden und durch die vorgesehene Leistung ein im Gesetz angesprochenes biometrisches Risiko teilweise übernommen werden (BMF-Schreiben v. 12.8.2021, BStBl I 2021, 1050). Im Rahmen einer betrieblichen Altersversorgung ist zwischen der Anspar- und der Leistungsphase zu unterscheiden. In der Ansparphase vom Arbeitgeber geleistete Beiträge oder Zuschüsse zu einer externen betrieblichen Altersversorgung stellen nach innerstaatlichem Recht Arbeitslohn dar, wenn der Arbeitnehmer gegenüber der Versorgungseinrichtung, an die der Arbeitgeber die Beiträge leistet, einen unentziehbaren Rechtsanspruch auf die Leistung erwirbt. Das Besteuerungsrecht dieser Beiträge zu einer betrieblichen Altersversorgung bestimmt sich regelmäßig nach Art. 15 OECD-MA. Soweit keine Steuerfreiheit, z.B. nach § 3 Nr. 63 EStG (vgl. 36 ff. BMF-Schreiben v. 12.8.2021, BStBl I 2021, 1050), besteht, ist das Besteuerungsrecht aufzuteilen. Bei einer internen Durchführung der betrieblichen Altersversorgung (z.B. Direktzusage durch den Arbeitgeber) liegt in der Ansparphase nach innerstaatlichem Recht kein Arbeitslohn vor.

Das Besteuerungsrecht in der Leistungsphase richtet sich bei interner oder externer Durchführung der betrieblichen Altersversorgung i.d.R. nach Art. 18 oder 21 OECD-MA. Dies gilt i.d.R. auch dann, wenn der vertraglich vereinbarte Versorgungsfall (Alters-, Invaliditäts-, oder Hinterbliebenenversorgung nach dem BetrAVG eingetreten ist und die Versorgungsleistung in einem Einmalbetrag ausgezahlt wird. Ist der Versorgungsfall hingegen nicht eingetreten, gelten die allgemeinen Grundsätze bei Einmalzahlung zur Abfindung einer Ruhegehaltsanwartschaft → Rz. 1700.

8. Besonderheiten

a) Berufskraftfahrer

Berufskraftfahrer halten sich während der Arbeitsausübung **in** 1704
oder bei ihrem Fahrzeug auf (BFH v. 31.3.2004, I R 88/03, BStBl II 2004, 936). Das Fahrzeug ist daher ihr **Ort der Arbeitsausübung**. Der Ort der Arbeitsausübung des Berufskraftfahrers bestimmt sich nach dem jeweiligen Aufenthalts- oder Fortbewegungsort des Fahrzeugs. Zu den Berufskraftfahrern zählen auch Auslieferungsfahrer, nicht aber Reisevertreter. Fahrten zwischen der Wohnung und dem Standort des Fahrzeugs gehören nicht zur beruflichen Tätigkeit des Berufskraftfahrers i.S. der DBA.

Wenn der **Berufskraftfahrer und der Arbeitgeber im Inland ansässig** sind und der Arbeitslohn **nicht von einer ausländischen Betriebsstätte getragen** wird, gilt Folgendes

Soweit die Vergütungen aus nichtselbständiger Arbeit auf Tätigkeiten des Berufskraftfahrers in Deutschland entfallen, ist der Anwendungsbereich der DBA nicht betroffen. Diese Vergütungen unterliegen der **inländischen unbeschränkten Einkommensteuerpflicht**.

Soweit der Berufskraftfahrer seine Tätigkeit in einem anderen Staat ausübt, ist **anhand der 183 Tage-Klausel** zu prüfen, welchem der beiden Vertragsstaaten das **Besteuerungsrecht** für die auf das Ausland entfallenden Einkünfte **zusteht**.

Die Berechnung der 183 Tage-Frist ist dabei für **jeden Vertragsstaat gesondert** durchzuführen. Die von einem Berufskraftfahrer ausgeübte Fahrtätigkeit führt dazu, dass auch **Anwesenheitstage der Durchreise** in einem Staat bei der Ermittlung der 183 Tage-Frist als **volle Tage der Anwesenheit** in diesem Staat zu berücksichtigen sind. Durchquert der Fahrer an einem Tag mehrere Staaten, so zählt dieser Tag für Zwecke der Ermittlung der 183 Tage-Frist in jedem dieser Staaten als voller Anwesenheitstag.

Beispiel 1:

Der in München wohnhafte Berufskraftfahrer A nimmt seine Fahrt morgens in München auf, und fährt über Österreich nach Italien. Von dort kehrt er am selben Tage über die Schweiz nach München zurück.

Bei Berufskraftfahrern sind auch Tage der Durchreise als volle Anwesenheitstage im jeweiligen Staat zu berücksichtigen. Für die Ermittlung der 183 Tage-Frist ist damit für Österreich, Italien und die Schweiz jeweils ein Tag zu zählen.

Wenn der **Berufskraftfahrer im Inland ansässig** ist und der **Arbeitgeber im Ausland ansässig** ist oder der Arbeitslohn **von einer ausländischen Betriebsstätte getragen** wird, gilt Folgendes (BMF v. 12.12.2023, IV B 2 – S 1300/21/10024 :005, BStBl I 2023, 2179, Rz. 386 ff.)

In den Fällen, in denen der Berufskraftfahrer in Deutschland, sein Arbeitgeber aber in dem anderen Vertragsstaat ansässig ist, steht Deutschland das Besteuerungsrecht für die Vergütungen des Berufskraftfahrers aus unselbständiger Arbeit zu, soweit die Vergütungen auf **Tätigkeiten des Berufskraftfahrers im Inland** entfallen.

Soweit der Berufskraftfahrer seine Tätigkeit in dem Staat ausübt, in dem der Arbeitgeber ansässig ist, ist die Anwendung des Art. 15 Abs. 2 OECD-MA ausgeschlossen, weil die Voraussetzungen des Art. 15 Abs. 2 Buchst. b OECD-MA nicht vorliegen. Mit jedem Tätigwerden des Berufskraftfahrers im Ansässigkeitsstaat des Arbeitgebers steht diesem als Tätigkeitsstaat das Besteuerungsrecht insoweit zu (Art. 15 Abs. 1 OECD-MA).

Übt der Berufskraftfahrer seine Tätigkeit in einem Drittstaat aus, d.h. weder in Deutschland noch in dem Staat, in dem der Arbeitgeber ansässig ist, steht das Besteuerungsrecht für die auf den Drittstaat entfallenden Arbeitsvergütungen im Verhältnis zum Ansässigkeitsstaat des Arbeitgebers Deutschland als Ansässigkeitsstaat des Berufskraftfahrers zu. Besteht mit dem jeweiligen Drittstaat ein DBA, ist im Verhältnis zu diesem Staat nach diesem DBA zu prüfen, welchem Staat das Besteuerungsrecht zusteht. Soweit die Tätigkeit im jeweiligen Drittstaat an nicht mehr als 183 Tagen ausgeübt wird, verbleibt das Besteuerungsrecht i.d.R. bei Deutschland.

Diese Ausführungen gelten entsprechend für die Fälle, in denen der Arbeitgeber in Deutschland oder in einem Drittstaat ansässig ist, die Arbeitsvergütungen aber von einer Betriebsstätte im Tätigkeitsstaat getragen werden.

Hält sich der Berufskraftfahrer an einem Arbeitstag nicht ausschließlich im anderen Staat auf (z.B. an Reisetagen), so ist das Arbeitsentgelt für diesen Arbeitstag zeitanteilig aufzuteilen. Dies muss ggf. im Schätzungswege erfolgen. Hierbei ist die tatsächliche Arbeitszeit für diesen Tag zu Grunde zu legen.

Beispiel 2:

A, ansässig im Inland, ist für seinen in Österreich ansässigen Arbeitgeber als Berufskraftfahrer tätig. Im Jahr 2025 war A das ganze Jahr über im Inland tätig. Lediglich zwei Arbeitstage hat A in Österreich und zwei Arbeitstage in Italien verbracht. A ist kein Grenzgänger i.S.v. Art. 15 Abs. 6 DBA-Österreich.

Deutschland hat als Ansässigkeitsstaat des A das Besteuerungsrecht für die Arbeitsvergütungen, die auf die Arbeitstage entfallen, an denen A seine Tätigkeit in Deutschland ausgeübt hat (Art. 15 Abs. 1 DBA-Österreich). Zudem hat Deutschland das Besteuerungsrecht für die Arbeitsvergütungen, die auf die in Italien verbrachten Arbeitstage entfallen, weil sich A nicht mehr als 183 Tage in Italien aufgehalten hat (Art. 15 Abs. 2 DBA-Italien). Dagegen wird Österreich das Besteuerungsrecht für die Arbeitsvergütungen zugewiesen, die auf die Tage entfallen, an denen A in Österreich seine Tätigkeit ausgeübt hat (Art. 15 Abs. 1 Satz 2, Abs. 2 Buchst. b DBA-Österreich). Insoweit stellt Deutschland die Einkünfte unter Beachtung des § 50d Abs. 8 bzw. 9 EStG und des Progressionsvorbehalts frei (Art. 23 Abs. 1 Buchst. a DBA-Österreich).

Das **Besteuerungsrecht** bezüglich des Arbeitslohns eines **in Deutschland wohnhaften Berufskraftfahrers**, der für einen in den **Niederlanden ansässigen Arbeitgeber** fährt, ist für Tage, an denen er **Fahrtstrecken sowohl in den Niederlanden als auch in Deutschland** oder einem Drittstaat zurücklegt, nach den **jeweiligen Fahrtzeiten aufzuteilen**. Können diese nicht genau ermittelt werden, so sind sie zu schätzen. Eine dabei entstehende Doppelbesteuerung des Arbeitslohns durch dessen gesamte oder nahezu gesamte Besteuerung in den Niederlanden berührt die Rechtmäßigkeit der den vorstehenden Grundsätzen entsprechenden deutschen Steuerbescheide nicht. Sie kann nur durch ein Verständigungsverfahren ausgeräumt werden (Art. 22 DBA-Niederlande 1959, BFH v. 1.6.2022, BStBl II 2022, 646).

Die im Art. 14 Abs. 3 DBA-Spanien enthaltene **Sonderregelung** für Personal auf Schiffen und Flugzeugen umfasst auch **Personal auf Straßenfahrzeugen im internationalen Verkehr**.

b) Personal auf Schiffen und Flugzeugen

1705 Für Vergütungen des **Bordpersonals von Seeschiffen und Luftfahrzeugen im internationalen Verkehr** und des **Bordpersonals von Schiffen im Binnenverkehr** enthalten die Abkommen entsprechend Art. 15 Abs. 3 OECD-MA i.d.R. gesonderte Bestimmungen. Das **Besteuerungsrecht** für diese Vergütungen wurde in der Vergangenheit grds. **dem Vertragsstaat** zugewiesen, in dem sich der **Ort der tatsächlichen Geschäftsleitung des Unternehmens** befindet, das das Seeschiff oder Luftfahrzeug betreibt.

Mit Schreiben v. 15.4.2025, IV B 2 – S 1301/01408/007/001, BStBl I 2025, 1008 hat das BMF seine Sichtweise hierzu nunmehr differenziert und geht dabei von folgenden Grundsätzen aus:

- in Übereinstimmung mit der geltenden völkerrechtlichen Sichtweise stellen Schiffe auf hoher See abkommensrechtlich kein Staats- oder Hoheitsgebiet eines Vertragsstaats dar;
- dies gilt nicht, wenn ein anzuwendendes DBA eine hiervon abweichende Bestimmung enthält, beispielsweise, wenn sich nach dem Wortlaut des anzuwendenden DBA der Geltungsbereich des DBA und des innerstaatlichen Steuerrechts entsprechen;
- stellt ein DBA für die Definition des Vertragsstaats Bundesrepublik Deutschland in geographischer Hinsicht auf den „Geltungsbereich des Grundgesetzes für die Bundesrepublik Deutschland“ ab, ist davon auszugehen, dass hiermit das Staatsgebiet gemeint ist;
- in Übereinstimmung mit dem Seevölkerrecht bestimmt sich die Staatsangehörigkeit eines Schiffes sowie das auf einem Schiff geltende Rechtsregime anhand von dessen Beflaggung;
- enthält ein DBA eine dem Art. 15 Abs. 3 OECD-Musterabkommen 2014 (OECD-MA) entsprechende Bestimmung, können Einkünfte aus unselbständiger Arbeit des Bordpersonals von Seeschiffen, die im internationalen Verkehr betrieben werden, in dem Vertragsstaat besteuert werden, in dem sich der Ort der tatsächlichen Geschäftsleitung des die Schifffahrt betreibenden Unternehmens befindet.
- enthält ein DBA eine dem Art. 15 Abs. 3 OECD-MA 2017 entsprechende Bestimmung, steht das Besteuerungsrecht für Einkünfte aus unselbständiger Arbeit des Bordpersonals von Schiffen, die im internationalen Verkehr betrieben werden, ausschließlich dem Ansässigkeitsstaat zu;
- enthält ein DBA keine dem Art. 15 Abs. 3 OECD-MA 2014/2017 entsprechende oder vergleichbare Bestimmung, richtet sich die Aufteilung der Besteuerungsrechte an Einkünften aus unselbständiger Arbeit des Bordpersonals von Schiffen nach den allgemeinen Bestimmungen;
- eine Arbeitsausübung an Bord eines Schiffes auf hoher See ist – abgesehen von Fällen, in denen das anzuwendende DBA eine insoweit abweichende Bestimmung enthält – nicht mehr als Arbeitsausübung in dem (Vertrags-)Staat anzusehen, dessen Flagge das Schiff führt. Das Besteuerungsrecht des Ansässigkeitsstaats wird insoweit nicht eingeschränkt.
- Gegebenenfalls kann in einem Sachverhalt, der mehr als ein DBA betrifft, das Besteuerungsrecht des Ansässigkeitsstaats durch ein weiteres DBA beschränkt werden;
- die Aufteilung der Besteuerungsrechte und die Ermittlung des steuerpflichtigen bzw. steuerfreien Arbeitslohns hat nach allgemeinen Grundsätzen (s.vg.A. zum BMF-Schreiben v. 12.12.2023, BStBl I 2023, 2179 zu erfolgen, wobei Arbeitstage, an denen die Tätigkeit auf einem Schiff auf hoher See ausgeübt wird, keine Arbeitstage im anderen Staat (Tätigkeitsstaat) darstellen).

Um gegebenenfalls im Einzelfall eintretende Härten abzumildern, ist die geänderte Verwaltungsauffassung erstmals für Veranlagungszeiträume sowie Lohnzahlungszeiträume anzuwenden, die mit Ablauf des 31.12.2025 beginnen.

9. Rückfallklauseln nach DBA

Um zu vermeiden, dass Vergütungen in keinem der beiden Vertragsstaaten einer Besteuerung unterliegen, enthalten einige DBA-Bestimmungen, die gewährleisten sollen, dass Einkünfte oder Einkunftsteile nicht unversteuert bleiben. Diese Bestimmungen sind in den Abkommen unterschiedlich ausgestaltet; überwiegend handelt es sich um sog. „Subject-to-tax-Klauseln“, „Remittance-base-Klauseln“ oder um „Switch-over-Klauseln“ (vgl. BMF v. 20.6.2013, BStBl I 2013, 980). 1706

Insbesondere die nachfolgenden DBA enthalten eine Rückfallklausel (Stand 1.1.2023):

- Art. 22 Abs. 2 Buchstabe e Nr. ii DBA-Armenien,
- Art. 22 Abs. 2 Buchstabe e Nr. i DBA-Australien,
- Art. 22 Abs. 1 Buchstabe a und Buchstabe e Doppelbuchstabe aa DBA-Bulgarien,

- Art. 21 Abs. 1 Buchstabe e Nr. 1 DBA-Finnland,
- Art. 23 Abs. 1 Buchstabe a und Buchstabe e Doppelbuchstabe aa DBA-Vereinigtes Königreich,
- Art. 23 Abs. 2 Buchstabe e Doppelbuchstabe aa DBA-Irland, Nr. 16 Buchstabe d des Protokolls zu Art. 24 DBA-Italien,
- Art. 22 Abs. 2 Buchstabe e Nr. i und ii DBA-Japan,
- Art. 22 Abs. 1 Buchstabe e Doppelbuchstabe aa DBA-Luxemburg,
- Art. 22 Abs. 1 Buchstabe e Doppelbuchstabe aa DBA-Niederlande,
- Art. 23 Abs. 2 Buchstabe e Doppelbuchstabe aa DBA-Norwegen,
- Art. 23 Abs. 1 Satz 2 DBA-Schweden,
- Art. 22 Abs. 2 Buchstabe a und Buchstabe e Nr. i DBA-Spanien,
- Art. 23 Abs. 2 Buchstabe e Doppelbuchstabe aa und f DBA-Tunesien, Art. 22 Abs. 1 Buchstabe a und Buchstabe e Doppelbuchstabe aa DBA-Ungarn Art. 23 Abs. 4 Buchstabe b DBA-USA.

DBA-Rückfallklauseln, nach denen „Einkünfte" auf Grund ihrer Behandlung im anderen Vertragsstaat nicht von der Bemessungsgrundlage der deutschen Steuer ausgenommen werden, sind auch auf Teile von Einkünften anzuwenden (Tz. 56.1 OECD-MK zu Art. 23 Abs. 4 OECD-MA, der im Rahmen der Einschränkung der Freistellungsmethode für die Auslegung des Abkommensbegriffs „Einkünfte" („Income") ausdrücklich auf einzelne Einkunftspositionen und Vermögensgegenstände („an item of income or capital") abstellt). Für Veranlagungszeiträume ab dem Vz 2017 ergibt sich dies auch aus § 50d Abs. 9 Satz 4 EStG.

10. Auskunftsaustausch mit anderen Staaten über Arbeitslöhne

1707 Die Finanzbehörden erteilen anderen EU-Staaten und Staaten, mit denen – insbesondere in DBA – ein entsprechender Austausch vereinbart ist, Auskünfte über Sachverhalte, die im Ausland zu einer Besteuerung oder Steuererhöhung führen können. Im Einzelnen s. hierzu BMF v. 16.11.2006, IV B 1 – S 1320 – 66/06, BStBl I 2006, 698; BMF v. 25.5.2012, IV B 6 – S 1320/07/10004, BStBl I 2012, 599 und BMF v. 10.11.2015, IV B 6 – S 1301/11/10002, BStBl I 2016, 138.

11. Sozialversicherungspflicht

1708 Die Beitragspflicht von Arbeitsentgelt wird nicht dadurch beseitigt, dass auf Grund eines DBA von diesem Arbeitsentgelt keine Lohnsteuer gezahlt wird. Das gilt auch für die Bezüge, die zusätzlich zu Löhnen und Gehältern gezahlt werden.

→ *Auslandstätigkeit* Rz. 955; → *Ausstrahlung* Rz. 1175

Doppelte Haushaltsführung: Allgemeines

Inhalt

1. Allgemeines

a) Vorbemerkung

Unter diesem Stichwort wird zur besseren Übersicht nur darge- 1709
legt, unter welchen Voraussetzungen eine doppelte Haushaltsführung steuerlich anerkannt werden kann.

Welche Aufwendungen der Arbeitnehmer bei einer beruflich veranlassten doppelten Haushaltsführung als Werbungskosten abziehen bzw. der Arbeitgeber seinen Arbeitnehmern steuerfrei erstatten darf, ist unter → *Doppelte Haushaltsführung: Erstattungsbeträge* Rz. 1748 dargestellt. Übersichten und Tabellen hierzu finden sich im Anhang (→ *Anhang, A. Lohnsteuer* Rz. 4825).

Wie die **Mahlzeitengestellung** bei Auswärtstätigkeiten und doppelter Haushaltsführung steuerlich zu behandeln ist, ist unter → *Mahlzeiten aus besonderem Anlass* Rz. 3084 dargestellt.

Ausführliche Erläuterungen bzw. Verwaltungsanweisungen zur steuerlichen Behandlung der **Reisekosten** von Arbeitnehmern enthält das überarbeitete Anwendungsschreiben (BMF v. 25.11.2020, IV C 5 – S 2353/19/10011 :006, BStBl I 2020, 1228). Berücksichtigt wurden u.a. die seit 1.1.2020 geltenden Rechtsänderungen (z.B. die erhöhten Verpflegungspauschalen sowie die Übernachtungspauschale für Berufskraftfahrer) und die neue BFH-Rechtsprechung.

Zum **betrieblichen Bereich** s. weiterhin BMF v. 23.12.2014, IV C 6 – S 2145/10/10005 :001, BStBl I 2015, 26.

b) Begriff „doppelte Haushaltsführung"

Die wichtigste Voraussetzungen für eine doppelte Haushaltsfüh- 1710
rung sind:

- Der Stpfl. (Arbeitnehmer) führt an seinem Hauptwohnsitz einen Haushalt (z.B. Haus/Wohnung, in dem/r er und seine Familie leben) und beteiligt sich finanziell an den laufenden Kosten des Haushalts,
- es wird aus beruflichen Gründen ein zweiter Haushalt geführt,
- der zweite Haushalt befindet sich am Ort der ersten Tätigkeitsstätte (Arbeitsort) oder in dessen Nähe.

Notwendige Mehraufwendungen, die einem Arbeitnehmer wegen einer beruflich veranlassten doppelten Haushaltsführung entstehen, können als Werbungskosten abgezogen oder vom Arbeitgeber steuerfrei erstattet werden (§ 3 Nr. 13 bzw. 16 EStG; § 9 Abs. 1 Satz 3 Nr. 5 EStG). Eine doppelte Haushaltsführung liegt nur vor, wenn der Arbeitnehmer außerhalb des Ortes seiner ersten Tätigkeitsstätte einen eigenen Hausstand unterhält (**Hauptwohnung**) und auch am Ort der ersten Tätigkeitsstätte wohnt (**Zweitwohnung**). Die Anzahl der Übernachtungen ist unerheblich (R 9.11 Abs. 1 LStR).

Eine doppelte Haushaltsführung liegt nicht vor, solange die auswärtige Beschäftigung als **Auswärtstätigkeit** anzuerkennen ist, d.h. solange der **Beschäftigungsort keine erste Tätigkeitsstätte** darstellt (vgl. R 9.11 Abs. 1 Satz 2 LStR sowie → *Reisekosten: Allgemeine Grundsätze* Rz. 3589). Der Bezug einer Unterkunft am Ort der Auswärtstätigkeit begründet keine doppelte Haushaltsführung. Die Kosten einer Zweitwohnung, die vom Lebensmittelpunkt des Stpfl. entfernt liegt und für

Übernachtungen i.R. einer wechselnden Auswärtstätigkeit sowie als Büroarbeitsplatz genutzt wird, sind nach § 9 Abs. 1 Satz 3 Nr. 5a EStG nach Reisekostengrundsätzen als Werbungskosten berücksichtigungsfähig (FG Hamburg v. 24.10.2019, 6 K 35/19, EFG 2020, 189; eine doppelte Haushaltsführung schied im Urteilsfall von vornherein aus, denn eine solche liegt nach § 9 Abs. 1 Satz 3 Nr. 5 Satz 2 EStG nur vor, wenn der Arbeitnehmer außerhalb des Ortes seiner ersten Tätigkeitsstätte einen eigenen Hausstand unterhält und auch am Ort der ersten Tätigkeitsstätte wohnt, es fehlte im Urteilsfall schon an einer ersten Tätigkeitsstätte des Stpfl. in Hamburg).

Eine doppelte Haushaltsführung liegt ebenfalls nicht vor, wenn die Unterkunft am Tätigkeitsort **nicht „zum Wohnen" genutzt** wird, sondern das Aufhalten in der Unterkunft am Arbeitsort das **Verrichten von Arbeit** darstellt (BFH v. 2.10.1992, VI R 11/91, BStBl II 1993, 113). Ein Zeitsoldat, der die **Gemeinschaftsunterkunft** ausschließlich für dienstliche Zwecke (Aufbewahrung seiner Dienstkleidung und Ausrüstung sowie Wechseln der Uniform) und nicht zum Wohnen am Beschäftigungsort nutzt, kann daher die Wohnungskosten in Höhe des vom Arbeitgeber versteuerten geldwerten Vorteils für die unentgeltliche Überlassung der Gemeinschaftsunterkunft als (allgemeine) Werbungskosten nach § 9 Abs. 1 Satz 1 EStG absetzen (BFH v. 28.4.2020, VI R 5/18, BStBl II 2021, 725). In diesem Fall liegt von vornherein keine doppelte Haushaltsführung vor.

Aufwendungen für eine doppelte Haushaltsführung können ggf. vom **Arbeitgeber** nach § 3 Nr. 13 oder 16 EStG in dem Umfang **steuerfrei ersetzt** werden, in dem der Arbeitnehmer entsprechende Aufwendungen als Werbungskosten absetzen könnte (R 9.11 Abs. 10 Satz 2 LStR).

Eine Übersicht der steuerfreien Erstattungsmöglichkeiten enthält → *Anhang, A. Lohnsteuer* Rz. 4825.

Die Anerkennung der doppelten Haushaltsführung ist seit 2003 zeitlich unbefristet möglich (**Wegfall der Zweijahresfrist**). Jedoch ist insbesondere bei ledigen Arbeitnehmern bei einer doppelten Haushaltsführung über einen längeren Zeitraum zu prüfen, ob sich der Lebensmittelpunkt nicht an den Beschäftigungsort verlagert hat (→ Rz. 1739 ff.).

2. Abgrenzung gegenüber Auswärtstätigkeiten und Wegen zwischen Wohnung und erster Tätigkeitsstätte

a) Abgrenzung

1711 Weil eine doppelte Haushaltsführung im Vergleich zu **Auswärtstätigkeiten** steuerlich **ungünstiger ist**, sollte im jeweiligen Einzelfall zunächst geprüft werden, ob nicht eine steuerfreie Erstattung bzw. ein Werbungskostenabzug der Mehraufwendungen nach den Grundsätzen für Auswärtstätigkeiten möglich ist. Denn der **Arbeitgeber darf**

- dem Arbeitnehmer bei **Auswärtstätigkeiten alle Zwischenheimfahrten**, auch mehrere Heimfahrten in der Woche, entweder **in nachgewiesener Höhe** oder mit **pauschalen km-Sätzen (z.B. für Pkw 0,30 €/km)** steuerfrei ersetzen.
- Bei der **doppelten Haushaltsführung** gilt dies nur
  - für **eine** Familienheimfahrt wöchentlich
  - und auch nur – Ausnahme bei Menschen mit Behinderungen – in Höhe der niedrigeren **Entfernungspauschale** von 0,30 € je Entfernungskilometer. Für eine Übergangszeit bis zum 31.12.2026 ist die Entfernungspauschale **ab dem 21. km angehoben** worden auf 0,35 € für das Jahr 2021 und auf 0,38 € je Entfernungskilometer für die Jahre 2022 bis 2026 (§ 9 Abs. 1 Satz 3 Nr. 5 Satz 9 EStG).
  - **Hinweis:** Nach dem Steueränderungsgesetz 2025 soll 2026 die Entfernungspauschale ab dem ersten Entfernungskilometer auf 0,38 € für alle Stpfl. angehoben werden. Das Gesetzgebungsverfahren war zum Zeitpunkt des Redaktionsschlusses noch nicht endgültig abgeschlossen. Wir unterrichten Sie hierzu über unseren Online-Aktualisierungsdienst (s. Benutzerhinweis S. IV).

Eine **Auswärtstätigkeit** liegt nicht nur vor, wenn der Arbeitnehmer täglich auswärts tätig ist. Sie ist auch bei solchen Arbeitnehmern anzunehmen, die eine längere **vorübergehende Auswärtstätigkeit** ausüben, solange die neue Tätigkeitsstätte nicht zur „ersten Tätigkeitsstätte" i.S.d. § 9 Abs. 4 EStG wird.

Beispiel 1:

A (verheiratet) wird auf Wunsch seines Arbeitgebers für ein halbes Jahr an eine auswärtige Filiale **„abgeordnet"**, danach soll er an den Firmensitz (dieser ist erste Tätigkeitsstätte i.S.d. § 9 Abs. 4 EStG) zurückkommen.

Bei einer Abordnung bis zu 48 Monaten gelten für den gesamten Zeitraum die steuerlichen Regeln für Auswärtstätigkeiten (vgl. → *Reisekosten: Allgemeine Grundsätze* Rz. 3607). Der Arbeitgeber darf danach A alle Heimfahrten mit den tatsächlichen Kosten oder den pauschalen Kilometersätzen (z.B. für Pkw 0,30 €/km) steuerfrei ersetzen. Hinzu kommt die Erstattung von Verpflegungsmehraufwendungen (nur in den ersten drei Monaten) und der Kosten für die Unterkunft am Arbeitsort.

Beispiel 2:

Sachverhalt wie oben, A ist jedoch ohne zeitliche Befristung an die auswärtige Filiale **„versetzt"** worden (neue erste Tätigkeitsstätte, vgl. → *Reisekosten: Allgemeine Grundsätze* Rz. 3607).

Es gelten vom ersten Tag an die engeren Regeln der doppelten Haushaltsführung, d.h. der Arbeitgeber darf von Anfang an nur **eine** Familienheimfahrt wöchentlich in Höhe der Entfernungspauschale steuerfrei ersetzen. Hinzu kommt die Erstattung von Verpflegungsmehraufwendungen bzw. Verpflegungspauschalen (längstens für drei Monate) und der Kosten für die Unterkunft am Arbeitsort.

b) Wahlrecht für Fahrten zwischen Wohnung und erster Tätigkeitsstätte

Es kommt häufig vor, dass Arbeitnehmer mit doppelter Haus- 1712
haltsführung **mehrmals wöchentlich nach Hause fahren**. Der Werbungskostenabzug der Mehraufwendungen für eine doppelte Haushaltsführung kann dann wegen des eingeschränkten Abzugs von Familienheimfahrten (nur **eine** Heimfahrt wöchentlich, außerdem Beschränkung auf die **Entfernungspauschale**) insgesamt **für den Arbeitnehmer** steuerlich **ungünstiger** sein als der Werbungskostenabzug **aller Heimfahrten** als Fahrten zwischen Wohnung und erster Tätigkeitsstätte.

In diesen Fällen hat der **Arbeitnehmer** nach R 9.11 Abs. 5 Satz 2 LStR und der BFH-Rechtsprechung ein **Wahlrecht** zwischen dem Abzug seiner Aufwendungen

- nach den Regeln der **„doppelten Haushaltsführung"**
- oder denen für **„Wege zwischen Wohnung und erster Tätigkeitsstätte"**

(zuletzt BFH v. 28.4.2020, VI R 5/18, BStBl II 2021, 725 betr. Zuwendungen der Bundeswehr durch die Zurverfügungstellung einer Gemeinschaftsunterkunft, → Rz. 1710). Dieses Wahlrecht muss der Arbeitnehmer jedoch erst in seiner Einkommensteuerveranlagung ausüben, für den **Arbeitgeberersatz hat es keine Bedeutung** (R 9.11 Abs. 10 Satz 6 LStR).

aa) Werbungskostenabzug

Beim Werbungskostenabzug kann der **Arbeitnehmer also wäh-** 1713
len, ob er

- Mehraufwendungen wegen **doppelter Haushaltsführung** (das sind Aufwendungen für die Unterkunft am Ort der ersten Tätigkeitsstätte, **eine** Familienheimfahrt wöchentlich und Verpflegungsmehraufwendungen für längstens drei Monate) oder
- sämtliche Fahrtkosten nach den Regeln für **Wege zwischen Wohnung und erster Tätigkeitsstätte (Entfernungspauschale)** als Werbungskosten absetzen will. Ein Abzug der Kosten für Unterkunft und der Pauschalen für Verpflegung ist dann ausgeschlossen (R 9.11 Abs. 5 Satz 2 LStR).

Welche Alternative günstiger ist, muss der Arbeitnehmer genau prüfen, eine Kombination ist nicht zulässig.

Grundsätzlich gilt: Bei Zuwendungen des Arbeitgebers, durch die sich der Arbeitnehmer eigene Aufwendungen erspart und die beim Arbeitnehmer zu **steuerpflichtigen** Einnahmen führen, liegen in Höhe der Zuwendungen (fiktive) abziehbare Werbungskosten des Arbeitnehmers vor, wenn die Zahlungen durch ihn zu Werbungskosten geführt hätten (BFH v. 11.12.2008, VI R 9/05, BStBl II 2009, 358); s.a. nachfolgend.

Beispiel:

A ist als Soldat der Bundeswehr im Schichtdienst der Flugsicherung tätig. Er wohnt mit seiner Familie in X, seine Dienststelle (erste Tätigkeitsstätte) liegt 75 km entfernt in Y. Er war dienstlich gehalten, in Y ein Zimmer zu nehmen und sich dort u.a. an Tagen mit Rufbereitschaft aufzuhalten. Tatsächlich hat A seine Unterkunft im Jahr nur an 84 Tagen genutzt, die restliche Zeit ist er nach Hause gefahren. Für das Zimmer sind A 700 € Mietkosten vom Gehalt einbehalten worden.

Der BFH hat – anders als in BFH v. 28.4.2020, VI R 5/18, BStBl II 2021, 725; → Rz. 1710 – eine doppelte Haushaltsführung anerkannt, da es nicht darauf ankommt, dass der Arbeitnehmer die Mehrzahl der Wochentage in der Wohnung am Arbeitsort anwesend ist und dort übernachtet; außerdem könne ein doppelter Haushalt auch in einer Kaserne geführt werden (BFH v. 2.10.1992, VI R 11/91, BStBl II 1993, 113).

Wenn A seine (fast) täglichen Fahrten als Aufwendungen für „Wege zwischen Wohnung und erster Tätigkeitsstätte" geltend machen will, kann daneben nicht die Miete für die Unterkunft am Arbeitsort steuerfrei belassen werden.

Zuwendungen der Bundeswehr durch die kostenlose Zurverfügungstellung einer Gemeinschaftsunterkunft sind bei einem Zeitsoldaten jedoch **neben** den Aufwendungen für die Fahrten zwischen Wohnung und erster Tätigkeitsstätte als Werbungskosten abziehbar, wenn er die Gemeinschaftsunterkunft ausschließlich für dienstliche Zwecke und **nicht zum Wohnen am Beschäftigungsort nutzt**. Es liegt dann von vornherein keine doppelte Haushaltsführung vor, **damit entfällt auch das o.g. Wahlrecht** (BFH v. 28.4.2020, VI R 5/18, BStBl II 2021, 725).

bb) Arbeitgeberersatz

1714 Für den **Arbeitgeberersatz** hat dieses Wahlrecht des Arbeitnehmers **keine Bedeutung**, da es der Arbeitgeber nach R 9.11 Abs. 10 Satz 6 LStR nicht zu beachten hat:

Der Arbeitgeber darf daher zunächst **immer steuerfreie Erstattungen nach den Grundsätzen der doppelten Haushaltsführung zahlen**. Bei der Einkommensteuerveranlagung kann sich der Arbeitnehmer dann anders entscheiden; die zunächst steuerfrei belassenen Verpflegungspauschalen und Kosten der Unterkunft mindern dann aber die als Werbungskosten abzugsfähigen Fahrtkosten (R 9.11 Abs. 5 Satz 4 LStR).

cc) Ausübung des Wahlrechts

1715 Das Wahlrecht zwischen dem Abzug nach § 9 Abs. 1 Satz 3 Nr. 5 und Abs. 2 EStG kann bei **derselben doppelten Haushaltsführung** für jedes Kalenderjahr nur **einmal ausgeübt** werden (R 9.11 Abs. 5 Satz 3 LStR). Der Stpfl. darf daher im Regelfall nicht innerhalb des Veranlagungszeitraums vom Abzug nach § 9 Abs. 1 Satz 3 Nr. 5 EStG zum Abzug nach § 9 Abs. 1 Satz 3 Nr. 4 EStG und umgekehrt übergehen. Zieht der Arbeitnehmer während des Kalenderjahres von einer Mietwohnung in eine eigene Wohnung um, ist dagegen auf Grund der geänderten Umstände ein Wechsel möglich (BFH v. 27.7.2000, X R 91/97, BStBl II 2000, 692).

3. Notwendigkeit der Aufwendungen

1716 Zu den notwendigen Mehraufwendungen, die nach § 9 Abs. 1 Satz 3 Nr. 5 EStG als Werbungskosten zu berücksichtigen sind, zählen insbesondere (→ *Doppelte Haushaltsführung: Erstattungsbeträge* Rz. 1748)

- Aufwendungen für die sog. erste und letzte Fahrt (Hin- und Rückfahrt zum/vom doppelten Haushalt),
- Aufwendungen für wöchentliche Familienheimfahrten,
- Verpflegungsmehraufwendungen innerhalb der sog. Dreimonatsfrist,
- Kosten der Unterkunft am Ort der ersten Tätigkeitsstätte bis zu einem nachgewiesenen Betrag von 1 000 € im Monat; im Ausland ohne die 1 000 €-Höchstgrenze, jedoch begrenzt auf den durchschnittlichen Mietzins einer 60 qm-Wohnung,
  Hinweis: Im Gesetzgebungsverfahren zum Steueränderungsgesetz 2025 wurde als Reaktion auf die Rechtsprechung des BFH (BFH v. 9.8.2023, VI R 20/21, BStBl II 2025, 891) eine Regelung aufgenommen, die einen doppelten „Inlandsbetrag" i.H.v. 2 000 € im Fall der doppelten Haushaltsführung mit einer ausländischen Unterkunft gesetzlich vorsieht (§ 9 Abs. 1 Satz 3 Nr. 5 Satz 4 EStG n.F.). Das Gesetzgebungsverfahren war bei Redaktionsschluss noch nicht endgültig abgeschlossen. Wir informieren Sie über unseren Online-Aktualisierungsdienst (s. Benutzerhinweis auf S. IV).
- sonstige notwendige Mehraufwendungen, z.B. die notwendigen und angemessenen Anschaffungskosten für die erforderliche Wohnungseinrichtung.

4. Berufliche Veranlassung

a) Begründung der doppelten Haushaltsführung

aa) Allgemeines

Das Beziehen einer Zweitwohnung oder -unterkunft muss aus **beruflichen Gründen erforderlich** sein. Eine doppelte Haushaltsführung ist sowohl bei Verheirateten als auch bei Ledigen steuerlich berücksichtigungsfähig, wenn sie beruflich veranlasst ist (§ 9 Abs. 1 Satz 3 Nr. 5 Satz 1 EStG). 1717

Eine **berufliche Veranlassung** liegt z.B. dann vor, wenn der Arbeitnehmer eine Zweitwohnung am neuen Beschäftigungsort aus folgenden Gründen bezieht:

- Versetzung oder Abordnung,
- Arbeitgeberwechsel,
- erstmalige Begründung eines Arbeitsverhältnisses außerhalb des bisherigen Wohnorts und seiner Umgebung (vgl. R 9.11 Abs. 2 Satz 1 LStR),
- wesentliche Verkürzung der Fahrtstrecke oder Fahrzeit zur ersten Tätigkeitsstätte (→ Rz. 1718).

Es ist gleichgültig, ob die Zweitwohnung in zeitlichem Zusammenhang mit dem Wechsel des Beschäftigungsorts, nachträglich oder i.R. eines Umzugs aus einer privat begründeten Zweitwohnung bezogen worden ist (H 9.11 Abs. 1 – 4 „Zeitlicher Zusammenhang" LStH).

Die Errichtung des Zweithaushalts am Ort der ersten Tätigkeitsstätte ist **beruflich veranlasst**, wenn dieser der Erwerbung, Sicherung oder Erhaltung der Einnahmen i.S.d. § 9 Abs. 1 Satz 1 EStG dient. Das ist der Fall, wenn der Arbeitnehmer den Zweithaushalt begründet, um von dort aus seinen **Arbeitsplatz aufsuchen** zu können. Dann ist es insoweit auch unerheblich, ob der Arbeitnehmer diesen zweiten Haushalt allein führt oder gemeinsam mit Freunden oder Arbeitskollegen (**Wohngemeinschaft**). Es ist dann auch unerheblich, aus welchen Gründen sich der Stpfl. für diese Wohnform entscheidet. Die Wohnform kann reine Zweckgemeinschaft sein oder auch auf persönlichen und freundschaftlichen Beziehungen zwischen den Mitbewohnern gründen, ohne dass die Wohnung am Ort der ersten Tätigkeitsstätte schon dadurch ihre Qualifikation als aus beruflichen Gründen unterhaltene Zweitwohnung verliert, einerlei, ob zwischen den Mitbewohnern solche Beziehungen schon bestehen oder sich solche erst entwickeln. Denn insoweit ist zu beachten, dass die Lebensführung des Stpfl. am Ort der ersten Tätigkeitsstätte grds. unerheblich ist. **Erst wenn sich der Mittelpunkt seiner Lebensinteressen an den Ort der ersten Tätigkeitsstätte verlagert und die Wohnung dort zum Ort der eigentlichen Haushaltsführung wird, entfällt deren berufliche Veranlassung als Wohnung am Ort der ersten Tätigkeitsstätte** (zum Lebensmittelpunkt → Rz. 1739 ff.).

Unerheblich ist auch, dass das Wohnen am Ort der ersten Tätigkeitsstätte stets auch von privaten Motiven mitbestimmt ist. Denn schon die Grundentscheidung, statt täglich zu pendeln eine Wohnung am Ort der ersten Tätigkeitsstätte einzurichten, gründet auf auch privaten Überlegungen. Entsprechendes gilt für die (Aus-)Wahl der Wohnung am Ort der ersten Tätigkeitsstätte, die nach den individuellen Vorlieben des Arbeitnehmers ganz unterschiedliche Zuschnitte und Ausstattungen aufweisen kann. Das Einkommensteuerrecht zieht hier die Grenze zu den privaten Aufwendungen, indem es Fahrtkosten nur begrenzt zum Abzug zulässt (§ 9 Abs. 1 Satz 3 Nr. 5 Satz 4 EStG) und Unterkunftskosten am Ort der ersten Tätigkeitsstätte nicht nach den Vorlieben des Arbeitnehmers, sondern nur im Umfang notwendiger Mehraufwendungen berücksichtigt (BFH v. 28.3.2012, VI R 25/11, BStBl II 2012, 831 m.w.N.).

In § 9 Abs. 1 Nr. 5 Satz 1 EStG ist ausdrücklich klargestellt, dass zwar die **Begründung** der doppelten Haushaltsführung beruflich veranlasst sein muss, es dagegen nicht darauf ankommt, warum eine einmal beruflich begründete doppelte Haushaltsführung **beibehalten** wird.

Der berufliche Veranlassungszusammenhang einer doppelten Haushaltsführung wird nicht allein dadurch beendet, dass ein Arbeitnehmer seinen **Familienhausstand innerhalb desselben Ortes verlegt**. Änderungen am Haupt- oder Familienwohnsitz, wie etwa der Umzug in eine größere oder kleinere Wohnung, haben keinen Einfluss auf die beruflich veranlasste doppelte Haushaltsführung. Die am Beschäftigungsort entstehenden Mehraufwendungen bleiben durch das Arbeitsverhältnis und damit beruflich veranlasst (BFH v. 4.4.2006, VI R 11/02, BStBl II 2006, 714). Auch die Verlegung des Familienwohnsitzes an den Beschäftigungsort des anderen Ehegatten unter Beibehaltung der ursprünglichen Familienwohnung als Erwerbswohnung mit der Folge der Begründung einer doppelten Haushaltsführung für den anderen Ehegatten ist möglich (BFH v. 30.10.2008, VI R 10/07, BStBl II 2009, 153).

Die berufliche Veranlassung der doppelten Haushaltsführung ist dagegen zu verneinen, wenn der Arbeitnehmer die Wohnung an seinem Beschäftigungsort bereits **während seines Studiums bezogen** hatte. Insoweit handelt es sich nach einem Urteil des FG Köln v. 11.5.2000, 7 K 499/94, EFG 2000, 786 um die Aufrechterhaltung einer privat veranlassten doppelten Haushaltsführung.

Eine aus beruflichem Anlass begründete doppelte Haushaltsführung liegt auch dann vor, wenn ein Arbeitnehmer seinen **Haupthausstand aus privaten Gründen vom Ort der ersten Tätigkeitsstätte wegverlegt** und er darauf in einer Wohnung am Ort der ersten Tätigkeitsstätte einen Zweithaushalt begründet, um von dort seiner Beschäftigung weiter nachgehen zu können. In den Fällen, in denen bereits zum Zeitpunkt der Wegverlegung des Lebensmittelpunktes vom Ort der ersten Tätigkeitsstätte ein Rückumzug an den Ort der ersten Tätigkeitsstätte geplant ist oder feststeht, handelt es sich hingegen nicht um eine doppelte Haushaltsführung i.S.d. § 9 Abs. 1 Satz 3 Nr. 5 EStG (R 9.11 Abs. 2 Satz 6 LStR sowie BFH v. 5.3.2009, VI R 58/06, BStBl II 2009, 1012 und BFH v. 5.3.2009, VI R 23/07, BStBl II 2009, 1016 betr. die sog. **Wegverlegungsfälle**, → Rz. 1722).

Der BFH hat entschieden, dass eine doppelte Haushaltsführung beim Stpfl. durch Wegverlegung des Haupthausstands in die Wohnung seiner vorübergehend in einem Entwicklungsland tätigen Ehefrau nicht begründet wird, wenn sich der Stpfl. lediglich 18 Tage dort aufgehalten und sich nicht von seinem sozialen Umfeld am Heimatort gelöst hat (BFH v. 7.5.2015, VI R 71/14, HFR 2015, 921). Hinzu kam, dass die Abordnung der Ehefrau ins Ausland nur befristet gewesen ist. Denn die **vorübergehende Entsendung eines verheirateten Arbeitnehmers in ein Entwicklungsland** kann nach allgemeiner Lebenserfahrung gegen eine (sofortige) Wegverlegung des gemeinsamen Lebensmittelpunkts der Eheleute nach dort sprechen. Ferner hatten die Eheleute ihr (im Vergleich zur Wohnung im Ausland flächenmäßig größeres) Wohneigentum am Heimatort weiterhin – wenn auch nur zeitweise – gemeinsam genutzt und auch der komplette Hausstand war dort verblieben.

Bei Zuzug aus dem Ausland kann das Beziehen einer Zweitwohnung auch dann beruflich veranlasst sein, wenn der Arbeitnehmer **politisches Asyl beantragt** oder erhält (R 9.11 Abs. 2 Satz 4 LStR).

Unschädlich für die berufliche Veranlassung einer doppelten Haushaltsführung ist es, dass der Stpfl. bereits vor Begründung der doppelten Haushaltsführung in der Wohnung am Ort der ersten Tätigkeitsstätte gewohnt hat (zuletzt FG München v. 18.8.2010, 10 K 3707/09, m.w.N.; ferner OFD Berlin v. 4.4.2000, St 174 – S 2353 – 2/00, betr. sog. **Vorwegumzüge** der Bundesbediensteten von Bonn nach Berlin).

bb) Verkürzung Fahrtstrecke oder Fahrzeit

1718 Eine berufliche Veranlassung für das Beziehen der Zweitwohnung oder -unterkunft ist auch **anzunehmen**, wenn dadurch die **Fahrtstrecke oder Fahrzeit zur ersten Tätigkeitsstätte wesentlich verkürzt wird. Aus Vereinfachungsgründen kann von einer beruflichen Veranlassung des Beziehens der Zweitwohnung oder -unterkunft ausgegangen werden**, wenn

- die kürzeste Straßenverbindung von der Zweitwohnung oder -unterkunft zur ersten Tätigkeitsstätte **weniger als die Hälfte der kürzesten Straßenverbindung** zwischen der Hauptwohnung (Mittelpunkt der Lebensinteressen) und der ersten Tätigkeitsstätte beträgt,
- oder die **Fahrzeit zur ersten Tätigkeitsstätte für eine Wegstrecke halbiert** wird.

Sind die Voraussetzungen dieser Vereinfachungsregelung nicht erfüllt, ist das Vorliegen einer beruflich veranlassten doppelten Haushaltsführung auf andere Weise anhand der konkreten **Umstände des Einzelfalles** darzulegen.

Beispiel 1:

Der Arbeitnehmer A hat seine Hauptwohnung in B und in C seine erste Tätigkeitsstätte. Die Entfernung von B (Hauptwohnung) nach C beträgt 100 km und die Fahrzeit mit dem ICE 50 Minuten. Der Arbeitnehmer nimmt sich in Z eine Zweitwohnung. Die Entfernung von dieser Zweitwohnung in Z nach C (erste Tätigkeitsstätte) beträgt 30 km.

Auf Grund der Entfernung von mehr als 50 km zwischen Hauptwohnung und erster Tätigkeitsstätte liegt die Hauptwohnung nicht am Ort der ersten Tätigkeitsstätte (→ Rz. 1731 ff.). Eine Prüfung, der Fahrzeit zwischen Hauptwohnung und erster Tätigkeitsstätte ist nicht erforderlich. Die Zweitwohnung in Z liegt 30 km entfernt und damit noch am Ort der ersten Tätigkeitsstätte. Es liegt daher eine doppelte Haushaltsführung vor. Da die kürzeste Straßenverbindung von der Zweitwohnung zur ersten Tätigkeitsstätte (30 km) auch weniger als die Hälfte der Straßenverbindung zwischen Hauptwohnung in B und erster Tätigkeitsstätte beträgt (1/2 von 100 km = 50 km), kann auch von einer beruflichen Veranlassung der doppelten Haushaltsführung ausgegangen werden.

Beispiel 2:

Wie Beispiel 1. Die Entfernung von B (Hauptwohnung) zur ersten Tätigkeitsstätte beträgt 56 km und die Fahrzeit 65 Minuten. Die Zweitwohnung in Z ist 30 km von der ersten Tätigkeitsstätte entfernt und die tägliche Fahrzeit beträgt 25 Minuten.

Auf Grund der Entfernung von mehr als 50 km zwischen Hauptwohnung und erster Tätigkeitsstätte liegt die Hauptwohnung nicht am Ort der ersten Tätigkeitsstätte (→ Rz. 1731). Eine weitergehende Prüfung der Fahrzeit zwischen Hauptwohnung und erster Tätigkeitsstätte ist nicht erforderlich. Die Zweitwohnung in Z liegt 30 km entfernt und damit noch am Ort der ersten Tätigkeitsstätte. Es liegt daher eine doppelte Haushaltsführung vor. Zwar beträgt die kürzeste Straßenverbindung von der Zweitwohnung zur ersten Tätigkeitsstätte (30 km) mehr als die Hälfte der kürzesten Straßenverbindung zwischen Hauptwohnung und erster Tätigkeitsstätte (28 km). Allerdings kann A darlegen, dass sich die Fahrzeit zur ersten Tätigkeitsstätte von der Zweitwohnung um mehr als die Hälfte und damit wesentlich verkürzt (Fahrzeit 25 Minuten); daher kann gleichwohl von einer beruflichen Veranlassung der doppelten Haushaltsführung ausgegangen werden.

Beispiel 3:

Wie Beispiel 1. Die Entfernung von B (Hauptwohnung) nach C beträgt 250 km. Die Zweitwohnung in Z ist 60 km von der ersten Tätigkeitsstätte entfernt. A legt den Weg mit einer günstigen Zugverbindung täglich in jeweils 40 Minuten zurück.

Die Hauptwohnung liegt mehr als 50 km von der ersten Tätigkeitsstätte entfernt und damit außerhalb des Orts der ersten Tätigkeitsstätte (→ Rz. 1731 ff.). Die Zweitwohnung dient, auch wenn sie mehr als 50 km von der ersten Tätigkeitsstätte entfernt liegt, noch dem Wohnen am Ort der ersten Tätigkeitsstätte, weil A von der Zweitwohnung aus seine erste Tätigkeitsstätte mit dem von ihm genutzten Verkehrsmittel in zumutbarer Weise täglich erreichen kann, da die Fahrzeit weniger als eine Stunde beträgt. Es liegt daher eine doppelte Haushaltsführung vor. Die doppelte Haushaltsführung ist auch beruflich veranlasst, da die kürzeste Straßenverbindung zwischen der Zweitwohnung und der ersten Tätigkeitsstätte weniger als die Hälfte der kürzesten Straßenverbindung zwischen der Hauptwohnung und der ersten Tätigkeitsstätte beträgt.

Beispiel 4:

Wie Beispiel 1. Die Entfernung von B (Hauptwohnung) nach C beträgt 150 km und die Fahrzeit mit dem ICE 90 Minuten. Die Zweitwohnung in Z ist 74 km von der ersten Tätigkeitsstätte entfernt und die Fahrzeit beträgt 65 Minuten je Wegstrecke.

Auf Grund der Entfernung von mehr als 50 km zwischen Hauptwohnung und erster Tätigkeitsstätte liegt die Hauptwohnung nicht am Ort der ersten Tätigkeitsstätte (→ Rz. 1731 ff.). Da die Entfernung von der Zweitwohnung in Z zur ersten Tätigkeitstätte in C mehr als 50 km beträgt und die erste Tätigkeitsstätte in C auch nicht innerhalb einer Fahrzeit von einer Stunde erreicht werden kann, liegt keine doppelte Haushaltsführung vor.

Für Ehegatten/Lebenspartner müssen die o.g. Voraussetzungen jeweils gesondert erfüllt sein, um für jeden von ihnen die beruflich veranlasste doppelte Haushaltsführung anerkennen zu können.

b) Beibehaltung der doppelten Haushaltsführung

In § 9 Abs. 1 Nr. 5 Satz 1 EStG ist ausdrücklich klargestellt, dass 1719
zwar die **Begründung** der doppelten Haushaltsführung beruflich veranlasst sein muss, es dagegen nicht darauf ankommt, warum eine einmal beruflich begründete doppelte Haushaltsführung **beibehalten** wird.

Daraus folgt nicht zwangsläufig, dass eine aus beruflichem Anlass begründete doppelte Haushaltsführung auf Dauer anerkannt werden muss. Voraussetzung für ihre Anerkennung bleibt stets das Vorliegen von **zwei Haushalten**. Wird ein Haushalt z.B. wegen **Trennung der Ehegatten** aufgegeben, ist diese Voraussetzung nicht mehr erfüllt mit der Folge, dass die doppelte Haushaltsführung entfällt (→ Rz. 1721).

Beispiel 1:

A ist zur Leitung einer neuen Filiale an einen anderen Arbeitsort versetzt worden. Er hat dort eine neue Lebenspartnerin gefunden und lebt seitdem von seiner Ehefrau getrennt. Eine Rückkehr ist nicht mehr vorgesehen.

Die doppelte Haushaltsführung ist zwar aus beruflichen Gründen entstanden, wird aber zumindest seit der Trennung aus privaten Gründen beibehalten. Eine doppelte Haushaltsführung kann deshalb steuerlich nicht mehr anerkannt werden.

Dasselbe gilt, wenn eine ursprünglich beruflich veranlasste doppelte Haushaltsführung in eine privat veranlasste übergeht.

Beispiel 2:

Fußballspieler A ist im Kalenderjahr 2024 vom FC X für zwei Jahre engagiert worden. Er wohnt am Arbeitsort X (= erste Tätigkeitsstätte) in einem größeren Einfamilienhaus, seine bisherige Wohnung in Y hat er beibehalten und auch regelmäßig aufgesucht. Im Jahre 2025 hat er in X geheiratet und lebt mit Frau und Kind in X; er hat sich dort auch mit Hauptwohnung angemeldet. Seine alte Wohnung in Y sucht er nur noch zu Besuchszwecken auf.

A hat mit der Heirat und der Geburt des gemeinsamen Kindes eine eigene Familie gegründet, so dass es für die Bestimmung des Lebensmittelpunkts nun darauf ankommt, wo sich diese Familie aufhält. Bei dieser Beurteilung kann **auch** auf das **Melderecht abgestellt** werden. Dass A sich in X mit Hauptwohnung angemeldet hat, ist Indiz dafür, dass sich dort auch der Lebensmittelpunkt befindet. Mit der Verlegung des Lebensmittelpunkts an den Ort der ersten Tätigkeitsstätte endet aber die beruflich veranlasste doppelte Haushaltsführung (FG München v. 30.3.2007, 8 K 5168/04, EFG 2007, 1322).

Eine melderechtliche Anmeldung von Familienangehörigen unter der Adresse ihres Ehemannes bzw. Vaters allein hat keine einen eigenen Hausstand i.S.d. § 9 Abs. 1 Satz 3 Nr. 5 EStG begründende Wirkung, wenn die Familienangehörigen kein Visum zur (dauerhaften) Einreise nach Deutschland erhalten haben und es sich somit nur um Besuchsaufenthalte handelt (FG Bremen v. 28.5.2020, 1 K 96/19 (3)).

c) Anerkennung nach Eheschließung

1720 Abgrenzungsschwierigkeiten ergaben sich immer wieder, wenn eine doppelte Haushaltsführung erst durch eine **Eheschließung entsteht**. Nach der aktuellen Rechtsprechung ist eine beruflich veranlasste doppelte Haushaltsführung **anzuerkennen**, wenn:

- beiderseits berufstätige Ehegatten bereits vor ihrer Heirat an verschiedenen Orten berufstätig waren, an ihren jeweiligen Orten der ersten Tätigkeitsstätte wohnten und nach der Eheschließung eine der beiden Wohnungen zur Familienwohnung machten (vgl. zuletzt BFH v. 5.3.2009, VI R 58/06, BStBl II 2009, 1012 und BFH v. 5.3.2009, VI R 23/07, BStBl II 2009, 1016 m.w.N.), oder
- ein Arbeitnehmer heiratet und neben seiner fortbestehenden Wohnung am Ort der ersten Tätigkeitsstätte mit seinem Ehegatten einen Hausstand an einem anderen Ort gründet (BFH v. 5.3.2009, VI R 58/06, BStBl II 2009, 1012 und BFH v. 5.3.2009, VI R 23/07, BStBl II 2009, 1016; → Rz. 1722).

d) Beendigung durch Trennung der Ehegatten

1721 Haben Eheleute eine beruflich veranlasste doppelte Haushaltsführung, wird zwar grds. nicht geprüft, ob auch die weitere Beibehaltung noch beruflich veranlasst ist. Zu prüfen ist allerdings, ob überhaupt noch eine doppelte Haushaltsführung vorliegt. Dies ist nicht der Fall, wenn nach Trennung oder Scheidung der Eheleute die Wohnung am Ort der ersten Tätigkeitsstätte nur noch die **einzige Wohnung** des Arbeitnehmers ist (zuletzt FG Köln v. 14.7.2011, 6 K 4781/07, EFG 2012, 403). Es liegt dann kein beruflicher veranlasster Mehraufwand i.S.d. § 9 Abs. 1 Satz 3 Nr. 5a EStG mehr vor (vgl. R 9.7 Abs. 1 Satz 2 LStR), die Kosten sind mit dem Ansatz des Grundfreibetrags abgegolten (zuletzt BFH v. 28.8.2014, V R 22/14).

Eine doppelte Haushaltsführung ist auch dann **nicht mehr anzuerkennen**, wenn

- ein Arbeitnehmer **am Ort der ersten Tätigkeitsstätte mit seiner Lebensgefährtin** und aus dieser Verbindung hervorgegangenen gemeinsamen Kindern auf Dauer **zusammenzieht**. Trotz Weiterführung des ursprünglichen Familienhaushalts (durch Unterstützungszahlungen und gelegentliche Besuche), der aber nicht mehr den Mittelpunkt der Lebensinteressen des Arbeitnehmers darstellt, wird die doppelte Haushaltsführung mit der Gründung des zweiten Hausstands beendet (BFH v. 25.3.1993, VI R 148/88);
- eine einmal aus **beruflichen Gründen begründete doppelte Haushaltsführung durch dauernde Trennung der Ehegatten beendet** wird. Die weitere Anerkennung einer doppelten Haushaltsführung scheitert schon daran, dass der Ehegatte, der die Familienwohnung verlassen hat, diese – selbst wenn er sie häufiger zu Besuchszwecken aufsucht – anschließend **nicht mehr aus eigenem Recht**, z.B. Eigentum, eigener Mietvertrag, **nutzt** (FG Niedersachsen v. 14.3.1997, IX 431/90);
- die Begründung einer doppelten Haushaltsführung am Ort der ersten Tätigkeitsstätte **mit dem Beginn des dauernden Getrenntlebens der Eheleute zusammenfällt**. Es erfolgt dann eine Aufsplitterung des bisherigen Familienhaushalts in **zwei Einzelhaushalte**, nicht aber die Begründung eines zusätzlichen Haushalts neben dem weiter bestehenden Familienhaushalt. Auch die Voraussetzungen der neuen BFH-Rechtsprechung zur Anerkennung einer doppelten Haushaltsführung bei Ledigen liegen nicht vor, weil in der früheren Familienwohnung **nicht mehr der Mittelpunkt der Lebensinteressen** gesehen werden kann (FG Münster v. 6.11.1996, 13 K 5644/95 E, EFG 1997, 162). **Endet jedoch das dauernde Getrenntleben durch Versöhnung** der Eheleute und bestimmen sie die frühere Familienwohnung erneut zum gemeinsamen Familienhausstand, wird nach dem o.g. Urteil zu diesem Zeitpunkt eine **beruflich veranlasste doppelte Haushaltsführung** des am Ort der ersten Tätigkeitsstätte wohnenden Ehegatten entsprechend den Rechtsprechungsgrundsätzen bei Heirat beiderseits berufstätiger Stpfl. begründet (so auch FG Saarland v. 15.7.1997, 1 K 265/96, EFG 1997, 1306).

Der berufliche Veranlassungszusammenhang einer doppelten Haushaltsführung wird dagegen **nicht allein dadurch beendet**, dass ein Stpfl. (z.B. nach einer Ehescheidung) seinen Familienhausstand innerhalb desselben Orts verlegt und seinen Haupthausstand in die Wohnung seiner Lebensgefährtin am Ort seines Lebensmittelpunkts verlegt. Der Umzug am bisherigen Wohnort kann auch nicht einer ggf. steuerschädlichen Verlegung eines Haupthausstands weg vom Ort der ersten Tätigkeitsstätte gleichgestellt werden. Auch ist unerheblich, ob der Stpfl. anlässlich der Trennung von seiner Ehefrau an den Ort der ersten Tätigkeitsstätte hätte ziehen können (BFH v. 4.4.2006, VI R 11/02, BStBl II 2006, 714).

e) Wegverlegung der Hauptwohnung

Der **BFH** erkennt eine beruflich veranlasste doppelte Haushalts- 1722
führung in der am Ort der ersten Tätigkeitsstätte beibehaltenen (Zweit-)Wohnung auch dann an, wenn der Haupthausstand aus privaten Gründen (z.B. wegen der Geburt eines Kindes) außerhalb des Orts der ersten Tätigkeitsstätte begründet wird (zuletzt BFH v. 8.10.2014, VI R 7/13, BStBl II 2015, 336 m.w.N.). Die berufliche Veranlassung des Haushalts in der Wohnung am Ort der ersten Tätigkeitsstätte und damit der doppelten Haushaltsführung wird darin gesehen, dass der Arbeitnehmer den **Zweithaushalt in der Wohnung am Ort der ersten Tätigkeitsstätte nur begründet, um von dort seiner bisherigen Beschäftigung weiter nachgehen zu können**.

Zu den Folgerungen, die sich aus der geänderten Rechtsprechung ergeben, haben die **obersten Finanzbehörden** Folgendes entschieden (BMF v. 10.12.2009, IV C 5 – S 2352/0, BStBl I 2009, 1599 sowie R 9.11 Abs. 2 Sätze 5 und 6, Abs. 7 und Abs. 9 LStR):

aa) Begründung einer beruflich veranlassten doppelten Haushaltsführung

Bei einer Wegverlegung des Lebensmittelpunkts vom Beschäfti- 1723
gungsort und zusätzlicher Nutzung der bisherigen oder einer neuen Wohnung am Beschäftigungsort liegt nur dann eine beruflich veranlasste doppelte Haushaltsführung vor, wenn die **Wegverlegung des Lebensmittelpunkts voraussichtlich auf Dauer erfolgt**. In den Fällen, in denen bereits zum Zeitpunkt der Wegverlegung des Lebensmittelpunktes vom Beschäftigungsort ein **Rückzug an den Beschäftigungsort geplant** ist oder feststeht, handelt es sich hingegen nicht um eine doppelte Haushaltsfüh-

rung i.S.v. § 9 Abs. 1 Satz 3 Nr. 5 EStG (R 9.11 Abs. 2 Satz 6 LStR). Demzufolge liegt insbesondere in Fällen, in denen eine Familie über die **Sommermonate oder während der Ferien** ihren bisherigen Lebensmittelpunkt z.B. in ein Ferienhaus oder Ähnliches verlegt und die Wohnung am Beschäftigungsort nur noch tageweise von einem der beruflich und/oder betrieblich tätigen Ehegatten genutzt wird, keine aus beruflichem Anlass begründete doppelte Haushaltsführung vor. Der Zeitraum zwischen Hin- und Rückumzug ist hierbei unerheblich.

Beispiel:

A wohnt und arbeitet in Hamburg. Daneben hat er ein Ferienhaus an der Ostsee, wo er mit seiner Familie jeweils während der Sommermonate lebt. Während der Woche bleibt A in Hamburg wohnen, um schneller und pünktlicher zur Arbeit zu kommen. An den Wochenenden fährt er zu seiner Familie an die Ostsee.

Auch wenn der Haupthausstand während der Sommermonate in das Ferienhaus verlegt wird und A seine Wohnung in Hamburg nur beibehält, um von dort aus jeden Tag zur Arbeit zu fahren, ist die Begründung des doppelten Haushalts nicht beruflich veranlasst. Mehraufwendungen wegen doppelter Haushaltsführung können daher weder als Werbungskosten abgesetzt noch vom Arbeitgeber nach § 3 Nr. 16 EStG steuerfrei ersetzt werden.

bb) Kosten für den Umzug in die Wohnung außerhalb des Beschäftigungsorts

1724 Entsteht durch die Wegverlegung des Lebensmittelpunkts vom Beschäftigungsort und die Nutzung einer weiteren (der bisherigen) Wohnung am Beschäftigungsort eine beruflich veranlasste doppelte Haushaltsführung, stellen die Kosten für den Umzug in die Wohnung außerhalb des Beschäftigungsorts **keine Werbungskosten** dar. Der Umzug ist privat veranlasst, so dass die damit zusammenhängenden Aufwendungen zu den nicht abzugsfähigen Lebenshaltungskosten gehören.

Beispiel:

B wohnt und arbeitet in Hamburg. Da er zum 1.1.2025 in Ruhestand geht, kauft er am 1.7.2024 ein Ferienhaus an der Ostsee, in das die Familie am 1.10.2024 einzieht. Da B noch bis 31.12.2024 arbeiten muss, behält er solange seine Wohnung in Hamburg bei. Erst am 1.1.2025 löst er seine Wohnung in Hamburg auf und zieht in das Ferienhaus.

Die Beibehaltung der Wohnung in Hamburg (nunmehr „Zweitwohnung") ist beruflich veranlasst, so dass grds. eine doppelte Haushaltsführung anerkannt werden kann. Die Kosten des Umzugs am 1.10.2024 können jedoch steuerlich nicht berücksichtigt werden. Nach Auffassung der Finanzverwaltung sollen diese Fälle steuerlich nicht durch „Vorschaltung einer doppelten Haushaltsführung", bei der Umzugskosten grds. steuerlich zu berücksichtigen wären (R 9.11 Abs. 5 Satz 1 Nr. 4 LStR), gegenüber dem „Normalfall" bessergestellt werden, in dem der Umzug erst nach Beendigung der Berufstätigkeit erfolgt.

Zu berücksichtigen sind u.E. jedoch die verbleibenden Umzugskosten für den Umzug am 1.1.2025.

cc) Kosten für den Umzug in eine andere Wohnung am Beschäftigungsort

1725 Wird nach Wegverlegung des Lebensmittelpunkts vom Beschäftigungsort eine andere als die bisherige Wohnung am Beschäftigungsort ausschließlich aus beruflichen Gründen als Zweitwohnung genutzt, sind die Aufwendungen für den Umzug in diese Zweitwohnung als **Werbungskosten** abzugsfähig.

Beispiel:

Wie Beispiel vorher; B kündigt seine Wohnung schon zum 1.10.2024 und zieht für die Übergangszeit von drei Monaten in eine kleine Einzimmerwohnung.

Die Kosten für den Umzug innerhalb Hamburgs können als Werbungskosten angesetzt werden.

f) Nichteheliche Lebensgemeinschaften, Lebenspartner, Lebensgefährten

1726 **Bei der Beurteilung, ob eine doppelte Haushaltsführung i.S.d. § 9 Abs. 1 Satz 3 Nr. 5 EStG vorliegt, ist nicht zwischen Ehegatten und anderen Personen zu unterscheiden.** Vielmehr ist anhand einer Gesamtwürdigung aller Umstände des Einzelfalls festzustellen, ob die außerhalb des Beschäftigungsortes belegene Wohnung des Arbeitnehmers als **Mittelpunkt seiner Lebensinteressen anzusehen ist und deshalb seinen Hausstand darstellt.** Das gilt auch dann, wenn beiderseits berufstätige Ehegatten/Lebenspartner/Lebensgefährten während der Woche (und damit den weitaus überwiegenden Teil des Jahres) am Beschäftigungsort zusammenleben. Denn dieser Umstand allein rechtfertigt es nicht, dort den Lebensmittelpunkt des Stpfl. und seiner (Haupt)Bezugsperson zu verorten (→ Rz. 1739 ff.).

Indes verlagert sich nach der o.g. BFH-Rechtsprechung i.d.R. der Mittelpunkt der Lebensinteressen eines Arbeitnehmers an den Beschäftigungsort, wenn er dort mit seinem Ehegatten/Lebenspartner/Lebensgefährten in eine familiengerechte Wohnung einzieht, auch wenn die frühere Wohnung beibehalten und zeitweise noch genutzt wird. Bei einem nicht verheirateten Arbeitnehmer, der zwar noch eine Wohnung in seinem Heimatort unterhält, **in der Zweitwohnung am Ort der ersten Tätigkeitsstätte aber mit einem Lebenspartner und ggf. einem gemeinsamen Kind lebt**, wird daher eine doppelte Haushaltsführung regelmäßig nicht anzuerkennen sein (→ Rz. 1739 ff.).

g) Doppelte Haushaltsführung mit Ehegatten und Kindern

Die Finanzverwaltung erkennt eine doppelte Haushaltsführung 1727
grds. auch dann an, wenn der Arbeitnehmer seinen **nicht berufstätigen Ehegatten an den auswärtigen Ort der ersten Tätigkeitsstätte mitnimmt**, selbst wenn die Familienwohnung in dieser Zeit leer steht und nur gelegentlich aufgesucht wird, sog. **ruhender Ersthaushalt** (vgl. R 9.11 Abs. 2 Satz 3 sowie Abs. 3 Satz 3 LStR). Allerdings werden nach Auffassung der Finanzverwaltung in diesen Fällen die **Unterkunftskosten nur insoweit steuerlich berücksichtigt, als sie auf die Unterbringung des Arbeitnehmers selbst entfallen** (vgl. sinngemäß → *Reisekosten: Erstattungen* Rz. 3700).

In der Regel verlagert sich aber der Mittelpunkt der Lebensinteressen eines Arbeitnehmers an den Beschäftigungsort, wenn er dort mit seinem Ehegatten in eine familiengerechte Wohnung einzieht, auch wenn die frühere Wohnung beibehalten und zeitweise noch genutzt wird. Eine doppelte Haushaltsführung kann dann nicht mehr anerkannt werden (→ Rz. 1739 ff.).

Ebenso liegt keine doppelte Haushaltsführung vor, wenn jeder der Ehegatten einen eigenen Haushalt unterhält und jeder den anderen nur in dessen Haushalt besucht (FG Saarland v. 5.5.2011, 1 K 1112/07, EFG 2011, 2063).

Die außerhalb des Beschäftigungsorts des Arbeitnehmers belegene Wohnung stellt dann nicht seinen Hausstand dar, wenn sich eine am Beschäftigungsort unbefristet angemietete, familiengerechte Wohnung nach Nachzug des Ehegatten, der am gleichen Beschäftigungsort arbeitet, als Lebensmittelpunkt darstellt und die Ehegatten mit dem alleinigen Wohnsitz am Beschäftigungsort angemeldet sind (FG München v. 8.5.2014, 15 K 2474/12).

5. Zweitwohnung

a) Abgrenzung zu nicht abziehbaren Lebenshaltungskosten

Eine doppelte Haushaltsführung liegt nur vor, wenn der Arbeit- 1728
nehmer außerhalb des Ortes seiner ersten Tätigkeitsstätte einen **eigenen Hausstand unterhält (Hauptwohnung,** → Rz. 1734 ff.) und auch am Ort der ersten Tätigkeitsstätte wohnt (**Zweitwohnung,** → Rz. 1731 ff.). Die Anzahl der Übernachtungen ist unerheblich.

Nur die Kosten der **(Zweit-)Wohnung** am Ort der ersten Tätigkeitsstätte sind als **Werbungskosten** abziehbar; die Aufwendungen der (ggf. wegverlegten) **Hauptwohnung** (Lebensmittelpunktwohnung) gehören dagegen zu den **nicht abziehbaren Lebenshaltungskosten i.S.d. § 12 Nr. 1 EStG** (zuletzt BFH v. 13.7.2011, VI R 2/11, BStBl II 2012, 104: Durch beruflich veranlassten Umzug anfallende doppelte Miete kann jedoch als Werbungskosten abgezogen werden). Der Wechsel von einer Ein-Zimmer-Wohnung zu einer Zwei-Zimmer-Wohnung am Ort der ersten Tätigkeitsstätte i.R. einer doppelten Haushaltsführung ist grds. nicht steuerschädlich (FG Berlin-Brandenburg v. 22.6.2011, 9 K 9079/08, EFG 2012, 35).

Aufwendungen eines Arbeitnehmers für eine von ihm während seiner beruflich veranlassten Aufenthalte am Beschäftigungsort genutzte (Zweit-)Wohnung sind nicht (mehr) als notwendige Mehraufwendungen für eine aus beruflichem Anlass begründete doppelte Haushaltsführung zu qualifizieren und dementsprechend auch **nicht (mehr) als Werbungskosten zu berücksichtigen,**

wenn die Wohnung nicht nur zeitweise von dem Arbeitnehmer selbst, sondern zugleich auch von einer weiteren Person (mit-)genutzt wird, an die er die Wohnung in Erfüllung einer – tatsächlich oder vermeintlich – bestehenden Unterhaltsverpflichtung ganzjährig überlassen hat (FG Münster v. 15.11.2013, 14 K 1196/10, EFG 2014, 257).

Nach **Beendigung einer doppelten Haushaltsführung** (z.B. durch **Zuzug des Ehegatten**) sind die Kosten der Wohnung am Arbeitsort der steuerlich unbeachtlichen Vermögenssphäre zuzuordnen, auch wenn sie zuvor aus beruflichen Gründen erworben wurde (zuletzt BFH v. 18.9.2006, VI B 142/05). Entsprechendes gilt, wenn die doppelte Haushaltsführung durch dauernde **Trennung oder Scheidung der Ehegatten** beendet und damit die bisherige Zweitwohnung des Arbeitnehmers am Arbeitsort zu seiner „Erstwohnung" (d.h. zum neuen Lebensmittelpunkt) wird (zuletzt FG Köln v. 14.7.2011, 6 K 4781/07, EFG 2012, 403).

Ein Abzug der **Kosten für die Zweitwohnung als allgemeine Werbungskosten** nach § 9 Abs. 1 Satz 1 EStG ist nicht möglich, weil Wohnungskosten auch nach Aufgabe des Aufteilungs- und Abzugsverbots – jenseits der vorrangigen Regelung in § 9 Abs. 1 Satz 3 Nr. 5 EStG für die doppelte Haushaltsführung – grds. als nicht abziehbare und nicht aufteilbare **Aufwendungen für die Lebensführung** anzusehen sind (§ 12 Nr. 1 Satz 1 EStG), die steuerlich mit dem **Grundfreibetrag abgegolten** sind (zuletzt BFH v. 28.4.2020, VI R 5/18, BStBl II 2021, 725 betr. die Gemeinschaftsunterkunft eines Soldaten).

Wird die Wohnung am Beschäftigungsort anlässlich der Beendigung einer aus beruflichem Anlass begründeten doppelten Haushaltsführung veräußert, ist eine dabei anfallende **Vorfälligkeitsentschädigung** – anders als bei Umfinanzierung bei einer weiterbestehenden doppelten Haushaltsführung – nicht als Werbungskosten bei den Einkünften aus nichtselbständiger Arbeit zu berücksichtigen. Bei der Vorfälligkeitsentschädigung handelt es sich um das Ergebnis der auf eine vorzeitige Kreditablösung gerichteten Änderung des ursprünglichen Darlehensvertrags, die dem **Veräußerungsgeschäft zuzuordnen** ist (BFH v. 3.4.2019, VI R 15/17, BStBl II 2019, 446).

b) Unterkunftskosten keine allgemeinen Werbungskosten

1729 Aufwendungen für eine (Zweit-)Wohnung sind als Kosten der Lebensführung grds. nicht beruflich veranlasst. Dies gilt für Unterkunftskosten – wenn der Regelungsgegenstand des § 9 Abs. 1 Satz 3 Nr. 5 EStG (doppelte Haushaltsführung) betroffen ist – auch dann, wenn die Voraussetzungen für eine steuerlich anzuerkennende doppelte Haushaltsführung nicht erfüllt sind. **Denn § 9 Abs. 1 Satz 3 Nr. 5 EStG (doppelte Haushaltsführung) ist lex specialis zu § 9 Abs. 1 Satz 1 EStG (allgemeine Werbungskosten)**. Mietet ein Stpfl. eine Wohnung an, ohne dass die Voraussetzungen einer doppelten Haushaltsführung vorliegen, kann er die Aufwendungen daher grds. nicht „ersatzweise" gem. § 9 Abs. 1 Satz 1 EStG abziehen (zuletzt BFH v. 23.10.2019, VI R 1/18, HFR 2020, 342).

Der Regelungsgegenstand des § 9 Abs. 1 Satz 3 Nr. 5 EStG (doppelte Haushaltsführung) ist dagegen nicht betroffen, wenn ein Zeitsoldat eine ihm unentgeltlich zur Verfügung gestellte **Gemeinschaftsunterkunft nicht „zum Wohnen"**, sondern ausschließlich für dienstliche Zwecke (Aufbewahrung seiner Dienstkleidung und Ausrüstung sowie Wechseln der Uniform) nutzt; in diesem Fall können die Unterkunftskosten als Werbungskosten berücksichtigt werden (BFH v. 28.4.2020, VI R 5/18, BStBl II 2021, 725).

Ob die Miete für eine ursprünglich für eine doppelte Haushaltsführung genutzte Wohnung nach Beendigung des Arbeitsverhältnisses für die **Dauer einer neuen Arbeitsplatzsuche** als vorweggenommene Werbungskosten abgezogen werden kann (so **FG Münster** v. 12.6.2019, 7 K 57/18 E, EFG 2019, 1278), ist streitig; der BFH hat es im o.g. Urteil v. 23.10.2019, VI R 1/18, HFR 2020, 342 dahinstehen lassen, ob das Urteil des FG Münster mit den Grundsätzen der Senatsrechtsprechung in Einklang steht.

Beispiel:

Herr A ging einer Beschäftigung in Berlin nach, hatte seinen Lebensmittelpunkt aber weiterhin in Nordrhein-Westfalen. Nach Kündigung des Arbeitsverhältnisses durch den Arbeitgeber zum 31.8.2015 behielt Herr A seine Wohnung in Berlin bei und bewarb sich in der Folgezeit auf eine Vielzahl von Arbeitsplätzen im gesamten Bundesgebiet, von denen drei in Berlin und Umgebung lagen. Nach Zusage einer Stelle in Hessen zum 1.1.2016 kündigte Herr A die Mietwohnung in Berlin fristgerecht zum 29.2.2016.

Das **Finanzamt** erkannte die Mietkosten für die Wohnung in Berlin nur bis zum Ende der mietvertraglichen Kündigungsfrist der Wohnung damit bis einschließlich November 2015 an. Herr A begehrte demgegenüber einen Werbungskostenabzug auch für die Dezembermiete i.H.v. rund 240 €.

Das **FG Münster** hat mit o.g. Urteil der Klage stattgegeben. Die Miete für den Monat Dezember 2015 sei zwar nicht mehr durch die doppelte Haushaltsführung veranlasst. Bei den Aufwendungen handele es sich jedoch um vorweggenommene Werbungskosten, denn es sei ein hinreichend konkreter Veranlassungszusammenhang mit späteren Einnahmen erkennbar. Herr A habe sich weiterhin auf Arbeitsstellen in Berlin und Umgebung beworben und die Wohnung unmittelbar nach Zusage einer neuen Arbeitsstelle an einem anderen Ort gekündigt. Aus diesem Grund werde die mögliche private Nutzung der Wohnung, etwa für mögliche Wochenendbesuche, überlagert. Zu berücksichtigen sei auch, dass eine vorzeitige Kündigung und eine etwaige Neuanmietung einer anderen Wohnung für Herrn A teurer gewesen wären als die Beibehaltung der verhältnismäßig günstigen Wohnung.

Unabhängig hiervon können nach der **BFH-Rechtsprechung** – wenn eine doppelte Haushaltsführung nicht anerkannt werden kann, weil der Stpfl. am Heimatort über keinen eigenen Hausstand i.S.d. § 9 Abs. 1 Satz 3 Nr. 5 Satz 2 EStG verfügt („Lebensmittelpunktwohnung") – **Kosten der Unterkunft an einem auswärtigen Arbeits- oder Studienort ggf. als allgemeine Werbungskosten nach § 9 Abs. 1 Satz 1 EStG berücksichtigt werden, sofern es sich um beruflich bedingte notwendige Mehraufwendungen handelt**. Dies kann z.B. der Fall sein, wenn sich ein Stpfl. aus- oder fortbildet und der Ort der Bildungsmaßnahme (Studienort) nicht der Lebensmittelpunkt des Stpfl. ist, so dass die Unterkunft dort zur Wohnung am Ort des Lebensmittelpunkts hinzukommt (zuletzt BFH v. 14.5.2020, VI R 3/18, BStBl II 2021, 302 betr. Auslandssemester).

Kosten für die Erst- oder Hauptwohnung, die jeder Stpfl. zu tragen hat, sind dagegen bereits im Grundfreibetrag steuerlich berücksichtigt und daher nicht abzugsfähig (z.B. BFH v. 16.11.2017, VI R 31/16, BStBl II 2018, 404 betr. Hauptwohnung am Beschäftigungsort).

In diesem Zusammenhang hatte der BFH zuletzt bei einem Stpfl., der als Werkstudent Einkünfte erzielte und außerhalb des Ortes seines Lebensmittelpunktes studierte, über das Vorliegen einer doppelten Haushaltsführung zu entscheiden.

Zur Frage des „Innehabens" einer Wohnung (am Lebensmittelpunkt) bei einem ledigen Stpfl., der das Obergeschoss eines Zweifamilienhauses auf Grund der unentgeltlichen Überlassung dieser dort belegenen Wohnung durch die im Untergeschoss lebenden Eltern bewohnt, hatte der BFH im Urteil v. 29.4.2025, VI R 12/23, BStBl II 2025, 891 zu entscheiden. Danach hat ein Stpfl. eine Wohnung inne, wenn er sie aus **eigenem Recht** (z.B. als Eigentümer oder Mieter) nutzt. Allerdings kann auch ein **abgeleitetes Recht** im Sinne einer geschützten Rechtsposition ausreichen. Davon ist insbesondere auszugehen, wenn der Ehepartner, Lebensgefährte oder – wie im Urteilsfall – ein sonstiger Familienangehöriger (die Eltern) Eigentümer oder Mieter der Wohnung sind und diese dem Stpfl. (unentgeltlich) zur Nutzung überlassen (vgl. a. BFH v. 12.1.2023, VI R 39/19, BStBl II 2023, 747, Rz. 17, m.w.N.). Nach Auffassung des BFH ist weiterhin entscheidend, dass sich der Stpfl. in dem betreffenden Haushalt, im Wesentlichen nur unterbrochen durch die arbeits- und urlaubsbedingte Abwesenheit, aufhält; **allein das Vorhalten einer Wohnung für gelegentliche Besuche oder für Ferienaufenthalte ist nicht ausreichend**. Der Stpfl. darf auch nicht lediglich in einen anderen Hausstand eingegliedert sein, wie es regelmäßig bei jungen Arbeitnehmern der Fall ist, die nach Beendigung der Ausbildung weiterhin im elterlichen Haushalt ihre Zimmer bewohnen. Die elterliche Wohnung kann in einem dieser häufigen Fälle zwar, auch wenn das Kind am Beschäftigungsort eine Unterkunft bezogen hat, wie bisher der Mittelpunkt seiner Lebensinteressen sein, sie ist aber kein von dem Kind unterhaltener eigener Hausstand. Der BFH hatte ferner über das durch das Gesetz zur Änderung und Vereinfachung der Unternehmensbesteuerung und des steuerlichen Reisekostenrechts vom 20.2.2013 (BGBl. I 2013, 285) in diesem Kontext eingefügte Tatbestandsmerkmal der finanziellen

Beteiligung an den Kosten der Lebensführung (§ 9 Abs. 1 Satz 3 Nr. 5 Satz 3 EStG) zu entscheiden. Nach der Sichtweise des BFH kommt diesem nur dann eine Bedeutung zu, soweit der Stpfl. am Lebensmittelpunkt einem Mehrpersonenhaushalt (z.B. Rahmen eines Mehrgenerationenhaushalts) angehört. Dies folge schon aus dem Tatbestandsmerkmal „Beteiligung". Nur wenn mehrere Personen einen gemeinsamen Haushalt führten, könne sich der Einzelne an den Kosten dieses Haushalts und damit den Kosten der Lebensführung „beteiligen". Führe der Stpfl. dagegen einen Ein-Personen-Haushalt, stelle sich die Frage nach der finanziellen Beteiligung an den Kosten dieses Haushalts (der Lebensführung) nicht. Denn die Kosten der Lebensführung eines Ein-Personen-Haushalts würden denknotwendig von dieser einen Person getragen. Woher die hierfür erforderlichen Mittel stammen – ob aus eigenen Einkünften, staatlichen Transferleistungen, Darlehen, Unterhaltsleistungen oder familiären Geldgeschenken – sei insoweit unerheblich.

c) Anforderungen an die Zweitwohnung

1730 Als **Zweitwohnung am Ort der ersten Tätigkeitsstätte** kommt jede dem Arbeitnehmer entgeltlich oder unentgeltlich zur Verfügung stehende Unterkunft in Betracht, die aus beruflichen Gründen bewohnt wird, z.B.:

- Eigentumswohnung
- Hotel- oder Pensionszimmer
- möbliertes Zimmer
- Gemeinschaftsunterkunft
- Kasernenunterkunft.

Es ist unerheblich, wie oft der Arbeitnehmer tatsächlich in der Zweitwohnung übernachtet (H 9.11 Abs. 1 – 4 „Nutzung der Zweitwohnung" LStH). Sie muss ihm aber nicht nur ständig zur Verfügung stehen, sondern auch tatsächlich **„zum Wohnen" genutzt** werden (vgl. R 9.11 Abs. 1 Satz 1 LStR und zuletzt BFH v. 28.4.2020, VI R 5/18, BStBl II 2021, 725 betr. Zuwendungen der Bundeswehr durch die Zurverfügungstellung einer Gemeinschaftsunterkunft; doppelte Haushaltsführung abgelehnt, weil die Unterkunft in der Kaserne nicht „zum Wohnen", sondern ausschließlich für dienstliche Zwecke wie z.B. Aufbewahrung der Uniform genutzt wurde).

Beispiel 1:

A ist als Soldat der Bundeswehr im Schichtdienst der Flugsicherung tätig. Er wohnt mit seiner Familie in X, seine Dienststelle liegt 75 km entfernt in Y (erste Tätigkeitsstätte). Er war dienstlich gehalten, in Y ein Zimmer zu nehmen und sich dort u.a. an Tagen mit Rufbereitschaft aufzuhalten. Tatsächlich hat A seine Unterkunft im Jahr nur an 84 Tagen genutzt, die restliche Zeit ist er nach Hause gefahren. Für das Zimmer sind A 700 € Mietkosten vom Gehalt einbehalten worden.

A führt in Y einen doppelten Haushalt, weil er dort ein Zimmer gemietet hat, das ihm jederzeit zur Verfügung stand. Wie oft A das Zimmer tatsächlich genutzt hat, spielt hier keine Rolle. Es kommt auch nicht darauf an, wie die am Arbeitsort unterhaltene (Zweit-)Wohnung nach Art, Größe und Einrichtung beschaffen ist, selbst in einer Kaserne kann ein doppelter Haushalt geführt werden (BFH v. 2.10.1992, VI R 11/91, BStBl II 1993, 113).

Die Unterkunftskosten könnten jedoch als Werbungskosten neben den Aufwendungen für die Fahrten zwischen Wohnung und erster Tätigkeitsstätte berücksichtigt werden, wenn der Soldat die Gemeinschaftsunterkunft ausschließlich für dienstliche Zwecke und nicht „zum Wohnen" am Beschäftigungsort nutzt – es liegt dann von vornherein keine doppelte Haushaltsführung vor (BFH v. 28.4.2020, VI R 5/18, BStBl II 2021, 725).

Voraussetzung für die Annahme einer **„Wohnung"** – und damit die Anerkennung einer doppelten Haushaltsführung – ist, dass die Wohnung dem **Arbeitnehmer ständig zur Verfügung steht, wobei es nicht erforderlich ist, dass der Arbeitnehmer die Mehrzahl der Wochentage in dieser Wohnung anwesend ist und dort übernachtet** (BFH v. 28.4.2020, VI R 5/18, BStBl II 2021, 725 betr. die Gemeinschaftsunterkunft von Soldaten).

Eine doppelte Haushaltsführung ist nach der **Rechtsprechung** nicht anzuerkennen, wenn der Arbeitgeber für einen Arbeitnehmer am Ort der ersten Tätigkeitsstätte bei Bedarf **immer wieder ein Hotelzimmer anmietet** (FG Münster v. 21.11.1997, 11 K 3585/96 E, EFG 1998, 444) oder dieser nur **gelegentlich** (z.B. nach Überstunden) **am Arbeitsort übernachtet** (BFH v. 5.8.2004, VI R 40/03, BStBl II 2004, 1074). Die **Finanzverwaltung** ist demgegenüber großzügiger und berücksichtigt auch in solchen Fällen die Mehraufwendungen nach den Grundsätzen der doppelten Haushaltsführung (R 9.11 Abs. 1 Satz 1 LStR), im Regelfall wird es sich aber um Auswärtstätigkeiten handeln.

Beispiel 2:

A ist in der Montageabteilung eines Industrieunternehmens tätig; er wohnt mit seiner Familie in Berlin. In mehr oder weniger großen zeitlichen Abständen wird er regelmäßig immer wieder am Sitz des Arbeitgebers in München tätig (insgesamt etwa 50 Tage im Jahr; der Firmensitz ist „erste Tätigkeitsstätte" i.S.d. § 9 Abs. 4a EStG). Hier projektiert er seine Arbeiten, die er im Anschluss daran jeweils unterschiedlich lange an den verschiedenen Einsatzorten auszuführen hat. In München übernachtet er immer in demselben Hotel, das sein Arbeitgeber für ihn jeweils bei Bedarf anmietet und die Kosten erstattet.

A übt keine Auswärtstätigkeit aus, da der Firmensitz seine erste Tätigkeitsstätte darstellt.

Das kurzfristig angemietete Hotelzimmer in München ist nach dem o.g. Urteil des **FG Münster keine „Wohnung"**, weil es für A nicht durchgängig gemietet, sondern immer nur von Fall zu Fall angemietet wird. Dieser Fall ist vergleichbar mit dem Fall, in dem ein ständig wechselndes Hotelzimmer genutzt wird. In beiden Fällen ist mangels einer „Wohnung" am Ort der ersten Tätigkeitsstätte **keine doppelte Haushaltsführung** anzuerkennen. Das hat zur Folge, dass die Fahrten zwischen Berlin und München **„Wege zwischen Wohnung und erster Tätigkeitsstätte"** darstellen, die vom Arbeitgeber nicht steuerfrei ersetzt, sondern allenfalls nach § 40 Abs. 2 Satz 2 EStG mit 15 % pauschal versteuert werden können. Außerdem können für die Zeit in München **keine Mehraufwendungen für Verpflegung** berücksichtigt werden.

Die **Finanzverwaltung** erkennt aber gleichwohl eine **doppelte Haushaltsführung** an mit der Folge, dass die Kosten der Fahrten nach München und zurück vom Arbeitgeber nach § 3 Nr. 16 EStG in voller Höhe steuerfrei erstattet werden können, weil es sich immer um die erste bzw. letzte Fahrt (Hin- bzw. Rückfahrt zum/vom doppelten Haushalt) handelt (vgl. R 9.11 Abs. 6 Satz 1 Nr. 1 LStR sowie → *Doppelte Haushaltsführung: Erstattungsbeträge* Rz. 1748). Ferner können für die Zeit in München Mehraufwendungen für Verpflegung berücksichtigt werden.

Aufwendungen eines Arbeitnehmers für eine Zweitwohnung an einem auswärtigen Ort der ersten Tätigkeitsstätte sind auch dann auf Grund einer doppelten Haushaltsführung als Werbungskosten abziehbar, wenn der Arbeitnehmer **zugleich am Ort seines Hausstands beschäftigt** ist (BFH v. 24.5.2007, VI R 47/03, BStBl II 2007, 609 betr. den wissenschaftlichen Mitarbeiter eines Bundestagsabgeordneten, der sowohl in Berlin als auch in Bonn beruflich tätig ist und an beiden Arbeitsorten eine Wohnung unterhält).

Eine doppelte Haushaltsführung ist in einem während der Arbeitswoche auf dem **Firmengelände abgestellten Wohnmobil** jedoch zumindest dann nicht anzuerkennen, wenn das Fahrzeug nicht am auswärtigen Standort verbleibt, sondern auch zu Wochenendheimfahrten bzw. weiteren Dienst- oder Privatfahrten verwendet wird (FG Rheinland-Pfalz v. 23.7.2008, 2 K 1238/08).

Das FG München (Urteil v. 26.11.2021, 8 K 2143/21, Revision eingelegt, Az. beim BFH: VI R 30/21) hatte zunächst entschieden, dass für das Unterhalten einer Wohnung am Ort der ersten Tätigkeitsstätte i.R. einer doppelten Haushaltsführung **eine Zweitwohnungssteuer nicht** zu den Unterkunftskosten i.S. des § 9 Abs. 1 Satz 3 Nr. 5 Satz 4 EStG gehöre und die Zweitwohnungssteuer damit zusätzlich zu den 1 000 €-Höchstgrenze pro Monat als Werbungskosten zu berücksichtigen sei. Der BFH hat im Urteil v. 13.12.2023, VI R 30/21, BStBl II 2024, 404, jedoch die Auffassung vertreten, dass die Zweitwohnungsteuer für eine im Rahmen einer doppelten Haushaltsführung genutzte Wohnung unter die **Höchstbetragsbegrenzung** von 1 000 € fällt. Ist der Höchstbetrag bereits ausgeschöpft, darf dieser Aufwand also **nicht** zusätzlich als Werbungskosten abgezogen werden, was sich insbesondere für Zweitwohnungsnutzer in „teuren" Großstädten und in deren Randbereichen nachteilig auswirkt.

6. Ort der ersten Tätigkeitsstätte

a) Zweitwohnung in der näheren Umgebung

Nach § 9 Abs. 1 Satz 3 Nr. 5 Satz 2 EStG liegt nur dann eine doppelte Haushaltsführung vor, wenn der Arbeitnehmer **außerhalb des Ortes** seiner ersten Tätigkeitsstätte („**Beschäftigungsort**") einen eigenen Hausstand („**Haupthausstand**") unterhält und auch **am Ort der ersten Tätigkeitsstätte** („**Beschäftigungsort**") **wohnt**. Zum Begriff „erste Tätigkeitsstätte" → *Reisekosten: Allgemeine Grundsätze* Rz. 3593. 1731

Eine **Zweitwohnung oder -unterkunft in der Nähe des Ortes der ersten Tätigkeitsstätte** steht einer Zweitwohnung am Ort der ersten Tätigkeitsstätte gleich. Aus **Vereinfachungsgründen** kann davon ausgegangen werden, dass die **Zweitwohnung noch am Ort der ersten Tätigkeitstätte belegen** ist, wenn die Entfernung der kürzesten Straßenverbindung (§ 9 Abs. 1 Satz 3 Nr. 4 Satz 4 EStG) zwischen Zweitwohnung oder -unterkunft und erster Tätigkeitsstätte **nicht mehr als 50 Kilometer beträgt**.

Liegt die Zweitwohnung **mehr als 50 Kilometer** von dem Ort der ersten Tätigkeitsstätte entfernt, ist zu prüfen, ob die erste Tätigkeitsstätte von der Zweitwohnung oder -unterkunft noch in zumutbarer Weise täglich erreicht werden kann. Eine **Fahrzeit von bis zu 1 Stunde** je Wegstrecke unter Zugrundelegung individueller Verkehrsverbindungen und Wegezeiten ist dabei als zumutbar anzusehen (BFH v. 19.4.2012, VI R 59/11, BStBl II 2012, 833; der BFH hat eine doppelte Haushaltsführung anerkannt, obwohl die Wohnung 141 km von der Arbeitsstätte entfernt war).

Beispiel 1:

Der Arbeitnehmer A hat seinen eigenen Hausstand in B und in C seine erste Tätigkeitsstätte. Die Entfernung von B (Mittelpunkt der Lebensinteressen) nach C beträgt 250 Kilometer. Der Arbeitnehmer findet in Z eine günstige Zweitwohnung. Die Entfernung von dieser Zweitwohnung in Z nach C (erste Tätigkeitsstätte) beträgt 50 Kilometer.

Auch wenn die Zweitwohnung in Z 50 Kilometer von C entfernt liegt, gilt sie noch als Wohnung am Ort der ersten Tätigkeitsstätte.

Beispiel 2:

Wie Beispiel 1. Die Entfernung von der Zweitwohnung in Z nach C (erste Tätigkeitsstätte) beträgt 100 Kilometer. Die Fahrtzeit je Wegstrecke beträgt 1,5 Stunden.

In diesem Fall kann nicht mehr ohne Weiteres von einer Zweitwohnung am Ort der ersten Tätigkeitsstätte ausgegangen werden. Die steuerliche Anerkennung richtet sich in diesem Fall nach den o.g. von der Rechtsprechung aufgestellten Grundsätzen (vgl. BFH v. 19.4.2012, VI R 59/11, BStBl II 2012, 833).

b) Beide Wohnungen befinden sich am Beschäftigungsort

1732 **Der Ort des eigenen Hausstands und der Beschäftigungsort müssen auseinanderfallen.** Liegt die Hauptwohnung am Ort der ersten Tätigkeitsstätte, ist eine doppelte Haushaltsführung nicht gegeben. **Eine Hauptwohnung i.S.d. § 9 Abs. 1 Satz 3 Nr. 5 Satz 2 EStG ist am Ort der ersten Tätigkeitsstätte belegen, wenn der Stpfl. von dieser Wohnung seine erste Tätigkeitsstätte in zumutbarer Weise täglich erreichen kann. Eine Fahrzeit von bis zu 1 Stunde je Wegstrecke unter Zugrundelegung individueller Verkehrsverbindungen und Wegezeiten kann i.d.R. als zumutbar angesehen werden** (vgl. BFH v. 16.11.2017, VI R 31/16, BStBl II 2018, 404).

Aus **Vereinfachungsgründen** kann für die Frage, ob die Hauptwohnung am Ort der ersten Tätigkeitsstätte belegen ist oder nicht, z.B. wenn sie innerhalb derselben politischen Gemeinde, Stadt oder in deren unmittelbaren Umkreis liegen, die **Entfernung der kürzesten Straßenverbindung** (§ 9 Abs. 1 Satz 3 Nr. 4 Satz 4 EStG) zwischen Hauptwohnung und erster Tätigkeitsstätte herangezogen werden. Beträgt die Entfernung zwischen Hauptwohnung und erster Tätigkeitsstätte **mehr als 50 Kilometer**, ist davon auszugehen, dass sich die **Hauptwohnung außerhalb des Ortes der ersten Tätigkeitsstätte befindet**.

Beispiel 1:

Die Eheleute A sind seit Oktober 2010 verheiratet, Herr A war nichtselbständig in X tätig. Die Eheleute A und ihre beiden Kinder wohnten in Y. Seit März 2013 bewohnte Herr A zudem eine Wohnung in X. Von dieser suchte er unter der Woche seine in der Nähe gelegene erste Tätigkeitsstätte auf. Der einfache Arbeitsweg des Herrn A von Y zu seiner erste Tätigkeitsstätte in X betrug **36 km**, die Fahrzeit für diese Wegstrecke mit dem Pkw einschließlich eines Zeitzuschlags auf Grund von Staulagen zu den Hauptverkehrszeiten lag **„im Bereich von 1 Stunde“**, die Fahrzeit mit öffentlichen Verkehrsmitteln durchschnittlich 1:05 bis 1:11 Stunden.

Der BFH hat eine doppelte Haushaltsführung nicht anerkannt, weil die Hauptwohnung in Y, d.h. der „eigene Hausstand“ i.S.d. § 9 Abs. 1 Satz 3 Nr. 5 Satz 2 EStG, ebenfalls am Beschäftigungsort belegen ist. Herr A habe seine erste Tätigkeitsstätte in X von seiner Wohnung in Y aus in zumutbarer Weise täglich aufsuchen können. Unter den Bedingungen einer Großstadt und deren Einzugsbereich seien Fahrzeiten zwischen Wohnung und erster Tätigkeitsstätte von rund 1 Stunde üblich und ohne weiteres zumutbar. Neben der reinen Entfernung zwischen Wohnung und erster Tätigkeitsstätte sowie der benötigten Fahrzeiten von etwa 1 Stunde sei auch auf das gut ausgebaute Straßennetz und den gut erreichbaren öffentlichen Personennahverkehr im Großraum X abzustellen (vgl. BFH v. 16.11.2017, VI R 31/16, BStBl II 2018, 404 und zuletzt BFH v. 16.1.2018, VI R 2/16).

Beispiel 2:

Wie Beispiel 1, die erste Tätigkeitsstätte in X ist jedoch 60 km von der Hauptwohnung in Y entfernt.

Nach der o.g. Vereinfachungsregelung kann eine doppelte Haushaltsführung anerkannt werden, weil die „50 km-Entfernungsgrenze“ überschritten ist. Es wird von der Finanzverwaltung unterstellt, dass die Hauptwohnung nicht (auch) am Ort der ersten Tätigkeitsstätte belegen ist.

7. Begünstigter Personenkreis

Eine doppelte Haushaltsführung liegt nur vor, wenn der Arbeitnehmer außerhalb des Ortes seiner ersten Tätigkeitsstätte einen **eigenen Hausstand unterhält** und auch am Ort der ersten Tätigkeitsstätte wohnt. 1733

Eine doppelte Haushaltsführung wird zunächst bei **verheirateten Arbeitnehmern** anerkannt, die auswärts arbeiten und am Ort der ersten Tätigkeitsstätte wohnen.

Aber auch ein **nicht verheirateter Stpfl.** kann nach der BFH-Rechtsprechung einen eigenen Hausstand außerhalb des Orts der ersten Tätigkeitsstätte unterhalten, wenn er z.B. in der **Wohnung am Heimatort seinen Lebensmittelpunkt beibehält** und sich – abgesehen von der Berufstätigkeit am Ort der ersten Tätigkeitsstätte und Urlaubsfahrten – ständig dort aufhält (zuletzt BFH v. 9.2.2015, VI B 80/14, m.w.N.). Nicht erforderlich ist, dass in dieser Wohnung während der berufsbedingten Abwesenheit des Arbeitnehmers hauswirtschaftliches Leben herrscht, z.B. wenn der Arbeitnehmer seinen nicht berufstätigen Ehegatten an den auswärtigen Beschäftigungsort mitnimmt oder der Arbeitnehmer nicht verheiratet ist (R 9.11 Abs. 3 Satz 3 LStR).

8. Eigener Hausstand

a) Allgemeines

Folgende Voraussetzungen müssen für die Anerkennung eines **„eigenen Hausstands“** erfüllt sein (vgl. R 9.11 Abs. 3 LStR): 1734

- Ein eigener Hausstand setzt eine eingerichtete, den Lebensbedürfnissen entsprechende **Wohnung des Arbeitnehmers** voraus (→ Rz. 1737).
- An den **Kosten der Lebensführung** (laufende Kosten der Haushaltsführung) muss sich der **Arbeitnehmer finanziell beteiligen** (→ Rz. 1738).
- In dieser Wohnung muss der Arbeitnehmer einen **Haushalt unterhalten**, d.h. er muss die Haushaltsführung bestimmen oder wesentlich mitbestimmen. Es ist nicht erforderlich, dass in der Wohnung am Ort des eigenen Hausstands hauswirtschaftliches Leben herrscht, z.B. wenn der Arbeitnehmer seinen nicht berufstätigen Ehegatten an den auswärtigen Beschäftigungsort mitnimmt oder der Arbeitnehmer nicht verheiratet ist (→ Rz. 1736).
- Die Wohnung muss außerdem der auf Dauer angelegte **Mittelpunkt der Lebensinteressen** des Arbeitnehmers sein. **Mit zunehmender Dauer der auswärtigen Tätigkeit besteht besonderer Anlass zu prüfen, ob im Laufe der Zeit der Lebensmittelpunkt an den Arbeitsort verlegt** worden ist und somit die doppelte Haushaltsführung endet (zuletzt BFH v. 1.10.2019, VIII R 29/16, HFR 2020, 443 betr. Voraussetzungen einer doppelten Haushaltsführung für beiderseits beruflich tätige Ehegatten, die mit den Kindern am Beschäftigungsort leben); → Rz. 1739 ff.

Der Arbeitnehmer muss außerhalb des Ortes der ersten Tätigkeitsstätte eine eingerichtete, den Lebensbedürfnissen entsprechende Wohnung (**Hauptwohnung**) besitzen, die er aus eigenem Recht, z.B. als Eigentümer oder Mieter (auch Untermieter) nutzt (→ Rz. 1735). Das Vorliegen eines eigenen Hausstandes setzt neben dem Innehaben einer Wohnung am Lebensmittelpunkt aus eigenem Recht als Eigentümer oder Mieter bzw. aus gemeinsamen oder abgeleitetem Recht als Ehegatte, Lebenspartner oder Lebensgefährte sowie Mitbewohner gem. § 9 Abs. 1 Satz 3 Nr. 5

Satz 3 EStG auch eine finanzielle Beteiligung an den Kosten der Lebensführung (laufende Kosten der Haushaltsführung) voraus (R 9.11 Abs. 3 LStR, → Rz. 1738). In dieser Wohnung muss der Arbeitnehmer einen Haushalt unterhalten, d.h. er muss die Haushaltsführung bestimmen oder wesentlich mitbestimmen. Es genügt nicht, wenn der Arbeitnehmer z.B. im Haushalt der Eltern lediglich ein oder mehrere Zimmer unentgeltlich bewohnt oder wenn dem Arbeitnehmer eine Wohnung im Haus der Eltern unentgeltlich zur Nutzung überlassen wird (zur Abgrenzung vgl. BFH v. 12.1.2023, VI R 39/19, BStBl II 2023, 747 hinsichtlich der Anerkennung eines gemeinsamen Hausstandes von Geschwistern im Obergeschoss des Elternhauses).

Es ist nicht erforderlich, dass in der Wohnung am Ort des eigenen Hausstands hauswirtschaftliches Leben herrscht, z.B. wenn der Arbeitnehmer seinen nicht berufstätigen Ehegatten an den auswärtigen Beschäftigungsort mitnimmt oder der Arbeitnehmer nicht verheiratet ist.

Mit dem „**Hausstand**" i.S.d. § 9 Abs. 1 Satz 3 Nr. 5 Satz 2 EStG ist der **Ersthaushalt (Hauptwohnung) umschrieben**, an dem sich der Arbeitnehmer – abgesehen von den Zeiten der Arbeitstätigkeit und ggf. Urlaubsfahrten – regelmäßig aufhält, den er fortwährend nutzt und von dem aus er sein Privatleben führt, also seinen **Lebensmittelpunkt** hat. Das Vorhalten einer Wohnung außerhalb des Beschäftigungsortes für gelegentliche Besuche oder für Ferienaufenthalte ist dagegen nicht als Unterhalten eines Hausstandes zu werten. Denn eine doppelte Haushaltsführung ist nicht gegeben, wenn am Beschäftigungsort zugleich der Lebensmittelpunkt liegt. I.d.R. verlagert sich der Mittelpunkt der Lebensinteressen eines Arbeitnehmers an den Beschäftigungsort, wenn er dort mit seinem Ehegatten/Lebenspartner/Lebensgefährten in eine familiengerechte Wohnung einzieht, auch wenn die frühere Wohnung beibehalten und zeitweise noch genutzt wird (→ Rz. 1740).

Eine **melderechtliche Anmeldung** der Stpfl. unter der Adresse ihres Ehemannes hat keine einen eigenen Hausstand i.S.d. § 9 Abs. 1 Satz 3 Nr. 5 EStG begründende Wirkung, wenn die Stpfl. kein Visum zur (dauerhaften) Einreise nach Deutschland erhalten hatte, es sich somit nur um Besuchsaufenthalte gehandelt haben kann und es keine Anhaltspunkte dafür gibt, dass sich die Stpfl., die keine eigenen Einkünfte erzielt, an den Kosten der Lebensführung beteiligt hat (FG Bremen v. 28.5.2020, 1 K 96/19 (3)).

Praktische Probleme bei der Feststellung, ob der auswärts tätige Arbeitnehmer am Heimatort einen „eigenen Hausstand" unterhält, gibt es v.a. bei **ausländischen Saisonarbeitnehmern**, die nur für wenige Monate im Inland tätig sind (z.B. als **Erntehelfer**). Die Finanzverwaltung gestattet es diesen Arbeitnehmern, die Voraussetzung „eigener Hausstand" durch eine von der Heimatbehörde ausgestellte Bestätigung nachzuweisen. Weitere Einzelheiten s. FinMin Baden-Württemberg v. 24.4.2004, 3 – S 235.2/34.

b) Nutzung aus eigenem Recht

1735 Nach dem seit 2014 geänderten § 9 Abs. 1 Satz 3 Nr. 5 Satz 3 EStG erfordert das Vorliegen eines eigenen Hausstands außerhalb des Ortes der ersten Tätigkeitsstätte – neben der finanziellen Beteiligung an den Kosten der Lebensführung (laufende Kosten der Haushaltsführung) – das **Innehaben einer Wohnung aus eigenem Recht oder als Mieter.**

Ein „**eigener** Hausstand" i.S.d. § 9 Abs. 1 Satz 3 Nr. 5 EStG kann eine Mietwohnung, eine Eigentumswohnung, aber auch ein Zimmer in einer Wohngemeinschaft oder die Wohnung der Lebensgefährtin sein, mit der der Arbeitnehmer ein gemeinsames Kind hat (zuletzt BFH v. 18.11.2008, VI B 37/08). Bei einem **nicht verheirateten Arbeitnehmer** sieht der BFH einen Hausstand dann als eigenen i.S. der Vorschrift an, wenn er ihn aus **eigenem Recht** (z.B. als Eigentümer, Mieter oder Untermieter) oder „**abgeleitetem**" **Recht** (z.B. als Lebenspartner oder Mitbewohner) nutzt. Sofern der Arbeitnehmer nicht alleiniger Eigentümer oder Mieter des Hausstands ist, muss anhand der Umstände des Falls untersucht werden, ob der Hausstand jedenfalls auch ihm als eigener zugerechnet werden kann. Wesentlich ist, dass das **Verbleiben des Stpfl. in der Wohnung gesichert** ist. Nutzt der Arbeitnehmer die Wohnung nicht allein, muss er sie aber zumindest gleichberechtigt mitbenutzen können (zuletzt BFH v. 2.2.2010, VI B 117/09, m.w.N.; hinsichtlich der Anerkennung eines gemeinsamen Hausstandes von Geschwistern im Obergeschoss des Elternhauses BFH v. 12.1.2023, VI R 39/19, BStBl II 2023, 747). Sofern die betreffende Wohnung nicht im Eigentum des Nutzenden steht, erfordert das Innehaben eines eigenen Hausstands i.R. doppelter Haushaltsführung eine **geschützte Rechtsposition** auf Grund einer gültigen Nutzungsvereinbarung, die bei einer Nachlassimmobilie mit der Erbengemeinschaft getroffen sein muss (BFH v. 21.12.2006, VI B 84/06).

Ein „**abgeleitetes**" **Nutzungsrecht** ist z.B. gegeben, wenn jemand **ohne Mietvertrag eine Wohnung mitbewohnt**. In Betracht kommen besonders **Wohngemeinschaften** oder Personen, die in die **Wohnung ihres Lebensgefährten** einziehen. Voraussetzung ist in jedem Fall aber, dass der Arbeitnehmer eine geschützte Rechtsposition innehat, die sein Verbleiben in der Wohnung sichert. Dies kann schon der Fall sein, wenn der Lebenspartner zwar formal allein eine Wohnung angemietet hat, sich der Arbeitnehmer aber mit **Duldung seines Partners dauerhaft dort aufhält** und sich finanziell in solchem Umfang an der Haushaltsführung beteiligt, dass daraus auf eine gemeinsame Haushaltsführung geschlossen werden kann. Die gleichen Maßstäbe gelten, wenn ein Arbeitnehmer im eigenen Haus eine Wohnung bewohnt, an der zu Gunsten der **Eltern ein Nießbrauch bestellt** worden ist. Ein Vorbehaltsnießbrauch an der vom Arbeitnehmer genutzten Wohnung schließt daher einen eigenen Hausstand des Arbeitnehmers nicht aus, wenn gesichert ist, dass er die Wohnung nicht nur vorübergehend nutzen kann. Für die Frage, ob der Arbeitnehmer den Hausstand aus eigenem oder abgeleitetem Recht nutzt, spielt es im Übrigen keine Rolle, ob die zu Grunde liegenden **Vereinbarungen dem unter Fremden Üblichen entsprechen** (BFH v. 4.11.2003, VI R 170/99, BStBl II 2004, 16 m.w.N.).

c) Eingliederung in den Haushalt der Eltern

Nach der **BFH-Rechtsprechung** wird ein eigener Hausstand nicht 1736
unterhalten, wenn der nicht verheiratete Arbeitnehmer als nicht die Haushaltsführung wesentlich bestimmender bzw. mitbestimmender Teil in einen **Hausstand eingegliedert ist, wie es regelmäßig bei jungen Arbeitnehmern der Fall ist, die nach Beendigung der Ausbildung weiterhin – wenn auch gegen Kostenbeteiligung – im elterlichen Haushalt ihr Zimmer bewohnen**. Die elterliche Wohnung kann in einem dieser häufigen Fälle zwar, auch wenn das Kind am Ort der ersten Tätigkeitsstätte eine Unterkunft bezogen hat, wie bisher der **Mittelpunkt seiner Lebensinteressen sein, sie ist aber nicht ein von dem Kind unterhaltener eigener Hausstand** (zuletzt FG Düsseldorf, 28.5.2020, 9 K 719/17 E, EFG 2020, 1233). Diese Regelvermutung wird nicht dadurch erschüttert, dass der Arbeitsvertrag des Arbeitnehmers befristet war, wenn die Befristung sich nicht nur auf einen Zeitraum von wenigen Monaten, sondern über auf einen Zeitraum von immerhin drei Jahren erstreckt und auch die Möglichkeit einer Verlängerung der Befristung bestand (FG Münster v. 7.10.2020, 13 K 1756/18 E, EFG 2021, 29).

Bei einem **älteren, wirtschaftlich selbständigen, berufstätigen Kind**, das mit den Eltern gemeinsam eine Wohnung nutzt, kann nach der Rechtsprechung dagegen regelmäßig vermutet werden, dass es die gemeinsame Haushaltsführung wesentlich mitbestimmt, wenn sich dort der Mittelpunkt seiner Lebensinteressen befindet. In diesem Fall stellt der mit den Eltern geführte Haushalt einen eigenen Haushalt des Kindes dar (**Mehrgenerationenhaushalt**). Diese **Regelvermutung** gilt insbesondere, wenn die Wohnung am Beschäftigungsort dem Arbeitnehmer im Wesentlichen **nur als Schlafstätte dient**, weil dann dort regelmäßig weder der Haupthausstand noch der Mittelpunkt der Lebensinteressen des Stpfl. zu verorten ist (zur Abgrenzung vgl. auch hier BFH v. 12.1.2023, VI R 39/19, BStBl II 2023, 747 hinsichtlich der Anerkennung eines gemeinsamen Hausstandes von Geschwistern im Obergeschoss des Elternhauses). Allerdings kann weder allein das Eintreten der Volljährigkeit die Regelvermutung auslösen, noch ist diese von einer bestimmten Altersgrenze abhängig (zuletzt BFH v. 1.3.2017, VI B 74/16, der Kläger war 27/28 Jahre alt, doppelte Haushaltsführung abgelehnt).

Hat ein Stpfl. bereits i.R. einer gefestigten Beziehung oder Ehe andernorts einen eigenen Hausstand geführt, ist es regelmäßig nicht fernliegend, dass er nach Bezug einer Wohnung im Haus der Eltern auch dort weiterhin einen eigenen Haushalt führt (BFH v. 28.3.2012, VI R 87/10, BStBl II 2012, 800).

d) Beschaffenheit der Wohnung

1737 Die dem Arbeitnehmer zur ausschließlichen Nutzung überlassenen Räumlichkeiten müssen nach der **BFH-Rechtsprechung nicht den bewertungsrechtlichen Anforderungen an eine Wohnung gerecht werden**, d.h. es muss sich nicht um eine abgeschlossene Wohnung handeln. Danach können die durch das Leben am Ort der ersten Tätigkeitsstätte zusätzlich entstehenden notwendigen Aufwendungen grds. auch dann zu Werbungskosten führen, wenn die Wohnverhältnisse des Stpfl. am Ort seines Lebensmittelpunktes vergleichsweise einfach oder beengt sein sollten.

Auch steht es der Anerkennung eines eigenen Hausstands nicht entgegen, wenn die dem Arbeitnehmer überlassene Wohnung über **keine eigene Küche (oder Kochstelle), kein eigenes Bad oder keine eigene Toilette** verfügt, dem Arbeitnehmer also lediglich eine Mitbenutzung dieser Räume gestattet ist. Deshalb kann ein eigener Hausstand auch dann unterhalten werden, wenn der Erst- oder Haupthausstand i.R. einer **Wohngemeinschaft** (mit den Eltern) geführt wird (zuletzt BFH v. 6.1.2013, VI R 46/12, BStBl II 2013, 627; BFH v. 12.1.2023, VI R 39/19, BStBl II 2023, 747).

9. Finanzielle Beteiligung

1738 Das Vorliegen eines eigenen Hausstandes setzt neben dem Innehaben einer Wohnung aus eigenem Recht als Eigentümer oder Mieter bzw. aus gemeinsamen oder abgeleitetem Recht als Ehegatte, Lebenspartner oder Lebensgefährte sowie Mitbewohner auch eine **finanzielle Beteiligung an den Kosten der Lebensführung (laufende Kosten der Lebensführung)** voraus (§ 9 Abs. 1 Satz 3 Nr. 5 Satz 3 EStG, R 9.11 Abs. 3 LStR). Es genügt nicht, wenn der Arbeitnehmer z.B. im Haushalt der Eltern lediglich ein oder mehrere Zimmer unentgeltlich bewohnt oder wenn dem Arbeitnehmer eine Wohnung im Haus der Eltern unentgeltlich zur Nutzung überlassen wird.

Die finanzielle Beteiligung an den Kosten der Lebensführung ist darzulegen und kann auch bei volljährigen Kindern, die bei ihren Eltern oder einem Elternteil wohnen, nicht generell unterstellt werden.

Eine finanzielle Beteiligung an den Kosten der Lebensführung mit **Bagatellbeträgen** ist nicht ausreichend. Betragen die **Barleistungen des Arbeitnehmers mehr als 10 %** der monatlich regelmäßig anfallenden laufenden Kosten der Lebensführung (z.B. Miete, Mietnebenkosten, Kosten für Lebensmittel und andere Dinge des täglichen Bedarfs), ist von einer finanziellen Beteiligung oberhalb der Bagatellgrenze auszugehen.

Liegen die Barleistungen darunter, kann der Arbeitnehmer eine hinreichende finanzielle Beteiligung auch auf andere Art und Weise darlegen. Bei Ehegatten oder Lebenspartnern mit den **Steuerklassen III, IV oder V kann eine finanzielle Beteiligung an den Kosten der Lebensführung ohne entsprechenden Nachweis unterstellt** werden.

Nach Auffassung des **FG Niedersachsen** (Urteil v. 18.9.2019, 9 K 209/18, EFG 2020, 262, bestätigt durch BFH v. 12.1.2023, VI R 39/19) fordert die gesetzliche Regelung keine regelmäßige Beteiligung an den laufenden Wohnungs- und Verbrauchskosten, da weder der Gesetzeswortlaut noch die Gesetzesmaterialien hierauf hindeuten (entgegen R 9.11 Abs. 3 LStR). Auch unregelmäßige Zahlungen oder außergewöhnliche Kostenbeiträge oder nur Einmalzahlungen können – ungeachtet des Zeitpunkts der Zahlung (Anfang, Mitte oder Ende des Jahres) – als finanzielle Beteiligung angesehen werden. Die vom Kläger erbrachten Dienstleistungen (z.B. Rasen mähen, Garten umgraben, Helfen bei Umbaumaßnahmen/Renovierung, Holz hacken und sägen) erfüllen das Merkmal der „finanziellen“ Beteiligung allerdings nicht. Im Ergebnis konnte das FG aber feststellen, dass sich der Kläger oberhalb einer Geringfügigkeitsgrenze von 10 % und damit erkennbar nicht unzureichend an den haushaltsbezogenen Lebensführungskosten beteiligt hatte. Demgegenüber führt nach **FG Düsseldorf** v. 28.5.2020, 9 K 719/17 E, EFG 2020, 1233 allein das Zusammenwohnen des Stpfl. mit seinen Eltern gegen Kostenbeteiligung (u.a. auch durch einen Mietvertrag geregelt) nicht dazu, dass aus dem zwischen dem Stpfl. und seinen Eltern bestehenden gemeinsamen Haushalt ein eigener Hausstand des Stpfl. abgeleitet werden kann; die anteilige Kostenübernahme von Wohnnebenkosten kann nicht mit der finanziellen Beteiligung an den Kosten der gemeinsamen Haushaltsführung gleichgesetzt werden.

Der BFH v. 12.1.2023, VI R 39/19 hat hierzu geurteilt: Die finanzielle Beteiligung an den Kosten der Lebensführung darf nicht erkennbar unzureichend sein. Ob dies der Fall ist, bedarf einer Würdigung der Umstände des Einzelfalls. Eine bestimmte betragliche Grenze sieht das Gesetz nicht vor, ebenso wenig ist eine laufende Beteiligung erforderlich.

Zur finanziellen Beteiligung bei einem ledigen Steuerpflichtigen vgl. BFH v. 29.4.2025, VI R 12/23, BStBl II 2025, 891 → Rz. 1729.

10. Lebensmittelpunkt

a) Allgemeines

Voraussetzung für eine doppelte Haushaltsführung ist, dass zwi- 1739
schen dem Wohnen in einer Zweitwohnung am Beschäftigungsort und dem Unterhalten eines eigenen Hausstandes außerhalb dieses Ortes unterschieden werden kann. Mit dem **„Hausstand“** ist der **Ersthaushalt (Hauptwohnung** bzw. **Lebensmittelpunktwohnung)** umschrieben, an dem sich der Arbeitnehmer – abgesehen von den Zeiten der Arbeitstätigkeit und ggf. Urlaubsfahrten – regelmäßig aufhält, den er fortwährend nutzt und von dem aus er sein Privatleben führt, an dem er also seinen **Lebensmittelpunkt** hat. Das Vorhalten einer Wohnung außerhalb des Beschäftigungsortes für gelegentliche Besuche oder für Ferienaufenthalte ist dagegen nicht als Unterhalten eines Hausstandes zu werten. Denn eine doppelte Haushaltsführung ist nicht gegeben, wenn am Beschäftigungsort zugleich der Lebensmittelpunkt liegt (zuletzt BFH v. 1.10.2019, VIII R 29/16, HFR 2020, 443 betr. beiderseits beruflich tätigen Ehegatten, die mit den Kindern am Beschäftigungsort leben). I.d.R. verlagert sich der Mittelpunkt der Lebensinteressen eines Arbeitnehmers an den Beschäftigungsort, wenn er dort mit seinem Ehegatten/Lebenspartner/Lebensgefährten in eine familiengerechte Wohnung einzieht, auch wenn die frühere Wohnung beibehalten und zeitweise noch genutzt wird (→ Rz. 1740).

Ob eine außerhalb des Beschäftigungsortes belegene Wohnung des Arbeitnehmers als Mittelpunkt seiner Lebensinteressen anzusehen ist und deshalb seinen (Haupt)Hausstand darstellt, ist anhand einer **Gesamtwürdigung aller Umstände des Einzelfalls** festzustellen. Dementsprechend erfordert die Entscheidung über den Lebensmittelpunkt eine Würdigung aller Umstände des Einzelfalls, die sich aus einer Zusammenschau mehrerer Einzeltatsachen ergibt. Indizien können sein (zuletzt BFH v. 1.10.2019, VIII R 29/16, HFR 2020, 443 betr. beiderseits beruflich tätige Ehegatten, die mit den Kindern am Beschäftigungsort leben)

- wie oft und wie lange sich der Arbeitnehmer in der einen und der anderen Wohnung aufhält,
- wie beide Wohnungen ausgestattet und wie groß sie sind (→ Rz. 1743),
- die Dauer des Aufenthaltes am Beschäftigungsort,
- die Entfernung beider Wohnungen,
- die Zahl der Heimfahrten (→ Rz. 1742),
- zu welchem Wohnort die engeren persönlichen Beziehungen (z.B. Art und Intensität der sozialen Kontakte, Vereinszugehörigkeiten und andere Aktivitäten) bestehen.

Bei **größerer Entfernung** zwischen dieser Wohnung und der Zweitwohnung, insbesondere bei einer Wohnung im Ausland, reicht bereits **eine Heimfahrt im Kalenderjahr** aus, um diese als Lebensmittelpunkt anzuerkennen, wenn in der Wohnung auch bei Abwesenheit des Arbeitnehmers hauswirtschaftliches Leben herrscht, an dem sich der Arbeitnehmer sowohl durch persönliche Mitwirkung als auch finanziell maßgeblich beteiligt.

Bei Arbeitnehmern mit einer Wohnung in **weit entfernt liegenden Ländern**, z.B. Australien, Indien, Japan, Korea, Philippinen, gilt dies mit der Maßgabe, dass **innerhalb von zwei Jahren mindestens eine Heimfahrt** unternommen wird (R 9.11 Abs. 3 Sätze 5 bis 6 LStR).

b) Verheiratete Arbeitnehmer

Auch bei einem verheirateten Arbeitnehmer ist grds. anhand einer 1740
Gesamtwürdigung aller Umstände des Einzelfalls festzustel-

len, wo der Mittelpunkt der Lebensinteressen liegt. Im Allgemeinen ist jedoch davon auszugehen, dass sich der Mittelpunkt der Lebensinteressen sich bei einem verheirateten Arbeitnehmer regelmäßig am tatsächlichen Wohnort seiner Familie befindet. Die Wohnung kann aber nur dann ohne nähere Prüfung berücksichtigt werden, wenn sie der Arbeitnehmer **mindestens sechsmal im Kalenderjahr aufsucht** (R 9.10 Abs. 1 Sätze 4 und 5 LStR).

Dies gilt auch, wenn der Lebensmittelpunkt beiderseits berufstätiger Ehegatten zu bestimmen ist, die während der Woche und damit den weitaus überwiegenden Teil des Jahres am Beschäftigungsort zusammenleben. Denn dieser Umstand allein rechtfertigt es nicht, dort den Lebensmittelpunkt des Stpfl. und seiner Hauptbezugsperson zur verorten. Allerdings hat die BFH-Rechtsprechung für die Gesamtwürdigung insofern eine **Vermutung** formuliert, nach der sich der Mittelpunkt der Lebensinteressen „in der Regel" an den Beschäftigungsort verlagert, wenn der Arbeitnehmer dort mit seinem Ehepartner in eine familiengerechte Wohnung einzieht, auch wenn die frühere Familienwohnung beibehalten und zeitweise noch genutzt wird (zuletzt BFH v. 1.10.2019, VIII R 29/16, HFR 2020, 443, betr. beiderseits beruflich tätige Ehegatten, die mit den Kindern am Beschäftigungsort leben).

Ist für **kinderlose Ehegatten**, die gemeinsam am Beschäftigungsort eine familiengerechte Wohnung unterhalten, „in der Regel" anzunehmen, dass sich der Lebensmittelpunkt am Beschäftigungsort befindet, so gilt dies erst recht für Fälle, in denen der **Arbeitnehmer mit allen Familienangehörigen in einer familiengerechten Wohnung lebt**. D.h. dass i.d.R. davon ausgegangen werden kann, dass sich der Mittelpunkt der Lebensinteressen an den Beschäftigungsort verlagert, wenn der Arbeitnehmer dort mit seinem Ehepartner und den Kindern in eine familiengerechte Wohnung einzieht, auch wenn die frühere Familienwohnung beibehalten und zeitweise noch genutzt wird (zuletzt BFH v. 1.10.2019, VIII R 29/16, HFR 2020, 443 betr. beiderseits beruflich tätigen Ehegatten, die mit den Kindern am Beschäftigungsort leben).

Aber auch hier ist die **Regelvermutung widerlegbar**. Da es immer auf die Gesamtumstände des einzelnen Falles ankommt, sieht der BFH in seinem o.g. Urteil v. 1.10.2019, VIII R 29/16, HFR 2020, 443 keinen Widerspruch darin, dass in der Rechtsprechung der Finanzgerichte für Sachverhalte, in denen beiderseits berufstätige Ehegatten samt der Kinder am Beschäftigungsort leben, auch schon ein vom Beschäftigungsort abweichender Lebensmittelpunkt angenommen worden ist (vgl. FG Münster v. 26.9.2018, 7 K 3215/16 E, EFG 2018, 1793; FG Berlin-Brandenburg v. 9.3.2016, 7 K 7098/14; FG München v. 26.1.2015, 7 K 1804/13).

Haben Eheleute einen zweiten Wohnsitz begründet und sucht der Ehegatte, der Heimfahrten i.R. einer doppelten Haushaltsführung geltend macht, den bisherigen Wohnsitz in Anbetracht einer beruflichen Vollauslastung nicht mehr auf, führt er keinen „doppelten Haushalt" mehr (FG Thüringen v. 11.5.2017, 1 K 408/15, EFG 2017, 1152).

Halten sich nicht alle Familienmitglieder am selben Wohnort auf, ist darauf abzustellen, wo sich der überwiegende Teil der Familie aufhält (FG München v. 3.8.2007, 6 K 733/06).

Ein Stpfl. hat auch dann nur einen **einzigen Mittelpunkt der Lebensinteressen**, wenn er mehrere Wohnungen innehat. Wohnen beide Ehegatten während der Woche zusammen in einer Wohnung und nutzen eine Ferienwohnung gemeinsam am Wochenende sowie im Urlaub, ist im Allgemeinen davon auszugehen, dass ihr Mittelpunkt der Lebensinteressen in der Wohnung ist, von der beide regelmäßig ihre Arbeitsstätte aufsuchen, also **nicht in der Ferienwohnung** (BFH v. 4.5.2011, VI B 152/10).

Die **vorübergehende Entsendung eines verheirateten Arbeitnehmers in ein Entwicklungsland** kann nach allgemeiner Lebenserfahrung gegen eine (sofortige) Wegverlegung des gemeinsamen Lebensmittelpunkts der Eheleute nach dort sprechen (BFH v. 7.5.2015, VI R 71/14, HFR 2015, 921).

c) Alleinstehende Arbeitnehmer

1741 Alleinstehende Arbeitnehmer können ebenfalls einen doppelten Haushalt führen, sofern sie ihren Lebensmittelpunkt (s.o.) nicht an den Beschäftigungsort verlegt haben (z.B. BFH v. 16.1.2013, VI R 46/12, BStBl II 2013, 627 m.w.N.).

Bei diesen Arbeitnehmern befindet sich der Mittelpunkt der Lebensinteressen an dem Wohnort, zu dem die **engeren persönlichen Beziehungen bestehen**. Die persönlichen Beziehungen können ihren Ausdruck besonders in Bindungen an Personen, z.B. Eltern, Verlobte, Freundes- und Bekanntenkreis, finden, aber auch in Vereinszugehörigkeiten und anderen Aktivitäten. Sucht der Arbeitnehmer diese Wohnung im Durchschnitt **mindestens zweimal monatlich** auf, geht die Finanzverwaltung davon aus, dass sich dort der Mittelpunkt seiner Lebensinteressen befindet. Dies gilt unabhängig davon, ob sich der Lebensmittelpunkt im Inland oder im Ausland befindet (R 9.10 Abs. 1 Sätze 6 bis 9 LStR).

Insbesondere bei nicht verheirateten Arbeitnehmern spricht jedoch – **je länger die Beschäftigung dauert** – vieles dafür, dass sich der **Mittelpunkt der Lebensinteressen am Ort der ersten Tätigkeitsstätte befindet** und die weitere zur Verfügung stehende Wohnung lediglich für Besuchs- bzw. Ferienzwecke vorgehalten wird; in solchen Fällen ist eine besondere Prüfung, ob der Lebensmittelpunkt gewechselt hat und damit die doppelte Haushaltsführung beendet ist, erforderlich (zuletzt BFH v. 21.4.2010, VI R 26/09, BStBl II 2012, 618). Die elterliche Wohnung kann in einem dieser häufigen Fälle zwar, auch wenn das Kind am Beschäftigungsort eine Unterkunft bezogen hat, wie bisher der Mittelpunkt seiner Lebensinteressen sein, sie ist aber **nicht ein von dem Kind unterhaltener eigener Hausstand**.

Umgekehrt deutet eine **kurzfristige auswärtige Beschäftigung** darauf hin, dass der **Lebensmittelpunkt am ursprünglichen Wohnort beibehalten** wird (vgl. zuletzt BFH v. 9.8.2007, VI R 10/06, BStBl II 2007, 820 m.w.N.).

Dient die Wohnung am Beschäftigungsort dem Stpfl. lediglich als **Schlafstätte**, ist regelmäßig davon auszugehen, dass der Mittelpunkt der Lebensführung noch am Heimatort zu verorten ist und dort der Haupthausstand geführt wird. Eine reine „Schlafstätte" am Beschäftigungsort liegt nicht vor, wenn ein Alleinstehender dort in einer 69 qm großen Wohnung, am Wohnort aber nur in einer 50 qm großen Wohnung lebt, und wenn keine weiteren Beweisanzeichen vorliegen, die auf den Lebensmittelpunkt am Wohnort hindeuten (FG München v. 26.9.2013, 5 K 2141/12).

Der Lebensmittelpunkt eines in **fester Partnerschaft** lebenden Arbeitnehmers befindet sich regelmäßig in der gemeinsamen Wohnung. (z.B. FG Hamburg v. 16.10.2001, VI 148/01). Der Zuzug des Lebenspartners in den doppelten Haushalt am Beschäftigungsort ist ein regelmäßiges Indiz für die Verlagerung des Lebensmittelpunkts an den Beschäftigungsort (BFH v. 8.10.2014, VI R 16/14, BStBl II 2015, 511).

Denkbar ist auch, dass der Stpfl. im selben Veranlagungszeitraum **zwei zeitlich nacheinander liegende Lebensmittelpunkte** haben kann; denn der Mittelpunkt der Lebensführung eines Stpfl. kann zeitlich begrenzt sein (BFH v. 1.2.2007, VI B 118/04, BStBl II 2007, 538).

Nicht anzuerkennen ist hiernach z.B. der Lebensmittelpunkt in der Wohnung am Heimatort, wenn

- der Arbeitnehmer in der (Zweit-)Wohnung am Arbeitsort in einer festen Partnerschaft mit seiner **Lebensgefährtin** lebt (zuletzt FG München v. 25.7.2012, 9 K 1929/10, EFG 2012, 2200 m.w.N.),
- die Wohnung am Ort der ersten Tätigkeitsstätte die Wohnung am Heimatort in **Größe und Ausstattung** übertrifft (zuletzt FG Hamburg v. 7.11.2007, 5 K 253/05),
- eine Stpfl., die am Ort der ersten Tätigkeitsstätte wohnt, **lediglich 20 Wochenenden im Jahr in der Wohnung ihres Lebensgefährten verbringt** (FG München v. 20.9.2007, 9 V 1692/07),
- sich der Arbeitnehmer dort nur **sporadisch aufhält und dort auch nicht gemeldet** war (FG Köln v. 6.6.2007, 10 K 1188/07, EFG 2008, 112),
- die **Entfernung zwischen dem anderen Ort und dem Beschäftigungsort eher gering ist** (im Streitfall: unter 60 km) und der Stpfl. den eigenen Hausstand am anderen Ort gleichwohl nur etwa vierzehntägig aufsucht (FG Hamburg v. 20.4.2015, 5 K 3/12, EFG 2015, 1353).

d) Beurteilung nach Zahl der Familienheimfahrten

1742 Die Anzahl der Familienheimfahrten ist besonders bei nicht verheirateten Arbeitnehmern ein **gewichtiges Indiz** für die Beantwortung der Frage, wo sich im Einzelfall der Mittelpunkt der Lebensinteressen befindet (vgl. zuletzt BFH v. 5.3.2009, VI R 23/07, BStBl II 2009, 1016 m.w.N.).

Die **Finanzverwaltung** fordert daher für die Anerkennung einer doppelten Haushaltsführung eine bestimmte **Anzahl von Familienheimfahrten**, sie geht nach R 9.11 Abs. 3 Sätze 5 bis 6 i.V.m. R 9.10 Abs. 1 Sätze 4 bis 8 LStR aus Vereinfachungsgründen davon aus, dass sich der **Lebensmittelpunkt in der Wohnung am Heimatort** befindet (und somit eine doppelte Haushaltsführung anerkannt werden kann), wenn diese Wohnung vom Arbeitnehmer aufgesucht wird

- bei einem **verheirateten Arbeitnehmer mindestens sechsmal im Kalenderjahr** und
- bei einem **nicht verheirateten Arbeitnehmer mindestens zweimal monatlich** (im Kalenderjahr also 24-mal). Diese Auffassung hat das FG München bestätigt (Urteil v. 7.3.2007, 5 K 4412/05).

Zu den Besonderheiten bei größeren Entfernungen zwischen Haupt- und Zweitwohnung → Rz. 1744.

Nachweise der Fahrten können beispielsweise anhand von Tankbelegen, Kontoauszügen, Nachweis der gefahrenen km, Fahrkarten usw. erfolgen.

Nach der BFH-Rechtsprechung (Urteil v. 26.11.2003, VI R 152/99, BStBl II 2004, 233) zu Fahrten zwischen Wohnung und erster Tätigkeitsstätte, die hier sinngemäß gelten dürfte, handelt es sich bei der von der Finanzverwaltung geforderten Mindestzahl von Heimfahrten um **keine starre Regelung**. Der BFH befürwortet eher eine **Gesamtwürdigung**, welche die Besonderheiten des Einzelfalls berücksichtigt, d.h. neben der Häufigkeit der Reisen die Entfernung zwischen der Wohnung im Ausland und der Wohnung im Inland sowie die Kosten der Fahrten (s. dazu zuletzt FG München v. 30.12.2005, 1 K 4382/04: 14 Heimfahrten eines ledigen Soldaten reichen aus, weil auch auf die Dauer der Aufenthalte am Heimatort abzustellen ist).

Aus Praktikabilitätsgründen hält die **Finanzverwaltung** aber an der Regelung von R 9.10 Abs. 1 Satz 5 LStR (mindestens sechs Heimfahrten im Kalenderjahr) fest, was im Richtlinientext durch die Worte „ohne nähere Prüfung" klargestellt wird.

Eine **geringe Entfernung zwischen Arbeitsort und dem anderen Ort** (im Streitfall: unter 60 km) schließt die Annahme einer doppelten Haushaltsführung nicht unbedingt aus, wenn berufliche Gründe (hier: Rufbereitschaft einer OP-Schwester) kurze Anfahrtswege erforderlich machen. Allerdings kann in einem solchen Fall der Umstand, dass der Stpfl. den eigenen Hausstand am anderen Ort nur etwa 14-tägig aufsucht, gegen die Annahmen eines anderweitigen Erst- und Haupthaushalts sprechen. Die Regelung in **R 9.10 Abs. 1 Satz 8 LStR**, nach der in Fällen, in denen ein nicht verheirateter Arbeitnehmer eine Wohnung außerhalb des Beschäftigungsorts **mindestens zweimal monatlich aufsucht**, davon auszugehen ist, dass sich dort der Mittelpunkt seiner Lebensinteressen befindet, findet in solchen Fällen **keine Anwendung** (FG Hamburg v. 20.4.2015, 5 K 3/12, EFG 2015, 1353).

e) Beurteilung nach Größe und Ausstattung der Wohnungen

1743 Hierbei können beispielsweise folgende Punkte zum Vergleich herangezogen werden:

- Wohnflächen in qm,
- Anzahl sowie Nutzung der einzelnen Zimmer (Küche, Bad, Schlafzimmer, ggf. Vorlage entsprechender Skizzen),
- Anzahl der Bewohner beider Wohnungen, ggf. Verhältnis zwischen Stpfl. und Mitbewohner/n (z.B. Verwandtschaft, Lebensgefährte/in o.ä.),
- Ausstattung (hierbei insbesondere zu beachten: das Alter und die Wertigkeit der Möbel, Elektrogeräte, etc.),
- Telefon-/Internetanschlüsse.

f) Besonderheiten bei ausländischen Arbeitnehmern

Liegt zwischen der Wohnung, die den Lebensmittelpunkt darstellt, 1744
und der Zweitwohnung eine **größere Entfernung** (insbesondere bei einer Wohnung im Ausland), ist die Erstere nur dann als **Lebensmittelpunkt** anzusehen, wenn

- in der Wohnung auch bei **Abwesenheit** des Arbeitnehmers **hauswirtschaftliches Leben** herrscht, an dem sich der Arbeitnehmer sowohl durch persönliche Mitwirkung als auch finanziell maßgeblich beteiligt, und
- der Arbeitnehmer **wenigstens eine Heimfahrt im Kalenderjahr** durchführt. Bei Arbeitnehmern mit einer Wohnung in **weit entfernt liegenden Ländern**, z.B. Australien, Indien, Japan, Korea, Philippinen, muss innerhalb von zwei Jahren mindestens eine Heimfahrt unternommen werden (vgl. R 9.11 Abs. 3 Satz 6 LStR).

Beispiel 1:

A, türkischer Staatsbürger, verheiratet, ist für drei Jahre nach Deutschland gekommen, um hier zu arbeiten; seine Familie ist in der Türkei geblieben. Er führt hier einen doppelten Haushalt.

Die doppelte Haushaltsführung kann steuerlich nur anerkannt werden, wenn A mindestens **einmal** im Kalenderjahr eine Familienheimfahrt unternimmt.

Beispiel 2:

A, koreanischer Staatsbürger, verheiratet, ist für drei Jahre nach Deutschland gekommen, um hier zu arbeiten; seine Familie ist in Korea geblieben. Er führt hier einen doppelten Haushalt.

Die doppelte Haushaltsführung kann steuerlich nur anerkannt werden, wenn A mindestens **eine** Familienheimfahrt unternimmt.

Es ist zweifelhaft, ob die **Rechtsprechung** dieser Verwaltungsauffassung folgt (s. die nachfolgenden Hinweise).

Problematisch ist in der Praxis immer wieder die Anerkennung einer doppelten Haushaltsführung bei **ausländischen Arbeitnehmern**. Allgemein lässt sich feststellen, dass die **Rechtsprechung eher großzügig** ist:

- Der **BFH** hat es im Urteil v. 8.11.1996, VI R 43/94, HFR 1997, 567 ausdrücklich offengelassen, ob er der Verwaltungsauffassung folgen könnte, wonach nur bei mindestens **sechs Heimfahrten** im Jahr die Wohnung im Ausland als **Lebensmittelpunkt** anerkannt werden kann. Die **einmal jährlich** durchgeführten Heimfahrten eines **jordanischen Arbeitnehmers** konnten schon deshalb nicht als „Fahrten zwischen Wohnung und Arbeitsstätte" berücksichtigt werden, weil sie nur **„gelegentlich"** i.S.d. § 9 Abs. 1 Satz 3 Nr. 4 Satz 6 EStG anfallen.
- Demgegenüber hat der BFH den Lebensmittelpunkt eines **slowakischen Arbeitnehmers** im Ausland – und damit die doppelte Haushaltsführung – anerkannt, obwohl dieser nur **drei Heimfahrten** im Jahr unternommen hatte, denn der Arbeitnehmer hatte wegen der Befristung seiner Aufenthaltserlaubnis und damit auch seines Arbeitsvertrags seinen Lebensmittelpunkt tatsächlich nicht in die Bundesrepublik verlegt. Der BFH sieht in diesem Urteil zwar die Anzahl der Heimfahrten als gewichtiges Indiz für die Beantwortung der Frage an, wo sich der Lebensmittelpunkt befindet. Ausnahmsweise können jedoch wenige Heimfahrten ausreichend sein (BFH v. 10.2.2000, VI R 60/98, HFR 2000, 565).

  Die Finanzverwaltung wendet das Urteil bisher nicht über den entschiedenen Einzelfall hinaus an (und hat es deshalb auch nicht im BStBl veröffentlicht), weil seine Anwendung den Finanzämtern in der Praxis erhebliche Probleme bereiten würde. So kann neben der kaum nachprüfbaren Nachweisführung über die Wohnungsbeschaffenheit im Ausland auch stets der Einwand bezüglich fehlender Heimfahrten gebracht werden, diese habe man wegen der großen Entfernung zur Heimatwohnung oder mangels entsprechender Leistungsfähigkeit (geringer Verdienst) nicht vornehmen können.
- Das **FG Thüringen** hat **16 Heimfahrten** eines **österreichischen Arbeitnehmers** gerade noch als ausreichend angesehen, weil dieser sich zusätzlich pro Jahr zwölf Wochen im eigenen Hausstand aufgehalten hat (Urteil v. 28.1.1998, I 76/98, EFG 1998, 1254).

Eine doppelte Haushaltsführung ist auch dann nicht anzuerkennen, wenn ein ausländischer Arbeitnehmer, der nur vorübergehend im Inland tätig ist (z.B. wegen einer auf fünf Jahre befristeten

Aufenthaltserlaubnis nach der sog. **Greencard-Regelung**), im Heimatland einen eigenen Hausstand beibehält, er aber mit seiner Familie am inländischen Ort der ersten Tätigkeitsstätte wohnt (FG München v. 7.10.2004, 5 K 4477/02, sowie BFH v. 24.6.2005, VI B 25/05).

11. Nachweise

1745 Der Arbeitgeber darf Mehraufwendungen für doppelte Haushaltsführung in dem Umfang steuerfrei ersetzen, in dem sie der Arbeitnehmer als Werbungskosten geltend machen könnte. **Für den Nachweis der Voraussetzungen beim Arbeitgeberersatz gilt Folgendes:**

- Bei **Arbeitnehmern in den Steuerklassen III, IV oder V** kann der Arbeitgeber ohne Weiteres unterstellen, dass sie einen eigenen Hausstand haben, an dem sie sich auch finanziell beteiligen und somit bei auswärtiger Unterbringung einen „echten" doppelten Haushalt führen.
- Bei **anderen Arbeitnehmern** (also v.a. bei Ledigen) darf der Arbeitgeber einen eigenen Hausstand nur dann anerkennen, wenn sie **schriftlich erklären**, dass sie neben einer Zweitwohnung oder -unterkunft am Beschäftigungsort außerhalb des Beschäftigungsorts einen eigenen Hausstand unterhalten, an dem sie sich auch finanziell beteiligen. Die Erklärung ist zum Lohnkonto zu nehmen (R 9.11 Abs. 10 Sätze 4 und 5 LStR).

Der **Arbeitnehmer** hat das Vorliegen einer doppelten Haushaltsführung und die finanzielle Beteiligung an der Haushaltsführung am Ort des eigenen Hausstands grds. in seiner **Einkommensteuererklärung** darzulegen. Bei Arbeitnehmern, die mit ihrem Ehegatten oder Lebenspartner einen gemeinsamen Haushalt führen, kann eine finanzielle Beteiligung an den Kosten der Lebensführung ohne entsprechenden Nachweis unterstellt werden. Kosten der Zweitwohnung oder -unterkunft sind für die Berücksichtigung als **Werbungskosten** grds. im Einzelnen nachzuweisen; sie können geschätzt werden, wenn sie dem Grunde nach zweifelsfrei entstanden sind (vgl. BFH v. 12.9.2001, VI R 72/97, BStBl II 2001, 775).

12. Lohnsteuerabzug

1746 Für den Lohnsteuerabzug der Beträge, die nicht steuerfrei belassen werden können, gelten dieselben Grundsätze wie für die steuerpflichtigen Teile von Reisekostenvergütungen (→ *Reisekosten: Allgemeine Grundsätze* Rz. 3655).

13. Umsatzsteuer

1747 Der Arbeitgeber kann für Auswärtstätigkeiten seiner Arbeitnehmer einen Vorsteuerabzug nur in eingeschränktem Umfang in Anspruch nehmen (→ *Vorsteuerabzug* Rz. 4399).

Doppelte Haushaltsführung: Erstattungsbeträge

Inhalt

1. Allgemeines

Unter diesem Stichwort wird zur besseren Übersicht nur erläutert, 1748
welche Aufwendungen der Arbeitnehmer bei einer beruflich veranlassten doppelten Haushaltsführung als Werbungskosten ansetzen bzw. der Arbeitgeber seinen Arbeitnehmern steuerfrei erstatten darf. Übersichten und Tabellen hierzu finden sich im → *Anhang, A. Lohnsteuer* Rz. 4825.

Die allgemeinen Voraussetzungen für die Anerkennung einer doppelten Haushaltsführung sind unter → *Doppelte Haushaltsführung: Allgemeines* Rz. 1709 erläutert.

Wie die **Mahlzeitengestellung** bei Auswärtstätigkeiten und doppelter Haushaltsführung steuerlich zu behandeln ist, ist unter → *Mahlzeiten aus besonderem Anlass* Rz. 3084 dargestellt.

Im Rahmen des Gesetzes zur weiteren steuerlichen Förderung der Elektromobilität und zur Änderung weiterer steuerlicher Vorschriften sind die Pauschalen für **Verpflegungsmehraufwendungen** bei einer beruflichen Auswärtstätigkeit oder doppelten Haushaltsführung seit dem Kalenderjahr 2020 von 24 € auf 28 € (Abwesenheiten von 24 Stunden) und von 12 € auf 14 € (für An- und Abreisetage sowie für Abwesenheiten von mehr als 8 Stunden) angehoben worden. Die durch das Wachstumschancengesetz ab 2024 geplante Erhöhung der Pauschalen für Verpflegungsmehraufwendungen auf 16 € bzw. 32 € ist nicht umgesetzt worden.

Erläuterungen zur steuerlichen Behandlung der Reisekosten von **Arbeitnehmern** enthält auch das überarbeitete Anwendungsschreiben (BMF v. 25.11.2020, IV C 5 – S 2353/19/10011 :006, BStBl I 2020, 1228).

Zum **betrieblichen Bereich** s. weiterhin BMF v. 23.12.2014, IV C 6 – S 2145/10/10005 :001, BStBl I 2015, 26.

Bei den nachfolgenden Ausführungen wird insbesondere dargestellt, in welcher Höhe Arbeitgeberleistungen i.R. der doppelten Haushaltsführung **steuer- und somit beitragsfrei** erstattet werden können bzw. ein entsprechender Werbungskostenabzug möglich ist.

Erstattungen des Arbeitgebers, die nach den unter diesem Stichwort behandelten Regelungen **nicht steuerfrei** bleiben können, gehören grds. **zum laufenden Arbeitslohn** und müssen zusammen mit diesem nach den Lohnsteuerabzugsmerkmalen versteuert werden. Es gelten hierfür dieselben Grundsätze wie für steuerpflichtige Reisekostenvergütungen (→ *Reisekosten: Allgemeine Grundsätze* Rz. 3589). Sofern diese Erstattungen des Arbeitgebers lohnsteuerpflichtig sind, besteht auch Beitragspflicht in der Sozialversicherung.

Als **Werbungskosten** sind lediglich die **notwendigen** Mehraufwendungen berücksichtigungsfähig. Etwaige steuerfreie **Erstattungen des Arbeitgebers** mindern stets die abziehbaren Werbungskosten, auch wenn sie erst im Folgejahr geleistet werden, H 9.11 (5 – 10) „Erstattung durch den Arbeitgeber" LStH.

LSt SV

2. Schnellübersicht

Als Mehraufwendungen für eine doppelte Haushaltsführung darf 1749
der **Arbeitgeber steuerfrei** erstatten (Schnellübersicht):

a) Fahrtkosten

- Volle Erstattung der Kosten der **„ersten und letzten Fahrt"** 1750
  (Hin- und Rückfahrt zum/vom doppelten Haushalt), auch für Pkw (ggf. pauschal 0,30 €/km);

- Kostenerstattung in dem dazwischen liegenden Zeitraum nur für **eine** wöchentliche Familienheimfahrt an den Ort des eigenen Hausstands; bei Pkw-Benutzung ist die Abzugsbeschränkung auf die **Entfernungspauschale** zu beachten:

  Für jeden vollen Kilometer der **ersten 20 km** der Entfernung zwischen Wohnung und erster Tätigkeitsstätte 0,30 € und ab dem **21. vollen km** der Entfernung

  - 0,35 € im Jahr 2021 und
  - 0,38 € in den Jahren 2022 bis 2026.

  Hinweis: Das **Steueränderungsgesetzes 2025** sieht die Anhebung der Entfernungspauschale ab dem ersten Entfernungskilometer für 2026 auf 0,38 € für alle Stpfl. vor, siehe hierzu → *Wege zwischen Wohnung und erster Tätigkeitsstätte* Rz. 4419.

b) Verpflegungsmehraufwendungen

1751 – Die **ersten drei Monate maximal 28 € täglich, für Tage mit Familienheimfahrten je 14 €** (die durch das Wachstumschancengesetz ab 2024 geplante Erhöhung der Pauschalen für Verpflegungsmehraufwendungen auf 16 € bzw. 32 € ist nicht umgesetzt worden);

- ab viertem Monat keine Erstattung mehr wegen „doppelter Haushaltsführung", allenfalls noch wegen einer Auswärtstätigkeit;
- für doppelte Haushaltsführungen im **Ausland** gelten besondere Auslandstagegelder.

c) Unterkunftskosten

1752 • Entweder in der **nachgewiesenen Höhe, höchstens 1 000 € monatlich**, oder

- **pauschal**
  - die ersten drei Monate je Übernachtung **20 €**,
  - die folgenden Monate **5 €** je Übernachtung.
- Für doppelte Haushaltsführungen im **Ausland** entweder
  - Abzug der tatsächlichen Kosten, soweit sie die ortsübliche Miete für eine nach Lage und Ausstattung durchschnittliche Wohnung am Ort der ersten Tätigkeitsstätte mit einer Wohnfläche bis zu 60 qm nicht überschreiten (ohne 1 000 €-Höchstgrenze!)

    Hinweis: Zu einer möglichen Änderung durch das **Steueränderungsgesetz 2025** mit der Einführung eines Höchstbetrag i.H.v. 2 000 €, → Rz. 1775.
  - oder die pauschalen Auslandsübernachtungsgelder.

d) Kosten der Einrichtung der Wohnung am Ort der ersten Tätigkeitsstätte

1753 Erstattung der notwendigen und angemessenen Kosten.

e) Umzugskosten

1754 Erstattung der nachgewiesenen Kosten, keine Pauschalen für sonstige Umzugsauslagen.

3. Fahrtkosten

a) Fahrten zwischen Wohnung und Zweitwohnung

aa) „Erste und letzte Fahrt"

1755 Es ist zunächst zu prüfen, ob die **Steuerbefreiungen nach § 3 Nr. 15 EStG für „Job-Tickets"** (→ *Job-Ticket* Rz. 2617) oder **§ 3 Nr. 37 EStG für „Fahrräder"** (→ *Fahrrad* Rz. 2058) in Betracht kommen.

Unabhängig hiervon kann der Arbeitgeber nach § 3 Nr. 13, 16 EStG die **tatsächlichen Aufwendungen** für die erste Fahrt zum Beschäftigungsort und die letzte Fahrt vom Beschäftigungsort zum Ort des eigenen Hausstandes steuerfrei vergüten (**„erste und letzte Fahrt"**). Die Aufwendungen dürfen wie bei **Auswärtstätigkeiten** entweder mit den tatsächlichen nachgewiesenen Kosten oder den **pauschalen km-Sätzen** (für **Pkw 0,30 €/km, für andere motorbetriebene Fahrzeuge 0,20 €**) berücksichtigt werden.

bb) „Familienheimfahrten"

Auch hier ist zunächst zu prüfen, ob die **Steuerbefreiungen nach § 3 Nr. 15 EStG für „Job-Tickets"** (→ *Job-Ticket* Rz. 2617) oder **§ 3 Nr. 37 EStG für „Fahrräder"** (→ *Fahrrad* Rz. 2058) in Betracht kommen. 1756

Unabhängig hiervon darf der Arbeitgeber nach **§ 3 Nr. 13, 16 EStG** die Aufwendungen für jeweils **eine tatsächlich durchgeführte Heimfahrt wöchentlich** steuerfrei ersetzen. Dabei ist wie bei Fahrten zwischen Wohnung und erster Tätigkeitsstätte

- grds. Die **Beschränkung auf die Entfernungspauschale** von **0,38 €** je Entfernungskilometer (je km also 0,19 €) zu beachten, allerdings **ohne Begrenzung auf höchstens 4 500 € im Jahr** (§ 9 Abs. 1 Satz 3 Nr. 5 Satz 6 EStG). Für eine Übergangszeit bis zum 31.12.2026 betrug die Entfernungspauschale für jeden vollen Kilometer der ersten 20 km der Entfernung zwischen Wohnung und erster Tätigkeitsstätte 0,30 € und ab dem 21. vollen km der Entfernung im Jahr 2021 0,35 € und von 2022 bis 2026 0,38 €. Ab dem 1.1.2026 soll nun einheitlich ab dem ersten km die Entfernungspauschale 0,38 € betragen → Rz. 1750 a.E.
- bei **Menschen mit Behinderungen** eine volle Erstattung der Kosten möglich, ggf. mit den o.g. pauschalen km-Sätzen. Vgl. R 9.11 Abs. 6 Satz Nr. 2 LStR sowie → *Wege zwischen Wohnung und erster Tätigkeitsstätte* Rz. 4442.

Wenn die Kosten für die **Benutzung öffentlicher Verkehrsmittel** höher sind als die Entfernungspauschale, dürfen die tatsächlichen Kosten ersetzt werden. Eine Begrenzung der Erstattung auf 4 500 € jährlich wie bei der für Fahrten zwischen Wohnung und erster Tätigkeitsstätte geltenden Entfernungspauschale ist für Familienheimfahrten nicht zu beachten.

Anzusetzen ist die **Entfernung zwischen dem Ort des eigenen Hausstandes und dem Ort der ersten Tätigkeitsstätte** (§ 9 Abs. 1 Satz 3 Nr. 5 Satz 6 EStG). Das ist günstig, wenn die Zweitwohnung näher liegt, jedoch ungünstig, wenn diese noch „hinter dem Arbeitsort" liegt. Unschädlich ist es, wenn die Fahrt an einer näher zum Arbeitsplatz gelegenen Wohnung des Arbeitnehmers unterbrochen wird. Die Höhe der Werbungskosten bemisst sich in diesem Fall ausschließlich danach, wie weit die erste Tätigkeitsstätte von der Lebensmittelpunktwohnung des Arbeitnehmers entfernt liegt (vgl. zuletzt BFH v. 16.9.2009, VI B 12/09).

Für die Berücksichtigung der **Entfernungspauschale** gelten im Wesentlichen dieselben Grundsätze wie für „Wege zwischen Wohnung und erster Tätigkeitsstätte" (→ *Wege zwischen Wohnung und erster Tätigkeitsstätte* Rz. 4419). Die Entfernungspauschale gilt unabhängig davon, ob die Familienheimfahrten zu Fuß, mit dem Fahrrad, dem eigenen Pkw oder öffentlichen Verkehrsmitteln durchgeführt werden und ob dem Stpfl. überhaupt Kosten für diese Wege entstanden sind. Zwar setzt die Regelung nach ihrem Wortlaut Aufwendungen des Arbeitnehmers für die Wege vom Ort der ersten Tätigkeitsstätte zum Ort des eigenen Hausstands und zurück (Familienheimfahrten) voraus, doch wird das Entstehen der Aufwendungen mit der Formulierung „Zur Abgeltung der Aufwendungen" aus Vereinfachungsgründen gesetzlich unterstellt. Deshalb ist die Entfernungspauschale für Familienheimfahrten z.B. auch dann zu gewähren, wenn der Arbeitnehmer (kostenfrei) von Verwandten abgeholt wird oder als Mitfahrer einer Fahrgemeinschaft oder als Mitarbeiter eines Verkehrsunternehmens, der dessen Beförderungsmittel unentgeltlich nutzen darf, **keine Aufwendungen hat**. Allerdings sind die nach § 3 Nr. 16 EStG steuerfrei geleisteten Reisekostenvergütungen, aber auch nach § 8 Abs. 3 EStG steuerfreie Sachbezüge (etwa Freifahrten, wenn die Beförderungsleistung zur Lieferungs- und Leistungspalette des Arbeitgebers zählt), mindernd auf die Entfernungspauschale anzurechnen (BFH v. 18.4.2013, VI R 29/12, BStBl II 2013, 735).

Werden Familienheimfahrten mit dem **Flugzeug** durchgeführt, können nur die für den Flug tatsächlich entstandenen und im Einzelnen nachgewiesenen Kosten für das Flugticket steuerfrei erstattet werden, da die Entfernungspauschale nicht für Flugstrecken gilt (BFH v. 26.3.2009, VI R 42/07, BStBl II 2009, 724). Die Entfernungspauschale ist jedoch für die Fahrten vom und zum Flughafen berücksichtigungsfähig.

Bei entgeltlicher **Sammelbeförderung** sind ebenfalls die tatsächlichen Aufwendungen des Arbeitnehmers erstattungsfähig.

Auf die (volle) Anwendung der Entfernungspauschale hat der Arbeitnehmer einen **Rechtsanspruch**, selbst wenn die tatsächlichen Kosten geringer sein sollten oder gar keine Kosten anfallen (BFH v. 18.4.2013, VI R 29/12, BStBl II 2013, 735 sowie BMF v. 9.9.2015, IV C 5 – S 2353/11/10003, BStBl I 2015, 734 betr. Dienstreise-Kaskoversicherung des Arbeitgebers für Kraftfahrzeuge des Arbeitnehmers und steuerfreier Fahrtkostenersatz). Gleichwohl ist es zulässig, wenn das Finanzamt im Einzelfall – besonders bei weiten Entfernungen – geeignete **Nachweise über die Anzahl der tatsächlich durchgeführten Familienheimfahrten verlangt** (vgl. FG München v. 19.2.2008, 9 K 1524/05, betr. Angeblich 50 Familienheimfahrten mit einem Pkw bei einer einfachen Entfernung von jeweils mehr als 500 km).

Kosten für **mehr als eine wöchentliche Familienheimfahrt** können auch bei **„Blockdienstschichten“** mit anschließender wochenendähnlicher Freizeit **nicht anerkannt** werden (FG Rheinland-Pfalz v. 25.3.1991, 7 K 1610/89, EFG 1991, 664).

Eine „Familienheimfahrt“ wird **nicht zu einer Auswärtstätigkeit**, wenn der Arbeitnehmer auf dem Weg nach Hause oder zur Zweitwohnung/Arbeitsstätte **berufliche Arbeiten erledigt** (Abholen von Post, Auslieferung von Waren, Wahrnehmung von Terminen usw.), solange noch das Aufsuchen der Familienwohnung bzw. der Zweitwohnung/Arbeitsstätte im Vordergrund steht; vgl. zuletzt BFH v. 19.5.2015, VIII R 12/13, sowie sinngemäß H 9.10 (Dienstliche Verrichtungen auf der Fahrt) LStH. Eine steuerfreie Erstattung der vollen Kfz-Kosten oder des pauschalen km-Satzes von 0,30 € ist in diesen Fällen allenfalls für etwaige **Umwegstrecken** möglich.

cc) Kfz-Gestellung durch den Arbeitgeber

1757 Überlässt der Arbeitgeber seinem Arbeitnehmer ein **Firmenfahrzeug** für Familienheimfahrten (→ *Firmenwagen zur privaten Nutzung* Rz. 2121), so wird dieser geldwerte Vorteil nicht versteuert (§ 8 Abs. 2 Satz 5 EStG). Deshalb entfällt für die wöchentlichen Familienheimfahrten i.R. einer doppelten Haushaltsführung ein steuerfreier Arbeitgeberersatz von Fahrtkosten sowie ein entsprechender Werbungskostenabzug beim Arbeitnehmer (§ 8 Abs. 2 Satz 5 EStG, § 9 Abs. 1 Satz 3 Nr. 5 Satz 8 EStG, R 9.11 Abs. 6 Satz 1 Nr. 2 Satz 2 sowie Abs. 10 Satz 7 Nr. 1 LStR).

Nutzt der Arbeitnehmer ein ihm von seinem Arbeitgeber auch zur außerdienstlichen Nutzung überlassenes Kfz für Familienheimfahrten im Rahmen einer doppelten Haushaltsführung, so scheidet ein Werbungskostenabzug auch dann aus, wenn der Arbeitnehmer hierfür ein Nutzungsentgelt leisten muss oder individuelle Kfz-Kosten zu tragen hat (BFH v. 4.8.2022, VI R 35/20).

Hierbei handelt es sich um eine vom Gesetzgeber gewollte **Vereinfachung des Lohnsteuerverfahrens** für den Arbeitgeber. Der allgemeine Gleichheitssatz gebietet es daher nicht, entgegen dem Wortlaut des § 4 Abs. 5 Satz 1 Nr. 6 EStG den Vorteil aus der Nutzung eines betrieblichen Pkw für Familienheimfahrten i.R. einer doppelten Haushaltsführung eines selbständig Tätigen außer Ansatz zu lassen (BFH v. 19.6.2013, VIII R 24/09, BStBl II 2013, 812).

b) Fahrten zwischen Zweitwohnung und erster Tätigkeitsstätte

1758 Auch hier ist zunächst zu prüfen, ob die **Steuerbefreiungen nach § 3 Nr. 15 EStG für „Job-Tickets“** (→ *Job-Ticket* Rz. 2617) oder **§ 3 Nr. 37 EStG für „Fahrräder“** (→ *Fahrrad* Rz. 2058) in Betracht kommen.

Vergütungen des Arbeitgebers für Fahrten zwischen der Zweitwohnung am Arbeitsort und der ersten Tätigkeitsstätte fallen im Übrigen **nicht** unter die **„doppelte Haushaltsführung“** und können schon deshalb nicht nach § 3 Nr. 16 EStG steuerfrei belassen werden. Da es sich um übliche (normale) **„Wege zwischen Wohnung und erster Tätigkeitsstätte“** i.S.d. § 9 Abs. 1 Satz 3 Nr. 4 EStG handelt, sind die Erstattungen des Arbeitgebers – sofern nicht die o.g. neuen Steuerbefreiungen nach § 3 Nr. 15 EStG oder § 3 Nr. 37 EStG Anwendung finden – **steuerpflichtig**. Der Arbeitgeber kann seine Erstattungen jedoch ggf. mit 15 % pauschal versteuern (§ 40 Abs. 2 Satz 2 EStG).

Beispiel:

A ist an eine Filiale seines Arbeitgebers in Berlin versetzt worden (neue erste Tätigkeitsstätte) und führt dort einen doppelten Haushalt. Die Arbeitsstätte ist von seiner Zweitwohnung 20 km entfernt, er fährt wegen ungünstiger Arbeitszeiten täglich mit seinem Pkw.

Diese Fahrtkosten dürfen nicht als „Mehraufwendungen wegen doppelter Haushaltsführung“ steuerfrei ersetzt werden. Erstattungen sind dem steuerpflichtigen Arbeitslohn zuzurechnen und können für diese Strecke allenfalls bis zur Höhe von 0,30 € je Entfernungskilometer mit 15 % pauschal versteuert werden (§ 40 Abs. 2 Satz 2 Nr. 1 EStG).

c) Telefonkosten an Stelle Familienheimfahrt

An Stelle der Aufwendungen für eine wöchentliche Heimfahrt an 1759
den Ort des eigenen Hausstands können die Gebühren (einschließlich anteiliger Grundgebühren) für ein (wöchentliches) Familien-Ferngespräch (günstigster Tarif) bis zu einer **Dauer von 15 Minuten** mit Angehörigen, die zum Hausstand gehören, steuerfrei erstattet werden (BFH v. 18.3.1988, VI R 90/84, BStBl II 1988, 988 und BFH v. 8.11.1996, VI R 48/96, HFR 1997, 567 sowie R 9.11 Abs. 5 Satz 1 Nr. 1 LStR und H 9.11 Abs. 5 – 10 „Telefonkosten“ LStH).

Voraussetzung für die Anwendung dieser Regelung ist aber, dass für den Arbeitnehmer überhaupt die **faktische Möglichkeit** der telefonischen Kontaktaufnahme mit seiner Familie gegeben ist (BFH v. 29.6.1993, VI R 44/89). Bei einem Arbeitnehmer, dessen Familie im Ausland lebt und keinen eigenen Telefonanschluss hat, müssen daher die Telefongespräche durch entsprechende persönliche Aufzeichnungen glaubhaft gemacht werden.

Ein begrenzter Abzug von Telefonkosten ist aber auch als **allgemeine Werbungskosten** nach § 9 Abs. 1 Satz 1 EStG möglich, selbst wenn eine doppelte Haushaltsführung steuerlich nicht anerkannt werden kann, z.B. bei **Seeleuten**. Der BFH sieht es als gerechtfertigt an, auch Aufwendungen für Telefonate privaten Inhalts, die nach einer **mindestens einwöchigen Auswärtstätigkeit entstehen, als beruflich veranlassten Mehraufwand der Erwerbssphäre zuzuordnen**. In einem solchen Fall werden die privaten Gründe der Kontaktaufnahme etwa mit Angehörigen oder Freunden typisierend betrachtet durch die beruflich/betrieblich veranlasste Auswärtstätigkeit überlagert. Denn bei einer Abwesenheitsdauer von mindestens einer Woche sind die notwendigen privaten Dinge – ebenso wie beispielsweise bei einer doppelten Haushaltsführung aus beruflichem/betrieblichem Anlass – aus der Ferne nur durch über den normalen Lebensbedarf hinausgehende Mehraufwendungen für Telekommunikation zu regeln. Dieser Mehraufwand ist damit ganz überwiegend durch den beruflichen Veranlassungszusammenhang geprägt und mithin nur in ganz untergeordnetem Umfang von Momenten der privaten Lebensführung beeinflusst (BFH v. 5.7.2012, VI R 50/10, BStBl II 2013, 282 betr. Kosten für Telefongespräche eines Soldaten der Marine während des Einsatzes auf einem Schiff sowie BFH v. 22.10.2015, VI R 22/14, BStBl II 2016, 179 betr. Umgekehrte Familienheimfahrten bei einer Auswärtstätigkeit).

d) „Umgekehrte“ Familienheimfahrten

Es kommt häufig vor, dass ein Arbeitnehmer aus beruflichen 1760
Gründen (z.B. bei Bereitschaftsdienst am Wochenende) oder wegen der weiten Entfernung nicht jedes Wochenende nach Hause fahren kann. Wird der Arbeitnehmer in diesen Fällen von seinem Ehegatten oder minderjährigen Kindern besucht, so treten **deren Fahrtkosten an die Stelle der Kosten für eine Familienheimfahrt des Arbeitnehmers** (sog. Umgekehrte Familienheimfahrten). Auch diese Kosten können vom Arbeitgeber nach den Grundsätzen für Familienheimfahrten (d.h. ebenfalls Beschränkung auf die Entfernungspauschale) steuerfrei erstattet werden, allerdings nur bis zu der Höhe, in der auch dem Arbeitnehmer Kosten für die Familienheimfahrt entstanden wären (BFH v. 28.1.1983, VI R 136/79, BStBl II 1983, 313). Die Kosten für die **Unterkunft und Verpflegung** der Ehefrau (und ggf. der minderjährigen Kinder) am Arbeitsort des Ehemanns können daher **nicht** vom Arbeitgeber steuerfrei erstattet werden.

Voraussetzung für die Anerkennung „umgekehrter“ Familienheimfahrten ist aber, dass der Arbeitnehmer im konkreten Besuchszeitpunkt aus **beruflichen Gründen an einer Familienheimfahrt gehindert** ist (z.B. wegen Bereitschaftsdienst oder der freiwilligen Teilnahme an einer Fortbildungsveranstaltung am Arbeitsort). Das ist z.B. **nicht der Fall**, wenn der Arbeitnehmer

- für die Familienheimfahrten – besonders bei einer Tätigkeit im Ausland – keinen Urlaub nehmen (FG Sachsen v. 19.8.2002, 1 K 1322/00) oder
- wegen der weiten Entfernung zwischen Ort der ersten Tätigkeitsstätte und Familienwohnsitz keine wöchentlichen Familienheimfahrten durchführen wollte (BFH v. 2.2.2011, VI R 15/10, BStBl II 2011, 456).

Abzugsfähig nach den o.g. Grundsätzen sind auch **Treffen auf „halber Strecke"**, die bei besonders weiten Entfernungen sinnvoll sind (FG Rheinland-Pfalz v. 2.7.1979, V 330/78, EFG 1980, 68).

Hinweis:

Der BFH hat es im Urteil v. 22.10.2015, VI R 22/14, BStBl II 2016, 179 abgelehnt, Besuchsfahrten der Ehefrau zu ihrem auf Baustellen im Ausland (= **Auswärtstätigkeit**) tätigen Ehemann als Werbungskosten anzuerkennen. Gleichzeitig hat er es dahingestellt sein lassen, ob er an seiner bisherigen Rechtsprechung, nach der sog. Umgekehrte Familienheimfahrten i.R. einer **doppelten Haushaltsführung** als (allgemeine) Werbungskosten nach § 9 Abs. 1 Satz 1 EStG abziehbar sein können, weiter festhält.

S. hierzu zuletzt auch BFH v. 12.7.2017, VI R 42/15, BStBl II 2018, 13, wonach die Norm des § 9 Abs. 1 Satz 3 Nr. 5 Satz 5 EStG betr. **Familienheimfahrten nicht Besuchsreisen des Ehepartners vom Familienwohnsitz an den Beschäftigungsort des Arbeitnehmers erfasst**, sondern den umgekehrten Fall, dass der Arbeitnehmer die Fahrt vom Familienwohnsitz an den Beschäftigungsort selbst vornimmt. Der BFH lässt es dahingestellt, ob und unter welchen Voraussetzungen in **besonders gelagerten Ausnahmefällen** die Notwendigkeit, private Dinge durch einen Besuch des Ehepartners bei dem Stpfl. zu regeln, durch den dienstlichen Einsatz des Stpfl. an dessen auswärtiger Tätigkeitsstätte in einem solchen Maße beruflich veranlasst sein kann, dass private Veranlassungsbeiträge dahinter zurücktreten und die Fahrt des Ehepartners zum Stpfl. deshalb nicht als private Besuchsfahrt, sondern ausnahmsweise als beruflich veranlasst anzusehen ist.

Eindeutig ist nun die Frage, wann und unter welchen Voraussetzungen „umgekehrte Fahrten" des Ehegatten im Rahmen einer doppelten Haushaltsführung als Werbungskosten anzuerkennen sind, beantwortet worden. In R 9.11 Abs. 6 Nr. 2 Satz 3 LStR 2023 wird nunmehr geregelt, dass in o.g. Fällen Werbungskosten vorliegen, wenn der Arbeitnehmer aus beruflichen Gründen an einer Familienheimfahrt gehindert ist. Gemäß R 9.11 Abs. 10 Satz 1 und 2 LStR darf der Arbeitgeber solche Mehraufwendungen somit steuerfrei erstatten.

4. Verpflegungsmehraufwendungen

a) Gesetzliche Pauschbeträge

1761 Die Regelungen zu den Verpflegungspauschalen bei einer Auswärtstätigkeit sowie zur Dreimonatsfrist gelten auch i.R. der doppelten Haushaltsführung (§ 9 Abs. 4a Satz 12 EStG). Danach erhält der Arbeitnehmer zur Abgeltung der ihm tatsächlich entstandenen, beruflich veranlassten Mehraufwendungen eine **Verpflegungspauschale** i.H.v. **28 € je Kalendertag mit 24-stündiger Abwesenheit von der Lebensmittelpunktwohnung**, und

- jeweils **14 €** für den **An- und Abreisetag** (ohne Prüfung einer Mindestabwesenheit) von der Lebensmittelpunktwohnung (gilt auch für **Tage mit Familienheimfahrten, z.B. freitags und sonntags**), wenn der Arbeitnehmer an diesem, einem anschließenden oder vorhergehenden Tag außerhalb seiner Lebensmittelpunktwohnung übernachtet.

Die durch das Wachstumschancengesetz ab 2024 geplante Erhöhung der Pauschalen für Verpflegungsmehraufwendungen auf 16 € bzw. 32 € ist nicht umgesetzt worden.

Für Tage, an denen sich der Arbeitnehmer zu Hause (Lebensmittelpunktwohnung) **aufgehalten hat** (insbesondere Samstage, Sonntage, Feiertage, Urlaub), darf keine Verpflegungspauschale angesetzt werden. Dies gilt auch dann, wenn der Arbeitnehmer zu Hause beruflich tätig ist.

Bei einer doppelten Haushaltsführung im **Ausland** sind die Auslandstagegelder anzusetzen (→ *Anhang, A. Lohnsteuer* Rz. 4826).

Für die Berechnung der Abwesenheitsdauer für den Ansatz des jeweiligen Pauschbetrags ist grds. auf die **Dauer der Abwesenheit von der „Lebensmittelpunktwohnung" abzustellen**, das ist die Wohnung am **Heimatort**. **Diese Frage hat aber nur für den Ansatz der Verpflegungspauschale i.H.v. 28 € Bedeutung.**

Beispiel:

A wohnt mit seiner Familie in Hannover. Er hat im Kalenderjahr 2025 eine neue Arbeitsstelle in Berlin (Entfernung 300 km) angetreten und fliegt jedes Wochenende nach Hause. Da er nur bis Freitagmittag arbeitet, ist er schon um 13.00 Uhr zu Hause. Montagmorgen fliegt er zurück nach Berlin, Abfahrt von zu Hause 6.00 Uhr.

Es liegt von Anfang an eine doppelte Haushaltsführung vor, keine Auswärtstätigkeit. Der Arbeitgeber kann somit Mehraufwendungen wegen doppelter Haushaltsführung steuerfrei erstatten. Dies gilt für die Erstattung von Verpflegungskosten aber nur für die ersten drei Monate. Dabei sind wie bei Auswärtstätigkeit die gestaffelten gesetzlichen Pauschbeträge zu beachten.

Der Arbeitgeber darf folglich steuerfrei erstatten

- für Dienstag bis Donnerstag den Pauschbetrag i.H.v. 28 € (sog. Zwischentage mit einer Abwesenheit von der Wohnung in Hannover von 24 Stunden), und
- für die Tage mit Familienheimfahrten (Freitag und Montag, sog. An- und Abreisetage) unabhängig von der Dauer der Abwesenheit von der Wohnung in Hannover je einen Pauschbetrag von 14 €.

Für Samstag und Sonntag ist keine steuerfreie Erstattung möglich.

Ein **Einzelnachweis** höherer tatsächlicher Kosten ist nicht möglich. Das gilt auch, wenn nach Ablauf der Dreimonatsfrist die Pauschbeträge nicht mehr angesetzt werden können.

Liegen die Voraussetzungen für eine doppelte Haushaltsführung vor, hat der Arbeitnehmer einen **Rechtsanspruch** auf Gewährung der gesetzlichen Pauschbeträge. Es ist deshalb **nicht** mehr danach zu fragen, ob der Ansatz der Pauschalen zu einer **offensichtlich unzutreffenden Besteuerung** führen würde.

Jedoch sind die **Pauschbeträge zu kürzen**, wenn dem Arbeitnehmer anlässlich oder während einer Tätigkeit außerhalb seiner ersten Tätigkeitsstätte vom Arbeitgeber oder auf dessen Veranlassung von einem Dritten eine Mahlzeit zur Verfügung gestellt wird (→ Rz. 1764).

b) Dreimonatsfrist

Ebenso wie bei Auswärtstätigkeiten dürfen auch bei der doppelten 1762
Haushaltsführung Verpflegungsmehraufwendungen nur in den **ersten drei Monaten steuerfrei ersetzt** werden; diese **gesetzliche Begrenzung ist verfassungsgemäß** (zuletzt BFH v. 8.10.2014, VI R 7/13, BStBl II 2015, 336 und BVerfG v. 7.7.2015, 2 BvR 2251/13, StEd 2015, 469 sowie seit 2014 § 9 Abs. 4a Satz 6 EStG).

Für die Berechnung der Dreimonatsfrist gelten im Wesentlichen die Regeln für Auswärtstätigkeiten. Zur Vereinfachung besteht seit 2014 eine rein **zeitliche Bemessung der Unterbrechungsregelung**:

Nach § 9 Abs. 4a Satz 7 EStG führt eine **Unterbrechung der beruflichen Tätigkeit an ein und derselben Tätigkeitsstätte für einen Zeitraum von vier Wochen zu einem Neubeginn des Dreimonatszeitraums**. Es ist somit unerheblich, aus welchem Grund (z.B. Krankheit, Urlaub, Tätigkeit an einer anderen Tätigkeitsstätte) die Tätigkeit unterbrochen wird.

Geht der doppelten Haushaltsführung eine **Auswärtstätigkeit** an diesen Ort der ersten Tätigkeitsstätte unmittelbar **voraus**, so ist deren Dauer auf die **Dreimonatsfrist anzurechnen** (§ 9 Abs. 4a Satz 13 EStG, R 9.11 Abs. 7 Satz 2 LStR).

Beispiel 1:

A aus Schwerin wird von seinem Arbeitgeber in Schwerin am 1.10. zunächst für zwei Wochen aushilfsweise in der Filiale in Rostock eingesetzt. Nach den zwei Wochen wird A auf Dauer an die Filiale in Rostock versetzt.

Die Dreimonatsfrist beginnt am 1.10. zunächst innerhalb einer Auswärtstätigkeit. Nach Ablauf von zwei Wochen können Verpflegungspauschalen nur noch dann steuerfrei gezahlt werden, wenn eine beruflich veranlasste doppelte Haushaltsführung vorliegt, weil die Filiale in Rostock zur ersten Tätigkeitsstätte wird. Im Fall der doppelten Haushaltsführung werden die zwei Wochen Auswärtstätigkeit vor der Versetzung mitgerechnet, so dass Verpflegungspauschalen längstens bis 31.12. steuerfrei gezahlt werden können.

Beispiel 2:

Der Arbeitnehmer A wird im Kalenderjahr 2025 vom Stammsitz seines Arbeitgebers, wo er mit seiner Familie wohnt, an einen 250 Kilometer entfernten Tochterbetrieb im Inland ohne zeitliche Begrenzung umgesetzt. A behält seinen Familienwohnsitz bei und übernachtet während der Woche in einem Hotel in der Nähe des Tochterbetriebs. Das Hotel stellt dem Arbeitgeber pro Übernachtung 50 € zuzüglich 10 € für ein Frühstück in Rechnung, welche der Arbeitnehmer zunächst verauslagt und dann von seinem Arbeitgeber erstattet erhält.

Es liegt eine doppelte Haushaltsführung vor, da der Tochterbetrieb mit der zeitlich unbegrenzten Zuordnung zur ersten Tätigkeitsstätte des Arbeitnehmers wird. Für die ersten drei Monate der doppelten Haushaltsführung gelten die Regelungen zur Gestellung von Mahlzeiten bei Auswärtstätigkeit entsprechend. Nach Ablauf der Dreimonatsfrist sind die Regeln der Gestellung von Mahlzeiten am Ort der ersten Tätigkeitsstätte anzuwenden.

In den ersten drei Monaten der doppelten Haushaltsführung unterbleibt folglich die Erfassung des arbeitstäglichen Frühstücks mit dem amtlichen Sachbezugswert als Arbeitslohn bei gleichzeitiger Kürzung der täglichen Verpflegungspauschalen um jeweils 5,60 €.

Nach Ablauf der ersten drei Monate ist für das Frühstück ein geldwerter Vorteil i.H. des Sachbezugswertes (2,30 € in 2025, in 2026 dann 2,37 €) anzusetzen (R 8.1 Abs. 7 Nr. 1 LStR).

Die **Pauschalierungsmöglichkeit** nach § 40 Abs. 2 Satz 1 Nr. 1a EStG (mit 25 %) gilt nicht für die **Gestellung von Mahlzeiten** am Ort der ersten Tätigkeitsstätte i.R. einer doppelten Haushaltsführung. Hier kommt allerdings eine Pauschalierung nach § 40 Abs. 2 Satz 1 Nr. 1 EStG in Betracht (mit 25 %, → *Mahlzeiten* Rz. 3079 und → *Mahlzeiten aus besonderem Anlass* Rz. 3090).

Für **Verpflegungszuschüsse**, die i.R. einer doppelten Haushaltsführung gezahlt werden (§ 9 Abs. 4a Satz 12 EStG), ist die Pauschalbesteuerung nach § 40 Abs. 2 Satz 1 Nr. 4 EStG nicht zulässig (die Pauschale übersteigende Beträge mit 25 %, → *Reisekosten: Erstattungen* Rz. 3714).

Verlegt der Arbeitnehmer seinen Lebensmittelpunkt aus privaten Gründen vom Ort der ersten Tätigkeitsstätte weg und begründet er in seiner bisherigen Wohnung oder einer anderen Unterkunft am Ort der ersten Tätigkeitsstätte einen Zweithaushalt, um von dort seiner Beschäftigung weiter nachgehen zu können (sog. **Wegverlegungsfälle**, → *Doppelte Haushaltsführung: Allgemeines* Rz. 1722), sind Verpflegungsmehraufwendungen auch dann zu berücksichtigen, wenn und soweit der Arbeitnehmer am Beschäftigungsort zuvor bereits drei Monate gewohnt hat. In diesem Fall fehlt es an einer gesetzlichen Ausschlussregelung. Die doppelte Haushaltsführung wird erst mit Umwidmung der bisherigen Wohnung des Stpfl. in einen Zweithaushalt begründet, erst zu diesem Zeitpunkt beginnt die Dreimonatsfrist für die Abzugsfähigkeit von Verpflegungsmehraufwendungen (BFH v. 8.10.2014, VI R 7/13, BStBl II 2015, 336).

Wechselt der Arbeitnehmer am auswärtigen Beschäftigungsort den Arbeitgeber, beginnt keine neue Dreimonatsfrist für den Abzug von Verpflegungspauschbeträgen (OFD Karlsruhe v. 27.2.1998, S 2526 A – 34 – St 241/St 242, n.v.). Folglich darf der neue Arbeitgeber in den ersten drei Monaten der Beschäftigung keine steuerfreien Verpflegungspauschbeträge zahlen.

c) Unterbrechung der Dreimonatsfrist ohne Wechsel der Zweitwohnung

1763 In den Fällen der doppelten Haushaltsführung ist zum Kriterium „Unterbrechung der beruflichen Tätigkeit an der ersten Tätigkeitsstätte“ eine **Unterbrechung der Nutzung der Zweitwohnung am Beschäftigungsort nicht** als weiteres Tatbestandsmerkmal heranzuziehen, um einen Neubeginn der Dreimonatsfrist zu bestimmen. Nach dem Gesetzeswortlaut gelten für die doppelte Haushaltsführung keine anderen Kriterien als bei einer Auswärtstätigkeit. **Maßgeblich ist daher nur das Tätigwerden an derselben Tätigkeitsstätte. Ein Wechsel der am Beschäftigungsort gelegenen Zweitwohnung ist nicht erforderlich.**

Beispiel 1:

A wohnt in Münster. Seit einem Jahr arbeitet er in Düsseldorf (erste Tätigkeitsstätte) und unterhält dort eine Zweitwohnung. Für die Dauer von sechs Wochen wird er in einem Filialbetrieb in Frankfurt tätig. Seine Wohnung in Düsseldorf hat er wegen der nur vorübergehenden Tätigkeit in Frankfurt beibehalten.

Mit der Rückkehr nach Düsseldorf beginnt eine neue Dreimonatsfrist, da die „Mindestunterbrechungsfrist“ von vier Wochen erfüllt ist.

Beispiel 2:

Wie Beispiel 1, A nimmt vom 1.7. bis 31.7. Urlaub. Nach dem Urlaubsende seit dem 1.8. ist er wieder in Düsseldorf tätig.

Ab dem 1.8. beginnt eine (erneute) Dreimonatsfrist.

Eine **neue Dreimonatsfrist** kann nach einem Beschluss der obersten Finanzbehörden ferner bei Arbeitnehmern beginnen, die in regelmäßigen Abständen immer wieder dieselbe Tätigkeitsstätte aufsuchen (z.B. **Saisonarbeitskräfte**).

d) Kürzungsregelung

Die Pauschbeträge für Verpflegungsmehraufwendungen werden 1764
seit **2014 gekürzt**, wenn der Arbeitnehmer während einer doppelten Haushaltsführung **unentgeltliche oder verbilligte Mahlzeiten** vom Arbeitgeber oder auf dessen Veranlassung von einem Dritten erhält.

Die Kürzung beträgt im Wege gesetzlicher Typisierung

- **für ein Frühstück 20 %**
- **und für ein Mittag- und Abendessen jeweils 40 %**

des Betrags der Verpflegungspauschalen für eine 24-stündige Abwesenheit.

Dabei darf der Kürzungsbetrag die ermittelte Verpflegungspauschale nicht übersteigen (§ 9 Abs. 4a Satz 8 EStG). Bei beruflich veranlassten Auswärtstätigkeiten im **Inland** entspricht dies einer Kürzung

- für ein **Frühstück um 5,60 €** sowie
- für ein **Mittag- und/ oder Abendessen um jeweils 11,20 €.**

Hinweis: Die durch das Wachstumschancengesetz ab 2024 geplante Erhöhung der Pauschalen für Verpflegungsmehraufwendungen auf 16 € bzw. 32 € und die sich daraus ergebende Änderung der Kürzungsbeträge auf 6,40 € bzw. 12,80 € sind nicht umgesetzt worden.

Diese Kürzungsregelung gilt auch dann, wenn Reisekostenvergütungen wegen dieser Mahlzeiten einbehalten bzw. gekürzt oder vom Arbeitgeber pauschal besteuert werden (§ 9 Abs. 4a Satz 9 EStG). Die Verpflegungspauschalen sind auch dann zu kürzen, wenn der Arbeitgeber dem Arbeitnehmer **Mahlzeiten zur Verfügung stellt, diese vom Arbeitnehmer aber nicht eingenommen** werden. Soweit der Arbeitnehmer für tatsächlich eingenommene Mahlzeiten ein **Entgelt** zu entrichten hatte, mindert dies nach § 9 Abs. 4a Satz 10 EStG den Kürzungsbetrag (BFH v. 7.7.2020, VI R 16/18, BStBl II 2020, 783 betr. einen Berufssoldaten, dem vom Arbeitgeber in der Kaserne eine Gemeinschaftsverpflegung unentgeltlich angeboten wurde, er an einzelnen Mahlzeiten aber tatsächlich nicht teilgenommen hat).

Ausführliche Erläuterungen und Beispiele zur Kürzungsregelung → *Reisekosten: Erstattungen* Rz. 3687.

e) Weitere Erstattungsmöglichkeiten

Nach Ablauf der Dreimonatsfrist können keine steuerfreien Ver- 1765
pflegungsmehraufwendungen **wegen einer doppelten Haushaltsführung** mehr gezahlt werden. Der steuerfreie Ersatz auf Grund **einer Auswärtstätigkeit** wird dadurch aber nicht berührt.

Beispiel:

A ist an eine auswärtige Filiale versetzt worden und führt dort einen doppelten Haushalt (die Filiale ist erste Tätigkeitsstätte, deshalb liegt keine Auswärtstätigkeit vor). Am Donnerstag macht er regelmäßig Lieferantenbesuche, Abwesenheit von der Wohnung und vom Filialbetrieb am Tag jeweils 10 Stunden.

Eine Erstattung von Verpflegungsmehraufwendungen **wegen doppelter Haushaltsführung** kommt nach drei Monaten nicht mehr in Betracht. Für die **„Dienstreise-Tage“** kann der Arbeitgeber jedoch Verpflegungsmehraufwendungen mit dem jeweiligen Pauschbetrag steuerfrei erstatten (hier 14 € wegen mehr als achtstündiger Abwesenheit vom Filialbetrieb und der Zweitwohnung).

f) Konkurrenzregelung und Pauschalierung

Soweit für denselben Kalendertag Verpflegungsmehraufwendun- 1766
gen wegen einer Auswärtstätigkeit oder wegen einer doppelten Haushaltsführung anzuerkennen sind, ist jeweils der **höchste Pauschbetrag** anzusetzen (§ 9 Abs. 4a Satz 12 EStG, R 9.6 Abs. 2 LStR).

Beispiel 1:

Sachverhalt wie im Beispiel vorher.

In den ersten drei Monaten darf der Arbeitgeber zunächst einen Pauschbetrag von 28 € **wegen der doppelten Haushaltsführung** steuerfrei erstatten.

Für die **Dienstreisen** am Donnerstag könnten zwar ebenfalls Verpflegungsmehraufwendungen steuerfrei ersetzt werden, hier 14 €. Erstattet werden darf aber nur der jeweils höchste Betrag, hier folglich 28 €. Eine Zusammenrechnung aller für den jeweiligen Kalendertag in Betracht kommenden Pauschbeträge ist nicht zulässig.

Beispiel 2:

Ein Arbeitnehmer aus Stuttgart führt beruflich veranlasst einen doppelten Haushalt. Er verlässt Stuttgart regelmäßig sonntags gegen 21.00 Uhr und kehrt freitags gegen 19.00 Uhr zurück.

Von Dienstag bis Donnerstag unternimmt er in 2025 eine Dienstreise (Auswärtstätigkeit) nach Basel. Er fährt in Ulm am Dienstag um 8.00 Uhr los und trifft am Donnerstag um 11.00 Uhr wieder an seiner ersten Tätigkeitsstätte ein.

Es muss verglichen werden, für welche dienstliche „Tätigkeit" die höchste **Verpflegungspauschale** angesetzt werden darf:

	So.	Mo.	Di.	Mi.	Do.	Fr.	Sa.
Dopp. Haushaltsführung	**14**	**28**	(28)	(28)	(28)	**14**	–
Dienstreise	–	–	**43**	**64**	**43**	–	–

Der Arbeitnehmer erhält am Sonntag, Montag und Freitag die nach den Grundsätzen der doppelten Haushaltsführung zu gewährenden Verpflegungspauschalen. Für Dienstag, Mittwoch und Donnerstag kann er die höheren **Auslandstagegelder** für die Schweiz erhalten. Für Samstag darf der Arbeitgeber keine steuerfreien Beträge zahlen, weil sich der Arbeitnehmer in seiner Heimatwohnung aufgehalten hat.

Auch wenn auf Grund der Konkurrenzklausel bei einem Zusammentreffen von doppelter Haushaltsführung und Auswärtstätigkeiten (Dienstreisen, Einsatzwechsel- oder Fahrtätigkeit) für Letztere keine Verpflegungspauschalen gewährt werden können, weil die Sätze der doppelten Haushaltsführung höher sind, können ggf. höhere Vergütungen des Arbeitgebers für Verpflegungsmehraufwendungen trotzdem in den Grenzen des § 40 Abs. 2 Satz 1 Nr. 4 EStG mit 25 % pauschal versteuert werden (R 40.2 Abs. 4 Satz 6 LStR sowie → *Reisekosten: Erstattungen* Rz. 3714).

g) Bescheinigungspflicht „M"

1767 Hat der Arbeitgeber oder auf dessen Veranlassung ein Dritter dem Arbeitnehmer während seiner beruflichen Tätigkeit außerhalb seiner Wohnung und seiner ersten Tätigkeitsstätte oder i.R. einer **doppelten Haushaltsführung** eine mit dem amtlichen Sachbezugswert zu bewertende Mahlzeit zur Verfügung gestellt, muss im **Lohnkonto der Großbuchstabe „M" aufgezeichnet und in der elektronischen Lohnsteuerbescheinigung bescheinigt** werden (§ 41b Abs. 1 Satz 2 Nr. 8 EStG). Zur Erläuterung der mit dem Großbuchstaben „M" bescheinigten Mahlzeitengestellungen sind neben den Reisekostenabrechnungen regelmäßig keine weiteren detaillierten Arbeitgeberbescheinigungen auszustellen.

Diese Aufzeichnungs- und Bescheinigungspflicht gilt unabhängig von der Anzahl der Mahlzeitengestellungen an den Arbeitnehmer im Kalenderjahr. Es kommt nicht darauf an, ob eine Besteuerung der Mahlzeiten ausgeschlossen ist (§ 8 Abs. 2 Satz 9 EStG) oder die Mahlzeit pauschal nach § 40 Abs. 2 Satz 1 Nr. 1a EStG oder individuell besteuert wurde.

Im Fall der Gewährung von Mahlzeiten, die keinen Arbeitslohn darstellen oder deren Preis 60 € übersteigt und die daher nicht mit dem amtlichen Sachbezugswert zu bewerten sind, besteht **keine Pflicht, im Lohnkonto den Großbuchstaben „M" aufzuzeichnen und zu bescheinigen.**

5. Unterkunftskosten

a) Im Inland

aa) Allgemeines

1768 Zur gesetzlichen Neuregelung → *Reisekosten: Allgemeine Grundsätze* Rz. 3589.

Bei einer doppelten Haushaltsführung im **Inland** kann der Arbeitgeber die Unterkunftskosten am Ort der ersten Tätigkeitsstätte steuerfrei erstatten

- entweder in Höhe der **nachgewiesenen tatsächlichen Kosten für die Unterkunft am Beschäftigungsort, höchstens jedoch bis zu einer Obergrenze von 1 000 € im Monat** (§ 9 Abs. 1 Satz 3 Nr. 5 Satz 4 EStG; diese Begrenzung ist nach FG Saarland v. 20.5.2020, 2 K 1251/17, EFG 2020, 1408 nicht verfassungswidrig); die Kosten der Lebensmittelpunktwohnung am Heimatort können dagegen nicht berücksichtigt werden, sie sind mit dem Grundfreibetrag abgegolten (zuletzt BFH v. 28.8.2014, V R 22/14, m.w.N.),
- oder mit **Pauschbeträgen**.

Eine Prüfung der Notwendigkeit und Angemessenheit der Aufwendungen (bis zum Höchstbetrag) besteht nicht. **Auf die Zahl der Wohnungsnutzer (Angehörige) kommt es nicht an** (keine Kürzung, wenn auch der Ehegatte in der Unterkunft wohnt).

Beispiel:

Arbeitnehmer A hat in Münster eine Wohnung und seine Beschäftigung. Am Wochenende fährt er zu seiner Freundin nach Köln, wo sich inzwischen sein Lebensmittelpunkt befindet. Beide sind Mieter der dortigen Wohnung und beteiligen sich gemeinsam an den Kosten der gemeinsamen Wohnung. Die Zweitwohnung in Münster ist 80 qm groß. Der Aufwand inkl. der Nebenkosten beträgt 800 €.

A kann den vollen Aufwand für seine Zweitwohnung geltend machen.

Steht die Zweitwohnung oder -unterkunft im **Eigentum des Arbeitnehmers**, sind die tatsächlichen Aufwendungen (z.B. AfA, Schuldzinsen, Reparaturkosten, Nebenkosten) bis zum Höchstbetrag von 1 000 € monatlich zu berücksichtigen. Insoweit gelten die Grundsätze des BFH-Urteils v. 3.12.1982, VI R 228/80, BStBl II 1983, 467 weiter, wonach nur die **notwendigen Kosten** steuerlich berücksichtigt werden können. Zur Abgrenzung von den nicht abziehbaren Ausgaben für die allgemeine Lebensführung dürfen daher insbesondere die AfA auf **Einrichtungsgegenstände** einer Eigentumswohnung am Beschäftigungsort nur insoweit zum Abzug zugelassen werden, als solche Gegenstände ihrer Art nach zum Leben in einer Wohnung notwendig und die hierfür aufgewandten Kosten nicht als überhöht anzusehen sind.

Steht die Zweitwohnung oder -unterkunft im **Miteigentum** des betroffenen Arbeitnehmers, so sind nur die anteilig auf ihn entfallenden Aufwendungen als Werbungskosten der doppelten Haushaltsführung zu berücksichtigen (vgl. sinngemäß BFH v. 6.12.2017, VI R 41/15, BStBl II 2018, 355 zum häuslichen Arbeitszimmer). Demgemäß sind auch die gemeinsam getragenen laufenden Aufwendungen für eine solche Wohnung, soweit sie **grundstücksorientiert** sind (z.B. Schuldzinsen auf den Anschaffungskredit, Grundsteuern, allgemeine Reparaturkosten, Versicherungsprämien und ähnliche Kosten), nur entsprechend den Miteigentumsanteilen als Werbungskosten abziehbar. Die Einschränkungen gelten allerdings nur für die grundstücksbezogenen Kosten; **nicht für nutzungsorientierte Aufwendungen**, z.B. Energiekosten, Wasserkosten. Diese können stets in vollem Umfang von der Person als Werbungskosten geltend gemacht werden, die die Zweitwohnung für eigene Einkünfte nutzt, selbst wenn diese Person nur Miteigentümerin ist.

Bei einer eigenen Eigentumswohnung am Beschäftigungsort, die die Voraussetzungen für den **Sonderausgabenabzug nach § 10f EStG** (Steuerbegünstigung für zu eigenen Wohnzwecken genutzte Baudenkmale und Gebäude in Sanierungsgebieten und städtebaulichen Entwicklungsbereichen) erfüllt, ist eine Kumulation von Sonderausgabenabzug und Werbungskostenabzug wegen doppelter Haushaltsführung nicht zulässig. Die Förderung gem. § 10f EStG steht einem Arbeitnehmer nur dann zu, wenn er sich auf den Abzug der Fahrtkosten gem. § 9 Abs. 1 Satz 3 Nr. 4 EStG beschränkt und im Übrigen die die Wohnung betreffenden notwendigen, durch die doppelte Haushaltsführung entstandenen Mehraufwendungen gem. § 9 Abs. 1 Satz 3 Nr. 5 EStG nicht ansetzt (FG Köln v. 6.2.2014, 10 K 2733/10, EFG 2014, 1086).

Ein **häusliches Arbeitszimmer** in der Zweitwohnung am Ort der ersten Tätigkeitsstätte ist bei der Ermittlung der anzuerkennenden Unterkunftskosten nicht einzubeziehen; der Abzug der hierauf entfallenden Aufwendungen richtet sich nach § 4 Abs. 5 Satz 1 Nr. 6b EStG (vgl. BFH v. 9.8.2007, VI R 23/05, BStBl II 2009, 722 sowie → *Arbeitszimmer* Rz. 769). Gleiches gilt für den Abzug der Tagespauschale (§ 4 Abs. 5 Satz 1 Nr. 6c Satz 3, § 3c Abs. 1 EStG, vgl. auch BMF v. 16.8.2023, IV C 6 – S 2145/19/10006 :027, Tz. 38). Denn ein zweifacher Ansatz der Unterkunftskosten für die Zweitwohnung ist nicht zulässig.

Sind in den Unterkunftskosten auch die **Kosten für ein Frühstück** enthalten, so sind sie wie bei Auswärtstätigkeiten (Dienstreisen usw.) um den Frühstücksanteil zu kürzen (→ *Reisekosten: Erstattungen* Rz. 3697).

Wegen eines Umzugs geleistete **doppelte Mietzahlungen** können beruflich veranlasst und deshalb in voller Höhe als Werbungskosten abziehbar sein. Die Vorschriften über den Abzug notwendiger Mehraufwendungen wegen einer aus beruflichem Anlass begründeten doppelten Haushaltsführung stehen dem allgemeinen Werbungskostenabzug umzugsbedingt geleisteter Mietzahlungen nicht entgegen. Diese Mietaufwendungen dürfen jedoch nur zeitanteilig, und zwar für die neue Familienwohnung bis zum Umzugstag und für die bisherige Wohnung ab dem Umzugstag, längstens bis zum Ablauf der Kündigungsfrist des bisherigen Mietverhältnisses, als Werbungskosten abgezogen werden. Der Abzug von Mietaufwendungen als Umzugskosten richtet sich allein nach dem allgemeinen Werbungskostenbegriff und nicht nach den Regelungen des Bundesumzugskostengesetzes (BFH v. 13.7.2011, VI R 2/11, BStBl II 2012, 104).

Der Abzug der Aufwendungen für die Zweitwohnung ist ausgeschlossen, wenn die **Aufwendungen** auf Grund eines Dauerschuldverhältnisses (z.B. Mietvertrag) **von einem Dritten getragen** werden, vgl. H 9.11 (5 – 10) „Drittaufwand" LStH.

Es ist im Übrigen **nicht rechtsmissbräuchlich**, wenn eine Ehefrau am Zweitwohnsitz ihres Manns eine Wohnung erwirbt und diese zu fremdüblichen Bedingungen an ihren Mann vermietet. Sie kann daher Werbungskostenüberschüsse aus der Vermietung der Wohnung geltend machen (BFH v. 11.3.2003, IX R 55/01, BStBl II 2003, 627).

bb) Höchstbetrag

1769 Der **Höchstbetrag von 1 000 € im Monat**

- **umfasst sämtliche entstehenden Aufwendungen** wie Miete, Betriebskosten, Kosten der laufenden Reinigung und Pflege der Zweitwohnung oder -unterkunft, Zweitwohnungssteuer (BFH v. 13.12.2023, VI R 30/21, BStBl II 2024,404), Rundfunkbeitrag, Miet- oder Pachtgebühren für Kfz-Stellplätze (siehe aber weitere Ausführungen), Aufwendungen für Sondernutzung (wie Garten), die vom Arbeitnehmer selbst getragen werden,
- **nicht jedoch** Aufwendungen für Hausrat, Einrichtungsgegenstände oder Arbeitsmittel, mit denen die Zweitwohnung ausgestattet ist. Aufwendungen für die erforderliche Einrichtung und Ausstattung der Zweitwohnung, soweit sie nicht überhöht sind, können als sonstige notwendige Mehraufwendungen der doppelten Haushaltsführung berücksichtigt werden (BFH v. 4.4.2019, VI R 18/17, BStBl II 2019, 449).

Übersteigen die Anschaffungskosten des Arbeitnehmers für Einrichtung und Ausstattung der Zweitwohnung (ohne Arbeitsmittel) insgesamt **nicht den Betrag von 5 000 €** einschließlich Umsatzsteuer, ist aus **Vereinfachungsgründen davon auszugehen, dass es sich um notwendige Mehraufwendungen der doppelten Haushaltsführung handelt**.

Wird die Zweitwohnung oder -unterkunft möbliert angemietet, überschreitet die Miete den Höchstbetrag und enthält der Mietvertrag keine Aufteilung der Miete für die Überlassung der Wohnung und der Einrichtung und Ausstattung, ist die Miete im Schätzwege aufzuteilen (BFH v. 4.4.2019, VI R 18/17, BStBl II 2019, 449).

Aufwendungen für einen separat angemieteten **Garagenstellplatz** sind nach **Verwaltungsauffassung** in den Höchstbetrag einzubeziehen und können nicht als „sonstige" notwendige Mehraufwendungen zusätzlich berücksichtigt werden; so BMF v. 25.11.2020, IV C 5 – S 2353/19/10011 :006, BStBl I 2020, 1228, Rdnr. 108: „Der Höchstbetrag umfasst sämtliche entstehenden Aufwendungen wie Miete, Betriebskosten, Kosten der laufenden Reinigung und Pflege der Zweitwohnung oder -unterkunft, Zweitwohnungsteuer, Rundfunkbeitrag, Miet- oder Pachtgebühren für Kfz-Stellplätze, Aufwendungen für Sondernutzung (wie Garten), die vom Arbeitnehmer selbst getragen werden, nicht jedoch Aufwendungen für Hausrat, Einrichtungsgegenstände oder Arbeitsmittel, mit denen die Zweitwohnung ausgestattet ist."

Diese Auffassung hat das FG Saarland **abgelehnt und entschieden**, dass es sich hierbei um sonstige notwendige Mehraufwendungen wegen einer beruflich veranlassten doppelten Haushaltsführung handelt, die unter den allgemeinen Voraussetzungen des § 9 Abs. 1 Satz 3 Nr. 5 EStG als Werbungskosten abziehbar sind und nicht zu den Aufwendungen gehören, die mit höchstens 1 000 € im Monat angesetzt werden können. Dies wäre nur dann anders zu beurteilen, wenn „Unterkunft" und „Pkw-Stellplatz" eine untrennbare Einheit bildeten, wenn also die Nutzung der Unterkunft nicht ohne Aufwendungen für die Nutzung eines Stellplatzes möglich wäre (FG Saarland v. 20.5.2020, 2 K 1251/17, EFG 2020, 1408).

Auch andere Finanzgerichte lassen die Aufwendungen für einen separat angemieteten Pkw-Stellplatz i.R. einer doppelten Haushaltsführung neben dem Höchstbetrag für Unterkunftskosten zu. Danach werden die grundsätzlich berücksichtigungsfähigen Kosten des Stellplatzes durch die Vorschrift des § 9 Abs. 1 Satz 3 Nr. 5 Satz 4 EStG nicht begrenzt (FG Mecklenburg-Vorpommern v. 21.9.2022, 3 K 48/22 oder FG Niedersachsen v. 16.3.2023, 10 K 202/22, entgegen der o.g. Verwaltungsauffassung in BMF v. 25.11.2020).

Der BFH muss nun für Klarheit sorgen; s. anhängiges Verfahren VI R 4/23 mit der Frage: „Gehören Stellplatzkosten im Rahmen einer doppelten Haushaltsführung auch nach der gesetzlichen Neufassung des § 9 Abs. 1 Satz 3 Nr. 5 EStG zu den sonstigen Mehraufwendungen oder zu den auf 1000 € monatlich begrenzten Unterkunftskosten i.S. des § 9 Abs. 1 Satz 3 Nr. 5 Satz 4 EStG?"

Beispiel 1:

Der Arbeitnehmer wendet i.R. einer beruflich veranlassten doppelten Haushaltsführung für die Zweitwohnung am Ort der ersten Tätigkeitsstätte eine Nettokaltmiete von 800 € zzgl. Nebenkosten im Monat auf. Die Nebenkosten betragen 210 € monatlich, die Kosten für den Pkw-Stellplatz monatlich 100 €.

Die Aufwendungen für die Zweitwohnung am Ort der ersten Tätigkeitsstätte von monatlich 1 110 € können i.H.v. monatlich 1 000 € als Werbungskosten abgezogen bzw. vom Arbeitgeber steuerfrei ersetzt werden.

Die Stellplatzkosten können nach FG Saarland v. 20.5.2020, 2 K 1251/17, EFG 2020, 1408, sowie den weiteren o.g. FG-Urteilen gesondert berücksichtigt werden.

Maklerkosten, die für die Anmietung einer Zweitwohnung oder -unterkunft entstehen, sind als Umzugskosten zusätzlich als Werbungskosten abziehbar (R 9.9 Abs. 2 Satz 1 LStR) oder vom Arbeitgeber steuerfrei erstattbar. Sie sind nicht in die Höchstbetragsberechnung mit einzubeziehen.

Eine **Vorfälligkeitsentschädigung** bei Beendigung einer doppelten Haushaltsführung kann – anders als bei Umfinanzierung bei einer weiterbestehenden doppelten Haushaltsführung – nicht steuerfrei erstattet werden (BFH v. 3.4.2019, VI R 15/17, BStBl II 2019, 446).

Bei der Anwendung des Höchstbetrags ist grds. **§ 11 EStG zu beachten**; das gilt insbesondere auch hinsichtlich der Berücksichtigung von Abschlagszahlungen für Nebenkosten und für die Nebenkostenendabrechnung.

Soweit der monatliche Höchstbetrag von 1 000 € nicht ausgeschöpft wird, ist eine **Übertragung des nicht ausgeschöpften Volumens in andere Monate des Bestehens der doppelten Haushaltsführung im selben Kalenderjahr möglich**. Erhält der Arbeitnehmer Erstattungen z.B. für Nebenkosten, mindern diese Erstattungen im Zeitpunkt des Zuflusses die Unterkunftskosten der doppelten Haushaltsführung.

Der **Höchstbetrag** nach § 9 Abs. 1 Satz 3 Nr. 5 Satz 4 EStG i.H.v. 1 000 € ist ein **Monatsbetrag**, der nicht auf einen Kalendertag umzurechnen ist und grds. für jede doppelte Haushaltsführung des Arbeitnehmers gesondert gilt.

Beziehen **mehrere berufstätige Arbeitnehmer** (z.B. beiderseits berufstätige Ehegatten, Lebenspartner, Mitglieder einer Wohngemeinschaft) am gemeinsamen Beschäftigungsort eine gemeinsame Zweitwohnung, handelt es sich jeweils um eine doppelte Haushaltsführung, so dass jeder Arbeitnehmer den Höchstbetrag für die tatsächlich von ihm getragenen Aufwendungen jeweils für sich beanspruchen kann.

Beispiel 2:

Beiderseits berufstätige Ehegatten bewohnen an ihrem Ort der ersten Tätigkeitsstätte in M gemeinsam eine möblierte Unterkunft. Ihren Hausstand sowie ihren Lebensmittelpunkt haben die Eheleute nachweislich im eigenen Einfamilienhaus in B. Die Aufwendungen für die Nutzung der Unterkunft am Ort der ersten Tätigkeitsstätte betragen inklusive sämtlicher Nebenkosten und Abschreibungen für notwendige Einrichtungsgegenstände 1 100 € im Monat. Diese werden auf Grund gemeinsamer Verpflichtung von beiden Ehegatten zu gleichen Anteilen gezahlt.

Die tatsächlichen Aufwendungen für die Nutzung der Unterkunft können bei jedem Ehegatten jeweils i.H.v. 550 € angesetzt werden.

Beispiel 3:

Der Arbeitnehmer A bewohnt am Ort seiner ersten Tätigkeitsstätte in M eine Zweitwohnung. Die Aufwendungen für die Nutzung dieser Unterkunft (Miete, inkl. sämtlicher berücksichtigungsfähiger Nebenkosten und evtl. Abschreibungen für notwendige Einrichtungsgegenstände) betragen bis zum 30.6. monatlich 990 €. Ab 1.7. wird die Miete um 30 € erhöht, so dass ab diesem Zeitpunkt die monatlichen Aufwendungen für die Nutzung der Unterkunft 1 020 € betragen.

In den Monaten Januar bis Juni können die Aufwendungen für die Nutzung der Unterkunft in voller Höhe vom Arbeitgeber steuerfrei erstattet bzw. vom Arbeitnehmer als Werbungskosten geltend gemacht werden.

Ab Juli ist grds. die Beschränkung auf den Höchstbetrag von 1 000 € zu beachten. Die den Höchstbetrag übersteigenden Aufwendungen von monatlich 20 € dürfen allerdings mit dem noch nicht aufgebrauchten Höchstbetragsvolumen der Monate Januar bis Juni (6 × 10 € = 60 €) verrechnet und insoweit steuerfrei erstattet oder als Werbungskosten geltend gemacht werden.

b) Im Ausland

1770 **Bei doppelter Haushaltsführung im Ausland** sind die Aufwendungen in tatsächlicher Höhe notwendig, soweit sie die **ortsübliche Miete** für eine nach Lage und Ausstattung durchschnittliche Wohnung am Ort der ersten Tätigkeitsstätte mit einer **Wohnfläche bis zu 60 qm nicht überschreiten** (R 9.11 Abs. 8 LStR). **Die 1 000 € Grenze gilt insoweit nicht**. Diese Einschränkung **auf 60 qm ist inzwischen umstritten**; s. nachfolgenden Hinweis.

Bei **Mitnahme von Familienangehörigen** gelten die gleichen Grundsätze wie für Auswärtstätigkeiten (→ *Reisekosten: Erstattungen* Rz. 3700 sowie zuletzt BFH v. 3.7.2018, VI R 55/16, HFR 2018, 870).

I.R. einer doppelten Haushaltsführung als Werbungkosten zu berücksichtigende Mehraufwendungen für Miete orientieren sich am sog. „Durchschnittsmietzins" (der nach dem im fraglichen Zeitraum gültigen Mietspiegel bemessen werden kann) in der Weise, dass der Ermittlung der im fraglichen Zeitraum gültige offizielle Mietspiegel für das **gesamte Gebiet der Stadt oder der Gemeinde (Beschäftigungsort)** zu Grunde zu legen ist (also keine Kürzung der Kosten nur auf die evtl. höhere ortsübliche Miete in einem bestimmten Stadtteil!), in der sich die betreffende Wohnung befindet (FG Köln v. 6.11.2014, 13 K 1665/12, EFG 2015, 544 sowie BFH v. 12.7.2017, VI R 42/15, BStBl II 2018, 13).

Hinweis:

Nach der jüngsten Entscheidung des BFH ist bei einer doppelten Haushaltsführung im Ausland im Einzelfall zu prüfen, welche Unterkunftskosten notwendig sind. Eine Typisierung dahingehend, dass Unterkunftskosten, die den Durchschnittsmietzins einer 60 qm-Wohnung am Beschäftigungsort nicht überschreiten, notwendig in diesem Sinne sind, kommt für Auslandssachverhalte und damit im Streitfall nicht in Betracht (BFH v. 9.8.2023, VI R 20/21, BStBl II 2025, 891 s. hierzu auch zu einer möglichen Änderung durch das Steueränderungsgesetz 2025 mit der Einführung eines Höchstbetrag i.H.v. 2 000 €, → Rz. 1775); entgegen der Verwaltungsauffassung im BMF-Schreiben v. 25.11.2020, BStBl I 2020, 1228, Tz. 112).

Im Streitfall waren folglich bei einer beamtenrechtlich zugewiesenen Dienstwohnung die Unterkunftskosten am ausländischen Beschäftigungsort in tatsächlicher Höhe als Werbungskosten im Rahmen einer doppelten Haushaltsführung abzugsfähig. Die Revision des Finanzamts gegen das vorangegangene Urteil des FG Rheinland-Pfalz v. 22.6.2021, 3 K 1255/20, wurde als unbegründet zurückgewiesen.

Mit BFH v. 17.6.2025, VI R 21/23, BStBl II 2025, 917 hat der BFH die Revision zu FG Berlin-Brandenburg v. 14.6.2023, 1 K 12087/20 entschieden. Danach sind Kosten für eine Dienstwohnung im Ausland, die der Dienstherr für Zwecke des Mietzuschusses nach § 54 des BBesG als notwendig anerkennt, in tatsächlicher Höhe als Unterkunftskosten im Rahmen einer doppelten Haushaltsführung abzugsfähig.

Insoweit verbleibt es zunächst bei der gesetzlichen Regelung des § 9 Abs. 1 Satz 3 Nr. 5 Satz 1 EStG, wonach **notwendige** Unterkunftskosten, d.h. **begrenzt auf das nach objektiven Maßstäben zur Zweckverfolgung Erforderliche**, als Werbungskosten abzugsfähig sind (z.B. BFH v. 12.7.2017, VI R 42/15, BFHE 258, 439, BStBl II 2018, 13, Tz. 9).

c) Erstattung durch den Arbeitgeber

Für den **steuerfreien Arbeitgeberersatz** kann der Arbeitgeber bei Arbeitnehmern mit den **Steuerklassen III, IV oder V** ohne Weiteres unterstellen, dass sie einen eigenen Hausstand haben, an dem sie sich auch finanziell beteiligen. 1771

Bei **anderen Arbeitnehmern** darf der Arbeitgeber einen eigenen Hausstand nur dann anerkennen, wenn sie schriftlich erklären, dass sie neben einer Zweitwohnung oder -unterkunft am Beschäftigungsort außerhalb des Beschäftigungsorts einen eigenen Hausstand unterhalten, an dem sie sich auch finanziell beteiligen (vgl. → *Doppelte Haushaltsführung: Allgemeines* Rz. 1745).

d) Werbungskostenabzug

Bei der doppelten Haushaltsführung sind lediglich die **notwendigen Mehraufwendungen** berücksichtigungsfähig. Etwaige steuerfreie **Erstattungen des Arbeitgebers** mindern stets die abziehbaren Werbungskosten, auch wenn sie erst im Folgejahr geleistet werden, H 9.11 (5 – 10) „Erstattung durch den Arbeitgeber" LStH. 1772

Voraussetzung für den Werbungskostenabzug ist zunächst, dass der Arbeitnehmer überhaupt **„Aufwendungen"** hat, also mit Unterkunftskosten belastet ist, diese z.B. nicht von einem Dritten getragen werden (FG Berlin-Brandenburg v. 4.12.2009, 9 K 9161/07, EFG 2010, 470 betr. in Afghanistan eingesetzte Bundeswehrsoldaten).

Der Arbeitnehmer hat das Vorliegen einer doppelten Haushaltsführung und die finanzielle Beteiligung an der Haushaltsführung am Ort des eigenen Hausstands grds. in seiner Einkommensteuererklärung darzulegen. Bei Arbeitnehmern, die mit ihrem Ehegatten oder Lebenspartner einen gemeinsamen Haushalt führen, kann eine finanzielle Beteiligung an den Kosten der Lebensführung ohne entsprechenden Nachweis unterstellt werden. Kosten der Zweitwohnung oder -unterkunft sind für die Berücksichtigung als Werbungskosten grds. im Einzelnen nachzuweisen; sie können geschätzt werden, wenn sie dem Grunde nach zweifelsfrei entstanden sind (vgl. BFH v. 12.9.2001, VI R 72/97, BStBl II 2001, 775).

Soweit der Arbeitgeber keine oder nur die geringen Unterkunftskosten steuerfrei ersetzt hat, kann der Arbeitnehmer **nur nachgewiesene höhere Unterkunftskosten als Werbungskosten absetzen** (R 9.11 Abs. 10 Satz 1 LStR), denn anders als beim Arbeitgeberersatz von Unterkunftskosten und auch beim Werbungskostenabzug von Verpflegungsmehraufwendungen gibt es für den **Werbungskostenabzug von Unterkunftskosten keine Pauschalen** (s. auch BFH v. 12.9.2001, VI R 72/97, BStBl II 2001, 775) – seit 2008 selbst **nicht mehr bei doppelter Haushaltsführung im Ausland**. Die geänderte Regelung der R 9.11 Abs. 10 Satz 7 Nr. 3 LStR betrifft nur noch den steuerfreien Arbeitgeberersatz.

Wird die Wohnung am Beschäftigungsort anlässlich der Beendigung einer aus beruflichem Anlass begründeten doppelten Haushaltsführung veräußert, ist eine dabei anfallende **Vorfälligkeitsentschädigung** nicht als Werbungskosten bei den Einkünften aus nichtselbständiger Arbeit zu berücksichtigen. Bei der Vorfälligkeitsentschädigung handelt es sich um das Ergebnis der auf eine vorzeitige Kreditablösung gerichteten Änderung des ursprünglichen Darlehensvertrags, die dem **Veräußerungsgeschäft zuzuordnen** ist (BFH v. 3.4.2019, VI R 15/17, BStBl II 2019, 446).

e) Pauschbeträge

Die Kosten der Zweitwohnung oder -unterkunft am Ort der ersten Tätigkeitsstätte können vom Arbeitgeber alternativ zum Einzelnachweis pauschal steuerfrei erstattet werden (R 9.11 Abs. 10 Satz 7 Nr. 3 LStR). 1773

Voraussetzung für die pauschale Erstattung ist aber, dass die Übernachtung nicht in einer vom Arbeitgeber unentgeltlich oder verbilligt überlassenen Unterkunft stattfindet, z.B. bei Werkswohnungen (vgl. R 9.11 Abs. 10 Satz 7 Nr. 3 Satz 1 LStR).

Die Übernachtungspauschalen können auch dann angesetzt werden, wenn **tatsächlich geringere Unterkunftskosten entstanden** sind (→ *Reisekosten: Erstattungen* Rz. 3703).

Hiernach darf der Arbeitgeber die Aufwendungen für die Zweitwohnung **wie folgt pauschal steuerfrei erstatten:**

aa) Im Inland

1774 Höhe der Pauschbeträge:

- **die ersten drei Monate 20 € je Übernachtung** und
- für die **Folgezeit 5 € je Übernachtung** (R 9.11 Abs. 10 Satz 7 Nr. 3 Satz 1 LStR).

bb) Im Ausland

1775 **Hinweis**: Im Gesetzgebungsverfahren zum Steueränderungsgesetz 2025 wurde als Reaktion auf die Rechtsprechung des BFH (BFH v. 9.8.2023, VI R 20/21, BStBl II 2025, 891) eine Regelung aufgenommen, die einen doppelten „Inlandsbetrag" i.H.v. 2 000 € im Fall der doppelten Haushaltsführung mit einer ausländischen Unterkunft gesetzlich vorsieht (§ 9 Abs. 1 Satz 3 Nr. 5 Satz 4 EStG n.F.). Das Gesetzgebungsverfahren war bei Redaktionsschluss noch nicht endgültig abgeschlossen. Wir informieren Sie über unseren Online-Aktualisierungsdienst (s. Benutzerhinweis auf S. IV).

Höhe der Pauschbeträge:

- die ersten **drei Monate** (zur Berechnung der Dreimonatsfrist → Rz. 1762) die **Auslandspauschalen**, die vom BMF jeweils in einer **Länderübersicht** gemacht werden. Trotz Kritik des BFH an der Rechtmäßigkeit der Auslandspauschalen (BFH v. 23.3.2011, X R 44/09, BStBl II 2011, 884) hat die Finanzverwaltung aus Vereinfachungsgründen und im Interesse der Gleichbehandlung mit Arbeitnehmern im öffentlichen Dienst (bei diesen sind die Auslandspauschalen nach dem BRKG nach § 3 Nr. 13 EStG steuerfrei) weiterhin derartige Pauschalen festgesetzt (→ *Anhang, A. Lohnsteuer* Rz. 4826),
- und für die Folgezeit **40 % dieser Pauschbeträge** (R 9.11 Abs. 10 Satz 7 Nr. 3 Satz 2 LStR).

Beispiel 1:

A ist ab 1.2.2025 für voraussichtlich drei Jahre nach London versetzt worden (neue erste Tätigkeitsstätte) und führt dort einen doppelten Haushalt.

Es liegt vom ersten Tag an eine doppelte Haushaltsführung vor.

Der Arbeitgeber kann steuerfrei ersetzen

- entweder die nachgewiesenen **Unterkunftskosten** oder pauschal die ersten drei Monate 163 € (Pauschbetrag bei Auswärtstätigkeit) und die restlichen Monate 40 % von 163 € = 65,20 € sowie
- die Kosten für **Familienheimfahrten.**

Verpflegungskosten dürfen bereits nach den ersten drei Monaten nicht mehr steuerfrei erstattet werden.

Beispiel 2:

A (verheiratet) wird an eine auswärtige Filiale im Inland versetzt (neue erste Tätigkeitsstätte). Da er bei Bekannten übernachtet, macht er keine tatsächlichen Unterkunftskosten geltend.

Es liegt eine doppelte Haushaltsführung vor.

Der Arbeitgeber kann steuerfrei erstatten die Unterkunftskosten

- in den ersten drei Monaten pauschal mit 20 € je Übernachtung und
- in der Folgezeit pauschal mit 5 € je Übernachtung (R 9.11 Abs. 10 Satz 7 Nr. 3 LStR).

f) Wechsel zwischen Nachweis- und Pauschalmethode

1776 Es wird wie bei Auswärtstätigkeiten beim Ersatz der Übernachtungskosten nicht beanstandet, wenn der Arbeitgeber innerhalb derselben doppelten Haushaltsführung einen Wechsel zwischen Nachweis- und Pauschalmethode vornimmt (R 9.11 Abs. 10 Satz 7 Nr. 3 LStR).

Beispiel:

Ein Bauarbeiter (verheiratet) ist vom 1.4. bis 31.12. auf einer auswärtigen Baustelle tätig und übernachtet am Arbeitsort. Den ersten Monat übernachtet er im Hotel, die restlichen Monate in seinem Wohnmobil.

Der Arbeitgeber darf die tatsächlich entstandenen Hotelkosten für den Monat April und für die übrigen Monate des Jahres die Übernachtungskosten in Höhe der entsprechenden Pauschale steuerfrei ersetzen.

g) Anrechnung von Auswärtstätigkeiten

Geht der doppelten Haushaltsführung eine Auswärtstätigkeit vor- 1777
aus, ist hinsichtlich des Verpflegungsmehraufwands in R 9.11 Abs. 7 Satz 2 LStR geregelt, dass deren Dauer auf die Dreimonatsfrist angerechnet wird. Entsprechend ist bei der Erstattung pauschaler Unterkunftskosten zu verfahren. Demnach können nur für drei Monate nach Bezug der Zweitwohnung pauschale Übernachtungskosten i.H.v. 20 € und ab dem vierten Monat i.H.v. 5 € je Übernachtung steuerfrei erstattet werden. Entsprechendes gilt bei Auslandstätigkeiten.

h) Glaubhaftmachung der Übernachtung

Arbeitnehmer, die nach eigenen Angaben an der Einsatzstelle 1778
übernachten, müssen **nähere Angaben** über die gewählte Unterkunft machen, wenn diese in einer **Entfernung von der (Familien-) Wohnung** des Arbeitnehmers liegt, die üblicherweise von Arbeitnehmern **täglich mit dem Kfz zurückgelegt** wird. Das Finanzamt wird dabei in Zweifelsfällen die Angaben des Arbeitnehmers in der Einkommensteuer-Erklärung hinzuziehen. Bei widersprüchlichen Erklärungen des Arbeitnehmers ist der glaubhaft gemachte Sachverhalt zu Grunde zu legen.

Beispiel 1:

Arbeitnehmer A war in einer Entfernung von 100 km von seiner Wohnung und dem Betrieb seines Arbeitgebers tätig. Dem Arbeitgeber hat er erklärt, er wohne am Einsatzort. In seiner Einkommensteuer-Erklärung hat er dagegen tägliche Fahrten zwischen Wohnung und Arbeitsstätte als Werbungskosten geltend gemacht. Neben der Erklärung liegen dem Arbeitgeber für die Dauer des Einsatzes Mietquittungen vor. I.R. der Einkommensteuer-Veranlagung hat A dagegen keine Nachweise vorlegen können.

Der gegenüber dem Arbeitgeber erklärte Sachverhalt ist glaubhafter und damit für die Besteuerung maßgebend. Wird dieser Sachverhalt erst durch eine Lohnsteuer-Außenprüfung aufgedeckt, wird das Finanzamt den Einkommensteuerbescheid des Arbeitnehmers berichtigen (§ 173 Abs. 1 Nr. 1 AO).

Beispiel 2:

Sachverhalt wie oben, A hat jedoch dem Finanzamt durch Fahrtenbuch, Tankquittungen, Inspektionsrechnungen usw. die Fahrten glaubhaft gemacht. Dem Arbeitgeber liegt dagegen lediglich die Erklärung des Arbeitnehmers vor.

Der dem Finanzamt dargelegte Sachverhalt ist glaubhaft. Die vom Arbeitgeber gezahlte Auslösung ist zu versteuern, soweit sie nicht bereits bei der Ermittlung der Werbungskosten gegengerechnet wurde. Eine Haftung des Arbeitgebers für zu gering einbehaltene Lohnsteuer kommt jedoch im Hinblick auf die Erklärung des Arbeitnehmers nicht in Betracht.

Der steuerlichen Beurteilung können allerdings nur **Erklärungen und Nachweise der Arbeitnehmer** zu Grunde gelegt werden. **Kein Entscheidungskriterium** ist dagegen die Höhe der vom Arbeitgeber nach **Tarifvertrag** gezahlten Auslösung (z.B. **Fernauslösung**), weil die Zahlung derartiger Beträge sich regelmäßig nicht nach der tatsächlichen Rückkehr, sondern nach der Zumutbarkeit der täglichen Rückkehr in die eigene Wohnung richtet. Für die Frage der Zumutbarkeit ist häufig der Zeitaufwand bei Benutzung öffentlicher Verkehrsmittel auch dann maßgebend, wenn die Arbeitnehmer tatsächlich den eigenen Pkw benutzen.

Beispiel 3:

Nach dem Tarifvertrag hat der Arbeitnehmer Anspruch auf (Fern-)Auslösung, wenn der Zeitaufwand für den Weg vom Wohnort zum Einsatzort bei Benutzung öffentlicher Verkehrsmittel mehr als 1,5 Stunden beträgt. A benötigt mit dem Pkw eine Stunde für die Fahrt, bei Benutzung öffentlicher Verkehrsmittel würde er zwei Stunden benötigen. A hat Anspruch auf Fernauslösung, auch wenn er tatsächlich mit dem Pkw fährt und für die Fahrt von seiner Wohnung zum Einsatzort nur eine Stunde benötigt.

Fährt der Arbeitnehmer zwischenzeitlich an seinen Wohnort zurück (z.B. Wochenendheimfahrten), so können die Pauschbeträge für diesen Zeitraum nicht steuerfrei gezahlt werden, s. aber → Rz. 1781. Wird dem Arbeitnehmer die Unterkunft am Ort der ersten Tätigkeitsstätte vom Arbeitgeber unentgeltlich oder verbilligt zur Verfügung gestellt, kommt eine steuerfreie Zahlung der Pauschbeträge nicht in Betracht.

i) Einrichtung

Notwendige Mehraufwendungen aus Anlass einer doppelten 1779
Haushaltsführung sind auch Aufwendungen zur Anschaffung der **notwendigen Einrichtungsgegenstände** für die Wohnung am Ort der ersten Tätigkeitsstätte, sofern die Aufwendungen **ange-**

messen sind (zuletzt FG Saarland v. 20.5.2020, 2 K 1251/17, EFG 2020, 1408 m.w.N.). Bei Wohnungen im Inland ist jedoch auch insoweit der **Höchstbetrag von 1 000 €** zu beachten

Der **Höchstbetrag von 1 000 €** umfasst sämtliche entstehenden Aufwendungen wie Miete, Betriebskosten, Kosten der laufenden Reinigung und Pflege der Zweitwohnung oder -unterkunft, Zweitwohnungsteuer, Rundfunkbeitrag, Miet- oder Pachtgebühren für Kfz-Stellplätze (s. aber → Rz. 1769) sowie Aufwendungen für Sondernutzung (wie Garten), die vom Arbeitnehmer selbst getragen werden, **nicht jedoch Aufwendungen für Hausrat, Einrichtungsgegenstände oder Arbeitsmittel**, mit denen die Zweitwohnung ausgestattet ist. Aufwendungen für die erforderliche Einrichtung und Ausstattung der Zweitwohnung, soweit sie nicht überhöht sind, können als sonstige notwendige Mehraufwendungen der doppelten Haushaltsführung berücksichtigt werden. Hat der Stpfl. eine möblierte oder teilmöblierte Wohnung angemietet, ist – soweit der Mietvertrag keine Aufteilung der Miete für die Überlassung der Wohnung und der Möbelstücke enthält – die Miete im Schätzwege aufzuteilen (BFH v. 4.4.2019, VI R 18/17, BStBl II 2019, 449).

Zu den notwendigen Einrichtungsgegenständen gehören alle Hausrats- und Einrichtungsgegenstände, die zur Führung eines geordneten Haushalts erforderlich sind, also z.B. für Bett, Schränke, Sitzmobiliar, Tisch, Küchen- und Badezimmereinrichtung, Geschirr, Bettzeug, Staubsauger, ferner Gardinen und Fenstervorhänge (s. ausführlich FG Saarland v. 20.5.2020, 2 K 1251/17, EFG 2020, 1408).

Nicht als „notwendig" anerkannt wurden z.B.

- Fernseher (Anschaffung und Anschluss), Fernsehgebühren und Fernseh-Programmzeitschriften, weil „Fernsehen" der persönlichen Lebensführung dient (zuletzt FG Berlin-Brandenburg v. 22.6.2011, 9 K 9079/08, EFG 2012, 35), a.A. zuletzt FG Saarland v. 20.5.2020, 2 K 1251/17, EFG 2020, 1408: Bei einem Fernsehgerät handelt es sich nicht um eine Repräsentationsausstattung (wie etwa bei einem Gemälde oder sonstigen Kunstgegenstand); es gehört heutzutage vielmehr zur Standardausstattung eines Haushalts (Verteilung der Kosten auf eine Nutzungsdauer von sieben Jahren),
- Kosten für einen Kabelanschluss, wenn dafür ein vom Mietvertrag unabhängiger Vertrag mit einem Dritten abgeschlossen wurde (FG München v. 19.2.2008, 9 K 1524/05),
- Stereoanlage mit teuren Lautsprecherboxen und eines Bildes (FG Baden-Württemberg v. 5.12.1997, 6 K 414/97),
- eine teure „multifunktional" nutzbare Anbauwand (FG Rheinland-Pfalz v. 19.2.1998, 4 K 2213/96),
- eine im Jahr 1999 angeschaffte Einbauküche im Wert von (umgerechnet) rund 13 000 €, anerkannt wurden lediglich rund 3 000 €, die eine Küchenzeile mit den erforderlichen Geräten gekostet hätte, Abschreibungsdauer zehn Jahre (FG Sachsen v. 18.9.2008, 2 K 863/08, EFG 2010, 131),
- die Ausstattung einer von einer Einzelperson am Beschäftigungsort bewohnten (Zweit-)Wohnung mit mehr als vier – und recht teuren – Stühlen (FG Köln v. 6.11.2014, 13 K 1665/12, EFG 2015, 544),
- der Ersatz einer funktionsfähigen Couch mit integrierter Liege durch eine luxuriöse Polstergarnitur (FG Thüringen v. 11.5.2017, 1 K 408/15, EFG 2017, 1152).

Anerkannt wurden demgegenüber z.B.

- Kosten der Wohnungseinrichtung, z.B. Fernseher, Bett, Stühle, Schränke, Geschirr, Lampen, Bettwäsche, Staubsauger usw. (zuletzt FG Saarland v. 20.5.2020, 2 K 1251/17, EFG 2020, 1408),
- Radio und Kleinmöbel (FG Saarland v. 29.8.2001, 1 K 120/00),
- eine Waschmaschine mit Verteilung der Kosten auf zehn Jahre (FG München v. 19.2.2008, 9 K 1524/05),
- Aufwendungen für eine Einbauküche, die nach neuerer BFH-Rechtsprechung ein einheitliches Wirtschaftsgut darstellt und auf zehn Jahre abzuschreiben ist (zuletzt BFH v. 3.8.2016, IX R 14/15, BStBl II 2017, 437 sowie BMF v. 16.5.2017, IV C 1 – S 2211/07/10005 :001, BStBl I 2017, 775). Dies gilt sowohl bei Erstanschaffung als auch bei einer Erneuerung. Nach dem BFH-Urteil können Einbauküchen allerdings in Einzelfällen zu wesentlichen Bestandteilen des Gebäudes werden, wenn sie durch Einpassen in die für sie bestimmte Stelle mit den sie umschließenden Gebäudeteilen vereinigt werden. In diesem Fall gehören die Aufwendungen zu den Herstellungskosten des Gebäudes und sind mit diesem zusammen abzuschreiben, AfA-Satz nach § 7 Abs. 4 EStG 2 %; die Kosten für eine Erneuerung sind dann als Erhaltungsaufwand in voller Höhe sofort als Werbungskosten absetzbar (BFH v. 1.12.1970, VI R 358/69, BStBl II 1971, 162).

Aufwendungen **über 800 €** netto (brutto 952 €) für ein einzelnes Wirtschaftsgut müssen auf die **Nutzungsdauer verteilt** werden (§ 7 Abs. 1 EStG), die regelmäßig mit 13 Jahren angenommen werden kann.

j) Keine Aufteilung der Erstattungen (Saldierung)

Auslösungen werden vom Arbeitgeber häufig **kalendertäglich** 1780
(nicht arbeitstäglich) gewährt. Das gilt insbesondere, wenn dem Arbeitnehmer die tägliche Rückkehr in die eigene Wohnung nach **tarifvertraglichen Regelungen** nicht zugemutet werden kann. Die Auslösungen werden in voller Höhe auch zu den **Wochenenden gezahlt**, und zwar auch, wenn der Arbeitnehmer in seine Wohnung zurückkehrt und nicht an der Einsatzstelle übernachtet. Eine Ausnahme gilt nur, wenn die Aufwendungen für eine Heimfahrt besonders vergütet werden.

Bei den Zahlungen des Arbeitgebers wird – anders als im Steuerrecht – im Allgemeinen **keine strenge Trennung zwischen Verpflegungsmehraufwand und Unterkunftskosten** vorgenommen. Vielmehr werden die jeweiligen Auslösungsbeträge regelmäßig für Verpflegung und Unterkunft (und zwar täglich) gezahlt. Steuerlich werden ohne Nachweis Verpflegungskosten kalendertäglich, Unterkunftskosten dagegen je Übernachtung berücksichtigt, so dass sich insoweit **Differenzen** ergeben können.

Steuerlich ist es zulässig, unabhängig davon, ob es sich um Reisekosten oder Kosten der doppelten Haushaltsführung handelt, die Vergütungen für Verpflegungsmehraufwendungen, Fahrtkosten und Übernachtungen **zusammenzurechnen**; in diesem Fall ist die Summe der Vergütungen steuerfrei, soweit sie die Summe der steuerfreien Einzelvergütungen nicht übersteigt (R 3.16 LStR). Hierbei können mehrere doppelte Haushaltsführungen des Arbeitnehmers zusammengefasst abgerechnet werden (R 3.16 Sätze 2 und 3 LStR sowie R 9.11 Abs. 10 Nr. 4 LStR).

Beispiel:

A (verheiratet) ist 2025 von montags bis freitags einer Woche in einer auswärtigen Filiale tätig und übernachtet auch am Arbeitsort (doppelte Haushaltsführung). Er verlässt die Wohnung am Sonntag um 20 Uhr und kehrt am Freitag um 20 Uhr zurück. Der Arbeitgeber zahlt eine Auslösung von 45 € täglich. Steuerlich stehen dem Arbeitnehmer Tagegelder sowie Übernachtungsgelder von je 28 €/14 € und 20 € zu.

Bei 5 Arbeitstagen kann der Arbeitgeber steuerlich 4 Tagegelder à 28 € (volle Tage), 1 Tagegeld à 14 € für den Abreisetag am Freitag (= 126 €) und 5 Übernachtungsgelder à 20 € (= 100 €), insgesamt also 226 € steuerfrei belassen. Die tatsächlich gezahlten Auslösungsbeträge (5 x 45 € = 225 €) übersteigen diesen Betrag nicht und können daher steuerfrei bleiben.

Diese Saldierungsmöglichkeit kann z.B. auch von Bedeutung sein, wenn der Arbeitgeber

- für Fahrten mit dem Pkw eine niedrigere Wegstreckenentschädigung als 0,30 €/km zahlt,
- sich bei der Zahlung von Verpflegungsmehraufwendungen nicht an die gesetzlich vorgeschriebenen Abwesenheitszeiten hält oder
- auch für die Wochenenden, an denen der Arbeitnehmer unbezahlte, aber erstattungsfähige Familienheimfahrten durchführt, die „vollen" Verpflegungspauschalen zahlt. (s. ausführlich → *Reisekosten: Allgemeine Grundsätze* Rz. 3655).

6. Unterkunftskosten für Wochenenden

Erstreckt sich die Tätigkeit des Arbeitnehmers über einen längeren 1781
Zeitraum und kehrt der Arbeitnehmer an den Wochenenden in seine Wohnung zurück, so können steuerlich

- **Tagegelder** nur für **tatsächliche Anwesenheitstage** am Arbeitsort und
- pauschale **Übernachtungsgelder** grds. nur für **tatsächliche Übernachtungen** angesetzt werden.

Dies gilt auch dann, wenn der Arbeitnehmer die Unterkunft auch an den Wochenenden trotz Heimfahrten beibehalten hat und ihm insoweit Übernachtungskosten entstanden sind. Einen ggf. verbleibenden Restbetrag der Auslösung kann der Arbeitgeber nur insoweit steuerfrei erstatten, als dem Arbeitnehmer entsprechende Aufwendungen für Heimfahrten entstanden sind, die als Werbungskosten abzugsfähig wären.

Beispiel:

A (verheiratet) ist 2025 auf mehrere Wochen auf einer Baustelle tätig. Er hat am Arbeitsort in einer Pension ein Zimmer gemietet und führt dort einen doppelten Haushalt. Wegen der großen Entfernung zur Wohnung stehen ihm kalendertäglich (nicht arbeitstäglich) Auslösungen i.H.v. 55 € zu. Tatsächlich aber kehrt A an den Wochenenden (freitags 16.00 Uhr bis montags 8.00 Uhr) zur Familie zurück. Die Entfernung beträgt 300 km. Kosten für die Beibehaltung des Zimmers am Beschäftigungsort sind nicht entstanden.

a) Tarifvertraglich zustehende Auslösung wöchentlich:

7 Tage je 55 €	385 €
b) Steuerfreie Arbeitgebererstattung:	
3 Tage je 28 € (Dienstag bis Donnerstag)	84 €
2 Tage je 14 € (Freitag, Montag)	28 €
4 Übernachtungen je 20 €	80 €
1 Familienheimfahrt: 20 km x 0,30 € = 6 € + 280 km x 0,38 € = 106,40 €	112,40 €
Summe	304,40 €
c) Steuerpflichtige Auslösung (385 € – 304,40 €)	80,60 €

7. Umzugskosten

1782 Umzugskosten z.B. anlässlich des Bezugs der Wohnung am Ort der ersten Tätigkeitsstätte sowie der Aufgabe der Wohnung nach Beendigung der doppelten Haushaltsführung können in vollem Umfang steuerfrei erstattet werden, wenn der Umzug beruflich veranlasst ist (R 9.11 Abs. 9 Satz 1 LStR); ausgenommen steuerlich nicht berücksichtigungsfähige Kosten der Lebensführung i.S.d. § 12 Nr. 1 EStG. Einschränkungen sind in den sog. Wegverlegungsfällen zu beachten (→ *Doppelte Haushaltsführung: Allgemeines* Rz. 1722 sowie → *Umzugskosten* Rz. 4170).

Umzugskosten für die endgültige Aufgabe der Zweitwohnung am Beschäftigungsort sind bei einem **Arbeitsplatzwechsel** beruflich veranlasst. Hingegen handelt es sich bei einer Auflösung der Zweitwohnung in Folge **Eintritts in den Ruhestand** um nicht abziehbare Kosten der privaten Lebensführung.

Zu beachten ist, dass die **Pauschalen für sonstige Umzugsauslagen** nach § 10 BUKG und § 18 AUV **nicht berücksichtigt** werden dürfen, weil eine derartige Regelung nicht für Umzüge i.R. einer doppelten Haushaltsführung gilt (R 9.11 Abs. 9 Sätze 1 und 2 LStR sowie BFH v. 29.1.1988, VI R 192/84). In diesen Fällen ist eine Kostenerstattung nur in nachgewiesener Höhe zulässig.

Das gilt sowohl für den Umzug des Arbeitnehmers in das Inland anlässlich der Begründung einer doppelten Haushaltsführung, als auch für den Rückumzug in das Ausland anlässlich der Beendigung der doppelten Haushaltsführung (s. zuletzt FG Thüringen v. 29.6.2015, 2 K 698/14, EFG 2015, 1352 sowie OFD Nordrhein-Westfalen v. 15.8.2018, S 2367 – 2017/0004 – St 213, betr. Steuerliche Fragen im Zusammenhang mit Nettolohnvereinbarungen). In diesen Fällen müssen die sonstigen **Umzugsauslagen nachgewiesen** werden.

LSt SV

D&O-Versicherung

→ *Directors&Officers-Versicherungen* Rz. 1594

Dreizehntes Monatsgehalt

→ *Arbeitslohn-ABC* Rz. 662

Duale Studiengänge

→ *Auszubildende* Rz. 1184

Durchlaufende Gelder

→ *Auslagenersatz und durchlaufende Gelder* Rz. 916

Durchschnittlicher Zusatzbeitrag

→ *Beiträge zur Sozialversicherung* Rz. 1261

Eheähnliche Lebensgemeinschaft

→ *Angehörige* Rz. 135, → *Nichteheliche Lebensgemeinschaft* Rz. 3287

Ehegatte des Arbeitnehmers

Werden von einem Arbeitgeber auf Grund des Arbeitsverhältnis- 1783
ses Vorteile nicht nur dem Arbeitnehmer selbst, sondern auch einer ihm nahe stehenden Person (z.B. der Ehefrau oder Lebensgefährtin) zugewendet, so liegt gleichwohl **Arbeitslohn** des Arbeitnehmers vor, sofern das **Arbeitsverhältnis kausal** für die Zuwendungen ist (zuletzt FG Schleswig-Holstein v. 4.9.2013, 2 K 23/12, EFG 2013, 2011).

Beispiel 1:

Die Ehefrau eines Arbeitnehmers darf in der Firma, in der ihr Ehemann tätig ist, verbilligt einkaufen.

Die Preisvorteile sind als Arbeitslohn zu versteuern, sofern der Rabattfreibetrag überschritten wird.

Beispiel 2:

Arbeitgeber A gewährt seinem Arbeitnehmer X und dessen Ehefrau ein sog. zinsvergünstigtes Arbeitgeberwohnbaudarlehen zur Finanzierung ihres gemeinschaftlich erworbenen Familienheimes.

Der steuerpflichtige Zinsvorteil (→ *Zinsersparnisse/Zinszuschüsse* Rz. 4615) ist in vollem Umfang beim Arbeitnehmer X als Arbeitslohn zu erfassen. Dieser kann nicht einwenden, dass die Hälfte außer Betracht bleiben müsse, da seine Ehefrau nicht beim Arbeitgeber A beschäftigt sei (FG Münster v. 21.9.2016, 7 K 990/12 E, EFG 2016, 1852).

Eine Zurechnung beim Arbeitnehmer scheidet aus, wenn die Vorteile dem Ehegatten „**ohne Wissen und Wollen**“ **des Arbeitnehmer-Ehegatten zugewendet** werden (vgl. FG Düsseldorf v. 27.8.1998, 15 K 3517/95 H (L), EFG 1999, 117).

Weitere Beispiele sind **Zuwendungen** an den Ehegatten des Arbeitnehmers i.R. von **Incentive-Reisen** (→ *Incentive-Reisen* Rz. 2579) oder die Überlassung von **Theaterkarten** (→ *Eintrittskarten* Rz. 1810).

Werden Ehegatten bei **demselben Arbeitgeber** tätig, so ist steuerlich grds. ein **eigenes Dienstverhältnis** jedes Ehegatten gegenüber dem Arbeitgeber anzunehmen. Wird für die Tätigkeit beider Ehegatten eine **einheitliche Vergütung** gewährt, so ist diese für die Berechnung der Lohnsteuer erforderlichenfalls im Wege der Schätzung auf die Ehegatten aufzuteilen (→ *Angehörige* Rz. 135).

Zum Ersatz von **Diebstahlsverlusten** von Gegenständen, die dem auf einer Dienstreise des Arbeitnehmers mitgereisten Ehegatten gehören, → *Diebstahl* Rz. 1535.

LSt SV

Kein Arbeitslohn ist dagegen anzunehmen, wenn z.B. die Mitnahme der Ehefrau auf einer **Dienst- oder Geschäftsreise** im ganz überwiegenden **eigenbetrieblichen Interesse des Arbeitgebers** liegt (s. z.B. BFH v. 9.3.2010, VIII R 32/07, HFR 2010, 819 betr. Teilnahme der Ehefrau bei einem internationalen Treffen auf höchster Ebene wie z.B. der Tagung des Weltwirtschaftsforums in Davos, weil dies protokollarischen Erfordernissen entspricht). Zur Frage, ob und inwieweit Reisekosten als **Betriebsausgaben/Werbungskosten** geltend gemacht werden können, wenn der Stpfl. auf eine Dienst- oder Geschäftsreise (z.B. Besuch eines Kongresses) seine Ehefrau mitnimmt, → *Reisekosten: Allgemeine Grundsätze* Rz. 3650 sowie → *Reisekosten: Erstattungen* Rz. 3700.

Der einer **Reisebüroangestellten und deren Ehegatten** gewährte Rabatt eines Reiseveranstalters für die Buchung einer Kreuzfahrt ist kein durch die Beschäftigung veranlasster geldwerter Vorteil, wenn die Rabattierung zur Auslastungsoptimierung sowie Reduzierung der Kostenbelastung und damit vor allem aus eigenwirtschaftlichen Gründen des Veranstalters erfolgt (FG Düsseldorf v. 21.12.2016, 5 K 2504/14 E).

LSt (durchgestrichen) SV (durchgestrichen)

Ehegattenarbeitsverhältnis

→ *Angehörige* Rz. 135

Ehrenamtsinhaber

1. Arbeitsrecht

1784 Kennzeichnend für ehrenamtliche Tätigkeiten ist, dass sie zumeist unentgeltlich außerhalb eines Arbeitsverhältnisses, gelegentlich mit Entschädigung für zeitlichen und sachlichen Aufwand geleistet werden. Sie zeichnen sich also durch die Verfolgung eines ideellen, gemeinnützigen Zweckes aus und unterscheiden sich damit grundlegend von erwerbsorientierten Beschäftigungsverhältnissen (vgl. BSG v. 16.8.2017, B 12 KR 14/16 R, → Rz. 1787). Insoweit hat das BAG auch grds. geklärt, dass durch eine echte ehrenamtliche Tätigkeit **kein Arbeitsverhältnis** begründet wird (BAG v. 29.8.2012, 10 AZR 499/11, betr. ehrenamtliche Telefonseelsorge). Die gesetzgeberische Einordnung einer Aufgabe als ehrenamtliche Tätigkeit ist als Indiz gegen die Annahme einer abhängigen Beschäftigung zu berücksichtigen. Nicht jede Gewährung eines auch nur geringen finanziellen Vorteils führt zur Annahme eines abhängigen Beschäftigungsverhältnisses. Erst der Umstand, dass der Auftragnehmer ein Entgelt erhält, das einen angemessenen Gegenwert für die geleistete Arbeit darstellt und insbesondere über einen freien Unterhalt, ein Taschengeld oder eine Anerkennung für Gefälligkeiten hinausgeht, spricht für das Vorliegen einer abhängigen Beschäftigung (LSG Niedersachsen-Bremen v. 26.2.2020, L 2 BA 105/18). Demnach finden arbeitsrechtliche Bestimmungen, insbesondere Arbeitnehmerschutzvorschriften, keine Anwendung, es sei denn, die ehrenamtliche Tätigkeit wird i.R. eines Arbeitsverhältnisses ausgeübt oder sie wird rechtsmissbräuchlich nur zum Schein verwendet, um ein Arbeitsverhältnis zu verdecken. Wird allerdings ein im Arbeitsverhältnis stehender Beschäftigter mit seiner Zustimmung zur Ausübung eines Ehrenamtes bestellt, tritt die damit verbundene Tätigkeit zur vertraglich geschuldeten Leistung des Arbeitnehmers hinzu (BAG v. 30.9.2015, 10 AZR 251/14).

Beim echten Ehrenamt gilt **kein Mindestlohn** als Lohnuntergrenze, → *Mindestlohn* Rz. 3149.

Zu arbeitsrechtlichen Fragen des Ehrenamts Hinweis auf die ausführliche arbeitsrechtliche Darstellung von N. Besgen, Arbeitsverhältnis und Ehrenamt, B+P 2010, 595.

2. Lohnsteuer

a) Allgemeine Grundsätze

1785 Anders als bei der **Umsatzsteuer** (§ 4 Nr. 26 UStG) gibt es im Einkommensteuerrecht keine besondere Steuerbefreiung für ehrenamtliche Tätigkeiten (s. zur Umsatzsteuer zuletzt BFH v. 17.12.2015, V R 45/14, BStBl II 2017, 658 zur ehrenamtlichen Tätigkeit des Vorstandes eines Sparkassenverbandes).

Unter ehrenamtlicher Tätigkeit versteht man im Allgemeinen nebenberuflich und unentgeltlich ausgeübte Tätigkeiten im öffentlichen Bereich, z.B. als Ratsherr im Stadtrat oder Mitglied der Freiwilligen Feuerwehr.

Das schließt nicht aus, dass die **Auslagen in Form von Aufwandsentschädigungen ersetzt** und ggf. daneben angemessene Entschädigungen für **Zeitversäumnis und Verdienstausfall** gezahlt werden. Diese Einnahmen aus speziellen Entschädigungen für Zeitversäumnis und Verdienstausfall sind allerdings **grds. steuer- und beitragspflichtig** (BFH v. 13.6.2013, III B 156/12, betr. Einkünfte eines Gemeinderatsmitglieds und stellvertretenden ehrenamtlichen Bürgermeisters in NRW sowie BFH v. 3.7.2018, VIII R 28/15, BStBl II 2018, 715 betr. Entschädigungen für die ehrenamtliche Tätigkeit als Versichertenberater und Mitglied des Widerspruchsausschusses der Deutschen Rentenversicherung Bund). Der BFH hat im o.g. Beschluss v. 13.6.2013 auch eine **Gewinnerzielungsabsicht bestätigt**. Für die Frage, ob eine steuerrechtlich erhebliche Überschusserzielungsabsicht vorliegt oder nicht, kann es keinen Unterschied machen, ob der Beschäftigung primär zum eigenen Vergnügen oder aber aus altruistischen, karitativen Erwägungen nachgegangen wird. Der BFH hat der Auffassung der Klägerin widersprochen, wonach eine subjektive **Gewinnerzielungsabsicht** erst bei einem angemessenen Stundenlohn angenommen werden könne; denn diese Sichtweise könne Grauzonen für steuerfreie Nebeneinnahmen eröffnen, weil ehrenamtliche Nebentätigkeiten dann unter Umständen im wirtschaftlichen Nettoergebnis besser bezahlt würden als eine des Gelderwerbs wegen verrichtete Arbeit. Im Ergebnis ebenso **FG Nürnberg** v. 25.3.2021, 4 K 961/19, EFG 2021, 1717 zur Steuerbarkeit des Pauschbetrags für Zeitaufwand des ehrenamtlich tätigen Vorsitzenden des Vorstandes der X-Rentenversicherung.

Entschädigungen eines ehrenamtlichen Richters nach dem Justizvergütungs- und Justizentschädigungsgesetz (JVEG) sind wie folgt steuerlich zu behandeln (BFH v. 31.1.2017, IX R 10/16, BStBl II 2018, 571):

- Eine Entschädigung für **Verdienstausfall** gem. § 18 JVEG ist nach § 19 Abs. 1 Satz 1 Nr. 1, § 24 Nr. 1 Buchst. a EStG steuerbar, wenn sie als Ersatz für entgangene Einnahmen aus einer nichtselbständigen Tätigkeit gezahlt wird; eine Steuerbefreiung nach § 3 Nr. 12 Satz 1 und 2 EStG kommt insoweit nicht in Betracht;
- die Entschädigung für **Zeitversäumnis** nach § 16 JVEG ist nicht steuerbar;
- auf die Tätigkeit als ehrenamtlicher Richter findet die Steuerbefreiung des **§ 3 Nr. 26a EStG** dann keine Anwendung, wenn nach § 3 Nr. 12 EStG steuerfreier Aufwendungsersatz gezahlt worden ist;
- Zahlungen nach § 5 JVEG (**Fahrtkosten und Parkgebühren**) und § 6 JVEG (**Entschädigung für Aufwand**) bleiben nach § 3 Nr. 12 Satz 2 EStG als Aufwandsentschädigungen steuerfrei.

Das o.g. BFH-Urteil ist **ausschließlich für den Kreis der ehrenamtlichen Richter anwendbar** (so auch BFH v. 3.7.2018, VIII R 28/15, BStBl II 2018, 715 sowie FG Nürnberg v. 25.3.2021, 4 K 961/19, EFG 2021, 1717) und hat damit **keine Auswirkungen auf andere ehrenamtliche Tätigkeiten** (OFD Frankfurt v. 9.5.2018, S 2337 A – 073 – St 213).

LSt SV

In den meisten Fällen bleibt jedoch ein erheblicher Teil der Entschädigungen nach § 3 Nr. 12 EStG oder auch § 3 Nr. 26, 26a, 26b EStG **steuer- und beitragsfrei** (→ *Aufwandsentschädigungen im öffentlichen Dienst* Rz. 865; → *Nebenberufliche steuerbegünstigte Tätigkeiten* Rz. 3236).

Eine Steuerbefreiung kann sich auch aus **außersteuerlichen Regelungen** ergeben: So unterliegen z.B. Aufwandsentschädigungen, die die **ehrenamtlichen Erhebungsbeauftragten** für die Durchführung des **Zensus (Volkszählung) 2022** erhalten, nach der ausdrücklichen Regelung in § 20 Abs. 3 ZensG 2022 nicht der Besteuerung nach dem Einkommensteuergesetz (LfSt Bayern v. 3.9.2021, S 2113.1.1 – 2/3 St36).

Dies gilt jedoch **nicht für die ehrenamtlichen Mitglieder von Veranstaltungsgemeinschaften (VG) im Lokalen Hörfunk in Nordrhein-Westfalen**. Die VG ist ein nichtwirtschaftlicher, eingetragener Verein, der aber nicht gemeinnützig (§ 52 AO) tätig ist. Die Mitglieder sind überwiegend Privatpersonen, die als Vertreter von gesellschaftlich relevanten Gruppen benannt werden. Sie erhalten für ihre Tätigkeit eine von VG zu VG unterschiedlich gestaltete Aufwandsentschädigung. Die Steuerbefreiungen nach § 3 Nr. 26, 26a EStG können nicht gewährt werden, weil keine Tätigkeit für einen begünstigten Auftraggeber ausgeübt wird – die VG'en sind zwar eingetragene Vereine, **nicht aber gemeinnützig tätig**. Bei den VG'en des privaten Lokalfunks in NRW handelt es sich auch **nicht um eine öffentliche Kasse**, so dass eine Steuerbefreiung für Aufwandsentschädigungen aus öffentlichen Kassen (§ 3 Nr. 12 EStG) nicht einschlägig ist. Gleichwohl können von den als **Einnahmen** anzusetzenden Aufwandsentschädigungen die im Zusammenhang mit der Tätigkeit entstandenen Aufwendungen **steuermindernd abgezogen** werden, wenn diese im jeweiligen Einzelfall gegenüber dem zuständigen Wohnsitzfinanzamt nachgewiesen bzw. glaubhaft gemacht werden.

Wenn tatsächlich nur Auslagenersatz (Reisekosten, Telefon, Verpflegungsmehraufwendungen) geleistet wird, kann es auch schon an der **„Einkünfteerzielungsabsicht“ fehlen**, so dass von vornherein kein Arbeitslohn anzunehmen ist (→ *Arbeitnehmer* Rz. 196 sowie sinngemäß BFH v. 20.12.2017, III R 23/15, BStBl II 2019, 469 und BFH v. 20.11.2018, VIII R 17/16, BStBl II 2019, 422). Die Finanzverwaltung geht hiervon z.B. bei Übungsleitern in Vereinen aus, wenn der unselbständig Tätige von seinem Verein (Arbeitgeber) Vergütungen erhält, die seine mit der Tätigkeit zusammenhängenden Aufwendungen um nicht mehr als 10 % übersteigen (s. zuletzt die Broschüre „Vereine und Steuern“ des FinMin Brandenburg, Stand Mai 2021, S. 110, im Internet abrufbar).

Zur steuerlichen Beurteilung von **Jubiläumszuwendungen**, die ehrenamtlich Tätige in den Freiwilligen Feuerwehren, den Rettungsdiensten und den Einheiten des Katastrophenschutzes im Freistaat Sachsen erhalten, → *Jubiläumsgeschenke* Rz. 2654. Diese Grundsätze gelten auch, wenn in anderen Bundesländern ähnliche Jubiläumszuwendungen gezahlt werden.

LSt SV

Die Einschränkungen beim Abzug von **Verpflegungsmehraufwendungen** seit 1996 (z.B. die Mindestabwesenheitsdauer von mehr als acht Stunden) gelten auch für ehrenamtlich Tätige, z.B. Helfer der Wohlfahrtsorganisationen. Die Finanzverwaltung hat es abgelehnt, für ehrenamtliche Tätigkeiten Ausnahmen zuzulassen (BMF v. 13.3.1996, IV B 3 – S 2257 – 10/96, DB 1996, 960). Das schließt aber nicht aus, dass – bei nebenberuflichen Tätigkeiten – erstattete Verpflegungskosten i.R. der Steuerfreibeträge nach § 3 Nr. 26, 26a EStG steuerfrei bleiben.

Aufwendungen im Zusammenhang mit einer **ohne Einkünfteerzielungsabsicht** ausgeübten unentgeltlichen ehrenamtlichen Tätigkeit können steuerlich **weder als Betriebsausgaben noch als Werbungskosten abgezogen** bzw. als Verlust mit anderen Einkünften ausgeglichen werden (vgl. FG Hamburg v. 19.7.2012, 3 K 33/11 sowie FG Hamburg v. 6.4.2017, 2 K 77/16).

Ehrenamtlich Tätige, deren Einnahmen nach den §§ 3 Nr. 26, 26a oder 26b EStG (→ *Nebenberufliche steuerbegünstigte Tätigkeiten* Rz. 3236) insgesamt steuerfrei bleiben, sind – unabhängig vom Bestehen einer individuellen Verpflichtung zur Abgabe einer Steuererklärung – nicht verpflichtet, eine **Anlage EÜR** (weder in Papierform noch als Datensatz) an die Finanzverwaltung zu übermitteln. Übersteigen die Einnahmen die Freibeträge oder werden anstelle bzw. zusätzlich zu den Freibeträgen die tatsächlich angefallenen Betriebsausgaben abgezogen, ist wiederum zwingend die Anlage EÜR zu nutzen. Eine Pflicht zur elektronischen Übermittlung der Anlage EÜR ergibt sich hier aber nur, wenn die ermittelten Einkünfte (Einnahmen nach Abzug von Freibeträgen und/oder Betriebsausgaben) die Grenze von 410 € überschreiten (FinMin Schleswig-Holstein v. 11.5.2018, VI 3012 – S 2142 – 013).

b) Abgrenzung der Einkunftsart

1786 Liegt überhaupt eine steuerlich zu erfassende Tätigkeit vor, ist zu prüfen, ob eine Tätigkeit als **Arbeitnehmer** ausgeübt wird oder Einkünfte aus anderen Einkunftsarten vorliegen (insbesondere „**sonstige Einkünfte**“ i.S.d. § 22 Nr. 3 EStG). Eine Arbeitnehmertätigkeit liegt vor, wenn ein besonderes Arbeitsverhältnis begründet wird, so z.B. bei den ehrenamtlichen Bürgermeistern (→ *Bürgermeister* Rz. 1506) in Bayern, Thüringen und Sachsen oder bestimmten in ein Ehrenbeamtenverhältnis berufenen Funktionsträgern der Freiwilligen Feuerwehr (→ *Feuerwehr* Rz. 2106).

Bei nur **gelegentlich** ausgeübten Tätigkeiten richtet sich die Abgrenzung zwischen selbständiger und nichtselbständiger Tätigkeit nach den für **Aushilfstätigkeiten** aufgestellten Grundsätzen (→ *Aushilfskraft/Aushilfstätigkeit* Rz. 893).

Beispiel:

Das Deutsche Rote Kreuz setzt bei Fußballspielen, Theateraufführungen usw. neben einigen hauptberuflichen Kräften eine Vielzahl ehrenamtlicher Helfer – sog. **Sanitätshelfer** – ein. Diese erhalten geringfügige Einsatzgelder.

Der BFH hat die Sanitätshelfer als **Arbeitnehmer** angesehen (BFH v. 4.8.1994, VI R 94/93, BStBl II 1994, 944). Begründung:

Die Eigenschaft als Arbeitnehmer ist nicht bereits deswegen abzulehnen, weil sich der Stpfl. zu jedem Einsatz bereit erklären muss, also keine festen Arbeitszeiten hat, und zur Teilnahme nicht generell verpflichtet ist. Auch das Fehlen von Ansprüchen auf Urlaub, Lohnfortzahlung, Überstundenvergütung und sonstige Sozialleistungen steht der Annahme eines Aushilfsarbeitsverhältnisses nicht in jedem Fall entgegen. Entscheidend ist, dass die ehrenamtlich Tätigen genauso in die Organisation eingebunden und weisungsabhängig sind wie die normal bezahlten Arbeitnehmer. Außerdem ist zu berücksichtigen, dass die von den Sanitätshelfern geschuldeten Dienste verhältnismäßig leicht erlernbar sind und keine umfangreiche Vorbildung erfordern.

In folgenden Fällen wurde z.B. bei ehrenamtlichen Tätigkeiten **Arbeitnehmer-Eigenschaft angenommen:**

- Vorstandsmitglieder einer **Genossenschaft** (BFH v. 2.10.1968, VI R 25/68, BStBl II 1969, 185). Zur Frage, ob Vergütungen an einen ehrenamtlich als Vorstandsmitglied einer **landwirtschaftlichen Genossenschaft** tätigen Landwirt als Einkünfte aus Land- und Forstwirtschaft oder als solche aus nichtselbständiger Arbeit anzusehen sind, gilt nach Auffassung der Finanzverwaltung Folgendes (FinMin Niedersachsen v. 20.12.1994, S 2230 – 716 – StH 211):

  Entscheidendes Kriterium für die Frage, ob das Vorstandsmitglied selbständig oder nichtselbständig tätig ist, ist der Umfang, in dem es i.R. seiner Tätigkeit Aufgaben der Geschäftsführung wahrnehmen muss und auch tatsächlich wahrnimmt. Aus der Überschrift des § 24 GenG geht hervor, dass der Vorstand die Vertretung und die Geschäftsführung der Genossenschaft wahrzunehmen hat. Hierbei wird nicht unterschieden, ob das Vorstandsmitglied haupt- oder ehrenamtlich tätig wird. Die Gesetzeslage spricht deshalb insoweit regelmäßig für eine **nichtselbständige Tätigkeit** ehrenamtlicher Vorstandsmitglieder einer Genossenschaft.

  Eine andere Beurteilung kann jedoch dann gelten, wenn in der Satzung der Genossenschaft bestimmt ist, dass ein Geschäftsführer hauptamtlich die laufenden Verwaltungsgeschäfte führt und die Genossenschaft gerichtlich und außergerichtlich vertritt. In diesem Fall würde sich die Tätigkeit der Vorstandsmitglieder im Wesentlichen auf **Repräsentation** und Kontaktpflege beschränken und könnte ggf. als **selbständige Tätigkeit** angesehen werden, die zu Einkünften aus Land- und Forstwirtschaft führen kann;
- geschäftsführender Vorstand einer **Familienstiftung** (BFH v. 31.1.1975, VI R 230/71, BStBl II 1975, 358);
- Die an Verbandsvorsteher und **Vorstandsmitglieder eines Wasser- und Bodenverbandes** gewährten Entschädigungen und Sitzungsgelder unterliegen grds., ebenso wie die Aufwandsentschädigungen und Sitzungsgelder, die ehrenamtlich tätigen Personen kommunaler Vertretungen gewährt werden, als Einnahmen aus sonstiger selbständiger Arbeit i.S.d. § 18 Abs. 1 Nr. 3 EStG der Einkommensteuer.

  Obliegen jedoch nach der Satzung des jeweiligen Wasser- und Bodenverbandes dem Verbandsvorsteher die laufenden Verwaltungsgeschäfte (kein hauptamtlicher Geschäftsführer vorhanden, der nach der Satzung die laufenden Verwaltungsgeschäfte führt), so ist der Verbandsvorsteher nicht nur Willensorgan, sondern auch **Verwaltungsorgan** und repräsentiert daher die Verwaltungsspitze. Er ist in einem solchen Fall **Arbeitnehmer** und bezieht Einkünfte aus nichtselbständiger Arbeit (§ 19 EStG), die dem Lohnsteuerabzug unterliegen (s.a. FinMin Niedersachsen v. 28.8.1991, S 2353 – 4 – 35 1).

  Nach § 3 Nr. 12 Satz 2 EStG sind die Aufwandsentschädigungen und Sitzungsgelder steuerfrei, soweit sie Aufwendungen abgelten, die einkommensteuerrechtlich als Betriebsausgaben berücksichtigungsfähig wären. Eine steuerfreie Aufwandsentschädigung liegt daher nicht vor, soweit die Entschädigung für Verdienstausfall oder Zeitverlust gewährt wird.

  Aus Vereinfachungsgründen sind gem. R 3.12 Abs. 3 Satz 2 LStR 1/3 der gewährten Entschädigungen und Sitzungsgelder, mindestens ein Monatsbetrag von 250 € steuerfrei. Die Aufwandsentschädigungen für mehrere Tätigkeiten bei einer Körperschaft sind für die Anwendung der Mindest- und Höchstbeträge zusammenzurechnen (→ *Aufwandsentschädigungen im öffentlichen Dienst* Rz. 865).

LSt SV

Keine Arbeitnehmer sind dagegen z.B.

- **kommunale Mandatsträger**, die Einkünfte aus sonstiger selbständiger Tätigkeit i.S.d. § 18 Abs. 1 Nr. 3 EStG erzielen (→ *Abgeordnete* Rz. 10);
- **ehrenamtliche Betreuer** nach § 1835a BGB, bei denen Einkünfte aus sonstiger selbständiger Arbeit i.S.d. § 18 Abs. 1 Nr. 3 EStG anzunehmen sind, die jedoch i.R. des § 3 Nr. 26b EStG steuerfrei bleiben (→ *Nebenberufliche steuerbegünstigte Tätigkeiten* Rz. 3236);
- **ehrenamtliche Richter**, weil sie nicht in die Gerichtsorganisation eingegliedert sind, sondern nur von Fall zu Fall zu den Sitzungen herangezogen werden und regelmäßig keine „Einkünfteerzielungsabsicht“ vorliegt (FG Berlin v. 6.12.1979, IV 460/78, EFG 1980, 280); zur Besteuerung der Entschädigungen → Rz. 1785;

- **ehrenamtliche Mitglieder von Berufsverbänden und Berufskammern**, z.B. der Präsident der Handwerkskammer: Die Aufwandsentschädigungen gehören hier zu den Einkünften aus der Haupttätigkeit des ehrenamtlich Tätigen, also z.B. zu den Einkünften aus Gewerbebetrieb (BFH v. 15.6.2004, VIII R 72/03, HFR 2005, 123 sowie FinMin Nordrhein-Westfalen v. 3.4.2007, S 2337 – 67 – V B 3);
- der **Präsident des Vorstands eines Vereins**, wenn er im Einzelfall Unternehmensinitiative entfaltet und ein Unternehmerrisiko trägt (BFH v. 14.5.2008, XI R 70/07, BStBl II 2008, 912);
- **ehrenamtliche Vorstandsmitglieder von Rentenversicherungen**; es liegen Einkünfte aus sonstiger selbständiger Arbeit i.S.d. § 18 Abs. 1 Nr. 3 EStG vor (zuletzt FG Nürnberg v. 25.3.2021, 4 K 961/19, EFG 2021, 1717).

LSt SV

3. Sozialversicherung

1787 Ehrenamtliche Tätigkeiten begründen **i.d.R. keine Sozialversicherungspflicht**. Im Einzelfall ist jedoch zu prüfen, ob die Voraussetzungen für eine **abhängige Beschäftigung** i.S.d. § 7 Abs. 1 SGB IV vorliegen. Die wesentlichen Abgrenzungskriterien hat das BSG zuletzt bei der versicherungsrechtlichen Beurteilung **ehrenamtlicher Bürgermeister (Sozialversicherungspflicht bejaht) und sog. Ortsvorsteher (Sozialversicherungspflicht verneint)** entwickelt (BSG v. 27.4.2021, B 12 R 8/20 R, betr. Bürgermeister und BSG v. 27.4.2021, B 12 KR 25/19 R, betr. Ortsvorsteher, s.a. → *Bürgermeister* Rz. 1508). Danach stehen ehrenamtlich Tätige in einem **abhängigen Beschäftigungsverhältnis**, wenn sie dabei (auch) dem allgemeinen Erwerbsleben zugängliche Verwaltungsaufgaben wahrnehmen und hierfür eine den tatsächlichen Aufwand übersteigende pauschale Aufwandsentschädigung erhalten (vgl. zur Versicherungspflicht ehrenamtlich tätiger Vereinsvorstände: Imping, ZIP 2023, 892).

Bei der hierfür gebotenen Einzelfallbetrachtung besteht keine Möglichkeit, eine für alle Tätigkeiten gleichermaßen geltende Grenze der Unentgeltlichkeit vorzugeben. Ohne eine gesetzlich vorgegebene Grenze bedarf es einer Gesamtwürdigung der im Einzelfall festzustellenden Umstände (Besprechung der Träger der Sozialversicherung über Fragen des gemeinsamen Beitragseinzugs am 5.5.2022).

Auf Grund einer intensiven Beteiligung können bei einer vermehrten unbezahlten dienstlichen Freistellung erhebliche Nachteile bei der späteren **Rentenhöhe** entstehen; denn je niedriger das monatliche beitragspflichtige Entgelt ist, umso geringer sind die daraus erwachsenen Rentenansprüche. Arbeitnehmer können daher als **Nachteilsausgleich** bei ihrem Arbeitgeber die **Aufstockung ihres monatlichen Arbeitsentgelts** um den Unterschiedsbetrag zwischen dem tatsächlich erzielten Arbeitsentgelt und dem Arbeitsentgelt, das ohne die ehrenamtliche Tätigkeit erzielt worden wäre, beantragen. Die Aufstockung ist höchstens bis zur **Beitragsbemessungsgrenze der Rentenversicherung** möglich. Voraussetzung hierfür ist, dass ehrenamtliche Tätigkeiten ausgeübt werden bei einer Körperschaft, Anstalt oder Stiftung des öffentlichen Rechts, deren Verbände einschließlich der Spitzenverbände oder ihrer Arbeitsgemeinschaften, Parteien und Gewerkschaften und den Körperschaften, Personenvereinigungen und Vermögensmassen, die wegen des ausschließlichen und unmittelbaren Dienstes für gemeinnützige, mildtätige oder kirchliche Zwecke von der Körperschaftsteuer befreit sind (§ 163 Abs. 3 SGB VI).

Personen, die nur **auf Grund einer ehrenamtlichen Beschäftigung versicherungspflichtig** werden und für das Kalenderjahr vor Aufnahme dieser Beschäftigung **freiwillige Beiträge zur Rentenversicherung** gezahlt haben, sind rentenversicherungspflichtig. Dies gilt jedoch nur, wenn es sich um eine Körperschaft des öffentlichen Rechts handelt. Hierunter fallen z.B. ehrenamtliche Beschäftigungen von **Bürgermeistern** in Bayern (vgl. BSG v. 23.9.1980, 12 RK 41/79) und in Rheinland-Pfalz (vgl. BSG v. 13.6.1984, 11 RA 34/83).

Die betroffenen Personen können auf **Antrag** ein gegenüber ihrem tatsächlich erzielten Arbeitsentgelt höheres Arbeitsentgelt bis zur Beitragsbemessungsgrenze in der Rentenversicherung versichern lassen, wobei der Antrag beim Arbeitgeber zu stellen ist und nur für laufende und künftige Entgeltabrechnungszeiträume gilt. Der Zweck dieser Regelung liegt darin, freiwillig Versicherte, die bisher Höchstbeiträge zur Rentenversicherung zahlen konnten und durch die **Übernahme einer versicherungspflichtigen ehrenamtlichen Beschäftigung** ein niedrigeres Arbeitsentgelt erzielen, nicht schlechter zu stellen, als sie ohne die Übernahme des Ehrenamts stehen würden; auf die tatsächliche Zahlung von freiwilligen Höchstbeiträgen kommt es nicht an. Im Übrigen ist eine Aufstockung von Pflichtbeiträgen auch dann noch möglich, wenn die versicherungsrechtlichen Voraussetzungen erst nach Aufnahme der versicherungspflichtigen ehrenamtlichen Beschäftigung, jedoch bis zum Eingang des Antrags beim Arbeitgeber, erfüllt werden, z.B. durch Nachzahlung von freiwilligen Rentenversicherungsbeiträgen. Die Beiträge für den Unterschiedsbetrag sind vom Ehrenamtsinhaber selbst zu tragen.

Nach § 27 Abs. 3 Nr. 4 SGB III sind Personen in einer **Beschäftigung als ehrenamtlicher Bürgermeister oder ehrenamtlicher Beigeordneter arbeitslosenversicherungsfrei**. Ein auf Grund eines kommunalen Wahlamts ehrenamtlich beschäftigter stellvertretender Landrat in Bayern gehört nach der Rechtsprechung des BSG (vgl. BSG v. 27.1.2010, 12 KR 3/09) zu dem Personenkreis „ehrenamtlicher Beigeordneter", der in der Arbeitslosenversicherung versicherungsfrei ist.

Ehrenamtliche Beigeordnete einer Gemeinde stehen in einem abhängigen Beschäftigungsverhältnis, wenn sie eine über die eigentlichen Repräsentationsaufgaben hinaus dem allgemeinen Erwerbsleben zugängliche Verwaltungsaufgabe mit eigenem Geschäftsbereich wahrnehmen und hierfür eine ihre Aufwendungen übersteigende pauschale Aufwandsentschädigung erhalten (vgl. BSG v. 22.2.1996, 12 RK 6/96).

Aufgaben und Tätigkeiten, die Ausfluss der organschaftlichen Stellung einer ein Ehrenamt ausübenden Person und nicht für jedermann frei zugänglich sind, führen regelmäßig nicht zu einer persönlichen Abhängigkeit i.S. eines versicherungspflichtigen Beschäftigungsverhältnisses. Eine ehrenamtliche Tätigkeit ist im Unterschied zu erwerbsorientierten Beschäftigungsverhältnissen dadurch geprägt, dass sie ideelle Zwecke verfolgt und ohne Erwerbsabsicht unentgeltlich ausgeübt wird. Bei einem ehrenamtlichen Engagement wird typischerweise keine Gegenleistung erbracht und erwartet, sondern allenfalls eine Entschädigung gewährt, die Aufwände konkret oder pauschal abdeckt (BSG v. 16.8.2017, B 12 KR 14/16 R, betr. einen ehrenamtlich tätigen **Kreishandwerksmeister** mit satzungsgemäß zugewiesenen Verwaltungsaufgaben, abhängige Beschäftigung abgelehnt).

Hat ein **Vorstandsmitglied einer Stiftung bei seiner geschäftsführenden Tätigkeit** die von ihm allein nicht beeinflussbaren Beschlüsse des Vorstands umzusetzen, ist er abhängig beschäftigt, auch wenn ein anderes weisungsberechtigtes Stiftungsorgan nicht existiert. Ein die abhängige Beschäftigung ausschließendes unentgeltliches **Ehrenamt liegt nicht** vor, wenn eine Vergütung auf der Basis eines Stundensatzes gezahlt wird und deren Umfang nicht evident einer Ehrenamtspauschale gleichkommt (BSG v. 23.2.2021, B 12 R 15/19 R).

Ehrensold

→ *Abgeordnete* Rz. 10

Eigenbetriebliches Interesse

→ *Arbeitsessen* Rz. 610, → *Arbeitslohn* Rz. 621

Eigenleistungen

→ *Werbungskosten* Rz. 4524

Einbehaltene Lohnteile

Wenn der **Arbeitgeber** gegenüber einem Arbeitnehmer **mit Gegenforderungen**, z.B. Darlehens- oder Schadensersatzforderungen oder vom Arbeitnehmer verwirkte Bußgelder, **aufrechnet**, ist der **ungekürzte Arbeitslohn** der Besteuerung und der Beitragsberechnung zu Grunde zu legen. Das Gleiche gilt, wenn ein Arbeitnehmer Teile seines Arbeitslohns an Dritte abgetreten hat und die Zahlung deshalb unmittelbar an den Abtretungsempfänger erfolgt (→ *Abtretung des Arbeitslohns* Rz. 24). Auch eine **Pfändung** 1788 hat lohnsteuerlich und beitragsrechtlich keine Auswirkungen; dem Abzug wird der ungekürzte Arbeitslohn zu Grunde gelegt.

LSt SV

Bei einem **echten Lohnverzicht** ist dagegen nur der gekürzte Betrag zu versteuern und dem Beitragsabzug zu unterwerfen (→ *Gehaltsverzicht* Rz. 2281).

Ist ein **Lohnanspruch** tarifvertraglich oder wegen einer nur teilweisen Erbringung der Arbeitsleistung, z.B. als „Strafgeld" wegen willkürlichen Feierns oder bei Teilnahme an einer Wehrübung, ganz oder teilweise **verwirkt**, ist nur der tatsächlich ausgezahlte Betrag zu versteuern (BFH v. 25.4.1968, VI R 2/66, BStBl II 1968, 545). Das gilt auch, wenn einem eine **Wehrübung** leistenden Beamten das Gehalt um den Wehrsold gekürzt wird (BFH v. 30.10.1964, VI 55/64 U, BStBl III 1964, 68) oder er auf Grund eines Dienstvergehens für eine bestimmte Zeit verminderte Bezüge erhält (**Gehaltskürzung**).

Zu **Gehaltsabzügen** insbesondere bei Beamten (z.B. Beteiligung an den Kosten der Heilfürsorge) → *Beamte* Rz. 1234.

~~LSt~~ ~~SV~~

Einbehaltung der Lohnsteuer

→ *Abführung der Lohnsteuer* Rz. 6, → *Anmeldung der Lohnsteuer* Rz. 155

Ein-Euro-Jobs

1. Allgemeines

1789 Die gesetzliche Grundlage für Ein-Euro-Jobs (offiziell: Arbeitsgelegenheit mit Mehraufwandsentschädigung) bildet § 2 i.V.m. § 16d SGB II: Arbeitslose sollen ihre Arbeitskraft für gemeinnützige Tätigkeiten einsetzen und sich durch die Arbeit an den Rhythmus des Arbeitslebens wieder anpassen. Hierfür richten die Kommunen je nach Bedarf Arbeitsgelegenheiten ein oder lassen die Tätigkeiten nach Absprache auch bei anderen gemeinnützigen Trägern zu. In der Regel werden kommunale Beschäftigungsgesellschaften und gemeinnützige Organisationen als Anbieter der Arbeitsgelegenheiten auftreten. Die Stellen werden regelmäßig bei der Arbeitsgemeinschaft aus den Kommunen und der Arbeitsagentur beantragt. Die Fördergelder erhält der Anbieter der Arbeitsgelegenheit, welcher damit den Bürgergeld-Beziehern die Mehraufwandsentschädigung für den „Ein-Euro-Job" auszahlt. Die wöchentliche Arbeitszeit soll zwischen 15 und bis zu 30 Stunden betragen.

Es besteht kein rechtlicher Anspruch auf eine Arbeitsgelegenheit. Es liegt im Ermessen des Jobcenters, ob eine Arbeitsgelegenheit den erwerbsfähigen Leistungsberechtigten weiterbringt.

Die s.g. **Mehraufwandsentschädigung** (s.a. → Rz. 1790) **beträgt 1 bis 2 € pro Stunde** und wird neben dem Bürgergeld bzw. ab 1.7.2026 Grundsicherungsgeld (→ Rz. 715) gezahlt. Eine Anrechnung auf das Bürgergeld erfolgt nicht. Die Betroffenen müssen lediglich die durch den „Ein-Euro-Job" entstandenen Aufwendungen selbst tragen (z.B. Fahrtkosten). Wenn vom Träger Sachleistungen dagegen Fahrkosten übernommen werden (z.B. durch eine Monatsfahrkarte), wird die Mehraufwandsentschädigung um einen entsprechenden Betrag verringert.

2. Arbeitsrecht

1790 Das Rechtsverhältnis zwischen einer erwerbsfähigen Hilfebedürftigen und der Leistungserbringerin auf der Basis von § 16d SGB II (sog. Ein-Euro-Job) ist **kein Arbeitsverhältnis**, sondern öffentlich-rechtlicher Natur (BAG v. 20.2.2008, 5 AZR 290/07). Die Hilfebedürftige hat deshalb keinen Anspruch auf die zwingenden gesetzlichen Ansprüche aus einem Arbeitsverhältnis wie z.B. auf angemessene Vergütung, Urlaub usw. (BAG v. 26.9.2007, 5 AZR 857/06). Allerdings sind die Vorschriften über den Arbeitsschutz entsprechend anzuwenden. § 16d Abs. 7 Satz 1 SGB II bestimmt vielmehr, dass den erwerbsfähigen Leistungsberechtigten während einer Arbeitsgelegenheit zuzüglich zum Bürgergeld von der Agentur für Arbeit eine **angemessene Entschädigung für Mehraufwendungen** zu zahlen ist. Die Angemessenheit ist ein gerichtlich voll überprüfbarer unbestimmter Rechtsbegriff (LSG Hessen v. 28.4.2008, 9 AS 1/07). Die Mehraufwandsentschädigung soll den mit der Tätigkeit verbundenen Mehraufwand ausgleichen. Die bestimmt sich folglich nach der Art der Arbeit, so dass z.B. zusätzliche Kosten für Ernährung, Fahrtkosten sowie Bekleidung inklusive deren Reinigung erstattet werden. Soweit die tatsächlichen Mehraufwendungen für die Arbeitsgelegenheit den Betrag eines Euros pro Stunde nicht überschreiten, ist eine höhere Entschädigung nicht geschuldet (BSG v. 13.11.2008, B 14 AS 66/07, NJW 2009, 2478). Die Mehraufwandsentschädigung ist gem. § 850a Ziff. 3 ZPO unpfändbar (LG Dresden v. 17.6.2008, 3 T 233/08, NJW-RR 2009, 359).

Für Rechtsstreitigkeiten sind die **Sozialgerichte** zuständig (BAG v. 8.11.2006, 5 AZB 36/06).

Bei der Einstellung hat der **Betriebsrat** nach § 99 Abs. 1 Satz 1 BetrVG **mitzubestimmen**, wenn der Arbeitgeber in seinem Betrieb erwerbsfähige Hilfebedürftige i.S.d. § 16d SGB II – sog. Ein-Euro-Jobber – beschäftigen will (BAG v. 2.10.2007, 1 ABR 60/06). Im Öffentlichen Dienst hat der **Personalrat** entsprechend mitzubestimmen (BVerwG v. 21.3.2007, 6 P 4/06).

3. Lohnsteuer

Die Mehraufwandsentschädigung ist wie das Bürgergeld gem. § 3 1791
Nr. 2d EStG (Leistungen zur Sicherung des Lebensunterhalts und zur Eingliederung in Arbeit nach dem Zweiten Buch Sozialgesetzbuch) **steuerfrei**. Das hat aber zugleich zur Folge, dass hinsichtlich dieser Tätigkeit auch keine Werbungskosten (z.B. Fahrtkosten) abgesetzt werden können (§ 3c EStG).

Beide Leistungen unterliegen **nicht dem Progressionsvorbehalt,** da sie in der abschließenden Aufzählung des § 32b EStG nicht enthalten sind (FinMin Saarland v. 11.1.2005, B/2 – 4 – 10/2005 – S 2342).

4. Sozialversicherung

Ein-Euro-Jobs begründen ein von Rechtssätzen des öffentlichen 1792
Rechts geprägtes Rechtsverhältnis und kein Arbeitsverhältnis. Sie begründen ferner kein entgeltliches Beschäftigungsverhältnis im sozialversicherungsrechtlichen Sinne, weil es vordergründig an einem Austausch von Arbeit und Entgelt mangelt. Arbeitsgelegenheiten mit Mehraufwandsentschädigung gehören zu den Leistungen, die ein erwerbsfähiger Hilfebedürftiger nach den Regelungen des SGB II zur Eingliederung in Arbeit erhalten kann.

Arbeitsgelegenheiten sollen einerseits die soziale Integration fördern, andererseits aber auch die Beschäftigungsfähigkeit aufrechterhalten, um die Chancen am Arbeitsmarkt zu erhöhen. Sie dürfen keine regulären Beschäftigungsverhältnisse verdrängen oder die Einrichtung von Arbeitsplätzen verhindern.

In diesem Zusammenhang soll auch Flüchtlingen ermöglicht werden, schon während des Asylverfahrens in Kontakt mit der deutschen Arbeitswelt und Gesellschaft zu treten.

Vereinbaren Grundsicherungsträger und Hilfebedürftiger eine Arbeitsgelegenheit mit Mehraufwandsentschädigung, so besteht die Eingliederungshilfe nicht in der Verschaffung einer auf einem privatrechtlichen Arbeitsvertrag beruhenden Beschäftigungsmöglichkeit, sondern in der öffentlich-rechtlichen Bereitstellung einer Arbeitsgelegenheit.

Ein sozialversicherungsrechtlich relevantes entgeltliches Beschäftigungsverhältnis entsteht auch dann nicht, wenn bei der Verschaffung der Arbeitsgelegenheit die gesetzlichen Zulässigkeitsschranken nicht eingehalten werden. Eine Missachtung der gesetzlichen Grenzen, insbesondere das Fehlen des Merkmals der Zusätzlichkeit der Arbeit, führt zwar dazu, dass die Arbeitsgelegenheit ohne Rechtsgrund durchgeführt und dem Leistungsbezieher ein Erstattungsanspruch für rechtsgrundlos erbrachte Arbeit verschafft wird, der der Höhe nach auf den Ersatz des Wertes gerichtet ist, der hätte aufgewendet werden müssen, um diese Arbeitsleistung zu erhalten (vgl. BSG v. 13.4.2011, B 14 AS 98/10 R). Ein privatrechtliches Vertragsverhältnis zwischen den Parteien wird dadurch allerdings nicht begründet, und zwar weder zum Träger der Grundsicherung noch zur Einsatzstelle. In diesen Fällen wird auch nicht von einem faktischen oder fehlerhaften Arbeitsverhältnis ausgegangen – dem sozialversicherungsrechtlich Bedeutung beizumessen wäre –, da i.d.R. jegliche rechtsgeschäftliche Übereinkunft fehlt (vgl. Besprechungsergebnis der Spitzenverbände der Sozialversicherungsträger am 23./24.11.2011).

~~LSt~~ ~~SV~~

Eingliederungszuschuss

→ *Arbeitslosenversicherung* Rz. 716

Einmalprämien

→ *Arbeitslohn-ABC* Rz. 663

Einmalzahlungen

Inhalt

1. Allgemeines

1793 Einmalige Einnahmen, die Arbeitnehmern zusätzlich zum laufenden Arbeitsentgelt gewährt werden, sind Arbeitsentgelt im steuer- und beitragsrechtlichen Sinn. Für die Beitragsberechnung in der Sozialversicherung bestehen Sonderregelungen, die nachfolgend beschrieben sind. **Zur lohnsteuerrechtlichen Behandlung** s. → *Sonstige Bezüge* Rz. 3936.

2. Zuflussprinzip

a) Grundsätzliches

1794 Das Sozialversicherungsrecht ist vom **Entstehungsprinzip** geprägt. Das bedeutet, dass Beiträge dann fällig werden, wenn der Anspruch des Arbeitnehmers auf das Arbeitsentgelt entstanden ist. Dies ergibt sich unmittelbar aus § 22 Abs. 1 SGB IV und galt bis zum 31.12.2002 sowohl für das laufende als auch für das einmalig gezahlte Arbeitsentgelt.

Danach entstehen die Beitragsansprüche der Sozialversicherungsträger bei einmalig gezahltem Arbeitsentgelt, sobald dieses ausgezahlt ist. Damit wird für **einmalig gezahltes Arbeitsentgelt** das **Zuflussprinzip** festgeschrieben. Maßgebend für die Beitragspflicht von einmalig gezahltem Arbeitsentgelt ist demnach, ob und wann die Einmalzahlung zugeflossen ist. Beiträge können nicht mehr geltend gemacht werden, wenn das einmalig gezahlte Arbeitsentgelt tatsächlich nicht gezahlt worden ist.

Allerdings führt nicht jede **Nichtzahlung von einmalig gezahltem Arbeitsentgelt** zu einem Verlust des Beitragsanspruchs. Nach wie vor ist im Kontext des Entstehungsprinzips auch der Beitragsanspruch für einmalig gezahltes Arbeitsentgelt nach den arbeitsvertraglichen Grundlagen zu beurteilen. Wurde für das Beschäftigungsverhältnis ein geringeres als nach einem Tarifvertrag oder einer Betriebsvereinbarung zustehendes Arbeitsentgelt vereinbart, dann ist – ungeachtet der arbeitsrechtlichen Zulässigkeit einer solchen Vereinbarung – dieses geringere einmalig gezahlte Arbeitsentgelt maßgebend. Hat der Arbeitnehmer auf das einmalig gezahlte Arbeitsentgelt schriftlich verzichtet, dann können für die Einmalzahlung keine Beiträge erhoben werden. In allen anderen Fällen der Nichterfüllung eines arbeitsrechtlich zustehenden Anspruchs auf einmalig gezahltes Arbeitsentgelt ist ein Beitragsanspruch gegeben.

b) Berücksichtigung des Zuflussprinzips bei der versicherungsrechtlichen Beurteilung

Obwohl das Zuflussprinzip für einmalig gezahltes Arbeitsentgelt 1795
auf einer Vorschrift basiert, die beitragsrechtliche Grundsätze regelt, ist es nach den gesetzgeberischen Intentionen auch bei der versicherungsrechtlichen Beurteilung zu berücksichtigen. Demnach findet das **Zuflussprinzip auch Anwendung**

- bei der Ermittlung des regelmäßigen Jahresarbeitsentgelts in der Krankenversicherung nach § 6 Abs. 1 Nr. 1 i.V.m. Abs. 6 oder Abs. 7 SGB V,
- bei der Prüfung, ob das regelmäßige Arbeitsentgelt die Geringfügigkeitsgrenze des § 8 Abs. 1 Satz 1 SGB IV (→ *Mini-Jobs* Rz. 3166) überschreitet oder
- bei der Prüfung, ob das regelmäßige Arbeitsentgelt die Übergangsbereichsgrenze von 2 000 € des § 20 Abs. 2 SGB IV (→ *Übergangsbereich in der Sozialversicherung* Rz. 4137) überschreitet.

Einmalzahlungen, deren Gewährung mit hinreichender Sicherheit mindestens einmal jährlich zu erwarten ist (z.B. auf Grund eines für allgemein verbindlich erklärten Tarifvertrages oder auf Grund von Gewohnheitsrecht wegen betrieblicher Übung), sind bei Ermittlung des Arbeitsentgelts zu berücksichtigen (vgl. BSG v. 28.2.1984, 12 RK 21/83). Hat der Arbeitnehmer auf die Zahlung des einmalig gezahlten Arbeitsentgelts (schriftlich) verzichtet, kann es – ungeachtet der arbeitsrechtlichen Zulässigkeit einer solchen Vereinbarung – bei der Ermittlung des regelmäßigen (Jahres-)Arbeitsentgelts nicht berücksichtigt werden. Es verbleibt jedoch bei der zu Beginn der Beschäftigung oder zu Beginn eines Kalenderjahres getroffenen Beurteilung, wenn die Einmalzahlung zunächst in die versicherungsrechtliche Betrachtung einbezogen wurde, sie aber tatsächlich nicht ausgezahlt worden ist. Gegebenenfalls ist ab dem Zeitpunkt, an dem feststeht, dass die Einmalzahlung nicht zur Auszahlung gelangt, eine neue Beurteilung des Versicherungsverhältnisses notwendig.

c) Definition von einmalig gezahltem Arbeitsentgelt

Mit Art. 2 Nr. 7a des Zweiten Gesetzes für moderne Dienstleistun- 1796
gen am Arbeitsmarkt, BGBl. I 2002, 4621 wurde der Begriff des einmalig gezahlten Arbeitsentgelts konkretisiert. Danach gelten Zuwendungen **nicht als einmalig gezahltes Arbeitsentgelt, wenn** sie

- üblicherweise zur Abgeltung bestimmter Aufwendungen des Beschäftigten, die auch im Zusammenhang mit der Beschäftigung stehen,
- als Waren oder Dienstleistungen, die vom Arbeitgeber nicht überwiegend für den Bedarf seiner Beschäftigten hergestellt, vertrieben oder erbracht werden und monatlich in Anspruch genommen werden können,
- als sonstige Sachbezüge, die monatlich gewährt werden, oder
- als vermögenswirksame Leistungen

vom Arbeitgeber erbracht werden.

Mit dieser Regelung wird erreicht, dass bestimmte Leistungen des Arbeitgebers unter Beibehaltung der bisherigen praktischen Handhabung durch die Sozialversicherungsträger nicht auf Grund der Rechtsprechung des BSG zur Zuordnung von Kontoführungsvergünstigungen und verbilligten Flugreisen des Arbeitgebers (BSG v. 7.2.2002, B 12 KR 12/01 R) als einmalig gezahltes Arbeitsentgelt mit entsprechender Beitragsbelastung – auch bei Pauschalversteuerung –, sondern weiterhin als laufendes Arbeitsentgelt und – bei Pauschalversteuerung – mit entsprechender Beitragsfreiheit beitragsrechtlich behandelt werden. Damit wird auch unnötiger verwaltungsmäßiger Mehraufwand auf Arbeitgeberseite vermieden. Insbesondere kostenfreie Kontenführung, erstattete Kontoführungsgebühren, Familien- und Kinderzuschläge sowie verbilligte Flugreisen (§ 23a Abs. 1 Satz 2 Nr. 1 SGB IV) bleiben weiterhin i.R. der Regelungen der SvEV und damit des Steuerrechts beitragsfrei. Ebenso zählen Belegschaftsrabatte zum laufenden Arbeitsentgelt (§ 23a Abs. 1 Satz 2 Nr. 2 SGB IV). Bei den in § 23a Abs. 1 Satz 2 Nr. 3 SGB IV aufgeführten sonstigen Sachbezügen handelt es sich um die in § 3 SvEV genannten geldwerten Vorteile.

3. Begriff

1797 Einmalige Zahlungen sind alle i.R. eines Arbeitsverhältnisses gezahlten Bezüge, die in **größeren Zeitabständen** als monatlich gezahlt werden und kein laufendes Arbeitsentgelt darstellen. Hierzu gehören z.B. **Weihnachts- und Urlaubsgelder sowie Urlaubsabgeltungen**, zusätzliche Monatsentgelte, **Tantiemen, Gratifikationen und ähnliche Leistungen**, soweit sie **Arbeitsentgelt in der Sozialversicherung** darstellen. Steuerfreie Einmalzahlungen sind durch die Transmissionswirkung der SvEV beitragsfrei. Wird dagegen eine Einmalzahlung – ungeachtet der arbeitsrechtlichen Zulässigkeit – in jedem Kalendermonat zu einem Zwölftel ausgezahlt, verliert sie ihren Charakter als einmalig gezahltes Arbeitsentgelt i.S.d. § 23a SGB IV und ist konsequenterweise als laufendes Arbeitsentgelt zu qualifizieren. Zu den sich hieraus ergebenden Auswirkungen s. → *Arbeitsentgelt* Rz. 593 (vgl. Besprechungsergebnis der Spitzenverbände der Sozialversicherungsträger v. 26./27.5.2004).

Dagegen sind **laufende Zulagen, Zuschläge, Zuschüsse** wie z.B. Mehrarbeitsvergütungen, Erschwerniszuschläge und vermögenswirksame Leistungen auch dann laufendes Arbeitsentgelt, wenn sie nicht monatlich, sondern in größeren Abständen gezahlt werden.

Im Fall einer Nachzahlung für zurückliegende Zeiträume wird laufendes Arbeitsentgelt nicht zu einer Einmalzahlung. Dies gilt prinzipiell auch dann, wenn z.B. durch einen Tarifvertrag rückwirkend ein höherer Entgeltanspruch begründet wird oder laufende Zulagen, Zuschläge usw. in größeren Abständen abgerechnet werden. In diesen Fällen sind die vorgehenden Entgeltabrechnungen zu korrigieren. Es wird aber akzeptiert, wenn der Arbeitgeber bei einer rückwirkenden Entgelterhöhung die Nachzahlung wie eine Einmalzahlung behandelt. Dann wird für die Ermittlung der anteiligen Jahres-Beitragsbemessungsgrenzen (Jahres-BBG) nur der Nachzahlungszeitraum berücksichtigt.

Zur Vermeidung von Beitragsausfällen werden bei der Beitragsberechnung aus Einmalzahlungen die **monatlichen Beitragsbemessungsgrenzen (BBG) außer Kraft gesetzt**. Die **monatlichen BBG** betragen ab 1.1.2026 in der **Kranken- und Pflegeversicherung** 5 812,50 € (→ *Beiträge zur Sozialversicherung* Rz. 1265). In der **Renten- und Arbeitslosenversicherung** beträgt die BBG ab 1.1.2026 8 450 €. Für die Beurteilung der Beitragspflicht des einmalig gezahlten Arbeitsentgelts wird eine Vergleichsberechnung vorgenommen. Hierzu wird für die Zeit vom Beginn des Kalenderjahres bis zum Ablauf des Monats, in dem die einmalige Zuwendung gezahlt wird, in den jeweiligen Versicherungszweigen eine anteilige Jahres-BBG ermittelt und dem für den gleichen Zeitraum gezahlten beitragspflichtigen Arbeitsentgelt gegenübergestellt. Die einmalige Zahlung unterliegt nur in Höhe des sich bei der **Gegenüberstellung ergebenden Differenzbetrags der Beitragspflicht**. Die o.a. Vergleichsberechnung erübrigt sich in den Fällen, in denen das einmalig gezahlte Arbeitsentgelt zusammen mit dem laufenden Arbeitsentgelt die für den Entgeltabrechnungszeitraum maßgebenden BBG nicht übersteigt.

4. Zeitliche Zuordnung

1798 Für die Ermittlung der anteiligen Jahres-BBG ist die Zuordnung der einmaligen Zuwendung zu einem bestimmten Entgeltabrechnungszeitraum von Bedeutung.

Einmalig gezahltes Arbeitsentgelt ist dem Monat zuzuordnen, in dem es gezahlt wird. Maßgeblich für die Zuordnung ist ausschließlich die tatsächliche Zahlung.

Beispiel 1:

Wird eine Einmalzahlung, die bereits im November fällig war, erst im Dezember gezahlt, ist sie dem Dezember zuzuordnen. Bei einer Auszahlung vor dem Fälligkeitstag gilt dies umgekehrt.

Sondervergütungen, die dem Arbeitnehmer auf Grund einer Betriebsvereinbarung bei ungekündigtem Arbeitsverhältnis und positivem Geschäftsergebnis jährlich gewährt und einem betriebsinternen Konto gutgeschrieben und verzinst werden, über die der Arbeitnehmer aber nicht verfügen kann und die erst nach Jahren ausgezahlt werden, sind nicht schon im Zeitpunkt ihrer Gutschrift, sondern erst im Zeitpunkt der tatsächlichen Auszahlung als einmalig gezahltes Arbeitsentgelt für die Berechnung der Sozialversicherungsbeiträge heranzuziehen (BSG v. 14.5.2002, B 12 KR 15/01 R).

Es bestehen jedoch keine Bedenken, wenn aus Vereinfachungsgründen das einmalig gezahlte Arbeitsentgelt beitragsrechtlich dem vorhergehenden Monat zugerechnet wird, wenn die Lohnabrechnung im Zeitpunkt der Auszahlung der einmaligen Zuwendung noch nicht abgerechnet ist (vgl. Gemeinsames Rundschreiben der Spitzenverbände der Sozialversicherungsträger v. 18.11.1983, Punkt III Nr. 2 Buchst. a, BKK 1984, 46 ff.).

Beispiel 2:

Das Arbeitsentgelt für Juni wird am 15.7. abgerechnet. Das Urlaubsgeld wird am 7.7. ausgezahlt.

Der Arbeitgeber hat die Möglichkeit, das Urlaubsgeld dem Beitragsmonat Juni zuzurechnen.

Übersteigt das Urlaubsgeld im Juni zusammen mit dem laufenden Arbeitsentgelt die BBG in der Krankenversicherung, muss die anteilige Jahres-BBG für die Zeit vom 1.1. bis 30.6. ermittelt und ihr das für den gleichen Zeitraum gezahlte beitragspflichtige Arbeitsentgelt gegenübergestellt werden. Ohne o.a. Vereinfachungsregel wären für die Zeit vom 1.1. bis 31.7. die anteiligen BBG zu ermitteln. Mit der Zahlung des Urlaubsgeldes am 7.7. stehen jedoch weder das exakte beitragspflichtige Arbeitsentgelt Juli noch die endgültigen beitragspflichtigen Tage fest. Die Beitragsberechnung müsste dann nachträglich korrigiert werden.

Einmalig gezahltes Arbeitsentgelt, das nach **Beendigung des Beschäftigungsverhältnisses** gezahlt wird (z.B. Urlaubsabgeltung), ist dem letzten Entgeltabrechnungszeitraum des laufenden Kalenderjahres zuzuordnen, auch wenn dieser nicht mit Arbeitsentgelt belegt ist.

Beispiel 3:

Der Arbeitnehmer kündigt das versicherungspflichtige Beschäftigungsverhältnis zum 30.4. Am 11.5. wird noch eine Urlaubsabgeltung gezahlt.

Obwohl das Beschäftigungsverhältnis am 11.5. nicht mehr bestand, wird die Einmalzahlung trotzdem bei der Beitragsberechnung berücksichtigt. Sie wird dem Monat April, dem letzten Entgeltabrechnungszeitraum zugeordnet.

Wird die Einmalzahlung während einer Zeit ausgezahlt, in der das Beschäftigungsverhältnis ruht, gilt die o.a. Regelung entsprechend. Die einmalige Zahlung ist dem letzten Entgeltabrechnungszeitraum im laufenden Kalenderjahr vor dem Ruhen des Beschäftigungsverhältnisses zuzurechnen.

Beispiel 4:

Ein Arbeitnehmer tritt seinen freiwilligen Wehrdienst am 1.4. an. Von diesem Zeitpunkt an ruht das Beschäftigungsverhältnis. Sein Arbeitgeber zahlt im Dezember ein anteiliges Weihnachtsgeld.

Die Weihnachtszuwendung ist dem letzten Entgeltabrechnungszeitraum im laufenden Kalendermonat zuzuordnen, also dem Monat März.

Mit dem 8. SGB IV-Änderungsgesetz wurde § 23d SGB IV zum 1.1.2023 neu eingeführt. Hierbei geht es um die Abgeltung von aus Arbeitszeitguthaben abgeleiteten Entgeltguthaben, die wie eine Einmalzahlung behandelt werden. Werden diese nach Beendigung oder Ruhen des Beschäftigungsverhältnisses ausgezahlt, sind sie dem letzten Entgeltabrechnungszeitraum zuzuordnen, auch wenn dieser nicht im laufenden Kalenderjahr liegt. Mit Einführung des § 23d SGB IV zum 1.1.2023 sollte die beitragsrechtliche Behandlung und zeitliche Zuordnung von abgegoltenen Entgeltguthaben, die aus Arbeitszeitguthaben abgeleitet wurden, klargestellt werden. Aus Erfahrungen in der betrieblichen Abrechnungspraxis wurde allerdings deutlich, dass sich ein weiterer Konkretisierungsbedarf für die Fälle ergibt, in denen der Beendigung einer Beschäftigung eine längerfristige Krankheit vorausging. Mit der Neufassung der Regelung durch das Gesetz zur Anpassung des Sechsten Buches Sozialgesetzbuch und anderer Gesetze (SGB VI-Anpassungsgesetz – SGB VI-AnpG) soll nunmehr auch für diese Fälle eine abrechnungstechnische Klarstellung erreicht werden, indem bei der Zuordnung von ausgezahlten Entgeltguthaben stets auf den letzten, mit laufendem Arbeitsentgelt belegten Entgeltabrechnungszeitraum abzustellen ist. Das Gesetzgebungsverfahren war bei Redaktionsschluss noch nicht abgeschlossen. Wir unterrichten Sie durch unseren Online-Aktualisierungsdienst (s. Benutzerhinweis auf S. IV).

Eine Einmalzahlung, die während der Elternzeit gezahlt wird, ist dem Monat der Zahlung zuzuordnen. Dies gilt auch dann, wenn in diesem Monat kein beitragspflichtiger Tag vorhanden ist.

Die beitragsrechtliche Behandlung einer Einmalzahlung orientiert sich daran, in welchem Beschäftigungsabschnitt sie entstanden ist. Dies gilt bei Wechsel des Versicherungsstatus bei demselben Arbeitgeber und Auszahlung einer Einmalzahlung im Anschluss an den Wechsel.

Am besten kann man es an einem Beispiel verdeutlichen:

Beispiel 5:

Ein Arbeitnehmer wechselt zum 1.8.2026 bei seinem Arbeitgeber von einer geringfügig entlohnten Beschäftigung in ein versicherungspflichtiges Beschäftigungsverhältnis. Im November 2026 erhält er eine Einmalzahlung i.H.v. 2 500 €.

1. Ist der Anspruch auf die Einmalzahlung ausschließlich aus der geringfügig entlohnten Beschäftigung entstanden, sind die 2 500 € dem Zeitraum bis 31.7.2026 zuzuschlagen.
2. Stammt der Anspruch auf die Einmalzahlung ausschließlich aus der versicherungspflichtigen Beschäftigung, ist sie dem Zeitraum ab 1.8.2026 zuzuschlagen.
3. Stammen 1 000 € aus der geringfügig entlohnten Beschäftigung und 1 500 € aus der versicherungspflichtigen Beschäftigung, muss die Aufteilung auf den jeweiligen Zeitraum erfolgen.

5. Märzklausel

a) Allgemeines

1799 Sonderzuwendungen, die in der Zeit vom 1. Januar bis 31. März eines Jahres gezahlt werden, sind dem letzten Entgeltabrechnungszeitraum des vergangenen Kalenderjahres zuzuordnen, wenn

- die monatliche BBG **durch die Einmalzahlung überschritten wird**,
- beim gleichen Arbeitgeber ein **versicherungspflichtiges Beschäftigungsverhältnis** bereits bestanden hat,
- die anteilige **Jahres-BBG** für das laufende Kalenderjahr überschritten wird.

Mit der Märzklausel soll verhindert werden, dass durch eine Auszahlung der Einmalzuwendungen zum Jahresbeginn die gesetzlich vorgesehene Sonderregelung bei der **Beitragsberechnung umgangen werden** kann.

Die Regelungen zur Märzklausel gelten allerdings in der **Unfallversicherung** nicht. Es gilt hier ausschließlich das Zuflussprinzip mit der Zuordnung der Einmalzahlung in das Kalenderjahr der Zahlung.

Beispiel 1:

Ein seit Jahren bei einem Bochumer Unternehmen krankenversicherungspflichtig beschäftigter Arbeitnehmer erzielt ein monatliches Arbeitsentgelt von 4 100 €. Im März 2026 wird eine Gratifikation von 5 500 € gezahlt.

Ab 1.1.2026 beträgt die monatliche BBG in der Kranken- und Pflegeversicherung (KV/PV) 5 812,50 €, in der Renten- und Arbeitslosenversicherung (RV/AV) 8 450 €.

	KV/PV	RV/AV
anteilige Jahres-BBG bis März	17 437,50 €	25 350,– €
beitragspflichtiges Arbeitsentgelt bis März	12 300,– €	12 300,– €
Differenz	5 137,50 €	13 050,– €
Gratifikation	5 500 €	5 500 €

Die Gratifikation überschreitet zusammen mit dem laufenden Arbeitsentgelt die anteilige Jahres-BBG der Kranken- und Pflegeversicherung, nicht aber die der Renten- und Arbeitslosenversicherung. Da es sich hier um einen krankenversicherungspflichtigen Arbeitnehmer handelt, ist die Einmalzahlung dem letzten Entgeltabrechnungszeitraum des Vorjahrs zuzurechnen. Obwohl die BBG in der Renten- und Arbeitslosenversicherung im laufenden Kalenderjahr nicht überschritten wird, ist das einmalig gezahlte Arbeitsentgelt auch in Bezug auf die Berechnung der Beiträge zur Renten- und Arbeitslosenversicherung dem Vorjahr zuzurechnen. Damit soll vermieden werden, dass das einmalig gezahlte Arbeitsentgelt für die Berechnung der Kranken- und Pflegeversicherungsbeiträge einerseits und für die Berechnung der Renten- und Arbeitslosenversicherungsbeiträge andererseits unterschiedlichen Kalenderjahren zugerechnet wird.

Wäre der Arbeitnehmer in Beispiel 1 nicht krankenversicherungspflichtig, ist die Einmalzahlung dem Entgeltabrechnungszeitraum der Auszahlung (März) zuzuordnen, da die anteilige Jahres-BBG der Renten- und Arbeitslosenversicherung nicht überschritten wird.

Die Märzklausel gilt aber auch dann, wenn die tatsächliche Zahlung der Einmalzahlung zwar nicht im ersten Quartal erfolgt, jedoch noch in die Märzabrechnung einbezogen wurde.

Beispiel 2:

Ein Arbeitnehmer aus Dortmund erhält ein laufendes monatliches Arbeitsentgelt von 4 000 €. Am 8.4.2026 wird eine Tantieme i.H.v. 5 500 € ausgezahlt. Der Monat März wird erst am 13.4.2026 abgerechnet.

Das Entgelt ist dem Monat März zuzuordnen.

		KV/PV	RV/AV
SV-Tage			
vom 1.1. bis 31.3. = **anteilige Jahres-BBG**		90	90
KV/PV	69 750 € : 360 × 90 =	17 437,50 €	
RV/AV	101 400 € : 360 × 90 =		25 350,– €
beitragspflichtiges Arbeitsentgelt von Januar bis März	**= 3 × 4 000 €**	12 000,– €	12 000,– €
BBG für Einmalzahlung		5 437,50 €	13 350,– €
Einmalzahlung		5 500,– €	5 500,– €

Die Sonderzuwendung ist dem letzten Entgeltabrechnungszeitraum des Jahres 2025 zuzuordnen, da die anteilige Jahres-BBG überschritten wird.

Die Zuordnung zum Vorjahr ist auch dann vorzunehmen, wenn die Einmalzahlung im laufenden Jahr nicht vollständig dem Beitragsabzug unterworfen werden kann und die BBG des Vorjahrs auch bereits voll ausgeschöpft sind. Dies gilt auch dann, wenn bei einer angenommenen Zuordnung zum laufenden Jahr Sozialversicherungsbeiträge angefallen wären und durch die gesetzlich vorgesehene Zuordnung zum Vorjahr (wegen einer vollständigen Ausschöpfung der BBG) keine Beiträge zu zahlen sind. **Ein Günstigkeitsvergleich gilt hier also nicht**.

Voraussetzung für die Zuordnung zum letzten Entgeltabrechnungszeitraum des Vorjahrs ist, dass beim gleichen Arbeitgeber zu dieser Zeit ein versicherungspflichtiges Beschäftigungsverhältnis bestanden hat. Dabei spielt es keine Rolle, wann das Beschäftigungsverhältnis im letzten Jahr bestanden hat. War der Arbeitnehmer im letzten Jahr beim gleichen Arbeitgeber **nur geringfügig beschäftigt** und somit **versicherungsfrei**, ist die Einmalzahlung dem neuen Jahr zuzuordnen. Unerheblich ist auch, ob der Arbeitnehmer zwischenzeitlich bei einem **anderen Arbeitgeber** beschäftigt war.

Beispiel 3:

Ein Arbeitnehmer beendet zum 30.4.2025 sein Arbeitsverhältnis beim Arbeitgeber A. In der Zeit vom 1.5. bis 31.12.2025 ist er beim Arbeitgeber B beschäftigt. Zum 1.1.2026 kommt es erneut zu einer Beschäftigung beim Arbeitgeber A. Der Arbeitnehmer erhält eine Einmalzahlung im März 2026 von seinem Arbeitgeber. Die Einmalzahlung sowie das im Jahr 2026 erzielte Arbeitsentgelt übersteigen die anteilige Jahres-BBG des laufenden Jahres.

Somit ist die Märzklausel anzuwenden und die Einmalzahlung dem Monat April 2025, dem letzten Entgeltabrechnungszeitraum des Vorjahrs zuzuordnen. Dabei spielt es keine Rolle, dass der Arbeitnehmer in der Zeit vom 1.5.2025 bis 31.12.2025 bei einem anderen Arbeitgeber beschäftigt war.

Sofern bis zum Ablauf des Entgeltabrechnungszeitraums, in dem das einmalig gezahlte Arbeitsentgelt gezahlt wird, kein laufendes Arbeitsentgelt erzielt worden ist und Beitragsfreiheit (z.B. auf Grund von Krankengeld) nach § 224 SGB V bestanden hat, sind die anteiligen Jahres-BBG mit 0 € anzusetzen. Ein ggf. in der Zeit **vom 1. Januar bis zum 31. März gezahltes Arbeitsentgelt** übersteigt demzufolge die anteiligen Jahres-BBG und muss dem letzten Entgeltabrechnungszeitraum des Vorjahrs zugerechnet werden. Wird das einmalig gezahlte Arbeitsentgelt in derartigen Fällen erst nach dem 31. März ausgezahlt, dann entfällt die Beitragspflicht für das einmalig gezahlte Arbeitsentgelt.

Das einmalig gezahlte Arbeitsentgelt, das in der Zeit vom 1. Januar bis zum 31. März gezahlt wird, ist dem Vorjahr zuzurechnen, wenn es bei **krankenversicherungspflichtigen Arbeitnehmern** nur die **anteilige Jahres-BBG der Krankenversicherung** übersteigt, nicht aber die BBG der Renten- und Arbeitslosenversicherung erreicht wird. Dies gilt auch dann, wenn der Arbeitnehmer bereits im Vorjahr ausgeschieden ist und die anteilige Jahres-BBG damit 0 € beträgt.

Bei **krankenversicherungsfreien Arbeitnehmern** kommt es nur auf die **BBG in der Rentenversicherung** an, d.h. eine Zuordnung zum Vorjahr kommt nur in Betracht, wenn das Arbeitsentgelt die anteilige Jahres-BBG in der Rentenversicherung erreicht.

Beispiel 4:

Ein Arbeitnehmer aus Dortmund erhält im Monat März 2026 eine Einmalzahlung in Höhe eines Monatsverdienstes von 4 400 €. Bei der Beitragsberechnung ist zu überprüfen, ob das laufende Arbeitsentgelt zusammen mit der Einmalzahlung die anteilige Jahres-BBG übersteigt.

Vergleichsberechnung	KV/PV	RV/AV
anteilige Jahres-BBG (1.1. bis 31.3.)	17 437,50 €	25 350,– €
Arbeitsentgelt vom 1.1. bis 31.3.	13 200,– €	13 200,– €
Einmalzahlung	4 400,– €	4 400,– €
Gesamt	17 600,– €	17 600,– €

Da die Einmalzahlung die BBG in der Kranken- und Pflegeversicherung überschreitet, ist die Einmalzahlung auch hinsichtlich der Renten- und Arbeitslosenversicherungsbeiträge dem Vorjahr zuzuordnen.

Ist bei einem beendeten Arbeitsverhältnis das einmalig gezahlte Arbeitsentgelt, **das nach dem 31. März gezahlt wird**, einem Lohnabrechnungszeitraum in der Zeit vom 1. Januar bis zum 31. März zuzuordnen und wird die anteilige Jahres-BBG überschritten, findet § 23a SGB IV keine Anwendung. Dies bedeutet, dass in solchen Fällen eine Zurechnung zum letzten Entgeltabrechnungszeitraum des Vorjahrs nicht in Betracht kommt, sondern das einmalig gezahlte Arbeitsentgelt dem letzten Entgeltabrechnungszeitraum des laufenden Kalenderjahres zuzuordnen ist.

Beispiel 5:

Das Beschäftigungsverhältnis eines Arbeitnehmers endet durch Kündigung am 25.3.

Eine Einmalzahlung wird ihm am 5.6. ausgezahlt.

Da die Einmalzahlung erst nach dem Ende des Beschäftigungsverhältnisses gezahlt wurde, ist das einmalig gezahlte Arbeitsentgelt dem letzten Entgeltabrechnungszeitraum des laufenden Kalenderjahres zuzuordnen. Der letzte Entgeltabrechnungszeitraum war in der Zeit vom 1.3. bis 25.3. Eine Zuordnung zum letzten Entgeltabrechnungszeitraum des Vorjahrs scheidet auch dann aus, wenn durch die Einmalzahlung die BBG im laufenden Kalenderjahr überschritten werden.

Hat bei Zahlungen nach dem 31. März das Beschäftigungsverhältnis bereits im Vorjahr geendet, dann können von dem einmalig gezahlten Arbeitsentgelt keine Sozialversicherungsbeiträge erhoben werden. Das Gleiche gilt, wenn das Beschäftigungsverhältnis zwar im Kalenderjahr der Auszahlung des einmalig gezahlten Arbeitsentgelts geendet hat, in diesem Kalenderjahr aber kein laufendes Arbeitsentgelt erzielt worden ist und Beitragsfreiheit nach § 224 SGB V (z.B. wegen Krankengeldbezugs) bestanden hat.

b) Netto-Sonderzuwendungen

1800 Nach § 14 Abs. 2 SGB V gelten bei vereinbartem Nettoarbeitsentgelt als Arbeitsentgelt die Einnahmen des Beschäftigten einschließlich der darauf entfallenden Steuern und der seinem gesetzlichen Anteil entsprechenden Beiträge zur Sozialversicherung. Zur beitragsrechtlichen Behandlung von Netto-Sonderzuwendungen haben die Spitzenverbände der Sozialversicherungsträger in der Besprechung über Fragen des gemeinsamen Beitragseinzugs am 5./6.3.1985 (DOK 1985, 694) Stellung genommen. Die in dem Besprechungsergebnis zitierten Regelungen der LStR sind zwar zwischenzeitlich geändert worden (jetzt R 39b.9 LStR); jedoch gelten die Grundprinzipien der Hochrechnung vom Netto- auf den Bruttobetrag auch weiterhin. Allerdings sind im Gegensatz zum seinerzeitigen Recht zwischenzeitlich auch für die Berechnung der Lohnsteuer die Gesamtsozialversicherungsbeiträge im sog. Abtastverfahren nicht nur einmal, sondern so lange hinzuzurechnen, bis der ermittelte Bruttobetrag abzüglich der darauf entfallenden gesetzlichen Abzüge den gewährten Nettobetrag ergibt.

Wird eine Netto-Sonderzuwendung im ersten Quartal eines Kalenderjahres gezahlt und überschreitet diese durch die Hochrechnung des Nettobetrags die anteilige Jahres-BBG des laufenden Kalenderjahrs, ist nach Auffassung der Spitzenverbände der Sozialversicherungsträger die Sonderzuwendung auf Grund der März-Klausel dem Vorjahr zuzuordnen ist. Anschließend ist das Bruttoarbeitsentgelt mit den für das Kalenderjahr der Zuordnung der Sonderzuwendung geltenden Beitragsberechnungsfaktoren neu zu berechnen, da der ermittelte Bruttobetrag abzüglich der darauf entfallenden gesetzlichen Abzüge zwingend wieder den gewährten Nettobetrag ergeben muss. Dabei verbleibt es bei der Zuordnung zum Vorjahr selbst dann, wenn die Neuberechnung einen niedrigeren Bruttobetrag als bei einer Zuordnung zum Kalenderjahr der Auszahlung der Sonderzuwendung ergeben sollte; ein Günstigkeitsvergleich scheidet nach Auffassung der Besprechungsteilnehmer aus (vgl. Besprechungsergebnis der Spitzenverbände der Sozialversicherungsträger am 27.6.2001).

6. Vergleichsberechnung

a) Allgemeines

Für die Beurteilung, in welcher Höhe die Einmalzahlung der Bei- 1801
tragspflicht unterliegt, ist eine **Vergleichsberechnung** vorzunehmen. Dazu ist die bis zum Ende des Zuordnungsmonats maßgebende anteilige **Jahres-BBG des einzelnen Versicherungszweiges** mit dem bisherigen beitragspflichtigen Arbeitsentgelt zu vergleichen.

Übersteigt das einmalig gezahlte Arbeitsentgelt die Differenz aus der Vergleichsberechnung (jeweils anteilige Jahres-BBG abzüglich des beitragspflichtigen Arbeitsentgelts – ohne Einmalzahlung –) nicht, so unterliegt es in voller Höhe der Beitragspflicht. Werden hingegen die ermittelten Differenzbeträge überschritten, so unterliegt das einmalig gezahlte **Arbeitsentgelt nur in Höhe der Differenzbeträge der Beitragspflicht**.

b) Anteilige Jahres-Beitragsbemessungsgrenze

Für die Ermittlung der anteiligen Jahres-BBG sind alle im Laufe 1802
eines Kalenderjahres beitragspflichtigen Zeiten des Beschäftigungsverhältnisses bei dem Arbeitgeber, der das einmalig gezahlte Arbeitsentgelt auszahlt, zu addieren. Wurden im laufenden Kalenderjahr Beschäftigungszeiten **bei einem anderen Arbeitgeber** zurückgelegt, bleiben diese außer Ansatz. Dagegen sind **frühere Beschäftigungsverhältnisse** bei demselben Arbeitgeber im laufenden Kalenderjahr zu berücksichtigen. Dies gilt auch dann, wenn der Arbeitnehmer zwischenzeitlich bei einem anderen Arbeitgeber beschäftigt war.

Beitragsfreie Zeiten bleiben bei der Ermittlung der anteiligen Jahres-BBG außer Betracht, da während dieser Zeit ein Arbeitsentgelt nicht erzielt wurde und folglich auch keine Beiträge entrichtet worden sind. **Zeiten des unbezahlten Urlaubs** und des **unentschuldigten Fernbleibens** von der Arbeit **gelten nicht als beitragsfreie Zeiten** und sind daher bei der Ermittlung der anteiligen Jahres-BBG zu berücksichtigen, solange die Mitgliedschaft in der Krankenversicherung erhalten bleibt.

Daher sollten bei der Feststellung der anteiligen Jahres-BBG zuerst die beitragspflichtigen Sozialversicherungstage festgestellt werden. Dabei sind volle Kalendermonate mit 30 Tagen und angebrochene Kalendermonate mit den tatsächlichen Kalendertagen anzusetzen.

Um Differenzen durch Rundungen zu vermeiden, ist bei der **Berechnung der anteiligen Jahres-BBG** die Jahres-BBG zunächst mit der Anzahl der in Betracht kommenden SV-Tage zu multiplizieren. Dieser Wert ist dann ohne Rundung durch 360 zu dividieren (Gemeinsames Rundschreiben der Spitzenverbände der Sozialversicherungsträger zum Haushaltsbegleitgesetz v. 18.11.1983, BKK 1984, 46 ff.).

Beispiel:

Der Arbeitnehmer S ist seit dem 1.3.2026 bei der Spedition K beschäftigt. Auf Grund eines Verkehrsunfalls war er arbeitsunfähig und hat vom 18.5. bis 2.6.2026 Krankengeld bezogen. Das monatliche Arbeitsentgelt beträgt 4 800 €. Im November wird ein Weihnachtsgeld i.H.v. 9 000 € gezahlt, was nicht voraussehbar war. Krankenversicherungspflicht besteht.

Daraus ergibt sich folgende Berechnung:

		KV/PV	RV/AV
Feststellung der anteiligen BBG			
1.3. bis 17.5.2026	= 77 Kalendertage		
3.6. bis 30.11.2026	= 178 Kalendertage		
zusammen	= 255 Kalendertage		
KV/PV	69 750 € : 360 × 255	49 406,25 €	
RV/AV	101 400 € : 360 × 255		71 825,– €

bisheriges beitragspflichtiges Arbeitsentgelt			
1.3. bis 30.4.2026	= 9 600,– €		
1.5. bis 17.5.2026	= 2 720,– €		
3.6. bis 30.6.2026	= 4 480,– €		
1.7. bis 30.11.2026	= 24 000,– €	40 800,– €	40 800,– €
noch nicht mit Beiträgen belegte Jahres-BBG		8 606,25 €	31 025,– €
Einmalzahlung		9 000,– €	9 000,– €

Von der Einmalzahlung sind in der Kranken- und Pflegeversicherung 8 606,25 € und in der Renten- und Arbeitslosenversicherung 9 000,– € beitragspflichtig.

Hat während der Dauer der Beschäftigung zu einzelnen Versicherungszweigen **keine Versicherungspflicht** bestanden, dann sind die einzelnen Versicherungszweige bei der Ermittlung der anteiligen Jahres-BBG **getrennt zu beurteilen**. Tritt beispielsweise zu einer bestehenden Kranken-, Pflege- und Rentenversicherungspflicht im Laufe eines Kalenderjahres Versicherungspflicht in der Arbeitslosenversicherung hinzu, so ist für die Berechnung der Beiträge der Arbeitslosenversicherung die anteilige Jahres-BBG vom Beginn der Arbeitslosenversicherungspflicht an bis einschließlich des Monats der Zuordnung des einmalig gezahlten Arbeitsentgeltes zu ermitteln. Bei der Ermittlung der anteiligen Jahres-BBG für die Kranken-, Pflege- und Rentenversicherung ist dagegen der Jahresanfang maßgebend.

c) Bisheriges beitragspflichtiges Arbeitsentgelt

1803 Den **anteiligen Jahres-BBG** ist das bisher **beitragspflichtige Arbeitsentgelt** für den Zeitraum, für den auch die anteiligen Jahres-BBG ermittelt worden sind, **gegenüberzustellen**. Das einmalig gezahlte Arbeitsentgelt darf dabei nicht berücksichtigt werden. Das bisher beitragspflichtige Arbeitsentgelt wird nur insoweit berücksichtigt, als es auch der Beitragspflicht unterlegen hat. Dies bedeutet, dass die wegen Überschreitens der BBG nicht beitragspflichtigen Teile des Arbeitsentgelts bei der Berechnung außer Ansatz bleiben.

Der durch die **kostenlose oder verbilligte Überlassung von Waren** oder Dienstleistungen erwachsende **geldwerte Vorteil** stellt ebenfalls einmalig gezahltes Arbeitsentgelt dar, da dieser Vorteil nicht für die Arbeit in einem einzelnen Entgeltabrechnungszeitraum gewährt wird. Die Einmalzahlung ist dem Entgeltabrechnungszeitraum zuzuordnen, in dem die **Ware** oder die **Dienstleistung dem Arbeitnehmer zufließt**. Sofern dies im 1. Quartal eines Jahres erfolgt, ist die **Märzklausel** zu beachten und anzuwenden.

Im Falle einer **Pauschalbesteuerung** ist aus den insgesamt gezahlten geldwerten Vorteilen ein Durchschnittsbetrag zu errechnen und generell dem letzten Entgeltabrechnungszeitraum in diesem Kalenderjahr zuzuordnen; also dem Dezember. Nur wenn das Beschäftigungsverhältnis bereits vorher geendet hat oder ruht, erfolgt eine Zuordnung zu einem früheren Entgeltabrechnungszeitraum. Die **Märzklausel** findet in diesen Fällen keine Anwendung (Besprechungsergebnis der Spitzenverbände der Sozialversicherungsträger v. 28./29.3.1990).

Werden im Laufe eines Jahres mehrere Einmalzahlungen gezahlt, werden diese wie laufendes Arbeitsentgelt behandelt, mit der Folge, dass die **Entgeltteile, die wegen Überschreitens der anteiligen Jahres**-BBG (aus der vorhergehenden Vergleichsberechnung) beitragsmäßig nicht erfasst worden sind, auch hier unberücksichtigt bleiben.

Beispiel:

Der Sachverhalt des vorangegangenen Beispiels wird fortgeführt:

Der Arbeitnehmer S erhält im Dezember 2026 noch eine Gewinnbeteiligung i.H.v. 3 100 € ausgezahlt.

Daraus ergibt sich folgende Berechnung:

		KV/PV	RV/AV
Feststellung der anteiligen BBG			
1.3. bis 17.5.2026	= 77 Kalendertage		
3.6. bis 31.12.2026	= 208 Kalendertage		
zusammen	= 285 Kalendertage		
KV/PV	69 750 € : 360 × 285	55 218,75 €	
RV/AV	101 400 € : 360 × 285		80 275,– €
bisheriges beitragspflichtiges Arbeitsentgelt			
1.3. bis 30.4.2026	= 9 600,– €		
1.5. bis 17.5.2026	= 2 720,– €		
3.6. bis 30.6.2026	= 4 480,– €		
1.7. bis 31.12.2026	= 28 800,– €	45 600,– €	45 600,– €
+ Einmalzahlung im November		8 606,25 €	9 000,– €
Gesamt		54 206,25 €	54 600,– €
noch nicht mit Beiträgen belegte Jahres-BBG		1 012,50 €	25 675,– €
Einmalzahlung		3 100,– €	3 100,– €

Von der Einmalzahlung sind in der Kranken- und Pflegeversicherung 1 012,50 € und in der Renten- und Arbeitslosenversicherung 3 100,– € beitragspflichtig.

d) Beitragsbemessungsgrenze für die Einmalzahlung

Der sich aus dem Vergleich der jeweiligen anteiligen Jahres-BBG mit dem bisherigen beitragspflichtigen Arbeitsentgelt ergebende Differenzbetrag gilt als BBG für die Einmalzahlung. 1804

Stellt sich bei der Vergleichsberechnung heraus, dass der Differenzbetrag zwischen der anteiligen Jahres-BBG und dem bisherigen beitragspflichtigen Arbeitsentgelt kleiner ist als die Sonderzuwendung, so ist diese nur **in Höhe des Differenzbetrags** beitragspflichtig.

e) Änderungen im Versicherungsverhältnis oder in den Berechnungsfaktoren

Da das einmalig gezahlte Arbeitsentgelt einem bestimmten Entgeltabrechnungszeitraum zugeordnet wird, sind für die Beitragsberechnung die Beitragsfaktoren (Beitragssatz und BBG) des Zuordnungsmonats maßgebend. Dies gilt auch dann, wenn i.R. der Märzklausel die Einmalzahlung dem letzten Entgeltabrechnungszeitraum des Vorjahrs zuzuordnen ist. Treten im Zeitraum zwischen der Zuordnung und der Auszahlung des einmalig gezahlten Arbeitsentgelts Änderungen im Versicherungsverhältnis ein, sind diese bei der Berechnung der Beiträge aus der Einmalzahlung zu berücksichtigen. 1805

Beispiel 1:

Ein Arbeitnehmer erhält im Juni ein Urlaubsgeld und hat im April das 65. Lebensjahr vollendet. Im Zuordnungsmonat ist er damit beitragsfrei in der Arbeitslosenversicherung. Vom Urlaubsgeld sind daher nur Beiträge zur Kranken-, Pflege- und Rentenversicherung abzuführen. Allerdings hat der Arbeitgeber aus der Einmalzahlung seinen Beitragsanteil zur Arbeitslosenversicherung zu tragen.

Beispiel 2:

Arbeitnehmer W ist seit Jahren bei der Firma Z in Bochum beschäftigt. Er verdient 4 200 € monatlich. Krankenversicherungspflicht hat im Jahr 2025 wegen Überschreitens der Jahresarbeitsentgeltgrenze nicht bestanden. Ab 1.1.2026 besteht wieder Krankenversicherungspflicht. Im Februar 2026 erhält er eine einmalige Zuwendung von 3 500 €.

Daraus ergibt sich folgende Berechnung:

Das Entgelt ist grundsätzlich dem Monat Februar 2026 zuzuordnen.

		KV/PV	RV/AV
SV-Tage			
vom 1.1. bis 28.2.2026 =		60	60
anteilige Jahres-BBG			
KV/PV	69 750 : 360 × 60 =	11 625,– €	
RV/AV	101 400 : 360 × 60 =		16 900,– €
beitragspflichtiges Arbeitsentgelt von Januar bis Februar	= 2 × 4 200 €	8 400,– €	8 400,– €
BBG für Einmalzahlung		3 225,– €	8 500,– €
Einmalzahlung		3 500,– €	3 500,– €

Da die BBG in der Krankenversicherung überschritten wird, ist die Sonderzuwendung dem letzten Entgeltabrechnungszeitraum des Vorjahrs zuzuordnen.

In der Kranken- und Pflegeversicherung bestand im Jahr 2025 jedoch keine Versicherungspflicht, so dass aus der Einmalzahlung keine Kranken- und Pflegeversicherungsbeiträge zu entrichten sind.

		KV/PV	RV/AV
Feststellung der anteiligen BBG			
1.1. bis 31.12.2025			
KV/PV		66 150,– €	0 €
RV/AV			96 600,– €
bisheriges beitragspflichtiges Arbeitsentgelt			
1.1. bis 31.12.2025	= 12 × 4 200,– €		50 400,– €

noch nicht mit Beiträgen belegte Jahres-Beitragsbemessungsgrenzen	46 000,– €
Einmalzahlung	3 500,– €

Von der Einmalzahlung sind in der Renten- und Arbeitslosenversicherung 3 500 € beitragspflichtig.

f) Korrekturen des laufenden Arbeitsentgelts

1806 Wird das laufende Arbeitsentgelt nachträglich berichtigt, können sich die Korrekturen auf die Beitragsberechnung aus Einmalzahlungen auswirken. Aus diesem Grund sind die Vergleichsberechnungen neu durchzuführen.

7. Einmalzahlungen und Umlagen U1 und U2

1807 Bei Einmalzahlungen fallen keine Beiträge zu U1 und U2 an. S.a. → *Lohnfortzahlung: Erstattungsverfahren für Arbeitgeber* Rz. 2856.

Einsatzgelder

→ *Deutsches Rotes Kreuz* Rz. 1526

Einsatzwechseltätigkeit

1808 Arbeitnehmern mit Einsatzwechseltätigkeit kann der Arbeitgeber unter bestimmten Voraussetzungen Übernachtungskosten, Fahrtkosten und Verpflegungsmehraufwendungen nach den Grundsätzen für **Auswärtstätigkeiten** steuerfrei erstatten.

Einzelheiten

- zum Begriff „Einsatzwechseltätigkeit" → *Reisekosten: Allgemeine Grundsätze* Rz. 3589 sowie
- zur Höhe der erstattungsfähigen Aufwendungen → *Reisekosten: Erstattungen* Rz. 3661.

Einspruch

→ *Rechtsbehelfe* Rz. 3570

Einstrahlung

1809 Ein Arbeitnehmer unterliegt bei einer Beschäftigung im Inland im Wege der Einstrahlung nach § 5 SGB IV nicht den Vorschriften über die deutsche Sozialversicherung,

- wenn es sich um eine Entsendung
- im Rahmen eines im Ausland bestehenden Beschäftigungsverhältnisses handelt und
- die Dauer der Beschäftigung in Deutschland im Voraus zeitlich begrenzt ist.

Ist eine dieser Voraussetzungen nicht erfüllt, liegt keine Einstrahlung i.S.v. § 5 Abs. 1 SGB IV vor.

Eine Entsendung i.S. der Einstrahlung liegt vor, wenn sich ein Beschäftigter auf Weisung seines im Ausland ansässigen Arbeitgebers vom Ausland in das Inland begibt, um hier eine Beschäftigung für diesen Arbeitgeber auszuüben. Die Einstrahlung ist somit das Gegenstück zur Ausstrahlung (→ *Ausstrahlung* Rz. 1175). Auch hinsichtlich des Begriffs „Beschäftigungsverhältnis" bestehen keine Unterschiede zur Ausstrahlung. Es gelten deshalb die Regelungen wie bei der Ausstrahlung.

Zur Klärung der Frage, unter welchen Voraussetzungen die Beschäftigung nach Deutschland entsandter ausländischer Arbeitnehmer, die bei einem in Deutschland tätigen Tochterunternehmen eines ausländischen Konzerns arbeiten, als sozialversicherungsfrei anzusehen ist, ist auf die vom BSG entwickelten Grundsätze zurückzugreifen. Maßgeblich ist danach, **wo das Beschäftigungsverhältnis seinen Schwerpunkt hat**. Regelmäßig liegt der Schwerpunkt bei dem Betrieb, bei dem über die Arbeitsleistung hinaus wesentliche Elemente des Beschäftigungsverhältnisses erfüllt werden. Dabei ist einerseits die Eingliederung des Beschäftigten in den Betrieb und andererseits die Zahlung des Arbeitsentgelts durch den Betrieb entscheidend. Die Eingliederung in einen Betrieb bedeutet, dass die Arbeit für diesen Betrieb erbracht und die Arbeitsleistung diesem Betrieb wirtschaftlich zugerechnet wird. Sie kennzeichnet damit, welcher wirtschaftlichen Einheit gegenüber die wesentliche Leistung des Arbeitsvertrags erbracht wird.

Für ein Tochterunternehmen eines im Ausland ansässigen Konzerns wird auf die rechtliche Verselbständigung des Tochterunternehmens abgestellt. Ist ein Betrieb im Inland gegenüber den entsendenden ausländischen Unternehmen nicht nur wirtschaftlich, sondern auch rechtlich in der Weise verselbständigt, dass der Betrieb im Inland als juristische Person besteht, so ist bei der Arbeit im inländischen Betrieb regelmäßig eine Eingliederung in diesen Betrieb anzunehmen. Dies gilt bei konzerngebundenen Betrieben auch, wenn der Arbeitnehmer im Rahmen eines Arbeitsvertrags mit dem übergeordneten ausländischen Unternehmen bei dem inländischen Betrieb arbeitet.

Neben der Eingliederung in diesen Betrieb ist es für die Bestimmung des Schwerpunkts des Beschäftigungsverhältnisses in den Entsendungsfällen von maßgeblicher Bedeutung, **welcher Betrieb das Arbeitsentgelt zahlt**, denn die Zahlung des Entgelts ist eine wesentliche Arbeitgeberpflicht und in § 2 Abs. 2 Nr. 1 SGB IV als wesentliches Merkmal der Versicherungspflicht genannt. Dabei kommt es nicht entscheidend darauf an, von welchem Konto das Arbeitsentgelt gezahlt wird, sondern wem der Geldfluss wirtschaftlich zuzurechnen ist. Wer das Arbeitsentgelt zahlt, lässt sich z.B. dadurch feststellen, welcher Betrieb die Entgeltzahlung steuerrechtlich geltend macht. Insoweit ist i.d.R. die Annahme gerechtfertigt, dass der Betrieb, der die Kosten der Arbeitsleistung als Aufwendungen geltend macht, die durch den Betrieb veranlasst sind, auch der Träger des Beschäftigungsverhältnisses ist. Nach LSG Hessen v. 15.2.2007, L 8 KR 122/06, liegt ein gewichtiges Indiz für das Vorliegen eines einstrahlenden Beschäftigungsverhältnisses i.S.v. § 5 Abs. 1 SGB IV vor, wenn das im Ausland ansässige Mutterunternehmen den nach Deutschland entsandten Arbeitnehmern das Arbeitsentgelt ganz oder überwiegend weiterhin im Ausland auszahlt.

Dies gilt auch bei **kurzfristigen konzerninternen** Entsendungen. Wer das Arbeitsentgelt bei der Gewinnermittlung als Betriebsausgabe steuerlich geltend macht, tritt bei der Beurteilung kurzfristiger Entsendungen allerdings in den Hintergrund. Die steuerliche Geltendmachung des Arbeitsentgelts als Betriebsausgabe durch die aufnehmende Konzerngesellschaft ist daher unschädlich, wenn

- der Einsatz des dort vorübergehend eingesetzten Arbeitnehmers einer in einem anderen Staat ansässigen Konzerngesellschaft von kurzfristiger Dauer ist; von kurzfristiger Dauer ist ein Einsatz, der zwei Monate nicht überschreitet,
- der Arbeitnehmer keinen anderen Arbeitnehmer ablöst, der zuvor vorübergehend dort eingesetzt war und
- sich der Arbeitsentgeltanspruch des Arbeitnehmers ausschließlich gegen den entsendenden Arbeitgeber richtet.

Bei dem erneuten kurzfristigen Einsatz des Arbeitnehmers in demselben Staat bei demselben Unternehmen handelt es sich nur dann um eine Entsendung i.S. der Ausstrahlung, wenn seit dem Ende der vorherigen vorübergehenden Beschäftigung dort mindestens zwei Monate vergangen sind.

Die vorstehenden Grundsätze gelten spätestens für ab 1.5.2011 beginnende Entsendungen. Soweit in der Vergangenheit anders verfahren wurde, wird dies nicht beanstandet (TOP 1 der Besprechung des GKV-Spitzenverbandes, der Deutschen Rentenversicherung Bund und der Bundesagentur für Arbeit über Fragen des gemeinsamen Beitragseinzugs v. 30.3.2011).

Beispiel:

Die Arbeitnehmer X und Y werden von einem Unternehmen in Indien zeitlich befristet in die Bundesrepublik Deutschland entsandt. Der Arbeitnehmer X ist weiter für das indische Unternehmen beschäftigt und erhält sein Arbeitsentgelt von ihm. Ein Teil des Arbeitsentgelts wird von dem Unternehmen, bei dem der Arbeitseinsatz erfolgt, für Rechnung des indischen Unternehmens ausgezahlt.

Der Arbeitnehmer Y wird von der Filiale in Deutschland beschäftigt und erhält sein Arbeitsentgelt in vollem Umfang von ihr. Das Arbeitsentgelt für den Arbeitnehmer Y wird von der Filiale steuerlich als Betriebsausgabe geltend gemacht.

Beim Arbeitnehmer X handelt es sich bei der „Lohnzahlung" durch das Unternehmen in Deutschland nur um einen finanztechnischen Vorgang. Deshalb kann selbst dann, wenn das gezahlte Teilarbeitsentgelt in der Lohnbuchhaltung wie für eigene Beschäftigte ausgewiesen wird, daraus nicht auf ein Arbeitsverhältnis zum Unternehmen in Deutschland geschlossen werden. Beim Arbeitnehmer Y liegt der Schwerpunkt des Beschäftigungsverhältnisses bei der Filiale in Deutschland, so dass keine sozialversicherungsrechtliche Entsendung i.S.d. Einstrahlung vorliegt. Er unterliegt daher dem deutschen Sozialversicherungsrecht.

Ein-Tages-Aushilfe

→ *Aushilfskraft/Aushilfstätigkeit* Rz. 893

Eintrittskarten

1. Steuerfreier Arbeitslohn

1810 Die Überlassung von Eintrittskarten für kulturelle und sportliche Veranstaltungen **i.R. einer Betriebsveranstaltung** ist steuer- und beitragsfrei, wenn sich die Betriebsveranstaltung nicht im Besuch einer kulturellen oder sportlichen Veranstaltung erschöpft (BMF v. 14.10.2015, IV C 5 – S 2332/15/10001/III C 2 – S 7109/15/10001, BStBl I 2015, 832). Voraussetzung ist jedoch, dass es sich um eine „Betriebsveranstaltung" handelt (→ *Betriebsveranstaltungen* Rz. 1429). In anderen Fällen bleibt die **gelegentliche Überlassung** einer Eintrittskarte unter den Voraussetzungen für **Aufmerksamkeiten** steuerfrei, sofern ihr Wert **60 €** nicht übersteigt (→ *Annehmlichkeiten* Rz. 167).

Arbeitslohn liegt ebenfalls nicht vor, wenn ein Arbeitnehmer **dienstlich eine Veranstaltung besuchen muss**, z.B. Rote-Kreuz-Mitarbeiter oder Polizisten bei Sportveranstaltungen oder Theateraufführungen oder der Stadionbesuch eines Oberbürgermeisters, um dort eine Rede zu halten (sog. **amtsimmanente Vorteile**), oder Mitarbeiter, die bei Veranstaltungen ihres Arbeitgebers Kunden betreuen müssen (allerdings stark vom jeweiligen Sachverhalt abhängig, vgl. insoweit BFH v. 23.11.2023, VI R 15/21, BStBl II 2024, 361, Rz. 16 betr. Pauschalierung der Einkommensteuer bei Sachzuwendungen nach § 37b EStG bei Aufwendungen für eine **VIP-Loge**).

Ob und inwieweit dies auch für die **Überlassung von Dauerkarten** an Politiker und ehrenamtlich Tätige (z.B. Ratsherren) gilt, kann nur unter Berücksichtigung aller Umstände des Einzelfalls entschieden werden.

LSt SV (durchgestrichen)

2. Steuerpflichtiger Arbeitslohn

1811 Steuerpflichtiger Arbeitslohn liegt hingegen vor, wenn es sich um eine **regelmäßige Zuwendung** von Theater- oder sonstigen Eintrittskarten an einen einzelnen Arbeitnehmer handelt, insbesondere um die Überlassung von **Abonnements**, oder der Arbeitgeber **Barzuwendungen** leistet (FinMin Bremen v. 30.12.1982, S 2334 – 2100, DStR 1983, 267; BFH v. 21.2.1986, VI R 21/84, BStBl II 1986, 406; BMF v. 22.8.2005, IV B 2 – S 2144 – 41/05, BStBl I 2005, 845; BMF v. 11.7.2006, IV B 2 – S 2144 – 53/06, BStBl I 2006, 447 betr. Aufwendungen für sog. **VIP-Logen** in Sportstätten und bei ähnlichen Sachverhalten); in diesen Fällen sind auch Sozialversicherungsbeiträge zu entrichten.

Ermöglicht ein Unternehmen seinen Arbeitnehmern und Geschäftsfreunden die Nutzung von **Stadion-Dauerkarten für Spiele eines Bundesliga-Vereins**, kann darin die Gewährung von betrieblich veranlassten Zuwendungen, die zusätzlich zur ohnehin vereinbarten Leistung oder Gegenleistung erbracht werden, zu erblicken sein. Der durch die Verschaffung der Gelegenheiten zum Besuch des Spiels erlangte Vorteil stellt bei den betreffenden **Arbeitnehmern Arbeitslohn** und bei den betreffenden Geschäftspartnern bzw. deren Arbeitnehmern steuerpflichtige Einnahmen i.R. der für sie jeweils maßgeblichen Einkunftsart (§§ 15, 19 EStG) dar. Dabei kommt es für die Feststellung einer steuerpflichtigen Einnahme beim Begünstigten und die Qualifikation als Geschenk nicht darauf an, ob der Zuwendende einen Betriebsausgabenabzug vornehmen kann. Ein allgemeines materiell-rechtliches Korrespondenzprinzip existiert nicht. Bei der Nachforderung von pauschalierter Einkommensteuer (§ 37b EStG) ist die Bemessungsgrundlage nicht um einen Anteil für Werbeaufwand zu kürzen (vgl. BMF v. 22.8.2005, IV B 2 – S 2144 – 41/05, BStBl I 2005, 845), wenn die vom Sportverein gegenüber dem Unternehmen erbrachten Leistungen sich auf die Gewährung des Zutritts zum Tribünenbereich bei Spielen sowie auf Nebenleistungen (hier: Business Seats auf der Tribüne, Vorkaufsrecht auf Sonderspiele, Zutritt zum „VIP-Club", Parkplätze, Hostessenservice) beschränkten und die Aufwendungen nicht für die Erbringung von Werbeleistungen erbracht wurden (FG Bremen v. 21.9.2017, 1 K 20/17 (5)). S. zur Überlassung von VIP-Karten für Bundesligaspiele an Geschäftsfreunde und Arbeitnehmer auch FG Berlin-Brandenburg v. 19.6.2019, 7 K 7250/15, EFG 2019, 1565.

Zur Pauschalierung der Einkommensteuer bei Sachzuwendungen nach § 37b EStG bei Aufwendungen für eine **VIP-Loge** s. BFH v. 23.11.2023, VI R 15/21, BStBl II 2024, 361, Rz. 16: Der Wert der auf die Zuwendungen entfallenden Aufwendungen i.S.v. § 37b Abs. 1 Satz 2 EStG ist dergestalt zu schätzen, dass die Gesamtaufwendungen der Loge ins Verhältnis der tatsächlichen Nutzung gesetzt werden und entsprechende Aufwandsteile abgezogen werden, die nicht auf die Erbringung von Zuwendungen entfielen. Daher sind auf Leerplätze entfallende Aufwendungen nicht zu berücksichtigen. Wurden mit der Anmietung der VIP-Loge mehrere betriebliche Zwecke verfolgt (hier: einerseits werbend auf die Kunden zuzugehen, andererseits entsprechende Zuwendungen an die Kunden zu erbringen), sind die Aufwendungen für die „betrieblich veranlasste Zuwendung" i.S.d. § 37b Abs. 1 Satz Nr. 1 EStG aufzuteilen.

Wegen der Überlassung von Eintrittskarten zu Sportstudios u.Ä. → *Sport* Rz. 3972.

LSt SV

3. Besonderheiten bei Theaterunternehmen u.a.

Die Abgabe von Eintrittskarten für Theater oder Konzerte durch **Theaterunternehmen oder Rundfunksender an die eigenen Arbeitnehmer** stellt selbst dann **Arbeitslohn** dar, wenn die Abgabe der Karten in einem gewissen eigenbetrieblichen Interesse liegt. Die Zuwendungen sind jedenfalls nicht überwiegend eigenbetrieblich veranlasst, denn die Teilnahme an Konzert- und Theaterveranstaltungen findet regelmäßig im **gesellschaftlichen, außerberuflichen Bereich** eines Arbeitnehmers statt (FG Hamburg v. 30.5.1991, II 103/88, EFG 1992, 129). Der geldwerte Vorteil ist jedoch steuerfrei, soweit er den **Rabattfreibetrag von 1 080 €** im Jahr nicht überschreitet. 1812

LSt SV

Nicht als Arbeitslohn zu erfassen ist dagegen die Überlassung von Theaterkarten, soweit **Dienstplätze für die Theaterleitung** (z.B. Intendant, Verwaltungsdirektor) bereitgestellt werden oder der Besuch von Veranstaltungen durch das **Theaterpersonal dienstlich erwünscht ist**, z.B. bei nicht ausverkauftem Haus. Ebenso ist **eine** Freikarte je Inszenierung für **ein** Mitglied des ständigen künstlerischen Personals kein Arbeitslohn (OFD München v. 1.9.2001, ohne Az.).

LSt SV (durchgestrichen)

Dies gilt aber nur für die Theatermitarbeiter selbst, die Überlassung von Karten für die **Angehörigen** einschließlich des Ehegatten ist immer ein steuerpflichtiger **geldwerter Vorteil** (OFD München v. 1.9.2001, ohne Az.).

LSt SV

Die Bewertung der Vorteile aus der Überlassung von Theaterkarten richtet sich nach den allgemeinen Grundsätzen der Bewertung von Sachbezügen (→ *Sachbezüge* Rz. 3799).

4. Pauschalierung der Einkommensteuer

Nach § 37b EStG können Stpfl. aus Vereinfachungsgründen die Einkommensteuer für **Sachzuwendungen**, und zwar für 1813

- **betrieblich veranlasste Zuwendungen, die zusätzlich zur ohnehin vereinbarten Leistung oder Gegenleistung erbracht werden** (hierzu gehören z.B. Eintrittskarten für den Besuch sportlicher, kultureller oder musikalischer Veranstaltungen oder auch Incentive-Reisen),
- und **Geschenke** i.S.d. § 4 Abs. 5 Satz 1 Nr. 1 EStG,

sowohl an **Nichtarbeitnehmer** des Stpfl. (z.B. Kunden, Geschäftsfreunde, deren Arbeitnehmer) als auch an **eigene Arbeitnehmer** des Stpfl. unter bestimmten Voraussetzungen mit einem **Pauschsteuersatz von 30 %** erheben. Diese Pauschalsteuer gilt die steuerliche Erfassung des geldwerten Vorteils beim Zuwendungsempfänger ab; steuerlicher Arbeitslohn fällt also auf der Empfängerseite nicht an.

Weitere Einzelheiten → *Pauschalierung der Einkommensteuer bei Sachzuwendungen* Rz. 3303.

Einzelnachweis

→ *Lohnsteuer-Ermäßigungsverfahren* Rz. 2993

Einzug des Gesamtsozialversicherungsbeitrags/Einzugsstelle

1. Allgemeines

1814 Der Gesamtsozialversicherungsbeitrag inkl. des einkommensabhängigen Zusatzbeitrags ist nach § 28h Abs. 1 Satz 1 SGB IV an die Krankenkasse zu zahlen, d.h., die Krankenkasse übernimmt insoweit die Funktion der Einzugsstelle für den **Gesamtsozialversicherungsbeitrag**.

Die **Einzugsstelle** ist verpflichtet, Beitragsansprüche, die nicht rechtzeitig erfüllt werden, geltend zu machen, d.h. „einzuziehen", und zwar gegen jeden Beitragsschuldner.

2. Zuständigkeit

1815 Zuständige Einzugsstelle für den Gesamtsozialversicherungsbeitrag ist nach § 28i Abs. 1 Satz 1 SGB IV die **Krankenkasse** (→ *Krankenversicherung: gesetzliche* Rz. 2760), bei der die Krankenversicherung des Arbeitnehmers bzw. der arbeitnehmerähnlichen Person durchgeführt wird. Dabei ist unerheblich, ob die Krankenversicherung auf einer Pflichtversicherung oder auf einer freiwilligen Versicherung beruht. Dies bedeutet, dass die **Renten- und Arbeitslosenversicherungsbeiträge** für freiwillig Krankenversicherte an die Krankenkasse zu entrichten sind, bei der die freiwillige Krankenversicherung besteht. Das gilt auch für freiwillige Mitglieder von Ersatzkassen. Ebenso sind die Renten- und Arbeitslosenversicherungsbeiträge für krankenversicherungsfreie oder nicht krankenversicherungspflichtige Arbeitnehmer, die in der landwirtschaftlichen Krankenversicherung versicherungspflichtig sind (z.B. als landwirtschaftliche Unternehmer), von der zuständigen landwirtschaftlichen Krankenkasse einzuziehen. Da auch für Angehörige in der Krankenversicherung eine eigenständige Versicherung durchgeführt wird, sind die Beiträge für Praktikanten und zur Berufsausbildung Beschäftigte ohne Arbeitsentgelt, die in der Renten- und Arbeitslosenversicherung als Arbeitnehmer der Versicherungspflicht unterliegen, von der Krankenkasse einzuziehen, die die Familienversicherung durchführt.

Für deutsche Seeleute, die auf einem Seeschiff beschäftigt sind, das nicht berechtigt ist, die Bundesflagge zu führen, und bei denen die Voraussetzungen des § 2 Abs. 3 SGB IV erfüllt sind, ist die Deutsche Rentenversicherung Knappschaft-Bahn-See zuständige Einzugsstelle.

Zuständige Einzugsstelle für geringfügig Beschäftigte (auch für geringfügig Beschäftigte im Privathaushalt) ist allein die Deutsche Rentenversicherung Knappschaft-Bahn-See (Mini-Job-Zentrale) als Träger der Rentenversicherung. Sie nimmt die vom Arbeitgeber zu zahlenden Pauschalbeiträge für geringfügig entlohnte Beschäftigte entgegen und zieht auch die Rentenversicherungsbeiträge für geringfügig entlohnte Beschäftigte ein, die auf die Rentenversicherungsfreiheit verzichtet haben. Mithin sind auch sämtliche Meldungen für geringfügig entlohnte Beschäftigte gegenüber der Deutschen Rentenversicherung Knappschaft-Bahn-See als Träger der Rentenversicherung zu erstatten. Entsprechendes gilt für die Meldungen für kurzfristig Beschäftigte. Näheres hierzu → *Mini-Jobs* Rz. 3161.

Sofern in der geringfügig entlohnten Beschäftigung auf Grund der Zusammenrechnung mit einer nicht geringfügigen versicherungspflichtigen Beschäftigung Versicherungspflicht besteht, sind Meldungen und Beiträge aus der versicherungspflichtigen Beschäftigung an die Krankenkasse zu entrichten, bei der der geringfügig Beschäftigte krankenversichert ist oder – bei privat Krankenversicherten – zuletzt krankenversichert war.

3. Aufgaben

1816 Die Einzugsstelle entscheidet nicht nur über die Versicherungs- und Beitragspflicht in der Krankenversicherung, sondern zugleich über die **Versicherungs- und Beitragspflicht in der Pflege-, Renten- und Arbeitslosenversicherung**.

Die Entscheidung der Einzugsstelle über die Versicherungs- und Beitragspflicht ist ein Verwaltungsakt. Rechtsbehelfe und Rechtsmittel gegen Entscheidungen der Einzugsstellen richten sich gegen diese, nicht aber gegen den Träger der Rentenversicherung oder die Bundesagentur für Arbeit (vgl. BSG v. 23.9.2003, B 12 RA 3/02 R). Gleichwohl sind die Träger der Rentenversicherung oder die Bundesagentur für Arbeit nicht vom Verfahren vor den Gerichten der Sozialgerichtsbarkeit ausgeschlossen; deren Beiladung richtet sich nach § 75 SGG. Ein Rentenversicherungsträger ist nur im Rahmen einer Betriebsprüfung nach § 28p SGB IV (→ *Beitragsüberwachung* Rz. 1309) befugt, einen Verwaltungsakt über Versicherungspflicht und Beitragshöhe in der Sozialversicherung zu erlassen.

In der Arbeitslosenversicherung gelten Sonderregelungen (→ *Arbeitslosenversicherung* Rz. 716, → *Statusfeststellungsverfahren* Rz. 3977).

Elektrizitätswerke

→ *Strom: verbilligter Bezug* Rz. 4057

Elektrofahrrad

→ *Fahrrad* Rz. 2057

Elektromobilität

Inhalt

1. Allgemeines

Um den Anteil an Elektrofahrzeugen wesentlich zu erhöhen, sind staatlicherseits zahlreiche Fördermaßnahmen beschlossen worden. Neben außersteuerlichen Maßnahmen und den bereits bestehenden steuerlichen Vergünstigungen, z.B. bei der Kfz-Steuer und bei der Einkommen- bzw. Lohnsteuer (→ Rz. 1818) sind die Rahmenbedingungen zur Förderung von **Elektrofahrzeugen** durch das Gesetz zur weiteren steuerlichen Förderung der Elektromobilität und zur Änderung weiterer steuerlicher Vorschriften v. 12.12.2019, BStBl I 2020, 17, umfangreich verbessert worden. 1817

Nachfolgend ein kurzer Überblick über die Regelungen:

– Mit dem Gesetz zur steuerlichen Förderung von Elektromobilität im Straßenverkehr v. 7.11.2016, BStBl I 2016, 1211 wurden vom Arbeitgeber gewährte Vorteile für das elektrische Aufladen eines Elektrofahrzeugs oder Hybridelektrofahrzeugs im Betrieb des Arbeitgebers oder eines verbundenen Unternehmens und für die zeitweise zur privaten Nutzung überlassene betriebliche Ladevorrichtung von der Einkommensteuer befreit (§ 3 Nr. 46 EStG).

- Der Arbeitgeber hat die Möglichkeit, die Lohnsteuer für geldwerte Vorteile aus der Übereignung einer Ladevorrichtung sowie für Zuschüsse zu den Aufwendungen des Arbeitnehmers für den Erwerb und für die Nutzung einer Ladevorrichtung pauschal mit 25 % zu erheben (§ 40 Abs. 2 Satz 1 Nr. 6 EStG).
- Voraussetzung ist jeweils, dass die geldwerten Vorteile und Leistungen sowie die Zuschüsse zusätzlich zum ohnehin geschuldeten Arbeitslohn erbracht werden (→ *Barlohnumwandlung* Rz. 1218).

Diese Regelungen gelten seit dem 1.1.2017 und ihr Anwendungszeitraum wurde mit dem o.g. Gesetz zur weiteren steuerlichen Förderung der Elektromobilität und zur Änderung weiterer steuerlicher Vorschriften bis zum 31.12.2030 verlängert (§ 52 Abs. 4 Satz 17 und Abs. 37c EStG).

Die obersten Finanzbehörden haben zur Anwendung der steuerlichen Vorteile ein **Anwendungsschreiben** herausgegeben (BMF v. 29.9.2020, IV C 5 – S 2334/19/10009 :004, BStBl I 2020, 972, welches mit BMF v. 11.11.2025, IV C 5 – S 2334/00087/014/013, BStBl I 2025, 1929 aktualisiert wurde). Die Änderungen des Schreibens sind, mit Ausnahme von bestimmten Einzelregelungen grundsätzlich in allen offenen Fällen anzuwenden.

2. Sonderregelung für Firmenwagen zur privaten Nutzung

1818 Der **Listenpreis von Elektro- und extern aufladbaren Hybridelektrofahrzeugen** ist derzeit höher als der Listenpreis von Kraftfahrzeugen, die ausschließlich mit einem Verbrennungsmotor angetrieben werden. Um die Verbreitung von Kraftfahrzeugen mit der neuen Technologie durch den Ansatz des höheren Listenpreises nicht zu behindern, gibt es für diese Fahrzeuge bei Bewertung des Nutzungsvorteils für die private Nutzung **Sonderregelungen für die Ermittlung des Listenpreises oder der Gesamtkosten bei der Fahrtenbuchmethode** (→ *Firmenwagen zur privaten Nutzung* Rz. 2174).

Zur Definition der Begriffe **„Elektrofahrzeug"** und **„Hybridelektrofahrzeug"** → *Firmenwagen zur privaten Nutzung* Rz. 2169.

3. Steuerbefreiung nach § 3 Nr. 46 EStG

a) Allgemeines

1819 **Nach § 3 Nr. 46 EStG sind steuerfrei**

- zusätzlich zum ohnehin geschuldeten Arbeitslohn (→ *Barlohnumwandlung* Rz. 1218) vom Arbeitgeber gewährte **Vorteile für das elektrische Aufladen eines Elektrofahrzeugs oder Hybridelektrofahrzeugs** i.S.d. § 6 Abs. 1 Nr. 4 Satz 2 zweiter Halbsatz EStG an einer ortsfesten betrieblichen Einrichtung des Arbeitgebers oder eines verbundenen Unternehmens (§ 15 AktG)
- und **für die dem Arbeitnehmer zur privaten Nutzung zeitweise überlassene betriebliche Ladevorrichtung, nicht jedoch deren Übereignung** (→ Rz. 1823).

Die Regelung ist vom 1.1.2017 bis zum 31.12.2030 befristet (§ 52 Abs. 4 Satz 17 EStG).

b) Steuerbefreiung des vom Arbeitgeber unentgeltlich oder verbilligt gestellten Ladestroms

aa) Begünstigte Fahrzeuge

1820 Zum **Begriff „Elektrofahrzeug oder Hybridelektrofahrzeug"** i.S.d. § 6 Abs. 1 Nr. 4 Satz 2 zweiter Halbsatz EStG → *Firmenwagen zur privaten Nutzung* Rz. 2169. Hierzu gehören z.B. reine Batterieelektrofahrzeuge i.S.d. § 2 Nr. 2 EmoG, Brennstoffzellenfahrzeuge i.S.d. § 2 Nr. 4 EmoG, oder extern aufladbare Hybridelektrofahrzeuge (Plug-inHybridfahrzeuge).

Zu den begünstigten Fahrzeugen rechnen auch **Elektrofahrräder**, wenn diese verkehrsrechtlich als **Kraftfahrzeug einzuordnen** sind (z.B. gelten Elektrofahrräder, deren Motor auch Geschwindigkeiten über 25 km/h unterstützt, als Kraftfahrzeuge) sowie **Elektrofahrzeuge** i.S.d. § 1 Abs. 1 Satz 1 eKFV; das sind insbesondere Kraftfahrzeuge mit elektrischem Antrieb und einer bauartbedingten Höchstgeschwindigkeit von nicht weniger als 6 km/h und nicht mehr als 20 km/h, z.B. **E-Scooter** (→ Rz. 1839).

Die Überlassung solcher Fahrzeuge durch den Arbeitgeber ist daher nicht nach § 3 Nr. 37 EStG steuerfrei.

Begünstigt ist das **Aufladen** sowohl privater Elektrofahrzeuge oder Hybridelektrofahrzeuge des Arbeitnehmers als auch betrieblicher Elektro- oder Hybridelektrofahrzeuge des Arbeitgebers, die dem Arbeitnehmer auch zur privaten Nutzung überlassen werden (sog. **Dienstwagen**).

Wird der geldwerte Vorteil aus der privaten Nutzung eines Dienstwagens zu privaten Fahrten typisierend nach der pauschalen Nutzungswertermittlung i.S.d. § 8 Abs. 2 Satz 2 EStG (**1 %-Regelung**) ermittelt, ist der geldwerte Vorteil für den vom Arbeitgeber verbilligt oder unentgeltlich gestellten Ladestrom bereits abgegolten. Die Steuerbefreiung nach § 3 Nr. 46 EStG wirkt sich hier nicht aus.

Bei Anwendung der individuellen Nutzungswertermittlung i.S.d. § 8 Abs. 2 Satz 4 EStG (**Fahrtenbuchmethode**) bleiben unter entsprechender Anwendung von R 8.1 Abs. 9 Nr. 2 Satz 8 und Satz 17 LStR die Kosten für den vom Arbeitgeber verbilligt oder unentgeltlich gestellten, nach § 3 Nr. 46 EStG steuerfreien Ladestrom, bei der Ermittlung der insgesamt durch das Kraftfahrzeug entstehenden Aufwendungen i.S.d. § 8 Abs. 2 Satz 4 EStG (Gesamtkosten) außer Ansatz (→ *Firmenwagen zur privaten Nutzung* Rz. 2173).

Die Steuerbefreiung ist weder auf einen Höchstbetrag noch nach der Anzahl der begünstigten Kraftfahrzeuge begrenzt.

bb) Aufladeort

Begünstigt ist das Aufladen an jeder ortsfesten betrieblichen Einrichtung des Arbeitgebers oder eines mit dem Arbeitgeber verbundenen Unternehmens i.S.d. § 15 AktG. Die Lohnsteuerbefreiung nach § 3 Nr. 46 EStG ist somit auch auf Ladevorgänge bei verbundenen Unternehmen des Arbeitgebers anzuwenden. 1821

Nicht begünstigt ist das Aufladen bei einem Dritten oder an einer von einem fremden Dritten betriebenen Ladevorrichtung i.S. der → Rz. 1823 sowie das Aufladen beim Arbeitnehmer (→ Rz. 1823 und → Rz. 1829).

Die Steuerbefreiung gilt auch für **Leiharbeitnehmer** im Betrieb des Entleihers (entsprechend § 9 Abs. 4 Satz 1 EStG).

cc) Anwendungsbereich

Die Steuerbefreiung gilt insbesondere für Ladestrom, 1822

- den die Arbeitnehmer
  - an einer ortsfesten betrieblichen Einrichtung ihres Arbeitgebers oder
  - eines mit dem Arbeitgeber verbundenen Unternehmens (§ 15 AktG) von einem Dritten nur für Zwecke des Arbeitgeberunternehmens oder des verbundenen Unternehmens betrieben wird.

  beziehen,
- den Leiharbeitnehmer im Betrieb des Entleihers beziehen.

Die Steuerbefreiung gilt insbesondere nicht für Ladestrom an:

- Geschäftsfreunde des Arbeitgebers und deren Arbeitnehmer,
- Kunden des Arbeitgebers.

Sofern aber die von einem Dritten an einer ortsfesten betrieblichen Einrichtung des Arbeitgebers oder eines mit dem Arbeitgeber verbundenen Unternehmens (§ 15 AktG) betriebene Ladevorrichtung neben dem Arbeitgeberunternehmen auch weiteren Nutzern derselben Liegenschaft, nicht aber fremden Dritten zur Verfügung und trägt der Arbeitgeber die Stromkosten für die Nutzung der Ladevorrichtung durch den Arbeitnehmer unmittelbar, ist § 3 Nr. 46 EStG anwendbar.

c) Steuerbefreiung der zeitweisen unentgeltlichen oder verbilligten Überlassung einer betrieblichen Ladevorrichtung an den Arbeitnehmer

Steuerbefreit sind vom Arbeitgeber gewährte Vorteile für die zur privaten Nutzung zeitweise **überlassene betriebliche Ladevorrichtung** für Elektrofahrzeuge oder Hybridelektrofahrzeuge, **nicht jedoch deren Übereignung** (→ Rz. 1828). 1823

Der von dieser überlassenen Ladevorrichtung für Elektrofahrzeuge oder Hybridelektrofahrzeuge bezogene Ladestrom fällt nicht unter die Steuerbefreiung. Dies gilt unabhängig davon, ob es sich um einen Stromanschluss des Arbeitgebers handelt, oder ob der Arbeitgeber die Stromkosten des Arbeitnehmers bezuschusst.

1824 Unter einer **Ladevorrichtung** für ein Elektrofahrzeug oder ein Hybridelektrofahrzeug i.S.d. § 6 Abs. 1 Nr. 4 Satz 2 zweiter Halbsatz EStG sind die gesamte Ladeinfrastruktur einschließlich Zubehör sowie die in diesem Zusammenhang erbrachten Dienstleistungen zu verstehen. Dazu gehören zum Beispiel der Aufbau, die Installation und die Inbetriebnahme der Ladevorrichtung, deren Wartung und Betrieb sowie die für die Inbetriebnahme notwendigen Vorarbeiten wie das Verlegen eines Starkstromkabels.

1825 **Private Nutzung** in diesem Sinne ist jede Nutzung der Ladevorrichtung durch den Arbeitnehmer außerhalb der betrieblichen Nutzung für den Arbeitgeber. Steuerfrei ist daher auch die Nutzung der zeitweise überlassenen betrieblichen Ladevorrichtung i.R. anderer Einkunftsarten des Arbeitnehmers (z.B. der Arbeitnehmer lädt dort sein privates Elektrofahrzeug auf und fährt zu seinem Vermietungsobjekt).

d) Steuerliche Behandlung der vom Arbeitnehmer selbst getragenen Stromkosten

1826 Bei privaten Elektrofahrzeugen oder Hybridelektrofahrzeugen **des Arbeitnehmers** stellt die Erstattung der vom Arbeitnehmer selbst getragenen Stromkosten **steuerpflichtigen Arbeitslohn** dar.

Bei betrieblichen Elektrofahrzeugen oder Hybridelektrofahrzeugen **des Arbeitgebers**, die dem Arbeitnehmer auch zur privaten Nutzung überlassen werden (sog. Dienstwagen), stellt die Erstattung der vom Arbeitnehmer selbst getragenen Stromkosten einen **steuerfreien Auslagenersatz** nach § 3 Nr. 50 EStG dar.

Bei der Ermittlung der vom Arbeitnehmer für das Aufladen des betrieblichen Kraftfahrzeugs selbst getragenen Stromkosten aus der Nutzung einer häuslichen Ladevorrichtung ist die Strommenge mittels eines **gesonderten stationären oder mobilen (beispielsweise wallbox- oder fahrzeuginternen) Stromzählers** nachzuweisen.

Maßgeblich ist i.d.R. der individuelle (feste) Strompreis aus dem Vertrag des Arbeitnehmers mit dem Stromanbieter. Neben dem Einkaufspreis für die verbrauchte Kilowattstunde (kWh) Strom ist auch ein zu zahlender Grundpreis anteilig zu berücksichtigen. Ein Nachweis des individuellen Strompreises im Rahmen eines Eigenbelegs durch den Arbeitnehmer ist nicht zulässig. Zur Ermittlung der vom Arbeitnehmer selbst getragenen Stromkosten bei einem Vertrag mit dynamischem Stromtarif können die durchschnittlichen monatlichen Stromkosten je kWh einschließlich anteiligem Grundpreis zu Grunde gelegt werden.

Soweit der Arbeitnehmer eine häusliche Ladevorrichtung nutzt, die auch durch eine private Photovoltaik-Anlage gespeist wird, kann zur Ermittlung der häuslichen Stromkosten auf den vertraglichen (bei Nutzung eines dynamischen Stromtarifs auf den durchschnittlichen monatlichen) Stromkostentarif des Stromanbieters für den Haushalt des Arbeitnehmers abgestellt und dabei ein ggf. zu zahlender Grundpreis anteilig mitberücksichtigt wird.

Die Finanzverwaltung hat keine Bedenken,

- zur **Vereinfachung des Auslagenersatzes** für das elektrische Aufladen eines Dienstwagens (nur Pkw) nach § 3 Nr. 50 EStG
- und zur **Anrechnung von selbst getragenen individuellen Kosten des Arbeitnehmers für Ladestrom auf den Nutzungswert**

folgende monatlichen Pauschalen typisierend zu Grunde zu legen (BMF v. 29.9.2020, IV C 5 – S 2334/19/10009 :004, BStBl I 2020, 972, Rdnr. 23 und 24):

- für den **Zeitraum vom 1.1.2021 bis 31.12.2025**
  a) mit zusätzlicher Lademöglichkeit beim Arbeitgeber
     - 30 € für Elektrofahrzeuge und
     - 15 € für Hybridelektrofahrzeuge,
  b) ohne Lademöglichkeit beim Arbeitgeber
     - 70 € für Elektrofahrzeuge und
     - 35 € für Hybridelektrofahrzeuge.

Zeitraum 1.1.2026 bis 31.12.2030

Zur Vereinfachung der Ermittlung der vom Arbeitnehmer selbst getragenen Stromkosten (einschließlich der Anwendung bei dynamischem Stromtarif und bei Nutzung einer privaten Photovoltaik-Anlage) können die vom Statistischen Bundesamt halbjährlich veröffentlichten Gesamtstrompreise für private Haushalte (Statistik-Code 61243-0001, Durchschnittspreise einschließlich Steuern, Abgaben und Umlagen") zu Grunde gelegt werden. Dabei ist für das gesamte Kalenderjahr auf den für das 1. Halbjahr des Vorjahres veröffentlichten Gesamtdurchschnittsstrompreis einschließlich Steuern, Abgaben und Umlagen (Wert bei einem Jahresverbrauch von 5 000 kWh bis unter 15 000 kWh) abzustellen (Strompreispauschale). Dieser Gesamtdurchschnittsstrompreis ist auf volle Cent abzurunden und anschließend mit der nachgewiesenen geladenen Strommenge (s.o.) zu multiplizieren. Das Wahlrecht zwischen den tatsächlichen Stromkosten und der Strompreispauschale muss für das Kalenderjahr einheitlich ausgeübt werden (Jahrespauschale). Durch die Strompreispauschale sind sämtliche Stromkosten des Arbeitnehmers aus der Nutzung einer häuslichen Ladevorrichtung abgegolten.

Beispiel:

Der Arbeitnehmer nutzt im Kalenderjahr 2026 einen dynamischen Stromtarif. Die für das Aufladen des betrieblichen Kraftfahrzeugs mittels eines gesonderten stationären oder mobilen Stromzählers nachgewiesene Strommenge beträgt 3 000 kWh. Der vom Statistischen Bundesamt für das 1. Halbjahr des Jahres 2025 veröffentlichte Gesamtstrompreis (Statistik-Code 61243-0001, Durchschnittspreise inkl. Steuern, Abgaben und Umlagen) für private Haushalte bei einem Jahresverbrauch von 5 000 kWh bis unter 15 000 kWh beträgt 34,36 Cent.

Es ist entweder der durchschnittliche monatliche Stromkostentarif einschließlich anteiligem Grundpreis oder die Strompreispauschale für das gesamte Kalenderjahr 2026 zu Grunde zu legen. Im Falle der Anwendung der Strompreispauschale ist ein Strompreis von 34 Cent je nachgewiesener kWh maßgeblich. Der Auslagenersatz für das Kalenderjahr 2026 beträgt somit höchstens 1 020 € (3 000 kWh * 0,34 €).

Ein zusätzlicher Auslagenersatz der anhand von Belegen nachgewiesenen tatsächlichen Kosten für den von einem Dritten (z. B. an einer öffentlichen Ladesäule) bezogenen Ladestrom ist zulässig.

4. Pauschalierung der Lohnsteuer nach § 40 Abs. 2 Satz 1 Nr. 6 EStG

a) Allgemeines

Nach § 40 Abs. 2 Satz 1 Nr. 6 EStG hat der Arbeitgeber die Möglichkeit, die Lohnsteuer **pauschal mit 25 %** zu erheben 1827

- für geldwerte Vorteile aus der **Übereignung einer Ladevorrichtung** sowie
- für **Zuschüsse an den Arbeitnehmer zum Erwerb und für die Nutzung einer Ladevorrichtung**.

Auch diese Regelung ist vom 1.1.2017 bis 31.12.2030 befristet (§ 52 Abs. 37c EStG).

b) Unentgeltliche oder verbilligte Übereignung der Ladevorrichtung

Der Arbeitgeber kann die Lohnsteuer nach § 40 Abs. 2 Satz 1 Nr. 6 1828
EStG mit einem **Pauschsteuersatz von 25 %** erheben, soweit er dem Arbeitnehmer zusätzlich zum ohnehin geschuldeten Arbeitslohn (→ *Barlohnumwandlung* Rz. 1218) unentgeltlich oder verbilligt eine Ladevorrichtung für Elektrofahrzeuge oder Hybridelektrofahrzeuge i.S.d. § 6 Abs. 1 Nr. 4 Satz 2 zweiter Halbsatz EStG **übereignet**.

Somit kommt eine **Pauschalierung nicht in Betracht**, wenn der Arbeitgeber die **Ladevorrichtung unentgeltlich oder verbilligt überlässt** (→ Rz. 1823). Zum Begriff der Ladevorrichtung (→ Rz. 1824).

Es ist aus Vereinfachungsgründen nicht zu beanstanden, wenn als **Bemessungsgrundlage der pauschalen Lohnsteuer** für die Übereignung der Ladevorrichtung die Aufwendungen des Arbeitgebers für den Erwerb der Ladevorrichtung i.S. der → Rz. 1823 (einschließlich Umsatzsteuer) zu Grunde gelegt werden.

c) Pauschalierung der Lohnsteuer für Zuschüsse des Arbeitgebers

Trägt der Arbeitnehmer die Aufwendungen für den Erwerb und die 1829
Nutzung (z.B. für die Wartung und den Betrieb, die Miete für den

Starkstromzähler, nicht jedoch für den Ladestrom) einer privaten Ladevorrichtung selbst, kann der Arbeitgeber diese Aufwendungen bezuschussen oder vollständig übernehmen und die Lohnsteuer nach § 40 Abs. 2 Satz 1 Nr. 6 EStG **pauschal mit 25 %** erheben. Die Pauschalierung der Lohnsteuer ist auch zulässig, wenn der Arbeitgeber die Ladevorrichtung übereignet (→ Rz. 1828) und die Aufwendungen des Arbeitnehmers für die Nutzung der (nunmehr privaten) Ladevorrichtung bezuschusst.

Die **Pauschalierung der Lohnsteuer ist begrenzt** auf die Aufwendungen des Arbeitnehmers für den Erwerb und die Nutzung der Ladevorrichtung i.S. der → Rz. 1823.

Auch **pauschale Zuschüsse des Arbeitgebers** für die Nutzung einer privaten Ladevorrichtung des Arbeitnehmers können pauschal versteuert werden. Voraussetzung ist, dass die Aufwendungen für die Nutzung regelmäßig wiederkehren und der Arbeitnehmer die entstandenen Aufwendungen für einen repräsentativen Zeitraum von drei Monaten im Einzelnen nachweist. Die Pauschalierung der Lohnsteuer auf Grundlage eines durchschnittlichen nachgewiesenen Betrags ist grds. so lange zulässig, bis sich die Verhältnisse wesentlich ändern.

5. Reisekosten

1830 Nutzt der Arbeitnehmer sein privates Elektrofahrzeug oder Hybridelektrofahrzeug für Dienstfahrten, kann er an Stelle der tatsächlichen Kosten die gesetzlich festgelegten **pauschalen Kilometersätze** (§ 9 Abs. 1 Satz 3 Nr. 4a Satz 2 EStG) aus Vereinfachungsgründen auch dann ansetzen, wenn der Arbeitnehmer nach § 3 Nr. 46 EStG steuerfreie Vorteile oder nach § 40 Abs. 2 Satz 1 Nr. 6 EStG pauschal besteuerte Leistungen und Zuschüsse vom Arbeitgeber für dieses Elektrofahrzeug oder Hybridelektrofahrzeug erhält.

Beim Ansatz der **tatsächlichen Fahrtkosten** (§ 9 Abs. 1 Satz 3 Nr. 4a Satz 1 EStG) sind diese steuerfreien Vorteile oder pauschal besteuerten Leistungen und Zuschüsse nicht in die Gesamtaufwendungen des Arbeitnehmers einzubeziehen.

6. Zusätzlichkeitsvoraussetzung

1831 Voraussetzung für die o.g. begünstigenden Regelungen ist stets, dass die geldwerten Vorteile und Leistungen sowie die Zuschüsse zusätzlich zum ohnehin geschuldeten Arbeitslohn erbracht werden. Der steuerliche Vorteil ist damit insbesondere i.R. von **Gehaltsverzicht oder -umwandlungen ausgeschlossen** (→ *Barlohnumwandlung* Rz. 1218).

7. Aufzeichnungen im Lohnkonto

1832 Der Arbeitgeber ist nicht verpflichtet, die steuerfreien Vorteile i.S.d. § 3 Nr. 46 EStG im Lohnkonto des Arbeitnehmers aufzuzeichnen (§ 4 Abs. 2 Nr. 4 Satz 1 LStDV).

Erhebt der Arbeitgeber die Lohnsteuer nach § 40 Abs. 2 Satz 1 Nr. 6 EStG pauschal mit 25 %, sind die Aufwendungen des Arbeitgebers für den Erwerb der Ladevorrichtung, die Zuschüsse des Arbeitgebers und die bezuschussten Aufwendungen des Arbeitnehmers für den Erwerb und die Nutzung der Ladevorrichtung i.S. der → Rz. 1823 nachzuweisen. Der Arbeitgeber hat diese Unterlagen als Belege zum Lohnkonto aufzubewahren.

8. Kaufprämie

a) Allgemeines

1833 Einzelheiten zu den Voraussetzungen sowie zur Höhe der für den Kauf eines Elektrofahrzeugs bis Ende 2024 gezahlten Kaufprämie bzw. des Hersteller-Zuschusses (Umweltbonus sowie Innovationsprämie) s. die letztmaligen Erläuterungen in der Ausgabe für das Kalenderjahr 2024.

b) Lohnsteuer

1834 Die **Herstellerbeteiligung** an der Kaufprämie stellte u.E. eine **echte Kaufpreisminderung** dar, welche die Anschaffungskosten des Elektrofahrzeugs kürzte.

Bei der staatlichen **Kaufprämie** handelte es sich u.E. um einen **Zuschuss** i.S.v. R 6.5 EStR. Daher hatte der Stpfl. **ein Wahlrecht**, ob er die staatliche Kaufprämie

- **als Betriebseinnahme ansetzt**: in diesem Fall wurden die Anschaffungskosten des Fahrzeugs durch die Kaufprämie nicht berührt, oder
- **erfolgsneutral behandelt**: in diesem Fall mussten die Anschaffungskosten um die Kaufprämie gekürzt werden (R 6.5 Abs. 2 EStR).

Nur in Fällen der zweiten Alternative waren entsprechende Folgerungen bei der Ermittlung des Nutzungswerts aus der privaten Nutzung eines Firmenwagens nach der sog. **Fahrtenbuchmethode** (→ *Firmenwagen zur privaten Nutzung* Rz. 2155) zu ziehen.

Wurden für die Ermittlung von **Reisekosten** die tatsächlichen Kfz-Kosten angesetzt (→ *Reisekosten: Erstattungen* Rz. 3661), minderte die Kaufprämie die Anschaffungskosten des Fahrzeugs.

Beispiel 1:

Der Arbeitgeber hat im Dezember 2021 ein Elektrofahrzeug erworben und dem Arbeitnehmer ab dem 1.1.2022 zur Privatnutzung überlassen. Der Bruttolistenpreis betrug 44 250 €, abzüglich der Herstellerbeteiligung an der Kaufprämie 41 250 €. Die tatsächlichen Anschaffungskosten einschließlich Umsatzsteuer betrugen 34 576 €. Die BAFA hat einen Umweltbonus einschl. Innovationsprämie i.H.v. 6 000 € gewährt, weil der Nettolistenpreis nicht mehr als 40 000 € betragen hat. Die berufliche Nutzung des Arbeitnehmers beträgt gemäß ordnungsgemäßem Fahrtenbuch 83 %. Die vom BAFA gewährte Kaufprämie i.H.v. 6 000 € wird vom Arbeitgeber **als Betriebseinnahme angesetzt**.

Da der Arbeitgeber den Bundesanteil als Betriebseinnahme ansetzt, sind die Anschaffungskosten des Elektrofahrzeugs nicht zu kürzen. Für die **Ermittlung** der **Gesamtkosten** sind die Anschaffungskosten des Arbeitgebers i.H.v. 34 576 € mit einem Viertel zu berücksichtigen, weil der Bruttolistenpreis nicht über 60 000 € beträgt. Danach sind bei den Gesamtkosten Absetzungen für Abnutzung i.H.v. 1 080,50 € (34 576 € : 4 = 8 644 € verteilt auf 8 Jahre, → *Firmenwagen zur privaten Nutzung* Rz. 2158) anzusetzen.

Daneben sind lediglich Aufwendungen für die Versicherung i.H.v. 1 000 € und sonstige Kosten i.H.v. 278 € angefallen (Vorteile durch das elektrische Aufladen des Fahrzeugs an der ortsfesten betrieblichen Lade-Einrichtung des Arbeitgebers sind nach § 3 Nr. 46 EStG steuerfrei). Die Summe der geminderten Gesamtaufwendungen beträgt 2 358,50 €. Dies ergibt nach der Fahrtenbuchmethode einen geldwerten Vorteil i.H.v. 400,94 € (17 %).

Beispiel 2:

Sachverhalt wie Beispiel 1. Der von der BAFA gewährte Umweltbonus einschl. Innovationsprämie i.H.v. 6 000 € wird vom Arbeitgeber **erfolgsneutral behandelt**.

Da der Arbeitgeber die staatliche Kaufprämie erfolgsneutral behandelt, sind die Anschaffungskosten des Elektrofahrzeugs zu kürzen. Für die Ermittlung der Gesamtkosten sind daher die Anschaffungskosten des Arbeitgebers i.H.v. 34 576 € um 6 000 € zu mindern **und** die Differenz zu einem Viertel zu berücksichtigen Danach sind bei den Gesamtkosten Absetzungen für Abnutzung i.H.v. 893 € (34 576 € – 6 000 € = 28 576 € : 4 = 7 144 € verteilt auf 8 Jahre, → *Firmenwagen zur privaten Nutzung* Rz. 2176) anzusetzen. Daneben sind lediglich Aufwendungen für die Versicherung i.H.v. 1 000 € und sonstige Kosten i.H.v. 278 € angefallen (Vorteile durch das elektrische Aufladen des Fahrzeugs an der ortsfesten betrieblichen Lade-Einrichtung des Arbeitgebers sind nach § 3 Nr. 46 EStG steuerfrei).

Die Summe der geminderten Gesamtaufwendungen beträgt 2 171 €. Dies ergibt nach der Fahrtenbuchmethode einen geldwerten Vorteil i.H.v. 369,07 € (17 %).

Hinweis:

Für die Berechnung des geldwerten Vorteils aus der Privatnutzung nach der sog. **1 %-Regelung** ergaben sich keine Änderungen, weil hier vom geminderten **Listenpreis** auszugehen war (→ *Firmenwagen zur privaten Nutzung* Rz. 2174).

c) Umsatzsteuer

Bei der **Herstellerbeteiligung** an der Kaufprämie handelte es sich 1835
umsatzsteuerlich um einen Preisnachlass für die Lieferung des elektrisch betriebenen Fahrzeugs an den Kunden, wenn der Hersteller das Fahrzeug auf Vermittlung des örtlichen Kfz-Händlers direkt an den Erwerber lieferte. Für den Fall, dass das Elektrofahrzeug durch einen örtlichen Kfz-Händler als Eigenhändler oder Kommissionär an den Kunden geliefert wurde, stellt die Herstellerbeteiligung eine (nachträgliche) Minderung des Entgelts dar, das der Kfz-Händler für den Bezug des Elektrofahrzeugs an den Hersteller zu zahlen hatte.

Die an den Erwerber ausgezahlte Kaufprämie (Umweltbonus einschl. Innovationsprämie) stellte umsatzsteuerlich einen echten Zuschuss dar, der **nicht der Umsatzsteuer** unterlag.

Zu weiteren Einzelheiten, insbesondere zur umsatzsteuerlichen Beurteilung von Leasing-Fällen, s. OFD Niedersachsen v. 9.2.2017, S 7200 – 446 – St 172.

9. Elektro-Bikes

a) Allgemeines

1836 Zur steuerlichen Behandlung von Fahrrädern allgemein → *Fahrrad* Rz. 2057.

Die Steuerbefreiung des gestellten Ladestroms bzw. der gestellten Ladestation nach § 3 Nr. 46 EStG **gilt auch für Elektrofahrräder, sofern diese verkehrsrechtlich als Kraftfahrzeug einzuordnen** sind (→ Rz. 1820). Hingegen kommt **die Steuerbefreiung des § 3 Nr. 37** EStG für die private **Nutzung** eines betrieblichen Fahrrads oder Elektrofahrrads (→ *Fahrrad* Rz. 2058) **nur für Elektrofahrräder** in Betracht, **die kein Kraftfahrzeug** i.S.d. § 6 Abs. 1 Nr. 4 Satz 2 EStG **sind.**

Bei der steuerlichen Behandlung von Elektrofahrrädern ist daher wie folgt zu unterscheiden:

b) Elektro-Bike ist verkehrsrechtlich ein Fahrrad

1837 Die **Steuerbefreiung des § 3 Nr. 46 EStG (Ladestrom) gilt nur für Elektrofahrräder** des Arbeitnehmers, die verkehrsrechtlich **als Kraftfahrzeug** einzuordnen sind, u.a. Kennzeichen- und Versicherungspflicht.

Die **Finanzverwaltung** hat jedoch eine **Billigkeitsregelung** getroffen, nach der **vom Arbeitgeber gewährte Vorteile für das elektrische Aufladen von Elektrofahrrädern**, die verkehrsrechtlich **nicht als Kraftfahrzeug einzuordnen** sind (u.a. keine Kennzeichen- und Versicherungspflicht), im Betrieb des Arbeitgebers oder eines verbundenen Unternehmens (§ 15 AktG) **nicht zum Arbeitslohn** rechnen (BMF v. 11.11.2025, IV C 5 - S 2334/00087/014/013, Rdnr. 11).

Für die **private Nutzung von Elektrofahrrädern**, die **keine** Kraftfahrzeuge sind, gilt ab 1.1.2019 die **Steuerbefreiung nach § 3 Nr. 37 EStG** (→ *Fahrrad* Rz. 2058). Danach ist die **Überlassung eines (Elektro-)Fahrrads zur privaten Nutzung steuerfrei**, wenn der Vorteil **zusätzlich zum ohnehin geschuldeten Arbeitslohn** (→ *Barlohnumwandlung* Rz. 1218) **gewährt** wird. Begünstigt ist auch fahrradtypisches Zubehör, wenn es fest am Fahrradrahmen oder an anderen Fahrradteilen verbaut ist (unselbständig Einbauten); nicht jedoch ein Fahrradanhänger.

Für den Fall, dass die **Steuerbefreiung nach § 3 Nr. 37 EStG keine Anwendung findet**, weil die Nutzungsüberlassung im Wege einer Gehaltsumwandlung finanziert wird, hat die Finanzverwaltung relativ **moderate Durchschnittswerte** festgesetzt (→ *Fahrrad* Rz. 2061).

c) Elektro-Bike ist verkehrsrechtlich ein Kraftfahrzeug

1838 Zu den **nach § 3 Nr. 46 EStG begünstigten Fahrzeugen** rechnen auch **Elektrofahrräder**, wenn diese verkehrsrechtlich als **Kraftfahrzeug** einzuordnen sind (z.B. gelten Elektrofahrräder, deren Motor auch Geschwindigkeiten über 25 km/h unterstützt, als Kraftfahrzeuge).

Bei Nutzung eines solchen Elektrofahrrads für **Auswärtstätigkeiten** darf der Arbeitgeber nach § 3 Nr. 13 oder 16 EStG einen pauschalen Kilometersatz von 0,20 €/km steuerfrei zahlen; alternativ kann er vom Arbeitnehmer als Werbungskosten abgesetzt werden.

10. E-Scooter

1839 Die unentgeltliche Überlassung eines E-Scooters durch den Arbeitgeber an den Arbeitnehmer für private Fahrten sowie für Fahrten zwischen Wohnung und erster Tätigkeitsstätte ist als **geldwerter Vorteil** zu versteuern.

Nach der **Elektrokleinstfahrzeuge-Verordnung** v. 6.6.2019, BGBl. I 2019, 756 handelt es sich bei einem E-Scooter um ein **Kraftfahrzeug** mit der Folge, dass die Regelungen für Elektrofahrzeuge anzuwenden sind (→ *Firmenwagen zur privaten Nutzung* Rz. 2169); die **Steuerbefreiung nach § 3 Nr. 37 EStG** (→ *Fahrrad* Rz. 2058) findet daher **keine Anwendung** (OFD Frankfurt v. 25.3.2020, S 2334 A – 121 – St 210).

Steuerfrei ist nach § 3 Nr. 46 EStG das Aufladen im Betrieb des Arbeitgebers und die Überlassung einer betrieblichen Ladevorrichtung zur privaten Nutzung (→ Rz. 1819).

Beispiel:

Ein Arbeitgeber überlässt seinem Arbeitnehmer erstmals ab 1.4.2025 einen E-Scooter zur Privatnutzung sowie für Fahrten zwischen Wohnung und erster Tätigkeitsstätte (Entfernung = 5 km). Die unverbindliche Preisempfehlung des E-Scooters beträgt 850 €. Ein Viertel des Bruttolistenpreises beträgt 212,50 € (= 1/4 von 850 €), abgerundet auf volle 100 € = 200 €. Der monatliche geldwerte Vorteil ermittelt sich wie folgt:

Privatfahrten 1 % von 200 € =	2,– €
Fahrten Wohnung/erste Tätigkeitsstätte 0,03 % von 200 € x 5 km =	0,30 €
Monatlicher geldwerter Vorteil insgesamt	2,30 €

Die monatliche 50 €-Freigrenze ist auf diesen geldwerten Vorteil auf Grund der Bewertung nach der Bruttolistenpreisregelung nicht anwendbar.

Stellt der Arbeitgeber seinen Arbeitnehmern einen E-Scooter für die beruflich veranlassten **Auswärtstätigkeiten** zur Verfügung (z.B. Kundenbesuch in der Innenstadt), handelt es sich um **steuerfreien Reisekostenersatz** in Form einer Sachleistung.

Nutzt der Arbeitnehmer einen privaten E-Scooter

- für **Fahrten zwischen Wohnung und erster Tätigkeitsstätte**, kann er hierfür die (verkehrsmittelunabhängige) **Entfernungspauschale** in Anspruch nehmen (→ *Wege zwischen Wohnung und erster Tätigkeitsstätte* Rz. 4419).
- für **Auswärtstätigkeiten**, kann er – da es sich um ein Kraftfahrzeug handelt – u.E. den für „andere motorbetriebene Fahrzeuge" geltenden km-Satz von 0,20 € je gefahrenen km anwenden (s. zu den pauschalen km-Sätzen → *Reisekosten-Erstattungen* Rz. 3666).

Die obigen Grundsätze gelten für **Segways** entsprechend.

11. Sozialversicherung

Soweit die o.g. Arbeitgeberleistungen steuerfrei sind oder pauschal versteuert werden, sind sie auch sozialversicherungsfrei. 1840

Elektronische Lohnsteuerabzugsmerkmale

→ *ELStAM* Rz. 1841

Elektronische Lohnsteuerkarte

→ *ELStAM* Rz. 1841

ELStAM

Inhalt

1. Allgemeines

1841 Im Verfahren der elektronischen Lohnsteuerabzugsmerkmale (ELStAM-Verfahren) ist **allein die Finanzverwaltung** für die Bildung und Änderung der Lohnsteuerabzugsmerkmale und deren Bereitstellung für den Abruf durch den Arbeitgeber zuständig. Die steuerlichen Rechte und Pflichten der Arbeitgeber und Arbeitnehmer ergeben sich aus den §§ 38 bis 39f EStG. Es ist nicht erforderlich, dass der **Arbeitnehmer die Aufnahme einer Beschäftigung** bzw. den Beginn eines Dienstverhältnisses **beim Finanzamt anzeigt** oder einen Antrag zur Bildung der ELStAM (**E**lektronische **L**ohn**S**teuer**A**bzugs**M**erkmale) stellt.

Der Arbeitgeber ist verpflichtet, den Arbeitnehmer bei Aufnahme des Dienstverhältnisses bei der Finanzverwaltung anzumelden und zugleich die ELStAM anzufordern. Diese Verpflichtung besteht auch, wenn das Finanzamt einen **Härtefallantrag auf Nichtteilnahme am ELStAM-Verfahren abgelehnt** hat. Stimmt das Finanzamt hingegen dem Antrag des Arbeitgebers auf Anwendung der Härtefallregelung zu, hat der Arbeitgeber dem Finanzamt die für den Abruf der ELStAM bestimmten Daten in Papierform mitzuteilen. Die Anforderung von ELStAM ist nur für im Betrieb des Arbeitgebers beschäftigte Arbeitnehmer zulässig.

Nach dem Abruf sind die ELStAM in das Lohnkonto des Arbeitnehmers zu übernehmen und entsprechend deren Gültigkeit für die Dauer des Dienstverhältnisses für den Lohnsteuerabzug anzuwenden. **Etwaige Änderungen** stellt die Finanzverwaltung dem Arbeitgeber **monatlich spätestens bis zum fünften Werktag des Folgemonats zum Abruf** bereit. Wird das Dienstverhältnis beendet, ist der Arbeitgeber verpflichtet, den Arbeitnehmer unter Angabe des Beschäftigungsendes (Datum) im ELStAM-Verfahren abzumelden.

Einzelheiten zur Anwendung des ELStAM-Verfahrens sind im BMF-Schreiben v. 13.12.2024, IV C 5 – S 2363/19/10007 :004, BStBl I 2025, 64 geregelt, welches mit Wirkung ab dem 1.1.2025 die BMF-Schreiben vom 8.11.2018 (BStBl I 2018, 1137) und vom 7.11.2019 (BStBl I 2019, 1087) ersetzt. Völlig neu sind u.a. Regelungen zur Steuerklassenbildung bei Ehegatten in den Fällen der Scheidung (→ Rz. 1848), bei Tod eines Ehegatten (→ Rz. 1849), bei Auslandssachverhalten (→ Rz. 1850) und zur Haftung des Arbeitgebers (→ Rz. 1885).

2. Bildung und Inhalt der ELStAM

a) ELStAM-Verfahren

1842 Soweit ein Arbeitgeber für die Durchführung des Lohnsteuerabzugs Lohnsteuerabzugsmerkmale benötigt, werden sie auf Veranlassung des Arbeitnehmers gebildet (§ 39 Abs. 1 Satz 1 EStG). Die Bildung der ELStAM erfolgt grds. automatisiert durch das BZSt (§ 39e Abs. 1 Satz 1 EStG) auf Grund der gespeicherten Daten (ELStAM-Datenbank). Dabei werden je Arbeitnehmer grds. die Steuerklasse und die Kinderfreibeträge für die in den Steuerklassen I bis IV zu berücksichtigenden Kinder gebildet (§ 39 Abs. 4 Satz 1 Nr. 1 und 2 i.V.m. § 38b Abs. 1 und 2 EStG). Soweit das Finanzamt auf Antrag des Arbeitnehmers Lohnsteuerabzugsmerkmale nach § 39 Abs. 1 und 2 EStG bildet (z.B. Freibeträge nach § 39a EStG oder Steuerklassen nach antragsgebundenem Steuerklassenwechsel), teilt es diese dem BZSt zum Zweck der Bereitstellung für den automatisierten Abruf durch den Arbeitgeber mit. Neben den Lohnsteuerabzugsmerkmalen (§ 39 Abs. 4 EStG) werden vom Bundeszentralamt für Steuern die Identifikationsnummer, der Tag der Geburt und die Merkmale für den Kirchensteuerabzug des Arbeitnehmers zum automatisierten Abruf durch den Arbeitgeber bereitgestellt (§ 39e Abs. 3 Satz 1 EStG). Mit dem Wachstumschancengesetz v. 27.3.2024, BGBl. I 2024, Nr. 108 wurde § 39e Abs. 10 EStG ergänzt. Diese Ergänzung soll gewährleisten, dass die beim BZSt für Zwecke des Lohnsteuerabzugs gespeicherten Daten auch für die Ermittlung des reduzierten Beitragssatzes nach § 55 Abs. 3 SGB XI verwendet werden dürfen.

b) Lohnsteuerabzugsmerkmale

Als **Lohnsteuerabzugsmerkmale** kommen in Betracht (§ 39 1843
Abs. 4 EStG):

- **Steuerklasse** (§ 38b Abs. 1 EStG) und **Faktor** (§ 39f EStG),
- **Zahl der Kinderfreibeträge** bei den Steuerklassen I bis IV (§ 38b Abs. 2 EStG),
- auf Antrag des Arbeitnehmers ein **Freibetrag** und ein **Hinzurechnungsbetrag** (§ 39a EStG); diese Beträge können längstens für zwei Jahre berücksichtigt werden (§ 39a Abs. 1 Satz 3 bis 5 EStG),
- die für den **Kirchensteuerabzug** erforderlichen Merkmale (§ 39e Abs. 3 Satz 1 EStG),
- auf Antrag des Arbeitnehmers die **Höhe der Beiträge für eine private Krankenversicherung** und für eine private Pflege-Pflichtversicherung (§ 39b Abs. 2 Satz 5 Nr. 3 Buchst. d EStG) für die Dauer von zwölf Monaten (s.u.) und
- auf Antrag des Arbeitnehmers oder Arbeitgebers die **Mitteilung**, dass der von einem Arbeitgeber gezahlte Arbeitslohn nach einem Abkommen zur Vermeidung der Doppelbesteuerung **von der Lohnsteuer freizustellen** ist.

Die beiden letztgenannten Lohnsteuerabzugsmerkmale sollen **erst in einer weiteren programmtechnischen Ausbaustufe** des Verfahrens als ELStAM berücksichtigt werden (§ 52 Abs. 36 EStG). Übergangsweise können die Beiträge für eine private Krankenversicherung und für eine private Pflege-Pflichtversicherung beim Lohnsteuerabzug berücksichtigt werden, wenn der Arbeitnehmer dem Arbeitgeber eine entsprechende Beitragsbescheinigung des Versicherungsunternehmens vorlegt (BMF v. 26.11.2013, IV C 5 – S 2367/13/10001, BStBl I 2013, 1532, Tz. 6.1). Dies gilt bis Ende 2025; zur Einführung eines Datenaustauschs zwischen den Versicherungsunternehmen, der FinVerw. und den Arbeitgebern ab 2026 (siehe § 52 Abs. 36 Satz 3 EStG sowie weitere Ausführungen).

Das Verfahren zur Berücksichtigung von Vorsorgeaufwendungen im Lohnsteuerabzugsverfahren wurde mit Wirkung ab 1.1.2026 durch den Ansatz einer Vorsorgepauschale (§ 39b Abs. 2 Satz 5 Nr. 3 EStG) gesetzlich neu geregelt, sodass auch die im o.g. BMF-Schreiben v. 26.11.2013, IV C 5 – S 2367/13/10001, BStBl I 2013, 1532, enthaltenen Regelungen mit Wirkung vom 1.1.2026 durch die Vorgaben des BMF-Schreibens v. 14.8.2025, IV C 5 – S 2367/00012/004/033, BStBl I 2025, 1628 ersetzt werden.

m Rahmen des JStG 2020 v. 21.12.2020, BStBl I 2021, 6 ist § 39 Abs. 4 Nr. 4, Abs. 4a EStG dahingehend geändert worden, dass ein **umfassender Datenaustausch** zwischen den Unternehmen der privaten Kranken- und Pflegeversicherung, der Finanzverwaltung und den Arbeitgebern **eingeführt** wird. Das neue Verfahren ersetzt das Verfahren mittels Papierbescheinigungen vollständig, d.h. es wird nicht als alternatives Verfahren eingeführt. Die Neuregelungen können i.R. eines Pilotprojekts bereits ab dem 1.1.2023 angewendet werden (§ 52 Abs. 36 Satz 3 EStG). Nachdem die obersten Finanzbehörden im Mai 2023 mitgeteilt hatten, dass sich der Start auf den 1.1.2026 verschiebt, enthält nun auch das inzwischen beschlossene Kreditzweitmarktförderungsgesetz eine Regelung auf Grund derer der Starttermin für das neue elektronische Übermittlungsverfahren auf den 1.1.2026 verschoben wird (§ 52 Abs. 36 Satz 3 i.d.F. des Kreditzweitmarktförderungsgesetzes).

Ab 2026 wird der **Datenaustausch** zwischen privaten Kranken- und Pflegeversicherungen, dem BZSt und den Arbeitgebern im Rahmen des Lohnsteuerabzugsverfahrens vollständig **digital** erfolgen. Dies ersetzt die bisherige papierbasierte Bescheinigungspflicht für die steuerliche Berücksichtigung der Beiträge. Durch die elektronische Übermittlung der relevanten Beitragsdaten an das BZSt und die Arbeitgeber wird der bürokratische Aufwand für Steuerpflichtige und Arbeitgeber deutlich reduziert. Die **Arbeitge-**

ber können so die Lohnsteuerabzugsmerkmale automatisch und rechtssicher ermitteln, was die Steuererklärung für private Versicherungen vereinfacht und Fehlerquellen minimiert. Die gesetzlichen Grundlagen sind in mehreren Paragrafen des Einkommensteuergesetzes (u.a. § 39 Abs. 4, 4a EStG) verankert. Zum gesetzlich vorgeschriebenen Datenaustausch ab dem 1.1.2026 hat die FinVerw. ein **umfangreiches Anwendungsschreiben** herausgegeben (BMF v. 3.6.2025, IV C 5 – S 2363/00047/004/136, BStBl I 2025, 1454 und BMF v. 8.12.2025, IV C 5 – S 2363/00047/009). Siehe hierzu auch → *Vorsorgepauschale* Rz. 4386.

Die Freistellung von Arbeitslohn auf Grund eines DBA kann mit dem Vordruck „Antrag für unbeschränkt einkommensteuerpflichtige Arbeitnehmer auf Erteilung einer Bescheinigung über die Freistellung des Arbeitslohns vom Steuerabzug auf Grund eines Abkommens zur Vermeidung der Doppelbesteuerung" beim Betriebsstättenfinanzamt des Arbeitgebers (§ 41a Abs. 1 Satz 1 Nr. 1 EStG) beantragt werden.

c) Bildung und Änderung der (elektronischen) Lohnsteuerabzugsmerkmale

1844 Für die (erstmalige) **Bildung der (elektronischen) Lohnsteuerabzugsmerkmale** stehen **zwei Möglichkeiten** zur Verfügung:

- Im Regelfall erfolgt die erstmalige Bildung der ELStAM zu Beginn eines Dienstverhältnisses **auf Grund der Anmeldung des Arbeitnehmers durch seinen Arbeitgeber** bei der Finanzverwaltung mit dem Ziel, die ELStAM des Arbeitnehmers abzurufen (§ 39e Abs. 4 Satz 2 EStG).
- Soweit Lohnsteuerabzugsmerkmale nicht automatisiert gebildet werden oder davon abweichend zu bilden sind (z.B. Freibeträge nach § 39a EStG oder Steuerklassen nach antragsgebundenem Steuerklassenwechsel), erfolgt die Bildung der Lohnsteuerabzugsmerkmale **auf Antrag des Arbeitnehmers durch das Finanzamt** (§ 39 Abs. 1 und 2 EStG).

Wird der **Arbeitslohn nach § 40a EStG pauschal besteuert**, darf der Arbeitgeber **keine ELStAM abrufen**. Dem Arbeitgeber bleibt es unbenommen, die Lohnsteuer vom Arbeitslohn/Arbeitsentgelt eines geringfügig Beschäftigten im Regelverfahren zu erheben. Dazu hat er den Arbeitnehmer im ELStAM-Verfahren anzumelden und den Lohnsteuerabzug nach den (abgerufenen) individuellen Lohnsteuerabzugsmerkmalen (z.B. der Steuerklasse) durchzuführen.

Lohnsteuerabzugsmerkmale werden sowohl **für ein erstes als auch für jedes weitere Dienstverhältnis** gebildet (§ 39 Abs. 1 Satz 1 EStG). Auf Antrag des Arbeitnehmers teilt ihm das Finanzamt – auch im Hinblick auf ein zukünftiges Dienstverhältnis – seine (elektronischen) Lohnsteuerabzugsmerkmale mit (§ 39e Abs. 6 Satz 4 EStG). Daneben hat der Arbeitnehmer die Möglichkeit, seine **aktuellen ELStAM auf der Internetseite** www.elster.de jederzeit **einzusehen** (→ Rz. 1874). Alternativ teilt das zuständige Wohnsitzfinanzamt oder das Betriebsstättenfinanzamt dem Arbeitnehmer seine elektronischen Lohnsteuerabzugsmerkmale auf dessen Antrag mit (§ 39e Abs. 6 Satz 4 EStG).

Grundlage für die Bildung der Lohnsteuerabzugsmerkmale sind die von den **Meldebehörden mitgeteilten melderechtlichen Daten** (§ 39e Abs. 2 Satz 1 und 2 EStG), wobei die Finanzverwaltung grds. an diese melderechtlichen Daten gebunden ist (§ 39 Abs. 1 Satz 3 EStG). Änderungen der melderechtlichen Daten sind von den Meldebehörden dem BZSt tagesaktuell mitzuteilen und in der ELStAM-Datenbank zu speichern. Dies ermöglicht der Finanzverwaltung z.B., die Steuerklassen bei Änderung des Familienstands automatisch zu bilden und zu ändern. Auslöser hierfür sind jeweils die Mitteilungen der Meldebehörden. Bei der automatischen Änderung kann es evtl. zu zeitlichen Verzögerungen kommen, die das Finanzamt nicht beeinflussen kann.

In **begründeten Ausnahmefällen** hat das Finanzamt **rechtliche Prüfungen zu melderechtlichen Merkmalen vorzunehmen** und bei abweichenden Feststellungen selbst eine Entscheidung über die zutreffende Besteuerung zu treffen. Trifft das Finanzamt in diesen Einzelfällen eine von den gespeicherten melderechtlichen Daten **abweichende Entscheidung** für die Besteuerung, werden die Lohnsteuerabzugsmerkmale nicht auf Basis der ELStAM-Datenbank gebildet. Das Finanzamt stellt in diesen Fällen eine **jahresbezogene Bescheinigung für den Lohnsteuerabzug** aus, anhand derer der Arbeitgeber den Lohnsteuerabzug durchzuführen hat (§ 39 Abs. 1 Satz 2 EStG). Der **Abruf der ELStAM** wird zugleich für den Gültigkeitszeitraum der Bescheinigung allgemein **gesperrt**; → Rz. 1855. Für Änderungen der melderechtlichen Daten im Melderegister sind allein die Meldebehörden zuständig.

d) Zuständigkeit

Soweit Lohnsteuerabzugsmerkmale nicht automatisiert gebildet 1845
werden (§ 39e Abs. 1 Satz 1 EStG) oder davon abweichend zu bilden sind, richtet sich die Zuständigkeit für die Bildung der Lohnsteuerabzugsmerkmale nach § 39 Abs. 2 EStG. Zuständiges Finanzamt für unbeschränkt steuerpflichtige Arbeitnehmer ist i.d.R. das Wohnsitzfinanzamt i.S.d. § 19 Abs. 1 Satz 1 und 2 AO. Abweichend hiervon kann dies nach Zuständigkeitsverordnungen der Länder auch das für die Veranlagung zur Einkommensteuer zuständige Finanzamt sein (z.B. durch Zentralisierungsmaßnahmen in Großstädten). Zuständiges Finanzamt für beschränkt steuerpflichtige Arbeitnehmer ist das für die Betriebsstätte des Arbeitgebers zuständige Betriebsstättenfinanzamt nach § 41a Abs. 1 Satz 1 Nr. 1 EStG.

e) Steuerklassenbildung bei Ehegatten

Ändert sich der Familienstand eines Arbeitnehmers, z.B. durch 1846
Eheschließung, Tod des Ehegatten oder Scheidung, übermitteln die nach Landesrecht für das Meldewesen zuständigen Behörden (Meldebehörden) die **melderechtlichen Änderungen des Familienstands automatisch an die Finanzverwaltung**.

aa) Eheschließung

Heiraten Arbeitnehmer, teilen die zuständigen Meldebehörden der 1847
FinVerw. den Familienstand „verheiratet", das Datum der Eheschließung und die Identifikationsnummer des Ehegatten mit. Dadurch werden beide Ehegatten programmgesteuert in die Steuerklasse IV eingereiht, wenn sie unbeschränkt einkommensteuerpflichtig sind und nicht dauernd getrennt leben (§ 39e Abs. 3 Satz 3 EStG). Dies gilt auch dann, wenn einer der Ehegatten keinen Arbeitslohn bezieht (§ 39e Abs. 3 Satz 3 i.V.m. § 38b Abs. 1 Satz 2 Nr. 4 EStG). Die Steuerklasse IV wird mit Wirkung ab Beginn des Monats der Eheschließung vergeben.

Soll die bei Heirat automatisch gebildete Steuerklassenkombination IV/IV nicht zur Anwendung kommen, können die Ehegatten gemeinsam die Steuerklassenkombination IV/IV mit Faktor (für einen Zeitraum von längstens zwei Jahren, § 39f Abs. 1 Satz 9 bis 11 EStG) oder die Steuerklassenkombination III/V beim zuständigen Finanzamt mit Wirkung ab Beginn des Monats der Eheschließung beantragen.

Ehegatten können im Laufe des Kalenderjahres beim Finanzamt die Änderung der Steuerklassen beantragen. Dies gilt unabhängig von der automatisierten Bildung der Steuerklassen nach § 39e Abs. 3 Satz 3 EStG sowie einer von den Ehegatten gewünschten Änderung dieser automatisierten Bildung (§ 39 Abs. 6 Satz 3 und 4 EStG). Für eine Berücksichtigung der Änderung im laufenden Kalenderjahr ist der Antrag spätestens bis zum 30.11. zu stellen (§ 39 Abs. 6 Satz 6 EStG). Die beantragten Steuerklassen werden mit Wirkung vom Beginn des Kalendermonats, der auf die Antragstellung folgt, gewährt (§ 39 Abs. 6 Satz 5 EStG).

Ein Wechsel der Steuerklassenkombination III/V in IV/IV ist darüber hinaus auch auf Antrag nur eines Ehegatten möglich (§ 38b Abs. 3 Satz 2 EStG). Dies hat zur Folge, dass beide Ehegatten in die Steuerklasse IV eingereiht werden. Die Steuerklassenkombination III/V kommt also nur zur Anwendung, wenn und solange beide Ehegatten dies wünschen.

Der Antrag auf Steuerklassenwechsel ist unter „Mein ELSTER" (www.elster.de) oder beim Finanzamt mit dem Formular „Antrag auf Lohnsteuer-Ermäßigung und zu den Lohnsteuerabzugsmerkmalen", dem Hauptvordruck und der Anlage „Steuerklassenwechsel" zu stellen.

Hinweis:

Im Rahmen des Gesetzes zur Fortentwicklung des Steuerrechts und zur Anpassung des Einkommensteuertarifs (Steuerfortentwicklungsgesetz – SteFeG) sollte eine Überführung der Steuerklassen III und V in das Faktorverfahren erfolgen. Das Gesetz zur Fortentwicklung des Steuerrechts und zur Anpassung des Einkommensteuertarifs (Steuerfortentwicklungsgesetz – SteFeG) wurde am 30.12.2024 im BGBl. verkündet (BGBl. I 2024 Nr. 449). Die Überführung der Steuerklassen III und V in das Faktorverfahren wurde dabei im Gesetzgebungsverfahren gestrichen. Ob und inwieweit die Überführung der Steuerklassen III und V in das Faktorverfahren in Zukunft weitergeführt bzw. entsprechend den bisherigen Plänen umgesetzt wird, oder im Rahmen einer Überarbeitung des Splittingtarifs hin zu einer Familienbesteuerung ebenfalls überarbeitet wird, ist derzeit offen.

bb) Scheidung

1848 Wird die Ehe durch Scheidung beendet, übermittelt die Meldebehörde den geänderten melderechtlichen Familienstand sowie das Datum der Scheidung der Ehe an die Finanzverwaltung. Zu Beginn des darauffolgenden Kalenderjahres wird für diese Arbeitnehmer automatisiert die Steuerklasse I gebildet, sofern die Ehegatten bei Trennung ihrer Anzeigepflicht nicht bereits nachgekommen sind und hierdurch die Steuerklasse I für das Folgejahr der Trennung gebildet wurde. Entsprechendes gilt bei der Aufhebung einer Ehe. Auf Antrag kann bei Alleinstehenden, denen ein Kinderfreibetrag nach § 32 Abs. 6 EStG oder Kindergeld zusteht, ab Beginn des Folgejahres die Steuerklasse II vom Finanzamt gewährt werden. Bereits ab dem Monat des dauernden Getrenntlebens kann der Entlastungsbetrag für Alleinerziehende nach § 24b Abs. 4 i.V.m. § 39a Abs. 1 Satz 1 Nr. 9 EStG zeitanteilig als Freibetrag im Lohnsteuerabzugsverfahren gebildet werden, wenn die Voraussetzungen des § 24b und des § 39a Abs. 2 Satz 4 EStG erfüllt sind. Der Antrag ist unter „Mein ELSTER" (www.elster.de) oder beim Finanzamt mit dem Formular „Antrag auf Lohnsteuer-Ermäßigung und zu den Lohnsteuerabzugsmerkmalen", dem Hauptvordruck und der Anlage „Kinder" zu stellen.

cc) Tod

1849 Verstirbt ein Ehegatte, wird die Steuerklasse des überlebenden Ehegatten ab dem ersten des auf den Todestag folgenden Monats automatisch in Steuerklasse III geändert (§ 38b Abs. 1 Satz 1 Nr. 3 Buchst. b EStG; sog. Verwitwetensplitting nach § 32a Abs. 6 Satz 1 Nr. 1 EStG). Ab Beginn des zweiten Kalenderjahres nach dem Tod des Ehegatten wird programmgesteuert die Steuerklasse I gebildet. Bereits für den Monat des Todes des Ehegatten kann der Entlastungsbetrag für Alleinerziehende nach § 24b Abs. 4 i.V.m. § 39a Abs. 1 Satz 1 Nr. 8 EStG zeitanteilig als Freibetrag im Lohnsteuerabzugsverfahren gebildet werden, wenn die Voraussetzungen des § 24b EStG und des § 39a Abs. 2 Satz 4 EStG erfüllt sind. Etwas anderes gilt nur, sofern die Voraussetzungen für die Anwendung der Steuerklasse III im Zeitpunkt des Todes nicht vorgelegen haben (z.B. bei dauerndem Getrenntleben). Der Antrag ist unter „Mein ELSTER" (www.elster.de) oder beim Finanzamt mit dem Formular „Antrag auf Lohnsteuer-Ermäßigung und zu den Lohnsteuerabzugsmerkmalen", dem Hauptvordruck und der Anlage „Kinder" zu stellen.

dd) Auslandssachverhalte

1850 Gibt ein Ehegatte den inländischen Wohnsitz auf, erhalten beide Ehegatten ab dem Beginn des Folgejahres automatisiert die Steuerklasse I zugeteilt. Erfüllt der im Inland verbleibende unbeschränkt einkommensteuerpflichtige Ehegatte die Voraussetzungen des § 1a Abs. 1 Nr. 2 EStG, kann dieser auf Antrag in die Steuerklasse III eingereiht werden. Der Antrag ist unter „Mein ELSTER" (www.elster.de) oder beim Finanzamt mit dem Formular „Antrag auf Lohnsteuerermäßigung und zu den Lohnsteuerabzugsmerkmalen", dem Hauptvordruck und der Anlage „Steuerklassenwechsel" zu stellen. Zu den Pflichten des Arbeitnehmers beim Wechsel der Steuerpflicht siehe Rz. 1867.

Die erneute Begründung eines inländischen Wohnsitzes nach einem Auslandsaufenthalt führt bei beiden Ehegatten ab Beginn dieses Monats automatisch zur Einreihung in die Steuerklasse IV. Die erneute Begründung eines inländischen Wohnsitzes ist dem Wohnsitzfinanzamt unverzüglich anzuzeigen.

Erfüllt der im Inland verbleibende unbeschränkt einkommensteuerpflichtige Ehegatte die Voraussetzungen des § 1a Abs. 1 Nr. 2 EStG, kann dieser **auf Antrag in die Steuerklasse III** eingereiht werden (→ Rz. 1876). Zu den Pflichten des Arbeitnehmers beim Wechsel der Steuerpflicht → Rz. 1869.

Die **erneute Begründung eines inländischen Wohnsitzes** bzw. gewöhnlichen Aufenthalts nach einem Auslandsaufenthalt führt bei Ehegatten ab Beginn dieses Monats **automatisch zur Einreihung in die Steuerklasse IV**.

ee) Dauerndes Getrenntleben

Leben **Ehegatten dauernd getrennt**, haben sie dies dem zuständigen Wohnsitzfinanzamt (→ Rz. 1845) unverzüglich anzuzeigen. Die Anzeige ist unter „Mein ELSTER" (www.elster.de) oder beim Finanzamt mit dem Formular „Antrag auf Lohnsteuer-Ermäßigung und zu den Lohnsteuerabzugsmerkmalen", dem Hauptvordruck und der Anlage „Steuerklassenwechsel" zu stellen. Ab Beginn des darauf folgenden Jahres wird dann **automatisch die Steuerklasse I gebildet**. 1851

f) Steuerklassenbildung bei Lebenspartnerschaften

Die **Regelungen zu Ehegatten und Ehen** sind auch **auf Lebenspartner und Lebenspartnerschaften anzuwenden** (§ 2 Abs. 8 EStG). Der Familienstand „verheiratet" und der Familienstand „Lebenspartnerschaft" werden demnach im ELStAM-Verfahren identisch behandelt. I.R. des Lohnsteuerabzugsverfahrens betrifft dies u.a. die Regelungen zur Bildung der familiengerechten Steuerklasse III/V bzw. IV/IV, ggf. mit Faktor (§ 38b Abs. 1 EStG). 1852

Zum 1.10.2017 ist das Gesetz zur Einführung des Rechts auf Eheschließung für Personen gleichen Geschlechts v. 20.7.2017 (BGBl. I 2017, 2787) in Kraft getreten. Danach können gleichgeschlechtliche Partner seit dem 1.10.2017 nur noch eine Ehe schließen (§ 1353 Abs. 1 Satz 1 BGB). Eine bestehende Lebenspartnerschaft wird in eine Ehe umgewandelt, wenn beide Lebenspartner beim Standesamt persönlich erklären, miteinander eine Ehe auf Lebenszeit führen zu wollen (§ 20a Lebenspartnerschaftsgesetz).

Im ELStAM-Verfahren führt die Mitteilung über die Heirat zur automatisierten Bildung der Steuerklasse IV. Insoweit ergeben sich für **gleichgeschlechtliche Ehegatten im ELStAM-Verfahren keine Besonderheiten**. Auch die Möglichkeit, beim Finanzamt eine ungünstigere Steuerklasse zu beantragen, bleibt bestehen (→ Rz. 1875). Die Umwandlung einer Lebenspartnerschaft in eine Ehe hat für den Lohnsteuerabzug keine Folgen, weil die Steuerklassen, die während der Lebenspartnerschaft gewählt worden sind, nach der Umwandlung in eine Ehe gültig bleiben.

g) Berücksichtigung von Kindern

aa) Lohnsteuerabzugsmerkmal

Die Berücksichtigung von Kindern erfolgt im laufenden Kalenderjahr bei Arbeitnehmern über das Kindergeld. Die Kinderfreibeträge als Lohnsteuerabzugsmerkmal wirken sich nur auf die Zuschlagsteuern (Solidaritätszuschlag und Kirchensteuer) aus. Im Lohnsteuerabzugsverfahren wird für Zwecke der Zuschlagsteuern der Kinderfreibetragszähler ab dem Monat der Geburt des Kindes gebildet und bis zum Ablauf des Jahres, in dem die Voraussetzungen für die Berücksichtigung des Kindes nach § 32 Abs. 1, 2, 4 und 5 EStG entfallen, zum Abruf bereitgestellt. Im Veranlagungsverfahren zur Einkommensteuer wird bei den Zuschlagsteuern ein Kinderfreibetrag ab Beginn des Jahres der Geburt des Kindes bis zum Ablauf des Jahres, in dem die Voraussetzungen für die Berücksichtigung des Kindes nach § 32 Abs. 1, 2, 4 und 5 EStG entfallen, berücksichtigt (Jahresprinzip). 1853

Bei im Inland ansässigen minderjährigen Kindern i.S.d. § 32 Abs. 1 Nr. 1 EStG werden in den Steuerklassen I bis IV die Kinderfreibetragszähler bei beiden Elternteilen i.d.R. automatisiert berücksichtigt, sofern Eltern und Kind in derselben Gemeinde wohnen (§ 38b Abs. 2 EStG).

Bei **minderjährigen Kindern** i.S.d. § 32 Abs. 1 Nr. 1 EStG werden in den Steuerklassen I bis IV die Kinderfreibetragszähler bei beiden Elternteilen entsprechend der Regelungen in § 38b Abs. 2 EStG automatisch berücksichtigt, sofern Eltern und Kind in derselben Gemeinde wohnen.

Bei **minderjährige Kindern**, die **nicht in der Wohnung des Arbeitnehmers gemeldet** sind, setzt die Bildung der Kinderfreibetragszähler **einen einmaligen Antrag voraus** (Vordruck „Antrag auf Lohnsteuer-Ermäßigung", Hauptvordruck und Anlage Kinder). Dabei ist der Nachweis beim Finanzamt durch Vorlage einer **Geburtsurkunde des Kindes** zu führen.

Kommt ein Elternteil seinen Unterhaltsverpflichtungen im Wesentlichen nicht nach oder ist er mangels Leistungsfähigkeit nicht unterhaltspflichtig (sog. Mangelunterhaltsfälle), ist eine **Übertragung des Kinderfreibetrags** auf den anderen Elternteil im Lohnsteuerabzugsverfahren nur möglich, wenn der Antragsteller **keinen Unterhaltsvorschuss erhalten** hat. Ein Antrag auf Übertragung kann auch erst i.R. einer Veranlagung zur Einkommensteuer gestellt werden.

bb) Mehrjährige Berücksichtigung in den Antragsfällen nach § 38b Abs. 2 Satz 2 EStG

1854 Können Kinderfreibetragszähler nicht automatisiert berücksichtigt werden, ist die mehrjährige Berücksichtigung von Kindern im Lohnsteuerabzugsverfahren möglich, wenn nach den tatsächlichen Verhältnissen zu erwarten ist, dass die Voraussetzungen bestehen bleiben (§ 38b Abs. 2 Satz 2 und 3 EStG). Eine mehrjährige Berücksichtigung kommt z. B. in den folgenden Fällen in Betracht:

- **Pflegekinder** in den Fällen des § 32 Abs. 1 Nr. 2 EStG,
- **Kinder unter 18 Jahren**, wenn der Wohnsitz/gewöhnliche Aufenthalt des anderen Elternteils nicht ermittelbar oder der Vater des Kindes amtlich nicht feststellbar ist,
- **Kinder nach Vollendung des 18. Lebensjahrs**, die die Voraussetzungen des § 32 Abs. 4 EStG erfüllen; bei Kindern, die sich in Berufsausbildung i.S.d. § 32 Abs. 4 Nr. 2 Buchst. a EStG befinden, kann sich die mehrjährige Berücksichtigung bei einem Ausbildungsdienstverhältnis, z.B. aus dem Ausbildungsvertrag, ergeben; bei einem Erststudium kann für die mehrjährige Berücksichtigung grds. die Regelstudienzeit i.S. der §§ 11, 19 HRG zu Grunde gelegt werden.

Der Antrag nach § 38b Abs. 2 Satz 2 EStG kann nur nach amtlich vorgeschriebenem Vordruck gestellt werden (§ 38b Abs. 2 Satz 5 EStG). Hierfür steht der Vordruck „Antrag auf Lohnsteuer-Ermäßigung“, Hauptvordruck und Anlage Kinder zur Verfügung.

3. Durchführung des Lohnsteuerabzugs

a) Elektronisches Verfahren

aa) Regelverfahren

1855 Der Lohnsteuerabzug ist grds. nach den amtlich gebildeten ELStAM durchzuführen (Regelverfahren). Dazu stellt die Finanzverwaltung **dem Arbeitgeber die Lohnsteuerabzugsmerkmale unentgeltlich zum elektronischen Abruf bereit** (§ 39e Abs. 3 Satz 1 EStG). Die Finanzverwaltung bildet für Arbeitnehmer als Grundlage für den Lohnsteuerabzug die Steuerklasse, die Zahl der Kinderfreibetragszähler für die Steuerklassen I bis IV sowie die Merkmale für den Kirchensteuerabzug automatisch als ELStAM. Auf Antrag des Arbeitnehmers werden auch Freibeträge und Hinzurechnungsbeträge nach § 39a EStG oder ein Faktor nach § 39f EStG berücksichtigt.

bb) Verfahren bei unzutreffenden ELStAM

1856 Stellt die Finanzverwaltung dem Arbeitgeber **unzutreffende ELStAM** bereit, kann der Arbeitnehmer deren **Berichtigung beim Finanzamt beantragen** (§ 39 Abs. 1 Satz 2 und Abs. 2 EStG, → Rz. 1844 und → Rz. 1845). In Betracht kommen neben unzutreffenden melderechtlichen Merkmalen insbesondere ELStAM, die aus technischen Gründen nicht zeitnah berichtigt werden können. Neben der Möglichkeit des Arbeitnehmers, eine Bescheinigung für den Lohnsteuerabzug zu beantragen, besteht für den Arbeitgeber die Möglichkeit, für die Dauer von bis zu drei Monaten den Lohnsteuerabzug mit den bisherigen ELStAM durchzuführen (→ Rz. 1883).

Um bei unzutreffenden ELStAM den zutreffenden Lohnsteuerabzug vornehmen zu können, stellt das Finanzamt auf Antrag des Arbeitnehmers eine Bescheinigung für den Lohnsteuerabzug (§ 39 Abs. 1 Satz 2 EStG) i.d.R. bis zum Ende des Kalenderjahres, für welches die Bescheinigung gilt, aus **und sperrt gleichzeitig den Arbeitgeberabruf (Vollsperrung)**. Durch diese Sperrung werden dem Arbeitgeber für den Arbeitnehmer keine ELStAM mehr bereitgestellt. Stattdessen erhält er in der auf die Sperrung folgenden monatlichen Änderungsliste (Monatsliste) einen Hinweis auf den Wegfall der Abrufberechtigung. Legt der Arbeitnehmer dem Arbeitgeber die Bescheinigung für den Lohnsteuerabzug vor, sind die darauf eingetragenen Lohnsteuerabzugsmerkmale maßgebend. Folglich hat sie der Arbeitgeber in das Lohnkonto des Arbeitnehmers zu übernehmen, dem Lohnsteuerabzug zu Grunde zu legen und die Regelung in § 39e Abs. 6 Satz 8 EStG (Lohnsteuerabzug nach Steuerklasse VI) nicht anzuwenden. Bei Beendigung des Arbeitsverhältnisses vor Ablauf des Kalenderjahres hat er dem Arbeitnehmer diese Bescheinigung auszuhändigen.

Hebt das Finanzamt die Vollsperrung auf, werden dem Arbeitgeber die für den Arbeitnehmer zutreffenden ELStAM in einer Monatsliste zum Abruf bereitgestellt. **Mit dem erneuten Abruf der ELStAM durch den Arbeitgeber verliert die Bescheinigung für den Lohnsteuerabzug ihre Gültigkeit;** sie ist nicht an das Finanzamt zurückzugeben. Der Arbeitgeber darf sie nach Ablauf des Kalenderjahres vernichten. Ist eine Korrektur unzutreffender ELStAM durch das Finanzamt **für zurückliegende Lohnzahlungszeiträume erforderlich**, stellt das Finanzamt auf Antrag des Arbeitnehmers eine **befristete Bescheinigung für den Lohnsteuerabzug** aus (§ 39 Abs. 1 Satz 2 EStG). Dies gilt insbesondere für Änderungen von ELStAM im Einspruchsverfahren oder bei verzögert übermittelten bzw. weiterverarbeiteten Daten der Meldebehörden. In der befristeten Bescheinigung werden die anzuwendenden Lohnsteuerabzugsmerkmale für im Kalenderjahr **zurückliegende Monate ausgewiesen** (befristet bis zum Monatsende vor Bereitstellung der zutreffenden ELStAM). Weil diese Lohnsteuerabzugsmerkmale **nur für die Vergangenheit anzuwenden** sind, wird der **Arbeitgeberabruf für die ELStAM nicht gesperrt**.

b) Arbeitgeberpflichten

aa) Registrierung zur Abrufberechtigung unter „Mein ELSTER“

Die Lohnsteuerabzugsmerkmale werden aus der ELStAM-Daten- 1857
bank grds. elektronisch bereitgestellt. Für die Teilnahme am ELStAM-Verfahren muss sich ein **Arbeitgeber zunächst einmalig auf der Internetseite** www.elster.de unter „Mein ELSTER“ mit dem Organisationszertifikat **registrieren** (sog. ELSTER-Authentifizierung). Dies ermöglicht der Finanzverwaltung nachzuverfolgen, wer zu welchem Zeitpunkt als Arbeitgeber oder Datenübermittler welche Daten aus der Datenbank angefordert hat.

Nach erfolgreicher Authentifizierung erhält der Arbeitgeber ein elektronisches Zertifikat. Für die Teilnahme am ELStAM-Verfahren wird die Auswahl des Organisationszertifikats empfohlen. Dafür hat eine Registrierung mit der Wirtschafts-Identifikationsnummer bzw. der Steuernummer der Betriebsstätte oder des Teils des Betriebs des Arbeitgebers, in dem der für die Durchführung des Lohnsteuerabzugs maßgebende Arbeitslohn des Arbeitnehmers ermittelt wird (§ 39e Abs. 6 Satz 6 Nr. 1 Satz 2 und Abs. 9 EStG), zu erfolgen. Dieses Zertifikat wird dem Unternehmen zugewiesen. Technisch ist es möglich, zu einer Wirtschafts-Identifikationsnummer bzw. Steuernummer bis zu 100 gleichwertige Organisationszertifikate zu erzeugen.

Die Registrierung für ein Zertifikat erfolgt mit der aktuellen Wirtschafts-Identifikationsnummer bzw. Steuernummer der Betriebsstätte oder des Teils des Betriebs des Arbeitgebers, in dem der für die Durchführung des Lohnsteuerabzugs maßgebende Arbeitslohn des Arbeitnehmers ermittelt wird (§ 39e Abs. 6 Satz 6 Nr. 1 Satz 2 und Abs. 9 EStG), im Internet unter „ELSTER – Ihr Online-Finanzamt“ (nach Registrierung dann im geschützten Bereich „Mein ELSTER“) direkt von der Startseite aus. Alternativ kann sie über den Bereich der Benutzergruppe „Arbeitgeber“ vorgenommen werden. Arbeitgeber, die ihre Lohnabrechnungen **durch einen Dritten erstellen** lassen, z.B. durch einen Steuerberater, benötigen **keine eigene Registrierung**. In diesen Fällen übernimmt der Dritte als „Datenübermittler“ die Aufgaben des Arbeitgebers. Dieser benötigt hierfür nur sein eigenes und kein zusätzliches Zertifikat für den betroffenen Arbeitgeber. Weitere Informationen für Arbeitgeber stehen im Internet unter www.elster.de zur Verfügung.

Ist ein Dritter mit der Datenübermittlung beauftragt, ist eine **zusammengefasste Übermittlung** von Daten zur Anmeldung und Abmeldung sowie für den Abruf der ELStAM von Arbeitnehmern mehrerer Arbeitgeber **zulässig**.

bb) Mitteilung der Steuernummer an den Arbeitnehmer

Möchte der **Arbeitnehmer eine Negativ- oder Positivliste** 1858
(→ Rz. 1870) beim Finanzamt **einrichten**, hat der Arbeitgeber dem Arbeitnehmer die Steuernummer der Betriebsstätte oder des Teilbetriebs, in dem der für die Durchführung des Lohnsteuerabzugs maßgebende Arbeitslohn ermittelt wird, mitzuteilen (§ 39e Abs. 6

Satz 6 Nr. 1 Satz 2 und Abs. 9 EStG). Der Arbeitnehmer hat für die Verwendung dieser Steuernummer die Schutzvorschriften für die ELStAM entsprechend zu beachten (§ 39e Abs. 6 Satz 6 Nr. 1 Satz 3 EStG, → Rz. 1887).

cc) Abruf der ELStAM

1859 Die **Teilnahme am ELStAM-Verfahren setzt voraus**, dass der Arbeitgeber den neu eingestellten Arbeitnehmer bei der Finanzverwaltung per Datenfernübertragung einmalig anmeldet und dadurch dessen ELStAM anfordert. Mit der Anmeldebestätigung werden dem Arbeitgeber die ELStAM des Arbeitnehmers zur Verfügung gestellt. Die ELStAM sind für die Lohnabrechnung(en) abzurufen, in das Lohnkonto zu übernehmen und nach der zeitlichen Gültigkeitsangabe anzuwenden (§ 52b Abs. 5 Satz 3 und 7 EStG, § 39e Abs. 4 Satz 2 EStG).

Kann der Arbeitgeber die elektronischen Lohnsteuerabzugsmerkmale wegen technischer Störungen nicht abrufen oder hat der Arbeitnehmer die fehlende Mitteilung der ihm zuzuteilenden Identifikationsnummer nicht zu vertreten, hat der Arbeitgeber für die Lohnsteuerberechnung die voraussichtlichen Lohnsteuerabzugsmerkmale i.S.d. § 38b EStG längstens für die **Dauer von drei Kalendermonaten** zu Grunde zu legen (vgl. § 39c Abs. 1 Satz 2 EStG).

Für die Anforderung von ELStAM hat der Arbeitgeber **folgende Daten des Arbeitnehmers mitzuteilen** (§ 39e Abs. 4 Satz 3 EStG):

- IdNr,
- Tag der Geburt,
- Tag des Beginns des Dienstverhältnisses,
- Referenzdatum,
- ob es sich um das erste Dienstverhältnis (Hauptarbeitsverhältnis mit Steuerklasse I bis IV) oder um ein weiteres Dienstverhältnis (Nebenarbeitsverhältnis mit Steuerklasse VI) handelt,
- etwaige Angaben, ob und in welcher Höhe ein nach § 39a Abs. 1 Satz 1 Nr. 7 EStG festgestellter Freibetrag abgerufen werden soll.

Ist ein Antrag nach § 39 Abs. 3 Satz 1 EStG oder § 39e Abs. 8 EStG nicht gestellt, hat der Arbeitgeber die Lohnsteuer nach Steuerklasse VI zu ermitteln. Legt der Arbeitnehmer binnen sechs Wochen nach Eintritt in das Dienstverhältnis oder nach Beginn des Kalenderjahres eine Bescheinigung für den Lohnsteuerabzug vor, sind die Lohnsteuerermittlungen für die vorangegangenen Monate zu überprüfen und, falls erforderlich, zu ändern. Die zu wenig oder zu viel einbehaltene Lohnsteuer ist jeweils bei der nächsten Lohnabrechnung auszugleichen (§ 39c Abs. 2 Satz 2 i.V.m. Abs. 1 Satz 4 und 5 EStG).

Für **beschränkt einkommensteuerpflichtige** Arbeitnehmer ist die Identifikationsnummer nach § 39 Abs. 3 Satz 1 EStG beim Betriebsstättenfinanzamt des Arbeitgebers (§ 41a Abs. 1 Satz 1 Nr. 1 EStG) zu beantragen. Die Zuteilung einer Identifikationsnummer kann auch der Arbeitgeber beantragen, wenn ihn der Arbeitnehmer dazu bevollmächtigt hat (§ 80 Abs. 1 AO i.V.m. § 39 Abs. 3 Satz 2 EStG). Wurde dem beschränkt einkommensteuerpflichtigen Arbeitnehmer bereits eine Identifikationsnummer zugeteilt, teilt das Betriebsstättenfinanzamt diese auf Anfrage des Arbeitnehmers schriftlich mit. Der Arbeitgeber ist auch berechtigt, eine Anfrage im Namen des Arbeitnehmers zu stellen.

Zur Beantragung der Identifikationsnummer steht der bundeseinheitliche Vordruck „Antrag auf Vergabe einer steuerlichen Identifikationsnummer für nicht meldepflichtige Personen durch das Finanzamt" in Papier und auf dem Formularserver des Bundes (https://www.formulare-bfinv.de) zur Verfügung (vgl. Rn. 139).

Die Anmeldung eines ersten Dienstverhältnisses ist nur bei Vorliegen einer entsprechenden Mitteilung des Arbeitnehmers zulässig. **Teilt der Arbeitnehmer dem Arbeitgeber auch auf Nachfrage nicht mit, ob es sich um das erste oder ein weiteres Dienstverhältnis handelt, muss der Arbeitgeber ein weiteres Dienstverhältnis anmelden und die Lohnsteuer nach der Steuerklasse VI ermitteln (§ 39c Abs. 1 Satz 1 EStG).** Die Teilnahme des Arbeitnehmers im ELStAM-Verfahren mit der Steuerklasse I bis V (erstes Dienstverhältnis) ist ohne Angabe der Art des Dienstverhältnisses bei der Anmeldung durch den Arbeitgeber nicht möglich. Diese Angabe ist zwingend erforderlich.

Neben dem „Beschäftigungsbeginn" hat der Arbeitgeber in der Anmeldung des Arbeitnehmers **zusätzlich das Referenzdatum** anzugeben. Das Referenzdatum ist das Datum, ab dem ELStAM bereitgestellt werden sollen („gültig ab") und ist bei neu eingestellten Arbeitnehmern i.d.R. identisch mit dem Datum des Beschäftigungsbeginns. Das Referenzdatum darf weder in der Zukunft noch vor dem Beschäftigungsbeginn liegen. Das Referenzdatum darf bezüglich eines Arbeitnehmers nur einmalig für diesen einen Arbeitgeber verwendet werden. **Eine Mehrfachverwendung wird mit einem Fehlerhinweis abgelehnt.** Das Referenzdatum kann von dem Datum des Beschäftigungsbeginns abweichen.

Beispiel:

Der Arbeitnehmer wird ab 1.5.2026 i.R. eines geringfügigen Beschäftigungsverhältnisses mit pauschaler Lohnsteuererhebung eingestellt (Beschäftigungsbeginn). Ab 1.10.2026 wird das Arbeitsverhältnis in ein sozialversicherungspflichtiges Beschäftigungsverhältnis mit der Besteuerung des Arbeitslohns im Regelverfahren nach den ELStAM des Arbeitnehmers umgewandelt.

Als Beschäftigungsbeginn ist der 1.5.2026 und als Referenzdatum der 1.10.2026 anzugeben.

Darüber hinaus darf bei einer Anmeldung des Arbeitnehmers vor dem 1. März des aktuellen Jahres das Referenzdatum nicht vor dem 1. Januar des Vorjahres liegen. Bei einer Anmeldung nach dem 28. bzw. 29. Februar darf das Referenzdatum nicht vor dem 1. Januar des aktuellen Jahres liegen.

dd) (Falsch-)Anmeldung als Haupt- oder Nebenarbeitgeber

Meldet sich **ein zweiter oder weiterer Arbeitgeber** (Nebenarbeitgeber, Steuerklasse VI) **als erster Arbeitgeber** (Hauptarbeitgeber) in der ELStAM-Datenbank an, wird **der bisherige Hauptarbeitgeber** (Steuerklasse I bis V) **automatisch zum Nebenarbeitgeber** und erhält mit der nächsten Änderungsliste die Steuerklasse VI zum Abruf bereitgestellt. 1860

Ist die **Anmeldung als Hauptarbeitgeber zu Unrecht erfolgt**, kann der tatsächliche Hauptarbeitgeber die **Hauptarbeitgebereigenschaft wie folgt zurück erlangen**:

- In einem ersten Schritt muss er den **Arbeitnehmer** unter Berücksichtigung des neu mitgeteilten Referenzdatums (aus der sog. Änderungsliste) zunächst **rückwirkend als Nebenarbeitgeber** aus der ELStAM-Datenbank **abmelden**.
- Im zweiten Schritt (frühestens ein Tag nach dem ersten Schritt) ist **eine erneute Anmeldung als Hauptarbeitgeber** vorzunehmen. Als Referenzdatum ist dabei das Datum anzugeben, ab dem die Hauptarbeitgebereigenschaft zu Unrecht entfallen war.

Diese Vorgehensweise ist **innerhalb der programmtechnisch vorgegebenen „Sechs-Wochen-Frist"** unabhängig davon möglich, ob sich der irrtümlich unzutreffend angemeldete Hauptarbeitgeber bereits wieder abgemeldet hat oder nicht. Durch die erneute Anmeldung des tatsächlichen Hauptarbeitgebers wird der tatsächliche Nebenarbeitgeber automatisch zutreffend als solcher eingestuft, so dass dieser (der Verursacher der Falschanmeldung) innerhalb der „Sechs-Wochen-Frist" nicht tätig werden muss.

Erfolgt die Korrektur der Falschanmeldung **nach Ablauf der „Sechs-Wochen-Frist"**, ist der **aktuelle Nebenarbeitgeber**, der sich unzutreffend als Hauptarbeitgeber angemeldet hat, zunächst in einem ersten Schritt **verpflichtet**, den Arbeitnehmer mit dem Datum der ursprünglichen Anmeldung (= Referenzdatum, für das ELStAM als Hauptarbeitgeber abgerufen werden sollten) **abzumelden**. In einem zweiten Schritt (frühestens ein Tag nach dem ersten Schritt) ist **die erneute Anmeldung als Nebenarbeitgeber** durchzuführen. Als Referenzdatum ist dabei das Datum der ursprünglichen Anmeldung anzugeben. Erst durch die erfolgte Abmeldung der irrtümlichen Hauptarbeitgebereigenschaft ist eine Neuanmeldung des tatsächlichen Hauptarbeitgebers mit Rückwirkung möglich.

ee) Laufendes Abrufverfahren

Der Arbeitgeber ist grds. verpflichtet, die **ELStAM monatlich anzufragen und abzurufen** (§ 39e Abs. 5 Satz 3 EStG). Da sich die Lohnsteuerabzugsmerkmale der Arbeitnehmer in einer Vielzahl von Fällen nicht in jedem Monat ändern, hat die Finanz- 1861 verwaltung einen Mitteilungsservice eingerichtet. Zur Nutzung dieses Mitteilungsverfahrens kann der **Arbeitgeber** auf der Internetseite www.elster.de **unter „Mein Elster" auswählen**, per E-Mail **über die Bereitstellung von Änderungen** informiert zu werden. Es wird von der Finanzverwaltung nicht beanstandet, wenn der **Arbeitgeber nur in den Fällen ELStAM anfragt und abruft**, in denen er durch den E-Mail-Mitteilungsservice erfährt, dass sich für den Lohnzahlungszeitraum **Änderungen bei den ELStAM seiner Arbeitnehmer ergeben** haben (§ 39e Abs. 5 Satz 1 Nr. 1 EStG).

Ruft der Arbeitgeber die (geänderten) ELStAM nicht (regelmäßig) ab, ist der Arbeitslohn auf Basis der für den Lohnzahlungszeitraum bereitgestellten ELStAM nachzuversteuern. § 39c Abs. 1 Satz 1 EStG ist insoweit nicht anzuwenden.

Legt der Arbeitnehmer eine Bescheinigung des Finanzamts zur Korrektur des Lohnsteuerabzugs zurückliegender Lohnzahlungszeiträume vor (→ Rz. 1856), ist eine Änderung des Lohnsteuerabzugs nach Maßgabe des § 41c Abs. 1 Satz 1 Nr. 1 EStG möglich.

ff) Gültigkeit der ELStAM, Beendigung des Dienstverhältnisses

1862 Nach § 39e Abs. 5 Satz 1 EStG sind die abgerufenen ELStAM nach der zeitlichen Gültigkeitsangabe vom Arbeitgeber für die **Durchführung des Lohnsteuerabzugs** des Arbeitnehmers anzuwenden, bis

- ihm die Finanzverwaltung geänderte ELStAM zum Abruf bereitstellt oder
- der Arbeitgeber der Finanzverwaltung die Beendigung des Dienstverhältnisses mitteilt.

Der Arbeitgeber hat der Finanzverwaltung die **Beendigung des Dienstverhältnisses unverzüglich mitzuteilen** (§ 39e Abs. 4 Satz 5 EStG). Hierzu übermittelt der Arbeitgeber oder der von ihm beauftragte Dritte die Daten des abzumeldenden Arbeitnehmers (IdNr, Geburtsdatum, Datum der Beendigung des Dienstverhältnisses und das Referenzdatum) auf elektronischem Weg nach amtlich vorgeschriebenem Datensatz (Abmeldung). Im Übrigen → Rz. 1865.

Zur Verfahrensweise der Finanzverwaltung, wenn der Arbeitgeber seiner **Verpflichtung zur Abmeldung eines Dienstverhältnisses nicht nachkommt**, vgl. BayLfSt v. 12.2.2016, S 2363.1.1-37/2 St32, StEd 2016, 235. Danach kann die Verpflichtung des Arbeitgebers zur Abmeldung **auch durch Zwangsmittel** (§§ 328 ff. AO) durchgesetzt werden. Zuständig ist das Betriebsstättenfinanzamt (§ 39e Abs. 5 Satz 4 EStG).

gg) Besonderheiten im Sterbemonat des Arbeitnehmers

1863 Mit der **Übermittlung des Sterbedatums** durch die Meldebehörde **an die ELStAM-Datenbank** ist der Datensatz für die ELStAM und die **Abrufberechtigung für jeden Arbeitgeber gesperrt**. Der Arbeitgeber eines verstorbenen Arbeitnehmers erhält mit den nächsten Änderungsmitteilungen den Hinweis, dass **keine Abrufberechtigung mehr vorliegt. Die Nachricht, dass der Arbeitnehmer verstorben ist, darf aus Datenschutzgründen nicht mitgeteilt werden**.

Der Arbeitgeber sollte daher bei dem Hinweis auf eine fehlende Abrufberechtigung immer mit dem betreffenden Arbeitnehmer, insbesondere wenn dieser aus dem aktiven Beschäftigungsverhältnis ausgeschieden ist, bzw. mit dessen nahen Angehörigen Kontakt aufnehmen, um herauszufinden, warum die Abrufberechtigung erloschen ist.

Für **ausstehende Arbeitslohnzahlungen** sind grds. **die ELStAM des Erben** anzuwenden. Abweichend davon kann die Zahlung von laufendem Arbeitslohn für den gesamten Monat, in dem der Arbeitnehmer verstorben ist, nach den ELStAM des Verstorbenen abgerechnet werden (→ *Tod des Arbeitnehmers* Rz. 4123). Wird für die folgenden Monate laufender Arbeitslohn gezahlt, sind die ELStAM des Erben anzuwenden. Der verstorbene Arbeitnehmer ist dazu zum Ende des Sterbemonats abzumelden und der Erbe zum 1. des folgenden Monats anzumelden. Soweit die Arbeitgebersperre durch die Übermittlung des Sterbedatums bereits gesetzt ist, muss im Sterbemonat die Lohnabrechnung nach den ELStAM des Verstorbenen ggf. manuell vorgenommen werden.

hh) Lohnzahlungen nach Beendigung des Dienstverhältnisses

Zahlt der Arbeitgeber **nach Beendigung des Dienstverhältnisses laufenden Arbeitslohn** (R 39b.2 Abs. 1 LStR), sind der Besteuerung **die ELStAM zum Ende des Lohnzahlungszeitraums** zu Grunde zu legen, für den die Nachzahlung erfolgt. Eine erneute Anmeldung des Arbeitnehmers bei der Finanzverwaltung ist insoweit nicht erforderlich. 1864

Handelt es sich dagegen um sonstige Bezüge (R 39b.2 Abs. 2 LStR), sind für die Besteuerung **die ELStAM zum Ende des Lohnzahlungszeitraums des Zuflusses des sonstigen Bezugs** maßgebend. Der Arbeitgeber muss daher den Arbeitnehmer **erneut bei der Finanzverwaltung anmelden**. Dazu sollte er sich **mit dem Arbeitnehmer abstimmen**, ob die Anmeldung für die Arbeitslohnnachzahlung als Hauptarbeitsverhältnis (für Steuerklasse I bis V) oder als Nebenarbeitsverhältnis (für Steuerklasse VI) vorgenommen werden soll. Unterlässt der Arbeitgeber in diesem Fall die Anmeldung, obwohl ihm die hierzu erforderlichen Angaben des Arbeitnehmers vorliegen und der Anmeldung keine technischen Hinderungsgründe nach § 39c Abs. 1 Satz 2 EStG entgegenstehen, ist der **Steuerabzug nach der Steuerklasse VI** vorzunehmen.

Beispiel 1:

Ein Arbeitnehmer beendet seine Beschäftigung beim ersten Arbeitgeber A (dort bis dahin Steuerklasse I) zum 31.10.2026 und beginnt ein neues Hauptbeschäftigungsverhältnis beim Arbeitgeber B zum 1.11.2026 (dort Steuerklasse I). Arbeitgeber A zahlt am 16.11.2026 noch Arbeitslohn aus dem früheren Beschäftigungsverhältnis an den Arbeitnehmer (Nachzahlung für Oktober 2026). Nach welcher Steuerklasse muss die Besteuerung erfolgen?

a) Laufender Arbeitslohn

Nachzahlungen von Arbeitslohn, die sich ausschließlich auf Lohnzahlungszeiträume beziehen, die im Kalenderjahr der Zahlung enden (hier Auszahlung am 16.11.2025 für Oktober 2025), stellen laufenden Arbeitslohn dar (→ *Nachzahlungen* Rz. 3225). Folglich ist diese Nachzahlung für die Berechnung der Lohnsteuer dem Lohnzahlungszeitraum zuzurechnen, für den sie geleistet wurde (R 39b.5 Abs. 4 Satz 1 LStR).

Der Arbeitgeber A hat daher die Arbeitslohnnachzahlung für Oktober 2025 dem Lohnzahlungszeitraum Oktober 2025 zuzurechnen und folglich nach der Steuerklasse I zu versteuern (R 39b.5 Abs. 1 Satz 3 LStR). Hierfür ist eine erneute Anmeldung des Arbeitnehmers im ELStAM-Verfahren nicht erforderlich.

b) Sonstiger Bezug

Allerdings steht dem Arbeitgeber A insoweit ein Wahlrecht zu. Er hat auch die Möglichkeit, diese Nachzahlung als sonstigen Bezug zu behandeln, wenn der Arbeitnehmer von ihm nicht ausdrücklich die zuvor erläuterte Besteuerung als laufenden Arbeitslohn verlangt hat (→ *Nachzahlungen* Rz. 3225). Von einem sonstigen Bezug ist die Lohnsteuer stets in dem Zeitpunkt einzubehalten, in dem er zufließt. In diesem Fall sind die Lohnsteuerabzugsmerkmale (insbesondere die Steuerklasse) zu Grunde zu legen, die zum Ende des Kalendermonats des Zuflusses gelten (R 39b.6 Abs. 1 LStR). Weil der Arbeitnehmer ab November 2025 ein erstes Beschäftigungsverhältnis (Steuerklasse I) beim neuen Arbeitgeber B aufgenommen hat, wäre die vom Arbeitgeber A geleistete Nachzahlung nach der Steuerklasse VI zu besteuern. Dafür müsste A den Arbeitnehmer erneut im ELStAM-Verfahren anmelden und angeben, dass es sich um ein weiteres Dienstverhältnis (Nebenarbeitsverhältnis mit Steuerklasse VI) handelt. Evtl. zu viel einbehaltene Lohnsteuer würde dem Arbeitnehmer i.R. der Veranlagung zur Einkommensteuer für das Kalenderjahr 2025 erstattet werden.

Beispiel 2:

Sachverhalt wie Beispiel 1. Die Arbeitslohnnachzahlung erfolgt aber nicht am 16.11.2026, sondern erst am 27.1.2027.

Weil die Nachzahlung erst im Kalenderjahr 2027 geleistet wird, liegt regelmäßig ein sonstiger Bezug vor, der nach der Steuerklasse VI zu besteuern ist (R 39b.6 Abs. 1 LStR). Nur wenn der Arbeitslohn dem Arbeitnehmer innerhalb der ersten drei Wochen des nachfolgenden Kalenderjahres zufließt, liegt laufender Arbeitslohn des Lohnzahlungszeitraums Oktober 2026 vor, der nach Steuerklasse I zu versteuern ist (R 39b.2 Abs. 1 Nr. 7 und R 39b.5 Abs. 4 Satz 1 LStR).

c) Arbeitgeberwechsel

Bezieht der Arbeitnehmer nebeneinander von mehreren Arbeitgebern Arbeitslohn, kann er auch während des Kalenderjahres einen neuen ersten Arbeitgeber (Hauptarbeitgeber) bestimmen. Hierfür ist dem neuen Hauptarbeitgeber mitzuteilen, dass es sich nun um das erste Dienstverhältnis handelt. Dem weiteren Arbeitgeber ist 1865 mitzuteilen, dass es sich nun um das weitere Dienstverhältnis handelt und ggf. ob und in welcher Höhe ein nach § 39a Abs. 1 Satz 1 Nr. 7 EStG festgestellter Freibetrag abgerufen werden soll. Der weitere Arbeitgeber muss sich daraufhin abmelden und als Nebenarbeitgeber neu anmelden. Ein solcher Wechsel darf frühestens mit Wirkung vom Beginn des Kalendermonats an erfolgen, in dem der Arbeitnehmer das erste Dienstverhältnis neu bestimmt. In Fällen des Arbeitgeberwechsels ist der **bisherige Hauptarbeitgeber verpflichtet**, die **Beendigung des Dienstverhältnisses** der Finanzverwaltung unverzüglich durch Datenfernübertragung **mitzuteilen** und den Arbeitnehmer bei der Finanzverwaltung zeitnah elektronisch abzumelden (§ 39e Abs. 4 Satz 5 EStG, → Rz. 1862). Der **neue Hauptarbeitgeber** hat sich bei der Finanzverwaltung **als Hauptarbeitgeber anzumelden** und die ELStAM des Arbeitnehmers abzurufen (→ Rz. 1859).

Bei der Abmeldung ist zu berücksichtigen, dass die aktuellen ELStAM des Arbeitnehmers dem Arbeitgeber ab dem ersten bis zum fünften Werktag des Folgemonats zum Abruf bereitgestellt werden. Erfolgt die Abmeldung des Arbeitnehmers vor dem fünften Werktag des Folgemonats, kann der bisherige Hauptarbeitgeber die aktuellen ELStAM des Arbeitnehmers für den Monat der Beendigung des Dienstverhältnisses ggf. nicht abrufen.

Erfolgt bei einem Hauptarbeitgeberwechsel die Anmeldung des Arbeitnehmers durch den neuen Hauptarbeitgeber, bevor der bisherige Hauptarbeitgeber die Abmeldung vorgenommen hat, ist die Bereitstellung von ELStAM an die beteiligten Arbeitgeber von dem bei dieser Anmeldung **verwendeten Referenzdatum unter Beachtung einer Kulanzfrist („Sechs-Wochenfrist") abhängig**. In der Regel wird in diesen Fällen ein bereits vorhandenes Hauptarbeitsverhältnis zu einem Nebenarbeitsverhältnis umqualifiziert. Es gilt somit Folgendes:

- Der aktuelle Hauptarbeitgeber erhält die für das erste Dienstverhältnis gültigen ELStAM rückwirkend ab dem Beginn des Dienstverhältnisses. Der bisherige Hauptarbeitgeber erhält mit Gültigkeit ab diesem Tag die ELStAM für Steuerklasse VI.
- Erfolgt die Anmeldung des Arbeitnehmers zu einem Zeitpunkt, der mehr als sechs Wochen nach Beginn des Dienstverhältnisses liegt, erhält der aktuelle Hauptarbeitgeber die für das erste Dienstverhältnis gültigen ELStAM ab dem Tag der Anmeldung. Der bisherige Hauptarbeitgeber erhält mit Gültigkeit ab diesem Tag die ELStAM für Steuerklasse VI.

Beispiel 1: (Anmeldung innerhalb der Sechs-Wochen-Frist)

Arbeitnehmer A ist mit Steuerklasse III bei Arbeitgeber ALT beschäftigt. A wechselt zum 20.6.2026 zum Arbeitgeber NEU. Während Arbeitgeber NEU das Beschäftigungsverhältnis am 11.7.2026 als Hauptarbeitgeber mit Beschäftigungsbeginn 20.6.2026 anmeldet, unterbleibt eine Abmeldung durch den bisherigen Arbeitgeber ALT.

Arbeitgeber NEU:

NEU erhält in der Anmeldebestätigungsliste zur Anmeldung vom 11.7.2026 die ELStAM rückwirkend auf den Tag des Beginns der Beschäftigung (Gültigkeit ab 20.6.2026) mit der Steuerklasse III.

Arbeitgeber ALT:

ALT erhält mit dem nächsten Abruf (Anfang August 2026) ELStAM mit der Steuerklasse VI mit Gültigkeit ab Beginn der Beschäftigung bei Arbeitgeber NEU (20.6.2026). In der Zeit ab dem 20.6.2026 gezahlter Restlohn ist nach Steuerklasse VI zu besteuern.

Hinweis: Hätte Arbeitgeber ALT den Arbeitnehmer bis Ende des Monats Juli 2026 abgemeldet, wären ihm für A keine ELStAM mehr zum Abruf bereitgestellt worden.

Beispiel 2: (Anmeldung außerhalb der Sechs-Wochen-Frist):

Arbeitnehmer B ist mit Steuerklasse III beim Arbeitgeber ALT beschäftigt. B wechselt zum 20.6.2026 zum Arbeitgeber NEU. NEU meldet das Beschäftigungsverhältnis am 22.8.2026 als Hauptarbeitgeber mit Beschäftigungsbeginn 20.6.2025 an, eine Abmeldung durch den bisherigen Arbeitgeber ALT unterbleibt.

Arbeitgeber NEU:

NEU erhält für B erstmalig ELStAM mit der Steuerklasse III mit Gültigkeit ab dem Tag der Anmeldung (22.8.2026). Zuvor gezahlter Lohn ist mit Steuerklasse VI zu besteuern.

Arbeitgeber ALT:

ALT erhält mit dem nächsten Abruf (Anfang September 2026) ELStAM mit der Steuerklasse VI mit Gültigkeit ab dem 22.8.2026.

Hinweis: Hätte Arbeitgeber ALT den Arbeitnehmer bis Ende des Monats August 2026 abgemeldet, wären ihm für B keine ELStAM mehr zum Abruf bereitgestellt worden.

Die möglichen Fallgestaltungen und damit verbundenen Konsequenzen können auch im Internet unter www.elster.de (Dokument „Fallbeispiele") abgerufen werden.

Ist der Hauptarbeitgeberwechsel durch eine **zu Unrecht durchgeführte Anmeldung** als Hauptarbeitgeber erfolgt (z. B. unberechtigter Hauptarbeitgeber ist eigentlich Nebenarbeitgeber), kann der tatsächliche Hauptarbeitgeber die Hauptarbeitgebereigenschaft als solcher durch eine **erneute (rückwirkende) Anmeldung als Hauptarbeitgeber** zurückerlangen. Die hierbei zu beachtenden Regeln sind im Dokument „Fallbeispiele" unter www.elster.de beschrieben.

d) Weiteres Dienstverhältnis

aa) Beginn eines weiteren Dienstverhältnisses

Beginnt der **Arbeitnehmer ein neues Dienstverhältnis** und be- 1866
zieht er **nebeneinander von mehreren Arbeitgebern Arbeitslohn**, hat er zu **entscheiden**, welches das **erste und welches das weitere Dienstverhältnis** ist. Soll der Arbeitslohn des neuen Dienstverhältnisses nach der Steuerklasse VI besteuert werden, hat der Arbeitnehmer dem Arbeitgeber neben der IdNr und dem Tag der Geburt mitzuteilen, dass es sich um ein weiteres Dienstverhältnis handelt (→ Rz. 1868). Zur Berücksichtigung eines nach § 39a Abs. 1 Satz 1 Nr. 7 EStG festgestellten Freibetrags → Rz. 1896. Soll der Arbeitslohn des neuen Dienstverhältnisses nach den Merkmalen des ersten Dienstverhältnisses besteuert werden, hat der Arbeitnehmer dem Arbeitgeber mitzuteilen, dass es sich um das erste Dienstverhältnis handelt. Ferner hat der Arbeitnehmer auch dem bisherigen Arbeitgeber mitzuteilen, dass und ab wann es sich bei dem bisherigen Hauptarbeitsverhältnis um ein Nebenarbeitsverhältnis handelt.

Nachdem der Arbeitgeber des neuen Dienstverhältnisses den Arbeitnehmer bei der Finanzverwaltung angemeldet hat, **bildet die Finanzverwaltung die zutreffenden Steuerklassen automatisch** und stellt sie dem jeweiligen Arbeitgeber zum Abruf bereit. Dem Nebenarbeitgeber werden als ELStAM die Steuerklasse VI und ggf. die rechtliche Zugehörigkeit zu einer steuererhebenden Religionsgemeinschaft sowie ein Freibetrag nach § 39a Abs. 1 Satz 1 Nr. 7 EStG zum Abruf bereitgestellt. Wird das neue Dienstverhältnis **als erstes Dienstverhältnis angemeldet**, stellt die Finanzverwaltung diesem Arbeitgeber die ELStAM für ein erstes Dienstverhältnis (Steuerklasse I bis V) und dem anderen Arbeitgeber die Steuerklasse VI zum Abruf bereit.

Die für das neue Dienstverhältnis gültigen ELStAM werden grds. rückwirkend ab dem Beginn des Dienstverhältnisses (→ Rz. 1865) gebildet.

bb) Wechsel des ersten Dienstverhältnisses

Bezieht der Arbeitnehmer **nebeneinander von mehreren Arbeit-** 1867
gebern Arbeitslohn, kann er auch während des Kalenderjahres **einen neuen ersten Arbeitgeber bestimmen**. Hierfür ist dem neuen Hauptarbeitgeber mitzuteilen, dass es sich nun um das erste Dienstverhältnis handelt. Dem weiteren Arbeitgeber ist mitzuteilen, dass es sich nun um das weitere Dienstverhältnis handelt und ggf. ob und in welcher Höhe ein nach § 39a Abs. 1 Satz 1 Nr. 7 EStG festgestellter Freibetrag (→ Rz. 1896) abgerufen werden soll. Ein solcher Wechsel darf frühestens mit Wirkung vom Beginn des Kalendermonats an erfolgen, in dem der Arbeitnehmer das erste Dienstverhältnis neu bestimmt.

e) Pflichten des Arbeitnehmers

aa) Gegenüber dem Arbeitgeber

Zum Zweck des Abrufs der ELStAM hat der **Arbeitnehmer jedem** 1868
Arbeitgeber bei Eintritt in das Dienstverhältnis Folgendes **mitzuteilen** (§ 39e Abs. 4 Satz 1 EStG):

- die IdNr sowie den Tag der Geburt,
- ob es sich um das erste oder ein weiteres Dienstverhältnis handelt (→ Rz. 1866),
- ggf. ob und in welcher Höhe ein nach § 39a Abs. 1 Satz 1 Nr. 7 EStG festgestellter Freibetrag abgerufen werden soll (→ Rz. 1896).

Soll in einem zweiten oder weiteren Dienstverhältnis ein Freibetrag nach § 39a Abs. 1 Satz 1 Nr. 1 bis 6 EStG abgerufen werden, → Rz. 1895.

bb) Gegenüber der Finanzverwaltung

1869 Die **Steuerklasse und die Zahl der Kinderfreibeträge** für minderjährige Kinder werden i.d.R. **automatisch geändert**. Auslöser hierfür sind Mitteilungen der Meldebehörden über den geänderten Familienstand bzw. die Geburt oder den Tod eines Kindes. In diesen Fällen ist der Arbeitnehmer **nicht zu einer Mitteilung an das Finanzamt verpflichtet** (§ 39 Abs. 5 Satz 3 EStG i.V.m. § 39e Abs. 2 Satz 2 EStG).

Ändern sich die persönlichen Verhältnisse des Arbeitnehmers und treten die Voraussetzungen zur Einreihung in eine für ihn ungünstigere Steuerklasse oder für eine geringere Zahl der Kinderfreibeträge ein, ist er in den Fällen, in denen die Änderungen **nicht durch geänderte Meldedaten automatisch angestoßen** werden, verpflichtet, dies **dem Finanzamt mitzuteilen** und die Steuerklasse sowie die Zahl der Kinderfreibeträge umgehend ändern zu lassen (§ 39 Abs. 5 Satz 1 EStG). Dies gilt insbesondere **bei dauernder Trennung der Ehegatten** bzw. Lebenspartner oder wenn die **Voraussetzungen für die Berücksichtigung des Entlastungsbetrags für Alleinerziehende** und somit für die Anwendung der Steuerklasse II (→ *Entlastungsbetrag für Alleinerziehende* Rz. 1979) **entfallen**. Neben der Anzeigeverpflichtung nach § 39 Abs. 5 Satz 1 EStG ist der Arbeitnehmer ebenfalls verpflichtet, Änderungen zu seinen Ungunsten im Rahmen eines beantragten Freibetrages umgehend anzuzeigen (§ 39a Abs. 1 Satz 5 EStG).

Ferner besteht eine **Mitteilungspflicht des Arbeitnehmers** gegenüber dem Finanzamt, wenn ihm bekannt wird, dass **die ELStAM zu seinen Gunsten** von den nach § 39 EStG zu bildenden Lohnsteuerabzugsmerkmalen **abweichen** (§ 39e Abs. 6 Satz 5 EStG), z.B. wenn der Arbeitgeber abgerufene ELStAM irrtümlich nicht dem zutreffenden Arbeitnehmer zugeordnet hat.

Wird ein unbeschränkt einkommensteuerpflichtiger Arbeitnehmer beschränkt einkommensteuerpflichtig, z.B., weil er ins grenznahe Ausland verzieht und seinen Arbeitsplatz im Inland beibehält, hat er dies zusätzlich zur Abmeldung bei der zuständigen Meldebehörde auch seinem bislang zuständigen Wohnsitzfinanzamt (→ Rz. 1845) unverzüglich mitzuteilen (§ 39 Abs. 7 Satz 1 EStG). Sollte weiterhin inländischer Arbeitslohn bezogen werden, erfolgt entweder weiterhin eine Teilnahme am ELStAM-Verfahren (soweit § 1 Abs. 4 EStG ohne Freibetrag nach § 39a EStG greift) oder eine Sperre verbunden mit der Erteilung einer Bescheinigung. Zu den Folgerungen auf Grund fehlender oder unzutreffender Angaben → Rz. 1881.

f) Rechte des Arbeitnehmers

aa) Abrufsperren und Abrufberechtigungen

1870 Der Arbeitnehmer kann einen oder mehrere zum Abruf von ELStAM berechtigte(n) Arbeitgeber benennen (Abrufberechtigung, „**Positivliste**") oder bestimmte Arbeitgeber von der Abrufberechtigung ausschließen (Abrufsperre, „**Negativliste**"; § 39e Abs. 6 Satz 6 Nr. 1 EStG). Zudem gibt es die Möglichkeit, sämtliche Arbeitgeber vom Abruf auszuschließen („**Vollsperrung**"; § 39e Abs. 6 Satz 6 Nr. 2 EStG). Eine Abrufberechtigung oder eine Sperrung ist dem Finanzamt mit dem Vordruck „Anträge zu den elektronischen Lohnsteuerabzugsmerkmalen – ELStAM –" mitzuteilen. Eine Verpflichtung zur Erteilung einer Abrufberechtigung der ELStAM oder deren Sperrung besteht nicht.

Abrufberechtigungen und Abrufsperren gelten lediglich **mit Wirkung für die Zukunft**, eine rückwirkende Berücksichtigung ist nicht möglich. Sie gelten, bis der Arbeitnehmer erklärt, die Abrufberechtigung zu widerrufen oder die Sperrung aufzuheben.

Die Erteilung einer Abrufberechtigung oder Sperrung eines Arbeitgebers zum Abruf der ELStAM setzt die **Angabe der Steuernummer der Betriebsstätte** oder des Teilbetriebs **des Arbeitgebers**, in dem der für die Durchführung des Lohnsteuerabzugs maßgebende Arbeitslohn ermittelt wird, voraus. Zu den sich hieraus ergebenden Arbeitgeberpflichten → Rz. 1858. Für die Verwendung der Steuernummer des Arbeitgebers gelten die Regelungen zu den Schutzvorschriften für die ELStAM entsprechend (→ Rz. 1887).

bb) Positivliste

1871 Hat der Arbeitnehmer bei seinem Wohnsitzfinanzamt (→ Rz. 1845) eine Positivliste eingereicht, werden darin **nicht genannte Arbeitgeber für den Abruf von ELStAM** des Antragstellers **gesperrt**. Wird im Falle eines Arbeitgeberwechsels der neue Arbeitgeber nicht in eine bereits vorhandene Positivliste aufgenommen, ist ein Abruf der ELStAM durch den neuen Arbeitgeber nicht möglich. Bei fehlender Abrufberechtigung ist der Arbeitgeber zur Anwendung der Steuerklasse VI verpflichtet (§ 39e Abs. 6 Satz 8 EStG). Die Aufnahme von Arbeitgebern in die Positivliste setzt kein bestehendes Arbeitsverhältnis voraus.

cc) Negativliste

Hat der Arbeitnehmer bei seinem Wohnsitzfinanzamt (→ Rz. 1845) 1872
eine Negativliste eingereicht, können die darin **genannten Arbeitgeber die ELStAM des Antragstellers nicht abrufen**. Kommt es gleichwohl zu einem Arbeitsverhältnis und einer Lohnzahlung eines dieser Arbeitgeber, hat er auf Grund der fehlenden Abrufberechtigung die Steuerklasse VI anzuwenden (§ 39e Abs. 6 Satz 8 EStG).

dd) Vollsperrung

Hat der Arbeitnehmer bei seinem Wohnsitzfinanzamt (→ Rz. 1845) 1873
beantragt, die Bildung oder Bereitstellung der ELStAM allgemein sperren zu lassen, **ist ein Abruf nicht möglich**. Auf Grund der fehlenden Abrufberechtigung hat der Arbeitgeber die Steuerklasse VI anzuwenden (§ 39e Abs. 6 Satz 8 EStG). Die Sperrung bleibt solange bestehen, bis der Arbeitnehmer die Bildung oder Bereitstellung der ELStAM allgemein freischalten lässt.

ee) Auskunft über die eigenen ELStAM

Der Arbeitnehmer kann beim zuständigen **Wohnsitzfinanzamt** 1874
(→ Rz. 1845) auf Antrag Auskunft über die für ihn gebildeten ELStAM erhalten. Darüber hinaus erhält der Arbeitnehmer auf Antrag Auskunft über die durch den Arbeitgeber in den letzten 24 Monaten erfolgten Abrufe der ELStAM (§ 39e Abs. 6 Satz 4 EStG; Vordruck „Anträge zu den elektronischen Lohnsteuerabzugsmerkmalen – ELStAM –"). Ein Ausdruck der aktuellen ELStAM kann auch i.R. eines Antrags auf Lohnsteuer-Ermäßigung beantragt werden (Vordruck „Antrag auf Lohnsteuer-Ermäßigung", Ankreuzfeld Hauptvordruck auf Seite 1). Benötigen Alleinerziehende für den Bezug von Elterngeld einen amtlichen Nachweis der Eigenschaft „alleinerziehend", kann den für die Festsetzung und Auszahlung von Elterngeld zuständigen Behörden im Einzelfall der aktuelle ELStAM-Ausdruck mit der Steuerklasse II vorgelegt werden, wenn die Alleinerziehenden bereits in die Steuerklasse II eingereiht sind. Ferner kann der Ausdruck der ELStAM auch zum Nachweis der bei der Berechnung des Arbeitslosengeldes zu berücksichtigenden Lohnsteuerabzugsmerkmale verwendet werden. Eine Änderung der Steuerklasse ausschließlich für den Nachweis gegenüber anderen Behörden kommt hingegen nicht in Betracht.

Dem Arbeitnehmer ist es darüber hinaus möglich, **seine ELStAM auf der Internetseite www.elster.de** unter der Rubrik „Auskunft zur elektronischen Lohnsteuerkarte (ELStAM)" jederzeit **selbst einzusehen**. Dazu ist in „Mein ELSTER" eine einmalige kostenfreie Registrierung unter Verwendung der IdNr notwendig.

ff) Ungünstigere Lohnsteuerabzugsmerkmale

Unbeschränkt einkommensteuerpflichtige Arbeitnehmer haben 1875
die Möglichkeit, beim Wohnsitzfinanzamt (→ Rz. 1845) die Berücksichtigung **ungünstigerer Lohnsteuerabzugsmerkmale** zu beantragen (§ 38b Abs. 3 Satz 1 EStG; eine ungünstigere Steuerklasse, eine geringere Anzahl von Kindern, siehe Formular „Antrag auf Lohnsteuer-Ermäßigung und zu den Lohnsteuerabzugsmerkmalen, Hauptvordruck und Anlage „elektronische Lohnsteuerabzugsmerkmale". Von ungünstigeren Lohnsteuerabzugsmerkmalen ist stets auszugehen, wenn die vom Arbeitnehmer gewählten Lohnsteuerabzugsmerkmale zu einem höheren Lohnsteuerabzug (inkl. ggf. Solidaritätszuschlag und Kirchensteuer) führen. Die Einreihung in die Steuerklasse I statt III, IV oder V ist möglich.

Ein solcher Antrag ist z.B. bei Arbeitnehmern denkbar, die dem Arbeitgeber ihren **aktuellen Familienstand nicht mitteilen** möchten. Um zu vermeiden, dass dem Arbeitgeber z.B. nach einer Eheschließung die nunmehr für verheiratete Arbeitnehmer in Betracht kommende Steuerklasse III, IV oder V mitgeteilt wird, kann der Arbeitnehmer beantragen, stattdessen die Steuerklasse I beizubehalten. Der **Antrag auf eine ungünstigere Steuerklasse** kann **bereits vor dem Ereignis** (hier Eheschließung) **gestellt** werden. Änderungen der Meldedaten, die zu einer günstigeren Steuerklasse führen würden, werden in diesem Fall nicht berücksichtigt. Beantragt der Arbeitnehmer die Einreihung in der Steuerklasse I statt der bisherigen Steuerklasse V, geht dies zeitgleich mit einem Wechsel der Steuerklassenkombination von III/V zu IV/IV einher (→ Rz. 1847), der andere Ehegatte wird daher in die Steuerklasse IV eingereiht.

g) Im Inland nicht meldepflichtige Arbeitnehmer

aa) ELStAM-Verfahren für beschränkt steuerpflichtige Arbeitnehmer ohne Freibetrag

(1) Start des Arbeitgeberabrufs seit dem 1.1.2020

1876 Absatz aktualisieren Der elektronische Abruf der Lohnsteuerabzugsmerkmale im **ELStAM-Verfahren für beschränkt einkommensteuerpflichtige Arbeitnehmer** (§ 1 Abs. 4 EStG) ist **seit dem 1.1.2020 freigeschaltet** worden. Arbeitgeber haben ab diesem Zeitpunkt die Lohnsteuerabzugsmerkmale für beschränkt einkommensteuerpflichtige Arbeitnehmer im ELStAM-Verfahren abzurufen (→ Rz. 1859). Die anderslautenden Regelungen in BMF v. 8.11.2018, IV C 5 – S 2363/13/10003-02, BStBl I 2018, 1137, Rdnr. 89 bis 94 sind insoweit überholt (BMF v. 7.11.2019, IV C 5 – S 2363/19/10007 :001, BStBl I 2019, 1087, BMF-Schreiben v. 13.12.2024, IV C 5 – S 2363/19/10007 :004, BStBl I 2025, 64).

(2) Voraussetzung zum Arbeitgeberabruf

1877 Voraussetzung für die Teilnahme von Arbeitnehmern am ELStAM-Verfahren ist die **Zuteilung einer IdNr**. Diese ist nach § 39 Abs. 3 Satz 1 EStG für nicht meldepflichtige Arbeitnehmer, die nach § 1 Abs. 1 EStG der unbeschränkten Einkommensteuerpflicht unterliegen (Arbeitnehmer ohne Wohnsitz aber mit gewöhnlichem Aufenthalt im Inland) beim Wohnsitzfinanzamt und für alle übrigen nicht meldepflichtigen Arbeitnehmer beim Betriebsstättenfinanzamt des Arbeitgebers (§ 41a Abs. 1 Satz 1 Nr. 1 EStG) zu beantragen. Die Zuteilung einer IdNr kann auch der Arbeitgeber beantragen, wenn ihn der Arbeitnehmer dazu nach § 80 Abs. 1 AO bevollmächtigt hat. Wurde dem beschränkt einkommensteuerpflichtigen Arbeitnehmer bereits eine IdNr zugeteilt, teilt das zuständige Finanzamt diese auf Anfrage des Arbeitnehmers mit. Der Arbeitgeber ist auch berechtigt, eine Anfrage im Namen des Arbeitnehmers stellen.

Zur Beantragung der IdNr wird ein **bundeseinheitlicher Vordruck** zur Verfügung gestellt. Der Vordruck ist auf dem Formularserver des Bundes (http://www.formulare-bfinv.de) zum Abruf bereitgestellt.

(3) Ausnahmen vom ELStAM-Verfahren für beschränkt steuerpflichtige Arbeitnehmer mit Freibetrag

1878 Die Teilnahme am ELStAM-Verfahren **gilt noch nicht für Fälle**, in denen für **beschränkt steuerpflichtige Arbeitnehmer ein Freibetrag i.S.d. § 39a EStG berücksichtigt wird. Entsprechendes gilt, wenn deren Arbeitslohn nach den Regelungen in Abkommen zur Vermeidung der Doppelbesteuerung auf Antrag von der Besteuerung freigestellt oder der Steuerabzug nach den Regelungen in Abkommen zur Vermeidung der Doppelbesteuerung auf Antrag gemindert oder begrenzt wird.**

In diesen Fällen und auch für Arbeitnehmer, die nach § 1 Abs. 2 EStG erweitert unbeschränkt einkommensteuerpflichtig sind oder nach § 1 Abs. 3 EStG auf Antrag wie unbeschränkt einkommensteuerpflichtig zu behandeln sind, hat das Betriebsstättenfinanzamt des Arbeitgebers (§ 41a Abs. 1 Satz 1 Nr. 1 EStG) **wie bisher auf Antrag eine Bescheinigung für den Lohnsteuerabzug auszustellen und den Arbeitgeberabruf zu sperren**.

Dies gilt auch dann, wenn für diesen Arbeitnehmerkreis auf Anforderung des Finanzamts oder aus anderen Gründen (z. B. früherer Wohnsitz im Inland) steuerliche Identifikationsnummern vorliegen. Der Arbeitnehmer hat dem Arbeitgeber die Bescheinigung für den Lohnsteuerabzug unverzüglich vorzulegen.

Der Arbeitgeber eines beschränkt einkommensteuerpflichtigen Arbeitnehmers ist zum Abruf der ELStAM berechtigt und verpflichtet, wenn dem beschränkt einkommensteuerpflichtigen Arbeitnehmer eine Identifikationsnummer zugeteilt und diese dem Arbeitgeber mitgeteilt wurde und der Arbeitnehmer keine Bescheinigung für den Lohnsteuerabzug vorgelegt hat.

Wurde dem Arbeitgeber vom beschränkt einkommensteuerpflichtigen Arbeitnehmer **eine Bescheinigung für den Lohnsteuerabzug vorgelegt**, tritt diese für den vermerkten Gültigkeitszeitraum an die Stelle der bereits abgerufenen ELStAM. Der Arbeitgeber hat in diesem Fall den Lohnsteuerabzug unter Zugrundelegung der bescheinigten Lohnsteuerabzugsmerkmale vorzunehmen.

(4) Übergangsregelung für vereinfachte Antragsverfahren

Haben das Betriebsstättenfinanzamt und der Arbeitgeber auf Grund einer Vielzahl gleichgelagerter Einzelfälle (z.B. beschränkt steuerpflichtige Betriebsrentner), in denen Papierbescheinigungen für den Lohnsteuerabzug auszustellen waren, bislang ein **vereinfachtes Antrags- oder Listenverfahren praktiziert**, bestehen aus Sicht der Finanzverwaltung keine Bedenken, an diesem Verfahren für die in den Listen aufgeführten Arbeitnehmer auch nach dem 31.12.2019 festzuhalten. 1879

Unabhängig davon, dass in diesen Fällen der Lohnsteuerabzug weiterhin auf der Grundlage von Papierbescheinigungen durchgeführt werden darf, kann für diese Arbeitnehmer die **Vergabe der IdNr listenmäßig beantragt** werden, wenn die Bestimmungen zum Datenschutz, wie sie der bundeseinheitliche Vordruck vorsieht, entsprechend eingehalten werden. Die Übergangsregelung ist längstens bis zum Abschluss der programmtechnischen Einbindung von im Inland nicht meldepflichtigen Arbeitnehmern in das ELStAM-Verfahren anzuwenden.

bb) Papierbescheinigung für den Lohnsteuerabzug

Für 1880

- erweitert unbeschränkt einkommensteuerpflichtige Arbeitnehmer (§ 1 Abs. 2 EStG),
- auf Antrag wie unbeschränkt einkommensteuerpflichtig zu behandelnde Arbeitnehmer (§ 1 Abs. 3 EStG),
- beschränkt einkommensteuerpflichtige Arbeitnehmer (§ 1 Abs. 4 EStG) mit Freibetrag i.S.d. § 39a EStG,

ist eine Teilnahme am ELStAM-Verfahren erst **in einer späteren programmtechnischen Ausbaustufe vorgesehen**.

In diesen Fällen hat das Betriebsstättenfinanzamt des Arbeitgebers derzeit noch **auf Antrag Papierbescheinigungen für den Lohnsteuerabzug** auszustellen. Eine Bescheinigung für den Lohnsteuerabzug für einen nach § 1 Abs. 1 EStG unbeschränkt einkommensteuerpflichtigen Arbeitnehmer ohne Wohnsitz im Inland stellt dagegen das Wohnsitzfinanzamt aus (§ 39e Abs. 8 Satz 1 EStG, → Rz. 1884). Die Bescheinigung kann auch der Arbeitgeber beantragen, wenn ihn der Arbeitnehmer dazu nach § 80 Abs. 1 AO bevollmächtigt hat (§ 39e Abs. 8 Satz 2 EStG). Legt ein Arbeitnehmer eine dieser Bescheinigungen für den Lohnsteuerabzug vor, **entfällt die Verpflichtung** und Berechtigung des Arbeitgebers **zum Abruf der ELStAM** nach § 39e Abs. 4 Satz 2 und Abs. 5 Satz 3 EStG.

Der Antrag nach § 39 Abs. 3 Satz 1 EStG ist bis zum 31.12. des Kalenderjahres zu stellen, für das die Bescheinigung für den Lohnsteuerabzug gilt (R 39.3 LStR). Er ist grds. **vom Arbeitnehmer zu stellen.** Die Bescheinigung der Steuerklasse I kann **auch der Arbeitgeber beantragen** (§ 39 Abs. 3 Satz 3 EStG), wenn er den **Antrag im Namen des Arbeitnehmers** stellt. Weitere Lohnsteuerabzugsmerkmale, etwa die Zahl der Kinderfreibeträge oder ein Freibetrag nach § 39a EStG, können nur auf Antrag des Arbeitnehmers gebildet werden (§ 39 Abs. 3 Satz 1 EStG).

Der Arbeitgeber hat die in der jahresbezogenen Bescheinigung für den Lohnsteuerabzug ausgewiesenen Lohnsteuerabzugsmerkmale in das Lohnkonto des Arbeitnehmers zu übernehmen, diese Bescheinigung **als Beleg zum Lohnkonto** zu nehmen und während des Dienstverhältnisses, längstens bis zum Ablauf des jeweiligen Kalenderjahres, aufzubewahren (§ 39e Abs. 8 Satz 7 EStG). Bei **Beendigung des Arbeitsverhältnisses** vor Ablauf des Kalenderjahres hat er dem Arbeitnehmer diese Bescheinigung für den Lohnsteuerabzug **auszuhändigen**.

Ist die Ausstellung einer solchen Bescheinigung **nicht beantragt** oder legt der Arbeitnehmer sie nicht innerhalb von sechs Wochen nach Beginn des Dienstverhältnisses vor, hat der Arbeitgeber die Lohnsteuer nach der **Steuerklasse VI** zu ermitteln (§ 39c Abs. 2 Satz 2 EStG).

In der elektronischen Lohnsteuerbescheinigung dieser Arbeitnehmer ist die IdNr anzugeben. Eine Verwendung der sog. eTIN = **e**lektronische **T**ransfer-**I**dentifikations-**N**ummer, ist ab dem Kalenderjahr 2023 nicht mehr zulässig, § 41b Abs. 2 EStG. Ist keine IdNr vergeben worden und hat der Arbeitnehmer dem Arbeitgeber die IdNr nicht mitgeteilt oder kein Einverständnis zur Anfrage beim BZSt erteilt, hat der Arbeitgeber die Lohnsteuerbescheinigung seit dem Kalenderjahr 2023 in Papierform an das zuständige Betriebsstättenfinanzamt zu übersenden (ohne Angabe der IdNr. und eTIN).

Hinsichtlich der Schutzvorschriften für die Lohnsteuerabzugsmerkmale gelten die Regelungen zu den ELStAM unter → Rz. 1887 entsprechend.

h) Durchführung des Lohnsteuerabzugs ohne ELStAM

aa) Fehlende Lohnsteuerabzugsmerkmale

1881 Bei **fehlenden Lohnsteuerabzugsmerkmalen** hat der Arbeitgeber die Lohnsteuererhebung **nach der Steuerklasse VI** durchzuführen. Der Arbeitnehmer wird damit so besteuert, als ob er Arbeitslohn aus einem zweiten Arbeitsverhältnis bezieht. So wird erreicht, dass vom Arbeitslohn des Arbeitnehmers nicht zu wenig Lohnsteuer einbehalten wird. Die Ermittlung der Lohnsteuer nach der Steuerklasse VI hat große Auswirkungen auf die Höhe der Lohnsteuer, wie die nachfolgenden Beispiele zeigen.

Beispiel 1:

Ein Arbeitnehmer (22 Jahre) teilt seinem Arbeitgeber schuldhaft seine IdNr nicht mit. Für den Arbeitnehmer wäre als Lohnsteuerabzugsmerkmal die Steuerklasse I zu bilden. Der Arbeitslohn für den Monat November 2025 beträgt monatlich 2 500 €. Der krankenkassenindividuelle Zusatzbeitrag beträgt 2,5 %.

Der Arbeitgeber hat die Lohnsteuer nach der Steuerklasse VI zu erheben.

Die Lohnsteuer beträgt monatlich 518,75 € (zzgl. 0,– € Solidaritätszuschlag). Bei Steuerklasse I/0 hätte die Lohnsteuer nur 194,16 € (zzgl. 0,– € Solidaritätszuschlag) betragen.

Differenz monatlich: 324,59 €.

Beispiel 2:

Wie Beispiel 1, für den Arbeitnehmer wäre als Lohnsteuerabzugsmerkmal die Steuerklasse III zu bilden.

Der Arbeitgeber hat die Lohnsteuer nach der Steuerklasse VI zu erheben.

Die Lohnsteuer beträgt monatlich 540,33 € (zzgl. 0,– € Solidaritätszuschlag). Bei Steuerklasse III hätte die Lohnsteuer 0,00 € (zzgl. 0,– € Solidaritätszuschlag) betragen.

Differenz monatlich: 518,75 €.

bb) Schuldhaftes Verhalten des Arbeitnehmers

1882 Die Ermittlung der Lohnsteuer nach der Steuerklasse VI setzt **ein schuldhaftes Verhalten des Arbeitnehmers** voraus. Ein solches schuldhaftes Verhalten ist insbesondere dann anzunehmen, wenn der Arbeitnehmer

- bei Beginn des Dienstverhältnisses seinem Arbeitgeber die zum Abruf der ELStAM erforderliche IdNr und das Geburtsdatum schuldhaft nicht mitteilt (§ 39e Abs. 4 Satz 1 EStG),
- eine Übermittlung der ELStAM an den Arbeitgeber gesperrt hat (§ 39e Abs. 6 Satz 6 Nr. 1 EStG) oder
- beim Wohnsitzfinanzamt (→ Rz. 1845) die Bildung oder Bereitstellung der ELStAM allgemein sperren lassen hat (§ 39e Abs. 6 Satz 6 Nr. 2 EStG).

Zur Ermittlung der steuerlichen Identifikationsnummer für die elektronische Übermittlung von Lohnsteuerbescheinigungen ist mit Datum v. 23.1.2024, IV C 5 – S 2295/21/10001 :001, ein BMF-Schreiben ergangen. Hat der Arbeitgeber für den Arbeitnehmer für das Jahr 2022 eine Lohnsteuerbescheinigung übermittelt und versichert der Arbeitgeber, dass das Dienstverhältnis nach Ablauf des Jahres 2022 fortbestanden und der Arbeitnehmer trotz Aufforderung pflichtwidrig seine Identifikationsnummer bisher nicht mitgeteilt hat, teilt das zuständige Finanzamt die Identifikationsnummer des Arbeitnehmers auf formlose schriftliche Anfrage des Arbeitgebers mit. Die Anfrage hat den Namen, das Geburtsdatum sowie die Anschrift des Arbeitnehmers zu enthalten. Von einer Pflichtwidrigkeit ist nach dem Schreiben auch auszugehen, wenn der Arbeitnehmer der Aufforderung ohne Begründung nicht nachkommt. Eine Mitteilung erfolgt bei Vorliegen der oben genannten Voraussetzungen auch dann, wenn die Identifikationsnummer dem Arbeitnehmer erstmals zuzuteilen ist. Einer Bevollmächtigung oder Zustimmung des Arbeitnehmers bedarf es insoweit nicht. Unabhängig davon kann der Arbeitgeber generell die Zuteilung bzw. die Mitteilung der steuerlichen Identifikationsnummer des Arbeitnehmers beim zuständigen Finanzamt beantragen, wenn ihn der Arbeitnehmer hierzu nach § 80 Abs. 1 AO bevollmächtigt hat (§ 39 Abs. 3 Satz 2 und 4 EStG). Legt der Arbeitnehmer dem Arbeitgeber die steuerliche Identifikationsnummer auch in diesen genannten Fällen schuldhaft nicht vor und kann der Arbeitgeber diese entsprechend den o.g. Anfragen nicht erhalten, hat er regelmäßig die Lohnsteuer nach Steuerklasse VI zu ermitteln (zu weiteren Einzelheiten vgl. o.g. BMF-Schreiben).

cc) Kein Verschulden des Arbeitnehmers

Abweichend hiervon hat der Arbeitgeber in den folgenden Fällen 1883
für die Lohnsteuerberechnung – längstens für die Dauer von drei Kalendermonaten – die **voraussichtlichen Lohnsteuerabzugsmerkmale** i.S.d. § 38b EStG **zu Grunde zu legen** (§ 39c Abs. 1 Satz 2 EStG), wenn

- ein Abruf der ELStAM wegen **technischer Störungen nicht möglich** ist oder
- der Arbeitnehmer die **fehlende Mitteilung** über die ihm zuzuteilende IdNr **nicht zu vertreten** hat.

Als Störungen in diesem Sinne kommen technische Schwierigkeiten bei Anforderung und Abruf, Bereitstellung oder Übermittlung der ELStAM in Betracht oder eine verzögerte Ausstellung der Bescheinigung für den Lohnsteuerabzug durch das Finanzamt.

Fehlerhafte Lohnsteuerabzugsmerkmale können z.B. durch folgende Ereignisse gebildet werden:

- auf Grund einer unvollständigen Datenlieferung der Gemeinden entfällt die Ehegattenverknüpfung, weshalb die Finanzverwaltung dem Arbeitgeber rückwirkend eine fehlerhafte Steuerklasse mitteilt (z.B. Steuerklasse I statt der bisherigen Steuerklasse III),
- ein weiterer Arbeitgeber des Arbeitnehmers meldet sich bei der Finanzverwaltung unzutreffenderweise als Hauptarbeitgeber an, worauf dem Arbeitgeber des ersten Dienstverhältnisses zu Unrecht die Steuerklasse VI mitgeteilt wird.

Auch in diesen Fällen darf der Arbeitgeber **für die Dauer von längstens drei Monaten die voraussichtlichen Lohnsteuerabzugsmerkmale** des Arbeitnehmers (hier also regelmäßig die bisherigen ELStAM) **anwenden**, wenn ohne Änderung der persönlichen Verhältnisse des Arbeitnehmers und ohne dessen Zutun dem Arbeitgeber unzutreffende elektronische Lohnsteuerabzugsmerkmale bereitgestellt werden, die zu einem unzutreffenden Lohnsteuerabzug führen.

Die Finanzverwaltung legt die zuvor beschriebene Regelung des § 39c Abs. 1 Satz 2 EStG **praxisorientiert und weitgehend aus**. Auch wenn in den Fällen der Bereitstellung unzutreffender elektronischer Lohnsteuerabzugsmerkmale keine „technische Störung" im engeren Sinne vorliegt, muss der Arbeitnehmer in diesen Fällen seinem Arbeitgeber nicht zwingend eine vom Finanzamt ausgestellte „Papierbescheinigung" für den Lohnsteuerabzug vorlegen. Es genügt, dass sich der Arbeitnehmer gegenüber seinem Arbeitgeber schriftlich erklärt; diese Erklärung ist zum Lohnkonto zu nehmen.

Zur **raschen und unkomplizierten Abwicklung** der bezeichneten Fälle kann der Arbeitnehmer den Vordruck „Antrag auf Korrektur von unzutreffenden elektronischen Lohnsteuerabzugsmerkmalen (ELStAM)" verwenden und ihn seinem Finanzamt zusenden.

Auf Grund dieser Ausnahmeregelungen kann der Arbeitgeber den Lohnsteuerabzug **für die Dauer von längstens drei Monaten** nach den **ihm bekannten persönlichen Besteuerungsmerkmalen** des Arbeitnehmers durchführen (Steuerklasse, Kinderzähler und Religionszugehörigkeit). Erhält der Arbeitgeber die (elektronischen) Lohnsteuerabzugsmerkmale vor Ablauf der drei Monate, hat er in den Fällen des § 39c Abs. 1 Satz 2 EStG die Lohnsteuerermittlungen für die vorangegangenen Kalendermonate zu überprüfen und erforderlichenfalls zu ändern (§ 39c Abs. 1 Satz 4 EStG).

Hat der Arbeitnehmer **nach Ablauf der drei Monate** die IdNr sowie den Tag seiner Geburt **nicht mitgeteilt** und ersatzweise die Bescheinigung für den Lohnsteuerabzug nicht vorgelegt, so ist

rückwirkend die Besteuerung nach der **Steuerklasse VI** durchzuführen und die Lohnsteuerermittlungen für die vorhergehenden drei Monate zu korrigieren. Erhält der Arbeitgeber in diesen Fällen die ELStAM oder ersatzweise die Bescheinigung für den Lohnsteuerabzug nach Ablauf der Dreimonatsfrist, ist eine Änderung des Lohnsteuerabzugs nur nach Maßgabe des § 41c Abs. 1 Satz 1 Nr. 1 EStG möglich.

dd) Unbeschränkt einkommensteuerpflichtige Arbeitnehmer ohne steuerliche Identifikationsnummer

1884 Ist einem nach § 1 Abs. 1 EStG unbeschränkt einkommensteuerpflichtigen und im Inland meldepflichtigen Arbeitnehmer (noch) **keine IdNr** (§§ 139a, 139b AO) **zugeteilt** worden, können ELStAM weder automatisiert gebildet noch vom Arbeitgeber abgerufen werden. In diesen Fällen ersetzt eine dem Arbeitgeber vorzulegende **Bescheinigung für den Lohnsteuerabzug** mit den anzuwendenden Lohnsteuerabzugsmerkmalen die ELStAM. Der Arbeitnehmer hat eine solche Bescheinigung für den Lohnsteuerabzug beim Wohnsitzfinanzamt (→ Rz. 1845) zu beantragen und dem Arbeitgeber vorzulegen (§ 39e Abs. 8 Satz 1 und 5 EStG). Die Bescheinigung kann auch der Arbeitgeber beantragen, wenn ihn der Arbeitnehmer dazu nach § 80 Abs. 1 AO bevollmächtigt hat (§ 39e Abs. 8 Satz 2 EStG). Der Antrag ist bis zum 31.12. des Kalenderjahres zu stellen, für das die Bescheinigung für den Lohnsteuerabzug gilt (R 39.3 LStR).

Das Wohnsitzfinanzamt (→ Rz. 1845) hat diese **Bescheinigung für die Dauer eines Kalenderjahres auszustellen**. Legt der Arbeitnehmer eine entsprechende Bescheinigung für den Lohnsteuerabzug vor, entfällt die Verpflichtung und Berechtigung des Arbeitgebers zum Abruf der ELStAM (§ 39e Abs. 8 Satz 3 EStG).

Der Arbeitgeber hat diese jahresbezogene **Bescheinigung für den Lohnsteuerabzug als Beleg zum Lohnkonto** zu nehmen und während des Dienstverhältnisses, längstens bis zum Ablauf des jeweiligen Kalenderjahres, aufzubewahren. Bei Beendigung des Arbeitsverhältnisses vor Ablauf des Kalenderjahres hat er dem Arbeitnehmer diese Bescheinigung auszuhändigen.

Hat der Arbeitnehmer die **Ausstellung einer solchen Bescheinigung** für den Lohnsteuerabzug **nicht beantragt** oder legt er sie nicht innerhalb von sechs Wochen nach Beginn des Dienstverhältnisses vor, hat der Arbeitgeber die Lohnsteuer nach der **Steuerklasse VI** zu ermitteln.

Erhält der Arbeitnehmer seine **IdNr zugeteilt**, hat er sie dem **Arbeitgeber mitzuteilen** (§ 39e Abs. 4 Satz 1 EStG). Mit dieser Angabe und dem (bereits vorliegenden) Geburtsdatum ist der **Arbeitgeber berechtigt, die ELStAM des Arbeitnehmers abzurufen**. Die vorliegende Bescheinigung für den Lohnsteuerabzug hindert den Arbeitgeber nicht, im laufenden Kalenderjahr zum elektronischen Verfahren zu wechseln, um so die ELStAM des Arbeitnehmers abrufen zu können. Die Bescheinigung für den Lohnsteuerabzug ist weder an das ausstellende Finanzamt noch an den Arbeitnehmer herauszugeben.

Hinsichtlich der Pflichten des Arbeitgebers zur Übertragung der Lohnsteuerabzugsmerkmale in das Lohnkonto, Aufbewahrung und Herausgabe der Bescheinigung für den Lohnsteuerabzug, Verwendung des lohnsteuerlichen Ordnungsmerkmals nach § 41b Abs. 2 Satz 1 und 2 EStG sowie der Schutzvorschriften für die Lohnsteuerabzugsmerkmale gelten die Regelungen unter → Rz. 1887 entsprechend.

ee) Arbeitgeber-Haftung

1885 Nach dem neu überarbeiteten Anwendungsschreiben des BMF v. 13.12.2024, IV C 5 – S 2363/19/10007 :004, welches die alten Anwendungsschreiben mit Wirkung ab dem 1.1.2025 ersetzt, gilt hierzu nun Folgendes:

Keine Anmeldung der Arbeitnehmer in der ELStAM-Datenbank

Meldet der Arbeitgeber seine Arbeitnehmer entgegen den Vorgaben bei der Finanzverwaltung pflichtwidrig nicht an, kann er die ELStAM seiner Arbeitnehmer nicht abrufen. In diesen Fällen ist die Regelung des § 39c Abs. 1 Satz 2 EStG (Übergangszeit von drei Monaten unter Anwendung der voraussichtlichen Lohnsteuerabzugsmerkmale) nicht anzuwenden. Der Arbeitgeber hat die Lohnsteuer nach der Steuerklasse VI einzubehalten und abzuführen. Kommt er dieser Verpflichtung nicht nach, haftet er in Höhe des Differenzbetrages zu der von ihm einbehaltenen und abgeführten Lohnsteuer zuzüglich ggf. Kirchensteuer und Solidaritätszuschlag zur Steuerklasse VI (§ 42d Abs. 1 Nr. 1 EStG).

Durchführung des Lohnsteuerabzugs ohne ELStAM Fehlende Lohnsteuerabzugsmerkmale

Behält der Arbeitgeber bei fehlenden Lohnsteuerabzugsmerkmalen, z.B., weil der Arbeitnehmer seinen Arbeitgeber nicht zum Abruf der ELStAM berechtigt hat, die Lohnsteuer nicht nach der Steuerklasse VI ein und führt diese nicht entsprechend ab, haftet er in Höhe des Differenzbetrages zu der von ihm einbehaltenen und abgeführten Lohnsteuer zuzüglich ggf. Kirchensteuer und Solidaritätszuschlag zur Steuerklasse VI (§ 42d Abs. 1 Nr. 1 EStG).

Fehlerhafte Lohnsteuerabzugsmerkmale

Wendet der Arbeitgeber bei fehlerhaften Lohnsteuerabzugsmerkmalen die voraussichtlichen Lohnsteuerabzugsmerkmale länger als drei Monate für den Lohnsteuerabzug an, obwohl der Arbeitnehmer ihm keine Bescheinigung für den Lohnsteuerabzug vorgelegt hat, haftet der Arbeitgeber in Höhe des Differenzbetrages zu der von ihm einbehaltenen und abgeführten Lohnsteuer zuzüglich ggf. Kirchensteuer und Solidaritätszuschlag zur Steuerklasse VI (§ 42d Abs. 1 Nr. 1 EStG). Gleiches gilt, wenn der Arbeitgeber die Besteuerung nach der Steuerklasse VI nicht rückwirkend durchführt und die Lohnsteuerermittlungen für die vorhergehenden drei Monate entsprechend korrigiert.

Unbeschränkt einkommensteuerpflichtige Arbeitnehmer ohne steuerliche Identifikationsnummer

Wendet der Arbeitgeber in Fällen, in denen ein Arbeitnehmer die fehlende Mitteilung der ihm zuzuteilenden Identifikationsnummer nicht zu vertreten hat, die voraussichtlichen Lohnsteuerabzugsmerkmale länger als drei Monate für den Lohnsteuerabzug an, obwohl der Arbeitnehmer weiterhin die Identifikationsnummer und sein Geburtsdatum nicht mitgeteilt und auch keine Bescheinigung für den Lohnsteuerabzug beantragt oder dem Arbeitgeber diese nicht vorlegt und der Arbeitgeber entgegen seiner Verpflichtung die Lohnsteuer nicht nach der Steuerklasse VI einbehält und abführt, haftet er in Höhe des Differenzbetrages zu der von ihm einbehaltenen und abgeführten Lohnsteuer zuzüglich ggf. Kirchensteuer und Solidaritätszuschlag zur Steuerklasse VI (§ 42d Abs. 1 Nr. 1 EStG). Gleiches gilt, wenn der Arbeitgeber die Besteuerung nach der Steuerklasse VI nicht rückwirkend durchführt und die Lohnsteuerermittlungen für die vorhergehenden drei Monate entsprechend korrigiert.

i) ELStAM bei verschiedenen Lohnarten

Lohnsteuerlich gilt der **Grundsatz des einheitlichen Dienstverhältnisses** mit der Folge, dass die Lohnsteuer für sämtliche vom Arbeitgeber an den Arbeitnehmer gezahlten Bezüge einheitlich und nach denselben Lohnsteuerabzugsmerkmalen zu erheben ist. Daher kann der Arbeitgeber **im ELStAM-Verfahren** für einen Arbeitnehmer **nur ein Dienstverhältnis anmelden** und als Lohnsteuerabzugsmerkmal **nur eine Steuerklasse anfordern** bzw. abrufen. 1886

Beispiel:

Arbeitnehmer A ist ledig, seit zwei Jahren Rentner und bezieht eine Altersrente aus der gesetzlichen Rentenversicherung. Daneben erhält A von seinem früheren Arbeitgeber B noch eine Rente aus einer Werkspension (= Arbeitslohn aus einem früheren Dienstverhältnis). A übt im Betrieb des B noch eine aktive Beschäftigung als Pförtner aus.

Auch wenn A von seinem Arbeitgeber B nebeneinander Arbeitslohn aus einem aktiven Dienstverhältnis und Versorgungsbezüge aus seiner früheren Beschäftigung dort erhält, liegt insgesamt **nur ein einheitliches Dienstverhältnis** vor. B müsste A folglich im ELStAM-Verfahren anmelden. In der ELStAM würde als Lohnsteuerabzugsmerkmal die Steuerklasse I ausgewiesen und die gesamten Bezüge (aus dem früheren und dem aktiven Dienstverhältnis) müssten nach der Steuerklasse I besteuert werden.

Auf Grund der **seit dem 1.1.2017 geltenden Sonderregelung** darf der Arbeitgeber oder ein von ihm beauftragter Dritter bei **Zahlung verschiedenartiger Lohnbezüge** die Lohnsteuer für den zweiten und jeden weiteren Bezug **ohne Abruf weiterer Lohnsteuerabzugsmerkmale nach der Steuerklasse VI** einbehalten (§ 39e Abs. 5a EStG).

Verschiedenartige Bezüge liegen vor (abschließende Aufzählung), wenn der Arbeitnehmer vom Arbeitgeber folgenden Arbeitslohn bezieht:

- neben dem Arbeitslohn für ein aktives Dienstverhältnis auch Versorgungsbezüge,
- neben Versorgungsbezügen, Bezügen und Vorteilen aus seinem früheren Dienstverhältnis auch andere Versorgungsbezüge oder
- neben Bezügen und Vorteilen während der Elternzeit oder vergleichbaren Unterbrechungszeiten des aktiven Dienstverhältnisses auch Arbeitslohn für ein weiteres befristetes aktives Dienstverhältnis.

Eine Zusammenfassung der Bezüge bei Beendigung des Dienstverhältnisses oder am Ende des Kalenderjahres ist nicht durchzuführen. Entsprechend ist für **jeden der abgerechneten Bezüge eine Lohnsteuerbescheinigung zu erstellen** und an die Finanzverwaltung zu übermitteln. Zur Überprüfung der einbehaltenen Lohnsteuer hat der Arbeitnehmer die Veranlagungspflicht zur Einkommensteuer zu beachten (§ 39e Abs. 5a Satz 3 EStG). Danach ist die Regelung des § 46 Abs. 2 Nr. 2 EStG (Veranlagung zur Einkommensteuer, wenn der Arbeitnehmer nebeneinander von mehreren Arbeitgebern Arbeitslohn bezieht) entsprechend anzuwenden (→ *Veranlagung von Arbeitnehmern* Rz. 4234).

Beispiele für die Zahlung verschiedenartiger Bezüge:
- Ein Arbeitnehmer erhält vom Arbeitgeber neben einer Betriebsrente noch Arbeitslohn für ein aktives Dienstverhältnis; die Lohnsteuer wird nicht pauschal erhoben.
- Ein Arbeitnehmer erhält vom Arbeitgeber Hinterbliebenenbezüge und eigene Versorgungsbezüge oder Arbeitslohn für ein aktives Dienstverhältnis.
- Ein Arbeitnehmer ist in Elternzeit und arbeitet gleichwohl beim selben Arbeitgeber weiter.

j) Schutzvorschriften für die (elektronischen) Lohnsteuerabzugsmerkmale

1887 Nur die Personen, denen **der Arbeitnehmer die Berechtigung erteilt** hat (Arbeitgeber oder beauftragte Dritte), sind befugt, ELStAM abzurufen und zu verarbeiten (§ 39e Abs. 4 Satz 2 und 6 EStG). ELStAM sind nur für den Lohnsteuerabzug bestimmt (§ 39e Abs. 4 Satz 7 und Abs. 5 Satz 1 EStG). Folglich dürfen grds. **weder der Arbeitgeber noch der mit der Durchführung des Lohnsteuerabzugs beauftragte Dritte** abgerufene ELStAM bzw. Lohnsteuerabzugsmerkmale **offenbaren**. Dies gilt nicht, soweit eine Weitergabe von (elektronischen) Lohnsteuerabzugsmerkmalen gesetzlich zugelassen ist oder der Arbeitnehmer einer anderen Verwendung zustimmt (§ 39 Abs. 8 Satz 2 EStG).

Vorsätzliche oder leichtfertige Zuwiderhandlungen können mit einer **Geldbuße** nach den Bußgeldbestimmungen der Datenschutz-Grundverordnung in ihrer jeweils geltenden Fassung geahndet werden (§ 39 Abs. 9 i.V.m. § 39e Abs. 4 Satz 7 EStG).

4. Verfahrensrecht

1888 Sowohl die erstmalige Bildung der (elektronischen) Lohnsteuerabzugsmerkmale als auch deren spätere Änderungen sind eine **gesonderte Feststellung von Besteuerungsgrundlagen** i.S.v. § 179 Abs. 1 AO, die unter dem Vorbehalt der Nachprüfung steht (§ 39 Abs. 1 Satz 4 EStG). Eine solche Feststellung ist ein **anfechtbarer Verwaltungsakt**, dessen Vollziehung nach § 361 AO ausgesetzt werden kann. Da die Bildung der ELStAM unter dem Vorbehalt der Nachprüfung steht, hat der Arbeitnehmer daneben auch die Möglichkeit, eine **Änderung nach § 164 Abs. 2 Satz 2 AO** zu beantragen.

Um als Verwaltungsakt erkennbar und anfechtbar zu sein, müssen die Bildung der (elektronischen) **Lohnsteuerabzugsmerkmale und deren Änderungen** dem Arbeitnehmer **bekannt gegeben** werden (§ 39 Abs. 1 Satz 5 EStG). Nach § 119 Abs. 2 AO kann dies schriftlich, elektronisch, mündlich oder in anderer Weise erfolgen. Üblicherweise hat der Arbeitgeber die ELStAM als Grundlage für die Lohnsteuerermittlung in der Lohn- und Gehaltsabrechnung auszuweisen (§ 39e Abs. 5 Satz 2 und Abs. 6 EStG). In diesen Fällen werden sie **mit Aushändigung der Lohnabrechnung an den Arbeitnehmer bekannt gegeben** (§ 39e Abs. 6 Satz 3 EStG). Wird die Lohnabrechnung elektronisch bereitgestellt, ist das Bereitstellungsdatum maßgebend (§ 39e Abs. 6 Satz 3 EStG).

Diesen Formen der Bekanntgabe ist **keine Rechtsbehelfsbelehrung** beizufügen (§ 39e Abs. 6 Satz 2 EStG). Dies führt dazu, dass ein **Einspruch** gegen die gebildeten ELStAM **innerhalb eines Jahres** ab Bekanntgabe des Verwaltungsaktes **eingelegt** werden kann (§ 356 Abs. 2 AO).

Erteilt **das Finanzamt** auf Antrag des Arbeitnehmers einen Bescheid über die Berücksichtigung von Lohnsteuerabzugsmerkmalen (§ 39 Abs. 1 Satz 8 EStG), ist diesem **eine Rechtsbehelfsbelehrung beizufügen**. Das Finanzamt ist zudem zur schriftlichen Erteilung eines Bescheids mit einer Belehrung über den zulässigen Rechtsbehelf verpflichtet, wenn dem Antrag des Arbeitnehmers auf Bildung oder Änderung der Lohnsteuerabzugsmerkmale (regelmäßig i.R. eines Antrags auf Lohnsteuer-Ermäßigung) nicht oder nicht in vollem Umfang entsprochen wird (§ 39 Abs. 1 Satz 8 EStG).

5. Härtefallregelung

a) Allgemeines

Bei Nichtteilnahme am ELStAM-Verfahren gelten die allgemeinen 1889
Regelungen des Zwangsgeldverfahrens nach §§ 328 ff. AO. Sind **Arbeitgeber allerdings nicht in der Lage** und ist es ihnen nicht zumutbar, die **ELStAM der Arbeitnehmer elektronisch abzurufen**, wird ein **Ersatzverfahren** angeboten (§ 39e Abs. 7 EStG). Auf **Antrag des Arbeitgebers** kann das Betriebsstättenfinanzamt zur Vermeidung unbilliger Härten die **Nichtteilnahme am ELStAM-Verfahren zulassen** (§ 39e Abs. 7 Satz 1 EStG). Die Teilnahme am Härtefallverfahren ist **kalenderjährlich** unter Darlegung der Gründe **neu zu beantragen** (§ 39e Abs. 7 Satz 4 EStG), ggf. rückwirkend bis zum Beginn des Kalenderjahres der Antragstellung.

Eine unbillige Härte liegt insbesondere bei einem Arbeitgeber vor, für den die **Kommunikation über das Internet** mangels technischer Möglichkeiten und Voraussetzungen **wirtschaftlich oder persönlich unzumutbar** ist (§ 150 Abs. 8 AO ist entsprechend anzuwenden).

Dem **Antrag ist stets stattzugeben**, wenn der Arbeitgeber **ohne maschinelle Lohnabrechnung** ausschließlich Arbeitnehmer **i.R. einer geringfügigen Beschäftigung in seinem Privathaushalt** i.S.d. § 8a SGB IV bzw. § 276a SGB VI beschäftigt und wenn er die Lohnsteuer vom Arbeitslohn/-entgelt nicht pauschal erhebt (§ 39e Abs. 7 Satz 2 EStG).

Auch nach einer Genehmigung zur Nichtteilnahme am ELStAM-Verfahren kann der Arbeitgeber jederzeit ohne gesonderte Mitteilung zum elektronischen Abrufverfahren wechseln.

b) Antragstellung

Der Antrag ist nach amtlich vorgeschriebenem Vordruck zu stellen 1890
(Vordruck „Antrag des Arbeitgebers auf Nichtteilnahme am Abrufverfahren der elektronischen Lohnsteuerabzugsmerkmale (ELStAM) für 20__“) und **muss folgende Angaben beinhalten**:

- Wirtschafts-Identifikationsnummer bzw. Steuernummer der Betriebsstätte oder des Teils des Betriebs des Arbeitgebers, in dem der für die Durchführung des Lohnsteuerabzugs maßgebende Arbeitslohn des Arbeitnehmers ermittelt wird,
- Verzeichnis der beschäftigten Arbeitnehmer,
- IdNr und Geburtsdatum der einzelnen Beschäftigten,
- Angaben darüber, ob es sich um ein erstes (Hauptarbeitgeber) oder weiteres Dienstverhältnis (Steuerklasse VI) handelt und
- bei einem weiteren Dienstverhältnis ggf. den nach § 39a Abs. 1 Satz 1 Nr. 7 EStG zu berücksichtigenden Betrag.

c) Verfahren/Bescheinigung der Lohnsteuerabzugsmerkmale

Gibt das Betriebsstättenfinanzamt dem Antrag statt, wird dem Ar- 1891
beitgeber eine **arbeitgeberbezogene Bescheinigung zur Durchführung des Lohnsteuerabzugs** erteilt, welche die für das jeweilige Kalenderjahr gültigen Lohnsteuerabzugsmerkmale der einzelnen Arbeitnehmer enthält. Im Fall der Änderung von Lohnsteuerabzugsmerkmalen wird dem Arbeitgeber **automatisch eine Bescheinigung mit den geänderten Lohnsteuerabzugsmerkmalen** übersandt. Diese Bescheinigungen sind nur für den beantragenden Arbeitgeber bestimmt und dürfen von einem weiteren Arbeitgeber nicht als Grundlage für den Lohnsteuerabzug herangezogen werden.

d) Pflichten des Arbeitgebers

1892 Für die Lohnsteuererhebung gelten in diesen Fällen die Regelungen des Abrufverfahrens für die ELStAM entsprechend. Insbesondere haben auch die wegen der Inanspruchnahme der Härtefallregelung nicht am elektronischen Verfahren teilnehmenden Arbeitgeber die **Lohnsteuerabzugsmerkmale der Arbeitnehmer in deren Lohnabrechnung auszuweisen**. Auch hier gelten die Lohnsteuerabzugsmerkmale gegenüber dem Arbeitnehmer als bekannt gegeben, sobald der Arbeitgeber dem Arbeitnehmer die Lohnabrechnung mit den ausgewiesenen Lohnsteuerabzugsmerkmalen aushändigt. Im Übrigen sind für die in der Bescheinigung ausgewiesenen Lohnsteuerabzugsmerkmale die Schutzvorschriften für die ELStAM entsprechend zu beachten (→ Rz. 1887).

Der Arbeitgeber hat die **Bescheinigung zur Durchführung des Lohnsteuerabzugs** sowie evtl. Änderungsmitteilungen **als Beleg zum Lohnkonto zu nehmen** und sie während der Beschäftigung, längstens bis zum Ablauf des maßgebenden Kalenderjahres, aufzubewahren. Zur Erteilung der Lohnsteuerbescheinigung (§ 41b EStG) hat der Arbeitgeber die **Besondere Lohnsteuerbescheinigung** zu verwenden.

Beginnt ein Arbeitnehmer im laufenden Kalenderjahr ein Dienstverhältnis, ist der Arbeitgeber zur Mitteilung an das Betriebsstättenfinanzamt verpflichtet (→ Rz. 1841). Für die Ausstellung und Entgegennahme der Bescheinigung zur Durchführung des Lohnsteuerabzugs gelten die Ausführungen unter → Rz. 1890 entsprechend.

Bei **Ausscheiden eines Arbeitnehmers** aus dem Dienstverhältnis ist dem **Betriebsstättenfinanzamt unverzüglich das Datum der Beendigung schriftlich anzuzeigen** (§ 39e Abs. 7 Satz 8 EStG).

6. Betrieblicher Lohnsteuer-Jahresausgleich (§ 42b EStG)

1893 **Nach einem Arbeitgeberwechsel** im laufenden Kalenderjahr sind dem neuen Arbeitgeber regelmäßig **nur die ELStAM des aktuellen Dienstverhältnisses bekannt**. Deshalb hat der Arbeitgeber als weitere Voraussetzung für die Durchführung eines Lohnsteuer-Jahresausgleichs zu beachten, dass der Arbeitnehmer **durchgängig das gesamte Kalenderjahr bei ihm beschäftigt** war. I.R. des Lohnsteuer-Jahresausgleichs ist die Jahreslohnsteuer nach der Steuerklasse zu ermitteln, die **für den letzten Lohnzahlungszeitraum** des Ausgleichsjahres **als ELStAM abgerufen** oder in einer Bescheinigung für den Lohnsteuerabzug ausgewiesen worden ist.

7. Lohnsteuer-Ermäßigungsverfahren

a) Allgemeines

1894 I.R. des Lohnsteuer-Ermäßigungsverfahrens nach § 39a Abs. 2 EStG hat der Arbeitnehmer die Möglichkeit, die **Berücksichtigung von Freibeträgen zu beantragen**. Diese werden **als Lohnsteuerabzugsmerkmale berücksichtigt** und dem **Arbeitgeber elektronisch zum Abruf bereitgestellt**. Ein solcher Freibetrag kann auf Antrag des Arbeitnehmers **für zwei Jahre berücksichtigt** werden (§ 39a Abs. 1 Satz 3 bis 5 EStG, BMF v. 21.5.2015, IV C 5 – S 2365/15/10001, BStBl I 2015, 488).

b) Start- und Endtermin für das Lohnsteuer-Ermäßigungsverfahren

1895 Die **Frist für die Stellung** eines Antrags auf Lohnsteuer-Ermäßigung beginnt am **1. November** (Änderung durch das JStG 2024 v. 2.12.2024, BGBl. I 2024, Nr. 387 davor 1. Oktober) des Vorjahres, für das der Freibetrag gelten soll (§ 39a Abs. 2 Satz 2 EStG). Sie **endet am 30. November** des Kalenderjahres, in dem der Freibetrag gilt (§ 39a Abs. 2 Satz 3 EStG). Werden Anträge auf Lohnsteuer-Ermäßigung entgegen der gesetzlichen Vorgabe bereits vor dem 1. Oktober des Vorjahres gestellt, wird das Finanzamt diese Anträge nicht aus formalen Gründen ablehnen. Diese Anträge werden mit Start des Lohnsteuer-Ermäßigungsverfahrens bearbeitet werden.

Soll ein **Freibetrag** nach § 39a Abs. 1 Satz 1 Nr. 1 bis 6 EStG **auf mehrere Dienstverhältnisse aufgeteilt** werden, ist ein **Antrag des Arbeitnehmers beim Finanzamt erforderlich**. In diesen Fällen ordnet das Finanzamt die Freibeträge den einzelnen Dienstverhältnissen für den Abruf als ELStAM zu. Der Arbeitnehmer hat dem Arbeitgeber weder Angaben zur Anwendung des Freibetrags noch dessen Höhe mitzuteilen.

Die Aufteilung von Freibeträgen auf mehrere Dienstverhältnisse ist **nur dann möglich**, wenn **die jeweiligen Arbeitgeber den Arbeitnehmer** im Zeitpunkt der Antragstellung **bei der Finanzverwaltung angemeldet** haben. Meldet ein Arbeitgeber den Arbeitnehmer verspätet an, ist für die Aufteilung des Freibetrags **ein erneuter Antrag des Arbeitnehmers erforderlich**. Der Freibetrag muss nicht stets dem ersten Dienstverhältnis zugewiesen werden. Es ist zulässig, ihn **ganz oder teilweise auf ein oder mehrere weitere Dienstverhältnisse aufzuteilen**.

c) Aufteilung Hinzurechnungsbetrag/Freibetrag

Im ELStAM-Verfahren kann der **Arbeitnehmer entscheiden, ob bzw. in welcher Höhe der Arbeitgeber** einen nach § 39a Abs. 1 Satz 1 Nr. 7 EStG beantragten und vom Finanzamt ermittelten **Freibetrag sowie den im Gegenzug korrespondierenden Hinzurechnungsbetrag abrufen** soll. Allein für eine solche Verteilung auf die einzelnen Dienstverhältnisse ist ein **Antrag beim Finanzamt nicht erforderlich**. Diese Wahlmöglichkeit ist für zweite und weitere Dienstverhältnisse insbesondere für Fälle eines Arbeitgeberwechsels, nach Beendigung eines Dienstverhältnisses sowie bei in größeren Zeiträumen schwankenden Arbeitslöhnen gedacht. Soll der zum ersten Dienstverhältnis erfasste Hinzurechnungsbetrag auf ein oder mehrere weitere Dienstverhältnisse als Freibetrag aufgeteilt werden, hat der Arbeitnehmer dem jeweiligen Arbeitgeber den zu berücksichtigenden Freibetrag mitzuteilen. 1896

Der Arbeitgeber hat den vom Arbeitnehmer genannten Betrag i.R. einer üblichen Anmeldung des Arbeitnehmers bzw. Anfrage von ELStAM an die Finanzverwaltung zu übermitteln. Handelt es sich um ein **bereits angemeldetes Dienstverhältnis**, muss **der Arbeitgeber den Arbeitnehmer** zum letzten Tag vor der Gültigkeit des Freibetrags nach § 39a Abs. 1 Satz 1 Nr. 7 EStG **abmelden und** ab dem Gültigkeitstag des Freibetrags **erneut anmelden**, um den Freibetrag abrufen zu können.

Nach Prüfung des übermittelten Betrags stellt die Finanzverwaltung dem Arbeitgeber den **tatsächlich zu berücksichtigenden Freibetrag als ELStAM zum Abruf bereit**. Nur dieser Freibetrag ist für den Arbeitgeber maßgebend und für den Lohnsteuerabzug anzuwenden sowie in der üblichen Lohn- und Gehaltsabrechnung des Arbeitnehmers als ELStAM auszuweisen.

8. Sonstiges

a) Aufzeichnung im Lohnkonto

Der Arbeitgeber hat die im elektronischen Verfahren abgerufenen ELStAM **in das Lohnkonto zu übernehmen** (§ 41 Abs. 1 Satz 2 EStG). Gleiches gilt für die i.R. der Härtefallregelung (→ Rz. 1891) in der vom Finanzamt ausgestellten Bescheinigung ausgewiesenen (Lohnsteuerabzugs-)Merkmale und für die in der nach § 39e Abs. 8 EStG ausgestellten Bescheinigungen für den Lohnsteuerabzug ausgewiesenen (Lohnsteuerabzugs-)Merkmale. 1897

b) Korrektur des Lohnsteuerabzugs

Nach § 41c Abs. 1 Satz 1 Nr. 1 EStG ist der Arbeitgeber berechtigt, bei der jeweils nächsten Lohnzahlung **bisher erhobene Lohnsteuer zu erstatten** bzw. **noch nicht erhobene Lohnsteuer nachträglich einzubehalten**. Das gilt auch dann, wenn ihm ELStAM zum Abruf zur Verfügung gestellt werden oder ihm der Arbeitnehmer eine Bescheinigung für den Lohnsteuerabzug mit Eintragungen vorlegt, die auf einen Zeitpunkt vor Abruf der Lohnsteuerabzugsmerkmale oder vor Vorlage der Bescheinigung für den Lohnsteuerabzug zurückwirken. 1898

c) Bereitstellung von Steuererklärungen und Vordrucken

Die im ELStAM-Verfahren erforderlichen bundeseinheitlich abgestimmten Erklärungen, Formulare und Vordrucke werden von den Finanzbehörden des Bundes und der Länder zur Verfügung gestellt. Sie können elektronisch über die Internetseite www.elster.de unter Mein ELSTER an die Finanzverwaltung übermittelt werden. Die Anträge auf Lohnsteuer-Ermäßigung und zu den Lohnsteuerabzugsmerkmalen sind – nach dem persönlichen Login mit dem Authentifizierungszertifikat – in Mein ELSTER unter der Rubrik 1899

„Formulare/Leistungen\Alle Formulare\Lohnsteuer Arbeitnehmer" zu finden oder stehen im Internet in einer Formulardatenbank unter der Internetadresse https://www.formulare-bfinv.de unter der Rubrik „Formular-center/Steuerformulare/Lohnsteuer" als ausfüllbare Formulare bereit.

d) Verlust der ELStAM-Daten

1900 Sind die **ELStAM-Daten** für sämtliche seiner Arbeitnehmer **verloren gegangen oder physikalisch zerstört** worden (unvorhergesehener Datenverlust), besteht für den Arbeitgeber die Möglichkeit, die **aktuellen ELStAM-Daten bei der Finanzverwaltung anzufordern** (sog. Bruttoliste). Diese Option ist **ausschließlich für den Sonderfall vorgesehen**, dass bei einem Arbeitgeber auf Grund technischer Probleme die abgerufenen und gespeicherten ELStAM **dauerhaft nicht mehr elektronisch verfügbar und nicht wiederherstellbar** sind. Die Bruttoliste wird dem Arbeitgeber auf formlosen Antrag elektronisch von seinem Betriebsstättenfinanzamt zur Verfügung gestellt.

Elterngeld

1. Allgemeines

1901 Nach Maßgabe des Bundeselterngeld- und Elternzeitgesetzes – BEEG können Eltern das sog. Elterngeld erhalten. Zu den Regelungen zur Elternzeit → *Elternzeit* Rz. 1905.

Anspruch auf Elterngeld hat, wer einen Wohnsitz oder seinen gewöhnlichen Aufenthalt in Deutschland hat, mit seinem Kind in einem Haushalt lebt, dieses Kind selbst betreut und erzieht und keine oder keine volle Erwerbstätigkeit (d.h. weniger als 32 Wochenstunden) ausübt (§ 1 BEEG).

Das Elterngeld wurde in den vergangenen Jahren mehrfach reformiert. Zum 1.7.2015 wurde durch das Gesetz zur Einführung des ElterngeldPlus mit Partnerschaftsbonus und einer flexibleren Elternzeit (BGBl. I 2014, 2325) verbesserte Regelungen eingeführt. Durch das Zweite Gesetz zur Änderung des Bundeselterngeld- und Elternzeitgesetzes (BGBl. I 2021, 239) sind die Regelungen zum 1.9.2021 nochmal modifiziert worden. Für Geburten ab dem 1.4.2024 wurde mit dem Zweiten Haushaltsfinanzierungsgesetz 2024 v. 27.3.2024, BGBl. I 2024, Nr. 107, die Einkommensgrenze, bis zu der ein Anspruch auf Elterngeld besteht, gesenkt (vgl. hierzu § 1 Abs. 8 BEEG i.V.m. § 28 Abs. 5 BEEG). Seit dem 1.4.2024 können Personen mit gemeinsamen Elterngeldanspruch ab einem Einkommen von mehr als 200 000 € (ab 1.4.2025 175 000 €) kein Elterngeld mehr erhalten. Die Einkommensgrenze des § 1 Abs. 8 Satz 2 BEEG ist für die mit ihrem gemeinsamen Kind in einem Haushalt zusammenlebenden Elternpaare auch dann maßgeblich, wenn ein Elternteil (noch) mit einer anderen Person (Nicht-Elternteil) verheiratet ist (LSG Bayern v. 29.4.2025, L 9 EG 1/23). Für Alleinerziehende ist die Einkommensgrenze auf 175 000 € (ab 1.4.2025 150 000 €) reduziert. Nicht mehr möglich wird es auch bis auf Ausnahmen sein, dass beide Elternteile gleichzeitig nach dem 12. Lebensmonat des Kindes das Basiselterngeld beziehen (vgl. § 4 Abs. 6 BEEG).

Elterngeld kann in der Zeit vom Tag der Geburt **bis zur Vollendung des 14. Lebensmonats** des Kindes bezogen werden. Gezahlt wird zwölf Monate lang und zwei weitere Monate, wenn auch der Partner das Kind mindestens zwei Monate betreut.

Jeder Partner kann statt *eines* Elterngeldmonats (Elterngeld i.S.d. § 4 Abs. 2 Satz 2 BEEG) *zwei* **Elterngeld Plus-Monate** in Anspruch nehmen. Damit können v.a. Eltern, die nach der Geburt des Kindes in Teilzeit arbeiten, länger vom Elterngeld profitieren. So können Paare bis zu 14 Monate gleichzeitig Elterngeld beziehen und bis zu 32 Wochenstunden. Die bisherigen Möglichkeiten des Elterngeldbezugs bleiben bis auf die Verlängerungsoption, die durch die Einführung des Elterngeld Plus ersetzt wird, erhalten und können mit den neuen Gestaltungskomponenten kombiniert werden. Für Personen mit geringem Teilzeiteinkommen gilt wie zuvor der Geringverdienerzuschlag. Auch Eltern, die vor der Geburt nicht erwerbstätig waren, können das Elterngeld Plus für das Mindestelterngeld nutzen und werden dann in halber Höhe des Mindestbetrags für die doppelte Anzahl von Monaten unterstützt. Alleinerziehende können das Elterngeld Plus im gleichen Maße allein nutzen wie Paare und infolgedessen zusammen mit den Partnermonaten bis zu 28 Elterngeld Plus-Monate in Anspruch nehmen. Elterngeld Plus kann auch dann beansprucht werden, wenn ein Elternteil während der Partnerschaftsbonusmonate für längere Zeit erkrankt und keine Lohnfortzahlung mehr erhält (BSG v. 7.9.2023, B 10 EG 2/22 R).

Ein **Partnerschaftsbonus** ergänzt das Elterngeld Plus und besteht aus vier zusätzlichen Elterngeld Plus-Monaten je Elternteil und kann während oder im Anschluss an den Elterngeldbezug eines Elternteils bezogen werden, wenn beide Eltern eine bestimmte Anzahl von Stunden in Teilzeit arbeiten und sich damit die Betreuung des Kindes/der Kinder teilen.

Alleinerziehende können das neue Elterngeld Plus im gleichen Maße nutzen wie Elternpaare. Partnermonate können auch alleinerziehenden Elternteilen mit gemeinsamem Sorgerecht in Anspruch nehmen.

Für die Ansprüche von **Mehrlingseltern** (Zwillingsgeburten) besteht bei Mehrlingsgeburten nur *ein* Anspruch auf Elterngeld und für die weiteren Mehrlinge wird ein Mehrlingszuschlag i.H.v. 300 € gezahlt.

Nach § 2 Abs. 1 BEEG beträgt **die Höhe des Elterngelds 65 bis 67 %** des in den zwölf Kalendermonaten vor dem Monat der Geburt des Kindes durchschnittlich erzielten monatlichen Einkommens aus Erwerbstätigkeit.

Der **Höhe nach ist das Elterngeld pro Kind** auf mindestens 300 € und einen Höchstbetrag von 1 800 € **begrenzt**. Eine Zahlung erfolgt für volle Monate, in denen die berechtigte Person kein Einkommen aus Erwerbstätigkeit bezieht.

Für **Geringverdiener** gibt es ein erhöhtes Elterngeld: Ist das zu Grunde liegende Nettoeinkommen geringer als 1 000 € monatlich, wächst der Einkommensersatz bis zu 100 %. Je 20 € geringeres Einkommen erhöht sich die Ersatzrate um jeweils 1 % (§ 2 Abs. 2 BEEG).

Das Mindestelterngeld i.H.v. 300 € wird während der Kernzeit von zwölf Monaten nicht als Einkommen auf andere Sozialleistungen oder Wohngeld angerechnet.

Alleinerziehende, die vor der Geburt des Kindes erwerbstätig waren, erhalten das Elterngeld 14 Monate, da sie Vater- und Muttermonate erfüllen.

Bei der Geburt eines weiteren Kindes innerhalb von 24 Monaten wird zusätzlich zum Elterngeld ein **Geschwisterbonus** gezahlt. Er errechnet sich aus der Hälfte der Differenz der höchstmöglichen Elterngelder für beide Kinder.

Das Elterngeld kann bei gleichem Gesamtbudget auch auf den doppelten Zeitraum (auf bis zu 28 Monate) gestreckt werden, dann werden die halben Monatsbeträge gezahlt.

Die besondere Situation bei Frühgeburten wird beim Elterngeldanspruch mit einem **„Frühchenmonat"** berücksichtigt. Eltern, deren Kind sechs Wochen vor dem errechneten Geburtstermin oder früher geboren wird, erhalten einen zusätzlichen Monat Elterngeld. Bei einer Geburt mindestens acht, 12 oder 16 Wochen vor dem errechneten Termin werden zwei, drei bzw. vier zusätzliche Monate Basiselterngeld gewährt.

Die während des Elterngeldbezugs und der Elternzeit **zulässige Arbeitszeit beträgt 32 Wochenstunden und damit** vier volle Arbeitstage.

Der **Partnerschaftsbonus** für die parallele Teilzeit beider Eltern kann mit 24–32 Wochenstunden bezogen werden.

Die Einnahmen von **Eltern mit geringen selbständigen Nebeneinkünften** können auf Antrag besser im Elterngeld berücksichtigt.

Eltern, die während des Elterngeldbezugs in Teilzeit arbeiten, müssen nur im **Ausnahmefall nachträglich Nachweise über ihre Arbeitszeit** erbringen. Grds. soll davon ausgegangen werden, dass sie die im Antrag angegebenen Arbeitsstunden nicht überschreiten.

Zur Ermittlung des maßgeblichen **Einkommens bei nichtselbständiger Arbeit** wird der laufende Arbeitslohn (ohne sonstige Bezüge) pauschal um Steuern (Lohnsteuer zuzüglich Annexsteuern) sowie Pflichtbeiträge zur Sozialversicherung und um den Arbeitnehmer-Pauschbetrag gekürzt.

Umsatzabhängige Provisionen, die eine Steuerfachwirtin von einer Steuerberatungsgesellschaft erhält, sind laufender Arbeitslohn (BSG v. 25.6.2020, B 10 EG 3/19 R). Zur Berücksichtigung von

Provisionen s. auch BSG v. 26.3.2014, B 10 EG 7/13 R, B 10 EG 12/13 R und B 10 EG 14/13 R.

Zu **Gehaltsnachzahlungen**, die das Elterngeld erhöhen können, s. BSG v. 27.6.2019, B 10 EG 1/18 R. Eine allein wegen eines fehlenden Betreuungsplatzes unterbliebene Teilzeiterwerbstätigkeit eines Elternteils schließt Elterngeld Plus als Partnerschaftsbonus für beide Elternteile aus (BSG v. 26.10.2023, B 10 EG 1/23 R).

Bei der Berechnung des vorgeburtlichen Einkommens bewirkt die Nichtberücksichtigung von Kalendermonaten, in denen die berechtigte Person auf Grund der Covid-19-Pandemie ein geringeres Einkommen hatte, keine Verkürzung des Bemessungszeitraums, sondern dessen Verschiebung in die Vergangenheit (BSG v. 26.10.2023, B 10 EG 3/23 R).

Seit dem 1.7.2023 haben die Elterngeldstellen die Möglichkeit, die Angaben zum Mutterschaftsgeld für den Elterngeldantrag elektronisch bei den Krankenkassen anzufordern. Die Krankenkassen haben diese Meldungen elektronisch anzunehmen und in elektronischer Form zu antworten (zu den Meldepflichten bei Leistung von Mutterschaftsgeld, Elterngeld vgl. § 203 SGB V). Ab 1.1.2024 dürfen die Elterngeldstellen diese Anforderung nur noch elektronisch durchführen. Voraussetzung ist immer, dass die Einwilligung der Elterngeldbeantragenden vorliegt.

Die für die elektronische Übermittlung erforderlichen Grundsätze für das Meldeverfahren mit den Elterngeldstellen nach § 203 Abs. 3 SGB V in der vom 1.1.2024 geltenden Fassung sind bereits genehmigt und veröffentlicht.

2. Steuerliche Behandlung

a) Allgemeines

1902 Das Elterngeld ist nach § 3 Nr. 67 Buchst. b EStG **steuerfrei**. Es wird jedoch – auch wenn nur der Sockelbetrag von 300 € monatlich gezahlt wird – in den sog. **Progressionsvorbehalt** einbezogen (§ 32b Abs. 1 Satz 1 Nr. 1 Buchst. j EStG), da durch die Zahlung dieser steuerfreien Sozialleistung die wirtschaftliche Leistungsfähigkeit der berechtigten Personen erhöht wird (BFH v. 21.9.2009, VI B 31/09, BStBl II 2011, 382).

Steuerfrei sind nach § 3 Nr. 2 Buchst. e EStG seit 2021 auch die mit § 3 Nr. 1 bis 2 Buchst. d EStG und § 3 Nr. 67 Buchst. b EStG (Elterngeld) genannten Leistungen **vergleichbare Leistungen ausländischer Rechtsträger**, die ihren Sitz in einem Mitgliedstaat der Europäischen Union, in einem Staat, auf den das Abkommen über den Europäischen Wirtschaftsraum Anwendung findet oder in der Schweiz haben. Wie das inländische Elterngeld sind solche Leistungen nur bei der Ermittlung des Steuersatzes gem. § 32b Abs. 1 Satz 1 Nr. 1 Buchst. k EStG zu berücksichtigen (**Progressionsvorbehalt**).

Im Rahmen des Progressionsvorbehalts ist vom **Elterngeld der Arbeitnehmer-Pauschbetrag nicht abzuziehen**, wenn bei der Ermittlung der Einkünfte aus nichtselbständiger Arbeit den Pauschbetrag übersteigende Werbungskosten abgezogen wurden (BFH v. 25.9.2014, III R 61/12, BStBl II 2015, 182 betr. Abzug des Arbeitnehmer-Pauschbetrags). Die gegen das BFH-Urteil erhobene Verfassungsbeschwerde (2 BvR 3057/14) wurde lt. BVerfG v. 18.2.2022 nicht zur Entscheidung angenommen (LfSt Rheinland-Pfalz v. 10.5.2022, S 2295 A – St 31 7/St 35 1).

Das Elterngeld zählt bei der Berechnung des abzugsfähigen **Höchstbetrags für Unterhaltsaufwendungen an bedürftige Angehörige** in vollem Umfang – und damit **einschließlich des Sockelbetrags** (§ 2 Abs. 4 BEEG) – zu den anrechenbaren Bezügen des Unterhaltsempfängers i.S.d. § 33a Abs. 1 Satz 5 EStG (BFH v. 20.10.2016, VI R 57/15, BStBl II 2017, 194).

(LSt durchgestrichen) (SV durchgestrichen)

b) Steuerklassenwahl bei Arbeitnehmerehegatten

1903 Bei Arbeitnehmerehegatten ist die Wahl der Steuerklassen ausschlaggebend für die Berechnung des Elterngeldes. Da nach der Geburt des Kindes häufig die Mutter ihre Erwerbstätigkeit vorübergehend einstellt, die wegen geringeren Arbeitslohns in die Steuerklasse V eingruppiert ist, wird in der Praxis häufig die Frage gestellt, ob und wann eine Änderung der Steuerklassen in die Steuerklassen IV/IV möglich ist, ggf. auch rückwirkend. Dies hätte zur Folge, dass die Ehefrau durch eine günstigere Steuerklasse höhere Nettoeinnahmen im für die Bemessungsgrundlage heranzuziehenden Zwölf-Monats-Zeitraum erzielen könnte und sich das Elterngeld in Anlehnung an den höheren Nettolohn entsprechend erhöhen würde.

Die OFD Rheinland weist in ihrer Verfügung v. 3.11.2006, S 2361 – 0005 – St 215, DB 2006, 2492 darauf hin, dass eine rückwirkende Änderung der Steuerklassen nicht in Betracht kommt. § 39 Abs. 5 Satz 3 EStG regelt, dass Arbeitnehmerehegatten im Laufe des Kalenderjahres spätestens bis 30.11. des laufenden Jahres beantragen können, die als Lohnabzugsmerkmal berücksichtigten Steuerklassen in andere in Betracht kommende Steuerklassen zu ändern. Die Änderung ist mit Wirkung vom Beginn des auf die Antragstellung folgenden Kalendermonats an vorzunehmen (§ 39 Abs. 6 Satz 5 EStG).

Ein Steuerklassenwechsel kann allerdings beliebig oft erfolgen. Denn durch das Dritte Bürokratieentlastungsgesetz ist seit 1.1.2020 das Recht auf einen Steuerklassenwechsel bei Ehegatten/Lebenspartnern nicht mehr auf *einen* Wechsel pro Kalenderjahr beschränkt (Wegfall des Wortes „einmalig" in § 39 Abs. 6 Satz 3 EStG).

Voraussetzung für die Anerkennung einer günstigeren Steuerklasse mit höherem Nettoeinkommen ist aber, dass die entsprechende Steuerklasse in der Mehrzahl der zwölf Monate vor der Geburt gewählt worden ist – also in mindestens sieben von zwölf Monaten (§ 2c Abs. 3 Satz 2 BEEG).

Ein Steuerklassenwechsel sollte daher immer sehr frühzeitig beantragt werden (die Höhe der Einkommensteuer ändert sich durch den Steuerklassenwechsel, vorübergehende Nachteile werden bei der Einkommensteuerveranlagung ausgeglichen).

3. Sozialversicherung

Zu den sozialversicherungsrechtlichen Auswirkungen → *Elternzeit* Rz. 1909. 1904

Elternzeit

1. Arbeitsrechtliche allgemeine Grundsätze

a) Allgemein

Elternzeit bezeichnet einen Anspruch von Arbeitnehmern auf einen Zeitraum unbezahlter Freistellung von der Arbeit nach der Geburt eines Kindes. Dieser Anspruch ist u.a. im **Bundeselterngeld- und Elternzeitgesetz (BEEG)** geregelt. Zum dort ebenfalls geregelten Elterngeld → *Elterngeld* Rz. 1901. Das Vereinbarkeitsrichtlinienumsetzungsgesetz (VRUG) v. 19.12.2022, BGBl. I 2022, 2510 soll die verbindlichen Standards der Vereinbarkeitsrichtlinie umsetzen. Das Gesetz enthielt allerdings nur wenige Neuerungen, die zu den derzeitig geltenden Regelungen zur Elternzeit, Elterngeld, Pflegezeit und Familienpflegezeit hinzugekommen sind. Der Gesetzgeber war – zu Recht – der Auffassung, dass mit den bereits bestehenden nationalen Gesetzen die Umsetzungspflicht weitestgehend erfüllt ist (Wietfeld/Hinrichsen, EuZA 2023, 363). Mit dem seinerzeit neugefassten § 15 Abs. 5 BEEG wurde allerdings eine Begründungspflicht für Arbeitgeber bei der Ablehnung des Antrags von Beschäftigten auf flexible Arbeitszeitregelungen geschaffen (vgl. Glaser, ArbRAktuell 2022, 419). Hierdurch wurde dem Änderungsbedarf hinsichtlich Art. 9 Vereinbarkeitsrichtlinie entsprochen, der unter anderem Eltern ermöglicht, flexible Arbeitsregelungen zu beantragen. 1905

Ab dem 1.1.2025 nicht mehr zwingend erforderlich ist die schriftliche Ankündigung der Elternzeit. Vielmehr ist die Anzeige auch in Textform nach § 126b BGB ausreichend (Art. 68 Viertes Bürokratieentlastungsgesetz v. 29.10.2024, BGBl. I 2024 Nr. 323).

b) Einzelne Regelungen

Arbeitnehmerinnen und Arbeitnehmer haben bis zu **36 Monate Anspruch auf Elternzeit**, wenn sie (u.a.) 1906

- mit einem Kind, für das ihnen die Personensorge zusteht,
- einem Kind des Ehepartners,
- einem Kind, das sie mit dem Ziel der Adoption aufnehmen,
- einem Kind, für das sie ohne Personensorgerecht in einem Härtefall Elterngeld erhalten,
- als Nichtsorgeberechtigte mit ihrem leiblichen Kind

in einem Haushalt leben und dieses Kind selbst betreuen und erziehen (§ 15 Abs. 1 BEEG). Der Anspruch der **Großeltern** auf Elternzeit richtet sich nach § 15 Abs. 1a BEEG.

Bei der Elternzeit sind folgende **Einzelheiten** von Bedeutung:

- Jeder Elternteil kann Elternzeit erhalten. Zulässig ist auch die Inanspruchnahme eines Teils der Elternzeit bei dem ersten Arbeitgeber und eines weiteren Teils nach **Wechsel zu einem neuen Arbeitgeber**; dort genießt der Elternzeitler wieder besonderen Kündigungsschutz (vgl. BAG v. 11.3.1999, 2 AZR 19/98).
- Der Anspruch auf Elternzeit wird ausgeübt durch ein entsprechendes **schriftliches Verlangen des Arbeitnehmers** oder per Textform nach § 126b BGB an den Arbeitgeber oder an zuständige Mitarbeiter.
- Der Elternzeitberechtigte muss sich bei der Anmeldung von Elternzeit in den ersten drei Lebensjahren für zwei Jahre festlegen, § 16 Abs. 1 BEEG.
- Eltern können 24 Monate zwischen dem 3. und dem 8. Geburtstag des Kindes nehmen (vgl. § 15 Abs. 2 BEEG). Beide Elternteile können ihre Elternzeit in je drei Abschnitte aufteilen. Das Elternzeitverlangen muss spätestens mit einer **Regelfrist** von **sieben Wochen** vor dem Zeitpunkt der Inanspruchnahme; die Elternzeit nach dem 3. Geburtstag bis zum 8. Geburtstag des Kindes muss **dreizehn Wochen** vorher angemeldet werden, einer Zustimmung oder Genehmigung des Arbeitgebers bedarf es nicht. Lediglich bei einem dritten Elternzeitabschnitt kann der Arbeitgeber der Inanspruchnahme innerhalb von acht Wochen nach Zugang des Antrages **widersprechen**, wenn der Abschnitt nach dem dritten Geburtstag liegen soll und der Inanspruchnahme dringende betriebliche Gründe entgegenstehen, § 16 Abs. 1 BEEG. Eine Verteilung auf mehr als drei Abschnitte ist nur mit Zustimmung des Arbeitgebers möglich.
- Für die Elternzeit folgt schon aus § 17 Abs. 1 Satz 1 BEEG, dass trotz ruhendem Arbeitsverhältnis **Urlaubsansprüche entstehen**. Danach kann der Arbeitgeber den Erholungsurlaub für jeden vollen Kalendermonat der Elternzeit um ein Zwölftel kürzen. Nur ein entstandener Urlaubsanspruch kann gekürzt werden (BAG v. 17.5.2011, 9 AZR 197/10). Dies gilt **nicht, wenn** der Arbeitnehmer während der Elternzeit **Teilzeitarbeit** leistet. Voraussetzung für die Kürzung ist, dass der Anspruch auf Erholungsurlaub noch besteht. Daran fehlt es, wenn das **Arbeitsverhältnis beendet** ist und der Arbeitnehmer Anspruch auf Urlaubsabgeltung hat (BAG v. 19.5.2015, 9 AZR 725/13). Voraussetzung für die Kürzung ist weiterhin, dass der Arbeitgeber eine eindeutige **Kürzungserklärung** gegenüber dem Arbeitnehmer abgibt (BAG v. 19.5.2015, 9 AZR 725/13). Art. 7 der Richtlinie 2003/88/EG des Europäischen Parlaments und des Rates v. 4.11.2003 über bestimmte Aspekte der Arbeitszeitgestaltung steht der Kürzung nicht entgegen (EuGH v. 4.10.2018, C-12/17).
- Das BAG hat entschieden, dass der Urlaub von Arbeitnehmern in der Elternzeit nicht automatisch gekürzt werden kann. Dem Arbeitnehmer muss hierzu eine rechtsgeschäftliche Erklärung des Arbeitgebers im noch bestehenden Arbeitsverhältnis zugehen. Geschieht das erst nach Beendigung des Arbeitsverhältnisses, ist eine Kürzung des Jahresurlaubs für jeden vollen Kalendermonat der Elternzeit um ein Zwölftel nicht mehr zulässig (BAG v.16.4.2024, 9 AZR 165/23).
- Hat der Arbeitnehmer seinen **Erholungsurlaub** vor Beginn der Elternzeit nicht vollständig erhalten, so hat der Arbeitgeber den Resturlaub nach der Elternzeit im laufenden oder im nächsten Urlaubsjahr zu gewähren. Der vor einer ersten Elternzeit entstandene Anspruch auf Erholungsurlaub wird nach § 17 Abs. 2 BEEG auch auf die Zeit nach einer weiteren Elternzeit übertragen, die sich unmittelbar an die frühere Elternzeit anschließt (BAG v. 20.5.2008, 9 AZR 219/07). Die entgegenstehende bisherige Rechtsprechung hat das BAG aufgegeben. Endet das Arbeitsverhältnis, so hat der Arbeitgeber den noch nicht gewährten Erholungsurlaub abzugelten, § 17 Abs. 3 BEEG. Der gesetzliche Urlaubsanspruch nach §§ 1, 3 Abs. 1 BUrlG besteht auch für den Zeitraum der Elternzeit, kann jedoch vom Arbeitgeber nach § 17 Abs. 1 Satz 1 BEEG, der im Einklang mit dem Unionsrecht steht, gekürzt werden (BAG v. 19.3.2019, 9 AZR 362/18).
- Der Arbeitgeber darf das **Arbeitsverhältnis** während der Elternzeit **nicht kündigen**. Dies gilt auch ab dem Zeitpunkt, von dem an Elternzeit verlangt worden ist, höchstens jedoch sechs Wochen vor Beginn der Elternzeit. Dieses Kündigungsverbot gilt aber nicht bei einem Arbeitsverhältnis während der Elternzeit bei einem „anderen“ Arbeitgeber (BAG v. 2.2.2006, 2 AZR 596/04). Indes ist eine betriebsbedingte Kündigung nach erteilter behördlicher Zustimmung auch während der Elternzeit statthaft, wenn der Arbeitsplatz durch eine zulässige unternehmerische Entscheidung wegfällt und eine Beschäftigung zu den bisherigen Bedingungen nicht mehr möglich ist (LAG Berlin-Brandenburg v. 5.7.2022, 16 Sa 1750/21).
- Während der Elternzeit kann jeder Elternteil in **Teilzeitarbeit** weiterarbeiten, § 15 Abs. 4 BEEG. Die Obergrenze liegt hier bei monatlich durchschnittlichen 30 Stunden/Woche und durch das Zweite Gesetz zur Änderung des Bundeselterngeld- und Elternzeitgesetzes ist die Obergrenze für Eltern von nach ab dem 1.9.2021 geborene Kinder auf 32 Stunden ausgeweitet worden → *Elterngeld* Rz. 1901. Will der Arbeitgeber den Antrag ablehnen, so hat er dies dem Arbeitnehmer oder der Arbeitnehmerin innerhalb einer Frist von vier Wochen mit einer Begründung mitzuteilen.
- Während der Elternzeit bleibt die **Mitgliedschaft in der gesetzlichen Kranken- und Pflegeversicherung** von versicherungspflichtigen Arbeitnehmern beitragsfrei bestehen.
- Elternzeit kann auf Antrag des Arbeitnehmers nach § 16 Abs. 3 Satz 1 BEEG **vorzeitig beendet** oder i.R. des Gesamtanspruchs verlängert werden, wenn der **Arbeitgeber zustimmt**. Bei Geburt eines weiteren Kindes gilt nach § 16 Abs. 3 Satz 2 BEEG: Der Arbeitgeber kann eine erklärte vorzeitige Beendigung der Elternzeit wegen der **Geburt eines weiteren Kindes** nur innerhalb von vier Wochen schriftlich aus dringenden betrieblichen Gründen ablehnen; bei nicht form- oder fristgerechter Ablehnung oder fehlenden dringenden betrieblichen Gründen tritt vier Wochen nach Zugang der Erklärung die Beendigung der Elternzeit ein (BAG v. 21.4.2009, 9 AZR 391/08).
- Während der Elternzeit ruht das Arbeitsverhältnis kraft Gesetzes. Die wechselseitigen Hauptpflichten aus dem Arbeitsvertrag sind suspendiert. Ist eine variable Vergütung in einer Gesamtbetriebsvereinbarung neben einem Fixum als Bestandteil eines einheitlichen jährlichen Zieleinkommens ausgestaltet, ist sie Teil der im Synallagma stehenden Vergütungsleistung und für Zeiten, in denen das Arbeitsverhältnis ruht, nicht geschuldet (vgl. hierzu BAG v. 2.7.2025, 10 AZR 119/24).

c) Zum Anspruch auf Elternteilzeit

Zum Anspruch der Elternzeitberechtigten auf Elternteilzeit nach 1907
§ 15 Abs. 5 bis 7 BEEG sind folgende **Grundsätze** von praktischer Bedeutung:

- In Betrieben mit mehr als 15 Arbeitnehmern hat jeder Elternteil, dessen Arbeitsverhältnis bereits länger als sechs Monate besteht, einen einklagbaren Rechtsanspruch auf Verringerung der Arbeitszeit (Anspruch auf **Elternteilzeit**) für mindestens zwei Monate auf einen Umfang zwischen 15 und 32 Wochenstunden, und zwar **zweimalig** während der Gesamtdauer der Elternzeit. Dabei sind jedoch getroffene einvernehmliche Elternteilzeitregelungen nicht auf den Anspruch auf zweimalige Verringerung der Arbeitszeit anzurechnen, es sei denn Arbeitgeber und Arbeitnehmer einigten sich auf eine Anrechnung (BAG v. 19.2.2013, 9 AZR 461/11).
- Voraussetzung ist, dass die **Ankündigungsfrist** für die Beanspruchung der Elternzeit für den Zeitraum bis zum vollendeten dritten Lebensjahr des Kindes von sieben Wochen bzw. für den Zeitraum zwischen dem dritten Geburtstag und dem vollendeten achten Lebensjahr von dreizehn Wochen eingehalten ist (schriftliche Mitteilung an den Arbeitgeber erforderlich). Voraussetzung ist weiterhin, dass keine **dringenden betrieblichen Gründe** entgegenstehen. Lehnt der Arbeitgeber die beanspruchte Verringerung ab, muss er dies innerhalb von vier Wochen mit schriftlicher Begründung tun. Die entgegenstehenden betrieblichen Gründe müssen zwingende Hindernisse für die beantragte Verkürzung der Arbeitszeit sein (BAG v. 15.12.2009, 9 AZR 72/09). Gegen die Ablehnung kann sich der Arbeitnehmer vor den Gerichten für Arbeitssachen mit einer Klage wehren. Voraussetzung für den Erfolg des Elternteilzeit-

antrags bleibt aber das Vorhandensein eines entsprechenden **Beschäftigungsbedarfs.**

- Der Anspruch auf Elternteilzeit besteht auch für Arbeitnehmer, die bereits in Teilzeit beschäftigt sind (BAG v. 13.11.2012, 9 AZR 259/11). Ebenso kann der Arbeitnehmer für die Teilzeitbeschäftigung während der Elternzeit die Verringerung der vertraglich geschuldeten Arbeitszeit bei seinem Arbeitgeber auch dann verlangen, wenn er sich bereits in Elternzeit mit **völliger Freistellung von der Arbeitszeit** befindet und zunächst keine Verringerung der Arbeitszeit beantragt worden war (BAG v. 19.4.2005, 9 AZR 233/04). Der Arbeitgeber kann dem Anspruch auf Verringerung der Arbeitszeit nur **dringende betriebliche Gründe** entgegensetzen; das gilt auch für die vom Arbeitnehmer verlangte Verteilung der Arbeitszeit (BAG v. 9.5.2006, 9 AZR 278/05). Ein solcher dringender betrieblicher Grund ist z.B. das Fehlen eines zusätzlichen Beschäftigungsbedarfs (BAG v. 15.4.2008, 9 AZR 380/07).
- Das Vorliegen dringender betrieblicher Gründe nach § 15 Abs. 7 Satz 1 Nr. 4 BEEG, die einem Teilzeitverlangen entgegenstehen, wird nicht auf Grundlage einer Namensliste zu einem Interessenausgleich vermutet. § 1 Abs. 5 Satz 1 KSchG findet keine analoge Anwendung. Die aus der Vorschrift folgende Vermutungswirkung ist auf betriebsbedingte Kündigungen beschränkt (BAG v. 5.9.2023, 9 AZR 329/22).

d) Erwerbstätigkeit während der Elternzeit

1908 Während der Elternzeit ist eine Erwerbstätigkeit zulässig, wenn die wöchentliche Arbeitszeit für Eltern von ab dem 1.9.2021 geborene Kinder 32 Stunden (bis zum 1.9.2021 geborene Kinder bis zu 30 Stunden, s.a. → Rz. 1901) im Durchschnitt des Monats nicht übersteigt. Der Antrag des Arbeitnehmers auf Teilzeit während der Elternzeit muss den Bestimmtheitsanforderungen entsprechen. Diesen Anforderungen wird ein Antrag nicht gerecht, wenn die gewünschte wöchentliche Stundenzahl mit der Einschränkung „voraussichtlich" angegeben wird (LAG Düsseldorf v. 26.3.2021, 6 Sa 746/20; zur Auslegung eines Antrags siehe auch LAG Rheinland-Pfalz v. 18.5.2022, 7 Sa 405/21). Die Teilbeschäftigung kann der Elternzeitberechtigte **auch bei einem anderen Arbeitgeber** oder als Selbständiger ausüben, allerdings ist zuvor die Zustimmung des bisherigen Arbeitgebers einzuholen. Eine Ablehnung der Zustimmung kann der Arbeitgeber nur mit entgegenstehenden betrieblichen Interessen innerhalb einer Frist von vier Wochen schriftlich verweigern (§ 15 Abs. 4 BEEG); erklärt sich der Arbeitgeber nicht form- oder nicht fristgerecht, entfällt das Zustimmungserfordernis mit Ablauf der Vier-Wochen-Frist (vgl. BAG v. 26.6.1997, 8 AZR 506/95). Der Anspruch auf Teilzeit während der Elternzeit kann durch den Erlass einer einstweiligen Verfügung gesichert werden, wenn der Arbeitnehmer ein konkretes ideelles Interesse an seiner Beschäftigung darzulegen vermag. Die Besonderheiten des Teilzeitanspruchs, die sich insbesondere aus der Regelung zur Vollstreckung ergeben, stehen dem nicht entgegen. Sind die Voraussetzungen einer einstweiligen Verfügung gegeben, ist dem Arbeitgeber aufzugeben, den Arbeitnehmer mit der von ihm angestrebten Stundenzahl tatsächlich zu beschäftigen. Eine zeitliche Begrenzung des Beschäftigungstitels etwa *„bis zur Entscheidung des Arbeitsgerichts in der Hauptsache"* ist in aller Regel nicht vorzunehmen (LAG Köln v. 4.6.2021, 5 Ta 71/21). Diese Auffassung ist nicht unumstritten. Nach Auffassung des LAG Hessen soll eine einstweilige Verfügung auf Beschäftigung in Teilzeit während der Elternzeit nur ausnahmsweise in Betracht kommen (so auch (Hamacher, Antragslexikon Arbeitsrecht, 4. Aufl., Teilzeit Rn. 42). Da die Arbeitnehmerin im Rahmen des Anspruchs auf Elternzeit grundsätzlich nicht zur Arbeitsleistung verpflichtet sei, stelle die Organisation der Kinderbetreuung anders als im Rahmen des allgemeinen Teilzeitanspruchs kein Argument für eine Teilzeit dar. Denkbar wäre allein der Fall, dass die Arbeitnehmerin auf die Teilzeit während der Elternzeit zur Sicherung ihres Lebensunterhalts dringend angewiesen ist. In diesem Fall wäre der Teilzeitanspruch aber nur ein Mittel zur Durchsetzung von Entgeltansprüchen (LAG Hessen v. 13.1.2025, 16 GLa 1182/24, FD-ArbR 2025, 002489).

Will der Arbeitgeber den Antrag ablehnen, so hat er dies dem Arbeitnehmer oder der Arbeitnehmerin innerhalb einer Frist von vier Wochen mit einer Begründung mitzuteilen. Ein Arbeitgeber, der einen Teilzeitbeschäftigungsantrag eines Arbeitnehmers in der Elternzeit ablehnt, ist in einem späteren Prozess an die dort genannten Ablehnungsgründe gebunden (BAG v. 11.12.2018, 9 AZR 298/18).

In dem Arbeitsverhältnis mit dem „anderen" Arbeitgeber gilt der Sonderkündigungsschutz nach § 18 BEEG nicht (BAG v. 2.2.2006, 2 AZR 596/04).

Bei Erwerbstätigkeit während der Elternzeit findet u.U. nach § 2 BEEG eine **Anrechnung auf das Elterngeld** statt. Das Krankengeld reduziert u.U. auch das Elterngeld Plus (BSG v. 18.3.2021, B 10 EG 3/20 R). Der Anrechnung des Krankengelds steht nicht entgegen, dass es sich um eine Entgeltersatzleistung für nachgeburtliches Einkommen handelt. Zur Vermeidung zweckidentischer Doppelleistungen werde das als Ersatz für nachgeburtliches Einkommen gezahlte Krankengeld auf das Basiselterngeld angerechnet. Für das Elterngeld Plus gilt eine entsprechende Regelung (§ 4 Abs. 3 Satz 1 BEEG). Das Elterngeld Plus begünstigt Eltern, die ihr Kind gemeinsam erziehen und frühzeitig wieder eine Teilzeitarbeit aufnehmen. Diese Förderung ist durch eine doppelte Bezugsdauer mit Deckelung des Elterngeld Plus auf die Hälfte des Basiselterngeldes sichergestellt, das ohne nachgeburtliches Einkommen dem Bezugsberechtigten zustehen würde (§ 4 Abs. 3 Satz 2 BEEG). Eine zusätzliche Förderung durch den Verzicht auf eine Anrechnung von Krankengeld bei Ausfall von nachgeburtlichem Einkommen im Bezugszeitraum sieht das Gesetz im hier maßgeblichen Zeitraum nicht vor.

2. Lohnsteuer

Die Teilzeitbeschäftigung während der Elternzeit wird steuerrechtlich und sozialversicherungsrechtlich wie eine normale Beschäftigung behandelt. Das bedeutet, die Bezüge unterliegen der Lohnsteuerpflicht. Bei Aushilfstätigkeiten ist ggf. eine Pauschalierung der Lohnsteuer möglich (→ *Pauschalierung der Lohnsteuer* Rz. 3336). 1909

Zum **Werbungskostenabzug** während der Elternzeit → *Werbungskosten* Rz. 4483.

3. Sozialversicherung

a) Mitgliedschaft

In der gesetzlichen Krankenversicherung besteht die Pflichtmitgliedschaft fort, solange Elterngeld bezogen oder Elternzeit in Anspruch genommen wird. Auch die Mitgliedschaft freiwillig Versicherter besteht während des Bezugs von Elterngeld oder während der Elternzeit fort. Wird das Elterngeld bei halbem Betrag auf die doppelte Anzahl von Monaten ausgedehnt, bleibt die Mitgliedschaft während des gesamten verlängerten Auszahlungszeitraums erhalten. Aus dem Elterngeld sind keine Beiträge zu leisten. Die Beitragsfreiheit gilt jedoch nur für das Elterngeld selbst, nicht für mögliche andere Einnahmen. **Pflichtmitglieder**, die außer dem Elterngeld keine weiteren beitragspflichtigen Einnahmen beziehen, sind dementsprechend für die Dauer der Elternzeit beitragsfrei versichert. **Freiwillige Mitglieder** müssen grds. weiterhin Beiträge zahlen, ggf. den Mindestbeitrag. **Privat Krankenversicherte bleiben für die Dauer der Mutterschutzfristen sowie der Elternzeit weiterhin privat krankenversichert**; sie können nicht in die beitragsfreie Familienversicherung des Ehegatten aufgenommen werden. Angestellte, die privat versichert sind, müssen ihre Versicherungsprämien weiter selbst tragen, und zwar auch den bisher von der Arbeitgeberseite übernommenen Anteil. Bei Aufnahme einer Teilzeittätigkeit wird eine Versicherungspflicht in der gesetzlichen Krankenversicherung begründet, wenn das monatliche Entgelt über der Geringfügigkeitsgrenze (→ *Mini-Jobs* Rz. 3166) und unterhalb der für die Person maßgeblichen Versicherungspflichtgrenze liegt. In bestimmten Fällen ist hiervon eine Befreiung möglich. 1910

b) Erwerbstätigkeit während der Elternzeit

In der Sozialversicherung ist bei einer Erwerbstätigkeit während der Elternzeit u.a. festzustellen, ob auf Grund dieser Teilzeitbeschäftigung Versicherungspflicht in der Kranken-, Pflege-, Renten- und Arbeitslosenversicherung eintritt. Hierbei sind insbesondere die Regelungen zur möglichen Versicherungsfreiheit von geringfügigen Beschäftigungen zu beachten (→ *Mini-Jobs* Rz. 3161). Bei einem versicherungspflichtigen Beschäftigungsverhältnis sind dann vom erzielten Arbeitsentgelt Beiträge zu entrichten. 1911

c) Meldeverfahren

1912 Um den Zeitraum des Fortbestandes der Mitgliedschaft eindeutig festlegen zu können, sieht das 8. SGB IV Änderungsgesetz vom 20.12.2022, BGBl. I 2022, 2759 vor, dass der Arbeitgeber seit 1.1.2024 Beginn und Ende der Elternzeit den Sozialversicherungsträgern im Rahmen des allgemeinen elektronischen Meldeverfahrens mitteilt (→ *Meldungen für Arbeitnehmer in der Sozialversicherung* Rz. 3099).

Employer of Record (EOR)

→ *Home-Office/Mobile-Office/Telearbeit* Rz. 2559

Energetische Gebäudesanierung

1913 Energetische Sanierungsmaßnahmen an selbstgenutztem Wohneigentum können in der Zeit vom 1.1.2020 bis zum 31.12.2029 durch einen Abzug von **20 % der Aufwendungen (maximal insgesamt 40 000 €) von der Steuerschuld gefördert** werden (§ 35c EStG). Abgezogen werden können in den ersten beiden Jahren jeweils 7 % der Aufwendungen (höchstens jeweils 14 000 €, zusammen also 28 000 €) und im dritten Kalenderjahr 6 % der Aufwendungen (höchstens 12 000 €).

Förderfähig sind Einzelmaßnahmen wie z.B. die Wärmedämmung von Wänden und Dächern, die Erneuerung der Fenster oder Außentüren sowie die Erneuerung beziehungsweise der Einbau einer Lüftungsanlage und die Optimierung bestehender Heizungsanlagen. Einbezogen werden nunmehr auch die Kosten für Energieberater, sie gelten als Aufwendungen für energetische Maßnahmen.

Die als Abzug von der Steuerschuld konzipierte Steuervergünstigung wirkt sich grds. erst bei der **Veranlagung zur Einkommensteuer** aus. Damit Arbeitnehmer den Steuervorteil bereits beim Lohnsteuerabzug erhalten, kann ein entsprechender **Freibetrag als Lohnsteuerabzugsmerkmal berücksichtigt** werden (§ 39a Abs. 1 Nr. 5 Buchst. c EStG). Da der „Steuerabzugsbetrag“ selbst nicht berücksichtigt werden kann, wird er durch **Vervierfachung in einen Freibetrag umgerechnet**.

In der **Energetische Sanierungsmaßnahmen-Verordnung** (ESanMV) v. 2.1.2020, BGBl. I 2020, 3 sind die Mindestanforderungen für die begünstigten energetischen Maßnahmen sowie die Anforderungen an ein Fachunternehmen festgelegt worden.

Siehe im Übrigen das **Anwendungsschreiben des BMF** v. 23.12.2024, IV C 1 – S 2296 – c/20/10003 :008, BStBl I 2025, 39.

Energiepreispauschale

→ *Unterstützungen* Rz. 4217

Entfernungspauschale

→ *Reisekosten: Allgemeine Grundsätze* Rz. 3589, → *Wege zwischen Wohnung und erster Tätigkeitsstätte* Rz. 4419

Entgelt

→ *Arbeitsentgelt* Rz. 593, → *Arbeitslohn* Rz. 621

Entgeltersatzleistungen

→ *Arbeitslosenversicherung* Rz. 716

Entgeltfortzahlung

Inhalt

1. Allgemeines

Die Entgeltfortzahlung für Arbeiter und Angestellte sowie die zu ihrer Berufsbildung Beschäftigten ist seit 1994 im Entgeltfortzahlungsgesetz (EFZG) geregelt. Voraussetzung für die Entgeltfortzahlung ist, dass der Beschäftigungsort im Bundesgebiet liegt. Auf den Wohn- oder Aufenthaltsort des Arbeitnehmers kommt es nicht an. Somit besteht auch im Rahmen der Ausstrahlung ein Anspruch auf Entgeltfortzahlung (→ *Ausstrahlung* Rz. 1175). 1914

Für Beamte oder ähnliche Personen gelten diese Regelungen nicht. Hierfür bestehen Sonderregelungen. Für in Heimarbeit Beschäftigte gelten insbesondere die §§ 10 und 11 EFZG. Insbesondere ist anstelle der Entgeltfortzahlung im Krankheitsfall den in Heimarbeit Beschäftigten und einem Teil der Gleichgestellten ein besonderer Zuschlag zu zahlen (§ 10 EFZG).

Zur **Entgeltfortzahlung an Feiertagen** → *Feiertagslohn* Rz. 2095.

2. Lohnsteuer und Sozialversicherung

Zahlt der Arbeitgeber auf Grund des EFZG den Arbeitslohn an Feiertagen oder im Krankheitsfall weiter, ergeben sich lohnsteuerlich und beitragsrechtlich keine Besonderheiten. Der Arbeitgeber hat den Arbeitslohn **nach den allgemeinen Vorschriften** zu versteuern und dem Beitragsabzug zu unterwerfen. Entscheidend ist dabei der tatsächlich ausgezahlte Arbeitslohn. Zahlt der Arbeitgeber den Lohn nur teilweise weiter, ist der teilweise gezahlte Lohn Bemessungsgrundlage für die Lohnsteuer und die Beitragsberechnung; verweigert der Arbeitgeber die Entgeltfortzahlung (z.B. nach § 7 EFZG), ist **mangels** Zuflusses auch nichts zu versteuern bzw. auch kein Sozialversicherungsbeitrag abzuführen. 1915

LSt SV

3. Anspruchsvoraussetzungen für die Entgeltfortzahlung im Krankheitsfall

a) Personenkreis

Arbeitnehmer und Auszubildende, die arbeitsunfähig erkranken, haben ihrem Arbeitgeber gegenüber einen Anspruch auf Entgeltfortzahlung für die Dauer von bis zu **sechs Wochen**. Dabei ist es für den Anspruch auf Entgeltfortzahlung bedeutungslos, ob das 1916

Arbeitsverhältnis Versicherungspflicht in der Kranken- oder Rentenversicherung auslöst; das bedeutet, dass auch für geringfügig oder kurzfristig Beschäftigte ein Anspruch auf Entgeltfortzahlung im Krankheitsfall besteht.

Auch befristet Beschäftigte haben grundsätzlich einen Anspruch auf Fortzahlung des Arbeitsentgelts. Allerdings endet dieser Anspruch mit dem Tag der Beendigung des Arbeitsverhältnisses.

Beispiel:

Eine Aushilfsverkäuferin übt in der Zeit vom 1. Juni bis 31. Juli eine sozialversicherungsfreie Beschäftigung aus. Vom 21. Juli an ist sie arbeitsunfähig krank. Die Arbeitsunfähigkeit dauert bis zum 13. August.

Die Arbeitnehmerin hat gegenüber dem Arbeitgeber einen Anspruch auf Entgeltfortzahlung. Da das Beschäftigungsverhältnis jedoch im Voraus bis zum 31. Juli befristet ist, endet der Entgeltfortzahlungsanspruch bereits zum 31. Juli, obwohl die Arbeitsunfähigkeit bis zum 13. August andauert und der Anspruch grundsätzlich noch nicht erschöpft ist.

Besteht bei **befristeten Arbeitsverhältnissen** zwischen Arbeitgeber und Arbeitnehmer Einigkeit darüber, dass das Arbeitsverhältnis eigentlich auf Dauer angelegt ist, besteht bei einer möglichen Erkrankung während der Befristung ein Anspruch auf Entgeltfortzahlung nicht nur bis zum Ende der Befristung, sondern auch darüber hinaus. Nach Auffassung des BAG v. 11.12.1985, 5 AZR 135/85, wird diese Befristung als Umgehung des Anspruchs auf Entgeltfortzahlung angesehen.

b) Wartezeit vier Wochen

1917 Erkrankt ein neu eingestellter Arbeitnehmer vor Aufnahme des Arbeitsverhältnisses oder in den ersten vier Wochen des Arbeitsverhältnisses, so entsteht **kein Anspruch auf Entgeltfortzahlung**; der Arbeitnehmer hat insoweit Anspruch auf **Krankengeld** gegenüber der Krankenversicherung. Dauert eine Arbeitsunfähigkeit über die vierwöchige Wartezeit hinaus an, so beginnt mit deren Ablauf (ohne Rückwirkung) der Anspruch auf Entgeltfortzahlung gegen den Arbeitgeber. Der Anspruchszeitraum von sechs Wochen wird insoweit nicht gekürzt.

Beispiel:

Arbeitsvertrag am 14.7.2026/Arbeitsverhältnis ab 1.8.2026	
Wartezeit vom 1.8.2026 bis 28.8.2026	28 Tage
Arbeitsunfähig vom 21.8.2026 bis 13.11.2026	85 Tage
Krankengeld vom 21.8.2026 bis 28.8.2026	8 Tage
Entgeltfortzahlung vom 29.8.2026 bis 9.10.2026	42 Tage
Krankengeld vom 10.10.2026 bis 13.11.2026	35 Tage

Auf Grund des Gesetzes zur Stärkung der Versorgung in der gesetzlichen Krankenversicherung (GKV-VSG) v. 11.6.2015 besteht der Anspruch auf Krankengeld von dem Tag der ärztlichen Feststellung der Arbeitsunfähigkeit an. Diese Regel gilt auch für den vorgenannten Personenkreis.

Durch Tarifvertrag kann auf die Wartezeit von vier Wochen verzichtet werden. Der neu eingestellte Arbeitnehmer hätte dann bei Arbeitsunfähigkeit sofort einen Anspruch auf Entgeltfortzahlung. Bei allgemeinen Regelungen im Tarifvertrag (z.B. Entgeltfortzahlung für sechs Wochen) kann jedoch nicht davon ausgegangen werden, dass auf die Wartezeit verzichtet wird (BAG v. 12.12.2001, 5 AZR 248/00).

Bei einem nahtlosen Wechsel von einem Ausbildungsverhältnis (nach bestandener Abschlussprüfung) in ein Arbeitsverhältnis beim selben Arbeitgeber ist die Wartezeitregelung nicht anzuwenden (vgl. BAG v. 20.8.2003, 5 AZR 436/02).

Wenn ein Arbeitnehmer kurz nach Beginn des Arbeitsverhältnisses erkrankt und vom Arbeitgeber aus Anlass der Arbeitsunfähigkeit zu einem noch innerhalb der Wartefrist liegenden Termin gekündigt wird, besteht dennoch ein sechswöchiger Anspruch auf Entgeltfortzahlung bei Arbeitsunfähigkeit für die Zeit nach Ablauf der vierwöchigen Wartefrist (BAG v. 26.5.1999, 5 AZR 338/98).

Bei der Berechnung der Krankenversicherungsbeiträge ist der allgemeine Beitragssatz (für Versicherte mit einem Entgeltfortzahlungsanspruch für mindestens sechs Wochen) auch während der vierwöchigen Wartezeit anzuwenden (→ *Beiträge zur Sozialversicherung* Rz. 1214).

c) Arbeitsunfähigkeit infolge Krankheit

Voraussetzung für den Entgeltfortzahlungsanspruch ist, dass der 1918
Arbeitnehmer durch Krankheit bzw. infolge einer nicht rechtswidrigen Sterilisation oder infolge eines nicht rechtswidrigen **Abbruchs der Schwangerschaft** durch einen Arzt, durch eine Blutspende zur Separation von Blutstammzellen oder anderen Blutbestandteilen oder durch **Organspende** (§ 3a EFZG) arbeitsunfähig wird. Trifft den Arbeitnehmer ein Verschulden oder ist die Arbeitsunfähigkeit nicht die maßgebende Ursache an der Arbeitsverhinderung, besteht kein Anspruch auf Entgeltfortzahlung.

Krankheit in diesem Sinne liegt vor, wenn der regelwidrige körperliche, geistige oder seelische Zustand ärztliche Behandlung erfordert mit dem Ziel, die Arbeitsfähigkeit zu erhalten oder wiederherzustellen bzw. die künftige Erwerbsfähigkeit günstig zu beeinflussen oder Schmerzen oder Beschwerden zu verhindern, zu beheben oder zu lindern. Tritt auf Grund der Krankheit **Arbeitsunfähigkeit** ein, d.h. der Arbeitnehmer ist nicht mehr in der Lage, seine zuletzt ausgeübte Tätigkeit auszuüben bzw. nur auf Gefahr der Verschlimmerung seines Krankheitszustands, ist der Entgeltfortzahlungsanspruch gegeben.

Die Krankheitsursache ist für den Anspruch grundsätzlich unerheblich. Somit besteht auch dann ein Anspruch auf Entgeltfortzahlung, wenn die Arbeitsunfähigkeit auf einen **Arbeits-, Sport- oder Verkehrsunfall** oder eine Wehrdienstbeschädigung zurückzuführen ist. Hat der Arbeitnehmer jedoch die Arbeitsunfähigkeit selbst verschuldet, besteht kein Anspruch auf Entgeltfortzahlung.

d) Selbst verschuldete Krankheit

Bei einer selbst verschuldeten Krankheit besteht kein Entgeltfort- 1919
zahlungsanspruch. Ein Verschulden liegt nach ständiger Rechtsprechung dann vor, wenn der Arbeitnehmer seine **Sorgfaltspflicht** verletzt, die ein verständiger Mensch normalerweise im eigenen Interesse anwendet, d.h. die zur Arbeitsunfähigkeit führende Krankheit ist durch **unverständiges, leichtfertiges oder gegen die guten Sitten im Rechtssinne verstoßendes Verhalten** eingetreten.

Ein Verschulden des Arbeitnehmers kann nicht nur beim Entstehen einer Krankheit vorliegen, sondern auch dann, wenn der Arbeitnehmer den Wiedereintritt der Arbeitsfähigkeit verzögert oder verhindert (BAG v. 11.11.1965, 2 AZR 69/65; BAG v. 21.1.1976, 5 AZR 593/74).

Für die betriebliche Praxis sind nachstehend wichtige Fallgruppen zur weiteren Orientierung aufgeführt:

Alkoholabhängigkeit: Ein Arbeitnehmer hat sich nach längerer Al- 1920
koholabhängigkeit einer stationären Entwöhnungsbehandlung unterzogen. Danach war er lange Zeit abstinent, bis er aus unerheblichen Gründen wieder rückfällig und dadurch arbeitsunfähig wurde. Alkoholismus stellt i.d.R. Krankheit i.S. der Entgeltfortzahlung dar, denn nach der Lebenserfahrung kann nicht davon ausgegangen werden, dass der Arbeitnehmer zum einen die Abhängigkeit bewusst verschuldet hat und zum anderen durch eigene Willenskraft davon loskommt. Allerdings könnte ein Verschulden des Arbeitnehmers dann gegeben sein, wenn er nach einer Entwöhnungsbehandlung lange Zeit abstinent war und dann wieder rückfällig wurde (BAG v. 11.11.1987, 5 AZR 497/86).

Wird ein Arbeitnehmer infolge seiner Alkoholabhängigkeit arbeitsunfähig krank, kann nach dem derzeitigen Stand der medizinischen Erkenntnisse nicht von einem schuldhaften Verhalten i.S.d. § 3 EFZG ausgegangen werden; auch im Falle eines **Rückfalls nach einer erfolgreich durchgeführten Therapie** wird die Multikausalität der Alkoholabhängigkeit sich häufig in den Ursachen eines Rückfalls widerspiegeln und deshalb ein schuldhaftes Verhalten im entgeltfortzahlungsrechtlichen Sinn nicht festzustellen sein. Da es jedoch keine gesicherten wissenschaftlichen Erkenntnisse gibt, die in diesem Fall ein Verschulden i.S.d. § 3 Abs. 1 EFZG generell ausschließen, kann nur ein fachmedizinisches Gutachten genauen Aufschluss über die willentliche Herbeiführung des Rückfalls geben (BAG v. 18.3.2015, 10 AZR 99/14).

Alkoholmissbrauch: Nach einem übermäßigen Alkoholgenuss 1921
tritt ein Arbeitnehmer am Morgen seine Arbeit an. Im alkoholisierten Zustand stürzt er eine Treppe herab und verletzt sich dabei. Die Ursache für die Verletzung ist im Wesentlichen auf den Alkoholmissbrauch zurückzuführen. Der Arbeitgeber braucht daher

während der Arbeitsunfähigkeit das Entgelt nicht weiterzuzahlen, da auf Grund des gelegentlichen Alkoholismus i.d.R. von einem Selbstverschulden auszugehen ist (BAG v. 11.3.1987, 5 AZR739/85).

1922 **Fehlverhalten während der Arbeitsunfähigkeit:** Während einer unverschuldeten Arbeitsunfähigkeit (Leistenbruch) folgt der Arbeitnehmer in leichtfertiger Weise den Anweisungen des Arztes (nicht schwer heben) nicht und verzögert durch sein gröblich gesundheitsgefährdendes Verhalten den Heilungsprozess. Die Arbeitsunfähigkeit wird hierdurch unnötig verlängert. Der Arbeitgeber ist von der Entgeltfortzahlung befreit, wenn nachweisbar durch das Fehlverhalten des Patienten eine Verlängerung der Arbeitsunfähigkeit eingetreten ist (BAG v. 13.11.1979, 6 AZR 934/77).

1923 **Nebenbeschäftigung:** Ein Arbeitnehmer übt neben seiner Hauptbeschäftigung als Schlosser noch eine Nebenbeschäftigung bei einem Sicherheitsdienst aus. Nach der normal üblichen Arbeitszeit von 38,5 Stunden übernimmt er für den Sicherheitsdienst viermal wöchentlich die nächtliche Bewachung einer Produktionsstätte; die wöchentliche Arbeitszeit beträgt hier zusätzlich 32 Stunden. Durch Übermüdung verunglückt der Arbeitnehmer auf dem Heimweg von der Nebenbeschäftigung. Während der Arbeitsunfähigkeit braucht der Arbeitgeber das Entgelt nicht fortzuzahlen. Der Umfang der Nebenbeschäftigung übersteigt im Wesentlichen die Kräfte des Arbeitnehmers, so dass durch das Fehlverhalten die Arbeitsunfähigkeit selbst verschuldet ist (BAG v. 21.4.1982, 5 AZR 1019/79).

1924 **Schlägerei:** Bei einer Schlägerei wird ein Maschinenschlosser erheblich verletzt. Er ist zwei Wochen arbeitsunfähig. Ein Anspruch auf Entgeltfortzahlung ist nur dann gegeben, wenn der Arbeitnehmer ohne Verschulden in die Schlägerei geraten ist. Dagegen ist der Entgeltfortzahlungsanspruch ausgeschlossen, wenn sich der Arbeitnehmer ohne erkennbaren Grund an einer Schlägerei beteiligt hat. Bei dieser differenzierten Betrachtungsweise hat allerdings der Arbeitnehmer zu beweisen, dass er unverschuldet an der Schlägerei beteiligt war. Denn der Arbeitgeber kann sich nach der Lebenserfahrung auf den Beweis des ersten Anscheins berufen und die Entgeltfortzahlung verweigern (BAG v. 7.12.1972, 5 AZR 350/72).

1925 **Schutzimpfung:** Ein unterstelltes Verschulden des Arbeitnehmers durch die unterlassene Schutzimpfung ist nur dann ursächlich für die Infektion (in diesem Fall eine Corona-Infektion), wenn durch die Inanspruchnahme der empfohlenen Impfung die krankheitsbedingte Arbeitsunfähigkeit vermieden worden wäre. Es genügt nicht, dass das Unterlassen der gebotenen Handlung das Risiko des Erfolgseintritts erhöht. Vielmehr muss unter Beachtung des Maßstabs des § 286 Abs. 1 ZPO auszuschließen sein, dass die krankheitsbedingte Arbeitsunfähigkeit auch bei Vornahme der gebotenen Handlung – also die Inanspruchnahme der Schutzimpfung durch den Arbeitnehmer – eingetreten wäre. Hierbei sind die tatsächlichen Umstände zu würdigen (vgl. BAG v. 20.3.2024, 5 AZR 234/23).

1926 **Selbsttötungsversuch:** Ein Arbeitnehmer unternimmt einen Selbsttötungsversuch. Dabei verletzt er sich erheblich und ist für mehrere Wochen auf Grund dieser körperlichen Verletzungen arbeitsunfähig krank. Nach Auffassung des BAG stellt der Selbsttötungsversuch keine selbst verschuldete Krankheit dar, da bei Selbstmordhandlungen die freie Willensbildung eines Menschen ausgeschlossen bzw. erheblich gemindert sei. Somit ist der Arbeitgeber zur Entgeltfortzahlung verpflichtet (BAG v. 28.2.1979, 5 AZR 611/77).

1927 **Sportunfall:** Beim Fußballspielen in einem Verein (Kreisklasse) zieht sich ein Arbeitnehmer eine Sprunggelenksverletzung zu. Auf Grund dessen besteht für vier Wochen Arbeitsunfähigkeit. Die auf dem Sportunfall basierende Arbeitsunfähigkeit löst einen Anspruch auf Entgeltfortzahlung aus, da ein schuldhaftes Verhalten des Arbeitnehmers nicht erkennbar war. Dagegen wäre der Entgeltfortzahlungsanspruch ausgeschlossen, wenn der Arbeitnehmer

- sich die Verletzung bei der Teilnahme an einer sog. gefährlichen Sportart zugezogen hat,
- sich in einer seine Kräfte und Fähigkeiten deutlich übersteigenden Weise sportlich betätigt und dadurch gesundheitliche Schäden erleidet,
- in besonders grober Weise und leichtsinnig gegen anerkannte Regeln der Sportart verstoßen hat (vgl. BAG v. 7.10.1981, 5 AZR 338/79).

Tätowierung: Nach einer Tätowierung muss damit gerechnet werden, dass sich die tätowierte Hautstelle entzündet. Diese Komplikation hat der Arbeitnehmer bei Einwilligung in die Tätowierung billigend in Kauf genommen und im Falle einer Arbeitsunfähigkeit infolge einer solchen Komplikation keinen Anspruch auf Entgeltfortzahlung im Krankheitsfall, da den Arbeitnehmer ein Verschulden an der Arbeitsunfähigkeit trifft (vgl. LAG Schleswig-Holstein v. 22.5.2025, 5 Sa 284 a/24). 1928

Verkehrsunfälle: Ein Arbeitnehmer missachtet beim Autofahren das Vorfahrtsrecht eines anderen Verkehrsteilnehmers. Bei dem Zusammenstoß verletzt sich der Arbeitnehmer und ist längere Zeit arbeitsunfähig. In der Regel ist von einer unverschuldeten Krankheit auszugehen mit der Folge, dass ein Anspruch auf Entgeltfortzahlung besteht. Ist der Verkehrsunfall dagegen durch besonders leichtfertige Fahrweise entstanden oder war der Fahrer durch Alkoholkonsum fahruntüchtig, ist die Arbeitsunfähigkeit selbst verschuldet (BAG v. 23.11.1971, 1 AZR 388/70). Ein Selbstverschulden ist i.d.R. dann anzunehmen, wenn der Verkehrsunfall 1929

- durch überhöhte Geschwindigkeit ohne ausreichende Sicht,
- durch verkehrswidriges Überholen,
- nach Tabletteneinnahmen

eingetreten ist. Ist der Verkehrsunfall auf Nichtanlegung des Sicherheitsgurtes zurückzuführen, besteht wegen Selbstverschuldens ebenfalls kein Entgeltfortzahlungsanspruch.

Verletzung der Unfallverhütungsvorschriften: Ein Bauarbeiter wird trotz mehrfacher Ermahnung, den Schutzhelm zu tragen, durch herabfallenden Bauschutt erheblich verletzt. Arbeitsunfähigkeit besteht für mehrere Wochen. Die durch einen Arbeitsunfall ausgelöste Arbeitsunfähigkeit ist im Entgeltfortzahlungsrecht als selbst verschuldet anzusehen, da der Arbeitnehmer trotz einschlägiger Unfallverhütungsvorschriften und mehrfacher Ermahnung die Verletzung durch leichtfertiges Verhalten, nämlich dem Nichttragen eines Schutzhelmes, herbeigeführt hat. Der Arbeitgeber ist daher nicht zur Entgeltfortzahlung verpflichtet (vgl. LAG Hessen v. 6.9.1965, 1 Sa 237/65). 1930

e) Arbeitsunfähigkeit infolge Sterilisation, Schwangerschaftsabbruch oder In-vitro-Fertilisation

Ein Anspruch auf Entgeltfortzahlung besteht auch dann, wenn die Arbeitsunfähigkeit infolge einer nicht rechtswidrigen Sterilisation oder eines nicht rechtswidrigen Schwangerschaftsabbruchs eintritt. Dasselbe gilt für einen **Abbruch der Schwangerschaft**, wenn die Schwangerschaft innerhalb von **zwölf Wochen nach der Empfängnis** durch einen Arzt abgebrochen wird, die schwangere Frau den Abbruch verlangt und dem Arzt durch eine Bescheinigung nachgewiesen wird, dass sie sich mindestens drei Tage vor dem Eingriff von einer anerkannten Beratungsstelle hat beraten lassen (vgl. § 3 Abs. 2 EFZG). Bei einem nicht rechtswidrigen Schwangerschaftsabbruch oder einer nicht **rechtswidrigen Sterilisation** ist die Arbeitsunfähigkeit unverschuldet. Bei dieser Regelung wird die Entscheidung des BVerfG (BVerfG v. 28.5.1993, 2 BvF 2/90, 2 BvF 4/90, 2 BvF 5/92) berücksichtigt. Der Anspruch auf Entgeltfortzahlung besteht dabei nicht nur für die Zeit, in der eine Verhinderung an der Arbeitsleistung durch die mit der Sterilisation oder dem Schwangerschaftsabbruch im Zusammenhang stehenden ärztlichen Maßnahmen vorliegt, sondern auch für die Zeit, in der wegen der Nachwirkungen des Eingriffs nicht gearbeitet werden kann (vgl. Gemeinsames Rundschreiben der Spitzenverbände der Krankenversicherungsträger v. 28.10.1985). 1931

Ein Anspruch auf Entgeltfortzahlung besteht regelmäßig nicht, wenn die Arbeitsunfähigkeit auf medizinische Eingriffe im Rahmen von In-vitro-Fertilisationen bzw. zum Schutz des ungeborenen Lebens zurückzuführen ist (BAG v. 26.10.2016, 5 AZR 167/16). Bezugspunkt des anspruchsausschließenden Verschuldens i.S.v. § 3 Abs. 1 Satz 1 zweiter Halbsatz EFZG ist das Interesse des Arbeitnehmers, seine Gesundheit zu erhalten und zur Arbeitsunfähigkeit führende Erkrankungen zu vermeiden. Wird erst durch In-vitro-Fertilisation willentlich und vorhersehbar eine Arbeitsunfähigkeit bedingende Erkrankung herbeigeführt, ist von einem vorsätzlichen Verstoß gegen das Eigeninteresse eines verständigen

Menschen, Gesundheit zu erhalten und zur Arbeitsunfähigkeit führende Erkrankungen zu vermeiden, auszugehen und ein Entgeltfortzahlungsanspruch wegen Verschuldens ausgeschlossen. Ein Verschulden liegt hingegen nicht vor, wenn im Rahmen einer In-vitro-Fertilisation, die nach allgemein anerkannten medizinischen Standards vom Arzt oder auf ärztliche Anordnung vorgenommen wird, eine zur Arbeitsunfähigkeit führende Erkrankung auftritt, mit deren Eintritt nicht gerechnet werden musste. Die Erfüllung eines Kinderwunschs betrifft die individuelle Lebensgestaltung des Arbeitnehmers und nicht das nach § 3 Abs. 1 Satz 1 EFZG vom Arbeitgeber, als gesetzlicher Ausgestaltung seiner Fürsorgepflicht, zeitlich begrenzt zu tragende allgemeine Krankheitsrisiko (BAG v. 26.10.2016, 5 AZR 167/16).

f) Arbeitsunfähigkeit infolge Organspende

1932 Nach § 3a Abs. 1 EFZG hat auch der Arbeitnehmer Anspruch auf Entgeltfortzahlung durch den Arbeitgeber für die Zeit der Arbeitsunfähigkeit bis zur Dauer von sechs Wochen, der durch Arbeitsunfähigkeit infolge der Spende von Organen oder Geweben, die nach den §§ 8 und 8a des Transplantationsgesetzes erfolgt oder durch eine Blutspende zur Separation von Blutstammzellen oder anderen Blutbestandteilen, an seiner Arbeitsleistung verhindert ist. Die Vorschrift des § 3a Abs. 2 EFZG regelt **Erstattungsansprüche des Arbeitgebers**.

g) Arbeitsunfähigkeit i.V.m. Kurzarbeiter- bzw. Saison-Kurzarbeitergeld

1933 Trifft eine Arbeitsunfähigkeit mit Kurzarbeiter- bzw. Saison-Kurzarbeitergeld zusammen, dann sind folgende Konstellationen möglich:

- Tritt die Arbeitsunfähigkeit vor Beginn des Kurzarbeitergeldgewährungszeitraums bzw. des Monats, für den Saison-Kurzarbeitergeld gezahlt wird, ein und es besteht Anspruch auf Entgeltfortzahlung, dann besteht der Anspruch auf verminderte Entgeltfortzahlung und auf Krankengeld in Höhe des jeweiligen Kurzarbeitergelds. Dieses Krankengeld ist vom Arbeitgeber zu berechnen.
- Tritt die Arbeitsunfähigkeit vor Beginn des Kurzarbeitergeldgewährungszeitraums bzw. des Monats, für den Saison-Kurzarbeitergeld gezahlt wird, ein und es besteht kein Anspruch auf Entgeltfortzahlung, dann besteht der Anspruch auf „normales" Krankengeld.
- Tritt die Arbeitsunfähigkeit während des Kurzarbeitergeldgewährungszeitraums bzw. des Monats, für den Saison-Kurzarbeitergeld gezahlt wird, ein und es besteht Anspruch auf Entgeltfortzahlung, dann besteht der Anspruch auf verminderte Entgeltfortzahlung und das jeweilige Kurzarbeitergeld.
- Tritt die Arbeitsunfähigkeit während des Kurzarbeitergeldgewährungszeitraums bzw. des Monats, für den Saison-Kurzarbeitergeld gezahlt wird, ein und es besteht kein Anspruch auf Entgeltfortzahlung, dann besteht Anspruch auf „normales" Krankengeld.

h) Arbeitsunfähigkeit als Ursache der Arbeitsverhinderung

1934 Der Anspruch auf Entgeltfortzahlung bei Arbeitsunfähigkeit besteht nur dann, wenn die Arbeitsunfähigkeit alleinige Ursache der Arbeitsverhinderung ist. Bestände bei einer Arbeitsfähigkeit aus anderen Gründen kein Entgeltfortzahlungsanspruch, ist auch während einer Arbeitsunfähigkeit kein Arbeitsentgeltanspruch gegeben. Ein Anspruch auf Entgeltfortzahlung ist insbesondere dann nicht gegeben, wenn bei Arbeitsfähigkeit das Arbeitsentgelt aus nachfolgenden Gründen nicht gezahlt worden wäre:

1935 **Arbeitserlaubnis, fehlende:** Ob das Fehlen einer Arbeitserlaubnis eine der Entgeltfortzahlung im Krankheitsfall entgegenstehende weitere Ursache für die ausbleibende Arbeitsleistung darstellt, ist nach den gesamten Umständen des Einzelfalls anhand des hypothetischen Kausalverlaufs zu prüfen. Ergibt diese Prüfung, dass die Arbeitserlaubnis sofort antragsgemäß erteilt worden wäre, so ist das Fehlen der Arbeitserlaubnis für den Arbeitsausfall nicht mitursächlich: Es besteht Anspruch auf Entgeltfortzahlung (BAG v. 26.6.1996, 5 AZR 872/94).

1936 **Arbeitszeitverlagerungen:** Während der Stilllegung des Betriebs infolge Vor- oder Nacharbeitszeiten und vollem Entgeltausgleich entfällt die Entgeltzahlungspflicht des Arbeitgebers, weil an diesen Tagen von vornherein nicht gearbeitet worden wäre. Arbeitsunfähige Arbeitnehmer können für die Zeit der Stilllegung also keine Entgeltfortzahlung bei Arbeitsunfähigkeit beanspruchen (BAG v. 8.3.1989, 5 AZR 116/88). Daraus ergibt sich, dass bei Arbeitsunfähigkeit während des Zeitraums, indem im Betrieb Vor- oder Nacharbeit geleistet wird, die Entgeltfortzahlung so zu bemessen ist, als habe der erkrankte Arbeitnehmer daran teilgenommen. Die Sechs-Wochen-Frist nach § 3 EFZG wird durch die Arbeitszeitverlagerungen nicht verlängert.

Beschäftigungsverbote nach dem Infektionsschutzgesetz: 1937
Sofern Ausscheidern, Ausscheidungsverdächtigen oder Ansteckungsverdächtigen die Berufsausübung untersagt wurde, ohne dass Arbeitsunfähigkeit besteht, kann das EFZG nicht angewendet werden. Der Arbeitgeber hat jedoch das Arbeitsentgelt nach § 616 BGB während der Dauer des Tätigkeitsverbots fortzuzahlen, wenn die Verhinderung auf einen verhältnismäßig geringen Zeitraum beschränkt bleibt und eine Abbedingung durch Tarifvertrag nicht vorliegt. Bei einer öffentlich-rechtlich verfügten vorübergehenden Betriebsschließung kommt es für die Frage, ob der Arbeitgeber das Entgeltrisiko trägt, auf den Zweck der Anordnung an. Erfolgt sie im Rahmen allgemeiner und umfassender Maßnahmen der Kontaktreduzierung zur Pandemiebekämpfung („Lockdown"), handelt es sich nicht um einen Fall des vom Arbeitgeber nach § 615 Satz 3 BGB zu tragenden Betriebsrisikos, mit der Folge, dass seine Entgeltzahlungspflicht entfällt (BAG v. 4.5.2022, 5 AZR 366/21; NZA 2022, 1113).

Ein infolge Beschäftigungsverbots (§ 31 IfSG) nach § 56 IfSG zustehender Anspruch auf Entschädigung für Verdienstausfall, der nach Abs. 5 dieser Vorschrift dem Arbeitgeber zu ersetzen wäre, liegt vor, wenn der Arbeitnehmer für den fraglichen Tag einen gesetzlichen oder vertraglichen Anspruch auf Fortzahlung des Arbeitsentgelts nicht hat (BAG v. 26.4.1978, 5 AZR 7/77). Dies gilt jedoch nicht, sofern der Arbeitnehmer z.B. ungeachtet einer offiziellen Reisewarnung wissentlich ins Ausland verreist oder die Schutzimpfung ohne nachvollziehbaren Grund verweigert. Er handelt dann schuldhaft i.S.d. Entgeltfortzahlungsbestimmungen, weil er die nach den behördlichen Bestimmungen entsprechend angeordnete Quarantäne selbst verursacht. Als Folge des schuldhaften Verhaltens entsteht eine vorübergehende Verhinderung der Erbringung der Arbeitsleistung gemäß § 616 BGB, die der Arbeitnehmer durch sein Verhalten verschuldet hat und die wegen § 56 Abs. 1 Satz 4 IfSG auch keinen staatlichen Erstattungsanspruch auslöst. Die Instanzgerichte sehen die Reise in ein Hochrisikogebiet hingegen nicht als groben Verstoß gegen das Eigeninteresse des Arbeitnehmers an, wenn die Inzidenz des Reiseziels deutlich niedriger war als die Inzidenz in der Bundesrepublik Deutschland (ArbG Kiel v. 27.6.2022, 5 Ca 229 f/22, COVuR 2022, 508).

Betriebsruhe: Ist die Arbeitspflicht bereits auf Grund einer vereinbarten Betriebsruhe ausgefallen, besteht kein Entgeltfortzahlungsanspruch (vgl. BAG v. 28.1.2004, 5 AZR 58/03). 1938

Bummelei: Arbeitnehmer, die ständig unentschuldigt der Arbeit fernbleiben, haben bei Eintritt der Arbeitsunfähigkeit grundsätzlich keinen Anspruch auf Entgeltfortzahlung. Nur wenn der Arbeitnehmer glaubhaft macht, dass er ohne Eintritt der Arbeitsunfähigkeit arbeitswillig gewesen wäre, bestünde ein Anspruch auf Entgeltfortzahlung (vgl. BAG v. 20.3.1985, 5 AZR 229/83). 1939

Elternzeit: Während der Elternzeit ruht das Arbeitsverhältnis, soweit der Arbeitnehmer keine Teilzeitbeschäftigung ausübt. Der Arbeitgeber ist für die Zeit des Ruhens nicht zur Zahlung des Arbeitsentgelts verpflichtet, so dass der Arbeitnehmer bei Arbeitsunfähigkeit keine Entgeltfortzahlung verlangen kann (BAG v. 22.6.1988, 5 AZR 526/87). Die Elternzeit muss allerdings nicht im unmittelbaren Anschluss an die Schutzfrist des Mutterschutzgesetzes angetreten werden. Die Arbeitnehmerin kann erklären, dass sie mit der Elternzeit erst nach Beendigung einer während der Schutzfrist eingetretenen Arbeitsunfähigkeit beginnen will. In diesem Fall ist die Arbeitsunfähigkeit ursächlich für den Verdienstausfall, so dass Anspruch auf Entgeltfortzahlung nach Ablauf der Schutzfrist für höchstens sechs Wochen der Arbeitsunfähigkeit besteht (BAG v. 17.10.1990, 5 AZR 10/90). Übt der Arbeitnehmer während der Elternzeit eine zulässige Teilzeitbeschäftigung aus, ist im Krankheitsfall ein Anspruch nach § 3 EFZG insoweit gegeben. 1940

1941 **Gesetzliche Feiertage:** Ist ein Arbeitnehmer an einem gesetzlichen Feiertag arbeitsunfähig, für den arbeitsfähigen Arbeitnehmern Feiertagsbezahlung nach § 2 EFZG zusteht, ist für diesen Tag Entgeltfortzahlung i.S.d. § 3 EFZG zu leisten. Der gesetzliche Feiertag ist also auf die Sechs-Wochen-Frist anzurechnen. Nach § 4 Abs. 2 EFZG bemisst sich die Höhe des nach § 3 EFZG fortzuzahlenden Arbeitsentgelts allerdings nach der Feiertagsbezahlung i.S.d. § 2 EFZG; sie beträgt also 100 %. Nach § 2 Abs. 3 EFZG haben Arbeitnehmer, die am letzten Arbeitstag vor oder am ersten Arbeitstag nach Feiertagen unentschuldigt der Arbeit fernbleiben, keinen Anspruch auf Bezahlung für diese Feiertage und somit keinen Anspruch auf Entgeltfortzahlung bei Arbeitsunfähigkeit.

1942 **Kurzarbeitergeld:** Erkrankt ein Arbeitnehmer während eines Zeitraums, in dem Kurzarbeit geleistet wird, besteht kein Anspruch auf Entgeltfortzahlung.

1943 **Saison-Kurzarbeitergeld:** Wie bei der Kurzarbeit besteht während eines Arbeitsausfalls wegen schlechten Wetters kein Entgeltfortzahlungsanspruch bei Arbeitsunfähigkeit. Endet der Anspruch auf Überbrückungsgeld nach der 150. Arbeitsstunde, hat der Arbeitnehmer gegenüber der Krankenkasse Anspruch auf Krankengeld. Entsprechendes gilt auch für die Zeit des Lohnausgleichs im Baugewerbe vom 24. bis 26. Dezember und vom 31. Dezember bis 1. Januar; für diese Zeit besteht kein Entgeltfortzahlungsanspruch.

1944 **Streik/Aussperrung:** Erkrankt der Arbeitnehmer während eines Streiks oder einer Aussperrung, bei der es zur vollständigen Stilllegung des Betriebs kommt, besteht kein Anspruch auf Entgeltfortzahlung, da nicht die Arbeitsunfähigkeit, sondern der Arbeitskampf Ursache für die fehlende Arbeitsleistung ist. Dies gilt selbst dann, wenn die Arbeitsunfähigkeit vor Beginn des Arbeitskampfes eintritt (vgl. BAG v. 8.3.1973, 5 AZR 491/72). Abweichend hiervon wäre allerdings ein Entgeltfortzahlungsanspruch gegeben, wenn der Arbeitskampf nicht zur völligen Stilllegung des Betriebs führt und sich der arbeitsunfähig gewordene Arbeitnehmer bis dahin nicht am Streik beteiligt hat.

1945 **Unbezahlter Urlaub:** Wenn auf Grund einer gegenseitigen Vereinbarung zwischen Arbeitgeber und Arbeitnehmer die Arbeitspflicht und andererseits die Entgeltfortzahlungspflicht aus einem Arbeitsverhältnis ruhen (Hauptpflicht), ist bei einer Arbeitsunfähigkeit kein Anspruch auf Entgeltfortzahlung für diese Zeit gegeben (vgl. BAG v. 25.5.1983, 5 AZR 236/80). Bestand zwischen den Vereinbarungspartnern allerdings Einigkeit darüber, dass der unbezahlte Urlaub ausschließlich Erholungszwecken dienen soll, ist jedoch ein Entgeltfortzahlungsanspruch gegeben (vgl. BAG v. 16.7.1980, 5 AZR 339/78).

i) Arztbesuch/Behandlung

1946 Der Arztbesuch während der Arbeitszeit zwecks Behandlung und Diagnostik beinhaltet grundsätzlich keinen Entgeltfortzahlungsanspruch. Dieser wäre nur dann gegeben, wenn die zu behandelnde Krankheit auch zur Arbeitsunfähigkeit führt. Ein Anspruch auf Entgeltfortzahlung könnte allerdings auch dann gegeben sein, wenn eine ärztliche Behandlung nicht **außerhalb der Arbeitszeit** möglich ist (vgl. BAG v. 7.3.1990, 5 AZR 189/89). Diese Ansprüche stützen sich i.d.R. auf § 616 BGB oder tarifvertragliche Regelungen. Ein Fall unverschuldeter Arbeitsversäumnis liegt z.B. bei einem Arztbesuch vor, wenn der Arbeitnehmer von einem Arzt zu einer Untersuchung oder Behandlung einbestellt wird und der Arzt auf terminliche Wünsche des Arbeitnehmers keine Rücksicht nehmen will oder kann (BAG v. 8.2.2018, 7 Sa 256/17).

Bei **Gleitzeit** muss der Arbeitnehmer einen Arzt- oder Behandlungstermin nach Möglichkeit außerhalb der Kernarbeitszeit legen (vgl. BAG v. 16.12.1993, 6 AZR 236/93).

j) Beaufsichtigung und Betreuung eines erkrankten Kindes

1947 Muss ein Arbeitnehmer sein krankes Kind, das das **12. Lebensjahr** noch nicht vollendet hat, beaufsichtigen, betreuen oder pflegen, ist ein Anspruch auf Entgeltfortzahlung nach bürgerlichem Recht (§ 616 BGB) gegeben, sofern keine andere im Haushalt lebende Person die Betreuung übernehmen kann, es sei denn, der Anspruch wurde einzel- oder tarifvertraglich abbedungen (vgl. BAG v. 20.6.1979, 5 AZR 479/77).

Wird dieser Anspruch durch tarifvertragliche Regelungen eingeschränkt, zahlt die Krankenkasse Krankengeld bis zu 15 Tagen je Kind, bei allein Erziehenden 30 Tage im Jahr. Der Höchstanspruch ist auf 35 Tage (70 Tage bei allein Erziehenden) im Jahr beschränkt. Siehe auch → *Krankengeld bei Erkrankung eines Kindes* Rz. 2741.

4. Dauer des Anspruchs auf Entgeltfortzahlung

a) Grundsatz

Der Anspruch auf Entgeltfortzahlung während einer Arbeitsunfähigkeit infolge einer unverschuldeten Krankheit ist auf längstens sechs Wochen begrenzt, und zwar vom Beginn der Arbeitsunfähigkeit an. Dies gilt auch dann, wenn während der Arbeitsunfähigkeit eine neue Krankheit hinzutritt, die für sich selbst gesehen ebenfalls zur Arbeitsunfähigkeit führt (vgl. BAG v. 12.9.1967, 1 AZR 367/66). Dies gilt jedoch nicht, wenn die erneute Arbeitsunfähigkeit nach Beendigung der ersten Arbeitsunfähigkeit auf Grund einer anderen Krankheit eintritt. Ein Entgeltfortzahlungsanspruch ist vielmehr auch dann gegeben, wenn nach dem Ende der ersten Arbeitsunfähigkeit die Beschäftigung noch nicht wieder aufgenommen wurde, z.B. wenn erneute Arbeitsunfähigkeit nach dem **Schichtende** des Arbeitnehmers eingetreten ist (vgl. BAG v. 11.10.1966, 2 AZR 464/65). 1948

Beispiel:

Ein Arbeitnehmer ist wegen eines grippalen Infekts bis zum 10. März arbeitsunfähig krank. Am kommenden Arbeitstag beabsichtigt der Arbeitnehmer, seine Arbeit wieder aufzunehmen. Auf dem Weg zur Arbeit verunglückt er mit seinem Fahrrad und verletzt sich dabei erheblich.

Nach der BAG-Rechtsprechung ist ein erneuter Anspruch auf Entgeltfortzahlung gegeben, da es sich um zwei verschiedene Krankheiten handelt. Dabei ist es unerheblich, dass unmittelbar vorher Arbeitsunfähigkeit (auf Grund einer anderen Krankheit) bestand. Da diese nach ärztlichem Zeugnis definitiv am 10. März beendet war, besteht für die neue Arbeitsunfähigkeit ein erneuter Anspruch auf Entgeltfortzahlung für mindestens sechs Wochen, und zwar auch dann, wenn der Arbeitnehmer die Arbeit zwischenzeitlich noch nicht aufgenommen hat (vgl. BAG v. 2.12.1981, 5 AZR 89/80).

b) Sechs-Wochen-Frist

Der Entgeltfortzahlungsanspruch besteht für jede Arbeitsunfähigkeit kraft Gesetzes für mindestens sechs Wochen. Bei der Berechnung der Sechs-Wochen-Frist wird der Tag des Beginns der Arbeitsunfähigkeit nicht mitgerechnet (§§ 187 ff. BGB; BAG v. 4.5.1971, 1 AZR 305/70). Das bedeutet, dass die Frist für die Entgeltfortzahlung daher grundsätzlich mit dem Tag nach dem Eintritt der Arbeitsunfähigkeit beginnt. 1949

Tritt die Arbeitsunfähigkeit an einem Arbeitstag **vor Beginn der Arbeitsaufnahme** ein, wird der erste Tag der Arbeitsunfähigkeit in die Frist eingerechnet. Der Entgeltfortzahlungsanspruch endet in diesen Fällen mit Ablauf des 42. Kalendertags der Arbeitsunfähigkeit.

Beispiel 1:

Ein Arbeitnehmer erkrankt am Morgen des 17. September an einem fieberhaften Infekt. An diesem Tag kann er seiner Arbeitspflicht nicht nachkommen.

Da die Arbeitsunfähigkeit vor Beginn der Arbeitsleistung am 17. September eingetreten ist, wird dieser Tag bei der Anspruchsdauer vollständig berücksichtigt. Der Entgeltfortzahlungsanspruch endet somit am 28. Oktober.

Beginnt dagegen die **Arbeitsunfähigkeit im Laufe eines Arbeitstages**, steht dem Arbeitnehmer für den restlichen Tag und für die kommenden sechs Wochen ein Anspruch auf Fortzahlung des Arbeitsentgelts zu. Der Erkrankte erhält also auch noch für den restlichen Teil des gleichen Tages Entgelt (z.B. am 7. Juli). Das bedeutet, dass der Tag bei der Berechnung der Sechs-Wochen-Frist nicht mit angerechnet wird.

Beispiel 2:

Der Arbeitnehmer verunglückt am 13. Mai auf dem Weg zur Arbeit. Arbeitsunfähigkeit besteht für mehrere Wochen. Da die Arbeitsunfähigkeit vor Beginn der Arbeitsaufnahme eingetreten ist, wird dieser Tag bei der Ermittlung der Sechs-Wochen-Frist mitberücksichtigt. Der Entgeltfortzahlungsanspruch beginnt am 13. Mai und endet am 23. Juni.

Beispiel 3:

Der Angestellte B muss am 4. Juni wegen eines Angina-Pectoris-Anfalls seine Arbeit im Betrieb beenden und wird mit einem Rettungswagen ins Krankenhaus eingeliefert. Die Arbeitsunfähigkeit dauert mehrere Wochen. Bei der Ermittlung der Sechs-Wochen-Frist wird der 4. Juni nicht mitgerechnet (§ 187 BGB). Der Anspruch auf Entgeltfortzahlung besteht für die Zeit vom 5. Juni bis 16. Juli. Für den 4. Juni hat der Arbeitnehmer ebenfalls für den Teil des restlichen Tages einen Anspruch auf Entgeltfortzahlung.

Erkrankt ein Arbeitnehmer während einer Zeit, in der das Arbeitsverhältnis ruht, beginnt die Sechs-Wochen-Frist erst vom Beginn der vorgesehenen Wiederaufnahme; denn während der Ruhenszeit besteht kein Entgeltfortzahlungsanspruch.

Beispiel 4:

Während der einmonatigen Wehrübung erkrankt ein Arbeitnehmer an einem Magengeschwür. Die Wehrübung endet am 31. Mai. Die Arbeit soll der Arbeitnehmer am 2. Juni wieder aufnehmen, wozu es wegen der noch andauernden Arbeitsunfähigkeit nicht kommt. Der Entgeltfortzahlungsanspruch beginnt mit dem geplanten Tag der Arbeitsaufnahme, dem 2. Juni, und endet folglich am 13. Juli.

Tritt die Arbeitsunfähigkeit an einem arbeitsfreien Tag (z.B. Samstag oder Sonntag) ein und wird dem Arbeitnehmer ein gleichbleibendes monatliches Arbeitsentgelt gezahlt, so wird der Tag des Eintritts der Arbeitsunfähigkeit in die Sechs-Wochen-Frist einbezogen. Wird der Arbeitnehmer jedoch nach Stunden oder Akkord bezahlt, wird der Tag des Beginns nicht mitgerechnet, sondern erst vom folgenden Tag an.

Beispiel 5:

Am Sonntag, dem 23. März, erkrankt der Arbeitnehmer C an einer Hepatitis. Die Arbeitsunfähigkeit dauert voraussichtlich mehrere Wochen. Der Arbeitnehmer erhält ein monatlich gleichbleibendes Arbeitsentgelt. Bei der Ermittlung der Sechs-Wochen-Frist wird der Sonntag mitgerechnet, da auch bei Arbeitsfähigkeit der arbeitsfreie Tag bezahlt worden wäre. Die Entgeltfortzahlung endet somit am 3. Mai.

Zahlt der Arbeitgeber auch ohne **ärztliche Arbeitsunfähigkeitsbescheinigung** das Arbeitsentgelt während der Arbeitsunfähigkeit weiter, sind diese Tage grundsätzlich nicht auf die Sechs-Wochen-Frist anzurechnen.

Sofern glaubhaft dargelegt wird, dass die Arbeitsunfähigkeit durchgehend bestand (BSG v. 9.9.1981, 3 RK 51/80), ist die nicht ärztlich bescheinigte Arbeitsunfähigkeit auf den Sechs-Wochen-Zeitraum anzurechnen.

Kehrt der Arbeitnehmer nach vorangegangener Arbeitsunfähigkeit in der **Elternzeit** nach Beendigung der Elternzeit arbeitsunfähig in das wieder aktivierte Arbeitsverhältnis zurück, wird die Zeit des Ruhens in der Elternzeit nicht auf den Sechs-Wochen-Zeitraum angerechnet (BAG v. 29.9.2004, 5 AZR 558/03). Eine krankheitsbedingte Arbeitsunfähigkeit ist für das Arbeitsverhältnis unerheblich, solange es mit den beiderseitigen Hauptpflichten ruht. Der Sechs-Wochen-Zeitraum beginnt deshalb nicht mit der Erkrankung, sondern erst mit der tatsächlichen Verhinderung des Arbeitnehmers an der Arbeitsleistung infolge der Krankheit. Dies ist der Zeitpunkt der Wiederaktivierung des Arbeitsverhältnisses. **Anders** wäre die Rechtslage allerdings dann zu beurteilen, wenn der Arbeitnehmer in der Elternzeit **Teilzeittätigkeit** erbracht und für die krankheitsbedingte Ausfallzeit Entgeltfortzahlung erhalten hat.

c) Wiederholte Arbeitsunfähigkeit

1950 Der sechswöchige Entgeltfortzahlungsanspruch ist immer dann gegeben, wenn die neue Arbeitsunfähigkeit auf einer Krankheit beruht, die medizinisch unabhängig von der vorhergehenden Krankheit ist und nach Ablauf der vorhergehenden Krankheit eintritt. Ist also die vorhergehende Krankheit vollständig ausgeheilt und tritt danach eine neue Krankheit auf – auch wenn es sich um die gleiche Krankheitsart (z.B. grippaler Infekt) handelt oder dasselbe Organ betroffen ist –, besteht ein neuer sechswöchiger Entgeltfortzahlungsanspruch (BAG v. 18.5.1957, 2 AZR 600/56).

Die vorhergehende Arbeitsunfähigkeit endet i.d.R. mit dem Ende der betriebsüblichen Arbeitszeit (z.B. 16.00 Uhr). Tritt danach die Arbeitsunfähigkeit auf Grund einer anderen Krankheit ein, ist auch dann ein Anspruch auf weitere sechs Wochen Entgeltfortzahlung gegeben, wenn der Arbeitnehmer zwischenzeitlich die Arbeit nicht wieder aufgenommen hat (BAG v. 11.10.1966, 2 AZR 464/65).

Beispiel 1:

Wegen eines grippalen Infekts war der Arbeitnehmer bis Mittwoch, den 9. April, arbeitsunfähig. Die betriebsübliche Arbeitszeit beginnt um 5.00 Uhr und endet um 13.00 Uhr. Am Nachmittag (18.00 Uhr) des 11. April verletzt er sich beim Tennisspielen. Da die vorhergehende Arbeitsunfähigkeit vollständig ausgeheilt war, gilt diese als beendet mit der Folge, dass auf Grund der neuen Arbeitsunfähigkeit ein erneuter Entgeltfortzahlungsanspruch besteht (BAG v. 2.12.1981, 5 AZR 89/80).

Mit anderen Worten (BAG v. 25.5.2016, 5 AZR 318/15): Der Anspruch auf Entgeltfortzahlung nach § 3 Abs. 1 Satz 1 EFZG ist auch dann auf die Dauer von sechs Wochen beschränkt, wenn während bestehender Arbeitsunfähigkeit eine neue Krankheit auftritt, die ebenfalls Arbeitsunfähigkeit zur Folge hat (Grundsatz der **Einheit des Verhinderungsfalls**). Ein neuer Entgeltfortzahlungsanspruch entsteht nur, wenn die erste krankheitsbedingte Arbeitsverhinderung bereits zu dem Zeitpunkt beendet war, in dem die weitere Erkrankung zu einer erneuten Arbeitsunfähigkeit führte (BAG v. 11.12.2019, 5 AZR 505/18). Ggf. muss der **Arbeitnehmer** den von ihm behaupteten Beginn der „neuen“ krankheitsbedingten Verhinderung **beweisen**.

Ein neuer Entgeltfortzahlungsanspruch besteht jedoch dann nicht, wenn es sich um eine wiederholte Arbeitsunfähigkeit wegen derselben Krankheit innerhalb eines Zeitraums von zwölf Monaten handelt, es sei denn, der Arbeitnehmer war vor der **erneuten Arbeitsunfähigkeit** wegen derselben Krankheit **mindestens sechs Monate nicht wegen dieser Krankheit arbeitsunfähig**.

Dieselbe Krankheit liegt vor, wenn zeitlich auseinander liegende Arbeitsunfähigkeitszeiten auf das gleiche Grundleiden zurückzuführen sind, also die erneute Erkrankung nur eine Fortsetzung der bisherigen Arbeitsunfähigkeit darstellt (BAG v. 14.11.1984, 5 AZR 394/82).

In der praktischen Umsetzung kann der Arbeitgeber i.d.R. nicht feststellen, ob es sich bei der Erkrankung um eine auf den Entgeltfortzahlungsanspruch anrechenbare Folgeerkrankung handelt, denn die ihm vorzulegende Arbeitsunfähigkeitsbescheinigung beinhaltet keine **Diagnosedaten**. Allerdings teilen die Krankenkassen auf elektronische Anfrage mit, ob zwischen den beiden Krankheiten ein medizinisch begründeter Zusammenhang besteht. Dabei wird die Krankenkasse bei Zweifelsfällen den behandelnden Arzt in den Entscheidungsprozess einbeziehen.

Ob es sich im Einzelnen um eine **Fortsetzungserkrankung** handelt, hat der Arbeitgeber zu beweisen. Hierfür reicht allerdings der erste Anschein (Anscheinsbeweis) für das Vorliegen einer Wiederholungserkrankung aus (BAG v. 4.12.1985, 5 AZR 656/84).

Beispiel 2:

Der Arbeitnehmer ist vom 6. Oktober bis 15. Oktober wegen eines grippalen Infekts arbeitsunfähig. Am 20. November bricht er sich den Arm. Die Arbeitsunfähigkeit dauert bis zum 5. Januar des folgenden Jahres. Vom 5. März bis 12. März besteht wegen eines erneuten grippalen Infekts erneut Arbeitsunfähigkeit. Auf Grund des Armbruchs muss sich der Arbeitnehmer nochmals in ärztliche Behandlung begeben. In der Zeit vom 2. August bis 10. August bescheinigt der Arzt Arbeitsunfähigkeit.

Ein Zusammenhang zwischen den grippalen Infekten wird nicht gegeben sein. Vielmehr ist davon auszugehen, dass die Erkrankung vom 6. Oktober bis 15. Oktober vollständig ausgeheilt ist. Hinsichtlich der Arbeitsunfähigkeiten auf Grund des Armbruchs vom 20. November bis 5. Januar und vom 2. August bis 10. August besteht ein medizinisch begründeter Zusammenhang. Es handelt sich um eine Fortsetzungserkrankung. Allerdings sind zwischen dem Ende (5. Januar) der ersten Arbeitsunfähigkeit und dem Beginn der Fortsetzungserkrankung (2. August) mehr als sechs Monate vergangen, so dass bei dieser Fortsetzungserkrankung wieder ein erneuter Anspruch auf Entgeltfortzahlung besteht.

Hinsichtlich der **Darlegungs- und Beweislast** für das Vorliegen einer Fortsetzungserkrankung gilt im Übrigen im Hinblick auf die Komplikationen nach geänderter Rechtsprechung (BAG v. 13.7.2005, 5 AZR 389/04):

Der Arbeitnehmer genügt seiner Darlegungs- und Beweislast für den Entgeltfortzahlungsanspruch durch die ärztliche (elektronische) Arbeitsunfähigkeitsbescheinigung. Diese Arbeitsunfähigkeitsbescheinigung ist jedoch nicht ausreichend, wenn der Arbeitnehmer in mehreren Zeiträumen länger als sechs Wochen arbeitsunfähig ist, weil die Bescheinigung keine Angabe zum Bestehen einer Fortsetzungserkrankung enthält. Daraus ergibt sich folgende Verteilung der Darlegungs- und Beweislast:

- **Erste Stufe**: Der Arbeitnehmer muss zunächst mit der ärztlichen Arbeitsunfähigkeitsbescheinigung darlegen, dass keine Fortsetzungserkrankung vorliegt.
- **Zweite Stufe**: Bestreitet der Arbeitgeber das Vorliegen einer neuen Krankheit und macht er damit eine Fortsetzungserkrankung geltend, so obliegt dem Arbeitnehmer nunmehr die Darlegung der Tatsachen, die den Schluss erlauben, es habe keine Fortsetzungserkrankung vorgelegen. Dabei hat der Arbeitnehmer den Arzt von seiner Schweigepflicht zu entbinden. Der Arbeitnehmer hat offenzulegen, welche Beschwerden welche Folgen für die Arbeitsfähigkeit hatten und zudem die behandelnden Ärzte von der Schweigepflicht zu entbinden (BAG v. 18.1.2023, 5 AZR 93/22).
- **Dritte Stufe**: Erst bei Nicht-Beweislichkeit einer Fortsetzungserkrankung wirkt sich die Beweislast zu Lasten des Arbeitgebers aus: Der Arbeitgeber wird so behandelt, als ob keine Fortsetzungserkrankung vorliegt.

Den Arbeitgeber trifft indes keine Obliegenheit immer dann, wenn der Arbeitnehmer nach vorangegangener, sechswöchiger Arbeitsunfähigkeit innerhalb der Zeiträume des § 3 Abs. 1 Satz 2 Nr. 1 und Nr. 2 EFZG erneut arbeitsunfähig erkrankt, von sich aus Auskünfte über das Bestehen einer Fortsetzungserkrankung einzuholen, um ggf. im Anschluss gegenüber dem Arbeitnehmer einen Rückzahlungsanspruch wegen überzahlter Entgeltfortzahlung im Krankheitsfall innerhalb geltender Ausschlussfristen beziffern zu können. Die Annahme einer solchen Erkundigungspflicht zur Ausfüllung des Begriffs der „Fälligkeit" im Sinne einer Ausschlussfrist ist weder nach dem Zweck der Verfallfrist geboten noch kann sie aus der abgestuften Darlegungs- und Beweislast hergeleitet werden, die im Entgeltfortzahlungsprozess hinsichtlich einer behaupteten Fortsetzungserkrankung gilt. Eine Obliegenheit des Arbeitgebers zur Wahrung einer Ausschlussfrist über das Vorliegen einer Fortsetzungserkrankung Erkundigungen einzuholen, kann allenfalls in Betracht kommen, wenn er – neben dem Wissen um die Tatsache, dass der Arbeitnehmer nach vorangegangener sechswöchiger Arbeitsunfähigkeit innerhalb der Zeiträume des § 3 Abs. 1 Satz 2 Nr. 1 und Nr. 2 EFZG erneut arbeitsunfähig erkrankt ist – Kenntnis von Umständen hat, aus denen sich konkrete Anhaltspunkte dafür ergeben, dass die neuerliche Krankheit des Arbeitnehmers auf denselben Krankheitsursachen wie eine vorausgehende Erkrankung beruht, durch die der Entgeltfortzahlungszeitraum bereits erschöpft ist (BAG v. 31.3.2021, 5 AZR 197/20).

d) Arbeitgeberwechsel

1951 Die Begrenzung des Entgeltfortzahlungsanspruchs durch die Sechs- bzw. durch die Zwölf-Monats-Frist kommt nur in Betracht, wenn die wiederholte Arbeitsunfähigkeit wegen derselben Krankheit während eines ununterbrochenen Arbeitsverhältnisses bei demselben Arbeitgeber eintritt.

Wechselt der Arbeitnehmer zwischen zwei Arbeitsunfähigkeitszeiten wegen derselben Krankheit den Arbeitgeber, besteht unabhängig von der Sechs-Monats-Frist bzw. Zwölf-Monats-Frist ein neuer Entgeltfortzahlungsanspruch von sechs Wochen. Erkrankungen und Entgeltfortzahlungen in einem früheren Arbeitsverhältnis spielen dabei keine Rolle (BAG v. 13.1.1972, 5 AZR 314/71). Dies gilt auch dann, wenn ein neues Arbeitsverhältnis bei demselben Arbeitgeber aufgenommen wird (BAG v. 15.9.1961, 1 AZR 157/60).

Besteht zwischen zwei aufeinander folgenden Arbeitsverhältnissen beim selben Arbeitgeber ein sachlicher Zusammenhang (z.B. der Arbeitnehmer wurde wegen vorübergehenden Arbeitsmangels gekündigt und kurze Zeit später wieder zu gleichen Bedingungen weiterbeschäftigt), ist ausnahmsweise von einem einheitlichen Arbeitsverhältnis auszugehen; das bedeutet, dass die Zeiten auf Grund derselben Erkrankungen auf den Entgeltfortzahlungsanspruch angerechnet werden (BAG v. 2.3.1983, 5 AZR 194/80).

Tritt ein anderer Arbeitgeber im Rahmen eines **Betriebsübergangs** nach § 613a BGB in die Rechte und Pflichten eines Betriebs ein, werden die Arbeitsunfähigkeitszeiten wegen derselben Krankheit, die vor dem rechtsgeschäftlichen Übergang liegen, auf die Dauer der Entgeltfortzahlung angerechnet.

e) Sechs-Monats-Frist

Ob ein erneuter Anspruch auf Entgeltfortzahlung für sechs Wochen besteht, richtet sich bei einer erneuten Arbeitsunfähigkeit wegen derselben Krankheit danach, ob zwischen Beginn der erneuten Arbeitsunfähigkeit und dem Ende der vorhergehenden mindestens sechs Monate liegen. 1952

Bestanden in diesem Zeitraum anderweitige Arbeitsunfähigkeitszeiten wegen anderer Erkrankungen, bleiben diese unberücksichtigt, d.h. dass dadurch eine Unterbrechung des Sechs-Monats-Zeitraums nicht eintritt.

Beispiel 1:

Ein Arbeitnehmer ist in den letzten Monaten häufiger krank. Folgende Arbeitsunfähigkeitszeiten liegen vor:

Arbeitsunfähigkeit wegen eines Magengeschwürs	1.6. – 29.7.
Arbeitsunfähigkeit wegen grippalen Infekts	5.8. – 17.8.
Arbeitsunfähigkeit wegen eines Magengeschwürs	7.11. – 9.12.

Bei der Arbeitsunfähigkeit vom 7. November bis 9. Dezember handelt es sich um eine Fortsetzungserkrankung im Verhältnis zur Arbeitsunfähigkeit vom 1. Juni bis 29. Juli. Ein erneuter Anspruch auf Entgeltfortzahlung besteht, wenn in der rückwärts verlaufenden Frist vom 7. Mai bis 6. November – dabei wird (BAG v. 30.8.1973, 5 AZR 202/73) der erste Tag der erneuten Arbeitsunfähigkeit wegen derselben Krankheit als Ereignistag angesehen und nicht mit in die Frist einbezogen – wegen dieser Erkrankung keine Arbeitsunfähigkeit bestand. Da die vorhergehende Erkrankung noch keine sechs Monate zurückliegt, besteht kein erneuter Anspruch auf Entgeltfortzahlung.

Beispiel 2:

Ein Arbeitnehmer ist in den letzten Monaten häufiger krank. Folgende Arbeitsunfähigkeitszeiten liegen vor:

Arbeitsunfähigkeit wegen eines Magengeschwürs	1.4. – 29.4.
Arbeitsunfähigkeit wegen grippalen Infekts	5.8. – 17.8.
Arbeitsunfähigkeit wegen eines Magengeschwürs	7.11. – 9.12.

Bei der Arbeitsunfähigkeit vom 7. November bis 9. Dezember handelt es sich um eine Fortsetzungserkrankung im Verhältnis zur Arbeitsunfähigkeit vom 1. April bis 29. April. Ein erneuter Anspruch auf Entgeltfortzahlung besteht, wenn in der rückwärts verlaufenden Frist vom 7. Mai bis 6. November wegen dieser Erkrankung keine Arbeitsunfähigkeit bestand. Da zwischen dem Ende der vorhergehenden Arbeitsunfähigkeit und dem Beginn der erneuten Arbeitsunfähigkeit ein Zeitraum von mehr als sechs Monaten liegt, besteht ein erneuter Entgeltfortzahlungsanspruch. Dabei ist es unerheblich, dass in der Zeit vom 5. August bis 17. August der Sechs-Monats-Zeitraum durch eine andere Arbeitsunfähigkeit unterbrochen wurde (BAG v. 6.10.1976, 5 AZR 500/75).

f) Zwölf-Monats-Frist

Arbeitnehmer, die mehrfach auf Grund derselben Krankheit arbeitsunfähig sind, haben auch dann einen Entgeltfortzahlungsanspruch, wenn zwischen dem Ende der vorhergehenden Arbeitsunfähigkeit und dem Beginn der erneuten Arbeitsunfähigkeit nicht mindestens ein Zeitraum von sechs Monaten liegt. Voraussetzung hierfür ist, dass seit Beginn der letzten Arbeitsunfähigkeit wegen dieser Krankheit mindestens zwölf Monate vergangen sind. 1953

Die Zwölf-Monats-Frist wird **vom Beginn der ersten Arbeitsunfähigkeit an**, die einen neuen sechswöchigen Anspruch auf Entgeltfortzahlung auslöst, berechnet.

Beispiel 1:

Ein Arbeitnehmer ist wegen einer Herzrhythmusstörung erstmalig am 10.6.2025 und aktuell ab 7.7.2026 erkrankt. Wegen derselben Krankheit bestand Arbeitsunfähigkeit

vom	10.6.2025	bis	12.7.2025
vom	4.10.2025	bis	21.10.2025
vom	3.3.2026	bis	18.3.2026
vom	7.7.2026	bis	30.7.2026

(Die Arbeitsunfähigkeit ist jeweils vor Arbeitsbeginn eingetreten.)

Für dieselbe Krankheit besteht ein Entgeltfortzahlungsanspruch nur für sechs Wochen innerhalb eines Jahres. Auf Grund der Herzrhythmusstörungen ist der Arbeitnehmer erstmalig vom 10.6.2025 bis 12.7.2025 (33 Tage) arbeitsunfähig krank. Für diesen Zeitraum besteht somit ein Anspruch auf Entgeltfortzahlung. Die erneute Arbeitsunfähigkeit begründet ebenfalls einen Entgeltfortzahlungsanspruch, da der gesamte Anspruch auf Grund der vorhergehenden Arbeitsunfähigkeit nicht erschöpft ist. Allerdings endet die Entgeltfortzahlung wegen Ausschöpfung des Entgeltfortzahlungsanspruchs am 12.10.2025 (neun Tage). Ein vollständiger Sechs-Wochen-Entgeltfortzahlungsanspruch ist nicht gegeben, da zwischen dem Ende der vorhergehenden (12.7.2025) und dem Beginn der erneuten Arbeitsunfähigkeit (4.10.2025) nicht mindestens sechs Monate vergangen sind. Für die Arbeitsunfähigkeit vom

3.3.2026 bis 18.3.2026 ist das Arbeitsentgelt ebenfalls nicht fortzuzahlen. Der Sechs-Wochen-Anspruch ist erschöpft und zwischen den Arbeitsunfähigkeitszeiten liegen keine sechs Monate. Vom 7.7.2026 an hat der Arbeitgeber allerdings wegen derselben Krankheit das Entgelt fortzuzahlen. Zwar liegen zwischen den jeweiligen Arbeitsunfähigkeitszeiten keine sechs Monate, aber seit Beginn der ersten Arbeitsunfähigkeit wegen Herzrhythmusstörungen (10.6.2025) ist ein Zeitraum von zwölf Monaten (Rahmenfrist 10.6.2025 bis 9.6.2026) vergangen. Die erneute Arbeitsunfähigkeit ist nach Ablauf der Rahmenfrist eingetreten mit der Folge, dass ein Anspruch auf Entgeltfortzahlung vom 7.7.2026 an besteht.

Hat der Arbeitnehmer zu Beginn der erneuten Arbeitsunfähigkeit keinen Entgeltfortzahlungsanspruch mehr, weil bereits für sechs Wochen das Entgelt weitergezahlt wurde, lebt dieser Anspruch dann nicht auf, wenn während dieser Arbeitsunfähigkeit die Zwölf-Monats-Frist endet. Ein solcher Anspruch ist vielmehr nur dann gegeben, wenn der Beginn der Arbeitsunfähigkeit in eine neue Zwölf-Monats-Frist fällt (BAG v. 14.3.2007, 5 AZR 514/06).

Der nächste Zwölf-Monats-Zeitraum wird vom Beginn der erneuten Arbeitsunfähigkeit wegen derselben Erkrankung neu berechnet, wenn ein neuer sechswöchiger Entgeltfortzahlungsanspruch besteht.

Beispiel 2:

Ein Arbeitnehmer ist wegen einer Nierenerkrankung erstmalig am 10.6.2025 und aktuell am 2.5.2026 arbeitsunfähig erkrankt. Wegen derselben Krankheit bestand Arbeitsunfähigkeit

vom	10.6.2025	bis	31.7.2025
vom	4.10.2025	bis	21.10.2025
vom	2.5.2026	bis	30.5.2026

Die Arbeitsunfähigkeit ist jeweils vor Beginn der Arbeitsaufnahme eingetreten.

Für dieselbe Erkrankung besteht ein Entgeltfortzahlungsanspruch nur für sechs Wochen innerhalb eines Jahres. Auf Grund der Nierenerkrankung ist der Arbeitnehmer erstmalig vom 10.6.2025 bis 31.7.2025 arbeitsunfähig krank. Für diesen Zeitraum besteht ein vollständiger sechswöchiger Entgeltfortzahlungsanspruch. Für die erneute Arbeitsunfähigkeit vom 4.10.2025 bis 21.10.2025 besteht kein Entgeltfortzahlungsanspruch, da zwischen den beiden Arbeitsunfähigkeiten nicht mindestens sechs Monate vergangen sind. Vom 2.5.2026 an besteht jedoch ein Entgeltfortzahlungsanspruch. Zwar beginnt die erneute Arbeitsunfähigkeit noch innerhalb der Zwölf-Monats-Frist – gerechnet vom Beginn der erstmaligen Arbeitsunfähigkeit (Rahmenfrist vom 10.6.2025 bis 9.6.2026) –, jedoch sind zwischen dem Ende der letzten Arbeitsunfähigkeit (21.10.2025) und dem Beginn der erneuten Arbeitsunfähigkeit (2.5.2026) mehr als sechs Monate vergangen.

Besteht im Falle der erneuten Arbeitsunfähigkeit wegen derselben Erkrankung ein neuer sechswöchiger Anspruch auf Entgeltfortzahlung, setzt der Beginn dieser Arbeitsunfähigkeit stets eine neue Zwölf-Monats-Frist in Gang.

Beispiel 3:

Ein Arbeitnehmer ist wegen Diabetes erstmalig am 10.6.2025 und aktuell ab 2.2.2026 arbeitsunfähig erkrankt. Wegen derselben Krankheit bestand Arbeitsunfähigkeit

vom	10.6.2025	bis	20.6.2025	= 11 Kalendertage
vom	4.11.2025	bis	29.11.2025	= 26 Kalendertage
vom	2.2.2026	bis	13.2.2026	= 12 Kalendertage

Die Arbeitsunfähigkeit ist jeweils vor Beginn der Arbeitsaufnahme eingetreten.

Für dieselbe Erkrankung besteht ein Entgeltfortzahlungsanspruch nur für sechs Wochen innerhalb eines Jahres. Somit hat der Arbeitnehmer für die Arbeitsunfähigkeitszeiten vom 10.6. bis 20.6.2025 und vom 4.11. bis 29.11.2025 das Entgelt fortzuzahlen. Für die Arbeitsunfähigkeitszeit vom 2.2.2026 an besteht ein Anspruch nur bis zum 6.2.2026, da dann der Sechs-Wochen-Anspruch erschöpft ist. Zwischen den jeweiligen Arbeitsunfähigkeitszeiten sind auch keine sechs Monate und vom Beginn der ersten Arbeitsunfähigkeit am 10.6.2025 keine zwölf Monate bis zum Beginn der erneuten Arbeitsunfähigkeit vergangen. Somit besteht wegen der Folgeerkrankung kein neuer Entgeltfortzahlungsanspruch.

Beispiel 4:

Ein Arbeitnehmer ist wegen Diabetes erstmalig am 20.6.2025 und aktuell ab 6.5.2026 arbeitsunfähig erkrankt. Wegen derselben Krankheit bestand Arbeitsunfähigkeit

vom	20.6.2025	bis	30.7.2025	= 41 Kalendertage
vom	25.3.2026	bis	15.4.2026	= 22 Kalendertage
vom	6.5.2026	bis	30.5.2026	= 25 Kalendertage

Die Arbeitsunfähigkeit ist jeweils vor Beginn der Arbeitsaufnahme eingetreten. Zwischenzeitlich war der Arbeitnehmer wegen eines LWS/HWS-Syndroms vom 2.9. bis 19.9.2025 arbeitsunfähig.

Für die Zeit vom 20.6. bis 30.7.2025 (Diabetes) und vom 2.9. bis 19.9.2025 (HWS/LWS-Syndrom) bestand jeweils ein vollständiger Entgeltfortzahlungsanspruch. Für die Arbeitsunfähigkeit vom 25.3. bis 15.4.2026 besteht ebenfalls ein vollständiger Entgeltfortzahlungsanspruch, da zwischen dem Ende der vorhergehenden Arbeitsunfähigkeit und dem Beginn der erneuten Arbeitsunfähigkeit ein Zeitraum von mehr als sechs Monaten liegt. Fraglich ist nur, ob für die Arbeitsunfähigkeit vom 6.5. bis 30.5.2026 ein Entgeltfortzahlungsanspruch besteht. Schließlich ist der Arbeitnehmer seit der ersten Erkrankung am 20.6.2025 mehrfach wegen Diabetes arbeitsunfähig gewesen und zwischen der Erkrankung vom 25.3. bis 15.4.2026 und der erneuten Arbeitsunfähigkeit vom 6.5.2026 sind nicht mehr als sechs Monate vergangen.

Dennoch ist für diese Arbeitsunfähigkeit ein (Teil-)Anspruch auf Entgeltfortzahlung gegeben, weil nach Ablauf der Sechs-Monats-Frist zwischen den Arbeitsunfähigkeitszeiten vom 20.6. bis 30.7.2025 und vom 25.3. bis 15.4.2026 eine erneute Zwölf-Monats-Frist beginnt (25.3.2026 bis 24.3.2027). Innerhalb der neu gebildeten Zwölf-Monats-Frist besteht wieder ein vollständiger sechswöchiger Entgeltfortzahlungsanspruch, wobei die Arbeitsunfähigkeitszeiten vor dem 25.3.2026 **nicht berücksichtigt werden** (BAG v. 6.10.1976, 5 AZR 500/75). Das bedeutet hier, dass der Arbeitnehmer bis zum 25.5.2025 Entgeltfortzahlung erhält.

g) Hinzutritt einer Krankheit während eines Anspruchs auf Entgeltfortzahlung

Nach der BAG-Rechtsprechung (BAG v. 14.9.1983, 5 AZR 70/81; 1954
BAG v. 2.12.1981, 5 AZR 89/80) verlängert sich die Anspruchsdauer nicht, wenn eine neue Krankheit hinzutritt, die für sich allein ebenfalls Arbeitsunfähigkeit verursacht. Dies gilt selbst dann, wenn die **hinzugetretene Krankheit** ab einem bestimmten Zeitpunkt alleinige Ursache der Arbeitsunfähigkeit ist.

Der Anspruch auf Entgeltfortzahlung endet während der ununterbrochenen Arbeitsunfähigkeit spätestens mit Ablauf der sechswöchigen Entgeltfortzahlung.

Beispiel 1:

Ein Arbeitnehmer ist wegen Diabetes erstmalig vom 10. Juni an arbeitsunfähig krank. Während der Arbeitsunfähigkeit erkrankt er an einem HWS/LWS-Syndrom. Diese Erkrankung verursacht für sich gesehen ebenfalls Arbeitsunfähigkeit. Die Arbeitsunfähigkeit endet am 16. August. (Die Arbeitsunfähigkeit ist jeweils vor Beginn der Arbeitsaufnahme eingetreten.)

Durch den Hinzutritt der Krankheit „HWS/LWS-Syndrom" verlängert sich der Entgeltfortzahlungsanspruch nicht. Der Arbeitgeber hat das Entgelt bis zum 21. Juli weiterzuzahlen.

Beispiel 2:

Ein Arbeitnehmer ist wie folgt arbeitsunfähig:

10. Juni–29. Juni	Diabetes	20 Kalendertage
19. September–16. Oktober	Diabetes und HWS-Syndrom	28 Kalendertage
21. November–19. Dezember	Diabetes	29 Kalendertage

(Die Arbeitsunfähigkeit ist jeweils vor Beginn der Arbeitsaufnahme eingetreten.)

Für die Arbeitsunfähigkeit wegen Diabetes vom 10. Juni bis 29. Juni besteht ein Entgeltfortzahlungsanspruch. Bei der Arbeitsunfähigkeit wegen der Diabetes und des HWS-Syndroms vom 19. September bis 16. Oktober ist die Vorerkrankungszeit anzurechnen, da auch vom 19. September an Arbeitsunfähigkeit wegen Diabetes besteht. Die Entgeltfortzahlung endet daher am 10. Oktober. Auf Grund der Arbeitsunfähigkeit vom 21. November bis 19. Dezember ist wegen der Vorerkrankungszeiten kein Entgeltfortzahlungsanspruch gegeben. Außerdem ist zwischen den einzelnen Arbeitsunfähigkeitszeiten kein Zeitraum von sechs Monaten vergangen.

Beispiel 3:

Ein Arbeitnehmer ist wie folgt arbeitsunfähig:

10. Juni–29. Juni	Diabetes	20 Kalendertage
19. September–30. Oktober	HWS-Syndrom	42 Kalendertage
25. Oktober–19. Dezember	Diabetes	29 Kalendertage

(Die Arbeitsunfähigkeit ist jeweils vor Beginn der Arbeitsaufnahme eingetreten.)

Für die Arbeitsunfähigkeit wegen Diabetes vom 10. Juni bis 29. Juni besteht ein Entgeltfortzahlungsanspruch. Für die Arbeitsunfähigkeit wegen des HWS-Syndroms besteht ebenfalls ein Anspruch auf Entgeltfortzahlung. Dabei spielt es keine Rolle, dass vom 25. Oktober an auch Arbeitsunfähigkeit wegen Diabetes besteht. Eine Anrechnung der Vorerkrankungszeit wegen Diabetes scheidet aus, da der Diabetes nicht alleinige Ursache der Arbeitsunfähigkeit ist. Der Arbeitgeber hat also bis zum 30. Oktober das Entgelt fortzuzahlen. Vom 31. Oktober an besteht kein Entgeltfortzahlungsanspruch mehr. Wenn die hinzugetretene Arbeitsunfähigkeit alleinige Ursache ist, sind mögliche Vorerkrankungszeiten zu berücksichtigen. Auch wenn durch diese Erkrankung der gesamte Anspruch noch nicht ausgeschöpft ist, ist das Entgelt nicht weiterzuzahlen, da der Arbeitgeber seit dem 19. September ununterbrochen für die bestehende Arbeitsunfähigkeit das Entgelt fortgezahlt hat.

War der Arbeitnehmer wegen der hinzugetretenen Erkrankung bereits vorher arbeitsunfähig, kommt eine **Anrechnung auf die Bezugsdauer** nicht in Betracht, solange die Arbeitsunfähigkeit auf Grund der ersten Erkrankung nicht beendet ist. Ist wegen der ersten Erkrankung keine Arbeitsunfähigkeit mehr gegeben, ist festzustellen, ob auf Grund der hinzugetretenen Krankheit – die nunmehr alleine Arbeitsunfähigkeit verursacht – unter Berücksichtigung von Vorerkrankungen noch ein Anspruch auf Entgeltfortzahlung besteht (BAG v. 27.7.1977, 5 AZR 318/76).

Beispiel 4:

Ein Arbeitnehmer ist wegen Diabetes erstmalig vom 10. Juni an arbeitsunfähig. Während der Arbeitsunfähigkeit erkrankt er am 19. Juni an einem HWS/LWS-Syndrom. Diese Erkrankung verursacht für sich gesehen ebenfalls Arbeitsunfähigkeit. Die Diabetes-Erkrankung endet am 29. Juni. Vom 30. Juni an besteht Arbeitsunfähigkeit nur noch wegen des HWS/LWS-Syndroms.

(Die Arbeitsunfähigkeit ist jeweils vor Beginn der Arbeitsaufnahme eingetreten.)

In dem fortlaufenden Arbeitsunfähigkeits-Fall besteht vom 30. Juni an nur noch wegen des HWS/LWS-Syndroms Arbeitsunfähigkeit. Durch den Hinzutritt dieser Krankheit verlängert sich der Entgeltfortzahlungsanspruch nicht. Das Arbeitsentgelt ist während der Arbeitsunfähigkeit bis zum 21. Juli weiterzuzahlen.

Beispiel 5:

Ein Arbeitnehmer ist wegen Diabetes erstmalig vom 10. Juni an arbeitsunfähig. Die Arbeitsunfähigkeit dauert bis 29. Juni. Am 19. Juli erkrankt der Arbeitnehmer an einem HWS/LWS-Syndrom. Während dieser Arbeitsunfähigkeit tritt am 30. Juli auch Arbeitsunfähigkeit wegen Diabetes ein. Die Arbeitsunfähigkeit auf Grund des HWS/LWS-Syndroms endet am 6. August. Insgesamt dauert die Arbeitsunfähigkeit bis zum 30. November.

(Die Arbeitsunfähigkeit ist jeweils vor Beginn der Arbeitsaufnahme eingetreten.)

Für die Arbeitsunfähigkeit vom 10. Juni bis 29. Juni besteht ein Entgeltfortzahlungsanspruch. Dies gilt auch für die Arbeitsunfähigkeit auf Grund der HWS-Erkrankung. Da diese Arbeitsunfähigkeit am 6. August endet, ist vom 7. August an der Diabetes-Erkrankung nur noch alleinige Ursache der Arbeitsunfähigkeit. Da auf Grund derselben Krankheit bereits Arbeitsunfähigkeit bestand, sind evtl. Vorerkrankungszeiten zu berücksichtigen. Auf den Entgeltfortzahlungsanspruch ist vom 7. August an auch die Arbeitsunfähigkeitszeit vom 10. Juni bis 29. Juni (20 Kalendertage) anzurechnen. Die Entgeltfortzahlung endet daher am 28. August. Dies gilt selbst dann, wenn vom Beginn der fortlaufenden Arbeitsunfähigkeit (19. Juli) an noch keine sechs Wochen abgelaufen sind.

Beispiel 6:

Ein Arbeitnehmer ist wegen einer Schnittverletzung erstmalig vom 10. Juni an arbeitsunfähig krank. Während der Arbeitsunfähigkeit erkrankt er an einem HWS/LWS-Syndrom. Diese Erkrankung verursacht für sich allein gesehen ebenfalls Arbeitsunfähigkeit. Die Arbeitsunfähigkeit auf Grund der Schnittverletzung endet am 17. Juli. Der Arbeitnehmer ist ab 25. Juli arbeitsfähig. Später ist er wieder auf Grund des HWS/LWS-Syndrom arbeitsunfähig krank.

(Die Arbeitsunfähigkeit ist jeweils vor Beginn der Arbeitsaufnahme eingetreten).

Arbeitsunfähigkeit wegen Schnittverletzung	10. Juni bis 17. Juli
Arbeitsunfähigkeit wegen HWS/LWS-Syndrom ab	29. Juni bis 24. Juli
Ende der Arbeitsunfähigkeit am	24. Juli
Arbeitsunfähigkeit HWS/LWS-Syndrom	19. September bis 18. Oktober

Für die Arbeitsunfähigkeit vom 10. Juni bis 24. Juli ist das Arbeitsentgelt bis zum 21. Juli weiterzuzahlen. Für die Fortsetzungserkrankung vom 19. September bis 18. Oktober besteht ein Anspruch auf Entgeltfortzahlung. Allerdings sind bestehende Vorerkrankungszeiten zu berücksichtigen. Dabei werden nur Zeiten angerechnet, die alleinige Arbeitsunfähigkeitsursache waren, d.h. hier ist die Arbeitsunfähigkeitszeit vom 18. Juli bis 24. Juli (= sieben Kalendertage) zu berücksichtigen. Somit besteht für diese Arbeitsunfähigkeit ebenfalls ein vollständiger Entgeltfortzahlungsanspruch (BAG v. 2.2.1994, 5 AZR 345/93).

h) Entgeltfortzahlung nach dem Infektionsschutzgesetz (IfSG)

1955 Die Gesundheitsämter können verschiedene Schutzmaßnahmen ergreifen, um die Verbreitung übertragbarer Krankheiten zu verhindern. Dazu gehören u.a. die häusliche Quarantäne, berufliche Tätigkeitsverbote oder geschlossene Kitas oder Schulen. Der Arbeitnehmer selbst muss nicht zwangsläufig selbst erkrankt sein.

Wenn ein Arbeitgeber seinen Betrieb oder Betriebsteile vorsorglich ohne eine behördliche Anordnung schließt, wird keine Entschädigung nach dem IfSG gezahlt. Die Arbeitnehmer haben während dieser Zeit ihren normalen Anspruch auf Arbeitsentgelt. Sofern die Betriebsschließung auf eine allgemeine behördliche Anordnung zurückzuführen ist (z.B. Schließung aller Restaurants während der Corona-Pandemie), entsteht ein Anspruch nach § 56 Abs. 1 oder Abs. 1a IfSG nicht. Insoweit muss ein Verdienstausfall eingetreten sein, weil der Anspruchsteller als Ausscheider, Ansteckungsverdächtiger, Krankheitsverdächtiger oder als sonstiger Träger von Krankheitserregern einem infektionsschutzrechtlichen Verbot in der Ausübung seiner bisherigen Erwerbstätigkeit unterliegt oder aus Infektionsschutzgründen Schulen und Kinderbetreuungseinrichtungen geschlossen werden und die Sorgeberechtigten betreuungsbedürftiger Kinder daher nicht arbeiten können (vgl. LG Hannover v. 9.7.2020, 8 O 2/20). Überdies trägt ein Arbeitgeber, der seinen Betrieb auf Grund eines staatlich verfügten allgemeinen „Lockdowns" zur Bekämpfung der Corona-Pandemie vorübergehend schließen muss, nicht das Risiko des Arbeitsausfalls. Daher ist der Arbeitgeber auch nicht verpflichtet, den Beschäftigten Vergütung unter dem Gesichtspunkt des Annahmeverzugs zu zahlen (BAG v. 13.10.2021, 5 AZR 211/21). Arbeitet der Arbeitnehmer während der Quarantäne im Home-Office, bleibt sein Anspruch auf Arbeitsentgelt aus dem Arbeitsverhältnis erhalten.

Besteht kein Anspruch auf Arbeitsentgelt, erhält der Arbeitnehmer für die Dauer der angeordneten Quarantäne eine Entschädigung nach § 56 Abs. 1, 5, § 57 IfSG in Höhe seines Netto-Arbeitsentgelts für längstens sechs Wochen. Die Entschädigung wird vom Arbeitgeber ausgezahlt und mit dem Gesundheitsamt verrechnet (vgl. Noack, NZA 2021, 251). Der infektionsschutzrechtliche Entschädigungsanspruch setzt voraus, dass anderweitige Ansprüche, etwa nach § 616 Satz 1 BGB gerade nicht bestehen, da, wenn ein solcher Anspruch eingreift, ein „Verdienstausfall" i.S.d. § 56 Abs. 1 Satz 1 IfSG nicht vorliegt. Hintergrund des Vorrangs der Entgeltfortzahlungspflichten gegenüber dem Entschädigungsanspruch ist der subsidiäre Charakter der Entschädigung aus § 56 IfSG. Daher scheidet der Anspruch für den Fall aus, dass die auf Grund behördlich angeordneter Absonderungsanordnung eingetretene Arbeitsverhinderung tatsächlich nur zwei Tage dauert, sie also nur für eine „nicht erhebliche Zeit" bestanden hat (VG Freiburg v. 2.7.2021, 10 K 547/21). Eine insgesamt fünfzehntägige Quarantäne überschreitet in aller Regel die Grenze der „verhältnismäßig nicht erheblichen" Zeit i.S.d. § 616 Satz 1 BGB (VG Bayreuth v. 5.5.2021, B 7 K 21.210).

Wenn ein Arbeitnehmer arbeitsunfähig wird und zu diesem Zeitpunkt Quarantäne nicht angeordnet ist, steht dem Anspruch auf Entgeltfortzahlung nichts entgegen. Der Arbeitgeber ist nicht berechtigt, eigenständig einem Arbeitnehmer, der aus einem SARS-CoV-2-Risikogebiet zurückkehrt, ein 14-tägiges Betretungsverbot für das Betriebsgelände zu erteilen, und sich der Vergütungspflicht zu entziehen, insbesondere wenn der Arbeitnehmer entsprechend den verordnungsrechtlichen Vorgaben bei der Einreise auf Grund der Vorlage eines aktuellen negativen PCR-Tests und eines ärztlichen Attests über Symptomfreiheit keiner Absonderungspflicht (Quarantäne) unterliegt (BAG v. 10.8.2022, 5 AZR 154/22).

Wird der Arbeitnehmer allerdings während einer Quarantäne arbeitsunfähig, leistet der Arbeitgeber für die angeordnete Zeit die Entschädigung nach dem IfSG und danach nach dem EFZG (vgl. BGH v. 30.11.1978, III ZR 43/77, NJW 1979, 422). Die rückwirkend vom Gesundheitsamt für den ärztlich attestierten Arbeitsunfähigkeitszeitraum angeordnete Quarantäne schließt den Anspruch auf Entgeltfortzahlung hingegen nicht aus (ArbG Aachen v. 11.3.2021, 1 Ca 3196/20).

5. Höhe des fortzuzahlenden Arbeitsentgelts

a) Grundsätzliches

Bei der Entgeltfortzahlung gilt das Lohnausfallprinzip, d.h. der Arbeitnehmer soll während der Arbeitsunfähigkeit das Arbeitsentgelt erhalten, das er erzielt hätte, wenn er nicht arbeitsunfähig geworden wäre. 1956

Aus diesem Grunde wirken sich alle **Änderungen im Arbeitsverhältnis, z.B. Höhe des Arbeitsentgelts (Erhöhung des Entgelts durch Tarifvertrag)** oder der regelmäßigen wöchentlichen Arbeitszeit (z.B. Verkürzungen der Arbeitszeit), auch dann auf die Höhe der Entgeltfortzahlung aus, wenn die Änderungen erst während der Arbeitsunfähigkeit eintreten. Arbeitsunfähige Auszubildende, die während der Arbeitsunfähigkeit aus einem Ausbildungsverhältnis ausscheiden und vom Arbeitgeber in ein Arbeitsverhältnis übernommen werden, erhalten dann das höhere Arbeitsentgelt (BAG v. 15.2.1978, 5 AZR 739/76).

Nicht eindeutig gesetzlich geregelt ist die Frage, ob das **Mindestlohngebot** (→ *Mindestlohn* Rz. 3142) nach dem MiLoG auch für **Vergütungsansprüche ohne Arbeitsleistung** gilt, insbesondere für die Lohnersatzansprüche (Entgeltschutzansprüche) im Krankheitsfall nach dem **EFZG**. Die Frage erscheint allerdings für die Vergütungspraxis nicht von Bedeutung, weil der Mindestlohn jedenfalls nach dem in diesen Fällen anzuwendenden **Lohnausfallprinzip** bzw. Referenzprinzip für die Berechnung maßgeblich ist (ausführlich zur Frage Vogelsang/Wensing, Mindestlohn ohne Arbeit – Gilt das MiLoG auch für Entgeltschutzansprüche?, NZA 2016, 141). Ein Rückgriff des Arbeitgebers auf eine vertraglich vereinbarte niedrigere Vergütung ist in diesen Fällen deshalb unzulässig (BAG v. 13.5.2015, 10 AZR 191/14).

b) Berechnungsfaktoren

aa) Arbeitszeit

1957 Das Entgelt ist für die regelmäßige Arbeitszeit weiterzuzahlen, die infolge der Arbeitsunfähigkeit ausfällt. Bei gleichbleibenden Monatsentgelten kann der auf den Kalendertag entfallende Teil des Arbeitsentgelts mit der Anzahl der Arbeitsunfähigkeitstage multipliziert werden. Als Ausgangszeitraum sollte im Allgemeinen der letzte abgerechnete Entgeltabrechnungszeitraum (ein Monat, mindestens vier Wochen) zu Grunde gelegt werden. Führt diese Berechnung zu keinem vertretbaren Ergebnis, so kann von den letzten drei abgerechneten Entgeltabrechnungszeiträumen (drei Monate oder 12 bzw. 13 Wochen) ausgegangen werden (BAG v. 22.10.1980, 5 AZR 438/78).

Wird die regelmäßige Arbeitszeit durch **Kurzarbeit** oder witterungsbedingten Arbeitsausfall verkürzt, wird für die Höhe des fortzuzahlenden Entgelts die verkürzte Arbeitszeit als maßgebende regelmäßige Arbeitszeit zu Grunde gelegt, wenn gleichzeitig das Arbeitsentgelt bei Arbeitsfähigkeit gemindert werden würde. Fällt ein gesetzlicher Feiertag in die Zeit der Arbeitsunfähigkeit, hat der Arbeitnehmer einen Anspruch auf das ungekürzte Arbeitsentgelt als Entgeltfortzahlung.

Die individuelle Arbeitszeit eines Arbeitnehmers kann jedoch von der tariflichen, betriebsüblichen oder einzelvertraglich vereinbarten Arbeitszeit abweichen. Dies ist u.a. bei den sog. Freischichten-Modellen der Fall. Trotz tariflicher oder betrieblich vereinbarter Arbeitszeitverkürzung wird weiterhin z.B. 40 Stunden in der Woche gearbeitet; zum Ausgleich für das Überschreiten der (verkürzten) wöchentlichen Arbeitszeit werden freie Schichten oder freie Tage gewährt. Sofern tarifvertraglich nichts Abweichendes bestimmt ist, ist maßgebende regelmäßige Arbeitszeit für die Berechnung des fortzuzahlenden Arbeitsentgelts in diesen Fällen nicht die verkürzte Arbeitszeit, sondern diejenige, die der Arbeitnehmer bei Arbeitsfähigkeit hätte leisten müssen (BAG v. 2.12.1987, 5 AZR 602/86). Ist auf Grund der besonderen Gestaltung des Arbeitsverhältnisses ein Mindestsoll an Arbeitsstunden nicht festgelegt und die Arbeitszeit nicht gleichbleibend, so ist das weiterzuzahlende Arbeitsentgelt prinzipiell nach vergangenheitsbezogenen Werten zu berechnen. Dabei ist grundsätzlich von dem letzten abgerechneten Entgeltabrechnungszeitraum (ein Monat, mindestens vier Wochen) auszugehen. Führt diese Berechnung zu keinem vertretbaren Ergebnis, so ist zunächst die Arbeitszeit eines gleichartigen Arbeitnehmers zu Grunde zu legen. Erst danach sind die letzten drei abgerechneten Entgeltabrechnungszeiträume (drei Monate oder 12 bzw. 13 Wochen) maßgebend. Das so ermittelte Arbeitsentgelt ist durch die Zahl der auf den Ausgangszeitraum entfallenden Arbeitstage zu dividieren. Das Ergebnis wird mit der Zahl der infolge Arbeitsunfähigkeit ausgefallenen Arbeitstage modifiziert (BAG v. 22.10.1980, 5 AZR 438/78).

bb) Arbeitsentgelt

1958 Im Rahmen der Entgeltfortzahlung ist das Bruttoarbeitsentgelt des Arbeitnehmers weiterzuzahlen. Von diesem Bruttobetrag hat der Arbeitnehmer während der Arbeitsunfähigkeit Lohnsteuer und Sozialversicherungsbeiträge zu zahlen. Diese sind vom Arbeitgeber zu berechnen und abzuführen. Bei Nettolohnvereinbarungen hat der Arbeitgeber die Lohnsteuer und Sozialversicherungsbeiträge des Arbeitnehmers zu übernehmen.

Zum Arbeitsentgelt gehören neben dem Barlohn auch Sachbezüge (freie Unterkunft und Verpflegung). Wenn sie während der Arbeitsunfähigkeit nicht in Anspruch genommen werden können, sind sie in bar abzugeben.

Erbringt der Arbeitnehmer neben seiner normalen Arbeitsleistung regelmäßig zusätzlich vergütete Tätigkeiten, z.B. Fahrleistungen, muss der Arbeitgeber auch diese Zeit nach § 3 Abs. 1 EFZG bei Arbeitsunfähigkeit vergüten; dieser Anspruch kann auch durch tarifvertragliche Bestimmung wegen der Unabdingbarkeit des Entgeltfortzahlungsanspruchs nach § 12 EFZG nicht ausgeschlossen werden (BAG v. 16.1.2002, 5 AZR 303/00).

Bei der Bemessung der Entgeltfortzahlung werden Überstundenvergütungen nicht mehr berücksichtigt. Dabei bleiben sowohl die Grundvergütung für die Überstunden als auch die Überstundenzuschläge außer Betracht (BAG v. 20.6.2018, 4 AZR 339/17). Erbringt ein Arbeitnehmer jedoch über einen Zeitraum von mehreren Monaten (hier zwölf Monate) regelmäßig Arbeitsleistungen von zwölf Stunden pro Tag bzw. 60 Stunden in der Woche, obwohl die tarifliche Wochenarbeitszeit nur 39 Stunden beträgt, so handelt es sich bei der tatsächlich angefallenen Arbeitszeit um die für ihn maßgebende regelmäßige Arbeitszeit i.S.d. § 4 Abs. 1 EFZG. Eine Kürzung der Entgeltfortzahlung im Krankheitsfall nach § 4 Abs. 1a EFZG kommt nicht in Betracht (vgl. BAG v. 21.11.2001, 5 AZR 296/00, B+P 2002, 323). Ständig vom Arbeitnehmer erbrachte und vom Arbeitgeber erwartete und entgegengenommene **Überarbeit** ist damit keine Mehrarbeit und bei der Entgeltfortzahlung zu berücksichtigen (BAG v. 26.6.2002, 5 AZR 153/01; BAG v. 26.6.2002, 5 AZR 499/00; BAG v. 26.6.2002, 5 AZR 511/00; BAG v. 9.7.2003, 5 AZR 610/01).

Bei der Berechnung der Entgeltfortzahlungshöhe sind Einmalzahlungen nicht zu berücksichtigen. Wird eine Einmalzahlung jedoch während der Entgeltfortzahlung ausgezahlt, gehört dieser Betrag zwar inhaltlich nicht zur Entgeltfortzahlung, ist jedoch auf jeden Fall steuer- und beitragspflichtig (→ *Einmalzahlungen* Rz. 1793).

Sonntags-, Feiertags- oder Nachtarbeitszuschläge sind im Rahmen der Entgeltfortzahlung weiterzuzahlen, wenn diese bei Arbeitsfähigkeit angefallen bzw. gezahlt worden wären (BAG v. 14.1.2009, 5 AZR 89/08). Die Steuerfreiheit der Zuschläge für Sonntags-, Feiertags- oder Nachtarbeit gilt jedoch nicht für das bei Arbeitsunfähigkeit fortgezahlte Arbeitsentgelt, da die Steuerfreiheit nur bei tatsächlicher Arbeitsleistung eintritt. Aus diesem Grunde sind von den Zuschlägen für Sonntags-, Feiertags- oder Nachtarbeit auch Beiträge und Steuern zu entrichten.

Der Arbeitnehmer hat daher bei Arbeitsunfähigkeit ein niedrigeres Nettoentgelt als bei Arbeitsfähigkeit (BAG v. 31.5.1978, 5 AZR 116/77).

Erhält der Arbeitnehmer einen **Akkord- oder Stücklohn**, ist ihm im Rahmen der Arbeitsunfähigkeit das Arbeitsentgelt fortzuzahlen, das infolge Arbeitsunfähigkeit ausfällt. Arbeitet in einer aus zwei Personen bestehenden Akkordgruppe ein Arbeitskollege weiter, ist dessen Vergütung für die Höhe der Entgeltfortzahlung des erkrankten Arbeitnehmers maßgebend. Beruft sich ein Arbeitnehmer auf einen zurückliegenden Referenzzeitraum, hat er die Tatsachen darzulegen, die es rechtfertigen können, auf den höheren Verdienst in der Vergangenheit abzustellen (BAG v. 26.2.2003, 5 AZR 162/02). Ist das ausgefallene Arbeitsentgelt nicht feststellbar, ist zuerst das Entgelt eines gleichartig Beschäftigten zu Grunde zu legen. Ist dies nicht möglich, ist eine vergangenheitsbezogene Berechnung vorzunehmen.

Provisionen (Abschluss-, Umsatzprovisionen) stellen Arbeitsentgelt im sozialversicherungsrechtlichen Sinne dar und sind somit während einer Arbeitsunfähigkeit weiterzuzahlen. Grundsätzlich steht dem Arbeitnehmer die Provision für Geschäftsabschlüsse zu, die sein Krankheitsvertreter für ihn abschließt.

Bei rückwirkenden Veränderungen des Lohns oder Akkordlohns (z.B. durch Tarifvertrag, Betriebsvereinbarung) ist der Entgeltfortzahlungsbetrag ebenso zu erhöhen und nachzuzahlen. Dies gilt selbst dann, wenn der Anspruch auf erhöhten Lohn erst begründet wurde, nachdem die Arbeitsunfähigkeit beendet war (BAG v. 21.11.1967, 1 AZR 450/66).

Nach dem EFZG sind Entgeltbestandteile, die echten Auslagenersatz zur Abgeltung eines tatsächlichen Mehraufwands darstellen, nicht fortzuzahlen (vgl. § 4 Abs. 1 Satz 2 EFZG). Werden die Auslösungen dagegen pauschal gezahlt, unabhängig davon, ob die Aufwendungen auch tatsächlich entstehen, sind sie im Fall der Arbeitsunfähigkeit auch fortzuzahlen.

Die **Gebrauchsüberlassung eines Dienstwagens** zur privaten Nutzung ist zusätzliche Gegenleistung für die geschuldete Arbeitsleistung. Sie ist steuer- und abgabenpflichtiger Teil des geschuldeten Arbeitsentgelts und damit Teil der Arbeitsvergütung. Damit ist sie regelmäßig nur so lange geschuldet, wie der Arbeitgeber überhaupt Arbeitsentgelt schuldet. Das ist für Zeiten der Arbeitsunfähigkeit, für die keine Entgeltfortzahlungspflicht mehr nach § 3 Abs. 1 EFZG besteht, **nicht der Fall** (BAG v. 14.12.2010, 9 AZR 631/09). **Schmutzzulagen, Spesen, Reise- und Fahrkosten, Zehrgelder**, Ersatz für die Benutzung eigenen Werkzeuges, wenn sie im Einzelfall abgegolten werden, finden bei der Entgeltfortzahlungsberechnung keine Berücksichtigung.

c) Berechnung der Entgeltfortzahlungshöhe

1959 Bei Arbeitnehmern, die einen festen Stunden-, Tages-, Wochen- oder Monatslohn erhalten, wird das fortzuzahlende Arbeitsentgelt wie folgt ermittelt: Der mutmaßliche Stundenlohn wird mit der arbeitstäglichen (regelmäßigen) Stundenzahl und der Zahl der durch Krankheit ausgefallenen Arbeitstage (einschließlich der gesetzlichen Feiertage) vervielfältigt.

Wird das Entgelt nach Wochen oder Monaten berechnet, ist i.d.R. keine besondere Berechnung notwendig; das vereinbarte Wochen- oder Monatsentgelt ist einfach fortzuzahlen. Eine Umrechnung auf den Arbeitstag ist dann notwendig, wenn die Entgeltfortzahlung in eine Entgeltfortzahlungsperiode hineinreicht und der Arbeitnehmer die Arbeit nicht wieder aufnimmt. Dabei ist das auf den Kalendertag entfallende Arbeitsentgelt mit der Anzahl der Arbeitsunfähigkeitstage zu multiplizieren (BAG v. 28.2.1975, 5 AZR 213/74).

Beispiel 1:

Ein Arbeitnehmer ist im Juni 14 Arbeitstage wegen Diabetes arbeitsunfähig. Die wöchentliche Arbeitszeit beträgt 38,5 Stunden (5-Tage-Woche) bei einem Stundenlohn von 14,00 €.

Für die Zeit der Arbeitsunfähigkeit ist dem Arbeitnehmer ein Entgelt von 14,00 € × 7,7 Stunden je Arbeitstag (7 Std. 42 Min.) × 14 Tage = 1 509,20 € weiterzuzahlen.

Bei **Akkordarbeitern** ist zu ermitteln, welchen Leistungslohn sie bei Arbeitsfähigkeit erzielt hätten (§ 4 Abs. 1 Satz 3 EFZG). Ist eine Prognose nicht möglich und führt das Entgelt eines **gleichartig Beschäftigten** zu keinem vertretbaren Ergebnis, ist auf den **letzten Entgeltabrechnungszeitraum** zurückzugreifen. Führt diese Berechnung ebenfalls zu keinem vertretbaren Ergebnis, ist auf die letzten drei abgerechneten Entgeltabrechnungszeiträume zurückzugreifen.

Beispiel 2:

Eine Akkordarbeiterin hat im Bereich der industriellen Fertigung Elektroplatinen zu bestücken und zu verlöten. Vom 1. April bis 14. April ist sie arbeitsunfähig krank. Vor Beginn der Arbeitsunfähigkeit hat sie einschließlich der anderen Mitarbeiterinnen einen Akkordlohn von 13,20 € erzielt. Die verbleibenden arbeitsfähigen Mitarbeiterinnen der Fertigungseinheit erzielen wegen einer Produktänderung in der Zeit einen Akkordlohn von 13,00 €.

Berechnung:

Vom 1. April an hätte die Arbeitnehmerin einen Akkordlohn von 13,00 €/Std. erzielt. Daraus berechnet sich die Höhe der Entgeltfortzahlung wie folgt:

13,00 € × 80 Stunden (Arbeitsunfähigkeit)	1 040 €

Bei Arbeitnehmern im Gruppenakkord ist vornehmlich der Vergleich mit den Gruppenmitgliedern sachgerecht (BAG v. 22.10.1980, 5 AZR 438/78).

d) Abweichung durch Tarifvertrag

1960 Die Berechnungsmethode sowie die Bemessungsgrundlage des Entgeltfortzahlungsanspruchs können abweichend von den gesetzlichen Regelungen im Tarifvertrag vertraglich geregelt werden.

Dabei können die Tarifvereinbarungen – bezogen auf die o.a. Felder – günstiger oder ungünstiger sein als die gesetzliche Regelung. Andere Regelungen der Entgeltfortzahlung sind dagegen weiterhin unabdingbar.

Soll durch Tarifvertrag eine von § 4 Abs. 1 EFZG abweichende Bemessungsgrundlage für das fortzuzahlende Arbeitsentgelt festgelegt werden, bedarf dies einer klaren Regelung. Sind die Regelungen in einem Tarifvertrag nicht präzise, verbleibt es insoweit beim gesetzlich geregelten Entgeltausfallprinzip (BAG v. 20.1.2010, 5 AZR 53/09).

Die Dauer des Entgeltfortzahlungsanspruchs kann auch durch Tarifverträge nicht gekürzt werden.

6. Anzeige- und Nachweispflichten des Arbeitnehmers

a) Allgemeines

Nach § 5 Abs. 1 EFZG sind alle Arbeitnehmer verpflichtet, dem 1961
Arbeitgeber die Arbeitsunfähigkeit und deren voraussichtliche Dauer unverzüglich mitzuteilen **(Benachrichtigungspflicht). Bei länger als drei Kalendertage** andauernden Arbeitsunfähigkeiten hat der Arbeitnehmer spätestens am darauffolgenden Arbeitstag einen Arzt aufzusuchen und den Arbeitgeber darüber zu informieren. Dieser kann dann die Arbeitsunfähigkeitsdaten bei der Krankenkasse elektronisch anfordern.

Der Arbeitgeber ist berechtigt, das Aufsuchen eines Arztes auch noch früher zu verlangen, sofern keine einzel- oder tarifvertraglichen Regelungen dagegenstehen. **Zulässig** ist insoweit eine Regelung im Arbeitsvertrag, dass eine Arbeitsunfähigkeit bereits **für den ersten Tag** festgestellt werden muss (BAG v. 1.10.1997, 5 AZR 499/96). Nach der Rechtsprechung kann der Arbeitgeber die Feststellung ab ersten Tag fordern, ohne jegliche Begründung und ohne bisherige Verdachtsmomente (BAG v. 26.2.2003, 5 AZR 112/02). Ein **anderweitiger Beweis** der Arbeitsunfähigkeit durch den Arbeitnehmer bleibt aber zulässig. Zum **Leistungsverweigerungsrecht** des Arbeitgebers bei fehlendem Arbeitsunfähigkeitsnachweis s. → Rz. 1970.

Der Vertragsarzt übermittelt die Daten einer Arbeitsunfähigkeit elektronisch an die Krankenkasse. Der Versicherte ist davon befreit, der Krankenkasse die Arbeitsunfähigkeit zu melden.

Der Arbeitgeber ruft die Daten bei der zuständigen Krankenkasse ab.

Der Ablauf ist wie folgt realisiert:

Die Krankenkasse stellt nach Eingang der Arbeitsunfähigkeitsdaten vom Arzt eine Meldung zum Abruf für den Arbeitgeber bereit. Dies geschieht über den Kommunikationsserver der gesetzlichen Krankenversicherung. Diese Meldung enthält den Namen des Beschäftigten, den Beginn und das Ende der Arbeitsunfähigkeit, das Datum der ärztlichen Feststellung der Arbeitsunfähigkeit, die Kennzeichnung als Erst- oder Folgeverordnung und die Angaben, ob Anhaltspunkte dafür vorliegen, dass die Arbeitsunfähigkeit auf einem Arbeitsunfall oder sonstigen Unfall oder auf der Folge eines Arbeitsunfalls oder sonstigen Unfall beruht.

Wichtig ist, dass der Abruf mindestens einmal wöchentlich in den Organisationablauf des Unternehmens eingeplant ist.

Der Übertragungsweg der Arbeitsunfähigkeitsdaten von einem Krankenhaus zur Krankenkasse läuft über die Dienste der Telematikinfrastruktur. Zum 1.1.2025 sind dann auch die Daten aus Vorsorge- und Rehabilitationseinrichtungen übertragbar.

Bekommt die Krankenkasse Arbeitsunfähigkeitsdaten für einen geringfügig beschäftigten Versicherten, stellt sie die Daten für die Minijob-Zentrale bereit, die diese dann für das Erstattungsverfahren nach dem Aufwendungsausgleichsgesetz nutzt. Der Arbeitgeber kann die Arbeitsunfähigkeitsdaten dann direkt bei der zuständigen Krankenkasse abrufen.

Beauftragt der Arbeitgeber einen Dritten mit dem Abruf, darf dieser die Daten verarbeiten.

Bei wiederholter Arbeitsunfähigkeit des Beschäftigten stellt sich die Frage nach der Anrechenbarkeit von Vorerkrankungen auf die Entgeltfortzahlung. Die Krankenkasse prüft anhand der vorliegenden Diagnosen, ob anrechenbare Vorerkrankungen vorliegen. Diese übermittelt sie auf elektronischem Weg an den Arbeitgeber. Sollte es bei der Klärung zu Unstimmigkeiten zwischen Arztpraxis und Krankenkasse kommen, wird der Arbeitgeber durch eine Rückmeldung mit Kennzeichen „7 – in Prüfung“ informiert.

Durch das Krankenhauspflegeentlastungsgesetz vom 28.12.2022, BGBl. I 2022, 2793 wurde die Regelung eingeführt, dass bei einem Wechsel der Krankenkasse die davor zuständige Krankenkasse verpflichtet ist, der neuen Krankenkasse die Arbeitsunfähigkeitsdaten nach dem Ende der Versicherung zu übermitteln. Hierfür gibt es ein maschinelles Datenaustauschverfahren zwischen den Krankenkassen.

b) Arbeitsunfähigkeit im Inland

1962 Der Arbeitnehmer ist verpflichtet, die Arbeitsunfähigkeit und ihre voraussichtliche Dauer dem Arbeitgeber unverzüglich, d.h. „ohne schuldhaftes Zögern" (§ 121 Abs. 1 Satz 1 BGB) mitzuteilen. Die **Meldung** ist nicht an eine Form gebunden und kann somit mündlich, schriftlich, telefonisch erfolgen. Dabei besteht auch die Möglichkeit, dass ein Dritter (z.B. Ehepartner) den Arbeitgeber hierüber informiert. Die Mitteilungspflicht gilt nicht nur bei Beginn der Arbeitsunfähigkeit, sondern auch bei einer fortdauernden Erkrankung über das voraussichtliche Ende hinaus. Bei der Anzeige der Arbeitsunfähigkeit ist der Arbeitnehmer nicht verpflichtet, den Arbeitgeber über die Art seiner Erkrankung zu unterrichten.

Vor Ablauf des dritten Tages nach Beginn der Arbeitsunfähigkeit hat der Arbeitnehmer einen Arzt aufzusuchen und den Arbeitgeber über die Arbeitsunfähigkeit sowie deren voraussichtlicher Dauer zu informieren. Ist dieser Tag ein arbeitsfreier Samstag, Sonn- oder Feiertag, verlängert sich die Frist auf den nächsten Werktag.

Beispiele:

Nach Beendigung des Arbeitstags (Donnerstag) wird der Arbeitnehmer arbeitsunfähig krank. Der Arzt bescheinigt am gleichen Tag für eine Woche Arbeitsunfähigkeit. Der Arbeitnehmer teilt dem Arbeitgeber spätestens drei Tage nach Beginn der Arbeitsunfähigkeit mit, dass er einen Arzt aufgesucht hat und dieser Arbeitsunfähigkeit festgestellt hat. Der Arbeitgeber ruft daraufhin die Daten bei der zuständigen Krankenkasse ab. Diese Frist beginnt am Freitag und endet am Sonntag. Spätestens am Montag muss die Bescheinigung beim Arbeitgeber sein.

Beginn der Arbeitsunfähigkeit am	Letzter Tag der Frist (Fristende) am:
Sonntag	Mittwoch
Montag	Donnerstag
Dienstag	Freitag
Mittwoch	Montag
Donnerstag	Montag
Freitag	Montag
Samstag	Dienstag
Dienstag in der „Karwoche"	Dienstag nach Ostern

Bei **medizinischen Maßnahmen zur Vorsorge oder Rehabilitation** hat der Arbeitnehmer dem Arbeitgeber den Zeitpunkt des Antritts der Maßnahme, die voraussichtliche Dauer und eine evtl. Verlängerung der Maßnahme unverzüglich mitzuteilen. Hierzu sind ihm die Bewilligungsunterlagen des Versicherungsträgers vorzulegen.

c) Beweiskraft der Arbeitsunfähigkeitsbescheinigung

1963 Für den Entgeltfortzahlungsanspruch reicht die von einem Arzt festgestellte Arbeitsunfähigkeit aus. Die in der Coronapandemie geschaffene Sonderregelung zur telefonischen Krankschreibung gilt nach Beschluss des G-BA vom 7.12.2023 auch zukünftig. Danach ist die Krankschreibung per Telefon bei Erkrankungen wie leichten grippalen Infekten dauerhaft möglich.

Hat der Arbeitgeber **Zweifel an der Arbeitsunfähigkeit**, muss er beweisen, dass seine Zweifel begründet sind. Dabei muss er die Einzelumstände darlegen und beweisen, dass ernsthafte Zweifel an der Erkrankung bestehen. Eine pauschale Aussage reicht dazu nicht aus (BAG v. 11.8.1976, 5 AZR 422/75). Begründete Zweifel an einer vom Arzt festgestellten Arbeitsunfähigkeit könnte der Arbeitgeber dann einwenden, wenn der Arbeitnehmer die Arbeitsunfähigkeit vor Eintritt der Arbeitsunfähigkeit angekündigt hat und der Aufforderung einer Begutachtung durch den Medizinischen Dienst nicht nachkommt oder wenn die ärztliche Bescheinigung ohne vorausgegangene ärztliche Untersuchung z.B. bei einer Telefondiagnose des Arztes ausgestellt wird (LAG Düsseldorf v. 16.12.1980, 24 Sa 1230/80). S. auch grundlegend zur Bindungswirkung einer **ausländischen Arbeitsunfähigkeitsbescheinigung** der Fall „Paletta" (EuGH v. 2.5.1996, C-206/94; BAG v. 19.2.1997, 5 AZR 747/93). Den Beweiswert einer ärztlich festgestellten Arbeitsunfähigkeit kann der Arbeitgeber jedenfalls dann erschüttern, wenn ein Arbeitnehmer sein Arbeitsverhältnis kündigt und er am Tag der Kündigung arbeitsunfähig krankgeschrieben wird und die bescheinigte Arbeitsunfähigkeit passgenau die Dauer der Kündigungsfrist umfasst (BAG v. 8.9.2021, 5 AZR 149/21).

Die in der Praxis vielfach gehörte Aussage, dass der ärztlichen AU-Bescheinigung ein hoher Beweiswert zugemessen werde, ist zum einen unter Berücksichtigung der jüngeren Rechtsprechung zu relativieren. Die überkommenen Anforderungen an die Erschütterung des Beweiswertes sind vom BAG (BAG v. 8.9.2021, 5 AZR 149/21; BAG v. 13.12.2023, 5 AZR 137/23) grundlegend infrage gestellt worden. Daher sollte davon Abstand genommen werden, formelhaft einen bestimmten Grad an Beweiswert der AU-Bescheinigung zuzumessen. Vielmehr bemisst sich der Beweiswert einer derartigen Bescheinigung und damit die Anforderungen an ihre Erschütterung auch nach den Umständen, unter denen die AU-Bescheinigung ausgestellt wurde. Zum anderen lassen die Regelungen zur elektronischen AU-Bescheinigung keine grundlegend neue Weichenstellung erkennen. Mit der Neuregelung drückt der Gesetzgeber zwar die Erwartung aus, dass sich i.d.R. durch die elektronische AU-Feststellung das Massenphänomen „krankheitsbedingte Arbeitsunfähigkeit" im Entgeltfortzahlungsrecht befriedigend lösen lässt. Der Umstand allerdings, dass auch in diesen Fällen der Arbeitnehmer eine AU-Bescheinigung in Papierform erhalten soll, um bei einem Streit über die Entgeltfortzahlung im Krankheitsfall seinen Darlegungs- und Nachweispflichten nachzukommen, zeigt jedoch, dass auch mit der elektronischen AU-Feststellung im Hinblick auf den Beweiswert keine grundlegende Neuorientierung vorgenommen wird. Auch nach der Neuregelung hängt es davon ab, welche Umstände der Arbeitgeber vorzutragen vermag, die eine durch einen Arzt bescheinigte AU-Feststellung zweifelhaft erscheinen lassen. Dies ist im Einzelfall zu würdigen, ohne dass durch einen Hinweis auf einen besonders hohen Beweiswert der AU-Feststellung der von Seiten des Arbeitgebers vorgetragene Sachverhalt letztlich unberücksichtigt bleiben darf. Unabhängig davon, ob die AU-Feststellung digital oder in Papierform vorliegt, ist sie geeignet, im Regelfall Rechtssicherheit herzustellen (ausführlich hierzu: Ricken, RdA 2022, 235). Eine zu Beginn der Erkrankung rund zehnstündige Bahnfahrt eines Chefarztes zum Familienwohnsitz, um dort die Hausärztin aufzusuchen, lässt – jedenfalls ohne Hinzutreten weiterer Umstände – die attestierte Arbeitsunfähigkeit nicht fragwürdig erscheinen (LAG Mecklenburg-Vorpommern v. 13.7.2023, 5 Sa 1/23). Die in unmittelbarem Zusammenhang mit der Eigenkündigung während der gesamten Kündigungsfrist erfolgten Krankschreibungen weisen die Arbeitsunfähigkeit hingegen nicht ausreichend nach (LAG Schleswig-Holstein v. 8.11.2021, 5 AZR 149/21).

Besteht zwischen der in Kenntnis einer – gegebenenfalls noch bevorstehenden – Kündigung bescheinigten Arbeitsunfähigkeit und der Kündigungsfrist **zeitliche Koinzidenz**, ist dies auffallend und ungewöhnlich und damit im Regelfall geeignet, den Beweiswert entsprechender Arbeitsunfähigkeitsbescheinigungen zu erschüttern. Wenn der Arbeitnehmer zu einem Zeitpunkt, zu dem aus seiner Sicht davon auszugehen ist, dass das Arbeitsverhältnis enden soll, arbeitsunfähig wird und bis zum Ablauf der Kündigungsfrist bleibt, ist von einer solchen zeitlichen Koinzidenz auszugehen. Ob die Kündigung zum Zeitpunkt der Krankschreibung bereits zugegangen ist, ist demgegenüber unerheblich, ebenso, ob die Kündigungsfrist durch eine oder mehrere Bescheinigungen abgedeckt wird (BAG v. 21.8.2024, 5 AZR 248/23).

Im Rechtsstreit über die Rückforderung vom Arbeitgeber gezahlter Entgeltfortzahlung im Krankheitsfall muss eine ärztliche Arbeitsunfähigkeitsbescheinigung durch vom Arbeitgeber darzulegende und ggf. zu beweisende Umstände in ihrem Beweiswert erschüttert werden, andernfalls widerlegt sie das behauptete Fehlen einer krankheitsbedingten Arbeitsunfähigkeit. Den Beweiswert der Arbeitsunfähigkeitsbescheinigung erschütternde Tatsachen können sich auch aus dem eigenen Sachvortrag des Arbeitnehmers selbst ergeben (LAG Köln v. 3.6.2025, 7 SLa 54/25). Darüber hinaus muss der Arbeitgeber den konkreten Vortrag des Arbeitnehmers zu den Umständen der Erkrankung und einer daraus resultierenden Arbeitsunfähigkeit ggf. durch erfolgreiche Beweisführung widerlegen. Erklärt sich der Arbeitnehmer indes nicht zu den konkreten gesundheitlichen Beeinträchtigungen und deren Auswirkungen auf seine Arbeitsfähigkeit, so gilt die Behauptung des Arbeitgebers, der Arbeitnehmer sei nicht infolge Krankheit arbeitsunfähig gewesen, und damit die Rechtsgrundlosigkeit der Entgeltfortzahlung als zugestanden (LAG Berlin-Brandenburg v. 5.7.2024, 12 Sa 1266/23).

d) Überprüfung der Arbeitsunfähigkeit

1964 Die Krankenkasse ist verpflichtet, eine Begutachtung der Arbeitsunfähigkeit durch den Medizinischen Dienst einzuleiten, wenn dies zur Sicherung des Behandlungserfolges, insbesondere zur Einleitung von Maßnahmen zur Wiederherstellung der Arbeitsfähigkeit, angezeigt ist. Diese Verpflichtung gilt auch dann, wenn der Arbeitgeber dies unter Darlegung von Zweifeln an der Arbeitsunfähigkeit verlangt. Von einer Einschaltung des **Medizinischen Dienstes** kann die Krankenkasse absehen, wenn sich die Antwort aus den bei der Krankenkasse vorliegenden ärztlichen Unterlagen ergibt.

Die Krankenkasse teilt dem Arbeitgeber das Ergebnis der Begutachtung über die Arbeitsunfähigkeit mit, wenn dieses mit der Bescheinigung des behandelnden Arztes im Ergebnis nicht übereinstimmt.

Kommt der Arbeitnehmer der Aufforderung zur Begutachtung durch den Medizinischen Dienst der Krankenversicherung nicht nach, hat die Krankenkasse dies dem Arbeitgeber mitzuteilen. Der Arbeitgeber hat dann die Möglichkeit, wegen begründeter Zweifel an der ärztlichen Arbeitsunfähigkeitsbescheinigung die Entgeltfortzahlung zu verweigern.

e) Arbeitsunfähigkeit im Ausland

1965 Arbeitnehmer, die im Ausland erkranken, haben auch einen Entgeltfortzahlungsanspruch und gleichzeitig die Verpflichtung, die Arbeitsunfähigkeit, die voraussichtliche Dauer und die Adresse am Aufenthaltsort unverzüglich (z.B. Telefon, E-Mail etc.) mitzuteilen. Es gelten also dem Grunde nach, **die gleichen Pflichten wie bei einer Arbeitsunfähigkeit im Inland**. Dies gilt entsprechend für eine Verlängerung der bestehenden Arbeitsunfähigkeit. Außerdem sind Arbeitnehmer verpflichtet, ihre Krankenkasse über die Arbeitsunfähigkeit zu unterrichten.

Versäumt es ein Arbeitnehmer bei der Mitteilung einer Arbeitsunfähigkeit, die Adresse des Aufenthaltsortes mitzuteilen, entfällt der Anspruch auf Entgeltfortzahlung nicht. Zwar ist der Arbeitnehmer nach dem EFZG dazu verpflichtet, jedoch kann der Arbeitgeber bei einem Versäumnis die Entgeltfortzahlung nicht vollständig verweigern, sondern nur so lange verzögern, bis der Arbeitnehmer seiner Verpflichtung nachgekommen ist; bei telefonischer Mitteilung aus dem Ausland muss der Arbeitgeber nach der Urlaubsanschrift selbst fragen (BAG v. 19.2.1997, 5 AZR 83/96).

Hält sich der Arbeitnehmer bei Beginn der Arbeitsunfähigkeit in einem Land auf, mit dem ein Sozialversicherungsabkommen besteht (z.B. EU, Türkei), reicht es aus, wenn der Arbeitnehmer die zwischenstaatlichen Regelungen beachtet. Das bedeutet, der Arbeitnehmer schaltet den ausländischen Sozialversicherungsträger ein, der die deutsche Krankenkasse unterrichtet. Der Arbeitgeber erhält dann von der Krankenkasse eine schriftliche Mitteilung über die dort nachgewiesene Arbeitsunfähigkeit. Besteht dagegen kein Sozialversicherungsabkommen, hat der Arbeitnehmer dem Arbeitgeber unverzüglich eine Bescheinigung über den Eintritt der Arbeitsunfähigkeit und deren voraussichtliche Dauer zu übermitteln. Die Bescheinigung muss jedoch erkennen lassen, dass der ausländische Arzt zwischen einer bloßen Erkrankung und einer mit Arbeitsunfähigkeit verbundenen Krankheit unterschieden hat. Im deutschen Arbeits- und Sozialrecht haben diese Begriffe eine besondere Bedeutung. Aus diesem Grunde muss die Bescheinigung erkennen lassen, dass dem Arzt diese Unterscheidung bekannt ist und die Bescheinigung in dieser Kenntnis ausgestellt wurde.

Im Übrigen gilt für ein **Auslandsattest aus dem Bereich der Europäischen Union** nach einer Entscheidung des EuGH im Paletta-Fall (EuGH v. 2.5.1996, C-206/94), dass dessen Beweiswert gegenüber einem Inlandsattest gesteigert ist: Bei berechtigten Zweifeln des Arbeitgebers an der Arbeitsunfähigkeit verlagert sich die Beweislast für die Arbeitsunfähigkeit nicht auf den Arbeitnehmer; vielmehr muss der **Arbeitgeber den Nachweis** einer tatsächlich nicht gegebenen Arbeitsunfähigkeit erbringen.

f) Arbeitsfähigkeitsbescheinigung

In der betrieblichen Praxis tritt nicht selten die Fallgestaltung auf, 1966
dass der Arbeitnehmer zu seinen Gunsten dem Arbeitgeber eine **Arbeitsfähigkeit** anzeigt, die der Arbeitgeber bezweifelt. Dies ist beispielsweise und insbesondere dann der Fall, wenn sich der Arbeitgeber in Annahmeverzug i.S.v. § 615 BGB befindet und trotz Nichtleistung der Arbeit durch den Arbeitnehmer an sich die Arbeitsvergütung zahlen muss, jedoch wegen Arbeitsunfähigkeit des Arbeitnehmers über den Entgeltfortzahlungszeitraum von sechs Wochen hinaus von der Zahlungspflicht befreit wäre. Bei derartigen Fallgestaltungen beruft sich nicht selten der Arbeitnehmer darauf, er sei gar nicht (mehr) arbeitsunfähig, sondern arbeitsfähig gemäß ärztlicher Bescheinigung, so dass es im Hinblick auf die Zahlungspflicht des Arbeitgebers zu einem **Streit über Arbeitsfähigkeit oder Arbeitsunfähigkeit** kommt. Insoweit wendet das BAG (BAG v. 11.10.2006, 5 AZR 755/05) auf die ärztliche Arbeitsfähigkeitsbescheinigung die Grundsätze zur ärztlichen Arbeitsunfähigkeitsbescheinigung an:

- **Erste Stufe**: Der Arbeitnehmer kann durch den Arztbesuch seine ärztliche festgestellte Arbeitsfähigkeit nachweisen.
- **Zweite Stufe**: Der Arbeitgeber muss daraufhin begründete Zweifel an der Richtigkeit der ärztlichen Arbeitsfähigkeitsfeststellung aufzeigen, um den Beweiswert der Bescheinigung zu erschüttern.
- **Dritte Stufe**: Gelingt ihm dies, muss der Arbeitnehmer die Erschütterung des Beweiswertes widerlegen. Er ist insoweit auskunftspflichtig und wird den Arzt von der ärztlichen Schweigepflicht entbinden müssen, so dass der Arbeitgeber eine genauere ärztliche Auskunft erlangen kann.
- **Vierte Stufe**: Bei Nicht-Erweislichkeit der Arbeitsunfähigkeit nach ärztlicher Auskunftserteilung wird allerdings von der Beweislast des Arbeitgebers und damit von der bescheinigten Arbeitsfähigkeit des Arbeitnehmers auszugehen sein.

7. Ende der Entgeltfortzahlung/Anlasskündigung

Endet ein Arbeitsverhältnis nach Beginn der Arbeitsunfähigkeit, 1967
endet grundsätzlich auch die Entgeltfortzahlung. Wird dagegen das Arbeitsverhältnis aus Anlass der Arbeitsunfähigkeit wirksam gekündigt, bleibt der Anspruch auf Entgeltfortzahlung bestehen. Das Gleiche gilt, wenn der Arbeitnehmer das Arbeitsverhältnis aus einem vom Arbeitgeber zu vertretenden Grunde kündigt, der den Arbeitnehmer zur Kündigung aus wichtigem Grund ohne Einhaltung einer Kündigungsfrist berechtigt. Endet das Arbeitsverhältnis durch Zeitablauf (befristete Beschäftigung) nach Beginn der Arbeitsunfähigkeit, endet der Anspruch auf Entgeltfortzahlung mit dem Ende des Arbeitsverhältnisses (vgl. § 8 EFZG), → Rz. 1917.

Eine **Kündigung aus Anlass der Arbeitsunfähigkeit** liegt dann vor, wenn die Arbeitsunfähigkeit den entscheidenden Anstoß für die Kündigung gegeben hat, d.h. die Arbeitsunfähigkeit muss innerhalb der Ursachenkette ein entscheidend mitbestimmender Faktor für den Kündigungsausspruch sein (BAG v. 22.12.1971, 1 AZR 180/71). Der Begriff „aus Anlass“ wird weit ausgelegt. Es genügt, wenn die Kündigung ihre objektive Ursache und wesentliche Bedingung in der Arbeitsunfähigkeit des Arbeitnehmers hat und den entscheidenden Anstoß für den Kündigungsentschluss gegeben hat (LAG Rheinland-Pfalz v. 22.7.2021, 5 Sa 93/21).

Die **Darlegungs- und Beweislast** dafür trifft im Streitfall den **Arbeitnehmer**. Fallen jedoch Kündigung und Beginn der Arbeitsunfähigkeit oder deren Verlängerung zeitlich zusammen, so spricht der Beweis des ersten Anscheins – widerlegbar – dafür, dass die Arbeitsunfähigkeit oder deren Fortdauer Anlass der Kündigung war (BAG v. 20.8.1980, 5 AZR 218/78). Diesen Anscheinsbeweis kann der Arbeitgeber nur dadurch erschüttern, dass er Tatsachen vorträgt und gegebenenfalls beweist, aus denen sich ergibt, dass andere Gründe seinen Kündigungsentschluss bestimmt haben (LAG Rheinland-Pfalz v. 22.7.2021, 5 Sa 93/21). Wird das Arbeitsverhältnis vor Beginn der Arbeitsunfähigkeit gekündigt, liegt keine Anlasskündigung vor. Erhebt der Arbeitnehmer zulässig Kündigungsschutzklage, so ist für die soziale Rechtfertigung der Kündigung der Arbeitgeber beweispflichtig.

8. Teilnahme an medizinischen Rehabilitationsmaßnahmen (Kuren)

1968 Die Vorschriften über den Anspruch auf Entgeltfortzahlung (§ 3 EFZG), die Höhe des fortzuzahlenden Arbeitsentgelts (§ 4 EFZG), den Forderungsübergang (§ 6 EFZG), das Leistungsverweigerungsrecht des Arbeitgebers (§ 7 EFZG) sowie die Beendigung des Arbeitsverhältnisses (§ 8 EFZG) gelten entsprechend für die Arbeitsverhinderung infolge einer Maßnahme der medizinischen Vorsorge oder Rehabilitation, die ein Träger der gesetzlichen Renten-, Kranken- oder Unfallversicherung, die Kriegsopferversorgung oder ein sonstiger Sozialleistungsträger bewilligt hat und die in einer entsprechenden Einrichtung stationär durchgeführt wird (§ 9 Abs. 1 Satz 1 EFZG). Durch die Vorschrift wird ein Anspruch auf Entgeltfortzahlung auch bei solchen Kuren eingeräumt, während deren Dauer zwar keine Arbeitsunfähigkeit im krankenversicherungsrechtlichen Sinne vorliegt, die jedoch medizinisch notwendig sind (vgl. BAG v. 29.11.1973, 5 AZR 205/73).

Das BAG hat mit Urteil v. 25.5.2016, 10 AZR 298/15, entschieden, dass bei einer reinen Erholungskur, die lediglich der Vorbeugung gegen **allgemeine Verschleißerscheinungen** oder der Verbesserung des Allgemeinbefindens dient, kein Anspruch auf Entgeltfortzahlung gegeben ist. Auch setzt der Anspruch auf Entgeltfortzahlung während einer Kur voraus, dass die Behandlung **in einer Einrichtung der medizinischen Vorsorge oder Rehabilitation** i.S.d. § 107 Abs. 2 SGB V erfolgt. Entfallen ist lediglich das Erfordernis, in der Einrichtung auch untergebracht und verpflegt zu werden.

Ist der Arbeitnehmer nicht Mitglied einer gesetzlichen Krankenkasse oder nicht in der gesetzlichen Rentenversicherung versichert, besteht der Entgeltfortzahlungsanspruch nur dann, wenn die Maßnahme der medizinischen Vorsorge oder Rehabilitation ärztlich verordnet worden ist und stationär in einer Einrichtung der medizinischen Vorsorge oder Rehabilitation oder einer vergleichbaren Einrichtung durchgeführt wird (§ 9 Abs. 1 Satz 2 EFZG).

Der Anspruch auf Entgeltfortzahlung besteht wie bei der Arbeitsunfähigkeit wegen Krankheit **mindestens sechs Wochen**. Dabei sind mögliche Vorerkrankungen bei der Anspruchsdauer mit zu berücksichtigen. Der Arbeitnehmer ist verpflichtet, dem Arbeitgeber den Zeitpunkt des Antritts der Maßnahme, die voraussichtliche Dauer und die Verlängerung der Maßnahme unverzüglich mitzuteilen. Hierzu hat er eine Bescheinigung über die Bewilligung der Maßnahme durch einen Sozialleistungsträger bzw. eine ärztliche Bescheinigung über die Erforderlichkeit der Maßnahme vorzulegen.

Erfolgt die Bewilligung einer Maßnahme der medizinischen Vorsorge und Rehabilitation wegen desselben Grundleidens, das vor oder nach der Arbeitsverhinderung wegen der Kur zu einer krankheitsbedingten Arbeitsunfähigkeit geführt hat, besteht ein Entgeltfortzahlungsanspruch innerhalb der Fristen des § 3 Abs. 1 EFZG nur für insgesamt sechs Wochen. Es gelten insoweit die für eine **Fortsetzungserkrankung** anwendbaren Grundsätze (BAG v. 10.9.2014, 10 AZR 651/12).

Schließt an eine Rehabilitationsmaßnahme eine ärztlich verordnete „Schonzeit" an, in der der Arbeitnehmer nicht arbeitsunfähig ist, besteht für diesen Zeitraum kein Entgeltfortzahlungsanspruch. Hier tritt i.d.R. der Leistungsträger mit Krankengeld oder Übergangsgeld ein.

9. Forderungsübergang bei Dritthaftung

1969 Ist der Arbeitnehmer von einem Dritten geschädigt worden und besteht dadurch Arbeitsunfähigkeit (z.B. durch einen Verkehrsunfall), hat er dennoch einen Anspruch auf Entgeltfortzahlung gegenüber seinem Arbeitgeber. Kann der Arbeitnehmer vom Schädiger Schadensersatz wegen Verdienstausfall beanspruchen, der ihm durch die Arbeitsunfähigkeit entstanden ist, so geht dieser Anspruch auf den Arbeitgeber über, soweit dieser das Entgelt fortgezahlt hat (einschließlich anteiliges Urlaubsentgelt, BGH v. 13.8.2013, VI ZR 389/12). Der Anspruch des Arbeitgebers erstreckt sich auch auf die darauf entfallenden vom Arbeitgeber zu tragenden Beiträge zur Bundesanstalt für Arbeit, Arbeitgeberanteile an Beiträgen zur Sozialversicherung sowie zu Einrichtungen der zusätzlichen Alters- und Hinterbliebenenversorgung. Zur Geltendmachung seiner Ansprüche hat der Arbeitnehmer dem Arbeitgeber unverzüglich die erforderlichen Angaben zu machen. Vereinbarungen zwischen dem Schädiger und dem geschädigten Arbeitnehmer in der Zeit zwischen dem Eintritt des schädigenden Ereignisses und dem Zeitpunkt des Forderungsübergangs können diesen beeinträchtigen. Verhindert der Arbeitnehmer schuldhaft den Forderungsübergang ganz oder teilweise, so ist der Arbeitgeber insoweit berechtigt, die Entgeltfortzahlung zu verweigern. Erhält der Arbeitgeber erst zu einem späteren Zeitpunkt von entsprechenden Vereinbarungen Kenntnis, so hat er gegen den Arbeitnehmer einen Anspruch aus ungerechtfertigter Bereicherung wegen des zu viel gezahlten Arbeitsentgelts.

Die **Höhe** der Forderung des Arbeitgebers gegen den Schädiger richtet sich im Übrigen nach der Höhe der an den Arbeitnehmer geleisteten Entgeltfortzahlung.

10. Leistungsverweigerungsrecht des Arbeitgebers

Der Arbeitgeber ist nach § 7 EFZG berechtigt, die Entgeltfortzah- 1970
lung zu verweigern, solange der Arbeitnehmer die ärztliche Bescheinigung nicht vorlegt oder bei einer Arbeitsunfähigkeit im Ausland der notwendigen Anzeigepflicht nicht nachkommt oder wenn der Arbeitnehmer den Übergang eines Schadensersatzanspruchs gegen einen Dritten auf den Arbeitgeber verhindert. Die Leistungsverweigerung ist bei der Nichtvorlage der Arbeitsunfähigkeitsbescheinigung grundsätzlich nicht endgültig, d.h., kommt der Arbeitnehmer seiner Verpflichtung nach, ist die Entgeltfortzahlung nachzuholen (BAG v. 23.1.1985, 5 AZR 592/82). Dagegen ist die Leistungsverweigerung endgültig, wenn der Übergang eines Schadensersatzanspruchs auf den Arbeitgeber verhindert wurde. Diese Leistungsverweigerung besteht nicht nur für die aktuelle Arbeitsunfähigkeit, sondern auch bei Folgeerkrankungen, die Folge derselben Schädigung sind und in denen der Arbeitgeber wegen der Verhinderung des Forderungsübergangs keinen Ersatz erhalten kann.

Ein Leistungsverweigerungsrecht bestand für den Arbeitgeber auch, solange der Arbeitnehmer seinen **Sozialversicherungsausweis** nicht nach § 100 SGB IV (i.d.F. v. 6.10.1989 gültig bis 31.12.2002) hinterlegte (BAG v. 14.6.1995, 5 AZR 143/94).

11. Ausgleich der Arbeitgeberaufwendungen

→ *Lohnausgleichskasse* Rz. 2840; → *Lohnfortzahlung: Erstat-* 1971
tungsverfahren für Arbeitgeber Rz. 2846

Entgeltmeldung

→ *Meldungen für Arbeitnehmer in der Sozialversicherung* Rz. 3099

Entgeltunterlagen

→ *Lohnkonto* Rz. 2863

Entlassungsabfindungen/Entlassungsentschädigungen

→ auch *Abfindungen* Rz. 1

Inhalt

1. Arbeitsrecht

a) Allgemeines

Dem Arbeitnehmer steht bei Beendigung des Arbeitsverhältnisses 1972
nicht automatisch ein Anspruch auf Zahlung einer Entlassungsabfindung oder -entschädigung zu. Ein solcher Abfindungsanspruch ergibt sich dem Grund und der Höhe nach vielmehr **nur auf besonderer Grundlage**, nämlich bei einem gerichtlichen Auflösungsurteil, bei einem gerichtlichen oder außergerichtlichen Ver-

gleich mit Abfindungsregelung, bei sonstiger entsprechender Vereinbarung, z.B. in einem Aufhebungsvertrag, bei einer tariflichen Abfindungsregelung oder bei einem Sozialplan oder sonstiger Grundlage in einer Betriebsvereinbarung, evtl. auch aus dem Gleichbehandlungsgrundsatz (ausführliche Darstellung B+P 1996, 401 und B+P 1997, 115, Darstellung in Leitsätzen B+P 2010, 303).

Gesetzlich geregelte Abfindungen gibt es im öffentlichen Dienst. Sie werden dort i.d.R. Übergangsgelder oder Übergangsbeihilfen genannt (→ *Übergangsgelder/Übergangsbeihilfen* Rz. 4154).

Mit der Vorschrift des **§ 1a KSchG** hat der Gesetzgeber eine **gesetzliche Abfindungsregelung** in das Kündigungsschutzgesetz eingefügt mit dem Ziel, hierdurch für betriebsbedingte Kündigungen mehr Rechtssicherheit und Abwicklungsklarheit zu schaffen. Die Regelung ist wie folgt konstruiert:

- Der Arbeitgeber muss eine Kündigung aus **betriebsbedingten** Gründen nach § 1 Abs. 2 Satz 1 KSchG aussprechen. Bei einer verhaltensbedingten oder personenbedingten Kündigung greift diese gesetzliche Abfindungsregelung nicht.
- Der Arbeitgeber muss in der Kündigungserklärung darauf **hinweisen**, dass die Kündigung wegen dringender **betrieblicher** Erfordernisse nach § 1 Abs. 2 Satz 1 KSchG ausgesprochen wird.
- Der Arbeitgeber muss weiterhin in der Kündigungserklärung zu dem darauf **hinweisen**, dass der Arbeitnehmer bei Verstreichenlassen der Klagefrist die **Abfindung** beanspruchen kann.
- Die **Höhe** der Abfindung beträgt 0,5 Monatsverdienste für jedes Jahr des Bestehens des Arbeitsverhältnisses; ein Zeitraum von mehr als sechs Monaten ist auf ein volles Jahr **aufzurunden**.
- Ein höheres oder niedrigeres Abfindungsangebot des Arbeitgebers löst den gesetzlichen Abfindungsanspruch nicht aus, kann und wird aber zu einem vertraglichen Anspruch des Arbeitnehmers führen: Ein höheres oder niedrigeres Abfindungsangebot im Kündigungsschreiben steht der Auslegung als **eigenständiges**, von den Voraussetzungen des § 1a KSchG unabhängiges **Abfindungsangebot** nicht entgegen, denn die Regelung des § 1a KSchG setzt keinen generell unabdingbaren Mindestanspruch bei Ausspruch betriebsbedingter Kündigungen fest. Will ein Arbeitgeber dem Arbeitnehmer mit Ausspruch der Kündigung ein Angebot auf Abschluss eines Beendigungsvertrags unterbreiten, ohne jedoch die gesetzliche Abfindung nach § 1a KSchG anbieten zu wollen, so ist er aus Gründen der Rechtssicherheit, Rechtsklarheit und Beweissicherung gehalten, dies in der schriftlichen Kündigungserklärung eindeutig und unmissverständlich zu formulieren, insbesondere welche Abfindung er unter welchen Voraussetzungen anbietet (BAG v. 10.7.2008, 2 AZR 209/07).
- Der **Monatsverdienst** ist nach § 10 Abs. 3 KSchG zu berechnen (Grundsatz: 1/12 des Jahresbruttoverdienstes).

Sind diese Voraussetzungen erfüllt, aber auch nur dann, hat der Arbeitnehmer Anspruch auf diese gesetzlich strukturierte Abfindung.

Der Arbeitgeber hat es also in der Hand, durch seine Erklärung den Abfindungsanspruch zunächst auszulösen. Sodann kann der Arbeitnehmer durch Nichterheben der Kündigungsschutzklage den Anspruch sichern oder aber mit einer Klage das Ziel verfolgen, den Arbeitsplatz zu behalten oder auch eine höhere Abfindung zu erstreiten. **Klagt der Arbeitnehmer**, kann er bei Unterliegen nicht etwa mehr auf den gesetzlichen Abfindungsanspruch als Auffangposition zurückgreifen: Der Abfindungsanspruch nach § 1a Abs. 1 KSchG entsteht nach dem Wortlaut der Norm nicht, wenn der Arbeitnehmer die Kündigung klageweise angreift; dies gilt auch für eine nach Ablauf der dreiwöchigen Klagefrist eingereichte (Kündigungsschutz-)Klage und einen Antrag des Arbeitnehmers auf nachträgliche Klagezulassung nach § 5 KSchG; auch durch eine **Rücknahme** des Antrags auf nachträgliche Klagezulassung und/oder die Rücknahme der Kündigungsschutzklage können die Voraussetzungen des § 1a Abs. 1 KSchG nicht mehr – nachträglich – erfüllt werden (BAG v. 13.12.2007, 2 AZR 971/06; BAG v. 20.8.2009, 2 AZR 267/08).

Gesetzlich geregelt sind zudem Fälle der Auflösung des Arbeitsverhältnisses gegen Zahlung einer Abfindung durch gerichtliches **Auflösungsurteil** gem. §§ 9, 10 KSchG. Der **Höchstbetrag** dieser gesetzlichen Abfindung beträgt zwölf Monatsverdienste, er kann auf 15 Monatsverdienste erhöht werden, wenn der Arbeitnehmer das 50. Lebensjahr vollendet und das Arbeitsverhältnis mindestens 15 Jahre bestanden hat; er kann auf 18 Monatsverdienste erhöht werden, wenn der Arbeitnehmer das 55. Lebensjahr vollendet hat und das Arbeitsverhältnis mindestens 20 Jahre bestand. Der Abfindungsanspruch ist als Masseverbindlichkeit zu bewerten und damit in voller Höhe vom insolventen Arbeitgeber zu erfüllen, wenn der Antrag auf Auflösung des Arbeitsverhältnisses erst vom Insolvenzverwalter rechtshängig gemacht wurde (BAG v. 14.3.2019, 6 AZR 4/18).

Abfindungen werden in der gerichtlichen Praxis häufig zur Vermeidung einer streitigen Entscheidung in einem **gerichtlichen Vergleich** vereinbart. Ein solcher gerichtlich protokollierter Vergleich stellt – im Gegensatz zu einem außergerichtlichen Vergleich oder einer sonstigen Abfindungsvereinbarung – eine Urkunde dar, mit der die Zwangsvollstreckung betrieben werden kann. Die gesetzlichen Höchstgrenzen für die gerichtlich festgesetzte Abfindung gelten für die vergleichsweise vereinbarte Abfindung nicht.

Abfindungen werden in der Praxis ebenfalls häufig zur Vermeidung einer gerichtlichen Auseinandersetzung in einem **Aufhebungsvertrag** vereinbart. Die gesetzlichen Abfindungsvoraussetzungen und die Höchstgrenzen gelten insoweit nicht. Die Zustimmung des Arbeitnehmers zur Beendigung des Arbeitsverhältnisses steht grds. im Gegenseitigkeitsverhältnis zu der Verpflichtung des Arbeitgebers zur Zahlung einer Abfindung. Zahlt der Arbeitgeber nicht, kann der Arbeitnehmer grds. gem. § 323 Abs. 1 BGB vom Aufhebungsvertrag **zurücktreten**. Der Rücktritt eines Arbeitnehmers von einem mit dem Arbeitgeber geschlossenen Aufhebungsvertrag wegen Nichtzahlung der vereinbarten Abfindung ist ausgeschlossen, wenn das Insolvenzgericht dem Arbeitgeber nach dem Eröffnungsantrag derartige Zahlungen gem. § 21 InsO untersagt hat (BAG v. 10.11.2011, 6 AZR 357/10). Ein Arbeitnehmer, der auf Basis eines Freiwilligenprogramms einen Aufhebungsvertrag mit Abfindungszahlung abschließt, hat hingegen grundsätzlich keinen Anspruch auf Anpassung seines Aufhebungsvertrags, wenn der Arbeitgeber später ein neues Freiwilligenprogramm mit verbesserten Konditionen ausrollt (LAG Köln v. 11.3.2025, 7 SLa 512/24, ArbRAktuell 2025, 254).

Vereinbaren Arbeitgeber und Arbeitnehmer eine Nettoabfindung, so liegt darin die Übernahme einer etwaigen Steuerschuld durch den Arbeitgeber, auch wenn der jeweilige Steuerfreibetrag überschritten ist (BAG v. 27.7.2010, 3 AZR 615/08). Umgekehrt bedeutet die Vereinbarung einer **Bruttoabfindung**, dass eine etwaige Steuerlast vom Arbeitnehmer zu tragen ist.

Bei Vereinbarung einer **Abfindung „brutto = netto"**, wie in der Praxis früher häufig anzutreffen, muss bei sich nachfolgend ergebender teilweiser Steuerpflicht im Einzelfall durch Auslegung ermittelt werden, wem bei dieser Formulierung die **Steuerlast** auferlegt werden sollte; der Arbeitgeber muss nicht in jedem Fall den Abfindungsbetrag netto auszahlen (LAG Bremen v. 22.1.1988, 4 Sa 94/87; LAG Hessen v. 7.12.1988, 10 Sa 1059/88).

Zwecks Vermeidung späterer Streitigkeiten sollte man sich von vornherein über die Höhe des **Steuerfreibetrags** vergewissern und eindeutig festlegen, wer die Steuern vom überschießenden Betrag zu tragen hat.

Für **Teilzeitkräfte** gilt grds. ein **anteiliger Abfindungsanspruch**: Bietet der Arbeitgeber Arbeitnehmern das freiwillige Ausscheiden aus dem Arbeitsverhältnis gegen Abfindungszahlung an, stellt es keine unzulässige Benachteiligung dar, wenn er Teilzeitbeschäftigten nur eine Abfindung nach dem Grundsatz „pro rata temporis" (**§ 4 Abs. 1 Satz 2 TzBfG**) zusagt (BAG v. 13.2.2007, 9 AZR 729/05; vgl. auch zu Stichtagsregelungen BAG v. 30.1.2024, 1 AZR 62/23).

Zur **Vererblichkeit** einer Abfindung bei Tod des Arbeitnehmers vor Beendigung des Arbeitsverhältnisses gilt:

Der Abfindungsanspruch nach § 1a KSchG entsteht erst mit Ablauf der Kündigungsfrist der zu Grunde liegenden betriebsbedingten Kündigung. Endet das Arbeitsverhältnis vorher durch Tod des Arbeitnehmers, ist der Anspruch deshalb **nicht vererblich** (BAG v. 10.5.2007, 2 AZR 45/06).

Eine zwischen Arbeitgeber und Arbeitnehmer **vereinbarte Abfindung** entsteht regelmäßig nur dann und ist damit nur **vererblich**, wenn der Arbeitnehmer das vertraglich vereinbarte Ende des Arbeitsverhältnisses erlebt, es sei denn, die Auslegung der Vereinbarung nach den Umständen ergebe etwas anderes (BAG v. 15.7.2004, 2 AZR 630/03; BAG v. 22.5.2003, 2 AZR 250/02; BAG v. 16.5.2000, 9 AZR 277/99).

Die Abfindung unterliegt nicht dem besonderen **Pfändungsschutz** für Arbeitsvergütungen gem. §§ 850 ff. ZPO. Einen gewissen Pfändungsschutz vermag der Arbeitnehmer nur auf einen gesonderten Antrag gem. § 850i ZPO zu erreichen. Ohne einen solchen Antrag ist die Abfindung bei Pfändung eines betreibenden Gläubigers in vollem Umfang von der Pfändung umfasst.

b) Sozialplanabfindung

1973 Eine **Sozialplanabfindung** ist nur dann **vererblich**, wenn der Anspruch zum Zeitpunkt des Todes des Arbeitnehmers bereits entstanden war. Haben die Betriebsparteien den Zeitpunkt der Entstehung des Abfindungsanspruchs nicht ausdrücklich geregelt, ist er durch Auslegung des Sozialplans zu ermitteln. Dabei ist im Fall einer Betriebsstilllegung insbesondere zu berücksichtigen, dass dem Arbeitnehmer regelmäßig keine wirtschaftlichen Nachteile entstehen, wenn er vor der betriebsbedingten Beendigung des Arbeitsverhältnisses stirbt (BAG v. 27.6.2006, 1 AZR 322/05).

Sieht ein **Sozialplan** vor, dass Arbeitnehmer erst ab dem 40. Lebensjahr die volle Abfindung erhalten, vom 30. bis zum 39. Lebensjahr dagegen nur 90 % und bis zum 29. Lebensjahr nur 80 %, stellt dies i.d.R. keine **Altersdiskriminierung jüngerer Arbeitnehmer** wegen unzulässiger Benachteiligung wegen ihres Lebensalters dar (BAG v. 12.4.2011, 1 AZR 764/09). Ebenso wenig liegt eine Altersdiskriminierung vor, wenn ein Sozialplan vorsieht, dass die Arbeitnehmer zusätzlich zu der sich nach der Dauer der Betriebszugehörigkeit und dem Arbeitsverdienst errechnenden Grundabfindung mit dem Erreichen des 45. und des 50. Lebensjahrs der Höhe nach gestaffelte Alterszuschläge erhalten; hierdurch werden jüngere Arbeitnehmer i.d.R. nicht unzulässig wegen ihres Lebensalters benachteiligt (BAG v. 12.4.2011, 1 AZR 743/09). Zu beachten ist § 10 Satz 3 Nr. 6 AGG, der eine besondere Rechtfertigung für die altersbezogene Differenzierung bei Sozialplanleistungen vorsieht. Nach dem Wortlaut sind Differenzierungen von Sozialplanleistungen möglich, wenn die Parteien eine nach Alter und Betriebszugehörigkeit gestaffelte Abfindungsregel geschaffen haben, in der die wesentlich vom Alter abhängenden Chancen auf dem Arbeitsmarkt durch eine verhältnismäßig starke Betonung des Lebensalters berücksichtigt worden sind, oder Beschäftigte von den Leistungen des Sozialplans ausgeschlossen haben, die wirtschaftlich abgesichert sind, weil sie, ggf. nach Bezug von Arbeitslosengeld rentenberechtigt sind. Mit dieser Regelung dürften allerdings keine über § 75 BetrVG – und die dazu ergangene Rechtsprechung – hinausgehenden Anforderungen kreiert worden sein (BAG v. 11.11.2008, 1 AZR 475/07). Die Regelung in einem Sozialplan, nach der Arbeitnehmer, welche eine abschlagsfreie Rente erhalten können, keine Sozialplanabfindung erhalten, stellt zwar eine unmittelbare Benachteiligung wegen des Alters i.S.v. § 3 Abs. 1 AGG dar, diese ist jedoch nach § 10 Satz 3 Nr. 6 i.V.m. § 10 Satz 2 AGG gerechtfertigt (LAG Mecklenburg-Vorpommern v. 8.12.2020, 2 Sa 152/20).

Umgekehrt liegt aber auch weder eine unmittelbare noch eine mittelbare **Behindertendiskriminierung** vor, wenn schwerbehinderte Arbeitnehmer die gleiche Sozialplanabfindung erhalten wie nicht behinderte Arbeitnehmer (BAG v. 23.4.2013, 1 AZR 916/11). Auch können in einem Sozialplan Arbeitnehmer von Abfindungsleistungen ausgeschlossen werden, die nach dem Bezug von Arbeitslosengeld I rentenberechtigt sind und zuvor die Fortsetzung des Arbeitsverhältnisses an einem anderen Unternehmensstandort abgelehnt haben (BAG v. 9.12.2014, 1 AZR 102/13). Allerdings benachteiligt eine an die Rentenberechtigung auf Grund der **Schwerbehinderung anknüpfende Pauschalierung** der Sozialplanabfindung schwerbehinderte Arbeitnehmer unmittelbar gegenüber nicht schwerbehinderten Arbeitnehmern, welche in gleicher Weise von dem sozialplanpflichtigen Arbeitsplatzverlust betroffen sind und eine höhere, nach ihren individuellen Betriebs- und Sozialdaten zu ermittelnde Sozialplanabfindung verlangen können (BAG v. 17.11.2015, 1 AZR 938/13).

Abfindungsregeln in einem Sozialplan, die für die Ausgleichspflicht betriebsänderungsbedingter Nachteile an einen Zeitpunkt anknüpfen, in dem die Art und Weise der durchzuführenden Betriebsänderung für die betroffenen Arbeitnehmer feststeht, sind zulässig. Die Betriebsparteien können daher Arbeitnehmer in gekündigten Arbeitsverhältnissen wirksam aus dem Geltungsbereich eines zeitgleich mit einem Interessenausgleich abgeschlossenen Sozialplans ausschließen. Ein Abfindungsanspruch des auf Grund einer zuvor ausgesprochenen Eigenkündigung ausscheidenden Arbeitnehmers folgt in einem solchen Fall auch nicht aus dem betriebsverfassungsrechtlichen Gleichbehandlungsgrundsatz des § 75 Abs. 1 BetrVG (LAG Hamburg v. 5.3.2024, 6 Sa 17/23). Beabsichtigt der Arbeitgeber, das Arbeitsverhältnis mit einem Betriebsratsmitglied unter Berufung auf verhaltensbedingte Gründe außerordentlich zu kündigen und schließen Arbeitgeber und Betriebsratsmitglied nach Einleitung eines Verfahrens zur Ersetzung der Zustimmung des Betriebsrats zu der Kündigung und nach vorausgegangenen Verhandlungen eine Vereinbarung über die Beendigung des Arbeitsverhältnisses gegen Zahlung einer Abfindung und gegebenenfalls andere Zuwendungen, so liegt darin regelmäßig keine nach § 78 Satz 2 BetrVG unzulässige Begünstigung des Betriebsratsmitglieds (BAG v. 21.3.2018, 7 AZR 590/16). Bei der Betrachtung kommt es auf die Höhe der Zuwendungen an das Betriebsratsmitglied nicht an.

Abfindungsansprüche aus einem durch Spruch der Einigungsstelle beschlossenen Sozialplan, der erfolglos gerichtlich angefochten wurde, werden zu dem im Sozialplan bestimmten Zeitpunkt und nicht erst mit Rechtskraft der Entscheidung in dem Beschlussverfahren über die Wirksamkeit des Einigungsstellenspruchs fällig. (BAG v. 28.1.2025, 1 AZR 73/24). Der Anrufung der Einigungsstelle hinsichtlich der Frage der Rechtmäßigkeit eines Spruchs kommt keine aufschiebende Wirkung zu (vgl. Richardi BetrVG/Maschmann, 17. Aufl. 2022, BetrVG § 76 Rn. 135).

2. Lohnsteuer

Entlassungsabfindungen oder -entschädigungen gehören grds. zum steuerpflichtigen Arbeitslohn, denn nach § 19 Abs. 1 EStG zählen zu den Einkünften aus nichtselbständiger Arbeit Gehälter, Löhne und andere Bezüge, die für eine Beschäftigung im öffentlichen oder privaten Dienst gewährt werden. Hierzu gehören auch Entschädigungen, die **1974**

- als Ersatz für entgangene oder entgehende Einnahmen oder
- für die Aufgabe oder Nichtausübung einer Tätigkeit

gewährt werden (§ 24 Nr. 1 EStG); → *Entschädigungen* Rz. 2001.

LSt

Aus sozialen Gründen wurden Entlassungsabfindungen oder -entschädigungen an Arbeitnehmer in der Vergangenheit allerdings nicht in voller Höhe der Besteuerung unterworfen. Unter bestimmten Bedingungen waren die Entlassungsabfindungen oder -entschädigungen in voller Höhe oder zumindest teilweise steuerfrei.

Nach Auslaufen der Übergangsregelung 2008 sind **Entlassungsabfindungen oder -entschädigungen in voller Höhe steuerpflichtig**. Dies gilt auch, wenn geringfügig Beschäftigte eine Abfindung für die Auflösung des Dienstverhältnisses erhalten (→ *Pauschalierung der Lohnsteuer bei geringfügig Beschäftigten* Rz. 3382).

Allerdings ist eine ermäßigte Besteuerung nach der **„Fünftelregelung“** möglich (→ *Entschädigungen* Rz. 2001).

LSt

In einer Vielzahl von Fällen kommt es vor, dass das tatsächliche Ausscheiden des Arbeitnehmers und die Zahlung der Entlassungsabfindung oder -entschädigung zeitlich auseinander fallen. Wird die Abfindung, z.B. auf Wunsch des Arbeitnehmers, erst **im Folgejahr des Ausscheidens aus dem Betrieb gezahlt**, so fließt die Abfindung dem Arbeitnehmer auch **erst im Folgejahr zu**; für die Anwendung der „Fünftelregelung“ ist dies unschädlich. Arbeitgeber und Arbeitnehmer können den Zeitpunkt des Zuflusses einer Abfindung oder eines Teilbetrags einer solchen beim Arbeitnehmer **in der Weise steuerwirksam gestalten**, dass sie deren **ursprünglich vorgesehene Fälligkeit** vor ihrem Eintritt **auf einen späteren Zeitpunkt verschieben** (BFH v. 11.11.2009, IX R 1/09, BStBl II 2010, 746).

Beispiel:

Ein Arbeitnehmer erhält von seinem Arbeitgeber anlässlich der Beendigung des Dienstverhältnisses eine Abfindung von 75 000 €, die nach dem Sozialplan mit Beendigung des Dienstverhältnisses am 30.9.2024 fällig wird. Auf Anraten seines Steuerberaters beantragt der Arbeitnehmer im September 2024 die Auszahlung auf den 6.1.2025 zu verschieben. Der Arbeitgeber ist damit einverstanden und zahlt die Abfindung erst am 6.1.2025 aus.

Die Abfindung fließt dem Arbeitnehmer erst am 6.1.2025 zu, weil Arbeitnehmer und Arbeitgeber die ursprünglich vorgesehene Fälligkeit vor ihrem Eintritt steuerwirksam auf einen späteren Zeitpunkt verschieben können (BFH v. 11.11.2009, IX R 1/09, BStBl II 2010, 746).

3. Sozialversicherung

1975 Entlassungsabfindungen werden sozialversicherungsrechtlich als **einmalige Einnahmen**, die zusätzlich zu Löhnen oder Gehältern gewährt werden, behandelt. Diese Einmalzahlungen werden grds. als beitragspflichtiges Arbeitsentgelt behandelt, soweit sie lohnsteuerpflichtig sind (→ *Einmalzahlungen* Rz. 1793).

SV

Abfindungen, die wegen Beendigung des Beschäftigungsverhältnisses als Entschädigung für den Wegfall **künftiger Verdienstmöglichkeiten** durch den Verlust des Arbeitsplatzes (z.B. nach §§ 9 und 10 KSchG) gezahlt werden, sind kein Arbeitsentgelt i.S. der Sozialversicherung und daher nicht beitragspflichtig in der Kranken-, Pflege-, Renten- und Arbeitslosenversicherung (BSG v. 21.2.1990, 12 RK 20/88).

SV (durchgestrichen)

Zahlungen zur **Abgeltung vertraglicher Ansprüche**, die der Arbeitnehmer bis zum Zeitpunkt der Beendigung der Beschäftigung erworben hat (z.B. Nachzahlungen von während der Beschäftigung erzieltem Arbeitsentgelt sowie Urlaubsabgeltungen), sind dagegen als Arbeitsentgelt dem beendeten Beschäftigungsverhältnis zuzuordnen (Gemeinsame Verlautbarungen der Spitzenverbände der Sozialversicherungsträger v. 2.7.1990). Die während der Freistellung bis zum Ende des Arbeitsverhältnisses gezahlte und abgerechnete Vergütung ist bei der Bemessung des Arbeitslosengeldes als Arbeitsentgelt einzubeziehen (BSG v. 30.8.2018, B 11 AL 15/17 R).

SV

Wird anlässlich eines arbeitsgerichtlichen Vergleichs die fristlose Kündigung in eine fristgerechte Kündigung umgewandelt und verzichtet der Arbeitnehmer für die Zeit bis zur fristgerechten Beendigung des Arbeitsverhältnisses auf Arbeitsentgelt und wird stattdessen „für den Verlust des Arbeitsplatzes" eine „Abfindung" vereinbart, die der Höhe nach in etwa dem bis zum Beendigungszeitpunkt an und für sich noch zustehenden Nettoarbeitsentgelt entspricht, so stellt die „Abfindung" eine **verdeckte Arbeitsentgeltzahlung** für die restliche Dauer des Arbeitsverhältnisses dar und unterliegt deshalb der Beitragspflicht (BSG v. 25.10.1990, 12 RK 40/89).

4. Auswirkungen auf das Arbeitslosengeld

a) Grundsatz

1976 Die Zahlung von Abfindungen kann sich auf den Anspruch auf Arbeitslosengeld (auch Teilarbeitslosengeld) auswirken. Die Anrechnung von Abfindungen richtet sich nach § 158 SGB III. Die Vorschrift regelt das Ruhen des Anspruchs auf Arbeitslosengeld bis zum Ablauf der ordentlichen Kündigungsfrist.

b) Einzelheiten der Regelungen

aa) Ruhen des Arbeitslosengeldes bis zum Ablauf der Kündigungsfrist

1977 Ist das Arbeitsverhältnis **ohne Einhaltung** der für den Arbeitgeber maßgebenden **ordentlichen Kündigungsfrist** beendet worden, so bestimmt § 158 Abs. 1 SGB III, dass der Anspruch des Arbeitnehmers auf Arbeitslosengeld (bzw. Teilarbeitslosengeld) vom Ende des Arbeitsverhältnisses bis zu dem Tag ruht, an dem es bei Einhaltung der ordentlichen Kündigungsfrist geendet hätte. Der Anspruch ruht daher **nicht**, wenn das Arbeitsverhältnis mit einer Frist beendet wurde, die der ordentlichen Kündigungsfrist des Arbeitgebers entspricht. Insoweit kommt es auf die in dem betreffenden Arbeitsverhältnis für den **Arbeitgeber geltende Kündigungsfrist** an, wie sie sich aus gesetzlichen Kündigungsvorschriften oder aus Tarifvertrag oder aus dem Einzelarbeitsvertrag ergibt. Zur Kündigungsfrist gehört auch die Beachtung des Endtermins (z.B. Monatsende oder Ende des Vierteljahrs). Der Anspruch ruht außerdem nicht, wenn das Arbeitsverhältnis von vornherein **befristet** war und durch Ablauf der Frist endet oder wenn der Arbeitgeber das Arbeitsverhältnis **aus wichtigem Grund** ohne Einhaltung einer Kündigungsfrist kündigen konnte.

Wird ein Arbeitsverhältnis beendet, bei dem eine ordentliche Kündigung durch den Arbeitgeber zeitlich **unbegrenzt** ausgeschlossen ist, gilt für das Ruhen des Anspruchs generell eine (fiktive) Kündigungsfrist von 18 Monaten (§ 158 Abs. 1 Satz 3 Nr. 1 SGB III). Kann einem unkündbaren Arbeitnehmer **nur bei Zahlung einer Abfindung** ordentlich gekündigt werden, gilt für das Ruhen des Anspruchs generell eine (fiktive) Kündigungsfrist von einem Jahr (§ 158 Abs. 1 Satz 4 SGB III).

Wird ein Arbeitsverhältnis beendet, bei dem eine ordentliche Kündigung durch den Arbeitgeber zeitlich **begrenzt** ausgeschlossen ist, gilt für das Ruhen des Anspruchs diejenige Kündigungsfrist, die der Arbeitgeber ohne den besonderen Kündigungsschutz (z.B. nach § 15 KSchG, § 17 MuSchG, § 168 SGB IX) einzuhalten hätte (§ 158 Abs. 1 Satz 3 Nr. 2 SGB III).

Beispiel:

Der Arbeitgeber kündigt das Arbeitsverhältnis eines schwer behinderten Menschen ohne Zustimmung des Integrationsamts am 15. August unter Beachtung der tarifvertraglichen ordentlichen Kündigungsfrist von sechs Wochen zum 30. September.

Obwohl die Kündigung bis zur Erteilung der Zustimmung durch das Integrationsamt zeitlich ausgeschlossen ist, ruht der Anspruch des Arbeitnehmers **nicht**, da der Arbeitgeber die Kündigungsfrist eingehalten hat, die für ihn – ohne zeitlich begrenzten Ausschluss der Kündigung – in Betracht käme.

Hinweis:

Durch das Ruhen des Anspruchs wird der Beginn der Zahlung von Arbeitslosengeld hinausgeschoben. **Die Anspruchsdauer wird hierdurch nicht gekürzt**. Sofern jedoch neben dem Ruhen des Anspruchs auf Arbeitslosengeld gem. § 158 SGB III auch der Eintritt einer Sperrzeit festgestellt wird, vermindert sich die Dauer des Anspruchs auf Arbeitslosengeld wegen der Sperrzeit. Solange der Anspruch auf Arbeitslosengeld ruht, besteht **kein Kranken- oder Pflegeversicherungsschutz**. Die Ruhenszeit kann allerdings vom Rentenversicherungsträger als beitragsfreie (Anrechnungs-)Zeit berücksichtigt werden. Die Agentur für Arbeit meldet dem Rentenversicherungsträger den Ruhenszeitraum, wenn der Arbeitslose während dieser Zeit sein Vermittlungsgesuch im Abstand von höchstens drei Monaten erneuert hat und den Vermittlungsbemühungen der Agentur für Arbeit auch zur Verfügung gestanden hat.

bb) Konsequenz nach § 158 Abs. 2 SGB III: Teilanrechnung der Abfindung

Nach § 158 Abs. 2 SGB III ruht der Anspruch auf Arbeitslosengeld nicht unbedingt für den gesamten Ruhenszeitraum, sondern längstens ein Jahr. Nach dieser Vorschrift wird zudem u.a. unwiderlegbar vermutet – i.S. einer praktikablen Handhabung mit pauschalierten Sätzen –, dass die Abfindung bei vorzeitiger Beendigung des Arbeitsverhältnisses auch einen Anteil enthält, der nicht als Arbeitsentgeltanspruch, sondern als Entschädigung für den Verlust des sozialen Besitzstandes anzusehen ist. Dieser Anteil mit dem Charakter einer echten Abfindung zur Abgeltung des sozialen Verlustes durch die Beendigung des Arbeitsverhältnisses wird **zunächst pauschal auf 40 %** der Abfindung festgesetzt. Dementsprechend ruht der Anspruch auf Arbeitslosengeld nicht über den Tag hinaus, bis zu dem der Arbeitslose einen Betrag i.H.v. 60 % der Entlassungsentschädigung als Arbeitsentgelt verdient hätte. Dieser Anteil verringert sich – wiederum pauschal um je 5 % – für je 5 Jahre **Betriebszugehörigkeit** und je 5 Lebensjahre nach Vollendung des 35. Lebensjahres und beträgt nicht weniger als 25 % der Entlassungsentschädigung. Der Anteil der Abfindung, **der berücksichtigt wird**, beträgt somit **mindestens 25 %** und **höchstens 60 %** des Bruttobetrages. 1978

Der **Anteil der Abfindung**, der nach der gesetzlichen Regelung als Anspruch auf Arbeitsentgelt behandelt wird und daher **zu berücksichtigen ist**, ergibt sich aus der **nachfolgenden Tabelle mit Beispielen**:

Betriebs- oder Unternehmenszugehörigkeit	Lebensalter am Ende des Arbeitsverhältnisses						
	unter 40 Jahre	ab 40 Jahre	ab 45 Jahre	ab 50 Jahre	ab 55 Jahre	ab 60 Jahre	ab 65 Jahre
	%	%	%	%	%	%	%
weniger als 5 Jahre	60	55	50	45	40	35	30
5 und mehr Jahre	55	50	45	40	35	30	25
10 und mehr Jahre	50	45	40	35	30	25	25
15 und mehr Jahre	45	40	35	30	25	25	25
20 und mehr Jahre	40	35	30	25	25	25	25
25 und mehr Jahre	35	30	25	25	25	25	25
30 und mehr Jahre		25	25	25	25	25	25
35 und mehr Jahre			25	25	25	25	25

Aus der Tabelle ergibt sich der **anzurechnende Anteil der Abfindung**, der für die Dauer des Ruhens des Arbeitsverhältnisses maßgeblich ist, soweit sich nicht **aus der ordentlichen Kündigungsfrist** im konkreten Einzelfall ein **günstigerer** Zeitraum ergibt.

Für die Höhe der Abfindung ist der **Bruttobetrag** maßgebend. Einbezogen werden auch die erst **später fälligen** Leistungen. Übernimmt der Arbeitgeber zusätzlich zur Abfindung die hierauf entfallende Lohnsteuer, ist der Gesamtbetrag der Leistung um diesen Betrag zu erhöhen. Beiträge, die der Arbeitgeber für seinen Arbeitnehmer, dessen Arbeitsverhältnis frühestens mit Vollendung des 55. Lebensjahrs beendet wird, unmittelbar für dessen Rentenversicherung aufwendet, um Rentenminderungen durch eine vorzeitige Inanspruchnahme einer Altersrente ganz oder teilweise auszugleichen (§ 187a Abs. 1 SGB VI), werden **nicht** als Abfindung berücksichtigt.

Hinweis:

Der Ruhenszeitraum beginnt am Kalendertag nach dem letzten Tag des Arbeitsverhältnisses. Der Anspruch auf Arbeitslosengeld ruht **längstens** für die Dauer **eines Jahrs**.

Beispiel 1:

Das Arbeitsverhältnis eines 58-jährigen Arbeitnehmers mit einer Betriebszugehörigkeit von 15 Jahren wird wegen einer vermeintlichen schweren Verfehlung am 31. Mai fristlos gekündigt. Das Brutto-Monatsgehalt des Arbeitnehmers betrug 3 000 €.

Die reguläre Kündigungsfrist hätte bei dieser Sachlage sechs Monate zum Monatsende betragen (§ 622 Abs. 2 Nr. 6 BGB), hätte also zu einer Beendigung des Arbeitsverhältnisses zum 30. November geführt.

Die Arbeitsvertragsparteien einigen sich nach einer Auseinandersetzung über die Kündigungsgründe durch einen Aufhebungsvertrag einvernehmlich auf eine Beendigung des Arbeitsverhältnisses am 31. Mai gegen eine Brutto-Abfindung i.H.v. 12 000 €.

Bei dieser Sachlage ergibt sich aus der Tabelle eine anrechenbare Abfindung mit 25 % von 12 000 €, d.h. ein Betrag von 3 000 €. Das kalendertägliche Arbeitsentgelt des Arbeitnehmers beträgt demgegenüber (3 000 € : 30 =) 100 €.

Teilt man nun die anrechenbare Abfindung von 3 000 € durch das kalendertägliche Entgelt von 100 €, so ergibt sich ein Ruhenszeitraum nach § 158 SGB III von 30 Kalendertagen. Der Arbeitnehmer hat nach Ablauf des Ruhenszeitraums Anspruch auf Arbeitslosengeld.

Beispiel 2:

Ist im vorstehenden Beispielsfall der Arbeitnehmer erst vier Jahre beschäftigt und erst 35 Jahre alt und beträgt die Abfindung gem. Aufhebungsvertrag 24 000 €, so ergibt sich folgende Berechnung:

Der anrechenbare Anteil der Abfindung beträgt gem. Tabelle 60 %, d.h. 14 400 €. Aus dem kalendertäglichen Entgelt von 100 € ergibt sich insoweit ein Ruhenszeitraum von 144 Kalendertagen (14 400 € : 100 €).

Da dieser Ruhenszeitraum aber über die für den Arbeitgeber maßgebliche ordentliche Kündigungsfrist zum 30. Juni hinausginge (die Kündigungsfrist beträgt nach § 622 Abs. 2 Nr. 1 BGB einen Monat zum Ende eines Kalendermonats), endet der Ruhenszeitraum nach § 158 SGB III bereits mit dem 30. Juni. Anspruch auf Arbeitslosengeld besteht folglich ab 1. Juli.

Entlastungsbetrag für Alleinerziehende

Inhalt

1. Allgemeines

Das BMF hat sein Anwendungsschreiben zum Entlastungsbetrag für Alleinerziehende mit Schreiben vom 23.11.2022 aktualisiert und neu herausgegeben (BMF v. 23.11.2022, IV C 8 – S 2265-a/22/10001 :001, BStBl I 2022, 1634). Anzuwenden ist dieses Schreiben in allen noch offenen Fällen. Das BMF-Schreiben zum Entlastungsbetrag für Alleinerziehende v. 23.10.2017, IV C 8 – S 2265-a/14/10005, BStBl I 2017, 1432, und in Bezug auf die Änderungen durch das Zweite Corona-Steuerhilfegesetz vom 29.6.2020, BGBl. I 2020, 1512, und das Jahressteuergesetz 2020 v. 21.12.2020, BGBl. I 2020, 3096, sind ab sofort nicht mehr anzuwenden. **1979**

Hervorzuheben sind **Neuerungen als Voraussetzungen** für die Anwendung des (neuen) Entlastungsbetrags für Alleinerziehende:

- alleinstehend kann künftig auch sein, wer z.B. *im Veranlagungszeitraum eine Ehe/Lebenspartnerschaft schließt (siehe Tz. 25b),*
- trennen sich Ehegatten bzw. Lebenspartner im Veranlagungszeitraum, ist eine zeitanteilige Inanspruchnahme des Entlastungsbetrages möglich. Insoweit müssen auch die übrigen Voraussetzungen des § 24b EStG erfüllt sein. Und im Falle des dauernden Getrenntlebens kann der Entlastungsbetrag zeitanteilig ab dem Monat der Trennung der Ehegatten/Lebenspartner beansprucht werden,
- soweit die Voraussetzungen für die Gewährung eines Entlastungsbetrags vorliegen, kann dieser künftig auch anteilig **als Freibetrag im Lohnsteuerabzugsverfahren** gebildet werden,
- auch im Jahr der Eheschließung/Verpartnerung kann der Steuerpflichtige den Entlastungsbetrag für Alleinerziehende zeitanteilig in Anspruch nehmen, sofern die übrigen Voraussetzungen dafür vorliegen (BMF v. 23.11.2022, IV C 8 – S 2265-a/22/10001 :001, BStBl I 2022, 1634, Tz. 6 und 25 – 25c).

Mit dem Jahressteuergesetz 2024 v. 2.12.2024, BGBl. I 2024, Nr. 387, wurde in § 39a Abs. 1 Satz 1 Nr. 9 EStG eine Regelung in das EStG aufgenommen, nach der der anteilige Entlastungsbetrag für Alleinerziehende auch bei getrennten Ehegatten/Lebenspartnern im Veranlagungszeitraum der Trennung als Freibetrag **im Lohnsteuerabzugsverfahren** in Fortführung der bisherigen Verwaltungspraxis (BMF v. 23.11.2022, IV C 8 – S 2265-a/22/10001 :001, BStBl I 2022, 1634) geltend gemacht werden kann.

Alleinstehende Steuerpflichtige können auf Grund der Änderungen durch das JStG 2022 einen Entlastungsbetrag i.H.v. 4 260 € abziehen, und für das zweite und jedes weitere zu berücksichtigende Kind steigt der Entlastungsbetrag pro Kind um 240 € jährlich, sog. Erhöhungsbetrag.

Alleinerziehenden steht aus verfassungsrechtlichen Gründen weder das Ehegatten-Splitting noch ein Familien-Splitting zu. Auch der nach Wegfall der Voraussetzungen des Witwensplittings i.S.d. § 32a Abs. 6 Satz 1 Nr. 1 EStG erfolgende Ausschluss verwitweter Alleinerziehender aus dem Anwendungsbereich des Splittingverfahrens verstößt weder gegen den

Gleichheitsgrundsatz noch gegen den Schutz von Ehe und Familie (BFH v. 29.9.2016, III R 62/13, BStBl II 2017, 259 und BFH v. 17.1.2017, III B 20/16). Beim BFH war hierzu noch ein Revisionsverfahren zur Frage anhängig, ob die Versagung des Splittingtarifs für **verwitwete Alleinerziehende** gegen Verfassungsrecht verstößt. Das Sächsische Finanzgericht hat diese Frage verneint (FG Sachsen v. 9.11.2020, 1 K 1869/18, EFG 2021, 463). Im Revisionsverfahren hat der BFH mit Urteil v. 18.6.2024, VIII R 32/20, BStBl II 2025, 168 die Auffassung des FG Sachsen bestätigt. Der BFH ist nicht der Überzeugung, dass die Versagung des Splittingtarifs für verwitwete Alleinerziehende sowie die gesamte Familienbesteuerung verfassungswidrig sind (Anschluss an die Rechtsprechung des III. BFH-Senats). Eine Entscheidung des BVerfG gemäß Art. 100 Abs. 1 Satz 1 GG war daher nicht einzuholen.

Als Ausgleich für den Wegfall des Haushaltsfreibetrags nach § 32 Abs. 7 EStG a.F. seit 2004, der im Lohnsteuerverfahren der Steuerklasse II entsprach, können „echte" Alleinerziehende einen sog. Entlastungsbetrag für Alleinerziehende nach § 24b EStG von 4 260 € im Kalenderjahr von der Summe der Einkünfte abziehen; beim Lohnsteuerabzug wird er durch die Steuerklasse II berücksichtigt. Seit 2015 (auf Grund des Gesetzes zur Anhebung des Grundfreibetrags, des Kinderfreibetrags, des Kindergeldes und des Kinderzuschlags v. 16.7.2015, BStBl I 2015, 566) erhöht sich der Entlastungsbetrag jährlich um 240 € für das zweite und jedes weitere Kind.

Ziel des Entlastungsbetrags ist es, die höheren Kosten für die eigene Lebens- bzw. Haushaltsführung der Alleinerziehenden abzugelten, die einen gemeinsamen Haushalt nur mit ihren Kindern und keiner anderen erwachsenen Person führen, die tatsächlich oder finanziell zum Haushalt beiträgt. Die Gewährung des Entlastungsbetrags für Alleinerziehende steht nicht im Zusammenhang mit der Erfüllung von Unterhaltspflichten; daraus, dass der andere Elternteil seiner Barunterhaltsverpflichtung nicht nachkommt, kann daher kein Anspruch auf einen höheren Entlastungsbetrag für Alleinerziehende abgeleitet werden (BFH v. 17.9.2015, III R 36/14, HFR 2016, 457).

Voraussetzung für die Berücksichtigung ist die **Identifizierung** des Kindes. Dies erfolgt durch die an dieses Kind vergebene **Identifikationsnummer** (§ 139b AO).

Die Finanzverwaltung hat zur Anwendung des § 24b EStG ein Anwendungsschreiben herausgegeben (BMF v. 23.11.2022, IV C 8 -a/22/10001 :001, BStBl I 2022, 1634).

2. Allgemeine Voraussetzungen

a) Alleinstehende

1980 Der Entlastungsbetrag für Alleinerziehende wird gem. § 24b Abs. 1 Satz 1 EStG Stpfl. gewährt, die **alleinstehend** sind und zu deren Haushalt mindestens ein **Kind** gehört, für das ihnen ein Freibetrag nach § 32 Abs. 6 EStG oder Kindergeld zusteht (→ *Kindergeld/Freibeträge für Kinder* Rz. 2672; → *Asylbewerber, Flüchtlinge* Rz. 846).

Als **Alleinstehende** gelten nach § 24b Abs. 3 Satz 1 EStG Personen, die

- **nicht** die Voraussetzungen für die Anwendung des **Splittingverfahrens** (→ Rz. 1981) erfüllen oder **verwitwet** sind (→ Rz. 1982)
- und **keine Haushaltsgemeinschaft mit einer anderen volljährigen Person** bilden, ausgenommen unter bestimmten Voraussetzungen eigene volljährige Kinder und pflegebedürftige Personen (→ Rz. 1992). Eine Haushaltsgemeinschaft mit einem minderjährigen Kind ist stets unschädlich.

b) Kein Splittingverfahren

1981 Als alleinstehend sind grds. nur Stpfl. anspruchsberechtigt, die nicht die Voraussetzungen für die Anwendung des Splitting-Verfahrens erfüllen (vgl. BFH v. 19.10.2006, III R 4/05, BStBl II 2007, 637). Denn bei Verheirateten kommt im Regelfall eine **Zusammenveranlagung** mit der Anwendung des günstigen Splittingtarifs (= Steuerklasse III) in Betracht – der Entlastungsbetrag für Alleinerziehende soll dann nicht zusätzlich gewährt werden.

Nach § 2 Abs. 8 EStG sind die Regelungen des Splitting-Verfahrens auch auf **Lebenspartner** und Lebenspartnerschaften anzuwenden.

Alleinstehend sind daher Stpfl.,

- die nicht verheiratet/verpartnert sind oder
- die im Veranlagungszeitraum eine Ehe/Lebenspartnerschaft schließen oder
- die verheiratet/verpartnert sind, aber dauernden getrennt leben oder
- die verwitwet sind oder
- deren Ehegatte/Lebenspartner im Ausland lebt und nicht unbeschränkt einkommensteuerpflichtig i.S.d. § 1 Abs. 1 oder Abs. 2 oder des § 1a EStG ist.

Der Stpfl. kann den Entlastungsbetrag für Alleinerziehende im Jahr der Eheschließung/Verpartnerung zeitanteilig in Anspruch nehmen, sofern die Voraussetzungen des § 24b EStG erfüllt sind (BMF v. 23.11.2022, IV C 8 – S 2265-a/22/10001 :001, BStBl I 2022, 1634, Tz. 25b).

c) Ausnahme für Verwitwete

Nach § 24b EStG wird der Entlastungsbetrag für Alleinerziehende 1982
auch verwitweten Alleinerziehenden gewährt, selbst wenn diese im **Todesjahr** noch die Voraussetzungen für die Anwendung des **Splittingverfahrens** erfüllen (§ 32a Abs. 5 und Abs. 6 Satz 1 Nr. 1 EStG). Der Entlastungsbetrag wird zeitanteilig **erstmals für den Monat des Todes des Ehegatten** gewährt (BMF v. 31.11.2022, IV C 8 – S 2265-a/22/10001 :0001, BStBl I 2022, 1634, Tz. 25c).

d) Haushaltszugehörigkeit eines Kindes

aa) Kinder

Weitere Anspruchsvoraussetzung ist, dass ein Kind, für das 1983
dem Stpfl. ein Freibetrag nach § 32 Abs. 6 EStG oder Kindergeld zusteht (→ *Kindergeld/Freibeträge für Kinder* Rz. 2672), zum Haushalt des Stpfl. gehört. Ein Kind gehört zum Haushalt des Stpfl., wenn dies in der Wohnung des Stpfl. gemeldet ist, dauerhaft in dessen Wohnung lebt oder mit seiner Einwilligung vorübergehend, z.B. zu Ausbildungszwecken, auswärtig untergebracht ist.

Haushaltszugehörigkeit erfordert ferner eine Verantwortung für das materielle (Versorgung, Unterhaltsgewährung) und immaterielle Wohl (Fürsorge, Betreuung) des Kindes. Eine **Heimunterbringung** ist unschädlich, wenn die Wohnverhältnisse in der Familienwohnung die speziellen Bedürfnisse des Kindes berücksichtigen und es sich im Haushalt des Stpfl. regelmäßig aufhält (vgl. BFH v. 14.11.2001, X R 24/99, BStBl II 2002, 244).

Nach § 24b EStG ist keine Voraussetzung, dass das Kind das 18. Lebensjahr noch nicht vollendet hat. Es soll erreicht werden, dass insbesondere auch diejenigen Alleinerziehenden den Entlastungsbetrag in Anspruch nehmen können, deren Kinder über 18 Jahre alt sind und sich noch in einer Berufsausbildung befinden. Der Gesetzgeber geht davon aus, dass „allein erziehenden" Stpfl. auch bei einer Haushaltsgemeinschaft mit bereits volljährigen Kindern, für die ihnen ein Freibetrag nach § 32 Abs. 6 EStG oder Kindergeld zusteht, **höhere Lebensführungskosten entstehen.** Denn diese Kinder beteiligen sich tatsächlich nicht wie ein Lebenspartner oder Wohngemeinschaftsangehöriger an der Haushaltsführung, auch nicht finanziell.

Beispiel 1:

Frau D, geschieden, hat einen 20-jährigen auswärts studierenden Sohn, der in ihrer Wohnung mit Nebenwohnung gemeldet ist.

Frau D erhält den Entlastungsbetrag von 4 260 €. Soweit dieser nicht im Lohnsteuerverfahren als Lohnsteuerabzugsmerkmal berücksichtigt wurde, sollte Frau D eine Einkommensteuer-Erklärung bei ihrem Wohnsitz-Finanzamt abgeben (→ *Veranlagung von Arbeitnehmern* Rz. 4233).

Kinder, die zur Inanspruchnahme des Entlastungsbetrags berechtigen, sind

- im ersten Grad mit dem Stpfl. verwandte Kinder (also **leibliche Kinder oder Adoptivkinder**),
- **Pflegekinder** sowie
- **Stief- oder Enkelkinder**. Für diese werden zwar nicht die steuerlichen Freibeträge für Kinder gewährt, aber ggf. **Kindergeld** (§ 63 Abs. 1 Satz 1 Nr. 2 und 3 EStG).

Danach ist es z.B. möglich, dass **Großeltern** – sofern sie alleinstehend sind – den Entlastungsbetrag für ihr Enkelkind erhalten.

Beispiel 2:

Frau E lebt mit ihrem Enkelkind zusammen in ihrer Wohnung, es ist (nur) in ihrer Wohnung gemeldet. Die leiblichen Eltern leben im Ausland.

Frau E hat Anspruch auf Kindergeld (§ 63 Abs. 1 Satz 1 Nr. 3 i.V.m. § 64 Abs. 2 Satz 1 EStG). Frau E kann den Entlastungsbetrag bzw. die Steuerklasse II in Anspruch nehmen.

Zu dem Fall, dass das Kind auch in der Wohnung der Eltern gemeldet wäre, → Rz. 1985.

Der Entlastungsbetrag wird nicht „pro Kind" gewährt. Hat der Alleinstehende mehrere Kinder, erhöht sich der Entlastungsbetrag für das zweite und jedes weitere Kinder um 240 €.

bb) Meldung in der Wohnung des Alleinstehenden

1984 Die Haushaltszugehörigkeit ist gem. § 24b Abs. 1 Satz 2 EStG selbst dann anzunehmen, wenn das Kind in der Wohnung des Stpfl. gemeldet ist, aber tatsächlich in einer eigenen Wohnung lebt. Diese Vermutung ist unwiderlegbar. Wo sich das Kind tatsächlich aufhält, ist auch dann nicht zu prüfen, wenn die Meldung nachweislich falsch ist (BFH v. 5.2.2015, III R 9/13, BStBl II 2015, 926).

Voraussetzung ist jedoch nicht, dass das Kind in der Wohnung des Alleinstehenden „mit Hauptwohnsitz" gemeldet ist – eine Meldung mit **Nebenwohnsitz** reicht aus (FG Berlin-Brandenburg v. 13.8.2008, 7 K 7038/06 B, EFG 2008, 1959). Besondere Bedeutung hat dies für **auswärts studierende Kinder**, die sich diese – auf Verlangen vieler Kommunen – am Studienort mit Hauptwohnsitz anmelden müssen.

Ist das Kind hingegen nicht in der Wohnung des Stpfl. gemeldet, trägt der Stpfl. die Beweislast für das Vorliegen der Haushaltszugehörigkeit.

cc) Meldung bei mehreren Steuerpflichtigen

1985 Ist ein Kind annähernd gleichwertig in die beiden Haushalte seiner alleinstehenden Eltern aufgenommen, können die Eltern – unabhängig davon, an welchen Berechtigten das Kindergeld ausgezahlt wird – untereinander bestimmen, wem der Entlastungsbetrag zustehen soll, es sei denn, einer der Berechtigten hat bei seiner Einkommensteuer-Veranlagung oder durch Berücksichtigung der Steuerklasse II beim Lohnsteuerabzug den Entlastungsbetrag bereits in Anspruch genommen. Treffen die Eltern keine Bestimmung über die Zuordnung des Entlastungsbetrags, steht dieser demjenigen zu, an den das Kindergeld ausgezahlt wird (vgl. BFH v. 28.4.2010, III R 79/08, BStBl II 2011, 30).

Beispiel 1:

Frau F, verwitwet, lebt mit ihrer 25 Jahre alten, geschiedenen und noch studierenden Tochter und deren Kind (Enkelkind) zusammen in ihrem Einfamilienhaus. Bei Frau F sind ihre Tochter und ihr Enkelkind mit Nebenwohnsitz gemeldet. Mit Hauptwohnsitz sind Tochter und Enkelkind noch in der früheren Familienwohnung ihres Vaters gemeldet. Das Kindergeld wird der Tochter gezahlt, eine abweichende Vereinbarung nach § 64 Abs. 2 Satz 5 EStG ist nicht getroffen worden.

Da das Enkelkind mit Haupt- und Nebenwohnsitz bei mehreren Stpfl. gemeldet ist, erhält Frau F nach § 24b Abs. 1 Satz 3 EStG den Entlastungsbetrag und damit die Steuerklasse II, weil sie das Enkelkind in ihren Haushalt aufgenommen hat.

Für die Gewährung des Entlastungsbetrags unerheblich ist, dass Frau F mit ihrer Tochter in einer Haushaltgemeinschaft lebt, solange sie für ihre Tochter die steuerlichen Freibeträge für Kinder oder Kindergeld erhält.

Ist das Kind in den Wohnungen **beider Elternteile gemeldet und ist nur ein Elternteil alleinstehend**, ist diesem Elternteil der Entlastungsbetrag für Alleinerziehende unabhängig davon zu gewähren, ob dieser die Voraussetzungen für die Auszahlung des Kindergeldes erfüllt oder erfüllen würde.

Beispiel 2:

Die geschiedenen Eltern M und V haben eine gemeinsame zehnjährige Tochter T. M hat erneut geheiratet und lebt mit dem neuen Ehegatten und T in einem gemeinsamen Haushalt. T ist sowohl in der Wohnung von M und als auch in der Wohnung von V gemeldet. M erhält das Kindergeld für T.

V ist alleinstehend i.S.d. § 24b Abs. 3 EStG. Zudem gehört T zu seinem Haushalt. V kann den Entlastungsbetrag für Alleinerziehende in Anspruch nehmen, da ihn M nicht in Anspruch nehmen kann. Bei ihr sind die Voraussetzungen zur Anwendung des Splitting-Verfahrens erfüllt.

3. Keine Haushaltsgemeinschaft mit einer anderen volljährigen Person

a) Grundsatz

Nach § 24b Abs. 3 EStG ist der Stpfl. **nicht allein stehend**, d.h. es 1986
steht ihm kein Entlastungsbetrag für Alleinerziehende zu, wenn er eine **Haushaltsgemeinschaft mit einer anderen volljährigen Person bildet** (das kann der Kindesvater, aber auch eine andere Person sein, z.B. die Eltern).

Es ist allerdings **unschädlich**, wenn es sich bei der anderen volljährigen Person um ein **leibliches Kind, Adoptiv-, Pflege-, Stief- oder Enkelkind** handelt, für das dem Stpfl. ein Freibetrag nach § 32 Abs. 6 EStG oder Kindergeld zusteht (→ *Kindergeld/Freibeträge für Kinder* Rz. 2672), s.a. → Rz. 1992.

Zur Unterstützung der vom Krieg in der Ukraine Geschädigten hat das BMF geregelt, dass die Aufnahme von volljährigen Kriegsflüchtlingen aus der Ukraine durch Alleinstehende in ihrem Haushalt **im Jahren 2022 und 2024** aus Billigkeitsgründen nicht zu einer steuerschädlichen Haushaltsgemeinschaft und damit auch nicht zum Wegfall der Steuerklasse II bzw. des Entlastungsbetrags für Alleinerziehende nach § 24b EStG führt (FAQ „Ukraine" (Steuern) zuletzt Stand v. 31.1.2023; ebenso FinMin Schleswig-Holstein, Kurzinformation zur Einkommensteuer Nr. 2022/10 v. 16.6.2022, StEd 2022, 412). Fragen und Antworten zur Einreise aus der Ukraine und zum Aufenthalt in Deutschland haben auf ihren Internetseiten auch das Bundesamt für Migration und Flüchtlinge, das Auswärtige Amt und das BMAS zusammengestellt. Auf Bund-Länder-Ebene wurde zwischenzeitlich beschlossen, dass diese Billigkeitsmaßnahme ab dem Kalenderjahr 2025 nicht mehr anzuwenden ist.

b) Begriff „Haushaltsgemeinschaft"

Eine **Haushaltsgemeinschaft** mit einer anderen volljährigen Per- 1987
son liegt vor, wenn der Stpfl. und die andere Person in der **gemeinsamen Wohnung gemeinsam wirtschaften**. Ein gemeinsames Wirtschaften i.S.v. § 24b Abs. 3 Satz 2 EStG kann sowohl darin bestehen, dass die andere volljährige Person zu den Kosten des gemeinsamen Haushalts beiträgt, als auch in einer Entlastung durch tatsächliche Hilfe und Zusammenarbeit. Auf den Umfang der Hilfe oder des Anteils an den im Haushalt anfallenden Arbeiten kommt es grds. nicht an (vgl. BFH v. 28.6.2012, III R 26/10, BStBl II 2012, 815 m.w.N. betr. Haushaltsgemeinschaft von Vater und volljährigem Sohn, der nicht zu den Kosten der Haushaltsführung beiträgt).

Ein gemeinsames Wirtschaften setzt ferner nicht voraus, dass nur eine gemeinsame Kasse besteht und die zur Befriedigung jeglichen Lebensbedarfs dienenden Güter nur gemeinsam und auf Grund gemeinsamer Planung angeschafft werden. Es genügt eine mehr oder weniger enge Gemeinschaft mit nahem Beieinanderwohnen, bei der jedes Mitglied der Gemeinschaft tatsächlich oder finanziell seinen Beitrag zur Haushalts- bzw. Lebensführung leistet und an ihr partizipiert (der gemeinsame Verbrauch der Lebensmittel oder Reinigungsmittel, die gemeinsame Nutzung des Kühlschrankes etc.). Auf die Zahlungswege kommt es nicht an. Es steht daher der Annahme einer Haushaltsgemeinschaft nicht entgegen, wenn z.B. der Stpfl. die laufenden Kosten des Haushalts ohne Miete trägt und die andere Person dafür vereinbarungsgemäß die volle Miete bezahlt.

Es kommt ferner nicht darauf an, dass der Stpfl. und die andere Person in besonderer Weise materiell (Unterhaltsgewährung) und immateriell (Fürsorge und Betreuung) verbunden sind.

Eine Haushaltsgemeinschaft ist insbesondere gegeben

- bei **eheähnlichen oder lebenspartnerschaftsähnlichen Gemeinschaften** oder
- bei **Wohngemeinschaften unter gemeinsamer Wirtschaftsführung mit einer sonstigen volljährigen Person**, z.B. einem Studierenden, mit volljährigen Kindern, für die dem Stpfl. weder ein Freibetrag nach § 32 Abs. 6 EStG noch Kindergeld zusteht, mit anderen Verwandten (vgl. BFH v. 28.6.2012, III R 26/10, BStBl II 2012, 815), oder
- bei nicht dauernd getrennt lebenden Ehegatten/Lebenspartnern, wenn **keine Ehegatten-/Lebenspartnerbesteuerung in Betracht kommt**, z.B. deutsche Ehegatten/Lebenspartner von Angehörigen der NATO-Streitkräfte.

Mit einer sonstigen volljährigen Person besteht **keine Haushaltsgemeinschaft,** wenn sie sich **tatsächlich und finanziell nicht an der Haushaltsführung beteiligt.** Das ist grds. nur dann der Fall, wenn diese einen vollständig getrennten Haushalt führt oder wenn – z.B. beim Zusammenleben mit einkommenslosen pflegebedürftigen Angehörigen – jedwede Unterstützungsleistung durch die andere Person ausgeschlossen erscheint. So fehlt die Fähigkeit, sich tatsächlich an der Haushaltsführung zu beteiligen, bei Personen, bei denen mindestens ein Schweregrad der Pflegebedürftigkeit i.S.d. §§ 14, 15 SGB XI (Pflegegrade 1 bis 5, bis einschließlich Veranlagungszeitraum 2016: Pflegestufe I, II oder III) besteht oder die blind oder hilflos sind. Der Nachweis des gesundheitlichen Merkmals „blind" oder „hilflos" richtet sich nach § 65 EStDV. Der Nachweis über den Pflegegrad i.S.d. § 15 SGB XI ist durch Vorlage des Leistungsbescheides des Sozialhilfeträgers bzw. des privaten Pflegeversicherungsunternehmens zu führen. Bei rückwirkender Feststellung des Merkmals „blind", „hilflos" oder der Pflegebedürftigkeit sind ggf. bestandskräftige Steuerfestsetzungen auch hinsichtlich des Entlastungsbetrags nach § 24b EStG zu ändern. Die Fähigkeit, sich finanziell an der Haushaltsführung zu beteiligen, fehlt bei einer Person, die kein oder nur geringes Vermögen i.S.d. § 33a Abs. 1 Satz 4 EStG besitzt und deren Einkünfte und Bezüge i.S.d. § 33a Abs. 1 Satz 5 EStG den in § 33a Abs. 1 Satz 1 EStG genannten Betrag nicht übersteigen.

c) Vorübergehende An- und Abwesenheiten

1988 Als Kriterien für eine Haushaltsgemeinschaft können auch der Zweck und die Dauer der Anwesenheit der anderen Person in der Wohnung des Stpfl. herangezogen werden. So liegt eine Haushaltsgemeinschaft nicht vor bei nur kurzfristiger Anwesenheit in der Wohnung oder nicht nur vorübergehender Abwesenheit von der Wohnung.

- **Beispiele für nur kurzfristige Anwesenheit:** Zu Besuchszwecken, aus Krankheitsgründen.
- **Beispiele für nur vorübergehende Abwesenheit:** Krankenhausaufenthalt, Auslandsreise, Auslandsaufenthalt eines Montagearbeiters, doppelte Haushaltsführung aus beruflichen Gründen bei regelmäßiger Rückkehr in die gemeinsame Wohnung.
- **Beispiele für eine nicht nur vorübergehende Abwesenheit:** Strafvollzug, bei Meldung als vermisst, Auszug aus der gemeinsamen Wohnung, Unterhaltung einer zweiten Wohnung aus privaten Gründen.

4. Vermutungsregelung

a) Grundsatz

1989 Die Annahme einer Haushaltsgemeinschaft setzt nicht die Meldung der anderen Person in der Wohnung des Stpfl. voraus. § 24b Abs. 3 Satz 2 EStG enthält jedoch neben der gesetzlichen Definition der Haushaltsgemeinschaft auch die **Vermutung für das Vorliegen einer Haushaltsgemeinschaft, wenn eine andere volljährige Person mit Haupt- oder Nebenwohnsitz in der Wohnung des Stpfl. gemeldet ist.** Eine nachträgliche Ab- bzw. Ummeldung ist insoweit unerheblich.

Beispiel:

Frau G, geschieden, lebt mit ihrer zehnjährigen Tochter im Elternhaus (Einfamilienhaus mit Einliegerwohnung). Beide sind bei der Gemeinde unter derselben Adresse gemeldet.

Das Finanzamt bzw. die Gemeinde werden nach § 24b Abs. 2 Satz 2 EStG zunächst vermuten, dass eine „Haushaltsgemeinschaft" besteht und Frau G den Entlastungsbetrag für Alleinerziehende nicht gewähren.

b) Widerlegbarkeit

1990 **Die Vermutung ist widerlegbar** (§ 24b Abs. 3 Satz 3 EStG). Sie ist widerlegt, wenn die Gemeinde oder das Finanzamt positive Kenntnis davon haben, dass die tatsächlichen Verhältnisse von den melderechtlichen Verhältnissen zu Gunsten des Stpfl. abweichen. Der Stpfl. kann die Vermutung der Haushaltsgemeinschaft mit einer in seiner Wohnung gemeldeten anderen volljährigen Person widerlegen, wenn er glaubhaft darlegt, dass eine Haushaltsgemeinschaft mit der anderen Person nicht vorliegt.

Beispiel:

Sachverhalt wie im vorhergehenden Beispiel. Frau G kann jedoch durch Vorlage eines Mietvertrags nachweisen bzw. glaubhaft machen, dass sie in der Einliegerwohnung wohnt und dort einen eigenen Haushalt führt.

Die Vermutung des Bestehens einer Haushaltsgemeinschaft ist widerlegt, Frau G erhält den Entlastungsbetrag.

Ob und wann die Vermutung des § 24b Abs. 2 Satz 2 EStG als widerlegt anzusehen ist, ist eine Einzelfallentscheidung. Nach der **Gesetzesbegründung** (BT-Drucks. 15/3339, 12) besteht die Haushaltsgemeinschaft trotz kurzer Abwesenheit fort. Der Wille, nicht oder nicht mehr in der Haushaltsgemeinschaft leben zu wollen, muss eindeutig nach außen treten. Dies ist nach der Gesetzesbegründung insbesondere der Fall bei Auszug, Unterhaltung einer zweiten Wohnung aus privaten Gründen, eigene Wirtschaftsführung mit Untermietvertrag oder Begründung eines Au-pair-Verhältnisses als Arbeitsverhältnis. An die Widerlegung einer Haushaltsgemeinschaft von langjährig zusammenwohnenden Angehörigen (z.B. Vater und Söhne) sind strengere Anforderungen zu stellen als z.B. an die Widerlegung einer Haushaltsgemeinschaft mit wechselnden familienfremden Untermietern (BFH v. 28.6.2012, III R 26/10, BStBl II 2012, 815 m.w.N. betr. Haushaltsgemeinschaft von Vater und volljährigem Sohn, der nicht zu den Kosten der Haushaltsführung beiträgt).

c) Keine Widerlegbarkeit bei eheähnlichen Gemeinschaften

Leben der Stpfl. und die andere volljährige Person in einer eheähnlichen oder lebenspartnerschaftsähnlichen Gemeinschaft, ist die Vermutung, dass eine Haushaltsgemeinschaft vorliegt, **unwiderlegbar** (§ 24b Abs. 3 Satz 3 zweiter Halbsatz EStG). 1991

5. Anerkannte Haushaltsgemeinschaften

a) „Kindergeldberechtigte" Kinder

Das Zusammenleben mit Kindern ist für die Gewährung des Entlastungsbetrags ohne Bedeutung, solange der Alleinstehende für das Kind Anspruch auf einen Freibetrag nach § 32 Abs. 6 EStG (Kinderfreibetrag oder Freibetrag für den Betreuungs- und Erziehungs- oder Ausbildungsbedarf) oder **Kindergeld** hat (§ 24b Abs. 2 Satz 1 EStG). S. ausführlich → *Kindergeld/Freibeträge für Kinder* Rz. 2672. 1992

b) Wehrdienstleistende Kinder u.Ä.

Darüber hinaus sind Stpfl. – ohne weitere Prüfung des Vorliegens einer Haushaltsgemeinschaft – aber auch dann als allein stehend anzusehen, wenn es sich bei der anderen Person im Haushalt um ein Kind handelt, das zwar grds. als leibliches Kind, Adoptiv-, Pflege-, Stief- oder Enkelkind bei dem Stpfl. zu berücksichtigen wäre, für das dem Stpfl. aber weder ein Freibetrag nach § 32 Abs. 6 EStG noch Kindergeld zusteht, weil es 1993

- den **gesetzlichen Grundwehr- oder Zivildienst** leistet,
- sich freiwillig für die Dauer von nicht mehr als **drei Jahren zum Wehrdienst verpflichtet** hat
- oder eine Tätigkeit als **Entwicklungshelfer** ausübt.

6. Jahresbetrag, zeitanteilige Gewährung

Der Grundentlastungsbetrag für Alleinerziehende von 4 260 € erhöht sich gem. § 24b Abs. 2 EStG 1994

- um jeweils 240 € für jedes weitere zum Haushalt gehörende Kind.

Es sind **Jahresbeträge**, die in jedem Veranlagungszeitraum insgesamt nur einmal in Anspruch genommen werden können. **Eine Aufteilung zwischen den Haushalten alleinerziehender Elternteile ist nicht möglich.**

Für jeden vollen Kalendermonat, in dem die Voraussetzungen für die Inanspruchnahme des Entlastungsbetrages dem Grunde nach nicht vorgelegen haben, **ermäßigt sich die Beträge zeitanteilig um ein Zwölftel** (§ 24b Abs. 4 EStG).

Ändern sich die Verhältnisse, ist der Arbeitnehmer verpflichtet, die unzutreffende **Steuerklasse II ändern** zu lassen (§ 39 Abs. 4 Satz 1 EStG).

Beispiel 1:

Frau A, ledig, bekommt am 1.7.2025 ihr erstes Kind, der Vater lebt im Ausland.

Frau A hat Anspruch auf den Entlastungsbetrag für Alleinerziehende, für das Jahr 2025 aber nur für sechs Monate. Der (Grund-)Entlastungsbetrag beträgt 2 130 € (4 260 € : 12 = 355 € monatlich × 6 Monate).

Frau A sollte unverzüglich nach der Geburt des Kindes beim Finanzamt ihre Lohnsteuerabzugsmerkmale in Steuerklasse II ändern lassen.

Beispiel 2:

Wie Beispiel 1, der Vater zieht jedoch am 1.10.2025 in die Wohnung von Frau A ein und meldet sich dort auch an.

Die Voraussetzungen für die Gewährung des Entlastungsbetrags für Alleinerziehende entfallen ab 1.10.2025. Frau A muss ihre Lohnsteuerabzugsmerkmale vom Finanzamt wieder in Steuerklasse I ändern lassen (§ 39 Abs. 5 EStG).

Entsprechend ermäßigt sich für jeden Kalendermonat, in dem die Voraussetzungen für die Inanspruchnahme des „Kinder-Erhöhungsbetrags“ nicht vorgelegen haben, der **Erhöhungsbetrag zeitanteilig**.

Beispiel 3:

Die alleinstehende Mutter M bringt im Juni ihr zweites Kind zur Welt. Sie lebt in ihrem Haushalt mit keiner weiteren volljährigen Person zusammen.

Für den Veranlagungszeitraum 2025 kann M einen Entlastungsbetrag für Alleinerziehende i.H.v. 2 625 € (4 260 € + 240 € x 7/12) in Anspruch nehmen.

Im Fall des Zusammenlebens mit einer anderen volljährigen Person ist der Entlastungsbetrag zeitanteilig für volle Kalendermonate zu kürzen, in denen eine Haushaltsgemeinschaft mit der anderen volljährigen Person besteht.

Beispiel 4:

Mutter M ist alleinstehend und lebt mit ihren minderjährigen Kindern K und L in einem gemeinsamen Haushalt zusammen. Am 15.8.2025 zieht der volljährige Bruder von M in die Wohnung mit ein.

Bis einschließlich August kann M den Entlastungsbetrag für Alleinerziehende zeitanteilig i.H.v. 3 000 € (4 260 € + 240 € x 8/12) in Anspruch nehmen.

In dem Veranlagungszeitraum, in dem **Ehegatten bzw. Lebenspartner sich trennen** (Verlassen der gemeinsamen Wohnung, Scheidung), ist eine zeitanteilige Inanspruchnahme des Entlastungsbetrages möglich, wenn die übrigen Voraussetzungen des § 24b EStG vorliegen (BMF v. 23.11.2022, IV C 8 – S 2265-a/22/10001 :001, BStBl I 2022, 1634, Tz. 25).

Eine zeitanteilige Berücksichtigung des Entlastungsbetrags nach § 24b EStG ist auch in Fällen der **Einzelveranlagung** sowie in dem Jahr der Eheschließung oder des Eingehens einer Lebenspartnerschaft möglich (BMF v. 23.11.2022, IV C 8 – S 2265-a/22/10001 :001, BStBl I 2022, 1634, Tz. 25b).

7. Lohnsteuerverfahren

a) Allgemeines

1995 Im Lohnsteuerverfahren wird der **(Grund-)Entlastungsbetrag für Alleinerziehende von 4 260 €** durch elektronische Lohnsteuerabzugsmerkmale (**Steuerklasse II**) berücksichtigt (§ 38b Satz 2 Nr. 2 EStG sowie → *Steuerklassen* Rz. 3988).

Nicht berücksichtigt in der Steuerklasse II ist dagegen wie bisher

- der **Kinder-Erhöhungsbetrag von 240 € für das zweite und jedes weitere Kind** nach § 24b Abs. 2 Satz 2 EStG.

Dieser kann nur im **Freibetragsverfahren** bzw. späteren Veranlagungsverfahren geltend gemacht werden (→ Rz. 1997).

Auch für **Verwitwete** kann, solange sie noch die Steuerklasse III erhalten, der Entlastungsbetrag nur als **Freibetrag** in den elektronischen Lohnsteuerabzugsmerkmalen berücksichtigt werden. Im Vorgriff auf eine gesetzliche Änderung gilt das auch für das Jahr, in welchem sich die Ehegatten/Partner trennen (→ Rz. 1998).

b) Verpflichtung zur Änderung der Steuerklasse II

1996 Der Entlastungsbetrag für Alleinerziehende ist – anders als der frühere Haushaltsfreibetrag – kein „Jahresbetrag“, sondern monatsweise zu gewähren (→ Rz. 1994). Der Arbeitnehmer ist daher verpflichtet, seine als Lohnsteuerabzugsmerkmale berücksichtigte Steuerklasse II umgehend ändern zu lassen, wenn die Voraussetzungen für die Berücksichtigung des Entlastungsbetrags nach § 24b EStG im Laufe des Kalenderjahres entfallen (§ 39 Abs. 5 EStG).

Eine **Änderung der Steuerklasse** kann z.B. erforderlich werden, wenn

- der Arbeitnehmer **heiratet**,
- ein **Lebenspartner in seine Wohnung einzieht** und eine Haushaltsgemeinschaft begründet wird oder
- das **Kind die Wohnung verlässt**, weil es zu dem anderen Elternteil zieht.

Kommt der Arbeitnehmer seiner Verpflichtung, seine elektronischen Lohnsteuerabzugsmerkmale ändern zu lassen, nicht nach, muss er mit einer **Lohnsteuernachforderung** (§ 39 Abs. 4 Satz 4 EStG) oder, wenn die Änderung der Verhältnisse erst im Veranlagungsverfahren bekannt wird, mit einer **Einkommensteuernachforderung** rechnen.

c) Freibetrag als elektronisches Lohnsteuerabzugsmerkmal

aa) Erhöhungsbeträge

Lediglich der **(Grund-)Entlastungsbetrag von 4 260 €** wird i.R. 1997
der **Steuerklasse II** berücksichtigt, auch wenn beim Arbeitnehmer mehrere berücksichtigungsfähige Kinder vorhanden sind. Grund: Die Zahl der zum Haushalt gehörenden Kinder kann nicht aus der in den ELStAM gespeicherten Zahl der Kinderfreibeträge (§ 39 Abs. 4 Nr. 2 EStG) abgeleitet werden.

Die Arbeitnehmer, denen für weitere Kinder ein **Erhöhungsbetrag von 240 €, 480 €** usw. zusteht, können die **Bildung eines Freibetrags beantragen** (§ 39a Abs. 1 Satz 1 Nr. 4a EStG). Der entsprechende Freibetrag von 240 € und mehr (abhängig von der Zahl der weiteren im Haushalt des Stpfl. lebenden Kinder) kann für einen **Zeitraum von bis zu zwei Jahren berücksichtigt** werden (§ 39a Abs. 1 Satz 3 EStG).

Die **Mindestgrenze von 600 €** gem. § 39a Abs 2 Satz 4 EStG findet bei der Bildung eines Erhöhungsbetrags nach § 24b Abs. 2 Satz 2 **keine Anwendung** (s.a. OFD Frankfurt v. 19.8.2015, S 2365 A – 32 – St 212, StEd 2015, 621).

bb) Verwitwete/getrennte Ehegatten und Lebenspartner

§ 39a Abs. 1 Nr. 8 EStG ermöglicht die Berücksichtigung eines 1998
Freibetrags als elektronisches Lohnsteuerabzugsmerkmal für den Entlastungsbetrag für Alleinerziehende bei **Verwitweten** im Todesjahr des Ehegatten und im Folgejahr. Der Entlastungsbetrag für Alleinerziehende wird im Lohnsteuerverfahren zwar grds. mit der **Steuerklasse II** berücksichtigt. Für Verwitwete ist jedoch im Kalenderjahr des Tods des Ehegatten und für das folgende Kalenderjahr noch das Splittingverfahren möglich und damit insbesondere die **Steuerklasse III**. Für diese Fälle kann der Entlastungsbetrag für Alleinerziehende bei verwitweten Arbeitnehmern somit nicht über das Steuerklassensystem (= Steuerklasse II) berücksichtigt werden. Es kommt für sie zur Berücksichtigung des Entlastungsbetrags für Alleinerziehende im Lauf des Kalenderjahres nur das **Freibetragsverfahren** in Betracht (§ 39a Abs. 1 Nr. 8 EStG). Der Antrag auf Berücksichtigung eines Freibetrags muss für das Kalenderjahr 2023 spätestens bis zum 30.11.2023 beim **Finanzamt** gestellt werden (§ 39a Abs. 2 Satz 2 EStG).

Der Entlastungsbetrag für Alleinerziehende wird insoweit jedoch nur als Lohnsteuerabzugsmerkmal berücksichtigt, wenn die **Antragsgrenze von 600 € überschritten** wird (§ 39a Abs. 2 Satz 4 EStG sowie → *Lohnsteuer-Ermäßigungsverfahren* Rz. 2993).

Schon bislang konnte im Vorgriff auf eine gesetzliche Regelung der anteilige Entlastungsbetrag für Alleinerziehende auch bei getrennten Ehegatten/Lebenspartnern im Veranlagungszeitraum der Trennung als Freibetrag im Lohnsteuerabzugsverfahren **entsprechend** § 39a Abs. 1 Satz 1 Nr. 8 EStG geltend gemacht werden (BMF v. 23.11.2022, IV C 8 – S 2265-a/22/10001 :001, BStBl I 2022, 1634, Tz. 25a). Mit dem JStG 2024 v. 2.12.2024, BGBl. I 2024, Nr. 387, wurde nun in § 39a Abs. 1 Satz 1 Nr. 9 EStG eine entsprechende Regelung in das EStG aufgenommen, sodass die bisherige Verwaltungspraxis auf der Grundlage der neuen gesetzlichen Vorschrift ihre Fortsetzung findet.

d) Kein Lohnsteuer-Jahresausgleich des Arbeitgebers

1999 Der Arbeitgeber hat bei der Durchführung des Lohnsteuer-Jahresausgleichs die Jahreslohnsteuer nach Maßgabe der elektronischen Lohnsteuerabzugsmerkmale zu ermitteln (§ 42b Abs. 2 Satz 4 EStG). Diese Ermittlung ergibt insbesondere in Fällen des Steuerklassenwechsels eine unzutreffende Lohnsteuer, weshalb für Arbeitnehmer, die nur für einen Teil des Kalenderjahres nach den Steuerklassen III oder IV zu besteuern sind, kein Lohnsteuer-Jahresausgleich durchzuführen ist.

Dieser Personenkreis ist erweitert worden auf Arbeitnehmer mit Steuerklasse II, wenn diese nicht ganzjährig anzuwenden ist (Zwölftelungsregelung in § 24b EStG). Hierdurch wird eine zu niedrige Lohnsteuererhebung vermieden, wenn die Steuerklasse II zwar am Ende des Jahres eingetragen ist, jedoch nicht ganzjährig anzuwenden ist.

8. Verfassungsrechtliche Bedenken

2000 Gegen den Entlastungsbetrag für Alleinerziehende nach § 24 EStG sind bisher **keine durchgreifenden verfassungsrechtlichen Bedenken** erhoben worden. Auch der Ausschluss des Entlastungsbetrags für Stpfl., die eine **Haushaltsgemeinschaft mit einer anderen volljährigen Person** bilden, begegnet nach Auffassung des BVerfG/BFH keinen verfassungsrechtlichen Bedenken; dies gilt auch, wenn es sich bei dieser Person um das volljährige Kind des Stpfl. handelt (BFH v. 28.6.2012, III R 26/10, BStBl II 2012, 815 betr. Haushaltsgemeinschaft von Vater und volljährigem Sohn, der nicht zu den Kosten der Haushaltsführung beiträgt).

Entlohnung

→ *Arbeitslohn* Rz. 621, → *Berechnung der Lohnsteuer* Rz. 1337

Entlohnung für mehrjährige Tätigkeit

→ *Arbeitslohn für mehrere Jahre* Rz. 712

Entschädigungen

Inhalt

1. Allgemeines

Nach § 24 Nr. 1 EStG gehören auch Entschädigungen zu den Einkünften i.S.d. § 2 Abs. 1 EStG. Es handelt sich dabei um Leistungen, die dem Stpfl. oder seinem Rechtsnachfolger 2001

- als **Ersatz für entgangenen oder entgehenden Arbeitslohn** (§ 24 Nr. 1 Buchst. a EStG) oder
- für die **Aufgabe oder Nichtausübung einer Tätigkeit** (§ 24 Nr. 1 Buchst. b EStG) oder
- als **Ausgleichszahlungen an Handelsvertreter** nach § 89b HGB (§ 24 Nr. 1 Buchst. c EStG)

gewährt werden.

Diese Entschädigungen unterliegen jedoch unter bestimmten Voraussetzungen bei der Einkommensteuerveranlagung einem **ermäßigten Steuersatz** (sog. **Fünftelregelung** des § 34 Abs. 1 und 2 Nr. 2 EStG). Handelt es sich um eine Zahlung des Arbeitgebers an den Arbeitnehmer, so ist die Steuerermäßigung grds. schon beim **Lohnsteuerabzug anzuwenden** (§ 39b Abs. 3 Satz 9 EStG sowie → *Sonstige Bezüge* Rz. 3946). Zum geplanten Wegfall der Berücksichtigung der Tarifermäßigung nach § 34 Abs. 1 EStG bei der Berechnung der Lohnsteuer → Rz. 714.

Vor Anwendung dieser Vorschrift ist jedoch zu prüfen, ob eine Entschädigung **überhaupt der Einkommensteuer unterliegt** (verneint durch BFH v. 26.5.2020, IX R 15/19, HFR 2020, 1138), ob und inwieweit mit der Entschädigung im Zusammenhang stehende Betriebsausgaben bzw. Werbungskosten abzuziehen sind und ob ggf. eine Steuerbefreiung eingreift.

Zu prüfen ist weiter, ob und inwieweit eine **Abfindung dem Stpfl. bereits „zugeflossen"** ist. Dies ist nicht der Fall, wenn der Arbeitgeber einen Teilbetrag der ausbedungenen Abfindung i.R. eines Einmalbetrags in eine **Versorgungszusage umwandelt**, die den Arbeitnehmer lediglich berechtigt, von seinem Arbeitgeber nach Eintritt des Versorgungsfalls eine höhere Pension zu verlangen. Wird mithin von einer Abfindung ein Teilbetrag in eine Versorgungszusage umgewandelt, so ist dieser Betrag mangels Zuflusses nicht als Entschädigung (§ 24 Nr. 1a EStG) nach § 34 Abs. 2 Nr. 2 EStG begünstigt zu besteuern. Erst der Eintritt des Leistungserfolgs durch die Erfüllung der Ansprüche bewirkt den Zufluss beim Arbeitnehmer (BFH v. 23.4.2021, IX R 3/20, BStBl II 2021, 692: Wird ein Teil der Abfindung eines Arbeitnehmers im Wege der Entgeltumwandlung dem arbeitnehmerfinanzierten Aufbaukonto der betrieblichen Altersversorgung in Form einer Direktzusage zugeführt, liegt im Zeitpunkt der Entgeltumwandlung insoweit kein Zufluss von Arbeitslohn vor).

Eine echte Abfindung für den Verlust eines Arbeitsplatzes unterliegt der Lohnsteuer. Die Abfindung kann nicht zur Aufstockung eines Wertguthabenkontos (Zeitwertkonto) genutzt werden, da kein sozialversicherungspflichtiges Arbeitsentgelt vorliegt. Die Steuerbefreiung des § 3 Nr. 53 EStG betr. die Übertragung von Wertguthaben nach § 7f Abs. 1 Satz 1 Nr. 2 SGB IV auf die Deutsche Rentenversicherung Bund findet keine Anwendung (so noch das FG Berlin-Brandenburg v. 16.6.2021, 4 K 4206/18). Der BFH v. 3.5.2023, IX R 25/21, BStBl II 2023, 978 urteilte in der Revisionsentscheidung jedoch, dass **Arbeitslohn (hier: Entlassungsentschädigung)** dem Arbeitnehmer auch **dann nicht zufließt, wenn die Vereinbarung über die Zuführung zu einem Wertguthaben** des Arbeitnehmers oder die vereinbarungsgemäße Übertragung des Wertguthabens auf die DRV Bund sozialversicherungsrechtlich unwirksam sein sollten, soweit alle Beteiligten das wirtschaftliche Ergebnis gleichwohl eintreten und bestehen lassen.

Liegen bei einer Abfindung die Voraussetzungen für die Tarifbegünstigung **als „Entschädigung"** i.S.d. § 34 Abs. 2 Nr. 2 EStG nicht vor, kann gleichwohl die Tarifbegünstigung anwendbar sein, wenn es sich bei der Abfindung um eine **„Vergütung für eine mehrjährige Tätigkeit" handelt** (§ 34 Abs. 2 Nr. 4 EStG); auch hierfür gilt seit 1999 die **„Fünftelregelung"** (→ *Arbeitslohn für mehrere Jahre* Rz. 712). Die Unterscheidung hat somit seit 1999 an Bedeutung verloren. Zum geplanten Wegfall der Berücksichtigung der Tarifermäßigung nach § 34 Abs. 1 EStG bei der Berechnung der Lohnsteuer → Rz. 714.

Beispiel:

A, Gesellschafter-Geschäftsführer, hat seine Anteile am 24.11.2025 verkauft. Im Vorfeld der Veräußerung nahm er ein Angebot der GmbH an, die Pensionsverpflichtung gegen eine Abfindung von 400 000 € abzulösen; die Abfindung wurde am 8.12.2025 ausbezahlt.

Die Abfindung ist zwar **keine Entschädigung** i.S.d. § 24 Nr. 1 Buchst. a EStG. Die Erwartung, dass die Ablösung des Pensionsanspruchs i.R. einer Anteilsveräußerung notwendig werden könnte, genügt nicht, um eine relevante Zwangslage zu begründen.

Die Abfindung stellt jedoch eine **Vergütung für eine mehrjährige Tätigkeit** i.S.d. § 34 Abs. 2 Nr. 4 EStG dar, so dass die Tarifermäßigung aus diesem Grund gewährt werden kann (BFH v. 3.12.2003, XI R 30/02).

Steuerpflichtig sind auch **von dritter Seite geleistete Entschädigungen**, mit denen einem Arbeitnehmer der **Verdienstausfall ersetzt** wird, z.B. Versicherungsentschädigungen. Derartige Zahlungen können jedoch nur i.R. einer **Einkommensteuerveranlagung** als Arbeitslohn erfasst werden. Ein Lohnsteuerabzug entfällt, weil der Dritte insoweit nicht Arbeitgeber ist (→ *Unfallversicherung: freiwillige* Rz. 4205).

Ausgangsgröße für die Anwendung der sog. Fünftelregelung sind die gesamten außerordentlichen Einkünfte ohne anteilige Kürzung auf Grund des **Altersentlastungsbetrags** (BFH v. 15.12.2005, IV R 68/04, HFR 2006, 473) und ohne Kürzung um den Betrag beschränkt abziehbarer **Sonderausgaben**, der sich bei der Berechnung der Einkommensteuer für das verbleibende zu versteuernde Einkommen nicht ausgewirkt hat (BFH v. 2.9.2008, X R 15/06).

Die **sozialversicherungsrechtliche Beurteilung** der Entschädigungen folgt grds. der folgenden Regelung:

Einmalige Einnahmen, laufende Zulagen, Zuschläge, Zuschüsse sowie ähnliche Einnahmen, die zusätzlich zu Löhnen oder Gehältern gewährt werden, sind zwar beitragspflichtiges Arbeitsentgelt, soweit sie lohnsteuerpflichtig sind. **Dieser Grundsatz gilt bei Abfindungszahlungen aber nicht** (→ *Entlassungsabfindungen/Entlassungsentschädigungen* Rz. 1975).

2. Nicht „steuerbare" Entschädigungen

a) Allgemeines

2002 **Zum Arbeitslohn gehören nur Entschädigungen, die mit Rücksicht auf das Dienstverhältnis gezahlt werden.** Dazu gehört z.B. auch eine Schadensersatzzahlung, die der Abgeltung des Schadens dient, den der Stpfl. dadurch erlitten hat, dass er sich in einer geschlossenen Abfindungsvereinbarung mit einer geringeren Schadensersatzleistung für Erwerbsausfall begnügt hat, als er bei zutreffender Beratung über deren steuerliche Behandlung geltend gemacht hätte und hätte durchsetzen können. Leistungen, die Ansprüche ersetzen sollen, die bei ihrer Erfüllung zu **nicht steuerbaren Einnahmen** geführt hätten, fallen nicht unter die Regelung. Erhält ein im Zeitpunkt des schädigenden Ereignisses 12-jähriges Verkehrsunfallopfer von der Versicherung des Schädigers nach Schweizer Recht Ersatz für den verletzungsbedingt erlittenen, rein hypothetisch berechneten Erwerbs- und Fortkommensschaden, kommt eine Anwendung von § 24 Nr. 1 Buchst. a EStG nicht in Betracht, wenn die Vereinbarung der an der Schadensregulierung Beteiligten – trotz der Bezeichnung der gewährten Versicherungsleistung als „Verdienstausfall" – nicht dahin gedeutet werden kann, dass damit Ersatz für steuerbare Einnahmen aus einer konkreten, d.h. bestimmten oder jedenfalls hinreichend bestimmbaren Einkunftsquelle i.S.d. § 2 Abs. 1 Satz 1 Nr. 1 bis 7 EStG gezahlt werden sollte (BFH v. 26.5.2020, IX R 15/19, HFR 2020, 1138). Erhält ein im Zeitpunkt des schädigenden Ereignisses Erwerbsloser vom Schädiger Ersatz für den verletzungsbedingt erlittenen Erwerbsschaden gem. § 842 BGB, kommt es für die Anwendung von § 24 Nr. 1 Buchst. a EStG darauf an, ob mit der Zahlung steuerbare und steuerpflichtige Einnahmen ersetzt werden sollen – sog. **Verdienstausfall** – oder der **Wegfall des Anspruchs auf steuerfreie Sozialleistungen wie das Arbeitslosengeld** (BFH v. 20.7.2018, IX R 25/17, BStBl II 2020, 186).

Schadenersatz wegen der Verletzung anderer Rechtsgüter (Gesundheit) fällt ebenso wenig darunter, wie etwa Ansprüche auf Ausgleich eines **behinderungsbedingten Mehrbedarfs** oder auf Zahlung eines **Schmerzensgelds** (BFH v. 9.1.2018, IX R 34/16, BStBl II 2018, 582). Arbeitslohn liegt ebenfalls nicht vor, wenn der Arbeitgeber dem Arbeitnehmer einen Schaden ersetzt, den dieser infolge einer **Verletzung arbeits- oder sonstiger zivilrechtlicher (Fürsorge-)Pflichten oder einer unerlaubten Handlung des Arbeitgebers** erlitten hat. Denn damit werden nicht die Dienste des Arbeitnehmers vergütet, sondern ein vom Arbeitgeber verursachter Schaden ausgeglichen (BFH v. 25.4.2018, VI R 34/16, BStBl II 2018, 600).

Ein unmittelbarer Zusammenhang mit dem Dienstverhältnis besteht z.B. **nicht** bei

- Schadensersatz des Arbeitgebers wegen **Mobbings, Diskriminierung oder sexueller Belästigung**, und zwar auch dann nicht, wenn der Arbeitgeber die behauptete Benachteiligung bestritten und sich lediglich in einem gerichtlichen Vergleich zur Zahlung bereit erklärt hat; es handelt sich insoweit um den Ausgleich immaterieller Schäden i.S.d. § 15 Abs. 2 AGG (FG Rheinland-Pfalz v. 21.3.2017, 5 K 1594/14, EFG 2017, 835).
- **Entschädigungen, die private Verluste oder Krankheitskosten** ersetzen sollen (BFH v. 22.4.1982, III R 135/79, BStBl II 1982, 496).
- Abfindungen, die **nicht unter die sieben Einkunftsarten des EStG fallen**: Nicht steuerbar ist z.B. eine **Schadensersatzrente** nach § 844 Abs. 2 BGB, da sie lediglich den durch ein schädigendes Ereignis entfallenden, nicht steuerbaren Unterhaltsanspruch ausgleicht und keinen Ersatz für entgangene oder entgehende einkommensteuerpflichtige Einnahmen gewährt (BFH v. 9.1.2018, IX R 34/16, BStBl II 2018, 582 sowie BMF v. 15.7.2009, IV C 3 – S 2255/08/10012, BStBl I 2009, 836) oder eine **Entschädigung wegen des Wegfalls steuerfreier Leistungen wie z.B. das Arbeitslosengeld** (BFH v. 20.7.2018, IX R 25/17, BStBl II 2020, 186).
- **Streik- und Aussperrungsunterstützungen** (BFH v. 24.10.1990, X R 161/88, BStBl II 1991, 337).

b) Abfindungszahlungen nach dem AGG

Ziel des AGG ist es, Benachteiligungen aus Gründen der Rasse, 2003
der ethnischen Herkunft, des Geschlechts, der Religion bzw. der Weltanschauung, einer Behinderung, des Alters oder der sexuellen Identität zu verhindern oder zu beseitigen. Bei einem Verstoß gegen das Benachteiligungsverbot sieht § 15 AGG als zentrale Rechtsfolge einen Anspruch auf Schadensersatz bzw. Entschädigung des Betroffenen vor.

I.d.R. resultiert die Entschädigung aus einem bestehenden oder einem künftigen Vertragsverhältnis zwischen einem Arbeitgeber und einem Arbeitnehmer. Die steuerliche Behandlung der Zahlung hängt dabei regelmäßig von der vom Gericht zu Grunde gelegten Rechtsgrundlage ab.

Bei Entschädigungen nach § 15 AGG ist für die steuerliche Behandlung wie folgt zu differenzieren:

- Wird ein Arbeitnehmer unter Verstoß gegen das Benachteiligungsverbot des AGG entlassen und ist der Arbeitgeber nach **§ 15 Abs. 1 AGG** verpflichtet, den hierdurch entstandenen – materiellen – Schaden zu ersetzen, liegt regelmäßig **steuerpflichtiger Arbeitslohn** nach § 19 Abs. 1 i.V.m. § 24 Nr. 1 Buchst. a EStG vor. In diesen Fällen handelt es sich um Entschädigungen, die Ersatz für entgehende Einnahmen darstellen.
- Handelt es sich hingegen um **Entschädigungen nach § 15 Abs. 2 AGG**, die ein Beschäftigter wegen Verletzung des Benachteiligungsverbotes durch den Arbeitgeber für immaterielle Schäden (z.B. auf Grund Diskriminierung wegen Geschlecht/Alter, Mobbing, sexuelle Belästigung) verlangen kann, liegt regelmäßig **kein steuerpflichtiger Arbeitslohn** vor. Derartige Entschädigungen werden nicht „für eine Beschäftigung" i.S.d. § 19 Abs. 1 EStG gewährt. Sie sind – wie andere Schadensersatzleistungen auch, zu denen der Arbeitgeber gesetzlich verpflichtet ist – keine Einnahme aus dem Dienstverhältnis. Missbräuchliche Umwidmungen von Abfindungen in Entschädigungen wegen Diskriminierung werden steuerrechtlich nicht anerkannt.

Bei der Auslegung eines arbeitsgerichtlichen Vergleichs wegen einer Entschädigung nach § 15 Abs. 2 AGG sind neben dem

Wortlaut die gesamten Umstände des Falles zu berücksichtigen. Das **FG Rheinland-Pfalz** hat in seinem Urteil v. 21.3.2017, 5 K 1594/14, EFG 2017, 835 entschieden, dass eine Entschädigung, die ein Arbeitgeber seinem Arbeitnehmer wegen Diskriminierung zahlen muss, auch dann kein Arbeitslohn ist, wenn der Arbeitgeber die behauptete Benachteiligung bestritten und sich lediglich in einem gerichtlichen Vergleich zur Zahlung bereit erklärt hat. In dem Verfahren vor dem FG war die Frage der Diskriminierung als Behinderter wesentlicher Bestandteil des Arbeitsgerichtsprozesses. Auf Grund des Vergleichs beim Arbeitsgericht blieb offen, ob eine Benachteiligung als Behinderter tatsächlich stattgefunden hat.

S. zu dieser Frage auch die Antwort der Bundesregierung auf eine Schriftliche Frage im Deutschen Bundestag (BT-Drucks. 16/3710 v. 1.12.2006 Nr. 22, 14 sowie B+P 2007, 84).

Beispiel:

Das Bundesverwaltungsgericht hat einem Beamten eine Entschädigung zugesprochen, weil seine Besoldung gegen das Verbot der Benachteiligung wegen Alters verstoßen hat. Das Gericht hat den Anspruch auf Entschädigung aus § 15 Abs. 2 AGG hergeleitet (BVerwG v. 30.10.2014, 2 C 3/13 bzw. 6/13).

Die obersten Finanzbehörden haben entschieden, dass kein steuerpflichtiger Arbeitslohn vorliegt, da Entschädigungen nach § 15 Abs. 2 AGG nicht „für eine Beschäftigung“ i.S.d. § 19 Abs. 1 EStG gewährt werden (FinMin Hamburg v. 20.4.2015, S 2332 – 2015/002 – 52, DStR 2016, 479).

Ebenso ist Schadensersatz des Arbeitgebers wegen Mobbing, Diskriminierung oder sexueller Belästigung kein Arbeitslohn, und zwar auch dann nicht, wenn der Arbeitgeber die behauptete Benachteiligung bestritten und sich lediglich in einem gerichtlichen Vergleich zur Zahlung bereit erklärt hat; es handelt sich insoweit um den Ausgleich immaterieller Schäden i.S.d. § 15 Abs. 2 AGG (FG Rheinland-Pfalz v. 21.3.2017, 5 K 1594/14, EFG 2017, 835).

Die vorgenannten „steuerfreien“ Entschädigungen fallen auch **nicht unter die übrigen Einkunftsarten des EStG**, bleiben also von vornherein außer Betracht.

Sind im Zusammenhang mit der Auflösung oder Beendigung eines Arbeitsverhältnisses **mehrere (auch unterschiedliche) Entschädigungsleistungen** als Ersatz für entgangene oder entgehende Einnahmen vereinbart, sind diese **grds. einheitlich zu beurteilen. Dieser Grundsatz entbindet jedoch nicht von der Prüfung, ob jede einzelne Entschädigung „als Ersatz für entgangene oder entgehende Einnahmen“ i.S.d. § 24 Nr. 1 Buchst. a EStG gewährt worden ist**. Eine Leistung, für die auf Grund der Umstände nicht anzunehmen ist, dass sie eine Entschädigung für entgangene oder entgehende Leistungen darstellt, kann nicht aus Gründen der einheitlichen Beurteilung in den Besteuerungstatbestand hineingezogen werden (BFH v. 9.1.2018, IX R 34/16, BStBl II 2018, 582 zur Einheitsbetrachtung bei Zahlung einer Entschädigung und Schmerzensgeld).

c) Entschädigungen wegen Körperverletzung u.Ä.

2004 Im Zusammenhang mit **Unfällen** können folgende Entschädigungen in Betracht kommen:

1. **Entschädigung bei Körperverletzung,**
   a) Ersatz der Kosten der Heilung;
   b) Ersatz des Vermögensnachteils, den der Verletzte dadurch erleidet, dass infolge der Verletzung seine Erwerbsfähigkeit zeitweise oder dauernd aufgehoben oder vermindert ist (**Verdienstausfall**);
   c) Ersatz des Vermögensnachteils, den der Verletzte dadurch erleidet, dass infolge der Verletzung eine dauernde Vermehrung seiner Bedürfnisse eingetreten ist. Hierzu gehören notwendige Mehraufwendungen für Kuren, Erneuerung künstlicher Gliedmaßen usw.
2. **Entschädigung bei Tötung,**
   a) Entschädigung für die Kosten der Beerdigung;
   b) Entschädigung in bestimmten Fällen an dritte Personen, die infolge des Tods des Verletzten ein Recht auf Unterhalt gegen diesen verloren haben;
3. **Schmerzensgeld**.

Hinsichtlich der **steuerlichen Behandlung** dieser Entschädigungen gilt Folgendes:

Bei Entschädigungen wegen **Körperverletzung** ist zu unterscheiden zwischen Beträgen, die den **Verdienstausfall ersetzen** und solchen, die als **Ersatz für Arzt- und Heilungskosten** und die Mehraufwendungen während der Krankheit, sowie als **Ausgleich für immaterielle Einbußen** in Form eines Schmerzensgeldes gewährt werden. Nur soweit entgangene oder entgehende Einnahmen auf Grund der verminderten Erwerbsfähigkeit ersetzt werden, ist eine steuerpflichtige Entschädigung i.S.d. § 24 Nr. 1 Buchst. a EStG gegeben (vgl. BFH v. 26.5.2020, IX R 15/19, HFR 2020, 1138 betr. eine als „Verdienstausfall“ bezeichnete Versicherungsleistung bei einem 12-jährigen Verkehrsunfallopfer, Steuerpflicht verneint).

Bei den Entschädigungen nach Ziff. 1 Buchst. a und c, Ziff. 2 Buchst. a und Ziff. 3 handelt es sich um **echte Schadensersatzleistungen**, die unter keine der im § 2 Abs. 1 EStG genannten Einkunftsarten fallen. Die Leistungen sind auch dann **nicht steuerbar**, wenn sie in Form wiederkehrender Bezüge (Mehrbedarfsrente oder Schmerzensgeldrente) gewährt werden. Nicht steuerbar ist auch eine **Schadensersatzrente** nach § 844 Abs. 2 BGB, da sie lediglich den durch ein schädigendes Ereignis entfallenden, nicht steuerbaren Unterhaltsanspruch ausgleicht und keinen Ersatz für entgangene oder entgehende einkommensteuerpflichtige Einnahmen gewährt (BFH v. 26.11.2008, X R 31/07, BStBl II 2009, 651; BMF v. 15.7.2009, IV C 3 – S 2255/08/10012, BStBl I 2009, 836).

Die Entschädigungen, die als **Ersatz für entgangene oder entgehende Einnahmen (Ziff. 1 Buchst. b)** gezahlt werden (insbesondere für den **Verdienstausfall**), unterliegen gem. § 24 Nr. 1 Buchst. a EStG der **Einkommensteuer** und sind der Einkunftsart zuzurechnen, zu der sie wirtschaftlich gehören (vgl. FG Schleswig-Holstein v. 12.5.2004, 1 K 180/00: Entschädigung einer Haftpflichtversicherung zum Ausgleich eines Erwerbsschadens ist auch dann steuerpflichtig, wenn die Zahlung auf einem Unfall beruht, der sich auf einer **Privatfahrt** ereignet hat). Dies gilt auch, wenn nicht eine laufende Entschädigung, sondern eine Kapitalabfindung gezahlt wird (vgl. RFH v. 10.2.1939, RStBl 1939, 907). Die Tatsache, dass die Entschädigung im Einzelfall auf Grund der Netto-Einkünfte (also nach Abzug der darauf entfallenden Steuern) errechnet worden ist, ist steuerlich ohne Bedeutung. Ebenso FG Baden-Württemberg v. 18.3.2010, 13 K 143/06, EFG 2010, 1109 betr. Schadensersatzzahlungen eines Versicherers an eine Beamtin, deren Dienstverhältnis auf Grund einer Erkrankung, die auf einen Verkehrsunfall zurückzuführen ist, aufgelöst wurde; die Schadensersatzleistungen sind nach §§ 24 Nr. 1 Buchst. a, 34 Abs. 1, 2 Nr. 2 EStG tarifermäßigt zu versteuern. Wird eine Entschädigung auf Grund eines **Vergleichs** gezahlt und enthält der Vergleich nichts über die Abgeltung der einzelnen Schäden, so ist unter Berücksichtigung der Wahrscheinlichkeit, mit der die einzelnen Ansprüche im Prozessweg durchgesetzt werden könnten, zu schätzen, in welcher Höhe die einzelnen Ansprüche in der Vergleichssumme enthalten sind (BFH v. 29.10.1959, IV 235/58 U, BStBl III 1960, 87).

Erhält ein im Zeitpunkt des schädigenden Ereignisses Erwerbsloser vom Schädiger Ersatz für den verletzungsbedingt erlittenen **Erwerbsschaden gem. § 842 BGB**, kommt es für die Anwendung von § 24 Nr. 1 Buchst. a EStG darauf an, ob mit der Zahlung steuerbare und steuerpflichtige Einnahmen ersetzt werden sollen (sog. **Verdienstausfall**) oder der **Wegfall des Anspruchs auf steuerfreie Sozialleistungen wie das Arbeitslosengeld** (BFH v. 20.7.2018, IX R 25/17, BStBl II 2020, 186).

Ein **Lohnsteuerabzug** ist auch hinsichtlich des Ersatzes von Verdienstausfall nicht vorzunehmen, weil die Haftpflichtversicherung nicht Arbeitgeber ist.

Nicht steuerbar sind jedoch Entschädigungen, die keiner bestimmten Einkunftsart zugeordnet werden können, im Einzelfall mag die Abgrenzung schwierig sein:

Beispiel 1:

A, 17 Jahre alt, wurde als Fahrerin während ihres Fahrschulunterrichts Opfer eines schweren Verkehrsunfalls. Zur Zeit des Unfalls stand sie **weder in einem Ausbildungsverhältnis noch in einem Arbeitsverhältnis**. Sie beabsichtigte vielmehr, die Fachhochschulreife zu erwerben. Die Versicherung zahlte ihr als Entschädigung u.a. eine Verdienstausfallentschädigung i.H.v. 145 000 €.

Die Verdienstausfallentschädigung ist **nicht steuerbar**, weil sie keiner bestimmten Einkunftsart zugeordnet werden kann. Es reicht nicht aus, dass die Beziehung zu irgendeiner Einkunftsart lediglich möglich erscheint. Ebenso BFH v. 26.5.2020, IX R 15/19, HFR 2020, 1138 betr. eine als „Verdienstausfall" bezeichnete Versicherungsleistung bei einem 12-jährigen Verkehrsunfallopfer.

Beispiel 2:

B, **Auszubildender zum Krankenpfleger**, ist nach einem unverschuldeten Unfall schwerbehindert und bezieht eine Rente wegen Erwerbsunfähigkeit. Die Versicherung des Unfallgegners hat eine Verdienstausfallentschädigung von rund 100 000 € gezahlt. Die weiteren Schäden in Gestalt von Mehraufwendungen in der Haushaltsführung und der immaterielle Schaden wurden gesondert erstattet.

Die Verdienstausfallentschädigung ist steuerpflichtig, sie wird für „entgehende" steuerpflichtige Einnahmen aus der angestrebten Tätigkeit als Krankenpfleger gezahlt. Nicht steuerpflichtig ist dagegen die Entschädigung für Mehraufwendungen in der Haushaltsführung und immaterieller Schäden (vgl. FG Nürnberg v. 2.7.2009, 7 K 328/2008, m.w.N.).

Leistet ein Schädiger (z.B. eine Versicherung) Ersatz für erlittenen **Verdienstausfall**, weil er davon ausgeht, dass der Geschädigte bei ungestörtem Verlauf (alsbald) wieder eine Anstellung gefunden hätte, unterfällt die Zahlung § 24 Nr. 1 Buchst. a EStG, wenn auf Grund der Umstände des Einzelfalls **eine eindeutige Zuordnung zu einer bestimmten Einkunftsart in Betracht kommt. Unerheblich ist, dass mangels Vertrags noch keine gesicherte Erwartung auf bestimmte Einnahmen bestand**. Nicht nur der Ersatz für „entgangene", sondern auch für (zukünftig) „entgehende" Einnahmen wird von § 24 Nr. 1 Buchst. a EStG erfasst. Es kommt für die Besteuerung auch nicht darauf an, wie wahrscheinlich die Erzielung der (weggefallenen) Einnahmen bei objektiver Betrachtung war. Maßgeblich ist, dass der Schädiger sie als hinreichend wahrscheinlich erachtet und deshalb Ersatz für zukünftigen Verdienstausfall geleistet hat. Beruht die Leistung auf einer Vereinbarung, muss im Zweifel durch Auslegung unter Berücksichtigung der Umstände, die zum Zustandekommen der Vereinbarung geführt haben, ermittelt werden, ob der Schädiger den zukünftigen Verdienstausfall oder nur den Schaden ersetzen wollte, der darin besteht, dass der Anspruch auf steuerfreie Sozialleistungen weggefallen ist (BFH v. 20.7.2018, IX R 25/17, BStBl II 2020, 186 betr. eine Versicherungsentschädigung wegen eines Erwerbsschadens gem. § 842 BGB nach einer missglückten Operation).

3. Steuerfreie Entschädigungen

2005 Andere Entschädigungen wären zwar an sich steuerpflichtig, das EStG enthält jedoch aus **sozialen Gründen** Steuerbefreiungen, z.B. für

- **Übergangsbeihilfen** an Soldatinnen auf Zeit und Soldaten auf Zeit, wenn das Dienstverhältnis vor dem 1.1.2006 begründet wurde (§ 52 Abs. 4a Satz 2 EStG i.V.m. § 3 Nr. 10 EStG a.F. sowie → *Übergangsgelder/Übergangsbeihilfen* Rz. 4156).
- **Verdienstausfallentschädigungen nach dem Infektionsschutzgesetz** (§ 3 Nr. 25 EStG). Diese Leistungen unterliegen jedoch nach § 32b EStG dem Progressionsvorbehalt und sind daher ggf. i.R. einer Einkommensteuerveranlagung zu erfassen (→ *Progressionsvorbehalt* Rz. 3501).

4. Abgrenzung der Einkunftsart

2006 Nicht jede Entschädigung, die ein **Arbeitnehmer** erhält, gehört zu seinen Einkünften aus nichtselbständiger Arbeit. Bei Entschädigungen i.S.d. § 24 Nr. 1 Buchst. a EStG als **„Ersatz für entgangene oder entgehende Einnahmen"** ist diese Frage recht einfach zu beantworten, weil die Entschädigung zumeist an die Stelle der bisher erzielten Einnahmen tritt. Die Einkunftsart folgt damit der bisherigen steuerlichen Beurteilung. Steuerpflichtig sind allerdings auch Entschädigungen für „entgehende Einnahmen". Dies gilt auch, wenn der Ersatz für die entgehenden Einnahmen von einem **Dritten gezahlt** wird, z.B. von einer Versicherung (BFH v. 20.7.2018, IX R 25/17, BStBl II 2020, 186 betr. eine Versicherungsentschädigung wegen eines Erwerbsschadens gem. § 842 BGB nach einer missglückten Operation).

Problematisch ist diese Beurteilung aber bei den Entschädigungen i.S.d. § 24 Nr. 1 Buchst. b EStG für die **„Aufgabe oder Nichtausübung einer Tätigkeit"**. Hier kommt es darauf an, zu welchen Einkünften die Tätigkeit geführt hätte, auf deren Ausübung der Stpfl. verzichtet hat. Ist insoweit eine eindeutige Zuordnung zu einer der Einkunftsarten des § 2 Abs. 1 Nr. 1 bis 6 EStG nicht möglich, weil die Entschädigung für die Nichtausübung **mehrerer unterschiedlich zu qualifizierender Tätigkeiten gezahlt** wird, ist die Entschädigung den **sonstigen Einkünften** i.S.d. § 22 Nr. 3 EStG zuzurechnen (FG München v. 30.5.2016, 2 K 1846/13, m.w.N.). Lohnsteuer ist dann nicht einzubehalten.

Beispiel 1:

A war Gesellschafter-Geschäftsführer einer GmbH. Das Anstellungsverhältnis wurde auf Veranlassung der GmbH einvernehmlich aufgehoben. Als Ausgleich für den Verlust des Arbeitsplatzes erhielt A eine vertragliche Abfindung von 450 000 DM (umgerechnet ca. 230 081 €). Zugleich verpflichtete er sich gegenüber der GmbH in einem weiteren Vertrag gegen Zahlung eines als **Karenzentschädigung** bezeichneten Betrags von 225 000 DM (umgerechnet ca. 115 040 €), für die Dauer von fünf Jahren nach Beendigung des Arbeitsverhältnisses nicht für ein Unternehmen tätig zu sein, das mit der GmbH in Wettbewerb steht. A war hiermit „jede selbständige direkte oder indirekte oder unselbständige Tätigkeit für ein solches Konkurrenzunternehmen untersagt".

Der **BFH** hat die Entschädigung den **sonstigen Einkünften** i.S.d. § 22 Nr. 3 EStG zugeordnet, weil A sich zu einem „umfassenden Konkurrenzverzicht im weitesten Sinne" verpflichtet hat (BFH v. 12.6.1996, XI R 43/94, BStBl II 1996, 516). Begründung: Anders als bei einem sog. eingeschränkten Wettbewerbsverbot, das nur die Ausübung einer ganz bestimmten Tätigkeit untersagt, kann hier nicht festgestellt werden, ob A auf die Ausübung einer nichtselbständigen Tätigkeit oder auf die Ausübung einer gewerblichen Tätigkeit verzichtet hat. Da eine eindeutige Zuordnung somit nicht möglich ist, ist die Entschädigung der subsidiär eingreifenden Einkunftsart des § 22 Nr. 3 EStG zuzuordnen. Trotz Zuordnung zu dieser Einkunftsart kann aber die Tarifermäßigung nach § 34 Abs. 1 und 2 EStG gewährt werden. Lohnsteuer hat die GmbH jedoch nicht einzubehalten.

Beispiel 2:

Auf Grund rückwirkender Besoldungsanpassungen besteht die Möglichkeit, dass Landesbedienstete Nachzahlungen für zurückliegende Zeiträume von bis zu zehn Jahren sowie (teilweise) **Prozesszinsen** erhalten. Dies führt im Jahr des Zuflusses zu einer erhöhten Steuerlast. Die Stpfl. sehen darin eine unbillige sachliche Härte und beantragen eine abweichende Steuerfestsetzung nach § 163 AO bzw. einen Erlass nach § 227 AO für den entsprechenden Veranlagungszeitraum.

Die Finanzverwaltung verfährt in solchen Fällen wie folgt:

Der **Nachzahlungsbetrag (= Arbeitslohn)** wird im Jahr des Zuflusses (§ 11 EStG) der Besteuerung unterworfen. Da sich der Nachzahlungsbetrag auf mehrere Kalenderjahre bezieht und es sich um außerordentliche Einkünfte handelt, ist § 34 Abs. 1 i.V.m. Abs. 2 Nr. 4 EStG anzuwenden (sog. Fünftelregelung). Zum geplanten Wegfall der Berücksichtigung der Tarifermäßigung nach § 34 Abs. 1 EStG bei der Berechnung der Lohnsteuer → Rz. 714.

Die gezahlten Prozesszinsen gehören zu den Einkünften aus Kapitalvermögen (§ 20 EStG). Diese sind nach § 34 EStG nicht begünstigt. Sie gelten grds. nicht als „außerordentlich", da sie i.d.R. nach der Disposition des Stpfl. zu einem bestimmten Zeitpunkt anfallen.

Bei **Prozesszinsen für eine lange Verfahrensdauer liegt der Fall anders**. Der Stpfl. hatte für diese nachträglich gewährten Einnahmen aus Kapitalvermögen keine Gestaltungsmöglichkeiten. Außerdem ist eine sehr enge Verknüpfung mit der eigentlichen Besoldungsnachzahlung vorhanden. Aus diesem Grund bestehen **keine Bedenken, im Einzelfall die Steuer aus Billigkeitsgründen herabzusetzen**. Als Maßstab kann der Betrag gelten, der sich aus einer fiktiven Anwendung von § 34 EStG ergeben würde.

Eine **Steuerfreistellung** kommt nicht in Betracht, auch wenn bei jährlichem Zufluss die Sparerfreibeträge nach § 20 Abs. 4 EStG ggf. zur Steuerfreistellung geführt hätten.

5. Tarifermäßigte Entschädigungen

Die Anwendung der Tarifermäßigung des § 34 Abs. 1 und 2 Nr. 2 EStG setzt voraus, dass eine „**Entschädigung**" i.S.d. § 24 Nr. 1 EStG gezahlt wird. 2007

Eine tarifbegünstigte „**Entschädigung**" liegt nur vor, wenn

- die bisherige Grundlage für den Erfüllungsanspruch weggefallen ist und der Arbeitnehmer/Stpfl. einen **finanziellen Schaden erlitten** hat,
- der an die Stelle der bisherigen Einnahmen getretene Ersatzanspruch auf einer **neuen Rechts- oder Billigkeitsgrundlage beruht** und die somit auf einem **anderen Rechtsgrund** beruhende Zahlung unmittelbar dazu bestimmt ist, diesen **Schaden auszugleichen** (BFH v. 23.4.2021, IX R 3/20, BStBl II 2021, 692). Ein solcher Rechtsgrund wird regelmäßig Bestandteil der Auflösungsvereinbarung sein; er kann aber auch bereits bei Abschluss des Dienstvertrags oder im Verlauf des Dienstverhältnisses für den Fall des vorzeitigen Ausscheidens vereinbart werden.

Zahlungen, die nicht an die Stelle weggefallener Einnahmen treten, sondern bürgerlich-rechtlich Erfüllungsleistungen eines Schuldverhältnisses sind, gehören **nicht zu den Entschädigungen**. Um eine Entschädigung handelt es sich nur dann, wenn die bisherige Grundlage für den Erfüllungsanspruch weggefallen ist und der an die Stelle der bisherigen Einnahmen getretene Ersatzanspruch auf einer **neuen Rechts- oder Billigkeitsgrundlage** beruht. Es reicht daher nicht aus, wenn die bisherige vertragliche Basis bestehen geblieben ist und sich **nur Zahlungsmodalitäten geändert** haben oder die Vertragsparteien den Vertrag zwar einvernehmlich beenden, aber sich noch zu Zahlungen verpflichten, die **bürgerlich-rechtlich Erfüllungsleistungen** aus dem beendeten Rechtsverhältnis darstellen. Erforderlich ist vielmehr, dass der **Stpfl. durch den Wegfall von Einnahmen einen Schaden erleidet**, der durch die Zahlung unmittelbar ausgeglichen werden soll (BFH v. 13.3.2018, IX R 16/17, BStBl II 2018, 709 betr. eine Abfindung im Zuge der – einvernehmlichen – Auflösung des Arbeitsverhältnisses).

Nachteilsausgleichszahlungen i.R. eines Betriebsübergangs gem. § 613a BGB stellen eine Entschädigung i.S.d. § 24 Nr. 1 EStG dar und können gem. § 34 Abs. 2 Nr. 2 EStG ermäßigt zu besteuern sein. Dies gilt auch in den Fällen, in denen auf Grund der konkreten Vereinbarungen im Einzelfall bei einem Widerspruch gegen den Übergang des Arbeitsverhältnisses keinerlei Nachteile entstehen und keine betriebsbedingten Kündigungen ausgesprochen werden. Denn bei Zahlung eines Nachteilsausgleichs kann davon ausgegangen werden, dass auch der Arbeitgeber ein Interesse an dem Übergang des Arbeitsverhältnisses hat. Auch wenn dem Arbeitnehmer bei einem Widerspruch keinerlei Nachteile entstehen, so zielt doch die Vereinbarung zum Übergang der Arbeitsverhältnisse auf den übernehmenden Betrieb i.d.R. darauf ab, dem Arbeitnehmer den Weg zum neuen Arbeitgeber zu ebnen.

Eine Entschädigung, die aus Anlass einer Entlassung aus dem Dienstverhältnis vereinbart wird (**Entlassungsentschädigung**), setzt den Verlust von Einnahmen voraus, mit denen der Arbeitnehmer rechnen konnte.

Keine tarifbegünstigte Entschädigung kann daher anerkannt werden bei **Zahlungen des Arbeitgebers, die bereits erdiente Ansprüche abgelten**, wie z.B.

- rückständiger Arbeitslohn,
- anteiliges Urlaubsgeld, Urlaubsabgeltung (FG Hamburg v. 19.3.2019, 6 K 80/18),
- Weihnachtsgeld,
- Jubiläumsgeld (BFH v. 14.5.2003, XI R 23/02, BStBl II 2004, 451),
- Gratifikationen,
- Tantiemen (BFH v. 24.10.2007, XI R 33/06, HFR 2008, 449),
- bei rückwirkender Beendigung des Dienstverhältnisses bis zum steuerlich anzuerkennenden Zeitpunkt der Auflösung noch zustehende Gehaltsansprüche (BMF v. 1.11.2013, IV C 4 – S 2290/13/10002, BStBl I 2013, 1326 Rdnr. 3).

Das gilt auch für freiwillige Leistungen des Arbeitgebers, wenn sie in gleicher Weise den verbleibenden Arbeitnehmern tatsächlich zugewendet werden.

Für die Frage, ab wann vertragliche Ansprüche nicht mehr auf der alten Rechtsgrundlage entstehen können, ist von dem Zeitpunkt auszugehen, zu dem Arbeitgeber und Arbeitnehmer das **Dienstverhältnis wirksam beendet** haben (BFH v. 29.5.2008, IX R 55/05, HFR 2009, 18 m.w.N.). Werden in einer Abfindungsvereinbarung neben Entschädigungen für künftig entgehende Einnahmen auch Zahlungen einbezogen, die bis zur Beendigung des Dienstverhältnisses zustanden, so sind diese, selbst wenn sie noch nicht fällig sein sollten, als nicht tarifermäßigte Einnahmen von den Entschädigungen zu trennen. Unter Auflösung des Dienstverhältnisses ist die nach **bürgerlichem (Arbeits-)Recht wirksame Auflösung** zu verstehen; die Beteiligten haben es dabei – bis an die Grenze des Gestaltungsmissbrauchs – in der Hand, durch vertragliche Vereinbarung zu bestimmen, in welchem Umfang Entschädigungen gem. § 24 Nr. 1 EStG an die Stelle von normalen Lohnansprüchen treten (BFH v. 19.10.2005, XI R 24/04, HFR 2006, 578 und BFH v. 13.12.2005, XI R 55/04, HFR 2006, 987 m.w.N.).

Vereinbaren Vertragsparteien im Zuge einer **vorzeitigen Beendigung eines Dienstverhältnisses** eine „Abfindung“, „Entschädigung“ o.Ä., so ist festzustellen, inwieweit durch diese vergleichsweise Regelung tatsächlich zivilrechtlich bereits entstandene Erfüllungsansprüche oder Ersatz für entgangene oder entgehende Einnahmen geleistet werden sollte. Bis zur zivilrechtlich gültigen Vertragsbeendigung entstandene Ansprüche sind **Erfüllungsansprüche** (§ 611 BGB), die darüber hinaus geleisteten Zahlungen können **Entschädigungen** i.S.d. § 24 EStG sein. Vgl. hierzu auch BFH v. 20.3.1987, VI R 61/84, und BFH v. 6.11.2002, XI R 2/02, wonach für den Fall der Kündigung eines Anstellungsverhältnisses zum Jahresende und Vereinbarung einer Pauschalabfindung, mit der auch ein Tantiemeanspruch für das Jahr der Kündigung abgegolten werden soll, der auf die Tantieme entfallende Teil nicht ermäßigt zu besteuern ist. Der auf die Tantieme entfallende Anteil der Pauschalabfindung ist danach **im Wege der Schätzung** zu ermitteln.

Werden in einer Vereinbarung zwischen Arbeitgeber und Arbeitnehmer im Zusammenhang mit der Beendigung eines Arbeitsverhältnisses mehrere in sachlicher und/oder zeitlicher Hinsicht **unterschiedliche Entschädigungsleistungen zugesagt**, sind diese grds. einheitlich zu beurteilen (**Grundsatz der Einheitlichkeit der Entschädigung**). Dementsprechend gehören zur Entschädigung für entgehende Einnahmen (§ 24 Nr. 1 Buchst. a EStG) sämtliche Leistungen, zu denen sich der (frühere) Arbeitgeber im Aufhebungsvertrag verpflichtet hat, soweit sie nicht Erfüllung des bisherigen Arbeitsvertrages sind. Der Grundsatz, dass Entschädigungen, die aus Anlass der Auflösung eines Arbeitsverhältnisses gewährt werden, einheitlich zu beurteilen sind, entbindet jedoch nicht von der Prüfung, ob **jede einzelne Entschädigung „als Ersatz für entgangene oder entgehende Einnahmen“ i.S.d. § 24 Nr. 1 Buchst. a EStG gewährt** worden ist (BFH v. 23.4.2021, IX R 3/20, BStBl II 2021, 692).

Die einvernehmliche Auflösung eines Arbeitsverhältnisses erfolgt regelmäßig (auch) im Interesse des Arbeitgebers. Eine im Gegenzug gezahlte Abfindung ist daher i.d.R. als Entschädigung ermäßigt zu besteuern. Dies gilt grds. auch für eine (zusätzliche) Abfindung, die für die (vorzeitige) Beendigung des Arbeitsverhältnisses durch Wahrnehmung einer sog. **Sprinterklausel** gezahlt wird. Denn in diesem Fall kann die Kündigung durch den Arbeitnehmer nicht separat, sondern nur im Zusammenhang mit der Auflösung des Arbeitsverhältnisses insgesamt betrachtet werden (FG Hessen v. 31.5.2021, 10 K 1597/20, EFG 2021, 1546; a.A. FG Niedersachsen v. 8.2.2018, 1 K 279/17, EFG 2018, 644 sowie FG Baden-Württemberg v. 22.2.2021, 8 K 3125/18). Der BFH (Urteil v. 6.12.2021, IX R 10/21) hat die Revision gegen das Urteil des FG Baden-Württemberg als unbegründet zurückgewiesen (Leitsätze): *„Eine einheitliche, in unterschiedlichen Veranlagungszeiträumen ausgezahlte Entschädigung kann vorliegen, wenn alle Teilleistungen auf die Beendigung des Arbeitsverhältnisses zurückzuführen sind. Dies gilt auch, soweit eine Teilentschädigung (sog. Startprämie) dafür geleistet wird, dass der Arbeitnehmer sein Beschäftigungs- und Qualifizierungsverhältnis bei der Transfergesellschaft vorzeitig kündigt, weil er bei einem anderen Arbeitgeber ein neues Arbeitsverhältnis beginnt.“*

Sämtliche Leistungen müssen zum Zwecke der Tarifvergünstigung grds. **in *einem* Veranlagungszeitraum zufließen**. Wird eine Entschädigung dagegen in zwei oder mehreren Veranlagungszeiträumen ausgezahlt, scheidet grds. in sämtlichen Veranlagungszeiträumen eine Steuerermäßigung nach § 34 EStG aus (→ Rz. 2016).

Dies gilt jedoch nicht ausnahmslos, eine **Ausnahme von diesem Grundsatz** hält der BFH besonders in solchen Fällen für geboten, in denen neben einer Hauptentschädigungsleistung aus Gründen der **sozialen Fürsorge** für eine gewisse Übergangszeit in späteren Veranlagungszeiträumen ergänzende **Entschädigungszusatzleistungen** gewährt werden (→ Rz. 2009) oder in einem anderen Veranlagungszeitraum nur eine **minimale Teilleistung** gewährt wird (→ Rz. 2017).

Der Anwendung der Tarifermäßigung steht es nicht entgegen, wenn der Arbeitnehmer beim selben Arbeitgeber unmittelbar nach Auflösung des Arbeitsverhältnisses eine neue, jedoch **völlig andere Arbeitnehmertätigkeit aufnimmt** (vgl. BFH v. 10.4.2003, XI R 4/02, BStBl II 2003, 748).

Progressionsvorbehalt nach § 32b EStG und Tarifermäßigung des § 34 Abs. 1 EStG sind mit der Folge nebeneinander anwendbar (sog. integrierte Steuerberechnung), dass sich ein negativer Progressionsvorbehalt i.R. der Ermittlung des Steuerbetrags nach § 34 Abs. 1 Satz 3 EStG wegen des niedrigeren Steuersatzes notwendig steuermindernd auswirkt (BFH v. 11.12.2012, IX R 23/11, BStBl II 2013, 370).

Bei Vereinbarungen mit dem Arbeitgeber über **Aufhebungsverträge** usw. sollte aber nicht nur darauf geachtet werden, dass die Abfindung die Voraussetzungen für die tarifermäßigte Besteuerung erfüllt. Ggf. lassen sich auch durch die **Wahl des Auszahlungszeitpunkts erhebliche Steuern einsparen**, insbesondere wenn der Arbeitnehmer nach Auflösung seines Dienstverhältnisses keine weiteren Einkünfte mehr bezieht.

6. Abgrenzung der verschiedenen Arbeitgeberleistungen

a) Allgemeines

2008 Besonders im Zusammenhang mit der **vorzeitigen Entlassung** von Arbeitnehmern aus dem Dienstverhältnis ist von Bedeutung, dass **nicht** alle Zahlungen des Arbeitgebers als **Entschädigung für die Entlassung** anzusehen sind. Sie stellen zwar steuerpflichtigen Arbeitslohn dar, können jedoch nicht tarifermäßigt versteuert werden. Vorteilhaft ist jedoch, dass sie die Anwendung der Tarifermäßigung auf die eigentliche Entschädigung (das ist insbesondere die Barabfindung) unberührt lassen.

Eine Entschädigung wird im Übrigen nur dann als Entlassungsentschädigung angesehen werden können, wenn sie in einem **sachlichen Zusammenhang mit dem Ausscheiden steht** (R 9 Abs. 1 Satz 2 LStR a.F.).

Solange ein Abfindungsanspruch noch nicht entstanden ist, kann der **Zeitpunkt der Fälligkeit noch bestimmt** werden. Aber auch wenn der Abfindungsanspruch bereits entstanden ist, können Arbeitgeber und Arbeitnehmer den bevorstehenden Eintritt der Fälligkeit nachträglich hinausschieben. Allerdings darf es sich nicht um einen Missbrauch von rechtlichen Gestaltungsmöglichkeiten nach § 42 AO handeln. So hat das **FG Baden- Württemberg** im Urteil v. 29.4.2004, 14 K 135/99, EFG 2004, 1596 keinen Zufluss angenommen, weil eine ursprünglich im November fällige Abfindung zum Vorteil des Arbeitnehmers im folgenden Januar ausgezahlt worden ist.

Der **BFH** hat in seinem Urteil v. 11.11.2009, IX R 1/09, BStBl II 2010, 746 das Hinausschieben einer in einem Sozialplan vereinbarten Fälligkeit eines Abfindungsteilbetrags grds. nicht als Gestaltungsmissbrauch i.S.d. § 42 AO angesehen. Arbeitgeber und Arbeitnehmer können daher den Zeitpunkt des Zuflusses einer Abfindung oder eines Teilbetrags einer solchen beim Arbeitnehmer in der Weise steuerwirksam gestalten, dass sie deren ursprünglich vorgesehene Fälligkeit vor ihrem Eintritt auf einen späteren Zeitpunkt verschieben (BMF v. 4.3.2016, IV C 4 – S 2290/07/10007, BStBl I 2016, 277 Rdnr. 8 Satz 8). **Voraussetzung ist, dass eine abweichende Fälligkeitsvereinbarung schriftlich getroffen worden ist.** Liegt keine Fälligkeitsvereinbarung vor und wird lediglich die Abfindung später ausgezahlt, muss weiterhin ein Zufluss im Kalenderjahr der Fälligkeit angenommen werden.

Beispiel:

A wird zur Vermeidung einer betriebsbedingten Kündigung ein Aufhebungsvertrag angeboten. Danach erhält A eine Abfindung von 100 000 €, die im Zeitpunkt des Ausscheidens zusammen mit der letzten Lohnzahlung im Dezember 2025 fällig werden soll. Nach Rücksprache mit seinem Steuerberater bittet A seinen Arbeitgeber im November 2025, die Abfindung erst im Januar 2026 auszuzahlen, weil er nach seiner Entlassung wesentlich geringere Einkünfte hat und somit nicht mehr so viel Einkommensteuer zahlen muss.

Die Verschiebung der Auszahlung ist steuerlich anzuerkennen, so dass die Abfindung erst im Jahr 2026 zu versteuern ist (vgl. BMF v. 4.3.2016, IV C 4 – S 2290/07/10007, BStBl I 2016, 277 Rdnr. 8 Satz 8).

Wegen ihrer unterschiedlichen steuerlichen Auswirkung sind besonders bei **Entlassungsentschädigungen** gegeneinander abzugrenzen:

- **Normal zu besteuernder Arbeitslohn** nach § 19 EStG, ggf. i.V.m. § 24 Nr. 2 EStG,
- **tarifermäßigte Entschädigungen** nach § 24 Nr. 1 i.V.m. § 34 Abs. 1 und 2 EStG sowie
- **Vergütungen für eine mehrjährige Tätigkeit** i.S.d. § 34 Abs. 2 Nr. 4 EStG.

Für die beiden Letztgenannten gilt jedoch die **„Fünftelregelung“**, so dass eine Unterscheidung insoweit nicht erforderlich ist. Zum geplanten Wegfall der Berücksichtigung der Tarifermäßigung nach § 34 Abs. 1 EStG bei der Berechnung der Lohnsteuer → Rz. 714.

b) „Unschädliche“ Zahlungen aus Fürsorgeerwägungen

Außerordentliche Einkünfte i.S.d. § 34 Abs. 1 und 2 EStG werden in ständiger Rechtsprechung grds. nur bejaht, wenn die zu begünstigenden Einkünfte in einem Veranlagungszeitraum zu erfassen sind und durch die Zusammenballung von Einkünften erhöhte steuerliche Belastungen entstehen. **Keine Zusammenballung** in diesem Sinne liegt typischerweise vor, wenn eine Entschädigung in **zwei oder mehreren Veranlagungszeiträumen gezahlt** wird, auch wenn die Zahlungen jeweils mit anderen laufenden Einkünften zusammentreffen und sich ein Progressionsnachteil ergibt (BFH v. 13.10.2015, IX R 46/14, BStBl II 2016, 214). 2009

Eine **Ausnahme** von diesem Grundsatz hält der BFH in solchen Fällen für geboten, in denen – neben der Hauptentschädigungsleistung – in späteren Veranlagungszeiträumen aus Gründen der **sozialen Fürsorge** für eine gewisse Übergangszeit Entschädigungs**zusatz**leistungen gewährt werden. Das sind beispielsweise solche Leistungen, die der (frühere) Arbeitgeber dem Stpfl. zur Erleichterung des Arbeitsplatz- oder Berufswechsels oder als Anpassung an eine dauerhafte Berufsaufgabe und Arbeitslosigkeit erbringt. Sie setzen keine Bedürftigkeit des entlassenen Arbeitnehmers voraus. Soziale Fürsorge ist allgemein i.S. der **Fürsorge des Arbeitgebers für seinen früheren Arbeitnehmer** zu verstehen. Ob der Arbeitgeber zu der Fürsorge arbeitsrechtlich verpflichtet ist, ist unerheblich (BFH v. 14.4.2015, IX R 29/14, HFR 2015, 938 m.w.N.).

Derartige ergänzende Zusatzleistungen, die Teil der einheitlichen Entschädigung sind, sind **unschädlich für die Beurteilung der Hauptleistung** als einer zusammengeballten Entschädigung, auf die die **Tarifermäßigung** angewendet werden kann. Die in späteren Jahren gezahlten **Zusatzleistungen sind dagegen regulär zu besteuern**; eine einheitliche Entschädigung ist nur einmal ermäßigt zu besteuern (BFH v. 8.4.2014, IX R 28/13, HFR 2014, 994 m.w.N.).

Die zusätzlichen Entschädigungsleistungen dürfen aber betragsmäßig nur einen **ergänzenden Zusatz zur Hauptleistung bilden**, diese also bei weitem nicht erreichen oder nur so **geringfügig sein**, dass eine Versagung der Begünstigung gem. § 34 EStG gegen den Grundsatz der Verhältnismäßigkeit verstoßen würde (BFH v. 11.5.2010, IX R 39/09, HFR 2010, 1169 m.w.N.). Die Finanzverwaltung erkennt unschädliche Zusatzleistungen an, wenn sie **weniger als 50 % der Hauptleistung** betragen. Die Vergleichsrechnung ist hier durch Einnahmenvergleich vorzunehmen (BMF v. 1.11.2013, IV C 4 – S 2290/13/10002, BStBl I 2013, 1326 Rdnr. 14).

Als **unschädliche Zusatzleistungen des Arbeitgebers anerkannt** worden sind z.B.

- die Übernahme der Kosten für eine **Outplacement-Beratung** (→ *Outplacement* Rz. 3296), sofern der Arbeitnehmer die Beratung tatsächlich in Anspruch genommen und das Geld nicht für nicht sozial motivierte Zwecke ausgegeben hat (BFH v. 14.8.2001, XI R 22/00, BStBl II 2002, 180),
- befristete **Zuschüsse zum Arbeitslosengeld** (BFH v. 24.1.2002, XI R 43/99, BStBl II 2004, 442). Das gilt auch, wenn nach der Betriebsvereinbarung die Höhe der Gesamtentschädigung auf 18 Bruttomonatseinkommen beschränkt ist und deshalb einzelne Arbeitnehmer trotz Arbeitslosigkeit nicht in den Genuss der Zusatzleistungen kommen (BFH v. 14.4.2005, XI R 11/04),
- Zahlungen aus einem **Härtefonds** (BFH v. 6.3.2002, XI R 16/01, BStBl II 2004, 446),
- nachträgliche Zahlung von **Jubiläumsgeld** (BFH v. 14.5.2003, XI R 23/02, BStBl II 2004, 451),
- die befristete **Überlassung eines Firmenwagens**, damit dem entlassenen Arbeitnehmer für eine Übergangsfrist die Vorteile erhalten bleiben, die mit der bisherigen Tätigkeit verbunden waren (BFH v. 3.7.2002, XI R 80/00, BStBl II 2004, 447 und BFH v. 29.1.2003, XI R 1/02),

- Zahlungen zur Verwendung für die **Altersversorgung** (BFH v. 15.10.2003, XI R 17/02, BStBl II 2004, 264 und BFH v. 21.1.2004, XI R 22/03).

Beispiel 1:

A ist auf Veranlassung des Arbeitgebers im Jahre 2025 aus der Firma ausgeschieden und hat nach dem Sozialplan eine Abfindung i.H.v. 120 000 € erhalten, die tarifermäßigt besteuert worden ist. Von März bis Juli 2026 erhielt A auf Grund einer Regelung im Sozialplan eine Ausgleichszahlung wegen andauernder Arbeitslosigkeit und Auslaufen des Arbeitslosengelds in Höhe der bezogenen Leistungen des Arbeitsamts von monatlich 1 000 €.

Die Ausgleichszahlungen hängen nicht mehr mit der Entlassung des A im Jahre 2025 zusammen, sondern werden unter dem Gesichtspunkt der **andauernden Fürsorgepflicht** des Arbeitgebers gezahlt. Sie sind zwar lohnsteuerpflichtiger Arbeitslohn, führen aber nicht dazu, dass die Tarifermäßigung für die im Jahre 2025 gezahlte Abfindung rückwirkend versagt werden müsste mit der Begründung, die Entschädigung für die Entlassung würde nun nicht mehr zusammengeballt in **einem** Veranlagungszeitraum gezahlt.

Die im Jahre 2026 gezahlten Ausgleichszahlungen können allerdings nicht tarifermäßigt versteuert werden (vgl. BFH v. 6.3.2002, XI R 16/01, BStBl II 2004, 446).

Beispiel 2:

Auflösung des Dienstverhältnisses im Jahr 2025. Der Arbeitgeber zahlt im Jahr 2025 insgesamt 150 000 € Entschädigung und gewährt von Juli 2025 bis Juni 2026 zur Überbrückung der Arbeitslosigkeit einen Zuschuss zum Arbeitslosengeld von monatlich 2 500 €. Im Jahr 2026 fließen keine weiteren Einkünfte zu.

Jahr 2025	
Einnahmen i.S.d. § 19 EStG	50 000 €
Entschädigung	150 000 €
monatlicher Zuschuss (6 × 2 500 €)	15 000 €
Entschädigung insgesamt (Hauptleistung)	165 000 €
Jahr 2026	
monatlicher Zuschuss (6 × 2 500 €)	15 000 €

Die im Jahr 2026 erhaltenen Zahlungen sind zusätzliche Entschädigungsleistungen, die aus sozialer Fürsorge für eine gewisse Übergangszeit gewährt wurden. Sie betragen 15 000 € = 9,09 % von 165 000 € (Entschädigungshauptleistung) und sind damit unschädlich für die Beurteilung der Hauptleistung als einer zusammengeballten Entschädigung. Die im Jahr 2025 erhaltenen Entschädigungsleistungen sind daher nach § 34 EStG ermäßigt zu besteuern.

Die im Jahr 2026 erhaltenen Zusatzleistungen fallen dagegen nicht unter die Tarifbegünstigung des § 34 EStG.

Wegen des vorzunehmenden Vergleichs der Einnahmen bleibt der Arbeitnehmer-Pauschbetrag außer Betracht.

Sachbezüge, die in ihrer Bündelung zu einer umfassenden Versorgung führen (Kosten für Wohnung einschließlich Heizung, Beleuchtung und Wasser; Gartenpflege; Telefon; Stellung eines Pkw mit Fahrer, auch für private Zwecke), sind jedoch keine für die begünstigte Besteuerung der Hauptentschädigung unschädliche Entschädigungszusatzleistung (BFH v. 21.1.2004, XI R 23/03, und BFH v. 23.2.2005, XI R 3/04, HFR 2005, 755).

c) Weitere „unschädliche" Arbeitgeberleistungen (Rabatte u.Ä.)

2010 Eine Entschädigung liegt auch dann nicht vor, wenn der Arbeitgeber freiwillige Leistungen nicht nur an die ausgeschiedenen Arbeitnehmer erbringt, sondern in gleicher Weise

- den **verbleibenden Arbeitnehmern** oder
- auch in anderen Fällen, insbesondere bei **altersbedingtem Ausscheiden**.

Hierzu gehören insbesondere die Fortführung von

- **verbilligten Mietverhältnissen**. Ist die weitere Nutzung einer Wohnung Bestandteil der Entschädigungsvereinbarung, so ist die Mietverbilligung nur dann für die Zusammenballung von Einkünften schädlich, wenn sie mietrechtlich frei vereinbar und dem Grunde nach geldwerter Vorteil aus dem früheren Dienstverhältnis ist und nicht auf die Lebenszeit des oder der Berechtigten abgeschlossen ist (BMF v. 1.11.2013, IV C 4 – S 2290/13/10002, BStBl I 2013, 1326 Rdnr. 15),
- **zinsverbilligten Arbeitgeberdarlehen** (vgl. dazu auch FG Hessen v. 8.10.1998, 13 K 5779/97, EFG 1999, 118),
- **Deputatlieferungen** („lebenslanger Haustrunk") sowie
- die **Weitergewährung von Rabatten** und **Sondertarifen** (BMF v. 1.11.2013, IV C 4 – S 2290/13/10002, BStBl I 2013, 1326 Rdnr. 13).

d) „Unschädliche" lebenslängliche Versorgungszusagen

Lebenslänglich zugesagte **Geld- oder Sachleistungen** sind Einkünfte i.S.d. § 24 Nr. 2 EStG und damit ebenfalls für die Anwendung der **Tarifermäßigung** auf die im Übrigen gezahlte Entlassungsentschädigung (insbesondere also für den Einmalbetrag) **unschädlich** (BMF v. 1.11.2013, IV C 4 – S 2290/13/10002, BStBl I 2013, 1326 Rdnr. 13). Dies gilt z.B., wenn dem Arbeitnehmer i.R. der Ausscheidensvereinbarung erstmals **lebenslang laufende** 2011

- **Versorgungsleistungen**, auch eine Erhöhung der Pension (BFH v. 6.3.2002, XI R 51/00, BStBl II 2002, 516); dies gilt **nicht für Vorruhestandsgelder** auf Grund eines Manteltarifvertrags (BFH v. 16.6.2004, XI R 55/03, BStBl II 2004, 1055), oder
- **Sachleistungen**, z.B. ein verbilligtes oder unentgeltliches **Wohnrecht**,

eingeräumt werden.

Beispiel:

Im Zusammenhang mit seiner Entlassung im Jahre 2025 wurden B erstmals lebenslang laufende Versorgungsbezüge (z.B. Zukunftssicherungsleistungen) sowie ein unentgeltliches Wohnrecht an einer Firmenwohnung eingeräumt. Daneben hatte B im Jahre 2025 eine Abfindung i.H.v. 100 000 € erhalten, die tarifermäßigt besteuert wurde.

Diese lebenslänglich gewährten Leistungen sind zwar grds. steuerpflichtig, sind aber für die Anwendung der Tarifermäßigung auf die im Jahre 2025 gezahlte Abfindung ohne Bedeutung.

e) „Unschädliche" vorzeitige Zahlung von Betriebsrenten u.Ä.

Unschädlich für die Anwendung der Tarifermäßigung auf den Einmalbetrag ist bei Betriebsrenten nach BMF v. 1.11.2013, IV C 4 – S 2290/13/10002, BStBl I 2013, 1326 ebenfalls, wenn 2012

- bei Beginn der Rente aus der gesetzlichen Rentenversicherung die lebenslängliche **Betriebsrente ungekürzt gezahlt** wird (Rdnr. 5);
- neben der Entlassungsentschädigung eine **vorgezogene lebenslängliche Betriebsrente bereits vor Beginn der Rente aus der gesetzlichen Rentenversicherung gezahlt** wird. Dabei ist es unerheblich, ob die vorgezogene Betriebsrente gekürzt, ungekürzt oder erhöht geleistet wird. Die Renten sind nach § 24 Nr. 2 EStG steuerpflichtig (Rdnr. 6);
- ein noch **verfallbarer Anspruch auf lebenslängliche Betriebsrente** im Zusammenhang mit der Auflösung eines Dienstverhältnisses in einen **unverfallbaren Anspruch umgewandelt** wird (Rdnr. 7).

Beispiel:

C scheidet auf Grund eines Sozialplans mit 55 Jahren aus der Firma aus. Er erhält als Abfindung einen Einmalbetrag von 100 000 €. Außerdem verpflichtet sich der Arbeitgeber, die ab dem 65. Lebensjahr zugesagte Werksrente von monatlich 1 200 € ungekürzt zu zahlen, obwohl wegen des vorzeitigen Ausscheidens lediglich ein Betrag von 1 000 € monatlich zu zahlen wäre.

Die Zahlung der ungekürzten Werksrente hat keine Auswirkung auf die Gewährung der Tarifermäßigung für den Einmalbetrag.

Nicht angesprochen in dem BMF-Schreiben ist der Fall, dass eine **Betriebsrente** bis zum Beginn der Sozialversicherungsrente **erhöht ausbezahlt** und danach in üblicher Höhe gewährt wird. Der Erhöhungsbetrag ist eine zweite, **zeitlich befristete Versorgungszusage**, die – da sie nicht auf Lebenszeit gewährt wird – als **Teil der Entschädigung** anzusehen ist. Da die Entschädigung dann aber nicht mehr zusammengeballt in **einem** Veranlagungszeitraum zufließt, folgt daraus, dass auch die **Tarifermäßigung für den Einmalbetrag abzulehnen** ist. Eine solche Fallgestaltung sollte daher möglichst vermieden werden.

f) „Schädliche" zusätzliche Entschädigungsleistungen des Arbeitgebers

aa) Grundsatz

Sehen Entlassungsvereinbarungen zusätzliche Leistungen des früheren Arbeitgebers vor, die sich nicht schon aus dem ursprünglichen Arbeitsvertrag ergeben, z.B. die **zeitlich befristete unentgeltliche oder teilentgeltliche Nutzung des Dienstwagens, des Firmentelefons oder anderer betrieblicher Einrichtungen** (Nutzung von Fax-Geräten oder ganzer Büros, Übernah- 2013 me der Kosten für Büropersonal), ohne dass der ausgeschiedene Mitarbeiter noch zu einer Dienstleistung verpflichtet wäre, so kann es sich um eine **einheitliche Entschädigung** im Zusammenhang mit der vorzeitigen Entlassung handeln.

Handelt es sich um eine solche (einheitliche) Entschädigung, ist dies für die **Anwendung des** § 34 EStG **schädlich**, wenn die steuerpflichtige Gesamtentschädigung (Einmalbetrag zuzüglich zusätzlicher Entschädigungsleistungen) nicht in **einem** Kalenderjahr zufließt (BMF v. 1.11.2013, IV C 4 – S 2290/13/10002, BStBl I 2013, 1326 Rdnr. 13 und BFH v. 22.2.2007, VI B 121/06: Keine Tarifbegünstigung für Sachbezug – hier: geldwerter Vorteil aus der Übereignung eines Dienstwagens zum Buchwert – und Barabfindung im Vorjahr). **Ausnahme:** Es handelt sich um Zusatzleistungen aus sozialer Fürsorge (→ Rz. 2009).

Sachbezüge, die in ihrer Bündelung zu einer umfassenden Versorgung führen (Kosten für Wohnung einschließlich Heizung, Beleuchtung und Wasser; Gartenpflege; Telefon; Stellung eines Pkw mit Fahrer, auch für private Zwecke), sind jedoch keine für die begünstigte Besteuerung der Hauptentschädigung unschädliche Entschädigungszusatzleistung (BFH v. 21.1.2004, XI R 23/03, und BFH v. 23.2.2005, XI R 3/04, HFR 2005, 755).

Beispiel:

A war Geschäftsführer einer GmbH, neben seinem Jahresgehalt stellte ihm die Gesellschaft einen Dienstwagen mit Fahrer und ein Anwesen zur Verfügung; die Kosten – auch für das Hauspersonal – übernahm die Gesellschaft. 1995 wurde das Dienstverhältnis gegen Zahlung einer Abfindung von umgerechnet 750 000 € vorzeitig beendet, die Sachbezugsrechte (Wert umgerechnet rund 208 000 €) wurden bis Ende 1996 weiter gewährt.

Die Tarifermäßigung des § 34 EStG kann nach Auffassung des BFH (Urteil v. 21.1.2004, XI R 23/03) nicht gewährt werden, da die Entschädigung (hierzu gehören auch die Sachbezüge!) nicht in **einem** Kalenderjahr zugeflossen ist. Bei derartig hohen Sachbezügen könnten auch keine „unschädlichen" Arbeitgeberleistungen aus Fürsorgeerwägungen angenommen werden.

Die Tarifbegünstigung kommt für die Entlassungsentschädigung hinsichtlich der einmaligen Abfindungszahlung auch dann nicht in Betracht, wenn neben der einmaligen Abfindungszahlung über **mehrere Jahre erhebliche Übergangsgelder** fließen und es sich bei der einmaligen Abfindungszahlung nebst Übergangsgeld um eine **einheitliche Entschädigung handelt**, die auf einer gemeinsamen Rechtsgrundlage basiert. Dies gilt selbst dann, wenn die Übergangsgelder auf Grund eines **tarifvertraglichen Anspruchs** geleistet werden (BFH v. 29.5.2008, IX R 55/05, HFR 2009, 18). Entsprechendes gilt für die Zahlung einer sog. **Umorientierungshilfe** neben der Abfindung anlässlich der Aufhebung des Arbeitsverhältnisses (BFH v. 28.6.2006, XI R 58/05, BStBl II 2006, 835).

bb) Weitere Nutzung der verbilligten Wohnung

2014 Ist die weitere Nutzung einer Wohnung Bestandteil der Entschädigungsvereinbarung, so ist die Mietverbilligung nur dann Teil der Entschädigung und somit für die Zusammenballung von Einkünften schädlich, wenn sie **mietrechtlich frei vereinbar** und dem Grunde nach geldwerter Vorteil aus dem früheren Dienstverhältnis und nicht auf die Lebenszeit des oder der Berechtigten abgeschlossen ist (BMF v. 1.11.2013, IV C 4 – S 2290/13/10002, BStBl I 2013, 1326 Rdnr. 13).

Unschädlich ist es also, wenn

- der Arbeitgeber die **Miete** für die Dienstwohnung aus mietrechtlichen Gründen **ohnehin nicht anheben könnte** (die Mietverbilligung erfolgt dann nicht wegen der vorzeitigen Entlassung aus dem Dienstverhältnis) oder
- die verbilligte **Wohnung „lebenslänglich" überlassen** wird, weil lebenslängliche Bar- und Sachleistungen gesondert zu behandeln sind und generell nicht der Entschädigung für die vorzeitige Entlassung aus dem Dienstverhältnis zugerechnet werden (BMF v. 1.11.2013, IV C 4 – S 2290/13/10002, BStBl I 2013, 1326 Rdnr. 13).

cc) Gesamtversorgung

2015 In der Praxis sehen Abfindungsvereinbarungen häufig eine sog. **Gesamtversorgung** vor, die sich aus mehreren Komponenten zusammensetzt, z.B. Rente aus der gesetzlichen Sozialversicherung, Arbeitslosengeld und ggf. Leistungen aus der betrieblichen Altersversorgung. Fällt einer dieser Bestandteile ganz oder z.T. aus, muss der **Arbeitgeber seinen ausgeschiedenen Mitarbeitern oft nachträglich einen entsprechenden Ausgleich gewähren**. Werden solche Ausgleichszahlungen erst im Folgejahr gezahlt, kommt für die **gesamte Abfindung der ermäßigte Steuersatz grds. nicht mehr in Betracht**. Es liegt nach Auffassung der Finanzverwaltung **kein Ausnahmefall** vor, der eine Zahlung in mehreren Jahren rechtfertigen könnte (vgl. z.B. OFD Cottbus v. 29.9.1997, S 2340 – 10 – St 117, FR 1997, 965).

Auch das FG Düsseldorf hat die Tarifermäßigung abgelehnt, wenn sich ein Arbeitgeber im Zusammenhang mit einer vorzeitigen Beendigung eines Arbeitsverhältnisses zum **Ausgleich des niedrigeren Arbeitslosengelds zu laufenden Zahlungen verpflichtet** und zugleich eine **weitere Abfindung in Form einer Einmalzahlung gewährt** (FG Düsseldorf v. 17.2.1998, 1 K 1055/95 E, EFG 1998, 880). Geht ein Arbeitnehmer in den **Vorruhestand** und erhält er auf Grund von Vereinbarungen im Aufhebungsvertrag eine Einmalzahlung und auf Grund einer betrieblichen Versorgungszusage für den Fall des Vorruhestands in späteren Jahren bis zum Eintritt des Rentenalters von seinem Arbeitgeber Vorruhestandszahlungen, so handelt es sich insgesamt um eine **einheitliche Entschädigung**, für die mangels Zusammenballung kein Anspruch auf begünstigte Besteuerung besteht (FG Hamburg v. 30.5.2008, 3 K 84/08, EFG 2009, 123, Änderungsmöglichkeit der Steuerfestsetzung nach § 173 Abs. 1 Nr. 1 AO im Urteilsfall jedoch abgelehnt, BFH v. 13.4.2010, IX R 10/09).

Um dieses allgemein als Härte empfundene Ergebnis zu vermeiden, ist nach BMF v. 1.11.2013, IV C 4 – S 2290/13/10002, BStBl I 2013, 1326 Rdnr. 13 ff. **Folgendes zu beachten**:

- Es muss zunächst geprüft werden, welche Leistungen noch zu der **Entlassungsentschädigung** gehören. Soweit die Leistungen des Arbeitgebers auf **Fürsorgeerwägungen beruhen**, stehen diese der Anwendung der Tarifermäßigung auf den Einmalbetrag von vornherein nicht entgegen (→ Rz. 2009).
- Das Gleiche gilt für **lebenslängliche Versorgungsleistungen**, z.B. die auf Lebenszeit weiter unentgeltlich überlassene Dienstwohnung (→ Rz. 2011).

In vielen Fällen wird danach die Tarifermäßigung gewährt werden können.

7. Zusammenballung von Einnahmen („1. Prüfung")

a) Grundsatz

Wenn nach den vorstehenden Grundsätzen geklärt ist, ob dem 2016
Grunde nach eine „Entschädigung" vorliegt und welche einzelnen Arbeitgeberleistungen Teil dieser (einheitlichen) Entschädigung sind, muss weiter geprüft werden, ob eine „Zusammenballung von Einnahmen" vorliegt („1. Prüfung"). Denn die tarifermäßigte Besteuerung („Fünftelregelung") nach § 34 EStG soll steuerliche Härten mildern. Steuerliche Härten, die sich bei Zahlung einer Entschädigung in einem Veranlagungszeitraum auf Grund der Steuerprogression (→ *Steuertarif* Rz. 4044) ergeben können, die sich bei normalem Ablauf auf mehrere Jahre verteilt hätte. Ob im Einzelfall tatsächlich ein Progressionsnachteil eintritt, ist unerheblich (vgl. FG Münster v. 23.5.2019, 3 K 1007/18 E, EFG 2019). *„Werden Überstundenvergütungen für einen Zeitraum von mehr als zwölf Monaten veranlagungszeitraumübergreifend geleistet, ist die Tarifermäßigung nach § 34 Abs. 2 Nr. 4 2. Halbsatz EStG zu gewähren."*, so der BFH (Urteil v. 2.12.2021, VI R 23/19, HFR 2022, 530) und hat damit die Revision gegen das Urteil des FG Münster mit dem Leitsatz als unbegründet zurückgewiesen.

Die Anwendung des § 34 EStG setzt daher voraus, dass die Entschädigungsleistungen zusammengeballt – dies gilt nur für die zu begünstigenden Leistungen – in **einem** Veranlagungszeitraum gezahlt werden (BFH v. 13.3.2018, IX R 16/17, BStBl II 2018, 709). Für die Prüfung dieser Frage ist auf den Auszahlungsbetrag abzustellen, der auf Grund der Auflösung des Dienstverhältnisses ausgezahlt wird. Nicht maßgebend sind Leistungen des Arbeitgebers, die vor der Fälligkeit der vereinbarten Abfindungsleistung zulässigerweise in eine BAV oder zu Gunsten einer Einzahlung in das Arbeitszeitkonto umgewandelt werden. Durch die Umwandlung hat der Arbeitnehmer einen neuen originären Anspruch für eine andere Leistung (hier BAV bzw. Arbeitszeitkonto) erhalten. Diese Leistungen haben damit eine andere Rechtsgrundlage und sind getrennt von dem nicht umgewandelten Abfindungsbetrag zu behandeln. Die Umwandlung ist für die Zusammenballung somit nicht schädlich (vgl. BFH v. 23.4.2021, IX R 3/20, BStBl II 2021, 692).

Nicht erforderlich ist, dass die Entschädigungsleistung als Einmalzahlung erfolgt, soweit die Teilbeträge in *einen* Veranlagungszeitraum fallen. **Keine Zusammenballung** in diesem Sinne liegt dagegen typischerweise vor, wenn eine Entschädigung in **zwei oder mehreren Veranlagungszeiträumen gezahlt** wird, auch wenn die Zahlungen jeweils mit anderen laufenden Einkünften zusammentreffen und sich ein Progressionsnachteil ergibt. Dies gilt auch, wenn die Ratenzahlung durch die **Insolvenz der Arbeitgeberin** verursacht ist (BFH v. 14.4.2015, IX R 29/14, HFR 2015, 938 und BFH v. 23.4.2021, IX R 3/20, BStBl II 2021, 692). Verteilen sich eine Gesamtabfindung des Arbeitgebers für zu erwartende Rentenkürzungen wegen vorzeitiger Inanspruchnahme der Altersrente sowie Zahlungen nach einem Sozialplan in zwei gleichen Raten auf zwei Veranlagungszeiträume, fehlt es an einem zusammengeballten Zufluss als Voraussetzung für eine ermäßigte Besteuerung nach § 34 Abs. 1 EStG (FG Thüringen v. 7.12.2011, 1 K 578/10, EFG 2012, 1068). Entsprechendes gilt für eine über zwei Jahre in monatlichen Raten gezahlte **Karenzentschädigung** (FG Sachsen-Anhalt v. 22.10.2014, 2 K 272/12).

Innerhalb des Jahres kann die Entschädigung allerdings **in mehreren Teilbeträgen** ausgezahlt werden (FG Münster v. 29.1.1997, 4 K 608/94 E, EFG 1998, 200).

Eine **Billigkeitsmaßnahme** kommt bei ratenweiser Auszahlung einer Entschädigung ebenfalls nicht in Betracht (BFH v. 21.6.2006, XI R 29/05, m.w.N.).

Beispiel:

Ein Unternehmen hat zur sofortigen Beendigung des Dienstverhältnisses mit Arbeitnehmern, die noch nicht das für eine Frühpensionierung erforderliche Alter von 58 Jahren erreicht haben, einen sog. **Übergangsurlaub** mit anschließender Beendigung des Arbeitsverhältnisses auf den Zeitpunkt des 58. Lebensjahrs vereinbart. Bei Beginn des Übergangsurlaubs (1994) ist eine erste Zahlung als **„Umorientierungshilfe"**, bei Aufhebung des Arbeitsverhältnisses (1997) eine zweite Zahlung als **„Abfindung"** geleistet worden.

Es fehlt hier an der nach § 34 EStG erforderlichen Zusammenballung der Einkünfte, so dass die Tarifermäßigung zu versagen ist (BFH v. 28.6.2006, XI R 58/05, BStBl II 2006, 835). Die zwei Zahlungen beruhen auf einem einheitlichen Lebenssachverhalt und sind als **einheitliche Abfindungsleistung** für die Aufhebung des Arbeitsverhältnisses zu beurteilen. Eine getrennte, ermäßigte Besteuerung der „Umorientierungshilfe" nach § 34 Abs. 1, 2 Nr. 4 EStG (Vergütungen für mehrjährige Tätigkeiten, früher § 34 Abs. 3 EStG), und der „Abfindung" nach § 34 Abs. 1, 2 Nr. 2 EStG (Entschädigungen) scheidet deshalb aus.

Hat das Finanzamt zunächst die Tarifermäßigung nach § 34 EStG gewährt, ohne die Voraussetzungen, insbesondere die „Zusammenballung" weiter zu prüfen (also ob der Arbeitgeber in späteren Jahren noch weitere Leistungen erbracht hat), ist oft streitig, ob der **Einkommensteuerbescheid nach § 173 Abs. 1 Nr. 1 AO wegen nachträglich bekannt gewordener Tatsachen oder Beweismittel geändert** werden kann. Diese Frage lässt sich nicht allgemein beantworten, es kommt also immer auf die Gesamtumstände des Einzelfalls an. Allein die Tatsache, dass das Finanzamt bei der Einkommensteuerveranlagung nicht die einer Entschädigung zu Grunde liegenden Vereinbarungen, Sozialpläne, Betriebsvereinbarungen o.Ä. angefordert hat, steht einer Änderung nicht entgegen (BFH v. 28.6.2006, XI R 58/05, BStBl II 2006, 835 m.w.N.).

Abgelehnt hat der BFH z.B. eine Änderung, wenn

- für das Finanzamt unschwer erkennbar war, dass die Auflösung des Dienstverhältnisses des geschäftsführenden GmbH-Gesellschafters mit dem Verkauf der GmbH-Anteile durch ihn zumindest zusammenhängen kann, so dass Zweifel am Vorliegen eines unfreiwilligen Arbeitsplatzverlustes nahe lagen und **weitere Ermittlungen grds. geboten** waren (BFH v. 3.7.2002, XI R 17/01).

Anerkannt hat der BFH z.B. eine Änderung, wenn

- die Steuererklärung keinen Hinweis auf weitere Zahlungen des Arbeitgebers wegen des Arbeitsplatzverlustes in späteren Veranlagungszeiträumen enthielt, die Angaben plausibel und vollständig erschienen und das **Finanzamt somit nicht gehalten war, von sich aus weitere Ermittlungen anzustellen** (BFH v. 28.6.2006, XI R 58/05, BStBl II 2006, 835).

Die Tarifermäßigung des § 34 Abs. 2 Nr. 4 EStG (Vergütungen für mehrjährige Tätigkeiten) gilt grds. für alle Einkunftsarten und ist damit auch auf **Nachzahlungen von Ruhegehaltsbezügen und Renten** i.S.d. § 22 Nr. 1 EStG anwendbar, soweit eine Zusammenballung von Einkünften eintritt, die bei Rentenzahlungen nicht dem typischen Ablauf entspricht (R 34.4 Abs. 1 EStR). Bei Rentennachzahlungen, die z.B. auf Grund eines Rechtsstreits für mehrere zurückliegende Jahre erfolgen, sind nach Verwaltungsauffassung auch die **Erhöhungsbeiträge** für die monatlichen Rentenbezüge des laufenden Kalenderjahrs, in dem die Auszahlung erfolgt, in die Bemessungsgrundlage für die **Tarifermäßigung** nach § 34 EStG einzubeziehen. Die Annahme außerordentlicher Einkünfte in diesem Sinne setzt voraus, dass die Vergütung für mehrjährige Tätigkeiten eine **Progressionswirkung typischerweise erwarten lässt**. Davon ist jedenfalls auszugehen, wenn die Vergütung für eine mehrjährige Tätigkeit auf Grund einer vorausgehenden rechtlichen Auseinandersetzung zusammengeballt zufließt (BFH v. 14.12.2006, IV R 57/05, BStBl II 2007, 180).

Die Zahlung eines zu verrechnenden **Vorschusses** auf die in demselben Veranlagungszeitraum vereinnahmte Entschädigung ist eine die Abwicklung betreffende Zahlungsmodalität und für die Zusammenballung der außerordentlichen Einkünfte i.S.d. § 34 Abs. 1, Abs. 2 Nr. 2 EStG unschädlich. Bei einem zeitlichen Abstand zweier selbständiger Entschädigungszahlungen von sechs Jahren fehlt der für die Beurteilung der Einheitlichkeit einer Entschädigungsleistung erforderliche zeitliche Zusammenhang (BFH v. 11.10.2017, IX R 11/17, BStBl II 2018, 706).

b) Ausnahmen

Wird eine anlässlich der Beendigung eines Arbeitsverhältnisses einheitlich zu bewirkende Entschädigung (die sich aus mehreren Teilen zusammensetzt) nicht in einer Summe, sondern verteilt in **zwei Veranlagungszeiträumen** gezahlt, kommt die Anwendung des § 34 EStG für die gesamte Entschädigung selbst dann nicht in Betracht, wenn sich ein Progressionsnachteil ergibt (FG Düsseldorf v. 8.11.2018, 15 K 2482/18 E, m.w.N.). Auf die Gründe, die zu einer **Ratenzahlung** geführt haben, kommt es nicht an. Dies gilt auch, wenn neben einer tarifvertraglichen Abfindung eine zusätzliche Abfindung auf Grund einer **individuellen Abrede** (FG Köln v. 14.7.2010, 10 K 4061/09, EFG 2010, 1983) oder von einer **Transfergesellschaft**, die u.a. vom ehemaligen Arbeitgeber finanziert wird, gezahlt wird. Von einer einheitlichen, ggf. in unterschiedlichen Veranlagungszeiträumen ausgezahlten Entschädigung ist auszugehen, wenn die Beendigung des Arbeitsverhältnisses ein zwei Teilleistungen begründendes Schadensereignis darstellt. Dies gilt auch, wenn eine Teilentschädigung dafür geleistet wird, dass der Arbeitnehmer besondere Modalitäten der Beendigung seines Arbeitsverhältnisses akzeptiert (BFH v. 8.4.2014, IX R 28/13, HFR 2014, 994). 2017

Erhält ein Arbeitnehmer nach Beendigung des Arbeitsverhältnisses auf Grund eines zwischen Insolvenzverwalter und Betriebsrat geschlossenen, nicht § 123 InsO entsprechenden **Sozialplans** in mehreren Veranlagungszeiträumen von dritter Seite sozial motivierte **Zahlungen zur Aufstockung des Arbeitslosengelds** und abschließend eine im Zeitpunkt der Zusage in wesentlichem Umfang ungewisse **ergänzende Abfindung**, liegt eine – mangels Zusammenballung nicht ermäßigt zu besteuernde – einheitliche Entschädigungsleistung vor. Die ergänzende Abfindung ist nicht deshalb als – ausnahmsweise ermäßigt zu besteuernde – Hauptleistung anzusehen, weil sie am Ende höher ausfällt als die übrigen Zahlungen (BFH v. 11.5.2010, IX R 39/09, HFR 2010, 1169).

Ausnahmen können allenfalls im Wege der **Billigkeit** berücksichtigt werden, wobei es sich aber um **„persönliche Billigkeitsgründe" handeln** müsste; der ermäßigte Steuersatz ist grds. nicht wegen sachlicher Unbilligkeit anzuwenden (BFH v. 28.1.2008, IX B 243/07, m.w.N.). Die Erhebung der sich aus dem Gesetz ergebenden Einkommensteuer auf eine in drei unterschiedlichen Jahren geleistete Entschädigung begründet für den Empfänger jedenfalls dann **keine unbillige Härte**, wenn der Versicherer des Schädigers den Empfänger von dieser Steuer freigestellt hat und dieser deshalb nicht belastet ist (BFH v. 13.11.2006, XI B 31/06).

Die Rechtsprechung hat von dem Grundsatz, dass die Entschädigung zusammengeballt in **einem** Kalenderjahr zufließen muss, **Ausnahmen** zugelassen, wenn es sich handelt

- um unschädliche Zusatzleistungen aus **Fürsorgeerwägungen** (→ Rz. 2009),
- um besonders gelagerte **Ausnahmefälle**, z.B. weil die Zahlung der Entschädigung von vornherein in einer Summe vorgesehen war und nur wegen ihrer ungewöhnlichen Höhe und der besonderen Verhältnisse des Zahlungspflichtigen auf zwei Jahre verteilt wurde oder wenn der Entschädigungsempfänger – bar aller Existenzmittel – dringend auf den baldigen Bezug einer Vorauszahlung angewiesen war (BMF v. 4.3.2016, IV C 4 – S 2290/07/10007, BStBl I 2016, 277 Rdnr. 8 Satz 10 und BFH v. 6.9.2000, XI R 19/00, HFR 2001, 445),
- um eine **minimale Teilleistung**, die zu einer in einem anderen Veranlagungszeitraum zufließenden in einem Betrag ausgezahlten Hauptentschädigungsleistung hinzukommt (BFH v. 25.8.2009, IX R 11/09, BStBl II 2011, 27 betr. eine vom Arbeitgeber abredewidrig in dem der Hauptleistung vorangehenden Veranlagungszeitraum ausgezahlte Teilleistung von 1 000 € = **1,3 % der Hauptleistung** und BFH v. 13.10.2015, IX R 46/14, BStBl II 2016, 214).

  Eine Zahlung ist zumindest dann als geringfügig anzusehen, wenn sie **10 % der Gesamtabfindung** nicht überschreitet (BFH v. 13.10.2015, IX R 46/14, BStBl II 2016, 214 sowie BMF v. 4.3.2016, IV C 4 – S 2290/07/10007 :031, BStBl I 2016, 227). Eine Teilleistung von 10,2 % hat der BFH dagegen als nicht mehr geringfügig angesehen (BFH v. 8.4.2014, IX R 28/13, HFR 2014, 994). Darüber hinaus kann eine Zahlung unter Berücksichtigung der konkreten individuellen Steuerbelastung als geringfügig anzusehen sein, wenn sie niedriger ist als die tarifliche Steuerbegünstigung der Hauptleistung.

Beispiel 1:

Ein durch Unfall Querschnittsgelähmter erhält von der Versicherung Entschädigungen für Verdienstausfall auf Grund mehrerer Vergleiche: Der Vergleich v. 16.1.1995 regelt den Verdienstausfall bis zum 31.12.1994, der Vergleich v. 18.11.1995 den Verdienstausfall bis zum 31.12.1997 und der Vergleich v. 24.9.1998 den Verdienstausfall seit 1.1.1998.

Der BFH hat die Tarifermäßigung anerkannt, weil die Zahlungen auf mehreren gesonderten und unterschiedliche Zeiträume betreffenden Vereinbarungen beruhen (BFH v. 21.1.2004, XI R 40/02, BStBl II 2004, 716).

Wenn jedoch von **vornherein Ratenzahlungen über zwei Jahre vereinbart** werden, kommt die Tarifermäßigung auf keinen Fall in Betracht (FG Münster v. 16.12.1996, 4 K 5433/94 L, EFG 1998, 201). Das gilt auch, wenn eine einheitlich zu beurteilende Entschädigung sich aus mehreren Teilen (in sachlicher oder auch in zeitlicher Hinsicht) zusammensetzt (BFH v. 21.3.1996, XI R 51/95, BStBl II 1996, 416).

Beispiel 2:

A hat in einem Vergleich vor dem Arbeitsgericht mit seinem Arbeitgeber eine Abfindung von 300 000 € vereinbart, die in vier Raten zu folgenden Terminen ausgezahlt werden soll: Jeweils 75 000 € am 1.3.2023, 1.9.2023, 1.3.2024 und 1.9.2024. A beantragt für den im Jahre 2023 gezahlten Teilbetrag die Tarifermäßigung nach § 34 EStG.

Der BFH hat dies abgelehnt, weil die Abfindung von vornherein in vier Raten festgesetzt war (BFH v. 28.7.1993, XI R 74/92).

c) Unschädliche steuerfreie und pauschal versteuerte Einkünfte

2018 **Steuerfreie Einkünfte** sind bei der Beurteilung des Zuflusses in **einem** Veranlagungszeitraum **nicht zu berücksichtigen** (BFH v. 28.6.2006, XI R 58/05, BStBl II 2006, 835 m.w.N.), denn steuerfreie Einkünfte sind keine steuerbaren Entschädigungen i.S.d. § 24 Nr. 1 EStG. Dementsprechend können steuerbefreite Einkünfte auch nicht bei der Beurteilung, ob die Entschädigung zusammengeballt in **einem** Veranlagungszeitraum zugeflossen ist, berücksichtigt werden. Hierbei ist allein auf die steuerbaren, nicht steuerbefreiten Entschädigungszahlungen abzustellen.

Das Gleiche gilt für **pauschal besteuerte Arbeitgeberleistungen** (BMF v. 4.3.2016, IV C 4 – S 2290/07/10007, BStBl I 2016, 277 Rdnr. 8 Satz 7). Diese Regelung ermöglicht z.B. die **Fortführung von Zukunftssicherungsleistungen** auch bei einem entlassenen Arbeitnehmer ohne schädliche Auswirkung auf die Gewährung der Tarifermäßigung für die Kapitalabfindung.

8. Prüfung der wegfallenden Einnahmen („2. Prüfung")

a) Grundsatz

Nach ständiger BFH-Rechtsprechung (BFH v. 13.3.2018, IX R 16/ 2019
17, BStBl II 2018, 709), der die Finanzverwaltung folgt (BMF v. 1.11.2013, IV C 4 – S 2290/13/10002, BStBl I 2013, 1326 Rdnr. 9 ff.), ist eine **Zusammenballung anzunehmen**, wenn der Stpfl. infolge der Beendigung des Arbeitsverhältnisses in dem jeweiligen Veranlagungszeitraum einschließlich der Entschädigung insgesamt **mehr erhält, als er bei ungestörter Fortsetzung des Arbeitsverhältnisses, also bei normalem Ablauf der Dinge erhalten hätte**. Die dafür notwendige, hypothetische und prognostische Betrachtung orientiert sich grds. an den **Verhältnissen des Vorjahres**, das dem Veranlagungszeitraum, in dem die Entschädigung zufließt, am nächsten liegt. Sie gilt für den Normalfall, in dem die Verhältnisse des Vorjahres – z.B. im Zuge einer normalen Gehaltsentwicklung – auch diejenigen des Folgejahres mit großer Wahrscheinlichkeit abbilden.

Sie gilt aber dann **nicht**, wenn die Einnahmesituation des Vorjahres durch **außergewöhnliche Ereignisse geprägt** ist und sich daraus keine Vorhersagen für den (unterstellten) normalen Verlauf bei Fortsetzung des Arbeitsverhältnisses ableiten lassen. So beanstandet es der BFH insbesondere bei **variablen Gehaltskomponenten** nicht, wenn im Wege einer Prognoseentscheidung (auch) auf die **Vorjahre zurückgegriffen** wird (BFH v. 8.4.2014, IX R 33/13, HFR 2014, 796 m.w.N.).

I.R. der **Vergleichsberechnung** sind zwei Größen einander gegenüberzustellen:

- die **„Ist-Größe"**, also das, was der Stpfl. in dem betreffenden Veranlagungszeitraum (Streitjahr) einschließlich der Entschädigung insgesamt erhält (dazu zählen auch eventuelle Einsatzprämien, BFH v. 26.1.2006, XI B 54/05),
- und die **„Soll-Größe"**, nämlich die Einkünfte, die der Stpfl. bei ungestörter Fortsetzung seines Arbeitsverhältnisses (bei normalem Ablauf der Dinge) erhalten hätte.

Übersteigt die anlässlich der Beendigung eines Dienstverhältnisses gezahlte Entschädigung die bis zum Ende des Veranlagungszeitraums entgehenden Einnahmen nicht, ist das Merkmal der Zusammenballung von Einkünften nur erfüllt, wenn der Stpfl. weitere Einnahmen bezieht, die er bei Fortsetzung des Dienstverhältnisses nicht bezogen hätte. **I.R. der Vergleichsberechnung zur Ermittlung der Ist-Größe ist nicht die Art der Tätigkeit des Stpfl. nach der Beendigung des Arbeitsverhältnisses oder die Art der vereinnahmten Einkünfte im Streitjahr maßgebend, sondern die potenziell progressionssteigernde Wirkung der tatsächlich bezogenen Einkünfte** (BMF v. 1.11.2013, IV C 4 – S 2290/13/10002, BStBl I 2013, 1326 Rdnr. 10 ff. sowie BFH v. 13.3.2018, IX R 16/17, BStBl II 2018, 709).

Für die Beurteilung einer Entschädigung als außerordentlich i.S.d. § 34 Abs. 2 EStG ist ohne Bedeutung, ob die Entschädigung entgehende Einnahmen mehrerer Jahre abdecken soll. Entscheidend ist vielmehr, ob es unter Einschluss der Entschädigung infolge der Beendigung des Arbeitsverhältnisses in dem jeweiligen Veranlagungszeitraum insgesamt zu einer über die normalen Verhältnisse hinausgehenden Zusammenballung von Einkünften kommt (BFH v. 24.10.2007, XI R 33/06, HFR 2008, 449).

Bei der Prüfung, ob eine Abfindung zu einer Zusammenballung von Einkünften geführt hat, sind die real verwirklichten Einkünfte mit den fiktiven Einkünften zu vergleichen, die der Stpfl. in dem Streitjahr erzielt hätte, wenn das Arbeitsverhältnis nicht beendet worden wäre. Ist der Stpfl. im Streitjahr **dauerhaft erkrankt** und hätte er deshalb voraussichtlich nur geringe Einkünfte erzielt, dürfen die real verwirklichten Einkünfte einschließlich der Abfindung bei der Prüfung der Zusammenballung nicht mit den Einkünften verglichen werden, die der Stpfl. in früheren Veranlagungszeiträumen erzielt hat (FG Niedersachsen v. 12.11.2013, 13 K 199/13, EFG 2014, 283). In die Vergleichsberechnung, ob eine Zusammenballung von Einkünften vorliegt, können auch **Renteneinkünfte (nur der steuerpflichtige Teil!)**, die bei Fortsetzung des

Arbeitsverhältnisses nicht bezogen worden wären, einfließen (BFH v. 13.3.2018, IX R 16/17, BStBl II 2018, 709).

Dem Progressionsvorbehalt unterliegende **steuerfreie Lohnersatzleistungen** (z.B. Arbeitslosengeld) sowie **pauschal besteuerte Arbeitgeberleistungen** sind nach Auffassung der Finanzverwaltung in diese „2. Prüfung" einzubeziehen (Beispiele in BMF v. 1.11.2013, IV C 4 – S 2290/13/10002, BStBl I 2013, 1326 Rdnr. 11). Auch nach Auffassung des FG Sachsen ist das nach § 3 Nr. 2 EStG steuerfreie **Arbeitslosengeld** – anders als das ebenfalls nach § 3 Nr. 2 EStG steuerfreie **Überbrückungsgeld** – bei der Bestimmung des Betrages zu berücksichtigen, den der Stpfl. in dem betreffenden Veranlagungszeitraum insgesamt erhält, sog. „Ist-Größe" (FG Sachsen v. 24.4.2013, 1 K 1836/09, EFG 2013, 1922). Nach Auffassung des FG Niedersachsen ist dagegen die Vergleichsberechnung ohne steuerfreie Lohnersatzleistungen durchzuführen (Urteil v. 20.3.2014, 1 K 130/13, EFG 2014, 1589).

Nicht zu berücksichtigen ist die i.R. der Auflösung des Arbeitsverhältnisses erteilte Zusage über die Leistung eines **Einmalbeitrags zur betrieblichen Altersvorsorge**, die eine Erhöhung der monatlich auszuzahlenden Pension zur Folge hatte; deren Zufluss erfolgt erst i.R. der monatlichen Pensionszahlungen (FG Niedersachsen v. 5.8.2010, 4 K 41/08).

b) Entschädigung ist höher

2020 Am einfachsten ist der Fall, wenn die **Entschädigung höher ist als die bis zum Jahresende wegfallenden Einnahmen**, die der Arbeitnehmer bei ungestörter Fortsetzung des Arbeitsverhältnisses bezogen hätte. Das Merkmal der **Zusammenballung ist dann stets erfüllt** (FG Hamburg v. 12.9.2018, 2 K 108/18). Eine Prüfung, wie hoch die anderweitig erzielten Einnahmen sind, ist dann nicht erforderlich (BMF v. 1.11.2013, IV C 4 – S 2290/13/10002, BStBl I 2013, 1326 Rdnr. 9).

> **Beispiel:**
>
> F wird am 1. Juli aus dem Betrieb entlassen, er hatte einen Monatslohn von 10 000 €. Er erhält mit dem Ausscheiden eine Abfindung von 100 000 €.
>
> Die Abfindung kann tarifermäßigt besteuert werden. Auf die Höhe der übrigen Einkünfte kommt es nicht an, weil allein schon die Abfindung höher ist als die wegfallenden Einnahmen aus dem Arbeitsverhältnis (60 000 €).

c) Entschädigung ist nicht höher

2021 Komplizierter wird es, wenn die Entschädigung niedriger ist als die bis zum Jahresende wegfallenden Einnahmen. Hat der Arbeitnehmer nach seinem Ausscheiden aus dem Arbeitsverhältnis keine weiteren oder niedrigere Einnahmen, ist nach der BFH-Rechtsprechung die Tarifermäßigung regelmäßig zu versagen (BFH v. 8.4.2014, IX R 33/13, HFR 2014, 796).

> **Beispiel 1:**
>
> Sachverhalt wie Beispiel vorher, die Abfindung beträgt aber nur 50 000 €.
>
> Die Abfindung kann nicht tarifermäßigt besteuert werden, weil die Abfindung nicht höher ist als der bis zum Jahresende wegfallende Arbeitslohn von 60 000 €.

> **Beispiel 2:**
>
> Das Arbeitsverhältnis der Frau A ist durch Kündigung des Arbeitgebers zum 31.3.2009 beendet worden. Gemäß Vereinbarung mit dem ehemaligen Arbeitgeber v. 27.1.2009 erhielt sie für den Zeitraum 1.1. bis 31.3.2009 noch ein laufendes Gehalt i.H.v. brutto 9 264 €. Nach der Vereinbarung erhielt Frau A „für den Verlust des Arbeitsplatzes" eine einmalige Abfindung i.H.v. 27 000 € brutto (Gesamtarbeitslohn mithin 36 264 €). Mit Erfüllung dieser Verpflichtungen sind laut dieser Vereinbarung alle gegenseitigen Ansprüche aus dem Arbeitsverhältnis abgegolten. Für den Zeitraum vom 1.4. bis zum 31.12.2009 bezog Frau A Arbeitslosengeld i.H.v. 10 451 €.
>
> Das FG Nürnberg hat die Tarifermäßigung abgelehnt, weil sich im Vergleich zum Vorjahr die Gesamteinkünfte durch die Abfindung nicht erhöht haben und sich somit auch keine Zusammenballung der Einkünfte ergibt (Urteil v. 15.5.2013, 3 K 947/12).

Diese Fälle erfordern eine **komplizierte Vergleichsberechnung der Einkünfte vor und nach dem Ausscheiden** aus dem Betrieb. Bei der Berechnung der Einkünfte, die der Arbeitnehmer bei Fortbestand des Vertragsverhältnisses im Veranlagungszeitraum bezogen hätte, ist grds. auf die **Einkünfte des Vorjahrs** abzustellen (FG Sachsen v. 24.4.2013, 1 K 1836/09, EFG 2013, 1922). Diese Berechnung führt aber dann nicht zu mit dem Gesetzeszweck in Einklang stehenden Ergebnissen, wenn in dem Jahr, in dem die Entschädigung ausgezahlt wird, gegenüber dem Vorjahr hinsichtlich der Lohnansprüche **veränderte Verhältnisse** vorliegen (BFH v. 8.4.2014, IX R 33/13, HFR 2014, 796). Was der Stpfl. bei normalem Ablauf der Dinge erhalten würde, kann nur auf Grund einer hypothetischen und prognostischen Beurteilung ermittelt werden; dabei ist nicht auf die Verhältnisse des Vorjahres abzustellen, wenn die Einnahmesituation durch außergewöhnliche Ereignisse geprägt ist und sich daraus keine Vorhersagen für den (unterstellten) normalen Verlauf bei Fortsetzung des Arbeitsverhältnisses ableiten lassen (BFH v. 27.1.2010, IX R 31/09, BStBl II 2011, 28); in diesen Fällen ist auf den **Durchschnitt der letzten zwei oder drei Jahre** abzustellen.

Die erforderliche Vergleichsberechnung ist grds. anhand der jeweiligen **Einkünfte laut Steuerbescheid/Steuererklärung** vorzunehmen. Bei Einkünften i.S.d. § 19 EStG (**Arbeitslohn**) beanstandet es die Finanzverwaltung jedoch nicht, wenn die erforderliche Vergleichsberechnung stattdessen anhand der betreffenden **Einnahmen aus nichtselbständiger Arbeit** durchgeführt wird.

9. Vergleich der beiden Entschädigungsarten

Der **Entschädigungsbegriff** nach § 24 Nr. 1 Buchst. b EStG **ist weitergehend als der nach** § 24 Nr. 1 Buchst. a EStG. Der wichtigste Unterschied besteht in Folgendem (vgl. BFH v. 23.1.2001, XI R 7/00, BStBl II 2001, 541 m.w.N.): 2022

Entschädigung nach § 24 Nr. 1 Buchst. a EStG	**Entschädigung nach** § 24 Nr. 1 Buchst. b EStG
Voraussetzung ist Ersatz für unmittelbar entgangene oder entgehende konkrete Einnahmen.	Alle Entschädigungen, die als Gegenleistung für den Verzicht auf eine künftige mögliche Einkünfteerzielung gezahlt werden.
	Ist von der bisherigen Tätigkeit losgelöst. Kann auch für zukünftiges Verhalten (z.B. für eine Wettbewerbsenthaltung) gezahlt werden.
Nur Fälle, in denen der Arbeitnehmer auf Druck des Arbeitgebers das Arbeitsverhältnis aufgelöst hat; er darf also nicht aus eigenem Antrieb handeln.	Setzt demgegenüber i.d.R. die freiwillige Mitwirkung desjenigen, der auf mögliche Einnahmen verzichtet, voraus. Das Dienstverhältnis muss insbesondere **nicht** auf Druck des Arbeitgebers beendet worden sein.
Voraussetzung ist stets **eine neue Rechts- oder Billigkeitsgrundlage**.	**Rechtsgrund** für die Zahlung kann sich schon aus dem **ursprünglichen Arbeitsvertrag ergeben**.

10. Entschädigung für entgangene oder entgehende Einnahmen (§ 24 Nr. 1 Buchst. a EStG)

Eine Entschädigung i.S.v. § 24 Nr. 1 Buchst. a EStG ist eine Leistung, die „als Ersatz für entgangene oder entgehende Einnahmen" gewährt wird, d.h. an die Stelle weggefallener oder wegfallender Einnahmen tritt. Sie muss unmittelbar durch den Verlust von steuerbaren Einnahmen bedingt sowie dazu bestimmt sein, diesen Schaden auszugleichen und auf einer neuen Rechts- oder Billigkeitsgrundlage beruhen (BFH v. 12.3.2019, IX R 44/17, BStBl II 2019, 574). Eine Entschädigung i.S.v. § 24 Nr. 1 Buchst. a EStG i.V.m. § 34 Abs. 1, Abs. 2 Nr. 2 EStG setzt ferner voraus, dass der Ausfall der Einnahmen entweder von dritter Seite veranlasst wurde oder, soweit er vom Stpfl. selbst oder mit dessen Zustimmung herbeigeführt worden ist, dass dieser unter rechtlichem, wirtschaftlichem oder tatsächlichem Druck stand; der Stpfl. darf das schadenstiftende Ereignis nicht aus eigenem Antrieb herbeigeführt haben (BFH v. 13.3.2018, IX R 12/17 sowie BFH v. 13.3.2018, IX R 16/17, BStBl II 2018, 709). 2023

Die Entschädigung muss den Zweck haben, die weggefallenen Einnahmen zu ersetzen. Sie muss auf einer neuen Rechtsgrundlage beruhen; Erfüllungsleistungen sind keine Entschädigung. Bei den Einnahmen, deren Ausfall ersetzt werden soll, muss es sich um **steuerbare Einnahmen** handeln; sie müssen (im Erfüllungsfall) einer Einkunftsart (§ 2 Abs. 2 EStG) unterfallen. § 24 Nr. 1 Buchst. a EStG schafft **keine eigene Einkunftsart**. Leistungen, die Ansprüche ersetzen sollen, die bei ihrer Erfüllung zu nicht steuerbaren Einnahmen geführt hätten, fallen nicht unter die Regelung (BFH v. 26.5.2020, IX R 15/19, HFR 2020, 1138 sowie BFH v. 20.7.2018, IX R 25/17, BStBl II 2020, 186 betr. eine Versicherungsentschädigung wegen eines Erwerbsschadens gem. § 842 BGB nach einer missglückten Operation; der Ersatz des Wegfalls des Anspruchs auf **steuerfreie Sozialleistungen wie das Arbeitslosengeld** ist nicht steuerpflichtig). **Schadenersatz** wegen der Verletzung anderer Rechtsgüter (Gesundheit) fällt ebenso wenig darunter, wie etwa Ansprüche auf Ausgleich eines **behinderungsbedingten Mehrbedarfs** oder auf Zahlung eines **Schmerzensgelds** (BFH v. 9.1.2018, IX R 34/16, BStBl II 2018, 582).

Erfasst werden daher nur Entschädigungen, die Einnahmen ersetzen, nicht aber solche, die Ausgaben ausgleichen. Der Ersatz „für entgangene oder entgehende Einnahmen" setzt vom Wort- und Sinnverständnis voraus, dass Einnahmen gar nicht erst angefallen, sondern ausgefallen sind oder der Ausfall (künftig) entgehender Einnahmen zu erwarten ist; der Stpfl. hat also die entsprechenden Einnahmen nicht oder noch nicht erhalten (BFH v. 11.7.2017, IX R 28/16, BStBl II 2018, 86).

Die Entschädigung i.S.d. § 24 Nr. 1 Buchst. a EStG muss zudem auf einem **„besonderen Ereignis" beruhen.** Dieses ist anzunehmen, wenn die Beendigung oder die Änderung eines Arbeitsvertrags und damit der Ausfall der Einnahmen

- entweder von **einem Dritten (insbesondere dem Arbeitgeber) ausgeht**
- oder wenn er vom Stpfl. selbst oder mit dessen Zustimmung herbeigeführt worden ist, dieser **unter einem nicht unerheblichen rechtlichem, wirtschaftlichem oder tatsächlichem Druck stand oder zumindest in einer Konfliktlage zur Vermeidung von Streitigkeiten gehandelt hat.**

  Der BFH hat in seiner neueren Rechtsprechung (BFH v. 13.3.2018, IX R 16/17, BStBl II 2018, 709) offenlassen, ob an dem Erfordernis der **Druck-/Zwangssituation** bei Zahlung einer Abfindung i.R. eines Über-/Unterordnungsverhältnisses festzuhalten ist. **Zahlt der Arbeitgeber dem Arbeitnehmer im Zuge der (einvernehmlichen) Auflösung des Arbeitsverhältnisses eine Abfindung, ist jedenfalls i.d.R. davon auszugehen, dass der Arbeitnehmer die Auflösung des Arbeitsverhältnisses nicht allein aus eigenem Antrieb herbeigeführt hat**. Wäre das der Fall, hätte der Arbeitgeber keine Veranlassung, eine Abfindung zu leisten. Stimmt der Arbeitgeber demgegenüber einer Abfindungszahlung an den Arbeitnehmer zu, kann im Regelfall angenommen werden, dass dazu auch eine rechtliche Veranlassung bestand. Insofern kann ohne Weiteres auch angenommen werden, dass der Arbeitgeber zumindest auch ein erhebliches eigenes Interesse an der Auflösung des Arbeitsverhältnisses hatte. **Dass der Arbeitnehmer unter solchen Umständen bei Abschluss des Vertrags über die Auflösung seines Arbeitsverhältnisses unter einem nicht unerheblichen tatsächlichem Druck stand, bedarf dann keiner weiteren tatsächlichen Feststellungen mehr.**

  Eine „Zwangssituation", auf die es nach der Rechtsprechung für die Annahme einer Entschädigung i.S.d. § 24 Nr. 1 EStG ankommt, ist beim Arbeitnehmer jedenfalls nicht deshalb zu verneinen, weil er einer **gütlichen Einigung zugestimmt** hat (BFH v. 13.3.2018, IX R 12/17).

Der Wunsch, das eigene berufliche Fortkommen zu begünstigen, begründet noch keinen rechtlichen, wirtschaftlichen oder tatsächlichen Druck, zumindest solange man eine sichere Stellung innehat (BFH v. 25.8.2005, XI B 40/04, und BFH v. 25.8.2009, IX R 3/09, BStBl II 2010, 1030, beide m.w.N.). Diese Voraussetzung ist dagegen erfüllt, wenn ein Arbeitnehmer bei drohender Kündigung des Arbeitsverhältnisses durch den Arbeitgeber der Aufhebung des Arbeitsvertrags gegen Zahlung einer Abfindung zustimmt (BFH v. 11.7.2017, IX R 28/16, BStBl II 2018, 86).

Der **Arbeitnehmer darf das „Schaden stiftende Ereignis", also z.B. die Aufgabe einer vertraglich gesicherten Position, nicht aus eigenem Antrieb herbeigeführt** haben. Der Begriff des „Entgehens" schließt freiwilliges Mitwirken oder gar die Verwirklichung eines eigenen Strebens aus (BFH v. 24.6.2009, IV R 94/06, HFR 2009, 1089 m.w.N.). Das schädigende Ereignis ist allerdings nicht schon dann vom Arbeitnehmer selbst herbeigeführt, wenn er von seinem Recht, Kündigungsschutzklage zu erheben, Gebrauch macht; im Regelfall kann davon ausgegangen werden, dass bei Zahlung einer Abfindung der Arbeitgeber die Auflösung veranlasst hat (BFH v. 19.10.2005, XI R 24/04, HFR 2006, 578).

Die an die Stelle der Einnahmen tretende Ersatzleistung nach § 24 Nr. 1 Buchst. a EStG muss aber auf einer **neuen Rechts- oder Billigkeitsgrundlage beruhen**. Die neue (andere) Rechtsgrundlage fehlt daher bei einer bereits ursprünglich – möglicherweise auch nur wahlweise – vereinbarten Leistung. Eine Entschädigung kann allerdings auch dann vorliegen, wenn bereits bei Beginn des Dienstverhältnisses im **Anstellungsvertrag** ein Ersatzanspruch für den Fall der betriebsbedingten Kündigung oder Nichtverlängerung des Dienstverhältnisses vereinbart wurde (BFH v. 12.1.2006, XI B 93/05, sowie BFH v. 24.6.2009, IV R 94/06, HFR 2009, 1089 m.w.N.).

Die Entschädigung darf sich aber nicht als die bloße – ggf. in der **Zahlungsmodalität geänderte – Erfüllung einer Leistung i.R. des bisherigen Rechtsverhältnisses** darstellen (BFH v. 12.7.2016, IX R 33/15, BStBl II 2017, 158).

Entschädigungen i.S.d. § 24 Nr. 1 Buchst. a EStG werden durch § 24 Nr. 1 EStG auch dann derjenigen Einkunftsart zugewiesen, zu der die weggefallenen Einnahmen gehört hätten, wenn sie von einem **Dritten gezahlt** werden (BFH v. 20.7.2018, IX R 25/17, BStBl II 2020, 186).

Nach der Rechtsprechung des IX. Senats des BFH verlangt das Gesetz nicht die vollständige Beendigung des Arbeitsverhältnisses. Es genügt, wenn i.R. eines fortgesetzten Rechtsverhältnisses auf neuer Rechtsgrundlage eine Entschädigung für den Verlust (Wegfall) zukünftiger Ansprüche geleistet wird (Teilentschädigung). Der IX. Senat hat dies insbesondere bei einer Entschädigung für die **unbefristete Reduzierung der wöchentlichen Arbeitszeit bei Fortsetzung des Anstellungsverhältnisses bejaht**. Widerruft der Arbeitgeber einseitig die bisherige betriebliche Versorgungszusage und bietet er den Beschäftigten eine neue betriebliche Altersversorgung an, die zu wesentlich niedrigeren Ansprüchen führt, so handelt es sich bei einer Zahlung des Arbeitgebers, die den zukünftigen Einnahmenverlust teilweise ausgleichen soll, um eine Entschädigung i.S.v. § 24 Nr. 1 Buchst. a EStG. Weggefallen sind die Anwartschaften aus der bisherigen Versorgungszusage. Die Abfindungszahlung, mit der dieser Verlust teilweise ausgeglichen werden soll, beruht insoweit auf einer neuen Rechtsgrundlage. Darin liegt nicht lediglich eine Modifikation des bisherigen Vertrags. Das gilt jedenfalls, wenn das System der betrieblichen Altersversorgung vom Arbeitgeber vollständig um- und auf eine neue Rechtsgrundlage gestellt wird (BFH v. 13.3.2018, IX R 12/17). **Mit diesem Urteil folgt der IX. Senat ausdrücklich nicht der Rechtsprechung des XI. Senats (z.B. BFH v. 10.10.2011, XI R 54/00, BStBl II 2002, 181), wonach eine tarifbegünstigte Entschädigung nur anzunehmen sei, wenn darüber hinaus auch das zu Grunde liegende Rechtsverhältnis vollständig beendet werde.**

Sind im Zusammenhang mit der Auflösung oder Beendigung eines Arbeitsverhältnisses **mehrere (auch unterschiedliche) Entschädigungsleistungen** als Ersatz für entgangene oder entgehende Einnahmen vereinbart, sind diese **grds. einheitlich zu beurteilen**. Dieser Grundsatz entbindet **jedoch nicht von der Prüfung, ob jede einzelne Entschädigung „als Ersatz für entgangene oder entgehende Einnahmen" i.S.d. § 24 Nr. 1 Buchst. a EStG gewährt worden** ist. Eine Leistung, für die auf Grund der Umstände nicht anzunehmen ist, dass sie eine Entschädigung für entgangene oder entgehende Leistungen darstellt, kann nicht aus Gründen der einheitlichen Beurteilung in den Besteuerungstatbestand hineingezogen werden. Ist neben einer Entschädigung für entgangene Einnahmen, die sich ihrer Höhe nach i.R. des Üblichen bewegt, eine weitere Zahlung vereinbart, die bei zusammenfassender Betrachtung den Rahmen des Üblichen in besonderem Maße überschreiten würde, spricht dies indiziell dafür, dass es sich insoweit nicht um eine Entschädigung für entgangene Einnahmen handelt. Von einer Überschreitung in besonderem Maß ist auszugehen, wenn durch die zweite Teilzahlung die Höhe der Gesamtzahlung verdoppelt wird (BFH v. 9.1.2018, IX R 34/16, BStBl II 2018, 582 zur Einheitsbetrachtung bei Zahlung einer Entschädigung und Schadenersatz).

Als begünstigte Entschädigung anerkannt hat der BFH z.B.:

- **Abfindungen wegen Auflösung eines Dienstverhältnisses, wenn der Arbeitgeber die Beendigung veranlasst** hat (BFH v. 13.3.2018, IX R 16/17, BStBl II 2018, 709);
- **Ablösung eines Wohnrechts im Zusammenhang mit der Kündigung eines Dienstverhältnisses** (BFH v. 25.8.1993, XI R 7/93, BStBl II 1994, 185);
- **Kapitalisierung eines fortbestehenden Anspruchs auf laufende Versorgungsleistungen** beim Auslaufen eines befristeten Arbeitsvertrags auf Verlangen des Arbeitgebers (BFH v. 16.4.1980, VI R 86/77, BStBl II 1980, 393);
- **Entschädigungen, die ein Beamter von seinem Dienstherrn wegen pflichtwidrig unterlassener Beförderung erhält** (BFH v. 9.9.2008, IX B 135/08, m.w.N.);
- **vertraglich nicht vereinbarte Abfindung einer Pensionsverpflichtung** nach § 8 Abs. 2 BetrAVG (BFH v. 25.8.1993, XI R 8/93, BStBl II 1994, 167);
- **Abfindung** für eine vom Arbeitgeber geforderte Auflösung des Arbeitsverhältnisses, weil der Arbeitnehmer ein **Regierungsamt übernimmt** (BFH v. 6.3.2002, XI R 51/00, BStBl II 2002, 516);
- **Abfindung** an einen Gesellschafter-Geschäftsführer für die **Aufgabe von Pensionsansprüchen**, die aus einer Zwangslage erfolgt, z.B. Liquidation der Gesellschaft oder Veräußerung der GmbH-Anteile (BFH v. 27.7.2004, IX R 64/01, HFR 2005, 128 sowie BFH v. 24.11.2004, XI B 89/04, m.w.N.);
- Zahlung einer **Abfindung** im Zeitpunkt der Entlassung und einer **Jubiläumszuwendung** in einem späteren Veranlagungszeitraum, die der Arbeitnehmer auch bei Fortsetzung des Arbeitsverhältnisses erhalten hätte (BFH v. 14.5.2003, XI R 23/02, BStBl II 2004, 451);
- **Kapitalisierung monatlicher Übergangsgelder**. Werden einem Arbeitnehmer in einer Vereinbarung über die vom Arbeitgeber veranlasste Auflösung des Arbeitsverhältnisses eine Abfindung und **monatliche Übergangsgelder** zugesagt und nimmt er in einer späteren Vereinbarung das Angebot des Arbeitgebers an, ihm insgesamt einen **Einmalbetrag** zu zahlen, so steht das ihm insoweit eingeräumte Wahlrecht auf Kapitalisierung einer begünstigten Besteuerung des Einmalbetrags nach § 34 Abs. 1 und 2 EStG nicht entgegen (BFH v. 14.5.2003, XI R 12/00, BStBl II 2004, 449);
- **Entschädigung**, die der Alleingesellschafter-Geschäftsführer einer GmbH im Zusammenhang mit der Veräußerung seiner GmbH-Anteile für die **Aufgabe der Geschäftsführertätigkeit** erhält (BFH v. 13.8.2003, XI R 18/02, BStBl II 2004, 106);
- (einmalige) **Abfindung von Versorgungsansprüchen**, wenn sie durch eine ernst zu nehmende wirtschaftliche Gefährdung der Ansprüche veranlasst ist; eine ernst zu nehmende wirtschaftliche Gefährdung der Ansprüche in diesem Sinne liegt nicht bereits deshalb vor, weil die Schuldnerin der Versorgungsansprüche im Zeitpunkt des Abschlusses der Vereinbarung über den Verzicht gegen Abfindungszahlung bilanziell überschuldet gewesen ist (BFH v. 14.12.2004, XI R 12/04, HFR 2005, 974);
- **Schadensersatz**, der einem Stpfl. infolge einer schuldhaft verweigerten Wiedereinstellung zufließt (BFH v. 6.7.2005, XI R 46/04, BStBl II 2006, 55 und BFH v. 9.9.2008, IX B 135/08);
- **Entschädigungszahlung** des neuen Arbeitgebers für Ausfall der zugesagten bedingten Entschädigung des alten Arbeitgebers (BFH v. 25.8.2005, XI B 40/04);
- **Abfindung**, die ein GmbH-Geschäftsführer erhält, weil sein **Anstellungsvertrag zur Vermeidung einer Kündigung aufgelöst** wird, und zwar auch dann, wenn die GmbH Gesellschafter-Geschäftsführerin einer Mitunternehmerschaft und der Geschäftsführer deren minderheitsbeteiligter Mitunternehmer ist (BFH v. 24.6.2009, IV R 94/06, HFR 2009, 1089);
- **(Teil-)Abfindung wegen Arbeitszeitreduzierung**; die völlige Aufgabe der Tätigkeit ist nicht Voraussetzung für die Anwendung der Tarifermäßigung (BFH v. 25.8.2009, IX R 3/09, BStBl II 2010, 1030);
- **Abfindung** im Zusammenhang mit einer **Änderungskündigung** und wohl auch einem **Betriebsübergang** i.S.d. § 613a BGB (s. die Hinweise bei BFH v. 25.8.2009, IX R 3/09, BStBl II 2010, 1030);
- **Abfindung einer Erfindervergütung** trotz gütlicher Einigung (BFH v. 29.2.2012, IX R 28/11, BStBl II 2012, 569);
- **Schadensersatzleistung aus Amtshaftung** als Surrogat für die durch eine rechtswidrige Abberufung als Bankvorstand entstandenen Verdienst- und Betriebsrentenausfälle (BFH v. 12.7.2016, IX R 33/15, BStBl II 2017, 158);
- **Entschädigung für den Verlust von Versorgungsanwartschaften.** Widerruft der Arbeitgeber einseitig die bisherige betriebliche Versorgungszusage und bietet er den Beschäftigten eine neue betriebliche Altersversorgung an, die zu wesentlich niedrigeren Versorgungsansprüchen führt, so handelt es sich bei einer Zahlung des Arbeitgebers, die den zukünftigen Einnahmenverlust teilweise ausgleichen soll (sog. **Wechselprämie**), um eine Entschädigung i.S.v. § 24 Nr. 1 Buchst. a EStG (BFH v. 13.3.2018, IX R 12/17).

Nicht als begünstigte Entschädigung anerkannt hat der BFH z.B.:

- **Abfindung**, die bei Abschluss oder während des Arbeitsverhältnisses **für den Verlust späterer Pensionsansprüche infolge Kündigung** vereinbart wird (BFH v. 10.4.2003, XI R 4/02, BStBl II 2003, 748 m.w.N.);
- **Pensionsabfindung,** wenn der Verzicht vor der Anteilsübertragung ausgesprochen wird und keine Anhaltspunkte bestehen, dass der Stpfl. im Hinblick auf diese Veräußerung unter Druck gestanden hat. Auch die Erwartung, dass die Ablösung des Pensionsanspruchs i.R. einer Anteilsveräußerung notwendig werden könnte, genügt nicht, um eine relevante Zwangslage zu begründen. Entsprechendes gilt, wenn es im Zusammenhang mit der Ablösung der Pensionsverpflichtung nicht zu einer Veräußerung der Anteile kommt (BFH v. 3.12.2003, XI R 30/02);
- **Pensionsabfindung**, wenn der **Arbeitnehmer von sich aus** nach Eheschließung zur Herstellung der ehelichen Lebensgemeinschaft das **Dienstverhältnis gekündigt** (BFH v. 21.6.1990, X R 46/86, BStBl II 1990, 1020) oder die **Abfindung herbeigeführt** hat (BFH v. 9.7.1992, XI R 5/91, BStBl II 1993, 27);
- **Vereinbarung einer Einmalzahlung an Stelle laufender Pensionszahlungen auf Grund eines von vornherein vereinbarten Wahlrechts** (BFH v. 10.4.2003, XI R 4/02, BStBl II 2003, 748 m.w.N.);
- einer **Leistung des neuen Arbeitgebers für den Arbeitsplatzwechsel**; eine Abfindung liegt nicht vor, wenn maßgeblicher Grund der Leistung die **Begründung eines neuen Dienstverhältnisses** ist und sie vom neuen Arbeitgeber gezahlt wird (BFH v. 16.12.1992, XI R 33/91, BStBl II 1993, 447);
- **Nachzahlung einer Altersrente** aus der Bundesversicherungsanstalt für Angestellte ist keine Entschädigung, weil keine Einnahmen „entgangen“, sondern lediglich verspätet erzielt worden sind (BFH v. 31.7.1970, VI R 177/68, BStBl II 1970, 784);
- **Abfindung einer Witwenpension**, wenn die Stpfl. den Abfindungsvertrag ohne erheblichen Druck seitens des Abfindenden geschlossen hat (BFH v. 14.12.2004, XI R 12/04, HFR 2005, 974);
- **Abfindung** nach Kündigung wegen eigenen **Fehlverhaltens** (FG Rheinland-Pfalz v. 4.6.2003, 1 K 1690/01, bestätigt durch BFH v. 10.11.2004, XI R 14/04, HFR 2005, 826);
- **Übergangszahlungen**, die als Teil der Entschädigung für den Verlust des Arbeitsplatzes gezahlt werden (BFH v. 29.5.2008, IX R 55/05, HFR 2009, 18 m.w.N.);
- **Abfindung**, die dafür geleistet wird, dass das **Dienstverhältnis nicht verlängert** und kein neuer Vertrag abgeschlossen wird (BFH v. 10.7.2008, IX R 84/07);
- **Aufstockungsbeträge zum Transferkurzarbeitergeld**, die auf der Grundlage eines Transfer-Arbeitsverhältnisses und mit Rücksicht auf dieses von der Transfergesellschaft geleistet werden; es handelt sich um laufenden Arbeitslohn i.S.d. § 19 EStG (BFH v. 12.3.2019, IX R 44/17, BStBl II 2019, 574).

Hinweis: Im Einzelfall muss geprüft werden, ob die Tarifermäßigung des § 34 EStG dennoch in Betracht kommt, weil **Vergütun-**

gen für mehrjährige Tätigkeiten i.S.d. §34 Abs. 2 Nr. 4 EStG vorliegen (→ *Arbeitslohn für mehrere Jahre* Rz. 712).

11. Entschädigung für die Aufgabe oder Nichtausübung einer Tätigkeit (§ 24 Nr. 1 Buchst. b EStG)

2024 Der (weiter gehende) Entschädigungsbegriff nach §24 Nr. 1 Buchst. b EStG erfasst nicht nur den Ausgleich finanzieller Einbußen anlässlich **der Beendigung eines Rechtsverhältnisses, sondern auch Entschädigungen für die Aufgabe oder Nichtausübung einer Tätigkeit** und damit Gegenleistungen für den Verzicht auf eine mögliche Einkünfteerzielung. Die Vorschrift verlangt nur die **Aufgabe oder Nichtausübung einer Tätigkeit, nicht des Berufs**. Da ein Rechtsverhältnis zwischen Entschädigendem und Entschädigtem in diesen Fällen noch nicht bestanden haben muss, ist die Beendigung der Rechtsbeziehungen nicht Voraussetzung für die Annahme einer Entschädigung i.S.d. §24 Nr. 1 Buchst. b EStG.

Allerdings ist nicht jede Entschädigung, die anlässlich einer **(Änderungs-)Kündigung** gezahlt wird, eine Entschädigung i.S.d. §24 Nr. 1 Buchst. b EStG. Wird ein Vertragsverhältnis beendet, so wird im Allgemeinen die Entschädigung für die entgangenen oder entgehenden Einnahmen i.S.d. §24 Nr. 1 Buchst. a EStG, nicht aber für die Aufgabe oder Nichtausübung einer Tätigkeit gezahlt (vgl. BFH v. 23.1.2001, XI R 7/00, BStBl II 2001, 541 m.w.N.).

Der **Entschädigungsbegriff** nach §24 Nr. 1 Buchst. b EStG umfasst auch Abfindungen, Entschädigungen usw., die entweder schon von **vornherein im Arbeitsvertrag vereinbart** sind oder sich auch aus **Tarifverträgen ergeben** können (BFH v. 16.3.1993, XI R 10/92, BStBl II 1993, 497). Das Dienstverhältnis muss insbesondere **nicht auf Druck des Arbeitgebers** beendet worden sein.

Beispiel:

A ist als Flugbegleiterin bei einer Fluggesellschaft angestellt. Mit Vollendung des 32. Lebensjahrs scheidet sie aus dem Dienstverhältnis aus und erhält hierfür die ihr nach dem Manteltarif-Vertrag für das Bordpersonal zustehende Entschädigung i.H.v. 2,5 Grundgehältern.

Die Steuerermäßigung nach §24 Nr. 1 Buchst. a EStG kommt in diesem Fall nicht in Betracht, weil kein schadensauslösendes Ereignis vorliegt, das unmittelbar zum Wegfall der Einnahmen geführt hätte. Die Abfindung ist jedoch nach §24 Nr. 1 Buchst. b EStG begünstigt, weil sie dem Ausgleich des finanziellen Schadens dient, der A durch den Wegfall ihrer Einnahmen als Flugbegleiterin entsteht (BFH v. 8.8.1986, VI R 28/84, BStBl II 1987, 106).

Als begünstigte Entschädigung anerkannt hat der BFH z.B.:

- die einem angestellten Verkaufsberater im Arbeitsvertrag für eine Wettbewerbsenthaltung zugesagte **Karenzentschädigung** (BFH v. 13.2.1987, VI R 230/83, BStBl II 1987, 386);
- Entschädigung für ein **Wettbewerbsverbot** (BFH v. 16.3.1993, XI R 10/92, BStBl II 1993, 497; BFH v. 12.6.1996, XI R 43/94, BStBl II 1996, 516);
- Entschädigung für die aus Rationalisierungsgründen erforderliche **Umsetzung von Arbeitnehmern innerhalb des Betriebs** auf einen geringer entlohnten Arbeitsplatz, mit der Gehaltseinbußen ausgeglichen werden sollen (BFH v. 25.8.2009, IX R 3/09, BStBl II 2010, 1030 m.w.N.);
- Abfindung, die ein angestellter Versicherungsvertreter von seinem Arbeitgeber für die **Verkleinerung seines Bezirks** erhält (BFH v. 23.1.2001, XI R 7/00, BStBl II 2001, 541).

Nicht als begünstigte Entschädigung anerkannt hat der BFH z.B.:

- Vereinbarungen für **Einmalzahlungen an Stelle laufender Pensionszahlungen**, nachdem der Arbeitgeber aus Rationalisierungsgründen einen Vorstandsposten einsparen musste. Die Tätigkeit wurde also nicht „mit Wollen und Zustimmung" des Arbeitnehmers aufgegeben (BFH v. 30.1.1991, XI R 21/88);
- Abfindung, die ein leitender Angestellter für die **Aufgabe eines gewinnabhängigen Tantiemeanspruchs** erhält; es handelt sich auch nicht um die Aufgabe einer Gewinnbeteiligung i.S.d. §24 Nr. 1 Buchst. b EStG (BFH v. 10.10.2001, XI R 50/99, BStBl II 2002, 347).

Hinweis:

Im Einzelfall muss geprüft werden, ob die Tarifermäßigung des §34 EStG dennoch in Betracht kommt, weil **Vergütungen für mehrjährige Tätigkeit** i.S.d. §34 Abs. 2 Nr. 4 EStG vorliegen (→ *Arbeitslohn für mehrere Jahre* Rz. 712).

12. Billigkeitsregelungen

a) Planwidriger Zufluss in mehreren Jahren

Um die Anwendung der Tarifermäßigung nicht zu gefährden, achten Arbeitgeber und Arbeitnehmer im Allgemeinen darauf, dass Entlassungsabfindungen regelmäßig in **einer Summe** und in **einem Kalenderjahr** gezahlt werden. Trotzdem kommt es in der Praxis immer wieder vor, dass in einem **späteren Jahr noch Nachzahlungen** geleistet werden müssen, weil der **Arbeitgeber** z.B. 2025

- **sich verrechnet** hat
- oder nach einem **Rechtsstreit eine weitere Zahlung leisten muss**.

Damit die **Tarifermäßigung für die Hauptentschädigung bestehen bleibt**, sieht BMF v. 1.11.2013, IV C 4 – S 2290/13/10002, BStBl I 2013, 1326 Rdnr. 16 ff. unter den dort genannten Voraussetzungen **Billigkeitsregelungen** vor:

Der Arbeitnehmer kann beantragen, den Nachzahlungsbetrag in den **Veranlagungszeitraum rückzubeziehen**, in dem die Hauptentschädigung zugeflossen ist, und zusammen mit dieser tarifermäßigt zu besteuern (vgl. BFH v. 14.4.2015, IX R 29/14, HFR 2015, 938). Die Veranlagung für dieses Jahr ist ggf. nach §175 Abs. 1 Satz 1 Nr. 2 AO zu ändern.

Beispiel:

A ist Ende 2025 entlassen worden und hat eine Abfindung von 100 000 € erhalten, die ermäßigt („Fünftelregelung") versteuert worden ist. Die Veranlagung ist bestandskräftig. Nach einem gerichtlichen Vergleich hat der Arbeitgeber im Februar 2026 eine Nachzahlung von 20 000 € geleistet.

Nach dem o.g. BMF-Schreiben kann A beantragen, den Nachzahlungsbetrag („Korrekturbetrag") auf das Jahr 2025 rückzubeziehen und zusammen mit der Hauptentschädigung ermäßigt („Fünftelregelung") zu versteuern.

Stellt er diesen Antrag nicht, wird nicht nur der **Nachzahlungsbetrag** im Jahr 2025 „normal" versteuert, sondern auch nachträglich die im Jahr 2025 gezahlte **Hauptentschädigung**, denn die Voraussetzungen für die Anwendung der Tarifermäßigung (Zusammenballung, d.h. Zufluss der Entschädigung in **einem** Veranlagungszeitraum) sind rückwirkend entfallen. Die Veranlagung 2025 ist ggf. nach §175 Abs. 1 Satz 1 Nr. 2 AO zu berichtigen.

b) Rückzahlung von Abfindungen

Hat der Stpfl. in einem nachfolgenden Veranlagungszeitraum einen Teil der Entschädigung zurückzuzahlen, so ist die Rückzahlung als Korrektur auch dann **im Jahr des Abflusses zu berücksichtigen**, wenn die Abfindung im Zuflussjahr begünstigt besteuert worden ist. Eine Lohnrückzahlung ist regelmäßig kein rückwirkendes Ereignis i.S.d. §175 Abs. 1 Satz 1 Nr. 2 AO, das zur Änderung des Einkommensteuerbescheides des Zuflussjahres berechtigt (BFH v. 4.5.2006, VI R 67/03, BStBl II 2006, 914 sowie BMF v. 1.11.2013, IV C 4 – S 2290/13/10002, BStBl I 2013, 1326 Rdnr. 17). 2026

13. Übernahme von Rentenversicherungsbeiträgen durch den Arbeitgeber

Im Rahmen der **Altersteilzeitregelungen** ist §3 Nr. 28 EStG seit 1997 dahingehend erweitert worden, dass die Hälfte der vom Arbeitgeber freiwillig übernommenen Rentenversicherungsbeiträge i.S.d. §187a SGB VI, durch die **Rentenminderungen bei vorzeitiger Inanspruchnahme der Altersrente gemildert oder vermieden** werden sollen, **steuerfrei** bleibt. Die Steuerfreistellung ist auf die Hälfte der insgesamt geleisteten zusätzlichen Rentenversicherungsbeiträge begrenzt, da auch Pflichtbeiträge des Arbeitgebers zur gesetzlichen Rentenversicherung nur in Höhe des halben Gesamtbeitrags steuerfrei sind. 2027

Soweit diese Steuerbefreiung schon ausgeschöpft ist, z.B. durch einen Einmalbetrag, sind die vom Arbeitgeber zusätzlich geleisteten Rentenversicherungsbeiträge nach §187a SGB VI einschließlich darauf entfallender, ggf. vom Arbeitgeber getragener Steuerabzugsbeträge als **Teil der Entschädigung** i.S.d. §24 Nr. 1 EStG, die im Zusammenhang mit der Auflösung eines Dienstverhältnisses geleistet wird, zu behandeln.

Rentenversicherungsbeiträge werden jedoch **vom Arbeitgeber aus Liquiditätsgründen** häufig nicht in einer Summe – und auch nicht im selben Jahr wie die Hauptentschädigung (Einmalbetrag) – sondern in **Raten über mehrere Jahre gezahlt**. Für die Anwendung der Tarifermäßigung auf den Einmalbetrag wären solche in späteren Jahren geleisteten Zahlungen einer einheitlichen Entschädigung an sich schädlich. Um Härten zu vermeiden, lässt die Finanzverwaltung auch hier aus **Billigkeitsgründen die ermäßigte Besteuerung des Einmalbetrags** zu (BMF v. 1.11.2013, IV C 4 – S 2290/13/10002, BStBl I 2013, 1326 Rdnr. 21).

14. Verfahren

a) Lohnsteuerabzug

2028 Zum **Wegfall der Berücksichtigung der Tarifermäßigung** nach § 34 Abs. 1 EStG bei der Berechnung der Lohnsteuer ab 2025 → Rz. 714.

Der **Arbeitgeber** hat die ermäßigte Besteuerung als **sonstiger Bezug** („Fünftelregelung") grds. schon im **Lohnsteuerabzugsverfahren** vorzunehmen, und zwar nach dem Gesetzeswortlaut des § 39b Abs. 3 Satz 9 EStG unabhängig davon, ob dies der **Arbeitnehmer beantragt** oder nicht. Dies kann im Einzelfall, insbesondere bei niedrigen Beträgen, zu einer **höheren Lohnsteuer** führen als die Besteuerung als nicht begünstigter sonstiger Bezug. Weil die Lohnsteuer nach dem Wortlaut des Gesetzes **zu ermäßigen** ist, darf nach Auffassung der obersten Finanzbehörden in diesen Fällen die Fünftelregelung nicht angewendet werden. Der **Arbeitgeber** hat daher eine **Vergleichsrechnung** durchzuführen (Günstigerprüfung) und die Fünftelregelung nur anzuwenden, wenn sie zu einer **niedrigeren Lohnsteuer** führt als die Besteuerung als nicht begünstigter sonstiger Bezug (BMF v. 1.11.2013, IV C 4 – S 2290/13/10002, BStBl I 2013, 1326 Rdnr. 12 Satz 6). Vgl. zur Berechnung die Beispiele unter → *Sonstige Bezüge* Rz. 3946.

Im Lohnsteuerabzugsverfahren kann der Arbeitgeber eine Vereinfachungsregelung anwenden (BMF v. 1.11.2013, IV C 4 – S 2290/13/10002, BStBl I 2013, 1326 Rdnr. 11 Sätze 12 und 13): Der Arbeitgeber darf die erforderliche Vergleichsberechnung ausschließlich nach der Höhe der Einnahmen aus nichtselbständiger Tätigkeit, die im Jahr der Zahlung der Abfindung und dem Vorjahr zugeflossen sind, durchführen. Dabei sind auch solche Lohnbezüge zu berücksichtigen, die der Arbeitnehmer auf Grund seiner Erklärung nach Beendigung des bestehenden Dienstverhältnisses bei einem neuen Arbeitgeber erzielt.

Der **Arbeitnehmer ist in diesem Fall zur Abgabe einer Einkommensteuer-Erklärung verpflichtet** (Pflichtveranlagung nach § 46 Abs. 2 Nr. 5 EStG). Außerdem dürfen in die vereinfachte Vergleichsberechnung auf der Grundlage der Lohnbezüge auch pauschalbesteuerte Arbeitgeberleistungen sowie dem Progressionsvorbehalt unterliegende Lohnersatzleistungen einbezogen werden. Diese in die Vergleichsberechnung zusätzlich einzubeziehenden Einnahmen sind in beiden Vergleichszeiträumen zu berücksichtigen, wenn sie in beiden Kalenderjahren bezogen wurden. Es ist nicht zulässig, nur die Einnahmen in die Vergleichsberechnung einzubeziehen, die im Jahr der Beendigung des Dienstverhältnisses zugeflossen sind. Dies gilt insbesondere für pauschal besteuerten Arbeitslohn, der in beiden Kalenderjahren angefallen ist. Allerdings kann sich dies beispielsweise in den Fällen zu Gunsten des Arbeitnehmers auswirken, in denen der Arbeitgeber Beiträge zu Direktversicherungen im Jahr der Beendigung des Dienstverhältnisses i.R. der Vervielfältigungsregelung des § 40b Abs. 2 Satz 3 EStG pauschal versteuert.

Beispiel:

Das Dienstverhältnis eines 40-jährigen Arbeitnehmers wird zum 31.3.2025 aufgelöst. Die Entschädigung beträgt 18 000 €. Der Arbeitslohn des Arbeitnehmers hat bis zum 31.3.2025 mtl. 2 500 € (insgesamt 7 500 €) betragen. Nach Beendigung des Dienstverhältnisses ist der Arbeitnehmer voraussichtlich arbeitslos. Das Arbeitslosengeld beträgt nach seinen Angaben gegenüber dem Arbeitgeber ab dem 1.4.2025 mtl. 1 000 €. Im Kalenderjahr. 2024 hatte der Arbeitnehmer einen Jahresbruttolohn i.H.v. 30 000 €.

Die Entschädigung (18 000 €) übersteigt nicht die bis zum Jahresende 2025 entgehenden Einnahmen i.H.v. 22 500 € (9 Monate x 2 500 €). Auf Grund der Vereinfachungsregelung kann der Arbeitgeber allerdings eine Vergleichsrechnung mit dem Bruttolohn des Vorjahres vornehmen. Einzubeziehen sind dabei auch die steuerfreien Lohnersatzleistungen. Danach hat der Arbeitnehmer im Kalenderjahr 2025 Einnahmen i.H.v. 34 500 € (7 500 € Arbeitslohn, 18 000 € Abfindung, 9 000 € Arbeitslosengeld). Da diese Einnahmen den Vorjahresbruttolohn von 30 000 € übersteigen, hat der Arbeitgeber i.R. des Lohnsteuerabzugs für die Abfindung die Fünftelregelung anzuwenden.

Kann der Arbeitgeber die erforderlichen Feststellungen für die Vergleichsberechnung nicht treffen, muss er im **Lohnsteuerabzugsverfahren** die Besteuerung ohne Tarifermäßigung durchführen, also zunächst die volle Lohnsteuer einbehalten. Die ermäßigte Besteuerung kann dann ggf. erst im **Veranlagungsverfahren** (z.B. Antragsveranlagung nach § 46 Abs. 2 Nr. 8 EStG) durchgeführt werden.

b) Pflichtveranlagung

Hat der Arbeitgeber die Lohnsteuer nach den vorstehenden Regeln tarifermäßigt berechnet, muss der Arbeitnehmer nach Ablauf des Jahres zur Einkommensteuer veranlagt werden (sog. Pflichtveranlagung nach § 46 Abs. 2 Nr. 5 EStG). Hierdurch soll sichergestellt werden, dass ggf. eine unzutreffende Anwendung der Steuerermäßigung im Lohnsteuerverfahren korrigiert werden kann (vgl. BFH v. 23.3.2005, VI B 62/04). Hintergrund ist, dass der Arbeitgeber – um die Zusammenballung prüfen zu können – die übrigen Einkünfte des Arbeitnehmers kennen müsste, dies aber oft nicht kann. 2029

15. Aufzeichnungspflichten

Der Arbeitgeber hat 2030

- im **Lohnkonto** des Arbeitnehmers die Entschädigungen i.S.d. § 34 Abs. 1 und Abs. 2 Nr. 2 EStG und die davon nach § 39b Abs. 3 Satz 9 EStG einbehaltene Lohnsteuer aufzuzeichnen (§ 4 Abs. 2 Nr. 6 LStDV) und
- in der **Lohnsteuerbescheinigung** (Nummern 10 bis 14) sowohl die ermäßigt besteuerten Entschädigungen als auch die darauf einbehaltenen Steuerabzugsbeträge gesondert zu bescheinigen. Entschädigungen, die im Lohnsteuerabzugsverfahren nicht ermäßigt besteuert wurden, soll der Arbeitgeber auf der Lohnsteuerbescheinigung in Nummer 19 eintragen; eine Verpflichtung hierzu besteht nicht. Allerdings kann der Arbeitgeber durch die entsprechende Eintragung eine zeitaufwendige Beantwortung von Rückfragen durch die Finanzämter vermeiden.

Entsendung

→ *Ausstrahlung* Rz. 1175, → *Einstrahlung* Rz. 1809

Entwicklungshelfer

1. Lohnsteuer

Entwicklungshelfer sind **Arbeitnehmer** (BAG v. 27.4.1977, 5 AZR 129/76), die Einnahmen sind jedoch **zum Teil** nach § 3 Nr. 61 EStG **steuerfrei**. 2031

LSt (durchgestrichen) SV (durchgestrichen)

Zahlungen der Gesellschaft für technische Zusammenarbeit GmbH (GTZ) – heute **Deutsche Gesellschaft für Internationale Zusammenarbeit GmbH (GIZ)** – können **Arbeitslohn** aus dem mit einem ausländischen Arbeitgeber bestehenden Arbeitsverhältnis darstellen, ohne dass eine arbeitsrechtliche Beziehung zur GTZ begründet worden ist.

Zu beachten ist, dass entsandte Mitarbeiter **der GIZ seit 1.1.2014 keine Freistellung** mehr durch den Auslandstätigkeitserlass (BMF v. 10.6.2022, IV C 5 – S 2293 – 19/10012 :001, BStBl I 2022, 997) erhalten, weil sie aus einer inländischen öffentlichen Kasse entlohnt werden (→ *Auslandstätigkeitserlass* Rz. 958).

LSt SV

2. Sozialversicherung

Eine Tätigkeit im **Entwicklungsdienst der GTZ (heute GIZ)** auf der Basis eines Gutachter- und Beratervertrages kann eine sozialversicherungspflichtige Tätigkeit darstellen (LSG Hessen v. 17.12.2009, L 8 KR 130/07). 2032

Entwicklungshelfer i.S.d. Entwicklungshelfergesetzes, die Entwicklungsdienst oder Vorbereitungsdienst leisten, sind **auf Antrag**

in der gesetzlichen Rentenversicherung versicherungspflichtig, wenn die entsendende Stelle (mit Sitz im Inland) dies beim Rentenversicherungsträger beantragt (§ 4 Abs. 1 SGB VI). Wenn die Rentenversicherungspflicht beantragt wird, sind Beiträge zur Rentenversicherung vom Arbeitsentgelt i.R. der Entwicklungshelfertätigkeit oder, wenn dies günstiger ist, der Betrag, der sich ergibt, wenn die Beitragsbemessungsgrenze mit dem Verhältnis vervielfältigt wird, in dem die Summe der Arbeitsentgelte oder Arbeitseinkommen für die letzten drei vor Aufnahme der versicherungspflichtigen Entwicklungshelfertätigkeit voll mit Pflichtbeiträgen belegten Kalendermonate zur Summe der Beträge der Beitragsbemessungsgrenzen für diesen Zeitraum steht; der Verhältniswert beträgt mindestens 0,6667 (§ 166 Abs. 1 Nr. 4 SGB VI). Dies entspricht einer Mindestbeitragsbemessungsgrundlage im Jahr 2026 von 5 633,62 € (in allen Bundesländern). Die Rentenversicherungsbeiträge sind von dem den Antrag stellenden Träger zu tragen und bezahlen (§§ 170 Abs. 1 Nr. 4 und 174 Abs. 2 SGB VI).

(LSt) (SV)

Equal Pay

→ *Arbeitnehmerüberlassung* Rz. 568

Erbbaurecht

→ *Grundstücke: verbilligte Überlassung* Rz. 2452

Erbe

→ *Rechtsnachfolger* Rz. 3584

Erbschaft

→ *Werbungskosten* Rz. 4526

Erfindervergütungen

1. Allgemeines

2033 Planmäßige Erfindertätigkeit ist i.d.R. **freie Berufstätigkeit** i.S.d. § 18 Abs. 1 Nr. 1 EStG, soweit die Erfindertätigkeit nicht i.R. eines Betriebs der Land- und Forstwirtschaft oder eines Gewerbebetriebs ausgeübt wird (R 18.1 Abs. 2 Satz 1 EStR).

Wird die Erfindertätigkeit i.R. eines **Arbeitsverhältnisses** ausgeübt, dann ist der Arbeitnehmer als **freier Erfinder zu behandeln, soweit er die Erfindung außerhalb seines Arbeitsverhältnisses verwertet**. Eine Verwertung außerhalb des Arbeitsverhältnisses ist auch anzunehmen, wenn ein Arbeitnehmer eine frei gewordene Diensterfindung seinem **Arbeitgeber zur Auswertung überlässt**, sofern der Verzicht des Arbeitgebers nicht als Verstoß gegen § 42 AO anzusehen ist (R 18.1 Abs. 2 Sätze 2 und 3 EStR).

Eine Erfindertätigkeit ist jedoch der steuerlich unbeachtlichen **„Liebhaberei“** (→ *Arbeitnehmer* Rz. 196) zuzurechnen, wenn neben einer längeren Verlustphase weitere Umstände (keine nennenswerte Einnahmeerzielung, keine Anmeldung von Patenten, kein Abschluss von Lizenzverträgen, keine wissenschaftlichen Veröffentlichungen) dafür sprechen, dass der Erfinder aus seiner Tätigkeit **keinen „Totalgewinn“** wird erzielen können (zuletzt FG Nürnberg v. 27.1.2017, 4 K 1687/16, m.w.N.).

Steuerlich nicht zu erfassen ist auch eine Erfindertätigkeit, die sich als **Zufallserfindung** im privaten Vermögensbereich darstellt (vgl. zuletzt BFH v. 18.6.1998, IV R 29/97, BStBl II 1998, 567); diese zu Einnahmen aus selbständiger Arbeit (§ 18 EStG) ergangene Rechtsprechung ist jedoch **auf Erfindungen von Arbeitnehmern nicht übertragbar** (FG München v. 21.5.2015, 10 K 2195/12, EFG 2015, 1527).

Erfindervergütungen gehören nur dann zum **Arbeitslohn**, wenn es sich um eine **Diensterfindung** i.S.d. § 4 Abs. 2 des Gesetzes über Arbeitnehmererfindungen (ArbnErfG) handelt (s.a. OFD Frankfurt v. 3.5.2018, S 2134a A – 012 – St 210, StEd 2018, 331 zur bilanzsteuerrechtlichen Beurteilung von Arbeitnehmererfindungen). Das ArbnErfG unterscheidet zwischen (gebundenen) Diensterfindungen (§ 4 Abs. 2) und (freien) sonstigen Erfindungen (§ 4 Abs. 3). Erfindervergütungen können auch steuerpflichtige Einnahmen aus einem früheren Dienstverhältnis sein, dabei ist unerheblich, ob es sich bei der Erfindung um eine Zufallserfindung handelt und wieviel der ehemalige Arbeitnehmer zur weiteren Verwertungsreife beigetragen hat. Ebenso kommt es nicht darauf an, ob die Parteien das ArbnErfG direkt anwenden wollten und die Rechte und Pflichten aus diesem Gesetz erfüllt haben (FG München v. 21.5.2015, 10 K 2195/12, EFG 2015, 1527).

Eine aktuelle **arbeitsrechtliche Darstellung** zu Arbeitnehmererfindungen und Verbesserungsvorschlägen findet sich bei Besgen, B+P 2017, 739.

2. Diensterfindungen

Zu den Diensterfindungen gehören solche, die aus den dem Arbeitnehmer **im Betrieb obliegenden Tätigkeiten** entstanden sind, und solche, die maßgeblich auf den **Erfahrungen oder Arbeiten des Betriebs** beruhen. Nur eine Diensterfindung kann der Arbeitgeber nach §§ 6 ff. ArbnErfG in Anspruch nehmen. Die hierfür gezahlten Vergütungen sind **Arbeitslohn**. Ob eine während eines Arbeitsverhältnisses gemachte Erfindung während der Entwicklungsphase dem Bereich der nichtselbständigen oder der selbständigen Tätigkeit zuzurechnen ist, richtet sich nach den Umständen des Einzelfalls (vgl. BFH v. 26.5.1994, IV B 33/93). 2034

Eine Erfindervergütung für eine sog. **Diensterfindung** (§ 9 ArbnErfG) ist grds. **steuerpflichtiger Arbeitslohn** und unterfällt ggf. der **beschränkten Steuerpflicht** gem. § 49 Abs. 1 Nr. 4 Buchst. a EStG. Dies gilt auch dann, wenn das Arbeitsverhältnis im Augenblick der Zahlung nicht mehr besteht und der **Arbeitnehmer ins Ausland verzogen** ist. Da eine Vergütung gem. § 9 ArbnErfG regelmäßig nicht als konkrete Gegenleistung für eine Arbeitsleistung anzusehen ist, handelt es sich nicht um ein zusätzliches Entgelt „für“ eine (frühere) Tätigkeit i.S.d. Art. 15 Abs. 1 OECD-MA, so dass eine Besteuerung nur im Ansässigkeitsstaat des (früheren) Arbeitnehmers erfolgt (BFH v. 21.10.2009, I R 70/08, BStBl II 2012, 493). Zur Anwendung dieser Rechtsprechung s. OFD Frankfurt v. 19.7.2013, S 1301 A – US.29 – 56.

Auch die **Erben** eines Arbeitnehmers, die dessen Diensterfindung verwerten, erzielen Einkünfte aus nichtselbständiger Arbeit (BFH v. 29.1.1970, IV R 78/66, BStBl II 1970, 319).

Gibt der Arbeitnehmer mit seinem Interesse an einer Weiterführung der ursprünglichen Vereinbarung auf Arbeitnehmererfindervergütung im Konflikt mit seinem Arbeitgeber nach und nimmt dessen **Abfindungsangebot** an, so entspricht es dem Zweck des von der Rechtsprechung entwickelten Merkmals der Zwangssituation, nicht schon wegen dieser gütlichen Einigung in konfligierender Interessenlage einen tatsächlichen Druck in Frage zu stellen. Die Abfindung erfüllt daher die Voraussetzungen für eine **tarifermäßigte Besteuerung** nach § 34 Abs. 1 i.V.m. § 24 Nr. 1 Buchst. a EStG (→ *Entschädigungen* Rz. 2001), denn die Abfindung tritt an die Stelle der künftigen Ansprüche aus der Vereinbarung auf Arbeitnehmererfindervergütung, die sich mit der Erfüllung der Abfindungsvereinbarung erledigen (BFH v. 29.2.2012, IX R 28/11, BStBl II 2012, 569).

Die Vergütung, die ein Arbeitnehmer von seinem Arbeitgeber für eine Diensterfindung erhält, ist dagegen nicht nach § 34 Abs. 2 Nr. 4 EStG ermäßigt zu besteuern, wenn die Dauer der Tätigkeit kein wertbestimmender Faktor für die Höhe der Vergütung war (FG Münster v. 27.4.2013, 12 K 1625/12 E, EFG 2013, 1222).

(LSt) (SV)

3. Freie Erfindungen

Freie Erfindungen entstehen neben dem bestehenden Arbeitsverhältnis. Sie werden nicht durch Erfahrungen oder Mittel des Betriebes gemacht und stehen daher dem Arbeitnehmer zu; der Arbeitgeber hat hieran lediglich ein Vorkaufsrecht (§ 19 ArbnErfG). Ihre Nutzung durch den Arbeitgeber beruht dann auf einer neben dem Arbeitsvertrag abgeschlossenen Vereinbarung. 2035

Bei freien Erfindungen hat der Arbeitnehmer hingegen lediglich die Pflicht, die **Erfindung dem Arbeitgeber anzubieten**, bevor er sie während der Dauer des Arbeitsverhältnisses anderweitig verwertet (§ 19 ArbnErfG). Erwirbt der Arbeitgeber das ihm angebotene Nutzungsrecht an der freien (oder nach § 8 ArbnErfG frei gewordenen) Erfindung, so erzielt der Arbeitnehmer insoweit (nebenberuflich) Einkünfte aus **selbständiger Tätigkeit** i.S.d. § 18 Abs. 1 Nr. 1 EStG, für die es keine spezielle Steuervergünstigung gibt.

~~LSt~~

Erfolgsbeteiligungen: Zuwendung an Arbeitnehmer

→ *Aktien: Zuwendung an Arbeitnehmer* Rz. 55, → *Belohnungen* Rz. 1331, → *Bonus* Rz. 1491, → *Erfindervergütungen* Rz. 2033, → *Gewinnbeteiligung* Rz. 2387, → *Gratifikationen* Rz. 2389, → *Incentive-Reisen* Rz. 2579, → *Prämien* Rz. 3456, → *Preise* Rz. 3497, → *Tantiemen* Rz. 4075, → *Verbesserungsvorschläge* Rz. 4238, → *Vermögensbildung der Arbeitnehmer* Rz. 4295

Erholung: Arbeitgeberzuwendungen

Inhalt

1. Erholungsbeihilfen

a) Steuerfreier Arbeitslohn

2036 Vom Arbeitgeber gezahlte Erholungsbeihilfen sind als **Unterstützungen** (→ *Unterstützungen* Rz. 4217) regelmäßig **bis zu 600 € im Jahr steuerfrei**, soweit die Voraussetzungen der R 3.11 Abs. 2 LStR gegeben sind. Die **Steuerfreiheit** kann danach u.U. in Betracht kommen, **wenn**

- nach ärztlicher Bescheinigung erholungsbedürftige **Arbeitnehmer ohne die Unterstützung durch den Arbeitgeber keine Erholungsreise durchführen könnten** (BFH v. 27.1.1961, VI 249/60 U, BStBl III 1961, 167) oder
- Erholungsbeihilfen im Zusammenhang mit **typischen Berufskrankheiten** zur Abwehr drohender oder zur Beseitigung eingetretener Gesundheitsschäden gegeben werden (z.B. in der Eisen- und Stahlindustrie sowie im Bergbau) und die Erholung sowohl nach ihrer zeitlichen Dauer als auch nach der Wahl des Ortes laut ärztlicher Bescheinigung (Werksarzt, Knappschaftsarzt, Arzt der Berufsgenossenschaft) ein geeignetes Mittel zur Bekämpfung der Berufskrankheit ist (BFH v. 14.1.1954, IV 303/53 U, BStBl III 1954, 86 und 111). In Zweifelsfällen ist ein Zusammenhang zwischen Beruf und Erkrankung durch ein Sachverständigengutachten darzulegen (BFH v. 11.7.2013, VI R 37/12, BStBl II 2013, 815).

Beispiel:

A war in einem Asbestwerk tätig und durch Einwirkung von Asbeststaub der Asbestose ausgesetzt. Er wurde vom Arbeitgeber im Einvernehmen mit dem Betriebsrat zu einer zehntägigen Erholung in eine waldreiche Gegend geschickt. Die Kosten wurden im Wesentlichen vom Arbeitgeber getragen.

Der BFH sah die Arbeitgeberleistungen als steuerfreie Unterstützungen an, weil sie der Abwehr drohender Gesundheitsschäden auf Grund einer typischen Berufskrankheit dienten (BFH v. 14.1.1954, IV 303/53 U, BStBl III 1954, 86), vgl. auch H 3.11 (Erholungsbeihilfen und andere Beihilfen) LStH.

Steuerfreier Arbeitslohn kann dagegen nach § 3 Nr. 1 a EStG auch dann vorliegen, wenn der Arbeitgeber der **Betriebskrankenkasse nur pauschal Zuschüsse gewährt** und diese die Beihilfen an die Arbeitnehmer ohne **Einflussnahme des Arbeitgebers** in eigener Zuständigkeit gewährt (BFH v. 13.8.1975, VI R 144/72, BStBl II 1975, 749).

Eine steuerfreie Erholungsbeihilfe setzt aber stets voraus, dass es sich um eine **freiwillige Leistung des Arbeitgebers** handelt. Ein **tarifvertraglich gezahltes Urlaubsgeld** kann daher auch in den vorbezeichneten Fällen nicht als steuerfreie Erholungsbeihilfen gewährt werden.

Zu der seit 2008 eingeführten **Steuerbefreiung des** § 3 Nr. 34 EStG für zusätzlich zum ohnehin geschuldeten Arbeitslohn erbrachte **Leistungen des Arbeitgebers zur betrieblichen Gesundheitsförderung** → *Gesundheitsförderung, betriebliche* Rz. 2367 ff.

~~LSt~~ ~~SV~~

b) Steuerpflichtiger Arbeitslohn

Soweit nicht ausnahmsweise steuerfreie Unterstützungen anzuerkennen sind, sind die **Erholungsbeihilfen** des Arbeitgebers an seine Arbeitnehmer grds. steuerpflichtiger Arbeitslohn, vgl. H 3.11 (Erholungsbeihilfen und andere Beihilfen) LStH. 2037

Werden die **Erholungsbeihilfen nicht als Barzuwendung** gewährt, sondern werden die Arbeitnehmer in **eigenen Heimen des Arbeitgebers untergebracht**, so ist der Wert der Erholungsbeihilfe mit dem um übliche Preisnachlässe geminderten üblichen Endpreis am Abgabeort (§ 8 Abs. 2 EStG) anzusetzen. Das gleiche gilt, wenn der Arbeitnehmer den Erholungsaufenthalt in **Erholungsheimen eines Vereins, in dem der Arbeitgeber Mitglied** ist, verbringt. In Heimordnungen auferlegte Beschränkungen, die für Unterbringungen in Hotels oder Pensionen gewöhnlich nicht gelten, sind bei der Bewertung durch entsprechende Abschläge zu berücksichtigen (BFH v. 18.3.1960, VI 345/57 U, BStBl III 1960, 237).

Steuerpflichtiger Arbeitslohn kann auch vorliegen, wenn die Leistungen von einem **Dritten** gewährt werden und eine ausreichende Beziehung zwischen dem Dritten und dem Arbeitgeber es rechtfertigt, die Zahlung des Dritten als Arbeitslohn zu behandeln, vgl. H 3.11 (Beihilfen von einem Dritten) LStH. Sind die aus Unterstützungskassen oder Betriebsratskassen (oft auch als sog. **„Freud- und Leidkassen“** bezeichnet) gezahlten Erholungsbeihilfen steuerpflichtig und werden die Kassen sowohl aus Zuwendungen des Arbeitgebers als auch aus eigenen versteuerten Mitteln der Arbeitnehmer (z.B. Rest-Cent bei Lohnabrechnungen) getragen, so ist eine Steuerpflicht der Beträge nur i.H.d. Anteils (v.H.-Satz) des Arbeitgebers an den Gesamteinzahlungen zur Kasse gegeben. Für den Lohnsteuerabzug gelten die Regelungen für den **Lohnsteuerabzug durch Dritte** (vgl. § 38 Abs. 1 Satz 3, Abs. 4 Satz 3 EStG i.V.m. R 38.4 LStR).

Das Gleiche gilt für Leistungen einer **Betriebskrankenkasse oder Unterstützungskasse**, die nach Anweisung des Arbeitgebers gewährt werden (BFH v. 4.2.1954, IV 178/53 U, BStBl III 1954, 111).

Steuerpflichtig sind grds. auch die vom Arbeitgeber getragenen Kosten für die Erholung von **Kindern der Arbeitnehmer** (vgl. z.B. FinMin Schleswig-Holstein v. 5.7.1989, VI 360b – S 2371 – 4, betr. Zuwendungen i.R. der Kinderfürsorge der Post).

LSt SV

c) Pauschalbesteuerung

aa) Lohnsteuer

Eine **Tarifermäßigung** nach § 34 Abs. 1, 2 EStG als Arbeitslohn für mehrere Jahre kommt nicht in Betracht (BFH v. 14.3.1958, VI 104/57 U, BStBl III 1958, 257). 2038

Liegen die Voraussetzungen für eine Steuerfreiheit der Erholungsbeihilfen nach R 3.11 Abs. 2 LStR nicht vor, kann die Lohnsteuer i.R. des § 40 Abs. 2 Satz 1 Nr. 3 EStG mit einem **Pauschsteuersatz von 25 %** erhoben werden, wenn diese zusammen mit Erholungsbeihilfen desselben Kalenderjahrs

- **156 € für den Arbeitnehmer**,
- **104 € für dessen Ehegatten/Lebenspartner** und
- **52 € für jedes Kind**

nicht übersteigen. Diese Grenzen **gelten je Arbeitnehmer und Kalenderjahr** und nicht je Maßnahme. Sind z.B. Ehegatten/Lebenspartner bei demselben Arbeitgeber beschäftigt, sind die Pauschalierungsgrenzen für jeden Arbeitnehmer individuell zu prüfen.

Zu berücksichtigen sind bei diesen **Pauschalierungsgrenzen** lediglich Erholungsbeihilfen. Es ist z.B. nicht zulässig, Erholungsbeihilfen und tarifliches Urlaubsgeld zusammenzurechnen (FG Köln v. 4.6.1996, 7 K 4967/93, EFG 1997, 110).

Bei der Feststellung, ob die im Kalenderjahr gewährten Erholungsbeihilfen zusammen mit früher gewährten Erholungsbeihilfen die o.g. Beträge übersteigen, ist von der Höhe der **Zuwendungen im Einzelfall** auszugehen. Die Jahreshöchstbeträge für den Arbeitnehmer, seinen Ehegatten und seine Kinder sind jeweils gesondert zu betrachten. Die Erholungsbeihilfen müssen für die Erholung dieser Personen bestimmt sein und verwendet werden (R 40.2 Abs. 3 Satz 3 LStR). Davon kann i.d.R. ausgegangen werden, wenn die Erholungsbeihilfe im zeitlichen Zusammenhang mit einem Urlaub des Arbeitnehmers gewährt wird (R 40.2 Abs. 3 Satz 4 LStR).

Wird die Erholungsbeihilfe an den Arbeitnehmer ausgezahlt, muss der **Arbeitgeber sicherstellen**, dass die Beihilfe zu **Erholungszwecken (z.B. Kur, Urlaub) verwendet** wird (§ 40 Abs. 2 Satz 1 Nr. 3 EStG). Dazu reicht es i.d.R. aus, wenn die Beihilfe in **zeitlichem Zusammenhang** mit der Erholungsmaßnahme gewährt wird (R 40.2 Abs. 3 Satz 4 LStR). Eine jährliche Bestätigung eines Arbeitnehmers über die Verwendung monatlich vom Arbeitgeber ausgezahlter Erholungsbeihilfen erfüllt dagegen nicht die gesetzlichen Voraussetzungen für eine Pauschalversteuerung; **der Arbeitnehmer hat zumindest monatlich gegenüber seinem Arbeitgeber zu belegen, zu welchem Zweck er den erhaltenen Betrag im Einzelnen verwendet hat** (BFH v. 19.9.2012, VI R 55/11, BStBl II 2013, 398 und zuletzt FG Rheinland-Pfalz v. 23.11.2016, 2 K 1180/16, EFG 2017, 1102). Bei einem Urlaub ist es **gleichgültig, ob der Urlaub zu Hause verbracht oder eine Urlaubsreise unternommen** wird.

Ein **zeitlicher Zusammenhang** zwischen der Zahlung der Beihilfe und der Erholungsmaßnahme des Arbeitnehmers ist u. E. in **Anlehnung an die bei Jubiläumszuwendungen** früher in R 23 Abs. 2 LStR 1996 getroffene Regelung im Allgemeinen dann anzunehmen, wenn die **Erholungsmaßnahme**

- innerhalb von **drei Monaten** vor oder nach der Auszahlung der Beihilfe **beendet bzw. begonnen**
- oder aber innerhalb dieses Zeitraums eine **Anzahlung** auf eine bereits fest vereinbarte Erholungsmaßnahme (z.B. Buchung eines Erholungsurlaubs) **nachgewiesen** wird.

In den Fällen, in denen dieser zeitliche Zusammenhang gewahrt ist, kann von einer **schriftlichen Bestätigung des Arbeitnehmers** über die zweckgebundene Verwendung der Erholungsbeihilfe **abgesehen** werden. Der BFH hat in seinem Urteil vom 19.9.2012, VI R 55/11, BStBl II 2013, 398 offengelassen, ob diese Verwaltungsregelung der Finanzverwaltung den gesetzlichen Anforderungen genügt.

In den Fällen, in denen der **zeitliche Zusammenhang nicht gegeben** ist, bedarf es zumindest einer **schriftlichen Erklärung des Arbeitnehmers über die zweckentsprechende Verwendung der Erholungsbeihilfe**. Im Hinblick darauf, dass der Urlaub für die Pauschalierung unschädlich ebenso zu Hause verbracht werden kann, ist auch hier die Aufbewahrung von Belegen durch den Arbeitnehmer nicht erforderlich (OFD Magdeburg v. 29.4.2010, S 2371 – 4 – St 225).

Übersteigen die Erholungsbeihilfen im Einzelfall den maßgebenden **Jahreshöchstbetrag**, kommt auch eine Pauschbesteuerung bis zum Jahreshöchstbetrag nicht in Betracht. Der Gesamtbetrag ist dann als **sonstiger Bezug** zu versteuern (R 40.2 Abs. 3 Satz 5 LStR). Dabei kann, wenn die Voraussetzungen des § 40 Abs. 1 Satz 1 Nr. 1 EStG vorliegen („größere Zahl von Fällen"), auch ein individueller Pauschsteuersatz zu Grunde gelegt werden (→ *Pauschalierung der Lohnsteuer* Rz. 3336).

Die **pauschale Lohnsteuer** von 25 % ist nach § 40 Abs. 3 Satz 1 EStG zwar grds. vom Arbeitgeber zu übernehmen, kann aber im Innenverhältnis auf den **Arbeitnehmer abgewälzt** werden, hierdurch mindert sich seit 1.4.1999 jedoch nicht die steuerliche Bemessungsgrundlage (→ *Abwälzung der pauschalen Lohnsteuer auf den Arbeitnehmer* Rz. 27).

LSt

bb) Sozialversicherung

2039 In diesen Fällen besteht auch bei einer **Pauschalbesteuerung Beitragspflicht** in der Kranken-, Pflege-, Renten- und Arbeitslosenversicherung. Pauschal besteuerte „sonstige Bezüge" sind in der Sozialversicherung nur dann beitragsfrei, wenn es sich nicht um Einmalzahlungen handelt (§ 1 Abs. 1 Satz 1 Nr. 2 SvEV). Bei den Erholungsbeihilfen handelt es sich allerdings um **einmalig gezahltes Arbeitsentgelt**. Somit sind die Arbeitgeberleistungen, die den o.a. Jahreshöchstbetrag für eine Pauschalbesteuerung i.S.d. § 40 Abs. 2 Satz 1 Nr. 3 EStG überschreiten, beitragspflichtig.

Ist im Tarifvertrag oder Arbeitsvertrag geregelt, dass die Durchführung der Pauschalbesteuerung auf geringere Werte als die steuerlichen Höchstgrenzen beschränkt ist, dann können die pauschal besteuerbaren Bezüge auch nur in Höhe dieser tarif- oder arbeitsvertraglichen Grenzwerte beitragsfrei belassen werden. Insoweit ist zu berücksichtigen, dass bei Beiträgen, die die tariflichen oder arbeitsvertraglichen Grenzwerte überschreiten, das Regelbesteuerungsverfahren durchzuführen ist und deshalb Beitragspflicht besteht.

Der Sachverhalt, dass für die Nichthinzurechnung zum Arbeitsentgelt die Möglichkeit der Pauschalversteuerung ausreicht, ist für die in § 40 Abs. 2 EStG genannten Einnahmen von Bedeutung. Nach § 1 Abs. 1 Satz 2 SvEV sind diese Bezüge dann dem Arbeitsentgelt zuzurechnen und damit beitragspflichtig, wenn der Arbeitgeber nicht von der Pauschalbesteuerung Gebrauch macht und tatsächlich das Regelbesteuerungsverfahren (§§ 39b oder 39c EStG) durchführt (vgl. Besprechungsergebnis der Spitzenverbände der Sozialversicherungsträger am 29.12.1998, Sozialversicherungsbeitrag-Handausgabe 2005 VL 17 IV/15).

SV

2. Kurkosten

a) Aufwendungen als steuerfreier Arbeitslohn

aa) Steuerbefreiung nach § 3 Nr. 34 EStG

Zu der seit 2008 eingeführten **Steuerbefreiung des** § 3 Nr. 34 EStG für zusätzlich zum ohnehin geschuldeten Arbeitslohn erbrachte Leistungen des Arbeitgebers zur betrieblichen Gesundheitsförderung → *Gesundheitsförderung, betriebliche* Rz. 2367 ff. 2040

bb) Steuerbefreiung nach § 3 Nr. 11 EStG

Aufwendungen des Arbeitgebers für **Heil- und Vorsorgekuren** der Arbeitnehmer sind unter den Voraussetzungen der R 3.11 Abs. 2 LStR (→ *Unterstützungen* Rz. 4217) steuer- und beitragsfrei. Die Kur **(= Maßnahme der Medizinischen Vorsorge oder Rehabilitation)** muss jedoch durch einen **Amtsarzt**, den Medizinischen Dienst, einen Knappschaftsarzt oder durch einen vom staatlichen Gewerbearzt besonders ermächtigten Werksarzt verordnet und unter **ärztlicher Aufsicht und Anleitung durchgeführt** worden sein (vgl. R 33.4 EStR). 2041

Bei **Vorsorgekuren** ist es erforderlich, dass aus der Bescheinigung die **Gefahr einer Erkrankung**, die durch die Kur abgewendet werden soll, ersichtlich ist. Das BFH-Urteil v. 24.1.1975, VI R 242/71, BStBl II 1975, 340 zur Steuer- und Beitragsfreiheit sog. – vom Werksarzt verordneter – **Kreislauftrainingskuren** ist nicht allgemein, sondern nur bei gleich gelagerten Sachverhalten anzuwenden. Nach BFH v. 31.10.1986, VI R 73/83, BStBl II 1987, 142 gehören die vom Arbeitgeber getragenen Kosten für **Kuren bei älteren Arbeitnehmern (z.B. alle über 55-Jährigen)** i.d.R. zu deren steuerpflichtigem Arbeitslohn.

Die Steuerfreiheit gilt nur für die unmittelbaren Kurkosten, die für den Arbeitnehmer dem Grunde nach eine außergewöhnliche Belastung gem. § 33 EStG darstellen. Unterstützungen oder als **„Kurtaschengelder"** bezeichnete Beträge des Arbeitgebers, die der **Anschaffung von Gegenständen oder Kleidungsstücken** dienen, die zwar im Zusammenhang mit der bevorstehenden Kur angeschafft werden, die aber üblicherweise für einen viel längeren Zeitraum genutzt werden und durch die der Arbeitnehmer einen Gegenwert für seine Aufwendungen erhält, fallen nicht unter § 33 EStG. Überträgt man diesen Grundsatz auf R 3.11 Abs. 2 LStR, bleiben die Beihilfen nur dann steuerfrei, wenn der Arbeitgeber davon ausgehen kann, dass mit der Beihilfe nur die unmittelbaren Kurkosten bestritten werden.

Es ist jedoch auf Grund der allgemeinen Lebenserfahrung vielfach nahe liegend, dass mit dem sog. **Kurtaschengeld Nebenausgaben bestritten** werden, die im Zusammenhang mit der Kur anfallen, dem Grunde nach eine außergewöhnliche Belastung i.S.d. § 33 EStG darstellen und von der Sozialversicherung nicht erstattet werden. **Von einer Beanstandung steuerfrei gezahlter Kurtaschengelder nimmt die Finanzverwaltung daher i.d.R. Abstand.**

LSt (durchgestrichen) SV (durchgestrichen)

b) Aufwendungen als steuerpflichtiger Arbeitslohn

2042 Übernimmt der Arbeitgeber die Kosten der Heilbehandlung (Kurkosten) seiner Arbeitnehmer, so liegt darin grds. die Zuwendung von **Arbeitslohn**. Dies gilt auch dann, wenn die **Versicherung** die Übernahme oder **Erstattung der Kosten abgelehnt** hat (BFH v. 11.3.2010, VI R 7/08, BStBl II 2010, 763). Eine Aufteilung in steuerfreien (soweit die Leistungen im eigenbetrieblichen Interesse des Arbeitgebers liegen) bzw. steuerpflichtigen Arbeitslohn kommt nach diesem Urteil im Regelfall nicht in Betracht.

Arbeitslohn liegt auch vor, wenn der Arbeitgeber z.B. **allen älteren Arbeitnehmern eine Kur „verordnet"** hat.

Beispiel:

Ein Unternehmen erstattet nach internen Firmenrichtlinien allen über 50 Jahre alten Arbeitnehmern die Kosten einer Kur. Die Arbeitnehmer „sollen" sich der Kur unterziehen, „müssen" es aber nicht. Das Gehalt wird weitergezahlt, die Kur wird nicht auf den Urlaub angerechnet.

Der BFH hat die übernommenen Kurkosten als Arbeitslohn angesehen (BFH v. 31.10.1986, VI R 73/83, BStBl II 1987, 142), weil die Kur allen Arbeitnehmern ungeachtet ihrer Stellung und Bedeutung für den Betrieb undifferenziert nach Vollendung des 50. Lebensjahres bewilligt wird. Da die Arbeitnehmer sich nicht der Kur unterziehen mussten, um berufliche Nachteile zu vermeiden, hatten sie regelmäßig auch ein starkes Eigeninteresse an der Kur. Die Firma mag zwar ein Interesse daran gehabt haben, durch die Kuren den Krankenstand der älteren Arbeitnehmer möglichst gering zu halten. Im Verhältnis zu dem Eigeninteresse der Arbeitnehmer an ihrer Gesunderhaltung kann dieses Interesse jedoch nicht als „ganz überwiegend eigenbetrieblich" angesehen werden.

LSt SV

3. Vorsorgeuntersuchungen

2043 Zuschüsse des Arbeitgebers zu den Aufwendungen des Arbeitnehmers für Vorsorgeuntersuchungen (z.B. in **Diagnostikzentren**) können – sofern die Möglichkeit der Kostenbeteiligung des Arbeitgebers **allen übrigen Arbeitnehmern eingeräumt** wird – unter den Voraussetzungen der R 3.11 Abs. 2 LStR (→ *Unterstützungen* Rz. 4217) **steuerfrei** gewährt werden.

Aufwendungen des Arbeitgebers für Vorsorgeuntersuchungen der Arbeitnehmer sind jedoch **kein Arbeitslohn**, wenn die Vorsorgeuntersuchungen im ganz überwiegend **eigenbetrieblichen Interesse des Arbeitgebers** durchgeführt werden (BFH v. 11.3.2010, VI R 7/08, BStBl II 2010, 763), vgl. auch H 19.3 (Allgemeines zum Arbeitslohnbegriff) LStH.

Ein **überwiegend eigenbetriebliches Interesse** ist bei Vorsorgeuntersuchungen nur anzunehmen, wenn **folgende Voraussetzungen** erfüllt sind:

- Der **Personenkreis**, der untersucht werden soll, der Untersuchungsturnus und das Untersuchungsprogramm müssen vom **Arbeitgeber bestimmt** werden.
- Es muss in einem gewissen Umfang sichergestellt sein, dass die Arbeitnehmer sich bei einer durch die Untersuchung evtl. **festgestellten Krankheit einer Behandlung unterziehen**. Dazu genügt es, dass ein Werksarzt des Arbeitgebers die Untersuchungsergebnisse kennt und so die Arbeitnehmer bei einer nötigen Behandlung beraten kann (BFH v. 17.9.1982, VI R 75/79, BStBl II 1983, 39). Unerheblich ist, ob der Arbeitgeber sich über die Untersuchungsergebnisse unterrichten lässt.
- Der **Arbeitgeber muss an einem objektiven und vereinheitlichten Bild über den Gesundheitszustand z.B. seiner Führungskräfte interessiert sein**. Dabei kommt es nicht darauf an, dass die Untersuchungen in derselben Klinik durchgeführt werden. Es muss jedoch gewährleistet sein, dass sämtliche Untersuchungen von Ärzten vorgenommen werden, die dazu auf die erforderlichen Apparaturen zurückgreifen können.

Der BFH hat es im o.g. Urteil v. 11.3.2010 abgelehnt, die Aufwendungen der Arbeitgeberin für die **Regenerierungskur** des Fluglotsen in Anknüpfung an BFH v. 18.8.2005, VI R 32/03, BStBl II 2006, 30 als **gemischt veranlasst** und damit nur teilweise (die Vorinstanz wollte eine hälftige Aufteilung) als Arbeitslohn anzusehen. Eine **Aufteilung von Sachzuwendungen** an Arbeitnehmer in Arbeitslohn und Zuwendungen im betrieblichen Eigeninteresse scheide aus, wenn die jeweiligen Veranlassungsbeiträge so ineinandergreifen, dass eine Trennung nicht möglich und daher von einer einheitlich zu beurteilenden Zuwendung auszugehen ist. Davon sei im Streitfall auszugehen: Die vom Kläger durchgeführte Regenerierungskur könne wie jede andere Kur nur einheitlich beurteilt werden. Sie könne nicht in betriebsfunktionale Bestandteile und Elemente mit Vorteilscharakter unterschieden werden.

Nach FG Düsseldorf v. 30.9.2009, 15 K 2727/08 L, EFG 2010, 137 wendet ein Arbeitgeber seinen Arbeitnehmern **keinen Arbeitslohn** zu, wenn er ihnen die kostenlose Teilnahme an ärztlichen Vorsorgeuntersuchungen (**„Gesundheits-Check" bzw. „Manageruntersuchung"**) anbietet. Es seien die ärztlichen Maßnahmen in überwiegend eigenbetrieblichem Interesse erfolgt (ausschließlich für – schwer zu ersetzende – Führungskräfte; Festlegung von Inhalt und Turnus der Untersuchungen; Kosten wären durch die Krankenversicherungen der Arbeitnehmer getragen worden).

Leistungen des Arbeitgebers zur Verbesserung des allgemeinen Gesundheitszustands der Arbeitnehmer und zur betrieblichen Gesundheitsförderung können zu steuerbarem Arbeitslohn führen, wenn sich die Vorteile bei objektiver Würdigung aller Umstände als **Entlohnung** und nicht lediglich als notwendige Begleiterscheinung betriebsfunktionaler Zielsetzungen erweisen (BFH v. 21.11.2018, VI R 10/17, BStBl II 2019, 404 betr. Zuwendung einer **„Sensibilisierungswoche"** als Arbeitslohn). Gegen ein ganz überwiegend eigenbetriebliches Interesse des Arbeitgebers sprach u.a., dass die Teilnahme der Arbeitnehmer an der Sensibilisierungswoche nicht als Arbeitszeit zählte oder der Arbeitgeber die Sensibilisierungswoche nicht zumindest auf die Arbeitszeit anrechnete. Vielmehr mussten die Arbeitnehmer für die Teilnahme an der Sensibilisierungswoche Urlaub nehmen oder ihr Zeitguthaben aufwenden. Fahrtkosten mussten die teilnehmenden Arbeitnehmer ebenfalls selbst tragen. Die Aufwendungen des Arbeitgebers konnten daher lediglich in dem in **§ 3 Nr. 34 EStG** (→ *Gesundheitsförderung, betriebliche* Rz. 2367 ff.) beschriebenen Umfang steuerfrei belassen werden.

Aufwendungen des Arbeitgebers für Vorsorgeuntersuchungen der Arbeitnehmer sind ebenfalls kein Arbeitslohn, wenn die **Arbeitnehmer krankenversichert** sind und selbst nichts für die Untersuchungen hätten aufwenden müssen. Es fehlt dann an einer objektiv bereichernden Vorteilszuwendung (zuletzt FG Düsseldorf v. 30.9.2009, 15 K 2727/08 L, EFG 2010, 137 m.w.N.).

Bei Vorsorgeuntersuchungen, die nicht ohnehin im ganz überwiegenden betrieblichen Interesse des Arbeitgebers erfolgen, kann die **Steuerfreiheit nach den Grundsätzen gem. § 3 Nr. 34 EStG** gegeben sein, wenn die dort genannten Voraussetzungen vorliegen (→ *Gesundheitsförderung, betriebliche* Rz. 2367 ff.).

~~LSt~~ ~~SV~~

Erholungsbeihilfen

→ *Erholung: Arbeitgeberzuwendungen* Rz. 2036, → *Unterstützungen* Rz. 4217

Erkrankung von Arbeitnehmern

Der nach dem Entgeltfortzahlungsgesetz (→ *Entgeltfortzahlung* Rz. 1914) für die Dauer von **sechs Wochen weitergezahlte Arbeitslohn** unterliegt der „normalen" Besteuerung. 2044

LSt SV

Das **Krankengeld** (und sonstige Leistungen aus der Krankenversicherung) ist zwar nach § 3 Nr. 1 EStG steuerfrei, unterliegt jedoch nach § 32b Abs. 1 Satz 1 Nr. 1 Buchst. b EStG dem Progressionsvorbehalt (→ *Progressionsvorbehalt* Rz. 3501).

~~LSt~~ ~~SV~~

Zahlt ein Arbeitgeber nach Beendigung der gesetzlichen Entgeltfortzahlung **Krankengeldzuschüsse** (→ *Krankengeldzuschüsse* Rz. 2749) in Höhe der Differenz zwischen dem Krankengeld der Krankenkasse und dem letzten Nettoverdienst, so gehören diese zwar zum Arbeitslohn (§ 2 Abs. 2 Nr. 5 LStDV), sind aber in der Sozialversicherung beitragsfrei (→ *Beitragsfreiheit* Rz. 1308). Entsprechendes gilt für das sog. Kinderkrankengeld (→ *Krankengeld bei Erkrankung eines Kindes* Rz. 2741).

LSt ~~SV~~

Übernimmt ein Arbeitgeber Krankheitskosten seiner Arbeitnehmer, liegt grds. Arbeitslohn vor, der jedoch nach den für Unterstützungen geltenden Regeln i.R. des § 3 Nr. 11 EStG i.V.m. R 3.11 Abs. 2 LStR oder § 3 Nr. 34 EStG steuerfrei belassen werden kann (→ *Gesundheitsförderung, betriebliche* Rz. 2367 ff.,

→ *Unterstützungen* Rz. 4217). Weitere Einzelheiten → *Erholung: Arbeitgeberzuwendungen* Rz. 2036 sowie → *Krankheitskosten* Rz. 2772.

LSt SV

Erlass einer Forderung

→ *Forderungsverzicht* Rz. 2205

Erlass von Lohnsteuer

1. Voraussetzungen

a) Allgemeines

2045 Nach **§ 163 AO** können Steuern **niedriger festgesetzt** werden und einzelne Besteuerungsgrundlagen, die die Steuern erhöhen, können bei der Festsetzung der Steuer unberücksichtigt bleiben, wenn die **Erhebung der Steuer nach Lage des einzelnen Falls unbillig** wäre. Mit Zustimmung des Stpfl. kann bei Steuern vom Einkommen zugelassen werden, dass einzelne Besteuerungsgrundlagen, soweit sie die Steuer erhöhen, bei der Steuerfestsetzung erst zu einer späteren Zeit und, soweit sie die Steuer mindern, schon zu einer früheren Zeit berücksichtigt werden.

Unter denselben Voraussetzungen können Ansprüche aus dem Steuerschuldverhältnis ganz oder teilweise **erlassen** werden (**§ 227 AO**). Der Zweck der §§ 163, 227 AO liegt darin, sachlichen und persönlichen Besonderheiten des Einzelfalles, die der Gesetzgeber in der Besteuerungsnorm nicht berücksichtigt hat, durch eine nicht den Steuerbescheid selbst ändernde Korrektur des Steuerbetrages insoweit Rechnung zu tragen, als sie die steuerliche Belastung als unbillig erscheinen lassen (zuletzt BVerfG v. 11.5.2015, 1 BvR 741/14, HFR 2015, 882 m.w.N.).

Darüber hinaus können **Steuern gestundet** werden, wenn die Einziehung bei Fälligkeit eine erhebliche Härte für den Schuldner bedeuten würde und der Anspruch durch die Stundung nicht gefährdet erscheint (§ 222 AO); zum Lohnsteuerverfahren → *Stundung* Rz. 4070.

„Unbillig“ ist, was dem Rechtsempfinden nicht genügt, d.h. mit ihm unvereinbar ist (BFH v. 19.1.1965, VII 22/62 S, BStBl III 1965, 206). Die Unbilligkeit kann sich aus den persönlichen Verhältnissen des Steuerschuldners oder auch aus sachlichen Gründen ergeben.

Die Steuerfestsetzung und die Entscheidung über eine abweichende Festsetzung der Steuer aus Billigkeitsgründen sind nach ständiger Rechtsprechung in **zwei gesonderten Verwaltungsverfahren zu prüfen und in zwei Verwaltungsakten vorzunehmen** (zuletzt BFH v. 17.4.2018, IX R 24/17, HFR 2018, 685 betr. Übertragung des Verlustvortrags).

Ausführliche Erläuterungen zu den Erlassvoraussetzungen s. OFD Karlsruhe v. 1.4.2002, S 0457.

b) Persönliche Unbilligkeit

2046 Der Erlass aus persönlichen Billigkeitsgründen setzt **Erlassbedürftigkeit** und **Erlasswürdigkeit** voraus. Nur die Erfüllung **beider Voraussetzungen** lässt die Einziehung der Steuer als unbillig erscheinen. Selbst bei Erlassbedürftigkeit ist die Verwaltung nicht zum Erlass verpflichtet, wenn es an der Erlasswürdigkeit fehlt. Deshalb reicht für die Ablehnung eines Erlasses bereits die Verneinung *einer* Voraussetzung aus (BFH v. 17.7.2019, III R 64/18, HFR 2020, 99 betr. Rückforderung von Kindergeld).

Persönliche Billigkeitsgründe sind gegeben, wenn die Steuererhebung die **wirtschaftliche oder persönliche Existenz des Stpfl. vernichten oder ernstlich gefährden** würde. Bei einem Erlassantrag nicht getrennt lebender Eheleute ist die persönliche Erlassbedürftigkeit für die Ehegatten unter Einbeziehung ihrer gemeinsamen Einkommens- und Vermögenslage zu würdigen (vgl. zuletzt BFH v. 26.10.2011, VII R 50/10, m.w.N.). Die wirtschaftliche Existenz ist gefährdet, wenn ohne Billigkeitsmaßnahmen der notwendige Lebensunterhalt des Stpfl. und der mit ihm in Haushaltsgemeinschaft lebenden Personen vorübergehend oder dauernd nicht mehr bestritten werden kann (**Erlassbedürftigkeit**); diese ist nicht gegeben, wenn der Stpfl. trotz Aufforderung durch das Finanzamt seine wirtschaftlichen Verhältnisse nicht umfassend darlegt, obwohl ihm dies möglich und zumutbar gewesen war (FG München v. 28.1.2015, 3 K 2267/12, EFG 2015, 882).

Weitere Voraussetzung ist, dass der Stpfl. auch erlasswürdig ist. **Erlasswürdigkeit** setzt ein Verhalten des Stpfl. voraus, das nicht in eindeutiger Weise gegen die Interessen der Allgemeinheit verstößt und bei dem die mangelnde Leistungsfähigkeit nicht auf einem Verhalten des Stpfl. selbst beruht. Ein Verstoß gegen die Interessen der Allgemeinheit liegt beispielsweise auch dann vor, wenn der Stpfl. bei der Entstehung der Forderung seine Mitwirkungspflichten verletzt (zuletzt BFH v. 17.7.2019, III R 64/18, HFR 2020, 99 betr. Rückforderung von Kindergeld).

Erlasswürdigkeit ist z.B. nicht gegeben, wenn

- ein Steuerberater dauernd bewusst pflichtwidrig verspätet Lohnsteuer anmeldet und abführt – die Säumniszuschläge können deshalb nicht erlassen werden (FG Hamburg v. 30.12.1999, II 351/99, EFG 2000, 475);
- empfangene Schmiergeldzahlungen nicht erklärt und versteuert wurden; auch keine abweichende Steuerfestsetzung aus persönlichen Billigkeitsgründen für die Rückzahlung von Schmiergeldern, die nach dem Abflussprinzip des § 11 Abs. 2 EStG erst im Jahr der Rückzahlung steuermindernd berücksichtigt werden können (BFH v. 9.12.2009, IX B 132/09).

Erlasswürdigkeit ist aber i.d.R. **gegeben**, wenn der Stpfl. wegen Unerfahrenheit oder durch das Verhalten Dritter in die Notlage geraten ist (z.B. FG Niedersachsen v. 24.8.1994, IX 580/89, betr. einen Stpfl., der unbewusst einen unzuverlässigen Berater mit der Wahrnehmung seiner steuerlichen Interessen betraut hat).

Beantragt der Steuerschuldner während der insolvenzrechtlichen Wohlverhaltensphase einen Erlass der restlichen Steuern aus persönlichen Billigkeitsgründen (schlechte wirtschaftliche Lage und daraus angeblich resultierende Gesundheitsprobleme), so kann das Finanzamt den daraufhin gewährten **Erlass nach § 130 AO zurücknehmen**, wenn sich herausstellt, dass der Steuerschuldner im Zeitpunkt des Erlassantrages einen Lottogewinn in Millionenhöhe verschwiegen hat (BFH v. 9.3.2016, V B 82/15).

c) Sachliche Unbilligkeit

Die Festsetzung einer Steuer ist aus sachlichen Gründen unbillig, 2047
wenn sie zwar äußerlich dem Gesetz entspricht, aber den Wertungen des Gesetzgebers im konkreten Fall derart zuwiderläuft, dass die Erhebung der Steuer unbillig erscheint. Das ist der Fall, wenn nach dem erklärten oder mutmaßlichen Willen des Gesetzgebers angenommen werden kann, dass er die im Billigkeitswege zu entscheidende Frage – wenn er sie als regelungsbedürftig erkannt hätte – i.S. der begehrten Billigkeitsmaßnahme entschieden hätte. Dies wiederum kann seinen Grund entweder in Gerechtigkeitsgesichtspunkten oder in einem Widerspruch zu dem der gesetzlichen Regelung zu Grunde liegenden Zweck haben. **Eine Billigkeitsentscheidung darf jedoch die generelle Geltungsanordnung des den Steueranspruch begründenden Gesetzes nicht unterlaufen**. Sie darf nicht die Wertung des Gesetzes durchbrechen oder korrigieren, sondern nur einem – sich lediglich in einem Einzelfall zeigenden – ungewollten Überhang des gesetzlichen Steuertatbestands abhelfen. Eine für den Stpfl. ungünstige Rechtsfolge, die der Gesetzgeber bewusst angeordnet oder in Kauf genommen hat, rechtfertigt keine Billigkeitsmaßnahme (BFH v. 22.7.2020, II R 42/17, HFR 2021, 696 m.w.N.).

Hiernach können z.B. Härten, die sich aus der Anwendung des sog. **Zu- und Abflussprinzips** ergeben (z.B. eine auf Grund der Steuerprogression erhöhte steuerliche Belastung bei der Nachzahlung von Arbeitslohn), nicht im Erlasswege ausgeräumt werden (zuletzt BFH v. 7.11.2006, VI R 2/05, BStBl II 2007, 315 sowie FG Baden-Württemberg v. 30.4.2009, 7 K 737/09 beide m.w.N.).

Die **„Erlasswürdigkeit“** spielt insoweit zwar keine Rolle (BFH v. 25.4.2002, V B 73/01, BStBl II 2004, 343). Ein Steuererlass aus sachlichen Billigkeitsgründen kommt jedoch **nicht** in Betracht, wenn

- es dem **Stpfl. möglich und zumutbar war, sich gegen die Fehlerhaftigkeit rechtzeitig zu wehren**; ein Erlass darf nicht Änderungsmöglichkeiten schaffen, die die Änderungsvorschriften der §§ 172 ff. AO nicht vorsehen und nach der gesetzgeberischen Konzeption nicht vorsehen sollten (zuletzt BFH v. 11.5.2020, V B 99/19, betr. Erlass von Nachzahlungszinsen);

- ein Steuerberater **regelmäßig verspätet Lohnsteuer anmeldet** und der Zahlungseingang unter Verwirklichung des mit der Ausnutzung der Schonfrist bewusst eingegangenen Risikos erst am Tag nach Ablauf der Schonfrist erfolgt (FG Hamburg v. 30.12.1999, II 351/99, EFG 2000, 475);
- sich der Arbeitnehmer damit einverstanden erklärt hat, dass der geldwerte Vorteil für die private Nutzung eines vom Arbeitgeber zur Nutzung überlassenen Pkw nach der **1 %-Regelung** versteuert wird; er kann nicht den Erlass von Einkommensteuer mit der Begründung verlangen, er habe die laufenden Kosten für den Unterhalt des Fahrzeugs selbst tragen müssen (FG Saarland v. 12.6.2001, 2 K 234/97);
- **Pastoren im Ruhestand** Aufwendungen durch die Fortführung früherer pastoraler Tätigkeiten entstehen, die mangels Veranlassungszusammenhangs nicht als Werbungskosten bei den Einkünften aus nichtselbständiger Arbeit in Form von Versorgungsbezügen anerkannt werden können (FG Hamburg v. 6.4.2017, 2 K 77/16);
- der **Kindergeldberechtigte** seinen Mitwirkungspflichten (§ 68 Abs. 1 EStG) nicht nachgekommen ist und kein überwiegendes behördliches Mitverschulden vorliegt (BFH v. 27.5.2020, III R 45/19, HFR 2020, 1107 betr. Rückforderung von Kindergeld).

Dagegen kann ein **Erlass in Betracht** kommen bei

- einer **offensichtlich und eindeutig unrichtigen Steuerfestsetzung**, wenn es dem Stpfl. nicht möglich oder zumutbar war, sich gegen die Fehlerhaftigkeit rechtzeitig zu wehren (zuletzt BFH v. 11.5.2020, V B 99/19, m.w.N.) oder bei Einwendungen, die sich im konkreten Steuerrechtsverhältnis aus den **Grundsätzen von Treu und Glauben** ergeben, weil z.B. der Arbeitgeber auf Grund der Ergebnisse der durchgeführten Lohnsteuer-Außenprüfungen auf die Ordnungsmäßigkeit seines Abrechnungssystems vertraut hat und sich diesbezüglich in einem Rechtsirrtum befand (BFH v. 29.11.2016, VI R 61/14, BStBl II 2017, 718 betr. steuerliche Berücksichtigung von Zuzahlungen für Bereitschaftsdienstzeiten). Doch hat der Grundsatz der Rechtssicherheit Vorrang vor dem Grundsatz der materiellen Richtigkeit des Steuerbescheids, wenn die Unrichtigkeit des Bescheids letztlich auf das nachlässige Verhalten des Stpfl. zurückzuführen ist (BFH v. 17.6.2004, IV R 9/02, HFR 2004, 1172);
- einer **Verschärfung der Rechtsprechung**, sofern die Verwaltung den Vertrauensschutz nicht durch allgemeine Billigkeitsregelungen oder Übergangsregelungen berücksichtigt hat (BFH v. 26.9.2007, V B 8/06, BStBl II 2008, 405);
- Annahme eines steuerlich unbeachtlichen sog. **Liebhaberei-Betriebs** mit der Folge, dass auch ein Betriebsausgabenabzug der **Gehaltszahlungen an die Ehefrau** abgelehnt wird; die Besteuerung der Gehaltszahlungen würde dann den Wertungen des Gesetzgebers zuwiderlaufen, weil sie die finanzielle Leistungsfähigkeit der ehelichen Erwerbsgemeinschaft nicht erhöht haben (BFH v. 17.11.2004, X R 62/01, BStBl II 2005, 336);
- der Rückforderung von Kindergeld, wenn der Kindergeldberechtigte seiner Mitwirkungspflicht nachgekommen ist, der Rückforderungsanspruch aber durch ein **Verschulden oder eine fehlerhafte Arbeitsweise der Behörden entstanden** ist (BFH v. 23.1.2020, III R 16/19).

2. Anträge des Arbeitgebers

2048 Der Arbeitgeber erhebt die Lohnsteuer nur **treuhänderisch** für den Arbeitnehmer; diese Lohnsteuer kann ihm deshalb **nicht erlassen** werden.

Eine **Ausnahme** kommt allenfalls in Betracht, wenn es gilt, einen ohne Verschulden in Not geratenen **Unternehmer vor dem Zusammenbruch zu retten** und Arbeitsplätze zu erhalten (FG Hamburg v. 21.8.1985, II 146/83, EFG 1986, 203).

Schuldet der **Arbeitgeber hingegen selbst Lohnsteuer**, also

- bei der **Pauschalierung der Lohnsteuer** (→ *Pauschalierung der Lohnsteuer* Rz. 3336) oder
- wenn er als **Haftungsschuldner** in Anspruch genommen wird (→ *Haftung für Lohnsteuer: Allgemeine Grundsätze* Rz. 2471),

und liegen die o.g. Erlassvoraussetzungen vor, dann kann auch er bei seinem Betriebsstättenfinanzamt einen Antrag auf Erlass von Lohnsteuer stellen.

3. Anträge des Arbeitnehmers

Im **Lohnsteuerabzugsverfahren** kann grds. kein Erlass ausgesprochen werden, sondern frühestens nach Abgabe der Lohnsteuer-Anmeldung und damit der Festsetzung der angemeldeten Lohnsteuer. Der Arbeitnehmer kann aber bei seinem Wohnsitzfinanzamt im Rahmen der **Veranlagung zur Einkommensteuer** bei Vorliegen sachlicher oder persönlicher Billigkeitsgründe einen Steuererlass beantragen. 2049

Kein Erlassgrund sind die häufig von Pfarrern und Anhängern der Friedensbewegung geltend gemachten **Gewissensgründe** gegen die Erhebung einer Steuer, soweit Steuermitteln für militärische Zwecke verwendet werden (BVerfG v. 6.6.2012, 1 BvR 503/09) oder die von Bürgern geäußerte Kritik an der **Flüchtlingspolitik** der Bundesregierung (FG Hessen v. 27.7.2016, 1 V 102/16).

Wie zu verfahren ist, wenn ein Stpfl. i.R. des sog. **Verbraucherinsolvenzverfahrens** beim Finanzamt einen Antrag auf Erlass von Steuerschulden stellt, ist in BMF v. 27.1.2021, IV A 4 – S 0550/20/10008:001, BStBl I 2021, 152 ausführlich dargelegt.

Ermäßigungsverfahren

→ *Lohnsteuer-Ermäßigungsverfahren* Rz. 2993

Ersatzdienstleistende

→ *Zivildienst* Rz. 4632

Ersatzkassen

→ *Krankenversicherung: gesetzliche* Rz. 2760

Erschwerniszuschläge

→ *Arbeitslohn-ABC* Rz. 664, → *Zulagen* Rz. 4787

Erstattungsverfahren bei Lohnfortzahlung

→ *Lohnfortzahlung: Erstattungsverfahren für Arbeitgeber* Rz. 2846

Erstattung von Lohnsteuer

Es kommt häufig vor, dass der Arbeitgeber zu viel Lohnsteuer einbehalten hat, weil er z.B. eine Steuerbefreiungsvorschrift übersehen hat. Für diesen Fall gibt es **folgende Korrekturmöglichkeiten:** 2050

1. Änderung des Lohnsteuerabzugs nach § 41c EStG

Im „Normalfall" wird der **Arbeitgeber** den Fehler noch im laufenden Kalenderjahr bei der **nächstfolgenden Lohnzahlung korrigieren** (§ 41c Abs. 1 Satz 1 EStG). Eine Verpflichtung des Arbeitgebers hierzu besteht im Allgemeinen nicht. Die Änderung ist sogar **ausgeschlossen**, wenn der Arbeitnehmer im Laufe des Jahres aus dem **Dienstverhältnis ausgeschieden** ist und der Arbeitgeber bereits die Lohnsteuerbescheinigung ausgeschrieben hat (§ 41c Abs. 3 Satz 1 EStG sowie → *Änderung des Lohnsteuerabzugs* Rz. 126). 2051

2. Lohnsteuer-Jahresausgleich durch den Arbeitgeber

Fehler beim laufenden Lohnsteuerabzug können auch noch i.R. des Lohnsteuer-Jahresausgleichs nach § 42b EStG korrigiert werden (→ *Lohnsteuer-Jahresausgleich durch den Arbeitgeber* Rz. 3015). Aber auch diese Regelung kommt z.B. dann nicht in Betracht, wenn der Arbeitnehmer am Jahresende **nicht mehr in einem Dienstverhältnis** zum Arbeitgeber gestanden hat. Bei **Arbeitgebern mit weniger als zehn Arbeitnehmern** zum Jahres- 2052 ende ist der Arbeitgeber ohnehin nicht zur Durchführung des Lohnsteuer-Jahresausgleichs verpflichtet (§ 42b Abs. 1 EStG).

3. Einkommensteuerveranlagung auf Antrag

2053 Erstattungen von Lohnsteuer an den Arbeitnehmer betreffen nur die individuelle Lohnsteuer, da der Arbeitnehmer nur insoweit Steuerschuldner ist. Hat der Arbeitgeber im Laufe des Kalenderjahres zu viel Lohnsteuer einbehalten und abgeführt und ist weder durch Änderung des Lohnsteuerabzugs noch i.R. des Lohnsteuer-Jahresausgleichs eine Korrektur durchgeführt worden, so muss der Arbeitnehmer die Korrektur i.R. des Veranlagungsverfahrens geltend machen. Der Lohnsteuerabzug des Arbeitnehmers kann nach Ablauf des Kalenderjahres allerdings bis zur Übermittlung und Ausschreibung der Lohnsteuer-Bescheinigung korrigiert werden, wenn die Lohnsteuer-Anmeldung geändert wird (vgl. BFH v. 17.6.2009, VI R 46/07, BStBl II 2010, 72). Eine Erstattung der Lohnsteuer an den Arbeitnehmer ist nach Ablauf des Kalenderjahres nur noch im Wege des Lohnsteuer-Jahresausgleichs nach § 42b EStG zulässig (vgl. § 41c Abs. 3 Satz 3 EStG).

Nach Ablauf des Kalenderjahres kann der **Arbeitnehmer** nach § 46 Abs. 2 Nr. 8 EStG – wenn er nicht bereits „von Amts wegen" zur Einkommensteuer veranlagt wird (sog. Pflichtveranlagung) – von sich aus eine Einkommensteuerveranlagung zur Anrechnung der Lohnsteuer auf die Einkommensteuer beantragen (sog. **Antragsveranlagung**), bei der der überhöhte Lohnsteuerabzug korrigiert wird. Die **zweijährige Antragsfrist** (§ 46 Abs. 2 Nr. 8 Satz 2 EStG a.F.) ist i.R. des JStG 2008 **gestrichen** worden; es gilt nunmehr die allgemeine **Verjährungsfrist von vier Jahren** (→ *Veranlagung von Arbeitnehmern* Rz. 4233).

Beispiel:

Der Arbeitgeber hat übersehen, am 1.7.2025 gezahlten Arbeitslohn für mehrere Jahre tarifermäßigt zu versteuern. Am 1.10.2025 ist der Arbeitnehmer aus dem Dienstverhältnis ausgeschieden.

Der Arbeitnehmer muss diesen Fehler spätestens i.R. einer Antragsveranlagung zur Einkommensteuer für das Jahr 2025 korrigieren lassen. Der Antrag kann bis zum 31.12.2029 gestellt werden.

Bei Antragsveranlagung greift die **Anlaufhemmung** des § 170 Abs. 2 AO, anders als bei der Pflichtveranlagung, nicht.

4. Erstattung nach § 37 Abs. 2 AO

2054 **Ein Anspruch des Arbeitnehmers auf Erstattung zu viel gezahlter Lohnsteuer nach § 37 Abs. 2 AO ist i.d.R. nicht gegeben.** Hat der Arbeitgeber die Lohnsteuer unzutreffend angemeldet und abgeführt, so stellt die Anmeldung der Lohnsteuer durch den Arbeitgeber als Verwaltungsakt nach § 168 AO den Rechtsgrund für das Behaltendürfen der unzutreffend abgeführten Lohnsteuer dar.

Ein Erstattungsanspruch nach § 37 Abs. 2 AO scheidet daher von vornherein aus, sofern die Lohnsteuer-Anmeldung nicht geändert wird. Wird der Lohnsteuerabzug des Kalenderjahres mit Ausstellung der Lohnsteuer-Bescheinigung abgeschlossen, kann nach § 41c Abs. 3 Satz 1 EStG der Lohnsteuer-Abzug des Kalenderjahres nicht mehr geändert werden (nur Minderung der Lohnsteuer-Entrichtungsschuld bei veruntreutem Arbeitslohn möglich, § 41c Abs. 3 Satz 4 EStG). Damit steht endgültig fest, dass die Lohnsteuer verfahrensrechtlich nicht ohne Rechtsgrund gezahlt wurde (§ 37 Abs. 2 Satz 1 AO). Eine Korrektur kann daher ebenfalls nur noch über die **Einkommensteuerveranlagung** des Arbeitnehmers erfolgen, indem die zu Unrecht abgeführte Lohnsteuer angerechnet wird (vgl. BFH v. 17.6.2009, VI R 46/07, BStBl II 2010, 72).

Darüber hinaus besteht für den Arbeitnehmer in den Fällen, in denen eine Zahlung des Arbeitgebers dem Lohnsteuerabzug unterworfen wird, obwohl die **Besteuerung abkommensrechtlich dem Wohnsitzstaat des – beschränkt steuerpflichtigen – Arbeitnehmers zugewiesen** ist, die Möglichkeit, einen Erstattungsantrag in analoger Anwendung des § 50c Abs. 3 Satz 1 EStG zu stellen. Diese Möglichkeit besteht jedoch nur, soweit die entsprechenden Einkünfte aus nichtselbständiger Arbeit nicht bereits i.R. einer Veranlagung nach § 50 Abs. 2 Satz 2 Nr. 4 Buchst. b i.V.m. Satz 7 EStG erfasst wurden (Wahlrecht). Der Erstattungsanspruch ist dabei gegen das Betriebsstättenfinanzamt des Arbeitgebers zu richten (BFH v. 21.10.2009, I R 70/08, BStBl II 2012, 493). Genauso ist zu verfahren, wenn eine Zahlung des Arbeitgebers zu Unrecht dem Lohnsteuerabzug unterworfen wurde, weil weder eine unbeschränkte noch eine beschränkte Steuerpflicht des Arbeitnehmers im Inland bestanden hat.

Will der Arbeitnehmer im o.g. Beispiel mit der Erstattung überzahlter Lohnsteuer nicht bis zum Ende des Jahres oder gar bis zur Einkommensteuerveranlagung warten, kann er bereits im **laufenden Kalenderjahr beim Finanzamt einen Erstattungsantrag** nach § 37 Abs. 2 AO stellen. Ein solcher Antrag muss innerhalb der Verjährungsfrist von vier Jahren gestellt werden.

Diese recht lange Frist hat aber kaum praktische Bedeutung, weil die sog. **Antragsveranlagung** dieser Erstattungsmöglichkeit als „lex specialis" **im Range vorgeht**. Hat es der Arbeitnehmer versäumt, seine Erstattungsansprüche nach Ablauf des Jahres i.R. einer Antragsveranlagung geltend zu machen, so kann er später keine Erstattung nach § 37 Abs. 2 AO begehren (BFH v. 20.5.1983, VI R 111/81, BStBl II 1983, 584). Das Gleiche gilt, wenn der Arbeitnehmer einen **Einkommensteuerbescheid** erhalten hat und dieser bestandskräftig geworden ist. Eine weitergehende Erstattung kann dann später nicht mehr nach § 37 Abs. 2 AO verlangt werden (BFH v. 12.10.1995, I R 39/95, BStBl II 1996, 87).

Von Bedeutung ist diese Möglichkeit daher eher bei **beschränkt Stpfl.**, die keine Veranlagung zur Einkommensteuer nach § 46 EStG beantragen können.

Wird eine Zahlung des Arbeitgebers zu Unrecht dem Lohnsteuerabzug unterworfen, weil die Besteuerung der Zahlung abkommensrechtlich dem Wohnsitzstaat des Arbeitnehmers zugewiesen ist, hat der Arbeitnehmer einen Erstattungsanspruch in analoger Anwendung des § 50c Abs. 3 Satz 1 EStG, der gegen das Betriebsstätten-Finanzamt des Arbeitgebers zu richten ist. Nichts anderes kann gelten, wenn mit dem Wohnsitzstaat des Arbeitnehmers kein Doppelbesteuerungsabkommen mehr besteht (BFH v. 21.10.2009, I R 70/08, BStBl II 2012, 493 und FG Düsseldorf v. 11.3.2021, 12 K 1516/17 AO, EFG 2021, 1127, im nachfolgenden Revisionsverfahren, BFH v. 11.7.2024, VI R 35/21, BStBl II 2024, 710, ist diese Rechtsfrage mangels Entscheidungserheblichkeit offen geblieben). Die Finanzverwaltung hat **zur DBA-rechtlichen Lohnsteuererstattung** bei zu Unrecht einbehaltener Lohnsteuer Stellung genommen (BMF v. 27.6.2022, IV B 8 – S 2301/13/10002):

„Wird eine Zahlung des Arbeitgebers dem Lohnsteuerabzug unterworfen, obwohl die Besteuerung abkommensrechtlich dem Wohnsitzstaat des Arbeitnehmers zugewiesen ist, besteht die Möglichkeit, einen Erstattungsantrag in analoger Anwendung des § 50c Abs. 3 Satz 1 EStG i.d.F. des Abzugsteuerentlastungsmodernisierungsgesetzes (vormals Erstattung analog § 50d Abs. 1 Satz 2 EStG) zu stellen, soweit für die entsprechenden Einkünfte aus nichtselbständiger Arbeit nicht bereits eine Veranlagung nach § 50 Abs. 2 Satz 2 Nr. 4 Buchstabe b i.V.m. Satz 7 EStG beantragt worden ist oder es sich um eine Pflichtveranlagung handelt.

Der Erstattungsanspruch ist dabei gegen das Betriebsstättenfinanzamt des Arbeitgebers zu richten (BFH v.21.10.2009, I R 70/08, BStBl II 2012, 493). Gegebenenfalls sind für den Erstattungsantrag besondere formelle Anforderungen (z.B. Fristen), die in den jeweiligen DBA geregelt sind, zu beachten (s.a. BMF v. 25.6.2012, IV B 5 – S 1301-USA/0-04, BStBl I 2012, 692).

Genauso ist zu verfahren, wenn eine Zahlung des Arbeitgebers zu Unrecht dem Lohnsteuerabzug unterworfen wurde, obwohl weder eine unbeschränkte noch eine beschränkte Steuerpflicht des Arbeitnehmers im Inland bestanden hat.

Dieses Schreiben ist auf alle offenen Fälle anzuwenden, bei denen der laufende Arbeitslohn für einen nach dem 31.12.2020 endenden Lohnzahlungszeitraum gezahlt wird, und auf sonstige Bezüge, die nach dem 31.12.2020 zufließen. Für alle übrigen Fälle gilt der bisherige H 41c.1 ‚Erstattungsantrag' der Lohnsteuer-Hinweise (Erstattung analog § 50d Abs. 1 Satz 2 EStG) fort."

5. Erstattung aus Billigkeitsgründen

Grds. kann der Arbeitnehmer bei seinem Wohnsitzfinanzamt auch 2055
eine Erstattung der Lohnsteuer aus sachlichen oder persönlichen Billigkeitsgründen beantragen (§ 227 AO). Diese Voraussetzungen für einen Steuererlass dürften aber nur in Ausnahmefällen gegeben sein (→ Rz. 2045).

Das BMF hat mit Schreiben v. 13.11.2019, IV C 5 – S 2300/19/10009 :003, BStBl I 2019, 1082 ausführlich zu **Einkünften aus inländischen öffentlichen Kassen** i.S.d. § 49 Abs. 1 Nr. 4 Buchst. b EStG Stellung genommen. Dabei hat es u.a. unter I.4./Tz. 17 einen

Erlass wegen sachlicher Unbilligkeit geregelt für den Fall, dass die nach § 49 Abs. 1 Nr. 4 Buchst. b EStG zu versteuernden Einkünfte auch in einem anderen Staat (Tätigkeitsstaat oder Wohnsitzstaat), mit dem Deutschland kein DBA abgeschlossen hat, tatsächlich der Einkommensteuer unterworfen worden sind, ohne dass dabei die deutsche Steuer steuermindernd berücksichtigt wurde. Dann soll im Einzelfall auf Antrag insoweit ein Steuererlass gem. § 227 AO gewährt werden, als sich durch die deutsche Besteuerung eine tatsächliche Doppelbesteuerung der Einkünfte ergibt. Der Steuererlass kann höchstens in dem Umfang der festgesetzten, gezahlten und um einen entstandenen Ermäßigungsanspruch gekürzten ausländischen Steuer erfolgen.

6. Erstattung von Lohnsteuer an den Arbeitgeber

2056 In folgenden Fällen hat eine Erstattung der Lohnsteuer an den Arbeitgeber zu erfolgen:

- Der Arbeitgeber hat bei einer **Pauschalierung** der Lohnsteuer zu **hohe Beträge an das Finanzamt abgeführt**. In diesem Fall ist er **selbst Steuerschuldner** und somit unmittelbar erstattungsberechtigt (BFH v. 3.11.1972, VI R 270/69, BStBl II 1973, 128; BFH v. 12.12.1975, VI B 124/75, BStBl II 1976, 543); → *Pauschalierung der Lohnsteuer* Rz. 3336.
- Der Arbeitgeber hat nach einem **Haftungsbescheid** zwar zunächst Lohnsteuer an das Finanzamt nachgezahlt, den **Bescheid jedoch erfolgreich angefochten** (BFH v. 15.2.1963, VI 3/62 U, BStBl III 1963, 226). Hier ist eine unmittelbare Erstattung an die betroffenen Arbeitnehmer nur möglich, wenn der Arbeitgeber damit einverstanden ist.
- Der Arbeitgeber hat **Lohnsteuer versehentlich doppelt gezahlt**.
- Der Arbeitgeber hat die Rechtmäßigkeit der Lohnsteuererhebung bestritten und zunächst unter **Vorbehalt gezahlt** (RFH v. 28.10.1937, RStBl 1937, 1182).
- Der Arbeitgeber hat Lohnsteuer für einen bereits **ausgeschiedenen Arbeitnehmer** abgeführt, **ohne dass dem Steuerabzug Arbeitslohn gegenüberstand** (RFH v. 6.2.1941, RStBl 1941, 164; BFH v. 24.11.1961, VI 88/61 U, BStBl III 1962, 93; FG Düsseldorf v. 25.11.1960, EFG 1961, 366).
- Der Arbeitgeber hat bei einer **Nettolohnzahlung zu viel Lohnsteuer entrichtet, in der Steuerkarte aber die zutreffende Steuer bescheinigt** (BFH v. 17.9.1974, VI R 227/71, n.v.).
- Der Arbeitgeber hat für eine Entlassungsentschädigung, die dann **tatsächlich nicht zur Auszahlung gekommen** ist, Lohnsteuer usw. an das Finanzamt abgeführt (BFH v. 15.11.1999, VII B 155/99).
- Der **Arbeitgeber berichtigt seine Lohnsteueranmeldung**, weil er für einen an der Firma beteiligten Kommanditisten zu Unrecht Lohnsteuer abgeführt hat (FG Hamburg v. 4.7.2012, 1 K 12/10).
- Der **Arbeitgeber hat Lohnsteuer angemeldet und abgeführt, die in Wahrheit nicht entstanden ist**, weil der der Steueranmeldung zu Grunde gelegte Arbeitslohn dem Arbeitnehmer nicht zugeflossen ist und daher nach § 38 Abs. 1 Satz 1 EStG Lohnsteuer von vornherein nicht zu erheben war. Meldet der Arbeitgeber in einem solchen Fall zu Unrecht Lohnsteuer an und führt sie ab, obwohl sie nicht zu erheben war, steht ihm nach § 37 Abs. 2 Satz 1 AO der Erstattungsanspruch zu, da die rechtsgrundlose Zahlung bei dieser Gestaltung nicht auf Rechnung des Arbeitnehmers, sondern des Arbeitgebers erfolgt ist. Neben diesem Anspruch ist für eine Anrechnung der abgeführten Lohnsteuer zu Gunsten des Arbeitnehmers und eine Erstattung überschüssiger Beträge an diesen kein Raum (BFH v. 25.8.2020, VI B 1/20).

Eine Erstattung von Lohnsteuer an den Arbeitgeber kommt bei zu viel gezahlter pauschaler Lohnsteuer selbst nach Übermittlung und Ausschreibung der Lohnsteuer-Bescheinigung in Betracht, sofern dieser die Änderung der Lohnsteuer-Anmeldung beantragt. Da die Lohnsteuer-Anmeldungen unter dem Vorbehalt der Nachprüfung stehen (§ 168 AO), sind Änderungen grds. bis zum Ablauf der Festsetzungsfrist möglich.

Nach dem **seit 2014 geänderten § 41c Abs. 3 Satz 4 EStG** ist eine Minderung der einzubehaltenden und zu übernehmenden Lohnsteuer (§ 41a Abs. 1 Satz 1 Nr. 1 EStG) nach § 164 Abs. 2 Satz 1 AO nach der Übermittlung oder Ausschreibung der Lohnsteuerbescheinigung nur dann zulässig, wenn sich der Arbeitnehmer ohne vertraglichen Anspruch und gegen den Willen des Arbeitgebers Beträge verschafft hat, für die Lohnsteuer einbehalten wurde. In diesem Fall hat der Arbeitgeber die bereits übermittelte oder ausgestellte Lohnsteuerbescheinigung zu berichtigen und sie als geändert gekennzeichnet an die Finanzverwaltung zu übermitteln; § 41b Abs. 1 gilt entsprechend (§ 41c Abs. 3 Satz 5 EStG). Der Arbeitgeber hat seinen Antrag zu begründen und die Lohnsteuer-Anmeldung (§ 41a Abs. 1 Satz 1 EStG) zu berichtigen (§ 41c Abs. 3 Satz 6 EStG).

Steht eine Lohnsteuer-Anmeldung nicht mehr unter dem Vorbehalt der Nachprüfung, hindert § 41c Abs. 3 Satz 4 EStG eine Änderung der Lohnsteuer-Anmeldung nach den **allgemeinen Korrekturvorschriften** der §§ 172 ff. AO nicht. Soweit der Gesetzgeber mit der Regelung in § 41c Abs. 3 Satz 4 EStG eine über den Wortlaut hinausgehende allgemeine Änderungssperre bezweckt haben sollte (worauf die Entstehungsgeschichte hindeutet), hat dieser Wille keinen Niederschlag in der Norm gefunden (BFH v. 30.9.2020, VI R 34/18, BStBl II 2021, 446).

Auch → *Erlass von Lohnsteuer* Rz. 2045.

Erstattung von Sozialversicherungsbeiträgen

→ *Beitragserstattung* Rz. 1298

Erste Tätigkeitsstätte

→ *Reisekosten: Allgemeine Grundsätze* Rz. 3589, → *Wege zwischen Wohnung und erster Tätigkeitsstätte* Rz. 4419

Erstmalige Berufsausbildung

→ *Fortbildung* Rz. 2211

Erststudium

→ *Fortbildung* Rz. 2211

Erzieher

→ *Arbeitnehmer-ABC* Rz. 304, → *Praktikanten* Rz. 3483

Erziehungsbeihilfen

→ *Arbeitslohn-ABC* Rz. 665

Fachkräfteeinwanderung

→ *Ausländische Arbeitnehmer* Rz. 922

Fachstudienreisen

→ *Reiseveranstalter: Arbeitnehmerreisen* Rz. 3722, → *Reisekosten: Allgemeine Grundsätze* Rz. 3589

Fahrergestellung

→ *Firmenwagen zur privaten Nutzung* Rz. 2121

Fahrerlaubnis

→ *Führerschein* Rz. 2271

Fahrgemeinschaften

→ *Wege zwischen Wohnung und erster Tätigkeitsstätte* Rz. 4419

Fahrpreisermäßigungen

→ *Freiflüge* Rz. 2250, → *Rabatte* Rz. 3523

Fahrrad

1. Allgemeines

2057 Nachfolgend sollen lediglich die allgemeinen Grundsätze für die steuerliche Behandlung von Fahrrädern dargelegt werden.

Zur Besteuerung sog. **Elektro-Bikes** → *Elektromobilität* Rz. 1836 und von **E-Scootern** → *Elektromobilität* Rz. 1839.

2. Steuerbefreiung nach § 3 Nr. 37 EStG

a) Allgemeines

2058 I.R. des Gesetzes zur Vermeidung von Umsatzsteuerausfällen beim Handel mit Waren im Internet und zur Änderung weiterer steuerlicher Vorschriften ist seit 2019 eine **Steuerbefreiung für die private Nutzung eines betrieblichen Fahrrads oder Elektrofahrrads** eingeführt worden (§ 3 Nr. 37 EStG). Diese Steuerbefreiung umfasst den geldwerten Vorteil aus der Überlassung eines betrieblichen Fahrrads vom Arbeitgeber an den Arbeitnehmer.

Eine **Anrechnung auf die Entfernungspauschale** erfolgt – anders als bei der Steuerbefreiung nach § 3 Nr. 15 EStG für sog. Job-Tickets (→ *Job-Ticket* Rz. 2617) – aus Vereinfachungsgründen **nicht**.

b) Inhalt

2059 Steuerfrei nach § 3 Nr. 37 EStG sind seit 1.1.2019 **zusätzlich** zum ohnehin geschuldeten Arbeitslohn (→ *Barlohnumwandlung* Rz. 1218) vom Arbeitgeber gewährte Vorteile für die Überlassung eines betrieblichen Fahrrads, das kein Kraftfahrzeug i.S.d. § 6 Abs. 1 Nr. 4 Satz 2 EStG (→ *Firmenwagen zur privaten Nutzung* Rz. 2121) ist. Eine Anrechnung auf die Entfernungspauschale erfolgt nicht (§ 9 Abs. 1 Satz 3 Nr. 4 Satz 7 EStG), weil die Freistellungsbeträge relativ gering sind und eine Anrechnung dieser Leistungen auf die Entfernungspauschale administrativ kaum möglich wäre.

Die Steuerbefreiung gilt sowohl für Elektrofahrräder als auch für Fahrräder ohne einen solchen Antrieb. Ist ein Elektrofahrrad jedoch verkehrsrechtlich als **Kraftfahrzeug** einzuordnen (z.B. gelten Elektrofahrräder, deren Motor auch Geschwindigkeiten über 25 km/h unterstützt, als Kraftfahrzeuge), sind für die Bewertung dieses geldwerten Vorteils die Regelungen der **Dienstwagenbesteuerung anzuwenden** (→ *Firmenwagen zur privaten Nutzung* Rz. 2121).

Die Steuerbefreiung gilt nur für die Überlassung eines Fahrrads zur privaten Nutzung, **nicht für die Übereignung**; in diesem Fall ist ein geldwerter Vorteil zu versteuern (→ Rz. 2069), der aber **pauschal versteuert** werden kann (→ Rz. 2070).

Im Interesse einer möglichst zeitnahen Anreizwirkung und unter Berücksichtigung des noch nicht absehbaren technischen Fortschritts ist die **Steuerbefreiung zunächst bis 2030 befristet** (§ 52 Abs. 4 Satz 12 EStG).

LSt SV

3. Sonstige Regelungen

a) Allgemeines

2060 Überlässt der Arbeitgeber oder auf Grund des Dienstverhältnisses ein Dritter dem Arbeitnehmer ein Fahrrad zur privaten Nutzung und darf die o.g. **Steuerbefreiung des § 3 Nr. 37 EStG nicht angewendet werden (die Überlassung erfolgt nicht zusätzlich zum ohnehin geschuldeten Arbeitslohn)**, so ist der darin liegende **Sachbezug** steuer- und beitragspflichtig. Für die steuerliche Behandlung gilt Folgendes:

b) Durchschnittswerte für private Nutzung

2061 Die Finanzverwaltung hat aus **Vereinfachungsgründen** für die **Bewertung** dieser Sachbezüge seit dem Kalenderjahr 2012 **Durchschnittswerte** festgesetzt (gleich lautende Ländererlasse v. 9.1.2020, BStBl I 2020, 174, anzuwenden erstmals für das Kalenderjahr 2019):

„Überlässt der Arbeitgeber oder auf Grund des Dienstverhältnisses ein Dritter dem Arbeitnehmer ein betriebliches Fahrrad zur privaten Nutzung, gilt vorbehaltlich der Regelung des § 3 Nr. 37 EStG für die Bewertung dieses zum Arbeitslohn gehörenden geldwerten Vorteils Folgendes:

1. Nach § 8 Abs. 2 Satz 10 EStG wird hiermit als monatlicher Durchschnittswert der privaten Nutzung (einschließlich Privatfahrten, Fahrten zwischen Wohnung und erster Tätigkeitsstätte sowie Fahrten nach § 9 Abs. 1 Satz 3 Nr. 4a Satz 3 EStG und Familienheimfahrten im Rahmen einer doppelten Haushaltsführung) 1 % der auf volle 100 € abgerundeten unverbindlichen Preisempfehlung des Herstellers, Importeurs oder Großhändlers im Zeitpunkt der Inbetriebnahme des Fahrrads einschließlich der Umsatzsteuer festgesetzt.

2. Überlässt der Arbeitgeber dem Arbeitnehmer das betriebliche Fahrrad ***erstmals*** *nach dem 31.12.2018 und vor dem 1.1.2031, wird als monatlicher Durchschnittswert der privaten Nutzung (einschließlich Privatfahrten, Fahrten zwischen Wohnung und erster Tätigkeitsstätte sowie Fahrten nach § 9 Abs. 1 Satz 3 Nr. 4a Satz 3 EStG und Familienheimfahrten im Rahmen einer doppelten Haushaltsführung)*

- *für das* ***Kalenderjahr 2019*** *1 % der auf volle 100 € abgerundeten* ***halbierten*** *und*
- ***ab 1.1.2020*** *1 % eines auf volle 100 € abgerundeten* ***Viertels***

der unverbindlichen Preisempfehlung des Herstellers, Importeurs oder Großhändlers im Zeitpunkt der Inbetriebnahme des Fahrrads einschließlich der Umsatzsteuer festgesetzt.

In diesen Fällen kommt es nicht auf den Zeitpunkt an, zu dem der Arbeitgeber dieses Fahrrad angeschafft, hergestellt oder geleast hat. Wurde das betriebliche Fahrrad vor dem 1.1.2019 vom Arbeitgeber bereits einem Arbeitnehmer zur privaten Nutzung überlassen, bleibt es bei einem Wechsel des Nutzungsberechtigten nach dem 31.12.2018 für dieses Fahrrad bei den Regelungen der Nr. 1 und die Regelungen dieser Nummer sind nicht anzuwenden.

3. Die Freigrenze für Sachbezüge nach § 8 Abs. 2 Satz 11 EStG ist weder bei Anwendung der Nr. 1 noch bei Anwendung der Nr. 2 anzuwenden.

4. Gehört die Nutzungsüberlassung von Fahrrädern zur Angebotspalette des Arbeitgebers an fremde Dritte (z.B. Fahrradverleihfirmen), kann der geldwerte Vorteil auch nach § 8 Abs. 3 EStG ermittelt und der Rabattfreibetrag i.H.v. 1 080 € berücksichtigt werden, wenn die Lohnsteuer nicht nach § 40 EStG pauschal erhoben wird.

5. Die vorstehenden Regelungen gelten auch für Elektrofahrräder, wenn diese verkehrsrechtlich als Fahrrad einzuordnen (u.a. keine Kennzeichen- und Versicherungspflicht) sind.

6. Ist ein Elektrofahrrad verkehrsrechtlich als Kraftfahrzeug einzuordnen (z.B. gelten Elektrofahrräder, deren Motor auch Geschwindigkeiten über 25 km/h unterstützt, als Kraftfahrzeuge), ist für die Bewertung des geldwerten Vorteils § 8 Abs. 2 Satz 2 bis 5 i.V.m. § 6 Abs. 1 Nr. 4 Satz 2 EStG anzuwenden."

Hinweise:

Bei der o.g. Verwaltungsregelung handelt es sich lediglich um eine **Vereinfachungsregelung**, welche die Finanzverwaltung, nicht aber die Gerichte und den Stpfl. bindet. Anstelle des pauschalen Ansatzes des geldwerten Vorteils der privaten Nutzung kann dieser auch auf der Grundlage der tatsächlich angefallenen Kosten (Nachweis durch Fahrtenbuch) ermittelt werden (Antwort der Bundesregierung v. 6.12.2012 auf eine Kleine Anfrage im Deutschen Bundestag, BT-Drucks. 17/11787, 39).

Die o.a. Regelungen sind auch auf die **Überlassung mehrerer (Elektro-)Fahrräder** an einen Arbeitnehmer anzuwenden (OFD Frankfurt v. 25.6.2019, S 2334 A – 121 – St 210, StEd 2019, 488).

Der Ansatz mit 1 % gilt für alle privaten Fahrten einschließlich Fahrten zwischen Wohnung und erster Tätigkeitsstätte (und ggf. Heimfahrten i.R. einer doppelten Haushaltsführung). **Anders als beim Pkw gibt es hier also keine 0,03 %-Regelung** (→ *Firmenwagen zur privaten Nutzung* Rz. 2127) **zusätzlich**.

Ersatzleistungen des Arbeitgebers an Arbeitnehmer für dessen **Aufwendungen für die Wege zwischen Wohnung und erster Tätigkeitsstätte** gehören grds. zum steuerpflichtigen Arbeitslohn (R 19.3 Abs. 3 Satz 2 Nr. 2 LStR). Der Arbeitgeber kann „Fahrradgelder" jedoch nach § 40 Abs. 2 Satz 2 Nr. 1 EStG mit 15 % pauschal versteuern, soweit der Arbeitnehmer die Aufwendungen als Werbungskosten abziehen könnte (→ *Wege zwischen Wohnung und erster Tätigkeitsstätte* Rz. 4453).

c) Nutzung zu Auswärtstätigkeiten

2062 Benutzt der Arbeitnehmer sein Fahrrad für **Auswärtstätigkeiten**, z.B. für Botendienste innerhalb eines Stadtgebiets, darf ihm der Arbeitgeber nach § 3 Nr. 16 EStG als Reisekosten lediglich die tatsächlichen Aufwendungen steuerfrei ersetzen. Der für andere motorbetriebene Fahrzeuge geltende Kilometersatz von 0,20 €/km (→ *Reisekosten: Erstattungen* Rz. 3666) darf nur dann steuerfrei erstattet werden, wenn das Elektro-Bike verkehrsrechtlich als Kraftfahrzeug einzuordnen ist. Es erscheint jedoch vertretbar, die tatsächlichen Kosten entsprechend der bis 2013 geltenden Reisekostenpauschale für Fahrräder (BMF v. 20.8.2001, IV C 5 – S 2353 – 312/01, BStBl I 2001, 541) i.H.v. **0,05 €/km zu schätzen**.

d) Störfälle

2062.1 Die Überlassung eines betrieblichen Fahrrads ist nach § 3 Nr. 37 EStG steuerfrei, wenn der Sachbezug zusätzlich zum ohnehin geschuldeten Arbeitslohn gewährt wird. Verzichtet der Arbeitnehmer hingegen auf Teile seines Barlohns (Entgeltumwandlung), ist das Zusätzlichkeitskriterium nicht erfüllt und der Vorteil steuerpflichtig (§ 8 Abs. 4 Satz 1 Nr. 2 EStG).

Die getroffenen Vereinbarungen sehen oftmals vor, dass der Arbeitnehmer in Monaten, in denen kein Arbeitslohn bezogen wird, z.B.

- in der Elternzeit oder
- während des Krankengeldbezuges,

das Fahrrad dennoch genutzt werden darf (sog. Störfälle). Mangels Lohnanspruchs wird in diesen Monaten kein Gehalt umgewandelt.

Nach Verwaltungsauffassung ist die Frage der Zusätzlichkeit einheitlich für die gesamte Fahrradüberlassung zu beurteilen. Durch die fortbestehende Nutzungsmöglichkeit fließt auch in Störfallmonaten der grds. steuerpflichtige Sachbezug weiter zu. Auch wenngleich in diesem Monat der Anspruch auf Arbeitslohn nicht zu Gunsten dieser Leistung herabgesetzt wurde (§ 8 Abs. 4 Satz 1 Nr. 2 EStG), findet § 3 Nr. 37 EStG keine Anwendung.

Insgesamt betrachtet erfolgt die „Fahrradüberlassung" nicht zusätzlich zum ohnehin geschuldeten Arbeitslohn, sondern ist als Gehaltsumwandlung ausgestaltet. Damit ist die Zusätzlichkeit auch in sog. Störfall-Zeiträumen nicht erfüllt. Maßgeblich für die lohnsteuerliche Beurteilung des Störfalls ist die arbeitsrechtliche Vereinbarung zwischen Arbeitgeber und Arbeitnehmer und deren praktische Umsetzung:

- Sofern der Arbeitgeber für Störfallmonate auf Grund der dann nicht möglichen Gehalts-umwandlung mit dem Arbeitnehmer vertraglich vorab eine Geldzahlung vereinbart hatte und auf diesen vertraglich vereinbarten Anspruch gegenüber dem Arbeitnehmer auf Erhalt der Geldzahlungen verzichtet, liegt i.H.d. Verzichts steuerpflichtiger Arbeitslohn vor. Der geldwerte Vorteil aus der Fahrradgestellung ist aber weiterhin mit dem entsprechenden Wert zu ermitteln (und ggf. zu versteuern).
- Sofern der Arbeitgeber für Störfallmonate auf Grund der dann nicht möglichen Gehaltsumwandlung mit dem Arbeitnehmer vertraglich vorab eine Geldzahlung vereinbart hatte und diese vom Arbeitnehmer geleistet wird, stellt diese Zahlung des Arbeitnehmers eine Zuzahlung dar, die den nachfolgenden geldwerten Vorteil bis auf maximal 0 € mindert.
- Wenn Arbeitgeber im Rahmen des Leasingvertrages eine Versicherung abgeschlossen haben, die für diese Zeiträume zu einer entsprechenden Ausgleichszahlung beim Arbeitgeber führt (Übernahme der Leasinggebühren), ist diese Ausgleichzahlung lohnsteuerlich unerheblich, da der Vertrag zwischen Arbeitgeber und Versicherer erfolgt und der Arbeitnehmer daraus keine Rechte erwirbt. Der geldwerte Vorteil aus der Fahrradgestellung ist aber weiterhin mit dem entsprechenden Wert zu ermitteln (und ggf. zu versteuern).
- Verbietet der Arbeitgeber dagegen für Störfallmonate die Fahrradnutzung, ergeben sich für jeden vollen Monat der „Nicht-Nutzung" keine lohnsteuerlichen Konsequenzen. Ein Sachbezug fließt insoweit nicht zu.

4. Leasingmodelle

a) Allgemeines

Es ist gefragt worden, wie bestimmte Vertragsgestaltungen zum sog. (Elektro-)Fahrrad-Leasing lohnsteuerlich zu behandeln sind. Dabei werden regelmäßig folgende Verträge abgeschlossen: 2063

- ein Rahmenvertrag zwischen dem Arbeitgeber und einem Anbieter, der regelmäßig die gesamte Abwicklung betreut,
- Einzelleasingverträge zwischen dem Arbeitgeber (Leasingnehmer) und einem Leasinggeber über die (Elektro-)Fahrräder mit einer festen Laufzeit von zumeist 36 Monaten,
- ein Nutzungsüberlassungsvertrag zwischen dem Arbeitgeber und dem Arbeitnehmer hinsichtlich des einzelnen (Elektro-)Fahrrads für ebendiese Dauer, der auch eine private Nutzung zulässt,
- eine Änderung des Arbeitsvertrags, in dem einvernehmlich das künftige Gehalt des Arbeitnehmers für die Dauer der Nutzungsüberlassung um einen festgelegten Betrag (i.d.R. in Höhe der Leasingrate des Arbeitgebers) herabgesetzt wird (sog. Gehaltsumwandlung).

Zudem sehen die Vertragsgestaltungen regelmäßig vor, dass ein Dritter (z.B. Leasinggeber, Dienstleister oder Verwertungsgesellschaft) dem Arbeitnehmer das von ihm genutzte (Elektro-)Fahrrad bei Beendigung der Überlassung durch den Arbeitgeber zu einem Restwert von z. B. 10 % des ursprünglichen Kaufpreises zum Erwerb anbieten kann.

Die **Finanzverwaltung** vertritt dazu folgende Auffassung (BMF v. 17.11.2017, IV C 5 – S 2334/12/10002-04, BStBl I 2017, 1546 und ergänzend zuletzt OFD Frankfurt v. 25.3.2020, S 2334 A – 121 – St 210):

b) Arbeitslohn

Nach § 19 Abs. 1 Satz 1 Nr. 1 i.V.m. mit § 8 Abs. 1 EStG gehören grds. alle Einnahmen in Geld oder Geldeswert, die durch ein individuelles Dienstverhältnis veranlasst sind, zu den Einkünften aus nichtselbständiger Arbeit. Daher führt hier sowohl die vergünstigte Nutzungsüberlassung des (Elektro-)Fahrrads durch den Arbeitgeber als auch die vergünstigte Übereignung des (Elektro-)Fahrrads durch den Dritten zu einem geldwerten Vorteil beim Arbeitnehmer, weil der Arbeitgeber aktiv an der Verschaffung durch die Leasingvereinbarungen (Rahmenvereinbarungen zwischen Leasinggesellschaft/Vermittler/Dienstleister und Arbeitgeber) mitwirkt (BMF v. 20.1.2015, IV C 5 – S 2360/12/10002, BStBl I 2015, 143). 2064

Entsprechendes gilt bei der Überlassung **mehrerer (Elektro-) Fahrräder** an den Arbeitnehmer.

Die o.g. Steuerbefreiung nach § 3 Nr. 37 EStG ist bei **Gehaltsumwandlungen nicht anzuwenden**.

c) Nutzungsüberlassung durch den Arbeitgeber

Für die Frage, ob von einer **Gestellung** des (Elektro-)Fahrrads durch den Arbeitgeber auszugehen ist, wenn das (Elektro-)Fahrrad i.R. einer steuerlich anzuerkennenden **Gehaltsumwandlung** überlassen wird, ist die Regelung in BMF v. 3.3.2022, IV C 5 – S 2334/21/10004 :001, BStBl I 2022, 232, Rdnr. 49 zur lohnsteuerlichen Behandlung der Überlassung eines betrieblichen Kraftfahrzeugs an Arbeitnehmer (→ *Firmenwagen zur privaten Nutzung* Rz. 2166) entsprechend anzuwenden. 2065

aa) Keine Sonderrechtsbeziehung

(1) Voraussetzungen

Least der Arbeitgeber ein (Elektro-)Fahrrad vom Leasinggeber und überlässt es dem Arbeitnehmer auch zur privaten Nutzung, liegt jedenfalls dann keine vom Arbeitsvertrag unabhängige Sonderrechtsbeziehung i.S. der BFH-Rechtsprechung (BFH v. 18.12.2014, VI R 75/13, BStBl II 2015, 670) vor und ist die Nutzungsüberlassung nach → Rz. 2067 zu bewerten, wenn folgende Voraussetzungen vorliegen: 2066

Der Anspruch auf die Überlassung des (Elektro-)Fahrrads resultiert aus dem Arbeitsvertrag oder aus einer anderen arbeitsrechtlichen Rechtsgrundlage, weil

- er i.R. einer steuerlich anzuerkennenden Gehaltsumwandlung mit Wirkung für die Zukunft vereinbart ist. Voraussetzung ist, dass der Arbeitnehmer unter Änderung des Arbeitsvertrags auf einen Teil seines Barlohns verzichtet und ihm der Arbeitgeber stattdessen Sachlohn in Form eines Nutzungsrechts an einem (Elektro-)Fahrrad des Arbeitgebers gewährt (vgl. BFH v. 6.3.2008, VI R 6/05, BStBl II 2008, 530) oder

- er arbeitsvertraglicher Vergütungsbestandteil ist. Davon ist insbesondere auszugehen, wenn von vornherein bei Abschluss eines Arbeitsvertrags eine solche Vereinbarung getroffen wird oder wenn die Beförderung in eine höhere Gehaltsklasse mit der Überlassung eines (Elektro-)Fahrrads des Arbeitgebers verbunden ist.

Eine Gestellung des (Elektro-)Fahrrads durch den Arbeitgeber in diesem Sinne setzt zudem voraus, dass der Arbeitgeber und nicht der Arbeitnehmer gegenüber dem Leasinggeber zivilrechtlich Leasingnehmer ist.

(2) Bewertung

2067 Der geldwerte Vorteil aus der privaten Nutzung des (Elektro-)Fahrrads (einschließlich Privatfahrten, Fahrten zwischen Wohnung und erster Tätigkeitsstätte sowie Fahrten nach § 9 Abs. 1 Satz 3 Nr. 4a Satz 3 EStG und Heimfahrten i.R. einer doppelten Haushaltsführung) wird – wie bei der Überlassung von (Elektro-)Fahrrädern, die sich im Eigentum des Arbeitgebers befinden – entsprechend den gleichlautenden Erlassen der obersten Finanzbehörden der Länder v. 13.3.2019, BStBl I 2019, 216 ermittelt (→ Rz. 2061).

Zuzahlungen des Arbeitnehmers mindern den geldwerten Vorteil. Die 50 €-Freigrenze des § 8 Abs. 2 Satz 11 EStG kommt nicht zum Ansatz.

bb) Sonderrechtsbeziehung

2068 In Ausnahmefällen, in denen eine vom Arbeitsvertrag unabhängige Sonderrechtsbeziehung vorliegt (keine Gehaltsumwandlung, kein arbeitsvertraglicher Vergütungsbestandteil) und der Arbeitnehmer sämtliche Kosten und Risiken aus der Überlassung tragen würde, kommt die BFH-Rechtsprechung zum sog. **Behördenleasing** zum Tragen (BFH v. 18.12.2014, VI R 75/13, BStBl II 2015, 670). Der geldwerte Vorteil liegt dann in der Verschaffung verbilligter Leasingkonditionen und ist nach § 8 Abs. 2 Satz 1 EStG zu bewerten (abweichend von → Rz. 2067).

Die 50 €-Freigrenze (§ 8 Abs. 2 Satz 11 EStG) ist grds. anwendbar, sofern die sich – ggf. nach Anrechnung der vom Arbeitnehmer gezahlten Entgelte – ergebenden geldwerten Vorteile insgesamt 50 € im Kalendermonat nicht übersteigen.

d) Übereignung des (Elektro-)Fahrrads

2069 Erwirbt zunächst der Arbeitgeber das Fahrrad vom Leasinggeber oder einem Dienstleister, um es zu einem geringeren Preis als dem Endpreis i.S.d. § 8 Abs. 2 Satz 1 EStG an den Arbeitnehmer weiter zu veräußern, liegt Arbeitslohn nach § 8 Abs. 2 Satz 1 EStG vor.

Erwirbt der Arbeitnehmer nach Beendigung der Vertragslaufzeit das von ihm bis dahin genutzte (Elektro-)Fahrrad von dem Dritten zu einem geringeren Preis als dem um übliche Preisnachlässe geminderten üblichen Endpreis am Abgabeort i.S.d. § 8 Abs. 2 Satz 1 EStG für ein solches (Elektro-)Fahrrad, ist der Unterschiedsbetrag als Arbeitslohn von dritter Seite zu versteuern. Denn ein evtl. Preisvorteil steht im Zusammenhang mit dem Dienstverhältnis. Durch das Eingehen der Leasingvereinbarungen hat der Arbeitgeber an seiner Verschaffung aktiv mitgewirkt, auch wenn der Arbeitnehmer keinen vertraglichen Anspruch auf den Fahrraderwerb und einen Preisvorteil hat (BMF v. 20.1.2015, IV C 5 – S 2360/12/10002, BStBl I 2015, 143).

Da sich die Wertermittlung in der Praxis regelmäßig schwierig gestaltet, hat die Finanzverwaltung keine Bedenken, den Endpreis i.S.d. § 8 Abs. 2 Satz 1 EStG eines (Elektro-)Fahrrads, das dem Arbeitnehmer auf Grund des Dienstverhältnisses nach 36 Monaten der Nutzungsdauer übereignet wird, aus Vereinfachungsgründen **mit 40 % der auf volle 100 € abgerundeten unverbindlichen Preisempfehlung des Herstellers**, Importeurs oder Großhändlers im Zeitpunkt der Inbetriebnahme des (Elektro-)Fahrrads einschließlich der Umsatzsteuer anzusetzen, sofern nicht im Einzelfall ein niedrigerer Restwert in geeigneter Weise nachgewiesen wird (BMF v. 17.11.2017, IV C 5 – S 2334/12/10002-04, BStBl I 2017, 1546). Zuzahlungen des Arbeitnehmers mindern den geldwerten Vorteil. Beträgt die Vertragslaufzeit weniger als 36 Monate, kann der Restwert nach Auffassung der Finanzverwaltung entsprechend hochgerechnet werden.

Beispiel:

Vertragslaufzeit von 24 Monaten:
Restwert = 60 % [100 % – (60 % x 24/36)]

Vertragslaufzeit von 12 Monaten:
Restwert = 80 % [100 % – (60 % x 12/36)]

Vertragslaufzeit von 6 Monaten: Restwert = 90 % [100 % – (60 % x 6/36)]

Der geldwerte Vorteil ist vom Arbeitnehmer grds. individuell zu versteuern. Alternativ kann der Leasinggeber den geldwerten Vorteil nach § 37b Abs. 1 EStG mit 30 % zzgl. Solidaritätszuschlag und ggf. Kirchensteuer pauschalieren (s.u.). Erhält der Arbeitnehmer das (Elektro-)Fahrrad vom Arbeitgeber übereignet, kann der Arbeitgeber die Lohnsteuer mit einem Pauschsteuersatz von 25 % erheben, soweit er dem Arbeitnehmer das betriebliche Fahrrad, das kein Kfz i.S.d. § 6 Abs. 1 Nr. 4 Satz 2 EStG ist, zusätzlich zum ohnehin geschuldeten Arbeitslohn unentgeltlich oder verbilligt gewährt (§ 40 Abs. 2 Nr. 7 EStG, s.u.).

e) Pauschalierung nach § 40 Abs. 2 Nr. 7 EStG

Der Arbeitgeber kann für die **Vorteile** einer unentgeltlichen oder verbilligten Übereignung von betrieblichen (Elektro-)Fahrrädern die Lohnsteuer mit einem **Pauschsteuersatz von 25 %** erheben, soweit sie der Arbeitnehmer **zusätzlich zum ohnehin geschuldeten Arbeitslohn** erhält (→ *Barlohnumwandlung* Rz. 1218). Dieses betriebliche (Elektro-)Fahrrad darf **kein** Kraftfahrzeug i.S.d. § 6 Abs. 1 Nr. 4 Satz 2 EStG sein (also **kein** Elektrofahrrad, dessen Motor auch Geschwindigkeiten über 25 km/h unterstützt). 2070

Wird von der Lohnsteuerpauschalierung Gebrauch gemacht, gehören diese Zuwendungen nicht zum Arbeitsentgelt i.S. der Sozialversicherung (vgl. § 1 Abs. 1 Satz 1 Nr. 3 SvEV).

f) Pauschalierung nach § 37b Abs. 1 EStG

In den Fällen der → Rz. 2069 gilt für die Anwendung des § 37b Abs. 1 EStG (→ *Pauschalierung der Einkommensteuer bei Sachzuwendungen* Rz. 3303) durch den Zuwendenden (z.B. Leasinggeber, Dienstleister oder Verwertungsgesellschaft) und zur Höhe der Bemessungsgrundlage Folgendes: 2071

aa) Anwendung des § 37b Abs. 1 EStG

Dem **Kriterium „Zusätzlichkeitsvoraussetzung“** genügt es, wenn zu dem sog. Grundgeschäft i.S.v. BMF v. 19.5.2015, IV C 6 – S 2297-b/14/10001, BStBl I 2015, 468, Rdnr. 9a zwischen dem Zuwendenden (z.B. Leasinggeber, Dienstleister oder Verwertungsgesellschaft) und dem Arbeitnehmer – z.B. ein Kaufvertrag über ein (Elektro-)Fahrrad) – der aus einem Rahmenvertrag zwischen dem Zuwendenden und dem Arbeitgeber resultierende geldwerte Vorteil für den Arbeitnehmer – z.B. ein vereinbarter Rabatt oder eine andere Vergünstigung – hinzukommt, vgl. BMF v. 19.5.2015, IV C 6 – S 2297-b/14/10001, BStBl I 2015, 468, Rdnr. 11. **§ 37b Abs. 1 EStG ist dann grds. anwendbar.** 2072

bb) Bemessungsgrundlage

Bemessungsgrundlage der pauschalen Einkommensteuer sind grds. die Aufwendungen des Zuwendenden. **Als Bemessungsgrundlage ist jedoch der gemeine Wert anzusetzen**, wenn die Zuwendung in der Hingabe eines Wirtschaftsgutes des Betriebsvermögens besteht und dem Zuwendenden **keine oder nur unverhältnismäßig geringe Aufwendungen entstanden** sind, vgl. BMF v. 19.5.2015, IV C 6 – S 2297-b/14/10001, BStBl I 2015, 468, Rdnr. 16. Unverhältnismäßig geringe Aufwendungen in diesem Sinne liegen i.d.R. vor, wenn die (Elektro-)Fahrräder durch den Zuwendenden (z.B. Dienstleister oder Verwertungsgesellschaft) vom Leasinggeber für einen **weit unter dem gemeinen Wert liegenden Endpreis** (z.B. 10 % des ursprünglichen Kaufpreises) **erworben werden**. 2073

In diesen Fällen wird es nicht beanstandet, den gemeinen Wert i.S.v. BMF v. 19.5.2015, IV C 6 – S 2297-b/14/10001, BStBl I 2015, 468, Rdnr. 16 eines (Elektro-)Fahrrads, das dem Arbeitnehmer auf Grund des Dienstverhältnisses nach 36 Monaten der Nutzungsdauer vom Zuwendenden übereignet wird, **aus Vereinfachungsgründen mit 40 % der auf volle 100 €** abgerundeten unverbindlichen Preisempfehlung des Herstellers, Importeurs oder Großhändlers im Zeitpunkt der Inbetriebnahme des (Elektro-)Fahrrads einschließlich der Umsatzsteuer anzusetzen (BMF v. 17.11.2017,

IV C 5 – S 2334/12/10002-04, BStBl I 2017, 1546). Ein niedrigerer Wert kann nachgewiesen werden.

5. Weitere Einzelfragen

2074 Die Steuerbefreiung nach § 3 Nr. 30 EStG für Werkzeuggeld findet keine Anwendung, weil das Fahrrad **kein Werkzeug** i.S. dieser Vorschrift ist (vgl. R 3.30 LStR sowie BFH v. 21.8.1995, VI R 30/95, BStBl II 1995, 906); → *Werkzeuggeld* Rz. 4595.

Fahrräder sind ebenso wie Kraftfahrzeuge selbst bei beruflicher Mitbenutzung steuerrechtlich regelmäßig **kein Arbeitsmittel** i.S.d. § 9 Abs. 1 Satz 3 Nr. 6 EStG – ein sofortiger Werbungskostenabzug ist daher nicht möglich (BFH v. 14.11.2005, X B 106/05).

Die o.g. Regelungen sind nicht für **Elektrokleinstfahrzeuge**, wie z.B. zusammenklappbare Elektroroller, anzuwenden, da diese als **Kraftfahrzeuge** einzuordnen sind (→ *Elektromobilität* Rz. 1820). Damit findet für Elektrokleinstfahrzeuge auch die Steuerbefreiung des § 3 Nr. 37 EStG **keine** Anwendung (OFD Frankfurt v. 25.3.2020, S 2334 A – 121 – St 210).

6. Zubehör

2074.1 Typisches Fahrradzubehör stellen die fest am Rahmen verbauten Fahrradteile (z.B. Schlösser, Navigationsgeräte, angebaute Träger oder modellspezifische Halterungen) dar. Diese stellen lohnsteuerlich unselbständige Einbauten dar. Die unselbständigen Einbauten und das (Elektro-)Fahrrad bilden eine Einheit, für die einheitliche lohnsteuerliche Regelungen gelten (H 3.37 (Zubehör) LStH). Kein fahrradtypisches Zubehör sind z.B. die Fahrerausrüstung (Helm, Handschuhe oder Kleidung) oder selbständig nutzbare Gegenstände (z.B. Fahrradanhänger, Satteltaschen oder Fahrradkorb). Für die Einheit „(Elektro-)Fahrrad und unselbständige Einbauten“ ist die Steuerbefreiung für Vorteile aus der Überlassung eines betrieblichen (Elektro-)Fahrrads nach § 3 Nr. 37 EStG anwendbar. Fahrradtypisches Zubehör fällt damit – entsprechend dem überlassenen (Elektro-)Fahrrad – ggf. unter die Steuerbefreiung des § 3 Nr. 37 EStG. Für die Steuerbefreiung ist unbedeutend, zu welchem Zeitpunkt die unselbständigen Einbauten fest mit dem (Elektro-)Fahrrad verbaut wurden. Die unselbständigen Einbauten können demzufolge auch erst nach Inbetriebnahme des (Elektro-)Fahrrads fest mit dem Fahrrad verbaut werden.

Bei der Ermittlung des geldwerten Vorteils aus der Überlassung eines (Elektro-)Fahrrads in den Fällen des Gehaltsverzichts kommt es gemäß den Erlassen der obersten Finanzbehörden der Länder v. 9.1.2020, BStBl I 2020, 174, auf den Zeitpunkt an, zu dem die unselbständigen Einbauten fest mit dem Fahrrad verbaut werden:

- Sind die unselbständigen Einbauten im Zeitpunkt der Inbetriebnahme bereits fest mit dem (Elektro-)Fahrrad verbaut, sind die Kosten für die unselbständigen Einbauten in die Bemessungsgrundlage „unverbindliche Preisempfehlung“ einzubeziehen.
- Nachträglich, d.h. erst nach Inbetriebnahme des (Elektro-) Fahrrads, fest verbaute unselbständige Einbauten sind durch den pauschalen Nutzungswert abgegolten.

Handelt es sich nicht um fahrradtypisches Zubehör (z. B. Fahrradanhänger), ist die Überlassung des (selbständig nutzbaren) Wirtschaftsguts weder steuerfrei noch erhöht sich insoweit die Bemessungsgrundlage i.S.d. § 8 Abs. 2 Satz 10 EStG. Vielmehr ist der steuerpflichtige geldwerte Vorteil gesondert nach § 8 Abs. 2 Satz 1 EStG zu bewerten.

Beispiel:
Der Arbeitgeber überlässt dem Arbeitnehmer im April 2026 zusätzlich zum ohnehin geschuldeten Arbeitslohn ein betriebliches (Elektro-)Fahrrad mit einem Fahrradanhänger. Nach Inbetriebnahme wird noch ein Schloss fest am Rahmen des (Elektro-)Fahrrads verbaut.

Lösung:
Der geldwerte Vorteil aus der Überlassung des (Elektro-)Fahrrads ist steuerfrei nach § 3 Nr. 37 EStG. Dabei sind unselbständige Zubehörteile, wie das fest am Rahmen des Fahr-rads verbaute Schloss, von der Steuerbefreiung mitumfasst. Unerheblich für die Anwendung des § 3 Nr. 37 EStG ist, zu welchem Zeitpunkt die unselbständigen Zubehörteile fest mit dem (Elektro-)Fahrrad verbaut wurden. Der geldwerte Vorteil aus der Überlassung des Fahrradanhängers ist dagegen steuerpflichtig und gesondert nach § 8 Abs. 2 Satz 1 EStG zu bewerten.

7. Umsatzsteuer

Überlässt der Arbeitgeber seinen Arbeitnehmern ein Fahrrad auch zu Privatzwecken (Privatfahrten, Fahrten zwischen Wohnung und erster Tätigkeitsstätte sowie Familienheimfahrten aus Anlass einer doppelten Haushaltsführung), ist dies unabhängig davon, ob das Fahrrad gekauft, gemietet oder geleast wurde, umsatzsteuerlich regelmäßig eine entgeltliche Leistung i.S.d. § 1 Abs. 1 Nr. 1 Satz 1 UStG (Arbeitsleistung gegen Fahrradgestellung). 2074.2

Umsatzsteuerlich ist eine ggf. bestehende Lohnsteuerfreiheit (§ 3 Nr. 37 EStG) nicht zu übernehmen. Auch sind die ertragsteuerlichen Ansätze in Bezug auf eine ggf. zu berücksichtigende Halbierung oder Viertelung des Bruttolistenpreises umsatzsteuerlich nicht zu beachten. Der Anteil der unternehmensfremden Nutzung kann nicht durch ein Fahrtenbuch (Abschnitt 15.24 UStAE) nachgewiesen werden.

Der Unternehmer kann den Wert der unternehmensfremden Nutzung aus Vereinfachungsgründen hilfsweise nach der sog. 1 %-Regelung (Abschnitt 15.23 Abs. 5 Satz 4 Nr. 1 Buchst. a UStAE) berechnen, wenn er nicht eine andere umsatzsteuerrechtlich zulässige Methode zur Wertermittlung gewählt hat. Überlassene Fahrräder können somit wie folgt angesetzt werden:

- ein Fahrrad/Elektrofahrrad, das verkehrsrechtlich nicht als Kraftfahrzeug gilt, mit monatlich 1 % der unverbindlichen Preisempfehlung;
- ein Fahrrad/Elektrofahrrad, das verkehrsrechtlich als Kraftfahrzeug gilt, mit monatlich 1 % zzgl. 0,03 % je Entfernungskilometer Wohnung/erster Tätigkeitsstätte vom „vollen Bruttolistenpreis“.

Die lohnsteuerlichen Werte stellen Bruttowerte dar, aus denen die Umsatzsteuer herauszurechnen ist (Abschnitt 15.24 UStAE).

Beispiel:
Der Arbeitgeber hat dem Arbeitnehmer im Januar 2026 zusätzlich zum ohnehin geschuldeten Arbeitslohn ein Elektrofahrrad, das verkehrsrechtlich als Fahrrad (= Pedelec) einzuordnen ist, auch zur privaten Nutzung überlassen. Die unverbindliche Preisempfehlung beträgt 2 500 €. Der lohnsteuerliche geldwerte Vorteil ist steuerfrei (§ 3 Nr. 37 EStG).

Umsatzsteuerlich sind 1 % der unverbindlichen Preisempfehlung (2 500 €), d.h. 25 € als Bruttobetrag zu erfassen. Aus diesem Betrag ist die Umsatzsteuer herauszurechnen. Sie beträgt 19/119 von 25 € = 3,99 €. Die Lohnsteuerfreiheit ist umsatzsteuerlich ohne Bedeutung.

Beträgt die anzusetzende auf volle 100 € abgerundete unverbindliche Preisempfehlung im Zeitpunkt der Inbetriebnahme des Fahrrads allerdings weniger als 500 €, wird es von der Finanzverwaltung nicht beanstandet, wenn von keiner entgeltlichen Überlassung des Fahrrads ausgegangen wird, sodass keine Umsatzbesteuerung der Leistung an den Arbeitnehmer vorzunehmen ist (BMF-Schreiben v. 7.2.2022, BStBl I 2022, 197).

Fahrtätigkeit

→ *Reisekosten: Allgemeine Grundsätze* Rz. 3589

Fahrtenbuch

→ *Firmenwagen zur privaten Nutzung* Rz. 2121

Fahrten zwischen Wohnung und Arbeitsstätte

→ *Wege zwischen Wohnung und erster Tätigkeitsstätte* Rz. 4419

Fahrtkosten

→ *Reisekosten: Allgemeine Grundsätze* Rz. 3589, → *Reisekosten: Erstattungen* Rz. 3661, → *Wege zwischen Wohnung und erster Tätigkeitsstätte* Rz. 4419

Fahrtkostenerstattungen/Fahrtkostenzuschüsse

1. Allgemeines

2075 Erhalten Arbeitnehmer von ihrem Arbeitgeber die Möglichkeit, Beförderungsmittel kostenlos oder verbilligt zu benutzen, so kommt es auf den **Zweck der Fahrt** an, für die Entscheidung, ob eine **Fahrtkostenerstattung** bzw. ein **Fahrtkostenzuschuss** als Vorteil zum Arbeitslohn gehört oder nicht. Auf Grund der Regelungen des § 3 Nr. 15 EStG ist zudem das Verkehrsmittel entscheidend; s. hierzu auch BMF v. 15.8.2019, IV C 5 – S 2342/19/10007 :001, BStBl I 2019, 875, dessen Tz. 8 ergänzt wurde durch BMF v. 7.11.2023, IV C 5 – S 2342/19/10007 :009, BStBl I 2023, 1969.

Folgende Fallgestaltungen sind zu unterscheiden:

2. Privat veranlasste Fahrten

a) Fahrten zwischen Wohnung und erster Tätigkeitsstätte

2076 Bei Fahrten zwischen Wohnung und erster Tätigkeitsstätte ist die **Art des Beförderungsmittels** entscheidend für die Frage, ob steuerpflichtiger Arbeitslohn vorliegt oder nicht:

aa) Öffentliche Verkehrsmittel im Linienverkehr

2077 Erhält der Arbeitnehmer vom Arbeitgeber Zuschüsse zu seinen Aufwendungen für Fahrten mit öffentlichen Verkehrsmitteln im Linienverkehr (ohne Luftverkehr) zwischen Wohnung und erster Tätigkeitsstätte, zu einem bestimmten Sammelpunkt oder zu einem weiträumigen Tätigkeitsgebiet, so sind diese Zuschüsse **steuerfrei, wenn sie zusätzlich zum ohnehin geschuldeten Arbeitslohn** (→ *BahnCard* Rz. 1209, → *Barlohnumwandlung* Rz. 1218) **gewährt** werden. Gleiches gilt für die unentgeltliche oder verbilligte Nutzung dieser Verkehrsmittel (§ 3 Nr. 15 EStG). Anstelle der Steuerbefreiung ist auch eine Pauschalierung der Zuschüsse mit 25 % möglich (§ 40 Abs. 2 Satz 2 Nr. 2 EStG); insoweit erfolgt keine Anrechnung auf die Entfernungspauschale.

Werden die Zuschüsse oder die Nutzung nicht zusätzlich zum ohnehin geschuldeten Arbeitslohn gewährt, sondern durch **Gehaltsumwandlung**, kommt die Steuerbefreiung nach § 3 Nr. 15 EStG nicht in Betracht. Gleichwohl ist eine Pauschalierung mit 25 % ohne Anrechnung auf die Entfernungspauschale möglich (§ 40 Abs. 2 Satz 2 Nr. 2 EStG sowie → *Job-Ticket* Rz. 2642).

~~LSt~~ ~~SV~~

bb) Andere Beförderungsmittel

2078 Stellt der Arbeitgeber dem Arbeitnehmer für Fahrten zwischen Wohnung und erster Tätigkeitsstätte ein eigenes bzw. anderes Beförderungsmittel zur Verfügung oder werden dem Arbeitnehmer die Aufwendungen für ein anderes Beförderungsmittel erstattet (z.B. für Pkw, Motorrad oder Taxi), ist der Vorteil steuer- und beitragspflichtig.

LSt SV

Der Arbeitgeber darf den Vorteil bzw. Barzuschuss i.R. des § 40 Abs. 2 Satz 2 Nr. 1 EStG pauschal mit 15 % versteuern. Insoweit sind diese Vorteile beitragsfrei (→ *Wege zwischen Wohnung und erster Tätigkeitsstätte* Rz. 4453).

LSt ~~SV~~

b) Familienheimfahrten

2079 Stellt der Arbeitgeber dem Arbeitnehmer für Familienheimfahrten ein Beförderungsmittel, z.B. einen Firmenwagen, zur Verfügung, ist **kein** steuerpflichtiger Arbeitslohn anzunehmen, wenn

- beim Arbeitnehmer eine steuerlich anzuerkennende doppelte Haushaltsführung vorliegt und
- der Arbeitnehmer lediglich **eine** wöchentliche Heimfahrt durchführt.

Ebenfalls liegt **kein** steuerpflichtiger Arbeitslohn vor, wenn für weitere **Familienheimfahrten der öffentliche Personennahverkehr genutzt** wird und der Vorteil (Fahrkarte oder Barzuschuss) zusätzlich zum ohnehin geschuldeten Arbeitslohn gewährt wird (§ 3 Nr. 15 EStG). An Stelle der Steuerbefreiung ist auch eine Pauschalierung mit 25 % möglich (§ 40 Abs. 2 Satz 2 Nr. 2 EStG); insoweit erfolgt keine Anrechnung auf die Entfernungspauschale (→ *Job-Ticket* Rz. 2642).

~~LSt~~ ~~SV~~

In allen anderen Fällen führt die Freifahrtberechtigung zu steuerpflichtigem Arbeitslohn.

c) Privatfahrten ohne Bezug zum Dienstverhältnis

Stellt der Arbeitgeber dem Arbeitnehmer für Privatfahrten ein Beförderungsmittel, z.B. einen Firmenwagen, oder einen Fahrschein für ein Verkehrsmittel, z.B. eine Bahnfahrkarte, zur Verfügung, ist grds. steuer- und beitragspflichtiger Arbeitslohn anzunehmen. 2080

LSt SV

Kein steuer- und beitragspflichtiger Arbeitslohn liegt jedoch vor, wenn für die Privatfahrt der **öffentliche Personennahverkehr genutzt** wird und der Vorteil (Fahrkarte oder Barzuschuss) zusätzlich zum ohnehin geschuldeten Arbeitslohn gewährt wird (§ 3 Nr. 15 EStG, → *BahnCard* Rz. 1209). Anstelle der Steuerbefreiung ist auch eine Pauschalierung mit 25 % möglich (§ 40 Abs. 2 Satz 2 Nr. 2 EStG); insoweit erfolgt keine Anrechnung auf die Entfernungspauschale (→ *Job-Ticket* Rz. 2642).

~~LSt~~ ~~SV~~

d) Besonderheiten

Handelt es sich beim Arbeitgeber um ein Mietwagenunternehmen, das seinen Arbeitnehmern Firmenwagen kostenlos zur Verfügung stellt, oder werden die Fahrscheine von Verkehrsbetrieben an **eigene Arbeitnehmer** kostenlos abgegeben, ist auf den Vorteil grundsätzlich der **Rabattfreibetrag von 1 080 €** anzuwenden (FinMin Schleswig-Holstein v. 17.5.1994, VI 340b – S 2334 – 139, DB 1994, 1162). Der Vorteil bleibt in diesen Fällen steuer- und beitragsfrei, wenn der Betrag von 1 080 € im Kalenderjahr nicht überschritten wird. Maßgebend ist der um **4 % geminderte Endpreis** des Arbeitgebers. Dies gilt **auch für Pensionäre**, die vom früheren Arbeitgeber eine Freifahrtberechtigung erhalten (→ *Rabatte* Rz. 3523). 2081

Aber: Die (zuvor erläuterte) Steuerbefreiungsvorschrift des § 3 Nr. 15 EStG ist seit 1.1.2019 **vorrangig** vor § 8 Abs. 2 Satz 11 EStG (50 €-Freigrenze) sowie vor dem Ansatz des Rabattfreibetrags (nach § 8 Abs. 3 Satz 2 EStG zu berücksichtigen (BMF v. 15.8.2019, IV C 5 – S 2342/19/10007 :001, BStBl I 2019, 875, Rdnr. 42).

3. Dienstlich veranlasste Fahrten

Stellt der Arbeitgeber dem Arbeitnehmer für eine Auswärtstätigkeit ein Beförderungsmittel, z.B. einen Firmenwagen oder einen Fahrschein für ein Verkehrsmittel, z.B. eine Bahnfahrkarte, zur Verfügung, ist kein steuerpflichtiger Arbeitslohn anzunehmen (→ *Reisekosten: Erstattungen* Rz. 3662). 2082

~~LSt~~ ~~SV~~

Faktisches Arbeitsverhältnis

→ *Arbeitsvertrag* Rz. 730

Faktorverfahren

→ *Steuerklassen* Rz. 3988

Fälligkeit der Sozialversicherungsbeiträge

1. Allgemeines

Für die Fälligkeit der Sozialversicherungsbeiträge gelten nach § 23 Abs. 1 Satz 1 SGB IV die Regelungen der Satzung der Einzugsstelle. Die Einzugsstellen können den Fälligkeitstermin i.R. der ihnen zugestandenen Satzungsautonomie regeln. Allerdings haben sie dabei den nach § 23 Abs. 1 Satz 2 SGB IV spätesten Fälligkeitstermin (drittletzten Bankarbeitstag des Monats) für den Gesamtsozialversicherungsbeitrag zu berücksichtigen. 2083

Die Fälligkeitsregelung kennt innerhalb eines Kalendermonats **einen Fälligkeitstag**. Danach sind die Beiträge, die nach dem Arbeitsentgelt bemessen werden,

- in voraussichtlicher Höhe der Beitragsschuld spätestens am drittletzten Bankarbeitstag des Monats fällig, in dem die Beschäftigung, mit der das Arbeitsentgelt erzielt wird, ausgeübt worden ist oder als ausgeübt gilt,

- ein verbleibender Restbeitrag wird zum drittletzten Bankarbeitstag des Folgemonats fällig.

Darüber hinaus besteht die Möglichkeit, an Stelle der voraussichtlichen Höhe der Beitragsschuld den Gesamtsozialversicherungsbeitrag in Höhe des Vormonatssolls zu zahlen.

Der Zahlungszeitpunkt für die Gesamtsozialversicherungsbeiträge wird dem Grunde nach zeitlich mit der Erbringung der ihm zu Grunde liegenden Arbeitsleistung und der Entstehung des Anspruchs verbunden und somit nicht von der – vielfach nachträglich stattfindenden – Abrechnung der Arbeitsentgelte abhängig gemacht.

2. Voraussichtliche Höhe

2084 Die Fälligkeitsregelung stellt zunächst auf die voraussichtliche Höhe der Beitragsschuld aus der erbrachten Arbeitsleistung des Beschäftigten ab. Bei Zahlung gleichbleibender Arbeitsentgelte wird die Höhe der Beitragsschuld mit nachhaltiger Sicherheit bestimmt werden können, so dass es in diesen Fällen im Allgemeinen der Ermittlung einer vorläufigen Beitragsschuld nicht bedarf und die voraussichtliche Beitragsschuld gleichzeitig die endgültige Beitragsschuld darstellt.

Kann tatsächlich nur eine voraussichtliche Höhe der Beitragsschuld ermittelt werden, gelten für deren Bestimmung folgende Grundsätze:

- Der Terminus „voraussichtliche Höhe der Beitragsschuld" stellt einen unbestimmten Rechtsbegriff dar. Es handelt sich hierbei nicht um einen bloßen Abschlag, dessen Betrag in das Belieben des Arbeitgebers gestellt ist.
- Die voraussichtliche Höhe der Beitragsschuld ist so zu bemessen, dass der Restbeitrag, der erst im Folgemonat fällig wird, so gering wie möglich bleibt. Dies wird dadurch erreicht, dass das Beitragssoll des letzten Entgeltabrechnungszeitraums unter Berücksichtigung der eingetretenen Änderungen in der Zahl der Beschäftigten, der Arbeitstage bzw. Arbeitsstunden sowie der einschlägigen Entgeltermittlungsgrundlagen und Beitragssätze aktualisiert wird. Eine eventuelle Überzahlung wird mit der nächsten Fälligkeit ausgeglichen.
- Andere – im Ergebnis vergleichbare – Berechnungen sind zulässig, solange der gesetzlichen Intention Rechnung getragen wird, dass die voraussichtliche Höhe der Beitragsschuld keinen bloßen Abschlag darstellt, sondern tatsächlich der endgültigen Beitragsschuld nahezu entspricht.
- Durchschnittsberechnungen sind dagegen grundsätzlich nicht als geeignetes Mittel anzusehen, um die voraussichtliche Höhe der Beitragsschuld zu ermitteln. Insoweit gilt es letztlich zu beachten, dass die voraussichtliche Höhe der Beitragsschuld keine Gesamtsumme aller Beiträge darstellt, sondern dem Grunde nach für jeden einzelnen Arbeitnehmer zu ermitteln ist und somit auch von Einzugsstelle zu Einzugsstelle separat festgestellt werden muss.
- Die Parameter, nach denen die voraussichtliche Höhe der Beitragsschuld ermittelt wurde, sind zu dokumentieren.

Die angewendeten Verfahrensversionen zur Ermittlung der voraussichtlichen Höhe der Beitragsschuld müssen nur einmalig nachgewiesen werden. Je Anwendung muss zur Beitragsabrechnung allerdings nachprüfbar dokumentiert werden, welche Verfahrensversion angewendet wurde und welche Parameter zugeführt wurden.

a) Berücksichtigung variabler Entgeltbestandteile

2085 Bei der Ermittlung der voraussichtlichen Höhe der Beitragsschuld sind grundsätzlich auch variable Arbeitsentgeltbestandteile zu berücksichtigen. Sofern variable Arbeitsentgeltbestandteile zeitversetzt gezahlt werden und dem Arbeitgeber eine Berücksichtigung dieser Arbeitsentgeltteile bei der Beitragsberechnung für den Entgeltabrechnungszeitraum, in dem sie erzielt wurden, nicht möglich ist, können diese zur Beitragsberechnung dem Arbeitsentgelt des nächsten oder übernächsten Entgeltabrechnungszeitraums hinzugerechnet werden (→ *Beiträge zur Sozialversicherung* Rz. 1261).

b) Einmalig gezahltes Arbeitsentgelt

Beitragsansprüche der Versicherungsträger entstehen, sobald ihre im Gesetz oder auf Grund eines Gesetzes bestimmten Voraussetzungen vorliegen. Bei einmalig gezahltem Arbeitsentgelt entstehen die Beitragsansprüche, sobald dieses ausgezahlt worden ist. Unter dem Gesichtspunkt der Beitragsfälligkeit in Höhe der voraussichtlichen Beitragsschuld kann die Fälligkeit der Beiträge aus einmalig gezahltem Arbeitsentgelt nicht allein am bloßen Vorgang der Auszahlung festgemacht werden. Vielmehr hat der Arbeitgeber bei der Ermittlung der voraussichtlichen Beitragsschuld für den Beitragsmonat festzustellen, ob die Einmalzahlung mit hinreichender Sicherheit in diesem Beitragsmonat ausgezahlt wird. Dieser Tatbestand wird dem Arbeitgeber zu dem Zeitpunkt, an dem er die voraussichtliche Höhe der Beitragsschuld festzustellen hat, in aller Regel bekannt sein. Deshalb werden die Beiträge aus einmalig gezahltem Arbeitsentgelt i.R. der Regelungen über die Höhe der voraussichtlichen Beitragsschuld in dem Monat fällig, in dem das einmalig gezahlte Arbeitsentgelt ausgezahlt werden soll. Dies gilt auch dann, wenn die Einmalzahlung zwar noch in dem laufenden Monat, aber erst nach dem für diesen Monat geltenden Fälligkeitstermin ausgezahlt wird. 2086

3. Beitragssoll

a) Grundsätzliches

Die Fälligkeitsregelung stellt auf die voraussichtliche Beitragsschuld aus der erbrachten Arbeitsleistung des Beschäftigten ab. 2087
Der Zahlungszeitpunkt des Gesamtsozialversicherungsbeitrags wird damit dem Grunde nach zeitlich mit der Erbringung der ihm zu Grunde liegenden Arbeitsleistung und der Entstehung des Anspruchs verbunden. Allerdings bezieht sich die so ausgestaltete Beitragspflicht nur auf die voraussichtliche Beitragsschuld für den laufenden Monat. Folglich gilt als Beitragssoll des jeweiligen Abrechnungsmonats

- die voraussichtliche Höhe der Beitragsschuld des jeweiligen Monats, in dem die Beschäftigung, mit der das Arbeitsentgelt erzielt wird, ausgeübt worden ist oder als ausgeübt gilt, sowie
- ein verbleibender Restbeitrag des Vormonats oder der Ausgleich einer eventuellen Überzahlung aus dem Vormonat.

Der Restbeitrag wird nicht rückwirkend dem Vormonat (Ursprungsmonat der Arbeitsleistung) zugeordnet.

b) Vereinfachungsregelung

Der Arbeitgeber kann abweichend von der Regelung zur Bestimmung der voraussichtlichen Höhe der Beitragsschuld den Gesamtsozialversicherungsbeitrag in Höhe des Vormonatssolls der Echtabrechnung zahlen. Der Ausgleich zwischen den nach dem Vormonatssoll gezahlten Beiträgen auf Basis der Echtabrechnung und der tatsächlichen Beitragsschuld findet mit der Entgeltabrechnung im Folgemonat statt, d.h., ein verbleibender Restbetrag ist in diesen Fällen ebenfalls spätestens zum drittletzten Bankarbeitstag des Folgemonats fällig. 2088

Hierbei handelt es sich um eine Alternativmöglichkeit. Auch wenn die Voraussetzungen für die Vereinfachungsregelung vorliegen sollten, kann der Arbeitgeber die bisherige Verfahrensweise zur Ermittlung einer möglichst genauen Bestimmung der voraussichtlichen Höhe der Beitragsschuld weiterhin praktizieren. Ein Wechsel zwischen den Verfahrensweisen zur Bestimmung des Gesamtsozialversicherungsbeitrags ist nach jedem Abrechnungsmonat möglich. Für den Wechsel zur Verwendung der Beitragshöhe des Vormonats ist Voraussetzung, dass die o.a. Bedingungen erfüllt werden. Der Wechsel zwischen den Verfahrensweisen ist nachprüfbar zu dokumentieren.

Die Vereinfachungsregelung findet auf einmalig gezahltes Arbeitsentgelt keine Anwendung. Beiträge, die im Vormonat auf Einmalzahlungen entfallen sind, werden für die Ermittlung der Beitragsschuld des laufenden Monats in entsprechender Höhe von der Beitragsschuld des Vormonats abgezogen. Damit wird der Intention der Vereinfachungsregelung Rechnung getragen, Beiträge aus laufendem Arbeitsentgelt auf Vormonatsbasis entsprechend der Echtabrechnung zu zahlen, ohne dass dabei die Beiträge aus Einmalzahlungen aus dem Vormonat das Beitragssoll zu Lasten des Arbeitgebers erhöhen. Ist in dem Monat, für den die Beiträge nach der Echtabrechnung des Vormonats gezahlt werden sollen, wiederum eine Einmalzahlung zu berücksichtigen, sind die darauf entfallenden Beiträge allerdings dem auf das laufende Arbeitsentgelt des Vormonats (Echtabrechnung) entfallenden Beitragssoll hinzuzurechnen; insoweit können die Beiträge aus Einmalzahlungen nicht unberücksichtigt bleiben.

Macht der Arbeitgeber von der Anwendung der Vereinfachungsregelung und damit der Zahlung des Gesamtsozialversicherungsbeitrags auf Basis der Echtabrechnung des Vormonats Gebrauch, gilt dies gegenüber allen Einzugsstellen, an die Beiträge zu zahlen sind. Eine Unterscheidung hinsichtlich der Berechnung der Höhe des Gesamtsozialversicherungsbeitrags für einzelne Einzugsstellen danach, ob für deren Versicherte variable Arbeitsentgeltbestandteile gezahlt bzw. nicht gezahlt werden, entfällt. Wird vom Arbeitgeber die Vereinfachungsregelung angewandt, ist einmalig gezahltes Arbeitsentgelt dennoch in dem Monat zu berücksichtigen, in dem es tatsächlich gezahlt wurde.

4. Drittletzter Bankarbeitstag

2089 Der Gesamtsozialversicherungsbeitrag ist spätestens am drittletzten Bankarbeitstag des Monats der Arbeitsleistung fällig. Dieser Fälligkeitstermin trägt praktischen Erwägungen Rechnung. Insoweit soll sichergestellt werden, dass den Sozialversicherungsträgern – insbesondere den Trägern der Rentenversicherung – für die Zahlung ihrer Leistungen in entsprechendem Umfang Mittel bereitstehen. Deshalb ist es erforderlich, für die Zahlung durch Arbeitgeber, Buchung und Weiterleitung durch die Krankenkassen sowie für die Wertstellung zur Rentenversicherung und zur Bundesagentur für Arbeit jeweils entsprechende Bearbeitungstage einzukalkulieren. Daraus ergibt sich, dass rechtlich auf den drittletzten Bankarbeitstag für die Zahlung durch die Arbeitgeber abgestellt wird. Die Beitragsforderung ist eine sog. Bringschuld (§ 270 Abs. 1 BGB). Der Beitragsschuldner trägt das Risiko des Zahlungsweges. Erfüllungsort ist der Sitz der Einzugsstelle.

Deshalb gelten für die tatsächliche Bestimmung des drittletzten Bankarbeitstags auch die Verhältnisse am Sitz der jeweiligen Einzugsstelle (Hauptverwaltung). Dies gilt auch in den Fällen, in denen einer der drei letzten Bankarbeitstage auf einen nicht bundeseinheitlichen Feiertag fällt. Bei der Feststellung der drei letzten Bankarbeitstage ist zu berücksichtigen, dass sowohl der 24. als auch der 31. Dezember eines Jahres nicht als banküblische Arbeitstage gelten.

Zu den im Jahr 2026 geltenden Fälligkeitstagen → Rz. 2091.

5. Beitragsnachweis

2090 Der Beitragsnachweis richtet sich nach der Beitragsschuld, die sich aus § 23 Abs. 1 Satz 2 SGB IV ergibt. Der Beitragsnachweis hat die Funktion, die voraussichtliche Höhe der Beitragsschuld anzuzeigen. In den Folgemonaten besteht das Beitragssoll aus der voraussichtlichen Höhe der Beitragsschuld des aktuellen Monats und einem eventuell verbleibenden Restbeitrag des Vormonats oder dem Ausgleich einer eventuellen Überzahlung aus dem Vormonat. Wegen des Restbeitrags nach Ermittlung der endgültigen Beitragsschuld wird ein **Korrektur-Beitragsnachweis** für den Vormonat, aus dem der Restbeitrag dem Grunde nach herrührt, **nicht erstellt**. Die Beitragsfälligkeit soll die Anzahl der Abrechnungstermine für den Gesamtsozialversicherungsbeitrag bei den Arbeitgebern und den Einzugsstellen auf zwölf im Jahr begrenzen. Beiträge, die mit der voraussichtlichen Beitragsschuld zum Monatsende nicht abgerechnet werden können, sind in den Beitragsnachweis des Folgemonats aufzunehmen.

Dies gilt entsprechend auch bei Anwendung der Vereinfachungsregelung (→ Rz. 2088). Allerdings hat der Arbeitgeber **nicht die voraussichtliche Höhe** der Beitragsschuld anzuzeigen, sondern das **Beitragssoll aus dem laufenden Arbeitsentgelt** der Echtabrechnung des Vormonats unter Berücksichtigung ggf. gewährter Einmalzahlungen sowie eines eventuell verbleibenden Restbetrags des Vormonats oder des Ausgleichs einer eventuellen Überzahlung aus dem Vormonat.

Nach § 28f Abs. 3 Satz 1 SGB IV hat der Arbeitgeber der Einzugsstelle den Beitragsnachweis spätestens zwei Arbeitstage vor Fälligkeit (bereits um 0.00 Uhr) durch Datenübertragung zu übermitteln. Die Einreichungsfrist orientiert sich am Fälligkeitstag. Damit muss der Beitragsnachweis spätestens zu Beginn des fünftletzten Bankarbeitstages der Einzugsstelle vorliegen. Für die Fristenberechnung gilt § 26 Abs. 1 SGB X.

6. Übersicht Fälligkeitstag und Termine für den Beitragsnachweis

Aus der nachfolgenden Übersicht ergeben sich die für 2026 geltenden Fälligkeitstage und die Termine für die späteste Einreichung des Beitragsnachweises: 2091

Beitragsmonat 2026	Fälligkeitstag (drittletzter Bankarbeitstag)	Termine für den Beitragsnachweis (zwei Arbeitstage vor Fälligkeit)
Januar	28.1.2026	26.1.2026
Februar	25.2.2026	23.2.2026
März	27.3.2026	25.3.2026
April	28.4.2026	24.4.2026
Mai	27.5.2026	22.5.2026
Juni	26.6.2026	24.6.2026
Juli	29.7.2026	27.7.2026
August	27.8.2026	25.8.2026
September	28.9.2026	24.9.2026
Oktober	28.10.2026	26.10.2026
November	26.11.2026	24.11.2026
Dezember	28.12.2026 1)	22.12.2026

1) 24.12. und 31.12. gelten nicht als Bankarbeitstage, s. → Rz. 2089.

7. Beitragsberechnung – Beitragsabrechnung in Sonderfällen

Die Fälligkeit des Restbeitrags wirkt sich nicht auf die Grundlagen 2092
der Beitragsberechnung aus. Insoweit bleiben Änderungen der Beitragsfaktoren für den Folgemonat, in dem der Restbeitrag fällig wird, unberücksichtigt. Für die Beitragsberechnung gelten die Beitragsfaktoren des Abrechnungszeitraums, unabhängig von der Zuordnung im Beitragsnachweis. Auch solche Sachverhalte stellen keinen Grund für die Erstellung eines Korrektur-Beitragsnachweises dar.

Wird an eine Einzugsstelle nur der Gesamtsozialversicherungsbeitrag für einen Arbeitnehmer gezahlt und scheidet dieser Arbeitnehmer aus dem Beschäftigungsverhältnis aus, ist in Fällen, in denen das endgültige Beitragssoll nicht abgerechnet werden konnte, für den Monat nach dem Ausscheiden aus dem Beschäftigungsverhältnis ein Beitragsnachweis mit der Differenz (Restschuld/ggf. Guthaben) dieser Einzugsstelle zuzuleiten (sog. „nachgehender Beitragsnachweis"). Gleiches gilt, wenn ein Arbeitnehmer die Krankenkasse wechselt und für diese Einzugsstelle nach dem vollzogenen Krankenkassenwechsel keine Beiträge mehr abzuführen wären.

Fälligkeit und Entstehung der Lohnsteuer

→ *Anmeldung der Lohnsteuer* Rz. 155

Familienangehörige

→ *Angehörige* Rz. 135

Familienbüros

→ *Betreuungskosten* Rz. 1393

Familienheimfahrten

→ *Doppelte Haushaltsführung: Allgemeines* Rz. 1709, → *Doppelte Haushaltsführung: Erstattungsbeträge* Rz. 1748, → *Wege zwischen Wohnung und erster Tätigkeitsstätte* Rz. 4419

Familienpflegezeit

→ *Pflegezeiten* Rz. 3443

Familienstartzeit

2093 Das BMFSFJ hatte im März 2023 das s.g. Familienstartzeitgesetz angekündigt. Darin ist u.a. die zehntägige bezahlte Freistellung für Väter oder gleichgestellte Elternteile ab 2024 vorgesehen. Mit dieser Regelung möchte das BMFSFJ EU-Recht umsetzen. Die Richtlinie (EU) 2019/1158 des Europäischen Parlaments und des Rates v. 20.6.2019 zur Vereinbarkeit von Beruf und Privatleben für Eltern und pflegende Angehörige und zur Aufhebung der Richtlinie 2010/18/EU des Rates legt europaweit verbindliche arbeitsrechtliche Standards fest. U.a. Art. 4 der Richtlinie sieht einen Vaterschaftsurlaub von zehn Arbeitstagen vor. Die Richtlinie war bis zum 2.8.2022 in nationales Recht umzusetzen. Da die Richtlinie in Deutschland nicht bis zu dieser Frist umgesetzt wurde, hat die EU ein Vertragsverletzungsverfahren gegen Deutschland eingeleitet.

Nach einem Referentenentwurf des Familienstartzeit-Gesetz vom März 2023 sollen die rechtlichen Rahmenbedingungen angepasst werden, um Eltern frühzeitig eine partnerschaftliche Aufgabenteilung bei der Kindesbetreuung zu ermöglichen. Hier ist vorgesehen, dass Partner oder Partnerinnen nach der Geburt des Kindes zehn Arbeitstage lang bezahlte Freistellung nehmen können, ohne dabei Urlaub oder Elternzeit in Anspruch nehmen zu müssen.

Bislang bestehen insbesondere Fragen, wie die Familienstartzeit finanziert werden soll. Sollten sich Änderungen für 2026 ergeben, informieren wir Sie über unseren Online-Aktualisierungsdienst (s. Benutzerhinweis auf S. IV).

Familienstiftung

→ *Vorstandsmitglieder* Rz. 4393

Familien- und Jugendbetreuer

→ *Arbeitnehmer-ABC* Rz. 311

Familienzuschläge

→ *Arbeitslohn-ABC* Rz. 668

Fehlen der ELStAM

→ *ELStAM* Rz. 1841

Fehlen der Lohnsteuerkarte

→ *ELStAM* Rz. 1841

Fehlgeldentschädigung

2094 Ersetzt der Arbeitgeber einem Arbeitnehmer **Kassenfehlbeträge**, so handelt es sich grds. um steuer- und beitragspflichtigen Arbeitslohn (BFH v. 11.7.1969, VI 68/65, BStBl II 1970, 69). Der Arbeitnehmer kann den versteuerten Betrag jedoch als **Werbungskosten** absetzen.

Dies gilt grds. auch für **pauschale Fehlgeldentschädigungen** (Mankogeld, Zählgeld). Nach R 19.3 Abs. 1 Satz 2 Nr. 4 LStR bleiben sie jedoch bei **Arbeitnehmern im „Kassen- und Zähldienst" bis zu 16 € im Monat steuer- und somit auch beitragsfrei**. Wird ein höherer Betrag gezahlt, ist nur der übersteigende Betrag steuerpflichtig. Wenn jedoch der vom Arbeitgeber übernommene höhere Anteil das ihn in einem evtl. Mankoprozess treffende Prozessrisiko angemessen abbildet, ist auch dieser Teil steuerfrei (FG Münster v. 25.2.2000, 11 K 5202/98 L, EFG 2000, 556).

Beispiel:

Auf Grund eines Vorstandsbeschlusses sind auftretende, 16 € übersteigende Kassenfehlbeträge zu 75 % von der Bank und zu 25 % vom jeweiligen Kassierer zu tragen.

Da die Kassierer durch die Übernahme des höheren Mankoanteils durch die Bank nicht bereichert sind (zivilrechtlich hätte die Bank ohnehin etwa diesen Anteil tragen müssen), liegt nach dem o.g. Urteil des FG Münster kein steuerpflichtiger Arbeitslohn vor.

Der Begriff „Kassen- und Zähldienst" wird dabei vom Finanzamt nicht eng ausgelegt und umfasst auch Personen, die nur in geringem Umfang im Kassen- und Zähldienst tätig sind. Zum **Kassen- und Zähldienst gehören:**

- insbesondere **Kassierer in Warenhäusern oder Supermärkten** (OFD Düsseldorf v. 27.3.1962, S 2176 A – St 12, DB 1962, 522), aber – nach geänderter Verwaltungsauffassung – auch **Helferinnen in Arztpraxen, die Entgelte für sog. IGEL-Leistungen einzubehalten** haben,
- **nicht dagegen Kassierer in Filmtheatern, Zugschaffner oder Auslieferungsfahrer**, die auch Rechnungen kassieren dürfen.

LSt SV

Fehlzeiten

→ *Arbeitsunterbrechungen durch Arbeitnehmer* Rz. 725

Feiertagsarbeit

→ *Zuschläge für Sonntags-, Feiertags- oder Nachtarbeit* Rz. 4800

Feiertagslohn

1. Arbeitsrecht

Die Vergütung für durch gesetzliche Feiertage **ausfallende Arbeitsleistung** ist in § 2 EFZG, die Feiertagsbezahlung für **Heimarbeiter** in § 11 EFZG geregelt. 2095

Die Bestimmung der **gesetzlichen Feiertage** fällt in die Kulturhoheit der Bundesländer, die durch entsprechende **Feiertagsgesetze** die jeweiligen Feiertage festgelegt haben. Es kommt auf den jeweiligen **Beschäftigungsort** an (BAG v. 17.8.2011, 10 AZR347/10). Gesetzliche Feiertage sind auf Grund Bundesgesetzes der 3.10., bundeseinheitlich nach den landesrechtlichen Regelungen Neujahr, Karfreitag, Ostermontag, 1.5., Christi Himmelfahrt, Pfingstmontag, der 25. und 26.12. Dazu kommen Fronleichnam in Baden-Württemberg, Bayern, Hessen, NRW, Rheinland-Pfalz, Saarland und Thüringen (in Gebieten mit überwiegend katholischer Bevölkerung) sowie der Reformationstag (31.10.) in Brandenburg, Bremen, Hamburg, Mecklenburg-Vorpommern, Niedersachsen, Sachsen, Sachsen-Anhalt, Schleswig-Holstein und Thüringen (in Gebieten mit überwiegend evangelischer Bevölkerung). Ferner ist Allerheiligen in Baden-Württemberg, Bayern, NRW, Rheinland-Pfalz, Saarland und Thüringen (in Gebieten mit überwiegend katholischer Bevölkerung) ein Feiertag; Maria Himmelfahrt (15.8.) hingegen allein in bayerischen Gemeinden mit überwiegend katholischer Bevölkerung und im Saarland sowie Heilige Drei Könige (6.1.) in Baden-Württemberg, Bayern und Sachsen-Anhalt sowie in der Stadt Augsburg der 8.8. und in Sachsen der Buß- und Bettag. In 2019 neu hinzugekommen sind der Frauentag (8.3.) in Berlin sowie in Mecklenburg-Vorpommern und der Weltkindertag (20.9.) in Thüringen. Darüber hinaus ist in Berlin der 8.5.2020 (75. Jahrestag der Befreiung vom Nationalsozialismus und der Beendigung des Zweiten Weltkrieges in Europa) zum Feiertag erklärt worden.

Es bleibt zu beachten, dass weder der 24.12. (**Heiligabend**) noch der 31.12. (**Silvester**) Feiertage sind, sondern feiertagsrechtlich normale Werktage darstellen.

Die Höhe des Entgelts für geleistete Sonn- und Feiertagsarbeit richtet sich nach den getroffenen Vereinbarungen. Hierfür ist unerheblich, ob es sich um zulässige oder unzulässige Sonn- und Feiertagsarbeit handelt. Regelmäßig werden neben der Grundvergütung weitere Zuschläge auf Grund von Tarifvertrag, Betriebsvereinbarung oder Einzelarbeitsvertrag gezahlt. Verschweigt sich ein Arbeitsvertrag hierüber, sind sie bei Orts- oder Branchenüblichkeit zu zahlen. Sieht der Tarifvertrag vor, dass die Feiertagsarbeit zu vergüten oder alternativ durch Zeitguthaben abzugelten ist, steht es dem Arbeitgeber frei, einen Teil der Feiertagsarbeitszuschläge auszuzahlen und den anderen Teil durch Freizeit abzugelten (LAG Schleswig-Holstein v. 12.6.2024, 3 Sa 15 öD/24). Ein gesetzlicher Anspruch auf Sonn- und Feiertagszuschläge besteht hingegen nicht. Pfingstsonntag und Ostersonntag sind grds. keine Wochenfeiertage; für Arbeit an diesen Tagen fällt daher grds. der tarifliche Feiertagszuschlag nicht an (BAG v. 13.4.2005, 5 AZR 475/04; BAG v. 17.3.2010, 5 AZR 317/09). Das **BAG** hat indes die Entscheidung des **LAG Düsseldorf** (Urteil v. 22.2.2019, 6 Sa 996/

18) bestätigt, wonach auch der Oster- sowie der Pfingstsonntag von einer tariflichen Regelung erfasst sein kann, die für die Arbeitstätigkeit an hohen Feiertagen (Neujahr, Ostern, 1. Mai, Pfingsten und Weihnachten) besondere Zuschläge vorsieht. Voraussetzung ist aber, dass aus den Regelungen des Manteltarifvertrags deutlich hervorgeht, dass der gegenüber dem Sonntagszuschlag erheblich höhere Feiertagszuschlag auch für Arbeit am Ostersonntag und Pfingstsonntag zu zahlen ist, obwohl es sich nicht um gesetzliche Feiertage handelt (BAG v. 24.2.2021, 10 AZR 130/19).

Tatsächlich gewährte Zuschläge sind auf den gesetzlichen Mindestlohn nach § 1 Abs. 2 MiLoG anrechenbar.

Nach § 2 Abs. 1 EFZG hat der Arbeitgeber den Arbeitnehmern für die Arbeitszeit, die infolge eines gesetzlichen Feiertags ausfällt, den Arbeitsverdienst zu zahlen, den sie ohne den Arbeitsausfall erhalten hätten (hierzu und zur Unabdingbarkeit des Anspruchs vgl. BAG v. 17.10.2019, 5 AZR 352/18). Die Vorschrift regelt also die Vergütung der Arbeitnehmer für ausfallende Arbeitszeit, nicht für die an gesetzlichen Feiertagen geleistete Arbeit. Voraussetzung für den Anspruch auf Feiertagsentgelt ist aber nicht nur, dass an dem betreffenden Feiertag nicht gearbeitet wird, sondern dass die Feiertagsruhe die **alleinige Ursache des Arbeitsausfalles** ist. Beruht demgegenüber der Arbeitsausfall auf **anderen Gründen**, so besteht umgekehrt auch kein Anspruch auf Feiertagsentgelt. Eine **dienstplanmäßige Freistellung** des Arbeitnehmers am Feiertag schließt den Anspruch auf Entgeltfortzahlung für diesen Feiertag aus, wenn sich die Arbeitsbefreiung aus einem Schema ergibt, das von der Feiertagsruhe an bestimmten Tagen unabhängig ist (BAG v. 8.12.2010, 5 AZR 667/09). Unzulässig wäre es aber, wenn der Arbeitgeber von einem bestehenden Dienstplanschema abweicht und z.B. einen Dienstplan spezifisch wegen des bevorstehenden Feiertages ausdünnt.

Beim **Zusammentreffen von Arbeitsausfall durch einen Feiertag** einerseits **und** durch **Arbeitsunfähigkeit** andererseits ist von dem Grundsatz auszugehen, dass ein Anspruch auf Feiertagsentgelt nach § 2 EFZG nur dann besteht, wenn die Feiertagsruhe die alleinige Ursache für den Arbeitsausfall darstellt. Bei Arbeitsausfall – auch – wegen Arbeitsunfähigkeit besteht Anspruch auf Entgeltfortzahlung im Krankheitsfall nach § 3 EFZG. Der Feiertag in der Arbeitsunfähigkeit wird auf den Höchstzeitraum für die Entgeltfortzahlung angerechnet wie ein normaler Tag der Arbeitsunfähigkeit (BAG v. 19.4.1989, 5 AZR 248/88).

Zur **Höhe** der Entgeltfortzahlung im Krankheitsfall für den Feiertag besagt nun die Vorschrift des § 4 Abs. 2 EFZG, dass sie sich nach § 2 EFZG (nicht nach § 4 EFZG) bemisst. Da es sich, wie dargestellt, bei dem „Feiertagsentgelt" um Entgeltfortzahlung im Krankheitsfall nach § 3 EFZG handelt, folgt hieraus, dass diese Arbeitgeberleistung an der Erstattung nach dem AAG im Umlageverfahren teilnehmen muss (→ *Lohnfortzahlung: Erstattungsverfahren für Arbeitgeber* Rz. 2846).

Die **Höhe** des Anspruchs auf Feiertagsvergütung richtet sich nach dem **Lohnausfallprinzip:**

Der Arbeitnehmer ist so zu vergüten, als wenn er an dem Feiertag gearbeitet hätte. Er soll also wegen des Feiertages weder besser noch schlechter gestellt werden als bei Arbeit; insoweit sind ggf. auch ausfallende Überstunden bzw. regelmäßig erbrachte zusätzliche Arbeitsleistungen (BAG v. 16.1.2002, 5 AZR 303/00) zu vergüten. Eine zu Ungunsten des Arbeitnehmers abweichende **tarifliche Bestimmung** des Ursachenzusammenhangs zwischen Feiertag und Arbeitsausfall verstößt gegen § 12 EFZG und ist unwirksam (BAG v. 15.5.2013, 5 AZR 139/12). Wirksam sind demzufolge von § 2 Abs. 1 EFZG abweichende tarifliche Regelungen der Entgeltfortzahlung an gesetzlichen Feiertagen nicht nur, wenn sie „stets günstiger" als das Gesetz sind, sondern auch dann, wenn nach objektiven Maßstäben nicht zweifelsfrei feststellbar ist, dass sie für den Arbeitnehmer ungünstiger sind. Ein Tarifvertrag, der bestimmt, dass Arbeitnehmer für jeden gesetzlichen Feiertag, der auf die Wochentage Montag bis Freitag fällt, einen Anspruch auf Gutschrift von 1/261 des individuellen Jahresarbeitszeit-Solls haben, weicht nicht zuungunsten der Arbeitnehmer von der gesetzlichen Regelung der Entgeltfortzahlung an Feiertagen in § 2 Abs. 1 EFZG ab (BAG v. 6.12.2017, 5 AZR 118/17). Zur Anwendung des Lohnausfallprinzips beim **Mindestlohn** s. BAG v. 13.5.2015, 10 AZR 495/14, BAG v. 13.5.2015, 10 AZR 191/14, und → *Mindestlohn* Rz. 3145.

Fällt bei **flexibler Arbeitszeit**, wonach im wöchentlichen Wechsel jeweils von Montag bis Freitag und von Montag bis Donnerstag gearbeitet wird, ein hiernach arbeitsfreier Freitag auf einen gesetzlichen Feiertag, so löst dies keinen Anspruch auf Zahlung von Feiertagsvergütung aus (BAG v. 24.1.2001, 4 AZR 538/99). Der Arbeitnehmer, der an einem Wochenfeiertag nach einem bestimmten Schema eine Freischicht hätte und deshalb nicht arbeiten müsste, wenn es sich nicht um einen Wochenfeiertag handelt, hat insoweit weder einen Anspruch auf eine Freischicht an einem anderen Tag noch auf Vergütung für den Wochenfeiertag (BAG v. 13.6.2007, 5 AZR 849/06).

Gibt es bei **Abrufarbeit** für den Arbeitsausfall keine objektiven Gründe abgesehen von dem, dass an einem Wochenfeiertag nicht gearbeitet werden darf, ist auf Grund der Darlegung des Klägers davon auszugehen, dass die Arbeit wegen des Feiertags ausgefallen ist; in diesem Falle besteht ein Anspruch auf Feiertagsvergütung für den Abrufarbeitnehmer (BAG v. 24.10.2001, 5 AZR 245/00).

Bei flexibler Arbeitszeit mit einem **Arbeitszeitkonto** ist der Arbeitgeber verpflichtet, im Falle des Arbeitsausfalls aus Anlass von gesetzlichen Feiertagen die Anzahl von Stunden gutzuschreiben, die der Arbeitnehmer schichtplanmäßig an den Feiertagen ohne den Ausfall gearbeitet hätte (BAG v. 14.8.2002, 5 AZR 417/01).

Hinsichtlich der weiteren Einzelheiten der Anwendung des Lohnausfallprinzips → *Entgeltfortzahlung* Rz. 1914.

2. Lohnsteuer und Sozialversicherung

Der Feiertagslohn ist **steuerpflichtig**. Dies gilt auch, wenn bei der 2096
Berechnung des Feiertagslohns Zuschläge für Sonntags- Feiertags- oder Nachtarbeit berücksichtigt werden, weil die Steuerbefreiung des § 3b EStG nur für **tatsächlich geleistete Arbeit** zu diesen Zeiten gewährt wird (→ *Zuschläge für Sonntags-, Feiertags- oder Nachtarbeit* Rz. 4812).

Sozialversicherungsrechtlich stellt die Feiertagsvergütung normales Arbeitsentgelt dar und ist demzufolge beitragspflichtig. Steuerfreie Feiertagszuschläge sind nur eingeschränkt beitragsfrei in der Sozialversicherung (→ *Zuschläge für Sonntags-, Feiertags- oder Nachtarbeit* Rz. 4822).

LSt SV

Feiertagslohn und Kurzarbeit

1. Arbeitsrecht

Wenn der gesetzliche Feiertag in einen Zeitabschnitt fällt, in dem 2097
die Arbeit zugleich infolge von Kurzarbeit ausfällt, so ist – ohne gesetzliche Regelung – offen, welches die entscheidende Ursache für den Arbeitsausfall ist. Demzufolge regelt § 2 Abs. 2 EFZG, dass die Arbeitszeit, die an einem gesetzlichen Feiertag infolge von Kurzarbeit ausfällt und für die an anderen Tagen als an gesetzlichen Feiertagen Kurzarbeitergeld geleistet wird, als infolge eines gesetzlichen Feiertags ausgefallen gilt. Damit steht fest, dass dem Arbeitnehmer für einen solchen Tag kein Anspruch auf Kurzarbeitergeld zusteht. Schuldner der Ausgleichszahlung ist daher nicht die Bundesagentur für Arbeit, sondern der Arbeitgeber. Zu der Frage, in welcher Höhe in derartigen Fällen die Ausgleichszahlung zu leisten ist, hat das BAG entschieden, dass der Arbeitgeber Feiertagsvergütung nur in Höhe des Kurzarbeitergelds schuldet, das der Arbeitnehmer ohne den Feiertag bezogen hätte (BAG v. 5.7.1979, 3 AZR 173/78).

2. Berechnung des Feiertagslohns

Maßgebend für die Höhe des Kurzarbeitergelds ist der pauschalier- 2098
te Nettoentgeltausfall, der infolge eines auf wirtschaftlichen Ursachen beruhenden Arbeitsausfalls (§ 106 Abs. 1 SGB III) eintritt (→ *Kurzarbeitergeld* Rz. 2808). Grundlage für die Berechnung des Kurzarbeitergelds ist daher allein der Entgeltausfall im Kalendermonat, d.h., die Höhe des Kurzarbeitergelds ist unter Berücksichtigung des während der Kurzarbeit noch erzielten Bruttoarbeitsentgelts zu ermitteln. Zweifelsfrei stellt der Feiertagslohn Arbeitsentgelt dar, das i.R. der Bemessung des Kurzarbeitergelds zu berücksichtigen ist (zum Charakter des Feiertagslohns → Rz. 2101). Die Höhe der arbeitsrechtlichen Leistung (Feiertagslohn) hängt von der Höhe

der Entgeltersatzleistung (Kurzarbeitergeld) ab. Diese kann jedoch nicht ohne Hinzurechnung des Feiertagslohns ermittelt werden. Hierbei kann **wie folgt vorgegangen** werden:

Zunächst ist in einer Summe ein **Leistungsanspruch für alle Ausfallstunden** des Monats zu errechnen und **danach** der **Anteil** – entsprechend der Ausfallstunden – zu ermitteln, der auf den **Feiertagslohn** entfällt. Der Feiertagslohn ist in einem weiteren Schritt in die Berechnung der Höhe des Kurzarbeitergelds einzubeziehen.

Der **Berechnungsweg** wird anhand des nachfolgenden Beispiels verdeutlicht:

a) Ermittlung des Feiertagslohns

2099 Zur Ermittlung des Feiertagslohns muss zunächst der gesamte Anspruch auf Kurzarbeitergeld einschließlich der entsprechenden Stunden mit Feiertagslohn berechnet werden. Die rechnerischen Leistungssätze beziehen sich auf die für das Kalenderjahr 2025 geltende Tabelle.

Beispiel:

In einem Kurzarbeitergeld-Anspruchszeitraum fallen **45 Arbeitsstunden** wegen der **Kurzarbeit** aus. Davon entfallen **7,5 Stunden** auf einen gesetzlichen Feiertag.

Stundenlohn 17,90 €, Zahl der Sollarbeitsstunden = 150 Stunden	
Sollentgelt = 2 685 €, zunächst angenommenes Istentgelt (150 – 45 Stunden = 105 Stunden × 17,90 € =) 1 879,50 €	
Rechnerischer Leistungssatz für das **Sollentgelt** von 2 685 € (Steuerklasse III, 1 Kind = Leistungssatz 1)	1 432,80 €
Rechnerischer Leistungssatz für das **Istentgelt** von 1 879,50 €	1 007,68 €
Differenz (Feiertagslohn und Kurzarbeitergeld)	425,12 €
425,12 € : 45 Stunden = 9,45 € × 7,5 Stunden = **Feiertagsvergütung**	**70,88 €**

Der Arbeitnehmer hätte daher, wenn der Feiertag nicht auf einen Kurzarbeitstag fallen würde, für diesen Ausfalltag – unter Berücksichtigung der anderen Ausfallstunden – **70,88 € Kurzarbeitergeld** erhalten. Der Feiertagslohn beträgt somit **70,88 €**.

b) Berechnung des Kurzarbeitergelds unter Einbeziehung des Feiertagslohns

2100 Bei dem Feiertagslohn während der Kurzarbeit handelt es sich um **beitragspflichtiges Arbeitsentgelt** (→ Rz. 2101). Der Feiertagslohn ist daher in das **Istentgelt** (Istentgelt ist das in dem Anspruchszeitraum tatsächlich erzielte Bruttoarbeitsentgelt des Arbeitnehmers zuzüglich aller ihm zustehenden Entgeltanteile) einzubeziehen und bei der Berechnung des **Sollentgelts** (Sollentgelt ist das Bruttoarbeitsentgelt, das der Arbeitnehmer ohne die Kurzarbeit im jeweiligen Kalendermonat ohne Mehrarbeit erzielt hätte) zu berücksichtigen. Für die Berechnung des Kurzarbeitergelds unter Einbeziehung von Feiertagslohn, der auf den Betrag des Kurzarbeitergelds reduziert wurde, hat die Bundesagentur für Arbeit in ihren Geschäftsanweisungen festgelegt, dass bei **unverändertem Sollentgelt** das **Istentgelt um den gekürzten Betrag** erhöht werden kann. Im Ergebnis wird der ungekürzte Betrag der Feiertagsvergütung, die bei Arbeitsleistung angefallen wäre, beim Istentgelt berücksichtigt. Dies begründet sich aus § 106 Abs. 2 Satz 1 SGB III. Bei einem reduzierten Feiertagslohn handelt es sich um Arbeitsentgelt, das aus anderen als wirtschaftlichen Gründen reduziert ist. Das Istentgelt ist daher um den gekürzten Betrag zu erhöhen.

Bei Weiterführung des o.g. Beispiels ergibt sich folgende Berechnung:

Bei unverändertem **Sollentgelt** ist bei der Ermittlung des **Istentgelts** der Betrag der Feiertagsvergütung wie folgt zu berücksichtigen:

Sollentgelt	2 685,– €
Istentgelt 1 879,50 € + 134,25 € (17,90 € × 7,5 Stunden) Feiertagslohn	2 013,75 €
Rechnerischer Leistungssatz aus dem **Sollentgelt**	1 432,80 €
Rechnerischer Leistungssatz aus dem **Istentgelt**	1 082,72 €
Kurzarbeitergeld	**350,08 €**

3. Steuer- und Beitragslast des Feiertagslohns während der Kurzarbeit

2101 Mit der Frage der Steuer- und Beitragslast des Feiertagslohns während der Kurzarbeit hat sich das BAG auseinandergesetzt (BAG v. 8.5.1984, 3 AZR 194/82). Ob der Feiertagslohn in den genannten Fällen mit steuerlichen Abgaben belastet werden darf, **richtet sich nach dem Steuerrecht**. Die **steuerliche Behandlung** hat keine Auswirkungen auf die Höhe der arbeitsrechtlichen Lohnzahlungspflicht. Der Arbeitgeber schuldet dem Arbeitnehmer einen Bruttolohn. Die Steuerpflicht besteht gegenüber dem Fiskus. Mithin erfüllt der Arbeitgeber seine Pflicht zur Zahlung der Vergütung gegenüber dem Arbeitnehmer teilweise dadurch, dass er kraft gesetzlicher Verpflichtung die vom Arbeitnehmer zu entrichtenden Beträge für Steuern einbehält und an das Finanzamt abführt. Es ist also nicht der Arbeitgeber, sondern der Steuergesetzgeber, der den Lohnanspruch des Arbeitnehmers unterschiedlich belastet, je nachdem, ob steuerfreies Kurzarbeitergeld oder Feiertagslohn gezahlt wird. Die auf den Feiertagslohn anfallende Lohnsteuer kann daher vom Arbeitgeber **nicht ausgeglichen** werden und ist **vom Arbeitnehmer zu tragen**.

Anders verhält es sich mit den **Beiträgen zur Sozialversicherung**. Gem. § 192 Abs. 1 Nr. 4 SGB V bleibt während des Bezugs von Kurzarbeitergeld die Mitgliedschaft Versicherungspflichtiger in der gesetzlichen Krankenversicherung erhalten. Gleiches gilt für die Versicherungspflicht in der sozialen Pflegeversicherung (§ 20 Abs. 1 Nr. 1 SGB XI). Während des Bezugs von Kurzarbeitergeld besteht auch das rentenversicherungspflichtige Beschäftigungsverhältnis fort (§ 1 Abs. 1 Nr. 1 SGB VI). Dementsprechend besteht **Beitragspflicht**. Die Beiträge für die Ausfallzeiten werden **allein vom Arbeitgeber getragen** (§ 249 Abs. 2 Nr. 3 SGB V, § 168 Abs. 1 Nr. 1a SGB VI, § 58 Abs. 1 SGB XI). Der Bezieher von Kurzarbeitergeld ist demnach von der Beitragspflicht befreit. Was für den Bezug des Kurzarbeitergelds gilt, muss **auch für** den Bezug von **Feiertagslohn** gelten, der an die Stelle des Kurzarbeitergelds tritt. Da der Arbeitnehmer infolge der Feiertagsruhe an einem gesetzlichen Feiertag nicht schlechter gestellt werden darf, als wenn er Kurzarbeitergeld erhalten hätte, er aber das Kurzarbeitergeld ohne Belastung mit Beiträgen für gesetzliche Sozialabgaben erhält, genügt der Feiertagslohn den Anforderungen des Entgeltfortzahlungsgesetzes nur, wenn er ohne entsprechende Abzüge ausgezahlt wird. Der Arbeitgeber hat daher die Beiträge zur Renten-, Kranken- und Pflegeversicherung und auch zur Arbeitslosenversicherung aus dem Feiertagslohn allein zu tragen. Zwar fehlt für die Arbeitslosenversicherung eine beitragsrechtliche Regelung für Ausfallzeiten. Andererseits muss auch hier der Grundsatz gelten, dass Sozialabgaben den ohnehin gekürzten Betrag des Feiertagslohns nicht zusätzlich mindern dürfen.

4. Lohnsteuer

Das Kurzarbeitergeld ist nach § 3 Nr. 2 Buchst. a EStG **steuerfrei**, 2102
unterliegt jedoch bei der Einkommensteuerveranlagung nach § 32b Abs. 1 Satz 1 Nr. 1a EStG dem sog. **Progressionsvorbehalt** (→ *Progressionsvorbehalt* Rz. 3501). Der Arbeitgeber muss deshalb das Kurzarbeitergeld sowohl im Lohnkonto besonders aufzeichnen (§ 41 Abs. 1 Satz 5 EStG) als auch in der Lohnsteuerbescheinigung (Zeile 15) gesondert übermitteln bzw. bescheinigen (§ 41b Abs. 1 Satz 2 Nr. 5 EStG).

LSt (durchgestrichen)

Soweit der Arbeitgeber nach der Rechtsprechung (BAG v. 5.7.1979, 3 AZR 173/78) die Feiertagsvergütung in Höhe des Kurzarbeitergelds zahlt, das der Arbeitnehmer ohne den Feiertag bezogen hätte, liegt **steuerpflichtiger Arbeitslohn** vor. Dies gilt auch, wenn bei der Berechnung des Feiertagslohns Zuschläge für Sonntags- Feiertags- oder Nachtarbeit berücksichtigt werden, weil die Steuerbefreiung des § 3b EStG nur für **tatsächlich geleistete Arbeit** zu diesen Zeiten gewährt wird (→ *Zuschläge für Sonntags-Feiertags- oder Nachtarbeit* Rz. 4812).

LSt

Ferienbetreuer

→ *Helfer von Wohlfahrtsverbänden* Rz. 2543

Ferienhäuser

→ *Arbeitslohn-ABC* Rz. 669

Fernsehgerät: Zuwendung an Arbeitnehmer

1. Überlassung eines Fernsehgeräts

2103 Überlässt der Arbeitgeber oder auf Grund des Dienstverhältnisses ein Dritter dem Arbeitnehmer ein Fernsehgerät unentgeltlich zur privaten Nutzung, so ist der darin liegende **Sachbezug** steuer- und beitragspflichtig. Dies gilt auch für ein unentgeltlich zur privaten Nutzung überlassenen Blu-ray-Player/-Recorder und ähnliche Geräte. Die Steuerbefreiung nach § 3 Nr. 45 EStG (→ *Computer* Rz. 1517) kommt bei Fernsehgeräten nicht in Betracht, selbst wenn es sich um ein Smart TV handelt, vgl. H 3.45 (Anwendungsbereich) LStH.

LSt SV

Die Finanzverwaltung hat für die **Bewertung** dieser Sachbezüge **Durchschnittswerte** festgesetzt (FinMin Baden-Württemberg v. 15.10.2001, 3 – S 233.4/132). Dieser beträgt monatlich **1 % des** auf volle 100 € abgerundeten **Kaufpreises** des jeweiligen Gerätes (angelehnt an die 1 %-Regelung für Kfz). Kaufpreis in diesem Sinne ist die im Zeitpunkt der Inbetriebnahme des genutzten Geräts unverbindliche Preisempfehlung (Listenpreis) einschließlich Umsatzsteuer.

Beispiel:

Der Arbeitgeber überlässt einem Arbeitnehmer ein Fernsehgerät und einen Blu-ray-Recorder zur privaten Nutzung. Das Fernsehgerät hat einen Listenpreis von 1 398 €.

Der Arbeitnehmer hat monatlich zu versteuern

– für das Fernsehgerät 1 % von 1 300 €	13 €
insgesamt	13 €

Die vorstehende Regelung dürfte auch gelten, wenn die Geräte **verbilligt** an die Arbeitnehmer überlassen werden, obwohl dies der Verwaltungsregelung nicht eindeutig zu entnehmen ist. Die **Freigrenze** nach § 8 Abs. 2 Satz 11 EStG von 50 € ist **nicht anzuwenden**, weil es sich hierbei um Durchschnittswerte handelt, für welche die Freigrenze nicht gilt (→ *Sachbezüge* Rz. 3819).

2. Übereignung eines Fernsehgeräts

2104 Übereignet der Arbeitgeber oder auf Grund des Dienstverhältnisses ein Dritter dem Arbeitnehmer ein Fernsehgerät unentgeltlich oder verbilligt, so ist der darin liegende **Vorteil** steuer- und beitragspflichtig.

LSt SV

Ist der **Rabattfreibetrag** von 1 080 € anzuwenden, weil der Vorteil vom **eigenen Arbeitgeber** gewährt wird und das Gerät zu seiner Produktpalette rechnet, bleibt der Vorteil steuer- und beitragsfrei, wenn der Betrag von 1 080 € im Kalenderjahr nicht überschritten wird. Maßgebend ist der um 4 % geminderte Endpreis des Arbeitgebers (→ *Rabatte* Rz. 3531).

Darf der Rabattfreibetrag von 1 080 € **nicht** angesetzt werden, weil der Vorteil von einem Dritten gewährt wird, bleibt er nach § 8 Abs. 2 Satz 11 EStG steuer- und beitragsfrei, wenn die **Freigrenze von 50 €** im Kalendermonat nicht überschritten wird. Maßgebend ist der um übliche Preisnachlässe geminderte übliche Endpreis am Abgabeort (→ *Sachbezüge* Rz. 3817).

Eine Pauschalierung der Lohnsteuer nach § 40 Abs. 2 Satz 1 Nr. 5 EStG (→ *Computer* Rz. 1518) kommt bei Fernsehgeräten nicht in Betracht, selbst wenn es sich um ein Smart TV handelt, vgl. H 3.45 (Anwendungsbereich) LStH (→ Rz. 2103).

3. Kostenerstattung für ein Fernsehgerät

2105 Die Kostenerstattung des Arbeitgebers für ein privates Fernsehgerät, dessen beruflich bedingte Anschaffung der Arbeitnehmer nicht nachweist bzw. nicht nachgewiesen hat, ist als Arbeitslohn der Besteuerung zu unterwerfen (FG Köln v. 29.10.2015, 15 K 1581/11, EFG 2017, 196).

LSt SV

Fernsprechgebühren

→ *Telekommunikation* Rz. 4092

Fernwärme: verbilligter Bezug

→ *Strom: verbilligter Bezug* Rz. 4057

Feuerwehr

1. Arbeitsrecht

Der Arbeitnehmer ist wegen der Teilnahme an Einsätzen, Übungen 2106
und Lehrgängen der Freiwilligen Feuerwehr von der **Arbeitspflicht befreit**; ihm ist insoweit vom Arbeitgeber das **Arbeitsentgelt** einschließlich aller Nebenleistungen und Zulagen **fortzuzahlen**, das ohne die ehrenamtliche Tätigkeit üblicherweise erzielt worden wäre (vgl. z.B. § 11 Abs. 2 HBKG, Hessen); ggf. hat der Arbeitgeber einen Erstattungsanspruch gegen die Gemeinde (z.B. § 11 Abs. 8 HBKG). Der ehrenamtlich Tätige ist entsprechend den Benachteiligungsverboten in den Feuerwehr- und Katastrophenschutzgesetzen der Länder geschützt (vgl. entsprechend für THW § 3 THWG). Er darf wegen seiner Helfertätigkeit auch nicht in anderer Weise benachteiligt werden (s. § 612a BGB). Der Einsatz des Freiwilligen darf nicht zu einer Abmahnung oder Kündigung führen. Sonderentgelte dürfen nicht wegen der Helfertätigkeit verweigert, Karriere und Beförderungschancen nicht beeinträchtigt werden. Ein besonderer Kündigungsschutz besteht hingegen nicht.

2. Lohnsteuer

a) Arbeitnehmer

Mitglieder der **Berufsfeuerwehren** in Städten sind regelmäßig 2107
Arbeitnehmer.

Auf Grund der nicht einheitlichen Rechtsgrundlagen für die **Freiwilligen Feuerwehren** in den einzelnen Bundesländern haben es die obersten Finanzbehörden abgelehnt, die Einkunftsart der Mitglieder bundesweit einheitlich zu bestimmen.

Als **Arbeitnehmer** angesehen werden insbesondere die sog. **Funktionsträger** wie z.B.

- in Niedersachsen und Nordrhein-Westfalen die Kreisbrandmeister und ihre Stellvertreter, die in ein Ehrenbeamtenverhältnis berufen werden (OFD Magdeburg v. 29.4.2010, S 2337 – 108 – St 225),
- in Bayern die ehrenamtlichen Feuerwehrkommandanten und Kreisbrandinspektoren ebenso wie die sog. Brandwachen und Sicherheitswachen (FinMin Bayern v. 7.12.2007, 34 – S 2337 – 013 – 43 732/07),
- in Sachsen die Gemeindewehrleiter oder Ausbilder (LSF Sachsen v. 22.9.2011, S 2337 – 65/3 – 212),
- in Hessen und Brandenburg die ehrenamtlichen Funktionsträger der Freiwilligen Feuerwehren (OFD Frankfurt v. 2.2.2021, S 2337 A – 23 – St 211, bzw. FG Berlin-Brandenburg v. 20.9.2018, 4 K 4277/15, EFG 2018, 1996).

Nicht als Arbeitnehmer angesehen werden dagegen z.B.

- in Schleswig-Holstein die Mitglieder der Orts-, Gemeinde-, Amts-, Kreis- und Stadtwehrführungen der Freiwilligen Feuerwehr sowie deren Stellvertretungen; die Aufwandsentschädigungen werden den Einkünften aus sonstiger selbständiger Arbeit i.S.d. § 18 Abs. 1 Nr. 3 EStG zugerechnet (FinMin Schleswig-Holstein v. 26.11.2012, S 2337 – 096).

Bei den **„einfachen" Mitgliedern** kommt u.E. aber auch eine Steuerpflicht nach § 22 Nr. 3 EStG (**sonstige Einkünfte**) in Betracht, sofern die nach Abzug der Steuerbefreiungen (s.u.) verbleibenden Einkünfte mindestens 256 € betragen.

Die **Geringfügigkeit der Entschädigungen** steht der Annahme eines Arbeitsverhältnisses nicht entgegen (vgl. BFH v. 28.2.1975, VI R 28/73, BStBl II 1976, 134 betr. ehrenamtliche Helfer von Wohlfahrtsverbänden und FG Berlin-Brandenburg v. 20.9.2018, 4 K 4277/15, EFG 2018, 1996 betr. Funktionsträger der Freiwilligen Feuerwehren in Brandenburg).

b) Arbeitslohn

Die **Aufwandsentschädigungen** der o.g. als Arbeitnehmer anzu- 2108
sehenden ehrenamtlichen **Funktionsträger** der Freiwilligen Feuerwehren sind den Einkünften aus nichtselbständiger Arbeit zuzurechnen (§ 19 EStG). Die **Kommune** nimmt als Arbeitgeber den

Lohnsteuerabzug nach den individuellen elektronischen Lohnsteuerabzugsmerkmalen (ELStAM) der Funktionsträger vor, ggf. mit der Steuerklasse VI. Alternativ kann die Kommune unter Verzicht auf den Abruf der ELStAM die Lohnsteuer für das Arbeitsentgelt aus einem geringfügigen Beschäftigungsverhältnis i.S.d. § 8 Abs. 1 Nr. 1 SGB IV mit einem einheitlichen Pauschsteuersatz (§ 40a Abs. 2 und 2a EStG) erheben (OFD Frankfurt v. 2.2.2021, S 2337 A – 23 – St 211).

Den ehrenamtlich Tätigen wird für die Dauer ihrer Einsätze (→ *Verletztengeld* Rz. 4257) während der Arbeitszeit vom **Arbeitgeber regelmäßig der Arbeitslohn weitergezahlt**, dabei ergeben sich lohnsteuerlich und sozialversicherungsrechtlich keine Besonderheiten. Wird der Verdienstausfall von einem **Dritten, z.B. der Gemeinde, ersetzt**, liegt steuerpflichtiger Arbeitslohn vor. Ein Lohnsteuerabzug durch die Gemeinde kommt nicht in Betracht, weil die Gemeinde nicht Arbeitgeber des ehrenamtlich Tätigen ist (R 38.4 LStR).

Allerdings ist der Arbeitgeber zum Lohnsteuerabzug verpflichtet, wenn er weiß oder erkennen kann, dass derartige Vergütungen erbracht werden (§ 38 Abs. 1 Satz 3 EStG). Damit der Arbeitgeber seine Lohnsteuerabzugsverpflichtung auch erfüllen kann, ist **der Arbeitnehmer gesetzlich verpflichtet**, seinem Arbeitgeber die **von einem Dritten gewährten Bezüge** am Ende des jeweiligen Lohnzahlungszeitraums **anzugeben** (§ 38 Abs. 4 Satz 3 EStG sowie → *Lohnzahlung durch Dritte* Rz. 3040).

Ausgleichszahlungen an Feuerwehrbeamtinnen und Feuerwehrbeamte wegen Überschreitung der wöchentlichen Höchstarbeitszeit von 48 Stunden gehören zum steuerpflichtigen Arbeitslohn. Sie stellen keinen nicht steuerbaren Schadensersatz dar (BFH v. 14.6.2016, IX R 2/16, BStBl II 2016, 901 sowie BFH v. 26.8.2016, VI B 95/15). Eine tarifermäßigte Besteuerung der Ausgleichszahlung (§ 34 Abs. 1 i.V.m. Abs. 2 Nr. 4 EStG, sog. **Fünftelregelung**) kommt in Betracht, wenn die Ausgleichszahlungen für eine Tätigkeit geleistet werden, die sich über mindestens zwei Veranlagungszeiträume erstreckt und einen Zeitraum von mehr als zwölf Monaten umfasst. Zum Wegfall der Berücksichtigung der Tarifermäßigung nach § 34 Abs. 1 EStG bei der Berechnung der Lohnsteuer → Rz. 714.

LSt SV

c) Kein Arbeitslohn

2109 Arbeitslohn liegt nicht vor, wenn im Wesentlichen **nur Aufwandsersatz** geleistet wird, vgl. H 19.3 (Allgemeines zum Arbeitslohnbegriff) LStH sowie → *Arbeitnehmer* Rz. 196.

Die obersten Finanzbehörden haben entschieden, dass die Übernahme der Aufwendungen für den **Führerschein C1/C** bei Feuerwehrleuten nicht zu einem lohnsteuerpflichtigen geldwerten Vorteil führt, da sie im ganz überwiegenden eigenbetrieblichen Interesse des Arbeitgebers liegt (FinMin Bayern v. 16.6.2004, 34 – S 2337 – 158 – 25617/04).

Die Überlassung eines Einsatzfahrzeugs an den Leiter der Freiwilligen Feuerwehr während seiner – wenn auch „ständigen" – Bereitschaftszeiten führt nicht zu Arbeitslohn. Dem steht nicht entgegen, dass der Leiter der Freiwilligen Feuerwehr den Einsatzwagen tatsächlich (auf Grund der Vorgaben des Feuerschutzträgers) bei privaten Verrichtungen und Wegen mit sich führt. Insoweit liegt keine private, sondern eine auf der ständigen Einsatzbereitschaft gründende, (feuerwehr-)funktionale Verwendung des Fahrzeugs vor. Eine leistungsfähige Feuerwehr bedarf eines ständig einsatzbereiten Wehrführers. Dies gilt insbesondere dann, wenn vor Ort keine Berufsfeuerwehr vorhanden ist (BFH v. 19.4.2021, VI R 43/18, BStBl II 2021, 605). Ebenso OFD Frankfurt v. 22.9.2021, S 2334 A – 18 – St 210, für die sog. **Kreisbrandinspektoren** in Hessen.

Arbeitslohn liegt auch dann nicht vor, wenn **Mitarbeiter von Rettungsdiensten** verpflichtet sind, ein **Einsatzfahrzeug** während des Bereitschaftsdienstes auch bei Privatfahrten mit sich zu führen und diese Regelung allein dem Zweck dient, öffentliche Aufgaben bestmöglich zu erledigen (FG Niedersachsen v. 24.8.2007, 1 K 11553/04, EFG 2007, 1938).

Zur steuerlichen Beurteilung von **Jubiläumszuwendungen**, die ehrenamtlich Tätige in den Freiwilligen Feuerwehren, den Rettungsdiensten und den Einheiten des Katastrophenschutzes im Freistaat Sachsen erhalten, → *Jubiläumsgeschenke* Rz. 2654. Diese Grundsätze gelten auch, wenn in anderen Bundesländern ähnliche Jubiläumszuwendungen gezahlt werden.

Zur steuerlichen Behandlung der **Krankenversicherungszuschüsse** für Polizeibeamte des Landes Baden-Württemberg und für Feuerwehrbeamte der Kommunen s. FinMin Baden-Württemberg v. 14.8.2015, 3 – S 233.3/81, StEd 2015, 603.

LSt SV

d) Steuerbefreiungen

Ehrenamtlichen **Funktionsträgern** der Freiwilligen Feuerwehren 2110
wird in vielen Bundesländern zur Abgeltung der Aufwendungen, die mit dem Amt verbunden sind, eine sog. **Dienstaufwandsentschädigung** gewährt. Mit dieser Dienstaufwandsentschädigung sind die üblichen Aufwendungen abgegolten, die mit der Wahrnehmung des Amtes verbunden sind. Hierzu zählen insbesondere Aufwendungen für die gelegentliche Inanspruchnahme privater Räume und Einrichtungsgegenstände, die Nutzung privater Arbeitsmittel zu dienstlichen Zwecken. Darüber hinausgehende nachgewiesene Aufwendungen sowie notwendige bare Auslagen werden auf Antrag in tatsächlich entstandener Höhe erstattet. Hierunter können u.a. Telekommunikationskosten fallen, die über das übliche Maß hinausgehen. Außerdem erhalten bestimmte Funktionsträger eine pauschale Reisekostenaufwandsentschädigung für Dienstreisen innerhalb des Kreisgebietes, wobei bei diesen Reisen anfallende Übernachtungskosten zusätzlich erstattet werden. Zur steuerlichen Behandlung s. ausführlich OFD Frankfurt v. 2.2.2021, S 2337 A – 23 – St 211.

Die **Aufwandsentschädigungen** sind zunächst nach den Regeln des § 3 Nr. 12 Satz 2 EStG teilweise steuerfrei, **mindestens bis zur Höhe von 250 € monatlich** (→ *Aufwandsentschädigungen im öffentlichen Dienst* Rz. 865). Allerdings kommt bei den meisten Funktionsträgern noch die **Steuerbefreiung des** § 3 Nr. 26 EStG zur Anwendung, soweit sie eine **begünstigte Tätigkeit** ausüben, ggf. auch die des seit 2007 eingeführten § 3 Nr. 26a EStG (→ *Nebenberufliche steuerbegünstigte Tätigkeiten* Rz. 3236).

Einige Bundesländer haben für die in Betracht kommenden Tätigkeiten aus Vereinfachungsgründen **pauschale Aufteilungsschlüssel** festgelegt, in Hessen werden z.B. bei den Kreisbrandinspektoren 80 % pauschal als steuerfreie Einnahmen i.S.d. § 3 Nr. 26 EStG anerkannt (OFD Frankfurt v. 2.2.2021, S 2337 A – 23 – St 211), in Thüringen dagegen nur 50 % (FinMin Thüringen v. 2.6.2021, S 2337 – A – 21.14). In anderen Bundesländern, z.B. Sachsen, wird dagegen eine pauschale Aufteilung ganz abgelehnt (FinMin Sachsen v. 22.6.1994, S 2337 – 2/11 – 33064, FR 1994, 584 und v. 14.11.1994, 32 – S 2337 – 2/17 – 62865, FR 1995, 241).

Beispiel:

Eine ehrenamtliche Kreisbrandinspektorin in Hessen erhält ganzjährig eine Entschädigung von monatlich 600 €. Die Kreisbrandinspektorin hat keine weitere begünstigte Nebentätigkeit. Nach der o.g. Verwaltungsregelung entfallen 80 % auf nach § 3 Nr. 26 EStG begünstigte Ausbildungs- und Betreuungstätigkeiten.

Der insgesamt steuerfreie Betrag errechnet sich wie folgt:

Monatliche Vergütung		600 €
Steuerfrei nach § 3 Nr. 26 EStG	80 % von 600 €, max. 250 €	250 €
Zwischensumme		350 €
Steuerfrei nach § 3 Nr. 12 Satz 2 EStG	mind. 250 €	250 €
Steuerpflichtiger Teil		100 €

Weitere Beispiele s. OFD Frankfurt v. 2.2.2021, S 2337 A – 23 – St 211.

Eine Rangfolge zwischen den beiden Steuerbefreiungen (§ 3 Nr. 12 und § 3 Nr. 26 EStG) besteht nicht; die beiden Befreiungsvorschriften sind in der für den Stpfl. günstigsten Reihenfolge anzuwenden. Dabei ist bei der Anwendung der Steuerbefreiung, die an zweiter Stelle gewährt wird, nur der nach Gewährung der ersten Steuerbefreiung verbleibende steuerpflichtige Teil der Dienstaufwandsentschädigung zu Grunde zu legen (R 3.26 Abs. 7 LStR).

Daneben bleiben die gezahlten Reisekostenpauschalen gem. § 3 Nr. 13 EStG steuerfrei.

e) Feuerwehrrente

aa) Allgemeines

Für die ehrenamtlichen Angehörigen der Einsatzabteilungen der 2111
Freiwilligen Feuerwehren in Thüringen haben die kommunalen

Aufgabenträger für den Brand- und Katastrophenschutz (Gemeinden) und das Land eine **(zusätzliche) individuelle Altersversorgung, die Feuerwehrrente, eingerichtet.** Die kommunalen Aufgabenträger und das Land entrichten für jeden ehrenamtlichen Angehörigen der Einsatzabteilungen der Freiwilligen Feuerwehren einen Beitrag i.H.v. **monatlich jeweils 6 € an den Versorgungsverband**. Die Auszahlung der Feuerwehrrente kann als monatliche Rentenzahlung oder als einmalige Zahlung (angespartes Kapital nebst Zinsen) erfolgen. Im Regelfall erhalten nur die Funktionsträger neben den Beitragszahlungen zur Feuerwehrrente Aufwandsentschädigungen.

Für die steuerliche Behandlung gilt Folgendes:

bb) Keine Funktionsträger

2112 Soweit für die ehrenamtlichen Angehörigen der Einsatzabteilungen der Freiwilligen Feuerwehren ausschließlich Beitragszahlungen zur Feuerwehrrente erfolgen, führen diese mangels Überschusserzielungsabsicht **nicht zu steuerlich relevanten Einkünften**, da sie die mit der Tätigkeit zusammenhängenden Aufwendungen – wenn überhaupt – nur unwesentlich übersteigen.

LSt SV

cc) Funktionsträger

2113 Mit ihren Aufwandsentschädigungen erzielen die Funktionsträger **Einkünfte aus nichtselbständiger Tätigkeit**, denen auch die Beitragszahlungen zur Feuerwehrrente zuzuordnen sind. Die Beitragszahlungen des Landes sind entsprechend zu behandeln, da bei wirtschaftlicher Betrachtungsweise damit die kommunalen Aufgabenträger von den von ihnen als Arbeitgeber zu erbringenden Beiträgen durch einen Zuschuss des Landes zur Hälfte entlastet werden. Der Zuschuss wird im Wege eines abgekürzten Zahlungsweges an den Versorgungsverband geleistet. Bei den Beitragszahlungen handelt es sich um **nach § 3 Nr. 62 EStG steuerfreie Ausgaben des Arbeitgebers**.

LSt SV

Bei der **Auszahlung der Feuerwehrrente** ergibt sich – abhängig von der Auszahlungsart – für alle ehrenamtlichen Angehörigen der Einsatzabteilungen der Freiwilligen Feuerwehren Folgendes:

- Erfolgt die Auszahlung als **Abfindungsbetrag**, handelt es sich um sonstige Einkünfte i.S.d. **§ 22 Nr. 3 EStG**, die unter Beachtung der Freigrenze von 256 € im Kalenderjahr in voller Höhe der Besteuerung unterliegen.
- Bei einer Auszahlung als **monatliche Rente** handelt es sich um sonstige Einkünfte gem. **§ 22 Nr. 1 Satz 1 EStG**, die ebenfalls in voller Höhe der Besteuerung unterliegen.

LSt SV

3. Sozialversicherung

2114 **Berufsfeuerwehrleute** im Beamtenverhältnis sind nicht sozialversicherungspflichtig. Für Beamte gelten sozialversicherungsrechtliche Sonderregelungen (→ *Beamte* Rz. 1236).

Im Vollzug der Aufgaben der Kommunen und Landkreise in **Bayern** sind diese verpflichtet, Feuerwehren aufzustellen. Nach dem bayerischen Feuerwehrgesetz sind die Feuerwehren Einrichtungen der Kommunen bzw. Landkreise. Die Feuerwehren setzen sich i.d.R. aus den Mitgliedern der Feuerwehrvereine zusammen. Die Mitgliedschaft bei den Feuerwehrvereinen wird durch freiwilligen Beitritt begründet. Bestimmte Mitglieder dieser Vereine nehmen Leitungsfunktionen wahr; diese Führungskräfte (z.B. Feuerwehrkommandanten, Kreisbrandräte, Stadtbrandräte, Stadtbrandmeister und Stadtbrandinspektoren sowie Kreisbrandmeister und Kreisbrandinspektoren) erhalten für ihre ehrenamtliche Tätigkeit durch Verordnungen festgesetzte **Aufwandsentschädigungen**, die teilweise der Steuerpflicht als Einkommen aus nichtselbständiger Tätigkeit unterliegen.

Die sozialversicherungsrechtliche Beurteilung der Feuerwehrführungskräfte richtet sich nach den von der Rechtsprechung zum **Begriff des Beschäftigungsverhältnisses** entwickelten Kriterien. Eine Prüfung anhand dieser Kriterien hat bei den **Bayerischen Feuerwehrvereinen** ergeben, dass die Führungskräfte in einem **abhängigen Beschäftigungsverhältnis** stehen. Die Weisungsgebundenheit der Feuerwehrführungskräfte gegenüber den Kommunen bzw. Landkreisen kommt bereits darin zum Ausdruck, dass diesen die Einrichtung, der Unterhalt sowie der Betrieb des Feuerwehrwesens obliegen. Die den Feuerwehrführungskräften gewährte Aufwandsentschädigung stellt insoweit Arbeitsentgelt i.S. der Sozialversicherung dar, als sie der Lohnsteuerpflicht unterliegt.

Soweit in **anderen Bundesländern** hinsichtlich des Feuerwehrwesens vergleichbare Regelungen bestehen, gilt Entsprechendes (vgl. Besprechungsergebnis der Spitzenverbände der Sozialversicherungsträger v. 16./17.11.1999, www.aok-business.de).

Filmkamera (und -material)

→ *Werbungskosten* Rz. 4530

Filmschauspieler

→ *Künstler (und verwandte Berufe)* Rz. 2798

Finanzierungskosten des Kraftfahrzeugs

→ *Lohnsteuer-Ermäßigungsverfahren* Rz. 2993, → *Reisekosten: Erstattungen* Rz. 3661, → *Wege zwischen Wohnung und erster Tätigkeitsstätte* Rz. 4419

Finderlohn

→ *Arbeitslohn-ABC* Rz. 671

Firmenjubiläum

→ *Betriebsveranstaltungen* Rz. 1427, → *Jubiläumsfeier* Rz. 2649, → *Jubiläumsgeschenke* Rz. 2653

Firmenkreditkarte

1. Firmenkreditkarte

Hierfür gilt Folgendes (BMF v. 29.9.1998, IV C 5 – S 2334 – 1/98): 2115

a) Einsatz auf Auswärtstätigkeiten

Bei der steuerlichen Beurteilung der Nutzung von Kreditkarten, die 2116
auf Auswärtstätigkeiten eingesetzt und über das **Bankkonto des Arbeitnehmers abgerechnet** werden, ist wie folgt zu unterscheiden:

- **Erstattet der Arbeitgeber** dem Arbeitnehmer die für die Kreditkarte anfallende **Kartengebühr**, erhält der Arbeitnehmer eine **Barzuwendung**, die nur steuerfrei bleiben kann, soweit sie den Ersatz von nach § 3 Nr. 16 EStG steuerfreien Reisekosten betrifft. Nach Erlassen der obersten Finanzbehörden sind die **Kreditkartenabrechnungen**, aus denen sich der Einsatz der Kreditkarten auf Dienstreisen ergibt, zum **Lohnkonto zu nehmen**. Es reicht allerdings aus, wenn die Abrechnungen als **Belege zur Reisekostenabrechnung aufbewahrt** werden und die Möglichkeit zur Nachprüfung der Reisekostenvergütungen durch Hinweise im Lohnkonto sichergestellt wird.
- Wird die **Vergabe von Kreditkarten** an Arbeitnehmer zwischen dem Arbeitgeber und dem Kreditkartenunternehmen **vereinbart**, z.B. in einem Rahmenvertrag, und wird die Kreditkarte an den **einzelnen Arbeitnehmer** mit Zustimmung und für Rechnung des Arbeitgebers **ausgehändigt**, erhält der Arbeitnehmer einen **Sachbezug** in Form der unentgeltlichen Überlassung einer Kreditkarte.

Ist in diesem Fall die Kreditkarte als Firmenkreditkarte, z.B. als Corporate-Card, gekennzeichnet, mit dem Namen des Arbeitgebers versehen und wird sie an Arbeitnehmer mit einer **umfangreichen Reisetätigkeit** ausgegeben, bei denen die Kreditkarte nur in ganz geringem Umfang privat eingesetzt wird, bestehen keine Bedenken, die Überlassung insgesamt als eine Leistung des Arbeitgebers zu betrachten, die er **in ganz überwiegendem betrieblichem Interesse** erbringt und die deshalb **nicht zum Arbeitslohn gehört**.

Kann nach den Verhältnissen des Einzelfalls **nicht** davon ausgegangen werden, dass die **private Mitbenutzung** der überlassenen Firmenkreditkarte **von untergeordneter Bedeutung** ist, so ist der

Anteil des Vorteils nach § 3 Nr. 16 EStG **steuerfrei**, der dem **Volumenanteil der Reisekostenumsätze** am Gesamtumsatz der Kreditkarte entspricht. Der übrige Anteil des Vorteils ist als **Arbeitslohn** nur zu erfassen, wenn er – ggf. zusammen mit anderen nach § 8 Abs. 2 Satz 1 EStG zu bewertenden Sachbezügen – die **Freigrenze** nach § 8 Abs. 2 Satz 11 EStG von **monatlich 50 € übersteigt**.

b) Reisekostenabrechnung

2117 Die Erstattung von Reisekosten ist nach § 3 Nr. 16 EStG steuerfrei, soweit keine höheren Beträge erstattet werden, als nach § 9 EStG als **Werbungskosten abzuziehen wären**. Der Arbeitnehmer hat seinem **Arbeitgeber Unterlagen vorzulegen**, aus denen die Voraussetzungen für die Steuerfreiheit der Erstattung ersichtlich sind. Soweit tatsächlich entstandene Aufwendungen erstattet werden, z.B. **Fahrtkosten und Übernachtungskosten**, müssen sich aus den Unterlagen auch die tatsächlichen Kosten ergeben. **Verpflegungsmehraufwendungen** können nur bis zur Höhe der von der Abwesenheitsdauer abhängenden Verpflegungspauschbeträge steuerfrei ersetzt werden. Insoweit ist in den Unterlagen auch die Abwesenheitsdauer anzugeben.

Formvorschriften für die Abrechnung bzw. für die Aufzeichnung gibt es nicht. Deshalb sind auch Reisekostenabrechnungen steuerlich anzuerkennen, in denen **mehrere** innerhalb eines bestimmten Zeitraums durchgeführte **Dienstreisen abgerechnet** werden.

LSt (durchgestrichen) SV (durchgestrichen)

c) Privatnutzung

2118 Wird eine vom Arbeitgeber unentgeltlich überlassene Firmenkreditkarte hingegen **überwiegend privat genutzt** und übernimmt der Arbeitgeber gleichwohl die Gebühren, liegt beim Arbeitnehmer insoweit steuerpflichtiger Arbeitslohn vor. Dieser bleibt jedoch nach § 8 Abs. 2 Satz 11 EStG **steuerfrei**, wenn der geldwerte Vorteil – zusammen mit anderen Vorteilen – **50 € monatlich** nicht übersteigt.

LSt SV

d) Wertguthabenkarten

2119 Bei **Wertguthabenkarten, die Arbeitnehmern in Form von Prepaid-Kreditkarten zur Verfügung gestellt werden**, handelt es sich **seit 1.1.2020 nicht mehr um einen Sachbezug**. Denn nach § 8 Abs. 1 Satz 2 und 3 EStG gehören zu den Einnahmen in Geld auch zweckgebundene Geldleistungen, nachträgliche Kostenerstattungen, Geldsurrogate und andere Vorteile, die auf einen Geldbetrag lauten, soweit es sich nicht um Gutscheine oder Geldkarten handelt, die ausschließlich zum Bezug von Waren oder Dienstleistungen berechtigen und die Kriterien des § 2 Abs. 1 Nr. 10 ZAG erfüllen (Änderung durch das Gesetz zur weiteren steuerlichen Förderung der Elektromobilität und zur Änderung weiterer steuerlicher Vorschriften).

Zu den Einnahmen in Geld zählen daher insbesondere Geldkarten (sog. Open-Loop-Karten), die als Geldsurrogate i.R. unabhängiger Systeme des unbaren Zahlungsverkehrs eingesetzt werden können. Dies sind insbesondere Geldkarten, die

- über eine **Barauszahlungsfunktion** oder über eine **eigene IBAN** verfügen,
- die für **Überweisungen** (z. B. PayPal) oder für den **Erwerb von Devisen** (z. B. Pfund, US-Dollar, Franken) **verwendet** sowie
- als **generelles Zahlungsinstrument hinterlegt** werden können.

Die Anwendung der **50 €-Freigrenze** nach § 8 Abs. 2 Satz 11 EStG ist in diesen Fällen nicht (mehr) möglich. Vgl. zur Abgrenzung insgesamt BMF v. 15.3.2022, IV C 5 – S 2334/19/10007 :007, BStBl I 2022, 242.

Vom **Arbeitgeber getragene Gebühren** für die Bereitstellung und Aufladung von Wertguthabenkarten, die Arbeitnehmern in Form von Prepaid-Kreditkarten zur Verfügung gestellt werden, stellen keinen steuerpflichtigen Arbeitslohn dar.

Beispiel:

Für die Bereitstellung wird von der das Kartensystem anbietenden Firma X eine einmalige sog. Setup-Gebühr i.H.v. 10 bis 15 € erhoben. Hinzu kommt für jede Aufladung (z.B. monatlich mit einem Betrag von 50 €) eine Gebühr von jeweils 3 €. Die Gebühren sollen den mit der Verwaltung des Guthabens verbundenen Aufwand und den Abrechnungsservice abgelten.

In Höhe des jeweils **aufgeladenen Betrags** liegt eine **Einnahme in Geld** vor, soweit die Kriterien des § 2 Abs. 1 Nr. 10 ZAG nicht erfüllt werden.

Bei den vom Arbeitgeber getragenen **Gebühren** handelt es sich dagegen nach Auffassung der Finanzverwaltung nicht um einen geldwerten Vorteil beim Arbeitnehmer, sondern um eine notwendige Begleiterscheinung betriebsfunktionaler Zielsetzungen des Arbeitgebers. Die Übernahme der Gebühren durch den Arbeitgeber ist keine Gegenleistung für das Zurverfügungstellen der individuellen Arbeitskraft des Arbeitnehmers. Sie sind vielmehr Folge der betrieblichen Entscheidung des Arbeitgebers, den Arbeitnehmern Prepaid-Kreditkarten zur Verfügung zu stellen.

LSt (durchgestrichen) SV (durchgestrichen)

2. Kreditkarte des Arbeitnehmers

Für die steuerliche Behandlung der vom Arbeitgeber übernommenen Gebühren für eine Kreditkarte des Arbeitnehmers, die nicht privat genutzt werden darf, gilt nach Auffassung der **Finanzverwaltung** Folgendes (FinMin Brandenburg v. 19.12.1996, 36 – S 2334 – 30/96, DB 1997, 73): 2120

- Die Übernahme der Kreditkartengebühr durch den Arbeitgeber ist in voller Höhe nach § 3 Nr. 16 EStG steuerfrei, wenn gewährleistet ist, dass die Kreditkarte ausschließlich zur Abrechnung von **Reisekosten** und **Auslagenersatz** eingesetzt wird. Hierfür ist es erforderlich, dass der **Arbeitgeber** auf den monatlich vorgelegten Kreditkartenabrechnungen sämtliche der dort ausgewiesenen Transaktionen i.R. der **Reisekostenabrechnung kontrolliert** und die **Kreditkartenabrechnung zum Lohnkonto nimmt**.
- Werden mit der Kreditkarte **andere Umsätze** als Reisekosten oder Auslagenersatz ausgeführt, so kann nur der Anteil der übernommenen Kreditkartengebühr nach § 3 Nr. 16 EStG steuerfrei bleiben, der dem Volumenanteil der abgebuchten Beträge für Reisekosten und Auslagenersatz an den gesamten Abbuchungen entspricht.
- Sind **steuerpflichtige Anteile zu erfassen**, so sind ggf. auch Sachbezüge zu erfassen. Sie entstehen dadurch, dass auf Grund eines zwischen dem Arbeitgeber und der Kreditkartenorganisation abgeschlossenen Rahmenabkommens eine Kreditkartengebühr zu entrichten ist, die unter den üblichen Endpreisen i.S.d. § 8 Abs. 2 EStG liegt. Insoweit käme ggf. die **Freigrenze von monatlich 50 €** (§ 8 Abs. 2 Satz 11 EStG) in Betracht.

Nach Auffassung des **FG München** ist die von der Finanzverwaltung verlangte konkrete Kontrolle anhand der Reisekostenabrechnung dann entbehrlich, wenn die Arbeitnehmer neben den Kreditkarten, deren Gebühren vom Arbeitgeber ersetzt werden, über eine **(weitere) Kreditkarte** verfügen, die sie für ihre privaten Zwecke verwenden (FG München v. 17.1.2002, 7 K 1790/00, EFG 2002, 617).

Firmenwagen zur privaten Nutzung

→ auch *Unfallkosten* Rz. 4198

Inhalt

1. Grundsätze

2121 Überlässt der Arbeitgeber oder auf Grund des Dienstverhältnisses ein Dritter dem Arbeitnehmer ein Kraftfahrzeug unentgeltlich zu Privatfahrten, so ist der Nutzungsvorteil dem Arbeitslohn zuzurechnen. Soweit die Nutzung des Firmenwagens lohnsteuerlich einen geldwerten Vorteil darstellt, handelt es sich auch **sozialversicherungsrechtlich um beitragspflichtiges Entgelt** (§ 1 SvEV).

Auch **Ausgleichszahlungen**, die ein Arbeitgeber an seinen Arbeitnehmer **für die rechtswidrige Entziehung eines Dienstwagens**, der auch für private Zwecke genutzt werden darf, zahlt, sind Arbeitslohn. Die Ausgleichszahlungen treten an die Stelle der dem Arbeitnehmer arbeitsvertraglich eingeräumten Privatnutzungsbefugnis und sind steuerlich nicht anders zu behandeln als der ursprünglich vereinbarte (Sach-)Lohnbestandteil (FG Köln v. 11.11.2009, 7 K 3651/08, EFG 2010, 482).

LSt SV

2122 Die maßgeblichen Verwaltungsanweisungen zur steuerlichen Behandlung der Überlassung eines betrieblichen Kraftfahrzeugs an Arbeitnehmer finden sich im Anwendungsschreiben der Finanzverwaltung v. 3.3.2022 (BMF v. 3.3.2022, IV C 5 – S 2334/21/10004 :001, BStBl I 2022, 232). Es ersetzt das Schreiben vom 4.4.2018, IV C 5 – S 2334/18/10001, BStBl I 2018, 592.

Zur **privaten Nutzung** eines Kraftfahrzeugs gehören alle Fahrten, die einem privaten Zweck dienen, z.B. Fahrten zur Erholung, Fahrten zu Verwandten, Freunden, kulturellen oder sportlichen Veranstaltungen, Einkaufsfahrten, Fahrten zu Gaststättenbesuchen und Mittagsheimfahrten, oder Fahrten, die der Erzielung von Einkünften aus einem anderen Dienstverhältnis oder anderer Einkünfte (als solche aus nichtselbständiger Arbeit) dienen (BFH v. 3.12.1987, IV R 41/85, BStBl II 1988, 266 betr. Dienstwagenbenutzung eines Oberbürgermeisters für Abgeordnetentätigkeit).

Nicht zu den privaten Fahrten gehören Fahrten zwischen Wohnung und erster Tätigkeitsstätte einschließlich der Fahrten, die der Arbeitnehmer aus beruflichen Gründen mehrmals am Tag durchführen muss, Fahrten zu einem bestimmten Sammelpunkt oder zu einem weiträumigen Tätigkeitsgebiet (§ 9 Abs. 1 Satz 3 Nr. 4a Satz 3 EStG) und Familienheimfahrten i.R. einer doppelten Haushaltsführung. Für diese Fahrten hat der Arbeitnehmer ggf. einen gesonderten geldwerten Vorteil zu versteuern.

Sonderfälle führen ebenfalls **nicht** zu steuerpflichtigem Arbeitslohn. Dies gilt z.B. für die Überlassung eines Einsatzfahrzeugs (Kommandowagen) an den Leiter der Freiwilligen **Feuerwehr** während seiner – ggf. auch „ständigen“ – Bereitschaftszeiten (BFH v. 19.4.2021, VI R 43/18, BStBl II 2021, 605). Zur Frage, ob Fahrten zwischen Wohnung und erster Tätigkeitsstätte stets als Vorteile zu erfassen sind, → Rz. 2133.

Für die Bewertung der privaten Nutzung eines Firmenwagens werden in § 8 Abs. 2 EStG **zwei Berechnungsmethoden** zugelassen, nämlich

- die sog. **1 %-Regelung** als vom Gesetzgeber gedachter Regelfall oder
- die Ermittlung eines **individuellen Nutzungswerts** als Ausnahmeregelung, wenn Arbeitgeber und Arbeitnehmer der Auffassung sind, dass die 1 %-Regelung für sie zu einem steuerlich ungünstigen Ergebnis führt, also ein zu hoher Nutzungswert versteuert werden muss (sog. Escape-Klausel oder **Fahrtenbuchmethode**).

Die 1 %-Regelung ist verfassungsrechtlich nicht zu beanstanden (BVerfG v. 29.10.2002, 2 BvR 434/01, HFR 2003, 178 und zuletzt BFH v. 15.5.2018, X R 28/15, BStBl II 2018, 712. Dagegen wurde Verfassungsbeschwerde eingelegt (Az. beim BVerfG: 2 BvR 2129/18 mit der Rechtsfrage, ob die Anwendung der 1 %-Regelung in Fällen zulässig ist, in denen die so ermittelte Nutzungsentnahme 50 % der Gesamtaufwendungen für das Kfz übersteigt). Diese Verfassungsbeschwerde wurde ohne Begründung nicht angenommen, was aus Sicht des Rechtsanwenders eher unbefriedigend erscheint (BVerfG v. 21.3.2023, 2 BvR 2129/18).

Entscheidend für die Anwendung der Bewertung nach § 8 Abs. 2 Satz 2 bis 5 EStG ist, **welcher Person** das Fahrzeug zuzurechnen ist: 2123

- Ist das **Fahrzeug dem Arbeitgeber zuzurechnen**, hat die Bewertung des Vorteils zwingend nach der 1 %-Regelung bzw. nach der Fahrtenbuchmethode zu erfolgen und kann nicht durch die Zahlung eines Nutzungsentgelts vermieden werden, selbst wenn dieses als angemessen anzusehen ist. Das vom Arbeitnehmer gezahlte Nutzungsentgelt darf nur vom dem nach der 1 %-Regelung bzw. nach der Fahrtenbuchmethode ermittelten Wert abgezogen werden (BFH v. 18.12.2014, VI R 75/13, BStBl II 2015, 670).

  Das Fahrzeug ist dem Arbeitgeber auch dann zuzurechnen, wenn der **Arbeitnehmer** das Kraftfahrzeug **auf Veranlassung des Arbeitgebers least**, dieser sämtliche Kosten des Kraftfahrzeugs trägt und im Innenverhältnis zum Arbeitnehmer allein über die Nutzung des Kraftfahrzeugs bestimmt (BFH v. 6.11.2001, VI R 62/96, BStBl II 2002, 370).

- Ist das **Fahrzeug dem Arbeitnehmer zuzurechnen**, erfolgt die Bewertung eines etwaigen geldwerten Vorteils nach den allgemeinen Grundsätzen, wie sie für die Erfassung von Rabatten gelten (BFH v. 26.7.2012, VI R 27/11, BStBl II 2013, 402 und BFH v. 26.7.2012, VI R 30/09, BStBl II 2013, 400). Dies ist der Fall, wenn der **Arbeitnehmer Eigentümer des Fahrzeugs** ist. Das Fahrzeug ist aber auch dann dem Arbeitnehmer zuzurechnen, wenn er über dieses Fahrzeug **wie ein wirtschaftlicher Eigentümer** oder als Leasingnehmer verfügen kann. Dabei ist es grds. unerheblich, ob der Voreigentümer oder der Leasinggeber ein fremder Dritter oder der Arbeitgeber ist. Dem Arbeitnehmer ist das Fahrzeug dann zuzurechnen, wenn ihm der Arbeitgeber das Fahrzeug auf Grund einer **vom Arbeitsvertrag unabhängigen Sonderrechtsbeziehung**, etwa einem Leasingvertrag, überlässt.

  Entsprechendes gilt, wenn der Arbeitgeber selbst Leasingnehmer ist und das Fahrzeug seinem Arbeitnehmer auf der Grundlage eines Unterleasingverhältnisses übergibt. Eine solche vom **Arbeitsvertrag unabhängige Sonderrechtsbeziehung**, auf der die Fahrzeugübertragung gründet, kann auch dann vorliegen, wenn die Beteiligten diese nicht schriftlich vereinbart haben. Entscheidend ist, dass nach den **tatsächlichen Umständen** der Arbeitnehmer im Innenverhältnis gegenüber seinem Arbeitgeber **die wesentlichen Rechte und Pflichten eines Leasingnehmers** hat, er also ein in Raten zu zahlendes Entgelt zu entrichten hat und ihn allein die Gefahr und Haftung für Instandhaltung, Sachmängel, Untergang und Beschädigung der Sache treffen (BFH v. 18.12.2014, VI R 75/13, BStBl II 2015, 670). Zu der Frage, wann eine **vom Arbeitsvertrag unabhängige Sonderrechtsbeziehung vorliegt**, → Rz. 2166.

Hat der Arbeitnehmer arbeitsrechtlich einen Anspruch auf einen auch privat zu nutzenden Dienstwagen und stellt er stattdessen seinem Arbeitgeber **sein eigenes Fahrzeug gegen Entgelt** (Vollkostenerstattung) zur Nutzung als Dienstwagen zur Verfügung, so wendet der Arbeitgeber **Barlohn und keinen Nutzungsvorteil** i.S.d. § 8 Abs. 2 Satz 2 EStG zu (BFH v. 6.11.2001, VI R 54/00, BStBl II 2002, 164). Die 1 %-Regelung ist daher nicht anwendbar.

Kraftfahrzeuge i.S.d. § 8 Abs. 2 Satz 2 bis 5 EStG (zur Anwendung o.g. der Bewertungsvorschriften) **sind auch** (nach BMF v. 3.3.2022, IV C 5 – S 2334/21/10004 :001, BStBl I 2022, 232, Rdnr. 3):

- Campingfahrzeuge (BFH v. 6.11.2001, VI R 62/96, BStBl II 2002, 370),
- Kombinationskraftwagen und Geländewagen, auch wenn sie über ein zulässiges Gesamtgewicht von mehr als 2,8 t verfügen (BFH v. 13.2.2003, X R 23/01, BStBl II 2003, 472),
- ein variabler Kleinbus, bei dem sämtl. Sitze bis auf den Fahrersitz zu dem Zweck ausgebaut worden sind, Baumaterial für den Arbeitgeber zu befördern (FG Berlin-Brandenburg v. 13.11.2007, 11 K 2182/04, EFG 2008, 681),
- Taxen (BFH v. 8.11.2018, III R 13/16, BStBl II 2019, 229),
- Elektrokleinstfahrzeuge i.S.d. § 1 Abs. 1 Satz 1 der Elektrokleinstfahrzeuge-Verordnung vom 6.6.2019 (BGBl. I 2019, 756, zuletzt geändert durch die Sechsundfünfzigste Verordnung zur Änderung straßenverkehrsrechtlicher Vorschriften v. 10.6.2024 [Artikel 3], BGBl. I 2024, Nr. 191; Kraftfahrzeuge mit elektrischem Antrieb und einer bauartbedingten Höchstgeschwindigkeit von nicht weniger als 6 km/h und nicht mehr als 20 km/h), z.B. E-Scooter, Elektro-Tretroller,
- Elektrofahrräder, die verkehrsrechtlich als Kraftfahrzeug einzuordnen sind (vgl. Gleich lautende Ländererlasse vom 9.1.2020, BStBl I 2020, 174; Elektrofahrräder, deren Motor auch Geschwindigkeiten über 25 km/h unterstützt).

Keine Kraftfahrzeuge i.S.d. § 8 Abs. 2 Satz 2 bis 5 EStG sind:

- Elektrofahrräder, die verkehrsrechtlich als Fahrrad einzuordnen sind (vgl. Gleich lautende Ländererlasse vom 9.1.2020, BStBl I 2020, 174; u.a. keine Kennzeichen- und Versicherungspflicht).

Die 1 %-Regelung ist **nicht anzuwenden**, wenn dem Arbeitnehmer ein Kraftfahrzeug zur privaten Nutzung überlassen wird, das kraftfahrzeugsteuerrechtlich eine **Zugmaschine oder ein Lastkraftwagen** ist (BMF v. 18.11.2009, IV C 6 – S 2177/07/10004, BStBl I 2009, 1326, Rdnr. 1). Diese Einordnung bewirkt aber nicht, dass kein geldwerter Vorteil entsteht, sondern lediglich, dass die Nutzungsvorteile nicht nach § 8 Abs. 2 Satz 2 EStG, sondern **nach allgemeinen Regeln zu bewerten** sind. Das bedeutet: Grds. ist der Betrag zu ermitteln, der dem Arbeitnehmer für die Haltung und den Betrieb eines eigenen Kraftwagens gleichen Typs an Aufwendungen entstanden wäre (BFH v. 21.6.1963, VI 306/61 U, BStBl III 1963, 387).

Aus Vereinfachungsgründen können jedoch die zu erfassenden Nutzungsvorteile in **sinngemäßer Anwendung** der Regeln des § 8 Abs. 2 Sätze 2 bis 5 EStG ermittelt werden. Hierbei ist allerdings **kein höherer Listenpreis als 80 000 €** zu Grunde zu legen (FinMin Saarland v. 29.1.2003, B/2 – 4 – 11/03 – S 2334).

2. 1 %-Regelung

a) Allgemeines

2124 Die **private** Nutzung eines Kraftfahrzeugs ist für jeden Kalendermonat ein Wert i.H.v. **1 % des inländischen Listenpreises** im Zeitpunkt der Erstzulassung zuzüglich der Kosten für Sonderausstattungen einschließlich der Umsatzsteuer anzusetzen (§ 8 Abs. 2 Satz 2 i.V.m. § 6 Abs. 1 Nr. 4 Satz 2 EStG; BFH v. 6.3.2003, XI R 12/02, BStBl II 2003, 704).

Kann das Kraftfahrzeug auch **für Fahrten zwischen Wohnung und erster Tätigkeitsstätte** sowie zu Fahrten zu einem bestimmten Sammelpunkt oder zu einem weiträumigen Tätigkeitsgebiet (§ 9 Abs. 1 Satz 3 Nr. 4a Satz 3 EStG) genutzt werden, **erhöht** sich der (Nutzungs-)**Wert** für jeden Kalendermonat **um 0,03 % des Listenpreises** für jeden Kilometer der Entfernung

- zwischen Wohnung und erster Tätigkeitsstätte sowie
- der Fahrten zu einem bestimmten Sammelpunkt oder zu einem weiträumigen Tätigkeitsgebiet (§ 8 Abs. 2 Satz 3 EStG, R 8.1 Abs. 9 Nr. 1 Satz 2 LStR).

Dies gilt auch bei einem **als Taxi genutzten Kraftfahrzeug** (FG Niedersachsen v. 30.9.2002, 2 K 707/00).

Eine **zeitanteilige Berechnung** für Kalendermonate, in denen das Fahrzeug dem Arbeitnehmer z.B. wegen späterer Aufnahme oder vorzeitiger Beendigung des Arbeitsverhältnisses nicht durchgängig zur Verfügung stand, ist **nicht zulässig** (FG Baden-Württemberg v. 24.2.2015, 6 K 2540/14, EFG 2015, 896).

Kann das Kraftfahrzeug auch i.R. einer anderen Einkunftsart genutzt werden, ist diese Nutzungsmöglichkeit bei Arbeitnehmern mit der **1 %-Regelung abgegolten** (R 8.1 Abs. 9 Nr. 1 Satz 8 LStR). Die gegenteilige Rechtsprechung des BFH (BFH v. 26.4.2006, X R 35/05, BStBl II 2007, 445) hat für Arbeitnehmer keine Bedeutung. Ein anteiliger Betriebsausgaben-/Werbungskostenabzug bei der anderen Einkunftsart ist nicht zulässig (BFH v. 16.7.2015, III R 33/14, BStBl II 2016, 44).

b) Listenpreis

Der Ansatz des inländischen Listenpreises statt eines tatsächlich niedrigeren Kaufpreises ist verfassungsgemäß (BFH v. 13.11.2012, VI R 51/11, BStBl II 2013, 385). 2125

Listenpreis ist die auf volle 100 € abgerundete unverbindliche Preisempfehlung des Herstellers für das genutzte Kraftfahrzeug im Zeitpunkt seiner Erstzulassung zuzüglich der Kosten für werksseitig im Zeitpunkt der Erstzulassung eingebaute Sonderausstattungen (z.B. Klimaanlage, Radio, Navigationssystem, Diebstahlsicherungssysteme, Flüssiggasanlage usw.) und der Umsatzsteuer (R 8.1 Abs. 9 Nr. 1 Satz 6 LStR sowie BFH v. 16.2.2005, VI R 37/04, BStBl II 2005, 563 betr. werkseitig eingebautes Satellitennavigationsgerät und BFH v. 13.10.2010, VI R 12/09, BStBl II 2011, 361 betr. nachträglich eingebaute Flüssiggasanlage). **Nachträglich** eingebaute Sonderausstattungen sind mit der 1 %-Regelung abgegolten (BFH v. 13.10.2010, VI R 12/09, BStBl II 2011, 361).

Dies soll nach Auffassung der Finanzverwaltung auch für nachträglich freigeschaltete Sonderausstattungen (Functions on demand) gelten. Werden Ausstattungsmerkmale (Infotainment, Assistenzsysteme, Sitzheizung etc.), die im Auslieferungszustand bereits verbaut sind, tatsächlich erst nach einer Erstzulassung im Rahmen einer späteren kostenpflichtigen Freischaltung/Softwareupdate nutzbar, entsteht der daraus resultierende Vorteil erst nach der Erstzulassung und führt damit zu keiner Erhöhung der Bemessungsgrundlage. Zahlt der Arbeitnehmer im Gegenzug speziell für diese Sonderausstattungen ein Nutzungsentgelt, darf dieses Entgelt nach Auffassung der FinVerw. – entgegen den Regelungen in den Rz. 52, 53 des BMF-Schreibens v. 3.3.2022 – nicht wertmindernd berücksichtigt werden.

In Abgrenzung hierzu sind nach Verwaltungsauffassung im Zeitpunkt der Erstzulassung bereits freigeschaltete Ausstattungsmerkmale – unabhängig davon, ob diese dauerhaft freigeschaltet oder ggf. auch kündbar sind – dem Bruttolistenpreis hinzuzurechnen.

Maßgebend für die Berechnung ist dabei die allgemeine **Preisempfehlung** des Herstellers, die für den Endverkauf des tatsächlich genutzten Fahrzeugmodells auf dem inländischen Neuwagenmarkt gilt. Dies gilt auch, wenn es für ein Fahrzeug mehrere Preisempfehlungen des Herstellers (z.B. Sonderpreisliste für Taxis und Mietwagen) gibt, denn Preisliste ist nur diejenige, die einen Preis ausweist, zu dem der Stpfl. das Fahrzeug als Privatkunde erwerben könnte (BFH v. 8.11.2018, III R 13/16, BStBl II 2019, 229).

Der Wert eines **Autotelefons** einschließlich Freisprecheinrichtung sowie der Wert eines **weiteren Satzes Reifen** einschließlich Felgen (z.B. ein zusätzlicher Satz Winterreifen) bleiben außer Ansatz (R 8.1 Abs. 9 Nr. 1 Satz 6 LStR). Privatgespräche sind auf Grund der Steuerbefreiung des § 3 Nr. 45 EStG nicht als Sachbezug zu versteuern.

Die obersten Finanzbehörden haben es abgelehnt, Aufwendungen für **Diebstahlsicherungssysteme** mit der Begründung aus dem Listenpreis herauszurechnen, die Aufwendungen würden im ganz überwiegenden betrieblichen Interesse des Arbeitgebers getätigt. Dies würde dem Vereinfachungszweck und dem Wortlaut des § 6

Abs. 1 Nr. 4 Satz 2 EStG widersprechen (FinMin Thüringen v. 3.2.2003, S 2334 A – 5/03 – 204.1).

Außer Ansatz, weil nicht zum Listenpreis gehörend, bleiben

- die Überführungskosten,
- die Kosten für die Zulassungsbescheinigung und
- die Zulassungskosten (z.B. Nummernschilder).

Dies gilt aber nicht für Preisnachlässe, die dem Arbeitgeber beim Kauf des Fahrzeugs gewährt werden.

Beispiel 1:

Ein Arbeitnehmer erhält von seinem Arbeitgeber ein Fahrzeug kostenlos zur Nutzung überlassen. Der Arbeitgeber hat das Fahrzeug für netto 21 000 € erworben. Die unverbindliche Preisempfehlung des Herstellers beträgt netto 23 000 €, hinzu kommen die vom Händler kostenlos mitgelieferte Sonderausstattung von netto 1 500 € sowie Überführungskosten von 450 € und Anmeldekosten (Zulassungsbescheinigung, Nummernschilder usw.) von 150 €.

Der inländische Listenpreis des Fahrzeugs ermittelt sich wie folgt:

unverbindliche Preisempfehlung netto	23 000 €
+ Sonderausstattung	1 500 €
Summe	24 500 €
+ 19 % Umsatzsteuer	4 655 €
Insgesamt	29 155 €
Listenpreis abgerundet	29 100 €

Die Überführungs- und Anmeldekosten sowie der vom Arbeitgeber ausgehandelte Rabatt bleiben unberücksichtigt.

Bei einem Kraftwagen, der **aus Sicherheitsgründen gepanzert** ist, kann der Listenpreis des leistungsschwächeren Fahrzeugs zu Grunde gelegt werden, das dem Arbeitnehmer zur Verfügung gestellt würde, wenn seine Sicherheit nicht gefährdet wäre (R 8.1 Abs. 9 Nr. 1 Satz 7 LStR). Sicherheitsausrüstungen in diesem Sinne sind ausschließlich Vorkehrungen zum Personenschutz (z.B. Panzerglas). Bei lediglich der Verkehrssicherheit dienenden Einbauten (z.B. Schneeketten, Kopfstützen im Fond, Feuerlöscher, ABS, Airbag) ist eine Minderung der Bemessungsgrundlage nicht zulässig (FG Hamburg v. 13.3.1997, II 164/95, EFG 1997, 856 betr. Übernahme der Kosten für Zubehör im Pkw des Arbeitnehmers durch den Arbeitgeber als steuerpflichtiger Arbeitslohn).

Der Listenpreis ist auch **für reimportierte Fahrzeuge** anzusetzen (BMF v. 3.3.2022, IV C 5 – S 2334/21/10004 :001, BStBl I 2022, 232, Rdnr. 18). Soweit das reimportierte Fahrzeug mit zusätzlichen Sonderausstattungen versehen ist, die sich im inländischen Listenpreis nicht niedergeschlagen haben, ist der Wert der Sonderausstattung zusätzlich zu berücksichtigen. Soweit das reimportierte Fahrzeug geringerwertig ausgestattet ist, lässt sich der Wert der „Minderausstattung" durch einen Vergleich mit einem adäquaten inländischen Fahrzeug angemessen berücksichtigen.

Beispiel 2:

Dem Arbeitnehmer wird vom Arbeitgeber ein reimportiertes Kraftfahrzeug überlassen, für das der Arbeitgeber 18 000 € gezahlt hat. Das Fahrzeug hat im Vergleich zu einem inländischen Modell keine Leuchtweitenregulierung. Dafür beträgt die Motorisierung statt 66 kW 74 kW und es ist statt mit einem Notrad mit einem vollwertigen Reserverad ausgestattet. Das vergleichbare inländische Fahrzeug hat einen Listenpreis von 22 000 €.

Die Mehr- und Minderausstattung des Fahrzeugs gleicht sich in etwa aus. Daher ist als Listenpreis von einem Wert von 22 000 € auszugehen.

Für ein **Importfahrzeug**, für das kein inländischer Listenpreis ermittelbar ist, kann auf der Grundlage verschiedener inländischer Endverkaufspreise freier Importeure (Importfahrzeughändler) der anzusetzende Listenpreis geschätzt werden (BMF v. 3.3.2022, IV C 5 – S 2334/21/10004 :001, BStBl I 2022, 232, Rdnr. 18). Solch eine Schätzungsmethode führt regelmäßig zum zutreffenden Ergebnis (BFH v. 9.11.2017, III R 20/16, BStBl II 2018, 278).

Der Listenpreis ist auch dann anzusetzen, wenn der Arbeitgeber das Kraftfahrzeug **gebraucht erworben** oder **geleast** hat (BFH v. 1.3.2001, IV R 27/00, BStBl II 2001, 403; BFH v. 15.5.2018, X R 28/15, BStBl II 2018, 712, die dagegen eingelegte Verfassungsbeschwerde ist, wie zuvor erwähnt (→ Rz. 2123), ohne Begründung nicht angenommen worden, BVerfG v. 21.3.2023, 2 BvR 2129/18).

Zu den **Sonderregelungen für Elektro- und Hybridelektrofahrzeuge** bei der Ermittlung des Listenpreises → Rz. 2174.

c) Privatfahrten

Bei der 1 %-Regelung hat der Arbeitgeber grds. die private Nutzung mit **monatlich 1 % des inländischen Listenpreises des Kraftfahrzeugs** zu bewerten (§ 8 Abs. 2 Satz 2 i.V.m. § 6 Abs. 1 Nr. 4 Satz 2 EStG). 2126

Kürzungen dieses Werts, z.B. mit dem Hinweis (bzw. der Begründung) auf

- eine Beschriftungen des Firmenwagens,
- eines privaten Zweitwagens des Arbeitnehmers,
- Übernahme der Treibstoffkosten durch den Arbeitnehmer oder
- die Unterbringung des Kraftfahrzeugs in einer dem Arbeitnehmer gehörenden bzw. von ihm gemieteten Garage,

sind nicht zulässig (R 8.1 Abs. 9 Nr. 1 Satz 5 LStR). Etwaige vom Arbeitnehmer übernommene Kosten, entweder die vollständige oder teilweise Übernahme einzelner Kraftfahrzeugkosten (wie z.B. Benzinkosten), können sowohl vom dem nach der 1 %-Regelung (→ Rz. 2144 ff.) als auch von dem nach der Fahrtenbuchregelung (→ Rz. 2164) ermittelten (Nutzungs-)Wert abgezogen werden. Eine Kürzung kommt auch nicht in Betracht, wenn die Privatnutzung vom Arbeitgeber eingeschränkt worden ist, z.B. Nutzung des Fahrzeugs nur in einem Bundesland oder Verbot der Nutzung für Urlaubsfahrten.

Daraus folgt nach Auffassung des BFH jedoch nicht, dass der Arbeitnehmer, der seinen Dienstwagen in der eigenen Garage unterstellt und für die **Überlassung der Garage vom Arbeitgeber ein Nutzungsentgelt** enthält, deshalb zusätzlichen Arbeitslohn bezieht (BFH v. 7.6.2002, VI R 145/99, BStBl II 2002, 829; BFH v. 7.6.2002, VI R 53/01, BStBl II 2002, 878); die Garagengelder sind jedoch ggf. als Einkünfte aus Vermietung und Verpachtung zu erfassen (→ *Garage* Rz. 2273).

Die 1 %-Regelung gilt auch dann, wenn ein Firmenwagen nur **geringfügig privat genutzt** wird, weil der Arbeitnehmer (oder seine Familienangehörigen) noch einen Zweitwagen hat. Die bloße Behauptung, der Firmenwagen werde nicht für Privatfahrten genutzt oder Privatfahrten würden ausschließlich mit anderen Fahrzeugen durchgeführt, reicht nicht aus, von der 1 %-Regelung abzusehen. Denn die **Überlassung eines Firmenwagens** an den Arbeitnehmer für dessen Privatnutzung führt **unabhängig davon, ob und in welchem Umfang** der Arbeitnehmer den Firmenwagen **tatsächlich privat nutzt**, zu einem **lohnsteuerlichen Vorteil** (BFH v. 21.3.2013, VI R 31/10, BStBl II 2013, 700).

Die 1 %-Regelung gilt aber nicht, wenn **Autoverkäufer Vorführwagen nach Dienstschluss** sowie zum Wochenende mit nach Hause nehmen, um ggf. während dieser Zeit noch Probefahrten durchzuführen. Denn allein die Gestattung der Nutzung eines betrieblichen Fahrzeugs für Fahrten zwischen Wohnung und erster Tätigkeitsstätte begründet noch keine Überlassung zur privaten Nutzung (BFH v. 6.10.2011, VI R 56/10, BStBl II 2012, 362).

Mit der 1 %-Regelung sind auch die Kosten **für private Urlaubsreisen** abgegolten. Dies gilt **nicht für besondere Kosten**, die durch die private Nutzung des Kraftfahrzeugs entstehen (z.B. Autofähre, Reisezug, Parkgebühren, AfA Fahrradträger), weil es sich nicht um typische Kraftfahrzeugkosten handelt. Diese Aufwendungen sind zusätzlich zur 1 %-Regelung zu erfassen (BFH v. 18.6.2024, VIII R 32/20, BStBl II 2025, 168; v. 23.1.2025, III R 33/24, BStBl II 2025, 516).

Auch vom Arbeitgeber übernommene **Straßenbenutzungsgebühren** (Vignetten, Mautgebühren) für mit dem Firmenwagen unternommene Privatfahrten sowie für einen auf den Arbeitnehmer ausgestellten **Kfz-Schutzbrief** sind nicht von der 1 %-Regelung erfasst, sondern zusätzlich als geldwerter Vorteil zu berücksichtigen (BFH v. 14.9.2005, VI R 37/03, BStBl II 2006, 72).

Wird ein Fahrzeug für **mittägliche Zwischenheimfahrten** vom Arbeitsplatz zur Wohnung und zurück verwendet, ist dies eine **private Nutzung**, die nach der 1 %-Regelung zu versteuern ist. Derartige Mittagsheimfahrten gehören zum Bereich der privaten Lebensführung und stellen daher keine Fahrten zwischen Wohnung und erster Tätigkeitsstätte dar (FG Baden-Württemberg v. 27.10.2011, 1 K 3014/09, EFG 2012, 604).

d) Fahrten zwischen Wohnung und erster Tätigkeitsstätte

aa) Bewertung des geldwerten Vorteils

2127 Kann ein Kraftfahrzeug, das der Arbeitgeber oder auf Grund des Dienstverhältnisses ein Dritter dem Arbeitnehmer unentgeltlich überlassen hat, von dem Arbeitnehmer auch **für Fahrten zwischen Wohnung und erster Tätigkeitsstätte** genutzt werden, ist diese Nutzungsmöglichkeit grds. unabhängig von der Nutzung des Fahrzeugs zu Privatfahrten zusätzlich mit **monatlich 0,03 %** des inländischen Listenpreises des Kraftfahrzeugs **für jeden Kilometer der Entfernung** zwischen Wohnung und erster Tätigkeitsstätte zu bewerten und dem Arbeitslohn zuzurechnen, soweit nicht entsprechende Aufwendungen des Arbeitnehmers wegen einer Auswärtstätigkeit in voller Höhe als Werbungskosten zu berücksichtigen wären (R 8.1 Abs. 9 Nr. 1 Satz 2 LStR sowie BFH v. 6.11.2001, VI R 62/96, BStBl II 2002, 370 und BFH v. 7.6.2002, VI R 53/01, BStBl II 2002, 878). Zum Begriff der „ersten Tätigkeitsstätte" → *Reisekosten: Allgemeine Grundsätze* Rz. 3589.

Der anzusetzende Zuschlag für die Nutzung eines Firmenwagens für Fahrten zwischen Wohnung und erster Tätigkeitsstätte ist der Höhe nach nicht auf die im Gegenzug als Werbungskosten zu berücksichtigenden Aufwendungen begrenzt (FG Köln v. 28.1.2015, 12 K 178/12, EFG 2015, 1532).

Bei Anwendung der 0,03 %-Regelung ist der Monatswert auch dann anzusetzen, wenn das Kraftfahrzeug dem Arbeitnehmer im Kalendermonat nur zeitweise zur Verfügung steht bzw. nicht genutzt wird. Dieser Grundsatz gilt auch dann, wenn auf Grund arbeitsvertraglicher Vereinbarung oder anderer Umstände Fahrten zur ersten Tätigkeitsstätte nicht arbeitstäglich anfallen (z.B. auf Grund Teilzeitvereinbarung, Homeoffice, Dienstreisen, Kurzarbeit, Auslandsaufenthalt). Der Monatswert wird deshalb auch dann nicht auf Tage umgerechnet, wenn die Nutzung im Laufe des Monats beginnt oder endet. Ein durch Urlaub oder Krankheit bedingter Nutzungsausfall ist im Nutzungswert ebenfalls berücksichtigt (BMF v. 3.3.2022, IV C 5 – S 2334/21/10004 :001, BStBl I 2022, 232, Rdnr. 12).

2128 Statt der 0,03 %-Regelung kann aber **eine Einzelbewertung** der Fahrten mit 0,002 % des Listenpreises je Entfernungskilometer für höchstens 180 Tage im Kalenderjahr vorgenommen werden (BFH v. 22.9.2010, VI R 57/09, BStBl II 2011, 359 sowie BMF v. 3.3.2022, IV C 5 – S 2334/21/10004 :001, BStBl I 2022, 232, Rdnr. 13). Das bedeutet:

- Der Arbeitnehmer hat gegenüber dem Arbeitgeber kalendermonatlich fahrzeugbezogen schriftlich zu erklären, an welchen Tagen (mit Datumsangabe) er das betriebliche Kraftfahrzeug tatsächlich für Fahrten zwischen Wohnung und erster Tätigkeitsstätte genutzt hat; die bloße Angabe der Anzahl der Tage reicht nicht aus. Es sind keine Angaben erforderlich, wie der Arbeitnehmer an den anderen Arbeitstagen zur ersten Tätigkeitsstätte gelangt ist. Arbeitstage, an denen der Arbeitnehmer das betriebliche Kraftfahrzeug für Fahrten zwischen Wohnung und erster Tätigkeitsstätte mehrmals benutzt, sind für Zwecke der Einzelbewertung nur einmal zu erfassen. Diese Erklärungen des Arbeitnehmers hat der Arbeitgeber als Belege zum Lohnkonto aufzubewahren. Es ist aus Vereinfachungsgründen nicht zu beanstanden, wenn für den Lohnsteuerabzug jeweils die Erklärung des Vormonats zu Grunde gelegt wird.
- Der Arbeitgeber hat auf Grund der Erklärungen des Arbeitnehmers den Lohnsteuerabzug durchzuführen, sofern der Arbeitnehmer nicht erkennbar unrichtige Angaben macht. Ermittlungspflichten des Arbeitgebers ergeben sich hierdurch nicht.
- Wird im Lohnsteuerabzugsverfahren eine Einzelbewertung der tatsächlichen Fahrten zwischen Wohnung und erster Tätigkeitsstätte vorgenommen, so hat der Arbeitgeber für alle dem Arbeitnehmer überlassenen betrieblichen Kraftfahrzeuge eine jahresbezogene Begrenzung auf insgesamt 180 Fahrten im Kalenderjahr vorzunehmen. Eine monatliche pauschale Begrenzung auf 15 Fahrten ist nicht zugelassen.

Beispiel 1:

Arbeitnehmer A kann ein vom Arbeitgeber B überlassenes betriebliches Kraftfahrzeug (Mittelklasse) auch für Fahrten zwischen Wohnung und erster Tätigkeitsstätte nutzen. B liegen datumsgenaue Erklärungen des A über Fahrten zwischen Wohnung und erster Tätigkeitsstätte für die Monate Januar bis Juni an jeweils 14 Tagen, für die Monate Juli bis November an jeweils 19 Tagen vor. Für den Monat Dezember liegt B eine datumsgenaue Erklärung des A über Fahrten zwischen Wohnung und erster Tätigkeitsstätte an vier Tagen vor.

In den Monaten Januar bis Juni hat B für Zwecke der Einzelbewertung jeweils 14 Tage zu Grunde zulegen, in den Monaten Juli bis November jeweils 19 Tage. Wegen der jahresbezogenen Begrenzung auf 180 Fahrten ist für Zwecke der Einzelbewertung im Dezember **nur ein Tag** anzusetzen (Anzahl der Fahrten von Januar bis November = 179). Damit ergeben sich für die Einzelbewertung der tatsächlichen Fahrten des A zwischen Wohnung und erster Tätigkeitsstätte je Kalendermonat folgende Prozentsätze:

– Januar bis Juni:	0,028 %	(14 Fahrten × 0,002 %)
– Juli bis November:	0,038 %	(19 Fahrten × 0,002 %)
– Dezember:	0,002 %	(1 Fahrt × 0,002 %)

Beispiel 2:

Sachverhalt wie Beispiel 1. Ab Dezember steht dem A ein anderes betriebliches Kraftfahrzeug (Oberklasse) zur Nutzung zur Verfügung.

Für die Einzelbewertung der tatsächlichen Fahrten des A zwischen Wohnung und erster Tätigkeitsstätte ergeben sich entsprechend der zeitlichen Reihenfolge der tatsächlichen Fahrten zwischen Wohnung und erster Tätigkeitsstätte je Kalendermonat folgende Prozentsätze:

– Januar bis Juni:	0,028 %	(14 Fahrten × 0,002 %) vom Listenpreis der Mittelklasse
– Juli bis November:	0,038 %	(19 Fahrten × 0,002 %) vom Listenpreis der Mittelklasse
– Dezember:	0,002 %	(1 Fahrt × 0,002 %) vom Listenpreis der Oberklasse

- Im Falle der Einzelbewertung der tatsächlichen Fahrten zwischen Wohnung und erster Tätigkeitsstätte ist die Lohnsteuerpauschalierung nach § 40 Abs. 2 Satz 2 Nr. 1 Buchst. a EStG anhand der vom Arbeitnehmer erklärten Anzahl der Tage vorzunehmen. Die Vereinfachungsregelung der Finanzverwaltung, nach der bei der Lohnsteuerpauschalierung davon ausgegangen werden kann, dass monatlich an 15 Arbeitstagen Fahrten zwischen Wohnung und erster Tätigkeitsstätte erfolgen, ist hier nicht anzuwenden (BMF v. 18.11.2021, IV C 5 – S 2351/20/10001 :002, Rdnr. 40).
- Im Lohnsteuerabzugsverfahren ist der Arbeitgeber auf Verlangen des Arbeitnehmers zur Einzelbewertung der tatsächlichen Fahrten zwischen Wohnung und erster Tätigkeitsstätte verpflichtet, wenn sich aus der arbeitsvertraglichen oder einer anderen arbeits- oder dienstrechtlichen Rechtsgrundlage nichts anderes ergibt. Allerdings sind dann die Angaben des Arbeitnehmers zu den tatsächlichen Fahrten zusätzliche Voraussetzung.

  Der Arbeitgeber muss die Anwendung der 0,03 %-Regelung oder der Einzelbewertung (0,002 %) für jedes Kalenderjahr einheitlich für alle dem Arbeitnehmer überlassenen betrieblichen Kraftfahrzeuge festlegen. Die Methode darf während des Kalenderjahres nicht gewechselt werden. Allerdings ist eine rückwirkende Änderung des Lohnsteuerabzugs (Wechsel von der 0,03 %-Regelung zur Einzelbewertung oder umgekehrt für das **gesamte Kalenderjahr**) im laufenden Kalenderjahr und vor Übermittlung oder Ausschreibung der Lohnsteuerbescheinigung grundsätzlich i.R. des § 41c EStG möglich (BMF v. 3.3.2022, IV C 5 – S 2334/21/10004 :001, BStBl I 2022, 232, Rdnr. 13).
- Eine Anwendung der 0,002 %-Regelung ist auf maximal 180 Fahrten (und letztlich auch auf 180 Tage) im Kalenderjahr begrenzt. Tatsächlich kann das Kraftfahrzeug für die Fahrten zwischen Wohnung und erster Tätigkeitsstätte an einem Tag mehrfach und insgesamt an mehr als 180 Tagen im Kalenderjahr genutzt werden. Gleichwohl macht diese Begrenzung Sinn; sie soll eine Überbesteuerung vermeiden. Denn 180 Fahrten/Tage × 0,002 % ergeben 0,36 %. Dies ist jener Prozentsatz, der sich nach der 0,03 %-Regelung als Jahresbetrag ergibt (0,03 % × 12 Monate, BMF v. 3.3.2022, IV C 5 – S 2334/21/10004 :001, BStBl I 2022, 232, Rdnr. 13 Buchst. c).
- I.R. seiner Einkommensteuerveranlagung ist der Arbeitnehmer **nicht** an die im Lohnsteuerabzugsverfahren **angewandte 0,03 %-Regelung gebunden** und kann **einheitlich** für alle ihm überlassenen betrieblichen Kraftfahrzeuge für das gesamte Kalenderjahr zur Einzelbewertung wechseln. Hierzu muss der Arbeitnehmer fahrzeugbezogen darlegen, an welchen Tagen (mit Datumsangabe) er das betriebliche Kraftfahrzeug tatsäch-

lich für Fahrten zwischen Wohnung und erster Tätigkeitsstätte genutzt hat. Zudem hat er durch geeignete Belege glaubhaft zu machen, dass und in welcher Höhe der Arbeitgeber den Zuschlag mit 0,03 % des Listenpreises für jeden Kilometer der Entfernung zwischen Wohnung und erster Tätigkeitsstätte ermittelt und versteuert hat (z.B. Gehaltsabrechnung, die die Besteuerung des Zuschlags erkennen lässt; Bescheinigung des Arbeitgebers).

Nach dieser Regelung kann der Arbeitnehmer gegenüber dem Arbeitgeber auch kalendermonatlich schriftlich erklären, dass er das betriebliche Kraftfahrzeug an keinem Tag im Monat für Fahrten zwischen Wohnung und erster Tätigkeitsstätte genutzt hat; in diesem Fall muss im Lohnsteuerabzugsverfahren kein Zuschlag für Fahrten zwischen Wohnung und erster Tätigkeitsstätte versteuert werden.

Nach Ansicht des FG Nürnberg ist für die Anwendung der Einzelbewertung **nicht zwingend die Angabe der genauen Tage** (Datumsangabe) **erforderlich**, an denen der Stpfl. die Arbeitsstätte aufgesucht hat, wenn an der Anzahl der durchgeführten Tage keine Zweifel bestehen und das Finanzamt diese Anzahl der Entfernungspauschale unverändert zu Grunde gelegt hat (FG Nürnberg v. 23.1.2020, 4 K 1789/18, EFG 2020, 704).

Die **Zuschlagsregelung** des § 8 Abs. 2 Satz 3 EStG (0,03 %-Regelung oder Einzelbewertung) ist **unabhängig von der 1 %-Regelung selbständig anzuwenden**, wenn das Kraftfahrzeug ausschließlich für Fahrten zwischen Wohnung und erster Tätigkeitsstätte überlassen wird (BFH v. 22.9.2010, VI R 54/09, BStBl II 2011, 354). Die bestehenden Verwaltungsregelungen zum Nutzungsverbot (→ Rz. 2141), zum Nutzungsverzicht (→ Rz. 2142) und zur unbefugten Privatnutzung (→ Rz. 2143) sind zu beachten (BMF v. 3.3.2022, IV C 5 – S 2334/21/10004 :001, BStBl I 2022, 232, Rdnr. 11).

Diese Grundsätze sind aber **im betrieblichen Bereich**, d.h. für die Überlassung von Fahrzeugen an den Unternehmer, **nicht anzuwenden** (OFD Niedersachsen v. 11.7.2011, S 2227 – 98 – St 221/St 222, StEd 2011, 558).

bb) Werbungskosten

2129 Der Arbeitnehmer muss bei einer unentgeltlichen oder verbilligten Nutzung des Firmenwagens für Fahrten zwischen Wohnung und erster Tätigkeitsstätte den geldwerten Vorteil zwar einerseits als Arbeitslohn versteuern, andererseits kann er jedoch seine Aufwendungen **als Werbungskosten** geltend machen, und zwar ab dem Kalenderjahr 2022 regelmäßig i.H.v. 0,30 € für jeden vollen Kilometer der ersten 20 Kilometer der Entfernung zwischen Wohnung und erster Tätigkeitsstätte und von 0,38 € für jeden weiteren vollen Kilometer (hierzu und zur Entfernungspauschale i.H.v. 0,38 € ab dem 1. Kilometer ab 2026 → *Wege zwischen Wohnung und erster Tätigkeitsstätte* Rz. 4431). **Eine Saldierung** des vom Arbeitgeber zu versteuernden geldwerten Vorteils mit dem beim Arbeitnehmer möglichen Werbungskostenabzug **ist nicht zulässig**, weil der Arbeitgeber grds. keine Werbungskosten des Arbeitnehmers steuerfrei ersetzen darf, sofern es nicht in einer Steuerbefreiungsvorschrift ausdrücklich zugelassen ist (R 19.3 Abs. 3 LStR).

Zu Minderung des Werbungskostenabzugs bei pauschalversteuerten Werten → Rz. 2183.

Zur Geltendmachung von Werbungskosten für einen Privatwagen, wenn ein Geschäfts- oder Firmenwagen dem Arbeitnehmer zur Verfügung steht, hat das FG Niedersachsen im Urteil v. 18.9.2024, 9 K 183/23, BB 2025, 1046 entschieden, dass grundsätzlich der erste Anschein dafür streitet, dass dieses Fahrzeug auch für beruflich veranlasste Fahrten eingesetzt wird. Es obliegt in einem solchen Fall dem feststellungsbelasteten Steuerpflichtigen, den Nachweis für die tatsächliche berufliche Nutzung eines daneben vorhandenen privaten Pkw zu führen. Ist der Nachweis der tatsächlichen beruflichen Nutzung des privaten Fahrzeugs erbracht, steht dem Werbungskostenabzug nicht entgegen, dass dem Arbeitnehmer von seinem Arbeitgeber ein Geschäftsfahrzeug überlassen wurde. Das in § 4 Abs. 5 Satz 1 Nr. 7 i.V.m. § 9 Abs. 5 Satz 1 EStG geregelte Abzugsverbot sei vor dem Hintergrund seines eindeutigen Wortlauts (soweit) dahingehend zu verstehen, dass es nur den unangemessenen Anteil der Aufwendungen erfasse. Eine Angemessenheitsprüfung dem Grunde nach (hier: berufliche Nutzung eines privaten Fahrzeugs durch einen Arbeitnehmer, dem von seinem Arbeitgeber ein Geschäftsfahrzeug überlassen wurde) findet nicht statt. Die Finanzverwaltung hat Revision (Az. VI R 30/24) gegen das Urteil eingelegt, die Auffassung des BFH bleibt abzuwarten. **Menschen mit Behinderungen** i.S.v. § 9 Abs. 2 Satz 3 EStG (Grad der Behinderung mindestens 70 oder Grad der Behinderung mindestens 50 und erhebliche Beeinträchtigung der Bewegungsfähigkeit im Straßenverkehr) **können entweder die tatsächlichen Kosten** für Fahrten zwischen Wohnung und erster Tätigkeitsstätte als Werbungskosten abziehen oder – ohne Einzelnachweis – 0,30 € je gefahrenem Kilometer (somit 0,60 € je Entfernungskilometer, R 9.10 Abs. 3 LStR).

Steuerliche Auswirkungen ergeben sich durch die Versteuerung des geldwerten Vorteils einerseits und den Werbungskostenabzug.

Beispiel 1:

Ein Arbeitnehmer (Mensch mit Behinderungen i.S.v. § 9 Abs. 2 Satz 3 EStG) kann einen Firmenwagen für Fahrten zwischen Wohnung und erster Tätigkeitsstätte kostenlos nutzen. Der Listenpreis beträgt 40 000 €, die Entfernung Wohnung – erste Tätigkeitsstätte 40 km bei 240 Arbeitstagen. Weitere Werbungskosten sind dem Arbeitnehmer nicht entstanden. Der Arbeitslohn des Arbeitnehmers beträgt 50 000 € im Kalenderjahr.

Der Arbeitnehmer hat einen geldwerten Vorteil für die Fahrten zwischen Wohnung und erster Tätigkeitsstätte von jährlich 5 760 € (0,03 % von 40 000 € × 40 km × 12 Monate) zu versteuern.

Im Einkommensteuerbescheid werden die Einkünfte aus nichtselbständiger Arbeit wie folgt ermittelt:

Arbeitslohn	50 000 €
+ geldwerter Vorteil „Firmenwagen“	5 760 €
= Summe	55 760 €
– Werbungskosten (240 Tage × 40 km × 0,60 €)	5 760 €
= Einkünfte	50 000 €

Ohne die Nutzung des Firmenwagens hätte der Arbeitnehmer Einkünfte von 48 770 € (50 000 € – 1 230 € Arbeitnehmer-Pauschbetrag).

Der Ansatz des geldwerten Vorteils mit dem Pauschalbetrag i.H.v. 0,03 % des Listenpreises für jeden Kilometer der einfachen Entfernung zwischen Wohnung und erster Tätigkeitsstätte kann allerdings **bei preiswerten Kraftfahrzeugen** dazu führen, dass der Arbeitnehmer **weniger versteuern muss** als den Betrag, den er bei seiner Veranlagung zur Einkommensteuer als Werbungskosten abziehen kann.

Beispiel 2:

Wie Beispiel 1 (Mensch mit Behinderungen i.S.v. § 9 Abs. 2 Satz 3 EStG), der Listenpreis des Firmenwagens beträgt jedoch 22 500 €.

Der Arbeitnehmer hat einen geldwerten Vorteil für die Fahrten zwischen Wohnung und erster Tätigkeitsstätte von jährlich 3 240 € (0,03 % von 22 500 € × 40 km × 12 Monate) zu versteuern.

Im Einkommensteuerbescheid werden die Einkünfte aus nichtselbständiger Arbeit wie folgt ermittelt (der Arbeitnehmer verzichtet auf den Nachweis der tatsächlichen Kosten und beantragt den Abzug des pauschalen Kilometersatzes von 0,60 € je Entfernungskilometer; → *Wege zwischen Wohnung und erster Tätigkeitsstätte* Rz. 4442):

Arbeitslohn	50 000 €
+ geldwerter Vorteil „Firmenwagen“	3 240 €
= Summe	53 240 €
– Werbungskosten (240 Tage × 40 km × 0,60 €)	5 760 €
= Einkünfte	47 480 €

cc) Maßgebende Entfernung

Dem pauschalen Nutzungswert ist die einfache Entfernung zwischen Wohnung und erster Tätigkeitsstätte zu Grunde zu legen; 2130
diese ist auf den nächsten vollen Kilometerbetrag abzurunden. Maßgebend ist immer die kürzeste benutzbare Straßenverbindung. Dies gilt auch dann, wenn der Arbeitnehmer tatsächlich eine längere, aber verkehrsgünstigere Strecke benutzt und hierfür i.R. der Einkommensteuererklärung die Entfernungspauschale beantragt (FG Köln v. 22.5.2003, 10 K 7604/98, EFG 2003, 1229). Der pauschale Nutzungswert ist auch nicht zu erhöhen, wenn der Arbeitnehmer das Kraftfahrzeug an einem Arbeitstag **mehrmals zwischen Wohnung und erster Tätigkeitsstätte** benutzt (BMF v. 3.3.2022, IV C 5 – S 2334/21/10004 :001, BStBl I 2022, 232, Rdnr. 9).

dd) Park & Ride

Setzt der Arbeitnehmer ein ihm überlassenes Kraftfahrzeug bei 2131
den Fahrten zwischen Wohnung und erster Tätigkeitsstätte oder

bei Familienheimfahrten **nur für eine Teilstrecke** ein, weil er i.d.R. die andere Teilstrecke mit öffentlichen Verkehrsmitteln zurücklegt, so ist der Ermittlung des pauschalen Nutzungswerts dennoch die **gesamte Entfernung** zu Grunde zu legen.

Die **Finanzverwaltung beanstandet es jedoch nicht** (BMF v. 3.3.2022, IV C 5 – S 2334/21/10004 :001, BStBl I 2022, 232, Rdnr. 23), wenn der jeweils in Betracht kommende pauschale Nutzungswert auf der **Grundlage der Teilstrecke ermittelt** wird, die mit dem betrieblichen Kraftfahrzeug **tatsächlich zurückgelegt** wird, wenn

- der Arbeitgeber das Kraftfahrzeug nur **für diese Teilstrecke zur Verfügung stellt** (→ Rz. 2141) oder
- der Arbeitnehmer für die restliche Teilstrecke einen **Nachweis über die Benutzung eines anderen Verkehrsmittels** erbringt, z.B. eine auf ihn ausgestellte Jahres-Bahnfahrkarte vorlegt (BFH v. 4.4.2008, VI R 68/05, BStBl II 2008, 890).

Beispiel:

Ein Arbeitgeber, dessen Hauptbetrieb sich 20 km entfernt von Hannover befindet, gestattet seinen Arbeitnehmern, die in Hannover wohnen, für die Fahrt zwischen Wohnung und erster Tätigkeitsstätte die Firmenwagen zu benutzen. Der Wagen darf nach arbeitsvertraglicher Vorgabe aber nur zwischen dem Hauptbetrieb und der Zweigniederlassung genutzt werden, die sich in unmittelbarer Nähe einer U-Bahn-Haltestelle befindet. Die Fahrzeuge sind dort abzustellen und der Fahrzeugschlüssel ist beim Pförtner abzugeben. Der Weg zur und von der Zweigniederlassung zur jeweiligen Wohnung muss individuell zurückgelegt werden. Die Entfernung Hauptbetrieb – Zweigniederlassung beträgt 15 km.

Die Arbeitnehmer haben den geldwerten Vorteil auf der Grundlage einer Entfernung von 15 km zu versteuern, und zwar unabhängig davon, wie groß die Entfernung Hauptbetrieb – Wohnung tatsächlich ist (vgl. hierzu auch BFH v. 4.4.2008, VI R 68/05, BStBl II 2008, 890).

ee) Auswärtstätigkeit

2132 Fahrten zwischen Wohnung und erster Tätigkeitsstätte liegen nicht vor bei Arbeitnehmern, die **eine Auswärtstätigkeit** (§ 9 Abs. 4a Satz 2 EStG) ausüben. Dies gilt ohne zeitliche Begrenzung. Daher ist auch dann, wenn die Tätigkeit an derselben Tätigkeitsstätte **über drei Monate hinaus ausgeübt** wird, **kein geldwerter Vorteil** für die Fahrten zwischen Wohnung und erster Tätigkeitsstätte **zu erfassen** (vgl. BFH v. 11.5.2005, VI R 70/03, BStBl II 2005, 785).

ff) Dienstliche Nutzung

2133 Ein geldwerter Vorteil ist für Fahrten zwischen Wohnung und erster Tätigkeitsstätte **nicht zu erfassen**, wenn dem Arbeitnehmer ein betriebliches Kraftfahrzeug **ausschließlich an den Tagen** für seine Fahrten zwischen Wohnung und erster Tätigkeitsstätte überlassen wird, an denen es erforderlich werden kann, dass er **dienstliche Fahrten von der Wohnung aus antritt oder an der Wohnung beendet**, z.B. beim Bereitschaftsdienst in Versorgungsunternehmen (BMF v. 3.3.2022, IV C 5 – S 2334/21/10004 :001, BStBl I 2022, 232, Rdnr. 6).

Beispiel 1:

Ein Arbeitnehmer, der in Frankfurt wohnt, erhält von seinem Arbeitgeber (Sitz in Wiesbaden) ein Firmenfahrzeug zur Verfügung gestellt, weil er am nächsten Morgen eine Dienstreise nach München antreten muss. Die Dienstreise dauert zwei Tage und endet abends an der Wohnung des Arbeitnehmers. Am nächsten Morgen fährt er mit dem Firmenfahrzeug zu seiner ersten Tätigkeitsstätte.

Obwohl der Arbeitnehmer mit dem Firmenfahrzeug zwei Fahrten zwischen Wohnung und erster Tätigkeitsstätte durchführt, ist hierfür kein Nutzungswert anzusetzen, da durch diese Fahrten eine dienstliche Nutzung begonnen und beendet wurde.

Gleiches gilt auch für **eine Rufbereitschaft**, wenn **ausschließlich für diesen Zweck** vom Arbeitgeber Fahrzeuge zur Verfügung gestellt werden (BFH v. 25.5.2000, VI R 195/98, BStBl II 2000, 690).

Auch die **Überlassung eines Einsatzfahrzeugs** an den Leiter der Freiwilligen Feuerwehr während seiner – wenn auch „ständigen" – Bereitschaftszeiten führt nicht zu Arbeitslohn (BFH v. 19.4.2021, VI R 43/18, BStBl II 2021, 605).

Beispiel 3:

Dem Leiter der Freiwilligen Feuerwehr (L) wird von der Gemeinde ein Einsatzfahrzeug („Kommandowagen") zur Verfügung gestellt. Dabei handelt es sich um einen in weiß und rot gehaltenen Pkw, an dem über Fahrer- und Beifahrerseite hinweg der Schriftzug „FEUERWEHR" sowie die Notrufnummer 112 angebracht sind. Das Fahrzeug ist mit einem Digitalfunkgerät, einem Navigationsgerät – gekoppelt mit einem Meldeempfänger – sowie mit einer Sondersignalanlage – jeweils fest verbaut – ausgestattet. Daneben befinden sich in dem Pkw die persönliche Schutzausrüstung des L, eine Rolle Flatterband, vier Faltleitkegel, Werkzeuge zur Türöffnung, ein Erste-Hilfe-Rucksack sowie Dokumentenmappen und Feuerwehrpläne für verschiedene Objekte in der Gemeinde. Das Einsatzfahrzeug steht L rund um die Uhr zur Verfügung, damit er in Notfällen jederzeit unverzüglich zum jeweiligen Einsatzort gelangen und seinen Aufgaben als Wehrführer nachkommen kann. L nutzt das Fahrzeug nicht nur für Einsatzfahrten oder zur Erfüllung anderer Aufgaben als Leiter der Freiwilligen Feuerwehr (z.B. Beschaffung persönlicher und sachlicher Ausrüstung, Beratung von in der Gemeinde ansässigen Firmen im Bereich des vorbeugenden Brandschutzes, Besuch mehrtägiger auswärtiger Seminare) sowie im Rahmen seiner beruflichen Tätigkeit für die Gemeinde, sondern auch für Fahrten zwischen Wohnung und erster Tätigkeitsstätte, für Mittagsheimfahrten (Zwischenheimfahrten) und andere Privatfahrten. Ist L wegen Urlaubs oder Krankheit an der Leitung der Freiwilligen Feuerwehr gehindert, hat er den Pkw an seinen Stellvertreter abzugeben.

Da L den Pkw als Leiter der Freiwilligen Feuerwehr nicht personen-, sondern funktionsbezogen und nur während seiner – wenn auch „ständigen" – Bereitschaftszeiten zur Verfügung gestellt bekommt, ist die (unbeschränkte) Überlassung des Einsatzfahrzeugs an L dem effektiven Brandschutz, d.h. der durchgreifenden Gefahrenabwehr, geschuldet. Etwaige Vorteile, die L dadurch entstehen, dass er während seiner Bereitschaftszeiten das Einsatzfahrzeug bei privaten Verrichtungen und Wegen stets mit sich zu führen hat, statt hierbei einen privaten Pkw zu nutzen, stellen sich damit als bloße Reflexwirkung aus dem Unterhalten einer den örtlichen Verhältnissen entsprechenden leistungsfähigen gemeindlichen Feuerwehr dar. Sie erweisen sich insbesondere nicht im weitesten Sinne als Gegenleistung für das Zurverfügungstellen der individuellen Arbeitskraft (BFH v. 19.4.2021, VI R 43/18, BStBl II 2021, 605).

gg) Mehrere Wohnungen

Fährt der Arbeitnehmer **abwechselnd** von der ersten Tätigkeitsstätte **zu verschiedenen Wohnungen**, ist bei Anwendung der 0,03 %-Regelung der pauschale Monatswert unter Zugrundelegung der Entfernung zur näher gelegenen Wohnung anzusetzen. Für jede Fahrt von und zu der weiter entfernt liegenden Wohnung ist zusätzlich ein pauschaler Nutzungswert von 0,002 % des inländischen Listenpreises des Kraftfahrzeugs für jeden Kilometer der Entfernung zwischen Wohnung und erster Tätigkeitsstätte dem Arbeitslohn zuzurechnen, soweit sie die Entfernung zur näher gelegenen Wohnung übersteigt (BMF v. 3.3.2022, IV C 5 – S 2334/21/10004 :001, BStBl I 2022, 232, Rdnr. 10). 2134

Beispiel:

Ein Arbeitnehmer arbeitet in Frankfurt und hat dort **aus privaten Gründen** eine Zweitwohnung (Entfernung von der ersten Tätigkeitsstätte 10 km). Seine Hauptwohnung hat er in Heidelberg (Entfernung von der ersten Tätigkeitsstätte 70 km). Im Januar 2025 fährt er an 15 Arbeitstagen mit seinem Firmenwagen (Listenpreis 20 000 €) von seiner Wohnung in Frankfurt zur Arbeit. An sechs Arbeitstagen fährt er zu seiner Wohnung in Heidelberg und von dort wieder zur Arbeit.

Es ergibt sich für die Benutzung des Firmenwagens zu Fahrten zwischen Wohnung und erster Tätigkeitsstätte folgender geldwerter Vorteil:

Nähere Wohnung	
0,03 % von 20 000 € = 6 € × 10 km	60 €
Weiter entfernte Wohnung	
0,002 % von 20 000 € = 0,40 € × 60 km × 6 Arbeitstage	144 €
geldwerter Vorteil insgesamt	204 €

Die Kilometer für die weiter entfernt liegende Wohnung sind nur insoweit anzusetzen, als sie die Entfernung zur näher gelegenen Wohnung übersteigen (70 km abzüglich 10 km ergibt 60 km).

hh) Fahrten zu einem bestimmten Sammelpunkt oder zu einem weiträumigen Tätigkeitsgebiet

Kann ein Kraftfahrzeug, das der Arbeitgeber oder auf Grund des Dienstverhältnisses ein Dritter dem Arbeitnehmer unentgeltlich überlassen hat, vom Arbeitnehmer **für Fahrten** zu einem bestimmten Sammelpunkt oder zu einem weiträumigen Tätigkeitsgebiet (§ 9 Abs. 1 Satz 3 Nr. 4a Satz 3 EStG) genutzt werden, so ist diese Nutzungsmöglichkeit unabhängig von der Nutzung des Fahrzeugs zu Privatfahrten zusätzlich mit **monatlich 0,03 %** des inländischen Listenpreises des Kraftfahrzeugs **für jeden Kilometer der Entfernung zwischen Wohnung und dem Sammelpunkt bzw. dem weiträumigen Tätigkeitsgebiet** zu bewerten und dem Arbeitslohn zuzurechnen. 2135

Fahrten zu einem Sammelpunkt oder zu einem weiträumigen Tätigkeitsgebiet werden also so behandelt wie Fahrten zwischen

Wohnung und erster Tätigkeitsstätte. Insoweit gelten die Ausführungen unter → Rz. 2127 bis → Rz. 2134 entsprechend.

Zur Frage, wann ein „Sammelpunkt" vorliegt, → *Reisekosten: Allgemeine Grundsätze* Rz. 3668 sowie → *Wege zwischen Wohnung und erster Tätigkeitsstätte* Rz. 4448 und zum Begriff „weiträumiges Tätigkeitsgebiet" → *Reisekosten: Allgemeine Grundsätze* Rz. 3670 sowie → *Wege zwischen Wohnung und erster Tätigkeitsstätte* Rz. 4449.

e) Familienheimfahrten

2136 Überlässt der Arbeitgeber oder auf Grund des Dienstverhältnisses ein Dritter dem Arbeitnehmer ein Kraftfahrzeug unentgeltlich **zu einer Familienheimfahrt wöchentlich** i.R. einer beruflich veranlassten doppelten Haushaltsführung, so ist insoweit der Nutzungswert nach § 8 Abs. 2 Satz 5 EStG **steuerlich nicht zu erfassen**. Dementsprechend können diese wöchentlichen Familienheimfahrten vom Arbeitnehmer auch nicht als Werbungskosten geltend gemacht werden (R 9.11 Abs. 6 Nr. 2 Satz 2 LStR; BFH v. 28.2.2013, VI R 33/11, BStBl II 2013, 629).

Beispiel 1:

Ein Arbeitnehmer arbeitet in Frankfurt und hat dort **aus beruflichen Gründen** eine Zweitwohnung (Entfernung von der ersten Tätigkeitsstätte 10 km). Seine Hauptwohnung hat er in Heidelberg (Entfernung von der ersten Tätigkeitsstätte 70 km). Im Januar 2025 fährt er an 15 Arbeitstagen mit seinem Firmenwagen (Listenpreis 20 000 €) von seiner Wohnung in Frankfurt zur Arbeit. Einmal wöchentlich (viermal im Monat) fährt er zu seiner Wohnung in Heidelberg und von dort wieder zur Arbeit. Es ergibt sich für die Benutzung des Firmenwagens folgender geldwerter Vorteil:

Privatfahrten	
1 % von 20 000 €	200 €
Zweitwohnung (Fahrten Wohnung – erste Tätigkeitsstätte)	
0,03 % von 20 000 € = 6 € × 10 km	60 €
Hauptwohnung (Familienheimfahrten)	
Für eine wöchentliche Familienheimfahrt ist nach § 8 Abs. 2 Satz 5 EStG kein geldwerter Vorteil anzusetzen	0 €
geldwerter Vorteil insgesamt	260 €

Wird das Kraftfahrzeug **zu mehr als einer Familienheimfahrt wöchentlich** genutzt, ist für jede weitere Familienheimfahrt ein pauschaler Nutzungswert i.H.v. 0,002 % des inländischen Listenpreises des Kraftfahrzeugs für jeden Kilometer der Entfernung zwischen dem Beschäftigungsort und dem Ort des eigenen Hausstands anzusetzen und dem Arbeitslohn zuzurechnen (BMF v. 3.3.2022, IV C 5 – S 2334/21/10004 :001, BStBl I 2022, 232, Rdnr. 48). Mit dem pauschalen Kilometersatz von 0,002 % des Listenpreises ist also die Hin- und Rückfahrt abgegolten.

Beispiel 2:

Wie Beispiel 1, der Arbeitnehmer fährt jedoch zweimal wöchentlich (achtmal im Monat) zu seiner Familienwohnung. Es ergibt sich für die Benutzung des Firmenwagens folgender geldwerter Vorteil:

Privatfahrten	
1 % von 20 000 €	200 €
Zweitwohnung (Fahrten Wohnung – erste Tätigkeitsstätte)	
0,03 % von 20 000 € = 6 € × 10 km	60 €
Hauptwohnung (Familienheimfahrten)	
Für eine wöchentliche Familienheimfahrt ist nach § 8 Abs. 2 Satz 5 EStG kein geldwerter Vorteil anzusetzen, für die restlichen vier Familienfahrten beträgt der geldwerte Vorteil 0,002 % von 20 000 € = 0,40 € × 70 km × 4 Familienheimfahrten	112 €
geldwerter Vorteil insgesamt	372 €

f) Überlassung mehrerer betrieblicher Kraftfahrzeuge

2137 Die in der Praxis stark kritisierte Einschränkung der **„Junggesellenregelung"** (Ansatz des Nutzungswerts nur eines betrieblichen Kraftfahrzeugs in bestimmten Fällen trotz Nutzungsmöglichkeit mehrerer Fahrzeuge) **im betrieblichen Bereich** (BMF v. 18.11.2009, IV C 6 – S 2177/07/10004, BStBl I 2009, 1326, Rdnr. 12, unter Berücksichtigung der Änderungen durch BMF v. 15.11.2012, IV C 6 – S 2177/10/10002, BStBl I 2012, 1099), vgl. hierzu auch BFH v. 9.3.2010, VIII R 24/08, BStBl II 2010, 903, **hat für Arbeitnehmer keine Auswirkungen**. Lediglich dann, wenn dem Arbeitnehmer **auf Grund einer arbeitsvertraglichen Regelung zwei Kraftfahrzeuge** zur privaten Nutzung überlassen werden, sind die nachfolgenden Regelungen **zu beachten**:

Stehen einem **Arbeitnehmer gleichzeitig mehrere Kraftfahrzeuge** zur Verfügung, so ist **für jedes Kraftfahrzeug** der pauschale Nutzungswert für Privatfahrten mit **monatlich 1 % des Listenpreises** anzusetzen. Dies gilt auch beim Einsatz eines Wechselkennzeichens. Dem pauschalen Nutzungswert für Privatfahrten kann der **Listenpreis des überwiegend genutzten Kraftfahrzeugs** zu Grunde gelegt werden, wenn die Nutzung der Kraftfahrzeuge **durch andere** zur Privatsphäre des Arbeitnehmers gehörende **Personen so gut wie ausgeschlossen** ist. Bei Anwendung der 0,03 %-Regelung ist dem pauschalen Nutzungswert für Fahrten zwischen Wohnung und erster Tätigkeitsstätte stets **der Listenpreis des überwiegend für diese Fahrten genutzten Kraftfahrzeugs** zu Grunde zu legen. Diese Regelungen bleiben von der BFH-Rechtsprechung (BFH v. 13.6.2013, VI R 17/12, BStBl II 2014, 340 sowie BFH v. 24.5.2019, VI B 101/18) unberührt. Bei Anwendung der Einzelbewertung (→ Rz. 2128) ist der pauschale Nutzungswert entsprechend den Angaben des Arbeitnehmers fahrzeugbezogen zu ermitteln (BMF v. 3.3.2022, IV C 5 – S 2334/21/10004 :001, BStBl I 2022, 232, Rdnr. 25).

Beispiel:

Ein Arbeitgeber stellt seinen Führungskräften nicht nur einen Dienstwagen zur privaten Nutzung zur Verfügung, sondern sie erhalten ein weiteres Kraftfahrzeug für den Ehepartner oder Lebensgefährten. Der Listenpreis des ersten Fahrzeugs beträgt 50 000 €, der des zweiten Fahrzeugs 20 000 €. Der Arbeitnehmer nutzt für Fahrten zwischen Wohnung und erster Tätigkeitsstätte überwiegend den teureren Wagen (Entfernung 20 km).

Der Arbeitnehmer hat monatlich zu versteuern:

– 1 % von 50 000 €	500 €
– 1 % von 20 000 €	200 €
– 0,03 % von 50 000 € × 20 km	300 €
Insgesamt	1 000 €

g) Fahrzeugwechsel

Bei einem Fahrzeugwechsel im Laufe eines Kalendermonats ist der Listenpreis des überwiegend zur Verfügung gestellten Kraftfahrzeugs zu Grunde zu legen (BMF v. 3.3.2022, IV C 5 – S 2334/21/10004 :001, BStBl I 2022, 232, Rdnr. 15). **2138**

h) Gelegentliche Überlassung

Der pauschale Nutzungswert für Privatfahrten und der pauschale Nutzungswert für Fahrten zwischen Wohnung und erster Tätigkeitsstätte sind auch dann anzusetzen, wenn dem Arbeitnehmer das Kraftfahrzeug tatsächlich **nur gelegentlich überlassen** wird. **2139**

Die Monatsbeträge brauchen **nicht angesetzt** zu werden (BMF v. 3.3.2022, IV C 5 – S 2334/21/10004 :001, BStBl I 2022, 232, Rdnr. 16):

- Für **volle Kalendermonate**, in denen dem Arbeitnehmer **kein betriebliches Kraftfahrzeug** zur Verfügung steht, oder
- wenn dem Arbeitnehmer das Kraftfahrzeug aus besonderem Anlass oder zu einem besonderen Zweck **nur gelegentlich** (von Fall zu Fall) **für nicht mehr als fünf Kalendertage im Kalendermonat** überlassen wird. In diesem Fall sind der pauschale Nutzungswert für Privatfahrten und der pauschale Nutzungswert für Fahrten zwischen Wohnung und erster Tätigkeitsstätte je Fahrtkilometer mit 0,001 % des inländischen Listenpreises des Kraftfahrzeugs zu bewerten (Einzelbewertung). Zum Nachweis der Fahrstrecke müssen die Kilometerstände festgehalten werden.

Beispiel:

Die Tochter des Arbeitnehmers heiratet. Für die Fahrt zum Standesamt darf der Arbeitnehmer das Fahrzeug seines Chefs unentgeltlich nutzen. Insgesamt ist der Arbeitnehmer 40 km gefahren. Der Listenpreis des überlassenen Fahrzeugs beträgt 100 000 €.

Der Arbeitnehmer hat für das ihm nur gelegentlich überlassene Fahrzeug 40 € zu versteuern (0,001 % × 100 000 € × 40 km). Die 50 €-Freigrenze für Sachbezüge findet keine Anwendung, weil der Vorteil nach § 8 Abs. 2 Satz 2 bis 5 EStG bewertet wird (→ *Sachbezüge* Rz. 3819).

Ein geldwerter Vorteil für die Überlassung eines Firmenwagens zur privaten Nutzung ist auch nur für die Monate anzusetzen, in denen der Arbeitnehmer an **wenigstens einem Tag zur Nutzung des Fahrzeugs befugt** war. Art und Umfang der Befugnis richten sich nach den mit dem Arbeitgeber geschlossenen Vereinbarungen. Sie kann z.B. bei einer krankheitsbedingten Fahruntüchtigkeit entfallen (FG Düsseldorf v. 24.1.2017, 10 K 1932/16 E, EFG 2017, 458).

i) Begrenzung des pauschalen Nutzungswerts

2140 Der pauschale Nutzungswert kann die dem Arbeitgeber für das Fahrzeug insgesamt entstandenen Kosten **übersteigen**. Wird dies im Einzelfall nachgewiesen, ist der pauschale Nutzungswert **höchstens mit dem Betrag der Gesamtkosten** des Kraftfahrzeugs anzusetzen (Kostendeckelung), vgl. BMF v. 3.3.2022, IV C 5 – S 2334/21/10004 :001, BStBl I 2022, 232, Rdnr. 8. Die **Kostendeckelung kommt aber nur in Betracht**, wenn die in diesem Jahr zu erfassenden Gesamtkosten zuzüglich einmalig geleisteter Aufwendungen anderer Jahre (insbesondere zur Berücksichtigung einer Leasingsonderzahlung) den Ansatz nach der 1 %-Methode übersteigen (FG Rheinland-Pfalz v. 10.12.2019, 3 K 1681/19, EFG 2020, 519). Mit Urteil v. 17.5.2022 (NV), VIII R 11/20, hat der BFH die Revision gegen das Urteil des Finanzgerichts Rheinland-Pfalz vom 10.12.2019, 3 K 1681/19, als unbegründet zurückgewiesen; weitgehend inhaltsgleich mit dem Verfahren VIII R 26/20. Nach Auffassung des BFH ist es nicht zu beanstanden, dass bei Anwendung der Billigkeitsregelung zur Kostendeckelung für Zwecke der Berechnung der Gesamtkosten eines genutzten Leasingfahrzeugs eine bei Vertragsschluss geleistete Leasingsonderzahlung auch dann periodengerecht auf die einzelnen Jahre des Leasingzeitraums verteilt wird, wenn der Steuerpflichtige seinen Gewinn durch Einnahmenüberschussrechnung gemäß § 4 Abs. 3 EStG ermittelt (vgl. hierzu ebenfalls BFH v. 12.3.2024, VIII R 1/21, BStBl II 2024, 633).

Demnach bleibt es dabei: Eine geleistete Leasingsonderzahlung (für die außerdienstliche Nutzung eines betrieblichen Kraftfahrzeugs) ist bei Prüfung der Kostendeckelung auf die Laufzeit des gesamten Leasingvertrages fiktiv zu verteilen (BMF v. 3.3.2022, IV C 5 – S 2334/21/10004 :001, BStBl I 2022, 232, Rdnr. 57); s.a. bei Zuzahlungen zu den **Anschaffungskosten** → Rz. 2150.

Beispiel 1:

Dem Arbeitnehmer ist ein Pkw zur privaten Nutzung zur Verfügung gestellt worden, den der Arbeitgeber geleast hat (Leasingzeitraum 1.7.2023 bis 30.6.2026, am 1.7.2023 gezahlte Leasingsonderzahlung i.H.v. 24 000 €, monatliche Leasingrate 200 €). Ausweislich der Buchführungsunterlagen des Arbeitgebers betragen die Gesamtkosten des Fahrzeugs im Kalenderjahr 5 000€ (einschließlich Umsatzsteuer). Der Arbeitnehmer hat kein Fahrtenbuch geführt. Der Listenpreis des Pkw beträgt 60 000 €. Die Entfernung Wohnung – erste Tätigkeitsstätte beträgt 15 km.

Da der Arbeitnehmer kein Fahrtenbuch geführt hat, ist der geldwerte Vorteil für die private Pkw-Nutzung pauschal zu ermitteln:

– 1 % von 60 000 € × 12 Monate	7 200 €
– 0,03 % von 60 000 € × 15 km × 12 Monate	3 240 €
Insgesamt	10 440 €

Weil die Gesamtkosten des Pkw lediglich 5 000 € betragen haben, beantragt der Arbeitnehmer die Kostendeckelung.

Bei Prüfung der Kostendeckelung ist aber auch die (anteilige) Leasingsonderzahlung i.H.v. 8 000 € (1/3 von 24 000 €) zu berücksichtigen. Eine Kostendeckelung kommt nicht in Betracht, weil die Gesamtkosten einschließlich anteiliger Leasingsonderzahlung (5 000 € + 8 000 € = 13 000 €) den geldwerten Vorteil vom 10 440 € übersteigen.

Soweit sich **Kostenerstattungen von dritter Seite** auf die Höhe der Gesamtkosten auswirken, ist von folgenden Grundsätzen auszugehen (vgl. OFD München v. 25.5.2005, S 2145 – 20 St 41/42):

– **Unmittelbarer Kostenersatz durch Dritte**

Sind in den Gesamtaufwendungen für das Fahrzeug Kosten enthalten, die der Arbeitgeber von dritter Seite ersetzt bekommt, führt dies zu einer entsprechenden Saldierung bzw. **Minderung** der Gesamtkosten, wenn ein **unmittelbarer** wirtschaftlicher Zusammenhang zwischen den Kosten und der Erstattungsleistung besteht (z.B. Erstattungen der Vollkaskoversicherung).

Die Minderung der Gesamtkosten ist auch dann vorzunehmen, wenn die Versicherungserstattung wegen des Zuflussprinzips erst im Folgejahr vereinnahmt wird.

– **Kostenüberwälzung auf Dritte**

Die tatsächlich entstandenen Aufwendungen für ein Fahrzeug sind dagegen **nicht** zu **kürzen**, wenn der Arbeitgeber fahrzeugbezogene Einnahmen erzielt, die mit den Gesamtkosten lediglich in einem **mittelbaren wirtschaftlichen Zusammenhang** stehen (z.B. Kunden des Arbeitgebers in Rechnung gestellte Fahrtkosten).

Beispiel 2:

Dem Arbeitnehmer ist ein Gebrauchtwagen zur privaten Nutzung zur Verfügung gestellt worden. Ausweislich der Buchführungsunterlagen des Arbeitgebers betragen die Gesamtkosten des Fahrzeugs im Kalenderjahr 3 500 € (einschließlich Umsatzsteuer). Darin enthalten sind Reparaturaufwendungen zur Beseitigung eines selbst verschuldeten Schadens von 1 150 €, die – nach Abzug der Selbstbeteiligung – von der Versicherung i.H.v. 1 000 € erstattet werden. Der Arbeitnehmer hat kein Fahrtenbuch geführt. Der Listenpreis des Gebrauchtwagens betrug im Zeitpunkt der Erstzulassung 25 000 €. Die Entfernung Wohnung – erste Tätigkeitsstätte beträgt 15 km.

Da der Arbeitnehmer kein Fahrtenbuch geführt hat, ist der geldwerte Vorteil für die private Pkw-Nutzung pauschal zu ermitteln:

– 1 % von 25 000 € × 12 Monate	3 000 €
– 0,03 % von 25 000 € × 15 km × 12 Monate	1 350 €
Insgesamt	4 350 €

Da die Gesamtkosten des Fahrzeugs lediglich 2 500 € (3 500 € – 1 000 € Versicherungsleistung) betragen, hat der Arbeitnehmer auch nur 2 500 € als geldwerten Vorteil zu versteuern.

Auf Anwendung der Kostendeckelung hat der Arbeitnehmer **einen Rechtsanspruch** (BFH v. 14.3.2007, XI R 59/04).

j) Nutzungsverbot/Nutzungsverzicht

Die Anwendung der 1 %-Regelung setzt voraus, dass der Arbeitgeber seinem Arbeitnehmer **tatsächlich einen Dienstwagen zur privaten Nutzung überlassen** hat. Denn § 8 Abs. 2 Satz 2 EStG begründet ebenso wenig wie § 6 Abs. 1 Nr. 4 Satz 2 EStG originär einen steuerbaren Tatbestand, sondern bewertet lediglich der Höhe nach einen Vorteil, der dem Grunde nach feststehen muss. Dementsprechend bezeichnet die ständige Rechtsprechung des BFH die 1 %-Regelung auch als eine grds. zwingende, stark typisierende und pauschalierende Bewertungsregelung, die nicht zur Anwendung kommt, wenn eine Privatnutzung ausscheidet (BFH v. 21.4.2010, VI R 46/08, BStBl II 2010, 848). 2141

Wird ein Dienstwagen aber **dem Arbeitnehmer für dessen Privatnutzung vom Arbeitgeber überlassen**, führt dies unabhängig davon, **ob und in welchem Umfang** der Arbeitnehmer das Fahrzeug tatsächlich nutzt, **zu einem lohnsteuerlichen Vorteil**. Denn für die Besteuerung des Nutzungsvorteils nach § 8 Abs. 2 Satz 2 EStG ist es unerheblich, ob der Arbeitnehmer den Beweis des ersten Anscheins, dass dienstliche Fahrzeuge, die zu privaten Zwecken zur Verfügung stehen, auch tatsächlich privat genutzt werden, durch die substantiierte Darlegung eines atypischen Sachverhalts zu entkräften vermag (BFH v. 21.3.2013, VI R 31/10, BStBl II 2013, 700 sowie FG Hamburg v. 26.2.2019, 2 K 273/17). Dies gilt **auch für Alleingesellschafter-Geschäftsführer**, die für ihre GmbH ertragsteuerlich als Arbeitnehmer tätig werden und denen die GmbH einen betrieblichen Pkw auf Grund dienstvertraglicher Vereinbarung auch zur Privatnutzung überlassen hat (BFH v. 16.10.2020, VI B 13/20, HFR 2021, 351).

Wird dem Arbeitnehmer daher ein Kraftfahrzeug **mit der Maßgabe zur Verfügung gestellt**, es künftig für Privatfahrten, Fahrten zwischen Wohnung und erster Tätigkeitsstätte oder mehr als eine Familienheimfahrt wöchentlich **nicht zu nutzen**, ist von dem Ansatz des jeweils in Betracht kommenden pauschalen Nutzungswerts abzusehen, wenn das **Nutzungsverbot durch entsprechende Unterlagen** (z.B. eine arbeitsvertragliche oder andere arbeits- oder dienstrechtliche Rechtsgrundlage) **nachgewiesen wird**. Diese sind als Belege zum Lohnkonto aufzubewahren (BMF v. 3.3.2022, IV C 5 – S 2334/21/10004 :001, BStBl I 2022, 232, Rdnr. 19). Vgl. BFH v. 21.3.2013, VI R 46/11, BStBl II 2013, 1044; BFH v. 21.3.2013, VI R 42/12, BStBl II 2013, 918; BFH v. 18.4.2013, VI R 23/12, BStBl II 2013, 920.

Dem Nutzungsverbot des Arbeitgebers steht ein **ausdrücklich mit Wirkung für die Zukunft erklärter schriftlicher Verzicht des Arbeitnehmers** auf die Nutzung für Privatfahrten, Fahrten zwischen Wohnung und erster Tätigkeitsstätte oder mehr als eine Familienheimfahrt wöchentlich gleich, wenn aus außersteuerlichen Gründen ein Nutzungsverbot des Arbeitgebers nicht in Betracht kommt und der **Nutzungsverzicht dokumentiert** wird. Die Nutzungsverzichtserklärung ist als Beleg zum Lohnkonto aufzubewahren (BMF v. 3.3.2022, IV C 5 – S 2334/21/10004 :001, BStBl I 2022, 232, Rdnr. 20). 2142

Die **unbefugte Privatnutzung** eines betrieblichen Kraftfahrzeugs hat **keinen Lohncharakter**. Ein Zufluss von Arbeitslohn liegt in diesen Fällen erst in dem Zeitpunkt vor, in dem der Arbeitgeber zu 2143 erkennen gibt, dass er die ihm zustehende Schadenersatzforderung gegenüber dem Arbeitnehmer nicht geltend machen wird (→ *Schadensersatz* Rz. 3878).

Dies gilt auch bei

- angestellten Gesellschafter-Geschäftsführern einer GmbH (BFH v. 21.3.2013, VI R 46/11, BStBl II 2013, 1044),
- angestellten Geschäftsführern einer GmbH (BFH v. 21.3.2013, VI R 42/12, BStBl II 2013, 918) und
- angestellten Geschäftsführern eines Familienunternehmens (BFH v. 18.4.2013, VI R 23/12, BStBl II 2013, 920).

Auch in solchen Fällen lässt sich **kein allgemeiner Erfahrungssatz** des Inhalts feststellen, dass ein Privatnutzungsverbot **nur zum Schein ausgesprochen ist** oder der (Allein-)Geschäftsführer ein Privatnutzungsverbot generell missachtet.

Diese Grundsätze gelten auch bei einem **Alleingesellschafter-Geschäftsführer einer GmbH**. Bei einem **formalen Verbot** einer privaten Nutzung durch die Gesellschafterversammlung kann nicht ohne Weiteres eine **Privatnutzung angenommen** werden, nur weil die Einhaltung dieses Beschlusses nicht überwacht werden kann (BFH v. 8.8.2013, VI R 71/12; BFH v. 14.11.2013, VI R 25/13, HFR 2013, 406).

Über die Frage, ob und welches betriebliche Fahrzeug dem Arbeitnehmer auch zur privaten Nutzung überlassen ist, entscheidet das Finanzgericht unter Berücksichtigung **sämtlicher Umstände des Einzelfalls** nach seiner freien, aus dem Gesamtergebnis des Verfahrens gewonnenen Überzeugung (BFH v. 6.2.2014, VI R 39/13, BStBl II 2014, 641).

Entschieden hat der BFH zwischenzeitlich auch, dass **allein die Gestattung der Nutzung** eines betrieblichen Fahrzeugs für **Fahrten zwischen Wohnung und erster Tätigkeitsstätte** noch **keine Überlassung zur privaten Nutzung begründet** (BFH v. 6.10.2011, VI R 56/10, BStBl II 2012, 362). Das bedeutet, dass in diesen Fällen zwar ein geldwerter Vorteil für die Fahrten zwischen Wohnung und erster Tätigkeitsstätte zu versteuern ist, nicht aber für Privatfahrten.

Bei einem **Fahrzeug**, das auf Grund seiner objektiven Beschaffenheit und Einrichtung typischerweise so gut wie ausschließlich **nur zur Beförderung von Gütern bestimmt** ist, ist die **1 %-Regelung nicht anwendbar**. Ob ein Arbeitnehmer ein solches Fahrzeug auch für private Zwecke eingesetzt hat, bedarf der Feststellung im Einzelnen. Die Feststellungslast obliegt dem Finanzamt. Dieses kann sich nicht auf den Anscheinsbeweis berufen (BFH v. 18.12.2008, VI R 34/07, BStBl II 2009, 381; BFH v. 17.2.2016, X R 32/11, BStBl II 2016, 708).

Beispiel:

Dem Arbeitnehmer wird ein Opel Combo für Fahrten zwischen Wohnung und erster Tätigkeitsstätte überlassen. Bei dem Fahrzeug handelt es sich um einen zweisitzigen Kastenwagen, dessen fensterloser Aufbau mit Materialschränken und -fächern sowie Werkzeug ausgestattet und mit einer auffälligen Beschriftung versehen ist.

Für Fahrten zwischen Wohnung und erster Tätigkeitsstätte ist ein geldwerter Vorteil anzusetzen, nicht aber für sonstige Privatfahrten (BFH v. 18.12.2008, VI R 34/07, BStBl II 2009, 381).

Hinzuweisen ist in diesem Zusammenhang allerdings auf das Urteil des BFH v. 16.1.2025, III R 34/22, BStBl II 2025, 386, in dem der BFH die Auffassung vertritt, dass für Fahrzeuge des Betriebsvermögens, die überwiegend betrieblich genutzt werden, die Privatnutzung grundsätzlich mittels der Ein-Prozent-Regelung zu schätzen ist, sofern kein ordnungsgemäßes Fahrtenbuch geführt wird. Der sogenannte Anscheinsbeweis für eine private Nutzung kann nur durch substantiierten Gegenbeweis erschüttert werden, wobei bloße Behauptungen oder allgemeine Argumente wie die Größe des Fahrzeugs oder das Vorhandensein von Werbefolien nicht ausreichen. Zum Anscheinsbeweis der Nutzung und dessen Erschütterung in Zusammenhang mit einem Nutzungsverbot vgl. auch FG Köln v. 8.12.2022, 13 K 1001/19, EFG 2023, 797; FG Münster v. 28.4.2023, 10 K 1193/20, EFG 2023, 2207, Revision eingelegt, Az. beim BFH: I R 33/23; Hessisches FG, Urteil v. 24.1.2024, 8 K 1129/20, Nichtzulassungsbeschwerde anhängig unter dem Az. I B 17/24 sowie → Rz. 2154.

k) Nutzungsentgelt

aa) Allgemeines

Zur Berücksichtigung der **vom Arbeitnehmer selbst getragenen Aufwendungen** bei der Überlassung eines betrieblichen Kraftfahrzeugs gilt Folgendes (BMF v. 3.3.2022, IV C 5 – S 2334/21/10004 :001, BStBl I 2022, 232, Rdnr. 52 ff.): **2144**

Zahlt der Arbeitnehmer an den Arbeitgeber oder auf dessen Weisung an einen Dritten zur Erfüllung einer Verpflichtung des Arbeitgebers (abgekürzter Zahlungsweg) für die außerdienstliche Nutzung eines betrieblichen Kraftfahrzeugs, insbesondere für die Nutzung zu

- privaten Fahrten,
- Fahrten zwischen Wohnung und erster Tätigkeitsstätte sowie Fahrten nach § 9 Abs. 1 Satz 3 Nr. 4a Satz 3 EStG und
- Heimfahrten i.R. einer doppelten Haushaltsführung,

ein pauschales oder individuelles Nutzungsentgelt, mindert dies den Nutzungswert (R 8.1 Abs. 9 Nr. 4 Satz 1 LStR, BFH v. 30.11.2016, VI R 49/14, BStBl II 2017, 1011; BFH v. 30.11.2016, VI R 2/15, BStBl II 2017, 1014).

bb) Pauschales Nutzungsentgelt

Ein **pauschales Nutzungsentgelt** in diesem Sinne ist: **2145**

- ein arbeitsvertraglich oder auf Grund einer anderen arbeits- oder dienstrechtlichen Rechtsgrundlage vereinbarter nutzungsunabhängiger pauschaler Betrag (z.B. **Monatspauschale**),
- ein arbeitsvertraglich oder auf Grund einer anderen arbeits- oder dienstrechtlichen Rechtsgrundlage vereinbarter an den gefahrenen Kilometern ausgerichteter Betrag (z.B. **Kilometerpauschale**) oder
- die arbeitsvertraglich oder auf Grund einer anderen arbeits- oder dienstrechtlichen Rechtsgrundlage vom Arbeitnehmer übernommenen **Leasingraten.**

cc) Individuelles Nutzungsentgelt

Ein **individuelles Nutzungsentgelt** in diesem Sinne ist: **2146**

- die arbeitsvertraglich oder auf Grund einer anderen arbeits- oder dienstrechtlichen Rechtsgrundlage vereinbarte **vollständige oder teilweise Übernahme einzelner Kraftfahrzeugkosten** durch den Arbeitnehmer (individuelle Kraftfahrzeugkosten).

  Dies gilt auch für einzelne Kraftfahrzeugkosten, die zunächst vom Arbeitgeber verauslagt und anschließend dem Arbeitnehmer weiterbelastet werden oder, wenn der Arbeitnehmer zunächst pauschale Abschlagszahlungen leistet, die zu einem späteren Zeitpunkt nach den tatsächlich entstandenen Kraftfahrzeugkosten abgerechnet werden.

Individuelle Kraftfahrzeugkosten in diesem Sinne sind Kosten, die **zu den Gesamtkosten** des Kraftfahrzeugs **gehören**, z.B. Treibstoffkosten, Wartungs- und Reparaturkosten, Kraftfahrzeugsteuer, Beiträge für Halterhaftpflicht- und Fahrzeugversicherungen, Garagen/Stellplatzmiete, Aufwendungen für Anwohnerparkberechtigungen, Aufwendungen für die Wagenpflege/-wäsche, der nicht nach § 3 Nr. 46 EStG steuerfreie Ladestrom.

Unberücksichtigt bleiben Kosten, die nicht zu den Gesamtkosten des Kraftfahrzeugs gehören, z.B. Fährkosten, Straßen- oder Tunnelbenutzungsgebühren (Vignetten, Mautgebühren), Parkgebühren, Aufwendungen für Insassen- und Unfallversicherungen, Verwarnungs-, Ordnungs- und Bußgelder, Kosten einer Ladevorrichtung bei Elektrofahrzeugen sowie der nach § 3 Nr. 46 EStG steuerfreie Ladestrom. Diesen Grundsatz hat der BFH auch bestätigt (BFH v. 18.6.2024, VIII R 32/20, BStBl II 2025, 168; BFH-Urteil v. 23.1.2025, III R 33/24 (III R 50/17), III R 33/24, III R 50/17, BStBl II 2025, 516). Danach können nur solche vom Arbeitnehmer getragene Aufwendungen den geldwerten Vorteil aus der Überlassung eines Fahrzeugs als Einzelkosten mindern, die bei einer (hypothetischen) Kostentragung durch den Arbeitgeber Bestandteil dieses Vorteils wären und somit von der Abgeltungswirkung der 1 %-Regelung erfasst wären. Dies ist weder in Bezug auf Maut- und Fährkosten noch in Bezug auf Parkkosten sowie z.B. der AfA für einen Fahrradträger der Fall.

Kein Nutzungsentgelt i.S.v. R 8.1 Abs. 9 Nr. 4 LStR ist insbesondere der Barlohnverzicht des Arbeitnehmers i.R. einer Gehaltsumwandlung (OFD Münster v. 2.4.2008, S 2334 – 25 – St 22 – 31, StEd 2008, 283 sowie FG Berlin-Brandenburg v. 11.2.2016, 9 K 9317/13, EFG 2016, 702).

Die auf eine **Garage entfallenden Kosten eines selbstbewohnten Hauses mindern** den geldwerten Vorteil aus der Nutzungsüberlassung eines betrieblichen Kfz jedenfalls dann **nicht**, wenn es an einem Nachweis der Verpflichtung, das überlassene Fahrzeug in einer Garage abzustellen, fehlt (FG Münster v. 14.3.2019, 10 K 2990/17 E, EFG 2019, 1083, sowie BFH v. 4.7.2023, VIII R 29/20, BStBl II 2023, 1005). Danach kann die vom Arbeitnehmer für seine Garage getragene Absetzung für Abnutzung den geldwerten Vorteil aus der Überlassung eines betrieblichen Arbeitgeber-Fahrzeugs zur außerdienstlichen Nutzung nicht mindern, wenn keine rechtliche Verpflichtung des Arbeitnehmers gegenüber dem Arbeitgeber besteht, das Fahrzeug in der Garage unterzustellen.

In Höhe des Nutzungsentgelts ist der Arbeitnehmer nicht bereichert und die gesetzlichen Voraussetzungen des § 8 Abs. 1 EStG i.V.m. § 19 Abs. 1 EStG sind nicht erfüllt. **Übersteigt das Nutzungsentgelt den Nutzungswert**, führt der übersteigende Betrag **weder zu negativem Arbeitslohn noch zu Werbungskosten** (BFH v. 30.11.2016, VI R 49/14, BStBl II 2017, 1011; BFH v. 30.11.2016, VI R 2/15, BStBl II 2017, 1014 sowie BFH v. 18.2.2020, VI B 20/19, HFR 2020, 673).

Beispiel 1:

In der Nutzungsüberlassungsvereinbarung ist geregelt, dass der Arbeitnehmer ein Nutzungsentgelt i.H.v. 0,20 € je privat gefahrenen Kilometer zu zahlen hat.

Es handelt sich um ein Nutzungsentgelt. Der pauschale Nutzungswert ist um dieses Nutzungsentgelt zu kürzen.

Beispiel 2:

In der Nutzungsüberlassungsvereinbarung ist geregelt, dass der Arbeitnehmer die gesamten Treibstoffkosten zu zahlen hat.

Die Kostenübernahme durch den Arbeitnehmer ist ein Nutzungsentgelt. Der pauschale Nutzungswert ist um dieses Nutzungsentgelt zu kürzen.

Das FG Köln (v. 20.04.2023, 1 K 1234/22, DStRE 2024, 653, Rev. anhängig Az. BFH: VI R 7/23) hatte zu einem Sachverhalt zu entscheiden, in dem die Minderung des geldwerten Vorteils aus der Privatnutzung eines Firmenwagens durch vom Arbeitnehmer an den Arbeitgeber gezahlte Parkplatzmieten streitig war. Das FG urteilte, dass wenn der Arbeitnehmer an den Arbeitgeber für die außerdienstliche Nutzung eines Firmenwagens, d.h. für private Fahrten und für Fahrten zwischen Wohnung und erster Tätigkeitsstätte, ein Nutzungsentgelt zahlt, dies den geldwerten Vorteil aus der Nutzungsüberlassung mindert. Dies gelte auch für ein vom Arbeitnehmer an den Arbeitgeber gezahltes Entgelt für einen Parkplatz am Arbeitsort, denn der Betrieb eines Firmenwagens setze essentiell als notwendiger Bestandteil der Fahrzeugnutzung eine Parkmöglichkeit voraus. Das FG ordnet die Stellplatzkosten dabei den „durch das Kraftfahrzeug insgesamt entstehenden Aufwendungen" i.S.d. § 8 Abs. 2 Satz 4 EStG zu, ähnlich wie die Kosten einer Garage (Gesamtkosten). Ausdrücklich wird die von anderen Finanzgerichten vertretene Auffassung abgelehnt, dass es sich bei den zu berücksichtigenden Aufwendungen um solche handeln muss, die für den Arbeitnehmer aus rechtlichen oder tatsächlichen Gründen notwendig sind, sie also zur Erfüllung einer arbeitsvertraglichen Klausel oder zur Inbetriebnahme des Fahrzeugs erforderlich seien müssen. Ob der BFH diese Sichtweise teilt, bleibt abzuwarten. Interessant an diesem Sachverhalt ist weiterhin, zahlt ein Arbeitnehmer mit privatem -nicht zur Nutzung überlassenen- Fahrzeug ebenfalls eine Parkpauschale an den Arbeitgeber, führen diese nicht zu einer Minderung der Steuerlast, da die Zahlung bereits mit der Entfernungspauschale abgegolten ist und somit nicht zu weiteren Werbungskosten führen kann.

dd) Anwendung im Lohnsteuerabzugsverfahren

2147 **Im Lohnsteuerabzugsverfahren** ist der Arbeitgeber zur **Anrechnung der individuellen Kraftfahrzeugkosten** des Arbeitnehmers **verpflichtet**, wenn sich aus der arbeitsvertraglichen oder einer anderen arbeits- oder dienstrechtlichen Rechtsgrundlage nichts anderes ergibt.

Hierzu hat der Arbeitnehmer gegenüber dem Arbeitgeber **jährlich fahrzeugbezogen schriftlich** die Höhe der individuellen Kraftfahrzeugkosten und die Gesamtfahrleistung des Kraftfahrzeugs zu erklären und im Einzelnen **umfassend darzulegen und belastbar nachzuweisen**. Der Arbeitgeber hat **auf Grund dieser Erklärungen und Belege** des Arbeitnehmers **den Lohnsteuerabzug durchzuführen**, sofern der Arbeitnehmer nicht erkennbar unrichtige Angaben macht. **Ermittlungspflichten des Arbeitgebers ergeben sich hierdurch nicht**. Die Erklärungen und Belege des Arbeitnehmers hat der Arbeitgeber im Original zum Lohnkonto zu nehmen.

Die Finanzverwaltung beanstandet es **aus Vereinfachungsgründen** nicht, wenn für den Lohnsteuerabzug zunächst vorläufig fahrzeugbezogen die **Erklärung des Vorjahres** zu Grunde gelegt wird. R 8.1 Abs. 9 Nr. 3 Satz 2 und 3 LStR ist sinngemäß anzuwenden.

ee) Anwendung im Einkommensteuer-Veranlagungsverfahren

Macht der **Arbeitnehmer im Einkommensteuer-Veranlagungsverfahren** individuelle Kraftfahrzeugkosten vorteilsmindernd geltend, muss er die **Nutzungsvereinbarung vorlegen** und fahrzeugbezogen darlegen, wie der **Arbeitgeber den Nutzungswert ermittelt und versteuert** hat (z.B. Gehaltsabrechnung, die die Ermittlung und Besteuerung des Nutzungswerts erkennen lässt; Bescheinigung des Arbeitgebers), sowie schriftlich die Höhe der von ihm **selbst getragenen individuellen Kraftfahrzeugkosten** und die **Gesamtfahrleistung** des Kraftfahrzeugs im Kalenderjahr **umfassend darlegen und belastbar nachweisen**. 2148

ff) Gehaltsminderung

Soweit Arbeitgeber und Arbeitnehmer für die Überlassung eines Firmenwagens **eine Gehaltsminderung** vereinbaren, ist **nur der tatsächlich ausgezahlte Barlohn** zuzüglich des geldwerten Vorteils für den Firmenwagen dem Lohnsteuerabzug zu unterwerfen, wenn der Arbeitnehmer **unter Änderung des Anstellungsvertrags** auf einen Teil seines Barlohns verzichtet und ihm der Arbeitgeber stattdessen einen Firmenwagen zur Privatnutzung zur Verfügung stellt (BFH v. 20.8.1997, VI B 83/97, BStBl II 1997, 667 und FG Niedersachsen v. 12.11.2015, 7 K 94/13). 2149

Beispiel:

Ein Arbeitnehmer in Köln (Steuerklasse III, rk, keine Kinder, 30 Jahre, kassenindividueller Zusatzbeitrag 2,5 %) mit einem Bruttoarbeitslohn von 36 000 € im Jahr (3 000 € im Monat) erhält von seinem Arbeitgeber im November 2025 einen Firmenwagen überlassen, Listenpreis 25 000 €, Entfernung Wohnung – erste Tätigkeitsstätte 10 km. Arbeitnehmer und Arbeitgeber vereinbaren zum Ausgleich für die Überlassung des Fahrzeugs eine monatliche Gehaltsminderung von 400 €; der Anstellungsvertrag wird entsprechend geändert.

a) Privatfahrten	
1 % von 25 000 €	250 €
b) Fahrten zwischen Wohnung und erster Tätigkeitsstätte	
0,03 % von 25 000 € = 7,50 € × 10 km	75 €
Insgesamt	325 €

Lohnsteuerlich ist nur der geminderte Barlohn zuzüglich des geldwerten Vorteils aus der Überlassung des Firmenwagens zu versteuern (BFH v. 20.8.1997, VI B 83/97, BStBl II 1997, 667). **Dies gilt auch sozialversicherungsrechtlich** (→ Rz. 2201).

Es ergibt sich für November 2025 folgende Lohnabrechnung:

	Bruttogehalt	3 000,– €	
–	Gehaltsverzicht	400,– €	2 600,– €
+	Firmenwagen		325,– €
=	lohnsteuerpflichtiges Brutto		2 925,– €
–	Lohnsteuer		33,33 €
–	Solidaritätszuschlag (5,5 %)		0,– €
–	Kirchensteuer (9 %)		2,99 €
–	Sozialversicherung aus 2 925 €		***630,35*** €
=	Nettobetrag		2 257,33 €
–	Sachbezug Firmenwagen		325,– €
=	Auszahlungsbetrag		1 932,33 €

l) Zuzahlungen zu den Anschaffungskosten

Zeitraumbezogene (Einmal-)Zahlungen des Arbeitnehmers für die außerdienstliche Nutzung eines betrieblichen Kfz sind bei der Bemessung des geldwerten Vorteils (§ 8 Abs. 2 Satz 2 EStG i.V.m. 2150

§ 6 Abs. 1 Nr. 4 Satz 2 EStG) auf den Zeitraum, für den sie geleistet werden, **gleichmäßig zu verteilen und vorteilsmindernd zu berücksichtigen**. Dies gilt auch bei **zeitraumbezogenen Zuzahlungen** des Arbeitnehmers **zu den Anschaffungskosten** eines ihm auch zur Privatnutzung überlassenen betrieblichen Kfz (BFH v. 16.12.2020, VI R 19/18, BStBl II 2021, 761, BFH v. 23.1.2025, III R 33/24, BStBl II 2025, 616).

Damit hat der BFH die **Auffassung der Finanzverwaltung abgelehnt**, dass solche Zuzahlungen nur im Zahlungsjahr und – soweit ein Restbetrag verbleibt – in den darauf folgenden Kalenderjahren auf den privaten Nutzungswert **für das jeweilige Kraftfahrzeug** angerechnet werden können (R 8.1 Abs. 9 Nr. 4 Satz 3 LStR sowie BMF v. 3.3.2022, IV C 5 – S 2334/21/10004 :001, BStBl I 2022, 232, Rdnr. 66 f.).

Durch Veröffentlichung im BStBl II ist die BFH-Rechtsprechung **allgemein anzuwenden**. Allerdings weist die Finanzverwaltung in einer Fußnote darauf hin, dass R 8.1 Abs. 9 Nr. 4 Satz 2 und 3 LStR weiter anzuwenden ist, wenn **keine arbeitsvertraglichen Vereinbarungen** hinsichtlich des Zuzahlungszeitraums bestehen.

Beispiel 1:

Der Arbeitgeber überlässt dem Arbeitnehmer ab Januar 2025 ein Kraftfahrzeug (Listenpreis 25 000 €) zur beruflichen und privaten Nutzung für den Zeitraum 1.1.2025 bis 31.12.2027. Die Entfernung zwischen Wohnung und erster Tätigkeitsstätte beträgt 6 km. Zu den Anschaffungskosten leistet der Arbeitnehmer einen Zuschuss i.H.v. 5 400 €. Im Überlassungsvertrag ist geregelt, dass der Zuschuss für einen Zeitraum von 36 Monaten gezahlt wird. Sollte das Kraftfahrzeug vorzeitig zurückgegeben, veräußert oder getauscht werden, werden dem Arbeitnehmer für jeden nicht genutzten Monat 1/36stel erstattet.

Ermittlung des geldwerten Vorteils im Kalenderjahr 2025:

– Privatfahrten (1 % von 25 000 € = 250 € × 12 Monate)	3 000 €
– Fahrten Wohnung – erste Tätigkeitsstätte (0,03 % von 25 000 € = 7,50 € × 6 km = 45 € × 12 Monate)	540 €
Wert des Sachbezugs	3 540 €
darauf anzurechnende Zuzahlung des Arbeitnehmers (12/36 von 5 400 €)	1 800 €
geldwerter Vorteil	1 740 €

In den Jahren 2026 und 2027 erfolgt die Berechnung des geldwerten Vorteils wie in 2025, d.h. die Zuzahlung des Arbeitnehmers wird mit jeweils 1 800 € (12/36) auf den Wert des Sachbezugs angerechnet (BFH v. 16.12.2020, VI R 19/18, BStBl II 2021, 761).

Beispiel 2:

Sachverhalt wie Beispiel 1, aber im Überlassungsvertrag bestehen **keine arbeitsvertraglichen Vereinbarungen** hinsichtlich des Zuzahlungszeitraums.

Falls **keine arbeitsvertraglichen Vereinbarungen** hinsichtlich des Zuzahlungszeitraums bestehen, ist nach Auffassung der Finanzverwaltung R 8.1 Abs. 9 Nr. 4 Satz 2 und 3 LStR weiter anzuwenden (Fußnote zu BFH v. 16.12.2020, VI R 19/18, BStBl II 2021, 761 und BMF v. 3.3.2022, IV C 5 – S 2334/21/10004 :001, BStBl I 2022, 232, Rdnr. 65).

Ermittlung des geldwerten Vorteils im Kalenderjahr 2025:

– Privatfahrten (1 % von 25 000 € = 250 € × 12 Monate)	3 000 €
– Fahrten Wohnung – erste Tätigkeitsstätte (0,03 % von 25 000 € = 7,50 € × 6 km = 45 € × 12 Monate)	540 €
Wert des Sachbezugs	3 540 €
darauf anzurechnende Zuzahlung des Arbeitnehmers (Maximalbetrag)	5 400 €
geldwerter Vorteil	0 €
im Kalenderjahr 2026 sind auf den geldwerten Vorteil noch anzurechnen	1 860 €

Wird dem Arbeitnehmer ab Januar 2026 ein anderes Kraftfahrzeug überlassen, darf der verbleibende und nicht aufgebrauchte Betrag von 1 860 € nach Auffassung der Finanzverwaltung nicht auf den geldwerten Vorteil des neuen Kraftfahrzeugs angerechnet werden.

Bei Zuzahlungen des Arbeitnehmers zu Leasingsonderzahlungen ist entsprechend zu verfahren (BMF v. 3.3.2022, IV C 5 – S 2334/21/10004 :001, BStBl I 2022, 232, Rdnr. 65 f.; BFH v. 21.11.2024, VI R 9/22, BFH/NV 2025, 319.)

Zuschussrückzahlungen des Arbeitgebers an den Arbeitnehmer sind Arbeitslohn, soweit die Zuschüsse den privaten Nutzungswert gemindert haben (R 8.1 Abs. 9 Nr. 4a LStR).

2151 Bestehen **arbeitsvertragliche Vereinbarungen** hinsichtlich des Zuzahlungszeitraums, sind zeitraumbezogene (Einmal-)Zahlungen des Arbeitnehmers zu den **Anschaffungskosten** eines ihm auch zur privaten Nutzung überlassenen betrieblichen Kraftfahrzeugs bei der Bemessung des geldwerten Vorteils **auf den Zeitraum**, für den sie geleistet werden, gleichmäßig zu verteilen und vorteilsmindernd zu berücksichtigen (BFH v. 16.12.2020, VI R 19/18, BStBl II 2021, 761); zu zeitraumbezogenen (Einmal-)Zahlungen des Arbeitnehmers für die außerdienstliche Nutzung → Rz. 2141. Maßgeblich ist der vereinbarte Zuzahlungszeitraum, nicht dagegen die tatsächliche Nutzungsdauer (z.B. im Falle der vorzeitigen Rückgabe, der Veräußerung, des Tauschs oder eines Totalschadens des betrieblichen Kraftfahrzeugs). Es liegen weder negativer Arbeitslohn noch Werbungskosten vor. Eine Übertragung verbleibender Zuzahlungen auf ein anderes überlassenes betriebliches Kraftfahrzeug ist nicht zulässig.

Beispiel: 1

Ein Arbeitnehmer hat im Januar 2025 zu den Anschaffungskosten eines betrieblichen Kraftfahrzeugs eine Zuzahlung i.H.v. 10 000 € für eine vereinbarte voraussichtliche Nutzungsdauer von fünf Jahren geleistet (**vereinbarter Zuzahlungszeitraum**). Sollte das Fahrzeug vorzeitig zurückgegeben, veräußert oder getauscht werden, hat er **vereinbarungsgemäß** einen Anspruch auf zeitanteilige Rückerstattung der Zuzahlung. Der geldwerte Vorteil beträgt jährlich 4 000 €. Ab Januar 2027 wird ihm auf Grund eines Totalschadens (im Dezember 2026) ein anderes betriebliches Kraftfahrzeug überlassen. Zu diesem Zeitpunkt erhält er vereinbarungsgemäß eine Rückerstattung der Zuzahlung für die Jahre 2027 bis 2029 i.H.v. 6 000 €.

Der geldwerte Vorteil i.H.v. 4 000 € wird in den Jahren 2025 und 2026 um jeweils 2 000 € gemindert (Zuzahlung 10 000 €, gemäß BFH v. 16.12.2020, VI R 19/18, BStBl II 2021, 761, gleichmäßig auf die vereinbarte Nutzungsdauer verteilt = Zuzahlungszeitraum von 5 Jahren). Es liegen weder negativer Arbeitslohn noch Werbungskosten vor. Die Rückerstattung der anteiligen Zuzahlung ist kein Arbeitslohn, da sie den privaten Nutzungswert insoweit nicht gemindert hat (R 8.1 Abs. 9 Nr. 4 Satz 4 LStR).

Beispiel: 2

Wie Beispiel 1 mit der Besonderheit, dass Arbeitgeber und Arbeitnehmer **keine Vereinbarung** getroffen haben, für welchen Zeitraum die Zuzahlung geleistet wird. Allerdings wurde ein Anspruch des Arbeitnehmers auf **Rückerstattung** der Zuzahlung bei einem Fahrzeugwechsel wegen eines Totalschadens des betrieblichen Kraftfahrzeugs arbeitsvertraglich ausgeschlossen.

Der geldwerte Vorteil i.H.v. 4 000 € wird in den Jahren 2025 und 2026 um jeweils 4 000 € (gemäß R 8.1 Abs. 9 Nr. 4 und Nr. 4a LStR) gemindert. Der verbleibende Zuzahlungsbetrag i.H.v. 2 000 € kann nicht auf den geldwerten Vorteil des ab Januar 2027 neu überlassenen betrieblichen Kraftfahrzeugs angerechnet werden, da die Zuzahlung für die Überlassung eines anderen betrieblichen Kraftfahrzeugs (Totalschaden) geleistet wurde. Es liegen weder negativer Arbeitslohn noch Werbungskosten vor.

Beispiel: 3

Es handelt sich um ein Leasingvertrag; Vereinbarung über einen Zuzahlungszeitraum der Leasingsonderzahlung wurden nicht getroffen. Ein Arbeitnehmer hat im Jahr 2024 zur Leasingsonderzahlung des Arbeitgebers für ein betriebliches Kraftfahrzeug eine Zuzahlung i.H.v. 10 000 € geleistet. Es wurde zwar vereinbart, dass der Arbeitnehmer das Kraftfahrzeug für die gesamte Leasingvertragsdauer (48 Monate) nutzen darf; es wurde aber keine Vereinbarung getroffen, für welchen Zeitraum die Zuzahlung geleistet wird. Der geldwerte Vorteil für die private Nutzung beträgt jährlich 4 000 €.

Der geldwerte Vorteil i.H.v. 4 000 € wird in den Jahren 2025 und 2026 um jeweils 4 000 € und in 2027 um den Restbetrag von 2 000 € (gemäß R 8.1 Abs. 9 Nr. 4 und Nr. 4a LStR) gemindert. Es liegen weder negativer Arbeitslohn noch Werbungskosten vor. Inwieweit hier das Urteil des BFH v. 21.11.2024, VI R 9/22, BFH/NV 2025,319 zu einer anderen Zuordnung führt, bleibt offen; der BFH stellt jedoch in seiner Urteilsbegründung auch darauf ab, das für eine laufzeitgerechte Verteilung auf die Vertragskonditionen hinsichtlich der Anrechnung der Sonderzahlung abzustellen ist.

m) Nutzung eines Firmenfahrzeugs durch mehrere Arbeitnehmer

Wird ein betriebliches Fahrzeug **mehreren Arbeitnehmern** zur privaten Nutzung zur Verfügung gestellt, so ist der nach der sog. 1 %-Regelung zu ermittelnde Wert der unentgeltlichen Nutzung eines Firmenwagens für private Zwecke **auf die Nutzungsberechtigten aufzuteilen** (BFH v. 15.5.2002, VI R 132/00, BStBl II 2003, 311). 2152

Dies gilt auch für **Fahrten zwischen Wohnung und erster Tätigkeitsstätte**. Auch hier ist bei jedem Arbeitnehmer der geldwerte Vorteil mit 0,03 % des Listenpreises je Entfernungskilometer zu ermitteln und dieser Wert durch die Zahl der Nutzungsberechtigten zu teilen. Dem einzelnen Nutzungsberechtigten bleibt es unbenommen, zur Einzelbewertung seiner tatsächlichen Fahrten zwischen

Wohnung und erster Tätigkeitsstätte überzugehen (BMF v. 3.3.2022, IV C 5 – S 2334/21/10004 :001, BStBl I 2022, 232, Rdnr. 24).

Beispiel:

Ein Arbeitgeber überlässt den Arbeitnehmern A und B ein Fahrzeug zur privaten Nutzung. Der Listenpreis des Fahrzeugs beträgt 30 000 €. Die Entfernung zwischen Wohnung und erster Tätigkeitsstätte beträgt bei Arbeitnehmer A 20 km, bei Arbeitnehmer B 34 km.

Der monatliche geldwerte Vorteil aus der Fahrzeugüberlassung ermittelt sich wie folgt:

a) **Arbeitnehmer A:** – 1 % von 30 000 €	300 €
– 0,03 % von 30 000 € × 20 km	180 €
Summe	480 €
geteilt durch zwei Nutzungsberechtigte	240 €
b) **Arbeitnehmer B:** – 1 % von 30 000 €	300 €
– 0,03 % von 30 000 € × 34 km	306 €
Summe	606 €
geteilt durch zwei Nutzungsberechtigte	303 €

n) Fahrzeugpool

2153 Stehen Nutzungsberechtigten in einem **Fahrzeugpool** mehrere Kraftfahrzeuge zur Verfügung, so ist der pauschale Nutzungswert für Privatfahrten mit 1 % der Listenpreise aller Kraftfahrzeuge zu ermitteln und die Summe entsprechend der Zahl der Nutzungsberechtigten aufzuteilen. Der pauschale Nutzungswert für Fahrten zwischen Wohnung und erster Tätigkeitsstätte ist grds. mit 0,03 % der Listenpreise aller Kraftfahrzeuge zu ermitteln und die Summe durch die Zahl der Nutzungsberechtigten zu teilen. Dieser Wert ist beim einzelnen Arbeitnehmer mit der Zahl seiner Entfernungskilometer zu multiplizieren (BFH v. 15.5.2002, VI R 132/00, BStBl II 2003, 311). Dem einzelnen Nutzungsberechtigten bleibt es unbenommen, i.R. seiner Einkommensteuerveranlagung zur Einzelbewertung seiner tatsächlichen Fahrten zwischen Wohnung und erster Tätigkeitsstätte überzugehen (BMF v. 3.3.2022, IV C 5 – S 2334/21/10004 :001, BStBl I 2022, 232, Rdnr. 14).

Beispiel 1:

Ein Arbeitgeber richtet einen **Fahrzeugpool mit zwei Kraftfahrzeugen** ein. Die Listenpreise der Fahrzeuge betragen:

- Fahrzeug 1: 20 000 €,
- Fahrzeug 2: 27 100 €.

Auf den Fahrzeugpool können drei Arbeitnehmer zugreifen. Die Entfernung zwischen Wohnung und erster Tätigkeitsstätte beträgt bei den Arbeitnehmern:

- Arbeitnehmer A: 10 km,
- Arbeitnehmer B: 17 km,
- Arbeitnehmer C: 40 km.

Zunächst ist für Privatfahrten der geldwerte Vorteil mit 1 % der Listenpreise aller Kraftfahrzeuge zu ermitteln und die Summe entsprechend der Zahl der Nutzungsberechtigten aufzuteilen:

– Fahrzeug 1: 1 % von 20 000 €	200 €
– Fahrzeug 2: 1 % von 27 100 €	271 €
Insgesamt	471 €
geteilt durch 3 Nutzungsberechtigte	157 €

Anschließend ist der geldwerte Vorteil für Fahrten zwischen Wohnung und erster Tätigkeitsstätte mit 0,03 % der Listenpreise aller Kraftfahrzeuge zu ermitteln und die Summe durch die Zahl der Nutzungsberechtigten zu teilen:

– Fahrzeug 1: 0,03 % von 20 000 €	6,– €
– Fahrzeug 2: 0,03 % von 27 100 €	8,13 €
Insgesamt	14,13 €
geteilt durch 3 Nutzungsberechtigte	4,71 €

Der monatliche geldwerte Vorteil aus der Fahrzeugüberlassung ermittelt sich wie folgt:

a) **Arbeitnehmer A:**	
– Privatfahrten	157,– €
– Fahrten zwischen Wohnung und erster Tätigkeitsstätte 4,71 € × 10 km	47,10 €
Insgesamt	204,10 €
b) **Arbeitnehmer B:**	
– Privatfahrten	157,– €
– Fahrten zwischen Wohnung und erster Tätigkeitsstätte 4,71 € × 17 km	80,07 €
Insgesamt	237,07 €
c) **Arbeitnehmer C:**	
– Privatfahrten	157,– €
– Fahrten zwischen Wohnung und erster Tätigkeitsstätte 4,71 € × 40 km	188,40 €
Insgesamt	345,40 €

Arbeitnehmer A hat monatlich 204,10 € für die Fahrzeugüberlassung zu versteuern, Arbeitnehmer B monatlich 237,07 € und Arbeitnehmer C monatlich 345,40 €.

Beispiel 2:

Ein Arbeitgeber richtet einen **Fahrzeugpool mit fünf Kraftfahrzeugen** ein. Die Listenpreise der Fahrzeuge betragen:

- Fahrzeug 1: 20 000 €,
- Fahrzeug 2: 27 100 €,
- Fahrzeug 3: 40 000 €,
- Fahrzeug 4: 35 000 €,
- Fahrzeug 5: 60 000 €.

Auf den Fahrzeugpool können drei Arbeitnehmer zugreifen. Die Entfernung zwischen Wohnung und erster Tätigkeitsstätte beträgt bei den Arbeitnehmern:

- Arbeitnehmer A: 10 km,
- Arbeitnehmer B: 17 km,
- Arbeitnehmer C: 40 km.

Zunächst ist für Privatfahrten der geldwerte Vorteil mit 1 % der Listenpreise aller Kraftfahrzeuge zu ermitteln und die Summe entsprechend der Zahl der Nutzungsberechtigten aufzuteilen:

– Fahrzeug 1: 1 % von 20 000 €	200 €
– Fahrzeug 2: 1 % von 27 100 €	271 €
– Fahrzeug 3: 1 % von 40 000 €	400 €
– Fahrzeug 4: 1 % von 35 000 €	350 €
– Fahrzeug 5: 1 % von 60 000 €	600 €
Insgesamt	1 821 €
geteilt durch 3 Nutzungsberechtigte	607 €

Anschließend ist der geldwerte Vorteil für Fahrten zwischen Wohnung und erster Tätigkeitsstätte mit 0,03 % der Listenpreise aller Kraftfahrzeuge zu ermitteln und die Summe durch die Zahl der Nutzungsberechtigten zu teilen:

– Fahrzeug 1: 0,03 % von 20 000 €	6,– €
– Fahrzeug 2: 0,03 % von 27 100 €	8,13 €
– Fahrzeug 3: 0,03 % von 40 000 €	12,– €
– Fahrzeug 4: 0,03 % von 35 000 €	10,50 €
– Fahrzeug 5: 0,03 % von 60 000 €	18,– €
Insgesamt	54,63 €
geteilt durch 3 Nutzungsberechtigte	18,21 €

Der monatliche geldwerte Vorteil aus der Fahrzeugüberlassung ermittelt sich wie folgt:

a) **Arbeitnehmer A:**	
– Privatfahrten	607,– €
– Fahrten zwischen Wohnung und erster Tätigkeitsstätte 18,21 € × 10 km	182,10 €
Insgesamt	789,10 €
b) **Arbeitnehmer B:**	
– Privatfahrten	607,– €
– Fahrten zwischen Wohnung und erster Tätigkeitsstätte 18,21 € × 17 km	309,57 €
Insgesamt	916,57 €
c) **Arbeitnehmer C:**	
– Privatfahrten	607,– €
– Fahrten zwischen Wohnung und erster Tätigkeitsstätte 18,21 € × 40 km	728,40 €
Insgesamt	1 335,40 €

Arbeitnehmer A hat monatlich 789,10 € für die Fahrzeugüberlassung zu versteuern, Arbeitnehmer B monatlich 916,57 € und Arbeitnehmer C monatlich 1 335,40 €.

Dies gilt auch für den Bereich der Sozialversicherung (Besprechung am 26./27.3.2003, BB 2003, 1736).

o) Gesellschafter-Geschäftsführer

Bei Gesellschafter-Geschäftsführern stellt sich die Frage, ob eine 2154
Privatnutzung des betrieblichen Kraftfahrzeugs als Arbeitslohn oder als verdeckte Gewinnausschüttung zu qualifizieren ist.

Hierbei ist nach der Rechtsprechung des BFH zu unterscheiden, ob die Privatnutzung ausdrücklich gestattet oder vertraglich untersagt ist:

- **Privatnutzung ist ausdrücklich gestattet**

  Ist die private Nutzung eines betrieblichen Kraftfahrzeugs durch den Gesellschafter-Geschäftsführer im Anstellungsvertrag mit der GmbH **ausdrücklich gestattet**, kommt der Ansatz einer verdeckten Gewinnausschüttung in Höhe der Vorteilsgewährung nicht in Betracht. In einem solchen Fall liegt **immer Arbeitslohn** und keine verdeckte Gewinnausschüttung vor (BFH v. 23.4.2009, VI R 81/06, BStBl II 2012, 262).

- **Privatnutzung ist untersagt**

  Ist die private Nutzung eines betrieblichen Kraftfahrzeugs durch den Gesellschafter-Geschäftsführer im Anstellungsvertrag mit der GmbH **untersagt**, und wird das Kraftfahrzeug dennoch privat genutzt, liegt **stets eine verdeckte Gewinnausschüttung** vor, denn die unbefugte Privatnutzung eines betrieblichen Kraftfahrzeugs hat keinen Lohncharakter (BFH v. 21.3.2013, VI R 46/11, BStBl II 2013, 1044). Zum Anscheinsbeweis der Nutzung und dessen Erschütterung in Zusammenhang mit einem Nutzungsverbot vgl. BFH v. 16.1.2025, III R 34/22, BStBl II 2025, 386; FG Köln v. 8.12.2022, 13 K 1001/19, EFG 2023, 797; FG Münster v. 28.4.2023, 10 K 1193/20, EFG 2023, 2207, Revision eingelegt, Az. beim BFH: I R 33/23, Hessisches FG, Urteil v. 24.1.2024, 8 K 1129/20, Nichtzulassungsbeschwerde anhängig unter I B 17/24.

Zum Vorliegen und zur Bewertung einer verdeckten Gewinnausschüttung vgl. BMF v. 3.4.2012, IV C 2 – S 2742/08/10001, BStBl I 2012, 478.

Auch bei einem Alleingesellschafter-Geschäftsführer, dem die GmbH ein betriebliches Kraftfahrzeug auf Grund dienstvertraglicher Vereinbarung auch zur Privatnutzung überlassen hat, führt die Überlassung unabhängig davon, ob und in welchem Umfang das Fahrzeug tatsächlich privat genutzt wird, zu einem lohnsteuerlichen Vorteil (BFH v. 16.10.2020, VI B 13/20, HFR 2021, 351). Damit ist **auch bei einem Alleingesellschafter-Geschäftsführer** – wie bei anderen Arbeitnehmern auch – **eine Entkräftung des Anscheinsbeweises grds. nicht möglich**, vgl aber auch o.g. aktuelle Rechtsprechungstendenzen und → Rz. 2141.

3. Individueller Nutzungswert

a) Allgemeines

2155 **Abweichend von der 1 %-Regelung** kann die private Nutzung eines Firmenwagens auch mit dem auf die private Nutzung und die Nutzung zu Fahrten zwischen Wohnung und erster Tätigkeitsstätte sowie zu Fahrten zu einem bestimmten Sammelpunkt oder zu einem weiträumigen Tätigkeitsgebiet (§ 9 Abs. 1 Satz 3 Nr. 4a Satz 3 EStG) entfallenden Teil der gesamten Kraftfahrzeugaufwendungen angesetzt werden, wenn die durch das Kraftfahrzeug insgesamt entstehenden Aufwendungen (**Gesamtkosten**) durch Belege und das Verhältnis der privaten Fahrten und der Fahrten zwischen Wohnung und erster Tätigkeitsstätte sowie der Fahrten zu einem bestimmten Sammelpunkt oder zu einem weiträumigen Tätigkeitsgebiet (§ 9 Abs. 1 Satz 3 Nr. 4a Satz 3 EStG) zu den übrigen Fahrten durch ein ordnungsgemäßes **Fahrtenbuch** nachgewiesen werden (§ 8 Abs. 2 Satz 4 EStG).

Die Ermittlung eines individuellen Kilometersatzes anhand der tatsächlich nachgewiesenen Kosten und laufenden Aufzeichnungen in einem Fahrtenbuch ist **auch bei geleasten Fahrzeugen zulässig. Leasingsonderzahlungen** sind bei der Berechnung der Gesamtkosten eines Fahrzeugs zur Ermittlung des geldwerten Vorteils beim Arbeitnehmer nach der Fahrtenbuchmethode jedenfalls dann **periodengerecht anzusetzen**, wenn der Arbeitgeber die Kosten des ihm überlassenen Fahrzeugs in seiner Gewinnermittlung dementsprechend erfassen muss. Denn die Grundsätze der Gewinnermittlung gelten durch den Verweis in § 8 Abs. 2 Satz 2 EStG auf § 6 Abs. 1 Nr. 4 EStG auch bei der Bewertung der privaten Kraftfahrzeugnutzung i.R. der Arbeitnehmerbesteuerung. Dies schließt aber nicht aus, bei nur geringfügigen Beträgen auf den Ansatz eines Rechnungsabgrenzungsposten zu verzichten, wie z.B. bei Steuern und Versicherungen für einen nur aus wenigen Fahrzeugen bestehenden Fuhrpark (BFH v. 3.9.2015, VI R 27/14, BStBl II 2016, 174).

Wird das Kraftfahrzeug sowohl für Privatfahrten als auch für Fahrten zwischen Wohnung und erster Tätigkeitsstätte überlassen, kann die **individuelle Nutzungswertermittlung** weder auf Privatfahrten noch auf Fahrten zwischen Wohnung und erster Tätigkeitsstätte **beschränkt werden** (BMF v. 3.3.2022, IV C 5 – S 2334/21/10004 :001, BStBl I 2022, 232, Rdnr. 27).

Führt ein nicht ordnungsgemäß geführtes Fahrtenbuch dazu, dass der Arbeitnehmer zu einer höheren Einkommensteuer veranlagt wird, stellt der Ersatz für den dadurch eingetretenen Schaden seitens der Versicherung des Arbeitgebers (hier: Zahlung von 50 000 €) **keinen Arbeitslohn** dar, wenn dem Arbeitnehmer tatsächlich ein Schaden entstanden ist, die Einkommensteuer also ohne die Pflichtverletzung oder unerlaubte Handlung des Arbeitgebers niedriger festgesetzt worden wäre. Der Stpfl. trägt die **objektive Feststellungslast**, dass die Ersatzleistung des Arbeitgebers der Erfüllung eines tatsächlich bestehenden Schadensersatzanspruchs diente, weil die entscheidungserheblichen Umstände in seiner Sphäre liegen (BFH v. 25.4.2018, VI R 34/16, BStBl II 2018, 600).

b) Fahrtenbuch

Bei dieser Berechnungsmethode müssen die dienstlich und privat gefahrenen Kilometer sowie die für Fahrten zwischen Wohnung und erster Tätigkeitsstätte bzw. zu einem bestimmten Sammelpunkt oder zu einem weiträumigen Tätigkeitsgebiet (§ 9 Abs. 1 Satz 3 Nr. 4a Satz 3 EStG) zurückgelegten Kilometer **im Einzelnen nachgewiesen werden**. Hierzu ist laufend **ein ordnungsgemäßes Fahrtenbuch** zu führen. Nach R 8.1 Abs. 9 Nr. 2 LStR sind für dienstliche Fahrten grds. die folgenden Angaben erforderlich: 2156

- **Datum und Kilometerstand zu Beginn und am Ende jeder einzelnen Auswärtstätigkeit**;
- **Reiseziel und bei Umwegen auch die Reiseroute**;
- **Reisezweck** und **aufgesuchte Geschäftspartner**.

Für Privatfahrten genügt die Angabe der jeweils gefahrenen Kilometer. Für Fahrten zwischen Wohnung und erster Tätigkeitsstätte genügt ein entsprechender Vermerk im Fahrtenbuch mit Angabe der jeweils gefahrenen Kilometer.

Der BFH hat in mehreren Urteilen die restriktive Auffassung der Finanzverwaltung bestätigt und folgende Grundsätze aufgestellt:

- Ein ordnungsgemäßes Fahrtenbuch muss **zeitnah und in geschlossener Form** geführt werden und die zu erfassenden Fahrten einschließlich des an ihrem Ende erreichten Gesamtkilometerstands vollständig und in ihrem fortlaufenden Zusammenhang wiedergeben (BFH v. 9.11.2005, VI R 27/05, BStBl II 2006, 408); dies gilt auch für Streitjahre, die zeitlich vor Ergehen des Urteils geendet haben (FG Köln v. 28.3.2012, 15 K 4080/09, EFG 2012, 1758).
- Die erforderlichen Angaben müssen sich dem **Fahrtenbuch selbst entnehmen** lassen. Ein Verweis auf ergänzende Unterlagen ist nur zulässig, wenn der geschlossene Charakter der Fahrtenbuchaufzeichnungen dadurch nicht beeinträchtigt wird (BFH v. 16.3.2006, VI R 87/04, BStBl II 2006, 625).
- Mehrere **Teilabschnitte** einer einheitlichen beruflichen Reise können miteinander **zu einer zusammenfassenden Eintragung verbunden** werden, wenn die einzelnen aufgesuchten Kunden oder Geschäftspartner im Fahrtenbuch in der zeitlichen Reihenfolge aufgeführt werden (BFH v. 16.3.2006, VI R 87/04, BStBl II 2006, 625).
- Der **Übergang von der beruflichen Nutzung zur privaten Nutzung** des Fahrzeugs ist im Fahrtenbuch durch Angabe des bei Abschluss der beruflichen Fahrt erreichten Gesamtkilometerstands zu dokumentieren (BFH v. 16.3.2006, VI R 87/04, BStBl II 2006, 625).
- Ein ordnungsgemäßes Fahrtenbuch muss grds. zu den beruflichen Reisen **Angaben zum Datum, zum Reiseziel, zum aufgesuchten Kunden oder Geschäftspartner** bzw. zum Gegenstand der dienstlichen Verrichtung und zu dem bei Abschluss der Fahrt erreichten **Gesamtkilometerstand** des Fahrzeugs enthalten (BFH v. 16.3.2006, VI R 87/04, BStBl II 2006, 625).
- Kann der Arbeitnehmer den ihm überlassenen Dienstwagen auch privat nutzen und wird über die Nutzung des Dienstwagens ein ordnungsgemäßes Fahrtenbuch nicht geführt, so ist der zu versteuernde geldwerte Vorteil nach der 1 %-Regelung zu bewerten. Eine **Schätzung des Privatanteils** anhand anderer Aufzeichnungen **kommt nicht in Betracht** (BFH v. 16.11.2005, VI R 64/04, BStBl II 2006, 410).
- Eine mit Hilfe eines **Computerprogramms** erzeugte Datei genügt den Anforderungen an ein ordnungsgemäßes Fahrtenbuch nur dann, wenn nachträgliche Veränderungen an den zu einem früheren Zeitpunkt eingegebenen Daten nach der Funktionsweise des verwendeten Programms technisch ausgeschlossen sind oder in ihrer Reichweite in der Datei selbst dokumentiert und offen gelegt werden (BFH v. 16.11.2005, VI R 64/04, BStBl II 2006, 410, ebenso BFH v. 12.1.2024, VI B 37/23, BFH/NV 2024, 389). Werden nachträgliche Änderungen lediglich in Protokolldateien hinterlegt, ohne unmittelbar aus dem Fahrtenbuch selbst ersichtlich zu sein, genügt das den Anforderungen an ein ordnungsgemäßes elektronisches

Fahrtenbuch nicht (FG Düsseldorf v. 24.11.2023, 3 K 1887/22, EFG 2024, 181).

Kleinere Mängel eines Fahrtenbuchs führen allerdings nicht zwingend zur Anwendung der 1 %-Regelung, wenn die Angaben insgesamt plausibel sind (BFH v. 10.4.2008, VI R 38/06, BStBl II 2008, 768; FG Düsseldorf v. 7.11.2008, 12 K 4479/07 E, EFG 2009, 324). Sind die Fehleintragungen allerdings systematischer Natur und geben Anlass zu erheblichen Zweifeln an der Richtigkeit der übrigen Eintragungen, ist das Fahrtenbuch trotz nur weniger nachweisbarer Fehleintragungen nicht ordnungsgemäß (FG München v. 14.5.2009, 15 K 2945/07, EFG 2009, 1449). Die Eintragung der **Insel „Sylt" als Reiseziel** ist jedenfalls **nicht ausreichend** (FG Schleswig-Holstein v. 25.10.2006, 1 K 170/05, EFG 2007, 20). Ein Fahrtenbuch ist ebenfalls nicht ordnungsgemäß, wenn es **wesentliche Umwegfahrten nicht enthält** sowie Namens- und Ortsangaben **keine zweifelsfreien Feststellungen** zulassen (BFH v. 21.3.2013, VI R 31/10, BStBl II 2013, 700), wenn die Fahrtziele nahezu **ausschließlich durch Abkürzungen** der jeweils aufgesuchten Kunden und Einrichtungen ohne jegliche Ortsangaben aufgeführt werden (FG Köln v. 18.3.2016, 3 K 3735/12, EFG 2016, 1332) oder wenn sich bei einer Entfernung von höchstens 232 km zu demselben Ziel Abweichungen (nach oben) um bis zu 56 km aus dem Fahrtenbuch ergeben (BFH v. 14.3.2012, VIII B 120/11).

Die Frage, **ob ein Fahrtenbuch ordnungsgemäß ist**, wenn zwar die Anfangspunkte einer Dienstreise nicht eingetragen werden, aber der Anfangspunkt bei nahtlosem und identischem Kilometerstand aus dem Ziel der darüberliegenden Zeile (dem Endpunkt der vorherigen Fahrt) geschlussfolgert werden kann, betrifft **eine Frage des Einzelfalls**, die nicht abstrakt klärungsfähig ist (BFH v. 23.7.2020, VIII B 130/19). Im BFH Verfahren VIII R 12/21, Urteil v. 22.10.2024, BStBl II 2025, 24 (Vorinstanz FG München v. 9.3.2021, 6 K 2915/17, EFG 2021, 1092) war u.a. die Frage streitig, ob die **Unleserlichkeit** von Fahrtenbüchern durch ein **nachträglich** erstelltes Transkript geheilt werden kann mit der Folge, dass der Nachweis einer rein betrieblichen Nutzung von Fahrzeugen erbracht wird und ein Privatanteil nach der 1 %-Regelung nicht anzusetzen ist. Der BFH hat das Verfahren zur anderweitigen Verhandlung an das FG zurückverwiesen. Ausgeführt hat der BFH in diesem Zusammenhang aber, dass zwischen der Frage, ob eine Privatnutzung tatsächlich erfolgt oder dem Anscheinen nach von einer solchen auszugehen ist und der Frage der Bewertung zu unterscheiden ist. Danach ist nicht von vornherein auszuschließen, dass die im Verfahren vorgelegten Fahrtenbücher und die daraus angefertigten Transkripte geeignet sind, den Vortrag des Steuerpflichtigen, bestimmte Fahrzeuge seien nicht privat genutzt worden, so ausreichend zu substantiieren, dass sich ein Sachverhalt ergibt, der geeignet ist, den Anscheinsbeweis zu erschüttern. Das FG hätte deshalb dem Vortrag des Klägers, dass sich das Fahrtenbuch und das Transkript inhaltlich decken und sich aus den Eintragungen ergebe, dass es keine Privatfahrten gegeben habe, nachgehen müssen. Dem steht nicht entgegen, dass es sich bei den Transkripten nach den Einlassungen des Klägers um die maschinenschriftliche Nachschrift der Fahrtenbücher handelt, die nach den Feststellungen des FG teilweise nicht lesbar sind. Ob ein handschriftlich geführtes Fahrtenbuch i.S.d. § 6 Abs. 1 Nr. 4 Satz 3 EStG dann zu verwerfen ist, wenn dessen Aufzeichnungen (teilweise) nicht lesbar sind (BFH v. 14.3.2012, VIII B 120/11, BFH/NV 2012, 949, Rz. 7), ist nicht streiterheblich, solange es um die vorrangig zu klärende Frage geht, ob eine Privatnutzung überhaupt stattgefunden hat. Die **Fahrtenbuchmethode** ist nur dann zu Grunde zu legen, wenn der Arbeitnehmer das Fahrtenbuch **für den gesamten Veranlagungszeitraum** führt, in dem er das Fahrzeug nutzt; ein **unterjähriger Wechsel** von der 1 %-Regelung zur Fahrtenbuchmethode für dasselbe Fahrzeug ist **nicht zulässig** (BFH v. 20.3.2014, VI R 35/12, BStBl II 2014, 643). Die Führung des Fahrtenbuchs kann daher **nicht auf einen repräsentativen Zeitraum beschränkt** werden.

Anstelle des Fahrtenbuchs kann **ein Fahrtenschreiber** eingesetzt werden, wenn sich daraus dieselben Erkenntnisse gewinnen lassen. Das Fahrtenbuch muss **im Original vorgelegt** werden. Die Vorlage eines Fahrtenbuchs in Form einer erst vor Abgabe der Steuererklärung gefertigten Reinschrift mit anschließender Vernichtung der Grundaufzeichnungen ist nicht ausreichend (BFH v. 14.12.2006, IV R 62/04). Dies gilt auch für ein Fahrtenbuch, das aus einem **handschriftlich zeitnah und geschlossen geführten Buch** und einer **ergänzenden**, in einer **Excel-Datei** geführten Liste mit erläuternden Angaben besteht (BFH v. 1.3.2012, VI R 33/10, BStBl II 2012, 505) oder aus einer **Kombination aus handschriftlich geführtem Fahrtenbuch und Kopien** eines vom Arbeitgeber elektronisch geführten Terminkalenders (BFH v. 13.11.2012, VI R 3/12). Auch müssen Aufzeichnungen in einem handschriftlich geführten Fahrtenbuch lesbar sein (BFH v. 14.3.2012, VIII B 120/11). Ein Fahrtenbuch ist ebenfalls nicht ordnungsgemäß, wenn die Fahrten **mittels Diktiergerät unterwegs auf Kassetten aufgenommen** werden, die dann regelmäßig in Excel-Tabellen übertragen werden (FG Köln v. 18.6.2015, 10 K 33/15, EFG 2015, 1598).

Im Übrigen ist der **Chi-Quadrat-Test** als mathematisch empirische Methode geeignet, die Ordnungsmäßigkeit eines Fahrtenbuchs zu überprüfen (FG Münster v. 7.12.2005, 1 K 6384/03 E, EFG 2006, 652).

Ein **elektronisches Fahrtenbuch ist anzuerkennen**, wenn sich daraus dieselben Erkenntnisse wie aus einem manuell geführten Fahrtenbuch gewinnen lassen. Beim Ausdrucken von elektronischen Aufzeichnungen müssen **nachträgliche Veränderungen** der aufgezeichneten Angaben **technisch ausgeschlossen, zumindest aber dokumentiert** werden (BFH v. 16.11.2005, VI R 64/04, BStBl II 2006, 410). Ein **elektronisch geführtes Fahrtenbuch ist nicht ordnungsgemäß**, wenn an den automatisch aufgezeichneten Fahrdaten nachträglich Änderungen in Bezug auf Art, Ziel und Zweck der Fahrt vorgenommen werden können und diese Änderungen nicht dokumentiert werden (FG Münster v. 4.2.2010, 5 K 5046/07 E, EFG 2010, 947). Unerheblich ist hierbei, ob der Arbeitnehmer tatsächlich Veränderungen am eingegebenen Datenbestand vorgenommen hat (FG Baden-Württemberg v. 14.10.2014, 11 K 736/11 u. 11 K 737/11, EFG 2015, 458). Auch in einem **elektronischen Fahrtenbuch** müssen **Aufzeichnungen zeitnah geführt** und in **unveränderlicher Weise dokumentiert** werden. Dies gilt insbesondere für automatisch aufgezeichnete Bewegungsprofile sowie für die jeweiligen konkreten Fahrtanlässe (FG Niedersachsen v. 23.1.2019, 3 K 107/18, EFG 2019, 875). Elektronische Fahrtenbücher müssen zudem den Grundsätzen zur ordnungsmäßigen Führung und Aufbewahrung von Büchern, Aufzeichnungen und Unterlagen in elektronischer Form sowie zum Datenzugriff (GoBD) genügen (= BMF v. 28.11.2019, IV A 4 – S 0316/19/10003 :001, BStBl I 2019, 1269 unter Einbezug der Änderungen im Schreiben BMF v. 11.3.2024, IV D 2 – 0316/21/10001 :002, BStBl I 2024, 374 sowie v. 14.7.2025, IV D 2 – S 0316/00128/005/088, BStBl I 2025, 1502; s. BMF v. 3.3.2022, IV C 5 – S 2334/21/10004 :001, BStBl I 2022, 232, Rdnr. 28).

Die Finanzverwaltung hat **keine Bedenken**, ein elektronisches Fahrtenbuch, in dem alle Fahrten automatisch bei Beendigung jeder Fahrt mit Datum, Kilometerstand und Fahrtziel erfasst werden, jedenfalls dann als zeitnah geführt anzusehen, wenn der Fahrer den dienstlichen Fahrtanlass (Reisezweck und aufgesuchte Geschäftspartner) innerhalb eines Zeitraums von bis zu sieben Kalendertagen nach Abschluss der jeweiligen Fahrt in einem Webportal einträgt und die übrigen Fahrten dem privaten Bereich zugeordnet werden (BMF v. 3.3.2022, IV C 5 – S 2334/21/10004 :001, BStBl I 2022, 232, Rdnr. 29).

Nach FG Hamburg v. 13.11.2024, 3 K 111/21, Revision anhängig, Az. beim BFH: VIII R 35/24, können Berufsgeheimnisträger bei der Vorlage eines Fahrtenbuchs nach § 6 Abs. 1 Nr. 4 Satz 3 EStG Schwärzungen vornehmen, soweit diese Schwärzungen erforderlich sind, um die Identitäten von Mandanten zu schützen. Die Berechtigung, einzelne Eintragungen im Fahrtenbuch zu schwärzen, ändere aber nichts an der grundsätzlichen Beweislastverteilung; gegebenenfalls muss der Berufsträger substantiiert und nachvollziehbar darlegen, weshalb Schwärzungen in dem erfolgten Umfang erforderlich waren, und die berufliche Veranlassung der Fahrten durch ergänzende Angaben darlegen. Die Entscheidung des BFH bleibt abzuwarten.

c) Aufzeichnungserleichterungen

Ein Fahrtenbuch soll die Zuordnung von Fahrten zur betrieblichen 2157
und beruflichen Sphäre ermöglichen. Es muss laufend geführt werden und die berufliche Veranlassung plausibel erscheinen lassen und ggf. eine stichprobenartige Nachprüfung ermöglichen. Auf **einzelne dieser zusätzlichen Angaben kann verzichtet**

werden, soweit wegen der besonderen Umstände im Einzelfall die erforderliche Aussagekraft und Überprüfungsmöglichkeit nicht beeinträchtigt wird. Daher sind für bestimmte Berufsgruppen von der Finanzverwaltung **Aufzeichnungserleichterungen** zugelassen worden (BMF v. 3.3.2022, IV C 5 – S 2334/21/10004 :001, BStBl I 2022, 232, Rdnr. 30; BMF v. 18.11.2009, IV C 6 – S 2177/07/10004, BStBl I 2009, 1326, Rdnr. 24 bis 28; BMF v. 9.5.2000, IV C 2 – S 2177-10/00; OFD München v. 2.1.2001, S 0251 – 2 St 312):

- **Kundendienstmonteure, Handelsvertreter, Kurierdienstfahrer, Automatenlieferanten, Pflegedienstmitarbeiter und ähnliche Berufsgruppen**

  Bei diesen Berufsgruppen mit täglich wechselnden Auswärtstätigkeiten reicht es aus, wenn sie angeben, welche Kunden sie an welchem Ort aufsuchen. Angaben über die Reiseroute und zu den Entfernungen zwischen den Stationen einer Auswärtstätigkeit sind nur bei größerer Differenz zwischen direkter Entfernung und tatsächlicher Fahrtstrecke erforderlich.
- **Taxifahrer, Fahrlehrer**

  Bei Fahrten eines Taxifahrers im sog. Pflichtfahrgebiet ist es in Bezug auf Reisezweck, Reiseziel und aufgesuchte Geschäftspartner ausreichend, täglich zu Beginn und Ende der Gesamtheit dieser Fahrten den Kilometerstand anzugeben mit der Angabe „Taxifahrten im Pflichtfahrgebiet" o.ä. Wurden Fahrten durchgeführt, die über dieses Gebiet hinausgehen, kann auf die genaue Angabe des Reiseziels nicht verzichtet werden.

  Für Fahrlehrer ist es ausreichend, wenn sie in Bezug auf Reisezweck, Reiseziel und aufgesuchtem Geschäftspartner „Lehrfahrt" oder „Fahrschulfahrt" o.ä. angeben. Dabei ist es mit dem neben dem Fahrtenbuch gemäß Fahrlehrergesetz zu führenden Tagesnachweis ausreichend, bei aufeinander folgenden Fahrstunden nur den Kilometerstand zu Beginn und am Ende sowie bei zusammenhängenden Fahrschulfahrten lediglich den Kilometerstand zu Beginn und am Ende der Gesamtlehrfahrzeiten aufzuzeichnen.
- **Sicherheitsgefährdete Personen**

  Bei sicherheitsgefährdeten Personen, deren Fahrtroute häufig von sicherheitsmäßigen Gesichtspunkten bestimmt wird, kann auf die Angabe der Reiseroute auch bei größeren Differenzen zwischen der direkten Entfernung und der tatsächlichen Fahrtstrecke verzichtet werden.
- **Steuerberater, Anwälte, Ärzte und ähnliche Berufsgruppen**

  Bei diesen Berufsgruppen reicht neben der Angabe des Datums, des Kilometerstands und des Zielorts grds. die Angabe „Mandantenbesuch" bzw. „Patientenbesuch" als Reisezweck aus, wenn Name und Adresse des aufgesuchten Mandanten bzw. Patienten vom Berufsgeheimnisträger in einem vom Fahrtenbuch getrennt zu führenden Verzeichnis festgehalten werden. Gegen eine solche Verfahrensweise bestehen keine Bedenken, wenn sichergestellt ist, dass die Zusammenführung von Fahrtenbuch und Mandanten-/Patientenverzeichnis leicht und einwandfrei möglich ist und keinen erheblichen Aufwand verursacht. Die Vorlage des Verzeichnisses soll nur verlangt werden, wenn tatsächliche Anhaltspunkte vorliegen, die Zweifel an der Richtigkeit oder Vollständigkeit der Eintragungen im Fahrtenbuch begründen und die Zweifel nicht anders auszuräumen sind.

d) Gesamtkosten

2158 Mit Urteil vom 21.11.2024, VI R 9/22 (StEd 2025, 44) hat der VI. Senat des BFH zur periodengerechten Verteilung einer Leasingsonderzahlung im Rahmen der Ermittlung der jährlichen Fahrzeuggesamtkosten wie folgt entschieden:

Zur Ermittlung der tatsächlichen Kosten für sonstige berufliche Fahrten nach § 9 Abs. 1 Satz 3 Nr. 4a Satz 1 EStG ist eine Leasingsonderzahlung den einzelnen Veranlagungszeiträumen während der Laufzeit des Leasingvertrags zuzuordnen. Auch andere (Voraus-)Zahlungen, die sich wirtschaftlich auf die Dauer des Leasingvertrags erstrecken, sind periodengerecht auf die einzelnen Veranlagungszeiträume während der Laufzeit des Leasingvertrags zu verteilen. Damit hält der BFH an seiner bisherigen Rechtsprechung (BFH v. 5.5.1994, VI R 100/93, BStBl II 1994, 643) nicht länger fest und schließt sich der von der Finanzverwaltung hierzu vertretenen Auffassung weitgehend an. Arbeitnehmer mit Leasingfahrzeugen sollten die neuen Vorgaben beachten und Kosten entsprechend verteilen. Ein sofortiger Abzug einer Leasingsonderzahlung im Zahlungsjahr ist damit nicht mehr möglich (vgl. hierzu auch → Rz. 2153).

Die insgesamt durch das Kraftfahrzeug entstehenden Aufwendungen i.S.d. § 8 Abs. 2 Satz 4 EStG (Gesamtkosten) sind als Summe der Nettoaufwendungen zuzüglich Umsatzsteuer und Absetzungen für Abnutzung zu ermitteln; dabei bleiben vom Arbeitnehmer selbst getragene Aufwendungen außer Ansatz (R 8.1 Abs. 9 Nr. 2 Satz 8 LStR). Zur Nichtbeanstandungsregelung → Rz. 2164.

Zu den Gesamtkosten gehören nur solche Kosten, die dazu bestimmt sind, **unmittelbar dem Halten und dem Betrieb des Kraftfahrzeugs zu dienen** und im Zusammenhang mit seiner Nutzung typischerweise entstehen. **Absetzungen für Abnutzung** sind stets **in die Gesamtkosten einzubeziehen**; ihnen sind die tatsächlichen Anschaffungs- oder Herstellungskosten einschließlich der Umsatzsteuer zu Grunde zu legen (R 8.1 Abs. 9 Nr. 2 Sätze 9 und 10 LStR). Bei Überlassung eines betrieblichen Pkw an einen **Arbeitnehmer** richtet sich die voraussichtliche **Nutzungsdauer** des Kraftfahrzeugs **nicht nach der AfA-Tabelle**, sondern beträgt bei Neuwagen acht Jahre (Gesamtnutzungsdauer), bei Gebrauchtwagen entsprechend weniger (BFH v. 29.3.2005, IX B 174/03, BStBl II 2006, 368).

Zu den Gesamtkosten gehören z.B. (BMF v. 3.3.2022, IV C 5 – S 2334/21/10004 :001, BStBl I 2022, 232, Rdnr. 32):

- Absetzungen für Abnutzung,
- Leasing- und Leasingsonderzahlungen (an Stelle der Absetzungen für Abnutzung),
- Treibstoffkosten,
- Wartungs- und Reparaturkosten,
- Kraftfahrzeugsteuer,
- Aufwendungen für Halterhaftpflicht- und Fahrzeugversicherungen,
- Garagen-/Stellplatzmiete,
- Aufwendungen für Anwohnerparkberechtigungen,
- Aufwendungen für Wagenpflege/-wäsche,
- der nicht nach § 3 Nr. 46 EStG steuerfreie Ladestrom.

Nicht zu den Gesamtkosten gehören z.B. (BMF v. 3.3.2022, IV C 5 – S 2334/21/10004 :001, BStBl I 2022, 232, Rdnr. 33):

- Fährkosten,
- Straßen- oder Tunnelbenutzungsgebühren (Vignetten, Mautgebühren),
- Parkgebühren,
- Aufwendungen für Insassen- und Unfallversicherungen,
- Verwarnungs-, Ordnungs- und Bußgelder,
- Kosten einer Ladevorrichtung bei Elektrofahrzeugen sowie der nach § 3 Nr. 46 EStG steuerfreie Ladestrom,
- Beiträge für einen auf den Namen des Arbeitnehmers ausgestellten Schutzbrief (BFH v. 14.9.2005, VI R 37/03, BStBl II 2006, 72),
- Unfallkosten (BFH v. 24.5.2007, VI R 73/05, BStBl II 2007, 766).

Die **Schätzung bestimmter Kostenbestandteile** (z.B. Schätzung der Treibstoffkosten anhand eines geschätzten Durchschnittsverbrauchs und unter Berücksichtigung eines geschätzten Durchschnittspreises für Treibstoff) ist **nicht zulässig**. Die Rechtsprechung des BFH, wonach der Arbeitnehmer bei der Ermittlung der auf Dienstreisen entfallenden Kraftfahrzeugkosten **einen Teilnachweis** der ihm tatsächlich entstandenen Aufwendungen erbringen und weitere dem Grunde nach feststehende Aufwendungen schätzen kann (BFH v. 7.4.1992, VI R 113/88, BStBl II 1992, 854), ist auf Grund der eindeutigen gesetzlichen Regelung in § 8 Abs. 2 Satz 4 EStG **nicht anwendbar**.

Allerdings hält das FG München eine **Teilschätzung für möglich**, wenn die erforderliche Schätzung nur einen **geringfügigen Mangel behebt**, der insgesamt nicht zur Verwerfung der Fahrtenbuchmethode führt (FG München v. 16.10.2020, 8 K 611/19, EFG 2021, 541). Dies sieht der BFH anders. Danach schließt eine Schätzung von belegmäßig nicht nachgewiesenen Aufwendungen (hier: Treibstoffkosten) die Anwendung der Fahrtenbuchmethode für die Bemessung des geldwerten Vorteils aus der Überlassung eines betrieblichen Kfz aus (BFH v. 15.12.2022, VI R 44/20, BStBl II 2023, 442).

Zur Frage, wie sich **Kostenerstattungen von dritter Seite** auf die Höhe der Gesamtkosten auswirken, → Rz. 2140.

Beispiel:

Ein Arbeitgeber erwirbt im Januar 2025 einen Pkw, dessen Listenpreis 32 000 € inklusive Umsatzsteuer beträgt. Der Arbeitgeber erhält beim Kauf des Fahrzeugs einen Rabatt von brutto 3 440 €. Die betriebsgewöhnliche Nutzungsdauer des (betrieblichen) Pkw beträgt nach der AfA-Tabelle sechs Jahre. Die als **Betriebsausgabe gebuchte Abschreibung** errechnet sich wie folgt:

Listenpreis (inklusive Umsatzsteuer)	32 000 €
– Rabatt (inklusive Umsatzsteuer)	3 440 €
= Anschaffungskosten (inklusive Umsatzsteuer)	28 560 €
– Umsatzsteuer (19/119 von 28 560 €)	4 560 €
= Anschaffungskosten netto	24 000 €
Jährliche Abschreibung bei 6 Jahren Nutzungsdauer (1/6 = 16,67 % von 24 000 €)	4 000 €

Die übrigen Kosten betragen (ohne Umsatzsteuer):

– Treibstoffkosten	2 500 €
– Reparaturen, Wartung	600 €
– Kraftfahrzeugsteuer	250 €
– Versicherungen (Haftpflicht / Vollkasko)	1 191 €
Kosten insgesamt	4 541 €

Nach dem vom Arbeitnehmer geführten Fahrtenbuch ergeben sich für 2025 folgende **gefahrenen Kilometer**:

Kilometer insgesamt:	30 000 km
Fahrten zwischen Wohnung und erster Tätigkeitsstätte bei einer einfachen Entfernung von 20 km und 225 Arbeitstagen (20 km × 2 × 225)	9 000 km
Privatfahrten	5 000 km

Die Berechnung des individuellen Kilometersatzes ist wie folgt durchzuführen:

Abschreibung 1/8 von 28 560 €		3 570 €
Treibstoffkosten ohne Umsatzsteuer	2 500 €	
+ 19 % Umsatzsteuer	475 €	2 975 €
Reparaturen, Wartung ohne Umsatzsteuer	600 €	
+ 19 % Umsatzsteuer	114 €	714 €
Kraftfahrzeugsteuer		250 €
Versicherungen		1 191 €
Gesamtkosten		8 700 €

Bei einer Jahresfahrleistung von 30 000 km ergibt sich ein Kilometersatz von 0,29 € (8 700 € : 30 000). Der Arbeitnehmer hat damit für 2025 folgende geldwerte Vorteile zu versteuern:

Privatfahrten: 5 000 km × 0,29 €	1 450 €
Fahrten zwischen Wohnung und erster Tätigkeitsstätte: 9 000 km × 0,29 €	2 610 €
steuerpflichtiger geldwerter Vorteil für 2025 insgesamt	4 060 €

Anzumerken ist, dass bei der individuellen Nutzungswertermittlung für die Ermittlung der **Gesamtkosten** bei einem Pkw eine AfA von **12,5 %** der Anschaffungskosten entsprechend einer achtjährigen (Gesamt-)Nutzungsdauer anzusetzen ist (BFH v. 29.3.2005, IX B 174/03, BStBl II 2006, 368; BMF v. 3.3.2022, IV C 5 – S 2334/21/10004 :001, BStBl I 2022, 232, Rz. 34). Lt. BFH richtet sich im Fall der Überlassung eines betrieblichen Pkw an einen Arbeitnehmer zu dessen privater Nutzung die i.R. des § 8 Abs. 2 Satz 4 EStG (Wert des Sachbezugs) zu ermittelnde AfA **nicht** notwendig nach den Ansätzen, die der Arbeitgeber bei seiner Gewinnermittlung geltend gemacht hat. Vielmehr ist im Regelfall von einer AfA für Pkw von 12,5 v.H. der Anschaffungskosten entsprechend einer achtjährigen Gesamtnutzungsdauer des PKW auszugehen.

Soweit die **genaue Erfassung** des individuellen Nutzungswerts **monatlich nicht möglich** ist, kann der Erhebung der Lohnsteuer monatlich **ein Zwölftel des Vorjahresbetrags** zu Grunde gelegt werden (R 8.1 Abs. 9 Nr. 3 Satz 2 LStR). Die Finanzverwaltung hat keine Bedenken, stattdessen bei der Ermittlung des individuellen Nutzungswerts je Fahrtkilometer **vorläufig 0,001 % des inländischen Listenpreises** für das Kraftfahrzeug anzusetzen. Nach Ablauf des Kalenderjahres oder nach Beendigung des Dienstverhältnisses ist der tatsächlich zu versteuernde individuelle Nutzungswert zu ermitteln und eine etwaige Lohnsteuerdifferenz nach Maßgabe der §§ 41c, 42b EStG auszugleichen (BMF v. 3.3.2022, IV C 5 – S 2334/21/10004 :001, BStBl I 2022, 232, Rdnr. 31).

Im Übrigen haben Arbeitnehmer arbeitsrechtlich **einen Anspruch auf Auskunft über die Gesamtkosten** des Fahrzeugs gegenüber dem Arbeitgeber, wenn sie den geldwerten Vorteil nach der Fahrtenbuchmethode ermitteln wollen (BAG v. 19.4.2005, 9 AZR 188/04, HFR 2006, 87).

Zu den **Sonderregelungen für Elektro- und Hybridelektrofahrzeuge** bei der Ermittlung der Gesamtkosten → Rz. 2174.

e) Unfallkosten

Unfallkosten sind wie folgt zu behandeln: 2159

- Aufwendungen zur Beseitigung des Unfallschadens **am eigenen Fahrzeug** gehören **nicht zu den Gesamtkosten** des Fahrzeugs, und zwar unabhängig davon, ob der Unfall auf einer Privatfahrt, einer Fahrt zwischen Wohnung und erster Tätigkeitsstätte, einer Fahrt zu einem bestimmten Sammelpunkt oder zu einem weiträumigen Tätigkeitsgebiet (§ 9 Abs. 1 Satz 3 Nr. 4a Satz 3 EStG), einer Familienheimfahrt oder einer Dienstfahrt verursacht wurde (R 8.1 Abs. 9 Nr. 2 Satz 11 LStR).
- Aufwendungen zur Beseitigung der Unfallschäden **an fremden Fahrzeugen** gehören ebenfalls **nicht zu den Gesamtkosten** des Fahrzeugs. Sie bleiben als Schadensersatz bei der Gesamtkostenermittlung unberücksichtigt.

Zu Einzelheiten → *Unfallkosten* Rz. 4198.

f) Familienheimfahrten

Wöchentliche Familienheimfahrten i.R. einer beruflich veranlassten doppelten Haushaltsführung sind nach § 8 Abs. 2 Satz 5 EStG **steuerlich nicht zu erfassen**. Dementsprechend ist auch bei der individuellen Nutzungswertermittlung für diese Fahrten kein Nutzungswert zu versteuern; ein Werbungskostenabzug scheidet auch hier aus (R 9.11 Abs. 6 Nr. 2 Satz 2 LStR; BFH v. 28.2.2013, VI R 33/11, BStBl II 2013, 629). 2160

Familienheimfahrten, die mehr als einmal wöchentlich durchgeführt werden, sind mit dem individuellen Kilometersatz als geldwerter Vorteil zu versteuern.

g) Überlassung mehrerer betrieblicher Kraftfahrzeuge

Werden dem Arbeitnehmer **abwechselnd unterschiedliche Kraftfahrzeuge** zur privaten Nutzung überlassen, so müssen nicht für jedes Kraftfahrzeug die insgesamt entstehenden Aufwendungen und das Verhältnis der privaten zu den übrigen Fahrten nachgewiesen werden. Führt der Arbeitnehmer nur für einzelne Kraftfahrzeuge ein ordnungsgemäßes Fahrtenbuch, so kann er für diese den privaten Nutzungswert individuell ermitteln, während der Nutzungswert für die anderen mit monatlich 1 % des Listenpreises anzusetzen ist (BFH v. 3.8.2000, III R 2/00, BStBl II 2001, 332; BMF v. 3.3.2022, IV C 5 – S 2334/21/10004 :001, BStBl I 2022, 232, Rdnr. 39). 2161

h) Besonderheiten bei sicherheitsgefährdeten Personen

aa) Erfassung von Umwegstrecken bei Fahrten zwischen Wohnung und erster Tätigkeitsstätte

Bei **Arbeitnehmern, die konkret gefährdet sind** und durch die zuständigen Sicherheitsbehörden der Gefährdungsstufe 1, 2 oder 3 zugeordnet sind (BMF v. 11.11.2024, IV C 5 – S 2332/23/10006 :001, BStBl I 2024, 1412), kann bei der Ermittlung des Nutzungswerts für Fahrten zwischen Wohnung und erster Tätigkeitsstätte die **kürzeste benutzbare Straßenverbindung angesetzt** werden, wenn wegen der Gefährdung des Arbeitnehmers aus Sicherheitsgründen eine andere und damit längere Fahrtstrecke gewählt wird. Diese Billigkeitsregelung steht unter dem Vorbehalt, dass bei der Ermittlung der als Werbungskosten abziehbaren Aufwendungen des Arbeitnehmers für Fahrten zwischen Wohnung und erster Tätigkeitsstätte ebenfalls nur die kürzeste benutzbare Straßenverbindung zu Grunde gelegt wird (BMF v. 3.3.2022, IV C 5 – S 2334/21/10004 :001, BStBl I 2022, 232, Rdnr. 40). 2162

bb) Ermittlung der Gesamtkosten bei sicherheitsgeschützten Fahrzeugen

Wird der geldwerte Vorteil für die Überlassung eines **aus Sicherheitsgründen gepanzerten Firmenwagens** nach dem individuellen Nutzungswert ermittelt, so können dabei die Absetzungen für Abnutzung nach dem **Anschaffungspreis des leistungsschwächeren Fahrzeugs** zu Grunde gelegt werden, das dem Arbeitnehmer zur Verfügung gestellt würde, wenn seine Sicherheit nicht gefährdet wäre. Im Hinblick auf die durch die 2163

Panzerung verursachten höheren laufenden Betriebskosten können der Nutzungswertermittlung **70 % der tatsächlich festgestellten laufenden Kosten** (ohne AfA) zu Grunde gelegt werden (BMF v. 3.3.2022, IV C 5 – S 2334/21/10004 :001, BStBl I 2022, 232, Rdnr. 38).

Beispiel 1:

Dem Arbeitnehmer wird aus Sicherheitsgründen ein gepanzertes Fahrzeug zur Verfügung gestellt. Der Anschaffungspreis des Fahrzeugs beträgt 180 000 €. Vergleichbaren Arbeitnehmern, deren Sicherheit nicht gefährdet ist, wird regelmäßig ein Fahrzeug zum Anschaffungspreis von 80 000 € zur Verfügung gestellt. Der Arbeitnehmer fährt mit dem Fahrzeug 10 000 km privat (von insgesamt 40 000 km). Aus der Buchführung ergeben sich Gesamtkosten (ohne Abschreibung, aber inklusive Umsatzsteuer) von 12 500 €.

Für die Berechnung der AfA ist von Anschaffungskosten i.H.v. 80 000 € auszugehen. Die Nutzungsdauer beträgt acht Jahre, so dass die anzusetzende Abschreibung 10 000 € (12,5 % von 80 000 €) beträgt. Die Gesamtkosten sind mit 8 750 € (70 % von 12 500 €) anzusetzen.

Der geldwerte Vorteil berechnet sich für den Arbeitnehmer wie folgt:

– Abschreibung	10 000 €
– Gesamtkosten (ohne Abschreibung)	8 750 €
Gesamtkosten des Fahrzeugs	18 750 €

Auf die Privatfahrten entfallen 25 % (10 000 km : 40 000 km), so dass 4 687,50 € (25 % von 18 750 €) im Kalenderjahr als geldwerter Vorteil zu versteuern sind.

Wird das gepanzerte Fahrzeug geleast, so kann bei der Ermittlung der Gesamtkosten die entsprechende Leasingrate des leistungsschwächeren Fahrzeugs zu Grunde gelegt werden, das dem Arbeitnehmer zur Verfügung gestellt würde, wenn seine Sicherheit nicht gefährdet wäre (BMF v. 3.3.2022, IV C 5 – S 2334/21/10004 :001, BStBl I 2022, 232, Rdnr. 38).

Beispiel 2:

Sachverhalt wie Beispiel 1, allerdings wird das gepanzerte Fahrzeug nicht gekauft, sondern geleast. Die Leasingrate beträgt monatlich 4 300 €. Bei einem vergleichbaren Serienfahrzeug würde die Leasingrate nur 350 € monatlich betragen.

Wird ein Fahrzeug geleast, so fallen keine Anschaffungskosten (und keine AfA) an. Stattdessen fließen die Leasingraten in die Gesamtkosten ein. Bei einem gepanzerten Fahrzeug ist aber nicht die tatsächliche Leasingrate i.H.v. monatlich 4 300 €, sondern die eines vergleichbaren Serienfahrzeugs i.H.v. monatlich 350 € einzubeziehen. Die übrigen Gesamtkosten sind mit 8 750 € (70 % von 12 500 €) anzusetzen.

Der geldwerte Vorteil berechnet sich für den Arbeitnehmer wie folgt:

– Leasingrate (12 × 350 €)	4 200 €
– Gesamtkosten (ohne Leasingrate) (70 % von 12 500 €)	8 750 €
Gesamtkosten des Fahrzeugs	12 950 €

Auf die Privatfahrten entfallen 25 % (10 000 km : 40 000 km), so dass 3 237,50 € (25 % von 12 950 €) im Kalenderjahr als geldwerter Vorteil zu versteuern sind.

i) Nutzungsentgelt

2164 Bei der Fahrtenbuchmethode fließen vom Arbeitnehmer selbst getragene individuelle Kraftfahrzeugkosten (→ Rz. 2146) nicht in die Gesamtkosten ein und erhöhen damit nicht den individuellen Nutzungswert (R 8.1 Abs. 9 Nr. 2 Satz 8 und Satz 17 LStR). Zahlt der Arbeitnehmer hingegen ein pauschales Nutzungsentgelt (→ Rz. 2145), ist der individuelle Nutzungswert um diesen Betrag zu kürzen.

Die **Finanzverwaltung beanstandet es aber nicht**, wenn bei der Fahrtenbuchmethode **vom Arbeitnehmer selbst getragene Kosten** (individuelle Kraftfahrzeugkosten) abweichend von R 8.1 Abs. 9 Nr. 2 Satz 8 und Satz 17 LStR **in die Gesamtkosten** i.S.v. § 8 Abs. 2 Satz 4 EStG **einbezogen** und wie bei der pauschalen Nutzungswertmethode **als Nutzungsentgelt** (→ Rz. 2146) **behandelt** werden (BMF v. 3.3.2022, IV C 5 – S 2334/21/10004 :001, BStBl I 2022, 232, Rdnr. 36, 58 und 59).

Beispiel 1:

Der Arbeitgeber hat seinem Arbeitnehmer ein betriebliches Kraftfahrzeug auch zur Privatnutzung überlassen und den geldwerten Vorteil aus der Kraftfahrzeuggestellung nach der Fahrtenbuchmethode bewertet. In der Nutzungsüberlassungsvereinbarung ist geregelt, dass der Arbeitnehmer ein Nutzungsentgelt i.H.v. 0,20 € je privat gefahrenen Kilometer zu zahlen hat.

Es handelt sich um ein pauschales Nutzungsentgelt i.S.v. → Rz. 2145.

Beispiel 2:

Der Arbeitgeber hat seinem Arbeitnehmer ein betriebliches Kraftfahrzeug auch zur Privatnutzung überlassen und den geldwerten Vorteil aus der Kraftfahrzeuggestellung nach der Fahrtenbuchmethode bewertet. In der Nutzungsüberlassungsvereinbarung ist geregelt, dass der Arbeitnehmer die gesamten Treibstoffkosten zu zahlen hat. Diese betragen 3 000 €. Die übrigen vom Arbeitgeber getragenen Kraftfahrzeugkosten betragen 7 000 €. Auf die Privatnutzung entfällt ein Anteil von 10 %.

Der individuelle Nutzungswert ist wie folgt zu ermitteln:

Erste Alternative:

Bei **Anwendung der Richtlinienregelung** (R 8.1 Abs. 9 Nr. 2 Satz 8 und Satz 17 LStR) fließen die vom Arbeitnehmer selbst getragenen Treibstoffkosten nicht in die Gesamtkosten des Kraftfahrzeugs ein. Es handelt sich auch nicht um ein Nutzungsentgelt. Anhand der (niedrigeren) Gesamtkosten ist der individuelle Nutzungswert zu ermitteln (10 % von 7 000 € = 700 €).

Ein Werbungskostenabzug i.H.v. 2 700 € (90 % von 3 000 €) ist nicht zulässig.

Zweite Alternative:

Bei **Anwendung der Nichtbeanstandungsregelung** fließen die vom Arbeitnehmer selbst getragenen Treibstoffkosten in die Gesamtkosten des Kraftfahrzeugs ein. Es handelt sich um ein Nutzungsentgelt i.S. der → Rz. 2146 i.H.v. 3 000 €. Anhand der Gesamtkosten ist der individuelle Nutzungswert zu ermitteln (10 % von 10 000 € = 1 000 €). Dieser Nutzungswert ist um das Nutzungsentgelt von 3 000 € bis auf 0 € zu mindern.

Der den Nutzungswert übersteigende Betrag i.H.v. 2 000 € führt nicht zu Werbungskosten.

Zusammenfassung: Bei Anwendung der Fahrtenbuchmethode darf der Arbeitnehmer wählen, ob er die selbst getragenen Kraftfahrzeugkosten in die Gesamtkosten miteinbezieht oder nicht. Wie sich das auf die **Höhe** des steuerpflichtigen geldwerten Vorteils auswirkt, zeigen die o.g. Beispiele. Arbeitnehmer sollten im Einzelfall prüfen, welche Variante den geringeren Nutzungswert ergibt und damit zu einer geringeren Steuerbelastung führt.

Zuzahlungen zu den **Anschaffungskosten** des Fahrzeugs mindern den geldwerten Vorteil nur dann, wenn die für die AfA-Ermittlung maßgebenden Anschaffungskosten nicht um die Zuschüsse gemindert worden sind.

Einzelheiten hierzu und zur neuen BFH-Rechtsprechung → Rz. 2150.

Zuschussrückzahlungen des Arbeitgebers an den Arbeitnehmer sind Arbeitslohn, soweit die Zuschüsse den privaten Nutzungswert gemindert haben (R 8.1 Abs. 9 Nr. 4 und Nr. 4a LStR).

Einzelheiten zur Anwendung der vorstehenden Regelungen im Lohnsteuerabzugsverfahren → Rz. 2147 und im Einkommensteuer-Veranlagungsverfahren → Rz. 2148.

4. Wechsel zwischen 1 %-Regelung und individueller Nutzungswertermittlung

Der Arbeitgeber muss in Abstimmung mit dem Arbeitnehmer im 2165
Vorhinein für jedes Kalenderjahr festlegen, ob die individuelle Nutzungswertermittlung an die Stelle der 1 %-Regelung treten soll. Das Verfahren darf bei **demselben Kraftfahrzeug** während des Kalenderjahres **nicht gewechselt werden** (R 8.1 Abs. 9 Nr. 3 LStR sowie BMF v. 3.3.2022, IV C 5 – S 2334/21/10004 :001, BStBl I 2022, 232, Rdnr. 41). Jedoch ist eine **rückwirkende** Änderung des Lohnsteuerabzugs (Wechsel von der 0,03 %-Regelung zur Einzelbewertung oder umgekehrt für das **gesamte** Kalenderjahr) im laufenden Kalenderjahr und vor Übermittlung oder Ausschreibung der Lohnsteuerbescheinigung i.R. des § 41c EStG möglich (BMF v. 3.3.2022, IV C 5 – S 2334/21/10004 :001, BStBl I 2022, 232, Rdnr. 13).

Ferner ist ein **Wechsel der Berechnungsmethode möglich, wenn der Arbeitnehmer im Laufe des Kalenderjahres den Firmenwagen wechselt**.

Bei der **Veranlagung zur Einkommensteuer** ist der Arbeitnehmer **nicht** an das für die Erhebung der Lohnsteuer gewählte Verfahren **gebunden**. Aber auch in der Einkommensteuerveranlagung ist ein **unterjähriger Wechsel** von der 1 %-Regelung zur Fahrtenbuchmethode für dasselbe Fahrzeug **nicht zulässig** (BFH v. 20.3.2014, VI R 35/12, BStBl II 2014, 643 sowie R 8.1 Abs. 9 Nr. 3 Satz 4 zweiter Halbsatz LStR).

Stellt sich im Laufe des Kalenderjahres heraus, dass z.B. die individuelle Nutzungswertermittlung **ungünstiger ist** als die 1 %-Regelung, so darf zwar der Arbeitgeber die Berechnungsmethode nicht wechseln (s.o.), **in der Einkommensteuerveranlagung** kann der Arbeitnehmer aber gleichwohl **die günstigere Berechnungsmethode** beantragen (s.o.). Das Wahlrecht kann noch bis zur Unanfechtbarkeit des Einkommensteuerbescheids ausgeübt werden (FG Rheinland-Pfalz v. 30.5.2008, 5 K 2268/06, EFG 2009, 457).

Wechselt der Arbeitnehmer i.R. der Einkommensteuerveranlagung von der 1 %-Regelung zur Fahrtenbuchmethode und hat er zu den vom Arbeitgeber getragenen Leasingraten Zuzahlungen geleistet, die der Arbeitgeber bei Anwendung der 1 %-Regelung im laufenden Jahr mindernd angesetzt hatte, so ist der Bruttoarbeitslohn

- um den bisher vom Arbeitgeber versteuerten geldwerten Vorteil nach der 1 %-Regelung zu vermindern und
- um den nach der Fahrtenbuchmethode ermittelten geldwerten Vorteil abzüglich der Zuzahlungen des Arbeitnehmers zu erhöhen; die Zuzahlungen mindern den geldwerten Vorteil allerdings höchstens bis auf 0 € (BFH v. 15.2.2017, VI R 50/15, HFR 2017, 811).

5. Leasing von Firmenwagen

a) Allgemeines

2166 Stellt der Arbeitgeber dem Arbeitnehmer einen Firmenwagen für Privatfahrten zur Verfügung, den er **geleast** hat, so gelten die unter → Rz. 2124 und → Rz. 2155 dargestellten Berechnungsmethoden für die Ermittlung des Nutzungswerts entsprechend (R 8.1 Abs. 9 Nr. 1 Satz 6 LStR; FG Schleswig-Holstein v. 3.11.1999, V 88/89, EFG 2000, 165).

Voraussetzung ist allerdings, dass ein Leasingvertrag vorliegt, der dem **Arbeitgeber zuzurechnen** ist (→ Rz. 2123). Zu der Frage, wann eine **vom Arbeitsvertrag unabhängige Sonderrechtsbeziehung vorliegt**, vertritt die Finanzverwaltung folgende Auffassung (BMF v. 3.3.2022, IV C 5 – S 2334/21/10004 :001, BStBl I 2022, 232, Rdnr. 49):

Least der Arbeitgeber ein Kraftfahrzeug von der Leasinggesellschaft und überlässt es dem Arbeitnehmer auch zur privaten Nutzung, liegt jedenfalls dann **keine vom Arbeitsvertrag unabhängige Sonderrechtsbeziehung** i.S. der BFH-Rechtsprechung (BFH v. 18.12.2014, VI R 75/13, BStBl II 2015, 670) zum sog. „**Behördenleasing**" vor und ist die Nutzungsüberlassung nach § 8 Abs. 2 Satz 2 bis 5 EStG zu bewerten, wenn **folgende Voraussetzungen vorliegen**:

- Der **Anspruch** auf die Kraftfahrzeugüberlassung resultiert **aus dem Arbeitsvertrag** oder aus einer anderen arbeitsrechtlichen Rechtsgrundlage, weil
  - er **i.R. einer steuerlich anzuerkennenden Gehaltsumwandlung** mit Wirkung für die Zukunft **vereinbart** ist; Voraussetzung ist, dass der Arbeitnehmer unter Änderung des Arbeitsvertrags auf einen Teil seines Barlohns verzichtet und ihm der Arbeitgeber stattdessen Sachlohn in Form eines Nutzungsrechts an einem betrieblichen Kraftfahrzeug des Arbeitgebers gewährt (BFH v. 6.3.2008, VI R 6/05, BStBl II 2008, 530) oder
  - er **arbeitsvertraglicher Vergütungsbestandteil** ist; davon ist insbesondere auszugehen, wenn von vornherein bei Abschluss eines Arbeitsvertrags eine solche Vereinbarung getroffen wird oder wenn die Beförderung in eine höhere Gehaltsklasse mit der Überlassung eines betrieblichen Kraftfahrzeugs des Arbeitgebers verbunden ist.
- In Leasingfällen setzt das Vorliegen eines betrieblichen Kraftfahrzeugs des Arbeitgebers i.S.d. § 8 Abs. 2 Satz 2 bis 5 EStG zudem voraus, dass **der Arbeitgeber** und nicht der Arbeitnehmer gegenüber der Leasinggesellschaft **zivilrechtlich Leasingnehmer** ist.

b) Zwei-Vertrags-Leasing

2167 Leasing-Gesellschaften bieten sog. **Zwei-Vertrags-Modelle** an, mit denen die „Dienstwagenbesteuerung" umgangen werden soll.

Nach Auffassung der Finanzverwaltung kann **die Aufteilung eines Leasing-Verhältnisses für dasselbe Fahrzeug** in einen Vertrag mit dem Arbeitgeber hinsichtlich der betrieblichen Nutzung und in einen Vertrag mit dem Arbeitnehmer hinsichtlich der privaten Nutzung **steuerlich nicht anerkannt** werden. Bei wirtschaftlicher Betrachtungsweise ist das Modell so zu beurteilen, dass der Arbeitgeber das Fahrzeug least und seinem Arbeitnehmer zur beruflichen und privaten Nutzung sowie für Fahrten zwischen Wohnung und erster Tätigkeitsstätte überlässt. Der dem Arbeitnehmer zufließende Nutzungsvorteil ist deshalb entweder nach der 1 %-Regelung oder nach der individuellen Nutzungswertermittlung zu erfassen. Dabei sind die vom Arbeitnehmer an den Leasing-Geber gezahlten Leasing-Raten als pauschale Nutzungsvergütungen anzusehen und auf den ermittelten Nutzungswert anzurechnen. Wird der Nutzungsvorteil nach der individuellen Nutzungswertermittlung berechnet, sind die Leasing-Raten des Arbeitnehmers auch bei der Ermittlung der Gesamtkosten des Fahrzeugs zu berücksichtigen (OFD Berlin v. 12.7.1999, St 423 – S 2334 – 4/96).

6. Mitarbeiter-Car-Sharing

Wird dem Arbeitnehmer **über ein Buchungsportal kurzfristig** (stunden-, tagesweise oder über ein Wochenende) ein **Fahrzeug zur privaten Nutzung überlassen**, stellt sich die Frage, wie der geldwerte Vorteil für die Privatfahrten zu bemessen ist. 2168

Die Bereitstellung der Fahrzeuge bei diesem sog. **Mitarbeiter-Car-Sharing** erfolgt über ein Buchungsportal, das über einen vom Arbeitgeber beauftragten Dritten verwaltet und abgerechnet wird. Um vom Vermietungsangebot zu profitieren, muss sich **der Arbeitnehmer im Buchungsportal registrieren** und kann anschließend die zur Verfügung stehenden Fahrzeuge auswählen und anmieten. Die Mietpreise sind entsprechend nach Stundentarifen, Tagestarifen oder Wochenendtarifen gestaffelt. Die **Zahlung des Mietpreises** erfolgt über ein **SEPA-Lastschriftmandat des Arbeitnehmers** und wird **vom Dritten mit dem Arbeitgeber als Leasingnehmer abgerechnet**.

Auch bei der kurzfristigen Überlassung von Kraftfahrzeugen im Mitarbeiter-Car-Sharing-Modell handelt es sich grds. um eine **Fahrzeugüberlassung durch den Arbeitgeber**. Das bedeutet:

- Der pauschale Nutzungswert für Privatfahrten ist auch dann anzusetzen, wenn dem Arbeitnehmer das Kraftfahrzeug tatsächlich **nur gelegentlich überlassen** wird; in bestimmten Fällen ist der Monatswert nicht anzusetzen (→ Rz. 2139).
- Bei **gelegentlicher Nutzung von weniger als fünf Tage** im Monat kann eine Einzelbewertung erfolgen (0,001 % des inländischen Listenpreises des Kraftfahrzeugs je Fahrtkilometer), vgl. → Rz. 2139.
- Abweichend von der 1 %-Regelung kann der Arbeitgeber den privaten Nutzungswert mit den für das Kraftfahrzeug entfallenden Teil der gesamten Kraftfahrzeugaufwendungen ansetzen, wenn die durch das Kraftfahrzeug insgesamt entstehenden Aufwendungen (**Gesamtkosten**) durch Belege und das Verhältnis der privaten Fahrten zu den übrigen Fahrten durch ein ordnungsgemäßes **Fahrtenbuch** nachgewiesen werden (→ Rz. 2155).
- Ein **Nutzungsentgelt** des Arbeitnehmers, das pauschal (Tages- oder Wochenendtarif) oder kilometerbezogen entrichtet wird, mindert den geldwerten Vorteil. Soll die Versteuerung eines geldwerten Vorteils unterbleiben, muss das Nutzungsentgelt mindestens die Höhe des aus der Nutzungsüberlassung entstehenden geldwerten Vorteils erreichen (→ Rz. 2144).

Da dem Arbeitgeber als Leasingnehmer das umfassende Nutzungsrecht aus dem Leasingverhältnis zusteht, sind die aus der **Nutzungsüberlassung entstehenden Entgeltdaten** – Bemessung des geldwerten Vorteils und Höhe des gezahlten Nutzungsentgelts – **im Lohnkonto zu dokumentieren**. Dies gilt auch, wenn die verwaltungsmäßige Abwicklung auf einen Dritten übertragen wurde.

Würde das Dienstfahrzeug **ausnahmsweise** unmittelbar vom Leasinggeber und im Kontext mit dem Vertragsverhältnis zwischen Leasinggeber und Arbeitgeber **zeitweise an den Arbeitnehmer** überlassen – und die Nutzungsberechtigung des Arbeitgebers entsprechend eingeschränkt –, läge insoweit ggf. **keine Fahrzeugüberlassung durch den Arbeitgeber**, sondern ein paralleles Leasing- oder Mietverhältnis mit dem Mitarbeiter vor. Insoweit gewährte vergünstigte Konditionen des Leasinggebers, die im inhaltlichen Zusammenhang mit dem Leasingverhältnis des Arbeitgebers stehen, würden, soweit der übliche Endpreis für eine solche Dienstleistung des Leasinggebers unterschritten wird, ebenfalls zu einem steuerpflichtigen geldwerten Vorteil führen.

7. Sonderregelungen für Elektro- und Hybridelektrofahrzeuge

a) Allgemeines

aa) Elektrofahrzeug

2169 **Elektrofahrzeuge** i.S. der Sonderregelungen sind Kraftfahrzeuge, die ausschließlich durch einen Elektromotor angetrieben werden, der ganz oder überwiegend aus mechanischen oder elektrochemischen Energiespeichern oder aus emissionsfrei betriebenen Energiewandlern gespeist wird. Elektrofahrzeuge sind danach z.B.

- **reine Batterieelektrofahrzeuge** i.S.d. § 2 Nr. 2 EmoG, bei denen es sich um Kraftfahrzeuge mit einem Antrieb handelt, dessen Energiewandler ausschließlich elektrische Maschinen sind und dessen Energiespeicher zumindest von außerhalb des Fahrzeugs wieder aufladbar sind und
- **Brennstoffzellenfahrzeuge** i.S.d. § 2 Nr. 4 EmoG bei denen es sich um Kraftfahrzeuge mit einem Antrieb handelt, dessen Energiewandler ausschließlich aus den Brennstoffzellen und mindestens einer elektrischen Antriebsmaschine bestehen.

Nach dem **Verzeichnis des Kraftfahrtbundesamtes** zur Systematisierung von Kraftfahrzeugen und ihren Anhängern (Stand: Juli 2021) weisen die Codierungen „0004" und „0015" im Feld 10 der Zulassungsbescheinigung solch ein Elektrofahrzeug aus.

bb) Hybridelektrofahrzeug

2170 Extern aufladbare **Hybridelektrofahrzeuge** sind Kraftfahrzeuge i.S.d. § 2 Nr. 3 EmoG, mit einem Antrieb, der über mindestens zwei verschiedene Arten von Energiewandlern (davon mindestens ein Energiewandler als elektrische Antriebsmaschine) und Energiespeichern (davon mindestens einer von einer außerhalb des Fahrzeuges befindlichen Energiequelle elektrisch wieder aufladbar) verfügt. Extern aufladbare Hybridelektrofahrzeuge sind z.B. sog. Plug-in-Hybridfahrzeuge.

Nach dem **Verzeichnis des Kraftfahrtbundesamtes** zur Systematisierung von Kraftfahrzeugen und ihren Anhängern (Stand: Juli 2021) weisen danach folgende Codierungen im Feld 10 der Zulassungsbescheinigung ein Hybridelektrofahrzeug in diesem Sinne aus:

- 0016 bis 0019 und 0025 bis 0031.

cc) Elektrofahrräder und Elektrokleinstfahrzeuge

2171 Elektrofahrräder, die verkehrsrechtlich als Kraftfahrzeug einzuordnen sind (Elektrofahrräder, deren Motor auch Geschwindigkeiten über 25 km/h unterstützt) und Elektrokleinstfahrzeuge i.S.d. § 1 Abs. 1 Satz 1 eKFV (Kraftfahrzeuge mit elektrischem Antrieb und einer bauartbedingten Höchstgeschwindigkeit von nicht weniger als 6 km/h und nicht mehr als 20 km/h) sind ertrag- und lohnsteuerlich als Kraftfahrzeuge i.S.d. § 6 Abs. 1 Nr. 4 Satz 2 und 3 EStG einzuordnen.

dd) CO_2-Emission und Reichweite des Fahrzeugs

2172 Die **maßgebliche CO_2-Emission** sowie die **Reichweite des Kraftfahrzeugs** unter ausschließlicher Nutzung der elektrischen Antriebsmaschine ist der Übereinstimmungsbescheinigung nach Anhang IX der Richtlinie 2007/46/EG oder aus der Übereinstimmungsbescheinigung nach Art. 38 der Verordnung (EU) Nr. 168/2013 zu entnehmen (§ 6 Abs. 1 Nr. 4 Satz 2 und 3 jeweils letzter Halbsatz EStG).

Die Erfüllung dieser Bedingungen kann durch das **Führen eines E-Kennzeichens nachgewiesen** werden. Soweit ein solches nicht vorhanden ist, kann der Nachweis auch durch Vorlage der Übereinstimmungsbescheinigung nach Anhang IX der Richtlinie 2007/46/EG oder aus der Übereinstimmungsbescheinigung nach Art. 38 der Verordnung (EU) Nr. 168/2013 erbracht werden.

Soweit in den Bescheinigungen verschiedene Werte ausgewiesen werden,

- sind für Fahrzeuge, die nach dem 31.8.2018 erstmalig zugelassen wurden, grds. die WLTP Werte maßgeblich (WLTP = Worldwide Harmonized Light-Duty Vehicles Test Procedure). Eine Ausnahme gilt nur für auslaufende Modelle und Lagerfahrzeuge, die nicht nach WLTP zertifiziert werden müssen. Für die CO_2-Emissionen ist hierbei auf die gewichteten kombinierten WLTP Werte abzustellen und
- wird für die elektrische Mindestreichweite der Wert „Elektrische Reichweite innerorts" herangezogen.

b) Steuerfreiheit des Aufladens

Nach § 3 Nr. 46 EStG sind zusätzlich zum ohnehin geschuldeten Arbeitslohn vom Arbeitgeber gewährte **Vorteile für das elektrische Aufladen eines Elektrofahrzeugs oder Hybridelektrofahrzeugs** i.S.d. § 6 Abs. 1 Nr. 4 Satz 2, zweiter Halbsatz EStG an einer ortsfesten betrieblichen Einrichtung des Arbeitgebers oder eines verbundenen Unternehmens (§ 15 AktG) und für die zur privaten Nutzung überlassene betriebliche Ladevorrichtung steuerfrei. 2173

Die Regelung ist vom 1.1.2017 bis 31.12.2030 befristet (§ 52 Abs. 4 Satz 17 EStG).

Die Steuerbefreiung des § 3 Nr. 46 EStG hat **bei der Firmenwagengestellung nur Bedeutung**, wenn der geldwerte Vorteil für die private Nutzung des betrieblichen Kraftfahrzeugs **nach der Fahrtenbuchmethode ermittelt** wird. In diesem Fall sind die Aufwendungen des Arbeitgebers für das elektrische Aufladen eines Elektrofahrzeugs oder Hybridelektrofahrzeugs nicht bei den Gesamtkosten des Fahrzeugs zu berücksichtigen.

Wird der geldwerte Vorteil aus der privaten Nutzung eines Dienstwagens typisierend nach der **1 %-Regelung** ermittelt, ist der vom Arbeitgeber gestellte Ladestrom hiermit abgegolten und die Frage nach der Steuerbefreiung stellt sich nicht.

Einzelheiten zur Steuerbefreiung nach § 3 Nr. 46 EStG → *Elektromobilität* Rz. 1821 und zur umsatzsteuerlichen Behandlung der Stromlieferung für das Laden von Elektrofahrzeugen beim Arbeitgeber → *Sachbezüge* Rz. 3839.

c) Kürzung des Listenpreises

aa) Allgemeines

Der Listenpreis von **Elektro- und extern aufladbaren Hybridelektrofahrzeugen** ist derzeit höher als der Listenpreis von Kraftfahrzeugen, die ausschließlich mit einem Verbrennungsmotor angetrieben werden. Um die Verbreitung solcher Kraftfahrzeuge durch den Ansatz des höheren Listenpreises nicht zu behindern, gibt es für diese Kraftfahrzeuge Sonderregelungen bei der Ermittlung des Listenpreises oder der Gesamtkosten bei der Fahrtenbuchmethode (§ 6 Abs. 1 Nr. 4 Satz 2 und 3 EStG). 2174

Für Elektro- und bestimmte Hybridelektrofahrzeuge wird die Bemessungsgrundlage für die Ermittlung des geldwerten Vorteils in den Jahren 2020 bis 2030 geviertelt, halbiert oder in voller Höhe abzüglich eines pauschalen Abschlags angesetzt.

Die Neuregelung des § 8 Abs. 2 i.V.m. § 6 Abs. 1 Nr. 4 Satz 2 und 3 EStG gilt bei der Überlassung eines betrieblichen Kraftfahrzeugs an Arbeitnehmer für alle vom Arbeitgeber **erstmals** nach dem 31.12.2018 und vor dem 1.1.2031 zur privaten Nutzung **überlassenen betrieblichen Elektrofahrzeuge und extern aufladbaren Hybridelektrofahrzeuge**. In diesen Fällen kommt es nicht auf den Zeitpunkt an, zu dem der Arbeitgeber dieses Kraftfahrzeug angeschafft, hergestellt oder geleast hat. Wurde das betriebliche Kraftfahrzeug vor dem 1.1.2019 vom Arbeitgeber bereits einem Arbeitnehmer zur privaten Nutzung (z.B. Privatfahrten, Fahrten zwischen Wohnung und erster Tätigkeitsstätte, Fahrten nach § 9 Abs. 1 Satz 3 Nr. 4a Satz 3 EStG oder Familienheimfahrten i.R. einer doppelten Haushaltsführung) überlassen, bleibt es bei einem Wechsel des Nutzungsberechtigten nach dem 31.12.2018 für dieses Kraftfahrzeug bei den bisherigen Bewertungsregelungen und die spätere Neuregelung ist nicht anzuwenden (BMF v. 5.11.2021, IV C 6 – S 2177/19/10004 :008/IV C 5 – S 2334/19/10009 :003, Rdnr. 22).

Beispiel 1:

Dem Arbeitnehmer wurde das Elektrofahrzeug vom Arbeitgeber bereits vor dem 1.1.2019 zur privaten Nutzung überlassen.

Der Nutzungswert ist auch ab dem Kalenderjahr 2019 nach den bis zum 31.12.2018 geltenden Bewertungsregelungen zu ermitteln.

Beispiel 2:

Dem Arbeitnehmer wird das Elektrofahrzeug vom Arbeitgeber ab 1.12.2030 zur privaten Nutzung überlassen.

Die Ermittlung des dem Arbeitnehmer nach dem 31.12.2030 zufließenden Nutzungswerts ist für die gesamte Nutzungsdauer dieses Elektrofahrzeugs nach den vom 1.1.2019 bis zum 31.12.2030 geltenden Bewertungsregelungen vorzunehmen, weil ihm das Elektrofahrzeug bereits vor dem 1.1.2031 überlassen worden ist.

Beispiel 3:
Ein Arbeitgeber überlässt dem Arbeitnehmer A in 2018 ein Elektrofahrzeug zur privaten Nutzung. Nach dessen Ausscheiden aus dem Betrieb zum 30.6.2019 überlässt der Arbeitgeber dieses Elektrofahrzeug ab dem 1.7.2019 dem Arbeitnehmer B zur privaten Nutzung.

Der Nutzungswert ist sowohl für A als auch für B auch ab dem Kalenderjahr 2019 nach den bis zum 31.12.2018 geltenden Bewertungsregelungen zu ermitteln.

Beispiel 4:
Ein Arbeitgeber überlässt dem Arbeitnehmer A ab 1.1.2019 ein Elektrofahrzeug (keine CO_2-Emission und Höhe des Listenpreises nicht mehr als 60 000 €) zur privaten Nutzung. Nach dessen Ausscheiden aus dem Betrieb zum 30.6.2019 überlässt der Arbeitgeber dieses Elektrofahrzeug ab dem 1.7.2019 dem Arbeitnehmer B zur privaten Nutzung.

Der Nutzungswert ist sowohl für A als auch für B nach den vom 1.1.2019 bis zum 31.12.2030 geltenden Bewertungsregelungen zu ermitteln. Dabei ist der pauschale Nutzungswert bei A und B im Kalenderjahr 2019 mit 1 % des auf volle 100 € abgerundeten halbierten und bei B ab 1.1.2020 mit 1 % eines auf volle 100 € abgerundeten Viertels des Listenpreises anzusetzen.

Beispiel 5:
Die Arbeitnehmer können mehrere Elektrofahrzeuge aus einem Fahrzeugpool des Arbeitgebers privat nutzen, von denen ein Teil bereits vor und ein Teil nach dem 1.1.2019 an Arbeitnehmer zur privaten Nutzung überlassen worden sind.

Der pauschale Nutzungswert für Privatfahrten ist mit 1 % und für Fahrten zwischen Wohnung und erster Tätigkeitsstätte grds. mit 0,03 % der Listenpreise aller Kraftfahrzeuge zu ermitteln und die Summe entsprechend der Zahl der Nutzungsberechtigten aufzuteilen (→ Rz. 2153). Dabei ist der Listenpreis zunächst für jedes Elektrofahrzeug gesondert nach den bis zum 31.12.2018 geltenden Bewertungsregelungen oder nach den vom 1.1.2019 bis zum 31.12.2030 geltenden Bewertungsregelungen zu ermitteln und anschließend die Summe der gesondert ermittelten Listenpreise entsprechend der Zahl der Nutzungsberechtigten aufzuteilen.

Im Einzelnen gilt hierzu Folgendes (vgl. auch BMF v. 5.11.2021, IV C 6 – S 2177/19/10004 :008/IV C 5 – S 2334/19/10009 :003).

bb) 1 %-Regelung, individueller Nutzungswert

(1) Elektrofahrzeug, keine CO_2-Emission

- **Ermittlung des maßgebenden Listenpreises**

2175 Wird das Elektrofahrzeug einem Arbeitnehmer nach dem 31.12.2018 und vor dem 1.1.2031 **erstmals zur Nutzung überlassen**, so ist **seit 2020** der Listenpreis bei der Ermittlung des geldwerten Vorteils nach der 1 %-Regelung (→ Rz. 2124) **nur zu einem Viertel anzusetzen**, wenn das Kraftfahrzeug **keine** CO2-Emission je gefahrenen Kilometer hat und der **Bruttolistenpreis** des Kraftfahrzeugs **nicht mehr als 60 000 €** beträgt (§ 6 Abs. 1 Nr. 4 Satz 2 Nr. 3 EStG).

Mit dem Wachstumschancengesetz v. 27.3.2024, BGBl. I 2024, Nr. 108 wurde der **Höchstbetrag des Bruttolistenpreises** für begünstigte Kraftfahrzeuge für Anschaffungen ab 2024 auf 70 000 € erhöht. Mit dem **Gesetz für ein steuerliches Investitionssofortprogramm zur Stärkung des Wirtschaftsstandorts Deutschland** v. 14.7.2025, BGBl. I 2025, Nr. 161 erfolgte eine weitere Änderung von § 6 Abs. 1 Nr. 4 Satz 2 Nr. 3 und Satz 3 Nr. 3 EStG, welche entsprechend bei der Überlassung eines betrieblichen Kraftfahrzeugs an Arbeitnehmer, § 8 Abs. 2 Satz 2, 3 und 5 EStG gilt. **Für ab dem 1.7.2025 angeschaffte Fahrzeuge gilt ein Höchstbetrag von 100 000 €.**

Die **Abrundung des Listenpreises** auf volle 100 € ist **nach der Viertelung** vorzunehmen.

Beispiel:
Der Arbeitgeber hat ein Elektrofahrzeug erworben und dem Arbeitnehmer in 2025 erstmals zur Privatnutzung überlassen. Der Bruttolistenpreis beträgt 35 360 € und das Elektrofahrzeug hat keine CO_2-Emission.

Der Bruttolistenpreis von 35 360 € ist nur zu einem Viertel anzusetzen (1/4 von 35 360 € = 8 840 €) und anschließend auf volle 100 € abzurunden. Der geldwerte Vorteil nach der 1 %-Regelung beträgt 88 € im Monat (1 % von 8 800 €).

Anhand der folgenden tabellarischen Übersichten lässt sich ermitteln, unter welchen Voraussetzungen – abhängig vom Anschaffungsdatum des Kraftfahrzeugs – welcher Bruchteil des Listenpreises zur Nutzungswertermittlung anzusetzen ist (gem. § 6 Abs. 1 Nr. 4 Satz 2 Nr. 2 bis 5 EStG):

Anschaffung/Überlassung des Kfz	Geldwerter Vorteil ab	Voraussetzungen für die Minderung	Ansatz inländischer Listenpreis/Anschaffungspreis i.H.v.
1.1.2019 bis 31.12.2021	2019	Keine	1/2
1.1.2019 bis 31.12.2030	2020 – 2023 2024 ab 1.7.2025	Listenpreis < 60 000 € Listenpreis < 70 000 € Listenpreis < 100 000 €	1/4
1.1.2019 bis 31.12.2030	2020 2024 ab 1.7.2025	Listenpreis > 60 000 € Listenpreis > 70 000 € Listenpreis > 100 000 €	1/2

- **Kostendeckelung**

Der geldwerte Vorteil kann auf die dem Arbeitgeber insgesamt tatsächlich entstandenen Gesamtkosten begrenzt werden (→ Rz. 2140). Zu den Gesamtkosten des Kraftfahrzeugs gehören auch die Absetzungen für Abnutzung. 2176

Soweit das Elektrofahrzeug die Voraussetzungen nach → Rz. 2175 erfüllt, ist seit 2020 für den **Vergleich des pauschal ermittelten geldwerten Vorteils mit den Gesamtkosten** die Bemessungsgrundlage für die Absetzungen für Abnutzung oder vergleichbare Aufwendungen **nur zu einem Viertel anzusetzen** (siehe o.g. Übersicht, § 6 Abs. 1 Nr. 4 Satz 3 Nr. 3 EStG).

(2) Hybridelektrofahrzeug

- **Ermittlung des maßgebenden Listenpreises**

Für extern aufladbare Hybridelektrofahrzeuge lässt sich anhand der folgenden tabellarischen Übersicht ermitteln, unter welchen Voraussetzungen – abhängig vom Anschaffungsdatum des Kraftfahrzeugs – welcher Bruchteil des Listenpreises zur Nutzungswertermittlung anzusetzen ist: 2177

Anschaffung/Überlassung des Kfz	Geldwerter Vorteil ab	Voraussetzungen für die Minderung	Ansatz inländischer Listenpreis/Anschaffungspreis i.H.v.
1.1.2019 bis 31.12.2021	2019	Kohlendioxidemission höchstens 50 g/km oder Mindestreichweite von 40 km	1/2
1.1.2022 bis 31.12.2024	2022	Kohlendioxidemission höchstens 50 g/km oder Mindestreichweite von 60 km	1/2
1.1.2025 bis 31.12.2030	2025	Kohlendioxidemission höchstens 50 g/km oder Mindestreichweite von 80 km	1/2

Der im Entwurf des Wachstumschancengesetzes ab 2024 geplante Wegfall der Mindestreichweite von 80 km ist nicht umgesetzt worden.

Die **Abrundung des Listenpreises** auf volle 100 € ist **nach Halbierung** vorzunehmen.

Beispiel:
Der Arbeitgeber hat ein Hybridelektrofahrzeug erworben und dem Arbeitnehmer in 2021 erstmals zur Privatnutzung überlassen. Der Bruttolistenpreis beträgt 65 360 €.

Der Bruttolistenpreis von 65 360 € ist nur zur Hälfte anzusetzen (1/2 von 65 360 € = 32 680 €) und anschließend auf volle 100 € abzurunden. Der geldwerte Vorteil nach der 1 %-Regelung beträgt 326 € im Monat (1 % von 32 600 €).

- **Kostendeckelung**

2178 Soweit das Hybridelektrofahrzeug die Voraussetzungen nach → Rz. 2177 erfüllt, ist für den **Vergleich des pauschal ermittelten geldwerten Vorteils mit den Gesamtkosten** die Bemessungsgrundlage für die Absetzungen für Abnutzung oder vergleichbare Aufwendungen **nur zur Hälfte anzusetzen** (§ 6 Abs. 1 Nr. 4 Satz 3 Nr. 2 EStG).

(3) Erstmalige Überlassung vor 2019 oder kein Fahrzeug i.S.v. § 6 Abs. 1 Nr. 4 Satz 2 Nr. 2, 3 oder 4 EStG

- **Ermittlung des maßgebenden Listenpreises**

2179 Bei einem Elektro- oder Hybridelektrofahrzeug, das weder die Voraussetzungen der → Rz. 2175, noch der → Rz. 2177 erfüllt, also ein Elektro- oder Hybridelektrofahrzeug, das

- erstmals vor dem 1.1.2019 einem Arbeitnehmer überlassen wurde,
- eine CO_2-Emission von mehr als 50 g je gefahrenen Kilometer hat oder
- eine Reichweite unter ausschließlicher Nutzung der elektrischen Antriebsmaschine hat von weniger als
  - 40 km bei Überlassung in den Jahren 2019 bis 2021 oder
  - 60 km bei Überlassung im Jahr 2022,

und das **vor dem 1.1.2023** angeschafft wurde (nicht regelkonformes Fahrzeug), ist der Listenpreis bei der Ermittlung des geldwerten Vorteils nach der 1 %-Regelung (→ Rz. 2124) wegen der darin enthaltenen Kosten für das Batteriesystem **pauschal zu mindern**; der pauschale Abschlag ist der Höhe nach begrenzt (§ 6 Abs. 1 Nr. 4 Satz 2 Nr. 1 EStG). Der Minderungs- und der Höchstbetrag richten sich nach dem Anschaffungsjahr des Kraftfahrzeugs und können aus nachfolgender Tabelle entnommen werden. Werden Elektro- und Hybridelektrofahrzeuge **gebraucht** erworben, richtet sich der Minderungsbetrag nach dem Jahr der Erstzulassung des Kraftfahrzeugs. Der Kilowattstunden-Wert kann dem Feld 22 der Zulassungsbescheinigung entnommen werden.

Anschaffungsjahr des Kraftfahrzeugs	Listenpreisminderung je Kilowattstunde (kWh) der Batteriekapazität	Höchstbetrag
2013 und früher	500 €	10 000 €
2014	450 €	9 500 €
2015	400 €	9 000 €
2016	350 €	8 500 €
2017	300 €	8 000 €
2018	250 €	7 500 €
2019	200 €	7 000 €
2020	150 €	6 500 €
2021	100 €	6 000 €
2022	50 €	5 500 €

Die **Abrundung des Listenpreises** auf volle 100 € ist nach **Abzug des Abschlags** vorzunehmen.

Beispiel 1:
Der Arbeitgeber hatte im Oktober 2018 ein Elektrofahrzeug mit einer Batteriekapazität von 16 kWh erworben und dem Arbeitnehmer erstmals zur Privatnutzung überlassen. Der Bruttolistenpreis betrug 43 250 €, abzüglich der Herstellerbeteiligung an der Kaufprämie 41 250 €. Die tatsächlichen Anschaffungskosten einschließlich Umsatzsteuer betrugen 34 576 €. Darüber hinaus wurde vom Bundesamt für Wirtschaft und Ausfuhrkontrolle (BAFA) die restliche Kaufprämie von 2 000 € gewährt. Die berufliche Nutzung des Arbeitnehmers beträgt in 2023 gemäß ordnungsgemäßem Fahrtenbuch 83 %. Die vom BAFA gewährte restliche Kaufprämie von 2 000 € (Bundesanteil) wurde vom Arbeitgeber als Betriebseinnahme angesetzt.

Da der Arbeitgeber den Bundesanteil als Betriebseinnahme angesetzt hatte, sind die Anschaffungskosten des Elektrofahrzeugs nicht zu kürzen. Für die Ermittlung der Gesamtkosten sind daher die Anschaffungskosten des Arbeitgebers i.H.v. 34 576 € lediglich um den pauschal ermittelten Minderungsbetrag i.H.v. 4 000 € (16 kWh × 250 €) zu mindern. Danach sind bei den Gesamtkosten Absetzungen für Abnutzung i.H.v. 3 822 € (34 576 € – 4 000 € = 30 576 € verteilt auf 8 Jahre, vgl. → Rz. 2158) anzusetzen. Daneben sind lediglich Aufwendungen für die Versicherung i.H.v. 1 000 € und sonstige Kosten i.H.v. 278 € angefallen (soweit Aufwendungen für das elektrische Aufladen des Fahrzeugs an der ortsfesten betrieblichen Einrichtung des Arbeitgebers angefallen sind, sind diese nach § 3 Nr. 46 EStG steuerfrei). Die Summe der geminderten Gesamtaufwendungen beträgt 5 100 €. Im Kalenderjahr 2023 beträgt der geldwerte Vorteil nach der Fahrtenbuchmethode 867 € (17 %).

Wird die Batterie gemietet oder geleast, sind die Gesamtkosten um dieses zusätzlich entrichtete Entgelt sowie um weitere Kosten für das Batteriesystem zu mindern.

Weitere Beispiele für nicht regelkonforme Fahrzeuge:

Beispiel 2:
Der Arbeitnehmer hatte im Oktober 2018 ein Elektrofahrzeug mit einer Batteriekapazität von 16 kWh erworben und dem Arbeitnehmer erstmals zur Privatnutzung überlassen. Der Bruttolistenpreis betrug 32 000 €, abzüglich der Herstellerbeteiligung an der Kaufprämie 30 000 €. Die tatsächlichen Anschaffungskosten einschließlich Umsatzsteuer betrugen 28 464 €. Für die Batterie hat der Arbeitgeber monatlich zusätzlich eine Mietrate von 79 € zu zahlen. Die berufliche Nutzung des Arbeitnehmers beträgt in 2023 gemäß ordnungsgemäßem Fahrtenbuch 83 %. Die vom BAFA gewährte restliche Kaufprämie von 2 000 € (Bundesanteil) wurde vom Arbeitgeber als Betriebseinnahme angesetzt.

Für die Ermittlung der Gesamtkosten sind Absetzungen für Abnutzung i.H.v. 3 558 € (28 464 € verteilt auf 8 Jahre, vgl. → Rz. 2158) anzusetzen. Daneben sind lediglich Aufwendungen für die Versicherung i.H.v. 1 000 € und sonstige Kosten i.H.v. 278 € angefallen (soweit Aufwendungen für das elektrische Aufladen des Fahrzeugs an der ortsfesten betrieblichen Einrichtung des Arbeitgebers angefallen sind, sind diese nach § 3 Nr. 46 EStG steuerfrei). Die auf die Batteriemiete entfallenden Aufwendungen sind nicht zu berücksichtigen. Die Summe der geminderten Gesamtaufwendungen beträgt 4 836 €. Im Kalenderjahr 2023 beträgt der geldwerte Vorteil nach der Fahrtenbuchmethode 822,12 € (17 %).

Miet- bzw. Leasinggebühren für Elektro- und Hybridelektrofahrzeuge, die die **Kosten des Batteriesystems beinhalten**, sind **aufzuteilen**. Die anteilig auf das Batteriesystem entfallenden Miet- bzw. Leasinggebühren mindern die Gesamtkosten. Die Finanzverwaltung hat keine Bedenken, wenn als Aufteilungsmaßstab hierfür das Verhältnis zwischen dem Listenpreis (einschließlich der Kosten für das Batteriesystem) und dem um den Abschlag für das Batteriesystem geminderten Listenpreis angesetzt wird.

Beispiel 3:
Der Arbeitgeber hatte im Oktober 2018 ein Elektrofahrzeug mit einer Batteriekapazität von 16 kWh geleast und dem Arbeitnehmer erstmals zur Privatnutzung überlassen. Der Bruttolistenpreis betrug 43 000 €; die monatliche Leasingrate 399 €. Die berufliche Nutzung des Arbeitnehmers beträgt in 2023 gemäß ordnungsgemäßem Fahrtenbuch 83 %.

Für die Ermittlung der Gesamtkosten sind die Leasingraten unter Anwendung des Verhältnisses zwischen Listenpreis (43 000 €) und dem um den pauschalen Abschlag geminderten Listenpreis (43 000 € – 4 000 € [16 kWh × 250 €] = 39 000 €) aufzuteilen:

$$\frac{(43\,000\,€ - 39\,000\,€) \times 100}{43\,000\,€} = 9{,}3\ \%$$

Die Leasingraten von 4 788 € (399 € × 12 Monate) sind um 445,28 € (9,3 % von 4 788 €) zu mindern. Danach sind bei den Gesamtkosten Leasingaufwendungen i.H.v. 4 342,72 € anzusetzen. Daneben sind lediglich Aufwendungen für die Versicherung i.H.v. 1 000 € und sonstige Kosten i.H.v. 278 € angefallen (soweit Aufwendungen für das elektrische Aufladen des Fahrzeugs an der ortsfesten betrieblichen Einrichtung des Arbeitgebers angefallen sind, sind diese nach § 3 Nr. 46 EStG steuerfrei). Die Summe der geminderten Gesamtaufwendungen beträgt 5 620,72 €. Im Kalenderjahr 2023 beträgt der geldwerte Vorteil nach der Fahrtenbuchmethode 955,52 € (17 %).

d) Übersicht

Die Sonderregelungen für Elektro- und Hybridelektrofahrzeuge 2180
sind recht kompliziert. Die nachfolgende Übersicht soll Ihnen die verschiedenen Alternativen bei der Überlassung ab 2020 verdeutlichen:

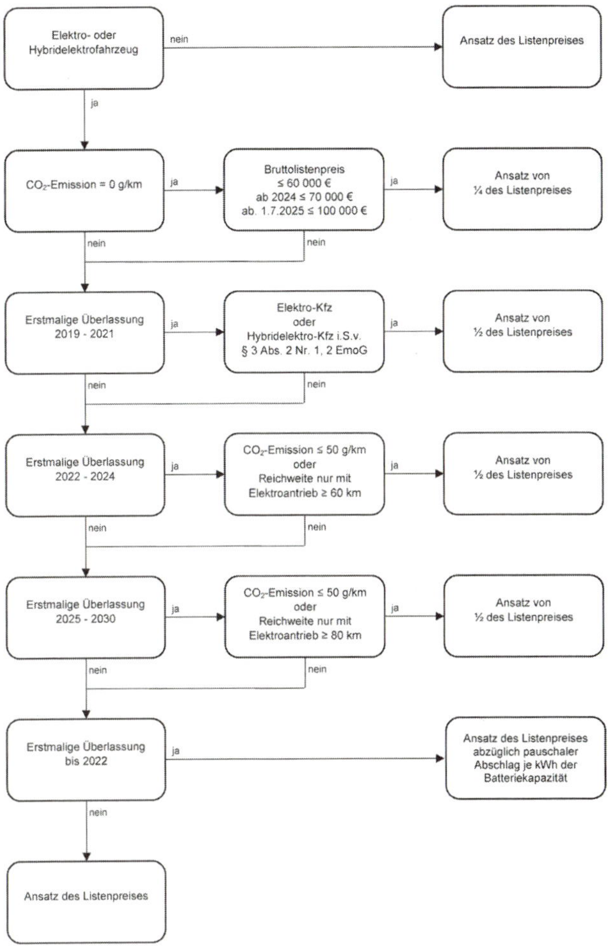

8. Nutzung betrieblicher Kraftfahrzeuge zu Testzwecken

2181 Bei den Automobilherstellern ist es üblich, **Fahrzeuge einer neuen Modellreihe** im Zusammenhang mit deren Markteinführung **i.R. einer besonderen Testphase** eigenen Mitarbeitern zur Verfügung zu stellen. Ein wesentliches Ziel dieser Testphase ist, dem ansonsten fertigen Produkt erforderlichenfalls den „letzten Schliff" im Hinblick auf die Erwartungen der zukünftigen Kunden an Qualität, Reife und Detailsorgfalt zu verleihen, indem Fahrverhalten und sonstige Eigenschaften des neuen Modells „aus Kundensicht" bewertet werden. Mit den Testfahrzeugen wird dabei innerhalb kurzer Zeit eine möglichst hohe Fahrstrecke zurückgelegt. Die Fahrten finden **ausschließlich außerhalb der Arbeitszeit** im Privatbereich statt.

Es sind dabei **drei Fallgestaltungen zu unterscheiden**:

1. Erprobungsfahrten auf Grund eines konkreten Auftrags
   a) Erprobungsfahrten mit Erprobungsträgern (betrifft Erprobungsträger zu Beginn der Entwicklung einer neuen Baureihe, die äußerlich eine komplette Tarnung und im Fahrzeuginnenraum Abdeckungen erhalten, sowie – z.T. an Stelle des Rücksitzes oder im Beifahrerraum – mit Messeinrichtungen versehen sind),
   b) Erprobungsfahrten mit modifizierten Fahrzeugen (ähnlich wie die unter a) beschriebenen Fälle, z.B. wenn eine laufende Baureihe i.R. einer sog. Modellpflege innen und außen optisch verändert wird),
2. Erprobungsfahrten, die auf Grund eines Angebots des Unternehmens an die Mitarbeiter durchgeführt werden (Testfahrten mit sehr seriennahen, serienreifen oder bereits serienproduzierten Testfahrzeugen).

Zur steuerlichen Behandlung von Privatfahrten mit betrieblichen Kraftfahrzeugen zu Testzwecken gilt Folgendes (OFD Berlin v. 6.8.2004, St 156 – S 2332 – 4/03):

Testfahrten in den Fallgruppen 1a) und 1b) sind **nach Nutzungstagen** unter Berücksichtigung des **gewichteten durchschnittlichen Bruttolistenpreises** zu bewerten. Wegen des eigenbetrieblichen Interesses an den Testfahrten in diesen beiden Fallgruppen ist ein Bewertungsabschlag anzuerkennen. Dieser Bewertungsabschlag wird in gleicher Höhe veranschlagt wie die Zuschläge für Sonderausstattung der Fahrzeuge, die grds. in den Bruttolistenpreis einfließen müssten, deren Ermittlung aber einen erheblichen Verwaltungsaufwand mit sich brächte. Somit heben sich der Bewertungsabschlag wegen eigenbetrieblichen Interesses und der Bewertungszuschlag für Sonderausstattung gegenseitig auf und bleiben daher beide unberücksichtigt. Der so ermittelte geldwerte Vorteil kann nach § 40 Abs. 1 Satz 1 Nr. 1 EStG pauschal besteuert werden. Für **Fahrten zwischen Wohnung und erster Tätigkeitsstätte** ist **kein zusätzlicher geldwerter Vorteil** zu erfassen.

Testfahrten in der Fallgruppe 2 sind **nach Nutzungstagen** unter Berücksichtigung des **Bruttolistenpreises einschließlich der Kosten für Sonderausstattung** zu bewerten. Für Fahrten mit Fahrzeugen der Fallgruppe 2 ist eine individuelle Besteuerung nach den allgemeinen Regeln zur Bewertung von Privatfahrten mit betrieblichen Kraftfahrzeugen vorzunehmen. Für **Fahrten zwischen Wohnung und erster Tätigkeitsstätte** ist kein **zusätzlicher geldwerter Vorteil** zu erfassen.

9. Ehegatten-Arbeitsverhältnisse

Auch i.R. eines **Ehegatten-Arbeitsverhältnisses** ist die Überlassung eines Firmenwagens zur privaten Nutzung grds. möglich. Voraussetzung für die **steuerliche Anerkennung eines Arbeitsverhältnisses** zwischen Ehegatten ist, dass das Arbeitsverhältnis **ernsthaft vereinbart** ist und entsprechend der Vereinbarung **tatsächlich durchgeführt** wird (R 4.8 Abs. 1 EStR sowie → *Angehörige* Rz. 135). 2182

Denn Angehörigen steht es frei, ihre Rechtsverhältnisse untereinander so zu gestalten, dass sie **steuerlich möglichst günstig** sind. Die steuerrechtliche Anerkennung des Vereinbarten setzt voraus, dass die Verträge zivilrechtlich wirksam zustande gekommen sind (BMF v. 23.12.2010, IV C 6 – S 2144/07/10004, BStBl I 2011, 37 unter Berücksichtigung der Änderungen durch BMF v. 29.4.2014, IV C 6 – S 2144/07/10004, BStBl I 2014, 809), inhaltlich dem zwischen Fremden Üblichen entsprechen und so auch durchgeführt werden (H 4.8 [Fremdvergleich] EStH). Maßgebend für die Beurteilung ist die Gesamtheit der objektiven Gegebenheiten. Dabei kann einzelnen dieser Beweisanzeichen je nach Lage des Falles i.R. der Gesamtbetrachtung eine unterschiedliche Bedeutung zukommen (BFH v. 11.7.2017, IX R 42/15, HFR 2017, 1042). Dementsprechend schließt nicht jede Abweichung vom Üblichen notwendigerweise die steuerrechtliche Anerkennung des Vertragsverhältnisses aus. An den Nachweis dieser Voraussetzungen sind höhere Anforderungen gestellt als bei Vereinbarungen zwischen fremden Dritten (BFH v. 17.7.1984, VIII R 69/84, BStBl II 1986, 48).

Nach diesen Grundsätzen ist die **Überlassung eines Dienstwagens** zur unbeschränkten und selbstbeteiligungsfreien Privatnutzung des Arbeitnehmers **i.R. eines geringfügigen – zwischen Ehegatten geschlossenen – Beschäftigungsverhältnisses** (§ 8 Abs. 1 Nr. 1 SGB IV) **fremdunüblich**. Denn ein Arbeitgeber wird bei lebensnaher und die unternehmerische Gewinnerwartung einzubeziehender Betrachtungsweise typischerweise nur dann bereit sein, einem Arbeitnehmer ein Firmenfahrzeug zur Privatnutzung zur Verfügung zu stellen, wenn nach einer überschlägigen, allerdings vorsichtigen Kalkulation der sich für ihn hieraus ergebende tatsächliche Kostenaufwand zuzüglich des vertraglich vereinbarten Barlohns als wertangemessene Gegenleistung für die Zurverfügungstellung der Arbeitskraft anzusehen ist. Je geringer der Gesamtvergütungsanspruch des Arbeitnehmers ist, desto eher erreicht der Arbeitgeber die Risikoschwelle, nach der sich wegen einer nicht abschätzbaren intensiven Privatnutzung die Fahrzeugüberlassung als nicht mehr wirtschaftlich erweist (BFH v. 10.10.2018, X R 44-45/17, BStBl II 2019, 203).

10. Pauschalbesteuerung

Der **steuerpflichtige Wert der Überlassung eines Kraftfahrzeugs für Fahrten zwischen Wohnung und erster Tätigkeitsstätte** kann bei Arbeitnehmern für jeden Arbeitstag, an dem das Kraftfahrzeug zu Fahrten zwischen Wohnung und erster Tätig- 2183 keitsstätte benutzt wird, **nach** § 40 Abs. 2 Satz 2 Nr. 1 EStG **mit 15 % pauschal der Lohnsteuer unterworfen werden**. Allerdings verliert der Arbeitnehmer durch die Pauschalierung mit 15 % insoweit die Möglichkeit des Werbungskostenabzugs (§ 40 Abs. 2 Satz 2 EStG). Aus Vereinfachungsgründen kann der Arbeitgeber unterstellen, dass das Kraftfahrzeug an **15 Arbeitstagen monatlich** (180 Tage jährlich) zu Fahrten zwischen Wohnung und erster Tätigkeitsstätte benutzt wird (BMF v. 18.11.2021, IV C 5 – S 2351/20/10001 :002, Rdnr. 36).

Diese Vereinfachungsregelung (15-Tage-Regel) ist **nicht anzuwenden**,

- wenn der der Arbeitnehmer die **Einzelbewertung** für Fahrten zwischen Wohnung und erster Tätigkeitsstätte wählt (Ermittlung des Sachbezugs anhand der **tatsächlichen Anzahl der Fahrten/Tage**, → Rz. 2128); in diesem Fall ist die **Lohnsteuerpauschalierung anhand der erklärten Anzahl der Tage** vorzunehmen;
- wenn der Arbeitnehmer an der ersten Tätigkeitsstätte an **weniger** als 5 Arbeitstagen in der Kalenderwoche beruflich tätig werden soll (→ *Wege zwischen Wohnung und erster Tätigkeitsstätte* Rz. 4450).

Für die o.g. Vereinfachungsregelung (15-Tage-Regelung) wird davon ausgegangen, dass bei einer **5-Tage-Woche** monatlich an 15 Arbeitstagen Fahrten zwischen Wohnung und erster Tätigkeitsstätte oder Fahrten nach § 9 Abs. 1 Satz 3 Nr. 4a Satz 3 EStG erfolgen. Die Anzahl dieser Fahrten **mindert** sich daher **verhältnismäßig**, wenn der Arbeitnehmer solche Fahrten an **weniger** als fünf Arbeitstagen pro Woche zurücklegt.

Folglich ist **Voraussetzung** für solch eine Minderung, dass der Arbeitnehmer auf Grund einer in die Zukunft gerichteten Prognose an der ersten Tätigkeitsstätte typischerweise an **weniger** als fünf Arbeitstagen in der Kalenderwoche beruflich tätig werden soll (z.B. bei Teilzeitmodellen, Homeoffice, Telearbeit, mobilem Arbeiten). Z.B. kann bei einer **3-Tage-Woche** aus Vereinfachungsgründen davon ausgegangen werden, dass monatlich an neun Arbeitstagen (3/5 von 15 Tagen) Fahrten zwischen Wohnung und erster Tätigkeitsstätte oder Fahrten zu einem sog. Sammelpunkt oder einem weiträumigen Tätigkeitsgebiet (nach § 9 Abs. 1 Satz 3 Nr. 4a Satz 3 EStG) zurückgelegt werden (BMF v. 18.11.2021, IV C 5 – S 2351/20/10001 :002, Rdnr. 41). Bei einem **anderen** Arbeitszeitmodell ist der Anteil entsprechend zu berechnen.

Soweit der Nutzungsvorteil pauschal nach § 40 Abs. 2 Satz 2 EStG versteuert wird, ist er **in der Sozialversicherung** nicht dem beitragspflichtigen Entgelt zuzurechnen (§ 1 Abs. 1 Satz 1 Nr. 3 SvEV). Einzelheiten zur Pauschalbesteuerung → *Wege zwischen Wohnung und erster Tätigkeitsstätte* Rz. 4453.

Beispiel 1:

Ein Arbeitnehmer nutzt einen Firmenwagen (Listenpreis im Zeitpunkt der Erstzulassung 25 000 €) für Fahrten zwischen Wohnung und erster Tätigkeitsstätte (Entfernung 25 km, 5-Tage-Woche). Seit 1.1.2025 ergibt sich folgender monatlich zu versteuernder geldwerter Vorteil:

0,03 % von 25 000 € × 25 km =		187,50 €
Der Arbeitgeber darf die Lohnsteuer mit 15 % pauschalieren, soweit der Arbeitnehmer die Bezüge als Werbungskosten geltend machen könnte.		
Dabei kann der Arbeitgeber von 15 Arbeitstagen monatlich ausgehen:		
0,30 € × 20 km × 15 Arbeitstage =	90,– €	
0,38 € × 5 km × 15 Arbeitstage =	28,50 €	118,50 €
zur Versteuerung als laufender Arbeitslohn verbleiben		69,00 €

Eine Pauschalversteuerung ist allerdings nur in der Höhe möglich, in der sich ein geldwerter Vorteil für die Nutzung des Firmenwagens zu Fahrten zwischen Wohnung und erster Tätigkeitsstätte ergibt (OFD Erfurt v. 29.2.1996, S 2334 A – 01 – St 331).

Beispiel 2:

Wie Beispiel 1, aber der Listenpreis beträgt 17 000 € und die Entfernung 80 km. Es ergibt sich folgender monatlich zu versteuernder geldwerter Vorteil:

0,03 % von 17 000 € × 80 km =		408,– €
Der Arbeitgeber darf die Lohnsteuer mit 15 % pauschalieren, soweit der Arbeitnehmer Werbungskosten geltend machen könnte (Entfernungspauschale).		
Dabei kann der Arbeitgeber von 15 Arbeitstagen monatlich ausgehen:		
0,30 € × 20 km × 15 Arbeitstage =	90,– €	
0,38 € × 60 km × 15 Arbeitstage =	342,– €	432,– €

Der tatsächliche geldwerte Vorteil (i.H.v. 408 €) darf **in voller Höhe** mit 15 % pauschal versteuert werden.

Für den 408 € übersteigenden Betrag der Entfernungspauschale ist eine Pauschalierung oder Anrechnung auf den pauschalen Nutzungswert nach der 1 %-Regelung nicht zulässig. Der Arbeitnehmer kann jedoch den übersteigenden Betrag als Werbungskosten geltend machen (R 40.2 Abs. 6 Satz 2 LStR).

Bitte beachten: Ab 2026 gilt eine höhere Entfernungspauschale ab dem 1. Kilometer i.H.v. 0,38 € → Rz. 4431.

11. Sammelbeförderung

Die **unentgeltliche oder verbilligte Beförderung eines Arbeitnehmers** zwischen Wohnung und erster Tätigkeitsstätte mit einem vom Arbeitgeber oder in dessen Auftrag von einem Dritten eingesetzten Omnibus, Kleinbus oder für mehrere Personen zur Verfügung gestellten Pkw **ist steuerfrei**, wenn diese Beförderung jeweils **für den betrieblichen Einsatz des Arbeitnehmers notwendig** ist (§ 3 Nr. 32 EStG, R 3.32 LStR). Zu der Frage, wann eine steuerfreie Sammelbeförderung vorliegt, → *Wege zwischen Wohnung und erster Tätigkeitsstätte* Rz. 4446. 2184

Wird dem Geschäftsführer einer GmbH ein Kraftfahrzeug vom Arbeitgeber zur privaten Nutzung überlassen, mit der Auflage, **andere Arbeitnehmer** zwischen Wohnung und erster Tätigkeitsstätte **mitzunehmen**, liegt **keine steuerfreie Sammelbeförderung** i.S.d. § 3 Nr. 32 EStG vor (BFH v. 29.1.2009, VI R 56/07, BStBl II 2010, 1067).

12. Fahrergestellung

a) Allgemeines

Wird dem Arbeitnehmer für die private Nutzung des Firmenwagens vom Arbeitgeber ein Fahrer zur Verfügung gestellt, so handelt es sich insoweit um die **Gewährung eines steuerpflichtigen geldwerten Vorteils**, der zusätzlich zu erfassen ist. 2185

LSt SV

b) Bewertung

Maßstab zur Bewertung des geldwerten Vorteils aus der arbeitgeberseitigen Gestellung eines Fahrers ist grds. **Der Preis für eine von einem fremden Dritten bezogene vergleichbare Dienstleistung**, d.h. der übliche Endpreis i.S.d. § 8 Abs. 2 Satz 1 EStG (BFH v. 15.5.2013, VI R 44/11, BStBl II 2014, 589 sowie BMF v. 3.3.2022, IV C 5 – S 2334/21/10004 :001, BStBl I 2022, 232, Rdnr. 42 f.). 2186

Die Finanzverwaltung hat keine Bedenken, **insgesamt einheitlich** für das Kalenderjahr

- für Privatfahrten,
- für Fahrten zwischen Wohnung und erster Tätigkeitsstätte oder Fahrten nach § 9 Abs. 1 Satz 3 Nr. 4a Satz 3 EStG sowie
- für Familienheimfahrten

als üblichen Endpreis am Abgabeort den **Anteil an den tatsächlichen Lohn- und Lohnnebenkosten** des Fahrers (d.h. insbesondere: Bruttoarbeitslohn, Arbeitgeberbeiträge zur Sozialversicherung, Verpflegungszuschüsse sowie Kosten beruflicher Fort- und Weiterbildung für den Fahrer) anzusetzen, welcher der **Einsatzdauer des Fahrers im Verhältnis zu dessen Gesamtarbeitszeit** entspricht (BFH v. 15.5.2013, VI R 44/11, BStBl II 2014, 589).

Zur Einsatzdauer des Fahrers gehören auch die Stand- und Wartezeiten des Fahrers, nicht aber die bei der Überlassung eines Kraftfahrzeugs mit Fahrer durch die An- und Abfahrten des Fahrers durchgeführten Leerfahrten und die anfallenden Rüstzeiten; diese sind den dienstlichen Fahrten zuzurechnen (BMF v. 3.3.2022, IV C 5 – S 2334/21/10004 :001, BStBl I 2022, 232, Rdnr. 44).

c) Vereinfachungsregelung

Aus Vereinfachungsgründen beanstandet es die Finanzverwaltung nicht, wenn der geldwerte Vorteil aus einer Fahrergestellung **abweichend vom üblichen Endpreis** wie folgt – und steuerlich i.d.R. wesentlich vorteilhafter – ermittelt wird (R 8.1 Abs. 10 LStR sowie 2187

BMF v. 3.3.2022, IV C 5 – S 2334/21/10004 :001, BStBl I 2022, 232, Rdnr. 43):

aa) Fahrten zwischen Wohnung und erster Tätigkeitsstätte

2188 Stellt der Arbeitgeber dem Arbeitnehmer für Fahrten zwischen Wohnung und erster Tätigkeitsstätte oder Fahrten nach § 9 Abs. 1 Satz 3 Nr. 4a Satz 3 EStG ein Kraftfahrzeug mit Fahrer zur Verfügung, ist der **für diese Fahrten ermittelte Nutzungswert** des Kraftfahrzeugs **um 50 % zu erhöhen**.

Dies gilt auch dann, wenn der Arbeitgeber seinem Arbeitnehmer einen büromäßig eingerichteten Dienstwagen für Fahrten zwischen Wohnung und erster Tätigkeitsstätte mit Fahrer zur Verfügung stellt und der Arbeitnehmer die Fahrtzeit zur Erledigung beruflicher Arbeiten nutzt (BFH v. 27.9.1996, VI R 84/95, BStBl II 1997, 147).

bb) Privatfahrten

2189 Stellt der Arbeitgeber dem Arbeitnehmer für andere Privatfahrten ein Kraftfahrzeug mit Fahrer zur Verfügung, ist der entsprechende private Nutzungswert des Kraftfahrzeugs wie folgt zu erhöhen:

- **um 50 %**, wenn der Fahrer **überwiegend in Anspruch** genommen wird,
- **um 40 %**, wenn der Arbeitnehmer das Kraftfahrzeug **häufig selbst steuert**,
- **um 25 %**, wenn der Arbeitnehmer das Kraftfahrzeug **weit überwiegend selbst steuert**.

Der Nutzungswert ist auch dann **um 25 % zu erhöhen**, wenn dem Arbeitnehmer **ein Fahrer zur Verfügung steht**, der Arbeitnehmer das Kraftfahrzeug tatsächlich aber **ausschließlich selbst steuert** (BMF v. 3.3.2022, IV C 5 – S 2334/21/10004 :001, BStBl I 2022, 232, Rdnr. 43).

cc) Familienheimfahrten

2190 Für die zweite und jede weitere Familienheimfahrt i.R. einer beruflich veranlassten doppelten Haushaltsführung erhöht sich der auf die einzelne Familienheimfahrt entfallende Nutzungswert nur dann um 50 %, wenn für diese Fahrt ein Fahrer in Anspruch genommen worden ist.

dd) Begrenzung des pauschalen Nutzungswerts

2191 Bei Begrenzung des pauschalen Nutzungswertes auf die Gesamtkosten (→ Rz. 2140) ist der anzusetzende Nutzungswert um **50 % zu erhöhen**, wenn das Kraftfahrzeug **mit Fahrer zur Verfügung gestellt** worden ist.

ee) Sicherheitsgeschützte Fahrzeuge

2192 Wenn einem Arbeitnehmer **aus Sicherheitsgründen ein sondergeschütztes (gepanzertes) Kraftfahrzeug**, das zum Selbststeuern nicht geeignet ist, mit Fahrer zur Verfügung gestellt wird, ist von der steuerlichen Erfassung der Fahrergestellung abzusehen. Es ist dabei unerheblich, in welcher Gefährdungsstufe der Arbeitnehmer eingeordnet ist.

d) Wahl des Bewertungsverfahrens

2193 **Der Arbeitgeber** kann im Lohnsteuerabzugsverfahren den geldwerten Vorteil für die Fahrergestellung entweder mit dem üblichen Endpreis oder nach der Vereinfachungsregelung ansetzen. Diese Wahl kann er **im Kalenderjahr** für Privatfahrten, für Fahrten zwischen Wohnung und erster Tätigkeitsstätte oder Fahrten nach § 9 Abs. 1 Satz 3 Nr. 4a Satz 3 EStG sowie für Familienheimfahrten **insgesamt nur einheitlich ausüben**. Erfolgt die Bewertung mit dem üblichen Endpreis, hat der Arbeitgeber die Grundlagen für die Berechnung des geldwerten Vorteils aus der Fahrergestellung zu dokumentieren, als Belege zum Lohnkonto aufzubewahren und dem Arbeitnehmer auf Verlangen formlos mitzuteilen.

Der Arbeitnehmer darf den geldwerten Vorteil aus der Fahrergestellung i.R. seiner Einkommensteuerveranlagung – **abweichend vom Ansatz des Arbeitgebers** – mit dem üblichen Endpreis oder nach der Vereinfachungsregelung ansetzen und gegenüber **dem Finanzamt nachweisen**. Diese Wahl darf er **im Kalenderjahr** für Privatfahrten, für Fahrten zwischen Wohnung und erster Tätigkeitsstätte oder Fahrten nach § 9 Abs. 1 Satz 3 Nr. 4a Satz 3 EStG sowie für Familienheimfahrten **insgesamt nur einheitlich ausüben**.

Eine abweichende Bewertung setzt voraus, dass der im Lohnsteuerabzugsverfahren angesetzte Vorteil sowie die **Grundlagen für die Berechnung** des geldwerten Vorteils, z.B. durch eine formlose Mitteilung des Arbeitgebers, **nachgewiesen** werden (BMF v. 3.3.2022, IV C 5 – S 2334/21/10004 :001, BStBl I 2022, 232, Rdnr. 46).

e) Leerfahrten

Bei der Feststellung der privat und der dienstlich zurückgelegten Fahrtstrecken sind sog. **Leerfahrten**, die bei der Überlassung eines Kraftfahrzeugs mit Fahrer durch die An- und Abfahrten des Fahrers auftreten können, den dienstlichen Fahrten zuzurechnen (BMF v. 3.3.2022, IV C 5 – S 2334/21/10004 :001, BStBl I 2022, 232, Rdnr. 37). 2194

Beispiel:

Einem Arbeitnehmer wird ein Firmenwagen mit Fahrer zur Verfügung gestellt. Der Arbeitnehmer arbeitet in Hannover und wohnt 40 km von Hannover entfernt. Der Fahrer, der in Hannover wohnt, fährt morgens zu seinem Chef, um ihn abzuholen. Abends fährt er seinen Chef nach Hause und anschließend wieder zurück nach Hannover. Insgesamt fährt er also täglich 160 km (4 × 40 km).

Der Arbeitnehmer hat lediglich 80 km (2 × 40 km) als geldwerten Vorteil zu versteuern, allerdings mit einem Zuschlag für die Fahrergestellung. Die Leerfahrten seines Fahrers sind dienstlich veranlasste Fahrten.

f) Werbungskostenabzug und Pauschalierung

Der **Wert für die Fahrergestellung** darf **nicht neben der Entfernungspauschale** nach § 9 Abs. 1 Satz 3 Nr. 4 EStG als Werbungskosten berücksichtigt werden. Damit entfällt für den Fahrerzuschlag auch die Pauschalierungsmöglichkeit mit 15 %. 2195

13. Berücksichtigung des Rabattfreibetrags

Auch bei der Bewertung des geldwerten Vorteils aus der Privatnutzung eines Firmenwagens können die **besonderen Bewertungsvorschriften des** § 8 Abs. 3 EStG (konkreter Endpreis des Arbeitgebers abzüglich 4 %, Rabattfreibetrag von 1 080 €) zur Anwendung kommen (BFH v. 4.11.1994, VI R 81/93, BStBl II 1995, 338), sofern der Arbeitgeber die Kraftfahrzeuge nicht überwiegend an seine Arbeitnehmer, sondern **überwiegend fremden Dritten** zur Nutzung überlässt (→ *Rabatte* Rz. 3530). Diese Voraussetzung dürfte im Regelfall **nur bei Autoverleih- oder Leasingfirmen** gegeben sein. 2196

In diesen Fällen kommt neben der Bewertung nach § 8 Abs. 3 EStG auch eine Bewertung nach § 8 Abs. 2 Satz 2 bis 5 EStG in Betracht. Diese Bewertungsregelung geht als Spezialvorschrift der Bewertungsregelung nach § 8 Abs. 2 Satz 1 EStG vor. Insoweit gilt auch hier die Verwaltungsregelung, die **sowohl dem Arbeitnehmer als auch dem Arbeitgeber eine Wahlmöglichkeit** zwischen den Bewertungsvorschriften des § 8 Abs. 2 und Abs. 3 EStG **einräumt** (BMF v. 16.5.2013, IV C 5 – S 2334/07/0011, BStBl I 2013, 729, ergänzt durch BMF v. 11.2.2021, IV C 5 – S 2334/19/10024 :003, BStBl I 2021, 311). Einzelheiten hierzu → *Rabatte* Rz. 3526.

Bei der Bewertung nach § 8 Abs. 3 EStG ist der um 4 % geminderte Endpreis des Arbeitgebers anzusetzen. Von dem so ermittelten geldwerten Vorteil ist der Rabattfreibetrag von 1 080 € abzuziehen.

Beispiel 1:

Ein Arbeitnehmer ist bei einer Autoverleihfirma, die ihre Fahrzeuge langfristig vermietet, angestellt. Er erhält von seinem Arbeitgeber einen Firmenwagen zur privaten Nutzung kostenlos zur Verfügung gestellt. Die Kunden müssen für einen Pkw gleicher Art monatlich 1 000 € bezahlen. Der Listenpreis des Pkw beträgt 40 000 €, die Entfernung zwischen Wohnung und erster Tätigkeitsstätte 30 km.

Bei Anwendung der besonderen Bewertungsvorschriften nach § 8 Abs. 3 EStG (Arbeitgeber vermietet Fahrzeuge **überwiegend an fremde Dritte**) würde sich folgender geldwerter Vorteil ergeben:

Endpreis des Arbeitgebers	1 000 €
– 4 % Abschlag	40 €
= Endpreis des Arbeitgebers	960 €
– Rabattfreibetrag (1/12 von 1 080 €)	90 €
= monatlicher geldwerter Vorteil	870 €

Bei Anwendung der 1 %-Regelung würde sich folgender geldwerter Vorteil ergeben:

1 % von 40 000 €	400 €

0,03 % von 40 000 € = 12 € × 30 km	360 €
Insgesamt	760 €

Der Arbeitnehmer wird die Anwendung der 1 %-Regelung wählen, weil er so 110 € weniger als geldwerten Vorteil zu versteuern hat, als bei Anwendung der besonderen Bewertungsvorschriften nach § 8 Abs. 3 EStG.

Ein Antrag auf Pauschalierung nach § 40 Abs. 1 Satz 1 Nr. 1 EStG darf nicht gestellt werden, weil dieser nur für sonstige Bezüge möglich ist (→ *Pauschalierung der Lohnsteuer* Rz. 3338). Der geldwerte Vorteil aus der Privatnutzung eines Firmenwagens zählt aber zum laufenden Arbeitslohn (R 39b.2 Abs. 1 Nr. 5 LStR). Lediglich für den auf die Fahrten zwischen Wohnung und erster Tätigkeitsstätte entfallenden geldwerten Vorteil kommt eine – zumindest teilweise – Pauschalbesteuerung nach § 40 Abs. 2 Satz 2 Nr. 1 EStG in Betracht.

Wird bei der **Überlassung eines Kraftwagens** der auf die Fahrten zwischen Wohnung und erster Tätigkeitsstätte entfallende Nutzungsvorteil nach § 40 Abs. 2 Satz 2 Nr. 1 EStG **pauschal versteuert**, so ist der für die individuelle Besteuerung maßgebende Wert der Kraftwagenüberlassung insgesamt nach § 8 Abs. 3 EStG zu ermitteln und um den pauschal versteuerten Betrag zu kürzen.

Beispiel 2:

Wie Beispiel 1, der Endpreis i.S.d. § 8 Abs. 3 EStG beträgt nur 750 €, so dass der Arbeitnehmer die Bewertung nach § 8 Abs. 3 EStG wählt. Darüber hinaus werden die Fahrten zwischen Wohnung und erster Tätigkeitsstätte soweit wie möglich vom Arbeitgeber pauschal versteuert.

Der geldwerte Vorteil nach § 8 Abs. 3 EStG beträgt (bei der Pauschalversteuerung setzt der Arbeitgeber 15 Arbeitstage an, vgl. → Rz. 2183):

Endpreis des Arbeitgebers (1 000 €)	750,– €
– 4 % Abschlag	30,– €
= Endpreis des Arbeitgebers	720,– €
– Rabattfreibetrag (1/12 von 1 080 €)	90,– €
= geldwerter Vorteil	630,– €
– pauschal versteuerte Fahrten zwischen Wohnung und erster Tätigkeitsstätte (15 Tage × 30 km × 0,38 €, neue Entfernungspauschale 2026 beachte → Rz. 4431).	171,00 €
= monatlich der Lohnsteuer zu unterwerfen	459,00 €

14. Haftung des Arbeitgebers

2197 Soweit der Arbeitgeber dem Arbeitnehmer einen Firmenwagen zur privaten Nutzung überlässt, muss er die Höhe des geldwerten Vorteils ermitteln und der Lohnversteuerung unterwerfen. **Unterlässt der Arbeitgeber die Versteuerung des geldwerten Vorteils, so haftet er nach** § 42d EStG **für die zu wenig einbehaltene Lohnsteuer** sowie für den zu wenig einbehaltenen Solidaritätszuschlag und für die Kirchensteuer.

Nach der neueren Rechtsprechung des BFH hat die **unbefugte Privatnutzung** des betrieblichen Kraftfahrzeugs **keinen Lohncharakter**. Denn ein Vorteil, den der Arbeitnehmer **gegen den Willen des Arbeitgebers** erlangt, wird nicht „für" eine Beschäftigung im öffentlichen oder privaten Dienst gewährt und **zählt damit nicht zum Arbeitslohn** nach § 19 Abs. 1 Satz 1 Nr. 1 i.V.m. § 8 Abs. 1 EStG (BFH v. 21.4.2010, VI R 46/08, BStBl II 2010, 848). Hat der Arbeitgeber also die **Privatnutzung des Kraftfahrzeugs untersagt**, so bedarf es grds. **Keiner weiteren Überwachungsmaßnahmen**. Die Finanzverwaltung wendet das Urteil zwar an (→ Rz. 2141), trotzdem sollte der Arbeitgeber weiterhin zur **Vermeidung eines Haftungsrisikos** die Einhaltung des Verbots überwachen.

Eine solche Überwachung ist z.B. möglich durch

- **Führung eines Fahrtenbuchs** durch den Arbeitnehmer,
- **Überprüfung des Fahrtenbuchs** durch den Arbeitgeber,
- **Abstellen des Kraftfahrzeugs** bei Urlaub, Krankheit und ggf. nach Dienstschluss **auf dem Garagenhof des Arbeitgebers**.

15. Umsatzsteuer

2198 Einzelheiten zu den umsatzsteuerlichen Regelungen → *Sachbezüge* Rz. 3834 und → *Sachbezüge* Rz. 3839.

16. Lohnpfändung

2199 Einzelheiten dazu, wie der pfändbare Teil bei der Überlassung eines Firmenwagens zur privaten Nutzung ermittelt wird, unter → *Lohnpfändung* Rz. 2916.

17. Arbeitsrecht

Wenn der Arbeitgeber seinem Arbeitnehmer ein Fahrzeug überlässt, ist der Arbeitnehmer nach **§ 241 Abs. 2 BGB zur Rücksichtnahme auf die Rechte, Rechtsgüter und Interessen des Arbeitgebers** verpflichtet. Bei der Überlassung eines Fahrzeugs ist der Arbeitnehmer daher u.a. verpflichtet, den Arbeitgeber über **Unfälle und auftretende Mängel unverzüglich zu informieren**, damit dieser die notwendigen Maßnahmen in die Wege leiten kann (z.B. Mängelbeseitigung, Ausübung von Gewährleistungsansprüchen, Information von Versicherungen). Zu den Pflichten des Arbeitnehmers gehört es aber auch, dass ihm überlassene **Fahrzeug pfleglich zu behandeln und keine Schäden zu verursachen**, die über die üblichen Gebrauchsspuren hinausgehen (vgl. hierzu insgesamt LAG Köln v. 14.1.2025, 7 SLa 175/24). 2200

18. Sozialversicherung

Auf Grund des Verweises in der SvEV auf die steuerlichen Vorschriften zur Bewertung von Sachbezügen ist die steuerliche Minderung des Nutzungswertes durch den Arbeitgeber auch beitragsrechtlich zu berücksichtigen (Besprechungsergebnis der Spitzenorganisationen der Sozialversicherung über Fragen des gemeinsamen Beitragseinzugs am 22.3.2018, TOP 2). 2201

Die beitragsrechtliche Berücksichtigung des Nutzungswerts gilt auch dann, wenn die steuerrechtliche Minderung durch den Arbeitgeber – bis zur Erstellung der Lohnsteuerbescheinigung für das vorangegangene Kalenderjahr oder im Laufe des Kalenderjahres wegen Beendigung des Beschäftigungsverhältnisses – rückwirkend erfolgt.

Eine steuerrechtliche Minderung i.R. der Einkommensteuerveranlagung führt nicht zur nachträglichen Beitragsfreiheit der Minderung des Nutzungswertes.

Flexizeitkonto

→ *Arbeitszeitmodelle* Rz. 734

Flüchtlinge

→ *Asylbewerber, Flüchtlinge* Rz. 828

Folgerenten

→ *Altersrenten* Rz. 61

Forderungsübergang

1. Allgemeines

Die Forderung des Arbeitnehmers auf Arbeitsentgelt gegen den Arbeitgeber kann in bestimmten Fällen, abgesehen von der rechtsgeschäftlichen Abtretung (→ *Abtretung des Arbeitslohns* Rz. 24) und von der Pfändung des Lohnes (→ *Lohnpfändung* Rz. 2890), kraft Gesetzes auf einen Dritten übergehen. Die **Folge** eines solchen gesetzlichen Forderungsübergangs ist, dass der Dritte nunmehr Gläubiger der Entgeltforderung gegen den Arbeitgeber ist; der Arbeitgeber muss an den Dritten leisten. 2202

Beachtet der Arbeitgeber einen ihm bekannt gegebenen Forderungsübergang nicht, zahlt er also die Forderung an den Arbeitnehmer aus, so bleibt er dem Dritten als Gläubiger der übergegangenen Forderung zahlungspflichtig; der Arbeitgeber läuft also **Gefahr, doppelt zahlen** zu müssen.

Die Fälle des **gesetzlichen Forderungsübergangs** sind nach § 412 BGB grds. nach den **Abtretungsregelungen**, §§ 399 bis 404 und §§ 406 bis 410 BGB, abzuwickeln.

Für das Arbeitsverhältnis sind insbesondere von Bedeutung die **Fallgestaltungen** des gesetzlichen Forderungsübergangs bei Übergang auf die **Krankenversicherung** bei Entgeltfortzahlung (§ 6 Abs. 1 EFZG) und auf die **Agentur für Arbeit** bezüglich Arbeitslosengeldes (§ 115 SGB X).

Bei Forderungsübergang auf einen Sozialleistungsträger gilt im Übrigen die auch nach Forderungsübergang ansonsten grds. zu beachtende **Pfändbarkeitsgrenze nicht** (→ *Lohnpfändung* Rz. 2890).

Zum Forderungsübergang gegenüber einer **Bedarfsgemeinschaft** bei Grundsicherungsleistungen nach dem SGB II s. BAG v. 21.3.2012, 5 AZR 61/11.

2. Lohnsteuer und Sozialversicherung

a) Allgemeines

2203 Zahlt der **Arbeitgeber Arbeitslohn** nicht an den Arbeitnehmer aus, sondern auf Grund einer Abtretung, Pfändung usw. unmittelbar an einen **Dritten**, hat dies keinen Einfluss auf die Besteuerung und Beitragsberechnung beim Arbeitnehmer. Als Arbeitslohn (Barlohn) ist auch die – zur Abkürzung des Zahlungswegs – erfolgte Zahlung des Arbeitgebers an einen Gläubiger des Arbeitnehmers anzusehen, durch die eine Forderung des Gläubigers gegen den Arbeitnehmer getilgt wird (zuletzt BFH v. 12.4.2007, VI R 6/02, BStBl II 2007, 581 betr. Ablösung einer Pensionsverpflichtung). Dies gilt auch für den **gesetzlichen Übergang einer Arbeitslohnforderung auf Sozialleistungsträger** (z.B. auf die Agentur für Arbeit nach § 115 Abs. 1 SGB X). Der übergegangene Betrag ist dem Arbeitnehmer in dem Zeitpunkt zugeflossen, in dem er beim Zessionar (z.B. der Agentur für Arbeit) eingeht (zuletzt BFH v. 15.11.2007, VI R 66/03, BStBl II 2008, 375 m.w.N. betr. Zahlung von Arbeitslosengeld).

LSt SV

b) Insolvenzverfahren

2204 I.R. von Insolvenzverfahren leisten Insolvenzverwalter als Ausschüttung von Masseverbindlichkeiten gem. § 55 Abs. 1 Nr. 2 InsO auch Zahlungen an freigestellte Arbeitnehmer für die Zeit bis zum Ablauf der Kündigungsfrist, die bislang für diesen Zeitraum lediglich Arbeitslosengeld erhalten haben. Das bezogene Arbeitslosengeld ist vom Insolvenzverwalter der Bundesagentur für Arbeit unmittelbar zu erstatten (sog. Forderungsübergang nach § 115 SGB X).

Es wurde die Frage aufgeworfen, wie die Zahlungen des Insolvenzverwalters an die Bundesagentur für Arbeit auf Grund des gesetzlichen Forderungsübergangs nach § 115 SGB X steuerlich zu beurteilen sind.

Die obersten Finanzbehörden haben entschieden, dass entsprechend der Regelung in R 3.2 Abs. 1 Satz 2 LStR die Zahlungen des Insolvenzverwalters an die Bundesagentur für Arbeit nach § 3 Nr. 2 EStG **steuerfrei** bleiben, soweit sie auf Grund des gesetzlichen Forderungsübergangs nach § 115 SGB X geleistet werden und über das Vermögen des (früheren) Arbeitgebers das Insolvenzverfahren eröffnet worden ist. Die Regelungen zum **Progressionsvorbehalt** sind zu beachten (FinMin Berlin v. 30.9.2011, III B – S 2342 – 11/2007, Lohnsteuer-Handausgabe 2021, 457).

Steuerpflichtiger Arbeitslohn liegt somit nur in Höhe der Differenz zwischen dem (erfüllten) Arbeitslohnanspruch und den an die Bundesagentur für Arbeit geleisteten Rückzahlungen des vom Arbeitnehmer bezogenen Arbeitslosengeldes vor.

Die vorstehenden Ausführungen gelten analog für die nachstehend aufgeführten Sozialleistungen, sofern es ebenfalls zu einem gesetzlichen Forderungsübergang nach § 115 SGB X kommt:

- von der **Berufsgenossenschaft** gezahlte Verletztengeldansprüche (steuerfrei nach § 3 Nr. 1 Buchst. a EStG; Progressionsvorbehalt nach § 32b Abs. 1 Nr. 1 Buchst. b EStG),
- von der **gesetzlichen Krankenversicherung** als Krankengeld geleistete Entgeltfortzahlung im Krankheitsfall innerhalb der Sechs-Wochen-Frist (steuerfrei nach § 3 Nr. 1 Buchst. a EStG; Progressionsvorbehalt nach § 32b Abs. 1 Nr. 1 Buchst. b EStG),
- von der **Deutschen Rentenversicherung** gezahltes Übergangsgeld (steuerfrei nach § 3 Nr. 1 Buchst. c EStG; Progressionsvorbehalt nach § 32b Abs. 1 Nr. 1 Buchst. b EStG),
- von der **Agentur für Arbeit** (JobCenter) gezahlte Leistungen zur Sicherung des Lebensunterhalts nach dem SGB II (steuerfrei nach § 3 Nr. 2d EStG; kein Progressionsvorbehalt).

S.a. → *Insolvenz des Arbeitgebers* Rz. 2592.

Forderungsverzicht

2205 Im (rechtswirksamen) Verzicht des Arbeitgebers auf eine (nicht völlig wertlose) Forderung gegenüber dem Arbeitnehmer ist steuerpflichtiger Arbeitslohn zu sehen, wenn der Verzicht durch das **Dienstverhältnis veranlasst** ist. Dies ist z.B. der Fall, wenn der Arbeitgeber

- den **gestundeten Kaufpreis** für entgeltlich überlassenes Arbeitsgerät **erlässt**,
- auf eine **Schadensersatzforderung** gegenüber dem Arbeitnehmer **verzichtet**, weil dieser im Zustand der absoluten Fahruntüchtigkeit einen Firmenwagen beschädigt oder den Dienstwagen (= grob fahrlässige Pflichtverletzung) falsch betankt hat (BFH v. 24.5.2007, VI R 73/05, BStBl II 2007, 766 m.w.N. sowie FG Köln v. 29.10.2015, 15 K 1581/11, EFG 2017, 196, insoweit rkr., und R 8.1 Abs. 9 Nr. 2 Satz 13 LStR),
- als Halter eines Kfz die Zahlung eines **Verwarnungsgeldes** wegen einer ihm gem. § 56 Abs. 1 Satz 1 OWiG erteilten Verwarnung (wegen Parkverstößen durch angestellten Paketzusteller) auf eine eigene Schuld geleistet hat (die Zahlung führt daher nicht zu Arbeitslohn des die Ordnungswidrigkeit begehenden Arbeitnehmers) und darauf verzichtet, die Arbeitnehmer in Regress zu nehmen (BFH v. 13.8.2020, VI R 1/17, BStBl II 2021, 103),
- oder nach Inanspruchnahme als **Haftender für Lohnsteuer** darauf verzichtet, seine Arbeitnehmer in Regress zu nehmen (zuletzt BFH v. 5.3.2007, VI B 41/06, m.w.N., sowie → *Haftung für Lohnsteuer: Allgemeine Grundsätze* Rz. 2471).

Der Arbeitslohn fließt dem Arbeitnehmer in dem Zeitpunkt zu, in dem der Arbeitgeber zu erkennen gibt, dass er keinen Rückgriff nehmen wird, d.h. im Zeitpunkt des – ggf. konkludenten – Abschlusses des Erlassvertrags, und sich der Arbeitnehmer hiermit einverstanden erklärt (BFH v. 13.8.2020, VI R 1/17, BStBl II 2021, 103).

Die Tatsache allein, dass der Arbeitgeber damit rechnen muss, dass einzelne Arbeitnehmer seine Forderung abredewidrig nicht entrichten werden, und er es unterlässt, zunächst mit Gegenforderungen (insbesondere Lohnforderungen) ganz oder teilweise aufzurechnen oder andere Beitreibungsmaßnahmen zu ergreifen, führt noch nicht zum Zufluss von Arbeitslohn. Allerdings kann hierin nach den Gesamtumständen des Einzelfalls schon ein endgültiger Forderungsverzicht liegen und somit Arbeitslohn anzunehmen sein (BFH v. 25.1.1985, VI R 173/80, BStBl II 1985, 437).

LSt SV

Formulararbeitsvertrag

→ *Arbeitsvertrag* Rz. 730

Forstbedienstete

1. Privatforstbedienstete

Entschädigungen an Privatforstbedienstete werden seit 1990 wie folgt behandelt (FinMin Baden-Württemberg v. 11.5.1990, S 2337 A – 5/67): 2206

- Der **Dienstkleidungszuschuss** ist als Barablösung i.S.d. § 3 Nr. 31 EStG steuerfrei.

~~LSt~~ ~~SV~~

- Beim **Futtergeld**, der **Jagdaufwandsentschädigung**, dem **Schussgeld** und der **Pauschalentschädigung für das Dienstzimmer** handelt es sich um Werbungskostenersatz und somit um steuerpflichtigen Arbeitslohn

LSt SV

2. Forstbedienstete im öffentlichen Dienst

a) Aufwandsentschädigungen

Bei den im öffentlichen Dienst tätigen Forstbediensteten muss im jeweiligen Einzelfall geprüft werden, ob die gezahlten Entschädigungen als **Aufwandsentschädigungen** aus öffentlichen Kassen nach § 3 Nr. 12 Satz 1 oder 2 EStG steuerfrei belassen werden können (→ *Aufwandsentschädigungen im öffentlichen Dienst* Rz. 865). 2207

Die Regelungen können je nach Bundesland unterschiedlich sein: Die sog. **Dienstzimmerentschädigung** bleibt z.B. in Nordrhein-Westfalen nach § 3 Nr. 12 **Satz 2** EStG i.V.m. R 3.12 Abs. 3 LStR steuerfrei (OFD Düsseldorf v. 15.9.1997, S 2337 A – St 122). Andere Bundesländer, z.B. Sachsen-Anhalt, haben vergleichbare Entschädigungen als Aufwandsentschädigung festgesetzt und als solche im Haushaltsplan ausgewiesen, so dass die Voraussetzungen für die Steuerbefreiung nach § 3 Nr. 12 **Satz 1** EStG vorliegen (FinMin Sachsen-Anhalt v. 30.5.1997, 42 – S 2253 – 43).

Nach § 3 Nr. 12 Satz 2 EStG i.V.m. R 3.12 Abs. 3 LStR steuerfrei sind in Baden-Württemberg auch die an **kommunale Forstbedienstete gezahlten Aufwandsentschädigungen** (FinMin Baden-Württemberg v. 8.4.2009, 3 – S 233.7/64). Ebenso in Sachsen die sog. **Jagdaufwandsentschädigungen**. Dies sind pauschale Teilkostenerstattungen für private Jagdarbeitsmittel, Erlegungs- und Transportgelder sowie Zahlungen für die Haltung und Führung von Jagdhunden als auch für auf Jagden verletzte Jagdhunde. Die Finanzverwaltung geht davon aus, dass den Forstbediensteten im Durchschnitt der Jahre abziehbare Aufwendungen mindestens in Höhe der Aufwandsentschädigungen entstehen. Auf eine Prüfung der tatsächlich entstandenen Aufwendungen im Einzelfall wird daher grds. verzichtet (R 3.12 Abs. 2 Satz 1 bis 6 LStR).

b) Entfernungsentschädigungen

2208 Nach dem Tarifvertrag zur Regelung der Arbeitsbedingungen von Beschäftigten in forstwirtschaftlichen Verwaltungen, Einrichtungen und Betrieben der Länder (TV-Forst) erhalten die im Forst Tätigen, wenn sie ihr privates Kraftfahrzeug nutzen, für die Fahrtstrecke von der Wohnung zur ersten Arbeitsstelle und von der letzten Arbeitsstelle zurück zur Wohnung eine Entfernungsentschädigung. Hierfür gilt Folgendes:

- Wenn das Forstamt „erste Tätigkeitsstätte“ i.S.d. § 9 Abs. 4 EStG ist, sind die Fahrten in den Wald nach den Grundsätzen für **Auswärtstätigkeiten** zu beurteilen (→ *Reisekosten: Allgemeine Grundsätze* Rz. 3589).
- Forstarbeiter können auch ausschließlich in einem sog. **weiträumigen Tätigkeitsgebiet** tätig werden. Ein weiträumiges Tätigkeitsgebiet liegt in Abgrenzung zur ersten Tätigkeitsstätte vor, wenn die vertraglich vereinbarte Arbeitsleistung auf einer festgelegten Fläche und nicht innerhalb einer ortsfesten betrieblichen Einrichtung des Arbeitgebers, eines verbundenen Unternehmens (§ 15 AktG) oder bei einem vom Arbeitgeber bestimmten Dritten ausgeübt werden soll (→ *Reisekosten: Allgemeine Grundsätze* Rz. 3628).

Im Einzelnen gilt Folgendes:

- Soll der Arbeitnehmer auf Grund der Weisungen des Arbeitgebers seine berufliche Tätigkeit typischerweise arbeitstäglich in einem weiträumigen Tätigkeitsgebiet ausüben, findet für die **Fahrten von der Wohnung zu diesem Tätigkeitsgebiet ebenfalls die Entfernungspauschale** Anwendung.
- Wird das weiträumige Tätigkeitsgebiet immer von verschiedenen Zugängen aus betreten oder befahren, ist die **Entfernungspauschale** aus Vereinfachungsgründen bei diesen Fahrten nur für die **kürzeste Entfernung von der Wohnung zum nächstgelegenen Zugang anzuwenden**.
- Für alle **Fahrten innerhalb des weiträumigen Tätigkeitsgebietes** sowie für die zusätzlichen Kilometer bei den Fahrten von der Wohnung zu einem weiter entfernten Zugang können weiterhin die tatsächlichen Aufwendungen oder der sich am Bundesreisekostengesetz orientierende maßgebliche pauschale Kilometersatz angesetzt werden.

Beispiel:

Ein in A wohnender Forstarbeiter fährt an 150 Tagen von seiner Wohnung zu dem 15 km entfernten, nächstgelegenen Zugang des von ihm täglich zu betreuenden Waldgebietes (weiträumiges Tätigkeitsgebiet). An 70 Tagen fährt A von seiner Wohnung über einen weiter entfernt gelegenen Zugang (20 km) in das Waldgebiet.

Die Fahrten von der Wohnung zu dem weiträumigen Tätigkeitsgebiet werden behandelt wie die Fahrten von der Wohnung zu einer ersten Tätigkeitsstätte. A kann somit für diese Fahrten lediglich die Entfernungspauschale i.H.v. 0,30 € je Entfernungskilometer (= 15 km x 0,30 €) als Werbungskosten ansetzen. Die Fahrten innerhalb des Waldgebietes können mit den tatsächlichen Kosten oder aus Vereinfachungsgründen mit dem pauschalen Kilometersatz i.H.v. 0,30 € je tatsächlich gefahrenem Kilometer berücksichtigt werden.

Bei den Fahrten zu dem weiter entfernt gelegenen Zugang werden ebenfalls nur 15 Kilometer mit der Entfernungspauschale (15 km x 0,30 €) berücksichtigt. Die zusätzlichen fünf Kilometer morgens hin und die fünf Kilometer abends zurück, werden ebenso wie die Fahrten innerhalb des weiträumigen Tätigkeitsgebietes mit den tatsächlichen Kosten oder aus Vereinfachungsgründen mit dem pauschalen Kilometersatz i.H.v. 0,30 € je gefahrenem Kilometer berücksichtigt.

Somit sind für 220 Tage jeweils 15 km mit der Entfernungspauschale und die restlichen tatsächlich gefahrenen Kilometer mit den tatsächlichen Kosten oder aus Vereinfachungsgründen dem pauschalen Kilometersatz i.H.v. 0,30 € anzusetzen. Wegen der erhöhten pauschalen Kilometersätze für Fahrten zwischen der Wohnung und der ersten Tätigkeitsstätte in der Zeit von 2021 bis 2026 vgl. § 9 Abs. 1 Satz 3 Nr. 4 Satz 9 EStG.

Mit dem Steueränderungsgesetz 2025 wurde die Entfernungspauschale ab Vz 2026 bereits ab dem ersten Entfernungskilometer auf 0,38 € erhöht s.a. → Rz. 4431.

Auf die Berücksichtigung von **Verpflegungspauschalen oder Übernachtungskosten** als Werbungskosten sowie den steuerfreien Arbeitgeberersatz hat diese Festlegung keinen Einfluss, da der Arbeitnehmer weiterhin außerhalb einer ersten Tätigkeitsstätte – also **auswärts** – **beruflich tätig wird**.

Soll der Arbeitnehmer in mehreren ortsfesten Einrichtungen seines Arbeitgebers, eines verbundenen Unternehmens oder eines Dritten, die innerhalb eines bestimmten Bezirks gelegen sind, beruflich tätig werden, wird er nicht in einem weiträumigen Tätigkeitsgebiet, sondern an verschiedenen, ggf. sogar **ständig wechselnden Tätigkeitsstätten** tätig.

c) Transportentschädigungen

Nach § 33a Manteltarifvertrag (MTV) werden **Waldarbeitern** seit 1.4.1994 für den Transport von betriebseigenem Gerät und Material im eigenen Kfz oder mittels betriebseigenem oder waldarbeitereigenem Kfz-Anhänger und für das Umsetzen eines Waldarbeiterschutzwagens pauschale **Transportentschädigungen** gezahlt. 2209

Diese werden steuerlich wie folgt behandelt (OFD Berlin v. 29.1.2004, S 2332):

- Die pauschale Transportentschädigung nach § 33a Abs. 1 MTV für jeden Tag der Mitnahme von betriebseigenem Material bei der **Fahrt von der Wohnung zur Arbeitsstätte gehört zum steuerpflichtigen Arbeitslohn**.
- Die Transportentschädigungen nach § 33a Abs. 2 und 3 MTV für die Mitnahme von betriebseigenem Gerät und Material in einem betriebseigenen Kfz-Anhänger bzw. einem waldarbeitereigenen Kfz-Anhänger und für das Umsetzen eines Waldarbeiterschutzwagens werden neben der kilometerbezogenen Fahrzeugentschädigung nach § 33 MTV für die Benutzung eines eigenen Kfz gezahlt. Die pauschalen Entschädigungen sind **steuerfrei**, soweit sie zusammen mit der Fahrentschädigung den für **Dienstreisen** geltenden pauschalen km-Satz von 0,30 € nicht übersteigen.

d) Sachbezüge durch Wildbretverkauf

Ein als Sachbezug zu versteuernder geldwerter Vorteil kann bei Forstbediensteten entstehen, wenn die um 4 % geminderten Endpreise, zu denen das Wildbret fremden Erwerbern verkauft wird, die von den Bediensteten tatsächlich gezahlten Entgelte übersteigen. Die sich danach ergebenden Vorteile sind jedoch insoweit steuerfrei, als sie aus dem Dienstverhältnis insgesamt 1 080 € im Kalenderjahr nicht überschreiten (**Rabattfreibetrag** nach § 8 Abs. 3 EStG). Darüber hinausgehende geldwerte Vorteile sind beim Steuerabzug vom Arbeitslohn zu berücksichtigen. 2210

Forstwirtschaft

→ *Land- und Forstwirtschaft* Rz. 2823

Fortbildung

Inhalt

1. Arbeitsrecht

2211 Der deutsche Gesetzgeber hat in Umsetzung der EU-Arbeitsbedingungenrichtlinie das Nachweisgesetz (NachwG) mit Wirkung ab dem 1.8.2022 novelliert. Der Katalog nachweispflichtiger Tatbestände wurde erweitert und konkretisiert. Das hat Folgen für die Arbeitsvertragsgestaltung in der Unternehmenspraxis und betrifft zunächst Neuverträge, aber auf Verlangen auch alle Bestandsmitarbeiter. Auch hinsichtlich beruflicher Fortbildung ist ein Nachweistatbestand in § 2 Abs. 1 Satz 2 Nr. 12 NachwG aufgenommen worden. Danach ist der Arbeitnehmer darauf hinzuweisen, dass er – soweit dies vereinbart wurde – einen Anspruch auf Fortbildung hat. Sinnvoll erscheint, dies mit dem ergänzenden Hinweis zu verknüpfen, dass der Arbeitnehmer auch zur Teilnahme an Fortbildungsveranstaltungen verpflichtet ist, die für die Erfüllung der arbeitsvertraglich geschuldeten Tätigkeit geboten sind. Dies hat den Vorteil, dass der Arbeitgeber einen solchen Anspruch gegen den Arbeitnehmer besser darlegen und im Falle der Pflichtverletzung entsprechend rechtssicher sanktionieren kann (vgl. Gaul/Pitzer/Pionteck, DB 2022, 1833, 1837). Zu beachten ist, dass ab dem 1.1.2025 die Nachweise – von Ausnahmen abgesehen – nach dem NachweisG grundsätzlich nicht mehr der Schriftform genügen müssen, sondern vielmehr eine Übersendung der Datei per E-Mail nebst Aufforderung an den Arbeitnehmer zur Abgabe eines Empfangsbekenntnisses oder einer Zustimmungserklärung genügt (Viertes Bürokratieentlastungsgesetz, BGBl. I 2024 Nr. 323 vom 29.10.2024).

Bei beruflicher Fortbildung oder Umschulung kommt es in der Praxis häufig zur **Vereinbarung von Rückzahlungsklauseln,** nach denen der fortgebildete oder umgeschulte Arbeitnehmer die Ausbildungskosten ganz oder teilweise zurückzahlen muss, wenn er vor einem vereinbarten Termin aus dem Arbeitsverhältnis ausscheidet. Mit derartigen Klauseln will und darf der Arbeitgeber sicherstellen, dass sich die von ihm aufgewendeten Ausbildungskosten amortisieren. Eine solche **Vereinbarung** über die Rückzahlung von Ausbildungskosten ist **Voraussetzung** für einen etwaigen Rückzahlungsanspruch. Rückzahlungsklauseln, durch die ein Arbeitnehmer im Fall einer selbst veranlassten vorzeitigen Beendigung seines Arbeitsverhältnisses an den Kosten einer vom Arbeitgeber finanzierten Ausbildung beteiligt wird, sind grundsätzlich auch zulässig (BAG v. 1.3.2022, 9 AZR 260/21).

Rückzahlungsklauseln in Fortbildungsvereinbarungen sind i.d.R. vom Arbeitgeber vorformuliert, so dass sie als Allgemeine Geschäftsbedingungen einer strengen AGB-Kontrolle nach §§ 305 ff. BGB, insbesondere einer **Inhaltskontrolle** nach § 307 BGB, unterliegen. Die Rückzahlungsklauseln müssen deshalb, um wirksam zu sein, nicht nur einer **Transparenzkontrolle** standhalten, also klar und eindeutig formuliert sein, sondern auch eine materielle **Angemessenheitskontrolle** bestehen (BAG v. 15.9.2009, 3 AZR 173/08). So genügt eine Klausel über die Erstattung von Ausbildungskosten dem Transparenzgebot in § 307 Abs. 1 BGB nur dann, wenn die entstehenden Kosten dem Grunde und der Höhe nach i.R. des Möglichen und Zumutbaren angegeben sind (BAG v. 21.8.2012, 3 AZR 698/10). Eine vorformulierte Klausel eines „Ausbildungs-Anstellungsvertrages“, in welcher sich der Arbeitgeber bei Vertragsbeendigung innerhalb der ersten drei Beschäftigungsjahre des Arbeitnehmers die Rückzahlung von Ausbildungskosten neben einer für diesen Zeitraum durch eine **Gehaltsstaffelung reduzierten Vergütungspflicht** ausbedingt, hält einer Inhaltskontrolle nach § 307 BGB nicht stand (BAG v. 10.5.2016, 9 AZR 434/15).

Eine Klausel in Allgemeinen Geschäftsbedingungen, die die Rückzahlung von Fortbildungskosten in jedem Fall einer vom Arbeitnehmer ausgesprochenen **Kündigung** vorsieht, ohne solche Kündigungen des Arbeitnehmers auszunehmen, die aus Gründen erfolgen, die der Sphäre des Arbeitgebers zuzurechnen sind, benachteiligt den Arbeitnehmer unangemessen und ist nach § 307 Abs. 1 BGB unwirksam (BAG v. 18.3.2014, 9 AZR 545/12). Eine Rückzahlungsklausel ist unangemessen benachteiligend gemäß § 307 Abs. 1 Satz 1 BGB, wenn sie den Arbeitnehmer auch dann zur Rückzahlung verpflichtet, wenn dieser das Arbeitsverhältnis unverschuldet kündigt, z. B. auf Grund dauerhafter Leistungsunfähigkeit. Solche Klauseln sind nicht durch berechtigte Interessen des Arbeitgebers gerechtfertigt (LAG Köln v. 19.8.2025, 7 SLa 647/42). Die Rückzahlungsklausel in einer Fortbildungsvereinbarung bedarf zu ihrer Wirksamkeit u.a. die Abrede, dass die Rückzahlungsverpflichtung des Arbeitnehmers auch dann entfällt, wenn das Arbeitsverhältnis aus vom Arbeitnehmer nicht zu vertretenden personenbedingten Gründen, die bis zum Ablauf der Bleibedauer fortbestehen, beendet wird (LAG Hamm v. 29.1.2021, 1 Sa 954/20). Anders gewendet: Die Verpflichtung zur Rückzahlung von Fortbildungskosten darf nicht schlechthin an das Ausscheiden auf Grund einer Eigenkündigung des Arbeitnehmers innerhalb der vereinbarten Bindungsfrist geknüpft werden. Eine Rückzahlungsklausel muss Fälle, in denen der Arbeitgeber kein berechtigtes Interesse an der Fortsetzung des Arbeitsverhältnisses hat, ausklammern. Eine vorformulierte Vertragsbedingung, nach der der Arbeitnehmer die Kosten einer vom Arbeitgeber finanzierten Fortbildung zu erstatten hat, wenn er das Arbeitsverhältnis vor Ablauf der vorgesehenen Bindungsdauer kündigt, verstößt daher gegen § 307 Abs. 1 Satz 1 BGB, wenn sie auch Eigenkündigungen wegen einer unverschuldeten, dauerhaften Leistungsunfähigkeit erfasst (BAG v. 1.3.2022, 9 AZR 260/21). Das BAG hat ferner entschieden, dass Rückzahlungsklauseln, die an das Nichtablegen der angestrebten Prüfung knüpfen, unzulässig sein können, wenn sie nicht danach differenzieren, aus welchem Grund die Prüfung nicht abgelegt worden ist (BAG v. 25.4.2023, 9 AZR 187/22).

Die Folge einer nach AGB-Kontrolle unangemessen Regelung besteht in der **Unwirksamkeit der Rückzahlungsklausel**. Nach den allgemeinen Grundsätzen im Recht der Allgemeinen Geschäftsbedingungen ist i.d.R. **keine geltungserhaltende Reduktion** der Klausel vorzunehmen. Die unangemessene Klausel ist also nicht auf einen noch angemessenen Inhalt zu reduzieren (vgl. LAG Berlin-Brandenburg v. 23.4.2021, 12 Sa 1122/20).

Das LAG Hamm hat mit Urteil vom 13.6.2025 (1 SLa 21/25) entschieden, dass eine Klausel, die die Rückzahlung von Fortbildungskosten auslöst, wenn das Arbeitsverhältnis „auf Wunsch“ des Arbeitnehmers beendet wird, die unterschiedslose Beendigung des Arbeitsverhältnisses durch Kündigung des Arbeitnehmers meint. Eine solche Klausel ist unangemessen benachteiligend i.S.d. § 307 Abs. 1 Satz 1 BGB

Häufige Streitigkeiten zu Rückzahlungsklauseln entstehen zu der Frage, ob die vereinbarte Dauer der Bindung des fortgebildeten Arbeitnehmers an das Arbeitsverhältnis angemessen ist. Nach Ansicht des BAG müssen die Vorteile der Ausbildung und die

Dauer der Bindung in einem angemessenen Verhältnis zueinanderstehen (BAG v. 15.9.2009, 3 AZR 173/08). Im Ansatzpunkt ist davon auszugehen, dass eine längere Fortbildung auch eine umfangreichere Qualifikation und vertiefte Kenntnisse vermittelt, so dass eine **längere Fortbildung** auch eine **längere Bindungsdauer** rechtfertigt (BAG v. 16.3.1994, 5 AZR 339/92). Die derzeitige Rechtsprechung (z.B. BAG v. 19.1.2011, 3 AZR 621/08) hält i.d.R. folgende Bindungsdauern i.S.v. **Richtwerten bzw. Regelwerten** für angemessen:

- Lehrgangsdauer bis zu einem Monat: Bindungsdauer bis zu sechs Monaten (BAG v. 5.12.2002, 6 AZR 539/01),
- Lehrgangsdauer bis zu zwei Monaten: Bindungsdauer bis zu zwölf Monaten (BAG v. 15.12.1993, 5 AZR 279/93),
- Lehrgangsdauer zwischen drei und vier Monaten: Bindungsdauer bis zu 24 Monaten (BAG v. 6.9.1995, 5 AZR 241/94),
- Lehrgangsdauer zwischen sechs und zwölf Monaten: Bindungsdauer bis zu drei Jahren (BAG v. 5.6.2007, 9 AZR 604/06),
- Lehrgangsdauer bei 24 und mehr Monaten: Bindungsdauer bis zu fünf Jahren (BAG v. 14.1.2009, 3 AZR 900/07).

Für die Wirksamkeit von Rückzahlungsklauseln in Fortbildungsvereinbarungen gilt, dass als vertragliche Vereinbarung, nach denen sich ein Arbeitnehmer an den Kosten einer vom Arbeitgeber finanzierten Ausbildung zu beteiligen hat, soweit er vor Ablauf bestimmter Fristen aus dem Arbeitsverhältnis ausscheidet, nur dann zulässig sind, wenn die Ausbildung- und Fortbildungsmaßnahme für den Arbeitnehmer von geldwertem Vorteil ist, sei es, dass bei seinem bisherigen Arbeitgeber die Voraussetzungen einer höheren Vergütung erfüllt sind oder sich die erworbenen Kenntnisse auch anderweitig nutzbar machen lassen. Außerdem müssen die Vorteile der Ausbildung und die Dauer der Bindung in einem angemessenen Verhältnis zueinanderstehen (LAG Köln v. 28.5.2021, 10 Sa 460/20). Entscheidend ist also, dass die Vorteile der Ausbildung und die Dauer der Bindung des Arbeitnehmers an das Unternehmen durch die Rückzahlungsklausel in einem angemessenen Verhältnis zueinanderstehen. Will oder kann z.B. der Arbeitgeber die durch die Fortbildung erlangte **weitere Qualifikation des Arbeitnehmers nicht nutzen**, kann der Bleibedruck, den die Dauer der Rückzahlungsverpflichtung auf den Arbeitnehmer ausübt, nicht gegen ein Interesse des Arbeitgebers an einer möglichst weitgehenden Nutzung der erworbenen Qualifikation des Arbeitnehmers abgewogen werden; eine Bindungsdauer von drei Jahren ist dann regelmäßig unangemessen lang (BAG v. 18.3.2014, 9 AZR 545/12).

2. Lohnsteuer – allgemeine Grundsätze

a) Abgrenzung Aus- und Fortbildung

2212 **Fortbildung** betrifft die Weiterbildung in einem ausgeübten Beruf, um den sich ändernden und wachsenden Anforderungen zu entsprechen und sich der laufenden Entwicklung zu stellen. Soweit hierdurch besondere Aufwendungen entstehen, haben diese regelmäßig Werbungskostencharakter und können vom Arbeitnehmer i.R. seiner Veranlagung zur Einkommensteuer geltend gemacht werden. Ersetzt der Arbeitgeber Aufwendungen, die der beruflichen Fort- oder Weiterbildung des Arbeitnehmers dienen, gehören diese nicht zum steuerpflichtigen Arbeitslohn, wenn die Bildungsmaßnahme im ganz überwiegenden betrieblichen Interesse des Arbeitgebers durchgeführt wird. Erfolgt die Fort- oder Weiterbildung nicht im ganz überwiegenden betrieblichen Interesse des Arbeitgebers, gehört der geldwerte Vorteil der vom Arbeitgeber aufgewendeten Fort- oder Weiterbildungskosten als Werbungskostenersatz zum steuerpflichtigen Arbeitslohn (vgl. R 19.3 Abs. 3 LStR). Eine steuerfreie Erstattung ist nur i.R. der gesetzlichen Vorgaben möglich (z.B. Reisekosten nach § 3 Nr. 13 und Nr. 16 EStG bzw. Weiterbildungskosten seit 2019 nach § 3 Nr. 19 EStG).

Davon zu unterscheiden sind Aufwendungen eines Stpfl. für seine **erstmalige Berufsausbildung** und für ein **Erststudium**. Diese Aufwendungen sind Kosten der Lebensführung und nur als **Sonderausgaben** i.R. von § 10 Abs. 1 Nr. 7 EStG abziehbar (→ Rz. 2226). Das gilt auch für ein berufsbegleitendes Erststudium (R 9.2 LStR).

Kosten der **Allgemeinbildung und der Persönlichkeitsentfaltung** sind ebenfalls der allgemeinen Lebensführung zuzurechnen, aber **weder als Fort- noch als Ausbildungskosten abzugsfähig** (→ Rz. 2229).

Werbungskosten liegen dagegen vor, wenn die erstmalige Berufsausbildung oder das Erststudium Gegenstand eines Dienstverhältnisses ist (**Ausbildungsdienstverhältnis**). Unabhängig davon, ob ein Dienstverhältnis besteht, sind die Aufwendungen für die **Fortbildung in dem bereits erlernten Beruf** (z.B. Besuch eines Meisterkurses) und für **Umschulungsmaßnahmen**, die einen Berufswechsel vorbereiten, als Werbungskosten abziehbar. Das gilt auch für Aufwendungen für ein weiteres Studium, wenn dieses in einem hinreichend konkreten, objektiv feststellbaren Zusammenhang mit späteren steuerpflichtigen Einnahmen aus der angestrebten beruflichen Tätigkeit steht (R 9.2 LStR).

Fortbildungskosten können vom Arbeitnehmer als **Werbungskosten** abgesetzt und unter den allgemeinen Voraussetzungen vom **Arbeitgeber steuerfrei erstattet** werden, z.B. Reisekosten bei Auswärtstätigkeiten nach § 3 Nr. 16 EStG. Darüber hinaus ist ein steuerfreier Werbungskostenersatz nicht möglich (R 19.3 Abs. 3 Satz 1 LStR). Weiterer Vorteil: Werbungskosten, denen keine entsprechenden Einnahmen gegenüberstehen, können ggf. im Wege des Verlustabzugs auf das Vorjahr zurückgetragen oder auf die Folgejahre vorgetragen werden (**Verlustabzug** nach § 10d EStG); dies ist bei Aufwendungen für eine erstmalige Berufsausbildung und für ein Erststudium künftig nicht mehr möglich.

Der BFH (v. 31.1.2019, VI B 8/18) hat entschieden, dass es kein Korrespondenzprinzip zwischen Sozial- und Steuerrecht bei Fortbildungsaufwendungen gibt. So ist der Gesetzgeber von Verfassungs wegen nicht gehalten, Aufwendungen für Fahrten zwischen Wohnung und Bildungseinrichtung und Mehraufwendungen für Verpflegung in Anlehnung an die dafür in §§ 81 ff. SGB III geregelten Sozialleistungen zum Abzug zuzulassen. Es gelten die allgemeinen steuerlichen Reisekostengrundsätze. Bei Fahrten beispielsweise mit dem eigenen Pkw werden ohne einen entsprechenden Einzelnachweis 0,30€ je gefahrenen Kilometer berücksichtigt. Bei den Verpflegungsmehraufwendungen die Verpflegungspauschalen von 14 € (Abwesenheit mehr als 8 Stunden oder An- bzw. Abreisetag) bzw. 28 € (bei Abwesenheit von 24 Stunden). Da die Rechtsordnung kein allgemeines Korrespondenzprinzip kennt, wonach staatliche Sozialleistungen für Aufwendungen, die nicht zur Befriedigung des existenznotwendigen Bedarfs dienen, bei Steuerpflichtigen, die vergleichbare Aufwendungen tragen, aber keinen Anspruch auf staatliche Sozialleistungen haben, den Maßstab für die Höhe der steuermindernd zu berücksichtigenden Werbungskosten bzw. Sonderausgaben bilden.

Beispiel:

Nach dem **Berufskraftfahrer-Qualifikations-Gesetz** und der Berufskraftfahrer-Qualifikationsverordnung sind alle gewerblichen Arbeitnehmer, die als Fahrer im Personenverkehr tätig sind, seit September 2008 gesetzlich verpflichtet, als Berufsneueinsteiger neben dem Erwerb des Führerscheins der Klassen C, CE auch eine **Grundqualifikation zu durchlaufen**. Fahrzeuglenker, die bereits im Besitz des Führerscheins sind, haben zwar eine Bestandsgarantie, müssen aber alle fünf Jahre eine berufliche Weiterbildung leisten. Bei den **Weiterbildungskosten handelt es sich um Werbungskosten** i.S.d. § 9 Abs. 1 EStG.

Die **Grundqualifikation** kann durch die erfolgreiche Ablegung einer theoretischen und praktischen Prüfung bei einer Industrie- und Handelskammer erworben werden oder durch den Abschluss einer Berufsausbildung in den Ausbildungsberufen „Berufskraftfahrer/Berufskraftfahrerin" oder „Fachkraft im Fahrbetrieb" oder einem staatlich anerkannten Ausbildungsberuf, in dem vergleichbare Fertigkeiten und Kenntnisse zur Durchführung von Fahrten mit Kraftfahrzeugen auf öffentlichen Straßen vermittelt werden. Die Grundqualifikationen dienen der Verbesserung der Sicherheit im Straßenverkehr und den allgemeinen beruflichen Fähigkeiten des Fahrers durch die Vermittlung besonderer tätigkeitsbezogener Fertigkeiten und Kenntnisse. Die Qualifikation ist in eine Grundqualifikation und eine beschleunigte Grundqualifikation unterteilt. Beim Erwerb der beschleunigten Grundqualifikation ist die Teilnahme an einem Vorbereitungskurs vorgeschrieben. In diesem Fall ist der vorherige Erwerb der jeweiligen Fahrerlaubnis nicht erforderlich.

Aufwendungen für die erstmalige Berufsausbildung stellen nach § 9 Abs. 6 EStG keine Werbungskosten dar, es sei denn, die Bildungsmaßnahme findet i.R. eines Dienstverhältnisses statt. Der **Erwerb der Grundqualifikation und der Erwerb des Lkw-Führerscheins** fallen seit 2008 unter Tz. 4 ff. BMF v. 22.9.2010, IV C 4 – S 2227/07/

10002 :002, BStBl I 2010, 721 und sind damit **Ausbildungskosten**, wenn sie dem Nachweis einer Sachkunde dienen, die Voraussetzung zur Aufnahme einer fest umrissenen beruflichen Betätigung ist.

Bei den Aufwendungen im Zusammenhang mit der sich alle fünf Jahre anschließenden **Weiterbildung** handelt es sich dagegen regelmäßig um **Werbungskosten bzw. Betriebsausgaben** (OFD Koblenz v. 3.9.2008, S 2221/S 2227 A – St 32 3).

Das **FG Münster** hat hierzu entschieden, dass die vom Arbeitgeber übernommenen Weiterbildungskosten **nicht als Arbeitslohn** anzusehen sind, weil sie im ganz überwiegenden eigenbetrieblichen Interesse des Arbeitgebers getragen werden (Urteil v. 9.8.2016, 13 K 3218/13 L, EFG 2016, 1795).

b) Zuordnung zu Werbungskosten

2213 Hierzu gehören

- **Fortbildungskosten, z.B. Meisterkurse, Umschulung, Zweitstudium** (→ Rz. 2225);
- **vorab entstandene Werbungskosten**, wenn die Aufwendungen einen hinreichend konkreten Veranlassungszusammenhang zur späteren Berufstätigkeit aufweisen (aber nicht erstmalige Berufsausbildung oder Erststudium, das zugleich eine Erstausbildung vermittelt!), → Rz. 2216;
- Werbungskosten i.R. eines **Ausbildungsdienstverhältnisses** (→ Rz. 2223).

Voraussetzung ist allerdings, dass im steuerlichen Sinne überhaupt **„Aufwendungen"** entstanden sind.

Beispiel:

Mitarbeiter eines Automobilwerks machen vielfach Aufwendungen für ein betriebliches Fort- und Weiterbildungsprogramm als Werbungskosten geltend. Nach den zum Nachweis vorgelegten Arbeitgeberbescheinigungen ist ihnen für diese Fortbildungsmaßnahme ein Tag aus ihrem **Freischicht- oder Gleitzeitkonto gekürzt** worden. Dies bedeute einen Aufwand von 200 €.

Ein Werbungskostenabzug ist nicht möglich, weil den Arbeitnehmern keine Aufwendungen im steuerlichen Sinne erwachsen; auch ersparte Ausgaben sind keine Aufwendungen (vgl. BFH v. 27.8.1993, VI R 7/92, BStBl II 1994, 235). Ebenso OFD Düsseldorf v. 23.5.2005, Kurzinformation Einkommensteuer Nr. 25/2005 v. 23.5.2005, B+P 2009, 616: kein Werbungskostenabzug, wenn Arbeitnehmer einer Steuerberatungsgesellschaft einen **sog. Bonusanspruch in Freizeit umwandeln**, um sich in der zusätzlichen Freizeit auf das Steuerberaterexamen vorzubereiten (so auch FG München v. 11.2.2009, 8 K 808/07, EFG 2009, 1012).

Aus denselben Gründen kann auch der **Verzicht auf Urlaub** zwecks Teilnahme an einer Fortbildungsveranstaltung nicht als Werbungskosten abgezogen werden, selbst wenn der Arbeitnehmer anderenfalls einen Kostenbeitrag hätte entrichten müssen (FG Brandenburg v. 11.4.2001, 2 K 1991/99, EFG 2001, 886).

Fortbildungskosten (oder zumindest vorab entstandene Werbungskosten) sind z.B. Aufwendungen für

- den Besuch von **Fortbildungsveranstaltungen** und **Lehrgängen zur beruflichen Weiterbildung**, auch im Zusammenhang mit einer **Meisterprüfung** (s. zum Abzug von **Bildungsaufwendungen** z.B. BFH v. 21.4.2010, VI R 66/04, BStBl II 2010, 685 betr. den Fortbildungskurs eines Arztes zur Erlangung der Zusatzbezeichnung „Sportmedizin");
- den Besuch von **Fachkongressen** (BFH v. 9.3.2010, VIII R 32/07, HFR 2010, 819 betr. Teilnahme eines Unternehmers am Weltwirtschaftsforum in Davos);
- **Sprachkurse**, die auf die besonderen beruflichen oder betrieblichen Interessen des Stpfl. zugeschnitten sind (BFH v. 9.1.2013, VI B 133/12, betr. Teilnahme einer Exportsachbearbeiterin an einem Sprachkurs in spanischer Sprache in Südamerika – im Hinblick auf den touristischen Wert des Aufenthalts am Kursort aber nur hälftiger Abzug der Reisekosten möglich!). Ein Werbungskostenabzug ist auch möglich, wenn die Sprachkurse in einem Mitgliedstaat der EU stattgefunden haben (BMF v. 26.9.2003, IV A 5 – S 2227 – 1/03, BStBl I 2003, 447 sowie → *Reisekosten: Allgemeine Grundsätze* Rz. 3646);

  Ein Abzug kommt dagegen nicht in Betracht, wenn der Stpfl. offensichtlich nicht an den Kursen teilgenommen hat (BFH v. 15.3.2007, VI R 61/04);
- den Besuch von **Fachschulen** (vgl. z.B. BFH v. 16.8.1979, VI R 14/77, BStBl II 1979, 675 betr. Aufwendungen für den Besuch eines zweijährigen Lehrgangs an der Wirtschaftsfachschule der Akademie für praktische Betriebswirtschaft in Köln mit dem Ziel des Abschlusses als „staatlich geprüfter Betriebswirt");
- ein **Zweitstudium** oder **Aufbaustudium** (BVerfG v. 19.11.2019, 2 BvL 22-27/14, HFR 2020, 174 m.w.N.);
- die **Promotion** (→ *Doktoranden* Rz. 1599);
- die Teilnahme an Kursen zum „Neuro-Linguistischen Programmieren", **NLP-Kurse** (BFH v. 28.8.2008, VI R 44/04, BStBl II 2009, 106) und an **Supervisionskursen** zur Förderung und Verbesserung der beruflichen Kommunikation durch leitende Angestellte (BFH v. 28.8.2008, VI R 35/05, BStBl II 2009, 108).

c) Zuordnung zu Sonderausgaben

Aufwendungen für die **eigene Berufsausbildung** können – auch bei auswärtiger Unterbringung – nur bis höchstens 6 000 € im Kalenderjahr als Sonderausgaben nach § 10 Abs. 1 Nr. 7 EStG abgesetzt werden; hierzu gehören grds. auch Aufwendungen für eine Erstausbildung (→ Rz. 2219 und → Rz. 2221). 2214

Kosten der Weiterbildung in einem nicht ausgeübten Beruf sind überhaupt nicht mehr abzugsfähig. Ein steuerfreier Arbeitgeberersatz ist grds. nicht möglich.

Zur **neuen Steuerbefreiung des § 3 Nr. 19 EStG** für bestimmte Weiterbildungsleistungen des Arbeitgebers → Rz. 2238.

d) Zuordnung zu Kosten der Lebensführung

Hierzu gehören 2215

- Aufwendungen für eine Erstausbildung (→ Rz. 2218);
- Kosten der Weiterbildung in einem nicht ausgeübten Beruf, soweit nicht ausnahmsweise ein Abzug als vorab entstandene Werbungskosten in Betracht kommt;
- Lebenshaltungskosten i.S.d. § 12 Nr. 1 EStG;
- Aufwendungen, die auf Dauer zu Verlusten führen („Liebhaberei").

Diese Aufwendungen können **steuerlich überhaupt nicht berücksichtigt** werden (→ Rz. 2229).

3. Vorab entstandene Werbungskosten

Sog. vorab entstandene Werbungskosten sind anzuerkennen, wenn Aufwendungen in einem hinreichend konkreten, objektiv feststellbaren Zusammenhang mit künftigen steuerbaren Einnahmen aus der angestrebten beruflichen Tätigkeit stehen. „Klassischer Fall" sind **Bewerbungskosten**, nach neuerer Rechtsprechung können aber auch Aufwendungen für die **Aus- oder Weiterbildung (z.B. für ein Zweitstudium) sowie Umschulungskosten** darunter fallen (vgl. BFH v. 12.2.2020, VI R 17/20, BStBl II 2020, 719: Aufwendungen für das – erste – Bachelor-Studium sind nicht abzugsfähig, jedoch die für das anschließende Masterstudium, sowie BFH v. 14.5.2020, VI R 3/18, BStBl II 2021, 302). Lässt sich das angestrebte Berufsziel – wie wohl häufig – nicht sicher feststellen, kann das Finanzamt den Stpfl. vorläufig veranlagen (BFH v. 19.6.1997, IV R 4/97, BStBl II 1998, 239). Nicht erforderlich ist, dass der Arbeitnehmer, der an einer Bildungsmaßnahme teilnimmt, schon eine **konkrete neue Stelle** bei einem bestimmten Arbeitgeber in Aussicht hat (BFH v. 18.4.1996, VI R 5/95, BStBl II 1996, 482). Aber auch ein Arbeitnehmer, der nicht an einer konkreten Bildungsmaßnahme teilnimmt, sondern sich nur allgemein durch die **Lektüre von Fachliteratur** in seinem erlernten Beruf auf dem Laufenden hält, kann die Aufwendungen für Fachliteratur und sonstige Arbeitsmittel als vorweggenommene Werbungskosten absetzen, sofern er tatsächlich dem inländischen Arbeitsmarkt zur Verfügung steht (BFH v. 13.6.1996, VI R 89/95). Die berufliche Veranlassung geeigneter und planvoller Fortbildungsmaßnahmen hängt nicht von der Länge des Zeitraums bis zur Wiederaufnahme der Tätigkeit ab (BFH v. 13.5.2004, IV R 47/02, HFR 2004, 1179). 2216

Die Abgrenzung ist in der Praxis immer wieder streitig:

Anerkannt als vorab entstandene Werbungskosten wurden z.B. Aufwendungen

- für ein **Masterstudium (Zweitstudium) im Anschluss an ein Bachelor-Studium als Erststudium** (BFH v. 12.2.2020, VI R 17/20, BStBl II 2020, 719);

- für das **häusliche Arbeitszimmer oder für Fachliteratur** einer Stpfl., die sich in **Elternzeit** befindet, sofern die Aufwendungen beruflich veranlasst sind (BFH v. 2.12.2005, VI R 63/03, BStBl II 2006, 329). Sie müssen in einem hinreichend konkreten und objektiv feststellbaren Zusammenhang mit erwarteten steuerbaren Einnahmen stehen. Für die Annahme vorab entstandener Werbungskosten reicht allerdings nicht die bloße Behauptung, dass bestimmte Aufwendungen aus beruflichem Anlass entstanden seien. Anders als bei Umschulungs- oder Qualifizierungsmaßnahmen, bei denen sich regelmäßig bereits aus den Umständen der berufliche Zusammenhang plausibel ergibt, ist in Fällen wie dem vorliegenden erforderlich, dass der Stpfl. die von ihm durchgeführten Tätigkeiten **im Einzelnen konkretisiert**, damit ein beruflicher Zusammenhang beurteilt werden kann. Darüber hinaus ist zu prüfen, ob und inwieweit die Aufwendungen für das häusliche Arbeitszimmer für die Wiederaufnahme der beruflichen Tätigkeit **erforderlich** sind (BFH v. 19.8.2004, VI R 103/01, m.w.N.);
- für eine **Nachqualifikation** (BFH v. 4.11.2003, VI R 1/03, betr. Aufwendungen einer Gemeindediakonin für eine Nachqualifikation zur staatlich anerkannten Sozialpädagogin während der Elternzeit).

Nicht anerkannt als vorab entstandene Werbungskosten wurden dagegen z.B. Aufwendungen

- für ein **Bachelor-Studium** (Erststudium) im Anschluss an den Schulbesuch (BFH v. 12.2.2020, VI R 17/20, BStBl II 2020, 719);
- eines **Arbeitslosen für ein häusliches Arbeitszimmer** (→ *Arbeitszimmer* Rz. 777);
- einer nach der **Elternzeit** beurlaubten Lehrerin für Deutsch und Geschichte für ihre berufliche Fortbildung, wenn sie auch zur Erweiterung der Allgemeinbildung getätigt werden (BFH v. 13.5.2004, IV R 47/02, HFR 2004, 1179);
- eines **Stpfl. für ein nach Eintritt in den Ruhestand begonnenes Studium der Theaterwissenschaft**; der Stpfl. konnte nicht nachvollziehbar und substantiiert darlegen, dass er im Anschluss eine nachhaltige Erwerbsquelle hieraus schafft. Im Zuge einer Gesamtwürdigung sind auch das Alter des Stpfl. nach Beendigung des Studiums sowie die wirtschaftliche Notwendigkeit für die Schaffung einer (neuen) Erwerbsquelle einzubeziehen (FG Schleswig-Holstein v. 16.5.2017, 4 K 41/16, EFG 2017, 1422);
- für einen **vorübergehenden Internatsaufenthalt im englischsprachigen Ausland**, der vor einer dann wiederum in Deutschland absolvierten Qualifikationsphase zum Abitur stattfindet; Aufwendungen für den Besuch allgemeinbildender Schulen sind keine (vorweggenommenen) Werbungskosten, auch wenn bereits zum damaligen Zeitpunkt ein deutsch-englisches Jurastudium angestrebt wurde, das besondere Sprachkenntnisse voraussetzt, und in dem Internat ein Kurs für englisches Recht belegt wurde (FG Hessen v. 5.4.2019, 9 K 22/18, EFG 2020, 87).

Zur Berücksichtigung vorab entstandener Betriebsausgaben/Werbungskosten im Wege des **Verlustvortrags nach § 10d EStG** → *Sonderausgaben* Rz. 3935.

4. Bildungsmaßnahmen

a) Allgemeines

2217 Auch Aufwendungen für Bildungsmaßnahmen können grds. **vorab entstandene Werbungskosten** sein, sofern sie in einem hinreichend konkreten, objektiv feststellbaren Zusammenhang mit künftigen steuerbaren Einnahmen aus der angestrebten beruflichen Tätigkeit stehen (BVerfG v. 19.11.2019, 2 BvL 22-27/14, HFR 2020, 174 und BFH v. 14.5.2020, VI R 3/18, BStBl II 2021, 302).

Allein die Möglichkeit, dass diese Berufstätigkeit später auch im **Ausland ausgeübt** werden könnte, begründet noch keinen unmittelbaren wirtschaftlichen Zusammenhang i.S.d. § 3c Abs. 1 erster Halbsatz EStG (die Aufwendungen wären dann steuerlich nicht abzugsfähig) zwischen den Berufsausbildungskosten und später tatsächlich erzielten steuerfreien Auslandseinkünften (BFH v. 28.7.2011, VI R 5/10, BStBl II 2012, 553).

b) Gesetzesänderungen ab 2004

Nach dem **seit 2015 geänderten § 9 Abs. 6 EStG** (→ Rz. 2219 ff.) ist – bei gleichzeitiger Aufhebung des § 12 Nr. 5 EStG – die frühere großzügige BFH-Rechtsprechung (z.B. BFH v. 28.2.2013, VI R 6/12, HFR 2013, 682) „ausgehebelt" worden, nach der eine erstmalige Berufsausbildung weder ein Berufsausbildungsverhältnis nach dem Berufsbildungsgesetz noch eine bestimmte Ausbildungsdauer oder eine formale Abschlussprüfung voraussetzt. Studenten, die – so die Gesetzesbegründung (BR-Drucks. 432/14 S. 46 ff.) – vor Beginn ihres Studiums „Ausbildungen" als Taxifahrer oder Skilehrer absolviert haben, könnten andernfalls ihre Studienkosten in voller Höhe (statt des auf höchstens 6 000 € beschränkten Sonderausgabenabzugs) als vorab entstandene Betriebsausgaben/Werbungskosten absetzen, weil es sich bei ihrem Erststudium nicht mehr um eine „Erstausbildung" handelt. 2218

Das **BVerfG** hat entschieden, dass § 9 Abs. 6 EStG i.d.F. des Beitreibungsrichtlinie-Umsetzungsgesetzes mit dem **Grundgesetz vereinbar** ist (BVerfG v. 19.11.2019, 2 BvL 22-27/14, HFR 2020, 174). Die Vorschrift verstößt nicht gegen den allgemeinen Gleichheitssatz (Art. 3 Abs. 1 GG). Zur Begründung hat das BVerfG u.a. ausgeführt, dass es für die Regelung sachlich einleuchtende Gründe gibt. **Der Gesetzgeber durfte solche Aufwendungen als privat (mit-)veranlasst qualifizieren und den Sonderausgaben zuordnen.** Die Erstausbildung oder das Erststudium unmittelbar nach dem Schulabschluss vermittelt nicht nur Berufswissen, sondern prägt die Person in einem umfassenderen Sinne, indem sie die Möglichkeit bietet, sich seinen Begabungen und Fähigkeiten entsprechend zu entwickeln und allgemeine Kompetenzen zu erwerben, die nicht zwangsläufig für einen künftigen konkreten Beruf notwendig sind. **Sie weist eine besondere Nähe zur Persönlichkeitsentwicklung auf.** Auch die Begrenzung des Sonderausgabenabzugs für Erstausbildungskosten auf einen Höchstbetrag von 6 000 € (Betrag seit 2012) ist verfassungsrechtlich nicht zu beanstanden.

Die **rückwirkende Anwendung** der o.g. Regelung für die Veranlagungszeiträume seit 2004 ist verfassungsgemäß (BFH v. 16.6.2020, VIII R 4/20, BStBl II 2021, 11 sowie BFH v. 7.7.2020, VI R 18/20).

Nachdem das BVerfG auf die Vorlagebeschlüsse des BFH diese Vorfrage geklärt hat, sind auf dieser Grundlage **weitere BFH-Entscheidungen ergangen** (z.B. BFH v. 12.2.2020, VI R 17/20, BStBl II 2020, 719 betr. Aufwendungen für ein Masterstudium im Anschluss an ein Bachelor-Studium; als vorab entstandene Werbungskosten anerkannt wurden nur die Aufwendungen für das Masterstudium als sog. Zweitstudium). Beim BFH war eine Vielzahl von Revisionen zu derselben Rechtsfrage anhängig. Sie betrafen ebenfalls den Werbungskostenabzug der Aufwendungen für das Erststudium sowie insbesondere den Werbungskostenabzug der Aufwendungen für die Pilotenausbildung, die außerhalb eines Dienstverhältnisses stattfand. **Diese Verfahren wurden nach der o.g. Entscheidung des BVerfG auf entsprechenden rechtlichen Hinweis des BFH zurückgenommen und durch Einstellungsbeschluss erledigt.**

Etwaige noch **offene Einsprüche** wegen dieser Frage wird die Finanzverwaltung voraussichtlich durch eine sog. **Allgemeinverfügung** als unbegründet zurückweisen. Soweit Steuerfestsetzungen wegen dieser Frage **vorläufig** durchgeführt wurden, ist eine Endgültigkeitserklärung nicht erforderlich, wenn sich die Steuerfestsetzung letztlich als zutreffend erweist und der Stpfl. keine Entscheidung beantragt. Die Vorläufigkeit entfällt in diesem Fall mit Ablauf der – ggf. nach § 171 Abs. 8 Satz 2 AO verlängerten – Festsetzungsfrist (§ 165 Abs. 2 Satz 4 AO sowie AEAO zu § 165 Nr. 10).

5. Erstausbildung

a) Begriff

Mit Wirkung seit 2015 ist in **§ 9 Abs. 6 EStG** geregelt worden, dass eine Berufsausbildung als **Erstausbildung nur vorliegt, wenn eine auf der Grundlage von Rechts- oder Verwaltungsvorschriften geordnete Ausbildung mit einer vorgesehenen Dauer von mindestens 12 Monaten (bei vollzeitiger Ausbildung) und mit einer Abschlussprüfung durchgeführt** wird. Gehört zu dieser Berufsausbildung auch ein formaler Abschluss durch eine Prüfung, ist auch noch dieser Teil der Berufsausbildung und erst mit deren 2219

Bestehen die Berufsausbildung abgeschlossen (z.B. BFH v. 12.2.2020, VI R 17/20, BStBl II 2020, 719). Sofern eine Abschlussprüfung nach dem Ausbildungsplan nicht vorgesehen ist, gilt die Ausbildung mit der tatsächlichen Beendigung als abgeschlossen (s. zur Gesetzesbegründung BR-Drucks. 432/14, S. 46 ff.).

Durch die Mindestdauer von 12 Monaten soll erreicht werden, dass die Aufwendungen für ein Erststudium im Anschluss an eine kurzzeitige Ausbildung (z.B. als Skilehrer oder Taxifahrer) nicht als Werbungskosten geltend gemacht werden können.

Im Einzelnen bestehen **folgende Mindestanforderungen an eine Berufsausbildung als Erstausbildung**:

- Sie muss – sofern in Vollzeit durchgeführt (durchschnittlich mindestens 20 Stunden wöchentlich) – auf eine Mindestdauer von 12 Monaten angelegt sein.
- Sie muss die Vermittlung der erforderlichen beruflichen Handlungsfähigkeit zum Ziel und zum Gegenstand haben. Neben staatlich anerkannten oder staatlich geregelten Ausbildungen kommen auch solche Berufsausbildungen in Betracht, die nach Richtlinien von Berufs- oder Wirtschaftsverbänden oder internen Vorschriften der Bildungsträger geordnet sind, u.a. in Bezug auf
  - Vermittlung beruflicher Fertigkeiten, Kenntnisse und Fähigkeiten,
  - feststehende Lehrpläne,
  - sachliche und zeitliche Gliederung der Ausbildung (Beginn/Schluss),
  - Prüfungsanforderungen.
- Eine erstmalige Berufsausbildung setzt grds. eine formale Abschlussprüfung voraus; sie kann aber ausnahmsweise auch durch planmäßige Beendigung abgeschlossen werden, wenn nach dem Ausbildungsplan eine Abschlussprüfung nicht vorgesehen ist. Eine abgebrochene Berufsausbildung ist damit keine abgeschlossene Berufsausbildung.

Keine erste Berufsausbildung i.S. dieser Regelung sind z.B.

- ein Kurs zur Berufsorientierung oder -vorbereitung,
- Kurse zur Erlangung der Fahrerlaubnis für Nutzfahrzeuge oder der Berechtigung zum Fahren von Flurförderfahrzeugen (Gabelstapler),
- ein Betriebspraktikum,
- eine Maßnahme zur Vermittlung einfachster Berufstätigkeiten (Anlerntätigkeiten, kurzfristige Einweisungen),
- der Abschluss mehrerer unabhängiger Kurse, auch dann, wenn die Kurse inhaltlich aufeinander aufbauen.

S. zu Einzelfragen auch BMF v. 22.9.2010, IV C 4 – S 2227/07/10002 :002, BStBl I 2010, 721, das – soweit es nicht im Widerspruch zur Neuregelung in § 9 Abs. 6 EStG steht – im Kern weiter gilt.

Ob eine erstmalige Berufsausbildung oder ein Erststudium i.S.d. § 9 Abs. 6 EStG abgeschlossen ist, ist allein nach den o.g. Kriterien zu beurteilen. Die Grundsätze des BMF-Schreibens v. 8.2.2016, IV C 4 – S 2282/07/0001-01, BStBl I 2016, 226 betr. steuerliche Berücksichtigung volljähriger Kinder betreffen lediglich den **Kinderfreibetrag nach § 32 Abs. 4 Satz 2 EStG** und sind daher in Bezug auf § 9 Abs. 6 EStG nicht anzuwenden (so ausdrücklich Rdnr. 12d des o.g. BMF-Schreibens sowie Abschn. 20.2.4 Abs. 4 Satz 2 der DA-KG, BStBl I 2025, 1018). Auch nach der BFH-Rechtsprechung scheidet einheitliche Auslegung des Begriffs der Berufsausbildung in § 32 Abs. 4 Satz 1 Nr. 2 Buchst. a EStG und desjenigen im Werbungskostenrecht aus, weil der Begriff in den jeweiligen Bereichen unterschiedlichen Zwecken dient (BFH v. 12.2.2020, VI R 17/20, BStBl II 2020, 719). Der **Begriff der Berufsausbildung im Kindergeldrecht** ist weiter und kann auch allgemeinbildende Maßnahmen umfassen, weil auch in solchen Fällen den Eltern Unterhaltsaufwendungen entstehen können, die ihre steuerliche Leistungsfähigkeit beeinträchtigen, was das Kindergeldrecht dann wiederum zu kompensieren versucht. Hingegen kommt es im **Werbungskostenrecht** darauf an, ob ein Stpfl. Aufwendungen für eigene Bildungsmaßnahmen getragen hat, die in hinreichendem Zusammenhang mit seiner Absicht stehen, Einkünfte zu erzielen, und die deshalb nach dem sog. objektiven Nettoprinzip zu berücksichtigen sind (FG Hessen v. 5.4.2019, 9 K 22/18, EFG 2020, 87, m.w.N.).

Dies führt dazu, dass beispielsweise die Kosten für einen **Masterstudiengang** im Anschluss an ein abgeschlossenes Bachelorstudium zwar als **Zweitstudium** nach § 9 Abs. 6 EStG Werbungskosten darstellen (BFH v. 12.2.2020, VI R 17/20, BStBl II 2020, 719). Für die Frage jedoch, ob es sich um ein steuerlich berücksichtigungsfähiges Kind i.S.d. § 32 Abs. 4 Satz 2 EStG handelt, gilt Rdnr. 19 des o.g. BMF-Schreibens v. 8.2.2016, wonach ein Masterstudiengang, der zeitlich und inhaltlich auf den vorangegangenen Bachelorstudiengang abgestimmt ist, **Teil der Erstausbildung** ist (d.h. dass weiterhin Kinderfreibetrag bzw. Kindergeld gewährt werden können).

Der **Besuch eines Berufskollegs** zum Erwerb der Fachhochschulreife gilt als Besuch einer allgemeinbildenden Schule. Dies gilt auch, wenn ein solcher Abschluss, z.B. das Abitur, nach Abschluss einer Berufsausbildung nachgeholt wird (BMF v. 22.9.2010, IV C 4 – S 2227/07/10002 :002, BStBl I 2010, 721).

Aufwendungen für den **Besuch allgemeinbildender Schulen** (hierzu gehören auch Fachoberschulen) sind dagegen selbst dann nicht als vorab entstandene Werbungskosten abzugsfähig, wenn der Schulbesuch nach einer vorangegangenen Berufsausbildung und -ausübung stattfindet und dazu dient, anschließend auf demselben Fachgebiet ein Hochschulstudium aufzunehmen (BFH v. 22.6.2006, VI R 5/04, BStBl II 2006, 717). Ebenso **FG Hessen** v. 5.4.2019, 9 K 22/18, EFG 2020, 87: Die Kosten für einen vorübergehenden Internatsaufenthalt im englischsprachigen Ausland, der vor einer dann wiederum in Deutschland absolvierten Qualifikationsphase zum Abitur stattfindet, sind als Aufwendungen für den Besuch allgemeinbildender Schulen keine (vorweggenommenen) Werbungskosten, auch wenn bereits zum damaligen Zeitpunkt ein deutsch-englisches Jurastudium angestrebt wurde, das besondere Sprachkenntnisse voraussetzt, und in dem Internat ein Kurs für englisches Recht belegt wurde.

Eine nur wenige Wochen dauernde Unterrichtung zum Ersthelfer i.R. des Zivildienstes, die weder landes- noch bundesrechtlich einheitlich geregelt ist noch mit einer Prüfung abschließt, stellt keine Erstausbildung dar, die zur Vorbereitung auf das spätere Berufsziel (hier: Berufspilot) dient oder eine Voraussetzung für die spätere Berufsausbildung wäre; die Aufwendungen hierfür sind nicht als (vorweggenommene) Werbungskosten anzuerkennen, sondern lediglich gem. § 10 Abs. 1 Nr. 7 Satz 1 EStG (Höchstbetrag 6 000 €) als Sonderausgaben zu berücksichtigen. So im Ergebnis auch FG Düsseldorf v. 24.9.2020, 14 K 3796/13 E, F, EFG 2021, 194. In der nachfolgenden Revision hat der BFH jedoch entschieden, dass die hier in Rede stehende Unterrichtung zum Ersthelfer i.R. des Zivildienstes eine Berufsausbildung darstellt (BFH v. 12.1.2023, VI R 41/20). Das Urteil ist jedoch zu § 9 Abs. 6 EStG i.d.F. des BeitrRLUmsG ergangen. Im Rahmen dieses Gesetzes hat der Gesetzgeber den Begriff der Berufsausbildung nicht definiert. Mit dem Gesetz zur Anpassung der Abgabenordnung an den Zollkodex der Union und zur Änderung weiterer steuerlicher Vorschriften hat der Gesetzgeber nunmehr den Begriff der Berufsausbildung in § 9 Abs. 6 EStG geregelt. Der hier entschiedene Urteilsfall erfüllt nach der ab 2005 geltenden gesetzlichen Regelung nicht den Begriff der Berufsausbildung, so dass das vorgenannte BFH-Urteil für die Jahre ab 2005 ohne Bedeutung ist.

b) Rechtsprechung

Es gibt eine umfangreiche BFH-Rechtsprechung zum Begriff „Erstausbildung" i.S.d. **§ 32 Abs. 4 Satz 2 EStG (Kinderfreibetrag und Kindergeld).** Diese kann jedoch nur mit Einschränkungen auf den Werbungskostenabzug nach **§ 9 Abs. 6 EStG** angewendet werden (→ Rz. 2219). **2220**

Streitig ist in der Praxis insbesondere bei sog. **mehraktigen Ausbildungsmaßnahmen** immer wieder die Frage, wann ein Kind sich noch in einer (ggf. weitergehenden) Berufsausbildung befindet (d.h. Gewährung von Kindergeld bzw. Kinderfreibeträge) oder ob es sich vielmehr um eine nicht mehr begünstigte Weiterbildung handelt. Zu dieser Frage waren zahlreiche Revisionsverfahren beim BFH anhängig. In einem Grundsatzurteil hat der BFH zu einem **berufsbegleitenden Masterstudium** entschieden (BFH v. 11.12.2018, III R 26/18, BStBl II 2019, 765):

„1. Nimmt ein volljähriges Kind nach Erlangung eines ersten Abschlusses in einem öffentlich-rechtlich geordneten Ausbildungsgang eine nicht unter § 32 Abs. 4 Satz 3 EStG fallende Berufstä-

tigkeit auf, erfordert § 32 Abs. 4 Satz 2 EStG, zwischen einer mehraktigen einheitlichen Erstausbildung mit daneben ausgeübter Erwerbstätigkeit und einer berufsbegleitend durchgeführten Weiterbildung (Zweitausbildung) abzugrenzen.

2. Eine einheitliche Erstausbildung ist nicht mehr anzunehmen, wenn die von dem Kind aufgenommene Erwerbstätigkeit bei einer Gesamtwürdigung der Verhältnisse bereits die hauptsächliche Tätigkeit bildet und sich die weiteren Ausbildungsmaßnahmen als eine auf Weiterbildung und/oder Aufstieg in dem bereits aufgenommenen Berufszweig gerichtete Nebensache darstellen.

3. Im Rahmen der Gesamtwürdigung der Verhältnisse kommt es insbesondere darauf an, auf welche Dauer das Kind das Beschäftigungsverhältnis vereinbart hat, in welchem Umfang die vereinbarte Arbeitszeit die 20-Stunden-Grenze überschreitet, in welchem zeitlichen Verhältnis die Arbeitstätigkeit und die Ausbildungsmaßnahmen zueinander stehen, ob die ausgeübte Berufstätigkeit die durch den ersten Abschluss erlangte Qualifikation erfordert und inwieweit die Ausbildungsmaßnahmen und die Berufstätigkeit im Hinblick auf den Zeitpunkt ihrer Durchführung und auf ihren Inhalt aufeinander abgestimmt sind.

4. Der für die Annahme einer einheitlichen Erstausbildung notwendige sachliche Zusammenhang zwischen den einzelnen Ausbildungsabschnitten entfällt nicht notwendigerweise dadurch, dass der nachfolgende Ausbildungsabschnitt für die Zulassung zur Abschlussprüfung oder für deren Bestehen eine Berufstätigkeit voraussetzt."

Hinweis:

Diese Rechtsprechung hat der BFH in zahlreichen weiteren Urteilen bestätigt und fortentwickelt. S. z.B. BFH v. 14.4.2021, III R 50/20, HFR 2021, 1005 betr. Ausbildung zum Bankkaufmann mit anschließendem berufsbegleitendem Studium als mehraktige einheitliche Ausbildung.

Für die Frage, ob die Kosten der Ausbildung als **Werbungskosten** berücksichtigt werden können, sind diese Urteile jedoch – wie oben dargelegt – nicht verbindlich.

6. Erststudium

a) Begriff

2221 U.E. gelten auch hierfür die Ausführungen in BMF v. 22.9.2010, IV C 4 – S 2227/07/10002 :002, BStBl I 2010, 721 weiter. Eine Bindung an die Regelungen zum Kinderfreibetrag/Kindergeld – und umgekehrt – besteht aber auch hier nicht (→ Rz. 2219).

Ein **Studium als Erstausbildung** i.S.d. § 9 Nr. 6 EStG liegt dann vor, wenn es sich um ein Studium an einer Hochschule i.S.d. § 1 Hochschulrahmengesetz handelt. Nach dieser Vorschrift sind Hochschulen die Universitäten, die Pädagogischen Hochschulen, die Kunsthochschulen, die Fachhochschulen und die sonstigen Einrichtungen des Bildungswesens, die nach Landesrecht staatliche Hochschulen sind. Gleichgestellt sind private und kirchliche Bildungseinrichtungen sowie die Hochschulen des Bundes, die nach Landesrecht als Hochschule anerkannt werden (§ 70 HRG). Studien können auch als Fernstudien durchgeführt werden (§ 13 HRG). Auf die Frage, welche schulischen Abschlüsse oder sonstigen Leistungen den Zugang zum Studium eröffnet haben, kommt es nicht an.

Ein Studium stellt dann ein **erstmaliges Studium** i.S.d. § 9 Nr. 6 EStG dar, wenn es sich um eine **Erstausbildung** handelt. Es darf ihm kein anderes durch einen berufsqualifizierenden Abschluss beendetes Studium oder keine andere abgeschlossene nichtakademische Berufsausbildung vorangegangen sein. Dies gilt auch in den Fällen, in denen während eines Studiums eine Berufsausbildung erst abgeschlossen wird, unabhängig davon, ob die beiden Ausbildungen sich inhaltlich ergänzen. In diesen Fällen ist eine Berücksichtigung der Aufwendungen für das Studium als Werbungskosten/Betriebsausgaben erst – unabhängig vom Zahlungszeitpunkt – ab dem Zeitpunkt des Abschlusses der Berufsausbildung möglich. Davon ausgenommen ist ein Studium, das i.R. eines Dienstverhältnisses stattfindet. Ein Studium wird auf Grund der entsprechenden Prüfungsordnung einer inländischen Hochschule durch eine Hochschulprüfung oder eine staatliche oder kirchliche Prüfung abgeschlossen (§§ 15, 16 HRG).

Unter den Begriff des Erststudiums, das eine Erstausbildung vermittelt, fallen insbesondere Erststudien, die **nach dem Schulabschluss aufgenommen** werden. Die Vorschrift erfasst ein Erststudium, das eine Erstausbildung darstellt, jedoch auch, wenn das **Studium im Hinblick auf eine bestimmte spätere Erwerbstätigkeit zielgerichtet aufgenommen wird** und damit einen konkreten Veranlassungszusammenhang zu dieser Erwerbstätigkeit aufweist (vgl. BFH v. 5.11.2013, VIII R 22/12, BStBl II 2014, 165 für das Jurastudium nach dem Abitur mit dem Ziel einer späteren anwaltlichen Tätigkeit). Denn auch bei der Ausrichtung des Studiums auf eine objektiv und subjektiv angestrebte konkrete Erwerbstätigkeit ist typisierend von gemischten untrennbaren Veranlassungsbeiträgen auszugehen, bei denen der private Beitrag der Aufwandstragung nicht völlig unbedeutend ist (BFH v. 16.6.2020, VIII R 4/20, BStBl II 2021, 11).

Ein **Masterstudium** i.S.d. § 19 HRG stellt i.d.R. ein weiteres Studium dar und berechtigt somit zum Werbungskostenabzug (BMF v. 22.9.2010, IV C 4 – S 2227/07/10002:002, BStBl I 2010, 721 Rdnr. 24 und BFH v. 12.2.2020, VI R 17/20, BStBl II 2020, 719). Gleichzeitig sind die Eltern kindergeldberechtigt bzw. erhalten den Kinderfreibetrag, wenn das Masterstudium Teil einer einheitlichen Erstausbildung des Kindes ist, es zeitlich und inhaltlich auf den vorangegangenen Bachelorstudiengang abgestimmt ist und das Berufsziel erst darüber erreicht werden kann (BFH v. 3.9.2015, VI R 9/15, BStBl II 2016, 166 betr. ein sog. konsekutives Masterstudium).

Entsprechendes gilt für ein nach einem erlangten Studienabschluss begonnenes **Promotionsstudium** (BMF v. 22.9.2010, IV C 4 – S 2227/07/10002 :002, BStBl I 2010, 721 Rdnr. 26).

Der Begriff des Erststudiums stellt nur einen Unterfall des Oberbegriffes der erstmaligen Berufsausbildung dar (BFH v. 16.6.2015, XI R 1/14, HFR 2015, 946 m.w.N.). Bei einem Erststudium im Anschluss an eine abgeschlossene Berufsausbildung können daher die Aufwendungen als (ggf. vorab entstandene) Werbungskosten anerkannt werden.

b) Rechtsprechung

Einen **Werbungskostenabzug zugelassen** hat der BFH daher z.B. bei 2222

- Aufwendungen für ein Masterstudium im Anschluss an ein Bachelor-Studium (BFH v. 12.2.2020, VI R 17/20, BStBl II 2020, 719).

Einen **Werbungskostenabzug nicht zugelassen** hat der BFH dagegen z.B. bei

- einer Künstlerin und Buchillustratorin, die vor ihrem Studium der Slawistik und Kunstpädagogik in Deutschland im Ausland zwar ein Pädagogik-Studium aufgenommen, aber nicht abgeschlossen hatte (BFH v. 16.6.2020, VIII R 4/20, BStBl II 2021, 11).

7. Ausbildungsdienstverhältnis

a) Begriff

Eine erstmalige Berufsausbildung oder ein Studium findet i.R. eines **Dienstverhältnisses** statt, wenn die Ausbildungsmaßnahme Gegenstand des Dienstverhältnisses ist (vgl. R 9.2 LStR und H 9.2 „Ausbildungsdienstverhältnis" LStH sowie die dort angeführte BFH-Rechtsprechung). Zu den Ausbildungsdienstverhältnissen zählen z.B. die Berufsausbildungsverhältnisse gem. § 1 Abs. 3, §§ 4 bis 52 BBiG. 2223

Dementsprechend liegt **kein Ausbildungsdienstverhältnis** vor, wenn die Berufsausbildung oder das Studium nicht Gegenstand des Dienstverhältnisses ist, auch wenn die Berufsbildungsmaßnahme oder das Studium seitens des Arbeitgebers durch Hingabe von Mitteln, z.B. eines Stipendiums, gefördert wird.

Zur Frage, ob ein Ausbildungsdienstverhältnis vorliegt, wird in Tz. 1 BMF v. 13.4.2012, IV C 4 – S 2227/07/10002 :002, BStBl I 2012, 531 zur lohnsteuerlichen Behandlung der Übernahme von Studiengebühren für ein berufsbegleitendes Studium durch den Arbeitgeber Folgendes ausgeführt:

*„Ein berufsbegleitendes Studium findet **i.R. eines Ausbildungsdienstverhältnisses** statt, wenn die Ausbildungsmaßnahme Gegenstand des Dienstverhältnisses ist (vgl. R 9.2 LStR und H 9.2 „Ausbildungsdienstverhältnis" LStH sowie die dort angeführte Rechtsprechung des BFH). Voraussetzung ist, dass die Teilnahme an dem berufsbegleitenden Studium zu den Pflichten des Arbeitnehmers aus dem Dienstverhältnis gehört.*

*Ein berufsbegleitendes Studium findet insbesondere **nicht i.R. eines Ausbildungsdienstverhältnisses** statt, wenn*

- *das Studium nicht Gegenstand des Dienstverhältnisses ist, auch wenn das Studium seitens des Arbeitgebers durch Hingabe von Mitteln, z.B. eines Stipendiums, gefördert wird oder*
- *Teilzeitbeschäftigte ohne arbeitsvertragliche Verpflichtung ein berufsbegleitendes Studium absolvieren und das Teilzeitarbeitsverhältnis lediglich das Studium ermöglicht."*

b) Rechtsprechung

2224 Ein Ausbildungsdienstverhältnis setzt nach der BFH-Rechtsprechung zum Lohnsteuerrecht nicht nur ein Dienstverhältnis besonderer Art voraus, das durch den Ausbildungszweck geprägt ist. **Hinzukommen muss, dass die Ausbildungsmaßnahme selbst Gegenstand und Ziel des Dienstverhältnisses ist, die Ausbildung mithin verpflichtender Gegenstand des Arbeitsvertrages ist und die vom Arbeitnehmer geschuldete Leistung, für die der Arbeitgeber bezahlt, in der Teilnahme an der Berufsausbildungsmaßnahme besteht.** In Abgrenzung hierzu reicht somit ein normales Dienst- oder Arbeitsverhältnis, das schwerpunktmäßig durch die Erbringung einer Arbeitsleistung nach Weisung des Dienstberechtigten und gegen die Zahlung von Entgelt charakterisiert wird, nicht aus. Selbst wenn das Dienstverhältnis neben der Arbeitsleistung auch berufliche Fortbildungen und Qualifizierungen des Arbeitnehmers zum Gegenstand hat, diese aber nicht den wesentlichen Inhalt des Vertrages ausmachen, wird das Dienstverhältnis nicht zu einem Ausbildungsdienstverhältnis (BFH v. 22.6.2016, V R 32/15, m.w.N.).

Der Begriff des Ausbildungsdienstverhältnisses im Lohnsteuerrecht entspricht – vorbehaltlich etwaiger Abweichungen, die sich aus den unterschiedlichen Zielsetzungen ergeben können (die Rechtsprechung zu den Werbungskosten nimmt die folgerichtige Umsetzung des objektiven Nettoprinzips in den Blick, der Familienleistungsausgleich hingegen die des subjektiven Nettoprinzips) – **dem Begriff des Ausbildungsdienstverhältnisses in § 32 Abs. 4 Satz 3 EStG** (BFH v. 23.6.2015, III R 37/14, BStBl II 2016, 55 m.w.N.). Für die Auslegung des Begriffs „Ausbildungsdienstverhältnis" i.S.d. § 9 Abs. 6 Satz 1 EStG können u.E. insoweit – anders als bei der erstmaligen Berufsausbildung (→ Rz. 2219) und dem Erststudium (→ Rz. 2221) – grds. Verwaltungsanweisungen (BMF v. 8.2.2016, IV C 4 – S 2282/07/0001-01, BStBl I 2016, 226) und Rechtsprechung zum **Familienleistungsausgleich** (Kinderfreibetrag, Kindergeld) herangezogen werden.

Ein **Ausbildungsdienstverhältnis anerkannt** wurde z.B. bei

- Ausbildung von **Beamtenanwärtern** (z.B. BFH v. 4.5.1990, VI R 144/85, BStBl II 1990, 856);
- Aufwendungen eines für ein **Promotionsstudium** beurlaubten Geistlichen (BFH v. 7.8.1987, VI R 60/84, BStBl II 1987, 780);
- Aufwendungen eines **Soldaten auf Zeit** für ein Erst- und Zweitstudium (BFH v. 22.7.2003, VI R 15/03);
- Studienbeihilfen für **Absolventen dualer Studiengänge** im öffentlichen Dienst, z.B. bei der Bundesagentur für Arbeit (BZSt v. 28.7.2004, St I 4 – S 2471 – 325/04, BStBl I 2004, 612);
- der **Ausbildung zur Gesundheits- und Krankenpflegerin**; es handelt es sich um eine duale Ausbildung, d.h. eine Kombination von normalem Lehrvertrag und Schule oder Studium (BFH v. 10.4.2014, III R 35/13, HFR 2014, 801);
- einem dualen **Studium zum Diplom-Informatiker** (FG Sachsen v. 11.9.2013, 8 K 23/10);
- einem Studenten, der nach bestandener Prüfung zum Elektrotechniker einen praxisintegrierten **Studiengang „Mechatronik/Automatisierungstechnik"** an der Fachhochschule aufgenommen hat und für dieses Studium von seinem früheren Ausbildungsbetrieb finanzielle Unterstützung und Arbeitsfreistellung während der Theoriephasen an der Hochschule erhielt (FG Münster v. 22.8.2013, 3 K 711/13 Kg, EFG 2013, 2023);
- einem Studenten, der für 2,5 Jahre eine **Ausbildung zum Werkzeugmechaniker** absolviert und parallel an der Fachhochschule studiert, anschließend weitere zwei Jahre gearbeitet und mit Unterstützung des Unternehmens das Bachelor-Studium erfolgreich abgeschlossen hat (FG Münster v. 14.3.2013, 3 K 2620/12 Kg, EFG 2013, 1055);
- einem **Bachelor-Studenten** an der Berufsakademie, der in einem Ausbildungsdienstverhältnis (hier: in Form eines befristeten Arbeitsvertrags) zu einem Unternehmen steht (FG Münster v. 22.8.2014, 4 K 1914/14 Kg, EFG 2014, 1964).

Ein **Ausbildungsdienstverhältnis verneint** wurde dagegen z.B. bei

- der Ausbildung zum **Verkehrsflugzeugführer**; ein bloßer Schulungs- und Darlehensvertrag mit einer Fluggesellschaft, die den Stpfl. – sofern ein Personalbedarf ausgewiesen und einem Arbeitsverhältnis keine anderen rechtlichen Gründe entgegenstehen – nach erfolgreicher Schulung einzustellen beabsichtigt, begründet kein Dienstverhältnis (BFH v. 7.7.2020, VI R 18/20);
- der Tätigkeit als **wissenschaftlicher Mitarbeiter** neben einem Promotionsvorhaben (FG Münster v. 12.9.2014, 4 K 2950/13 Kg, EFG 2014, 2051);
- einem **Zeitsoldaten** mit abgeschlossener Berufsausbildung, der Lehrgänge für den Sanitätsdienst absolviert (BFH v. 16.9.2015, III R 6/15, BStBl II 2016, 281);
- einem als Zeitsoldat tätigen **Feldwebel**; die nach dem Erwerb der Laufbahnbefähigung in der Bundeswehr üblichen Verwendungslehrgänge i.R. der Tätigkeit als Zeitsoldat machen das Dienstverhältnis nicht zu einem Ausbildungsdienstverhältnis (BFH v. 23.6.2015, III R 37/14, BStBl II 2016, 55; vgl. auch BFH v. 22.6.2016, V R 32/15).

Ein Ausbildungsdienstverhältnis kann übrigens auch schon vorliegen, wenn noch **keine steuerpflichtigen Einnahmen** fließen, z.B. bei

- **Rechtspraktikanten**, denen bereits im ersten Teil der Ausbildung der Werbungskostenabzug zusteht, obwohl noch kein steuerpflichtiger Unterhaltszuschuss gezahlt wird (BFH v. 24.9.1985, IX R 96/82, BStBl II 1986, 184);
- Teilnahme an einem sog. **Berufsgrundbildungsjahr** (BGJ), das der Vorbereitung auf die Steueranwärterausbildung in Bremen dienen sollte (BFH v. 19.4.1996, VI R 15/93).

8. Umschulung, Zweitstudium

Aufwendungen des Stpfl. für eine zweite Ausbildung (Berufsausbildung oder Studium) sind **regelmäßig beruflich veranlasst**. Der BFH hat in ständiger Rechtsprechung in Bezug auf vorab entstandene Werbungskosten bei Berufsausbildungsaufwendungen entschieden, dass der notwendige Veranlassungszusammenhang (nur) fehlt, wenn „gleichsam ins Blaue hinein" studiert wird oder ansonsten private Gründe nicht ausgeschlossen werden können (BFH v. 14.5.2020, VI R 3/18, BStBl II 2021, 302). 2225

Die berufliche Veranlassung einer Umschulungs- oder Qualifizierungsmaßnahme hängt regelmäßig **nicht von der Länge bis zur Aufnahme der angestrebten Tätigkeit** ab. Kommt es entgegen der Erwartung des Stpfl. nicht zur Erzielung von Erwerbseinnahmen, ist von vergeblich vorab entstandenen Werbungskosten auszugehen (BFH v. 22.6.2006, VI R 71/04).

Anerkannt als vorab entstandene Werbungskosten wurden daher z.B. Umschulungskosten

- einer arbeitslosen **Industriekauffrau für eine Fahrlehrerausbildung** (BFH v. 4.12.2002, VI R 120/01, BStBl II 2003, 403);
- einer arbeitslosen **Verkäuferin für die Umschulung zur Arzthelferin** (BFH v. 17.12.2002, VI R 42/00);
- eines **katholischen Priesters für ein Pädagogikstudium** (BFH v. 9.12.2003, VI R 8/03);
- eines **Biologielaboranten für eine Umschulung zum Steuerfachgehilfen** (BFH v. 19.12.2003, VI R 2/02);
- einer **Versicherungskauffrau zur „ärztlich geprüften Gesundheitsberaterin"** (BFH v. 22.6.2006, VI R 71/04).

9. Ausbildungskosten

a) Allgemeines

Ausbildungskosten können vom Stpfl. nur **bis höchstens 6 000 €** – dies gilt auch bei auswärtiger Unterbringung – im Kalenderjahr als **Sonderausgaben** abgesetzt werden; dieser Höchstbetrag gilt bei der Zusammenveranlagung von Ehegatten für jeden Ehegatten gesondert. Die Begrenzung des Sonderausgabenabzugs für Erst- 2226 ausbildungskosten auf einen Höchstbetrag von 6 000 € (Betrag seit 2012) verstößt nicht gegen das Gebot der Steuerfreiheit des Existenzminimums (BVerfG v. 19.11.2019, 2 BvL 22 – 27/14, HFR 2020, 174).

Bei der Ermittlung der abzugsfähigen Kosten sind die Abzugsbeschränkungen für Mehraufwendungen für Verpflegung, das häusliche Arbeitszimmer, Fahrten zwischen Wohnung und erster Tätigkeits- bzw. Ausbildungsstätte und doppelter Haushaltsführung entsprechend anzuwenden (§ 10 Abs. 1 Nr. 7 EStG).

Die Kostenübernahme durch den Arbeitgeber, z.B. im Hinblick auf ein künftiges Dienstverhältnis, ist grds. steuerpflichtiger **Arbeitslohn** (zu **Ausnahmen** → *Auszubildende* Rz. 1190), der Arbeitnehmer kann seine Aufwendungen dann jedoch als Werbungskosten absetzen.

Ausbildungskosten sind v.a. Aufwendungen für **Schulausbildung, die erstmalige Berufsausbildung und für ein Erststudium**, das zugleich eine Erstausbildung vermittelt. Die BFH-Rechtsprechung, nach der in diesen Fällen unter bestimmten Voraussetzungen ein Abzug als vorab entstandene Werbungskosten in Betracht kam, ist seit 2004 durch die o.g. **Gesetzesänderungen** weitgehend überholt.

b) Nicht abzugsfähige Kosten

2227 Der Sonderausgabenabzug von Ausbildungskosten setzt voraus, dass vom Stpfl. eine nachhaltige berufsmäßige Ausübung der erlernten Fähigkeiten zur Erzielung von Einkünften angestrebt wird. **Keine Ausbildungskosten** liegen daher vor, wenn die Ausbildung nicht darauf gerichtet oder dafür geeignet ist, später einen – wenn auch ausgefallenen – Beruf auszuüben, so insbesondere **Hobbytätigkeiten** (BFH v. 10.1.2012, VI B 92/11 und VI B 93/11, m.w.N.) oder wenn die Aufwendungen in erster Linie der **Allgemeinbildung** dienen (FG Hamburg v. 16.8.2017, 2 K 129/16, EFG 2017, 1787).

Folgende Aufwendungen können daher z.B. steuerlich überhaupt nicht berücksichtigt werden (→ Rz. 2229):

- **Fotokurs** eines Apothekers (BFH v. 17.11.1978, VI R 139/76, BStBl II 1979, 180);
- Ausbildung, die den **bildungspolitischen Zielvorstellungen des Gesetzgebers zuwiderläuft** (BFH v. 18.12.1987, VI R 149/81, BStBl II 1988, 494 betr. Ausbildung zum „Gouverneur des Zeitalters der Erleuchtung");
- Aufwendungen eines Fliesenlegermeisters für Lehrgänge zur Ausbildung zum **Ski-Übungsleiter** des Deutschen Skiverbands, wenn in einem **Sportverein bzw. -verband** gelegentlich Aufgaben **gegen Aufwandsentschädigung** übernommen werden sollen. Eine Berufsausbildung i.S.v. § 10 Abs. 1 Nr. 7 EStG erfordert, dass eine nachhaltige berufsmäßige Ausübung der erlernten Fähigkeiten zur Erzielung von Einkünften angestrebt wird (BFH v. 22.9.1995, VI R 13/93, BStBl II 1996, 8);
- Aufwendungen für Erwerb oder Erhaltung der **Privatpilotenlizenz**, auch wenn die beim Fliegen gewonnenen Erfahrungen für die Berufsausübung oder (spätere) Berufsausbildung nützlich sind. Die Kosten für den Erwerb der Privatpilotenlizenz können allerdings Werbungskosten sein, wenn sie Teil der durchgehenden Ausbildung (Ausbildungs- bzw. Dienstverhältnis) und in diesem Rahmen notwendige Voraussetzung für den Erwerb der Verkehrspilotenlizenz gewesen sind (BFH v. 15.5.2013, IX R 5/11, BStBl II 2014, 143);
- sog. **Hobbypromotionen** oder wenn die Führung eines Doktor- oder Professorentitels durch **persönliche Beweggründe** zumindest mitbeeinflusst wurde (FG Sachsen v. 13.7.2017, 8 K 1677/16, sowie FG Münster v. 13.10.2017, 4 K 1891/14 F, EFG 2017, 1949);
- Aufwendungen für ein sog. **Seniorenstudium** (BFH v. 10.2.2005, VI B 33/04, und BFH v. 7.10.2008, VI B 92/07);
- Aufwendungen für den **Deutschkurs eines Ausländers**, da sie – auch bei beruflicher Mitveranlassung – v.a. der sozialen Integration dienen (FG Hamburg v. 16.8.2017, 2 K 129/16, EFG 2017, 1787 m.w.N.);
- Aufwendungen für die **Jägerprüfung** (FG Münster v. 20.12.2018, 5 K 2031/18 E, EFG 2019, 338 betr. die Jägerprüfung einer Landschaftsökologin);
- Aufwendungen eines Stpfl. für ein **nach Eintritt in den Ruhestand begonnenes Studium der Theaterwissenschaft** ohne Vorliegen eines hinreichend erwerbsbezogenen Veranlassungszusammenhangs (FG Schleswig-Holstein v. 16.5.2017, 4 K 41/16, EFG 2017, 1422).

10. Weiterbildung in einem nicht ausgeübten Beruf

Der **Gesetzgeber** hat seit 2004 die „Weiterbildung in einem nicht ausgeübten Beruf" aus der Regelung des § 10 Abs. 1 Nr. 7 EStG herausgenommen, derartige Kosten sind somit steuerlich nicht mehr abzugsfähig. 2228

Bei einem engen Zusammenhang mit der Wiederaufnahme der Berufstätigkeit können derartige Kosten jedoch als **vorab entstandene Werbungskosten** – ohne Beachtung der o.g. Höchstbeträge – berücksichtigt werden (→ Rz. 2216).

11. Kosten der Lebensführung

Kosten der **Allgemeinbildung und der Persönlichkeitsentfaltung** sind in vollem Umfang der allgemeinen Lebensführung zuzurechnen und somit weder als Fort- noch als Ausbildungskosten abzugsfähig. Eine anteilige Berücksichtigung als Betriebsausgaben/Werbungskosten ist auch nach der geänderten BFH-Rechtsprechung nicht möglich, weil in diesen Fällen die beruflichen und privaten Veranlassungsbeiträge untrennbar ineinandergreifen (BMF v. 6.7.2010, IV C 3 – S 2227/07/10003 :002, BStBl I 2010, 614). Zu den nicht abzugsfähigen Kosten der Lebensführung gehören nach der **BVerfG-Rechtsprechung** (Beschlüsse v. 19.11.2019, 2 BvL 22-27/14, HFR 2020, 174) auch Aufwendungen für die **erstmalige Berufsausbildung oder für ein Erststudium**, das zugleich eine Erstausbildung vermittelt. Zur Begründung hat das BVerfG u.a. ausgeführt, dass die Erstausbildung oder das Erststudium unmittelbar nach dem Schulabschluss nicht nur Berufswissen vermittelt, sondern die Person in einem umfassenderen Sinne prägt, indem sie die Möglichkeit bietet, sich seinen Begabungen und Fähigkeiten entsprechend zu entwickeln und allgemeine Kompetenzen zu erwerben, die nicht zwangsläufig für einen künftigen konkreten Beruf notwendig sind. **Sie weist eine besondere Nähe zur Persönlichkeitsentwicklung auf.** 2229

Nicht abzugsfähig sind danach z.B. auch:

- Aufwendungen eines ausländischen Staatsbürgers für einen **Deutschkurs**, selbst wenn ausreichende Deutschkenntnisse für einen angestrebten Arbeits- oder Ausbildungsplatz förderlich sind (FG Hamburg v. 16.8.2017, 2 K 129/16, EFG 2017, 1787; BMF v. 6.7.2010, IV C 3 – S 2227/07/10003 :002, BStBl I 2010, 614 Tz. 19 m.w.N. sowie FinMin Schleswig-Holstein v. 27.5.2010, VI 314 – S 2284 – 176: auch kein Abzug als außergewöhnliche Belastung; dies gilt auch für Aufwendungen für Integrationskurse, sofern die Teilnahme freiwillig erfolgt);
- Erwerb des **Führerscheins der Klasse B** (→ *Werbungskosten* Rz. 4532).

  Ein Sonderausgabenabzug als Ausbildungskosten kommt ebenfalls nicht in Betracht, weil Führerscheinkosten regelmäßig nicht im Hinblick auf eine konkrete Berufsausbildung anfallen (BFH v. 5.8.1977, VI R 246/74, BStBl II 1977, 834);
- Aufwendungen für Erwerb und Erhaltung einer **Privatpilotenlizenz** (BFH v. 15.5.2013, IX R 5/11, BStBl II 2014, 143);
- Aufwendungen einer 55-jährigen medizinisch-technischen Assistentin für ein **Studium der Kunstgeschichte** (BFH v. 26.1.2005, VI R 71/03, BStBl II 2005, 349);
- Aufwendungen für ein sog. **Seniorenstudium** (BFH v. 10.2.2005, VI B 33/04, und BFH v. 7.10.2008, VI B 92/07);
- Aufwendungen eines Management Consultant für einen **Coaching-Kurs** während des Urlaubs, weil der konkrete berufliche Anlass nicht nachgewiesen werden konnte (FG Hamburg v. 7.3.2008, 5 K 30/07; hierzu auch FG Münster v. 27.11.2009, 4 K 1802/08 E);
- Aufwendungen für **Stressbewältigungsseminare**, weil die in Seminaren vermittelten Kenntnisse auch im privaten Bereich anwendbar sind. Aufwendungen hierfür sind daher (auch bei einem Lehrer) nicht als Werbungskosten abziehbar (FG München v. 30.9.1998, 1 K 2087/96);

- Teilnahme an **psychologischen Seminaren**, selbst wenn der Arbeitgeber bezahlten Bildungsurlaub gewährt hat (BFH v. 6.3.1995, VI R 76/94, BStBl II 1995, 393); s. zur steuerlichen Behandlung von Aufwendungen für Psychoanalyse, Selbsterfahrungsgruppen und ähnliche Veranstaltungen auch OFD Frankfurt v. 10.7.1996, S 2227 A – 15 – St II 20, sowie ausführlich FG Nürnberg v. 25.7.2012, 3 K 376/11, betr. Besuch der Kurse „Explorations in Human Development" der Ridhwan Teachers, bei denen es sich um Programme zur Selbstverwirklichung handelt – Werbungskosten abgelehnt.

  Kosten für die Teilnahme an psychologischen Seminaren sind dagegen **Werbungskosten**, wenn im Wesentlichen ein auf den konkreten Beruf zugeschnittenes psychologisches Wissen vermittelt wird und der Teilnehmerkreis entsprechend homogen zusammengesetzt ist (BFH v. 18.5.2006, VI B 145/05, m.w.N.);
- Aufwendungen für Kurse in **NLP (Neuro-Linguistisches Programmieren)-Kurse**, deren Schwerpunkte im Bereich der zielorientierten Kommunikation liegen (FG München v. 28.7.2005, 15 K 4588/03, EFG 2006, 38).

  Anerkannt nur bei eindeutiger beruflicher Veranlassung, so bei einer Redaktionsleiterin, die ihre Kommunikationsfähigkeit im Berufsleben verbessern wollte (BFH v. 28.8.2008, VI R 44/04, BStBl II 2009, 106);
- Aufwendungen für den Besuch **berufsbegleitender Supervisionsseminare (Seminare zur Persönlichkeitsentfaltung)**.

  Anerkannt nur bei eindeutiger beruflicher Veranlassung, so bei einem Revisor und Teamleiter, der seine **Kommunikationsfähigkeit im Berufsleben verbessern** wollte (BFH v. 28.8.2008, VI R 35/05, BStBl II 2009, 108);
- Aufwendungen eines **Bankbetriebswirts für die Fortbildung in „Psycho- und Pathophysiognomik"**, wenn die private Wissensvermittlung vorrangig ist (FG Rheinland-Pfalz v. 3.6.2013, 5 K 1261/12);
- Kosten für einen **Shaolin-Kurs auf Mallorca bei einer Zahnärztin/Heilpraktikerin**; dies gilt auch, wenn die Zahnärztekammer diesen Kurs als Fortbildung anerkennt (FG Köln v. 14.11.2013, 10 K 1356/13, EFG 2014, 519);
- **Aufwendungen für Seminare mit persönlichkeitsbildendem Charakter**; sie können nur dann zu Werbungskosten führen, wenn sie auf die spezifische berufliche Situation des Stpfl. zugeschnitten sind. Es reicht nicht aus, dass die vermittelten Lerninhalte auch im beruflichen Alltag einsetzbar und der beruflichen Entwicklung förderlich sein können. Insbesondere bei einer Inhomogenität des Teilnehmerkreises tritt der allgemein persönlichkeitsbildende Inhalt einer Fortbildung in den Vordergrund (FG Hamburg v. 20.9.2016, 5 K 28/15, betr. sog. **Coaching-Kurse**).

  Aufwendungen für die Teilnahme eines selbständigen Steuerberaters an Seminaren, die die Bereiche **Persönlichkeitsentwicklung, Life Balance, Bildung passiven Vermögens und Internetmarketing** betreffen, die nicht auf berufsspezifische Bedürfnisse zugeschnitten sind und die von Teilnehmern auch aus rein privaten Erwägungen besucht werden (hier: sog. „Quantum Leap"-Seminare: „Millionaire Mind Intensive, Guerrilla Business Intensive, Ultimate Internet Boot Camp, Mission to Millions, Enlightened Warrior Training Camp"), sind nicht als Betriebsausgaben abzugsfähig (FG Thüringen v. 13.11.2019, 3 K 106/19, Nichtzulassungsbeschwerde durch BFH v. 3.2.2021, VIII B 50/20, nicht dokumentiert, als unzulässig verworfen).

12. Liebhaberei

2230 Aufwendungen für eine Tätigkeit, die auf Dauer „keine Gewinne abwirft", können steuerlich nicht berücksichtigt werden. **Dies gilt auch, wenn es sich um „ehrenamtliche Tätigkeiten" handelt** (BFH v. 20.11.2018, VIII R 17/16, BStBl II 2019, 422).

Beispiel 1:

A, promovierter und habilitierter Dipl.-Ingenieur, jetzt Pensionär, ist unentgeltlich als **Honorarprofessor** tätig.

A kann seine Aufwendungen mangels Einkünfteerzielung und Einkunftserzielungsabsicht weder als Betriebsausgaben noch als Werbungskosten absetzen (vgl. FG Hamburg v. 19.7.2012, 3 K 33/11).

Entsprechendes gilt für **Pastoren im Ruhestand**, die weiterhin unentgeltlich seelsorgerisch tätig sind (FG Hamburg v. 6.4.2017, 2 K 77/16 – auch kein Werbungskostenabzug im Billigkeitswege) oder unentgeltlich in einer deutschen Kirchengemeinde im Ausland die Urlaubsvertretung des Seelsorgers übernehmen (FG München v. 5.12.2016, 7 K 2031/13).

Ggf. können die Aufwendungen aber als **Werbungskosten im Hauptberuf** anerkannt werden (BFH v. 16.3.2006, IV B 157/04, m.w.N.). Voraussetzung ist aber, dass die freiberufliche (Neben-) Tätigkeit für den Hauptberuf Vorteile von solchem Gewicht mit sich bringen kann, dass demgegenüber denkbare private Gründe für die Ausübung der Nebenbeschäftigung und Inkaufnahme der daraus resultierenden Verluste auszuschließen oder von ganz untergeordneter Bedeutung sind (FG Baden-Württemberg v. 19.2.2016, 13 K 2981/13, EFG 2016, 627: Abzug der Verluste bei einer Kunstlehrerin, die zugleich als freiberufliche Kunstmalerin tätig ist, aber aus dieser Tätigkeit nur Verluste erzielt, abgelehnt).

Beispiel 2:

Beispiel wie vorher, A ist jedoch noch „aktiv" in seinem Beruf tätig. Er hat die Lehrtätigkeit nur deshalb übernommen und die „Verluste" in Kauf genommen, weil sie gleichzeitig seiner Fortbildung im „Hauptberuf" dient.

Das FG Saarland hat in einem ähnlichen Fall die Aufwendungen für die nebenberufliche Lehrtätigkeit als Werbungskosten im Hauptberuf (Fortbildungskosten) anerkannt, weil sich die praktische Tätigkeit als Arbeitnehmer und die auf dem gleichen Sektor liegende nebenberufliche Lehrtätigkeit „gegenseitig befruchten" (FG Saarland v. 30.9.1988, 2 K 162/87, EFG 1989, 17).

13. Förderung aus öffentlichen Mitteln

Beihilfen aus öffentlichen Mitteln oder aus Mitteln einer öffentlichen Stiftung, die zu dem Zweck bewilligt werden, die Erziehung oder Ausbildung, die Wissenschaft oder Kunst unmittelbar zu fördern, sind **steuerfrei** (§ 3 Nr. 11 EStG). **Entsprechendes gilt für die Stipendien, die aus öffentlichen Mitteln** oder von den in § 3 Nr. 44 EStG bezeichneten Einrichtungen zur Förderung der Forschung oder zur Förderung der wissenschaftlichen oder künstlerischen Aus- oder Fortbildung gewährt werden (FG München v. 16.6.2020, 5 K 1936/19, Rev. zurückgewiesen durch BFH v. 29.9.2022, VI R 34/20). 2231

Voraussetzung für eine Steuerbefreiung nach § 3 Nr. 11 EStG oder § 3 Nr. 44 EStG ist, dass der Empfänger mit der Beihilfe/den Bezügen nicht zu einer bestimmten wissenschaftlichen oder künstlerischen Gegenleistung oder zu einer bestimmten Arbeitnehmertätigkeit verpflichtet wird. Darüber hinaus liegt eine Steuerfreiheit von Stipendien i.S.d. § 3 Nr. 44 EStG nur vor, wenn die Stipendien einen für die Erfüllung der Forschungsaufgabe oder für die Bestreitung des Lebensunterhalts und die Deckung des Ausbildungsbedarfs erforderlichen Betrag nicht übersteigen und nach den von dem Geber erlassenen Richtlinien vergeben werden. Empfänger einer steuerfreien Beihilfe können nur die Personen sein, denen sie im Hinblick auf den Zweck der Leistung bewilligt worden ist (BFH v. 19.6.1997, IV R 26/96, BStBl II 1997, 652). Zur Anwendung der Steuerfreiheit nach § 3 Nr. 44 EStG für ein Stipendium einer gemeinnützigen EU-/EWR-Institution wird auf H 3.44 (Stipendien) zweiter Spiegelstrich EStH hingewiesen. S. im Übrigen H 3.11 LStH sowie → *Stipendien* Rz. 4052.

Studienbeihilfen aus öffentlichen Mitteln sind auch dann nach § 3 Nr. 11 EStG steuerfrei, wenn der Empfänger verpflichtet ist, **nach Abschluss der Ausbildung in ein Dienstverhältnis zum Zuwendenden zu treten** (BFH v. 15.6.1973, VI R 295/69, BStBl II 1973, 734 und BFH v. 29.6.1973, VI R 56/72, BStBl II 1973, 848).

Steuerfreie Leistungen i.S.d. § 3 Nr. 2 EStG, z.B. **Fahrtkostenerstattungen der Agentur für Arbeit** oder **steuerfreie Stipendien** nach § 3 Nr. 44 EStG, sind nach **§ 3c EStG** von den entsprechenden Aufwendungen abzuziehen (FG Köln v. 20.5.2016, 12 K 562/13, EFG 2016, 1605), **nicht** jedoch

- das sog. **Unterhaltsgeld** (bis 2004) nach den §§ 153, 77 SGB III (BFH v. 13.10.2003, VI R 71/02, BStBl II 2004, 890),
- der in Bayern gezahlte **„Meisterbonus"** von derzeit 3 000 € für die erfolgreiche Ablegung der Meisterprüfung, da es sich bei dem Meisterbonus nicht um eine steuerfreie Einnahme, sondern (unstreitig) um eine nicht steuerbare, unter keine der sieben Einkunftsarten fallende Einnahme handelt (FG München v. 30.5.2016, 15 K 474/16, EFG 2016, 1513 sowie BayLfSt v. 6.7.2016, S 2324.2.1 – 262/6 St 32, StEd 2016, 617). Entspre-

chendes gilt für die nach Maßgabe der Hessischen Qualifizierungsoffensive – Förderung der beruflichen Kompetenzen und Qualifikationen für bestimmte erfolgreich abgelegte Prüfungen gewährte **Aufstiegsprämie** von derzeit bis zu 3 500 € pro Person und Abschluss, der leistungsbezogene **KfW-Darlehensteilerlass nach § 13b Abs. 1 des Aufstiegsfortbildungsförderungsgesetzes** – AFBG ist hingegen Ersatz von Werbungskosten aus in der Erwerbsphäre liegenden Gründen und führt daher zu Arbeitslohn (BFH v. 23.11.2023, VI R 9/21, BFH/NV 2024, betr. das sog. **Meister- oder Aufstiegs-BAföG**),

- alle **BAföG-Leistungen**; da die Ausbildungsförderung nach § 11 Abs. 1 BAföG sowohl für den Lebensunterhalt als auch für die Ausbildung geleistet wird, kommt ein unmittelbarer Zusammenhang mit dem Studium nur in Betracht, soweit die Leistungen für die Ausbildung gewährt werden. Die Kosten sind dementsprechend aufzuteilen (FG Münster v. 24.1.2018, 7 K 1007/17 E, F, EFG 2018, 549; in seiner Revisionsentscheidung v. 14.5.2020, VI R 3/18, BStBl II 2021, 302 hat der BFH diese Frage offengelassen).

Fördermittel, die ein von seinem Arbeitgeber für berufliche Fortbildungsmaßnahmen freigestellter Arbeitnehmer nach dem **Programm zur Förderung von umweltgerechter Landwirtschaft, Erhaltung der Kulturlandschaft, Kulturschutz und Landschaftspflege in Thüringen (KULAP)** erhalten hat, sind nicht nach § 3 Nr. 2 EStG steuerfrei, da die Förderung aus Landesmitteln und aus dem Europäischen Ausrichtungs- und Garantiefonds stammt. Auch eine Steuerbefreiung nach § 3 Nr. 11 EStG kommt nicht in Betracht, da keine Berufsausbildung, sondern eine Fortbildung im bereits erlernten und im Anschluss an die Fortbildungsmaßnahme weiterhin ausgeübten Beruf erfolgt. Der Arbeitnehmer bezieht die Zahlungen als Gegenleistungen dafür, dass er an den Fortbildungsveranstaltungen teilnimmt. Die Zahlungen sind daher steuerbar und unterliegen, da sie insbesondere nicht i.R. eines (Ersatz-)Arbeitsverhältnisses gezahlt werden, als **sonstige Einkünfte** nach § 22 Nr. 3 EStG der Besteuerung (BFH v. 13.2.2008, IX R 63/06).

Studienbeihilfen, die erst **nach Abschluss der Aus- oder Fortbildungsmaßnahme** gewährt werden, sind dagegen **steuerpflichtig** (BFH v. 17.9.1976, VI R 229/74, BStBl II 1977, 68). Weitere Einzelheiten → *Stipendien* Rz. 4052.

Die **Rückzahlung eines Darlehens**, mit dem eine Aus- oder Fortbildung finanziert wurde, ist weder als Werbungskosten noch als außergewöhnliche Belastung abzugsfähig, weil die Aufwendungen allenfalls im Jahr der Verausgabung steuerlich hätten berücksichtigt werden können (FG München v. 25.9.2007, 1 K 2892/05, EFG 2008, 455 sowie BFH v. 7.2.2008, VI R 41/05, HFR 2008, 805).

14. Förderung durch private Arbeitgeber

a) Steuerpflichtige Beihilfen

2232 Die oben dargestellten Grundsätze gelten nicht bei der Aus- oder Fortbildung durch private Arbeitgeber. Beihilfen usw., die private Arbeitgeber förderungswürdigen Arbeitnehmern gewähren (z.B. zur Fortbildung eines Chemiearbeiters zum Chemotechniker), gehören grds. zum **steuer- und beitragspflichtigen Arbeitslohn**. Das gilt auch, wenn der Arbeitnehmer die Aufwendungen als Werbungskosten geltend machen könnte. Beihilfen dieser Art sind daher im Zeitpunkt des Zuflusses zu versteuern, weil „reiner Werbungskostenersatz" durch den Arbeitgeber nicht mehr steuerfrei ist (vgl. R 19.3 Abs. 3 LStR), es sei denn, eine Steuerbefreiungsvorschrift greift.

Beispiel:

A besucht in seiner Freizeit einen Meisterkurs. Sein Arbeitgeber erstattet ihm als Anerkennung für seine langjährige Tätigkeit im Betrieb die Kosten, obwohl sich A nach erfolgreichem Abschluss selbständig machen will.

Die Kostenübernahme durch den Arbeitgeber stellt steuerpflichtigen Arbeitslohn dar. Im Hinblick auf das angekündigte Ausscheiden des A aus dem Betrieb besteht kein ganz überwiegendes betriebliches Interesse daran, dass A die Meisterschule besucht. A kann die Fortbildungskosten jedoch als Werbungskosten absetzen.

Muss ein Arbeitnehmer vom Arbeitgeber getragene **Aus- oder Fortbildungskosten zurückzahlen**, weil er das mit diesem bestehende Beschäftigungsverhältnis vor Ablauf einer bestimmten Frist gekündigt hat, kann er die Kosten als **Werbungskosten** absetzen; dies gilt auch für Zahlungen an einen **ausländischen Arbeitgeber**, um anschließend höhere Einkünfte bei einem inländischen Arbeitgeber erzielen zu können – das **Abzugsverbot des** § 3c Abs. 1 EStG ist nicht anzuwenden (BFH v. 7.12.2005, I R 34/05, HFR 2006, 766).

b) Steuerfreie Leistungen im eigenbetrieblichen Interesse

Aufwendungen des Arbeitgebers zur beruflichen Fortbildung des Arbeitnehmers führen jedoch dann nicht zu Arbeitslohn, wenn die Bildungsmaßnahmen im **ganz überwiegenden betrieblichen Interesse des Arbeitgebers durchgeführt werden, weil sie die Einsatzfähigkeit des Arbeitnehmers im Betrieb des Arbeitgebers erhöhen sollen**. Dabei ist es gleichgültig, ob die Bildungsmaßnahmen am Arbeitsplatz, in zentralen betrieblichen Einrichtungen oder in außerbetrieblichen Einrichtungen durchgeführt werden, ob die Maßnahmen als Aus- oder Fortbildung im steuerlichen Sinne anzusehen sind und ob sie auf Initiative des Arbeitgebers erfolgen (FG Münster v. 9.8.2016, 13 K 3218/13 L, EFG 2016, 1795). Dies gilt auch für **Bildungsmaßnahmen fremder Unternehmer, die für Rechnung des Arbeitgebers erbracht** werden, d.h. wenn das fremde Unternehmen dem Arbeitgeber die Leistung in Rechnung stellt (vgl. R 19.7 Abs. 1 Satz 4 LStR). Ist der **Arbeitnehmer Rechnungsempfänger**, ist dies für ein ganz überwiegend betriebliches Interesse des Arbeitgebers unschädlich, wenn der Arbeitgeber die Übernahme bzw. den Ersatz der Aufwendungen allgemein oder für die besondere Bildungsmaßnahme **vor Vertragsabschluss** schriftlich zugesagt hat; um in diesen Fällen einen Werbungskostenabzug für die vom Arbeitnehmer wirtschaftlich nicht getragenen Aufwendungen auszuschließen, hat der **Arbeitgeber auf der ihm vom Arbeitnehmer zur Kostenübernahme vorgelegten Originalrechnung die Kostenübernahme sowie deren Höhe anzugeben und eine Kopie dieser Rechnung zum Lohnkonto** zu nehmen (vgl. R 19.7 Abs. 1 LStR sowie sinngemäß BMF v. 13.4.2012, IV C 5 – S 2332/07/0001, BStBl I 2012, 531 zur lohnsteuerlichen Behandlung der Übernahme von Studiengebühren für ein berufsbegleitendes Studium durch den Arbeitgeber). 2233

Bei Erfüllung der nachfolgenden Voraussetzungen kann ebenfalls ein **ganz überwiegendes betriebliches Interesse des Arbeitgebers** vorliegen:

- Die aus der Fortbildung erworbenen Kenntnisse und Fähigkeiten müssen im Betrieb des Arbeitgebers gegenwärtig oder für künftig geplante Änderungen bei der technischen Ausstattung, den Arbeitsabläufen und dergleichen verwertbar sein.
- Der Arbeitnehmer konnte auf Grund einer zeitlich vor dem Abschluss des Fortbildungsvertrags mit der Bildungseinrichtung getroffenen Vereinbarung zur (vollen bzw. teilweisen) Kostenübernahme mit dem Arbeitgeber damit rechnen, dass der Arbeitgeber ihm die Kosten ganz oder teilweise ersetzen wird, weil der Arbeitgeber die Übernahme bzw. den Ersatz der Aufwendungen allgemein oder für die besondere Bildungsmaßnahme vor Vertragsabschluss schriftlich zugesagt hat. Dabei ist unschädlich, wenn der Arbeitnehmer Rechnungsempfänger ist.
- Die Vereinbarung zur (vollen bzw. teilweisen) Kostenübernahme ist aus Nachweisgründen in schriftlicher Form abzufassen und als Beleg zum Lohnkonto zu nehmen.

Der Erwerb von beruflichen, methodischen, technischen und praktischen Kenntnissen liegt nicht im ganz überwiegenden betrieblichen Interesse, wenn sie im eigenen Betrieb nicht eingesetzt werden können. Steuerpflichtiger Arbeitslohn liegt auch dann vor, wenn die Bildungsmaßnahme bei Zusage bereits abgeschlossen ist.

Um in den Fällen des aus ganz überwiegendem betrieblichen Interesse des Arbeitgebers gewährten Arbeitgeberersatzes einen ungerechtfertigten Werbungskostenabzug für vom Arbeitnehmer wirtschaftlich nicht getragene Aufwendungen auszuschließen, hat der Arbeitgeber auf der ihm vom Arbeitnehmer zur Kostenübernahme vorgelegten Originalrechnung die Kostenübernahme sowie deren Höhe anzugeben und eine Kopie dieser Rechnung zum Lohnkonto zu nehmen. Werden im Rahmen von Lohnsteuer-Außenprüfungen Fälle festgestellt, in denen Arbeitnehmer Rechnungsempfänger sind und der Arbeitgeber Erstattungen geleistet hat, sollen Kontrollmitteilungen für den Veranlagungsbereich gefertigt werden.

Für die Annahme eines ganz überwiegenden betrieblichen Interesses des Arbeitgebers ist nicht – wie aus R 74 Abs. 2 Satz 1 und 2 LStR 2001 vielfach geschlossen wurde – Voraussetzung, dass der Arbeitgeber die Teilnahme an der Bildungsmaßnahme zumindest teilweise auf die **Arbeitszeit anrechnet**. Rechnet er die Teilnahme an der Bildungsmaßnahme zumindest teilweise auf die Arbeitszeit an, ist die Prüfung weiterer Voraussetzungen entbehrlich, es sei denn, es liegen konkrete Anhaltspunkte für den **Belohnungscharakter** der Maßnahme vor (R 19.7 Abs. 2 Satz 1 und 2 LStR).

Die Anrechnung auf die Arbeitszeit ist aber nur **ein** Kriterium für die Anerkennung des betrieblichen Interesses; die Bildungsveranstaltung kann daher vom Arbeitnehmer ohne Anrechnung auf die Arbeitszeit am **Wochenende** besucht werden.

Beispiel 1:

A besucht auf dringenden Wunsch seines Arbeitgebers in seiner Freizeit (Urlaub und arbeitsfreie Samstage) einen Meisterkurs. Sein Arbeitgeber trägt die Kosten, weil er in seinem Betrieb unbedingt einen weiteren Meister braucht. Der Besuch des Meisterkurses wird nicht als Arbeitszeit gewertet, weil der Arbeitgeber ohnehin schon zu wenig Personal hat.

Der Besuch des Lehrgangs erfolgt im ganz überwiegenden betrieblichen Interesse des Arbeitgebers, die Kostenübernahme stellt daher keinen Arbeitslohn dar. Unerheblich ist, dass keine Anrechnung auf die Arbeitszeit erfolgt.

Beispiel 2:

Flüchtling B besucht einen Deutschsprachkurs, die Kosten werden vom Arbeitgeber übernommen.

Nach BMF v. 4.7.2017, IV C 5 – S 2332/09/10005, BStBl I 2017, 882 liegt kein lohnsteuerpflichtiger Arbeitslohn vor.

Hinweis:

Die o.g. Verwaltungsregelung kann nicht auf den **Werbungskostenabzug** übertragen werden, weil insoweit das Aufteilungs- und Abzugsverbot des § 12 Nr. 1 EStG zu beachten ist (FG Hamburg v. 16.8.2017, 2 K 129/16, EFG 2017, 1787).

Wenn Fortbildungsmaßnahmen im ganz überwiegenden betrieblichen Interesse des Arbeitgebers durchgeführt werden, stehen die Aufwendungen des Arbeitgebers für die Fortbildungsmaßnahme den Aufwendungen gleich, die durch die berufliche Tätigkeit des Arbeitnehmers veranlasst sind. Die Aufwendungen für Fahrtkosten, Verpflegungsmehraufwendungen und Übernachtungskosten können in sinngemäßer Anwendung der R 9.4 – 9.8 und 9.11 LStR steuerfrei nach den für eine **Auswärtstätigkeit** geltenden Grundsätzen vom Arbeitgeber ersetzt werden.

Wird die **Kostenerstattung des Arbeitgebers vom erfolgreichen Bestehen der Abschlussprüfung abhängig gemacht**, spricht dies gegen ein ganz überwiegend betriebliches Interesse (OFD Nordrhein-Westfalen, Kurzinformation Einkommensteuer Nr. 29/2017 v. 25.10.2017, DB 2017, 2474).

Beispiel 3:

Die Bankangestellte macht eine Fortbildung zur Bankfachwirtin von 09/2023 bis 07/2025. Vorab-Vereinbarung in 2023 mit der Bank: Wenn die Angestellte die Prüfung besteht, erstattet die Bank die angefallenen Lehrgangs- und Prüfungsgebühren.

- **2023**: Fortbildungskosten wurden i.H.v. 2 000 € als Werbungskosten steuermindernd berücksichtigt; der Steuerbescheid ist bestandskräftig geworden.
- **2024**: Fortbildungskosten wurden i.H.v. 4 000 € als Werbungskosten steuermindernd berücksichtigt; der Steuerbescheid ist bestandskräftig geworden.
- **2025**: Prüfung bestanden im Juli 2025; als Werbungskosten zu berücksichtigende Fortbildungskosten sind 2025 i.H.v. 3 000 € angefallen. Der Arbeitgeber erstattet im August 2025 die Lehrgangs- und Prüfungsgebühren i.H.v. 5 000 €. Die ESt-Veranlagung 2025 ist noch offen.

Der **Werbungskostenabzug** in den Jahren 2023 bis 2025 ist unstrittig und ist auch nicht im Hinblick auf die Kostenerstattung des Arbeitgebers zu kürzen.

Wird die Bildungsmaßnahme im ganz überwiegenden betrieblichen Interesse des Arbeitgebers durchgeführt, führt die Kostenübernahme durch den Arbeitgeber nicht zu steuerpflichtigem Arbeitslohn. Dieser Grundsatz gilt auch, wenn der Arbeitnehmer Rechnungsempfänger ist und der Arbeitgeber die Übernahme bzw. den Ersatz der Aufwendungen allgemein oder für die besondere Bildungsmaßnahme vor Vertragsabschluss schriftlich zugesagt hat (R 19.7 Abs. 1 LStR). Das BMF-Schreiben v. 13.4.2012, IV C 5 – S 2332/07/0001, BStBl I 2012, 531 nimmt speziell zur lohnsteuerlichen Behandlung der Übernahme von Studiengebühren für ein berufsbegleitendes Studium durch den Arbeitgeber Stellung. Dort wird ebenfalls darauf abgestellt, dass der Arbeitgeber vorab die Übernahme der zukünftig entstehenden Gebühren schriftlich zugesagt hat.

In den hier in Rede stehenden Fällen der Arbeitgeberunterstützung handelt es sich aber eher um eine **Art „Bonus“** und nicht um eine bedingungslose, von vornherein vereinbarte Kostenübernahme. Die (spätere) Zahlung erfolgt (nur) unter der Voraussetzung des Bestehens der Prüfung. **Im Beispielsfall handelt es sich bei der Arbeitgeber-Zahlung in 2025 daher um steuerpflichtigen Arbeitslohn** i.S.v. § 19 Abs. 1 Nr. 1 EStG. Derartige Erstattungsbeträge sind steuerpflichtige Einnahmen – und zwar bei der Einkunftsart, bei der die Aufwendungen zuvor als Werbungskosten abgezogen worden sind – und **keine sog. negativen Werbungskosten** (R 19.3 Abs. 3 Satz 1 LStR, BFH v. 23.11.2023, VI R 9/21, BFH/NV 2024, 449 zum leistungsbezogenen KfW-Darlehensteilerlass nach § 13b Abs. 1 des Aufstiegsfortbildungsförderungsgesetzes).

c) Übernahme von Studiengebühren durch den Arbeitgeber

Zur lohnsteuerlichen Behandlung der Übernahme von Studiengebühren für ein **berufsbegleitendes Studium** durch den Arbeitgeber oder den neuen Arbeitgeber bei einem **Arbeitgeberwechsel** s. ausführlich BMF v. 13.4.2012, IV C 5 – S 2332/07/0001, BStBl I 2012, 531 sowie → *Auszubildende* Rz. 1191. 2234

Für Fälle, in denen **kein Ausbildungsdienstverhältnis** gem. R 9.2 Abs. 1 Satz 3 LStR begründet wird, findet Tz. 1 des o.g. BMF-Schreibens **keine Anwendung**. Ein Ausbildungsdienstverhältnis ist dadurch gekennzeichnet, dass die erstmalige Berufsausbildung oder das Erststudium Gegenstand des Dienstverhältnisses ist (R 9.2 Abs. 1 Satz 3 LStR). Dies ist beispielsweise nicht gegeben, wenn Teilzeitbeschäftigte eines Kreditinstituts an der Frankfurt School of Finance & Management (bisher: Bankakademie/Hochschule für Bankwirtschaft) ein berufsintegriertes Studium mit staatlich anerkanntem Abschluss absolvieren; es besteht hier keine arbeitsvertragliche Verpflichtung zum Studium, vielmehr ermöglicht das Teilzeitarbeitsverhältnis das Studium. Die vom arbeitgebenden Kreditinstitut voll oder teilweise übernommenen Studiengebühren und Kostenbeiträge stellen **steuerpflichtigen Arbeitslohn** dar (OFD Frankfurt v. 4.10.2010, S 2332 A – 63 – St 211).

Von den Studenten können die als Arbeitslohn besteuerten Studiengebühren und Kostenbeiträge ggf. i.R. des § 10 Abs. 1 Nr. 7 EStG als **Sonderausgaben** geltend gemacht werden.

d) Weitere Einzelfragen

Auch **sprachliche Bildungsmaßnahmen** sind unter den genannten Voraussetzungen dem ganz überwiegenden betrieblichen Interesse zuzuordnen, wenn der Arbeitgeber die Sprachkenntnisse in dem für den Arbeitnehmer vorgesehenen Aufgabengebiet verlangt (R 19.7 Abs. 2 LStR). Dabei genügt die Vermittlung von Grundkenntnissen einer Fremdsprache, wenn diese für die berufliche Tätigkeit ausreichen (BFH v. 24.2.2011, VI R 12/10, BStBl II 2011, 796). 2235

Bei **Flüchtlingen** und anderen Arbeitnehmern, deren Muttersprache nicht Deutsch ist, sind Bildungsmaßnahmen zum Erwerb oder zur Verbesserung der deutschen Sprache jedoch dem ganz überwiegenden betrieblichen Interesse des Arbeitgebers zuzuordnen, **wenn der Arbeitgeber die Sprachkenntnisse in dem für den Arbeitnehmer vorgesehenen Aufgabengebiet verlangt** (BMF v. 4.7.2017, IV C 5 – S 2332/09/10005, BStBl I 2017, 882). Dieses BMF-Schreiben betrifft aber nur die **„Arbeitslohnseite“**. Für den **Werbungskostenabzug** bleibt es dabei, dass Aufwendungen eines in Deutschland lebenden Ausländers zur Erlernung der deutschen Sprache im Hinblick auf das Aufteilungs- und Abzugsverbot des § 12 Nr. 1 EStG steuerlich nicht abzugsfähig sind (FG Hamburg v. 16.8.2017, 2 K 129/16, EFG 2017, 1787 m.w.N.; s.a. BMF v. 6.7.2010, IV C 3 – S 2227/07/10003 :002, BStBl I 2010, 614).

Nach BFH-Rechtsprechung (BFH v. 13.6.2002, VI R 168/00, BStBl II 2003, 765) wird nicht mehr an der Vermutung festgehalten, dass eine im **Ausland stattfindende Veranstaltung** grds. für eine private Veranlassung spricht. Aufwendungen des Arbeitgebers zur beruflichen Fortbildung des Arbeitnehmers im EU-/EWR-Ausland und in der Schweiz können nach den allgemeinen Grundsätzen im ganz überwiegenden betrieblichen Interesse des Arbeitgebers liegen (vgl. BMF v. 26.9.2003, IV A 5 – S 2227 – 1/03, BStBl I 2003,

447). Zu prüfen ist in diesen Fällen aber besonders bei Auslandssprachkursen, ob und inwieweit der Besuch des Sprachkurses auf privaten Erwägungen des Arbeitnehmers beruht; so ist z.B. die Teilnahme an einem Sprachkurs in spanischer Sprache in Südamerika außergewöhnlich und indiziert bereits, dass der Stpfl. die Reisekosten auch aus privaten Erwägungen auf sich genommen hat (BFH v. 9.1.2013, VI B 133/12).

Die Grundsätze sind im Übrigen nicht nur auf Sprachkurse, sondern auf Fortbildungsveranstaltungen allgemein (z.B. bei Studien- und Kongressreisen) anzuwenden.

Von einem ganz überwiegenden betrieblichen Interesse geht die Finanzverwaltung auch bei SGB III entsprechenden **Qualifikations- und Trainingsmaßnahmen** aus, die der Arbeitgeber oder eine zwischengeschaltete **Beschäftigungsgesellschaft** im Zusammenhang mit **Auflösungsvereinbarungen** erbringt (R 19.7 Abs. 2 Satz 3 LStR). Das betriebliche Interesse des (früheren) Arbeitgebers liegt darin, für die ausscheidenden Arbeitnehmer möglichst schnell eine neue Arbeitsstelle zu finden und damit u.a. Kosten einzusparen. Ob an dieser Auffassung festgehalten werden kann, ist zweifelhaft geworden (→ *Outplacement* Rz. 3297).

Ersetzt der Arbeitgeber neben den eigentlichen Fortbildungskosten (z.B. Kursgebühren) auch Fahrtkosten, Verpflegungsmehraufwendungen und Übernachtungskosten, beurteilt sich dieser Arbeitgeberersatz nach den für **Auswärtstätigkeiten** geltenden Grundsätzen nach § 3 Nr. 13 und Nr. 16 EStG (→ *Reisekosten: Allgemeine Grundsätze* Rz. 3589). Ist die Bildungsstätte jedoch erste Tätigkeitsstätte des Arbeitnehmers, liegen keine Reisekosten vor (→ *Reisekosten: Allgemeine Grundsätze* Rz. 3620).

Bildet sich der Arbeitnehmer **nicht im ganz überwiegenden betrieblichen Interesse des Arbeitgebers** fort, so gehört der nach § 8 Abs. 2 EStG zu ermittelnde ortsübliche Wert der vom Arbeitgeber erbrachten Fort- oder Weiterbildungsleistung grds. zum **steuerpflichtigen Arbeitslohn** (zur Anwendung der **Steuerbefreiung des § 3 Nr. 19 EStG** für bestimmte Weiterbildungsleistungen des Arbeitgebers → Rz. 2238). Der Arbeitnehmer kann dann den Wert in Höhe des versteuerten Arbeitslohns i.R. des § 9 Abs. 1 Satz 1 EStG als **Werbungskosten** oder i.R. des § 10 Abs. 1 Nr. 7 EStG als **Sonderausgaben** geltend machen (R 19.7 Abs. 2 Satz 4 und 5 LStR).

e) Darlehen

2236 Bei einer Förderung der Aus- oder Fortbildung durch Darlehen ist die bürgerlich-rechtliche Vertragsgestaltung maßgebend. Danach kann ein **Darlehen angenommen** werden, wenn bei der Hingabe ernsthaft mit der **Rückzahlung gerechnet wird und marktübliche Vereinbarungen über Verzinsung, Kündigung und Rückzahlung** getroffen werden. Unter diesen Voraussetzungen können auch monatlich gewährte **Studienbeihilfen** ein Darlehen i.S.d. § 607 BGB darstellen. In derartigen Fällen führen weder Hingabe noch Rückzahlung der Mittel zu lohnsteuerlichen Folgerungen (vgl. BMF v. 13.4.2012, IV C 5 – S 2332/07/0001, BStBl I 2012, 531 Tz. 2.3 zur lohnsteuerlichen Behandlung der Übernahme von Studiengebühren für ein berufsbegleitendes Studium durch den Arbeitgeber).

Ist das Arbeitgeberdarlehen nach den getroffenen Vereinbarungen nur dann tatsächlich zurückzuzahlen, wenn der Arbeitnehmer aus Gründen, die in seiner Person liegen, vor Ablauf des vertraglich festgelegten Zeitraums (i.d.R. zwei bis fünf Jahre) aus dem Arbeitsverhältnis ausscheidet oder ist der marktübliche Zinssatz unterschritten, ist zu prüfen, ob im Zeitpunkt der Einräumung des Arbeitgeberdarlehens die **Voraussetzungen der R 19.7 LStR vorliegen. Wird dies bejaht, ist der Verzicht auf die Darlehensrückzahlung oder der Zinsvorteil eine (steuerfreie) Leistung des Arbeitgebers im ganz überwiegenden betrieblichen Interesse.**

Liegen die Voraussetzungen der R 19.7 LStR nicht vor, stellt der (Teil-)Erlass des Darlehens einen Vorteil mit Arbeitslohncharakter für den Arbeitnehmer dar. Gleiches gilt für einen Zinsvorteil nach Maßgabe des BMF-Schreibens v. 19.5.2015, IV C 5 – S 2334/07/0009, BStBl I 2015, 484. Der Arbeitslohn fließt dem Arbeitnehmer bei einem Darlehens(teil-)erlass in dem Zeitpunkt zu, in dem der Arbeitgeber zu erkennen gibt, dass er auf die (Teil-)Rückzahlung des Darlehens verzichtet (BFH v. 27.3.1992, VI R 145/89, BStBl II 1992, 837). Vgl. auch hierzu sinngemäß BMF v. 13.4.2012, IV C 5 – S 2332/07/0001, BStBl I 2012, 531 Tz. 2.3 zur lohnsteuerlichen Behandlung der Übernahme von Studiengebühren für ein berufsbegleitendes Studium durch den Arbeitgeber.

Ein auf Grund bestandener Fortbildungsprüfung gewährter **Darlehenserlass nach § 13b Abs. 1 des Aufstiegsfortbildungsförderungsgesetzes (AFBG)** stellt Arbeitslohn dar (BFH v. 23.11.2023, VI R 9/21, BFH/NV 2024, 449).

f) Studienreisen, Ausbildungsfreizeiten

Aufwendungen eines Arbeitnehmers für Studienreisen sind entweder der **allgemeinen Lebensführung** zuzurechnen oder erfüllen den Begriff der **Auswärtstätigkeit**, so dass dann insoweit auch ein steuerfreier Arbeitgeberersatz möglich ist. Bei sog. gemischt veranlassten Reisen kommt auch eine Aufteilung in Betracht. Weitere Einzelheiten → *Reisekosten: Allgemeine Grundsätze* Rz. 3643. 2237

I.R. der **betrieblichen Gesamtausbildung** werden Auszubildende gelegentlich zu **Ausbildungsfreizeiten** abgeordnet, ohne dass ein berufsbezogener Charakter der Tätigkeiten während der Freizeit im herkömmlichen Sinne gegeben ist. Insoweit ist jedoch den Besonderheiten des Ausbildungsverhältnisses Rechnung zu tragen, das neben der beruflichen auch eine **gewisse Persönlichkeitsbildung** anstrebt. **Der Betrieb hat ein Interesse**, seine Auszubildenden und möglichen späteren Mitarbeiter **auch unter nicht streng betriebsbezogenen Gesichtspunkten kennen zu lernen**. Der Auszubildende kann sich der Teilnahme an derartigen Freizeiten kaum entziehen. Freizeiten für Auszubildende können daher **steuerfrei** durchgeführt bzw. etwaige Kosten vom Arbeitgeber steuerfrei ersetzt werden, wenn für ein geregeltes volles Programm gesorgt ist und die Jugendlichen sich nicht weitgehend selbst überlassen sind.

Dies gilt entsprechend, wenn z.B. eine Auslandsexkursion nach der Studienordnung obligatorischer Teil des Studiums ist (BFH v. 26.11.2002, VI R 62/02, HFR 2003, 456).

15. Steuerbefreiung nach § 3 Nr. 19 EStG

I.R. des Gesetzes zur weiteren steuerlichen Förderung der Elektromobilität und zur Änderung weiterer steuerlicher Vorschriften ist in § 3 Nr. 19 EStG mit Wirkung **seit dem 1.1.2020 eine neue Steuerbefreiung eingeführt** worden für **Weiterbildungsleistungen des Arbeitgebers** 2238

- für Maßnahmen nach § 82 Abs. 1 und 2 und § 82a SGB III
- oder die der Verbesserung der Beschäftigungsfähigkeit des Arbeitnehmers dienen. Die Weiterbildung darf keinen überwiegenden Belohnungscharakter haben.

Nach der **Gesetzesbegründung** (vgl. BR-Drucks. 356/19) hat die gesetzliche Änderung das Ziel, die im Koalitionsvertrag vorgesehene Weiterbildungsförderung durch den Arbeitgeber als Teil der Nationalen Weiterbildungsstrategie auch steuerlich durch flankierende Maßnahmen umzusetzen. Mit dem Gesetz zur Stärkung der Chancen für Qualifizierung und für mehr Schutz in der Arbeitslosenversicherung (Qualifizierungschancengesetz) v. 18.12.2018, BGBl. I 2018, 2651 wurde mit Wirkung seit dem 1.1.2019 die Weiterbildungsförderung verbessert. In § 82 SGB III sind nunmehr die Voraussetzungen für die Förderung beschäftigter Arbeitnehmer in einer Vorschrift gebündelt. Durch diese Neuregelung wird der Zugang zur Weiterbildungsförderung für beschäftigte Arbeitnehmer erleichtert und die Transparenz der Förderung erhöht. **§ 82 SGB III umfasst Weiterbildungen, welche Fertigkeiten, Kenntnisse und Fähigkeiten vermitteln, die über eine arbeitsplatzbezogene Fortbildung hinausgehen.** Für eine Förderung durch die Bundesagentur für Arbeit ist hier grds. auch ein **angemessener Arbeitgeberbeitrag** zu den Lehrgangskosten bei Weiterbildungsmaßnahmen Voraussetzung, der sich nach der Betriebsgröße auf Grundlage der Beschäftigtenzahl richtet (§ 82 Abs. 2 SGB III).

Berufliche Fort- oder Weiterbildungsleistungen des Arbeitgebers führen beim Arbeitnehmer bereits nach geltender Rechtslage nicht zu Arbeitslohn, wenn diese Bildungsmaßnahmen im ganz überwiegend eigenbetrieblichen Interesse des Arbeitgebers durchgeführt werden (R 19.7 LStR).

Bei Bildungsmaßnahmen i.S.d. § 82 SGB III wird bei der Finanzierung dieser Maßnahmen durch den Arbeitgeber von einem ganz überwiegend eigenbetrieblichen Interesse auszugehen sein. Die neue Steuerbefreiungsvorschrift § 3 Nr. 19 EStG sorgt für Rechtssicherheit, dass die Weiterbildungsleistungen des Arbeitgebers für Maßnahmen nach § 82 Abs. 1 und 2 SGB III nicht der Besteuerung unterliegen. **Dies gilt auch für Weiterbildungsleistungen des Arbeitgebers, die der Verbesserung der Beschäftigungsfähigkeit des Arbeitnehmers dienen (z.B. Sprachkurse oder Computerkurse, die nicht arbeitsplatzbezogen sind).** Darunter sind solche Maßnahmen zu verstehen, die eine Anpassung und Fortentwicklung der beruflichen Kompetenzen des Arbeitnehmers ermöglichen und somit zur besseren Begegnung der beruflichen Herausforderungen beitragen. Diese Leistungen dürfen keinen überwiegenden Belohnungscharakter haben.

I.R. des **JStG 2020** v. 21.12.2020, BStBl I 2021, 6 ist die Steuerbefreiung des § 3 Nr. 19 EStG mit Wirkung zum 1.1.2020 dahingehend erweitert worden, dass auch **Beratungsleistungen zur beruflichen Neuorientierung bei Beendigung des Dienstverhältnisses steuerfrei** sind. Mit der Änderung wird klargestellt, dass auch Beratungsleistungen des Arbeitgebers oder auf seine Veranlassung von einem Dritten zur beruflichen Neuorientierung (sog. **„Outplacement“-Beratung, „Newplacement“-Beratung**) für ausscheidende Arbeitnehmer **steuerfrei** sind. Zur Frage, ob und inwieweit diese Steuerbefreiung auf **Outplacement-Beratungsleistungen** angewendet werden kann, → *Outplacement* Rz. 3299.

Zur Steuerbefreiung nach § 3 Nr. 19 EStG für **Online-Weiterbildungen mittels Internet-Plattformen** gilt Folgendes (OFD Frankfurt v. 25.2.2021, S 2342 A – 89 – St 210, StEd 2021, 237):

„Die Entwicklung des letzten Jahres führt vermehrt zur Wahrnehmung von Online-Formaten im Seminarbereich. Für die steuerliche Beurteilung von Online-Weiterbildungen wird gebeten die folgende Auffassung zu vertreten:

(1) Die Einräumung eines unentgeltlichen Nutzungsrechts durch den Arbeitgeber für nichtarbeitsplatzbezogene Online-Weiterbildungsmaßnahmen stellt beim Arbeitnehmer einen geldwerten Vorteil und somit Arbeitslohn gem. § 19 Abs. 1 Nr. 1 EStG dar.

(2) Eine Verbesserung der Beschäftigungsfähigkeit i.S.d. § 3 Nr. 19 Satz 1 (2. Alt.) EStG ist gegeben, wenn durch die Bildungsmaßnahme Kenntnisse/Fertigkeiten vermittelt werden, die ganz allgemein der Berufstätigkeit förderlich sein können.

3) Das Format der Weiterbildungsmaßnahme ist für die Anwendung des § 3 Nr. 19 Satz 1 (2. Alt.) EStG unerheblich. Deshalb können sowohl Video-Schulungen als auch eLearning-Angebote ohne einen Dozenten nach § 3 Nr. 19 Satz 1 (2. Alt.) EStG begünstigt sein.“

16. Fortbildungsveranstaltungen mit privatem Rahmenprogramm

a) Allgemeines

2239 Aufwendungen des Arbeitgebers für **Fort-, Ausbildungs- und Studienveranstaltungen** sowie sonstige Arbeits- und Informationstagungen im ganz überwiegenden betrieblichen Interesse stellen nach den o.g. Grundsätzen **keinen steuerpflichtigen Arbeitslohn** dar (→ Rz. 2233).

Trägt der Arbeitgeber i.R. solcher Tagungen auch die Aufwendungen für ein Rahmenprogramm mit kulturellem, sportlichem oder gesellschaftlichem Charakter (z.B. **Besuch der Oper, abendliches Galadiner**), so beeinträchtigt dies nach der BFH-Rechtsprechung (vgl. BFH v. 9.8.1996, VI R 88/93, BStBl II 1997, 97) die betriebliche Veranlassung der Tagung im Übrigen dann nicht, wenn die Kosten des Rahmenprogramms klar von den übrigen Kosten der Tagung abgrenzbar sind. In diesem Fall stellen lediglich die Kosten für das **Rahmenprogramm steuerpflichtigen Arbeitslohn** dar, während die Kosten der **eigentlichen Tagung** einschließlich der Aufwendungen für die An- und Abreise i.R. der steuerlich zulässigen Beträge **nicht zum steuerpflichtigen Arbeitslohn** gehören.

Sofern im Übrigen die Voraussetzungen des § 19 Abs. 1 Satz 1 Nr. 1a EStG vorliegen, ist ein solches Rahmenprogramm als **Betriebsveranstaltung** zu werten, insbesondere bei Teilnahmemöglichkeit aller Arbeitnehmer oder Angehörigen der Organisationseinheit des Betriebs, sofern keine Bevorzugung der Organisationseinheit vorliegt (BFH v. 4.8.1994, VI R 61/92, BStBl II 1995, 59). Arbeitslohn liegt dann nicht vor, soweit der auf den einzelnen Arbeitnehmer entfallende **Wert 110 €** (brutto) nicht übersteigt (§ 19 Abs. 1 Satz 1 Nr. 1a Satz 3 EStG); → *Betriebsveranstaltungen* Rz. 1427.

Der BFH hat mit Urteil v. 18.8.2005, VI R 32/03, BStBl II 2006, 30 auch entschieden, dass bei **Mitarbeitertagungen im Ausland** nach Möglichkeit eine Aufteilung der Aufwendungen in solche im eigenbetrieblichen Interesse und solche in Form von Arbeitslohn grds. möglich ist.

Zur steuerlichen Behandlung von Studien- und Kongressreisen → *Reisekosten: Allgemeine Grundsätze* Rz. 3630.

b) Teilnahme des Arbeitnehmer-Ehegatten

Arbeitslohn liegt auch vor, wenn ein Arbeitgeber am Rande einer 2240
Fortbildungsveranstaltung, Tagung oder Messe für die **Ehefrauen der Mitarbeiter ein Rahmenprogramm** veranstaltet, wenn nicht das überwiegende eigenbetriebliche Interesse der Teilnahme der Ehefrauen nachgewiesen werden kann. Das überwiegende eigenbetriebliche Interesse kann nicht schon dann angenommen werden, wenn der Arbeitgeber die Teilnahme der Ehefrauen erwartet, weil er sich dadurch ein besseres Geschäftsklima und bessere Verkaufserfolge erhofft. Es gelten die gleichen Grundsätze wie für die Teilnahme des Arbeitnehmer-Ehegatten an **Incentive-Reisen** (→ *Incentive-Reisen* Rz. 2579).

c) Werbungskostenabzug

Aufwendungen für die eigentliche Fortbildungsveranstaltung kön- 2241
nen vom Arbeitnehmer – soweit die Kosten nicht vom Arbeitgeber nach § 3 Nr. 13 oder 16 EStG steuerfrei ersetzt werden – als Werbungskosten abgezogen werden.

Bei Fortbildungsveranstaltungen, die um einen **privaten Aufenthalt verlängert** werden oder bei denen der **Ehegatte/Lebenspartner mitgenommen** wird, können die Kosten nur anteilig als Werbungskosten berücksichtigt werden (→ *Reisekosten: Allgemeine Grundsätze* Rz. 3639 und → Rz. 3650 sowie → *Reisekosten: Erstattungen* Rz. 3700).

Fortsetzungserkrankung

→ *Entgeltfortzahlung* Rz. 1914

Frackgelder

→ *Arbeitslohn-ABC* Rz. 672

Franchisenehmer/Franchiseverträge

1. Allgemeines

Franchiseverträge sind aus den USA stammende **Absatzmitt-** 2242
lungsverhältnisse zwischen zwei rechtlich selbständigen Unternehmen. Es handelt sich dabei um Dauerschuldverhältnisse, die **nicht gesetzlich fixiert** sind.

Franchisenehmer erhalten vom Franchisegeber das Recht, bestimmte Handelswaren oder Handelsmarken, Warenzeichen, Geschäftsformen, Vertriebsmethoden und Erfahrungswissen (Know-how) zu vertreiben. Ferner ist damit auch die betriebliche Betreuung und Beratung durch den Franchisegeber verbunden. Im Gegenzug erhält der Franchisegeber vom Franchisenehmer eine Vergütung, die regelmäßig am Gewinn orientiert ist und eine einmalige sog. Eintrittsgebühr, die aus einem nicht unbeträchtlichen Kapitalbetrag bestehen kann. Der Franchisenehmer verpflichtet sich i.d.R., ausschließlich Waren oder Dienstleistungen des Franchisegebers zu verkaufen und zwar im eigenen Namen und auf eigene Rechnung, dabei aber mit einer vom Franchisegeber vorgegebenen einheitlichen Aufmachung und Ausstattung unter Verwendung der vom Franchisegeber gewünschten Markenbezeichnung.

Eine pauschalierende und typisierende Darstellung für Franchise-Unternehmen ist nicht möglich. Bei der Franchise-Wirtschaft handelt es sich um einen heterogenen Wirtschaftszweig, der nicht nur Franchise-Systeme unterschiedlicher Größe und Ausgestaltung, sondern auch eine hohe Branchenvielfalt aufweist. Insofern gibt es auch kein allgemeines Leitbild eines Franchisenehmers. Vielmehr ist auf die Besonderheiten eines jeden einzelnen Franchise-Systems abzustellen. Die Branchenvielfalt ist auch Ursache dafür, dass die gesetzlichen Regelungen zur Scheinselbständigkeit für einige Franchise-Systeme kaum, für andere weniger und für andere Systeme wieder von erheblicher Bedeutung sind. **Demzufolge ist eine sichere Beurteilung nur anhand des konkreten Franchise-Vertrages und unter Berücksichtigung der tatsächlichen Verhältnisse möglich.**

2. Arbeitnehmereigenschaft

2243 Die Frage der Arbeitnehmereigenschaft des Franchisenehmers ist danach zu beurteilen, ob die Tätigkeit

- weisungsgebunden ausgeübt wird
- oder ob der Franchisenehmer seine Chancen auf dem Markt selbständig und im Wesentlichen weisungsfrei suchen kann.

Ein Franchiseverhältnis kann sowohl i.R. eines abhängigen Beschäftigungsverhältnisses als auch einer selbständigen Tätigkeit ausgeübt werden (vgl. BSG v. 4.11.2009, B 12 R 3/08, sowie ausführlich zuletzt LSG Berlin-Brandenburg v. 16.3.2016, L 9 KR 142/13, zur Versicherungspflicht eines zu Unrecht als solchen bezeichneten Franchisenehmers). S.a. den in → *Arbeitnehmer-ABC* Rz. 207 zitierten sog. Abgrenzungskatalog, Stichwort „Franchisenehmer".

Ist ein Franchisenehmer nach den tatsächlichen Umständen nicht in der Lage, seine vertraglichen Leistungspflichten alleine zu erfüllen, sondern auf Hilfskräfte angewiesen, und zugleich vertraglich berechtigt, seine Leistungen durch Dritte erbringen zu lassen, ist i.R. der erforderlichen Gesamtschau regelmäßig davon auszugehen, dass **kein Arbeitsverhältnis** vorliegt. Das gilt selbst dann, wenn er im Hinblick auf die tatsächliche Durchführung seiner Tätigkeit einer Vielzahl engmaschiger Vorgaben des Franchisegebers unterliegt (LAG Düsseldorf v. 27.8.2010, 10 Sa 90/10).

Im Hinblick auf BGH v. 4.11.1998, VIII ZB 12/98, wird ein Franchisenehmer zumindest als **arbeitnehmerähnliche Person** anzusehen sein, wenn ihm ein räumlich abgegrenztes Verkaufsgebiet zugewiesen wird, in dem er mit vom Franchisegeber gemieteten Gütern Produkte vertreibt, die er von diesem Unternehmen bezieht. Selbst wenn eine Versicherungspflicht als Arbeitnehmer nach dem o.g. Kriterienkatalog zu verneinen ist, bleibt die **gesonderte Prüfung der Versicherungspflicht in der Rentenversicherung** als „arbeitnehmerähnlicher Selbständiger" nach § 2 Nr. 9 SGB VI. Wegen weiterer Einzelheiten → *Selbständigkeit* Rz. 3901.

Nach der aktuellen Rechtsprechung des BSG (BSG v. 4.11.2009, B 12 R 3/08 R) sind Franchisenehmer – obwohl „selbständig" tätig – in der gesetzlichen **Rentenversicherung nach § 2 Satz 1 Nr. 9 SGB VI versicherungspflichtig**, wenn sie nur für einen **einzigen Auftraggeber**, den Franchisegeber, tätig sind. Dies ist i.d.R. dann gegeben, wenn der Franchisenehmer auf Grund eines „Partner- und Systemvertrags" vom Franchisegeber gelieferte Waren im eigenen Namen in einem ebenfalls vom Franchisegeber zur Verfügung gestellten Ladenlokal verkauft. I.R. eines solchen Vertriebs- oder Franchisesystems ist der Franchisegeber der einzige Auftraggeber. Der Franchisenehmer ist folglich vom Franchisegeber wirtschaftlich abhängig, was als Versicherungspflicht der Selbständigen vorausgesetzt wird.

In einem aktuellen Fall hat der Rentenversicherungsträger bei einem Lehrer, der eine Nachhilfeeinrichtung betreibt und dort selbst unterrichtet, ebenfalls auf Rentenversicherungspflicht entschieden. Grundlage war, dass der Lehrer den Schwerpunkt nicht auf dem Unterricht hat, sondern auf Organisation und Verwaltung.

Die eingereichte Klage gegen den Bescheid des RV-Trägers hat das Sozialgericht in Köln abgewiesen. Mit LSG Nordrhein-Westfalen v. 9.2.2022, L 3R 662/21, wurde die Berufung zurückgewiesen.

Die Versicherungspflicht würde allerdings dann entfallen, wenn der Franchisenehmer selbst wiederum zumindest *einen* versicherungspflichtigen Arbeitnehmer beschäftigt.

Frauenbeauftragte

2244 Frauenbeauftragte, die ihre Tätigkeit insbesondere in kleineren Gemeinden ehrenamtlich ausüben, sind **selbständig** tätig, weil sie nicht an Weisungen gebunden sind. Die Einkünfte sind grds. nach § 18 Abs. 1 Nr. 3 EStG steuerpflichtig.

Dies gilt auch, wenn zur ehrenamtlichen Frauenbeauftragten **Bedienstete der Gemeinde** berufen werden, die – **ähnlich wie Personalratsmitglieder** – teilweise von ihrer hauptberuflichen Tätigkeit freigestellt werden. Denn die Wahrnehmung des Amtes der ehrenamtlichen Frauenbeauftragten erfolgt nicht i.R. des bestehenden Dienstverhältnisses zur Gemeinde. Die Tätigkeit stellt weder die Erfüllung einer Nebenpflicht aus dem Beamten-/Angestelltenverhältnis dar noch hängt sie unmittelbar mit der Haupttätigkeit als Gemeindebedienstete zusammen. Eine Zurechnung der Aufwandsentschädigung zum Arbeitslohn kommt daher nicht in Betracht, ein Lohnsteuerabzug ist somit nicht vorzunehmen (OFD Kiel v. 25.5.1998, S 2331 A – St 155).

Die **Aufwandsentschädigungen** bleiben nach § 3 Nr. 12 Satz 2 EStG i.V.m. R 3.12 Abs. 3 Satz 3 2. Spiegelstrich LStR pauschal bis zur Höhe von 250 € monatlich steuerfrei (→ *Aufwandsentschädigungen im öffentlichen Dienst* Rz. 865).

Freibeträge

1. Lohnsteuer

Bei der Lohnsteuer gibt es eine Reihe von Freibeträgen, die verfahrensmäßig **unterschiedlich berücksichtigt** werden: 2245

- Die sog. **„Tabellen-Freibeträge"** sind in die Lohnsteuertabellen eingearbeitet und werden daher ohne besonderen Antrag des Arbeitnehmers schon beim laufenden Lohnsteuerabzug berücksichtigt. Hierzu gehören der Arbeitnehmer-Pauschbetrag von 1 230 € und der Entlastungsbetrag für Alleinerziehende von 4 260 €. Nicht berücksichtigt wird dagegen der Erhöhungsbetrag von 240 € für das zweite und jedes weitere Kind. Dieser kann nur im Lohnsteuer-Ermäßigungsverfahren berücksichtigt werden. Der Sonderausgaben-Pauschbetrag sowie die Vorsorgepauschale werden aber berücksichtigt (→ *Steuertarif* Rz. 4050).
- Der Altersentlastungsbetrag und der Versorgungsfreibetrag sowie der Zuschlag zum Versorgungsfreibetrag werden zwar nicht als Lohnsteuerabzugsmerkmal berücksichtigt, sind aber trotzdem **vom Arbeitgeber vor Anwendung der Lohnsteuertabelle abzuziehen**; → *Altersentlastungsbetrag* Rz. 56; → *Versorgungsfreibeträge* Rz. 4340.
- Freibeträge, die der **Arbeitnehmer beim Finanzamt beantragen** muss, z.B. wegen erhöhter Werbungskosten, Sonderausgaben oder außergewöhnlicher Belastungen. Diese werden im Lohnsteuer-Ermäßigungsverfahren als Lohnsteuerabzugsmerkmal berücksichtigt und sind dann vom Arbeitgeber ebenfalls vor Anwendung der Lohnsteuertabelle abzuziehen; → *Lohnsteuer-Ermäßigungsverfahren* Rz. 2993. Zum sog. Hinzurechnungsbetrag bei Arbeitnehmern mit mehr als einem Dienstverhältnis → *Übertragung des Grundfreibetrags* Rz. 4158.

2. Sozialversicherung

Freibeträge, die beim Lohnsteuerabzug Berücksichtigung finden, vermindern bei der Berechnung der Beiträge zur Sozialversicherung **nicht die Beitragsbemessungsgrundlage. Es handelt sich hierbei um beitragspflichtiges Arbeitsentgelt.** 2246

Freie Kost

→ *Mahlzeiten* Rz. 3049

Freie Mitarbeiter

Die steuer- und versicherungsrechtliche Beurteilung von **„freien Mitarbeitern"** führt in der täglichen Praxis vielfach zu Problemen. Die Vertragspartner gehen i.d.R. davon aus, dass durch die Bezeichnung „freie Mitarbeiter" oder eine „Honorarvereinbarung" ein Abhängigkeitsverhältnis, wie es bei Arbeitnehmern üblich ist, nicht vorliegt. Maßgebend sind aber alle vertraglichen Vereinbarungen und die tatsächliche Durchführung der Tätigkeit (vgl. zuletzt BSG v. 19.10.2021, B 12 KR 29/19 R, B 12 R 9/20 R, B 12 R 10/20 R: 2247

Ärzte, die im Nebenjob immer wieder als Notarzt im Rettungsdienst tätig sind, sind trotz Honorarvereinbarung und gewollter freiberuflicher Tätigkeit regelmäßig versicherungspflichtig auf Grund Beschäftigung).

Die Bezeichnung „freier Mitarbeiter“ allein sagt nach alledem noch nichts über die sozialversicherungsrechtliche Beurteilung aus und stellt für sich kein Kriterium für die Annahme einer selbständigen Tätigkeit dar. Die Beurteilung ist im Wege der Gesamtbetrachtung vorzunehmen, → *Selbständigkeit* Rz. 3898.

Steuern und Sozialversicherungsbeiträge werden in diesen Fällen dann nicht einbehalten und abgeführt. Vorsorglich weisen die Vertragspartner im Vertrag darauf hin, dass der freie Mitarbeiter die Steuern selbst entrichten und sich persönlich um seinen Versicherungsschutz kümmern muss. Derartige **privatrechtliche Verträge entfalten jedoch im öffentlich-rechtlichen Sinne keine Rechtswirkung. Im sozialversicherungsrechtlichen Sinne** sind derartige **privatrechtliche Vereinbarungen** nichtig, wenn sie zum Nachteil des Sozialleistungsberechtigten von Vorschriften des Sozialgesetzbuchs abweichen (vgl. § 32 SGB I).

Daher ist es empfehlenswert, im Vorfeld der vertraglichen Verhandlungen **das zuständige Betriebsstättenfinanzamt** z.B. im Wege der **Anrufungsauskunft** nach § 42e EStG (→ *Auskünfte und Zusagen des Finanzamts* Rz. 896) sowie die **Krankenkasse als Einzugsstelle** für die Sozialversicherungsbeiträge bzw. Deutsche Rentenversicherung Bund i.R. eines **Anfrageverfahrens** nach § 7a SGB IV (→ *Statusfeststellungsverfahren* Rz. 3977) einzuschalten. Diese entscheiden dann verbindlich über die Lohnsteuerpflicht bzw. die Versicherungspflicht in der Sozialversicherung.

Die Rechtsprechung hat bereits **mehrfach zu unterschiedlichen Berufen entschieden**, ob eine **unselbständige Beschäftigung oder** eine **freie Mitarbeit** vorliegt. Weitere Einzelheiten können den Stichworten zu den jeweiligen Berufsgruppen sowie dem „Arbeitnehmer-ABC“ (→ *Arbeitnehmer-ABC* Rz. 207) entnommen werden.

Freifahrten

1. Polizei

2248 Nach Vereinbarungen der Deutsche Bahn AG mit den Innenministern der Länder können **Polizeivollzugsbeamte** in Uniform alle Züge des Nahverkehrs für Fahrten zwischen Wohnung und erster Tätigkeitsstätte und für private Fahrten kostenlos nutzen, wenn die Polizisten das Zugpersonal durch Beobachtung von Unregelmäßigkeiten und entsprechenden Meldungen unterstützen und als Ansprechpartner zur Verfügung stehen.

Das überwiegende betriebliche Interesse der Deutsche Bahn AG und das Interesse des polizeilichen Dienstherrn an der öffentlichen Sicherheit reicht aus, um **Arbeitslohn zu verneinen.**

~~LSt~~ ~~SV~~

Die Fahrten werden wegen der damit verbundenen Auflagen und Gegenleistungen als **ehrenamtliche Tätigkeit des Polizisten für die Deutsche Bahn AG** und die Vereinbarung zwischen der Bahn und den Innenministern als Genehmigung des Dienstherrn zur Ausübung dieser Tätigkeit angesehen. Die Zuwendungen in Form der Freifahrten stellen in diesem Fall **keine steuerpflichtigen Einkünfte** dar, weil die Einnahmen die mit der Tätigkeit zusammenhängenden Aufwendungen aus der ehrenamtlichen Tätigkeit nicht übersteigen (BFH v. 23.10.1992, VI R 59/91, BStBl II 1993, 303; BFH v. 4.8.1994, VI R 94/93, BStBl II 1994, 944).

Zu diesen Polizeivollzugsbeamten gehören auch die Beamten der **Bundespolizei.** Dies gilt ferner für die unentgeltliche Benutzung anderer öffentlicher Verkehrsmittel, wenn der Verkehrsträger und der jeweilige Dienstherr eine entsprechende Vereinbarung getroffen haben (FinMin Saarland v. 26.5.2004, B/2 – 4 – 56/04 – S 2351, DStZ 2004, 582).

Gleichwohl ist nach dem diesem Erlass ein geldwerter Vorteil auf die **Entfernungspauschale nicht anzurechnen**, wenn die öffentlichen Verkehrsmittel zu Fahrten zwischen Wohnung und erster Tätigkeitsstätte benutzt werden. Denn die Freifahrten werden nicht vom Arbeitgeber erbracht, sondern beruhen auf einer eigenen Rechtsbeziehung des Arbeitnehmers zum Verkehrsträger. Der Arbeitnehmer kann daher die Entfernungspauschale – allerdings unter Beachtung des Höchstbetrags von 4 500 € – als Werbungskosten geltend machen (→ *Wege zwischen Wohnung und erster Tätigkeitsstätte* Rz. 4433).

2. Bundeswehr

Aktive Soldaten in Uniform dürfen alle Züge der Deutschen Bahn im Nah- und Fernverkehr für dienstliche und private Fahrten kostenfrei nutzen. Die kostenlose Fahrt gilt für die 2. Klasse. Sitzplatzreservierung oder Upgrade in die 1. Klasse ist möglich, aber auf eigene Rechnung. Die Soldaten müssen die Fahrten in Uniform durchführen. Die Deutsche Bahn bekommt von der Bundeswehr hierfür eine pauschale Vergütung. 2249

Nach **§ 40 Abs. 2 Satz 2 Nr. 3 erster Halbsatz EStG** kann die Bundeswehr den geldwerten Vorteil seit 2021 **pauschal mit 25 % ihrer Aufwendungen versteuern**. Obwohl die Fahrten kostenlos sind, dürfen die Soldaten nach § 40 Abs. 2 Satz 2 Nr. 3 zweiter Halbsatz EStG die Fahrten zur Arbeit und die wöchentlichen Heimfahrten i.R. der doppelten Haushaltsführung mit der **Entfernungspauschale als Werbungskosten** absetzen (→ *Wege zwischen Wohnung und Arbeitsstätte* Rz. 4466).

Freiflüge

1. Allgemeines

Erhalten Arbeitnehmer von ihrem Arbeitgeber Flüge kostenlos zur Verfügung gestellt, so ist der Wert des Flugs steuer- und beitragspflichtig. 2250

LSt SV

Handelt es sich bei dem Arbeitgeber weder um eine Luftverkehrsgesellschaft noch um einen Arbeitgeber, der mit Flügen handelt, so ist für den Flug der um übliche Preisnachlässe geminderte übliche Endpreis am Abgabeort anzusetzen (§ 8 Abs. 2 EStG). Der Rabattfreibetrag von 1 080 € findet keine Anwendung. Aus Vereinfachungsgründen kann der um 4 % geminderte konkrete Preis angesetzt werden, zu dem der Arbeitgeber das Flugticket erworben hat (R 8.1 Abs. 2 Satz 3 LStR). Wird dem Arbeitnehmer der Flug verbilligt überlassen, so ist der vom Arbeitgeber gezahlte Preis auf den geldwerten Vorteil anzurechnen.

Beispiel 1:

Ein Arbeitgeber schenkt einem Arbeitnehmer ein Flugticket für eine Wochenendreise nach Paris. Das Ticket hat er im Reisebüro für 199 € erworben.

Der geldwerte Vorteil des Arbeitnehmers ermittelt sich wie folgt:

Kaufpreis des Arbeitgebers	199,– €
– 4 % Abschlag	7,96 €
= „üblicher“ Endpreis	191,04 €

Der Arbeitnehmer hat 191,04 € als geldwerten Vorteil zu versteuern.

Beispiel 2:

Wie Beispiel 1, für das Ticket hat der Arbeitnehmer 100 € zu zahlen.

Der Arbeitnehmer hat 91,04 € als geldwerten Vorteil zu versteuern, weil das Entgelt des Arbeitnehmers vom Endpreis abzuziehen ist.

2. Freiflüge von Luftfahrtunternehmen

Wenn dagegen **Luftfahrtunternehmen** ihren Arbeitnehmern, den Arbeitnehmern von Konzernunternehmen oder Arbeitnehmern von Reisebüros unentgeltlich oder verbilligt Flüge gewähren, **so gilt Folgendes** (vgl. gleich lautende Erlasse der obersten Finanzbehörden der Länder v. 5.11.2025, S 2334 – 9 – 2024 – 24018, BStBl I 2025, 1839): 2251

a) Anwendung des Rabattfreibetrags

Gewähren Luftfahrtunternehmen ihren Arbeitnehmern unentgeltlich oder verbilligt Flüge, die auch betriebsfremden Fluggästen angeboten werden, so kann der Wert der Flüge nach § 8 Abs. 2 oder Abs. 3 EStG ermittelt werden. 2252

Dies gilt **auch bei Beschränkungen im Reservierungsstatus**, wenn das Luftfahrtunternehmen Flüge mit entsprechenden Beschränkungen betriebsfremden Fluggästen nicht anbietet (BFH v. 26.9.2019, VI R 23/17, BStBl II 2020, 162).

Beispiel:

Eine Fluggesellschaft bietet ihren Arbeitnehmern in Hannover an, für 50 € nach Los Angeles (und zurück) zu fliegen. Nach einer Zeitungsanzeige der Fluggesellschaft am gleichen Tage kostet ein entsprechender Flug für Betriebsfremde 499 €. Ein Arbeitnehmer nimmt zusammen mit seiner Ehefrau und zwei Kindern das Angebot wahr.

Der geldwerte Vorteil ermittelt sich bei dem Arbeitnehmer nach § 8 Abs. 3 EStG wie folgt:

Preis des Arbeitgebers (4 × 499 €)	1 996,– €
– 4 % Abschlag	79,84 €
= Endpreis i.S.d. § 8 Abs. 3 EStG	1 916,16 €
– Preis des Arbeitnehmers (4 × 50 €)	200,– €
verbleiben	1 716,16 €
– Rabattfreibetrag	1 080,– €
= zu versteuernder geldwerter Vorteil	636,16 €

Allerdings bleibt das Wahlrecht zwischen der Bewertung nach § 8 Abs. 3 EStG und § 8 Abs. 2 EStG bestehen (→ *Rabatte* Rz. 3526).

b) Keine Anwendung des Rabattfreibetrags

2253 Eine Bewertung nach § 8 Abs. 3 EStG kommt nicht in Betracht, wenn

- die Lohnsteuer nach § 40 EStG **pauschal** erhoben wird oder
- Luftfahrtunternehmen **Arbeitnehmern anderer Arbeitgeber** unentgeltlich oder verbilligt Flüge gewähren und die Gewährung der unentgeltlichen oder verbilligten Flüge durch das Luftfahrtunternehmen als **Arbeitslohn** anzusehen ist; ob in diesen Fällen Arbeitslohn vorliegt, ist nach den Regelungen der Finanzverwaltung zur Rabattgewährung von dritter Seite zu beurteilen (→ *Rabatte* Rz. 3537).

In diesen Fällen sind die Flüge nach § 8 Abs. 2 EStG mit dem um übliche Preisnachlässe geminderten üblichen Endpreis am Abgabeort zu bewerten.

c) Definition des Begriffs Luftfahrtunternehmen

2254 **Luftfahrtunternehmen** i.S. der Verwaltungsregelung sind Unternehmen, denen die Betriebsgenehmigung zur Beförderung von Fluggästen im gewerblichen Luftverkehr nach der Verordnung (EWG) Nr. 2407/92 des Rates v. 23.7.1992 (Amtsblatt EG Nr. L 240/1) oder nach entsprechenden Vorschriften anderer Staaten erteilt worden ist.

d) Durchschnittswerte

2255 In den Fällen der Bewertung nach § 8 Abs. 2 EStG können die Flüge mit **Durchschnittswerten** angesetzt werden. **Für die Jahre 2026 und 2027 sind von der Finanzverwaltung folgende Durchschnittswerte** (ohne Einbeziehung von Nebenkosten) **festgesetzt worden** (gleich lautende Erlasse der obersten Finanzbehörden der Länder v. 5.11.2025, S 2334 – 9 – 2024 – 24018, BStBl I 2025, 1839):

- **Keine Beschränkungen im Reservierungsstatus**

  Bestehen keine Beschränkungen im Reservierungsstatus, so ist der Wert des Flugs nach folgender Formel zu ermitteln:

bei einem Flug von	Euro je Flugkilometer (FKM)
1 – 4 000 km	0,06
4 001 – 12 000 km	$0{,}06 - \frac{0{,}03 \times (FKM - 4\,000)}{8\,000}$
mehr als 12 000 km	0,03

  Jeder Flug ist gesondert zu bewerten. Die Zahl der Flugkilometer ist mit dem Wert anzusetzen, der der im Flugschein angegebenen Streckenführung entspricht. Nimmt der Arbeitgeber einen nicht vollständig ausgeflogenen Flugschein zurück, so ist die tatsächlich ausgeflogene Strecke zu Grunde zu legen. Bei der Berechnung des Flugkilometerwerts sind die Euro-Beträge nur bis zur fünften Dezimalstelle anzusetzen.

  Die nach dem IATA-Tarif zulässigen Kinderermäßigungen sind entsprechend anzuwenden.

  Der nach den Durchschnittswerten ermittelte Wert des Flugs ist **um 10 % zu erhöhen**.

Beispiel 1:

Ein Arbeitnehmer erhält einen Freiflug Frankfurt – Palma de Mallorca und zurück. Beschränkungen im Reservierungsstatus sind nicht gegeben. Die Flugstrecke beträgt insgesamt 2 507 km.

Der Flugkilometerwert für diesen Flug beträgt 0,06 €/FKM. Der Wert des Flugs beträgt 0,06 €/FKM × 2 507 km = 150,42 €. Dieser Betrag ist um 10 % zu erhöhen (= 15,04 €), so dass der Wert des Flugs insgesamt 165,46 € beträgt.

- **Beschränkung im Reservierungsstatus mit SA-Vermerk**

  Bei Beschränkungen im Reservierungsstatus mit dem Vermerk „space available – SA –" auf dem Flugschein beträgt der Wert je Flugkilometer **60 %** des nach der o.g. Formel ermittelten Werts.

Beispiel 2:

Wie Beispiel 1, der Flugschein trägt den Vermerk „SA".

Der Flugkilometerwert für diesen Flug beträgt 60 % von 0,06 €/FKM = 0,036 €/FKM. Der Wert des Flugs beträgt somit 0,036 €/FKM × 2 507 km = 90,25 €. Dieser Betrag ist um 10 % zu erhöhen (= 9,02 €), so dass der Wert des Flugs insgesamt 99,27 € beträgt.

- **Beschränkung im Reservierungsstatus ohne SA-Vermerk**

  Bei Beschränkungen im Reservierungsstatus ohne Vermerk „space available – SA –" auf dem Flugschein beträgt der Wert je Flugkilometer **80 %** des nach der o.g. Formel ermittelten Werts.

Beispiel 3:

Ein Arbeitnehmer erhält einen Freiflug Frankfurt – Chicago und zurück. Die Flugstrecke beträgt insgesamt 14 000 km. Der Flugschein trägt keinen Vermerk „SA", dennoch bestehen Beschränkungen im Reservierungsstatus.

Der Flugkilometerwert für diesen Flug beträgt 0,03 €/FKM. Wegen der Beschränkung im Reservierungsstatus ohne SA-Vermerk sind 80 % dieses Werts anzusetzen, mithin also 0,024 €/FKM. Der Wert des Flugs beträgt somit 0,024 €/FKM × 14 000 km = 336 €. Dieser Betrag ist um 10 % zu erhöhen (= 33,60 €), so dass der Wert des Flugs insgesamt 369,60 € beträgt.

e) Anwendung der Durchschnittswerte bei anderen Unternehmen

Ist der Arbeitgeber **kein Luftfahrtunternehmen**, können Flüge, 2256
die der Arbeitnehmer von seinem Arbeitgeber erhält, gleichwohl mit den o.g. Durchschnittswerten bewertet werden, wenn

- der Arbeitgeber diesen Flug von einem Luftfahrtunternehmen erhalten hat und
- dieser Flug den o.g. Beschränkungen im Reservierungsstatus unterliegt.

Beispiel 1:

Ein Reisebüro kauft von einem Luftfahrtunternehmen Flüge, die auf dem Flugschein den Vermerk „SA" enthalten. Die Flüge stellt das Reisebüro seinen Mitarbeitern unentgeltlich zur Verfügung.

Der geldwerte Vorteil der Flüge kann mit den o.g. Durchschnittswerten ermittelt werden.

Beispiel 2:

Ein Unternehmen, das kein Luftfahrtunternehmen ist, unterhält eigene Flugzeuge, die für Auswärtstätigkeiten der Arbeitnehmer genutzt werden. Den Mitarbeitern ist es gestattet, ihre Ehegatten kostenlos mitzunehmen.

Die Arbeitnehmer führen Auswärtstätigkeiten aus, so dass kein geldwerter Vorteil durch den kostenlosen Flug entstehen kann. Allerdings ist die kostenlose Mitnahme der Ehegatten ein geldwerter Vorteil, der als Arbeitslohn zu besteuern ist. Für die Bewertung dieser Vorteile können nicht die o.g. Durchschnittswerte berücksichtigt werden, weil das Unternehmen kein Luftfahrtunternehmen ist, es die Flüge nicht von einem Luftfahrtunternehmen erhalten hat und die Flüge keinen Beschränkungen im Reservierungsstatus unterliegen. Die Flüge sind daher mit dem üblichen Endpreis am Abgabeort nach § 8 Abs. 2 EStG zu ermitteln. Dieser Wert kann aus den Preisen der kleineren Charterfluggesellschaften abgeleitet werden.

f) Zuzahlungen der Arbeitnehmer

Von den ermittelten Durchschnittswerten sind die vom Arbeitneh- 2257
mer jeweils gezahlten Entgelte abzuziehen. Der Rabattfreibetrag nach § 8 Abs. 3 EStG ist dabei nicht zu berücksichtigen.

Soweit der Wert des Flugs **mit den Durchschnittswerten** (→ Rz. 2255) ermittelt wird, können **vom Arbeitnehmer gezahlte Nebenkosten** (z.B. Steuern, Flughafengebühren, Luftsicherheitsgebühren, sonstige Gebühren, Treibstoffzuschlag, sonstige Zuschläge, Luftverkehrssteuer) **nicht mindernd berücksichtigt** werden, weil die Durchschnittswerte ohne Einbeziehung von Nebenkosten ermittelt wurden.

Beispiel:

Ein Arbeitnehmer erhält einen Freiflug Frankfurt – Palma de Mallorca und zurück. Beschränkungen im Reservierungsstatus sind nicht gegeben. Die Flugstrecke beträgt insgesamt 2 507 km. Der Arbeitnehmer hat für den Flug Frankfurt – Palma de Mallorca und zurück 50 € zu zahlen.

Der Wert des Flugs beträgt 165,46 €, vgl. Beispiel 1 unter → Rz. 2255. Hiervon ist die Zuzahlung des Arbeitnehmers abzuziehen, so dass der Arbeitnehmer 115,46 € als geldwerten Vorteil zu versteuern hat. Soweit der Arbeitnehmer darüber hinaus Nebenkosten trägt (z.B. Steuern, Flughafengebühren, Luftsicherheitsgebühren, sonstige Gebühren, Treibstoffzuschlag, sonstige Zuschläge, Luftverkehrssteuer), mindern diese Aufwendungen nicht den ermittelten geldwerten Vorteil.

Der Rabattfreibetrag nach § 8 Abs. 3 EStG i.H.v. 1 080 € ist in keinem Fall zu berücksichtigen.

g) Kundenbindungsprogramme

2258 → *Kundenbindungsprogramme* Rz. 2784.

3. Sozialversicherung

2259 → *Arbeitsentgelt* Rz. 593

Freikarten

→ *Eintrittskarten* Rz. 1810

Freistellungsbescheinigung

2260 In folgenden Fällen mit „Auslandsberührung" darf der Arbeitgeber nur vom Steuerabzug absehen, wenn ihm eine Freistellungsbescheinigung vorliegt:

- Befreiung von der Lohnsteuer nach dem **Auslandstätigkeitserlass** (→ *Auslandstätigkeitserlass* Rz. 957),
- Freistellung nach einem **DBA**, wenn der in dem DBA ausgesprochene Steuerverzicht der Bundesrepublik als antragsabhängige Steuerbefreiung ausgestaltet ist (BFH v. 10.5.1989, I R 50/85, BStBl II 1989, 755).

Die Freistellungsbescheinigung ist vom Arbeitnehmer oder in dessen Auftrag vom Arbeitgeber beim Betriebsstättenfinanzamt (→ *Betriebsstättenfinanzamt* Rz. 1426) auf **amtlichem Vordruck** zu beantragen (vgl. § 39b Abs. 6 EStG a.F.). Dieser Antrag kann auch im Internet unter der Adresse http://www.formulare-bfinv.de unter Formularcenter/Steuerformulare/Lohnsteuer (Arbeitnehmer)/Vordruck 55 abgerufen werden. Enthält das DBA eine Rückfallklausel (→ *Doppelbesteuerungsabkommen: Allgemeines* Rz. 1603), so hat das Finanzamt einen Hinweis aufzunehmen, dass die Freistellung unter dem Vorbehalt steht, dass der andere Staat besteuert (OFD Magdeburg v. 5.10.2005, S 1301 – 82 – St 221). Die im Lohnsteuerabzugsverfahren erteilte Freistellungsbescheinigung entfaltet keine Bindungswirkung für das Veranlagungsverfahren des Arbeitnehmers (BFH v. 13.3.1985, I R 86/80, BStBl II 1985, 500). Die Freistellung schließt daher weder eine Besteuerung im Veranlagungsverfahren z.B. nach § 50d Abs. 8 EStG noch eine Berücksichtigung beim Progressionsvorbehalt aus.

Bescheinigungen können **rückwirkend** nur erteilt werden, solange der Arbeitgeber den Lohnsteuerabzug ändern darf (§ 41c EStG).

Zur Freistellung bei anderen Einkünften → *Doppelbesteuerungsabkommen: Allgemeines* Rz. 1608.

Die Bescheinigung ist vom Arbeitgeber als **Beleg zum Lohnkonto** aufzubewahren (§ 4 Abs. 1 Nr. 3 LStDV unter Hinweis auf § 39b EStG a.F.).

Hinweis:

Zukünftig ist vorgesehen, die **Freistellungsbescheinigung dem Arbeitgeber elektronisch mitzuteilen**. Nach § 39 Abs. 4 Nr. 5 EStG ist die Mitteilung, dass der von einem Arbeitgeber gezahlte Arbeitslohn nach einem DBA von der Lohnsteuer freizustellen ist, wenn der Arbeitnehmer oder der Arbeitgeber dies beantragt, ein Lohnsteuerabzugsmerkmal.

Zurzeit kann die Finanzverwaltung eine solche **Abrufmöglichkeit noch nicht anbieten**. Der Zeitpunkt für den **erstmaligen automatisierten Abruf** der Freistellungsbescheinigung ist durch ein im BStBl zu veröffentlichendes BMF-Schreiben mitzuteilen (§ 52 Abs. 36 EStG). Bis dahin wird das derzeitige **Bescheinigungsverfahren in Papierform beibehalten**.

Freitrunk

→ *Arbeitslohn-ABC* Rz. 655

Freiwillige Krankenversicherung

Scheidet z.B. ein Arbeitnehmer wegen Überschreitens der **Jahresarbeitsentgeltgrenze** aus der Krankenversicherungspflicht aus oder der Anspruch auf Familienversicherung erlischt, wird die Versicherung als freiwillige Versicherung bei der Krankenkasse weitergeführt. Die Mitgliedschaft endet nur, wenn der Arbeitnehmer oder der ehemals Familienversicherte innerhalb von zwei Wochen nach Hinweis der Krankenkasse über die Austrittsmöglichkeit seinen Austritt erklärt und eine anderweitige Absicherung gegen Krankheit nachweist. Der Verzicht auf die Vorversicherungszeit und der Nachweis auf anderweitige Absicherung resultieren aus dem Gesetz zur Beseitigung sozialer Überforderung bei Beitragsschulden in der Krankenversicherung v. 15.7.2013, BGBl. I 2013, 2423 (→ *Krankenkassenwahlrecht* Rz. 2751). 2261

Beispiel:

Ein versicherungspflichtiger Arbeitnehmer scheidet am 31.12.2025 wegen Überschreitens der Jahresarbeitsentgeltgrenze aus der Krankenversicherungspflicht aus. Hierüber wird er von der Krankenkasse am 9.1.2026 des folgenden Jahres informiert. Wenn er bis zum 23.1.2026 nicht seinen Austritt erklärt, bleibt er bei seiner bisherigen Krankenkasse freiwillig versichert.

Personen können der gesetzlichen Krankenversicherung freiwillig beitreten, wenn sie erstmals eine Beschäftigung im Inland aufnehmen und nach § 6 Abs. 1 Nr. 1 SGB V krankenversicherungsfrei (das Jahreseinkommen liegt über der Jahresarbeitsentgeltgrenze) sind. Beschäftigungen vor oder während der beruflichen Ausbildung bleiben unberücksichtigt. Die freiwillige Versicherung können auch Arbeitnehmer beantragen, deren Mitgliedschaft durch eine Beschäftigung im Ausland endete, wenn sie innerhalb von zwei Monaten nach Rückkehr in das Inland wieder eine Beschäftigung aufnehmen. Die Versicherung ist innerhalb von drei Monaten nach der Rückkehr zu beantragen.

Freiwilligendienste

1. Jugendfreiwilligendienste

a) Allgemeines

Jugendfreiwilligendienste sollen die Bildungsfähigkeit der Jugendlichen fördern und gehören zu den besonderen Formen des bürgerschaftlichen Engagements. Jugendfreiwilligendienste sind das **freiwillige soziale Jahr** und das **freiwillige ökologische Jahr**. Hierzu gehört auch der **Internationale Jugendfreiwilligendienst** (BMFSFJ, Richtlinie v. 1.1.2021, GMBl. 2021, 36). 2262

Der Jugendfreiwilligendienst kann **nach Erfüllung der Vollzeitschulpflicht bis zur Vollendung des 27. Lebensjahrs** geleistet werden. Die Mindestdauer beträgt sechs Monate, die Höchstdauer 24 Monate. Den Teilnehmern dürfen nur Unterkunft, Verpflegung, Arbeitskleidung und ein angemessenes Taschengeld gewährt werden. Werden Unterkunft, Verpflegung und Arbeitskleidung nicht gestellt, dürfen jeweils Geldersatzleistungen gewährt werden.

Das **Freiwilligen-Teilzeitgesetz v. 23.5.2024, BGBl. I 2024, Nr. 179,** sieht vor, dass Freiwilligen unter 27 Jahren die Möglichkeit eröffnet wird, einen Freiwilligendienst in Teilzeit von mehr als 20 Stunden pro Woche zu leisten, ohne ihre persönlichen Gründe für die zeitliche Einschränkung offenlegen und den Nachweis eines berechtigten Interesses dafür erbringen zu müssen. Zudem wird das mgl. Taschengeld angehoben, indem die Obergrenze nicht mehr 6 % der Beitragsbemessungsgrenze in der Rentenversicherung sondern **8 % beträgt** (2026 = 676 €). Zudem wird mit dem Gesetz die Möglichkeit von Mobilitätszuschlägen eingeführt. Diese können zusätzlich zum Taschengeld gewährt werden, ohne, dass sie auf die Obergrenze des Taschengeldes angerechnet werden. Sie sind der Höhe nach jedoch begrenzt und dürfen 15 % des monatlich maximal zulässigen Taschengeldes nicht übersteigen. Im

Internationalen Jugendfreiwilligendienst kann ein Taschengeld bis 350,- € geleistet werden.

b) Lohnsteuer

2263 Die Teilnehmer an einem Jugendfreiwilligendienst sind **Arbeitnehmer**. Das ihnen gewährte **Taschengeld** oder eine vergleichbare Geldleistung ist nach § 3 Nr. 5 EStG **steuerfrei. Sachbezüge** (Verpflegung, Unterkunft) sind jedoch **als Arbeitslohn zu versteuern.** Da Teilnehmer an einem Jugendfreiwilligendienst **nicht als Auszubildende** i.S.d. § 2 Abs. 3 Nr. 2 SvEV gelten, ist bei volljährigen Teilnehmern der ungekürzte Sachbezugswert anzusetzen. Für die Gestellung der **Arbeitskleidung** kommt ggf. die Steuerbefreiung nach § 3 Nr. 31 EStG in Betracht (→ *Berufskleidung* Rz. 1353).

Für ein Kind, das einen Jugendfreiwilligendienst leistet, kann unter den Voraussetzungen des § 32 Abs. 4 Satz 1 Nr. 2 Buchst. d EStG **Kindergeld** oder die steuerlichen Freibeträge für Kinder gewährt werden. Da es sich aber nicht um eine Berufsausbildung handelt, steht den Eltern kein Freibetrag nach § 33a Abs. 2 EStG für den Sonderbedarf auswärts untergebrachter Kinder zu (vgl. BFH v. 24.6.2004, III R 3/03, BStBl II 2006, 294 betr. freiwilliges soziales Jahr).

c) Sozialversicherung

2264 Die Teilnehmer an einem Jugendfreiwilligendienst werden rechtlich annähernd so behandelt wie Beschäftigte, d.h., sie sind während ihrer freiwilligen Dienstzeit sozial abgesichert. Sie sind in der gesetzlichen Renten-, Unfall-, Kranken-, Pflege- und Arbeitslosenversicherung versichert. Für Teilnehmer an einem Jugendfreiwilligendienst kommt **weder die Versicherungsfreiheit** bei geringfügiger Beschäftigung (Gemeinsames Rundschreiben der Spitzenverbände der Sozialversicherungsträger v. 14.12.2023 (Geringfügigkeits-Richtlinien) **noch die Anwendung des Übergangsbereichs in der Sozialversicherung in Betracht** (Rundschreiben zum Übergangsbereich v. 20.12.2022). Die abzuführenden Beiträge werden vom Träger gezahlt. Die Beiträge zur Unfallversicherung zahlt die Einsatzstelle oder der Träger. Wird i.R. der Durchführung eines Jugendfreiwilligendienstes im Inland (freiwilliges soziales Jahr oder freiwilliges ökologisches Jahr) zwischen dem Maßnahmeträger, der Einsatzstelle und dem Teilnehmer eine Vereinbarung i.S.d. § 11 Abs. 2 JFDG geschlossen, nach der die Einsatzstelle Schuldnerin der vertraglichen Rechte und Pflichten aus der Freiwilligendienstvereinbarung wird, und entspricht diese Vereinbarung inhaltlich der Mustervereinbarung, kann in sozialversicherungsrechtlicher Hinsicht von einer Arbeitgebereigenschaft der Einsatzstelle ausgegangen werden. In diesen Fällen liegt die wirtschaftliche und organisatorische Dispositionsbefugnis über die Arbeitsleistung des Teilnehmers bei der Einsatzstelle, ausgehend von der Annahme, dass die tatsächlichen Verhältnisse der vertraglichen Ausgestaltung entsprechen. Die Gesamtverantwortung des Maßnahmeträgers konzentriert sich damit im Wesentlichen auf die federführende Konzeption, die Koordination, die Beratung und die pädagogische Begleitung; sie steht der Arbeitgebereigenschaft der Einsatzstelle nicht entgegen.

Ungeachtet der hier anzunehmenden Arbeitgebereigenschaft der Einsatzstelle kann der Maßnahmeträger in Bezug auf die sozialversicherungsrechtlich relevanten Arbeitgeberpflichten im Namen und auf Rechnung der Einsatzstelle tätig werden. In diesen Fällen gilt, dass im Melde- und Beitragsverfahren die Betriebsnummer des Maßnahmeträgers als Absender (Abrechnungsstelle) und die Betriebsnummer der Einsatzstelle als Arbeitgeber (Verursacher) anzugeben ist; die Meldedaten zur Unfallversicherung sind unter Angabe der Betriebsnummer des Unfallversicherungsträgers der Einsatzstelle und der Unfallversicherungsmitgliedsnummer (seit 1.1.2023 Unternehmernummer → Rz. 3131) der Einsatzstelle zu erfassen.

Die Beiträge zur Kranken-, Pflege- und Rentenversicherung werden nach der Summe des Taschengelds und dem ungekürzten Sachbezugswert bemessen. Dies gilt auch für die Beiträge zur Arbeitslosenversicherung, wenn sich der Jugendfreiwilligendienst nicht unmittelbar an eine versicherungspflichtige Beschäftigung anschließt. Ansonsten sind die Beiträge zur Arbeitslosenversicherung nach § 344 Abs. 2 SGB III in Höhe der monatlichen Bezugsgröße (2026 = 3 955 € in allen Bundesländern) zu berechnen, wenn unmittelbar vorher ein Versicherungspflichtverhältnis bestanden hat.

2. Bundesfreiwilligendienst

a) Allgemeines

Ziel des **Bundesfreiwilligendienstes** ist es, möglichst vielen Menschen einen Einsatz für die Allgemeinheit zu ermöglichen. Gesetzliche Grundlage des Dienstes ist das Bundesfreiwilligendienstgesetz (vgl. hierzu §§ 1 ff. BFDG). 2265

Eckpunkte des Bundesfreiwilligendienstgesetzes sind:

- Der Bundesfreiwilligendienst steht **Männern und Frauen jeden Alters** nach Erfüllung der Vollzeitschulpflicht **offen**,
- wie in den Jugendfreiwilligendiensten dauert der Einsatz im Bundesfreiwilligendienst i.d.R. **zwölf Monate**, mindestens sechs und höchstens 24 Monate,
- der Bundesfreiwilligendienst ist grds. **vergleichbar einer Vollzeitbeschäftigung** zu leisten; sofern die Freiwilligen älter als 27 Jahre sind oder ein berechtigtes Interesse der Freiwilligen an einer Teilzeitbeschäftigung vorliegt, ist auch Teilzeit von mindestens 20 Wochenstunden möglich,
- wie der Zivildienst ist auch der Bundesfreiwilligendienst **arbeitsmarktneutral;** er darf nicht zu einer Verdrängung oder einem Ersatz regulärer Arbeitskräfte führen, sondern **allein unterstützende Tätigkeiten** beinhalten,
- der Bundesfreiwilligendienst kann auf den bisher **von Zivildienstleistenden besetzten Plätzen** und in den entsprechenden Bereichen geleistet werden; die möglichen Einsatzbereiche sind um die Einsatzbereiche Sport, Integration, Kultur, Bildung und Zivil- und Katastrophenschutz erweitert,
- die Freiwilligen werden **gesetzlich sozialversichert,**
- das **Taschengeld** und weitere Leistungen werden frei vereinbart,
- der Bundesfreiwilligendienst wird durch **Seminare begleitet**, in denen soziale, ökologische, kulturelle und interkulturelle Kompetenzen vermittelt werden und das Verantwortungsbewusstsein für das Gemeinwohl gestärkt wird.

b) Lohnsteuer

Die Teilnehmer am Bundesfreiwilligendienst sind **Arbeitnehmer.** 2266
Das ihnen gewährte **Taschengeld** oder eine vergleichbare Geldleistung ist nach § 3 Nr. 5 Buchst. d EStG **steuerfrei. Sachbezüge** (Verpflegung, Unterkunft) sind aber **als Arbeitslohn zu versteuern.**

Für die Gestellung der **Arbeitskleidung** kommt ggf. die Steuerbefreiung nach § 3 Nr. 31 EStG in Betracht (→ *Berufskleidung* Rz. 1353).

Die Arbeitgeber haben sämtliche Arbeitgeberpflichten zu beachten, z.B. Abruf der Lohnsteuerabzugsmerkmale, Abgabe einer Lohnsteuer-Anmeldung, Erteilen einer Lohnsteuerbescheinigung (BayLfSt v. 24.10.2011, S 2331.1.1 – 1/9 St32, StEd 2011, 746).

Für ein Kind, das den Bundesfreiwilligendienst leistet, kann unter den Voraussetzungen des § 32 Abs. 4 Satz 1 Nr. 2 Buchst. d EStG **Kindergeld** oder die steuerlichen Freibeträge für Kinder gewährt werden.

c) Sozialversicherung

Die Teilnehmer werden i.R. eines abhängigen Beschäftigungsver- 2267
hältnisses eingesetzt. Sofern sie Anspruch auf Arbeitsentgelt, ggf. ausschließlich auf Sachbezüge in Form von Verpflegung und/oder Unterkunft haben, wovon im Regelfall auszugehen ist, führt dies zur **Versicherungspflicht** in der Kranken-, Pflege-, Renten- und Arbeitslosenversicherung. Versicherungsfreiheit auf Grund von Geringfügigkeit tritt **nicht** ein. Ein evtl. Zusatzbeitrag wäre vom Teilnehmer nicht zu zahlen. Die Zeit des Dienstes wird bei der Altersvorsorge angerechnet.

(SV)

3. Incoming-Freiwilligendienst

a) Allgemeines

I.R. des Projekts **„Internationale Freiwilligendienste für unter-** 2268
schiedliche Lebensphasen“ (IFL) soll Menschen aller Altersgruppen ermöglicht werden, sich **freiwillig im weltweiten Ausland gemeinnützig zu engagieren.** Teilnehmende können hier für

einen begrenzten Zeitraum (3 bis 24 Monate) in sozialen, ökologischen, politischen oder kulturellen Einrichtungen mitarbeiten, dabei ihre eigenen Kompetenzen und Kenntnisse einbringen und neue Erfahrungen sammeln. Das Projekt IFL findet i.R. des Bundesmodellprogramms „Generationsübergreifende Freiwilligendienste" des BMFSFJ statt und hat in dieser Hinsicht das Ziel, Freiwilligendienste auch für ältere Teilnehmende zu öffnen, neue Formen des Engagements zu erproben sowie den Dialog zwischen den Generationen anzuregen und zu fördern.

Ein wichtiges Element des Modellvorhabens ist die Förderung eines partnerschaftlichen Austauschs zwischen Deutschland und anderen Ländern durch internationale Freiwilligendienste unter besonderer Berücksichtigung des **Einsatzes ausländischer Freiwilliger in Deutschland** durch sog. Incoming-Angebote i.R. von Incoming-Freiwilligendiensten.

Die Freiwilligendienstleistenden erbringen Arbeitsleistungen, die Gegenstand von **Vereinbarungen der jeweiligen Einsatzstellen** sind. Der Arbeitsumfang kann dabei dem einer Volltagsbeschäftigung entsprechen. Die Dienstleistenden erhalten i.d.R. monatlich 150 bis 250 € „Taschengeld" sowie freie Unterkunft und Verpflegung. Unter Ansatz der amtlichen Sachbezugswerte für freie Unterkunft und Verpflegung (→ *Anhang, B. Sozialversicherung* Rz. 4834) können somit im Jahr 2026 Einnahmen i.H.v. bis zu ca. 880 € monatlich zufließen.

b) Lohnsteuer

2269 Die Teilnehmer an Incoming-Freiwilligendiensten (regelmäßig Freiwillige, die aus dem Ausland nach Deutschland kommen) sind **Arbeitnehmer**. Die ihnen gewährten Bezüge sind als Arbeitslohn zu versteuern, und zwar unabhängig davon, ob sie ihnen als Barlohn (Taschengeld) oder als Sachbezug (Verpflegung, Unterkunft) gewährt werden.

Für die Gestellung der **Arbeitskleidung** kommt ggf. die Steuerbefreiung nach § 3 Nr. 31 EStG in Betracht (→ *Berufskleidung* Rz. 1353).

c) Sozialversicherung

2270 **Die Teilnehmer** an Incoming-Freiwilligendiensten **unterliegen** wie gegen Arbeitsentgelt beschäftigte Arbeitnehmer **der Versicherungspflicht in den einzelnen Zweigen der Sozialversicherung**. Der in der Sozialversicherung verwendete Begriff der Beschäftigung in § 7 Abs. 1 SGB IV ist seit jeher weit auszulegen und erfasst nicht nur diejenigen, die in einem „klassischen" Arbeits- oder Ausbildungsverhältnis stehen. Es ist anerkannt, dass die i.R. der Jugendfreiwilligendienste (Freiwilliges Soziales Jahr und Freiwilliges Ökologisches Jahr) und des Bundesfreiwilligendienstes geleisteten Tätigkeiten einer Beschäftigung gleichstehen.

Nach diesen Maßstäben sind auch die **Incoming-Freiwilligendienste als Beschäftigung zu werten**. Soweit argumentiert wird, es liege kein Beschäftigungsverhältnis vor, weil vordergründig das Erlernen und das Erleben der Sprache und der Kultur des Gastlandes im Fokus stehen, kann dem nicht gefolgt werden. Die in Rede stehenden generationsübergreifenden Freiwilligendienste unterscheiden sich hinsichtlich der Merkmale, die für das Bestehen eines abhängigen Beschäftigungsverhältnisses von Bedeutung sind, kaum von den Jugendfreiwilligendiensten oder dem Bundesfreiwilligendienst. Eine unterschiedliche versicherungsrechtliche Beurteilung wäre sachlich nicht zu rechtfertigen. Das für den Eintritt der Versicherungspflicht zusätzliche Erfordernis der Entgeltlichkeit wird durch die Gewährung von Verpflegung, Unterkunft und/oder Taschengeld erfüllt (Besprechungsergebnis der Spitzenverbände der Sozialversicherungsträger am 23./24.11.2011).

Friseurkosten

→ *Werbungskosten* Rz. 4531

Frühstück: Zuwendungen an Arbeitnehmer

→ *Arbeitslohn-ABC* Rz. 673

Führerschein

1. Arbeitslohn

Führerscheinkosten, die der Arbeitgeber trägt, sind beim Arbeitnehmer regelmäßig Arbeitslohn, selbst wenn der Beruf den Erwerb des Führerscheins erforderlich macht. Der BFH unterstellt v.a. beim Erwerb der **Fahrerlaubnis B (bisher Klasse 3)** grds. ein **Eigeninteresse des Arbeitnehmers** (vgl. BFH v. 20.2.1969, IV R 119/66, BStBl II 1969, 433). 2271

LSt SV

Dies gilt jedoch nicht für Aufwendungen des Arbeitgebers für die Weiterbildung seiner Berufskraftfahrer. Dass die Berufskraftfahrer nach dem Berufskraftfahrer-Qualifikations-Gesetz (BKrFQG) verpflichtet sind, die Weiterbildung zu absolvieren, um ihre Fahrerlaubnis verlängert zu bekommen, überlagert nicht das überwiegende eigenbetriebliche Interesse des Arbeitgebers (FG Münster v. 9.8.2016, 13 K 3218/13 L, EFG 2016, 1795).

Auch bei **Polizeianwärtern** vom Dienstherrn getragene Führerscheinkosten sind nicht als geldwerter Vorteil anzusehen, weil die Fahrschulung und Führerscheinprüfung i.R. der Gesamtausbildungsprogramms für den Polizeivollzugsdienst erfolgt (BFH v. 26.6.2003, VI R 112/98, BStBl II 2003, 886).

Arbeitslohn liegt ebenfalls nicht vor, wenn – wie es häufig bei Übernahme der Führerscheinkosten für den Erwerb des Führerscheins der **Klasse C (bisher Klasse 2)** der Fall sein wird – die Übernahme im ganz überwiegend **eigenbetrieblichen Interesse des Arbeitgebers** liegt, weil der Arbeitnehmer z.B. einen Lkw führen soll (so zuletzt BSG v. 26.5.2004, B 12 KR 5/04 R, HFR 2005, 176 betr. einen **Kraftfahrer** bei einem Recycling-Unternehmen, m.w.N. auch auf BFH-Rechtsprechung). Entsprechendes gilt für die Übernahme von Führerscheinkosten

- der **Klasse C 1/C bei Feuerwehrleuten** durch die Gemeinde (FinMin Bayern v. 16.6.2004, S 2337 – 158 – 25617/04) sowie
- der **Klasse B im Zuge der Berufsausbildung zum Straßenanwärter** durch die zuständige Straßenbauverwaltung – der Erwerb dieses Führerscheins ist zwingende Voraussetzung für den späteren Erwerb der Fahrerlaubnis C und E (FinMin Bremen v. 6.12.2005, S 2332 – 2260 – 11 – 3).

Zur einkommensteuerrechtlichen Behandlung der **Übernahme der Aufwendungen zum Erwerb eines Führerscheins im Bereich des Handwerks** nahm das Bayerische Staatsministerium der Finanzen wie folgt Stellung (BayLfSt v. 26.6.2009, S 2332.1.1 – 3/3 St32/St33, StEd 2009, 540):

Mit dem Führerschein der „alten" Klasse III dürfen Züge mit maximal drei Achsen (Zugfahrzeug max. 7,5 t zulässige Gesamtmasse) gefahren werden. Beim Umtausch eines Führerscheins der Klasse III werden die Klassen B, BE, C1, C1E, M, L und S erteilt.

Seit der Einführung des EU-Führerscheins dürfen Inhaber der Fahrerlaubnisklasse B nur noch Fahrzeuge mit einer zulässigen Gesamtmasse von **nicht mehr als 3,5 t** führen. In Handwerksbetrieben werden oft Transportkapazitäten benötigt, bei denen Fahrzeuge dieses Gewicht überschreiten. **Daher übernehmen Handwerksbetriebe häufig die Kosten für den Erwerb der Führerscheinklasse C1/C1E.**

Nach der ständigen BFH-Rechtsprechung (BFH v. 8.4.1964, VI 251/63, BStBl III 1964, 431) ist der Erwerb eines Führerscheins, der zum Führen eines Pkw berechtigt, den Kosten der allgemeinen Lebensführung zuzurechnen und nicht den beruflichen Aufwendungen, selbst wenn der unmittelbare Anlass für den Führerscheinerwerb berufliche Gründe waren.

Die Kosten für den Erwerb einer Fahrerlaubnis für eine Fahrzeugklasse, die im privaten Alltagsleben nicht üblich ist, können hingegen **steuerfrei ersetzt werden. Es kommen hier allerdings nur die Kosten für den Erwerb der Fahrerlaubnis in Klasse C zum Ansatz, wenn der Arbeitnehmer bereits eine Fahrerlaubnis in Klasse B besessen hat**, oder – wenn zugleich auch die Fahrerlaubnis der Klasse B erworben wurde – die nachweislich für Klasse C entstandenen Mehrkosten.

Die Aufwendungen des Arbeitgebers für seine Arbeitnehmer stellen für ihn **Betriebsausgaben** dar (§ 4 Abs. 4 EStG).

Betriebsausgaben bei den Einkünften aus Land- und Forstwirtschaft können auch vorliegen, wenn ein Landwirt für seinen Sohn die Kosten für den Erwerb einer Fahrerlaubnis der Klasse T übernimmt. Dem steht nicht entgegen, dass die erworbene Berechtigung zum Führen landwirtschaftlicher Zugmaschinen auch die Berechtigung zum Führen von Kleinkrafträdern beinhaltet bzw. der den Führerschein erwerbende Sohn des Landwirts als Familienangehöriger unentgeltlich mithilft und nicht auf Grund eines steuerrechtlich anzuerkennenden Arbeitsverhältnisses tätig wird (FG Niedersachsen v. 6.6.2012, 4 K 249/11, EFG 2012, 1532).

LSt SV

2. Werbungskosten

2272 Zum **Werbungskostenabzug** von Führerscheinkosten → *Werbungskosten* Rz. 4532.

Nach dem **Berufskraftfahrer-Qualifikations-Gesetz und der Berufskraftfahrer-Qualifikationsverordnung** sind alle gewerblichen Arbeitnehmer, die als Fahrer im Personenverkehr tätig sind, seit September 2008 gesetzlich verpflichtet, als Berufsneueinsteiger neben dem Erwerb des Führerscheins der Klassen C, CE auch eine **Grundqualifikation** zu durchlaufen. Fahrzeuglenker, die bereits im Besitz des Führerscheins sind, haben zwar eine Bestandsgarantie, müssen aber alle fünf Jahre eine berufliche Weiterbildung leisten. Zur Frage, ob es sich dabei um (steuerlich voll abzugsfähige) Fortbildungskosten oder nur begrenzt abzugsfähige Ausbildungskosten handelt, → *Fortbildung* Rz. 2212.

Fundgelder

→ *Arbeitslohn-ABC* Rz. 674

Fünftelregelung

→ *Arbeitslohn für mehrere Jahre* Rz. 712, → *Entschädigungen* Rz. 2001, → *Sonstige Bezüge* Rz. 3936, zum geplanten Wegfall der Berücksichtigung der Fünftelregelung (Tarifermäßigung nach § 34 Abs. 1 EStG) bei der Berechnung der Lohnsteuer durch das Wachstumschancengesetz → *Arbeitslohn für mehrere Jahre* Rz. 714.

Fußballspieler

→ *Amateursportler* Rz. 119, → *Berufssportler* Rz. 1367

Futtergeld

→ *Forstbedienstete* Rz. 2206, → *Hundehaltung* Rz. 2569

Garage

1. Arbeitgeberleistungen

2273 Die Kosten für die Garage am Wohnort gehören zu den **Gesamtkosten** des Fahrzeugs, vgl. H 9.5 (Einzelnachweis) LStH. Zu unterscheiden sind folgende Sachverhalte:

a) Arbeitnehmereigenes Fahrzeug

2274 Wird ein arbeitnehmereigenes Fahrzeug für **Auswärtstätigkeiten (z.B. für Dienstreisen)** genutzt, ist bei Einzelnachweis der Fahrtkosten der dem Dienstreiseanteil an der Gesamtfahrstrecke entsprechende Anteil der Garagenkosten bei Erstattung durch den Arbeitgeber als Reisekosten nach § 3 Nr. 16 EStG steuerfrei (OFD Frankfurt v. 18.3.2003, S 2334 A – 18 – St II 30, sowie → *Reisekosten: Erstattungen* Rz. 3664).

LSt SV

In allen **übrigen Fällen** (z.B. Erstattung von Parkplatzkosten am Wohnsitz des Arbeitnehmers durch den Arbeitgeber, arbeitnehmereigenes Fahrzeug wird nicht für Auswärtstätigkeiten benutzt) gehören die Zuschüsse des Arbeitgebers zum steuerpflichtigen Arbeitslohn (OFD Frankfurt v. 18.3.2003, S 2334 A – 18 – St II 30).

LSt SV

Dagegen ist die unentgeltliche Überlassung von Parkplätzen durch den Arbeitgeber steuer- und beitragsfrei, → *Parkplätze: Überlassung* Rz. 3302.

LSt SV

b) Firmeneigene Fahrzeuge

Ersetzt der Arbeitgeber insbesondere Außendienstmitarbeitern die Kosten für eine Garage, damit dort der **Firmenwagen untergestellt** und ggf. auch **Werkzeug oder Ware gelagert** werden kann, stellen diese sog. **Garagengelder** regelmäßig **keinen Arbeitslohn** dar, der dem Lohnsteuerabzug unterliegt. Steuerlich sind die Garagengelder wie folgt zu behandeln (BFH v. 7.6.2002, VI R 145/99, BStBl II 2002, 829, BFH v. 7.6.2002, VI R 53/01, BStBl II 2002, 878 und BFH v. 7.6.2002, VI R 1/00): 2275

- Zahlungen des Arbeitgebers für die mietweise Überlassung der eigenen Garage des Arbeitnehmers gehören beim Arbeitnehmer zu den Einkünften aus **Vermietung und Verpachtung** (§ 21 Abs. 1 EStG) und stellen schon deshalb keine Arbeitslohnzahlungen dar. Entsprechendes gilt, wenn der Arbeitnehmer eine von ihm gemietete Garage an den Arbeitgeber untervermietet.
- Wird dagegen kein Mietverhältnis zwischen Arbeitgeber und Arbeitnehmer über die Überlassung der Garage begründet, sondern lässt sich der Arbeitnehmer vom Arbeitgeber lediglich die Kosten der von ihm angemieteten Garage erstatten, liegt **steuerfreier Auslagenersatz** i.S.d. § 3 Nr. 50 EStG vor.

Wird in diesen Fällen die private Nutzung des Dienstwagens nach der **1 %-Regelung** erfasst, ist kein geldwerter Vorteil für die Überlassung der Garage an den Arbeitnehmer anzusetzen. Wenn dem Arbeitnehmer für eine angemietete Garage Kosten entstehen oder verbleiben, mindern diese andererseits nicht den als geldwerter Vorteil nach § 8 Abs. 2 Satz 2 bis 5 EStG maßgebenden Wert (OFD Frankfurt v. 18.3.2003, S 2334 A – 18 – St II 30).

Stellt ein Arbeitnehmer einen ihm vom Arbeitgeber zur Nutzung überlassenen betrieblichen Pkw, für den er den geldwerten Vorteil nach der **1 %-Regelung ermittelt, in seiner Garage** unter, ohne hierzu auf Grund einer arbeitsvertraglichen Klausel verpflichtet zu sein, sind die **auf die Garage entfallenden Gebäudekosten weder steuerlich abzugsfähig, noch führen sie zu einer Minderung des nach § 8 Abs. 2 Sätze 2 bis 5 EStG i.V.m. § 6 Abs. 1 Nr. 4 Satz 2 EStG ermittelten Nutzungsvorteils.** Bei der Überlassung eines betrieblichen Pkws an einen Arbeitnehmer zur privaten Nutzung können neben der Zahlung eines Nutzungsentgeltes an den Arbeitgeber nur solche Kosten zur Minderung des geldwerten Vorteils führen, die für den Arbeitnehmer aus rechtlichen oder tatsächlichen Gründen notwendig sind, also wenn sie zur Erfüllung einer arbeitsvertraglichen Klausel oder zwangsläufig zur Inbetriebnahme des Fahrzeugs erforderlich sind (zuletzt FG Niedersachsen v. 9.10.2020, 14 K 21/19, EFG 2021, 191, bestätigt durch BFH v. 4.7.2023, VIII R 29/20, BStBl II 2023, 1005).

2. Werbungskostenabzug

a) Wege zwischen Wohnung und erster Tätigkeitsstätte

Aufwendungen für die **häusliche Garage**, in der der Arbeitnehmer den firmeneigenen Pkw unterstellt, der ihm für Fahrten zwischen Wohnung und erster Tätigkeitsstätte und für Privatfahrten vom Arbeitgeber zur Verfügung gestellt wird, sind nicht als Werbungskosten abzugsfähig (FG Hessen v. 2.12.1987, 1 K 1/84, EFG 1988, 170). 2276

Aufwendungen für eine Garage oder einen Parkplatz für das Abstellen des Fahrzeugs **während der Arbeitszeit** sind ebenfalls nicht abzugsfähig bzw. mit der Entfernungspauschale für Wege zwischen Wohnung und erster Tätigkeitsstätte abgegolten, vgl. H 9.10 (Parkgebühren) LStH. Das gilt auch, wenn der **Arbeitgeber keinen Parkplatz zur Verfügung stellt** und das Fahrzeug trotzdem in Firmennähe abgestellt werden soll (BFH v. 12.1.1994, IV B 13/93, und zuletzt FG München v. 28.5.2008, 10 K 2680/07).

b) Auswärtstätigkeiten, Menschen mit Behinderungen, Doppelte Haushaltsführung

Aufwendungen für die **Garage am Wohnort** können insoweit als Werbungskosten abgezogen werden, als mit dem Fahrzeug **Auswärtstätigkeiten** (z.B. Dienstreisen) usw. durchgeführt werden (s.a. OFD Frankfurt v. 18.3.2003, S 2334 A – 18 – St II 30); Entsprechendes gilt bei **Menschen mit Behinderungen** i.S.d. § 9 Abs. 2 Satz 3 EStG für Fahrten zwischen Wohnung und erster Tätigkeitsstätte. 2277

Die Kosten gehören zu den **Gesamtkosten des Fahrzeugs**, vgl. H 9.5 (Einzelnachweis) LStH. Zu berücksichtigen sind die **anteiligen Mietkosten** oder bei eigenen Garagen z.B. die anteiligen **Absetzungen für Abnutzung, Grundsteuer** usw., bei einem Einfamilienhaus mit Garage ist die Aufteilung nach dem Verhältnis der Nutzflächen vorzunehmen (OFD Köln v. 27.1.1981, S 2351 – 2 – St 121, DB 1981, 399).

Wird der **pauschale km-Satz von 0,30 €** (ab 2026 0,38 € → Rz. 4431) in Anspruch genommen, sind damit auch die Aufwendungen für die häusliche Garage abgegolten. Daneben zu berücksichtigen sind aber ggf. **Unfallkosten,** z.B. beim Einfahren in die Garage nach Beendigung einer Dienstreise (vgl. BFH v. 10.3.1978, VI R 239/74, BStBl II 1978, 381).

Mietet der Arbeitnehmer eine Garage für seinen Dienstwagen, den er auch privat benutzt, kann er die Mietaufwendungen nicht als Werbungskosten abziehen, wenn der Anteil der Privatnutzung nach der **1 %-Regelung** ermittelt wird (FG München v. 8.11.2000, 1 K 3091/98, EFG 2001, 424).

Der **BFH** hat mit Urteil v. 4.4.2019, VI R 18/17, BStBl II 2019, 449 die frühere Verwaltungsauffassung abgelehnt und entschieden, dass die Kosten für die notwendige **Einrichtung der Wohnung** (Einrichtungsgegenstände und Hausrat) i.R. einer **beruflich veranlassten doppelten Haushaltsführung nicht zu den Unterkunftskosten gehören, deren Abzug auf 1 000 € im Monat begrenzt ist** (→ *Doppelte Haushaltsführung: Erstattungsbeträge* Rz. 1769). Aufwendungen für einen separat angemieteten **Garagenstellplatz** sind nach Verwaltungsauffassung aber weiterhin in den Höchstbetrag einzubeziehen und können nicht als „sonstige“ notwendige Mehraufwendungen zusätzlich berücksichtigt werden (→ *Doppelte Haushaltsführung: Erstattungsbeträge* Rz. 1769). U.E. müssen diese nach den Grundsätzen des o.g. BFH-Urteils aber ebenfalls gesondert betrachtet werden (so auch FG Saarland v. 20.5.2020, 2 K 1251/17, EFG 2020, 1408). Mittlerweile hat das Niedersächsische FG in diesem Sinne mit Urteil v. 16.3.2023, 10 K 202/22, DStR 2023, 1879 entschieden, dass Stellplatzkosten im Rahmen einer beruflich veranlassten doppelten Haushaltsführung auch nach der gesetzlichen Neufassung des § 9 Abs. 1 Nr. 5 EStG zu den sonstigen (in voller Höhe abziehbaren) Mehraufwendungen gehören. Gegen dieses Urteil ist beim BFH unter Az. VI R 4/23 eine Revision anhängig. Insoweit bleibt die weitere Entwicklung abzuwarten.

Garagen- oder Parkplatzkosten können als **Reisenebenkosten** abgesetzt werden, wenn anlässlich einer Reisetätigkeit (Dienstreise usw.) eine Garage oder ein Parkplatz z.B. im Hotel oder einem Parkhaus gemietet wird (R 9.8 Abs. 1 LStR).

3. Sozialversicherung

2278 Die Spitzenverbände der Sozialversicherungsträger empfehlen, die steuerrechtliche Behandlung auf den Arbeitsentgeltbegriff in der Sozialversicherung zu übertragen (Besprechung am 26./27.3.2003, BB 2003, 1736).

Gastarbeiter

→ *Ausländische Arbeitnehmer* Rz. 921

Gastlehrkräfte

→ *Ausländische Lehrkräfte* Rz. 931

Gas: verbilligter Bezug

→ *Strom: verbilligter Bezug* Rz. 4057

Gebührenanteile

→ *Arbeitslohn-ABC* Rz. 676, → *Gerichtsvollzieher* Rz. 2297

Geburtstag

→ *Bewirtungskosten* Rz. 1452

Geburts- und Heiratsbeihilfen

→ *Arbeitslohn-ABC* Rz. 677

Gefahrenzuschläge

→ *Arbeitslohn-ABC* Rz. 678

Gefälligkeiten

1. Allgemeines

Ein Dienstverhältnis wird steuerlich nicht begründet, wenn eine Tätigkeit wegen ihrer Geringfügigkeit oder Eigenart üblicherweise **nicht auf arbeitsvertraglicher Grundlage** erbracht wird. Es handelt sich hierbei meistens um Tätigkeiten i.R. der **Familienhilfe oder Nachbarschaftshilfe** (z.B. FG Nürnberg v. 30.5.2018, 3 K 1382/17, und zuletzt FG Nürnberg v. 12.8.2019, 4 K 936/18, EFG 2020, 707 sowie – zur Sozialversicherung – BSG v. 19.2.1987, 12 RK 45/85). 2279

Beispiel 1:

Herr A hilft einem Bekannten beim Umzug und stellt hierfür auch seinen Lkw zur Verfügung. Als Entgelt für zwei Tage und sechs Umzugstouren wurden 100 € vereinbart (das sind schätzungsweise 1/3 des sonst üblichen Fuhrentgelts).

Es handelt sich hier um eine bloße Gefälligkeit, nicht um ein steuerlich relevantes Arbeitsverhältnis (FG Hamburg v. 7.9.1999, I 1154/97, EFG 2000, 13).

Beispiel 2:

Herr B kümmert sich als Betreuer um seine 81-jährige Nachbarin. Er erledigt alle Behörden- und Versicherungsangelegenheiten, Bankgeschäfte, geht Einkaufen usw. und besucht sie später regelmäßig im Pflegeheim. Nach einer Vergütungsvereinbarung erhält er hierfür monatlich 60 €.

Das **FG Niedersachsen** hat eine Steuerpflicht abgelehnt. Nachbarschaftliche Hilfeleistungen, die nach dem Gesamtbild der Umstände nicht mit Pflegetätigkeiten gleichzusetzen sind, die typischerweise i.R. eines Leistungsaustausches gegen Entgelt erbracht werden bzw. eine Gegenleistung auslösen, können der **einkommensteuerlich unbeachtlichen Privatsphäre** zuzuordnen sein. Von dem Bereich der steuerbaren sonstigen Leistung sind die Fälle zu unterscheiden, in denen tatsächlich keine erwerbswirtschaftlichen Zwecke, sondern **private Motive** (im Streitfall: langjährige Nachbarschaft und freundschaftliche Verbundenheit) für das Verhalten des Stpfl. entscheidend sind (FG Niedersachsen v. 26.6.2019, 9 K 101/18).

Die Zahlungen können daher nicht als Betriebsausgaben oder Werbungskosten abgesetzt werden, sind aber andererseits beim Empfänger nicht zu versteuern. Weitere Einzelheiten zur Abgrenzung von steuerlich anzuerkennenden Arbeitsverträgen mit nahen Angehörigen gegenüber bloßen Gefälligkeiten → *Angehörige* Rz. 135.

LSt SV

2. „Wohnen für Hilfe“

Die früheren Ausführungen werden im neuen Stichwort → *Wohnen für Hilfe* Rz. 4602 dargestellt. 2280

Gehalt

→ *Arbeitslohn* Rz. 621

Gehaltskürzung

→ *Einbehaltene Lohnteile* Rz. 1788

Gehaltsumwandlung

→ *Barlohnumwandlung* Rz. 1218

Gehaltsverzicht

→ auch *Arbeitsentgelt* Rz. 586

1. Lohnsteuer

2281 Vereinbaren Arbeitgeber und Arbeitnehmer einen freiwilligen Gehaltsverzicht der Arbeitnehmer, z.B. zur wirtschaftlichen Gesundung des Unternehmens (**Sanierungsbeitrag**), wird die Lohnsteuer nur von den **geminderten Bezügen** erhoben (BFH v. 3.2.2011, VI R 4/10, BStBl II 2014, 493: Kein Zufluss von Arbeitslohn bei Gehaltsverzicht eines Gesellschafter-Geschäftsführer ohne wirtschaftlichen Ausgleich). Der Sanierungsbeitrag kann deshalb nicht als Werbungskosten abgesetzt werden.

Gleiches gilt nach der BFH-Rechtsprechung, wenn ein zunächst arbeitsvertraglich eingeräumter Anspruch auf Urlaubs- und Weihnachtsgeld mindestens konkludent aufgehoben wurde. Das ist der Fall, wenn diese Sonderzuwendungen dem Arbeitnehmer über mehrere Jahre hinweg unverändert weder ausbezahlt noch in der GmbH als Aufwand erfasst worden sind. Hierin liegt dann ein konkludenter Verzicht auf die Sonderzuwendung. Dieser Beurteilung und Würdigung entspricht auch die arbeitsgerichtliche Rechtsprechung. Denn danach kann die widerspruchslose Fortsetzung der Tätigkeit durch den Arbeitnehmer nach einem Änderungsangebot des Arbeitgebers gem. §§ 133, 157 BGB als Annahme der Vertragsänderung gesehen werden, wenn diese sich – wie im Urteilsfall durch die mehrjährige Nichtauszahlung der Sonderzuwendungen – unmittelbar im Arbeitsverhältnis auswirkt. Dann ist die widerspruchslose Weiterarbeit als Einverständnis mit der angebotenen Vertragsänderung anzusehen; setzt der Arbeitnehmer seine Tätigkeit dennoch widerspruchslos fort, darf der Arbeitgeber dies als Einverständnis des Arbeitnehmers mit der Vertragsänderung verstehen (BFH v. 15.5.2013, VI R 24/12, BStBl II 2014, 495).

LSt SV

2282 Eine zum Zufluss von Arbeitslohn führende **verdeckte Einlage** kann gegeben sein, soweit der Stpfl. nach Entstehung seines Gehaltsanspruchs aus gesellschaftsrechtlichen Gründen auf diesen verzichtet, da in diesem Fall eine Gehaltsverbindlichkeit in eine Bilanz hätte eingestellt werden müssen. Verzichtet der Stpfl. dagegen bereits vor Entstehung seines Gehaltsanspruchs auf diesen, wird er unentgeltlich tätig und es kommt nicht zum fiktiven Zufluss von Arbeitslohn beim Gesellschafter-Geschäftsführer (BFH v. 15.6.2016, VI R 6/13, BStBl II 2016, 903).

Für die steuerliche Anerkennung eines Gehaltsverzichts kommt es nicht darauf an, ob er etwa wegen Verstoßes gegen das Tarifvertragsgesetz oder die Pfarrbesoldungsordnung arbeitsrechtlich als wirksam anzusehen ist. Voraussetzung ist allerdings, dass der Gehaltsverzicht ohne Verwendungsauflage erfolgt, d.h. nicht mit einer Bedingung über die frei werdenden Mittel verknüpft wird (FG Hamburg v. 27.2.2003, V 272/98, EFG 2003, 1000 m.w.N. betr. Tantiemeverzicht als Lohnverwendung bei Zahlung des Arbeitgebers in eine Rückdeckungsversicherung). Verzicht auf Lohn und Verfügung über die Verwendung schließen sich gegenseitig aus (BFH v. 23.9.1998, XI R 18/98, BStBl II 1999, 98 m.w.N.).

Beispiel 1:

Die Priester der Diözese X verzichten im Einvernehmen mit ihrem Arbeitgeber, dem Bistum, auf einen Teil ihres Gehaltes, um damit zur Schaffung neuer Arbeitsplätze innerhalb ihrer Diözese beizutragen. Eine verbindliche Lohnverwendungsabrede ist nicht getroffen worden.

Der BFH hat in diesem Fall den Gehaltsverzicht anerkannt (BFH v. 30.7.1993, VI R 87/92, BStBl II 1993, 884).

Beispiel 2:

Eine Schwesternschaft hat in ihrer Mitgliederversammlung beschlossen, das Gehalt der Schwestern um einen „Vorabzug von 1 % für satzungsgemäße Aufgaben" zu kürzen.

Der BFH hat die Gehaltskürzung anerkannt, weil in dem Zusatz „für satzungsgemäße Aufgaben" noch keine konkrete Verwendungsauflage gesehen werden kann (BFH v. 25.11.1993, VI R 115/92, BStBl II 1994, 424).

Beispiel 3:

Arbeitnehmer A vereinbart mit seinem Arbeitgeber, dass dieser von seinem Bruttogehalt monatlich 100 € einbehält und an eine bestimmte gemeinnützige Einrichtung überweist.

In diesem Fall hat der Arbeitnehmer selbst bestimmt, wie der Betrag verwendet werden soll. Es liegt daher kein steuerlich anzuerkennender Gehaltsverzicht vor. Der Arbeitgeber hat den Lohnsteuerabzug vom ungekürzten Arbeitslohn vorzunehmen.

Beispiel 4:

Nach der umstrittenen Kündigung eines Arbeitsverhältnisses, die vom Arbeitnehmer vor dem Arbeitsgericht angefochten wurde, verpflichtete sich der Arbeitgeber i.R. eines arbeitsgerichtlichen Vergleichs, an eine gemeinnützige Stiftung eine Spende zu zahlen. Die Spende ist vom Arbeitgeber direkt an die Stiftung gezahlt worden, der Arbeitgeber hat die Spendenbescheinigung erhalten und sie steuerlich geltend gemacht.

Die Spende kann dem Arbeitnehmer nicht als Lohn zugerechnet werden, da er nicht über den Lohn verfügt hat. In dem arbeitsgerichtlichen Vergleich kann auch keine Lohnverwendungsabrede gesehen werden; es handelt sich um einen auch steuerlich wirksamen „echten Lohnverzicht" (BFH v. 23.9.1998, XI R 18/98, BStBl II 1999, 98).

Arbeitslohn liegt dagegen vor, wenn der Verzicht auf **privaten Gründen** beruht. Vom Gehaltsverzicht zu unterscheiden ist die → *Barlohnumwandlung* Rz. 1218.

Soweit Arbeitnehmer auf Teile ihres Arbeitslohns zu Gunsten der von **Naturkatastrophen usw.** Betroffenen verzichten, ist unter bestimmten Voraussetzungen in Höhe des Verzichts auf Arbeitslohn **kein steuerrelevanter Zufluss von Arbeitslohn** anzunehmen, so FinMin Hessen v. 9.2.2021, S 1915 A – 026 – II 11, betr. steuerliche Maßnahmen zur Berücksichtigung von Schäden auf Grund des Hochwassers Ende Januar und im Februar 2021.

Zur steuerlichen Behandlung von Gehaltsrückzahlungen auf Druck des Arbeitgebers auch → *Belegschaftsspenden* Rz. 1329.

2. Sozialversicherung

Bei Spenden zu Gunsten von durch Naturkatastrophen im **Inland** Geschädigten handelt es sich nicht um Arbeitsentgelt (§ 1 Abs. 1 Satz 1 Nr. 11 SvEV), → *Arbeitsentgelt* Rz. 602. 2283

Dagegen sieht das Sozialversicherungsrecht nach der geltenden Rechtslage für Arbeitslohnspenden ins **Ausland** keine Freistellung von der Beitragspflicht vor (so ausdrücklich zuletzt BMF v. 15.6.2020, IV C 4 – S 2223/19/10003 :002, BStBl I 2020, 574 betr. steuerliche Maßnahmen zur Unterstützung der Opfer des Erdbebens in Albanien).

Gehaltsvorschüsse

→ *Abschlagszahlungen* Rz. 18, → *Vorauszahlung von Arbeitslohn* Rz. 4351, → *Vorschüsse* Rz. 4352

Geistliche

→ *Kirchenbedienstete* Rz. 2700

Geldbußen

→ *Bußgelder* Rz. 1511, → *Einbehaltene Lohnteile* Rz. 1788

Geldfaktor

→ *Akkordlohn* Rz. 35

Geldwerter Vorteil

Fließt dem Arbeitnehmer Arbeitslohn **in Form von Sachbezügen** zu, so sind diese ebenso wie Barlohnzahlungen entweder dem laufenden Arbeitslohn oder den sonstigen Bezügen zuzuordnen. Hierfür wird im Lohnsteuerrecht und im Sozialversicherungsrecht der Ausdruck „geldwerter Vorteil" verwendet. 2284

Als geldwerter Vorteil wird der Betrag angesehen, den der Arbeitnehmer ausgeben würde, wenn er den Sachbezug zum „normalen" Preis erwerben müsste. Für die Besteuerung unentgeltlicher Sachbezüge ist dabei deren Geldwert maßgebend. Erhält der Arbeitnehmer die Sachbezüge nicht unentgeltlich, so ist der Unterschiedsbetrag zwischen dem Geldwert des Sachbezugs und dem tatsächlichen Entgelt zu versteuern bzw. dem Beitragsabzug zu unterwerfen.

Für die Ermittlung des geldwerten Vorteils gibt es verschiedene Ermittlungsmethoden (R 8.1 LStR):

- **Einzelbewertung**

  Bei der **Einzelbewertung** wird der geldwerte Vorteil mit dem um übliche Preisnachlässe geminderten üblichen Endpreis am

Abgabeort im Zeitpunkt der Abgabe angesetzt. Zu Einzelheiten dieser Bewertungsmethode → *Sachbezüge* Rz. 3817.

- Ansatz von **Sachbezugswerten**

  Amtliche **Sachbezugswerte** werden durch die **SvEV** oder durch Erlasse der obersten Landesfinanzbehörden nach § 8 Abs. 2 Satz 10 EStG festgesetzt. Zu Einzelheiten dieser Bewertungsmethode → *Sachbezüge* Rz. 3815.

- **Besondere Bewertungsvorschriften**

  Besondere Bewertungsvorschriften gelten für

  - den Bezug von **Waren oder Dienstleistungen**, die vom Arbeitgeber nicht überwiegend für den Bedarf seiner Arbeitnehmer hergestellt, vertrieben oder erbracht werden, soweit diese Sachbezüge nicht nach § 40 EStG pauschal versteuert werden (mit Rabattfreibetrag nach § 8 Abs. 3 EStG). Zu Einzelheiten dieser Bewertungsmethode → *Rabatte* Rz. 3523,
  - die Bewertung der unentgeltlichen oder verbilligten Nutzung von **Firmenwagen** (§ 8 Abs. 2 Satz 2 EStG). Zu Einzelheiten dieser Bewertungsmethode → *Firmenwagen zur privaten Nutzung* Rz. 2121,
  - die Bewertung von Zuwendungen anlässlich von **Betriebsveranstaltungen** (§ 19 Abs. 1 Satz 1 Nr. 1a EStG). Zu Einzelheiten dieser Bewertungsmethode → *Betriebsveranstaltungen* Rz. 1427.

Unter bestimmten Voraussetzungen sind geringfügige geldwerte Vorteile auch steuerfrei (→ *Annehmlichkeiten* Rz. 166).

Gelegenheitsarbeiter

→ *Arbeitnehmer-ABC* Rz. 341, → *Aushilfskraft/Aushilfstätigkeit* Rz. 893

Gelegenheitsgeschenke

2285 Zuwendungen des Arbeitgebers, die aus einem besonderen persönlichen, einmaligen oder selten wiederkehrenden Anlass mit dem Ziel gewährt werden, dem Arbeitnehmer eine Aufmerksamkeit zu erweisen oder ihn zu ehren, und die nach Art und Höhe nicht außergewöhnlich und übermäßig sind (Gelegenheitsgeschenke), sind grds. steuer- und sozialversicherungspflichtig. Zur Wertermittlung → *Sachbezüge* Rz. 3799.

LSt SV

Gelegenheitsgeschenke vom Arbeitgeber können aber für den Arbeitnehmer steuer- und sozialversicherungsfrei sein, wenn

- es sich um **Aufmerksamkeiten** handelt, → *Annehmlichkeiten* Rz. 167, oder
- der Arbeitgeber das Gelegenheitsgeschenk **pauschal versteuern** kann, wie z.B. Geschenke aus Anlass einer Betriebsveranstaltung, → *Betriebsveranstaltungen* Rz. 1427.

LSt (durchgestrichen) SV (durchgestrichen)

Hinsichtlich der steuerlichen Behandlung von Geschenken, die der Arbeitnehmer von dritter Seite erhält, und zum Betriebsausgaben- bzw. Werbungskostenabzug von Geschenken → *Geschenke* Rz. 2318.

Gemeindebedienstete

1. Arbeitnehmereigenschaft

2286 Die bei Gemeinden angestellten **Bediensteten bzw. Beamten** sind Arbeitnehmer; dies gilt auch für die sog. Gemeindeschreiber bzw. Ratsschreiber (BFH v. 8.3.1957, VI 121/55 U, BStBl III 1957, 175). „**Helfer in Gemeindesachen**" sind dagegen keine Arbeitnehmer (BFH v. 2.2.1968, VI 127/65, BStBl II 1968, 430).

Arbeitnehmer sind z.B. auch die sog. **Ortsvorsteher** in Hessen, sofern ihnen neben ihrer Tätigkeit in der kommunalen Volksvertretung (insoweit liegen Einkünfte aus selbständiger Tätigkeit gem. § 18 Abs. 1 Nr. 3 EStG vor) von der Gemeinde die **Leitung einer Verwaltungsaußenstelle übertragen** wird (OFD Frankfurt v. 17.7.2013, S 2337 A – 35 – St 211, StEd 2013, 568, auch zur Gewährung der Steuerbefreiung nach § 3 Nr. 12 Satz 2 EStG); vergleichbare Regelungen gibt es auch in den anderen Bundesländern. **A.A. BSG v. 27.4.2021, B 12 KR 25/19 R, zur Sozialversicherung** (→ Rz. 2290).

Das Gleiche gilt auch für die sog. **Ersten Bürgermeister**, soweit ihnen nach den (unterschiedlichen) Länderregelungen Verwaltungsaufgaben übertragen werden (→ *Bürgermeister* Rz. 1506). **Insoweit auch BSG v. 27.4.2021, B 12 R 8/20 R, zur Sozialversicherung** (→ Rz. 2290).

Das **FG Baden-Württemberg** hat Folgendes entschieden (Urteil v. 17.10.2019, 3 K 1507/18, EFG 2020,176):

Übt ein **Stpfl. gleichzeitig die Funktion als Ortsvorsteher und die Funktion eines Mitglieds im Ortschaftsrat** aus und erhält er für diese Tätigkeiten von der Gemeinde jeweils nebeneinander Aufwandsentschädigungen, kommt eine Steuerbefreiung gem. § 3 Nr. 12 Satz 2 EStG regelmäßig nicht zugleich (kumulativ) für beide Aufwandsentschädigungen in Betracht, soweit der Stpfl. nicht nachweist, dass ihm auf Grund der Doppelfunktion seiner Ämter erhöhte – grds. als Betriebsausgaben bzw. Werbungskosten berücksichtigungsfähige – Aufwendungen entstanden sind. Im Fall der Doppelfunktion eines Stpfl. als Ortsvorsteher und als Ortschaftsrat übersteigt eine zusätzlich zur Ortsvorsteher-Aufwandsentschädigung pauschal gewährte Aufwandsentschädigung für die Mitgliedschaft im Ortschaftsrat regelmäßig in voller Höhe die dem Empfänger erwachsenen Aufwendungen und ist dementsprechend gem. § 3 Nr. 12 Satz 2 EStG nicht steuerfrei. Denn es ist nicht erkennbar, dass bei einem Ortsvorsteher nur deshalb, weil er zugleich Mitglied im Ortschaftsrat ist, typischerweise zusätzliche Aufwendungen anfallen, die als Betriebsausgaben oder Werbungskosten Anerkennung finden könnten, als bei einem Ortsvorsteher, der nicht zugleich Mitglied im Ortschaftsrat ist. Vielmehr sind die typischen Aufwendungen eines Ortschaftsratsmitglieds generell allesamt ebenso typische Aufwendungen eines Ortsvorstehers, der zugleich Mitglied des Ortschaftsrates ist.

Zur Arbeitnehmereigenschaft der ehrenamtlichen Funktionsträger der **Freiwilligen Feuerwehren** → *Feuerwehr* Rz. 2106.

Zur steuerlichen Behandlung der Leistungen, die den Bediensteten von Kommunalverwaltungen für ihre Tätigkeit als **Schriftführer** in kommunalparlamentarischen Gremien gewährt werden, → *Abgeordnete* Rz. 16.

2. Selbständige Nebentätigkeiten

Ein Gemeindebediensteter kann **nebenberuflich** selbständig tätig sein, wenn die Tätigkeit **nicht zu seinen eigentlichen Dienstobliegenheiten gehört**. Die Vergütungen eines Gemeindedirektors für seine Tätigkeit als Mitglied der Schätzungskommission der Oldenburgischen Landesbrandkasse gehören daher **nicht zum Arbeitslohn** (BFH v. 8.2.1972, VI R 7/69, BStBl II 1972, 460). Vgl. auch H 19.2 (Nebentätigkeit bei demselben Arbeitgeber) LStH sowie → *Aufsichtsratsvergütungen* Rz. 855. Dies gilt auch für die Tätigkeit als **kommunaler Mandatsträger**, z.B. als **Ratsherr** (→ *Abgeordnete* Rz. 13). 2287

3. Unselbständige Nebentätigkeiten

Vergütungen für eine **Nebentätigkeit**, die der **Arbeitgeber** – auch wenn dies im Arbeitsvertrag nicht ausdrücklich vorgesehen ist – nach der tatsächlichen Gestaltung des Dienstverhältnisses und nach der Verkehrsanschauung **erwarten darf**, auch wenn er die zusätzlichen Leistungen besonders vergüten muss, vgl. H 19.2 (Nebentätigkeit bei demselben Arbeitgeber) LStH, sind der **Haupttätigkeit zuzurechnen** und somit zusammen mit dem „normalen Gehalt" dem Lohnsteuerabzug zu unterwerfen. 2288

> **Beispiel:**
>
> In einer Gemeinde werden die Amtlichen Gemeindemitteilungsblätter von Mitarbeitern der Gemeinde zugestellt, die dafür eine besondere Entschädigung erhalten. Die Entschädigung ist ihrem Arbeitslohn zuzurechnen und dem Lohnsteuerabzug zu unterwerfen.
>
> Dasselbe gilt für sog. Erfrischungsgelder, die ehrenamtliche Wahlhelfer – sofern sie Gemeindebedienstete sind – erhalten (→ *Wahlhelfer* Rz. 4405).

Kommunalbedienstete, die z.B. als **Geschäftsführer für Gutachterausschüsse** tätig werden, nehmen diese Aufgaben ebenfalls i.R. ihres Hauptamtes wahr und sind daher auch insoweit Arbeitnehmer. Werden für die zusätzliche Tätigkeit besondere Vergütungen gezahlt, unterliegen diese dem Lohnsteuerabzug (FinMin Nordrhein-Westfalen v. 5.8.1987, S 2337 – 25 – V B 3).

LSt SV

Denkbar ist aber auch, dass hinsichtlich der Nebentätigkeit ein **„zweites Arbeitsverhältnis“** begründet wird. So ist z.B. die Tätigkeit eines Kommunalbeamten in einer von einer Stadt beherrschten GmbH jedenfalls dann als gesondertes Dienstverhältnis zu werten, wenn die Gesellschaft auf Grund des geschlossenen Geschäftsführervertrags mit dem Beamten ein eigenes Vertragsverhältnis mit diesem bekundet und die Aufwandsentschädigung für die Geschäftsführertätigkeit auch von dieser bezahlt wird (FG Niedersachsen v. 14.3.2005, 3 K 644/04).

4. Aufwandsentschädigungen

2289 Aufwandsentschädigungen, die aus der Gemeindekasse an **ehrenamtlich tätige Bürger**, z.B. Mitglieder der Freiwilligen Feuerwehr oder kommunale Mandatsträger (Ratsherren usw.), gezahlt werden, sind nach § 3 Nr. 12 Satz 2 EStG mindestens bis 250 € monatlich steuerfrei (→ *Abgeordnete* Rz. 10; → *Aufwandsentschädigungen im öffentlichen Dienst* Rz. 865; → *Ehrenamtsinhaber* Rz. 1784; → *Feuerwehr* Rz. 2106).

Sie können unter bestimmten Voraussetzungen aber auch unter die Steuerbefreiungen der § 3 Nr. 26, 26a, 26b EStG fallen (→ *Nebenberufliche steuerbegünstigte Tätigkeiten* Rz. 3236).

5. Sozialversicherung

2290 Zur Sozialversicherungspflicht von **Bürgermeistern und Ortsvorstehern** → *Bürgermeister* Rz. 192.

Gemischte Tätigkeit

1. Lohnsteuer

2291 Eine sog. gemischte Tätigkeit liegt vor, wenn ein Stpfl. gleichzeitig selbständig und nichtselbständig tätig wird, so z.B.

- **Chef- oder Betriebsärzte**, die nebenbei eine eigene Praxis betreiben (R 18.1 Abs. 1 EStR sowie → *Arzt* Rz. 815),
- ein als Arbeitnehmer im Symphonieorchester einer Rundfunkanstalt tätiger **Orchestermusiker**, der gelegentlich für seinen Arbeitgeber als Solist tätig wird (BFH v. 25.11.1971, IV R 126/70, BStBl II 1972, 212),
- ein **Jurist**, der als angestellter Assessor Einkünfte aus nichtselbständiger Arbeit erzielt und gleichzeitig eine freiberufliche Tätigkeit als Rechtsanwalt ausübt (BFH v. 10.6.2008, VIII R 76/05, BStBl II 2008, 937),
- **Ortsvorsteher in Hessen**, die eine Verwaltungsaußenstelle leiten (→ *Abgeordnete* Rz. 13, → *Gemeindebedienstete* Rz. 2286),
- in einzelnen Bundesländern die sog. **Ersten Bürgermeister**, denen Verwaltungsaufgaben übertragen werden (→ *Bürgermeister* Rz. 1506).

Steuerlich sind in diesen Fällen **beide Tätigkeiten getrennt** zu beurteilen; die **Ausgaben** sind – ggf. durch Schätzung – **den jeweiligen Einkunftsarten zuzuordnen** (ausführlich BFH v. 10.6.2008, VIII R 76/05, BStBl II 2008, 937).

Der Lohnsteuerabzug ist nur vom Arbeitslohn vorzunehmen. Die Einnahmen aus der selbständig ausgeübten Tätigkeit müssen in der Einkommensteuererklärung angegeben werden.

Zur Anwendung der **Steuerbefreiungen nach § 3 Nr. 26 EStG** („Übungsleiterpauschale“) und **§ 3 Nr. 26a EStG** („Ehrenamtspauschale“) bei gemischten Tätigkeiten → *Nebenberufliche steuerbegünstigte Tätigkeiten* Rz. 3236.

2. Sozialversicherung

a) Kranken- und Pflegeversicherung

2292 In der gesetzlichen Krankenversicherung werden Personen, die hauptberuflich selbständig erwerbstätig sind, von **der Krankenversicherungspflicht** als Arbeitnehmer nach § 5 Abs. 1 Nr. 1 SGB V **ausgeschlossen** (§ 5 Abs. 5 SGB V). Dadurch wird vermieden, dass ein hauptberuflich selbständiger Erwerbstätiger durch Aufnahme einer versicherungspflichtigen Nebenbeschäftigung versicherungspflichtig wird und damit den umfassenden Schutz der gesetzlichen Krankenversicherung erhält. Hauptberuflich ist eine selbständige Erwerbstätigkeit dann, wenn sie von der wirtschaftlichen Bedeutung und dem zeitlichen Aufwand her die übrigen Erwerbstätigkeiten zusammen deutlich übersteigt und den Mittelpunkt der Erwerbstätigkeit darstellt. Das Ergebnis gilt dann auch für die gesetzliche Pflegeversicherung.

Die Spitzenverbände der Sozialversicherungsträger haben zur Abgrenzung folgende Kriterien festgelegt:

Hauptberuflich ist eine selbständige Erwerbstätigkeit dann, wenn sie von **der wirtschaftlichen Bedeutung** und dem zeitlichen Aufwand her die übrigen Erwerbstätigkeiten zusammen deutlich übersteigt und den Mittelpunkt der Erwerbstätigkeit darstellt; in diese Beurteilung sind selbständige Tätigkeiten als land- oder forstwirtschaftlicher Unternehmer oder als Künstler oder Publizist mit einzubeziehen. Dem Kriterium „Mittelpunkt der Erwerbstätigkeit“ kommt allerdings keine eigenständige Bedeutung zu (vgl. BSG v. 29.9.1997, 10 RK 2/97); es stellt insbesondere kein eigenständiges Tatbestandsmerkmal dar, sondern dient lediglich der Verdeutlichung des Begriffs „hauptberuflich“.

b) Rentenversicherung

Die in § 2 SGB VI aufgeführten selbständig Tätigen sind renten- 2293
versicherungspflichtig, wenn sie mit ihrer selbständigen Tätigkeit regelmäßig keinen versicherungspflichtigen Arbeitnehmer beschäftigen und auf Dauer und im Wesentlichen nur für einen Auftraggeber tätig sind. Die Versicherungspflicht auf Grund der selbständigen Tätigkeit ist nicht deshalb ausgeschlossen, wenn neben der selbständigen Tätigkeit auch eine abhängige Beschäftigung ausgeübt wird. Beide Versicherungen können nebeneinander bestehen (vgl. BSG v. 2.3.2010, B 12 R 10/09 R).

c) Merkmale „Beschäftigung von Mitarbeitern“ und „wirtschaftliche Bedeutung“

Zu den Merkmalen **„Beschäftigung von Mitarbeitern“** und 2294
„wirtschaftliche Bedeutung“ von selbständigen Tätigkeiten gilt Folgendes:

Zum 23.7.2015 trat das Gesetz zur Stärkung der Versorgung in der gesetzlichen Krankenversicherung (GKV-VS, BGBl. I 2015, 1211) in Kraft. Zeitgleich wurde das Gemeinsame Rundschreiben: „Grundsätzliche Hinweise zum Begriff der hauptberuflich selbständigen Erwerbstätigkeit“ veröffentlicht, welches zum 20.3.2019 aktualisiert wurde.

Die bereits aus der Vergangenheit bekannte Regelung wurde wieder eingeführt: *„Bei Personen, die im Zusammenhang mit ihrer selbständigen Erwerbstätigkeit* ***regelmäßig mindestens einen Arbeitnehmer*** *mehr als geringfügig beschäftigen, wird vermutet, dass sie* ***hauptberuflich selbständig erwerbstätig*** *sind; als Arbeitnehmer gelten für Gesellschafter auch die Arbeitnehmer der Gesellschaft.“*

Werden mehrere Minijobber beschäftigt, ist deren Arbeitsentgelt zu addieren. Wird die Geringfügigkeitsgrenze (seit 1.1.2026 603 € → *Mini-Jobs* Rz. 3166) überschritten, greift diese gesetzliche Vermutung.

Erscheint jedoch die Annahme der Arbeitgeberstellung als nicht gerechtfertigt, kann auf eine Einzelfallprüfung bestanden werden.

Hauptberuflich ist diese Erwerbstätigkeit nur dann, soweit diese von der wirtschaftlichen Bedeutung und dem zeitlichen Umfang her die übrigen Erwerbstätigkeiten zusammen deutlich übersteigt.

Es gibt Konstellationen, die zu klaren Ergebnissen der **nicht hauptberuflichen Selbständigkeit** führen:

- Der Selbständige ist als Arbeitnehmer in Vollzeit tätig.
- Der Selbständige ist als Arbeitnehmer mit mehr als 20 Wochenstunden tätig. Das Entgelt übersteigt die Hälfte der monatlichen Bezugsgröße (2026 = 1 977,50 €).

Umgekehrt gibt es Konstellationen, die zu klaren Ergebnissen der **hauptberuflichen Selbständigkeit** führen:

- Der Selbständige arbeitet mehr als 30 Wochenstunden und das Einkommen ist Haupteinnahmequelle.
- Der Selbständige arbeitet mehr als 20 Wochenstunden, aber weniger als 30 Wochenstunden und das Einkommen beträgt als Haupteinnahmequelle mehr als die Hälfte der monatlichen Bezugsgröße (2026 = 1 977,50 €).

Genossenschaften

→ *Gesellschafter/Gesellschafter-Geschäftsführer* Rz. 2322

Genussmittel: Zuwendungen an Arbeitnehmer

1. Genussmittel zum Verzehr im Betrieb

2295 Genussmittel und Getränke (z.B. Tabakwaren, Kaffee, Tee, Süßwaren), die der Arbeitgeber an Arbeitnehmer zum **Verzehr im Betrieb** unentgeltlich oder teilentgeltlich überlässt, gehören als sog. **Aufmerksamkeiten** (→ *Annehmlichkeiten* Rz. 167) nicht zum Arbeitslohn (R 19.6 Abs. 2 Satz 1 LStR sowie zuletzt BFH v. 3.7.2019, VI R 36/17, BStBl II 2020, 788). Dies gilt auch für **Getränke aus einem im Betrieb aufgestellten Getränkeautomaten**, sofern die Getränke nicht im Zusammenhang mit Mahlzeiten in der Kantine ausgegeben werden (→ *Arbeitslohn-ABC* Rz. 681).

Das Gleiche gilt für Genussmittel **bis zu einem Wert von 60 €**, die der Arbeitgeber seinen Arbeitnehmern oder dessen Angehörigen aus Anlass eines **besonderen persönlichen Ereignisses** zuwendet (R 19.6 Abs. 1 Satz 2 LStR).

Beispiel:

Die Hingabe von 1,0 bis 1,5 kg beschädigter Süßwaren im 14-Tage-Turnus an Arbeitnehmer einer Süßwarenfabrik gilt noch als steuerfreie Aufmerksamkeit (FG Hamburg v. 18.11.1974, II 130/73, EFG 1975, 117).

~~LSt~~ ~~SV~~

Der Begriff „Genussmittel" ist eng auszulegen, die Abgabe von **Nahrungsmitteln oder Mahlzeiten im Betrieb** fällt grds. **nicht** darunter. Einzelheiten → *Bewirtungskosten* Rz. 1452 und → *Mahlzeiten* Rz. 3049.

2. Genussmittel zum häuslichen Verzehr

2296 **Steuerpflichtig** ist dagegen die Überlassung von Getränken und Genussmitteln zum **häuslichen Verzehr, sog Haustrunk** (→ *Arbeitslohn-ABC* Rz. 681). Bei Getränken und Genussmitteln, die vom Arbeitgeber hergestellt oder vertrieben werden, kann jedoch der **Rabattfreibetrag** nach § 8 Abs. 3 EStG von **1 080 €** abgezogen werden. Zur Überlassung von Speisen an Arbeitnehmer während eines außergewöhnlichen Arbeitseinsatzes, z.B. bei Überstunden, → *Bewirtungskosten* Rz. 1452.

LSt SV

Genussrechte

→ *Aktien: Zuwendung an Arbeitnehmer* Rz. 55, → *Arbeitslohn-ABC* Rz. 680

Gerichtsvollzieher

1. Allgemeines

2297 Die Gerichtsvollzieher sind **Arbeitnehmer** und beziehen daher grds. steuerpflichtigen **Arbeitslohn**, dazu gehören z.B. auch die sog. Anspornvergütungen.

LSt SV

Steuerfrei nach § 3 Nr. 12 Satz 1 EStG sind dagegen die den Gerichtsvollziehern gezahlten **Aufwandsentschädigungen** bzw. die ihnen als Aufwandsentschädigung verbleibenden **Gebührenanteile. Abgegolten** sind hiermit auch die Aufwendungen für die Ausstattung des Geschäftszimmers mit **Büroeinrichtungsgegenständen, Computern** usw. (FG Brandenburg v. 25.10.2005, 3 K 2474/02, EFG 2006, 1506 m.w.N.).

Neben der steuerfreien Aufwandsentschädigung können jedoch als Werbungskosten berücksichtigt werden:

- Aufwendungen für die Beschäftigung einer **Bürokraft** (z.B. Arbeitslohn, Arbeitgeberanteil an den Sozialversicherungsbeiträgen), weil die steuerfreie Aufwandsentschädigung nur zur Abgeltung der **Bürokosten** bestimmt ist, sowie
- Aufwendungen für **Fahrten zwischen Wohnung und Gericht** (im Regelfall ist dieses wegen der Zuordnung als Dienststelle durch den Arbeitgeber als erste Tätigkeitsstätte anzusehen) nach den Grundsätzen für „Fahrten zwischen Wohnung und erster Tätigkeitsstätte", d.h. Ansatz der Entfernungspauschale (FG Brandenburg v. 25.10.2005, 3 K 2474/02, EFG 2006, 1506).

Unabhängig von Entschädigungsregelungen wie z.B. in § 5 NVergVO können die Gerichtsvollzieher dem Finanzamt gegenüber auch ihre **tatsächlichen Aufwendungen für die Unterhaltung des Büros** im Einzelnen nachweisen. Ein Abzug als Werbungskosten kommt jedoch nur insoweit in Betracht, als diese Aufwendungen die vom Arbeitgeber steuerfrei zu zahlende Aufwandsentschädigung übersteigen.

Ungeachtet der steuerfreien Aufwandsentschädigung können **Personalkosten** für die Beschäftigung von Bürokräften sowie **nicht mit der Einrichtung und der Unterhaltung des Büros zusammenhängende Aufwendungen** (z.B. Fachliteratur, Berufshaftpflichtversicherung, Verbandsbeiträge, Kontoführungsgebühren, Reisekosten) als Werbungskosten berücksichtigt werden. Für die Anerkennung eines Arbeitsverhältnisses mit dem Ehegatten gelten die allgemeinen steuerlichen Grundsätze (→ *Angehörige* Rz. 141). S. ausführlich FinMin Baden-Württemberg v. 10.2.2011, 3 – S 233.7/36, StEd 2011, 265.

Aufwendungen für ein **häusliches Arbeitszimmer** sind in voller Höhe als Werbungskosten zu berücksichtigen, wenn es als **„Geschäftszimmer"** anzusehen ist oder zumindest den **„Tätigkeitsmittelpunkt"** darstellt (FG Baden-Württemberg v. 22.3.2017, 4 K 3694/15).

Hat ein Gerichtsvollzieher **zu viel Gebühren einbehalten**, wirkt sich die Rückerstattung der Gebührenanteile an die Landesjustizkasse erst bei der Einkommensteuer im Jahr der Rückzahlung aus (FG Berlin-Brandenburg v. 23.5.2007, 7 K 3411/04 B).

2. Neue Entschädigungsregelungen

a) Allgemeines

In einigen Bundesländern sind die Entschädigungsregelungen für 2298
Gerichtsvollzieher reformiert worden (z.B. in Baden-Württemberg, Hessen, Nordrhein-Westfalen, Saarland).

So wird z.B. in **Hessen** seit 2013 der Aufwand für die Errichtung und Unterhaltung des Büros nicht mehr ersetzt. Die Gebührenanteile sowie die Dokumentenpauschale werden nicht mehr als Aufwandsentschädigung gezahlt. Den Gerichtsvollziehern wird zusätzlich zu den Dienstbezügen eine Vergütung gewährt, die in vollem Umfang dem Lohnsteuerabzug unterworfen wird. Die Vergütung setzt sich aus einem Anteil an den vereinnahmten Gebühren und der Dokumentenpauschale zusammen. Aus der Vergütung sind die Kosten für die Einrichtung und den Betrieb des von den Gerichtsvollziehern zu führenden Büros zu bestreiten; im Übrigen verbleibt die Vergütung den Gerichtsvollziehern als Leistungsanreiz für ihre Gerichtsvollziehertätigkeit. Hilfskräften, die mit der Wahrnehmung einzelner Gerichtsvollziehergeschäfte beauftragt sind, werden die notwendigen Aufwendungen auf Nachweis erstattet.

Der Gebührenanteil wird für jedes Kalenderjahr durch eine Verordnung des Hessischen Ministers der Justiz im Einvernehmen mit dem Hessischen Minister des Innern und für Sport gesondert festgesetzt.

Mit der Vergütung sind gem. § 52 Abs. 2 Satz 1 HBesG auch die besonderen, für die Gerichtsvollziehertätigkeit typischen Aufwendungen abgegolten. Typische Aufwendungen sind insbesondere die Aufwendungen bei Nachtdienst.

Steuerlich gilt Folgendes:

b) Steuerfreie Einnahmen

aa) Ersatz barer Auslagen

Neben den Dokumentenpauschalen werden gem. § 9 Gerichts- 2299
vollzieherkostengesetz – GvKostG – i.V.m. Abschn. 7 der Anlage zu § 9 GvKostG von den Gerichtsvollziehern u.a.

- Entgelte für Postdienstleistungen (wie z.B. Entgelte für Zustellungen mit Postzustellungsurkunde),
- Kosten, die durch eine öffentliche Bekanntmachung entstehen,
- Entschädigungen an Zeugen, Sachverständige, Dolmetscher und Übersetzer,
- Entschädigungen der zum Öffnen von Türen oder Behältnissen zugezogenen Personen,

- andere Beträge, die auf Grund von Vollstreckungs- und Verwertungsmaßnahmen an Dritte zu zahlen sind,

erhoben.

Diese Beträge sind als **Auslagenersatz nach § 3 Nr. 50 EStG steuerfrei**; ein Werbungskostenabzug ist insoweit ausgeschlossen (§ 3c Abs. 1 EStG).

bb) Wegegelder und Reisekostenzuschüsse

2300 Zum Ausgleich von Aufwendungen für Wege, die der Gerichtsvollzieher zur Vornahme von Amtshandlungen zurücklegen muss, wird für jeden Auftrag ein **Wegegeld** erhoben. Dieses ist i.R. der **§§ 3 Nrn. 13, 16 EStG steuerfrei**.

Die Gerichtsvollzieher können auf Antrag einen **Reisekostenzuschuss** aus der Landeskasse erhalten, wenn die vereinnahmten Wegegelder die tatsächlichen Aufwendungen nicht decken sollten (§ 9 Gerichtsvollzieherordnung – GVO). Dieser Zuschuss ist **nach § 3 Nr. 13 EStG steuerfrei**.

Ein Werbungskostenabzug ist, soweit die Zahlungen steuerfrei erfolgten, nach § 3c Abs. 1 EStG ausgeschlossen.

c) Aufwendungen

aa) Kosten zur Errichtung und Unterhaltung eines Büros

2301 Nach dem Wegfall der steuerfreien Aufwandsentschädigung sind keine Besonderheiten mehr zu beachten. Die Aufwendungen für das beruflich genutzte Büro (Arbeitszimmer) sind nach den allgemeinen Grundsätzen als Werbungskosten berücksichtigungsfähig. Sofern die Gerichtsvollzieher glaubhaft machen können, dass sie die Mehrheit ihrer Aufträge allein in dem jeweiligen Veranlagungszeitraum im häuslichen Arbeitszimmer erledigt haben, kann ein **unbegrenzter Werbungskostenabzug** gewährt werden (so auch FG Baden-Württemberg v. 22.3.2017, 4 K 3694/15).

bb) Dokumentenpauschalen (früher: Schreibauslagen)

2302 Nach dem Wegfall der steuerfreien Aufwandsentschädigung sind keine Besonderheiten mehr zu beachten. Aufwendungen für Schreib-/Büromaterial und dergleichen sind nach den allgemeinen Grundsätzen als Werbungskosten berücksichtigungsfähig.

cc) Bürokraft

2303 Personalkosten für die Beschäftigung von Bürokräften wie z.B. Arbeitslohn oder Arbeitgeberanteil an den Sozialversicherungsbeiträgen sind nach den allgemeinen Grundsätzen als Werbungskosten berücksichtigungsfähig. Für die Anerkennung eines Arbeitsverhältnisses mit dem Ehegatten gelten die allgemeinen steuerlichen Grundsätze, vgl. R 4.8 Abs. 1 EStR und H 4.8 „Arbeitsverhältnis zwischen Ehegatten" EStH.

Für die Anerkennung eines **Ehegatten-Unterarbeitsverhältnisses** zwischen einem Obergerichtsvollzieher und seiner Ehefrau ist die Würdigung aller objektiven Gegebenheiten entscheidend. Bei der nicht vollzeitigen Beschäftigung Angehöriger sind Unklarheiten bei der Wochenarbeitszeit für die steuerliche Anerkennung des Arbeitsverhältnisses unschädlich, wenn die konkrete Arbeitszeit des Angehörigen von den beruflichen Erfordernissen des Stpfl. abhängt und Unklarheiten deshalb auf die Eigenart des Arbeitsverhältnisses und nicht auf eine unübliche Gestaltung zurückzuführen sind. Aufzeichnungen betreffend die Arbeitszeit, z.B. **Stundenzettel**, dienen lediglich Beweiszwecken. Sie sind für die steuerliche Anerkennung eines Arbeitsverhältnisses zwischen nahen Angehörigen daher nicht zwingend erforderlich (BFH v. 18.11.2020, VI R 28/18, BStBl II 2021, 450).

dd) Aufwendungen für Wege zwischen Wohnung und Gericht

2304 **Erste Tätigkeitsstätte** i.S.d. § 9 Abs. 4 EStG eines Gerichtsvollziehers ist sein **Amtssitz**, bestehend aus den Dienstgebäuden des Amtsgerichts, dem er zugeordnet ist, und dem Geschäftszimmer, welches er am Sitz des Amtsgerichts auf eigene Kosten vorzuhalten hat (BFH v. 16.12.2020, VI R 35/18, BStBl II 2021, 525). Im Urteilsfall war der Kläger dort auch in dem für das Vorliegen einer ersten Tätigkeitsstätte hinreichenden Umfang tätig geworden. Er hat vier- bis fünfmal die Woche seine Vollstreckungsaufträge aus dem Abholfach der Verteilungsstelle abgeholt. Zudem hat er zweimal die Woche für jeweils eine Stunde Bürozeiten im Geschäftszimmer abgehalten. Die Fahrten des Gerichtsvollziehers von seiner Wohnung zum Amtsgericht konnten daher nur in Höhe der **Entfernungspauschale** nach § 9 Abs. 1 Satz 3 Nr. 4 EStG als Werbungskosten berücksichtigt werden. S.a. → *Reisekosten: Allgemeine Grundsätze* Rz. 3598.

Ein **häusliches Arbeitszimmer** (Geschäftszimmer) ist auch dann nicht „erste Tätigkeitsstätte", wenn nach einer Bescheinigung des Amtsgerichts kein Dienstzimmer zur Verfügung gestellt wurde und der betroffene Gerichtsvollzieher nach § 2 Satz 3 und § 30 GVO ein Amtszimmer auf eigene Kosten unterhält.

ee) Sonstige Kosten

Die dienstlich veranlassten Aufwendungen der Gerichtsvollzieher 2305
sind nach § 3c Abs. 1 EStG nur insoweit als Werbungskosten anzuerkennen, als sie vom Dienstherrn nicht steuerfrei ersetzt worden sind. Dabei sind die ihnen überlassenen steuerfreien Auslagen bzw. die steuerfreien Aufwandsentschädigungen von den jeweiligen Aufwendungen abzuziehen.

Neben der steuerfreien Aufwandsentschädigung können damit z.B. Berufshaftpflichtversicherung, Verbandsbeiträge, Kontoführungsgebühren als Werbungskosten berücksichtigt werden.

ff) Rückerstattung von Gebührenanteilen an die Landesjustizkasse

Die vereinnahmten Gebühren abzüglich der Gerichtsvollzieher- 2306
vergütung sind vom Gerichtsvollzieher abzuführen. Hat ein Gerichtsvollzieher zu viel Gebühren erhalten, wirkt sich die Rückerstattung der Gebührenanteile an die Landesjustizkasse erst bei der Einkommensteuer im Jahr der Rückzahlung aus (FG Berlin-Brandenburg v. 23.5.2007, 7 K 3411/04 B).

Geringfügig Beschäftigte

→ *Aufbewahrungspflichten* Rz. 848, → *Mini-Jobs* Rz. 3161

Geringverdienergrenze

1. Arbeitsrecht

Unter Geringverdiener versteht man einerseits geringfügig Be- 2307
schäftigte, auf die diesbezügliche Darstellung wird verwiesen (→ *Mini-Jobs* Rz. 3161). Andererseits kann auch eine Person mit geringem, d.h. prekärem Arbeitsverdienst gemeint sein.

2. Lohnsteuer

Für Geringverdiener gelten die allgemeinen lohnsteuerlichen Rege- 2308
lungen. Auf Grund des Freibetrags für das sog. Existenzminimum (Grundfreibetrag) fällt in vielen Fällen keine Lohnsteuer an. Bis zu welcher Höhe Arbeitslohn „steuerfrei" bleibt, → *Steuertarif* Rz. 4051.

3. Sozialversicherung

Die Geringverdienergrenze gilt (einheitlich für die alten und 2309
neuen Bundesländer) allerdings nur für Beschäftigte i.R. betrieblicher Berufsausbildung (Auszubildende oder Praktikanten), die ein Arbeitsentgelt erzielen, das monatlich 325 € nicht übersteigt (§ 20 Abs. 3 SGB IV). Für Versicherte, die ein freiwilliges soziales Jahr oder ein freiwilliges ökologisches Jahr i.S.d. Jugendfreiwilligendienstgesetzes oder einen Bundesfreiwilligendienst nach dem Bundesfreiwilligendienstgesetz leisten (→ *Freiwilligendienste* Rz. 2262), gilt dies unabhängig von der Höhe des Arbeitsentgelts.

Auf Grund der Tatsache, dass der Mindestlohn seit 1.1.2020 grundsätzlich auch für Auszubildende gilt, wird sich die Anwendbarkeit der Geringverdienergrenze hauptsächlich auf den Kreis der Praktikanten und auf das freiwillige soziale oder ökologische Jahr beziehen.

Ob die Grenze von 325 € überschritten wird, ist in jedem Monat erneut festzustellen. Wird infolge einmaliger Zuwendungen die Geringverdienergrenze überschritten, ist der Betrag aus dem diese Grenze übersteigenden Teil des Arbeitsentgelts jeweils zur Hälfte vom Arbeitgeber und Arbeitnehmer zu tragen. Die Beitragslast hinsichtlich des Arbeitsentgelts bis zur Geringverdienergrenze trifft allein den Arbeitgeber. Diese besondere Beitragstragungspflicht des Arbeitgebers umfasst auch den auf den zusätzlichen Beitragssatz entfallenden Beitragsanteil zur Krankenversicherung. Dies gilt entsprechend für den Beitragszuschlag zur Pflegeversicherung (→ *Beiträge zur Sozialversicherung* Rz. 1261).

Beispiel:

Ein Auszubildender in Augsburg erhält eine monatliche Ausbildungsvergütung i.H.v. 310 €. Im Juli zahlt ihm der Arbeitgeber ein Urlaubsgeld von 155 €. Die Beiträge sind vom Arbeitgeber grundsätzlich allein zu tragen. Im Monat Juli ergibt sich folgende Berechnung:

		Arbeitgeberanteil	Arbeitnehmeranteil
monatliches Entgelt	310 €	100 %	–
Einmalzahlung	155 €		
bis Geringverdienergrenze von 325 € verbleiben	15 €	100 %	–
Einmalzahlung über die Geringverdienergrenze hinaus	140 €	50 %	50 %

Hat während eines Teils des Monats oder des gesamten Monats, dem die Sonderzuwendung zuzurechnen ist, Beitragsfreiheit (z.B. wegen des Bezugs von Krankengeld) vorgelegen, dann kann die Sonderzuwendung für die Beurteilung der Beitragslastverteilung nicht isoliert betrachtet werden. In diesen Fällen ist für das ausgefallene laufende Arbeitsentgelt ein fiktives Arbeitsentgelt anzusetzen. Sofern das tatsächliche Arbeitsentgelt (einschließlich Sonderzuwendung) zusammen mit dem fiktiven Arbeitsentgelt die Geringverdienergrenze übersteigt, braucht der Arbeitnehmer lediglich von dem 325 € übersteigenden Betrag seinen Beitragsanteil zu tragen. Bis zum Betrag von 325 € muss der Arbeitgeber die Beiträge allein aufbringen.

Geschäftsführer

1. Arbeitsrecht

2310 Einzelheiten zum **Gesellschafter/Geschäftsführer** → *Gesellschafter/Gesellschafter-Geschäftsführer* Rz. 2322.

Der Begriff des GmbH-Geschäftsführers ist arbeitsrechtlich relevant bei der Frage nach der **Arbeitnehmereigenschaft** im Zusammenhang mit zwingenden Arbeitnehmerschutzbestimmungen (→ *Arbeitnehmer* Rz. 191). Der Geschäftsführer ist regelmäßig nicht Arbeitnehmer im arbeitsrechtlichen Sinne. Mit seiner Organstellung ist unvereinbar, dass der Geschäftsführer der GmbH zugleich deren Arbeitnehmer ist. Deshalb ist der der Organstellung zu Grunde liegende Vertrag grds. als freier Dienstvertrag zu qualifizieren. Zwar wird die Auffassung vertreten, dass der einer Organstellung zu Grunde liegende schuldrechtliche Vertrag in Ausnahmefällen ein Arbeitsverhältnis sein könne (LAG Hessen v. 9.1.2006, 16 Sa 1415/05). Diese Einschätzung wird in der Praxis indes auf extreme Ausnahmefälle zu beschränken sein. Arbeitsverhältnis und freies Dienstverhältnis unterscheiden sich durch den Grad der persönlichen Abhängigkeit des zur Dienstleistung Verpflichteten. Ebenso ist ein Dienstnehmer, dessen Anstellungsvertrag mit dem Ziel der Bestellung zum Organmitglied mit vorgeschalteter Probezeit geschlossen worden ist, selbst für die Zeit vor seiner Bestellung **nicht** als Arbeitnehmer anzusehen (LAG Hamm v. 19.7.2001, 4 Sa 1413/99). Auch der Geschäftsführer einer rechtsfähigen Körperschaft des öffentlichen Rechts genießt Kündigungsschutz nach dem ersten Abschnitt des KSchG nur dann, wenn seine Eigenschaft als deren Vertreter unmittelbar aus deren Satzung folgt (LAG Mecklenburg-Vorpommern v. 18.3.2021, 4 Sa 293/20).

Mit der Neuregelung des Arbeitnehmerüberlassungsgesetzes zum 1.4.2017 wurde eine **gesetzliche Definition des Arbeitnehmerbegriffs** in § 611a BGB getroffen (→ *Arbeitnehmerüberlassung* Rz. 568). Diese Neuregelung sollte allerdings erklärtermaßen keine materielle Änderung bewirken, vielmehr sollte durch die neue Norm nur unter wörtlicher Wiedergabe der Leitsätze der höchstrichterlichen Rechtsprechung auch im Gesetz festgeschrieben werden, wer Arbeitnehmer ist. Die von der Rechtsprechung bisher entwickelten Grundsätze bleiben damit aktuell. Arbeitnehmer, und damit Partei eines Arbeitsverhältnisses, ist nach der höchstrichterlichen Rechtsprechung derjenige Mitarbeiter, der auf Grund eines privatrechtlichen Vertrags die Verpflichtung zur Leistung von Arbeit im Dienst eines anderen i.R. einer von einem Dritten bestimmten Arbeitsorganisation schuldet. Die Eingliederung in eine fremde Arbeitsorganisation zeigt sich insbesondere darin, dass der Beschäftigte dem **Weisungsrecht seines Vertragspartners unterliegt** (vgl. § 121 GewO). Das Weisungsrecht kann Inhalt, Durchführung, Zeit, Dauer und Ort der Tätigkeit betreffen. Im Fall des Geschäftsführers wird diese Weisungsgebundenheit wohl nur dann angenommen werden, wenn der Geschäftsführer über die gesellschaftsrechtliche Weisungsgebundenheit hinaus derart in seinen Entscheidungsbefugnissen eingeschränkt ist, dass er im Ergebnis nicht anders als ein Arbeitnehmer zu agieren in der Lage ist (BAG v. 26.5.1999, 5 AZR 664/98).

Der GmbH-Geschäftsführer ist **Organ und Vertreter** der GmbH als juristische Person. In dieser **organrechtlichen Eigenschaft** ist er arbeitsrechtlich nicht Arbeitnehmer, vgl. § 5 Abs. 1 Satz 3 ArbGG und § 14 Abs. 1 KSchG. Dies gilt auch dann, wenn die vorgesehene Bestellung zum Geschäftsführer unterbleibt (vgl. BAG v. 25.6.1997, 5 AZB 41/96) oder mangels Kompetenzen in Wirklichkeit ein Arbeitsverhältnis bestehen sollte (BAG v. 6.5.1999, 5 AZB 22/98). Mit der wirksamen **Amtsniederlegung** endet allerdings die Fiktion des § 5 Abs. 1 Satz 3 ArbGG und das Arbeitsgericht ist für Streitigkeiten zuständig (BAG v. 3.12.2014, 10 AZB 98/14).

Zur Frage, ob es sich bei dem Anstellungsvertrag um einen – freien – **Dienstvertrag oder** um einen **Arbeitsvertrag** mit Arbeitnehmer-Status des Geschäftsführers handelt, meint das **BAG** (BAG v. 26.5.1999, 5 AZR 664/98): Durch den Anstellungsvertrag wird zwar materiell-rechtlich regelmäßig ein freies Dienstverhältnis begründet, im Einzelfall kann es sich aber auch um ein Arbeitsverhältnis handeln, wenn nach der konkreten Vertragsgestaltung und der praktischen Durchführung im Einzelfall eine **Weisungsabhängigkeit** gegenüber der Gesellschaft besteht. Besteht insoweit ein hoher Grad der für den Arbeitnehmerstatus maßgeblichen persönlichen Abhängigkeit des Geschäftsführers, sind die Beziehungen als arbeitsvertragliche Beziehungen zu kennzeichnen. Insoweit ist von einem **Regel-Ausnahme-Verhältnis** auszugehen, d.h., der Geschäftsführer hat darzulegen und ggf. nachzuweisen, dass nach den Umständen des Einzelfalls von einer derartigen Weisungsabhängigkeit auszugehen ist, dass sie zur Annahme eines Arbeitsverhältnisses führt. Im Übrigen können die Parteien bei gegebener Weisungsabhängigkeit auch statt eines Dienstvertrages durchaus **von vornherein** ihren Rechtsbeziehungen einen **Arbeitsvertrag** zu Grunde legen (BAG v. 17.9.2014, 10 AZB 43/14; vgl. auch BAG v. 8.2.2022, 9 AZB 40/21).

Bei einem **beherrschenden Gesellschafter-Geschäftsführer** ist allerdings stets ein – freies – Dienstverhältnis anzunehmen (BAG v. 17.9.2014, 10 AZB 43/14).

Den Parteien des Geschäftsführeranstellungsvertrages stellt sich in der Praxis, regelmäßig dann, wenn sich die Vertragsbeziehung ihrem Ende nähert, immer wieder die Frage, ob – und bejahendenfalls in welchem Umfang – arbeitsrechtliche Vorschriften zur Anwendung gelangen. Der Gesetzgeber regelt nur in vereinzelten Gesetzen, ob das betreffende **arbeitsrechtliche Schutzgesetz** auf den GmbH-Geschäftsführer Anwendung findet. Eine allgemein gültige Anweisung fehlt. Ausdrücklich sind Organmitglieder juristischer Personen, also der GmbH-Geschäftsführer, etwa vom Betriebsverfassungsgesetz (§ 5 Abs. 2 Nr. 1 BetrVG), Kündigungsschutzgesetz (§ 14 Abs. 1 Nr. 1 KSchG) und vom Arbeitsgerichtsgesetz (§ 5 Abs. 1 Satz 3 ArbGG), ausgenommen. Dies gilt unabhängig davon, ob und in welchem Umfang der Geschäftsführer am Stammkapital der Gesellschaft beteiligt ist. Bei allen weiteren arbeitsvertraglichen Schutzgesetzen ist stets im Einzelfall unter Berücksichtigung aller Umstände zu prüfen, ob der Geschäftsführer seinem Anwendungsbereich unterliegt.

Hinweis:

Als **Grundregel** gilt insoweit: Die entsprechende Anwendung des Schutzgesetzes hängt davon ab, ob der Geschäftsführer auch bei Fehlen der für die Einordnung als Arbeitnehmer maßgeblichen persönlichen Abhängigkeit in einem mit einem Arbeitnehmer vergleichbaren Maße wirtschaftlich abhängig ist.

Für diese Beurteilung sind nachfolgende Grundsätze zu beachten.

Eine Vergleichbarkeit mit einem Arbeitnehmer scheidet in folgenden Fallgestaltungen aus:

- **Alleingesellschafter**,
- **Mehrheitsgesellschafter**, der zugleich die Gesellschaft unternehmerisch führt,
- **nicht mehrheitlich beteiligter Gesellschafter-Geschäftsführer**, der jedoch kraft seiner Sperrminorität ihm nicht genehme Entscheidungen der Gesellschafterversammlung verhin-

dern kann und dadurch seinen eigenverantwortlichen Einfluss zu sichern vermag,
- **Minderheitsgesellschafter**, der über keine Sperrminorität verfügt, jedoch Kopf und Seele des Unternehmens ist.

Der Fremd-Geschäftsführer, der nicht am Stammkapital der Gesellschaft beteiligt ist, ist hingegen zumeist in einem mit dem Arbeitnehmer vergleichbaren Maße wirtschaftlich abhängig mit der Folge, dass arbeitsrechtliche Schutzvorschriften auf sein Anstellungsverhältnis Anwendung finden. Dies gilt auf jeden Fall für den, der auch keinen Einfluss auf die Entscheidungsfindung in der Gesellschafterversammlung hat.

Ohne Anspruch auf Vollständigkeit finden die folgenden Gesetze – jedenfalls im Grundsatz – **keine Anwendung** auf den GmbH-Geschäftsführer:

- Arbeitszeitgesetz,
- Betriebsübergang gem. § 613a BGB (BAG v. 13.2.2003, 8 AZR 654/01),
- Betriebsverfassungsgesetz gem. § 5 Abs. 2 Nr. 1 BetrVG,
- Kündigungsschutzgesetz gem. § 14 Abs. 1 Nr. 1 KSchG,
- Schriftformerfordernis von Kündigungs- und Aufhebungsvertrag gem. § 623 BGB (BAG v. 19.7.2007, 6 AZR 774/06),
- Schwerbehindertengesetz (BGH v. 9.2.1978, II ZR 189/76),
- **Tarifrecht**, wie Mutterschutz in der Erziehungszeit und Schwerbehindertenschutz,
- **Bundesurlaubsgesetz,**
- Vergütungsfortzahlung im Verhinderungs- und Krankheitsfall,
- **Zuständigkeit des Arbeitsgerichts,** § 5 Abs. 1 Satz 3 ArbGG.

Der Urlaubsabgeltungsanspruch des Fremdgeschäftsführers einer GmbH kann sich unmittelbar aus § 7 Abs. 4 BUrlG ergeben. Dies folgt – unabhängig davon, ob der Geschäftsführer nach nationalem Recht als Arbeitnehmer anzusehen ist – aus einer mit Art. 7 RL 2003/88/EG konformen Auslegung der Vorschrift. Maßgeblich ist der unionsrechtliche Arbeitnehmerbegriff (BAG v. 25.7.2023, 9 AZR 43/22).

Fremdgeschäftsführer einer GmbH sind bei der Berechnung des Schwellenwerts gem. § 23 Abs. 1 Satz 3 KSchG („Kleinbetriebsklausel") nicht mitzuzählen (BAG v. 27.4.2021, 2 AZR 540/20).

Nach der Rechtsprechung des BAG ist ferner bei Geschäftsführerverträgen grds., sofern keine anderweitige Regelung besteht, § 621 BGB mit einem erheblich verkürzten Fristenregime im Vergleich zu der für Arbeitnehmer geltenden Regelung des § 622 BGB anzuwenden (BAG v. 11.6.2020, 2 AZR 374/19). Mit der Fassung des § 622 BGB hat der Gesetzgeber – so das BAG – die Anbindung der Kündigungsfristenregelung an das Arbeitsverhältnis betont. Jedoch ist nichts dafür ersichtlich, dass er die Kündigungsfristenregelung für Geschäftsführer dort verordnet sehen wollte.

Zu beachten gilt jedoch: Macht ein abberufenes Organmitglied i.R. einer Kündigungsschutzklage den Fortbestand eines seiner Auffassung nach begründetem und weiter bestehendem Arbeitsverhältnis geltend, so liegt ein sog. **sic-non-Fall** vor. In diesen Fällen (sic-non-Fälle) eröffnet bei streitiger Tatsachengrundlage die bloße Rechtsansicht der Klagepartei, es handele sich um ein Arbeitsverhältnis, den Rechtsweg zu den Arbeitsgerichten (BAG v. 26.10.2012, 10 AZB 60/12). Gleiches gilt, wenn ein ehemaliger Geschäftsführer nach Abberufung bei streitiger (Neu-)Begründung eines Arbeitsverhältnisses Entgeltfortzahlung im Krankheitsfall geltend macht und eine vertragliche Regelung zu einem solchen Anspruch fehlt, so dass er allein auf § 3 Abs. 1 EFZG gestützt werden kann. Die Klage begründet einen sic-non-Fall, in dem allein auf Grund der doppelrelevanten Rechtsansicht des Klägers, im Streitzeitraum Arbeitnehmer gewesen zu sein, der Rechtsweg zu den Arbeitsgerichten begründet ist. Indes: Werden neben der Entgeltfortzahlungsklage weitere Ansprüche geltend gemacht, ist für diese gesondert die Rechtswegzuständigkeit zu prüfen, denn sic-non-Fälle können keine Zusammenhangszuständigkeit nach § 2 Abs. 3 ArbGG begründen (LAG Düsseldorf v. 19.7.2022, 3 Ta 90/22, NZA-RR 2022, 487).

Für eine Klage eines GmbH-Geschäftsführers gegen die Kündigung seines Anstellungsvertrags durch die GmbH scheidet der Rechtsweg zu den Gerichten für Arbeitssachen jedoch aus. Nur dann, wenn der Rechtsstreit zwischen dem Mitglied des Vertretungsorgans und der juristischen Person nicht das der Organstellung zu Grunde liegende Rechtsverhältnis, sondern eine weitere Rechtsbeziehung betrifft, greift die Fiktion des § 5 Abs. 1 Satz 3 ArbGG nicht ein. Nach der Bestellung eines Arbeitnehmers zum Geschäftsführer einer GmbH ist eine weitere Rechtsbeziehung regelmäßig zu verneinen. Mit dem Abschluss des Geschäftsführer-Dienstvertrags wird das bisherige Arbeitsverhältnis des angestellten Mitarbeiters im Zweifel aufgehoben. Die wirksame Aufhebung des früheren Arbeitsverhältnisses setzt jedoch die Einhaltung des Schriftformerfordernisses nach § 623 BGB voraus. Diese wird regelmäßig durch den Abschluss eines schriftlichen Geschäftsführer-Dienstvertrags gewahrt (BAG v. 15.3.2011, 10 AZB 32/10; siehe auch LAG Düsseldorf v. 19.7.2022, 3 Ta 90/22, NZA-RR 2022, 487). Nach anderer Auffassung (LAG Schleswig-Holstein v. 10.4.2018, 1 Sa 367/17) kann der Anstellungsvertrag eines GmbH-Geschäftsführers auch mündlich aufgehoben werden.

Die folgenden **Gesetze und arbeitsrechtlichen Rechtsinstitute** können u.U. **Anwendung** finden:

- Die **Vorschriften des Gesetzes über die betriebliche Altersversorgung** sind auf den arbeitnehmerähnlichen Geschäftsführer anzuwenden (§ 17 Abs. 1 Satz 2, 3 BetrAVG). Diese sind zumeist Fremd-Geschäftsführer und Minderheiten-Gesellschafter-Geschäftsführer.
- Ein **Anspruch auf betriebliche Übung** kann allenfalls für denjenigen GmbH-Geschäftsführer gelten, der nicht oder nicht nennenswert an der Gesellschaft beteiligt ist (BGH v. 14.5.1990, II ZR 122/89). Indes darf die Anwendung dieses Grundsatzes nicht dazu führen, dass der Geschäftsführer selbst eine betriebliche Übung schafft, aus der er dann eigene Rechte gegen die Gesellschaft ableiten kann.
- Die **Vorschriften des Gleichbehandlungsgesetzes (AGG)** gelten für Geschäftsführer entsprechend, soweit sie die Bedingungen für den Zugang zur Erwerbstätigkeit sowie den beruflichen Aufstieg betreffen (§ 6 Abs. 3 AGG). Bei Sachverhalten, die etwa den Zugang zur Tätigkeit als Organmitglied oder das Fortkommen in dieser Tätigkeit beinhalten, kann sich der Geschäftsführer auf den Schutz dieses Gesetzes berufen (BGH v. 23.4.2012, II ZR 163/10; BGH v. 26.3.2019, II ZR 244/17).
- Der **Gleichbehandlungsgrundsatz** ist grds. auf den Geschäftsführer anwendbar, der nicht oder nicht nennenswert an der Gesellschaft beteiligt ist (BGH v. 14.5.1990, II ZR 122/89). Der Geschäftsführer kann aber nur Gleichbehandlung mit anderen Geschäftsführern und nicht mit leitenden Angestellten verlangen.

Nach bislang unstreitiger Auffassung vermochte sich die Ge- 2311
schäftsführerin einer GmbH nicht auf die Vorschriften des **Mutterschutzes** zu berufen. Diese Einschätzung ist durch die **Danosa-Entscheidung** des EuGH erheblich erschüttert (EuGH v. 11.11.2010, C-232/09, Danosa). Der EuGH hat entschieden, dass ein weiblicher (Fremd-)Vorstand einer lettischen Aktiengesellschaft ohne Beteiligung an der Gesellschaft dem Verbot der Kündigung aus Art. 10 Richtlinie 92/35/EWG unterfällt. Denn bei einem weiblichen Vorstand einer lettischen Aktiengesellschaft handele es sich wegen deren Weisungsgebundenheit gegenüber dem Aufsichtsrat um eine Arbeitnehmerin i.S. der Richtlinie 92/85/EWG. Der (Fremd-)Vorstand einer lettischen Aktiengesellschaft soll dem Fremdgeschäftsführer einer deutschen GmbH auf Grund seiner Weisungsgebundenheit gegenüber den Gesellschaftern nach § 37 Abs. 1 GmbHG nahestehen. Ob nach dem (richtigen) Verständnis des lettischen Rechts der Vorstand einer Aktiengesellschaft tatsächlich ähnlich weisungsgebunden ist wie der Geschäftsführer einer deutschen GmbH, kann dabei dahinstehen. Denn jedenfalls die Ausführungen des EuGH in der Entscheidung zur erforderlichen Weisungsgebundenheit für die Annahme der Arbeitnehmereigenschaft dürften der Weisungsgebundenheit eines Fremd- bzw. Minderheitsgeschäftsführers einer deutschen GmbH entsprechen. In der Danosa-Entscheidung ging es allerdings nicht um die Kündigung des Dienstvertrags mit dem schwangeren Vorstand. Vielmehr ging es um die Abberufung aus dem Amt, also um die Beendigung der Organstellung. Der EuGH unterstellte auch dies dem **Schutz des Art. 10 Richtlinie 92/85/EWG**.

Mit dem Gesetz zur Ergänzung und Änderung der Regelungen für 2312
die gleichberechtigte Teilhabe von Frauen an Führungspositionen in der Privatwirtschaft und im öffentlichen Dienst („FüPoG II") v. 7.8.2021 (BGBl. I 2021, 3311) wurde im Juni 2021 das Recht für

Geschäftsführer einer GmbH, Vorstandsmitglieder einer AG und geschäftsführende Direktoren börsennotierter Europäischer Aktiengesellschaften (SE) eingeführt, ihr Mandat i.R. des Mutterschutzes, der Elternzeit, der Pflege eines pflegebedürftigen Familienangehörigen oder im Fall von Krankheit ruhen zu lassen. Hierzu können sie den Widerruf ihrer Bestellung verbunden mit dem Recht auf Wiederbestellung ersuchen, wenn sie wegen einem der angegebenen Gründe ihren mit ihrer Bestellung verbundenen Pflichten vorübergehend nicht nachkommen können. Der Widerruf hat zur Folge, dass die Organpflichten in dem maßgeblichen Zeitraum nicht greifen und demzufolge für den Zeitraum auch kein Haftungsrisiko droht. Das Schicksal des Anstellungsvertrags hängt vom Einzelfall ab. In der Zukunft kann es ratsam sein, für diesen Fall Regelungen zu treffen.

Im Fall des Mutterschutzes gilt, dass die Wiederbestellung nach Ablauf des Zeitraums der im Mutterschutzgesetz genannten Schutzfristen zugesichert wird. In den anderen vom Gesetz genannten Fällen wird sie nach einem Zeitraum von bis zu drei Monaten entsprechend dem Verlangen des Organmitglieds zugesichert. Anders als in den Fällen des Widerrufs wegen Mutterschutzes kann in diesen Fällen bei Vorliegen eines wichtigen Grundes aber von dem Widerruf der Bestellung abgesehen werden. Die Wiederbestellung darf – ohne Anspruch der Organmitglieder – bis zu einer Höchstfrist von bis zu zwölf Monaten zugesichert werden. Voraussetzung des Widerrufes der Bestellung ist dabei in allen Fällen, dass mindestens ein weiteres Mitglied im Leitungsorgan der Gesellschaft verbleibt.

2313 Der EuGH hat nunmehr ferner entschieden, dass **Fremd-Geschäftsführer** einer GmbH Arbeitnehmer i.S.d. Massenentlassungsrechts sind. Fremd-Geschäftsführer müssen daher künftig in die Berechnung der maßgeblichen Schwellenwerte einbezogen werden und können ggf. sogar die Unwirksamkeit ihrer eigenen Kündigung geltend machen, wenn diese von der Anzeige an die Agentur für Arbeit nicht erfasst war (EuGH v. 9.7.2015, C-229/14, Balkaya). In der betrieblichen Praxis ergeben sich aus der neuen Rechtsprechung des EuGH sowohl Konsequenzen für die Berechnung der für § 17 KSchG maßgeblichen Schwellenwerte als auch für das Konsultations- und das Anzeigeverfahren. Fremd-Geschäftsführer sind Arbeitnehmer im unionsrechtlichen Sinne und demnach künftig bei der Ermittlung der für § 17 KSchG maßgeblichen Schwellenwerte mitzuzählen. Das gilt vorsorglich auch für Minderheitsgesellschafter-Geschäftsführer. Als Arbeitnehmer im unionsrechtlichen Sinne müssen Fremd-Geschäftsführer und im Zweifel auch Minderheitsgesellschafter-Geschäftsführer bei dem nach § 17 Abs. 2 KSchG durchzuführenden Konsultationsverfahren berücksichtigt werden. Die Kündigung eines Geschäftsführers ist jedoch nicht unwirksam, wenn das Konsultationsverfahren unterbleibt oder der Geschäftsführer nicht in die gegenüber dem Betriebsrat erforderlichen Angaben einbezogen wird. Denn die Definition der Arbeitnehmervertretung im Massenentlassungsrecht wurde gem. Art. 1 Abs. 1 Buchst. b der **Massenentlassungs-Richtlinie** ausdrücklich dem nationalen Gesetzgeber überlassen und nach deutschem Verständnis ist der Betriebsrat nicht für die Interessenvertretung des Geschäftsführers zuständig.

Des Weiteren können sich die i.R. einer Massenentlassung gekündigten Arbeitnehmer nicht mit der Begründung auf die Unwirksamkeit ihrer Kündigungen berufen, dass ein ebenfalls entlassener Geschäftsführer nicht in das Konsultationsverfahren einbezogen wurde, da sich dieser Umstand nicht unmittelbar auf die gekündigten Arbeitnehmer bezieht. Schließlich müssen Fremd-Geschäftsführer und im Zweifel auch Minderheitsgesellschafter-Geschäftsführer in das Anzeigeverfahren gem. § 17 Abs. 3 KSchG einbezogen werden. Geschieht dies nicht, besteht das Risiko, dass ein i.R. einer Massenentlassung gekündigter Geschäftsführer seine Kündigung unter Hinweis auf die Balkaya-Entscheidung gerichtlich zu Fall bringt.

In den nicht seltenen Fällen, in denen ein Arbeitnehmer aus einem Arbeitsverhältnis zum Geschäftsführer „aufgestiegen" ist, stellt sich nach (unfreiwilliger) Beendigung des Dienstvertrags die Frage nach dem **Wiederaufleben des vorherigen Arbeitsvertrags**. Insoweit geht das BAG nunmehr in ständiger Rechtsprechung (z.B. zuletzt BAG v. 5.6.2008, 2 AZR 754/06; BAG v. 3.2.2009, 5 AZB 100/08) von folgendem **Grundsatz** aus: In dem Abschluss eines Geschäftsführer-Dienstvertrags durch einen angestellten Mitarbeiter liegt im Zweifel die konkludente Aufhebung des bisherigen Arbeitsverhältnisses. Nach dem Willen der vertragsschließenden Parteien soll regelmäßig neben dem Dienstverhältnis nicht noch ein Arbeitsverhältnis ruhend fortbestehen. Dem Arbeitnehmer muss im Regelfall klar sein, dass er, wenn nicht anderes vereinbart wird, mit dem Abschluss eines Geschäftsführer-Dienstvertrags seinen Status als Arbeitnehmer aufgibt (vgl. LAG Schleswig-Holstein v. 10.4.2018, 1 Sa 367/17). Die vertraglichen Beziehungen werden auf eine neue Grundlage gestellt, die bisherige Grundlage verliert ihre Bedeutung. Eine andere Auslegung kommt nur in Ausnahmefällen in Betracht, für die zumindest deutliche Anhaltspunkte vorliegen müssen. Insoweit endet auch ein „Einarbeitungsarbeitsverhältnis" mit der Bestellung zum Geschäftsführer (LAG Mecklenburg-Vorpommern v. 27.11.2013, 3 Sa 116/13). Ein Anstellungsvertrag eines GmbH-Geschäftsführers kann – vorbehaltlich anderslautender wirksamer vertraglicher Vereinbarung – auch mündlich aufgehoben werden (LAG Schleswig-Holstein v. 10.4.2018, 1 Sa 367/17).

Soweit eingewendet worden ist, die **Auflösung** des bis dahin bestehenden Arbeitsverhältnisses durch den Geschäftsführerdienstvertrag sei wegen fehlender **Schriftform** nach § 623 BGB unwirksam, so dass der Arbeitsvertrag fortbestehe, lehnt das BAG (seit BAG v. 19.7.2007, 6 AZR 774/06) dies ab: Mit dem schriftlichen Geschäftsführerdienstvertrag ist das Schriftformerfordernis des § 623 BGB gewahrt. Etwas anderes gilt allerdings, wenn der **Geschäftsführer-Dienstvertrag** nicht schriftlich, sondern nur **mündlich** abgeschlossen worden ist; dann besteht der ursprüngliche Arbeitsvertrag fort (BAG v. 15.3.2011, 10 AZB 32/10). Etwas anderes gilt auch, wenn der (neue) Geschäftsführerdienstvertrag mit einer anderen Gesellschaft abgeschlossen wird (BAG v. 24.10.2013, 2 AZR 1078/12).

Zur **persönlichen Haftung** des GmbH-Geschäftsführers gilt: Die Haftung für Verbindlichkeiten der Gesellschaft ist nach § 13 Abs. 2 GmbHG auf das Gesellschaftsvermögen beschränkt. Den Geschäftsführer trifft nur in den Fällen eine Eigenhaftung, in denen ein besonderer Haftungsgrund vorliegt (BAG v. 12.4.2011, 9 AZR 229/10). Spiegelt z.B. der Geschäftsführer einer GmbH-Arbeitgeberin vor, die tariflich vorgeschriebene **Insolvenzsicherung** aus einem Altersteilzeitarbeitsverhältnis sei erfolgt, kann dies wegen Betrugs seine persönliche **Schadensersatzpflicht** begründen. Der Geschäftsführer haftet dann persönlich für den Schaden, den der Arbeitnehmer durch die (teilweise) Nichterfüllung seines erarbeiteten und nicht gesicherten Wertguthabens in der Insolvenz entsteht (BAG v. 13.2.2007, 9 AZR 207/06). Allgemein haftet aber ein Geschäftsführer ohne besonderen Haftungsgrund nicht persönlich für eine unterbliebene Insolvenzsicherung von Wertguthaben aus Altersteilzeit im Blockmodell (BAG v. 23.2.2016, 9 AZR 293/15).

Auch für eine sog. **Sachwalterhaftung** von Organmitgliedern genügt das eigenwirtschaftliche Interesse am Erhalt einer Geschäftsführerposition nicht (BAG v. 20.3.2014, 8 AZR 45/13).

2. Lohnsteuer

a) Geschäftsführer von Kapitalgesellschaften

Der **Geschäftsführer** als gesetzlicher Vertreter einer Kapitalgesellschaft, der als Organ in den Organismus der Gesellschaft eingegliedert ist, kann je nach den Gesamtumständen des Einzelfalls **Arbeitnehmer oder auch selbständig tätig sein**; die Organstellung des GmbH-Geschäftsführers steht dem nach geänderter BFH-Rechtsprechung nicht entgegen (zuletzt FG Hamburg v. 4.3.2014, 3 K 175/13, m.w.N.). 2314

Gegen die Beurteilung als selbständig sprechen allerdings ein Urlaubsanspruch, der Anspruch auf sonstige Sozialleistungen oder die Fortzahlung der Bezüge im Krankheitsfall, insbesondere bei festen Bezügen. Letzteres gilt auch für den Geschäftsführer einer Steuerberatungsgesellschaft (BFH v. 7.5.1997, V R 28/96, HFR 1998, 121 und BFH v. 4.12.2000, V B 15/00, m.w.N.) sowie für den Fall, dass der Geschäftsführer der Ehemann der Alleingesellschafterin einer GmbH ist (BFH v. 17.6.1998, V B 2/98). Weist der von den Gesellschaftern abgeschlossene Beratervertrag mit dem alleinigen GmbH-Geschäftsführer alle typischen Wesensmerkmale eines Vertrags über eine **freie Mitarbeit** auf (insbesondere keine Weisungsgebundenheit), so ist dessen Tätigkeit als selbständig anzusehen (FG Berlin v. 6.3.2006, 9 K 2574/03, EFG 2006, 1425).

LSt SV

Beispiel:

A, Hauptgeschäftsführer eines Verbands, ist nach seiner Pensionierung zum Geschäftsführer einer GmbH bestellt worden mit dem Ziel, seine Kenntnisse und Verbindungen in den Dienst der GmbH zu stellen. Ein schriftlicher Anstellungsvertrag existiert nicht, A erhält eine monatliche pauschale Aufwandsentschädigung von rund 700 €. Diese Aufwandsentschädigung wurde von der GmbH nicht der Lohnsteuer unterworfen, weil sie A als „freien Mitarbeiter" ansah. Das Finanzamt hat nach einer Lohnsteuer-Außenprüfung von der GmbH Lohnsteuer nachgefordert.

Das FG Rheinland-Pfalz hat dem Finanzamt recht gegeben (FG Rheinland-Pfalz v. 1.6.1994, 1 K 1422/93, EFG 1995, 29). Begründung: Geschäftsführer juristischer Personen des privaten Rechts sind Arbeitnehmer. Ihre Eingliederung in den geschäftlichen Organismus des Unternehmens ergibt sich für diese Personen gerade daraus, dass es sich um eines der „Organe" der juristischen Person handelt. Der ihnen bei Erledigung ihrer Obliegenheiten naturgemäß eingeräumte weit reichende Gestaltungsspielraum ändert hieran nichts. Als Geschäftsführer ist A gehalten, den Beschlüssen und Weisungen der Gesellschafterversammlung und auch des Aufsichtsrats Folge zu leisten.

Zweifelhaft ist, ob der bestellte Geschäftsführer einer GmbH, der mit dieser keinen Dienst- oder Anstellungsvertrag geschlossen hat, aber in erster Linie den **Weisungen einer anderen GmbH** untersteht, Arbeitnehmer der erstgenannten GmbH ist (s. dazu FG Sachsen-Anhalt v. 14.10.2002, 1 K 159/98, EFG 2003, 355).

Aufwendungen im Zusammenhang mit dem Anfrageverfahren nach § 7a SGB IV (sog. **Statusfeststellungsverfahren**) sind durch das Arbeitsverhältnis veranlasst und deshalb als **Werbungskosten** bei den Einkünften aus nichtselbständiger Arbeit zu berücksichtigen (BFH v. 6.5.2010, VI R 25/09, BStBl II 2010, 851 betr. Feststellung der Sozialversicherungspflicht eines GmbH-Geschäftsführers).

b) Geschäftsführer von Personengesellschaften

2315 Der **hauptberufliche Geschäftsführer** einer Personengesellschaft (Offene Handelsgesellschaft – OHG, Kommanditgesellschaft – KG, Gesellschaft bürgerlichen Rechts – GbR), der am Unternehmen nicht beteiligt ist, ist regelmäßig **Arbeitnehmer**.

LSt SV

Ist er auch am **Unternehmen beteiligt**, ist er **Mitunternehmer** und erzielt **Einkünfte aus Gewerbebetrieb** i.S.d. § 15 Abs. 1 Nr. 2 EStG.

c) Geschäftsführer von Vereinen

2316 Der Geschäftsführer eines Vereins kann **selbständig** tätig sein, wenn er wie ein **freier Mitarbeiter tätig** ist. Dies ist bei dem Geschäftsführer eines Lohnsteuerhilfevereins u.a. deshalb anerkannt worden, weil er zur Abgeltung seiner Aufwendungen einschließlich der Aufwendungen für evtl. beschäftigte Hilfskräfte eine nach den Bruttobeitragseinnahmen des Vereins bemessene Vergütung erhielt (BFH v. 18.5.1988, X R 57/81).

LSt SV

3. Sozialversicherung

2317 Bei Geschäftsführern, die nicht am Stammkapital der GmbH beteiligt sind (sog. **Fremdgeschäftsführer**), liegt nach der Rechtsprechung des BSG grds. ein **abhängiges und damit sozialversicherungspflichtiges Beschäftigungsverhältnis** vor (vgl. BSG v. 22.8.1973, 12 RK 24/72; BSG v. 24.6.1982, 12 RK 45/80). In seinem Urteil v. 22.8.1973, 12 RK 24/72, hat sich das BSG ausführlich mit der versicherungsrechtlichen Beurteilung von Fremdgeschäftsführern auseinandergesetzt und ein abhängiges Beschäftigungsverhältnis festgestellt. Insbesondere hat es dargelegt, dass allein aus der weisungsfreien Ausführung einer fremdbestimmten Arbeit nicht auf eine selbständige Tätigkeit geschlossen werden kann, da der Fremdgeschäftsführer ansonsten in einer nicht von ihm selbst gegebenen Ordnung des Betriebs eingegliedert ist und auch nur i.R. des Gesellschaftsvertrags und der Gesellschafterbeschlüsse handeln darf, so dass er – selbst bei Belassung großer Freiheiten – der Überwachung durch die Gesellschafter unterliegt (vgl. § 46 Nr. 6 GmbHG). Dies gilt auch dann, wenn die Gesellschafter von ihrer Überwachungsbefugnis regelmäßig keinen Gebrauch machen. Die Weisungsgebundenheit des Fremdgeschäftsführers verfeinert sich dabei – wie bei Diensten höherer Art üblich – zur funktionsgerecht dienenden Teilhabe am Arbeitsprozess (vgl. auch BSG v. 29.3.1962, 3 RK 74/57; BSG v. 29.8.1963, 3 RK 86/59; BSG v. 18.12.2001, B 12 KR 10/01 R). Dem steht nicht entgegen, dass Fremdgeschäftsführer – gegenüber den sonstigen Arbeitnehmern – Funktionen eines Arbeitgebers wahrnehmen, denn auch wer selbst Arbeitgeberfunktionen ausübt, kann seinerseits – als leitender Angestellter – bei einem Dritten persönlich abhängig beschäftigt sein (vgl. BSG v. 13.12.1960, 3 RK 2/56); im Übrigen fehlt ihm das die selbständige Tätigkeit kennzeichnende Unternehmerrisiko. In seinem Urteil zu einem Gesellschafter-Geschäftsführer v. 24.6.1982, 12 RK 45/80, hat das BSG in seiner Entscheidungsbegründung hinsichtlich der versicherungsrechtlichen Beurteilung von Fremdgeschäftsführern noch einmal bestätigt, dass diese grds. abhängig beschäftigt sind. Ebenso fehlt es an einer die Beschäftigung eines Fremdgeschäftsführers einer GmbH ausschließenden Rechtsmacht, wenn er alleinvertretungsberechtigter Gesellschafter-Geschäftsführer einer Holding-GmbH als Gesellschafterin der GmbH ist, die Holding-GmbH aber noch über einen weiteren alleinvertretungsberechtigten und gleichberechtigten Gesellschafter-Geschäftsführer verfügt (vgl. BSG v. 20.2.2024, B 12 KR 1/22 R). Fraglich war in diesem Fall, ob der Geschäftsführer einer GmbH der Versicherungspflicht im Rahmen eines abhängigen Beschäftigungsverhältnisses unterliegt. Gesellschafter dieser GmbH zu je 50 % war neben einer natürlichen Person auch eine Holding-GmbH, in der wiederum der Betroffene und seine Ehefrau jeweils zu 50 % Gesellschafter und gleichzeitig alleinvertretungsberechtigte Geschäftsführer der Holding-GmbH waren. Zu Gesellschafter-Geschäftsführer s.a. → *Gesellschafter/Gesellschafter-Geschäftsführer* Rz. 2322.

Berater (zur Haftung eines Steuerberaters in der Lohnbuchhaltung vgl. OLG Hamm v. 8.4.2022, 25 U 42/20) und Arbeitgeber sollten bei Fragen zur Sozialversicherungspflicht entweder eine spezialisierte Beratung suchen oder aber ein Verfahren auf Feststellung des Erwerbsstatus (§ 7a SGB IV; → *Statusfeststellungsverfahren* Rz. 3977) anstreben. Letzteres schafft zusätzlich Verbindlichkeit, auf die sich die Arbeitgeber in späteren Beitragsverfahren ggf. berufen können. Das gilt umso mehr, als das neue Verfahren der Feststellung des Erwerbsstatus auch die Möglichkeit eröffnet, den Erwerbsstatus bereits vor Beginn des Vertragsverhältnisses prüfen zu lassen.

Geschäftsjubiläum

→ *Jubiläumsgeschenke* Rz. 2653

Geschäftswagen zur privaten Nutzung

→ *Firmenwagen zur privaten Nutzung* Rz. 2121

Geschenke

1. Arbeitslohn

Zu sog. **Gelegenheitsgeschenken des Arbeitgebers** → *Gelegenheitsgeschenke* Rz. 2285. 2318

Geschenke an Geschäftspartner führen bei diesen grds. zu Betriebseinnahmen. Sofern Geschenke an **Arbeitnehmer des Geschäftspartners** erfolgen, liegt grds. **Arbeitslohn von dritter Seite** vor (§§ 8 Abs. 2 Satz 1, 38 Abs. 1 Satz 3 EStG sowie zuletzt FG Bremen v. 17.1.2017, 1 K 111/16 (5)).

Aufwendungen eines Unternehmens für sog. **VIP-Logen** in Sportstätten und bei ähnlichen Sachverhalten sollen i.d.R. mehreren Zwecken dienen (Werbung, Bewirtung von Geschäftsfreunden und Arbeitnehmern und Geschenke an Geschäftsfreunde und Arbeitnehmer). Soweit die Aufwendungen auf **Geschenke entfallen**, kann die Einkommensteuer nach **§ 37b EStG pauschal mit 30 % erhoben** werden (→ Rz. 2321). Für die Aufteilung der Gesamtaufwendungen können die sog. VIP-Logen-Erlasse (BMF v. 22.8.2005, IV B 2 – S 2144 – 41/05, BStBl I 2005, 845; BMF v. 11.7.2006, IV B 2 – S 2144 – 53/06, BStBl I 2006, 447) weiter angewendet werden (→ *Pauschalierung der Einkommensteuer bei Sachzuwendungen* Rz. 3315). Voraussetzung für die Besteuerung ist lediglich, dass ein Veranlassungszusammenhang zwischen dem Dienstverhältnis und der Zuwendung besteht. Es kommt dagegen nach der ausdrücklichen Regelung in § 19 Abs. 1 Satz 2 EStG nicht darauf an, ob auf die Zuwendung ein **Rechtsanspruch** besteht.

Ermöglicht ein Unternehmen seinen Arbeitnehmern und Geschäftsfreunden die Nutzung von **Stadion-Dauerkarten für Spiele eines Bundesliga-Vereins**, kann darin die Gewährung von betrieblich veranlassten Zuwendungen, die zusätzlich zur ohnehin vereinbarten Leistung oder Gegenleistung erbracht werden, zu erblicken sein. Der durch die Verschaffung der Gelegenheiten zum Besuch des Spiels erlangte Vorteil stellt bei den betreffenden **Arbeitnehmern Arbeitslohn** und bei den betreffenden Geschäftspartnern bzw. deren Arbeitnehmern steuerpflichtige Einnahmen i.R. der für sie jeweils maßgeblichen Einkunftsart (§§ 15, 19 EStG) dar. Dabei kommt es für die Feststellung einer steuerpflichtigen Einnahme beim Begünstigten und die Qualifikation als Geschenk nicht darauf an, ob der Zuwendende einen Betriebsausgabenabzug vornehmen kann. Ein allgemeines materiell-rechtliches Korrespondenzprinzip existiert nicht. Die Erstattung nicht abzugsfähiger Betriebsausgaben ist trotz ihrer Nichtabzugsfähigkeit als Betriebseinnahme zu erfassen (BFH v. 14.7.2020, XI B 1/20, betr. Betriebsausgaben-Abzugsverbot für Geschenke bei Kostenerstattung durch Dritte).

Bei der Nachforderung von pauschalierter Einkommensteuer (§ 37b EStG) ist die Bemessungsgrundlage nicht um einen Anteil für Werbeaufwand zu kürzen (vgl. BMF v. 22.8.2005, IV B 2 – S 2144 – 41/05, BStBl I 2005, 845), wenn die vom Sportverein gegenüber dem Unternehmen erbrachten Leistungen sich auf die Gewährung des Zutritts zum Tribünenbereich bei Spielen sowie auf Nebenleistungen (hier: Business Seats auf der Tribüne, Vorkaufsrecht auf Sonderspiele, Zutritt zum „VIP-Club", Parkplätze, Hostessenservice) beschränkten und die Aufwendungen nicht für die Erbringung von Werbeleistungen erbracht wurden (**FG Bremen** v. 21.9.2017, 1 K 20/17 (5)).

S. zur Überlassung von **VIP-Karten** für Bundesligaspiele an Geschäftsfreunde und Arbeitnehmer auch BFH v. 23.11.2023, VI R 15/21, BStBl II 2024, 563.

Wenn der Arbeitnehmer für den Arbeitgeber **Werbegeschenke für die Kunden** des Arbeitgebers kauft und ihm dieser die Aufwendungen dafür ersetzt, handelt es sich um **Auslagenersatz**, der weder steuer- noch beitragspflichtig ist (→ *Auslagenersatz und durchlaufende Gelder* Rz. 916).

2. Betriebsausgabenabzug

2319 Nach § 4 Abs. 5 Satz 1 Nr. 1 EStG dürfen Aufwendungen für betrieblich veranlasste **Geschenke** an natürliche Personen, die nicht Arbeitnehmer des Stpfl. sind, oder an juristische Personen **grds. nicht abgezogen** werden. Der **Geschenkbegriff** des § 4 Abs. 5 Satz 1 Nr. 1 EStG entspricht dem **Begriff der bürgerlich-rechtlichen Schenkung**. Eine Schenkung ist nach § 516 Abs. 1 BGB eine Zuwendung, durch die jemand aus seinem Vermögen einen anderen bereichert, wenn beide Teile darüber einig sind, dass die **Zuwendung unentgeltlich erfolgt**. Das Abzugsverbot ist auch dann anzuwenden, wenn ein Dritter dem Schenker die Kosten des Geschenks erstattet (BFH v. 14.7.2020, XI B 1/20, betr. Betriebsausgaben-Abzugsverbot für Geschenke bei Kostenerstattung durch Dritte).

Das **Abzugsverbot gilt dagegen nicht**, wenn die Anschaffungs- oder Herstellungskosten (AK/HK) der dem Empfänger im Wirtschaftsjahr zugewendeten Gegenstände insgesamt **50 €** (von 2004 bis 2023: 35 €) nicht übersteigen und einzeln und getrennt aufgezeichnet werden (§ 4 Abs. 7 EStG). Dies gilt auch, wenn die Werbegeschenke vom **Arbeitnehmer eingekauft** werden und der Arbeitgeber die Auslagen ersetzt. Wird die Freigrenze von 50 € im Kalenderjahr überschritten, sind die Aufwendungen insgesamt nicht als Betriebsausgaben abziehbar.

Bei Zuwendungen an Dritte handelt es sich regelmäßig um Geschenke i.S.d. § 4 Abs. 5 Satz 1 Nr. 1 Satz 1 EStG und R 4.10 Abs. 4 Satz 1 bis 5 EStR oder **Incentives** (z.B. Reise- oder Sachpreise auf Grund eines ausgeschriebenen Verkaufs- oder Außendienstwettbewerbs). Geschenke in diesem Sinne sind auch **Nutzungsüberlassungen**. Zuzahlungen des Zuwendungsempfängers ändern nicht den Charakter als Zuwendung; sie mindern lediglich die Bemessungsgrundlage. Zuzahlungen Dritter (z.B. Beteiligung eines anderen Unternehmers an der Durchführung einer Incentive-Reise) mindern die Bemessungsgrundlage hingegen nicht. **Aufmerksamkeiten** i.S. der R 19.6 Abs. 1 LStR (→ *Annehmlichkeiten* Rz. 166), die dem Empfänger aus Anlass eines besonderen persönlichen Ereignisses zugewendet werden, führen nicht zu steuerbaren und steuerpflichtigen Einnahmen (BMF v. 28.6.2018, IV C 6 – S 2297-b/14/10001, BStBl I 2018, 814).

Keine Geschenke sind beispielsweise Kränze und Blumen bei Beerdigungen, Spargeschenkgutscheine der Kreditinstitute und darauf beruhende Gutschriften auf dem Sparkonto anlässlich der Eröffnung des Sparkontos oder weitere Einzahlungen und Preise anlässlich eines Preisausschreibens oder einer Auslobung. Zu den Geschenken i.S.d. § 4 Abs. 5 Satz 1 Nr. 1 EStG rechnen ebenfalls **nicht die Bewirtung**, die damit verbundene Unterhaltung und die Beherbergung von Personen aus geschäftlichem Anlass (vgl. R 4.10 Abs. 1 bis 5 EStR sowie BayLfSt v. 22.11.2017, S 2371.1.1 – 3/1 St32).

Wird eine Ware oder Leistung neben einer entgeltlich bezogenen Hauptware oder -leistung ohne besondere Berechnung angeboten, angekündigt oder gewährt (sog. **Zugabe**), liegt insoweit kein Geschenk i.S.d. § 4 Abs. 5 Satz 1 Nr. 1 EStG vor (BFH v. 21.9.1993, III R 76/88, BStBl II 1994, 170).

Die Abzugsbeschränkung für Geschenke nach § 4 Abs. 5 Satz 1 Nr. 1 EStG gilt auch für Zuwendungen (sog. **Zweckgeschenke**), die nicht mit einer konkreten Gegenleistung verknüpft sind und mit denen der Geber nur allgemein das im betrieblichen Interesse liegende Wohlwollen des Bedachten (**Verbesserung der Geschäftsbeziehungen**) erringen möchte (BFH v. 22.9.2015, I B 1/15: eine GmbH übernahm für den Gesellschafter-Geschäftsführer einer mit ihr in Geschäftsbeziehung stehenden KG Kosten für die Reparatur seines Pkw), sowie für **Werbegeschenke** (FG Baden-Württemberg v. 12.4.2016, 6 K 2005/11, EFG 2016, 1197).

Zur Frage des Betriebsausgabenabzugs für ein Gästehaus außerhalb des Orts „eines Betriebs" des Stpfl. und zu den Anforderungen an den Begriff „außerhalb des Orts eines Betriebs" i.S.d. § 4 Abs. 5 Satz 1 Nr. 3 EStG s. BFH v. 24.5.2023, XI R 37/20.

Bei der Freigrenze von 50 € (von 2004 bis 2023: 35 €) sind auch Geschenke zu berücksichtigen, die mit Rücksicht auf die Geschäftsbeziehung an Personen gegeben werden, die dem Geschäftsfreund persönlich nahestehen. Wird der **Ehepartner des Geschäftsfreundes beschenkt**, wird der Geschäftsfreund mittelbar zum Empfänger des Geschenks, denn der Ehegatte wurde nur mit Rücksicht auf die geschäftliche Beziehung zum Geschäftsfreund beschenkt; jedes beschenkte Ehepaar wird wie *ein* Empfänger behandelt (FG München v. 16.2.2009, 13 K 4291/06, sowie → *Ehegatte des Arbeitnehmers* Rz. 1783).

Aufwendungen für Geschenke an (eigene) Arbeitnehmer (und deren Begleitpersonen) unterliegen nicht der Abzugsbeschränkung des § 4 Abs. 5 Satz 1 Nr. 1 EStG.

Weitere Einzelheiten s. R 4.10 (2) Abs. 2 bis 4 EStR.

3. Werbungskostenabzug

Ersetzt der Arbeitgeber dem Arbeitnehmer **nicht** die Kosten für Geschenke an Kunden usw., kann sie der Arbeitnehmer ggf. als Werbungskosten abziehen, sofern die **Hingabe der Geschenke beruflich veranlasst** ist. Aber auch hier ist die Freigrenze von **50 €** (von 2004 bis 2023: 35 €) je Empfänger und Kalenderjahr zu beachten (§ 9 Abs. 5 EStG). 2320

Für die Anerkennung einer beruflichen Veranlassung gelten dieselben Grundsätze wie für Bewirtungskosten (→ *Bewirtungskosten* Rz. 1452). Ein Werbungskostenabzug wird somit v.a. bei Arbeitnehmern mit **„erfolgsabhängigen Bezügen"** in Betracht kommen; allerdings kann sich die berufliche Veranlassung der Aufwendungen auch aus **anderen Umständen** ergeben (BFH v. 24.5.2007, VI R 78/04, BStBl II 2007, 721).

Als **Werbungskosten anerkannt** wurden z.B. Aufwendungen

- eines Beamten für kleinere Werbegeschenke („Streuware") im Vorfeld einer **Personalratswahl** (FG Berlin-Brandenburg v. 28.3.2007, 7 K 9184/06 B, EFG 2007, 1323);
- für Bewirtung und Geschenke eines **Personalrats** (BFH v. 15.11.2007, VI R 91/04, HFR 2008, 687; das Urteil betrifft zwar steuerfreie Aufwandsentschädigungen, gilt aber für den Werbungskostenabzug sinngemäß);

- eines **Arbeitnehmers mit variabler Entlohnung** für Bewirtung und Werbegeschenke (BFH v. 24.5.2007, VI R 78/04, BStBl II 2007, 721).

Nicht anerkannt wurden dagegen z.B. Aufwendungen

- eines **Schulleiters** für Geschenke an Kollegen und Mitarbeiter anlässlich von Jubiläen, Verabschiedungen, Geburtstagen, sowie von Krankheitsbesuchen von Kollegen, Elternvertretern sowie Besuchern der Schule (FG Bremen v. 17.1.2008, 4 K 168/07 (6), EFG 2008, 1281);
- eines **Priesters** für Geschenke an Mitarbeiter der Kirchengemeinde (BFH v. 5.11.2008, VI B 73/08);
- eines **Bankmitarbeiters** für Eintrittskarten zum Besuch der Semperoper an Bankkunden (FG Köln v. 21.1.2008, 12 K 5376/04);
- eines **Unternehmensberaters** für die Überlassung von Eintrittskarten und Dauerkarten an Geschäftspartner, die den Wert von 35 € (seit 2024 50 €) übersteigen (FG Hamburg v. 23.6.2015, 2 V 74/15).

4. Pauschalierung der Einkommensteuer

2321 Nach § 37b EStG können Stpfl. aus Vereinfachungsgründen die Einkommensteuer für **Sachzuwendungen**, und zwar für

- betrieblich veranlassten Zuwendungen, die zusätzlich zur ohnehin vereinbarten Leistung oder Gegenleistung erbracht werden (hierzu gehören z.B. Eintrittskarten für den Besuch sportlicher, kultureller oder musikalischer Veranstaltungen oder auch Incentive-Reisen),
- und **Geschenke** i.S.d. § 4 Abs. 5 Satz 1 Nr. 1 EStG,

sowohl an **Nichtarbeitnehmer** des Stpfl. (z.B. Kunden, Geschäftsfreunde, deren Arbeitnehmer) als auch an **eigene Arbeitnehmer** des Stpfl. unter bestimmten Voraussetzungen mit einem **Pauschsteuersatz von 30 %** erheben. Diese Pauschalsteuer gilt die steuerliche Erfassung des geldwerten Vorteils beim Zuwendungsempfänger ab; steuerlicher Arbeitslohn fällt also auf der Empfängerseite nicht an.

Die **Übernahme der pauschalen Einkommensteuer** nach § 37b EStG für ein Geschenk unterliegt nach Auffassung des **BFH** als weiteres Geschenk dem Abzugsverbot des § 4 Abs. 5 Satz 1 Nr. 1 EStG, soweit bereits der Wert des Geschenks selbst oder zusammen mit der übernommenen pauschalen Einkommensteuer den Betrag von 35 € übersteigt (BFH v. 30.3.2017, IV R 13/14, BStBl II 2017, 892). Die **Finanzverwaltung** hält jedoch an ihrer **Vereinfachungsregelung** (BMF v. 19.5.2015, IV C 6 – S 2297-b/14/10001, BStBl I 2015, 468 unter Berücksichtigung der Änderungen durch BMF v. 28.6.2018, IV C 6 – S 2297-b/14/10001, BStBl I 2018, 814) fest, nach der bei der Prüfung der 50 €-Freigrenze des § 4 Abs. 5 Satz 1 Nr. 1 Satz 2 EStG (von 2004 bis 2023: 35 €) aus Vereinfachungsgründen allein auf den Betrag der Zuwendung abzustellen und die **übernommene Steuer nicht mit einzubeziehen** ist (s. den Fußnotenzusatz zur Veröffentlichung des Urteils in BStBl II 2017, 892).

Weitere Einzelheiten → *Pauschalierung der Einkommensteuer bei Sachzuwendungen* Rz. 3303.

Gesellschaft bürgerlichen Rechts

→ *Gesellschafter/Gesellschafter-Geschäftsführer* Rz. 2322

Gesellschafter/Gesellschafter-Geschäftsführer

Inhalt

1. Allgemeines

a) Arbeitsrecht

Gesellschafter einer Personen- oder Kapitalgesellschaft sind in ihrer **Gesellschaftereigenschaft** arbeitsrechtlich **nicht Arbeitnehmer**, wenn sie für die Gesellschaft tätig sind. Die **Arbeitnehmereigenschaft liegt** jedoch **vor**, wenn die Tätigkeit – was grds. zulässig ist – i.R. eines **abgeschlossenen Arbeitsvertrags** geleistet wird. Ein diesbezüglicher **Scheinarbeitsvertrag** ist unwirksam und unbeachtlich (vgl. BAG v. 9.1.1990, 3 AZR 617/88). Der **Mehrheitsgesellschafter** einer GmbH kann im Übrigen auch dann kein Arbeitnehmer der Gesellschaft sein, wenn er nicht Geschäftsführer ist (BAG v. 6.5.1998, 5 AZR 612/97). 2322

Gesellschafter, die in dem Unternehmen **wie Arbeitnehmer** gegen Bezahlung fremdbestimmte Arbeit verrichten, nehmen eine Doppelstellung ein. Dies gilt auch für **Organmitglieder** (z.B. Geschäftsführer einer Gesellschaft mit beschränkter Haftung oder Mitglieder des Vorstands einer Aktiengesellschaft), wenn sie nicht am Unternehmen beteiligt sind. Dies ist bei der lohnsteuerlichen und sozialversicherungsrechtlichen Beurteilung zu beachten. Insbesondere ist hierfür festzustellen, ob nach den tatsächlichen Verhältnissen der Gesellschafter in einem abhängigen Beschäftigungsverhältnis gegen Entgelt zur Gesellschaft steht. Da „**Mitunternehmer**" aber steuerlich – auch hinsichtlich besonderer Tätigkeitsvergütungen für die Gesellschaft – **Einkünfte aus Gewerbebetrieb** erzielen (§ 15 Abs. 1 Nr. 2 EStG), können bei dem nachfolgenden Personenkreis Lohnsteuer- und Sozialversicherungsrecht „auseinander laufen".

b) Sozialversicherung

Die Spitzenorganisationen der Sozialversicherung haben mit Datum zum 1.4.2022 das umfassende Rundschreiben aktualisiert, welches die **Grundsätze zu dem Thema Statusfeststellung von Erwerbstätigen** enthält und sich in der Anlage 3 mit der **versicherungsrechtlichen Beurteilung von Gesellschafter-Geschäftsführern, Fremdgeschäftsführern und mitarbeitenden Gesellschaftern einer GmbH, sowie Geschäftsführern einer Familien-GmbH** auseinandersetzt. Bei weiteren Einzelfragen kann daher auf das Rundschreiben bzw. die Anlage 3 verwiesen werden, welches u.a. in der werkbegleitenden Online-Datenbank erhältlich ist (s. Benutzerhinweise auf S. IV). 2323

2. Gesellschaft bürgerlichen Rechts (BGB-Gesellschaft)

a) Rechtliche Grundlagen

In einer BGB-Gesellschaft (§ 705 BGB) haben alle Gesellschafter in gleicher Weise Rechte und Pflichten. Die Geschäftsführung steht grds. allen Gesellschaftern gemeinschaftlich zu (§ 715 Abs. 1 i.V.m. Abs. 3 BGB). Durch persönliche Mitarbeit und **persönliche Haftung** wird die BGB-Gesellschaft geprägt. Die Gesellschafter haften grds. als Gesamtschuldner und mit ihrem Privatvermögen. 2324

b) Lohnsteuer, Einkunftsart

2325 Die Gewinnanteile der Gesellschafter gehören in vollem Umfang zu den **Einkünften aus Gewerbebetrieb** und unterliegen somit nicht dem Lohnsteuerabzug. Dies gilt nach § 15 Abs. 1 Nr. 2 EStG auch für **zusätzliche Vergütungen**, die der Gesellschafter von der Gesellschaft für seine **Tätigkeit im Dienst der Gesellschaft** bezogen hat, selbst wenn er mit der Gesellschaft ein Arbeitsverhältnis abgeschlossen hat (z.B. als Geschäftsführer); Arbeitslohn wird somit in **gewerbliche Einkünfte** „umqualifiziert“ (vgl. BFH v. 24.1.1980, IV R 156 – 157/78, BStBl II 1980, 271 betr. frühere Arbeitnehmer einer KG, die nach Erwerb eines Kommanditanteils Mitunternehmer wurden, mit der Folge, dass sie keinen dem Lohnsteuerabzug unterliegenden Arbeitslohn mehr erhielten).

c) Sozialversicherung

2326 Auf Grund des besonderen Unternehmerrisikos stehen die Gesellschafter im sozialversicherungsrechtlichen Sinne **nicht in einem Beschäftigungsverhältnis zur Gesellschaft**, selbst wenn sie im Betrieb mitarbeiten.

~~LSt~~ ~~SV~~

3. Offene Handelsgesellschaft (OHG)

a) Rechtliche Grundlagen

2327 Wie bei der BGB-Gesellschaft wird die OHG von allen Gesellschaftern gemeinschaftlich geführt (§ 105 HGB). Auch die Geschäftsführung ist Sache der Gesellschafter. Nach den Regelungen des HGB (§ 123 HGB) haften die Gesellschafter nicht nur mit ihrem Gesellschaftsvermögen, sondern **auch mit ihrem Privatvermögen**. Ihre Tätigkeit für die OHG ist von einem hohen Unternehmerrisiko geprägt.

b) Lohnsteuer, Einkunftsart

2328 Wie bei der BGB-Gesellschaft gehören die Gewinnanteile und Tätigkeitsvergütungen zu den **Einkünften aus Gewerbebetrieb** (§ 15 Abs. 1 Nr. 2 EStG) und unterliegen somit nicht dem Lohnsteuerabzug.

c) Sozialversicherung

2329 Eine Beschäftigung im sozialversicherungsrechtlichen Sinne liegt nicht vor.

~~LSt~~ ~~SV~~

4. Kommanditgesellschaft (KG)

a) Rechtliche Grundlagen

2330 Bei einer Kommanditgesellschaft (§ 161 HGB) ist bei einem Teil der Gesellschafter die Haftung auf die Gesellschaftsanteile beschränkt (**Kommanditisten**). Bei den anderen Gesellschaftern besteht hinsichtlich der Haftung keine Einschränkung. Sie haften nicht nur mit ihren Gesellschaftsanteilen, sondern auch mit ihrem Privatvermögen (**Komplementäre**).

b) Kommanditisten

aa) Lohnsteuer, Einkunftsart

2331 Wie bei der BGB-Gesellschaft und der OHG gehören die Gewinnanteile und Tätigkeitsvergütungen zu den **Einkünften aus Gewerbebetrieb** (§ 15 Abs. 1 Nr. 2 EStG) und unterliegen somit nicht dem Lohnsteuerabzug. Dies gilt auch für einen Kommanditisten, der gleichzeitig Gesellschafter-Geschäftsführer der Komplementär-GmbH ist (vgl. OFD Frankfurt v. 6.3.2007, S 2241 A – 98 – St 213, DB 2007, 1612 zur steuerlichen Behandlung einer Entlassungsentschädigung).

Die **Arbeitgeberanteile zur Sozialversicherung** eines Kommanditisten, der sozialversicherungsrechtlich als Arbeitnehmer der KG angesehen wird, gehören ebenfalls zu den Einkünften aus Gewerbebetrieb (BFH v. 8.4.1992, XI R 37/88, BStBl II 1992, 812).

Nur in **Ausnahmefällen** kann die Tätigkeit eines Gesellschafters für die Gesellschaft nicht durch das Gesellschaftsverhältnis veranlasst sein, so dass dann dem Lohnsteuerabzug unterliegender Arbeitslohn anzunehmen ist (vgl. BFH v. 24.1.1980, IV R 156-157/78, BStBl II 1980, 271 betr. den Fall, dass das Zusammentreffen von Mitunternehmerschaft und Arbeitsverhältnis, z.B. nach einem Erbfall, nur **vorübergehend** ist und alsbald nach dem Erbfall beendet wird).

LSt SV

bb) Sozialversicherung

Ob der Kommanditist einer KG i.R. eines Beschäftigungsverhält- 2332
nisses mitarbeitet oder ob er in seiner ausgeübten Tätigkeit selbst handelnder Mitunternehmer ist, beurteilt sich nach den Besonderheiten des Einzelfalls. Für die Abgrenzung kommt es darauf an, ob die Pflicht zur Arbeitsleistung ausschließlich und unmittelbar auf der Verpflichtung als Gesellschafter beruht oder ob der Kommanditist die Leistung gegenüber der Gesellschaft auf Grund eines außergesellschaftsrechtlichen Tatbestands erbringt. Die Vereinbarung einer Vergütung macht einen zusätzlichen Vertragsschluss erforderlich (LSG Baden-Württemberg v. 30.3.2021, L 11 BA 2509/20).

Kommanditisten einer KG, die im Betrieb mitarbeiten oder auch die Funktion des Geschäftsführers innehaben, sind durch ihre Gesellschaftsbeteiligung **nicht ohne weiteres von der Versicherungspflicht ausgeschlossen**.

Ein **Beschäftigungsverhältnis** im sozialversicherungsrechtlichen Sinne kann auch dann vorliegen, wenn der Arbeitnehmer zugleich Mitunternehmer (Kommanditist) der Gesellschaft ist. Dies gilt insbesondere dann, wenn zu Handlungen, die über das hinausgehen, was der gewöhnliche Betrieb des Handelsgewerbes mit sich bringt, ein Beschluss sämtlicher Gesellschafter erforderlich ist. Kann der Kommanditist zudem nach den ihm im Gesellschaftsvertrag eingeräumten besonderen Befugnissen bzw. einem ihm in Höhe seiner Kapitaleinlage eingeräumten Mitspracherecht keinen maßgeblichen Einfluss in der KG ausüben und somit die Gestaltung seines Arbeitsverhältnisses nicht wesentlich mitbestimmen, liegt ein abhängiges Beschäftigungsverhältnis im sozialversicherungsrechtlichen Sinne vor. Der Versicherungspflicht der in einem Beschäftigungsverhältnis stehenden Kommanditisten steht auch nicht entgegen, dass ihr Arbeitsentgelt auf Grund des EStG nicht dem Lohnsteuerverfahren, sondern der Einkommensteuerpflicht unterliegt. Zu den Voraussetzungen einer abhängigen Beschäftigung eines Kommanditisten durch seine KG s. zuletzt LSG Berlin-Brandenburg v. 12.6.2015, L 1 KR 291/13.

Auch wenn eine GmbH & Co KG als Personengesellschaft in die Handwerksrolle eingetragen ist, unterliegt der Kommanditist der Versicherungspflicht in der gesetzlichen Rentenversicherung als selbständig tätiger Gewerbetreibender, wenn er im Handwerksbetrieb mitarbeitet und die Voraussetzungen für die Eintragung in die Handwerksrolle in seiner Person erfüllt (vgl. BSG v. 23.4.2024, B 12 R 2/22 R).

SV

Dagegen stehen Kommanditisten, die nicht i.R. eines Anstellungsvertrags beschäftigt werden, sondern ihre Tätigkeit in der KG **auf Grund gesellschaftsrechtlicher Abmachungen als** persönlichen Beitrag zur Erreichung des Gesellschaftszweckes leisten, grds. auch dann **nicht** in einem versicherungsrechtlich relevanten **Beschäftigungsverhältnis** zur KG, wenn im Gesellschaftsvertrag eine Vergütungsregelung – für die persönliche Tätigkeit – getroffen ist. Sie sind – ebenso wie der Komplementär – **keine Arbeitnehmer**, sondern ausschließlich Gesellschafter, d.h. selbständige Mitunternehmer.

Ein Kommanditist, der unmittelbar und ausschließlich auf Grund des Gesellschaftsvertrags zur Mitarbeit in der KG verpflichtet ist und kein dem Umfang seiner Dienstleistung entsprechendes Arbeitsentgelt erhält, sondern dessen Vergütung sich als vorweggenommene Gewinnbeteiligung darstellt, steht ebenfalls nicht in einem versicherungsrechtlichen Beschäftigungsverhältnis (BSG v. 27.7.1972, 2 RU 122/70; s. zur Abgrenzung ausführlich auch LSG Baden-Württemberg v. 22.7.2020, L 5 BA 4158/19).

~~SV~~

c) Komplementäre

Die Rechtsstellung der Komplementäre entspricht der der Gesell- 2333
schafter einer OHG. Sie sind daher weder lohnsteuerlich noch sozialversicherungsrechtlich als Arbeitnehmer anzusehen.

~~LSt~~ ~~SV~~

5. Gesellschaft mit beschränkter Haftung (GmbH)

a) Rechtliche Grundlagen

2334 Bei der Gesellschaft mit beschränkter Haftung handelt es sich um eine **Personenvereinigung mit eigener Rechtspersönlichkeit**. Die GmbH ist eine juristische Person, bei der die einzelnen Gesellschafter – hierbei kann es sich um natürliche und juristische Personen handeln – mit ihrer Einlage am Stammkapital beteiligt sind. Die Gesellschafter haften nicht mit ihrem Privatvermögen, sondern ausschließlich mit ihrer Einlage. Das **Stammkapital** einer neu gegründeten GmbH muss **mindestens 25 000 €** betragen. Die GmbH muss mindestens einen Geschäftsführer haben.

Mit dem Gesetz zur Modernisierung des GmbH-Rechts und zur Bekämpfung von Missbräuchen (BGBl. I 2008, 2026) werden Unternehmensgründungen erleichtert. Ein häufiger Wettbewerbsnachteil der GmbH wird gegenüber ausländischen Rechtsformen wie der englischen Limited gesehen, weil in vielen Mitgliedstaaten der Europäischen Union geringere Anforderungen an die Gründungsformalien und die Aufbringung des Mindeststammkapitals gestellt werden.

Das neue GmbH-Recht kennt zwei Varianten der GmbH. Neben die bewährte GmbH mit einem Mindeststammkapital von 25 000 € tritt die haftungsbeschränkte Unternehmergesellschaft. Sie bietet eine Einstiegsvariante der GmbH und ist für Existenzgründer interessant, die zu Beginn ihrer Tätigkeit wenig Stammkapital haben und benötigen – wie z.B. im Dienstleistungsbereich. Bei der haftungsbeschränkten Unternehmergesellschaft handelt es sich nicht um eine neue Rechtsform, sondern um eine GmbH, die ohne bestimmtes Mindeststammkapital gegründet werden kann. Diese GmbH darf ihre Gewinne aber nicht voll ausschütten. Sie soll auf diese Weise das Mindeststammkapital der normalen GmbH nach und nach ansparen.

Die Gesellschafter können jetzt individuell über die jeweilige Höhe ihrer Stammeinlagen bestimmen und sie dadurch besser nach ihren Bedürfnissen und finanziellen Möglichkeiten ausrichten. Jeder Geschäftsanteil muss nun nur noch auf einen Betrag von mindestens einem Euro lauten. Bei Neugründungen bzw. Kapitalerhöhungen kann von vornherein eine flexible Stückelung gewählt werden, vorhandene Geschäftsanteile können leichter gestückelt werden. Die Flexibilisierung setzt sich bei den Geschäftsanteilen fort. Geschäftsanteile können leichter aufgeteilt, zusammengelegt und einzeln oder zu mehreren an einen Dritten übertragen werden.

b) Gesellschafter

aa) Lohnsteuer, Einkunftsart

2335 Die Einnahmen des Gesellschafters einer Kapitalgesellschaft, die er **auf Grund seiner Gesellschafterstellung** erhält, gehören regelmäßig zu den **Einkünften aus Kapitalvermögen** (§ 20 Abs. 1 Nr. 1 EStG) und unterliegen somit nicht dem Lohnsteuerabzug.

Der Gesellschafter kann darüber hinaus für die Gesellschaft eine Tätigkeit ausüben, die z.B. zu den Einkünften **aus selbständiger Tätigkeit** oder auch aus **nichtselbständiger Tätigkeit** führt. Letzteres gilt besonders für die Tätigkeit als **Gesellschafter-Geschäftsführer** (→ Rz. 2337). Bezieht ein nicht beherrschender Gesellschafter, der aber zugleich leitender Angestellter der GmbH ist, neben einem hohen Festgehalt, Sonderzahlungen und einer Gewinntantieme zusätzlich Zuschläge für Sonntags-, Feiertags-, Mehr- oder Nachtarbeit, so können diese in Anlehnung an die ständige BFH-Rechtsprechung zur Qualifizierung derartiger Zuschläge an Gesellschafter-Geschäftsführer auf Grund einer Gesamtwürdigung als **verdeckte Gewinnausschüttungen** bei seinen Einkünften aus Kapitalvermögen und nicht als steuerfreie Einnahmen bei den Einkünften aus nichtselbständiger Arbeit zu erfassen sein (zuletzt BFH v. 27.3.2012, VIII R 27/09, HFR 2012, 743 m.w.N.).

Gesellschafter einer **Kapitalgesellschaft** müssen nicht notwendigerweise als **Arbeitnehmer** tätig werden. Sie können auf Grund der bestehenden Vertragsfreiheit auch Einkünfte aus einer **anderen Einkunftsart** erzielen (BFH v. 22.1.1964, VI 306/62 U, BStBl III 1964, 158; BFH v. 29.11.1967, I 96/64, BStBl II 1968, 234). Andererseits ist ein Dienstverhältnis auch bei einer Einmanngesellschaft möglich (BFH v. 26.6.1970, VI R 193/67, BStBl II 1970, 824). LSt

bb) Sozialversicherung

Die Kranken-, Pflege-, Renten- und Arbeitslosenversicherungspflicht wird von vornherein ausgeschlossen, wenn der mitarbeitende Alleingesellschafter ohne Geschäftsführerfunktion ein abhängiges Beschäftigungsverhältnis ausübt. Die Dienstaufsicht und das Weisungsrecht über die Arbeitnehmer sind Angelegenheit der Geschäftsführung und nicht der Gesellschafterversammlung. Der mitarbeitende Alleingesellschafter kann allerdings seine Abhängigkeit als Arbeitnehmer durch einen ändernden Mehrheitsbeschluss herbeiführen. Damit hat er maßgeblichen Einfluss auf die Geschicke der Gesellschaft. Mitarbeitende Mehrheitsgesellschafter ohne Geschäftsführerfunktion können durchaus in einem abhängigen Beschäftigungsverhältnis stehen. Nach der ständigen Rechtsprechung des BSG liegt bei mitarbeitenden Gesellschaftern – und das gilt auch für Gesellschafter-Geschäftsführer – ein abhängiges Beschäftigungsverhältnis zur GmbH vor, wenn die Gesellschafter 2336

- funktionsgerecht dienend am Arbeitsprozess teilhaben,
- für ihre Beschäftigung ein entsprechendes Arbeitsentgelt erhalten und
- keinen maßgeblichen Einfluss auf die Geschicke der Gesellschaft kraft eines eigenen Anteils am Stammkapital geltend machen können.

  Sofern im Gesellschaftsvertrag nichts Gegenteiliges vereinbart ist, führt allein der Geschäftsführer die Dienstaufsicht über die Arbeitnehmer. Sollte dieses Weisungsrecht vom Geschäftsführer auf die Gesellschafterversammlung übertragen worden sein, ist die Weisungsgebundenheit des mitarbeitenden Mehrheitsgesellschafters als Angestellter aufgehoben. Der Mehrheitsgesellschafter hat maßgeblichen Einfluss auf die Geschicke der Gesellschaft.

Die familiäre Verbundenheit oder Rücksichtnahme ist bei Gesellschafter-Geschäftsführern, mitarbeitenden Gesellschaftern und Geschäftsführern einer Familien-GmbH grds. nicht mehr geeignet, die Rechtsmacht, wie sie sich nach dem Gesellschaftsrecht ergibt, gänzlich zu negieren und daher ein abhängiges Beschäftigungsverhältnis zur Familien-GmbH auszuschließen.

Eine natürliche Person ist alleiniger Gesellschafter einer Kapitalgesellschaft (UG oder GmbH) und Dritte schließen mit dieser Kapitalgesellschaft einen Vertrag über Dienstleistungen ab. Diese Dienstleistungen werden ausschließlich von der natürlichen Person erbracht.

Das BSG hat in drei Urteilen entschieden, dass die jeweiligen konkreten tatsächlichen Umstände der Tätigkeit über das Vorliegen von Beschäftigung entscheiden. Daran ändert auch der Umstand nichts, dass Verträge nur zwischen den Auftraggebern und der Kapitalgesellschaft geschlossen wurden. Die Abgrenzung richtet sich nach dem Geschäftsinhalt, der sich aus der praktischen Durchführung des Vertrages ergibt (BSG v. 20.7.2023, B 12 BA 1/23 R, B12 R 15/21 R, B 12 BA 4/22 R).

Ein ähnlicher Sachverhalt mit identischem Ergebnis war bereits am 13.3.2023 vor dem Bundessozialgericht (BSG v. 13.3.2023, B 12 R 4/21 R) verhandelt worden.

c) Gesellschafter-Geschäftsführer

aa) Allgemeines

Ein Gesellschafter-Geschäftsführer einer Kapitalgesellschaft ist nicht allein auf Grund seiner Organstellung Arbeitnehmer. 2337
Es ist anhand der allgemeinen Merkmale zu entscheiden, ob die Geschäftsführungsleistung selbständig oder nichtselbständig erbracht wird (vgl. H 19.0 „Gesellschafter-Geschäftsführer" LStH). Der Geschäftsführer einer GmbH ist steuerlich regelmäßig Arbeitnehmer, wenn er als Organ in den Organismus der Gesellschaft eingegliedert ist und den Weisungen zu folgen hat, die sich aus dem Anstellungsvertrag und aus den Gesellschafterbeschlüssen ergeben (vgl. BFH v. 9.10.1996, XI R 47/96, BStBl II 1997, 255). In diesem Fall ist nicht entscheidend, in welchem Verhältnis er an der GmbH beteiligt ist (vgl. BFH v. 23.4.2009, VI R 81/06, BStBl II 2012, 262).

Bei **Gesellschaftern einer GmbH, die gleichzeitig die Geschäftsführung übernehmen**, ist aus steuer- und sozialversicherungsrechtlicher Sicht festzustellen, ob es sich um einen Arbeitnehmer in einem abhängigen Beschäftigungsverhältnis handelt; **die steuerliche und die sozialversicherungsrechtliche Behandlung können dabei „auseinanderlaufen", weil bei der steuerlichen Behandlung die Höhe der Eigenkapitalquote nur als Indiz zu werten ist.** Für die Beurteilung, ob der Geschäftsführer einer Kapitalgesellschaft seine Tätigkeit nichtselbständig oder selbständig ausübt, ist auf die Umstände des Einzelfalles und nicht auf dessen organschaftliche Stellung abzustellen. **Hält der Geschäftsführer mindestens 50 % des Stammkapitals der Kapitalgesellschaft, spricht dies indiziell gegen eine nichtselbständige Tätigkeit** (zuletzt FG Rheinland-Pfalz v. 31.10.2018, 1 K 1880/17, EFG 2019, 861). S. dazu auch BFH v. 29.3.2017, I R 48/16, betr. steuerliche Behandlung der Einkünfte des Geschäftsführers einer luxemburgischen S.a.r.l.:

„Das FG durfte dem Umstand, dass der Kläger als Geschäftsführer zugleich auch an der Firma D beteiligt war, nicht von vornherein jede rechtliche Relevanz absprechen. Vielmehr ist die Beteiligung des Steuerpflichtigen eines von vielen Indizien, die i.R. der Gesamtwürdigung zu berücksichtigen sind. Als ein Einzelmerkmal von vielen kommt dem Umstand der Mehrheitsbeteiligung allerdings auch nicht die Bedeutung zu, dass bei einer Mehrheitsbeteiligung regelmäßig von einer selbständigen Tätigkeit des Geschäftsführers auszugehen wäre.

*Im Unterschied zum FG kann der Senat weder der Rechtsprechung des VI. Senats des BFH entnehmen, dass der Beteiligung des Geschäftsführers an der Gesellschaft keinerlei Indizwirkung zukommt. Noch versteht er das Urteil des VIII. Senats des BFH vom 20.10.2010, VIII R 34/08 (BFH/NV 2011, 585;) so, dass eine Mehrheitsbeteiligung regelmäßig – also das Ergebnis vorprägend – die Arbeitnehmereigenschaft ausschließt. Nach dieser Entscheidung „kann die Beteiligungsquote i.R. der steuerlichen Beurteilung zumindest als Indiz herangezogen werden". Die weiteren Ausführungen („GmbH-Gesellschafter sind regelmäßig Selbständige, wenn sie zugleich Geschäftsführer der Gesellschaft sind und mindestens 50 % des Stammkapitals innehaben.") beziehen sich ausdrücklich auf das Sozialversicherungsrecht. Nach der Rechtsprechung des VI. Senats ist es für die Frage, ob ein Gesellschafter-Geschäftsführer als Arbeitnehmer zu beurteilen ist, – lediglich – „nicht entscheidend", in welchem Verhältnis der Geschäftsführer an der Kapitalgesellschaft beteiligt ist (BFH v. 23.4.2009, VI R 81/06, BStBl II 2012, 262). **Beide Urteile stimmen damit darin überein, dass einer Mehrheitsbeteiligung keine ausschlaggebende, sondern lediglich eine indizielle Bedeutung zukommt.** Im Übrigen kommen die zahlreichen anderen Kriterien zum Tragen, wie etwa die – trotz der Mehrheitsbeteiligung gegebene – Weisungsgebundenheit und eine – im konkreten Fall gegebene – Eingliederung in die betriebliche Organisation, die den Gesellschafter-Geschäftsführer regelmäßig zum Arbeitnehmer i.S.d. § 1 Abs. 2 Sätze 1 und 2 LStDV machen (BFH v. 23.4.2009, VI R 81/06, BStBl II 2012, 262)."*

Ein Gesellschafter-Geschäftsführer ist auch vor dem Hintergrund seiner Sperrminorität bei Entscheidungen über sein Anstellungsverhältnis und bei ausnahmslos praktiziertem Konsensprinzip der Gesellschafter in Bezug auf gesellschaftsrechtliche und geschäftsleitende Maßnahmen kein Arbeitnehmer (BVerfG v. 10.10.1997, 2 BvR 1411/97).

Geschäftsführervergütungen an einen **atypisch still an einer GmbH beteiligten Gesellschafter**, der zugleich die Geschäfte der GmbH führt, sind Sondervergütungen i.S.v. § 15 Abs. 1 Nr. 2 zweiter Halbsatz EStG und unterliegen somit nicht dem Lohnsteuerabzug (zuletzt BFH v. 12.9.2005, VIII B 54/05, m.w.N., betr. Tätigkeitsvergütungen eines Vorstandsmitglieds als Sondervergütungen i.R. einer atypisch stillen Beteiligung).

Zur Frage, ob der beherrschende Gesellschafter-Geschäftsführer eine bestimmte Tätigkeit als **freier Mitarbeiter** erbringen kann, s. ausführlich BFH v. 17.12.2003, I R 25/03.

Aufwendungen eines Arbeitnehmers zum Erwerb einer Beteiligung an seinem (ggf. künftigen) Arbeitgeber sind regelmäßig auch dann nicht als (vorab entstandene) Werbungskosten bei den Einkünften aus nichtselbständiger Arbeit abzugsfähig, wenn die Zahlung Voraussetzung für den Abschluss des Anstellungsvertrags ist. Derartige Aufwendungen sind abzugrenzen von solchen im Zusammenhang mit einer Bürgschaftsübernahme oder Darlehensgewährung eines Arbeitnehmers zu Gunsten seines Arbeitgebers (BFH v. 17.5.2017, VI R 1/16, BStBl II 2017, 1073).

bb) Lohnsteuer, Einkunftsart

Der sog. Gesellschafter-Geschäftsführer kann sowohl 2338

- **steuerpflichtigen Arbeitslohn als Geschäftsführer**, der dem Lohnsteuerabzug unterliegt, als auch
- **Gewinnanteile als Gesellschafter**, die zu den Einkünften aus Kapitalvermögen gehören,

erzielen.

Bei Vertretern juristischer Personen ist zu unterscheiden zwischen der **Organstellung** und dem ihr zu Grunde liegenden **Anstellungsverhältnis**. Auch bei der Beurteilung der Tätigkeit des GmbH-Geschäftsführers ist vornehmlich auf die Umstände des Einzelfalls und nicht auf dessen organschaftliche Stellung abzustellen.

cc) Sozialversicherung

Im Rahmen des Meldeverfahrens (→ *Meldungen für Arbeitnehmer in der Sozialversicherung* Rz. 3099) haben die Arbeitgeber der Einzugsstelle (bzw. bei geringfügig Beschäftigten der Minijob-Zentrale der Deutschen Rentenversicherung Knappschaft-Bahn-See) mitzuteilen, ob es sich um eine Tätigkeit als geschäftsführender Gesellschafter einer GmbH handelt. Die Deutsche Rentenversicherung Bund führt dann ein Statusfeststellungsverfahren (→ *Statusfeststellungsverfahren* Rz. 3977) durch. 2339

Das **BSG** hat mit zwei Urteilen klargestellt, dass ein Gesellschafter-Geschäftsführer nur dann nicht abhängig beschäftigt ist, wenn er die Rechtsmacht besitzt, durch Einflussnahme auf die Gesellschafterversammlung die Geschicke der Gesellschaft zu bestimmen (BSG v. 14.3.2018, B 12 KR 13/17 R und B 12 R 5/16 R).

Dies ist regelmäßig anzunehmen, wenn er Mehrheitsgesellschafter ist. Liegen seine Stimmanteile bei 50 % oder geringer, kann nur dann keine abhängige Beschäftigung vorliegen, wenn im Gesellschaftervertrag Regelungen getroffen wurden, mit denen er Beschlüsse in der Gesellschafterversammlung verhindern kann.

Zur versicherungsrechtlichen Beurteilung von Geschäftsführern, die nicht am Stammkapital der GmbH beteiligt sind (sog. Fremdgeschäftsführer), → *Geschäftsführer* Rz. 2310.

Berater (zur Haftung eines Steuerberaters in der Lohnbuchhaltung vgl. OLG Hamm v. 8.4.2022, 25 U 42/20) und Arbeitgeber sollten bei Fragen zur Sozialversicherungspflicht entweder eine spezialisierte Beratung suchen oder aber ein Verfahren auf Feststellung des Erwerbsstatus (§ 7a SGB IV; → *Statusfeststellungsverfahren* Rz. 3977) anstreben. Letzteres schafft zusätzlich Verbindlichkeit, auf die sich die Arbeitgeber in späteren Beitragsverfahren ggf. berufen können. Das gilt umso mehr, als das neue Verfahren der Feststellung des Erwerbsstatus auch die Möglichkeit eröffnet, den Erwerbsstatus bereits vor Beginn des Vertragsverhältnisses prüfen zu lassen.

d) Steuerliche Einzelfragen zum Gesellschafter-Geschäftsführer

aa) Verdeckte Gewinnausschüttung

Nach ständiger BFH-Rechtsprechung ist eine verdeckte Gewinnausschüttung (vGA) an den Gesellschafter-Geschäftsführer (§ 8 Abs. 3 Satz 2 KStG; § 20 Abs. 1 Nr. 1 Satz 2 EStG) u.a. anzunehmen, wenn die Kapitalgesellschaft ihm außerhalb einer auf gesellschaftsrechtlichen Vorschriften beruhenden Gewinnverteilung einen Vermögensvorteil zuwendet, den ein ordentlicher und gewissenhafter Geschäftsleiter einem Nichtgesellschafter unter sonst gleichen Bedingungen nicht zugewendet hätte und der bei der Kapitalgesellschaft zu einer Vermögensminderung oder einer verhinderten Vermögensmehrung geführt hat. Zudem muss der Vermögensvorteil sich bei der Kapitalgesellschaft auf den Unterschiedsbetrag nach § 4 Abs. 1 Satz 1 EStG (= Gewinn) ausgewirkt haben und geeignet sein, dem Gesellschafter-Geschäftsführer zuzufließen (vgl. z.B. BFH v. 27.7.2016, I R 8/15, BStBl II 2017, 214 betr. vGA bei nicht kostendeckender teilweiser Vermietung eines Einfamilienhauses an den Gesellschafter-Geschäftsführer). Der einer nahe stehenden Person des Gesellschafters (z.B. Ehegatte) zugewendete Vorteil ist stets dem Gesellschafter als verdeckte Gewinnausschüttung zuzurechnen (R 8.5 Abs. 1 KStR; BMF v. 20.5.1999, IV C 6 – S 2252 – 8/99, BStBl I 1999, 514), sofern die nahe stehende Person nicht zugleich ebenfalls Gesellschafter ist. **Im Verhältnis zwischen Gesellschaft und beherrschendem** 2340

Gesellschafter ist eine Veranlassung durch das Gesellschaftsverhältnis i.d.R. auch gegeben, wenn keine von vornherein klaren und eindeutigen Abmachungen über die Entgeltlichkeit und die Höhe der Vergütungen an den Gesellschafter bestehen (R 8.5 Abs. 2 KStR).

Eine verdeckte Gewinnausschüttung liegt z.B. vor, wenn ein Gesellschafter-Geschäftsführer einen **Betriebs-Pkw** ohne entsprechende Gestattung der Gesellschaft für private Zwecke nutzt; denn die unbefugte Privatnutzung eines betrieblichen Pkw hat keinen Lohncharakter (BFH v. 21.3.2013, VI R 46/11, BStBl II 2013, 1044 m.w.N.). Eine verdeckte Gewinnausschüttung hat zur Folge, dass bei dem Unternehmen insoweit der Betriebsausgabenabzug ausscheidet, andererseits aber beim **Empfänger kein Arbeitslohn**, sondern Einkünfte aus Kapitalvermögen (§ 20 Abs. 1 Nr. 1 Satz 2 EStG) vorliegen.

Verdeckte Gewinnausschüttungen können sich sowohl hinsichtlich der **Angemessenheit** des laufenden Arbeitslohns als auch der gewährten sonstigen Bezüge ergeben. Wie die Angemessenheitsprüfung der Gesamtbezüge eines Gesellschafter-Geschäftsführers vorzunehmen ist, hat die **Finanzverwaltung bundeseinheitlich geregelt** (BMF v. 14.10.2002, IV A 2 – S 2742 – 62/02, BStBl I 2002, 972 mit ausführlichen Rechtsprechungsnachweisen); außerdem gibt es eine umfangreiche Rechtsprechung (zuletzt BFH v. 4.6.2003, I R 24/02, BStBl II 2004, 136; OFD Düsseldorf v. 17.6.2004, S 2742 A – St 13, m.w.N., betr. Vereinbarung einer Gewinntantieme mit dem Gesellschafter-Geschäftsführer).

Auch Zuführungen auf einem **Zeitwertkonto** eines Alleingesellschafter-Geschäftsführers einer GmbH können als verdeckte Gewinnausschüttung zu beurteilen sein, wenn eine Vereinbarung zwischen einer GmbH und ihrem alleinigen Gesellschafter-Geschäftsführer über die Ansammlung von Wertguthaben auf Zeitwertkonten nicht dem entspricht, was ein ordentlicher und gewissenhafter Geschäftsleiter mit einem Fremdgeschäftsführer vereinbaren würde (FG Münster v. 5.9.2018, 7 K 3531/16 L, EFG 2018, 1799 sowie → *Arbeitszeitmodelle* Rz. 734).

Zur Annahme verdeckter Gewinnausschüttungen bei **Reduzierung von Darlehenszinsen und unregelmäßigen Gehaltszahlungen** s. FG Hamburg v. 22.3.2011, 6 V 169/10.

Ergänzend ist auf folgende **BFH-Urteile** hinzuweisen:

- **Zuschläge für Dienste an Sonn- und Feiertagen** sind nicht als nach § 3b EStG steuerfreier Arbeitslohn anzusehen, sondern als nach § 20 Abs. 1 Nr. 1 Satz 2 EStG steuerpflichtige verdeckte Gewinnausschüttungen, wenn die Leistung der Zuschläge offensichtlich gesellschaftsrechtlich veranlasst war (zuletzt BFH v. 27.3.2012, VIII R 27/09, HFR 2012, 743 m.w.N.). S. hierzu ausführlich OFD Düsseldorf v. 7.7.2005, S 2343 A – St 22, und zuletzt FG Münster v. 27.1.2016, 10 K 1167/13 K, G, F, EFG 2016, 671).
- Es gibt **keine allgemein gültige Untergrenze der Bandbreite der angemessenen Gesamtvergütung** eines Gesellschafter-Geschäftsführers einer GmbH; der angemessene Betrag ist vielmehr im Einzelfall durch Schätzung zu ermitteln. Ein ordentlicher und gewissenhafter Geschäftsleiter würde im Regelfall eine Erfolgsvergütung in Form einer Gewinn- und nicht in Form einer Umsatztantieme gewähren (BFH v. 11.8.2004, I R 40/03, HFR 2005, 255).
- Eine Vereinbarung, in welcher i.R. eines sog. **Arbeitszeitkontos oder Zeitwertkontos** auf die unmittelbare Entlohnung zu Gunsten von späterer (vergüteter) Freizeit verzichtet wird, verträgt sich nicht mit dem Aufgabenbild des Gesellschafter-Geschäftsführers einer GmbH. Dies gilt auch, wenn die Gutschrift während der Ansparphase nicht in Zeiteinheiten, sondern in Form eines Wertguthabens erfolgt. Die für Wertguthaben auf einem Zeitwertkonto einkommensmindernd gebildeten Rückstellungen führen bei der GmbH auch dann zu einer Vermögensminderung als Voraussetzung einer verdeckten Gewinnausschüttung, wenn zeitgleich die Auszahlung des laufenden Gehalts des Gesellschafter-Geschäftsführers um diesen Betrag vermindert wird. Es gilt insofern eine geschäftsvorfallbezogene, nicht aber eine handelsbilanzielle Betrachtungsweise (BFH v. 11.11.2015, I R 26/15, HFR 2016, 460).
- Auch bei beherrschenden Gesellschaftern ist der Abfluss einer **Arbeitslohnrückzahlung** erst im Zeitpunkt der Leistung und nicht bereits im Zeitpunkt der Fälligkeit der Rückforderung anzunehmen (BFH v. 14.4.2016, VI R 13/14, BStBl II 2016, 778). Zwar ist nach ständiger Rechtsprechung bei beherrschenden Gesellschafter-Geschäftsführern der Zufluss von Arbeitslohn nicht erst im Zeitpunkt der Zahlung, sondern bereits im Zeitpunkt der Fälligkeit der Forderung anzunehmen, wenn der Anspruch eindeutig, unbestritten und fällig ist sowie sich nicht gegen eine zahlungsunfähige Gesellschaft richtet. Denn der beherrschende Geschäftsführer hat es regelmäßig in der Hand, sich geschuldete Beträge auszahlen zu lassen. Hingegen hat es die beherrschte Gesellschaft regelmäßig nicht in der Hand, sich vom beherrschenden Gesellschafter geschuldete Beträge auszahlen zu lassen. Demzufolge ist auch bei einem beherrschenden Gesellschafter der Abfluss einer Arbeitslohnrückzahlung erst im Zeitpunkt der Leistung und nicht bei deren Fälligkeit anzunehmen. Der „Zuflussfiktion" steht somit keine „Abflussfiktion" gegenüber.

bb) Nachversteuerung

2341 Sind Zuwendungen an den Gesellschafter-Geschäftsführer als Arbeitslohn nachzuversteuern und **übernimmt der Arbeitgeber nachträglich die Lohnsteuer**, so ist darin stets eine verdeckte Gewinnausschüttung zu sehen. Bei der Höhe der verdeckten Gewinnausschüttung ist jedoch zu beachten, dass die übernommene Lohnsteuer als verdeckte Gewinnausschüttung keinen zusätzlichen Arbeitslohn darstellt. Eine **Netto-Einzelberechnung** kommt somit **nicht** in Betracht.

Beispiel:

Nachzuversteuernder Betrag (z.B. Pkw-Nutzung)	3 864,– €
Lohnsteuer lt. Brutto-Einzelberechnung	1 932,– €
Kirchensteuer (9 %)	173,88 €
Vom Arbeitgeber nachzuerheben (verdeckte Gewinnausschüttung)	2 105,88 €

Die verdeckte Gewinnausschüttung führt beim **Gesellschafter zu Einnahmen aus Kapitalvermögen** (§ 20 Abs. 1 Nr. 1 Satz 2 EStG), die bei seiner Einkommensteuer-Veranlagung zu erfassen sind. Kapitalertragsteuer ist grds. nicht zu erheben.

Werden dagegen Gesellschafter-Geschäftsführerbezüge zu Recht mit in eine Lohnsteuer-Pauschalierung einbezogen (weil es sich um Arbeitslohn handelt), so führt die auf die Bezüge entfallende pauschale Lohnsteuer nicht zu einer verdeckten Gewinnausschüttung, da die pauschale Lohnsteuer eine Steuer des Arbeitgebers ist.

cc) Besondere Lohnsteuertabelle, Vorsorgepauschale

2342 Unterliegt der Gesellschafter-Geschäftsführer auf Grund seines beherrschenden Einflusses auf die GmbH nicht der Sozialversicherungspflicht, ist für die Lohnsteuerermittlung nach den Lohnsteuertabellen die **besonderen Lohnsteuertabelle** anzuwenden (→ *Lohnsteuertabellen* Rz. 3038). Zur Berechnung der Vorsorgepauschale bei Gesellschafter-Geschäftsführern → *Vorsorgepauschale* Rz. 4378.

dd) Besteuerung von Tantiemen und anderen Zuwendungen

2343 **Tantiemen**, die in Form von **Einmalzahlungen** und nicht fortlaufend geleistet werden, gehören zu den **sonstigen Bezügen** (→ *Sonstige Bezüge* Rz. 3936) und sind damit grds. im **Zeitpunkt des Zuflusses** zu versteuern (→ *Zufluss von Arbeitslohn* Rz. 4633). Besonderheiten gelten jedoch bei Leistungsbeziehungen zwischen einer Kapitalgesellschaft und ihrem **beherrschenden Gesellschafter**. Eine beherrschende Stellung eines GmbH-Gesellschafters liegt im Regelfall vor, wenn der Gesellschafter die Mehrheit der Stimmrechte besitzt und deshalb bei Gesellschafterversammlungen entscheidenden Einfluss ausüben kann. Im Allgemeinen ist das erst der Fall, wenn der Gesellschafter, der durch Leistungen der Kapitalgesellschaft Vorteile erhält, **mehr als 50 % der Stimmrechte hat**. Hält ein Gesellschafter nicht mehr als 50 % der Gesellschaftsanteile, kann er nach ständiger Rechtsprechung einem beherrschenden Gesellschafter gleichgestellt werden, wenn er mit anderen **gleichgerichtete materielle, d.h. finanzielle Interessen verfolgenden Gesellschaftern zusammenwirkt**, um eine ihren Gesellschafterinteressen entsprechende Willensbildung der Kapitalgesellschaft herbeizuführen; allein der Umstand, dass die Gesellschafter Eheleute sind, kann eine entsprechende Vermutung aber nicht begründen (z.B. BFH v. 15.5.2013, VI R 24/12, BStBl II 2014, 495 m.w.N.).

Der BFH geht in ständiger Rechtsprechung davon aus, dass bei beherrschenden Gesellschafter-Geschäftsführern ein Zufluss von Einnahmen auch ohne Zahlung oder Gutschrift bereits früher vorliegen kann. Danach fließt dem alleinigen oder jedenfalls beherrschenden Gesellschafter eine eindeutige und unbestrittene Forderung gegen „seine" Kapitalgesellschaft bereits **mit deren Fälligkeit** zu. Denn ein beherrschender Gesellschafter hat es regelmäßig in der Hand, sich geschuldete Beträge auszahlen zu lassen, wenn der Anspruch eindeutig, unbestritten und fällig ist. Allerdings werden von dieser Zuflussfiktion nur Gehaltsbeträge und sonstige Vergütungen erfasst, die die Kapitalgesellschaft den sie beherrschenden Gesellschaftern schuldet und die sich bei der Ermittlung des Einkommens der Kapitalgesellschaft ausgewirkt haben. Fällig wird der Anspruch auf Tantiemen erst mit der Feststellung des Jahresabschlusses, sofern die Vertragsparteien nicht zivilrechtlich wirksam und fremdüblich eine andere Fälligkeit im Anstellungsvertrag vereinbaren (zuletzt BFH v. 12.7.2021, VI R 3/19).

Eine **verspätete Feststellung des Jahresabschlusses** nach § 42a Abs. 2 GmbHG führt auch im Falle eines beherrschenden Gesellschafter-Geschäftsführers nicht per se zu einer Vorverlegung des Zuflusses einer Tantieme auf den Zeitpunkt, zu dem die Fälligkeit bei fristgerechter Aufstellung des Jahresabschlusses eingetreten wäre. Enthält die Satzung/der Geschäftsführervertrag eine bindende Regelung über eine spätere Fälligkeit des Anspruchs (hier: ein Monat nach Feststellung des Jahresabschlusses), ist es gerechtfertigt, hierauf abzustellen (BFH v. 28.4.2020, VI R 44/17, BStBl II 2021, 392 und VI R 45/17, HFR 2020, 885). Ob im Hinblick auf **§ 42 AO** etwas anderes gilt, wenn der beherrschende Gesellschafter durch die Nichtbeachtung der gesetzlichen Pflicht zur rechtzeitigen Feststellung des Jahresabschlusses gem. § 42a Abs. 2 GmbHG zielgerichtet die Fälligkeit eines ihm zustehenden Tantiemeanspruchs und damit den Zeitpunkt der Versteuerung der Tantieme hinauszögert, hat der BFH offen gelassen.

Tantiemeforderungen, die in den festgestellten Jahresabschlüssen nicht ausgewiesen sind, fließen dem beherrschenden Gesellschafter-Geschäftsführer nicht zu, auch wenn eine dahingehende Verbindlichkeit nach den Grundsätzen ordnungsgemäßer Buchführung in den (festgestellten) Jahresabschlüssen hätte gebildet werden müssen. Der BFH stellt sich damit in seinem Urteil v. 5.6.2024, VI R 20/22, DB 2024, 1730-1731 ausdrücklich gegen die im BMF v. 12.5.2014, BStBl I 2014, 860, Rn. 19 vertretene Verwaltungsauffassung. Allerdings hat der BFH die Sache an das FG zu Klärung weiterer Detailfragen zurückverwiesen, insbesondere um zu prüfen, ob es auf Grund der langjährigen „Übung" zugesagte Tantiemen weder auszubezahlen noch beim Arbeitgeber als Aufwand zu erfassen (ohne dass ein Buchungsfehler anzunehmen ist), ggf. zu einer Vertragsänderung zwischen Arbeitgeber und Arbeitnehmer gemäß §§ 133, 157 BGB gekommen ist. Wird die arbeitsvertragliche Zusage von **Weihnachts- und Urlaubsgeld** vor dem Zeitpunkt der Entstehung dieser Sonderzuwendungen einvernehmlich aufgehoben, kann dem Arbeitnehmer weder Arbeitslohn über die Grundsätze des Zuflusses von Einnahmen bei einem beherrschenden Gesellschafter zufließen noch kann der Arbeitnehmer insoweit eine zuflussbegründende verdeckte Einlage bewirken (BFH v. 15.5.2013, VI R 24/12, BStBl II 2014, 495). S. hierzu auch BMF v. 12.5.2014, IV C 2 – S 2743/12/10001, BStBl I 2014, 860.

ee) Beiträge zur Berufsgenossenschaft grds. kein steuerfreier Arbeitslohn

2344 Ausgaben des Arbeitgebers für die Zukunftssicherung des Arbeitnehmers sind **nach** § 3 Nr. 62 EStG **steuerfrei**, soweit der Arbeitgeber dazu nach sozialversicherungsrechtlichen oder anderen gesetzlichen Vorschriften verpflichtet ist. Ohne eine derartige Verpflichtung sind die vom Arbeitgeber übernommenen Beiträge steuerpflichtig. Zu den Zukunftssicherungsleistungen gehören grds. auch Beiträge zur Berufsgenossenschaft als Trägerin der **gesetzlichen Unfallversicherung** (→ *Unfallversicherung: gesetzliche* Rz. 4213).

Die steuerliche Behandlung der vom Arbeitgeber übernommenen Beiträge hängt entscheidend von der **Versicherungspflicht** des Arbeitnehmers ab (dazu zuletzt FG Saarland v. 29.4.2004, 2 K 291/00, EFG 2004, 1035):

1. Allgemein gilt, dass Personen i.S.v. § 6 Abs. 1 Nr. 2 SGB VII (früher § 545 Abs. 1 RVO), zu denen auch beherrschende Gesellschafter-Geschäftsführer einer Kapitalgesellschaft gehören, im Bereich der gewerblichen Berufsgenossenschaften weder als Arbeitnehmer gesetzlich noch kraft Satzung (§ 3 Abs. 1 SGB VII) pflichtversichert sein können. Diesem Personenkreis steht nur das Recht zum Abschluss einer **freiwilligen Versicherung** bei der zuständigen gewerblichen Berufsgenossenschaft zu.
2. Ist im Fall der freiwilligen Versicherung die Beitragsübernahme im Arbeitsvertrag geregelt, so liegt **steuerpflichtiger Arbeitslohn** vor; ist die Beitragsübernahme arbeitsvertraglich nicht geregelt, so liegt insoweit eine **verdeckte Gewinnausschüttung** vor. Die Beiträge können in beiden Fällen als **Werbungskosten** aus nichtselbständiger Arbeit berücksichtigt werden.

Es ist die Frage gestellt worden, ob und ggf. in welchem Umfang für die vom Arbeitgeber freiwillig geleisteten Beiträge an **Berufsgenossenschaften** für nicht gesetzlich unfallversicherte Gesellschafter-Geschäftsführer die **Steuerbefreiung nach** § 3 Nr. 16 EStG **für Auswärtstätigkeiten** (**Reisenebenkosten**) in Betracht kommt (→ *Reisekosten: Erstattungen* Rz. 3661). Denn die Berufsgenossenschaften sichern nicht nur Berufskrankheiten ab, sondern auch Arbeits- und Wegeunfälle. Nach Auffassung der obersten Finanzbehörden gelten für die Aufteilung die allgemeinen Grundsätze zur steuerlichen Behandlung der Beiträge für eine freiwillige Unfallversicherung (→ *Unfallversicherung: freiwillige* Rz. 4205) und zur gesetzlichen Unfallversicherung (→ *Unfallversicherung: gesetzliche* Rz. 4213).

ff) Zukunftssicherungsleistungen

Bei der Frage, ob i.R. der Anwendung des § 3 Nr. 62 EStG die **2345**
Ausgaben des Arbeitgebers für die Zukunftssicherung des Arbeitnehmers auf einer gesetzlichen Verpflichtung beruhen, ist der **Entscheidung des zuständigen Sozialversicherungsträgers zu folgen,** wenn sie nicht offensichtlich unzutreffend ist (zuletzt BFH v. 21.1.2010, VI R 52/08, BStBl II 2010, 703 m.w.N.).

Für die Steuerfreiheit von Arbeitgeberzuschüssen zu einer Lebensversicherung des Arbeitnehmers ist dessen **gegenwärtiger Versicherungsstatus** maßgeblich. Die Zuschüsse sind nicht nach § 3 Nr. 62 Satz 2 EStG steuerfrei, wenn der Arbeitnehmer als nunmehr beherrschender Gesellschafter-Geschäftsführer kraft Gesetzes rentenversicherungsfrei geworden ist, auch wenn er sich ursprünglich auf eigenen Antrag von der Rentenversicherungspflicht hatte befreien lassen (BFH v. 10.10.2002, VI R 95/99, BStBl II 2002, 886).

Vgl. hierzu auch → *Zukunftssicherung: Gesetzliche Altersversorgung* Rz. 4776.

gg) Verbilligte Überlassung von GmbH-Anteilen

Arbeitslohn kann auch vorliegen, wenn einem Gesellschafter-Ge- **2346**
schäftsführer – ggf. auch von dritter Seite – Gesellschaftsanteile verbilligt überlassen werden, nachdem dieser seine Fähigkeiten als Geschäftsführer und Sanierer der Unternehmensgruppe unter Beweis gestellt hat (zuletzt BFH v. 17.6.2005, VI B 176/04, m.w.N., zur Abgrenzung (kein Arbeitslohn) bei schenkweiser Übertragung von Gesellschaftsanteilen zur Sicherung der Unternehmensnachfolge vgl. BFH v. 20.11.2024, VI R 21/22, BStBl II 2025, 232). Dasselbe gilt, wenn die Muttergesellschaft dem Gesellschafter-Geschäftsführer einer Tochtergesellschaft verbilligt Anteile an deren Stammkapital überlässt (BFH v. 17.1.2005, VI B 30/04).

hh) Zufluss von Bezügen bei einer GmbH mit Liquiditätsschwierigkeiten (Gehaltsverzicht)

I.R. von Lohnsteuer-Außenprüfungen wird häufig festgestellt, dass **2347**
der beherrschende GmbH-Geschäftsführer in Notsituationen der Firma auf eine **Auszahlung des im Anstellungsvertrag vereinbarten Gehalts verzichtet**.

Grds. gilt Folgendes:

Bei beherrschenden Gesellschaftern einer Kapitalgesellschaft wird angenommen, dass sie über eine von der Gesellschaft geschuldete Vergütung bereits im Zeitpunkt der Fälligkeit verfügen können und ihnen damit entsprechende Einnahmen zugeflossen sind. Von dieser Zuflussfiktion werden nur Gehaltsbeträge und sonstige Vergütungen erfasst, die die Kapitalgesellschaft den sie beherrschenden Gesellschaftern schuldet und die sich bei der Ermittlung ihres Einkommens ausgewirkt haben.

Eine beherrschende Stellung eines GmbH-Gesellschafters liegt im Regelfall vor, wenn der Gesellschafter die Mehrheit der Stimmrechte besitzt und deshalb bei Gesellschafterversammlungen entscheidenden Einfluss ausüben kann. Im Allgemeinen ist das erst der Fall, wenn der Gesellschafter, der durch Leistungen der Kapitalgesellschaft Vorteile erhält, mehr als 50 % der Stimmrechte hat. Hält ein Gesellschafter nicht mehr als 50 % der Gesellschaftsanteile, kann er einem beherrschenden Gesellschafter gleichgestellt werden, wenn er mit anderen gleichgerichtete materielle, d.h. finanzielle Interessen verfolgenden Gesellschaftern zusammenwirkt, um eine ihren Gesellschafterinteressen entsprechende Willensbildung der Kapitalgesellschaft herbeizuführen (BFH v. 3.2.2011, VI R 4/10, BStBl II 2014, 493).

Wie die einzelnen Fallkonstellationen steuerlich zu behandeln sind, soll nachfolgend dargestellt werden:

Beispiel 1:

a) Die Gehälter werden gerechnet und im Lohnkonto erfasst. Der Geschäftsführer verzichtet auf die Auszahlung. Ihm wird zugesagt, dass seine Gehälter nachgezahlt werden, sobald die Gesellschaft entsprechende Mittel zur Verfügung hat. Die Gehälter werden als **Verbindlichkeiten gegenüber dem Gesellschafter gebucht.**

b) Die Gehälter werden gerechnet und im Lohnkonto erfasst. Der Geschäftsführer verzichtet auf die Auszahlung. Ihm wird zugesagt, dass seine Gehälter nachgezahlt werden, sobald die Gesellschaft entsprechende Mittel zur Verfügung hat. Die Gehälter wurden in der **Finanzbuchhaltung nicht erfasst.**

Lösung:

Beherrschenden Gesellschaftern einer Kapitalgesellschaft fließen i.S.d. § 11 EStG Beträge, die die Gesellschaft ihnen schuldet, grds. mit deren **Fälligkeit** zu (BFH v. 14.6.1985, VI R 127/81, BStBl II 1986, 62; BFH v. 5.10.2004, VIII R 9/03, HFR 2005, 327).

Ist eine GmbH jedoch angesichts der aufgelaufenen Verluste und der daraus abgeleiteten Prognosen nicht mehr in der Lage, die mit ihrem Gesellschafter-Geschäftsführer i.R. des ursprünglichen Anstellungsvertrags getroffenen Vergütungsvereinbarungen zu erfüllen, entspricht es nicht nur wirtschaftlicher Vernunft, vielmehr auch der besonderen Treuepflicht, der dieser als Geschäftsführer unterliegt, diese Vergütungsvereinbarungen in angemessener Weise an die wirtschaftlichen Gegebenheiten anzupassen (BGH v. 15.6.1992, II ZR 88/91). Dies kann in Gestalt einer lediglich geminderten Vergütung, aber auch eines – vorübergehenden – **Gehaltsverzichts** geschehen; der Gehaltsverzicht sollte jedoch endgültig erfolgen (BFH v. 27.3.2001, I R 27/99, BStBl II 2002, 111). Bei einer Besserung der wirtschaftlichen Verhältnisse kann dann eine angemessene Anpassung für die Zukunft klar und eindeutig vereinbart werden (zum Forderungsverzicht mit Besserungsschein allgemein vgl. BMF v. 2.12.2003, IV A 2 – S 2743-5/03, BStBl I 2003, 648).

Die Beteiligung eines Geschäftsführers an der Firma ist für die Beurteilung unbeachtlich. Die Herabsetzung der ursprünglich vereinbarten Bezüge erfordert stets eine Änderung des Anstellungsvertrags, für die regelmäßig die Gesellschafterversammlung zuständig ist (vgl. § 397 BGB; BFH v. 11.2.1997, I R 43/96, HFR 1998, 39 und BGH v. 25.3.1991, II ZR 169/90).

Verzichtet der beherrschende Gesellschafter-Geschäftsführer nicht rechtzeitig auf sein Gehalt (oder Teile des Gehalts), kann damit der **Zufluss mit der Folge der Lohnversteuerung nicht verhindert** werden. Ein entstandener Anspruch, auf den der Geschäftsführer verzichtet, ist bei ihm als Einkünfte aus nichtselbständiger Arbeit zu versteuern und der Verzicht selbst stellt eine bei dem Gesellschafter-Geschäftsführer nicht berücksichtigungsfähige gesellschaftsrechtliche Einlage in die GmbH dar. Der Verzicht kann sich mit steuerlicher Wirkung – ohne einen Zufluss auszulösen – nur auf die Zukunft beziehen.

Ein Gehaltsverzicht mit der Folge, dass der Arbeitslohn nicht zufließt, liegt somit nur vor, wenn der Anstellungsvertrag mit Wirkung für die Zukunft geändert wird.

Beispiel 2:

Der Gesellschafter-Geschäftsführer verzichtet auf die Auszahlung des Gehalts mit der Maßgabe, dass dieses nachzuzahlen ist, wenn der Gesellschaft die entsprechenden Mittel wieder zur Verfügung stehen. Die Gehälter wurden ab diesem Zeitpunkt weder gerechnet noch in der Finanzbuchhaltung erfasst. Der Geschäftsführer versetzt die Gesellschaft mit Privateinlagen in die Lage, die Gehälter der anderen Mitarbeiter zu zahlen.

Lösung:

Verzichtet ein Gesellschafter auf eine Forderung gegen seine GmbH (vgl. § 397 BGB) unter der auflösenden Bedingung (§ 158 Abs. 1 BGB), dass im Besserungsfall die Forderung rückwirkend wieder aufleben soll (§ 159 BGB), so führt die Erfüllung der Forderung nach Bedingungseintritt nicht ohne weiteres zu einer verdeckten Gewinnausschüttung (BFH v. 18.12.2002, I R 27/02, HFR 2003, 698).

Der BFH hat in diesem Fall den unter dem Vorbehalt der Besserung der wirtschaftlichen Lage der Gesellschaft ausgesprochenen Gehaltsverzicht des Alleingesellschafters einer GmbH als **verdeckte Gewinnausschüttung** angesehen, weil die Besserungsvereinbarung zwischen der GmbH und ihrem Geschäftsführer nicht ernsthaft vereinbart wurde und Zweifel daran bestanden, dass bei Wiederaufnahme der Zahlungen der Besserungsfall tatsächlich eingetreten war.

Zum Zufluss des Arbeitslohns s. oben. Hinsichtlich der im Besserungsfall evtl. geleisteten Zahlungen ist zu prüfen, ob eine verdeckte Gewinnausschüttung vorliegt.

Beispiel 3:

a) Nach Antrag auf Eröffnung des Insolvenzverfahrens bis zu dessen Eröffnung werden die Gehälter des Geschäftsführers weiter berechnet, aber nicht ausgezahlt und als **Verbindlichkeiten erfasst.**

b) Wie oben, die Gehälter werden jedoch **nicht als Verbindlichkeiten erfasst.**

Lösung:

Die Annahme, dass beherrschenden Gesellschaftern einer Kapitalgesellschaft Beträge, die die Gesellschaft ihnen schuldet, i.S.d. § 11 EStG mit deren Fälligkeit zufließen (s.o.), kann ausnahmsweise dann unterbleiben, wenn die **Gesellschaft zahlungsunfähig** ist (BFH v. 14.6.1985, VI R 127/81, BStBl II 1986, 62; BFH v. 30.10.2001, VIII R 15/01, BStBl II 2002, 138; BFH v. 5.10.2004, VIII R 9/03, HFR 2005, 327). Der BFH definiert die Zahlungsunfähigkeit als das auf dem Mangel an Zahlungsmitteln beruhende dauernde Unvermögen des Schuldners, seine sofort zu erfüllenden Geldschulden noch im Wesentlichen zu berichtigen (vgl. z.B. BFH v. 22.5.1973, VIII R 97/70, BStBl II 1973, 815; BFH v. 22.7.1997, VIII R 57/95, BStBl II 1997, 755). Im Insolvenzverfahren sind hierbei die Tatbestandsmerkmale „dauerndes Unvermögen“ und „im Wesentlichen“ nicht mehr maßgeblich (§ 17 InsO). Die Zahlungsunfähigkeit wird man allerdings vor dem „Zusammenbruch“ des Schuldners im Regelfall verneinen können, solange ein Antrag auf Eröffnung des Insolvenzverfahrens (§ 13 InsO) über das Vermögen des Schuldners noch nicht gestellt wurde.

Zahlungen, die nach dem Antrag auf Eröffnung des Insolvenzverfahrens an den beherrschenden Gesellschafter geleistet werden, können **Arbeitslohn oder verdeckte Gewinnausschüttung** sein.

Ergänzend soll auf folgende neuere Rechtsprechung hingewiesen werden:

- Der BFH hat ein Urteil des FG Thüringen bestätigt, nach dem einem beherrschenden Gesellschafter-Geschäftsführer zustehende, aber noch nicht ausgezahlte Gehaltsteile (hier: **Weihnachtsgeld**) nicht zugeflossen sind, wenn er auf die Auszahlung von vornherein und rechtlich wirksam verzichtet; dem Gesellschafter-Geschäftsführer fließen insoweit keine Einnahmen aus nichtselbständiger Arbeit zu, als er dadurch eine tatsächliche Vermögenseinbuße erleidet (BFH v. 3.2.2011, VI R 4/10, BStBl II 2014, 493).
- Ein fortlaufender monatlich im Voraus getroffener bedingter **Gehaltsverzicht** eines Gesellschafter-Geschäftsführers stellt eine verdeckte Gewinnausschüttung dar, wenn die Vereinbarung nicht vertragsgemäß durchgeführt wurde und sich ein Fremdgeschäftsführer auf den Verzicht nicht eingelassen hätte (FG Hamburg v. 2.3.2016, 2 V 278/15, EFG 2016, 753).
- Für die Frage, ob ein Gehaltsverzicht zu einem Zufluss von Arbeitslohn führt, kommt es maßgeblich darauf an, wann der Verzicht erklärt wurde. Eine zum Zufluss von Arbeitslohn führende verdeckte Einlage kann nur dann gegeben sein, soweit der Stpfl. nach Entstehung seines Gehaltsanspruchs aus gesellschaftsrechtlichen Gründen auf diese verzichtet, da in diesem Fall eine Gehaltsverbindlichkeit in eine Bilanz hätte eingestellt werden müssen. Verzichtet der Stpfl. dagegen bereits vor Entstehung seines Gehaltsanspruchs auf diesen, wird er unentgeltlich tätig und es kommt nicht zum fiktiven Zufluss von Arbeitslohn beim Gesellschafter-Geschäftsführer (BFH v. 15.6.2016, VI R 6/13, BStBl II 2016, 903, ebenso BFH v. 5.6.2024, VI R 20/22, DB 2024, 1730 f.).
- Der BFH hat Folgendes entschieden (BFH v. 23.8.2017, VI R 4/16, BStBl II 2018, 208):

  1. Verzichtet ein Gesellschafter-Geschäftsführer gegenüber seiner Kapitalgesellschaft auf eine bereits erdiente (werthaltige)

Pensionsanwartschaft, ist darin nur dann keine verdeckte Einlage zu sehen, wenn auch ein fremder Geschäftsführer unter sonst gleichen Umständen die Pensionsanwartschaft aufgegeben hätte.

2. Wurzelt die Zusage der Altersversorgung im Anstellungsvertrag, führt der Verzicht auf die erdiente und werthaltige Anwartschaft zu einem Lohnzufluss in Höhe des Teilwerts.

3. Insoweit handelt es sich um eine Vergütung für eine mehrjährige Tätigkeit, bei der die Anwendung der Fünftelregelung (§ 34 Abs. 1 und Abs. 2 Nr. 4 EStG) in Betracht kommt.

- In gleicher Weise führt das FG Köln im Urteil v. 19.3.2024, 8 K 530/22, aus, dass der Verzicht eines (Minderheits-)Gesellschafters und Geschäftsführers auf Ansprüche aus einer zugesagten **Absicherung gegen Berufsunfähigkeit** zum Zwecke der Entschuldung der Gesellschaft im Zusammenhang mit dem Ausscheiden aus der dieser gesellschaftsrechtlich veranlasst sei. Der Verzicht auf die erdiente und werthaltige Anwartschaft stelle – durch eine verdeckte Einlage – **zugeflossener Arbeitslohn** (§ 19 Abs. 1 Satz 1 Nr. 1 EStG) dar. In Höhe der verdeckten Einlage lägen nachträgliche Anschaffungskosten auf den GmbH-Anteil vor. Ferner liege, sofern gegen das in § 3 BetrAVG normierte Abfindungsverbot dadurch verstoßen werde, dass dem Minderheitsgesellschafter und Geschäftsführer einer Kapitalgesellschaft im Zusammenhang mit seinem Ausscheiden aus der GmbH ein Anspruch aus einer gewährten Berufsunfähigkeitsversicherung (einschließlich zugehöriger Rückdeckungsversicherung) vollständig übertragen werde (sodass dieser die Versicherung privat fortführen kann), in der Übertragung der Rückdeckungsversicherung ein Vermögensvorteil zu Gunsten des Gesellschafters und zu Lasten der Gesellschaft vor, welcher auch gesellschaftsrechtlich veranlasst sei (§ 8 Abs. 3 Satz 2 KStG). Der zugeflossene Vermögensvorteil liege in der Übertragung von Ansprüchen aus der Rückdeckungsversicherung und dem damit einhergehenden Vermögenszugang beim Steuerpflichtigen.
- Das FG Sachsen v. 13.2.2025, 4 K 545/22, EFG 2025, 947, hat mit Urteil zu einer mit einem Rangrücktritt verbundenen Darlehensgewährung des beherrschenden Gesellschafters an die Kapitalgesellschaft in einem Fall entschieden, in dem die Gesellschaft „von der Hand in den Mund" gelebt hat. Nach Auffassung des FG ist die Zahlungsunfähigkeit der Kapitalgesellschaft als das auf dem Mangel an Zahlungsmitteln beruhende dauernde Unvermögen der Gesellschaft anzusehen, ihre sofort zu erfüllenden Geldschulden noch im Wesentlichen zu begleichen. Dies ist vor dem „Zusammenbruch" der Kapitalgesellschaft im Regelfall zu verneinen, solange ein Antrag auf Eröffnung des Insolvenzverfahrens über das Vermögen der Kapitalgesellschaft noch nicht gestellt wurde. Hat der beherrschende Gesellschafter der Kapitalgesellschaft unter Vereinbarung eines Rangrücktritts ein Darlehen gegeben und sind die vereinbarten Darlehenszinsen bei der Kapitalgesellschaft gewinnmindernd als Verbindlichkeit bilanziert, aber jahrelang nicht ausgezahlt worden, **so ist auch dann von einem Zufluss der Darlehenszinsen beim beherrschenden Gesellschafter auszugehen, wenn sich die Gesellschaft zwar in einer wirtschaftlichen Krise befunden hat, jedoch immer die Verbindlichkeiten der übrigen Gläubiger erfüllen konnte und wenn daher auch kein Antrag auf Eröffnung eines Insolvenzverfahrens gestellt worden ist.**

Zur Abgrenzung einer Altersversorgung zur Absicherung des Gesellschafter-Geschäftsführers sowie einer verdeckten Gewinnausschüttung lassen sich die Grundsätze des BFH v. 15.3.2023, I R 41/19, BFH/NV 2023, 1035, heranziehen (mit weiteren Verweisen):

Danach ist es aus steuerrechtlicher Sicht nicht zu beanstanden, wenn ein Versorgungsversprechen der Kapitalgesellschaft nicht von dem endgültigen Ausscheiden des Begünstigten aus dem Dienstverhältnis als Geschäftsführer, sondern allein von dem Erreichen der Altersgrenze abhängig gemacht wird. Hierbei müsste das Einkommen aus der fortbestehenden Tätigkeit als Geschäftsführer auf die Versorgungsleistung angerechnet oder der vereinbarte Eintritt der Versorgungsfälligkeit – ggf. unter Vereinbarung eines nach versicherungsmathematischen Maßstäben berechneten Barwertausgleichs – aufgeschoben werden.

Wird allerdings nach dem Eintritt des Versorgungsfalles neben der Versorgungsleistung bei voller Weiterbeschäftigung als Geschäftsführer für diese Tätigkeit lediglich ein reduziertes Gehalt gezahlt, liegt nach der Maßgabe eines hypothetischen Fremdvergleichs dann **keine** gesellschaftliche Veranlassung (verdeckte Gewinnausschüttung) vor, wenn die Gehaltszahlung die Differenz zwischen der Versorgungszahlung und den letzten Aktivbezügen nicht überschreitet (Fortentwicklung der bisherigen Senatsrechtsprechung). Diese Rechtsgrundsätze sind mittlerweile auch von der Finanzverwaltung in Abänderung des BMF v. 18.9.2017, IV C 6 – S 2176/07/10006, BStBl I 2017, 1293 im BMF v. 30.8.2024, IV C 2 – S 2742/22/10003 :009, BStBl I 2024, 1191, anerkannt worden.

ii) Übertragung von Rückdeckungsversicherungen

Rückdeckungsversicherungen, die Pensionszusagen einer Kapitalgesellschaft gegenüber ihren Arbeitnehmern (regelmäßig Gesellschafter-Geschäftsführer) absichern, werden regelmäßig zu Gunsten des pensionsberechtigten Arbeitnehmers verpfändet oder mit aufschiebender Bedingung an ihn abgetreten. Hierin liegt noch **kein Zufluss von Arbeitslohn**, weil der Arbeitnehmer gegenwärtig noch keine unmittelbaren Ansprüche aus der Versicherung erwirbt (R 40b.1 Abs. 3 Satz 2 Nr. 3 LStR). 2348

Im Zuge der **Insolvenz der Kapitalgesellschaft** werden solche Rückdeckungsversicherungen vielfach auf die **pensionsberechtigten Arbeitnehmer übertragen**. Im Zeitpunkt der Übertragung fließt dem Arbeitnehmer ein **lohnsteuerpflichtiger geldwerter Vorteil** zu, der regelmäßig dem geschäftsplanmäßigen Deckungskapital der Versicherung entspricht (R 40b.1 Abs. 3 Satz 3 LStR; BFH v. 22.4.2009, VI B 95/08). Zur Übertragung einer Rückdeckungsversicherung hinsichtlich eines Berufsunfähigkeitsrisikos vgl. FG Köln v. 19.3.2024, 8 K 530/22.

In der Praxis ist die Besteuerung dieser Lohnzuflüsse nicht immer gewährleistet, weil der Arbeitgeber keinen Lohnsteuerabzug vornimmt und die für die Besteuerung der Arbeitnehmer zuständigen Stellen von diesem Sachverhalt keine Kenntnis erlangen. Zur Sicherstellung der Besteuerung sollen die Finanzämter **Kontrollmitteilungen** fertigen (ausführlich OFD Rheinland v. 21.7.2006, S 2332 – 1001 – St 2).

jj) Firmenwagen

Die Überlassung eines betrieblichen Pkw durch den Arbeitgeber an den Arbeitnehmer für dessen Privatnutzung führt zu einer Bereicherung des Arbeitnehmers und damit zum Zufluss von Arbeitslohn. Die belastbare Behauptung des Stpfl., das betriebliche Fahrzeug nicht für Privatfahrten genutzt oder Privatfahrten ausschließlich mit anderen Fahrzeugen durchgeführt zu haben, genügt nicht, um die Besteuerung des Nutzungsvorteils auszuschließen. Dies gilt auch für **Alleingesellschafter-Geschäftsführer**, die für ihre GmbH ertragsteuerlich als Arbeitnehmer tätig werden und denen die GmbH einen betrieblichen Pkw auf Grund dienstvertraglicher Vereinbarung auch zur Privatnutzung überlassen hat (BFH v. 16.10.2020, VI B 13/20, HFR 2021, 351; FG Köln v. 8.12.2022, 13 K 1001/19, EFG 2023, 997). 2349

Dagegen ist eine **vertragswidrige private Nutzung eines betrieblichen Fahrzeugs** durch einen Gesellschafter-Geschäftsführer als verdeckte Gewinnausschüttung zu qualifizieren (BFH v. 21.3.2013, VI R 46/11, BStBl II 2013, 1044, zur Abgrenzung und Wertfindung vgl. a. FG Münster v. 28.4.2023, 10 K 1193/20, EFG 2023, 1483, Revision Az. BFH: I R 33/23). Einzelheiten → *Firmenwagen zur privaten Nutzung* Rz. 2154.

kk) Geringfügige Beschäftigung

Das **FG Baden-Württemberg** hat mit Urteil vom 21.7.2015, 11 K 3633/13, EFG 2015, 2074 entschieden, dass einem Gesellschafter-Geschäftsführer die Lohnsteuerpauschalierung nach § 40a Abs. 2a EStG mit 20 % nicht zusteht, da die Lohnsteuerpauschalierung nur für das Arbeitsentgelt aus einer geringfügigen Beschäftigung i.S.d. § 8 Abs. 1 Nr. 1 SGB IV oder des § 8 a SGB IV in Betracht kommt. Das setzt jedoch voraus, dass die Tätigkeit die Merkmale einer **sozialversicherungsrechtlichen Beschäftigung** i.S.d. § 7 SGB IV erfüllt, was im Urteilsfall (50 % der Beteiligung) und in den meisten Praxisfällen nicht der Fall ist. 2350

ll) Wohnungsüberlassung

2351 Eine im Anstellungsvertrag vereinbarte Wohnungsüberlassung durch einen Arbeitgeber an seinen Arbeitnehmer wird i.d.R. als Gegenleistung für die Arbeitsleistung erbracht und erfolgt damit gegen eine Vergütung, selbst wenn im Anstellungsvertrag steht, dass der Gesellschafter-Geschäftsführer die Räumlichkeiten „unentgeltlich" nutzen darf. Weil eine Arbeitsleistung im Wirtschaftsleben stets vergütet wird, durfte das FG davon ausgehen, dass auch die Wohnungsüberlassung das Geschäftsführergehalt erhöht hat und folglich die Nutzungsüberlassung in unmittelbarem Zusammenhang mit der geschuldeten Arbeitsleistung steht (BFH v. 18.2.2016, V R 23/15, BStBl II 2016, 496). Zum Ansatz der Wohnraumüberlassung dem Grunde und der Höhe nach als verdeckte Gewinnausschüttung siehe BFH v. 27.7.2016, I R 12/15, BStBl II 2017, 217, FG Niedersachsen v. 15.8.2024, 10 K 255/21, EFG 2025, 892, Revision AZ: I R 21/24, hinsichtlich der Überlassung an einen Mehrheitsaktionär FG Düsseldorf v. 24.4.2024, 7 K 113/21, EFG 2024, 1227 (die hierzu eingelegte Nichtzulassungsbeschwerde wurde mit BFH-Beschluss v. 13.11.2024, I B 15/24, zurückverwiesen).

mm) Entlassungsentschädigung bei einem Kommanditisten, der gleichzeitig Gesellschafter-Geschäftsführer der Komplementär-GmbH ist

2352 Zu Sachverhalten, in denen der Kommanditist einer GmbH & Co. KG, der gleichzeitig Geschäftsführer der Komplementär-GmbH (die keine eigene Geschäftstätigkeit entfaltet) ist, bei seinem Ausscheiden aus der Unternehmensleitung eine Abfindung erhält, für die er die **Tarifermäßigung** nach §§ 24 Nr. 1 Buchst. a, 34 Abs. 1 EStG (→ *Entschädigungen* Rz. 2001) in Anspruch nehmen möchte (sog. **Fünftelregelung**)vertritt die **Finanzverwaltung** folgende Auffassung (OFD Frankfurt v. 20.10.2016, S 2241 A – 098 – St 213):

„Es besteht hier zwar ein zivilrechtliches Anstellungsverhältnis. Der Stpfl. nimmt jedoch eine Doppelfunktion wahr, da er nicht nur Organ der GmbH, sondern auch Mitunternehmer der KG ist. Die Geschäftsführertätigkeit kann nicht von seiner Eigenschaft als Mitunternehmer gelöst werden. § 15 Abs. 1 Satz 1 Nr. 2 EStG ist zumindest immer dann anzuwenden, wenn – wie hier – der Unternehmensgegenstand der Komplementär-GmbH sich nur auf die Geschäftsführung der KG beschränkt.

Zu den Einkünften aus Gewerbebetrieb sind neben den Gewinnanteilen auch die Vergütungen für die Tätigkeit im Dienste der Gesellschaft als Sonderbetriebseinnahmen hinzuzurechnen. Durch die Vorschrift des § 15 Abs. 1 Nr. 2 EStG soll der Mitunternehmer im Bereich der Tätigkeitsvergütungen dem Einzelunternehmer gleichgestellt werden. ***Da es für den Einzelunternehmer nicht möglich ist, Verträge mit sich selbst abzuschließen, kann er auch keine – steuerbegünstigte – Abfindung für seine Arbeitsleistung beziehen.*** *Dementsprechend ist auch die Abfindung, die der Mitunternehmer erhält, nicht nach §§ 24 Nr. 1 Buchst. a, 34 Abs. 1 EStG steuerbegünstigt, sondern unselbständiger Bestandteil des Gewinns aus der Veräußerung des Mitunternehmeranteils.*

Scheidet der Kommanditist lediglich aus der Geschäftsführung der GmbH aus, ohne gleichzeitig seinen Kommanditanteil zu veräußern, handelt es sich bei der Abfindung um eine laufende Sonderbetriebseinnahme."

6. Genossenschaften

a) Rechtliche Grundlagen

2353 Die Genossenschaft ist eine dem Verein nachgebildete Körperschaft. Sie erhält ihre Geschäftsfähigkeit durch die **Eintragung im Genossenschaftsregister** des Amtsgerichts. In dieses Genossenschaftsregister werden auch sämtliche Mitglieder der Genossenschaft, genannt Genossen, eingetragen. Organe der Genossenschaft sind die **Vertreterversammlung**, der **Aufsichtsrat** und der **Vorstand**.

b) Lohnsteuer, Einkunftsart

aa) Mitglieder einer landwirtschaftlichen Produktionsgenossenschaft

2354 Seit dem 1.1.1991 sind die **Tätigkeitsvergütungen und sonstigen Zahlungen der landwirtschaftlichen und gärtnerischen Produktionsgenossenschaften** der ehemaligen DDR an ihre Mitglieder **steuerlich und sozialversicherungsrechtlich wie folgt zu behandeln** (BMF v. 8.3.1991, IV B 6 – S 2331 – 4/91):

Tätigkeitsvergütungen

Die Tätigkeit der Genossenschaftsmitglieder für die Genossenschaft wird regelmäßig i.R. eines **Dienstverhältnisses** ausgeübt. Dementsprechend gehören die Tätigkeitsvergütungen (einschl. Sachbezüge) zu den **Einkünften aus nichtselbständiger Arbeit**, die dem **Lohnsteuerabzug** und somit der **Sozialversicherungspflicht** unterliegen. Die Genossenschaften bzw. die sie vertretenden Personen haben dafür zu sorgen, dass die Lohnsteuer für die Mitglieder ebenso wie für andere Arbeitnehmer von den Tätigkeitsvergütungen einbehalten und an das zuständige Finanzamt abgeführt wird.

LSt SV

Landpacht

Zahlungen der Genossenschaft an ihre Mitglieder auf Grund von Pachtverhältnissen über land- und forstwirtschaftliche Flächen gehören zu den **Einkünften aus Vermietung und Verpachtung** nach § 21 EStG.

Gewinnausschüttungen

Soweit die Genossenschaft an ihre Mitglieder Zahlungen leistet, die weder Tätigkeitsvergütungen noch Pachtzahlungen sind, kann es sich um **Einkünfte aus Kapitalvermögen** handeln.

~~LSt~~ SV

bb) Vorstandsmitglieder von Genossenschaften

Genossen, die als Vorstandsmitglieder eine **Organstellung** einnehmen, stehen i.d.R. in einem **abhängigen Beschäftigungsverhältnis** zur Genossenschaft; dies gilt insbesondere dann, wenn der Vorstand die **laufenden Verwaltungsgeschäfte i.R. der Satzungsregelungen** führt und dabei seine **ganze Arbeitskraft einsetzt**. Ein **Unternehmerrisiko besteht** bei einer derartigen Einbindung i.d.R. **nicht**. 2355

Tätigkeitsvergütungen und Aufwandsentschädigungen dieser Vorstandsmitglieder sind daher steuer- und beitragspflichtiger Arbeitslohn (BFH v. 2.10.1968, VI R 25/68, BStBl II 1969, 185).

LSt SV

Ein **abhängiges Beschäftigungsverhältnis ist** i.d.R. dann **nicht anzunehmen**, wenn der Vorstand **ausschließlich die Funktion des gesetzlichen Vertreters** wahrnimmt und **eine Eingliederung in den Betrieb** der Genossenschaft **nicht vorliegt**.

c) Sozialversicherung

Werden Genossenschaftsmitglieder von der Genossenschaft be- 2356
schäftigt, besteht ein abhängiges Beschäftigungsverhältnis zur Genossenschaft, das Versicherungspflicht zur Kranken-, Pflege-, Renten- und Arbeitslosenversicherung auslöst. Dies gilt grds. auch für den **Vorstand einer Genossenschaft**. Voraussetzung hierfür ist jedoch, dass die **volle Arbeitskraft ohne jedes eigene Unternehmerrisiko** der Genossenschaft zur Verfügung gestellt wird. Der Vorstand ist i.d.R. an die Bestimmungen der Satzung, der Geschäftsordnung und der Dienstanweisung der Organe gebunden. Nur wenn es sich um eine **reine Organtätigkeit** handelt, tritt keine Versicherungspflicht in der Sozialversicherung ein. Eine solche Organtätigkeit liegt dann vor, wenn der Vorstand lediglich die Funktion wahrnimmt, ohne dabei in den eigentlichen Betrieb der Genossenschaft eingegliedert zu sein.

7. Britische Limited

a) Rechtliche Grundlagen

Nach der Rechtsprechung des EuGH zur Frage der Anerkennung 2357
ausländischer juristischer Personen mit tatsächlichem Verwaltungssitz in einem anderen Mitgliedstaat (vgl. Urteil v. 5.11.2002, C-208/00) sind die anderen Mitgliedstaaten verpflichtet, die Rechtsfähigkeit und die Parteifähigkeit dieser Gesellschaften anzuerkennen. Der BGH hat daraufhin entschieden, dass ausländische juristische Personen auch dann im Inland anzuerkennen sind, wenn sie ihren effektiven Verwaltungssitz in Deutschland haben (BGH v. 13.3.2003, VII ZR 370/98).

Durch den Austritt des Vereinigten Königreichs Großbritannien und Nordirland aus der EU (→ *Brexit* Rz. 1493) endete auch die zivilrechtliche Anerkennung der Rechtsform einer nach britischem Recht gegründeten Limited, wenn die Geschäftsleitung ihren Sitz in Deutschland hat.

b) Lohnsteuer

2358 Die Finanzverwaltung hatte bisher keinen Grund gesehen, für die Bestimmung des lohnsteuerlichen Arbeitgebers vom Zivilrecht abzuweichen, so dass nicht mehr die Britische Limited, sondern das Einzelunternehmen bzw. die Personengesellschaft lohnsteuerlicher Arbeitgeber sei.

Durch das Gesetz zur Abwehr von Steuervermeidung und unfairem Steuerwettbewerb und zur Änderung weiterer Gesetze v. 25.6.2021, BStBl I 2021, 895 ist in § 8 Abs. 1 KStG geregelt worden, dass bei Körperschaften mit Sitz im Ausland und Geschäftsleitung im Inland, die nach inländischem Gesellschaftsrecht mangels Rechtsfähigkeit nicht als juristische Person zu behandeln sind, die Leistungen und Leistungsversprechen zwischen dieser Körperschaft und ihren „Anteilseignern" für Zwecke der Durchführung der Besteuerung mit Ertragsteuern wie Leistungen und Leistungsversprechen zwischen einer rechtsfähigen Körperschaft und deren Anteilseignern zu behandeln sind (§ 8 Abs. 1 Satz 4 KStG).

Hieraus folgt u.E., dass sowohl bezogen auf die „Anteilseigner" einer Britischen Limited als auch bezogen auf die „fremden Arbeitnehmer" die Britische Limited als lohnsteuerlicher Arbeitgeber anzusehen ist.

Diese Sichtweise wird durch die aktuelle Rechtsprechung gestützt. Mit Beschluss v. 13.10.2021, I B 31/21, BFH/NV 2022, 357, hat der BFH entschieden, dass eine britische Limited Beteiligte eines finanzgerichtlichen Verfahrens sein kann. Sie ist auch nach dem Austritt Großbritanniens aus der Europäischen Union als Körperschaftsteuersubjekt zu qualifizieren und daher fähig, Beteiligte eines finanzgerichtlichen Verfahrens zu sein.

Die **Bekanntgabe von Steuerverwaltungsakten** an sowie die **Vollstreckung** gegen eine Gesellschaft in der Rechtsform einer **Britischen Limited** mit Verwaltungssitz (Ort der Geschäftsleitung) im Inland sowie deren Rechtsnachfolger nach dem 31.12.2020 wurde bisher durch das BMF-Schreiben v. 30.12.2020, IV A 3 – S 0284/20/10006 :003, BStBl I 2021, 46 geregelt.

Mit Art. 23 Nr. 3 des Kreditzweitmarktförderungsgesetzes vom 22.12.2023, BGBl. I 2023 Nr. 411, wurde **mit Wirkung ab 1.1.2024 § 14b AO eingeführt**, der spezielle Regelungen bzgl. Körperschaften mit Sitz im Ausland beinhaltet. Danach gilt, dass eine Körperschaft mit Sitz (§ 11 AO) im Ausland und Ort der Geschäftsleitung (§ 10 AO) im Geltungsbereich der Abgabenordnung, sofern diese nach dem Recht des Staates, in dem sie ihren Sitz hat, rechtsfähig ist, Empfängerin von Verwaltungsakten sein kann. Verwaltungsakte sind an diese zu richten, soweit die Körperschaft nach den Steuergesetzen Steuerschuldnerin ist. Dies gilt auch dann, wenn die Gesellschaft nach inländischem Gesellschaftsrecht mangels Rechtsfähigkeit nicht als juristische Person zu behandeln ist.

Steuerverwaltungsakte an eine britische Limited mit Verwaltungssitz im Inland sind daher ab 1.1.2024 an die Limited selbst zu richten, soweit die Limited nach materiellem Recht Steuerschuldnerin ist. Steuerforderungen, die auf einem gegen die Limited ergangenen Leistungsgebot beruhen, sind ab 1.1.2024 ihr gegenüber geltend zu machen.

Das BMF-Schreiben vom 30.12.2020 (IV A 3 – S 0284/20/10006 :003, BStBl I 2021, 46) wurde mit Wirkung ab 1.1.2024 (BMF v. 12.01.2024, IV D 1 – S 0284/20/10006 :003, BStBl I 2024, 175) aufgehoben.

c) Sozialversicherung

2359 Die Sozialversicherungsträger sehen keinen Grund, für die Bestimmung des sozialversicherungsrechtlichen Arbeitgebers vom Zivilrecht abzuweichen. Seit dem 1.1.2021 mangelt es an der Gründung einer Gesellschaft nach deutschem Recht. Bei der Beteiligung mehrerer Personen an der Gesellschaft wird die Britische Limited sozialversicherungsrechtlich wie eine BGB-Gesellschaft (→ Rz. 2324) oder eine OHG (→ Rz. 2327) behandelt.

8. Ausländische Kapitalgesellschaft

Nach § 1 Satz 4 SGB VI und § 27 Abs. 1 Nr. 5 SGB III sind Mitglieder des Vorstands einer Aktiengesellschaft in einer Beschäftigung in dem Unternehmen, dessen Vorstand sie angehören, nicht renten- und arbeitslosenversicherungspflichtig, wobei Konzernunternehmen i.S.d. § 18 AktG als ein Unternehmen gelten. Über den gesetzlichen Wortlaut hinaus sind nach der Rechtsprechung des BSG auch Vorstandsmitglieder großer Versicherungsvereine auf Gegenseitigkeit von der Renten- und Arbeitslosenversicherung ausgeschlossen, weil diese durch eine Reihe von Vorschriften des Versicherungsaufsichtsgesetzes den Vorstandsmitgliedern von Aktiengesellschaften rechtlich gleichgestellt sind. Eine Ausweitung der Freistellungsregelung auf Organmitglieder anderer inländischer juristischer Personen hat die Rechtsprechung des BSG jedoch stets ausgeschlossen (Vorstandsmitglieder einer Genossenschaft, Vorstandsmitglieder einer öffentlich-rechtlichen Anstalt und Vorstandsmitglieder eines Vereins). 2360

a) Irische Kapitalgesellschaft

Zur versicherungsrechtlichen Beurteilung eines Mitglieds des Board of Directors (BoD) einer irischen Kapitalgesellschaft in Form einer private limited company in seiner Beschäftigung für die Gesellschaft in Deutschland hat das BSG entschieden, dass in Deutschland beschäftigte Mitglieder des Board of Directors einer private limited company irischen Rechts auch unter Berücksichtigung des Rechts der Europäischen Gemeinschaft nicht wie Mitglieder des Vorstands einer deutschen Aktiengesellschaft von der Versicherungspflicht in der gesetzlichen Renten- und Arbeitslosenversicherung ausgenommen sind (BSG v. 27.2.2008, B 12 KR 23/06 R). 2361

Das BSG hat dabei folgende Grundsätze zusammengefasst:

- Die Ausnahmebestimmungen der §§ 1 Satz 4 SGB VI und 27 Abs. 1 Nr. 5 SGB III sind auf beschäftigte Organmitglieder ausländischer Kapitalgesellschaften weder unmittelbar noch entsprechend anwendbar. Zu den Mitgliedern des Vorstands einer Aktiengesellschaft i.S. dieser Regelungen gehören nur solche einer bestehenden Aktiengesellschaft deutschen Rechts.
- Das der Niederlassungsfreiheit nach Art. 43, 48 EG-Vertrag immanente Diskriminierungsverbot gebietet nach der Rechtsprechung des EuGH, dass die Beschäftigten mitgliedstaatlicher Kapitalgesellschaften in Bezug auf die Versicherungspflicht oder auch Versicherungsfreiheit grds. gleich behandelt werden müssen.
- Für eine tatbestandliche Gleichstellung bedarf es einer gesetzlichen Äquivalenzregel aus einschlägigem, unmittelbar zu beachtendem – ggf. internationalem – Recht, einschließlich dem Gemeinschaftsrecht; eine Tatbestandsgleichstellung bereits im Wege richterlicher Rechtsfortbildung ist nicht gestattet.
- Für die Standardisierung der Verhältnisse im Gesellschaftsrecht hat der europäische Gesetzgeber u.a. mit der Verordnung (EG) Nr. 2157/2001 des Rates v. 8.10.2001 über das Statut der Europäischen Gesellschaft allein nach der Rechtsform von Kapitalgesellschaften unterschieden und ausländische Kapitalgesellschaften mit der deutschen Aktiengesellschaft einerseits und mit der deutschen GmbH andererseits gleichgesetzt. An die darin zum Ausdruck kommenden rechtlichen Differenzierungen darf auch für den außergesellschaftlichen Bereich des Sozialrechts angeknüpft werden. Welche Kapitalgesellschaften in den Mitgliedstaaten der europäische Gesetzgeber als Parallelformen der deutschen Aktiengesellschaft betrachtet, ergibt sich aus Anhang I zu Art. 2 Abs. 1 der Verordnung (EG) Nr. 2157/2001 des Rates v. 8.10.2001 über das Statut der Europäischen Gesellschaft, welche Gesellschaftsformen als der deutschen GmbH vergleichbar behandelt werden, aus Anhang II zu Art. 2 Abs. 2 der Verordnung (EG) Nr. 2157/2001.
- Im Anwendungsbereich der Niederlassungsfreiheit sind nur Organmitglieder solcher mitgliedstaatlicher Kapitalgesellschaften in der deutschen gesetzlichen Rentenversicherung nicht versicherungspflichtig bzw. in der Arbeitslosenversicherung versicherungsfrei, die einer Aktiengesellschaft deutschen Rechts vergleichbar sind.

Dem o.g. Urteil des BSG v. 27.2.2008 ist über den entschiedenen Einzelfall hinaus grundsätzliche Bedeutung beizumessen und den aufgestellten Grundsätzen für Kapitalgesellschaftsformen der EU-

Mitgliedstaaten hinsichtlich ihrer Vergleichbarkeit mit einer Aktiengesellschaft nach deutschem Recht bzw. ihrer Vergleichbarkeit mit einer GmbH nach deutschem Recht zu folgen. Beschäftigte Organmitglieder dieser Gesellschaftsformen werden daher – unabhängig von der Bezeichnung ihrer jeweiligen Organfunktion – statusrechtlich dem Vorstand einer deutschen Aktiengesellschaft bzw. der Geschäftsführung einer deutschen GmbH gleichgestellt. Welche Kapitalgesellschaften in den einzelnen Mitgliedstaaten der Europäischen Union als Parallelformen der deutschen Aktiengesellschaft betrachtet und welche Gesellschaftsformen als der deutschen GmbH vergleichbar behandelt werden, können dem Besprechungsergebnis der Spitzenverbände der Sozialversicherungsträger v. 30./31.3.2009 (www.aok-business.de) entnommen werden.

b) Europäische Gesellschaft (SE)

2362 Mit der Verordnung (EG) Nr. 2157/2001 des Rates v. 8.10.2001 über das Statut der Europäischen Gesellschaft (SE) (ABl. EG 2001 Nr. L 294, 1; im Folgenden: Verordnung) hat der europäische Gesetzgeber eine neue, neben den bisherigen Gesellschaftsformen mitgliedstaatlich nationalen Rechts stehende, europäische Gesellschaftsform geschaffen. Die Umsetzung in nationales Recht erfolgte mit dem Gesetz zur Ausführung der Verordnung (EG) Nr. 2157/2001 des Rates v. 8.10.2001 über das Statut der Europäischen Gesellschaft (SE) (SE-Ausführungsgesetz – SEAG) v. 22.12.2004 (BGBl. I 2004, 3675).

Bei der SE handelt es sich um eine Gesellschaft, deren Mindestkapital i.H.v. 120 000 € in Aktien zerlegt ist und vom Verordnungsgeber daher die **Rechtsform einer europäischen Aktiengesellschaft** (**Societas Europaea**) erhielt. Damit entspricht die SE von ihrem Gesellschaftstyp einer **Aktiengesellschaft nach deutschem Recht** (**AGdR**) insoweit, als sie zu den eher „großen" und wirtschaftlich starken Gesellschaften zu zählen ist.

Dies wirft die Frage auf, wie beschäftigte Organmitglieder einer SE, die deutschem Sozialversicherungsrecht unterliegen, versicherungsrechtlich zu beurteilen sind. Bei der versicherungsrechtlichen Beurteilung ist ein Rückgriff auf die vom BSG in seinem Urteil v. 27.2.2008, B 12 KR 23/06 R, entwickelten Grundsätze nur insoweit erforderlich, als es für eine tatbestandliche Gleichstellung auch im Hinblick auf beschäftigte Organmitglieder einer SE einer gesetzlichen Äquivalenzregel aus einschlägigem, unmittelbar zu beachtendem Recht bedarf. Ob und inwieweit eine tatbestandliche Gleichstellung beschäftigter Organmitglieder einer SE gegeben ist, ist folglich direkt anhand der Bestimmungen der Verordnung i.V.m. dem SEAG zu prüfen.

Art. 10 der Verordnung bestimmt zwar, dass eine SE in jedem Mitgliedstaat wie eine Aktiengesellschaft, die nach dem Recht des Sitzstaates der SE gegründet wurde, zu behandeln ist, dies gilt jedoch nur vorbehaltlich der Bestimmungen der Verordnung. Nach der Regelungssystematik der Verordnung unterliegt eine SE vorrangig den Bestimmungen der Verordnung, sodann – sofern die Verordnung dies ausdrücklich zulässt – den Bestimmungen der Satzung der SE; in den nicht oder nur teilweise durch die Verordnung geregelten Bereichen bzw. Aspekten der nationalen SE-Gesetze, ferner den jeweiligen Rechtsvorschriften, die für Aktiengesellschaften im Sitzstaat der SE Anwendung finden und schließlich den Bestimmungen ihrer Satzung unter den gleichen Voraussetzungen wie Aktiengesellschaften im jeweiligen Sitzstaat der SE. Im Hinblick auf die Anwendbarkeit von § 1 Satz 4 SGB VI und § 27 Abs. 1 Nr. 5 SGB III wäre somit eine SE schlechthin wie eine AGdR zu behandeln, wenn die Regelungen der Verordnung mit dem AktG im Wesentlichen übereinstimmten. Dies ist jedoch nicht der Fall, weil nach der Verordnung **unterschiedliche verwaltungsstrukturelle** Ausgestaltungen einer SE zulässig sind, der sog. **monistische und der dualistische Aufbau**.

Den **monistischen Aufbau** kennt das AktG jedoch nicht, sondern allein den dualistischen Aufbau mit je einem **separaten Leitungs- und einem Aufsichtsorgan**. Da es sich somit um einen nur teilweise durch die Verordnung geregelten Bereich bzw. Aspekt handelt, unterliegt die SE hier den nationalen SE-Gesetzen, die im Einklang stehen müssen mit den maßgeblichen Richtlinien für Aktiengesellschaften; für Deutschland also der maßgebenden Richtlinie für die Aktiengesellschaft, dem AktG. Den Einklang der für eine SE zulässigen unterschiedlichen verwaltungsstrukturellen Ausgestaltungen mit dem AktG stellt § 20 SEAG dadurch her, dass beim **monistischen System anstelle der den Vorstand und den Aufsichtsrat betreffenden Vorschriften der §§ 76 bis 116 AktG die besonderen Regelungen des SEAG** gelten. Organe der SE sind danach beim monistischen Aufbau der Verwaltungsrat (§§ 22 ff. SEAG) und die geschäftsführenden Direktoren (§§ 40 ff. SEAG). Keines dieser Organe entspricht von seiner Funktion und seinen Kompetenzen her allerdings dem Vorstand einer AGdR. Die geschäftsführenden Direktoren führen die Geschäfte der Gesellschaft und vertreten diese nach außen. Sie können jederzeit durch Beschluss des Verwaltungsrats abberufen werden, es sei denn, in der Satzung ist etwas anderes bestimmt. Der Verwaltungsrat leitet demgegenüber die Gesellschaft, bestimmt die Grundlinien der Tätigkeit und überwacht deren Einhaltung. Damit trägt der Verwaltungsrat – anders als der Aufsichtsrat der AGdR – nicht nur die Überwachungsverantwortung, sondern hat ein Letztentscheidungsrecht und übernimmt die Letztverantwortung für die Unternehmenspolitik. Mitglieder des Verwaltungsrats können von der Hauptversammlung mit einer Mehrheit von mindestens drei Viertel der abgegebenen Stimmen vor Ablauf der Amtszeit abberufen werden, sofern nicht die Satzung eine andere Mehrheit und weitere Erfordernisse vorsieht; dies gilt selbst dann, wenn die Verwaltungsratsmitglieder von der Hauptversammlung ohne Bindung an einen Wahlvorschlag gewählt worden sind. Demgegenüber führt der Vorstand einer AGdR die Geschäfte der Gesellschaft ausdrücklich in eigener Verantwortung, leitet die Gesellschaft und kann nur aus wichtigem Grund abberufen werden. Seine Rechtsstellung ist mithin deutlich stärker als die der geschäftsführenden Direktoren einer SE.

Die Verwaltungsratsmitglieder der **monistischen SE** sind den **Mitgliedern des Vorstands einer AGdR zwar hinsichtlich der Leitungsfunktion vergleichbar**, nicht aber in Bezug auf die Geschäftsführung. Das SEAG geht davon aus, dass diese Aufgabe von den geschäftsführenden Direktoren (analog dem Vorstand der AGdR) wahrgenommen wird. Gleichzeitig übernimmt der Verwaltungsrat mit seiner **Überwachungsfunktion** Aufgaben, für die in der AGdR der Aufsichtsrat zuständig ist.

Zwar räumt § 40 Abs. 1 Satz 2 SEAG die Möglichkeit ein, Mitglieder des Verwaltungsrats zu geschäftsführenden Direktoren zu bestellen. Dies bedeutet aber nicht, dass geschäftsführende Direktoren des Verwaltungsrats rechtlich die Funktionen beider Organe in sich vereinen. Nach § 40 Abs. 2 Satz 2 SEAG können die gesetzlich dem Verwaltungsrat zugewiesenen Aufgaben nicht auf die geschäftsführenden Direktoren übertragen werden. Schließlich ist die Rechtsstellung von Verwaltungsratsmitgliedern auch auf Grund der möglichen Abberufungsgründe von Verwaltungsratsmitgliedern nicht derjenigen von Mitgliedern des Vorstands einer AGdR vergleichbar.

Beschäftigte Organmitglieder einer monistisch strukturierten SE, die dem deutschen Sozialversicherungsrecht unterliegen, sind wegen der strukturellen Besonderheiten **nicht den Vorstandsmitgliedern einer AGdR vergleichbar** und daher in einer ausgeübten Beschäftigung nicht nach § 1 Satz 4 SGB VI von der Rentenversicherungspflicht ausgenommen und nicht nach § 27 Abs. 1 Nr. 5 SGB III in der Arbeitslosenversicherung versicherungsfrei (Besprechungsergebnis der Sozialversicherungsträger v. 13./14.10.2009).

Das **BSG** hat in zwei Urteilen (BSG v. 7.7.2020, B 12 R 19/18 und B 12 R 27/18) entschieden, dass Verwaltungsratsmitglieder einer monistisch strukturierten SE ebenfalls nicht der Versicherungspflicht in der Rentenversicherung unterliegen und versicherungsfrei in der Arbeitslosenversicherung sind. Daraufhin haben die Spitzenorganisationen der Sozialversicherung erklärt, dass sie an ihrer bisherigen Auffassung nicht mehr festhalten. Hiernach ist spätestens für Entgeltabrechnungszeiträume seit 1.4.2021 zu verfahren (Besprechungsergebnis der Spitzenorganisationen der Sozialversicherung über Fragen des gemeinsamen Beitragseinzugs am 24.3.2021, Top 1).

Für Mitglieder des Leitungsorgans einer **dualistisch strukturierten SE** beinhalten die maßgeblichen gemeinschaftsrechtlichen und innerstaatlichen Vorschriften eine gesetzliche Äquivalenzregel, die eine **tatbestandliche Gleichstellung mit den Mitgliedern des Vorstands einer AGdR rechtfertigt**. Beschäftigte **Mitglieder des Leitungsorgans einer dualistisch strukturierten SE**, die dem deutschen Sozialversicherungsrecht unterliegen, sind daher in der **ausgeübten Beschäftigung** sowie in konzernzugehörigen Beschäftigungen nach § 1 Satz 4 SGB VI von der

Rentenversicherungspflicht ausgenommen und nach § 27 Abs. 1 Nr. 5 SGB III in der Arbeitslosenversicherung **versicherungsfrei.**

9. Option zur Körperschaftsbesteuerung

2363 Mit dem Gesetz zur Modernisierung des Körperschaftsteuerrechts v. 25.6.2021, BStBl I 2021, 889 wurde die **Option zur Körperschaftsbesteuerung** nach § 1a KStG eingeführt. Personenhandels- und Partnerschaftsgesellschaften wird damit die Möglichkeit eingeräumt, ohne tatsächlichen Rechtsformwechsel ertragsteuerlich wie eine Kapitalgesellschaft behandelt zu werden. Die Option zur Körperschaftsbesteuerung kann **erstmalig für nach dem 31.12.2021 beginnende Wirtschaftsjahre** ausgeübt werden. Der **unwiderrufliche Antrag** ist nach amtlich vorgeschriebenem Datensatz durch Datenfernübertragung zu stellen; eine Rückoption ist jedoch unter bestimmten Bedingungen möglich.

Auf Grund der Option **führen Einnahmen**, die der Gesellschafter von der Gesellschaft für seine Tätigkeit im Dienst der Gesellschaft bezieht, **zu Einkünften i.S.d. § 19 EStG** (§ 1a Abs. 3 Satz 2 Nr. 2 KStG). Dies gilt auch dann, wenn der Gesellschafter die Einnahmen von einem Dritten bezieht. Eine Tätigkeit „im Dienst" der Gesellschaft i.S.d. § 1a Abs. 3 Satz 2 Nr. 2 KStG liegt vor, wenn eine entsprechende Tätigkeit eines Gesellschafters einer Kapitalgesellschaft zu Einkünften aus § 19 EStG führen würde. Erforderlich ist insoweit, dass **ein Dienstverhältnis i.S.d. § 1 LStDV vorliegt**, welches (z.B. durch einen förmlichen Arbeitsvertrag) bestätigt ist, und die Leistungen der Gesellschaft an den Gesellschafter auf Grund dieses Dienstverhältnisses erbracht werden. Für die Qualifizierung der Einkünfte als solche aus § 19 EStG ist entscheidend, dass die **Einnahmen bei wertender Betrachtung durch das Dienstverhältnis veranlasst** sind (vgl. H 19.0 [Gesellschafter-Geschäftsführer] LStH). Fehlt es an einem Dienstverhältnis, scheidet § 19 EStG aus. Sieht die gesellschaftsrechtliche Regelung für den Gesellschafter an Stelle einer Tätigkeitsvergütung einen Vorabgewinn vor, liegt insoweit keine Leistung auf Grund eines Dienstverhältnisses, sondern eine Gewinnausschüttung vor.

Soweit die Einnahmen, die der Gesellschafter von der Gesellschaft für seine Tätigkeit im Dienst der Gesellschaft bezieht, **nicht angemessen** sind, liegt in Höhe des den angemessenen Teil übersteigenden Teils eine **verdeckte Gewinnausschüttung** vor (→ Rz. 2340). Im Verhältnis zwischen Gesellschaft und beherrschendem Gesellschafter ist zudem eine Veranlassung durch das Gesellschaftsverhältnis i.d.R. auch dann anzunehmen, wenn es an einer zivilrechtlich wirksamen, klaren, eindeutigen und im Voraus abgeschlossenen Vereinbarung darüber fehlt, ob und in welcher Höhe ein Entgelt für eine Leistung des Gesellschafters zu zahlen ist, oder wenn nicht einer klaren Vereinbarung entsprechend verfahren wird. Die beherrschende Stellung muss im Zeitpunkt der Vereinbarung oder des Vollzugs der Vermögensminderung oder verhinderten Vermögensmehrung vorliegen (R 8.5 Abs. 2 KStR). Zur Angemessenheit der Gesamtbezüge eines Gesellschafter-Geschäftsführers vgl. BMF v. 14.10.2002, IV A 2 – S 2742 – 62/02, BStBl I 2002, 972.

Führen die Einnahmen, die der Gesellschafter für seine Tätigkeit im Dienst der Gesellschaft bezieht, zu Einkünften i.S.d. § 19 EStG, **gelten die optierende Gesellschaft als lohnsteuerlicher Arbeitgeber** und der **Gesellschafter als Arbeitnehmer** (§ 1a Abs. 3 Satz 7 KStG). In diesen Fällen sind **sämtliche Regelungen zur Erhebung der Lohnsteuer** in den §§ 38 ff. EStG **anzuwenden.** Die optierende Gesellschaft hat insbesondere für den oder die Gesellschafter Lohnkonten zu führen (→ *Lohnkonto* Rz. 2863), den Lohnsteuerabzug auf die Vergütungen vorzunehmen (→ *Abführung der Lohnsteuer* Rz. 6), für jeden Lohnsteuer-Anmeldezeitraum insgesamt eine Lohnsteuer-Anmeldung unter Berücksichtigung des jeweiligen Lohnsteuerabzugs für ihre weiteren Arbeitnehmer einzureichen (→ *Anmeldung der Lohnsteuer* Rz. 155) und die elektronischen Lohnsteuerbescheinigungen an die Finanzverwaltung zu übermitteln (→ *Lohnsteuerbescheinigung* Rz. 2952). Auch der Arbeitnehmer-Pauschbetrag, die für Arbeitnehmer geltenden Steuerbefreiungsvorschriften und die sonstigen, nur für Arbeitnehmer geltenden steuerlichen (Sonder-)Regelungen sind zu berücksichtigen (BMF v. 10.11.2021, IV C 2 – S 2707/21/10001 :004, Rdnr. 81–83).

Gesonderte Meldung

→ *Meldungen für Arbeitnehmer in der Sozialversicherung* Rz. 3099

Gesundheits-Check

→ *Erholung: Arbeitgeberzuwendungen* Rz. 2036

Gesundheitsfonds

1. Allgemeines

In der **gesetzlichen Krankenversicherung** (→ *Krankenversicherung: gesetzliche* Rz. 2760) wurde zum 1.1.2009 der Gesundheitsfonds eingeführt. Alle zahlen denselben prozentualen Krankenkassenbeitrag. Das Geld wird – zusammen mit dem wachsenden Zuschuss des Bundes – in dem Gesundheitsfonds gebündelt. Der Bundeszuschuss beträgt für das Jahr 2025 14,5 Mrd. €. Darüber hinaus wird für 2025 und 2026 jeweils ein Darlehen i.H.v. 2,3 Mrd. € zur Verfügung gestellt. Der Zusatzbeitrag ist ein prozentualer einkommensabhängiger Zusatzbeitragssatz. 2364

2. Einheitlicher Beitragssatz

Der allgemeine Beitragssatz wird gesetzlich festgeschrieben und beträgt seit **1.1.2015 14,6 %**. Der Arbeitgeberbeitrag wird durch diese Regelung auf der Höhe von 7,3 % bleiben. Für Versicherte, die keinen Anspruch auf Krankengeld haben, beträgt der **ermäßigte Beitragssatz seit 1.1.2015 14,0 %** (→ *Beiträge zur Sozialversicherung* Rz. 1277). 2365

3. Zusatzbeitrag

Nicht durch die Einnahmeentwicklung gedeckte Ausgabensteigerungen werden über einkommensabhängige prozentuale Zusatzbeiträge finanziert. Die Zusatzbeiträge werden paritätisch an die Krankenkassen gezahlt. Die Zusatzbeiträge stärken die Finanzautonomie und damit den Wettbewerb zwischen den Krankenkassen. Eine Krankenkasse hat einen Zusatzbeitrag zu erheben, soweit ihr Finanzbedarf durch die Zuweisungen aus dem Gesundheitsfonds nicht gedeckt ist. Auf dieser Grundlage entscheidet jede Krankenkasse i.R. des Wirtschaftlichkeitsgebots selbst, in welcher Höhe sie Zusatzbeiträge erhebt. 2366

Gesundheitsförderung, betriebliche

1. Arbeitsrecht

Die betriebliche Gesundheitsförderung ist neben dem Arbeitsschutz und dem betrieblichen Eingliederungsmanagement Teil des betrieblichen Gesundheitsmanagements. Sie soll zum Erhalt und zur Förderung der Arbeits- und Beschäftigungsfähigkeit von Arbeitnehmern beitragen und dabei über das hinausgehen, was das Arbeitsschutzrecht verbindlich vorgibt. Die Gesundheitsförderung umfasst alle präventiven Maßnahmen von Arbeitgebern, Arbeitnehmern und der Gesellschaft, um die Gesundheit und das Wohlbefinden bei der Arbeit zu verbessern und zielt ab insbesondere auf eine Verbesserung der Arbeitsorganisation (z.B. durch Einführung flexibler Arbeitszeiten) und der Arbeitsumgebung, auf die Motivation der Beschäftigten zur Teilnahme an gesundheitsfördernden Aktivitäten (z.B. Betriebssport, Rückenschulen), auf die Förderung der persönlichen Entwicklung der Beschäftigten und der psychischen Gesundheit sowie auf gesundheitsförderliches Führen durch die Führungskräfte und sog. Burnout-Prävention (vgl. § 20b SGB V). Wie dies in der betrieblichen Praxis geschieht, ist vom Gesetzgeber nicht vorgegeben. Das Engagement von (Privat-)Unternehmen im Bereich der betrieblichen Gesundheitsförderung ist freiwillig. Auf Betriebsebene können Regelungen zur betrieblichen Gesundheitsförderung in freiwilligen Betriebsvereinbarungen nach § 88 BetrVG getroffen werden. Im Personalvertretungsrecht gilt jedoch anderes: § 75 Abs. 3 Nr. 11 BPersVG erfasst auch den präventiven betrieblichen Gesundheitsschutz. Danach stehen gesundheitssportliche Aktivitäten und eine sog. Rückenschule im Zusammenhang mit dem Bewegungsmangel sowie der Zwangshaltung bei sitzender und stehender Tätigkeit und den damit verbundenen Gefahren für den Stütz- und Bewegungsapparat und das Herz-Kreislauf-System 2367 mit der Folge, dass diese Maßnahme als Maßnahmen zur Verhütung von Dienst- und Arbeitsunfällen und sonstigen Gesundheitsschädigungen i.S.d. Mitbestimmungsrechts der Personalvertretung anzusehen sind (BVerwG v. 14.2.2013, 6 PB 1/13, NZA-RR 13, 390).

Als Teil der betrieblichen Gesundheitsförderung ist zudem die – gesetzlich vorgeschriebene – arbeitsmedizinische Vorsorge **anzusehen**. Sie umfasst die Beurteilung der individuellen Wechselwirkungen von Arbeit und Gesundheit, die arbeitsmedizinische Aufklärung und Beratung der **Arbeitnehmer**, arbeitsmedizinische Vorsorgeuntersuchungen sowie die Nutzung von Erkenntnissen aus diesen Untersuchungen für die Gefährdungsbeurteilung und für sonstige Maßnahmen des Arbeitsschutzes. Zweck ist, arbeitsplatzbedingte Erkrankungen einschließlich Berufskrankheiten frühzeitig zu erkennen und zu verhüten. Sie ergänzt den technischen und organisatorischen Arbeitsschutz, dessen objektive Maßnahmen im Interesse der menschengerechten Gestaltung der Arbeit Vorrang haben. Die **Anforderungen des ArbSchG werden konkretisiert** durch die **Arbeitsmedizinische Vorsorge-Verordnung (ArbMedVV)** v 18.12.2008 (BGBl. I 2008, 2768) i.d.F. v. 12.7.2019 (BGBl. I 2019, 1082). Sie **verpflichtet den Arbeitgeber**, auf der **Grundlage der Gefährdungsbeurteilung für eine angemessene arbeitsmedizinische Vorsorge zu sorgen** und dabei die ArbMedVV nebst Anhang sowie die vom Ausschuss für Arbeitsmedizin bekanntgemachten Erkenntnisse zu berücksichtigen. Die **Gefährdungsbeurteilung unterliegt dem Mitbestimmungsrecht des Betriebsrats** nach § 87 Abs. 1 Nr. 7 BetrVG. Das LAG München leitet hieraus – nach diesseitiger Einschätzung bedenklicher Weise – ein Initiativrecht des Betriebsrats gemäß § 87 Abs. 1 Nr. 7 BetrVG i.V.m. § 3 Abs. 2 Nr. 1 ArbSchG zur Mitbestimmung her, mit dem der Betriebsrat eine Regelung darüber erzwingen könne, wie Arbeitszeiten erfasst werden (LAG München v. 22.5.2023, 4 TaBV 24/23, n. rkr., Verfahren anhängig BAG, 4 TaBV 24/23).

2. Lohnsteuer – Abgrenzung Arbeitslohn

a) Allgemeines

2368 Leistungen des Arbeitgebers zur Gesundheitsförderung seiner Arbeitnehmer sind unter den Voraussetzungen des § 3 Nr. 34 EStG steuerfrei (→ Rz. 2371 ff.). Ausführliche Erläuterungen zu dieser Steuerbefreiung enthält die sog. **„Umsetzungshilfe zur steuerlichen Anerkennung von Arbeitgeberleistungen nach § 3 Nr. 34 EStG"** (BMF v. 20.4.2021, IV C 5 – S 2342/20/10003 :003, BStBl I 2021, 700) und die Ergänzungen zur Umsetzungshilfe durch LfSt Rheinland-Pfalz v. 17.2.2025, S 2342#2024/0007–0404 St, ZFK 2025, V -VIII)

Losgelöst von der Regelung des § 3 Nr. 34 EStG sind Leistungen des Arbeitgebers zur betrieblichen Gesundheitsförderung aber von vornherein **kein Arbeitslohn, wenn sie im ganz überwiegend eigenbetrieblichen Interesse des Arbeitgebers erbracht werden** (→ Rz. 2369). Ob dies der Fall ist, ist **vor Anwendung der Steuerbefreiung** zu prüfen, schon weil dann die 600 €-Höchstgrenze nicht zu beachten ist.

b) Kein Arbeitslohn

2369 Vorteile sind dann **nicht als Arbeitslohn** anzusehen, wenn sie sich bei objektiver Würdigung aller Umstände nicht als Entlohnung, sondern lediglich als **notwendige Begleiterscheinung betriebsfunktionaler Zielsetzungen** erweisen. Vorteile besitzen danach keinen Arbeitslohncharakter, wenn sie im ganz überwiegend eigenbetrieblichen Interesse des Arbeitgebers gewährt werden. Das ist der Fall, wenn sich aus den Begleitumständen wie Anlass, Art und Höhe des Vorteils, Auswahl der Begünstigten, freie oder nur gebundene Verfügbarkeit, Freiwilligkeit oder Zwang zur Annahme des Vorteils und seiner besonderen Geeignetheit für den jeweils verfolgten betrieblichen Zweck ergibt, dass diese Zielsetzung ganz im Vordergrund steht und ein damit einhergehendes eigenes Interesse des Arbeitnehmers, den betreffenden Vorteil zu erlangen, vernachlässigt werden kann (z.B. BFH v. 21.11.2018, VI R 10/17, BStBl II 2019, 404).

Leistungen im ganz überwiegend eigenbetrieblichen Interesse sind danach z.B.

- Leistungen zur Verbesserung von Arbeitsbedingungen (z.B. Bereitstellung von Aufenthalts- und Erholungsräumen, Duschanlagen),
- Aufwendungen für Sport- und Übungsgeräte, Einrichtungsgegenstände und bauliche Maßnahmen (z.B. im betriebseigenen Fitnessraum),
- Leistungen zur Förderung von Mannschaftssportarten durch Zuschüsse, auch an Betriebssportgemeinschaften oder Bereitstellung einer Sporthalle/eines Sportplatzes ohne Individualsportarten (z.B. Tennis, Squash und Golf),
- Maßnahmen zur Vorbeugung spezifisch berufsbedingter Beeinträchtigungen der Gesundheit (durch medizinische Gutachten belegt),
- Arbeitsplatzausstattung (z.B. höhenverstellbarer Schreibtisch),
- Qualifizierung/Fortbildung von Beschäftigten zu innerbetrieblichen Multiplikatoren in Fragen betrieblicher Gesundheitsförderung,
- Analyseleistungen (z.B. Arbeitsunfähigkeits-, Arbeitssituations- und Altersstrukturanalysen, Befragungen von Mitarbeitern, Workshops zur Bedarfsfeststellung),
- Beratung von betrieblichen Verantwortlichen zur gesundheitsförderlichen Gestaltung von Arbeitstätigkeiten und -bedingungen, zum gesundheitsgerechten Führungsverhalten sowie zur gesundheitsförderlichen Gestaltung betrieblicher Rahmenbedingungen in Abstimmung mit den Vertretern des Arbeitsschutzes,
- Beratung der betrieblich Verantwortlichen zur Ziel- und Konzeptentwicklung sowie zu allen Themen der Beschäftigtengesundheit einschließlich Unterstützungsmöglichkeiten zur Vereinbarkeit von Beruf und Privatleben und Umgang mit Diversität,
- Beratung einzelner Beschäftigter oder Gruppen bei individuellen Problemen mit Bezug zum Arbeitsplatz oder Auswirkungen auf die individuelle Leistung am Arbeitsplatz (z.B. Mediation, psychologische Beratung durch Fachpersonal),
- Maßnahmen des Betrieblichen Eingliederungsmanagements,
- Aufbau eines Projektmanagements,
- Moderation von Arbeitsgruppen,
- interne Kommunikation und Öffentlichkeitsarbeit (z.B. Veranstaltungen zur Gesundheitsförderung, Arbeitsplatz- und Arbeitsablaufgestaltung),
- Dokumentation, Evaluation und Qualitätssicherung,
- Bildschirmarbeitsplatzbrille auf ärztliche Verordnung, um eine ausreichende Sehfähigkeit in den Entfernungsbereichen des Bildschirmarbeitsplatzes zu gewährleisten; liegt eine ärztliche Verordnung nicht vor, findet § 3 Nr. 34 EStG keine Anwendung,
- Schutzimpfungen entsprechend den Empfehlungen der Ständigen Impfkommission (STIKO),
- Aufwendungen für Gesundheits-Check-Ups und Vorsorgeuntersuchungen, höchstens bis zu dem Betrag, den die gesetzlichen Krankenkassen für diese Leistungen erstatten würden.

Ob Maßnahmen des Arbeitgebers auf Grund von Gesetzen mit Bezug zu Sicherheit und Gesundheit bei der Arbeit (z.B. **Arbeitsschutzgesetz**) im ganz überwiegend eigenbetrieblichen Interesse gewährt werden, ist ebenfalls anhand der o.g. Grundsätze zu entscheiden.

c) Beispiele aus der Rechtsprechung:

Beispiel 1: 2370

Firma A bietet Maßnahmen zur **Raucherentwöhnung** an; hierbei handelt es sich um Raucherentwöhnungskurse, Nikotinpflaster/-kaugummi, Akupunktur sowie Tabletten.

Das **FG Köln** hat Arbeitslohn angenommen (FG Köln v. 24.6.2004, 2 K 3877/02, EFG 2004, 1622). Begründung: Die Arbeitgeberleistungen sind nicht im ganz überwiegend eigenbetrieblichen Interesse erbracht worden, denn bei Abwägung der einzelnen Gesichtspunkte spielt auch der private Aspekt der Erhaltung bzw. der Förderung der Gesundheit der betroffenen Arbeitnehmer eine maßgebliche Rolle.

Beispiel 2:

Firma B bietet ihren Bildschirmarbeitnehmern unentgeltlich **Massagen** an.

Der **BFH** hat entschieden, dass kein steuerpflichtiger Arbeitslohn vorliegt, wenn mit den Massagen einer spezifisch berufsbedingten Beeinträchtigung der Gesundheit des Arbeitnehmers vorgebeugt oder entgegen gewirkt werden soll; der Arbeitgeber muss allerdings nachweisen, dass er mit der Verabreichung der Massagen besonders wichtige betriebsfunktionale Zielsetzungen (z.B. die Minderung des Krankheitsstands der Bildschirmarbeitnehmer) verfolgt und die Massagen für die Erreichung dieses Zwecks besonders geeignet waren (BFH v. 30.5.2001, VI R 177/99, BStBl II 2001, 671).

Beispiel 3:

Firma C bietet Arbeitgebern ein **Rückentraining** an. Von den für jeden Teilnehmer entstehenden Kosten möchten die Arbeitgeber i.R. der betrieblichen Gesundheitsfürsorge einen Teilbetrag übernehmen.

Es handelt sich nach Auffassung der **Finanzverwaltung um steuerpflichtigen Arbeitslohn**, wenn das Konzept nicht – wie der BFH im o.g. Urteil (BFH v. 30.5.2001, VI R 177/99, BStBl II 2001, 671), ausgeführt hat – auf berufsbedingte Beeinträchtigungen abstellt und auch kein medizinisches Gutachten in der vom BFH geforderten Qualität (z.B. Gutachten eines Sachverständigen oder des medizinischen Dienstes einer Krankenkasse bzw. Berufsgenossenschaft) vorliegt. Ein überwiegendes eigenbetriebliches Interesse des Arbeitgebers ist dann zu verneinen.

Das **FG Köln hat diese Verwaltungsauffassung in zwei Fällen abgelehnt** (FG Köln v. 24.9.2003, 12 K 428/03, und FG Köln v. 27.4.2006, 15 K 3887/04, EFG 2007, 923). Letztlich kommt es aber immer auf die Gesamtumstände des jeweiligen Einzelfalls an.

Beispiel 4:

Firma D bietet ihren leitenden Mitarbeitern (rund 180 Personen) seit 1993 in einem Zwei-Jahres-Turnus die kostenlose Teilnahme an ärztlichen Vorsorgeuntersuchungen (**„Gesundheits-Check" bzw. „Manageruntersuchung"**) an. Die Untersuchungen, die ein von der Firma ausgewählter niedergelassener Facharzt durchführt, dienen der Früherkennung insbesondere von Herz-, Kreislauf- und Stoffwechselerkrankungen sowie der Krebsvorsorge. Vorab erhalten die Adressaten eine Einladung zu einer Vortragsveranstaltung über Inhalte und Ziele der Untersuchung, da – so die Einladungstexte – dem Vorstand die Gesundheit der „Leitenden" am Herzen liege.

Das **FG Düsseldorf** hat entschieden, dass kein Arbeitslohn vorliegt, weil die Leistungen im überwiegend eigenbetrieblichen Interesse der Firma erbracht wurden: die Firma wollte einen krankheitsbedingten Ausfall ihrer leitenden Mitarbeiter, die schwerer zu ersetzen sind als andere Mitarbeiter, vermeiden (FG Düsseldorf v. 30.9.2009, 15 K 2727/08 L, EFG 2010, 137).

Beispiel 5:

Firma A hat für alle Mitarbeiter ein einwöchiges Einführungsseminar zur Vermittlung grundlegender Erkenntnisse über einen gesunden Lebensstil finanziert (sog. **Sensibilisierungswoche**). Ziel ist, die Beschäftigungsfähigkeit, die Leistungsfähigkeit und die Motivation der auf Grund der demografischen Entwicklung zunehmend alternden Belegschaft zu erhalten. Die Kosten betragen rund 1 300 € pro Mitarbeiter abzgl. zu erwartender Zuschüsse der Krankenkassen von bis zu 400 €.

Die Kostenübernahme ist als steuerpflichtigen **Arbeitslohn** anzusehen, weil der den Arbeitnehmern zugewendete geldwerte Vorteil nicht in ganz überwiegendem betrieblichen Interesse gewährt wurde. Die allgemeine Gesundheitsvorsorge liege zwar auch im Interesse eines Arbeitgebers, aber zuvorderst im persönlichen Interesse der Arbeitnehmer (BFH v. 21.11.2018, VI R 10/17, BStBl II 2019, 404).

Eine Sachzuwendung kann zwar auch **gemischt veranlasst** sein, so dass eine Aufteilung in Arbeitslohn und eine Zuwendung im betrieblichen Eigeninteresse in Betracht kommt. Der BFH hat es aber abgelehnt, die Aufwendungen der Firma A für die Sensibilisierungswoche als gemischt veranlasst anzusehen. Denn eine Aufteilung von Sachzuwendungen an Arbeitnehmer in Arbeitslohn und Zuwendungen im betrieblichen Eigeninteresse scheidet aus, wenn die jeweiligen Veranlassungsbeiträge so ineinandergreifen, dass eine Trennung nicht möglich und daher von einer einheitlich zu beurteilenden Zuwendung auszugehen ist. So verhält es sich im Urteilsfall. **Die Sensibilisierungswoche kann nur einheitlich beurteilt werden.** Sie kann nicht in betriebsfunktionale Bestandteile und Elemente mit Vorteilscharakter aufgeteilt werden.

3. Steuerbefreiung des § 3 Nr. 34 EStG

a) Gesetzliche Grundlagen

2371 **Steuerfrei sind nach § 3 Nr. 34 EStG** *„zusätzlich zum ohnehin geschuldeten Arbeitslohn erbrachte Leistungen des Arbeitgebers zur Verhinderung und Verminderung von Krankheitsrisiken und zur Förderung der Gesundheit in Betrieben, die hinsichtlich Qualität, Zweckbindung, Zielgerichtetheit und Zertifizierung den Anforderungen der §§ 20 und 20b SGB V) genügen, soweit sie 600 € je Kalenderjahr und Arbeitnehmer nicht übersteigen".*

Nach der **Gesetzesbegründung** fallen unter die Steuerbefreiung des § 3 Nr. 34 EStG:

- Maßnahmen zur individuellen verhaltensbezogenen Prävention, die nach § 20 Abs. 2 Satz 2 SGB V zertifiziert sind.

  § 20 Abs. 1 Satz 3 SGB V verlangt, dass Leistungen zur individuellen verhaltensbezogenen Prävention (**Präventionskurse**), die von Krankenkassen bezuschusst werden, den vom GKV-Spitzenverband definierten Handlungsfeldern und Kriterien (GKV-Leitfaden Prävention) genügen und von den Krankenkassen oder einer von ihnen beauftragten Stelle **zertifiziert** sein müssen (§ 20 Abs. 5 Satz 1 SGB V).

- **Gesundheitsförderliche Maßnahmen in Betrieben (betriebliche Gesundheitsförderung)**, die den vom Spitzenverband Bund der Krankenkassen (GKV-Spitzenverband) nach § 20 Abs. 2 Satz 1 und § 20b Abs. 1 SGB V festgelegten Kriterien entsprechen.

  § 20b Abs. 1 SGB V beschreibt die Anforderungen an Leistungen zur Gesundheitsförderung in Betrieben (**betriebliche Gesundheitsförderung**), die von Krankenkassen erbracht werden können. Diese Maßnahmen sind an den spezifischen betrieblichen Bedarfen ausgerichtet und werden gem. den Handlungsfeldern und Kriterien des **GKV-Leitfadens Prävention** zwischen dem Betrieb und der leistenden Krankenkasse individuell vereinbart. **Für Leistungen zur betrieblichen Gesundheitsförderung nach § 20b SGB V ist eine Zertifizierung grds. nicht vorgesehen.** Für Leistungen zur individuellen verhaltensbezogenen Prävention nach § 20 SGB V sind die Voraussetzungen nach → Rz. 2372 und → Rz. 2375 zu beachten, auch wenn sie i.R. der betrieblichen Gesundheitsförderung erbracht werden.

Der **Leitfaden Prävention** zur Beschreibung der „Handlungsfelder und Kriterien nach § 20 Abs. 2 SGB V zur Umsetzung der §§ 20, 20a und 20b SGB V v. 21.6.2000 i.d.F. v. 14.12.2020" gilt als Grundlage für die Beurteilung der Steuerfreiheit der vom Arbeitgeber zusätzlich zum Arbeitslohn übernommenen Aufwendungen und ggf. für Barleistungen bei extern durchgeführten Maßnahmen, für die der Arbeitnehmer in Vorleistung tritt. Dies gilt besonders für kleine und mittlere Arbeitgeber, die auf Grund ihrer Größe und Struktur keine eigenständigen Gesundheitsförderungsmaßnahmen anbieten bzw. durchführen können.

Dieser Leitfaden Prävention wird stetig weiterentwickelt und ist im Internet unter: https://www.gkv-spitzenverband.de unter Krankenversicherung/Prävention, Selbsthilfe, Beratung, Prävention und betriebliche Gesundheitsförderung/Leitfaden Prävention zu finden.

Der Spitzenverband Bund der Krankenkassen bestimmt außerdem die Anforderungen und ein einheitliches Verfahren für die Zertifizierung von Leistungsangeboten durch die Krankenkassen und stellt eine Übersicht dieser zertifizierten Leistungen auf seiner Internetseite zur Verfügung.

Die „Zentrale Prüfstelle Prävention", die „Krankenkassen" selbst oder von ihr beauftragte Dritte können diese Leistungen zertifizieren. Unter https://www.zentrale-pruefstelle-praevention.de/admin/ wurde ein entsprechendes Qualitätsportal für Anbieter der Präventionskurse eingerichtet. Die Zertifizierung erstreckt sich nicht nur auf den Kursinhalt, sondern auch auf die Qualifikation der Kursanbietenden. Die Kriterien zur Zertifizierung von Kursangeboten in der individuellen verhaltensbezogenen Prävention nach § 20 Abs. 4 Nr. 1 SGB V sind unter der o.g. Internetadresse des Leitfadens ebenfalls enthalten.

b) Individuelle verhaltensbezogene Prävention (zertifizierte Präventionskurse)

aa) Allgemeines

Leistungen zur individuellen verhaltensbezogenen Prävention 2372
werden grds. in Form von Präventionskursen erbracht und sollen den Einzelnen motivieren und befähigen, Möglichkeiten einer gesunden, Störungen und Erkrankungen vorbeugenden Lebensführung auszuschöpfen. Die Zertifizierung von Leistungen zur individuellen verhaltensbezogenen Prävention, soweit sie von der Krankenkasse gefördert oder erbracht werden, erfolgt durch eine Krankenkasse oder in ihrem Namen durch einen mit der Wahrnehmung dieser Aufgabe beauftragten Dritten. Die Kurse können auch in die betriebliche Gesundheitsförderung integriert werden.

bb) Zertifizierte Präventionskurse der Krankenkassen

2373 Die meisten Krankenkassen lassen ihre Leistungen zur individuellen verhaltensbezogenen Prävention nach § 20 Abs. 4 Nr. 1 SGB V i.R. einer Kooperationsgemeinschaft über die „Zentrale Prüfstelle Prävention" des Dienstleistungsunternehmens „Team Gesundheit GmbH" prüfen und zertifizieren.

Die zertifizierten Präventionskurse der Krankenkassen finden i.d.R. außerhalb des Betriebsgeländes statt und werden durch den Arbeitgeber bezuschusst. Leistet der Arbeitgeber einen Zuschuss an die Krankenkasse, ist der auf den teilnehmenden Arbeitnehmer entfallende Zuschuss nach Maßgabe des § 3 Nr. 34 EStG steuerfrei.

Die Teilnahme ist vom Arbeitnehmer mit einer vom Kursleiter unterschriebenen Teilnahmebescheinigung nachzuweisen, aus der der Titel des Kurses einschließlich der Kurs-Identifikationsnummer der jeweiligen Prüfstelle und die Teilnahme des Arbeitnehmers hervorgehen.

Sofern der Arbeitnehmer selbst in finanzielle Vorleistung getreten ist, kann er bei seinem Arbeitgeber unter Vorlage der Teilnahmebescheinigung eine Arbeitgeberförderung beantragen. Zur Vermeidung von Doppelförderungen ist in dem Antrag vom Arbeitnehmer eine Erklärung abzugeben, ob bereits die Krankenkasse einen Zuschuss gezahlt hat oder ein solcher beantragt wurde. In diesem Fall kann der Arbeitgeberzuschuss höchstens bis zu der beim Arbeitnehmer nach Abzug des Krankenkassenzuschusses verbliebenen Vorleistung nach § 3 Nr. 34 EStG steuerfrei sein.

Das Zertifikat, die Teilnahmebescheinigung und ggf. der Antrag auf Arbeitgeberförderung sind vom Arbeitgeber als Belege zum Lohnkonto zu nehmen.

cc) Zertifizierte Präventionskurse auf Veranlassung des Arbeitgebers

2374 Für Leistungen, die der Arbeitgeber zur individuellen verhaltensbezogenen Prävention gewährt, kommt die Steuerbefreiung nach § 3 Nr. 34 EStG in Betracht, wenn die Leistungen durch eine Krankenkasse oder in ihrem Namen durch einen mit der Wahrnehmung dieser Aufgabe beauftragten Dritten zertifiziert sind.

Dabei macht es keinen Unterschied, ob die Leistung auf Veranlassung des Arbeitgebers zertifiziert wurde oder ob der Arbeitgeber eine bereits zertifizierte Leistung einkauft und seinen Arbeitnehmern anbietet. Erforderlich ist bei eingekauften Leistungen, dass

- der beim Arbeitgeber durchgeführte Kurs mit dem zertifizierten Kurs inhaltlich identisch ist,
- das Zertifikat auf den Kursleiter ausgestellt ist, der den Kurs beim Arbeitgeber durchführt, und
- das Zertifikat bei Kursbeginn noch gültig ist.

Das Zertifikat und die Teilnahmebescheinigung sind vom Arbeitgeber als Belege zum Lohnkonto zu nehmen. Bei Barleistungen des Arbeitgebers sind als Nachweis der zweckentsprechenden Verwendung die Teilnahmebescheinigung, der Zahlungsbeleg des Arbeitnehmers und eine Kopie des Zertifikats als Belege zum Lohnkonto zu nehmen.

c) Nicht zertifizierte Präventionskurse des Arbeitgebers

2375 Für im Auftrag des Arbeitgebers allein für dessen Beschäftigte erbrachte Präventionskurse besteht mangels Beteiligung der gesetzlichen Krankenkassen keine Zertifizierungsmöglichkeit. Eine Zertifizierung von Präventionskursen durch die Krankenkassen oder einer von ihr beauftragten dritten Stelle sieht das SGB V nur für die Fälle vor, in denen es sich um Kurse handelt, die die Krankenkassen für ihre Versicherten als Leistungen zur primären Prävention nach § 20 Abs. 4 Nr. 1, Abs. 5 Satz 1 SGB V erbringen. Nicht zertifizierte Leistungen des Arbeitgebers zur individuellen verhaltensbezogenen Prävention können somit nach § 3 Nr. 34 EStG unter folgenden Voraussetzungen steuerfrei sein. Erforderlich hierfür ist, dass

- die Leistungen Bestandteil eines betrieblichen Gesundheitsförderungsprozesses sind, der nach § 20b SGB V bezuschusst wurde bzw. wird, oder
- die nicht zertifizierten Präventionskurse hinsichtlich Qualität, Zweckbindung und Zielgerichtetheit den Anforderungen des § 20 SGB V genügen und sie im Auftrag eines Arbeitgebers allein für dessen Beschäftigte durchgeführt sowie vom Leistungsanbieter nicht mit demselben Konzept auch für Versicherte der gesetzlichen Krankenversicherung angeboten werden.

Der vom Arbeitgeber allein für dessen Beschäftigte erbrachte Präventionskurs genügt jedenfalls dann den Anforderungen der §§ 20 und 20b SGB V, wenn er inhaltlich mit einem bereits zertifizierten und geprüften Kurskonzept eines Fachverbands oder einer anderen Organisation (z.B. Kursinhalt „Rücken-Fit") identisch ist. Der Kursleiter hat das von ihm genutzte zertifizierte Kurskonzept zu benennen und schriftlich zu bestätigen, dass der angebotene Präventionskurs entsprechend den vorgegebenen Stundenverlaufsplänen durchgeführt wird.

Zum Nachweis der Qualifikation hat der Kursleiter schriftlich zu versichern, dass seine Qualifikation den Kriterien des GKV-Spitzenverbandes zur Zertifizierung von Kursangeboten in der individuellen verhaltensbezogenen Prävention entspricht.

Die Erklärung des Kursleiters zum verwendeten Kurskonzept und zu seiner Qualifikation sind als Belege zum Lohnkonto zu nehmen.

d) Betriebliche Gesundheitsförderung

aa) Allgemeines

Leistungen zur betrieblichen Gesundheitsförderung des Arbeitgebers werden von der Steuerbefreiung des § 3 Nr. 34 EStG erfasst, 2376
wenn die Leistungen Bestandteil eines betrieblichen Gesundheitsförderungsprozesses sind und im Handlungsfeld „gesundheitsförderlicher Arbeits- und Lebensstil" erbracht werden. Für Präventionskurse nach § 20 SGB V sind die Voraussetzungen nach → Rz. 2372 und → Rz. 2375 zu beachten, auch wenn sie i.R. der betrieblichen Gesundheitsförderung erbracht werden.

Die Leistungen müssen i.R. eines strukturierten innerbetrieblichen Prozesses (z.B. gesteuert durch ein internes betriebliches Gremium) mit Analyse des Bedarfs (z.B. durch Befragung der Mitarbeiterinnen und Mitarbeiter, Analyse des Krankenstandes, partizipative Methoden wie Gesundheitszirkel oder Zukunftswerkstätten) und unter Einbindung der Beschäftigten bzw. ihrer Vertretungen sowie – sofern vorhanden – der für Sicherheit und Gesundheit verantwortlichen Fachkräfte im Betrieb (z.B. Fachkräfte für Arbeitssicherheit und Betriebsärzte) erbracht werden. Sie werden insbesondere in Form von Kursen bzw. Vorträgen in Gruppen durchgeführt.

Die Steuerfreiheit gilt für die im GKV-Leitfaden Prävention beschriebenen und dem Arbeitnehmer persönlich zuordenbaren Leistungen im Handlungsfeld „Gesundheitsförderlicher Arbeits- und Lebensstil" mit den Präventionsprinzipien „Stressbewältigung und Ressourcenstärkung", „Bewegungsförderliches Arbeiten und körperlich aktive Beschäftigte", „Gesundheitsgerechte Ernährung im Arbeitsalltag" sowie „Verhaltensbezogene Suchtprävention im Betrieb".

In der nachfolgenden Aufstellung sind den Präventionsprinzipien beispielhaft mögliche Inhalte zugeordnet:

bb) Stressbewältigung und Ressourcenstärkung

- Sensibilisierung und Information zu durch Stress bedingten Gesundheitsproblemen und ihrer Verhütung, 2377
- Vermittlung und praktische Einübung von Selbstmanagement-Kompetenzen in Bereichen wie systematisches Problemlösen, Zeitmanagement und persönliche Arbeitsorganisation,
- Vermittlung von Methoden zur Ressourcenstärkung, insbesondere kognitive Umstrukturierung zur Einstellungsänderung, positive Selbstinstruktion, Stärkung der Achtsamkeit, Resilienz, Balance von Berufs- und Privatleben sowie deren praktische Einübung,
- Vermittlung und praktische Einübung von Entspannungsverfahren (z.B. Autogenes Training und Progressive Relaxation, Hatha Yoga, Tai Chi und Qigong),

- Vermittlung von Selbstbehauptungs- und sozialkommunikativen Kompetenzen,
- Anleitungen für Übungen außerhalb der Trainingssitzungen.

cc) Bewegungsförderliches Arbeiten und körperlich aktive Beschäftigte

2378 – Sensibilisierung und Information zu durch Bewegungsmangel und körperliche Fehlbelastungen bedingten Gesundheitsproblemen und ihrer Verhütung,
- angeleitete Gesundheitssportangebote zur Reduzierung von Bewegungsmangel: Vermittlung von Wissen und Aufbau von Handlungskompetenzen zur Vorbeugung von bewegungsmangelbedingten und durch Fehlbeanspruchungen induzierten Beschwerden und Erkrankungen (z.B. Pausengymnastik, Ausgleichsgymnastik, Krafttraining mit bis zu 50 % Geräteeinsatz, Ausdauertraining auch im Wasser),
- Anleitung zur Bewältigung von Schmerzen und Beschwerden im Bereich des Muskel- und Skelettsystems (z.B. Rückenschule, Muskelaufbautraining auch mit bis zu 50 % Geräteeinsatz).

dd) Gesundheitsgerechte Ernährung im Arbeitsalltag

2379 – Sensibilisierung und Information für einen gesundheitsgerechten Ernährungsstil, auch durch Erstellung individueller Gesundheitsprofile (z.B. Übergewicht, Bluthochdruck, Diabetes mellitus, Fettstoffwechselstörungen, Metabolisches Syndrom),
- Gruppen- und Einzelberatungen zur Vermeidung/Reduzierung von Übergewicht sowie von Mangel- und Fehlernährung,
- Gruppenangebote zur gesunden Ernährung mit Beratung und Anleitung (z.B. Informationen zu Inhaltsstoffen, praktischen Übungen, Kochen).

ee) Verhaltensbezogene Suchtprävention im Betrieb

2380 – Sensibilisierung und Information zu Suchtgefahren und ihrer Verhütung,
- Beratungen/Kurse zur Tabakentwöhnung, zum gesundheitsgerechten Alkoholkonsum sowie zu weiteren Suchtformen.

Die Leistungen nach → Rz. 2376 können auf dem Betriebsgelände oder in einer geeigneten Einrichtung (z.B. Fitness-Studio, Sportverein, Praxisräume freiberuflicher Fachkräfte) außerhalb des Betriebsgeländes erbracht werden.

e) Verfahrensfragen

2381 Der Arbeitgeber hat die Teilnahmebescheinigung und eine Erklärung als Beleg zum Lohnkonto zu nehmen (§ 4 Abs. 2 Nr. 4 LStDV), wonach die Maßnahme i.R. eines strukturierten innerbetrieblichen Prozesses mit einer Bedarfsanalyse und unter Einbindung der für Sicherheit und Gesundheit verantwortlichen Stellen und der Beschäftigten beispielsweise ihrer gesetzlichen Vertretung umgesetzt wurde. In diesen Fällen ist eine Zertifizierung der Leistung für Zwecke der Steuerbefreiung grds. nicht erforderlich (→ Rz. 2375).

Wenn der Arbeitgeber bei der betrieblichen Gesundheitsförderung von einer gesetzlichen Krankenkasse unterstützt wird und die Leistung des Arbeitgebers Bestandteil dieser betrieblichen Gesundheitsförderung ist, kann anstelle der Erklärung des Arbeitgebers auch eine Bescheinigung der Krankenkasse über die erfolgte Unterstützung als Beleg zum Lohnkonto genommen werden.

Abweichend hiervon genügt bei Vorträgen zum Handlungsfeld „gesundheitlicher Arbeits- und Lebensstil" eine vom Arbeitgeber zu führende Anwesenheitsliste, aus der sich zudem der wesentliche Inhalt des Vortrags ergibt.

Sofern Leistungen für Gesundheitsmaßnahmen, Unterbringungs-, Verpflegungs- und Reisekosten mit einem pauschalen Gesamtbetrag in Rechnung gestellt werden, ist eine Aufteilung des Gesamtrechnungsbetrages im Wege der Schätzung zur Ermittlung der nach § 3 Nr. 34 EStG steuerfreien Leistungen nicht zulässig. Die zusätzlich zum ohnehin geschuldeten Arbeitslohn erbrachten Leistungen des Arbeitgebers müssen dem Grunde und der Höhe nach feststehen.

f) Höchstbetrag

2382 Der Höchstbetrag (Obergrenze) ist ein **Jahresbetrag**, der jedem Arbeitnehmer unabhängig von der Anzahl der geförderten Gesundheitsmaßnahmen zusteht. Wird der Freibetrag überschritten, ist nur der übersteigende Betrag steuer- und sozialversicherungspflichtig.

Sofern ein Arbeitnehmer innerhalb eines Jahres den Job wechselt oder mehrere Beschäftigungsverhältnisse nebeneinander hat, kann der Freibetrag von 600 € mehrfach in Anspruch genommen werden.

Wird der Höchstbetrag überschritten, sollte geprüft werden, ob die Gesundheitsmaßnahme „im überwiegend betrieblichen Interesse" liegt und deshalb überhaupt steuerpflichtiger Arbeitslohn vorliegt (→ Rz. 2369).

g) Bewertung der Leistungen und Zufluss

Die Leistungen des Arbeitgebers sind grds. mit den um übliche Preisnachlässe geminderten Endpreisen am Abgabeort anzusetzen (§ 8 Abs. 2 Satz 1 EStG). Zuzahlungen des Arbeitnehmers sind auf den Endpreis anzurechnen. 2383

Es bestehen grds. keine Bedenken, wenn die Leistungen des Arbeitgebers aus Vereinfachungsgründen mit den tatsächlichen Aufwendungen des Arbeitgebers bewertet werden. Die Aufwendungen sind zu gleichen Teilen auf alle am Präventionskurs teilnehmenden oder beim Vortrag anwesenden Arbeitnehmer aufzuteilen und jeweils im Lohnkonto des Arbeitnehmers entsprechend zu dokumentieren.

Die Leistungen des Arbeitgebers fließen dem Arbeitnehmer mit Beginn des Präventionskurses oder Vortrags zu.

h) Fallgestaltungen zu § 3 Nr. 34 EStG

Die Steuerbefreiung des § 3 Nr. 34 EStG erstreckt sich nur auf die in den §§ 20 und 20b SGB V aufgeführten Präventionsleistungen und nicht auf die mit den Präventionsleistungen im Zusammenhang stehenden Neben- oder Zusatzleistungen (z.B. **Verpflegungs-, Reise- und Unterkunftskosten**) vgl. insoweit auch BFH v. 23.11.2023, VI R 24/21. 2384

Zusätzlich zum ohnehin geschuldeten Arbeitslohn erbrachte Leistungen des Arbeitgebers sind nur dann nach § 3 Nr. 34 EStG steuerfrei, wenn sie dem Grunde und der Höhe nach feststehen. **Die Aufteilung eines Gesamtrechnungsbetrages im Schätzungswege ist nicht zulässig.** Unterlagen über die Aufteilung des Gesamtrechnungsbetrages können auch noch nachträglich erbracht werden.

Zu weiteren Anwendungsfragen im Zusammenhang mit der betrieblichen Gesundheitsförderung gem. § 3 Nr. 34 EStG vertritt die Finanzverwaltung folgende Auffassung:

1. **Abgabe von „gesunden" Mahlzeiten i.R. der Kantinenverpflegung**

Die unentgeltliche oder verbilligte Abgabe gesunder Mahlzeiten in einer Betriebskantine kann im Einzelfall nur dann unter die Steuerbefreiung des § 3 Nr. 34 EStG fallen, wenn durch ein Gutachten, Zertifikat o.ä. eines SV-Trägers (Krankenkasse) bzw. von ihr beauftragten Dritten bestätigt wird, dass die Maßnahme unter §§ 20 und 20b SGB V fällt. Voraussetzung ist, dass bei der Gestaltung des Speise- und Getränkeangebots die Bestimmungen der Deutschen Gesellschaft für Ernährung e.V. (Qualitätsstandards) beachtet werden. In den Fällen ist jedoch **keine Durchschnittsberechnung** (R 8.1 Abs. 7 5. Spiegelstrich LStR) für die Ermittlung des geldwerten Vorteils möglich, weil die Inanspruchnahme der Steuerfreiheit nach § 3 Nr. 34 EStG voraussetzt, dass die begünstigte Leistung dem Arbeitnehmer auch individuell zugerechnet werden kann.

Zuschüsse zur Kantinenverpflegung hingegen fallen nie unter die Steuerbefreiung des § 3 Nr. 34 EStG (BMF v. 20.4.2021, IV C 5 – S 2342/20/10003 :003, BStBl I 2021, 700 Rdnr. 34).

2. **Zuschüsse des Arbeitgebers an seine Arbeitnehmer für von Krankenkassen geförderte Gesundheits- oder Aktivwochen**

Bei Arbeitgeberleistungen für Gesundheits- oder Aktivwochen, die von den Krankenkassen gefördert oder angeboten werden, ist § 3 Nr. 34 EStG anwendbar, soweit die Anbieter der Präventions- und Gesundheitsmaßnahmen die Leistungen einzeln und gesondert in ihren Rechnungen ausweisen.

Die Steuerbefreiung erstreckt sich nur auf die in § 20b SGB V aufgeführten Präventionsleistungen und nicht auf die mit den Präventionsleistungen im Zusammenhang stehenden Neben- oder Zusatzleistungen (z.B. Verpflegungs-, Reise- und Unterkunftskosten). Zusätzlich zum ohnehin geschuldeten Arbeitslohn erbrachte Leistungen des Arbeitgebers sind nur dann nach § 3 Nr. 34 EStG steuerfrei, wenn sie dem Grunde und der Höhe nach feststehen. Die Aufteilung des Gesamtrechnungsbetrages im Wege der Schätzung ist nicht zulässig.

Nachweise über die Aufteilung des Gesamtrechnungsbetrages können auch nachträglich erbracht werden.

4. Leistungen, die nicht nach § 3 Nr. 34 EStG steuerfrei sind

2385 Hierunter fallen zunächst Leistungen des Arbeitgebers, die nicht zusätzlich zum ohnehin geschuldeten Arbeitslohn erbracht werden (→ *Barlohnumwandlung* Rz. 1218 ff.) oder den Betrag von 600 € im Kalenderjahr übersteigen.

Nicht unter die Steuerbefreiung des § 3 Nr. 34 EStG fallen außerdem insbesondere

- Mitgliedsbeiträge in Sportvereinen, Fitness-Studios (auch Kieser-Training) und ähnlichen Einrichtungen,
- Maßnahmen ausschließlich zum Erlernen einer Sportart,
- Trainingsprogramme mit einseitigen körperlichen Belastungen (z.B. Spinning als Training nur der unteren Extremitäten),
- physiotherapeutische Behandlungen,
- Massagen, da Leistungen zur individuellen verhaltensbezogenen Prävention grds. in Gruppen stattfinden und es sich auch um keine betriebliche Gesundheitsförderung i.S.d. § 20b SGB V handelt,
- Screenings (Gesundheitsuntersuchungen, Vorsorgeuntersuchungen) ohne Verknüpfung mit Interventionen aus den Handlungsfeldern der betrieblichen Gesundheitsförderung der Krankenkassen,
- Maßnahmen von Anbietern, die ein wirtschaftliches Interesse am Verkauf von Begleitprodukten (z.B. Diäten, Nahrungsergänzungsmitteln) haben,
- Maßnahmen, bei denen der Einsatz von Medikamenten zur Gewichtsabnahme, Formula-Diäten (Nahrungsersatz- oder -ergänzungsmittel) sowie extrem kalorienreduzierter Kost propagiert wird,
- Aufwendungen für Arbeitsmittel, Sport- und Übungsgeräte, Einrichtungsgegenstände und bauliche Maßnahmen (vgl. aber → Rz. 2369),
- Zuschüsse zur Kantinenverpflegung,
- mit den Präventionsleistungen im Zusammenhang stehende Neben- oder Zusatzleistungen (z.B. Verpflegungs-, Reise- und Unterkunftskosten),
- Eintrittsgelder in Schwimmbäder, Saunen, Teilnahme an Tanzschulen,
- Gestellung/Bezuschussung von Bildschirmarbeitsplatzbrillen bei Nichtvorliegen der Voraussetzungen der R 19.3 Abs. 2 2. Spiegelstrich LStR,
- Leistungen des Arbeitgebers für nicht zertifizierte Präventionskurse mit Ausnahme der in → Rz. 2375 genannten Fälle.

5. Sozialversicherung

2386 Nach Rz. 39 ff. der o.g. **„Umsetzungshilfe zur steuerlichen Anerkennung von Arbeitgeberleistungen nach § 3 Nr. 34 EStG"** (BMF v. 20.4.2021, IV C 5 – S 2342/20/10003 :003, BStBl I 2021, 700 ergänzt durch LfSt Rheinland-Pfalz v. 17.2.2025, S 2342#2024/0007–0404 St) gilt Folgendes:

„Die Krankenkassen bieten interessierten Betrieben auf der Grundlage von § 20b SGB V in der betrieblichen Gesundheitsförderung Unterstützung an. Die Kontaktaufnahme durch den Betrieb kann bei jeder Krankenkasse, bei der ein Teil der Beschäftigten versichert ist, oder über die gemeinsame BGF-Koordinierungsstelle der Krankenkassen (www.bgf-koordinierungsstelle.de) im jeweiligen Land erfolgen.

Die möglichen Leistungen von Krankenkassen in der betrieblichen Gesundheitsförderung werden im GKV-Leitfaden Prävention des GKV-Spitzenverbandes beschrieben (www.gkv-Spitzenverband.de → Krankenversicherung → Prävention, Selbsthilfe, Beratung → Prävention und betriebliche Gesundheitsförderung → Leitfaden Prävention).

Betriebliche Gesundheitsförderung bildet hiernach einen Prozess mit den Schritten „Vorbereitung", „Nutzung/Aufbau von Strukturen", „Analyse", „Maßnahmenplanung", „Umsetzung" und „Evaluation" unter Einbindung der Beschäftigten und der Verantwortlichen für den Betrieb einschließlich der Betriebsärzte und der Fachkräfte für Arbeitssicherheit.

Leistungen von Krankenkassen in der betrieblichen Gesundheitsförderung nach § 20b SGB V werden gem. GKV-Leitfaden Prävention nicht individuumsbezogen abgerechnet. Sie stehen bedarfsbezogen allen Beschäftigten eines Betriebes offen.

Krankenkassen beraten und unterstützen Betriebe in der betrieblichen Gesundheitsförderung zeitlich befristet im Sinne einer Hilfe zur Selbsthilfe und streben eine Verzahnung der von ihnen selbst erbrachten Maßnahmen mit den von Arbeitgebern geförderten Maßnahmen in der Prävention und Gesundheitsförderung gem. § 3 Nr. 34 EStG an."

Getränke

→ *Arbeitslohn-ABC* Rz. 681, → *Werbungskosten* Rz. 4534

Gewerkschaft

→ *Arbeitslohn-ABC* Rz. 682, → *Werbungskosten* Rz. 4535

Gewinnausschüttung

→ *Geschäftsführer* Rz. 2310, → *Gesellschafter/Gesellschafter-Geschäftsführer* Rz. 2322

Gewinnbeteiligung

Einmalige gewinn- oder umsatzabhängige Vergütungen an Arbeitnehmer, z.B. Gratifikationen und Tantiemen, sind als sonstige Bezüge (→ *Sonstige Bezüge* Rz. 3936) zu versteuernder **Arbeitslohn**, sofern sie mit Rücksicht auf das Dienstverhältnis gezahlt werden. In der Sozialversicherung besteht Beitragspflicht; die Gewinnbeteiligung wird als Einmalzahlung (→ *Einmalzahlungen* Rz. 1793) angesehen. 2387

Gewinnanteile sind in dem **Zeitpunkt zu versteuern**, in dem sie dem Arbeitnehmer zugeflossen sind, d.h. dass er **wirtschaftlich über sie verfügen kann**. Zugeflossen sind sie daher nicht schon dann, wenn der Arbeitgeber dem Arbeitnehmer den Gewinnanteil auf dessen Beteiligungskonto gutschreibt und verzinst, die Guthaben jedoch noch „ohne Wahlmöglichkeit des Arbeitnehmers" für einen bestimmten Zeitraum **im Betrieb stehen bleiben** müssen (BFH v. 14.5.1982, VI R 124/77, BStBl II 1982, 469).

LSt SV

Gewinnanteile stellen dagegen – auch wenn „formal" ein Arbeitsvertrag abgeschlossen worden ist – keinen Arbeitslohn dar, sondern Einkünfte aus Gewerbebetrieb (§ 15 EStG), wenn der „Arbeitnehmer" als **Mitunternehmer** anzusehen ist.

S.a. → *Geschäftsführer* Rz. 2310, → Rz. 2322; → *Gratifikationen* Rz. 2389; → *Tantiemen* Rz. 4075 und → *Vermögensbeteiligungen* Rz. 4265.

Gewöhnlicher Aufenthalt

→ *Steuerpflicht: unbeschränkte* Rz. 4035

GKV-Monatsmeldung

→ *Meldungen für Arbeitnehmer in der Sozialversicherung* Rz. 3099

Gleisbauarbeiter

Ein Arbeiter, der von einem mitgeführten Werkstattwagen eines Gleisbaubahnzugs aus Gleisbahnarbeiten verrichtet, übt eine Auswärtstätigkeit aus. Der Gleisbauzug stellt **keine ortsfeste erste Tätigkeitsstätte** i.S.d. § 9 Abs. 4 EStG dar (vgl. BFH v. 2388

28.3.2012, VI R 48/11, BStBl II 2012, 926 betr. Lkw-Fahrer sowie → *Reisekosten: Allgemeine Grundsätze* Rz. 3594).

Wenn jedoch dauerhaft und typischerweise arbeitstäglich ein vom Arbeitgeber festgelegter Ort aufgesucht werden soll (sog. **Sammelpunkt**), von dem aus der Gleisbauarbeiter zu den jeweiligen Einsatzstellen befördert wird, werden die Fahrten von der Wohnung zu diesem Ort gleichbehandelt mit den Fahrten von der Wohnung zu einer ersten Tätigkeitsstätte und unterliegen der Abzugsbeschränkung auf die **Entfernungspauschale** nach § 9 Abs. 1 Satz 3 Nr. 4 Satz 8 EStG (vgl. sinngemäß BFH v. 19.4.2021, VI R 6/19, BStBl II 2021, 727).

Auf die Berücksichtigung von **Verpflegungspauschalen** oder Übernachtungskosten als Werbungskosten oder den steuerfreien Arbeitgeberersatz hat diese Festlegung hingegen keinen Einfluss, da der Arbeitnehmer weiterhin außerhalb einer ersten Tätigkeitsstätte und somit auswärts beruflich tätig wird. Es wird keine erste Tätigkeitsstätte fingiert, sondern nur die Anwendung der Entfernungspauschale für die Fahrtkosten von der Wohnung zu diesem Ort sowie die Besteuerung eines geldwerten Vorteils bei Firmenwagengestellung durch den Arbeitgeber nach § 8 Abs. 2 Satz 3 und 4 EStG festgelegt und der steuerfreie Arbeitgeberersatz für diese Fahrten nach § 3 Nr. 16 EStG ausgeschlossen (→ *Reisekosten: Allgemeine Grundsätze* Rz. 3627).

Gleitzeit

→ *Arbeitszeitmodelle* Rz. 734

Gleitzone

→ *Übergangsbereich in der Sozialversicherung* Rz. 4137

Gnadenbezüge

→ *Arbeitslohn-ABC* Rz. 684

Gratifikationen

1. Arbeitsrecht

2389 Gratifikationen sind Zahlungen des Arbeitgebers, die dieser neben dem Arbeitsentgelt als Anerkennung für erbrachte Arbeitsleistung, Anreiz für zukünftige Arbeitsleistung oder weiteren Zwecken gewährt. Auf die Zahlung derartiger Leistungen besteht **kein allgemeiner Rechtsanspruch**. Die Terminologie für die Leistung ist uneinheitlich und häufig ungenau im Hinblick auf feststehende Rechtsbegriffe: Gebräuchlich sind die **Bezeichnungen** Gratifikation, Weihnachtsgeld, 13. Gehalt, Urlaubsgeld, Einmalzahlung, Sonderzahlung, -zuwendung, -vergütung oder Jubiläumsgeld (vgl. zur Inflationsausgleichsprämie und Belohnung der Betriebstreue LAG Düsseldorf v. 23.4.2024, 14 SLa 9/24, n. rkr.). Die Ansprüche auf eine aus Anlass von **Weihnachten** geleistete Zahlung unterfallen im Übrigen dem **Pfändungsschutz** nach § 850a Nr. 4 ZPO (BAG v. 18.5.2016, 10 AZR 233/15).

Insbesondere ist der Arbeitgeber nicht auf Grund der allgemeinen Fürsorgepflicht zur Zahlung solcher Leistungen verpflichtet. **Der Anspruch des Arbeitnehmers kann sich ergeben aus** dem **Arbeitsvertrag**, einer **betrieblichen Übung**, einer Gesamtzusage, dem **Gleichbehandlungsgrundsatz**, einem **anwendbaren Tarifvertrag** oder auf Grund **freiwilliger Betriebsvereinbarung**, die nur wirksam ist, soweit nicht eine tarifliche Regelung üblich ist (vgl. § 77 Abs. 3 BetrVG). Ein individualrechtlicher Gratifikationsanspruch hat nach dem Günstigkeitsprinzip grds. Vorrang gegenüber den Regelungen einer Betriebsvereinbarung, es sei denn, es ist ein gegenteiliger Vorbehalt vereinbart (BAG v. 5.8.2009, 10 AZR 483/08).

Ein Anspruch des Arbeitnehmers kann sich auch aus einer mindestens **dreimaligen Zahlung** des Arbeitgebers (**betriebliche Übung**) ergeben, es sei denn, der Arbeitgeber habe einen **Vorbehalt** (Freiwilligkeits- oder Widerrufsvorbehalt) getätigt (z.B. zuletzt BAG v. 8.12.2010, 10 AZR 671/09). Auch die dreimalige vorbehaltlose Zahlung einer höheren Zuwendung als kollektivrechtlich oder individualrechtlich geschuldet führt zu einem Anspruch auf die höhere Leistung (BAG v. 1.4.2009, 10 AZR 393/08). Bei jährlichen Leistungen in unterschiedlicher Höhe kann dem Grunde nach ein Anspruch auf eine Gratifikation entstanden sein, über dessen Höhe der Arbeitgeber nach billigem Ermessen gem. § 315 BGB zu entscheiden hat (BAG v. 13.5.2015, 10 AZR 266/14; BAG v. 17.4.2013, 10 AZR 251/12).

Ein klar und verständlich formulierter **Freiwilligkeitsvorbehalt** ist in jedem Fall **zu empfehlen**; er führt dazu, dass der Arbeitgeber bis zum Auszahlungszeitpunkt frei entscheiden kann, ob und in welcher Höhe er eine Gratifikation zahlt, wobei allerdings der Gleichbehandlungsgrundsatz zu beachten ist (z.B. zuletzt LAG Rheinland-Pfalz v. 21.1.2021, 5 Sa 203/20; BAG v. 8.12.2010, 10 AZR 671/09).

Nimmt **andererseits** der Arbeitnehmer mit Anspruch auf Gratifikation nach betrieblicher Übung mehrjährig **nachträgliche Freiwilligkeitsvorbehalte** des Arbeitgebers vorbehaltlos hin, so ändert sich der Gratifikationsanspruch entsprechend (BAG v. 26.3.1997, 10 AZR 612/96) durch **gegenläufige betriebliche Übung**; dies gilt aber nicht bei vertraglichem Gratifikationsanspruch (BAG v. 24.11.2004, 10 AZR 202/04). Dabei muss der Arbeitgeber allerdings klar und unmissverständlich deutlich machen, dass die betriebliche Übung einer vorbehaltlosen Zahlung zukünftig unter Freiwilligkeitsvorbehalt gestellt werden soll (BAG v. 4.5.1999, 10 AZR 290/98). Nach **neuerer Rechtsprechung** des BAG (v. 18.3.2009, 10 AZR 281/08; BAG v. 25.11.2009, 10 AZR 779/08) ist allerdings unter dem Gesichtspunkt der **AGB-Kontrolle** eine entsprechende vorherige Vereinbarung der Parteien und ein klarer und transparenter Hinweis erforderlich, so dass im Ergebnis eine gegenläufige betriebliche Übung nicht mehr wirksam praktizierbar erscheint.

Im Übrigen ist bei formularmäßigen Gratifikationsvereinbarungen auf die Vorschriften der AGB-Kontrolle (§§ 305 ff. BGB) zu achten, insbesondere auf das Transparenzgebot (BAG v. 24.10.2007, 10 AZR 825/06). Ein Freiwilligkeitsvorbehalt bleibt grds. auch unter dem Gesichtspunkt der AGB-Kontrolle wirksam (BAG v. 30.7.2008, 10 AZR 606/07; BAG v. 18.3.2009, 10 AZR 289/08). Zu beachten ist aber, dass eine ausdrückliche Zusage der Weihnachtsgeldzahlung nicht in derselben oder einer anderen Vertragsklausel an einen Freiwilligkeitsvorbehalt gebunden werden darf; eine derartig widersprüchliche Vereinbarung hält der AGB-Kontrolle nicht stand (BAG v. 10.12.2008, 10 AZR 1/08; BAG v. 20.1.2010, 10 AZR 914/08). Wird z.B. die Zahlung einer Gratifikation im Arbeitsvertrag als „freiwillige Leistung" bezeichnet, so genügt dieser Hinweis für sich genommen nicht, um einen Anspruch auf die Leistung auszuschließen (BAG v. 17.4.2013, 10 AZR 281/12; BAG v. 20.2.2013, 10 AZR 177/12). Behält sich der Arbeitgeber ein einseitiges Leistungsbestimmungsrecht zur Entscheidung über die Höhe einer jährlichen Zuwendung vor, hält dies der AGB-Kontrolle nach § 305 ff. BGB regelmäßig stand, insbesondere wenn es sich um eine Gratifikation handelt, die nach dem Arbeitsvertrag keinen Entgeltcharakter hat; in derartigen Fällen findet § 315 BGB Anwendung: Die jährlich vom Arbeitgeber zu treffende Leistungsbestimmung muss billigem Ermessen entsprechen (BAG v. 16.1.2013, 10 AZR 26/12).

Auch eine Verknüpfung von Freiwilligkeitsvorbehalt und Widerrufsvorbehalt in einem Arbeitsvertrag ist wegen **Intransparenz** unwirksam; denn für den Arbeitnehmer ist nicht hinreichend deutlich, dass trotz mehrfacher, ohne weitere Vorbehalte erfolgender Sonderzahlungen ein Rechtsbindungswille des Arbeitgebers für die Zukunft ausgeschlossen bleiben soll (z.B. zuletzt BAG v. 8.12.2010, 10 AZR 671/09). Ein Vorbehalt in einer Gesamtzusage, der aus einer Kombination von Freiwilligkeits- und Widerrufsvorbehalt besteht, ist intransparent und damit nach § 307 Abs. 1 BGB unwirksam. Ebenso unwirksam, weil unangemessen benachteiligend i.S.v. § 307 Abs. 1 Satz 1 BGB, ist ein arbeitsvertraglicher Freiwilligkeitsvorbehalt, der so ausgelegt werden kann, dass er auch spätere Individualabreden über Leistungen des Arbeitgebers erfasst (BAG v. 21.2.2024, 10 AZR 345/22).

Dient eine Sonderzuwendung nicht der Vergütung geleisteter Arbeit und knüpft sie nur an den Bestand des Arbeitsverhältnisses an, stellt es i.S. der **AGB-Kontrolle** keine unangemessene Benachteiligung gem. § 307 BGB dar, wenn der **ungekündigte Bestand des Arbeitsverhältnisses zum Auszahlungstag** als Anspruchsvoraussetzung bestimmt wird (BAG v. 18.1.2012, 10 AZR 667/10). Umgekehrt kann eine Sonderzahlung, die auch **Gegenleistung für** im gesamten Kalenderjahr **laufend erbrachte Arbeit** darstellt, in Allgemeinen Geschäftsbedingungen regelmäßig nicht vom Bestand des Arbeitsverhältnisses am **Stichtag** 31. Dezember des betreffenden Jahres abhängig gemacht werden (BAG v. 13.11.2013, 10 AZR 848/12). Vielmehr kann eine Sonderzahlung, die (auch) Vergütung für bereits erbrachte Arbeitsleistung darstellt, nicht vom ungekündigten Bestand des Arbeitsverhältnisses zu einem Zeitpunkt innerhalb oder außerhalb des Jahres abhängig gemacht werden, in dem die Arbeitsleistung erbracht wurde. Bei unterjährigem Ausscheiden aus dem Arbeitsverhältnis ergibt sich zum Fälligkeitszeitpunkt ein zeitanteiliger Anspruch auf die Sonderzahlung (BAG v. 13.5.2015, 10 AZR 266/14). In Tarifverträgen kann der Anspruch auf eine jährliche Sonderzahlung hingegen vom Bestand des Arbeitsverhältnisses zu einem Stichtag außerhalb des Bezugszeitraums abhängig gemacht werden. Arbeitsvertraglich einschränkungslos und in ihrer Gesamtheit in Bezug genommene Tarifverträge unterliegen keiner Inhaltskontrolle nach § 307 BGB (BAG v. 27.6.2018, 10 AZR 290/17).

Arbeitsrechtliche Darstellungen des Gratifikationsrechts finden sich bei N. Besgen, Sonderzahlungen im Arbeitsrecht, B+P 2011, 667; D. Besgen, Aktuelle Fragen zu Gratifikation/Sonderzahlung/Weihnachtsgeld, B+P 2007, 665 und Jüngst, Sonderzuwendungen – Aktuelle BAG-Rechtsprechung, B+P 2010, 19.

2. Lohnsteuer und Sozialversicherung

2390 Gratifikationen sind als **sonstige Bezüge** (→ *Sonstige Bezüge* Rz. 3936) zu versteuern, wenn sie zwar neben dem laufenden Arbeitslohn, aber nicht fortlaufend gezahlt werden (R 39b.2 Abs. 2 3. Spiegelstrich LStR). Sie sind beitragspflichtig i.S. der Sozialversicherung, → *Einmalzahlungen* Rz. 1793.

Auch → *Vermögensbeteiligungen* Rz. 4265.

LSt SV

Grenzgänger

Inhalt

1. Begriff des Grenzgängers

2391 Der Begriff des Grenzgängers stammt aus der Sprachregelung der DBA. Grenzgänger sind Arbeitnehmer oder selbständig Erwerbstätige, die i.d.R. **im Grenzbereich** des einen Staats **arbeiten** und täglich zu ihrem **Wohnsitz im Grenzbereich des anderen Staats zurückkehren**. Das OECD-MA, nach dem bei Arbeitnehmern der Arbeitslohn i.d.R. im Tätigkeitsstaat versteuert wird, sieht für Grenzgänger keine spezielle Regelung vor. Für diese Arbeitnehmer gelten jedoch **Besonderheiten** nach den DBA mit Frankreich (Art. 13 Abs. 5 – i.d.R. Besteuerung im Wohnsitzstaat), Österreich (Art. 15 Abs. 6 – i.d.R. Besteuerung im Wohnsitzstaat) und der Schweiz (Art. 15a – begrenzte Besteuerung im Tätigkeitsstaat und Wohnsitzbesteuerung mit Anrechnungssystem). Die Grenzgängerregelung im Verhältnis zu Belgien ist zum 1.1.2004 weggefallen (BMF v. 12.11.2014, IV B 2 – S 1300/08/10027, BStBl I 2014, 1467, Rdnr. 17). Gelegentliche Übernachtungen am Tätigkeitsort und Unterbrechungen der Grenzüberschreitung durch Urlaub oder Krankheit sind unbeachtlich (→ Rz. 2395). Durch den lediglich arbeitsbedingten Aufenthalt im Tätigkeitsstaat begründet der Arbeitnehmer dort weder Wohnsitz noch gewöhnlichen Aufenthalt i.S. einer unbeschränkten Einkommensteuerpflicht noch Ansässigkeit i.S. der DBA (BFH v. 25.1.1989, I R 205/82, BStBl II 1990, 687).

Ein Grenzgänger, der in Deutschland beschäftigt ist und in einem anderen EU-, EWR-Staat oder der Schweiz wohnt, unterliegt den deutschen Rechtsvorschriften in der Kranken-, Pflege-, Renten- und Unfallversicherung sowie der Versicherungspflicht in der Arbeitsförderung. Im umgekehrten Sachverhalt unterliegt der Grenzgänger den Rechtsvorschriften des Beschäftigungsstaats.

2. Grenzgängerregelungen

Die von Deutschland abgeschlossenen DBA mit Grenzgängerregelungen und die dort vereinbarten Grenzzonen ergeben sich aus folgender Übersicht: 2392

Staat	Artikel des DBA	Grenzzone in Kilometer
Frankreich	13 Abs. 5	20 für in Deutschland wohnhafte Arbeitnehmer 30 für in Frankreich wohnhafte Arbeitnehmer
Österreich	15 Abs. 6	30
Schweiz	15a	Sonderregelung

Mit den **übrigen Nachbarstaaten Deutschlands** (Belgien, Dänemark, Luxemburg, Niederlande, Polen und Tschechien) bestehen **keine Grenzgängerregelungen**.

Die **Grenzgängerregelung mit Belgien** ist 2004 **aufgehoben** worden. Da Belgien die nach dem DBA freigestellten Einkünfte i.S.v. Art. 15 und 19 DBA-Belgien **bei in Belgien ansässigen Arbeitnehmern** bei der Festsetzung belgischer Gemeindesteuern berücksichtigen kann, wird bei den betroffenen Arbeitnehmern zum Ausgleich **die deutsche Einkommensteuer bzw. Lohnsteuer (einschließlich Solidaritätszuschlag) um 8 % gemindert**. Ob der Arbeitgeber die Minderung um 8 % berücksichtigen darf, ergibt sich aus der Bescheinigung für beschränkt steuerpflichtige Arbeitnehmer (→ *Steuerpflicht* Rz. 4017) bzw. für erweitert unbeschränkt steuerpflichtige Arbeitnehmer (→ *Steuerpflicht* Rz. 4033). In diese Bescheinigung trägt das Finanzamt einen entsprechenden Hinweis ein (nicht aber bei Geschäftsführern und Vorständen i.S.d. Art. 16 Abs. 2 DBA Belgien).

Bei der Grenzzone kommt es auf die kürzeste Luftlinienentfernung zwischen Grenze und Wohnung an (BFH v. 24.7.1996, I R 74/95, BStBl II 1997, 132).

Nach den **Grenzgängerregelungen** hat abweichend vom Grundsatz (→ *Doppelbesteuerungsabkommen bei Einkünften aus nichtselbständiger Arbeit* Rz. 1612) der **Wohnsitzstaat** das ausschließliche Besteuerungsrecht (Sonderregelungen zur Grenzgängerregelung Schweiz s. → Rz. 2427). Die Grenzgängerregelungen gehen der „183 Tage-Regelung" vor. Die Sonderregelung des Art. 14 DBA-Frankreich für Bezüge aus öffentlichen Kassen geht der Grenzgängerregelung vor (BFH v. 5.9.2001, I R 88/00, HFR 2002, 613).

Die Grenzgängerregelungen sind in Zusatzprotokollen zu den DBA oder in Verständigungsvereinbarungen der Vertragsstaaten näher erläutert. Dies gilt insbesondere für Fälle der gelegentlichen Unterbrechung der täglichen Grenzüberschreitung oder des kurzfristigen Verlassens der Grenzzonen; s.a. → Rz. 2395.

Ob die Grenzgängereigenschaft erfüllt ist, ist nach den Verhältnissen bei Erbringung der Arbeitsleistung, nicht bei Zufluss des Arbeitslohns, zu entscheiden (FG Saarland v. 26.3.1997, 1 V 54/97, EFG 1997, 856). So handelt es sich z.B. bei dem **Arbeitslohn in der Freistellungphase einer Altersteilzeit** im Blockmodell einheitlich um nachträglich gezahlten Arbeitslohn, für den die **Grenzgängerregelung anzuwenden** ist, und zwar unabhängig davon, dass ein Grenzgänger während der Freistellungsphase nicht mehr regelmäßig über die Grenze pendelt (BMF v. 12.11.2014, IV B 2 – S 1300/08/10027, BStBl I 2014, 1467, Rdnr. 274). Dagegen ist die Grenzgängerregelung **nicht auf Abfindungen für das vorzeitige Ausscheiden aus dem Dienst anwendbar** (FG Baden-Württemberg v. 16.1.2018, 6 K 1405/15, EFG 2018, 1470).

Die Steuerpflicht richtet sich nach dem Zeitpunkt des Zuflusses. Daher ist das Weihnachtsgeld eines Grenzgängers in die Schweiz bei Umzug nach Frankreich im Laufe des Jahres in Deutschland nicht steuerpflichtig (FG Baden-Württemberg v. 25.10.2001, 14 K 21/97, EFG 2002, 125).

Die Besteuerung von Grenzgängern mit den übrigen Nachbarstaaten, mit denen keine Grenzgängerregelung vereinbart worden ist, oder von Grenzgängern, die die Voraussetzungen der Grenzgängerregelung nicht erfüllen, richtet sich nach den allgemeinen Regeln (→ *Doppelbesteuerungsabkommen bei Einkünften aus nichtselbständiger Arbeit* Rz. 1612). S. auch → *Grenzpendler* Rz. 2449.

3. Grenzgängerregelung mit Frankreich

a) Rechtsgrundlagen

2393 Die Regelungen für Grenzgänger ergeben sich aus Art. 13 Abs. 5 DBA-Frankreich i.d.F. des Zusatzabkommens vom 31.3.2015, unter Berücksichtigung der Verständigungsvereinbarung zur 183-Tage-Regelung und zur Anwendung der Grenzgängerregelung (BMF v. 3.4.2006, IV B 6 – S 1301 FRA – 26/06, BStBl I 2006, 304) sowie BMF v. 30.3.2017, IV B 3 – S 1301-FRA/16/10001 :001, BStBl I 2017, 753, Anlage 2 dieses BMF-Schreibens ist überholt). Zu Zweifelsfragen bei der steuerlichen Behandlung der Einkünfte aus unselbständiger Arbeit, insbesondere von Grenzgängern, Künstlern und Sportlern und bei Arbeitslöhnen aus öffentlichen Kassen (Art. 13, 13b und 14 DBA-Frankreich) nimmt ein aktuelles BMF-Schreiben Stellung: BMF v. 28.12.2021, IV B 3 – S 1301-FRA/19/10018 :001, BStBl I 2022, 92.

Die Grenzgängerregelung setzt eine aktive Tätigkeit und eine zeitliche Kongruenz zwischen Tätigkeit und Zahlung voraus, die bei einer Abfindung für das Ausscheiden aus einem Dienstverhältnis nicht vorliegt. Das Besteuerungsrecht für Abfindungen von Grenzgängern steht daher nach Art. 13 Abs. 1 DBA-Frankreich dem Tätigkeitsstaat zu (FG Baden-Württemberg v. 11.2.2020, 6 K 1055/18, EFG 2020, 1469). Das FG hatte zu einem Fall zu entscheiden, in dem ein steuerpflichtiger Grenzgänger eine Abfindungszahlung für Beschäftigungszeiträume erhalten hat, indem er sowohl im Inland einen Wohnsitz unterhalten und damit unbeschränkt steuerpflichtig war als auch für Zeiträume, in denen er den Wohnsitz nach Frankreich verlegt und die Grenzgängerregelung in Anspruch genommen hat. Die Abfindungsleistung wurde durch die FinVerw. und auch das Finanzgericht entsprechend der Monatsanzahl der inländischen Steuerpflicht, die mit dem Innehaben des inländischen Wohnsitzes übereinstimmte, zum Gesamtbeschäftigungszeitraum der deutschen Steuerpflicht unterworfen. Der BFH hat diese Rechtsauffassung des Finanzgerichts im Urteil v. 1.8.2024, VI R 52/20, BFH/NV 2024, 1453 bestätigt und entschieden, dass Deutschland nach innerstaatlichem Recht das Besteuerungsrecht für die streitgegenständliche Abfindung jedenfalls insoweit zustehe, als die für die zuvor ausgeübte Tätigkeit bezogenen Einkünfte der inländischen Besteuerung unterlegen haben und damit soweit die Abfindungszahlung anteilig auf den Zeitraum der Beschäftigung des Klägers entfällt, in dem er (ausschließlich) einen Wohnsitz im Inland innehatte und insoweit auch dort (weil unbeschränkt steuerpflichtig) besteuert wurde. Ausdrücklich offengelassen hat der BFH die Frage, ob das Besteuerungsrecht nach § 49 Abs. 1 Nr. 4 Buchst. d EStG voraussetzt, dass die für die zuvor ausgeübte Tätigkeit bezogenen Einkünfte tatsächlich im Inland besteuert worden sind, oder von dieser Vorschrift unter anderem auch vom Doppelbesteuerungsabkommen (DBA) befreite inländische Einkünfte erfasst werden. Da das FA die Abfindung vorliegend lediglich zu 129/245 und damit in demselben Umfang besteuert, in dem der Kläger die seinerzeitigen Arbeitseinkünfte auch tatsächlich im Inland versteuert hat, waren diese Fragen nach Auffassung des BFH nicht mehr entscheidungserheblich.

Zum Verhältnis zwischen Art. 13 Abs. 5 DBA-Frankreich (Grenzgängerregelung) und Art. 13b DBA-Frankreich (Sportlerklausel) hat das FG Saarland in einem Aussetzungsverfahren entschieden, dass die **Grenzgängerregelung nicht der Sportlerklausel vorgeht** (FG Saarland v. 10.9.2020, 2 V 1007/20, EFG 2020, 1479, Beschwerde durch BFH v. 30.6.2021, I B 71/20 [AdV], nicht dokumentiert, als unbegründet zurückgewiesen).

Zu der Beurteilung künstlerischer Tätigkeiten hat das FG Saarland im Urteil v. 30.1.2025, 2 K 1421/21, EFG 2025, 693, seine Sichtweise zum Zusammenspiel von DBA-spezifischen Regelungen für Künstler mit einer Grenzgängereigenschaft dargestellt. Im Urteilsfall war fraglich, wie die Steuerbefreiung nach Art. 13b Abs. 1 Satz 1 DBA-Frankreich für Arbeitslohn eines in Frankreich wohnenden, in Deutschland angestellten, teilweise als Betriebsrat freigestellten Musikers in Zusammenhang mit der Grenzgängereigenschaft steuerlich wirkt. Zunächst geht das FG davon aus, das die Teilnahme eines Musikers im Rahmen eines gemeinsamen Auftritts einer Personengruppe dazu führt, dass sämtliche Mitglieder der Gruppe und nicht nur deren Leiter oder Dirigenten als Künstler i.S. des Art. 13b DBA-Frankreich anzusehen sind (vgl. BFH, Urteil v. 30.5.2018, I R 62/16, BFHE 262, 54, BStBl II 2024, 219). Ferner, dass Art. 13b DBA-Frankreich nicht nur für selbständig tätige Künstler, sondern auch für nichtselbständig Tätige gilt, wobei Art. 13b Abs. 1 Satz 1 DBA-Frankreich nur Vergütungen für Tätigkeiten solcher Künstler erfasst, die unmittelbar oder mittelbar (über Medien) in der Öffentlichkeit auftreten und dabei Darbietungen erbringen, die künstlerischen oder unterhaltenden Charakter haben. Daher unterliegt der Arbeitslohn eines beschränkt steuerpflichtigen, in Frankreich ansässigen und bei einem Arbeitgeber in Deutschland angestellten Orchestermusikers, der als Betriebsrat teilweise von der künstlerischen Tätigkeit freigestellt ist, **nur insoweit dem Besteuerungsrecht Deutschlands, als er für eine auftrittsbezogene künstlerische Tätigkeit des Musikers gezahlt wird**, und nicht insoweit, als der Arbeitslohn für die Betriebsratstätigkeit gezahlt wird. Etwaige Pauschalvergütungen, die nicht ausschließlich für den Auftritt eines Künstlers gezahlt werden, müssen aufgeteilt werden. Ferner werden die Rechtswirkungen des Art. 13b DBA-Frankreich nach Auffassung des FG **nicht durch die Grenzgängerregelung des Art. 13 Abs. 5 DBA-Frankreich verdrängt, somit geht die Wertung des Art. 13b der des § 13 Abs. 5 DBA-Frankreich vor.** Dies entspricht auch der Wertung der Finanzverwaltung (BMF v. 28.12.2021, IV B 3 – S 1301-FRA/19/10018 :001, BStBl I 2022, 92). Gegen diese Entscheidung wurde unter dem Az. VI R 5/25 Revision eingelegt. Hinsichtlich der verfassungsgemäßen Besteuerung eines Grenzgängers nach dem sog. Kassenstaatsprinzip hat der BFH im Urteil vom 22.2.2023, I R 45/19, BFH/NV 2023, 947, in Bezug auf einen verbeamteten Lehrer entschieden, dass die Anwendung von Art. 14 Abs. 1 DBA-Frankreich 1959/2001 Vorrang vor der Anwendung der sog. Grenzgängerregelung des Art. 13 Abs. 5 DBA-Frankreich 1959/2001 hat. Insbesondere sei die Besteuerung eines Grenzgängers nach dem sog. Kassenstaatsprinzip (Art. 14 Abs. 1 DBA-Frankreich 1959/2001) nicht verfassungswidrig. Im Hinblick auf die Entscheidung wurde Verfassungsbeschwerde vor dem BVerfG, 2 BvR 270/24, eingelegt.

b) Übersicht

Die Finanzverwaltung hat zur **Grenzgängerregelung mit Frankreich** eine **Übersicht** der zum **Grenzgebiet** i.S.v. Art. 13 DBA-Frankreich **zählenden Städte und Gemeinden** herausgegeben (BMF v. 16.11.2021, IV B 3 – S 1301-FRA/19/10019 :005). 2394

Die **Online-Datenbank** (s. Benutzerhinweise auf S. IV) enthält unter „Vordrucke Grenzgänger" die entsprechende **Übersicht**.

c) Ausnahmen von der täglichen Rückkehr zum Wohnort und zum Aufenthalt in den Grenzzonen

Die Grenzgängereigenschaft erfordert grds. **tägliche Rückkehr** zum Wohnort. **Gelegentliche Übernachtungen** am Arbeitsort und Unterbrechungen der Grenzüberschreitungen durch **Urlaub** und **Krankheit** sind unschädlich. 2395

Nach dem **Verständigungsverfahren mit Frankreich** (BMF v. 3.4.2006, IV B 6 – S 1301 FRA – 26/06, BStBl I 2006, 304) geht die **Grenzgängereigenschaft nicht verloren**, sofern

- der Arbeitnehmer während des ganzen Kalenderjahres in der Grenzzone beschäftigt ist und in dieser Zeit höchstens an **45 Arbeitstagen**

- nicht zum Wohnsitz zurückkehrt oder
- außerhalb der Grenzzone für den Arbeitgeber tätig ist

oder

- falls der Arbeitnehmer nicht während des ganzen Kalenderjahres in der Grenzzone beschäftigt ist, die Tage der Nichtrückkehr oder der Tätigkeit außerhalb der Grenzzone **20 % der gesamten Arbeitstage** i.R. des Arbeitsverhältnisses, höchstens 45 Tage, nicht übersteigen.

Es handelt sich um eine zulässige Auslegung des Gesetzes (BFH v. 21.8.1996, I R 80/95, BStBl II 1997, 134; BFH v. 11.11.2009, I R 84/08, BStBl II 2010, 390).

Wird die **„45-Tage-Grenze“** überschritten, so steht das Besteuerungsrecht für die Arbeitseinkünfte regelmäßig dem Tätigkeitsstaat zu. Tritt jedoch ein Wechsel in der Grenzgängereigenschaft ein, so ist das Arbeitsentgelt aufzuteilen (BFH v. 18.7.1973, I R 52/69, BStBl II 1973, 757).

Zur **Anwendung der Grenzgängerregelung** ist Folgendes vereinbart worden (BMF v. 3.4.2006, IV B 6 - S 1301 FRA - 26/06, BStBl I 2006, 304):

- **Tätigkeiten in der Grenzzone des Ansässigkeitsstaats** des Arbeitnehmers gelten als innerhalb der Grenzzone ausgeübt,
- als Arbeitstage gelten die **vertraglich vereinbarten Arbeitstage** (Kalendertage abzüglich der Tage, an denen der Arbeitnehmer laut Arbeitsvertrag nicht zu arbeiten verpflichtet ist, wie z.B. Urlaubstage, Wochenendtage, gesetzliche Feiertage) sowie alle weiteren Tage, an denen der Arbeitnehmer seine Tätigkeit ausübt; daneben gelten auch Krankheitstage nicht als Tage der Nichtrückkehr,
- ein **Nichtrückkehrtag** ist nicht schon deshalb anzunehmen, weil sich die Arbeitszeit des Arbeitnehmers bedingt durch die Anfangszeiten oder durch die Dauer der Arbeitszeit **über mehr als einen Kalendertag erstreckt** (z.B. bei Schichtarbeitern oder Personal mit Nachtdiensten),
- bei **mehrtägiger Auswärtstätigkeit** gelten die Tage der Hinreise sowie der Rückreise stets zu den Nichtrückkehrtagen,
- für die Zwecke dieser Vereinbarung bezeichnet der Begriff „Arbeitgeber“ den wirtschaftlichen Arbeitgeber.

Hierzu folgende **Beispiele** (aus BMF v. 3.4.2006, IV B 6 - S 1301 FRA - 26/06, BStBl I 2006, 304):

Ausgangssachverhalt:

Ein Grenzgänger hat seinen Wohnsitz in Straßburg (französisches Grenzgebiet). Sein gewöhnlicher Arbeitsort befindet sich in Kehl (deutsches Grenzgebiet).

Beispiel 1:

Der Arbeitnehmer verlässt seinen Wohnsitz am Montagmorgen und begibt sich an seinen gewöhnlichen Arbeitsort im Grenzgebiet. Er verlässt dann dienstlich das Grenzgebiet. Am Abend kehrt er an seinen Arbeitsort im Grenzgebiet und anschließend an seinen Wohnsitz zurück.

Der Grenzgänger verrichtet auch im Grenzgebiet dienstliche Tätigkeiten. Er ist damit nicht den ganzen Arbeitstag außerhalb des Grenzgebiets beschäftigt. Es ist kein Tag anzusetzen, der als Nichtrückkehrtag gilt.

Beispiel 2:

Der Grenzgänger verlässt seinen Wohnsitz am Montagmorgen und begibt sich an seinen gewöhnlichen Arbeitsort im Grenzgebiet. Er verlässt dann dienstlich das Grenzgebiet. Am Abend kehrt er direkt an seinen Wohnsitz zurück.

Lösung wie Beispiel 1.

Beispiel 3:

Der Arbeitnehmer verlässt seinen Wohnsitz am Montagmorgen und begibt sich direkt an seinen Arbeitsort außerhalb des Grenzgebiets. Nach seinem Arbeitstag kehrt er am Abend direkt an seinen Wohnsitz zurück.

Der Arbeitnehmer ist den ganzen Arbeitstag außerhalb der Grenzzone beschäftigt. Es ist damit ein Tag anzusetzen, der als Nichtrückkehrtag gilt.

Beispiel 4:

Der Arbeitnehmer übt seine Tätigkeit nachts zwischen 20.00 Uhr und 4.00 Uhr morgens aus. Er verlässt seinen Wohnsitz am Montagabend, begibt sich an seinen gewöhnlichen Arbeitsort im Grenzgebiet und verlässt dann dienstlich das Grenzgebiet. Am Dienstagmorgen kehrt er an seinen Arbeitsort im Grenzgebiet und anschließend an seinen Wohnsitz zurück.

Da der Grenzgänger im Grenzgebiet dienstliche Tätigkeiten verrichtet, ist er keinen ganzen Arbeitstag außerhalb des Grenzgebiets beschäftigt. Es ist damit kein Tag anzusetzen, der als Nichtrückkehrtag gilt. Unbeachtlich ist das Erstrecken der Arbeitszeit auf zwei Kalendertage.

Beispiel 5:

Der Arbeitnehmer übt seine Tätigkeit nachts zwischen 20.00 Uhr und 4.00 Uhr morgens aus. Er verlässt seinen Wohnsitz am Montagabend und begibt sich direkt an einen Arbeitsort außerhalb des Grenzgebiets. Am Dienstagmorgen kehrt er direkt an seinen Wohnsitz zurück.

Der Arbeitnehmer ist den ganzen Arbeitstag außerhalb der Grenzzone beschäftigt. Es ist damit ein Tag anzusetzen, der als Nichtrückkehrtag gilt. Das Erstrecken der Arbeitszeit auf zwei Kalendertage führt zu keiner Erhöhung der anzusetzenden Tage.

Beispiel 6:

Der Arbeitnehmer verlässt seinen Wohnsitz am Montagmorgen und begibt sich an seinen gewöhnlichen Arbeitsort im Grenzgebiet. Er verlässt dann dienstlich für mehrere Tage das Grenzgebiet. Am Donnerstagabend kehrt er an seinen Wohnsitz zurück.

Bei mehrtägiger Auswärtstätigkeit sind sämtliche Reisetage, sofern es sich bei diesen um Arbeitstage handelt, als Tage anzusetzen, die als Nichtrückkehrtage gelten (hier: vier Tage). Unbeachtlich ist, dass der Arbeitnehmer vor Antritt seiner mehrtägigen Auswärtstätigkeit in der Grenzzone dienstliche Tätigkeiten verrichtet hat.

Beispiel 7:

Der Arbeitnehmer verlässt seinen Wohnsitz am Donnerstagmorgen, begibt sich an seinen gewöhnlichen Arbeitsort und verlässt dann dienstlich für mehrere Tage das Grenzgebiet. Am folgenden Dienstag kehrt er an seinen Wohnsitz zurück. Der Sonnabend und der Sonntag stellen gemäß Arbeitsvertrag keine Arbeitstage für den Arbeitnehmer dar. Jedoch muss der Arbeitnehmer während seiner Auswärtstätigkeit auf Anordnung seines Arbeitgebers an dem Sonnabend arbeiten.

Bei mehrtägiger Auswärtstätigkeit sind sämtliche Reisetage, sofern es sich bei diesen um Arbeitstage handelt, als Tage anzusetzen, die als Nichtrückkehrtage gelten. Da der Arbeitnehmer auch an dem Sonnabend arbeiten muss, wird auch dieser Tag als Nichtrückkehrtag gewertet. In diesem Fall sind damit fünf Tage anzusetzen, die als Nichtrückkehrtage gelten.

In Ergänzung hierzu hat der BFH zur **Ermittlung der Nichtrückkehrtage** Folgendes entschieden (BFH v. 11.11.2009, I R 84/08, BStBl II 2010, 390, v. 17.3.2010, I R 69/08 und v. 9.10.2014, I R 34/13, HFR 2015, 541):

- **Eintägige Auswärtstätigkeiten** außerhalb der Grenzzone führen zu **Nichtrückkehrtagen**, wenn der Arbeitnehmer an diesen Tagen nicht zugleich innerhalb der Grenzzone gearbeitet hat; bloße Transferreisen innerhalb der Grenzzone sind insoweit unbeachtlich. Dies gilt in gleicher Weise für Rückreisetage bei mehrtägigen Auswärtstätigkeiten außerhalb der Grenzzone.
- **Hinreisetage** bei mehrtägigen Auswärtstätigkeiten außerhalb der Grenzzone zählen **nur dann zu den Nichtrückkehrtagen**, wenn der Arbeitnehmer nicht vor der Abreise zwischen seinem Wohnsitz und dem Arbeitsort in der Grenzzone gependelt ist.
- Entfällt eine **mehrtägige Auswärtstätigkeit** außerhalb der Grenzzone auf **Wochenenden oder Feiertage**, so liegen **keine Nichtrückkehrtage** vor, wenn die Arbeit an diesen Tagen weder vertraglich vereinbart ist noch vom Arbeitnehmer tatsächlich ausgeübt wird; die Reisetätigkeit ist insoweit nicht als Arbeitstätigkeit anzusehen.
- **Krankheitstage** während einer mehrtägigen Auswärtstätigkeit führen **nicht zu Nichtrückkehrtagen**. Ein **Nichtrückkehrtag** liegt dagegen vor, wenn der Arbeitnehmer während der Auswärtstätigkeit **infolge höherer Gewalt** (hier: „Taifunwarnung“) daran **gehindert ist**, seine vertraglich vereinbarte Arbeitsleistung zu erbringen.
- Auch Auswärtstätigkeiten außerhalb der Grenzzone führen auch insoweit zu Nichtrückkehrtagen, als sie im Ansässigkeitsstaat durchgeführt werden (BFH v. 17.3.2010, I R 69/08).
- Der Anwendung der Grenzgänger-Regelung in Art. 13 Abs. 5 DBA-Frankreich steht es nicht entgegen, wenn der Stpfl. zeitweilig an **seinem Wohnort innerhalb der Grenzzone** im Ansässigkeitsstaat **arbeitet**; schädliche Nichtrückkehrtage begründet das nicht (BFH v. 9.10.2014, I R 34/13, HFR 2015, 541).

Die Grenzgänger tragen die Beweislast für die Grenzgängereigenschaft (vgl. BFH v. 27.9.1999, I B 49/98).

d) Arbeitgeberpflichten bei französischen Grenzgängern

2396 Das Zusatzabkommen vom 31.3.2015 zum DBA zwischen der Bundesrepublik Deutschland und Frankreich v. 21.7.1959 sieht **einen Fiskalausgleich** in Bezug auf die Grenzgängerregelung des deutsch-französischen DBA vor (Grenzgängerfiskalausgleich).

Zur Durchführung des Grenzgängerfiskalausgleichs haben Arbeitgeber, die französische Grenzgänger beschäftigen, bestimmte Aufzeichnungs- und Bescheinigungspflichten (**Gesetz zu dem Zusatzabkommen v. 31.3.2015 zum DBA Frankreich** v. 20.11.2015, BStBl I 2016, 515 – Vertragsgesetz –). Hierzu ist als Verfahrensbeschreibung und Arbeitshilfe bei der Durchführung des Grenzgängerfiskalausgleichs ein Durchführungsschreiben ergangen (BMF v. 30.3.2017, IV B 3 – S 1301-FRA/16/10001 :001, BStBl I 2017, 753, Anlage 2 dieses BMF-Schreibens ist überholt). Für Arbeitgeber und Grenzgänger gilt Folgendes:

aa) Verfahren zur Freistellung der Grenzgänger

(1) Allgemeines

2397 Die Freistellung des in Frankreich wohnhaften Grenzgängers (französischer Grenzgänger) vom deutschen Lohnsteuerabzug erfolgt unter Verwendung des Formulars N 5011 „Grenzgänger (die nicht Leiharbeitnehmer sind)“ bzw. des Formulars N 5011 A „Grenzgänger (die Leiharbeitnehmer sind)“. Für die Freistellung des in Deutschland wohnhaften Grenzgängers (deutscher Grenzgänger) von der französischen Einkommensteuer wurde das Formular S 2 – 240 „Grenzgänger – Anwendung des Art. 13 Abs. 5 DBA-Frankreich -“ eingeführt. Diese beiden Verfahren ändern sich durch die Einführung des Grenzgängerfiskalausgleichs nicht.

Die **Online-Datenbank** (s. Benutzerhinweise auf S. IV) enthält unter „Vordrucke Grenzgänger“ entsprechende **Muster**.

Der französische Grenzgänger oder sein Arbeitgeber i.S.d. § 38 Abs. 1 EStG müssen beim zuständigen Betriebsstättenfinanzamt die Freistellung vom deutschen Lohnsteuerabzug nach § 39 Abs. 3 Satz 1 i.V.m. Abs. 4 Nr. 5 EStG beantragen. Das Betriebsstättenfinanzamt erteilt die Freistellung grds. für den Zeitraum von drei Jahren, bei Leiharbeitnehmern nur unter bestimmten Voraussetzungen für ein Jahr (→ Rz. 2398).

Wechselt der französische Grenzgänger seinen Arbeitgeber, muss ein erneuter Antrag auf Freistellung vom deutschen Lohnsteuerabzug gestellt werden.

(2) Besonderheiten bei nachträglicher Freistellung

- **Französische Leiharbeitnehmer**

2398 Die Tätigkeit von Leiharbeitnehmern ist durch einen häufigen und im Voraus nicht zu bestimmenden Wechsel des Einsatzortes – auch außerhalb der Grenzzone – gekennzeichnet. Daher lässt sich i.d.R. im Vorhinein nicht absehen, ob der Leiharbeitnehmer die Voraussetzungen für eine Freistellung auf Grund der Grenzgängerregelung erfüllen wird. **Französische Leiharbeitnehmer** werden deshalb grds. **nicht freigestellt**.

Hiervon ausgenommen sind die Fälle, in denen die begründete Annahme besteht, dass der französische Leiharbeitnehmer die Voraussetzungen der Grenzgängereigenschaft erfüllen wird. Der französische Leiharbeitnehmer kann daher **unter folgenden Voraussetzungen für ein Jahr vom Lohnsteuerabzug freigestellt** werden:

- Antragstellung nach Formular N 5011 A „Grenzgänger (die Leiharbeitnehmer sind)“ mit den dort genannten Angaben,
- der Leiharbeitnehmer war im Vorjahr ausschließlich für denselben Arbeitgeber (Verleiher) tätig und beabsichtigt, auch im laufenden Kalenderjahr ausschließlich für diesen Arbeitgeber (Verleiher) tätig zu sein,
- der Leiharbeitnehmer erfüllte im Vorjahr die Voraussetzungen der Grenzgänger-eigenschaft und der Arbeitgeber (Verleiher) beabsichtigt, den Leiharbeitnehmer im laufenden Kalenderjahr ausschließlich in der Grenzzone weiter zu beschäftigen und
- der Arbeitgeber (Verleiher) verpflichtet sich, dem Betriebsstättenfinanzamt anzuzeigen, wenn das Arbeitsverhältnis beendet wird oder der Leiharbeitnehmer die Grenzgängervoraussetzungen nicht mehr erfüllt.

Die nachstehenden besonderen Arbeitgeberpflichten für französische Grenzgänger gelten für den vom Lohnsteuerabzug freigestellten französischen Leiharbeitnehmer ebenfalls.

Der Leiharbeitnehmer, der im abgelaufenen Kalenderjahr nicht vom Lohnsteuerabzug freigestellt worden war, kann die Anwendung der Grenzgängerregelung und die damit verbundene Steuerfreistellung von der deutschen Einkommensteuer nur **durch die Abgabe einer Einkommensteuererklärung** nach § 46 Abs. 2 Nr. 8 EStG erreichen (Art. 2 Abs. 3 Satz 3 Vertragsgesetz). Dies gilt entgegen § 50 Abs. 2 Satz 7 EStG auch für Arbeitnehmer, die nicht Staatsangehörige eines EU-/EWR-Mitgliedstaats sind. Das früher praktizierte Verfahren der Erstattung der Lohnsteuer nach § 37 Abs. 2 AO ist seit dem Veranlagungszeitraum 2017 nicht mehr zulässig.

- **Französische Grenzgänger**

Sonstige **in Frankreich wohnhafte Arbeitnehmer**, die im abge- 2399
laufenen Kalenderjahr nicht vom Lohnsteuerabzug freigestellt worden waren, können die Anwendung der Grenzgängerregelung und die damit verbundene Steuerfreistellung von deutscher Einkommensteuer ebenfalls **nur durch Abgabe einer Einkommensteuererklärung** nach § 46 Abs. 2 Nr. 8 EStG erreichen (Art. 2 Abs. 3 Satz 3 Vertragsgesetz). Dies gilt entgegen § 50 Abs. 2 Satz 7 EStG auch für Arbeitnehmer, die nicht Staatsangehörige eines EU-/EWR-Mitgliedstaats sind.

bb) Arbeitgeberpflichten

(1) Besondere Aufzeichnungspflichten

Zusätzlich zu den nach § 41 Abs. 1 EStG **bestehenden Auf-** 2400
zeichnungspflichten beim Lohnsteuerabzug (→ *Lohnkonto* Rz. 2863) hat ein Arbeitgeber i.S.d. § 38 Abs. 1 EStG für französische Grenzgänger bzw. französische Leiharbeitnehmer, bei denen auf Grund einer Freistellung nach § 39 Abs. 3 i.V.m. Abs. 4 Nr. 5 EStG vom Lohnsteuerabzug abzusehen ist, **eine Aufstellung über die Tätigkeitsorte des Arbeitnehmers** im Bescheinigungszeitraum zu führen und als Beleg zum Lohnkonto zu nehmen. Die Aufstellung dient als Grundlage für eine mögliche Überprüfung der Grenzgängereigenschaft des betreffenden Arbeitnehmers durch die Lohnsteuer-Außenprüfung. Ferner hat der Arbeitgeber dem Arbeitnehmer auf dessen Verlangen hin eine **Bescheinigung über die Tätigkeitsorte** zu erteilen, anhand der dieser ggf. gegenüber der französischen Steuerbehörde die fehlende Grenzgängereigenschaft glaubhaft machen oder nachweisen kann (Art. 2 Abs. 7 Satz 1 Vertragsgesetz).

Die **Online-Datenbank** (s. Benutzerhinweise auf S. IV) enthält unter „Vordrucke Grenzgänger“ ein entsprechendes **Muster**.

(2) Elektronische Lohnsteuerbescheinigung

Der Arbeitgeber i.S.d. § 38 Abs. 1 EStG ist grds. verpflichtet, bei 2401
Beendigung des Dienstverhältnisses oder am Ende des Kalenderjahres der Finanzverwaltung bis zum letzten Tag des Monats Februar des folgenden Jahres eine elektronische Lohnsteuerbescheinigung zu übermitteln (→ *Lohnsteuerbescheinigung* Rz. 2952). Dies gilt auch in den Fällen eines französischen Grenzgängers, dessen Arbeitslohn auf Grund einer Bescheinigung des Betriebsstättenfinanzamts nach § 39 Abs. 3 Satz 1 i.V.m. Abs. 4 Nr. 5 EStG vom deutschen Lohnsteuerabzug befreit ist; in diesen Fällen hat er unter Nr. 2 in dem dafür vorgesehenen Teilfeld der elektronischen Lohnsteuerbescheinigung den Großbuchstaben „FR“ zu bescheinigen und um das Land zu ergänzen, in dem der Grenzgänger im Bescheinigungszeitraum zuletzt tätig war (Art. 2 Abs. 6 Vertragsgesetz). Zu ergänzen ist der Großbuchstabe „FR“ (ohne Leerzeichen)

- für Baden-Württemberg um die Ziffer 1 („FR1“),
- für Rheinland-Pfalz um die Ziffer 2 („FR2“) und
- für das Saarland um die Ziffer 3 („FR3“).

Der innerhalb des Grenzgebiets nach Art. 13 Abs. 5 Buchst. c DBA-Frankreich belegene Tätigkeitsort des französischen Grenzgängers ist dem jeweiligen Land entsprechend der in alphabetischer Reihenfolge sortierten Übersicht der Städte und Gemeinden zuzuordnen.

Die **Online-Datenbank** (s. Benutzerhinweise auf S. IV) enthält unter „Vordrucke Grenzgänger“ die entsprechende **Übersicht**.

(3) Verpflichtung zur Änderung des Lohnsteuerabzugs

2402 Der Arbeitgeber darf vom Lohnsteuerabzug für einen französischen Grenzgänger nur absehen, solange die Voraussetzungen der Grenzgängereigenschaft für den Arbeitgeber erkennbar erfüllt sind und eine Freistellungsbescheinigung vorliegt. Entfällt im Laufe eines Kalenderjahres für den Arbeitnehmer die Grenzgängereigenschaft wegen Überschreitens der 45-Tage-Grenze, ist der Arbeitgeber verpflichtet, bei der jeweils nächstfolgenden Lohnzahlung die für die vorangegangenen Lohnzahlungszeiträume dieses Kalenderjahres noch nicht erhobene Lohnsteuer nachträglich einzubehalten (Art. 2 Abs. 7 Satz 2 Vertragsgesetz i.V.m. § 41c Abs. 1 Satz 1 Nr. 2 EStG).

Beispiel:

Ein Arbeitnehmer mit einer Freistellungsbescheinigung des Betriebsstättenfinanzamts hat seinen Wohnsitz in Straßburg (französisches Grenzgebiet). Sein gewöhnlicher Arbeitsort befindet sich in Kehl (deutsches Grenzgebiet). Auf Grund unerwartet umfangreicher Tätigkeit des Arbeitnehmers außerhalb der Grenzzone, wird der Arbeitnehmer erstmals im Mai an insgesamt mehr als 45 Arbeitstagen außerhalb der Grenzzone für seinen Arbeitgeber tätig.

Die Grenzgängereigenschaft für den Arbeitnehmer geht wegen Überschreitens der 45-Tage-Grenze verloren und der Arbeitslohn unterliegt im Tätigkeitsstaat Deutschland der Besteuerung. Der Arbeitgeber hat den Arbeitslohn für den Lohnzahlungszeitraum Mai dem Lohnsteuerabzug zu unterwerfen und zusätzlich den Lohnsteuerabzug für die Lohnzahlungen der Monate Januar bis April nachzuholen (Art. 2 Abs. 7 Vertragsgesetz i.V.m. § 41c Abs. 1 Satz 1 Nr. 2 EStG). Hierzu hat der Arbeitgeber die Lohnsteuerabzugsmerkmale im ELStAM-Verfahren abzurufen oder – wenn für den Arbeitnehmer ein Freibetrag i.S.d. § 39a EStG zu berücksichtigen ist – stellt das Betriebsstättenfinanzamt wie bisher auf Antrag eine Papierbescheinigung für den Lohnsteuerabzug aus (BMF-Schreiben v. 13.12.2024, IV C 5 – S 2363/19/10007 :004, BStBl I 2025, 64 Rz. 134). Ruft der Arbeitgeber die ELStAM nicht ab und liegt ihm auch keine Papierbescheinigung vor, hat er die Lohnsteuer nach der Steuerklasse VI einzubehalten (§ 39c Abs. 2 Satz 1 EStG).

Sofern der geschuldete (Netto-)Arbeitslohn zur Deckung der insgesamt einzubehaltenden Lohnsteuer nicht ausreicht, hat der Arbeitnehmer dem Arbeitgeber den Fehlbetrag zur Verfügung zu stellen (§ 38 Abs. 4 Satz 1 EStG). Der Arbeitgeber darf die einzubehaltende Lohnsteuer nicht auf mehrere Lohnzahlungen verteilen (R 41c.1 Abs. 4 Satz 2 LStR). Kommt der Arbeitnehmer seiner Verpflichtung nicht nach und kann der Arbeitgeber den Fehlbetrag nicht durch Zurückbehaltung von anderen Bezügen des Arbeitnehmers aufbringen, hat der Arbeitgeber dies dem Betriebsstättenfinanzamt unverzüglich anzuzeigen (§ 38 Abs. 4 Satz 2 i.V.m. § 41c Abs. 4 Satz 1 EStG).

4. Grenzgängerregelung mit Österreich

a) Rechtsgrundlagen

2403 Die Regelungen für Grenzgänger ergeben sich aus Art. 13 Abs. 6 DBA-Österreich unter Berücksichtigung der Konsultationsvereinbarung zu Zweifelsfragen hinsichtlich der Auslegung der Grenzgängerregelung v. 4./9.4.2019 sowie aus BMF v. 26.11.2021, IV B 3 – S 1301-AUT/19/10006 :003, BStBl I 2021, 2456 (Zusammenstellung geltender Konsultationsvereinbarungen nach Art. 25 Abs. 3 DBA Österreich).

Neuregelung: Mit dem Protokoll vom 21.8.2023 wurden verschiedene Änderungen des bestehenden DBA Deutschland-Österreich verabschiedet, die nach Art. X des Protokolls hinsichtlich der Grenzgängerregelungen zum 1.1.2024 wirksam werden. Mit BMF v. 20.12.2023, IV B 3 – S 1301-AUT/19/10006 :008, 2023/1212180, BStBl I 2024, 29 wurden die Änderungen, die insbesondere die bisherigen Grenzgängerregelungen in Art. 15 Abs. 6 des Abkommens betreffen, erläutert.

Eine Aktualisierung war demnach erforderlich, da die bisherigen Regelungen den jüngsten Entwicklungen der Arbeitswelt, die zu geänderten Arbeitsformen (vor allem Arbeiten im Home-Office) geführt haben, nicht ausreichend Rechnung tragen konnten. Diese wurden deshalb neu gefasst. Beschäftigte sollen in der Grenzzone mehr Flexibilität haben. Dies wird dadurch erreicht, dass das Arbeiten und Wohnen **in der Grenzzone**, nicht jedoch ein tägliches Pendeln über die Grenze erforderlich ist, um die Voraussetzungen der Grenzgängereigenschaft zu erfüllen.

Ferner wurde mit Art. 19 Abs. 1a des DBA eine Grenzgängerregelung für im öffentlichen Dienst Beschäftigte eingeführt. Auf Grund dieser Regelung dürfen Vergütungen von im öffentlichen Dienst des Kassenstaates beschäftigten Personen, die im anderen Staat ansässig sind und Staatsangehörige dieses Staates sind oder nicht ausschließlich dort ansässig geworden sind, um diese Dienste zu leisten, im Ansässigkeitsstaat besteuert werden, soweit sie den Dienst dort leisten. Diese Regelung zielt insbesondere auf Personen ab, die ihre Dienste für eine staatliche Einrichtung des Kassenstaates, die auf dem Staatsgebiet des Ansässigkeitsstaates belegen ist, leisten (z.B. Personal, das von Botschaften beschäftigt wird). Ihrem Wortlaut gemäß umfasst die Regelung aber auch solche Konstellationen, in denen eine Person Dienste für eine staatliche Einrichtung des Kassenstaates leistet, die auf dem Staatsgebiet des Kassenstaates belegen ist (z.B. eine Universität), die betreffende Person aber im anderen Staat ansässig ist und die Dienste auch dort (z.B. im Home-Office) leistet. In diesem Fall besteht ein geteiltes Besteuerungsrecht des Kassen- und des Ansässigkeitsstaates. Es hat daher eine Aufteilung der Vergütungen zu erfolgen.

Die Konsultationsvereinbarung ist für Anwendungs- und Auslegungsfragen des Art. 15 Abs. 6 und Art. 19 Abs. 1a des DBA in der zuletzt durch das Protokoll vom 21.8.2023 geänderten Fassung anwendbar.

Inhalt der Neuregelung:

aa) Allgemeines

Entsprechend der Neuregelung in Art. 15 Abs. 6 des DBA wird das ausschließliche Besteuerungsrecht an Gehältern, Löhnen und ähnlichen Vergütungen dem Ansässigkeitsstaat zugewiesen, wenn der Beschäftigte seinen Hauptwohnsitz im Ansässigkeitsstaat in der Nähe der Grenze hat und seine unselbständige Tätigkeit üblicherweise in der Nähe der Grenze ausübt. Dabei ist unbeachtlich, ob der Beschäftigte in der Grenzzone des Ansässigkeitsstaates (z.B. im Home-Office) oder in jener des anderen Vertragsstaates (z.B. in den Räumlichkeiten des Arbeitgebers) tätig wird. 2404

In Art. 19 Abs. 1a DBA wurde eine Grenzgängerregelung für im öffentlichen Dienst Beschäftigte eingeführt (→ Rz. 2403).

bb) Auslegungsfragen

(1) Nähe der Grenze

Wie bisher umfasst der Ausdruck „in der Nähe der Grenze" die Gemeinden, deren Gebiet ganz oder teilweise in einer Zone von je 30 km beiderseits der Grenze liegt (Grenzzone). In den Anlagen 1 und 2 zum o.g. BMF-Schreiben v. 20.12.2023, BStBl I 2024, 29 sind die entsprechenden Gemeinden benannt. Sind sowohl Hauptwohnsitz als auch Arbeitsort in einer der genannten Gemeinden belegen, sind die Voraussetzungen der Grenzgängerregelung dem Grunde nach erfüllt. 2405

(2) Hauptwohnsitz

Die Grenzgängereigenschaft steht nur Personen zu, die in ihrem Ansässigkeitsstaat ihren Hauptwohnsitz in der Nähe der Grenze haben. Dabei entspricht dem Hauptwohnsitz dem Lebensmittelpunkt, dieser muss sich in der Nähe der Grenze befinden. 2406

Die Begründung eines bloßen Zweitwohnsitzes in der Nähe der Grenze im Ansässigkeitsstaat reicht für die Inanspruchnahme der Grenzgängerregelung des Abkommens nicht aus. Andererseits führt allein der Umstand, dass ein Zweitwohnsitz außerhalb der Grenzzone im Ansässigkeits-, Tätigkeits- oder in einem Drittstaat besteht, nicht zur Aberkennung der Grenzgängereigenschaft.

(3) Tätigkeitsausübung üblicherweise in der Grenzzone (Neuregelung)

Die Tätigkeit **muss üblicherweise in der Grenzzone ausgeübt werden**. Dabei ist es unerheblich, auf welcher Seite der Grenze die Tätigkeit ausgeübt wird, ob in der Grenzzone des Ansässigkeitsstaates (z.B. im Home-Office) oder jener des anderen Staates (z.B. in den Räumlichkeiten des Arbeitgebers). **Eine Mindestanzahl an Grenzübertritten ist nicht (mehr) erforderlich.** 2407

Die Tätigkeit wird üblicherweise in der Grenzzone ausgeübt, wenn der Arbeitnehmende während eines Kalenderjahres **höchstens an 45 Arbeitstagen ganz oder teilweise außerhalb der Grenzzone tätig wird**.

Bei den Arbeitstagen i.d.S. handelt es sich um die tatsächlichen Arbeitstage. Die tatsächlichen Arbeitstage sind alle Tage, an denen der Arbeitnehmende die **Tätigkeit tatsächlich ausübt und für die Arbeitslohn bezogen wird**. Der zeitliche Umfang und die

Art der Tätigkeitsübung ist für die Frage, ob ein Arbeitstag vorliegt, unbeachtlich.

In Abgrenzung hierzu gelten daher Tage, an denen ganztägig nicht gearbeitet wird, nicht als Arbeitstage. Dies gilt insbesondere im Fall von Krankheits- und Urlaubstagen, Tagen der Elternkarenz bzw. der Elternzeit, Tagen der Pflegefreistellung bzw. Pflegekarenz, Tagen der Inanspruchnahme von Zeitausgleich (sog. Gleittage) bzw. Tagen der Umwandlung von Geldansprüchen in ganztägigen Zeitausgleich (sog. Freizeitoption) und Tagen der Freistellung im Rahmen von Teilzeitmodellen (z.B. Blockmodell im Rahmen der Altersteilzeit). Dagegen können auch Wochenend- oder Feiertage grundsätzlich als tatsächliche Arbeitstage zu zählen sein, wenn der Arbeitnehmende an diesen Tagen die Tätigkeit tatsächlich ausübt und diese durch den Arbeitgeber vergütet wird.

Die Tätigkeit darf während eines Kalenderjahres **höchstens an 45 Arbeitstagen außerhalb der Grenzzone ausgeübt werden**.

- Arbeitstage, an denen die Tätigkeit ausschließlich in der Grenzzone ausgeübt wird, sind nicht schädlich und zählen bei der Ermittlung der 45 Tage Grenze nicht mit.
- Wird die Tätigkeit dagegen nur teilweise außerhalb der Grenzzone ausgeübt, ist dies schädlich, die Tage sind in die Ermittlung der 45-Tagegrenze einzubeziehen.

Beispiel 1: Teilweise Tätigkeit außerhalb der Grenzzone

Ein Arbeitnehmer arbeitet an einem Arbeitstag für sechs Stunden im Home-Office und für zwei Stunden in den Räumlichkeiten des Arbeitgebers außerhalb der Grenzzone.

Da die Tätigkeit an diesem Arbeitstag teilweise außerhalb der Grenzzone und damit nicht ausschließlich in der Grenzzone ausgeübt wird, ist dieser Tag in die Berechnung der 45-Tage-Grenze einzubeziehen.

Arbeitstage der Hin- und Rückreise im Rahmen einer Geschäftsreise sind dann in die Berechnung der 45-Tage-Grenze einzubeziehen, wenn sich der Geschäftsort außerhalb der Grenzzone befindet.

(4) Begrenzung der 45-Tages-Grenze auf höchstens 20 % der tatsächlichen Arbeitstage

2408 **Zusätzlich zur 45-Tages-Grenze dürfen die Tage außerhalb der Grenzzone höchstens 20 % der tatsächlichen Arbeitstage im Rahmen des jeweiligen Arbeitsverhältnisses während eines Kalenderjahres betragen**.

Bei der Berechnung der Begrenzung sind daher neben der 45 Tagegrenze zwei Schritte zur Überprüfung der Grenzgängereigenschaft berücksichtigen,

1. Ermittlung der tatsächlichen Arbeitstage
2. Ermittlung und ggf. Anwendung der Höchstgrenze von 20 %.

Jedes Arbeitsverhältnis ist dabei isoliert zu betrachten. Maßgeblich für die Berechnung sind die tatsächlichen Arbeitstage im Rahmen des jeweiligen Arbeitsverhältnisses pro Kalenderjahr.

Beispiel 2: Ermittlung der tatsächlichen Arbeitstage bei mehreren Arbeitsverhältnissen

B ist in Österreich ansässig und hat ganzjährig seinen Hauptwohnsitz in Österreich in der Nähe der Grenze. Er ist im Zeitraum 1.1. - 11.5. im Rahmen eines Arbeitsverhältnisses mit gewöhnlichem Arbeitsort innerhalb der Grenzzone (mit 80 tatsächlichen Arbeitstagen) und im Zeitraum 10.9. - 31.12. im Rahmen eines anderen Arbeitsverhältnisses mit gewöhnlichem Arbeitsort innerhalb der Grenzzone (mit 70 tatsächlichen Arbeitstagen) beschäftigt.

Schritt 1: Bei der Ermittlung der tatsächlichen Arbeitstage sind die Arbeitsverhältnisse getrennt zu betrachten. Das bedeutet, dass für das erste Arbeitsverhältnis 80 tatsächliche Arbeitstage und für das zweite Arbeitsverhältnis 70 tatsächliche Arbeitstage heranzuziehen sind.

Schritt 2: Die Höchstgrenze von 20 % der tatsächlichen Arbeitstage ist zu berechnen. Liegt diese über 45 Tagen, können für Zwecke der Prüfung der Grenzgängereigenschaft nur 45 Tage als zulässige Höchstgrenze der außerhalb der Grenzzone verbrachten Arbeitstage.

Zu Bsp. 4: Berechnung der Höchstgrenze vgl. BMF v. 20.12.2023, BStBl I 2024, 29, Rz. 248.

Beispiel 3: Arbeitgeberwechsel

B ist in Deutschland ansässig und hat seinen Hauptwohnsitz ganzjährig im deutschen Teil der Grenzzone. Vom 1.1. - 11.5. übt er seine Tätigkeit in den Räumlichkeiten seines österreichischen Arbeitgebers (öAG 1) außerhalb der Grenzzone aus (50 tatsächliche Arbeitstage). Zum 12.5. wechselt er zu einem neuen österreichischen Arbeitgeber (öAG 2) und wird im restlichen Kalenderjahr von 130 tatsächlichen Arbeitstagen an 10 Tagen außerhalb, an den übrigen Tagen innerhalb der Grenzzone tätig.

Getrennte Betrachtung der beiden Arbeitsverhältnisse

öAG 1: 1.1. - 11.5.

Die Grenzgängerregelung findet auf diesen Zeitraum keine Anwendung, da die Tätigkeit nicht in der Grenzzone ausgeübt wird, das Besteuerungsrecht steht Österreich zu.

öAG 2: 12.5. - 31.12. (Prüfung, ob die Grenzgängerregelung anwendbar ist)

Ermittlung der maßgeblichen tatsächlichen Arbeitstage (öAG 2) = 130 Tage.

Berechnung der Höchstgrenze (öAG 2) = 130 Tage * 20 % = 26 Tage

Arbeitstage außerhalb der Grenzzone (öAG 2) = 10 Tage

(Arbeitstage außerhalb der Grenzzone während des Arbeitsverhältnisses öAG 1 sind unbeachtlich)

Ergebnis (öAG 2)

B fällt für den Zeitraum 12.5. - 31.12. unter die Grenzgängerregelung, da er in diesem Zeitraum an nur 10 Tagen außerhalb der Grenzzone tätig ist. Die → Vereinfachungsregelung) kommt u.a. auf Grund des Arbeitgeberwechsels nicht in Betracht. Für den Zeitraum 12.5. bis 31.12. steht das Besteuerungsrecht Deutschland zu.

• Teilzeitbeschäftigung

Bei Teilzeitbeschäftigten, die **nur tageweise** beschäftigt sind, ist 2409
die Höchstgrenze anhand der 20 %-Regelung zu berechnen. Bei Teilzeitbeschäftigten, die **lediglich die tägliche Arbeitszeit reduzieren** (nicht jedoch die Anzahl der Wochenarbeitstage), ist von der 45-Tage-Grenze bzw. 20 %-Regelung auszugehen (→ Vereinfachungsregelung).

Beispiel 4: Höchstgrenze bei Teilzeitbeschäftigung

B ist in Deutschland ansässig und hat seinen Hauptwohnsitz ganzjährig im deutschen Teil der Grenzzone. Er ist teilzeitbeschäftigt und arbeitet im ganzen Kalenderjahr lediglich zwei Tage pro Woche in Österreich innerhalb der Grenzzone. Im Zuge seiner Tätigkeit ist B an 17 Tagen aus geschäftlichen Gründen in einem Drittstaat tätig.

Ermittlung der tatsächlichen Arbeitstage

a) Diese betragen 90 Tage.

b) Diese betragen 80 Tage.

Berechnung der Höchstgrenze

a) 90 Tage * 20 % = 18 Tage

b) 80 Tage * 20 % = 16 Tage

Ergebnis:

B ist im Fall

a) Grenzgänger

b) kein Grenzgänger.

• Unterjähriger Zuzug/Wegzug

Bei Zuzug in die Grenzzone bzw. Wegzug aus der Grenzzone 2410
während des Kalenderjahres wird für die Ermittlung der Höchstgrenze **nur der jeweilige Zeitraum des Innehabens des Hauptwohnsitzes in der Grenzzone betrachtet**. Für diesen Zeitraum sind die tatsächlichen Arbeitstage, die Tage des Tätigwerdens außerhalb der Grenzzone und die Höchstgrenze (20 % der tatsächlichen Arbeitstage bei Hauptwohnsitz in der Grenzzone, max. 45 Tage) zu ermitteln. Die Tage vor dem Zuzug in die Grenzzone oder nach dem Wegzug aus der Grenzzone **sind unbeachtlich** und werden weder bei der Ermittlung der tatsächlichen Arbeitstage noch bei den Tagen des Tätigwerdens außerhalb der Grenzzone berücksichtigt.

Beispiel 5: Zuzug in die Grenzzone

B ist in Österreich ansässig und hat ganzjährig seinen Hauptwohnsitz in Österreich. Er begründet allerdings erst zum 12.5. seinen Hauptwohnsitz in der Nähe der Grenze im österreichischen Teil der Grenzzone. Er ist ganzjährig bei einem deutschen Arbeitgeber in der Nähe der Grenze beschäftigt.

Getrennte Betrachtung der beiden Zeiträume (vor und nach dem Zuzug in die Grenzzone)

Die tatsächlichen Arbeitstage betragen im ersten Zeitraum (1.1. - 11.5.) 50 und im zweiten Zeitraum (12.5. - 31.12.) 130 Tage.

Zeitraum 1.1. - 11.5.

Die Grenzgängerregelung ist mangels Hauptwohnsitzes in der Nähe der Grenze nicht anwendbar.

Zeitraum 12.5. - 31.12.

Prüfung, ob die Grenzgängerregelung anwendbar ist.

Ermittlung der maßgeblichen tatsächlichen Arbeitstage (zweiter Zeitraum)

Diese betragen 130 Tage.

Berechnung der Höchstgrenze (zweiter Zeitraum)

130 Tage * 20 % = 26 Tage

Ergebnis (zweiter Zeitraum)

B fällt für den Zeitraum 12.5. bis 31.12. unter die Grenzgängerregelung, wenn er an maximal 26 Tagen im Zeitraum 12.5. bis 31.12. außerhalb der Grenzzone tätig ist.

• Ansässigkeitswechsel innerhalb der Grenzzone

2411 Für Zwecke der Anwendung der Grenzgängerregelung führt auch ein Ansässigkeitswechsel innerhalb der Grenzzone von einem in den anderen Vertragsstaat zu isoliert zu betrachtenden Zeiträumen.

Beispiel 6: Ansässigkeitswechsel innerhalb der Grenzzone

B ist ganzjährig bei einem deutschen Arbeitgeber in der Grenzzone beschäftigt und hat sowohl den Hauptwohnsitz als auch die Ansässigkeit im Zeitraum 1.1. bis 11.5. im deutschen Teil der Grenzzone. In diesem Zeitraum wird er an 50 tatsächlichen Arbeitstagen tätig, wobei er 30 davon außerhalb der Grenzzone in Deutschland auf Geschäftsreise verbringt; an den übrigen 20 Arbeitstagen wird er in den Geschäftsräumen seines Arbeitgebers tätig. Zum 12.5. gibt er den Wohnsitz in Deutschland auf, begründet seinen Hauptwohnsitz im österreichischen Teil der Grenzzone und wird in Österreich ansässig. In diesem Zeitraum wird er an 130 tatsächlichen Arbeitstagen tätig, wovon er 20 Tage mobil außerhalb der Grenzzone arbeitet.

Getrennte Betrachtung der Zeiträume vor und nach Ansässigkeitswechsel

Zeitraum 1.1. – 11.5.

Die Grenzgängerregelung findet auf diesen Zeitraum keine Anwendung, da der Hauptwohnsitz und die Ansässigkeit im deutschen Teil der Grenzzone sind und die Tätigkeit ausschließlich in Deutschland ausgeübt wird. Das Besteuerungsrecht steht Deutschland zu.

Zeitraum 12.5. – 31.12.

Prüfung, ob die Grenzgängerregelung anwendbar ist.

Ermittlung der maßgeblichen tatsächlichen Arbeitstage:

Diese betragen 130 Tage (tatsächliche Arbeitstage während des Zeitraumes vom 1.1. – 11.5. sind unbeachtlich).

Berechnung der Höchstgrenze:

130 Tage * 20 % = 26 Tage

Arbeitstage außerhalb der Grenzzone:

20 Tage; die 30 Tage vor dem Ansässigkeitswechsel sind unbeachtlich.

Ergebnis:

B fällt für den Zeitraum 12.05. – 31.12. unter die Grenzgängerregelung, da er in diesem Zeitraum an weniger als 26 Tagen außerhalb der Grenzzone tätig ist. Österreich steht das Besteuerungsrecht zu.

• Sonderfälle – Schichtdienst/Bereitschaftsdienst

2412 Bei Schichtdienst, der an einem Kalendertag beginnt und am nächsten Kalendertag endet (z.B. 20 Uhr bis 6 Uhr) ist nur ein Tag bei der Ermittlung der maßgeblichen tatsächlichen Arbeitstage und bei der Ermittlung der Höchstgrenze einzubeziehen. Entsprechendes gilt bei vergüteten Bereitschaftsdiensten.

Beispiel 7: Besonderheiten bei Schichtdienst:

B ist in Deutschland ansässig und hat seinen Hauptwohnsitz ganzjährig im deutschen Teil der Grenzzone. Er ist ganzjährig für einen Arbeitgeber tätig und leistet im Kalenderjahr 200 Schichtdienste, davon 75 Nachtdienste, die jeweils um 22 Uhr beginnen und am nächsten Tag um 6 Uhr enden. 178 Schichtdienste werden in der Grenzzone und 22 Schichtdienste außerhalb der Grenzzone geleistet.

Ermittlung der maßgeblichen tatsächlichen Arbeitstage:

Diese betragen 200 Tage. Die Nachtdienste werden dabei jeweils als ein tatsächlicher Arbeitstag berücksichtigt.

Berechnung der Höchstgrenze:

45 Tage; B kann von der → Vereinfachungsregelung Gebrauch machen, sodass eine gesonderte Prüfung der 20 %-Grenze unterbleiben kann.

Ergebnis:

B fällt für das gesamte Jahr unter die Grenzgängerregelung.

• Vereinfachungsregelung

2413 Ist ein Arbeitnehmer ganzjährig an mindestens fünf Tagen pro Woche beim selben Arbeitgeber beschäftigt, **kann aus Vereinfachungsgründen**

- nur auf die Grenze von 45 Arbeitstagen abgestellt werden,
- keine zusätzliche Prüfung der 20 %-Grenze.

Die Vereinfachungsregelung gilt insbesondere nicht, wenn

- das Arbeitsverhältnis nicht ganzjährig besteht,
- nicht ganzjährig ein Vergütungsanspruch gegenüber dem Arbeitgeber besteht (z.B. bei Elternkarenz bzw. Elternzeit, längeren Krankheiten, unbezahltem Urlaub),
- der Arbeitnehmer teilzeitbeschäftigt mit weniger als fünf Wochenarbeitstagen ist,
- der Arbeitnehmer während des Kalenderjahres in die Grenzzone gezogen bzw. aus der Grenzzone weggezogen ist, oder
- der Arbeitnehmer während des Kalenderjahres innerhalb der Grenzzone von einem Vertragsstaat in den anderen Vertragsstaat gezogen ist.

cc) Grenzgängerregelung für im öffentlichen Dienst Beschäftigte: Art. 19 Abs. 1a DBA

Die vorgenannten Ausführungen gelten grundsätzlich auch für Grenzgänger im öffentlichen Dienst. Dabei gelten als Grenzgänger im öffentlichen Dienst Beschäftigte, 2414

- die üblicherweise in der Nähe der Grenze Dienste leisten,
- in einer im Kassenstaat in der Nähe der Grenze gelegene Dienststelle eingegliedert sind, in der ein Arbeitsplatz zur Arbeitsausübung zur Verfügung steht,
- im anderen Staat in der Nähe der Grenze ihren Hauptwohnsitz haben.

Die Anwendung der Grenzgängerregelung im öffentlichen Dienst setzt voraus, dass der Arbeitende in eine in der Grenzzone des Kassenstaates gelegene Dienststelle eingegliedert ist. Als Dienststelle ist eine organisatorische Einheit zu verstehen, die eine gewisse Selbständigkeit aufweist und der die Person organisatorisch angehört bzw. der die im öffentlichen Dienst beschäftigte Person zur dauernden Dienstverrichtung zugewiesen ist.

Darüber hinaus muss ein Arbeitsplatz zur Arbeitsausübung zur Verfügung stehen. Ein Arbeitsplatz kann beispielsweise ein eigenes Büro oder ein Schreibtisch in einem Großraumbüro sein.

Beispiel 8: Home-Office-Tätigkeit einer Grenzgängerin im öffentlichen Dienst

B ist in Deutschland ansässig und hat ihren Hauptwohnsitz in Deutschland in der Nähe der Grenze. Sie ist im öffentlichen Dienst der Republik Österreich in eine Dienststelle in der Grenzzone organisatorisch eingegliedert. Ihr steht dort auch ein Arbeitsplatz zur Verfügung. An drei Arbeitstagen pro Woche verrichtet sie ihren Dienst an diesem Arbeitsplatz an der Dienststelle, an den übrigen zwei Arbeitstagen pro Woche wird sie im Home-Office an ihrem Hauptwohnsitz in der Nähe der Grenze tätig. B wird an keinem Tag außerhalb der Grenzzone tätig.

Ergebnis: B unterliegt nur in Österreich (Kassenstaat) der Besteuerung, auch wenn sie im Home-Office in Deutschland tätig wird.

Variante:

Werden die Dienste an mehr als 45 Tagen außerhalb der Grenzzone in einem der beiden Vertragsstaaten oder in Drittstaaten geleistet (beispielsweise auf Grund von Dienstreisen), hätte dies zur Folge, dass nicht mehr Art. 19 Abs. 1a, sondern Abs. 1 Satz 2 (Staatsbürgerschaftsvorbehalt) des Abkommens anwendbar wäre und es folglich zu einer Aufteilung des Besteuerungsrechtes käme.

dd) Dokumentation

Folgende Aufzeichnungen sind vom Arbeitgeber und Arbeitnehmer zu führen und auf Verlangen vorzulegen: 2415

- Anzahl der tatsächlichen Arbeitstage;
- Anzahl der Arbeitstage außerhalb der Grenzzone in einem der beiden Vertragsstaaten oder in Drittstaaten.

Rechtsfolgen bei Wegfall der Grenzgängereigenschaft

Entfällt die Grenzgängereigenschaft, z.B. weil die 45-Tages-Grenze überschritten wird, entfällt die Anwendung von Art. 15 Abs. 6 und Art. 15 Abs. 1 bis 3 DBA finden wieder Anwendung. Eine entsprechende Aufteilung der Besteuerung ist vorzunehmen. In der Folge ist regelmäßig zumindest ein Teil der Vergütung im Ansässigkeitsstaat nach dem Abkommen steuerfrei zu stellen. Das zuständige Finanzamt im Ansässigkeitsstaat wird im Rahmen einer Veranlagung das Entgelt i. d. R. nur dann steuerfrei stellen, wenn die Person

- eine Besteuerung im anderen Staat (Tätigkeitsstaat) nachweist, und
- die Anzahl der Arbeitstage außerhalb der Grenzzone belegt.

Liegen die Voraussetzungen für die Grenzgängerregelung des Art. 19 Abs. 1a des Abkommens nicht vor, sind die Vergütungen für Zwecke der Besteuerung gemäß Art. 19 Abs. 1 Satz 2 des Abkommens anhand der Tätigkeitstage zwischen dem Kassenstaat und dem Ansässigkeitsstaat aufzuteilen.

b) Grundsätzliche Auslegungsfragen zur Grenzgängerregelung

2416 Die für die Grenzgängerregelung des Art. 15 Abs. 6 DBA-Österreich **maßgebliche Grenzzone** umfasst einen Grenzstreifen entlang der **Grenze von 30 km**, wobei für die Berechnung der Entfernung **die Luftlinie** und nicht die Zahl der Straßenkilometer **maßgeblich** ist.

Die Eigenschaft als Grenzgänger erfordert grds. eine **tägliche Rückkehr zum Wohnort** im Ansässigkeitsstaat in der Grenzzone.

Die Grenzgängereigenschaft steht nur Personen zu, die ihren **Wohnsitz in der maßgebenden Grenzzone** haben. Die Begründung eines bloßen Zweitwohnsitzes in der Grenzzone reicht nicht für die Inanspruchnahme der Grenzgängerregelung. Allerdings führt ein außerhalb dieser Zone im Ansässigkeitsstaat oder ein in einem Drittstaat gelegener Zweitwohnsitz nicht zur Aberkennung der Grenzgängereigenschaft, wenn ein Grenzgänger seinen Hauptwohnsitz in der Grenzzone hat. Auch ein Zweitwohnsitz außerhalb der Grenzzone im Tätigkeitsstaat schließt die Anwendbarkeit der Grenzgängerregelung dann nicht aus, wenn nachweisbar ist, dass dieser Zweitwohnsitz nicht in einer Art und Weise genutzt werden kann, dass hierdurch Zweifel an der arbeitstäglichen Rückkehr in den Ansässigkeitsstaat auftreten.

c) Rechtsfolgen bei Wegfall der Grenzgängereigenschaft

2417 Entfällt die Grenzgängereigenschaft, z.B. weil die schädlichen Tage im maßgeblichen Zeitraum überschritten werden (→ Rz. 2418), entfällt die Grenzgängerregelung und Art. 15 Abs. 1 bis 3 DBA-Österreich finden wieder Anwendung. Das bedeutet:

- Soweit die Tätigkeit im **Ansässigkeitsstaat des Arbeitgebers** oder im Staat, in dem der Arbeitgeber eine Betriebsstätte hat, die die Vergütungen trägt, ausgeübt wird, hat **der Tätigkeitsstaat** nach Art. 15 Abs. 1 Satz 2 DBA-Österreich **das Besteuerungsrecht**.
- Soweit die Tätigkeit im **Ansässigkeitsstaat des Arbeitnehmers** ausgeübt wird, verbleibt **das Besteuerungsrecht** nach Art. 15 Abs. 1 Satz1 DBA-Österreich im **Ansässigkeitsstaat des Arbeitnehmers**.

d) Schädlichkeitsregelung

aa) Allgemeines

2418 Die Grenzgängereigenschaft i.S.v. Art. 15 Abs. 6 DBA-Österreich setzt voraus, dass die abgabepflichtige Person **„täglich von ihrem Arbeitsort an ihren Wohnsitz zurückkehrt“**. Kehrt ein Arbeitnehmer nicht täglich an seinen Wohnsitz zurück oder ist er ausnahmsweise an Arbeitsorten außerhalb der Grenzzone beschäftigt, so geht **die Grenzgängereigenschaft nicht verloren**,

- wenn der Arbeitnehmer während des **ganzen Kalenderjahres** in der Grenzzone **beschäftigt** ist und in dieser Zeit **höchstens an 45 Arbeitstagen nicht zum Wohnsitz zurückkehrt** oder außerhalb der Grenzzone für seinen Arbeitgeber tätig ist, oder
- falls der Arbeitnehmer **nicht während des ganzen Kalenderjahres** in der Grenzzone **beschäftigt** ist:

  wenn die **Tage der Nichtrückkehr** oder der **Tätigkeit außerhalb der Grenzzone 20 %** der tatsächlichen Werk- bzw. Arbeitstage i.R. des Arbeitsverhältnisses (der Arbeitsverhältnisse) während des Kalenderjahres nicht übersteigen, jedoch **in keinem Fall mehr als 45 Tage** betragen.

Ist der Arbeitnehmer in der Grenzzone des einen Staats ansässig und wird er **im Ansässigkeitsstaat** oder **im anderen Staat außerhalb der Grenzzone** oder in **sog. Drittstaaten** tätig, sind diese Tage **als Tage der Nichtrückkehr zu werten**, wenn sich der Arbeitnehmer dort an einem Arbeitstag **überwiegend** (d.h. mehr als die Hälfte der täglichen Arbeitszeit) **aufhält**. Solche Arbeitstage sind bei der Berechnung der Schädlichkeitsgrenze zu berücksichtigen. Dieser Grundsatz gilt für alle Berufsgruppen.

bb) Sonderfälle inkl. Heimarbeit (Home-Office)

Überschreiten die Tage der Nichtrückkehr bei einem ganzjährig bestehenden Arbeitsverhältnis das Ausmaß von 45 Tagen, entfällt somit für das gesamte Jahr die Grenzgängereigenschaft. Hierbei zählen Krankheits- oder Urlaubstage sowie **Elternkarenz bzw. Elternzeit nicht als Tage der Nichtrückkehr**. 2419

Sieht man von den Sonderfällen der Krankheit, des Urlaubs, der Elternkarenz bzw. Elternzeit und dergleichen ab, ist es **unerheblich, aus welchen Gründen der tägliche Grenzübertritt nicht stattfindet**. Auch Tage, an denen der Arbeitnehmer die Grenze deshalb nicht passiert, weil er i.R. eines Teleworking-Programms des Arbeitgebers die Möglichkeit hat, zu Hause seiner Arbeit nachzugehen (sog. Home-Office), sind Tage der Nichtrückkehr. S. auch → *Grenzpendler* Rz. 2449.

cc) Teilzeitbeschäftigung

Bei **Teilzeitbeschäftigten**, die nur **tageweise im anderen Staat beschäftigt** sind, ist die Grenze der schädlichen Arbeitstage entsprechend der 20 %-Regelung (→ Rz. 2418) bemessen auf die vereinbarten Arbeitstage zu ermitteln. 2420

Beispiel 1:

A, wohnhaft in Deutschland innerhalb der Grenzzone, ist teilzeitbeschäftigt und arbeitet im ganzen Kalenderjahr lediglich zwei Tage pro Woche in Österreich innerhalb der Grenzzone. Im Zuge seiner Tätigkeit ist B an 17 Tagen aus dienstlichen Gründen in einem Drittstaat tätig. Die tatsächlichen Arbeitstage im Kalenderjahr betragen 90 Tage.

Unschädlich sind bei 90 Arbeitstagen 18 Nichtrückkehrtage (90 Tage × 20 % = 18 Tage). **A ist Grenzgänger.**

Beispiel 2:

Sachverhalt wie Beispiel 1. Aber die tatsächlichen Arbeitstage im Kalenderjahr betragen 80 Tage.

Unschädlich sind bei 80 Arbeitstagen 16 Nichtrückkehrtage (80 Tage × 20 % = 16 Tage). **A ist kein Grenzgänger.**

Bei **Teilzeitbeschäftigten**, die lediglich die **tägliche Arbeitszeit reduzieren**, nicht jedoch die Anzahl der Wochenarbeitstage im Vergleich zu einem Vollzeitbeschäftigten verringern, erfolgt **keine Kürzung der 45-Tage-Grenze**.

dd) Mehrere Arbeitgeber

Hat der Arbeitnehmer seinen Wohnsitz in der Grenzzone des einen Staats und wird er im Laufe des Kalenderjahres im anderen Staat **bei mehreren Arbeitgebern** in der Grenzzone **tätig**, sind die anfallenden **schädlichen Tage zusammenzurechnen** und es ist eine **Jahresbetrachtung** vorzunehmen. Dabei werden mehrere Zeiträume innerhalb eines Kalenderjahres mit einer einheitlichen Berechnung ermittelt; es dürfen **höchstens 45 schädliche Arbeitstage** während des Kalenderjahres vorliegen. 2421

ee) Unterjähriger Zuzug/Wegzug

Bei **Zuzug in die Grenzzone** bzw. **Wegzug aus der Grenzzone** während des Kalenderjahres wird der **jeweilige Zeitraum der Ansässigkeit in der Grenzzone** des einen Staats bei gleichzeitiger Tätigkeit in der Grenzzone des anderen Staats betrachtet. In diesem Zeitraum sind daher ggf. **anfallende schädliche Tage anteilig** – 20 % der Arbeitstage im jeweiligen Zeitraum der Ansässigkeit in der Grenzzone des einen Staats bei gleichzeitiger Tätigkeit in der Grenzzone des anderen Staats, jedoch in keinem Fall mehr als 45 Tage – **zu ermitteln**. Die **Tage vor dem Zuzug** in die Grenzzone oder **nach dem Wegzug** aus der Grenzzone sind **unbeachtlich** und gelten dabei insgesamt als nichtschädliche Tage. 2422

Beispiel 1:

B ist vom 12.5. bis 11.11.2025 Grenzgänger mit 120 tatsächlichen Arbeitstagen.

Die Obergrenze für schädliche Arbeitstage, die für den Erhalt der Grenzgängereigenschaft nicht überschritten werden darf, beträgt 24 Arbeitstage (20 % von 120 tatsächlichen Arbeitstagen). Dieser Wert überschreitet auch nicht den absoluten Wert von höchstens 45 Arbeitstagen.

Beispiel 2:

Der Arbeitnehmer ist in Deutschland ansässig, hat seinen Hauptwohnsitz in der Grenzzone in Deutschland und verrichtet seine Tätigkeit in der Grenzzone in Österreich. Damit ist der Grenzgänger-Tatbestand in diesem Zeitraum erfüllt. Verlegt nun der Arbeitnehmer während des Kalenderjahres seine Ansässigkeit von der Grenzzone seines bisherigen Ansässigkeitsstaats Deutschland in die Grenzzone Österreichs, stimmen Ansässigkeitsstaat und Tätigkeitsstaat überein.

Die Grenzgängereigenschaft entfällt ab diesem Zeitpunkt. Die schädlichen Tage sind anteilig zu überprüfen. Die Tage nach Wegfall der Grenzgängereigenschaft stellen dabei **keine schädlichen Arbeitstage** dar.

Beispiel 3:

Der Arbeitnehmer mit Ansässigkeit in der deutschen Grenzzone arbeitet zunächst auch in der Grenzzone in Deutschland, also seinem Ansässigkeitsstaat. Dann nimmt er in der Grenzzone in Österreich ein Beschäftigungsverhältnis auf.

Ab diesem Zeitpunkt ist der Grenzgänger-Tatbestand erfüllt. Die Arbeitstage vor Erfüllen des Grenzgänger-Tatbestandes, also der Arbeitsausübung in Deutschland, gelten als **nicht schädliche Arbeitstage.**

ff) Schichtdienst

2423 Bei Schichtdienst, der an einem Kalendertag beginnt und am nächsten Kalendertag endet, (z.B. 20.00 Uhr bis 6.00 Uhr am Folgetag) entsteht hierdurch **kein weiterer schädlicher Kalendertag** i.S. der Schädlichkeitsregelung. Entsprechendes gilt auch bei **Bereitschaftsdiensten**, wenn die Bereitschaft am Arbeitsort abgeleistet wird.

e) Besonderheiten für bestimmte Berufsgruppen

aa) Berufskraftfahrer

2424 Verlässt ein als Berufskraftfahrer tätiger Grenzgänger **in Ausübung seiner Berufstätigkeit** im Zuge einer Tagestour (ein- oder mehrmals) die Grenzzone von 30 km, so ist eine **Tätigkeit außerhalb der Grenzzone nur anzunehmen**, wenn sich der Berufskraftfahrer **während der Tagestour überwiegend** (d.h. mehr als die Hälfte der täglichen Arbeitszeit) **außerhalb der Grenzzone des Tätigkeitsstaats** aufhält.

Arbeitstage mit **überwiegendem Aufenthalt außerhalb der Grenzzone** sind in die 45-Tage-Grenze, die für die Beibehaltung der Grenzgängereigenschaft maßgeblich ist, **einzubeziehen**. Arbeitstage mit **überwiegendem Aufenthalt innerhalb der Grenzzone** des Tätigkeitsstaats bleiben für die Berechnung der 45-Tage-Grenze **außer Ansatz**.

bb) Ärzte

2425 Das **Besteuerungsrecht** für Arbeitslohnzahlungen an **in der Grenzzone Deutschlands ansässige Ärzte**, die mit Kliniken in der Grenzzone Österreichs Arbeitsverträge haben und dort ihre Tätigkeit ausüben, steht auf Grund der Grenzgängerregelung im Art. 15 Abs. 6 DBA-Österreich **Deutschland** zu.

Neben den Lohnzahlungen werden **sog. Sonderklassegebühren** gezahlt. **Deutschland** sieht diese Sonderklassegebühren auf Grund der abgeschlossenen Verträge als **Arbeitslohnzahlungen** an. Die **österreichische Finanzverwaltung** geht davon aus, dass es sich bei den Sonderklassegebühren, soweit diese Entgelte nicht von einer Krankenanstalt im eigenen Namen vereinnahmt werden, um **Einkünfte aus selbständiger Arbeit** handelt.

Sofern eine **feste Einrichtung in Österreich fehlt**, steht sowohl nach Art. 15 Abs. 6 DBA-Österreich als auch nach Art. 14 DBA-Österreich Deutschland das Besteuerungsrecht für diese Zahlungen zu. Liegt hingegen eine **feste Geschäftseinrichtung** vor, besteuert Österreich die Sonderklassegebühren nach Art. 14 Abs. 1 DBA-Österreich als Einkünfte aus selbständiger Arbeit und Deutschland besteuert nach Art. 15 Abs. 6 DBA-Österreich.

Auf Grund der in Nr. 16 des Protokolls zum DBA-Österreich enthaltenen **Maßgeblichkeit des OECD-Musterkommentars** zur Auslegung des Abkommens ist bei einem **positiven Qualifikationskonflikt**, der aus der Anwendung des nationalen Rechts resultiert, der **Qualifikation des Quellenstaats zu folgen. Im Fall der Sonderklassegebühren** wird somit die Doppelbesteuerung in analoger Anwendung des Art. 28 Abs. 1 Buchst. a DBA-Österreich im Ansässigkeitsstaat, in diesem Fall **Deutschland, durch Anrechnung gelöst**.

Sind in **Österreich ansässige Ärzte** in **Kliniken in Deutschland beschäftigt** und gelangt die Grenzgängerregelung des Art. 15 Abs. 6 DBA-Österreich zur Anwendung, so verbleibt das **Besteuerungsrecht** an den Vergütungen in **Österreich**. Sonderklassegebühren wären nach österreichischer Auffassung grds. in Deutschland zu besteuern, sofern dort eine feste Einrichtung zur Ausübung der Tätigkeit besteht. Sollte **Deutschland** die Sonderklassegebühren als **Arbeitslohnzahlungen ansehen** und auf Grund der Grenzgängerregelung **nicht besteuern**, werden die Vergütungen also auf Grund der durch das maßgebliche innerstaatliche Recht Deutschlands gebotenen Anwendung des Abkommens **nicht im Tätigkeitsstaat besteuert** (negativer Qualifikationskonflikt), können diese Vergütungen gem. Art. 28 Abs. 1 Buchst. a DBA-Österreich im Ansässigkeitsstaat, in diesem Fall **Österreich, besteuert** werden.

f) Zahlungen an eine betriebliche Versorgungskasse

Beitragszahlungen eines österreichischen Arbeitgebers nach § 6 Abs. 1 Satz 1 des österreichischen „Betrieblichen Mitarbeiter- und Selbständigenvorsorgegesetzes" (BMSVG) an die **betriebliche Versorgungskasse** gehören nach deutschem Recht **zum steuerpflichtigen Arbeitslohn**. Der Zufluss des Arbeitslohns erfolgt **im Zeitpunkt der Beitragsabführung** des Arbeitgebers an die Versorgungskasse. Beiträge an eine österreichische betriebliche Vorsorgekasse sind nur dann nach § 3 Nr. 62 Satz 1 zweite Alternative EStG steuerfrei, wenn sie für eine dem deutschen Sozialversicherungssystem vergleichbare Zukunftssicherung geleistet werden. Zukunftssicherungsleistungen i.S.d. § 3 Nr. 62 EStG sind über die in § 2 Abs. 2 Nr. 3 Satz 1 LStDV aufgezählten Leistungen hinaus auch Leistungen zur Absicherung der Arbeitslosigkeit (BFH v. 13.2.2020, VI R 20/17, BStBl II 2021, 311). Im zweiten Rechtsgang ist entschieden worden, dass die o.g. Beiträge nicht nach § 3 Nr. 62 EStG steuerfrei sind, weil sie **wirtschaftlich den Arbeitgeberbeiträgen zur inländischen Sozialversicherung nicht vergleichbar** sind (FG München v. 15.1.2021, 13 K 2270/15, EFG 2021, 660). 2426

5. Grenzgängerregelung mit der Schweiz

a) Rechtsgrundlagen

Die Regelungen für Grenzgänger i.S.v. Art. 15a des DBA-Schweiz i.d.F. des Protokolls v. 21.12.1992 ergeben sich aus Art. 3 des Zustimmungsgesetzes v. 30.9.1994, BStBl I 1994, 927, unter Berücksichtigung des Verhandlungsprotokolls zum Änderungsprotokoll v. 18.12.1991, BStBl I 1991, 929 sowie aus BMF v. 19.9.1994, IV C 6 – S 1301 Schz – 60/94, BStBl I 1994, 683 betr. Neuregelung der ab 1994 geltenden Grenzgängerbesteuerung, ergänzt durch BMF v. 7.7.1997, IV C 6 – S 1301 Schz – 37/97, BStBl I 1997, 723, BMF v. 18.12.2014, IV B 2 – S 1301-CHE/07/10015-02, BStBl I 2015, 22 betr. Verständigungsvereinbarung zu Art. 15a DBA-Schweiz v. 28.11.2014 und BMF v. 25.10.2018, IV B 2 – S 1301-CHE/07/10015-09, BStBl I 2018, 1103, betr. Konsultationsvereinbarung zu Art. 15a Abs. 2 DBA-Schweiz v. 12.10.2018. S. auch → *Grenzpendler* Rz. 2449. 2427

b) Steuerabzug im Tätigkeitsstaat

Hiernach darf die Lohnsteuer (einschließlich Solidaritätszuschlag) für einen Grenzgänger, der in der Schweiz ansässig und für einen **deutschen Arbeitgeber** tätig ist, grds. nur bis zu **4,5 % des steuerpflichtigen Arbeitslohns** erhoben werden, wenn die Ansässigkeit des Arbeitnehmers durch eine **amtliche Bescheinigung** der zuständigen Schweizer Finanzbehörde nachgewiesen wird (BMF v. 19.9.1994, IV C 6 – S 1301 Schz – 60/94, BStBl I 1994, 683, Rdnr. 04, 24 und 25). Ein Muster des Vordrucks ist diesem Schreiben als Anlage 1 beigefügt. Eine **Freistellungsbescheinigung** des Betriebsstättenfinanzamts ist nicht erforderlich. Die **Ansässigkeitsbescheinigung** gilt grds. für ein Jahr, sie ist bei Arbeitgeberwechsel neu zu beantragen. Bei fehlender Ansässigkeitsbescheinigung ist die Steuer nach innerstaatlichen Vorschriften zu erheben. 2428

Beispiel 1:

Der Arbeitslohn eines schweizerischen Grenzgängers setzt sich für den Lohnzahlungszeitraum Januar 2025 wie folgt zusammen:

– Grundlohn	3 500 €
– Mehrarbeitsvergütung	500 €
– Steuerfreie Nachtarbeitszuschläge	300 €
– Vermögenswirksame Leistungen	40 €
– Urlaubsentschädigung	500 €
= Insgesamt	4 840 €

Die Lohnsteuer für den Monat Januar berechnet sich mit 4,5 % von 4 540 € = 204,30 €, denn steuerfreier Arbeitslohn bleibt außer Ansatz.

Die Regelung, dass für schweizerische Grenzgänger die Lohnsteuer höchstens 4,5 % des steuerpflichtigen Arbeitslohns betragen darf, **gilt auch für die Fälle der pauschalen Lohnsteuer**. Der nach dem EStG maßgebliche Pauschsteuersatz wird durch die zwischenstaatliche Vereinbarung ebenfalls erfasst und entsprechend ermäßigt. Dies gilt unabhängig davon, ob eine pauschale Lohnsteuer – wie bei Aushilfs- oder Teilzeitkräften für den gesamten Arbeitslohn oder wie bei Fahrtkostenzuschüssen neben dem übrigen Arbeitslohn – in Frage kommt.

Beträgt die „normale Lohnsteuer" weniger als 4,5 % des steuerpflichtigen Arbeitslohns im Lohnzahlungszeitraum, so ist nur die geringere Steuer zu erheben. Der Arbeitgeber hat daher eine **Vergleichsberechnung** durchzuführen. Dies gilt nicht, wenn der Arbeitgeber die Lohnsteuer nach der Steuerklasse VI vornehmen muss.

Beispiel 2:

Eine in Basel wohnhafte Teilzeitkraft ist in Lörrach beschäftigt. Der monatliche Bruttoarbeitslohn im April 2025 beträgt 1 500 € zuzüglich eines monatlichen Fahrkostenzuschusses für die Kraftfahrzeugaufwendungen von 100 €, für den die Voraussetzungen der Lohnsteuerpauschalierung nach § 40 Abs. 2 Satz 2 Nr. 1 EStG erfüllt sind. Dem Arbeitgeber liegt sowohl eine Ansässigkeitsbescheinigung als auch eine Papierbescheinigung für den Lohnsteuerabzug vor, aus der sich für die Arbeitnehmerin die Steuerklasse I sowie ein monatlicher Freibetrag i.H.v. 100 € ergibt.

Der Arbeitgeber hat folgende **Vergleichsberechnung** durchzuführen:

– **Ermäßigte Abzugsteuer:** 1 600 € (1 500 € + 100 €) × 4,5 % (Maßgebliche Berechnungsgrundlage ist der gesamte steuerpflichtige Arbeitslohn einschließlich pauschalbesteuerungsfähiger Bezüge ohne Kürzung um Freibeträge)		72,– €
– **Lohnsteuer nach allgemeinen Grundsätzen:** Lohnsteuer bei Steuerklasse I und krankenkassenindividuellen Zusatzbeitrag i.H.v. 2,5 % bei einem Arbeitslohn i.H.v. 1 400 € (1 500 € – 100 € Freibetrag)	0€	
Pauschale Lohnsteuer für den Fahrtkostenzuschuss (100 € × 15 %)	15,– €	15,00 €

Die Lohnsteuerberechnung nach allgemeinen Grundsätzen führt zu einer geringeren Steuer als die höchstens zulässige Abzugsteuer von 4,5 %. Der Arbeitgeber hat deshalb nur 15,00 € an Steuern für die schweizerische Teilzeitkraft einzubehalten.

c) Regelmäßige Rückkehr

2429 Gegenüber anderen Grenzgängerregelungen gibt es im Verhältnis zur Schweiz **keine Grenzzonen**. Bei der Voraussetzung der „regelmäßigen Rückkehr" bleibt eine Nichtrückkehr aus beruflichen Gründen von höchstens 60 Arbeitstagen unbeachtlich („60-Tage-Grenze").

Zur Frage, wann eine Nichtrückkehr vorliegt, ist folgende Konsultationsvereinbarung abgeschlossen worden, die ab 1.1.2019 anzuwenden ist (BMF v. 25.10.2018, IV B 2 – S 1301-CHE/07/10015-09, BStBl I 2018, 1103):

*„Eine **Nichtrückkehr auf Grund der Arbeitsausübung** liegt namentlich dann vor, wenn die Rückkehr an den Wohnsitz **aus beruflichen Gründen nicht möglich oder nicht zumutbar** ist. Bei **Benutzung eines Kraftfahrzeugs** ist eine Rückkehr der unselbständig erwerbstätigen Person nach Arbeitsende an ihren Wohnsitz insbesondere nicht zumutbar, wenn die kürzeste Straßenentfernung für **die einfache Wegstrecke über 100 Kilometer** beträgt. Bei **Benutzung öffentlicher Verkehrsmittel** ist eine Rückkehr nach Arbeitsende an den Wohnsitz insbesondere nicht zumutbar, wenn die schnellste Verbindung zu den allgemein üblichen Pendelzeiten für die einfache Wegstrecke **länger als 1,5 Stunden** beträgt. Von einem **Nichtrückkehrtag** ist bei vorliegender Unzumutbarkeit der Rückkehr **nur auszugehen**, wenn die unselbständig erwerbstätige Person **glaubhaft macht**, dass sie **tatsächlich nicht an ihren Wohnsitz zurückgekehrt** ist."*

Einzelheiten zur **60-Tage-Grenze** enthält BMF v. 19.9.1994, IV C 6 – S 1301 Schz – 60/94, BStBl I 1994, 683, Rdnr. 10 bis 17, ergänzt durch BMF v. 7.7.1997, IV C 6 – S 1301 Schz – 37/97, BStBl I 1997, 723 und BMF v. 18.12.2014, IV B 2 – S 1301-CHE/07/10015-02, BStBl I 2015, 22.

Zur **Ermittlung der Nichtrückkehrtage** i.R. der Grenzgängerregelung mit der Schweiz gilt Folgendes:

- Bei **geringfügigen Arbeitsverhältnissen** liegt noch regelmäßige Rückkehr vor, wenn sich der Arbeitnehmer auf Grund der Arbeitsverträge mindestens an einem Tag pro Woche oder an fünf Tagen pro Monat vom Wohnort an den Arbeitsort und zurück begibt (BMF v. 19.9.1994, IV C 6 – S 1301 Schz – 60/94, BStBl I 1994, 683, Rdnr. 10).

Beispiel 1:

Eine Arbeitnehmerin, die einmal pro Woche (auf Grund eines oder mehrerer Arbeitsverhältnisse) im anderen Vertragsstaat ihrer Arbeit nachgeht, ist Grenzgängerin.

Ein Arbeitnehmer, der im Monat nur an drei Tagen seiner Arbeit im anderen Staat nachgeht, ist kein Grenzgänger.

- Als Nichtrückkehrtage kommen **nur Arbeitstage**, die im persönlichen Arbeitsvertrag des Arbeitnehmers **vereinbart** sind, in Betracht. Samstage, Sonn- und Feiertage können daher nur in Ausnahmefällen zu den maßgeblichen Arbeitstagen zählen. Dies kommt z.B. in Betracht, wenn der Arbeitgeber die Arbeit an diesen Tagen ausdrücklich anordnet und hieran anknüpfend i.d.R. entweder einen Freizeitausgleich oder zusätzliche Bezahlung dafür gewährt. Trägt der Arbeitgeber die Reisekosten, so werden bei mehrtägigen Auswärtstätigkeiten alle Wochenend- und Feiertage als Nichtrückkehrtage angesehen (BMF v. 19.9.1994, IV C 6 – S 1301 Schz – 60/94, BStBl I 1994, 683, Rdnr. 11, ergänzt durch BMF v. 7.7.1997, IV C 6 – S 1301 Schz – 37/97, BStBl I 1997, 723).
- Ein Nichtrückkehrtag ist nicht schon deshalb anzunehmen, weil sich die **Arbeitszeit** des Einzelnen an seinem Arbeitsort entweder bedingt durch die Anfangszeiten oder durch die Dauer der Arbeitszeit **über mehr als einen Kalendertag** erstreckt. So sind Schichtarbeiter, Personal mit Nachtdiensten und Krankenhauspersonal mit Bereitschaftsdienst nicht schon auf Grund ihrer spezifischen Arbeitszeiten von der Grenzgängerregelung ausgeschlossen. Bei den im Verhandlungsprotokoll aufgelisteten Berufsgruppen handelt es sich jedoch um keine abschließende Aufzählung. Als Arbeitsausübung sind daher allgemein alle Zeiten anzusehen, für die auf Grund des Arbeitsverhältnisses eine Verpflichtung des Arbeitnehmers zur Anwesenheit am Arbeitsort besteht. Kurzfristige Arbeitszeitunterbrechungen von weniger als vier Stunden beenden den Arbeitstag nicht (BMF v. 19.9.1994, IV C 6 – S 1301 Schz – 60/94, BStBl I 1994, 683, Rdnr. 12, ergänzt durch BMF v. 7.7.1997, IV C 6 – S 1301 Schz – 37/97, BStBl I 1997, 723).
- Findet ein **Arbeitgeberwechsel** innerhalb eines Kalenderjahres im Tätigkeitsstaat statt, so ist **seit 2015** die Grenzgängereigenschaft **insgesamt für alle Arbeitsverhältnisse** des Arbeitnehmers in diesem Kalenderjahr im Tätigkeitsstaat einheitlich zu beurteilen (einheitliche arbeitnehmerbezogene Betrachtungsweise). Zur Überprüfung, ob die jeweils maßgebliche Grenze der Nichtrückkehrtage in dem zu beurteilenden Kalenderjahr überschritten wurde, sind die **Nichtrückkehrtage** aus den jeweiligen Arbeitsverhältnissen daher **zusammenzurechnen**. Davon unberührt bleibt eine Kürzung der 60-Tage-Grenze bei Zeiten der Nichtbeschäftigung oder der Beschäftigung im Ansässigkeitsstaat oder in einem Drittstaat (BMF v. 18.12.2014, IV B 2 – S 1301-CHE/07/10015-02, BStBl I 2015, 22). Dies gilt auch für Jahre vor 2015 (BFH v. 30.5.2018, I R 62/16).

Beispiel 2:

Ein Arbeitnehmer, wohnhaft in Deutschland, arbeitet in der Schweiz vom 1.1. bis 30.6.2025 für Arbeitgeber A, vom 1.7. bis 31.12.2025 für Arbeitgeber B.

Variante a:

Während der Tätigkeit für A hat er 25, während der Tätigkeit für B 20 Nichtrückkehrtage.

Wegen des Unterschreitens der 60-Tage-Grenze bei insgesamt 45 Nichtrückkehrtagen ist der Arbeitnehmer das gesamte Kalenderjahr über als Grenzgänger zu betrachten.

Variante b:

Während der Tätigkeit für A hat er 25, während der Tätigkeit für B 50 Nichtrückkehrtage.

Wegen der Überschreitung der 60-Tage-Grenze bei insgesamt 75 Nichtrückkehrtagen ist der Arbeitnehmer das gesamte Kalenderjahr über nicht als Grenzgänger zu betrachten.

Variante c:

Während der Tätigkeit für A hat er 25, während der Tätigkeit für B 35 Nichtrückkehrtage.

Weil die 60-Tage-Grenze insgesamt nicht überschritten wird, ist der Arbeitnehmer das gesamte Kalenderjahr über als Grenzgänger zu betrachten.

Variante d:

Gleicher Sachverhalt wie unter Variante b, jedoch liegt der Arbeitsort des Arbeitgebers B in Deutschland.

Bezogen auf den Zeitraum vom 1.1. bis 30.6.2025 erfolgt eine Kürzung der 60-Tage-Grenze um 6/12. Wegen Unterschreitens der 30-Tage-Grenze bei 25 Tagen ist der Angestellte als Grenzgänger anzusehen.

Bezogen auf den Zeitraum vom 1.7. bis 31.12.2025 stellt sich die Frage nach der Grenzgängereigenschaft nicht, da sich der Ansässigkeitsort und der Arbeitsort im selben Staat befinden.

- Ein Arbeitnehmer mit Wohnsitz in Deutschland und Arbeitsort in der Schweiz unterliegt nur dann **nicht als Grenzgänger der deutschen Besteuerung**, wenn er **mehr als 60 Mal im Jahr** nach getaner Arbeit aus beruflichen Gründen nicht an seinen Wohnort zurückkehrt. Dabei kommt es nicht darauf an, ob das Ende der Arbeitszeit oder der Zeitpunkt der Ankunft am Wohnort auf den Tag des Arbeitsantritts oder auf einen nachfolgenden Tag fällt (BFH v. 15.9.2004, I R 67/03, BStBl II 2010, 155).
- Das **Erfordernis einer Rufbereitschaft** ist ein beruflicher Grund für den Verbleib eines Arbeitnehmers in der Nähe seines Arbeitsorts (BFH v. 15.9.2004, I R 67/03, BStBl II 2010, 155).
- Ein in Deutschland wohnhafter Arbeitnehmer trägt die **Beweislast** dafür, dass er **mehr als 60 Mal** im Jahr nach dem Arbeitsende **aus beruflichen Gründen in der Schweiz geblieben** ist (BFH v. 15.9.2004, I R 67/03, BStBl II 2010, 155).
- Bei **mehrtägigem Dienst** ist nicht jeder einzelne Arbeitstag als Nichtrückkehrtag zu berücksichtigen bzw. zu zählen, sondern nur die mehrtägige Arbeitseinheit als ein Nichtrückkehrtag (BFH v. 27.8.2008, I R 10/07, BStBl II 2009, 94). Dies gilt auch bei Bereitschaftsdiensten (BFH v. 27.8.2009, I R 64/07, BStBl II 2009, 97; BFH v. 13.11.2013, I R 23/12, BStBl II 2014, 508).
- Begibt sich ein Arbeitnehmer an seinem Arbeitsort in der Schweiz nach getaner Arbeit wegen eines Nachtdienstes/Pikettdienstes zur Ruhe und schläft er dort bis zum Arbeitsbeginn am nächsten Tag, verwirklicht er einen Nichtrückkehrtag (FG Baden-Württemberg v. 18.9.2014, 3 K 1831/14).
- **Tage einer Auswärtstätigkeit mit Übernachtungen** im Ansässigkeitsstaat zählen zu den **Nichtrückkehrtagen** (BFH v. 11.11.2009, I R 15/09, BStBl II 2010, 602; BFH v. 17.11.2010, I R 76/09, HFR 2011, 528).
- **Eintägige Auswärtstätigkeiten in Drittstaaten** führen **nicht zu Nichtrückkehrtagen** (BFH v. 11.11.2009, I R 15/09, BStBl II 2010, 602; BFH v. 17.11.2010, I R 76/09, HFR 2011, 528).
- Der Tag, an dem der Arbeitnehmer von einer **mehrtägigen Auswärtstätigkeit in Drittstaaten** an seinen Wohnsitz zurückkehrt, zählt **nicht als Nichtrückkehrtag**. Ein Nichtrückkehrtag liegt dagegen vor, wenn der Arbeitnehmer an diesem Tag mit der Rückreise beginnt, aber erst am Folgetag an seinen Wohnsitz zurückkehrt (BFH v. 11.11.2009, I R 15/09, BStBl II 2010, 602; BFH v. 17.11.2010, I R 76/09, HFR 2011, 528).
- Ein Tag, an dem der Arbeitnehmer auf Grund einer nichtselbständigen Tätigkeit **für einen nicht in der Schweiz ansässigen Arbeitgeber** nicht an seinen Wohnsitz zurückkehrt, ist **kein Nichtrückkehrtag** (BFH v. 17.11.2010, I R 76/09, HFR 2011, 528).
- Tage, an denen der Arbeitnehmer auf Grund einer **anderweitigen selbständigen Tätigkeit** nicht an seinen Wohnsitz zurückkehrt, führen **nicht zu Nichtrückkehrtagen** (BFH v. 11.11.2009, I R 15/09, BStBl II 2010, 602).
- Entfällt eine **mehrtägige Auswärtstätigkeit** des Arbeitnehmers **auf Wochenenden oder Feiertage**, so liegen **keine Nichtrückkehrtage** vor, wenn die Arbeit an diesen Tagen nicht ausdrücklich vereinbart ist und der Arbeitgeber für die an diesen Tagen geleistete Arbeit weder einen anderweitigen Freizeitausgleich noch ein zusätzliches Entgelt gewährt, sondern lediglich die Reisekosten übernimmt. Dies gilt auch für leitende Angestellte, die ihre Tätigkeit zeitlich eigenverantwortlich wahrnehmen und während einer Auswärtstätigkeit freiwillig am Wochenende arbeiten (BFH v. 11.11.2009, I R 15/09, BStBl II 2010, 602).
- Die aus beruflichen Gründen **in Untersuchungshaft** verbrachten Nächte in einem Drittstaat sind **als Nichtrückkehrtage** zu werten (BFH v. 11.11.2009, I R 50/08).
- Der Grenzgängerstatus scheidet jedoch nicht aus, wenn die regelmäßige Rückkehr vom Arbeitsort zum Wohnort wegen der großen Entfernung und schweren Erreichbarkeit unzumutbar ist. Ob solch eine Rückkehr an den Wohnort auf Grund der großen Entfernung zwischen Wohn- und Arbeitsort zumutbar ist, betrifft die Frage, ob eine (schädliche) Nichtrückkehr auf Grund der Arbeitsausübung vorliegt. Wenn sich bei Krankenhauspersonal regulärer Dienst und Rufbereitschaft lückenlos jeweils abwechseln, liegt ein mehrtägiger ununterbrochener Arbeitseinsatz vor, der als Einheit zu behandeln ist. Hierbei ist zu beachten, dass der Grenzgängerbegriff des Art. 15a Abs. 2 DBA-Schweiz 1971/2010 keine Mindestanzahl an Grenzüberquerungen pro Woche oder Monat voraussetzt. Nach Auffassung des BFH verstößt die anders lautende Regelung in § 7 KonsVerCHEV „gegen den Grundsatz des Vorrangs des Gesetzes“ (BFH v. 1.6.2022, I R 32/19).
- Tage, an denen der Stpfl. von einer Geschäftsreise aus dem Drittland tatsächlich an seinen Wohnsitz zurückkehrt, gehören **nicht zu den Nichtrückkehrtagen** i.S.d. Art. 15a Abs. 2 Satz 2 DBA-Schweiz. Entsprechendes gilt für Geschäftsreisen an Wochenend- und Feiertagen, sofern die Arbeit an diesen Tagen nicht ausdrücklich im Arbeitsvertrag vereinbart ist und der Arbeitgeber für die an diesen Tagen geleistete Arbeit weder einen anderweitigen Freizeitausgleich noch ein zusätzliches Entgelt gewährt, sondern lediglich die Reisekosten übernimmt. Die anders lautenden Regelungen des § 8 Abs. 1 Satz 3 und Abs. 5 Satz 2 KonsVerCHEV vom 20.12.2010 verstoßen gegen den Grundsatz des Vorrangs des Gesetzes, vgl. Art. 20 Abs. 3 GG (BFH v. 30.9.2020, I R 37/17, HFR 2021, 552).
- Eine regelmäßige Rückkehr eines Grenzgängers an den Wohnsitz kann nach Art. 15a DBA Schweiz bereits angenommen werden, wenn der Arbeitnehmer **lediglich an ein bis zwei Tagen im Monat** an seinen Wohnsitz zurückkehrt, wenn er arbeitsvertraglich nur drei Arbeitstage je Monat schuldet. Diese Regelung setzt keine Mindestanzahl an Grenzüberquerungen pro Woche oder Monat voraus. Somit verstößt die anders lautende Regelung des § 7 KonsVerCHEV gegen den Vorrang des „Gesetzes“ (Art. 20 Abs. 3 GG); s. BFH v. 28.6.2022, I R 24/21, teilweise inhaltsgleich mit o.g. BFH v. 1.6.2022, I R 32/19).
- Nach Auffassung des FG Baden-Württemberg, Urteil v. 23.11.2022, 12 K 623/22, DStR 2023, 8, Revision eingelegt, Az. beim BFH: VI R 14/24, kann eine regelmäßige Rückkehr i.S.v. Art. 15a Abs. 2 DBA Schweiz auch vorliegen, wenn der Arbeitnehmer nur einmal die Woche ins Inland zurückkehrt. Nächte von Sonntag auf Montag Zählen nicht zu den Rückkehrtagen, da der Sonntag kein Arbeitstag ist; „Gleittage" zum Abbau von Überstunden führen nicht zu Nichtrückkehrtagen. Die Nichtrückkehr nach Arbeitsende ins Inland muss auf die Arbeitsausübung zurückzuführen sein. Irrelevant ist eine Nichtrückkehr aus persönlichen Gründen wie im Fall einer Erkrankung. Erwägungen, ob und inwieweit eine Rückkehr auf Grund der großen Entfernung zwischen Wohn- und Arbeitsort zumutbar ist, spielen erst dann eine Rolle, wenn es darum geht, ob eine (schädliche) Nichtrückkehr auf Grund der Arbeitsausübung i.S.v. Art. 15a Abs. 2 Satz 2 DBA Schweiz vorliegt. Hierbei kommt es auf die Art der Tätigkeit, den Arbeitsbeginn, das Arbeitsende, die Entfernung und die Zeitdauer für eine Fahrt zwischen inländischer Wohnung und Beschäftigungsort an. Eine Differenzierung nach dem benutzten Verkehrsmittel erscheint jedenfalls dann als willkürlich und als nicht geeignetes Differenzierungskriterium für die Zuweisung eines Besteuerungsrechts, wenn die Benutzung öffentlicher Verkehrsmittel auf Grund der Zeitdauer und der Anzahl der Umstiege keine Alternative ist. Die Revision bleibt abzuwarten.
- Zur Frage, inwieweit Teilzeitarbeitsverhältnisse zu einer Kürzung der 60-Tage-Betrachtung führen, hat das FG Baden-Württemberg mit Urteil v. 12.6.2024, 2 K 2189/21, EFG 2025, 779 (Revision eingelegt, Az. beim BFH: VI R 31/34) entschie-

den, dass bei einem Teilzeitbeschäftigten, der jedoch nur tageweise im anderen Staat beschäftigt ist, die Anzahl von 60 unschädlichen Tagen durch proportionale Kürzung im Verhältnis der Arbeitstage vorzunehmen ist. Ferner werden Ausführungen zur Auslegung des Begriffs der „Zumutbarkeit der Rückkehr" bei einem „internationalen Wochenaufenthalter" durch das FG gemacht. Maßgeblich sollen die Art der Tätigkeit, der Arbeitsbeginn, das Arbeitsende, die Entfernung und die Zeitdauer für eine Fahrt zwischen inländischer Wohnung und Arbeitsort sein.

- Zur konkreten Beurteilung der Grenzgängereigenschaft, auch unter Einbezug von Elternzeiten, vgl. FG München v.15.3.2024, 8 K 883/23, EFG 2024,1372, Revision eingelegt, Az. beim BFH: VI R 12/24.
- Mit Urteil v. 25.9.2024, 14 K 382/21, EFG 2025, 229 hat das FG Baden-Württemberg geurteilt, dass das einem Grenzgänger zur Schweiz anlässlich eines nicht auf dem Arbeitsweg erlittenen Nichtberufsunfalls von der Schweizerischen Unfallversicherung (Suva) gezahlte Unfalltaggeld eine mit dem Krankengeld der gesetzlichen Krankenkasse nach § 3 Nr. 1 Buchst. a EStG vergleichbare Leistung darstellt und damit dem Progressionsvorbehalt nach § 32b Abs. 1 Satz 1 Nr. 1 Buchst. k EStG unterliegt. Das Revisionsverfahren hierzu ist unter dem Az. VI R 26/24 anhängig.

Stellt der Arbeitgeber am Ende des Jahres oder des Arbeitsverhältnisses fest, dass die Grenzgängereigenschaft wegen der Nichtrückkehrtage entfällt, hat er dies der für die Abzugsteuer zuständigen Steuerbehörde **unaufgefordert auf amtlichem Vordruck zu bescheinigen**. Die Finanzverwaltung hat ein Muster dieses Vordrucks bekanntgegeben (BMF v. 19.9.1994, IV C 6 – S 1301 Schz – 60/94, BStBl I 1994, 683, Anlage 3). Wenn der Grenzgänger voraussichtlich die 60-Tage-Grenze überschreiten wird, darf der Tätigkeitsstaat vorläufig Lohnsteuer nach seinem Recht erheben. Der Ansässigkeitsstaat hat dem durch Aufschub der Besteuerung oder Herabsetzung der Vorauszahlung Rechnung zu tragen (BMF v. 19.9.1994, IV C 6 – S 1301 Schz – 60/94, BStBl I 1994, 683, Rdnr. 19).

d) Bemessungsgrundlage

2430 Die Bemessungsgrundlage für die Abzugsteuer bestimmt sich nach jeweiligem nationalen Steuerrecht. Die Qualifikation durch den Tätigkeitsstaat bindet den Ansässigkeitsstaat für Zwecke der Steueranrechnung.

e) Vermeidung der Doppelbesteuerung

2431 Ist Deutschland Ansässigkeitsstaat, so wird die Doppelbesteuerung **bei der Veranlagung** durch **Anrechnung** vermieden (→ *Anrechnung/Abzug ausländischer Steuern* Rz. 174), wenn die einbehaltene Abzugsteuer durch eine gesonderte Steuerbescheinigung oder einen Steuerausweis auf dem Lohnausweis nachgewiesen wird. Ist mehr als 4,5 % Quellensteuer einbehalten worden, so können nur 4,5 % angerechnet werden, weil die höhere Steuer „abkommenswidrig" ist. In diesem Fall muss der Arbeitnehmer die Erstattung der Differenz in der Schweiz beantragen (BMF v. 19.9.1994, IV C 6 – S 1301 Schz – 60/94, BStBl I 1994, 683, Rdnr. 22 und 33).

Bei in der Schweiz beschäftigten Grenzgängern sind die **Härteausgleichsregelungen** nach § 46 Abs. 3 und 5 EStG im Veranlagungsverfahren aus Gleichbehandlungsgründen analog anzuwenden, auch wenn die Grenzgänger mangels Vornahme eines Lohnsteuerabzugs nicht nach § 46 EStG, sondern nach der Grundnorm des § 25 Abs. 1 EStG zu veranlagen sind (BFH v. 27.11.2014, I R 69/13, BStBl II 2015, 793).

f) Korrektur des Lohnsteuerabzugs durch den Arbeitgeber

2432 Erkennt der Arbeitgeber, dass die Voraussetzungen der Grenzgängereigenschaft nicht mehr erfüllt sind, so muss er bei der jeweils folgenden Lohnzahlung die für vorausgegangene Lohnzahlungszeiträume des Kalenderjahres noch nicht erhobene Lohnsteuer nachträglich einbehalten. **Abweichend von** § 41c Abs. 3 EStG bleibt die Verpflichtung zur Lohnsteuer-Nacherhebung über den Zeitpunkt der Ausschreibung der Lohnsteuerbescheinigung bestehen. Umgekehrt darf der Arbeitgeber nur bis zur Ausstellung der Lohnsteuerbescheinigung zu viel einbehaltene Lohnsteuer korrigieren. Nach diesem Zeitpunkt kann der schweizerische Grenzgänger zu viel einbehaltene Lohnsteuer nur noch durch einen **Erstattungsanspruch nach § 37 AO** beim Betriebsstättenfinanzamt oder im **Veranlagungsverfahren**, sofern er ausnahmsweise als unbeschränkt Stpfl. auf Antrag veranlagt wird, geltend machen (vgl. BMF v. 19.9.1994, IV C 6 – S 1301 Schz – 60/94, BStBl I 1994, 683, Rdnr. 32, das die unbeschränkte Steuerpflicht auf Antrag ab 1996 noch nicht berücksichtigt).

g) Bescheinigungspflichten

Ein deutscher Arbeitgeber hat einem schweizerischen Grenzgänger bei Beendigung des Dienstverhältnisses, spätestens am Ende des Kalenderjahres, auf Antrag – auch für pauschal besteuerten Arbeitslohn! – **eine besondere Lohnsteuerbescheinigung auf amtlichem Vordruck** auszustellen; pauschal besteuerter Arbeitslohn kann in einer angefügten Erklärung bescheinigt werden. Zusätzlich sind steuerfreie Zuschläge für Sonntags-, Feiertags- oder Nachtarbeit zu bescheinigen (BMF v. 19.9.1994, IV C 6 – S 1301 Schz – 60/94, BStBl I 1994, 683, Rdnr. 34 und 35). 2433

Die Ausstellung falscher Bescheinigungen kann den Tatbestand des Abgabenbetrugs erfüllen. Die zuständigen Behörden können Auskünfte austauschen, die zur Feststellung der Grenzgängerbesteuerung notwendig sind (BMF v. 19.9.1994, IV C 6 – S 1301 Schz – 60/94, BStBl I 1994, 683, Rdnr. 36 und 37).

h) Sonderregelungen

Zu Sonderregelungen bei Drittstaateneinkünften, leitenden Angestellten, Schweizer Grenzgängern mit ständigem Wohnsitz/gewöhnlichem Aufenthalt in Deutschland, „Abwanderern" in die Schweiz, Künstlern, Musikern und Artisten, Bordpersonal, öffentlich Bediensteten, Ruhegehaltsempfängern und Tätigkeitsvergütungen an Gesellschafter von Personengesellschaften vgl. BMF v. 19.9.1994, IV C 6 – S 1301 Schz – 60/94, BStBl I 1994, 683, Rdnr. 38 ff. i.V.m. BMF v. 7.7.1997, IV C 6 – S 1301 Schz – 37/97, BStBl I 1997, 723, zu „Abwanderern"; s.a. BFH v. 19.11.2003, I R 64/02, HFR 2004, 509. Danach ist die Regelung in BMF v. 19.9.1994, IV C 6 – S 1301 Schz – 60/94, BStBl I 1994, 683, Rdnr. 41 nur als Billigkeitsregelung zu verstehen, die nicht im Steuerfestsetzungsverfahren zu berücksichtigen ist. Zur Besteuerung von Arbeitseinkünften der in Deutschland wohnenden leitenden Angestellten einer Kapitalgesellschaft in der Schweiz → *Doppelbesteuerungsabkommen bei Einkünften aus nichtselbständiger Arbeit* Rz. 1612. 2434

i) Besteuerung der schweizerischen betrieblichen Altersvorsorge bei Grenzgängern

aa) Allgemeines

Das schweizerische Altersvorsorgesystem beruht auf folgenden **drei Säulen** („Drei-Säulen-System"): 2435

- Erste Säule: die staatliche Vorsorge (Alters- und Hinterlassenenversicherung, Invalidenversicherung),
- Zweite Säule: die berufliche Vorsorge (Pensionskassen) und
- Dritte Säule: die private Vorsorge.

Wegen weiterer Einzelheiten zu den drei Säulen des schweizerischen Altersversorgungssystems vgl. BMF v. 27.7.2016, IV C 3 – S 2255/07/10005 :004/IV C 5 – S 2333/13/10003, BStBl I 2016, 759, Rdnr. 4 ff.

Zur **steuerlichen Behandlung der Beiträge in schweizerische Pensionskassen** sowie zur **Besteuerung von Renten und Einmalzahlungen aus schweizerischen Pensionskassen** hat der **BFH** in einer Reihe von Urteilen eine zum Teil von der Finanzverwaltung **abweichende Rechtsauffassung** vertreten (BFH v. 13.11.2012, VI R 20/10, BStBl II 2013, 405, BFH v. 24.9.2014, VI R 6/11, BStBl II 2016, 650, BFH v. 23.10.2013, X R 33/10, BStBl II 2014, 103, BFH v. 26.11.2014, VIII R 31/10, BStBl II 2016, 653, BFH v. 26.11.2014, VIII R 38/10, BStBl II 2016, 657, BFH v. 26.11.2014, VIII R 39/10, BStBl II 2016, 665, BFH v. 2.12.2014, VIII R 40/11, BStBl II 2016, 675, BFH v. 16.9.2015, I R 83/11, BStBl II 2016, 681 und BFH v. 1.10.2015, X R 43/11, BStBl II 2016, 685).

Die **Finanzverwaltung** hat daher die einkommensteuerliche Behandlung der Beiträge und Leistungen aus einer Vorsorgeeinrichtung nach der zweiten Säule des schweizerischen Altersvorsorgesystems (berufliche Vorsorge) unter Beachtung der neueren BFH-Rechtsprechung **neu beurteilt**.

Für Beiträge in eine schweizerische Vorsorgeeinrichtung der Säule 2 der Schweizer Altersvorsorge und für die Leistungen aus dieser gilt Folgendes (BMF v. 27.7.2016, IV C 3 – S 2255/07/10005 :004/IV C 5 – S 2333/13/10003, BStBl I 2016, 759):

bb) Einheitliche Behandlung öffentlich-rechtlicher und privatrechtlicher Vorsorgeeinrichtungen

2436 Bei der inländischen steuerlichen Behandlung von Beiträgen in und Leistungen aus einer schweizerischen Vorsorgeeinrichtung wird nicht zwischen öffentlich-rechtlichen und privatrechtlichen Vorsorgeeinrichtungen unterschieden. Beide Rechtsformen bieten für die Versicherten dieselben Möglichkeiten des Aufbaus der Altersvorsorge.

Bei der steuerlichen Behandlung ist zwischen der nach der schweizerischen Altersvorsorge gesetzlich vorgeschriebenen Mindestabsicherung (**Obligatorium – Säule 2a**) und der zusätzlichen Absicherung (**Überobligatorium – Säule 2b**) zu unterscheiden („Zweiteilungsgrundsatz"). Daraus folgt, dass sowohl die Beiträge als auch die Leistungen in einen **obligatorischen und einen überobligatorischen Teil aufzuteilen** sind.

cc) Steuerliche Behandlung des Obligatoriums

(1) Einzahlungsphase

2437 **Beiträge des Arbeitgebers in das Obligatorium** sind Zukunftssicherungsleistungen (§ 2 Abs. 2 Nr. 3 LStDV), zu deren Zahlung der Arbeitgeber gesetzlich verpflichtet ist. Sie sind **in vollem Umfang nach § 3 Nr. 62 Satz 1 EStG steuerfrei**. Insoweit ist die inländische Beitragsbemessungsgrenze zur Altersvorsorge nicht zu beachten. § 3 Nr. 56 und Nr. 63 EStG sind nicht einschlägig.

Beiträge des Arbeitnehmers in das Obligatorium stellen Sonderausgaben nach § 10 Abs. 1 Nr. 2 Satz 1 Buchst. a EStG i.V.m. § 10 Abs. 2 Satz 1 Nr. 2 Buchst. c EStG dar und sind bis zum Höchstbetrag nach § 10 Abs. 3 EStG abziehbar. Der steuerfreie Arbeitgeberanteil ist i.R. der Berechnung der abziehbaren Sonderausgaben ebenfalls zu berücksichtigen (§ 10 Abs. 1 Nr. 2 Satz 6 EStG).

(2) Auszahlungsphase

- **Steuerliche Behandlung der Leibrenten**

2438 Leistungen aus dem Obligatorium, die als Leibrenten erbracht werden, sind als Einkünfte nach § 22 Nr. 1 Satz 3 Buchst. a Doppelbuchst. aa EStG mit dem **maßgebenden Besteuerungsanteil** anzusetzen.

Hat der Stpfl. vor 2005 für mindestens zehn Jahre Beiträge oberhalb der jeweils gültigen Beitragsbemessungsgrenze geleistet, wird die auf diese Beiträge entfallende Rente auf Antrag nur mit dem Ertragsanteil nach § 22 Nr. 1 Satz 3 Buchst. a Doppelbuchst. bb EStG besteuert (sog. Öffnungsklausel).

Einzelheiten → *Altersrenten* Rz. 64.

- **Steuerliche Behandlung der Kapitalabfindungen**

2439 Leistungen aus dem Obligatorium in Form von Kapitalabfindungen stellen andere Leistungen i.S.v. § 22 Nr. 1 Satz 3 Buchst. a Doppelbuchst. aa EStG dar. Sie sind mit dem **maßgebenden Besteuerungsanteil** der Besteuerung zu unterwerfen.

Auf Antrag unterliegt der Teil der Kapitalabfindung, für den die Voraussetzungen zur Anwendung der Öffnungsklausel erfüllt sind (§ 22 Nr. 1 Satz 3 Buchst. a Doppelbuchst. bb EStG), nicht der Besteuerung. Der darüber hinausgehende Teil der Kapitalabfindung ist mit dem **maßgebenden Besteuerungsanteil** der Besteuerung zu unterwerfen.

Kapitalabfindungen können als Vergütung für eine mehrjährige Tätigkeit nach § 34 Abs. 1 i.V.m. Abs. 2 Nr. 4 EStG ermäßigt besteuert werden, soweit die Voraussetzungen erfüllt sind (→ *Arbeitslohn für mehrere Jahre* Rz. 712).

dd) Steuerliche Behandlung des Überobligatoriums

(1) Einzahlungsphase

Beiträge des Arbeitgebers in das Überobligatorium sind Zukunftssicherungsleistungen (§ 2 Abs. 2 Nr. 3 LStDV). Da der Arbeitgeber **nicht gesetzlich zur Zahlung verpflichtet** ist, sind sie nach § 3 Nr. 62 Satz 4 erster Halbsatz EStG in den Grenzen des § 3 Nr. 62 Satz 3 EStG steuerfrei. Danach sind diese Beiträge **nur insoweit steuerfrei**, als sie insgesamt **die Hälfte der Gesamtaufwendungen des Arbeitnehmers** nicht übersteigen und nicht höher sind als der Betrag, der als Arbeitgeberanteil bei Versicherungspflicht in der allgemeinen inländischen Rentenversicherung zu zahlen wäre. Auf die danach steuerfreien Arbeitgeberleistungen sind die nach § 3 Nr. 62 Satz 1 EStG steuerfreien Zukunftsleistungen des Arbeitgebers zur Alters- und Hinterlassenenversicherung, zur Invalidenversicherung und zum Obligatorium **anzurechnen**. § 3 Nr. 56 und Nr. 63 EStG sind nicht einschlägig. 2440

Die Beiträge des Arbeitnehmers und die steuerpflichtigen Beiträge des Arbeitgebers in das Überobligatorium sind **nicht als Sonderausgaben abzugsfähig**. Die Voraussetzungen des § 10 Abs. 2 Satz 1 Nr. 2 Buchst. c EStG sind nicht erfüllt und den Schweizer Vorsorgeeinrichtungen fehlt die notwendige Erlaubnis zum Geschäftsbetrieb im Inland (§ 10 Abs. 2 Satz 1 Nr. 2 Buchst. a Doppelbuchst. bb EStG), vgl. FG Baden-Württemberg v. 7.4.2020, 3 K 1497/18, EFG 2020, 1245, bestätigt durch BFH v. 12.10.2023, VI R 46/20, BStBl II 2024, 297.

(2) Auszahlungsphase

- **Steuerliche Behandlung der Leibrenten**

Leistungen aus dem Überobligatorium, die als Leibrenten erbracht werden, sind nach § 22 Nr. 1 Satz 3 Buchst. a Doppelbuchst. bb EStG mit dem **maßgebenden Ertragsanteil** anzusetzen. 2441

- **Steuerliche Behandlung der Kapitalabfindungen**

Die Besteuerung von Leistungen in Form von Kapitalabfindungen richtet sich nach den allgemeinen Regelungen zur Besteuerung von Versicherungsverträgen nach § 20 Abs. 1 Nr. 6 EStG. 2442

ee) Besonderheiten

(1) Todesfallkapital

Das Todesfallkapital nach schweizerischem Recht wird nicht durch einen gesetzlichen Anspruch begründet; das Reglement der Vorsorgeeinrichtung kann einen solchen Anspruch vorsehen. Die **Auszahlung des Todesfallkapitals** an den reglementarisch vorgesehenen **Leistungsberechtigten** kann sowohl aus dem Obligatorium als auch aus dem Überobligatorium erfolgen und ist daher entsprechend **bei der Auszahlung** in Leistungen aus dem Obligatorium und Leistungen aus dem Überobligatorium **aufzuteilen**. Die Grundsätze zur steuerlichen Behandlung von Kapitalabfindungen nach → Rz. 2439 und → Rz. 2442 gelten entsprechend. 2443

Hiervon abzugrenzen sind die gesetzlich vorgesehenen Leistungen der Vorsorgeeinrichtung an die **Hinterbliebenen** in Form einer Witwen- oder Waisenrente (Hinterlassenenrente). Die Grundsätze zur steuerlichen Behandlung von Leibrenten nach → Rz. 2438 und → Rz. 2441 gelten entsprechend.

(2) Anlagestiftungen

Anlagestiftungen sind Vorsorgeeinrichtungen, die bei der beruflichen Vorsorge Leistungen **ausschließlich im überobligatorischen Bereich** (Säule 2b) versichern. Die Grundsätze zum Überobligatorium (→ Rz. 2440 bis → Rz. 2442) gelten daher entsprechend. 2444

ff) Übertragung von Austrittsleistungen

Die Übertragung von Austrittsleistungen zwischen schweizerischen Vorsorgeeinrichtungen (Freizügigkeitsleistung) führt beim Stpfl. mangels Zu- bzw. Abfluss weder zu steuerpflichtigen Einnahmen noch zu Sonderausgaben. 2445

gg) Spezialeinlagen

Eine Spezialeinlage, die ein Arbeitgeber in eine schweizerische Pensionskasse **zur Erleichterung des vorzeitigen Ruhestandes** seines Arbeitnehmers und zum Ausgleich der damit verbundenen 2446

Rentenminderungen leistet, kann nach § 3 Nr. 28 EStG **zur Hälfte steuerfrei** sein. Voraussetzung ist aber, dass die Zahlung **in das Obligatorium** der Pensionskasse geleistet wird. Soweit die Spezialeinlage nicht nach § 3 Nr. 28 EStG steuerfrei ist, kann sie nach § 34 i.V.m. § 24 Nr. 1 Buchst. a EStG ermäßigt besteuert werden (BFH v. 17.5.2017, X R 10/15).

6. Absehen vom Lohnsteuerabzug

2447 In Deutschland darf der Arbeitgeber nur dann vom Lohnsteuerabzug absehen, wenn ihm eine Freistellungsbescheinigung des Betriebsstättenfinanzamts vorliegt, die vom Arbeitnehmer oder in dessen Auftrag vom Arbeitgeber beantragt werden kann (vgl. im Einzelnen → *Freistellungsbescheinigung* Rz. 2260).

7. Sozialversicherung

2448 Ein Grenzgänger i.S. der Definition der VO (EG) Nr. 883/2004 ist eine Person, die in einem Mitgliedstaat eine Beschäftigung oder selbständige Erwerbstätigkeit ausübt und in einem anderen Mitgliedstaat wohnt, in den sie i.d.R., mindestens jedoch wöchentlich zurückkehrt. Die Versicherungspflicht in der Sozialversicherung richtet sich danach, wo die Beschäftigung ausgeübt wird (Beschäftigungsstaatprinzip). Hinsichtlich der Leistungsgewährung (insbesondere in der Pflegeversicherung) gelten Sonderregelungen. Für Arbeitnehmer, die bei mehreren Unternehmen, die ihren Sitz in verschiedenen europäischen Staaten haben, wurde die Rechtszuordnung mit der Verordnung EU 465/2012 geändert (→ *Einstrahlung* Rz. 1809).

Der EuGH hat entschieden, dass es nicht gegen die Art. 6 und 48 Abs. 2 EG-Vertrag verstößt, wenn ein Mitgliedstaat Personen, die in seinem Gebiet arbeiten, jedoch in einem anderen Mitgliedstaat wohnen, zu Beiträgen zu einem System der sozialen Sicherheit zur Deckung des Risikos der Pflegebedürftigkeit heranzieht, dass es jedoch gegen die Art. 19 Abs. 1, Art. 25 Abs. 1 und Art. 28 Abs. 1 der EWG-VO Nr. 1408/71 verstößt, den Anspruch auf eine Leistung wie das Pflegegeld davon abhängig zu machen, dass der Versicherte in dem Staat wohnt, in dem er der Versicherung angeschlossen ist (EuGH v. 5.3.1998, C 160/96).

Durch das oben genannte Urteil des EuGH wird klargestellt, dass Grenzgänger, die bei einer gesetzlichen Krankenkasse in Deutschland versichert sind, aber in einem anderen EWR-Staat wohnen, grds. der Versicherungspflicht in der sozialen Pflegeversicherung unterliegen. Eine Befreiung von der Versicherungs- und Beitragspflicht zur sozialen Pflegeversicherung allein wegen des ausländischen Wohnorts kommt nicht in Betracht. Ebenso wenig kann Anträgen auf Erstattung der gezahlten Beiträge zur Pflegeversicherung entsprochen werden (vgl. Besprechungsergebnis der Spitzenverbände der Sozialversicherungsträger am 17./18.11.1998, www.aok-business.de).

Das Bundesministerium für Gesundheit hat klargestellt, dass Arbeitnehmer, die in Deutschland arbeiten und ihren Wohnsitz in einem Nachbarstaat haben, auch dann einen Anspruch auf den Arbeitgeberzuschuss zu ihrem Krankenversicherungsbeitrag haben, wenn das private Krankenversicherungsunternehmen, bei dem sie versichert sind, die besonderen Voraussetzungen des § 257 Abs. 2a SGB V **nicht erfüllt**.

Es soll sichergestellt werden, dass der private Versicherungsschutz, für den der Arbeitgeber einen Zuschuss zu zahlen hat, auch hinsichtlich bestimmter struktureller Kriterien mit dem Versicherungsschutz in der gesetzlichen Krankenversicherung vergleichbar ist. Nicht beabsichtigt ist, dass Arbeitgebern im grenznahen Bereich ein Vorteil dadurch entsteht, dass sie Arbeitnehmer beschäftigen, die ihren Wohnsitz im Nachbarstaat haben und dort bei einem privaten Krankenversicherungsunternehmen versichert sind, das die Voraussetzungen des § 257 Abs. 2a SGB V nicht erfüllt. Wenn in solchen Fällen keine Zuschüsse zu zahlen wären, hätte der Arbeitgeber ein Interesse daran, Grenzgänger bevorzugt gegenüber solchen Arbeitnehmern einzustellen, die berechtigt sind, den Zuschuss zu erhalten.

Diese besondere Situation rechtfertigt die dargelegte am Schutzzweck orientierte Auslegung des § 257 SGB V, zumal es sich bei den zuschussberechtigten Grenzgängern um einen relativ kleinen Personenkreis handeln dürfte (vgl. Rundschreiben der Deutschen Verbindungsstelle Nr. 54 v. 12.7.1995, Allgemein Nr. 16/1995).

Durch die Erweiterung des Art. 11 Abs. 3 Buchst. a VO (EG) 883/04 auf Personen, die ausschließlich in einem Staat einer Erwerbstätigkeit nachgehen, aber in einem anderen Staat wohnen, kann die „A1"-Bescheinigung auf Antrag nun auch als Statusbestätigung (Feld 3.12, Abschnitt 3) für Grenzgänger ausgestellt werden. Dies ist insbesondere für Grenzgänger relevant, die in einem Staat mit nationalem Gesundheitsdienst leben. In analoger Anwendung der Regelungen zur Befristung der Entsendung wird die Ausstellung der Statusbestätigung für die Dauer von maximal zwei Jahren empfohlen.

Seit dem 1.1.2025 sind sämtliche Anträge auf Ausstellung der A1-Bescheinigung bzw. auf Festlegung des anwendbaren Rechts nach Art. 13 VO (EG) 883/04 ausschließlich elektronisch zu beantragen bzw. zu bescheinigen. Dies gilt auch für Grenzgänger (vgl. Art. 11 Abs. 3 Buchst. A VO (EG) 883/04 und entsprechende Norm im Abkommen für Handel und Zusammenarbeit). Grundlage hierfür ist § 106 Abs. 3 Nr. 4 und § 106a Abs. 2 Nr. 3 SGB IV.

Mit Rundschreiben 2020/167 vom 17.3.2020 hat die Deutsche Verbindungsstelle Krankenversicherung-Ausland sich zum anwendbaren Sozialversicherungsrecht im Zusammenhang mit einer vorübergehenden Änderung des Tätigkeitsortes oder der Verteilung der Arbeitszeit durch das Coronavirus positioniert.

Hiernach ergibt sich für Grenzgänger, die ihre Tätigkeit vorübergehend von zu Hause ausüben, keine Änderung der anwendbaren Rechtsvorschriften. Wird im Wohnstaat im Einzelfall ein Nachweis über die Anwendung der deutschen Rechtsvorschriften verlangt, kann eine A1-Bescheinigung unter Hinweis auf Art. 12 Abs. 1 VO (EG) 883/2004 ausgestellt werden. Die pandemiebedingte Sonderregelung zu einer vorübergehenden Änderung des Tätigkeitsortes endete zum 30.6.2023 (vgl. RS 2020/712 der DVKA v. 23.11.2022).

Da die Telearbeit durch den Einsatz elektronischer Informations- und Kommunikationssysteme immer mehr an Bedeutung gewinnt, wurde ab 1.7.2023 ein multilaterales Rahmenabkommen auf der Grundlage des Art. 16 Abs. 1 der Verordnung (EG) 883/04 geschlossen. Das Abkommen ermöglicht beschäftigten Grenzgängern auf Antrag die Telearbeit im Wohnstaat bis zu 49,99 % der Gesamtarbeitszeit durchzuführen, wobei dennoch das Sozialversicherungsrecht des Mitgliedstaates gilt, in dem der Arbeitgeber seinen Sitz hat. Die Rahmenvereinbarung ist nicht gültig für Selbständige und für Personen, die im Wohnstaat zusätzlich gewöhnlich weitere Erwerbstätigkeiten ausüben oder neben der Telearbeit und der Tätigkeit im Wohnstaat in weiteren Staaten erwerbstätig sind. Dem Rahmenabkommen sind bisher folgende (EU-)Staaten beigetreten: Belgien, Deutschland, Finnland, Frankreich, Irland, Italien, Kroatien, Liechtenstein, Litauen, Luxemburg, Malta, Niederlande, Norwegen, Österreich, Polen, Portugal, Schweden, Schweiz, Slowakei, Slowenien, Spanien und Tschechien. Für Arbeitgeber mit Sitz in Deutschland ist der Antrag elektronisch an den GKV-Spitzenverband, DVKA zu übermitteln.

Grenzpendler

1. Allgemeines

Mit dem Begriff Grenzpendler werden Personen bezeichnet, die 2449
ihre **Einkünfte fast ausschließlich in Deutschland** erzielen, aber **im Ausland wohnen**, die also beschränkt steuerpflichtig sind (→ *Steuerpflicht* Rz. 4002). Der Begriff beruht darauf, dass es sich hierbei vielfach um Personen handelt, die täglich zur Arbeit in die Bundesrepublik einpendeln, und hier zum weitaus größten Teil ihr Einkommen erzielen und es mitunter auch versteuern. Der Begriff **Grenzgänger** ist bereits „besetzt" (→ *Grenzgänger* Rz. 2391). Dieser Begriff stammt aus Regelungen in DBA und zielt darauf ab, eine Doppelbesteuerung der im Inland erzielten Arbeitseinkünfte zu vermeiden. Folglich umschreibt er den begünstigten Personenkreis nur unvollkommen, denn er umfasst auch Personen, deren Einkunftserzielung unabhängig von einem Aufenthalt in Deutschland ist (z.B. als Vermieter oder Aktionär). Im Unterschied zu Grenzgängern gibt es **bei Grenzpendlern keine besonderen Regelungen** in den DBA. Grenzpendler werden im Inland unter den Voraussetzungen des § 1 Abs. 3 EStG auf Antrag als unbeschränkt steuerpflichtig behandelt. Grenzpendler, die Staatsangehörige eines EU-/EWR-Mitgliedstaats sind und ihre Einkünfte fast ausschließlich im Inland erzielen, werden durch §§ 1, 1a EStG

hinsichtlich der Besteuerung Inländern gleichgestellt (→ *Steuerpflicht* Rz. 4008).

2. Sonderregelung mit Luxemburg

2450 Deutschland hat mit **Luxemburg** eine **Sonderregelung** zur steuerlichen Behandlung des **Arbeitslohns von Arbeitnehmern, die im Grenzgebiet ihre Tätigkeit ausüben (Grenzpendler)**, vereinbart. Danach gilt Folgendes (BMF v. 15.1.2024, IV B 3 – S 1301-LUX/23/10001 :001, BStBl I 2024, 201):

Die **Aufteilung des Arbeitslohns** zwischen Ansässigkeits- und Tätigkeitsstaat erfolgt auf der Grundlage der **vertraglich vereinbarten Arbeitstage**:

- Gem. Art. 14 Abs. 1 DBA Luxemburg ist zu prüfen, inwieweit Vergütungen entsprechend der tatsächlich ausgeübten Arbeitszeit zunächst unmittelbar dem Ansässigkeits- oder Tätigkeitsstaat zugeordnet werden können (unmittelbare Zuordnung). Soweit eine unmittelbare Zuordnung nicht möglich ist, sind die verbleibenden tätigkeitsbezogenen Vergütungen aufzuteilen. Die Aufteilung dieser Vergütungen zwischen Ansässigkeits- und Tätigkeitsstaat erfolgt auf der Grundlage der im Kalenderjahr tatsächlich ausgeübten Arbeitszeit (mittelbare Zuordnung),
- Für die Ermittlung der tatsächlich ausgeübten Arbeitszeit gelten die folgenden Grundsätze:

  An Krankheitstagen mit oder ohne Lohnfortzahlung, Urlaubstagen und Tagen des ganztägigen Arbeitszeitausgleichs wird tatsächlich keine Arbeitszeit ausgeübt. Dagegen wird auch an Wochenend- oder Feiertagen tatsächlich Arbeitszeit ausgeübt, wenn diese durch den Arbeitgeber vergütet wird. Eine solche Vergütung liegt auch vor, wenn dem Arbeitnehmer ein entsprechender Arbeitszeitausgleich gewährt wird.

  Die Ermittlung der tatsächlich ausgeübten Arbeitszeit zur Aufteilung der Vergütungen erfolgt minutenweise.

Soweit der Arbeitnehmer seine Tätigkeit im Ansässigkeitsstaat oder in Drittstaaten erbracht hat, ist der darauf entfallende Teil des Arbeitslohns von der Besteuerung im **Ansässigkeitsstaat freizustellen**, wenn der Arbeitnehmer im Ansässigkeitsstaat oder in Drittstaaten während **weniger als 35 Arbeitstagen im Kalenderjahr** für solche Zwecke anwesend ist und dieser Teil des Arbeitslohns durch den Tätigkeitsstaat tatsächlich besteuert wird (Art. 14 Abs. 1a DBA Luxemburg).

Wegen weiterer besonderer Fallgestaltungen vgl. BMF v. 15.1.2024, IV B 3 – S 1301-LUX/23/10001 :001, BStBl I 2024, 201 unter Tz. IV ff.

3. Sonderregelung mit den Niederlanden

2451 Das FinMin Nordrhein-Westfalen teilt in der nachfolgenden auszugsweise wiedergegebenen Pressemitteilung v. 16.4.2025 Folgendes mit:

„Das Doppelbesteuerungsabkommen zwischen Deutschland und den Niederlanden wird angepasst: Künftig sollen Grenzpendler bis zu 34 Tage im Jahr von zu Hause aus arbeiten können, ohne dass sich dadurch ihre steuerliche Situation ändert.

In den Hochphasen der Corona-Pandemie gab es befristete Übergangsregelungen, die den grenzüberschreitend Beschäftigten das Arbeiten im Homeoffice erleichtert haben. Mit deren Auslaufen im Sommer 2022 war eine Rückkehr zu bürokratisch aufwändigen Regelungen verbunden, die insbesondere für viele Beschäftigte aus Nordrhein-Westfalen erhebliche Unsicherheiten bedeuteten – etwa in den Kreisen Heinsberg, Kleve oder der Stadt Aachen.

Die nun angekündigte Änderung sieht vor, dass bis zu 34 Tage Homeoffice pro Jahr steuerlich so behandelt werden, als wären sie im Tätigkeitsstaat – also z.B. in den Niederlanden – erbracht worden. Damit entfällt für diese Tage eine doppelte Aufteilung des Einkommens zwischen den Staaten, was den administrativen Aufwand für die Betroffenen deutlich reduziert."

Die neuen Regeln müssen allerdings noch von den jeweiligen nationalen Parlamenten bestätigt werden.

Großelternzeit

→ *Elternzeit* Rz. 1905

Grundstücke: verbilligte Überlassung

1. Veräußerung

a) Arbeitslohn

Überträgt ein Arbeitgeber einem Arbeitnehmer **verbilligt oder sogar unentgeltlich ein Grundstück** (unbebautes Grundstück, Einfamilienhaus, Eigentumswohnung o.Ä.), so ergibt sich für den Arbeitnehmer ein **steuerpflichtiger geldwerter Vorteil**, sofern das Grundstücksgeschäft **mit Rücksicht auf das Dienstverhältnis** abgeschlossen worden ist (BFH v. 10.6.1983, VI R 15/80, BStBl II 1983, 642 und BFH v. 27.8.1997, X R 138 – 139/94, HFR 1998, 358). Dies gilt selbst dann, wenn der Arbeitgeber Grundstücke außerhalb des normalen Geschäftsverkehrs auch Arbeitnehmern einer (Minderheits-)Beteiligungsgesellschaft verbilligt zum Kauf anbietet (FG Münster v. 5.2.1997, 1 K 156/96 E, EFG 1997, 1511). 2452

Ein geldwerter Vorteil kann beim Arbeitnehmer auch durch die **Übernahme von Grunderwerbsteuer**, Gebühren, Notariatskosten usw. durch den Arbeitgeber entstehen.

Steuerpflichtiger Arbeitslohn liegt auch vor, wenn

- das Grundstück zur Hälfte in das **Eigentum der Ehefrau** des Arbeitnehmers übergeht (FG Düsseldorf v. 1.7.1977, V 9/73 E, EFG 1978, 23, FG Düsseldorf v. 23.6.1978, V 64/73 E, EFG 1979, 121 sowie sinngemäß FG Münster v. 21.9.2016, 7 K 990/12 E, EFG 2016, 1852 betr. ein sog. zinsvergünstigtes Arbeitgeberwohnbaudarlehen zur Finanzierung eines gemeinschaftlich erworbenen Familienheimes des Arbeitnehmers und seiner Ehefrau). Arbeitslohn wird nur dann nicht anzunehmen sein, wenn der Arbeitnehmer-Ehegatte an der verbilligten Grundstücksübertragung überhaupt nicht beteiligt war (vgl. FG Düsseldorf v. 27.8.1998, 15 K 3517/95 H (L), EFG 1999, 117);
- **Veräußerer** des Grundstücks nicht der Arbeitgeber, sondern ein mit diesem **verbundenes Unternehmen** ist (BFH v. 7.2.1986, VI R 178/82);
- der Arbeitgeber die Grundstücke außerhalb des normalen Geschäftsverkehrs auch **Arbeitnehmern einer (Minderheits-) Beteiligungsgesellschaft verbilligt zum Kauf anbietet** (FG Münster v. 5.2.1997, 1 K 156/96 E, EFG 1997, 1511);
- ein Arbeitnehmer von einer **Tochtergesellschaft seines Arbeitgebers** ein Grundstück mit Rücksicht auf das Arbeitsverhältnis zu einem Preis unter dem Verkehrswert erwirbt (FG Hessen v. 29.9.1997, 4 K 1986/93, EFG 1998, 463).

Der geldwerte Vorteil **fließt dem Arbeitnehmer zu**, wenn er die wirtschaftliche Verfügungsmacht über das Grundstück erlangt. Das ist bei einer Wohnung der Fall, sobald **Besitz, Gefahr, Nutzen und Lasten** auf den Erwerber übergegangen sind. Für einen solchen Übergang können die Übernahme der Wohnung, die Übergabe der gesamten Schlüssel und die Zahlung von Wohngeld sprechen (BFH v. 10.11.1989, VI R 155/85). § 41 AO kann aber einen früheren Zufluss bewirken, wenn die Vertragsbeteiligten das wirtschaftliche Ergebnis des (zunächst nicht notariell beurkundeten) Kaufvertrags früher eintreten und dann auf Dauer bestehen lassen (FG Hessen v. 29.9.1997, 4 K 1986/93, EFG 1998, 463).

LSt SV

b) Bewertung

Zur Bewertung des Vorteils ist von dem **um übliche Preisnachlässe geminderten üblichen Endpreis am Abgabeort** auszugehen (§ 8 Abs. 2 EStG), der jeweils im Ergebnis dem Betrag entspricht, der für Grundstücke gleicher Lage und Art am Ort gezahlt wird (**Verkehrswert**). I.R. der Ermittlung des Verkehrswerts des Grund und Bodens und des Gebäudes ist **Denkmalschutz** wertmindernd zu berücksichtigen, ebenso (allerdings nur geringfügig) ein **Vorkaufsrecht**. Nicht wertmindernd sind dagegen ein **Wiederkaufsrecht** für den Fall, dass das Grundstück alsbald zu einem näher definierten „überhöhten" Preis weiterverkauft wird, und eine **beschränkt persönliche Dienstbarkeit** des Inhalts, dass auf dem – in einer denkmalgeschützten Wohnsiedlung liegenden – Grundstück keine störende gewerbliche oder berufliche Tätigkeit ausgeübt und das Grundstück nicht zu mehr als der Hälfte beruflich oder gewerblich genutzt werden darf (FG Hessen v. 29.9.1997, 4 K 1986/93, EFG 1998, 463). 2453

Handelt es sich bei dem Grundstück um eine Ware i.S.d. § 8 Abs. 3 EStG, die der Arbeitgeber nicht überwiegend für den Bedarf seiner Arbeitnehmer vertreibt (Letzteres z.B. bei Wohnungsgesellschaften oder Bauunternehmen), so ist der Sachbezug nach § 8 Abs. 3 EStG zu bewerten und zu behandeln. Der **Rabattfreibetrag von 1 080 €** und ein **Preisabschlag von 4 %** sind bei der Ermittlung des steuerpflichtigen geldwerten Vorteils abzuziehen.

c) Kein Arbeitslohn

2454 Kein Arbeitslohn liegt vor, wenn

- der Arbeitgeber einem Arbeitnehmer zwar verbilligt ein Grundstück überlässt, hierzu jedoch **gesetzlich verpflichtet** ist und somit praktisch nur als „Erfüllungsgehilfe" des Staates tätig wird (BFH v. 25.5.1992, VI R 18/90, BStBl II 1993, 45 betr. ein Bergbauunternehmen, das einem Arbeitnehmer ein mit Mitteln der Kohlenabgabe gefördertes Hausgrundstück zu einem unter dem ortsüblichen Verkehrswert liegenden Kaufpreis überlassen hat);
- der Arbeitgeber von insgesamt 17 Baugrundstücken 16 an Betriebsangehörige, jedoch das 17. Grundstück zu **gleichen Bedingungen an einen Werksfremden** verkauft hat und der Verkehrswert der Grundstücke nicht wesentlich höher als der Verkaufspreis ist (FG Düsseldorf v. 5.2.1991, 8 K 135/86 E, EFG 1991, 615);
- der Kaufpreis allein deshalb unterhalb des Verkehrswertes festgesetzt worden ist, weil der Arbeitnehmer in dem vom Arbeitgeber bisher gemieteten Einfamilienhaus **werterhöhende Maßnahmen** durchgeführt hat (BFH v. 27.8.1997, X R 138–139/94, HFR 1998, 353).

~~LSt~~ ~~SV~~

2. Optionsrecht

2455 Räumt ein Arbeitgeber einem Arbeitnehmer ein – ggf. befristetes – Ankaufsrecht (Optionsrecht) an einem Grundstück zu einem festen Kaufpreis oder zu von der Marktsituation unabhängigen Bedingungen (z.B. Buchwert) ein, so ist ein etwa sich daraus ergebender Unterschiedsbetrag zum Verkehrswert als Ausfluss des Dienstverhältnisses anzusehen. Solange der Arbeitnehmer das **Optionsrecht jedoch nicht ausübt, ist kein Arbeitslohn** gegeben.

Für die Frage eines geldwerten Vorteils bei **einem ausgeübten Optionsrecht** des Arbeitnehmers ist daher nicht der Wert des Grundstücks bei der Einräumung, sondern sein **Wert bei der Ausübung des Optionsrechts** maßgebend (vgl. sinngemäß BFH v. 24.1.2001, I R 100/98, BStBl II 2001, 509; BFH v. 24.1.2001, I R 119/98, BStBl II 2001, 512 betr. Aktienoptionen).

Beispiel:

Ein Arbeitgeber errichtet auf einem 2015 zum Preis von 150 000 € erworbenen unbebauten Grundstück ein Einfamilienhaus. Die Baukosten betragen im Zeitpunkt der Bezugsfertigkeit 2017 600 000 €. Das Haus wird einem Arbeitnehmer zur Verfügung gestellt. Dabei wird dem Arbeitnehmer vertraglich das Recht eingeräumt, das Haus frühestens nach Ablauf von acht Jahren zu erwerben. Der Kaufpreis soll dem Buchwert im Zeitpunkt des endgültigen Erwerbs entsprechen. Für die Überlassung hat der Arbeitnehmer bis zu diesem endgültigen Erwerb eine „Kaufpreisrate" von 20 000 € jährlich zu entrichten, die auf den Kaufpreis angerechnet werden soll.

Zum 1.1.2025 wird das Grundstück auf den Arbeitnehmer übertragen. Der Buchwert beträgt 510 000 €; der Arbeitnehmer zahlt 510 000 € – (8 × 20 000 € =) 160 000 € = 350 000 €.

Der Arbeitgeber vertritt die Auffassung, dass das wirtschaftliche Eigentum an dem Grundstück dem Arbeitnehmer im Zeitpunkt des Einzugs 2017 übertragen worden sei. Die Geltendmachung der Absetzungen für Abnutzung durch den Arbeitgeber bedeute für den Arbeitnehmer eine entsprechende Wertminderung. Bei den Zahlungen des Arbeitnehmers handele es sich um echte Kaufpreisvorauszahlungen.

Die Auffassung des Arbeitgebers ist nicht zutreffend. Maßgebend für die Beurteilung, ob dem Arbeitnehmer ein **geldwerter Vorteil** zugeflossen ist, ist der **Verkehrswert im Zeitpunkt der bürgerlich-rechtlichen Eigentumsübertragung in 2025**. Der Verkehrswert soll einschließlich Grund und Boden 1 Mio. € betragen. Der Arbeitnehmer muss 1 Mio. € – 350 000 € = 650 000 € versteuern. Die jährlichen Zahlungen stellen **Mietzahlungen** für die Überlassung des Hauses dar, deren **Angemessenheit** (ortsübliche Miete bzw. Kostenmiete, vgl. BFH v. 28.10.1977, VI R 83/75) ebenfalls überprüft werden muss. Eine Anrechnung auf den geldwerten Vorteil ist nicht möglich.

LSt SV

3. Rückkaufsrecht

Wird ein Wiederkaufsrecht (Rückkaufsrecht) derart vereinbart, dass der das Grundstück veräußernde Arbeitgeber das Grundstück innerhalb einer bestimmten Frist zum **Veräußerungspreis wiederkaufen** kann, wenn der **erwerbende Arbeitnehmer gewisse Bedingungen nicht erfüllt**, so bleibt diese Vereinbarung nach geltendem Recht steuerlich so lange ohne Wirkung, als der Veräußerer das Recht nicht ausübt. Es ist deshalb nicht gerechtfertigt, deswegen etwa den Verkehrswert niedriger anzusetzen. 2456

Wenn der Arbeitgeber sein Wiederkaufsrecht (**Rückkaufsrecht**) **ausübt** und der Arbeitnehmer vom Arbeitgeber für das noch voll werthaltige Grundstück nur den von ihm tatsächlich bezahlten Betrag, **nicht aber auch den Wert des von ihm versteuerten Preisnachlasses zurückerhält**, ist dieses steuerlich ebenso zu behandeln wie die Rückzahlung von Arbeitslohn (→ *Rückzahlung von Arbeitslohn* Rz. 3779). In Höhe des als Arbeitslohn besteuerten geldwerten Vorteils (Differenz zwischen dem Erwerbspreis und dem Verkehrswert) entstehen im Kalenderjahr der Rückübereignung des Grundstücks beim Arbeitnehmer sog. **negative Einnahmen**. Diese können wie **Werbungskosten** vom steuerpflichtigen Arbeitslohn abgezogen werden, allerdings ohne Anrechnung auf den Arbeitnehmer-Pauschbetrag. Es erfolgt lediglich eine Minderung des Arbeitslohns. Wirken sich die negativen Einnahmen hierbei nicht oder nicht in vollem Umfang aus, so ist zunächst der Verlustabzug nach § 10d EStG vorzunehmen. Erst dann kommen ggf. Billigkeitsmaßnahmen nach § 227 AO in Betracht (→ *Erlass von Lohnsteuer* Rz. 2045).

4. Vorkaufsrecht

Bei der Ausübung eines Vorkaufsrechts erwirbt der Arbeitnehmer hinsichtlich der Verkaufsbedingung keine Vorteile gegenüber einem Dritten. Die Einräumung eines Vorkaufsrechts ist **lohnsteuerlich und somit auch beitragsrechtlich ohne Bedeutung**. 2457

~~LSt~~ ~~SV~~

5. Erbbaurecht

Bestellt der Arbeitgeber seinem Arbeitnehmer mit Rücksicht auf das Dienstverhältnis ein Erbbaurecht zu einem **unangemessen niedrigen Erbbauzins**, so sind die Vorteile, die sich aus dem unentgeltlichen Teil der Erbbaurechtsbestellung ergeben, diesem – anders als bei Einräumung eines Wohnrechts oder Nießbrauchs – bereits **im Jahr der Bestellung des Erbbaurechts zugeflossen**. Dem Lohnsteuerabzug ist die nach der Laufzeit des Erbbaurechts zu berechnende **kapitalisierte Erbbauzinsersparnis** zu unterwerfen (BFH v. 10.6.1983, VI R 15/80, BStBl II 1983, 642; BFH v. 26.5.1993, VI R 118/92, BStBl II 1993, 686). 2458

Veräußert der Arbeitgeber ein mit einem Erbbaurecht belastetes Grundstück an den Arbeitnehmer, liegt **Arbeitslohn** vor, wenn das Grundstück **unter dem Verkehrswert veräußert** wird. Der Verkehrswert ist unter Berücksichtigung der vertraglichen Vereinbarungen sowie sonstiger den Wert beeinflussender Umstände zu ermitteln (vgl. dazu die Immobilienwertermittlungsverordnung v. 3.11.2017, BGBl. I 2017, 3634). Dabei kann das Erbbaurecht auch dann zu einer Wertminderung des Grundstücks führen, wenn es zu Gunsten des erwerbenden Arbeitnehmers bestellt ist.

LSt SV

6. Wohnrecht/Nießbrauch

Nach der Rechtsprechung des BFH gelten für das **Wohnrecht** folgende Grundsätze (BFH v. 19.8.2004, VI R 33/97, BStBl II 2004, 1076): 2459

- Überlässt der Arbeitgeber dem Arbeitnehmer **lebenslänglich die unentgeltliche Nutzung** eines Einfamilienhauses im Hinblick auf das zwischen ihnen bestehende **Dienstverhältnis**, so fließt dem Arbeitnehmer auf Grund dieses obligatorischen Wohnrechts **monatlich ein geldwerter Vorteil in Höhe der ersparten ortsüblichen Miete zu**.
- Vereinbaren Arbeitgeber und Arbeitnehmer die **Übertragung des betroffenen Grundstücks** an den Arbeitnehmer zu einem wegen des **Wohnrechts geminderten Kaufpreis**, so fließt hiermit der zu diesem Zeitpunkt bestehende Kapitalwert des obligatorischen Wohnrechts dem Arbeitnehmer als geldwerter Vorteil zu.

- Erfolgt eine solche Vereinbarung im Zusammenhang mit einer vom Arbeitgeber ausgesprochenen Kündigung des Dienstverhältnisses, so kann in diesem Zufluss eine tarifermäßigte **Abfindung** vorliegen (→ *Entschädigungen* Rz. 2001). Voraussetzung ist aber, dass das Arbeitsverhältnis aufgelöst wird (BFH v. 25.8.1993, XI R 7/93, BStBl II 1994, 185).

Räumt der Arbeitgeber dem Arbeitnehmer im Hinblick auf das Dienstverhältnis unentgeltlich den **Nießbrauch an einer Wohnung** ein, so fließt dem Arbeitnehmer der **geldwerte Vorteil** nicht im Zeitpunkt der Bestellung des Nießbrauchs in Höhe des kapitalisierten Wertes, **sondern fortlaufend in Höhe des jeweiligen Nutzungswertes der Wohnung** zu (BFH v. 19.8.2004, VI R 33/97, BStBl II 2004, 1076). Der BFH bestätigt in dem letztgenannten Urteil nochmals seine Rechtsprechung, nach der bei Bestellung eines **Erbbaurechts** der geldwerte Vorteil in Höhe des kapitalisierten Wertes bereits im Zeitpunkt der Bestellung des Rechts zufließt. Der Unterschied liegt – so der BFH – darin, dass der Erbbauberechtigte grds. das Erbbaurecht durch Beleihung oder Veräußerung realisieren kann. Das ist bei einem obligatorischen Wohnrecht oder Nießbrauch nicht der Fall.

7. Lohnsteuer und Sozialversicherung

2460 Die Lohnsteuer auf den ermittelten geldwerten Vorteil ist grds. nach den Vorschriften des § 39b Abs. 3 EStG für **sonstige Bezüge** (→ *Sonstige Bezüge* Rz. 3936) zu berechnen. Sozialversicherungsrechtlich wird der geldwerte Vorteil als Einmalzahlung (→ *Einmalzahlungen* Rz. 1793) berücksichtigt.

Dabei ist zu beachten, dass es sich um Vergütungen für eine mehrjährige Tätigkeit handeln kann, die **tarifermäßigt** (**sog. Fünftelregelung**) zu besteuern sind (BFH v. 10.6.1983, VI R 15/80, BStBl II 1983, 642) → *Arbeitslohn für mehrere Jahre* Rz. 712.

8. Besonderheiten

2461 Hat der Arbeitnehmer seine **Eigentumswohnung mit Verlust verkaufen** müssen, nachdem er – entgegen ursprünglicher Erklärung seines Arbeitgebers – versetzt worden war, und hat er hierfür vom **Arbeitgeber eine Entschädigung** erhalten, so gehört diese zum steuerpflichtigen Arbeitslohn. Denn es besteht ein unmittelbarer Zusammenhang zwischen der Schadensersatzleistung und dem Dienstverhältnis (FG Hessen v. 19.2.1981, I 108/79, EFG 1981, 629; OFD Hannover v. 15.5.1992, S 2353 – 224 – StH 212).

Der Arbeitnehmer kann im vorstehenden Fall den **Wertverlust** im Übrigen **nicht als Werbungskosten** absetzen, weil derartige Verluste zu den nicht abzugsfähigen Lebenshaltungskosten i.S.d. § 12 EStG gehören. Das gilt auch für **Maklerkosten** und eine **Vorfälligkeitsentschädigung** im Zusammenhang mit dem Verkauf des bisher selbstgenutzten Einfamilienhauses (BFH v. 24.5.2000, VI R 28/97, BStBl II 2000, 474; BFH v. 24.5.2000, VI R 147/99, BStBl II 2000, 476). Eine Vorfälligkeitsentschädigung, die im Zusammenhang mit dem Verkauf der Zweitwohnung wegen der Beendigung einer aus beruflichem Anlass begründeten doppelten Haushaltsführung entstanden ist, ist nicht als Werbungskosten bei den Einkünften aus nichtselbständiger Arbeit abziehbar (BFH v. 3.4.2019, VI R 15/17, BStBl II 2019, 446).

Auch **vergebliche Kosten** für ein **geplantes Arbeitszimmer** sind nach diesen Urteilen nicht abzugsfähig.

Abzugsfähig sind dagegen versetzungsbedingte Aufwendungen in der privaten Vermögenssphäre bei einer **fehlgeschlagenen Veräußerung**, wenn der Arbeitgeber eine Versetzung angekündigt, dann aber wieder rückgängig gemacht hat (BFH v. 24.5.2000, VI R 17/96, BStBl II 2000, 584; BFH v. 23.3.2001, VI R 139/00).

Hinsichtlich des **versteuerten geldwerten Vorteils** aus einer verbilligten Grundstücksüberlassung liegen „**Anschaffungskosten**" vor, so dass der Arbeitnehmer auch insoweit ggf. Absetzungen für Abnutzung (z.B. für ein häusliches Arbeitszimmer) in Anspruch nehmen kann (FG Münster v. 1.3.1994, 1 K 2709/93 E, EFG 1994, 703; vom BFH im Urteil v. 27.8.1997, X R 138 – 139/94, HFR 1998, 358, offen gelassen).

Gründungszuschuss

1. Allgemeines

Arbeitnehmer, die eine **selbständige, hauptberufliche Tätigkeit** aufnehmen und dadurch die **Arbeitslosigkeit beenden**, können zur Sicherung des Lebensunterhalts und zur sozialen Sicherung in der Zeit nach der Existenzgründung einen **Gründungszuschuss nach § 93 SGB III erhalten**. Diese Leistung der **Bundesagentur für Arbeit ist eine Ermessensleistung**. 2462

Der Gründungszuschuss kann gezahlt werden, wenn der Existenzgründer

- bis zur Aufnahme der selbständigen Tätigkeit einen **Anspruch auf Arbeitslosengeld** von mindestens 150 Tagen hat,
- der Agentur für Arbeit die Tragfähigkeit der Existenzgründung nachweist und
- seine Kenntnisse und Fähigkeiten zur Ausübung der selbständigen Tätigkeit darlegt.

Der Gründungszuschuss wird für die Dauer von **sechs Monaten** in Höhe des zuletzt bezogenen Arbeitslosengeldes gezahlt, zuzüglich monatlich 300 €.

Für **weitere neun Monate** können 300 € pro Monat gezahlt werden, wenn die geförderte Person ihre Geschäftstätigkeit anhand geeigneter Unterlagen dargelegt.

Zum Nachweis der Tragfähigkeit der Existenzgründung ist der Agentur für Arbeit eine **Stellungnahme** einer **fachkundigen Stelle** vorzulegen. Fachkundige Stellen sind insbesondere die Industrie- und Handelskammern, Handwerkskammern, berufsständische Kammern, Fachverbände und Kreditinstitute.

Die Dauer des Anspruchs auf Arbeitslosengeld mindert sich (in den ersten sechs Monaten der Förderung) um die Anzahl von Tagen, für die ein Gründungszuschuss gezahlt wurde (§ 148 Abs. 1 Nr. 8 SGB III).

Geförderte Personen haben ab dem Monat, in dem sie das Lebensjahr für den Anspruch auf Regelaltersrente i.S. des Sechsten Sozialgesetzbuches (SGB VI) vollenden, keinen Anspruch auf einen Gründungszuschuss. Eine erneute Förderung ist nicht möglich, wenn seit dem Ende einer Förderung der Aufnahme einer selbständigen Tätigkeit noch nicht 24 Monate vergangen sind.

Ein Anspruch auf Gründungszuschuss setzt gem. § 93 Abs. 1 SGB III u.a. voraus, dass durch die Aufnahme einer selbständigen hauptberuflichen Tätigkeit die Arbeitslosigkeit beendet wird. Dies ist nicht der Fall, wenn tatsächlich keine Arbeitslosigkeit i.S. des Gesetzes (§ 138 Abs. 1 SGB III) vorlag, weil die Beschäftigungslosigkeit herbeigeführt wurde, um eine selbständige Tätigkeit aufzunehmen; in diesem Fall fehlt es an der hierfür erforderlichen tatsächlichen Verfügbarkeit für den allgemeinen Arbeitsmarkt (LSG Saarland v. 7.9.2021, L 6 AL 1/20).

2. Lohnsteuer und Sozialversicherung

Der Gründungszuschuss ist nach § 3 Nr. 2 Buchst. a EStG steuer- 2463
und damit auch beitragsfrei und unterliegt auch nicht dem Progressionsvorbehalt (ist in der abschließenden Aufzählung des § 32b EStG nicht aufgeführt).

Die Gewährung eines Gründungszuschusses kann im Einzelfall als Indiz für das Vorliegen einer selbständigen Tätigkeit gewertet werden (LSG Baden-Württemberg v. 31.7.2018, L 13 R 192/17, betr. einen Veranstaltungstechniker).

Gruppenunfallversicherung

→ *Unfallversicherung: freiwillige* Rz. 4205

Gutschein

→ *Warengutscheine* Rz. 4406

Gutschrift von Arbeitslohn

→ *Arbeitslohn-ABC* Rz. 685

Habilitation

→ *Werbungskosten* Rz. 4551

Hafenarbeiter

1. Allgemeines

2464 Hafenarbeiter ist der Oberbegriff für alle möglichen in den Häfen tätigen Berufsgruppen (z.B. Hafenarbeiter, Hafenschiffer, Fachkraft für Seehafenlogistik, Schauerleute, Quartiersleute, Tallyman, Ladungskontrolleur, Containerdisponent, Schiffsplaner, Stellflächenplaner, Fachkraft für Hafenlogistik, Festmacher).

2. Lohnsteuer

a) Arbeitnehmereigenschaft

2465 **Hafenarbeiter** sind im Allgemeinen **nichtselbständig** tätig. Lohnsteuerrechtlicher Arbeitgeber eines sog. **Gesamthafenarbeiters**, der sowohl in einem unbefristeten Arbeitsverhältnis zur Gesamthafen-Betriebsgesellschaft steht als auch durch die arbeitstägliche Arbeitsaufnahme ein weiteres befristetes Arbeitsverhältnis bei einem Hafeneinzelbetrieb begründet, ist der **Hafeneinzelbetrieb** (→ Rz. 2469).

Bei der Beurteilung der Arbeitnehmereigenschaft kommt es im Übrigen auf die Gesamtumstände des einzelnen Falles an: So können z.B. **Festmacher** nichtselbständig tätig werden (so z.B. im Fall des BFH-Urteils v. 11.4.2006, VI R 52/05, betr. Festmacher in den Bremischen Häfen); im Hamburger Hafen sind Festmacher dagegen selbständige Unternehmer und teilweise in der Arbeitsgemeinschaft Hamburger Schiffsbefestiger zusammengeschlossen.

Zur Abgrenzung von **Arbeitnehmerüberlassungsvertrag zu Werkvertrag** s. BSG v. 11.2.1988, 7 RAr 5/86, betr. eine Arbeitskolonne zum Entladen von Fischereifahrzeugen.

b) Erste Tätigkeitsstätte

2466 Lohnsteuerlich stellt sich vor allem die Frage, ob und ggf. wo Hafenarbeiter eine „erste Tätigkeitsstätte“ haben und inwieweit demgemäß Aufwendungen für Wege zwischen Wohnung und Einsatzstätte sowie Verpflegungsmehraufwendungen steuerlich berücksichtigt werden können.

Zur Beurteilung dieser Frage sind mehrere Fallgruppen zu unterscheiden:

aa) Erste Tätigkeitsstätte liegt vor

2467 **Erste Tätigkeitsstätte** ist im Allgemeinen die ortsfeste betriebliche Einrichtung des Arbeitgebers, eines verbundenen Unternehmens (§ 15 AktG) oder eines vom Arbeitgeber bestimmten Dritten, der der Arbeitnehmer dauerhaft zugeordnet ist (§ 9 Abs. 4 Satz 1 EStG). Im Regelfall haben die Hafenarbeiter nur *einen* Arbeitgeber (zu sog. Gesamthafenarbeitern → Rz. 2469) und sind entweder dem Hafenbüro oder Kaianlagen usw. des Arbeitgebers oder eines mit ihm verbundenen Dritten zugeordnet oder dort dauerhaft tätig, so dass dort ihre **(ggf. großräumige) erste Tätigkeitsstätte** anzunehmen ist (→ *Reisekosten: Allgemeine Grundsätze* Rz. 3593).

Beispiel 1:

Hafenarbeiter A ist bei dem Logistikunternehmen B beschäftigt, das Schiffe an eigenen Kaianlagen be- und entlädt. Er fährt täglich mit seinem Pkw erst 20 km zum Hafenbüro der Firma (diese hat das Hafenbüro als „erste Tätigkeitsstätte“ bestimmt), wo er Informationen über Liegeplatz, Art und Größe des Schiffes sowie der Beladung (Gefahrgüter usw.) erhält. Anschließend fährt er mit seinem Pkw zum jeweiligen Liegeplatz des Schiffes.

Das Hafenbüro ist durch Zuordnung des Arbeitgebers „erste Tätigkeitsstätte“. Hierfür reicht es aus, dass A dort zumindest in geringem Umfang Tätigkeiten zu erbringen hat (vgl. BFH v. 4.4.2019, VI R 27/17, BStBl II 2019, 536).

Die Fahrten zwischen Wohnung und Hafenbüro können daher im Streitjahr nur mit der Entfernungspauschale von 0,30 € (einfache Strecke) berücksichtigt werden (ab 2026 auf Grund Neuregelung durch das Steueränderungsgesetz 2025 0,38 € ab dem ersten Entfernungskilometer). Sobald A jedoch das Hafenbüro verlässt, um seine eigentliche Tätigkeit an den Kaianlagen aufzunehmen, übt er eine Auswärtstätigkeit aus. D.h. die Fahrten zwischen Hafenbüro und Liegeplatz können nach Reisekostengrundsätzen in voller Höhe bzw. mit dem pauschalen km-Satz von 0,30 € je gefahrenem km berücksichtigt werden sowie Verpflegungsmehraufwendungen bei Abwesenheit von der Wohnung und der ersten Tätigkeitsstätte (= Hafenbüro) von mehr als 8 Stunden.

Beispiel 2:

Sachverhält wie Beispiel 1, A bekommt die Informationen über die Schiffe jedoch nicht im Hafenbüro, sondern bereits am Vortag telefonisch zu Hause. Er fährt deshalb am nächsten Tag gleich mit seinem Pkw zu den Liegeplätzen der Schiffe. Der Arbeitgeber hat darauf verzichtet, eine erste Tätigkeitsstätte zu bestimmen.

In diesem Fall gelten für die Bestimmung der ersten Tätigkeitsstätte die quantitativen Kriterien (§ 9 Abs. 4 Satz 4 EStG). Da A dauerhaft an den Kaianlagen tätig werden soll, sind diese als großräumige erste Tätigkeitsstätte anzusehen (vgl. auch BFH v. 11.4.2019, VI R 12/17, BStBl II 2019, 551 betr. den Flughafen als erste großräumige Tätigkeitsstätte einer Luftsicherheitskontrollkraft).

Die Fahrten zwischen Wohnung und Kaianlage können ebenfalls nur mit der Entfernungspauschale berücksichtigt werden, Verpflegungsmehraufwendungen dagegen nicht, da A nicht außerhalb einer ersten Tätigkeitsstätte tätig wird.

bb) Erste Tätigkeitsstätte liegt nicht vor

Ist nach den o.g. Grundsätzen keine ortsfeste großräumige erste Tätigkeitsstätte anzunehmen, weil die Arbeitnehmer an Drittfirmen verliehen werden, die auf ihrem jeweiligen Gelände über keine ortsfeste betriebliche Einrichtung verfügen, an der die Arbeitnehmer tätig werden sollen, ist der **Hafen nur dann als „weiträumiges Tätigkeitsgebiet“** (§ 9 Abs. 1 Satz 3 Nr. 4a Satz 3 EStG) anzusehen, wenn der Arbeitnehmer die vertraglich vereinbarte Arbeitsleistung auf einer festgelegten Fläche und nicht innerhalb einer ortsfesten betrieblichen Einrichtung des Arbeitgebers auszuüben hat. Folglich werden Arbeitnehmer, die ihrer eigentlichen Tätigkeit in einer ortsfesten betrieblichen Einrichtung nachgehen, mangels einer ersten Tätigkeitsstätte von dieser Vorschrift nicht erfasst, auch wenn ihnen ein bestimmtes Tätigkeitsgebiet zugewiesen ist und sie dort in verschiedenen ortsfesten betrieblichen Einrichtungen tätig werden. Damit sind z.B. für die Fahrten zwischen Wohnung und Zugang zum Tätigkeitsgebiet (hier: Hafenzugang) nicht (nur) die Entfernungspauschale, sondern die tatsächlichen Kosten oder der pauschale km-Satz von 0,30 € pro gefahrenen Kilometer ansatzfähig (BFH v. 15.2.2023, VI R 4/21). 2468

Der **BFH** hat diese Frage in seinem Urteil v. 11.4.2019, VI R 36/16, BStBl II 2019, 543 betr. Gesamthafenarbeiter offen gelassen, weil das FG nicht geprüft hat, ob nach der vorrangigen Prüfung **die Hafeneinzelbetriebe nicht als erste Tätigkeitsstätte angesehen** werden müssen.

Diese Frage hat das **FG Niedersachsen** in seinem Urteil v. 23.7.2020, 1 K 76/16, EFG 2020, 1844 betr. einen sog. Van Carrier (der Kläger beförderte mithilfe von Spezialfahrzeugen, sog. Portalhubwagen, Container über das Hafengelände mit dem Ziel, Schiffe zu be- und entladen) bejaht und entschieden, dass die Fahrten eines Arbeitnehmers, der als sog. Gesamthafenarbeiter im Hamburger Hafen tätig wird, für die Strecke von seiner Wohnung mindestens bis zum Erreichen des Hafengebiets nur mit der **Entfernungspauschale** als Werbungskosten zu berücksichtigen sind. Begründet wurde dies damit, dass der Kläger bei seinen Tätigkeiten für die Hafeneinzelbetriebe **ortsfesten betrieblichen Einrichtungen des jeweiligen Hafeneinzelbetriebs als Arbeitgeber zugeordnet** war. Denn auch ein Containerterminal ist eine solche ortsfeste Einrichtung. So ist zwar das vom Kläger jeweils gefahrene Fahrzeug selbst keine solche ortsfeste betriebliche Einrichtung. Mit diesen Fahrzeugen bewegte sich der Kläger jedoch eben nicht frei auf dem gesamten Hafengelände, sondern wickelte an einem bestimmten **Containerterminal** auf Grund arbeitsrechtlicher Weisungen das Be- und Entladen von Schiffen ab. Er übernahm die ihm zur Ausübung seiner Tätigkeit benötigten Fahrzeuge arbeitstäglich jeweils neu bei dem Hafeneinzelbetrieb, dem er an diesem Tag zugeteilt war. Der Van Carrier ist damit letztlich Teil eines Gesamtvorgangs, der in der ortsfesten betrieblichen Einrichtung Containerterminal stattfindet. Dieser ist der Kläger zugeordnet.

Der Hamburger Hafen wurde vom BFH zum alten Recht angesichts seiner Größe jedenfalls nicht als weiträumiges Tätigkeitsgebiet angesehen (BFH v. 7.2.1997, VI R 61/96, BStBl II 1997, 333).

Beispiel 1:

Das Logistikunternehmen C betreibt keine eigenen oder gepachteten Kaianlagen, die als erste Tätigkeitsstätte angesehen werden können, sondern schickt seine Hafenarbeiter überall dorthin, wo sie gebraucht werden. Sie werden dort nicht in ortsfesten betrieblichen Einrichtungen des Auftragnehmers tätig.

Der Hafen ist nach Verwaltungsauffassung (s.o.). als „weiträumiges Tätigkeitsgebiet" anzusehen, so dass Fahrten zwischen Wohnung und Tätigkeitsstätte nur mit der Entfernungspauschale berücksichtigt werden können. Auf den Abzug von Verpflegungsmehraufwendungen hat dies jedoch keinen Einfluss, insoweit gelten die Regeln für Auswärtstätigkeiten. D.h. dass Verpflegungsmehraufwendungen bei Abwesenheit von der Wohnung von mehr als 8 Stunden berücksichtigt werden können (→ *Reisekosten: Allgemeine Grundsätze* Rz. 3628).

Bei Hafenarbeitern, die auf **Schiffen** tätig werden (z.B. Barkassenführer), fehlt es an einer **ortsgebundenen** ersten Tätigkeitsstätte. Ein Arbeitnehmer ohne erste Tätigkeitsstätte ist außerhalb seiner Wohnung immer **auswärts tätig**. D.h. Fahrten zwischen Wohnung und Einsatzort können daher grds. in voller Höhe bzw. mit dem pauschalen km-Satz von 0,30 € je gefahrenem km berücksichtigt werden sowie Verpflegungsmehraufwendungen bei Abwesenheit von der Wohnung von mehr als 8 Stunden.

Dagegen ist nur die **Entfernungspauschale** zu berücksichtigen, wenn der Arbeitnehmer nach den dienst- oder arbeitsrechtlichen Festlegungen des Arbeitgebers sowie den diese ausfüllenden Absprachen und Weisungen zur Aufnahme seiner beruflichen Tätigkeit dauerhaft denselben Ort (sog. **Sammelpunkt**) aufzusuchen hat (→ *Reisekosten: Allgemeine Grundsätze* Rz. 3627).

Beispiel 2:

Hafenarbeiter, die auf einem Schiff tätig werden sollen, haben i.d.R. keine erste Tätigkeitsstätte, da das Schiff keine ortsfeste betriebliche Einrichtung des Arbeitgebers ist. Soll der Dienstantritt bzw. die Ein- und Ausschiffung aber typischerweise arbeitstäglich von dem gleichen Fähranleger erfolgen, werden die Fahrten zu diesem **Ort/Sammelpunkt** ebenso behandelt wie die Fahrten von der Wohnung zu einer ersten Tätigkeitsstätte (d.h. Berücksichtigung nur der **Entfernungspauschale**).

Auf den Abzug von Verpflegungsmehraufwendungen hat dies jedoch keinen Einfluss, insoweit gelten die Regeln für Auswärtstätigkeiten. D.h. dass Verpflegungsmehraufwendungen bei Abwesenheit von der Wohnung von mehr als 8 Stunden berücksichtigt werden können (→ *Reisekosten: Allgemeine Grundsätze* Rz. 3627).

Zum Containerterminal Bremerhaven hat z.B. das FG Bremen v. 30.4.2025, 1 K 99/23 geurteilt, dass es steuerrechtlich eine ortsfeste betriebliche Einrichtung der lohnsteuerlichen Arbeitgeberin des Klägers bzw. mit dieser verbundenen Unternehmen ist. Es handelt sich zwar um ein großflächiges, jedoch räumlich abgegrenztes, infrastrukturell erschlossenes sowie organisatorisch und wirtschaftlich zusammenhängendes Betriebsgelände der Arbeitgeberin des Klägers (der B) und mit ihr verbundener Unternehmen i.S.d. § 15 AktG (der C und der D). Die Terminalfläche erstreckt sich auf ca. 2,9 Mio. m^2, die Länge der Stromkaje beträgt fast 5 km und bietet 14 Liegeplätze für Großcontainerschiffe, auf die sich 41 Containerbrücken verteilen.

c) Gesamthafenarbeiter

2469 In vielen Hafenstädten sind sog. **Gesamthafenbetriebe** gebildet worden, die die Hafenarbeiter angestellt haben, damit sie dort ganzjährig beschäftigt sind und somit Anspruch auf Urlaub, Kündigungsschutz usw. haben. Die Hafenarbeiter werden dann jedoch je nach Bedarf an **Hafeneinzelbetriebe vermittelt, die mit den Hafenarbeitern ein weiteres Arbeitsverhältnis begründen**.

Der BFH hat zu diesem Sonderfall im Urteil v. 11.4.2019, VI R 36/16, BStBl II 2019, 543 entschieden, dass

- **lohnsteuerrechtlicher Arbeitgeber** eines Gesamthafenarbeiters, der sowohl in einem unbefristeten Arbeitsverhältnis zur Gesamthafen-Betriebsgesellschaft steht als auch durch die arbeitstägliche Arbeitsaufnahme ein weiteres befristetes Arbeitsverhältnis bei einem Hafeneinzelbetrieb begründet, der **Hafeneinzelbetrieb** ist,
- es für die Frage, ob der Gesamthafenarbeiter über eine **erste Tätigkeitsstätte** i.S.d. § 9 Abs. 4 Satz 1 EStG verfügt, weil er einer ortsfesten betrieblichen Einrichtung dauerhaft zugeordnet ist, es deshalb allein **auf das jeweilige mit dem Hafeneinzelbetrieb begründete Arbeitsverhältnis ankommt**,
- **es unerheblich, dass das Arbeitsverhältnis zu einem Hafeneinzelbetrieb regelmäßig auf einen Tag befristet ist**. Denn von einer dauerhaften Zuordnung ist nach § 9 Abs. 4 Satz 3 zweite Alternative EStG ist dann auszugehen, wenn der Arbeitnehmer für die Dauer des (befristeten) Dienst- oder Arbeitsverhältnisses an einer ortsfesten betrieblichen Einrichtung tätig werden soll.

Beispiel:

Hafenarbeiter B ist beim Gesamthafenbetrieb Hamburg beschäftigt und wurde im Jahr 2015 fünf verschiedenen Hafeneinzelbetrieben im Hamburger Hafen zugeteilt, die dort über ein eigenes Betriebsgelände verfügen. Er ist zu diesen Betrieben jeweils von seiner Wohnung aus mit dem Pkw gefahren.

Der **BFH** hat im o.g. Urteil entschieden, dass in Bezug auf das jeweilige Arbeitsverhältnis zu den Hafeneinzelbetrieben auf Grund des insoweit bestehenden Weisungsrechts – selbst wenn das jeweilige Arbeitsverhältnis nur *einen* Tag bestanden haben sollte – **dauerhafte Zuordnungen** i.S.d. § 9 Abs. 4 Satz 3 zweite Alternative EStG vorliegen, so dass unter den übrigen Voraussetzungen (Tätigkeit an einer ortsfesten betrieblichen Einrichtung) die **Hafeneinzelbetriebe als „erste Tätigkeitsstätte" anzusehen** sind. D.h. die Fahrten zwischen Wohnung und Hafeneinzelbetrieb können dann nur mit der Entfernungspauschale berücksichtigt werden, Mehraufwendungen für Verpflegung dagegen überhaupt nicht.

Offen geblieben ist im Urteilsfall allerdings, ob die dauerhaften Zuordnungen jeweils auch zu ortsfesten betrieblichen Einrichtungen i.S.d. § 9 Abs. 4 Satz 1 EStG erfolgt sind. Das FG habe lediglich festgestellt, dass die Hafeneinzelbetriebe im Gebiet des Hamburger Hafens ansässig waren und dort über eigene Betriebsgelände verfügten. **Es hat jedoch keine Feststellungen darüber getroffen, ob diese auf ihrem jeweiligen Gelände über eine ortsfeste betriebliche Einrichtung verfügten, an der der Kläger tätig werden sollte** (§ 9 Abs. 4 Satz 1 i.V.m. Satz 3 EStG). Dies wird das FG im zweiten Rechtsgang nachzuholen haben.

Sollte es im Einzelfall an einer ersten Tätigkeitsstätte i.S.d. § 9 Abs. 4 EStG fehlen, wären die Fahrten des Klägers insoweit nach § 9 Abs. 1 Satz 3 Nr. 4a Sätze 1 und 2 EStG mit den tatsächlichen Aufwendungen oder alternativ mit 0,30 € je gefahrenen Kilometer anzusetzen.

Da es auf die Beschäftigung durch die Hafeneinzelbetriebe ankommt, ist § 9 Abs. 1 Satz 3 Nr. 4a Satz 3 EStG (weiträumiges Tätigkeitsgebiet) nicht einschlägig.

S. hierzu auch das o.g. Urteil des **FG Niedersachsen** v. 23.7.2020, 1 K 76/16, EFG 2020, 1844.

3. Sozialversicherung

Soweit Fahrtkosten und Verpflegungsmehraufwendungen nach den Grundsätzen für Auswärtstätigkeiten steuerlich berücksichtigt werden können und vom Arbeitgeber nach § 3 Nr. 13, 16 EStG steuerfrei ersetzt werden, sind sie auch sozialversicherungsfrei (→ *Reisekosten: Allgemeine Grundsätze* Rz. 3660). 2470

Haftung für Lohnsteuer: Allgemeine Grundsätze

Inhalt

1. Allgemeines

a) Vorbemerkung

2471 Zur besseren Übersichtlichkeit werden die Ausführungen zum Thema „Haftung für Lohnsteuer“ jeweils unter den folgenden Stichworten dargestellt:

- **Haftung für Lohnsteuer: Allgemeine Grundsätze** (Haftungsvorschriften, Ermessensausübung bei Inanspruchnahme des Arbeitgebers usw.),
- **Haftung für Lohnsteuer: Berechnung der Nachforderung** und
- **Haftung für Lohnsteuer: Verfahrensvorschriften**.

Zur Beitragshaftung in der Sozialversicherung → *Haftung für Sozialversicherungsbeiträge* Rz. 2520.

b) Allgemeines zur Haftung

2472 Grds. **schuldet der Arbeitnehmer** die für den gezahlten Arbeitslohn fällige Lohnsteuer (§ 38 Abs. 2 EStG), auch wenn der eigentliche Lohnsteuerabzug dem Arbeitgeber obliegt. Dies gilt auch für sog. **Nettolohnvereinbarungen**. Allerdings **haftet** der **Arbeitgeber** für die korrekte Einbehaltung und Abführung der Lohnsteuer (§ 42d EStG); und zwar

- für die Lohnsteuer, die er einzubehalten und abzuführen hat,
- für die Lohnsteuer, die er beim Lohnsteuer-Jahresausgleich zu Unrecht erstattet hat,
- für die Einkommensteuer (Lohnsteuer), die auf Grund fehlerhafter Angaben im Lohnkonto oder in der Lohnsteuerbescheinigung verkürzt wird,
- für die Lohnsteuer, die in den Fällen des § 38 Abs. 3a EStG der Dritte zu übernehmen hat. Das sind Fälle, in denen ein Dritter die Pflichten des Arbeitgebers übernommen hat, z.B. studentische Arbeitsvermittlungen, bei Mehrfacharbeitsverhältnissen im Konzernverbund, welche für die Lohnabrechnungen zusammengefasst werden (z.B. bei Versicherungsgesellschaften), durch zentrale Abrechnungsstellen bei den Kirchen sowie bei Arbeitnehmern von Wohneigentümergemeinschaften.

Dies gilt auch bei → *Lohnzahlung durch Dritte* Rz. 3040, soweit der Arbeitgeber zur Einbehaltung der Lohnsteuer verpflichtet ist (R 42d.1 Abs. 1 LStR).

Der Arbeitgeber kann für zu Unrecht nicht einbehaltene und abgeführte Lohnsteuer auch dann in Anspruch genommen werden, wenn die Einkommensteuer für denselben Zeitraum **beim Arbeitnehmer verjährt** ist (vgl. BFH v. 6.3.2008, VI R 5/05, BStBl II 2008, 597).

Die Haftung des Arbeitgebers setzt nicht voraus, dass das Finanzamt zunächst **vergeblich versucht hat, den Arbeitnehmer als eigentlichen Steuerschuldner in Anspruch zu nehmen**. Sie ist auch grds. **nicht von einem Verschulden** des Arbeitgebers abhängig. Der Arbeitgeber haftet auch dann, wenn er wegen entschuldbaren Rechtsirrtums zu wenig Lohnsteuer einbehalten hat. Ein **geringfügiges Verschulden oder ein schuldloses Verhalten** ist aber bei der Frage zu würdigen, ob eine Inanspruchnahme des Arbeitgebers **ermessensgerecht** ist (zuletzt BFH v. 22.2.2007, VI B 29/06). Einschränkungen ergeben sich insbesondere

- bei fehlerhaften **Auskünften oder Zusagen des Finanzamts**,
- wenn die Ansprüche gegenüber dem Arbeitgeber als Haftendem **verjährt** sind oder
- wenn die Inanspruchnahme des Arbeitgebers **ermessenswidrig** wäre. Vgl. dazu R 42d.1 Abs. 4 LStR sowie H 42d.1 (Allgemeines zur Arbeitgeberhaftung) und (Ermessensausübung) LStH.

Die Haftung erstreckt sich auch auf die sog. **Annexsteuern** (Kirchensteuer, Solidaritätszuschlag) sowie auf zu Unrecht gezahlte Arbeitnehmer-Sparzulagen und Bergmannsprämien.

Eine Sonderregelung sieht das Gesetz aber für die **pauschale Lohnsteuer** vor: Diese ist nicht nur grds. vom **Arbeitgeber zu übernehmen, er ist sogar unmittelbar Steuerschuldner** (vgl. § 40 Abs. 3, § 40a Abs. 5 und § 40b Abs. 4 EStG).

Der Arbeitgeber kann auch auf Grund von Erkenntnissen bei einer **Lohnsteuer-Nachschau** durch Lohnsteuer-Nachforderungsbescheid oder Lohnsteuer-Haftungsbescheid in Anspruch genommen werden. Soll der Arbeitgeber in Haftung genommen oder bei ihm Lohnsteuer nachgefordert werden, ist ihm rechtliches Gehör zu gewähren (BMF v. 16.10.2014, IV C 5 – S 2386/09/10002 :001, BStBl I 2014, 1408 Rdnr. 17).

Es wird kritisiert, dass der **Staat dem Arbeitgeber mit dem Lohnsteuerabzug und der Haftung zu weitgehende Pflichten auferlegt habe**, die v.a. die Lohnkosten unnötig in die Höhe trieben. Nach der bisherigen Rechtsprechung des BVerfG ist dies aber **nicht verfassungswidrig** (vgl. z.B. BVerfG v. 17.2.1977, 1 BvR 33/76, betr. Verpflichtung des Arbeitgebers zur Einbehaltung der Kirchenlohnsteuer).

Zahlungen auf Grund einer Haftung wegen Beihilfe zur Steuerhinterziehung Dritter nach **§ 71 AO** können bei einem GmbH-Gesellschafter-Geschäftsführer als **Werbungskosten** abgezogen werden (BFH v. 9.12.2003, VI R 35/96, BStBl II 2004, 641). Entsprechendes gilt für Zahlungen eines Gesellschafter-Geschäftsführers einer GmbH auf Grund einer Haftungsinanspruchnahme nach **§ 69 AO** (OFD Düsseldorf v. 29.10.1992, S 2350 A – St 114).

2. Gesetzliche Haftungstatbestände

Das Gesetz (§ 42d Abs. 1 EStG) sieht für die Arbeitgeberhaftung 2473
drei Haftungstatbestände vor:

a) Nicht korrekt einbehaltene und abgeführte Lohnsteuer

Der Arbeitgeber haftet für die Lohnsteuer, die er **einzubehalten** 2474
und **abzuführen** hat (§ 42d Abs. 1 Nr. 1 EStG). Um Missverständnisse zu vermeiden: Mit der „einzubehaltenden“ Lohnsteuer wird die Lohnsteuer bezeichnet, welche der Arbeitgeber bei zutreffender Anwendung des Lohnsteuerrechts hätte einbehalten müssen; also ggf. über die tatsächlich einbehaltene Lohnsteuer hinaus.

Der Arbeitgeber haftet nach dieser Vorschrift, wenn er nicht alle steuerpflichtigen Leistungen **vorschriftsmäßig dem Lohnsteuerabzug unterwirft**, die Lohnsteuer nicht richtig berechnet (z.B. Ansatz eines falschen Pauschsteuersatzes) oder nicht rechtzeitig einbehält, anmeldet und abführt. Er hat den Lohnsteuerabzug zutreffend vorgenommen, wenn er die Lohnsteuer **entsprechend den Lohnsteuerabzugsmerkmalen des Arbeitnehmers** berechnet und die für das maßgebende Jahr **gültige Lohnsteuertabelle** zu Grunde gelegt hat, vgl. H 42d.1 (Allgemeines zur Arbeitgeberhaftung) LStH. Ob die Lohnsteuerabzugsmerkmale (Steuerklasse, Freibeträge) zutreffend sind, hat der Arbeitgeber hiernach nicht zu prüfen. Sind die Lohnsteuerabzugsmerkmale falsch und hat es der Arbeitnehmer unterlassen, die Eintragungen ändern zu lassen, kann die zu wenig einbehaltene Lohnsteuer nur vom Arbeitnehmer nachgefordert werden.

Beispiel:

Die elektronischen Lohnsteuerabzugsmerkmale eines Arbeitnehmers berücksichtigen noch die Steuerklasse III, obwohl dieser bereits seit Jahren von seiner Ehefrau dauernd getrennt lebt.

In diesem Fall hätte der Arbeitnehmer seine Lohnsteuerabzugsmerkmale in Steuerklasse I oder ggf. II (wenn ein Kind zu seinem Haushalt gehört) ändern lassen müssen (vgl. § 39 Abs. 5 EStG). Der Arbeitgeber kann jedoch auf die Richtigkeit der von der Finanzverwaltung bereitgestellten elektronischen Lohnsteuerabzugsmerkmale vertrauen und die Lohnsteuer nach der Steuerklasse III einbehalten. Er kann hierfür nicht haftbar gemacht werden.

Entsprechendes gilt, wenn die Lohnsteuerabzugsmerkmale des Arbeitnehmers einen zu hohen Freibetrag enthalten.

Hat der Arbeitgeber trotz Nichtabruf der ELStAM bzw. Nichtvorlage der Lohnsteuerkarte/Bescheinigung für den Lohnsteuerabzug in 2011/2012/2013 oder der Bescheinigung nach § 39 Abs. 3 EStG (§ 39d Abs. 1 Satz 3 EStG a.F.) den Lohnsteuerabzug nicht nach der Steuerklasse VI durchgeführt, sondern nach der Steuerklasse I bis V (der Vorjahre) oder hat er keinen Lohnsteuerabzug vorgenommen, kann der Arbeitgeber auch **nach Ablauf des Kalenderjahres** grds. i.H.d. der **Lohnsteuer nach Steuerklasse VI** (§ 42d Abs. 1 Nr. 1 EStG) **in Haftung** genommen werden (vgl. hierzu Niedersächsisches FG v. 16.4.2025, 9 K 155/22, Rev. VI R 8/25). Die Haftung für Lohnsteuer nach § 42d Abs. 1 EStG scheidet jedoch aus, wenn eine Einkommensteuerschuld nicht oder nicht in Höhe des Lohnsteuerabzugs entstanden ist. Für solche Einwendungen gegen die Lohnsteuer-Haftung trägt der Arbeitgeber die Feststellungslast (FG Berlin-Brandenburg v. 13.11.2018, 9 V 9023/18, EFG 2019, 132 zur Lohnsteuerhaftung des Arbeitgebers für beschränkt einkommensteuerpflichtige Werkvertragsarbeitnehmer aus Polen;

s.a. H 42d.1 „Allgemeines zur Arbeitgeberhaftung“ LStH, zur Frage ob ggf. eine Schattenveranlagung durchgeführt werden müsse, vgl. ebenfalls Niedersächsisches FG v. 16.4.2025, 9 K 155/22, Rev. VI R 8/25).

Der Arbeitgeber hat auch dann den Lohnsteuerabzug nicht ordnungsgemäß durchgeführt und kann demgemäß als Haftungsschuldner in Anspruch genommen werden, wenn im Fall einer Sachlohnzuwendung der geschuldete **Barlohn zur Deckung des Lohnsteuereinbehalts nicht ausreicht** und er es **unterlässt**, dies dem Betriebsstättenfinanzamt nach § 38 Abs. 4 Satz 2 EStG anzuzeigen (BFH v. 9.10.2002, VI R 112/99, BStBl II 2002, 884).

Der Arbeitgeber haftet darüber hinaus für die Lohnsteuer, die in den Fällen des § 38 Abs. 3a EStG der **Dritte** zu übernehmen hat.

b) Im Lohnsteuer-Jahresausgleich zu Unrecht erstattete Lohnsteuer (§ 42d Abs. 1 Nr. 2 EStG)

2475 Der Arbeitgeber haftet auch für die Lohnsteuer, die er beim Lohnsteuer-Jahresausgleich zu Unrecht erstattet hat (§ 42d Abs. 1 Nr. 2 EStG):

Gemeint ist der (gesetzlich vorgeschriebene) **Lohnsteuer-Jahresausgleich des Arbeitgebers** nach § 42b EStG. Es handelt sich hier nur um einen Unterfall der vorhergehenden Regelung, wonach der Arbeitgeber den Lohnsteuerabzug nicht richtig vorgenommen hat. Eine vorschriftswidrige Lohnsteuererstattung beim Lohnsteuer-Jahresausgleich entspricht praktisch einer nicht vorschriftsmäßigen Kürzung des Arbeitslohns i.S. der obigen Fallgruppe a (BFH v. 24.1.1975, VI R 121/72, BStBl II 1975, 420).

c) Lohnsteuerverkürzung auf Grund fehlerhafter Angaben des Arbeitgebers

2476 Neben der Lohnsteuer haftet der Arbeitgeber auch für die Einkommensteuer des Arbeitnehmers, die auf Grund fehlerhafter Angaben im **Lohnkonto** oder in der **Lohnsteuerbescheinigung** verkürzt wird (§ 42d Abs. 1 Nr. 3 EStG):

In der Praxis sind dies v.a. die Fälle, in denen auf Grund fehlerhafter Angaben des Arbeitgebers in der Lohnsteuerbescheinigung bei der **Einkommensteuerveranlagung des Arbeitnehmers** die Steuer zu niedrig festgesetzt oder zu viel Lohnsteuer erstattet worden ist. Die Haftung des Arbeitgebers reicht aber nur soweit, als durch seine fehlerhaften Angaben tatsächlich Lohnsteuer verkürzt worden ist; bei einer fehlerhaft ausgestellten Lohnsteuer-Bescheinigung beschränkt sich die Haftung des Arbeitgebers auf die Lohnsteuer, die sich bei der Einkommensteuer-Veranlagung des Arbeitnehmers ausgewirkt hat (BFH v. 22.7.1993, VI R 116/90 BStBl II 1993, 775 sowie H 42d.1 (Allgemeines zur Arbeitgeberhaftung) LStH. „Fehlerhafte“ Angaben in diesem Sinne sind nicht nur falsche, sondern auch **fehlende Angaben** (BFH v. 12.7.1968, VI R 320/66, BStBl II 1968, 697). Dieser Fallgruppe kommt in der Praxis erhebliche Bedeutung zu, weil **Arbeitgeber oftmals vergessen**, in der Lohnsteuerbescheinigung die in § 41b EStG **geforderten Eintragungen über steuerfreie Lohnersatzleistungen, Fahrtkostenzuschüsse usw. vorzunehmen** (→ *Lohnsteuerbescheinigung* Rz. 2952). Ob es sich dabei um ein Versehen handelt, ist für die Frage der Haftung unerheblich.

Beispiel 1:

Der Arbeitgeber zahlt seinen Arbeitnehmern mit 15 % pauschal besteuerte **Zuschüsse zu den Aufwendungen für Wege zwischen Wohnung und erster Tätigkeitsstätte**. Er hat vergessen, diese in der Lohnsteuerbescheinigung anzugeben (Zeile 18). Bei der Einkommensteuerveranlagung der Arbeitnehmer werden die Entfernungspauschale bzw. die Aufwendungen für die Fahrten Wohnung – erste Tätigkeitsstätte trotz der pauschal versteuerten Arbeitgeberzuschüsse in voller Höhe als Werbungskosten abgezogen.

Der Arbeitgeber haftet für die zu viel erstattete Einkommensteuer, weil er seiner gesetzlichen Verpflichtung (§ 41b Abs. 1 Nr. 7 EStG), diese steuerfreien Arbeitgeberleistungen in der Lohnsteuerbescheinigung einzutragen, nicht nachgekommen ist.

Beispiel 2:

Der Arbeitgeber hat **Kurzarbeitergeld** gezahlt, diese Leistungen aber nicht in der Lohnsteuerbescheinigung angegeben (Zeile 15). Bei der Einkommensteuerveranlagung konnten diese Leistungen daher nicht dem Progressionsvorbehalt unterworfen werden.

Der Arbeitgeber haftet für die zu niedrig festgesetzte Einkommensteuer, weil er seiner Eintragungspflicht (§ 41b Abs. 1 Nr. 5 EStG) dieser Leistungen in der Lohnsteuerbescheinigung nicht nachgekommen ist.

Ferner kommt eine Haftung des Arbeitgebers nach dieser Vorschrift in Betracht, wenn z.B. die für die Lohnbuchhaltung zuständige **Mitarbeiterin Gehaltsabrechnungen manipuliert** und dadurch zu wenig Lohnsteuer und andere Abgaben an das Finanzamt abgeführt hat (BFH v. 21.4.2010, VI R 29/08, BStBl II 2010, 833).

3. Gesetzliche Haftungsausschlüsse

Der Arbeitgeber haftet nicht, soweit 2477

- in den Fällen, in denen **der Barlohn** des Arbeitnehmers **zur Deckung der einzubehaltenden Lohnsteuer nicht ausreicht**, und der Fehlbetrag weder vom Arbeitnehmer zur Verfügung gestellt wird, noch vom Arbeitgeber durch Zurückbehaltung von anderen Bezügen aufgebracht werden kann und der Arbeitgeber dies dem **Betriebsstättenfinanzamt angezeigt** hat (§ 38 Abs. 4 EStG).

  Die Anzeige des Arbeitgebers nach § 38 Abs. 4 Satz 2 EStG ersetzt dann die Erfüllung der Einbehaltungspflichten. Bei unterlassener Anzeige hat der Arbeitgeber die Lohnsteuer mit den Haftungsfolgen nach § 42d Abs. 1 Nr. 1 EStG nicht ordnungsgemäß einbehalten (BFH v. 9.10.2002, VI R 112/99, BStBl II 2002, 884);
- **ein Arbeitnehmer seiner Verpflichtung die ELStAM** wegen einer Abweichung zu seinen Gunsten von den Verhältnissen zu Beginn des Kalenderjahres oder in den Fällen, in denen die Steuerklasse II bescheinigt war, die Voraussetzungen für die Berücksichtigung des Entlastungsbetrags für Alleinerziehende nach § 24b EStG im Laufe des Kalenderjahres entfallen, **ändern zu lassen, nicht nachgekommen** und nunmehr Lohnsteuer nach § 39 Abs. 5 EStG von ihm nachzufordern ist;
- **ein Arbeitnehmer in den Fällen des § 39 Abs. 7 EStG (Wechsel von der unbeschränkten zur beschränkten Einkommensteuerpflicht)** dem Finanzamt den Wegfall der unbeschränkten Einkommensteuerpflicht nicht angezeigt hat und nunmehr Lohnsteuer von ihm nachzufordern ist;
- **er eine Anzeige in den Fällen des § 41c Abs. 4 EStG erstattet** hat, z.B. weil er von seiner Berechtigung, Lohnsteuer nachträglich einzubehalten, keinen Gebrauch gemacht hat;
- **der nachzufordernde** (Steuer-)Betrag **insgesamt 10 €** nicht übersteigt (§ 42d Abs. 5 EStG);
- er dem Finanzamt Fälle i.S.d. § 38 Abs. 4 Satz 3 EStG anzeigt, wenn der Arbeitnehmer die von einem **Dritten gewährten Bezüge nicht** oder erkennbar unrichtig mitgeteilt hat.

4. Arbeitgeber und Arbeitnehmer als Gesamtschuldner

a) Allgemeines

Sofern ein Haftungstatbestand erfüllt und die Haftung des Arbeitgebers nicht ausgeschlossen ist oder der Arbeitgeber in Fällen der Pauschalierung der Lohnsteuer selbst Steuerschuldner ist, sind Arbeitgeber und Arbeitnehmer **Gesamtschuldner** (§ 42d Abs. 3 Satz 1 EStG): Jeder schuldet die gesamte Leistung, auch wenn sie nur **einmal** erhoben wird; die Leistung des einen befreit auch den anderen Schuldner (§ 44 Abs. 1 Satz 2 AO). Das Betriebsstättenfinanzamt kann die Steuerschuld oder Haftungsschuld nach **pflichtgemäßem Ermessen** gegenüber jedem Gesamtschuldner geltend machen (§ 42d Abs. 3 Satz 2 EStG). Dabei gilt Folgendes: 2478

aa) Die Inanspruchnahme des Arbeitnehmers als Steuerschuldner ist grds. jederzeit möglich

Schuldner der Lohnsteuer ist nach § 38 Abs. 2 Satz 1 EStG grds. der Arbeitnehmer. Die Lohnsteuer ist im Abzugsverfahren bei jeder Lohnzahlung vom Arbeitgeber für Rechnung des Arbeitnehmers einzubehalten (§ 38 Abs. 3 Satz 1 EStG). Ein Steuerbescheid (**Nachforderungsbescheid**) gegen den Arbeitnehmer zur Festsetzung von Lohnsteuer kann nur erlassen werden (§ 42d Abs. 3 Satz 4 EStG), wenn 2478.1

- der Arbeitgeber die Lohnsteuer nicht vorschriftsmäßig einbehalten hat
- oder der Arbeitnehmer wusste, dass der Arbeitgeber die einbehaltene Lohnsteuer nicht vorschriftsmäßig angemeldet und dies dem Finanzamt nicht unverzüglich mitgeteilt hat.

Der Arbeitnehmer kann weder verlangen, dass der Arbeitgeber im Haftungswege vorrangig in Anspruch genommen wird, noch eine gegen ihn gerichtete Nachforderung ablehnen, wenn eine haftungsweise Inanspruchnahme des Arbeitgebers z.B. aus Vertrauensschutzgründen ausscheidet (BFH v. 27.3.1991, VI R 126/87, BStBl II 1991, 720). Die Inanspruchnahme des Arbeitnehmers für nicht einbehaltene und abgeführte Lohnsteuer durch **Einkommensteueränderungsbescheide ist auch keine Ermessensentscheidung** des Finanzamts. Selbst wenn eine Inanspruchnahme des Arbeitnehmers im Lohnsteuerabzugsverfahren nach § 42d Abs. 3 Satz 4 EStG ausgeschlossen ist, kann der Arbeitnehmer im Veranlagungsverfahren gleichwohl uneingeschränkt in Anspruch genommen werden (zuletzt BFH v. 11.7.2016, VI B 14/16).

Beispiel:

Eine Brauerei hatte den Haustrunk ihrer Angestellten nicht versteuert. Bei der späteren Lohnsteuer-Außenprüfung war dies erstmals aufgegriffen worden, die früheren Prüfungen hatten dies nicht beanstandet. Das Finanzamt hat die auf den nicht versteuerten geldwerten Vorteil entfallenden Steuerbeträge unmittelbar beim **Arbeitnehmer** nachgefordert. Dieser wandte sich gegen seine Inanspruchnahme mit der Begründung, dass die Versteuerung im Hinblick auf die Nichtbeanstandung des Haustrunks bei den vorhergehenden Prüfungen gegen Treu und Glauben verstoße.

Der BFH hat diese Ansicht zurückgewiesen: Eine Lohnsteuer-Außenprüfung richtet sich nur gegen den Arbeitgeber. Es ist richtig, dass hier die Inanspruchnahme des **Arbeitgebers** gegen den Grundsatz von Treu und Glauben verstoßen könnte, weil bei den vorhergehenden Prüfungen eine andere Auffassung vertreten worden war. Diese Einwendungen betreffen jedoch nicht das Rechtsverhältnis des Finanzamts zum Arbeitnehmer und stehen seiner Inanspruchnahme somit nicht entgegen (BFH v. 27.3.1991, VI R 126/87, BStBl II 1991, 720).

bb) Die Inanspruchnahme des Arbeitgebers hängt dagegen von der Ermessensausübung ab

2478.2 Ein bei der Ermessensausübung generell zu berücksichtigender Vorrang in der Heranziehung des Arbeitnehmers ist § 42d Abs. 3 EStG nicht zu entnehmen (BFH v. 10.10.2006, VII B 30/06).

Der **Arbeitgeber** kann auch dann in Anspruch genommen werden, wenn der **Arbeitnehmer zur Einkommensteuer veranlagt** wird (§ 42d Abs. 3 Satz 3 EStG). Dies kann der Fall sein, wenn die Einkommensteuer gegenüber dem Arbeitnehmer zwar zutreffend festgesetzt, aber **nicht vollstreckbar oder bereits bestandskräftig festgesetzt oder verjährt** ist (BFH v. 6.3.2008, VI R 5/05, BStBl II 2008, 597).

Eine Haftung des Arbeitgebers scheidet dagegen aus, wenn feststeht, dass eine Einkommensteuerschuld des Arbeitnehmers nicht oder nicht in Höhe des Lohnsteuerabzugs entstanden ist. Dies setzt aber einen dahingehenden Nachweis des Arbeitgebers voraus. Dafür genügt es nicht, pauschal auf die Arbeitsverträge hinzuweisen, wonach es den beschränkt steuerpflichtigen Arbeitnehmern untersagt gewesen sei, Mehrfachbeschäftigungsverhältnisse zu begründen (FG Berlin-Brandenburg v. 13.11.2018, 9 V 9023/18, EFG 2019, 132 zur Lohnsteuerhaftung des Arbeitgebers für beschränkt einkommensteuerpflichtige Werkvertragsarbeitnehmer).

I.R. des **Lohnsteuerabzugsverfahrens** kann das Wohnsitzfinanzamt die vom Arbeitgeber auf Grund einer (unrichtigen) Anrufungsauskunft nicht einbehaltene und abgeführte Lohnsteuer vom Arbeitnehmer nicht im Haftungswege nach § 42d Abs. 3 Satz 4 Nr. 1 EStG nachfordern (BFH v. 17.10.2013, VI R 44/12, BStBl II 2014, 892).

b) Ermessensausübung

2479 Das Finanzamt muss die Wahl, an welchen Gesamtschuldner es sich halten will, nach pflichtgemäßem Ermessen unter Beachtung der durch **Recht und Billigkeit gezogenen Grenzen** unter verständiger Abwägung der Interessen aller Beteiligten treffen. Die Grundsätze von Recht und Billigkeit verlangen keine vorrangige Inanspruchnahme des Arbeitnehmers als des Steuerschuldners, vgl. H 42d.1 (Ermessensausübung) LStH. Ob das Finanzamt von seinem Ermessen den richtigen Gebrauch gemacht hat, ist eine Rechtsfrage, die (ggf. nur) von den Steuergerichten zu prüfen ist (BFH v. 9.8.2002, VI R 41/96, BStBl II 2003, 160).

Die Ermessensprüfung erfolgt in einem **zweistufigen Verfahren**:

- sog. **Entschließungsermessen**:

  Darf der Arbeitgeber in Haftung genommen werden oder ist dies **wegen Unbilligkeit** von vornherein **ausgeschlossen**? In den unter → Rz. 2480 dargestellten Fällen scheidet die Arbeitgeberhaftung hiernach aus.

- sog. **Auswahlermessen**:

  Hat die Prüfung des Entschließungsermessens ergeben, dass der **Arbeitgeber als Haftender** in Anspruch genommen werden kann, muss das Finanzamt weiter prüfen, ob nicht zunächst der **Arbeitnehmer als Steuerschuldner vorrangig** in Anspruch genommen werden soll.

Im Anschluss an die Prüfung des Entschließungsermessens hat das Finanzamt zu entscheiden, ob es den Arbeitgeber (als Haftungsschuldner) vorrangig vor dem Arbeitnehmer (Steuerschuldner) in Anspruch nehmen darf, vgl. R 42d.1 Abs. 4 LStR.

Allgemein gilt Folgendes:

- Es ist grds. von dem gesetzgeberischen Zweck des Lohnsteuer-Abzugsverfahrens auszugehen, wonach durch den Abzug an der Quelle (Arbeitgeber) der schnelle Eingang der Lohnsteuer in einem vereinfachten Verfahren sicherzustellen ist.
- Eine vorrangige Inanspruchnahme des Arbeitgebers kann danach unzulässig sein, wenn die Lohnsteuer ebenso schnell und einfach vom Arbeitnehmer selbst erhoben werden kann.
- Hat sich der Arbeitgeber mit einer Inanspruchnahme als Haftungsschuldner einverstanden erklärt, ist die Inanspruchnahme des Arbeitgebers regelmäßig ermessensgerecht. Dies gilt nach BFH v. 24.8.2017, VI R 58/15, BStBl II 2018, 72 selbst dann, wenn sich die Haftungsschuld nur auf die Lohnsteuer eines, dazu auch noch namentlich bekannten Arbeitnehmers bezieht, der zudem als Geschäftsführer des Arbeitgebers selbst für den ordnungsgemäßen Lohnsteuer-Abzug verantwortlich war.
- War eine Inanspruchnahme des Arbeitgebers nach den o.g. Grundsätzen unzulässig, so kann er trotzdem in Anspruch genommen werden, wenn der Versuch des Finanzamts, die Lohnsteuer beim Arbeitnehmer nachzuerheben, erfolglos verlaufen ist, vgl. H 42d.1 LStR.

Im Haftungsbescheid oder spätestens im finanzgerichtlichen Verfahren muss das **Finanzamt seine Ermessenserwägungen darlegen**, weshalb es den Arbeitgeber als Haftungsschuldner und nicht den Arbeitnehmer als Steuerschuldner in Anspruch nimmt (zuletzt BFH v. 15.5.2013, VI R 28/12, BStBl II 2013, 737: Werden erstmals während des Revisionsverfahrens Ermessenserwägungen angestellt, können diese im Revisionsverfahren nicht mehr berücksichtigt werden). Nach Auffassung des FG Niedersachsen muss das Finanzamt seine Ermessensentscheidung ausreichend begründen, ein floskelhafter Hinweis in Textbausteinen auf die vereinfachte Steuererhebung reicht nicht aus (Urteil v. 20.8.2009, 11 K 121/08, EFG 2009, 1805).

5. Ausschluss der Arbeitgeberhaftung wegen Unbilligkeit (Entschließungsermessen)

Eine Haftung des Arbeitgebers besteht grds. **unabhängig von einem Verschulden des Arbeitgebers**; der Grad des Verschuldens kann jedoch i.R. der **Ermessensausübung** Bedeutung erlangen. Die Haftungsinanspruchnahme des Arbeitgebers kann sogar von vornherein ausgeschlossen sein, wenn sich der Arbeitgeber in einem Rechtsirrtum befunden hat, dessen Ursache in der Sphäre der Finanzverwaltung lag. Dabei hat der BFH stets darauf verwiesen, dass gerade in schwierigen Fällen, wenn dem Arbeitgeber bei Anwendung der gebotenen Sorgfalt Zweifel über die Rechtslage kommen müssen, der Verzicht auf eine Anrufungsauskunft (§ 42e EStG) vorwerfbar sein kann (zuletzt BFH v. 19.5.2009, VI B 8/08, m.w.N.). 2480

Eine Haftung des Arbeitgebers kann insbesondere dann **unbillig** und damit ermessensfehlerhaft sein, wenn er Lohnsteuer infolge eines **entschuldbaren Rechtsirrtums** nicht zutreffend einbehalten hat (zuletzt FG Saarland v. 3.12.2014, 2 K 1088/12: Ausschluss der Arbeitgeberhaftung für Lohnsteuer bei entschuldbarem Rechtsirrtum auf Grund einer i.R. einer Vorprüfung ausdrücklich als zutreffend bestätigten Handhabung).

Die Rechtsprechung hat hiernach die **Arbeitgeberhaftung abgelehnt**, wenn – vgl. auch H 42d.1 (Ermessensausübung) LStH –

- **der Arbeitgeber eine bestimmte Methode der Steuerberechnung angewendet und das Finanzamt hiervon Kennt-**

nis erlangt und nicht beanstandet hat (vgl. zuletzt BFH v. 29.11.2016, VI R 61/14, BStBl II 2017, 718 m.w.N. betr. steuerliche Berücksichtigung von Zuzahlungen für Bereitschaftsdienstzeiten),

- **sich der Arbeitgeber in einem entschuldbaren Rechtsirrtum befunden hat, dessen Ursache in der Sphäre der Finanzverwaltung lag**, weil ihm z.B. das Finanzamt eine unklare oder falsche Auskunft gegeben hat (BFH v. 24.11.1961, VI 183/59 S, BStBl III 1962, 37), die LStR unklar sind oder er den Angaben in einem Manteltarifvertrag über die Steuerfreiheit vertraut hat (zuletzt BFH v. 18.8.2005, VI R 32/03, BStBl II 2006, 30). Das Gleiche gilt, wenn **der Arbeitgeber durch Prüfung und Erörterung einer Rechtsfrage durch das Finanzamt in einer unrichtigen Rechtsauslegung bestärkt wurde**. Das kann z.B. der Fall sein, wenn der Arbeitgeber auf Grund der Ergebnisse der durchgeführten Lohnsteuer-Außenprüfungen auf die Ordnungsmäßigkeit seines Vergütungssystems für Bereitschaftsdienste vertraut hat und sich diesbezüglich in einem Rechtsirrtum befand (BFH v. 29.11.2016, VI R 61/14, BStBl II 2017, 718 m.w.N. betr. steuerliche Berücksichtigung von Zuzahlungen für Bereitschaftsdienstzeiten).

  Ein entschuldbarer Rechtsirrtum des Arbeitgebers liegt dagegen regelmäßig **nicht** vor, wenn dieser die Möglichkeit der Anrufungsauskunft (§ 42e EStG) hat, davon jedoch keinen Gebrauch macht (BFH v. 29.5.2008, VI R 11/07, BStBl II 2008, 933);

Beispiel 1:

Eine Brauerei hatte den Haustrunk ihrer Angestellten nicht versteuert. Bei einer späteren Lohnsteuer-Außenprüfung war dies erstmals aufgegriffen worden, die früheren Prüfungen hatten dies nicht beanstandet.

Eine Haftung der Brauerei hat der BFH abgelehnt (BFH v. 27.3.1991, VI R 126/87, BStBl II 1991, 720). Begründung: Wenn die vom Arbeitgeber angewandte lohnsteuerrechtliche Handhabung in einem Prüfungsbericht einer vorangegangenen Lohnsteuer-Außenprüfung gebilligt worden war oder wenn dem Finanzamt durch einen solchen Prüfungsbericht bekannt geworden war, dass der Arbeitgeber die Sachbezüge seiner Arbeitnehmer für die Steuerberechnung falsch behandelt, es aber unterlassen hat, den Arbeitgeber auf diesen Fehler hinzuweisen, dann verstößt die Inanspruchnahme des Arbeitgebers gegen Treu und Glauben.

Diese Voraussetzungen liegen jedoch **nicht** vor, wenn ein bestimmter Sachverhalt, den der Prüfer nicht unbedingt erkennen musste, bei der **Lohnsteuer-Außenprüfung nicht geprüft** und deshalb nicht beanstandet worden ist. Der Arbeitgeber darf dann nicht ohne weiteres davon ausgehen, dass der von ihm vorgenommene Lohnsteuerabzug einwandfrei ist. Es ist selbstverständlich, dass das Nichtaufgreifen eines Sachverhalts bzw. einer bestimmten Rechtsfrage i.R. einer Vorbetriebsprüfung im Allgemeinen keinen Vertrauenstatbestand für die Folgebetriebsprüfung schafft (BFH v. 24.4.1997, I B 121/96).

Beispiel 2:

Eine Baufirma hat ihren Montagearbeitern zu hohe Auslösungen steuerfrei gezahlt. Sie wendet sich gegen die Inanspruchnahme im Haftungswege nach einer Lohnsteuer-Außenprüfung, weil die steuerliche Behandlung der Auslösungen bei früheren Lohnsteuer-Außenprüfungen nicht beanstandet worden war.

Der BFH hat dieses „pauschale" Vorbringen abgelehnt, weil die Firma nicht nachweisen konnte, dass der Sachverhalt „Auslösungen" tatsächlich geprüft worden war. Den Hinweis darauf, dass der Prüfer die unzutreffende Steuerfreistellung der Auslösungen schon aus der Buchhaltung hätte erkennen müssen, ließ der BFH nicht gelten (BFH v. 24.1.1992, VI R 177/88, BStBl II 1992, 696).

- **der Arbeitgeber oder der lohnsteuerliche Arbeitgeberpflichten wahrnehmende Dritte beim Lohnsteuerabzug entsprechend einer Lohnsteueranrufungsauskunft gem. § 42e EStG verfährt oder den Lohnsteuerabzug nach den Vorgaben der zuständigen Finanzbehörden vornimmt** (das können die LStR, BMF-Schreiben oder OFD-Verfügungen der Länder sein, vgl. zuletzt BFH v. 13.6.2013, VI R 17/12, BStBl II 2014, 340 und BFH v. 20.3.2014, VI R 43/13, BStBl II 2014, 592). Das Gleiche gilt, wenn sich der Arbeitgeber an die Rechtsprechung des BFH hält (FG Berlin v. 22.10.1976, III 321/76, EFG 1977, 103). Ein Vertrauensschutz besteht allerdings nicht, wenn dem Arbeitgeber bekannt war, dass das für ihn zuständige Betriebsstättenfinanzamt eine andere Auffassung vertritt;

Beispiel 3:

Eine Kurklinik in Hessen hat ihren Arbeitnehmern Dienstwohnungen zur Verfügung gestellt. Die Arbeitnehmer zahlen nur den „besoldungsrechtlichen Mietwert". Entsprechend einer Verfügung der OFD Bremen hat die Klinik diesen Mietwert auch bei der Lohnsteuer angesetzt.

Dienstwohnungen sind grds. mit der ortsüblichen Vergleichsmiete anzusetzen (→ *Dienstwohnung* Rz. 1544). Da die Klinik aber nach einer Verfügung der OFD Bremen verfahren ist, scheidet eine Haftung aus. Unerheblich ist, dass es sich um eine für den Arbeitgeber unzuständige OFD handelt (BFH v. 25.10.1985, VI R 130/82, BStBl II 1986, 98). Der Arbeitgeber kann sich daher in Haftungsfällen auch auf Verwaltungsäußerungen aus anderen Bundesländern berufen.

- **der Arbeitgeber den individuellen Lohnsteuerabzug ohne Berücksichtigung von Gesetzesänderungen durchgeführt hat**, soweit es ihm in der kurzen Zeit zwischen der Verkündung des Gesetzes und den folgenden Lohnabrechnungen bei Anwendung eines strengen Maßstabs nicht zumutbar war, die Gesetzesänderungen zu berücksichtigen (R 42d.1 Abs. 4 Satz 4 LStR).

  In diesen Fällen können die zu wenig einbehaltenen Steuern somit nur vom **Arbeitnehmer nachgefordert** werden.

6. Haftung des Arbeitgebers (Auswahlermessen)

a) Ermessensfehlerfreie Arbeitgeberhaftung

Kann der Arbeitgeber nach Prüfung des „Entschließungsermessens" in Anspruch genommen werden, so ist seine Heranziehung als Haftungsschuldner in aller Regel **ermessensfehlerfrei** (vgl. auch H 42d.1 (Ermessensausübung) LStH), wenn 2481

- **die Einbehaltung der Lohnsteuer in einem rechtlich einfach und eindeutig vorliegenden Fall nur deshalb unterblieben ist, weil der Arbeitgeber sich über seine Verpflichtungen nicht hinreichend unterrichtet hat** (BFH v. 5.2.1971, VI R 82/68, BStBl II 1971, 353);

Beispiel:

Rechtsanwalt A hat im Jahre 2002 für einen Stundenlohn von 15 € eine Putzhilfe beschäftigt und die Lohnsteuer nach § 40a Abs. 2 EStG pauschal mit 20 % erhoben.

Die Inanspruchnahme des A als Haftungsschuldner ist vom FG Saarland als ermessensgerecht angesehen worden, weil sich A offenbar bewusst und vorsätzlich über die Beschränkungen des § 40a Abs. 2 EStG (der Stundenlohn durfte für das Jahr 2002 höchstens 12 € betragen) hinweggesetzt hat (FG Saarland v. 23.3.1993, 2 K 257/89, EFG 1993, 465).

- **der Arbeitgeber in schwierigen Fällen, in denen ihm bei Anwendung der gebotenen Sorgfalt Zweifel über die Rechtslage kommen müssen, von der Möglichkeit der Anrufungsauskunft (§ 42e EStG) keinen Gebrauch macht**; ein auf dieser Unterlassung beruhender Rechtsirrtum ist grds. nicht entschuldbar und steht der Inanspruchnahme des Arbeitgebers im Wege der Haftung nicht entgegen (zuletzt BFH v. 29.5.2008, VI R 11/07, BStBl II 2008, 933 betr. Telefoninterviewer);
- **sie der Vereinfachung dient, weil gleiche oder ähnliche Berechnungsfehler bei einer größeren Zahl von Arbeitnehmern (das sind regelmäßig mehr als 40) gemacht worden sind** (zuletzt FG Niedersachsen v. 20.8.2009, 11 K 121/08, EFG 2009, 1805: Bei acht Personen kann regelmäßig nicht von einer „Vielzahl von Personen" gesprochen werden). Ob dies auch gilt, wenn die Mehrzahl der betroffenen Arbeitnehmer nicht mehr im Dienst des Arbeitgebers steht, hat der BFH leider offen gelassen;
- **das Finanzamt auf Grund einer fehlerhaften Unterlassung des Arbeitgebers, z.B. bei Verletzung seiner** Aufzeichnungspflichten**, aus tatsächlichen Gründen nicht in der Lage ist, die Arbeitnehmer als Schuldner der Lohnsteuer heranzuziehen** (BFH v. 7.12.1984, VI R 164/79, BStBl II 1985, 164);
- **die individuelle Ermittlung der Lohnsteuer schwierig und der Arbeitgeber bereit ist, die Lohnsteuerschulden seiner Arbeitnehmer endgültig zu tragen** (BFH v. 7.12.1984, VI R 72/82, BStBl II 1985, 170) und keinen Antrag auf Pauschalierung stellt. In diesen und vergleichbaren Fällen kann die nachzufordernde Lohnsteuer unter Anwendung eines **durchschnittli-**

chen Bruttosteuersatzes – ggf. im Schätzungswege – ermittelt werden (vgl. BFH v. 29.10.1993, VI R 26/92, BStBl II 1994, 197). **Zahlt** der Arbeitgeber als Haftungsschuldner **die nachgeforderte Lohnsteuer ohne dafür** bei den Arbeitnehmern **Regress zu nehmen, fließt den Arbeitnehmern** im Zeitpunkt der Zahlung **ein Vorteil zu, der dem Lohnsteuerabzug unterliegt**;

- **im Falle einer Nettolohnvereinbarung der Arbeitgeber die Lohnsteuer im Innenverhältnis selbst tragen muss** (BFH v. 12.12.1975, VI B 124/75, BStBl II 1976, 543) oder wenn der Arbeitnehmer nicht weiß, dass der Arbeitgeber die Lohnsteuer nicht **angemeldet** hat (BFH v. 8.11.1985, VI R 238/80, BStBl II 1986, 186);
- **der Arbeitgeber die einbehaltene Lohnsteuer nicht an das Finanzamt abgeführt** (FG Hamburg v. 16.10.1985, II 151/83, EFG 1986, 364) oder vorsätzlich keine Lohnsteuer einbehalten und damit **Steuerhinterziehung** begangen hat (BFH v. 12.1.1988, VII R 74/84);
- **der Arbeitnehmer in das Ausland verzogen** ist und der Nachforderungsbescheid daher u.U. nicht vollstreckt werden kann (BFH v. 20.7.1988, I R 61/85, BStBl II 1989, 99; BFH v. 8.11.2000, I B 59/00);
- **der Arbeitgeber vorsätzlich eine Steuerstraftat begangen hat**. Dies gilt auch, wenn sich mehrere Haftungsschuldner einer Steuerhinterziehung schuldig gemacht haben und deshalb bei der Ausübung des Auswahlermessens grds. gleichrangig nebeneinander stehen. Der jeweils betroffene Haftungsschuldner kann in diesem Fall nicht beanspruchen, dass das Finanzamt bei der Ermessensausübung in einer Weise differenziert, dass andere Haftungsschuldner abgabenrechtlich in Anspruch genommen werden, er selbst hingegen nicht (BFH v. 12.2.2009, VI R 40/07, BStBl II 2009, 478);
- **die Einkommensteuer-Festsetzung des Arbeitnehmers bestandskräftig und verfahrensrechtlich nicht mehr änderbar ist,** bezüglich der Einkommensteuer-Festsetzung bereits Festsetzungsverjährung eingetreten ist oder der Arbeitnehmer für das Kalenderjahr keine Einkommensteuer schuldet (BFH v. 6.3.2008, VI R 5/05, BStBl II 2008, 597).

Hat sich der Arbeitgeber mit einer Inanspruchnahme als Haftungsschuldner einverstanden erklärt, ist die Inanspruchnahme des Arbeitgebers regelmäßig ermessensgerecht. Dies gilt selbst dann, wenn sich die Haftungsschuld nur auf die Lohnsteuer eines, dazu auch noch namentlich bekannten Arbeitnehmers bezieht, der zudem als Geschäftsführer des Arbeitgebers selbst für den ordnungsgemäßen Lohnsteuerabzug verantwortlich war (BFH v. 24.8.2017, VI R 58/15, BStBl II 2018, 72).

b) Ermessensfehlerhafte Arbeitgeberhaftung

2482 Eine Haftung des Arbeitgebers ist von der Rechtsprechung dagegen als ermessensfehlerhaft **abgelehnt** worden (vgl. auch H 42d.1 (Ermessensausübung) LStH), wenn

- **die Lohnsteuer ebenso schnell und einfach vom Arbeitnehmer nacherhoben werden könnte**, weil dieser z.B. ohnehin zur **Einkommensteuer** zu **veranlagen** ist; dies gilt nicht, wenn es sich um eine Vielzahl von Arbeitnehmern handelt (BFH v. 29.5.2008, VI R 11/07, BStBl II 2008, 933);
- **der Arbeitnehmer inzwischen aus dem Betrieb ausgeschieden** ist, weil dann der Arbeitgeber die im Haftungsverfahren entrichtete Lohnsteuer von künftigen Lohnzahlungen nicht mehr einbehalten kann (vgl. zuletzt BFH v. 18.8.2005, VI R 32/03, BStBl II 2006, 30 m.w.N.). Der **Arbeitgeber** kann aber dann in Anspruch genommen werden, wenn in diesen Fällen der **Versuch des** Finanzamts**, die Lohnsteuer beim Arbeitnehmer nachzufordern, erfolglos** verlaufen ist und § 173 Abs. 2 AO (Bestandsschutz nach einer Außenprüfung) dem Erlass eines Haftungsbescheids nicht entgegensteht (BFH v. 17.2.1995, VI R 52/94, BStBl II 1995, 555). Kann die Steuer beim Arbeitnehmer deshalb nicht nachgefordert werden, weil seine **Einkommensteuerveranlagung bestandskräftig** ist und die für eine Änderung des Steuerbescheids nach § 173 Abs. 1 Nr. 1 AO (neue Tatsachen) erforderlichen Voraussetzungen nicht vorliegen, ist ein Haftungsbescheid gegen den Arbeitgeber in aller Regel ermessensfehlerhaft;
- **es zweifelhaft ist, ob überhaupt ein Dienstverhältnis vorliegt** und der mutmaßliche Arbeitnehmer bekannt ist (zuletzt FG Sachsen-Anhalt v. 14.10.2002, 1 K 159/98, EFG 2003, 355 betr. Haftung einer GmbH wegen Lohnsteuer für ihren Geschäftsführer bei zweifelhaftem Arbeitsverhältnis);
- **es sich nur um einige wenige, einzeln bekannte Arbeitnehmer handelt** (BFH v. 20.9.1985, VI R 45/82);
- **der Arbeitgeber zu wenig Lohnsteuer einbehalten hat, weil der Arbeitnehmer ihm gegenüber unvollständige oder unrichtige Angaben gemacht hat**. Das gilt grds. auch für Arbeitslohn von dritter Seite, z.B. **Trinkgelder** im Gaststätten- oder **Frisiergewerbe**, die bis 2001 steuerpflichtig waren (BFH v. 24.10.1997, VI R 23/94, BStBl II 1999, 323);
- **der Arbeitnehmer, für den zu wenig Lohnsteuer einbehalten wurde, im Betrieb selbst für den Lohnsteuerabzug** verantwortlich **war**, z.B. als Geschäftsführer (FG Münster v. 28.10.1975, VIII 1477/72 L, EFG 1976, 309);
- **der Lohn erst zufließt, nachdem die Arbeitnehmer aus den Diensten des Arbeitgebers ausgeschieden sind**, und wenn deshalb die Berechnung der Lohnsteuer für den Arbeitgeber wegen des **Fehlens von Lohnsteuerabzugsmerkmalen** der Arbeitnehmer einen **Verwaltungsaufwand** verursachen würde, der deutlich höher wäre als es die Versendung einer Kontrollmitteilung durch die Finanzverwaltung wäre (BFH v. 19.7.1995, VI B 28/95);
- **Schwarzarbeiter beschäftigt werden** und die Arbeitnehmer namentlich bekannt sind; dies gilt auch, wenn Arbeitgeber und Schwarzarbeiter einvernehmlich zusammenwirken (FG Niedersachsen v. 18.1.2001, 11 K 270/99, EFG 2003, 371).

7. Haftung dritter Personen

Neben dem **Arbeitgeber** als Haftendem und dem **Arbeitnehmer** als Steuerschuldner können auch **dritte Personen als Gesamtschuldner** haften, vgl. ausführlich R 42d.1 Abs. 2 LStR sowie H 42d.1 (Haftung anderer Personen) LStH: 2483

Hierbei handelt es sich insbesondere um **gesetzliche Vertreter natürlicher und juristischer Personen, z.B. Vereinsvorstände, Vermögensverwalter, Insolvenzverwalter, Geschäftsführer einer GmbH, Rechtsnachfolger**. Voraussetzung ist allerdings, anders als bei der Arbeitgeberhaftung, dass sie ihre steuerlichen Pflichten **vorsätzlich oder grob fahrlässig verletzt** haben (§ 69 AO); s.a. BFH v. 22.2.2005, VII B 213/04: Haftung des sog. Steuerstraftäters.

Nach § 69 Abs. 1 AO haftet der GmbH-Geschäftsführer, soweit Ansprüche aus dem Steuerschuldverhältnis infolge vorsätzlicher oder grob fahrlässiger Verletzung der ihm auferlegten Pflichten nicht oder nicht rechtzeitig festgesetzt oder erfüllt werden. Die Haftungsvorschrift umfasst demnach als selbständige Möglichkeiten der Tatbestandsverwirklichung die Nichtfestsetzung, die nicht rechtzeitige Festsetzung, die Nichterfüllung und die nicht rechtzeitige Erfüllung der Steueransprüche. Nach mittlerweile ständiger BFH-Rechtsprechung können finanzielle Schwierigkeiten der Gesellschaften den für die Abführung von Lohnsteuer verantwortlichen Geschäftsführer nicht ohne weiteres entlasten. Der Geschäftsführer darf vielmehr, wenn infolge eines Liquiditätsengpasses die ihm zur Verfügung stehenden Mittel zur Zahlung der vollen vereinbarten Löhne (einschließlich Lohnsteueranteil) nicht ausreichen, die Löhne nur gekürzt als Vorschuss oder Teilbetrag auszahlen, so dass er aus den dann übrig bleibenden Mitteln die entsprechende Lohnsteuer an das Finanzamt abführen kann. Wenn der Geschäftsführer dieser Verpflichtung nicht nachgekommen ist und darauf vertraut hat, er werde die Steuerrückstände später nach Behebung der Liquiditätsschwierigkeiten – etwa auf Grund neuer Kredite oder der Einziehung von Außenständen – ausgleichen können, ist er damit bewusst das Haftungsrisiko eingegangen und die Nichtrealisierung dieser Erwartungen liegt in seiner Risikosphäre (zuletzt FG Berlin-Brandenburg v. 3.9.2015, 9 K 9271/10, EFG 2015, 2017).

In diesem Sinne hat der BFH auch mit Urteil v. 2.9.2021, VI R 47/18, HFR 2022, 237 entschieden. Danach übt die Finanzbehörde ihr Auswahlermessen fehlerhaft aus, wenn sie ohne nähere Begründung **nur** den Arbeitgeber für die Lohnsteuer in Haftung nimmt, obwohl nach den im Streitfall gegebenen Umständen eine Haftung des **Geschäftsführers** i.S. der §§ 34, 35, 69 AO in Betracht kommt. Wurde entgegen der gesetzlichen Vorgaben des § 39c EStG die Lohnsteuer nicht nach Lohnsteuerklasse VI einbehalten und abgeführt, sondern erfolgte der Lohnsteuerabzug nach Steuerklasse I/III, liegen Indizien für eine Prüfung der Inhaftungnahme des GmbH-Geschäftsführers vor.

Nach dem weiteren Urteil v. 14.12.2021 (veröffentlicht am 28.4.2022), VII R 32/20, HFR 2022, 605, begründet die Nichtabführung einzubehaltender und anzumeldender Lohnsteuer zu den gesetzlichen Fälligkeitszeitpunkten regelmäßig eine zumindest grob fahrlässige Verletzung der Pflichten des Geschäftsführers einer GmbH. Interessant ist die **neue Rechtsauffassung** des BFH, wonach dies **auch** im Fall der **nachträglichen Pauschalierung** der Lohnsteuer gilt. Allerdings handele es sich bei der **pauschalierten** bzw. pauschalen Lohnsteuer **nicht** um eine Unternehmenssteuer eigener Art, sondern um die durch die Tatbestandsverwirklichung des Arbeitnehmers entstandene und vom Arbeitgeber **lediglich übernommene** Lohnsteuer. Damit hat er seine anders lautende Rechtsprechung im Urteil v. 3.5.1990, VII R 108/88, BStBl II 1990, 767, aufgegeben.

Der **Geschäftsführer einer GmbH** kann als Haftungsschuldner für die von der GmbH nicht abgeführte Lohnsteuer auch insoweit in Anspruch genommen werden, als die Steuer auf seinen eigenen Arbeitslohn entfällt (BFH v. 15.4.1987, VII R 160/83, BStBl II 1988, 167). Durch privatrechtliche Vereinbarungen im Gesellschaftsvertrag kann die Haftung der Gesellschafter einer Gesellschaft bürgerlichen Rechts nicht auf das Gesellschaftsvermögen beschränkt werden (BFH v. 27.3.1990, VII R 26/89, BStBl II 1990, 939). Auch bei Zahlungen, die ein **Gesellschafter-Geschäftsführer** auf die von der GmbH geschuldeten Löhne aus seinem eigenen Vermögen ohne unmittelbare Berührung der Vermögenssphäre der Gesellschaft und ohne dieser gegenüber dazu verpflichtet zu sein selbst erbringt, hat er dafür zu sorgen, dass die Lohnsteuer einbehalten und an das Finanzamt abgeführt wird (BFH v. 22.11.2005, VII R 21/05, BStBl II 2006, 397). Nimmt das Finanzamt sowohl den Arbeitgeber nach § 42d EStG als auch den früheren Gesellschafter-Geschäftsführer u.a. wegen Lohnsteuer-Hinterziehung nach § 71 AO in Haftung, so hat es insoweit eine Ermessensentscheidung nach § 191 Abs. 1 i.V.m. § 5 AO zu treffen und die Ausübung dieses Ermessens regelmäßig zu begründen (BFH v. 9.8.2002, VI R 41/96, BStBl II 2003, 160).

Der Geschäftsführer einer GmbH ist verpflichtet, für Löhne, die im Anmeldungszeitraum gezahlt worden sind, die Lohnsteuer zum Fälligkeitstermin zu entrichten. Das durch die unterbliebene Entrichtung eingegangene Haftungsrisiko entfällt nicht, wenn ein Geschäftsführer irrtümlich annimmt, die Entrichtungsschuld durch vermeintliche Vorsteuer-Guthaben oder private Mittel bzw. solche eines Kreditinstituts begleichen zu können (zuletzt BFH v. 25.11.2004, VI B 289/00, m.w.N.). Entsprechendes gilt für die Haftung des **Vorstandsmitglieds einer AG**, über die das Insolvenzverfahren eröffnet wurde (BFH v. 6.7.2005, VII B 296/04).

Allein der Antrag auf **Eröffnung des Insolvenzverfahrens** befreit den GmbH-Geschäftsführer nicht von der Haftung wegen Nichtabführung der einbehaltenen Lohnsteuer (BFH v. 23.9.2008, VII R 27/07, BStBl II 2009, 129 und zuletzt BFH v. 14.12.2021, VII R 32/20 betr. Haftung des Geschäftsführers einer insolventen GmbH für nicht abgeführte pauschalierte Lohnsteuer und entstandene Säumniszuschläge sowie zur Stellung des Insolvenzverwalters).

Eine unzutreffende, jedoch bestandskräftig gewordene Lohnsteueranmeldung muss sich der als Haftungsschuldner in Anspruch genommene Geschäftsführer einer GmbH dann nicht nach § 166 AO 1977 entgegenhalten lassen, wenn er nicht während der gesamten Dauer der Rechtsbehelfsfrist Vertretungsmacht und damit das Recht gehabt hat, namens der GmbH zu handeln (BFH v. 24.8.2004, VII R 50/03, BStBl II 2005, 127).

Ferner haftet auch der **Übernehmer eines Betriebs im Ganzen** für die seit Beginn des letzten, vor der Übereignung liegenden Kalenderjahres entstandene Lohnsteuer, wenn sie bis zum Ablauf von einem Jahr nach Anmeldung des Betriebs durch den Erwerber festgesetzt oder angemeldet worden ist (§ 75 AO).

Die Rechtsprechung zur Sorgfaltspflicht eines GmbH-Geschäftsführers im Zusammenhang mit der Abführung von Lohnsteuer kann nicht auf den **Prokuristen einer GmbH** übertragen werden, ohne die Umstände des Einzelfalls zu berücksichtigen (FG Hessen v. 10.10.2005, 3 V 3913/04).

Die Haftung des **Entleihers** (ggf. auch des **Verleihers**) i.R. der **Arbeitnehmerüberlassung** ist in den § 42d Abs. 6 bis 8 EStG besonders geregelt, es handelt sich dabei nicht um eine „Arbeitgeber-Haftung" (→ *Arbeitnehmerüberlassung* Rz. 568).

Zur **Haftung beim Lohnsteuerabzug durch einen Dritten** → *Lohnsteuerabzug durch Dritte* Rz. 2942.

8. Einwendungen gegen die Haftung

Der **Arbeitgeber** kann im Einspruchsverfahren im Wesentlichen nur geltend machen, dass 2484

- **kein Arbeitsverhältnis begründet** worden sei,
- er den **Lohnsteuerabzug zutreffend** vorgenommen bzw. bei steuerfreien Leistungen unterlassen habe,
- seine Inanspruchnahme **ermessenswidrig** sei oder
- der Arbeitnehmer **Zahlungen** auf die der Haftung zu Grunde gelegten Steuerschulden **erbracht** hat, indem er die streitigen Lohnbestandteile in seiner Einkommensteuererklärung versteuert hat (BFH v. 24.1.1992, VI R 177/88, BStBl II 1992, 696).

Durch die **Anfechtung** eines Lohnsteuer-Haftungsbescheids werden jedoch **nicht** zugleich (inzident) auch die Lohnsteuer-Anmeldungen oder ein Bescheid über die Aufhebung des Vorbehalts der Nachprüfung der Lohnsteuer-Anmeldungen für die Anmeldungszeiträume angefochten, in denen der Haftungstatbestand verwirklicht wurde (BFH v. 15.2.2023, VI R 13/21, BStBl II 2024, 175).

In der **Person des Arbeitnehmers** liegende Ermäßigungsgründe (z.B. über den Abzug von Werbungskosten, Sonderausgaben, außergewöhnlichen Belastungen usw., die der Arbeitnehmer i.R. einer Einkommensteuerveranlagung hätte geltend machen können) **kann der Arbeitgeber jedoch nicht vorbringen**, maßgeblich sind insoweit vielmehr die vorgelegenen elektronischen Lohnsteuerabzugsmerkmale (vgl. BFH v. 26.7.1974, VI R 24/69, BStBl II 1974, 756).

Eine **Ausnahme** gilt, wenn sich Arbeitgeber und Arbeitnehmer über **die Zugehörigkeit von Bezügen zum Arbeitslohn** und damit auch über **die Notwendigkeit der Eintragung** der mit diesen Bezügen zusammenhängenden **Werbungskosten irrten und irren konnten** (BFH v. 5.11.1971, VI R 207/68, BStBl II 1972, 137 sowie → *Haftung für Lohnsteuer: Berechnung der Nachforderung* Rz. 2487).

Erhält der **Arbeitnehmer einen Nachforderungsbescheid**, so kann er – wie bei einer Einkommensteuerveranlagung – alle **Ermäßigungsgründe vorbringen**, selbst wenn die zweijährige Frist für die sog. Antragsveranlagung zur Einkommensteuer abgelaufen ist. Er kann auch einwenden, seine Einkünfte lägen unter dem steuerfrei bleibenden Grundfreibetrag; **ausgeschlossen** ist lediglich eine nachträgliche **Steuererstattung** (BFH v. 26.1.1973, VI R 136/69, BStBl II 1973, 423; BFH v. 15.11.1974, VI R 167/73, BStBl II 1975, 297).

9. Rückgriff gegen den Arbeitnehmer

a) Verzicht als geldwerter Vorteil

Hat der **Arbeitgeber** im Haftungswege für den Arbeitnehmer als eigentlichen Steuerschuldner **Lohnsteuer nachgezahlt**, so hat er – mit Ausnahme bei Nettolohnvereinbarungen – **zivilrechtlich gegen den Arbeitnehmer einen Rückgriffsanspruch** (BAG v. 9.12.1976, 3 AZR 371/75, BStBl II 1977, 581). **Verzichtet der Arbeitgeber auf diesen Rückgriffsanspruch**, so wird dadurch dem Arbeitnehmer im Zeitpunkt des Regressverzichts ein **geldwerter Vorteil** zugewendet, der als sonstiger Bezug zu versteuern ist, vgl. H 19.3 (Beispiele) LStH sowie zuletzt BFH v. 13.9.2007, VI R 54/03, BStBl II 2008, 58. Dies gilt auch für **Nettolohnvereinbarungen**. Will der Arbeitgeber auch diese Lohnsteuer übernehmen, so ist der geldwerte Vorteil nach den Grundsätzen der Nettobesteuerung zu ermitteln. Er kann aber stattdessen auch die Festsetzung eines besonderen **Pauschsteuersatzes** beantragen und dann die pauschale Lohnsteuer übernehmen. 2485

Hat der **Arbeitgeber** auf Grund einer **Vereinbarung** mit dem Arbeitnehmer auf das **Rückgriffrechts verzichtet** oder ist ihm auf Grund eines **tarifvertraglichen Ausschlusses** (z.B. nach sechs Monaten) ein **Rückgriff** auf den Arbeitnehmer **nicht mehr mög-**

lich, so stellt die Übernahme der Steuerabzugsbeträge einen als **Nettozuwendung** an den Arbeitnehmer zu versteuernden geldwerten Vorteil dar.

b) Unfreiwilliger Verzicht kein geldwerter Vorteil

2486 **Trägt der Arbeitgeber dagegen die nachentrichteten Steuerbeträge wider Willen**, weil ihm ein Rückgriff auf den Arbeitnehmer nicht mehr möglich oder aber erfolglos geblieben ist (z.B., weil der Arbeitnehmer inzwischen **entlassen wurde oder zahlungsunfähig** ist), so kann der Arbeitgeber nur mit der **Bruttosteuer** in Anspruch genommen werden, denn in der Übernahme der nachentrichteten Steuerbeträge liegt in derartigen Fällen keine beabsichtigte Zuwendung des Arbeitgebers an den Arbeitnehmer.

Haftung für Lohnsteuer: Berechnung der Nachforderung

Inhalt

1. Vorbemerkung

2487 Zu den Themen „Haftung für Lohnsteuer" auch

- → *Haftung für Lohnsteuer: Allgemeine Grundsätze* Rz. 2471,
- → *Haftung für Lohnsteuer: Verfahrensvorschriften* Rz. 2506.

2. Nachforderung beim Arbeitgeber

2488 Bei Lohnsteuer-Nachforderungen für das **abgelaufene Kalenderjahr** ist, wenn der Arbeitnehmer während des ganzen Jahres bei demselben Arbeitgeber beschäftigt gewesen ist, die für das ganze Jahr maßgebende Jahreslohnsteuertabelle anzuwenden. Die Lohnsteuer kann nur insoweit nachgefordert werden, als sich unter Berücksichtigung der elektronischen Lohnsteuerabzugsmerkmale und der Vorschriften über den Lohnsteuer-Jahresausgleich, soweit er vom Arbeitgeber durchzuführen ist, ein Mehrbetrag ergibt. Die ggf. i.R. einer vom Finanzamt durchgeführten Antragsveranlagung geltend gemachten Antragsgründe und ihre Auswirkungen braucht der Arbeitgeber nicht zu berücksichtigen. Auch auf **Ermäßigungsgründe**, die der Arbeitnehmer noch nicht geltend gemacht hat oder wegen Fristablaufs bei einer Antragsveranlagung nicht mehr geltend machen kann, kann der **Arbeitgeber sich im Haftungsverfahren nicht berufen** (BFH v. 5.11.1971, VI R 207/68, BStBl II 1972, 137).

Lediglich wenn sich Arbeitgeber und Arbeitnehmer über die **Zugehörigkeit von Bezügen zum Arbeitslohn** und damit auch über die Notwendigkeit **einer Freibetragsbildung für die mit diesen Bezügen zusammenhängenden Werbungskosten irrten**, können insoweit Werbungskosten nachträglich berücksichtigt werden (BFH v. 5.11.1971, VI R 207/68, BStBl II 1972, 137). Gleiches gilt, wenn der Arbeitgeber die Lohnsteuer zunächst nach § 40a EStG pauschal erhoben hat, die Pauschalierung dann aber i.R. einer Lohnsteuer-Außenprüfung abgelehnt wird, weil die Voraussetzungen hierfür nicht gegeben sind. Beim Erlass des Haftungsbescheids hat dann das Finanzamt zu prüfen, ob und in welcher Höhe Werbungskosten der Arbeitnehmer zu berücksichtigen sind, die bisher nicht geltend gemacht worden sind (FG Baden-Württemberg v. 14.5.1997, 2 K 338/94, EFG 1997, 1193).

Beispiel:

Eine Baufirma hat ihren Monteuren pauschale Zehrgelder von 4 € steuerfrei gezahlt, weil sie täglich länger als sechs Stunden unterwegs sind. Ob die Mindestabwesenheitsdauer von mehr als acht Stunden erfüllt war, wurde nicht geprüft. Bei ihrer Einkommensteuerveranlagung haben die Arbeitnehmer im Hinblick auf die steuerfrei gezahlten Zehrgelder keine Mehraufwendungen für Verpflegung als Werbungskosten angesetzt – auch nicht für die Tage, an denen tatsächlich die Mindestabwesenheitsdauer von acht Stunden erfüllt war.

Nach einer Lohnsteuer-Außenprüfung wurden die Zehrgelder vom Finanzamt versteuert, weil die Firma nicht nachweisen konnte, dass für alle Tage die Mindestabwesenheitsdauer von mehr als acht Stunden erfüllt war. Soweit dies im Haftungsverfahren noch nachgewiesen werden kann, ist die Haftungssumme entsprechend zu verringern. Es erscheint verständlich, dass der Arbeitgeber die häufigen Änderungen für den Ansatz von steuerfreien Verpflegungsmehraufwendungen nicht gänzlich überschaut bzw. nachvollzogen hat.

Das gilt z.B. auch, wenn der Arbeitgeber für die Benutzung des arbeitnehmereigenen Pkw anlässlich von **Dienstreisen eine Pauschale** steuerfrei zahlt und die Aufwendungen des Arbeitnehmers nicht i.R. des Veranlagungsverfahrens berücksichtigt worden sind. Der **Irrtum des Arbeitgebers darf aber nicht auf einer groben und für ihn offensichtlichen** Verletzung steuerlicher Pflichten beruhen. Ein solcher **Irrtum ist deshalb z.B. nicht anzuerkennen**, wenn der Arbeitgeber (z.B. bei einer früheren Lohnsteuer-Außenprüfung) auf die Lohnsteuerpflicht bestimmter Zuwendungen hingewiesen wurde (BFH v. 10.2.1961, VI 89/60 U, BStBl III 1961, 139).

Ausnahmsweise kann aber von einer **Inanspruchnahme des Arbeitgebers abgesehen** werden, wenn es sich um einen oder wenige langfristig beschäftigte und gering entlohnte Arbeitnehmer, für die keine elektronischen Lohnsteuerabzugsmerkmale vorgelegen haben, handelt und damit gerechnet werden kann, dass ihre Einkünfte keinen materiellen Steueranspruch ausgelöst haben, d.h. **unter dem steuerlichen Grundfreibetrag liegen**. Voraussetzung ist, dass die Namen der Arbeitnehmer und ihre Anschriften bekannt sind und sich das Verhalten des Arbeitgebers nicht als grob fahrlässig darstellt (BFH v. 15.11.1974, VI R 167/73, BStBl II 1975, 297).

3. Berechnungsmethoden

Steht die Höhe der nachzuversteuernden Zuwendungen im Einzelnen fest und ist geklärt, dass die Steuerabzugsbeträge vom **Arbeitgeber nachgefordert** werden, so ergeben sich **folgende Berechnungsmöglichkeiten**: 2489

- **Brutto-Einzelberechnung** (Haftungsbescheid),
- **Netto-Einzelberechnung** (Haftungsbescheid),
- **Schätzung der Lohnsteuer** nach § 162 AO (Haftungsbescheid),
- Anwendung von **Pauschsteuersätzen** (Nachforderungsbescheid).

a) Brutto-Einzelberechnung

aa) Weiterbelastung an den Arbeitnehmer

Die Brutto-Einzelberechnung kommt in Betracht, wenn Steuerabzugsbeträge von Arbeitnehmern nachzufordern sind, der **Arbeitgeber aber nicht beabsichtigt, die nachgeforderten Steuerabzugsbeträge zu übernehmen**. Der Nachforderungsbetrag ergibt sich unter Anwendung der maßgeblichen Lohnsteuertabelle aus dem Unterschied zwischen der Lohnsteuer, die auf den bisher versteuerten Arbeitslohn, und der Lohnsteuer, die auf den bei der Lohnsteuer-Außenprüfung festgestellten Arbeitslohn entfällt. Die nachzufordernde Lohnsteuer ist also **grds. individuell zu ermitteln**. Der individuellen Ermittlung der Steuerabzugsbeträge steht nicht entgegen, dass es sich um eine Vielzahl von Fällen handelt oder sie mit einem großen Arbeitsaufwand verbunden ist (BFH v. 17.3.1994, VI R 120/92, BStBl II 1994, 536; BFH v. 19.7.1995, VI B 28/95). Der Arbeitgeber hat i.R. seiner Mitwirkungspflichten dem Finanzamt angemessene und zumutbare Hilfestellung bei der Berechnung der Steuerabzugsbeträge zu leisten (BFH v. 1.7.1994, VI R 101/93). 2490

Beispiel:

Ein rentenversicherungspflichtiger Arbeitnehmer in München, Steuerklasse III/1, nicht kirchensteuerpflichtig, bewohnt eine Werkswohnung. Nach R 8.1 Abs. 5 LStR war ihm im Kalenderjahr 2025 ein geldwerter

Vorteil von (100 € × 12 Monate =) 1 200 € zuzurechnen. Der bisher versteuerte Arbeitslohn betrug 35 000 € (Zusatzbeitrag Krankenversicherung 2,5 %).

Die Nachforderung ist wie folgt zu berechnen:

		Lohnsteuer	Solidaritätszuschlag (5,5 %)
Arbeitslohn	35 000,– €	-388,– €	0 €
+ Vorteil	1 200,– €		
insgesamt	36 200,– €	550,– €	0 €
Nachforderung		162,– €	0 €

Das Finanzamt wird spätestens bei der nächsten Lohnsteuer-Außenprüfung prüfen, ob der Arbeitgeber tatsächlich den Nachzahlungsbetrag von 162 € vom Arbeitnehmer zurückgefordert hat. Ein **Verzicht des Arbeitgebers auf die Weiterbelastung stellt für den Arbeitnehmer einen geldwerten Vorteil** und damit einen Zufluss von steuerpflichtigem Arbeitslohn dar, der im Zeitpunkt des Verzichts als sonstiger Bezug zu versteuern ist (→ *Haftung für Lohnsteuer: Allgemeine Grundsätze* Rz. 2471). Übernimmt der Arbeitgeber auch die hierauf entfallenden Steuern, so ist eine Nettobesteuerung des sonstigen Bezugs durchzuführen (→ *Nettolöhne* Rz. 3281).

bb) Keine Weiterbelastung an den Arbeitnehmer

2491 Auch wenn der Arbeitgeber die Steuerbeträge nach der Lohnsteueraußenprüfung nicht an den Arbeitnehmer weiterbelasten kann, muss für den bisher unversteuerten Arbeitslohn im Zuflussjahr die Bruttosteuer ermittelt werden. Ob in der unterbliebenen Weiterbelastung ein zusätzlicher steuerpflichtiger Vorteil zu sehen ist, hängt von den Gründen ab.

Entscheidend ist, ob der Arbeitgeber objektiv seinen Ausgleichsanspruch gegen den Arbeitnehmer nicht mehr geltend machen kann (z.B. der Arbeitnehmer ist unbekannt verzogen oder zahlungsunfähig), ob er erfolglos war oder ob er lediglich aus subjektiven Gründen (z.B. Regressverzicht gegenüber dem Arbeitnehmer oder zu hoher Verwaltungsaufwand) auf die Geltendmachung seines Anspruchs verzichtet (vgl. hierzu BFH v. 29.10.1993, VI R 26/92, BStBl II 1994, 197). **Kann der Arbeitgeber seinen Ausgleichsanspruch aus objektiven Gründen nicht geltend machen,** hat er die nachgeforderten Steuerbeträge auf Grund seiner Haftung an das Finanzamt zu entrichten. Darin kann kein zusätzlicher Arbeitslohn gesehen werden.

Verzichtet der Arbeitgeber auf Grund einer **Vereinbarung mit dem Arbeitnehmer** auf sein Rückgriffsrecht im Jahr der Steuernachzahlung, so stellt die Übernahme der Steuerabzugsbeträge im Jahr der Zahlung zu diesem Zeitpunkt einen weiteren geldwerten Vorteil dar. Sieht ein durch Lohnsteuer-Haftungsbescheid in Anspruch genommener Arbeitgeber freiwillig davon ab, bei dem Arbeitnehmer Regress zu nehmen, erfordert die Annahme von Arbeitslohn nicht das Zustandekommen eines Erlassvertrages i.S.v. § 397 BGB (BFH v. 5.3.2007, VI B 41/06). Wenn die Übernahme der Nachforderungsbeträge durch den Arbeitgeber im Zeitpunkt der Lohnsteueraußenprüfung bereits bekannt ist, kann der Vorteil aus der Steuerübernahme in dem auf Grund der Lohnsteueraußenprüfung ergehenden Haftungsbescheid versteuert werden (R 39b.9 Abs. 2 LStR). Wird bei einer nachfolgenden Lohnsteueraußenprüfung festgestellt, dass die Weiterbelastung an den Arbeitnehmer unterblieben oder aus rechtlichen Gründen nicht möglich war (z.B. 6 Monate nach Bekanntgabe des Haftungsbescheides bzw. bei Verjährung der Ansprüche des Arbeitgebers nach Ablauf von drei Jahren), ist darin eine Zuwendung eines Vorteils an den Arbeitnehmer zu sehen, die als Nettoarbeitslohn zu versteuern ist

cc) Übernahmeerklärung des Arbeitgebers

2492 Ist der Arbeitgeber bereit, die Steuerabzugsbeträge, die auf den bisher nicht versteuerten Arbeitslohn entfallen, zu übernehmen, sind in entsprechender Anwendung von BFH v. 29.10.1993, VI R 26/92, BStBl II 1994, 197 nur die **Bruttosteuern** zu ermitteln, die auf die einzelnen Kalenderjahre. des Prüfungszeitraums im Einzelfall auf den Nachforderungsgrund entfallen. Die Summe der sich so ergebenden Steuern ist dann als sonstiger Bezug im Zeitpunkt ihrer Zahlung durch den Arbeitgeber netto zu versteuern.

Die Nettoversteuerung eines **sonstigen Bezugs** erfolgt in entsprechender Anwendung des R 39b.9 Abs. 2 LStR. Übernimmt der Arbeitgeber auch die auf den sonstigen Bezug entfallende Kirchensteuer, den Solidaritätszuschlag und ggf. die Arbeitnehmeranteile am Gesamtsozialversicherungsbeitrag, so sind für die Berechnung der Nachforderung dem sonstigen Bezug diese weiteren Lohnabzugsbeträge hinzuzurechnen.

b) Netto-Einzelberechnung, Nettolohnvereinbarung

Wird eine Nettolohnvereinbarung (vgl. BFH v. 28.2.1992, VI R 146/ 2493
87, BStBl II 1992, 733) anerkannt, vom Arbeitgeber das Vorliegen einer Nettozuwendung eingeräumt oder ist der **Arbeitgeber aus Vereinfachungsgründen mit der sofortigen** Inanspruchnahme als Haftungsschuldner mit der **individuellen Nettosteuerberechnung einverstanden**, ist die Lohnsteuer für das Jahr des Zuflusses des nachzuversteuernden Arbeitslohns im Wege der **Nettolohnversteuerung** nach R 39b.9 LStR zu berechnen, vgl. dazu ausführlich OFD Düsseldorf v. 29.1.2005, S 2367 A – St 22, sowie → *Nettolöhne* Rz. 3281. Möchte der Arbeitgeber die Lohnsteuer für seine Arbeitnehmer übernehmen und wendet er sich im Grunde gegen die Festsetzung einer Haftungsschuld (z.B. Klärung einer materiell-rechtlichen Frage), reicht dies für eine Nettolohnversteuerung hingegen nicht aus.

Haben sich die Parteien eines Vertrages über **freie Mitarbeit** über die Rechtsnatur des zwischen ihnen bestehenden Verhältnisses geirrt und lag **tatsächlich ein Arbeitsverhältnis** vor, sind als Bruttolohn die zugeflossenen Geld- und Sachzuwendungen anzusehen. Eine Hinaufrechnung auf einen Bruttolohn um die nicht abgeführte Lohnsteuer ist nicht zulässig (BFH v. 23.4.1997, VI R 12/96). Bei einer fehlgeschlagenen Pauschalversteuerung kann keine Nettolohnvereinbarung unterstellt werden (BFH v. 13.10.1989, VI R 36/85, BStBl II 1990, 30).

Sind bei **illegalen Beschäftigungsverhältnissen** Steuern und Beiträge zur Sozialversicherung und zur Arbeitsförderung nicht gezahlt worden, gilt für den Bereich der Sozialversicherung ein Nettoarbeitsentgelt als vereinbart (§ 14 Abs. 2 Satz 2 SGB IV), nicht jedoch für den steuerlichen Bereich (vgl. BFH v. 21.2.1992, VI R 41/88, BStBl II 1992, 443).

Die Nettoversteuerung eines sonstigen Bezugs erfolgt in entsprechender Anwendung von R 39b.9 Abs. 2 LStR. Übernimmt der Arbeitgeber auch die auf den sonstigen Bezug entfallende Lohnkirchensteuer und den Solidaritätszuschlag, so sind für die Berechnung der Nachforderung dem sonstigen Bezug diese weiteren Lohnabzugsbeträge hinzuzurechnen.

Bei Übernahme der Arbeitnehmeranteile zur Sozialversicherung tritt Lohnzufluss erst bei tatsächlicher Leistung ein.

c) Individuelle Steuerberechnung oder Schätzung

aa) Individuelle Steuerberechnung

Sind die **nachzuversteuernden Beträge der Höhe nach für jeden Arbeitnehmer eindeutig feststellbar** und ist die Berechnung 2494
der individuellen Steuer **möglich** (z.B. Nachversteuerung von geldwerten Vorteilen bei der Überlassung von Werkswohnungen oder bei der privaten Pkw-Nutzung), so ist bei einem Fehlen des Antrags des Arbeitgebers auf Pauschalierung eine **Brutto-Einzelberechnung** oder bei einem **Verzicht auf Regress gegenüber den Arbeitnehmern eine Netto-Einzelberechnung** für jeden einzelnen Arbeitnehmer unumgänglich. Eine Ermittlung der Lohnsteuer in Anlehnung an die für eine Pauschalierung nach § 40 Abs. 1 EStG geltenden Grundsätze ist nicht zulässig (vgl. BFH v. 17.3.1994, VI R 120/92, BStBl II 1994, 536). In derartigen Fällen hat der Arbeitgeber i.R. seiner Mitwirkungspflicht dem Lohnsteuerprüfer alle für eine derartige Berechnung erforderlichen Merkmale (Bruttoarbeitslohn, Freibeträge, Steuerklasse usw.) vorzulegen und insbesondere so aufzubereiten, dass die Brutto-Einzelberechnung, ggf. die Netto-Einzelberechnung, möglichst einfach und mit dem geringsten Zeitaufwand durchgeführt werden kann. Dazu sind zweckmäßigerweise in einer Liste alle Arbeitnehmer mit dem sich nach § 39b Abs. 3 Satz 2 und 3 EStG ergebenden Jahresarbeitslohn auszuweisen (also ggf. nach Abzug von Versorgungsfreibetrag, Zuschlag zum Versorgungsfreibetrag, Altersentlastungsbetrag usw.).

bb) Schätzung der Lohnsteuer nach § 162 AO

Ist dagegen die **Feststellung der Höhe** der nachzuversteuern- 2495
den Beträge oder ihre **individuelle Zuordnung auf die einzelnen Arbeitnehmer nicht möglich**, so ist die nachzuerhebende Lohnsteuer in Anlehnung an § 40 Abs. 1 EStG regelmäßig mit

einem **Bruttosteuersatz zu schätzen**. Ob die endgültige Übernahme der Steuerabzugsbeträge im Kalenderjahr der Zahlung zu einem weiteren geldwerten Vorteil, der mit dem Nettosteuersatz zu versteuern ist, führt, kann nur im Einzelfall entschieden werden. Entscheidend ist, ob der Arbeitgeber objektiv seinen Ausgleichsanspruch gegen den Arbeitnehmer nicht mehr geltend machen kann (z.B. Arbeitnehmer ist unbekannt verzogen), ob er erfolglos war oder ob er lediglich aus subjektiven Gründen (z.B. zu hoher Verwaltungsaufwand) auf die Geltendmachung seines Anspruchs verzichtet. Vgl. hierzu BFH v. 29.10.1993, VI R 26/92, BStBl II 1994, 197. Eine Schätzung mit einem Nettosteuersatz ist allenfalls bei Vorliegen einer Nettolohnvereinbarung zulässig.

Fehlen für eine annähernd genaue Berechnung aussagekräftige Beweismittel (Belege und Aufzeichnungen), darf eine branchenübliche Lohnquote (Nettolohnquote) der Schätzung zu Grunde gelegt werden. Im Bereich des lohnintensiven Baugewerbes können bei illegalen Beschäftigungsverhältnissen in Form der Schwarzarbeit grds. zwei Drittel des Nettoumsatzes als Lohnsumme (Nettolohnsumme) veranschlagt werden (BGH v. 10.11.2009, 1 StR 283/09).

Die Steuerbeträge sind durch **Haftungsbescheid** und nicht durch Steuerbescheid zu erheben, da es sich nicht um eine Pauschalierung der Lohnsteuer nach § 40 EStG handelt und der Arbeitgeber demnach nicht Steuerschuldner ist.

Auch wenn der Arbeitgeber in einer Vielzahl von Fällen, in denen er keine Aufzeichnungen gemacht hat, nach § 42d EStG für die von den Arbeitnehmern geschuldete Lohnsteuer haftet, so ist die Höhe der Haftungsschuld im Jahr des ursprünglichen Lohnzuflusses selbst dann mit dem (niedrigeren) Bruttosteuersatz zu berechnen, wenn feststeht, dass der Arbeitgeber nach der Zahlung wegen des Fehlens von Aufzeichnungen bei seinen Arbeitnehmern keinen Regress wird nehmen können (BFH v. 29.10.1993, VI R 26/92, BStBl II 1994, 197). Da er den Umstand, die Steuer nicht an die Arbeitnehmer weiterbelasten zu können, zu vertreten hat, stellt deren Tragung durch ihn im **Zeitpunkt der Steuernachzahlung** einen geldwerten Vorteil dar. Wenn feststeht, dass keine Weiterbelastung an die Arbeitnehmer erfolgt, kann der Vorteil aus der Steuerübernahme in dem auf Grund der Lohnsteueraußenprüfung ergehenden Bescheid unter Anwendung eines Nettosteuersatzes festgesetzt werden.

4. Anwendung von Pauschsteuersätzen

a) Antrag auf Pauschalierung

2496 Die Berechnung der Steuernachforderung ist insbesondere dann, wenn **mehrere Arbeitnehmer** betroffen sind, mit einem **erheblichen Arbeitsaufwand** verbunden. Ist daher vom Arbeitgeber in einer **größeren Zahl von Fällen** (R 40.1 Abs. 1 LStR) Lohnsteuer nachzuerheben, weil der Arbeitgeber die Lohnsteuer nicht vorschriftsmäßig einbehalten hat, kann diese mit einem unter Berücksichtigung der allgemeinen Vorschriften über die Lohnbesteuerung zu ermittelnden **Pauschsteuersatz** erhoben werden (§ 40 Abs. 1 Satz 1 Nr. 2 EStG), wenn nicht ein fester Pauschsteuersatz in Betracht kommt (§ 40 Abs. 2, § 40a und § 40b EStG). Voraussetzung für die Anwendung eines Pauschsteuersatzes nach § 40 Abs. 1 Satz 1 Nr. 2 EStG ist, dass der **Arbeitgeber einen entsprechenden Antrag stellt und damit der Nachforderung pauschaler Lohnsteuer zustimmt** (BFH v. 20.11.2008, VI R 4/06, BStBl II 2009, 374). Derjenige, der für den Arbeitgeber i.R. der Lohnsteuer-Außenprüfung auftritt, ist i.d.R. nach den Grundsätzen der Anscheinsvollmacht dazu befugt, einen Antrag auf Lohnsteuer-Pauschalierung zu stellen (BFH v. 10.10.2002, VI R 13/01, BStBl II 2003, 156). Die Antragstellung ist aktenkundig zu machen. Pauschalierte Lohnsteuer darf nur für solche Einkünfte aus nichtselbständiger Arbeit erhoben werden, die dem Lohnsteuerabzug unterliegen, wenn der Arbeitgeber keinen Pauschalierungsantrag gestellt hätte (BFH v. 10.5.2006, IX R 82/98, BStBl II 2006, 669).

Hat das Finanzamt im Anschluss an eine Lohnsteuer-Außenprüfung nachzufordernde Lohnsteuer in einer größeren Zahl von Fällen nach § 40 Abs. 1 Nr. 2 EStG durch einen Lohnsteuer-Pauschalierungsbescheid geltend gemacht, ist dieser Bescheid nicht deshalb nichtig, weil der Arbeitgeber keinen Pauschalierungsantrag gestellt hat (BFH v. 7.2.2002, VI R 80/00, BStBl II 2002, 438). Deshalb ist ein bestandskräftig gewordener Pauschalierungsbescheid auch dann als verbindlich anzuerkennen, wenn er vom Finanzamt **ohne Antrag des Arbeitgebers erlassen** wurde.

Da die in § 40 Abs. 3 EStG vorgeschriebene Übernahme der pauschalen Lohnsteuer durch den Arbeitgeber einen geldwerten Vorteil darstellt, handelt es sich bei dem Pauschsteuersatz regelmäßig um einen **Nettosteuersatz** → Rz. 3343, → Rz. 3349.

b) Rücknahme des Antrags

Der Arbeitgeber ist an diesen **Antrag gebunden**, sobald der Pauschalierungsbescheid wirksam geworden, d.h. bekannt gegeben worden ist, vgl. H 40.1 (Bindung des Arbeitgebers an den Pauschalierungsbescheid) LStH. War sich der Arbeitgeber über Bedeutung und Rechtsfolgen des Antrags auf Pauschalierung der Steuern nicht im Klaren und sind im Einspruchsverfahren seine Einwendungen gegen den Pauschalierungsbescheid als Rücknahme oder Anfechtung des Pauschalierungsantrags zu verstehen, so ist es i.d.R. ermessensfehlerhaft, wenn das Finanzamt den Pauschalierungsbescheid aufrechterhält, obwohl es den Steueranspruch durch Erlass eines Haftungsbescheides gegenüber dem Arbeitgeber realisieren kann (BFH v. 5.3.1993, VI R 79/91, BStBl II 1993, 692). 2497

Zum Begriff **„größere Zahl von Fällen“** i.S.d. § 40 Abs. 1 Satz 1 EStG → *Pauschalierung der Lohnsteuer* Rz. 3339.

c) Durchführung der Pauschalierung

Die Anwendung eines Pauschsteuersatzes nach § 40 Abs. 1 Nr. 2 EStG soll lediglich der **Arbeits- und Verwaltungsvereinfachung** dienen. Sie darf nicht zu einer ungerechtfertigten Begünstigung führen. Bei einer Lohnsteuer-Außenprüfung spielt die Anwendung des § 40 Abs. 1 Nr. 2 EStG wegen der Arbeitsvereinfachung eine große Rolle. Gleichwohl darf ein Pauschsteuersatz nur dann angewendet werden, wenn die Tatbestandsvoraussetzungen des § 40 Abs. 1 Nr. 2 EStG dies erlauben. **Grobe oder nicht motivierte Schätzungen sind grds. nicht zulässig.** 2498

Die Berechnung der Steuernachforderung darf nur dann nach einem Pauschsteuersatz vorgenommen werden, wenn der **Arbeitgeber bereit ist, die Lohnsteuer in vollem Umfang zu übernehmen**. Der Arbeitgeber wird nämlich in den Fällen der Pauschalierung zum Schuldner der pauschalen Lohnsteuer (§ 40 Abs. 3 EStG). Der pauschal besteuerte Arbeitslohn und die pauschale Lohnsteuer bleiben, im Gegensatz zu dem im Haftungsverfahren festgestellten unversteuerten oder zu gering besteuerten Arbeitslohn und der hier nachzuerhebenden Steuer, bei einer **Einkommensteuerveranlagung außer Betracht**.

Hat der Arbeitgeber zunächst eine **Anrufungsauskunft** eingeholt und ist er danach verfahren, ist das Betriebsstättenfinanzamt daran gebunden. Eine Nacherhebung der Lohnsteuer ist auch dann nicht zulässig, wenn der Arbeitgeber nach einer Lohnsteueraußenprüfung einer Pauschalierung nach § 40 Abs. 1 Satz 1 Nr. 2 EStG zugestimmt hat (BFH v. 16.11.2005, VI R 23/02, BStBl II 2006, 210).

d) Ermittlung des Pauschsteuersatzes

Wegen der Ermittlung eines Pauschsteuersatzes nach § 40 Abs. 1 Satz 1 Nr. 2 EStG wird auf das **Beispiel** zu H 40.1 (Berechnung des durchschnittlichen Steuersatzes) LStH und Pauschalierung der Lohnsteuer (→ *Pauschalierung der Lohnsteuer* Rz. 3336) hingewiesen. 2499

Der **geldwerte Vorteil aus der Steuerübernahme des Arbeitgebers** ist nicht nach den Verhältnissen im Zeitpunkt des Steuernachforderungsbescheids zu versteuern. Vielmehr muss der für die pauschal versteuerten Löhne nach den Verhältnissen der jeweiligen Zuflussjahre errechnete Brutto-Pauschsteuersatz jeweils auf den Netto-Pauschsteuersatz der Jahre hochgerechnet werden, in denen der pauschal versteuerte Arbeitslohn dem Arbeitnehmer zugeflossen ist (BFH v. 26.8.1988, VI R 50/87, BStBl II 1989, 304).

Der Arbeitgeber wird Schuldner der pauschalen Lohnsteuer, die nach Auffassung des BFH (BFH v. 6.5.1994, VI R 47/93, BStBl II 1994, 715) im Zeitpunkt des Zuflusses beim Arbeitnehmer entsteht, also nicht erst mit Ergehen des Pauschalierungsbescheids. Dieser frühere Zeitpunkt hat für den Arbeitgeber Bedeutung für die Berechnung der Verjährungsfrist (→ *Verjährung* Rz. 4243).

5. Weitere Einzelfragen

a) Nettolohnvereinbarungen

2500 Die Verpflichtung zur Einbehaltung der Lohnsteuer besteht auch bei einer sog. Nettolohnvereinbarung (→ *Nettolöhne* Rz. 3281), nach welcher der Arbeitgeber alle Steuern (Lohnsteuer, Kirchensteuer, Solidaritätszuschlag) sowie ggf. auch den Arbeitnehmeranteil zur Sozialversicherung übernimmt. Hat der **Arbeitgeber** die Lohnsteuer nicht richtig einbehalten und abgeführt, **haftet er vorrangig**. Der **Arbeitnehmer** kann nur in Anspruch genommen werden, wenn **er weiß, dass der Arbeitgeber die Lohnsteuer nicht vorschriftsmäßig angemeldet hat und er diesen Sachverhalt dem Finanzamt nicht unverzüglich mitteilt** (§ 42d Abs. 3 Satz 4 Nr. 2 EStG; vgl. BFH v. 13.12.2007, VI R 57/04, BStBl II 2008, 434 m.w.N.).

Kommt es zur Haftung des Arbeitgebers, so sind zur Feststellung des steuerpflichtigen Arbeitslohns dem Nettolohn die Abzugsbeträge hinzuzurechnen, die der Arbeitgeber hätte anmelden und abführen müssen, also Lohnsteuer, Lohnkirchensteuer, Solidaritätszuschlag und Sozialversicherungsbeiträge (FG Münster v. 26.10.1983, II 101/83 E, EFG 1984, 193). Der Nachforderungsbetrag ist durch **Netto-Einzelberechnung** zu ermitteln.

b) Schwarzlohnvereinbarungen

2501 „Schwarzarbeiter" können je nach den Umständen des Einzelfalles **selbständig oder nichtselbständig** tätig sein (BFH v. 21.3.1975, VI R 60/73, BStBl II 1975, 513).

Eine Schwarzlohnvereinbarung, bei der Arbeitgeber und Arbeitnehmer einvernehmlich zur Hinterziehung der Lohnsteuer und der Sozialversicherungsbeiträge zusammenwirken, ist keine Nettolohnvereinbarung. Die Nachversteuerung erfolgt allerdings auf der Basis des **Nettosteuersatzes** (BFH v. 21.2.1992, VI R 41/88, BStBl II 1992, 443), weil ein Rückgriff auf den Arbeitnehmer in diesen Fällen regelmäßig nicht vorgesehen ist. Zu versteuern sind folgende Beträge:

- der schwarz/unversteuert ausgezahlte Barlohn,
- die auf den Schwarzlohn entfallenden Steuern, für die der Arbeitgeber haftet, weil dies für den Arbeitnehmer ein geldwerter Vorteil ist,
- regelmäßig auch die vom Arbeitgeber nachzuzahlenden Arbeitnehmeranteile zur Gesamtsozialversicherung; sie sind ein zusätzlicher geldwerter Vorteil für den Arbeitnehmer (BFH v. 13.9.2007, VI R 54/03, BStBl II 2008, 58); dieser Ansatz als Lohn ist zulässig, obwohl der Arbeitgeber beim Arbeitnehmer regelmäßig keinen Rückgriff mehr nehmen kann (§ 28g SGB IV),
- die auf die Nacherhebung der Arbeitnehmeranteile zur Gesamtsozialversicherung entfallenden Steuern, weil auch dies für den Arbeitnehmer ein geldwerter Vorteil ist.

Für den Bereich der **Sozialversicherung** gilt dagegen ein **Nettoarbeitsentgelt** als vereinbart (§ 14 Abs. 2 Satz 2 SGB IV).

Eine **Schätzung der Lohnsteuer** nach § 162 AO kommt auch bei „Schwarzlohnzahlungen" in Betracht, bei denen die Höhe und die Empfänger der Lohnzahlungen nicht mehr ermittelt werden können. Die Schätzung der nicht dem Lohnsteuer-Abzug unterworfenen Arbeitslöhne kann z.B. nach einem Prozentsatz der festgestellten Nettoumsätze (Beispiel Reinigungsgewerbe) erfolgen. Auch strafrechtlich wird eine Schätzung der Lohnsteuer in den Fällen der sog. Schwarzlohnabrede (vom BGH) anerkannt (BGH v. 8.2.2011, 1 StR 651/10). Nach Ansicht des BGH bedarf es im Falle der Verurteilung des Arbeitgebers wegen Hinterziehung von Lohnsteuer weder Feststellungen zu den individuellen Besteuerungsmerkmalen der einzelnen Arbeitnehmer noch ist die Höhe der von den Arbeitnehmern hinterzogenen Einkommensteuer im Urteil zu quantifizieren. Die Höhe der durch die Arbeitnehmer verkürzten Einkommensteuer ist bei der Verurteilung des Arbeitgebers weder für den Schuldspruch noch für den Strafausspruch relevant.

c) Lohnzahlungen durch Dritte

2502 Die Abführungspflicht und damit auch die Haftung des Arbeitgebers besteht auch bei Lohnzahlungen durch Dritte, z.B. bei Rabatten, sowie in den Fällen des § 38a Abs. 3a EStG, in denen der Dritte die Lohnsteuer zu übernehmen hat (R 42d.1 Abs. 1 Satz 3 LStR sowie → *Lohnsteuerabzug durch Dritte* Rz. 2937 und → *Lohnzahlung durch Dritte* Rz. 3040).

6. Nachforderung vom Arbeitnehmer

a) Allgemeines

Kommt eine **Haftung des Arbeitgebers nicht in Betracht**, weil der Arbeitnehmer als Alleinschuldner, vgl. H 41c.3 (Einzelfälle) LStH, oder als Gesamtschuldner in Anspruch zu nehmen ist (§ 42d Abs. 3 EStG), so ist die vom Arbeitgeber nicht einbehaltene Lohnsteuer vom **Arbeitnehmer anzufordern**. Für die Nachforderung ist im Allgemeinen das Wohnsitzfinanzamt des Arbeitnehmers zuständig. Soll zu wenig erhobene Lohnsteuer in den Fällen der R 41c.3 Abs. 2 LStR bereits im Laufe des Kalenderjahres nachgefordert werden, dann ist das Betriebsstättenfinanzamt für die Nachforderung zuständig. 2503

Für die Nachforderung vom Arbeitnehmer ergeben sich folgende Möglichkeiten:

- Nachforderung durch **Nachforderungsbescheid**,
- Nachforderung durch Änderung der **Veranlagung zur Einkommensteuer**.

b) Nachforderungsbescheid

Eine Nachforderung durch Nachforderungsbescheid kommt in den Fällen in Betracht, in denen von Einkünften aus nichtselbständiger Arbeit der Steuerabzug vom Arbeitslohn vorschriftswidrig nicht vorgenommen worden ist und die Voraussetzungen des § 46 EStG nicht vorliegen (→ *Veranlagung von Arbeitnehmern* Rz. 4233). 2504

Der Arbeitnehmer kann im Nachforderungsverfahren bisher nicht geltend gemachte **Ermäßigungsgründe nachschieben**. Eine **Steuererstattung** kann jedoch **nicht verlangt** werden (BFH v. 26.1.1973, VI R 136/69, BStBl II 1973, 423).

Der errechnete Betrag ist vom Arbeitnehmer nachzufordern.

c) Änderung der Veranlagung zur Einkommensteuer

Ist der Steuerabzug vom Arbeitslohn nicht oder nicht in der zutreffenden Höhe vorgenommen worden, so ist die Steuernachforderung i.d.R. i.R. der **Veranlagung** des Arbeitnehmers zu realisieren, wenn die Voraussetzungen des § 46 EStG für eine Veranlagung zur Einkommensteuer vorliegen. Eine **bestandskräftige Veranlagung** kann aber nur unter bestimmten **engen verfahrensrechtlichen Voraussetzungen** geändert werden, insbesondere wenn bei einer Lohnsteuer-Außenprüfung nachträglich **neue Tatsachen oder Beweismittel** bekannt werden, die zu einer höheren Steuer führen (§ 173 Abs. 1 Nr. 1 AO). Liegen diese Voraussetzungen nicht vor und kann die Lohnsteuer somit beim Arbeitnehmer nicht nachgefordert werden, kann die Lohnsteuer noch vom Arbeitgeber nachgefordert werden (BFH v. 6.3.2008, VI R 5/05, BStBl II 2008, 597). 2505

Haftung für Lohnsteuer: Verfahrensvorschriften

Inhalt

1. Vorbemerkung

2506 Zu den Themen „Haftung für Lohnsteuer" auch

- → *Haftung für Lohnsteuer: Allgemeine Grundsätze* Rz. 2471,
- → *Haftung für Lohnsteuer: Berechnung der Nachforderung* Rz. 2487

2. Allgemeines

2507 Das Finanzamt kann die vom Arbeitgeber zu gering einbehaltene Lohnsteuer wie folgt nacherheben:

Vom **Arbeitgeber**

- durch **Haftungsbescheid**, soweit der Arbeitgeber als Haftender in Anspruch genommen werden soll, oder
- durch **Nachforderungsbescheid**, soweit **pauschale Lohnsteuer** nacherhoben wird, die der **Arbeitgeber** übernimmt. Der Arbeitgeber ist insoweit **selbst Steuerschuldner**.

Vom **Arbeitnehmer**

- durch **Nachforderungsbescheid** oder
- Korrektur der **Einkommensteuerveranlagung**.

3. Haftung

a) Allgemeines

2508 Wer kraft Gesetzes für eine Steuer haftet (Haftungsschuldner), kann durch **Haftungsbescheid** in Anspruch genommen werden. Der Haftungsbescheid ist vom Betriebsstättenfinanzamt schriftlich zu erteilen (§ 191 Abs. 1 AO). Die Inanspruchnahme des Arbeitgebers als Haftenden für die nachzufordernde Lohnsteuer liegt im **Ermessen** des Finanzamts (§ 5 AO). Dabei ist unter Abwägung der Interessen des Arbeitgebers, des Arbeitnehmers und des Finanzamts sowie der Umstände des Einzelfalls zu entscheiden (→ *Haftung für Lohnsteuer: Allgemeine Grundsätze* Rz. 2471).

Ein **Haftungsbescheid kann nicht (mehr) ergehen**,

- soweit die Steuer gegen den **Steuerschuldner nicht festgesetzt** worden ist und wegen Ablaufs der Festsetzungsfrist nicht mehr festgesetzt werden kann oder
- soweit gegen den Steuerschuldner **festgesetzte Steuer verjährt** oder die Steuer erlassen worden ist.

Dies gilt **nicht**, wenn die Haftung darauf beruht, dass der Haftungsschuldner **Steuerhinterziehung** oder Steuerhehlerei begangen hat (§ 191 Abs. 5 AO).

Von einem **Haftungsbescheid** und einem Leistungsgebot kann jedoch **abgesehen** werden,

- soweit **der Arbeitgeber die einzubehaltende Lohnsteuer angemeldet** hat (§ 42d Abs. 4 Nr. 1 EStG)
- oder nach Abschluss einer **Lohnsteuer-Außenprüfung seine Zahlungsverpflichtung schriftlich anerkennt** (§ 42d Abs. 4 Nr. 2 EStG). Eine solche Anerkenntniserklärung ist im Vordruck „Erklärung des Arbeitgebers" enthalten; sie steht einer Lohnsteuer-Anmeldung gleich (§ 167 Abs. 1 Satz 3 AO).

Für die durch Haftungsbescheid oder Nachforderungsbescheid angeforderten Steuerbeträge hat das Finanzamt eine **Zahlungsfrist von einem Monat** zu gewähren (R 42d.1 Abs. 7 LStR).

Die **Festsetzungsfrist** für einen Lohnsteuer-Haftungsbescheid endet nicht vor Ablauf der Festsetzungsfrist für die Lohnsteuer (§ 191 Abs. 3 Satz 4 erster Halbsatz AO). Der Beginn der Festsetzungsfrist für die Lohnsteuer richtet sich nach § 170 Abs. 2 Satz 1 Nr. 1 AO. Für den Beginn der die Lohnsteuer betreffenden Festsetzungsfrist ist die **Lohnsteuer-Anmeldung** (Steueranmeldung) des Arbeitgebers und nicht die Einkommensteuererklärung der betroffenen Arbeitnehmer maßgebend (BFH v. 7.2.2008, VI R 83/04, BStBl II 2009, 703; BFH v. 6.3.2008, VI R 5/05, BStBl II 2008, 597).

Wird vor Ablauf der Festsetzungsfrist eine Lohnsteuer-Außenprüfung mit einer wirksam bleibenden Prüfungsanordnung begonnen, tritt nach § 171 Abs. 4 AO **Ablaufhemmung** ein (BFH v. 17.6.1998, IX R 65/95, BStBl II 1999, 4). Durch die Lohnsteuer-Außenprüfung tritt eine Ablaufhemmung aber **nur gegenüber dem Arbeitgeber** ein. Beim **Arbeitnehmer** selbst wird die Festsetzungsfrist bezüglich der Einkommensteuer- und Lohnsteueransprüche dagegen nicht gehemmt (BFH v. 15.12.1989, VI R 151/86, BStBl II 1990, 526; BFH v. 9.3.1990, VI R 87/89, BStBl II 1990, 608). Für die Prüfung des Eintritts der Verjährung bezüglich der Lohnsteuer ist auf die mit dem jeweiligen Lohnzufluss entstandene Lohnsteuer (§ 38 Abs. 2 Satz 2 EStG) und nicht auf die erst mit Ablauf des Veranlagungszeitraums entstehende Einkommensteuer (§ 36 Abs. 1 EStG) abzustellen (BFH v. 6.3.2008, VI R 5/05, BStBl II 2008, 597). Nach Auffassung des BFH muss hier wegen der jeweils abweichenden Entstehungs- und Verjährungszeitpunkte **zwischen Einkommensteuer- und Lohnsteuerschuld unterschieden** werden. Auch wenn der Einkommensteueranspruch gegenüber dem Arbeitnehmer verjährt und damit erloschen (§ 47 AO) ist, kann deshalb gegen den Arbeitgeber hinsichtlich der Lohnsteuer noch ein Haftungsbescheid ergehen, soweit für die betroffenen Lohnsteuer-Anmeldungen – z.B. wegen Ablaufhemmung – noch keine Festsetzungsverjährung eingetreten ist. Dies gilt auch für die ggf. auf Antrag oder mit Zustimmung des Arbeitgebers mittels Nachforderungsbescheid festzusetzenden Pauschalsteuern nach den §§ 40 bis 40b EStG (BFH v. 28.11.1990, VI R 115/87, BStBl II 1991, 488; BFH v. 6.5.1994, VI R 47/93, BStBl II 1994, 715).

Beispiel:

Bei einer im Kalenderjahr 2025 begonnenen und im Kalenderjahr 2026 abgeschlossenen Lohnsteuer-Außenprüfung wird festgestellt, dass der Arbeitgeber einem Angestellten im Dezember 2020 einen geldwerten Vorteil zugewandt hat, von dem aus Unkenntnis keine Steuerabzugsbeträge einbehalten worden sind. Der Arbeitnehmer wird zur Einkommensteuer veranlagt (§ 46 Abs. 2 EStG). Er hat seine Steuererklärung für 2020 beim Finanzamt in 2021 eingereicht.

Die Festsetzungsfrist der Lohnsteuer-Anmeldung beginnt für den Monat 12/2020 mit Ablauf des 31.12.2021. Somit würde die Festsetzungsfrist mit Ablauf des 31.12.2025 enden. Der Beginn der Lohnsteuer-Außenprüfung löst jedoch eine Ablaufhemmung aus, so dass die Festsetzungsfrist für die Lohnsteuer bis zur Unanfechtbarkeit des Haftungsbescheides nicht abläuft (§ 171 Abs. 4 AO). **Ein Haftungsbescheid kann somit noch ergehen.**

Bei der Prüfung des Eintritts der Verjährung beim Arbeitnehmer ist auf die mit Ablauf des Veranlagungszeitraums 2020 entstehende Einkommensteuer abzustellen. Die Festsetzungsfrist beginnt durch die Abgabe der Steuererklärung in 2021 erst mit Ablauf des Kalenderjahres 2021 (§ 170 Abs. 2 Satz 1 Nr. 1 AO). Die vierjährige Festsetzungsfrist endet mit Ablauf des Kalenderjahres 2025, so dass **im Kalenderjahr 2026 eine Nachforderung** beim Arbeitnehmer durch Änderung des Einkommensteuer-Bescheids grds. **nicht mehr in Betracht kommt.**

Durch die **Ablaufhemmung** des § 171 Abs. 15 AO endet die Festsetzungsfrist jedoch nicht vor Ablauf der Festsetzungsfrist beim Arbeitgeber. **Dadurch kann auch der Arbeitnehmer** für die nicht einbehaltenen Beträge in Anspruch genommen werden.

Bei der Inanspruchnahme des Arbeitgebers ist zunächst zu prüfen, ob ein gesetzlicher Haftungsausschluss (§ 42d Abs. 2 EStG) vorliegt. Die Inanspruchnahme des Arbeitgebers kann auch nach dem Grundsatz von „Treu und Glauben" (Entschließungsermessen) ausgeschlossen sein (z.B. H 42d.1 „Ermessensausübung" 7. bis 10. Spiegelstrich LStH). Kommt eine Inanspruchnahme des Arbeitgebers dem Grunde nach in Betracht, so ist i.R. des Auswahlermessens zu prüfen, ob der Arbeitgeber i.R. seiner gesamtschuldnerischen Haftung an Stelle des Arbeitnehmers in Anspruch genommen werden kann. Die Inanspruchnahme des Arbeitgebers ist in den hier angesprochenen Fällen regelmäßig ermessensgerecht, wenn die Steuer beim Arbeitnehmer nicht mehr realisiert werden kann, weil der Einkommensteueranspruch bereits verjährt ist. § 173 Abs. 2 AO darf im Übrigen dem Erlass eines Haftungsbescheids nicht entgegenstehen.

Das Finanzamt ist zum Erlass eines ergänzenden Haftungsbescheids berechtigt, wenn die Erhöhung der dem ersten Haftungsbescheid zu Grunde liegenden Lohnsteuerschuld auf neuen i.R. einer Außenprüfung festgestellten Tatsachen beruht. Dass die Lohnsteuerschuld und damit der Haftungsanspruch im Zeitpunkt des Erlasses des ersten Haftungsbescheids bereits materiell-rechtlich entstanden waren, steht einer weiteren Haftungsinanspruchnahme nicht entgegen. Der im BFH-Urteil v. 25.5.2004, VII R 29/02, BStBl II 2005, 3 aufgestellte Rechtssatz, wonach einem weiteren – ergänzenden – Haftungsbescheid ein erster Haftungsbescheid entgegensteht, in dem der Haftungsbetrag zu niedrig festgesetzt worden ist, obwohl die Steuerschuld, für die gehaftet werden soll, tatsächlich mit einem höheren Betrag entstanden ist, ist vor dem Hintergrund der konkret entschiedenen Sachverhaltskonstellation zu verstehen. Ihm kann jedoch keine allgemein gültige Aussage dahingehend zukommen, dass in einem solchen Fall stets eine spätere weitere Haftungsinanspruchnahme ausgeschlossen sein soll (BFH v. 15.2.2011, VII R 66/10, BStBl II 2011, 534).

b) Haftungsbescheid

2509 Kann der **Arbeitgeber für die nachzufordernde Lohnsteuer in Anspruch genommen** werden und hat er seine Zahlungsverpflichtung nach Abschluss der Außenprüfung nicht bereits schriftlich anerkannt, so erlässt das Betriebsstättenfinanzamt einen **Haftungsbescheid**, in dem die für das Entschließungs- und Auswahlermessen maßgebenden Gründe anzugeben sind (R 42d.1 Abs. 5 LStR). Der Haftungsbescheid ist ein (sonstiger) Verwaltungsakt i.S.d. § 118 AO und hat damit gem. §§ 119 ff. AO bestimmte Anforderungen an Form und Inhalt zu erfüllen (formelle Voraussetzungen). Danach muss ein Haftungsbescheid

- inhaltlich **hinreichend bestimmt**,
- **begründet** und
- **unterschrieben** sein.

Außerdem muss er das **Leistungsgebot und eine Rechtsbehelfsbelehrung** enthalten.

Die **inhaltliche Bestimmtheit** erfordert die Angabe der Haftungsschuld sowie die namentliche Bezeichnung des Haftungsschuldners und des Anspruchsberechtigten (das ist i.d.R. das Finanzamt). Fehlt eine dieser Angaben, ist der Haftungsbescheid mangels inhaltlicher Bestimmtheit **nichtig**. Vgl. dazu zuletzt FG Thüringen v. 5.6.1997, III 174/96, EFG 1997, 1417.

Voraussetzung für die Wirksamkeit eines Haftungsbescheids ist – wie bei jedem anderen Verwaltungsakt –, dass er **inhaltlich hinreichend bestimmt** ist (§ 119 Abs. 1 AO). Daran kann es fehlen, wenn von einem Arbeitgeber pauschale Lohnsteuer nacherhoben (dies sind nach § 40 Abs. 3 EStG alle Pauschalierungen i.S. der §§ 37b, 40, 40a und 40b EStG) und er zugleich als Haftungsschuldner in Anspruch genommen und die Steuerschuld von der Haftungsschuld nicht eindeutig getrennt wird. Haftungs- und Pauschalierungsbescheid können jedoch auf *einem* Vordruck geltend gemacht bzw. äußerlich in einer Verfügung verbunden werden, wenn die nur äußerliche Zusammenfassung eindeutig erkennbar ist. Eine unschädliche Zusammenfassung beider Bescheide liegt dann vor, wenn der Bescheid als Steuer- und Haftungsbescheid überschrieben ist und sich aus dem Bescheid oder den Anlagen zum Bescheid, auf die in dem Bescheid zur Begründung Bezug genommen ist, eindeutig entnehmen lässt, ob und in welcher Höhe eine Steuer- oder Haftungsschuld festgesetzt worden ist.

Im jüngsten Urteil hat der BFH klargestellt, dass der Regelungsgehalt eines Verwaltungsakts sich maßgeblich nach dessen Tenor und nicht (nur) nach der fehlerhaften Überschrift richtet. Strittig war die Umdeutung eines lediglich mit „Haftungsbescheid“ bezeichneten Verwaltungsakts in einen zusammengefassten Pauschalierungs- und Haftungsbescheid. Bei der Auslegung des Verwaltungsaktes können auch vom Steuerpflichtigen eingereichte Unterlagen herangezogen werden, wenn das Finanzamt klar zum Ausdruck bringt, dass es sich deren Inhalt zu eigen gemacht hat. Folglich kann der fehlerhafte Verwaltungsakt dahingehend auslegungsfähig sein, dass es sich bei ihm nicht allein um einen Haftungsbescheid, sondern tatsächlich um einen zusammengefassten Haftungs- und Steuerbescheid (Pauschalierungsbescheid) handelt (s. Thüringer FG v. 21.11.2018, 4 K 712/15, EFG 2021, 312, betreffend die Auslegung eines „Bescheids über die Festsetzung von Kapitalertragsteuer“ als Haftungsbescheid. Im Revisionsverfahren (BFH v. 1.10.2024, VIII R 34 u. 35/20, BStBl II 2025, 132 hat der BFH geurteilt, dass ein Haftungsbescheid (als solcher) nur dann hinreichend bestimmt ist (§ 119 Abs. 1 AO), wenn die Überschrift und der verfügende Teil (Tenor) des Bescheids erkennen lassen, dass der Inhaltsadressat als Haftender für fremde Schuld einstehen soll (BFH v. 11.10.1989, I R 139/85, BFH/NV 1991, 497). Dies war im vorliegenden Verfahren nach Ansicht des BFH jedoch nicht der Fall.

Bei der Bezeichnung der Haftungsschuld ergibt sich oft die Frage, ob eine **Aufgliederung des Haftungsbetrags nach Lohnsteuer-Anmeldungszeiträumen oder Kalenderjahren** im Einzelnen erforderlich ist. Das entscheidet sich jeweils nach den Umständen des Einzelfalls. Sind z.B. dem Geschäftsführer einer GmbH als dem zur Einbehaltung und Abführung der Lohnsteuer Verpflichteten die Verhältnisse bekannt, die im Haftungsbescheid angesprochen werden, bedarf es keiner Aufgliederung des Haftungsbetrags auf die einzelnen Lohnsteuer-Anmeldungszeiträume (FG Rheinland-Pfalz v. 24.5.1996, 4 K 3145/94, EFG 1997, 2 m.w.N.).

Zur **Begründung** sind die **tatsächlichen und rechtlichen Grundlagen** der Haftungsschuld grds. anzugeben. Außerdem muss das Finanzamt seine **Ermessenserwägungen darlegen**, weshalb es den Arbeitgeber als Haftungsschuldner und nicht den Arbeitnehmer als Steuerschuldner in Anspruch nimmt (BFH v. 11.3.2004, VII R 52/02, BStBl II 2004, 579 m.w.N.). Nach Auffassung des FG Niedersachsen muss das Finanzamt seine Ermessensentscheidung ausreichend begründen, ein floskelhafter Hinweis in Textbausteinen auf die vereinfachte Steuererhebung reicht nicht aus (FG Niedersachsen v. 20.8.2009, 11 K 121/08, EFG 2009, 1805). Bei der Inanspruchnahme eines Steuerhinterziehers als Haftungsschuldner bedarf es hingegen regelmäßig keiner Begründung der Ermessensentscheidung (BFH v. 12.1.1988, VII R 74/84).

Die zu verschiedenen Zeiten und auf Grund von verschiedenen Tatumständen entstandenen Lohnsteuer-Haftungsschulden führen zu verschiedenen Haftungsfällen, die nicht voneinander abhängen. Diese könnte das Finanzamt in Einzelhaftungsbescheiden festsetzen (sog. **Teilhaftungsbescheide**). In der Praxis werden diese Haftungsansprüche äußerlich in einem Haftungsbescheid zusammengefasst (**Sammelhaftungsbescheid**). Ficht der Haftungsschuldner einen solchen Sammelhaftungsbescheid nur hinsichtlich ganz bestimmter Haftungsfälle an, so hat dies zur Folge, dass der die übrigen Haftungsansprüche betreffende Teil des Sammelhaftungsbescheides bestandskräftig wird (BFH v. 4.7.1986, VI R 182/80, BStBl II 1986, 921).

Grds. ist der Haftungsbetrag auf die **einzelnen Arbeitnehmer aufzugliedern**. Dies wird allerdings dann **nicht für erforderlich gehalten**, wenn

- es **objektiv unmöglich** ist: Ein solcher Fall kann z.B. gegeben sein, wenn dem Finanzamt die **Namen der einzelnen Arbeitnehmer nicht bekannt** sind, weil bei dem Arbeitgeber entsprechende Aufzeichnungen fehlen und der Arbeitgeber das Finanzamt auch nicht auf andere Weise von den Namen der Arbeitnehmer in Kenntnis gesetzt hat (BFH v. 8.11.1985, VI R 237/80, BStBl II 1985, 274),
- es nach den Grundsätzen von Recht und Billigkeit für das **Finanzamt nicht zumutbar** ist, weil sich z.B. nach einer Lohnsteuer-Außenprüfung bei **vielen Arbeitnehmern** meist **kleine Nachforderungsbeträge** auf Grund von im Wesentlichen gleich liegenden Sachverhalten ergeben haben (BFH v. 8.11.1985, VI R 237/80, BStBl II 1985, 274),
- der Arbeitgeber bei seinem Arbeitnehmer von vornherein **keinen Regress nehmen will**: Dies kann bei einer Nettolohnvereinbarung der Fall sein oder wenn der Arbeitgeber sich später zur Übernahme der Lohnsteuer bereit erklärt (BFH v. 8.11.1985, VI R 237/80, BStBl II 1985, 274),
- die Voraussetzungen des § 162 AO für eine **Schätzung** der Lohnsteuer vorliegen oder der Arbeitgeber der Berechnung der Haftungsschuld mit einem **durchschnittlichen Steuersatz** zugestimmt hat, vgl. H 42d.1 (Haftungsverfahren) LStH.

Nach § 219 Satz 2 AO kann die Inanspruchnahme des Arbeitgebers auf Zahlung der Lohnsteuer erfolgen, **ohne** dass sich das Finanzamt **vorher an den Arbeitnehmer als Steuerschuldner wenden muss**. Deshalb ist mit dem Lohnsteuer-Haftungsbescheid regelmäßig auch die **Zahlungsaufforderung** verbunden. Beim Erlass von Haftungsbescheiden sind die Vorschriften über die **Festsetzungsverjährung** (§§ 169 bis 171 AO) entsprechend anzuwenden (§ 191 Abs. 3 AO, → *Verjährung* Rz. 4243).

Jedem Arbeitnehmer steht ein eigenes Anfechtungsrecht gegen den an den Arbeitgeber gerichteten Haftungsbescheid zu. Da der Haftungsbescheid i.d.R. den Arbeitnehmern nicht bekannt gegeben wird, können diese den Bescheid bis zum Ablauf der Jahresfrist anfechten (zuletzt BFH v. 3.7.2019, VI R 37/16, BStBl II 2020, 241).

Macht das Finanzamt im Anschluss an eine Außenprüfung gegenüber dem Arbeitgeber **pauschale Lohnsteuer versehentlich nicht mit einem Lohnsteuer-Nachforderungsbescheid, sondern fehlerhaft mit einem Lohnsteuer-Haftungsbescheid** geltend, so tritt mit der Aufhebung des angefochtenen Haftungsbescheides eine Unanfechtbarkeit i.S.d. § 171 Abs. 4 Satz 1 AO und damit das Ende der Hemmung des Ablaufs der Festsetzungsfrist auf Grund der Außenprüfung ein. Das Finanzamt kann in einem solchen Fall den Eintritt der Festsetzungsverjährung vor Geltendmachung des Steueranspruchs dadurch vermeiden, dass es den (formell inkorrekten) Haftungsbescheid erst aufhebt, nachdem es zuvor den (formell korrekten) Pauschalierungsbescheid erlassen hat (BFH v. 6.5.1994, VI R 47/93, BStBl II 1994, 715).

Der Arbeitgeber kann gegen den Haftungsbescheid **Einspruch** einlegen. Dies gilt auch für den **Arbeitnehmer**, soweit er persönlich für die nachgeforderte Lohnsteuer in Anspruch genommen werden kann (zuletzt FG Niedersachsen v. 28.8.2009, EFG 2009, 1805 m.w.N.). Wird der Haftungsbescheid dem Arbeitnehmer – wie üblich – nicht bekannt gegeben, kann er ihn bis zum Ablauf der **Verjährungsfrist**, mindestens aber bis zum Ablauf der **Jahresfrist** des § 356 Abs. 2 AO **anfechten**; die übliche Monatsfrist gilt also nicht (FG Münster v. 26.2.1997, 8 K 5883/94 L, EFG 1997, 783). In einem allein vom Arbeitnehmer veranlassten Einspruchsverfahren ist der Arbeitgeber nach § 360 AO hinzuzuziehen, vgl. H 42d.1 (Rechtsbehelf gegen den Haftungsbescheid) LStH.

Wird ein Haftungsbescheid aufgehoben und Lohnsteuer an den Arbeitgeber zurückerstattet, erfolgt **keine Verzinsung des Erstattungsbetrags**, da die §§ 33a und 236 AO von ihrem Wortlaut her nur Steuerfestsetzungen oder Steuervergütungsbescheide erfassen. Nicht aufgeführt sind Haftungsbescheide, so dass eine Verzinsung in letzterem Fall nicht in Betracht kommt (zuletzt FG Niedersachsen v. 10.3.2011, 11 K 103/10, EFG 2011, 1587 m.w.N.).

c) Folgen

2510 Durch einen gem. § 42d EStG gegen den Arbeitgeber als Haftungsschuldner ergehenden Haftungsbescheid (eine Anerkenntniserklärung) werden die betroffenen **Lohnsteuer-Anmeldungen geändert**. Ein für den bereits geprüften Zeitraum **neu aufgedeckter anderer lohnsteuerpflichtiger Sachverhalt** kann nach Aufhebung des Vorbehalts der Nachprüfung wegen der **Änderungssperre** i.S.d. § 173 Abs. 2 AO grds. **nicht mehr zu einer erneuten Inanspruchnahme des Arbeitgebers führen**. Wird ein Sachverhalt nochmals aufgegriffen, der bereits einem Haftungsbescheid zu Grunde lag, so kann im Übrigen eine erneute Inanspruchnahme des Arbeitgebers nur erfolgen, wenn die Voraussetzungen für die Rücknahme des Haftungsbescheids nach § 130 AO gegeben sind und der Vorbehalt der Nachprüfung für die betroffenen Zeiträume noch besteht.

4. Steuerschuld

a) Allgemeines

2511 Steuerschuldner (§ 43 AO) ist, wer nach den Steuergesetzen eine Steuer zu entrichten oder für dessen Rechnung ein Steuerabzug zu erfolgen hat.

b) Nachforderung vom Arbeitnehmer

2512 **Schuldner der Lohnsteuer** ist nach § 38 Abs. 2 Satz 1 EStG grds. der **Arbeitnehmer**. Die Lohnsteuer ist im Abzugsverfahren bei jeder Lohnzahlung vom Arbeitgeber für Rechnung des Arbeitnehmers einzubehalten (§ 38 Abs. 3 Satz 1 EStG).

Ein **Steuerbescheid (Nachforderungsbescheid) gegen den Arbeitnehmer** zur Festsetzung von Lohnsteuer kann nur erlassen werden (§ 42d Abs. 3 Satz 4 EStG), wenn

- der **Arbeitgeber die Lohnsteuer nicht vorschriftsmäßig einbehalten hat** oder
- der **Arbeitnehmer wusste**, dass der **Arbeitgeber die einbehaltene Lohnsteuer nicht vorschriftsmäßig angemeldet und dies dem Finanzamt nicht unverzüglich mitgeteilt** hat.

Bei **Nettolöhnen** wirkt die Auszahlung des vereinbarten Nettolohns aus der Sicht des Arbeitnehmers so, als ob der Arbeitgeber den Bruttoarbeitslohn vorschriftsmäßig gekürzt hätte (BFH v. 18.4.1969, VI R 312/67, BStBl II 1969, 525; BFH v. 8.11.1985, VI R 238/80, BStBl II 1986, 186). Voraussetzung ist aber, dass der Arbeitnehmer dem Arbeitgeber vor Durchführung des Lohnsteuerabzugs die elektronischen Lohnsteuerabzugsmerkmale des Arbeitnehmers vorlagen (vgl. BFH v. 28.2.1992, VI R 146/87, BStBl II 1992, 733).

Die Geltendmachung der Lohnsteuer-Schuld stellt eine Ermessensentscheidung dar, die i.R.d. § 42d Abs. 2 Satz 4 EStG zwar regelmäßig ermessensfehlerfrei ist, die aber zu begründen ist (§ 42d Abs. 3 Satz 2 EStG, H 41c.3 „Einzelfälle" LStH). Die Heranziehung des Arbeitnehmers ist zwar regelmäßig ermessensfehlerfrei. Im Nachforderungsbescheid bedarf es aber einer entsprechenden Begründung.

Eine Nachforderung mittels Nachforderungsbescheid ist grds. nicht mehr möglich, wenn bereits eine Einkommensteuer-Veranlagung durchgeführt wurde (BFH v. 13.1.1989, VI R 153/85, BStBl II 1989, 447). Ein Nachforderungsbescheid ist dann zu erlassen, wenn nachzufordernde Lohnsteuer für das laufende Kalenderjahr festgesetzt werden soll.

Die Inanspruchnahme des Arbeitnehmers scheidet aus für

- vom Arbeitgeber einbehaltene aber nicht angemeldete Lohnsteuer. Ausnahme: Dem Arbeitnehmer ist dies bekannt und er teilt diesen Sachverhalt nicht unverzüglich dem Finanzamt mit. Hier wird durch § 42d Abs. 3 Satz 4 Nr. 2 EStG die Grundlage für eine Gesamtschuld i.S.d. § 42d Abs. 3 Satz 2 EStG geschaffen („Auswahlermessen"),
- vom Arbeitgeber angemeldete, aber nicht abgeführte Lohnsteuer. Ggf. ist eine Haftung i.R. der §§ 4, 35 und 69 AO möglich.
- Bei einer „echten" Nettolohnvereinbarung wirkt die Auszahlung des Nettolohns aus der Sicht des Arbeitnehmers so, als ob der Arbeitgeber den Bruttolohn vorschriftsmäßig gekürzt hätte, vgl. z.B. BFH v. 23.6.1992, VI R 102/90, BStBl II 1993, 47 und BFH v. 28.2.1992, VI R 146/87, BStBl II 1992, 733. Der Arbeitnehmer kann deshalb grds. nicht i.R. des § 42d Abs. 3 EStG in Anspruch genommen werden.

Gem. R 41c.3 Abs. 3 Satz 2 LStR kommt nach Ablauf des Kalenderjahres eine Nachforderung auch durch erstmalige oder geänderte Veranlagung zur Einkommensteuer in Betracht. Die Inanspruchnahme des Arbeitnehmers als Steuerschuldner ist hier keine Ermessensentscheidung (BFH v. 17.5.1985, VI R 137/82, BStBl II 1985, 660 und BFH v. 11.7.2016, VI B 14/16) und bedarf keiner Begründung.

c) Nachforderung vom Arbeitgeber

Ist in einer **größeren Zahl von Fällen** Lohnsteuer nachzuerheben, 2513
weil der Arbeitgeber die Lohnsteuer nicht vorschriftsmäßig einbehalten hat, kann das Betriebsstättenfinanzamt auf Antrag des Arbeitgebers die **Pauschalbesteuerung** nach § 40 Abs. 1 Satz 1 Nr. 2 EStG zulassen (vgl. dazu zuletzt BFH v. 7.2.2002, VI R 80/00, BStBl II 2002, 438 sowie HFR 2002, 523 mit Anmerkung), wonach ein nach § 40 Abs. 1 Satz 1 Nr. 2 EStG ergangener Lohnsteuer-Pauschalierungsbescheid nicht deshalb nichtig ist, weil der Arbeitgeber keinen Pauschalierungsantrag gestellt hat). Demgegenüber kann der Arbeitgeber Zuwendungen an Arbeitnehmer in Fällen des § 40 Abs. 2 EStG ohne besondere Genehmigung pauschal besteuern. Dies gilt auch für die Bezüge von Teilzeitbeschäftigten (§ 40a EStG) und für bestimmte Zukunftssicherungsleistungen (§ 40b EStG).

Der Arbeitgeber hat **in diesen Fällen kraft Gesetzes die pauschale Lohnsteuer zu übernehmen und ist Steuerschuldner** der pauschalen Lohnsteuer (§ 40 Abs. 3 Sätze 1 und 2, § 40a Abs. 5 und § 40b Abs. 4 EStG). Lohnsteuer-Festsetzungen (Lohnsteuer-Nachforderungen) können daher nur gegen den Arbeitgeber als Steuerschuldner und nur mittels **Steuerbescheid** (Nachforderungsbescheid) erfolgen (zuletzt BFH v. 30.4.2009, VI R 55/07, BStBl II 2009, 726). Nach § 42d Abs. 4 Satz 2 EStG ist auch eine **Anerkenntniserklärung** möglich. Die Anerkenntniserklärung steht einer Lohnsteuer-Anmeldung gleich (§ 167 Abs. 1 Satz 3 AO).

Führt die Lohnsteuer-Außenprüfung zu einer **Nachforderung von pauschaler Lohnsteuer** und hat der Arbeitgeber seine Zahlungsverpflichtung nach Abschluss der Lohnsteuer-Außenprüfung nicht bereits schriftlich anerkannt, so erteilt das Betriebsstättenfinanzamt einen **Nachforderungsbescheid**.

Ist auf Grund einer Lohnsteuer-Außenprüfung für einen bestimmten Zeitraum ein Nachforderungsbescheid ergangen, dem ein bestimmter Sachverhalt zu Grunde lag, und wird bei einer **nachfolgenden Lohnsteuer-Außenprüfung für denselben Zeitraum ein weiterer lohnsteuerpflichtiger Sachverhalt aufgedeckt**, so kann nach Aufhebung des Vorbehalts der Nachprüfung für die betroffenen Lohnsteuer-Anmeldungen im Hinblick auf die **Änderungssperre** des § 173 Abs. 2 AO grds. kein zusätzlicher Nachforderungsbescheid erlassen werden.

Wenn ein Arbeitgeber die **Lohnsteuer trotz gesetzlicher Verpflichtung nicht anmeldet** und abführt, kann das Finanzamt sie durch **Schätzungsbescheid** festsetzen, auch wenn gleichzeitig die Voraussetzungen für den Erlass eines Haftungsbescheids nach § 42d Abs. 1 Nr. 1 EStG erfüllt sein können (BFH v. 7.7.2004, VI R 168/01).

d) Steuerbescheid

2514 Für den Steuerschuldner wird die Steuer durch **Steuerbescheid** festgesetzt (§ 155 Abs. 1 AO), soweit in den Steuergesetzen nichts anderes vorgeschrieben ist. Der Steuerbescheid ist vom Finanzamt schriftlich zu erteilen. Ergeht ein Steuerbescheid **(Nachforderungsbescheid)** auf Grund einer Lohnsteuer-Außenprüfung, so kann zur Begründung ggf. auf die Ausführungen im Prüfungsbericht verwiesen werden (BFH v. 28.11.1990, VI R 115/87, BStBl II 1991, 488).

5. Änderung wegen neuer Tatsachen und neuer Beweismittel, Änderungssperre (§ 173 AO)

a) Haftungsbescheide

2515 Der Arbeitgeber haftet grds. auch dann, wenn die Einkommensteuerfestsetzung des Arbeitnehmers bestandskräftig und verfahrensrechtlich nicht mehr änderbar ist und bezüglich der Einkommensteuerfestsetzung bereits Festsetzungsverjährung eingetreten ist oder der Arbeitnehmer für das Kalenderjahr keine Einkommensteuer schuldet (BFH v. 6.3.2008, VI R 5/05, BStBl II 2008, 597).

b) Nachforderungsbescheide

2516 Wird i.R. einer Lohnsteuer-Außenprüfung die nachzuerhebende Lohnsteuer auf Antrag oder mit Zustimmung des Arbeitgebers **pauschal erhoben** (§§ 40 bis 40b EStG), so wird der **Arbeitgeber Schuldner der Lohnsteuer**. Die pauschale Lohnsteuer entsteht nach Auffassung des BFH (BFH v. 6.5.1994, VI R 47/93, BStBl II 1994, 715) im **Zeitpunkt des Zuflusses des Arbeitslohns beim Arbeitnehmer**. Die Pauschalsteuer ist deshalb im Nachforderungsbescheid als Steuerschuld des jeweiligen Jahres auszuweisen, in dem der Arbeitslohn zugeflossen ist.

Für die Nacherhebung **pauschaler Lohnsteuer** durch **Nachforderungsbescheid (Steuerbescheid)** gelten im Wesentlichen dieselben Grundsätze wie für Haftungsbescheide, die **Zahlungsfrist** beträgt auch hier **einen Monat** (R 42d.1 Abs. 7 LStR). Der Nachforderungsbescheid lässt die **Lohnsteuer-Anmeldungen unberührt**; er bezieht sich auf bestimmte steuerpflichtige Sachverhalte (R 42d.1 Abs. 6 Satz 2 LStR).

Wird der **Arbeitgeber zugleich als Haftungsschuldner** in Anspruch genommen, so ist die **Steuerschuld von der Haftungsschuld zu trennen**. Dies kann im Entscheidungssatz des zusammengefassten Steuer- und Haftungsbescheids, in der Begründung dieses Bescheids oder in dem dem Arbeitgeber bereits bekannten oder beigefügten Bericht einer Lohnsteuer-Außenprüfung, auf den zur Begründung Bezug genommen ist, geschehen (BFH v. 1.8.1985, VI R 28/79, BStBl II 1985, 664). Steuerschuld und Haftungsschuld können **äußerlich in einer Verfügung verbunden** werden (BFH v. 16.11.1984, VI R 176/82, BStBl II 1985, 266). Wegen weiterer Einzelfragen s. R 42d.1 Abs. 6 LStR sowie H 42d.1 (Zusammengefasster Steuer- und Haftungsbescheid) LStH.

c) Änderungssperre

2517 Wurde nach einer ergebnislosen Lohnsteuer-Außenprüfung der Vorbehalt der Nachprüfung aufgehoben, steht nach Auffassung des BFH einer Änderung der betroffenen Lohnsteuer-Anmeldungen wegen nachträglich bekannt gewordener **neuer Tatsachen** nach § 173 Abs. 1 AO durch Erlass eines **Haftungs- oder Nachforderungsbescheids** gegen den Arbeitgeber **die Änderungssperre des § 173 Abs. 2 AO entgegen**, es sei denn, es liegt eine Steuerhinterziehung oder eine leichtfertige Steuerverkürzung vor.

Gleiches gilt, wenn nach einer Lohnsteuer-Außenprüfung bereits **Haftungs- oder Nachforderungsbescheide ergangen sind** und später für dieselben Anmeldungszeiträume neue Tatsachen i.S.d. § 173 Abs. 1 AO bekannt werden, vgl. H 42d.1 (Haftungsverfahren) LStH.

Hebt das Finanzamt im Anschluss an eine Lohnsteuer-Außenprüfung den **Vorbehalt der Nachprüfung** für die Lohnsteuer-Anmeldungen des Prüfungszeitraums **ohne jede Einschränkung oder Bedingung auf**, so kann es auf Grund der Änderungssperre des § 173 Abs. 2 AO den Arbeitgeber für Lohnsteuer, die im Prüfungszeitraum entstanden ist, selbst dann nicht mehr als Haftungsschuldner in Anspruch nehmen, wenn im Prüfungsbericht auf die Möglichkeit einer späteren Inanspruchnahme für den Fall hingewiesen wurde, dass die **Lohnsteuer nicht von den Arbeitnehmern gezahlt** wird (BFH v. 17.2.1995, VI R 52/94, BStBl II 1995, 555).

Damit bei beabsichtigter vorrangiger Inanspruchnahme der Arbeitnehmer der spätere Rückgriff auf den Arbeitgeber nicht an der Änderungssperre scheitert, erlassen die Finanzämter gegenüber dem Arbeitgeber

- einen Haftungsbescheid (mit Leistungsgebot) über die unstreitig bei ihm anzufordernden Lohnsteuerbeträge und
- einen weiteren – zunächst nicht mit einem Leistungsgebot versehenen – Haftungsbescheid über diejenigen Beträge, die vorerst bei den Arbeitnehmern angefordert werden.

In dem weiteren Haftungsbescheid wird der Arbeitgeber darauf hingewiesen, dass er die festgesetzte Haftungsforderung vorerst nicht zu begleichen hat, weil insoweit vorrangig die Arbeitnehmer in Anspruch genommen werden. Dieser Hinweis ist als abweichende Fälligkeitsbestimmung i.S.d. § 220 Abs. 2 Satz 1 AO anzusehen, so dass die Haftungsforderung nicht bereits mit Bekanntgabe des Haftungsbescheids fällig wird. Die Finanzämter sollen darauf achten, dass bei Aufhebung des Vorbehalts der Nachprüfung für die Lohnsteueranmeldungen des Prüfungszeitraums beide Haftungsbescheide bekannt gegeben worden sind. Die Aufhebung des Vorbehalts der Nachprüfung soll daher mit dem zuletzt ergehenden Haftungs- und Nachforderungsbescheid erfolgen. Außerdem soll der Eintritt der Zahlungsverjährung durch geeignete Maßnahmen überwacht werden (FinMin Sachsen v. 19.5.1998, 31 – S 0337 – 3/23 – 28697).

Soweit die bestandskräftigen Mehrergebnisse in vollem Umfang durch den Arbeitnehmer gezahlt werden, wird der an den Arbeitgeber gerichtete Haftungsbescheid zurückgenommen.

Auf Sachverhalte, die sich auf **andere Steuerarten** auswirken (z.B. Arbeitsverhältnisse zwischen Ehegatten, Bezüge von Gesellschafter-Geschäftsführern), findet die o.g. Rechtsprechung des BFH zur Änderungssperre keine Anwendung.

Die Änderungssperre betrifft nur die **Lohnsteuer-Anmeldungen** des geprüften Zeitraums, für die der Vorbehalt der Nachprüfung aufgehoben wurde. Sie wirkt nur gegenüber dem Arbeitgeber und schließt damit eine unmittelbare **Inanspruchnahme des Arbeitnehmers als Steuerschuldner nicht aus**.

6. Vorbehalt der Nachprüfung

a) Allgemeines

Eine **Lohnsteuer-Anmeldung** (§ 41a Abs. 1 Nr. 1 EStG) steht nach § 168 Satz 1 AO kraft Gesetzes einer Steuerfestsetzung unter dem Vorbehalt der Nachprüfung gleich. Damit wird eine weitgehende Beseitigung der materiellen Bestandskraft zu Gunsten wie zu Ungunsten des Arbeitgebers bewirkt. Trotzdem ist gegen die Lohnsteuer-Anmeldung als Rechtsbehelf der **Einspruch** gegeben (§ 347 Abs. 1 Nr. 1 AO). 2518

b) Aufhebung, Wirkung der Aufhebung

Solange der **Vorbehalt wirksam** ist, kann die **Steuerfestsetzung** durch das Finanzamt **jederzeit aufgehoben oder geändert** werden (§ 164 Abs. 2 Satz 1 AO). 2519

Der **Vorbehalt selbst kann jederzeit aufgehoben** werden (§ 164 Abs. 3 Satz 1 AO). Er soll nach Auffassung des BFH (BFH v. 30.4.1987, V R 29/79, BStBl II 1987, 486) immer dann aufgehoben werden, wenn der Steuerfall durch eine **Außenprüfung abschließend geprüft** worden ist (§ 164 Abs. 1 Satz 1 und Abs. 3 Satz 3 AO). Kann eine Lohnsteuer-Außenprüfung z.B. **wegen fehlender Unterlagen** für bestimmte Zeiträume ausnahmsweise nicht abschließend durchgeführt werden, so ist für diese Zeiträume der

Vorbehalt der Nachprüfung nicht aufzuheben. Ergeben sich nach einer abschließenden Lohnsteuer-Außenprüfung keine Änderungen gegenüber den bisherigen Steuerfestsetzungen, ist der Vorbehalt der Nachprüfung vom Betriebsstättenfinanzamt stets aufzuheben. Wird der **Vorbehalt der Nachprüfung nicht aufgehoben, so wird er mit Ablauf der Festsetzungsfrist wirkungslos** (§ 164 Abs. 4 AO).

Werden bei einer **späteren Lohnsteuer-Außenprüfung lohnsteuerlich noch nicht erfasste Sachverhalte aufgedeckt**, so kann das nach Aufhebung des Vorbehalts wegen der **Änderungssperre** des § 173 Abs. 2 AO beim Arbeitgeber grds. nicht mehr zu einer Nachforderung von Lohnsteuer führen.

Haftung für Sozialversicherungsbeiträge

1. Allgemeines

2520 Der Arbeitgeber ist verpflichtet, den **Gesamtsozialversicherungsbeitrag** spätestens **bis zum Fälligkeitstag** bei der Einzugsstelle einzuzahlen. Der Gesamtsozialversicherungsbeitrag umfasst dabei den **Arbeitnehmeranteil** und **den vom Arbeitgeber zu tragenden Beitragsanteil**. Werden die Beiträge vom Arbeitgeber nicht bezahlt, haftet er für die gesamten Beitragsansprüche (Arbeitnehmer- und Arbeitgeberanteil) einschließlich der darauf entfallenden **Säumniszuschläge und Stundungszinsen** (§ 28e Abs. 4 SGB IV). Damit der Arbeitgeber den Gesamtsozialversicherungsbeitrag nicht allein tragen muss, räumt der Gesetzgeber dem Arbeitgeber gegen den Beschäftigten einen Anspruch auf den vom Arbeitnehmer zu tragenden Teil des Gesamtsozialversicherungsbeitrags ein (§ 28g Satz 1 SGB IV). Dieser Anspruch kann nur durch **Abzug vom Arbeitsentgelt** geltend gemacht werden. Ein unterbliebener Abzug darf nur bei den **drei nächsten Lohn- oder Gehaltszahlungen** nachgeholt werden. Hat also der Arbeitgeber seit mehreren Monaten die Beiträge nicht einbehalten, haftet er insoweit auch für die Arbeitnehmerbeiträge, die nicht mehr durch einen nachträglichen Lohn- oder Gehaltsabzug zu realisieren sind. Ein Rückgriffsrecht gegenüber dem Arbeitnehmer steht ihm auch **nach bürgerlichem Recht grundsätzlich nicht** zu. Das gilt auch dann, wenn das Beschäftigungsverhältnis beendet ist oder Zahlungen nicht mehr anfallen. Nur wenn den Arbeitgeber kein Verschulden trifft, ist ein weiterer Abzug von Gesamtsozialversicherungsbeiträgen möglich.

Beispiel:
Der Arbeitgeber unterlässt den Beitragsabzug, weil er vom Versicherungsträger eine unrichtige Auskunft erhalten hat. Ihn trifft insoweit kein Verschulden, d.h. sein Rückgriffsrecht ist nicht auf die nächsten drei Lohnzahlungszeiträume beschränkt. Dies gilt jedoch nicht, wenn der Arbeitgeber den Beitragsabzug lediglich aus Rechtsirrtum unterlassen hat.

Eine Besonderheit liegt vor, wenn der Beschäftigte seinen **Auskunftspflichten** gegenüber dem Arbeitgeber vorsätzlich oder grob fahrlässig nicht nachkommt. Dies ist z.B. dann der Fall, wenn ein geringfügig beschäftigter Arbeitnehmer seinem Arbeitgeber **die weitere geringfügige Beschäftigung verschweigt**, obwohl diese durch die Zusammenrechnung der Arbeitszeiten und der Arbeitsentgelte versicherungspflichtig werden würde. Für den durch die Nichtabführung der Beiträge entstandenen Schaden haftet der Arbeitnehmer in Höhe der Arbeitnehmeranteile. Hier gilt nicht die einschränkende Abzugsmöglichkeit in den drei nächsten Entgeltabrechnungszeiträumen.

Beauftragt ein Arbeitgeber einen Dritten mit der Entgeltabrechnung und der Wahrnehmung der Meldepflichten, haftet der Arbeitgeber weiterhin in vollem Umfang für die Erfüllung der Pflichten gegenüber dem jeweils zuständigen Sozialversicherungsträger oder der berufsständischen Versorgungseinrichtung.

Hat ein Arbeitgeber keinen Sitz im Inland, hat er zur Erfüllung aller Pflichten einen Bevollmächtigten mit Sitz im Inland zu bestellen. Als Sitz des Arbeitgebers gilt der Beschäftigungsbetrieb des Bevollmächtigten im Inland.

Mit dem Dreizehnten Gesetz zur Änderung des Zweiten Buches Sozialgesetzbuch und anderer Gesetze, welches u.a. die Reform des Bürgergelds in Grundsicherungsgeld vorsieht, soll auch eine Arbeitgeberhaftung mit einem neuen § 62a SGB II eingeführt werden. Ausweislich der Gesetzesbegründung sollen Arbeitgeber, die eine geringfügige oder sozialversicherungspflichtige Beschäftigung nicht oder nicht vollständig oder zum Schein sozialversicherungsrechtlich anmelden, für etwaige dadurch zu Unrecht bezogene Leistungen des Beschäftigten haften; s.a. → *Schwarzarbeit* Rz. 3886. Die Regelung soll am 1.7.2026 in Kraft treten. Das Gesetzgebungsverfahren war bei Redaktionsschluss nicht abgeschlossen. Wir berichten über unseren Online-Aktualisierungsdienst (s. Benutzerhinweis S. IV).

2. Generalunternehmerhaftung in der Bauwirtschaft und Paketbranche

Ein **Unternehmer des Baugewerbes**, der einen anderen Unter- 2521
nehmer mit der Erbringung von Bauleistungen beauftragt, haftet für die Erfüllung der Zahlungspflicht dieses Unternehmers oder eines von diesem Unternehmer beauftragten Verleihers wie ein selbstschuldnerischer Bürge (vgl. § 28e SGB IV). Dies gilt auch für vom Nachunternehmer gegenüber ausländischen Sozialversicherungsträgern abzuführende Beiträge. Seit 2019 wurden die Regelungen auch auf die Paketboten ausgeweitet und mit dem Gesetz zur Neuregelung maschinenrechtlicher Vorschriften und zur Änderung des Paketboten-Schutz-Gesetzes entfristet. Die Haftung entfällt, wenn der Unternehmer nachweist, dass er davon ausgehen konnte, dass der Nachunternehmer oder ein von ihm beauftragter Verleiher seine Zahlungspflicht erfüllt und damit der Unternehmer bei der Auswahl der Nachunternehmer die Sorgfaltspflicht eines ordentlichen Kaufmanns angewandt hat. Dazu gehört beispielsweise die Prüfung des Angebots des Nachunternehmers darauf, ob bei den Lohnkosten Sozialversicherungsbeiträge zutreffend einkalkuliert sind. Einfluss auf den Umfang der Prüfung könne auch haben, ob der Nachunternehmer eine Freistellungsbescheinigung der Finanzbehörde über die Erfüllung seiner Steuerpflicht nach dem Gesetz zur Eindämmung der illegalen Beschäftigung im Baugewerbe oder Bescheinigungen der Einzugsstellen für den Gesamtsozialversicherungsbeitrag über die Erfüllung seiner Zahlungspflichten vorlege. Diese gesetzliche Neuregelung gilt ab einem geschätzten Gesamtbauwert aller für ein Bauwerk in Auftrag gegebenen Bauleistungen von 275 000 €, wobei für die Schätzung § 3 Vergabeverordnung maßgebend ist.

Der Unternehmer, der im Auftrag eines anderen Unternehmers Bauleistungen erbringt, ist verpflichtet, auf Verlangen der Einzugsstelle Firma und Anschrift dieses Unternehmens mitzuteilen. Kann der Auskunftsanspruch nicht durchgesetzt werden, hat der Unternehmer, der einen Gesamtauftrag für die Erbringung von Bauleistungen für ein Bauwerk erhält, der Einzugsstelle auf Verlangen Firma und Anschrift aller Unternehmer, die von ihm mit der Erbringung von Bauleistungen beauftragt wurden, zu benennen.

Die Haftung des Unternehmers erstreckt sich auf das von dem Nachunternehmer beauftragte nächste Unternehmen, wenn die Beauftragung des unmittelbaren Nachunternehmers bei verständiger Würdigung der Gesamtumstände als ein Rechtsgeschäft anzusehen ist, dessen Ziel v.a. die Auflösung der Haftung ist. Maßgeblich für die Würdigung ist die Verkehrsanschauung im Baubereich. Ein Rechtsgeschäft, das als Umgehungstatbestand anzusehen ist, ist i.d.R. anzunehmen,

- wenn der unmittelbare Nachunternehmer weder selbst eigene Bauleistungen noch planerische oder kaufmännische Leistungen erbringt oder
- wenn der unmittelbare Nachunternehmer weder technisches noch planerisches oder kaufmännisches Fachpersonal in nennenswertem Umfang beschäftigt oder
- wenn der unmittelbare Nachunternehmer in einem gesellschaftsrechtlichen Abhängigkeitsverhältnis zum Hauptunternehmer steht.

Nicht entscheidend ist das einzelne Auftragsvolumen, es kommt auf die Summe aller Bauleistungen des Hauptunternehmers und aller Nachunternehmer an. Für die Schätzung gilt § 3 Vergabeverordnung (VgV). Nach § 3 Abs. 10 VgV ist der maßgebliche Zeitpunkt für die Schätzung des Auftragswerts der Tag der Absendung der Bekanntmachung der beabsichtigten Auftragsvergabe oder die sonstige Einleitung des Vergabeverfahrens. Da § 28e Abs. 3a SGB IV nicht nur bei öffentlichen, sondern bei jeglichen Bauvorhaben gilt, ist § 3 Abs. 10 VgV dahingehend zu verstehen, dass es auf den geschätzten Auftragswert der Gesamtleistung im Zeitpunkt der Beauftragung des Nachunternehmers ankommt. Allerdings muss insbesondere auch § 3 Abs. 2 VgV beachtet werden, wonach der Wert eines beabsichtigten Auftrags nicht in der Absicht geschätzt oder aufgeteilt werden darf, ihn der Anwendung dieser Bestimmung zu entziehen.

Im Hinblick auf die Gefahren einer Haftung nach § 28e Abs. 3a SGB IV erscheint es deswegen ratsam, die Auftragssumme der Gesamtleistung – sofern diese nicht schon feststeht – bei der Entscheidung über die vertragliche Gestaltung der Nachunternehmerverträge und der Frage einer Absicherung genau zu prüfen. Diese Einschränkung gilt nicht für die Haftung des Hauptunternehmers bezüglich des Beitrags zur gesetzlichen Unfallversicherung, da § 150 Abs. 3 SGB IV nur auf § 28e Abs. 3a SGB IV verweist (Besprechung der Spitzenverbände der Sozialversicherungsträger mit Vertretern der Bauwirtschaft am 13.1.2003).

Eine Entlastung des Generalunternehmers ist allein über die Präqualifikation des Auftragnehmers möglich (§ 28e Abs. 3f SGB IV). Präqualifikation ist die vorgelagerte, auftragsunabhängige Prüfung der Eignungsnachweise entsprechend der Anforderungen nach der VOB. Damit kann jedes an öffentlichen Aufträgen interessierte Unternehmen künftig seine Eignung gegenüber den öffentlichen Auftraggebern zu erheblich reduzierten Kosten nachweisen.

Bis auf Weiteres werden noch sog. Unbedenklichkeitsbescheinigungen der Einzugsstellen als zweite Entlastungsmöglichkeit zugelassen, bis die Präqualifikation die in der Breite erforderliche Anwendung findet. Weitere Entlastungsmöglichkeiten sollen jedoch im Interesse der Rechtssicherheit und zur Bekämpfung von Schwarzarbeit sofort ausgeschlossen sein. Zu weiteren Einzelheiten auch → *Summenbescheid* Rz. 4073.

3. Unbedenklichkeitsbescheinigung

2522 Als Nachweis des Haftungsausschlusses des § 28e Abs. 3d SGB IV dienen lückenlose Unbedenklichkeitsbescheinigungen der Einzugsstellen. Die Unbedenklichkeitsbescheinigungen sollen zeitnah zur Verfügung gestellt werden. Sie haben eine Gültigkeitsdauer bis zum Ablauf von drei Kalendermonaten nach dem Zeitpunkt der Ausstellung durch die Einzugsstellen. Werden sie nicht erneuert, erlischt ihre Gültigkeit für Arbeitsentgelte, die für Zeiten nach Ablauf der Gültigkeitsdauer erzielt wurden. Die Unbedenklichkeitsbescheinigungen sollen neben dem Zeitraum ihrer Gültigkeit die Anzahl der Arbeitnehmer des Nachunternehmers enthalten, die bei der jeweiligen Krankenkasse versichert sind. Die Anzahl der in den Bescheinigungen genannten Personen muss ausreichen, um die Arbeiten durchführen zu können.

Die Unbedenklichkeitsbescheinigung ist seit 1.1.2024 vom Arbeitgeber elektronisch bei der jeweiligen Einzugsstelle mit einem Datensatz aus einem systemgeprüften Entgeltabrechnungsprogramm oder einer Ausfüllhilfe (mehr unter: sv-meldeportal.de) zu beantragen.

Dieser Antrag kann auch durch einen Bevollmächtigten (z.B. Steuerberater, Wirtschaftsprüfer) gestellt werden. Der Bevollmächtigte hat auf Verlangen der Einzugsstelle die Vollmacht nachzuweisen.

Werden Gesamtsozialversicherungsbeiträge an mehrere Einzugsstellen abgeführt, ist die Unbedenklichkeitsbescheinigung bei jeder Einzugsstelle zu beantragen. Für geringfügig Beschäftigte ist dies immer die Minijob-Zentrale.

Die Unbedenklichkeitsbescheinigung kann einmalig oder im Abonnentenmodell beantragt werden. Bei der Wahl des Abonnentenmodells wird die Unbedenklichkeitsbescheinigung automatisiert in einem bestimmten Turnus ausgestellt. Zur Auswahl stehen dabei eine monatliche, vierteljährliche oder halbjährliche Ausstellung.

Die Ausstellung der Unbedenklichkeitsbescheinigung setzt voraus, dass der Arbeitgeber seine Beitragsnachweis- und Zahlungspflichten rechtzeitig und vollständig erfüllt hat. Ansonsten wird die Bescheinigung abgelehnt, ab dem 1.7.2026 werden dazu vier differenzierte Ablehnungsgründe eingeführt, die Auskunft verschafften sollen, aus welchem Grund die Ablehnung erfolgte:

„1“ = Beitragszahlungspflichten nicht vollständig erfüllt (Beitragsrückstand),

„2“ = kein laufendes Arbeitgeberkonto,

„3“ = Beitragsnachweispflichten nicht vollständig erfüllt,

„4“ = fehlende Vollmacht

Unterschieden wird zwischen einer qualifizierten oder einer einfachen Unbedenklichkeitsbescheinigung. Die qualifizierte Unbedenklichkeitsbescheinigung wird ausgestellt, wenn der Arbeitgeber die Beiträge rechtzeitig nachgewiesen und gezahlt hat und keine aktuellen Beitragsrückstände bestehen. Bei der einfachen Unbedenklichkeitsbescheinigung sind diese Pflichten in den letzten sechs Monaten nur unregelmäßig erfüllt worden. Hierüber entscheidet die Einzugsstelle nach dem Ermessen.

In den vorgenannten Ausführungen wurden bereits die Grundsätze zur elektronischen Beantragung und Ausstellung von Unbedenklichkeitsbescheinigungen der Einzugsstellen nach § 108b SGB IV in der Fassung vom 1.7.2026 berücksichtigt.

4. Zahlungsunfähigkeit

Zahlungsunfähigkeit, Betriebseinstellung, Insolvenz o.Ä. eines Arbeitgebers führen nicht zu einem Erlöschen des Anspruchs auf **2523**
Beitragszahlung; die **Verpflichtung (Haftung) für die Zahlung der Sozialversicherungsbeiträge besteht fort**.

Hinsichtlich der **unterlassenen Abführung der Arbeitnehmeranteile** an den Sozialversicherungsbeiträgen ist auf die Vorschrift des **§ 266a StGB** hinzuweisen. Da die abzuführenden Gesamtsozialversicherungsbeiträge im Regelfall nur zur Hälfte aus dem Vermögen des Betriebes (Arbeitgebers) aufzubringen sind (Arbeitgeberanteile), der andere Teil aber einbehaltenes Arbeitsentgelt des Beschäftigten darstellt (Arbeitnehmeranteile), der von dem verantwortlichen Arbeitgeber nur **treuhänderisch bis zur Abführung** an die Einzugsstelle verwaltet wird, stellt § 266a StGB die **Nichtabführung dieser Arbeitnehmeranteile unter Strafe**. Der Tatbestand wird von den Staatsanwaltschaften „von Amts wegen“ verfolgt.

Für die Verwirklichung des Straftatbestandes (§ 266a StGB) genügt, dass die Arbeitnehmeranteile am Fälligkeitstag der berechtigten Einzugsstelle vorenthalten wurden. Nach der Rechtsprechung des BSG (Urteil v. 30.8.1994, 12 RK 59/92) werden Sozialversicherungsbeiträge **unabhängig von der tatsächlichen Auszahlung** des ihnen zu Grunde liegenden (geschuldeten und fälligen) Arbeitsentgelts am **Zahltag fällig**. Der BGH (Urteil v. 16.5.2000, VI ZR 90/99) hat bestätigt, dass Arbeitnehmer-Beiträge zur Sozialversicherung auch dann i.S.d. § 266a Abs. 1 StGB vorenthalten sind, wenn für den betreffenden Zeitraum kein Lohn an die Arbeitnehmer ausgezahlt worden ist.

§ 266a StGB betraf bisher nicht nur das Vorenthalten von Arbeitnehmeranteilen zur Sozialversicherung, sondern auch die Nichtanmeldung und das Nichtabführen von Arbeitgeberanteilen stellt einen Straftatbestand i.S.d. § 266a StGB dar. Die Nichtabführung der Arbeitgeberanteile kann in gleicher Weise geahndet werden wie die Nichtabführung der Arbeitnehmeranteile.

Haftungsschulden

→ *Werbungskosten* Rz. 4535

Handelsvertreter

→ *Vertreter* Rz. 4346

Handy

→ *Computer* Rz. 1517, → *Telekommunikation* Rz. 4092

Hausbrand

→ *Arbeitslohn-ABC* Rz. 686

Haushaltsfreibetrag

→ *Entlastungsbetrag für Alleinerziehende* Rz. 1979

Haushaltshilfe/Hausgehilfe

1. Hausgehilfe

2524 Ein in den **Haushalt aufgenommener** oder dort **voll beschäftigter** sog. Hausgehilfe ist **Arbeitnehmer**.

Dies gilt auch bei nur **stundenweiser Beschäftigung**, wenn ein **Arbeitsvertrag** abgeschlossen worden ist, in dem Arbeitszeiten sowie -umfang im Wesentlichen vorgegeben sind (vgl. FG Baden-Württemberg v. 31.8.1978, VI 259/75, EFG 1979, 238 betr. Reinigung von Schulen auf Grund eines mit einer Gemeinde abgeschlossenen Werkvertrags).

LSt SV

2. Haushaltshilfe

2525 Bei nur **stundenweise beschäftigten Haushaltshilfen** hält es der BFH dagegen eher für möglich, dass eine **selbständige (gewerbliche) Tätigkeit** vorliegt, weil die Beziehungen zwischen dem Stpfl. und der Haushaltshilfe wesentlich **freier gestaltet** werden können (BFH v. 19.1.1979, VI R 28/77, BStBl II 1979, 326). Dies gilt besonders für Beschäftigungen in **Privathaushalten**, wenn eine Haushaltshilfe – ohne an eine bestimmte Arbeitszeit gebunden zu sein und ohne nähere Anweisungen zu erhalten – in ganz unregelmäßigen Zeitabständen den allgemein gehaltenen Auftrag: „sauber zu machen“ erfüllt (FG Berlin v. 20.10.1970, III 66/69).

Wer auf Grund eines gegenseitigen Vertrags für einen anderen (im Urteilsfall der Nachbar) auf dessen Lebenszeit – wenn auch begrenzt auf eine Höchstdauer, die dessen mittlere statistische Lebenserwartung deutlich übersteigt – hauswirtschaftliche und pflegerische Leistungen erbringt, ohne dabei weisungsgebunden zu sein, und als Gegenleistung ein Hausgrundstück übertragen erhält, erzielt **Einkünfte aus Gewerbebetrieb** (BFH v. 20.3.2013, X R 15/11, HFR 2013, 1101).

S. zur Abgrenzung zuletzt auch **FG Niedersachsen** v. 26.6.2019, 9 K 101/18: Nachbarschaftliche Hilfeleistungen, die nach dem Gesamtbild der Umstände nicht mit Pflegetätigkeiten gleichzusetzen sind, die typischerweise i.R. eines Leistungsaustausches gegen Entgelt erbracht werden bzw. eine Gegenleistung auslösen, **können der einkommensteuerlich unbeachtlichen Privatsphäre zuzuordnen** sein. Von dem Bereich der steuerbaren sonstigen Leistung sind die Fälle zu unterscheiden, in denen tatsächlich keine erwerbswirtschaftlichen Zwecke, sondern private Motive (im Streitfall: langjährige Nachbarschaft und freundschaftliche Verbundenheit) für das Verhalten des Stpfl. entscheidend sind.

~~LSt~~ ~~SV~~

Beispiel:

A hilft ihrer Nachbarin B in deren Haus gegen einen Stundenlohn von 10 € beim Saubermachen. Welche Arbeiten zu welchem Zeitpunkt zu leisten sind, ist A überlassen. Wird keine Arbeit geleistet, weil z.B. A krank ist, wird kein Lohn gezahlt.

Ein Arbeitsverhältnis wird in diesem Fall nicht begründet. Das gilt auch für andere Personen, die für Frau B gelegentlich mehr aus Gefälligkeit tätig werden; z.B. ein Schüler, der gelegentlich im Garten Laub harkt, oder ein Rentner, der im Haus kleinere Reparaturen ausführt und Schnee fegt (FG Berlin v. 20.10.1970, III 66/69).

Eine entsprechende Auffassung hat auch das FG Thüringen vertreten, weil die Haushaltshilfe selbständig – d.h. ohne Vorgaben – tätig wurde, nur nach den **tatsächlich geleisteten Arbeitsstunden entlohnt** wurde und keine Sozialleistungen vereinbart waren (FG Thüringen v. 27.8.1998, II 227/97, EFG 1999, 235).

3. Verträge mit nahen Angehörigen

2526 Ein **Arbeitsvertrag** über die Tätigkeit als Haushaltshilfe kann auch zwischen **nahen Angehörigen** abgeschlossen werden (BFH v. 6.10.1961, VI 244/61 U, BStBl III 1961, 549 betr. die auswärts wohnende Mutter als Hausgehilfin der berufstätigen Tochter). Etwas anderes gilt dagegen, wenn Mutter und Tochter in einem **gemeinsamen Haus** leben, weil dann die Haushaltsführung üblicherweise auf familienrechtlicher Grundlage unentgeltlich erfolgt (vgl. FG Saarland v. 31.5.1989, 1 K 296/88, EFG 1989, 453). Nicht anzuerkennen sind auch **Arbeitsverträge mit dem Ehegatten** über die Haushaltsführung (→ *Angehörige* Rz. 142).

LSt SV

4. Hauswirtschaftliche Beschäftigungsverhältnisse

Seit 2003 ist eine Steuervergünstigung für Aufwendungen für **haushaltsnahe Beschäftigungsverhältnisse** und für die Inanspruchnahme **haushaltsnaher Dienstleistungen** eingeführt worden (§ 35a EStG), → *Haushaltsnahe Beschäftigungsverhältnisse und Dienstleistungen: Steuerermäßigung* Rz. 2530. 2527

5. Gewährung einer Haushaltshilfe im Krankheitsfall

Versicherte, die z.B. wegen Krankenhausbehandlung den Haushalt nicht weiterführen können, haben Anspruch auf die Gewährung einer Haushaltshilfe als **Sachleistung aus der gesetzlichen Krankenkasse**. Kann eine Haushaltshilfe von der Krankenkasse nicht gestellt werden, ist der Versicherte berechtigt, sich eine Ersatzkraft selbst zu beschaffen. Die Übernahme der Führung des Haushalts durch eine im Haushalt lebende Person, die hierfür unbezahlten Urlaub nimmt, wird so behandelt, als ob der Versicherte selbst eine Ersatzkraft beschafft hätte. Die Krankenkasse erstattet in diesem Fall das ausgefallene Nettoarbeitsentgelt bis zur Höhe des Betrags, den der Leistungsträger für eine selbst beschaffte, nicht verwandte Ersatzkraft aufzuwenden gehabt hätte (§ 38 Abs. 4 SGB V). Häufig nimmt in diesen Fällen der nicht erkrankte **Ehepartner Urlaub**, um die Haushaltsführung zu übernehmen. Für die Finanzämter wird dieser Sachverhalt daran erkennbar, dass in der Lohnsteuerbescheinigung des Ehepartners, der den Haushalt weiterführt, vom Arbeitgeber der Großbuchstabe „U“ eingetragen wird, wenn der Anspruch auf Arbeitslohn für mindestens fünf aufeinander folgende Arbeitstage weggefallen ist. 2528

Die **Erstattung des Verdienstausfalls** nach § 38 Abs. 4 SGB V ist zwar eine dem Krankengeld vergleichbare steuerfreie Lohnersatzleistung, unterliegt aber **nicht dem Progressionsvorbehalt** (BFH v. 17.6.2005, VI R 109/00, BStBl II 2006, 17).

6. Besteuerung von Pflegekräften aus den EU-Beitrittsländern

Für Arbeitnehmer aus den EU-Beitrittsländern sind die bisherigen arbeitsrechtlichen Beschränkungen für die Aufnahme einer Tätigkeit im Inland seit dem 1.5.2011 weggefallen. Weitere Erleichterungen – auch für Arbeitnehmer außerhalb der EU – enthält das Gesetz zur Weiterentwicklung der Fachkräfteeinwanderung (Gesetz v. 16.8.2023, BGBl. I 2023, Nr. 217) für Flüchtlinge und Asylbewerber. 2529

Eine **Haushaltshilfe/Pflegekraft aus einem osteuropäischen EU-Mitgliedstaat**, die über einen Gewerbeschein der Gewerbebehörde ihres Wohnorts verfügt, einen Betreuungsvertrag mit einer hilfsbedürftigen Person bzw. deren Angehörigen schließt, für drei Monate im Haushalt der hilfsbedürftigen Person lebt, während dieser Zeit unentgeltlich Kost und Logis erhält, sämtliche Hausarbeiten übernimmt und Hilfe bei Arztbesuchen leistet, ist **nach Verwaltungsauffassung als Arbeitnehmer anzusehen** (FinMin Schleswig-Holstein v. 23.4.2008, S 7104 – VI 326).

Der **BFH** hat demgegenüber eine **selbständige Tätigkeit angenommen**, weil im Urteilsfall die Betreuungskräfte ihre Tätigkeit auf eigene Rechnung und eigene Verantwortung ausgeübt und das Unternehmerrisiko, dem ein besonderes Gewicht zukomme, getragen haben; sie hatten weder Anspruch auf Urlaub noch auf Entgeltfortzahlung im Krankheitsfall und unterlagen in der alltäglichen Arbeit keiner Weisungsgebundenheit bzgl. Ort, Zeit und Inhalt der Tätigkeit. Vielmehr haben sie den Haushalt der Pflegebedürftigen selbständig geführt, allein den Ablauf der einzelnen Tätigkeiten bestimmt und die Verantwortung hierfür getragen (BFH v. 11.11.2015, V R 3/15, HFR 2016, 635).

Haushaltsnahe Beschäftigungsverhältnisse und Dienstleistungen: Steuerermäßigung

1. Allgemeines

Die Steuerermäßigung nach § 35a EStG wird gewährt für (**nur Arbeitskosten**) 2530

– **haushaltsnahe Beschäftigungsverhältnisse** (§ 35a Abs. 1 und Abs. 2 Satz 1 EStG),

- für die Inanspruchnahme **haushaltsnaher Dienstleistungen** (§ 35a Abs. 2 Satz 1 EStG),
- für die Inanspruchnahme von **Pflege- und Betreuungsleistungen** (§ 35a Abs. 2 Satz 2 EStG),
- für Aufwendungen, die einem Stpfl. wegen der **Unterbringung in einem Heim oder zur dauernden Pflege** erwachsen, soweit darin Kosten für Dienstleistungen enthalten sind, die mit denen einer Hilfe im Haushalt vergleichbar sind (§ 35a Abs. 2 Satz 2 EStG),
- für die Inanspruchnahme von **Handwerkerleistungen für Renovierungs-, Erhaltungs- und Modernisierungsmaßnahmen** mit Ausnahme der nach dem CO_2-Gebäudesanierungsprogramm der KfW Förderbank geförderten Maßnahmen (§ 35a Abs. 3 EStG).

Die Steuerermäßigung kann nur in Anspruch genommen werden, wenn das Beschäftigungsverhältnis, die Dienstleistung oder die Handwerkerleistung in einem in der **Europäischen Union** oder dem Europäischen Wirtschaftsraum liegenden Haushalt des Stpfl. oder bei Pflege- und Betreuungsleistungen in einem Haushalt der gepflegten oder betreuten Person ausgeübt oder erbracht wird und das Heim oder der Ort der dauernden Pflege in der Europäischen Union oder dem Europäischen Wirtschaftsraum liegt (§ 35a Abs. 4 EStG).

Die Steuerermäßigung kann auch von Mietern geltend gemacht werden, und zwar auch dann, wenn sie die Verträge mit den Leistungserbringern nicht selbst abgeschlossen haben, sondern der Vermieter (BFH v. 20.4.2023, VI R 24/20, BFH/NV 2023, 1520).

Begünstigt sind nur die Aufwendungen des Stpfl., die **nicht zu den Betriebsausgaben oder Werbungskosten** gehören (ob sie als solche tatsächlich abgezogen wurden, ist unerheblich) und soweit sie **nicht als Sonderausgaben oder außergewöhnliche Belastung** nach §§ 33, 33a EStG berücksichtigt worden sind (§ 35a Abs. 5 Satz 1 EStG).

Die Steuerermäßigung nach § 35a Abs. 2 EStG ist auch für die Inanspruchnahme von haushaltsnahen Dienstleistungen zu gewähren, die dem Grunde nach als außergewöhnliche Belastungen abziehbar, wegen der zumutbaren Belastung aber nicht als solche berücksichtigt worden sind. In der Haushaltsersparnis, die bei der Ermittlung der abziehbaren außergewöhnlichen Belastungen für eine krankheitsbedingte Unterbringung zu berücksichtigen ist, sind keine Aufwendungen enthalten, die eine Steuerermäßigung nach § 35a Abs. 2 EStG rechtfertigen (BFH v. 16.12.2020, VI R 46/18, BStBl II 2021, 476 betr. Aufwendungen für die Unterbringung in einem Seniorenheim).

Da diese Förderung für das Lohnbüro kaum Bedeutung hat, soll auf die Darstellung der einzelnen Voraussetzungen verzichtet werden. Die obersten Finanzbehörden haben zur Anwendung des § 35a EStG ein **überarbeitetes Anwendungsschreiben** herausgegeben (BMF v. 9.11.2016, IV C 8 – S 2296-b/07/10003 :008, BStBl I 2016, 1213, zuletzt geändert durch BMF v. 1.9.2021, IV C 8 – S 2296-b/21/10002 :001, BStBl I 2021, 1494 betr. **Begünstigung von Maßnahmen der öffentlichen Hand, die nach öffentlich-rechtlichen Kriterien abgerechnet** werden).

2. Höhe der Förderung

2531 Die Höhe der Förderung ist abhängig von der jeweiligen Tätigkeit; der Abzugsbetrag beträgt im Jahr

- 20 % der Aufwendungen, höchstens 510 € jährlich, bei geringfügiger Beschäftigung in einem Privathaushalt i.S.d. § 8a SGB IV (§ 35a Abs. 1 EStG),
- 20 % der Aufwendungen, höchstens 4 000 € jährlich bei anderen haushaltsnahen Beschäftigungsverhältnissen (die keine geringfügige Beschäftigung im vorstehenden Sinne darstellen) und haushaltsnahen Dienstleistungen sowie für die Inanspruchnahme von Pflege- und Betreuungsleistungen,
- 20 % der Aufwendungen, höchstens 1 200 € bei Inanspruchnahme der o.g. Handwerkerleistungen.

Aus Vereinfachungsgründen ist die frühere Regelung, dass die Aufwendungen für jeden Kalendermonat, in dem die Voraussetzungen für den Abzug dem Grunde nach nicht vorgelegen haben, um ein Zwölftel zu vermindern sind, entfallen.

3. Lohnsteuerermäßigung

Die als Abzug von der Steuerschuld konzipierte Steuervergünstigung wirkt sich grds. erst bei der Veranlagung zur Einkommensteuer aus, allenfalls schon bei der Festsetzung von Einkommensteuer-Vorauszahlungen. Damit Arbeitnehmer den Steuervorteil bereits beim Lohnsteuerabzug erhalten, kann nach § 39a Abs. 1 Nr. 5 Buchst. c EStG ein entsprechender **Freibetrag als Lohnsteuerabzugsmerkmal berücksichtigt** werden. Da der „Steuerabzugsbetrag" selbst nicht abgezogen werden kann, wird er durch **Vervierfachung in einen Freibetrag umgerechnet**. Wurde ein Freibetrag berücksichtigt, ist nach Ablauf des Jahres eine **Veranlagung zur Einkommensteuer** durchzuführen (§ 46 Abs. 2 Nr. 4 EStG). 2532

Beispiel:

A, Prokurist, beschäftigt für Gartenpflege, Fußwegreinigung und Schneeräumung ein Unternehmen, das dafür monatlich 100 € erhält (im Jahr also 1 200 €).

A kann hierfür i.R. seiner Einkommensteuererklärung eine Steuerermäßigung von 20 % von 1 200 € = 240 € geltend machen (der Höchstbetrag von 4 000 € wird nicht überschritten), die bereits als Lohnsteuerabzugsmerkmal berücksichtigt werden kann. Als Freibetrag wird das Vierfache der Steuerermäßigung berücksichtigt, hier also 960 € (4 × 240 €).

Haushaltsscheckverfahren

→ *Mini-Jobs* Rz. 3161

Häusliche Krankenpflege

1. Hauspflegerinnen

Beauftragt eine **Gemeinde** als Trägerin der örtlichen Sozialhilfe nur von Fall zu Fall Pflegekräfte (Hauspflegerinnen) mit der Pflege kranker und hilfloser Personen, so üben die Pflegekräfte i.d.R. eine **selbständige Tätigkeit** aus. Die ihnen von der Gemeinde gezahlten Gelder unterliegen dann nicht dem Lohnsteuerabzug (FG Düsseldorf v. 26.6.1968, IX 148/66 L, EFG 1968, 540). 2533

2. Ambulante Pflegedienste

Ambulante Pflegedienste, die im Bereich der häuslichen Pflege tätig werden, erzielen regelmäßig Einkünfte aus **Gewerbebetrieb** oder aus **freiberuflicher Tätigkeit** (vgl. zur Abgrenzung ausführlich OFD Frankfurt v. 11.2.1998, S 2246 A – 23 – St II 21). Die **fest angestellten Mitarbeiter** sind regelmäßig **Arbeitnehmer**. S. im Übrigen die Hinweise im „Arbeitnehmer-ABC" Stichwort „Pflegekräfte in der ambulanten Pflege" (→ *Arbeitnehmer-ABC* Rz. 447). 2534

Der Arbeitgeber kann ihnen – sofern die allgemeinen Voraussetzungen vorliegen (→ *Reisekosten: Allgemeine Grundsätze* Rz. 3589) – **Fahrtkosten und Mehraufwendungen für Verpflegung steuerfrei erstatten**. Das Einsatzgebiet ist **nicht als weiträumiges Tätigkeitsgebiet i.S.d. § 9 Abs. 1 Satz 3 Nr. 4a Satz 3 EStG** anzusehen, selbst wenn es sich auf den Bereich einer Großstadt beschränkt (OFD Magdeburg v. 1.7.1996, S 2353 – 31 – St 225, DB 1996, 1702 sowie → *Reisekosten: Allgemeine Grundsätze* Rz. 3629).

3. Arbeitsverhältnis zwischen Pflegebedürftigem und Pflegeperson

Beschäftigt der Pflegebedürftige selbst eine Pflegeperson, kann ein **Arbeitsverhältnis** begründet werden (z.B. LSG Baden-Württemberg v. 18.5.2018, L 4 R 3961/15, betr. einen „Rundum-Pflege"-Assistenten eines an einer schweren Muskelerkrankung leidenden Menschen, dem für die Leistungen zu seiner Betreuung ein persönliches Budget bewilligt ist). Es kommt aber immer auf das Gesamtbild der Verhältnisse an; der **BFH** hat von einer Agentur vermittelte ausländische Pflegekräfte als **selbständig** angesehen, weil sie das Unternehmerrisiko, dem ein besonderes Gewicht zukomme, getragen haben (BFH v. 11.11.2015, V R 3/15, HFR 2016, 635). Für die Abgrenzung gelten die allgemeinen Voraussetzungen und im Wesentlichen die gleichen Grundsätze wie für die Beschäftigung einer **Hausgehilfin** (→ *Arbeitnehmer* Rz. 191; → *Haushaltshilfe/Hausgehilfe* Rz. 2524; → *Pflegeversicherung* Rz. 3428). 2535

Hat der Stpfl. einen pflegebedürftigen **Angehörigen** in seinen Haushalt aufgenommen, um ihn dort zu pflegen und zu versorgen, und erhält er dafür aus dem Vermögen des Pflegebedürftigen Geldbeträge, so vollziehen sich diese Leistungen und die empfangenen Zahlungen im Regelfall **i.R. der familiären Lebensgemeinschaft**. Sie erfüllen grds. nicht die Voraussetzungen des Erzielens von Einkünften i.S.d. § 2 EStG, d.h. dass auch **kein Arbeitnehmerverhältnis** begründet wird (zuletzt BFH v. 16.1.2003, IX B 172/02, BStBl II 2003, 301 m.w.N. sowie – zur Sozialversicherung – BSG v. 19.2.1987, 12 RK 45/85, betr. Abgrenzung zwischen versicherungspflichtiger Beschäftigung und familienhafter Mithilfe bei der Pflege von Angehörigen).

4. Steuerfreiheit nach § 3 Nr. 36 EStG

a) Allgemeines

2536 Nach § 3 Nr. 36 EStG steuerfrei sind Einnahmen für Leistungen zu körperbezogenen Pflegemaßnahmen, pflegerischen Betreuungsmaßnahmen oder Hilfen bei der Haushaltsführung bis zur Höhe des Pflegegeldes **nach § 37 SGB XI**, mindestens aber bis zur Höhe des Entlastungsbetrages nach § 45b Abs. 1 Satz 1 SGB XI, wenn diese Leistungen von **Angehörigen** des Pflegebedürftigen oder von **anderen Personen**, die damit eine sittliche Pflicht i.S.d. § 33 Abs. 2 EStG gegenüber dem Pflegebedürftigen erfüllen, erbracht werden (z.B. Pflege durch ein uneheliches Kind). Entsprechendes gilt, wenn der Pflegebedürftige vergleichbare Leistungen aus **privaten Versicherungsverträgen** nach den Vorgaben des SGB XI oder nach den **Beihilfevorschriften** für häusliche Pflege erhält.

Die Steuerfreiheit kann nicht nur für Einnahmen aus weitergeleitetem Pflegegeld geltend gemacht werden, sondern beispielsweise auch für Einnahmen i.R. der **Verhinderungspflege** (§ 39 SGB XI) oder für Einnahmen, die über den Entlastungsbetrag gem. § 45b Abs. 1 Satz 1 SGB XI erstattet werden können. Voraussetzung ist jedoch immer, dass die sonstigen Voraussetzungen des § 3 Nr. 36 EStG erfüllt sind.

Einnahmen, die für die Pflege einer mit dem Pflegenden langjährig befreundeten, aber **nicht verwandten Person** bezogen werden, unterliegen der Einkommensteuer und sind nicht nach § 3 Nr. 36 EStG steuerfrei (FG Hessen v. 20.9.2000, 5 K 1668/00, EFG 2001, 125).

b) Zahlungen Pflegebedürftiger an selbst gewählte Pflegepersonen bei Erstattung durch Krankenkasse/Pflegekasse bzw. Sozialleistungsträger

2537 Nach **FinMin Berlin v. 25.2.2020, III B – S 2121 – 2/2011 – 1**, gilt Folgendes:

§ 3 Nr. 36 EStG ist außer auf weitergeleitete Erstattungen für Leistungen i.S.d. SGB XI auch **auf vergleichbare Fälle von weitergeleiteten Erstattungen** für Leistungen zu körperbezogenen Pflegemaßnahmen, pflegerischen Betreuungsmaßnahmen oder Hilfen bei der Haushaltsführung anzuwenden, welche auf Grund **anderer Sozialleistungsgesetze** gewährt werden.

Vergleichbare Fälle in diesem Sinne sind:

- Erstattungen
  - der Krankenkasse für die häusliche Pflege durch Privatpersonen nach § 37 SGB V und für selbst beschaffte Haushaltshilfen nach § 38 Abs. 4 SGB V,
  - der Pflegekasse für die sog. Verhinderungspflege nach § 39 SGB XI sowie
  - für entsprechende Leistungen nach dem SGB XIV,
- Leistungen nach dem Recht der gesetzlichen Unfallversicherung,
- Leistungen aus öffentlichen Kassen auf Grund gesetzlich geregelter Unfallversorgung oder Unfallfürsorge,
- Leistungen der Beihilfe nach den Beihilfevorschriften des Bundes und der Länder und Leistungen der freien Heilfürsorge (oder unentgeltliche truppenärztliche Versorgung), wenn der Betreffende trotz Pflegebedürftigkeit (vorübergehend) noch im aktiven Dienst ist (bzw. im Einzelfall sein sollte),
- Leistungen im Sozialhilferecht (SGB XII),
- entsprechende Leistungen aus dem Ausland oder von einer zwischenstaatlichen oder überstaatlichen Einrichtung.

Die weitergeleiteten Erstattungen in vergleichbaren Fällen sind steuerfrei, soweit diese das **höchstmögliche Pflegegeld** nach § 37 SGB XI (das entspricht Pflegegrad 5 für Veranlagungszeiträume seit 2017 bzw. Pflegestufe III für Veranlagungszeiträume bis 2016) nicht übersteigen. Voraussetzung ist, dass die übrigen Tatbestandsmerkmale des § 3 Nr. 36 EStG erfüllt sind.

Nicht erfasst von der Steuerbefreiung sind vom Pflegebedürftigen selbst zusätzlich gewährte Vergütungen. Dies gilt auch, wenn die „Gesamtvergütung" unterhalb der Höhe des Pflegegelds nach § 37 SGB XI bleibt.

Wegen des persönlichen Anwendungsbereichs von § 3 Nr. 36 EStG ist die Steuerfreiheit für Pflegepersonen, die keine Angehörige sind, nur zu gewähren, wenn sie eine **sittliche Pflicht** i.S.d. § 33 Abs. 2 EStG gegenüber dem Pflegebedürftigen erfüllen. Eine solche sittliche Pflicht kann regelmäßig angenommen werden, wenn die Pflegeperson nur für **einen** Pflegebedürftigen tätig wird.

Hinsichtlich der **Verhinderungspflege** ist Folgendes zu beachten:

Das **Sozialrecht** unterscheidet zwischen der eigentlichen Pflegeperson, für die sich die Anspruchsgrundlage auf Pflegegeld aus § 37 SGB XI ergibt, und der Person, die im Falle der Verhinderung der eigentlichen Pflegeperson die Pflege vertretungsweise übernimmt. Für diese sog. Verhinderungspflege ergibt sich die Anspruchsgrundlage aus § 39 SGB XI.

Steuerlich wird jedoch nicht zwischen der eigentlichen Pflege und der Verhinderungspflege unterschieden. § 3 Nr. 36 EStG enthält eigenständige Tatbestandsmerkmale für die Gewährung der Steuerfreiheit, die von den Regelungen des SGB XI unabhängig sind. Soweit bei der Verhinderungspflege die Voraussetzungen des § 3 Nr. 36 EStG erfüllt sind, kommt hierfür die Steuerbefreiung dem Grunde nach in Betracht, lediglich von der Höhe her erfolgt auch bei der Verhinderungspflege die Begrenzung auf die Beträge des § 37 SGB XI.

Soweit bei der Verhinderungspflege die Tatbestandsmerkmale des § 3 Nr. 36 EStG nicht erfüllt sind oder höhere Beträge gezahlt werden als die in § 37 SGB XI genannten, besteht Steuerpflicht.

Nach § 45b SGB XI haben Pflegebedürftige in häuslicher Pflege Anspruch auf einen Entlastungsbetrag i.H.v. bis zu 125 € monatlich. Dieser Betrag ist zweckgebunden einzusetzen für qualitätsgesicherte Leistungen zur Entlastung pflegender Angehöriger und vergleichbar Nahestehender in ihrer Eigenschaft als Pflegende sowie zur Förderung der Selbständigkeit und Selbstbestimmtheit der Pflegebedürftigen bei der Gestaltung ihres Alltags.

Erhält ein Pflegebedürftiger diesen Entlastungsbetrag und leitet ihn weiter, so wird der Sachverhalt ebenfalls von § 3 Nr. 36 EStG erfasst.

Die steuerfreien Leistungen nach § 3 Nr. 36 EStG unterliegen – wie auch Leistungen aus einer Kranken-, Pflege- und gesetzlichen Unfallversicherung gem. § 3 Nr. 1a EStG – nicht dem Progressionsvorbehalt.

Häusliches Arbeitszimmer

→ *Arbeitszimmer* Rz. 769

Hauspflegerin

→ *Haushaltshilfe/Hausgehilfe* Rz. 2524, → *Häusliche Krankenpflege* Rz. 2533

Haustrunk

→ *Arbeitslohn-ABC* Rz. 687, → *Rabatte* Rz. 3523, → *Sachbezüge* Rz. 3799

Heimarbeit

1. Arbeitsrecht

Die Heimarbeit nach den Vorschriften des Heimarbeitsgesetzes hat heute nur noch Randbedeutung. Daher nur folgende Hinweise: 2538

Heimarbeiter ist, wer in selbstgewählter Arbeitsstätte allein oder mit seinen Familienangehörigen im Auftrag von Gewerbetreibenden oder Zwischenmeistern erwerbsmäßig arbeitet, jedoch die Verwertung der Arbeitsergebnisse dem unmittelbar oder – bei Einschaltung von Zwischenmeistern – mittelbar auftraggebenden Gewerbetreibenden überlässt (§ 2 Abs. 1 Satz 1 HAG). Bestehen **Zweifel an der rechtlichen Einordnung** – selbständiger Arbeitnehmer, Unternehmer oder Heimarbeiter –, kommt es nicht allein auf die Vereinbarung, sondern in erster Linie auf die tatsächliche und **praktische Durchführung** der Beziehungen an. Ergibt sich aus dieser praktischen Durchführung eine wirtschaftliche Abhängigkeit vom Unternehmer, so gilt der besondere Schutz des Heimarbeitsgesetzes (vgl. BAG v. 3.4.1990, 3 AZR 258/88).

Nicht zu den Heimarbeitern zählen die sog. **Außenarbeitnehmer**, die zwar aus verschiedenen Gründen keinen Arbeitsplatz in einem Betrieb haben, sondern in eigener Wohnung oder Werkstatt arbeiten, wenn sie persönlich abhängig und weisungsgebunden in einem Arbeitsverhältnis stehen (s. zur Abgrenzung auch BAG v. 14.6.2016, 9 AZR 305/15, sowie im Anschluss LSG Hessen v. 18.6.2020, L 8 BA 36/19, zum Heimarbeitsverhältnis eines selbständig tätigen Programmierers).

Heimarbeiter haben einen gewissen **Entgeltschutz** durch bindende Festsetzungen und Überwachung der Entgelte und Vertragsbedingungen, §§ 19 ff. HAG.

Heimarbeiter haben als arbeitnehmerähnliche Personen Anspruch auf **Urlaub** und Urlaubsentgelt nach § 12 BUrlG, Anspruch auf **Feiertagsentgelt** nach § 11 EFZG und Anspruch auf **Entgeltfortzahlung** im Krankheitsfall in Form von Zuschlägen zum Arbeitsentgelt nach § 10 EFZG.

Bei der **Kündigung** des Heimarbeitsverhältnisses sind nach § 29 HAG Kündigungsfristen zu beachten. Das Kündigungsschutzgesetz findet demgegenüber keine Anwendung, wohl aber die **besonderen Kündigungsschutzbestimmungen** für Mutterschutz, Elternzeit und Schwerbehinderte.

Keine Anwendung findet auch die Schutzvorschrift des § 613a BGB auf Heimarbeiter bei einem **Betriebsübergang** (BAG v. 24.3.1998, 9 AZR 218/97).

Ein Arbeitsverhältnis kann auch dann ohne Vorliegen eines sachlichen Grundes bis zur Dauer von zwei Jahren kalendermäßig befristet werden, wenn zwischen den Parteien zuvor bereits ein Heimarbeitsverhältnis bestanden hat; die Heimarbeit stellt also **keine schädliche Vorbeschäftigung** dar (BAG v. 24.8.2016, 7 AZR 342/14).

Zu weiteren Einzelheiten s.a. → *Home-Office/Mobile-Office/Telearbeit* Rz. 2569.

2. Lohnsteuer

2539 Die Finanzverwaltung sieht i.d.R.

- **Hausgewerbetreibende und Zwischenmeister als selbständig**
- und nur die **Heimarbeiter als Arbeitnehmer** an (R 15.1 Abs. 2 Satz 1 EStR).

Die Abgrenzung ist jedoch schwierig, weil auch bei Heimarbeitern viele Merkmale vorliegen, die für Selbständigkeit sprechen (keine feste Arbeitszeit, Arbeit in eigenen Räumen, Möglichkeit der Mitarbeit von Angehörigen u.Ä.), s. dazu zuletzt BAG v. 14.6.2016, 9 AZR 305/15, sowie im Anschluss LSG Hessen v. 18.6.2020, L 8 BA 36/19, zum Heimarbeitsverhältnis eines Programmierers.

Beispiel 1:

A war früher bei einem Sozialversicherungsträger angestellt. Sie hat nach ihrem Ausscheiden mit ihrem früheren Arbeitgeber einen Werkvertrag abgeschlossen, wonach sie wöchentlich in Heimarbeit nach ihr ausgehändigten Rentenakten bis zu 25 Kontenspiegel aufzustellen hatte.

Der BFH hat A trotz Vereinbarung eines Werkvertrags – die arbeits- und sozialversicherungsrechtliche Beurteilung hielt der BFH für unerheblich – als Arbeitnehmer angesehen, weil sie die Arbeit persönlich ausführen musste („Delegieren" an andere Personen war nicht zulässig) und sie kein Unternehmerrisiko trug: Alle Kosten wurden ihr vom Sozialversicherungsträger ersetzt; sie hatte keine Möglichkeit, durch einen größeren Arbeitseinsatz ihre Einkünfte zu erhöhen (BFH v. 13.2.1980, I R 17/78, BStBl II 1980, 303).

Beispiel 2:

Ein Heimschneider, der nur seine Ehefrau und seine zwei Töchter beschäftigt, ist – unabhängig von der Höhe seines Umsatzes und von der Größe seines Betriebsvermögens – als Arbeitnehmer anzusehen, wenn er ausschließlich für einen einzigen Auftraggeber tätig ist, von diesem die vorbereiteten Zuschnitte und das wesentliche Material erhält und wenn sich seine Vergütung nicht nach dem Stückpreis berechnet, sondern er nach einem Arbeitslohntarif für Heimarbeiter entlohnt wird, wobei ihm Lohnsteuer und Sozialversicherungsbeiträge einbehalten werden und er darüber hinaus den ihm zustehenden Urlaub erhält, - Lohnausgleich im Krankheitsfall und arbeitsrechtlichen Kündigungsschutz genießt. Bei einer derartigen Sachlage ist es unerheblich, wenn der Heimschneider seine Arbeitsstätte, seine Arbeitszeit und seine Arbeitsmenge selbst bestimmt und er die Arbeitsgeräte selbst stellt und insoweit das Risiko und die Verantwortung trägt (FG Nürnberg v. 7.4.1972, III 154/70, EFG 1972, 503).

Arbeitnehmer sind ferner die nach § 1 Abs. 2a HAG den **Heimarbeitern gleichgestellten Personen**, die i.d.R. allein oder mit ihren Familienangehörigen in eigener Wohnung oder selbst gewählter Betriebsstätte eine sich in regelmäßigen Arbeitsvorgängen wiederholende Arbeit im Auftrag eines anderen gegen Entgelt ausüben, ohne dass ihre Tätigkeit als gewerblich anzusehen oder dass der Auftraggeber ein Gewerbetreibender oder Zwischenmeister ist (R 15.1 Abs. 2 Satz 3 EStR).

Für die **Unterscheidung von Hausgewerbetreibenden und Heimarbeitern** ist von dem Gesamtbild des einzelnen Falles auszugehen:

Heimarbeiter – und somit Arbeitnehmer – ist nicht, wer fremde Hilfskräfte beschäftigt oder die Gefahr des Unternehmens, insbesondere auch wegen wertvoller Betriebsmittel, trägt. Auch eine größere Anzahl von Auftraggebern und ein größeres Betriebsvermögen können die Eigenschaft als Hausgewerbetreibender begründen. Die Tatsache der Zahlung von Sozialversicherungsbeiträgen durch den Auftraggeber ist für die Frage, ob ein Gewerbebetrieb vorliegt, ohne Bedeutung (R 15.1 Abs. 2 Satz 6 ff. EStR).

Ob **„Telearbeiter"** selbständig oder nichtselbständig tätig sind, muss nach den Gesamtumständen des Einzelfalls entschieden werden (→ *Home-Office/Mobile-Office/Telearbeit* Rz. 2551).

Zur Gewährung **steuerfreier Arbeitgeberleistungen** → *Home-Office/Mobile-Office/Telearbeit* Rz. 2553.

3. Sozialversicherung

a) Heimarbeiter

Heimarbeiter gelten als **Beschäftigte** (vgl. § 12 Abs. 2 SGB IV). 2540
Heimarbeiter sind in der Kranken-, Pflege-, Renten- und Arbeitslosenversicherung versicherungspflichtig. Die Versicherungspflicht in allen vorgenannten Zweigen der Sozialversicherung kann sich beim Vorliegen der Voraussetzungen der Heimarbeit allein aus der gesetzlichen Fiktion des § 12 Abs. 2 Halbsatz 2 SGB IV ergeben. Tätigkeiten, die eine höherwertige Qualifikation erfordern (wie die eines Programmierers), sind hiervon nicht ausgenommen (LSG Hessen v. 18.6.2020, L 8 BA 36/19, betr. die Tätigkeit als Programmierer in Heimarbeit).

Heimarbeit ist begrifflich keine abhängige Beschäftigung i.S.d. § 7 Abs. 1 SGB IV, sondern eine in besonderem Maß von wirtschaftlicher Abhängigkeit geprägte selbständige Tätigkeit in eigener Arbeitsstätte. Die wirtschaftliche Abhängigkeit der Heimarbeiter besteht dabei von ihrem Auftraggeber. Ist ein Heimarbeiter im Auftrag eines Gewerbetreibenden und für dessen Rechnung tätig, trägt ausschließlich dieser das kaufmännische Risiko und ist der Heimarbeiter auch wirtschaftlich von seinem Auftraggeber abhängig, so ist von dem Bestehen eines **abhängigen Beschäftigungsverhältnisses** auszugehen (SG Münster v. 28.8.2018, S 24 BA 51/18 ER, betr. Telefondienstleistungen in Heimarbeit).

Heimarbeiter besitzen i.R. der **Entgeltfortzahlung** im Krankheitsfall gegen ihren Auftraggeber einen Anspruch auf Zahlung eines Zuschlags zum Arbeitsentgelt. Bedingt durch den Wegfall des erhöhten Beitragssatzes gilt für den Personenkreis der in Heimarbeit Beschäftigten bei der Berechnung der Krankenversicherungsbeiträge aus dem Arbeitsentgelt der allgemeine Beitragssatz nach § 241 Abs. 1 SGB V (→ *Beiträge zur Sozialversicherung* Rz. 1277).

SV

Für den Fall, dass der Arbeitgeber bzw. Auftraggeber den Gesamtsozialversicherungsbeitrag bis zum Fälligkeitstag nicht zahlt, können **Heimarbeiter und Hausgewerbetreibende den Beitrag** selbst zahlen, wobei bei Hausgewerbetreibenden als Gesamtsozialversicherungsbeitrag nur der Beitrag zur Rentenversicherung in Betracht kommt. Soweit Heimarbeiter und Hausgewerbetreibende von der Möglichkeit der Selbsteinzahlung Gebrauch machen, entfällt die Verpflichtung des Arbeitgebers bzw. Auftraggebers zur Zahlung des Gesamtsozialversicherungsbeitrags, nicht jedoch die Aufzeichnungspflicht in den Entgeltunterlagen.

Hausgewerbetreibende, die den Gesamtsozialversicherungsbeitrag selbst zahlen, haben auch die Meldungen abzugeben. Das

Gleiche gilt für Heimarbeiter. Die Einzugsstellen sind verpflichtet, bei der Abgabe der Meldungen mitzuwirken.

Heimarbeiter und Hausgewerbetreibende, die den Gesamtsozialversicherungsbeitrag zahlen, haben gegen ihren Arbeitgeber bzw. Auftraggeber einen Anspruch auf den vom Arbeitgeber zu tragenden Teil des Gesamtsozialversicherungsbeitrags.

b) Hausgewerbetreibende

2541 Hausgewerbetreibende (vgl. § 12 Abs. 1 SGB IV) sind nach § 2 Nr. 6 SGB VI rentenversicherungspflichtig. In der Kranken-, Pflege- und Arbeitslosenversicherung besteht keine Versicherungspflicht.

4. Heimarbeiterzuschläge

2542 Lohnzuschläge, die den Heimarbeitern zur Abgeltung der mit der Heimarbeit verbundenen Aufwendungen (z.B. Miete, Heizen und Beleuchten der Arbeitsräume, Bereitstellen der Arbeitsgeräte, Zutaten) neben dem Grundlohn gezahlt werden, sind insgesamt aus Vereinfachungsgründen nach § 3 Nr. 30 und 50 EStG **steuerfrei, soweit sie 10 % des Grundlohns nicht übersteigen** (R 9.13 Abs. 2 Satz 1 LStR). Die oberste Finanzbehörde eines Landes kann mit Zustimmung des BMF den Prozentsatz für bestimmte Gruppen von Heimarbeitern an die tatsächlichen Verhältnisse anpassen (R 9.13 Abs. 2 Satz 2 LStR).

I.R. dieser Regelung kann auch der pauschale Zuschlag i.H.v. 1,5 % des monatlichen Arbeitsentgelts zum Ausgleich der **Transportkosten** der Heimarbeiter steuerfrei gezahlt werden; eine zusätzliche steuerfreie Erstattung ist also nicht zulässig (BMF v. 6.2.1990, IV B 6 – S 2354 – 27/89 II).

In Heimarbeit Beschäftigte haben nach dem Entgeltfortzahlungsgesetz zur Absicherung des Krankheitsrisikos gegen ihren Auftraggeber einen Anspruch auf Zahlung eines Zuschlags zum Arbeitsentgelt. Der Zuschlag beträgt für Heimarbeiter und für Hausgewerbetreibende ohne fremde Hilfskräfte 3,4 % und für Hausgewerbetreibende mit nicht mehr als zwei fremden Hilfskräften 6,4 %. Nach § 1 Abs. 1 Nr. 5 SvEV ist der Zuschlag nach § 10 EFZG nicht dem Arbeitsentgelt i.S. der Sozialversicherung zuzurechnen, also beitragsfrei. Der Zuschlag unterliegt jedoch der Lohnsteuer.

LSt SV (durchgestrichen)

Das sog. **Feiertagsgeld** nach § 11 EFZG unterliegt dagegen sowohl der Lohnsteuer als auch der Sozialversicherung.

LSt SV

Heirats- und Geburtsbeihilfen

→ *Arbeitslohn-ABC* Rz. 656

Heizung

→ *Dienstwohnung* Rz. 1544

Helfer von Wohlfahrtsverbänden

2543 Ehrenamtliche Helfer von Wohlfahrtsverbänden können grds. **Arbeitnehmer** mit der Folge sein, dass die Vergütungen dem Lohnsteuerabzug unterliegen. Voraussetzung ist jedoch, dass nicht nur „Aufwandsersatz" geleistet wird (→ *Arbeitnehmer* Rz. 196).

Auch sog. **Ferienbetreuer** können hiernach Arbeitnehmer sein. Die ihnen am Ferienort gewährte **freie Unterkunft und Verpflegung** ist jedoch **kein Arbeitslohn**, wenn eine ihrer wesentlichen Aufgaben in der Überwachung der Teilnehmer während des Essens und Schlafens besteht und diese Tätigkeit während der gesamten Dauer des Aufenthalts ausgeübt werden muss (BFH v. 28.2.1975, VI R 28/73, BStBl II 1976, 134; vgl. auch FG Baden-Württemberg v. 21.3.2013, 3 K 3932/11, EFG 2013, 1353: Kein Ansatz eines Sachbezugs für Unterkunft und Verpflegung bei einem Behindertenbetreuer, der im Heim essen und übernachten muss, da er sich um Menschen mit Behinderungen jederzeit, auch nachts, kümmern und gemeinsam mit diesen Personen die Mahlzeiten einnehmen muss).

Dem Lohnsteuerabzug unterliegen dann lediglich die **Barentschädigungen**, die die Helfer bekommen. Diese sind unter den Voraussetzungen der § 3 Nr. 26 EStG bis 3 000 € (nach Steueränderungsgesetz 2025 ab Vz 2026: 3 300 €) bzw. § 3 Nr. 26a EStG bis zu 840 € (nach Steueränderungsgesetz 2025 ab Vz 2026: 960 €) im Jahr steuerfrei (→ *Nebenberufliche steuerbegünstigte Tätigkeiten* Rz. 3236).

LSt SV

Hinterbliebenenbezüge

→ *Rechtsnachfolger* Rz. 3584

Hinterlegung des SV-Ausweises

→ *Meldungen für Arbeitnehmer in der Sozialversicherung* Rz. 3099

Hinzurechnungsbetrag

→ *Übertragung des Grundfreibetrags* Rz. 4158

Hinzuverdienstgrenzen

1. Allgemeines

Neben der Rente aus der gesetzlichen Rentenversicherung darf 2544
– jedenfalls in einem bestimmten Umfang – Geld hinzuverdient werden. Der Rentenanspruch geht dadurch grundsätzlich nicht verloren.

Rentenempfänger, die die **Regelaltersgrenze erreicht haben**, dürfen unbeschränkt hinzuverdienen.

Seit 1.1.2023 gilt nach § 96a Abs. 1c Nr. 1 SGB VI Folgendes: Bei einer **Rente wegen teilweiser Erwerbsminderung beträgt** die Hinzuverdienstgrenze das 9,72-fache der monatlichen Bezugsgröße, vervielfältigt mit den Entgeltpunkten des Kalenderjahres mit den höchsten Entgeltpunkten aus 15 Kalenderjahren vor Eintritt der Erwerbsminderung, mindestens jedoch sechs Achtel der 14-fachen monatlichen Bezugsgröße **(2026 = 41 527,50 €)**.

Nach § 96a Abs. 1c Nr. 2 SGB VI beträgt die Hinzuverdienstgrenze bei einer Rente **wegen voller Erwerbsminderung** in voller Höhe drei Achtel der 14-fachen Bezugsgröße **(2026 = 20 763,75 €)**.

Änderungen beim berücksichtigten Hinzuverdienst sind auf Antrag zu berücksichtigen, wenn der voraussichtliche kalenderjährliche Hinzuverdienst mindestens 10 % vom bisherigen Hinzuverdienst abweicht und sich dadurch eine Änderung ergibt, die die Höhe des Rentenanspruchs betrifft. Dies gilt auch für den Hinzutritt oder den Wegfall des Hinzuverdienstes.

Wie viel im Einzelfall hinzuverdient werden darf, ohne dass der Rentenanspruch verloren geht oder der Höhe nach eingeschränkt wird, hängt von der Rentenart ab. Wegen der gravierenden Auswirkungen ist es empfehlenswert, immer den **Rentenversicherungsträger im Vorfeld zu befragen**. Dieser trifft die Entscheidung, ob eine Berufstätigkeit bzw. eigenes Einkommen „rentenschädlich" ist.

Weitere Informationen finden Sie im Internet unter www.deutsche-rentenversicherung.de unter dem Suchbegriff Hinzuverdienst. Dort gibt es auch einen Hinzuverdienstrechner.

Anders verhält es sich bei den **Renten wegen Todes** (Erziehungsrente, Witwen- und Witwerrente). Bei ihnen wird i.d.R. oberhalb des Freibetrags liegendes Einkommen anteilig angerechnet, so dass hierdurch die Rente gemindert werden kann. Bei Waisenrentnern gibt es keine Einkommensanrechnung.

2. Flexirentengesetz

Durch das 6. Gesetz zur Flexibilisierung des Übergangs vom Er- 2545
werbsleben in den Ruhestand und zur Stärkung von Prävention und Rehabilitation im Erwerbsleben (**Flexirentengesetz**) wurden die **Möglichkeiten des Hinzuverdienstes bei einem Rentenbezug** ab 1.7.2017 flexibler gestaltet.

Seit dem 1.1.2017 besteht **Rentenversicherungsfreiheit für beschäftigte Altersvollrentner** nur noch nach Erreichen der Regelaltersgrenze. Der Arbeitgeber hat weiterhin seinen Arbeitgeberanteil zu entrichten. Diese beschäftigten Altersvollrentner können nach Erreichen der Regelaltersgrenze auf die Rentenversicherungsfreiheit verzichten. Der Verzicht gilt nur mit Wirkung für die Zukunft und für die Dauer der Beschäftigung. Die Erklärung ist schriftlich gegenüber dem Arbeitgeber abzugeben. Diese Beiträge wirken sich bei einer Rentenneuberechnung rentensteigernd aus.

Dies bedeutet aber auch, dass Beschäftigte über den Beginn einer vorzeitigen Altersvollrente hinaus bis zum Erreichen der Regelaltersgrenze rentenversicherungspflichtig bleiben.

Im Rahmen einer **Bestandsschutzregelung** bleiben Arbeitnehmer, die am 31.12.2016 auf Grund des Bezuges einer Altersvollrente rentenversicherungsfrei beschäftigt waren, in dieser Beschäftigung rentenversicherungsfrei. Sie können aber gegenüber ihrem Arbeitgeber auf die Versicherungsfreiheit verzichten. Der Verzicht kann auch nur für die Zukunft erklärt werden und ist für diese Beschäftigung bindend.

In der **Arbeitslosenversicherung** fiel ab dem 1.1.2017 der bislang zu zahlende Arbeitgeberanteil zur Arbeitslosenversicherung ab dem Zeitpunkt des Erreichens der Regelaltersgrenze weg. Diese Neuerung war bis zum 31.12.2021 befristet. Seit 1.1.2022 ist der Arbeitgeberanteil zur Arbeitslosenversicherung wieder zu entrichten (→ *Altersrenten* Rz. 61).

Hochschullehrer

1. Arbeitnehmer, Arbeitslohn

2546 Hochschullehrer sind **Arbeitnehmer** und beziehen insoweit **Arbeitslohn**. Dies gilt auch für die sog. **Emeritenbezüge** entpflichteter Hochschulprofessoren. Hierbei handelt es sich um Versorgungsbezüge i.S.d. § 19 Abs. 1 Nr. 2 EStG, selbst wenn sie weiterhin Vorlesungen halten (BFH v. 5.11.1993, VI R 24/93, BStBl II 1994, 238).

Bezüge aus einer **freiwillig eingegangenen Lehrtätigkeit des emeritierten Hochschullehrers** sind Arbeitslohn, da er wieder in den Hochschulbetrieb eingegliedert ist und Dienstaufgaben wahrnimmt (OFD Frankfurt v. 3.6.1996, S 2331 A – 17 – St II 30).

Die unentgeltliche Inanspruchnahme **von Einrichtungen der Hochschule** für außerhalb des Dienstverhältnisses liegende Tätigkeiten ist ein **geldwerter Vorteil** (BFH v. 13.11.1969, IV R 1/68, BStBl II 1970, 117).

Pensionierte Professoren können Forschungsaufwendungen **nicht als Werbungskosten** geltend machen, wenn außer den Versorgungsbezügen keine Einnahmen erzielt werden (FG Hamburg v. 19.7.2012, 3 K 33/11). Soweit einer emeritierten Professorin Aufwendungen dadurch entstehen, dass sie auf Ersuchen der Hochschule dort eine Lehrtätigkeit ausübt, kann die Versagung des Werbungskostenabzugs und die Erhebung der entsprechend höheren Steuer insoweit als **unbillig i.S.d. § 227 AO** erscheinen, als die Höhe der Aufwendungen nicht in einem evidenten Missverhältnis zu dem Umfang der Lehrtätigkeit steht (BFH v. 5.11.1993, VI R 24/93, BStBl II 1994, 238); in diesem Fall wäre eine abweichende Steuerfestsetzung aus Billigkeitsgründen zuzulassen.

2. Prüfungsvergütungen

2547 **Prüfungsvergütungen** sind wie folgt zu behandeln (BFH v. 29.1.1987, IV R 189/85, BStBl II 1987, 783):

- Die Abnahme von staatlichen Prüfungen, mit denen ein Studium abgeschlossen wird, gehört zu den dienstlichen Obliegenheiten der Hochschullehrer aus dem Hauptamt (sog. **Hochschulprüfungen**). Die hierfür gezahlten Vergütungen sind deshalb Arbeitslohn. Die Steuerbefreiung des § 3 Nr. 26 EStG kann nicht gewährt werden, weil die Einnahmen nicht aus einer nebenberuflichen Tätigkeit bezogen werden (OFD Hannover v. 23.5.1995, S 2332 – 135 – StH 211).

  LSt SV

- Nicht zur Haupttätigkeit gehört hingegen die Teilnahme an sog. **Staatsprüfungen**, z.B. die Erste oder Zweite Staatsprüfung von Referendaren zum Ende ihres Vorbereitungsdienstes für ein Lehramt an öffentlichen Schulen. Die Mitwirkung eines Hochschullehrers an Staatsprüfungen kann ungeachtet der dienstrechtlichen Verpflichtung zur Übernahme dieser Prüfungstätigkeit nicht als Bestandteil seiner Haupttätigkeit angesehen werden. Die Prüfungsvergütungen sind daher als Einkünfte aus selbständiger Arbeit zu behandeln (BFH v. 29.1.1987, IV R 189/85, BStBl II 1987, 783; OFD Hannover v. 23.5.1995, S 2332 – 135 – StH 211).

Vergütungen für eine **Prüfungstätigkeit der emeritierten Hochschullehrer** sind Einkünfte aus selbständiger Arbeit, denn ein emeritierter Hochschullehrer ist nicht verpflichtet, Prüfungen abzunehmen, selbst wenn er sich zu einer weiteren Lehrtätigkeit verpflichtet hat und in dem betreffenden Lehrfach eine Prüfung erforderlich ist.

~~LSt~~ ~~SV~~

3. Aufsichtsvergütungen

Vergütungen für die „reine“ Aufsichtsführung bei schriftlichen Prüfungsarbeiten sind der Haupttätigkeit zuzurechnen und damit bei den Hochschulbediensteten steuerpflichtiger Arbeitslohn (→ *Aufsichtsvergütungen* Rz. 863; OFD Hannover v. 23.5.1995, S 2332 – 135 – StH 211). 2548

LSt SV

Hochschulstudium

→ *Arbeitslohn-ABC* Rz. 689, → *Auszubildende* Rz. 1184, → *Studenten* Rz. 4058

Hochzeitsfeier

→ *Werbungskosten* Rz. 4539

Home-Office/Mobile-Office/Telearbeit

Inhalt

1. Grundsätzliches

a) Allgemeines

Das Home-Office/Mobile-Office oder die Telearbeit hat in den letzten Jahren – insbesondere durch die Corona-Pandemie – immer mehr an Bedeutung gewonnen. Viele Unternehmen – vor allem größere Firmen und Behörden – bieten ihren Beschäftigten die Möglichkeit an, von zu Hause aus zu arbeiten. Besondere rechtliche Regelungen bestehen für diese besondere Form der Arbeitsleistung derzeit noch nicht, so dass bei rechtlichen Beurteilungen von den allgemein gültigen Grundsätzen auszugehen ist. S. ausführlich Jüngst, Das häusliche Arbeitszimmer als Homeoffice – arbeitsrechtliche Aspekte, B+P 2020, 307. Anders als z.B. in den Niederlanden haben Arbeitnehmer in Deutschland gegenwärtig keinen gesetzlichen Anspruch auf die Einrichtung eines Home-Office oder die Unterhaltung eines „mobile office“ (vgl. hierzu Barrein, NZA 2022, 1088). In den Niederlanden besteht seit dem 1.7.2015 ein gesetzlicher Anspruch der Arbeitnehmer auf die Einrichtung eines Home-Office. 2549

b) Begriffe

Begrifflich werden unter Home-Office-Tätigkeit oder Telearbeit solche Tätigkeiten verstanden, die dezentral an einem aus der direkten betrieblichen Organisation ausgelagerten Arbeitsplatz unter Einsatz informationstechnischer Endgeräte (z.B. „PC“) in selbst gewählten oder zur Verfügung gestellten Räumlichkeiten verrichtet werden; dabei besteht über elektronische Kommunikationsnetze eine Verbindung zum Arbeitgeber bzw. Auftraggeber (vgl. zum Betriebsbegriff bei reiner Plattformarbeit ArbG Aachen v. 23.4.2024, 2 BV 56/23). 2550

Die häufigste Form der Telearbeit ist derzeit wohl die zeitweise auftragsgemäße Arbeit in einem Privatraum mithilfe **häuslicher**

EDV, wobei dieser Tätigkeitsplatz mit dem Betrieb durch elektronische Kommunikationsmittel verbunden ist. Ergänzend wird der betriebliche Arbeitsplatz häufiger oder weniger häufig aufgesucht. Die (Tele-)Kommunikation mit der Datenverarbeitungsanlage des Arbeitgebers muss nicht stets möglich sein; es genügt, wenn austauschbare Datenträger für die Arbeitsleistung zur Verfügung gestellt werden. Nach einer Entscheidung des BAG kann der Telearbeitnehmer ggf. einen Anspruch auf **Nutzungsentschädigung** für die Nutzung der eigenen Räume haben (BAG v. 14.10.2003, 9 AZR 657/02).

Telearbeit kann auch als **„mobile Telearbeit"** geleistet werden; z.B. von Außendienstmitarbeitern ohne festen Arbeitsplatz. Hierbei besteht lediglich die Möglichkeit, Daten über Kommunikationsnetze bei einer zentralen Stelle des Auftraggebers abzurufen oder dorthin zu übermitteln.

Als Vorgabe für die wesentlichen Grundzüge einer einzelvertraglichen Vereinbarung über Telearbeit sollte man sich an der **Rahmenvereinbarung** über Telearbeit der europäischen Sozialpartner v. 16.7.2002 orientieren (abgedruckt in NZA 2002, 1268).

c) Vertragsformen

2551 Telearbeit ist im Wesentlichen in den folgenden Formen anzutreffen:

- I.R. eines abhängigen Beschäftigungsverhältnisses,
- als Heimarbeit,
- als freie Mitarbeit oder
- i.R. eines Dienst- bzw. Werkvertrages (Subunternehmervertrag).

Bei der rechtlichen Einordnung eines „Telearbeiters" wird neben der vertraglichen Gestaltung wesentlich **die tatsächliche Ausgestaltung des Vertragsverhältnisses** zu bewerten sein. Eine **Arbeitnehmereigenschaft** wird immer dann anzunehmen sein, wenn der Beschäftigte in seiner Arbeitsleistung „persönlich und wirtschaftlich" abhängig ist, er sich also insgesamt in die betrieblichen Arbeitsabläufe eingliedern muss, Weisungen für sein Tätigwerden entgegenzunehmen und zu befolgen hat, seine Arbeits-, Urlaubs- und Freizeit festgelegt und kontrolliert wird, er also wesentlich wie andere Arbeitnehmer ohne Telearbeit behandelt wird.

Nach einer Entscheidung des LAG Düsseldorf v. 10.9.2014, 12 Sa 505/14, kann der Arbeitgeber eine Home-Office-Vereinbarung über **alternierende Telearbeit**, wonach der Arbeitnehmer einen Teil seiner Arbeit als „Telearbeit" von zuhause aus verrichten kann, nicht ohne weiteres kündigen, sondern muss die Grenzen billigen Ermessens beachten. Ein voraussetzungsloses Kündigungsrecht des Arbeitgebers benachteiligt den Arbeitnehmer unangemessen und ist daher unwirksam. Der Arbeitgeber, der seinem Arbeitnehmer gestattet, seine Tätigkeit von zu Hause aus zu erbringen, ist jedoch aus betrieblichen Gründen berechtigt, die Rückkehr aus dem Home-Office einseitig anzuordnen (LAG München v. 31.8.2021, 3 SaGa 13/21).

Arbeitnehmer in Deutschland haben bisher **keinen gesetzlichen Anspruch** auf die Einrichtung eines Home-Office oder die Unterhaltung eines „mobile office". Der Arbeitgeber bestimmt gem. § 106 GewO den Ort der Arbeit i.R. seines Weisungsrechts. Etwas Anderes gilt selbst dann nicht, wenn der Arbeitgeber den Arbeitnehmer anweist, „bis auf Weiteres" im Home-Office zu arbeiten und später diese Weisung aufhebt sowie die Versetzung des Arbeitnehmers in die Geschäftsstelle anordnet. Der Arbeitnehmer vermag gleichwohl die weiterführende Beschäftigung im Home-Office nicht zu verlangen (LAG Köln v. 24.6.2010, 9 Ta 192/10). Das Gericht führte hierzu aus, das Direktionsrecht des Arbeitgebers aus § 106 GewO bestehe auch in einem solchen Fall fort. Eine darüber hinausgehende Konkretisierung des Einsatzorts auf das Home-Office setze voraus, dass dem Arbeitnehmer über lange Zeit aus dem Spektrum der vertraglich möglichen Einsatzorte lediglich einer zugewiesen worden sei und er unter Berücksichtigung der besonderen Umstände annehmen dürfe, der Arbeitsvertrag beschränke sich lediglich auf diesen Einsatzort. Der (dauerhafte) Einsatz im Home-Office bedarf folglich der Vereinbarung zwischen den Arbeitsvertragspartnern. Hierbei kommt vor allem den Themen Haftung, Zugangsrecht des Arbeitgebers sowie Arbeitsschutzrecht erhebliche Bedeutung zu. Sofern die Arbeitsvertragsparteien eine Vereinbarung über die Arbeit im Home-Office getroffen haben, ist die Kündigung der Zusatzvereinbarung zum Home-Office zulässig, wenn dem Arbeitgeber wirksam das Recht zur gesonderten Kündigung eingeräumt wurde (LAG Hamm v. 16.3.2023, 18 Sa 832/22).

Telearbeit in **freier Mitarbeit** setzt im Wesentlichen die persönliche Selbständigkeit voraus. Dies kann dann angenommen werden, wenn ggf. für mehrere Auftraggeber ohne Abhängigkeiten und Beschränkungen bei frei ausgehandelten Vertragsbeziehungen auf eigenes betriebliches Risiko gearbeitet wird. Dabei ist nicht die vertragliche Gestaltung der Rechtsbeziehungen entscheidend, sondern vielmehr ihre tatsächliche Ausgestaltung. Freie Mitarbeit bewegt sich häufig nahe der Grenze zur Scheinselbständigkeit bzw. in der Grauzone zwischen Unternehmertätigkeit und Arbeitsverhältnis (→ *Arbeitnehmer* Rz. 191). Eine selbständige Tätigkeit anerkannt hat das BAG (Urteil v. 14.6.2016, 9 AZR 305/15, s. im Anschluss LSG Hessen v. 18.6.2020, L 8 BA 36/19) bei einem von zu Hause aus tätigen **Programmierer**, der im Wesentlichen frei war, seine Tätigkeit zu gestalten und seine Arbeitszeit zu bestimmen. Der Programmierer war nicht nur frei bei der Wahl des Arbeitsorts (weitgehend Heimarbeit) und hinsichtlich der Lage der Arbeitszeit. Er konnte auch frei darüber entscheiden, ob und in welchem Umfang er seine Tätigkeiten für den Auftraggeber erbringt, das BAG hat Heimarbeit i.S.d. § 2 Abs. 1 Satz 1 HAG angenommen.

Dies gilt auch für die Telearbeit i.R. eines **Dienst- oder Werkvertrages/Subunternehmervertrages**. Bei diesen Vertragsgestaltungen wird auch wesentlich zu prüfen sein, ob eine selbständig, unabhängig erbrachte Leistung vorliegt oder über die besondere Vertragsgestaltung möglicherweise der Arbeitnehmerstatus verdeckt werden soll (→ *Selbständigkeit* Rz. 3898). So hat das **BAG** entschieden (Urteil v. 1.12.2020, 9 AZR 102/20), dass die kontinuierliche Durchführung einer Vielzahl von Kleinstaufträgen („Mikrojobs") durch Nutzer einer Online-Plattform (**„Crowdworker"**) auf der Grundlage einer mit dem Betreiber („Crowdsourcer") getroffenen Rahmenvereinbarung i.R. der nach § 611a Abs. 1 Satz 5 BGB gebotenen Gesamtbetrachtung zur Annahme eines Arbeitsverhältnisses führen kann, wenn der Crowdworker zur persönlichen Leistungserbringung verpflichtet ist, die geschuldete Tätigkeit ihrer Eigenart nach einfach gelagert und ihre Durchführungen inhaltlich vorgegeben sind sowie die Auftragsvergabe und die konkrete Nutzung der Online-Plattform im Sinne eines Fremdbestimmens durch den Crowdsourcer gelenkt wird. S.a. → *Arbeitnehmer-ABC* Rz. 275.

d) Employer-of-Record (EOR)

EOR-Dienstleister unterhalten als Unternehmensgruppe ausländische Gesellschaften in unterschiedlichen EU-Mitgliedsstaaten und weltweit. Will ein Unternehmen Mitarbeiter im Ausland beschäftigen, können diese bei einer dort ansässigen EOR-Gesellschaft angestellt werden. Der EOR-Dienstleister kümmert sich dann um die Arbeitsvertragsgestaltung, Administration sowie die Lohnabrechnung im Ausland. Der Mitarbeiter wird hingegen remote für das deutsche Unternehmen tätig, so als wäre er ein normaler remote tätiger Arbeitnehmer. Rechtlich gesehen handelt es sich bei diesem Konstrukt i.d.R. um Arbeitnehmerüberlassung. Die ausländische EOR-Gesellschaft ist Verleiher, der deutsche Kunde Entleiher und der im Ausland remote arbeitende Mitarbeiter Leiharbeitnehmer. Die ausländische EOR-Gesellschaft benötigt nach ganz herrschender Meinung insbesondere keine Arbeitnehmerüberlassungserlaubnis nach deutschem Recht, sondern lediglich jene des ausländischen Sitzstaats, sofern Arbeitnehmerüberlassung dort ein erlaubnispflichtiges Gewerbe ist. 2552

Anders als noch in der Vergangenheit teilt die Bundesagentur für Arbeit diese Einschätzung nunmehr auch. Seit dem 1.10.2025 heißt es in den Fachliche Weisungen zum AÜG unter § 1 1.2.3.(2): „Der Verleiher sitzt im EU/EWR-Ausland (oder einem Drittstaat). Der Entleiher sitzt in Deutschland. Der Leiharbeitnehmer bleibt im EU/EWR-Ausland (oder einem Drittstaat) und wird ausschließlich online für Entleiher in Deutschland tätig, ohne auch nur einmal nach Deutschland zu reisen, um dort zu arbeiten. Der Erlaubnisvorbehalt des § 1 Abs. 1 Satz 1 AÜG erstreck[t] sich mangels ausreichenden Inlandsbezugs nicht auf diese Fälle. Höchstrichterliche Rechtsprechung liegt zu diesen Konstellationen bislang nicht vor."

Damit sind EOR-Dienstleistungen zulässig und können von Deutschland aus in Anspruch genommen werden, ohne dass der deutsche Entleiher im rechtlichen Graubereich agieren muss.

2. Lohnsteuer

2553 In der Praxis ist eine Home-Office-Tätigkeit bzw. eine Telearbeit i.d.R. so organisiert, dass der Arbeitnehmer seine Arbeitsleistung teilweise beim Arbeitgeber (in der Firma, erste Tätigkeitsstätte) und teilweise bei sich zu Hause (Telearbeit) verrichtet. Für die Arbeit am häuslichen Arbeitsplatz stellt der Arbeitgeber dem Arbeitnehmer regelmäßig die erforderlichen technischen Arbeitsmittel (PC, Drucker, Faxgerät, spezielles EDV-Mobiliar etc.) zur Verfügung und sorgt ggf. für den Anschluss der Geräte an das Datennetz des Unternehmens.

a) Computer, Telekommunikationsgeräte, Internet

2554 Die leihweise Überlassung von im Eigentum des Arbeitgebers stehenden betrieblichen Geräten bleibt auch insoweit lohnsteuerfrei, als sie vom Arbeitnehmer privat genutzt werden (§ 3 Nr. 45 EStG). Diese Steuerfreiheit umfasst auch den Ersatz der Telefon-/Telekommunikationskosten für eine private Nutzung der betrieblichen Geräte. Denn die private Nutzung des vom Arbeitgeber gestellten betrieblichen PC sowie von solchen Datenverarbeitungs- und Telekommunikationsgeräten ist unabhängig vom Verhältnis der beruflichen zur privaten Nutzung steuerfrei. Gleiches gilt für die vom Arbeitgeber getragenen Verbindungsentgelte und anfallenden Telekommunikationsgebühren für die berufliche und private Nutzung der betrieblichen Geräte.

Schenkt bzw. übereignet der Arbeitgeber solche Geräte oder **Computer** (eine Schenkung liegt auch vor, wenn wirtschaftliches Eigentum übertragen wird) verbilligt, liegt steuerpflichtiger Arbeitslohn vor. Insoweit ist jedoch die Freigrenze des § 8 Abs. 2 Satz 11 EStG von monatlich 50 € zu beachten. Außerdem kann der Arbeitgeber in diesen Fällen die Lohnsteuer mit 25 % pauschal erheben (§ 40 Abs. 2 Satz 1 Nr. 5 EStG).

Weitere Einzelheiten, z.B. zum Kostenersatz für die berufliche Nutzung **arbeitnehmereigener Geräte und zum Werbungskostenabzug bei Anschaffungen der Geräte vom Arbeitnehmer** → *Computer* Rz. 1517 sowie → *Telekommunikation* Rz. 4092.

LSt

Sozialversicherungsfrei sind derartige Vorteile allerdings nur, wenn sie **zusätzlich zu Löhnen und Gehältern** gewährt werden, die „Gehaltsumwandlung" ist nicht begünstigt (§ 1 Abs. 1 Satz 1 Nr. 1 SvEV).

SV

b) Sonstige Arbeitsmittel

2555 Bleiben die übrigen vom Arbeitgeber gestellten Arbeitsmittel (z.B. Schreibtisch und -stuhl, Bücherschränke, Kopiergerät etc.) im **Eigentum des Arbeitgebers** und dürfen sie ausschließlich für Zwecke der beruflichen Telearbeit verwendet werden (also nicht privat), erwächst dem Arbeitnehmer aus der Gestellung kein steuerpflichtiger geldwerter Vorteil (R 19.3 Abs. 2 Nr. 1 LStR).

Eine gelegentliche private Nutzung ist zu vernachlässigen. Zumindest entsteht dann kein geldwerter Vorteil, wenn sich der Arbeitgeber die anfallenden **Kosten einer privaten Nutzung ersetzen** lässt (s. Beispiel).

Beispiel:

Arbeitnehmer A hat einen Telearbeitsplatz eingerichtet. Der Arbeitgeber hat ihm dazu u.a. ein modernes Kopiergerät zur Verfügung gestellt.

Kopiergeräte fallen nicht unter die in § 3 Nr. 45 EStG genannten Telekommunikationseinrichtungen (s.a. H 3.45 „Anwendungsbereich" LStH), so dass eine private Mitbenutzung des Geräts und die Verwendung des Kopierpapiers grds. steuerpflichtig wäre. Zu beachten ist hier allerdings die 50 €-Freigrenze nach § 8 Abs. 2 Satz 11 EStG, so dass im Regelfall keine Steuerpflicht entsteht. Diese könnte im Übrigen dadurch vermieden werden, dass sich der Arbeitgeber die tatsächlichen Kopierkosten für evtl. private Kopien erstatten lässt, z.B. 10 Cent je Kopie. Denn dann entsteht von vornherein kein geldwerter Vorteil.

Das vom Arbeitgeber für die berufliche Nutzung zur Verfügung gestellte Büromaterial (Schreibpapier, Kugelschreiber usw.) ist steuerlich unbeachtlich; auch falls es gelegentlich privat genutzt werden sollte.

LSt SV

Wird der **Arbeitnehmer dagegen Eigentümer** des (ggf. zunächst gestellten) Arbeitsmittels, darf ihm der Arbeitgeber die Kosten für deren Betrieb grundsätzlich nicht steuerfrei ersetzen. Die Voraussetzungen für die Zahlung steuerfreien Auslagenersatzes nach § 3 Nr. 50 EStG liegen nicht vor, weil der Arbeitnehmer an den Gegenständen regelmäßig ein nicht unerhebliches Eigeninteresse hat (→ *Auslagenersatz und durchlaufende Gelder* Rz. 917).

c) Ersatz von Betriebskosten für die Arbeitsmittel (Auslagenersatz)

Ersetzt der Arbeitgeber seinem Arbeitnehmer die Betriebskosten (Stromkosten) für den Betrieb der **Arbeitsmittel** (PC, Drucker, Laptop), liegt steuerfreier Auslagenersatz nach § 3 Nr. 50 EStG vor. 2556

Pauschaler Auslagenersatz des Arbeitgebers führt jedoch regelmäßig zu steuerpflichtigem Arbeitslohn. Die Höhe des steuerfreien Ersatzes richtet sich i.d.R. nach der durchschnittlichen Betriebszeit und dem bekannten Stromverbrauch der Geräte. Im Interesse einer vereinfachten Abwicklung kann nach der vorgenannten Gesetzesregelung auf Antrag in Einzelfällen vom zuständigen Betriebsstättenfinanzamt ein pauschaler Erstattungsbetrag festgelegt werden (R 3.50 Abs. 2 LStR).

d) Ersatz von Kosten für das Home-Office

Zur steuerlichen Behandlung eines häuslichen Arbeitszimmers s. 2557
→ *Arbeitszimmer* Rz. 770. Die nachfolgenden Erläuterungen beziehen sich auf das sog. Home-Office, für das die Voraussetzungen eines steuerlichen häuslichen Arbeitszimmers nicht vorliegen.

Erhält der Arbeitnehmer Kosten für sein Home-Office ersetzt, z.B. für Heizung und Beleuchtung, so ist die Erstattung **weiterhin** (also auch nach der Neuregelung seit 2023) als steuerpflichtiger Arbeitslohn (Ersatz von Werbungskosten, vgl. R 19.3 Abs. 3 Satz 1 LStR) zu behandeln. Zahlt der Arbeitgeber einem Angestellten einen **pauschalen Bürokostenzuschuss**, weil dieser ein häusliches Arbeitszimmer benötigt, handelt es sich ebenfalls um steuerpflichtigen Arbeitslohn. Auch wenn sich der Arbeitgeber dadurch Ausgaben für eigene Betriebsstätten erspart, erfolgen derartige Zahlungen nicht im überwiegenden eigenbetrieblichen Interesse des Arbeitgebers; es handelt sich auch nicht um steuerfreien Auslagenersatz i.S.d. § 3 Nr. 50 EStG (BFH v. 8.3.2006, IX R 76/01, HFR 2006, 1081).

Arbeitsrechtlich gilt: Nutzt ein Arbeitnehmer zur Erfüllung seiner Arbeitspflicht in seinem Eigentum stehende Räumlichkeiten im Interesse des Arbeitgebers, kann er gegen diesen einen **Aufwendungsersatzanspruch** entsprechend § 670 BGB haben (BAG v. 14.10.2003, 9 AZR 657/02). Das setzt ein Vermögensopfer im Interesse des Arbeitgebers voraus. Hierzu ist es nicht erforderlich, dass sich das Vermögen des Beauftragten rechnerisch mindert. Schon der Verzicht auf die Möglichkeit der eigenen Nutzung der Räumlichkeiten kann ein Vermögensopfer darstellen. Die **Höhe dieses Ersatzanspruchs** richtet sich allgemein nach dem örtlichen Mietwert. In der ortsüblichen Miete sind aber regelmäßig kalkulatorisch der Gewinn des Vermieters sowie pauschale Erhaltungsaufwendungen enthalten. Diese Positionen sind in Abzug zu bringen. § 670 BGB begründet keinen Anspruch auf Gewinn, sondern auf Ausgleich des Vermögensopfers. Auch Erhaltungsaufwendungen sind nicht Bestandteil des Vermögensopfers. Sie entstehen auch ohne die Nutzung im Interesse des Arbeitgebers.

e) Home-Office-Pauschale

aa) Allgemeines

Besondere Regelungen für ein beruflich genutztes Home-Office 2558
galten zunächst nur für die Veranlagungszeiträume 2020 und 2021 (Home-Office-Pauschale, § 4 Abs. 5 Satz 1 Nr. 6b Satz 4 EStG alte Fassung, § 52 Abs. 6 Satz 15 EStG). Im Rahmen des Vierten Corona-Steuerhilfegesetzes v. 19.6.2022, BGBl. I 2022, 911 = BStBl I 2022, 931, wurden diese dann bis zum 31.12.2022 verlängert (s.o.).

Durch das **Jahressteuergesetz 2022 v. 16.12.2022** (BGBl. I 2022, 2294 = BStBl I 2023, 7) ist die steuerliche Behandlung des Home-Office **ab dem Kalenderjahr 2023 neu geregelt** worden (s. auch → *Arbeitszimmer* Rz. 771). Danach gelten die Regelungen zur Home-Office-Pauschale nunmehr unbefristet. Für jeden Kalendertag, an dem die betriebliche oder berufliche Tätigkeit **über-**

wiegend in der häuslichen Wohnung ausgeübt wird und keine außerhalb der häuslichen Wohnung liegende erste Tätigkeitsstätte aufgesucht wird, kann ein Betrag von **6 €** (sog. **Tagespauschale**) **angesetzt** werden; höchstens jedoch **1 260 €** im Wirtschafts- bzw. Kalenderjahr. Für den Ansatz der Tagespauschale ist es nicht entscheidend, ob dem Stpfl. ein anderer Arbeitsplatz zur Verfügung steht. Eine Auswärtstätigkeit am selben Tag ist unschädlich, wenn der Stpfl. an diesem Tag seine betriebliche oder berufliche Tätigkeit überwiegend in der häuslichen Wohnung ausübt. Im Schreiben v. 15.8.2023 nimmt das BMF zu den Neuregelungen Stellung (BMF v. 15.8.2023, IV C 6 – S 2145/19/10006 :027).

bb) Ansatz der Tagespauschale

2559 Erfüllt das Home-Office die Voraussetzungen für ein häusliches Arbeitszimmer (→ *Arbeitszimmer* Rz. 779) nicht bzw. steht dem Stpfl. kein dem Typusbegriff des häuslichen Arbeitszimmers entsprechendes Home-Office zur Verfügung, lässt das EStG gleichwohl einen pauschalen Ansatz der Aufwendungen zu. Hierfür darf eine sog. **Tagespauschale** angesetzt werden.

Die Regelungen für die ertragsteuerliche Berücksichtigung dieser Tagespauschale gelten für den Ansatz

- als Betriebsausgaben bei den sog. Gewinneinkünften sowie
- als Werbungskosten bei den sog. Überschusseinkünften, z.B. für Einkünfte aus nichtselbständiger Arbeit (Verweise in § 9 Abs. 5 und § 10 Abs. 1 Nr. 7 EStG).

Weil die Abzugsvoraussetzungen für ein betrieblich oder beruflich genutztes Home-Office dieselben sind, wird in den nachfolgenden Erläuterungen auf die grundsätzliche Unterscheidung zwischen Betriebsausgaben bei den sog. Gewinneinkünften verzichtet und begrifflich stets auf die Behandlung als Werbungskosten abgestellt. Zur Klarstellung werden mitunter gleichwohl auf die Folgen für beide Einkunftsarten hingewiesen.

§ 4 Abs. 5 Satz 1 Nr. 6c EStG regelt ab 2023 Einzelheiten für den Abzug einer **Tagespauschale**, wenn die betriebliche oder berufliche Tätigkeit überwiegend in einem in der häuslichen Wohnung gelegenen Home-Office, das dem Typusbegriff des häuslichen Arbeitszimmers nicht entspricht, ausgeübt wird. Danach kann für jeden Kalendertag,

- an dem die betriebliche oder berufliche Tätigkeit überwiegend in der häuslichen Wohnung ausgeübt und
- keine außerhalb der häuslichen Wohnung belegene erste Tätigkeitsstätte aufgesucht wird,

für die gesamte betriebliche und berufliche Betätigung ein Betrag von **6 €** (Tagespauschale), höchstens **1 260 €** im Wirtschafts- oder Kalenderjahr, abgezogen werden. Mit ihr sind alle Aufwendungen abgegolten, die dem Stpfl. durch die betriebliche oder berufliche Betätigung in der häuslichen Wohnung entstehen.

Die Tagespauschale von 6 € bezieht sich auf den Kalendertag und erhöht sich auch dann nicht, wenn an einem Kalendertag verschiedene betriebliche oder berufliche Betätigungen ausgeübt werden, für die jeweils die Abzugsvoraussetzungen vorliegen. Die Finanzverwaltung beanstandet es aber nicht, wenn der Stpfl. auf eine Aufteilung der Tagespauschale auf die verschiedenen Tätigkeiten verzichtet und diese insgesamt einer Tätigkeit zuordnet, für welche die Voraussetzungen für den Abzug der Tagespauschale vorliegen. Die Kalendertage, an denen die Voraussetzungen für die Inanspruchnahme der Tagespauschale erfüllt sind, sind vom Stpfl. aufzuzeichnen und in geeigneter Form glaubhaft zu machen.

Somit ist der Abzug der Tagespauschale ausgeschlossen für die Kalendertage, an denen die Voraussetzungen für den Abzug der **Entfernungspauschale** (gem. § 9 Abs. 1 Satz 3 Nr. 4 EStG) erfüllt sind, d.h. neben der Ausübung der Tätigkeit in der häuslichen Wohnung die erste Tätigkeitsstätte aufgesucht wurde. Ein Abzug **beider** Pauschalen nebeneinander für einen Kalendertag ist grundsätzlich **nicht** zulässig.

Aber es gilt zu beachten: Dieser **Ausschluss gilt nicht** in den Fällen, in denen dem Stpfl. für die betriebliche oder berufliche Betätigung **dauerhaft** kein anderer Arbeitsplatz zur Verfügung steht. Das heißt in diesen Fällen darf sowohl die Entfernungspauschale als auch die Tagespauschale abgezogen werden, auch wenn die Tätigkeit am selben Kalendertag auswärts oder an der ersten Tätigkeitsstätte ausgeübt wird. Eine Mindestdauer für die Tätigkeit in der häuslichen Wohnung ist nicht vorgeschrieben.

Ein Abzug der Tagespauschale ist **nicht** zulässig, soweit für die Wohnung Unterkunftskosten als Arbeitszimmer abgezogen werden oder im Rahmen einer **doppelten Haushaltsführung** abgezogen werden können (nach § 4 Abs. 5 Satz 1 Nr. 6a EStG bzw. § 9 Abs. 1 Satz 3 Nr. 5 EStG).

Wie oben erläutert, beträgt die Tagespauschale 6 € pro Kalendertag, höchstens 1 260 € im Wirtschafts- oder Kalenderjahr. Weitere Aufwendungen für die betriebliche oder berufliche Tätigkeit in der häuslichen Wohnung können für das Home-Office nicht angesetzt werden. Allerdings dürfen Aufwendungen für betriebliche oder berufliche genutzte **Arbeitsmittel** daneben abgezogen werden (als Betriebsausgaben oder Werbungskosten).

Liegen auch die Voraussetzungen für den Abzug tatsächlicher Kosten oder für den Abzug der Jahrespauschale für ein häusliches **Arbeitszimmer** vor (§ 4 Abs. 5 Satz 1 Nr. 6b EStG), kann zwischen diesen Abzügen und dem Abzug der Tagespauschale **gewählt** werden. Ein Abzug von tatsächlichen Kosten, Jahres- oder Tagespauschale nebeneinander ist nicht zulässig. Das gilt auch dann, wenn der Stpfl. (z.B. Arbeitnehmer) im Wirtschafts- oder Kalenderjahr mehrere Tätigkeiten ausübt. Der Abzug bezieht sich immer auf die gesamte betriebliche und berufliche Betätigung des Stpfl.

Folglich darf die Tagespauschale nicht tätigkeitsbezogen vervielfacht werden, wenn ein Stpfl. verschiedene betriebliche oder berufliche Tätigkeiten nebeneinander ausübt. Vielmehr ist die Tagespauschale bzw. der Höchstbetrag auf die verschiedenen Betätigungen bzw. Einkünfte aufzuteilen.

cc) Voraussetzungen

(1) Betriebliche oder berufliche Tätigkeit überwiegend in der häuslichen Wohnung

Die Tagespauschale kann für jeden Kalendertag abgezogen werden, an dem die betriebliche oder berufliche Tätigkeit **überwiegend** in der häuslichen Wohnung ausgeübt und keine außerhalb der häuslichen Wohnung belegene erste Tätigkeitsstätte aufgesucht wird (§ 4 Abs. 5 Satz 1 Nr. 6c Satz 1 EStG). In diesen Fällen kommt es für den Abzug nicht darauf an, ob dem Stpfl. ein anderer Arbeitsplatz zur Verfügung steht. Eine Auswärtstätigkeit am selben Tag ist unschädlich, wenn der Stpfl. an diesem Tag seine betriebliche oder berufliche Tätigkeit überwiegend in der häuslichen Wohnung ausübt. „**Überwiegend**" ist als eine zeitliche Bestimmung zu verstehen. Nach der Gesetzesbegründung muss **mehr als die Hälfte** der tatsächlichen täglichen Gesamtarbeitszeit in der häuslichen Wohnung ausgeübt werden. 2560

Beispiel 1:

A ist als angestellter Bauleiter tätig. Er fährt an einem Arbeitstag zunächst auf die Baustelle (Auswärtstätigkeit) und anschließend erledigt er die Büroarbeiten nicht am Arbeitsplatz seines Arbeitgebers (erste Tätigkeitsstätte), sondern am Arbeitsplatz in der häuslichen Wohnung (Home-Office).

A kann für diesen Tag sowohl Reisekosten für die Fahrt zur Baustelle als auch die Tagespauschale abziehen, wenn die Arbeit zeitlich überwiegend in der häuslichen Wohnung ausgeübt wurde, d.h. wenn sie mehr als die Hälfte der Gesamtarbeitszeit des Tages beträgt.

Beispiel 2:

B ist angestellter Versicherungsmakler. An einem Tag fährt B zunächst zu einem Kunden (eine Stunde Fahrtzeit) und berät diesen in dessen Wohnung (Dauer: zwei Stunden). Anschließend fährt B wieder nach Hause (eine Stunde Fahrtzeit). Von dort aus übt B an seinem Küchentisch weitere berufliche Tätigkeiten in der häuslichen Wohnung aus (drei Stunden). B steht im Büro seines Arbeitgebers (erste Tätigkeitsstätte) ein anderer Arbeitsplatz zur Verfügung.

B wird nicht überwiegend in seiner häuslichen Wohnung tätig. Die Fahrtzeiten (Hin- und Rückweg insgesamt zwei Stunden) und die Beratung beim Kunden (zwei Stunden) übersteigen zusammen die Arbeitszeit in der häuslichen Wohnung (drei Stunden). B hat keinen Anspruch auf die Tagespauschale.

(2) Es steht dauerhaft kein anderer Arbeitsplatz zur Verfügung

Steht dem Arbeitnehmer für die betriebliche oder berufliche Tätigkeit oder für einen Teil dieser Tätigkeiten **dauerhaft** kein anderer Arbeitsplatz zur Verfügung, ist ein Abzug der Tagespauschale **auch** dann **zulässig**, wenn die Tätigkeit am selben Kalendertag 2561

auch auswärts oder an der ersten Tätigkeitsstätte ausgeübt wird (§ 4 Abs. 5 Satz 1 Nr. 6c Satz 2 EStG). An solchen Tagen ist zwar ein Tätigwerden, aber kein zeitlich überwiegendes Tätigwerden in der häuslichen Wohnung (i.S.v. § 4 Abs. 5 Satz 1 Nr. 6c Satz 1 EStG) für den Abzug der Tagespauschale erforderlich.

Beispiel:

A ist Lehrer und unterrichtet täglich von 8:00 Uhr bis 13:00 Uhr an der Schule und erledigt nachmittags von 15:00 Uhr bis 18:00 Uhr in der häuslichen Wohnung die Vor- und Nachbereitung des Unterrichts und korrigiert Klassenarbeiten. Für die Unterrichtsvorbereitung sowie der Nachbereitung steht A in der Schule kein anderer Arbeitsplatz zur Verfügung.

A kann neben der Entfernungspauschale für die Fahrten zur Schule (erste Tätigkeitsstätte) auch die Tagespauschale für die berufliche Tätigkeit in der häuslichen Wohnung abziehen.

Als anderer Arbeitsplatz ist grds. jeder Arbeitsplatz anzusehen, der zur Erledigung büromäßiger Arbeiten geeignet ist (BFH v. 7.8.2003, VI R 17/01, BStBl II 2004, 78). Weitere Anforderungen an die Beschaffenheit des auswärtigen Arbeitsplatzes werden nicht gestellt. Unbeachtlich sind die konkreten Arbeitsbedingungen und Umstände, wie beispielsweise Lärmbelästigung oder Publikumsverkehr (BFH v. 7.8.2003, VI R 162/00, BStBl II 2004, 83). Voraussetzung ist auch nicht das Vorhandensein eines eigenen räumlich abgeschlossenen Arbeitsbereichs oder eines individuell zugeordneten Arbeitsplatzes, so dass auch ein Arbeitsplatz in einem Großraumbüro oder in der Schalterhalle einer Bank ein anderer Arbeitsplatz i.S.d. Vorschrift ist (vgl. z.B. FG Hessen v. 30.7.2020, 3 K 1220/19, betr. das sog. Desk Sharing Prinzip, wonach „auf Grund des bedarfsorientierten Angebots an Arbeitsplätzen eine feste Zuordnung einzelner Arbeitsplätze zu bestimmten Mitarbeitern üblicherweise nicht stattfindet; was voraussetzt, dass Mitarbeiter Arbeitsplätze i.d.R. teilen müssen", BFH v.7.8.2003, VI R 17/01, BStBl II 2004, 78 und VI R 162/00, BStBl II 2004, 83). Auch ein Raum, den sich der Stpfl. mit weiteren Personen teilt, kann somit ein anderer Arbeitsplatz sein. Die Ausstattung des häuslichen Arbeitszimmers mit Arbeitsmitteln, die im Betrieb/in dem vom Arbeitgeber zur Verfügung gestellten Raum nicht vorhanden sind, ist ohne Bedeutung.

Ob ein anderer Arbeitsplatz vorliegt, ist nach objektiven Gesichtspunkten zu beurteilen. Subjektive Erwägungen des Stpfl. zur Annehmbarkeit des Arbeitsplatzes sind unbeachtlich. Allein der Wunsch, lieber zu Hause zu arbeiten, ist für die Frage der Annehmbarkeit des Arbeitsplatzes unbeachtlich (vgl. z.B. FG Sachsen v. 10.9.2020, 3 K 1276/18, betr. das häusliche Arbeitszimmer einer Erzieherin in einer Kindertagesstätte).

Ein anderer Arbeitsplatz steht dem Stpfl. dann zur Verfügung, wenn dieser ihn in dem konkret erforderlichen Umfang und in der konkret erforderlichen Art und Weise tatsächlich nutzen kann. Die Erforderlichkeit des häuslichen Arbeitszimmers entfällt nicht bereits dann, wenn dem Stpfl. irgendein Arbeitsplatz zur Verfügung steht, sondern nur dann, wenn dieser Arbeitsplatz grds. so beschaffen ist, dass der Stpfl. auf das häusliche Arbeitszimmer nicht angewiesen ist (BFH v. 7.8.2003, VI R 17/01, BStBl II 2004,78). Deshalb steht der andere Arbeitsplatz (nur) dann „für die betriebliche und berufliche Tätigkeit ... zur Verfügung", wenn ihn der Stpfl. in dem konkret erforderlichen Umfang und in der konkret erforderlichen Art und Weise tatsächlich nutzen kann. Ob der andere Arbeitsplatz außerhalb der üblichen Arbeitszeiten, wie z.B. am Wochenende oder in den Ferien, zugänglich ist oder nicht, spielt keine Rolle.

Geht ein Stpfl. nur einer betrieblichen oder beruflichen Tätigkeit nach, muss ein vorhandener anderer Arbeitsplatz auch tatsächlich für alle Aufgabenbereiche dieser Erwerbstätigkeit genutzt werden können. Der Stpfl. ist auch dann auf die Betätigung in der häuslichen Wohnung angewiesen, wenn er dort einen nicht unerheblichen Teil seiner betrieblichen oder beruflichen Tätigkeit verrichten muss. Es genügt allerdings nicht, wenn er in der häuslichen Wohnung Arbeiten verrichtet, die er grundsätzlich auch an einem anderen Arbeitsplatz verrichten könnte (BFH v. 7.8.2003, VI R 17/01, BStBl II 2004, 78). **Kein anderer Arbeitsplatz ist z.B. vorhanden**, wenn ein angestellter oder selbständiger Orchestermusiker hat im Konzertsaal keine Möglichkeit zu üben und er hierfür die häusliche Wohnung nutzt.

Ein anderer Arbeitsplatz darf **dauerhaft nicht** zur Verfügung stehen (§ 4 Abs. 5 Satz 1 Nr. 6c Satz 2 EStG). Es ist nicht gesetzlich bestimmt, was unter der Voraussetzung „dauerhaft" zur verstehen ist. Laut dem vorgenannten BMF-Schreiben v. 15.8.2023 ist bei der Beurteilung des Kriteriums der Dauerhaftigkeit für die voraussichtliche Dauer der jeweiligen Tätigkeit und unter Berücksichtigung der Umstände des Einzelfalles (z.B. Sachverhalt, dienst- oder arbeitsrechtliche Vereinbarungen sowie Weisungen und Absprachen) anhand einer Prognose zu entscheiden, ob dem Stpfl. ein anderer Arbeitsplatz zur Verfügung steht. Ändern sich die Verhältnisse (z.B. auf Grund eines Arbeitsplatzwechsels oder geänderter dienst- oder arbeitsrechtlicher Vereinbarungen), ist der Sachverhalt ab diesem Zeitpunkt neu zu würdigen und eine neue Prognoseentscheidung zu treffen.

Steht dem Stpfl. regelmäßig nur tage- oder wochenweise kein anderer Arbeitsplatz zur Verfügung (z.B. Poolarbeitsplatz), ist ein Abzug der Tagespauschale nur für solche Tage zulässig, an denen der Stpfl. die (erste) Betriebsstätte oder erste Tätigkeitsstätte nicht aufsucht und zeitlich überwiegend in der häuslichen Wohnung tätig wird (§ 4 Abs. 5 Satz 1 Nr. 6c Satz 1 EStG). Dabei kommt es nicht darauf an, ob zeitlich überwiegend kein anderer Arbeitsplatz zur Verfügung steht. Ein anderer Arbeitsplatz darf generell nicht zur Verfügung stehen. Steht für einen Zeitraum von mindestens einem Monat kein anderer Arbeitsplatz zur Verfügung, ist es nicht zu beanstanden, wenn für diesen Zeitraum von einer Dauerhaftigkeit i.S.d. § 4 Abs. 5 Satz 1 Nr. 6c Satz 2 EStG ausgegangen wird.

Beispiel 1:

A ist Lehrer. Der Mittelpunkt der Tätigkeit liegt in der Schule (erste Tätigkeitsstätte). Die Vor- und Nachbereitung des Unterrichts erledigt A im häuslichen Arbeitszimmer, weil A für diese Tätigkeiten in der Schule dauerhaft kein anderer Arbeitsplatz zur Verfügung steht.

Die Aufwendungen für die Tätigkeit im häuslichen Arbeitszimmer kann A nur in Form der Tagespauschale abziehen (kein Mittelpunkt der gesamten betrieblichen und beruflichen Betätigung), dies aber auch für die Tage, an denen er zuvor oder danach in der Schule als seiner ersten Tätigkeitsstätte gearbeitet hat.

Beispiel 2:

B ist Betriebsprüfer. Im Finanzamt (erste Tätigkeitsstätte) steht B an einem Tag in der Woche ein Arbeitsplatz in einem Gemeinschaftsbüro (Desk-Sharing) zur Verfügung. B arbeitet entweder im Außendienst, in der häuslichen Wohnung oder an der ersten Tätigkeitsstätte. B steht nicht dauerhaft kein anderer Arbeitsplatz für seine berufliche Tätigkeit zur Verfügung.

B kann die Tagespauschale für Kalendertage abziehen, an denen B überwiegend in der häuslichen Wohnung gearbeitet und die erste Tätigkeitsstätte nicht aufgesucht hat.

Übt ein Stpfl. mehrere betriebliche oder berufliche Tätigkeiten nebeneinander aus, sind die Voraussetzungen für den Abzug der Tagespauschale tätigkeitsbezogen zu prüfen. Eine Tagespauschale kann danach abgezogen werden, wenn

- der Stpfl. bezogen auf die jeweilige Tätigkeit zeitlich überwiegend in der häuslichen Wohnung gearbeitet und keine erste Tätigkeitsstätte aufgesucht hat (§ 4 Abs. 5 Satz 1 Nr. 6c Satz 1 EStG) oder
- dem Stpfl. bezogen auf die jeweilige Tätigkeit dauerhaft kein anderer Arbeitsplatz zur Verfügung steht und der Stpfl. diese Tätigkeit in der häuslichen Wohnung ausgeübt hat (§ 4 Abs. 5 Satz 1 Nr. 6c Satz 2 EStG).

Die Tagespauschale kann auch bei mehreren betrieblichen oder beruflichen Tätigkeiten in der häuslichen Wohnung je Kalendertag nur einmal abgezogen werden. Zur Zuordnung zu einer Einkunftsart.

Beispiel:

Z ist Busfahrer. Neben der nichtselbständigen Tätigkeit ist Z freiberuflich als Schriftsteller tätig; zudem erzielt Z Einkünfte aus Vermietung und Verpachtung. Z nutzt für seine selbständige Tätigkeit und die Vermietungstätigkeit die häusliche Wohnung; ein anderer Arbeitsplatz steht Z dafür dauerhaft nicht zur Verfügung. Daher kann Z für jeden Tag, an dem Z die schriftstellerische Tätigkeit und/oder die durch die Vermietung veranlassten Tätigkeiten in der häuslichen Wohnung ausübt, eine Tagespauschale von 6 €, insgesamt höchstens 1 260 € im Kalenderjahr abziehen.

Dass Z am selben Tag auch der nichtselbständigen Tätigkeit nachgeht, ist für den Abzug der Tagespauschale für die weiteren Tätigkeiten unschädlich. Z kann die Tagespauschale anteilig den Einkünften aus freiberuflicher Tätigkeit und den Einkünften aus Vermietung und Verpachtung oder einer dieser beiden Einkunftsarten in voller Höhe zuordnen.

f) Home-Office und doppelte Haushaltsführung

2562 Ein Abzug der Tagespauschale ist nicht zulässig, wenn für die Wohnung Unterkunftskosten im Rahmen einer doppelten Haushaltsführung als Betriebsausgaben oder als Werbungskosten abgezogen werden können oder vom Arbeitgeber steuerfrei erstattet werden (§ 4 Abs. 5 Satz 1 Nr. 6c Satz 3 EStG).

Wird dagegen die betriebliche oder berufliche Tätigkeit am Ort des eigenen Hausstandes ausgeübt, ist ein Abzug der Tagespauschale zulässig, soweit die weiteren Abzugsvoraussetzungen vorliegen.

Beispiel:

A unterhält ganzjährig eine beruflich veranlasste doppelte Haushaltsführung, so dass A die notwendigen Aufwendungen für die Zweitwohnung am Ort der ersten Tätigkeitsstätte als Werbungskosten abziehen kann. A arbeitet an 40 Tagen im Home-Office in seiner Zweitwohnung und an 60 Tagen am Ort des eigenen Hausstandes, dem Familienwohnsitz.

Die Unterkunftskosten am Ort der ersten Tätigkeitsstätte betragen monatlich a) 750 € und b) 1 015 €.

Im Fall a) darf A die Tagespauschale nur für die 60 Tage abziehen, an denen A in der Wohnung des Familienwohnsitzes überwiegend gearbeitet hat. Hierfür besteht keine Abzugseinschränkung. Für die 40 Tage, an denen A die Tätigkeit im Home-Office seines Hausstandes am Ort der ersten Tätigkeitsstätte ausgeübt hat, darf keine Tagespauschale abgezogen werden, weil die monatlichen Unterkunftskosten von 750 € bereits in voller Höhe als Werbungskosten (nach § 9 Abs. 1 Satz 3 Nr. 5 EStG) abgezogen werden können.

Im Fall b) kann A zusätzlich für 40 Tage die Tagespauschale abziehen, da nach Abzug der Unterkunftskosten für die doppelte Haushaltsführung ein nicht abziehbarer Aufwand verbleibt.

Eine weitere Deckelung auf die tatsächlichen Unterkunftskosten ist nicht vorzunehmen.

g) Rechtsprechungsnachweise

2563 Weil die Neuregelungen zur steuerlichen Berücksichtigung eines häuslichen Arbeitsplatzes die vor 2023 geltenden Begriffe nebst Auslegungen übernehmen und fortführen, ist die frühere Rechtsprechung weiterhin anwendbar.

2564 **Beispiele (kein anderer Arbeitsplatz vorhanden):**

- Ein Lehrer hat für seine Unterrichtsvorbereitung in der Schule keinen Schreibtisch. Das jeweilige Klassenzimmer oder das Lehrerzimmer stellt keinen Arbeitsplatz i.S.d. Abzugsmöglichkeit dar (BFH v. 17.12.2008, VI B 43/08, und zuletzt FG Sachsen v. 13.8.2014, 8 K 636/14, m.w.N.).
- Einer Erzieherin steht in der Kindertagesstätte kein „anderer Arbeitsplatz" zur Verfügung, wenn ihr dort von ihrem Arbeitgeber kein büromäßig ausgestatteter Arbeitsplatz, an dem sie Schuleignungsprofile von den von ihr betreuten Kindern sowie Vor- und Nachbereitungsarbeiten (z.B. Vorbereitung von Bastelarbeiten, Gestaltungsübungen, Elterngesprächen; Erstellen von Entwicklungsberichten und Portfolios) durchführen kann, zugewiesen ist, sich dort lediglich ein Computer im Dienstzimmer der Leiterin des Kindergartens befindet, der von den Erzieherinnen ggf. mitbenutzt werden darf, und wenn es der Erzieherin somit in der Kindertagesstätte mit den vorhandenen und zugänglichen dienstlichen Vorrichtungen nicht möglich ist, objektiv erforderliche, über die reine Betreuung von Kindern hinausgehende und mit dem Beruf verbundene Tätigkeiten durchzuführen (FG Sachsen v. 10.9.2020, 3 K 1276/18).
- Kein anderer Arbeitsplatz steht zur Verfügung, wenn der dem Stpfl. zur Verfügung gestellte Arbeitsplatz wegen Gesundheitsgefahr nicht nutzbar ist (BFH v. 26.2.2014, VI R 11/12, BStBl II 2014, 674).
- Zum Begriff der Verfügbarkeit eines anderen Arbeitsplatzes unter Berücksichtigung einer krankheitsbedingten Unzumutbarkeit der Nutzung des anderen Arbeitsplatzes vgl. FG Berlin-Brandenburg v. 29.9.2022, 5 K 5138/21, EFG 2023, 491.

2565 **Beispiele (vorhandener anderer Arbeitsplatz steht nicht dauerhaft für alle Aufgabenbereiche der Erwerbstätigkeit zur Verfügung):**

- Ein Poolarbeitsplatz, bei dem sich acht Großbetriebsprüfer drei Arbeitsplätze für die vor- und nachbereitenden Arbeiten der Prüfungen teilen, steht nicht als „anderer Arbeitsplatz" zur Verfügung, wenn er zur Erledigung der Innendienstarbeiten nicht in dem erforderlichen Umfang genutzt werden kann (BFH v. 26.2.2014, VI R 37/13, BStBl II 2014, 570).
- Ein EDV-Berater übt außerhalb der regulären Arbeitszeit in der häuslichen Wohnung Bereitschaftsdienst aus und kann dafür den Arbeitsplatz beim Arbeitgeber tatsächlich nicht nutzen (BFH v. 7.8.2003, VI R 41/98, BStBl II 2004, 80).
- Einer Schulleiterin mit einem Unterrichtspensum von 18 Wochenstunden steht im Schulsekretariat ein Schreibtisch nur für die Verwaltungsarbeiten zur Verfügung. Für die Vor- und Nachbereitung des Unterrichts kann dieser Arbeitsplatz nach objektiven Kriterien wie Größe, Ausstattung und Nutzung nicht genutzt werden; diese Arbeiten müssen im häuslichen Arbeitszimmer verrichtet werden (BFH v. 7.8.2003, VI R 118/00, BStBl II 2004, 82).
- Einem Grundschulleiter, der zu 50 % von der Unterrichtsverpflichtung freigestellt ist, steht für die Verwaltungstätigkeit ein Dienstzimmer von 11 qm zur Verfügung. Das Dienstzimmer bietet keinen ausreichenden Platz zur Unterbringung der für die Vor- und Nachbereitung des Unterrichts erforderlichen Gegenstände (BFH v. 7.8.2003, VI R 16/01, BStBl II 2004, 77).

h) Weitere Hinweise

Die Home-Office-Pauschale wirkt sich steuerlich nur dann in voller Höhe aus, wenn der Arbeitnehmer weitere Werbungskosten ansetzen kann, die über den **Arbeitnehmer-Pauschbetrag** von 1 230 € nach § 9a EStG hinausgehen. Denn die Home-Office-Pauschale wird **nicht** neben dem Arbeitnehmer-Pauschbetrag gewährt. 2566

Für die Geltendmachung der Home-Office-Pauschale ist es grds. **nicht erforderlich, dass der Arbeitgeber die Anzahl der Tage bescheinigt**, an denen der Arbeitnehmer zu Hause gearbeitet hat. Auch wenn am Wochenende zu Hause gearbeitet wird, kann für diese Tage die Home-Office-Pauschale angesetzt werden. Allerdings **verlangt** die Finanzverwaltung, dass der Stpfl. konkret darlegt, dass ihm dauerhaft kein anderer Arbeitsplatz für die jeweilige betriebliche oder berufliche Tätigkeit zur Verfügung steht. Die Art der Tätigkeit kann hierfür Anhaltspunkte bieten. Zusätzliches Indiz kann eine entsprechende Bescheinigung des Arbeitgebers sein.

Das Finanzamt wird darauf achten, dass entsprechend der Anzahl der Tage, für welche die Pauschale geltend gemacht wird, die **Zahl der Arbeitstage für die Berücksichtigung der Entfernungspauschale** für Wege zwischen Wohnung und erster Tätigkeitsstätte **gekürzt** wird bzw. sie nicht angesetzt werden. Schon bei einer einfachen Entfernung von 20 km für die Fahrt zur regelmäßigen Tätigkeitsstätte wird durch die neue Pauschale von 6 € lediglich die entsprechende Kürzung der Entfernungspauschale ausgeglichen (20 km x 0,30 € Entfernungspauschale = 6,00 €).

Gelegentliche Fahrten des Arbeitnehmers in seine Firma werden **nicht zu Dienstreisen**, solange die Firma des Arbeitgebers z.B. durch Zuordnung des Arbeitgebers weiterhin als „erste Tätigkeitsstätte" anzusehen ist (→ *Reisekosten: Allgemeine Grundsätze* Rz. 3593). Dagegen liegt eine **Auswärtstätigkeit** vor, wenn der Arbeitnehmer keine „erste Tätigkeitsstätte" innehat.

Nutzen **Selbständige** oder **Gewerbetreibende** anstatt eines häuslichen Arbeitszimmers ein Home-Office mit dem Ansatz der Home-Office-Pauschale (6 € pro Tag, höchstens 1 260 € im Kalenderjahr), entfällt das Risiko, bei Betriebsaufgabe einen Veräußerungsgewinn versteuern zu müssen. Denn es kann kein bestimmtes (Arbeits-)Zimmer der betrieblichen Tätigkeit zugeordnet werden. Folglich entfällt eine Zurechnung des Home-Offices zum Betriebsvermögen.

Zu Home-Office und Umzugskosten: Im Urteil vom 5.2.2025, VI R 3/23, BStBl II, 650 hatte der BFH darüber zu entscheiden, ob Aufwendungen für einen Umzug in eine andere Wohnung, um dort (erstmals) ein Arbeitszimmer einzurichten, als Werbungskosten abzugsfähig sind. In der Altwohnung verfügten die Steuerpflichtigen nicht über separate Arbeitszimmer. Sie arbeiteten im Wesentlichen im Wohn-/Esszimmer und nutzten den dort belegenen Esstisch (abwechselnd) als Schreibtisch. Auf Grund dieser von den Klägern als unbefriedigend empfundenen Wohn-/Arbeitssituation mieteten sie eine größere Wohnung, wobei zwei Zimmer der neuen Wohnung büromäßig ausgestattet und als häusliches Arbeitszimmer genutzt wurden. In ihrer Einkommensteuererklärung für das Streitjahr machten die Kläger die entstandenen Umzugskosten i.H.v. 4 218 € als Werbungskosten bei ihren Einkünften aus nichtselbständiger Arbeit geltend. Der BFH ließ die entstandenen Umzugskosten nicht zum Werbungskostenabzug zu. Auch unter Berücksichtigung des Wandels der Arbeitswelt und der zunehmenden Akzeptanz von Homeoffice, Tele- und sogenannter Remote-Arbeit (ortsunabhängiges/mobiles Arbeiten) beruhe der Wunsch, im privaten Lebensbereich in einem (häuslichen) Arbeitszimmer zu arbeiten, nicht allein auf objektiven beruflichen Kriterien, sondern **in erster Linie auf privaten Motiven und Vorlieben** des Steuerpflichtigen. Dabei werde nicht verkannt, dass mit einem separaten Arbeitszimmer eine wesentliche Verbesserung und Erleichterung der Arbeitsbedingungen einhergeht und für eine Vielzahl von Steuerpflichtigen deshalb für ein ungestörtes Arbeiten „zu Hause" als notwendig empfunden wird. Der Wunsch, einen (separaten) Raum als Arbeitszimmer vorzuhalten, wird jedoch nicht in einem solchen Maße durch objektive berufliche Erwägungen überlagert, als dass diese typischerweise für eine nahezu ausschließliche berufliche Veranlassung eines Wohnungswechsels sprechen.

i) Arbeitsmittel, Monats-/Jahrestickets

2567 Aufwendungen für **Arbeitsmittel sowie für Telekommunikation** (Telefon und Internet) sind mit der Home-Office-Pauschale **nicht** abgegolten und können nach den Grundsätzen von R 9.1 Abs. 5 LStR zusätzlich als Werbungskosten berücksichtigt werden (BMF v. 9.7.2021, IV C 6 – S 2145/19/10006 :013, B+P 2021, 626). S. dazu → *Telekommunikation* Rz. 4092.

Wenn **Monats-/Jahrestickets** für zunächst beabsichtigte Fahrten zur ersten Tätigkeitsstätte erworben wurden und die Fahrten auf Grund tatsächlicher Tätigkeit in der häuslichen Wohnung nicht durchgeführt wurden, sind die Aufwendungen für öffentliche Verkehrsmittel als tatsächliche Kosten (Günstigerprüfung gegenüber der Entfernungspauschale, § 9 Abs. 2 Satz 2 EStG) neben der Home-Office-Pauschale abziehbar. Die tatsächlich geleisteten Aufwendungen für eine Zeitfahrkarte zur Benutzung öffentlicher Verkehrsmittel für die Wege zwischen Wohnung und erster Tätigkeitsstätte können als Werbungskosten geltend gemacht werden, soweit sie die insgesamt im Kalenderjahr ermittelte Entfernungspauschale übersteigen. Das gilt auch dann, wenn der Arbeitnehmer eine Zeitfahrkarte in Erwartung der regelmäßigen Benutzung für den Weg zur ersten Tätigkeitsstätte erworben hat, er die Zeitfahrkarte dann aber auf Grund der Tätigkeit im Home-Office nicht im geplanten Umfang verwenden kann. Diese Aufwendungen sind nicht auf einzelne Arbeitstage aufzuteilen. Zeitfahrkarten in diesem Sinne sind z.B. Jahres- und Monatsfahrkarten. Die Berücksichtigung der Home-Office-Pauschale bleibt davon unberührt. Hierfür gilt, dass die Pauschale nur für diejenigen Tage angesetzt werden kann, an denen der Stpfl. im Home-Office tätig geworden ist (BMF v. 9.7.2021, IV C 6 – S 2145/19/10006 :013, B+P 2021, 626).

3. Sozialversicherung

2568 Bei der sozialversicherungsrechtlichen Beurteilung von Tele-Arbeitnehmern ist auf deren Beschäftigungsort abzustellen. Dies ist regelmäßig der Wohnort des Tele-Arbeitnehmers.

Liegt der Wohnort im Ausland, so gilt das Sozialversicherungsrecht des Staats, in dem sich die Arbeitsstätte befindet. Dies gilt auch umgekehrt. Beschäftigt ein ausländischer Arbeitgeber Tele-Arbeitnehmer mit Wohnsitz in der BRD, ist das deutsche Sozialversicherungsrecht anzuwenden (Besprechungsergebnis der Spitzenverbände der Sozialversicherungsträger v. 22./23.11.2000).

LSt SV

Kein Unfallversicherungsschutz besteht, wenn ein Arbeitnehmer mit Home-Office oder Tele-Arbeitnehmer

- zu Hause auf dem Weg zur Nahrungsaufnahme verunglückt (BSG v. 5.7.2016, B 2 U 5/15 R),
- nach Abholen des Kindes vom Kindergarten auf dem Rückweg zum Home-Office stürzt und sich das rechte Ellenbogengelenk bricht (BSG v. 30.1.2020, B 2 U 19/18 R).

Dagegen sind Beschäftigte zuhause gesetzlich unfallversichert, wenn sie in Ausübung ihrer versicherten Tätigkeit Betriebswege zurücklegen, um ihre häusliche Arbeitsstätte („Home-Office") zu erreichen (BSG v. 27.11.2018, B 2 U 28/17 R, betr. Sturz einer Sales und Key Account Managerin beim Hinabsteigen der häuslichen Kellertreppe auf dem Weg zu ihrem im Keller belegenen „Home-Office"). So ist auch nach BSG v. 8.12.2021, B 2 U 4/21 R, der innerhäusliche Weg zur erstmaligen Aufnahme der Tätigkeit im Homeoffice als Betriebsweg unfallversichert.

Honorarärzte

→ *Arzt* Rz. 815

Hörapparat

→ *Werbungskosten* Rz. 4540

Hundehaltung

1. Arbeitslohn

Die von Arbeitgebern im **Bewachungsgewerbe** an die Arbeitnehmer für die Wartung und Pflege einschließlich Futtermittelbeschaffung der Wachhunde gezahlten Beträge stellen grds. steuerpflichtigen Arbeitslohn dar (Werbungskostenersatz). Die Steuerfreiheit als **Werkzeuggeld** (→ *Werkzeuggeld* Rz. 4595) kommt nicht in Betracht, da ein Wachhund **kein Werkzeug** i.S.d. § 3 Nr. 30 EStG ist (vgl. hierzu R 3.30 Satz 2 LStR). **Steuerfreier Auslagenersatz** i.S.d. § 3 Nr. 50 EStG (→ *Auslagenersatz und durchlaufende Gelder* Rz. 916) liegt ebenfalls nicht vor, da bei einem **eigenen Wachhund** des Wachmanns ein eigenes Interesse an den Aufwendungen vorliegt. 2569

LSt SV

Die Steuerfreiheit der Arbeitgeberleistungen als Auslagenersatz nach § 3 Nr. 50 EStG kommt nur dann in Betracht, wenn der **Wachhund Eigentum der Wachgesellschaft** ist und über die Futter- und Wartungskosten einzeln abgerechnet wird (vgl. sinngemäß FinMin Thüringen v. 22.9.1997, S 2354 A – 18/97 – 204.1, betr. Polizeihunde). Ausnahmsweise kann pauschaler Auslagenersatz steuerfrei bleiben, wenn er regelmäßig wiederkehrt und der Arbeitnehmer die entstandenen Aufwendungen für einen repräsentativen Zeitraum von drei Monaten im Einzelnen nachweist (R 3.50 Abs. 2 Satz 2 LStR).

LSt SV

2. Werbungskosten

Im Regelfall wird ein Werbungskostenabzug **nach § 12 Nr. 1 EStG ausscheiden**, weil die Hundehaltung zumeist privat mitveranlasst und eine Trennung der beruflichen und privaten Veranlassungsbeiträge nicht möglich ist (vgl. BMF v. 6.7.2010, IV C 3 – S 2227/07/10003 :002, BStBl I 2010, 614 Rdnr. 19). 2570

Aufwendungen für einen sog. **Schulhund** können bis zu 50 % als Werbungskosten bei den Einkünften einer Lehrerin aus nichtselbständiger Arbeit abgezogen werden. Ein **hälftiger Werbungskostenabzug** ist nicht zu beanstanden, wenn der Hund innerhalb einer regelmäßig fünftägigen Unterrichtswoche arbeitstäglich in der Schule eingesetzt wird. Die Aufwendungen für die Ausbildung eines Schulhundes zum **Therapiehund** sind regelmäßig in voller Höhe beruflich veranlasst und damit als Werbungskosten abziehbar (BFH v. 14.1.2021, VI R 15/19, BStBl II 2021, 453).

Bei bestimmten Berufen kann der Hund jedoch als **Arbeitsmittel** i.S.d. § 9 Abs. 1 Satz 3 Nr. 6 EStG angesehen und somit **in voller Höhe** steuerlich berücksichtigt werden (z.B. FinMin Thüringen v. 22.9.1997, S 2354 A – 18/97 – 204.1, sowie BFH v. 30.6.2010, VI R 45/09, BStBl II 2011, 45 betr. Aufwendungen für einen Polizeidiensthund). Nach diesem Erlass bestehen keine Bedenken, wenn die betroffenen Hundeführer die laufenden Aufwendungen (wie Futter- oder Pflegekosten des Hundes) für einen repräsentativen Zeitraum von drei Monaten im Einzelnen nach den allgemeinen Werbungskostengrundsätzen nachweisen. Dieses Ergebnis kann bei gleichbleibenden Verhältnissen auch für die Folgezeit zu Grunde gelegt werden. Andere Aufwendungen sind im Einzelnen zu belegen oder glaubhaft zu machen. Sie können als Werbungskosten nur dann Berücksichtigung finden, wenn sie sich nach objektiven Merkmalen klar und eindeutig von den steuerlich nicht abzugsfähigen Kosten der privaten Lebensführung trennen lassen. Dies ist bei normalen Verschleißerscheinungen an Kleidung, Wohnung und Privat-Pkw regelmäßig nicht möglich.

Anerkannt als Werbungskosten wurden z.B. Aufwendungen

- eines **Revierförsters** für einen Jagdhund, der als Arbeitsmittel anzusehen ist (BFH v. 29.1.1960, VI 9/59 U, BStBl III 1960, 163),
- eines blinden Arbeitnehmers für seinen **Blindenhund**, wenn der blinde Arbeitnehmer in Begleitung seines Blindenhundes arbeitstäglich den Weg zwischen seiner Wohnung und seiner Arbeitsstätte zu Fuß zurücklegt. Der beruflich veranlasste Teil der Aufwendungen lässt sich von dem nicht beruflich veranlassten Teil leicht und einwandfrei trennen. Als objektiver Maßstab hierfür dient der zeitliche Anteil eines Arbeitstags, den der blinde Arbeitnehmer einen Blindenhund aus beruflichen Gründen beansprucht hat, das ist die Zeit vom Verlassen der Wohnung auf dem Weg zur Arbeitsstätte bis zur Rückkehr in die Wohnung. Die Aufwendungen sind jedoch nur dann (teilweise) als Werbungskosten berücksichtigungsfähig, wenn der Blinde nach § 9 Abs. 2 Satz 3 EStG die tatsächlichen Wegekosten geltend macht, andernfalls sind sie mit dem Ansatz der Entfernungspauschale abgegolten (vgl. FG München v. 16.11.1984, V 8/83 E),
- eines **Diensthundeführers bei der Polizei** für den ihm anvertrauten Diensthund (BFH v. 30.6.2010, VI R 45/09, BStBl II 2011, 45).

Nicht anerkannt als Werbungskosten oder Betriebsausgaben wurden dagegen z.B. Aufwendungen

- eines **Schulhausmeisters** für einen privateigenen Dienstwachhund (BFH v. 10.9.1990, VI R 101/86),
- einer **Landärztin** für einen Schutzhund (BFH v. 29.3.1979, IV R 103/75, BStBl II 179, 512 sowie BMF v. 6.7.2010, IV C 3 – S 2227/07/10003 :002, 2010/0522213, BStBl I 2010, 614 Rdnr. 19).

Ob Aufwendungen für einen **Blindenführhund**, der einer als Rechtsanwältin in der Kanzlei des Ehemanns tätigen Stpfl. auch die Teilnahme an Gerichtsverhandlungen und Mandantenbesprechungen für die Kanzlei ermöglicht, Betriebsausgaben der Kanzlei sind, hängt von den Umständen des Einzelfalls ab (BFH v. 8.4.2021, VIII B 86/20).

Hypotax

2571 **Vom Arbeitslohn eines (nach Deutschland oder ins Ausland) entsandten Arbeitnehmers wird regelmäßig eine fiktive Steuer einbehalten (Hypotax)**, die sich trotz der Auslandstätigkeit nach dem Steuersystem des Heimatlandes bemisst; d.h. diese entspricht der hypothetischen Einkommensteuer, die der Arbeitnehmer bei einer Steuerpflicht des Arbeitslohns in seinem Heimatland zu entrichten hätte.

Für die steuerliche Behandlung gilt Folgendes (BMF v. 12.12.2023, IV B 2 – S 1300/21/10024, BStBl I 2023, 2179, Rdnr. 317 ff.):

Schließt der Arbeitgeber mit dem Arbeitnehmer eine Vereinbarung über den Ausgleich oder die Tragung von Steuern des Auslandsaufenthalts, wird bei der Berechnung des Arbeitslohns für Arbeitnehmer im internationalen Einsatz in vielen Fällen eine sog. **fiktive bzw. hypothetische Steuer (auch Hypotax) ausgewiesen.** Hierbei handelt es sich um eine fiktive Berechnungsgröße, die den auszuzahlenden Arbeitslohn i.d.R. tatsächlich mindert. Im Gegenzug verpflichtet sich der Arbeitgeber regelmäßig, die im Ansässigkeitsstaat oder im Tätigkeitsstaat anfallende Einkommensteuer des Arbeitnehmers zu bezahlen, soweit sie dem Arbeitsverhältnis zuzurechnen ist (sog. **Nettolohnvereinbarung** bzw. partielle Nettolohnvereinbarung bezogen auf die im Einsatzstaat anfallende Steuer für den erdienten Arbeitslohn). Die Höhe bzw. die Berechnung der Hypotax ist abhängig von der zwischen Arbeitgeber und Arbeitnehmer getroffenen Vereinbarung. Insbesondere in den Fällen der Entsendung von Führungskräften nach Deutschland wird in einer Vielzahl von Fällen eine Regelung dahingehend getroffen, dass die in Deutschland anfallenden Steuern (Lohnsteuer und Einkommensteuernachzahlung) vom Arbeitgeber übernommen werden. **Deshalb wird ein sog. Nettoausgangsbetrag vereinbart, der auf einen Bruttobetrag hochzurechnen ist.**

Soweit vom Arbeitgeber eine Hypotax berücksichtigt wird, fließt kein Arbeitslohn zu. Sie ist – da die entsprechenden Beträge nicht tatsächlich zufließen – auch nicht der Besteuerung zuzuführen. Der Betrag der Minderung des Bruttoarbeitslohns wegen der sog. Hypotax wird nicht an das Finanzamt abgeführt. Maßgebend sind allein die tatsächlich anfallenden und vom Arbeitgeber gezahlten Steuern.

Die vom Arbeitgeber tatsächlich gezahlte Einkommensteuer ist in voller Höhe jeweils dem Staat (Ansässigkeits- oder Tätigkeitsstaat) als Arbeitslohn zuzuordnen, in dem sie anfällt. Übernimmt der Arbeitgeber darüber hinaus auch Steuern, die mit anderen Einkunftsquellen in Zusammenhang stehen, ist der hierauf entfallende Betrag abkommensrechtlich nach den allgemeinen Grundsätzen in einen auf die Tätigkeit im Ansässigkeitsstaat und in einen auf die Tätigkeit im Tätigkeitsstaat entfallenden Anteil aufzuteilen.

Arbeitgeberbescheinigungen über den Einbehalt einer Hypotax stellen keinen Besteuerungsnachweis i.S.d. § 50d Abs. 8 EStG dar, da es sich bei der Hypotax nicht um eine tatsächlich entrichtete Steuer handelt.

In einem **ersten Schritt** ist zu prüfen, ob ein zum Lohnsteuerabzug verpflichteter Arbeitgeber i.S.d. § 38 Abs. 1 EStG (z.B. inländischer Arbeitgeber § 38 Abs. 1 Satz 1 Nr. 1 EStG) vorhanden ist. Im **zweiten Schritt** ist zu prüfen, ob eine Netto- oder Bruttolohnvereinbarung besteht.

Unter einer **Nettolohnvereinbarung** ist die Abrede zu verstehen, dass der Arbeitgeber an den Arbeitnehmer das Arbeitsentgelt ungekürzt durch sämtliche oder bestimmte gesetzliche Abgaben als Nettolohn zahlt und sich zugleich verpflichtet, die Beträge – grds. unabhängig von ihrer Höhe – für den Arbeitnehmer zu tragen (s. BFH v. 28.2.1992, VI R 146/87, BStBl II 1992, 733). Der Abschluss einer Nettolohnvereinbarung soll klar und einwandfrei feststellbar sein (BFH v. 14.3.1986, VI R 30/82, BStBl II 1986, 886). **Grds. ist bei Hypotax-Gestaltungen von einer Nettolohnvereinbarung bzw. einer partiellen Nettolohnvereinbarung, bezogen auf die im Einsatzstaat anfallende Steuer, auszugehen.**

Sofern ein zum **Lohnsteuerabzug verpflichteter Arbeitgeber** (Arbeitgeber i.S.d. § 38 EStG) den Nettolohn auszahlt, ist der Nettolohn des jeweiligen Lohnzahlungszeitraums (= Auszahlungsbetrag), also i.d.R. der Arbeitslohn eines Kalendermonats, auf einen Bruttolohn „hochzurechnen" (vgl. R 39b.9 LStR). Übernimmt der Arbeitgeber Einkommensteuernachzahlungen des Arbeitnehmers, führt dies im Zeitpunkt des Zuflusses zu weiterem Arbeitslohn, der in einen Bruttobetrag „hochzurechnen" ist (BFH v. 3.9.2015, VI R 1/14, BStBl II 2016, 31).

Aus der Summe der hochgerechneten Arbeitslöhne der einzelnen Lohnzahlungszeiträume (laufende Arbeitslohnzahlungen und ggf. sonstige Bezüge) errechnet sich der gesamte hochgerechnete Brutto-Jahresarbeitslohn eines Kalenderjahres. Dieser hochgerechnete Betrag ist unter Nr. 3 (steuerpflichtiger Arbeitslohn) bzw. 16a (nach DBA steuerfreier Arbeitslohn) der **elektronischen Lohnsteuerbescheinigung auszuweisen**.

Sollte **kein zum Lohnsteuerabzug verpflichteter Arbeitgeber vorhanden** sein und die Zahlung an den Arbeitnehmer in Form einer Nettolohnvereinbarung erfolgen, ist im Rahmen der Veranlagung abweichend vom Lohnsteuerabzugsverfahren nur der im jeweiligen Kalenderjahr ausgezahlte Nettolohn in die Einkommensteuerveranlagung einzubeziehen (Zuflussprinzip des § 11 EStG). Erst wenn die angefallenen Steuerbeträge später vom ausländischen Arbeitgeber ersetzt werden, ist dieser Betrag erneut der Besteuerung im Rahmen der Einkommensteuerveranlagung zu unterwerfen. Eine Hochrechnung des übernommenen Betrags erfolgt in diesen Fällen nicht. Erhält der Arbeitnehmer ausnahmsweise von seinem Arbeitgeber bereits während des laufenden Kalenderjahres Zuschüsse, um seine gegenüber dem Finanzamt fälligen Vorauszahlungen leisten zu können oder überweist der Arbeitgeber die Vorauszahlungen im abgekürzten Zahlungsweg direkt an das Finanzamt des Arbeitnehmers, liegt auch insoweit bereits zugeflossener Arbeitslohn vor. Eine Hochrechnung ist ebenfalls nicht vorzunehmen.

Die tatsächliche Steuerbelastung ist in diesen Fällen regelmäßig nicht identisch mit der vom Arbeitgeber einbehaltenen Hypotax. Welche Auswirkungen sich daraus auf die steuerliche Behandlung im Inland ergeben, ist in Rdnr. 330 ff. des o.g. BMF-Schreibens anhand mehrerer Beispiele dargestellt.

Von dem vorstehend dargestellten System zu unterscheiden 2572
sind **Treuhandmodelle**, bei denen die Arbeitnehmer freiwillig

Beiträge in ein gemeinsames Treuhandvermögen leisten, ohne dass der Arbeitgeber eine Zuschuss- oder Insolvenzpflicht hat und aus diesem Treuhandvermögen die ausländischen Steuern beglichen werden. In diesen Fällen gelten die in das gemeinsame Treuhandvermögen (sog. Steuertopf) von den Arbeitnehmern eingebrachten Beträge, die aus dem geschuldeten Arbeitslohn finanziert werden, als sog. Einkommensverwendung. Denn der Arbeitnehmer hat mit der Einbringung der Beträge Rechtsansprüche gegenüber einem fremden Dritten (Treuhandvermögen) erworben. Damit führen die eingebrachten Beträge nicht zu einer Minderung des Bruttoarbeitslohnes. Die Aufteilung des ungekürzten Bruttoarbeitslohnes in einen steuerpflichtigen- und steuerfreien Teil erfolgt nach allgemeinen Grundsätzen. Im Gegenzug bewirkt die Finanzierung der anfallenden Steuer im Ausland oder in Deutschland aus dem Treuhandvermögen keinen Zufluss von Arbeitslohn.

Ich-AG

1. Allgemeines

2573 Arbeitslose, die sich selbständig machen wollen, erhalten zur Förderung der Aufnahme einer selbständigen Tätigkeit den sog. **Gründungszuschuss** (vgl. § 93 SGB III). Dieser fasst die bisherigen Einzelmaßnahmen, d.h. Überbrückungsgeld und Existenzgründungszuschuss (Ich-AG), zusammen.

Die Förderung von Existenzgründungen aus der Arbeitslosigkeit wurde neu gestaltet. Die sog. **„Ich-AG“** (Existenzgründungszuschuss, § 421l SGB III a.F.) und das Überbrückungsgeld (§ 57 SGB III a.F.) wurden zum 1.8.2006 durch den **Gründungszuschuss ersetzt** (→ *Gründungszuschuss* Rz. 2462).

2. Lohnsteuer

2574 Soweit Arbeitnehmer durch die Aufnahme einer selbständigen Tätigkeit die Arbeitslosigkeit beenden und einen Existenzgründungszuschuss nach § 93l SGB III erhalten, sind sie **keine Arbeitnehmer** mehr, sondern steuerlich Gewerbetreibende (kein Lohnsteuerabzug!).

Der **Zuschuss nach § 93 SGB III** ist **steuerfrei** (§ 3 Nr. 2 EStG) und unterliegt auch nicht dem Progressionsvorbehalt nach § 32b EStG.

Identifikationsnummer

1. Identifikationsmerkmal

2575 Das BZSt teilt jedem Stpfl. zum Zwecke der eindeutigen Identifizierung in Besteuerungsverfahren **ein einheitliches und dauerhaftes Merkmal (Identifikationsmerkmal)** zu; das Identifikationsmerkmal ist vom Stpfl. oder von einem Dritten, der Daten dieses Stpfl. an die Finanzbehörden zu übermitteln hat, bei Anträgen, Erklärungen oder Mitteilungen gegenüber Finanzbehörden anzugeben (§ 139a Abs. 1 Satz 1 AO). Es besteht aus einer Ziffernfolge (11 Ziffern), die nicht aus anderen Daten über den Stpfl. gebildet oder abgeleitet werden darf; die letzte Stelle ist eine Prüfziffer. **Natürliche Personen** erhalten eine **IdNr** (→ Rz. 2576), **wirtschaftlich Tätige** eine **Wirtschafts-Identifikationsnummer** (→ Rz. 2578). Der Stpfl. ist über die Zuteilung eines Identifikationsmerkmals unverzüglich zu unterrichten (§ 139a Abs. 1 Satz 4 AO).

2. Steuerliche Identifikationsnummer

a) Begriff

2576 Mit der **steuerlichen Identifikationsnummer (IdNr)** wird das Besteuerungsverfahren vereinfacht und Bürokratie abgebaut. Die IdNr wird die Steuernummer für den Bereich der Einkommensteuer langfristig ersetzen. Diese bleibt dauerhaft gültig und ändert sich auch nicht z.B. nach einem Umzug, nach einer Namensänderung durch eine Heirat oder nach der Änderung des Personenstandes. Die IdNr ist eine elfstellige Nummer und enthält keine Informationen über den Stpfl. oder das zuständige Finanzamt.

Grundlage für die Erteilung der IdNr sind die von den **Meldebehörden** an das BZSt gemeldeten persönlichen Daten des Stpfl. (Name, Adresse usw.). Weitere Einzelheiten s. § 139b AO. Personen, die nicht melderechtlich erfasst, aber in Deutschland steuerpflichtig sind, erhalten ebenfalls eine IdNr. Wer keine IdNr erhalten oder sie vergessen hat, sollte sich an das BZSt wenden (www.bzst.de). Die IdNr ist u.a. aus Einkommensteuerbescheiden oder der Lohnsteuerbescheinigung ersichtlich.

Zur **Beantragung der IdNr für nicht meldepflichtige Personen** durch das Finanzamt wird ein **bundeseinheitlicher Vordruck** zur Verfügung gestellt. Der Vordruck ist auf dem Formularserver des Bundes (www.formulare-bfinv.de) zum Abruf bereitgestellt.

Die Zuteilung der IdNr und die dazu erfolgte Datenspeicherung sind mit dem Recht auf informationelle Selbstbestimmung und sonstigem Verfassungsrecht vereinbar (BFH v. 18.1.2012, II R 49/10, BStBl II 2012, 168).

b) Verwendung

Die IdNr des Arbeitnehmers wird z.B. im **Lohnsteuerabzugsverfahren** benötigt (→ *ELStAM* Rz. 1841, → *Lohnsteuerbescheinigungen* Rz. 2953), aber z.B. auch für die Übermittlung sog. Rentenbezugsmitteilungen über die Höhe der Rentenzahlungen durch die Rentenversicherungsträger an die Finanzverwaltung (→ *Altersrenten* Rz. 75) oder i.R. der Entgeltmeldungen für geringfügig entlohnte Beschäftigte (→ *Mini-Jobs* Rz. 3189). Zudem wird die IdNr von Kindern zu deren Identifizierung in steuerlichen Verfahren, wie für die Zahlung von Kindergeld (→ *Kindergeld/Freibeträge für Kinder* Rz. 2678), benötigt. 2577

Die IdNr wird seit 2023 auch für die Datenüberübermittlung von den Sozialleistungsträgern an die FinVerw. genutzt. Den Sozialleistungsträgern steht insoweit auch das maschinelle Anfrageverfahren beim BZSt zur Verfügung (§ 32b Abs. 3 EStG).

Wenn i.R. einer **Einkommensteuer-Erklärung** Steuervergünstigungen beantragt werden, muss darüber hinaus nach zahlreichen Einzelvorschriften auch die IdNr der begünstigten Person angegeben werden, z.B. beim Abzug von Unterhaltsaufwendungen an gesetzlich unterhaltsberechtigte Personen (→ *Außergewöhnliche Belastungen in besonderen Fällen* Rz. 1147) oder bei der Gewährung des Pflege-Pauschbetrags (→ *Außergewöhnliche Belastungen in besonderen Fällen* Rz. 1167).

3. Wirtschafts-Identifikationsnummer

Die Wirtschafts-Identifikationsnummer (W-IdNr) wird an wirtschaftlich Tätige vergeben (§ 139c AO). Dies umfasst: 2578

- natürliche Personen, die wirtschaftlich tätig sind,
- juristische Personen,
- Personenvereinigungen.

Daher erhalten Einzelkaufleute und Freiberufler neben ihrer IdNr zusätzlich eine W-IdNr, so dass der betriebliche Bereich klar und eindeutig von der privaten Sphäre getrennt wird. Die W-IdNr wird aus den Buchstaben „DE“ und 9 Ziffern bestehen und damit in ihrer Form der USt-IdNr. entsprechen.

Das BZSt vergibt seit dem 1.11.2024 stufenweise eine W-IdNr auf **Anforderung der zuständigen Finanzbehörde** und teilt diese dem wirtschaftlich Tätigen mit, ohne dass ein Antrag erforderlich ist. Die initiale Vergabe und die Mitteilung an die wirtschaftlich Tätigen erfolgt in mehreren Stufen und soll im Jahr 2026 abgeschlossen sein. In diesem Zusammenhang wurde die Wirtschafts-Identifikationsnummern-Verordnung – WIdV v. 30.9.2024, BGBl. I 2024, Nr. 293 – herausgegeben, die Regelungen zum Zeitpunkt der Einführung der Wirtschafts-Identifikationsnummer, zur Vergabe, zur Form der Wirtschafts-Identifikationsnummer, zur Unterrichtung der wirtschaftlich Tätigen und zu den Löschungsfristen enthält.

Illegale Arbeitnehmerüberlassung

→ *Arbeitnehmerüberlassung* Rz. 568

Impfungen

→ *Werbungskosten* Rz. 4541

Incentive-Essen

→ *Arbeitsessen* Rz. 610

Incentive-Reisen

1. „Belohnungsreisen“

a) Allgemeines

2579 Veranstaltet der Arbeitgeber sog. Incentive-Reisen, um bestimmte Arbeitnehmer für besondere Leistungen zu belohnen und zu weiteren Leistungssteigerungen zu motivieren, so erhalten die Arbeitnehmer damit einen **steuerpflichtigen geldwerten Vorteil**, wenn auf den Reisen ein **Besichtigungsprogramm angeboten** wird, das einschlägigen Touristikreisen entspricht und der Erfahrungsaustausch zwischen den Arbeitnehmern demgegenüber zurücktritt, vgl. H 19.7 (Incentive-Reisen) LStH; BMF v. 14.10.1996, IV B 2 – S 2143 – 23/96, BStBl I 1996, 1192; BFH v. 5.9.2006, VI R 65/03, BStBl II 2007, 312; BFH v. 11.1.2007, VI R 69/02; BFH v. 24.8.2010, VI B 14/10.

Die vorstehenden Grundsätze gelten auch dann, wenn die Aufwendungen für die Incentive-Reise beim Arbeitgeber einem Betriebsausgabenabzugsverbot (z.B. § 4 Abs. 5 Satz 1 Nr. 4 EStG) unterliegen (BFH v. 5.7.1996, VI R 10/96, BStBl II 1996, 545).

Steuerpflichtig ist nicht nur der geldwerte Vorteil der Reise selbst, sondern auch ein dem Arbeitnehmer gezahltes **Taschengeld** sowie die für **Begleitpersonen** übernommenen Kosten (FG Niedersachsen v. 24.9.2008, 4 K 12244/05).

LSt SV

Nur in Ausnahmefällen ist der Zufluss von **Arbeitslohn zu verneinen**, so z.B. wenn die **Nichtteilnahme mit Sanktionen verbunden wäre** und dies nachgewiesen werden kann (BFH v. 18.2.1994, VI R 53/93). An diesen Nachweis werden jedoch strenge Anforderungen gestellt, um der Gefahr unkontrollierter Gefälligkeitsbescheinigungen durch den Arbeitgeber zu begegnen (BFH v. 30.4.1993, VI R 94/90, BStBl II 1993, 674; BFH v. 7.2.1997, VI R 34/96, HFR 1997, 483). Entsprechendes gilt, wenn der Stpfl. nicht der eigentlichen Zielgruppe der Incentive-Reise, sondern eher der **Veranstalterseite zuzurechnen** und ein Ansatz steuerpflichtiger Einnahmen durch ein überwiegendes eigenbetriebliches Interesse des Zuwendenden ausgeschlossen ist. Dies setzt allerdings voraus, dass die verpflichtend übernommenen **Betreuungsaufgaben und Organisationsaufgaben** so umfangreich sind, dass sie den mit der Reiseteilnahme verbundenen Erlebniswert in den Hintergrund treten lassen (→ Rz. 2582).

LSt (durchgestrichen) SV (durchgestrichen)

b) Abgrenzung zu Reisen im eigenbetrieblichen Interesse des Arbeitgebers

2580 In der Praxis bereitet vor allem die Abgrenzung einer (lohnsteuerpflichtigen) Belohnungsreise gegenüber einer im eigenbetrieblichen Interesse des Arbeitgebers liegenden Reise (Dienstreise) Probleme, wie folgende Beispiele zeigen:

Beispiel 1:

A ist leitender Angestellter einer großen Firma. Im Frühjahr wird er von seiner Firma zu einer vier Tage dauernden „Konferenzreise“ auf einem Ostseeschiff eingeladen. Während dieser Reise sollten wichtige unternehmerische Entscheidungen für die Firma getroffen werden. Der Chef hat daher die Teilnahme aller leitenden Angestellten angeordnet und bei unentschuldigter Abwesenheit damit gedroht, den Betreffenden vom leitenden Angestellten zum einfachen Mitarbeiter herabzustufen.

Entgegen der Vorinstanz hat es der BFH abgelehnt, die Reiseaufwendungen wegen der Teilnahmepflicht der leitenden Mitarbeiter als im überwiegend eigenbetrieblichen Interesse des Arbeitgebers zu bewerten und damit Arbeitslohn zu verneinen. Begründung:

Trotz des betrieblich veranlassten Erfahrungsaustauschs und der damit verbundenen Festlegung der weiteren Geschäftsstrategie sind keine betriebsfunktionalen Gründe dafür ersichtlich, dass die dienstlichen Besprechungen auf einer Kreuzfahrt stattfinden mussten. Die Kreuzfahrt war auch dadurch veranlasst, den teilnehmenden Mitarbeitern **ein besonderes Erlebnis** zu verschaffen. Abgesehen davon, dass einer Schiffsreise der vorliegenden Art schon ein Erlebniswert für sich innewohnt, wird die Reise durch die Besichtigungen der Städte Helsinki und Stockholm verstärkt einer privaten Urlaubsreise vergleichbar. Diesen Umständen kommt ein **derartiges Eigengewicht** zu, dass die daraus den Arbeitnehmern erwachsenden Vorteile gegenüber dem eigenbetrieblichen Interesse des Arbeitgebers an der Durchführung der Konferenzreise nicht derart in den Hintergrund treten, dass die Vorteilsgewährung als im ganz überwiegend eigenbetrieblichen Interesse des Arbeitgebers liegend gewertet werden könnte. An diesem Ergebnis vermag auch die **Teilnahmepflicht** der Arbeitnehmer nichts zu ändern (BFH v. 7.2.1997, VI R 34/96, HFR 1997, 483).

Arbeitslohn ist nach diesem Urteil jedoch zu verneinen, wenn in dem auf die einzelnen Arbeitnehmer entfallenden Reisepreis auch **abgrenzbare Positionen**, wie z.B. Miete für zu beruflichen Zwecken genutzte **Konferenzräume**, enthalten sind.

Beispiel 2:

In der Zeit vom 14. bis zum 16.7. führten der Vorstand und die Bereichsleiter einer Bank eine Fahrt an die Mosel durch. Die Gesamtkosten beliefen sich lt. Aufstellung auf 2 944,12 €, wobei es sich ausschließlich um Aufwendungen für Übernachtung, Verpflegung, Fahrtkosten, sportliche und touristische Aktivitäten handelte. Ausgaben für einen Coach, Personal mit psychologischem Hintergrundwissen o.ä. wurden nicht getätigt. Die Aufwendungen je Teilnehmer betrugen 368,02 €. Zweck der Reise bestand im Teambuilding mit den Schwerpunkten Offenheit, Konfliktfähigkeit und Vertrauen. Von einer Besteuerung hat die Bank abgesehen, weil die Aufwendungen im eigenbetrieblichen Interesse lägen.

Berufliche Fort- oder Weiterbildungsleistungen des Arbeitgebers führen zwar nicht zu Arbeitslohn, wenn diese Bildungsmaßnahmen im ganz überwiegenden betrieblichen Interesse des Arbeitgebers durchgeführt werden. Dabei ist es gleichgültig, ob die Bildungsmaßnahmen am Arbeitsplatz, in zentralen betrieblichen Einrichtungen oder in außerbetrieblichen Einrichtungen durchgeführt werden.

Veranstaltet der Arbeitgeber hingegen sog. Incentive-Reisen, um bestimmte Arbeitnehmer für besondere Leistungen zu belohnen und zu weiteren Leistungssteigerungen zu motivieren, so erhalten die Arbeitnehmer damit einen steuerpflichtigen geldwerten Vorteil, wenn auf den Reisen ein Besichtigungsprogramm angeboten wird, das einschlägigen Touristikreisen entspricht, und der Erfahrungsaustausch zwischen den Arbeitnehmern demgegenüber zurücktritt (vgl. H 19.7 „Incentive-Reisen“ erster Spiegelstrich LStH; BFH v. 11.1.2007, VI R 69/02, und BFH v. 24.8.2010, VI B 14/10).

Im Urteil v. 27.11.2009, 4 K 1802/08 E, verneinte das FG Münster auch bei leitenden Angestellten einen konkreten Zusammenhang mit deren ausgeübter Tätigkeit, da die Teambuildingmaßnahmen die innere Stärke, Vitalität, visionäres Vorstellungsvermögen und Teamfähigkeit stärken. Inhalte, wie bei der Teambildung und -führung, dem Konfliktmanagement, bei Mitarbeitergesprächen, der Mitarbeiterführung und der Kommunikation sind zwar von betrieblichen Nutzen, schließen aber private Gesichtspunkte der Arbeitnehmer nicht aus bzw. spielen nicht nur eine untergeordnete Rolle.

Daher scheidet eine Veranstaltung im überwiegenden betrieblichen Interesse aus. Auf Grund der Besichtigung von touristischen Zielen und der Durchführung von Freizeitaktivitäten tritt vielmehr der Charakter einer Incentive-Reise (Reise mit Belohnungscharakter) in den Vordergrund.

c) Arbeitslohn von dritter Seite

Das Gleiche gilt, wenn die **Zuwendung durch einen Dritten erfolgt**, 2581
z.B. wenn ein Automobilhersteller dem Autoverkäufer eines Autohauses i.R. eines Verkäuferwettbewerbs eine Incentive-Reise finanziert. Es handelt sich dann um eine Lohnzahlung durch einen Dritten; das Autohaus muss als Arbeitgeber den Wert der Reise dem Lohnsteuerabzug unterwerfen (→ *Lohnzahlung durch Dritte* Rz. 3040).

LSt SV

Beispiel:

A, Geschäftsführer einer KG, nahm an einer Japan-Reise teil, die die Firma X finanziert hat. Die Reise diente dazu, die Geschäftsbeziehungen zu festigen und die Teilnehmer davon zu überzeugen, dass die in Japan gefertigten Produkte die Qualität von Inlandsprodukten erreichen.

Der BFH hat den geldwerten Vorteil der Reise als Arbeitslohn von dritter Seite angesehen, denn A wurde in seiner Eigenschaft als Geschäftsführer der KG zu der Reise eingeladen (BFH v. 5.7.1996, VI R 10/96, BStBl II 1996, 545). Der geldwerte Vorteil ist ihm daher auch mit Rücksicht auf das Dienstverhältnis zugeflossen. Es kommt nicht darauf an, ob A den Vorteil auch subjektiv als „Frucht seiner Dienstleistung für den Arbeitgeber“ betrachtet. Der objektive Zusammenhang ist ausreichend.

Arbeitslohn von dritter Seite ist auch anzunehmen, wenn der Geschäftsführer einer GmbH auf Kosten einer Gesellschaft, mit der wesentliche Geschäftsbeziehungen bestehen, **Messen in den USA in touristisch besonders attraktiven Großstädten** jeweils mit einem umfangreichen Beiprogramm besucht (FG Rheinland-Pfalz v. 13.5.1998, 1 K 2058/97).

2. „Betreuungsreisen“

Veranstaltet der Arbeitgeber als Werbemaßnahme für seine Kunden 2582
sog. **Händler-Incentive-Reisen** und muss ein Arbeitnehmer (z.B.

der Geschäftsführer) zur Betreuung der Kunden oder als Reiseleiter mitfahren, ist wie folgt zu unterscheiden (BFH v. 24.8.2010, VI B 14/10):

a) Kein Arbeitslohn

2583 Kein Arbeitslohn ist anzunehmen, wenn **ein ganz überwiegend eigenbetriebliches Interesse** des Arbeitgebers an der Teilnahme des Arbeitnehmers an der Reise nachgewiesen werden kann. Dies setzt jedoch substantiierte Feststellungen zu den dienstlichen Tätigkeiten der mitreisenden Arbeitnehmer, zum zeitlichen Umfang dieser Tätigkeiten und zur Auswahl der mitreisenden Arbeitnehmer voraus. Für diesen Nachweis gelten erhöhte Anforderungen, wenn die Reise auch **touristische Aspekte** aufweist (BFH v. 5.9.2006, VI R 65/03, BStBl II 2007, 312; BFH v. 11.1.2007, VI R 69/02; BFH v. 2.7.2008, VI B 21/08, m.w.N.).

Beispiel:

Firma A hat anlässlich der Kieler Woche ein Segelschiff (Dreimaster) gechartert, um mit Kunden und Geschäftsfreunden sog. Regattabegleitfahrten durchzuführen. Die Mitarbeiter waren dienstlich zu der Teilnahme an den Veranstaltungen verpflichtet; sie waren die zuständigen Kundenbetreuer der eingeladenen Gäste und sollten während der Fahrt fachliche Gespräche mit den Kunden bzw. Geschäftsfreunden führen. Allen Teilnehmern wurden Jacken mit dem Logo der Firma A zur Verfügung gestellt, wobei die Mitarbeiter der Firma angehalten waren, diese Jacken während der Veranstaltung zu tragen.

Der BFH hat keinen Arbeitslohn angenommen, weil die Mitreise der Arbeitnehmer im ganz überwiegenden eigenbetrieblichen Interesse lag (BFH v. 16.10.2013, VI R 78/12, BStBl II 2015, 495).

Ein Arbeitnehmer hat den geldwerten Vorteil einer ihm zugewendeten Reise auch dann nicht zu versteuern, wenn der Vorteil notwendige Begleiterscheinung betriebsfunktionaler Zielsetzung ist, weil der **Arbeitnehmer verpflichtend Betreuungs- und Organisationsaufgaben übernehmen** musste, die so umfangreich sind, dass sie den mit der Reiseteilnahme verbundenen Erlebniswert in den Hintergrund treten lassen (BFH v. 5.9.2006, VI R 65/03, BStBl II 2007, 312; BFH v. 11.1.2007, VI R 69/02; BFH v. 2.7.2008, VI B 21/08, m.w.N.).

b) Arbeitslohn

2584 Steuerpflichtiger Arbeitslohn liegt nach den o.g. Urteilen dagegen vor, wenn die Reise für den **Arbeitnehmer trotz seiner Betreuungsfunktionen Vorteilscharakter** hat. Für den Vorteilscharakter spricht u.a., wenn die Arbeitnehmer von ihren (Ehe-)**Partnern begleitet** werden oder wenn sie an touristischen Elementen der Reise wie die eigentliche Zielgruppe teilnehmen können. Der geldwerte Vorteil ist mit dem **üblichen Reisepreis zu bewerten**. Ein Abschlag darf auch im Hinblick auf die vom Arbeitnehmer tatsächlich erbrachten Betreuungsleistungen nicht vorgenommen werden (BFH v. 4.8.1994, VI R 24/94, BStBl II 1994, 954).

Arbeitslohn liegt regelmäßig auch immer dann vor, wenn der Arbeitnehmer von seinem **Ehegatten begleitet** wird. Denn die Mitnahme des Ehegatten ist ein **Indiz** dafür, dass auch der Arbeitnehmer selbst wegen der Annehmlichkeiten und des Erlebniswerts ein erhebliches Eigeninteresse an der Reise hat (BFH v. 5.9.2006, VI R 65/03, BStBl II 2007, 312; BFH v. 11.1.2007, VI R 69/02, m.w.N.).

Nach dem Gesamtbild der Verhältnisse kann aber auch trotz Mitnahme des Ehegatten das **eigenbetriebliche Interesse des Arbeitgebers** anzuerkennen sein, so dass beim Arbeitnehmer weder hinsichtlich seiner Teilnahme noch der des Ehegatten Arbeitslohn vorliegt (BFH v. 31.5.2001, VI B 18/99). Im Regelfall werden aber zumindest die auf den mitgenommenen Ehegatten (oder andere Angehörige) entfallenden Kosten als Arbeitslohn anzusehen sein.

Es kommt häufig vor, dass eine **Bank selbst Reisen veranstaltet**, die von Bankmitarbeitern begleitet werden. Wie die an die Reisebegleiter erstatteten Reisekosten steuerlich zu behandeln sind, → *Reiseveranstalter: Arbeitnehmer* Rz. 3729. Dem **Vorstand einer Bank wird Arbeitslohn zugewendet**, wenn er in Begleitung seiner Ehefrau ohne eigenen Kostenbeitrag an für Kunden der Bank veranstalteten Auslands-Gruppenreisen teilnehmen darf. Dem steht nicht bereits deshalb ein eigenbetriebliches Interesse des Arbeitgebers entgegen, weil der **Vorstand gelegentlich Reiseleiterfunktionen wahrgenommen** hat. Arbeitslohn wird dem Vorstand auch zugewendet, soweit seine **Ehefrau** ohne Zahlung des üblichen Entgelts an den Reisen teilnimmt.

c) Gemischte Veranlassung

Sofern ein ganz überwiegendes eigenbetriebliches Interesse des Arbeitgebers nicht feststellbar ist, ist zu untersuchen, ob bei Würdigung aller Umstände des Einzelfalls nicht zumindest von einer **gemischten Veranlassung** der Reisen bei den Arbeitnehmern auszugehen ist, denen **Betreuungsaufgaben zugewiesen** sind. In diesem Fall ist ggf. eine **Aufteilung der Sachzuwendungen in Arbeitslohn und Zuwendungen im ganz überwiegenden betrieblichen Interesse vorzunehmen** (BFH v. 5.9.2006, VI R 65/03, BStBl II 2007, 312; BFH v. 11.1.2007, VI R 69/02; BFH v. 24.8.2010, VI B 14/10, m.w.N.). 2585

Beispiel:

Eine Bank verkaufte auch Urlaubsreisen an ihre Kunden. Der Reiseveranstalter stellte der Bank je Reise einen Freiplatz zur Verfügung, der auf Anordnung des Vorstands jeweils von einem Angestellten der Bank in Anspruch genommen wurde. Ehepartner der Angestellten fuhren nicht mit. Der Angestellte hatte u.a. die Aufgabe, die Kunden während der Reise zu betreuen. Die eigentliche Reiseleitung oblag örtlichen Reiseleitern.

Der BFH hat die Reise nicht als Dienstreise anerkannt, weil die Teilnahme der Angestellten an der Reise nicht im ganz überwiegend eigenbetrieblichen Interesse der Bank lag. Der geldwerte Vorteil war daher in Höhe des üblichen Reisepreises ohne Abschlag um die Betreuungsleistungen als Arbeitslohn zu versteuern. Begründung:

Die Angestellten wären gar nicht in der Lage gewesen, qualifizierte Aufgaben eines ausgebildeten Reiseleiters wahrzunehmen. Bei den vollständig vorher geplanten Reisen und der ständigen Anwesenheit hauptberuflicher Reiseleiter wäre dies auch nicht erforderlich gewesen (BFH v. 4.8.1994, VI R 24/94, BStBl II 1994, 954).

3. Höhe des geldwerten Vorteils

Liegt nach den o.g. Grundsätzen ein steuerpflichtiger geldwerter Vorteil vor, kann die Lohnsteuer nach den Vorschriften des § 40 Abs. 1 EStG (→ *Pauschalierung der Lohnsteuer* Rz. 3336) bzw. ggf. nach § 37b EStG (→ *Pauschalierung der Einkommensteuer bei Sachzuwendungen* Rz. 3303) pauschal erhoben werden. Die Bemessungsgrundlage für den geldwerten Vorteil ist grds. der **übliche Endpreis am Abgabeort; er kann in Höhe der Aufwendungen des Arbeitgebers geschätzt** werden. Wird geltend gemacht, dass der Wert des Sachbezugs geringer als die Schätzung sei, müssen die Gründe durch den Arbeitgeber konkret dargelegt werden (vgl. BFH v. 18.8.2005, VI R 32/03, BStBl II 2006, 30). 2586

Der Vorteil aus einer **Bewirtung**, die i.R. von Incentive-Reisen gewährt wird, ist in vollem Umfang als Arbeitslohn zu erfassen und bei Übernahme der Besteuerung nach § 37b EStG voll in die Bemessungsgrundlage einzubeziehen. In Abgrenzung zu einer Incentive-Maßnahme, bei der die Bewirtung ggf. aus der Bemessungsgrundlage herausgerechnet werden kann, handelt es sich bei einer Incentive-Reise um eine mehrtägige Veranstaltung mit mindestens einer Übernachtung (vgl. Rdnr. 10, BMF v. 19.5.2015, IV C 6 – S 2297-b/14/10001, BStBl I 2015, 468).

Nicht eindeutig geklärt ist jedoch die Bewertung des Sachbezugs, wenn der Arbeitnehmer für seinen Arbeitgeber während der Incentive-Reise gewisse **Dienstleistungen erbringt**:

Der X. Senat des BFH hat im Urteil v. 6.10.2004, X R 36/03, HFR 2005, 401 offen gelassen, ob er dem VI. Senat allgemein darin folgen könnte, dass bei der Ermittlung des Werts einer als Sachbezug zu beurteilenden Reise ein **Abschlag vom üblichen Endpreis auch dann generell nicht in Betracht kommt, wenn die an der Reise teilnehmenden Mitarbeiter dem Zuwendenden während der Reise die Erbringung einzelner Dienstleistungen schulden**, ohne dass jedoch die gesamte Reise als im ganz überwiegend eigenbetrieblichen Interesse des Zuwendenden anzusehen ist (so BFH v. 4.8.1994, VI R 24/94, BStBl II 1994, 954).

Die weitere Rechtsprechung bleibt abzuwarten.

Vom **Betriebsausgabenabzug ausgeschlossen** werden sowohl die Zuwendung von Vorteilen i.S.d. § 4 Abs. 5 Satz 1 Nr. 10 Satz 1 EStG als auch die damit zusammenhängenden Aufwendungen. In Tz. 8 BMF v. 10.10.2002, IV A 6 – S 2145 – 35/02, BStBl I 2002, 1031 werden beispielhaft damit zusammenhängende Aufwendungen angeführt.

Nehmen Arbeitnehmer auf Veranlassung ihres Arbeitgebers an einer für Geschäftspartner durchgeführten, dem Grunde nach aber **strafbewehrten Incentive-Reise** teil, vertritt die Finanzverwaltung die Auffassung,

- dass auch die für die eigenen Arbeitnehmer anfallenden Reisekosten als „damit zusammenhängende Aufwendungen" zu werten sind und ebenfalls dem **Abzugsverbot** des § 4 Abs. 5 Satz 1 Nr. 10 Satz 1 EStG unterliegen,
- dass dieses **Abzugsverbot aber nicht für die Lohnsteuerübernahme greift**, wenn die Reiseteilnahme der Arbeitnehmer als lohnsteuerpflichtiger geldwerter Vorteil zu werten ist (FinMin Schleswig-Holstein v. 29.7.2010, VI 304 – S 2145 – 100/01).

4. Werbungskostenabzug

2587 Nach ständiger BFH-Rechtsprechung (BFH v. 6.10.2004, X R 36/03, HFR 2005, 401 m.w.N.) sind auf Incentive-Reisen, die touristischen Charakter aufweisen, die für sog. **Informationsreisen** geltenden Grundsätze anzuwenden, → *Reisekosten: Allgemeine Grundsätze* Rz. 3589.

Voll abzugsfähige Werbungskosten liegen nur vor, wenn die **Reisen ausschließlich oder zumindest weitaus überwiegend im beruflichen Interesse unternommen** werden, wenn also die Verfolgung privater Interessen, wie z.B. Erholung, Bildung und Erweiterung des allgemeinen Gesichtskreises, nach dem Anlass der Reise, dem vorgesehenen Programm und der tatsächlichen Durchführung nahezu ausgeschlossen sind. Andernfalls sind die gesamten Reisekosten nicht abziehbar, soweit sich nicht ein durch den Beruf veranlasster Teil nach objektiven Maßstäben sicher und leicht abgrenzen lässt. Diese Grundsätze gelten nach der Rechtsprechung insbesondere auch für solche Reiseteilnehmer, die im **Auftrag ihres Arbeitgebers die Reise vorbereiten**, auf eigene Kosten an ihr teilnehmen und während der Reise neben hauptamtlichen örtlichen Reiseleitern gewisse **organisatorische Funktionen ausüben**. Reiseleitungstätigkeit durch den Arbeitnehmer wird nur dann als ein die private Mitveranlassung zurückdrängendes Indiz angesehen, wenn die Reisetage für ihn wie normale Arbeitstage mit beruflicher Reiseorganisation ausgefüllt sind. Diese Voraussetzungen werden nicht als erfüllt angesehen, wenn der Arbeitnehmer nur unwesentliche organisatorische Aufgaben, wie z.B. Verteilung der Hotelzimmer und Ankündigung des weiteren Reiseverlaufs, wahrzunehmen hat. Dies gilt auch für Reisen, die von vertriebsorientierten Unternehmen veranstaltet werden und der Umsatzförderung dienen sollen (sog. Incentive-Reisen). Nimmt ein leitender Mitarbeiter eines vertriebsorientierten Unternehmens an einer Reise teil, die für die anderen Reiseteilnehmer Belohnungscharakter hat, so sind die Kosten der Reise für den leitenden Mitarbeiter als Arbeitslohn anzusehen, wenn sie vom Arbeitgeber getragen werden, bzw. nicht als Werbungskosten abzugsfähig, wenn er sie selbst trägt, wenn die private Mitveranlassung nach den o.g. Grundsätzen als nicht ganz untergeordnet zu bewerten ist (vgl. BFH v. 8.2.2001, VI B 292/99, m.w.N.).

Bei sog. **gemischt veranlassten Reisen** kommt nach geänderter BFH-Rechtsprechung ggf. ein **anteiliger Werbungskostenabzug** in Betracht, → *Reisekosten: Allgemeine Grundsätze* Rz. 3589.

5. Pauschalierung der Einkommensteuer

2588 Nach § 37b EStG können Stpfl. aus Vereinfachungsgründen die Einkommensteuer für **Sachzuwendungen**, und zwar für

- **betrieblich veranlasste Zuwendungen, die zusätzlich zur ohnehin vereinbarten Leistung oder Gegenleistung erbracht werden** (hierzu gehören z.B. Eintrittskarten für den Besuch sportlicher, kultureller oder musikalischer Veranstaltungen oder auch Incentive-Reisen),
- und **Geschenke** i.S.d. § 4 Abs. 5 Satz 1 Nr. 1 EStG,

sowohl an **Nichtarbeitnehmer** des Stpfl. (z.B. Kunden, Geschäftsfreunde, deren Arbeitnehmer) als auch an **eigene Arbeitnehmer** des Stpfl. unter bestimmten Voraussetzungen mit einem **Pauschsteuersatz von 30 %** erheben. Diese Pauschalsteuer gilt die steuerliche Erfassung des geldwerten Vorteils beim Zuwendungsempfänger ab; steuerlicher Arbeitslohn fällt also auf der Empfängerseite nicht an.

Der Vorteil aus einer **Bewirtung, die i.R. von Incentive-Reisen** gewährt wird, ist in vollem Umfang als Arbeitslohn/Betriebseinnahme zu erfassen und bei Übernahme der Besteuerung nach § 37b EStG voll in die Bemessungsgrundlage einzubeziehen (BMF v. 19.5.2015, IV C 6 – S 2297 – b/14/10001, BStBl I 2015, 468 unter Berücksichtigung der Änderungen durch BMF v. 28.6.2018, IV C 6 – S 2297-b/14/10001, BStBl I 2018, 814).

Zur Ermittlung der Bemessungsgrundlage für § 37b EStG bei Veranstaltungen für Geschäftspartner und Arbeitnehmer einschließlich Incentive-Reisen s. OFD Nordrhein-Westfalen v. 7.9.2017, Kurzinfo LSt 1/2017, DB 2017, 2324.

Weitere Einzelheiten → *Pauschalierung der Einkommensteuer bei Sachzuwendungen* Rz. 3303.

Infektionsschutz

1. Arbeitsrecht

a) Arbeitsschutz

Mit Stand v. 2.2.2023 erläutert das BMAS mit den „Empfehlungen des BMAS zum betrieblichen Infektionsschutz vor COVID-19, Grippe und Erkältungskrankheiten" auf seiner Internetseite, welche bewährten Schutzmaßnahmen in den Betrieben und Verwaltungen ergriffen werden können. 2589

b) Vergütung bei behördlichen Anordnungen

Im Verhältnis der Arbeitsvertragsparteien stellt sich stets die Frage, ob und inwieweit der Arbeitnehmer seine Vergütung verlangen kann, sofern er wegen einer behördlichen Anordnung (Betriebsschließung, Quarantäneanordnung) oder der Erkrankung nicht in der Lage ist, seine Arbeitsleistung zu erbringen. So kann nach § 31 IfSG von der zuständigen (Landes-)Behörde bei bestimmten Krankheiten des Arbeitnehmers oder auch entsprechendem Krankheitsverdacht ein **Tätigkeitsverbot** ausgesprochen werden. Im Fall der Infektion mit COVID-19 oder dem Verdacht sprachen die örtlichen Gesundheitsämter stets eine zeitlich begrenzte **Quarantänepflicht** aus, die dem Arbeitnehmer auch die Erbringung seiner Arbeitsleistung untersagte. Daraus resultierte unmittelbar die Frage, ob und in welchem Umfang dem Arbeitnehmer ein Vergütungsanspruch oder ein Anspruch auf Verdienstausfall zusteht. 2590

Fällt der Tatbestand des Tätigkeitsverbots mit **krankheitsbedingter Arbeitsunfähigkeit** des Arbeitnehmers zusammen, so tritt der Entschädigungsanspruch nach dem Infektionsschutzgesetz als subsidiärer Anspruch zurück; daraus folgt, dass der Arbeitnehmer einen **Entgeltfortzahlungsanspruch** nach dem Entgeltfortzahlungsgesetz besitzt und damit der Arbeitgeber keinen Erstattungsanspruch gegen die zuständige Behörde. Dies galt z.B. bei einer nachgewiesenen Infektion mit COVID-19 als auch beim Verdacht der Infektion, soweit dieser auf Krankheitssymptomen beruhte. Je nach Größe des Betriebs – abhängig von der Anzahl der Arbeitnehmer – kommt für den Arbeitgeber in solchen Fällen dann eine Erstattung der Entgeltfortzahlungskosten nach §§ 1, 2 AAG in Betracht.

Geht also das Beschäftigungsverbot mit der Erkrankung einher, ohne dass Arbeitsunfähigkeit besteht (z.B. bei Krankheitsverdacht oder einer nicht zur Arbeitsunfähigkeit führenden ansteckenden Krankheit), so ist ein Anspruch des Arbeitnehmers nach § 616 BGB wegen **unverschuldeter Leistungsverhinderung** anzunehmen, so dass auch insoweit der Arbeitgeber keinen Erstattungsanspruch gegen die zuständige Behörde besitzt.

Die Arbeitnehmerfreizügigkeit steht jedoch der Regelung eines Mitgliedstaats entgegen, die eine Vergütung für Verdienstentgang im Quarantänefall davon abhängig macht, dass eine Quarantänemaßnahme durch seine eigenen Verwaltungsbehörden auferlegt wurde, da eine solche Regelung zu einer mittelbaren Diskriminierung der Wanderarbeitnehmer führen könne (EuGH v. 15.6.2023, C-411/22).

Hat der Arbeitnehmer demgegenüber keinen der angeführten Entgeltfortzahlungsansprüche (mehr), so hat er gegen den Arbeitgeber Anspruch auf eine **Entschädigung** wegen des Tätigkeitsverbots nach § 56 IfSG, der Arbeitgeber dagegen einen entsprechenden **Erstattungsanspruch** gegen die zuständige Behörde. Der Arbeitnehmer wird in Höhe des Verdienstausfalls vom Staat bis zu einer Dauer von sechs Wochen entschädigt. Der Arbeitnehmer kann sich mit seinem Anspruch direkt an den Staat wenden und die Entschädigung innerhalb von zwölf Monaten beantragen oder an seinen Arbeitgeber, der dann in Vorleistung treten muss. Die ausgezahlten Beträge werden dem Arbeitgeber dann auf Antrag (innerhalb einer Frist von zwölf Monaten) von der zuständigen Behörde erstattet.

Besonderheiten gelten indes bei **vom Arbeitnehmer verschuldeten Verdienstausfall**, z.B. wegen behördlich veranlasster Quarantäne nach Urlaub in einem sog. „Risikogebiet". Nach §56 Abs. 1 Satz 4 IfSG vermag eine Entschädigung u.a. derjenige nicht zu beanspruchen, wer „[. . .] durch Inanspruchnahme einer Schutzimpfung oder anderen Maßnahme der spezifischen Prophylaxe, die gesetzlich vorgeschrieben ist oder im Bereich des gewöhnlichen Aufenthaltsorts des Betroffenen öffentlich empfohlen wurde, oder durch Nichtantritt einer vermeidbaren Reise in ein bereits zum Zeitpunkt der Abreise eingestuftes Risikogebiet ein Verbot in der Ausübung seiner bisherigen Tätigkeit oder eine Absonderung hätte vermeiden können". Eine Reise ist vermeidbar, wenn zum Zeitpunkt der Abreise keine zwingenden und unaufschiebbaren Gründe für die Reise vorlagen (§56 Abs. 1 Satz 5 IfSG). Sofern Arbeitnehmer zwecks Urlaubs wissentlich in ein Land reisen, welches nach Maßgabe von §2 Nr. 17 IfSG als Risikogebiet eingestuft ist, handeln sie schuldhaft i.S. der Entgeltfortzahlungsbestimmungen, weil nach den jeweiligen Landesverordnungen der Bundesländer hieraus die Verpflichtung entsteht, sich bei der Rückkehr in Quarantäne zu begeben. Als Folge des schuldhaften Verhaltens entsteht eine vorübergehende Verhinderung der Erbringung der Arbeitsleistung gem. §616 BGB, die der Arbeitnehmer durch sein Verhalten verschuldet hat. Dementsprechend steht dem Mitarbeiter in diesem Fall kein Entgeltfortzahlungsanspruch gem. §616 BGB zu. Falls der Arbeitnehmer die Möglichkeit hat, während der **Quarantänephase seine Arbeitsleistung aus dem Home-Office** zu erbringen, bleibt sein Anspruch auf Zahlung des Arbeitsentgelts aber ggf. bestehen. Etwas anderes gilt für den Fall, dass das vom Arbeitnehmer bereiste Urlaubsland erst nach dem Antritt seiner Reise auf Grund erneut steigender Infektionszahlen wieder zum Risikogebiet erklärt wird. Der Arbeitnehmer handelt mit seiner Reise nicht schuldhaft.

2. Lohnsteuer und Sozialversicherung

2591 Die Entgeltfortzahlung im Krankheitsfall und die Vergütung für unverschuldete Leistungsverhinderung stellen Arbeitslohn dar.

LSt SV

Bei der Entschädigung wegen des Tätigkeitsverbots handelt es sich um eine Entschädigung für **Verdienstausfall**, die zwar nach §3 Nr. 25 EStG steuer- und beitragsfrei ist, aber nach §32b Abs. 1 Satz 1 Nr. 1 Buchst. e EStG bei der Einkommensteuerveranlagung dem **Progressionsvorbehalt** unterliegt (→ *Progressionsvorbehalt* Rz. 3501). Der Arbeitgeber muss daher die Entschädigungen gesondert im **Lohnkonto eintragen** (§41 Abs. 1 Satz 5 EStG) und in der **Lohnsteuerbescheinigung** angeben (§41b Abs. 1 Satz 2 Nr. 5 EStG; vgl. auch → *Lohnkonto* Rz. 2863 sowie → *Lohnsteuerbescheinigung* Rz. 2952). Hat der Arbeitnehmer im Laufe des Jahres Entschädigungen für Verdienstausfall nach dem Infektionsschutzgesetz erhalten, darf der Arbeitgeber **keinen Lohnsteuer-Jahresausgleich** durchführen (§42b Abs. 1 Satz 4 Nr. 4 EStG).

LSt SV (durchgestrichen)

Zahlt der Arbeitgeber jedoch freiwillig oder auf Grund einer arbeitsrechtlichen Vereinbarung über den Anspruch nach §56 IfSG **hinausgehende Beträge**, sind die **Mehrbeträge steuer- und damit auch beitragspflichtig**.

LSt SV

Die Spitzenorganisationen der Sozialversicherung haben bereits in der Vergangenheit die sozialversicherungsrechtlichen Auswirkungen von Beschäftigungsverboten und der Entschädigungsleistungen nach den Vorschriften des IfSG erläutert und in einem Besprechungsergebnis bzw. der Niederschrift über die Sitzung des Gremiums Gemeinsamer Beitragseinzug der Spitzenorganisationen der Sozialversicherung v. 13./14.10.2009 zusammengefasst. Das Besprechungsergebnis: In einem weiteren Rundschreiben v. 2.4.2020 hatte der GKV-Spitzenverband seine Ausführungen noch in Bezug auf die Corona-Pandemie konkretisiert. Die erwähnten Verlautbarungen der Spitzenorganisationen der Sozialversicherung sind zuletzt im ABC des Lohnbüros 2023 unter → Rz. 2591 wiedergegeben worden. Das Rundschreiben vom 2.4.2020 finden Sie auch in der werkbegleitenden Online-Datenbank unter „SV-Dokumente" (s. Benutzerhinweise auf S. IV).

Inflationsausgleichsprämie

→ *Unterstützungen* Rz. 4217

Innungskrankenkassen

→ *Krankenversicherung: gesetzliche* Rz. 2760

Insolvenz des Arbeitgebers

→ auch *Meldungen für Arbeitnehmer in der Sozialversicherung* Rz. 3125

1. Arbeitsrecht

a) Grundsätze

Nach der Insolvenzordnung gilt, dass die allgemeinen arbeitsrecht- 2592
lichen Vorschriften unabhängig vom Insolvenzantrag und von der Eröffnung des Insolvenzverfahrens fortgelten, soweit nicht in der Insolvenzordnung anderweitige Ausnahmeregelungen enthalten sind.

Der **Bestand des Arbeitsverhältnisses** wird durch die Eröffnung des Insolvenzverfahrens nur insoweit berührt, als Arbeitsvertragspartner des Arbeitnehmers und Schuldner der Leistungsansprüche nunmehr der Insolvenzverwalter, u.U. auch schon der vorläufige Insolvenzverwalter wird.

b) Arbeitnehmerforderungen

Forderungen der Arbeitnehmer auf rückständige Arbeitsvergü- 2593
tung sind einfache Insolvenzforderungen nach §38 InsO. Vergütungsansprüche für die Zeit nach Eröffnung des Insolvenzverfahrens sind demgegenüber Masseverbindlichkeiten nach §55 Abs. 2 InsO. Bei einem regelmäßigen Arbeitsentgelt entstehen die Entgeltansprüche mit den **Zeitabschnitten**, nach denen die Vergütung zu bemessen ist: Fallen z.B. bei geleisteter **Mehrarbeit** die Zeitabschnitte in die Zeit nach Insolvenzeröffnung, handelt es sich um Masseverbindlichkeiten (BAG v. 21.2.2013, 6 AZR 406/11).

Für diese Schlechterstellung der Arbeitnehmer enthält die Insolvenzordnung andererseits einen Ausgleich: Das **Insolvenzgeld** (→ *Insolvenzgeld* Rz. 2600) ist für die letzten drei Monate vor Eröffnung des Insolvenzverfahrens zu zahlen. Zum Zweiten sind **Sozialplanansprüche** der Arbeitnehmer anders als bisher Masse-Forderungen, wenn der Sozialplan nach Eröffnung des Insolvenzverfahrens abgeschlossen worden ist (§123 InsO) oder zwar vor Eröffnung, aber durch einen mit Verfügungsbefugnis nach §55 Abs. 2 InsO betrauten vorläufigen Insolvenzverwalter (BAG v. 31.7.2002, 10 AZR 275/01).

Demgegenüber ist ein **Nachteilsausgleichsanspruch** nach §113 BetrVG aus der Zeit vor Insolvenzeröffnung einfache Insolvenzforderung, und zwar auch dann, wenn die Kündigung des Arbeitsverhältnisses in Absprache und mit Zustimmung des vorläufigen Insolvenzverwalters erfolgte (BAG v. 4.12.2002, 10 AZR 16/02).

c) Kündigung in der Insolvenz

Unabhängig vom Insolvenzverfahren bleibt dem Arbeitnehmer 2594
zustehender allgemeiner oder besonderer **Kündigungsschutz** erhalten.

Auch bei einer schlechten wirtschaftlichen Lage mit drohender Insolvenz steht dem Arbeitgeber bzw. auch dem Insolvenzverwalter bei betrieblichen Gründen nur das Recht zur ordentlichen Kündigung mit einer Frist von bis zu drei Monaten, nicht aber das Recht zur fristlosen Kündigung zu (BAG v. 24.1.2013, 2 AZR 453/11). Hinsichtlich der **Kündigungsfristen** gilt nach §113 Satz 2 InsO eine Höchstfrist von drei Monaten zum Monatsende, wenn nicht eine kürzere Kündigungsfrist eingreift; die Höchstkündigungsfrist unterliegt keiner Billigkeitskontrolle im Einzelfall (BAG v. 27.2.2014, 6 AZR 301/12). Diese Höchstkündigungsfrist gilt gegenüber längeren gesetzlichen, tarifvertraglichen (BAG v. 16.6.1999, 4 AZR 191/98) oder vereinbarten (BAG v. 3.12.1998, 2 AZR 425/98) Kündigungsfristen, und zwar auch im Falle von Unkündbarkeitsvorschriften (BAG v. 19.1.2000, 4 AZR 70/99) und im Falle eines nicht kündbaren befristeten Arbeitsvertrags (BAG v. 6.7.2000, 2 AZR 695/99). Diese Verkürzung der Kündigungsfrist gilt nicht für den vorläufigen Insolvenzverwalter (BAG v. 20.1.2005, 2 AZR 134/04).

Von praktischer Bedeutung ist in dem Kontext, dass gemäß § 125 Abs. 1 Nr. 1 InsO vermutet wird, dass die Kündigung eines in der Namensliste eines Interessenausgleichs aufgeführten Arbeitnehmers durch dringende betriebliche Erfordernisse i.S.d. § 1 Abs. 2 KSchG bedingt ist. Zum Zeitpunkt des Abschlusses des Interessenausgleichs muss sich die Betriebsänderung aber noch in einer Planungsphase befinden, damit der Betriebsrat weiterhin Einfluss auf die unternehmerische Entscheidung nehmen kann, wie dies in § 111 BetrVG bezweckt ist (BAG v. 17.8.2023, 6 AZR 56/23).

2. Lohnsteuer

2595 Die Verpflichtung zur Einbehaltung von Lohnsteuer geht nach § 34 AO auf den Insolvenzverwalter über. Das Finanzamt muss rückständige Forderungen beim Insolvenzverwalter anmelden. Weitere Einzelheiten s. OFD Hannover v. 27.1.2003, S 0550 – 2744 – StH 462, und zum Verbraucherinsolvenzverfahren → *Insolvenz des Arbeitnehmers (Verbraucherinsolvenz)* Rz. 2597.

Wenn der Insolvenzverwalter das Unternehmen freigegeben hat und der bisherige Unternehmer den Betrieb fortführt, d.h. auch Arbeitsverträge abschließt und Löhne zahlt, ist Letzterer zur Abgabe von Lohnsteuer-Anmeldungen verpflichtet (FG Niedersachsen v. 8.3.2007, 11 K 565/06, EFG 2007, 1272).

Zur **Haftung des Geschäftsführers** in Insolvenzfällen s. zuletzt BFH v. 11.8.2005, VII B 244/04, BStBl II 2006, 201; BFH v. 27.2.2007, VII R 67/05, BStBl II 2009, 348; BFH v. 23.4.2007, VII B 92/06, BStBl II 2009, 622 m.w.N.

Wird über das **Vermögen eines Arbeitgebers das Insolvenzverfahren eröffnet**, bleiben die Dienstverhältnisse, die der Arbeitgeber abgeschlossen hat, mit Wirkung für die Insolvenzmasse bestehen. Der Insolvenzverwalter muss also die Arbeitnehmer zunächst weiter beschäftigen und ihre Löhne und Gehälter aus der Masse zahlen. Hat der Arbeitgeber den Anspruch des Arbeitnehmers auf Arbeitsentgelt nicht vollständig erfüllt und ist daher im Zeitpunkt der Insolvenzeröffnung Arbeitslohn rückständig geblieben, erhält der **Arbeitnehmer von der BA für diesen Zeitraum Arbeitslosengeld**. Der Anspruch des Arbeitnehmers gegen den Arbeitgeber geht bis zur Höhe der erbrachten Sozialleistungen (netto) gem. § 115 Abs. 1 SGB X auf die BA über. Im eröffneten Insolvenzverfahren tritt an Stelle des Arbeitgebers der Insolvenzverwalter. Leistet der Insolvenzverwalter auf Grund des übergegangenen Anspruchs nach § 115 SGB X nunmehr (**Rück**-)**Zahlungen an die BA**, führen diese Zahlungen nicht zu steuerpflichtigem Arbeitslohn beim betroffenen Arbeitnehmer. Dem Arbeitnehmer fließen insoweit nur Leistungen zu, welche von der Steuerbefreiungsregelung des § 3 Nr. 2 EStG erfasst werden (vgl. auch R 3.2 Abs. 1 LStR). Die Regelungen zum Progressionsvorbehalt sind zu beachten.

Steuerpflichtiger Arbeitslohn liegt somit nur in Höhe der Differenz zwischen dem (erfüllten) Arbeitslohnanspruch und den an die BA geleisteten Rückzahlungen des vom Arbeitnehmer bezogenen Arbeitslosengelds vor (FinMin Berlin v. 30.9.2011, III B – S 2342 – 11/2007, Lohnsteuer-Handausgabe 2023, 472).

LSt SV

Beispiel 1:

Das Insolvenzverfahren des Arbeitgebers wurde im Kalenderjahr 2022 eröffnet. Der Arbeitnehmer erhält in 2022 von der BA Arbeitslosengeld i.H.v. 5 000 €. Im Jahr 2023 kann aus der Masse für den Arbeitslohnanspruch des Arbeitnehmers ein Betrag i.H.v. 8 000 € geleistet werden. Davon werden 5 000 € an die BA und 3 000 € an den Arbeitnehmer (Differenz) ausgezahlt.

Arbeitslosengeld in 2022	5 000 €	– steuerfrei (§ 3 Nr. 2a EStG)
		– Progressionsvorbehalt (§ 32b Abs. 1 Satz 1 Nr. 1a EStG)
Zahlung für Arbeitslohnanspruch in 2023 aus Masse	8 000 €	
– davon an die BA (§ 115 SGB X)	5 000 €	– steuerfrei (§ 3 Nr. 2 EStG, R 3.2 Abs. 1 Satz 2 LStR)
		– kein Progressionsvorbehalt (auch kein negativer Progressionsvorbehalt)
– davon an den Arbeitnehmer (Differenz)	3 000 €	steuerpflichtiger Arbeitslohn, ggf. Tarifermäßigung nach § 34 EStG (sog. Fünftelregelung)

LSt SV

Die vorstehenden Ausführungen gelten nach dem o.g. Erlass analog auch für die nachstehend aufgeführten **Sozialleistungen**, sofern es ebenfalls zu einem gesetzlichen Forderungsübergang nach § 115 SGB X kommt:

- von der Berufsgenossenschaft gezahlte **Verletztengeldansprüche** (steuerfrei nach § 3 Nr. 1a EStG; Progressionsvorbehalt nach § 32b Abs. 1 Satz 1 Nr. 1b EStG),
- von der gesetzlichen Krankenversicherung als Krankengeld geleistete **Entgeltfortzahlung** im Krankheitsfall innerhalb der Sechs-Wochen-Frist (steuerfrei nach § 3 Nr. 1c EStG; Progressionsvorbehalt nach § 32b Abs. 1 Satz 1 Nr. 1b EStG),
- von der Deutschen Rentenversicherung gezahltes **Übergangsgeld** (steuerfrei nach § 3 Nr. 1c EStG, Progressionsvorbehalt nach § 32b Abs. 1 Satz 1 Nr. 1b EStG),
- von der BA (Jobcenter) gezahlte Leistungen zur Sicherung des Lebensunterhalts nach dem SGB II (steuerfrei nach § 3 Nr. 2b EStG; kein Progressionsvorbehalt).

Abzugrenzen sind jedoch die Fälle, die in R 3.2 Abs. 1 Satz 3 LStR (vgl. auch BFH v. 15.11.2007, VI R 66/03, BStBl II 2008, 375) geregelt werden. Diese beziehen sich nicht auf Arbeitgeber in der Insolvenz, sondern vielmehr auf **Fälle, in denen der Arbeitnehmer aus anderen Gründen entlassen wurde und zunächst Arbeitslosengeld erhalten hat, welches er später (beispielsweise auf Grund einer gerichtlich erstrittenen längeren Beschäftigungsdauer und der damit einhergehenden Arbeitslohnnachzahlung) wieder zurückzahlen muss**. In diesen Fällen führt die Rückzahlung des bereits erhaltenen und dem Progressionsvorbehalt unterlegenen Arbeitslosengeldes zur Anwendung eines negativen Progressionsvorbehaltes.

Beispiel 2:

Der Arbeitnehmer wird ohne Vorliegen eines Insolvenzverfahrens des Arbeitgebers im Kalenderjahr 2022 entlassen. Der Arbeitnehmer erhält in 2022 von der BA Arbeitslosengeld i.H.v. 5 000 €. Er erstreitet sich gerichtlich eine längere Beschäftigungsdauer, so dass er im Kalenderjahr 2023 eine Arbeitslohnnachzahlung i.H.v. 15 000 € erhält. Daraufhin muss der Arbeitnehmer die erhaltenen 5 000 € in 2023 nach § 157 Abs. 3 SGB III an die BA zurückzahlen.

Arbeitslosengeld in 2022	5 000 €	– steuerfrei (§ 3 Nr. 2a EStG)
		– Progressionsvorbehalt (§ 32b Abs. 1 Satz 1 Nr. 1a EStG
Arbeitslohnnachzahlung in 2023	15 000 €	– steuerpflichtiger Arbeitslohn
		– ggf. Tarifermäßigung nach § 34 EStG (sog. Fünftelregelung)
Rückzahlung des Arbeitnehmers an die BA (§ 157 Abs. 3 SGB III)	5 000 €	negativer Progressionsvorbehalt (R 3.2 Abs. 1 Satz 3 LStR)

LSt SV

3. Sozialversicherung

Wegen Besonderheiten im Meldeverfahren → *Meldungen für Arbeitnehmer in der Sozialversicherung* Rz. 3099. 2596

Insolvenz des Arbeitnehmers (Verbraucherinsolvenz)

1. Arbeitsrecht

In der betrieblichen Praxis ist vom Arbeitgeber die Verbraucherinsolvenz eines Arbeitnehmers zu beachten. Die Möglichkeit einer solchen Verbraucherinsolvenz besteht für Arbeitnehmer oder andere natürliche Personen mit nur geringfügiger selbständiger Tätigkeit (§ 304 InsO). 2597

Die Verbraucherinsolvenz bei Zahlungsunfähigkeit des Arbeitnehmers wird nach Antrag vom Insolvenzgericht nach gescheiterter vorheriger Schuldenbereinigung mit dem vereinfachten Insolvenzverfahren nach §§ 311 ff. InsO eröffnet. Insoweit kann das Verfahren auf Antrag des Arbeitnehmers in eine **Restschuldbefreiung** nach §§ 286 ff. InsO nach einer **sechsjährigen (bei Antragstellung nach dem 30.9.2020 dreijährigen) Treuhand- bzw. Wohlverhaltensphase** führen (§ 287 Abs. 2 Satz 2 InsO). Während der Wohlverhaltensphase hat der Arbeitgeber nach einer **Abtre-**

tungserklärung, die der Arbeitnehmer seinem Antrag auf Restschuldbefreiung beifügt, den **pfändbaren Anteil des Arbeitnehmereinkommens** an den vom Insolvenzgericht bestimmten Treuhänder abzuführen (→ *Lohnpfändung* Rz. 2890). Bei irrtümlicher Auszahlung an den Arbeitnehmer wird der Arbeitgeber aber nach § 82 Satz 1 InsO dennoch von seiner Schuld befreit, wenn er die Eröffnung des Insolvenzverfahrens zur Zeit der Leistung an den Arbeitnehmer nicht kannte (BAG v. 29.1.2014, 6 AZR 642/12). Der Treuhänder kehrt dann die abgeführten Beträge nach einem bestimmten Schlüssel an die Gläubiger des Arbeitnehmers aus mit der Folge, dass nach bestandener Wohlverhaltensphase der Arbeitnehmer von seinen restlichen Schulden gegenüber sämtlichen Gläubigern befreit wird.

Der Arbeitnehmer, über dessen Vermögen ein (Verbraucher-)Insolvenzverfahren eröffnet ist, behält die Verfügungsbefugnis über den Bestand seines Arbeitsverhältnisses. Er ist deshalb berechtigt, auch ohne Zustimmung des Insolvenzverwalters oder Treuhänders einen **Vergleich im Kündigungsschutzprozess** zu schließen. Dies gilt auch, wenn in diesem Vergleich die Beendigung des Arbeitsverhältnisses gegen Zahlung einer **Abfindung** vereinbart wird. Dieser Abfindungsanspruch unterfällt mit seinem Entstehen als Neuerwerb dem **Insolvenzbeschlag** nach § 35 Abs. 1 InsO. Die Verwaltungs- und Verfügungsbefugnis über diesen Anspruch steht dem Insolvenzverwalter zu. Etwas anderes gilt nur, soweit auf Antrag des Schuldners die Pfändbarkeit der Abfindung nach § 850i ZPO gerichtlich beschränkt wird (BAG v. 12.8.2014, 10 AZB 8/14).

Durch die Eröffnung des Verbraucherinsolvenzverfahrens werden beim Arbeitsgericht anhängige vermögensrechtliche **Prozesse**, soweit sie die Insolvenzmasse betreffen, unterbrochen gem. § 240 ZPO. Die Einzelvollstreckung ist dann nicht mehr statthaft (BAG v. 20.7.2023, 6 AZR 112/23) Nicht **unterbrochen** werden z.B. nichtvermögensrechtliche Streitigkeiten und Kündigungsschutzprozesse (BAG v. 5.11.2009, 2 AZR 609/08). Auch vermögensrechtliche Prozesse werden nicht unterbrochen, wenn die Insolvenzmasse nicht betroffen ist; ggf. ist bei mehreren Streitgegenständen eine Teilunterbrechung statthaft (BAG v. 18.10.2006, 2 AZR 563/05).

2. Lohnsteuer

2598 Zahlt der Arbeitgeber während der Verbraucherinsolvenz den Arbeitslohn weiter, ergeben sich lohnsteuerlich keine Besonderheiten. Der Arbeitgeber hat den Arbeitslohn **nach den allgemeinen Vorschriften** zu versteuern.

Das Recht zur Wahl der Steuerklasse geht auch im Insolvenzverfahren nicht auf den Insolvenzverwalter über, sondern verbleibt beim Insolvenzschuldner (BFH v. 27.7.2011, VI R 9/11, HFR 2012, 69).

Zur Behandlung von Ansprüchen aus dem Steuerschuldverhältnis im Insolvenzverfahren (auch der Verbraucherinsolvenz) s. BMF v. 27.1.2021, IV A 3 – S 0550/20/10008, BStBl I 2021, 152.

3. Sozialversicherung

2599 Die Abtretung des pfändbaren Anteils an dem vom Insolvenzgericht bestellten Treuhänder führt im Sozialversicherungsrecht nicht zu einer Verringerung der Beitragsbemessungsgrundlage. Die Sozialversicherungsbeiträge sind weiterhin vom sozialversicherungspflichtigen Bruttoeinkommen zu berechnen.

Insolvenzgeld

1. Allgemeines

2600 Arbeitnehmer und ihnen gleichgestellte Personen, die in Insolvenzfällen mit bestehenden Ansprüchen auf Arbeitsentgelt ausfallen, werden durch die Insolvenzgeld-Regelung geschützt. Die gesetzlichen Regelungen über das Insolvenzgeld beinhalten die Vorschriften der §§ 165 bis 172, 175 SGB III.

Der Anspruch auf Insolvenzgeld setzt ein **Insolvenzereignis** i.S.d. § 165 Abs. 1 SGB III voraus, das die Zahlungsunfähigkeit des Arbeitgebers dokumentiert. Ein solches liegt vor, wenn über das Vermögen des Arbeitgebers das Insolvenzverfahren eröffnet worden ist, der Antrag auf Eröffnung des Insolvenzverfahrens mangels Masse abgewiesen wurde oder die Betriebstätigkeit des Arbeitgebers im Inland vollständig beendet wurde, wenn ein Antrag auf Eröffnung des Insolvenzverfahrens nicht gestellt worden ist und ein Insolvenzverfahren auch nicht in Betracht kommt.

Der Insolvenzgeldanspruch umfasst das rückständige Arbeitsentgelt, soweit es den letzten dem Insolvenzereignis vorausgehenden drei Monaten des Arbeitsverhältnisses (sog. **Insolvenzgeld-Zeitraum**) zuzuordnen ist. Hat ein Arbeitnehmer in Unkenntnis eines Insolvenzereignisses weitergearbeitet oder die Arbeit aufgenommen, besteht der Anspruch für die dem Tag der Kenntnisnahme vorausgehenden drei Monate des Arbeitsverhältnisses. Zu den **Ansprüchen auf Arbeitsentgelt**, die den Anspruch auf Insolvenzgeld begründen, gehören alle Ansprüche auf Bezüge aus dem Arbeitsverhältnis, die der Arbeitnehmer als Gegenwert für die von ihm geleistete Arbeit oder als Ersatz der ihm bei Erbringung der Arbeitsleistung entstandenen (ggf. pauschal vergüteten) Auslagen zu beanspruchen hat (z.B. laufendes Entgelt, Entgeltfortzahlung im Krankheitsfall, Urlaubsentgelte, ggf. Jahressonderleistungen, Reisekosten usw.). Zu den Ansprüchen auf Ersatz von Auslagen zählen Aufwendungen des Arbeitnehmers, wenn sie in **direktem** Zusammenhang mit der Erfüllung von Verpflichtungen aus dem Arbeitsverhältnis stehen. Ein solcher Zusammenhang ist z.B. für Reparaturkosten eines Firmenwagens zu bejahen, wenn der Einsatz des Firmenwagens für die Tätigkeit zwingend notwendig war und die Verauslagung der Reparaturkosten erfolgte, um die Aufrechterhaltung der betrieblichen Tätigkeit zu sichern (vgl. BSG v. 8.9.2010, B 11 AL 34/09 R). Ein Anspruch besteht hingegen nicht für Ansprüche auf Arbeitsentgelt, die der Arbeitnehmer wegen der Beendigung des Arbeitsverhältnisses (z.B. Schadensersatzansprüche des Arbeitnehmers nach § 628 Abs. 2 BGB wegen vorzeitiger Beendigung des Arbeitsverhältnisses) oder für die Zeit **nach** der Beendigung des Arbeitsverhältnisses (z.B. Ansprüche auf Urlaubsabgeltung oder Schadensersatz wegen entgangenen Ersatzurlaubs, vgl. BSG v. 6.5.2009, B 11 AL 12/08 R) hat. Das Insolvenzgeld wird in Höhe des für den Insolvenzgeld-Zeitraum geschuldeten **Netto**arbeitsentgelts erbracht. Dieses entspricht dem um die gesetzlichen Abzüge (Sozialversicherungsbeiträge, Steuern, Solidaritätszuschlag, Winterbeschäftigungsumlage) verminderten Bruttoarbeitsentgelt.

Das Bruttoarbeitsentgelt, das die Berechnungsgrundlage für den Anspruch auf Insolvenzgeld bildet, **ist** auf die Höhe der **monatlichen Beitragsbemessungsgrenze** (**BBG**) nach § 341 Abs. 4 SGB III begrenzt (→ *Beiträge zur Sozialversicherung* Rz. 1261). Die monatliche Begrenzung gilt auch, wenn in einem Monat neben dem laufenden Arbeitsentgelt einmalig zu zahlendes Arbeitsentgelt zu berücksichtigen ist. § 23a Abs. 3 und 4 SGB IV findet daher hier keine Anwendung. Unter den Begriff „Brutto"-Arbeitsentgelt i.S.d. Insolvenzgelds (vgl. § 167 Abs. 1 SGB III) fallen sowohl steuer- und beitragspflichtige als auch steuer- und beitragsfreie Entgeltbestandteile. Eine Rangfolge ist gesetzlich nicht geregelt, so dass der Arbeitnehmer bestimmen kann, welche Leistungen vorrangig zu berücksichtigen sind (**Günstigkeitsprinzip**). Die in der gesetzlichen Höhe steuer- und beitragsfreien Beitragszuschüsse des Arbeitgebers zur freiwilligen oder privaten Kranken-, Renten- oder Pflegeversicherung des Arbeitnehmers (§ 257 SGB V, § 172a SGB VI, § 61 SGB XI) bleiben bei der Ermittlung des Bruttoarbeitsentgelts unberücksichtigt; sie werden zusätzlich zum Arbeitsentgelt gewährt und von der Leistungsbemessungsgrenze (in Höhe der monatlichen BBG) nicht berührt.

Beispiel:

Steuerklasse I/0/Kirche nein, Alter 30 Jahre:

Insolvenzeröffnung: 1.12.2025

Tatsächlicher mtl. Bruttolohnanspruch:	6 700,– €
davon steuer- und beitragsfreie Reisekosten:	400,– €
Ermittlung des Insolvenzgeldanspruchs für den Monat Dezember 2025 unter Beachtung der Versicherungspflichtgrenze in der gesetzlichen Kranken- und Pflegeversicherung (2025 6 150 €):	
Steuerpflichtiger Bruttolohn	6 300,– €
Steuer- und beitragsfreie Reisekosten	+ 400,– €
Zwischensumme	6 700,– €
Steuerabzug (aus 6 300 €)	– 1 209,58 €
Sozialversicherungsbeiträge (aus 6 300 €) (Renten-/Arbeitslosenversicherung)	– 667,80 €
Zuschuss zur privaten Kranken-/Pflegeversicherung	+ 570,55 €
Insolvenzgeldanspruch insgesamt	5 393,17 €

Damit dem Arbeitnehmer keine versicherungsrechtlichen Nachteile entstehen, zahlt die Agentur für Arbeit im Falle der Insolvenz des Arbeitgebers auch den **Gesamtsozialversicherungsbeitrag**, der auf Arbeitsentgelte für den Insolvenzgeld-Zeitraum entfällt.

Sofern ein Insolvenzereignis noch nicht vorliegt, kann die Agentur für Arbeit einen **Vorschuss** auf das Insolvenzgeld erbringen. Voraussetzung hierfür ist, dass die Eröffnung des Insolvenzverfahrens bereits beantragt wurde, das Arbeitsverhältnis beendet ist und die sonstigen gesetzlichen Voraussetzungen mit hinreichender Wahrscheinlichkeit erfüllt werden. Ist der Anspruch des Arbeitnehmers auf Arbeitsentgelt für den Insolvenzgeld-Zeitraum auf einen **Dritten** übertragen oder zu Gunsten eines Dritten gepfändet oder verpfändet worden, so steht diesem auch das Insolvenzgeld zu. Das Insolvenzgeld ist innerhalb einer **Ausschlussfrist** von zwei Monaten nach dem Insolvenzereignis bei der Agentur für Arbeit zu beantragen. Bei schuldloser Versäumung der Ausschlussfrist wird eine Nachfrist von zwei Monaten ab Wegfall des Hindernisses eingeräumt.

Die Ansprüche auf Arbeitsentgelt, die den Anspruch auf Insolvenzgeld begründen, gehen nach § 169 SGB III mit der Antragstellung auf die Agentur für Arbeit über (**Forderungsübergang**). Die Agentur für Arbeit macht diese Ansprüche im Insolvenzverfahren beim Insolvenzverwalter oder nach Abschluss des Verfahrens gegebenenfalls unmittelbar gegen den bisherigen Arbeitgeber geltend.

Arbeitnehmer, die nach Stellung des Insolvenzantrages eingestellt werden, haben grds. einen Anspruch auf Insolvenzgeld. Dies gilt jedoch nicht, wenn die Einstellung eine sittenwidrige Schädigung der Umlagezahler darstellt. Die Sittenwidrigkeit liegt objektiv nicht vor, wenn die Arbeitsleistung erbracht und entgegengenommen wird. Insbesondere ist die Einstellung eines Arbeitnehmers nach Stellung des Insolvenzantrages nicht sittenwidrig, wenn diese vorgenommen wurde, um den Geschäftsbetrieb aufrecht zu erhalten, Aufträge abzuarbeiten oder allgemein die Sanierung zu unterstützen.

Hat der Arbeitnehmer seinem Arbeitgeber den fälligen Lohn über einen **längeren Zeitraum** hinweg gestundet und zahlt der Arbeitgeber im Vorfeld der Insolvenzeröffnung diesen Lohn aus, obwohl er z.B. bereits überschuldet ist und daher ein sog. Insolvenzgrund vorliegt, wird die Lohnnachzahlung oftmals durch den Insolvenzverwalter mit dem Ziel angefochten, dass der Arbeitnehmer die Lohnnachzahlung an die Insolvenzmasse wieder zurückzahlt. In diesem Zusammenhang ist zu beachten, dass **regelmäßige** Lohn- und Gehaltszahlungen als Bargeschäft i.S.v. § 142 InsO grds. nicht wirksam angefochten werden können.

Entsprechendes gilt für Zahlungen, die – bei taggenauer Betrachtung – innerhalb von drei Monaten nach Erbringung der Arbeitsleistung erfolgen (BAG v. 6.10.2011, 6 AZR 262/10). Diese Rechtsprechung des BAG ist von grds. Bedeutung, da der Gemeinsame Senat der obersten Gerichtshöfe des Bundes (GmS-OGB) festgelegt hat, dass für Klagen des Insolvenzverwalters gegen einen Arbeitnehmer des Schuldners auf Rückgewähr einer vom Schuldner geleisteten Vergütung der Rechtsweg zur Arbeitsgerichtsbarkeit gegeben ist (Beschluss v. 27.9.2010, GmS-OGB 1/09).

Hat der Arbeitnehmer seinem Arbeitgeber hingegen den fälligen Lohn über einen längeren Zeitraum hin gestundet und ihm damit einen Kredit gegeben, so ist eine Anfechtung der Lohnnachzahlung möglich, wenn der Insolvenzverwalter nachweist, dass der Arbeitnehmer die Zahlungsunfähigkeit beim Erhalt der Nachzahlung kannte oder ihm Umstände bekannt waren, die zwingend auf die Zahlungsunfähigkeit schließen ließen (zu den Anforderungen an die Kenntnis von der Zahlungsunfähigkeit vgl. BGH v. 19.2.2009, IX ZR 62/08). Liegen ausnahmsweise die Voraussetzungen für eine Anfechtung vor und zahlt der Arbeitnehmer den entsprechenden Betrag zurück, weil eine Lohnnachzahlung wirksam angefochten wurde, so leben die entsprechenden Lohnansprüche und damit auch der Anspruch auf Insolvenzgeld wieder auf.

Sofern die Ausschlussfrist (§ 324 Abs. 3 SGB III) für die Beantragung des Insolvenzgeldes bereits verstrichen ist, wird i.d.R. eine Nachfrist von zwei Monaten einzuräumen sein, da der Arbeitnehmer nicht schuldhaft handelt, wenn er mit der Geltendmachung seiner Ansprüche zuwartet, bis ein Anfechtungsrechtsstreit über nachgezahltes Arbeitsentgelt nach § 130 InsO rechtskräftig entschieden worden ist.

In der Praxis vereinbaren die Tarifvertragsparteien oftmals i.R. sog. Sanierungsverhandlungen, dass der Arbeitnehmer zur Rettung des Unternehmens für einen bestimmten Zeitraum auf einen Teil seiner Lohnforderung verzichten soll. Eine (tarifliche) Lohnverzichtsvereinbarung (z.B. Restrukturierungstarifvertrag) kann bei drohender Insolvenz des Arbeitgebers mit der Wirkung gekündigt werden, dass die bis dahin durch den Verzicht aufgelaufenen Lohnbestandteile für die Berechnung des Insolvenzgelds wieder aufleben. Die Gewährung von Insolvenzgeld hängt allerdings davon ab, ob diese Lohnbestandteile im Insolvenzgeld-Zeitraum erarbeitet wurden und deshalb Arbeitsentgelt „für" die der Insolvenz vorausgehenden drei Monate des Arbeitsverhältnisses darstellen (vgl. BSG v. 4.3.2009, B 11 AL 8/08 R).

2. Lohnsteuer

a) Allgemeines

Für im Zeitpunkt der Insolvenzeröffnung beim Arbeitgeber **maximal drei rückständige Monatslöhne** erhalten die Arbeitnehmer von der BA Insolvenzgeld (§ 165 Abs. 1 Nr. 1 SGB III). Das Insolvenzgeld wird in Höhe des Nettoarbeitsentgelts gemindert um die gesetzlichen Abzüge (§ 167 Abs. 1 SGB III) bezahlt und ist – ebenso wie die von der Agentur für Arbeit gezahlten Beiträge zur Sozialversicherung des Arbeitnehmers – **einkommensteuerfrei** (§ 3 Nr. 2 EStG, R 3.2 Abs. 2 LStR), unterliegt jedoch gem. § 32b Abs. 1 Satz 1 Nr. 1a EStG i.R. der Einkommensteuerveranlagung dem **Progressionsvorbehalt** (→ *Progressionsvorbehalt* Rz. 3501). 2601

Der Anspruch des Arbeitnehmers gegen seinen Arbeitgeber auf Zahlung des Arbeitslohns geht auf die **BA über** (§ 169 Satz 1 SGB III). Etwaige spätere Lohnzahlungen des Insolvenzverwalters oder des ehemaligen Arbeitgebers an die BA sind ebenfalls nach § 3 Nr. 2 Buchst. b EStG **steuerfrei**. Dies gilt auch für evtl. vom Insolvenzverwalter **nachträglich entrichtete Sozialversicherungsbeiträge** nach § 175 Abs. 2 SGB III (R 3.2 Abs. 2 LStR). Weitere Einzelheiten → *Insolvenz des Arbeitgebers* Rz. 2595.

Soweit der Arbeitnehmer geldwerte Vorteile, Sachbezüge oder Teilarbeitslohn für den Zeitraum der Insolvenzgeldzahlungen von seinem Arbeitgeber tatsächlich erhalten hat, greift die Steuerbefreiung des § 3 Nr. 2 EStG nicht. Insoweit handelt es sich nicht um rückständigen Arbeitslohn, mithin auch nicht um Insolvenzgeldzahlungen durch die Arbeitsverwaltung. Für die Ermittlung des rückständigen Nettoarbeitsentgelts sind die vom Arbeitgeber geleisteten Sachbezüge bzw. Abschlagszahlungen in den Bruttolohn einzubeziehen. Dies hat zur Folge, dass sich insoweit eine höhere fiktive Steuerbelastung ergibt, die schließlich auch den Anspruch des Arbeitnehmers auf Insolvenzgeld mindert. Mit dieser Berechnungsmethode der Arbeitsverwaltung für Zwecke des Insolvenzgeldes wird die tatsächliche Versteuerung eines durch den Arbeitgeber gewährten Sachbezugs (z.B. Firmenwagen) nicht abgegolten. **Der geldwerte Vorteil ist noch der Lohnversteuerung zu unterwerfen.**

Nach Auffassung der obersten Finanzbehörden ist auch das i.R. des Progressionsvorbehalts zu berücksichtigende **Insolvenzgeld nicht um die Bestandteile zu kürzen, die außerhalb der Insolvenz steuerfrei wären.** Da es sich bei dem Insolvenzgeld um eine einheitliche Sozialleistung handelt, unterliegt es als Ganzes dem Progressionsvorbehalt nach § 32b Abs. 1 Satz 1 Nr. 1a EStG. Aus welchen Bestandteilen des Arbeitsentgelts das Insolvenzgeld berechnet wird, ist für die einkommensteuerrechtliche Behandlung ohne Bedeutung. Diese Rechtsauffassung wird auch vom **FG Niedersachsen** geteilt. Es hat mit Urteil v. 17.5.2005, 16 K 20150/03, EFG 2005, 1670 entschieden, dass das in die Berechnung des Progressionsvorbehalts einzubeziehende Insolvenzgeld nicht um die Beträge zu kürzen ist, die außerhalb der Insolvenz als Zuschläge für Sonntags-, Feiertags- oder Nachtarbeit hypothetisch nach § 3b EStG steuerfrei wären.

Der **Werbungskostenabzug** ist während des Zeitraums, in dem der Arbeitnehmer statt steuerpflichtigem Arbeitslohn steuerfreies Insolvenzgeld erhält, nicht ausgeschlossen, da zwischen den Aufwendungen und dem Insolvenzgeld kein unmittelbarer wirtschaftlicher Zusammenhang i.S.d. § 3c EStG besteht (BFH v. 23.11.2000, VI R 93/98, BStBl II 2001, 199 betr. Fahrten zur Arbeitsstätte).

Der BFH hat mit Urteil v. 5.4.2022, IX R 27/18, entschieden, dass Steuerbescheide, mit denen eine positive Steuer festgesetzt wird, auch ausnahmsweise nach Eröffnung des Insolvenzverfahrens wirksam ergehen können, wenn sich unter Berücksichtigung von Anrechnungsbeträgen insgesamt ein Erstattungsbetrag ergibt.

Zur Insolvenz des Arbeitnehmers (sog. **Verbraucherinsolvenz**) → *Insolvenz des Arbeitnehmers (Verbraucherinsolvenz)* Rz. 2513.

LSt SV

b) Vorfinanzierung

2602 Nach § 170 Abs. 4 SGB III kann ein Arbeitnehmer vor seinem Antrag auf Insolvenz und vor Eröffnung des Insolvenzverfahrens bzw. Abweisung des Antrags mangels Masse seinen **Anspruch auf Arbeitsentgelt mit Zustimmung der BA an ein Kreditinstitut abtreten** (Vorfinanzierung). Der BFH hat entschieden (Urteil v. 1.3.2012, VI R 4/11, BStBl II 2012, 596), dass soweit Insolvenzgeld vorfinanziert wird, das nach § 188 Abs. 1 SGB III (Anmerkung: Vorschrift mittlerweile entfallen, der hier dargestellte Sachverhalt kann m.E. aber auch ohne diese Vorschrift in der Praxis auftreten) einem Dritten zusteht, die Gegenleistung für die Übertragung des Arbeitsentgeltanspruchs als **Insolvenzgeld i.S.d. § 32b Abs. 1 Satz 1 Nr. 1a EStG anzusehen** ist. Der Arbeitnehmer hat daher bereits im Zeitpunkt der Erlangung der Verfügungsmacht über die Auszahlungsbeträge Insolvenzgeld bezogen. **Bei der Feststellung des Zuflusszeitraums kommt es nicht auf den Zeitpunkt der Bewilligung durch die Arbeitsagentur an, sondern auf den tatsächlichen Zufluss beim Arbeitnehmer** (OFD Magdeburg v. 18.4.2013, S 2295 – 50 – St 223).

Aus diesem Grund ist für diese Leistung eine **Bescheinigung** durch den Träger der Sozialleistung – in diesem Fall die **BA** – zu erstellen (§ 32b Abs. 3 EStG), die durch den Arbeitnehmer bei einer Veranlagung zur Einkommensteuer vorzulegen ist. Seit 2005 übermittelt die **BA** die entsprechenden Daten der Finanzverwaltung durch **Datenfernübertragung** jeweils bis zum letzten Tag des Monats Februar des Folgejahres (§ 32b Abs. 3 EStG i.V.m. § 93c Abs. 1 Satz 1 Nr. 1 AO).

Beispiel:

Herr A war als Arbeitnehmer beschäftigt. Seine Arbeitgeberin befand sich im Jahr 2025 in wirtschaftlichen Schwierigkeiten. Deshalb übernahm ein Kreditinstitut in einem mit der Arbeitgeberin geschlossenen Vertrag die Vorfinanzierung der Arbeitslöhne. Wie vereinbart erwarb das Kreditinstitut dazu durch gesonderte Forderungskaufverträge u.a. die Arbeitslohnforderungen des Herrn A gegen Auszahlung eines Betrages in Höhe des jeweiligen Nettolohns für die Monate Oktober und November des Jahres 2025. Diese Beträge wurden im Jahr 2025 vom Kreditinstitut an Herrn A überwiesen. Die Arbeitgeberin verpflichtete sich gegenüber dem Kreditinstitut, die Eröffnung des Insolvenzverfahrens bis zum 1.1.2026 sicherzustellen.

Nachdem das Insolvenzverfahren eröffnet wurde, bewilligte die Agentur für Arbeit Herrn A im Februar 2026 Insolvenzgeld für die Monate Oktober bis Dezember 2025 i.H.v. insgesamt 4 337,01 €. Wegen des entgeltlichen Erwerbs der Arbeitslohnforderungen des Herrn A überwies die Agentur für Arbeit im Februar 2026 für die Monate Oktober und November 2025 2 912,10 € an das Kreditinstitut. Der Teilbetrag für den Monat Dezember 2025 i.H.v. 1 424,91 € wurde Herrn A im Februar 2026 überwiesen. Entsprechende Daten wurden von der BA an das Finanzamt übermittelt (§ 32b Abs. 3 EStG).

Auf Grund der Vorfinanzierung durch das Kreditinstitut hat Herr A bereits in 2025 Insolvenzgeld i.H.v. 2 912,10 € erhalten, das zwar steuerfrei, aber dem Progressionsvorbehalt zu unterwerfen ist. Der auf den Monat Dezember 2025 entfallende Teil des Insolvenzgeldes ist Herrn A erst im Februar 2026 durch die Agentur für Arbeit überwiesen worden. Folglich ist dieser Betrag in 2026 nach § 32b Abs. 1 Satz 1 Nr. 1 Buchst. a EStG dem Progressionsvorbehalt zu unterwerfen (BFH v. 1.3.2012, VI R 4/11, BStBl II 2012, 596).

3. Sozialversicherung

a) Allgemeines

2603 Die Finanzierung für das Insolvenzgeld erfolgt durch eine Umlage der Betriebe. Den Einzugsstellen obliegt es, die Umlagebeträge einzuziehen.

b) Bemessungsgrundlagen

2604 Für die Umlage ist nach § 358 Abs. 2 SGB III **Bemessungsgrundlage das Arbeitsentgelt**, nach dem die Beiträge zur **gesetzlichen Rentenversicherung** der im Betrieb **beschäftigten Arbeitnehmer** und Auszubildenden bemessen werden oder bei Versicherungspflicht in der gesetzlichen Rentenversicherung zu bemessen wären.

Die **Koppelung an die Bemessungsgrundlage für die Rentenversicherungsbeiträge** bedeutet, dass für die Berechnung der Umlage nur solche Bezüge herangezogen werden können, die laufendes oder einmalig gezahltes Arbeitsentgelt i.S. der Sozialversicherung darstellen. Vergütungen, die nicht zum **Arbeitsentgelt i.S. der Sozialversicherung** gehören, bleiben mithin bei der Bemessung der Umlage außer Ansatz.

Folgende Besonderheiten sind zu berücksichtigen:

- Bei **rentenversicherungsfreien oder von der Rentenversicherungspflicht befreiten Arbeitnehmern** (z.B. auf Grund der Mitgliedschaft in einem berufsständischen Versorgungswerk oder nicht deutsche Besatzungsmitglieder deutscher Seeschiffe) ist das Arbeitsentgelt maßgebend, nach dem die Rentenversicherungsbeiträge im Falle des Bestehens von Rentenversicherungspflicht zu berechnen wären.
- Das Arbeitsentgelt der rentenversicherungspflichtigen **mitarbeitenden Familienangehörigen von landwirtschaftlichen Unternehmen** und die **Vergütung von Heimarbeitern** werden für die Berechnung der Umlage herangezogen, jedoch nicht das Vorruhestandsgeld und die Vergütung der Hausgewerbetreibenden.
- Im Übrigen unterliegt auch das nach dem **Entgeltfortzahlungsgesetz** sowie das auf Grund arbeitsvertraglicher oder tarifvertraglicher Regelungen an arbeitsunfähige Arbeitnehmer fortgezahlte Arbeitsentgelt der Umlagepflicht.
- Von der Umlagepflicht wird auch das Arbeitsentgelt von beschäftigten
  - Erwerbsunfähigkeitsrentnern,
  - Erwerbsminderungsrentnern,
  - Altersrentnern und
  - Personen während der Elternzeit

  erfasst.
- Die **Bezüge für Beamte, Richter, Soldaten auf Zeit und Berufssoldaten** werden bei der Berechnung der Umlage **nicht** berücksichtigt, sofern die Entgelte aus der zur Rentenversicherungsfreiheit führenden Beschäftigung erzielt werden. Dagegen ist beispielsweise das Arbeitsentgelt, das ein Beamter in einer Nebentätigkeit in der Privatwirtschaft erhält, umlagepflichtig.
- Bei **Mehrfachbeschäftigten** ist § 22 Abs. 2 SGB IV bezüglich der anteiligen Berücksichtigung mehrerer beitragspflichtiger Einnahmen entsprechend anzuwenden unabhängig davon, ob für alle Arbeitgeber Umlagepflicht besteht.
- Für rentenversicherungsfreie **geringfügig entlohnte Beschäftigungen** und **kurzfristige Beschäftigungen** ist für die Berechnung der Insolvenzgeldumlage das Arbeitsentgelt maßgebend, nach dem die Rentenversicherungsbeiträge im Falle des Bestehens von Rentenversicherungspflicht zu bemessen wären. Maßgebend ist somit das tatsächliche Arbeitsentgelt, also bei schwankendem Arbeitsentgelt i.R. einer geringfügig entlohnten Beschäftigung auch der die Geringfügigkeitsgrenze (seit 1.1.2026 603 € → *Mini-Jobs* Rz. 3166) überschreitende Betrag. Dies gilt auch für geringfügig entlohnte Beschäftigte, die zwecks Erwerbs vollwertiger Leistungsansprüche in der Rentenversicherung auf die Rentenversicherungsfreiheit verzichtet haben und den vom Arbeitgeber zu zahlenden Pauschalbeitrag durch einen Eigenanteil bis zum regulären Rentenversicherungsbeitrag aufstocken. Die Mindestbeitragsbemessungsgrundlage findet in diesen Fällen keine Anwendung.

  Für Beschäftigte von **Wohnungseigentümergemeinschaften** ist nach einer Entscheidung des BSG (Urteil v. 23.10.2014, B 11 AL 6/14 R) keine Insolvenzgeldumlage zu entrichten.
- Für Arbeitnehmer, die eine versicherungspflichtige Beschäftigung mit einem Arbeitsentgelt innerhalb des Übergangsbereichs (→ *Übergangsbereich in der Sozialversicherung* Rz. 4137) ausüben, gelten besondere Regelungen für die Ermittlung der Beitragsbemessungsgrundlage. In der Rentenversicherung ist bei Beschäftigungen im Übergangsbereich der errechnete Betrag Beitragsbemessungsgrundlage. Dieser Be-

trag ist zugleich als umlagepflichtiges Arbeitsentgelt zu berücksichtigen.

- Eine von der Bemessungsgrundlage für die Rentenversicherungsbeiträge **abweichende Regelung gilt für Bezieher von Kurzarbeitergeld, Saisonkurzarbeitergeld und Transferkurzarbeitergeld**. Während die Rentenversicherungsbeiträge für diese Personen aus dem tatsächlich erzielten Arbeitsentgelt zuzüglich 80 % des Unterschiedsbetrags zwischen dem Sollentgelt und dem Ist-Entgelt berechnet werden, ist der Berechnung der Umlage nur das tatsächlich erzielte Arbeitsentgelt bis zur BBG in der gesetzlichen Rentenversicherung zu Grunde zu legen. Das fiktive Arbeitsentgelt wird für die Umlageberechnung nicht herangezogen.
- Für die **Berechnung der Beiträge zur Rentenversicherung wird Mehrarbeitsvergütung oder einmalig gezahltes Arbeitsentgelt während des Bezugs von Kurzarbeitergeld** nur insoweit berücksichtigt, als die anteilige Jahresbeitragsbemessungsgrenze noch nicht durch laufendes und fiktives Arbeitsentgelt ausgeschöpft ist. Da das fiktive Arbeitsentgelt für die Berechnung der Umlage unberücksichtigt bleibt, wird die Mehrarbeitsvergütung oder das einmalig gezahlte Arbeitsentgelt ggf. in stärkerem Maße in die Berechnung der Umlage einbezogen.
- **Lohnsteuerfrei gezahlte Zuschläge für Sonntags-, Feiertags- oder Nachtarbeit** sind in der gesetzlichen Unfallversicherung nach § 1 Abs. 2 SvEV stets dem Arbeitsentgelt zuzurechnen. Da im Umlageverfahren als Bemessungsgrundlage das rentenversicherungspflichtige Arbeitsentgelt gilt, sind die Bestimmungen des § 1 Abs. 1 Satz 1 Nr. 1 SvEV zur **Ermittlung des beitragspflichtigen Anteils dieser Zuschläge zu beachten**. Danach sind steuerfreie Zuschläge für Sonntags-, Feiertags- oder Nachtarbeit dem Arbeitsentgelt nur hinzuzurechnen, soweit sie auf einem Grundlohn von mehr als 25 € je Stunde beruhen. Ergibt sich danach beitragspflichtiges Arbeitsentgelt zur Rentenversicherung, ist dieses auch bei der Umlageberechnung zu berücksichtigen. Dies gilt nicht für seemännische Beschäftigungsverhältnisse (§ 1 Abs. 2 SvEV). Hier sind in allen Zweigen der Sozialversicherung und somit auch für die Insolvenzgeldumlage die Zuschläge für Sonntags-, Feiertags- oder Nachtarbeit in voller Höhe umlagepflichtig.
- Das für die Berechnung des Insolvenzgelds zu berücksichtigende Arbeitsentgelt ist auf die **BBG der allgemeinen Rentenversicherung begrenzt**. Die Umlage wird deshalb von einem Arbeitsentgelt bis zu den in der allgemeinen Rentenversicherung geltenden BBG in der jeweils gültigen Höhe berechnet. Das gilt auch für Beschäftigte, für die Beiträge zur knappschaftlichen Rentenversicherung zu zahlen sind.
- **Einmalig gezahltes Arbeitsentgelt** wird, anders als bei der Berechnung der Umlagen nach dem AAG (U1 und U2), zur Bemessung der Insolvenzgeldumlage herangezogen.
- Bei **Einmalzahlungen im ersten Quartal eines Kalenderjahrs** ist ggf. die **März-Klausel** anzuwenden. Die Zuordnung des einmalig gezahlten Arbeitsentgelts zum letzten Entgeltabrechnungszeitraum des Vorjahrs richtet sich auch bei der Bemessung der Insolvenzgeldumlage nach den für die März-Klausel geltenden allgemeinen Grundsätzen. Unterliegt der Arbeitnehmer, nach dessen Arbeitsentgelt die Insolvenzgeldumlage bemessen werden soll, im ersten Quartal des Kalenderjahres der Krankenversicherungspflicht und überschreitet das laufende Arbeitsentgelt zusammen mit der Einmalzahlung die anteilige Jahresbeitragsbemessungsgrenze der Krankenversicherung, wird die Einmalzahlung in allen Versicherungszweigen und auch für die Bemessung der Insolvenzgeldumlage dem letzten Entgeltabrechnungszeitraum des Vorjahrs zugeordnet. Wird eine Einmalzahlung in einem Entgeltabrechnungszeitraum ausgezahlt, in dem keine Krankenversicherungspflicht besteht, und liegt dieser Entgeltabrechnungszeitraum im ersten Quartal eines Kalenderjahrs, ist für die Zuordnung zum Vorjahr entscheidend, ob die anteilige Jahresbeitragsbemessungsgrenze in der Rentenversicherung überschritten wird. Liegt auch keine Rentenversicherungspflicht (z.B. bei Zugehörigkeit des Arbeitnehmers zu einer berufsständischen Versorgungseinrichtung) vor, ist im Hinblick auf die Anbindung der Bemessung der Insolvenzgeldumlage an das rentenversicherungspflichtige Arbeitsentgelt bei Anwendung der März-Klausel zu prüfen, ob das sozialversicherungsrechtlich relevante Arbeitsentgelt aus der Beschäftigung die anteilige Jahresbeitragsbemessungsgrenze der allgemeinen Rentenversicherung (hilfsweise die anteilige Jahresbeitragsbemessungsgrenze der Arbeitslosenversicherung) überschreitet.
- Die Umlagebeträge sind im **Beitragsnachweisdatensatz** unter dem Beitragsgruppenschlüssel 0050 anzugeben.
- **Für den Einzug und die Weiterleitung der Umlage** gelten die Regelungen zum Gesamtsozialversicherungsbeitrag, soweit das SGB III nichts anderes bestimmt. Der Arbeitgeber hat zur Prüfung der Vollständigkeit der Umlageabrechnung das umlagepflichtige Arbeitsentgelt und die Umlage zu erfassen und zur Verfügung zu stellen.
- Zuständig für den **Einzug der Umlage** und deren Weiterleitung sind die **Einzugsstellen** für den Gesamtsozialversicherungsbeitrag. Eine Ausnahme hiervon gilt für alle geringfügig Beschäftigten. Für diesen Personenkreis ist die Deutsche Rentenversicherung Knappschaft-Bahn-See/Minijob-Zentrale als Träger der Rentenversicherung Einzugsstelle.
- Für ausländische Saisonkräfte entfällt die Pflicht zur Abführung der Insolvenzgeldumlage, wenn dem Arbeitgeber eine A1-Bescheinigung vorgelegt wird. In diesen Fällen unterliegen die Arbeitnehmer den versicherungsrechtlichen Vorschriften ihres Heimatlandes. Alle anderen ausländischen Saisonkräfte werden versicherungsrechtlich nach deutschem Recht beurteilt. Für diese Arbeitnehmer ist eine Insolvenzgeldumlage zu zahlen.
- Für entsandte Arbeitnehmer aus dem Ausland ist keine Insolvenzgeldumlage zu entrichten, da diese weiterhin den Regelungen ihres Heimatlandes unterliegen. Nach dem Besprechungsergebnis der Spitzenorganisationen der Sozialversicherung über Fragen des gemeinsamen Beitragseinzugs am 5.5.2022 sind Arbeitgeber ohne Sitz im Inland, die Arbeitnehmer in Deutschland beschäftigen, die den deutschen Rechtsvorschriften unterliegen, zur Zahlung der Insolvenzgeldumlage verpflichtet.
- Die Arbeitsentgelte der Mitarbeiter von Abgeordneten sind dann nicht bei der Bemessung der Insolvenzgeldumlage zu berücksichtigen, wenn die jeweilige Körperschaft die Gehaltszahlung gesetzlich absichert und das Arbeitsentgelt direkt an den Mitarbeiter auszahlt (Besprechungsergebnis der Spitzenverbände der Sozialversicherungsträger v. 13./14.4.2010).
- Die Arbeitsentgelte der behinderten Menschen in Werkstätten für behinderte Menschen, die nicht i.S.d. § 7 SGB IV beschäftigt sind, sind in die Bemessung der Insolvenzgeldumlage nicht einzubeziehen (Besprechungsergebnis der Spitzenverbände der Sozialversicherungsträger v. 13./14.4.2010).

Sofern in den beiden zuletzt genannten Fällen Insolvenzgeldumlagen gezahlt worden sind, können diese in entsprechender Anwendung der gemeinsamen Grundsätze für die Verrechnung und Erstattung zu Unrecht gezahlter Beiträge zur Kranken-, Pflege-, Renten- und Arbeitslosenversicherung auf Antrag bei der jeweiligen Einzugsstelle erstattet werden.

c) Insolvenzgeldumlage

Seit 2025 gilt der gesetzliche Umlagesatz i.H.v. 0,15 % (vgl. § 360 **2605**
SGB III).

d) Ansprüche der Einzugsstelle

Die Einzugsstellen (Krankenkassen) haben Anspruch auf Zahlung **2606**
geschuldeter Pflichtbeiträge zur Kranken-, Pflege-, Renten- und Arbeitsförderung für die letzten drei Monate des Arbeitsverhältnisses vor dem Insolvenzereignis (Insolvenzgeld-Zeitraum → Rz. 2600). Die Einzugsstelle hat der Agentur für Arbeit diese Beiträge nachzuweisen und dafür zu sorgen, dass das beitragspflichtige Bruttoarbeitsentgelt einschließlich des Arbeitsentgeltes, für das Beiträge i.R. des Insolvenzgeldes gezahlt werden, dem zuständigen Rentenversicherungsträger zur Speicherung im Versichertenkonto gemeldet wird.

So durch die Agentur für Arbeit gezahlte Pflichtbeiträge bleiben als Beitragsansprüche gegen den Arbeitgeber bestehen. Die Einzugsstelle hat weiterhin diese Beiträge einzuziehen. Soweit Zahlungen geleistet werden, hat die Einzugsstelle der Agentur für Arbeit die – nachträglich – gezahlten Beiträge zu erstatten.

Insolvenzsicherung

→ *Zukunftssicherung: Gesetzliche Altersversorgung* Rz. 4776

Instrumentengeld

→ *Musiker* Rz. 3197

Integrationshelfer

→ *Arbeitnehmer-ABC* Rz. 372

Internationaler Jugendfreiwilligendienst

→ *Freiwilligendienste* Rz. 2262

Internetkosten

→ *Computer* Rz. 1517, → *Telekommunikation* Rz. 4092

Invalidenversicherung

→ *Rentenversicherung* Rz. 3730

Jagdaufwandsentschädigung

→ *Forstbedienstete* Rz. 2206

Jahresarbeitsentgeltgrenze in der gesetzlichen Krankenversicherung

1. Jahresarbeitsentgeltgrenze

2607 Der GKV-Spitzenverband hat zu diesem Thema „Grundsätzliche Hinweise zur Versicherungsfreiheit von Arbeitnehmern bei Überschreiten der Jahresarbeitsentgeltgrenze" vom 20.3.2019 veröffentlicht, die nachstehend berücksichtigt sind.

Jahresarbeitsentgeltgrenze (JAE-Grenze) ist eine Sozialversicherungs-Rechengröße, die bestimmt, ab welchem regelmäßigen Jahresarbeitsentgelt (JAE) Arbeitnehmer nicht mehr der gesetzlichen Krankenversicherungspflicht unterliegen. Sie wird auch als Versicherungspflichtgrenze bezeichnet. Nach § 6 Abs. 1 Nr. 1 SGB V sind Arbeitnehmer, deren regelmäßiges JAE die JAE-Grenze übersteigt, in der Krankenversicherung versicherungsfrei. Die JAE-Grenze beträgt bundeseinheitlich 2026 für alle Arbeitnehmer 77 400 € und ist in § 6 Abs. 6 SGB V als allgemeine JAE-Grenze festgeschrieben.

In § 6 Abs. 7 SGB V wird eine besondere JAE-Grenze normiert (2026 beträgt diese 69 750 €). Die besondere JAE-Grenze gilt für Arbeitnehmer, die am 31.12.2002 wegen Überschreitens der an diesem Tag geltenden JAE-Grenze versicherungsfrei und bei einem privaten Krankenversicherungsunternehmen in einer substitutiven Krankenversicherung versichert waren.

Sowohl die allgemeine JAE-Grenze als auch die besondere JAE-Grenze werden jährlich der Lohn- und Gehaltsentwicklung angepasst. Die JAE-Grenze ändert sich zum 1. Januar eines jeden Jahres in dem Verhältnis, wie sich die Löhne und Gehälter der Arbeitnehmer im vergangenen Jahr zum vorvergangenen Jahr verändert haben.

Übersicht

Höhe der JAE-Grenzen nach § 6 Abs. 6 und 7 SGB V (seit 2020)

Jahr	„allgemeine" JAE-Grenze (§ 6 Abs. 6 SGB V)	„besondere" JAE-Grenze (§ 6 Abs. 7 SGB V)
2020	62 550 €	56 250 €
2021	64 350 €	58 050 €
2022	64 350 €	58 050 €
2023	66 600 €	59 850 €
2024	69 300 €	62 100 €
2025	73 800 €	66 150 €
2026	77 400 €	69 750 €

2. Ermittlung der Jahresarbeitsentgeltgrenze

Maßgebend für die Beurteilung der Versicherungsfreiheit von Ar- 2608
beitnehmern ist nach wie vor das regelmäßige JAE. Hierzu gehören neben dem laufend gezahlten Arbeitsentgelt aus der Beschäftigung des Arbeitnehmers, dessen Versicherungspflicht oder Versicherungsfreiheit festzustellen ist, auch einmalig gezahlte Bezüge, die mit an Sicherheit grenzender Wahrscheinlichkeit mindestens einmal jährlich gezahlt werden. Ferner sind Vergütungen für vertraglich vorgesehenen Bereitschaftsdienst in die Berechnung des regelmäßigen JAE mit einzubeziehen. Vergütungen für Überstunden gehören dagegen zu den unregelmäßigen Arbeitsentgeltbestandteilen und sind daher bei der Berechnung des regelmäßigen JAE außer Betracht zu lassen; etwas anderes gilt lediglich für feste Pauschbeträge, die als Abgeltung für Überstunden regelmäßig zum laufenden Arbeitsentgelt gezahlt werden.

Beispiel 1:

Ein Arbeitnehmer nimmt zum 6.1.2026 beim Arbeitgeber A erstmalig eine Beschäftigung auf. Bisher war er bei der Firma B beschäftigt und krankenversicherungspflichtig. Er erhält jetzt ein festes monatliches Gehalt von 6 100 €. Außerdem ist ein Weihnachtsgeld i.H.v. 70 % eines Monatsgehalts tariflich zugesichert.

Das JAE beträgt demnach (6 100 € × 12 Monate + 4 270 € – tariflich zugesichertes Weihnachtsgeld – =) 77 470 € und überschreitet somit die JAE-Grenze von 77 400 € für 2026. Es besteht somit Krankenversicherungsfreiheit.

Zuschläge, die mit Rücksicht auf den Familienstand gezahlt werden, bleiben bei der Berechnung des regelmäßigen JAE nach (§ 6 Abs. 1 Nr. 1 SGB V) außer Betracht.

Zum regelmäßigen JAE gehören neben dem regelmäßig gewährten laufenden Arbeitsentgelt auch Sonderzuwendungen, die mit an Sicherheit grenzender Wahrscheinlichkeit mindestens einmal jährlich gezahlt werden. Vergütungen für Bereitschaftsdienst, die vertraglich vorgesehen sind und nach den Erfordernissen des Betriebs regelmäßig geleistet werden, sind bei der Ermittlung des regelmäßigen JAE zu berücksichtigen; soweit die Vergütung für den Bereitschaftsdienst in den einzelnen Monaten schwankt, muss der anzurechnende Betrag geschätzt werden (vgl. BSG v. 9.12.1981, 12 RK 19/81). Dagegen gehören Vergütungen für Überstunden nicht zum regelmäßigen JAE und sind daher nicht zu berücksichtigen. Werden dagegen feste Pauschbeträge zur Abgeltung der Überstunden regelmäßig zum laufenden Arbeitsentgelt gezahlt, sind diese Vergütungen bei der Berechnung mit heranzuziehen.

Wie ist mit individuell-leistungsbezogenen variablen Arbeitsentgeltbestandteilen zu verfahren, die nicht einmal jährlich, sondern monatlich ausgezahlt werden, wie z.B. bei Verkaufsprovisionen? Die Fachkonferenz Beiträge des GKV-Spitzenverbandes hat in ihrer Sitzung am 21.3.2018 konkretisiert, dass dann von einem regelmäßigen Jahresarbeitsentgelt ausgegangen werden kann, wenn der variable Anteil das monatlich zufließende laufende Arbeitsentgelt charakterisiert und prägt.

Das regelmäßige JAE wird ermittelt, indem das Monatsentgelt mit zwölf multipliziert wird. Bei Stundenlöhnern wird der Stundenlohn in einen Monatsbetrag umgerechnet (Stundenlohn × monatliche Arbeitszeit) und dann mit 12 multipliziert. Die monatliche Arbeitszeit ermittelt man indem die individuelle wöchentliche Arbeitszeit ohne Überstunden mit 13 multipliziert wird (13 Wochen sind immer 3 Monate) und dann durch 3 dividiert wird. Hinzugerechnet werden jeweils die sonstigen anrechnungsfähigen Bezüge.

Beispiel 2:

Ein langjährig beschäftigter Arbeitnehmer aus Köln, der bislang stets der Krankenversicherungspflicht unterlag, erhält seit 1.1.2026 ein festes monatliches Gehalt von 5 250 € (zuvor 5 000 €). Außerdem ist ein Weihnachtsgeld i.H.v. 100 % eines Monatsgehalts und ein Urlaubsgeld i.H.v. 50 % des Monatsgehalts tariflich zugesichert.

Das JAE beträgt demnach (5 250 € × 12 Monate + 5 250 € [tariflich zugesichertes Weihnachtsgeld] + 2 625 € [tariflich zugesichertes Urlaubsgeld] =) 70 875 €. Damit überschreitet er **nicht** die JAE-Grenze von 77 400 € für 2026. Es besteht somit auch im Kalenderjahr 2026 Krankenversicherungspflicht.

Bei schwankenden Einnahmen (z.B. von Vertretern, die auf Provisionsbasis beschäftigt werden, Akkordarbeitern) muss das regelmäßige JAE durch Schätzung ermittelt werden. Eine Korrektur bei unzutreffenden Schätzungen ist dann nur für die Zukunft möglich. Bei Aufnahme einer Beschäftigung ist das regelmäßige JAE zu ermitteln. Bei der Berechnung des regelmäßigen JAE ist von den

Verhältnissen bei Beginn der Beschäftigung auszugehen. Erhöhungen des Arbeitsentgelts dürfen erst dann berücksichtigt werden, wenn der Anspruch auf die höhere Vergütung besteht. Dies gilt selbst dann, wenn die Erhöhung bereits zu Beginn der Beschäftigung feststeht.

3. Arbeitgeberwechsel

2609 Wechselt ein bisher krankenversicherungspflichtiger Arbeitnehmer das Beschäftigungsverhältnis und liegt das Arbeitsentgelt oberhalb der JAE-Grenze, tritt vom Beginn der Beschäftigung bei dem neuen Arbeitgeber Krankenversicherungsfreiheit ein.

Beispiel:

Ein Arbeitnehmer war vom 1.2.2004 bis 31.1.2024 bei einer Aachener Firma beschäftigt. Da sein regelmäßiges JAE die jeweils geltende Grenze überschritt, war er in dieser Beschäftigung krankenversicherungsfrei. Er ist freiwilliges Mitglied der gesetzlichen Krankenversicherung. Zum 1.4.2026 nimmt er eine Beschäftigung bei einer Düsseldorfer Firma auf. Sein monatliches Arbeitsentgelt beträgt hier 6 000 €; außerdem erhält er lt. Arbeitsvertrag ein Weihnachtsgeld in Höhe eines Monatsgehalts.

Obwohl der Arbeitnehmer erst im Laufe des Jahres 2026 seine Beschäftigung bei der Düsseldorfer Firma aufgenommen hat, wird bei der Ermittlung des regelmäßigen JAE sein monatliches Arbeitsentgelt mit zwölf multipliziert. Das regelmäßige JAE beträgt demnach (6 000 € × 12 Monate + 6 000 € [zugesichertes Weihnachtsgeld] =) 78 000 € und überschreitet somit die JAE-Grenze von 77 400 € für 2026. Es besteht somit **Krankenversicherungsfreiheit**.

4. Mehrere Beschäftigungen

2610 Übt ein Arbeitnehmer mehrere Beschäftigungen aus, dann ist für die Beurteilung der Krankenversicherungspflicht das Arbeitsentgelt aus allen Beschäftigungen zusammenzurechnen. Ein Überschreiten der JAE-Grenze kann auch durch Zusammenrechnung einer nicht geringfügigen versicherungspflichtigen (Haupt-)Beschäftigung mit einer bei einem anderen Arbeitgeber ausgeübten zweiten oder weiteren für sich gesehen geringfügig entlohnten und damit versicherungspflichtigen Beschäftigung eintreten. Arbeitnehmer, die neben einer nicht geringfügigen versicherungspflichtigen Beschäftigung und einer geringfügig entlohnten Beschäftigung eine weitere geringfügig entlohnte Beschäftigung aufnehmen und deren regelmäßiges JAE dadurch die JAE-Grenze überschreitet, werden auch in der weiteren geringfügig entlohnten Beschäftigung zunächst krankenversicherungspflichtig. Die Krankenversicherungspflicht endet in beiden Beschäftigungen mit dem Ablauf des Kalenderjahrs, in dem die JAE-Grenze überschritten wird, sofern die Arbeitsentgelte aus beiden Beschäftigungen auch die vom Beginn des nächsten Kalenderjahres an geltende JAE-Grenze überschreiten.

5. Überschreiten der JAE-Grenze

2611 Wird die JAE-Grenze erst im Laufe eines Jahres überschritten, endet die Krankenversicherungspflicht mit Ablauf des Kalenderjahrs, in dem sie überschritten wird. Dies gilt aber nur dann, wenn das regelmäßige JAE auch die JAE-Grenze des nächsten Jahres übersteigt (vgl. § 6 Abs. 4 SGB V). Wird bei rückwirkender Erhöhung des Arbeitsentgelts die JAE-Grenze überschritten, endet die Versicherungspflicht mit Ablauf des Kalenderjahrs, in dem der Anspruch auf das erhöhte Entgelt entstanden ist.

Im Rahmen der Prognoseentscheidung zum Ausscheiden aus der Versicherungspflicht mit Ablauf des Kalenderjahres wegen Überschreitens der JAE-Grenze werden die zum Prognosezeitpunkt vertraglich feststehenden oder mit hinreichender Sicherheit zu erwartenden Entgeltänderungen in die Ermittlung des regelmäßigen Arbeitsentgelts mit einbezogen. Dies gilt u.a. auch für zu erwartenden Mutterschutz.

Übt ein Arbeitnehmer hingegen im unmittelbaren Anschluss an eine während des Studiums ausgeübte Beschäftigung, für die Versicherungsfreiheit nach § 6 Abs. 1 Nr. 3 SGB V („Werkstudentenprivileg") bestand, beim selben Arbeitgeber eine Beschäftigung mit einem regelmäßigen JAE oberhalb der JAE-Grenze aus, kommt die Regelung des § 6 Abs. 4 SGB V nicht zur Anwendung. Grund hierfür ist, dass auf Grund der Beschäftigung (während des Studiums) keine Versicherungspflicht als Arbeitnehmer besteht, die bis zum Kalenderjahresende fortzuführen wäre. In diesen Fällen besteht Versicherungsfreiheit in der Krankenversicherung nach § 6 Abs. 1 Nr. 1 SGB V mit Beginn der Beschäftigung, aus der heraus das regelmäßige JAE oberhalb der JAE-Grenze erzielt wird (vgl. Besprechungsergebnis der Spitzenverbände der Sozialversicherungsträger am 8./9.5.2012).

Die Mitgliedschaft endet bei Arbeitnehmern, die wegen **Überschreitens der JAE-Grenze** aus der Krankenversicherungspflicht ausscheiden, nur dann zum Ende eines Kalenderjahrs, wenn der Arbeitnehmer innerhalb von zwei Wochen nach Hinweis der Krankenkasse über die Austrittsmöglichkeit seinen Austritt erklärt; andernfalls wird die bisherige Pflichtmitgliedschaft als freiwillige Mitgliedschaft fortgesetzt, es sei denn, die geforderte Vorversicherungszeit für eine freiwillige Versicherung ist nicht erfüllt (→ *Freiwillige Krankenversicherung* Rz. 2261). Unabhängig von dieser Regelung hat der Arbeitgeber den Arbeitnehmer zum Jahresende umzumelden, d.h. der Arbeitnehmer muss zur Kranken-, Pflege-, Renten- und Arbeitslosenversicherung abgemeldet und zur Renten- und Arbeitslosenversicherung angemeldet werden.

6. Unterschreiten der JAE-Grenze

Wird die JAE-Grenze im Laufe eines Kalenderjahres unter- 2612
schritten (z.B. bei Herabsetzung der Arbeitszeit und daraus folgend einer Reduzierung des Arbeitsentgelts), endet die Versicherungsfreiheit unmittelbar und nicht erst zum Ende des Kalenderjahrs. Die Versicherungsfreiheit endet grds. auch dann, wenn die Entgeltminderung ihrem Anschein nach nur vorübergehender Natur oder zeitlich befristet ist, es sei denn, die Entgeltminderung ist nur von kurzer Dauer. Eine zu Beginn der Minderung des laufenden Arbeitsentgelts ggf. bereits absehbare Rückkehr zu den oder annähernd den Verhältnissen vor der Entgeltminderung bleibt bei der versicherungsrechtlichen Beurteilung zunächst unberücksichtigt.

Ein allein wegen des Bezugs von Kurzarbeitergeld vorübergehendes Unterschreiten der Jahresarbeitsentgeltgrenze bleibt ohne Auswirkungen auf den krankenversicherungsrechtlichen Status. Somit bleibt die vor dem Bezug von Kurzarbeitergeld bestehende Versicherungsfreiheit bestehen. Selbst bei Ausschöpfen der Kurzarbeitergeld-Höchstanspruchsdauer ist die Entgeltminderung als vorübergehendes Unterschreiten zu bewerten (Rundschreiben des GKV-Spitzenverbandes 2021/028 vom 11.1.2021).

Mit dem „Tarifvertrag zur Beschäftigungssicherung und zum Beschäftigungsaufbau (TVBesch)" haben die Tarifparteien der Metall- und Elektroindustrie Maßnahmen getroffen, um den Personalstamm zu halten. Ziel ist es, Entlassungen in wirtschaftlich problematischen Zeiten zu vermeiden. Wenn auf Grund dessen eine Verringerung der wöchentlichen Arbeitszeit erfolgt und dies wiederum zur Absenkung des Arbeitsentgelts führt, tritt Krankenversicherungspflicht ein, wenn die JAE-Grenze nicht mehr überschritten wird. Ein fiktives Arbeitsentgelt (z.B. bei Bezug von Krankengeld oder Kurzarbeitergeld) ist hier bei der Ermittlung des JAE nicht anzusetzen. Eine Befreiung von der Krankenversicherungspflicht ist ebenfalls nicht möglich. § 8 SGB V sieht vor, dass eine Befreiung nur dann möglich ist, wenn durch Erhöhung der JAE-Grenze Versicherungspflicht eintritt.

Ist das Unterschreiten der JAE-Grenze allein auf die Anhebung der JAE-Grenze zurückzuführen, tritt Krankenversicherungspflicht ein. In diesem Fall haben betroffene Arbeitnehmer allerdings die Möglichkeit der Befreiung von der Versicherungspflicht (§ 8 Abs. 1 Nr. 1 SGB V).

Beispiel 1:

Wann beginnt die Krankenversicherungspflicht, wenn über den Jahreswechsel Arbeitsunfähigkeit bestand?

Der Arbeitnehmer ist seit 2012 wegen Überschreitens der JAE-Grenze krankenversicherungsfrei und privat versichert.

Seit 1.1.2026 überschreitet das Jahresarbeitsentgelt die JAE-Grenze nicht mehr.

Arbeitsunfähig ab	12.8.2025
Ende der Entgeltfortzahlung	22.9.2025
Ende der Arbeitsunfähigkeit	16.4.2026
Wiederaufnahme der Arbeit am	17.4.2026
Beginn der Krankenversicherungspflicht	17.4.2026

Sollte der Arbeitnehmer einen mehrmonatigen unbezahlten Urlaub nehmen, ändert der unbezahlte Urlaub nichts am Status der Versicherungsfreiheit.

Beispiel 2:
Der krankenversicherungsfreie Arbeitnehmer nimmt vom 1.9.2026 bis 1.11.2026 unbezahlten Urlaub. Durch diesen Verdienstausfall wird er die JAE-Grenze des Jahres 2026 unterschreiten.

Unbezahlter Urlaub	1.9. bis 1.11.2026
Fortbestand der Beschäftigung gegen Arbeitsentgelt, auch ohne Entgeltzahlung	30.9.2026
Keine Krankenversicherungsfreiheit mehr	1.10.2026
Versicherungsschutz durch Familienversicherung oder anderweitiger Versicherungsschutz	1.10.2026
Aufnahme der Beschäftigung mit wieder bestehender Krankenversicherungsfreiheit	2.11.2026

Sofern der Arbeitnehmer in der gesetzlichen Krankenversicherung freiwillig versichert ist, endet mit dem Eintritt der Krankenversicherungspflicht auch die freiwillige Versicherung in der gesetzlichen Krankenversicherung.

Im Rahmen von Betriebsprüfungen wird gelegentlich festgestellt, dass ein Arbeitnehmer zu Unrecht als freiwilliges Mitglied in der gesetzlichen Krankenversicherung geführt wird, weil die JAE-Grenze nicht (mehr) überschritten wird. Die Spitzenorganisationen der Sozialversicherung haben sich darauf verständigt, dass Fälle dieser Art aus verwaltungspraktischen Erwägungen nicht rückwirkend, sondern zukunftsorientiert zu berichtigen sind. Die Krankenversicherungspflicht beginnt mit dem Monat, der dem Datum des Prüfbescheids folgt. Im Prüfbescheid wird der Arbeitgeber darauf hingewiesen, dass er von diesem Zeitpunkt an das Krankenversicherungsverhältnis mit den entsprechenden Änderungen in der Entgeltabrechnung (Beitragsgruppenschlüssel KV) umzustellen hat.

7. Befreiung von der Krankenversicherungspflicht

2613 Arbeitnehmer können sich nach § 8 Abs. 1 Nr. 1 SGB V auf Antrag von der Krankenversicherungspflicht befreien lassen, wenn sie wegen Erhöhung der JAE-Grenze krankenversicherungspflichtig werden. Die Befreiung ist davon abhängig, dass der Arbeitnehmer wegen Änderung der JAE-Grenze nach § 6 Abs. 6 Satz 2 oder Abs. 7 SGB V krankenversicherungspflichtig wird.

Die Frist für die Befreiung von der Krankenversicherungspflicht beträgt nach § 8 Abs. 2 SGB V drei Monate nach Beginn der Krankenversicherungspflicht. Der Antrag auf Befreiung von der Krankenversicherungspflicht, die auf Grund der Erhöhung der JAE-Grenze zum Jahreswechsel eintritt, muss also spätestens bis zum 31. März gestellt werden. Fällt der 31. März auf einen Sonntag, einen am Erklärungsort staatlich anerkannten allgemeinen Feiertag oder einen Sonnabend, so gilt dafür nach § 26 Abs. 3 SGB X der nächste Werktag.

Der Antrag auf Befreiung von der Krankenversicherungspflicht nach § 8 Abs. 1 Nr. 1 SGB V kann im Übrigen an eine der Krankenkassen gerichtet werden, die im Falle des Bestehens von Krankenversicherungspflicht nach § 173 Abs. 2 SGB V wählbar wäre. Wird der Antrag auf Befreiung von der Krankenversicherungspflicht erst nach Beginn der Mitgliedschaft gestellt, spricht die Krankenkasse die Befreiung aus, bei der im Zeitpunkt der Antragstellung die Mitgliedschaft besteht.

Eine Befreiung ist nur möglich, wenn der Betroffene einen anderweitigen Anspruch auf Absicherung im Krankheitsfall hat und diesen nachweist (§ 8 Abs. 2 Satz 4 SGB V). Dabei muss das Bestehen einer anderweitigen Absicherung im Krankheitsfall bereits für den Zeitpunkt nachgewiesen werden, an dem die Befreiung ihre Wirkung entfaltet. Das in diesem Zusammenhang (positiv) verwendete Tatbestandsmerkmal des anderweitigen Anspruchs auf Absicherung im Krankheitsfall ist inhaltlich deckungsgleich mit dem in § 5 Abs. 1 Nr. 13 SGB V (negativ) verwendeten Tatbestandsmerkmal des anderweitigen Anspruchs auf Absicherung im Krankheitsfall. An eine anderweitige Absicherung i.S.d. § 8 Abs. 2 Satz 4 SGB V werden mithin keine anderen Anforderungen gestellt als im Anwendungsbereich der Regelung zum Ausschluss der nachrangigen Versicherungspflicht. Eine Absicherung auf dem Sicherungsniveau des § 193 Abs. 3 Satz 1 VVG genügt von daher auch den Anforderungen an eine Befreiung von der Versicherungspflicht (vgl. Grundsätzliche Hinweise des GKV-Spitzenverbandes Versicherungsfreiheit von Arbeitnehmern bei Überschreiten der Jahresarbeitsentgeltgrenze v. 20.3.2019).

Die Befreiung von der Krankenversicherungspflicht wirkt nur dann vom Beginn der Versicherungspflicht an, wenn seit ihrem Beginn noch keine Leistungen gewährt worden sind. Hat der Befreiungsberechtigte bereits Leistungen in Anspruch genommen, dann wirkt die Befreiung vom Beginn des Kalendermonats an, der auf die Antragstellung folgt.

Die Befreiung von der Krankenversicherungspflicht nach § 8 Abs. 1 Nr. 1 SGB V kann nicht widerrufen werden. Im Übrigen gelten die bislang auf Grund des § 8 Abs. 1 Nr. 1 SGB V oder seiner Vorgängervorschriften ausgesprochenen Befreiungen weiter.

Wird eine Beschäftigung beendet, für die bislang auf Grund einer ausgesprochenen Befreiung von der Krankenversicherungspflicht nach § 8 Abs. 1 Nr. 1 SGB V keine Krankenversicherungspflicht bestand, und aktuell Arbeitslosengeld bezogen, tritt in der GKV Krankenversicherungspflicht ein. Der grds. Versicherungspflicht begründende Tatbestand einer Beschäftigung als Angestellter endete damit vollständig und an seine Stelle trat der Versicherungspflichttatbestand des § 5 Abs. 1 Nr. 2 SGB V wegen Bezugs von Arbeitslosengeld. Der Befreiungsbescheid hat auf Grund dieser Veränderung keine Wirkung mehr. Auch bei Aufnahme einer neuen Beschäftigung (nach der Arbeitslosigkeit) entfaltet die seinerzeit beantragte und auch ausgesprochene Befreiung von der Versicherungspflicht nach § 8 Abs. 1 Nr. 1 SGB V keine Wirkung (BSG v. 25.5.2011, B 12 R 13/09 R).

Die Befreiung von der Krankenversicherungspflicht nach § 8 SGB V **wirkt tatbestandsbezogen** auf das jeweilige Versicherungspflichtverhältnis, das zur Befreiung geführt hat. Befreiungsentscheidungen sind danach nur auf das jeweilige Versicherungspflichtverhältnis, aus dessen Anlass sie ausgesprochen werden, bezogen. **Über die Regelung des § 6 Abs. 3 SGB V wirkt die Befreiung auch auf andere Versicherungspflichttatbestände**, so dass die von der Versicherungspflicht befreiten Personen für die Dauer der Befreiung auch dann nicht versicherungspflichtig werden, wenn sie eine der in § 5 Abs. 1 Nr. 1 oder Nr. 5 bis 13 SGB V genannten Voraussetzungen erfüllen. Die Befreiung von der Krankenversicherungspflicht nach § 8 Abs. 1 Nr. 1 SGB V entfaltet **keine Regelungswirkung** für eine im Anschluss an das Ende der Beschäftigung eintretende Versicherungspflicht **wegen eines anderen Tatbestandes** (z.B. auf Grund des Bezugs von Arbeitslosengeld nach § 5 Abs. 1 Nr. 2 SGB V). Das Vorliegen eines anderen Versicherungspflichttatbestandes führt vielmehr dazu, dass sich zu diesem Zeitpunkt die Befreiung und der sie feststellende Verwaltungsakt i.S.d. § 39 Abs. 2 SGB X auf andere Weise erledigen. Auf Grund dieser Erledigung zieht die erneute Aufnahme einer Beschäftigung unter den Voraussetzungen des § 5 Abs. 1 Nr. 1 SGB V Versicherungspflicht nach sich, ohne dass ein Fortwirken oder Wiederaufleben der ursprünglichen Befreiung anzunehmen wäre.

Im Hinblick auf den Charakter der Befreiung als Statusentscheidung zwischen gesetzlicher und privater Krankenversicherung ist ein Fortwirken der Befreiung über das einzelne (zur Befreiung führende) Beschäftigungsverhältnis jedoch dann anzunehmen, wenn im unmittelbaren Anschluss hieran oder auch nach einer kurzfristigen (sozialversicherungsrechtlich irrelevanten) Unterbrechung eine neue Beschäftigung aufgenommen wird, die grds. nach § 5 Abs. 1 Nr. 1 SGB V versicherungspflichtig wäre. Dies gilt auch für weitere (noch folgende) Beschäftigungen. **Als kurzfristige Unterbrechungen** im vorstehenden Sinne werden **Zeiträume von bis zu einem Monat angesehen,** in denen kein anderer Versicherungspflichttatbestand vorliegt. Bei dem Bezug von Arbeitslosengeld kann nicht von einer irrelevanten Unterbrechung der Beschäftigung gesprochen werden, so dass es unbedeutend ist, ob der Zeitraum zwischen beiden Beschäftigungen einen Monat übersteigt oder nicht.

Seit 2012 wird nach diesen Grundsätzen verfahren. Sofern hiervon abweichend verfahren wurde, wird dies für die Vergangenheit nicht beanstandet. Auch die in der ursprünglichen Annahme, die Befreiung nach § 8 Abs. 1 Nr. 1 SGB V wirke (undifferenziert) auf jedes weitere dem Grunde nach zur Versicherungspflicht führende Beschäftigungsverhältnis, ausgeschlossene Krankenversicherungspflicht bleibt für die Dauer des über den 31.12.2011 hinaus bestehenden Beschäftigungsverhältnisses ausgeschlossen; insoweit wird für die Dauer dieser Beschäftigung eine Art Bestandsschutz eingeräumt. Auf Antrag Betroffener ist die Versicherungspflicht allerdings entsprechend der wahren Rechtslage festzustellen, ggf. auch für Zeiten vor dem 1.1.2012. In verfahrensrechtlicher Hinsicht bedarf es hierzu einer ausdrücklichen Aufhebung oder eines Widerrufs des Befreiungsbescheides nicht.

8. Meldungen zur Sozialversicherung

2614 Scheidet ein Arbeitnehmer wegen Überschreitens der JAE-Grenze aus der Krankenversicherungspflicht aus, ändert sich auch die bisherige Beitragsgruppe in der Krankenversicherung (1. Stelle) auf „0". Hierfür sind eine Abmeldung mit Abgabegrund „32" und eine Anmeldung mit Abgabegrund „12" zu tätigen.

Ist der Arbeitnehmer in der Folge freiwilliges Mitglied in der gesetzlichen Krankenversicherung und der Arbeitgeber führt die Beiträge zusammen mit den Beiträgen der anderen Arbeitnehmer (Firmenzahler) ab, ist in der Anmeldung in der 1. Stelle die „9" anzugeben.

Jahresarbeitszeitmodelle

→ *Arbeitszeitmodelle* Rz. 734

Jahresmeldung

→ *Meldungen für Arbeitnehmer in der Sozialversicherung* Rz. 3099

Jahresnetzkarte

→ *BahnCard* Rz. 1209, → *Job-Ticket* Rz. 2615

Jahreswagen

→ *Rabatte* Rz. 3523

Jobsharing

→ *Arbeitszeitmodelle* Rz. 734

Job-Ticket

Inhalt

1. Allgemeines

Viele Arbeitnehmer erhalten von ihrem Arbeitgeber unentgeltlich oder verbilligt **Fahrtkostenzuschüsse** oder **Sachbezüge** für ihren mit öffentlichen Verkehrsmitteln zurückgelegten Weg von der Wohnung zur ersten Tätigkeitsstätte, oft in Form der Bereitstellung preisermäßigter sog. **Job-Tickets**. Dabei kann es sich um die Überlassung von Job-Tickets für das ganze Jahr im Voraus oder nur für den folgenden Monat handeln. Die steuerliche Behandlung der Überlassung von Job-Tickets ist im Einzelfall wegen der unterschiedlichen Fallgestaltungen recht kompliziert. Fraglich ist häufig, ob und wann überhaupt ein geldwerter Vorteil entsteht und – wenn ja – ob Steuerbefreiungen oder Lohnsteuerpauschalierungen in Betracht kommen. 2615

Um Arbeitnehmer verstärkt zur Nutzung öffentlicher Verkehrsmittel zu veranlassen und so die durch den motorisierten Individualverkehr entstehenden Umwelt- und Verkehrsbelastungen sowie den Energieverbrauch zu senken, hat der Gesetzgeber folgende Regelungen in das EStG aufgenommen

- seit 1.1.2019 die Steuerbefreiung § 3 Nr. 15 EStG (→ Rz. 2617)
- und seit 1.1.2020 die Lohnsteuerpauschalierung mit 25 % nach § 40 Abs. 2 Satz 2 Nr. 2 EStG (→ *Wege zwischen Wohnung und erster Tätigkeitsstätte* Rz. 4466).

Günstig für Arbeitgeber und Arbeitnehmer sind aber nicht nur die nachfolgend genannten Steuerbefreiungen und/oder die Lohnsteuerpauschalierungen; hinzu kommt, dass die steuerfreien oder pauschal versteuerten Arbeitgeberleistungen **nicht der Sozialversicherungspflicht** unterliegen (§ 1 Abs. 1 SvEV).

2. Arbeitslohn

Vor Prüfung der Frage, ob die Überlassung von Job-Tickets unter die Steuerbefreiung des § 3 Nr. 15 EStG fällt, ist zu prüfen, ob überhaupt steuerpflichtiger Arbeitslohn vorliegt. Die Überlassung eines Job-Tickets i.R. einer sog. **Mobilitätskarte, die in erster Linie auf die Beseitigung der Parkplatznot auf den vom Arbeitgeber unterhaltenen Parkplätzen gerichtet ist, stellt bei den Mitarbeitenden keinen lohnsteuerpflichtigen Sachbezug** dar (FG Hessen v. 25.11.2020, 12 K 2283/17, EFG 2021, 485). Im Urteilsfall wurde diese Würdigung noch durch den Umstand abgerundet, dass den Arbeitnehmern vor der Einführung der Mobilitätskarte auf den Parkplätzen der Arbeitgeberin ein kostenfreies Parken möglich war. Durch die Mobilitätskarte mit dem darin enthaltenen Job-Ticket ist dieses freie Parken quasi substituiert worden. Eine nicht zum Arbeitslohn gehörende Leistung wurde durch eine andere nicht zum Arbeitslohn gehörende Leistung ersetzt. Subjektiv, aus Sicht der Arbeitnehmer, aber auch objektiv betrachtet, kann in der Folge nicht davon ausgegangen werden, dass die Gestellung der Mobilitätskarte bzw. des Job-Tickets eine Belohnung für die von den Mitarbeitern geleistete Arbeit darstellt; vielmehr ging es um die Lösung des Parkproblems. Dass diese Maßnahme für die Beschäftigten das verbilligte Jobticket als positiven Reflex nach sich zieht, spielt keine entscheidende Rolle. 2616

3. Steuerbefreiung nach § 3 Nr. 15 EStG

a) Allgemeines

Mit Wirkung zum 1.1.2019 wurde die Steuerbefreiung des § 3 Nr. 15 EStG in das EStG aufgenommen, um Arbeitgeberleistungen für bestimmte Fahrten mit öffentlichen Verkehrsmitteln im Linienverkehr sowie im öffentlichen Personennahverkehr zu begünstigen. Ziel dieser Begünstigung ist es, die Arbeitnehmer verstärkt zur Nutzung öffentlicher Verkehrsmittel zu veranlassen, um die durch den motorisierten Individualverkehr entstehenden Umwelt- und Verkehrsbelastungen sowie den Energieverbrauch zu senken. 2617

Die Finanzverwaltung hat zur Anwendung des § 3 Nr. 15 EStG ein umfangreiches **Anwendungsschreiben mit Beispielen herausgegeben** (BMF v. 15.8.2019, IV C 5 – S 2342/19/10007 :001, BStBl I 2019, 875 mit Ergänzung durch BMF v. 7.11.2023, IV C 5 – S 2342/19/10007 :009, BStBl I 2023, 1969).

Wegen des Deutschland-Tickets vgl. → Rz. 2648.

b) Überblick über die einzelnen Steuerbefreiungstatbestände

2618 Begünstigt sind

- Arbeitgeberleistungen für Fahrten des Arbeitnehmers mit öffentlichen Verkehrsmitteln im Linienverkehr (ohne Luftverkehr) – Personen**fern**verkehr – zwischen Wohnung und erster Tätigkeitsstätte und für Fahrten nach § 9 Abs. 1 Satz 3 Nr. 4a Satz 3 EStG (**Erste Alternative**) sowie
- Arbeitgeberleistungen für alle Fahrten des Arbeitnehmers im öffentlichen Personen**nah**verkehr (**Zweite Alternative**).

2619 Nicht in den Anwendungsbereich des § 3 Nr. 15 EStG fallende Verkehrsmittel sind insbesondere:

- für konkrete Anlässe speziell gemietete bzw. gecharterte Busse oder Bahnen,
- Taxen im Gelegenheitsverkehr, die nicht auf konzessionierten Linien oder Routen fahren,
- Luftverkehr.

Die Steuerfreiheit des § 3 Nr. 15 erste Alternative EStG (Fahrberechtigungen für den Personen**fern**verkehr) kommt infolge der Begrenzung auf Fahrten zwischen Wohnung und erster Tätigkeitsstätte sowie für Fahrten nach § 9 Abs. 1 Satz 3 Nr. 4a Satz 3 EStG nur in Betracht für Arbeitnehmer in einem aktiven Beschäftigungsverhältnis sowie für die beim Entleiher beschäftigten Leiharbeitnehmer.

Die Steuerfreiheit des § 3 Nr. 15 zweite Alternative EStG (Fahrberechtigungen für den öffentlichen Personen**nah**verkehr) gilt hingegen für alle Arbeitnehmer oder Leiharbeitnehmer.

Unter die Steuerbefreiung fallen Arbeitgeberleistungen in Form von unentgeltlichen oder verbilligt überlassenen Fahrberechtigungen (Sachbezüge) sowie Zuschüsse (Barlohn) des Arbeitgebers zu den von den Arbeitnehmern selbst erworbenen Fahrberechtigungen. Begünstigt sind insbesondere Fahrberechtigungen in Form von Einzel/Mehrfahrtenfahrscheinen, Zeitkarten (z.B. Monats-, Jahrestickets, BahnCard 100), allgemeine Freifahrberechtigungen, Freifahrberechtigungen für bestimmte Tage (z.B. bei Smogalarm) oder Ermäßigungskarten (z.B. BahnCard 25).

Umfasst die Fahrberechtigung die Mitnahme von anderen Personen oder ist die Fahrberechtigung auf andere Personen übertragbar, schließt dies die Steuerbefreiung nicht von vornherein aus.

c) Personenfernverkehr – öffentliche Verkehrsmittel im Linienverkehr (Erste Alternative)

2620 Zum **Personenfernverkehr** i.S.d. § 3 Nr. 15 EStG (öffentliche Verkehrsmittel im Linienverkehr) gehören:

- Fernzüge der Deutschen Bahn (ICE, IC, EC), Fernbusse auf festgelegten Linien oder Routen und mit festgelegten Haltepunkten,
- vergleichbare Hochgeschwindigkeitszüge und schnellfahrende Fernzüge anderer Anbieter (z.B. TGV, Thalys).

d) Personennahverkehr (Zweite Alternative)

2621 Zum öffentlichen Personennahverkehr gehört die allgemein zugängliche Beförderung von Personen im Linienverkehr, die überwiegend dazu bestimmt ist, die Verkehrsnachfrage im Stadt-, Vorort- oder Regionalverkehr zu befriedigen. Als öffentlicher Personennahverkehr i.S.d. § 3 Nr. 15 EStG gelten aus Vereinfachungsgründen alle öffentlichen Verkehrsmittel, die nicht Personenfernverkehr sind (→ Rz. 2620) und nicht nach → Rz. 2619 ausgeschlossen sind.

Wird eine Fahrtberechtigung für den öffentlichen Personennahverkehr auch für die Nutzung bestimmter Fernzüge freigegeben, liegt weiterhin eine Fahrt im öffentlichen Personennachverkehr i.S.d. § 3 Nr. 15 EStG vor. Hierunter fällt insbesondere die Freigabe des Deutschlandtickets für bestimmte IC/ICE – Verbindungen (BMF v. 7.11.2023, IV C 5 – S 2342/19/10007 :009, BStBl I 2023, 1969).

Soweit Taxen ausnahmsweise im Linienverkehr nach Maßgabe der genehmigten Nahverkehrspläne eingesetzt werden (z.B. zur Verdichtung, Ergänzung oder zum Ersatz anderer öffentlicher Verkehrsmittel) und von der Fahrberechtigung mitumfasst sind oder gegen einen geringen Aufpreis genutzt werden dürfen, gehören sie zum Personennahverkehr.

Die Nutzung des öffentlichen Personennahverkehrs ist unabhängig von der Art der Fahrten nach § 3 Nr. 15 EStG begünstigt, also auch bei Privatfahrten des Arbeitnehmers. Damit ist – anders als im Personenfernverkehr – bei Fahrberechtigungen, die nur eine Nutzung des Personennahverkehrs ermöglichen, keine weitere Prüfung zur Art der Nutzung vorzunehmen.

e) Gemischte Nutzung von Fahrberechtigungen für den Personenfernverkehr (Auswärtstätigkeit, Familienheimfahrten im Rahmen der doppelten Haushaltsführung, Fahrten zwischen Wohnung und erster Tätigkeitsstätte sowie Privatfahrten)

Arbeitgeberleistungen, die zur Nutzung des Personenfernverkehrs 2622
berechtigen, sind nach § 3 Nr. 15 EStG steuerfrei, soweit sie auf Fahrten zwischen Wohnung und erster Tätigkeitsstätte sowie zu einem Sammelpunkt oder einem weiträumigen Tätigkeitsgebiet (§ 9 Abs. 1 Satz 3 Nr. 4a Satz 3 EStG) entfallen; Privatfahrten im Personenfernverkehr sind hingegen nicht begünstigt.

aa) Arbeitgeberleistung berechtigt zur Nutzung des Personenfernverkehrs für die Strecke zwischen Wohnung und erster Tätigkeitsstätte, zu einem Sammelpunkt oder einem weiträumigen Tätigkeitsgebiet (§ 9 Abs. 1 Satz 3 Nr. 4a Satz 3 EStG)

Aus Vereinfachungsgründen ist davon auszugehen, dass eine 2623
Fahrberechtigung für den Personenfernverkehr nur auf Fahrten zwischen Wohnung und erster Tätigkeitsstätte, zu einem Sammelpunkt oder einem weiträumigen Tätigkeitsgebiet (§ 9 Abs. 1 Satz 3 Nr. 4a Satz 3 EStG) entfällt und nach § 3 Nr. 15 EStG steuerbefreit ist, wenn sie lediglich zur Nutzung für die Strecke zwischen Wohnung und erster Tätigkeitsstätte sowie zu einem Sammelpunkt oder einem weiträumigen Tätigkeitsgebiet (§ 9 Abs. 1 Satz 3 Nr. 4a Satz 3 EStG) berechtigt. Die tatsächliche Nutzung der Fahrberechtigung auch zu privaten Fahrten ist dann unbeachtlich.

Geht die Fahrberechtigung für den Personenfernverkehr über die Strecke zwischen Wohnung und erster Tätigkeitsstätte, zu einem Sammelpunkt oder einem weiträumigen Tätigkeitsgebiet (§ 9 Abs. 1 Satz 3 Nr. 4a Satz 3 EStG) hinaus (Fahrberechtigung für ein bestimmtes Gebiet oder eine zusätzliche Strecke), ist aus Vereinfachungsgründen davon auszugehen, dass die Fahrberechtigung insoweit auf Fahrten zwischen Wohnung und erster Tätigkeitsstätte, zu einem Sammelpunkt oder zu einem weiträumigen Tätigkeitsgebiet (§ 9 Abs. 1 Satz 3 Nr. 4a Satz 3 EStG) entfällt, als der anzusetzende Wert der Arbeitgeberleistung den regulären Verkaufspreis einer Fahrberechtigung nur für die Strecke zwischen Wohnung und erster Tätigkeitsstätte, zu einem Sammelpunkt oder einem weiträumigen Tätigkeitsgebiet (§ 9 Abs. 1 Satz 3 Nr. 4a Satz 3 EStG) für den entsprechenden Gültigkeitszeitraum nicht überschreitet.

Wird eine Fahrberechtigung, die ganz oder teilweise die Voraussetzungen für die Steuerbefreiung nach § 3 Nr. 15 EStG erfüllt, auch für Fahrten i.R. von Auswärtstätigkeiten oder für eine Familienheimfahrt pro Woche i.R. der doppelten Haushaltsführung genutzt, ist die Arbeitgeberleistung, soweit sie auf diese Fahrten entfällt, nach § 3 Nr. 13 oder 16 EStG steuerfrei. Die Steuerfreistellung nach § 3 Nr. 13 oder 16 EStG hat Vorrang gegenüber der Steuerfreistellung nach § 3 Nr. 15 EStG. In diesem Fall kann der Arbeitgeber i.R. einer Prognoseberechnung prüfen, ob die Fahrberechtigung bereits bei Hingabe insgesamt steuerfrei belassen werden kann (→ Rz. 2624). Nutzt er die Möglichkeit der Amortisationsprognose nicht, gilt → Rz. 2627.

bb) Amortisationsprognose bei Nutzung einer Fahrberechtigung des Personenfernverkehrs zu Fahrten im Rahmen einer Auswärtstätigkeit oder Familienheimfahrten im Rahmen der doppelten Haushaltsführung (§ 3 Nr. 13 und 16 EStG)

(1) Prognostizierte Vollamortisation allein durch Fahrten nach § 3 Nr. 13 und 16 EStG

Ergibt die Prognose zum Zeitpunkt der Hingabe der Fahrberechti- 2624
gung, dass die Summe aus den ersparten Kosten für Einzelfahrscheine, die ohne Nutzung der Fahrberechtigung während deren Gültigkeitsdauer für die steuerlich begünstigten Fahrten nach § 3 Nr. 13 oder 16 EStG (Fahrten im Rahmen einer Auswärtstätigkeit

oder eine Familienheimfahrt pro Woche i.R. der doppelten Haushaltsführung) anfallen würden, die Kosten der Fahrberechtigung erreichen oder übersteigen (prognostizierte Vollamortisation ohne § 3 Nr. 15 EStG), stellt die Überlassung der Fahrberechtigung an den Arbeitnehmer keinen steuerpflichtigen Arbeitslohn dar. Auf die darüber hinaus gehenden Nutzungsmöglichkeiten kommt es dann nicht mehr an. Tritt die prognostizierte Vollamortisierung aus unvorhersehbaren Gründen (z.B. Krankheit oder Verschiebung von Dienstreisen) nicht ein, ist eine Nachversteuerung nicht vorzunehmen. Ändern sich die der Prognose zu Grunde liegenden Annahmen grundlegend (z.B. Wechsel vom Außendienst in den Innendienst), hat eine Korrektur und ggf. Nachversteuerung unter Berücksichtigung von → Rz. 2625 und → Rz. 2626 für den noch nicht abgelaufenen Gültigkeitszeitraum zu erfolgen.

(2) Prognostizierte Vollamortisation unter Einbeziehung des § 3 Nr. 15 EStG

2625 Ergibt die Prognose zum Zeitpunkt der Hingabe der Fahrberechtigung, dass die Summe

- aus den ersparten Kosten für Einzelfahrscheine, die ohne Nutzung der Fahrberechtigung während deren Gültigkeitsdauer für die steuerlich begünstigten Fahrten nach § 3 Nr. 13 oder 16 EStG (Fahrten i.R. einer Auswärtstätigkeit oder eine Familienheimfahrt pro Woche i.R. der doppelten Haushaltsführung) anfallen würden, und
- dem regulären Verkaufspreis einer Fahrberechtigung für die Strecke zwischen Wohnung und erster Tätigkeitsstätte, zu einem Sammelpunkt oder zu einem weiträumigen Tätigkeitsgebiet (§ 9 Abs. 1 Satz 3 Nr. 4a Satz 3 EStG) für den entsprechenden Gültigkeitszeitraum

die Kosten der Fahrberechtigung erreicht oder übersteigt (prognostizierte Vollamortisation mit § 3 Nr. 15 EStG), ist die Arbeitgeberleistung insgesamt steuerfrei; sie ist dann vorrangig steuerfrei nach § 3 Nr. 13 oder 16 EStG in Höhe der prognostizierten ersparten Kosten für Einzelfahrscheine, die ohne Nutzung der Fahrberechtigung während deren Gültigkeitsdauer anfallen würden und im Übrigen nachrangig steuerfrei nach § 3 Nr. 15 EStG. Auf den Umfang der späteren tatsächlichen Nutzung und die darüber hinaus gehenden privaten Nutzungsmöglichkeiten kommt es nicht an. Tritt die prognostizierte Vollamortisierung aus unvorhersehbaren Gründen (z.B. Krankheit oder Verschiebung von Dienstreisen) nicht ein, ist eine Nachversteuerung nicht vorzunehmen. Ändern sich die der Prognose zu Grunde liegenden Annahmen grundlegend (z.B. Wechsel vom Außendienst in den Innendienst), hat eine Korrektur und ggf. Nachversteuerung entsprechend → Rz. 2626 für den noch nicht abgelaufenen Gültigkeitszeitraum zu erfolgen.

Beispiel 1:

Der Arbeitgeber überlässt seinem Arbeitnehmer eine BahnCard 100, die er zum Preis von 4 400 € erworben hat. Nach der Prognose des Arbeitgebers betragen die ersparten Kosten der Einzelfahrscheine für Dienstreisen im Gültigkeitszeitraum 3 000 €. Der reguläre Preis der Jahresfahrkarte für die Strecke zwischen Wohnung und erster Tätigkeitsstätte des Arbeitnehmers hätte 1 600 € betragen. Tatsächlich ergeben sich im Laufe der Gültigkeitsdauer für Dienstreisen des Arbeitnehmers aus unvorhersehbaren Gründen nur ersparte Kosten der Einzelfahrscheine i.H.v. 2 500 €.

Nach der Prognose des Arbeitgebers zum Zeitpunkt der Hingabe der Fahrberechtigung übersteigen die ersparten Kosten für die Einzelfahrscheine, die ohne Nutzung der BahnCard 100 während deren Gültigkeitsdauer für die steuerlich begünstigten Fahrten nach § 3 Nr. 16 EStG anfallen würden (3 000 €), zusammen mit dem regulären Verkaufspreis einer Fahrberechtigung für die Strecke zwischen Wohnung und erster Tätigkeitsstätte (1 600 €) die Kosten der BahnCard 100. Die BahnCard 100 ist daher i.H.v. 3 000 € steuerfreier Reisekostenersatz und der verbleibende Betrag von 1 400 € (4 400 € – 3 000 €) ist eine steuerfreie Arbeitgeberleistung nach § 3 Nr. 15 EStG. Auf den Umfang der tatsächlichen Nutzung sowie die private Nutzungsmöglichkeit kommt es nicht an. Dass die prognostizierte Vollamortisation tatsächlich nicht eingetreten ist (2 500 € + 1 600 € = 4 100 €), ist unerheblich und führt weder zu einer Nachversteuerung noch zu einer Änderung der nach § 3 Nr. 15 EStG steuerfreien Arbeitgeberleistungen; es bleibt somit bei der zu bescheinigenden steuerfreien Arbeitgeberleistung nach § 3 Nr. 15 EStG i.H.v. 1 400 €.

Beispiel 2:

Wie Beispiel 1, allerdings ergeben sich im Laufe der Gültigkeitsdauer für Dienstreisen des Arbeitnehmers aus unvorhersehbaren Gründen ersparte Kosten der Einzelfahrscheine i.H.v. 4 000 €.

Wie in Beispiel 1 ist die BahnCard 100 i.H.v. 3 000 € steuerfreier Reisekostenersatz und der verbleibende Betrag von 1 400 € (4 400 € – 3 000 €) ist eine steuerfreie Arbeitgeberleistung nach § 3 Nr. 15 EStG. Auf den Umfang der tatsächlichen Nutzung sowie die private Nutzungsmöglichkeit kommt es nicht an. Auch der nicht vorhersehbare tatsächlich höhere Einsatz der BahnCard 100 für Dienstreisen (4 000 € statt 3 000 €) führt zu keiner Änderung der Prognose, d.h. es bleibt somit auch bei den zu bescheinigenden Arbeitgeberleistungen nach § 3 Nr. 15 EStG i.H.v. 1 400 € (und nicht 400 €). Etwas anderes gilt nur, wenn die der Prognose zu Grunde liegenden Annahmen sich grundlegend ändern.

(3) Prognostizierte Teilamortisation bei Berücksichtigung von § 3 Nr. 13 und 16 sowie § 3 Nr. 15 EStG

Ergibt die Prognose zum Zeitpunkt der Hingabe der Fahrberechti- 2626
gung, dass die Summe

- aus den ersparten Kosten für Einzelfahrscheine, die ohne Nutzung der Fahrberechtigung während deren Gültigkeitsdauer für die steuerlich begünstigten Fahrten nach § 3 Nr. 13 oder 16 EStG (Fahrten i.R. einer Auswärtstätigkeit oder eine Familienheimfahrt pro Woche i.R. der doppelten Haushaltsführung) anfallen würden, und
- dem regulären Verkaufspreis einer Fahrberechtigung für die Strecke zwischen Wohnung und erster Tätigkeitsstätte, zu einem Sammelpunkt oder einem weiträumigen Tätigkeitsgebiet (§ 9 Abs. 1 Satz 3 Nr. 4a Satz 3 EStG) für den entsprechenden Gültigkeitszeitraum

die Kosten der Fahrberechtigung **nicht** erreicht (prognostizierte Teilamortisation), stellt die Überlassung der Fahrberechtigung zunächst in voller Höhe steuerpflichtigen Arbeitslohn dar. Die Arbeitgeberleistung kann allerdings insoweit steuerfrei belassen werden, als die Voraussetzungen für eine Steuerfreistellung nach § 3 Nr. 15 EStG vorliegen. Im Übrigen ist die Fahrberechtigung als geldwerter Vorteil dem Lohnsteuerabzug zu unterwerfen.

Die während der Gültigkeitsdauer der Fahrberechtigung durch deren tatsächliche Nutzung für Fahrten nach § 3 Nr. 13 oder 16 EStG ersparten Fahrtkosten können dann zusätzlich monatsweise oder auch am Ende des Gültigkeitszeitraumes als Korrekturbetrag den steuerpflichtigen Arbeitslohn mindern (mittels Verrechnung des dann feststehenden steuerfreien Reisekostenerstattungsanspruchs des Arbeitnehmers). Für die Höhe des Korrekturbetrags können aus Vereinfachungsgründen die ersparten Reisekosten für Einzelfahrscheine, die für die Fahrten nach § 3 Nr. 13 oder 16 EStG ohne Nutzung der Fahrberechtigung während deren Gültigkeitsdauer angefallen wären, begrenzt auf die Höhe der tatsächlichen Kosten der Fahrberechtigung, zu Grunde gelegt werden. Die nach § 3 Nr. 15 EStG steuerfreien Leistungen ändern sich dadurch nicht.

Beispiel:

Der Arbeitgeber überlässt seinem Arbeitnehmer eine BahnCard 100, die er zum Preis von 4 400 € erworben hat. Nach der Prognose des Arbeitgebers betragen die ersparten Kosten der Einzelfahrscheine für Dienstreisen im Gültigkeitszeitraum 2 500 €. Der reguläre Preis der Jahresfahrkarte für die Strecke zwischen Wohnung und erster Tätigkeitsstätte des Arbeitnehmers hätte 1 600 € betragen. Tatsächlich ergeben sich im Laufe der Gültigkeitsdauer für dienstliche Fahrten des Arbeitnehmers ersparte Kosten der Einzelfahrscheine i.H.v. 4 000 €.

Nach der Prognose des Arbeitgebers zum Zeitpunkt der Hingabe der Fahrberechtigung erreichen die ersparten Kosten, die für Einzelfahrscheine für die steuerlich begünstigten dienstlichen Fahrten nach § 3 Nr. 16 EStG anfallen würden (2 500 €), auch zusammen mit dem regulären Verkaufspreis einer Fahrberechtigung für die Strecke zwischen Wohnung und erster Tätigkeitsstätte (1 600 €) nicht die Kosten der BahnCard 100 von 4 400 € (prognostizierte Teilamortisation).

Die Hingabe der BahnCard kann daher zunächst nur insoweit steuerfrei belassen werden, als die Voraussetzungen für eine Steuerfreistellung nach § 3 Nr. 15 EStG vorliegen (1 600 €).

Der Arbeitgeber kann aber den steuerpflichtigen Arbeitslohn in Höhe der durch die tatsächliche Nutzung der BahnCard 100 für Dienstreisen ersparten Kosten der Einzelfahrscheine monatsweise oder auch am Ende des Gültigkeitszeitraumes mindern (mittels Verrechnung mit dem dann feststehenden steuerfreien Reisekostenerstattungs-anspruch des Arbeitnehmers). Danach ergibt sich noch eine steuerfreie Reisekostenerstattung i.H.v. 2 800 € neben den bereits steuerfrei belassenen Arbeitgeberleistungen nach § 3 Nr. 15 EStG i.H.v. 1 600 €.

(4) Verzicht auf Amortisationsprognose

Führt der Arbeitgeber keine Amortisationsprognose nach den 2627
→ Rz. 2624 bis → Rz. 2626 durch, stellt die Überlassung der

Fahrberechtigung zunächst in voller Höhe steuerpflichtigen Arbeitslohn dar. Die ersparten Kosten

- für Einzelfahrscheine, die ohne Nutzung der Fahrberechtigung während der Gültigkeitsdauer für die steuerlich begünstigten Fahrten nach § 3 Nr. 13 oder 16 EStG (Fahrten i.R. einer Auswärtstätigkeit oder eine Familienheimfahrt pro Woche i.R. einer doppelten Haushaltsführung) angefallen wären, und
- für den regulären Verkaufspreis einer Fahrberechtigung für die Strecke zwischen Wohnung und erster Tätigkeitsstätte, zu einem Sammelpunkt oder einem weiträumigen Tätigkeitsgebiet (§ 9 Abs. 1 Satz 3 Nr. 4a Satz 3 EStG), die für den entsprechenden Gültigkeitszeitraum entstanden wären (Fahrten i.S.d. § 3 Nr. 15 EStG),

sind am Ende des Kalenderjahres der Gültigkeit der Fahrberechtigung als Korrekturbetrag beim steuerpflichtigen Arbeitslohn mindernd zu berücksichtigen. Bei einer Gültigkeit der Fahrberechtigung über den Jahreswechsel hinaus sowie bei einer mehrjährigen Gültigkeitsdauer ist der Korrekturbetrag zum Ende eines jeden Kalenderjahres sowie zum Ende des Gültigkeitszeitraums anhand der in dem jeweiligen Zeitraum durchgeführten Fahrten nach § 3 Nr. 13 oder 16 EStG sowie anhand des zeitanteiligen regulären Verkaufspreises einer Fahrberechtigung für die Strecke zwischen Wohnung und erster Tätigkeitsstätte, zu einem Sammelpunkt oder einem weiträumigen Tätigkeitsgebiet (§ 9 Abs. 1 Satz 3 Nr. 4a Satz 3 EStG) zu ermitteln. Dabei hat die Steuerfreistellung nach § 3 Nr. 13 oder 16 EStG Vorrang gegenüber der Steuerfreistellung nach § 3 Nr. 15 EStG. Die Summe der Korrekturbeträge kann insgesamt höchstens bis zum Betrag des steuerpflichtigen Arbeitslohns mindernd berücksichtigt werden. Eine Änderung der sich für abgelaufene Kalenderjahre nach § 3 Nr. 15 EStG ergebenden Korrekturbeträge ist nicht zulässig. Dies gilt auch dann, wenn sich in nachfolgenden Kalenderjahren in großem Umfang dienstliche Fahrten ergeben, die nach § 3 Nr. 13 oder 16 EStG begünstigt sind.

Beispiel:

Der Arbeitgeber überlässt seinem Arbeitnehmer eine BahnCard 100, die er zum Preis von 4 400 € erworben hat. Die Fahrberechtigung ist vom 1.10.2024 bis 30.9.2025 gültig. Eine Prognoseberechnung führt der Arbeitgeber nicht durch.

Kalenderjahr 2024:

Zum Ende des Kalenderjahres 2024 der Fahrberechtigung ergibt sich für den Zeitraum 1.10.2024 bis 31.12.2024, dass die ersparten Kosten der Einzelfahrscheine für Dienstreisen 500 € betragen. Der reguläre Preis der Jahresfahrkarte für die Strecke zwischen Wohnung und erster Tätigkeitsstätte des Arbeitnehmers beträgt für den Zeitraum 1.10.2024 bis 31.12.2024 anteilig 400 € (3/12 von 1 600 €). Da der Arbeitgeber keine Prognoseberechnung vornimmt, führt die Überlassung der BahnCard durch den Arbeitgeber an den Arbeitnehmer im Jahr 2024 i.H.v. 4 400 € zu steuerpflichtigem Arbeitslohn.

Zum Ende des Kalenderjahres 2024 kann der Arbeitgeber beim steuerpflichtigen Arbeitslohn des Arbeitnehmers für die ersparten Kosten der Einzelfahrscheine für Dienstreisen (§ 3 Nr. 13 EStG) einen Korrekturbetrag von 500 € und für den anteiligen regulären Preis der Jahresfahrkarte für die Strecke zwischen Wohnung und erster Tätigkeitsstätte (§ 3 Nr. 15 EStG) einen Korrekturbetrag von 400 € (= 3/12 von 1 600 €) mindernd berücksichtigen. Der Arbeitgeber muss die nach § 3 Nr. 15 EStG steuerfreie Leistung i.H.v. 400 € nach § 41b Abs. 1 Satz 2 Nr. 6 EStG in Nr. 17 der Lohnsteuerbescheinigung 2024 angeben.

Kalenderjahr 2025:

Zum Ende des Gültigkeitszeitraums (= 30.9.2025) der Fahrberechtigung ergibt sich für den Zeitraum 1.1.2025 bis 30.9.2025, dass die ersparten Kosten der Einzelfahrscheine für Dienstreisen 1 500 € betragen.

Zum Ende des Gültigkeitszeitraums (= 30.9.2025) kann der Arbeitgeber beim steuerpflichtigen Arbeitslohn des Arbeitnehmers in Höhe der ersparten Kosten der Einzelfahrscheine für Dienstreisen (§ 3 Nr. 13 EStG) einen Korrekturbetrag von 1 500 € und in Höhe des anteiligen regulären Preises der Jahresfahrkarte für die Strecke zwischen Wohnung und erster Tätigkeitsstätte (§ 3 Nr. 15 EStG) einen Korrekturbetrag von 1 200 € (= 9/12 von 1 600 €) mindernd berücksichtigen. Der Arbeitgeber muss die nach § 3 Nr. 15 EStG steuerfreie Leistung i.H.v. 1.200 € nach § 41b Abs. 1 Satz 2 Nr. 6 EStG in Nr. 17 der Lohnsteuerbescheinigung 2025 angeben.

Die Summe der Korrekturbeträge beträgt 3 600 € (Jahr 2024: 500 € + 400 € = 900 €; Jahr 2025: 1 500 € + 1 200 € = 2 700 €) und übersteigt nicht die Höhe des steuerpflichtigen Arbeitslohns im Jahr 2025 (= 4 400 €).

cc) Zuschüsse des Arbeitgebers zu einer vom Arbeitnehmer selbst erworbenen Fahrberechtigung

2628 Für Zuschüsse des Arbeitgebers zu einer vom Arbeitnehmer erworbenen Fahrberechtigung, die die Voraussetzungen des § 3 Nr. 15 EStG ganz oder teilweise erfüllt, gelten → Rz. 2622 bis → Rz. 2623 entsprechend; → Rz. 2626 ist entsprechend anzuwenden, sofern die Fahrberechtigung auch für steuerfreie Fahrten nach § 3 Nr. 13 oder 16 EStG (Fahrten i.R. einer Auswärtstätigkeit oder eine Familienheimfahrt pro Woche i.R. der doppelten Haushaltsführung) genutzt wird.

f) Steuerfreiheit nur für zusätzlich zum ohnehin geschuldeten Arbeitslohn erbrachte Arbeitgeberleistungen

Der Steuerbefreiung des § 3 Nr. 15 EStG unterliegen nur Arbeitgeberleistungen, die zusätzlich zum ohnehin geschuldeten Arbeitslohn erbracht werden (zur Zusätzlichkeitsvoraussetzung → *Barlohnumwandlung* Rz. 1218). Als zusätzlich gilt eine Leistung des Arbeitgebers auch dann, wenn der Arbeitnehmer aus den vom Arbeitgeber zusätzlich zum ohnehin geschuldeten Arbeitslohn zur Verfügung gestellten Mobilitätsalternativen wählen kann (z.B. Dienstwagen, E-Bike oder Fahrberechtigung für öffentliche Verkehrsmittel). 2629

Steuerfrei sind auch von Dritten gewährte Preisvorteile, wenn sie nach den Grundsätzen des BMF-Schreibens v. 20.1.2015, IV C 5 – S 2360/12/10002, BStBl I 2015, 143 sowie H 8.1 LStH Stichwort „Jobticket" als Arbeitslohn zu behandeln wären.

g) Minderung der Entfernungspauschale

Die nach § 3 Nr. 15 EStG steuerfreien Arbeitgeberleistungen mindern den nach § 9 Abs. 1 Satz 3 Nr. 4 Satz 2 EStG als Entfernungspauschale abziehbaren Betrag (§ 3 Nr. 15 Satz 3 EStG). Bei Überlassung einer Fahrberechtigung oder Zuschüssen zu einer vom Arbeitnehmer selbst erworbenen Fahrberechtigung ist § 3 Nr. 13 und 16 EStG vorrangig zu berücksichtigen (→ Rz. 2625 und → Rz. 2627). 2630

Der Minderungsbetrag entspricht dem Wert der überlassenen Fahrberechtigung oder dem geleisteten Zuschuss, der ohne die Steuerbefreiung nach § 3 Nr. 15 EStG als Arbeitslohn zu besteuern gewesen wäre. Aus Vereinfachungsgründen bestehen keine Bedenken, als Wert der überlassenen Fahrberechtigung die Aufwendungen des Arbeitgebers einschließlich Umsatzsteuer anzusetzen.

Fahrberechtigungen mit einem Gültigkeitszeitraum, der sich über zwei oder mehr Kalenderjahre erstreckt, gelten in dem Kalenderjahr als zugeflossen, in dem die Arbeitgeberleistung erbracht wird. Für die Anrechnung auf die Entfernungspauschale ist der Wert der Fahrberechtigung anteilig auf den Gültigkeitszeitraum der Fahrberechtigung zu verteilen und entsprechend zu bescheinigen.

Beispiel 1:

Der Arbeitgeber überlässt seinem Arbeitnehmer am 1.7.2024 ein Jahresticket (Gültigkeit bis zum 30.6.2025) für den regionalen Verkehrsverbund B, das er zum Preis von 600 € erworben hat.

Das überlassene Jahresticket im Wert von 600 € ist als Fahrberechtigung des öffentlichen Personennahverkehrs vollständig steuerfrei nach § 3 Nr. 15 EStG.

Der Wert von 600 € ist für die Anrechnung auf die Entfernungspauschale aber anteilig auf den Gültigkeitszeitraum der Fahrberechtigung von 12 Monaten zu verteilen und entfällt somit mit 300 € auf das Jahr 2024 und mit 300 € auf das Jahr 2025.

Eine Minderung der Entfernungspauschale nach § 3 Nr. 15 Satz 3 EStG erfolgt maximal bis auf 0 € und ist unabhängig von der tatsächlichen Nutzung der vom Arbeitgeber überlassenen oder bezuschussten Fahrberechtigung vorzunehmen; eine Kürzung der Entfernungspauschale erfolgt daher auch in den Fällen, in denen der Arbeitnehmer die nach § 3 Nr. 15 EStG steuerfreie Fahrberechtigung tatsächlich nicht oder ganz bzw. teilweise privat nutzt. Die Minderung unterbleibt hingegen, wenn der Arbeitnehmer wirksam auf die Fahrberechtigung verzichtet hat (→ Rz. 2632).

Die Minderung erfolgt von der abziehbaren Entfernungspauschale, die nach § 9 Abs. 1 Satz 3 Nr. 4 Satz 2 EStG ermittelt wurde, d.h. nach Beachtung der 4 500 €-Grenze nach § 9 Abs. 1 Satz 3 Nr. 4 Satz 2 erster und zweiter Teilsatz EStG. Im Übrigen ist § 3c Abs. 1 EStG zu beachten (→ Rz. 2631).

Der Arbeitgeber muss die nach § 3 Nr. 15 EStG steuerfreie Leistung grds. individuell für jeden Arbeitnehmer ermitteln und nach § 41b Abs. 1 Satz 2 Nr. 6 EStG (in Nummer 17 der Lohnsteuerbescheinigung) bescheinigen. Bietet der Arbeitgeber gleichartige Fahrberechtigungen allen seinen Arbeitnehmern an und zahlt hierfür an den Verkehrsträger einen pauschalen Preis pro Arbeitnehmer, kann er zur Ermittlung des Minderungsbetrags für den einzelnen Arbeitnehmer seine Gesamtaufwendungen einschließlich Umsatzsteuer nach gleichen Anteilen auf die Anzahl aller Arbeitnehmer aufteilen, unabhängig davon, wie viele Arbeitnehmer die Fahrberechtigungen annehmen oder auf sie verzichten (→ Rz. 2632).

Beispiel 2:

Ein Arbeitgeber schließt mit einem regionalen Verkehrsträger einen Vertrag, wonach alle 50 Arbeitnehmer des Arbeitgebers eine Fahrberechtigung für den gesamten Verkehrsbund erhalten sollen. Hierfür zahlt der Arbeitgeber einschließlich Umsatzsteuer 30 000 € an den Verkehrsträger (pro Arbeitnehmer pauschal 600 € im Kalenderjahr). Arbeitnehmer A nutzt die Jahreskarte im Jahr 2026 an 220 Arbeitstagen für seine Fahrten zwischen Wohnung und erster Tätigkeitsstätte; die Fahrtstrecke beträgt bei A 50 km. Arbeitnehmer B nutzt die Jahreskarte im Jahr 2026 nicht und fährt die 5 km zur Arbeit an allen 220 Tagen mit dem Auto. Arbeitnehmer C verzichtet im Jahr 2026 wirksam auf die Fahrberechtigung.

Der Arbeitgeber teilt seine Aufwendungen einschließlich Umsatzsteuer von 30 000 € durch die Anzahl der Arbeitnehmer. Der Arbeitgeber weist danach für das Jahr 2026 600 € (30 000 €/50 Arbeitnehmer) bei jedem Arbeitnehmer, der auf die Fahrberechtigung nicht wirksam verzichtet hat, in Nummer 17 der Lohnsteuerbescheinigung aus, unabhängig von der tatsächlichen Nutzung. Die Überlassung der Jahreskarten ist bei A und B steuerfrei nach § 3 Nr. 15 EStG, da es sich um eine Fahrberechtigung für den öffentlichen Personennahverkehr (Verkehrsverbund, → Rz. 2621) handelt. Die Entfernungspauschale ist bei A und B um 600 € zu kürzen (maximal bis auf 0 €).

Bei A ergibt sich eine Entfernungspauschale von 3 580 € (220 Arbeitstage x 50 km x 0,38 € = 4 180 € – 600 €).

Bei B ergibt sich eine Entfernungspauschale von 0 € (220 Arbeitstage x 5 km x 0,38 € = 418 € – 600 € = max. 0 €).

Da C auf die Jahreskarte verzichtet hat, erfolgt bei ihm kein Ausweis in Nummer 17 seiner Lohnsteuerbescheinigung und keine Kürzung der Entfernungspauschale.

Hinweis: Auf Grund der Neuregelungen durch das Steueränderungsgesetz 2025 beträgt die Entfernungspauschale ab dem Vz 2026 bereits ab dem ersten Kilometer 0,38 €. Das Gesetzgebungsverfahren war zum Zeitpunkt des Redaktionsschlusses noch nicht endgültig abgeschlossen. Sollten sich Änderungen ergeben, unterrichten wir Sie hierzu über unseren Online-Aktualisierungsdienst (s. Benutzerhinweis S. IV).

Beispiel 3:

Arbeitnehmer A fährt an 220 Tagen im Jahr 2026 von seiner Wohnung mit dem Auto 30 km zum Bahnhof und von dort 100 km mit der Bahn zur ersten Tätigkeitsstätte. Die kürzeste Straßenverbindung zwischen Wohnung und erster Tätigkeitsstätte beträgt 110 km. Der Arbeitgeber überlässt dem Arbeitnehmer eine Jahreskarte der Bahn ausschließlich für die Strecke Wohnung – erste Tätigkeitsstätte im Wert von 4 600 €. Diesen Betrag weist der Arbeitgeber in der Nummer 17 der Lohnsteuerbescheinigung aus.

Die Überlassung der Jahreskarte ist steuerfrei nach § 3 Nr. 15 EStG.

Von der maßgeblichen Entfernung von 110 km entfällt eine Teilstrecke von 30 km auf Fahrten mit dem Auto und eine Teilstrecke von 80 km auf die Fahrten mit öffentlichen Verkehrsmitteln. Es ergibt sich folgende Entfernungspauschale:

220 Arbeitstage x 30 km x 0,38 € =	2 508 €
220 Arbeitstage x 80 km x 0,38 €=	6 688 €
begrenzt auf Höchstbetrag von	4 500 €

Entfernungspauschale nach § 9 Abs. 1 Satz 3 Nr. 4 Satz 2 EStG somit insgesamt 7 008 € (2 508 € + 4 500 €). Von diesem Gesamtbetrag sind die nach § 3 Nr. 15 EStG steuerfreien Aufwendungen für die Jahreskarte i.H.v. 4 600 € abzuziehen. Damit verbleibt eine Entfernungspauschale von 2 408 € (7 008 € – 4 600 €).

Hinweis: Auf Grund der Neuregelungen durch das Steueränderungsgesetz 2025 beträgt die Entfernungspauschale ab dem Vz 2026 bereits ab dem ersten Kilometer 0,38 €. Das Gesetzgebungsverfahren war zum Zeitpunkt des Redaktionsschlusses noch nicht endgültig abgeschlossen. Sollten sich Änderungen ergeben, unterrichten wir Sie hierzu über unseren Online-Aktualisierungsdienst (s. Benutzerhinweis S. IV).

Beispiel 4:

Arbeitnehmer A fährt im Jahr 2026 an 220 Tagen von seiner Wohnung mit dem Auto 40 km zum Bahnhof und von dort 40 km mit der Bahn zur ersten Tätigkeitsstätte. Die kürzeste Straßenverbindung zwischen Wohnung und erster Tätigkeitsstätte beträgt 65 km. Der Arbeitgeber überlässt dem Arbeitnehmer eine Jahreskarte der Bahn ausschließlich für die Strecke Wohnung – erste Tätigkeitsstätte im Wert von 4 600 €. Diesen Betrag weist der Arbeitgeber in der Nummer 17 der Lohnsteuerbescheinigung aus.

Die Überlassung der Jahreskarte ist steuerfrei nach § 3 Nr. 15 EStG. Von der maßgeblichen Entfernung von 65 km entfällt eine Teilstrecke von 40 km auf Fahrten mit dem Auto und eine Teilstrecke von 25 km auf die Fahrten mit öffentlichen Verkehrsmitteln. Es ergibt sich folgende Entfernungspauschale:

220 Arbeitstage x 40 km x 0,38 € = 3 344 €,
220 Arbeitstage x 25 km x 0,38 € = 2 090 €.

Entfernungspauschale nach § 9 Abs. 1 Satz 3 Nr. 4 Satz 2 EStG somit insgesamt 5 434 € (3 344 € + 2 090 €). Von diesem Gesamtbetrag sind die nach § 3 Nr. 15 EStG steuerfreien Aufwendungen für die Jahreskarte von 4 600 € abzuziehen. Damit verbleibt eine Entfernungspauschale von 834 € (5 434 € – 4 600 €).

Hinweis: Auf Grund der Neuregelungen durch das Steueränderungsgesetz 2025 beträgt die Entfernungspauschale ab dem Vz 2026 bereits ab dem ersten Kilometer 0,38 €. Das Gesetzgebungsverfahren war zum Zeitpunkt des Redaktionsschlusses noch nicht endgültig abgeschlossen. Sollten sich Änderungen ergeben, unterrichten wir Sie hierzu über unseren Online-Aktualisierungsdienst (s. Benutzerhinweis S. IV).

Macht der Stpfl. nach § 9 Abs. 2 Satz 3 EStG die tatsächlichen Aufwendungen anstelle der Entfernungspauschale geltend, ist dafür in § 3 Nr. 15 Satz 3 EStG keine Anrechnung vorgesehen. 2631

Sofern der Arbeitgeber aber steuerfreie Zuschüsse zu einer vom Arbeitnehmer selbst erworbenen Fahrberechtigung geleistet hat, ist § 3c Abs. 1 EStG zu beachten.

Sofern der Arbeitgeber nach § 40 Abs. 2 Satz 2 EStG pauschalbesteuerte Zuschüsse, z.B. zu den tatsächlichen Aufwendungen für die Pkw-Nutzung geleistet hat, ist § 40 Abs. 2 Satz 3 EStG zu beachten.

h) Nutzungsverzicht

Erklärt ein Arbeitnehmer gegenüber dem Arbeitgeber, auf die Fahrberechtigung gänzlich zu verzichten (Fahrberechtigung wird nicht angenommen oder zurückgegeben), ist von einer Kürzung der Entfernungspauschale abzusehen. Ein Nachweis des Nutzungsverzichts ist zum Lohnkonto aufzubewahren. 2632

i) Aufzeichnungs- und Nachweispflichten

Der Arbeitgeber hat die steuerfreien Arbeitgeberleistungen nach § 4 Abs. 2 Nr. 4 LStDV im Lohnkonto aufzuzeichnen und nach § 41b Abs. 1 Satz 2 Nr. 6 EStG in Nummer 17 der Lohnsteuerbescheinigung unter Beachtung der → Rz. 2630 zu bescheinigen. Zahlt der Arbeitgeber einen Zuschuss zu den vom Arbeitnehmer selbst erworbenen Fahrberechtigungen, hat er als Nachweis der zweckentsprechenden Verwendung die vom Arbeitnehmer erworbenen und genutzten Fahrausweise oder entsprechende Belege (z.B. Rechnungen über den Erwerb eines Fahrausweises oder eine Bestätigung des Verkehrsträgers über den Bezug eines Jobtickets) zum Lohnkonto aufzubewahren. Der Zuschuss darf dabei die Aufwendungen des Arbeitnehmers einschließlich Umsatzsteuer für die entsprechenden Fahrberechtigungen nicht übersteigen. 2633

Überlässt der Arbeitgeber seinem Arbeitnehmer eine Fahrberechtigung für den Personennahverkehr, hat er zum Nachweis für das Vorliegen der Voraussetzungen des § 3 Nr. 15 EStG den Beleg für die erworbenen Fahrberechtigungen zum Lohnkonto aufzubewahren. Dies gilt auch, wenn der Arbeitgeber dem Arbeitnehmer eine Fahrberechtigung für den Personenfernverkehr überlässt, die lediglich zur Nutzung für die Strecke zwischen Wohnung und erster Tätigkeitsstätte sowie zu einem Sammelpunkt oder einem weiträumigen Tätigkeitsgebiet (§ 9 Abs. 1 Satz 3 Nr. 4a Satz 3 EStG) berechtigt (→ Rz. 2623).

Überlässt oder bezuschusst der Arbeitgeber eine Fahrberechtigung für den Personenfernverkehr, die über die Strecke zwischen Wohnung und erster Tätigkeitsstätte sowie zu einem Sammelpunkt oder einem weiträumigen Tätigkeitsgebiet (9 Abs. 1 Satz 3 Nr. 4a Satz 3 EStG) hinausgeht oder auch zu Fahrten i.S.d. § 3 Nr. 13 oder 16 EStG genutzt wird, hat er den Nachweis für das Vorliegen der Voraussetzungen des § 3 Nr. 15 EStG (→ Rz. 2633) oder den entsprechenden Nachweis zu der von ihm durchgeführten Prognoseberechnung (prognostizierte Voll- bzw. Teilamortisierung, → Rz. 2624) neben dem Beleg für die erworbene Fahrberechtigung ebenfalls zum Lohnkonto des jeweiligen Arbeitnehmers aufzubewahren. Entsprechendes gilt in den Fällen der → Rz. 2626 (Verzicht auf Amortisationsprognose).

j) Schlussvorschriften

2634 Nach der bis zum 31.12.2018 geltenden Rechtslage gehörten Arbeitgeberleistungen in Form von Zuschüssen und Sachbezügen für Fahrten des Arbeitnehmers zwischen Wohnung und erster Tätigkeitsstätte zum steuerpflichtigen Arbeitslohn. Lediglich die als Sachbezüge gewährten Arbeitgeberleistungen blieben unter Einhaltung der monatlichen Freigrenze nach § 8 Abs. 2 Satz 11 EStG außer Ansatz. Eine Steuerbefreiung kam außerdem in Betracht, wenn ein Arbeitnehmer vom Arbeitgeber eine Fahrberechtigung erhalten hat und hierfür die Voraussetzungen des § 8 Abs. 3 EStG erfüllt waren (Rabattfreibetrag). Die neu eingeführte Steuerbefreiungsvorschrift des § 3 Nr. 15 EStG ist seit dem 1.1.2019 vorrangig vor § 8 Abs. 2 Satz 11 und Abs. 3 Satz 2 EStG zu berücksichtigen.

Das o.g. BMF-Schreiben v. 15.8.2019 ist seit dem 1.1.2019 anzuwenden. Aus Vereinfachungsgründen wird es nicht beanstandet, wenn der Arbeitgeber für die bis zum 31.12.2019 erbrachten Leistungen i.S.d. § 3 Nr. 15 EStG eine bisher durchgeführte Pauschalierung der Lohnsteuer nach § 40 EStG oder Pauschalierung der Einkommensteuer nach § 37b EStG fortführt.

Hat der Arbeitnehmer eine Fahrberechtigung vor dem 1.1.2019 erworben, für die er auch nach dem 1.1.2019 noch Zahlungen erbringt, können die Zuschüsse des Arbeitgebers zu den Aufwendungen des Arbeitnehmers seit dem 1.1.2019 steuerfrei nach § 3 Nr. 15 EStG bleiben.

Zuschüsse des Arbeitgebers zu der vom Arbeitnehmer vor dem 1.1.2019 erworbenen und bezahlten Fahrberechtigung fallen hingegen nicht unter die seit 1.1.2019 geltende Steuerfreiheit nach § 3 Nr. 15 EStG.

4. Sonstige Vergünstigungen

2635 Kann die o.g. Steuerbefreiung des § 3 Nr. 15 EStG (→ Rz. 2617) nicht angewendet werden, weil die Arbeitgeberleistungen **nicht zusätzlich zum ohnehin geschuldeten Arbeitslohn** (→ *Barlohnumwandlung* Rz. 1218) erbracht werden, kommen wie bisher folgende Steuerbefreiungen in Betracht:

- **50 €-Freigrenze nach** § 8 Abs. 2 Satz 11 EStG

  Überlässt der Arbeitgeber seinen Arbeitnehmern Job-Tickets für Fahrten zwischen Wohnung und erster Tätigkeitsstätte mit öffentlichen Verkehrsmitteln unentgeltlich oder verbilligt, handelt es sich um **Sachbezüge**, so dass die Anwendung von § 8 Abs. 2 Satz 11 EStG in Betracht kommt (BFH v. 14.11.2012, VI R 56/11, BStBl II 2013, 382). Danach bleiben Sachbezüge außer Ansatz, wenn die sich nach Anrechnung der vom Arbeitnehmer gezahlten Entgelte ergebenden Vorteile insgesamt **50 € im Kalendermonat nicht übersteigen** (monatliche Freigrenze). Wird diese Freigrenze überschritten, ist der gesamte Sachbezug steuerpflichtig. Bei der Freigrenze sind auch **andere Sachbezüge zu berücksichtigen**, → *Sachbezüge* Rz. 3819.

- **Rabattfreibetrag** nach § 8 Abs. 3 EStG

  Der Rabattfreibetrag für sog. **Belegschaftsrabatte** kommt zur Anwendung, wenn z.B. der **Arbeitgeber selbst Verkehrsträger** ist und seinen Mitarbeitern Job-Tickets überlässt, die diese zur Nutzung der öffentlichen Verkehrsmittel des Arbeitgebers berechtigen (zuletzt BFH v. 26.6.2014, VI R 41/13, BStBl II 2015, 39 betr. Fahrvergünstigung der Deutschen Bahn AG für Ruhestandsbeamte). Der Vorteil aus der unentgeltlichen oder verbilligten Nutzung der öffentlichen Verkehrsmittel bleibt dann i.R. des sog. Rabattfreibetrags (**1 080 € im Jahr**) steuerfrei.

- **Steuerfreier Reisekostenersatz**

  In den Fällen, in denen ein Arbeitnehmer **eine Monatskarte** für die Nutzung des öffentlichen Nahverkehrs **selbst privat anschafft** und diese auch für dienstliche Fahrten i.R. einer Auswärtstätigkeit nutzt, kommt eine **steuerfreie Erstattung durch den Arbeitgeber** nach § 3 Nr. 13 oder Nr. 16 EStG in Betracht. Es gelten die Grundsätze des steuerlichen Reisekostenrechts. Ein überwiegend eigenbetriebliches Interesse ist zu verneinen. Für die Höhe der steuerfreien Erstattung ist ein monatlicher Nachweis der beruflichen Fahrten erforderlich. Aus **Vereinfachungsgründen** können dafür – anstelle einer quotalen Aufteilung (Nutzung zu dienstlichen Zwecken im Verhältnis zur Gesamtnutzung) – auch die während des Gültigkeitszeitraumes ersparten Kosten für die Einzelfahrscheine zu Grunde gelegt werden, die durch die dienstliche Nutzung des Nahverkehrs entstanden wären, allerdings begrenzt auf die Höhe der tatsächlichen Kosten der vom Arbeitnehmer erworbenen Monatskarte. Der Arbeitgeber kann demnach die dem Arbeitnehmer entstandenen Aufwendungen für die Monatskarte dann vollumfänglich steuerfrei erstatten, wenn die Kosten der während des Gültigkeitszeitraums ersparten Einzelfahrkarten für die dienstlichen Fahrten den Preis der Monatskarte erreichen oder übersteigen. In allen anderen Fällen ist eine teilweise steuerfreie Erstattung möglich. Auch hier kann die Höhe der Erstattung anhand der ersparten Kosten für Einzelfahrkarten für die im Gültigkeitszeitraum nachgewiesenen dienstlichen Fahrten ermittelt werden (OFD Frankfurt v. 8.6.2016, S 2334 A – 130 – St 222, aktualisiert, StEd 2018, 524).

Vor der evtl. Anwendung dieser Steuerbefreiungen ist jedoch zu prüfen, ob dem Arbeitnehmer mit der Hingabe des Job-Tickets tatsächlich **Arbeitslohn zufließt**, d.h. ob überhaupt ein geldwerter Vorteil entsteht:

5. Entstehen eines geldwerten Vorteils

a) Kein geldwerter Vorteil

Hat der **Arbeitgeber einen Rahmenvertrag mit einem Verkehrsbetrieb abgeschlossen**, wonach die Arbeitnehmer verbilligte Jahresnetzkarten (Jobtickets) unmittelbar vom Verkehrsbetrieb erwerben können, stellt der **übliche Preisnachlass des Verkehrsbetriebes an den Arbeitnehmer keinen Drittlohn** dar (BFH v. 14.11.2012, VI R 56/11, BStBl II 2013, 382). Ein Sachbezug liegt jedoch vor, soweit der Arbeitnehmer das Jobticket darüber hinaus verbilligt erhält (H 8.1 Abs. 1 – 4 „Job-Ticket" LStH und BayLfSt v. 12.8.2015, S 2334.2.1 – 98/5 St 32, StEd 2015, 573). 2636

Übliche Mengenrabatte führen nicht zu einem geldwerten Vorteil. Um einen üblichen Mengenrabatt handelt es sich, wenn das Verkehrsunternehmen den eingeräumten **Mengenrabatt auch anderen Kunden gewährt**, die eine identische Anzahl an Job-Tickets abnehmen. Auf die vom Hamburger HVV vertriebene ProfiCard bezogen bedeutet dies, dass die vom HVV eingeräumte Verbilligung als „üblicher Preisnachlass" i.S.d. § 8 Abs. 2 Satz 1 EStG nicht zu einer steuerpflichtigen Einnahme führt, hingegen die vom Arbeitgeber geleisteten Zuschüsse im Ergebnis einen geldwerten Vorteil darstellen (FinMin Hamburg v. 25.10.2013, 52 – S 2334 – 024/12).

Ein geldwerter Vorteil ist daher nicht anzunehmen bei Überlassung eines Job-Tickets für Fahrten zwischen Wohnung und erster Tätigkeitsstätte mit öffentlichen Verkehrsmitteln

- entweder zu dem **mit dem Verkehrsträger vereinbarten Preis eines Job-Tickets**
- oder sogar zu einem **höheren Preis**.

Die Tarifermäßigung des Verkehrsträgers für das Job-Ticket gegenüber dem üblichen Endpreis ist kein geldwerter Vorteil (BMF v. 27.1.2004, IV C 5 – S 2000 – 2/04, BStBl I 2004, 173).

Beispiel:

Der Arbeitgeber erwirbt auf Grund einer besonderen Vereinbarung mit dem Verkehrsträger i.R. eines Job-Ticket-Modells für alle seine 354 Mitarbeiter um 50 % ermäßigte Monatskarten. Da aber nicht alle Arbeitnehmer die Karten abnehmen (viele wollen weiterhin mit dem Auto fahren), werden die Monatskarten mit geringen Aufschlägen an die interessierten Bahnfahrer weitergegeben. Arbeitnehmer A z.B. zahlt somit anstatt „normal" 50 € für seine Monatskarte nur 30 €, die Firma hat diese Karte für 25 € erworben.

Ein lohnsteuerpflichtiger **geldwerter Vorteil entsteht nicht**, da A einen höheren Preis zahlt als der Arbeitgeber an das Verkehrsunternehmen. Dass A im Ergebnis ein stark ermäßigtes Job-Ticket erhält, ist unbeachtlich.

A kann darüber hinaus die **„volle" Entfernungspauschale** als Werbungskosten geltend machen, da er keine auf die Entfernungspauschale anzurechnenden steuerfreien oder pauschal versteuerten Arbeitgeberleistungen erhält.

Grds. muss der Arbeitgeber den **Verwaltungsaufwand** für das Job-Ticket-Angebot selbst tragen. Sofern er diesen jedoch auf den Verkehrsträger abwälzt und dafür ein gewisses **Service-Entgelt** bezahlen muss, führt die Zahlung dieses Service-Entgelts beim Arbeitnehmer nicht zu einem geldwerten Vorteil. Wenn der Arbeitnehmer die Zahlung des Service-Entgelts übernimmt, vermindert sich der geldwerte Vorteil um die Höhe des Service-Entgelts.

b) Geldwerter Vorteil

2637 Ein (grds.) steuerpflichtiger Sachbezug liegt jedoch vor, soweit der Arbeitnehmer das Job-Ticket **verbilligt oder unentgeltlich vom Arbeitgeber erhält**. Der geldwerte Vorteil besteht aber nicht bereits in der Differenz zwischen dem üblichen Endpreis (Verkaufspreis) einer mit den von den Arbeitnehmern bezogenen Karten vergleichbaren Jahreskarte am Abgabeort und den diesbezüglichen Aufwendungen der Arbeitnehmer. Hiervon sind vielmehr noch die **üblichen Preisnachlässe**, die der Verkehrsbetrieb i.R. eines Jobticketprogramms den Arbeitnehmern gewährt, und damit i.d.R. der über Zuzahlungen des Arbeitgebers an den Verkehrsbetrieb hinausgehende Nachlass auf den üblichen Endpreis **vorteilsmindernd zu berücksichtigen** (BFH v. 14.11.2012, VI R 56/11, BStBl II 2013, 382).

Die Anwendung dieses BFH-Urteils hat in der Praxis Fragen aufgeworfen:

Seitens der Verkehrsverbünde wird Firmenkunden angeboten, eine Vereinbarung über Jobtickets für ihre Mitarbeiter abzuschließen. Dabei wird ein Vertrag mit dem Arbeitgeber geschlossen, auf dessen Grundlage die Arbeitnehmer Jobtickets verbilligt erwerben können. I.d.R. ist in diesem Vertrag ein Grundbeitrag des Arbeitgebers vereinbart, der unabhängig von der Anzahl der am Programm teilnehmenden Arbeitnehmer zu zahlen ist. Jeder Arbeitnehmer, der nun ein Jobticket beziehen möchte, muss dann einen bestimmten Eigenbeitrag entrichten. Aus den Tarifbestimmungen ist dabei ersichtlich, dass es sich um eine monatliche Fahrberechtigung handelt, die teilweise als Abonnement ausgestaltet ist.

Es wird seitens der Verkehrsträger teilweise die Auffassung vertreten, dass auf Grund des o.g. BFH-Urteils v. 14.11.2012 die Bewertung des geldwerten Vorteils nicht im Vergleich zu einer üblichen Monatskarte zu erfolgen hat. Vielmehr sei auf Grund des Urteils ein üblicher Preisnachlass bei der Bewertung vorteilsmindernd zu berücksichtigen. Der Preis des Jobtickets für den Arbeitnehmer soll der um übliche Preisnachlässe geminderte Endpreis sein, der nach § 8 Abs. 2 Satz 1 EStG anzusetzen sei. Da der Eigenbeitrag des Arbeitnehmers dem entspricht, sei kein geldwerter Vorteil entstanden.

Die Finanzverwaltung vertritt zu dieser Frage folgende Auffassung (LfSt Rheinland-Pfalz v. 29.6.2016, S 2334 A – St 42 3):

„Zunächst ist anhand der Tarifbestimmungen festzustellen, ob es sich bei den Jobtickets um monatliche Fahrberechtigungen – also Monatskarten – oder aber um Jahreskarten handelt.

Sofern nur Personen in den Genuss des Jobtickets kommen, deren Arbeitgeber einen Rahmenvertrag mit dem Verkehrsträger abschließt, entsteht grds. ein geldwerter Vorteil, da der Arbeitgeber an der Verschaffung des Preisvorteils mitgewirkt hat (BMF v. 20.1.2015, IV C 5 – S 2360/12/10002, BStBl I 2015, 143 Rdnr. 2).

Soweit im Vertrag zwischen dem Verkehrsträger und dem Arbeitgeber ein Grundbeitrag vereinbart wird, kann dieser nach dem o.g. BFH-Urteil nicht als Maßstab für die Bewertung des geldwerten Vorteils herangezogen werden.

Nach § 8 Abs. 2 Satz 1 EStG sind geldwerte Vorteile mit dem um übliche Preisnachlässe geminderten Endpreis am Abgabeort anzusetzen. ***Als „üblicher Endpreis am Abgabeort" ist der Verkaufspreis einer vergleichbaren Fahrkarte außerhalb des Jobticketprogramms anzusehen (Normalpreis).*** *Sofern dem Arbeitnehmer auf Grund der Tarifbedingungen mit dem Jobticket eine monatliche Fahrberechtigung verschafft wird, ist eine entsprechende Monatskarte als Vergleich gegenüber zu stellen. So bestätigt der BFH in seinem o.g. Urteil in den Entscheidungsgründen, dass von dem Normalpreis einer entsprechenden Jahreskarte als Vergleichsmaßstab auszugehen ist, da im Urteilsfall eine jährliche Fahrberechtigung verschafft wurde.*

Weiter führt der BFH aus, dass zu prüfen ist, in welchem Umfang der dem Jobticket innewohnende Vorteil den teilnehmenden Arbeitnehmern durch den Arbeitgeber vermittelt worden ist. Dazu sei festzustellen, ob und ggf. in welcher Höhe sich der Nachlass auf den Normalpreis als üblicher Preisnachlass i.R. eines nichtsteuerbaren „Mengenrabatts" der Verkehrsbetriebe darstellt.

Auf Grund der besonderen Ausgestaltung der Jobticket-Modelle verbunden mit den Zahlungen des Arbeitgebers (Grundbeiträge) handelt es sich bei der Differenz zwischen dem Normalpreis und dem Preis für das Jobticket, den der Arbeitnehmer zu zahlen hat, i.d.R. nicht um einen üblichen Preisnachlass. Vielmehr ist der Preisnachlass des Jobtickets gegenüber dem Normalpreis durch den Arbeitgeber auf Grund der Leistung der Grundbeiträge sozusagen „erkauft" worden. Nur auf Grund der Zahlung eines Grundbeitrages in der festgelegten Höhe wird dem Arbeitnehmer der Vorzugspreis des Jobtickets eingeräumt, der Arbeitgeber hat dem Arbeitnehmer also den geldwerten Vorteil insoweit verschafft.

Sofern vom Verkehrsträger keine Daten über allgemein vom Verkehrsträger gewährte „Mengenrabatte" geliefert werden, sind die üblichen Preisnachlässe nach R 8.1 Abs. 2 Satz 3 LStR mit 4 % anzusetzen.

Dies führt zu folgender Beispielsrechnung:

Normalpreis für eine Monatskarte	*49,10 €*
– Mengenrabatt (4 % nach R 8.1 Abs. 2 Satz 3 LStR)	*1,96 €*
– Zuzahlung des Arbeitnehmers	*37,– €*
Geldwerter Vorteil	*10,14 €*

Dieser geldwerte Vorteil aus dem Erwerb des Jobtickets kann dann i.R.d. 50 €-Freigrenze des § 8 Abs. 2 Satz 11 EStG steuerfrei belassen werden."

Ob der Arbeitnehmer tatsächlich die öffentlichen Verkehrsmittel nutzt oder aber z.B. mit dem Auto zur Arbeit fährt, ist unerheblich. Für die Annahme eines geldwerten Vorteils reicht allein die **Möglichkeit der Nutzung** aus (OFD Hannover v. 15.2.2006, S 2334 – 97 – StO 212). Bei der Berechnung des geldwerten Vorteils ist der **Bewertungsabschlag** nach R 8.1 Abs. 2 Satz 3 LStR von 4 % zu berücksichtigen, ferner ist die **Zuzahlung des Arbeitnehmers abzuziehen**. S. nachstehendes Beispiel aus H 8.1 (1–4) (Job-Ticket) LStH:

Beispiel:

Üblicher Preis für eine Monatskarte	100,– €
vom Verkehrsträger dem Arbeitgeber eingeräumte Job-Ticket-Ermäßigung 10 %	10,– €
vom Arbeitgeber entrichteter Preis	90,– €
davon 96 % (R 8.1 Abs. 2 Satz 3 LStR)	86,40 €
abzüglich Zuzahlung des Arbeitnehmers	45,– €
Vorteil	41,40 €

Wenn der Arbeitnehmer bei einem **Verkehrsträger beschäftigt** ist, so ist der Sachbezug mit dem Preis anzusetzen, den ein dritter Arbeitgeber (Nichtverkehrsträger) an den Verkehrsträger (z.B. für ein Job-Ticket) zu entrichten hätte (§ 9 Abs. 2 Satz 5 EStG sowie BMF v. 27.1.2004, IV C 5 – S 2000 – 2/04, BStBl I 2004, 173 Abschn. II Nr. 1).

Ob aber tatsächlich Lohnsteuer zu erheben ist, hängt davon ab, ob die sog. 50 €-Freigrenze nach § 8 Abs. 2 Satz 11 EStG Anwendung findet (→ Rz. 2638).

6. Anwendung der 50 €-Freigrenze

a) Allgemeines

Die 50 €-Freigrenze ist nur anzuwenden, wenn 2638

- es sich bei der verbilligten Abgabe von Job-Tickets an Arbeitnehmer um **Sachbezüge** handelt, die nach § 8 Abs. 2 Satz 1 EStG (um übliche Preisnachlässe geminderter üblicher Endpreis am Abgabeort) zu bewerten sind. Ein Sachbezug i.S.d. § 8 Abs. 2 Satz 1 EStG liegt grds. nur vor, wenn der Arbeitgeber das Job-Ticket vom Verkehrsunternehmen oder dessen Vertriebspartnern erwirbt und verbilligt an seinen Arbeitnehmer abgibt (FinMin Hamburg v. 25.10.2013, 52 – S 2334 – 024/12),
- und die sich nach Anrechnung der vom Arbeitnehmer gezahlten Entgelte ergebenden Vorteile insgesamt **50 € im Kalendermonat nicht übersteigen** (**monatliche Freigrenze**). Für die Feststellung, ob die Freigrenze überschritten wird, sind alle in einem Kalendermonat zufließenden und nach § 8 Abs. 2 Satz 1 EStG zu bewertenden Vorteile zusammenzurechnen. Die nach § 8 Abs. 2 Satz 1 EStG zu bewertenden Vorteile, die nach §§ 37b und 40 EStG pauschal lohnversteuert werden, bleiben außer Ansatz (vgl. R 8.1 Abs. 3 Satz 1 und 2 LStR und zuletzt BayLfSt v. 12.8.2015, S 2334.2.1 – 98/5 St 32, StEd 2015, 573).

Bei der **monatlichen Überlassung** eines Job-Tickets ist diese Voraussetzung im Allgemeinen erfüllt.

Beispiel 1:

Der Arbeitgeber schließt für 20 seiner Arbeitnehmer über einen Vertriebspartner des Verkehrsunternehmens ein Großkundenabonnement ab. Nach den Tarifbestimmungen ist der Arbeitgeber verpflichtet, zusätzlich zum ohnehin geschuldeten Arbeitslohn eine Beteiligung am tariflichen Fahrgeld von monatlich 10,23 € je Arbeitnehmer zu leisten. Der verbleibende Betrag wird vom Nettoarbeitslohn der Arbeitnehmer einbehalten, der Gesamtbetrag an den Vertriebspartner abgeführt.

Unter der Voraussetzung, dass die Arbeitnehmer keine weiteren Sachbezüge erhalten, die insgesamt die 50 €-Freigrenze überschreiten, bleibt der geldwerte Vorteil von 10,23 € aus der verbilligten Abgabe des Job-Tickets nach § 8 Abs. 2 Satz 11 EStG steuerfrei.

Beispiel 2:

Der Arbeitgeber erwirbt für einen Arbeitnehmer eine Monatskarte und behält einen gegenüber dem Kaufpreis verminderten Betrag vom Nettoarbeitslohn ein.

Auch in diesem Fall bleibt der geldwerte Vorteil aus der verbilligten Überlassung der Monatskarte steuerfrei, wenn er – ggf. mit anderen begünstigten Sachbezügen – nicht mehr als 50 € beträgt.

Ein **zweckgebundener Zuschuss des Arbeitgebers** zu einem vom Arbeitnehmer selbst abgeschlossenen Abonnement, einer Monatskarte etc. stellt seit dem 1.1.2020 **keinen Sachbezug** mehr dar. Denn nach § 8 Abs. 1 Satz 2 EStG gehören zu den Einnahmen in Geld auch zweckgebundene Geldleistungen, nachträgliche Kostenerstattungen, Geldsurrogate und andere Vorteile, die auf einen Geldbetrag lauten, soweit es sich nicht um Gutscheine oder Geldkarten handelt, die ausschließlich zum Bezug von Waren oder Dienstleistungen berechtigen und die Kriterien des § 2 Abs. 1 Nr. 10 ZAG erfüllen (Änderung durch das Gesetz zur weiteren steuerlichen Förderung der Elektromobilität und zur Änderung weiterer steuerlicher Vorschriften).

Beispiel 3:

Ein Arbeitnehmer hat mit einem Verkehrsunternehmen ein Monatskarten-Abonnement abgeschlossen. Der Arbeitgeber zahlt ihm hierfür einen monatlichen Zuschuss.

Bei diesem handelt es sich um Einnahmen in Geld (§ 8 Abs. 1 Satz 2 EStG); die Anwendung der 50 €-Freigrenze ist nicht möglich.

Die 50 €-Freigrenze gilt jedoch – zumindest nach Verwaltungsauffassung – bei der **monatlichen** Überlassung einer Monatsmarke oder einer **monatlichen** Fahrberechtigung für ein Job-Ticket, das für einen längeren Zeitraum gilt (R 8.1 Abs. 3 Satz 4 LStR). Die Regelung umfasst ausschließlich Fälle, in denen tatsächlich Tickets (sog. **Monatsmarken) monatlich ausgehändigt** werden bzw. ein Ticket, welches an sich für einen längeren Zeitraum gilt, aber **jeden Monat durch den Verkehrsverbund „aktiviert/freigeschaltet“** wird.

Entsprechendes gilt, wenn nach den Tarifbestimmungen des Verkehrsträgers die Dauer des Job-Tickets einen Monat beträgt und sich jeweils um einen weiteren Monat verlängert, solange der Fahrgast nicht widerspricht (FinMin Hamburg v. 25.10.2013, 52 – S 2334 – 024/12).

b) Zeitpunkt des Zuflusses

2639 Auch wenn keine anderen Sachbezüge vorliegen, scheidet die Anwendung der Freigrenze aus, wenn der geldwerte Vorteil für den Sachbezug „Job-Ticket“ allein 50 € im Monat überschreitet – dann ist also der gesamte Sachbezug Job-Ticket steuerpflichtig. Dies ist insbesondere dann der Fall, wenn das Job-Ticket für einen längeren Zeitraum gilt (z.B. **Jahresticket**), weil dann der geldwerte Vorteil **insgesamt im Zeitpunkt der Überlassung des Job-Tickets** zufließt (also nicht verteilt auf die einzelnen Monate), sofern dem Arbeitnehmer mit der Aushändigung des Job-Tickets ein uneingeschränktes Nutzungsrecht eingeräumt wurde (vgl. BMF v. 27.1.2004, IV C 5 – S 2000 – 2/04, BStBl I 2004, 173 Abschn. II Nr. 1 sowie H 8.1 (1-4) (Job-Ticket) LStH). Auch in sinngemäßer Anwendung von BFH v. 26.9.2019, VI R 23/17, BStBl II 2020, 162 betr. Rabattfreibetrag für Fahrvergünstigungen der Deutschen Bahn AG im Fernverkehr ist davon auszugehen, dass bereits mit dem Bezug des Job-Tickets der darin verkörperte geldwerte Vorteil unabhängig vom konkreten Fahrtantritt zugeflossen ist (s. zuletzt auch die Hinweise in BFH v. 7.7.2020, VI R 14/18, BStBl II 2021, 232 betr. Lohnzufluss bei vom Arbeitgeber eingeräumter Möglichkeit der vergünstigten Nutzung von Fitnessstudios). Für den Zufluss des in dem Bezugsrecht verkörperten geldwerten Vorteils ist unerheblich, ob das Jobticket(-Abonnement) von Arbeitnehmern oder Verkehrsbetrieben gekündigt werden kann (BFH v. 14.11.2012, VI R 56/11, BStBl II 2013, 382). Es wird jedoch von der Finanzverwaltung nicht beanstandet, wenn als **Zuflusszeitpunkt des geldwerten Vorteils der erste Tag der Gültigkeit des Job-Tickets angenommen** wird.

Beispiel 1:

A erhält **im Dezember 2024 im Voraus für das ganze Jahr 2025** (Gültigkeitszeitraum 1.1 bis 31.12.2025) ein Job-Ticket in Form eines Bogens mit zwölf Monatsmarken. Der geldwerte Vorteil (= Preisermäßigung gegenüber dem „Normalpreis“) soll 300 € (= monatlich 25 €) betragen.

Auch wenn der Arbeitnehmer das Job-Ticket tatsächlich nur monatlich mit der jeweils gültigen Monatsmarke nutzen kann, ist dem Arbeitnehmer der geldwerte Vorteil in voller Höhe im Zeitpunkt der Aushändigung des Monatskarten-Bogens, d.h. **im Dezember 2024, zugeflossen**. Die Finanzverwaltung beanstandet es jedoch nicht, wenn als Zuflusszeitpunkt des geldwerten Vorteils der erste Tag der Gültigkeit des Job-Tickets angenommen wird, hier also der 1.1.2025.

Da in diesem Monat die „50 €-Freigrenze“ überschritten ist, hat der Arbeitgeber für den Monat Januar den gesamten Betrag von 300 € zu versteuern.

Um die monatliche 50 €-Freigrenze nutzen zu können, müsste der Arbeitgeber die **Monatsmarken monatlich aushändigen**. Da der geldwerte Vorteil von 25 € in diesem Fall nicht die 50 €-Freigrenze überschreiten würde, fiele keine Lohnsteuer an.

Besonders für die **Versteuerung des geldwerten Vorteils** – insbesondere für die Anwendung des Freibetrages des § 8 Abs. 2 Satz 11 EStG – ist somit entscheidend, **wann der Sachbezug „Job-Ticket“ zufließt**. Nach Auffassung der Finanzverwaltung gilt Folgendes (BayLfSt v. 12.8.2015, S 2334.2.1 – 98/5 St 32, StEd 2015, 573):

Gem. R 8.1 Abs. 3 Satz 4 LStR ist die 50 €-Freigrenze des § 8 Abs. 2 Satz 11 EStG bei der monatlichen Überlassung einer Monatsmarke oder einer monatlichen Fahrberechtigung für ein Job-Ticket anwendbar, auch wenn das Job-Ticket für einen längeren Zeitraum gilt. Hiervon sind z.B. umfasst

- Fälle, in denen tatsächlich monatliche Tickets („Monatsmarken“) monatlich ausgehändigt werden, oder
- Tickets, welche an sich für einen längeren Zeitraum gelten, aber jeden Monat „aktiviert/freigeschaltet“ werden.

Sehen die Tarif- und Nutzungsbestimmungen für ein Job-Ticket vor, dass die jeweilige monatliche Fahrberechtigung durch die **rechtzeitige monatliche Zahlung erworben** wird, fließt der geldwerte Vorteil aus dem Sachbezug „Job-Ticket“ monatlich – und nicht bei Kauf/Teilnahmeerklärung für den gesamten Gültigkeitszeitraum – zu.

Beispiel 2:

Arbeitnehmer A erhält von seinem Arbeitgeber am 1.1.2024 unentgeltlich eine Fahrkarte für die Nutzung öffentlicher Verkehrsmittel für die Strecke zwischen Wohnung und erster Tätigkeitsstätte („Job-Ticket“). Die Karte hat den Aufdruck „gültig bis 31.12.2025“. Nach den Tarifbestimmungen des Verkehrsanbieters wird während der Gültigkeitsdauer 1.1.2024 – 31.12.2025 **die monatliche Fahrberechtigung durch die rechtzeitige monatliche Zahlung erworben**. Nach der zutreffenden Berechnung des Arbeitgebers beträgt der geldwerte Vorteil aus dem Sachbezug „Job-Ticket“ monatlich 42 €. Weitere Sachbezüge liegen nicht vor.

Die 50 €-Freigrenze für Sachbezüge (§ 8 Abs. 2 Satz 11 EStG) ist anwendbar. Da es sich um die monatliche Fahrberechtigung eines Job-Tickets handelt, das für einen längeren Zeitraum gilt (R 8.1 Abs. 3 Satz 4 LStR), fließt der geldwerte Vorteil aus dem Sachbezug monatlich zu. Da der geldwerte Vorteil von monatlich 42 € die 50 €-Freigrenze nicht übersteigt, ist er nicht zu versteuern.

7. Rabattfreibetrag

Bei **Arbeitnehmern eines Verkehrsträgers** kann der Vorteil aus der Nutzung der öffentlichen Verkehrsmittel i.R. des § 8 Abs. 3 EStG (Rabattfreibetrag) steuerfrei bleiben (BFH v. 26.9.2019, VI R 23/17, BStBl II 2020, 162 betr. Rabattfreibetrag für Fahrvergünstigung der Deutschen Bahn AG im Fernverkehr; bei Ruhestandsbeamten können nach BFH v. 11.3.2020, VI R 26/18, BStBl II 2020, 565 Versorgungsbezüge i.S.d. § 19 Abs. 2 EStG vorliegen). Auch wenn die Voraussetzungen des § 8 Abs. 3 EStG vorliegen, kann der geldwerte Vorteil aus dem Job-Ticket wahlweise nach § 8 Abs. 2 Satz 1 EStG ohne Bewertungsabschlag und ohne Rabattfreibetrag bewertet werden. Dieses Wahlrecht ist sowohl im Lohnsteuerabzugsverfahren als auch im Veranlagungsverfahren 2640 anwendbar (zuletzt BayLfSt v. 12.8.2015, S 2334.2.1 – 98/5 St 32, StEd 2015, 573).

Ein geldwerter Vorteil entsteht auch, wenn die Mitarbeiter eines Verkehrsbetriebs einen **Dienstausweis** erhalten, der ihnen zum einen das Betreten des Werksgeländes erlaubt, zugleich aber auch die unentgeltliche Nutzung aller Verkehrsmittel des Verkehrsträgers. Ob der einzelne Mitarbeiter dann tatsächlich die öffentlichen Verkehrsmittel seines Arbeitgebers nutzt oder aber z.B. mit dem Auto zur Arbeit fährt, ist unerheblich. Für die Annahme eines geldwerten Vorteils reicht allein die Möglichkeit der Nutzung der Freifahrtberechtigung für die Wege zwischen Wohnung und erster Tätigkeitsstätte aus (OFD Berlin v. 11.3.2002, St 176 – S 2334 – 12/01).

8. Pauschalierung der Lohnsteuer nach § 40 Abs. 2 Satz 2 Nr. 1 EStG

2641 Soweit die o.g. Steuerbefreiungen nicht zum Tragen kommen, ist zunächst auf die Steuervergünstigung des § 40 Abs. 2 Satz 2 Nr. 1 EStG hinzuweisen, die nicht nur eine relativ niedrige Pauschalversteuerung ermöglicht, sondern zugleich eine Befreiung der Arbeitgeberleistungen von der Sozialversicherungspflicht (§ 1 Abs. 1 Satz 1 Nr. 3 SvEV).

Der Arbeitgeber kann nach dieser Vorschrift die Lohnsteuer mit einem **Pauschsteuersatz von 15 %** (zuzüglich Solidaritätszuschlag und Kirchensteuer) pauschal erheben

- für **zusätzlich zum ohnehin geschuldeten Arbeitslohn** (→ *Barlohnumwandlung* Rz. 1218) **geleistete Fahrtkostenzuschüsse** für Fahrten zwischen Wohnung und erster Tätigkeitsstätte
- und etwaige geldwerte Vorteile (**Sachbezüge**) **bei Job-Tickets** sowie etwaige den Rabattfreibetrag (§ 8 Abs. 3 EStG) übersteigende geldwerte Vorteile (BMF v. 27.1.2004, IV C 5 – S 2000 – 2/04, BStBl I 2004, 173 Abschn. II Nr. 1).

Die Pauschalierung ist **auf den Betrag beschränkt**, den der Arbeitnehmer als **Werbungskosten** geltend machen könnte, wenn die Bezüge nicht pauschal besteuert würden (§ 40 Abs. 2 Satz 2 EStG).

Die Pauschalbesteuerung von Zuschüssen kommt nur in Betracht, wenn der Arbeitnehmer die **Aufwendungen** für die Fahrten zwischen Wohnung und erster Tätigkeitsstätte mit öffentlichen Verkehrsmitteln **nachweist**. Er sollte deshalb dem Lohnbüro die entsprechenden Fahrausweise vorlegen. Das Entsprechende gilt für die unentgeltliche Überlassung von Job-Tickets. Auch hier ist eine Ablichtung als Beleg zum Lohnkonto aufzubewahren (vgl. sinngemäß R 21b Abs. 3 LStR 2004 betr. den weggefallenen § 3 Nr. 34 EStG a.F.).

Weitere Einzelheiten → *Wege zwischen Wohnung und erster Tätigkeitsstätte* Rz. 4453.

9. Pauschalierung nach § 40 Abs. 2 Satz 2 Nr. 2 EStG

2642 In der Praxis ist kritisiert worden, dass die Steuerbefreiung nach § 3 Nr. 15 EStG für Job-Tickets usw. wegen der Anrechnung auf die Entfernungspauschale weitgehend „verpufft". Gleiches gilt für die o.g. Pauschalierung der Lohnsteuer mit 15 % nach § 40 Abs. 2 Satz 2 Nr. 1 EStG, zumal die Arbeitgeberleistungen zusätzlich zum ohnehin geschuldeten Arbeitslohn geleistet werden müssen (→ *Wege zwischen Wohnung und erster Tätigkeitsstätte* Rz. 4453).

Der Gesetzgeber hat daher i.R. des Gesetzes zur weiteren steuerlichen Förderung der Elektromobilität und zur Änderung weiterer steuerlicher Vorschriften mit Wirkung zum 1.1.2020 **in § 40 Abs. 2 Satz 2 Nr. 2 EStG hierfür eine weitere Pauschalierungsmöglichkeit mit 25 % eingeführt**, die

- anstelle der Steuerfreiheit nach § 3 Nr. 15 EStG einheitlich für alle dort genannten Bezüge eines Kalenderjahres gewählt werden kann,
- auch für die Bezüge in Betracht kommt, die dem Arbeitnehmer nicht zusätzlich zum ohnehin geschuldeten Arbeitslohn gewährt werden,
- und für die eine Minderung der nach § 9 Abs. 1 Satz 3 Nr. 4 Satz 2 und Abs. 2 EStG abziehbaren Werbungskosten unterbleibt.

Weitere Einzelheiten → *Wege zwischen Wohnung und erster Tätigkeitsstätte* Rz. 4466.

10. Werbungskostenabzug

Für Wege zwischen Wohnung und erster Tätigkeitsstätte kann der 2643
Arbeitnehmer die sog. **verkehrsmittelunabhängige Entfernungspauschale** als Werbungskosten absetzen.

Übersteigen die Aufwendungen für die Benutzung **öffentlicher Verkehrsmittel** die anzusetzende Entfernungspauschale, kann der Differenzbetrag zusätzlich zur Entfernungspauschale abgesetzt werden (§ 9 Abs. 2 Satz 2 EStG). Aufwendungen für ein **Job-Ticket können seit 2001 jedoch nicht als „allgemeine Werbungskosten" neben der Pauschale** geltend gemacht werden. Das gilt auch, wenn der Erwerb eines Job-Tickets über den Arbeitgeber Voraussetzung für die Nutzung des Firmenparkplatzes ist (FinMin Nordrhein-Westfalen v. 21.12.2000, S 2000 – 9 – V B 3, DB 2001, 232).

Streitig kann die Frage sein, in welchem Zeitpunkt die Aufwendungen für ein Job-Ticket als Werbungskosten berücksichtigt werden können, wenn das Ticket erst im **Folgejahr** für Fahrten zwischen Wohnung und erster Tätigkeitsstätte genutzt werden kann. U.E. gelten hierfür die Grundsätze für eine BahnCard entsprechend (→ *BahnCard* Rz. 1216).

11. Anrechnung auf Entfernungspauschale

Um eine „Doppelvergünstigung" (Abzug der Entfernungspau- 2644
schale als Werbungskosten und Erhalt eines steuerfreien oder pauschal versteuerten Job-Tickets vom Arbeitgeber) zu vermeiden, sind

- **steuerfreie Zuschüsse sowie Sachbezüge** nach § 8 Abs. 2 Satz 11 EStG (50 €-Freigrenze) oder nach § 8 Abs. 3 EStG (Rabattfreibetrag bei Arbeitnehmern von Verkehrsträgern)
- und etwaige nach § 40 Abs. 2 Satz 2 Nr. 1 EStG mit 15 % pauschal besteuerte Arbeitgeberleistungen (dies gilt jedoch **nicht** für nach dem neuen § 40 Abs. 2 Satz 2 Nr. 2 EStG mit 25 % pauschal besteuerte Arbeitgeberleistungen, → Rz. 2642)

auf die **Entfernungspauschale anzurechnen** (BMF v. 18.11.2021, IV C 5 – S 2351/20/10001 :002, Rdnr. 25 → *Wege zwischen Wohnung und erster Tätigkeitsstätte* Rz. 4444).

Auch die o.g. **steuerfreien Leistungen nach § 3 Nr. 15 EStG** („Job-Tickets") mindern die nach § 9 Abs. 1 Satz 3 Nr. 4 Satz 2 abziehbaren Werbungskosten (→ Rz. 2617 sowie → *Wege zwischen Wohnung und erster Tätigkeitsstätte* Rz. 4429). Die Anrechnung der steuerfreien Leistungen auf die Entfernungspauschale soll eine systemwidrige Überbegünstigung gegenüber Arbeitnehmern, die die betreffenden Aufwendungen selbst aus ihrem versteuerten Einkommen bezahlen, verhindern.

Falls die Entfernungspauschale eines solchen Arbeitnehmers zu einem höheren Steuervorteil führt als die Steuerfreiheit des Job-Tickets, kann der Arbeitnehmer den darüber hinaus gehenden Betrag als Werbungskosten geltend machen.

Die Anrechnung erfolgt auf die **„gesamte Entfernungspauschale"**, auch wenn nur **Teilstrecken** mit öffentlichen Verkehrsmitteln zurückgelegt oder **öffentliche Verkehrsmittel nur tageweise benutzt** werden oder ein Freifahrtjahresticket tatsächlich nur an den Arbeitstagen für Fahrten zur Arbeit genutzt wird (FG Berlin-Brandenburg v. 19.6.2013, 14 K 14140/10, EFG 2013, 1576).

Beispiel:

A fährt im Jahr 2026 an 70 Arbeitstagen mit dem eigenen Pkw und an 150 Arbeitstagen mit öffentlichen Verkehrsmitteln zur 20 km entfernten ersten Tätigkeitsstätte. Von seiner Firma erhält er jeden Monat ein unentgeltliches Job-Ticket. Der nach § 8 Abs. 2 Satz 1 EStG ermittelte Wert dieser Sachzuwendung beläuft sich auf monatlich 42 €.

Die Entfernungspauschale ist wie folgt zu kürzen:

Entfernungspauschale: 220 Tage × 20 km × 0,38 €	1 672 €
– steuerfreier geldwerter Vorteil	504 €
Werbungskosten	1 168 €

Hinweis: Auf Grund der Neuregelungen durch das Steueränderungsgesetz 2025 beträgt die Entfernungspauschale ab dem Vz 2026 bereits ab dem ersten Kilometer 0,38 €. Das Gesetzgebungsverfahren war zum Zeitpunkt des Redaktionsschlusses noch nicht endgültig abgeschlossen. Sollten sich Änderungen ergeben, unterrichten wir Sie hierzu über unseren Online-Aktualisierungsdienst (s. Benutzerhinweis S. IV).

Zuzahlungen des Arbeitnehmers zum Job-Ticket sind nach allgemeinen Grundsätzen von dem Sachbezugswert abzuziehen; der so verminderte Wert ist auf die Entfernungspauschale anzurechnen.

Eine **Anrechnung auf die Entfernungspauschale entfällt** hingegen ganz, wenn der Arbeitnehmer von seiner Freifahrtberechtigung (gänzlich) keinen Gebrauch macht und die Fahrten zur ersten Tätigkeitsstätte z.B. mit dem eigenen Pkw oder Fahrrad unternimmt (zuletzt FG Berlin-Brandenburg v. 19.6.2013, 14 K 14140/10, EFG 2013, 1576).

12. Lohnkonto

2645 Der Arbeitgeber hat sowohl die Höhe der steuerfreien Bezüge sowie der pauschal besteuerten Arbeitgeberleistungen bei jeder Lohnabrechnung im Lohnkonto aufzuzeichnen (§ 4 Abs. 2 Nr. 4 und 8 LStDV sowie → *Lohnkonto* Rz. 2863).

Dies gilt auch für steuerfreie Arbeitgeberleistungen nach dem neuen § 3 Nr. 15 EStG.

13. Lohnsteuerbescheinigung

2646 Um die Anrechnung auf die Entfernungspauschale sicherzustellen, hat der Arbeitgeber die Höhe der steuerfreien Bezüge sowie der nach § 40 Abs. 2 Satz 2 **Nr. 1** EStG mit 15 % pauschal besteuerten Arbeitgeberleistungen (dies gilt jedoch **nicht** für nach § 40 Abs. 2 Satz 2 **Nr. 2** EStG mit 25 % pauschal besteuerte Arbeitgeberleistungen!) in der Lohnsteuerbescheinigung anzugeben (§ 41b Abs. 1 Nr. 6 und 7 EStG).

Anzugeben sind auch die steuerfreien Arbeitgeberleistungen nach § 3 Nr. 15 EStG.

14. Rückerstattung von Fahrtkosten

2647 In den Fällen, in denen Arbeitnehmer für die Wege zwischen Wohnung und erster Tätigkeitsstätte öffentliche Verkehrsmittel benutzen, kommt es gelegentlich zur Rückgabe von Fahrausweisen und zur (**teilweisen**) **Rückerstattung von bereits gezahlten Fahrpreisen an die Arbeitnehmer**. Dies ist insbesondere gegeben, wenn der Arbeitnehmer vor Ablauf der Geltungsdauer eines bereits vollständig bezahlten Fahrausweises den Fahrausweis zurückgibt, weil er aus dem Dienstverhältnis ausscheidet, die erste Tätigkeitsstätte wechselt oder umzieht. Entsprechendes kann sich anlässlich eines Wechsels des Verkehrsträgers (Gründung neuer Verkehrsverbünde) oder einer Änderung der Beförderungsstrukturen (Umstieg vom Nah- auf den Fernverkehr) ergeben.

Erfolgt die Rückerstattung nicht in dem Kalenderjahr, in dem der Arbeitnehmer seinen Werbungskostenabzug geltend machen kann (Jahr der Übergabe), so unterliegt der **Rückerstattungsbetrag dem Lohnsteuerabzug**. Dies gilt auch dann, wenn die nunmehr zurückerstatteten Fahrtkosten durch die Entfernungspauschale abgegolten waren (vgl. OFD Koblenz v. 8.12.2004, S 2351 A). Das **FG Rheinland-Pfalz** hat die Verwaltungsauffassung bestätigt (FG Rheinland-Pfalz v. 28.11.2008, 4 K 2271/05, B+P 2009, 411). Ob an dieser Auffassung nach Einführung der Steuerfreiheit nach § 3 Nr. 15 EStG festgehalten werden kann, wird zz. von den obersten Finanzbehörden geprüft.

Soweit bei einem seit 2004 ausgegebenen Job-Ticket der Arbeitgeber-Anteil am Job-Ticket lohnversteuert worden ist (vgl. BMF v. 27.1.2004, IV C 5 – S 2000 – 2/04, BStBl I 2004, 173 unter II.1), führt die vorzeitige Rückgabe des als Jahreskarte ausgegebenen Job-Tickets zu **negativem Arbeitslohn**. Ist der geldwerte Vorteil jedoch gem. § 8 Abs. 2 oder 3 EStG steuerfrei geblieben, bleibt der Rückfluss ohne steuerliche Auswirkung.

Beispiel:

Der Arbeitnehmer erhielt von seinem Arbeitgeber ein als Jahreskarte ausgegebenes Job-Ticket für den Zeitraum August 2026 bis Juli 2027 (üblicher Preis für eine Jahresfahrkarte 1 350 €). Die kürzeste Straßenverbindung zwischen Wohnung und erster Tätigkeitsstätte des Arbeitnehmers beträgt 55 km. Das Ticket wurde in 2026 sowohl durch Zahlungen des Arbeitnehmers (600 €) als auch des Arbeitgebers (vom Verkehrsträger eingeräumte Job-Ticketermäßigung = 8 %) finanziert. Der Arbeitnehmer gibt das Job-Ticket zum 1.4.2027 vorzeitig zurück und erhält vom Arbeitgeber einen Teil seiner Zahlung (200 €) zurückerstattet. Die Erstattung erfolgt im Kalenderjahr 2027.

Der Rückerstattungsbetrag unterliegt in 2027 dem Lohnsteuerabzug.

üblicher Preis für eine Jahresfahrkarte	1 350,– €
vom Arbeitgeber entrichteter Preis	1 242,– €
davon 96 % (R 8.1 Abs. 2 Satz 3 LStR)	1 192,32 €
– Zuzahlung des Arbeitnehmers	600,– €
geldwerter Vorteil	592,32 €

Der Arbeitgeber überlässt das Job-Ticket dem Arbeitnehmer nicht zu dem mit dem Verkehrsträger vereinbarten Preis. Daher liegt bei Überlassung des Job-Tickets in 2026 ein geldwerter Vorteil i.H.v. 592,32 € vor. Die Tarifermäßigung des Verkehrsträgers für das Job-Ticket gegenüber dem üblichen Endpreis ist kein geldwerter Vorteil.

Der Arbeitnehmer kann für seine Aufwendungen im Kalenderjahr 2026 für die Wege zwischen Wohnung und erster Tätigkeitsstätte die Entfernungspauschale als Werbungskosten geltend machen (230 Tage × 55 km × 0,38 € = 4 807 €). Die tatsächlichen Kosten des Arbeitnehmers für das Job-Ticket übersteigen nicht den als Entfernungspauschale abziehbaren Betrag. Daher kann der Arbeitnehmer in 2026 4 807 € als Werbungskosten für die Aufwendungen zwischen Wohnung und erster Tätigkeitsstätte geltend machen.

Die teilweise Rückerstattung der Zuzahlung des Arbeitnehmers durch den Arbeitgeber erfolgt nicht im Jahr 2026, in dem der Arbeitnehmer seinen Werbungskostenabzug geltend machen kann. Daher ist in 2027 ein Betrag i.H.v. 200 € dem Lohnsteuerabzug zu unterwerfen. Die Tatsache, dass die Werbungskosten des Arbeitnehmers in 2026 mit der Entfernungspauschale und nicht mit den tatsächlichen Kosten angesetzt worden sind, ist hierbei ohne Bedeutung.

Der Arbeitgeber-Anteil wurde in 2026 i.H.v. 592,32 € dem Lohnsteuerabzug unterworfen. Daher führt die vorzeitige Rückgabe des als Jahreskarte ausgegebenen Job-Tickets zu negativem Arbeitslohn i.H.v. 197 € (= 592,32 € × 4/12).

Hinweis: Auf Grund der Neuregelungen durch das Steueränderungsgesetz 2025 beträgt die Entfernungspauschale ab dem Vz 2026 bereits ab dem ersten Kilometer 0,38 €. Das Gesetzgebungsverfahren war zum Zeitpunkt des Redaktionsschlusses noch nicht endgültig abgeschlossen. Sollten sich Änderungen ergeben, unterrichten wir Sie hierzu über unseren Online-Aktualisierungsdienst (s. Benutzerhinweis S. IV).

15. Sonderfälle

Zur unentgeltlichen Nutzung öffentlicher Verkehrsmittel (ohne Anrechnung auf die Entfernungspauschale!) durch **uniformierte Polizeivollzugsbeamte und Soldaten** → *Freifahrten* Rz. 2248. 2648

Mit dem Gesetz zur Änderung des Regionalisierungsgesetzes wurde ab dem 1.5.2023 das sog. Deutschland-Ticket eingeführt. Diese Fahrtberechtigung ist auch als Jobticket erhältlich. Der Ausgabepreis für dieses Ticket ist der Preis des Deutschland-Tickets, der um den gegenwärtigen und gesetzlich beschlossenen Rabattsatz von 5 % reduziert wird. Dieser Rabatt wird aber nur dann gewährt, wenn der Arbeitgeber einen Mindestzuschuss von 25 % auf den Ausgabepreis an den Arbeitnehmer gewährt.

Das Deutschland-Ticket als Jobticket kostet ab dem Jahr 2026 nach den Verständigungen der zuständigen Landesministerien (nach Abzug der Rabattierung durch den Verkehrsträger von 5 % und des erforderlichen Arbeitgeberzuschusses von 25 %) maximal 44,10 € (2025: 40,60 €). Zuschüsse, die der Arbeitgeber zu dem Jobticket in der Form des Deutschland-Tickets zusätzlich zum ohnehin geschuldeten Arbeitslohn zahlt, sind grds. nach § 3 Nr. 15 EStG steuerfrei. Zahlt er einen höheren Zuschuss als den gültigen Ausgabepreis, liegt insoweit steuerpflichtiger Arbeitslohn vor. Ggf. kommt insoweit dann die Freigrenze des § 8 Abs. 2 Satz 11 EStG i.H.v. 50 € oder der Rabattfreibetrag nach § 8 Abs. 3 EStG i.H.v. 1 080 € zur Anwendung.

Journalist

→ *Arbeitnehmer-ABC* Rz. 375

Jubiläumsfeier

auch → *Betriebsveranstaltungen* Rz. 1427

Trägt der Arbeitgeber die Kosten einer Jubiläumsfeier, müssen für die steuerliche Beurteilung **folgende Fälle unterschieden** werden: 2649

1. Jubiläumsfeier als Betriebsveranstaltung

Betriebsveranstaltungen sind Veranstaltungen auf betrieblicher Ebene mit gesellschaftlichem Charakter, z.B. Betriebsausflüge, Weihnachtsfeiern, **Jubiläumsfeiern**. Ob die Veranstaltung vom Arbeitgeber, Betriebsrat oder Personalrat durchgeführt wird, ist 2650 unerheblich. Eine Betriebsveranstaltung liegt nur vor, wenn der Teilnehmerkreis sich überwiegend aus Betriebsangehörigen, deren Begleitpersonen und gegebenenfalls Leiharbeitnehmern oder Arbeitnehmern anderer Unternehmen im Konzernverbund zusammensetzt. Für die steuerliche Behandlung gelten die seit 2015 geänderten Grundsätze für Betriebsveranstaltungen, d.h. dass ein **Freibetrag von 110 €** zu berücksichtigen ist (BMF v. 14.10.2015, IV C 5 – S 2332/15/10001/III C 2 – S 7109/15/10001, BStBl I 2015, 832 sowie → *Betriebsveranstaltungen* Rz. 1427).

Eine Jubiläumsfeier ist auch dann als **Betriebsveranstaltung** anzusehen, wenn sie nur für solche Arbeitnehmer durchgeführt wird, die bereits im Unternehmen ein **rundes (10-, 20-, 25-, 30-, 40-, 50-, 60-jähriges) Arbeitnehmerjubiläum** gefeiert haben oder i.V.m. der Betriebsveranstaltung feiern. Dabei ist es unschädlich, wenn neben den Jubilaren auch ein begrenzter Kreis anderer Arbeitnehmer, wie z.B. die engeren Mitarbeiter des Jubilars, eingeladen wird. Der Annahme eines 40-, 50- oder 60-jährigen Arbeitnehmerjubiläums steht nicht entgegen, wenn die Jubilarfeier zu einem Zeitpunkt stattfindet, der **höchstens fünf Jahre** vor den bezeichneten Jubiläumsdienstzeiten liegt (BMF v. 14.10.2015, IV C 5 – S 2332/15/10001/III C 2 – S 7109/15/10001, BStBl I 2015, 832).

~~LSt~~ ~~SV~~

Beispiel:

Ein Großbetrieb lädt alle Arbeitnehmer, die ein 25-jähriges Dienstjubiläum feiern, und ihre unmittelbaren Kollegen in ein teures Lokal ein. Teilgenommen haben 20 Personen, die Gesamtrechnung hat 5 000 € betragen. Auf jeden Teilnehmer entfallen somit 250 €.

Es handelt sich um eine Betriebsveranstaltung; dabei spielt es keine Rolle, dass es sich hier um ein teures Lokal handelt. Da der Freibetrag von 110 € zu berücksichtigen ist, verbleibt ein steuerpflichtiger Betrag von 140 €.

2. Jubiläumsfeier ohne Betriebsveranstaltungscharakter

2651 Die Ehrung eines **einzelnen Jubilars** oder eines einzelnen Arbeitnehmers z.B. bei dessen Ausscheiden aus dem Betrieb, auch unter Beteiligung weiterer Arbeitnehmer, ist **keine Betriebsveranstaltung** (BMF v. 14.10.2015, IV C 5 – S 2332/15/10001/III C 2 – S 7109/15/10001, BStBl I 2015, 832).

Die Finanzverwaltung sieht aber trotzdem bei **runden Arbeitnehmerjubiläen Sachzuwendungen bis 110 €** einschließlich Umsatzsteuer je teilnehmender Person aus solchen Anlässen, soweit sie üblich sind, als **steuerfreie Leistungen** im ganz überwiegenden betrieblichen Interesse des Arbeitgebers an (R 19.3 Abs. 2 3. Spiegelstrich LStR sowie BMF v. 14.10.2015, IV C 5 – S 2332/15/10001/III C 2 – S 7109/15/10001, BStBl I 2015, 832).

~~LSt~~ ~~SV~~

Beispiel:

Sachverhalt wie im Beispiel vorher, geehrt wird aber nur das 25-jährige Dienstjubiläum des Verkaufsleiters. Eingeladen werden daher nur zehn Personen, die Gaststättenrechnung hat 2 500 € betragen.

Es handelt sich um keine Betriebsveranstaltung, weil nur ein einzelner Arbeitnehmer geehrt wird. Außerdem ist die Üblichkeitsgrenze von 110 € überschritten, so dass auch nicht von steuerfreien Leistungen im ganz überwiegenden betrieblichen Interesse des Arbeitgebers ausgegangen werden kann.

Folge: Die gesamten Zuwendungen des Arbeitgebers von insgesamt 2 500 € stellen grds. steuerpflichtigen Arbeitslohn dar.

Nicht eindeutig geklärt ist bisher die Frage, ob dem „feiernden Jubilar" auch die Kosten für solche Teilnehmer an der Feier als Arbeitslohn zugerechnet werden können, die er gar **nicht eingeladen hat**. Hier kann es sich um den Firmenchef selbst oder auch um Mitglieder des Betriebsrats handeln, die in „offizieller Funktion" an der Feier teilnehmen. Der BFH neigt wohl dazu, nach den Grundsätzen der „aufgedrängten Bereicherung" (→ *Arbeitslohn* Rz. 621) insoweit keinen Arbeitslohn anzunehmen (BFH v. 16.9.1986, VI B 93/86, BStBl II 1987, 37). Eine endgültige Entscheidung steht jedoch aus.

3. Werbungskostenabzug

2652 Zum Werbungskostenabzug der Aufwendungen für Jubiläumsfeiern → *Bewirtungskosten* Rz. 1475.

Jubiläumsgeschenke

1. Arbeitslohn

Für den Lohnsteuerabzug wird das steuerpflichtige Jubiläumsgeschenk als **sonstiger Bezug** behandelt (R 39b.2 Abs. 2 4. Spiegelstrich LStR sowie → *Sonstige Bezüge* Rz. 3936). Im Allgemeinen wird es sich um eine Entlohnung für eine **mehrjährige Tätigkeit** handeln, so dass die Tarifermäßigung nach § 34 Abs. 1, 2 EStG („Fünftelregelung") in Betracht kommt (→ *Arbeitslohn für mehrere Jahre* Rz. 712). Voraussetzung ist jedoch wie z.B. bei Entlassungsentschädigungen eine **Zusammenballung von Einnahmen**, also von Jubiläumszuwendungen und „normalem" Arbeitslohn (→ *Entschädigungen* Rz. 2016). Kein tarifbegünstigter Arbeitslohn für eine mehrjährige Tätigkeit liegt im Übrigen vor, wenn Zuwendungen z.B. anlässlich eines Geschäftsjubiläums allen Arbeitnehmern ohne Rücksicht auf die Dauer ihrer Betriebszugehörigkeit gewährt werden. 2653

Die **„Zusammenballung" kann der Arbeitgeber im Lohnsteuerabzugsverfahren unterstellen**, wenn die Jubiläumszuwendung an einen Arbeitnehmer gezahlt wird, der voraussichtlich bis Ende des Kalenderjahres nicht aus dem Dienstverhältnis ausscheidet (BMF v. 10.1.2000, IV C 5 – S 2330 – 2/00, BStBl I 2000, 138).

Diese Berechnung für die sogen. Fünftelregelung konnte nach § 39b Abs. 3 Satz 9 EStG bis einschließlich 2024 **schon im Lohnsteuerabzugsverfahren angewendet werden**, wenn eine Zusammenballung i.S.v. § 34 Abs. 1 EStG vorlag (zur Zusammenballung → *Entschädigungen* Rz. 2016). Mit dem Wachstumschancengesetz (Gesetz v. 27.3.2024, BGBl. I 2024 Nr. 108) wurde die Vorschrift des § 39b Abs. 3 Satz 9 EStG **ab 2025 aufgehoben**. Grund hierfür war, dass die Regelung komplizierte Berechnungsschleifen im Programmablaufplan für die maschinelle Lohnsteuerabrechnung und den Lohnsteuerberechnungs- bzw. Lohnabrechnungsprogrammen der Arbeitgeber erforderte. Für den Arbeitnehmer ergeben sich hieraus keine Nachteile, denn die Tarifermäßigung des § 34 Abs. 1 EStG kann – wie bisher – im Rahmen der Veranlagung zur Einkommensteuer geltend gemacht werden. In den Lohnsteuerbescheinigungen sind die für die Tarifermäßigungen des § 34 Abs. 1 EStG in Betracht kommenden Arbeitslöhne aber weiterhin gesondert auszuweisen. Die Entscheidung, über die Gewährung der Ermäßigung selbst obliegt jedoch dem Finanzamt.

Werden Jubiläumsgeschenke in einer größeren Zahl von Fällen gewährt, kommt ggf. eine **Pauschalierung der Lohnsteuer** nach § 40 Abs. 1 Satz 1 Nr. 1 EStG in Betracht (→ *Pauschalierung der Lohnsteuer* Rz. 3337).

Gewährt der Arbeitgeber auf Grund einer betrieblichen Vereinbarung seinen Arbeitnehmern **Jubiläumszuwendungen** in der Weise, dass die Arbeitnehmer zunächst ein Wirtschaftsgut erwerben, das im Preis etwa der Jubiläumszuwendung entspricht, in Besitz nehmen, der Arbeitgeber dieses Wirtschaftsgut bilanziert und mit dem Arbeitnehmer eine **Nutzungsvereinbarung abschließt** und ihm monatlich einen Betrag mit 1/12 überweist, welcher der vereinbarten Jubiläumszuwendung entspricht, ist nicht von einer Sachzuwendung auszugehen, auf der die sog. 50 €-Freigrenze nach § 8 Abs. 2 Satz 11 EStG anzuwenden wäre, sondern von einem **Geldbetrag**, der im Wege der Überweisung zugeflossen ist. Eine Nutzungsvereinbarung lässt eine Geldzuwendung nicht zur Sachzuwendung werden (FG Thüringen v. 17.9.2009, 2 K 180/07, EFG 2010, 59).

LSt SV

2. Kein Arbeitslohn

Geschenke bis zu einem Wert von 60 € bleiben als **„Aufmerksamkeit"** steuerfrei (R 19.6 Abs. 1 LStR); ebenso **übliche Sachleistungen** anlässlich einer Jubiläumsfeier (R 19.3 Abs. 2 Nr. 3 LStR, auch → *Betriebsveranstaltungen* Rz. 1427, → *Bewirtungskosten* Rz. 1452 und → *Jubiläumsfeier* Rz. 2649). Erhält der Jubilar ein Geschenk anlässlich einer Jubiläumsfeier, wird der Aufwand des Arbeitgebers bis zu einem Gesamtwert von 60 € in die Prüfung der **Üblichkeitsgrenze** (110 € je teilnehmender Person) einbezogen (R 19.3 Abs. 2 3. Spiegelstrich LStR). 2654

In **Sachsen** erhalten **Angehörige der Freiwilligen Feuerwehr, Mitarbeiter der Hilfsorganisationen im Rettungsdienst und**

Helfer im Katastrophenschutz aus Anlass eines 10-, 25- oder 40-jährigen aktiven ehrenamtlichen Dienstes eine **Jubiläumszuwendung** i.H.v. 100, 200 oder 300 €. Damit soll die besondere Anerkennung für die zum Wohle der Allgemeinheit geleisteten aktiven Dienste im Ehrenamt zum Ausdruck gebracht werden.

Diese Jubiläumszuwendungen sind bei zu Ehrenden, die ihre ehrenamtliche Tätigkeit **ohne Aufwandsentschädigung** leisten, bereits dem Grunde **nach nicht einkommensteuerpflichtig, da es an der Überschusserzielungsabsicht fehlt**.

Bei zu Ehrenden, die für ihre ehrenamtliche Tätigkeit **Aufwandsentschädigungen erhalten** (z.B. Gemeindewehrleiter oder Ausbilder), stellen sie keinen (mit) zu versteuernden Arbeitslohn dar, sondern sind ebenfalls dem Grunde nach **nicht einkommensteuerpflichtig**. Wie bei den zu Ehrenden, die für ihre ehrenamtliche Tätigkeit keine Aufwandsentschädigung erhalten, wird lediglich der langjährige aktive ehrenamtliche und selbstlose Dienst in der Feuerwehr, im Rettungsdienst oder im Katastrophenschutz als solcher ausgezeichnet (FinMin Sachsen v. 22.9.2011, S 2337 – 65/3 – 212).

Diese Grundsätze gelten auch, wenn in anderen Bundesländern ähnliche Jubiläumszuwendungen gezahlt werden.

~~LSt~~ ~~SV~~

Jugendfreiwilligendienste

→ *Freiwilligendienste* Rz. 2262

Kaffee: Zuwendung an Arbeitnehmer

→ *Genussmittel: Zuwendungen an Arbeitnehmer* Rz. 2295

Kaminfeger/Kaminkehrer

2655 Kaminkehrer üben eine **Auswärtstätigkeit** aus. Auch Aufwendungen für Fahrten zwischen Wohnung und Einsatzgebiet können in Höhe der nachgewiesenen tatsächlichen Kosten (oder pauschal mit 0,30 €) als Werbungskosten geltend gemacht oder vom Arbeitgeber nach § 3 Nr. 16 EStG steuerfrei ersetzt werden.

Die gesetzliche Einschränkung des § 9 Abs. 1 Satz 3 Nr. 4a Satz 3 EStG, wonach Fahrten von der Wohnung zu einem sog. **weiträumigen Tätigkeitsgebiet** nur in Höhe der **Entfernungspauschale** (und ohne steuerfreie Ersatzmöglichkeit durch den Arbeitgeber) berücksichtigt werden können, **gilt für Schornsteinfeger nicht** (→ *Reisekosten: Allgemeine Grundsätze* Rz. 3629).

Die **Überlassung typischer Berufskleidung an Kaminfeger** ist nach § 3 Nr. 31 EStG und R 3.31 LStR steuerfrei. Dies gilt unter den in § 3 Nr. 31 EStG genannten Voraussetzungen auch für die **Barablösung** einer Verpflichtung zur Gestellung typischer Berufskleidung. Steuerfrei ist auch das tarifliche **Kleidergeld der Kaminkehrergesellen** (→ *Berufskleidung* Rz. 1353).

~~LSt~~ ~~SV~~

Schornsteinfegergesellen/-meister erhalten nach § 5 Nr. 3 des Bundestarifvertrags für das Schornsteinfegerhandwerk ein wöchentliches **Waschgeld** i.H.v. 30 €, wenn der Arbeitgeber keine Waschgelegenheit stellt. Das Waschgeld kann **nicht als steuerfreier Auslagenersatz** i.S.d. § 3 Nr. 50 EStG anerkannt werden. Da es sich bei dem Waschgeld um eine Barleistung handelt, kann das Waschgeld auch nicht als nicht steuerpflichtige Arbeitgeberleistung zur Verbesserung der Arbeitsbedingungen (vgl. BFH v. 25.7.1986, VI R 203/83, BStBl II 1986, 868) oder als Aufmerksamkeit (R 19.6 LStR) steuerfrei bleiben. Das Waschgeld gehört deshalb zum **steuerpflichtigen Arbeitslohn** (FinMin Saarland v. 18.3.1991, B/II – 400/91 – S 2332, sowie FG Rheinland-Pfalz v. 1.12.1993, 1 K 1519/93, EFG 1994, 656).

LSt SV

Kantinen

→ *Sachbezüge* Rz. 3799

Karenzentschädigung

→ *Wettbewerbsverbot* Rz. 4596

Kaskoversicherung

1. Versicherung des Arbeitgebers

Hat der **Arbeitgeber** eine **Dienstreise-Kaskoversicherung** für die seinen Arbeitnehmern gehörenden Kraftfahrzeuge abgeschlossen, so führt die Prämienzahlung des Arbeitgebers bei den Arbeitnehmern **nicht zum Lohnzufluss** (BFH v. 27.6.1991, VI R 3/87, BStBl II 1992, 365 sowie BMF v. 9.9.2015, IV C 5 – S 2353/11/10003, BStBl I 2015, 734). Der Abschluss der Versicherung liegt im **eigenbetrieblichen Interesse des Arbeitgebers**, weil nach dem Arbeitsrecht der Arbeitgeber grds. zum Ersatz des Schadens verpflichtet ist, den der Arbeitnehmer durch Unfall auf einer Dienstfahrt mit dem eigenen Pkw erlitten hat. Durch die Dienstreise-Kaskoversicherung deckt der Arbeitgeber im Ergebnis also nur sein eigenes Haftungsrisiko ab. 2656

Der Arbeitgeber kann dem Arbeitnehmer **darüber hinaus den vollen für Auswärtstätigkeiten geltenden pauschalen km-Satz von 0,30 € steuerfrei erstatten**. Das o.g. BFH-Urteil, nach dem in diesen Fällen – sofern der Arbeitnehmer keine eigene Fahrzeug-Vollversicherung abgeschlossen hat – dem Arbeitnehmer nur ein geminderter km-Pauschsatz erstattet werden darf, ist durch die Änderung des § 9 Abs. 1 Satz 3 Nr. 4a Satz 2 EStG überholt. Hiernach besteht seit 2014 ein gesetzlicher Anspruch auf den Ansatz der vollen pauschalen Kilometersätze, eine Kürzung findet auch in Fällen sog. unzutreffender Besteuerung nicht mehr statt (BMF v. 9.9.2015, IV C 5 – S 2353/11/10003, BStBl I 2015, 734).

~~LSt~~ ~~SV~~

2. Versicherung des Arbeitnehmers

Hat der **Arbeitnehmer** eine **private Fahrzeug-Vollversicherung** abgeschlossen und werden ihm vom Arbeitgeber für Auswärtstätigkeiten mit dem eigenen Pkw neben dem pauschalen km-Satz von 0,30 € auch die anteiligen **Prämien für die Versicherung erstattet**, so stellt diese Erstattung **steuerpflichtigen Arbeitslohn** dar. Es handelt sich bei den Prämien um laufende Kfz-Kosten, die mit dem pauschalen km-Satz abgegolten werden sollen (zuletzt FG Düsseldorf v. 11.4.2005, 15 K 4678/02 E (2), EFG 2005, 1460 m.w.N.). Der Arbeitgeber darf die Prämien daher nicht noch einmal im Wege der Einzelerstattung steuerfrei zuwenden (BFH v. 21.6.1991, VI R 178/88, BStBl II 1991, 814; BFH v. 30.6.2000, VI B 18/00). 2657

Erstattet der Arbeitgeber dem Arbeitnehmer **die gesamten Kosten der Fahrzeug-Vollversicherung**, so sind die erstatteten Prämien auch insoweit steuerpflichtiger Arbeitslohn, als sie auf **Privatfahrten und Wege zwischen Wohnung und erster Tätigkeitsstätte entfallen** (BFH v. 8.11.1991, VI R 191/87, BStBl II 1992, 204).

Zur Berücksichtigung von Werbungskosten bei **Unfällen**, die von einer Kaskoversicherung ganz oder teilweise erstattet werden, → *Unfallkosten* Rz. 4194.

LSt SV

Kassenindividueller Zusatzbeitrag

→ *Beiträge zur Sozialversicherung* Rz. 1261

Kassenverlustentschädigungen

→ *Fehlgeldentschädigung* Rz. 2094

Katastrophenschutzhelfer

Helfer im Katastrophenschutz können Arbeitnehmer sein, wenn eine abhängige Beschäftigung mit Einkunftserzielungsabsicht ausgeübt wird. Dies ist bei sog. **Deichläufern** nicht der Fall (FG Brandenburg v. 17.5.2001, 6 K 331/00, EFG 2001, 1280). 2658

LSt SV

Die von der **Gemeinde** gezahlten Entschädigungen bleiben als Aufwandsentschädigungen (→ *Aufwandsentschädigungen im öffentlichen Dienst* Rz. 865) nach § 3 Nr. 12 Satz 2 EStG teilweise steuerfrei; ggf. kommen auch die Steuerbefreiungen nach § 3 Nr. 26, 26a EStG in Betracht (→ *Nebenberufliche steuerbegünstigte Tätigkeiten* Rz. 3236).

Beim **Ersatz des Verdienstausfalls** durch die Gemeinde liegt eine **Lohnzahlung durch Dritte** vor. Da die Gemeinde in diesen Fällen nicht als Arbeitgeber angesehen werden kann und auch der Arbeitgeber im Hauptberuf nicht zur Einbehaltung und Abführung der Lohnsteuer verpflichtet ist, weil die Voraussetzungen des § 38 Abs. 1 Satz 2 EStG nicht vorliegen, können diese Zahlungen nur i.R. einer Einkommensteuerveranlagung erfasst werden.

LSt SV

Kaufkraftausgleich

1. Allgemeines

a) Arbeitnehmer im öffentlichen Dienst und Gleichgestellte

2659 Bei Arbeitnehmern im **öffentlichen** Dienst ist Arbeitslohn aus einer inländischen öffentlichen Kasse für eine Tätigkeit im Ausland (**Auslandsdienstbezüge**) insoweit **steuerfrei**, als er den Arbeitslohn übersteigt, der dem Arbeitnehmer bei einer gleichwertigen Tätigkeit am Ort der zahlenden inländischen öffentlichen Kasse zustehen würde (§ 3 Nr. 64 Satz 1 EStG).

Dasselbe gilt, wenn das Dienstverhältnis zwar nicht zu einer inländischen juristischen Person besteht, der Arbeitslohn aber entsprechend den Vorschriften des öffentlichen Dienstes ermittelt, aus einer öffentlichen Kasse gezahlt und ganz oder im Wesentlichen aus öffentlichen Mitteln aufgebracht wird (§ 3 Nr. 64 Satz 2 EStG). Hierunter fallen insbesondere Arbeitnehmer des Goethe-Instituts e.V., der Max-Planck Gesellschaft e.V., der Deutschen Gesellschaft für Internationale Zusammenarbeit (GIZ) GmbH und des DAAD. Zur Besteuerung der Ausgleichszulage der Lektoren des DAAD → *Arbeitslohn-ABC* Rz. 658 „Deutscher Akademischer Austauschdienst“.

Zu den **Auslandsdienstbezügen** gehören bei Bundesbediensteten insbesondere der Auslandszuschlag, der Mietzuschuss, und der Kaufkraftausgleich (§§ 52 ff. BBesG).

Die vergleichbaren Bezüge von Landesbediensteten sind ebenso zu behandeln. Zu Zulagen für Lehrkräfte → *Auslandslehrer* Rz. 951. Die Regelung des § 3 Nr. 64 EStG ist **mit EU-Recht vereinbar** (EuGH v. 15.9.2011, C-240/10, BStBl II 2013, 56).

Bewohnt der Bedienstete eine **ausländische Dienstwohnung**, so unterliegt der Mietwert als geldwerter Vorteil dem Lohnsteuerabzug bzw. der Einkommensteuer, soweit er die nach § 10 BBesG zu entrichtende Dienstwohnungsvergütung übersteigt; dieser Betrag bleibt jedoch insoweit steuerfrei, als er dem Bediensteten als steuerfreier Mietzuschuss gezahlt werden könnte; zur Berechnung des Mietwerts → *Dienstwohnung* Rz. 1562.

Entspricht bei einer allgemeinen Verwendung im Ausland die Kaufkraft der Besoldung am ausländischen Dienstort nicht der Kaufkraft der Besoldung am Sitz der Bundesregierung, ist der Unterschied durch Zu- oder Abschläge auszugleichen (**Kaufkraftausgleich**). Beim Mietzuschuss sowie beim Auslandszuschlag für im Inland lebende Kinder wird ein Kaufkraftausgleich nicht vorgenommen. Der Kaufkraftausgleich ist nach § 55 BBesG auf 60 % der Dienstbezüge begrenzt. Der Kaufkraftausgleich ist in voller Höhe steuerfrei; Einzelheiten zu den Kaufkraftzuschlägen → Rz. 2663.

b) Arbeitnehmer in der Privatwirtschaft

2660 Bei Arbeitnehmern **außerhalb des öffentlichen Dienstes** ist der ihnen von einem **inländischen Arbeitgeber** gewährte **Kaufkraftausgleich** unter den Voraussetzungen des § 3 Nr. 64 Satz 3 EStG **steuerfrei**.

Die Regelungen haben bei Arbeitnehmern außerhalb des öffentlichen Dienstes regelmäßig **nur Bedeutung für den Progressionsvorbehalt** (→ *Progressionsvorbehalt* Rz. 3495), weil das Besteuerungsrecht für Arbeitslohn aus einer Auslandstätigkeit in vielen Fällen durch ein DBA (→ *Doppelbesteuerungsabkommen: Allgemeines* Rz. 1601) nur dem ausländischen Staat zugewiesen ist oder eine Freistellung nach dem Auslandstätigkeitserlass (→ *Auslandstätigkeitserlass* Rz. 957) in Betracht kommt. Der Progressionsvorbehalt hat **ausschließlich im Veranlagungsverfahren, nicht jedoch im Lohnsteuerabzugsverfahren Bedeutung**. Die folgenden Ausführungen erläutern dennoch Einzelheiten zur Steuerfreiheit des Kaufkraftausgleichs.

Zur Überlassung von **Wohnungen** im Ausland an Arbeitnehmer i.R. einer Auslandstätigkeit (R 8.1 Abs. 6 Satz 10 LStR) → *Dienstwohnung* Rz. 1562.

2. Voraussetzungen für die Steuerfreiheit in der Privatwirtschaft

In Fällen, in denen der Kaufkraftausgleich nicht schon auf Grund eines DBA oder des Auslandstätigkeitserlasses steuerfrei ist, und für Zwecke des Progressionsvorbehalts ist der Kaufkraftausgleich entsprechend § 3 Nr. 64 Satz 3 EStG nicht zu erfassen, 2661

- **wenn** der Arbeitnehmer
  - aus dienstlichen Gründen **ins Ausland entsandt** wird,
  - dort für einen **begrenzten Zeitraum** einen Wohnsitz oder seinen gewöhnlichen Aufenthalt hat (→ *Steuerpflicht: unbeschränkte* Rz. 4035 und → *Steuerpflicht: unbeschränkte* Rz. 4035) und
- wenn er von einem **inländischen Arbeitgeber** als **gesonderter Lohnbestandteil** gewährt wird,
- **soweit** er den für den öffentlichen Dienst nach § 54 BBesG zulässigen Betrag nicht übersteigt.

3. Entsendungszeitraum

Eine Entsendung für einen **begrenzten Zeitraum** ist anzunehmen, 2662
wenn eine **Rückkehr** des Arbeitnehmers nach Beendigung der Tätigkeit **vorgesehen** ist. Es ist unerheblich, ob der Arbeitnehmer tatsächlich zurückkehrt oder nicht (R 3.64 Abs. 1 LStR). Mit der **Anknüpfung der Steuerfreiheit an den ausländischen Wohnsitz/gewöhnlichen Aufenthalt** (→ *Steuerpflicht: unbeschränkte* Rz. 4035) soll die Steuerfreiheit des Kaufkraftausgleichs nur eintreten, wenn eine **gewisse Bindung an den ausländischen Staat** besteht.

4. Umfang der Steuerfreiheit

Der Umfang der Steuerfreiheit des Kaufkraftausgleichs bestimmt 2663
sich nach den **Sätzen des Kaufkraftzuschlags** zu den **Auslandsdienstbezügen im öffentlichen Dienst**. Die für die einzelnen Länder in Betracht kommenden Kaufkraftzuschläge werden jeweils auf den Internetseiten des BMF und **im BStBl I veröffentlicht**; regelmäßig zu Beginn eines jeden Jahres bzw. zum Ende Dezember des Vorjahres (Gesamtübersicht) und danach vierteljährlich fortgeschrieben; für das Kalenderjahr 2024 z.B.: Gesamtübersicht zum 1.1.2025, BMF v. 21.1.2025, IV C 5 – S 2341/00025/004/005, BStBl I 2025, 304, mit weiteren Teiländerungen in den BMF-Schreiben v. 14.5.2025 und 16.7.2025.

Die **Zuschläge beziehen sich** jeweils auf den **Auslandsdienstort einer Vertretung der Bundesrepublik Deutschland** und gelten grds. jeweils für den gesamten konsularischen Amtsbezirk. Die Vertretungen und deren Amtsbezirke ergeben sich aus dem Verzeichnis der Vertretungen der Bundesrepublik Deutschland im Ausland. Änderungen dazu werden im Bundesanzeiger veröffentlicht (R 3.64 Abs. 3 LStR).

Die regionale Begrenzung der Zuschlagssätze gilt auch für die Steuerbefreiung des Kaufkraftausgleichs. Für ein Land, das von einer Vertretung der Bundesrepublik Deutschland nicht erfasst wird, kann der Zuschlagssatz angesetzt werden, der für einen vergleichbaren konsularischen Amtsbezirk eines Nachbarlandes festgesetzt worden ist (R 3.64 Abs. 4 LStR).

Da eine dem öffentlichen Dienst vergleichbare Bemessungsgrundlage außerhalb des öffentlichen Dienstes regelmäßig nicht vorhanden ist, ist der steuerfreie Teil des Kaufkraftausgleichs durch Anwendung eines entsprechenden **Abschlagssatzes** nach den Gesamtbezügen einschließlich des Kaufkraftausgleichs zu bestimmen. Dabei ist es gleichgültig, ob die Bezüge im Inland oder im Ausland ausgezahlt werden.

Der Abschlagssatz errechnet sich nach der Formel:

$$\frac{\text{Zuschlagssatz} \times 600}{1\,000 + 6 \times \text{Zuschlagssatz}}$$

Er kann folgender Tabelle entnommen werden:

Zuschlagssatz von ... %	entspricht einem Abschlagssatz von ... %	Zuschlagssatz von ... %	entspricht einem Abschlagssatz von ... %
5	2,91	55	24,81
10	5,66	60	26,47
15	8,26	65	28,06
20	10,71	70	29,58
25	13,04	75	31,03
30	15,25	80	32,43
35	17,36	85	33,77
40	19,35	90	35,06
45	21,26	95	36,31
50	23,08	100	37,50

Ergibt sich **durch die Anwendung des Abschlagssatzes** ein **höherer Betrag als der tatsächlich gewährte** Kaufkraftausgleich, so ist **nur der niedrigere Betrag steuerfrei**. Zu den Gesamtbezügen, auf die der Abschlagssatz anzuwenden ist, gehören nicht steuerfreie Reisekostenvergütungen und steuerfreie Vergütungen für Mehraufwendungen bei doppelter Haushaltsführung (R 3.64 Abs. 5 LStR).

Beispiel:

Der verheiratete A ist für seinen inländischen Arbeitgeber für ein Jahr im Ausland tätig. Sein monatlicher Arbeitslohn von 4 500 € wird um einen Kaufkraftausgleich von 1 500 € erhöht. Zusätzlich erhält der Arbeitnehmer steuerfreie Vergütungen zur Erstattung der Reisekosten und der Aufwendungen für doppelte Haushaltsführung. Der Kaufkraftzuschlag beträgt 35 % für dieses Land.

A hat aus dienstlichen Gründen für einen begrenzten Zeitraum einen Wohnsitz im Ausland. Er erhält von seinem inländischen Arbeitgeber einen Kaufkraftausgleich. Dieser ist in folgender Höhe steuerfrei:

Monatlicher Arbeitslohn	4 500 €
Kaufkraftausgleich	1 500 €
Für die Berechnung des steuerfreien Kaufkraftausgleichs maßgebende Gesamtbezüge	6 000 €
Der Zuschlagssatz von 35 % entspricht einem Abschlagssatz von 17,36 % Steuerfreier Kaufkraftausgleich = 6 000 € × 17,36 % =	1 042 €
zu versteuern sind danach	4 958 €

Bei rückwirkender Erhöhung eines Zuschlagssatzes kann der Arbeitgeber die bereits **abgeschlossenen Lohnabrechnungen** insoweit **wieder aufrollen** und bei der nächstfolgenden Lohnzahlung zu viel einbehaltene Lohnsteuer erstatten. § 41c Abs. 2 und 3 EStG gilt entsprechend: Danach hat der Arbeitgeber den Erstattungsbetrag der einbehaltenen oder übernommenen Lohnsteuer zu entnehmen. Ein **Fehlbetrag** wird dem Arbeitgeber auf Antrag vom Betriebsstättenfinanzamt erstattet. Nach Ablauf des Kalenderjahres oder Beendigung des Dienstverhältnisses ist eine Änderung des Lohnsteuerabzugs nur bis zur Übermittlung oder **Ausschreibung der Lohnsteuerbescheinigung** zulässig. Nach Ablauf des Kalenderjahres ist eine Erstattung nur im Wege des **Lohnsteuer-Jahresausgleichs** durch den Arbeitgeber zulässig. Die **Herabsetzung des Zuschlagssatzes** ist **erstmals** bei der Lohnabrechnung des Arbeitslohns zu berücksichtigen, der für einen nach der Veröffentlichung der Herabsetzung beginnenden Lohnzahlungszeitraum gezahlt wird (R 3.64 Abs. 6 LStR).

5. Werbungskosten

2664 Bezieht der Arbeitnehmer einen steuerfreien Kaufkraftausgleich, so sind seine Werbungskosten regelmäßig zu dem Teil nicht abziehbar, der dem Verhältnis der steuerfreien Einnahmen zu den Gesamteinnahmen entspricht (BFH v. 13.8.1997, I R 65/95, BStBl II 1998, 21, m.w.N.).

Kaufoption

→ *Aktienoption* Rz. 38

Kautionszahlung im Strafprozess

→ *Arbeitslohn-ABC* Rz. 690

Kilometergelder/Kilometer-Pauschalen

→ *Reisekosten: Allgemeine Grundsätze* Rz. 3589

Kinderbetreuungskosten

Der Gesetzgeber hat zum 1.1.2015 die **Steuerbefreiung des § 3 Nr. 34a EStG** eingeführt für 2665

- Zahlungen des Arbeitgebers an ein **Dienstleistungsunternehmen**, das den Arbeitnehmer hinsichtlich der **Betreuung von Kindern oder pflegebedürftigen Angehörigen** berät oder hierfür Betreuungspersonen vermittelt
- sowie für die **kurzfristige Betreuung** – auch im privaten Haushalt – **von Kindern bis zu 14 Jahren und pflegebedürftigen Angehörigen bis zu 600 €** im Jahr.

S. hierzu ausführlich → *Betreuungskosten* Rz. 1398.

Wegen des Sachzusammenhangs sind die übrigen Ausführungen zum bisherigen Stichwort „Kinderbetreuungskosten" (z.B. Abzug von Kinderbetreuungskosten als Sonderausgaben) in das Stichwort „Betreuungskosten" übernommen worden.

Kinderfreibetrag

→ *Kindergeld/Freibeträge für Kinder* Rz. 2672

Kindergarten

1. Allgemeines

Nach § 3 Nr. 33 EStG sind Leistungen des Arbeitgebers (Bar- und Sachleistungen) zur Unterbringung und Betreuung von **nicht schulpflichtigen Kindern** der Arbeitnehmer in Kindergärten oder vergleichbaren Einrichtungen steuerfrei, sofern sie zusätzlich zum ohnehin geschuldeten Arbeitslohn (→ *Barlohnumwandlung* Rz. 1218) erbracht werden. Die Beschränkung der Steuerbefreiung gem. § 3 Nr. 33 EStG auf Arbeitnehmer verstößt nicht gegen Art. 3 Abs. 1 GG (BFH v. 5.7.2012, III R 80/09, BStBl II 2012, 816). 2666

Die Voraussetzungen der Steuerbefreiung ergeben sich im Einzelnen aus R 3.33 LStR.

2. Umfang der begünstigten Arbeitgeberleistungen

Die Steuerfreiheit nach § 3 Nr. 33 EStG beschränkt sich auf **Arbeitgeberleistungen, die zur Unterbringung, einschließlich Unterkunft und Verpflegung, und Betreuung** von nicht schulpflichtigen Kindern des Arbeitnehmers in Kindergärten oder vergleichbaren Einrichtungen bestimmt sind. **Nicht steuerfrei** sind aber Leistungen, die der Arbeitgeber für die **bloße Vermittlung von Unterbringungs- und Betreuungsmöglichkeiten** durch Dritte gewährt (R 3.33 Abs. 1 Satz 3 LStR). 2667

Das bedeutet aber nicht, dass nicht von der Steuerbefreiung nach § 3 Nr. 33 EStG erfasste Arbeitgeberleistungen in jedem Fall steuerpflichtiger Arbeitslohn wären. **Kein Arbeitslohn** liegt z.B. vor, wenn ein Vorteil der **Belegschaft als Gesamtheit** zugewendet wird (vgl. R 19.3 Abs. 2 5. Spiegelstrich LStR).

Beispiel:

Ein großes Unternehmen schließt mit einem „Kinderbüro/Familienservice" einen Vertrag ab, nach dem dieses sich verpflichtet, den interessierten Arbeitnehmern Tagesmütter, Babysitter und andere geeignete Betreuungspersonen zu vermitteln und deren Zuverlässigkeit zu überwachen. Die Firma vergütet diese Leistung mit einem Pauschalbetrag, der sich zwar an der Größe des Unternehmens orientiert, nicht aber an den Leistungen, die der einzelne Arbeitnehmer tatsächlich in Anspruch nimmt.

Die „reine" Vermittlung von Unterbringungs- und Betreuungsmöglichkeiten der Kinder durch Dritte fällt zwar nicht unter die Steuerbefreiung des § 3 Nr. 33 EStG. Hier liegt aber schon deshalb kein Arbeitslohn vor, weil ein geldwerter Vorteil gar nicht individuell einem einzelnen Arbeitnehmer zugeordnet werden könnte. Die Leistung des „Kinderbüros/Familienservice" dient der Belegschaft als Ganzem.

Arbeitgeberleistungen für die Betreuung des gemeinsamen Kindes eines unverheirateten Elternpaares sind auch dann nach § 3 Nr. 33 EStG steuerfrei, wenn der **nicht beim Arbeitgeber beschäftigte Elternteil die Betreuungsaufwendungen trägt** (R 3.33 Abs. 1 Satz 2 LStR).

Auch Zuwendungen des Arbeitgebers an einen Kindergarten oder vergleichbare Einrichtungen, durch die er für die Kinder seiner Arbeitnehmer ein **Belegungsrecht** ohne Bewerbungsverfahren und Wartezeit erwirbt, sind den Arbeitnehmern nicht als geldwerter Vorteil zuzurechnen (R 3.33 Abs. 1 Satz 3 LStR).

In der unentgeltlichen Gestellung von **Mahlzeiten** des Betreibers eines Kinderheims an die bei ihm angestellten Betreuer der Kinder liegt dann lediglich eine notwendige Begleiterscheinung betriebsfunktionaler Zielsetzungen und **kein lohnsteuerpflichtiger Arbeitslohn** vor, wenn eine arbeitsvertraglich verpflichtende Weisung zur Teilnahme an den gemeinsam mit den Kindern einzunehmenden Mahlzeiten besteht und diese Maßnahme einerseits der Überwachung der Kinder während der Mahlzeiten dient, zum anderen mit der gemeinsamen Essensaufnahme das Ziel verfolgt wird, eine familienähnliche Alltagsstrukturierung zu erreichen (FG Schleswig-Holstein v. 23.1.2012, 5 K 64/11). S. dazu auch FG Baden-Württemberg v. 21.3.2013, 3 K 3932/11, EFG 2013, 1353: Wohnt eine angestellte Pflegekraft mit behinderten Menschen in einer Wohngemeinschaft, um diese rund um die Uhr pflegen, betreuen und versorgen zu können, ist für die vom Arbeitgeber der Pflegekraft kostenlos zur Verfügung gestellte Unterkunft und Verpflegung kein Sachbezug anzusetzen, weil die kostenlose Unterkunft und Verpflegung eigenbetrieblichen Interessen des Arbeitgebers dienen.

LSt SV

3. Begünstigte Einrichtungen

2668 Es ist gleichgültig, ob die Unterbringung und Betreuung **in betrieblichen oder außerbetrieblichen Kindergärten** erfolgt. **Vergleichbare Einrichtungen** sind z.B. die Schulkindergärten, Kindertagesstätten, Kinderkrippen, Tagesmütter, Wochenmütter und Ganztagspflegestellen. Die Einrichtung muss gleichzeitig zur Unterbringung und Betreuung von Kindern geeignet sein. Die **alleinige Betreuung im Haushalt**, z.B. durch Kinderpflegerinnen, Hausgehilfinnen oder Familienangehörige, **genügt nicht**. Soweit Arbeitgeberleistungen auch den **Unterricht eines Kindes** ermöglichen oder nicht unmittelbar der Betreuung eines Kindes dienen, z.B. die **Beförderung zwischen Wohnung und Kindergarten**, sind sie **nicht steuerfrei** (R 3.33 Abs. 2 LStR).

Die obersten Finanzbehörden haben entschieden, auch den **Vorschulbesuch in die Steuerbefreiung einzubeziehen**. Unterricht i.S.d. § 3 Nr. 33 EStG beginne erst mit dem Eintritt in eine **Grundschule**. Vgl. FinMin Berlin v. 11.2.2008, III B 24 – S 2288a – 1/2007, zum Abzug von Kinderbetreuungskosten, die Grundsätze sollen auf die Steuerbefreiung des § 3 Nr. 33 EStG entsprechend angewendet werden.

4. Nicht schulpflichtige Kinder

2669 Begünstigt sind nur Leistungen zur Unterbringung und Betreuung von nicht schulpflichtigen Kindern. Ob ein Kind schulpflichtig ist, richtet sich **nach dem jeweiligen landesrechtlichen Schulgesetz** (R 3.33 Abs. 3 LStR). Die Schulpflicht ist aber **aus Vereinfachungsgründen nicht zu prüfen** bei Kindern, die

- das sechste Lebensjahr noch nicht vollendet haben oder
- im laufenden Kalenderjahr das sechste Lebensjahr nach dem 30. 6. vollendet haben, es sei denn, sie sind vorzeitig eingeschult worden, oder
- im laufenden Kalenderjahr das sechste Lebensjahr vor dem 1. 7. vollendet haben, in den Monaten Januar bis Juli dieses Jahres.

Damit folgt die Finanzverwaltung der Auffassung des FG Baden-Württemberg v. 20.4.2005, 2 K 51/03, EFG 2005, 1172.

Im Rahmen der **LStR** ist geregelt worden, dass den nicht schulpflichtigen Kindern nicht nur schulpflichtige Kinder gleichstehen, die **mangels Schulreife vom Schulbesuch zurückgestellt** sind, sondern auch Kinder**, die noch nicht eingeschult sind** (R 3.33 Abs. 3 Satz 4 LStR). Damit kann auch für Kinder, die in der ersten Jahreshälfte das sechste Lebensjahr vollenden, noch bis zur Einschulung (z.B. im September) ein steuerfreier Zuschuss für die Unterbringung und Betreuung gezahlt werden.

5. Zusätzliche Leistungen

Die Arbeitgeberleistungen müssen **zusätzlich zum ohnehin geschuldeten Arbeitslohn** erbracht werden (zur Zusätzlichkeitsvoraussetzung → *Barlohnumwandlung* Rz. 1218). 2670

6. Verfahren

Sachleistungen an den Arbeitnehmer, die über den nach § 3 Nr. 33 EStG steuerfreien Betrag hinausgehen, sind regelmäßig mit dem Wert nach § 8 Abs. 2 Satz 1 EStG (üblicher Endpreis) dem Arbeitslohn hinzuzurechnen. **Barzuwendungen** an den Arbeitnehmer sind nur steuerfrei, soweit der Arbeitnehmer dem Arbeitgeber die **zweckentsprechende Verwendung nachgewiesen** hat. Der Arbeitgeber hat die Nachweise im Original als **Belege zum Lohnkonto** aufzubewahren (R 3.33 Abs. 4 Sätze 2 und 3 LStR). 2671

Kindergeld/Freibeträge für Kinder

Inhalt

1. Allgemeines

Für das Lohnbüro hat die Kindergeldgewährung nur noch geringe Bedeutung. Alle Arbeitnehmer erhalten seit dem 1.1.1999 Kindergeld nur noch von den Familienkassen der Agenturen für Arbeit. Dies gilt auch für Arbeitnehmer, die im öffentlichen Dienst beschäftigt sind. Die jeweilige Besoldungsstelle ist selbst „Familienkasse" und zahlt Kindergeld aus (§ 72 EStG). „Private" Arbeitgeber werden also nicht mit der Kindergeldauszahlung belastet. 2672

Bedeutung hat jedoch die steuerliche Berücksichtigung von Kindern bei der Berechnung der Kirchensteuer (→ *Kirchensteuer* Rz. 2705) und des Solidaritätszuschlags (→ *Solidaritätszuschlag* Rz. 3903), weil die Freibeträge für Kinder – auch wenn die Eltern nur das Kindergeld erhalten – die Bemessungsgrundlage mindern.

Nachfolgend soll daher eine Übersicht über die wichtigsten Regelungen des Familienleistungsausgleichs (Kindergeld und Freibeträge für Kinder) gegeben werden.

Ausführliche Erläuterungen enthalten

- zum **Kindergeld**
  - die Dienstanweisung zum Kindergeld nach dem EStG – DA-KG 2025 (BZSt v. 28.4.2025, - St II 2 – S 2280/25/0000024, BStBl I 2025, 1018, veröffentlicht auch auf den Internetseiten des BZSt),
  - das Kindergeldmerkblatt 2025 sowie das sog. Kurzmerkblatt zum Kindergeld 2025, die u.a. auf den Internetseiten des BZSt veröffentlicht werden,
- und zu den **Freibeträgen für Kinder**
- R 31, 32 EStR und
- die dazugehörigen Hinweise im Amtlichen Einkommensteuer-Handbuch 2024. Zur steuerlichen Berücksichtigung volljähri-

ger Kinder seit 2012 s. BMF v. 8.2.2016, IV C 4 – S 2282/07/0001-01, BStBl I 2016, 226.

Weitere Informationen zum Kindergeld finden Sie auch im Internet unter www.familienkasse.de oder www.bzst.de.

Die Auszahlung von festgesetztem Kindergeld erfolgt **rückwirkend nur für die letzten sechs Monate** vor Beginn des Monats, in dem der Antrag auf Kindergeld eingegangen ist. Der Anspruch auf Kindergeld nach § 62 EStG bleibt von dieser Auszahlungsbeschränkung unberührt (§ 70 Abs. 1 Sätze 2 und 3 EStG). Diese Regelung wurde mit dem Gesetz gegen illegale Beschäftigung und Sozialleistungsmissbrauch in das EStG eingefügt. Sie ist anzuwenden auf Anträge, die nach dem 18.7.2019 eingehen (§ 52 Abs. 50 Satz 1 EStG i.d.F. des Gesetzes gegen illegale Beschäftigung und Sozialleistungsmissbrauch). Kommt es auf Grund dieser Regelung dazu, dass festgesetztes Kindergeld nicht zur Auszahlung gelangt, sind aber gleichwohl die Kinderfreibeträge für diese Zeiträume ohne Gegenrechnung von Kindergeld zu gewähren (§ 31 Satz 5 EStG). Der BFH (Urteil v. 27.6.2024, III R 27/22) hatte in diesem Zusammenhang zu klären, ob die hier in Rede stehende Auszahlungsbeschränkung für nach dem 18.7.2019 gestellte Anträge selbst dann gilt, wenn die Kindergeldzeiträume vor dem 18.7.2019 liegen. Das Gericht hat das bejaht und darauf verwiesen, dass es für die Anwendung der Ausschlussfrist nur auf den Zeitpunkt des Antragseingangs und nicht auf die Entstehung des Kindergeldanspruchs ankommt.

2. Höhe des Kindergelds und der Freibeträge

2673 Die Freibeträge für Kinder sind durch das Gesetz zur Fortentwicklung des Steuerrechts und zur Anpassung des Einkommensteuertarifs (Steuerfortentwicklungsgesetz – SteFeG) (BGBl. I 2024 Nr. 449), wie folgt angehoben worden:

	2025	2026
1. Kindergeld/Freibeträge für Kinder		
• **Erste Alternative Kindergeld (monatlich)**		
für das erste und zweite Kind	255 €	259 €
für das dritte Kind	255 €	259 €
für jedes weitere Kind	255 €	259 €
oder		
• **Zweite Alternative (wenn steuerlich günstiger)**		
– Kinderfreibetrag für das sächliche Existenzminimum (jährlich) für alle Kinder einheitlich	6 672 €[1])	6 828 €[1])
– Freibetrag für den Betreuungs- und Erziehungs- oder Ausbildungsbedarf (jährlich)	2 928 €[1])	2 928 €[1])
ergibt Freibeträge zusammen	9 600 €[1])	9 600 €[1])
Hinweis: Diese Freibeträge werden nicht zusätzlich zum Kindergeld gewährt!		
2. Freibetrag für Sonderbedarf für auswärts untergebrachte Kinder über 18 Jahre		
• Höhe des Freibetrags (ersetzt die früheren Ausbildungsfreibeträge)	1 200 €[1])	1 200 €[1])

1) Für Kinder im Ausland gelten ggf. geringere Beträge, s. BMF v. 18.12.2023, IV D 5 – S 2285/19/10001 :004, BStBl I 2023, 2236, sog. Ländergruppeneinteilung.

3. Lohnsteuerverfahren

2674 Die Berücksichtigung von Kindern hat einkommensteuerlich vielfältige Bedeutung. Außer dem Kindergeld bzw. dem Kinderfreibetrag sowie dem sog. Freibetrag für den Betreuungs- und Erziehungs- oder Ausbildungsbedarf des Kindes (§ 32 Abs. 6 Satz 1 EStG) gibt es **zahlreiche weitere kindbedingte Vergünstigungen**, hinzuweisen ist z.B. auf den Entlastungsbetrag für Alleinerziehende (→ *Entlastungsbetrag für Alleinerziehende* Rz. 1979), die Berechnung der zumutbaren Belastung bei außergewöhnlichen Belastungen (→ *Außergewöhnliche Belastungen: Allgemeines* Rz. 973), den sog. Ausbildungsfreibetrag (→ *Außergewöhnliche Belastungen in besonderen Fällen* Rz. 1156), den Abzug von Kinderbetreuungskosten (→ *Betreuungskosten* Rz. 1403) und die Kinderzulage bei der Riester-Rente (→ *Riester-Förderung* Rz. 3751).

Dagegen ist die Lohnsteuer für Arbeitnehmer mit und ohne Kinder gleich. Die Höhe der Lohnsteuer für den steuerpflichtigen Arbeitslohn hängt in erster Linie von der Steuerklasse des Arbeitnehmers ab. Der Kinderfreibetrag und der Freibetrag für den Betreuungs- und Erziehungs- oder Ausbildungsbedarf werden bei der Berechnung der **Lohnsteuer** grds. nicht berücksichtigt. Arbeitnehmer mit Kindern erhalten an Stelle der Lohnsteuerermäßigung durch Kinderfreibeträge und Freibeträge für den Betreuungs- und Erziehungs- oder Ausbildungsbedarf **ausschließlich Kindergeld**.

Trotzdem wird die **„Zahl der Kinderfreibeträge" als Lohnsteuerabzugsmerkmal berücksichtigt** (§ 39 Abs. 4 Nr. 2 EStG): Bedeutung haben diese Freibeträge für die sog. **Annexsteuern (Kirchensteuer und Solidaritätszuschlag)**. Denn bei der Berechnung dieser Steuern wird nicht die tatsächlich zu zahlende Lohnsteuer zu Grunde gelegt, sondern die **(fiktive) Lohnsteuer**, die sich ergeben würde, wenn – auch wenn das Kindergeld günstiger ist – die steuerlichen Freibeträge abgezogen würden (§ 51a Abs. 2 EStG). Ohne den Abzug dieser Freibeträge wäre die Bemessungsgrundlage für die Annexsteuern zu hoch, weil die Unterhaltsleistungen für Kinder bei diesen Steuern sonst überhaupt nicht berücksichtigt würden. Die Kinderfreibetragszahl enthält auch den Freibetrag für den Betreuungs- und Erziehungs- oder Ausbildungsbedarf des Kindes (sog. Bedarfsfreibetrag).

Für minderjährige unbeschränkt einkommensteuerpflichtige Kinder i.S.d. § 32 Abs. 1 Nr. 1 EStG (leibliches Kind oder Adoptivkind) werden in den **Steuerklassen I bis IV** (→ *Steuerklassen* Rz. 3988) **Kinderfreibetragszähler als Lohnsteuerabzugsmerkmal** gem. § 39e Abs. 2 EStG auf Grund melderechtlicher Daten automatisiert wie folgt gebildet (§ 38b Abs. 2 Satz 1 EStG):

- **Zähler 0,5** für jedes nach § 32 Abs. 6 Satz 1 EStG zu berücksichtigende Kind, sog. Halbteilungsgrundsatz (§ 38b Abs. 2 Satz 1 Nr. 1 EStG),
- **Zähler 1** bei Verheirateten oder Lebenspartnern,
  - denen der Kinderfreibetrag gem. § 32 Abs. 6 Satz 2 EStG zusteht (§ 38b Abs. 2 Satz 1 Nr. 2 Buchst. a EStG) oder
  - wenn der andere Elternteil vor Beginn Kalenderjahres verstorben ist (§ 38b Abs. 2 Satz 1 Nr. 2 Buchst. b EStG) oder
  - wenn der Arbeitnehmer allein ein Kind angenommen hat (§ 38b Abs. 2 Satz 1 Nr. 2 Buchst. c EStG).

Beispiel 1:

Herr und Frau A sind geschieden. Frau A ist ausgezogen und hat das gemeinsame Kind B „mitgenommen".

Für jedes Kind wird der Zähler 0,5 berücksichtigt. Herr A bekommt also die Steuerklasse I/0,5 (halber Kinderfreibetrag), Frau A die Steuerklasse II/0,5, sofern sie die Voraussetzungen für den Entlastungsbetrag für Alleinerziehende erfüllt (→ *Entlastungsbetrag für Alleinerziehende* Rz. 1979).

Eine Besonderheit gilt für die **Steuerklasse IV**. Hier werden auch Kinder des anderen Ehegatten im Zähler berücksichtigt, trotzdem werden bei der Steuerberechnung nur die halben Kinderfreibeträge berücksichtigt.

Beispiel 2:

Die Eheleute A haben ein Kind und sind beide berufstätig und verdienen etwa gleich viel. Sie haben die Steuerklasse IV.

Bei beiden Eheleuten wird zwar der Zähler 1 eingetragen (d.h. Steuerklasse IV/1), dennoch wird bei beiden Eheleuten bei der Lohnsteuerberechnung nur ein halber Kinderfreibetrag berücksichtigt.

Beispiel 3:

Wie Beispiel 2, aber nur Herr A ist „voll erwerbstätig" und hat deshalb die Steuerklasse III. Frau ist halbtags beschäftigt und hat daher die Steuerklasse V (zur Wahl der günstigsten Steuerklasse bei Eheleuten → *Steuerklassen* Rz. 3996).

In diesem Fall wird bei Herrn A der volle Kinderfreibetrag berücksichtigt, er erhält die Steuerklasse III/1. Frau A hat die Steuerklasse V, bei der keine Kinderfreibeträge berücksichtigt werden.

Auf Antrag kann eine ungünstigere Steuerklasse oder ein **geringerer Kinderfreibetragszähler** (z.B. um eine Offenbarung des Familienstandes oder der Kinder zu vermeiden) als Lohnsteuerabzugsmerkmal gebildet werden (§ 38b Abs. 3 Satz 1 EStG).

§ 38b Abs. 2 Satz 3 EStG sieht eine **mehrjährige Berücksichtigung von Kinderfreibeträgen** vor, wenn nach den tatsächlichen Verhältnissen zu erwarten ist, dass die Voraussetzungen bestehen bleiben. Berücksichtigt wird nicht nur der Kinderfreibetrag, sondern auch der **Freibetrag für den Betreuungs- und Erziehungs- oder Ausbildungsbedarf**.

Eltern, die **keinen Anspruch auf Kindergeld** haben, das sind

- unbeschränkt einkommensteuerpflichtige Arbeitnehmer mit **Kindern im Ausland** außerhalb eines EU- oder EWR-Staates sowie
- unbeschränkt einkommensteuerpflichtige **Ausländer ohne Aufenthaltsgenehmigung** mit Kindern im Inland,

können beim Finanzamt die **Berücksichtigung der steuerlichen Freibeträge als Lohnsteuerabzugsmerkmal beantragen** (§ 39a Abs. 1 Nr. 6 EStG).

Bei der Ermittlung des **Pauschsteuersatzes für die pauschale Lohnsteuer** nach § 40 Abs. 1 EStG werden Kinderfreibeträge des Arbeitnehmers nicht berücksichtigt (BFH v. 26.7.2007, VI R 48/03, BStBl II 2007, 844).

4. Allgemeines zum Familienleistungsausgleich

a) Gesetzliche Grundlagen

2675 Die Voraussetzungen für die Gewährung des Kindergelds/der Freibeträge für Kinder nach § 32 Abs. 6 EStG sind zwar im Wesentlichen im **EStG** geregelt (§§ 32, 62 ff. EStG). Das **Bundeskindergeldgesetz** ist aber nicht völlig aufgehoben worden. Es enthält noch Kindergeldansprüche insbesondere für Eltern, die in Deutschland nicht einkommensteuerpflichtig sind, aber trotzdem Kindergeld erhalten sollen, z.B.

- deutsche Arbeitnehmer, die für einige Jahre zu einer ausländischen Tochtergesellschaft wechseln und im Ausland ihren Wohnsitz nehmen,
- **Grenzgänger**, die in Deutschland beschäftigt sind, aber nach DBA in Deutschland nicht steuerpflichtig sind.

b) Verhältnis Kindergeld – Kinderfreibetrag

2676 Nach § 31 EStG wird die steuerliche Freistellung eines Einkommensbetrags in Höhe des Existenzminimums eines Kindes einschließlich der Bedarfe für Betreuung und Erziehung oder Ausbildung im gesamten Veranlagungszeitraum durch die **Freibeträge nach § 32 Abs. 6 oder durch Kindergeld (§ 62 ff. EStG) bewirkt**. Soweit das Kindergeld dafür nicht erforderlich ist, dient es der Förderung der Familie (§ 31 Satz 2 EStG).

Dem **Kindergeld vergleichbare Leistungen** i.S.d. § 65 Abs. 1 Satz 1 EStG (das sind Kinderzulagen aus der gesetzlichen Unfallversicherung oder Kinderzuschüsse aus den gesetzlichen Rentenversicherungen, Leistungen für Kinder, die im Ausland gewährt werden und dem Kindergeld oder einer der vorgenannten Leistungen vergleichbar sind, Leistungen für Kinder, die von einer zwischen- oder überstaatlichen Einrichtung gewährt werden und dem Kindergeld vergleichbar sind) oder Leistungen auf Grund über- oder zwischenstaatlicher Rechtsvorschriften (diese sind in H 31 „Über- und zwischenstaatliche Rechtsvorschriften" EStH aufgeführt) sind in den Vz 1996 bis 2022 wie Ansprüche auf Kindergeld bis zur Höhe der Beträge nach § 66 EStG zu berücksichtigen (R 31 Abs. 2 Satz 2 EStR).

Wichtig ist, dass im laufenden Jahr immer nur Kindergeld gewährt werden kann (§ 31 Satz 3 EStG). Erst bei der **Veranlagung zur Einkommensteuer** nach Ablauf des Jahres werden die Kinderfreibeträge und die Freibeträge für den Betreuungs- und Erziehungs- oder Ausbildungsbedarf von Kindern unter Verrechnung des Kindergeldes, auf das ein Anspruch besteht, angesetzt, wenn dies für den Stpfl. günstiger ist (sog. **Günstigerprüfung**). Dabei ist das **Kindergeld mit dem individuellen Grenzsteuersatz in einen steuerlichen Freibetrag umzurechnen** (BFH v. 14.4.2021, III R 34/19, HFR 2021, 1086 m.w.N.). Das Kindergeld wird dann der Einkommensteuer hinzugerechnet (§ 31 Satz 4 EStG).

Beispiel 1:

Die Eheleute A haben ein Kind, ihr zu versteuerndes Einkommen beträgt im **Jahr 2025** 50 000 €. Die Einkommensteuer beträgt nach der Splittingtabelle 5 854 €, die Grenzsteuerbelastung 26,63 %.

Die Tabellen-Umrechnung des Kindergeldes von 3 000 € (zwölf Monate je 250 €) in einen steuerlichen Freibetrag nach dem obigen Grenzsteuersatz ergibt 11 265 € (3 000 € × 100 : 26,63).

Steuerfrei zu belassen sind nach § 32 Abs. 6 EStG mindestens der Kinderfreibetrag von 6 672 € und der Freibetrag für den Betreuungs- und Erziehungs- oder Ausbildungsbedarf von 2 928 €, zusammen also 9 600 €. Das in einen Freibetrag umgerechnete Kindergeld reicht somit aus, die erforderliche Freistellung sicherzustellen. Bei der Einkommensteuerveranlagung sind mithin keine Freibeträge für Kinder zu berücksichtigen.

Soweit der (umgerechnete) Freibetrag höher ist als steuersystematisch zwingend erforderlich (d.h. i.H.v. 1 665 €), handelt es sich um eine Sozialleistung zur Förderung der Familie (§ 31 Satz 2 EStG).

Beispiel 2:

Wie Beispiel 1, das versteuernde Einkommen beträgt jedoch 100 000 €. Die Einkommensteuer beträgt 21 382 €, die Grenzbelastung 35,47 %.

Die Tabellen-Umrechnung des Kindergeldes von 3 000 € (zwölf Monate je 250 €) in einen steuerlichen Freibetrag nach dem obigen Grenzsteuersatz ergibt 8 457 € (3 000 € × 100 : 35,47).

Steuerfrei zu belassen sind nach § 32 Abs. 6 EStG mindestens der Kinderfreibetrag von 6 672 € und der Freibetrag für den Betreuungs- und Erziehungs- oder Ausbildungsbedarf von 2 928 €, zusammen also 9 600 €. Das in einen Freibetrag umgerechnete Kindergeld reicht somit nicht aus, die erforderliche Freistellung sicherzustellen. Bei der Einkommensteuerveranlagung werden daher Freibeträge für Kinder i.H.v. von 9 600 € abgezogen und das bereits gezahlte Kindergeld der Einkommensteuer hinzugerechnet.

Hinweis:

Zur Frage, bei welchen Einkommen und welcher Kinderzahl die steuerlichen Freibeträge günstiger sind, wird auf die in **Stollfuß Verlag erscheinende Tabelle „Einkommensteuer mit Kinder- und Bedarfsfreibetragsoption" hingewiesen.**

Bei der **Günstigerprüfung**, ob der steuerliche Kinderfreibetrag günstiger ist als das Kindergeld, wird der Anspruch auf das Kindergeld mit der Steuerersparnis aus den Freibeträgen verglichen. Nach dem i.R. des **Gesetzes gegen illegale Beschäftigung und Sozialleistungsmissbrauch** v. 11.7.2019, BStBl I 2019, 814 geänderten § 31 Satz 5 EStG ist in den Fällen, in denen Eltern auf Grund verspäteter Antragstellung das Kindergeld rückwirkend nur für sechs Monate gezahlt werden kann, nicht auf den Anspruch auf Kindergeld, sondern auf das tatsächlich gezahlte Kindergeld abzustellen, so dass der Anspruch auf Kindergeld für diese Zeiträume mit 0 € anzusetzen ist (§ 70 Abs. 1 Satz 2 EStG; s. zur Gesetzesbegründung die Beschlussempfehlung und den Bericht des Finanzausschusses des Bundestags, BT-Drucks. 19/10683 v. 5.6.2019).

Die **Hinzurechnung des Kindergeldes zur Steuerschuld** gem. § 31 Satz 5 und § 36 Abs. 2 Satz 1 EStG ist mit dem Grundgesetz vereinbar, auch soweit Stpfl. von der Regelung des § 1612b Abs. 5 BGB betroffen sind. Mit dem verfassungsrechtlichen Gebot der steuerlichen Verschonung des Existenzminimums des Stpfl. und seiner unterhaltsberechtigten Familie und dem allgemeinen Gleichheitssatz ist vereinbar, dass die um die Freibeträge verminderte Einkommensteuer auch bei den Stpfl. um die Hälfte des gezahlten Kindergeldes erhöht wird, die nicht in der Lage sind, Unterhalt i.H.v. 135 % des Regelbetrags nach der Regelbetrag-Verordnung zu leisten, sog. **Mangelfall** (BVerfG v. 13.10.2009, 2 BvL 3/05, HFR 2010, 67).

I.R. des Steueränderungsgesetzes 2007 v. 19.7.2006, BStBl I 2006, 432 ist die Altersgrenze für die Berücksichtigung volljähriger Kinder **von 27 auf 25 Jahre herabgesetzt** worden, allerdings mit einer weitgehenden **Übergangsregelung** (§ 52 Abs. 40 Satz 5 EStG). Diese **Herabsetzung ist verfassungsgemäß** (BVerfG v. 29.7.2015, 2 BvR 1397/14, StEd 2015, 548).

BVerfG und **BFH** haben die Verfassungsmäßigkeit des geltenden Systems des Familienleistungsausgleichs bestätigt (BFH v. 14.4.2021, III R 34/19, HFR 2021, 1086).

c) Abzug von Unterhaltsaufwendungen nach § 33a Abs. 1 EStG

Sind die Voraussetzungen für die Gewährung von Kindergeld bzw. 2677
Freibeträgen für Kinder nicht (mehr) gegeben (z.B. weil das **Kind z.B. die Altersgrenze von 25 Jahren überschritten** hat oder sich nicht mehr in Berufsausbildung befindet) und wird es weiterhin von den Eltern unterhalten, können diese ihre Unterhaltsaufwendungen unter den Voraussetzungen des § 33a Abs. 1 EStG **als außergewöhnliche Belastung absetzen** (→ *Außergewöhnliche Belastungen in besonderen Fällen* Rz. 1142).

5. Kindergeld

a) Wer erhält Kindergeld?

2678 **Deutsche Staatsangehörige** erhalten nach dem EStG grds. Kindergeld, wenn sie in Deutschland ihren Wohnsitz oder gewöhnlichen Aufenthalt haben.

In Deutschland wohnende **ausländische Staatsangehörige** können Kindergeld erhalten, wenn sie eine Niederlassungserlaubnis besitzen. Bestimmte andere Aufenthaltstitel können ebenfalls einen Anspruch auf Kindergeld auslösen.

Das **Gesetz gegen illegale Beschäftigung und Sozialleistungsmissbrauch** v. 11.7.2019, BStBl I 2019, 814 hat den Bezug von Kindergeld eingeschränkt. Um Missbrauch von Kindergeld zu verhindern, erhält die Familienkasse eigene Prüfungskompetenzen. Neu nach Deutschland zugezogene EU-Bürgerinnen und Bürger sind in den ersten drei Monaten vom Leistungsbezug ausgeschlossen, sofern sie keine inländischen Einkünfte erzielen (**§ 62 Abs. 1a EStG**). Auch laufende Kindergeldzahlungen kann die Familienkasse in begründeten Zweifelsfällen künftig vorläufig einstellen (§ 71 EStG). S. hierzu ausführlich A 4 ff. der DA-KG 2024 (BZSt v. 28.4.2025, - St II 2 – S 2280/25/0000024, BStBl I 2025, 1018).

In Deutschland wohnende **freizügigkeitsberechtigte Staatsangehörige** der Europäischen Union sowie des Europäischen Wirtschaftsraumes (Belgien, Bulgarien, Dänemark, Estland, Finnland, Frankreich, Griechenland, Großbritannien – ggf. gelten Sonderregelungen seit dem Austritt Großbritanniens aus der EU –, Irland, Island, Italien, Kroatien, Lettland, Liechtenstein, Litauen, Luxemburg, Malta, Niederlande, Norwegen, Österreich, Polen, Portugal, Rumänien, Schweden, Slowakei, Slowenien, Spanien, Tschechische Republik, Ungarn und Zypern), deren Rechtsstellung von dem Gesetz über die allgemeine Freizügigkeit von Unionsbürgern geregelt ist, und Staatsangehörige der Schweiz können Kindergeld unabhängig davon erhalten, ob sie eine Niederlassungserlaubnis oder Aufenthaltserlaubnis besitzen.

Für im Ausland, insbesondere in der Europäischen Union, beschäftigte Arbeitnehmer gelten besondere Regelungen und Mitteilungspflichten. Nähere Informationen hierzu können dem „Merkblatt über Kindergeld in grenzüberschreitenden Fällen (Europäische Union, Europäischer Wirtschaftsraum und Schweiz)" entnommen werden, das im Internet unter www.arbeitsagentur.de heruntergeladen werden kann oder auf Wunsch durch die Familienkasse übersandt wird.

Personen, die im Ausland wohnen, aber in Deutschland entweder unbeschränkt einkommensteuerpflichtig sind oder entsprechend behandelt werden, erhalten ebenfalls Kindergeld. Personen, die in einem anderen Staat der Europäischen Union, des Europäischen Wirtschaftsraumes oder in der Schweiz leben und in Deutschland erwerbstätig sind, können Anspruch auf Kindergeld nach dem Bundeskindergeldgesetz haben.

Das Gleiche gilt für Staatsangehörige der Staaten Algerien, Bosnien und Herzegowina, Kosovo, Marokko, Montenegro, Serbien, Tunesien und der Türkei auf Grundlage der jeweiligen über- oder zwischenstaatlichen Abkommen, wenn sie in Deutschland als Arbeitnehmer i.S.d. jeweiligen Abkommens gelten.

Unanfechtbar anerkannte Flüchtlinge und Asylberechtigte können ebenfalls Kindergeld erhalten. Wegen des Kindergeldbezugs für Geflüchtete aus der Ukraine vgl. www.arbeitsagentur.de unter Kindergeld für Geflüchtete aus der Ukraine.

Voraussetzung für den Anspruch auf Kindergeld ist, dass der Berechtigte durch die an ihn vergebene **IdNr** (→ *Identifikationsnummer* Rz. 2575 ff.) identifiziert ist (→ Rz. 2693).

Wer im Ausland wohnt und in Deutschland nicht unbeschränkt steuerpflichtig ist, kann Kindergeld als Sozialleistung nach dem Bundeskindergeldgesetz erhalten, wenn er

- in einem Versicherungspflichtverhältnis zur Bundesagentur für Arbeit steht oder
- als Entwicklungshelfer oder Missionar tätig ist oder
- als Beamter eine bei einer Einrichtung außerhalb Deutschlands zugewiesene Tätigkeit ausübt oder
- als Ehegatte oder Lebenspartner eines NATO-Truppenmitglieds in Deutschland lebt und die Staatsangehörigkeit eines EU-/EWR-Mitgliedstaats besitzt oder
- in Deutschland beschäftigt oder selbständig erwerbstätig ist oder Rente nach deutschen Rechtsvorschriften bezieht und in einem Mitgliedstaat der Europäischen Union, des Europäischen Wirtschaftsraumes bzw. in der Schweiz lebt.

Hat der eine Elternteil Anspruch auf Kindergeld nach dem EStG und der andere Elternteil nach dem Bundeskindergeldgesetz, hat der Anspruch nach dem EStG Vorrang.

Der BFH (Urteil v. 2.2.2022, III R 7/20) hat entschieden, dass für Kindergeld bei fiktiv unbeschränkter Einkommensteuerpflicht eines Elternteils das Folgende gilt (Leitsatz):

„Wird ein Elternteil vom Finanzamt nach § 1 Abs. 3 EStG als unbeschränkt steuerpflichtig behandelt, so kann ein nach § 62 Abs. 1 Satz 1 Nr. 2 Buchst. b EStG begründeter Kindergeldanspruch über die gem. Art. 60 Abs. 1 Satz 2 der VO Nr. 987/2009 anzuwendende Familienbetrachtung auch dann dem im anderen Mitgliedstaat der Europäischen Union zusammen mit dem Kind wohnenden Elternteil zustehen, wenn dieser selbst im Inland keine Einkünfte erzielt hat)."

b) Für welche Kinder kann man Kindergeld erhalten?

Kindergeld wird für Kinder – unabhängig von ihrer Staatsangehörigkeit – gezahlt, wenn sie **in Deutschland ihren Wohnsitz oder gewöhnlichen Aufenthalt** haben. Dasselbe gilt, wenn die Kinder in einem Mitgliedstaat der EU oder des Europäischen Wirtschaftsraumes oder in der Schweiz leben. 2679

Wo Kinder im steuerlichen Sinne einen Wohnsitz haben, ist insbesondere bei Kindern, die sich zeitweise außerhalb des elterlichen Haushalts im Ausland zu Ausbildungszwecken aufhalten, ihren inländischen Wohnsitz bei den Eltern beibehalten oder aber zunächst aufgeben und bei einer späteren Rückkehr wieder neu begründen, in der Praxis immer wieder streitig. Wie der BFH mit Urteil v. 12.11.2020, III R 6/20, HFR 2021, 584 entschieden hat, liegt die Beantwortung dieser Frage weitgehend auf tatsächlichem Gebiet unter Berücksichtigung der objektiven Umstände des jeweiligen Falles. Ein Wohnsitz nach § 8 AO setzt neben zum dauerhaften Wohnen geeigneten Räumen das Innehaben der Wohnung in dem Sinn voraus, dass der Stpfl. tatsächlich jederzeit (wann immer er es wünscht) über sie verfügen kann und sie als Bleibe entweder ständig benutzt oder sie mit einer gewissen Regelmäßigkeit – wenn auch in größeren Zeitabständen – aufsucht. Der Wohnsitzbegriff setzt zwar weder voraus, dass die Wohnung im Inland den Mittelpunkt der Lebensinteressen bildet noch einen Aufenthalt während einer Mindestzeit; erforderlich ist aber eine Nutzung, die über bloße Besuche, kurzfristige Ferienaufenthalte und das Aufsuchen der Wohnung zu Verwaltungszwecken hinausgeht (s. FG Hamburg v. 14.7.2021, 6 K 146/20: Werden Kinder bereits zu Beginn des 1. Schuljahres zu der Großmutter nach Tunesien geschickt, um dort mindestens zehn Jahre zur Schule zu gehen, genügt es nicht für die Beibehaltung eines inländischen Wohnsitzes, wenn die Kinder die Eltern nur in den Sommerschulferien für ca. zwei bis drei Monate im Jahr besuchen, wenn es keine besonderen Indizien für eine feste soziale Bindung an Deutschland gibt). In diesem Zusammenhang ist auch die Rechtsprechung des BFH (Urteil v. 20.2.2025, III R 32/23, BStBl II 2025, 554) zur Beurteilung, ob ein Kind, das vor Beginn des Auslandsstudiums bereits im Ausland an einer anderen Ausbildungsmaßnahme teilgenommen oder einen Freiwilligendienst abgeleistet und sich während dieser (ersten) Phase des Auslandsaufenthalts zum mehrjährigen Studium im Ausland entschlossen hat, seinen inländischen Wohnsitz in der elterlichen Wohnung beibehält, zu beachten. In einem solchen Fall sind nämlich Übergangszeiten zwischen zwei Auslandsaufenthalten von höchstens vier Monaten wie ausbildungsfreie Zeiten zu behandeln und dem nachfolgenden Studienjahr zuzuordnen.

Als Kinder werden berücksichtigt:

- im ersten Grad mit dem Antragsteller verwandte Kinder, darunter auch angenommene (adoptierte) Kinder,
- Kinder des Ehegatten (Stiefkinder), Kinder des eingetragenen Lebenspartners und Enkelkinder, die der Antragsteller in seinen Haushalt aufgenommen hat,

- Pflegekinder, wenn die gesetzlichen Voraussetzungen erfüllt sind. Dazu gehört insbesondere, dass der Antragsteller mit ihnen durch ein familienähnliches, auf längere Dauer angelegtes Band verbunden ist und er sie nicht zu Erwerbszwecken in seinen Haushalt aufgenommen hat. Die Pflegekinder müssen wie eigene Kinder zur Familie gehören; ein Obhuts- und Betreuungsverhältnis zu den leiblichen Eltern darf nicht mehr bestehen, ausgenommen unbegleitete minderjährige Flüchtlinge (A 11.4 Abs. 3 der DA-KG 2025, BZSt v. 28.4.2025, - St II 2 – S 2280/25/0000024, BStBl I 2025, 1018, und BFH v. 17.3.2020, III R 9/19, HFR 2021, 58 sowie FG Saarland v. 25.2.2021, 2 K 1395/20, EFG 2021, 1115).

Für in den Haushalt aufgenommene **Geschwister** besteht nur dann ein Anspruch auf Kindergeld, wenn sie als **Pflegekinder berücksichtigt** werden können.

Ein **Kind ist in den Haushalt aufgenommen**, wenn es ständig in der gemeinsamen Familienwohnung des Antragstellers lebt, dort versorgt und betreut wird. Die bloße Anmeldung bei der Meldebehörde genügt also nicht. Eine nur tageweise Betreuung während der Woche oder ein wechselweiser Aufenthalt bei der Pflegeperson und bei den Eltern begründet keine Haushaltsaufnahme. Eine bestehende Haushaltsaufnahme wird durch eine zeitweilige auswärtige Unterbringung wegen Schul- oder Berufsausbildung oder Studium des Kindes nicht unterbrochen.

Bis zur Vollendung des 18. Lebensjahres wird Kindergeld für alle Kinder gezahlt, darüber hinaus nur unter bestimmten zusätzlichen Voraussetzungen (→ Rz. 2680). Einzelheiten zur Berücksichtigung volljähriger Kinder sind in A 14 ff. der DA-KG 2024 (BZSt v. 28.4.2025, - St II 2 – S 2280/25/0000024, BStBl I 2025, 1018) geregelt worden.

Wenn für **Vollwaisen** oder Kinder, die den Aufenthalt ihrer Eltern nicht kennen, keiner dritten Person Kindergeld zusteht, können diese für sich selbst Kindergeld nach dem Bundeskindergeldgesetz wie für ein erstes Kind beantragen.

Grds. wird ein Kind nur dann berücksichtigt, wenn es durch die an dieses Kind vergebene **IdNr** identifiziert ist (→ Rz. 2693).

c) Welche Voraussetzungen müssen über 18 Jahre alte Kinder zusätzlich erfüllen?

aa) Allgemeines

2680 Im Rahmen des Steueränderungsgesetzes 2007 v. 19.7.2006, BStBl I 2006, 432 ist die Altersgrenze für die Berücksichtigung volljähriger Kinder von 27 auf 25 Jahre herabgesetzt worden. Diese **Herabsetzung ist verfassungsgemäß** (BVerfG v. 29.7.2015, 2 BvR 1397/14, StEd 2015, 548).

Über 18 Jahre alte, z.B. noch in Berufsausbildung befindliche Kinder konnten bis 2011 nur berücksichtigt werden, wenn ihre eigenen **Einkünfte und Bezüge den Betrag von 8 004 € nicht überschritten** haben; ein Überschreiten nur um einen Euro führte bislang zum völligen Wegfall des Kindergelds bzw. der steuerlichen Freibeträge für Kinder (s. BVerfG v. 27.7.2010, 2 BvR 2122/09, HFR 2010, 1109).

Im Rahmen des Steuervereinfachungsgesetzes 2011 ist diese Regelung mit Wirkung zum 1.1.2012 aufgehoben worden. Gleichzeitig ist jedoch gesetzlich geregelt worden, dass nach Abschluss einer erstmaligen Berufsausbildung oder eines Erststudiums ein Kind in den Fällen des § 32 Abs. 4 Satz 1 Nr. 2 EStG (z.B. weitere Berufsausbildung) nur berücksichtigt wird, wenn das Kind keiner Erwerbstätigkeit nachgeht. Eine Erwerbstätigkeit mit bis zu 20 Stunden regelmäßiger wöchentlicher Arbeitszeit, ein Ausbildungsdienstverhältnis oder ein geringfügiges Beschäftigungsverhältnis i.S. der §§ 8 und 8a SGB IV sind unschädlich (→ Rz. 2685).

Unter welchen Voraussetzungen volljährige Kinder seit 2012 steuerlich berücksichtigt werden können, ist in A 14 ff der DA-KG 2025 (BZSt v. 28.4.2025, - St II 2 – S 2280/25/0000024, BStBl I 2025, 1018) ausführlich – mit Beispielen – geregelt worden, s. ferner H 32.5 – 32.10 EStH).

bb) Kinder, die für einen Beruf ausgebildet werden (und Übergangszeit)

2681 Für ein über 18 Jahre altes Kind kann **bis zur Vollendung des 25. Lebensjahres** Kindergeld weitergezahlt werden, solange es für einen Beruf ausgebildet wird. In Berufsausbildung i.S.d. § 32 Abs. 4 Satz 1 Nr. 2 Buchst. a EStG befindet sich, wer „sein Berufsziel" noch nicht erreicht hat, sich aber ernsthaft und nachhaltig darauf vorbereitet. Dieser Vorbereitung dienen alle Maßnahmen, bei denen Kenntnisse, Fähigkeiten und Erfahrungen erworben werden, die als Grundlagen für die Ausübung des „angestrebten" Berufs geeignet sind (BFH v. 7.7.2021, III R 40/19, HFR 2021, 1089). Die Ausbildungsmaßnahme braucht Zeit und Arbeitskraft des Kindes nicht überwiegend in Anspruch zu nehmen. Voraussetzung für eine innerhalb eines Arbeits- oder Dienstverhältnisses stattfindende Ausbildung ist jedoch, dass die Erlangung beruflicher Qualifikationen, d.h. der Ausbildungscharakter, und nicht die Erbringung bezahlter Arbeitsleistungen, d.h. der Erwerbscharakter, im Vordergrund steht (BFH v. 19.2.2020, III R 28/19, BStBl II 2020, 562: Die i.R. des § 32 Abs. 4 Satz 2 EStG vorzunehmende Abgrenzung einer einheitlichen Erstausbildung mit daneben ausgeübter Erwerbstätigkeit von einer berufsbegleitend durchgeführten Weiterbildung – Zweitausbildung – ist anhand einer Gesamtwürdigung der Verhältnisse vorzunehmen). Eine einheitliche Erstausbildung i.S.d. § 32 Abs. 4 Satz 2 EStG scheitert nicht daran, dass nur der erste, nicht hingegen der zweite Ausbildungsabschnitt öffentlich-rechtlich geordnet ist (BFH v. 18.2.2021, III R 14/19, HFR 2021, 790).

Innerhalb eines Arbeits- oder Dienstverhältnisses stattfindende Ausbildungsmaßnahmen erfüllen nur dann die Voraussetzungen des § 32 Abs. 4 Satz 1 Nr. 2 Buchst. a EStG, wenn der Ausbildungscharakter gegenüber der Erbringung bezahlter Arbeitsleistungen im Vordergrund steht. Kriterien dafür sind z.B. ein Ausbildungsplan, die Unterweisung in Tätigkeiten, welche qualifizierte Kenntnisse erfordern, die Erlangung eines die angestrebte Berufstätigkeit ermöglichenden Abschlusses und ein gegenüber einem normalen Arbeitsverhältnis geringeres Entgelt. Überwiegt bei einer Gesamtbetrachtung des Arbeits- oder Dienstverhältnisses der Erwerbscharakter, so scheidet trotz des dem Kindergeldrecht zu Grunde liegenden Monatsprinzips eine Berücksichtigung auch für die Monate aus, in denen Ausbildungsmaßnahmen erfolgen (BFH v. 7.7.2021, III R 24/19).

Der Besuch einer nicht allgemeinbildenden Schule, der nicht der Vorbereitung auf einen konkret angestrebten Beruf, sondern vorrangig der Erlangung sozialer Erfahrungen und der Stärkung des Verantwortungsbewusstseins für das Gemeinwohl sowie der Persönlichkeitsbildung und Charakterbildung i.S.d. Leitbilds der Schule dient, stellt keine Berufsausbildung i.S.d. § 32 Abs. 4 Satz 1 Nr. 2 Buchst. a EStG dar (BFH v. 13.12.2018, III R 25/18, BStBl II 2019, 256).

Die Kindergeldzahlung endet spätestens mit dem Ende des Schuljahres bzw. bei Kindern in betrieblicher Ausbildung oder im Studium mit dem Monat, in dem das Kind vom Gesamtergebnis der Abschlussprüfung offiziell schriftlich unterrichtet worden ist, auch wenn der Ausbildungsvertrag für längere Zeit abgeschlossen war oder das Kind nach der Abschlussprüfung an der (Fach-)Hochschule noch immatrikuliert bleibt.

Eine Berufsausbildung i.S.d. § 32 Abs. 4 Satz 1 Nr. 2 Buchst. a EStG in Form eines **Hochschulstudiums beginnt** nicht schon mit der Bewerbung für dieses Studium, wenn zu diesem Zeitpunkt noch keine Ausbildungsmaßnahmen durchgeführt werden. Die **Beendigung eines Hochschulstudiums** setzt grds. voraus, dass das Kind die letzte nach der einschlägigen Prüfungsordnung erforderliche Prüfungsleistung erfolgreich erbracht hat und dass dem Kind sämtliche Prüfungsergebnisse bekannt gegeben worden sind. Die Bekanntgabe erfordert regelmäßig, dass das Kind entweder eine schriftliche Bestätigung über den erfolgreichen Abschluss und die erzielten Abschlussnoten erhalten hat oder jedenfalls objektiv in der Lage war, eine solche schriftliche Bestätigung über ein Online-Portal der Hochschule erstellen zu können. Entscheidend ist, welches Ereignis früher eingetreten ist (BFH v. 7.7.2021, III R 40/19, BStBl II 2021, 864).

Wird die Ausbildung wegen **Erkrankung oder Mutterschaft** nur vorübergehend unterbrochen, wird das Kindergeld grds. weitergezahlt. Dies gilt jedoch nicht für Unterbrechungszeiten wegen Kindesbetreuung nach Ablauf der Mutterschutzfristen (z.B. Elternzeit).

Nach der Rechtsprechung des BFH (v. 15.12.2021, III R 43/20, BStBl II 2022, 472) ist jedoch eine kindergeldrechtliche Berücksichtigung wegen Berufsausbildung dann nicht möglich, wenn Ausbildungsmaßnahmen im Rahmen des fortbestehenden Ausbildungsverhältnisses wegen einer **nicht vorübergehenden Erkrankung** unterbleiben. In Betracht kommt dann allerdings eine Berücksichtigung wegen Behinderung (§ 32 Abs. 4 Satz 1 Nr. 3 EStG). Eine Krankheit ist nicht vorübergehend, wenn mit hoher Wahrscheinlichkeit eine länger als sechs Monate dauernde Beeinträchtigung zu erwarten ist (vgl. § 2 Abs. 1 Satz 1 SGB IX).

Kindergeld wird auch für eine Übergangszeit (Zwangspause) von bis zu vier Kalendermonaten gezahlt (z.B. zwischen Schulabschluss und Beginn der Berufsausbildung oder eines Freiwilligendienstes i.S. der → Rz. 2684). Nach dem eindeutigen Wortlaut der Vorschrift kommt eine Übergangszeit nur zwischen zwei Ausbildungsabschnitten oder zwischen einem Ausbildungsabschnitt und einem der im Gesetz näher bezeichneten Dienste in Betracht. Dagegen kann eine Übergangszeit nicht dadurch begründet werden, dass sich ein Kind um eine Ausbildung bemüht und später diese beginnt. Auch insoweit gilt, dass die Bewerbung um einen Ausbildungsplatz der Ausbildung selbst nicht gleichzusetzen ist. Ist eine Dauer der Übergangsfrist von maximal vier vollen Monaten überschritten, scheidet eine Berücksichtigung des Kindes auch für die ersten vier Monate aus (BFH v. 7.7.2021, III R 40/19, HFR 2021, 1089).

Über das 25. Lebensjahr hinaus wird für Kinder in Schul- oder Berufsausbildung, im Studium oder in einer Übergangszeit Kindergeld gezahlt, wenn sie

- den gesetzlichen Grundwehrdienst oder Zivildienst geleistet hatten,
- sich anstelle des gesetzlichen Grundwehrdienstes freiwillig für nicht mehr als drei Jahre zum Wehrdienst verpflichtet hatten,
- eine vom gesetzlichen Grundwehr- oder Zivildienst befreiende Tätigkeit als Entwicklungshelfer ausgeübt hatten,

Die Berücksichtigung erfolgt längstens für die Dauer des gesetzlichen Grundwehr- oder Zivildienstes.

cc) Kinder ohne Arbeitsplatz

2682 Unabhängig von den o.g. Anspruchsvoraussetzungen wird Kindergeld auch für ein über 18 Jahre altes Kind **bis zur Vollendung des 21. Lebensjahres** gezahlt, wenn es nicht in einem Beschäftigungsverhältnis steht und bei einer **Agentur für Arbeit** in Deutschland oder einer staatlichen Arbeitsvermittlung in einem anderen Staat der Europäischen Union sowie des Europäischen Wirtschaftsraumes oder in der Schweiz **als Arbeitsuchender gemeldet** ist. Für ein Kind, das nur Bürgergeld bzw. ab 1.7.2026 Grundsicherungsgeld (→ Rz. 715) bezieht, besteht kein Anspruch auf Kindergeld. Geringfügige Tätigkeiten schließen den Kindergeldanspruch nicht aus. Geringfügigkeit liegt vor, wenn die Bruttoeinnahmen im Monatsdurchschnitt nicht die Geringfügigkeitsgrenze (→ *Mini-Jobs* Rz. 3161) überschreiten.

dd) Kinder ohne Ausbildungsplatz

2683 Für ein über 18 Jahre altes Kind steht bis zur Vollendung des 25. Lebensjahres Kindergeld zu, wenn es eine Berufsausbildung (im Inland oder Ausland) aufnehmen will, diese aber wegen eines fehlenden Ausbildungsplatzes nicht beginnen oder fortsetzen kann.

Das trifft in folgenden Fällen zu:

- Trotz ernsthafter Bemühungen ist die Suche nach einem Ausbildungsplatz zum frühestmöglichen Zeitpunkt bisher erfolglos verlaufen. Bei eigenen Bemühungen des Kindes müssen diese durch Vorlage entsprechender Unterlagen (z.B. Absagen auf Bewerbungen) nachgewiesen oder zumindest glaubhaft gemacht werden.
- Das Kind wird bei der Berufsberatung einer Agentur für Arbeit oder bei einem anderen für Bürgergeld bzw. ab 1.7.2026 Grundsicherungsgeld (→ Rz. 715) zuständigen Leistungsträger als Bewerber für einen Ausbildungsplatz oder für eine Bildungsmaßnahme geführt.
- Dem Kind wurde bereits ein Ausbildungsplatz zugesagt, es kann diesen aber erst später antreten, z.B. mit Beginn des betrieblichen Ausbildungsjahres.
- Das Kind hat vor, sich so früh wie möglich (z.B. innerhalb der nächsten Bewerbungsfrist) um einen Ausbildungsplatz zu bewerben. In diesem Fall ist eine Erklärung des Kindes erforderlich.

Ein Kind unter 25 Jahren, das wegen einer **Erkrankung** keine Berufsausbildung beginnen kann, ist nur dann als ausbildungsplatzsuchendes Kind nach § 32 Abs. 4 Satz 1 Nr. 2 Buchst. c EStG zu berücksichtigen, wenn das Ende der Erkrankung absehbar ist. Ist dieses nicht absehbar, reicht der Wille des Kindes, sich nach dem Ende der Erkrankung um einen Ausbildungsplatz zu bemühen, nicht aus. In solchen Fällen ist zu prüfen, ob eine Berücksichtigung als behindertes Kind nach § 32 Abs. 4 Satz 1 Nr. 3 EStG möglich ist (BFH v. 12.11.2020, III R 49/18, BStBl II 2021, 390 und BFH v. 18.2.2021, III R 35/19, BFH/NV 2021, 938). Ist ein Kind jedoch krankheitsbedingt nicht in der Lage, sich ernsthaft um eine Ausbildungsstelle zu bemühen oder diese zum nächstmöglichen Ausbildungsbeginn anzutreten, kann dieses Kind nur dann nach § 32 Abs. 4 Satz 1 Nr. 2 Buchst. c EStG berücksichtigt werden, wenn es sich um eine vorübergehende Erkrankung handelt und die im Anspruchszeitraum bestehende Ausbildungswilligkeit nachgewiesen wird. Dabei ist von einer vorübergehenden Erkrankung auszugehen, wenn diese im Hinblick auf die ihrer Art nach zu erwartenden Dauer der von ihr ausgehenden Funktionsbeeinträchtigung mit hoher Wahrscheinlichkeit nicht länger als sechs Monate währt (BFH v. 7.10.2021, III R 48/19, BFH/NV 2022, 736).

ee) Kinder in einem freiwilligen sozialen oder ökologischen Jahr, im Bundesfreiwilligendienst oder in einem anderen geregelten Freiwilligendienst

Für ein über 18 Jahre altes Kind kann **bis zur Vollendung des 25. Lebensjahres** Kindergeld gezahlt werden, wenn es ein freiwilliges soziales Jahr oder ein freiwilliges ökologisches Jahr i.S.d. Jugendfreiwilligendienstgesetzes leistet. Dieses Jahr kann auch im Ausland abgeleistet werden. 2684

Nimmt ein Kind am Aktionsprogramm **„Erasmus+"** der Europäischen Union teil, kann es bis zur Dauer von zwölf Monaten berücksichtigt werden. Ein Freiwilligendienst i.R. des Programms „Erasmus+" liegt nur bei der Teilnahme an einem von einer Nationalen Agentur anerkannten Projekt vor. Nicht ausreichend ist es, wenn die Organisation, bei der das Kind seinen Dienst leistet, als Veranstalter für das Programm „Erasmus+" registriert und akkreditiert ist (BFH v. 1.7.2020, III R 51/19, BStBl II 2021, 23).

Der **krankheitsbedingte Abbruch** eines Freiwilligendienstes führt zum Verlust des Kindergeldanspruchs. Die Grundsätze zum Fortbestehen eines Kindergeldanspruchs bei einer Unterbrechung der Berufsausbildung wegen Krankheit sind auf die vorzeitige Beendigung eines Freiwilligendienstes wegen Krankheit nicht entsprechend anwendbar (BFH v. 9.9.2020, III R 15/20, BFH/NV 2021, 544).

Ein Kind kann auch berücksichtigt werden, wenn es einen dieser Dienste leistet:

- einen Bundesfreiwilligendienst,
- einen Internationalen Jugendfreiwilligendienst i.S. der Richtlinie des BMFSFJ,
- einen entwicklungspolitischen Freiwilligendienst „weltwärts" i.S. der Richtlinie des Bundesministeriums für wirtschaftliche Zusammenarbeit und Entwicklung,
- einen „Freiwilligendienst aller Generationen" i.S.d. § 2 Abs. 1a SGB VII oder
- einen anderen Dienst im Ausland nach § 5 BFDG.

ff) Wegfall des Kindergeldanspruchs bei abgeschlossener Erstausbildung und anspruchsschädlicher Erwerbstätigkeit

(1) Allgemeines

In den unter → Rz. 2681, → Rz. 2683 und → Rz. 2684 genannten Fällen wird ein Kind nach Abschluss einer erstmaligen Berufsausbildung oder eines Erststudiums nur berücksichtigt, **wenn es keiner anspruchsschädlichen Erwerbstätigkeit nachgeht.** 2685

Als **Berufsausbildung** werden berufliche Ausbildungsmaßnahmen betrachtet, wenn hierbei notwendige fachliche Fertigkeiten und Kenntnisse erworben werden, die zur Aufnahme eines Berufs befähigen. Der Besuch einer allgemeinbildenden Schule ist keine Berufsausbildung in diesem Sinne.

Erstmalig ist eine Berufsausbildung bzw. ein Studium dann, wenn keine andere abgeschlossene Berufsausbildung und kein abgeschlossenes berufsqualifizierendes Hochschulstudium vorausgegangen ist.

Sowohl die Berufsausbildung als auch ein Studium müssen in einem **geordneten Ausbildungsgang** erfolgen und werden i.d.R. durch eine staatliche oder staatlich anerkannte (Hochschul-)Prüfung abgeschlossen. Als Abschluss einer berufsqualifizierenden Hochschulprüfung wird i.d.R. ein entsprechender Hochschulgrad verliehen (z.B. Diplom, Bachelor).

Eine erstmalige Berufsausbildung oder ein Erststudium sind grds. abgeschlossen, wenn sie das Kind zur Aufnahme eines Berufs befähigen. Wenn das Kind später eine weitere Ausbildung aufnimmt (z.B. Meisterausbildung nach mehrjähriger Berufstätigkeit auf Grund abgelegter Gesellenprüfung oder Masterstudium nach mehrjähriger Berufstätigkeit), handelt es sich um eine Zweitausbildung.

Ist auf Grund objektiver Beweisanzeichen erkennbar, dass das Kind sein angestrebtes Berufsziel noch nicht erreicht hat, kann auch eine weiterführende Ausbildung noch als Teil der Erstausbildung zu qualifizieren sein. Abzustellen ist dabei darauf, ob die weiterführende Ausbildung in einem engen sachlichen Zusammenhang mit der nichtakademischen Ausbildung oder dem Erststudium steht und im engen zeitlichen Zusammenhang durchgeführt wird. Ein enger sachlicher Zusammenhang liegt vor, wenn die nachfolgende Ausbildung z.B. dieselbe Berufssparte oder denselben fachlichen Bereich betrifft. Ein **enger zeitlicher Zusammenhang** liegt vor, wenn das Kind die weitere Ausbildung zum nächstmöglichen Zeitpunkt aufnimmt oder sich bei mangelndem Ausbildungsplatz zeitnah zum nächstmöglichen Zeitpunkt für die weiterführende Ausbildung bewirbt. S. BFH v. 9.9.2020, III R 2/19, BStBl II 2021, 861: Da sich die Erwerbstätigkeit des Sohnes über einen Zeitraum von Februar 2014 bis August 2015 und damit nicht lediglich über einen Überbrückungszeitraum zwischen dem Ende der Berufsausbildung zum Elektroniker für Betriebstechnik (Januar 2014) und dem nächstmöglichen Beginn der Fachschulausbildung in Teilzeit (Herbst 2014) erstreckte, bildet sie eine **zeitliche Zäsur** zwischen zwei hierdurch verselbständigten Ausbildungen und es fehlt somit an dem erforderlichen engen zeitlichen Zusammenhang zwischen den Ausbildungsabschnitten. Ebenso BFH v. 18.2.2021, III R 14/19, BFH/NV 2021, 936.

Ein **Kind ist erwerbstätig**, wenn es einer Beschäftigung nachgeht, welche auf die Erzielung von Einkünften gerichtet ist und den Einsatz seiner persönlichen Arbeitskraft erfordert. Damit werden neben der nichtselbständigen Arbeitnehmertätigkeit auch land- und forstwirtschaftliche, gewerbliche und selbständige Tätigkeiten erfasst, nicht jedoch die Verwaltung des eigenen Vermögens.

Schädlich für den Anspruch auf Kindergeld ist eine Erwerbstätigkeit,

- wenn die regelmäßige wöchentliche Arbeitszeit insgesamt **mehr als 20 Stunden** beträgt.

Unschädlich für den Kindergeldanspruch ist eine Erwerbstätigkeit,

- die i.R. eines **Ausbildungsdienstverhältnisses** ausgeübt wird, wobei die Ausbildungsmaßnahme Gegenstand des Dienstverhältnisses sein muss (BFH v. 10.4.2019, III R 37/18, BFH/NV 2019, 1103 zur kindergeldrechtlichen Qualifikation eines Praxisjahres als Arbeitsverhältnis oder Berufsausbildung),
- die **geringfügig** ist i.S. der §§ 8 und 8a SGB IV,
- wenn **die regelmäßige wöchentliche Arbeitszeit insgesamt nicht mehr als 20 Stunden beträgt**. Hierbei ist stets die vertraglich vereinbarte Arbeitszeit zu Grunde zu legen. Wird die Beschäftigung nur vorübergehend (d.h. für höchstens zwei Monate) ausgeweitet, ist dies unbeachtlich, wenn während des gesamten Berücksichtigungszeitraumes im Kalenderjahr die durchschnittliche Arbeitszeit nicht mehr als 20 Stunden beträgt.

Beispiel 1:

Nach Abitur und abgeschlossener Lehre studiert das Kind seit Oktober 2024. Ab dem 1.4.2025 ist das Kind neben dem Studium mit einer wöchentlichen Arbeitszeit von 20 Stunden erwerbstätig. In den Semesterferien arbeitet das Kind vom 1.8.2025 bis zur Kündigung am 30.9.2025 in Vollzeit mit 40 Stunden wöchentlich. Ab dem 1.10.2025 beträgt die wöchentliche Arbeitszeit in einem anderen Beschäftigungsverhältnis nur noch 15 Stunden.

Auf Grund des Studiums besteht grds. für das gesamte Jahr 2025 Anspruch auf Kindergeld. Nachdem jedoch zuvor bereits eine erstmalige Berufsausbildung abgeschlossen wurde, kann das Kind nur berücksichtigt werden, wenn die ausgeübte Erwerbstätigkeit unschädlich ist. Die Ausweitung der Erwerbstätigkeit dauert nur zwei Monate an und ist daher nur vorübergehend.

Es ergeben sich folgende wöchentliche Arbeitszeiten:

1.4. – 31.7.2025 (17 Wochen): 20 Stunden wöchentlich

1.8. – 30.9.2025 (8 Wochen): 40 Stunden wöchentlich

1.10. – 31.12.2025 (12 Wochen): 15 Stunden wöchentlich

Damit ergibt sich eine durchschnittliche wöchentliche Arbeitszeit von 16,15 Stunden.

Berechnung: [(17 Wochen x 20 Stunden) + (8 Wochen x 40 Stunden) + (12 Wochen x 15 Stunden)] : 52 Wochen = 16,15 Stunden

Die durchschnittliche Arbeitszeit im Berücksichtigungszeitraum liegt damit unter 20 Stunden. Die Erwerbstätigkeit ist daher unschädlich und das Kind kann während des gesamten Kalenderjahres 2025 berücksichtigt werden.

Führt eine **nur vorübergehende Ausweitung der Beschäftigung** dazu, dass die durchschnittliche wöchentliche Arbeitszeit insgesamt mehr als 20 Stunden beträgt, ist nur der Zeitraum der Ausweitung schädlich, nicht der gesamte Zeitraum der Erwerbstätigkeit. Es besteht also nur für den Zeitraum der Ausweitung kein Anspruch auf Kindergeld.

Beispiel 2:

Wie Beispiel 1.

Das Kind ist bereits ab dem 1.1.2025 neben dem Studium mit einer wöchentlichen Arbeitszeit von 20 Stunden erwerbstätig. In den Semesterferien arbeitet das Kind vom 1.8. bis 30.9.2025 in Vollzeit mit 40 Stunden wöchentlich. Die wöchentliche Arbeitszeit ab dem 1.1.2025 beträgt erneut 20 Stunden.

Es ergeben sich folgende wöchentliche Arbeitszeiten:

1.1. – 31.7.2025 (30 Wochen): 20 Stunden wöchentlich

1.8. – 30.9.2025 (8 Wochen): 40 Stunden wöchentlich

1.10. – 31.12.2025 (12 Wochen): 20 Stunden wöchentlich

Damit ergibt sich eine durchschnittliche wöchentliche Arbeitszeit von 22,31 Stunden.

Berechnung: [(30 Wochen x 20 Stunden) + (8 Wochen x 40 Stunden) + (12 Wochen x 20 Stunden)] : 52 Wochen = 22,31 Stunden

Die durchschnittliche wöchentliche Arbeitszeit beträgt mehr als 20 Stunden. Für den Zeitraum der Ausweitung der Erwerbstätigkeit im August und September besteht daher kein Anspruch auf Kindergeld. Der Anspruch für die übrigen Kalendermonate besteht aber, weil in diesen Monaten die anspruchsschädliche Grenze der durchschnittlichen wöchentlichen Arbeitszeit von 20 Stunden nicht überschritten wird.

Wird die Erwerbstätigkeit um mehr als zwei Monate ausgeweitet, liegt keine vorübergehende Ausweitung vor und es besteht für den Zeitraum der Ausweitung kein Anspruch auf Kindergeld.

Beispiel 3:

Wie Beispiel 2. Die Arbeitszeit erhöht sich bereits ab Juli auf 40 Stunden wöchentlich. Die Vollzeiterwerbstätigkeit erstreckt sich somit vom 1.7. bis 30.9.2025.

Der Zeitraum der Vollzeiterwerbstätigkeit ist anspruchsschädlich, weil er mehr als zwei Monate umfasst. Für die Monate Juli, August und September besteht daher kein Anspruch auf Kindergeld. Der Anspruch für die übrigen Monate bleibt aber bestehen.

Bei der Prüfung, ob die Voraussetzungen des § 32 Abs. 4 Satz 1 bis 3 EStG vorliegen, ist auf den Kalendermonat abzustellen (**Monatsprinzip**). Es genügt, wenn in dem jeweiligen Monat an einem Tag die Anspruchsvoraussetzungen vorliegen.

Beispiel 4:

Ein Kind schließt nach dem Abitur zunächst eine Berufsausbildung mit der Gesellenprüfung als Elektroniker ab und studiert seit dem Jahr 2024 Soziologie. Ab dem 20.7.2025 nimmt es unbefristet eine Teilzeitbeschäftigung mit 30 Stunden pro Woche auf.

Auf Grund des Studiums ist das Kind nach § 32 Abs. 4 Satz 1 Nr. 2 Buchst. a EStG zu berücksichtigen. Das Studium wird jedoch nach Abschluss einer erstmaligen Berufsausbildung durchgeführt, so dass das Kind nach § 32 Abs. 4 Satz 2 EStG nur berücksichtigt werden kann, wenn es keiner Erwerbstätigkeit nachgeht. Die Erwerbstätigkeit des Kindes ist gem. § 32 Abs. 4 Satz 3 EStG zwar grds. als schädlich einzustufen. Das Kind kann aber für jeden Kalendermonat berücksichtigt werden, in dem wenigstens an *einem* Tage die Anspruchsvoraussetzungen – hier „keiner Erwerbstätigkeit nachgeht" – vorgelegen haben, somit für die Monate Januar bis Juli 2025. Für die Monate August bis Dezember 2025 kann das Kind nicht berücksichtigt werden (BMF v. 8.2.2016, IV C 4 – S 2282/07/0001-01, BStBl I 2016, 226 Tz. 28).

Werden die Grenzen für eine geringfügige Beschäftigung während eines Monats überschritten und ist hierdurch die 20-Stunden-Grenze überschritten, kann das Kind ab dem auf das Überschreiten folgenden Monat nicht mehr berücksichtigt werden. Dies gilt, solange die Grenzen überschritten werden bzw. die entsprechende Beschäftigung ausgeübt wird (BMF v. 8.2.2016, IV C 4 – S 2282/07/0001-01, BStBl I 2016, 226 Tz. 29).

(2) Rechtsprechung

2686 Streitig ist in der Praxis bei sog. **mehraktigen Ausbildungen** häufig die Frage, wann ein Kind sich noch in einer (ggf. weitergehenden) Berufsausbildung befindet (d.h. Gewährung von Kindergeld bzw. Kinderfreibeträge) oder ob es sich vielmehr um eine nicht mehr begünstigte Weiterbildung handelt. Zu dieser Frage waren zahlreiche Revisionsverfahren beim BFH anhängig. In einem Grundsatzurteil hat der BFH zu einem **berufsbegleitenden Masterstudium** entschieden (BFH v. 11.12.2018, III R 26/18, BStBl II 2019, 765):

„1. Nimmt ein volljähriges Kind nach Erlangung eines ersten Abschlusses in einem öffentlich-rechtlich geordneten Ausbildungsgang eine nicht unter § 32 Abs. 4 Satz 3 EStG fallende Berufstätigkeit auf, erfordert § 32 Abs. 4 Satz 2 EStG, zwischen einer mehraktigen einheitlichen Erstausbildung mit daneben ausgeübter Erwerbstätigkeit und einer berufsbegleitend durchgeführten Weiterbildung (Zweitausbildung) abzugrenzen.

2. Eine einheitliche Erstausbildung ist nicht mehr anzunehmen, wenn die von dem Kind aufgenommene Erwerbstätigkeit bei einer Gesamtwürdigung der Verhältnisse bereits die hauptsächliche Tätigkeit bildet und sich die weiteren Ausbildungsmaßnahmen als eine auf Weiterbildung und/oder Aufstieg in dem bereits aufgenommenen Berufszweig gerichtete Nebensache darstellen.

3. I.R. der Gesamtwürdigung der Verhältnisse kommt es insbesondere darauf an, auf welche Dauer das Kind das Beschäftigungsverhältnis vereinbart hat, in welchem Umfang die vereinbarte Arbeitszeit die 20-Stunden-Grenze überschreitet, in welchem zeitlichen Verhältnis die Arbeitstätigkeit und die Ausbildungsmaßnahmen zueinander stehen, ob die ausgeübte Berufstätigkeit die durch den ersten Abschluss erlangte Qualifikation erfordert und inwieweit die Ausbildungsmaßnahmen und die Berufstätigkeit im Hinblick auf den Zeitpunkt ihrer Durchführung und auf ihren Inhalt aufeinander abgestimmt sind.

4. Der für die Annahme einer einheitlichen Erstausbildung notwendige sachliche Zusammenhang zwischen den einzelnen Ausbildungsabschnitten entfällt nicht notwendigerweise dadurch, dass der nachfolgende Ausbildungsabschnitt für die Zulassung zur Abschlussprüfung oder für deren Bestehen eine Berufstätigkeit voraussetzt.“

Hinweis:

Mit zahlreichen weiteren Urteilen sind weitgehend inhaltsgleiche Entscheidungen ergangen, z.B. BFH v. 17.3.2020, III R 31/19, BFH/NV 2021, 38: Ein Kindergeldanspruch besteht nicht mehr, wenn das Kind eine erstmalige Berufsausbildung (hier: Industriekauffrau) abgeschlossen hat und während der nachfolgenden (Zweit-)Ausbildung zur Betriebswirtin mehr als 20 Wochenstunden arbeitet, sofern die Berufstätigkeit im Vergleich zur Ausbildung als „Hauptsache“ anzusehen ist. Der BFH hat mit Urteil v. 26.5.2021, III R 39/20, BFH/NV 2022, 102 entschieden, dass im Rahmen der Abgrenzung zwischen der mehraktigen einheitlichen Erstausbildung mit daneben ausgeübter Erwerbstätigkeit und der berufsbegleitend durchgeführten Weiterbildung eine einheitliche Erstausbildung nicht mehr anzunehmen ist, wenn die von dem Kind aufgenommene Erwerbstätigkeit bei einer Gesamtwürdigung der Verhältnisse bereits die hauptsächliche Tätigkeit bildet und sich die weiteren Ausbildungsmaßnahmen als eine auf Weiterbildung und/oder Aufstieg in dem bereits aufgenommenen Berufszweig gerichtete Nebensache darstellt.

Zur Umsetzung der neuen BFH-Entscheidungen zur mehraktigen Berufsausbildung s. A 20.2.4 der DA-KG 2022 (BZSt v. 28.4.2025, - St II 2 – S 2280/25/0000024, BStBl I 2025, 1018).

Streitig ist zurzeit auch, ob eine wenige Wochen bis Monate dauernde Ausbildung bzw. Qualifikation (hier: zur Rettungssanitäterin) zum Verbrauch der Erstausbildung nach § 32 Abs. 4 Satz 2 EStG führt und deshalb ein im Grundsatz bestehender Kindergeldgeldanspruch ausgeschlossen ist. Das FG Niedersachsen v. 30.1.2024, 8 K 134/23, Revision eingelegt, Az. beim BFH: III R 7/24, verneint diese Frage. Die zugelassene Revision bleibt abzuwarten.

gg) Kinder mit Behinderung

Unabhängig von den unter → Rz. 2685 erläuterten Anspruchsvoraussetzungen wird für ein über 18 Jahre altes Kind Kindergeld gezahlt, wenn es wegen einer körperlichen, geistigen oder seelischen Behinderung nicht in der Lage ist, sich selbst zu unterhalten. Das ist der Fall, wenn das Kind mit seinen eigenen Mitteln seinen notwendigen Lebensbedarf nicht decken kann. Die Behinderung des Kindes **muss vor der Vollendung des 25. Lebensjahres eingetreten sein.** Liegt bei einem Kind ein Gendefekt vor, der vor Erreichen der Altersgrenze des § 32 Abs. 4 Satz 1 Nr. 3 Halbsatz 2 EStG zu keiner mit hoher Wahrscheinlichkeit länger als sechs Monate andauernden Funktionsstörung und/oder zu keiner darauf beruhenden Teilhabebeeinträchtigung geführt hat, scheidet ein auf die Behinderung gestützter Kindergeldanspruch aus (BFH v. 27.11.2019, III R 44/17, BStBl II 2020, 558). 2687

Der **notwendige Lebensbedarf** setzt sich zusammen aus dem **allgemeinen Lebensbedarf** i.H.v. 12 096 € im Kalenderjahr (Höhe des Grundfreibetrags im Jahre 2026 → *Steuertarif* Rz. 4044) und dem **behinderungsbedingten Mehrbedarf** (u.a. Kosten für eine Heimunterbringung, Pflegebedarf in Höhe des gezahlten Pflegegeldes, Leistungen nach dem Zwölften Buch Sozialgesetzbuch, ggf. Pauschbetrag für Menschen mit Behinderungen). Dem notwendigen Lebensbedarf des Kindes sind dessen eigenen Mittel gegenüber zu stellen.

Die **kindeseigenen Mittel** setzen sich zusammen aus dem verfügbaren Nettoeinkommen und Leistungen Dritter.

Bei der Ermittlung des verfügbaren Nettoeinkommens sind insbesondere zu berücksichtigen:

- alle steuerpflichtigen Einkünfte i.S.d. § 2 Abs. 1 EStG, insbesondere Einkünfte aus selbständiger Arbeit, aus nichtselbständiger Arbeit und Einkünfte aus Kapitalvermögen.

  Als Einkünfte gelten die steuerpflichtigen Einnahmen abzüglich Werbungskosten bzw. Betriebsausgaben,
- alle steuerfreien Einnahmen, wie z.B. Leistungen nach dem Dritten und Zwölften Buch Sozialgesetzbuch und nach dem Gesetz zum Elterngeld und zur Elternzeit, Leistungen der Pflegeversicherung (Pflegegeld), Eingliederungshilfe bei voll- oder teilstationärer Unterbringung, Fahrtkostenzuschüsse von dritter Stelle.

  Von der Summe der steuerfreien Einnahmen ist eine Kostenpauschale von 180 € pro Kalenderjahr abzuziehen. Stattdessen können auch höhere Aufwendungen abgezogen werden, wenn sie in Zusammenhang mit den steuerfreien Einnahmen stehen, z.B. Kosten eines Rechtsstreits.

Übersteigen die kindeseigenen Mittel nicht den Grundfreibetrag i.H.v. 12 096 € im Kalenderjahr 2026, geht die Familienkasse davon aus, dass das Kind sich nicht selbst unterhalten kann. Andernfalls muss die Familienkasse näher prüfen: Anspruch auf Kindergeld besteht nur dann, wenn der notwendige Lebensbedarf des Kindes dessen eigene Mittel übersteigt.

Für Kinder mit Behinderung wird Kindergeld über das 25. Lebensjahr hinaus ohne altersmäßige Begrenzung gezahlt.

Nach der Rechtsprechung des BFH (Urteil v. 27.10.2021, III R 19/19, BStBl II 2022, 469) ist bei der Feststellung der Fähigkeit volljähriger behinderter Kinder zum Selbstunterhalt zu beachten, dass diese anhand eines Vergleichs des gesamten existenziellen Lebensbedarfs des Kindes einerseits und seiner finanziellen Mittel andererseits zu prüfen ist. Allein aus dem Umstand, dass der Sozialleistungsträger den dem Grunde nach Kindergeldberechtigten auf Zahlung eines Unterhaltsbeitrags für das Kind in Anspruch nimmt, ist nicht abzuleiten, dass dieses zum Selbstunterhalt außerstande ist.

In einem anderen Urteil hat der BFH entschieden, dass es sich bei dem Teil der Auszahlung, der auf angesparten Beiträgen beruht, um Vermögen handelt. Dagegen zu den Bezügen des Kindes jedoch der Anteil der Kapitalleistung einer Rentenversicherung mit Gewinnbeteiligung (Altvertrag) gehört, welcher von der Versicherungsgesellschaft erwirtschaftet wurde. So muss sich die mangelnde Bestimmung eines Bezuges für Unterhaltszwecke regelmäßig aus den Umständen objektiv nachvollziehbar ableiten lassen. Allein die Erklärung des Kindergeldberechtigten oder des

Kindes, ein Bezug sei nicht für den (gegenwärtigen) Unterhalt bestimmt, führt nicht dazu, dass dieser bei der Ermittlung der Selbstunterhaltsfähigkeit unberücksichtigt bleibt (BFH v. 15.12.2021, III R 48/20, BStBl II 2022, 444).

hh) Wie hoch ist das Kindergeld?

2688 Kindergeld wird im Jahre **2026** monatlich in folgender Höhe gezahlt:

- für die ersten zwei Kinder jeweils 259 €,
- für ein drittes Kind 259 €,
- für jedes weitere Kind 259 €.

ii) Wer erhält Kindergeld, wenn mehrere Personen anspruchsberechtigt sind?

2689 **Für ein Kind kann immer nur eine Person Kindergeld erhalten.** Es wird vorrangig dem Elternteil gezahlt, der das Kind in seinen Haushalt aufgenommen hat (sog. Obhutsprinzip, § 64 Abs. 2 Satz 1 EStG). Lebt das Kind nicht im Haushalt eines Elternteils, erhält das Kindergeld derjenige Elternteil, der dem Kind laufend (die höhere) Unterhaltsrente zahlt (§ 64 Abs. 3 Satz 1 EStG); andere Unterhaltsleistungen bleiben außer Betracht. Wird dem Kind von beiden Elternteilen keine Unterhaltsrente oder Unterhaltsrente in gleicher Höhe gezahlt, können die Eltern untereinander bestimmen, wer von ihnen das Kindergeld erhalten soll (§ 64 Abs. 3 Satz 3 EStG). Eltern, die nicht dauernd getrennt leben, können untereinander durch eine Berechtigtenbestimmung festlegen, wer von ihnen das Kindergeld für ihre im gemeinsamen Haushalt lebenden Kinder erhalten soll (§ 64 Abs. 2 Satz 2 EStG). Auf diese Weise haben Eltern die Möglichkeit, denjenigen zum Kindergeldberechtigten zu bestimmen, bei dem sich eventuell ein höherer Kindergeldanspruch ergibt. Dies gilt ebenso für den leiblichen und den nicht leiblichen Elternteil, etwa wenn das Kind im gemeinsamen Haushalt der Mutter und des Stiefvaters oder des eingetragenen Lebenspartners lebt. Von dieser Möglichkeit können auch nicht dauernd getrennt lebende Pflegeeltern bzw. Großeltern Gebrauch machen (§ 64 Abs. 2 Satz 2 EStG). Für die Berechtigtenbestimmung kann die hierfür vorgesehene Erklärung am Schluss des Antragsvordrucks verwendet werden. Es reicht dann aus, wenn der andere Elternteil dort unterschreibt. Die Berechtigtenbestimmung bleibt wirksam, solange sie nicht widerrufen wird. Der Widerruf ist jederzeit möglich, allerdings nur für die Zukunft.

Wenn mangels Einigung **keine Berechtigtenbestimmung getroffen** wird, muss das Amtsgericht als Familiengericht auf Antrag den vorrangig Kindergeldberechtigten festlegen (§ 64 Abs. 2 Satz 3 EStG). Den Antrag kann stellen, wer ein berechtigtes Interesse an der Zahlung des Kindergeldes hat. Ein berechtigtes Interesse kann auch das Kind selbst haben.

Lebt ein Kind im gemeinsamen Haushalt eines Elternteils und der Großeltern, steht das Kindergeld vorrangig dem Elternteil zu (§ 64 Abs. 2 Satz 5 EStG). Dieser kann jedoch auf seinen Vorrang zu Gunsten eines Großelternteils verzichten (§ 64 Abs. 2 Satz 5 EStG). Den Verzicht muss er der Familienkasse schriftlich mitteilen (§ 64 Abs. 2 Satz 5 EStG). Durch einen solchen Verzicht kann sich ein höherer Kindergeldbetrag bei dem Großelternteil ergeben, wenn diesem etwa noch für den Elternteil selbst oder für weitere eigene Kinder Kindergeld zusteht.

Beispiel:
Eine alleinerziehende Mutter mit drei Kindern (7, 5 und 3 Jahre alt) kehrt im Kalenderjahr 2026 in den Haushalt ihres Vaters, des Großvaters der Kinder, zurück. In diesem Haushalt lebt auch noch ihr 17-jähriger Bruder. Für den Bruder kann nur ihr Vater Kindergeld erhalten. Dagegen können die Kinder der Mutter auch bei ihrem Vater, dem Großvater, als Enkelkinder berücksichtigt werden.

Verzichtet nun die Mutter gegenüber ihrem Vater (Großvater der Kinder) nicht auf ihren Vorrang, steht ihr für ihre drei Kinder Kindergeld i.H.v. 3 x 259 € = 777 € zu, dem Großvater für den Bruder 259 €. Zusammen würde die gesamte Familie demnach 1 036 € Kindergeld im Monat erhalten. Ein anderes Ergebnis tritt auch nicht ein, wenn die Mutter gegenüber ihrem Vater (Großvater der Kinder) auf ihren Vorrang verzichten würde.

jj) Welche Leistungen schließen die Zahlung des Kindergeldes ganz oder teilweise aus?

2690 Kindergeld steht insbesondere dann nicht zu, wenn für ein Kind ein Anspruch besteht auf:

- Leistungen für Kinder, die im Ausland gezahlt werden und die dem Kindergeld, der Kinderzulage bzw. dem Kinderzuschuss vergleichbar sind,
- Leistungen für Kinder von einer zwischen- oder überstaatlichen Einrichtung, die dem Kindergeld vergleichbar sind (s. ausführlich A 28 der DA-KG 2025, BZSt v. 28.4.2025, - St II 2 – S 2280/25/0000024, BStBl I 2025, 1018).

Der Anspruch für ein Kind ist ausgeschlossen, wenn dem Berechtigten oder einer anderen Person für das Kind eine der genannten Leistungen zusteht.

Ausländische kindbezogene Leistungen schließen den Kindergeldanspruch auch dann aus, wenn sie niedriger als das deutsche Kindergeld sind. Dies gilt allerdings nicht für Familienleistungen, die von einem anderen Mitgliedstaat der Europäischen Union, des Europäischen Wirtschaftsraumes oder der Schweiz gewährt werden. Hier besteht ggf. ein Anspruch auf einen Unterschiedsbetrag als Teilkindergeld. Näheres dazu können Sie dem „Merkblatt über Kindergeld in grenzüberschreitenden Fällen (Europäische Union, Europäischer Wirtschaftsraum und Schweiz)“ entnehmen.

kk) Wann beginnt und wann endet Ihr Anspruch auf Kindergeld?

Ein Anspruch auf Kindergeld besteht grds. für jeden Monat, in dem wenigstens an *einem* Tag die Anspruchsvoraussetzungen vorgelegen haben. 2691

Nach § 70 Abs. 1 Satz 2 EStG wird Kindergeld **rückwirkend nur noch für die letzten sechs Monate vor Beginn des Monats gezahlt**, in dem der Antrag auf Kindergeld eingegangen ist.

Die Kindergeldzahlung endet zunächst mit Ablauf des Monats, in dem das Kind das **18. Lebensjahr vollendet**. Hat ein Kind seinen 18. Geburtstag am 1. eines Monats, so endet der Anspruch auf Kindergeld bereits mit dem Vormonat. Eine Weiterzahlung kommt nur in Betracht, wenn es sich z.B. in Schul- oder Berufsausbildung oder im Studium befindet (→ Rz. 2681), dies der Familienkasse nachgewiesen und Kindergeld erneut beantragt wird.

Kindergeld kann grds. längstens bis zur Vollendung des 25. Lebensjahres gezahlt werden.

ll) Verfahren

Ausführliche Hinweise zum Verfahren, d.h. zur Antragstellung, Vorlage von Nachweisen, Auszahlung an eine andere Person oder an eine Behörde, Rückzahlung von Kindergeld s. das o.g. Merkblatt Kindergeld. 2692

nn) Identifikationsnummer

Nach §§ 62, 63 EStG ist die Kindergeldberechtigung von der eindeutigen Identifikation von Antragstellern und ihren zum Kindergeldbezug berechtigenden Kindern durch Angabe der **IdNr (§ 139b AO)** abhängig (→ *Identifikationsnummer* Rz. 2643). 2693

6. Freibeträge für Kinder

a) Allgemeines

Der Kinderfreibetrag wird durch den Freibetrag für den Betreuungs- und Erziehungs- oder Ausbildungsbedarf ergänzt (s. die Übersicht in → Rz. 2673). Beide Freibeträge werden – bei der Einkommensteuer – nur berücksichtigt, wenn die aus ihrem Abzug sich ergebende Steuerminderung höher ist als das Kindergeld. Andernfalls bleibt es bei dem für die Eltern günstigeren Kindergeld. Solidaritätszuschlag und Kirchensteuer bemessen sich dagegen stets nach der Einkommensteuer, die sich unter Berücksichtigung der beiden Freibeträge ergibt (→ Rz. 2676). 2694

Die o.g. Regelungen für das Kindergeld gelten im Wesentlichen auch für den steuerlichen Kinderfreibetrag und den Freibetrag für den Betreuungs- und Erziehungs- und Ausbildungsbedarf **mit folgenden Ausnahmen**:

- Nicht berücksichtigt werden Stiefkinder, Kinder des anderen Lebenspartners sowie Enkelkinder. Stiefeltern oder Großeltern können jedoch die Übertragung der Freibeträge beantragen.
- Anders als beim Kindergeld ist es für den Kinderfreibetrag ohne Bedeutung, ob das Kind im Inland oder Ausland lebt.

- Während das Kindergeld nur an einen Berechtigten ausgezahlt wird, werden die steuerlichen Freibeträge jedem Elternteil zur Hälfte gewährt. Sie können jedoch unter bestimmten Voraussetzungen auf den anderen Elternteil übertragen werden (R 32.13 EStR, H 32.13 EStH sowie → Rz. 2697).

b) Höhe

2695 Der Kinderfreibetrag beträgt nach § 32 Abs. 6 EStG für das Kalenderjahr 2025 3 336 € und für das Kalenderjahr 2026 3 414 €, der Freibetrag für den Betreuungs- und Erziehungs- oder Ausbildungsbedarf jeweils 1 464 € (ergibt zusammen für 2025 4 800 € und für 2026 4 878 €). Die Freibeträge verdoppeln sich für 2025 auf 6 672 € bzw. auf 2 928 € und für 2026 auf 6 828 € bzw. 2 928 €, wenn Ehegatten zusammen zur Einkommensteuer veranlagt werden und das Kind zu beiden in einem Kindschaftsverhältnis steht. Entsprechendes gilt, wenn der andere Elternteil verstorben oder nicht unbeschränkt einkommensteuerpflichtig ist oder wenn der Stpfl. das Kind allein angenommen hat oder das Kind nur zu ihm in einem Pflegekindschaftsverhältnis steht (§ 32 Abs. 6 Sätze 1 bis 3 EStG).

Für jeden Kalendermonat, in dem die Voraussetzungen für die steuerliche Berücksichtigung des Kindes nicht vorliegen (zum Beispiel das Kind wird erst im Lauf des Kalenderjahres geboren oder beendet im Lauf des Kalenderjahres seine Berufsausbildung), ermäßigen sich die Freibeträge um jeweils ein Zwölftel (§ 32 Abs. 6 Satz 5 EStG).

c) Kinder im Ausland

2696 Der Kinderfreibetrag sowie der Freibetrag für den Betreuungs- und Erziehungs- oder Ausbildungsbedarf kommen auch für im Ausland lebende Kinder in Betracht, die nicht unbeschränkt einkommensteuerpflichtig sind und für die kein Anspruch auf Kindergeld besteht. Sind allerdings die Lebenshaltungskosten im Wohnsitzstaat des Kindes geringer als in Deutschland, können nur die entsprechend gekürzten Freibeträge berücksichtigt werden (§ 32 Abs. 6 Satz 4 EStG sowie BMF v. 18.1.2023, IV D 5 – S 2285/19/10001 :004, BStBl I 2023, 2236 sog. **Ländergruppeneinteilung**).

d) Übertragung der Freibeträge

2697 Bei dauernd getrennt lebenden oder geschiedenen Ehegatten sowie bei Eltern eines nicht ehelichen Kindes ist der Elternteil, in dessen Obhut das Kind sich nicht befindet, grds. zur Leistung von Barunterhalt verpflichtet. Wenn die Höhe nicht durch gerichtliche Entscheidung, Verpflichtungserklärung, Vergleich oder anderweitig durch Vertrag festgelegt ist, können dafür die von den Oberlandesgerichten als Leitlinien aufgestellten Unterhaltstabellen, z.B. „Düsseldorfer Tabelle", einen Anhalt geben (R 32.13 EStR).

Bei geschiedenen oder dauernd getrennt lebenden Eltern sowie bei Eltern nichtehelicher Kinder kann ein Elternteil beantragen, dass der dem anderen Elternteil zustehende Kinderfreibetrag sowie der Freibetrag für den Betreuungs- und Erziehungs- oder Ausbildungsbedarf des anderen Elternteils auf ihn übertragen wird, wenn er, nicht jedoch der andere Elternteil, seiner Unterhaltspflicht gegenüber dem Kind für das Kalenderjahr im Wesentlichen nachkommt oder der andere Elternteil mangels Leistungsfähigkeit nicht unterhaltspflichtig ist. Eine Übertragung scheidet für Zeiträume aus, in denen Unterhaltsleistungen nach dem Unterhaltsvorschussgesetz gezahlt werden (§ 32 Abs. 6 Sätze 6 und 7 EStG).

Der BFH hat in einem Urteil v. 15.12.2021, III R 24/20, BStBl II 2022, 409 entschieden, dass für die Übertragung des Kinderfreibetrags bei einer funktionierenden nichtehelichen Lebensgemeinschaft im Hinblick auf die Übertragung des Kinderfreibetrags nach § 32 Abs. 6 Satz 6 EStG grundsätzlich davon ausgegangen werden kann, dass die tatsächliche Verteilung der Unterhaltsleistungen zwischen den Elternteilen für im Haushalt lebende minderjährige Kinder (in Form von Natural-, Bar- und Betreuungsunterhalt) dem Willen des allein sorgeberechtigten Elternteils oder der gemeinsam sorgeberechtigten Elternteile entspricht.

Im Übrigen hat der BFH in diesem Urteil darauf verwiesen, dass bei nicht miteinander verheirateten Eltern, die zusammen mit einem gemeinsamen minderjährigen Kind in einem gemeinsamen Haushalt leben, nicht allein deshalb, weil ein betreuender Elternteil keinen oder nur einen geringen Beitrag zum (gemeinsamen) Haushaltseinkommen leistet, davon ausgegangen wird, dass dieser Elternteil i.S.d. § 32 Abs. 6 Satz 6 Alternative 1 EStG seiner Unterhaltspflicht nicht im Wesentlichen nachkommt.

Überdies könne eine fehlende Unterhaltspflicht mangels Leistungsfähigkeit i.S.d. § 32 Abs. 6 Satz 6 Alternative 2 EStG nicht allein daraus abgeleitet werden, dass ein Elternteil ein im gemeinsamen Haushalt lebendes minderjähriges Kind überwiegend betreut und keine oder nur geringe Beiträge zum (gemeinsamen) Haushaltseinkommen leistet (BFH v. 15.12.2021, III R 24/20, BStBl II 2022, 409).

Ein Elternteil kommt seiner Barunterhaltsverpflichtung gegenüber dem Kind im Wesentlichen nach, wenn er sie **mindestens zu 75 % erfüllt**. Der Elternteil, in dessen Obhut das Kind sich befindet, erfüllt seine Unterhaltsverpflichtung i.d.R. durch die Pflege und Erziehung des Kindes, § 1606 Abs. 3 BGB (R 32.13 Abs. 2 und 3 EStR, auch zur Frage, welcher Verpflichtungszeitraum maßgebend, wenn die Unterhaltsverpflichtung z.B. wegen des Todes des Elternteils nicht während des ganzen Kalenderjahres bestanden hat).

Bei minderjährigen Kindern wird der dem Elternteil, in dessen Wohnung das Kind nicht gemeldet ist, zustehende **Freibetrag für den Betreuungs- und Erziehungs- oder Ausbildungsbedarf (BEA-Freibetrag)** auf Antrag des anderen Elternteils auf diesen übertragen, wenn bei dem Elternpaar die Voraussetzungen des § 26 Abs. 1 Satz 1 EStG nicht vorliegen. Mit der Ergänzung des § 32 Abs. 6 Satz 6 EStG durch das Abzugsteuerentlastungsmodernisierungsgesetz v. 2.6.2021 (BStBl I 2021, 787) wurde geregelt, dass mit Wirkung seit Veranlagungszeitraum 2021 die Übertragung des Kinderfreibetrags stets auch zur Übertragung des BEA-Freibetrags führt. Damit wurde die bisherige Verwaltungsauffassung gesetzlich festgeschrieben. Der BFH hatte hiervon abweichend entschieden, dass für ein über 18 Jahre altes Kind eine Übertragung des dem anderen Elternteil zustehenden einfachen BEA-Freibetrages nach dem eindeutigen Wortlaut des Gesetzes nicht vorgesehen ist (BFH v. 14.4.2021, III R 34/19, BStBl II 2021, 848).

Eine Übertragung nach § 32 Abs. 6 Satz 8 EStG scheidet aus, wenn der Übertragung widersprochen wird, weil der Elternteil, bei dem das Kind nicht gemeldet ist, Kinderbetreuungskosten trägt oder das Kind regelmäßig in einem nicht unwesentlichen Umfang betreut (§ 32 Abs. 6 Sätze 8 und 9 EStG). Allein der Umstand, dass ein sorgeberechtigter Elternteil, der sein minderjähriges Kind in seinen Haushalt aufgenommen hat, für sich und sein Kind Leistungen nach dem SGB II bezieht, rechtfertigt nicht die Übertragung des diesem für sein Kind zustehenden Kinderfreibetrags und des Freibetrags für den Betreuungs- und Erziehungs- oder Ausbildungsbedarf auf den anderen Elternteil, der den Barunterhalt für das gemeinsame Kind leistet (BFH v. 15.6.2016, III R 18/15, BStBl II 2016, 893).

Der Kinderfreibetrag sowie der Freibetrag für den Betreuungs- und Erziehungs- oder Ausbildungsbedarf können auf Antrag auch auf einen **Stiefelternteil oder Großelternteil übertragen werden**, wenn dieser das Kind in seinen Haushalt aufgenommen hat (§ 32 Abs. 6 Satz 10 EStG).

Infolge der Übertragung der Freibeträge für Kinder können sich bei den kindbedingten Steuerentlastungen, die vom Erhalt eines Freibetrags nach § 32 Abs. 6 EStG abhängen, Änderungen ergeben. Solche Folgeänderungen können zum Beispiel eintreten beim Entlastungsbetrag für Alleinerziehende (§ 24b EStG, → *Entlastungsbetrag für Alleinerziehende* Rz. 1979), beim Prozentsatz der zumutbaren Belastung (§ 33 Abs. 3 EStG, → *Außergewöhnliche Belastungen: Allgemeines* Rz. 973), beim (Ausbildungs-)Freibetrag nach § 33a Abs. 2 EStG (→ *Außergewöhnliche Belastungen in besonderen Fällen* Rz. 1156) und bei der Übertragung des dem Kind zustehenden Behinderten- oder Hinterbliebenen-Pauschbetrags (§ 33b Abs. 5 EStG, → *Außergewöhnliche Belastungen in besonderen Fällen* Rz. 1161 und Rz. 1171).

In Einzelfällen kann es günstiger sein, sich nur den Freibetrag für den Betreuungs- und Erziehungs- oder Ausbildungsbedarf (also nicht den Kinderfreibetrag) übertragen zu lassen, weil ansonsten das Kindergeld auf den Steuervorteil angerechnet wird.

Der Übertragung des Freibetrags für den Betreuungs- und Erziehungs- oder Ausbildungsbedarf nach § 32 Abs. 6 Satz 8 EStG auf den anderen Elternteil kann nach § 32 Abs. 6 Satz 9 zweite Alternative EStG der Elternteil, bei dem das minderjährige Kind nicht gemeldet ist, regelmäßig erfolgreich widersprechen, wenn er das Kind nach einem – üblicherweise für einen längeren Zeitraum im Voraus festgelegten – weitgehend gleichmäßigen Betreuungsrhythmus tatsächlich in der vereinbarten Abfolge mit einem zeitlichen Betreuungsanteil von jährlich durchschnittlich 10 % betreut (BFH v. 8.11.2017, III R 2/16, BStBl II 2018, 266).

S. zur Übertragung der Freibeträge für Kinder ausführlich BMF v. 28.6.2013, IV C 4 – S 2282-a/10/10002, BStBl I 2013, 845 mit Ergänzungen durch BMF v. 17.1.2024, IV C 4 – S 2282-a/0 :004, BStBl I 2014, 109.

Weitere Hinweise s. § 32 Abs. 6 Sätze 6 ff. EStG, R 32.13 EStR und H 32.13 EStH.

7. Kinderzuschlag für Geringverdiener

a) Allgemeines

2698 Eltern haben nach § 6a BKGG Anspruch auf einen Kinderzuschlag von **297 € monatlich (ab 1.1.2025)** für ihre unverheirateten, unter 25 Jahre alten Kinder, die in ihrem Haushalt leben, wenn

- für diese Kinder Kindergeld bezogen wird,
- die monatlichen Einnahmen der Eltern die Mindesteinkommensgrenze erreichen,
- das zu berücksichtigende Einkommen und Vermögen die Höchsteinkommensgrenze nicht übersteigt und
- der Bedarf der Familie durch die Zahlung von Kinderzuschlag gedeckt ist und deshalb kein Anspruch auf Bürgergeld besteht.

Der monatliche Höchstbetrag des Kinderzuschlags soll zusammen mit dem Kindergeld für ein erstes Kind (§ 66 EStG) ein Zwölftel des steuerfrei zu stellenden sächlichen Existenzminimums eines Kindes für das jeweilige Kalenderjahr mit Ausnahme des Anteils für Bildung und Teilhabe abdecken (§ 6a Abs. 2 BKGG).

Der Kinderzuschlag wird zusammen mit dem Kindergeld gezahlt. Er soll zusammen mit dem „normalen" Kindergeld und ggf. dem Wohngeld den durchschnittlichen Bedarf von Kindern abdecken. Der Kinderzuschlag soll ferner einen Anreiz zur Erwerbstätigkeit bieten, da das Einkommen der Eltern, das den eigenen Bedarf übersteigt, nur teilweise auf den Kinderzuschlag angerechnet wird.

Der Kinderzuschlag ist eine Sozialleistung und wird ausschließlich von den Familienkassen der Bundesagentur für Arbeit bewilligt.

Weitere Informationen finden Sie im „Merkblatt Kinderzuschlag" und im Internet unter www.kinderzuschlag.de sowie auf den Internetseiten der Bundesagentur für Arbeit.

b) Lohnsteuer

2699 Der Kinderzuschlag ist nach § 3 Nr. 24 EStG (Leistungen, die nach dem Bundeskindergeldgesetz gezahlt werden) **steuerfrei und unterliegt jedoch nicht dem Progressionsvorbehalt nach § 32b EStG.** Er bleibt bei der sog. **Günstigerprüfung** (→ Rz. 2676) außer Betracht.

Kinderkrankengeld

→ *Krankengeld bei Erkrankung eines Kindes* Rz. 2741

Kindermitarbeit

→ *Angehörige* Rz. 135

Kinderzuschlag

→ *Kindergeld/Freibeträge für Kinder* Rz. 2672

Kirchenbedienstete

1. Arbeitnehmereigenschaft

a) Hauptberufliche Mitarbeiter

aa) Lohnsteuer

Hauptamtliche Kirchenbedienstete (Pfarrer, Pastoren usw.) sind Arbeitnehmer der Kirche. 2700

LSt SV

Wenn sie nebenberuflich und in geringem Umfang (nicht mehr als sechs Stunden wöchentlich) an Schulen Religionsunterricht erteilen, üben sie insoweit im Allgemeinen eine selbständige nebenberufliche Tätigkeit aus (vgl. sinngemäß OFD Magdeburg v. 29.4.2010, S 2331 – 8 – St 225), die unter die Steuerbefreiung des § 3 Nr. 26 EStG fällt (→ *Nebenberufliche steuerbegünstigte Tätigkeiten* Rz. 3236).

Werden durchschnittlich in der Woche sechs oder mehr Unterrichtsstunden erteilt, kann auch ein **Arbeitsverhältnis** zum Schulträger begründet werden (R 19.2 LStR).

bb) Sozialversicherung

In der Sozialversicherung nehmen hauptamtliche Kirchenbedienstete allerdings eine **Sonderstellung** ein. So sind Geistliche der als öffentlich-rechtliche Körperschaften anerkannten Religionsgesellschaften, wenn sie nach beamtenrechtlichen Vorschriften oder Grundsätzen bei Krankheit Anspruch auf Fortzahlung der Bezüge und auf Beihilfe haben (vgl. § 6 Abs. 1 Nr. 4 SGB V), **krankenversicherungsfrei**. Auch in der **Renten- und Arbeitslosenversicherung** besteht für diese Arbeitnehmer Versicherungsfreiheit, vorausgesetzt, ihnen wird nach beamtenrechtlichen Vorschriften oder Grundsätzen oder entsprechenden kirchenrechtlichen Regelungen Anwartschaft auf Versorgung bei verminderter Erwerbsfähigkeit und im Alter sowie auf Hinterbliebenenversorgung gewährleistet und die Erfüllung dieser Gewährleistung ist gesichert. Ob diese Voraussetzungen erfüllt sind, entscheidet i.d.R. die oberste Verwaltungsbehörde des Landes, in dem der Arbeitgeber bzw. die Religionsgesellschaft ihren Sitz hat. Diese hauptamtlichen Kirchenbediensteten haben aber die Verpflichtung, einen anteiligen beihilfekonformen **Versicherungsvertrag** zur **Pflegeversicherung** bei einem privaten Pflegeversicherungsunternehmen abzuschließen. Besteht bei einer gesetzlichen Krankenkasse dagegen eine **freiwillige Krankenversicherung**, tritt in der sozialen Pflegeversicherung automatisch auch die Versicherungspflicht in der Pflegeversicherung ein. 2701

SV (durchgestrichen)

b) Nebenberufliche Mitarbeiter

Die Tätigkeit der **nebenamtlichen Kirchenbediensteten (z.B. Hilfsküster und Hilfsmesner)** ist stets als **nichtselbständig** anzusehen. Das gilt auch für den Fall, dass ein nebenamtlich tätiger Organist oder Chorleiter gleichzeitig eine sonstige kirchliche Tätigkeit als Hilfsküster oder Hilfsmesner im Nebenamt ausübt (OFD Hannover v. 2.1.2002, S 2331 – 95 – StH 212). Einnahmen bis 3 300 € (bis 2025 3 000 € → Rz. 3247) im Jahr sind nach § 3 Nr. 26 EStG steuerfrei; ggf. kommt auch die Steuerbefreiung nach § 3 Nr. 26a EStG in Betracht (→ *Nebenberufliche steuerbegünstigte Tätigkeiten* Rz. 3236). Die Lohnsteuer kann ggf. pauschal erhoben werden (→ *Pauschalierung der Lohnsteuer* Rz. 3336). 2702

Nebenberufliche Kirchenmusiker können je nach den im Einzelfall getroffenen Vereinbarungen selbständig oder nichtselbständig tätig sein. Es gelten die in R 19.2 LStR und H 19.2 LStH für Nebentätigkeiten aufgestellten Grundsätze. Danach ist bei nebenamtlichen Organisten in Kirchen und Chorleitern von Kirchenchören bei einer Tätigkeit von nicht mehr als sechs Stunden wöchentlich regelmäßig eine selbständige Tätigkeit anzunehmen, wenn das Gesamtbild der Verhältnisse im Einzelfall nicht eine andere Beurteilung fordert. Eine nichtselbständige Tätigkeit liegt danach z.B. vor, wenn ein Arbeitsverhältnis vereinbart sowie tatsächlich durchgeführt wird und Anspruch auf Urlaub sowie Entgeltfortzahlung besteht (FG Hessen v. 15.11.1979, IX 173/77, EFG 1980, 241 betr. nebenberufliche Organisten und Chorleiter).

LSt SV

Wegen der unterschiedlichen Verhältnisse in den einzelnen Kirchen (Landeskirchen, Bistümern) ist die Frage, ob die Tätigkeit der **Kirchenrendanten,** denen die Kassenverwaltung und Rechnungsführung für die Kirchengemeinde obliegt, selbständig oder unselbständig ausgeübt wird, grds. nach den Verhältnissen des Einzelfalls zu entscheiden (OFD Berlin v. 4.8.1986, St 421 – S 2331 – 1/84).

Nicht als Arbeitnehmer tätig werden hingegen regelmäßig **Ordensangehörige** (→ *Ordensangehörige* Rz. 3292), sie erfüllen ihre Aufgaben als Mitglied der Gemeinschaft (BFH v. 30.7.1965, VI 205/64 U, BStBl III 1965, 525).

LSt SV

2. Umfang des Arbeitslohns

2703 Müssen Geistliche auf einen bestimmten Prozentsatz ihres **Gehaltes verzichten**, um z.B. Neueinstellungen von Pastoren zu ermöglichen, so ist dieser Gehaltsverzicht (→ *Gehaltsverzicht* Rz. 2281) auch steuerlich zu berücksichtigen, sofern der Verzicht ohne Verwendungsauflagen erfolgt, vgl. H 19.3 (Lohnverwendungsabrede) LStH. Zur lohnsteuerlichen Behandlung der Pflichtbeiträge katholischer Geistlicher zur/zum

- Ruhegehaltskasse des (Erz-)Bistums,
- Diaspora-Priesterhilfswerk,
- Haushälterinnen-Zusatzverordnung

s. BMF v. 6.12.1994, IV B 6 – S 2332 – 48/94, BStBl I 1994, 921.

Bei Bediensteten der evangelischen Kirche, die auf Grund eines privatrechtlichen Dienstverhältnisses für den CVJM-Gesamtverband tätig werden, gehören die weiterhin von der evangelischen Kirche gezahlten **Beihilfeleistungen** sowie die vom CVJM-Gesamtverband als Arbeitgeber gegenüber der evangelischen Kirche erbrachten Leistungen zur Erstattung des Beihilfeaufwands nicht zum steuerpflichtigen Arbeitslohn (FinMin Hessen v. 25.9.1997, S 2342 A – 18 – II B 22).

Freiwillige Beiträge an die Deutsche Rentenversicherung Bund, die eine Kirche für ihre Bediensteten mit beamtenähnlichem Status zahlt, weil die Rente auf den Versorgungsanspruch der Bediensteten vereinbarungsgemäß angerechnet wird, sind **steuerpflichtiger Arbeitslohn** (BFH v. 24.9.2013, VI R 8/11, BStBl II 2014, 124). Der BFH hat damit seine bisher vertretene Auffassung aufgegeben (BFH v. 5.9.2006, VI R 38/04, BStBl II 2007, 181), die die Finanzverwaltung mit einem Nichtanwendungserlass belegt hatte (BMF v. 13.2.2007, IV C 5 – S 2333/07/0002, BStBl I 2007, 270).

Soweit kirchliche Arbeitgeber Beitragszuschüsse zur **Kranken- und Pflegeversicherung** an kirchliche Beamte gewähren, die als Beihilfeberechtigte in einer gesetzlichen Krankenversicherung freiwillig versichert sind, kann seit dem 1.1.2007 § 3 Nr. 11 Satz 4 EStG analog angewendet werden. Damit ist der **Beitragszuschuss** seit diesem Zeitpunkt **steuerfrei**.

Messstipendien, die Gläubige einem katholischen Priester für die Feier der heiligen Messe gewähren, sind Lohnzahlungen Dritter und stellen steuerpflichtige Einnahmen aus nichtselbständiger Arbeit des Priesters dar (FG Niedersachsen v. 10.10.2003, 11 K 191/03, EFG 2004, 901).

Zur steuerlichen Behandlung der Zahlungen der Evangelischen Kirche in Deutschland an evangelische **Pfarrer im Ausland** s. FinMin Bremen v. 12.5.2005, S 2341 – 11 – 3. Für Arbeitslohn, den ein inländisches Bistum als Arbeitgeber einem seiner im Ausland wohnenden Priester für dessen Tätigkeit in einer ausländischen Gemeinde bezahlt, ist Lohnsteuer einzubehalten, da insoweit inländische Einkünfte aus nichtselbständiger Tätigkeit eines unbeschränkt bzw. beschränkt Einkommensteuerpflichtigen i.S.d. § 1 Abs. 2 bzw. § 1 Abs. 4 i.V.m. § 49 Abs. 1 Nr. 4 Buchst. b EStG vorliegen (BFH v. 11.7.2024, VI R 35/2, BStBl II 2024, 710 und FG Düsseldorf v. 11.3.2021, 12 K 1517/17 AO, EFG 2021, 1130, rkr.).

Zur steuerlichen Behandlung der Entschädigung an sog. **Lektoren und Prädikanten** s. OFD Koblenz v. 19.2.2002, S 2337 A.

Pfarrhaushälterinnen sind Arbeitnehmer der katholischen Geistlichen. Ihr Aufgabenbereich umfasst neben Tätigkeiten für den Priesterhaushalt zumeist auch die Erledigung von Amtsgeschäften für die Religionsgemeinschaft. Die Zuschüsse der Bistümer an die Geistlichen unterliegen zusammen mit den übrigen Bezügen des Geistlichen in voller Höhe dem **Lohnsteuerabzug**. Soweit die Pfarrhaushälterinnen für die Religionsgemeinschaft tätig werden, sind die hierauf entfallenden Lohnanteile bei den Geistlichen als **Werbungskosten** abzugsfähig. Voraussetzung für den Werbungskostenabzug ist, dass der auf den amtlichen Bereich entfallende Anteil nachgewiesen oder glaubhaft gemacht wird. Als Nachweis können Aufzeichnungen über die in der vereinbarten Arbeitszeit von der Haushälterin verrichteten Tätigkeiten dienen (s. ausführlich OFD München v. 31.7.2003, S 2337 – 13 St 41).

Zur lohn- und einkommensteuerlichen Behandlung der **Pfarrdienstwohnungen** s. OFD Frankfurt v. 23.6.2020, S 2334 A – 49 – St 210. Zur nachträglichen Änderung von Einkommensteuerbescheiden einer evangelischen Pfarrerin nach § 173 Abs. 1 Nr. 2 AO nach der Ermittlung des geldwerten Vorteils aus der Überlassung einer Pfarrer-Dienstwohnung auf Grund des Gutachtens eines durch die OFD beauftragten amtlichen Bausachverständigen, der nach einer Absprache zwischen der evangelischen Kirche und OFD die einzelnen wertbildenden und wertbegründenden Merkmale für die Nutzung der Dienstwohnung feststellen und würdigen sollte, s. FG Düsseldorf v. 14.1.2016, 16 K 1906/14 E, EFG 2016, 1312.

Nach § 88 Abs. 1 des Kirchengesetzes über die dienstrechtlichen Verhältnisse der Pfarrerinnen und Pfarrer in der Evangelischen Kirche der Union (Pfarrdienstgesetz – PfDG) können **Pfarrer/innen u.a. auch in den Wartestand versetzt** werden, wenn ein gedeihliches Wirken in ihrer Pfarrstelle nicht mehr gewährleistet erscheint und auch in einer anderen Pfarrstelle zunächst nicht erwartet werden kann. Mit dem Eintritt in den Wartestand ist der Verlust der Pfarrstelle verbunden, das Dienstverhältnis mit der Kirche besteht jedoch gem. § 89 Abs. 1 PfDG fort.

Nach § 89 Abs. 2 PfDG und § 7 des Kirchengesetzes über die Versorgung der Pfarrer, Pfarrerinnen, Kirchenbeamten und Kirchenbeamtinnen in der Evangelischen Kirche der Union (Versorgungsgesetz – VersG) entsteht i.d.R. mit Beginn des Wartestandes der **Anspruch auf Wartegeld** i.H.v. 71,75 % der ruhegehaltsfähigen Dienstbezüge. Gem. § 8 VersG erlischt der Anspruch auf Wartegeld unter anderem mit dem Zeitpunkt, in dem wieder ein Anspruch auf Dienstbezüge besteht. Nach § 90 Abs. 2 PfDG kann Pfarrer/innen im Wartestand widerruflich eine andere kirchliche Tätigkeit übertragen werden, bei deren Nichtübernahme der Anspruch auf Wartegeld verloren geht (§ 90 Abs. 3 PfDG).

Das Wartegeld wird nach beamtenrechtlichen Grundsätzen von einer Körperschaft des öffentlichen Rechts gewährt und erfüllt insoweit die Voraussetzung für Versorgungsbezüge nach § 19 Abs. 2 Satz 2 Nr. 1 Buchst. b EStG als Ruhegehalt. Dies gilt auch dann, wenn der Wartegeldempfänger Tätigkeiten für seinen Arbeitgeber freiwillig übernimmt, für die er keine gesonderte Vergütung erhält.

Es liegt grds. keine sachliche Unbilligkeit i.S.v. § 227 AO vor, wenn **Pastoren im Ruhestand** Aufwendungen durch die Fortführung früherer pastoraler Tätigkeiten entstehen, die mangels Veranlassungszusammenhangs **nicht als Werbungskosten** bei den Einkünften aus nichtselbständiger Arbeit in Form von Versorgungsbezügen anerkannt werden können (FG Hamburg v. 6.4.2017, 2 K 77/16). Das Gericht hat offen gelassen, ob im Einzelfall eine sachliche Unbilligkeit vorliegen kann, wenn einem Pastor im Ruhestand Aufwendungen entstehen, die auf einem **konkreten Ersuchen des Dienstherrn** – vergleichbar einer arbeitsrechtlichen Weisung – beruhen, wodurch zwar keine rechtliche, aber eine besonders intensive moralische Verpflichtung ausgelöst werden kann, die entsprechende pastorale Tätigkeit auszuüben; in Betracht kommt etwa ein Ersuchen des Dienstherrn zur vorübergehenden Übernahme einer „verwaisten" Pastorenstelle bis zu deren Wiederbesetzung.

Ist der **Wartegeldempfänger** hingegen nach § 90 Abs. 2 PfDG **verpflichtet**, die übertragene Tätigkeit anzunehmen und geht der Anspruch auf Wartegeld anderenfalls verloren, wird die Bezahlung von der Ausübung einer aktiven Tätigkeit abhängig gemacht. Das Wartegeld stellt in diesem Fall kein Ruhegehalt und damit **keinen begünstigten Versorgungsbezug** mehr dar.

3. Werbungskosten

Pastoren im Ruhestand, die weiterhin – allerdings nunmehr ehrenamtlich und unentgeltlich – eine seelsorgerische Tätigkeit ausüben, können ihre Aufwendungen im Regelfall nicht als Werbungskosten abziehen (FG Hamburg v. 6.4.2017, 2 K 77/16, sowie → *Werbungskosten* Rz. 4523). 2704

Kirchensteuer

Inhalt

1. Allgemeines

a) Gesetzliche Grundlagen

2705 Das Grundgesetz (Art. 140 GG i.V.m. Art. 137 Abs. 6 der Weimarer Verfassung) garantiert **den als Körperschaften des öffentlichen Rechts anerkannten Religionsgemeinschaften** (kirchensteuerberechtigte Religionsgemeinschaften), **von ihren Mitgliedern** „auf Grund der bürgerlichen Steuerlisten" nach Maßgabe der landesrechtlichen Bestimmungen **Kirchensteuern** zu erheben. Kirchensteuerrecht ist daher **Landesrecht**. Die einzelnen **Bundesländer** haben **unterschiedliche Kirchensteuer**(rahmen)**gesetze**. Diese werden **durch Vorschriften** und Beschlüsse **der Kirchensteuer erhebenden Kirchen** und Körperschaften **ergänzt**, die insbesondere Regelungen über Art und Höhe der Kirchensteuer enthalten.

Die folgenden Ausführungen gehen im Wesentlichen auf die in Grundzügen gleichen Regelungen ein. **Fragen zum Kirchensteuerrecht beantwortet die zuständige Kirchenverwaltung.**

Obwohl die Kirchensteuergesetze auch noch andere Erhebungsformen vorsehen, wird die Kirchensteuer i.d.R. als **Zuschlagsteuer zur Einkommen- oder Lohnsteuer** oder als **Kirchgeld** (z.B. als Ortskirchgeld oder besonderes Kirchgeld für glaubensverschiedene Ehegatten) erhoben. Es ist höchstrichterlich geklärt, dass die Erhebung des besonderen Kirchgeldes nicht gegen die Verfassung verstößt. Dies gilt insbesondere auch für die Sachverhaltskonstellation, in der ein kirchenangehöriger Ehegatte mit eigenen Einkünften in Folge der Anwendung der sog. Vergleichsberechnung zum besonderen Kirchgeld und nicht zur Kircheneinkommensteuer herangezogen wird (BFH v. 5.10.2021, I B 65/19).

Für das **Lohnbüro** hat nur die Zuschlagsteuer zur Lohnsteuer Bedeutung.

Die allgemeinen und die pauschalen Kirchensteuersätze sind in einer **zusammengefassten Übersicht** im Anhang abgedruckt, → *Anhang, A. Lohnsteuer* Rz. 4828.

b) Kirchensteuerpflicht (Schuldner, Beginn, Ende)

2706 Die Kirchensteuerpflicht knüpft an die **Kirchenmitgliedschaft** (Bekenntniszugehörigkeit) und an einen Wohnsitz/gewöhnlichen Aufenthalt an. Wegen des Territorialprinzips kann Kirchensteuer nur von Kirchenmitgliedern erhoben werden (BFH v. 7.12.1994, I R 24/93, BStBl II 1995, 507), die ihren **Wohnsitz oder gewöhnlichen Aufenthalt in einem Bundesland** (Geltungsbereich eines Kirchensteuergesetzes) haben. Daher sind kirchensteuerpflichtig alle – auch ausländische – Kirchenangehörigen, die nach § 1 Abs. 1 EStG unbeschränkt einkommensteuerpflichtig sind. Nicht kirchensteuerpflichtig sind erweitert unbeschränkt Stpfl. i.S.d. § 1 Abs. 2 EStG (z.B. deutsche Diplomaten im Ausland), nach § 1 Abs. 3 EStG auf Antrag unbeschränkt Stpfl. oder beschränkt Stpfl. i.S.d. § 1 Abs. 4 EStG (→ *Steuerpflicht* Rz. 4003), vgl. auch OFD Berlin v. 17.6.2004, St 153 – S 2440 – 2/04.

Die **Kirchenmitgliedschaft** richtet sich nach **innerkirchlichem Recht**, so dass hierüber die **Kirchen entscheiden** (BFH v. 18.1.1995, I R 89/94, BStBl II 1995, 475 und BMF v. 27.7.2009, IV C 5 – S 2363/07/0001, BStBl I 2009, 817). Da sie an die Aufnahme in die Religionsgemeinschaft (Bekenntniszugehörigkeit) anknüpft, die in der katholischen und der evangelischen Kirche vor allem durch Taufe begründet wird, gilt der Grundsatz der Individualbesteuerung (→ Rz. 2713). Eine zur Kirchensteuerpflicht führende Mitgliedschaft in der römisch-katholischen Kirche setzt eine wirksame Taufe als rechtskonstitutiven Akt voraus; eine entsprechende substantiierte und kirchenrechtlich anerkannte Selbstauskunft reicht allein nicht aus (FG München v. 17.12.2014, 1 K 1107/11, EFG 2015, 759).

Wegen der nach dem Grundgesetz gewährleisteten Bekenntnisfreiheit sehen die staatlichen Kirchensteuergesetze die Möglichkeit des Kirchenaustritts vor, der nach den meisten Gesetzen durch förmliche Erklärung gegenüber dem Standesamt oder dem Amtsgericht erfolgt. Ein Wiedereintritt ist möglich.

- **Beginn der Kirchensteuerpflicht:**
  - bei Aufnahme in die Religionsgemeinschaft (Taufe) und/oder bei Zuzug

    am ersten Tag des auf das jeweilige Ereignis folgenden Monats;
  - bei Übertritt aus einer anderen Kirche

    mit dem Ende der bisherigen Kirchensteuerpflicht.
- **Ende der Kirchensteuerpflicht:**
  - bei Tod oder Wegzug aus dem Gebiet der Religionsgemeinschaft

    mit Ablauf des Monats, in den das Ereignis fällt;
  - bei Austritt, Übertritt

    mit Ablauf des Monats, in dem der Austritt oder Übertritt erklärt wird.

2. Kirchensteuer als Zuschlagsteuer zur Einkommensteuer bzw. Lohnsteuer

a) Allgemeines

Die Kirchensteuer wird **in allen Bundesländern** als **Zuschlagsteuer zur Einkommensteuer** festgesetzt und erhoben und ist als **Zuschlagsteuer zur Lohnsteuer (Lohnkirchensteuer)** vom **Arbeitgeber** einzubehalten, anzumelden und abzuführen. 2707

b) Bemessungsgrundlage bei ganzjähriger Kirchensteuerpflicht

Die Kirchensteuer wird grds. bemessen: 2708

- Bei Kirchensteuerpflichtigen, die zur Einkommensteuer veranlagt werden, nach der **festgesetzten Einkommensteuer**,
- im Lohnsteuerabzugsverfahren nach der **einbehaltenen Lohnsteuer**.

Sind **Kinder** zu berücksichtigen, kann die festgesetzte Einkommensteuer/Lohnsteuer nicht uneingeschränkt für die Bemessung der Kirchensteuer übernommen werden, weil die Freistellung des Kinderexistenzminimums regelmäßig durch die Gewährung von Kindergeld erfolgt. Für die Kirchensteuer ist Bemessungsgrundlage die Einkommensteuer, die unter Berücksichtigung von Freibeträgen nach § 32 Abs. 6 EStG (Kinderfreibetrag und Freibetrag für den Betreuungs- und Erziehungs- oder Ausbildungsbedarf des Kindes) in allen Fällen des § 32 EStG festzusetzen wäre (§ 51a Abs. 2 EStG). Zur Berücksichtigung von Kindern bei der Lohnkirchensteuer durch das **Lohnbüro** → Rz. 2718.

Sofern bei der Ermittlung der festgesetzten Einkommensteuer die pauschalierte Anrechnung der Gewerbesteuer (§ 35 EStG) oder das **Verfahren** nach §§ 3 Nr. 40, 3c EStG in Betracht kommt, sind diese Regelungen gem. § 51a Abs. 2 EStG bei der **Kirchensteuer nicht anzuwenden**. Die Erhöhung der Bemessungsgrundlage für die Kirchensteuer um die steuerfreien Einkünfte i.S.d. § 3 Nr. 40

EStG ist verfassungsrechtlich unbedenklich (BFH v. 1.7.2009, I R 76/08, BStBl II 2010, 1061).

c) Bemessungsgrundlage bei unterjähriger Kirchensteuerpflicht

2709 **Bei Beginn und Ende der Kirchensteuerpflicht während des Kalenderjahres** ist Bemessungsgrundlage für die Kirchensteuer nur die Einkommensteuer, die auf die Zeit der Kirchensteuerpflicht entfällt. Stimmt der Zeitraum der Kirchensteuerpflicht nicht mit dem Zeitraum der unbeschränkten (Einkommen-)Steuerpflicht überein, so ist die Einkommensteuer – ggf. unter Berücksichtigung der Freibeträge für Kinder (§ 51a Abs. 2 EStG) – zu ermitteln und dann **zu zwölfteln**. Die anteilige Einkommensteuer ist Bemessungsgrundlage für die Kirchensteuer. Dadurch erhöht auch ein nach Wegfall der Kirchensteuerpflicht erzieltes höheres Einkommen die Kirchensteuer. In die Bemessungsgrundlage der Kirchensteuer ist daher auch eine vor Kirchenaustritt vereinbarte Abfindung für den Verlust des Arbeitsplatzes einzubeziehen, die erst nach dem Austritt im Zeitpunkt der Beendigung des Arbeitsverhältnisses gezahlt wird (FG Köln v. 16.2.2005, 11 K 2/04, EFG 2005, 898). Diese in den Kirchensteuergesetzen enthaltene Zwölftelungsregelung ist verfassungsgemäß (BFH v. 15.10.1997, I R 33/97, BStBl II 1998, 126). Wird das höhere Einkommen während der Kirchensteuerpflicht erzielt, so wirkt sich die Zwölftelung zu Gunsten des Stpfl. aus.

Nach der Änderung des § 2 Abs. 7 EStG stimmen beim **Wechsel von unbeschränkter zu beschränkter Einkommensteuerpflicht** oder umgekehrt die Zeiträume der Kirchensteuerpflicht und der Bemessung der Einkommensteuer nicht mehr überein, so dass eine Aufteilung der Maßstabsteuer vorzunehmen ist. In den Einkommensteuererklärungen ist daher bei Zuzug oder Wegzug der Zeitraum der Kirchensteuerpflicht anzugeben.

d) Höhe der Kirchensteuer

aa) Steuersatz

2710 Die Zuschlagsteuer beträgt zz. **in Prozent der Maßstabsteuer:**

- **8 %** in den Ländern Baden-Württemberg[1], Bayern,
- **9 %** in **den anderen** Bundesländern.

Bei der Berechnung dieser Steuer bleiben Centbruchteile außer Betracht.

bb) Kappung

2711 In den einzelnen Ländern (mit **Ausnahme** von **Bayern**) gibt es bei höheren Einkommen eine Kappung der Kirchensteuer, d.h. eine **Begrenzung** der Kirchensteuer auf einen **bestimmten geringeren Prozentsatz des zu versteuernden Einkommens** bzw. des auf das zu versteuernde Einkommen umzurechnenden Arbeitslohns, von dem die Lohnsteuer berechnet wird. Die Kappung ist z.T. mit **Rechtsanspruch** ausgestaltet, z.T. als **Billigkeitsmaßnahme** vorgesehen. Der Billigkeitsantrag ist innerhalb bestimmter Fristen zu stellen. Es ist grds. mit Art. 3, 4 GG vereinbar, wenn eine Kirche den Erlass der Kirchensteuer auf in der Kirche verbliebene Mitglieder beschränkt, weil sie deren Bindung an die Kirche stärken will (vgl. BVerwG v. 21.5.2003, 9 C 12/02, HFR 2004, 385).

Die in den einzelnen Ländern bestehenden **Kappungsregeln** ergeben sich aus der **Übersicht** im Anhang, → *Anhang, A. Lohnsteuer* Rz. 4828.

Beispiel:

Ein lediger Arbeitnehmer mit Wohnsitz und Tätigkeitsstätte in Hannover erhält 2025 einen Jahresarbeitslohn von 360 000 €

Berechnung der Kirchensteuer:

Jahresarbeitslohn	360 000,– €
Abzüglich	
Arbeitnehmer-Pauschbetrag	1 230,– €
Sonderausgaben-Pauschbetrag	36,– €
Vorsorgeaufwendungen	5 000,– €
= zu versteuerndes Einkommen	353 734,– €
Einkommensteuer lt. Grundtabelle	139 933,– €
Kirchensteuer in Niedersachsen 9 %	12 593,97 €
Kappung auf 3,5 % des zu versteuernden Einkommens	12 380,69 €

cc) Mindestbetrag

Eine Mindestbetrags-Kirchensteuer wird in sämtlichen Bundesländern **nicht mehr erhoben**. 2712

Sachsen-Anhalt hat als letztes Bundesland die Mindestbetragskirchensteuer mit einer Gesetzesänderung seit 2020 abgeschafft, so dass die entsprechende frühere Regelung im Landeskirchensteuerbeschluss entfallen ist.

e) Besonderheiten der Kirchensteuerbemessung bei Ehegatten/Lebenspartnern

Das Kirchensteuerrecht unterscheidet bei Ehegatten/Lebenspartnern nach deren persönlichen Kirchenmitgliedschaft wie folgt: 2713

- **Konfessionsgleich** (beide Ehegatten/Lebenspartner gehören derselben steuererhebenden Religionsgemeinschaft an, z.B. beide der evangelischen oder beide der römisch-katholischen Kirche).
- **Konfessionsverschieden** (beide Ehegatten/Lebenspartner gehören verschiedenen im jeweiligen Bundesland steuererhebenden Religionsgemeinschaften an, z.B. ein Ehegatte/Lebenspartner ist evangelisch, der andere katholisch).
- **Glaubensverschieden** (nur ein Ehegatte/Lebenspartner gehört in dem jeweiligen Bundesland einer steuererhebenden Kirche an, der andere Ehepartner jedoch nicht oder ein Ehegatte/Lebenspartner gehört einer steuererhebenden Religionsgemeinschaft an und der andere Ehegatte/Lebenspartner gehört einer nicht steuererhebenden Religionsgemeinschaft an).

Grds. gilt auch bei der Kirchensteuer der **Grundsatz der Individualbesteuerung**.

Da nur von Mitgliedern einer steuererhebenden Religionsgemeinschaft Kirchensteuer erhoben werden darf, darf bei glaubensverschiedenen Ehegatten/Lebenspartnern die Kirchensteuer nur von dem einer steuerberechtigten Religionsgemeinschaft angehörenden Ehegatten/Lebenspartner erhoben werden. Bei zusammen veranlagten **glaubensverschiedenen Ehegatten/Lebenspartnern** ist die **Einkommen-/Lohnsteuer aufzuteilen** nach Maßgabe der Kirchensteuergesetze bzw. -ordnungen (Aufteilung grds. im Verhältnis der Steuern, die sich jeweils bei Anwendung der Grundtabelle auf die i.R. der Zusammenveranlagung ermittelten Einkünfte bzw. den Gesamtbetrag der Einkünfte eines jeden Ehegatten/Lebenspartner ergeben würden). Gesetzesregelungen, wonach in glaubensverschiedenen Ehen/Lebenspartnerschaften Kirchensteuer des Kirchenmitglieds aus dem Teil der Einkommensteuer erhoben wird, der auf dieses entfällt, sind nicht verfassungswidrig; glaubensverschiedene Ehegatten/Lebenspartner haben keinen Anspruch auf entsprechende Anwendung des in einigen Ländern bei konfessionsverschiedenen Ehen/Lebenspartnerschaften geltenden und verfassungsgemäßen Halbteilungsgrundsatzes (BFH v. 8.4.1997, I R 68/96, BStBl II 1997, 545 und v. 11.2.1998, I R 41/97). In vielen Kirchen wird inzwischen das besondere Kirchgeld für glaubensverschiedene Ehegatten/Lebenspartnerschaften erhoben, allerdings **nur im Veranlagungsverfahren**. Eine Erhebung im Lohnsteuerabzugsverfahren ist nicht vorgesehen. Der Arbeitnehmer sollte dies bei einem Antrag auf Veranlagung berücksichtigen. Gegen die Verfassungsmäßigkeit des besonderen Kirchgelds bestehen keine Bedenken (BFH v. 19.10.2005, I R 76/04, BStBl II 2006, 274 sowie BVerfG v. 28.10.2010, 2 BvR 591/06, HFR 2011, 98).

In den meisten Bundesländern gilt bei **konfessionsverschiedenen Eheleuten/Lebenspartnern** im Fall der Zusammenveranlagung der sog. **Halbteilungsgrundsatz:**

Der Halbteilungsgrundsatz bedeutet, dass die Kirchensteuer von 8 % bzw. 9 % je zur Hälfte auf die beiden Religionsgemeinschaften aufgeteilt wird.

Zur Berücksichtigung des Halbteilungsgrundsatzes wird dem Arbeitgeber bei konfessionsverschiedenen Ehen/Lebenspartnerschaften auch ein Kirchensteuermerkmal für den Ehegatten/Lebenspartner mitgeteilt.

Den **Halbteilungsgrundsatz** gibt es **nicht** in den Ländern:

- **Bayern**,
- **Bremen**,
- **Niedersachsen** (BMF v. 9.9.2019, IV C 5 – S 2378/19/10002 :001, BStBl I 2019, 911).

1) Die röm.-kath. Kirchengemeinde des Bistums Mainz in Bad Wimpfen erhebt 9 % (seit 2016).

Insoweit ist die Kirchensteuer mit dem maßgebenden Steuersatz für jeden Ehegatten nach der auf ihn entfallenden Steuer festzusetzen und nur an seine Religionsgemeinschaft abzuführen, und zwar auch dann, wenn dem Arbeitgeber auch ein Kirchensteuermerkmal für den Ehegatten mitgeteilt wurde.

Die vorstehenden Regelungen zu Ehegatten und Ehen gelten entsprechend auch für **Lebenspartner und Lebenspartnerschaften**.

f) Rechtsbehelfe

2714 Gegen die Kirchensteuerfestsetzung ist der **Einspruch bzw. Widerspruch** gegeben. Richtet sich der Einspruch gegen die im Steuerbescheid zu Grunde gelegte Maßstabsteuer (Lohn- bzw. Einkommensteuer), auf deren Festsetzung die Heranziehung zur Kirchensteuer beruht, so ist das Rechtsmittel **nur** gegen das Finanzamt zu richten; hier ist der Finanzrechtsweg gegeben. Eine Änderung der Einkommen-/Lohnsteuer führt automatisch zur Änderung der Kirchensteuer.

Richtet sich das Rechtsmittel ausschließlich gegen die Heranziehung zur Kirchensteuer, so ist der Rechtsbehelf (z.B. Widerspruch) bei der zuständigen kirchlichen Behörde einzulegen. Ausnahmen gelten in den Ländern Baden-Württemberg, Bremen, Hamburg, Hessen, Rheinland-Pfalz, Saarland und den neuen Bundesländern, weil dort das außergerichtliche Rechtsbehelfsverfahren von der staatlichen Finanzbehörde durchzuführen ist. Nur in den Ländern Berlin, Niedersachsen, Nordrhein-Westfalen und Schleswig-Holstein soll die steuerberechtigte Kirche über den außergerichtlichen Rechtsbehelf entscheiden. In Bayern ist ein außergerichtlicher Rechtsbehelf gegen die Heranziehung zur Kirchenlohnsteuer an die Finanzbehörden zu richten, während außergerichtliche Einwendungen gegen die Heranziehung zur Kircheneinkommensteuer gegenüber den zuständigen Kirchenbehörden zu richten sind.

Gibt die zuständige Behörde im Rechtsbehelfsverfahren dem Antrag nicht statt, so kann gegen die Heranziehung zur Kirchensteuer Klage vor dem zuständigen Gericht erhoben werden. In den Ländern Baden-Württemberg, Bayern, Bremen, Hamburg, Mecklenburg-Vorpommern, Nordrhein-Westfalen, Saarland, Sachsen und Thüringen sind für die Rechtsmittelverfahren bei der Kircheneinkommensteuer (Kirchenlohnsteuer) die Finanzgerichte (**Finanzrechtsweg**) zuständig; in den Ländern Berlin, Brandenburg, Hessen, Niedersachsen, Rheinland-Pfalz, Sachsen-Anhalt und Schleswig-Holstein dagegen die Verwaltungsgerichte (**Verwaltungsrechtsweg**).

Rechtsmittel, die gegen die Heranziehung zum allgemeinen Kirchgeld (Ortskirchensteuer) erhoben werden, sind grds. im Verwaltungsrechtsweg geltend zu machen.

3. Besonderheiten beim Lohnsteuerabzug

a) Allgemeines

2715 Für die Kirchensteuer gelten die **Vorschriften über den Lohnsteuerabzug** sinngemäß (→ *Abführung der Lohnsteuer* Rz. 6, → *Anmeldung der Lohnsteuer* Rz. 155). Bei kirchensteuerpflichtigen Arbeitnehmern hat der Arbeitgeber entsprechend der Lohnsteuer Lohnkirchensteuer vom Arbeitslohn einzubehalten und an das Betriebsstättenfinanzamt (→ *Betriebsstättenfinanzamt* Rz. 1426) abzuführen. Die Abführung ist getrennt nach Konfessionen vorzunehmen.

Die Lohnkirchensteuer bemisst sich nach der Lohnsteuer. Sie ist grds. mit dem maßgebenden Kirchensteuersatz von der Lohnsteuer zu erheben. Besonderheiten ergeben sich bei der Berücksichtigung von Kindern, bei sonstigen Bezügen und in den Fällen der Pauschalierung.

b) ELStAM-Prinzip

2716 Der Arbeitgeber hat bei Arbeitnehmern grds. **keine Prüfung** der Kirchensteuerpflicht vorzunehmen. Er hat den Lohnkirchensteuerabzug **nach den elektronischen Lohnsteuerabzugsmerkmalen** vorzunehmen. Aus ihnen ergibt sich, ob und ggf. welcher steuerberechtigten Religionsgemeinschaft der Arbeitnehmer angehört und ggf. für welchen Zeitraum die Kirchensteuerpflicht bestanden hat. Wird ein Kirchensteuermerkmal mitgeteilt, darf der Arbeitgeber auch dann nicht vom Lohnkirchensteuerabzug absehen, wenn der Arbeitnehmer ihm eine amtliche **Austrittsbestätigung** vorweist. Der Arbeitgeber muss vielmehr die Änderung der elektronischen Lohnsteuerabzugsmerkmale abwarten, die von der Gemeinde, die für die Verwaltung der Meldedaten bei Kircheneinoder -austritt zuständig ist, veranlasst wird.

Es gibt folgende Kennzeichen für die Kirchensteuerpflicht:

römisch-katholisch	rk
evangelisch (protestantisch)	ev
evangelisch-lutherisch	lt
evangelisch-reformiert	rf
französisch-reformiert	fr
altkatholisch	ak
israelitisch, jüdische Kultussteuer	ib, ih, il, is, issl, iw, jd, jh
freireligiös	fa, fb, fg, fm, fs

Zu den länderunterschiedlichen Werten in der Lohnsteuer-Anmeldung 2025 s. BMF v. 29.8.2024, IV C 5 – S 2533/19/10026 :005, BStBl I 2024, 1192.

Ist **keine Kirchensteuer einzubehalten**, so sind **zwei Striche „– –"** eingetragen (H 39.1 [Bescheinigung der Religionsgemeinschaft] LStH).

Werden dem Arbeitgeber **zwei Kirchensteuermerkmale** mitgeteilt (z.B. rk ev oder ev rk), so muss die einbehaltene Lohnkirchensteuer – sofern der Halbteilungsgrundsatz anzuwenden ist – gleichmäßig auf die beiden Religionsgemeinschaften aufgeteilt werden.

Liegen dem Arbeitgeber für einen Arbeitnehmer **keine Lohnsteuerabzugsmerkmale** vor, so gelten auch für den Kirchensteuerabzug die Regelungen für den Lohnsteuerabzug ohne Lohnsteuerabzugsmerkmale (§ 39c EStG) entsprechend. Danach muss der Arbeitgeber grds. Kirchensteuer einbehalten, wenn der Arbeitnehmer schuldhaft die ihm mitgeteilte IdNr und den Tag der Geburt dem Arbeitgeber nicht mitteilt oder das BZSt die Mitteilung elektronischer Lohnsteuerabzugsmerkmale ablehnt (→ *ELStAM* Rz. 1881).

Zur Berücksichtigung von Kindern → Rz. 2718.

Wird eine zu hohe Lohnkirchensteuer einbehalten, ist der Differenzbetrag dem Arbeitnehmer grds. bei der Veranlagung zu erstatten.

c) Betriebsstättenprinzip

Die Kirchensteuer richtet sich **grds.** nach dem am **Wohnsitz** 2717
bzw. Ort des gewöhnlichen Aufenthalts des Stpfl. maßgeblichen Recht.

Für den **Kirchensteuerabzug vom Arbeitslohn** gilt in sämtlichen Bundesländern aber das **„Betriebsstättenprinzip"**. Der Arbeitgeber hat daher die Kirchensteuer regelmäßig nach dem für den Ort der Betriebsstätte maßgeblichen Recht einzubehalten, auch wenn am Wohnort des Arbeitnehmers andere Rechtsvorschriften gelten, z.B. ein anderer Steuersatz anzuwenden oder die Anwendung des Halbteilungsgrundsatzes nicht einheitlich ist. Der **Arbeitgeber** soll sich also **nicht mit den verschiedenen Vorschriften** unterschiedlicher Orte **befassen müssen**.

Beispiel:

Der Arbeitnehmer A wohnt in Aschaffenburg und arbeitet in Frankfurt am Main. Sein Arbeitgeber hat eine Lohnkirchensteuer von 9 % einzubehalten, obwohl der Steuersatz am Wohnsitz des Arbeitnehmers nur 8 % beträgt.

Wird auf Grund des Betriebsstättenprinzips **zu viel Lohnkirchensteuer einbehalten**, ist der Differenzbetrag bei der Veranlagung zur Einkommensteuer oder, wenn eine Veranlagung nicht durchgeführt wird, von der Kirchenbehörde gesondert zu erstatten. Ist zu wenig Lohnkirchensteuer einbehalten worden, ist der „Fehlbetrag" i.R. der Einkommensteuerveranlagung oder gesondert von der Kirchenbehörde nachzufordern; einige Kirchenbehörden gewähren insoweit (Teil-)Erlass. In Niedersachsen, Nordrhein-Westfalen und Rheinland-Pfalz kann beim Finanzamt die Erhebung der Kirchensteuer nach dem Steuersatz am Wohnsitz des Arbeitnehmers beantragt werden.

Bei Arbeitnehmern mit Kirchensteuermerkmal ib oder iw hat der Arbeitgeber auch dann Lohnkirchensteuer einzubehalten, wenn sich die Betriebsstätte außerhalb des Kirchengebiets, aber in Baden-Württemberg befindet (FinMin Baden-Württemberg v. 29.4.2013, 3 – S 244.2/163, BStBl I 2013, 712).

d) Berücksichtigung von Kindern im Steuerabzugsverfahren

2718 Beim Steuerabzug vom laufenden Arbeitslohn und beim Lohnsteuer-Jahresausgleich ist von der **fiktiven Lohnsteuer** auszugehen, die sich beim Abzug von Freibeträgen für Kinder (Kinderfreibetrag und Freibetrag für den Betreuungs- und Erziehungs- oder Ausbildungsbedarf des Kindes) ergeben würde (→ *Kindergeld/Freibeträge für Kinder* Rz. 2691). Beim Steuerabzug vom laufenden Arbeitslohn und beim Lohnsteuer-Jahresausgleich ist daher die Lohnsteuer Bemessungsgrundlage, die sich für 2025 unter Berücksichtigung eines Betrags pro Kind in den Steuerklassen I, II und III von 6 672 € + 2 928 € = 9 600 € und in der Steuerklasse IV von 3 336 € + 1 464 € = 4 800 € ergibt (→ *Kindergeld/Freibeträge für Kinder* Rz. 2672). Maßgeblich ist die als Lohnsteuerabzugsmerkmal gebildete Zahl der Kinderfreibeträge (§ 51a Abs. 2a Satz 2 EStG). Freibeträge für in Ländern mit niedrigen Lebenshaltungskosten lebende Kinder (§ 32 Abs. 6 Satz 4 EStG; Ländergruppeneinteilung s. BMF v. 11.11.2020, IV C 8 – S 2285/19/10001 :002) können im Abzugsverfahren nicht berücksichtigt werden. Wird dadurch eine zu hohe Kirchensteuer festgesetzt, so erfolgt eine Erstattung entweder im Einkommensteuerveranlagungsverfahren oder durch gesonderten Bescheid der kirchlichen Stellen. Dabei sind die Freibeträge unabhängig von der Dauer des Berücksichtigungszeitraums mit dem Jahresbetrag anzusetzen. Sind die Freibeträge auf Grund niedrigerer Lebenshaltungskosten zu kürzen (§ 32 Abs. 6 Satz 4 EStG), so ist der höchste Monatsbetrag in einen Jahresbetrag umzurechnen (BMF v. 9.3.1998, IV B 5 – S 2280 – 45/98, BStBl I 1998, 347).

Beispiel:

Eine in Hannover wohnende und arbeitende Arbeitnehmerin hat folgende Lohnsteuerabzugsmerkmale: Steuerklasse II, 2 Kinderfreibeträge, Religionsgemeinschaft ev., kassenindividueller Zusatzbeitrag zur KV 2,5. Ihr Arbeitslohn beträgt im Jahr 2025 48 000 €.

Berechnung der Lohnkirchensteuer 2025:

Jahresarbeitslohn	48 000,– €
Abzüglich	
Arbeitnehmer-Pauschbetrag	1 230,– €
Sonderausgaben-Pauschbetrag	36,– €
Vorsorgeaufwendungen (RV: 4 464 €; KV: 3 504 € + 600 €; PV: 744 €; siehe hierzu → Rz. 4379 ff.)	9 312,– €
Entlastungsbetrag für Alleinerziehende	4 260,– €
Erhöhungsbetrag nach § 24b Abs. 2 Satz 2 EStG für das zweite Kind als Freibetrag	240,– €
zu versteuerndes Einkommen (Bemessungsgrundlage für die Lohnsteuer)	32 922,– €
abzüglich 2 Kinderfreibeträge = 2 × 6 672 €	13 344,– €
abzüglich 2 Freibeträge für Betreuung, Erziehung und Ausbildung = 2 × 2 928 €	5 856,– €
Verbleiben	13 722,– €
Steuer lt. Grundtabelle (Bemessungsgrundlage für die Lohnkirchensteuer)	252,– €
Lohnkirchensteuer = 252 € × 9 %	= 22,68 €

Der **Arbeitgeber** braucht die Berechnung der Bemessungsgrundlage für die Lohnkirchensteuer aber regelmäßig nicht selbst vorzunehmen. In den u.a. von Stollfuß Verlag erhältlichen **Lohnsteuertabellen** sind in einer besonderen Spalte regelmäßig auch die **Lohnkirchensteuerbeträge** nach der jeweiligen Steuerklasse, Anzahl der Kinderfreibeträge und dem Kirchensteuersatz **eingearbeitet**.

e) Kirchensteuerberechnung bei sonstigen Bezügen

2719 Bei der Berechnung der Lohnkirchensteuer für sonstige Bezüge (→ *Sonstige Bezüge* Rz. 3936) dürfen generell keine Freibeträge für Kinder berücksichtigt werden. Es ist daher **nicht zulässig – entsprechend der Ermittlung der Lohnsteuer** auf den sonstigen Bezug – die Lohnkirchensteuer für den Arbeitslohn ausschließlich des sonstigen Bezugs und die Lohnkirchensteuer für den Arbeitslohn einschließlich des sonstigen Bezugs aus der Lohnsteuertabelle abzulesen und die Differenz als Lohnkirchensteuer für den sonstigen Bezug einzubehalten und abzuführen. Vielmehr muss die Lohnkirchensteuer für den sonstigen Bezug stets durch Anwendung des maßgeblichen Kirchensteuersatzes auf die Lohnsteuer für den sonstigen Bezug ermittelt werden (§ 51a Abs. 2a Satz 1 EStG).

Beispiel:

Ein Arbeitnehmer, der in Berlin wohnt und arbeitet, erhält im Jahr 2025 einen monatlichen Arbeitslohn von 2 500 € und im Dezember ein 13. und 14. Monatsgehalt von je 2 500 €. Er hat folgende Lohnsteuerabzugsmerkmale: Steuerklasse III, 2 Kinderfreibeträge und ev. Sein kassenindividueller Zusatzbeitrag zur Krankenversicherung beträgt 2,5 %.

Ermittlung der Steuerabzugsbeträge für den sonstigen Bezug:

Lohnsteuer für 35 000 € (laufender Arbeitslohn zzgl. sonstiger Bezug)	422,– €
Lohnsteuer für 30 000 € (laufender Arbeitslohn)	0,00 €
Lohnsteuer für das 13. und 14. Monatsgehalt	422,– €
Lohnkirchensteuer für das 13. und 14. Monatsgehalt: 620 € × 9 % =	37,98 €

Soweit hiernach gegenüber der Jahreskirchensteuer zu viel Lohnkirchensteuer einbehalten wird, erfolgt eine Erstattung im Lohnsteuer-Jahresausgleich durch den Arbeitgeber (→ *Lohnsteuer-Jahresausgleich durch den Arbeitgeber* Rz. 2941) oder i.R. der Einkommensteuerveranlagung durch das Finanzamt.

4. Kirchensteuer bei Pauschalierung der Lohn- und Einkommensteuer

a) Grundsätze

Für die Erhebung der Kirchensteuer darf der Arbeitgeber (bzw. Pauschalierende) bei einer **Pauschalierung der** 2720

- Lohnsteuer nach Maßgabe der § 40, § 40a Abs. 1, 2a und 3 und § 40b EStG der Arbeitgeber (→ *Pauschalierung der Lohnsteuer* Rz. 3336),
- Einkommensteuer nach Maßgabe des § 37a EStG das Unternehmen, das Sachprämien i.S.d. § 3 Nr. 38 EStG gewährt (→ *Kundenbindungsprogramme* Rz. 2784),
- Einkommensteuer nach Maßgabe des § 37b EStG der Stpfl., der Sachzuwendungen gewährt (→ *Pauschalierung der Einkommensteuer bei Sachzuwendungen* Rz. 3303),

jeweils zwischen einem vereinfachten Verfahren und einem Nachweisverfahren wählen. Die Wahl zwischen diesen Verfahren kann der Pauschalierende (nicht nur der Arbeitgeber) sowohl für jeden Lohnsteuer-Anmeldungszeitraum als auch für die jeweils angewandte Pauschalierungsvorschrift und darüber hinaus für die in den einzelnen Rechtsvorschriften aufgeführten Pauschalierungstatbestände unterschiedlich treffen (gleich lautende Ländererlasse v. 8.8.2016, BStBl I 2016, 773).

Soweit der **Arbeitslohn aus einer geringfügigen Beschäftigung** nach § 40a Abs. 2 EStG mit einem einheitlichen Pauschsteuersatz von 2 % erhoben wird, umfasst dieser neben der Lohnsteuer und dem Solidaritätszuschlag **auch die Kirchensteuer**. Insoweit besteht bei der Kirchensteuer keine Wahlmöglichkeit für den Arbeitgeber zwischen vereinfachtem Verfahren und dem Nachweisverfahren (→ *Pauschalierung der Lohnsteuer bei geringfügig Beschäftigten* Rz. 3389).

Im Einzelnen gilt Folgendes (gleich lautende Ländererlasse v. 8.8.2016, BStBl I 2016, 773):

b) Vereinfachtes Verfahren

Entscheidet sich der Pauschalierende für das **vereinfachte Verfahren**, hat er in allen Fällen der Pauschalierung für sämtliche Arbeitnehmer, für sämtliche Empfänger von Sachprämien oder für sämtliche Empfänger von Sachzuwendungen (nachfolgend: Empfänger) Kirchensteuer zu entrichten. Dabei ist ein **ermäßigter Steuersatz** anzuwenden, der in pauschaler Weise dem Umstand Rechnung trägt, dass nicht alle Empfänger Angehörige einer steuererhebenden Religionsgemeinschaft sind. 2721

Die **ermäßigten Kirchensteuersätze** sind im Anhang wiedergegeben, → *Anhang, A. Lohnsteuer* Rz. 4828.

Die im vereinfachten Verfahren ermittelten Kirchensteuern sind in der Lohnsteuer-Anmeldung unter der Kirchensteuer-Kennzahl 47 anzugeben. Die Aufteilung auf die steuererhebenden Religionsgemeinschaften wird von der Finanzverwaltung übernommen.

c) Nachweisverfahren

aa) Allgemeines

Macht der Pauschalierende keinen Gebrauch vom vereinfachten Verfahren, hat er grds. für alle Empfänger die **Zugehörigkeit zu einer steuererhebenden Religionsgemeinschaft festzustellen** (Nachweisverfahren). Für Empfänger, die keiner steuererhebenden Religionsgemeinschaft angehören, ist keine Kirchensteuer auf die 2722 pauschale Steuer zu entrichten (BFH v. 30.11.1989, I R 14/87, BStBl II 1990, 993); für die übrigen Empfänger gilt der **allgemeine Kirchensteuersatz**.

bb) Nachweis bei Pauschalierung der Lohnsteuer

2723 Als **Beleg für die Zugehörigkeit oder Nichtzugehörigkeit** zu einer steuererhebenden Religionsgemeinschaft dienen in den Fällen der §§ 40 und 40b EStG grds. die vom Arbeitgeber beim BZSt abgerufenen **ELStAM** oder ein Vermerk des Arbeitgebers, dass der Arbeitnehmer seine Zugehörigkeit oder Nichtzugehörigkeit zu einer steuererhebenden Religionsgemeinschaft mit der vom Finanzamt ersatzweise ausgestellten Bescheinigung für den Lohnsteuerabzug nachgewiesen hat. Liegen dem Arbeitgeber diese amtlichen Nachweise nicht vor, bedarf es einer **schriftlichen Erklärung des Arbeitnehmers** nach amtlichen Muster (→ Rz. 2726); insbesondere in den Fällen des § 40a Abs. 1, 2a und 3 EStG genügt als Nachweis eine Erklärung nach amtlichen Muster (→ Rz. 2726). Die Erklärung des Arbeitnehmers muss **als Beleg zum Lohnkonto** aufbewahrt werden (R 41.1 Abs. 4 Satz 2 LStR).

cc) Nachweis bei Pauschalierung der Einkommensteuer

2724 Als **Beleg für die Zugehörigkeit oder Nichtzugehörigkeit** zu einer steuererhebenden Religionsgemeinschaft genügt in den Fällen der §§ 37a und 37b EStG eine **Erklärung nach amtlichen Muster** (→ Rz. 2726). Die Erklärung des Empfängers von Sachprämien oder Sachzuwendungen muss vom Pauschalierenden aufbewahrt werden.

Bei Arbeitnehmern des Pauschalierenden ist zur Ermittlung der Zugehörigkeit zu einer steuererhebenden Religionsgemeinschaft → Rz. 2723 entsprechend anzuwenden.

dd) Zuordnung

2725 Die auf die **jeweiligen Empfänger entfallende pauschale Steuer** hat der Pauschalierende entsprechend deren Zugehörigkeit oder Nichtzugehörigkeit zu einer **steuererhebenden Religionsgemeinschaft zuzuordnen**; führt der Arbeitgeber ein Sammelkonto (§ 4 Abs. 2 Nr. 8 Satz 2 LStDV) oder in den Fällen des § 40a EStG entsprechende Aufzeichnungen, hat er dort die Zugehörigkeit oder Nichtzugehörigkeit zu einer steuererhebenden Religionsgemeinschaft der jeweiligen Arbeitnehmer anzugeben.

ee) Muster

2726 Als **Beleg für die Nichtzugehörigkeit** zu einer steuererhebenden Religionsgemeinschaft ist folgendes Muster zu verwenden:

Muster

Erklärung gegenüber dem Betriebsstättenfinanzamt zur Religionszugehörigkeit für die Erhebung der pauschalen Lohnsteuer nach § 40, § 40a Abs. 1, 2a und 3 und § 40b EStG und der pauschalen Einkommensteuer nach §§ 37a und 37b EStG

Finanzamt ....

Arbeitgeber/Unternehmen/Steuerpflichtiger:

Name der Firma ....

Anschrift ....

Arbeitnehmer/Empfänger der Sachprämien oder Sachzuwendungen:

Name, Vorname ....

Anschrift: ....

Ich, der vorbezeichnete Arbeitnehmer/Empfänger der Sachprämien oder Sachzuwendungen, erkläre, dass ich

☐ keiner Religionsgemeinschaft angehöre, die Kirchensteuer erhebt, und zwar

a) ☐
seit Beginn meines Beschäftigungsverhältnisses mit dem oben genannten Arbeitgeber.

b) ☐
im Zeitpunkt der Gewährung (bitte Datum oder Zeitraum angeben:....................).

c) ☐
seit dem .... (bei Änderungen nach dem unter Buchstabe a bzw. b genannten Zeitpunkt).

☐ einer Religionsgemeinschaft angehöre, die Kirchensteuer erhebt

☐ evangelisch ☐ römisch-katholisch
☐ alt-katholisch ☐ jüdisch/israelitisch ☐ freireligiös

und zwar seit dem ....*.

* Datumsangabe nur erforderlich, wenn Sie gegenüber dem o.g. Arbeitgeber/Unternehmen/Steuerpflichtigen früher erklärt haben, dass Sie keiner Religionsgemeinschaft angehören, die Kirchensteuer erhebt, und zwischenzeitlich in eine solche Religionsgemeinschaft eingetreten sind oder Sie zu einer anderen Kirchensteuer erhebenden Religionsgemeinschaft gewechselt sind.

Ich versichere, die Angaben in dieser Erklärung wahrheitsgemäß nach bestem Wissen und Gewissen gemacht zu haben. Mir ist bekannt, dass die Erklärung als Grundlage für das Besteuerungsverfahren dient.

....
Ort, Datum

....
Unterschrift des Arbeitnehmers/Empfängers der Sachprämien oder Sachzuwendungen

Diese Erklärung ist vom Arbeitgeber/Unternehmen/Steuerpflichtigen aufzubewahren.

Die **Online-Datenbank** des Stollfuß-Verlags (s. Benutzerhinweise auf S. IV) enthält unter den bereitgestellten Arbeitshilfen (Stichwort-Suche: Erklärung zur Religionszugehörigkeit) entsprechende **Muster**.

ff) Vereinfachungsregelung

Kann der Pauschalierende die auf den einzelnen Empfänger entfallende pauschale Steuer nicht ermitteln, ist aus Vereinfachungsgründen die gesamte pauschale Steuer im Verhältnis der kirchensteuerpflichtigen zu den nicht kirchensteuerpflichtigen Empfängern aufzuteilen; der auf die kirchensteuerpflichtigen Empfänger entfallende Anteil ist Bemessungsgrundlage für die Anwendung des allgemeinen Kirchensteuersatzes. Die so ermittelte Kirchensteuer ist auf die Empfänger gleichmäßig zu verteilen und entsprechend deren Zugehörigkeit zu einer steuererhebenden Religionsgemeinschaft zuzuordnen. 2727

Die im Nachweisverfahren ermittelten Kirchensteuern sind in der Lohnsteuer-Anmeldung i.d.R. unter der jeweiligen Kirchensteuer-Kennzahl (z.B. 61, 62) anzugeben.

Kann der Pauschalierende bei einzelnen Empfängern die **Zugehörigkeit zu einer steuererhebenden Religionsgemeinschaft** nicht ermitteln und deshalb eine Zuordnung zur jeweiligen steuererhebenden Religionsgemeinschaft nicht vornehmen, gilt ebenfalls der **allgemeine Kirchensteuersatz**. Die auf diese Empfänger entfallende pauschale Steuer ist Bemessungsgrundlage für die Anwendung des allgemeinen Kirchensteuersatzes. Die so ermittelte Kirchensteuer ist **vereinfachungshalber** in der Lohnsteuer-Anmeldung unter der Kirchensteuer-Kennzahl 47 anzugeben. Die Aufteilung auf die steuererhebenden Religionsgemeinschaften wird von der Finanzverwaltung übernommen (gleich lautende Ländererlasse v. 8.8.2016, BStBl I 2016, 773).

Der Arbeitgeber sollte ggf. prüfen, ob das vereinfachte Verfahren oder das Nachweisverfahren günstiger ist**.** Da im Nachweisverfahren generell der Regelkirchensteuersatz angewendet wird, kann es sein, dass das vereinfachte Verfahren im Ergebnis zu einer niedrigeren Steuerbelastung führt.

Beispiel:

Ein Arbeitgeber in Magdeburg pauschaliert nach § 40 Abs. 2 Satz 1 Nr. 2 EStG mit 25 % die Lohnsteuer für Zuwendungen bei einer Betriebsveranstaltung von insgesamt 1 500 € für 50 Arbeitnehmer. 20 Arbeitnehmer sind nachweislich nicht kirchensteuerpflichtig.

Berechnung der pauschalen Lohnsteuer: 1 500 € × 25 % =	375,– €
Berechnung der pauschalen Lohnkirchensteuer, wenn der Arbeitgeber die nicht kirchensteuerpflichtigen Arbeitnehmer aus der Berechnung herausnimmt: 375 € × 30/50 = 225 €; 225 € × 9 % =	20,25 €
Berechnung der pauschalen Lohnkirchensteuer, wenn der Arbeitgeber die nicht kirchensteuerpflichtigen Arbeitnehmer nicht aus der Berechnung herausnimmt (vereinfachtes Verfahren): 375 € × 5 % =	18,75 €

Im vorstehenden Fall ist es trotz des hohen Anteils nicht kirchensteuerpflichtiger Arbeitnehmer günstiger, die Pauschalierung auf alle Arbeitnehmer anzuwenden.

d) Kirchensteuersätze

Die Höhe der Kirchensteuersätze ergibt sich sowohl bei Anwendung des vereinfachten Verfahrens (→ Rz. 2721) als auch des Nachweisverfahrens (→ Rz. 2722) aus den Kirchensteuerbe- 2728 schlüssen der steuererhebenden Religionsgemeinschaften. Die in den jeweiligen Ländern geltenden Regelungen werden im BStBl I veröffentlicht.

Die Kirchensteuersätze bei der Pauschalierung der Lohn- und Einkommensteuer sind im Anhang wiedergegeben, → *Anhang, A. Lohnsteuer* Rz. 4828.

5. Haftung des Arbeitgebers

2729 Der Arbeitgeber **haftet** nicht nur für die richtige Einbehaltung und Abführung der Lohnsteuer (Haftung für Lohnsteuer), sondern auch für die richtige Einbehaltung und Abführung der Lohnkirchensteuer.

Ist sich der Arbeitgeber nicht sicher, ob und ggf. in welcher Höhe Lohnkirchensteuer einzubehalten ist, kann er das Haftungsrisiko durch Einholung einer Anrufungsauskunft beim Betriebsstättenfinanzamt vermeiden (→ *Auskünfte und Zusagen des Finanzamts* Rz. 896).

6. Rechtsbehelfe

2730 Die Anmeldung der Lohnsteuer und der Lohnkirchensteuer stehen jeweils einer Steuerfestsetzung unter dem Vorbehalt der Nachprüfung gleich. Gegen die Lohnsteuer-Anmeldung ist der Einspruch, gegen die Lohnkirchensteuerfestsetzung der Einspruch bzw. Widerspruch gegeben. Wegen des zulässigen Rechtswegs → Rz. 2714.

7. Sonderausgabenabzug der Kirchensteuer

2731 Die gezahlte Kirchensteuer einschließlich Lohnkirchensteuer gehört – mit Ausnahme der bei der sog. Abgeltungsteuer erhobenen Kirchensteuer – zu den unbeschränkt abziehbaren Sonderausgaben (§ 10 Abs. 1 Nr. 4 EStG). Sie kommt für die Eintragung eines Freibetrags in Betracht. Im Einzelnen → *Lohnsteuer-Ermäßigungsverfahren* Rz. 2993.

Wird die als Sonderausgaben berücksichtigte Kirchensteuer in einem späteren Veranlagungszeitraum erstattet, ist sie mit im Erstattungsjahr gezahlter Kirchensteuer zu verrechnen. Ergibt sich dabei ein Erstattungsüberhang, ist dieser dem Gesamtbetrag der Einkünfte hinzuzurechnen (§ 10 Abs. 4b Satz 3 EStG).

Kleidung

→ *Werbungskosten* Rz. 4542

Kommanditgesellschaft

→ *Gesellschafter/Gesellschafter-Geschäftsführer* Rz. 2322

Kommunale Vertretungen

→ *Abgeordnete* Rz. 10

Kommunion

→ *Arbeitslohn-ABC* Rz. 691

Konferenzreise

→ *Incentive-Reisen* Rz. 2579

Konfirmation

→ *Arbeitslohn-ABC* Rz. 691

Konkurrenzverbot

→ *Wettbewerbsverbot* Rz. 4596

Kontogebühren

1. Lohnsteuer

Kontoeröffnungs- und Kontoführungsgebühren, die der Arbeitgeber seinen Arbeitnehmern erstattet, sind **steuerpflichtiger Arbeitslohn**, kein steuerfreier Auslagenersatz (R 19.3 Abs. 3 Satz 2 Nr. 1 LStR sowie zuletzt OFD Hannover v. 30.4.2002, S 2354 – 20 – StH 214). Dies gilt auch für die auf die Gutschrift des Arbeitslohns entfallende Buchungsgebühr, selbst wenn der Arbeitgeber die unbare Zahlung verlangt hat. 2732

LSt SV

Bei **Arbeitnehmern des Bank- und Kreditgewerbes** stellt die kostenlose Kontoführung zwar ebenfalls einen geldwerten Vorteil dar. In diesem Fall ist jedoch der Rabattfreibetrag zu berücksichtigen, so dass Kontoführungsgebühren bis zu 1 080 € im Jahr steuerfrei bleiben (→ *Rabatte* Rz. 3523).

~~LSt~~ ~~SV~~

Kontoführungsgebühren sind insoweit als **Werbungskosten** abzugsfähig, als mit dem Beruf zusammenhängende Buchungen (insbesondere die Gehaltsüberweisung und beruflich veranlasste Überweisungen) abgegolten werden (zuletzt BFH v. 24.6.2009, X R 57/06, BStBl II 2009, 1000 m.w.N.). Der Stpfl. hat die Möglichkeit, entweder alle beruflich veranlassten Buchungen und deren Kosten im Einzelnen nachzuweisen oder die von der Finanzverwaltung nach allgemeinen Erfahrungswerten berechnete **Pauschale von 16 €** (OFD Hannover v. 30.4.2002, S 2354 – 20 – StH 214) in Anspruch zu nehmen (zuletzt FG Saarland v. 20.4.2010, 2 K 1179/09, EFG 2010, 2012).

2. Sozialversicherung

→ *Arbeitsentgelt* Rz. 593 2733

Kontrollmeldung

→ *Meldungen für Arbeitnehmer in der Sozialversicherung* Rz. 3099

Konzert-, Theater- und Museumsbesuche

→ *Eintrittskarten* Rz. 1810, → *Werbungskosten* Rz. 4545

Korrespondenten

Korrespondenten bei Hörfunk und Fernsehen sind selbständig, soweit sie nur für einzelne Produktionen (z.B. einen aktuellen Beitrag) tätig werden (BMF v. 5.10.1990, IV B 6 – S 2332 – 73/90, BStBl I 1990, 638). S.a. → *Auslandsjournalisten* Rz. 950. 2734

~~LSt~~ ~~SV~~

Im **Sozialversicherungsrecht** gilt dies gleichermaßen, wenn der Korrespondent ohne vorherige vertragliche Verpflichtung den Anbietern von Hörfunk und Fernsehen Beiträge liefert. Selbständige im publizistischen Bereich sind jedoch i.d.R. i.R. der Künstlersozialversicherung in der Kranken-, Pflege- und Rentenversicherung versicherungspflichtig.

Zur Besteuerung von **Auslandskorrespondenten** inländischer Rundfunk- und Fernsehanstalten sowie inländischer Zeitungsunternehmen s. BMF v. 13.3.1998, IV B 4 – S 2303 – 28/98, BStBl I 1998, 351.

Kosmetika

→ *Werbungskosten* Rz. 4546

Kraftfahrzeug

1. Allgemeines

Ein Kraftfahrzeug bzw. Pkw, das/der von einem **Arbeitnehmer** nahezu ausschließlich zu Auswärtstätigkeiten beruflich genutzt wird (beruflicher Anteil mindestens 90 %), ist ein **Arbeitsmittel** (i.S.v. § 9 Abs. 1 Satz 3 Nr. 6 EStG) mit der Folge, dass die Aufwendungen dafür ohne Kürzung um einen Privatanteil in vollem Umfang als Werbungskosten angesetzt werden dürfen (zuletzt 2735

BFH v. 27.11.2003, VI B 23/00, m.w.N.); so anerkannt bei einem im Außendienst tätigen Maschinenbauingenieur, der das Fahrzeug zu 95 % beruflich nutzte. Die **Anschaffungskosten** von Fahrzeugen sind auf ihre Nutzungsdauer zu verteilen (→ *Werbungskosten* Rz. 4500). Wird ein solcher Pkw entwendet und später in stark beschädigtem Zustand wiederaufgefunden, so kann der dem Stpfl. entstandene und von der Versicherung nicht ersetzte Schaden als Absetzung für außergewöhnliche Abnutzung zu Werbungskosten führen (BFH v. 29.4.1983, VI R 139/80, BStBl II 1983, 586).

Dies gilt jedoch nicht, wenn ein Kraftfahrzeug ausschließlich für Fahrten zwischen Wohnung und erster Tätigkeitsstätte genutzt wird (vgl. FG Hessen v. 18.3.2005, 8 K 4194/04, und FG Hamburg v. 5.7.2006, I 4/06, EFG 2006, 1822 m.w.N. betr. Diebstahl eines Motorrollers bzw. Pkw).

Für **selbständig Tätige** gilt die o.g. 90 %-Vereinfachungsregelung nicht. Auch bei einer Privatnutzung eines im Betriebsvermögen aktivierten Fahrzeugs von weniger als 10 % ist ein Entnahmewert anzusetzen. § 6 Abs. 1 Nr. 4 EStG enthält weder nach seinem Wortlaut noch nach seinem Sinn und Zweck eine Bagatellgrenze (FG Baden-Württemberg v. 25.4.2016, 9 K 1501/15, EFG 2016, 1076).

Zur unentgeltlichen Nutzung eines Firmenwagens → *Firmenwagen zur privaten Nutzung* Rz. 2121, zur Nutzung eines Kraftfahrzeugs für Auswärtstätigkeiten (Dienstreisen usw.) → *Reisekosten: Erstattungen* Rz. 3661.

2. Sicherheitstraining

2736 Übernimmt der Arbeitgeber die Kosten für Sicherheitstrainings seiner Arbeitnehmer, handelt es sich grds. um **steuerpflichtigen Arbeitslohn**. Dies gilt auch dann, wenn der Arbeitnehmer mit einem Kraftfahrzeug zur Arbeit fährt.

Kein Arbeitslohn ist dagegen anzunehmen, wenn die Kostenübernahme im ganz überwiegenden eigenbetrieblichen Interesse des Arbeitgebers liegt, so bei Trainingsmaßnahmen für Berufskraftfahrer, Außendienstmitarbeiter oder andere Mitarbeiter, die häufig zwischen verschiedenen Betriebsteilen hin- und herfahren müssen, auch wenn der Schwerpunkt der Tätigkeit nicht das Fahren ist (OFD Koblenz v. 22.10.2003, S 2334 A).

3. Kraftfahrzeugveräußerung

a) Allgemeines

2737 Übereignet ein Arbeitgeber seinem Arbeitnehmer kostenlos oder verbilligt ein Kfz, so ergibt sich für den Arbeitnehmer ein steuerpflichtiger geldwerter Vorteil. Zur Bewertung eines solchen Vorteils ist von dem um übliche Preisnachlässe geminderten üblichen Endpreis am Abgabeort auszugehen (§ 8 Abs. 2 Satz 1 EStG, R 8.1 Abs. 2 LStR), sofern nicht die Regelung des § 8 Abs. 3 EStG (Rabattfreibetrag) zur Anwendung kommt. S. hierzu ausführlich BMF v. 16.5.2013, IV C 5 – S 2334/07/0011, BStBl I 2013, 729 sowie → *Sachbezüge* Rz. 3814.

Dies gilt grds. auch für (Elektro-)Fahrräder (→ *Elektromobilität* Rz. 1817).

b) Schätzung

2738 Soweit der Veräußerungspreis, den der Arbeitnehmer entrichtet hat, auf einer Schätzung durch die DAT (Deutsche Automobil Treuhand) beruht bzw. dem Taxwert eines vereidigten Sachverständigen entspricht, kann dieser Wert anerkannt werden, wenn es sich dabei um einen **Händlerverkaufspreis** handelt (nicht um den Händlereinkaufspreis). Ferner ist zu beachten, dass die Schätzwerte i.d.R. **nicht** die **Umsatzsteuer (USt) beinhalten**. Zur Ermittlung des Endpreises am Abgabeort ist diese dem Schätzwert noch hinzuzurechnen. Ein **Abschlag** vom Händlerverkaufspreis kann vorgenommen werden, wenn die Leistungen des Arbeitgebers nicht den Leistungen des Händlers entsprechen (z.B. letzte Inspektion wurde nicht vorgenommen; keine Garantieleistungen usw.).

Kann der Arbeitgeber **keine Schätzungsurkunde** vorlegen, muss der Endpreis am Abgabeort zum Verkaufsstichtag auf eine andere Art ermittelt werden, d.h. unter Berücksichtigung von Baujahr, Erstzulassung, Anschaffungsdatum, Kaufpreis, Ausstattung, Buchwert im Zeitpunkt des Verkaufs usw. Der Wert des Gebrauchtwagens wird auch maßgeblich durch den Zustand und die km-Leistung bestimmt. Fahrleistung und Zustand des Fahrzeugs ergeben sich u.U. aus den letzten Inspektions- und Reparaturrechnungen.

Der gesetzlich geforderte übliche **Endpreis am Abgabeort** (§ 8 Abs. 2 Satz 1 EStG) wird außerdem wesentlich beeinflusst durch eine Aufwertung des Fahrzeugs durch nachträgliche **Zusatzausstattungen** (Komfortsitze, Autoradio, Standheizung, Klimaanlage, Spezialfelgen, Gürtelreifen, Winterreifen, Spezialverglasung usw.).

Stehen keine örtlichen Unterlagen über Verkäufe von vergleichbaren Gebrauchtwagen zur Verfügung, bieten der von Zeit zu Zeit erscheinende „Marktspiegel" der **Zeitschrift „Auto, Motor, Sport"** und Aufstellungen über Gebrauchtwagenpreise in der **ADAC-Zeitschrift „Motorwelt"** eine brauchbare Schätzungsgrundlage.

Ebenso kann der Endpreis am Abgabeort in Anlehnung an die monatlich erscheinenden **„Schwacke-Listen" oder den DAT-Marktspiegel** für den Gebrauchtwagenhandel (ggf. bei Kfz-Händlern) festgestellt werden (zuletzt BFH v. 23.1.2007, VI B 115/06, m.w.N.). Dabei ist von den Händlerverkaufspreisen (einschließlich USt) auszugehen (BFH v. 17.6.2005, VI R 84/04, BStBl II 2005, 795).

c) Fremdverkäufe

Bietet der Arbeitgeber das zu bewertende Kraftfahrzeug unter vergleichbaren Bedingungen in nicht unerheblichem Umfang **fremden** Letztverbrauchern zu einem niedrigeren als dem üblichen Preis an, ist für die Übereignung an den Arbeitnehmer dieser niedrigere Preis anzusetzen (R 8.1 Abs. 2 Satz 5 LStR). Solche vergleichbaren Bedingungen können dann vorliegen, wenn die Lieferung der an Arbeitnehmer oder an fremde Dritte veräußerten Fahrzeuge nach § 4 Nr. 28 UStG **von der USt befreit** ist und der Arbeitgeber aus diesem Grund den Schätzwert ohne USt einheitlich als Kaufpreis bestimmt hat. In einem derartigen Fall vergleichbarer Bedingungen ist eine fiktive Hinzurechnung der USt entbehrlich und der tatsächliche Kaufpreis ohne USt als Endpreis anzusetzen; dem Arbeitnehmer ist insoweit kein geldwerter Vorteil zugeflossen. 2739

Etwas anderes gilt jedoch dann, wenn die Veräußerung einiger Fahrzeuge nicht von der USt befreit ist, weil für diese Fahrzeuge z.B. die Voraussetzungen des § 4 Nr. 28 UStG nicht erfüllt sind. Wegen des Umstands, dass auf Grund gesetzlicher Bestimmungen USt zu entrichten ist, sind die Verkaufsbedingungen für die umsatzsteuerfrei bzw. -steuerpflichtig veräußerten Fahrzeuge nicht mehr vergleichbar. Denn der einheitlich als Kaufpreis festgelegte Schätzwert setzt sich in diesen Fällen aus unterschiedlichen Bestandteilen zusammen. Da die Voraussetzungen der R 8.1 Abs. 2 Satz 5 LStR nicht erfüllt sind, ist der Sachbezug zwingend mit dem üblichen Endpreis anzusetzen. Zur Ermittlung dieses üblichen Endpreises ist die USt dem Schätzwert ohne USt hinzuzurechnen.

Verkauft der Arbeitgeber Kraftfahrzeuge überwiegend an fremde Dritte, ist die Bewertung nach der Rabattfreibetragsregelung des § 8 Abs. 3 EStG vorrangig. Die Anwendung der Rabattfreibetragsregelung setzt nicht voraus, dass die Leistung des Arbeitgebers zu seinem üblichen Geschäftsgegenstand gehört (BFH v. 7.2.1997, VI R 17/94, BStBl II 1997, 363).

d) Sonstiges

Die vorstehenden Ausführungen gelten entsprechend bei der **Veräußerung von Kfz durch Arbeitnehmer an Arbeitgeber** (geldwerter Vorteil aus der Überbezahlung des Kfz). 2740

Zur Ermittlung des geldwerten Vorteils beim Erwerb eines Kfz vom Arbeitgeber in der **Automobilbranche** sowie zur steuerlichen Behandlung der Rabatte für Kfz, die Arbeitnehmern von dritter Seite eingeräumt werden (z.B. durch Rahmenabkommen), → *Rabatte* Rz. 3532.

Kraftfahrzeuggestellung

→ *Firmenwagen zur privaten Nutzung* Rz. 2121

Kraftfahrzeugversicherung

→ *Kaskoversicherung* Rz. 2656, → *Rechtsschutzversicherung* Rz. 3585

Krankengeld bei Erkrankung eines Kindes

1. Arbeitsrecht

2741 Versicherte mit Anspruch auf Krankengeld bei Erkrankung eines Kindes haben für die Dauer des Anspruchs gegen ihren Arbeitgeber Anspruch auf **unbezahlte Freistellung** von der Arbeitsleistung, soweit nicht aus dem gleichen Grund Anspruch auf bezahlte Freistellung besteht. Der Freistellungsanspruch kann nicht durch Vertrag ausgeschlossen oder beschränkt werden. Dagegen kann der Anspruch auf eine bezahlte Freistellung, die nach der Rechtsprechung des BAG (vgl. BAG v. 20.6.1979, 5 AZR 392/78,5 AZR 361/78, 5 AZR 479/77) nach § 616 BGB für alle Arbeitnehmer besteht, einzel- oder tarifvertraglich abbedungen werden. In diesen Fällen tritt dann die Krankenkasse mit Krankengeld ein.

2. Lohnsteuer

2742 Das Krankengeld ist nach § 3 Nr. 1a EStG **steuerfrei**, unterliegt jedoch bei einer Einkommensteuerveranlagung dem sog. **Progressionsvorbehalt** (§ 32b Abs. 1 Satz 1 Nr. 1b EStG sowie zuletzt BFH v. 13.11.2014, III R 36/13, BStBl II 2015, 563 und → *Progressionsvorbehalt* Rz. 3501).

3. Sozialversicherung

2743 Versicherte der gesetzlichen Krankenkassen haben einen **Anspruch auf Krankengeld** (§ 45 SGB V), wenn es nach ärztlichem Zeugnis (Vordruck Muster 21) erforderlich ist, dass sie zur **Beaufsichtigung, Betreuung oder Pflege ihres erkrankten** und **versicherten Kindes** der Arbeit fernbleiben, eine andere in ihrem Haushalt lebende Person das Kind nicht beaufsichtigen, betreuen oder pflegen kann und das Kind das zwölfte Lebensjahr noch nicht vollendet hat. Dieser Anspruch besteht auch für Stiefkinder und Enkel, wenn das Mitglied das Kind zuvor überwiegend unterhalten hat. Seit 1.7.2024 (dauerhafte Regelung) kann die ärztliche Bescheinigung auch im Rahmen einer telefonischen Anamnese oder im Rahmen einer Videosprechstunde ausgestellt werden.

Ein Anspruch auf Krankengeld ist jedoch dann **nicht** gegeben, wenn die Versicherung des Mitglieds nicht mit einem Krankengeldanspruch ausgestattet ist (z.B. bei versicherten Rentnern oder freiwilligen Mitgliedern, die nicht in einem Arbeitsverhältnis stehen).

Der Anspruch auf Krankengeld bei Erkrankung eines Kindes besteht in jedem Kalenderjahr für jedes Kind **längstens für zehn Arbeitstage**. Wenn beide Elternteile berufstätig sind, können auch beide die Leistung für zehn Arbeitstage in Anspruch nehmen. **Alleinerziehende** Versicherte haben einen Anspruch auf Krankengeld für **längstens 20 Arbeitstage**. Innerhalb eines Jahres ist der Krankengeldanspruch jedoch auf 25 Arbeitstage, für alleinerziehende Versicherte auf nicht mehr als 50 Arbeitstage beschränkt, wenn mehrere Kinder im Haushalt leben, die das zwölfte Lebensjahr noch nicht beendet haben. Die zeitliche Befristung gilt nicht, wenn das zu betreuende Kind an einer schweren, lebensbedrohenden Krankheit leidet. Auf Grund der Corona-Pandemie erfolgte eine Ausweitung der Anspruchstage. Mit dem Pflegestudiumsstärkungsgesetz v. 12.12.2023, BGBl. I 2023, Nr. 359, wurde der Anspruch pro Kind und Elternteil zunächst für die Jahre 2024 und 2025 auf **15 Tage pro Kind** und für **Alleinerziehende auf 30 Arbeitstage** erhöht. Die **Gesamtzahl** der Anspruchstage erhöht sich auf **35 Arbeitstage im Jahr**, für Alleinerziehende auf 70 Arbeitstage (vgl. § 45 Abs. 2a SGB V). Mit dem Gesetz zur Befugniserweiterung und Entbürokratisierung in der Pflege soll die vorgenannte **Ausweitung der Anspruchstage auch für das Jahr 2026** gelten. Das Gesetz wurde allerdings vom Bundesrat in den Vermittlungsausschuss überwiesen. Wir informieren Sie über unseren Online-Aktualisierungsdienst (s. Benutzerhinweis S. IV).

Es besteht auch ein Anspruch auf Krankengeld bei der Mitaufnahme von Versicherten während des stationären Aufenthaltes eines versicherten Kindes (vgl. § 45 Abs. 1a SGB V). Voraussetzung ist, dass das Kind das 12. Lebensjahr noch nicht vollendet hat oder behindert und auf Hilfe angewiesen ist. Die Spitzenorganisationen der Sozialversicherung haben im Rahmen der Fachkonferenz Leistungs- und Beziehungsrecht am 7.12.2023 festgelegt, dass der Anspruch auf Kinderkrankengeld auch einzuräumen ist, wenn die Krankenhausbehandlung tagesstationär durchgeführt wird.

Die medizinischen Gründe dafür sowie die Dauer der Mitaufnahme sind von der stationären Einrichtung gegenüber der Begleitperson des versicherten Kindes zu bescheinigen. Bis zur Vollendung des 9. Lebensjahres ist vom Vorliegen der medizinischen Gründe auszugehen. Eine gesetzliche Höchstanspruchsdauer gibt es nicht. Diese Tage werden nicht auf die Höchstanspruchsdauer bei häuslicher Betreuung angerechnet.

Während des Krankengeldbezugs sind vom Krankengeld **auch Beiträge** zur Pflege-, Renten- und Arbeitslosenversicherung vom Leistungsbezieher und -träger zu entrichten. In der Krankenversicherung besteht Beitragsfreiheit.

Wird Krankengeld von der gesetzlichen Krankenkasse gewährt, gelten hinsichtlich der Beitragsfreiheit möglicher **Arbeitgeberzuschüsse** zum Krankengeld sowie der Beitragsberechnung während eines Teillohnzahlungszeitraums die gleichen Regelungen wie bei der Krankengeldgewährung auf Grund von Arbeitsunfähigkeit des Versicherten (→ *Beitragsfreiheit* Rz. 1308; → *Teillohnzahlungszeitraum* Rz. 4077).

Auch der Unfallversicherungsträger gewährt im Fall der Beaufsichtigung, Betreuung oder Pflege eines durch einen Versicherungsfall verletzten Kindes Verletztengeld (§ 45 Abs. 4 SGB VII). Dabei gelten die gleichen Regelungen wie in der gesetzlichen Krankenversicherung (§ 45 SGB V).

Der Bezug von Kinderkrankengeld hat versicherungs- und melderechtlich die gleichen Auswirkungen wie der Bezug von Krankengeld bei Arbeitsunfähigkeit des Versicherten. Der Arbeitgeber muss für die Ermittlung der Anspruchsdauer der Krankenkasse die Anzahl der freigestellten Arbeitstage im Freistellungszeitraum melden. Das Verfahren zur elektronischen Übermittlung von Bescheinigungen für Entgeltersatzleistungen ist in § 107 SGB IV geregelt. Dabei handelt es sich um die Tage, an denen ohne Erkrankung des Kindes hätte gearbeitet werden müssen.

Krankengeld/Krankenbezüge

1. Allgemeines

a) Entgeltfortzahlung

Wird der Arbeitnehmer infolge Krankheit unverschuldet an seiner Arbeitsleistung verhindert, hat der Arbeitgeber nach § 3 EFZG für **sechs Wochen das Arbeitsentgelt weiterzuzahlen**. Dieser Anspruch entsteht allerdings erst nach vierwöchiger ununterbrochener Dauer des Arbeitsverhältnisses. Unter welchen Voraussetzungen und in welchem Umfang der Arbeitgeber Entgeltfortzahlung im Krankheitsfall zu gewähren hat, ist unter dem Stichwort Entgeltfortzahlung (→ *Entgeltfortzahlung* Rz. 1914) ausführlich beschrieben. 2744

Diese „Entgeltfortzahlung“ ist als normaler Arbeitslohn zu versteuern. Das Gleiche gilt für die im öffentlichen Dienst nach § 37 BAT gezahlten Krankenbezüge.

b) Krankengeld aus der gesetzlichen Krankenversicherung

Der Krankengeldanspruch ruht zunächst für die Zeit, in der der Arbeitgeber zunächst die zuvor erläuterte Entgeltfortzahlung zu leisten hat. In der gesetzlichen Krankenversicherung haben **pflichtversicherte Arbeitnehmer** dann Anspruch auf Krankengeld, wenn sie wegen Krankheit weiterhin arbeitsunfähig sind oder auf Kosten der Krankenkasse stationär in einem Krankenhaus oder in einer Vorsorge- oder Rehabilitationseinrichtung (§ 23 Abs. 4, §§ 24, 40 Abs. 2 und § 41 SGB V) behandelt werden. Der **Anspruch auf Krankengeld** als Entgeltersatzleistung besteht grds. ab dem Tag der ärztlichen Feststellung der Arbeitsunfähigkeit bzw. bei einer stationären Behandlung vom Aufnahmetag an. Der Arzt muss die Arbeitsunfähigkeit des Arbeitnehmers lückenlos bescheinigen. 2745

Wichtig sind die Folgebescheinigungen. Diese müssen spätestens am nächsten Werktag ausgestellt werden, der auf den letzten, vom

Arzt bescheinigten Krankheitstag folgt, wobei Samstage nicht als Werktage zählen. Mit BSG v. 7.4.2022, B 3 KR 4/21 und B 3 KR 9/21, hat das oberste deutsche Sozialgericht **die sogenannte Krankengeldfalle** endgültig beendet. Nahtlose Arbeitsunfähigkeitsbescheinigungen sichern auch arbeitslos gewordenen Versicherten den weiteren Krankengeldbezug. Bei verschiedenen Erkrankungen oder z.B. bei einem Wechsel von Arbeitsunfähigkeit zu einem Krankenhausaufenthalt reicht die nahtlose Bescheinigung für alle Werktage (Samstag kein Werktag) aus. Eine Überlappung ist nicht mehr erforderlich.

Das BSG hat mit Urteil v. 21.9.2023, B 3 KR 11/22 R entschieden, dass eine Lücke bei der ärztlichen Feststellung nicht immer der Arbeitnehmerin zuzuschreiben sei, sondern ein Verschulden auch beim Vertragsarzt liegen kann. In dem verhandelten Fall hatte die Arbeitnehmerin am letzten Tag der Arbeitsunfähigkeit ihren Arzt aufgesucht, um eine Verlängerung zu erhalten. Weil es an dem Tag sehr voll beim Arzt war, schickte man sie mit einem Termin in zwei Tagen wieder nach Hause. Somit entstand eine Lücke, die aber nicht von der Arbeitnehmerin verschuldet wurde.

Durch das Gesetz zum Erlass eines Tierarzneimittelgesetzes und zur Anpassung arzneimittelrechtlicher und anderer Vorschriften vom 27.9.2021, BGBl. I, 4530 wurde zum 1.11.2022 ein Krankengeldanspruch eingeführt, wonach Versicherte dann einen Anspruch haben, wenn sie zur Begleitung eines anderen Versicherten bei einer stationären Krankenhausbehandlung nach § 39 SGB V mit aufgenommen werden.

Voraussetzung ist, dass der erkrankte Versicherte die Begleitung aus medizinischen Gründen benötigt und die Voraussetzungen nach dem SGB IX, SGB VIII oder nach dem SGB XIV erfüllt sind. Der GKV-Spitzenverband hat mit Wirkung zum 1.11.2022 eine Richtlinie über den Personenkreis von Menschen mit Behinderung, die eine Begleitung im Krankenhaus aus medizinischen Gründen benötigen, erlassen.

Die Krankenkasse kann durch Satzungsregelung den Anspruch auf Krankengeld für **freiwillige Mitglieder** ausschließen oder zu einem späteren Zeitpunkt entstehen lassen. Somit haben i.d.R. auch Arbeitnehmer, deren Jahresarbeitsentgelt die Jahresarbeitsentgeltgrenze in der gesetzlichen Krankenversicherung überschreitet und die bei einer gesetzlichen Krankenkasse freiwillig versichert sind, einen Anspruch auf Krankengeld (→ *Jahresarbeitsentgeltgrenze in der gesetzlichen Krankenversicherung* Rz. 2607).

Das **Krankengeld beträgt 70 %** des erzielten regelmäßigen Arbeitsentgelts (Regelentgelt), höchstens jedoch 90 % des bisher erzielten Nettoarbeitsentgelts. Das Regelentgelt aus dem laufenden Arbeitsentgelt wird nach § 47 Abs. 2 Satz 6 SGB V um den 360. Teil des einmalig gezahlten Arbeitsentgelts erhöht, das in den letzten abgerechneten zwölf Kalendermonaten vor Beginn der Arbeitsunfähigkeit nach § 23a SGB IV der Beitragsberechnung zu Grunde gelegen hat (Hinzurechnungsbetrag). Maßgebend für die Ermittlung des Hinzurechnungsbetrags ist der in der Krankenversicherung beitragspflichtige Teil der Einmalzahlung.

Während des Krankengeldbezuges bleibt die Mitgliedschaft in der gesetzlichen Krankenversicherung bestehen, und zwar **beitragsfrei** (→ *Beitragsfreiheit* Rz. 1308); dies gilt nicht, wenn während des Krankengeldbezugs eine Einmalzahlung (→ *Einmalzahlungen* Rz. 1802) gewährt wird. Die Beitragsfreiheit in der Krankenversicherung bedeutet auch, dass freiwillig versicherte Arbeitnehmer während des Krankengeldbezugs **keinen Anspruch** auf einen **Beitragszuschuss** nach § 257 SGB V bzw. § 61 SGB XI haben.

Während des Krankengeldbezugs hat der **Arbeitnehmer** vom Krankengeld seinen **Beitragsanteil** zur Pflege-, Renten- und Arbeitslosenversicherung **zu entrichten**.

2. Krankengeld in der Privatwirtschaft

a) Lohnsteuer

2746 Die Lohnfortzahlung im Krankheitsfall durch den Arbeitgeber stellt grds. Arbeitslohn dar (BFH v. 4.5.2006, VI R 19/03, BStBl II 2006, 832). Das Krankengeld ist nach § 3 Nr. 1a EStG **steuerfrei**, unterliegt jedoch bei einer Einkommensteuerveranlagung dem sog. **Progressionsvorbehalt** (§ 32b Abs. 1 Nr. 1b EStG sowie zuletzt BFH v. 13.11.2014, III R 36/13, BStBl II 2015, 563 und → *Progressionsvorbehalt* Rz. 3501). Der Arbeitgeber muss deshalb sowohl im Lohnkonto als auch in der Lohnsteuerbescheinigung (Zeile 2) bei Lohnfortzahlung für mindestens **fünf aufeinander folgende Arbeitstage den Großbuchstaben „U“** (d.h. Unterbrechung) eintragen (§ 41 Abs. 1 Satz 5 EStG, § 41b Abs. 1 Satz 2 Nr. 2 EStG, R 41.2 LStR). Zum **Krankentagegeld** → *Krankentagegeld* Rz. 2757.

Hat ein Stpfl. Krankengeld bezogen und wird infolge der **späteren Bewilligung einer Erwerbsminderungsrente** der hierfür zuständige Leistungsträger erstattungspflichtig, gilt der Rentenanspruch des Berechtigten insoweit gem. § 107 Abs. 1 SGB X als erfüllt. Die Erwerbsminderungsrenten unterliegen damit bereits im Zeitpunkt des Zuflusses des Krankengeldes im Umfang der Erfüllungsfiktion mit ihrem Besteuerungsanteil der Einkommensteuer (BFH v. 9.12.2015, X R 30/14, BStBl II 2016, 624).

Gilt eine Erwerbsunfähigkeitsrente mit Auszahlung als Kranken- bzw. Übergangsgeld gem. § 107 SGB X als erfüllt, führt bereits diese Auszahlung zu einem Zufluss der Rente (FG Münster v. 17.5.2016, 5 K 1620/14 E).

b) Krankenversicherung

Privat versicherte Arbeitnehmer erhalten in Abhängigkeit des jeweiligen Versicherungsvertrages eine dem Krankengeld gleichgestellte Entgeltersatzleistung. Von diesem **Krankentagegeld** sind zwar keine Sozialversicherungsbeiträge (Pflege-, Renten- und Arbeitslosenversicherungsbeiträge) zu zahlen, jedoch hat der Versicherungsnehmer – im Gegensatz zur gesetzlichen Krankenversicherung – für die Dauer des Leistungsbezuges Beiträge zur privaten Krankenversicherung zu zahlen. Privatversicherte können zur Vermeidung von Lücken im Rentenkonto die Rentenversicherungspflicht in der gesetzlichen Rentenversicherung beantragen (§ 4 Abs. 3 SGB VI); den Beitrag haben sie dann allerdings allein zu tragen. 2747

Während des Bezuges von Krankentagegeld durch ein privates Krankenversicherungsunternehmen besteht auch Versicherungspflicht in der Arbeitslosenversicherung. Das Unternehmen hat diese Beiträge i.H.v. 70 % der Jahresarbeitsentgeltgrenze in der gesetzlichen Krankenversicherung zu zahlen, → *Arbeitsunterbrechungen durch Arbeitnehmer* Rz. 725.

3. Krankenbezüge im öffentlichen Dienst

Die für Angestellte des **öffentlichen Dienstes** gem. § 37 BAT (nunmehr § 22 TVöD) geleisteten **Krankenbezüge** werden grds. nicht über den Zeitpunkt hinaus gezahlt, von dem an der Angestellte Bezüge aus der gesetzlichen Rentenversicherung oder aus einer zusätzlichen Alters- und Hinterbliebenenversorgung erhält. Soweit Beträge über den hiernach maßgebenden Zeitpunkt hinaus gezahlt werden, gelten sie als **Vorschüsse auf die zustehenden Bezüge aus der gesetzlichen Rentenversicherung** oder aus einer zusätzlichen Alters- und Hinterbliebenenversorgung. Die Rentenansprüche des Angestellten gehen insoweit auf den Arbeitgeber über. 2748

Steuerlich ergibt sich daraus Folgendes:

Die Grundsätze über die Rückzahlung von Arbeitslohn (→ *Rückzahlung von Arbeitslohn* Rz. 3779) sind nicht anzuwenden. Krankenbezüge, die als Vorschüsse auf die zustehenden Beträge aus der gesetzlichen Rentenversicherung oder aus einer zusätzlichen Alters- und Hinterbliebenenversorgung anzusehen sind, **gelten rückwirkend als Altersrenten**, die nach § 22 Nr. 1 Satz 3 Buchst. a EStG (sonstige Einkünfte) nur mit dem **Besteuerungsanteil** zu versteuern sind.

Daher sind

- die bisher lohnsteuerpflichtigen Krankenbezüge als sonstige Einkünfte mit dem **Besteuerungsanteil** zu versteuern und
- die Erfassung der Krankenbezüge als **Arbeitslohn rückgängig** zu machen. Vgl. dazu BFH v. 10.7.2002, X R 46/01, BStBl II 2003, 391.

Wirkt die nachträgliche Feststellung des Rentenanspruchs auf **Zeiträume zurück**, für die bereits Steuerbescheide vorliegen, so sind diese nach § 175 Abs. 1 Satz 1 Nr. 2 AO zu ändern (BayLfSt v. 17.4.2007, S 2364 – 4 – St 32/St 33).

Die **Korrektur erfolgt bei der Veranlagung zur Einkommensteuer** (→ *Veranlagung von Arbeitnehmern* Rz. 4233), die zu diesem Zweck beantragt werden muss.

Abweichend von den o.g. Grundsätzen hat der BFH zum **Krankengeld nach § 71 BAT** entschieden, dass die Rückerstattung überzahlten Krankengelds (Arbeitslohns) wegen eingetretener Berufs- bzw. Erwerbsunfähigkeit und Rentenbezug kein rückwirkendes Ereignis i.S.v. § 175 Abs. 1 Satz 1 Nr. 2 AO darstellt und der zurückgezahlte Arbeitslohn somit erst im Zeitpunkt des Abflusses steuermindernd berücksichtigt werden kann (Urteil v. 4.5.2006, VI R 19/03, BStBl II 2006, 832).

Die obersten Finanzbehörden haben jedoch entschieden, für das Krankengeld nach § 37 BAT an der o.g. Regelung festzuhalten.

Krankengeldzuschüsse

2749 Nach § 23c SGB IV sind Zuschüsse des Arbeitgebers zum Krankengeld, Verletztengeld, Übergangsgeld oder Krankentagegeld und sonstige Einnahmen aus einer Beschäftigung (z.B. Sachbezüge, Belegschaftsrabatte), die für die Zeit des Bezugs von Krankengeld, Krankentagegeld, Versorgungskrankengeld, Verletztengeld, Übergangsgeld oder Mutterschaftsgeld oder während einer Elternzeit weiter erzielt werden, nicht zum beitragspflichtigen Arbeitsentgelt zu rechnen, soweit die Einnahmen zusammen mit den o.a. Sozialleistungen das Nettoarbeitsentgelt (§ 47 SGB V) nicht um mehr als 50 € im Monat übersteigen.

Beispiel:

Arbeitgeberzuschuss zum Krankengeld in der Zeit vom 1.8. bis 31.8.2025 von insgesamt	410 €
Bruttoarbeitsentgelt monatlich	3 000 €
Vergleichs-Nettoarbeitsentgelt monatlich	2 100 €
Brutto-Zahlung des Arbeitgebers monatlich	410 €
Netto-Krankengeld monatlich	1 668 €
SV-Freibetrag (2 100 € – 1 668 € =) monatlich	432 €

Der Arbeitgeberzuschuss übersteigt nicht den SV-Freibetrag von 432 €; eine beitragspflichtige Einnahme liegt nicht vor.

Zur Berechnung des Nettoarbeitsentgelts ist bei freiwilligen Mitgliedern der gesetzlichen Krankenversicherung oder bei einem privaten Krankenversicherungsunternehmen Versicherten auch der um den Beitragszuschuss für Beschäftigte verminderte Beitrag des Versicherten zur Kranken- und Pflegeversicherung abzuziehen.

Zuschüsse zum Krankentagegeld von einem privaten Krankenversicherungsunternehmen gehören auf Grund der gesetzlichen Klarstellung nicht zu den beitragspflichtigen Einnahmen.

LSt SV (durchgestrichen)

Sowohl **steuer- als auch beitragspflichtig** sind jedoch die Krankengeldzuschüsse des Arbeitgebers, wenn sie für eine Zeit gezahlt werden, in der **Krankengeld** aus der gesetzlichen Krankenversicherung **nicht** (oder nicht mehr) **gewährt** wird.

LSt SV

Krankenhauspersonal

2750 **Arbeitgeber** des Personals eines Kreiskrankenhauses im lohnsteuerlichen Sinn ist die Gebietskörperschaft auch dann, wenn sie das Krankenhaus als Eigenbetrieb betreibt (FG München v. 21.2.2001, 8 K 3699/98, EFG 2002, 629).

Zur Besteuerung der Anteile von Assistenz-, Stations- und Oberärzten usw. an den Einnahmen des Chefarztes für die Behandlung von **Privatpatienten** → *Arzt* Rz. 818. Zur Abgrenzung der Einkünfte bei der Erstellung von **Gutachten** → *Arzt* Rz. 819.

Wegen der **Arbeitnehmer-Eigenschaft** von Krankenschwestern und -pflegern sowie Ärzten → *Krankenschwestern* Rz. 2755 bzw. → *Arzt* Rz. 815.

Zur Bewertung der **Personalunterkünfte** → *Sachbezüge* Rz. 3799.

Zur Frage, ob bei der verbilligten Abgabe medizinischer Artikel der Rabattfreibetrag von 1 080 € abgezogen werden darf, → *Rabatte* Rz. 3529.

Krankenkassen

→ *Krankenversicherung: gesetzliche* Rz. 2760

Krankenkassenwahlrecht

1. Grundsätzliche Hinweise

Das Krankenkassenwahlrecht (vgl. § 173 SGB V) soll einen schnelleren Krankenkassenwechsel ermöglichen. Der GKV-Spitzenverband hat hierzu Grundsätzliche Hinweise am 2.12.2022 bekanntgegeben. Grundsätzlich können alle Versicherungspflichtigen zwischen folgenden Krankenkassen wählen: 2751

- Die AOK des Beschäftigungs- oder Wohnorts.
- Jede Ersatzkasse.
- Die Betriebskrankenkasse, wenn sie in dem Betrieb beschäftigt sind, für den die Betriebskrankenkasse besteht.
- Jede Betriebs- oder Innungskrankenkasse des Beschäftigungs- oder Wohnorts, wenn die Satzung der Betriebs- oder Innungskrankenkasse dies vorsieht.
- Die Knappschaft (Deutsche Rentenversicherung Knappschaft-Bahn-See).
- Die Krankenkasse bei der vor Beginn der Versicherungspflicht oder Versicherungsberechtigung zuletzt eine Mitgliedschaft oder eine Familienversicherung bestanden hat.
- Die Krankenkasse, bei der der Ehegatte oder Lebenspartner nach dem Lebenspartnerschaftsgesetz versichert ist.

Seit 1.1.2021 wird eine Kündigung bei der bisherigen Krankenkasse durch ein elektronisches Meldeverfahren zwischen den Krankenkassen ersetzt.

Hat vor der Ausübung des Wahlrechts zuletzt eine Mitgliedschaft bei einer anderen Krankenkasse bestanden, informiert die gewählte Krankenkasse die bisherige Krankenkasse elektronisch und unverzüglich über die Wahlentscheidung. Die Kündigung gilt mit Zugang dieser Information als im Zeitpunkt der Krankenkassenwahl erklärt. Durch das 8. Gesetz zur Änderung des SGB IV und anderer Gesetze vom 20.12.2022, BGBl. I 2022, 2759 wurde zum 1.7.2023 die Regelung eingeführt, dass der Zeitpunkt des Zugangs der Wahlerklärung bei der gewählten Krankenkasse für den Beginn der Kündigungsfrist maßgeblich ist. Es kommt daher nicht mehr auf den Zeitpunkt der Abgabe der elektronischen Meldung durch die gewählte Krankenkasse an. Die bisherige Krankenkasse bestätigt der gewählten Krankenkasse unverzüglich, spätestens innerhalb von zwei Wochen nach Eingang der Meldung, das Ende der Mitgliedschaft.

Ist die Bindungsfrist von 12 Monaten noch nicht abgelaufen, ist als Zeitpunkt der Beendigung der Mitgliedschaft das Datum des Ablaufs des Zeitraums anzugeben.

2. Ausübung des Wahlrechts

Die Ausübung des Krankenkassenwahlrechts (vgl. § 175 SGB V) ist gegenüber der gewählten Krankenkasse zu erklären. Diese darf die Mitgliedschaft nicht ablehnen oder den Beitritt erschweren. 2752

Das Wahlrecht kann nach Vollendung des 15. Lebensjahres ausgeübt werden.

Eine Wahlerklärung gegenüber dem Arbeitgeber ist unwirksam.

Seit dem 1.1.2021 wird bei der Ausübung des Wahlrechts nur noch in zwei Fällen unterschieden.

Fallgestaltung 1: Sofort mögliches Krankenkassenwahlrecht:

Endet die Mitgliedschaft kraft Gesetzes (z.B. Ende des Beschäftigungsverhältnisses), kann das Mitglied ohne Einhaltung der Bindungsfrist von 12 Monaten, ohne Kündigung eine neue Krankenkasse wählen; auch die Bindungsfrist für einen Wahltarif findet keine Anwendung. Durch den Tatbestand einer neuen Versicherungspflicht oder Versicherungsberechtigung besteht die sofortige Möglichkeit eine neue Krankenkasse zu wählen.

Beispiel:

Ende einer versicherungspflichtigen Beschäftigung bei Arbeitgeber A am 28.2.2026.

Mitgliedschaft mit noch laufender Bindungsfrist (12 Monate) bei der Techniker Krankenkasse.

Ab 1.3.2026 versicherungspflichtige Beschäftigung bei Arbeitgeber B und Wahl der AOK.

Die AOK ist ab 1.3.2026 zuständig.

Versicherungspflichtige haben ihrem neuen Arbeitgeber spätestens zwei Wochen nach Eintritt der Versicherungspflicht Angaben über die gewählte Krankenkasse zu machen. Sollte dies nicht erfolgen, hat der Arbeitgeber ihn bei der Krankenkasse anzumelden, bei der zuletzt eine Mitgliedschaft bestand. Gab es vor dem Eintritt der Versicherungspflicht noch keine Versicherung, kann der Arbeitgeber eine wählbare Krankenkasse auswählen. Wählt der Arbeitnehmer fristgerecht, dann kann er innerhalb der zweiwöchigen Frist seine Krankenkassenwahl mehrfach korrigieren. Maßgebend ist seine Mitteilung über die gewählte Krankenkasse an den Arbeitgeber.

Zusammenfassung des sofortigen Krankenkassenwahlrechts (Beispiel Arbeitnehmer):

1. Arbeitnehmer wählt eine neue Krankenkasse.
2. Krankenkasse prüft und teilt dem Arbeitnehmer die Annahme des Wechselwunsches mit.
3. Arbeitnehmer informiert seinen Arbeitgeber über die gewählte Krankenkasse.
4. Gewählte Krankenkasse und bisherige Krankenkasse treten in Datenaustausch.
5. Arbeitgeber tätigt Anmeldung bei gewählter Krankenkasse.
6. Diese bestätigt dem Arbeitgeber die Mitgliedschaft mit elektronischer Mitgliedsbescheinigung.
7. Die Krankenkassen bringen das Verfahren zum Abschluss.

Fallgestaltung 2: Unverändertes Versicherungsverhältnis:

In diesem Fall liegt keine Beendigung der Mitgliedschaft kraft Gesetzes vor. Es ist die Bindungsfrist von 12 Monaten und ggf. auch die Bindungsfrist eines Wahltarifes einzuhalten. Die Kündigungserklärung gegenüber der bisherigen Krankenkasse wird durch die elektronische Meldung der gewählten Krankenkasse an die bisherige Krankenkasse ersetzt.

Die Kündigung (ersetzt durch Meldung der gewählten Krankenkasse an die bisherige Krankenkasse) ist zum Ablauf des übernächsten Monats möglich, gerechnet vom Monat der Erklärung.

> **Beispiel:**
> Versicherungspflichtige Beschäftigung mit Bindungsfrist bis zum 30.4.2026.
> Abgabe der Wahlerklärung bei neuer Krankenkasse am 16.2.2026 mit Wirkung zum 30.4.2026. Die neue Krankenkasse initiiert am 23.2.2026 das elektronische Meldeverfahren.
> Die neue Krankenkasse ist ab 1.5.2026 zuständig.

Die Wahlerklärung des Versicherten muss so rechtzeitig abgegeben werden, dass die neue Krankenkasse unter Berücksichtigung der notwendigen Bearbeitungszeit die Meldung an die bisherige Krankenkasse vor Beginn der zweimonatigen Bindungsfrist absetzen kann. Innerhalb des Zweimonats-Zeitraums kann die Abgabe der Wahlerklärung auch wieder rückgängig gemacht werden. Ein Widerruf der bereits abgegebenen Wahlerklärung ist nicht erforderlich. Die betroffene Krankenkasse erfährt von der Rücknahme durch das elektronische Meldeverfahren zwischen den Krankenkassen. Eine schriftliche Kündigung ist notwendig, wenn ein freiwillig versicherter Arbeitnehmer die freiwillige Versicherung zu Gunsten einer privaten Krankenversicherung kündigt oder seinen Wohnsitz dauerhaft ins Ausland verlegt.

Zusammenfassung des Kassenwechsels bei unverändertem Versicherungsverhältnis (Beispiel Arbeitnehmer):

1. Das Mitglied wendet sich an seine neue Krankenkasse.
2. Die 12-monatige Bindungsfrist (ggf. auch Wahltarif-Bindungsfrist) ist erfüllt.
3. Die neu gewählte Krankenkasse meldet im elektronischen Verfahren den beabsichtigten Krankenkassenwechsel der bisherigen Krankenkasse.
4. Die bisherige Krankenkasse bestätigt innerhalb von längstens zwei Wochen elektronisch das Ende der Mitgliedschaft.
5. Sollte der Krankenkassenwechsel zum angestrebten Zeitpunkt nicht möglich sein, gibt die bisherige Krankenkasse im Rahmen der elektronischen Rückmeldung an die neue Krankenkasse das frühestmögliche rechtlich zuständige Datum der Beendigung an.
6. Die neue Krankenkasse informiert das Mitglied über den Zeitpunkt des Kassenwechsels.
7. Der Arbeitnehmer informiert seinen Arbeitgeber über die neue Krankenkasse.
8. Der Arbeitgeber tätigt die Abmeldung bei der bisherigen Krankenkasse und meldet ihn bei der neuen Krankenkasse an.
9. Die Krankenkassen bringen das Verfahren zum Abschluss.

Tritt während der Kündigungsfrist ein Tatbestand ein, der zu einem sofortigen Krankenkassenwahlrecht berechtigt, hat das Mitglied zwei Möglichkeiten:

- es verbleibt bei dem Krankenkassenwechsel zu dem ursprünglich geplanten Datum oder
- es wird vom sofortigen Wahlrecht Gebrauch gemacht.

3. Sonderkündigungsrecht

Mitglieder haben ein Sonderkündigungsrecht, wenn ihre Kran- 2753
kenkasse erstmalig einen Zusatzbeitrag erhebt oder den Zusatzbeitragssatz erhöht. Die Kündigung kann bis zum Ablauf des Monats erklärt werden, für den der Zusatzbeitrag erstmals erhoben oder für den der Zusatzbeitragssatz erhöht wird (vgl. § 175 Abs. 4 Satz 5 SGB V). Die Mitgliedschaft kann im Fall des Sonderkündigungsrechts ohne Einhaltung der grundsätzlich bestehenden 12-monatigen Bindungsfrist gekündigt werden. Der Zusatzbeitrag ist jedoch trotzdem bis zur Beendigung der Mitgliedschaft zu zahlen.

Die Krankenkasse muss spätestens einen Monat vor Ablauf des Monats, für den der Zusatzbeitrag erstmals erhoben oder für den der Zusatzbeitrag erhöht wird, ihre Mitglieder in einem gesonderten Schreiben auf das Sonderkündigungsrecht und dessen Ausübung, auf die Höhe des durchschnittlichen Zusatzbeitragssatzes sowie auf die Übersicht des GKV-Spitzenverbandes zu den Zusatzbeitragssätzen hinweisen. Diese Aufstellung finden Sie auf den Seiten des GKV-Spitzenverbandes unter www.gkv-spitzenverband.de.

Überschreitet der kassenindividuelle Zusatzbeitragssatz den durchschnittlichen Zusatzbeitragssatz, muss die Krankenkasse sogar ausdrücklich auf die Möglichkeit hinweisen, in eine günstigere Krankenkasse zu wechseln. Kommt die Krankenkasse ihrer Hinweispflicht nicht fristgerecht nach, gilt eine erfolgte Kündigung als in dem Monat erklärt, für den der Zusatzbeitrag erstmalig erhoben oder für den der Zusatzbeitragssatz erhöht wird. Auch hier ersetzt die Meldung der neuen Krankenkasse die Kündigung des Mitglieds.

4. Elektronische Mitgliedsbescheinigung

Anstelle der papiergebundenen Mitgliedsbescheinigung meldet 2754
die Krankenkasse dem Arbeitgeber bei Anmeldung des Arbeitnehmers elektronisch, ob eine Mitgliedschaft besteht oder nicht.

Diese elektronische Mitteilung erfolgt bei den Abgabegründen 10, 11 und 40.

Zu berücksichtigen sind dabei zwei Szenarien:

a) Zum Zeitpunkt der Mitgliedschaft besteht tatsächlich eine Mitgliedschaft
   - Neben der Information zum Bestehen der Mitgliedschaft wird der Beginn der Mitgliedschaft auf Grund der Aufnahme der Beschäftigung oder des Kassenwechsels angegeben. Die Angabe entspricht i.d.R. dem Beginn-Datum der Anmeldung. Bei einem Krankenkassenwechsel besteht die Möglichkeit, dass das Beginn-Datum in der Zukunft liegt, wenn die Bindungsfrist bei der bisherigen Krankenkasse noch nicht abgelaufen ist.
   - In diesem Fall sind sowohl die Ab- und Anmeldung zu stornieren und zu dem in der Rückmeldung angegebenen Datum erneut zu melden.
b) Zum Zeitpunkt des Beginns der Mitgliedschaft besteht allerdings keine Mitgliedschaft
   - Sofern in der Rückmeldung angegeben wird, dass keine Mitgliedschaft bei dieser Krankenkasse besteht, ist die Anmeldung vom Arbeitgeber zu stornieren und bei der korrekten Krankenkasse erneut abzugeben. Dies gilt bei Vorliegen einer bisherigen Familienversicherung nur dann, wenn die Anmeldung gegenüber einer unzuständigen Krankenkasse angegeben wurde.
   - Bei einem bisher familienversicherten Arbeitnehmer erfolgt grundsätzlich die Rückmeldung „Mitgliedschaft besteht

nicht". Grund hierfür ist, dass die bisherige Familienversicherung keine eigene Mitgliedschaft darstellt. Ist zusätzlich in dieser Rückmeldung ein Beginn-Datum angegeben, wurde die richtige Krankenkasse gewählt und es ist nichts weiter zu veranlassen.

Krankenschwestern

1. Arbeitnehmertätigkeit

2755 **Krankenschwestern/Krankenpfleger sind im Regelfall Arbeitnehmer**. Die regulatorischen Rahmenbedingungen für Krankenhäuser nach dem SGB V bedingen im Regelfall die Eingliederung nicht nur des ärztlichen, sondern auch des pflegerischen Krankenhauspersonals in die Organisations- und Weisungsstruktur des Krankenhauses. Eine selbständige Tätigkeit einer Krankenpflegerin im sozialversicherungsrechtlichen Sinne kommt deshalb nur ausnahmsweise bei Vorliegen gewichtiger Indizien für eine solche Tätigkeit in Betracht. Zwingende Regelungen des Sozialversicherungsrechts können nicht dadurch außer Kraft gesetzt werden, dass Arbeitsverhältnisse als **Honorartätigkeit bezeichnet** werden (LSG Berlin-Brandenburg v. 11.3.2020, L 9 KR 132/16; da das Krankenhaus keine weiteren Fachkräfte zur Festanstellung finden konnte, behalf es sich zur Schließung von Personalengpässen zunächst mit Leiharbeitnehmern und dann mit Honorarkräften).

Erbringt eine Person – wie Krankenschwestern oder -pfleger in einem Krankenhaus – keine abgrenzbare und im Vorfeld definierbare Leistung, sondern ist **Mitglied eines Teams**, das eine Gesamtleistung erbringt, ist von einer Eingliederung in einer von fremder Seite vorgegebene Arbeitsorganisation (des Krankenhauses) und damit von einer **abhängigen Beschäftigung** auszugehen. Das gilt auch, wenn sie – als kurzfristig eingesetzter **Springer bzw. Urlaubsvertretung** – sich die zu betreuenden Patienten selbst ausgesucht haben mag (LSG Berlin-Brandenburg v. 27.4.2017, L 1 KR 395/15) oder wenn die **Vermittlung durch eine Agentur oder Zeitarbeitsfirma erfolgt** (LSG Baden-Württemberg v. 23.3.2018, L 4 R 4791/15).

Ist eine Krankenschwester in den Pflegebetrieb ihres Auftraggebers eingegliedert, ist sie an dessen Dienstplan gebunden, erfolgt die Vergütung nach einem vereinbarten Stundensatz und entsprechend dem Zeitaufwand, so ist von dem Bestehen einer abhängigen Beschäftigung auszugehen (LSG Berlin-Brandenburg v. 26.4.2018, L 1 KR 526/16).

Als **Arbeitnehmertätigkeit** angesehen wurde zuletzt ferner die Tätigkeit (ältere Rechtsprechung s. Vorauflagen)

- eines **Fachkrankenpflegers für Anästhesie**, der in die Organisation und Arbeitsabläufe eines Krankenhauses eingebunden ist, er den Weisungen der Krankenhausärzte untersteht, er ein nennenswertes unternehmerisches Risiko nicht zu tragen hat und er nach einem vereinbarten stündlichen Honorar entlohnt wird; dieser Beurteilung widerspricht nicht, wenn dem Krankenpfleger das Recht eingeräumt ist, erteilte Aufträge im Fall von Krankheit oder sonstiger Verhinderung nach entsprechender Information des Krankenhauses nicht ausführen zu müssen (LSG Berlin-Brandenburg v. 30.1.2019, L 9 KR 163/16),
- einer **ausgebildeten Krankenschwester in der stationären Krankenpflege eines Krankenhauses**, die ein festes monatliches Entgelt erhält, in die Organisation des Krankenhauses eingegliedert und weisungsgebunden ist und ein unternehmerisches Risiko nicht zu tragen hat; allein die Tatsache, dass die Vergütung doppelt so hoch als das Arbeitsentgelt eines vergleichbar eingesetzten sozialversicherungspflichtig Beschäftigten ist, führt nicht zur Annahme einer selbständigen Tätigkeit (LSG Berlin-Brandenburg v. 30.1.2019, L 9 KR 553/16).

Werden Krankenpfleger oder -schwestern von privaten Einrichtungen oder Unternehmen oder für Träger der freien Wohlfahrtspflege für die **häusliche Krankenpflege** i.S. der Krankenversicherung oder zur häuslichen Pflege und zur hauswirtschaftlichen Versorgung i.S. der Pflegeversicherung eingestellt, handelt es sich ebenfalls um Arbeitnehmer.

LSt SV

Freie Schwestern sind selbständig, auch wenn sie sich einem Schwesternheim anschließen, dessen Oberin Arbeitsgelegenheiten vermittelt (RFH v. 17.7.1930, RStBl 1930, 677). Vgl. auch → *Diakonissen* Rz. 1533; → *Ordensangehörige* Rz. 3292.

Die Krankenkassen bzw. die Pflegekassen können mit entsprechend qualifiziertem Pflegepersonal **Versorgungsverträge** zur Erbringung der o.a. Leistungen abschließen. Auch wenn diese Versorgungsverträge mit den Kranken- bzw. Pflegekassen Angaben über Inhalt, Umfang, Vergütung sowie Prüfung der Qualität und Wirtschaftlichkeit der Dienstleistungen enthalten, stehen diese **Pflegefachkräfte** nicht in einem Beschäftigungsverhältnis zur Kranken- oder Pflegekasse. Sie sind **selbständig tätig**. Allerdings besteht in der **gesetzlichen Rentenversicherung** für Pflegepersonen, die in der Kranken-, Wochen-, Säuglings- oder Kinderpflege tätig sind und im Zusammenhang mit ihrer selbständigen Tätigkeit keinen versicherungspflichtigen Arbeitnehmer beschäftigen, Versicherungspflicht (vgl. § 2 Nr. 2 SGB VI).

Zu Krankenschwestern, die von einer **Gemeinde** als Trägerin der **örtlichen Sozialhilfe** nur von Fall zu Fall mit der Pflege kranker und hilfloser Personen betraut werden, → *Häusliche Krankenpflege* Rz. 2533.

~~LSt~~ SV

2. Arbeitslohn

Zum **steuerpflichtigen Arbeitslohn** gehören auch die Anteile aus 2756
dem sog. **Liquidationsfonds** (→ *Arzt* Rz. 818). Als Arbeitgeber ist entweder das Krankenhaus selbst oder der liquidationsberechtigte Chefarzt anzusehen (BMF v. 27.4.1982, IV B 6 – S 2332 – 16/82, BStBl I 1982, 530).

LSt SV

Krankentagegeld

1. Lohnsteuer

a) Kein Arbeitslohn

Krankentagegeldzahlungen aus einer **privaten Krankenversiche-** 2757
rung sind **kein Arbeitslohn**. Dies gilt auch, wenn der Versicherungsschutz im Zusammenhang mit dem **Arbeitsverhältnis gewährt** wird und sowohl der Arbeitgeber als auch der Arbeitnehmer gegenüber der Krankenversicherung anspruchsberechtigt ist. Sind bereits die vom Arbeitgeber erbrachten Versicherungsbeiträge als Arbeitslohn anzusehen, weil der Arbeitnehmer im Krankheitsfall einen eigenen Anspruch gegen die Versicherung hat, sind spätere Versicherungsleistungen nicht als Arbeitslohn zu qualifizieren (BFH v. 15.11.2007, VI R 30/04, HFR 2008, 685 m.w.N. betr. Tagegeldzahlungen aus einer Schweizer Krankenversicherung).

Krankentaggelder einer **Schweizer Kollektiv-Krankentaggeldversicherung** sind nach § 3 Nr. 1 Buchst. a EStG steuerfrei und unterliegen nicht dem sog. Progressionsvorbehalt nach § 32b Abs. 1 Satz 1 Nr. 1 Buchst. k EStG (FG Baden-Württemberg v. 8.5.2019, 14 K 2647/18 und 14 K 1955/18, EFG 2019, 1903 bzw. 1902).

Entsprechendes gilt für Tagegelder, die einem deutschen Grenzgänger im Zusammenhang mit einer Umschulungsmaßnahme von der Schweizer Invalidenversicherung gezahlt werden (BFH v. 6.10.2010, VI R 15/08).

~~LSt~~ ~~SV~~

b) Arbeitslohn

Um steuerpflichtigen **Arbeitslohn** handelt es sich dagegen bei 2758
Versicherungsleistungen, die **vom Arbeitgeber an den Arbeitnehmer weitergeleitet** werden, wenn sich der Arbeitgeber zur Finanzierung arbeitsrechtlicher Ansprüche rückversichert und selbst alleiniger Anspruchsberechtigter gegenüber dem Versicherungsunternehmen ist. Der Arbeitslohncharakter hängt grds. nicht davon ab, ob der Arbeitgeber in die Auszahlung des Krankentagegeldes eingeschaltet ist (BFH v. 13.3.2006, VI B 113/05, m.w.N.). Vgl. hierzu außerdem BMF v. 28.10.2009, IV C 5 – S 2332/09/10004, BStBl I 2009, 1275 betr. steuerrechtliche Behandlung von **freiwilligen Unfallversicherungen** der Arbeitnehmer (→ *Unfallversicherung: freiwillige* Rz. 4205).

Arbeitslohn liegt auch vor, wenn der Arbeitgeber dem Arbeitnehmer Beiträge zu einer Krankentagegeldversicherung erstattet; der Arbeitnehmer kann solche Beiträge – ebenso wie Beiträge zu einer Berufsunfähigkeitsversicherung – **nicht als Werbungskosten absetzen** (BFH v. 15.6.2005, VI B 64/04).

LSt SV

2. Sozialversicherung

2759 Privat versicherte Arbeitnehmer, die während der Arbeitsunfähigkeit ein **Krankentagegeld von dem privaten Krankenversicherungsunternehmen** erhalten, sind **nicht** wie in der gesetzlichen Kranken- und Pflegeversicherung während des Leistungsbezugs **beitragsfrei versichert**, vielmehr haben sie die übliche Prämie weiter zu entrichten. Für diese Zeit steht diesen Arbeitnehmern jedoch **kein Beitragszuschuss** zu. Dieser ist nur dann gegeben, wenn während der Arbeitsunfähigkeit auch Beiträge zur gesetzlichen Kranken- und Pflegeversicherung zu entrichten wären. Ebenso werden während des Krankentagegeldbezugs **keine Beiträge zur Rentenversicherung** entrichtet mit der Folge, dass bei einer späteren Leistungsgewährung ggf. finanzielle Nachteile eintreten.

Der Versicherte hat aber die Möglichkeit, während des Bezugs von Krankentagegeld einen **Antrag** auf **Rentenversicherungspflicht** zu stellen. Die Beiträge für diese **Antragspflichtversicherung** hat der Versicherte allein zu tragen. In der **Arbeitslosenversicherung** hat dagegen das private Krankenversicherungsunternehmen Beiträge für die Zeit des Krankentagegeldbezuges zu entrichten, wenn der Versicherungsnehmer unmittelbar vor Beginn der Arbeitsunfähigkeit in einer arbeitslosenversicherungspflichtigen Beschäftigung gestanden hat. Die Beiträge werden von einem Arbeitsentgelt i.H.v. 70 % der Jahresarbeitsentgeltgrenze in der gesetzlichen Krankenversicherung berechnet.

Krankenversicherung: gesetzliche

1. Allgemeines

2760 Die **gesetzliche Krankenversicherung** hat als Solidargemeinschaft nach den Regelungen des SGB V die Aufgabe, die Gesundheit ihrer Versicherten zu erhalten, wiederherzustellen oder zu verbessern. Die **Krankenkassen** haben dabei durch Aufklärung, Beratung und Leistungen zu helfen und auf gesunde Lebensverhältnisse hinzuwirken.

Zur Finanzierung der gesetzlichen Krankenversicherung besteht seit 2009 ein **Gesundheitsfonds** (→ *Gesundheitsfonds* Rz. 2364). Die Beitragssätze zur Krankenversicherung für Arbeitgeber und Mitglieder der Krankenkassen sind seitdem **bundeseinheitlich per Gesetz** festgelegt.

Reichen einer Krankenkasse die aus dem Gesundheitsfonds zugewiesenen Gelder zur Finanzierung ihrer Leistungen nicht aus, erhebt sie einen kassenindividuellen einkommensabhängigen Zusatzbeitrag.

2. Organisation

2761 **Träger der Krankenversicherung** sind die Allgemeinen Ortskrankenkassen (AOK), Betriebs- und Innungskrankenkassen, landwirtschaftlichen Krankenkassen, die Deutsche Rentenversicherung Knappschaft-Bahn-See als Träger der Krankenversicherung und Ersatzkassen. Für die Versicherten besteht weitgehende **Entscheidungsfreiheit** bei der **Wahl** ihrer **Krankenkasse** (→ *Krankenkassenwahlrecht* Rz. 2751). Die Krankenkassen sind rechtsfähige Körperschaften des öffentlichen Rechts mit Selbstverwaltung; das bedeutet, dass die Krankenkassen ihre Aufgaben i.R. des Gesetzes und ihrer Satzung in eigener Verantwortung erfüllen. Die Krankenkassen unterliegen hinsichtlich ihrer Aufgabenerfüllung der staatlichen Aufsicht.

3. Aufgaben

2762 Unabhängig von ihren originären Aufgaben, die im SGB V festgeschrieben sind, nehmen die Krankenkassen auch noch die Funktion der **Einzugsstelle** für den Einzug der Gesamtsozialversicherungsbeiträge wahr, d.h. die Krankenkassen ziehen nicht nur ihre eigenen Beiträge, sondern **auch die Pflege-, Renten- und Arbeitslosenversicherungsbeiträge** ein (→ *Beiträge zur Sozialversicherung* Rz. 1261). Sie (ausgenommen hiervon sind die landwirtschaftlichen Krankenkassen) führen außerdem das Verfahren zum Ausgleich der Arbeitgeberaufwendungen für Entgeltfortzahlung durch (→ *Lohnfortzahlung: Erstattungsverfahren für Arbeitgeber* Rz. 2846). Damit sollen die Aufwendungen für die Entgeltfortzahlung ausgeglichen werden. Darüber hinaus führen die Krankenkassen i.R. von öffentlichen-rechtlichen Vereinbarungen noch eine Reihe von weiteren Auftragsleistungen durch.

4. Versicherter Personenkreis

a) Versicherungspflichtige Personen

In der gesetzlichen Krankenversicherung sind derzeit u.a. kraft Gesetzes versichert: 2763

- Arbeiter und Angestellte, wenn deren regelmäßiges Jahresarbeitsentgelt die Jahresarbeitsentgeltgrenze nicht übersteigt (→ *Jahresarbeitsentgeltgrenze in der gesetzlichen Krankenversicherung* Rz. 2607),
- Auszubildende, wenn sie gegen Entgelt beschäftigt sind (→ *Auszubildende* Rz. 1204),
- Personen in der Zeit, für die sie Arbeitslosengeld nach dem SGB III beziehen oder nur deshalb nicht beziehen, weil der Anspruch wegen einer Sperrzeit (§ 159 SGB III) oder wegen einer Urlaubsabgeltung (§ 157 Abs. 2 des SGB III) ruht; dies gilt auch, wenn die Entscheidung, die zum Bezug der Leistung geführt hat, rückwirkend aufgehoben oder die Leistung zurückgefordert oder zurückgezahlt worden ist (→ *Arbeitslosengeld* Rz. 715),
- Personen in der Zeit, für die sie Bürgergeld bzw. ab 1.7.2026 Grundsicherungsgeld (→ Rz. 715) nach SGB II beziehen, es sei denn, dass diese Leistung nur darlehensweise gewährt wird oder nur Leistungen nach § 24 Abs. 3 Satz 1 des SGB II bezogen werden; dies gilt auch, wenn die Entscheidung, die zum Bezug der Leistung geführt hat, rückwirkend aufgehoben oder die Leistung zurückgefordert oder zurückgezahlt worden ist,
- Landwirte und ihre mitarbeitenden Familienangehörigen und Altenteiler nach näherer Bestimmung des KVLG II (→ *Land- und Forstwirtschaft* Rz. 2823),
- Künstler und Publizisten nach näherer Bestimmung des KSVG (→ *Künstler und verwandte Berufe)* Rz. 2798),
- behinderte Menschen in anerkannten Werkstätten (→ *Menschen mit Behinderungen* Rz. 1250),
- behinderte Menschen, die in Anstalten, Heimen oder gleichartigen Einrichtungen in gewisser Regelmäßigkeit eine Leistung erbringen, die einem Fünftel der Leistung eines voll erwerbsfähigen Beschäftigten in gleichartiger Beschäftigung entspricht,
- Studenten (→ *Studenten* Rz. 4059),
- Praktikanten sowie zur Berufsausbildung Beschäftigte ohne Arbeitsentgelt (→ *Praktikanten* Rz. 3491),
- Rentner (→ *Rentner* Rz. 3748),
- Personen, die keinen anderweitigen Anspruch auf Absicherung im Krankheitsfall haben und zuletzt gesetzlich krankenversichert waren oder nicht gesetzlich oder privat krankenversichert waren.

Endet bei einem Versicherten die Versicherungspflicht oder die Familienversicherung, dann muss er einen anderweitigen Versicherungsschutz nachweisen. Kann er dies nicht, tritt bei der bisherigen Krankenkasse automatisch die obligatorische Anschlussversicherung ein.

b) Freiwillige Krankenversicherung

Sind Personen nicht kraft Gesetzes versicherungspflichtig, können sie sich unter ganz engen Voraussetzungen in der gesetzlichen Krankenversicherung freiwillig versichern. Der gesetzlichen Krankenversicherung können u.a. nach § 9 SGB V freiwillig beitreten: 2764

- Personen, die als Mitglieder aus der Versicherungspflicht ausgeschieden sind und in den letzten fünf Jahren vor dem Ausscheiden mindestens 24 Monate oder unmittelbar vor dem Ausscheiden ununterbrochen mindestens zwölf Monate versichert waren,
- Personen, deren Familienversicherung erlischt,
- Menschen mit Behinderungen i.S.d. SGB IX, wenn sie, ein Elternteil, ihr Ehegatte oder ihr Lebenspartner in den letzten fünf Jahren vor dem Beitritt mindestens drei Jahre versichert waren,
- Arbeitnehmer, deren Beschäftigung im Ausland endete, wenn sie innerhalb von zwei Monaten nach Rückkehr in das Inland wieder eine Beschäftigung aufnehmen,

- Personen, die erstmals eine Beschäftigung im Inland aufnehmen und ein Jahresarbeitsentgelt haben, das die Jahresarbeitsentgeltgrenze (§ 6 Abs. 1 Nr. 1 SGB V) übersteigt und somit versicherungsfrei sind,
- Personen, die seit dem 31.12.2018 als Soldatinnen oder Soldaten auf Zeit aus dem Dienst ausgeschieden sind.

Der Beitritt ist der Kasse innerhalb von drei Monaten nach Beendigung der vorhergehenden Versicherung anzuzeigen (→ *Freiwillige Krankenversicherung* Rz. 2261).

c) Familienversicherung

2765 In der gesetzlichen Krankenversicherung sind auch der Ehegatte und die Kinder von Versicherten kostenfrei mitversichert, wenn

- die Familienangehörigen ihren Wohnsitz oder gewöhnlichen Aufenthalt im Inland haben,
- keine Versicherungspflicht oder freiwillige Versicherung besteht,
- keine Versicherungsfreiheit besteht und/oder keine Befreiung von der Versicherungspflicht ausgesprochen wurde,
- diese nicht hauptberuflich selbständig erwerbstätig sind und
- sie keine Einnahmen haben, die regelmäßig im Monat 1/7 der monatlichen Bezugsgröße übersteigen (für 2026: 565 € – dieser Grenzwert gilt für alle Bundesländer; s. → *Bezugsgröße* Rz. 1480).

Kinder sind grundsätzlich bis zur Vollendung des 18. Lebensjahrs mitversichert. Die Versicherung kann bis zum 25. Lebensjahr verlängert werden, wenn die Kinder sich noch in Schul- oder Berufsausbildung befinden.

d) Ausschluss von der Versicherungspflicht

2766 Die **Pflichtversicherung** in der gesetzlichen Krankenversicherung ist u.a. **ausgeschlossen**, wenn eine hauptberufliche selbständige Tätigkeit ausgeübt wird (§ 5 Abs. 5 SGB V), die Beschäftigung geringfügig ist (§ 7 SGB V i.V.m. § 8 SGB IV) oder wenn i.R. eines Dienstverhältnisses nach beamtenrechtlichen Vorschriften oder Grundsätzen bei Krankheit Anspruch auf Fortzahlung der Bezüge und auf Beihilfe oder Heilfürsorge besteht (→ *Beamte* Rz. 1237). Außerdem sind **Studenten** in einer Beschäftigung, die während der Dauer ihres Studiums als ordentliche Studierende einer Hochschule oder einer der fachlichen Ausbildung dienenden Schule ausgeübt wird, unter bestimmten Voraussetzungen krankenversicherungsfrei (vgl. hierzu → *Studenten* Rz. 4058). Personen, die nach Vollendung des 55. Lebensjahrs versicherungspflichtig werden, sind versicherungsfrei, wenn sie in den letzten fünf Jahren vor Eintritt der Versicherungspflicht nicht gesetzlich versichert waren. Weitere Voraussetzung ist, dass diese Personen mindestens die Hälfte dieser Zeit versicherungsfrei, von der Versicherungspflicht befreit oder auf Grund einer hauptberuflich selbständigen Erwerbstätigkeit nicht versicherungspflichtig waren. Auf Grund dieser Regelung sind Personen, die nicht zum Personenkreis der gesetzlichen Krankenversicherten gehören, bei Eintritt eines Versicherungspflichttatbestandes nach Vollendung des 55. Lebensjahrs krankenversicherungsfrei, wenn sie zuvor in den letzten fünf Jahren nicht gesetzlich krankenversichert waren. Dies gilt nicht nur für Personen, die im Erwerbsleben stehen, sondern auch für Personen, die aus dem Erwerbsleben ausgeschieden sind.

> **Beispiel:**
>
> Die privat versicherte Ehefrau eines ebenfalls privat krankenversicherten Beamten nimmt am 1.10.2026 eine versicherungspflichtige Beschäftigung auf.
>
> Sie ist am 3.6.1966 geboren.
>
> Rahmenfrist: 1.10.2021 bis 30.9.2026.
>
> Die aufgenommene Beschäftigung ist krankenversicherungsfrei und nicht pflegeversicherungspflichtig.

Bei bislang selbständig Tätigen kommt Krankenversicherungsfreiheit dann in Betracht, wenn ein selbständig Tätiger neben der selbständigen Tätigkeit keine Beschäftigung ausgeübt hat.

e) Befreiung von der Versicherungspflicht

2767 Personen, die bisher bei einem privaten Krankenversicherungsunternehmen versichert waren und bei denen auf Grund der Erhöhung der Jahresarbeitsentgeltgrenze (→ *Jahresarbeitsentgeltgrenze in der gesetzlichen Krankenversicherung* Rz. 2607) oder auf Grund des Bezugs von Leistungen nach dem SGB III oder auf Grund anderer Tatbestände Krankenversicherungspflicht eintritt, können sich unter bestimmten Voraussetzungen auf Antrag von der Versicherungspflicht befreien lassen. Bezieher von Arbeitslosengeld und Bürgergeld bzw. ab 1.7.2026 Grundsicherungsgeld (→ Rz. 715) dürfen in den letzten fünf Jahren zuvor nicht gesetzlich krankenversichert gewesen sein. Außerdem muss bei einem privaten Krankenversicherungsunternehmen ein Versicherungsvertrag bestehen, nach dem der Antragsteller Vertragsleistungen erhält, die der Art und dem Umfang nach den Leistungen des SGB V entsprechen.

Der Antrag auf Befreiung ist innerhalb von drei Monaten nach Beginn der Versicherungspflicht bei der Krankenkasse zu stellen. Die Befreiung wirkt vom Beginn der Versicherungspflicht an, wenn seit diesem Zeitpunkt noch keine Leistungen in Anspruch genommen wurden, sonst vom Beginn des Kalendermonats an, der auf die Antragstellung folgt. Die Befreiung kann nicht widerrufen werden.

5. Finanzierung

Die Leistungen und sonstigen Ausgaben der Krankenkassen werden durch **Beiträge** und sonstige Einnahmen (z.B. aus Ersatzansprüchen und einem Risikostrukturausgleich) finanziert. Dazu entrichten die Mitglieder und die Arbeitgeber Beiträge, die sich i.d.R. nach den beitragspflichtigen Einnahmen der Mitglieder richten. Für versicherte Familienangehörige werden Beiträge nicht erhoben (→ *Gesundheitsfonds* Rz. 2364, → *Beiträge zur Sozialversicherung* Rz. 1261). 2768

6. Zugehörigkeit – Wahl der Krankenkasse

Einzelheiten vgl. → *Krankenkassenwahlrecht* Rz. 2751. 2769

7. Private Krankenversicherung

Im Jahr 2007 wurde mit dem GKV-Wettbewerbsstärkungsgesetz eingeführt, dass alle Unternehmen der PKV einen **Basistarif** anbieten müssen, der sich am Leistungsumfang der GKV orientiert. Der Leistungsumfang des Basistarifs ist bei allen Anbietern gleich. Der Inhalt wird durch eine Verweisung auf die Pflichtleistungen der GKV definiert. 2770

Der Basistarif tritt neben die bestehenden Tarife. Der Basistarif kann mit Zusatzversicherungen desselben oder eines PKV-Unternehmens kombiniert werden. Ein Wechsel in einen der anderen Tarife ist möglich.

Jeder PKV-Versicherte, freiwillig GKV-Versicherte und alle Nichtversicherten, die vormals in der PKV versichert waren oder systematisch der PKV zuzuordnen sind, können seitdem in den Basistarif wechseln. Es gelten ein **Kontrahierungszwang** und das **Verbot der Risikoprüfung**; um eine nicht behebbare Risikoselektion zu verhindern, wurde ein branchenweiter Risikoausgleich eingeführt.

Die **Altersrückstellungen des Basistarifs** werden beim Wechsel zwischen PKV-Unternehmen übertragen (**Portabilität**), eine Auszahlung scheidet aus. Für Versicherungsnehmer, die aus einem anderen Tarif in einen Vollversicherungstarif bei einem anderen PKV-Unternehmen wechseln, wird die vorhandene Altersrückstellung höchstens in der Höhe übertragen, die dem Leistungsniveau des Basistarifs entspricht.

Der Beitrag für den Basistarif ist der Höhe nach begrenzt; um die **Bezahlbarkeit das Basistarifs** zu gewährleisten, darf dessen Beitrag den durchschnittlichen GKV-Höchstbeitrag nicht überschreiten. Würde die Bezahlung eines solchen Beitrags Hilfebedürftigkeit i.S.d. SGB II oder SGB XII auslösen, stellen weitere Regelungen sicher, dass die Betroffenen nicht finanziell überfordert werden.

Gegen die Einführung des Basistarifs wurde Klage erhoben. Das BVerfG hat durch Urteil v. 10.6.2009, 1 BvR 706, 814, 819, 832 und 837/08, entschieden, dass die Einführung des Basistarifs zur Sicherstellung eines lebenslangen, umfassenden Schutzes der Mitglieder der privaten Krankenversicherung verfassungsgemäß und auch das damalige Erfordernis des dreimaligen Überschreitens der Jahresarbeitsentgeltgrenze für den Eintritt von Versicherungsfreiheit in der gesetzlichen Krankenversicherung mit dem Grundgesetz vereinbar ist.

8. Lohnsteuer

2771 Krankenkassen sind **öffentliche Kassen**, vgl. H 3.11 (Öffentliche Kassen) LStH, und können daher **steuerfreie Aufwandsentschädigungen** nach § 3 Nr. 12 Satz 2 EStG (→ *Aufwandsentschädigungen im öffentlichen Dienst* Rz. 865) sowie **steuerfreie Reisekosten** nach § 3 Nr. 13 EStG (→ *Reisekostenvergütungen aus öffentlichen Kassen* Rz. 3718) leisten.

Bei den **Aufwendungen des Arbeitgebers für eine Krankenversicherung der Arbeitnehmer handelt es sich grundsätzlich um steuerpflichtigen Arbeitslohn.** Dies gilt auch, wenn ein Arbeitgeber ausländische Saisonarbeitskräfte beschäftigt und für diese, sofern sie nicht der Sozialversicherungspflicht unterliegen, nach § 7 Abs. 2 AuslG eine vergleichbare private Krankenversicherung abschließen muss. Es handelt sich nicht um (nicht steuerpflichtige) Leistungen im ganz überwiegenden eigenbetrieblichen Interesse des Arbeitgebers (BFH v. 18.7.2007, VI B 125/06).

Zu den **steuerfreien Ausgaben des Arbeitgebers für die Zukunftssicherung des Arbeitnehmers** (§ 2 Abs. 2 Nr. 3 Satz 1 LStDV) gehören insbesondere die Beitragsanteile des Arbeitgebers am Sozialversicherungsbeitrag (Rentenversicherung, Krankenversicherung, Pflegeversicherung, Arbeitslosenversicherung).

Aufwendungen des Arbeitgebers für die Krankenversicherung seiner Arbeitnehmer sind somit nach § 3 Nr. 62 EStG i.V.m. R 3.62 LStR steuerfrei, soweit sie auf Grund gesetzlicher Verpflichtung geleistet werden. Einzelheiten → *Zukunftssicherung: Gesetzliche Altersversorgung* Rz. 4776 und → *Beiträge zur Sozialversicherung* Rz. 1261.

LSt (durchgestrichen) SV (durchgestrichen)

Krankenversicherungsbeiträge

→ *Krankenversicherung: gesetzliche* Rz. 2760

Krankheitskosten

1. Arbeitslohn

a) Allgemeines

2772 Es ist zunächst zu prüfen, ob die vom Arbeitgeber an seine Arbeitnehmer erstatteten Kosten einer Krankheit oder auch zur Vorbeugung einer Krankheit im **ganz überwiegend eigenbetrieblichen Interesse des Arbeitgebers erbracht** werden; in diesem Fall ist **Arbeitslohn zu verneinen** (→ Rz. 2774).

Ob hiernach Arbeitslohn anzunehmen ist, muss nach den Gesamtumständen des einzelnen Falls geprüft werden. In der Praxis wird die Abgrenzung häufig schwierig sein:

b) Arbeitslohn

2773 In vielen Fällen wird zwar – dies zeigt sich schon in der (ggf. teilweisen) Kostenübernahme durch den Arbeitgeber – ein **eigenbetriebliches Interesse des Arbeitgebers** an der Kostenübernahme vorliegen, weil längere Fehlzeiten von Arbeitnehmern auch zu seinen Lasten gehen. In vielen Fällen sieht die Rechtsprechung aber auch ein **gleichzeitig nicht zu vernachlässigendes Interesse des Arbeitnehmers an einer Gesundheitsmaßnahme**, so dass dann Arbeitslohn anzunehmen ist (BFH v. 21.11.2018, VI R 10/17, BStBl II 2019, 404).

Beispiel:

Firma A bietet Maßnahmen zur **Raucherentwöhnung** an; hierbei handelt es sich um Raucherentwöhnungskurse, Nikotinpflaster/-kaugummi, Akupunktur sowie Tabletten.

Das **FG Köln** hat Arbeitslohn angenommen (FG Köln v. 24.6.2004, 2 K 3877/02, EFG 2004, 1622). Begründung: Die Arbeitgeberleistungen sind nicht im ganz überwiegend eigenbetrieblichen Interesse erbracht worden, denn bei Abwägung der einzelnen Gesichtspunkte spielt auch der private Aspekt der Erhaltung bzw. der Förderung der Gesundheit der betroffenen Arbeitnehmer eine maßgebliche Rolle.

Derartige Aufwendungen des Arbeitgebers bleiben jedoch nach **§ 3 Nr. 34 EStG bis zur Höhe von 600 € im Jahr steuerfrei**, sofern die Voraussetzungen dieser Steuerbefreiung erfüllt sind (→ *Gesundheitsförderung, betriebliche* Rz. 2367 ff.).

Steuerpflichtiger Arbeitslohn liegt auch vor, wenn der Arbeitgeber auch die **Kosten der Chefarztbehandlung übernimmt**, selbst wenn er sich dadurch eine schnellere Genesung und somit einen kürzeren Arbeitsausfall seines Arbeitnehmers erhofft, denn dem betrieblichen Interesse des Arbeitgebers stehen in diesem Fall auch nicht unbedeutende Interessen des Arbeitnehmers (größeres Vertrauen zum Chefarzt) gegenüber. Der vom Arbeitgeber getragene Kostenanteil gehört deshalb zum steuerpflichtigen Arbeitslohn, soweit er nicht als Beihilfe im Krankheitsfall nach § 3 Nr. 11 EStG i.V.m. R 3.11 LStR steuerfrei gezahlt werden kann.

c) Kein Arbeitslohn

Kein Arbeitslohn ist dagegen anzunehmen, wenn die Leistungen 2774
des Arbeitgebers im **ganz überwiegend eigenbetrieblichen Interesse des Arbeitgebers** erbracht werden. Ob dies der Fall ist, muss nach den Gesamtumständen des einzelnen Falls geprüft werden. Die sog. „Umsetzungshilfe des BMF zur steuerlichen Anerkennung von Arbeitgeberleistungen nach § 3 Nr. 34 EStG" (BMF v. 20.4.2021, IV C 5 – S 2342/20/10003 :003, BStBl I 2021, 700) enthält hierfür zahlreiche Beispiele.

Übernimmt der Arbeitgeber die **Mehrkosten für die Unterbringung eines leitenden Angestellten im Einbettzimmer**, damit dieser dort ungestört arbeiten und auch mit seinem Arbeitgeber vertrauliche Telefongespräche führen kann, handelt es sich ebenfalls **nicht um steuerpflichtigen Arbeitslohn**. Die Unterbringung im Einbettzimmer erfolgt dann weitaus überwiegend im **eigenbetrieblichen Interesse** des Arbeitgebers.

Wegen **Kurkosten** → *Erholung: Arbeitgeberzuwendungen* Rz. 2036.

2. Steuerbefreiungen

a) Steuerbefreiung nach § 3 Nr. 1 EStG

Die Erstattung von Krankheitskosten durch die **Krankenversi-** 2775
cherung ist nach § 3 Nr. 1 Buchst. a EStG **steuerfrei.**

Erkrankt ein sozialversicherter Arbeitnehmer anlässlich eines **dienstlichen Aufenthalts im Ausland**, so hat dieser Arbeitnehmer gem. § 17 Abs. 1 SGB V einen Anspruch auf Krankenbehandlung (Leistungsanspruch). Dies gilt selbst dann, wenn die Behandlungskosten im Ausland höher als im Inland sind. In diesem Fall hat der **Arbeitgeber** wegen der von ihm veranlassten Entsendung seines Arbeitnehmers ins Ausland die **Differenz zwischen Auslands- und Inlandskrankheitskosten zu tragen**. Diese Erstattung ist wegen des gegenüber der Krankenversicherung grds. bestehenden Leistungsanspruchs nach § 3 Nr. 1a EStG **steuerfrei.**

Erstattet aber der **Arbeitgeber** seinem im Ausland behandelten Arbeitnehmer **darüber hinaus Kosten**, auf die der Arbeitnehmer **keinen Anspruch gegenüber seiner Krankenversicherung hat** (z.B. für Chefarztbehandlung oder Einzelzimmerzuschläge bei Krankenhausaufenthalt), so beruhen diese Beträge nicht auf der Krankenversicherung, sondern haben ihre Ursache im Dienstverhältnis und stellen grds. **steuerpflichtigen Arbeitslohn** dar. Sie können jedoch unter den Voraussetzungen der R 3.11 Abs. 2 LStR als Unterstützungen bis zu einem Betrag von 600 € jährlich steuerfrei belassen werden.

b) Steuerbefreiung nach § 3 Nr. 11 EStG

Krankheitskosten, die der **Arbeitgeber** dem Arbeitnehmer ersetzt, 2776
sind grds. steuerpflichtiger **Arbeitslohn** (BFH v. 14.3.1975, VI R 63/73, BStBl II 1975, 632), können aber nach § 3 Nr. 11 EStG i.V.m. R 3.11 LStR als Beihilfe bzw. Unterstützung wegen Krankheit steuerfrei sein (→ *Unterstützungen* Rz. 4217).

c) Steuerbefreiung nach § 3 Nr. 34 EStG

Arbeitgeber können ihren Arbeitnehmern **steuerfreie Leistungen** 2777
nach § 3 Nr. 34 EStG gewähren

- zusätzlich zum ohnehin geschuldeten Arbeitslohn (→ *Barlohnumwandlung* Rz. 1218)
- zur Verhinderung und Verminderung von Krankheitsrisiken und zur Förderung der Gesundheit in Betrieben, die hinsichtlich Qualität, Zweckbindung, Zielgerichtetheit und Zertifizierung den Anforderungen der §§ 20 und 20b SGB V genügen,
- soweit sie den Betrag von 600 € im Kalenderjahr nicht übersteigen.

Weitere Einzelheiten finden Sie nunmehr unter dem neuen Stichwort → *Gesundheitsförderung, betriebliche* Rz. 2367 ff.

3. Krankheitskosten bei Auslandsaufenthalt

2778 Erkrankt ein sozialversicherter Arbeitnehmer bei einer **privaten Reise ins Ausland**, so hat er nach den Vorschriften des SGB V einen Anspruch auf Behandlung der Krankheit (Leistungsanspruch). Das gilt selbst dann, wenn die Behandlungskosten im Ausland höher als im Inland sind.

Denselben Leistungsanspruch hat ein sozialversicherter Arbeitnehmer gem. § 17 Abs. 1 SGB V gegenüber seinem Arbeitgeber, wenn er anlässlich eines **dienstlichen Aufenthalts im Ausland** erkrankt. Das bedeutet im Ergebnis, dass der Arbeitnehmer von seinem Arbeitgeber die Erstattung evtl. höherer Kosten für Auslandsbehandlung in gleicher Höhe verlangen kann, wie er sie für einen entsprechenden Ersatzanspruch nach den Vorschriften des SGB V gegenüber seiner Krankenversicherung hätte, wenn er privat ins Ausland gereist und dort erkrankt wäre.

Da aber der Arbeitgeber die Entsendung des Arbeitnehmers ins Ausland veranlasst hat, werden entstehende höhere Behandlungskosten nicht von der Krankenversicherung des Arbeitnehmers getragen. Die Krankenversicherung des Arbeitnehmers erstattet deshalb an den Arbeitgeber nach § 17 Abs. 2 SGB V nur Krankheitskosten, wie sie im Inland angefallen wären. Das bedeutet im Ergebnis, dass der **Arbeitgeber die Differenz zwischen Auslands- und Inlandskrankheitskosten wegen der von ihm veranlassten Entsendung seines Arbeitnehmers ins Ausland zu tragen hat.**

Steuerfrei gem. § 3 Nr. 1a EStG sind als Leistungen aus einer Krankenversicherung deshalb selbst die vom Arbeitgeber zu tragenden höheren Krankheitskosten für eine Behandlung im Ausland, weil der Arbeitnehmer auch insoweit ihm gegenüber einen Erstattungsanspruch gem. § 17 Abs. 1 SGB V hat. Unerheblich für den Umfang der Steuerfreiheit ist, dass der Arbeitgeber selbst nur einen Anspruch auf Erstattung der niedrigeren Krankheitskosten für eine Inlandsbehandlung gegenüber der Krankenversicherung seines Arbeitnehmers hat.

Erstattet aber der Arbeitgeber seinem im Ausland behandelten Arbeitnehmer darüber hinaus Kosten, auf die der Arbeitnehmer keinen Anspruch gegenüber seiner Krankenversicherung hat (z.B. **Chefarztbehandlung oder Einzelzimmerzuschläge bei Krankenhausaufenthalt**), so beruhen diese Beträge nicht auf der Krankenversicherung, sondern haben ihre Ursache im Dienstverhältnis und stellen grds. **steuerpflichtigen Arbeitslohn** dar. Sie können jedoch unter den Voraussetzungen der R 3.11 Abs. 2 LStR bis zu einem Betrag von **600 € jährlich steuerfrei** belassen werden.

Hat der **Arbeitgeber dagegen zu Gunsten seiner Arbeitnehmer für solche Fälle eine Auslandskrankenversicherung abgeschlossen** und steht einem Arbeitnehmer auf Grund der vertraglichen Regelungen ein unmittelbarer Rechtsanspruch auf Auskehrung der Versicherungsleistungen im Versicherungsfall gegenüber dem Versicherungsunternehmen zu, sind die Beiträge **steuerpflichtiger Arbeitslohn**.

Aufwendungen des Arbeitgebers für einen Gruppenversicherungsvertrag für die Krankheitskostenversicherung im Ausland sind jedoch **kein Arbeitslohn**, wenn die Beiträge im ganz überwiegend eigenbetrieblichen Interesse des Arbeitgebers erbracht werden. Nach FG München v. 21.3.2013, 15 K 2507/09, liegt ein ganz überwiegendes eigenbetriebliches Interesse des Arbeitgebers vor, wenn

- es sich um einen Gruppenversicherungsvertrag für die Krankheitskostenversicherung im Ausland anlässlich einer Vielzahl von Dienstreisen handelt,
- die Versicherung unter Fürsorgegesichtspunkten (§ 17 SGB V) und zur Verwaltungsvereinfachung (keine betriebsinterne Leistungsabrechnung erforderlich) abgeschlossen wurde
- und die sich aus den Beiträgen ergebende Bereicherung der Arbeitnehmer nur geringfügig ist (im FG-Fall lediglich 0,23 € pro Auslandsdienstreisetag).

Diese Grundsätze entsprechen der Auffassung der Finanzverwaltung.

Eine Erstattung als **Reisenebenkosten** nach § 3 Nr. 16 EStG ist dagegen nicht möglich (BFH v. 16.4.1999, VI R 66/97, BStBl II 2000, 408).

4. Werbungskosten

a) Allgemeines

Aufwendungen des Arbeitnehmers zur Wiederherstellung seiner 2779
Gesundheit oder auch zur Gesunderhaltung stellen grds. **keine Werbungskosten** dar, weil sie immer auch die **private Lebensführung berühren** und eine Aufteilung der Kosten regelmäßig nicht möglich ist (§ 12 Nr. 1 Satz 2 EStG). Dies gilt auch dann, wenn ein Hilfsmittel für die Berufsausübung nützlich ist oder sie erst ermöglicht (BFH v. 20.7.2005, VI R 50/03 sowie BFH v. 24.5.2006, VI B 122/05). Ein Werbungskostenabzug auch dann nicht möglich, wenn entsprechende Maßnahmen des Arbeitgebers ganz oder z.T. als Arbeitslohn versteuert wurden.

Aufwendungen zur Verminderung oder Behebung gesundheitlicher Störungen, die typischerweise mit der betreffenden Berufstätigkeit verbunden sind, können ausnahmsweise **Werbungskosten** sein, wenn es sich um **typische Berufskrankheiten handelt oder der Zusammenhang zwischen der Erkrankung und dem Beruf eindeutig feststeht** (BFH v. 11.7.2013, VI R 37/12, BStBl II 2013, 815).

b) Typische Berufskrankheit

Es liegt eine typische Berufskrankheit vor. 2780

Dies ist z.B. **anerkannt** bei

- **Vergiftungserscheinungen eines Chemikers**, der Staublunge eines Bergmanns, dem Sportunfall eines Profifußballers, Strahlenschäden eines Röntgenarztes,
- **einer Lehrerin für stimmtherapeutische Übungen** (FG Sachsen v. 26.10.2010, 5 K 435/06, betr. Gymnastikübungen einer Geigerin, m.w.N.),
- einer **Sekretärin, die an einer chronischen Sehnenscheidenentzündung** leidet, hervorgerufen durch die Arbeit mit Computer und Maus bei der Arbeit. Da ein Attest den Zusammenhang der Krankheit mit dem Beruf bestätigte, hat das Verwaltungsgericht Aachen die Krankheit als Berufskrankheit eingestuft (VerwG Aachen v. 14.4.2011, 1 K 1203/09).

Dies ist dagegen z.B. **nicht anerkannt** bei

- einem durch Arbeitsüberlastung herbeigeführten **Herzinfarkt** (BFH v. 4.10.1968, IV R 59/68, BStBl II 1969, 179),
- einem **Hörschaden** (BFH v. 22.4.2003, VI B 275/00),
- der **Gelenkarthrose** eines Sportlehrers (FG Berlin v. 10.6.1991, VIII 506/88, EFG 1992, 322),
- einer psychischen oder psychosomatischen Krankheit wie **„Burn-Out“**, die zumindest auch durch eine starke emotionale Belastung im Beruf ausgelöst wird (BFH v. 9.11.2015, VI R 36/13, HFR 2016, 194).

c) Eindeutiger Zusammenhang mit dem Beruf

Die Aufwendungen stehen in einem eindeutigen Zusammenhang 2781
mit dem Beruf.

Dies ist z.B. **anerkannt** bei

- einem beim **Fußballspielen erlittenen unverschuldeten Unfall**, wenn das Fußballspiel Programmpunkt einer vom Arbeitgeber für seine Mitarbeiter ausgerichteten Fortbildungs- und Schulungsveranstaltung ist (FG Rheinland-Pfalz v. 24.10.1989, 2 K 98/87),
- einer **Berufs-Geigerin für die sog. Mensendieck-Gymnastik** (FG Sachsen v. 26.10.2010, 5 K 435/06),
- einer Sportlehrerin für den Besuch von **Phonetikkursen** (FG Baden-Württemberg v. 29.4.1997, 7 K 37/95, EFG 1998, 32),
- einem Hochleistungssportler für **Arztbesuche** (FG Hessen v. 16.10.2000, 5 K 187/98, EFG 2001, 683),
- dem in einer Verbandsgemeinde tätigen Oberamtsrat auf Grund einer **psychischen Erkrankung** durch „Mobbing“ und „Bossing“ (FG Rheinland-Pfalz v. 22.8.2012, 2 K 1152/12),
- Kosten für **Ohrstöpsel** auf Grund Lärms wegen Umbauarbeiten im Betrieb des Arbeitgebers (FG Sachsen v. 18.5.2018, 4 K 194/18, EFG 2019, 685),
- Krankheitskosten bei einem Wegeunfall zwischen Wohnung und erster Tätigkeitsstätte oder einer Familienheimfahrt bei doppelter Haushaltsführung. Aufwendungen in Zusammenhang mit der Beseitigung oder Linderung von Körperschäden,

die durch einen Unfall auf einer beruflich veranlassten Fahrt zwischen Wohnung und erster Tätigkeitsstätte eingetreten sind. Sie werden von der Abgeltungswirkung der Entfernungspauschale nicht erfasst. Diese erstreckt sich nur auf fahrzeug- und wegstreckenbezogene Aufwendungen (BFH v. 19.12.2019, VI R 8/18, BStBl II 2020, 291).

Dies ist dagegen z.B. **nicht anerkannt** bei

- einem **Volkshochschulkurs zur Erlernung der „Kunst des Sehens"** (Augentraining), mit dem nicht nur die durch die berufliche Bildschirmtätigkeit beeinträchtigte Sehkraft wiederhergestellt, sondern auch ganz allgemein geistige Fähigkeiten verbessert werden sollen (FG München v. 26.9.1997, 8 K 642/95, EFG 1998, 183),
- Aufwendungen einer Orchestermusikerin, die unter akuten Einschränkungen im Hals-Nacken-Schulterbereich leidet, für sog. **Dispokinese**, dabei handelt es sich um eine ganzheitlich orientierte Schulung, die durch eine Veränderung der Haltung, Atmung und Bewegung sowie der Erfahrungs- und Bewusstseinsdenkprozesse die Spiel- und Ausdrucksfähigkeit professioneller Musiker verbessert (FG Hessen v. 13.12.2011, 12 K 2569/10, aufgehoben durch BFH v. 11.7.2013, VI R 37/12, BStBl II 2013, 815: Das FG muss im sog. 2. Rechtsgang prüfen, ob nicht doch ein Werbungskostenabzug als Fortbildungskosten oder unter dem Gesichtspunkt der typischen Berufskrankheit oder eines eindeutig feststehenden Zusammenhangs zwischen Erkrankung und Beruf in Betracht kommt),
- Krankheitskosten wegen **Mobbing**, wenn die Erkrankung im Wesentlichen auf die persönliche Disposition des Arbeitnehmers zurückzuführen ist (BFH v. 23.1.2008, VI B 91/07, betr. psychische Beschwerden einer früheren Teamleiterin, bei denen nicht klar abzugrenzen ist, wieweit die Erkrankung tatsächlich auf die berufliche Tätigkeit zurückzuführen ist),
- Kosten eines Angestellten für **physiotherapeutische Maßnahmen am Arbeitsplatz**, mit der der Stpfl. ohne konkrete Veranlassung durch sein Arbeitsverhältnis allgemein etwas für die Erhaltung seiner Gesundheit und damit auch seiner Arbeitsfähigkeit tun will. Unerheblich ist, dass es der Arbeitgeber zugelassen hat, die Physiotherapie in betrieblichen Räumen in Anspruch zu nehmen (FG Düsseldorf v. 25.3.2013, 8 K 2213/11 E).

d) Kurkosten

2782 Entsprechendes gilt für Kurkosten. Sie sind nur dann als Werbungskosten abzugsfähig, wenn sie zur Heilung oder Vorbeugung gegen eine typische Berufskrankheit dienen.

Dies ist z.B. **anerkannt** für Aufwendungen

- wenn sie nachweisbar zur **Beseitigung einer bestehenden oder Vorbeugung gegen eine drohende typische Berufskrankheit aufgewandt** werden (z.B. BFH v. 17.7.1992, VI R 96/88).

Dies ist dagegen z.B. **nicht anerkannt** für Aufwendungen eines

- Bundeswehrpiloten für eine **Kneippkur**, die als vorbeugende Maßnahme dazu aufgewendet werden, einen allgemeinen Gesundheitszustand („vollständige Fitness") zu erhalten (BFH v. 17.7.1992, VI R 96/88),
- Polizeibeamten für den Besuch eines **Fitnessstudios** in seiner Freizeit, wenn keine Anrechnung auf die Dienstzeit erfolgt und der Besuch auch nicht als Dienstsport vom Dienstherrn anerkannt wird (BFH v. 22.5.2007, VI B 107/06),
- Fluglotsen für eine **Regenerierungskur** (BFH v. 11.3.2010, VI R 7/08, BStBl II 2010, 763),
- Technischen Lehrers im Bereich Berufsvorbereitung-Farbtechnik für eine **Kur**, wenn nicht feststellbar ist, dass die Kur der Beseitigung einer bestehenden oder der Vorbeugung gegen eine drohende typische Berufskrankheit dient (FG Baden-Württemberg v. 16.7.2010, 10 K 4686/10, EFG 2011, 433),
- Angestellten für eine mehrwöchige **Burn-Out-Behandlung** (teilweise bedingt durch beruflichen Stress infolge einer Organisationsumstellung) in einer psychosomatischen Klinik (BFH v. 9.11.2015, VI R 36/13, HFR 2016, 194).

5. Außergewöhnliche Belastungen

Krankheitskosten sind jedoch grds. als außergewöhnliche Belastung nach § 33 EStG abzugsfähig. Einen gewissen Eigenanteil soll aber jeder Stpfl. selber tragen. Der Gesetzgeber hat daher in § 33 Abs. 3 EStG eine nach Einkommen und Familienstand gestaffelte sog. **zumutbare Belastung** festgelegt, um die die steuerlich abzugsfähigen Aufwendungen gekürzt werden (→ *Außergewöhnliche Belastungen: Allgemeines* Rz. 973). 2783

Kreditkarte

→ *Firmenkreditkarte* Rz. 2115, → *Werbungskosten* Rz. 4548

Kreditkosten

→ *Arbeitslohn-ABC* Rz. 692

Kundenbindungsprogramme

1. Allgemeines

Viele Unternehmen, insbesondere Fluggesellschaften, haben Kundenbindungsprogramme eingeführt, bei denen der Kunde für die Inanspruchnahme einer Leistung Bonuspunkte erhält, die wiederum unter bestimmten Voraussetzungen in Sachprämien umgewandelt werden können. 2784

Beispiel:

Bei der Lufthansa existiert das Prämienprogramm **„Miles & More"**. Bei diesem Programm erhält der Fluggast für Flüge, die er mit der Lufthansa oder kooperierenden Fluggesellschaften durchführt, Bonuspunkte, die sich im Wesentlichen nach der Zahl der geflogenen Flugmeilen richten. Bonuspunkte werden aber auch für die Inanspruchnahme mit der Lufthansa kooperierender Gesellschaften, z.B. Hotels, Mietwagenunternehmen, Online-Shops, gewährt. Diese Bonuspunkte, auch Freimeilen genannt, können vom Kunden in bestimmte Prämien eingelöst werden, z.B. Freiflüge, Hotelübernachtungen, Ballonfahrten.

Erhält ein Arbeitnehmer Bonuspunkte für die dienstlich veranlasste Inanspruchnahme einer Leistung, für die der Arbeitgeber die Kosten trägt, und verpflichtet der Arbeitgeber den Arbeitnehmer nach der Rechtsprechung des BAG (BAG v. 11.4.2006, 9 AZR 500/05), die erworbenen Bonuspunkte nur **für dienstliche Zwecke** einzusetzen, so sind die von der Gesellschaft gewährten Prämien weder steuer- noch beitragspflichtig.

LSt (durchgestrichen) SV (durchgestrichen)

Verzichtet der Arbeitgeber jedoch **auf die Herausgabe** dienstlich erworbener Bonuspunkte, so sind die gewährten Prämien grds. steuer- und beitragspflichtig.

LSt SV

Es handelt sich insoweit um i.R. eines Dienstverhältnisses von einem Dritten gezahlten Arbeitslohn, der dem Lohnsteuerabzug unterliegt, weil der Arbeitgeber weiß oder erkennen kann, dass derartige Vergütungen erbracht werden (§ 38 Abs. 1 Satz 3 EStG). Die Höhe des geldwerten Vorteils bestimmt sich nach § 8 Abs. 2 EStG nach dem üblichen Endpreis am Abgabeort. Das ist z.B. bei Bonuspunkten von Fluggesellschaften der tarifgemäße Flugpreis für die gutgeschriebenen Freimeilen (FinMin Berlin v. 13.3.1995, III B 12 – S 2143 – 3/93, betr. Behandlung der durch Geschäftsreisen erzielten Prämien aus den Vielfliegerprogrammen der Luftverkehrsgesellschaften bei der Gewinnermittlung). Deshalb ist der Arbeitnehmer verpflichtet, dem Arbeitgeber für Zwecke des Lohnsteuerabzugs mitzuteilen, dass er Bonuspunkte privat verwendet hat (§ 38 Abs. 4 Satz 3 EStG).

Beim Prämienprogramm für Bahnfahrer **„bahnbonus"** gelten dieselben Grundsätze, vgl. im Einzelnen FinMin Saarland v. 24.10.2005, B/2 – 4 – 134/05 – S 2334.

2. Freibetrag von 1 080 €

Für **Sachprämien**, die der Stpfl. **für die persönliche Inanspruchnahme von Dienstleistungen** von Unternehmen unentgeltlich erhält, die diese zum Zwecke der Kundenbindung im allgemeinen Geschäftsverkehr in einem jedermann zugänglichen planmäßigen Verfahren gewähren, gibt es einen **Steuerfreibetrag** von 1 080 € (§ 3 Nr. 38 EStG). Preisnachlässe, Skonti und Rückvergütungen sind nicht begünstigt. 2785

Nach der Gesetzesbegründung (BT-Drucks. 13/5952) setzt die Steuerfreiheit voraus, dass die den Prämien zu Grunde liegenden Leistungen vom Prämienempfänger persönlich in Anspruch genommen worden sind. Dies entspreche den derzeitig angebotenen Bonusprogrammen und unterscheide die Prämien von anderen Boni, die üblicherweise dem Empfänger einer Leistung zugutekommen. Deshalb ist die Steuerfreiheit auf Prämien beschränkt, die für **Dienstleistungen** gewährt werden, weil nur bei Dienstleistungen eine Anknüpfung an die persönliche Inanspruchnahme möglich ist. Soweit privat verwertete Prämien auf privaten Leistungen beruhen oder Prämien beruflich verwertet werden, hat die Steuerbefreiung nur deklaratorische Bedeutung, denn insoweit handelt es sich nicht um steuerpflichtige Vorgänge.

Die Anwendung von § 3 Nr. 38 EStG scheidet hingegen aus, wenn die gutgeschriebenen Bonuspunkte **auch in eine Barprämie eingelöst** werden können oder **keine Dienstleistung in Anspruch** genommen, sondern eine Ware erworben wird, wie dies z.B. beim **Payback**-Bonusprogramm der Fall ist (BMF v. 20.10.2006, IV C 5 – S 2334 – 68/06, Lohnsteuer-Handausgabe 2017, 369).

Beispiel:

Ein Arbeitgeber händigt seinen Mitarbeitern Tankkarten einer großen Tankstellenkette aus, mit denen diese sowohl für dienstliche als auch für private Zwecke an den Tankstellen dieser Kette tanken können (soweit die Mitarbeiter für private Zwecke tanken, wird der Vorteil des kostenlosen Tankens lohnversteuert). Die Tankkarten sind auf den Namen des Arbeitgebers ausgestellt. Durch die Freischaltung der Karten für das Payback-Bonusprogramm besteht für den Mitarbeiter die Möglichkeit, sich beim Bezahlen der Tankrechnung Payback-Punkte auf sein privates Punktekonto gutschreiben zu lassen. Nach Erreichen einer bestimmten Anzahl von Payback-Punkten steht es dem Mitarbeiter nach den Geschäftsbedingungen des Payback-Anbieters frei, sich eine Sachprämie oder einen Einkaufsgutschein aushändigen oder einen entsprechenden Geldbetrag auszahlen zu lassen. Die Prämien bzw. Bargeldbeträge verbleiben bei den Mitarbeitern und werden ausschließlich privat genutzt.

Die Vorteile aus den dienstlich erworbenen Payback-Punkten führen zu steuerpflichtigem Arbeitslohn. Der Arbeitslohn fließt bei Gutschrift auf dem privaten Punktekonto zu und nicht erst bei Einlösung der Payback-Punkte (R 38.2 Abs. 3 LStR und H 38.2 [Zufluss von Arbeitslohn] LStH). Die Anwendung des § 3 Nr. 38 EStG scheidet aus, weil es sich zum einen durch die immer mögliche Bareinlösung nicht um Sachprämien handelt und zum anderen keine Dienstleistung in Anspruch genommen, sondern eine Ware erworben wird. Der vom Arbeitgeber gezahlte, teilweise für private und teilweise für dienstliche Zwecke genutzte Treibstoff ist für die Lohnversteuerung aufzuteilen. Die auf dem privaten Punktekonto gutgeschriebenen Payback-Punkte sind dementsprechend aufzuteilen (BMF v. 20.10.2006, IV C 5 – S 2334 – 68/06, Lohnsteuer-Handausgabe 2017, 369). Zur Mitteilungspflicht des Arbeitnehmers und zur Anzeigepflicht des Arbeitgebers bei Lohnzahlung durch Dritte → *Lohnzahlung durch Dritte* Rz. 3042.

3. Pauschalbesteuerung durch den Prämienanbieter

2786 Der Prämienanbieter von Kundenbindungsprogrammen hat die Möglichkeit, für den Wert der gewährten Sachprämien die Pauschalversteuerung zu wählen. Für die Anwendung der Pauschalbesteuerung nach § 37a EStG ist eine gesellschaftsrechtliche Verflechtung des Unternehmens, das die Pauschalbesteuerung durchführt, mit dem Unternehmen, das die Dienstleistung erbringt und bonifiziert nicht erforderlich.

Der **Anwendungsbereich des § 37a EStG** beschränkt sich auf die **private Inanspruchnahme von betrieblich erworbenen Bonusprämien** aus Kundenbindungsprogrammen (z.B. sog. Miles & More-Prämien). Hierbei ist es gleichgültig, ob der Arbeitnehmer oder der Betriebsinhaber die Prämien erhalten.

Zur Klarstellung: Bei den Miles & More-Prämien aus Kundenbindungsprogrammen handelt es sich **nicht um elektronisches Geld** (FG Hessen v. 13.7.2021, 4 K 404/20).

Nach § 37a EStG kann **das Finanzamt auf Antrag** zulassen, dass das Unternehmen, das Sachprämien i.S. des § 3 Nr. 38 EStG gewährt, die Einkommensteuer für den Teil der Prämien, der nicht steuerfrei ist, pauschal erhebt. Zuständig für den Pauschalierungsantrag ist das Betriebsstättenfinanzamt des Prämienanbieters (§ 37a Abs. 3 EStG).

Bemessungsgrundlage der pauschalen Einkommensteuer ist der **gesamte Wert der Prämien**, die den im Inland ansässigen Stpfl. zufließen. Dabei ist nach folgenden Grundsätzen zu verfahren (FinMin Nordrhein-Westfalen v. 3.7.1998, S 2334 – 3 – V B 3, StEd 1998, 522):

- Der Besteuerung unterliegen nur die tatsächlich in Anspruch genommenen Prämien und nicht bereits die Gutschriften von Bonuspunkten auf dem Prämienkonto.
- Freiflüge sind grds. mit den jeweils für Mitarbeiterflüge maßgeblichen Flugkilometerwerten ohne Abschläge anzusetzen (→ *Freiflüge* Rz. 2255).
- Upgrades können anhand des Punkte-/Meilenverbrauchs in einen Flugkilometerwert umgerechnet und mit dem Wert angesetzt werden, der sich für einen entsprechenden Mitarbeiterflug ergeben würde.
- Wegen der schwierigen Feststellung des für Erlebnisprämien maßgeblichen üblichen Endpreises ist es aus Vereinfachungsgründen zulässig, die oben dargestellte Berechnungsmethode auch auf Erlebnisprämien anzuwenden.

Der Pauschsteuersatz beträgt 2,25 % (§ 37a Abs. 1 EStG). Auf die pauschale Einkommensteuer ist § 40 Abs. 3 EStG sinngemäß anzuwenden (§ 37a Abs. 2 Satz 1 EStG). Das bedeutet, dass **der Prämienanbieter** die pauschale Einkommensteuer **zu übernehmen hat** und Schuldner der pauschalen Einkommensteuer ist. Das bedeutet aber auch, dass die pauschal besteuerten Einkünfte und die pauschale Einkommensteuer **bei der Einkommensteuerveranlagung des Prämienempfängers außer Ansatz** bleiben. Daher hat das pauschalierende Unternehmen den Prämienempfänger auch über die abgeltende Pauschalbesteuerung zu unterrichten (§ 37a Abs. 2 Satz 2 EStG). Die pauschale Einkommensteuer gilt als Lohnsteuer und ist von dem Prämienanbieter in der Lohnsteuer-Anmeldung der betreffenden Betriebsstätte anzumelden (§ 37a Abs. 4 EStG).

Ein Arbeitnehmer, der an einem Kundenbindungsprogramm teilnimmt und eine solche Mitteilung von dem Prämienanbieter erhält, sollte eine Fotokopie dieser Bescheinigung seinem Arbeitgeber einreichen. Für den Arbeitgeber bedeutet diese Mitteilung, dass er **keine weiteren Ermittlungen** über die Höhe eines etwaigen geldwerten Vorteils anstellen muss. Er sollte deshalb **die Bescheinigung zum Lohnkonto des Arbeitnehmers** nehmen.

4. Besonderheiten bei Prämien für den Erwerb von Waren

Die Anwendung von § 3 Nr. 38 EStG (Steuerfreiheit) und § 37a EStG (Pauschalbesteuerung) ist nach dem Wortlaut des Gesetzes ausdrücklich auf **Dienstleistungen beschränkt**, auf Grund deren die Sachprämien erworben werden können. Nach bundeseinheitlich abgestimmter Rechtsauffassung ist eine Anwendung der o.g. Steuerfreiheit und Pauschalbesteuerung jedoch **auch** bei dem Erwerb von Vorteilen aus dem Erwerb von **Waren vertretbar**, wenn der Erwerb der Waren **keine prägende Wirkung auf das Kundenbindungsprogramm** hat oder wenn der Erwerb der Waren nicht überwiegend im betrieblichen/beruflichen Bereich stattfindet (und demnach nicht zu Erwerbsaufwendungen bzw. Betriebsausgaben/Werbungskosten führt). 2787

In anderen Fällen, in denen Kundenbindungsprogramme an den Verkauf von Waren anknüpfen und dem Arbeitnehmer nicht nur die Ware über seinen Arbeitgeber zufließt, sondern in entsprechendem Umfang auch ein Anspruch auf eine Sachprämie, ist im Einzelfall die Gewährung von Arbeitslohn von dritter Seite zu prüfen (BayLfSt v. 22.11.2018, S 2297a.2.1-5/1 St36, StEd 2019, 28).

5. Keine Pauschalierungsmöglichkeit nach § 37b EStG

Kennzeichnendes Merkmal von Kundenbindungsprogrammen ist es, dass von vorneherein feststeht, dass neben der Dienstleistung Bonuspunkte etc. gutgeschrieben werden, die in Prämien eingelöst werden können. Damit werden die Bonuspunkte Bestandteil der Gegenleistung des leistenden Unternehmers. Eine **Pauschalbesteuerung von Sachzuwendungen nach § 37b Abs. 1 EStG scheidet aus**, weil die Sachprämien nicht zusätzlich zur ohnehin geschuldeten Leistung erbracht werden (BayLfSt v. 22.11.2018, S 2297a.2.1-5/1 St36, StEd 2019, 28). 2788

Künstlerische Tätigkeit

→ *Nebenberufliche steuerbegünstigte Tätigkeiten* Rz. 3236

Künstlersozialabgabe

1. Allgemeines

2789 Durch die Künstlersozialabgabe kommen selbständige Künstler und Publizisten in den Schutz der gesetzlichen Krankenversicherung. Unternehmen, die Aufträge erteilen, entrichten die Abgabe i.d.R. auf die gezahlten Honorare. Die Rentenversicherungsträger überprüfen i.R. ihrer Betriebsprüfung die Abgabepflicht und die Zahlung der Künstlersozialabgabe.

2. Finanzierung

2790 Die Künstlersozialversicherung finanziert sich nach einem Säulenmodell:

- 50 % aus den Versichertenbeiträgen
- 30 % aus der Künstlersozialabgabe
- 20 % Bundeszuschuss

Versichertenbeiträge:

Selbständige Künstler und Publizisten müssen monatlich Beiträge aus ihren voraussichtlichen Einkünften zahlen.

3. Künstlersozialabgabe

2791 Zur Finanzierung der Künstlersozialversicherung wird die Künstlersozialabgabe (§ 23 KSVG) erhoben. Die Abgabe ist bei der Künstlersozialkasse zu entrichten. Die Künstlersozialkasse war bisher in der Trägerschaft der Unfallversicherung Bund. Anfang 2025 ging diese Zuständigkeit auf die Deutsche Rentenversicherung Knappschaft-Bahn-See über.

Zahlungspflichtig sind Unternehmen, die Werke und Leistungen selbständiger Künstler und Publizisten gegen Entgelt in Anspruch nehmen. Hierzu zählen private Unternehmen, öffentlich-rechtliche Körperschaften, Anstalten, eingetragene Vereine und Personengemeinschaften. Voraussetzung ist, dass die Arbeiten für die Zwecke des Unternehmens genutzt werden. Unter Nutzung kann man verstehen, dass damit Einnahmen erzielt werden sollen. Ist die Nutzung nur privat oder unternehmensintern, liegt keine Abgabepflicht vor.

Beispiel 1:
Auf dem Betriebsfest tritt eine Band auf.
Teilnehmen dürfen nur Betriebsangehörige und deren Lebenspartner.
Das Honorar an die Band ist nicht abgabepflichtig.

Die Künstlersozialabgabe ist selbst dann zu zahlen, wenn der Künstler oder Publizist nicht in der Künstlersozialversicherung pflichtversichert ist oder nicht versichert werden kann. Dies, um Wettbewerbsnachteile auszuschließen.

Beispiel 2:
Ein Pensionär, der nicht versicherungspflichtig in der Künstlersozialversicherung ist, schreibt regelmäßig eine Kolumne für eine Tageszeitung. Hierfür erhält er ein Honorar.
Dieses Honorar unterliegt der Abgabepflicht.

Hinweis: Die Abgabepflicht entsteht selbst dann, wenn die künstlerische oder publizistische Tätigkeit nur nebenberuflich ausgeübt wird.

Ein selbständiger Künstler oder Publizist kann neben seiner eigenen Versicherung nach dem Künstlersozialversicherungsgesetz selbst auch zur Zahlung der Künstlersozialabgabe herangezogen werden; z.B. dann, wenn er Ausstellungen oder Veranstaltungen organisiert.

4. Unterscheidung der Unternehmen

2792 Zur Künstlersozialabgabe sind u.a. Verlage, Theater, Rundfunk, Galerien, Zirkus, Aus- und Fortbildungseinrichtungen usw. verpflichtet.

Nach Modifizierung durch den Entwurf des Achten Gesetzes zur Änderung des SGB IV und anderer Gesetze sind auch folgende Unternehmer verpflichtet:

- Die für Zwecke ihres eigenen Unternehmens Werbung und Öffentlichkeitsarbeit betreiben und hierbei selbständige Künstler oder Publizisten beauftragen oder
- die selbständige Künstler oder Publizisten beauftragen, um deren Werke oder Leistungen für Zwecke ihres Unternehmens zu nutzen, wenn im Zusammenhang mit dieser Nutzung Einnahmen erzielt werden sollen.

Die Abgabepflicht setzt voraus, dass die Summe der Entgelte nach § 25 KSVG für einen in einem Kalenderjahr erteilten Auftrag oder mehrere in einem Kalenderjahr erteilte Auftrage 450 € übersteigt.

Das 8. Gesetz zur Änderung des SGB IV und andere Gesetze vom 20.12.2022, BGBl. I 2022, 2759 brachte eine Modifizierung bei den abgabepflichtigen Unternehmen. Ebenfalls abgabepflichtig sind Unternehmen, die für Zwecke ihres eigenen Unternehmens Werbung und Öffentlichkeitsarbeit betreiben und hierbei selbständige Künstler und Publizisten beauftragen oder die selbständige Künstler und Publizisten beauftragen, um deren Werke oder Leistungen für Zwecke ihres Unternehmens zu nutzen, wenn im Zusammenhang mit dieser Nutzung Einnahmen erzielt werden sollen.

Eine Abgabepflicht besteht bei der Beauftragung selbständiger Künstler und Publizisten nicht für Entgelte, die im Rahmen der Durchführung von Veranstaltungen gezahlt werden, wenn in einem Kalenderjahr nicht mehr als drei Veranstaltungen durchgeführt werden, in denen künstlerische oder publizistische Werke oder Leistungen aufgeführt oder dargeboten werden sowie für Musikvereine, soweit für sie Chorleiter oder Dirigenten regelmäßig tätig sind.

5. Entgelte

Alle Entgelte, die zur Tätigkeit gezahlt werden (z.B. Gagen, Honorare), sowie die Nebenkosten (z.B. Material, Fracht) gehören zum abgabepflichtigen Entgelt. 2793

Nicht dazu gehören u.a. Zahlungen an Kommanditgesellschaften, Zahlungen an juristische Personen, Zahlungen an urheberrechtliche Verwertungsgesellschaften usw.

6. Berechnung

Alle Entgelte, die im Lauf des Jahres an Künstler oder Publizisten gezahlt werden, sind mit einem Abgabesatz zu multiplizieren. Die Künstlersozialabgabe wird als Umlage erhoben. Der Abgabesatz wird jährlich für das jeweils folgende Kalenderjahr in der Künstlersozialabgabe-Verordnung festgelegt. Für 2026 wurde er mit der Künstlersozialabgabe-Verordnung 2026 v. 25.9.2025, BGBl. I 2025, Nr. 220, festgelegt und beträgt für das Jahr 2026 4,9 %. 2794

7. Zahlungszeitpunkt

Spätestens bis zum 31.3. des Folgejahres muss der Künstlersozialkasse die Höhe aller Entgelte für das vorhergehende Kalenderjahr mitgeteilt werden. 2795

Die Künstlersozialkasse berechnet die Künstlersozialabgabe für das vorhergehende Kalenderjahr und die Vorauszahlungen für das laufende Kalenderjahr.

Als Vorauszahlung für Januar und Februar gilt der Betrag des Dezembers des Vorjahres, ansonsten ein Zwölftel der Bemessungsgrundlage des Vorjahres. Die Vorauszahlung wird jeweils am 10. des Folgemonats fällig.

Die Künstlersozialkasse stellt in einem elektronischen Formularcenter unter www.kuenstlersozialkasse.de die unterschiedlichen Meldeoptionen zur Verfügung.

8. Weiteres Verfahren

Die Melde-, Auskunfts-, Aufzeichnungs- und Vorlagepflichten können ebenfalls unter www.kuenstlersozialkasse.de eingesehen werden. Hier sind die erforderlichen Angaben übersichtlich dargestellt. 2796

9. Ausgleichsvereinigungen

Abgabepflichtige haben die Möglichkeit, sich zu Ausgleichsvereinigungen zusammen zu schließen. 2797

Die Ausgleichsvereinigung übernimmt die Pflichten gegenüber der Künstlersozialkasse und nimmt auch die entsprechenden Zahlungen vor.

Künstler (und verwandte Berufe)

1. Allgemeines

2798 Zur Abgrenzung zwischen selbständiger Tätigkeit und nichtselbständiger Arbeit sowie für den **Lohnsteuerabzug** bei Künstlern und verwandten Berufen, soweit sie eine **unmittelbare Vertragsbeziehung zum Arbeitgeber/Auftraggeber begründen**, s. „Künstlererlass" BMF v. 5.10.1990, IV B 6 – S 2332 – 73/90, BStBl I 1990, 638 und ergänzend BMF v. 9.7.2014, IV C 5 – S 2332/0-07, BStBl I 2014, 1103 betr. Nachweis der Unternehmereigenschaft.

Zur steuerlichen Behandlung **beschränkt einkommensteuerpflichtiger** Künstler s. BMF v. 31.7.2002, IV C 5 – S 2369 – 5/02, BStBl I 2002, 707, teilweise geändert durch BMF v. 28.3.2013, IV C 5 – S 2332/09/10002, BStBl I 2013, 443.

Zur lohnsteuerrechtlichen Behandlung von Fahrt- und Übernachtungskostenersatz an **gastspielverpflichtete Künstler** s. OFD Frankfurt v. 5.6.2015, S 2332 A – 59 – St 211, StEd 2015, 428.

Die Spitzenverbände der Sozialversicherungsträger haben einen „Abgrenzungskatalog für die im Bereich Theater, Orchester, Rundfunk- und Fernsehanbieter, Film- und Fernsehproduktion tätigen Personen" herausgegeben, der u.a. unter https://rvrecht.deutsche-rentenversicherung.de und dort unter rvRecht/Normen und Verträge// Rundscheiben Spitzenverbände veröffentlicht ist.

Hinzuweisen ist ferner auf das Besprechungsergebnis der Spitzenorganisationen der Sozialversicherung v. 21.11.2018, https://rvrecht.deutsche-rentenversicherung.de und dort unter Arbeitgeber&Steuerberater/summa summarum/Besprechungsergebnisse, zur Abgrenzung von einer unständigen Beschäftigung.

Die OFD Baden-Württemberg hat in einem **Merkblatt** v. 8.5.2024, S 2045-1 – St 117, **„Grundzüge der Besteuerung von Musikern und Sängern"** (https://ofd-bw.fv-bwl.de/,Lde/Startseite/Service/FAQ+-+Steuern) zusammengestellt.

2. Einzelfragen zum steuerlichen Künstlererlass

2799 **Zu Tz. 1:**

- Zahlt ein Musiktheater an seine **angestellten Orchestermusiker** Vergütungen für die **Übertragung von Leistungsschutzrechten** betreffend Fernsehausstrahlungen, so handelt es sich nicht um Arbeitslohn, sondern um Einnahmen aus **selbständiger Arbeit**, wenn die Leistungsschutzrechte nicht bereits auf Grund des Arbeitsvertrags auf den Arbeitgeber übergegangen und die Höhe der jeweiligen Vergütungen in gesonderten Vereinbarungen festgelegt worden sind (BFH v. 6.3.1995, VI R 63/94, BStBl II 1995, 471).
- Einnahmen aus **Musikveranstaltungen** sind nicht allein deshalb als Einkünfte aus nichtselbständiger Arbeit zu qualifizieren, weil für die Abrechnung die **Verrechnungsstelle** für Musiker, Bühnen-, Hotel- und Gaststättenangestellte in Hannover **eingeschaltet** worden ist und Lohn- sowie Lohnkirchensteuer und Sozialversicherungsbeiträge an die betreffenden Stellen abgeführt hat (BVerfG v. 30.3.1996, 2 BvR 1611/95, StEd 1996, 574).

2800 **Zu Tz. 1.1.1:**

Spielzeitverpflichtete Künstler sind auch sozialversicherungsrechtlich i.d.R. eingegliedert und daher abhängig beschäftigt. Gegenüber der gegebenen Weisungsgebundenheit und Eingliederung sind keine wesentlichen Merkmale für eine selbständige Tätigkeit erkennbar. Gleiches gilt hinsichtlich eines zu tragenden unternehmerischen Risikos (LSG Nordrhein-Westfalen v. 5.3.2018, L 8 R 41/17 B ER).

2801 **Zu Tz. 1.1.2:**

- Das FG Hamburg hat die Verwaltungsauffassung bestätigt, dass ein **spielzeitverpflichteter Orchestermusiker**, der in einem seit vielen Jahren laufenden Musical mitwirkt, **nichtselbständig** ist, weil er sich bis zu letzten Einzelheiten einem Regiekonzept unterwerfen muss. Das gilt auch für eine Vertretung; auf die Häufigkeit der Vertretungsfälle sowie auf die Frage, ob Rechtsbeziehungen zu dem Orchesterbetreiber oder dem Vertretenen bestehen, kommt es regelmäßig nicht entscheidend an (FG Hamburg v. 6.6.1995, I 122/94, EFG 1995, 1079).
- **Bühnenkünstler** stehen nicht in einer abhängigen Beschäftigung, wenn sich die Tätigkeit im Wesentlichen im Bühnenauftritt erschöpft und lediglich Rahmenvorgaben hinsichtlich Ort und Zeit der Aufführung sowie des „groben" Inhalts der Darbietung, innerhalb derer die übernommene Dienstleistung zu erbringen ist, zu beachten sind (BSG v. 14.3.2018, B 12 KR 3/17 R, betr. **Opernchorsänger**).

  Opernchorsänger sind dagegen als Arbeitnehmer anzusehen, wenn sie in den Geschäftsbetrieb der Opernchöre eingegliedert, dem Direktionsrecht der Chordirektionen unterworfen, an festgelegte Regelarbeitszeiten und Arbeitsorte gebunden sind, feste Bezüge erhalten, Anspruch auf Sozialleistungen haben und kein Unternehmerrisiko tragen (BFH v. 30.5.2018, I R 62/16, HFR 2018, 935).

  Der BFH hatte entgegen dem „Künstlererlass" eine Opernsängerin trotz Probenverpflichtung als **selbständige Unternehmerin** angesehen (BFH v. 30.5.1996, V R 2/95, BStBl II 1996, 493). Die Finanzverwaltung hat gegen dieses Urteil Bedenken und deshalb einen „Nichtanwendungserlass" herausgegeben (FinMin Bayern v. 17.2.1997, 32 – S 2355 – 21/54 – 9175). Sie sieht die **Probenverpflichtung als wesentliches Abgrenzungsmerkmal** zwischen selbständiger und nichtselbständiger Arbeit an, zumal hierdurch die Einordnung sowohl für den Arbeitgeber als auch für das Finanzamt vereinfacht wird. Es ist jedoch kaum damit zu rechnen, dass der BFH in einem neuen Verfahren seine Rechtsprechung ändern wird. Arbeitgeber sollten, wenn das Finanzamt Lohnsteuer nachfordert, gegen den Haftungsbescheid Einspruch einlegen.

  Allein eine vertragliche Formulierung in Anlehnung an die für Bühnen geltenden Tarifverträge führt nach Auffassung des **SG Detmold** nicht zur Annahme eines Dienstverhältnisses besonderer Art und damit zu einer Verneinung der Sozialversicherungspflicht des Beschäftigungsverhältnisses. Ein Opernsänger, der fest in einen Proben- und Aufführungsbetrieb für ein Musiktheaterstück integriert ist und dabei auch hinsichtlich der Vergütung wie ein Angestellter behandelt wird (hier: Abgeltung von Mehrarbeit durch die gewährte Vergütung), übt regelmäßig eine **sozialversicherungspflichtige Beschäftigung** aus. Dies gilt regelmäßig auch für die Zeiten zwischen Proben und Aufführung (SG Detmold v. 26.5.2014, S 7 R 614/10).
- Das FG Baden-Württemberg hat Zweifel, ob ein **bekannter Theater- und Fernsehschauspieler**, der in einer Fernsehserie mitwirkt, tatsächlich als **Arbeitnehmer** tätig wird; es lehnt die gegenteilige 25-jährige Rechtsprechung des BFH und damit auch die Auffassung der Finanzverwaltung ausdrücklich ab (FG Baden-Württemberg v. 22.10.1998, 10 K 58/96).

Zu Tz. 1.3.1: 2802

Der **Redakteur** einer Rundfunkanstalt kann auch dann **Arbeitnehmer** sein, wenn er auf der Basis von Einzelhonorarverträgen tätig ist (FG Rheinland-Pfalz v. 27.6.1988, 5 K 532/87, EFG 1989, 22).

Der BFH hat einen **Nachrichtensprecher** als Arbeitnehmer angesehen (BFH v. 4.12.2008, XI B 250/07).

Der **„feste freie Mitarbeiter" einer öffentlich-rechtlichen Rundfunkanstalt** kann selbständig tätig sein (BFH v. 25.6.2009, V R 37/08, BStBl II 2009, 873).

Zu Tz. 1.3.3: 2803

Eine von vornherein auf Dauer angelegte Tätigkeit eines freien Mitarbeiters bei Hörfunk und Fernsehen ist nach Tz. 1.3.3 des sog. Künstlererlasses nichtselbständig, auch wenn für sie mehrere Honorarverträge abgeschlossen werden. Dabei ist nicht auf die Dauer und Häufigkeit der Tätigkeit, sondern auf die von vornherein eingegangene Gesamtverpflichtung abzustellen.

Zu Tz. 1.3.6: 2804

Die neben dem ständigen Personal bei Hörfunk und Fernsehen beschäftigten Künstler und Angehörigen von verwandten Berufen, die i.d.R. auf Grund von Honorarverträgen tätig werden und im Allgemeinen als freie Mitarbeiter bezeichnet werden, sind nach Tz. 1.3.1 des Künstlererlasses grds. **nichtselbständig** tätig.

Nach Tz. 1.3.2 des Künstlererlasses sind bestimmte Gruppen von freien Mitarbeitern bei Hörfunk und Fernsehen im Allgemeinen **selbständig** tätig, soweit sie nur für einzelne Produktionen tätig werden (Negativkatalog). Gehört ein freier Mitarbeiter nicht zu einer der im Negativkatalog genannten Berufsgruppen, so kann gem. Tz. 1.3.6 des Künstlererlasses auf Grund besonderer Verhältnisse des Einzelfalls die Tätigkeit gleichwohl selbständig sein. Das **Wohnsitzfinanzamt** erteilt dem Stpfl. nach eingehender Prüfung ggf. eine diesbezügliche **Bescheinigung**. Eine Übertragung der Zuständigkeit für die Erteilung der Bescheinigung auf das Betriebsstättenfinanzamt kommt nicht in Betracht.

Die Ausstellung einer Bescheinigung nach Tz. 1.3.6 des Künstlererlasses ist mithin nur auf ganz besonders gelagerte Ausnahmefälle beschränkt. Nach dem Wortlaut sowie dem Sinn und Zweck des Künstlererlasses ist dabei wie folgt zu verfahren (OFD Münster, aktualisierte Kurzinformation Einkommensteuer Nr. 16/2009 v. 22.3.2013, DB 2013, 1146):

Eine **Bescheinigung nach Tz. 1.3.6 des Künstlererlasses ist nur dann ausnahmsweise auszustellen**, wenn

- die künstlerische Tätigkeit bei Hörfunk und/oder Fernsehen ausgeübt wird,
- der Künstler nicht unter den Negativkatalog der Tz. 1.3.2 des Künstlererlasses fällt,
- der Künstler gleichwohl auf Grund besonderer Verhältnisse des Einzelfalls selbständig tätig wird und
- das Betriebsstättenfinanzamt des Auftraggebers der Auffassung des Wohnsitzfinanzamts des Künstlers zugestimmt hat.

2805 **Zu Tz. 1.4:**

Abweichend vom „Künstlererlass" wurden als **selbständig** tätig angesehen

- ein **Regisseur und ein Kameramann**, die für den Dreh eines Werbespots durch einen Produzenten verpflichtet wurden (BFH v. 2.7.2008, VI R 19/07),
- ausländische **Fotomodelle**, die einmalig für ein bis drei Tage für Werbefilme engagiert wurden (BFH v. 14.6.2007, VI R 5/06, BStBl II 2009, 931).

Nach dem o.g. Künstlererlass sind **Synchronsprecher** i.d.R. **selbständig** (BFH v. 12.10.1978, IV R 1/77, BStBl II 1981, 706), auch bei der Sozialversicherung wurden Synchronsprecher von den Spitzenorganisationen der Sozialversicherung seit 2005 nicht als abhängig Beschäftigte angesehen. Das gilt nicht nur für Lippensynchronsprecher, sondern auch für Synchronsprecher für besondere Filme (z.B. Kultur-, Lehr- und Werbefilme), bei denen der in eine andere Sprache zu übertragende Begleittext zu sprechen ist. Diese Grundsätze gelten für Synchronregisseure entsprechend.

Das **BSG** hat in mehreren Beschlüssen dieser Rechtsauffassung widersprochen (zuletzt BSG v. 31.3.2017, B 12 KR 16/14 R). Es sieht einen Synchronsprecher als **Arbeitnehmer** an, wenn er in den Betrieb des jeweiligen Synchronisationsunternehmens eingegliedert ist und unter Vorgabe von Terminen und zeitlicher Abfolge für die Aufnahmen, von Räumlichkeiten sowie Dialog- und Synchronbüchern im Einzelnen den Weisungen der von den Produktionsunternehmen gestellten Regisseure, Cutter und Tonmeister unterliegt. Entgegen der „Gemeinsamen Verlautbarung der Spitzenverbände der Sozialversicherungsträger zur versicherungsrechtlichen Beurteilung von Synchronsprechern v. 30.9.2005" kann für das Vorliegen von Beschäftigung insbesondere nicht verlangt werden, dass eine Rahmenvereinbarung besteht. Ebenso wenig sprechen nur kurzzeitige Einsätze zwingend für selbständige Tätigkeit. Aus der bloßen Kurzzeitigkeit von Tätigkeiten kann – anders als der BFH dies für das Steuerrecht annimmt (BFH v. 1.3.1973, IV R 231/69, BStBl II 1973, 458; BFH v. 3.8.1978, VI R 212/75, BStBl II 1979, 131; BFH v. 12.10.1978, IV R 1/77, BStBl II 1981, 706) – schon deshalb nichts hergeleitet werden, weil das Sozialversicherungsrecht mit den Regelungen der Zeitgeringfügigkeit (vgl. § 8 Abs. 1 Nr. SGB IV) und für „unständig Beschäftigte" (anders als das Einkommensteuerrecht) Sondernormen für Personen mit sehr kurzfristigen Beschäftigungen enthält.

Die Spitzenorganisationen der Sozialversicherung haben sich in ihrer Besprechung am 23.11.2016 dieser Auffassung angeschlossen, so dass Synchronsprecher statusrechtlich als abhängig Beschäftigte anzusehen sind. Erst in einem nächsten Schritt ist zu prüfen, ob ggf. eine unständige Beschäftigung vorliegt, insbesondere, ob sie berufsmäßig ausgeübt wird.

Zu Tz. 1.5: 2806

Wiederholungshonorare und Erlösbeteiligungen, die an ausübende Künstler von Hörfunk- oder Fernsehproduktionen als Nutzungsentgelte für die Übertragung originärer urheberrechtlicher Verwertungsrechte gezahlt werden, stellen nach Auffassung des BFH **keinen Arbeitslohn** dar (BFH v. 26.7.2006, VI R 49/02, BStBl II 2006, 917). Der BFH lehnt die gegenteilige Regelung im „Künstlererlass" (Zurechnung zu der Einkunftsart, zu der das Ersthonorar gehört hat) ab.

Kur/Kurkosten

Der Begriff „Kur" wurde durch das Entgeltfortzahlungsgesetz seit 2807
dem 1.6.1994 durch den inhaltsgleichen Begriff „Maßnahmen der medizinischen Vorsorge und Rehabilitation" ersetzt (§ 9 EFZG). Weitere Einzelheiten → *Entgeltfortzahlung* Rz. 1914, → *Erholung: Arbeitgeberzuwendungen* Rz. 2036 und → *Krankheitskosten* Rz. 2772.

Kurzarbeitergeld

1. Allgemeines

Das **Kurzarbeitergeld** (Kug) ist ein wichtiges Instrument der Be- 2808
schäftigungssicherung und dient der Erhaltung von Arbeitsplätzen.

Die Voraussetzungen für die Zahlung von Kug sind in den §§ 95 bis 111a SGB III geregelt. Kug wird bei Erfüllung der dort genannten Voraussetzungen Arbeitnehmern gewährt

- bei einem auf wirtschaftlichen Gründen oder auf einem unabwendbaren Ereignis beruhenden **vorübergehenden und nicht vermeidbaren Arbeitsausfall** mit Entgeltausfall,
- bei saisonbedingtem Arbeitsausfall im Winter in Betrieben des Baugewerbes (vgl. → *Saison-Kurzarbeitergeld* Rz. 3850) oder
- bei dauerhaftem Arbeitsausfall infolge eines nicht nur vorübergehenden **Wegfalls von Arbeitsplätzen auf Grund einer Betriebsänderung** (um die sofortige Arbeitslosigkeit der hiervon betroffenen Arbeitnehmer zu vermeiden), vgl. → *Beschäftigungsgesellschaften* Rz. 1376.

Arbeitgeber können Kurzarbeit nicht einseitig anordnen. Die Einführung ist nur zulässig, wenn dies in einem **Tarifvertrag oder einer Betriebsvereinbarung vereinbart** ist oder der Arbeitnehmer individualrechtlich zustimmt. In Betrieben mit Betriebsvertretung ist die Einführung von Kurzarbeit mit dem **Betriebsrat** schriftlich zu vereinbaren.

Kurzarbeit bedeutet konkret:

- Mitarbeiter arbeiten vorübergehend weniger und erhalten im Gegenzug ein entsprechend der geringeren Arbeitszeit reduziertes Entgelt, genannt **Kurzlohn**.
- Einen Teil der finanziellen Einbußen für die Mitarbeiter fängt die Agentur für Arbeit durch das **Kug** auf. Dieses berechnet der Arbeitgeber und zahlt es anschließend zunächst selbst an die Beschäftigten aus. Anschließend beantragt das Unternehmen die Erstattung bei der Agentur für Arbeit.

Das Kug bemisst sich nach dem Unterschiedsbetrag (Nettoentgeltdifferenz) zwischen dem pauschalierten Nettoentgelt aus dem Soll-Entgelt (Bruttoarbeitsentgelt, das der Arbeitnehmer ohne den Arbeitsausfall erzielt hätte, vermindert um Entgelte für Mehrarbeit) und dem pauschalierten Nettoentgelt aus dem Ist-Entgelt (tatsächlich erzieltes Bruttoarbeitsentgelt des Arbeitnehmers einschließlich aller zustehenden Entgeltanteile).

Bei der Ermittlung von Soll-Entgelt und Ist-Entgelt bleibt Arbeitsentgelt, das einmalig gezahlt wird, außer Betracht.

Das Kug beträgt bei Arbeitnehmern, die ein Kind i.S.d. § 32 Abs. 1 Nr. 2, Abs. 3 bis 5 EStG haben, 67 % und bei den übrigen Arbeitnehmern 60 % der Nettoentgeltdifferenz.

Für das Kug gilt ein **Antragsverfahren.** Dieses ist aufgeteilt in **Anerkennungsverfahren und in Erstattungsverfahren.**

Um Kug zu erhalten, muss der Arbeitgeber (oder auch die Betriebsvertretung wie etwa der Betriebsrat) zunächst schriftlich den **Arbeitsausfall bei der Agentur für Arbeit anzeigen (Anerken-**

nungsverfahren). Die Bundesagentur für Arbeit bietet hier auf ihrer Internetseite die Möglichkeit an, die Anzeige online elektronisch zu stellen, hierfür gibt es u.a. die Kurzarbeit App in den App-Stores von Apple und Google.

Mit der Anzeige hat der Arbeitgeber den erheblichen Arbeitsausfall glaubhaft darzulegen und nachzuweisen, dass alle weiteren Anspruchsvoraussetzungen vorliegen. Die Anzeige des Arbeitsausfalls muss in dem Kalendermonat erfolgen, in dem es erstmals zum Arbeitsausfall kommt. Hintergrund ist, dass die Agentur für Arbeit das Kug frühestens von dem Kalendermonat an den Arbeitgeber erstattet, in dem die Anzeige über den Arbeitsausfall dort eingegangen ist. Dieses gilt auch dann, wenn Kurzarbeit aus einem entschuldbaren Grund nicht rechtzeitig angezeigt worden ist.

Die Arbeitsagentur prüft, ob die Voraussetzungen zur Gewährung von Kug vorliegen. Während der Kurzarbeit bleiben die betroffenen Mitarbeiter in allen Zweigen der Sozialversicherung als Arbeitnehmer versichert.

Sollte für Entgeltabrechnungszeiträume ab 1.1.2023 die Arbeitsagentur nach abschließender Prüfung das vorläufig gezahlte Kurzarbeitergeld vom Arbeitgeber zurückfordern, sind im Versicherungs- und Beitragsrechtsverhältnis rückwirkend vom Arbeitgeber Korrekturen zu veranlassen. Die Beitragsabrechnung muss entsprechend korrigiert werden. Hierzu haben die Spitzenorganisationen der Sozialversicherung eine gemeinsame Verlautbarung mit Datum 14.2.2023 erlassen.

Soweit Arbeitnehmer Kurzlohn (für die tatsächlich geleistete Arbeit) erhalten, tragen die betroffenen **Mitarbeiter und der Arbeitgeber die Sozialversicherungsbeiträge, die sich aus diesem Entgelt ergeben, je zur Hälfte**.

Unternehmen haben gesetzlich **rückwirkend drei Monate Zeit**, angezeigte, genehmigte und dann realisierte Kurzarbeit bei der Agentur für Arbeit geltend zu machen und die **Erstattung des ausgezahlten Kug zu beantragen (Erstattungsverfahren).** Zum 1.7.2021 wurde das **KEA-Verfahren** eingeführt. KEA steht für „Kurzarbeitergeld-Dokumente elektronisch annehmen“. Damit eröffnet die BA dem Arbeitgeber den Weg, Dokumente wie Meldungen (Anträge nach § 323 Abs. 2 SGB III z.B. Kurzarbeitergeld, Saisonkurzarbeitergeld und ergänzende Leistungen wie die Erstattung der Sozialversicherungsbeiträge) aus der eigenen Software oder einer Ausfüllhilfe heraus elektronisch an die BA zu übermitteln. Siehe auch → *Meldungen für Arbeitnehmer in der Sozialversicherung* Rz. 3137.

Bei der genannten Frist von drei Monaten handelt es sich um eine **Ausschlussfrist.** Die Frist beginnt mit Ablauf des Monats, für den das Kug beantragt wird.

Beispiel:
Im Juni läuft die Frist für März aus, Ende Juli müssen die Ansprüche für April eingegangen sein, im August für Mai etc. Geht der Antrag mit den Abrechnungsunterlagen nicht innerhalb der Ausschlussfrist bei der Agentur für Arbeit ein, können Leistungen ohne Rücksicht auf die Gründe der Fristversäumnis nicht mehr gewährt werden.

Werden Anträge auf Erstattung von Kug nach Fristablauf eingereicht, erstattet die Agentur für Arbeit dem Arbeitgeber das (vermeintliche) Kug nicht. **In diesen Fällen wird aus dem vermeintlichen Kug ein Nettolohn.** Es entfällt die Steuer- und Sozialversicherungsfreiheit. Die Lohnabrechnung ist nach Ablehnung durch die Agentur für Arbeit also zu korrigieren. **Zusätzlich sind Lohnsteuer und Sozialabgaben abzuführen**. Wird eine entsprechende Korrektur sowie die Zahlung unterlassen, so ist dies nach § 266a StGB und § 380 AO strafrechtlich relevant.

Der Arbeitgeber hat die Höhe des Kug selber zu berechnen. Sind ihm hierbei Fehler unterlaufen, wird ihm von der Agentur für Arbeit das Kug (lediglich) in der korrekten Höhe erstattet. Die Lohnabrechnung ist in diesen Fällen ebenfalls zu korrigieren.

Wird **weniger Kug bewilligt**, als der Arbeitgeber errechnet hat, liegt in Höhe des Differenzbetrages **zusätzlicher Arbeitslohn** vor, der zu versteuern ist und auf den Sozialabgaben abzuführen sind. Wird ein **höheres Kug bewilligt**, als der Arbeitgeber errechnet hat, **vermindert sich der Arbeitslohn** in Höhe des Differenzbetrages und demzufolge auch die Lohnsteuer sowie die abzuführenden Sozialabgaben.

Die **Bezugsdauer von 12 Monaten** gilt einheitlich für alle in einem Betrieb beschäftigten Arbeitnehmer (vgl. § 104 Abs. 1 Satz 1 SGB III).

Mit der am 17.12.2025 vom Bundeskabinett beschlossenen Änderungsverordnung (Vierte Verordnung über die Bezugsdauer für das Kurzarbeitergeld – 4. KugBeV) ist die Bezugsdauer für das Kurzarbeitergeld **abermals auf bis zu 24 Monate verlängert worden**. Die Verordnung und die Verlängerung der Bezugsdauer gelten bis zum 31.12.2026. Ab 1.1.2027 gilt dann wieder die gesetzliche Bezugsdauer von 12 Monaten, auch für Betriebe, die bis Ende 2026 noch nicht die maximale Bezugsdauer von 24 Monaten ausgeschöpft haben.

Ein **Lohnzuschuss** des Arbeitgebers zum Kug wird zwar auf Nettobeträge berechnet, ist jedoch **brutto zu zahlen** (BAG v. 21.6.2000, 4 AZR 403/99).

Zur Anrechnung von Einkünften aus einem **Mini-Job** auf Kurzarbeitergeld s. die Pressemitteilung der OFD Koblenz v. 29.10.2009, Lohnsteuer-Handausgabe 2021, 628.

Der Arbeitgeber darf für Zeiten der vertraglich oder durch Betriebsvereinbarung vereinbarten **„Kurzarbeit Null“ den Urlaubsanspruch anteilig kürzen** (BAG v. 30.11.2021, 9 AZR 225/21 und 9 AZR 234/21). Die Arbeitgeber dürfen demnach den Urlaubsanspruch bei „Kurzarbeit Null“ anteilig der durch die „Kurzarbeit Null“ entstehenden geringeren Anzahl an Tagen mit Arbeitspflicht kürzen. Eine **Pflicht hierzu besteht nicht**. Eine Kürzung des Urlaubsanspruchs darf hingegen nicht erfolgen, wenn die Kurzarbeit lediglich zu einer teilweisen Reduzierung der täglichen Arbeitszeit führt.

Zur Urlaubsberechnung bei zeitlicher Überschneidung von Krankheit und Kurzarbeit s. BAG v. 5.12.2023, 9 AZR 263/22. Erkrankt danach der Arbeitnehmer in einem Zeitraum, für den – wirksam – Kurzarbeit „null“ eingeführt worden ist, sind die ausgefallenen Arbeitstage bei der Berechnung des Urlaubsumfangs nicht Zeiten mit Arbeitspflicht gleichzustellen.

2. Lohnsteuer

Das Kug ist nach § 3 Nr. 2 Buchst. a EStG **steuerfrei**, unterliegt jedoch bei der Einkommensteuerveranlagung nach § 32b Abs. 1 Satz 1 Nr. 1a EStG dem sog. **Progressionsvorbehalt** (→ *Progressionsvorbehalt* Rz. 3501). Der Arbeitgeber muss deshalb das Kug sowohl im **Lohnkonto** besonders aufzeichnen (§ 41 Abs. 1 Satz 5 EStG) als auch in der **Lohnsteuerbescheinigung** (Nummer 15) gesondert übermitteln bzw. bescheinigen (§ 41b Abs. 1 Satz 2 Nr. 5 EStG). 2809

Zur Frage, ob **Aufstockungsbeträge zum Transferkurzarbeitergeld**, die von einer Transfer-Gesellschaft gezahlt werden, als außerordentliche Einkünfte i.S.v. § 34 Abs. 2 Nr. 2 EStG tarifermäßigt besteuert werden können, wenn der ehemalige Arbeitnehmer beschäftigungslos bei dieser Transfer-Gesellschaft befristet angestellt wird, → *Beschäftigungsgesellschaften* Rz. 1387.

3. Sozialversicherung

a) Grundsätze

Die Mitgliedschaft versicherungspflichtiger Arbeitnehmer in der Kranken- und Pflegeversicherung sowie in Bezug auf das rentenversicherungspflichtige Beschäftigungsverhältnis bleibt erhalten, solange sie **Kug** beziehen. 2810

Hinsichtlich der **Beitragsberechnung sind Besonderheiten** zu berücksichtigen. **Diese sind nachfolgend zusammengefasst und ergänzt:**

b) Kranken- und Pflegeversicherung

Bemessungsgrundlage für die Berechnung der Kranken- und Pflegeversicherungsbeiträge der Empfänger von Kug ist zunächst das tatsächlich erzielte Arbeitsentgelt (Ist-Entgelt). Diese Beiträge sind in der üblichen Weise zu berechnen und grundsätzlich je zur Hälfte vom Arbeitgeber und Arbeitnehmer zu tragen. Vom Arbeitnehmer ist darüber hinaus der Beitragszuschlag zur Pflegeversicherung für Mitglieder ohne Kinder zu zahlen (→ *Beiträge zur Sozialversicherung* Rz. 1261, → *Pflegeversicherung* Rz. 3401). Der kassenindividuelle einkommensabhängige Zusatzbeitrag zur Krankenversicherung wird vom tatsächlich erzielten Arbeitsentgelt des Arbeitnehmers paritätisch gezahlt. 2811

Für die Beiträge, die auf den Entgeltausfall mit Anspruch auf Kug entfallen, ist ein **fiktives Arbeitsentgelt** anzusetzen. Ausgangsbasis für das fiktive Arbeitsentgelt ist der **auf 80 % verminderte Unterschiedsbetrag** zwischen dem Bruttoarbeitsentgelt, das der Arbeitnehmer ohne den Arbeitsausfall im Anspruchszeitraum (Kalendermonat) erzielt hätte (Soll-Entgelt), und dem Bruttoarbeitsentgelt, das er im Kalendermonat tatsächlich erzielt hat (Ist-Entgelt). Der aus diesem fiktiven Arbeitsentgelt zu zahlende Zusatzbeitrag ist vom Arbeitgeber zu übernehmen. Dabei sind das Soll-Entgelt und das Ist-Entgelt – anders als für das Leistungsrecht der Arbeitslosenversicherung vorgeschrieben – nicht auf den nächsten durch 20 teilbaren Euro-Betrag zu runden. Der auf 80 % verminderte Unterschiedsbetrag zwischen dem ungerundeten Soll-Entgelt und dem ungerundeten Ist-Entgelt ist in der zweiten Dezimalstelle kaufmännisch zu runden.

Für die **Berechnung der Kranken- und Pflegeversicherungsbeiträge** wird die maßgebende Bemessungsgrundlage durch Addition des tatsächlich erzielten Arbeitsentgelts (laufendes Arbeitsentgelt) und des fiktiven Arbeitsentgelts (= SV-Entgelt) ermittelt.

Der Berechnung der Kranken- und Pflegeversicherungsbeiträge kann allerdings nur ein Arbeitsentgelt bis zur Beitragsbemessungsgrenze (BBG) in der Kranken-/Pflegeversicherung zu Grunde gelegt werden (Übersicht → Rz. 1291). **Übersteigt** das für die Bemessung der Beiträge zu Grunde zu legende SV-Entgelt die BBG des Entgeltabrechnungszeitraums, so sind wegen der unterschiedlichen Beitragslastverteilung die Beiträge zunächst vom tatsächlich erzielten Arbeitsentgelt zu berechnen. Der Unterschiedsbetrag zwischen dem tatsächlich erzielten Arbeitsentgelt und dem SV-Entgelt ist danach nur insoweit für die Beitragsberechnung heranzuziehen, als die BBG noch nicht durch das tatsächlich erzielte Arbeitsentgelt ausgeschöpft ist. Die Spitzenorganisationen der Sozialversicherungsträger haben sich in ihrer Besprechung zu Fragen gemeinsamen Beitragseinzugs am 13./14.10.2009 darauf verständigt, dass für die Feststellung des Unterschiedsbetrags zwischen Soll-Entgelt und Ist-Entgelt das leistungsrechtlich definierte Soll-Entgelt nur bis zum Betrag der BBG in der Arbeitslosenversicherung zu berücksichtigen ist. Anschließend ist der Unterschiedsbetrag (Differenz) zwischen Soll-Entgelt und Ist-Entgelt festzustellen und auf 80 % zu kürzen. Das so ermittelte fiktive Entgelt ist dem tatsächlich erzielten Arbeitsentgelt, soweit vorhanden, hinzuzurechnen. Zum Schluss werden die beitragspflichtigen Einnahmen auf die BBG des Versicherungszweigs begrenzt. Dies hat allerdings nur für die Beitragsbemessungsgrenze in der Kranken- und Pflegeversicherung Relevanz.

Beispiel:

Eine Schreinerei in Essen ist im Monat März 2026 von Kurzarbeit betroffen. Der krankenversicherungspflichtige S. arbeitete im März tatsächlich 40 Stunden. Von der Sollarbeitszeit von 160 Stunden fielen daher 120 Stunden wegen der Kurzarbeit aus. Die Arbeitsstunde wird mit 16,50 € vergütet.

Soll-Entgelt (16,50 € × 160 Std.) =	2 640,– €	
Ist-Entgelt (16,50 € × 40 Std.) =	660,– €	660,– €
Unterschiedsbetrag zwischen Soll-Entgelt und Ist-Entgelt	1 980,– €	
80 % des Unterschiedsbetrags		1 584,– €
Gesamt =		2 244,– €

Für die Berechnung der Kranken-, Pflege- und Rentenversicherungsbeiträge ist ein Arbeitsentgelt von 2 244,– € zu Grunde zu legen. Arbeitslosenversicherungsbeiträge werden nur aus dem tatsächlich erzielten Entgelt berechnet (660 €).

Für Empfänger von Kug, die Anspruch auf Fortzahlung des Arbeitsentgelts für mindestens sechs Wochen haben, ist der **allgemeine Beitragssatz in der Krankenversicherung** auch hinsichtlich des Teils des Beitrags maßgebend, der auf den Unterschiedsbetrag zwischen dem tatsächlich erzielten Arbeitsentgelt und dem SV-Entgelt entfällt.

c) Rentenversicherung

2812 Die Beiträge zur Rentenversicherung werden von Beziehern von Kug wie in der Kranken- und Pflegeversicherung vom tatsächlich erzielten Arbeitsentgelt und für den Entgeltausfall von einem fiktiven Arbeitsentgelt berechnet. Das **fiktive Arbeitsentgelt** ist der auf 80 % verminderte Unterschiedsbetrag zwischen dem Soll- und dem Ist-Entgelt. Die Bemessungsgrundlage wird durch Addition des tatsächlich erzielten Arbeitsentgelts und des fiktiven Arbeitsentgelts gebildet.

Der **Berechnung der Rentenversicherungsbeiträge** kann nur ein Arbeitsentgelt bis zur BBG der Rentenversicherung zu Grunde gelegt werden. **Übersteigt** das für die Berechnung der Beiträge ermittelte Arbeitsentgelt die BBG des Entgeltabrechnungszeitraums, sind die Beiträge zunächst vom tatsächlich erzielten Arbeitsentgelt zu berechnen. Aus dem gekürzten fiktiven Arbeitsentgelt sind nur dann Beiträge zu berechnen, wenn die BBG noch nicht durch das tatsächlich erzielte Arbeitsentgelt ausgeschöpft ist.

d) Arbeitslosenversicherung

Beiträge zur Arbeitslosenversicherung sind für Bezieher von Kug **lediglich aus** dem tatsächlich erzielten Arbeitsentgelt (**Kurzlohn**) zu berechnen. 2813

e) Umlage nach dem Aufwendungsausgleichsgesetz

Für die Berechnung der Umlagen (Krankheit U1 und Mutterschaft U2) nach dem Aufwendungsausgleichsgesetz wird **nur das tatsächlich erzielte rentenversicherungspflichtige Arbeitsentgelt** herangezogen. Das Kug sowie das ausgefallene Entgelt sind ohne Bedeutung. 2814

f) Meldungen

In die nachfolgende **Ab-, Jahres- oder Unterbrechungsmeldung** ist das Arbeitsentgelt einzutragen, von dem die Beiträge berechnet worden sind, also vom tatsächlich erzielten und dem fiktiven Arbeitsentgelt (80 % des Unterschiedsbetrags zwischen dem Soll- und dem Ist-Entgelt). 2815

g) Beitragslastverteilung

Die Kranken-, Pflege- und Rentenversicherungsbeiträge, die auf das tatsächlich erzielte Arbeitsentgelt entfallen, sind vom **Arbeitnehmer und Arbeitgeber je zur Hälfte zu tragen**. 2816

Sofern der Beschäftigungsort des Arbeitnehmers allerdings in einem Bundesland liegt, in dem die am 31.12.1993 bestehende Anzahl der gesetzlichen landesweiten Feiertage nicht um einen Feiertag, der stets auf einen Werktag fiel, vermindert worden ist (Sachsen), beträgt der Arbeitnehmerbeitragsanteil zur Pflegeversicherung seit 2025 zwischen 1,3 %, bei 5 Kindern und mehr, und 2,9 %, bei Kinderlosigkeit; und der Arbeitgeberbeitragsanteil 1,3 % des Arbeitsentgelts; s.a. → *Pflegeversicherung* Rz. 3418.

Dagegen hat der Arbeitgeber den Teil des Beitrags zur Kranken- und Rentenversicherung, der für den Unterschiedsbetrag zwischen dem tatsächlich erzielten Arbeitsentgelt und dem SV-Entgelt zu zahlen ist, in voller Höhe allein aufzubringen. Gleiches gilt für die Beiträge zur Pflegeversicherung. Die Pflegeversicherungsbeiträge, die auf den Unterschiedsbetrag zwischen dem tatsächlich erzielten Arbeitsentgelt und dem SV-Entgelt entfallen, sind selbst dann vom Arbeitgeber in voller Höhe zu tragen, wenn der Beschäftigungsort des Arbeitnehmers in einem Bundesland liegt, in dem kein gesetzlicher landesweiter Feiertag, der stets auf einen Werktag fiel, aufgehoben worden ist.

Der Arbeitgeber hat auch den aus dem fiktiven Arbeitsentgelt unter Berücksichtigung des kassenindividuellen einkommensabhängigen Zusatzbeitragssatz errechneten Beitragsanteil zu tragen.

Der Beitragszuschlag zur Pflegeversicherung für kinderlose Mitglieder, die das 23. Lebensjahr vollendet haben, wird für Bezieher von Kug von der Bundesagentur für Arbeit pauschal an die Pflegeversicherung erstattet. Er ist demzufolge nicht vom Arbeitgeber zu tragen.

Beispiel 1:

Aus konjunkturellen Gründen wird in einem Betrieb in Dresden im Monat Oktober 2026 Kurzarbeit geleistet. Das Bruttoarbeitsentgelt ohne den Arbeitsausfall im Entgeltabrechnungszeitraum beträgt 8 500,– €. Tatsächlich hat der Arbeitnehmer 4 100,– € verdient.

Soll-Entgelt =	8 500 €
Ist-Entgelt =	4 100 €
Soll-Entgelt (begrenzt auf die BBG)	8 450 €
Unterschiedsbetrag zwischen Soll-Entgelt und Ist-Entgelt	4 350 €
80 % des Unterschiedsbetrags	3 480 €

Anmerkung: Krankenversicherungspflicht wird unterstellt

Für die Beitragsberechnung ist folgendes Bemessungsentgelt zu Grunde zu legen:

Einkommensart	KV/PV	RV	AV	Meldungen
Ist-Entgelt	4 100 €	4 100 €	4 100 €	4 100 €
80 % des Unterschiedsbetrags	1 712,50 €[1])	3 480 €	–	3 480 €
Gesamt	5 812,50 € (= SV-Entgelt)	7 580 € (= SV-Entgelt)	4 100 €	7 580 € (= SV-Entgelt)

1) Das fiktive Arbeitsentgelt i.H.v. 80 % des Unterschiedsbetrags (3 480 €) kann in der Kranken- und Pflegeversicherung für die Ermittlung des SV-Entgelts nicht in voller Höhe berücksichtigt werden, weil die Differenz zwischen Ist-Entgelt und BBG nur 1 712,50 € beträgt.

BBG RV/AV 2026 (in allen Bundesländern)	8 450 €
BBG KV/PV 2026	5 812,50 €

Die Beiträge sind mit nachstehenden Beitragssätzen wie folgt zu berechnen:

Krankenversicherung	14,6 %
Kassenindividueller einkommensabhängiger Zusatzbeitragssatz (angenommener Wert)	1,6 %
Pflegeversicherung	3,6 %
Beitragszuschlag für Kinderlose	0,6 %
Rentenversicherung	18,6 %
Arbeitslosenversicherung	2,6 %

	Arbeitnehmeranteil	Arbeitgeberanteil
Kurzlohn = Krankenversicherung	299,30 €	299,30 €
= Zusatzbeitrag KV	32,80 €	32,80 €
= Pflegeversicherung	94,30 €	53,30 €
= Beitragszuschlag für Kinderlose PV	24,60 €	
= Rentenversicherung	381,30 €	381,30 €
= Arbeitslosenversicherung	53,30 €	53,30 €
Fiktiver Lohn		
= Krankenversicherung (inkl. Zusatzbeitragssatz)		277,43 €
= Pflegeversicherung		61,65 €
= Rentenversicherung		647,28 €
= Arbeitslosenversicherung		–
Gesamtbetrag	885,60 €	1 806,36 €

In der nachfolgenden Ab-, Jahres- oder Unterbrechungsmeldung hat der Arbeitgeber für diesen Zeitraum ein Entgelt von 7 580,– € zu bescheinigen.

Beispiel 2:

Aus konjunkturellen Gründen wird in einem Betrieb (in Köln) im Monat Oktober 2026 Kurzarbeit geleistet. Das Bruttoarbeitsentgelt ohne den Arbeitsausfall im Entgeltabrechnungszeitraum beträgt 8 500,– €. Tatsächlich hat der Arbeitnehmer 0 € verdient.

Soll-Entgelt =	8 500,– €
Ist-Entgelt =	0,– €
Soll-Entgelt begrenzt auf die BBG	8 500,– €
Unterschiedsbetrag zwischen Soll-Entgelt und Ist-Entgelt	8 450,– €
80 % des Unterschiedsbetrags	6 760,– €

Anmerkung: Krankenversicherungspflicht wird unterstellt.

Für die Beitragsberechnung ist folgendes Bemessungsentgelt zu Grunde zu legen:

Einkommensart	KV/PV	RV	AV	Meldungen
Ist-Entgelt	0,– €	0,– €	0,– €	0,– €
80 % des Unterschiedsbetrags	5 812,50 €[1])	6 760,– €	–	6 760,– €
Gesamt	5 812,50 € (= SV-Entgelt)	6 760,– € (= SV-Entgelt)	0,– €	6 760,– € (= SV-Entgelt)

1) Das fiktive Arbeitsentgelt i.H.v. 80 % des Unterschiedsbetrags (6 760,– €) kann in der Kranken- und Pflegeversicherung für die Ermittlung des SV-Entgelts nicht in voller Höhe berücksichtigt werden, weil die Differenz zwischen Ist-Entgelt und BBG nur 5 812,50 € beträgt.

BBG RV/AV 2026 (in allen Bundesländern)	8 450,– €
BBG KV/PV 2026	5 812,50 €

Die Beiträge sind mit nachstehenden Beitragssätzen wie folgt zu berechnen:

Krankenversicherung	14,6 %
Kassenindividueller einkommensabhängiger Zusatzbeitragssatz (angenommener Wert)	1,6 %
Pflegeversicherung	3,6 %
Beitragszuschlag für Kinderlose PV	0,6 %
Rentenversicherung	18,6 %
Arbeitslosenversicherung	2,6 %

	Arbeitnehmeranteil	Arbeitgeberanteil
Kurzlohn = Krankenversicherung	0,– €	0,– €
= Zusatzbeitrag KV	0,– €	0,– €
= Pflegeversicherung	0,– €	0,– €
= Beitragszuschlag PV	0,– €	
= Rentenversicherung	0,– €	0,– €
= Arbeitslosenversicherung	0,– €	0,– €
Fiktiver Lohn		
= Krankenversicherung (inkl. Zusatzbeitragssatz)		941,63 €
= Pflegeversicherung		209,25 €
= Rentenversicherung		1 297,92 €
= Arbeitslosenversicherung		–
Gesamtbetrag	0,– €	2 448,80 €

In der nachfolgenden Ab-, Jahres- oder Unterbrechungsmeldung hat der Arbeitgeber für diesen Zeitraum ein Entgelt von 6 760,– € zu bescheinigen.

h) Beitragsnachweis

In den Zeiträumen, in denen Kurzarbeit geleistet wurde, kann die Einzugsstelle die Beiträge mit den gemeldeten Arbeitsentgelten nicht abstimmen. Der Beitragsnachweis ist daher entsprechend zu kennzeichnen. 2817

i) Mutterschaftsleistungen

Zum dem Verhältnis von Kug zu den Leistungen nach dem MuSchG vgl. → *Mutterschaftsgeld* Rz. 3216. 2818

Kurzarbeitergeldzuschüsse

1. Arbeitsrecht

Bei der Berechnung des Zuschusses zum Kurzarbeitergeld hat der Arbeitgeber zunächst das Soll-Entgelt zu ermitteln, nach dem sich die Höhe des Kurzarbeitergeldes errechnet. Nach § 106 Abs. 1 Satz 2 SGB III ist Soll-Entgelt das Arbeitsentgelt, das der Arbeitnehmer ohne den Arbeitsausfall in dem Anspruchszeitraum erzielt hätte, vermindert um das Entgelt für Mehrarbeit (vgl. BAG v. 7.2.2024, 5 AZR 360/22). 2819

Der Begriff der Mehrarbeit wird in § 106 Abs. 1 Satz 2 SGB III nicht definiert. Deshalb verstößt ein Arbeitgeber nicht gegen Pflichten aus § 320 Abs. 1 SGB III und § 241 Abs. 2 BGB, wenn er den Begriff der Mehrarbeit in § 106 Abs. 1 Satz 2 SGB III so versteht, wie er durch in seinem Betrieb anzuwendende Tarifnormen definiert wird (vgl. ebenfalls BAG v. 7.2.2024, 5 AZR 360/22).

2. Lohnsteuer

a) Allgemeines

Tarifverträge können die Regelung enthalten, dass der **Arbeitgeber** unter bestimmten Voraussetzungen **Zuzahlungen zum Kurzarbeitergeld leisten muss**. 2820

Die Zuschüsse des Arbeitgebers können im Falle einer betriebsbedingten Kündigung an die Stelle einer **Entlassungsabfindung** treten und eine weiter gehende Belastung des Arbeitgebers aus einem Sozialplan entsprechend § 112 BetrVG ausschließen.

Zuzahlungen zum Kurzarbeitergeld werden in einigen Tarifverträgen so bemessen, dass sie zusammen mit dem Kurzarbeitergeld einen bestimmten Prozentsatz des Nettoarbeitsentgelts ausmachen. In diesen Fällen stellen die vom Arbeitgeber ausgezahlten Beträge lohnsteuerrechtlich **Nettobeträge** dar.

Für die steuerliche Behandlung von **Arbeitgeberzuzahlungen** zum Kurzarbeitergeld gilt Folgendes:

Zuzahlungen des Arbeitgebers beruhen auf Ansprüchen, die der Arbeitnehmer bis zur Auflösung des Dienstverhältnisses erlangt hat. Sie gehören daher zum **steuerpflichtigen Arbeitslohn** (vgl. BFH v. 20.7.2010, IX R 23/09, BStBl II 2011, 218).

Zur Frage, ob **Aufstockungsbeträge zum staatlichen Transferkurzarbeitergeld**, die von einer Transfer-Gesellschaft gezahlt werden, als außerordentliche Einkünfte i.S.v. § 34 Abs. 2 Nr. 2 EStG tarifermäßigt besteuert werden können (sog. Fünftelregelung), wenn der ehemalige Arbeitnehmer beschäftigungslos bei dieser Transfer-Gesellschaft befristet angestellt wird, → *Beschäftigungsgesellschaften* Rz. 1387.

b) Steuerbefreiung nach § 3 Nr. 28a EStG

2821 Entsprechend der sozialversicherungsrechtlichen Behandlung waren nach § 3 Nr. 28a EStG Zuschüsse des Arbeitgebers zum Kurzarbeitergeld und zum Saison-Kurzarbeitergeld für **Lohnzahlungszeiträume, die nach dem 29.2.2020 begannen und vor dem 1.7.2022 endeten**, steuerfrei, soweit sie zusammen mit dem Kurzarbeitergeld 80 % des Unterschiedsbetrages zwischen dem Soll-Entgelt und dem Ist-Entgelt nach § 106 SGB III nicht überstiegen.

Die steuerfreien Arbeitgeberzuschüsse waren allerdings in den **Progressionsvorbehalt** einzubeziehen (§ 32b Abs. 1 Satz 1 Nr. 1 Buchst. g EStG). Sie waren zudem im **Lohnkonto** aufzuzeichnen (§ 41 Abs. 1 Satz 4 EStG) und auf der **Lohnsteuer-Bescheinigung** unter der Nr. 15 auszuweisen.

Unter die Steuerbefreiung nach § 3 Nr. 28a EStG fielen neben den Zuschüssen des Arbeitgebers zum Kurzarbeitergeld nach § 95 ff. SGB III und dem Saison-Kurzarbeitergeld nach § 101 SGB III auch die **Zuschüsse des Arbeitgebers zum Transferkurzarbeitergeld** nach § 111 SGB III.

3. Sozialversicherung

2822 Zuschüsse des Arbeitgebers zum Kurzarbeitergeld werden nicht dem beitragspflichtigen Arbeitsentgelt in der Sozialversicherung zugerechnet, **soweit sie zusammen mit dem Kurzarbeitergeld das fiktive Arbeitsentgelt** (= 80 % der Differenz zwischen dem ohne den Arbeitsausfall erzielten und dem tatsächlich erzielten Entgelt, d.h. des Unterschiedsbetrages zwischen dem Soll- und dem Istentgelt) **nicht übersteigen**. Das bedeutet, dass diese **Zuschüsse** i.d.R. **bei der Berechnung der Beiträge außer Ansatz bleiben** (vgl. Gemeinsames Rundschreiben der Spitzenverbände der Sozialversicherungsträger v. 29.12.1998, www.aok-business.de).

~~SV~~

Kurzfristig Beschäftigte

→ *Mini-Jobs* Rz. 3161, → *Pauschalierung der Lohnsteuer bei Aushilfskräften* Rz. 3353

Kürzung des Arbeitslohns

→ *Barlohnumwandlung* Rz. 1218, → *Einbehaltene Lohnteile* Rz. 1788

Landeserziehungsgeld

→ *Betreuungsgeld* Rz. 1391

Land- und Forstwirtschaft

1. Lohnsteuer

a) Allgemeines

2823 Auch die in der Land- und Forstwirtschaft abhängig Beschäftigten sind Arbeitnehmer. Ein etwaiges Verwandtschaftsverhältnis zwischen Betriebsinhaber und Arbeitnehmer ändert hieran nichts (→ *Angehörige* Rz. 135). Dies gilt auch für Mitglieder von Genossenschaften der Land- und Forstwirtschaft in den neuen Bundesländern (BMF v. 27.2.1991, IV B 6 – S 2331 – 4/91).

LSt SV

b) Aushilfskräfte und Saisonarbeiter

2824 Auf Grund der Abhängigkeit land- und forstwirtschaftlicher Betriebe von saisonalen Saat- und Erntearbeiten bieten sich für die Land- und Forstwirte Beschäftigungsverhältnisse mit sog. Saisonarbeitern oder kurzfristig beschäftigten Aushilfskräften an, weil diese, sofern sie mit typisch land- und forstwirtschaftlichen Arbeiten beschäftigt sind, der mit 5 % festgelegten pauschalen Lohnsteuer unterliegen, → *Pauschalierung der Lohnsteuer bei Aushilfskräften* Rz. 3368.

c) Besonderheiten für ausländische Saisonarbeiter

Bei ausländischen Arbeitnehmern aus den EU-Mitgliedstaaten gibt es keine Besonderheiten; sie sind inländischen Arbeitnehmern rechtlich gleichgestellt. Ebenfalls uneingeschränkte Arbeitnehmerfreizügigkeit genießen Arbeitnehmer aus den EWR-Mitgliedstaaten (Island, Norwegen und Liechtenstein) sowie der Schweiz. 2825

d) Landwirtschaftliche Entschädigungszahlungen

Entschädigungen für eine Tätigkeit als Erheber bei der EG-Strukturerhebung sind als Aufwandsentschädigungen nach § 3 Nr. 12 EStG steuerfrei (FinMin Niedersachsen v. 30.1.1967, S 2337 – 1, DB 1967, 445). 2826

~~LSt~~ ~~SV~~

Entschädigungen an ehrenamtliche und nebenamtliche **Vorstandsmitglieder landwirtschaftlicher Genossenschaften** sind dagegen steuerpflichtig (und nicht nach § 3 Nr. 12 EStG steuerfrei).

LSt SV

Ältere Arbeitnehmer, die ihren **Arbeitsplatz** in einem land- und forstwirtschaftlichen Betrieb in den neuen Bundesländern auf Veranlassung des Arbeitgebers i.R. von Maßnahmen zur Produktionseinschränkung, Betriebsstilllegung oder Rationalisierung **aufgeben** müssen, erhalten unter gewissen Voraussetzungen sog. **Anpassungshilfen und Ausgleichsgelder**. Zur steuerlichen Behandlung → *Anpassungshilfe* Rz. 169 und → *Ausgleichsgeld nach dem FELEG* Rz. 887.

~~LSt~~ ~~SV~~

2. Sozialversicherung

Seit 1.1.2013 ist die Sozialversicherung für Landwirtschaft, Forsten und Gartenbau der Träger der landwirtschaftlichen Sozialversicherung. Sie ist zuständig für die Durchführung der landwirtschaftlichen Unfallversicherung, der Alterssicherung der Landwirte, der landwirtschaftlichen Krankenversicherung und der landwirtschaftlichen Pflegeversicherung, 2827

Selbständige Landwirte sind nach den besonderen Regelungen des KVLG 1989 krankenversicherungspflichtig. Grds. gilt bei Arbeitsverhältnissen in der Landwirtschaft Sozialversicherungspflicht. Besonderheiten gelten jedoch in folgenden Bereichen:

LSt SV

a) Mitarbeitende Familienangehörige

Nach dem Zweiten Gesetz über die Krankenversicherung der Landwirte (§ 2 Abs. 1 Nr. 3 KVLG 1989) sind **mitarbeitende Familienangehörige** eines landwirtschaftlichen Unternehmens, wenn sie das 15. Lebensjahr vollendet haben oder als Auszubildende in dem landwirtschaftlichen Unternehmen beschäftigt sind, grds. versicherungspflichtig in der landwirtschaftlichen Krankenversicherung (wegen weiterer Einzelheiten vgl. Müller, INF 1996, 628 f., und die gemeinsame Verlautbarung der Spitzenverbände der Krankenkassen v. 1.12.1994). Daneben besteht eine Versicherungspflicht in der landwirtschaftlichen Pflegeversicherung, wenn eine Mitgliedschaft durch die Krankenversicherung gegeben ist. Hinsichtlich der **Renten- und Arbeitslosenversicherungspflicht** gelten die gemeinsamen Grundsätze zur Beurteilung der Versicherungspflicht in der Renten- und Arbeitslosenversicherung von mitarbeitenden Familienangehörigen in der Landwirtschaft v. 29.12.1998. Auf Grund dieser gemeinsamen Grundsätze besteht mangels Vorliegens eines entgeltlichen Beschäftigungsverhältnisses eine **Versicherungspflicht grds. dann nicht**, wenn im Jahr 2026 die monatlichen Bruttobezüge 980 € in **allen** Bundesländern nicht überschreiten. 2828

LSt ~~SV~~

b) Geringfügig beschäftigte fremde Dritte

Nach § 8 SGB IV ist in der Kranken-, Pflege- und Arbeitslosenversicherung versicherungsfrei, wer lediglich eine **geringfügige Beschäftigung** in der Land- und Forstwirtschaft ausübt. Für versicherungsfreie geringfügig entlohnte Beschäftigungen hat der Arbeitgeber unter bestimmten Voraussetzungen Pauschalbeiträge zur Kranken- und Rentenversicherung (bei Rentenversicherungsbefreiung) zu zahlen (→ *Mini-Jobs* Rz. 3161). 2829

Land- und forstwirtschaftliche Betriebshilfsdienste

2830 Diese von Land- und Forstwirten oder von der landwirtschaftlichen Alterskasse getragenen Vereine setzen **Betriebshelfer und Landfrauenvertreterinnen** ein, wenn der Land- und Forstwirt oder sein Ehegatte durch Tod, Unfall oder Krankheit ausfällt. Diese Aushilfskräfte sind Fachkräfte, so dass eine Pauschalierung der Lohnsteuer mit 5 % (§ 40a Abs. 3 EStG) nicht zulässig ist. Darüber hinaus sind die Betriebshilfsdienste keine Betriebe i.S.d. § 13 EStG (→ *Pauschalierung der Lohnsteuer bei Aushilfskräften* Rz. 3368).

Zu der Frage, ob Land- und Forstwirte, die als Betriebshelfer in anderen Betrieben tätig werden, **als Arbeitnehmer der Einsatzbetriebe** anzusehen sind, gilt Folgendes (OFD Magdeburg v. 29.4.2010, S 2331 – 70 – St 225):

- Die Tätigkeit der **selbständigen Landwirte**, die diese als **Mitglieder eines Maschinenrings** und durch dessen Vermittlung oder allein durch Vermittlung eines Maschinenrings und Betriebshilfsdienstes bei anderen selbständigen Landwirten (Einsatzbetrieben) ausüben, ist als selbständige Hilfs- und Nebentätigkeit anzusehen. Vergütungen, die aus dieser Tätigkeit zufließen, sind deshalb **kein Arbeitslohn**. Dies gilt auch dann, wenn die Vergütung für die Betriebshilfe nicht über den Maschinenring abgerechnet, sondern dem Landwirt unmittelbar vom Einsatzbetrieb gezahlt wird.

  ~~LSt~~ ~~SV~~
- Wird als Betriebshelfer durch Vermittlung des Maschinenrings **nicht ein selbständiger Landwirt**, sondern einer **seiner Arbeitnehmer** oder ein **ohne Arbeitsvertrag tätiger Angehöriger** eingesetzt, so kann in aller Regel davon ausgegangen werden, dass der Betriebshelfer weder Arbeitnehmer des Maschinenrings noch des Einsatzbetriebs wird. Dementsprechend hat **der Landwirt, der sein Personal zur Verfügung stellt, die Arbeitgeberpflichten zu erfüllen**. Soweit er die Vergütungen für die Betriebshilfe, die er entweder unmittelbar vom Einsatzbetrieb oder von diesem über den Maschinenring erhält, an seine Arbeitnehmer weitergibt, hat er den Lohnsteuerabzug nach den allgemeinen Grundsätzen vorzunehmen.
- Eine andere steuerliche Beurteilung ist geboten, wenn die **Vergütung** für die Betriebshilfe dem Betriebshelfer **unmittelbar ausgezahlt und nicht über den Maschinenring oder den entsendenden Betrieb abgerechnet wird**. In diesem Fall kann nicht mehr angenommen werden, dass der Betriebshelfer dem Einsatzbetrieb nur zur Verfügung gestellt wird. Vielmehr ist davon auszugehen, dass zwischen Betriebshelfer und Einsatzbetrieb unmittelbare Rechtsbeziehungen entstehen, die i.d.R. **als Arbeitsverhältnis** anzusehen sind. Deshalb hat der Einsatzbetrieb den Steuerabzug vom Arbeitslohn vorzunehmen. Hat der Betriebshelfer die Vergütung für die Betriebshilfen mit dem Einsatzbetrieb frei vereinbart, so ist ein Arbeitsverhältnis zum Einsatzbetrieb auch dann anzunehmen, wenn die dem Betriebshelfer zugeflossene Vergütung über den Maschinenring oder den entsendenden Betrieb verrechnet wird. Hierbei handelt es sich nur um eine Zahlungsmodalität.

Durch einen **Maschinenring vermittelte Aushilfskräfte** sind als Arbeitnehmer eines gewerblichen Gartenbaubetriebs anzusehen, wenn sie nur einfache Arbeiten an verschiedenen Baustellen des Betriebs verrichten, ihre Arbeit nach Inhalt, Zeit und Ort nicht individuell gestalten können, ihre Dienstleistung keinen Kapitaleinsatz verlangt und sie kein Unternehmerrisiko tragen (BFH v. 7.2.2008, VI R 83/04, BStBl II 2009, 703).

LSt SV

Laptop

→ *Computer* Rz. 1517

Laufender Arbeitslohn

2831 Laufender Arbeitslohn ist der Arbeitslohn, der dem Arbeitnehmer **regelmäßig fortlaufend** für den Lohnzahlungszeitraum (Monat, Woche, Tag) zufließt. Er kann auch in der Höhe schwanken, wie z.B. laufend zufließende Tantiemen.

Beispiele für laufenden Arbeitslohn nach R 39b.2 Abs. 1 LStR:

- Monatsgehälter,
- Wochen- und Tagelöhne,
- Mehrarbeitsvergütungen,
- Zuschläge und Zulagen,
- geldwerte Vorteile aus der ständigen Überlassung von Dienstwagen zur privaten Nutzung,
- Nachzahlungen und Vorauszahlungen, wenn sich diese ausschließlich auf Lohnzahlungszeiträume beziehen, die im Kalenderjahr der Zahlung enden,
- Arbeitslohn für Lohnzahlungszeiträume des abgelaufenen Kalenderjahres, der innerhalb der ersten drei Wochen des nachfolgenden Kalenderjahres zufließt.

Beispiel:

Der Arbeitgeber zahlt seinen Arbeitnehmern das Dezembergehalt für 2024 erst am 17.1.2025 aus.

Beim Dezembergehalt handelt es sich um Arbeitslohn für einen Lohnzahlungszeitraum des abgelaufenen Kalenderjahres 2024. Weil es innerhalb der ersten drei Wochen des nachfolgenden Kalenderjahres (also bis zum 21.1.2025) zufließt, ist das Dezembergehalt als laufender Arbeitslohn zu behandeln und die Lohnsteuer entsprechend zu ermitteln. Trotz der Auszahlung am 17.1.2025 ist das Dezembergehalt nach den lohnsteuerlichen Regelungen des Kalenderjahres 2024 zu versteuern und in der Lohnsteuerbescheinigung 2024 auszuweisen.

Laufender Arbeitslohn ist nach dem in § 39b Abs. 2 EStG beschriebenen Verfahren zu besteuern. Dazu ist die Lohnsteuer mit dem Teilbetrag der Jahreslohnsteuer zu erheben, der sich bei Umrechnung des laufenden Arbeitslohns auf einen Jahresarbeitslohn ergibt. Bei einem Monatslohn folglich mit 1/12 der Jahreslohnsteuer, bei einem Wochenlohn mit 7/360 und bei einem Tageslohn mit 1/360 der Jahreslohnsteuer (→ *Lohnsteuertabellen* Rz. 3038).

Vom laufenden Arbeitslohn sind die **sonstigen Bezüge** zu unterscheiden (→ *Sonstige Bezüge* Rz. 3936).

Lebensarbeitszeitmodelle

→ *Arbeitszeitmodelle* Rz. 734

Lebensführungskosten

→ *Werbungskosten* Rz. 4549

Lebensmittel

→ *Mahlzeiten* Rz. 3049, → *Rabatte* Rz. 3523, → *Sachbezüge* Rz. 3799

Lebensmittelpunkt

→ *Wege zwischen Wohnung und erster Tätigkeitsstätte* Rz. 4419

Lebenspartnerschaft

→ *Angehörige* Rz. 135

Lebensversicherung

1. Allgemeines

Aufwendungen des **Arbeitgebers** zu einer Lebensversicherung 2832
des Arbeitnehmers sind grds. lohnsteuerpflichtig (§ 2 Abs. 2 Nr. 3 LStDV).

LSt SV

Soweit der Arbeitgeber auf Grund sozialversicherungsrechtlicher oder anderer gesetzlicher Vorschriften oder einer auf gesetzlicher Ermächtigung beruhenden Bestimmung für die Zukunftssicherung des Arbeitnehmers Zuschüsse zu einer Lebensversicherung leistet, weil der Arbeitnehmer von der Versicherungspflicht in der gesetzlichen Rentenversicherung befreit worden ist, sind die Zuschüsse nach § 3 Nr. 62 EStG lohnsteuer- und beitragsfrei, s. auch → Rz. 2835.

LSt SV

Versicherungsbeiträge des **Arbeitgebers** für die Zukunftssicherung des Arbeitnehmers können als **Sonderausgaben** des Arbeitnehmers abgezogen werden, es sei denn, dass der Arbeitgeber die Lohnsteuer für diese Beiträge **pauschal** berechnet und übernommen hat oder die Beiträge steuerfrei nach § 3 Nr. 63 EStG oder § 3 Nr. 56 EStG sind. Einzelheiten zur Steuerfreiheit nach § 3 Nr. 63 EStG, nach § 3 Nr. 56 EStG und zur Lohnsteuerpauschalierung → *Zukunftssicherung: Betriebliche Altersversorgung* Rz. 4721, → *Zukunftssicherung: Betriebliche Altersversorgung* Rz. 4738, → *Zukunftssicherung: Betriebliche Altersversorgung* Rz. 4739.

Aufwendungen des **Arbeitnehmers** zu einer Lebensversicherung können als Sonderausgaben steuermindernd berücksichtigt werden (→ *Vorsorgeaufwendungen* Rz. 4359).

2. Besonderheiten für Zuschüsse des Arbeitgebers

2833 Zahlt der Arbeitgeber zu einer Lebensversicherung seines Arbeitnehmers Zuschüsse, ist zu unterscheiden zwischen einer zusätzlichen, ggf. neben der gesetzlichen Rentenversicherung abgeschlossenen Lebensversicherung und einer „befreienden" Lebensversicherung.

a) „Zusatz"-Lebensversicherung

2834 Prämienzahlungen des Arbeitgebers für eine neben der gesetzlichen Rentenversicherung zusätzlich abgeschlossene Lebensversicherung seines Arbeitnehmers gehören zum Arbeitslohn und sind damit sowohl lohnsteuerpflichtig als auch beitragspflichtig in der Sozialversicherung, es sei denn die Beiträge sind **steuerfrei** nach § 3 Nr. 63 EStG (regelmäßig Beiträge an Pensionsfonds, Pensionskassen und Direktversicherungen, die zum Aufbau einer betrieblichen Altersversorgung im Kapitaldeckungsverfahren erhoben werden), nach § 3 Nr. 56 EStG (laufende Zuwendungen des Arbeitgebers für eine betriebliche Altersversorgung an eine Pensionskasse, die nicht im Kapitaldeckungsverfahren, sondern im Umlageverfahren finanziert wird, z.B. Umlagen an die Versorgungsanstalt des Bundes und der Länder (VBL) bzw. an eine kommunale oder kirchliche Zusatzversorgungskasse) oder aber der Arbeitgeber hat die Pauschalbesteuerung beantragt und führt sie durch. Einzelheiten → *Zukunftssicherung: Betriebliche Altersversorgung* Rz. 4721, → *Zukunftssicherung: Betriebliche Altersversorgung* Rz. 4738, → *Zukunftssicherung: Betriebliche Altersversorgung* Rz. 4739.

b) „Befreiende" Lebensversicherung

2835 Anders ist der Sachverhalt zu beurteilen, wenn der Arbeitnehmer von der gesetzlichen Rentenversicherung befreit wurde und der Arbeitgeber **auf Grund gesetzlicher Verpflichtung** Zuschüsse zu einer „befreienden" Lebensversicherung des Arbeitnehmers zahlt. Diesen Zuschüssen gleichgestellt sind auch die **Aufwendungen des Arbeitgebers** für

- die mit einer betrieblichen Pensionskasse abgeschlossenen Lebensversicherungsverträge,
- eine freiwillige Weiterversicherung in der gesetzlichen Rentenversicherung,
- eine berufsständische Versorgungseinrichtung als öffentlich-rechtliche Versicherungs- oder Versorgungseinrichtung der Berufsgruppe des Arbeitnehmers.

Zu möglichen **Befreiungen** von der gesetzlichen Rentenversicherung s. R 3.62 Abs. 3 LStR.

Ein Befreiungstatbestand ist dann zu verneinen, wenn der Arbeitgeber trotz Wegfalls der Lohnzahlung (etwa bei unbezahltem Urlaub) die Lebensversicherung seines Arbeitnehmers freiwillig weiterhin bezuschusst. Diese Zuschüsse sind dann ebenfalls als steuerpflichtiger Arbeitslohn zu qualifizieren.

Zuschüsse des Arbeitgebers zu einer Lebensversicherung des Arbeitnehmers, der auf seinen Antrag hin von der gesetzlichen **Rentenversicherung befreit wurde**, sind in ihrer Höhe insoweit **steuerfrei**, als sie insgesamt bei Befreiung von der Rentenversicherung der Angestellten die Hälfte und bei Befreiung von der Versicherungspflicht in der knappschaftlichen Rentenversicherung zwei Drittel der Gesamtaufwendungen des Arbeitnehmers nicht übersteigen und insgesamt nicht höher sind als der Arbeitgeberanteil bei Versicherungspflicht.

Der **steuerfreie Arbeitgeberzuschuss** kann **unmittelbar** an den **Versicherungsträger** gezahlt werden. Alternativ ist **auch** eine Zahlung an den **Arbeitnehmer** möglich; jedoch hat dieser dann bis zum 30. April des folgenden Jahres eine Bescheinigung des Versicherungsträgers über die Einzahlung („zweckentsprechende Verwendung") der Beiträge vorzulegen. Diese **Bescheinigung** ist als Unterlage zum Lohnkonto aufzubewahren (R 3.62 Abs. 4 LStR). Einzelheiten → *Zukunftssicherung: Gesetzliche Altersversorgung* Rz. 4776.

Lehrabschlussprämien

→ *Arbeitslohn-ABC* Rz. 694

Lehramtsassistenten

→ *Ausländische Lehrkräfte* Rz. 931

Lehrzulagen

→ *Arbeitslohn-ABC* Rz. 695

Leibrentenversicherung

→ *Altersvorsorge und Altersversorgung* Rz. 115

Leiharbeitnehmer

→ *Arbeitnehmerüberlassung* Rz. 568

Leistungsprämie

→ *Belohnungen* Rz. 1331

Leitende Angestellte

Es existiert kein einheitlicher Begriff des leitenden Angestellten. 2836
Der Leitende ist Arbeitnehmer und unterfällt somit im Grundsatz dem Schutz des Arbeitsrechts. Gleichwohl nimmt er eine **Sonderstellung** im Betrieb ein. Diese wird durch den Umstand bestimmt, dass der leitende Angestellte zwar selbst in einem abhängigen Beschäftigungsverhältnis zum Arbeitgeber steht, seine Aufgaben aber ganz oder überwiegend in der Wahrnehmung typischer Arbeitgeberfunktionen wie Personalplanung, Einstellung und Entlassung von Arbeitnehmern, Entwicklung von Arbeitsabläufen etc. bestehen. Deutlich wird die Sonderstellung insbesondere im kollektiven Arbeitsrecht. In der Betriebsverfassung sind die **leitenden Angestellten** nach § 5 Abs. 3 und 4 BetrVG „**Arbeitnehmer mit Unternehmerfunktionen**" (vgl. hierzu Krings, GWR 2020, 82). Die Zuordnung eines Arbeitnehmers zum Kreis der leitenden Angestellten nach § 5 Abs. 3 Satz 2 Nr. 1 BetrVG setzt voraus, dass der Arbeitnehmer über die Berechtigung zur selbständigen Einstellung und Entlassung von im Betrieb oder in der Betriebsabteilung beschäftigten Arbeitnehmern verfügt, die nicht lediglich von untergeordneter unternehmerischer Bedeutung ist. Die erforderliche unternehmerische Gewichtigkeit der Personalbefugnis kann aus der Anzahl der Arbeitnehmer folgen, auf die sie sich bezieht, oder daraus, dass sie gerade für einen für das Unternehmen qualitativ bedeutsamen Personenkreis besteht. Sie folgt nicht allein aus dem Umstand, dass die Personalkompetenz sämtliche Arbeitnehmer umfasst, die in einem durch Aufgabenbereich und Organisation eigenständigen Betriebsteil i.S.v. § 4 Abs. 1 Satz 1 Nr. 2 BetrVG tätig sind (BAG v. 4.5.2022, 7 ABR 14/21, BB 2022, 2099).

Der leitende Angestellte ist weitgehend vom Geltungsbereich des BetrVG ausgenommen (§ 5 Abs. 3 BetrVG); seine Repräsentation obliegt den sog. Sprecherausschüssen, die jedoch über wesentlich weniger Kompetenzen als der Betriebsrat verfügen. Ebenso wenig findet das Arbeitszeitgesetz auf den leitenden Angestellten Anwendung (§ 18 Abs. 1 Nr. 1 ArbZG). Daran wird voraussichtlich auch die seit einigen Jahren geplante Änderung des Arbeitszeitgesetzes und der in Aussicht genommenen Verpflichtung des Arbeitgebers nichts ändern, Beginn, Dauer und Ende der täglichen Arbeitszeit der Arbeitnehmer elektronisch aufzuzeichnen. Sein Kündigungsschutz ist schwächer ausgestaltet (§ 14 KSchG). Ferner bestimmt das Mitbestimmungsgesetz verschiedene Sonderregelungen (§ 15 Abs. 2 MitbestG).

Zu weiteren Einzelheiten auch → *Arbeitnehmer* Rz. 191; → *Gesellschafter/Gesellschafter-Geschäftsführer* Rz. 2322; → *Geschäftsführer* Rz. 2310; → *Vorstandsmitglieder* Rz. 4393.

LSt SV

Liebhaberei

→ *Arbeitnehmer* Rz. 191, → *Lohnsteuer-Ermäßigungsverfahren* Rz. 2993, → *Werbungskosten* Rz. 4550

Listenpreis

→ *Firmenwagen zur privaten Nutzung* Rz. 2121

Lohn

→ *Arbeitslohn* Rz. 621

Lohnabrechnung

2837 Durch § 108 GewO ist die Verpflichtung des Arbeitgebers zur Erteilung einer Lohnabrechnung bzw. Gehaltsabrechnung mit dem Zweck, die Berechnung des Arbeitsentgelts für den Arbeitnehmer nachvollziehbar zu machen, für alle Arbeitnehmer zentral gesetzlich geregelt.

Die Abrechnung muss zumindest Angaben über den Abrechnungszeitraum und die Zusammensetzung des Arbeitsentgelts, insbesondere über Art und Höhe der Zuschläge, Zulagen und sonstige Vergütungen sowie über Art und Höhe der Abzüge, Abschlagszahlungen und Vorschüsse enthalten. Aus der Abrechnung muss also erkennbar sein, wie sich das gezahlte Arbeitsentgelt zusammensetzt. Ausschlaggebend ist dabei, welche Gehaltsbestandteile der Arbeitgeber tatsächlich zu Grunde gelegt hat. Diese Gehaltsbestandteile sind korrekt auszuweisen. Gehaltsbestandteile dürfen weder zu einer einzigen Summe zusammengefasst noch darf das Gehalt fiktiv in tatsächlich nicht geleistete Bestandteile aufgespalten werden (LAG Mecklenburg-Vorpommern v. 5.4.2022, 5 Sa 282/21). Keine Pflicht zur erneuten Abrechnung besteht, wenn sich die Angaben gegenüber der letzten ordnungsgemäßen Abrechnung nicht geändert haben. Im Falle einer Nachzahlung von Arbeitsentgelt kann ein Arbeitnehmer nach § 108 Abs. 1 Satz 1 GewO nicht die Berichtigung der bereits erteilten Abrechnungen beanspruchen, sondern nur eine eigene Abrechnung über die Nachzahlung (LAG Mecklenburg-Vorpommern v. 5.4.2022, 5 Sa 282/21). Die in einem gerichtlichen Vergleich enthaltene Klausel, wonach das Arbeitsverhältnis bis zu dessen Beendigung ordnungsgemäß unter Zugrundelegung eines bestimmten Bruttomonatsgehalts abzurechnen und der sich ergebende Nettobetrag auszuzahlen ist, führt dazu, dass Zahlungsansprüche – und insbesondere der Anspruch auf Urlaubsabgeltung –, die anhand der Bruttomonatsvergütung zu errechnen sind, trotz einer Klausel im gerichtlichen Vergleich, wonach mit Erfüllung des Vergleichs sämtlich finanzielle Ansprüche aus dem Arbeitsverhältnis und aus Anlass von dessen Beendigung abgegolten sind, nicht abgegolten sind (LAG München v. 24.1.2023, 6 Sa 326/22).

Die Lohnabrechnung bzw. Gehaltsabrechnung ist in **Textform** (§ 126b BGB) zu erstellen. Für die Bereitstellung der bei Zahlung des Arbeitsentgelts erforderlichen Angaben kann sich der Arbeitgeber z.B. mit der verwendeten Lohn- und Gehaltsabrechnungssoftware einen Ausdruck der elektronisch aufbereiteten Daten erstellen lassen.

Das BAG hat entschieden, dass der Arbeitgeber dem Arbeitnehmer gem. § 108 Abs. 1 Satz 1 GewO bei Zahlung des Arbeitsentgelts eine Abrechnung in Textform zu erteilen hat. Diese Verpflichtung kann er grundsätzlich auch dadurch erfüllen, dass er die Abrechnung als elektronisches Dokument zum Abruf in ein passwortgeschütztes digitales Mitarbeiterpostfach einstellt. Sollte es dem Arbeitnehmer nicht möglich sein, online, z.B. von zu Hause aus, auf seine Abrechnung zuzugreifen, muss der Arbeitgeber allerdings gewähren, dass die Dokumente im Betrieb eingesehen und ausgedruckt werden können (BAG v. 28.1.2025, 9 AZR 48/24, NZA 2025, 764). Die **bloße Zurverfügungstellung der Lohnabrechnung in elektronischer Form** zum Abruf durch den Arbeitnehmer (z.B. auf einem Portal) ist hingegen keine Erfüllung der Pflicht zur Erteilung einer Lohnabrechnung i.S.d. § 362 Abs. 1 BGB. Unter Erteilen einer Lohnabrechnung in Textform i.S.d. § 108 GewO ist nämlich nicht bereits die bloße Bereitstellung in ein elektronisches Postfach zum Abruf durch ein aktives Tun des Arbeitnehmers, sondern auch deren Zugang beim Arbeitnehmer zu verstehen. Der Arbeitgeber muss daher die Lohnabrechnung so auf den Weg zum Arbeitnehmer bringen, dass sie so in seinen Machtbereich gelangt, dass er unter gewöhnlichen Umständen von der Erklärung Kenntnis nehmen konnte. Die in elektronischer Form übermittelte Erklärung geht dem Empfänger aber nur dann zu, wenn er zuvor ausdrücklich oder konkludent zu erkennen gegeben hat, dass er mit der elektronischen Übermittlung der Lohnabrechnung einverstanden ist (LAG Hamm v. 23.9.2021, 2 Sa 179/21). Die **digitalisierte Erteilung der Gehaltsabrechnung** ist also grundsätzlich möglich. Soll dies über die Bereitstellung der Gehaltsabrechnung auf einem Online-Portal erfolgen, auf das Beschäftigte selber aktiv zugreifen müssen, um an die Gehaltsabrechnung zu kommen, bedarf dies sowohl aus arbeitsrechtlicher als auch aus datenschutzrechtlicher Sicht **einer vorherigen Einwilligung der Beschäftigten**. Diese ist nur gültig, wenn die Beschäftigten Alternativen genannt bekommen und sich dann trotzdem für diese Variante entschieden haben. Weiterhin ist den Mitarbeitern freizustellen, ob sie für den Erhalt der Gehaltsabrechnungen bzw. den Hinweis darauf, dass eine solche vorliegt, eine private oder eine dienstliche E-Mail-Adresse nutzen möchten. Entscheiden sich Beschäftigte für die Nutzung einer dienstlichen E-Mail-Adresse, sind weitere technisch organisatorische Maßnahmen bereit zu stellen, die gewährleisten, dass ein Zugriff auf die digitale Gehaltsabrechnung durch Dritte ausgeschlossen ist (ausführlich: Ullrich, ZAT 2024, 35; vgl. auch BAG v. 28.1.2025, 9 AZR 48/24, NZA 2025, 764).

Bei der Verpflichtung des Arbeitgebers aus § 108 GewO, dem Arbeitnehmer eine Abrechnung zu erteilen, handelt es sich um eine unvertretbare Handlung. Die Möglichkeit, dass ein Dritter, der Einblick in die Unterlagen des Arbeitgebers hat, möglicherweise in der Lage wäre, diese Abrechnung ebenfalls zu erstellen, ändert daran nichts. Entscheidend ist, ob ein Dritter die Handlung selbständig ohne Mitwirkung des Schuldners vornehmen kann. Das ist bei einer Abrechnung über tatsächlich vorgenommene Abzüge und Abführungen nicht der Fall; ein titulierter Anspruch auf Erteilung der Abrechnung ist nach § 888 ZPO zu vollstrecken; ist das **Zwangsgeld** nicht beizutreiben, kann nach § 901 ZPO ein Haftbefehl erlassen werden, allerdings nur, wenn dies dem Grundsatz der Verhältnismäßigkeit entspricht (BAG v. 7.9.2009, 3 AZB 19/09).

Die Vorschrift des § 108 GewO betrifft nur die Abrechnung der erfolgten Zahlung. Sie gewährt keinen selbständigen Abrechnungsanspruch zur Vorbereitung eines Zahlungsanspruchs (BAG v. 12.7.2006, 5 AZR 646/05). Der Arbeitnehmer soll aber erkennen können, warum er gerade den ausgezahlten Betrag erhält. Die Erteilung einer Lohnabrechnung hat daher grundlegenden Einfluss auf den Beginn einer Ausschlussfrist, wenn sie sich auf die Fälligkeit des Lohnanspruchs auswirkt. Dies ist dann der Fall, wenn der Anspruchsberechtigte die Höhe seiner Ansprüche nicht ohne die Abrechnung der Gegenseite erkennen kann. Ist der Arbeitnehmer ohne Lohnabrechnung nicht in der Lage, die Höhe seiner Lohnforderungen zu berechnen, beginnt die Verfallfrist erst mit dem Zugang der Abrechnung (vgl. LAG Berlin-Brandenburg v. 20.5.2021, 10 Sa 1667/20; OLG München v. 21.7.2021, 7 U 2467/18).

Lohnabrechnungszeitraum

1. Lohnsteuer

Der Zeitraum, für den jeweils der laufende Arbeitslohn gezahlt wird, wird lohnsteuerlich als Lohnzahlungszeitraum bezeichnet (regelmäßig der Kalendermonat), vgl. R 39b.5 Abs. 2 LStR sowie → *Berechnung der Lohnsteuer* Rz. 1337. 2838

2. Sozialversicherung

2839 Das Sozialgesetzbuch regelt für den Bereich der **Sozialversicherung** nicht ausdrücklich die Zeitspannen für Lohnabrechnungszeiträume. Lediglich § 23 SGB IV legt eine monatliche Fälligkeit der Beiträge fest, so dass von einem monatlichen Lohnabrechnungszeitraum im Regelfall auszugehen ist. Denkbar und gelegentlich auch noch anzutreffen sind aber auch vier- oder fünfwöchentliche oder kürzere Lohnabrechnungszeiträume (→ *Fälligkeit der Sozialversicherungsbeiträge* Rz. 2083).

Erstreckt sich der Lohnabrechnungszeitraum über ein Kalenderjahr hinaus, so ist er **für die Berechnung der Sozialversicherungsbeiträge aufzuteilen**. Dies gilt ggf. auch für die Monate, zu deren Beginn sich Beitragssätze zu einzelnen Zweigen der Sozialversicherung im Laufe eines Jahres ändern.

Beispiel 1:

Der Beitragssatz zur Arbeitslosenversicherung wurde zum 1.1.2023 von 2,4 % auf 2,6 % angehoben.

Lohnabrechnungszeitraum war der 15.12.2022 bis 14.1.2023.

Die Berechnung der Beiträge zur Arbeitslosenversicherung erfolgt

- vom 15.12. bis 31.12.2022 mit 2,4 % und
- vom 1.1. bis 14.1.2023 mit 2,6 %

Dabei dürfen die monatlichen Beitragsbemessungsgrenzen nicht überschritten werden, so dass die Monate immer mit 30 Tagen anzusetzen sind.

Beispiel 2:

Lohnabrechnungszeitraum ist der 15.12. bis 14.1.

Zum 1.1. wird eine Beitragssatzänderung wirksam.

Aufzuteilen ist:

- vom 15.12. bis 31.12. = **16 Tage** (nicht 17!),
- vom 1.1. bis 14.1. = 14 Tage,

so dass sich insgesamt ein Abrechnungszeitraum von 30 Tagen ergibt.

Die Beitragsbemessungsgrenze ist für jeden Teilabrechnungszeitraum individuell zu ermitteln.

Beispiel 3:

Teilabrechnungszeitraum ist die Zeit vom 1.1. bis 14.1.2026 = 14 Beitragstage (s.o.).

Die Beitragsbemessungsgrenze (in allen Bundesländern) in der Renten- und Arbeitslosenversicherung beträgt monatlich 2026 = 8 450,– €. Für den Teilabrechnungszeitraum liegt die Beitragsbemessungsgrenze somit bei 3 943,33 €.

Wird in einem Kalendervierteljahr zweimal für vier Wochen und einmal für fünf Wochen abgerechnet, ist die jeweilige Beitragsbemessungsgrenze entsprechend zu ermitteln.

Besteht z.B. wegen des Beginns oder Endes des Beschäftigungsverhältnisses oder wegen Beitragsfreiheit bei Krankengeldbezug Beitragspflicht nur für einen Teillohnzahlungszeitraum, sind die Beiträge für die tatsächlichen Kalendertage unter Berücksichtigung der Teil-Beitragsbemessungsgrenze zu ermitteln. Weitere Ausführungen → *Beiträge zur Sozialversicherung* Rz. 1261; → *Teillohnzahlungszeitraum* Rz. 4077.

Vermögenswirksame Leistungen sind ggf. dem Arbeitsentgelt in voller Höhe hinzuzurechnen, es sei denn, durch entsprechende Vereinbarungen ist festgelegt, dass die vermögenswirksame Leistung in einem Teillohnabrechnungszeitraum tageweise aufgeteilt wird. In diesem Fall ist nur der auf die Entgeltzeit entfallende Teil beitragspflichtig; der auf die Krankengeldbezugszeit entfallende Teil wird als Zuschuss zum Krankengeld behandelt.

Lohnausgleichskasse

1. Lohnsteuer

a) Allgemeines

2840 Nach tarifvertraglichen Regelungen haben Arbeitnehmer im **Baugewerbe** sowie im **Dachdeckerhandwerk** für die arbeitsfreien Tage vom 24. Dezember bis zum 26. Dezember und vom 31. Dezember bis zum 1. Januar Anspruch auf einen Lohnausgleich. Im Gerüstbaugewerbe gilt der Zeitraum vom 24. Dezember bis 1. Januar (s. auch Rundschreiben Nr. 6/2023 zum Lohnausgleich 2023/2024, sowie 6/2024 der Sozialkasse des Gerüstbaugewerbes im November 2023 und November 2024, das inzwischen ggf. aktualisiert worden ist). Darüber hinaus können Arbeitnehmern des Baugewerbes, denen ein Lohnausgleich für Lohnausfall nach § 3 des Tarifvertrags Lohnausgleich (TV Lohnausgleich) nicht zusteht, unter bestimmten Voraussetzungen Übergangsbeihilfen gewährt werden (§ 5 TV Lohnausgleich).

Zum Aufbau eines Kapitalstocks für die Zahlung von Lohnneben- und Lohnersatzleistungen (z.B. Urlaubsgeld, Lohnausgleich, Übergangsbeihilfen bei Arbeitslosigkeit und bei verkürzter Arbeitszeit, Entschädigungsbeträge für verfallene Urlaubsansprüche oder Urlaubsabgeltungsansprüche, Winterbeihilfen) haben die **Arbeitgeber im Baugewerbe, Gerüstbaugewerbe, Dachdeckerhandwerk und Maler- und Lackiererhandwerk bestimmte Prozentsätze der Bruttolohnsumme an die Urlaubs-, Lohnausgleichs- oder Sozialkasse abzuführen**. Der Beitragsanteil ist nicht als Arbeitslohn des einzelnen Arbeitnehmers zu erfassen.

~~LSt~~ ~~SV~~

Bei den späteren Zahlungen der Lohnneben- und Lohnersatzleistungen ist zu unterscheiden, ob diese durch die Urlaubs-, Lohnausgleichs- oder Sozialkasse (**ULAK**) direkt an den Arbeitnehmer ausgezahlt oder vom (letzten) Arbeitgeber geleistet werden (OFD Hannover v. 8.4.2004, S 2360 – 30 – StH 212):

1. Zahlung von Lohnneben- und Lohnersatzleistungen durch die ULAK

Die Zahlung von Lohnneben- und Lohnersatzleistungen durch die ULAK ist als **Lohnzahlung Dritter** anzusehen (BFH v. 21.2.2003, VI R 74/00, BStBl II 2003, 496; BFH v. 20.7.2006, VI R 22/03). Nach § 38 Abs. 3a Satz 1 EStG hat der Dritte die Pflichten des Arbeitgebers, d.h., er hat die Lohnsteuer für Rechnung des Arbeitnehmers einzubehalten und abzuführen (→ *Lohnsteuerabzug durch Dritte* Rz. 2937).

Für diese besonderen Zahlungen, welche als sonstige Bezüge eingeordnet werden, gibt es eine gesonderte Pauschalierungsregelung. Danach darf die **Lohnsteuer** für solch einen **sonstigen Bezug** – unter den Voraussetzungen des § 39c Abs. 3 EStG – unabhängig von den elektronischen Lohnsteuerabzugsmerkmalen des Arbeitnehmers pauschal **mit 20 %** ermittelt werden, wenn der vom Dritten gezahlte Jahresarbeitslohn nach § 39b Abs. 3 EStG zuzüglich des sonstigen Bezugs **10 000 € nicht übersteigt**. Bei der Feststellung des maßgebenden Jahresarbeitslohns sind **ausschließlich** die Lohnzahlungen der ULAK zu berücksichtigen (§ 39c Abs. 3 EStG). **Schuldner der so erhobenen Lohnsteuer** bleibt der **Arbeitnehmer**.

Diese Regelung weicht von den Grundsätzen der übrigen Lohnsteuerpauschalierungen nach §§ 40 bis 40b EStG ab. Der begünstigte Arbeitnehmer ist nach § 46 Abs. 2 Nr. 5 EStG zur Einkommensteuer zu veranlagen (**Pflichtveranlagung**), bei der die Abzugsbeträge angerechnet werden. Deshalb hat die ULAK eine **elektronische Lohnsteuerbescheinigung auszustellen** und an die Finanzverwaltung zu übermitteln. Darin sind der gezahlte Arbeitslohn sowie die einbehaltene Lohnsteuer anzugeben (§ 41b EStG).

LSt SV

2. Zahlung von Lohnneben- und Lohnersatzleistungen durch den (letzten) Arbeitgeber

Werden die Lohnneben- und Lohnersatzleistungen durch den Arbeitgeber (der zuletzt ausgeübten Beschäftigung) gezahlt, der danach bei der Urlaubs-, Lohnausgleichs- oder Sozialkasse einen Erstattungsantrag stellt, hat dieser Arbeitgeber den Lohnsteuerabzug vorzunehmen. Dabei sind die Zahlungen mit anderem laufenden Arbeitslohn zusammenzurechnen; maßgebend ist der Lohnzahlungszeitraum, in dem die Zahlungen geleistet werden. Eine Bescheinigung der Kasse an den Arbeitnehmer entfällt hier.

LSt ~~SV~~

Zahlungen der ULAK für entgangenen Urlaub sind **keine tarifermäßigten Entschädigungen** i.S.d. § 24 Nr. 1a EStG (FG Münster v. 6.10.2004, 1 K 6311/01 E, EFG 2005, 605).

b) Ausländische Bauarbeiter

Zahlungen der ULAK an ausländische Bauarbeiter sind wie folgt zu behandeln (BMF v. 29.1.2004, IV C 5 – S 2360 – 46/03, Steuer-Telex 2004, 298): 2841

„Soweit ein ausländischer Bauarbeitnehmer bei einem inländischen Arbeitgeber beschäftigt war oder der ausländische Arbeitgeber über eine inländische Betriebsstätte i.S.d. DBA verfügte,

war der ausländische Bauarbeitnehmer entweder unbeschränkt oder beschränkt steuerpflichtig.

In diesen Fällen richtet sich das Besteuerungsrecht für die Urlaubsabgeltung nach den DBA grds. nach dem Besteuerungsrecht für das im abgegoltenen Urlaubszeitraum (d.h. dem Arbeitszeitraum, in dem der abgegoltene Urlaubsanspruch entstanden ist) bezogene Arbeitsentgelt.

Da danach bei beschränkter oder unbeschränkter Steuerpflicht das Besteuerungsrecht Deutschland regelmäßig zustand, gilt dies auch für die Leistungen der ULAK, auch wenn sich der ausländische Bauarbeitnehmer bei Auszahlung des Abgeltungs- bzw. Entschädigungsbetrags nicht mehr im Inland aufhält."

Den sonstigen Bezug nach § 39c Abs. 3 EStG kann die ULAK auch in diesen Fällen mit **20 % pauschal versteuern**.

Bei ausländischen Bauarbeitnehmern, die weder beschränkt noch unbeschränkt steuerpflichtig waren, weil sie sich nicht länger als 183 Tage im Inland aufgehalten haben, und deren Arbeitslohn von einem ausländischen Arbeitgeber gezahlt wurde, der über keinerlei Betriebsstätte oder feste Einrichtung im Inland verfügt, besteht regelmäßig **kein inländisches Besteuerungsrecht**. Dies gilt dann ebenfalls für die von der ULAK ausgezahlten Abgeltungs- bzw. Entschädigungsbeträge.

Soweit bekannt, nimmt die ULAK aber auch in diesen Fällen (vorsichtshalber) den Steuerabzug vor, weil sie im Zeitpunkt der Leistungserbringung nicht zweifelsfrei erkennen kann, ob nach dem jeweiligen DBA Deutschland das Besteuerungsrecht zusteht oder nicht (dann ungekürzte Auszahlung der Leistung an den Arbeitnehmer); hierdurch soll eine evtl. Haftungsinanspruchnahme vermieden werden. Die so zu **Unrecht einbehaltene Lohnsteuer** kann an den Arbeitnehmer ggf. nach § 37 Abs. 2 AO **erstattet werden.**

c) Haftung

2842 Eine Haftung des Arbeitgebers in Fällen des § 38a Abs. 3 EStG kommt nach § 42d Abs. 9 Satz 4 i.V.m. § 42d Abs. 3 Satz 4 Nr. 1 EStG nur in Betracht, wenn der Dritte die Lohnsteuer für den Arbeitgeber nicht vorschriftsmäßig vom Arbeitslohn einbehalten hat. An einem derartigen Fehlverhalten fehlt es, wenn beim Lohnsteuerabzug entsprechend einer Lohnsteuer-Anrufungsauskunft oder in Übereinstimmung mit den Vorgaben der zuständigen Finanzbehörden der Länder oder des Bundes verfahren wird (BFH v. 20.3.2014, VI R 43/13, BStBl II 2014, 592 betr. von der ULAK gezahlte Abgeltungszahlungen für **Urlaubsentschädigungen**).

2. Sozialversicherung

2843 Die Übergangsbeihilfen stellen kein Arbeitsentgelt in der Sozialversicherung dar und sind demnach beitragsfrei (Besprechungsergebnis der Spitzenverbände der Sozialversicherungsträger v. 11./12.11.1987, Sozialversicherungsbeitrag-Handausgabe 2005, VL 14 IV/8).

Ist der Arbeitnehmer innerhalb des Lohnausgleichszeitraumes arbeitsunfähig krank und bezieht er Krankengeld, ruht für die Dauer der Lohnausgleichszahlung der Anspruch auf Krankengeld nach § 49 SGB V mit der Maßgabe, dass auch Sozialversicherungsbeiträge zeitraumbezogen zu entrichten sind.

Wurde aus Anlass der Arbeitsunfähigkeit bereits eine Unterbrechungsmeldung erstattet, ist das beitragspflichtige Entgelt/der Lohnausgleich zeitraumbezogen zu melden (→ *Meldungen für Arbeitnehmer in der Sozialversicherung* Rz. 3099).

Lohnbescheinigung

→ *Lohnsteuerbescheinigung* Rz. 2952

Lohnersatzleistungen

1. Lohnsteuer

2844 Lohnersatzleistungen (wie z.B. das Krankengeld, Arbeitslosengeld, Teilarbeitslosengeld, Kurzarbeitergeld, vgl. im Übrigen die Aufzählungen in § 3 Nr. 2 EStG und § 32b Abs. 1 Nr. 1 EStG) sind regelmäßig steuerfrei (§ 3 Nr. 2 EStG). Sie unterliegen allerdings dem Progressionsvorbehalt, → *Progressionsvorbehalt* Rz. 3501.

LSt

2. Sozialversicherung

Mit Wirkung vom 1.1.1984 ist die **Beitragspflicht der „Lohnersatzleistungen"**, d.h. der Geldleistungen der Sozialversicherungsträger, eingeführt worden. Danach haben diese, aber auch die Träger der Kriegsopferversorgung und -fürsorge, die an Stelle des ausgefallenen Arbeitsentgelts z.B. Krankengeld, Übergangsgeld, Verletztengeld usw. gewähren, Beiträge aus den Geldleistungen zu zahlen. Diese Beiträge werden **je zur Hälfte durch den Versicherten** im Wege des Einbehalts an der zustehenden Geldleistung (wie beim Entgeltabzugsverfahren durch den Arbeitgeber) und **durch den Leistungsträger** aus seinem Vermögen aufgebracht. Der Leistungsträger tritt insoweit an die Stelle des Arbeitgebers; ihm obliegen grds. die gleichen Verpflichtungen hinsichtlich der Berechnung, Abführung und Meldung z.B. an den Rentenversicherungsträger. 2845

Lohnfortzahlung: Erstattungsverfahren für Arbeitgeber

Inhalt

1. Recht der Lohn-/Entgeltfortzahlung

Das Aufwendungsausgleichsgesetz regelt den Ausgleich von Arbeitgeberaufwendungen im Krankheitsfalle des Arbeitnehmers (U1) und den Ausgleich von Arbeitgeberaufwendungen bei Mutterschaft (U2) durch die Teilnahme der Betriebe am Umlageverfahren. Es handelt sich um ein überbetriebliches Ausgleichsverfahren. 2846

2. Voraussetzungen für Teilnahme am Umlageverfahren

a) Allgemeines

Durchgeführt wird das Umlageverfahren von der Krankenkasse, bei der der Arbeitnehmer versichert ist, sofern keine Mitgliedschaft bei einer Krankenkasse besteht, von der Krankenkasse, die Einzugsstelle für die Renten- und Arbeitslosenversicherungsbeiträge ist, und wenn keine der Zuständigkeiten gegeben ist, von der Krankenkasse, die der Arbeitgeber wählt. 2847

Ausnahme hiervon sind alle geringfügig Beschäftigten: Für diesen Personenkreis ist die zur Erstattung verpflichtete Krankenkasse die Minijob-Zentrale der Deutschen Rentenversicherung Knappschaft-Bahn-See (→ *Mini-Jobs* Rz. 3161).

In das Umlageverfahren U1 werden alle Arbeitgeber einbezogen, die i.d.R. nicht mehr als 30 Arbeitnehmer beschäftigen. Ausgenommen hiervon sind die Arbeitgeber der öffentlichen Hand. Mehrere Betriebe eines Arbeitgebers sind dann nicht zusammenzurechnen, wenn sie als unterschiedliche Rechtspersönlichkeiten geführt werden. Die Teilnahme eines Betriebs wird im Falle der Eröffnung des Betriebs nach dem Kriterium festgelegt, ob nach Art des Betriebs anzunehmen ist, dass während der überwiegenden Zahl der noch verbleibenden Monate des Kalenderjahres nicht mehr als 30 Arbeitnehmer beschäftigt werden. Ansonsten erfolgt die Beurteilung zu Beginn eines Kalenderjahrs. Der Arbeitgeber nimmt am Umlageverfahren U1 teil, wenn er in dem vorangegangenen Kalenderjahr für einen Zeitraum von mindestens acht Kalendermonaten nicht mehr als 30 Arbeitnehmer beschäftigt hat.

Die Teilnahme des Arbeitgebers am Umlageverfahren U1 ist nicht von einem Verwaltungsakt der Krankenkasse abhängig.

Die Spitzenverbände der Krankenkassen haben daher vereinbart, dass es der förmlichen Feststellung über die Teilnahme nicht bedarf. Die Feststellung über die Teilnahme am Verfahren trifft der Arbeitgeber. Auf Wunsch des Arbeitgebers, z.B. bei der Betriebseröffnung, erteilt die zuständige Krankenkasse einen Feststellungsbescheid.

Am Umlageverfahren U2 nehmen alle Arbeitgeber, auch die Arbeitgeber der öffentlichen Hand, ohne die Berücksichtigung der Beschäftigtenzahl teil.

b) Anrechenbare Arbeitnehmer

2848 Dem Umlageverfahren U1 gehören die Arbeitgeber an, die **regelmäßig nicht mehr als 30 Arbeitnehmer** beschäftigen. Bei der **Ermittlung der maßgeblichen Zahl der Beschäftigten** werden grundsätzlich alle Arbeitnehmer des Betriebs ohne Rücksicht auf ihre versicherungsrechtliche Stellung oder ihre Krankenkassenzugehörigkeit einbezogen. **Dies gilt jedoch nicht für**

- die zu ihrer Berufsausbildung Beschäftigten (Auszubildende, Praktikanten, Volontäre),
- Vorruhestandsgeldbezieher,
- Heimarbeiter und Hausgewerbetreibende,
- Schwerbehinderte und ihnen Gleichgestellte.

Bei **Teilzeitbeschäftigten** ist für die Feststellung der Teilnahme am Umlageverfahren U1 die regelmäßige wöchentliche Arbeitszeit maßgebend. Angerechnet werden Arbeitnehmer mit einer wöchentlichen Arbeitszeit von

- mehr als 30 Stunden mit dem Faktor 1,
- nicht mehr als 30 Stunden mit dem Faktor 0,75,
- nicht mehr als 20 Stunden mit dem Faktor 0,5,
- nicht mehr als 10 Stunden mit dem Faktor 0,25.

Beispiel 1:

Im Betrieb Beschäftigte	**Anrechnung nach AAG** Zahl der ArbN × Faktor = Summe
3 vollzeitbeschäftigte Angestellte	3 × 1 = 3,00
2 teilzeitbeschäftigte Angestellte mit 25 Wochenarbeitsstunden	2 × 0,75 = 1,50
9 vollzeitbeschäftigte Arbeiter	9 × 1 = 9,00
3 Beschäftigte mit 10 Wochenarbeitsstunden	3 × 0,25 = 0,75
2 Beschäftigte mit 15 Wochenarbeitsstunden	2 × 0,5 = 1,00
1 Wehrdienstleistender	keine Anrechnung
1 Auszubildender	keine Anrechnung
1 Schwerbehinderter	keine Anrechnung
22 Arbeitnehmer Zahl der anrechenbaren Arbeitnehmer:	**15,25**

Das Unternehmen nimmt am Umlageverfahren U1 teil, weil es nicht mehr als 30 (anrechenbare) Arbeitnehmer beschäftigt.

Bei Arbeitgebern mit mehreren Betrieben wird die Zahl der Beschäftigten zusammengerechnet.

Beispiel 2:

Der Arbeitgeber unterhält in A. einen Produktionsbetrieb mit 24 anrechenbaren Mitarbeitern. In B. und C. betreibt er Einzelhandelsgeschäfte mit fünf bzw. sieben ebenso anrechenbaren Mitarbeitern.

Die Gesamtzahl der Mitarbeiter beträgt 36, also keine Teilnahme am Umlageverfahren U1.

Eine Zusammenrechnung mehrerer Betriebe erfolgt dann nicht, wenn der Arbeitgeber an zwei voneinander unabhängigen, rechtlich selbständigen Betrieben beteiligt ist.

Beispiel 3:

Der Arbeitgeber unterhält in A. als Einzelfirma einen Betrieb mit 28 Mitarbeitern. In seinem Haushalt ist zusätzlich eine Hausangestellte tätig. Daneben ist er an einer GmbH beteiligt, die 15 Mitarbeiter beschäftigt.

Beide Betriebe nehmen am Umlageverfahren U1 teil. Die Hausangestellte ist der Einzelfirma zuzurechnen, jedoch wird die Zahl von über 30 Beschäftigten nicht erreicht. Die GmbH ist als rechtlich selbständiger Betrieb unabhängig von dem Einzelunternehmen zu bewerten.

Alle Betriebe, auch die aus Beispiel 2, nehmen ohne Einschränkung am Umlageverfahren U2 teil.

c) Berücksichtigung betrieblicher Besonderheiten

Der Arbeitgeber nimmt am Umlageverfahren U1 und damit am Ausgleich seiner Aufwendungen für die Entgeltfortzahlung nur teil, wenn er im **Vorjahr** regelmäßig, d.h. **in einem Zeitraum von mindestens acht Monaten, nicht mehr als 30 Arbeitnehmer** beschäftigt hat. 2849

Beispiel für die Feststellung der „Regelmäßigkeit" zur Teilnahme am Umlageverfahren für das Jahr 2026

Zahl der Arbeitnehmer 2025		**Zahl der Monate mit weniger als 30 Arbeitnehmern**
Januar bis Mai	= 17	5
Juni bis September	= 31	–
Oktober bis Dezember	= 29	3
gesamt:		8

Da in einem Zeitraum von acht Monaten weniger als 30 Arbeitnehmer im Vorjahr beschäftigt waren, nimmt der Arbeitgeber 2026 am Umlageverfahren teil.

Hat der **Betrieb nicht während des gesamten Vorjahrs bestanden**, besteht die Teilnahmeverpflichtung, wenn während des Zeitraums des Bestehens des Betriebs in der überwiegenden Zahl der Kalendermonate nicht mehr als 30 Arbeitnehmer beschäftigt wurden.

Beispiel:

Neuerrichtung des Betriebs im Mai 2025

Zahl der verbleibenden Monate im Jahr 2025 = 8

Zahl der Arbeitnehmer 2025		**Zahl der Monate**
Mai bis Juli	= 25	3
August bis Dezember	= 31	5

Der Betrieb nimmt 2026 **nicht** am Umlageverfahren U1 teil, weil in der überwiegenden Zahl der Monate im Vorjahr mehr als 30 Arbeitnehmer beschäftigt wurden.

Wird der **Betrieb im Laufe des Jahres neu errichtet**, ist die Teilnahme vorgesehen, wenn anzunehmen ist, dass die Zahl der Beschäftigten in der überwiegenden Zahl der Kalendermonate dieses Jahres 30 nicht übersteigt. Entwickeln sich die tatsächlichen Verhältnisse anders als angenommen, verbleibt es bis zum Jahresende bei der getroffenen Entscheidung.

d) Besonderheiten bestimmter Personengruppen

aa) Altersteilzeit

Arbeitnehmer in der Freistellungsphase werden bei der Feststellung, ob der Arbeitgeber mindestens 30 Arbeitnehmer beschäftigt, nicht berücksichtigt. 2850

Bei der Berechnung der Umlage im U1- und U2-Verfahren wird das Arbeitsentgelt der Arbeitnehmer in Altersteilzeit berücksichtigt, und zwar unabhängig davon, ob sich der Arbeitnehmer in der Arbeits- oder in der Freistellungsphase befindet.

In der Arbeitsphase gilt das tatsächlich erzielte (ausgezahlte) Arbeitsentgelt und in der Freistellungsphase das ausgezahlte Wertguthaben als Bemessungsgrundlage. Vom Aufstockungsbetrag in der Rentenversicherung und vom Wertguthaben in Störfällen werden keine Umlagen erhoben (Besprechungsergebnis der Spitzenorganisationen der Sozialversicherungsträger über Fragen des gemeinsamen Beitragseinzugs am 23./24.4.2007).

bb) Ausländische Saisonkräfte

Ausländische Saisonkräfte, die ihrem Arbeitgeber eine E 101- oder A 1-Bescheinigung vorlegen und damit dokumentieren, dass sie den sozialversicherungsrechtlichen Vorschriften ihres jeweiligen Heimatlandes unterliegen, sind nicht in das Verfahren zum Ausgleich der Arbeitgeberaufwendungen nach dem AAG eingebunden. Sie bleiben bei der Feststellung, ob der Betrieb am Ausgleichsverfahren für Entgeltfortzahlung im Krankheitsfall teilnimmt, unberücksichtigt. Umlagebeträge sind nicht zu entrichten. 2851

Saisonkräfte, die keine Entsendebescheinigung vorlegen, werden immer in das Umlageverfahren einbezogen (Besprechungsergebnis der Spitzenorganisationen der Sozialversicherung über Fragen des gemeinsamen Beitragseinzugs am 13./14.4.2010).

cc) Freiwilligendienst nach dem BFDG oder dem JFDG

2852 Die Spitzenorganisationen der Sozialversicherungsträger haben sich darauf verständigt, dass Personen, die einen Freiwilligendienst leisten, keine Arbeitnehmer i.S.d. AAG sind.

Diese Personen sind weder bei der Ermittlung der Gesamtzahl der Beschäftigten zu berücksichtigen, noch sind Umlagebeiträge zur U1 zu zahlen. Seit 1.7.2012 sind sie jedoch in das Ausgleichsverfahren bei Mutterschaft (U2) einzubeziehen (Besprechungsergebnis der Spitzenorganisationen der Sozialversicherung über Fragen des gemeinsamen Beitragseinzugs am 8./9.5.2012).

dd) Menschen mit Behinderungen im Arbeitsbereich anerkannter Werkstätten

2853 Menschen mit Behinderungen im Arbeitsbereich anerkannter Werkstätten sind vom Ausgleichsverfahren ausgenommen. Es sind folglich keine Umlagen zu entrichten und die erbrachten Arbeitgeberaufwendungen sind auch nicht erstattungsfähig.

3. Erstattungsanspruch

a) Antrag

2854 Die Erstattung der Arbeitgeberaufwendungen bei Entgeltfortzahlung erfolgt auf Antrag.

Der Arbeitgeber hat den Antrag im elektronischen Erstattungsverfahren bei der Krankenkasse zu stellen. Näheres ist in Gemeinsamen Grundsätzen geregelt.

Stellt die Krankenkasse eine inhaltliche Abweichung zwischen ihrer Berechnung und dem Antrag des Arbeitgebers fest, hat sie diese Abweichung unverzüglich dem Arbeitgeber zu melden. Hierfür gibt es den Datensatz Rückmeldung AAG (DSRA) und den Datenbaustein Rückmeldung AAG (DBRA). Es wird aber auch mitgeteilt, ob dem Antrag vollständig entsprochen oder er vollständig abgelehnt wird.

Die entsprechenden Gründe für die Differenzen oder die Ablehnung werden in Form von Kennzeichen angegeben.

b) Beginn und Ende

2855 Der Erstattungsanspruch des Arbeitgebers gegen die Kranken-(Umlage-)kasse **beginnt** mit dem Tag der Teilnahme am Umlageverfahren; das gilt auch dann, wenn die Verpflichtung zur Weiterzahlung des Entgelts schon vor der Teilnahme am Umlageverfahren eingesetzt hat. **Endet** die Teilnahme am Umlageverfahren mit Ablauf des Kalenderjahrs, weil es für die Zukunft (vorläufig) an den notwendigen Voraussetzungen fehlt (z.B. Anstieg der Zahl anrechenbarer Arbeitnehmer über das nach dem AAG zulässige Maß hinaus), sind auch nur bis zu diesem Zeitpunkt die Aufwendungen erstattungsfähig.

Beispiel:

Teilnahme an der Entgeltfortzahlungsversicherung vom 1.1.2026 bis 31.12.2026

Umlagepflicht vom 1.1.2026 bis 31.12.2026

1. Entgeltfortzahlung durch Arbeitgeber vom 20.12.2025 bis 27.1.2026
   Erstattungsanspruch vom 1.1.2026 bis 27.1.2026
2. Entgeltfortzahlung durch Arbeitgeber vom 11.12.2026 bis 15.1.2027
   Erstattungsanspruch vom 11.12.2026 bis 31.12.2026

c) Dauer und Höhe des Erstattungsanspruchs

2856 Der Erstattungsanspruch für das vom Arbeitgeber fortgezahlte Arbeitsentgelt erstreckt sich auf die Dauer der Entgeltfortzahlung, **höchstens** jedoch auf **sechs Wochen**.

Der Arbeitgeber hat nach § 1 Abs. 1 Nr. 1 AAG keinen Anspruch auf Erstattung der Arbeitgeberaufwendungen, die innerhalb der ersten vier Wochen des Beschäftigungsverhältnisses auf Grund tarifvertraglicher Bindung zur Entgeltfortzahlung geleistet wurden (vgl. BSG v. 18.8.2022, B 1 KR 24/21 R). Zur Wartezeit von vier Wochen vgl. auch → *Entgeltfortzahlung* Rz. 1917.

Erstattet wird das an die Arbeitnehmer (Arbeiter, Angestellte, Auszubildende) während einer Arbeitsunfähigkeit fortgezahlte Arbeitsentgelt i.H.v. **höchstens 80 %** sowie die auf das fortgezahlte Arbeitsentgelt entfallenden Arbeitgeberanteile an den Gesamtsozialversicherungsbeiträgen.

Die Satzungen der Kranken-(Umlage-)kassen können den Erstattungsanspruch weiter **beschränken**, sehen z.T. aber auch abgestufte, durch den Arbeitgeber wählbare Erstattungssätze vor. Dabei richtet sich dann die Höhe des Umlagesatzes nach der Höhe des gewählten Erstattungssatzes. Die angebotenen Erstattungssätze dürfen jedoch 40 % nicht unterschreiten. I.R. ihrer Satzungsautonomie können die Kassen auch die Erstattung der Arbeitgeberanteile an den Gesamtsozialversicherungsbeiträgen anders handhaben. Häufig wird die Erstattung der Beitragsanteile als mit der Erstattung des fortgezahlten Entgelts für abgegolten erklärt. Im Einzelfall ist hier die Auskunft der Kranken-(Umlage-)kasse einzuholen.

Weiter werden in voller Höhe, d.h. zu 100 % erstattet

- der vom Arbeitgeber gezahlte **Zuschuss zum Mutterschaftsgeld**,
- das vom Arbeitgeber bei **Beschäftigungsverboten** nach § 18 MuSchG gezahlte Entgelt sowie die hierauf entfallenden Arbeitgeberanteile zur Sozialversicherung,
- ggf. der Partnerschaftslohn nach dem Familienstartzeit-Gesetz (→ *Familienstartzeit*, Rz. 2093).

Erstattungsfähig ist das nach den maßgebenden Rechtsvorschriften fortgezahlte **laufende Arbeitsentgelt**. Einmalzahlungen während der Dauer des Entgeltfortzahlungszeitraums gehören nicht zu den erstattungsfähigen Aufwendungen.

Das bei krankheitsbedingter Einstellung der Arbeitsleistung im Laufe eines Arbeitstages bzw. einer Arbeitsschicht weitergezahlte Arbeitsentgelt für die ausgefallenen Arbeitsstunden dieses Tages bzw. dieser Schicht stellt keine Entgeltfortzahlung i.S. des Entgeltfortzahlungsgesetzes dar. Aus diesem Grund sind diese Beträge auch nicht nach dem AAG erstattungsfähig. Ein Ausgleich der Arbeitgeberaufwendungen erfolgt frühestens ab dem Folgetag.

Beruht die Arbeitsunfähigkeit auf einem Ereignis, für das ein **Dritter** (Schädiger) **schadensersatzpflichtig** ist, hat der Arbeitgeber zwar den Anspruch auf Entgeltfortzahlung zu erfüllen, jedoch geht der gegen den Schädiger gerichtete Ersatzanspruch des Arbeitnehmers auf Verdienstausfall in Höhe des fortgezahlten Entgelts und der Nebenleistungen (z.B. Arbeitgeberanteile an den Sozialversicherungsbeiträgen, Urlaubs- und Weihnachtsgeld, zusätzliche Aufwendungen für die Altersversorgung) anteilig auf den Arbeitgeber über. Der Arbeitnehmer hat dem Arbeitgeber alle zur Durchsetzung des Schadensersatzanspruches notwendigen Angaben zu machen. Kommt der Beschäftigte dieser Verpflichtung nicht nach, kann der Arbeitgeber für die Dauer der Weigerung die Entgeltfortzahlung versagen.

Die Erstattung der Arbeitgeberaufwendungen aus der Umlageversicherung bedingt, dass der Arbeitgeber einen evtl. auf ihn übergegangenen Schadensersatzanspruch anteilig an die Kranken-(Umlage-)kasse abtritt.

d) Verjährung

Der Erstattungsanspruch verjährt in vier Jahren nach Ablauf des Kalenderjahrs, in dem er entstanden ist. 2857

Beispiel:

Entgeltfortzahlung vom 20.12.2026 bis 29.12.2026
Erstattungsanspruch für den Zeitraum 20.12.2026 bis 29.12.2026
Erstattungsanspruch verjährt am 31.12.2030

4. Finanzierung

Die Finanzierung des Erstattungsverfahrens erfolgt durch eine **Umlage, die ausschließlich von den Betrieben aufzubringen ist** (kein Gesamtsozialversicherungsbeitrag). Dabei werden getrennte Kassen für die Erstattungen der Aufwendungen für **Krankheit (Umlage 1)** und bei **Mutterschaft (Umlage 2)** mit unterschiedlichen Umlagesätzen geführt. Festgesetzt wird die Höhe des Umlagesatzes ausschließlich durch die Arbeitgebervertreter in den Verwaltungsräten der Krankenkassen, weil die Versicherten nicht an der Finanzierung beteiligt sind. 2858

Bemessungsgrundlage für die Umlagebeträge ist das Entgelt, nach dem die Beiträge zu den gesetzlichen Rentenversicherungen für die im Betrieb Beschäftigten berechnet werden oder bei Versicherungspflicht in den gesetzlichen Rentenversicherungen zu be- 2859 rechnen wären. Dadurch ist gewährleistet, dass auch für solche Beschäftigte Umlagebeträge erhoben werden, die z.B. wegen Geringfügigkeit der Beschäftigung nicht versicherungspflichtig sind, für die der Arbeitgeber aber gleichwohl nach dem Urteil des BAG v. 9.10.1991, 5 AZR 598/90 (in Fortsetzung einer Entscheidung des EuGH v. 13.7.1989, 171/88) das Entgelt in gleichem Umfang wie für versicherungspflichtig Beschäftigte fortzuzahlen hat und einen Erstattungsanspruch geltend machen kann.

Nicht umlagepflichtig sind die Vergütungen für

- Heimarbeiter und Hausgewerbetreibende sowie für
- Vorruhestandsgeldbezieher.

Auf Arbeitsentgelte von GmbH-Geschäftsführern ist, wenn sie als Beschäftigte i.S.d. § 7 Abs. 1 SGB IV anzusehen sind, Umlage 2 zu entrichten.

2860 Für die Berechnung der Umlage werden neben den Arbeitsentgelten der Arbeitnehmer auch die an Schwerbehinderte und die an geringfügig Beschäftigte gezahlten Entgelte herangezogen (→ *Entgeltfortzahlung* Rz. 1914).

Werden bei einem rentenversicherungspflichtigen Minijobber die Rentenversicherungsbeiträge aus dem Mindestentgelt berechnet, dann werden die Umlagebeiträge trotzdem nur aus dem tatsächlichen Arbeitsentgelt ermittelt (Besprechungsergebnis der Spitzenorganisationen der Sozialversicherung über Fragen des gemeinsamen Beitragseinzugs am 9.4.2014, TOP 5).

Für **Bezieher von Kurzarbeiter- und Saison-Kurzarbeitergeld** ist nur das **tatsächlich erzielte Arbeitsentgelt** Grundlage für die Umlageberechnung. Die Leistungen der Agentur für Arbeit sowie das ausgefallene Entgelt sind hier ohne Bedeutung.

Bei der Berechnung der Umlage für den Ausgleich der Arbeitgeberaufwendungen bei der Entgeltfortzahlung wegen Krankheit (**Umlage 1**) werden berücksichtigt:

- die Löhne der Arbeiter,
- die Gehälter der Angestellten,
- die Vergütungen für Auszubildende in Arbeiter- **und** Angestelltenberufen.

Bei der Berechnung der Umlage für den Ausgleich der Mutterschaftsaufwendungen (**Umlage 2**) **sind ebenfalls** einzubeziehen:

- die Löhne der Arbeiter,
- die Gehälter der Angestellten,
- die Vergütungen für Auszubildende in Arbeiter- und Angestelltenberufen.

Die Umlage für die Erstattung der Arbeitgeberaufwendungen bei Mutterschaft (Umlage 2) ist auch von solchen Betrieben aufzubringen, die **keine Arbeitnehmerinnen** beschäftigen (BSG v. 24.6.1992, 1 RK 34/91 und 1 RK 37/91). Nach dem Dritten Gesetz zum Schutz der Bevölkerung bei einer epidemischen Lage von nationaler Tragweite v. 18.11.2020, BGBl. I 2020, 2397 sind während des Bezugs von Entschädigungen nach § 56 IfSG daraus auch die Beiträge zur Umlage 1 weiter zu zahlen. Diese Umlagebeiträge trägt das entschädigungspflichtige Land.

5. Lohnsteuer

2861 Entgeltfortzahlung im Krankheitsfall führt beim Arbeitnehmer zu Lohn und hat den Abzug von Lohnsteuer zur Folge.

LSt

6. Beitragsnachweise/Sozialversicherung

2862 Die Lohnersatzleistungen i.R. der Entgeltfortzahlung sind sozialversicherungspflichtig. Die Umlagen zu den Ausgleichsverfahren werden mit den **Sozialversicherungsbeiträgen** in den Beitragsnachweisen nachgewiesen. **Hinweis:** Die Höhe der Umlagebeträge und der Prozentsatz der Erstattung kann bei der jeweils zuständigen Kranken-(Umlage-)kasse erfragt werden. Einzelheiten → *Entgeltfortzahlung* Rz. 1914.

Lohnkonto

Inhalt

1. Grundsätze

Der Arbeitgeber hat am Ort der Betriebsstätte **für jeden Arbeitnehmer** und **für jedes Kalenderjahr** ein Lohnkonto zu führen (§ 41 Abs. 1 Satz 1 EStG). 2863

In das Lohnkonto sind neben der IdNr des Arbeitnehmers die nach § 39e Abs. 4 Satz 2 und Abs. 5 Satz 2 EStG abgerufenen **elektronischen Lohnsteuerabzugsmerkmale** sowie die für den Lohnsteuerabzug erforderlichen Merkmale aus der vom Finanzamt ausgestellten **Bescheinigung für den Lohnsteuerabzug** (§ 39 Abs. 3 oder § 39e Abs. 7 oder Abs. 8 EStG) zu übernehmen. Die aus lohnsteuerlicher Sicht erforderlichen Angaben ergeben sich aus § 4 LStDV und die aus sozialversicherungsrechtlicher Sicht aus § 28f SGB IV i.V.m. § 8 BVV; sie sind nachfolgend im Einzelnen dargestellt.

Weil der Arbeitgeber für jeden Arbeitnehmer und für jedes Kalenderjahr ein Lohnkonto zu führen hat, ist zu Beginn des Kalenderjahres stets ein **neues Lohnkonto** anzulegen.

Es ist stets **ein Lohnkonto zu führen**, wenn Arbeitnehmer beschäftigt werden.

Hat der Arbeitgeber keinen Sitz im Inland, ist er nach § 28f Abs. 1b SGB IV verpflichtet, zur Erfüllung seiner Pflichten einen Bevollmächtigten mit Sitz im Inland zu bestellen.

Die Aufzeichnungen im Lohnkonto sind erforderlich, weil sie zum einen die Grundlage für die Lohnsteuerbescheinigung bilden, zum anderen sind sie als Nachweis bei einer Lohnsteuer-Außenprüfung gedacht.

Bei **Arbeitgebern, die ein maschinelles Verfahren** für die Lohnabrechnung anwenden, kann das Betriebsstättenfinanzamt **Ausnahmen von den nachfolgend dargestellten Aufzeichnungspflichten zulassen**, wenn die Möglichkeit zur Nachprüfung in anderer Weise sichergestellt ist (§ 4 Abs. 3 Satz 1 LStDV). Die Möglichkeit der Nachprüfung ist allerdings nur dann gegeben, wenn die Zahlung der Bezüge und die Art ihrer Aufzeichnung im Lohnkonto vermerkt ist (R 41.1 Abs. 2 Satz 2 LStR).

Soweit ein **Dritter** nach § 38 Abs. 3a EStG **die Pflichten des Arbeitgebers hat**, ist von ihm **ein Lohnkonto** zu führen. Werden die lohnsteuerlichen Pflichten mit Zustimmung des Finanzamts vom Arbeitgeber auf einen Dritten übertragen (§ 38 Abs. 3a Satz 2 EStG, z.B. auf eine studentische Arbeitsvermittlung), hat der Dritte **den Namen des Arbeitgebers einschl. Anschrift im Lohnkonto aufzuzeichnen** und auch den **Arbeitslohn einzutragen**, der nicht von ihm, sondern **vom Arbeitgeber selbst gezahlt** wird. Bezieht der Arbeitnehmer Arbeitslohn aus mehreren Dienstverhältnissen, den der Dritte für die Lohnsteuerermittlung zusammenrechnet (§ 38 Abs. 3a Satz 7 EStG), ist der Arbeitslohn **für jedes Dienstverhältnis gesondert im Lohnkonto** aufzuzeichnen (§ 4 Abs. 4 LStDV).

Zu den **besonderen Aufzeichnungspflichten bei Grenzgängern** zur Durchführung des Grenzgängerfiskalausgleichs mit Frankreich → *Grenzgänger* Rz. 2396.

2. Allgemeine Aufzeichnungen

Der Arbeitnehmer hat im Lohnkonto des Arbeitnehmers Folgendes aufzuzeichnen (§ 4 Abs. 1 LStDV): 2864

- Den **Vornamen**,
- den **Familiennamen**,
- den **Tag der Geburt**,
- den **Wohnort**,
- die **Wohnung**,

- die **Steuerklasse und ggf. den Faktor** (§ 39f EStG),
- die Zahl der **Kinderfreibeträge**,
- die **Religionszugehörigkeit**,
- die **Freibeträge und Hinzurechnungsbeträge**,
- sowie darüber hinausgehend die in einer vom **Finanzamt** ausgestellten **Bescheinigung** für den Lohnsteuerabzug eingetragenen allgemeinen Besteuerungsmerkmale. Ändern sich im Laufe des Jahres die in einer Bescheinigung für den Lohnsteuerabzug eingetragenen allgemeinen Besteuerungsmerkmale, so ist auch der Zeitpunkt anzugeben, von dem an die Änderungen gelten,
- die **Beschäftigungsdauer**,
- bei der **Zahlung von Versorgungsbezügen** (§ 19 Abs. 2 EStG) die für die zutreffende Berechnung des Versorgungsfreibetrags und des Zuschlags zum Versorgungsfreibetrag erforderlichen Angaben (die Bemessungsgrundlage für den Versorgungsfreibetrag, das Jahr des Versorgungsbeginns und bei unterjähriger Zahlung von Versorgungsbezügen den ersten und letzten Monat, für den Versorgungsbezüge gezahlt werden).

3. Aufzeichnungspflichten bei der Lohnsteuer

a) Aufzeichnungen bei der Lohnabrechnung

2865 Der Arbeitgeber hat **bei jeder Lohnabrechnung** im Lohnkonto Folgendes aufzuzeichnen (§ 4 Abs. 2 LStDV):

aa) Lohnzahlung

2866 Bei jeder Lohnabrechnung ist der **Tag der Lohnzahlung** und der **Lohnzahlungszeitraum** im Lohnkonto aufzuzeichnen.

bb) Großbuchstabe „U“

2867 In den Fällen, in denen zwar das Beschäftigungsverhältnis weiterbesteht, der Anspruch auf Arbeitslohn aber für **mindestens fünf aufeinander folgende Arbeitstage** im Wesentlichen weggefallen ist, hat der Arbeitgeber jeweils den **Großbuchstaben „U“** (U = Unterbrechung) im Lohnkonto einzutragen (§ 41 Abs. 1 Satz 5 EStG). Der Zeitraum, für den der Arbeitslohnanspruch weggefallen ist, muss nicht eingetragen werden.

Der Anspruch auf Arbeitslohn ist im Wesentlichen weggefallen, wenn während der Unterbrechung der Lohnzahlung (unbezahlter Urlaub, Wehrübung ohne Lohnfortzahlung u.Ä.) z.B. lediglich vermögenswirksame Leistungen oder Krankengeldzuschüsse gezahlt werden oder wenn während unbezahlter Fehlzeiten (z.B. Elternzeit) eine Beschäftigung mit reduzierter Arbeitszeit aufgenommen wird (R 41.2 LStR).

Unter dem **Begriff „fünf aufeinander folgende Arbeitstage“** sind nicht etwa fünf Kalendertage zu verstehen (vgl. BFH v. 28.1.1994, VI R 51/93, BStBl II 1994, 421 betr. Begriff des Arbeitstags i.S.d. § 40a EStG). Dabei ist auch unbeachtlich, ob die Arbeitstage in einem Lohnzahlungszeitraum liegen oder nicht.

Beispiel 1:

Ein Arbeitnehmer bezieht vom 10.4.2026 (Freitag) bis 15.4.2026 (Mittwoch) Kinderkrankengeld von der Krankenkasse. Samstag und Sonntag wird in der Firma nicht gearbeitet.

Es handelt sich **nicht** um „fünf aufeinander folgende Arbeitstage“, weil die arbeitsfreien Tage nicht mitzuzählen sind. Der Arbeitgeber hat im Lohnkonto **kein „U“** zu vermerken.

Weil das Lohnkonto für jedes Kalenderjahr getrennt zu führen ist, kann sich der maßgebende Zeitraum von fünf Arbeitstagen auch nur auf ein Kalenderjahr beziehen (vgl. auch § 2 Abs. 7 EStG). **Erstreckt sich die Unterbrechung über den Jahreswechsel hinaus**, so ist jedes Kalenderjahr für sich zu betrachten.

Beispiel 2:

Ein Arbeitnehmer in Niedersachsen erhält vom 27.12.2024 (Freitag) bis 7.1.2025 (Dienstag) Krankengeld. Samstag und Sonntag wird in der Firma nicht gearbeitet; Silvester ist arbeitsfrei, hier ein Dienstag.

Im Kalenderjahr 2024 liegen zwei Arbeitstage mit Krankengeld (der 27. und 30.12.), im Kalenderjahr 2025 liegen vier Arbeitstage mit Krankengeld (der 2., 3., 6. und 7.1.). Jedes Kalenderjahr ist aber für sich zu betrachten, so dass weder in 2024 noch in 2025 ein „U“ im Lohnkonto einzutragen ist.

Der Großbuchstabe „U“ ist **je Unterbrechung einmal** im Lohnkonto einzutragen (R 41.2 Satz 2 LStR).

Dabei kommt es auf den einzelnen Unterbrechungszeitraum an, der u.U. auch durch zwei verschiedene Sachverhalte verwirklicht werden kann.

Beispiel 3:

Ein Arbeitnehmer bezieht vom 18.8.2026 (Dienstag) bis 21.8.2026 (Freitag) Krankengeld von der Krankenkasse. Am 24.8.2026 (Montag) nimmt er unbezahlten Urlaub.

Der Anspruch auf Arbeitslohn ist für „fünf aufeinander folgende Arbeitstage“ entfallen, weil die Unterbrechungen zusammenzuzählen sind. Es liegt ein einheitlicher Unterbrechungszeitraum vor. Der Arbeitgeber hat im Lohnkonto ein „U“ zu vermerken.

Werden **Kurzarbeitergeld** einschließlich Saison-Kurzarbeitergeld, der Zuschuss zum Mutterschaftsgeld nach dem Mutterschutzgesetz, der Zuschuss bei Beschäftigungsverboten für die Zeit vor oder nach einer Entbindung sowie für den Entbindungstag während einer Elternzeit nach beamtenrechtlichen Vorschriften, die Entschädigung für Verdienstausfall nach dem Infektionsschutzgesetz, Aufstockungsbeträge oder Altersteilzeitzuschläge gezahlt, ist **kein Großbuchstabe „U“** in das Lohnkonto einzutragen (R 41.2 Satz 3 LStR), vgl. aber die nachfolgenden Ausführungen.

cc) Kurzarbeitergeld und andere Bezüge/Sonderleistungen

Folgende steuerfreie, aber dem **Progressionsvorbehalt** unterliegende Bezüge sind im Lohnkonto u.a. gesondert einzutragen: 2868

- das Kurzarbeitergeld einschließlich Saison-Kurzarbeitergeld,
- das Qualifizierungsgeld,
- der Zuschuss zum Mutterschaftsgeld nach dem Mutterschutzgesetz,
- der Zuschuss bei Beschäftigungsverboten für die Zeit vor oder nach einer Entbindung sowie für den Entbindungstag während einer Elternzeit nach beamtenrechtlichen Vorschriften,
- die Entschädigung für Verdienstausfall nach dem Infektionsschutzgesetz,
- die nach § 3 Nr. 21 EStG steuerfreien Einnahmen (Aktivrente ab 2026 → *Rentner* Rz. 3737)
- die Aufstockungsbeträge und Altersteilzeitzuschläge,
- die in den Jahren 2020, 2021 sowie 2022 (bis zum 30.6.) nach § 3 Nr. 28a EStG steuerfreien Zuschüsse des Arbeitgebers zum Kurzarbeitergeld und Saison-Kurzarbeitergeld.

Es sind immer die tatsächlich ausgezahlten Beträge einzutragen.

Das Kurzarbeitergeld ist im Lohnkonto des Kalenderjahres einzutragen, in dem der **Lohnzahlungszeitraum endet**, für den das Kurzarbeitergeld gezahlt wird. Wird Kurzarbeitergeld vom **Arbeitnehmer zurückgezahlt**, so ist der zurückgezahlte Betrag im Lohnkonto des Kalenderjahres einzutragen, in dem die Rückzahlung durch den Arbeitnehmer erfolgt. Eine Saldierung der Beträge ist nicht möglich (BFH v. 12.10.1995, I R 153/94, BStBl II 1996, 201).

Die Eintragungen im Lohnkonto sind in erster Linie wichtig für die Bescheinigung dieser Beträge in der elektronischen **Lohnsteuerbescheinigung**.

dd) Arbeitslohn

Der Arbeitgeber hat den **steuerpflichtigen Bruttoarbeitslohn**, getrennt nach Barlohn und Sachbezügen, im Lohnkonto aufzuzeichnen. Der Bruttoarbeitslohn darf dabei nicht um die Freibeträge für Versorgungsbezüge (§ 19 Abs. 2 EStG) und den Altersentlastungsbetrag (§ 24a EStG) gekürzt werden. Versorgungsbezüge sind darüber hinaus als solche zu kennzeichnen. 2869

Vom Arbeitgeber gezahlte **vermögenswirksame Leistungen**, die zum vereinbarten Bruttoarbeitslohn hinzukommen, müssen im steuerpflichtigen Bruttoarbeitslohn enthalten sein.

ee) Sachbezüge

Sachbezüge sind einzeln zu bezeichnen und – unter Angabe des Abgabetags oder bei laufenden Sachbezügen des Abgabezeitraums, des Abgabeorts und des Entgelts – zu erfassen. Als **Entgelt** ist der steuerliche Wert maßgebend (§ 4 Abs. 2 Nr. 3 LStDV). Dies ist z.B. bei Sachbezügen, für die Sachbezugswerte festgesetzt worden sind (z.B. Mahlzeiten, Unterkunft), der Sachbezugswert und bei der Gestellung von Kraftfahrzeugen der sich aus § 8 Abs. 2 Sätze 3 bis 6 EStG ergebende Wert oder der übliche Endpreis am Abgabeort (der um übliche Preisnachlässe geminderte Einzelhandelspreis gegen- 2870 über Letztverbrauchern einschließlich Umsatzsteuer). **Waren oder Dienstleistungen**, für die der **Rabattfreibetrag** nach § 8 Abs. 3 EStG (1 080 €) in Betracht kommt, sind als solche kenntlich zu machen und **ohne Kürzung** um die 1 080 € im Lohnkonto einzutragen.

Das **Betriebsstättenfinanzamt** soll auf Antrag des Arbeitgebers nach § 4 Abs. 3 LStDV **Aufzeichnungserleichterungen** bei Sachbezügen i.S.v. § 8 Abs. 3 EStG zulassen, wenn durch betriebliche Regelungen und Überwachungsmaßnahmen sichergestellt ist, dass der Freibetrag von 1 080 € je Arbeitnehmer nicht überschritten wird. In diesen Fällen braucht der Arbeitgeber die Sachbezüge nach § 8 Abs. 3 EStG nicht im Lohnkonto aufzuzeichnen. Zusätzlicher Überwachungsmaßnahmen bedarf es in diesen Fällen nicht (R 41.1 Abs. 3 LStR, → *Rabatte* Rz. 3567). Gleiches gilt für Sachbezüge, bei denen sichergestellt ist, dass sie die Freigrenze von monatlich 50 € (§ 8 Abs. 2 Satz 11 EStG) nicht übersteigen (→ *Sachbezüge* Rz. 3819).

ff) Nettolöhne

2871 Trägt der Arbeitgeber im Falle der Nettolohnzahlung die auf den Arbeitslohn entfallende Lohnsteuer selbst, so ist in jedem Fall der (hochgerechnete) **Bruttoarbeitslohn einzutragen**. Die auf diesen Bruttoarbeitslohn entfallenden Steuern sind – wie bei anderen Bruttolöhnen auch – getrennt einzutragen. Einzelheiten zur Nettolohnzahlung → *Nettolöhne* Rz. 3281.

gg) Sonstige Bezüge

2872 Soweit es sich bei dem gezahlten Arbeitslohn um einen sonstigen Bezug handelt, der nach dem in § 39b Abs. 3 EStG beschriebenen Verfahren besteuert wird, ergeben sich keine Besonderheiten. Folglich sind die Aufzeichnungen im Lohnkonto ebenso wie für laufenden Arbeitslohn vorzunehmen. Werden sonstige Bezüge **pauschal mit einem besonders ermittelten Durchschnittssteuersatz besteuert** (§ 40 Abs. 1 Satz 1 Nr. 1 EStG), sind diese gesondert aufzuzeichnen, damit die für diese Pauschalbesteuerung geltende 1 000 €-Grenze (→ *Pauschalierung der Lohnsteuer* Rz. 3340) überprüft werden kann (sowohl vom Arbeitgeber als auch durch das Finanzamt).

Hat der Arbeitgeber die Lohnsteuer von einem sonstigen Bezug im ersten Dienstverhältnis berechnet und ist dabei der Arbeitslohn aus früheren Dienstverhältnissen des Kalenderjahres nach § 39b Abs. 3 Satz 2 EStG außer Betracht geblieben (→ *Sonstige Bezüge* Rz. 3940), so ist dies durch **Eintragung des Großbuchstabens „S“** zu vermerken (§ 41 Abs. 1 Satz 6 EStG).

hh) Steuern

2873 Die vom Bruttoarbeitslohn einbehaltenen steuerlichen Abzüge (Lohnsteuer, Solidaritätszuschlag und Kirchensteuer) sind im Lohnkonto aufzuzeichnen.

b) Besondere Aufzeichnungen im Lohnkonto

2874 Für bestimmte Arten von Arbeitslohn hat der Arbeitgeber besondere Aufzeichnungen im Lohnkonto vorzunehmen. Dabei sind diese gesondert einzutragenden Beträge bei der Ermittlung des **Bruttoarbeitslohns nicht zu berücksichtigen**. In erster Linie haben diese Aufzeichnungen **Kontrollfunktionen**.

aa) Steuerfreie Bezüge

2875 Steuerfreier Arbeitslohn des Arbeitnehmers ist im Lohnkonto gesondert einzutragen (§ 4 Abs. 2 Nr. 4 LStDV), z.B.

- steuerfreie Beihilfen und Unterstützungen,
- steuerfreie Auslösungen, Reisekostenvergütungen, Trennungsgelder oder Umzugskostenvergütungen,
- steuerfreies Werkzeuggeld oder Erstattungen für Berufskleidung,
- steuerfreie Zuschüsse oder Arbeitgeberleistungen für das Job-Ticket,
- steuerfreie Sammelbeförderung von Arbeitnehmern,
- steuerfreie Beiträge des Arbeitgebers an eine Direktversicherung, Pensionskasse oder einen Pensionsfonds,
- steuerfreie Arbeitgeberzuschüsse zur freiwilligen Krankenversicherung,
- steuerfreie Kindergartenzuschüsse,
- steuerfreie Arbeitgeberleistungen im Bereich der betrieblichen Gesundheitsförderung,
- andere steuerfreie Sachbezüge, z.B. anlässlich von Betriebsveranstaltungen.

Folgende **steuerfreien Bezüge müssen nicht im Lohnkonto aufgezeichnet** werden (§ 4 Abs. 2 Nr. 4 LStDV):

- Vorteile aus der steuerfreien Privatnutzung eines betrieblichen Fahrrads oder E-Bikes, das kein Kraftfahrzeug ist (§ 3 Nr. 37 EStG),
- Vorteile aus der steuerfreien Privatnutzung des Arbeitnehmers von betrieblichen Datenverarbeitungs- und Telekommunikationsgeräten (§ 3 Nr. 45 EStG),
- Vorteile für das elektrische Aufladen eines Elektrofahrzeugs oder Hybridelektrofahrzeugs (§ 3 Nr. 46 EStG),
- Trinkgelder (§ 3 Nr. 51 EStG).

Zur Arbeitserleichterung kann das **Betriebsstättenfinanzamt** auf Antrag des Arbeitgebers **zulassen, dass steuerfreier Arbeitslohn nicht im Lohnkonto** aufzuzeichnen ist, wenn es sich um Fälle von geringer Bedeutung handelt oder wenn die Möglichkeit zur Nachprüfung in anderer Weise sichergestellt ist (§ 4 Abs. 2 Nr. 4 Satz 2 LStDV). Diese Möglichkeit kann allerdings nicht gelten für steuerfreie Arbeitgeberleistungen, welche auf die Entfernungspauschale anzurechnen sind (§ 41b Abs. 1 Nr. 6 EStG).

Für **steuerfreie Verpflegungszuschüsse und Vergütungen** bei doppelter Haushaltsführung kann hingegen auf Antrag des Arbeitgebers auf eine Aufzeichnung im Lohnkonto nach § 4 Abs. 2 Nr. 4 Satz 2 LStDV verzichtet werden, weil eine Bescheinigung dieser Zahlungen in der Lohnsteuerbescheinigung nicht zwingend ist (BMF v. 27.1.2004, IV C 5 – S 2000 – 2/04, BStBl I 2004, 173). Auf Grund eines entsprechenden Antrags beim Betriebsstättenfinanzamt kann der Arbeitgeber also erreichen, dass auf die Aufzeichnung im Lohnkonto unmittelbar und damit auch auf die Bescheinigung in der Lohnsteuerbescheinigung verzichtet wird. Die Finanzverwaltung verfährt hier – wie in der Vergangenheit – z.T. recht großzügig.

Wenn dem Arbeitnehmer anlässlich oder während einer beruflichen Auswärtstätigkeit oder i.R. einer beruflichen doppelten Haushaltsführung vom Arbeitgeber oder auf dessen Veranlassung von einem Dritten eine nach § 8 Abs. 2 Satz 8 EStG mit dem amtlichen Sachbezugswert zu bewertende Mahlzeit zur Verfügung gestellt wurde, ist im Lohnkonto der **Großbuchstabe „M“** zu vermerken. Die früher von der Finanzverwaltung gewährte **Übergangsregelung ist zum 31.12.2018 ausgelaufen** (BMF v. 27.9.2017, IV C 5 – S 2378/17/10001, BStBl I 2017, 1339).

bb) Auslandsbezüge

Bezüge, die nach einem **DBA oder nach dem Auslandstätigkeitserlass** nicht dem Lohnsteuerabzug unterliegen, sind im Lohnkonto getrennt aufzuzeichnen (§ 4 Abs. 2 Nr. 5 LStDV). Soweit das Finanzamt eine Freistellungsbescheinigung erteilt hat, ist diese als Beleg zum Lohnkonto zu nehmen (→ *Freistellungsbescheinigung* Rz. 2260). 2876

cc) Außerordentliche Einkünfte

Außerordentliche Einkünfte i.S.d. § 34 Abs. 1, 2 Nr. 2 und 4 EStG, also 2877

- Arbeitslohn, der eine **Vergütung für eine mehrjährige Tätigkeit** darstellt (→ *Arbeitslohn für mehrere Jahre* Rz. 712), und
- **Entschädigungen** (→ *Entschädigungen* Rz. 2001),

sind im Lohnkonto getrennt vom übrigen Arbeitslohn aufzuzeichnen (§ 4 Abs. 2 Nr. 6 LStDV). Dies gilt auch für die darauf entfallende Lohnsteuer, den Solidaritätszuschlag und die Kirchensteuer.

Grund für diese besonderen Aufzeichnungsverpflichtungen bis 2024 war die Verpflichtung des Arbeitgebers, die tarifermäßigte Besteuerung nach § 34 EStG (sog. Fünftelregelung) zu prüfen und im Lohnsteuerverfahren anzuwenden (→ *Entschädigungen* Rz. 2010). Durch das Wachstumschancengesetz ist diese Verpflichtung des Arbeitgebers ab 1.1.2025 entfallen (Aufhebung § 39b Abs. 3 Sätze 9 und 10 EStG).

dd) Pauschal versteuerter Arbeitslohn

Pauschal besteuerter Arbeitslohn ist ebenso im Lohnkonto getrennt vom übrigen Arbeitslohn aufzuzeichnen (§ 4 Abs. 2 Nr. 8 2878

LStDV). Dies gilt auch für die darauf entfallende Lohnsteuer, den Solidaritätszuschlag und die Kirchensteuer (zu den Pauschalierungsmöglichkeiten → *Pauschalierung der Lohnsteuer* Rz. 3336).

Wegen der Möglichkeit, pauschal besteuerten Arbeitslohn in einem Sammellohnkonto einzutragen, → Rz. 2883.

Zu den Aufzeichnungspflichten bei Aushilfskräften → *Pauschalierung der Lohnsteuer bei Aushilfskräften* Rz. 3362, und bei geringfügig Beschäftigten → *Pauschalierung der Lohnsteuer bei geringfügig Beschäftigten* Rz. 3388.

ee) Vermögenswirksame Leistungen

2879 Vermögenswirksame Leistungen sind nicht (mehr) in der **Lohnsteuerbescheinigung** zu bescheinigen. Entsprechend sind auch die Eintragungen der vermögenswirksamen Leistungen im Lohnkonto entfallen. Allerdings muss der Arbeitgeber weiterhin die vermögenswirksamen Leistungen an das **Anlageinstitut überweisen**. Deshalb dürfte eine Aufzeichnung der überwiesenen Beträge aus Gründen der Beweissicherung gegenüber dem Arbeitnehmer weiterhin ratsam sein.

ff) Vermögensbeteiligungen

2880 Bietet der Arbeitgeber seinen Arbeitnehmern **Vermögensbeteiligungen** an seinem Unternehmen an, so hat er gewisse Aufzeichnungspflichten zu beachten. Wegen dieser Aufzeichnungspflichten → *Vermögensbildung der Arbeitnehmer* Rz. 4323.

c) Aufzeichnungspflichten bei der Kindergeldauszahlung

2881 Weil Arbeitgeber **außerhalb des öffentlichen Diensts** das Kindergeld **nicht mehr auszuzahlen** haben, bestehen insoweit keine **Aufzeichnungspflichten** mehr.

d) Aufzeichnungspflichten bei Teilzeitbeschäftigten und geringfügig Beschäftigten

2882 Wird der Arbeitslohn nach § 40a EStG pauschal versteuert, also bei kurzfristig beschäftigten Arbeitnehmern, bei geringfügig entlohnten Beschäftigten oder bei Aushilfen in der Land- und Forstwirtschaft, müssen die oben genannten Aufzeichnungen im Lohnkonto **nicht in der angegebenen Ausführlichkeit vorgenommen werden** (§ 4 Abs. 2 Nr. 8 LStDV). Vgl. hierzu im Einzelnen → *Pauschalierung der Lohnsteuer bei Aushilfskräften* Rz. 3362, → *Pauschalierung der Lohnsteuer bei geringfügig Beschäftigten* Rz. 3388.

Wegen der sozialversicherungsrechtlichen Aufzeichnungspflichten → Rz. 2886.

e) Sammellohnkonto

2883 Sammellohnkonto ist ein Lohnkonto, das für **mehrere Arbeitnehmer zusammen** geführt wird. Ein solches Sammellohnkonto darf **nur unter folgenden Voraussetzungen** geführt werden (§ 4 Abs. 2 Nr. 8 LStDV):

- Die Lohnsteuer wird mit einem Pauschsteuersatz ermittelt,
  - weil in einer größeren Zahl von Fällen Lohnsteuer nachzuerheben ist, da der Arbeitgeber die Lohnsteuer nicht vorschriftsmäßig einbehalten hat (§ 40 Abs. 1 Satz 1 Nr. 2 EStG), oder
  - weil Mahlzeiten, Zuwendungen aus Anlass von Betriebsveranstaltungen, Erholungsbeihilfen, Verpflegungszuschüsse oder Zuschüsse zu den Internetkosten gewährt werden oder der Arbeitnehmer Datenverarbeitungsgeräte erhält (§ 40 Abs. 2 EStG)

  und
- der Arbeitgeber kann die auf den einzelnen Arbeitnehmer entfallenden Beträge nicht ohne weiteres ermitteln.

Das Sammellohnkonto muss folgende Angaben enthalten:

- **Tag** der Zahlung,
- **Zahl** der Arbeitnehmer,
- **Summe** der insgesamt gezahlten Bezüge,
- Höhe der Lohnsteuer sowie
- Hinweise auf die als Belege zum Sammellohnkonto aufzubewahrenden Unterlagen, insbesondere Zahlungsnachweise oder die Bestätigung des Finanzamts über die Zulassung der Lohnsteuer-Pauschalierung.

Wird der Arbeitslohn nicht mit dem ermäßigten Kirchensteuersatz (→ *Kirchensteuer* Rz. 2720) besteuert, so ist zusätzlich der **fehlende Kirchensteuerabzug aufzuzeichnen** und auf die als Beleg aufzubewahrende Unterlage hinzuweisen, aus der hervorgeht, dass der Arbeitnehmer keiner Religionsgemeinschaft angehört, für die die Kirchensteuer von den Finanzbehörden erhoben wird (R 41.1 Abs. 4 LStR).

f) Formvorschriften

Für das Lohnkonto ist von Seiten der Finanzverwaltung **keine besondere Form** vorgeschrieben. Der Arbeitgeber kann das Lohnkonto daher seinen individuellen Bedürfnissen anpassen. Die Aufzeichnungen müssen nur **fortlaufend** und für jedes Kalenderjahr und für **jeden Arbeitnehmer getrennt** geführt werden. Dabei sind die oben dargestellten Aufzeichnungen als **Mindestanforderungen** zu verstehen; dem Arbeitgeber steht es frei, weitere für ihn wichtige Eintragungen im Lohnkonto vorzunehmen. Soweit der Arbeitgeber die Lohnabrechnung manuell durchführt, ist ein Lohnkonto in Karteiform empfehlenswert. Bei maschineller Lohnabrechnung werden die erforderlichen Angaben elektronisch gespeichert. 2884

g) Aufbewahrungsfristen

Die Lohnkonten sind bis zum **Ablauf des sechsten Kalenderjahres**, das auf die zuletzt eingetragene Lohnzahlung folgt, aufzubewahren (§ 41 Abs. 1 Satz 9 und 10 EStG). Das bedeutet, dass die Lohnkonten für das Jahr 2025 bis Ende 2031 aufzubewahren sind. Zur Verlängerung der Aufbewahrungspflicht bei der aufgeschobenen Besteuerung nach § 19a EStG → *Vermögensbeteiligungen* Rz. 4283. 2885

4. Aufzeichnungspflichten in der Sozialversicherung

In der Beitragsverfahrensverordnung wird u.a. geregelt, welche **Entgeltunterlagen** der Arbeitgeber i.R. seiner Dokumentationspflicht zu führen und aufzubewahren hat. Früher war der Begriff Lohnunterlagen gebräuchlich. Die Änderung der Bezeichnung von „Lohnunterlagen" zu „Entgeltunterlagen" in § 28f SGB IV durch das Vierte Gesetz zur Änderung des SGB IV und anderer Gesetze vom 22.12.2011, BGBl. I 2011, 3057, trat mit Wirkung zum 1.1.2012 in Kraft. Die redaktionelle Änderung sollte Missverständnisse anlässlich von Prüfungen ausschließen, die sich durch die unterschiedliche Verwendung der Begriffe „Lohnunterlagen" und „Entgeltunterlagen" ergeben können. Der nach § 8 BVV geltende Begriff Entgeltunterlagen soll demnach in der Sozialversicherung einheitlich verwendet werden. 2886

Die Spitzenorganisationen der Sozialversicherung haben mit Datum vom 18.3.2022 gemeinsame Grundsätze für die Entgeltunterlagen und für die Beitragsberechnung (vgl. §§ 8 und 9 BVV) aufgestellt. Die dort aufgeführten Grundsätze wurden durch das BMAS am 31.3.2022 genehmigt und gelten seit 1.4.2022.

Aktuell noch zu beachten gilt, dass durch das 7. SGB IV-Änderungsgesetz ab dem 1.1.2022 die Pflicht zur Führung bestimmter elektronischer Entgeltunterlagen (§ 8 Abs. 2 und 3 BVV) allerdings mit einer Befreiungsmöglichkeit bis zum 31.12.2026 eingeführt wurde.

a) Personenbezogene Aufzeichnungspflichten der Entgeltunterlagen

Für jeden Beschäftigten – nicht nur für Versicherungspflichtige – hat der Arbeitgeber in den Entgeltunterlagen u.a. folgende Angaben über den Beschäftigten aufzunehmen (§ 8 Abs. 1 BVV): 2887

- den Familien- und Vornamen, ggf. das betriebliche Ordnungsmerkmal,
- das Geburtsdatum,
- bei Ausländern aus Staaten außerhalb des Europäischen Wirtschaftsraums die Staatsangehörigkeit und den Aufenthaltstitel,
- die Anschrift,
- den Beginn und das Ende der Beschäftigung,
- den Beginn und das Ende der Altersteilzeitarbeit,

- das Wertguthaben aus flexibler Arbeitszeit einschließlich der Änderungen (Zu- und Abgänge), den Abrechnungsmonat der ersten Gutschrift sowie den Abrechnungsmonat für jede Änderung; besondere Aufzeichnungen über beitragspflichtige Arbeitsentgelte sind entbehrlich, soweit das Wertguthaben 250 Stunden Freistellung von der Arbeitsleistung nicht überschreitet; bei auf Dritte übertragenen Wertguthaben sind diese beim Dritten zu kennzeichnen,
- der Nachweis eines Krankenversicherungsschutzes nach § 28a Abs. 9a SGB IV
- die Beschäftigungsart,
- die für die Versicherungsfreiheit oder die Befreiung von der Versicherungspflicht maßgebenden Angaben,
- das Arbeitsentgelt nach § 14 SGB IV, seine Zusammensetzung und zeitliche Zuordnung, ausgenommen sind Sachbezüge und Belegschaftsrabatte, soweit für sie eine Aufzeichnungspflicht nach dem EStG nicht besteht,
- das beitragspflichtige Arbeitsentgelt bis zur Beitragsbemessungsgrenze der Rentenversicherung, seine Zusammensetzung und zeitliche Zuordnung,
- das in der Unfallversicherung beitragspflichtige Arbeitsentgelt, die anzuwendende Gefahrtarifstelle und die jeweilige zeitliche Zuordnung,
- den Betrag nach § 3 Abs. 1 Nr. 1 Buchst. b AltTZG,
- den Beitragsgruppenschlüssel,
- die Einzugsstelle für den Gesamtsozialversicherungsbeitrag,
- den vom Beschäftigten zu tragenden Anteil am Gesamtsozialversicherungsbeitrag, nach Beitragsgruppen getrennt,
- die für die Erstattung von Meldungen erforderlichen Daten, soweit sie in § 8 Abs. 1 Nr. 1 bis 14 BVV nicht enthalten sind,
- bei Entsendung: Eigenart und zeitliche Begrenzung der Beschäftigung,
- gezahltes Kurzarbeitergeld und die hierauf entfallenden beitragspflichtigen Einnahmen,
- Wertguthaben aus flexibler Arbeitszeit bis zum 31.12.2009, für die noch Beiträge zur gesetzlichen Unfallversicherung zu entrichten sind,

Folgende Unterlagen sind in elektronischer Form zu den Entgeltunterlagen zu nehmen (§ 8 Abs. 2 BVV):

- Unterlagen, aus denen bei Ausländern aus Staaten außerhalb des Europäischen Wirtschaftsraums die Staatsangehörigkeit hervorgeht, und der Aufenthaltstitel, woraus die für die Versicherungsfreiheit oder die Befreiung von der Versicherungspflicht maßgebenden Angaben und bei Entsendung Eigenart und zeitliche Begrenzung der Beschäftigung hervorgehen,
- die Daten der erstatteten Meldungen,
- die Arbeitserlaubnis der Bundesagentur für Arbeit nach § 15d BeschVO oder der nach § 19c Abs. 1 AufenthG i.V.m. § 15d BeschVO erteilte Aufenthaltstitel,
- die Daten der von den Krankenkassen übermittelten Meldungen, die Auswirkungen auf die Beitragsberechnung des Arbeitgebers haben,
- die Erklärung des geringfügig Beschäftigten gegenüber dem Arbeitgeber, dass auf Versicherungsfreiheit in der Rentenversicherung verzichtet wird (→ *Mini-Jobs* Rz. 3173),
- der Antrag auf Befreiung von der Versicherungspflicht nach § 6 Abs. 1b SGB VI, auf dem der Tag des Eingangs beim Arbeitgeber dokumentiert ist,
- der Antrag auf Aufhebung der Befreiung von der Versicherungspflicht nach § 6 Abs. 6 SGB VI, auf dem der Tag des Eingangs beim Arbeitgeber dokumentiert ist (voraussichtlich ab 1.1.2026 s.a. → *Mini-Jobs* Rz. 3173)
- die Kopie der Niederschrift nach § 2 Nachweisgesetz sowie für Seefahrtsbetriebe eine Kopie des Heuervertrags nach § 28 Seearbeitsgesetz,
- die Erklärung eines kurzfristig geringfügig Beschäftigten über weitere kurzfristige Beschäftigungen im Kalenderjahr oder eine Erklärung des geringfügig entlohnt Beschäftigten über weitere Beschäftigungen, sowie in beiden Fällen die Bestätigung, dass die Aufnahme weiterer Beschäftigungen dem Arbeitgeber anzuzeigen sind,
- der Nachweis eines Krankenversicherungsschutzes nach § 28a Abs. 9a SGB IV,
- eine Kopie des Antrags nach § 7a Abs. 1 SGB IV mit von der Deutschen Rentenversicherung Bund für ihre Entscheidung benötigten Unterlagen, deren Bescheid nach § 7a Abs. 2 SGB IV, gutachterliche Äußerungen nach § 7a Abs. 4b SGB IV sowie eine Dokumentation, welchen Auftragnehmern er eine Kopie der gutachterlichen Äußerung nach § 7a Abs. 4b Satz 4 SGB IV ausgehändigt hat,
- den Bescheid der zuständigen Einzugsstelle über die Feststellung der Versicherungspflicht nach § 28h Abs. 2 SGB IV,
- die Entscheidung der Finanzbehörden, dass die vom Arbeitgeber getragenen oder übernommenen Studiengebühren für ein Studium des Beschäftigten steuerrechtlich kein Arbeitslohn sind,
- den Nachweis der Elterneigenschaft sowie den Nachweis über die Anzahl der zu berücksichtigenden Kinder für die Pflegeversicherung (→ *Pflegeversicherung* Rz. 3422),
- eine Kopie der Erklärung über den Auszahlungsverzicht von zustehenden Entgeltansprüchen,
- die Aufzeichnungen nach § 19 Abs. 1 des Arbeitnehmer-Entsendegesetz und nach § 17 Abs. 1 MiLoG (→ *Mindestlohn* Rz. 3151),
- die Bescheinigung nach § 44a Abs. 5 SGB XI, wenn die Beschäftigung wegen des Bezugs von Pflegeunterstützungsgeld unterbrochen wird,
- eine Kopie der Erklärung des oder der Beschäftigten zur Inanspruchnahme einer Pflegezeit i.S.d. § 3 PflegeZG,
- für Seefahrtbetriebe die Besatzungslisten sowie Seetagebücher nach § 22 Seearbeitsgesetz, für Binnenschiffe die Schiffsatteste und für Schiffe der Rheinschifffahrt die Rheinschifffahrtszugehörigkeitsurkunde in Kopie,
- die Daten der übermittelten Bescheinigungen nach §§ 106 bis 106c SGB IV,
- bei einem Antrag auf Abschluss einer Ausnahmevereinbarung eine Erklärung, in welcher der Beschäftigte bestätigt, dass der Abschluss einer Ausnahmevereinbarung zur Geltung der deutschen Rechtsvorschriften nach Artikel 16 der Verordnung (EG) Nr. 883/2004 des Europäischen Parlaments und des Rates vom 29.4.2004 in seinem Interesse liegt,
- die Erklärung des Verzichts auf die Versicherungsfreiheit nach § 5 Abs. 4 Satz 2 oder § 230 Abs. 9 Satz 2 SGB VI, auf der der Tag des Eingangs beim Arbeitgeber dokumentiert ist,
- die Zustimmung des Beschäftigten zum Zeitpunkt des Eintritts der Versicherungspflicht auf Grund Beschäftigung nach § 127 Abs. 1 Satz 1 Nr. 2 und Satz 2 SGB IV (Übergangsregelung für Lehrtätigkeiten siehe Dozenten unter → *Arbeitnehmer-ABC* Rz. 291).

In den Fällen des § 126 SGB IV kann weiterhin eine Prüfung von schriftlichen Unterlagen erfolgen.

Die in Absatz 2 genannten Entgeltunterlagen, soweit sie nicht elektronisch aus der Abrechnung des Arbeitgebers entnommen werden können, sind dem Arbeitgeber von den zuständigen Stellen oder dem Beschäftigten in elektronischer Form zur Verfügung zu stellen. Alle Unterlagen sind in einzelnen Dateien zu speichern; es dürfen nicht mehrere Unterlagen in einer Datei, zum Beispiel in einem PDF-Dokument, enthalten sein. Bis zum 31.12.2026 kann sich der Arbeitgeber von der Führung elektronischer Unterlagen auf Antrag bei dem für ihn zuständigen Prüfdienst der Deutschen Rentenversicherung nach § 28p SGB IV befreien lassen.

Nach dem **Mindestlohngesetz** (§ 17 Abs. 1 MiLoG) sind Beginn, Ende und Dauer der täglichen Arbeitszeit generell von geringfügig Beschäftigten (Ausnahme: Geringfügige Beschäftigung in Privathaushalten) und von Arbeitnehmern in den nachfolgenden (vgl. § 2a SchwarzArbG) Wirtschaftsbereichen aufzuzeichnen:

- im Baugewerbe,
- im Gaststätten- und Beherbergungsgewerbe,
- im Personenbeförderungsgewerbe,
- im Speditions-, Transport- und damit verbundenen Logistikgewerbe, ab 1.1.2026 einschließlich der plattformbasierten Lieferdienste,
- im Schaustellergewerbe,

- bei Unternehmen der Forstwirtschaft (bis 31.12.2025; zu der Änderung s. Hinweis unten),
- im Gebäudereinigungsgewerbe,
- bei Unternehmen, die sich am Auf- und Abbau von Messen und Ausstellungen beteiligen,
- in der Fleischwirtschaft, ab 1.1.2026 mit Ausnahme des Fleischerhandwerks nach § 2 Abs. 2 Satz 2 des GSA Fleisch,
- im Prostitutionsgewerbe,
- im Wach- und Sicherheitsgewerbe,
- Friseur- und Kosmetikgewerbe (ab 1.1.2026).

Hinweis: Mit dem Gesetzentwurf der Bundesregierung zum Gesetz zur Modernisierung und Digitalisierung der Schwarzarbeitsbekämpfung, BT-Drucks. 21/1930 v. 1.10.2025 wird auch eine Änderung in § 2a Abs. 1 SchwarzArbG vorgenommen. Während man u.a. bei den Unternehmen der Forstwirtschaft auf Grund der Entwicklungen der letzten Jahre keinen Bedarf mehr für besondere Aufzeichnungspflichten sieht wird ein Bedarf im Friseur- und Kosmetikgewerbe gesehen, da dort vermehrt auf Schwarzarbeit gestoßen wird. Zusätzlich wurde bei der Fleischwirtschaft eine detailliertere Beschreibung vorgesehen und explizit plattformbasierte Lieferdienste als Risikobranche erfasst. Der Bundestag hat am 13.11.2025 das Gesetz gebilligt. Zum Redaktionsschluss war das Gesetz allerdings noch nicht verabschiedet. Bitte beachten Sie unseren Online-Aktualisierungsdienst (s. Benutzerhinweis auf S. IV).

Nach der **Mindestlohndokumentationspflichten-Verordnung** (MiLoDokV) sind die Aufzeichnungspflichten aus dem Mindestlohngesetz nicht einzuhalten bei Arbeitnehmern, deren verstetigtes regelmäßiges Monatsentgelt seit 1.1.2026 voraussichtlich brutto 4 838 € überschreitet (vgl. § 1 Satz 1 MiLoDokV). Bei Arbeitsverhältnissen, die einen längeren Bestand haben und bei denen das regelmäßig gezahlte Arbeitsentgelt stets oberhalb der Mindestlohnschwelle pro Arbeitsstunde liegt, entfällt die Aufzeichnungspflicht, wenn das verstetigte regelmäßige Arbeitsentgelt seit 1.1.2026 mehr als voraussichtlich 3 225 € brutto beträgt und das sich daraus ergebende Nettoentgelt jeweils für die letzten tatsächlich abgerechneten zwölf Monate regelmäßig ausgezahlt worden ist. Die Schwellenwerte werden voraussichtlich auch 2026 mit einer Verordnung zur Änderung der MiLoDokV auf Grund des neuen Mindestlohns angepasst. Zum Redaktionsschluss stand der Zeitpunkt in 2026 noch nicht fest. Wir informieren Sie über unseren Online-Aktualisierungsdienst (s. Benutzerhinweis S. IV).

Bestehen die Entgeltunterlagen aus mehreren Teilen, sind diese Teile durch ein betriebliches Ordnungsmerkmal zu verbinden. Die Angaben zur Zusammensetzung des Arbeitsentgelts, das Arbeitsentgelt bis zur Beitragsbemessungsgrenze in der Rentenversicherung, der zur Berechnung der Rentenversicherungsbeiträge maßgebende Unterschiedsbetrag bei der Altersteilzeit, der Beitragsgruppenschlüssel, die Einzugsstelle und das gezahlte Kurzarbeitergeld sind für jeden Entgeltabrechnungszeitraum erforderlich.

Die Beträge des beitragspflichtigen Arbeitsentgelts bis zur Beitragsbemessungsgrenze der Rentenversicherung und der Unterschiedsbetrag bei Altersteilzeit sind für die Meldungen zu addieren.

b) Aufzeichnungen zur Beitragsabrechnung

2888 Der Arbeitgeber hat zur Prüfung der Vollständigkeit der Entgeltabrechnung für jeden Abrechnungszeitraum ein Verzeichnis aller Beschäftigten in der Sortierfolge der Entgeltunterlagen mit den folgenden Angaben und nach Einzugsstellen getrennt elektronisch zu erfassen und lesbar zur Verfügung zu stellen; für die Beitragsgrundlage der Unfallversicherung erfolgt diese Erfassung nach Unternehmernummern nach § 136a SGB VII (§ 9 BVV):

- dem Familien- und Vornamen, ggf. mit dem betrieblichen Ordnungsmerkmal,
- dem beitragspflichtigen Arbeitsentgelt bis zur Beitragsbemessungsgrenze in der Rentenversicherung,
- dem in der gesetzlichen Unfallversicherung beitragspflichtigen Arbeitsentgelt mit Arbeitsstunden in der angewendeten Gefahrtarifstelle bis zum gültigen Höchstjahresarbeitsverdienst des zuständigen Unfallversicherungsträgers,
- den bei Altersteilzeitarbeit für die Bemessung der Rentenversicherungsbeiträge maßgebenden Unterschiedsbetrag,
- dem Beitragsgruppenschlüssel,
- den Sozialversicherungstagen,
- dem Gesamtsozialversicherungsbeitrag, nach Arbeitgeber- und Arbeitnehmeranteilen je Beitragsgruppe getrennt,
- der Summe der in der gesetzlichen Unfallversicherung beitragspflichtigen Arbeitsentgelte mit Arbeitsstunden je Gefahrtarifstelle und Anzahl der Versicherten getrennt,
- dem gezahlten Kurzarbeitergeld und den hierauf entfallenden beitragspflichtigen Einnahmen,
- den beitragspflichtigen Sonn-, Feiertags- und Nachtzuschlägen,
- den Umlagesätzen nach dem Aufwendungsausgleichsgesetz und dem umlagepflichtigen Arbeitsentgelt,
- den Parametern zur Berechnung der voraussichtlichen Höhe der Beitragsschuld.

Die Beträge des Kurzarbeitergelds und der hierauf entfallenden beitragspflichtigen Einnahmen sind zu summieren und die hierauf entfallenden Beiträge zur Kranken-, Pflege- und Rentenversicherung sind anzugeben; der Gesamtsozialversicherungsbeitrag ist nach Beitragsgruppen zu summieren; die Beträge nach Satz 1 Nr. 6a sind nach Gefahrtarifstellen zu summieren; aus den Einzelsummen ist die Gesamtsumme aller Beiträge zu bilden. Berichtigungen oder Stornierungen sind besonders zu kennzeichnen.

Der GKV-Spitzenverband und die Spitzenorganisationen der Sozialversicherung bestimmten in Gemeinsamen Grundsätzen bundeseinheitlich die Art und den Umfang der Speicherung und die Datensätze zu den Entgeltunterlagen und der Beitragsabrechnung. Diese bedürfen der Genehmigung des BMAS.

c) Archivierung

Die Daten der Entgeltunterlagen sind in der Aufbewahrungsfrist jederzeit verfügbar und unverzüglich lesbar vorzuhalten. § 147 Abs. 5 und 6 der Abgabenordnung gilt entsprechend. Werden dem Arbeitgeber Dokumente nach § 8 Abs. 2 in Papierform übermittelt, sind diese vom Arbeitgeber in ein elektronisches Format umzuwandeln. Die Originaldokumente sind bis zum bestandskräftigen Abschluss der Betriebsprüfung oder nach den für das Dokument geltenden weiteren gesetzlichen Vorschriften aufzubewahren. 2889

Lohnnachzahlung

→ *Nachzahlungen* Rz. 3223

Lohnpfändung

Inhalt

1. Begriff und Beteiligte

2890 Mit der Pfändung von Lohn- und Gehaltsansprüchen können Gläubiger des Arbeitnehmers auf dessen Arbeitseinkommen beim Arbeitgeber zurückgreifen, wobei allerdings der Arbeitnehmer als Schuldner besonderen Pfändungsschutz bzgl. des in Geld zahlbaren Arbeitsentgelts nach den Vorschriften der §§ 850 ff. ZPO für sich in Anspruch nehmen kann. Zu einer umfassenden Darstellung wird auf den **Ratgeber Lohnpfändung 2025**, Lefebvre Stollfuß Verlag, ISBN 978-3-08-314025-2 verwiesen, der auch die jeweils einschlägig vom Pfändungsgläubiger zu verwendenden Formulare nach der Zwangsvollstreckungsformular-Verordnung behandelt; eine Darstellung mit einschlägiger Rechtsprechung bietet Jüngst, Lohnpfändung und Pfändungsschutz, B+P 2006, 307 und Pfändung von Arbeitseinkommen – Aktuelles aus Gesetzgebung und Rechtsprechung, B+P 2014, 739.

Der Pfändungsschutz zu Gunsten des Arbeitnehmers mit der teilweisen Unpfändbarkeit von Arbeitsentgelt soll dem Arbeitnehmer und seiner Familie die Führung eines menschenwürdigen Lebens trotz Schulden ermöglichen; der Pfändungsschutz ist deshalb grundsätzlich zwingend und insbesondere **nicht im Voraus verzichtbar**.

Ob die **Bearbeitungskosten** für eine Lohnpfändung vom Arbeitgeber durch Vereinbarung dem Arbeitnehmer angelastet werden können, erscheint zweifelhaft (ablehnend BGH v. 18.5.1999, XI ZR 219/98, und BGH v. 19.10.1999, XI ZR 8/99). Insoweit besteht nach BAG v. 18.7.2006, 1 AZR 578/05, jedenfalls weder ein gesetzlicher Anspruch noch kann ein Anspruch durch Betriebsvereinbarung begründet werden; der Arbeitnehmer könnte aber über eine **Vereinbarung** an den **Kosten** beteiligt werden, die dem Arbeitgeber durch die Behandlung entstehen; ohne Vereinbarung treffen die Kosten allein den Arbeitgeber.

Voraussetzung für den besonderen Pfändungsschutz für Arbeitsentgelt ist, dass das Arbeitsverhältnis die **Erwerbstätigkeit des Arbeitnehmers vollständig oder doch zu einem wesentlichen Teil in Anspruch nimmt**, wie sich aus § 850 Abs. 2 ZPO ergibt. Einkünfte aus **Nebentätigkeiten** unterfallen daher regelmäßig **nicht dem besonderen Pfändungsschutz**.

Ansonsten gilt bei Einkommen des Arbeitnehmers aus zwei oder mehr Arbeitsverhältnissen besonderer Pfändungsschutz **im jeweiligen Arbeitsverhältnis**; eine **Zusammenrechnung** kommt nur i.R.d. § 850e Nr. 2, 2a ZPO in Betracht (BAG v. 24.4.2002, 10 AZR 42/01) und kann nicht vom Arbeitsgericht vorgenommen werden (BAG v. 21.11.2000, 9 AZR 692/99).

Insoweit sind begrifflich als **Beteiligte am Vollstreckungsverfahren** zu unterscheiden der die Pfändung des Arbeitsentgelts betreibende **Gläubiger des Arbeitnehmers**, der **Arbeitnehmer als Schuldner** der Gläubigerforderung, dessen Arbeitsentgelt zu Pfändungszwecken in Anspruch genommen wird und der **Arbeitgeber als Drittschuldner**, der mit der Pfändung auf Auszahlung des pfändbaren Arbeitsentgelts an den Gläubiger in Anspruch genommen wird.

2. Pfändungs- und Überweisungsbeschluss

2891 Die Pfändung von Arbeitseinkommen wird bewirkt durch einen sog. Pfändungs- und Überweisungsbeschluss des zuständigen Amtsgerichts als Vollstreckungsgericht (§ 828 Abs. 2 ZPO).

a) Welche Forderungen sind gepfändet?

2892 In dem regelmäßig formularmäßig erlassenen Pfändungs- und Überweisungsbeschluss ist regelmäßig die Angabe enthalten, die Pfändung richte sich auf **Zahlung aller jetzigen und künftigen Bezüge** an Arbeitseinkommen oder auf Zahlungsansprüche aus dem Arbeitsverhältnis. Mit derartigen Formulierungen sind neben der eigentlichen Vergütung auch einmalige Vergütungsleistungen, Sonderzuwendungen, Abfindungen, Zulagen, Zuschläge, Mehrarbeitsvergütung usw. erfasst.

b) Unterbrochenes/beendetes/noch nicht begründetes Arbeitsverhältnis

2893 Voraussetzung für die Entfaltung einer Wirkung des Pfändungs- und Überweisungsbeschlusses ist ein **zur Zeit der Pfändung bestehendes Arbeitsverhältnis**. Ist zu dem genannten Zeitpunkt das Arbeitsverhältnis bereits beendet und das Arbeitseinkommen im weiteren Sinne bereits ausgezahlt, so geht die Pfändung ins Leere. Dies gilt ebenso, wenn im Zeitpunkt der Zustellung des Pfändungs- und Überweisungsbeschlusses ein Arbeitsverhältnis noch nicht begründet ist.

Bei unterbrochenem und später neu begründetem Arbeitsverhältnis ist grundsätzlich eine erneute Pfändung erforderlich; eine im früheren Arbeitsverhältnis wirksam gewordene Pfändung lebt nicht automatisch wieder auf (vgl. BAG v. 24.3.1993, 4 AZR 258/92). Aber: Nach § 833 Abs. 2 ZPO gilt, dass bei **Neubegründung** des Arbeitsverhältnisses **innerhalb von neun Monaten** eine Pfändung aus dem früheren Arbeitsverhältnis wieder auflebt.

c) Wirkung der Pfändung

Der Pfändungs- und Überweisungsbeschluss entfaltet Wirksamkeit erst **mit Zustellung an den** Arbeitgeber als **Drittschuldner.** Ausnahmsweise entfaltet er Wirkung vor Zustellung bei vorheriger Zustellung eines **vorläufigen Zahlungsverbotes** (Vorpfändung) nach § 845 ZPO bei nachfolgender Zustellung des Pfändungs- und Überweisungsbeschlusses binnen eines Monats. 2894

Auf Verlangen des Gläubigers wird der Drittschuldner, also der Arbeitgeber, mit der Zustellung der Pfändung durch den – funktionell zuständigen – Gerichtsvollzieher gem. § 840 ZPO zur **Beantwortung von bestimmten Fragen**, die im Zusammenhang mit der Pfändung stehen, verpflichtet. Binnen zwei Wochen hat er die Auskunft zu erteilen. Bei Nichtbeantwortung **haftet der Arbeitgeber** dem Gläubiger für den Schaden, der sich aus der Nichterfüllung seiner Beantwortungspflicht ergibt.

Im Übrigen verpflichtet der Pfändungs- und Überweisungsbeschluss den Arbeitgeber, den pfändbaren Teil des Entgeltanspruchs des Arbeitnehmers unmittelbar **an den Gläubiger zu zahlen**; umgekehrt darf eine Auszahlung insoweit an den Arbeitnehmer nicht mehr erfolgen. Der Arbeitnehmer kann den Arbeitgeber auf Zahlung an den Gläubiger oder die Gläubiger verklagen (BGH v. 5.4.2001, IX ZR 441/99).

Wichtig: Zahlt der Arbeitgeber dennoch an den Schuldner pfändbare Teile des Arbeitseinkommens aus, so „entpflichtet" ihn dies nicht gegenüber dem Gläubiger. In einem solchen Fall besteht daher **für den Arbeitgeber das Risiko einer Doppelzahlung** mit der Gefahr, Rückzahlungsansprüche gegen den Arbeitnehmer aus ungerechtfertigter Bereicherung nicht mehr verwirklichen zu können.

d) Rechtsbehelfe/Einwendungen

Da dem Pfändungs- und Überweisungsbeschluss eine vollstreckbare Forderung und damit ein vollstreckungsfähiger Titel zu Grunde liegen muss, kann der **Arbeitnehmer** als Schuldner im Vollstreckungsverfahren nur noch Vollstreckungsabwehrklage (§ 767 ZPO) erheben. Der **Arbeitgeber** als Drittschuldner kann gegen den vollstreckungsfähigen Titel im Hinblick auf die erfolgte Pfändung nicht vorgehen. 2895

Arbeitgeber und Arbeitnehmer können wegen **Mängeln und Fehlern des Pfändungs- und Überweisungsbeschlusses** im Wege der **Erinnerung** nach § 766 ZPO vorgehen, aber nicht mit dem Argument, die titulierte Forderung bestehe nicht oder nur z.T. Die Erinnerung passt, wenn formelle Einwendungen gegen die Art und Weise der Zwangsvollstreckung erhoben werden. Der Arbeitgeber muss ein eigenes Interesse an der Entscheidung haben.

Im Übrigen kann der Arbeitgeber natürlich als **Drittschuldner alle Einwendungen geltend machen**, die den **Grund und die Höhe der Entgeltforderung des Arbeitnehmers** betreffen. Er kann sich also z.B. darauf berufen, eine Forderung des Arbeitnehmers sei durch Aufrechnung (→ *Aufrechnung* Rz. 852) mit einer Gegenforderung des Arbeitgebers erloschen; zulässig ist auch der Einwand, der Arbeitgeber habe die Forderung des Arbeitnehmers schon längst erfüllt gehabt. Zulässig ist beispielsweise auch der Einwand des Arbeitgebers, die Forderung des Arbeitnehmers sei bereits verjährt oder nach einer tariflichen Ausschlussfrist verfallen.

3. Umfang des Pfändungsschutzes

a) Unterschiedliche Bezüge = Unterschiedliche Pfändbarkeit

2896 Hinsichtlich der Pfändbarkeit von Arbeitnehmerforderungen ist zu unterscheiden:

- **Unpfändbare Beträge** (§ 850a ZPO) werden von der Pfändung nicht berührt.
- **Bedingt pfändbare Bezüge** sind nach § 850b ZPO zu behandeln.
- **Bezüge besonderer Art**, z.B. eine Abfindung, werden nur auf Antrag des Arbeitnehmers geschützt, unterliegen aber ansonsten voll der Pfändung, § 850i ZPO.
- **Begrenzt pfändbare Bezüge** sind nach § 850c ZPO nur teilweise geschützt.

Die begrenzte Pfändbarkeit gilt allerdings nicht mehr im Verhältnis Arbeitnehmer zu seiner Bank nach Überweisung auf ein Kontokorrentkonto (BGH v. 22.3.2005, XI ZR 286/04).

b) Berechnung der pfändbaren Bezüge/Pfändungsfreigrenzen

2897 Beim Normalfall der Pfändung der üblichen Formen des Arbeitsentgelts bei wiederkehrend zahlbarer Vergütung ist wie folgt vorzugehen:

Zunächst sind die **Gesamt-Bruttobezüge** des Arbeitnehmers für einen bestimmten Monat zur Ermittlung des pfändbaren Netto-Entgelts um die unpfändbaren Bezüge gem. § 850a ZPO zu kürzen. Dabei gilt für die Berechnung des pfändbaren Einkommens gem. § 850e Nr. 1 Satz 1 ZPO die sog. **Nettomethode**: Die der Pfändung entzogenen Bezüge (z.B. Urlaubsgeld, Aufwandsentschädigung, Gefahren-, Schmutz- oder Erschwerniszulagen) sind mit ihrem Bruttobetrag vom Gesamteinkommen abzuziehen. Ein erneuter Abzug der auf diesen Bruttobetrag entfallenden Steuern und Abgaben erfolgt nicht (BAG v. 17.4.2013, 10 AZR 59/12). Der steuerlich zu berücksichtigende geldwerte Vorteil für die Nutzung des Pkw auf dem Weg von der Wohnung zum Betrieb i.H.v. monatlich 0,03 % des Listenpreises für jeden Entfernungskilometer (sog. 0,03 %-Regelung) wird bei der Ermittlung des pfändbaren Teils des Einkommens nicht einbezogen (BAG v. 31.5.2023, 5 AZR 273/22).

Weiterhin ist das Brutto-Einkommen um die gesetzlichen Abzüge und um angelegte vermögenswirksame Leistungen zu bereinigen.

Die **Berechnung des Nettoeinkommens** ist demnach wie folgt vorzunehmen:

Monatliches Bruttoeinkommen	.... €
– unpfändbare Bezüge nach § 850a ZPO	.... €
– angelegte vermögenswirksame Leistungen	.... €
– Lohnsteuer	.... €
– Solidaritätszuschlag	.... €
– Kirchensteuer	.... €
– Sozialversicherungsbeiträge	.... €
verbleibendes Nettoeinkommen	.... €

Die Pfändungsgrenze für einen Vergütungsanspruch, der nach dem Arbeitsvertrag monatlich fällig wird, bestimmt sich auch dann nach dem **monatlichen Nettoeinkommen**, wenn der Arbeitnehmer in dem betreffenden Monat nicht die ganze Zeit gearbeitet hat; entscheidend ist der regelmäßige monatliche Auszahlungszeitraum (BAG v. 24.3.2009, 9 AZR 733/07).

Ist hiernach das **Netto-Entgelt** des Arbeitnehmers bestimmt, so ist der genaue Pfändungsbetrag der **tabellarischen Anlage zu § 850c ZPO** unter Berücksichtigung der Kürzungsbeträge für Unterhaltspflichten zu entnehmen.

Zum 1.7.2025 wurden die aktuell geltenden **unpfändbaren Beträge** nach § 850c Abs. 1 und 2 ZPO festgelegt, die das Bundesministerium der Justiz turnusgemäß mit der **Pfändungsfreigrenzenbekanntmachung 2025 v. 2.4.2025, BGBl. I 2025 Nr. 110** veröffentlicht hat.

Die Pfändungsfreigrenzen:

- Der monatlich unpfändbare Grundbetrag beträgt 1 555,00 €.
- Dieser Betrag erhöht sich, wenn gesetzliche Unterhaltspflichten zu erfüllen sind, um monatlich 585,23 € für die erste Person.
- Eine weitere Erhöhung um jeweils 326,04 € erfolgt für die zweite bis fünfte gegenüber dem Schuldner unterhaltsberechtigte Person.

Die genauen Beträge – auch für wöchentliche und tägliche Zahlweise von Arbeitseinkommen – ergeben sich aus der aktuellen **Tabelle in der Anlage zu § 850c ZPO** bzw. aus der Pfändungsfreigrenzenbekanntmachung 2025.

Nach § 850c Abs. 4 ZPO ändern sich die in dieser Vorschrift genannten unpfändbaren Beträge zum 1.7. jeden Jahres entsprechend der im Vergleich zum jeweiligen Vorjahreszeitraum sich ergebenden prozentualen Entwicklung des Grundfreibetrages nach § 32a Abs. 1 Satz 2 Nr. 1 des EStG angepasst; der Berechnung ist die am 1. Januar des jeweiligen Jahres geltende Fassung des § 32a Abs. 1 Satz 2 Nr. 1 des EStG zu Grunde zu legen. Auf eine neue Pfändungsfreigrenzenbekanntmachung ist dann zum 1.7.2026 zu achten.

Zur **Zusammenrechnung** des Einkommens mit anderen Bezügen, z.B. mit weiteren Arbeitseinnahmen, mit Sozialleistungen oder Naturalleistungen, s. § 850e ZPO.

c) Berücksichtigung von Unterhaltsberechtigten

Im Rahmen der Pfändungsfreigrenzen nach § 850c Abs. 2 ZPO sind Unterhaltsverpflichtungen nur dann zu berücksichtigen, wenn der Schuldner sie erfüllt (LAG Rheinland-Pfalz v. 1.3.2024, 8 Sa 136/22). 2898
Bei der Feststellung der Zahl der Personen, denen der Arbeitnehmer Unterhalt leistet, darf der Arbeitgeber davon ausgehen, dass der Arbeitnehmer den in seinen **Lohnsteuerabzugsmerkmalen** genannten Personen auch tatsächlich Unterhalt leistet. Davon ist bei in häuslicher Gemeinschaft lebenden Ehegatten grundsätzlich auszugehen (BAG v. 28.8.2013, 10 AZR 323/12).

d) Kontopfändungsschutz/Pfändungsschutzkonto

Beim Pfändungsschutzkonto nach § 850k ZPO bleibt Schuldnern 2899
die Möglichkeit, während einer Kontopfändung über den unpfändbaren Teil ihrer Einkünfte zu verfügen usw. am Wirtschaftsleben teilzunehmen.

Jeder Inhaber eines Girokontos kann von seiner Bank oder Sparkasse die **Umwandlung in ein Pfändungsschutzkonto** verlangen. Das gilt auch für Selbständige und für bereits gepfändete Konten. Das Kreditinstitut darf keine zusätzlichen Gebühren für die Führung des Pfändungsschutzkontos verlangen (BGH v. 13.11.2012, XI ZR 145/12).

Der Kontopfändungsschutz beim Pfändungsschutzkonto dient der Sicherung einer angemessenen Lebensführung des Schuldners und seiner Unterhaltsberechtigten. Automatisch besteht auf dem Pfändungsschutzkonto zunächst ein Pfändungsschutz für Guthaben in Höhe des Grundfreibetrages von derzeit 1 178,59 € je Kalendermonat. Dieser Basispfändungsschutz kann unter bestimmten Voraussetzungen erhöht werden, z.B. wegen Unterhaltspflichten des Schuldners.

Kindergeld oder bestimmte soziale Leistungen werden zusätzlich geschützt. In der Regel genügt ein Nachweis bei der Bank. In besonderen Fällen, z.B. wegen außerordentlicher Bedürfnisse des Schuldners auf Grund Krankheit, kann der pfandfreie Guthabenbetrag vom Vollstreckungsgericht oder bei der Vollstreckungsstelle des öffentlichen Gläubigers (Finanzamt, Stadtkasse) individuell angepasst werden.

2021 wurden durch das Pfändungsschutzkonto-Fortentwicklungsgesetz – PkoFoG v. 22.11.2020, BGBl. I 2020, 2466 die Ansparmöglichkeiten auf dem Pfändungsschutzkonto erweitert. Zusätzlich wurden Regelungen zur Nachzahlung von besonderen Leistungen, zur Erteilung und Anerkennung von Bescheinigungen für die Erhöhung des unpfändbaren Grundfreibetrages sowie zum Pfändungsschutzkonto in der Insolvenz eingeführt. Ebenso verbessert das PkoFoG den Schutz der Zuwendungen aus der Bundesstiftung „Mutter und Kind – Schutz des ungeborenen Lebens“.

4. Besonderheiten bei Pfändung wegen Unterhaltsansprüchen

Betreibt der Gläubiger die Pfändung wegen ihm zustehender gesetzlicher Unterhaltsansprüche, so ist der **Pfändungsschutz des Schuldners gem. § 850d ZPO eingeschränkt** (zum erweiterten Pfändungszugriff auch im Hinblick auf die Neuordnung durch 2900

Hartz IV s. Behr, Rechtspfleger 2005, 498). Auf entsprechende **besondere Angaben im Pfändungs- und Überweisungsbeschluss** muss der Arbeitgeber bei der Berechnung der pfändbaren Bezüge besonders achten; die Festsetzung durch das Amtsgericht/Vollstreckungsgericht ist im arbeitsgerichtlichen Drittschuldnerprozess verbindlich (LAG Düsseldorf v. 6.3.2001, 16 Sa 1765/00).

5. Rangproblem bei mehreren Pfändungen

a) Mehrfache Pfändung

2901 Das Arbeitseinkommen verschuldeter Arbeitnehmer wird nicht selten **mehrfach gepfändet**, so dass der Arbeitgeber sich vor die Frage gestellt sieht, welche der Pfändungen er zu bedienen hat. Insoweit ist gem. § 804 Abs. 3 ZPO der Rang der Pfändungen entscheidend: Es gilt insoweit der **Grundsatz der Priorität**, d.h. eine frühere Pfändung geht einer späteren vor. Der Arbeitgeber muss also zunächst die frühere Pfändung bis zur Tilgung der Forderung bedienen, sodann die nächstfolgende Pfändung bis zu deren Tilgung usw. Der Arbeitnehmer kann die korrekte Bedienung der Gläubiger durch Klage erzwingen (BGH v. 5.4.2001, IX ZR 441/99). Bei **gleichzeitig** zugestellten Pfändungen versagt der Grundsatz der Priorität: Der pfändbare Betrag muss an die Gläubiger nach dem Verhältnis ihrer Forderungen ausgekehrt werden.

Gerade bei mehreren Pfändungen läuft der Arbeitgeber Gefahr, eine **Bedienung in falscher Reihenfolge** vorzunehmen. Insoweit ist zu beachten, dass der Arbeitgeber bei fälschlicher Bedienung eines nachrangigen Berechtigten gegenüber dem vorrangigen Gläubiger nicht frei wird; der Arbeitgeber müsste also an den vorrangigen Gläubiger noch einmal zahlen. Insoweit sollte der Arbeitgeber in Zweifelsfällen von der Möglichkeit der **Hinterlegung** des Schuldbetrags Gebrauch machen.

b) Rangverhältnis bei Abtretung/Pfändung und Aufrechnung/Pfändung

2902 Nach dem **Grundsatz der Priorität** geht eine vor Zustellung eines Pfändungs- und Überweisungsbeschlusses erfolgte wirksame Abtretung von Entgeltansprüchen der Pfändung vor (→ *Abtretung des Arbeitslohns* Rz. 24). Entscheidend für den Vorrang ist insoweit nicht der Zeitpunkt, zu dem der Arbeitgeber von der Abtretung Kenntnis erlangt hat, sondern der **Zeitpunkt des Abtretungsgeschäftes**. Allerdings braucht der Arbeitgeber die Abtretung erst von dem Zeitpunkt an – ggf. vorrangig – zu beachten, in dem er von der Abtretung **Kenntnis** erlangt.

Treffen Aufrechnung (→ *Aufrechnung* Rz. 852) und Pfändung des Arbeitsentgelts zusammen, so ist nach der Regelung des § 392 BGB zu verfahren: Die Aufrechnung ist ausgeschlossen, wenn der aufrechnende Arbeitgeber seine Forderung erst nach der Beschlagnahme (= Pfändung) erworben hat oder wenn seine Forderung erst nach der Beschlagnahme (= Pfändung) und später als die gepfändete Forderung fällig geworden ist.

c) Hinterlegung in Zweifelsfällen

2903 Ist sich der Arbeitgeber bei einem Zusammentreffen von Pfändung und Abtretung über die Rangfolge der Gläubiger nicht im Klaren, so sollte er auch hier von der gem. § 853 ZPO eröffneten Möglichkeit Gebrauch machen, den pfändbaren Betrag **beim Amtsgericht zu hinterlegen**. Unter Anzeige der Sachlage und unter Aushändigung der ihm zugestellten Beschlüsse kann der Arbeitgeber nach § 853 ZPO bei dem Amtsgericht hinterlegen, dessen Beschluss ihm zuerst zugestellt wurde. Durch diese Hinterlegung wird der Arbeitgeber als Drittschuldner von seiner Verpflichtung zur Zahlung des hinterlegten Arbeitsentgelts frei.

6. Drittschuldnerklage

2904 Zahlt der Arbeitgeber als Drittschuldner nach Zustellung des Pfändungs- und Überweisungsbeschlusses an den die Pfändung betreibenden Gläubiger nicht, so kommt es – neben der Auskunftsklage bei fehlender oder unvollständiger Auskunftserteilung – häufig zur sog. Drittschuldnerklage. Bei dieser Drittschuldnerklage verklagt der Gläubiger den Arbeitgeber als Drittschuldner auf Auszahlung des pfändbaren Arbeitsentgeltes. Durch die gem. § 841 ZPO bei einer solchen Klage gebotene **Streitverkündung** wird der Arbeitnehmer als eigentlicher Schuldner in das Verfahren einbezogen. In einem solchen Drittschuldnerprozess muss der **Gläubiger darlegen und beweisen**, dass der Arbeitnehmer als Schuldner eine pfändbare Forderung gegen den Arbeitgeber auf Arbeitsentgelt besitzt.

Eine Drittschuldnerklage, die auf Zahlung gepfändeter Arbeitsvergütung gerichtet ist, die nach Zeitabschnitten bemessen ist, ist nur **zulässig**, wenn die Zeitabschnitte genau bezeichnet und die genaue Höhe der gepfändeten und eingeklagten Vergütung für den jeweiligen Zeitabschnitt benannt wird. Diese für die Zulässigkeit einer Drittschuldnerklage erforderlichen Angaben kann der Gläubiger über **Auskünfte beim Schuldner** ggf. mit einer eidesstattlichen Versicherung nach § 836 Abs. 3 ZPO einholen oder auch die übliche (tarifliche) Vergütung oder die Vergütung nach § 1 MiLoG zu Grunde legen. Bei ausgebliebener Drittschuldnererklärung nach § 840 Abs. 1 ZPO ist der Gläubiger mit dem **Schadensersatzanspruch** nach § 840 Abs. 2 Satz 2 ZPO geschützt; dieser Schadensersatzanspruch ist darauf gerichtet, den Gläubiger so zu stellen, wie er bei einer richtigen und rechtzeitigen Auskunft des Drittschuldners gestanden hätte. Er hat aber unter keinem rechtlichen Gesichtspunkt die Wirkung, den Gläubiger im Wege des Schadensersatzes so zu stellen, als bestünde die Forderung des Schuldners gegen den Drittschuldner (BAG v. 7.7.2015, 10 AZR 416/14).

Die **Kosten einer Drittschuldnerklage** können auch hinsichtlich vor dem Arbeitsgericht entstandener Anwaltskosten gegen den Schuldner (Arbeitnehmer) als Kosten der Zwangsvollstreckung geltend gemacht und festgesetzt werden (BGH v. 20.12.2005, VII ZB 57/05). Demgegenüber schuldet der Drittschuldner (Arbeitgeber) regelmäßig keine Anwaltskostenerstattung aus der Drittschuldnerklage (BAG v. 16.11.2005, 3 AZB 45/05).

7. Lohnbegrenzungsverträge und verschleiertes Arbeitseinkommen

a) Lohnbegrenzungsvertrag

Von einem Lohnbegrenzungsvertrag spricht man, wenn Arbeitgeber und Arbeitnehmer vereinbaren, die Arbeitsleistung ganz oder teilweise **an einen Dritten zu vergüten**. In diesen Fällen umfasst die Pfändung ohne Weiteres den Anspruch des Dritten gegen den Arbeitgeber als Drittschuldner. 2905

b) Verschleiertes Arbeitseinkommen

In den Fällen des verschleierten Arbeitseinkommens erbringt der Schuldner im Arbeitsverhältnis mit dem Drittschuldner eine üblicherweise zu vergütende Arbeitsleistung **unentgeltlich oder gegen eine unverhältnismäßig geringe Entlohnung**. In diesen Fällen fingiert die Vorschrift des § 850h Abs. 2 ZPO eine **angemessene Vergütung** im Verhältnis zum Gläubiger als geschuldet. Die Pfändbarkeit bestimmt sich dann nach dieser angemessenen Vergütung, und zwar gerade unabhängig davon, dass diese Vergütung tatsächlich an den Arbeitnehmer nicht gezahlt werden sollte. Die Pfändung verschleierten Arbeitseinkommens hat aber grundsätzlich **keine Rückwirkung** und erfasst damit nicht etwaige bis zur Zustellung des Pfändungs- und Überweisungsbeschlusses fiktiv aufgelaufene Lohn- und Gehaltsrückstände (BAG v. 12.3.2008, 10 AZR 148/07). 2906

Die **Darlegungs- und Beweislast** für die Tatsachen, aus denen sich das „verschleierte Arbeitseinkommen" ableiten soll, obliegt dem Gläubiger als Kläger des Drittschuldnerprozesses. Insoweit reicht es jedoch aus, wenn der Gläubiger Art und Umfang der vom Schuldner ausgeübten Tätigkeit im Arbeitsverhältnis bzw. der Arbeitsleistungen darlegt und unter Beweis stellt und darüber hinaus Angaben zum regelmäßigen oder auch nur üblichen Verdienst für eine solche Tätigkeit macht (BAG v. 3.8.2005, 10 AZR 585/04).

8. Pfändbarkeitskatalog

Abschließend sei die Pfändbarkeit von praxiswichtigen Entgeltformen und Sonderformen des Arbeitsentgelts zusammengestellt. 2907

Abfindungen: Abfindungen aus Anlass der Beendigung des Arbeitsverhältnisses wegen des Verlustes des Arbeitsplatzes gem. §§ 9, 10 KSchG sind eine nicht wiederkehrende zahlbare Vergütung i.S.d. § 850i ZPO, die erst durch gerichtliche Entscheidung auf Antrag des Schuldners in der Pfändbarkeit eingeschränkt werden kann, ansonsten uneingeschränkt pfändbar ist (BAG v. 15.5.2012, 3 AZR 11/10). 2908

Auch Abfindungen aus **Sozialplänen** sind Arbeitseinkommen i.S.v. § 850 ZPO und werden von formularmäßig erlassenen Pfändungs- und Überweisungsbeschlüssen erfasst. Pfändungsschutz nach der Anlage zu § 850c ZPO besteht nicht, vielmehr handelt es sich um eine nicht wiederkehrende zahlbare Leistung i.S.d. § 850i ZPO, für die Pfändungsschutz nur auf gesonderten Antrag des Schuldners gewährt wird.

I.R. der allgemeinen Fürsorgepflicht ist der Arbeitgeber nicht verpflichtet, den Arbeitnehmer über die Möglichkeit eines Vollstreckungsschutzantrages zu belehren (vgl. BAG v. 13.11.1991, 4 AZR 20/91).

2909 **Bürgergeld:** Arbeitslosengeld II-Leistungen (seit 2023 Bürgergeld und ab 1.7.2026 voraussichtlich Grundsicherungsgeld, → Rz. 715), die der Schuldner erhält, sind bei einer erweiterten Pfändung (§ 850d ZPO) von Arbeitseinkommen unbeschadet des sich aus § 42 Abs. 4 Satz 1 SGB II ergebenden Pfändungsschutzes im Sinne einer Minderung des Pfändungsfreibetrags gemäß § 850d Abs. 1 Satz 2 ZPO zu berücksichtigen, sofern und soweit bei einer derartigen Berücksichtigung das sozialhilferechtliche Existenzminimum des Schuldners gesichert bleibt (BGH v. 15.1.2020, VII ZB 5/19). S.a. zu Sozialleistungen → Rz. 2928.

2910 Durch das **Corona-Steuerhilfegesetz** konnten ab 2020 Arbeitgeber ihren Arbeitnehmern in der Zeit vom 1.3.2020 bis zum 31.3.2022 auf Grund der Corona-Krise Beihilfen und Unterstützungen bis zu einem Betrag von 1 500 € nach § 3 Nr. 11a EStG steuerfrei auszahlen. Die Auszahlung der Prämien hat zu der Frage geführt, ob diese Sonderzahlungen pfändbares Arbeitseinkommen darstellen.

Das LAG Berlin-Brandenburg v. 23.2.2022, 23 Sa 1254/2, sagt hierzu, dass eine tarifvertraglich zugesagte Corona-Prämie nicht unpfändbar ist, da die Voraussetzungen für eine Unpfändbarkeit auf gesetzlicher Grundlage gemäß §§ 850a ff. ZPO nicht erfüllt sind. Es handelt sich demnach bei der tarifvertraglichen Corona-Prämie weder um eine Zuwendung aus Anlass eines besonderen Betriebsereignisses oder ein Treugeld (§ 850a Nr. 2 ZPO) noch um eine Gefahren- oder Erschwerniszulage oder eine Aufwandsentschädigung (§ 850a Nr. 3 ZPO). Dagegen hat dann das BAG v. 25.8.2022, 8 AZR 14/22, in einem jedoch etwas anders gelagerten Fall entschieden, dass wenn ein Arbeitgeber, der nicht dem Pflegebereich angehört, freiwillig an seine Beschäftigten eine Corona-Prämie zahlt, diese Leistung als Erschwerniszulage nach § 850a Nr. 3 ZPO unpfändbar ist, wenn ihr **Zweck in der Kompensation einer tatsächlichen Erschwernis** bei der Arbeitsleistung liegt und soweit die Prämie **den Rahmen des Üblichen nicht übersteigt**.

2911 **Diensterfindungsvergütung (Ideenprämie):** Insoweit handelt es sich um Arbeitseinkommen i.S.v. § 850 Abs. 2 ZPO (BAG v. 30.7.2008, 10 AZR 459/07).

2912 **Dreizehntes Monatsgehalt:** Das 13. Monatsgehalt ist ein jährlich zusätzlicher Anspruch des Arbeitnehmers auf zusätzliches Arbeitsentgelt. Im Auszahlungsmonat ist das 13. Monatsgehalt der Monatsvergütung des Arbeitnehmers hinzuzurechnen. Die Gesamtvergütung unterliegt sodann der Pfändung unter Berücksichtigung der normalen Pfändungsbeschränkungen gem. §§ 850c bzw. 850d ZPO. Soweit ein 13. Monatsgehalt als **Weihnachtsvergütung** gezahlt wird, gelten die pfändungsrechtlichen Begünstigungen nach § 850a Nr. 4 ZPO. S. auch „Gratifikationen" (→ Rz. 2918).

2913 **Elterngeld/Erziehungsgeld:** Elterngeld ist nach § 850a Nr. 6 ZPO unpfändbar.

2914 **Entgeltumwandlung, nachträgliche:** Vereinbaren die Arbeitsvertragsparteien, dass der Arbeitgeber für den Arbeitnehmer eine Direktversicherung abschließt und ein Teil der künftigen Entgeltansprüche des Arbeitnehmers durch Entgeltumwandlung für seine betriebliche Altersversorgung verwendet werden, liegt insoweit grundsätzlich kein pfändbares Einkommen i.S.v. § 850 Abs. 2 ZPO mehr vor (BAG v. 14.10.2021, 8 AZR 96/20).

2915 **Erfolgsbeteiligungen:** Regelmäßig gezahlte Erfolgsbeteiligungen sind keine Zuwendungen aus Anlass eines besonderen Betriebsereignisses gem. § 850a Nr. 2 ZPO, auch dann nicht, wenn sie an eine bestimmte Dauer der Betriebszugehörigkeit geknüpft sind (BAG v. 30.7.2008, 10 AZR 459/07).

2916 **Firmenwagen zur privaten Nutzung:** Überlässt der Arbeitgeber dem Arbeitnehmer einen Dienstwagen zur privaten Nutzung, ist dies regelmäßig eine Gegenleistung für die geschuldete Arbeitsleistung und damit ein Sachbezug i.S.v. § 107 Abs. 2 Satz 1 GewO. Der Wert dieses Sachbezugs ist grundsätzlich mit 1 % des Listenpreises des PKW zzgl. Sonderausstattungen und Umsatzsteuer im Zeitpunkt der Erstzulassung zu bestimmen. Der nach § 8 Abs. 2 Satz 3 EStG zu ermittelnde **Zuschlag für die Nutzung des Fahrzeugs zwischen Wohnung und Arbeitsstätte (sog. 0,03 %-Regelung)** ist nicht einzubeziehen (vgl. BAG v. 31.5.2023, 5 AZR 273/22). Letztere Regelung ist dem BAG zufolge allein steuerrechtlich relevant.

Fortbildungskosten: Wird i.R. einer Fortbildungsmaßnahme dem Arbeitnehmer eine Beihilfeleistung zum Unterhalt gezahlt bzw. das bisherige Arbeitsentgelt weitergezahlt, so sind diese Leistungen wie das Arbeitsentgelt unter Berücksichtigung der §§ 850c, 850d ZPO pfändbar. 2917

Gratifikationen: Gratifikationen sind als Urlaubszuwendung (zusätzliches **Urlaubsgeld**) und als **Jubiläumszuwendung** gem. § 850a Nr. 2 ZPO grundsätzlich unpfändbar, soweit sie den Rahmen des Üblichen nicht übersteigen. Erfolgt die Pfändung wegen bestehender Unterhaltsansprüche, so sind sie gem. § 850d Abs. 1 Satz 2 zweiter Halbsatz ZPO lediglich zur Hälfte der Pfändung entzogen. 2918

Weihnachtszuwendungen als **Weihnachtsgratifikationen** sind gem. § 850a Nr. 4 ZPO bis zu der Hälfte des Betrages, dessen Höhe sich nach Aufrundung des monatlichen Freibetrages nach § 850c Abs. 1 i.V.m. Abs. 4 ZPO auf den nächsten vollen 10 €-Betrag ergibt, unpfändbar. Als Weihnachtsgeld bzw. -vergütung sind Zuwendungen anzusehen, die vom Arbeitgeber aus Anlass des Weihnachtsfestes geleistet werden und auf die seitens des Arbeitnehmers ein Rechtsanspruch besteht. Ohne ergänzende Anhaltspunkte kann die Fälligkeit einer Zahlung in zeitlicher Nähe zu Weihnachten aber nur bei einer reinen Gratifikation durchgreifendes Indiz für das Vorliegen einer „Weihnachtsvergütung" sein; bei einer Zahlung mit Vergütungscharakter ist ohne Vorliegen weiterer Anhaltspunkte regelmäßig hingegen davon auszugehen, dass geleistete Arbeit zusätzlich honoriert werden soll; damit ist eine andere als die nach Nr. 4 erforderliche Zweckbestimmung maßgeblich. Zum Stand 1.7.2025 ist ein Betrag von (1 555,00 € / 2 =) 777,50 € unpfändbar.

Erfolgt die Pfändung wegen bestehender Unterhaltsansprüche, so gilt auch hier gem. § 850d Abs. 1 Satz 2 zweiter Halbsatz ZPO der Pfändungsschutz nur zur Hälfte, so dass sich der Pfändungsschutz auf ein Viertel reduziert.

„**Weihnachtsvergütung**" i.S.v. § 850a Nr. 4 ZPO kann nicht nur die klassische „Weihnachtsgratifikation", die der Arbeitgeber dem Arbeitnehmer als Beitrag zu den erhöhten Aufwendungen zahlt, sondern auch eine Sondervergütung für erbrachte Arbeit sein, sofern sie aus Anlass des Weihnachtsfests gezahlt wird (BAG v. 14.3.2012, 10 AZR 778/10). Entscheidend ist die aus Anlass von **Weihnachten** geleistete Zahlung (BAG v. 18.5.2016, 10 AZR 233/15).

Inflationsausgleichsprämie: Die vom Arbeitgeber gezahlte Inflationsausgleichsprämie ist Arbeitseinkommen und als solches pfändbar. Die Prämie ist Teil des wiederkehrend zahlbaren Arbeitseinkommens (vgl. hierzu BGH v. 25.4.2024, IX ZB 55/23). 2919

Kurzarbeitergeld: Kurzarbeitergeld ist staatliche Sozialleistung, die gem. § 54 Abs. 3 SGB I wie Arbeitsentgelt gepfändet werden kann. Ein Lohnpfändungsanspruch umfasst diesen Anspruch nur bei **ausdrücklicher** Erstreckung. Dies muss beim Antrag auf Erlass des Pfändungs- und Überweisungsantrags daher beantragt werden, ggf. verbunden mit dem Antrag gem. § 850e Nr. 2a ZPO. 2920

Lohnfortzahlung/Entgeltfortzahlung: Das während der Arbeitsunfähigkeit vom Arbeitgeber weiterzuzahlende Entgelt (Lohn oder Gehalt) ist Arbeitseinkommen i.S.d. § 850 ZPO und unterliegt der Pfändung nach § 850c bzw. § 850d ZPO (→ *Entgeltfortzahlung* Rz. 1914). 2921

Mehrarbeit: Unter Mehrarbeit im pfändungsrechtlichen Sinne ist die Arbeit zu verstehen, die die gesetzliche, tarifliche oder betriebliche Arbeitszeit überschreitet. Gemäß § 850a Nr. 1 ZPO ist die Mehrarbeitsvergütung in diesem Sinne zur Hälfte pfändbar. Erfolgt die Pfändung wegen bestehender Unterhaltsansprüche, so reduziert sich der Pfändungsschutz auf ein Viertel der Mehrarbeitsvergütung (§ 850d Abs. 1 Satz 2 zweiter Halbsatz ZPO). 2922

Naturalleistung: Die Vorschrift des § 107 Abs. 2 GewO bestimmt, dass der Wert der vereinbarten Sachbezüge oder die Anrechnung der überlassenen Waren auf das Arbeitsentgelt die Höhe des 2923 pfändbaren Teils des Arbeitsentgelts nicht übersteigen darf. Arbeitnehmern muss der unpfändbare Teil ihres Arbeitsentgelts verbleiben. Sie sollen nicht in eine Lage geraten, in der sie Gegenstände, die sie als Naturalvergütung erhalten haben, erst verkaufen müssen, bevor ihnen Geld zur Verfügung steht. Sind die in Geld geleistete Nettovergütung und der Sachbezug aus der Überlassung eines Dienstwagens zur privaten Nutzung in ihrer **Summe** nach § 850c Abs. 1, § 850e Nr. 3 ZPO unpfändbar, verstößt eine Anrechnung des Sachbezugs auf das Arbeitseinkommen gegen das Verbotsgesetz des § 107 Abs. 2 Satz 5 GewO (BAG v. 24.3.2009, 9 AZR 733/07).

Erhält der Schuldner neben dem Arbeitsentgelt Naturalleistungen, so hat der Drittschuldner Arbeitsentgelt und Naturalleistung zusammenzurechnen und aus dem so ermittelten Gesamtentgelt die Pfändbarkeit gem. § 850c bzw. § 850d ZPO zu bestimmen. Die Naturalbezüge sind dabei mit einem ortsüblichen Wert in Ansatz zu bringen, zur Wertermittlung können Richtsätze des Steuerrechts herangezogen werden. Bei der Pfändung durch Unterhaltsgläubiger ist der Wert von Naturalleistungen sogleich auf den Pfändungsfreibetrag nach § 850d ZPO anzurechnen (LAG Saarland v. 9.8.1989, 2 Sa 38/89).

2924 **Prämie:** Prämienlohn ist Teil des Arbeitseinkommens und ist bei regelmäßiger (monatlicher) Auszahlung als Arbeitsentgelt der Pfändbarkeit gem. §§ 850c und 850d ZPO unterworfen. Handelt es sich um nicht wiederkehrende Leistungen (beispielsweise bei zwei Zahlungen im Jahr), so ist der Betrag grundsätzlich insgesamt pfändbar. Pfändungsschutz tritt insoweit nur auf Antrag ein, über den das Vollstreckungsgericht, das die Höhe der Unpfändbarkeit sodann festzulegen hat, zu entscheiden hat, vgl. § 850i ZPO.

2925 **Treueprämien** sind – soweit sie den Rahmen des Üblichen nicht übersteigen – unpfändbar, vgl. § 850a Nr. 2 ZPO. Bei einer Sonderzuwendung, mit der auch die Arbeitsleistung im Bezugszeitraum honoriert werden soll, handelt es sich aber nicht um eine Treueprämie; ebenso wenig bei einer Mitarbeiter-Erfolgsvergütung (BAG v. 30.7.2008, 10 AZR 459/07). Eine einmal jährlich zu gewährende tarifliche Sonderzahlung, die sowohl die Gegenleistung für geleistete Dienste bildet als auch Betriebstreue honoriert und eine Stichtagsklausel enthält, ist im Fall der Lohnpfändung bei Ermittlung des nach § 850c ZPO pfändbaren Einkommens in dem Monat (im vollen Umfang) zu berücksichtigen, in dem sie zur Auszahlung gelangt (LAG Sachsen-Anhalt v. 17.1.2019, 2 Sa 354/16, NZA-RR 2019, 412).

2926 **Provision:** Provisionen sind Arbeitsentgelt und unterliegen der Pfändung gem. §§ 850c und 850d ZPO.

2927 **Sachbezüge:** s. *„Naturalleistung"* (→ Rz. 2923)

2928 **Sozialleistungen:** Nach BGH v. 20.12.2006, VII ZB 56/06, gilt: Laufende Sozialleistungen, die in Geld zu erbringen sind, sind nach § 54 Abs. 4 SGB I „wie Arbeitseinkommen" pfändbar. Auf den Bezug dieser Leistungen sind daher die Vorschriften der §§ 850a ff. ZPO anzuwenden, sofern das SGB I den Pfändungsschutz nicht gesondert und abweichend von den allgemeinen Pfändungsvorschriften geregelt hat. Wird eine Sozialleistung auf das Konto des Berechtigten bei einem Geldinstitut überwiesen, ist gem. § 55 Abs. 1 SGB I die durch die Gutschrift entstehende Forderung für die Dauer von sieben Tagen seit der Gutschrift der Überweisung unpfändbar. Das bedeutet jedoch nicht, dass der Schuldner darauf verwiesen werden muss, die Unpfändbarkeit des in § 55 Abs. 4 SGB I genannten Betrags bei laufendem Bezug von Sozialleistungen jeweils monatlich mit der Erinnerung geltend zu machen. Vielmehr ist mangels eines abschließend im SGB I geregelten verfahrensrechtlichen Pfändungsschutzes für auf ein Bankkonto überwiesene laufende Sozialleistungen insoweit nach § 54 Abs. 4 SGB I auf die für Arbeitseinkommen bestehenden Pfändungsschutzvorschriften zurückzugreifen und damit § 850k ZPO entsprechend anzuwenden.

2929 **Sozialplanabfindung:** s. *„Abfindungen"* (→ Rz. 2908)

2930 **Urlaubsentgelt/Urlaubsabgeltung:** Ansprüche auf Urlaubsentgelt als Vergütung während des bewilligten Urlaubs und Urlaubsabgeltung als Zahlungsausgleich bei Beendigung des Arbeitsverhältnisses für nicht gewährten Urlaub sind höchstpersönlicher Natur. Es ist dennoch im gleichen Umfang pfändbar wie Arbeitsentgelt (BAG v. 20.6.2000, 9 AZR 405/99). Dies gilt auch für die Urlaubsabgeltung (BAG v. 28.8.2001, 9 AZR 611/99).

Urlaubsgeld ist als Gratifikation i.R. des Üblichen gem. § 850a Nr. 2 ZPO unpfändbar; dies gilt auch dann, wenn wegen Auszahlung unabhängig von der eigentlichen Urlaubszeit keine urlaubsbedingten Mehraufwendungen abgedeckt werden (LAG Nürnberg v. 7.11.2006, 7 Sa 716/05). Bei der Pfändung wegen Unterhaltsansprüchen reduziert sich der Pfändungsschutz gem. § 850d Abs. 1 Satz 2 zweiter Halbsatz ZPO auf die Hälfte. 2931

Weihnachtsgeld/Weihnachtsgratifikation: Für Weihnachtsvergütungen gelten die pfändungsrechtlichen Begünstigungen zu „Gratifikationen", gleichgültig, ob die Vergütung als 13. Monatsgehalt oder als Gratifikation vereinbart ist, s. *„Gratifikationen"* (→ Rz. 2918). 2932

Zulagen: Als **Gefahren-**, **Schmutz-** und **Erschwerniszulagen** gezahlte Beträge sind grundsätzlich unpfändbar gem. § 850a Nr. 3 ZPO, soweit diese Bezüge den Rahmen des Üblichen nicht übersteigen. 2933

Allgemeine Zulagen, Funktionszulagen, Leistungszulagen, persönliche Zulagen und **Sozialzulagen** erhöhen das Arbeitsentgelt und unterliegen der normalen Pfändung gem. §§ 850c und 850d ZPO.

Zuschläge: Als vereinbarte oder tariflich abgesicherte **Spätschicht- oder Nachtzuschläge** sind sie Teil des Arbeitsentgelts, die der Pfändung gem. §§ 850c und 850d ZPO unterliegen; dies gilt auch für **Feiertagszuschläge**. 2934

9. Lohnsteuer

Bei einer Lohnpfändung ist die Lohnsteuer vom ungekürzten steuerpflichtigen Bruttolohn zu erheben. Die Pfändungsschutzvorschriften der §§ 850 bis 850k ZPO sind für den Lohnsteuerabzug ohne Bedeutung. Deshalb ist der Lohnsteuerabzug auch dann zulässig, wenn sich dadurch ein Nettolohn ergibt, der unter den Pfändungsfreigrenzen liegt. 2935

Lässt der Arbeitnehmer den Arbeitslohn beim Arbeitgeber pfänden, hat er nur Anspruch auf Auszahlung des um die Steuerabzüge gekürzten Bruttolohns.

10. Sozialversicherung

Eine Lohnpfändung lässt die Beitragspflicht des Arbeitsentgelts unberührt. 2936

Eine Lohnpfändung umfasst nicht das von der Krankenkasse zu zahlende Krankengeld. Den Anspruch auf Kurzarbeitergeld umfasst eine Lohnpfändung nur, wenn sie sich auf diesen Anspruch ausdrücklich erstreckt ist.

Lohnersatzleistungen (Krankengeld, Übergangsgeld, Arbeitslosengeld, Kurzarbeitergeld, Renten usw.) können beim zuständigen Sozialversicherungsträger wie Arbeitseinkommen gepfändet werden, s. ausführlich Altmann, Pfändung von Sozialleistungen, B+P 2013, 777.

Lohnrückzahlung

→ *Rückzahlung von Arbeitslohn* Rz. 3779

Lohnsteuer

→ *Abführung der Lohnsteuer* Rz. 6, → *Anmeldung der Lohnsteuer* Rz. 155

Lohnsteuerabzug durch Dritte

1. Verpflichtende Übernahme des Lohnsteuerabzugs durch Dritte

Soweit sich aus einem Dienstverhältnis oder einem früheren Dienstverhältnis **tarifvertragliche Ansprüche des Arbeitnehmers auf Arbeitslohn unmittelbar gegen einen Dritten** mit Wohnsitz, Geschäftsleitung oder Sitz im Inland richten und von diesem durch die Zahlung von Geld erfüllt werden, hat der Dritte die Pflichten des Arbeitgebers (§ 38 Abs. 3a Satz 1 EStG). **Der Dritte ist** in diesen Fällen **zum Lohnsteuerabzug verpflichtet**. Dies gilt jedoch nur, soweit der Dritte sich gegen ihn richtende tarifvertragliche **Geldansprüche** der Arbeitnehmer erfüllt. Ein Dritter, der Arbeitnehmern anderer Arbeitgeber **Sachbezüge** gewährt, ist 2937 selbst dann nicht zum Lohnsteuerabzug verpflichtet, wenn die Ansprüche der Arbeitnehmer tarifvertraglich festgelegt sind. In diesen Fällen kommt eine Pauschalierung der Einkommensteuer in Betracht, → *Pauschalierung der Einkommensteuer bei Sachzuwendungen* Rz. 3303.

Hauptanwendungsfall für die verpflichtende Übernahme des Lohnsteuerabzugs durch Dritte sind **die Sozialkassen des Baugewerbes** (→ *Lohnausgleichskasse* Rz. 2840).

2. Freiwillige Übernahme des Lohnsteuerabzugs durch Dritte

2938 Soweit ein Dritter nicht zum Lohnsteuerabzug verpflichtet ist, kann er **mit Zustimmung des Finanzamts** die lohnsteuerlichen Pflichten des Arbeitgebers **freiwillig übernehmen** und im eigenen Namen erfüllen. Hauptanwendungsfälle sind z.B. als Lohnabrechner tätige Dienstleister, Mehrfacharbeitsverhältnisse in Versicherungsunternehmen mit Spartentrennung, studentische Arbeitsvermittlungen, die zentralen Abrechnungsstellen der Kirchen sowie Arbeitnehmer von Wohnungseigentümergemeinschaften.

Voraussetzung für die Übernahme der lohnsteuerlichen Pflichten ist, dass der Dritte seinen Wohnsitz, seine Geschäftsleitung oder seinen Sitz im Inland hat (§ 38 Abs. 3a Satz 2 EStG). Weitere Voraussetzung ist, dass der Dritte

- sich zur Übernahme der lohnsteuerlichen Pflichten **gegenüber dem Arbeitgeber verpflichtet** hat,
- den **Lohn auszahlt** oder er nur **Arbeitgeberpflichten für von ihm vermittelte Arbeitnehmer übernimmt** und
- die **Steuererhebung nicht beeinträchtigt** wird (§ 38 Abs. 3a Satz 3 EStG).

Die Zustimmung erteilt **das Betriebsstättenfinanzamt des Dritten** auf dessen Antrag **im Einvernehmen** mit dem Betriebsstättenfinanzamt **des Arbeitgebers**; sie darf mit Nebenbestimmungen versehen werden, welche die ordnungsgemäße Steuererhebung sicherstellen und die Überprüfung des Lohnsteuerabzugs nach § 42f EStG erleichtern sollen. Die Zustimmung kann nur erteilt werden, wenn der Dritte für den gesamten Arbeitslohn des Arbeitnehmers die Lohnsteuerabzugsverpflichtung übernimmt (R 38.5 LStR). Die Zustimmung kann mit Wirkung für die Zukunft widerrufen werden (§ 38 Abs. 3a Sätze 4 und 5 EStG).

Erfüllt der Dritte die Pflichten des Arbeitgebers, kann er den **Arbeitslohn**, der einem Arbeitnehmer in demselben Lohnabrechnungszeitraum **aus mehreren Dienstverhältnissen** zufließt, für die Lohnsteuerermittlung und in der Lohnsteuerbescheinigung **zusammenrechnen** (§ 38 Abs. 3a Satz 7 EStG).

Beispiel:

Der Arbeitnehmer ist bei einem Versicherungsunternehmen tätig. Auf Grund der Spartentrennung des Unternehmens hat er drei Arbeitsverhältnisse. Er erhält monatlich

- bei Arbeitgeber A 800 €,
- bei Arbeitgeber B 1 200 €,
- bei Arbeitgeber C 1 500 €.

Arbeitgeber A übernimmt mit Zustimmung „seines“ Betriebsstättenfinanzamts für Arbeitgeber B und C die lohnsteuerlichen Pflichten.

Arbeitgeber A darf die Arbeitslöhne zusammenrechnen; der Arbeitslohn des Arbeitnehmers beträgt monatlich insgesamt 3 500 €. Von diesem Betrag hat Arbeitgeber A die Steuerabzugsbeträge (Lohnsteuer, Solidaritätszuschlag und ggf. Kirchensteuer) zu ermitteln und an „sein“ Betriebsstättenfinanzamt abzuführen. Für den Arbeitnehmer wird nur eine Lohnsteuerbescheinigung ausgestellt.

3. Pflichten des Dritten

a) Allgemeine Pflichten

2939 Wenn der Dritte die lohnsteuerlichen Pflichten für einen Arbeitgeber freiwillig übernimmt oder übernehmen muss, so sind **die das Lohnsteuerverfahren betreffenden Vorschriften** mit der Maßgabe **anzuwenden**, dass **an die Stelle des Arbeitgebers der Dritte tritt**; der Arbeitgeber ist von seinen Pflichten befreit, soweit der Dritte diese Pflichten erfüllt hat (§ 38 Abs. 3a Satz 6 EStG). Das bedeutet, dass der Dritte z.B.

- die **Lohnsteuer anmelden und abführen** muss (→ *Abführung der Lohnsteuer* Rz. 6, → *Anmeldung der Lohnsteuer* Rz. 155),
- für jeden Arbeitnehmer ein **Lohnkonto zu führen** hat (→ *Lohnkonto* Rz. 2863),
- für jeden Arbeitnehmer die **Lohnsteuerbescheinigung auszustellen** hat (→ *Lohnsteuerbescheinigung* Rz. 2952),
- im Falle der Lohnsteuerpauschalierung nach §§ 40 bis 40b EStG die **Lohnsteuer zu übernehmen** hat (→ *Pauschalierung der Lohnsteuer* Rz. 3336),
- der **Lohnsteuer-Außenprüfung unterliegt** (→ *Lohnsteuer-Außenprüfung* Rz. 2944); für diese ist das Betriebsstättenfinanzamt des Dritten zuständig; allerdings ist die Lohnsteuer-Außenprüfung auch beim Arbeitgeber zulässig; dessen Mitwirkungspflichten bleiben neben den Pflichten des Dritten bestehen (§ 42f Abs. 3 EStG),
- der **Lohnsteuer-Nachschau unterliegt** (→ *Lohnsteuer-Nachschau* Rz. 2953),
- für nicht korrekt einbehaltene und abgeführte **Lohnsteuer haften** muss (→ *Haftung für Lohnsteuer: Allgemeine Grundsätze* Rz. 2471, → *Haftung für Lohnsteuer: Berechnung der Nachforderung* Rz. 2487, → *Haftung für Lohnsteuer: Verfahrensvorschriften* Rz. 2506); dies gilt auch für die pauschale Lohnsteuer (§ 42d Abs. 1 Nr. 4 EStG).

Die Ausführungen zu den einzelnen Stichworten in diesem Ratgeber gelten mit der Maßgabe, dass der Begriff „Arbeitgeber“ jeweils durch den Begriff „Dritter“ zu ersetzen ist. So ist z.B. das Betriebsstättenfinanzamt des Dritten das Finanzamt, in dessen Bezirk sich der Betrieb oder Teil des Betriebs des Dritten befindet, in dem der für die Durchführung des Lohnsteuerabzugs maßgebende Arbeitslohn ermittelt wird (→ *Betriebsstättenfinanzamt* Rz. 1426).

b) Haftung

Soweit der Dritte lohnsteuerliche Pflichten für den Arbeitgeber übernimmt, **haftet er neben dem Arbeitgeber**. In dem Maße wie die Haftung des Dritten reicht, sind der Arbeitgeber, der Dritte und der Arbeitnehmer **Gesamtschuldner**. Zuständig für die Geltendmachung der Steuer- oder Haftungsschuld ist das Betriebsstättenfinanzamt des Dritten (§ 42d Abs. 9 Satz 1 EStG). 2940

Hat der Dritte die lohnsteuerlichen Pflichten für einen Arbeitgeber freiwillig übernommen (§ 38 Abs. 3a Satz 2 EStG), beschränkt sich seine Haftung auf die Lohnsteuer, die **für die Zeit zu erheben** ist, für die er sich **gegenüber dem Arbeitgeber zur Vornahme des Lohnsteuerabzugs verpflichtet** hat; der maßgebende Zeitraum endet allerdings nicht, bevor der Dritte seinem Betriebsstättenfinanzamt die Beendigung seiner Verpflichtung gegenüber dem Arbeitgeber angezeigt hat (§ 42d Abs. 9 Satz 5 EStG).

Wenn der Dritte die lohnsteuerlichen Pflichten für **mehrere Arbeitgeber übernimmt** (§ 38 Abs. 3a Satz 7 EStG), ist als Haftungsschuld der Betrag zu ermitteln, um den die Lohnsteuer, die für den gesamten Arbeitslohn des Lohnzahlungszeitraums zu berechnen und einzubehalten ist, die insgesamt tatsächlich einbehaltene Lohnsteuer übersteigt. Betrifft die Haftungsschuld mehrere Arbeitgeber, so ist sie bei fehlerhafter Lohnsteuerberechnung nach dem Verhältnis der Arbeitslöhne und für nachträglich zu erfassende Arbeitslohnbeträge nach dem Verhältnis dieser Beträge auf die Arbeitgeber aufzuteilen (§ 42d Abs. 9 Satz 6 und 7 EStG).

4. Besteuerung ohne Lohnsteuerabzugsmerkmale

Soweit der Dritte zum Lohnsteuerabzug verpflichtet ist (→ Rz. 2937), darf der Dritte die Lohnsteuer **für einen sonstigen Bezug** mit **20 % unabhängig von den Lohnsteuerabzugsmerkmalen** des Arbeitnehmers ermitteln, wenn der maßgebende Jahresarbeitslohn nach § 39b Abs. 3 EStG zuzüglich des sonstigen Bezugs **10 000 € nicht übersteigt**. Bei der Feststellung des maßgebenden Jahresarbeitslohns sind nur die Lohnzahlungen des Dritten zu berücksichtigen (§ 39c Abs. 3 EStG). Diese Regelung gilt auch für beschränkt steuerpflichtige Arbeitnehmer. Mit dieser gesetzlichen Vereinfachungsregelung erspart sich der Dritte die Lohnsteuerberechnung nach den individuellen Besteuerungsmerkmalen der einzelnen Arbeitnehmer. 2941

Schuldner der so erhobenen Lohnsteuer bleibt im Gegensatz zur Lohnsteuerpauschalierung nach den §§ 40 bis 40b EStG **der Arbeitnehmer**. Der versteuerte Arbeitslohn ist deshalb **bei der Einkommensteuererklärung zu erfassen** und die **pauschale Lohnsteuer auf die Einkommensteuerschuld anzurechnen**.

Deshalb hat der Dritte der Finanzverwaltung für den Arbeitslohn des Arbeitnehmers eine **elektronische Lohnsteuerbescheinigung zu übermitteln** (→ *Lohnsteuerbescheinigung* Rz. 2953).

5. Haftung des Arbeitgebers

2942 Der **Arbeitgeber haftet** auch, wenn ein Dritter nach § 38 Abs. 3a EStG dessen Pflichten übernimmt. In diesen Fällen haftet der Dritte neben dem Arbeitgeber. Soweit die Haftung des Dritten reicht, sind der Arbeitgeber, der Dritte und der Arbeitnehmer **Gesamtschuldner**. Eine **Haftung des Arbeitgebers** kommt in Fällen des § 38 Abs. 3a EStG allerdings nur in Betracht, wenn der **Dritte die Lohnsteuer für den Arbeitgeber nicht vorschriftsmäßig** vom Arbeitslohn einbehalten hat. An einem derartigen Fehlverhalten mangelt es, wenn beim Lohnsteuerabzug entsprechend einer Anrufungsauskunft oder in Übereinstimmung mit den Vorgaben der zuständigen Finanzbehörden der Länder oder des Bundes verfahren wird (BFH v. 20.3.2014, VI R 43/13, BStBl II 2014, 592). Zu weiteren Einzelheiten → *Haftung für Lohnsteuer: Allgemeine Grundsätze* Rz. 2471.

Lohnsteuer-Anerkenntnis

2943 Wenn der Arbeitgeber nach Abschluss einer Lohnsteuer-Außenprüfung seine Zahlungsverpflichtung schriftlich anerkennt (§ 42d Abs. 4 Satz 1 Nr. 2 EStG), steht dieses Anerkenntnis einer **Steueranmeldung** und somit einer Steuerfestsetzung unter Vorbehalt der Nachprüfung gleich (§§ 167 Abs. 1 Satz 3, 168 Satz 1 AO). Für das Finanzamt ist auf Grund des Anerkenntnisses kein Leistungsgebot mehr erforderlich. Folglich darf es Vollstreckungsmaßnahmen einleiten, wenn der Arbeitgeber seiner Zahlungsverpflichtung nicht nachkommt. Ein zusätzlicher **Haftungsbescheid ist nicht erforderlich.**

Allerdings hat das Finanzamt den Vorbehalt der Nachprüfung regelmäßig aufheben, weil im Anschluss an eine Lohnsteuer-Außenprüfung Steuerfestsetzungen nicht mehr unter dem Vorbehalt der Nachprüfung stehen dürfen.

Ein Anerkenntnis des Arbeitgebers führt aber nicht zu einem Verzicht auf Einwendungen gegen die Steuer-Nachforderung und bedeutet auch keinen Verzicht auf die zustehenden Rechtsbehelfsmittel (Einspruch). Entsprechend den Regelungen für eine Steuerfestsetzung beginnt die einmonatige Rechtsbehelfsfrist zur Einlegung eines Einspruchs gegen die Prüfungsfeststellungen mit der Unterzeichnung der Anerkenntniserklärung durch den Arbeitgeber. Der Arbeitgeber darf sein Zahlungsanerkenntnis nur mit Zustimmung des Finanzamts ändern oder widerrufen (→ *Anmeldung der Lohnsteuer* Rz. 155).

Lohnsteueranmeldung

→ *Anmeldung der Lohnsteuer* Rz. 155

Lohnsteuer-Außenprüfung

1. Allgemeines

2944 Für die Überwachung der ordnungsgemäßen Einbehaltung und Abführung der Lohnsteuer sowohl durch private als auch durch öffentlich-rechtliche Arbeitgeber ist das Betriebsstättenfinanzamt zuständig (§ 42f Abs. 1 EStG). Die Lohnsteuer-Außenprüfung ist eine Außenprüfung i.S.d. §§ 193 ff. AO; durch sie soll festgestellt werden, ob der Arbeitgeber die Lohnsteuer zutreffend einbehalten und abgeführt hat.

In den Fällen des § 38 Abs. 3a EStG ist für die Außenprüfung das Betriebsstättenfinanzamt des Dritten zuständig. Die Außenprüfung ist auch beim Arbeitgeber zulässig; dessen Mitwirkungspflichten bleiben neben den Pflichten des Dritten bestehen (§ 42f Abs. 3 EStG). Einzelheiten → *Lohnsteuerabzug durch Dritte* Rz. 2937.

Auf **Verlangen des Arbeitgebers** können die Außenprüfung und die Prüfungen durch den Träger der Rentenversicherung (§ 28p SGB IV) zur gleichen Zeit durchgeführt werden (§ 42f Abs. 4 EStG).

2. Prüfungsumfang

2945 I.R. der Lohnsteuer-Außenprüfung sind die steuerlichen Verhältnisse von Arbeitgeber und Arbeitnehmer sowohl **zu Gunsten als auch zu Ungunsten der Beteiligten** zu prüfen.

Ferner sind auch folgende Bereiche zu prüfen:

- Solidaritätszuschlag,
- Kirchenlohnsteuer,
- Kindergeld,
- Verpflichtungen des Arbeitgebers und des Anlageinstituts/-unternehmens nach dem 5. VermBG,
- Steuerabzug bei beschränkt Stpfl. nach § 50a EStG (allerdings nicht in allen Bundesländern),
- Verpflichtungen der Bausparkassen nach dem Wohnungsbau-Prämiengesetz,
- Umsatzsteuer auf Sachzuwendungen und sonstige Leistungen an Arbeitnehmer sowie der Vorsteuerabzug bei Reisekosten der Arbeitnehmer (allerdings nicht in allen Bundesländern).

Allerdings hat das FG Berlin-Brandenburg hierzu entschieden, dass eine Ausweitung des Umfangs einer Lohnsteuer-Außenprüfungsanordnung insbesondere auch auf die Umsatzsteuer nicht möglich ist (FG Berlin-Brandenburg v. 2.4.2014, 7 K 7058/13, EFG 2014, 1077). **Zum Steuerabzug bei beschränkt Stpfl. nach § 50a EStG** hatte das FG Niedersachsen zwar entschieden, dass für die Prüfung nicht das Finanzamt, sondern das BZSt zuständig sei (FG Niedersachsen v. 10.3.2021, 7 K 1/21, EFG 2021, 1161), im Revisionsverfahren hat der BFH dieser Rechtsauffassung jedoch unter Hinweis auf § 5 Abs. 1 FVG, § 73d Abs. 2 EStDV widersprochen und die Prüfungszuständigkeit dem – zuständigen – Finanzamt als sachlich zuständige Landesfinanzbehörde zugewiesen (BFH v. 20.12.2023, I R 21/21, BFH/NV 2024, 710 ff.).

3. Prüfungsort

Nach § 200 Abs. 2 AO hat die Lohnsteuer-Außenprüfung in den **Geschäftsräumen des Arbeitgebers** (oder des Dritten) stattzufinden. Soweit ein zur Durchführung der Prüfung **geeigneter Geschäftsraum nicht vorhanden** ist, kann die Außenprüfung auch in den Wohnräumen des Arbeitgebers oder an Amtsstelle erfolgen. Zu der Frage, ob die Lohnsteuer-Außenprüfung **im Büro des Steuerberaters** durchgeführt werden kann oder ob in Ausnahmesituationen auch das **Finanzamt** als Prüfungsort in Betracht kommt, vertritt die Finanzverwaltung folgende Auffassung (OFD Bremen v. 31.8.1995, S 2386 – St 2000): 2946

„1. Prüfung im Büro des Steuerberaters

Der BFH hat zwar in einem besonders gelagerten Fall durch Beschluss v. 30.11.1988, I B 73/88, BStBl II 1989, 265 entschieden, dass auf Antrag des Arbeitgebers auch eine Prüfung im Büro des Steuerberaters in Betracht kommen kann, wenn der Prüfung dort keine zumindest gleichwertigen Verwaltungsinteressen entgegenstehen. Indes wird an der wiederholt vertretenen Auffassung festgehalten, dass eine Lohnsteuer-Außenprüfung im Regelfall in den Geschäftsräumen des Arbeitgebers und nur unter bestimmten Voraussetzungen im Büro des steuerlichen Beraters durchzuführen ist, wenn z.B. der Arbeitgeber keinen geeigneten Raum oder Arbeitsplatz für die Prüfungsdurchführung zur Verfügung stellen kann. Bei Abwägung der Interessen von Verwaltung und Arbeitgeber wird zu Gunsten der Verwaltung immer zu berücksichtigen sein, dass eine Prüfung in den Geschäftsräumen des Arbeitgebers dem Zweck der Lohnsteuer-Außenprüfung am besten gerecht wird. Insbesondere lassen sich vor Ort eher die folgenden gesetzlich vorgesehenen Ermittlungen anstellen:

- *Auskunftserteilung durch den Arbeitgeber (§ 200 Abs. 1 Satz 2 AO),*
- *Auskunftserteilung durch andere Betriebsangehörige, z.B. Arbeitnehmer (§ 200 Abs. 1 Satz 3 AO),*
- *Besichtigung von Grundstücken und Betriebsräumen (§ 200 Abs. 3 Satz 2 AO).*

Sofern doch ausnahmsweise eine Prüfung im Büro des Steuerberaters in Betracht kommt, sollte von der Möglichkeit einer Besichtigung des Betriebs gleichwohl i.d.R. nicht abgesehen werden. Bei Abwägung für oder gegen eine Besichtigung wird der Betriebsart und -größe sowie der Anzahl von Arbeitnehmern immer besonderes Gewicht beizumessen sein.

2. Prüfung im Finanzamt

Die nach § 200 Abs. 2 AO vorgesehene Prüfung an Amtsstelle wird – wegen der eingeschränkten Ermittlungsmöglichkeiten – Ausnahmefällen vorbehalten bleiben müssen, z.B. wenn der Arbeitge-

ber keinen geeigneten Platz zur Verfügung stellen kann und das Steuerberatungsbüro sich außerhalb des Finanzamtsbezirks befindet.“

4. Pflichten des Arbeitgebers

2947 Der Arbeitgeber (oder der Dritte) hat dem Prüfer **Einsicht** in die nach § 4 LStDV vorgeschriebenen Aufzeichnungen und die Lohnbücher der Betriebe sowie Geschäftsbücher und Unterlagen zu gewähren. Hierzu rechnen auch Personalakten und Personalunterlagen der Arbeitnehmer, da diese Verträge und andere Unterlagen Daten enthalten können, die für den Lohnsteuerabzug von Bedeutung sind (FG Niedersachsen v. 4.3.1955, III 201/54, EFG 1955, 277). Der Prüfer wird dabei die Einsicht in die Personalakten und in andere Geschäftspapiere und Urkunden auf das zur Durchführung der Lohnsteuerprüfung notwendige Maß beschränken.

Der Arbeitgeber hat dem Lohnsteuerprüfer die zum Verständnis der Aufzeichnungen erbetenen **Erläuterungen zu geben**. Ferner hat der Arbeitgeber auf Verlangen weitere erforderliche Auskünfte zu erteilen. Dies gilt auch für Auskünfte über sonstige für den Betrieb tätige Personen, bei denen streitig ist, ob sie Arbeitnehmer des Betriebs sind. Sind der Arbeitgeber oder die von ihm benannten Personen nicht in der Lage, ausreichende Auskünfte zu erteilen, darf sich der Prüfer nach Abstimmung auch an andere Betriebsangehörige wenden.

Werden die Unterlagen in Form der Wiedergabe auf einem **Bildträger oder auf anderen Datenträgern** aufbewahrt, kann der Prüfer nach § 147 Abs. 5 AO verlangen, dass der Arbeitgeber auf seine Kosten diejenigen Hilfsmittel zur Verfügung stellt, die zur Lesbarmachung erforderlich sind, bzw. dass der Arbeitgeber auf seine Kosten die Unterlagen unverzüglich ganz oder teilweise ausdruckt oder ohne Hilfsmittel lesbare Reproduktionen beibringt (vgl. BFH v. 26.9.2007, I B 53, 54/07, BStBl II 2008, 415 betr. Lesbarmachung von gescannten Belegen gegenüber der Außenprüfung). Bei einer Lohnsteuer-Außenprüfung ist neben dem Datenträger zur Lohnbuchhaltung auch die gesamte Finanzbuchhaltung in Form der Datenträgerüberlassung zur Verfügung zu stellen, weil auch in ihr steuerrelevante Daten zur Lohnbesteuerung enthalten sind (FG Münster v. 16.5.2008, 6 K 879/07, EFG 2008, 1592).

Sind Unterlagen und sonstige Aufzeichnungen mit Hilfe eines **Datenverarbeitungssystems** erstellt worden, hat der Prüfer nach § 147 Abs. 6 AO das Recht, Einsicht in die gespeicherten Daten zu nehmen und das Datenverarbeitungssystem zur Prüfung dieser Unterlagen zu nutzen (**unmittelbarer Datenzugriff**). Dazu kann er verlangen, dass der Arbeitgeber ihm die dafür erforderlichen Geräte und sonstigen Hilfsmittel zur Verfügung stellt. Dies umfasst u. U. auch die Einweisung in das Datenverarbeitungssystem und die Bereitstellung von fachkundigem Personal zur Auswertung der Daten. Auf Anforderung sind dem Prüfer die Daten auf maschinell auswertbaren Datenträgern zur Verfügung zu stellen (**Datenträgerüberlassung**) oder nach seinen Vorgaben maschinell auszuwerten (**mittelbarer Datenzugriff**), vgl. BMF v. 24.10.2013, IV A 4 – S 0403/13/10001, BStBl I 2013, 1264 sowie BMF v. 28.11.2019, BStBl I 2019, 1269 unter Einbezug der Änderungen im Schreiben BMF v. 11.3.2024, IV D 2 – 0316/21/10001 :002, BStBl I 2024, 374 sowie v. 14.7.2025, IV D 2 – S 0316/00128/005/088, BStBl I 2025, 1502.

In Deutschland werden von den Arbeitgebern **verschiedene Lohnabrechnungsprogramme** eingesetzt, die jeweils unterschiedlich **aufgebaut und strukturiert** sind. Um

- Zweifelsfragen und Unklarheiten zu den Inhalten von elektronischen Dateien und Datenfeldern,
- technische Schwierigkeiten beim Aufbereiten der elektronischen Daten sowie
- Datennachforderungen durch den Außenprüfer (auf weiteren Datenträgern)

zu vermeiden, hat die Finanzverwaltung die „**D**igitale **L**ohn**S**chnittstelle“ (DLS) erarbeitet und beschrieben. Die DLS ist eine **Schnittstellenbeschreibung für den Export von Daten** aus dem Lohnbuchhaltungssystem des Arbeitgebers zur Übergabe an den Lohnsteuer-Außenprüfer. Sie soll dabei eine einheitliche Strukturierung und Bezeichnung der Dateien und Datenfelder unabhängig von dem beim Arbeitgeber eingesetzten Lohnabrechnungsprogramm sicherstellen.

Der Gesetzgeber hat die **DLS verbindlich festgeschrieben** (Änderung des § 41 Abs. 1 Satz 7 EStG i.V.m. § 4 Abs. 2a LStDV). Sie ist für **seit dem 1.1.2018** aufzuzeichnende Daten **anzuwenden**.

Hinweis:

Im Rahmen der siebten Verordnung zur Änderung steuerlicher Verordnungen soll § 4 Abs. 2a LStDV für Daten, die ab dem 1.1.2027 im Lohnkonto aufzuzeichnen sind, neu gefasst werden. Als wesentliche Änderungen soll

- zur Rechtsklarheit in Bezug auf den Anwendungsbereich der DLS in Lohnsteuer-Außenprüfungen die verpflichtende Bereitstellung der Daten aus **Vor- und Nebensystemen** (z.B. elektronische Zeiterfassungs- oder Reisekostenabrechnungssysteme, elektronische Fahrtenbücher) gesetzlich geregelt werden,
- erstmalig verbindlich festgelegt werden, dass die Daten zukünftig grundsätzlich **zusammengefasst** in einem Datenbestand je Haupt-, Vor- und Nebensystem zu übertragen sind.

Um Anpassungsschwierigkeiten entgegenzuwirken, wird die FinVerw., wie auch in der Vergangenheit, über wesentliche Erweiterungen der DLS auf Vor- und Nebensysteme informieren. Damit haben Arbeitgeber und Softwareunternehmen genügend zeitlichen Vorlauf, um die insoweit erweiterte DLS in ihre Lohnabrechnungsprogramme sowie Lohnbuchhaltungsprogramme zu implementieren.

Auf Antrag des Arbeitgebers soll es weiterhin möglich sein, dass es das Betriebsstättenfinanzamt zur Vermeidung unbilliger Härten weiterhin zulässt, dass der Arbeitgeber die Daten in anderer auswertbarer Form bereitstellt. Derartige Härten sind insbesondere die Gefährdung von Betriebsgeheimnissen oder des internen Betriebsfriedens (beispielsweise bei gesonderter Abrechnung des oberen Managements).

Arbeitgeber haben die aufzuzeichnenden lohnsteuerrelevanten Daten der Finanzbehörde strukturiert nach einer **amtlich vorgeschriebenen einheitlichen digitalen Schnittstelle** elektronisch bereitzustellen. Dies gilt unabhängig von dem beim Arbeitgeber eingesetzten Lohnabrechnungsprogramm. Zur Vermeidung unbilliger Härten können in begründeten Fällen die lohnsteuerlichen Daten auch in einer anderen auswertbaren Form bereitgestellt werden (§ 41 Abs. 1 Satz 7 EStG i.V.m. § 4 Abs. 2a LStDV).

Die amtlich vorgeschriebene DLS ist ein Standarddatensatz mit einer einheitlichen Strukturierung und Bezeichnung von elektronischen Dateien und Datenfelder. Die jeweils aktuelle Version der DLS mit weitergehenden Informationen (zz. Version 2025.1) steht auf der Internetseite des BZSt unter www.bzst.bund.de zum Download bereit. Die Veröffentlichung einer neuen Version für das kommende Jahr erfolgt i.d.R. bis spätestens zum 31.10. eines jeden Jahres.

Das Datenzugriffsrecht nach § 147 Abs. 6 Satz 2 AO auf (weitere) prüfungsrelevante steuerliche Daten bleibt von der Anwendung der DLS unberührt (BMF v. 26.5.2017, IV C 5 – S 2386/07/0005 :001, BStBl I 2017, 789).

Durch das Gesetz zur Umsetzung der Richtlinie (EU) 2021/514 des Rates vom 22.3.2021 zur Änderung der Richtlinie 2011/16/EU über die Zusammenarbeit der Verwaltungsbehörden im Bereich der Besteuerung und zur Modernisierung des Steuerverfahrensrechts v. 20.12.2022, BGBl. I 2022, 2730, wurde auch § 158 AO geändert, der nunmehr mit Wirkung ab 1.1.2023 auch die Bereitstellung von digitalen Daten im Rahmen der Beweiskraftwürdigung der Buchführung beinhaltet. Nach § 158 Abs. 1 AO sind die Buchführung und die Aufzeichnungen des Stpfl. der Besteuerung zu Grunde zu legen, wenn sie den Vorschriften der §§ 140 bis 148 entsprechen.

Nach § 158 Abs. 2 gilt dies nicht,

1. soweit nach den Umständen des Einzelfalls Anlass besteht, die sachliche Richtigkeit zu beanstanden oder
2. **soweit die elektronischen Daten nicht nach der Vorgabe der einheitlichen digitalen Schnittstellen des § 41 Abs. 1 Satz 7 EStG i.V.m. § 4 Abs. 2a der Lohnsteuer-Durchführungsverordnung**, des § 146a oder des § 147b i.V.m. der jeweiligen Rechtsverordnung zur Verfügung gestellt werden.

Bei formeller Ordnungsmäßigkeit der Buchführung und der Aufzeichnungen des Steuerpflichtigen enthält § 158 Abs. 1 AO somit die gesetzliche Vermutung zur sachlichen Richtigkeit der Buchführung und der Aufzeichnungen. Für die Annahme einer formellen Ordnungsmäßigkeit ist das Gesamtbild aller Umstände des Einzelfalls maßgebend. Die Buchführung und die Aufzeichnungen können trotz einzelner formeller Mängel auf Grund der Gesamtwertung insgesamt als formell ordnungsmäßig anzusehen sein. Eine Buchführung ist erst dann formell ordnungswidrig, wenn sie wesentliche Mängel aufweist oder die Gesamtheit aller (unwesentlichen) Mängel den Schluss fordert, dass die Buchführung ordnungswidrig ist (BFH-Beschluss v. 2.12.2008, X B 69/08, m.w.N.).

Allerdings verliert die Vermutung der Richtigkeit (§ 158 Abs. 1 AO) ihre Wirksamkeit nach § 158 Abs. 2 Nr. 1 AO dann, wenn und soweit es nach einer Verprobung oder anderen Erkenntnissen unwahrscheinlich ist, dass das ausgewiesene Ergebnis mit den tatsächlichen Verhältnissen übereinstimmt.

Ferner gibt § 158 Abs. 2 Nr. 2 AO vor, dass, soweit der Steuerpflichtige der Finanzverwaltung aufbewahrungspflichtige digitale Unterlagen nicht nach den Vorgaben der einheitlichen digitalen Schnittstellen (vgl. § 146a AO i.V.m. § 4 KassenSichV, § 147b AO oder § 41 Abs. 1 Satz 7 EStG i.V.m. § 4 Abs. 2a LStDV) zur Verfügung stellt, die Buchführung nicht ordnungsgemäß ist. Bei der Zur-Verfügung-Stellung von Unterlagen nach den Vorgaben einer einheitlichen digitalen Schnittstelle handelt es sich um formelle Anforderungen an die Ordnungsmäßigkeit der Buchführung und der Aufzeichnungen. Die Buchführung und die Aufzeichnungen entsprechen nicht den Vorgaben einer einheitlichen digitalen Schnittstelle, wenn die aufbewahrungspflichtigen digitalen Unterlagen und die Strukturinformationen nicht in dem geforderten Datenformat vorgelegt werden. Nach dem BMF-Schreiben v. 26.5.2017, IV C 5 – S 2386/07/0005 :001, BStBl I 2017, 789 ist die Digitale LohnSchnittstelle (DLS) für ab dem 1.1.2018 aufzuzeichnende Daten anzuwenden.

Die hieraus resultierenden Folgen für die Besteuerung richten sich nach den Umständen des Einzelfalls.

Ist die Buchführung oder sind die Aufzeichnungen ganz oder teilweise auf Grund des § 158 Abs. 2 Nr. 1 AO nicht der Besteuerung zu Grunde zu legen, können die Besteuerungsgrundlagen nach § 162 Abs. 1 i.V.m. Abs. 2 Satz 2 AO geschätzt werden. Insoweit kommt der sachlichen Gewichtung der Mängel ausschlaggebende Bedeutung zu. Das Buchführungsergebnis ist nicht zu übernehmen, soweit die Beanstandungen reichen. Eine Vollschätzung an Stelle einer Hinzuschätzung kommt nur dann in Betracht, wenn sich die Buchführung in wesentlichen Teilen als unbrauchbar erweist.

Ist die Buchführung oder sind die Aufzeichnungen ganz oder teilweise auf Grund des § 158 Abs. 2 Nr. 2 AO nicht der Besteuerung zu Grunde zu legen, kann hieraus eine Schätzungsbefugnis nach § 162 Abs. 1 i.V.m. Abs. 2 Satz 2 AO insoweit resultieren, als die aufbewahrungspflichtigen digitalen Unterlagen und die Strukturinformationen nicht bzw. nicht in dem geforderten Datenformat vorgelegt werden.

Hier zeigt sich, dass nach dem Willen des Gesetzgebers bereits die nicht oder nicht schnittstellenkonforme Bereitstellung digitaler Unterlagen, insbesondere auch die Missachtung der Vorgaben zur einheitlichen digitalen Schnittstelle gem. § 41 Abs. 1 Satz 7 EStG i.V.m. § 4 Abs. 2a LStDV zu ggf. erheblichen steuerrechtlichen Folgen führen kann. Da es sich hierbei um rein technische Aufbereitungen handelt, sollte der Arbeitgeber Sorge dafür tragen, dass diese ohne Beanstandungen durch die Finanzverwaltung im Rahmen einer Lohnsteueraußenprüfung zur Verfügung gestellt werden können.

5. Rechte des Arbeitgebers

2948 Vor Beginn der Lohnsteuer-Außenprüfung ist dem Arbeitgeber (oder dem Dritten) eine **schriftliche Prüfungsanordnung** zu erteilen, aus der sich die zu prüfenden Steuerarten, der Prüfungszeitraum, der voraussichtliche Prüfungsbeginn und der Name des Prüfers ergeben müssen. Die Prüfungsanordnung soll i.d.R. 14 Tage vor Beginn der Prüfung bekannt gegeben werden. Der Beginn der Lohnsteuer-Außenprüfung kann auf Antrag des Arbeitgebers verschoben werden, wenn hierfür wichtige Gründe vorhanden sind, z.B. Krankheit des Arbeitgebers, Steuerberaters oder Lohnbuchhalters. Bei Erlass einer Prüfungsanordnung darf das Finanzamt nicht gegen das **Willkür- und Schikaneverbot** verstoßen (BFH v. 28.9.2011, VIII R 8/09, BStBl II 2012, 395).

Der Arbeitgeber wird regelmäßig vom Prüfer über die festgestellten **Sachverhalte unterrichtet**. Gleichwohl hat der Arbeitgeber das Recht, dass über das Ergebnis der Lohnsteuer-Außenprüfung eine Besprechung (**Schlussbesprechung**) abgehalten wird, in der alle Beanstandungen des Prüfers erörtert werden. Eine Schlussbesprechung wird nicht abgehalten, wenn der Arbeitgeber darauf verzichtet oder wenn die Prüfung zu keiner Änderung der Besteuerungsgrundlagen geführt hat. Anschließend hat der Prüfer einen schriftlichen Bericht (**Prüfungsbericht**) zu fertigen, der dem Arbeitgeber zugesandt wird. Der Arbeitgeber kann beantragen (§ 202 Abs. 2 AO), dass ihm der Prüfungsbericht noch vor seiner Auswertung übersandt wird, damit er zu den Prüfungsfeststellungen Stellung nehmen kann. Ergibt sich keine Änderung der Besteuerungsgrundlagen, so reicht es aus, wenn der Arbeitgeber hierüber informiert wird (BMF v. 24.10.2013, IV A 4 – S 0403/13/10001, BStBl I 2013, 1264).

6. Verzögerungsgeld/Mitwirkungsverzögerungsgeld

Nach § 146 Abs. 2c AO besteht die Möglichkeit, dass die zuständige Finanzbehörde ein Verzögerungsgeld festsetzen kann, soweit bestimmte Mitwirkungspflichten i.R. einer Außenprüfung nicht hinreichend erfüllt werden. 2949

Die **Festsetzung eines Verzögerungsgelds** ist auch **i.R. einer Lohnsteuer-Außenprüfung möglich**, wenn der Arbeitgeber

- den Datenzugriff nach § 147 Abs. 6 AO nicht, nicht zeitnah oder nicht in vollem Umfang einräumt,
- Auskünfte nicht, nicht zeitnah oder nicht vollständig erteilt (§ 200 Abs. 1 AO),
- angeforderte Unterlagen nicht, nicht zeitnah oder nicht vollständig vorlegt (§ 200 Abs. 1 AO).

Das Verzögerungsgeld ist eine **steuerliche Nebenleistung** (§ 3 Abs. 4 AO), die durch einen Verwaltungsakt festzusetzen ist und auch mit einem **Einspruch angefochten** werden kann. Es beträgt **mindestens 2 500 € und maximal 250 000 €**.

Zu Einzelheiten zur Festsetzung eines Verzögerungsgelds i.R. von Außenprüfungen vgl. FinMin Schleswig-Holstein v. 26.10.2010, VI 328 – S 0316 – 032.

Durch das Gesetz zur Umsetzung der Richtlinie (EU) 2021/514 des Rates vom 22.3.2021 zur Änderung der Richtlinie 2011/16/EU über die Zusammenarbeit der Verwaltungsbehörden im Bereich der Besteuerung und zur Modernisierung des Steuerverfahrensrechts v. 20.12.2022, BGBl. I 2022, 2730, wurde § 146 Abs. 2c AO **mit Wirkung ab 1.1.2025** infolge der Einführung des § 200a AO dergestalt geändert, dass dieser für nach dem 31.12.2024 entstandene Steuern und frühere Steuern, zu denen nach diesem Zeitpunkt eine Prüfungsanordnung ergeht, nur noch die Verletzung der Pflichten nach § 147 Abs. 6 AO mit einem Verzögerungsgeld sanktioniert. Das Verzögerungsgeld wird darüber hinaus durch das Mitwirkungsverzögerungsgeld nach § 200a Abs. 2 AO ersetzt. Dieses kann bei der **Verletzung eines qualifizierten Mitwirkungsverlangens** nach § 200a Abs. 1 AO festgesetzt und – falls erforderlich – mit einem Zuschlag nach § 200a Abs. 3 AO versehen werden.

Da es sich bei der Lohnsteuer-Sonderprüfung AO-rechtlich um eine Außenprüfung handelt, ist die Festsetzung eines Mitwirkungsverzögerungsgeldes unter der Maßgabe, dass die hierfür erforderlichen weiteren Voraussetzungen vorliegen, zukünftig durchaus möglich. Für die Lohnsteuer-Nachschau gem. § 42g EStG gilt dies jedoch nicht, da diese bis zum Übergang zu einer regulären Außenprüfung ein besonderes Verfahren darstellt (vgl. § 42g Abs. 1, 4 EStG).

Da Lohnsteuer-Außenprüfungen regelmäßig zeitnah angeordnet und von kurzer Dauer sind, ein qualifiziertes Mitwirkungsverlangen nach § 200a Abs. 1 AO jedoch erst nach Ablauf von sechs Monaten seit Bekanntgabe der Prüfungsanordnung ergehen darf, sollte diese Rechtsänderung in der Praxis der Lohnsteuer-Sonderprüfung nur in Ausnahmefällen zur Anwendung kommen.

7. Steuerstraf- und Steuerordnungswidrigkeitenverfahren

2950 Ergeben sich im Laufe der Prüfung Sachverhalte, die den Verdacht einer **Steuerstraftat oder Steuerordnungswidrigkeit** nahe legen, und richtet sich der Verdacht gegen den Arbeitgeber, so dürfen die Ermittlungen bei dem Betroffenen erst fortgesetzt werden, wenn ihm die Einleitung des Straf- oder Bußgeldverfahrens mitgeteilt worden ist (§ 397 AO). Soweit die Feststellungen auch für Zwecke eines Steuerstraf- oder Bußgeldverfahrens verwendet werden können, darf die **Mitwirkung des Arbeitgebers bei der Aufklärung der Sachverhalte nicht mehr erzwungen** werden (§ 393 Abs. 1 AO). Wirkt der Arbeitgeber nicht mehr mit, so können daraus allerdings im Besteuerungsverfahren insoweit für ihn nachteilige Folgerungen gezogen werden, weil das Finanzamt die **Besteuerungsgrundlagen zu schätzen hat**, falls eine zutreffende Ermittlung des Sachverhalts (deswegen) nicht möglich ist (§ 162 AO).

Wegen der Prüfungen durch die **Rentenversicherungsträger** → *Beitragsüberwachung* Rz. 1309.

8. Lohnsteuer-Nachschau

2951 → *Lohnsteuer-Nachschau* Rz. 2953

Lohnsteuerbelege

→ *Lohnsteuerbescheinigung* Rz. 2952

Lohnsteuerberechnung

→ *Berechnung der Lohnsteuer* Rz. 1337

Lohnsteuerbescheinigung

Inhalt

1. Allgemeines

Bei Beendigung eines Dienstverhältnisses oder am Ende des Kalenderjahres hat der Arbeitgeber das Lohnkonto des Arbeitnehmers abzuschließen (§ 41b Abs. 1 EStG). Auf Grund der Aufzeichnungen im Lohnkonto hat der Arbeitgeber nach Abschluss des Lohnkontos **spätestens bis zum letzten Tag des Monats Februar des folgenden Jahres** für jeden Arbeitnehmer der zuständigen Finanzbehörde nach Maßgabe des § 93c AO neben den in § 93c Abs. 1 AO genannten Daten 2952

- Name, Anschrift, Ordnungsmerkmal und Kontaktdaten der mitteilungspflichtigen Stelle sowie Identifikationsmerkmal oder Steuernummer (§ 93c Abs. 1 Nr. 2 Buchst. a AO),
- Name, Anschrift und Kontaktdaten eines Auftragnehmers i.S.d. § 87d AO sowie dessen Identifikationsmerkmal oder Steuernummer (§ 93c Abs. 1 Nr. 2 Buchst. b AO),
- Familiennamen, Vornamen, Tag der Geburt, Anschrift und IdNr des Arbeitnehmers (§ 93c Abs. 1 Nr. 2 Buchst. c AO),
- Zeitpunkt der Erstellung des Datensatzes oder eines anderen Ereignisses, anhand dessen die Daten in der zeitlichen Reihenfolge geordnet werden können, Art der Mitteilung, betroffener Besteuerungszeitraum oder Besteuerungszeitpunkt und Angabe, ob es sich um eine erstmalige, korrigierte oder stornierende Mitteilung handelt (§ 93c Abs. 1 Nr. 2 Buchst. e AO)

insbesondere folgende Angaben zu übermitteln (**elektronische Lohnsteuerbescheinigung**):

- die abgerufenen elektronischen Lohnsteuerabzugsmerkmale oder die auf der entsprechenden Bescheinigung für den Lohnsteuerabzug eingetragenen Lohnsteuerabzugsmerkmale,
- die Bezeichnung und die Nummer des Finanzamts, an das die Lohnsteuer abgeführt worden ist,
- die Dauer des Dienstverhältnisses während des Kalenderjahres,
- die Anzahl der nach § 41 Abs. 1 Satz 5 EStG vermerkten Großbuchstaben „U“,
- die Art und Höhe des gezahlten Arbeitslohns sowie den nach § 41 Abs. 1 Satz 6 EStG vermerkten Großbuchstaben „S“,
- die einbehaltene Lohnsteuer, den Solidaritätszuschlag und die Kirchensteuer,
- das Kurzarbeitergeld einschließlich Saison-Kurzarbeitergeld, den Zuschuss zum Mutterschaftsgeld nach dem Mutterschutzgesetz, die Entschädigungen für Verdienstausfall nach dem Infektionsschutzgesetz, die nach § 3 Nr. 21 EStG steuerfreien Einnahmen (Aktivrente → Rentner Rz. 3737), die nach § 3 Nr. 28 EStG steuerfreien Aufstockungsbeträge oder Zuschläge sowie die in den Jahren 2020, 2021 und 2022 jeweils nach § 3 Nr. 28a EStG steuerfrei gezahlten Zuschüsse des Arbeitgebers zum Kurzarbeitergeld und Saison-Kurzarbeitergeld,
- die auf die Entfernungspauschale nach § 3 Nr. 15 Satz 3 EStG und § 9 Abs. 1 Satz 3 Nr. 4 Satz 5 EStG anzurechnenden steuerfreien Arbeitgeberleistungen,
- die auf die Entfernungspauschale nach § 40 Abs. 2 Nr. 1 zweiter Halbsatz EStG anzurechnenden pauschal besteuerten Arbeitgeberleistungen,
- für die dem Arbeitnehmer zur Verfügung gestellten Mahlzeiten nach § 8 Abs. 2 Satz 8 EStG den Großbuchstaben „M“,
- für die steuerfreie Sammelbeförderung nach § 3 Nr. 32 EStG den Großbuchstaben „F“,
- die nach § 3 Nr. 13 und 16 EStG steuerfrei gezahlten Verpflegungszuschüsse und Vergütungen bei doppelter Haushaltsführung,
- Beiträge zu den gesetzlichen Rentenversicherungen und an berufsständische Versorgungseinrichtungen, getrennt nach Arbeitgeber- und Arbeitnehmeranteil,
- die nach § 3 Nr. 62 EStG steuerfreien Arbeitgeberzuschüsse zur Kranken- und Pflegeversicherung,
- Arbeitnehmerbeiträge zur gesetzlichen Krankenversicherung,
- Arbeitnehmerbeiträge zur sozialen Pflegeversicherung,
- Arbeitnehmerbeiträge zur Arbeitslosenversicherung,
- nachgewiesene Beiträge zur privaten Krankenversicherung und Pflege-Pflichtversicherung,

Der Arbeitgeber hat die in der Lohnsteuerbescheinigung geforderten Angaben auf Grund der **Eintragungen im Lohnkonto** zu machen (→ *Lohnkonto* Rz. 2863).

Die Bescheinigungspflichten gelten nicht für Arbeitnehmer, soweit sie Arbeitslohn bezogen haben, der nach den §§ 40 bis 40b EStG pauschal besteuert worden ist (§ 41b Abs. 6 EStG). Dies bedeutet, dass pauschal besteuerter Arbeitslohn weder in einer elektronisch noch in einer manuell erstellten Lohnsteuerbescheinigung angegeben werden darf.

Der Arbeitgeber sollte bei der Übermittlung oder Ausschreibung der Lohnsteuerbescheinigung sehr gewissenhaft vorgehen:

Bewirkt die fehlerhafte Lohnsteuerbescheinigung durch den Arbeitgeber, dass der Arbeitnehmer zu einer überhöhten Einkommensteuer veranlagt wird, so kann dem Arbeitnehmer gegen den Arbeitgeber ein Schadensersatzanspruch zustehen (BFH v. 20.9.1996, VI R 57/95, BStBl II 1997, 144). Wird die Einkommensteuer zu niedrig festgesetzt, haftet der Arbeitgeber nach § 42d Abs. 1 Nr. 3 EStG (→ *Haftung: Allgemeine Grundsätze* Rz. 2476).

2. Elektronische Lohnsteuerbescheinigung

2953 **Arbeitgeber** sind grds. verpflichtet, der Finanzverwaltung **bis zum letzten Tag des Monats Februar des folgenden Jahres**, für 2025 also bis zum 28.2.2026, eine **elektronische Lohnsteuerbescheinigung** zu übermitteln (§ 41b Abs. 1 Satz 2 EStG und R 41b LStR). Dies gilt sowohl für unbeschränkt als auch für beschränkt steuerpflichtige Arbeitnehmer. Die Datenübermittlung ist nach amtlich vorgeschriebenem Datensatz nach Maßgabe des § 93c AO **authentifiziert** für jeden beschäftigten Arbeitnehmer vorzunehmen. Das für die Authentifizierung erforderliche Zertifikat muss vom Datenübermittler einmalig auf der **Internetseite www.elster.de** beantragt werden. Ohne Authentifizierung ist eine elektronische Übermittlung der Lohnsteuerbescheinigung nicht möglich.

Ist ein **Dritter** gemäß § 38 Abs. 3a Satz 1 EStG zum Lohnsteuerabzug verpflichtet, hat auch er dem zuständigen Finanzamt für jeden Arbeitnehmer eine elektronische Lohnsteuerbescheinigung zu übermitteln (R 39c Satz 5 LStR i.V.m. § 41b Abs. 1 Satz 2 EStG).

Für jede elektronische Lohnsteuerbescheinigung ist eine eindeutige, durch den **Datenlieferanten zu vergebende ID** (KmId) zu erstellen, deren Zusammensetzung in der technischen Schnittstellenbeschreibung zur elektronischen Lohnsteuerbescheinigung dokumentiert ist. Einzelheiten zum amtlich vorgeschriebenen Datensatz können unter www.elster.de abgerufen werden.

Für die Datenfernübertragung hat der Arbeitgeber die **IdNr des Arbeitnehmers** (§ 139b AO) zu verwenden. Sofern für den Arbeitnehmer keine IdNr vergeben wurde oder der Arbeitnehmer diese dem Arbeitgeber nicht mitgeteilt hat, ist bis zum Veranlagungszeitraum (Kalenderjahr) 2022 eine elektronische Übermittlung mit der elektronischen Transfer-Identifikations-Nummer (eTIN) noch zulässig (§ 41b Abs. 2 Satz 1 EStG). Mit dem Wachstumschancengesetz wurde § 39 Abs. 3 EStG hierzu ergänzt (im Vorfeld dieser gesetzlichen Regelung hat die Finanzverwaltung dazu eine entsprechende Verwaltungsverlautbarung herausgegeben, BMF v. 23.1.2024, IV C 5 – S 2395/21/10001 :001, BStBl I 2024, 211). Danach sollen Finanzämter die IdNr des Arbeitnehmers auf Anfrage an den Arbeitgeber mitteilen, wenn dieser für den Arbeitnehmer bereits eine Lohnsteuerbescheinigung für das Jahr 2022 (mittels eTin) übermittelt hat und der Arbeitgeber zugleich versichert, dass das Dienstverhältnis über den 31.12.2022 hinaus fortbestanden hat und der Arbeitnehmer seiner Verpflichtung, dem Arbeitgeber die IdNr mitzuteilen (§ 39e Abs. 4 Satz 1 Nr. 1 EStG), trotz Aufforderung nicht nachgekommen ist. Dies gilt auch dann, wenn die IdNr dem Arbeitnehmer erstmals zuzuteilen ist. Einer Bevollmächtigung oder Zustimmung des Arbeitnehmers bedarf es insoweit nicht. Die Regelung betrifft ausschließlich Bestandsfälle und schafft eine bürokratiearme Übergangslösung für die künftig ausschließliche Übermittlung der Lohnsteuerbescheinigung unter Verwendung der IdNr.

Neben der Übermittlung der elektronischen Lohnsteuerbescheinigung an die Finanzverwaltung hat **der Arbeitgeber dem Arbeitnehmer** die elektronische Lohnsteuerbescheinigung nach amtlich vorgeschriebenem Muster **binnen angemessener Frist** als Ausdruck auszuhändigen oder elektronisch bereitzustellen.

Es sind die **abgerufenen ELStAM** oder die auf der entsprechenden Bescheinigung für den Lohnsteuerabzug eingetragenen Lohnsteuerabzugsmerkmale **vollständig zu übermitteln**. Dabei ist **im elektronischen Datensatz** neben den ELStAM **auch das Datum „gültig ab“** zu übermitteln. Hiervon abweichend sind im Muster des Ausdrucks der elektronischen Lohnsteuerbescheinigung aus Vereinfachungsgründen nur die im letzten Lohnzahlungszeitraum zu Grunde gelegten Lohnsteuerabzugsmerkmale – ohne „gültig ab“ – zu bescheinigen.

Für Arbeitnehmer, für die der Arbeitgeber die Lohnsteuer ausschließlich nach den §§ 40 bis 40b EStG pauschal erhoben hat, ist keine Lohnsteuerbescheinigung zu erstellen.

Wurden für den Arbeitnehmer elektronische Lohnsteuerabzugsmerkmale (ELStAM) übermittelt, wird jedoch kein Arbeitslohn gezahlt, ist keine Lohnsteuerbescheinigung auszustellen.

3. Manuelle Lohnsteuerbescheinigung

Soweit der Arbeitgeber nicht zur elektronischen Übermittlung verpflichtet ist, hat er eine Besondere Lohnsteuerbescheinigung auszustellen und an das Betriebsstättenfinanzamt bis zum letzten Tag des Monats Februar des auf den Abschluss des Lohnkontos folgenden Kalenderjahres zu übersenden (§ 41b Abs. 1 Satz 4 EStG). 2954

Nicht zur elektronischen Übermittlung verpflichtet sind Arbeitgeber, für die das Betriebsstättenfinanzamt zugelassen hat, dass sie nicht am elektronischen Abrufverfahren teilnehmen (→ *ELStAM* Rz. 1889). Dies sind insbesondere **Arbeitgeber ohne maschinelle Lohnabrechnung**, die ausschließlich Arbeitnehmer i.R. einer geringfügigen Beschäftigung nach § 8a SGB IV im Privathaushalt beschäftigen und die Lohnsteuerbescheinigung nicht elektronisch an die Finanzverwaltung übermitteln (§ 41b Abs. 3 Satz 1 EStG und BMF v. 23.1.2024, IV C 5 – S 2395/21/10001 :001, BStBl I 2024, 211).

Der Arbeitgeber hat dem Arbeitnehmer eine Zweitausfertigung der Lohnsteuerbescheinigung auszuhändigen (§ 41b Abs. 3 Satz 2 EStG).

4. Eintragungen in der Lohnsteuerbescheinigung

In den einzelnen Zeilen der Lohnsteuerbescheinigung sind folgende Eintragungen vorzunehmen (vgl. BMF v. 5.9.2024, IV C 5 – S 2378/19/10002 :001, BStBl I 2024, 1255 und BMF v. 29.8.2025, IV C 5 – S 2533/00123/007/007, BStBl I 2025, 1703). 2955

a) Nummer 1 – Dauer des Dienstverhältnisses

In Nummer 1 ist die **Dauer des Dienstverhältnisses** beim Arbeitgeber während des Kalenderjahres oder der Monat der Auszahlung bei sonstigen Bezügen, die nach Beendigung des Dienstverhältnisses gezahlt werden, anzugeben. Soweit Zeiträume vorliegen, in denen dem Arbeitnehmer kein Lohn gezahlt wurde, z.B. bei Bezug von Krankengeld, unterbrechen diese die Dauer des Dienstverhältnisses nicht; vgl. allerdings → Rz. 2957. 2956

Beispiel:

Der Arbeitnehmer ist beim Arbeitgeber vom 1.7.2025 bis 31.12.2025 beschäftigt. Er war allerdings vom 16.10.2025 bis 8.12.2025 krank. Ab dem 28.11.2025 bis zum 8.12.2025 erhielt er deshalb keinen Arbeitslohn, sondern Krankengeld.

In Zeile 1 ist als Dauer des Dienstverhältnisses der Zeitraum 1.7.2025 bis 31.12.2025 anzugeben.

b) Nummer 2 – Zeiträume ohne Anspruch auf Arbeitslohn und Eintragung der Großbuchstaben

In dieser Zeile ist **die Anzahl** der im Lohnkonto vermerkten **Großbuchstaben „U“** anzugeben (zu der Frage, wann ein Großbuchstabe „U“ im Lohnkonto anzugeben ist, → *Lohnkonto* Rz. 2865). Der Arbeitgeber hat nur die Anzahl der Unterbrechungen, nicht die Dauer der Unterbrechung anzugeben. 2957

Beispiel:

Der Arbeitnehmer ist während des Kalenderjahres 2025 zweimal länger als sechs Wochen krank gewesen. Er hat deshalb vom 17.3.2025 bis 01.04.2025 und vom 25.8.2025 bis zum 9.9.2025 Krankengeld bezogen. Darüber hinaus hat er vom 20.10.2025 bis 28.10.2025 unbezahlten Urlaub genommen.

In Nummer 2 ist lediglich die Zahl „3“ oder alternativ das Wort „Drei“ anzugeben.

In dieser Nummer sind auch in dem dafür vorgesehenen Teilfeld die nach § 41b Abs. 1 EStG einzutragenden **Großbuchstaben** einzutragen, und zwar

- der **Großbuchstabe „S"**, wenn die Lohnsteuer von einem sonstigen Bezug im ersten Dienstverhältnis berechnet wurde und dabei der Arbeitslohn aus einem früheren Dienstverhältnis des Kalenderjahres außer Betracht geblieben ist (→ *Sonstige Bezüge* Rz. 3940),
- der **Großbuchstabe „M"**, wenn dem Arbeitnehmer anlässlich oder während einer beruflichen Auswärtstätigkeit oder i.R. einer beruflichen doppelten Haushaltsführung vom Arbeitgeber oder auf dessen Veranlassung von einem Dritten eine nach § 8 Abs. 2 Satz 8 EStG mit dem amtlichen Sachbezugswert zu bewertende Mahlzeit zur Verfügung gestellt wurde; die Eintragung hat unabhängig davon zu erfolgen, ob die Besteuerung der Mahlzeit nach § 8 Abs. 2 Satz 9 EStG unterbleibt, der Arbeitgeber die Mahlzeit individuell oder nach § 40 Abs. 2 Satz 1 Nr. 1a EStG pauschal besteuert hat: im Übrigen sind für die Bescheinigung des Großbuchsraben auch die Regelungen der Rn. 92 und 93 des BMF-Schreibens zur Steuerlichen Behandlung der Reisekosten von Arbeitnehmern v. 25.11.2020, IV C 5 – S 2353/19/10011 :006, BStBl I 2020,1228 zu beachten,
- der **Großbuchstabe „F"**, wenn eine steuerfreie Sammelbeförderung des Arbeitnehmers zwischen Wohnung und erster Tätigkeitsstätte sowie Fahrten nach § 9 Abs. 1 Satz 3 Nr. 4a Satz 3 EStG nach § 3 Nr. 32 EStG erfolgte (→ *Wege zwischen Wohnung und erster Tätigkeitsstätte* Rz. 4446),
- der **Großbuchstabe „FR"** bei französischen Grenzgängern, bei denen auf Grund einer Bescheinigung nach § 39 Abs. 4 Nr. 5 i.V.m. § 52 Abs. 36 EStG vom Lohnsteuerabzug abzusehen ist; der Großbuchstabe „FR" ist um das Land zu ergänzen, in dem der Grenzgänger im Bescheinigungszeitraum zuletzt tätig war; Einzelheiten zu den **besonderen Bescheinigungspflichten bei Grenzgängern** zur Durchführung des Grenzgängerfiskalausgleichs mit Frankreich → *Grenzgänger* Rz. 2396.

c) Nummer 3 – Bruttoarbeitslohn

2958 In dieser Zeile ist der **Bruttoarbeitslohn** anzugeben. Dabei ist Folgendes zu beachten:

Es ist der Gesamtbetrag des Bruttoarbeitslohns – **einschließlich des Werts der Sachbezüge** – zu bescheinigen, den der Arbeitnehmer aus dem Dienstverhältnis im Kalenderjahr bezogen hat. Bruttoarbeitslohn ist die Summe aus dem laufenden Arbeitslohn, der für Lohnzahlungszeiträume gezahlt worden ist, die im Kalenderjahr geendet haben, und den **sonstigen Bezügen**, die dem Arbeitnehmer im Kalenderjahr zugeflossen sind. **Netto gezahlter Arbeitslohn** ist mit dem hochgerechneten Bruttobetrag anzusetzen. Zum Bruttoarbeitslohn rechnen auch die laufend und einmalig gezahlten Versorgungsbezüge einschließlich Sterbegelder und Abfindungen/Kapitalauszahlungen solcher Ansprüche (Nummer 8 und 32). Der Bruttoarbeitslohn darf nicht um die Freibeträge für Versorgungsbezüge (§ 19 Abs. 2 EStG) und den Altersentlastungsbetrag (§ 24a EStG) gekürzt werden. Andere Freibeträge sind gleichfalls nicht abzuziehen und Hinzurechnungsbeträge nicht hinzuzurechnen. Arbeitslöhne i.S.d. § 8 Abs. 3 EStG sind um den **Rabattfreibetrag** von 1 080 € zu kürzen.

Hat der Arbeitgeber steuerpflichtigen Arbeitslohn zurückgefordert, ist in Nummer 3 bei fortbestehendem Dienstverhältnis **nur der gekürzte steuerpflichtige Bruttoarbeitslohn** zu bescheinigen. Dies gilt auch für zurückgeforderten Arbeitslohn, der im Zuflussjahr ermäßigt besteuert worden ist. Ergibt die Verrechnung von ausgezahltem und zurückgefordertem Arbeitslohn einen negativen Betrag, so ist dieser Betrag mit einem Minuszeichen zu versehen.

Nicht zum steuerpflichtigen Bruttoarbeitslohn gehören steuerfreie Bezüge, z.B. steuerfreie Zuschläge für Sonntags-, Feiertags- oder Nachtarbeit, steuerfreie Umzugskostenvergütungen, steuerfreier Reisekostenersatz, steuerfreier Auslagenersatz, die nach § 3 Nr. 56 und 63 sowie § 100 Abs. 6 EStG steuerfreien Beiträge des Arbeitgebers an einen Pensionsfonds, eine Pensionskasse oder für eine Direktversicherung sowie Bezüge, für die die Lohnsteuer nach §§ 37b, 40 bis 40b EStG pauschal erhoben wurde. Nicht unter Nummer 3, sondern gesondert zu bescheinigen sind ***insbesondere die*** auf Grund eines Doppelbesteuerungsabkommens oder des Auslandstätigkeitserlasses von der Lohnsteuer freigestellten Bezüge.

d) Nummer 4 – Lohnsteuer

In Nummer 4 ist die Lohnsteuer einzutragen, die der Arbeitgeber vom bescheinigten Bruttoarbeitslohn (Nummer 3) einbehalten hat. 2959
Als einbehaltene Lohnsteuer ist stets der Betrag zu bescheinigen, der sich **nach Verrechnung** mit der vom Arbeitgeber für das Kalenderjahr beim **Lohnsteuer-Jahresausgleich** erstatteten Lohnsteuer ergibt.

Ist **keine Lohnsteuer** einbehalten worden, ist die Nummer 4 durch einen **waagerechten Strich** auszufüllen.

e) Nummer 5 – Solidaritätszuschlag

In Nummer 5 ist der Solidaritätszuschlag zu bescheinigen, den der 2960
Arbeitgeber vom bescheinigten Bruttoarbeitslohn einbehalten hat. Für die Bescheinigung des Solidaritätszuschlags gelten die Ausführungen unter → Rz. 2959 entsprechend.

f) Nummer 6 – Kirchensteuer

In dieser Zeile ist die Kirchensteuer zu bescheinigen, die der Arbeit- 2961
geber vom bescheinigten Bruttoarbeitslohn einbehalten hat.

Wechselt der Arbeitnehmer im Laufe des Kalenderjahres die Konfession, so hat das auf die Eintragung der Kirchensteuer in Nummer 6 keinen Einfluss.

Beispiel:

Der Arbeitnehmer ist bis zum 31.3.2025 Mitglied in der evangelischen Kirche. Ab 1.4.2025 wechselt er die Konfession und ist Mitglied in der römisch-katholischen Kirche.

Die insgesamt einbehaltene Kirchensteuer, unabhängig von der Konfession, ist in Nummer 6 zu bescheinigen.

Für die Bescheinigung der Kirchensteuer gelten die Ausführungen unter → Rz. 2959 entsprechend.

Bei Ehegatten gelten jedoch Besonderheiten, → Rz. 2962.

g) Nummer 7 – Kirchensteuer des Ehegatten

Die Zeile 7 ist nur bei **verheirateten Arbeitnehmern** von Bedeu- 2962
tung. Sind **zwei Kirchensteuermerkmale** mitgeteilt worden, weil es sich um eine konfessionsverschiedene Ehe/konfessionsverschiedene Lebenspartnerschaft handelt, z.B. „ev rk" oder „rk ev", so ist der auf den Ehegatten/Lebenspartner entfallende Anteil der Kirchensteuer in Zeile 7 anzugeben. Der Anteil des Ehegatten/Lebenspartners beträgt immer 50 % der insgesamt abgeführten Kirchensteuer und ist eine Folge des „Halbteilungsgrundsatzes" bei der Kirchensteuer (→ *Kirchensteuer* Rz. 2713).

Diese **Halbteilung** der Kirchensteuer kommt in den Ländern Bayern, Bremen und Niedersachsen nicht in Betracht. Daher ist in diesen Ländern die Kirchensteuer **immer in Zeile 6** insgesamt zu bescheinigen.

Beispiel 1:

Ein verheirateter Arbeitnehmer hat die Kirchensteuermerkmale „ev rk". Die im Kalenderjahr 2025 einbehaltene Kirchensteuer beträgt insgesamt 400 €.

Die Kirchensteuer ist je zur Hälfte vom Arbeitgeber in den Nummern 6 und 7 anzugeben, also mit jeweils 200 €.

Beispiel 2:

Wie Beispiel 1, die lohnsteuerliche Betriebsstätte befindet sich in Hannover.

In Niedersachsen (sowie in Bayern und Bremen) gibt es keine Halbteilung der Kirchensteuer. Die Kirchensteuer ist i.H.v. 400 € in Nummer 6 anzugeben.

Wird die Konfession vom Arbeitnehmer oder seinem Ehegatten/Lebenspartner im Laufe des Kalenderjahres gewechselt, so gilt der Halbteilungsgrundsatz nur für die Zeit der Konfessionsverschiedenheit.

Beispiel 3:

Ein verheirateter Arbeitnehmer hat die Kirchensteuermerkmale „ev rk". Die im Kalenderjahr 2025 einbehaltene Kirchensteuer beträgt insgesamt 300 €. Der Ehegatte wechselt jedoch zum 1.5.2025 die Konfession. Ab 1.5.2025 ist daher als Kirchensteuermerkmal „ev" mitgeteilt worden.

Für die Zeit vom 1.1.2025 bis 30.4.2025 gilt der Halbteilungsgrundsatz. Die auf diesen Zeitraum entfallende Kirchensteuer von 100 € ist je zur

Hälfte auf die Ehegatten aufzuteilen und getrennt zu bescheinigen (50 € in Nummer 6, 50 € in Nummer 7). Ab 1.5.2025 fällt die Halbteilung weg, weil die Eheleute nicht mehr konfessionsverschieden sind. Die auf den Zeitraum 1.5.2025 bis 31.12.2025 entfallende Kirchensteuer (200 €) ist in Nummer 6 zu bescheinigen. Insgesamt sind in Nummer 6 somit 250 € (50 € + 200 €) zu bescheinigen und 50 € in Nummer 7.

Beispiel 4:

Wie Beispiel 3, die lohnsteuerliche Betriebsstätte befindet sich in Hannover.

In Niedersachsen (sowie in Bayern und Bremen) gibt es keine Halbteilung der Kirchensteuer. Die Kirchensteuer ist i.H.v. 300 € in Nummer 6 anzugeben.

h) Nummer 8 – Versorgungsbezüge

2963 In dieser Zeile sind die im **Bruttoarbeitslohn** (Nummer 3) **enthaltenen Versorgungsbezüge** (z.B. auch regelmäßige Anpassungen von Versorgungsbezügen nach § 19 Abs. 2 Satz 9 EStG) zu bescheinigen. Der Bruttoarbeitslohn in Nummer 3 darf also nicht um die Versorgungsbezüge gekürzt werden. Anzugeben ist in Zeile 8 der Bruttobetrag der Versorgungsbezüge. Die Freibeträge für Versorgungsbezüge dürfen ebenfalls nicht von der Summe der gezahlten Versorgungsbezüge abgezogen werden.

Werden einem Versorgungsempfänger zusätzlich zum laufenden Versorgungsbezug **weitere Zuwendungen und geldwerte Vorteile** (z.B. steuerpflichtige Fahrtkostenzuschüsse, Freifahrtberechtigungen, Kontoführungsgebühren) gewährt, zählen diese ebenfalls zu den in Nummer 8 zu bescheinigenden Versorgungsbezügen (BFH v. 11.3.2020, VI R 26/18, BStBl II 2020, 565).

Da die Versorgungsbezüge im in Nummer 3 zu bescheinigenden Bruttoarbeitslohn enthalten sind, müssen die auf den Versorgungsbezug entfallenden Steuerabzugsbeträge (Lohnsteuer, Solidaritätszuschlag, Kirchensteuer) ebenfalls in den in den Nummern 4 bis 7 zu bescheinigenden Beträgen enthalten sein.

i) Nummer 9 – Versorgungsbezüge für mehrere Jahre

2964 In Nummer 9 sind Versorgungsbezüge zu bescheinigen, die für mehrere Kalenderjahre gezahlt werden. Solche Versorgungsbezüge werden nach der sog. Fünftelregelung (§ 34 Abs. 1 EStG) tarifermäßigt besteuert, → *Arbeitslohn für mehrere Jahre* Rz. 712. Zum Wegfall der Berücksichtigung der Tarifermäßigung nach § 34 Abs. 1 EStG bei der Berechnung der Lohnsteuer → Rz. 714. Versorgungsbezüge für mehrere Jahre liegen z.B. vor, wenn der Arbeitgeber Versorgungsbezüge nachzahlt und die Nachzahlung sich auf mehr als zwölf Monate bezieht.

j) Nummer 10 – Arbeitslohn für mehrere Kalenderjahre, Entschädigungen

2965 In dieser Nummer sind der Arbeitslohn für mehrere Kalenderjahre und Entschädigungen (z.B. Abfindungen) zu bescheinigen, → *Arbeitslohn für mehrere Jahre* Rz. 712 sowie → *Entschädigungen* Rz. 2001.

Versorgungsbezüge für mehrere Jahre sind **nicht** in Nummer 10, **sondern** in Nummer 9 zu bescheinigen.

k) Nummer 15 – Leistungen, die dem Progressionsvorbehalt unterliegen

2966 In Nummer 15 ist die Summe der folgenden Lohnersatzleistungen bzw. besonderen Lohnarten **in einer Summe** anzugeben:

- das Kurzarbeitergeld einschließlich Saison-Kurzarbeitergeld,
- der Zuschuss zum Mutterschaftsgeld, der Zuschuss bei Beschäftigungsverbot für die Zeit vor oder nach einer Entbindung sowie für den Entbindungstag während einer Elternzeit nach beamtenrechtlichen Vorschriften,
- die Verdienstausfallentschädigung nach dem Infektionsschutzgesetz,
- die nach § 3 Nr. 28 EStG steuerfreien Aufstockungsbeträge und Altersteilzeitzuschläge,
- das Qualifizierungsgeld nach § 82a SBG III.

Es sind immer die **tatsächlich ausgezahlten Beträge anzugeben**. Hat der Arbeitgeber Kurzarbeitergeld zurückgefordert, sind nur die so gekürzten Beträge zu bescheinigen. Ergibt die Verrechnung von ausgezahlten und zurückgeforderten Beträgen einen negativen Betrag, so ist dieser Betrag mit einem **deutlichen Minuszeichen** zu bescheinigen. Wurde vom Arbeitgeber in Fällen des § 47b Abs. 4 SGB V Krankengeld in Höhe des Kurzarbeitergeldes gezahlt, ist dieses nicht in Nummer 15 anzugeben.

l) Nummer 15a – (Saison-)Kurzarbeitergeld

Das in Nummer 15 enthaltene Kurzarbeitergeld einschließlich Saison-Kurzarbeitergeld ist unter Nummer 15a gesondert auszuweisen. 2967

m) Zeile 16 – Arbeitslohn nach DBA oder Auslandstätigkeitserlass

In den Nummern 16a und 16b ist der Arbeitslohn anzugeben, der nach einem **DBA** (Nummer 16a) oder nach dem **Auslandstätigkeitserlass** (Nummer 16b) von der Lohnsteuer freigestellt ist. Eine Summenbildung beider Arbeitslohnarten ist nicht zulässig (**getrennte Bescheinigung**). 2968

n) Nummer 17 – Steuerfreie Arbeitgeberleistungen für Fahrten zwischen Wohnung und erster Tätigkeitsstätte, die auf die Entfernungspauschale anzurechnen sind

In dieser Zeile sind die folgenden **auf die Entfernungspauschale anzurechnenden** steuerfreien **Zuschüsse und Sachbezüge** betragsmäßig zu bescheinigen: 2969

- Zuschüsse des Arbeitgebers, die zusätzlich zum ohnehin geschuldeten Arbeitslohn zu den Aufwendungen des Arbeitnehmers für Fahrten mit öffentlichen Verkehrsmitteln im Linienverkehr (ohne Luftverkehr) zwischen Wohnung und erster Tätigkeitsstätte und nach § 9 Abs. 1 Satz 3 Nr. 4a Satz 3 EStG sowie für Fahrten im öffentlichen Personennahverkehr gezahlt wurden (§ 3 Nr. 15 Satz 1 EStG),
- Sachbezüge für die unentgeltliche oder verbilligte Nutzung öffentlicher Verkehrsmittel im Linienverkehr (ohne Luftverkehr) für Fahrten zwischen Wohnung und erster Tätigkeitsstätte und nach § 9 Abs. 1 Satz 3 Nr. 4a Satz 3 EStG sowie für Fahrten im öffentlichen Personennahverkehr, die der Arbeitnehmer auf Grund seines Dienstverhältnisses zusätzlich zum ohnehin geschuldeten Arbeitslohn erhalten hat (§ 3 Nr. 15 Satz 2 EStG),
- Sachbezüge an den Arbeitnehmer, die i.R.d. § 8 Abs. 2 Satz 11 EStG (Job-Ticket) oder § 8 Abs. 3 EStG (Verkehrsträger) steuerfrei bleiben.

Einzelheiten, insbesondere zur Wertermittlung der zu bescheinigenden Arbeitgeberleistungen, → *Job-Ticket* Rz. 2615, → *Wege zwischen Wohnung und erster Tätigkeitsstätte* Rz. 4443.

Bei steuerfreier Sammelbeförderung nach § 3 Nr. 32 EStG ist stattdessen der Großbuchstabe „F" in Nummer 2 einzutragen.

Der Arbeitgeber ist nach § 41b Abs. 1 Nr. 6 und 9 EStG **gesetzlich verpflichtet, die Eintragung in Nummer 17 vorzunehmen**. Füllt er die Nummer nicht aus, obwohl er solche steuerfreien Fahrtkostenzuschüsse gezahlt hat, so **haftet** er nach § 42d Abs. 1 Nr. 3 EStG für evtl. verkürzte Lohnsteuer.

o) Nummer 18 – Pauschal besteuerte Leistungen für Fahrten zwischen Wohnung und erster Tätigkeitsstätte

In dieser Nummer sind nur die auf die **Entfernungspauschale** nach § 40 Abs. 2 Satz 2 Nr. 1 zweiter Halbsatz EStG **anzurechnenden pauschal besteuerten Arbeitgeberleistungen** für Fahrten zwischen Wohnung und erster Tätigkeitsstätte sowie für Fahrten nach § 9 Abs. 1 Satz 3 Nr. 4a Satz 3 EStG zu bescheinigen. 2970

Der Arbeitgeber ist nach § 41b Abs. 1 Nr. 7 EStG **gesetzlich verpflichtet, die Eintragung in Nummer 18 vorzunehmen**. Füllt er die Nummer nicht aus, obwohl er pauschal versteuerte Fahrtkostenzuschüsse gezahlt hat, so **haftet** er nach § 42d Abs. 1 Nr. 3 EStG für evtl. verkürzte Lohnsteuer.

p) Nummer 20 – Steuerfreie Verpflegungszuschüsse bei Auswärtstätigkeit

In dieser Nummer **muss** der Arbeitgeber die nach § 3 Nr. 13 oder 16 EStG steuerfrei gezahlten Vergütungen für Verpflegung bei beruflich veranlasster Auswärtstätigkeit angeben. 2971

Der Arbeitgeber ist nach § 41b Abs. 1 Nr. 10 EStG **gesetzlich verpflichtet, die Eintragung in Zeile 20 vorzunehmen**. Füllt er die Nummer nicht aus, obwohl er solche steuerfreien Verpflegungszuschüsse gezahlt hat, so **haftet** er nach § 42d Abs. 1 Nr. 3 EStG für evtl. verkürzte Lohnsteuer.

Sofern das Betriebsstättenfinanzamt nach § 4 Abs. 2 Nr. 4 Satz 2 LStDV für steuerfreie Vergütungen für Verpflegung eine andere Aufzeichnung als im Lohnkonto zugelassen hat, ist eine Bescheinigung dieser Beträge **nicht zwingend erforderlich**.

Der Arbeitgeber kann also auf Grund eines entsprechenden Antrags beim Betriebsstättenfinanzamt erreichen, dass auf die **Aufzeichnung im Lohnkonto** unmittelbar und damit auch auf die **Bescheinigung in der Lohnsteuerbescheinigung verzichtet** wird.

q) Nummer 21 – Steuerfreie Arbeitgeberleistungen bei doppelter Haushaltsführung

2972 In dieser Nummer **muss** der Arbeitgeber die steuerfreien Arbeitgeberleistungen bei doppelter Haushaltsführung angeben. Der Arbeitgeber ist nach § 41b Abs. 1 Nr. 10 EStG **gesetzlich verpflichtet, die Eintragung in Zeile 21 vorzunehmen**. Füllt er die Zeile nicht aus, obwohl er steuerfreie Vergütungen bei doppelter Haushaltsführung gezahlt hat, so **haftet** er nach § 42d Abs. 1 Nr. 3 EStG für evtl. verkürzte Lohnsteuer. Allerdings ist die Bescheinigung dieser Beträge nicht stets zwingend erforderlich. Hinsichtlich der Gewährung von Aufzeichnungserleichterungen nach § 4 Abs. 2 Nr. 4 Satz 2 LStDV gelten die Erläuterungen zu den steuerfreien Verpflegungszuschüssen entsprechend (→ Rz. 2971).

r) Nummern 22 bis 28 – Bescheinigung von Zukunftssicherungsleistungen

2973 In diesen Nummern muss der Arbeitgeber die gezahlten Zukunftssicherungsleistungen bescheinigen.

Der Arbeitgeber ist nach § 41b Abs. 1 Nrn. 11 bis 15 EStG **gesetzlich verpflichtet**, die Eintragungen in den Zeilen 22 bis 28 vorzunehmen. Füllt er diese Zeilen nicht aus, so **haftet** er nach § 42d Abs. 1 Nr. 3 EStG für evtl. verkürzte Lohnsteuer.

aa) Beiträge und Zuschüsse zur Alterssicherung

2974 In den Nummern 22a und 22b ist der **Arbeitgeber**anteil der Beiträge zu den gesetzlichen Rentenversicherungen (Zeile 22a) und an berufsständische Versorgungseinrichtungen (Zeile 22b), die den gesetzlichen Rentenversicherungen vergleichbare Leistungen erbringen (vgl. BMF v. 19.6.2020, IV C 3 – S 2221/19/10058 :001, BStBl I 2020, 617), getrennt einzutragen; der entsprechende **Arbeitnehmer**anteil ist in den Nummern 23a und 23b zu bescheinigen. Gleiches gilt für Beiträge zur Alterssicherung, wenn darin zumindest teilweise ein Arbeitnehmeranteil enthalten ist, die auf Grund einer nach ausländischen Gesetzen bestehenden Verpflichtung an ausländische Sozialversicherungsträger, die den inländischen Sozialversicherungsträgern vergleichbar sind, geleistet werden. Beiträge zur Alterssicherung an ausländische Versicherungsunternehmen sind nicht zu bescheinigen.

Werden von ausländischen Sozialversicherungsträgern **Globalbeiträge** erhoben, ist eine **Aufteilung** vorzunehmen. In diesen Fällen ist in Nummer 22a und 23a der auf die Rentenversicherung entfallende Teilbetrag zu bescheinigen. Die für die Aufteilung maßgebenden staatenbezogenen Prozentsätze werden durch jährliche BMF-Schreiben veröffentlicht, vgl. für das Jahr 2026 BMF v. 25.11.2025, IV C 4 – S 2221/00348/007/007, BStBl I 2025, 1941.

In Fällen, in denen der Arbeitgeber die Beiträge unmittelbar an eine berufsständische Versorgungseinrichtung abführt (sog. **Firmenzahler**), ist der Arbeitgeberzuschuss in der Zeile 22b und der Arbeitnehmeranteil in der Nummer 23b zu bescheinigen. Führt der Arbeitnehmer den gesamten Beitrag selbst an die berufsständische Versorgungseinrichtung ab (sog. **Selbstzahler**) und zahlt der Arbeitgeber dem Arbeitnehmer hierfür einen zweckgebundenen Zuschuss, ist in Nummer 22b der Zuschuss zu bescheinigen. Eine Eintragung in Nummer 23b ist in diesen Fällen nicht vorzunehmen.

In den Nummern 22a und 23a sind auch Beiträge zur umlagefinanzierten Hüttenknappschaftlichen Zusatzversicherung im Saarland zu bescheinigen. Das Gleiche gilt für Rentenversicherungsbeiträge bei geringfügiger Beschäftigung, wenn die Lohnsteuer nicht pauschal erhoben wurde (der Arbeitgeberbeitrag i.H.v. 15 % bzw. 5 % und der Arbeitnehmerbeitrag). Dies gilt für den Arbeitgeberbeitrag auch dann, wenn kein Arbeitnehmeranteil zur Rentenversicherung gezahlt wurde.

Arbeitgeberbeiträge zur gesetzlichen Rentenversicherung für Beschäftigte nach § 172 Abs. 1 SGB VI (z.B. bei weiterbeschäftigten Rentnern) gehören nicht zum steuerpflichtigen Arbeitslohn; sie sind nicht als steuerfreie Arbeitgeberanteile i.S.d. § 3 Nr. 62 EStG in Zeile 22a zu bescheinigen. Dies gilt auch, wenn dieser Arbeitnehmerkreis geringfügig beschäftigt ist (§ 172 Abs. 3 und 3a SGB VI). Hat der Beschäftigte jedoch auf die Versicherungsfreiheit verzichtet (§ 5 Abs. 4 Satz 2 SGB VI), sind die Arbeitgeberanteile/-zuschüsse und Arbeitnehmeranteile nach den allgemeinen Regelungen zu bescheinigen.

Arbeitgeberbeiträge zur Rentenversicherung und an berufsständische Versorgungseinrichtungen, die im Zusammenhang mit nach § 3 Nr. 2 EStG steuerfreiem Kurzarbeitergeld stehen, sind nicht zu bescheinigen.

Zahlt der Arbeitgeber bei Altersteilzeit steuerfreie Beiträge zur gesetzlichen Rentenversicherung i.S.d. § 3 Nr. 28 EStG (z.B. bei Altersteilzeit), können diese nicht als Sonderausgaben berücksichtigt werden und sind daher nicht in der Bescheinigung anzugeben. Werden darüber hinaus steuerpflichtige Beiträge zum Ausschluss einer Minderung der Altersrente gezahlt, sind diese an die gesetzliche Rentenversicherung abgeführten Beiträge als Sonderausgaben abziehbar und deshalb in Zeile 23a zu bescheinigen.

bb) Zuschüsse zur Kranken- und Pflegeversicherung

Steuerfreie **Zuschüsse des Arbeitgebers zur gesetzlichen Krankenversicherung** bei freiwillig in der gesetzlichen Krankenversicherung versicherten Arbeitnehmern, soweit der Arbeitgeber zur Zuschussleistung gesetzlich verpflichtet ist, sind in Nummer 24a einzutragen. Entsprechende Zuschüsse zu privaten Krankenversicherungen sind in Nummer 24b zu bescheinigen. In Nummer 24c sind steuerfreie Zuschüsse des Arbeitgebers zu gesetzlichen Pflegeversicherungen (soziale Pflegeversicherung und private Pflege-Pflichtversicherung) einzutragen. Bei freiwillig in der gesetzlichen Krankenversicherung versicherten oder privat versicherten Arbeitnehmern, die Kurzarbeitergeld beziehen, sind in den Zeilen 24a bis c die gesamten vom Arbeitgeber gewährten Zuschüsse zu bescheinigen. 2975

Zu bescheinigen sind auch Zuschüsse des Arbeitgebers zur Kranken- und Pflegeversicherung **bei ausländischen Versicherungsunternehmen und bei ausländischen Sozialversicherungsträgern**. Werden von ausländischen Sozialversicherungsträgern Globalbeiträge erhoben, ist keine Eintragung vorzunehmen. Nicht einzutragen ist der **Arbeitgeber**anteil zur gesetzlichen Kranken- und sozialen Pflegeversicherung bei pflichtversicherten Arbeitnehmern.

cc) Beiträge zur gesetzlichen Kranken- und sozialen Pflegeversicherung

Der **Arbeitnehmer**beitrag zur inländischen **gesetzlichen** Krankenversicherung einschließlich des hälftigen einkommensabhängigen Zusatzbeitrags nach § 242 SGB V ist bei pflichtversicherten Arbeitnehmern in Nummer 25 einzutragen. Maßgebend sind die an die Krankenkasse abgeführten Beiträge; d.h. ggf. mit Beitragsanteilen für Krankengeld. 2976

Die Beiträge des **Arbeitnehmers** zur inländischen sozialen Pflegeversicherung sind in Nummer 26 zu bescheinigen (zu der Bescheinigung auf Grund rückwirkender Korrektur erstatteter oder verrechneter Beiträge zur Pflegeversicherung in 2023 und 2024 vgl. BMF v. 28.11.2025, IV C 5 – S 2379/00005/001/018, BStBl I 2025, 2012).

Bei **freiwillig** in der gesetzlichen Krankenversicherung versicherten Arbeitnehmern ist in Nummer 25 und 26 der **gesamte** Beitrag, einschließlich des hälftigen einkommensabhängigen Zusatzbeitrags nach § 242 SGB V, zu bescheinigen, wenn der Arbeitgeber die Beiträge an die Krankenkasse abführt (sog. **Firmenzahler**); dies gilt auch in den Fällen des Bezugs von Kurzarbeitergeld. Arbeitgeberzuschüsse sind **nicht** von den Arbeitnehmerbeiträgen abzuziehen, sondern gesondert in Nummer 24 einzutragen.

In Fällen, in denen der **freiwillig** in der gesetzlichen Krankenversicherung versicherte Arbeitnehmer und nicht der Arbeitgeber die Beiträge an die Krankenkasse abführt (sog. **Selbstzahler**), sind in Nummer 25 und 26 keine Eintragungen vorzunehmen; dies gilt auch in den Fällen des Bezugs von Kurzarbeitergeld. Arbeitgeberzuschüsse sind unabhängig davon ungekürzt in Nummer 24 zu bescheinigen.

Die vom Arbeitnehmer für Versorgungsbezüge allein getragenen Beiträge an die gesetzliche Kranken- und soziale Pflegeversicherung sind ebenfalls in Nummer 25 und 26 einzutragen. Dies gilt für pflichtversicherte Arbeitnehmer und für freiwillig in der gesetzlichen Krankenversicherung versicherte Arbeitnehmer, wenn der Arbeitgeber die Beiträge an die Krankenkasse abführt (sog. **Firmenzahler**).

Beiträge zur Kranken- und Pflegeversicherung an ausländische Sozialversicherungsträger sind nicht zu bescheinigen.

dd) Beiträge zur Arbeitslosenversicherung

2977 **Arbeitnehmer**beiträge zur Arbeitslosenversicherung sind in Zeile 27 einzutragen; dies gilt auch bei Beitragszahlungen an ausländische Sozialversicherungsträger (nicht aber bei Globalbeiträgen).

ee) Bescheinigung bei steuerfreiem oder pauschal besteuertem Arbeitslohn

2978 In den Nummern 22 bis 25 dürfen **keine Beiträge** bescheinigt werden, die mit steuerfreiem Arbeitslohn (z.B. nach dem Auslandstätigkeitserlass oder auf Grund eines DBA) in unmittelbarem wirtschaftlichen Zusammenhang stehen.

Danach sind z.B. nicht zu bescheinigen:

- bei pflichtversicherten Arbeitnehmern die gesetzlichen Arbeitgeber- und Arbeitnehmeranteile, die auf steuerfreien Arbeitslohn entfallen (**zur Aufteilung** → Rz. 2979),
- Beiträge, die auf den nach § 3 Nr. 63 EStG sowie nach § 100 Abs. 6 EStG steuerfreien Arbeitslohn oder auf den im Zusammenhang mit nach § 3 Nr. 56 EStG steuerfreiem Arbeitslohn stehendem Hinzurechnungsbetrag nach § 1 Abs. 1 Satz 3 und 4 SvEV entfallen und nicht als Sonderausgaben abziehbar sind,
- Beiträge oder Zuschüsse des Arbeitgebers, die nicht nach § 3 Nr. 62 EStG, sondern nach einer anderen Vorschrift steuerfrei sind.

Hingegen sind z.B. zu bescheinigen:

- in voller Höhe auf steuerfreien Arbeitslohn entfallende Zuschüsse und Beiträge für freiwillig in der gesetzlichen Kranken-/sozialen Pflegeversicherung Versicherte und privat Kranken-/Pflegeversicherte (Nummern 24 bis 26),
- die Beiträge im Fall der beitragspflichtigen Umwandlung von Arbeitslohn zu Gunsten einer Direktzusage oberhalb von 4 % der Beitragsbemessungsgrenze in der allgemeinen Rentenversicherung (Zeilen 22 bis 27; § 14 Abs. 1 Satz 2 SGB IV),
- Beiträge von pauschal besteuertem Arbeitslohn (z.B. nach § 37b Abs. 2, § 40b EStG ggf. i.V.m. § 1 Abs. 1 Satz 3 und 4 SvEV), die bei einem sozialversicherungspflichtigen Arbeitnehmer erhoben werden (Zeilen 22 bis 27), **zur Aufteilung** → Rz. 2979,
- Sozialversicherungsbeiträge, die auf einen nicht besteuerten Vorteil nach § 19a Abs. 1 EStG entfallen (Nr. 22 bis 27), da diese Beiträge als Sonderausgaben abziehbar sind.

2979 **Zur Aufteilung der Beiträge gilt Folgendes:**

- Bei steuerfreien und steuerpflichtigen Arbeitslohnteilen im Bescheinigungszeitraum ist **nur der Anteil der Sozialversicherungsbeiträge zu bescheinigen**, der sich nach dem **Verhältnis des steuerpflichtigen Arbeitslohns zum gesamten Arbeitslohn** des Bescheinigungszeitraums ergibt. Nicht besteuerte Vorteile nach § 19a Abs. 1 EStG gelten dabei als steuerpflichtiger Arbeitslohn. Arbeitslohnanteile, die unabhängig von der Beitragsbemessungsgrenze nicht der Sozialversicherungspflicht unterliegen (z.B. Entlassungsabfindungen; nicht beitragspflichtige, nach § 19a Abs. 3 EStG aufgeschoben besteuerte Vorteile aus der Übertragung von Vermögensbeteiligungen), sind nicht in die Verhältnisrechnung einzubeziehen. Die Verhältnisrechnung ist auch durchzuführen, wenn der steuerpflichtige Arbeitslohn im Bescheinigungszeitraum die für die Beitragsberechnung maßgebende Beitragsbemessungsgrenze übersteigt.
- Auf den **Hinzurechnungsbetrag** nach § 1 Abs. 1 Satz 3 und 4 SvEV **entfallende Vorsorgeaufwendungen** sind nur insoweit zu bescheinigen, als sie auf den Teil des Hinzurechnungsbetrags entfallen, der dem Anteil der pauschal besteuerten Umlagen an der Summe aus pauschal besteuerten und steuerfreien Umlagen entspricht (**quotale Aufteilung nach dem Verhältnis der Beiträge im Bescheinigungszeitraum**).

Werden Sozialversicherungsbeiträge erstattet, sind in den Nummern 22 bis 27 **nur die gekürzten Beiträge** zu bescheinigen.

ff) Teilbeträge der Vorsorgepauschale für die private Basis-Kranken- und private Pflege-Pflichtversicherung (nur noch für die Lohnsteuerbescheinigung des Kalenderjahres 2025 anwendbar)

In Nummer 28 ist der tatsächlich im Lohnsteuerabzugsverfahren 2980
berücksichtigte Teilbetrag der Vorsorgepauschale für Beiträge zur **privaten Basis-Krankenversicherung** und **privaten Pflege-Pflichtversicherung** zu bescheinigen (z.B. bei Arbeitnehmern ohne Arbeitgeberzuschuss mit einem nachgewiesenen Monatsbeitrag von 500 €, Beschäftigungsdauer drei Monate, Bescheinigung 1 500 €). Wurde beim Lohnsteuerabzug die Mindestvorsorgepauschale berücksichtigt (ggf. auch nur in einzelnen Lohnzahlungszeiträumen), ist auch diese zu bescheinigen (z.B. Ansatz der Mindestvorsorgepauschale für zwei Monate, Bescheinigung 2/12 der Mindestvorsorgepauschale).

Bei geringfügig Beschäftigten, bei denen die Lohnsteuer nach den Lohnsteuerabzugsmerkmalen des Arbeitnehmers erhoben wird und kein Arbeitnehmeranteil für die Krankenversicherung zu entrichten ist, ist an Stelle des Teilbetrags für die gesetzliche Krankenversicherung die Mindestvorsorgepauschale anzusetzen und in Nummer 28 zu bescheinigen. Entsprechendes gilt für andere Arbeitnehmer (z.B. Praktikanten, Schüler, Studenten). Ist der berechnete Betrag negativ, ist der Wert mit einem deutlichen Minuszeichen zu versehen.

Beiträge zur Kranken- und Pflegeversicherung an ausländische Versicherungsunternehmen sind nicht zu bescheinigen.

Soweit Beiträge zur privaten Krankenversicherung und Pflege-Pflichtversicherung nachgewiesen werden, jedoch kein Arbeitslohn gezahlt wird, ist keine Lohnsteuerbescheinigung auszustellen.

s) Nummern 29 bis 32 – Ergänzende Angaben zu Versorgungsbezügen

Für die Ermittlung des bei Versorgungsbezügen nach § 19 Abs. 2 2981
EStG zu berücksichtigenden Versorgungsfreibetrags sowie des Zuschlags zum Versorgungsfreibetrag (Freibeträge für Versorgungsbezüge) sind

- die Bemessungsgrundlage des Versorgungsfreibetrags,
- das Jahr des Versorgungsbeginns und
- bei unterjähriger Zahlung von Versorgungsbezügen der erste und letzte Monat, für den Versorgungsbezüge gezahlt werden,

maßgebend. Folgt ein Hinterbliebenenbezug einem Versorgungsbezug, bestimmen sich Prozentsatz, Höchstbetrag des Versorgungsfreibetrags und Zuschlag zum Versorgungsfreibetrag für den Hinterbliebenenbezug nach dem Jahr des Beginns des Versorgungsbezugs des Verstorbenen (§ 19 Abs. 2 Satz 7 EStG). Unabhängig davon ist bei erstmaliger Zahlung dieses Hinterbliebenenbezugs im laufenden Kalenderjahr in Zeile 31 eine unterjährige Zahlung zu bescheinigen.

Sterbegelder und Kapitalauszahlungen/Abfindungen von Versorgungsbezügen sowie Nachzahlungen von Versorgungsbezügen, die sich ganz oder teilweise auf vorangegangene Kalenderjahre beziehen, sind als **eigenständige zusätzliche Versorgungsbezüge** zu behandeln. Für diese Bezüge sind die Höhe des gezahlten Bruttobetrags im Kalenderjahr und das maßgebende Kalenderjahr des Versorgungsbeginns anzugeben. In diesen Fällen sind die maßgebenden Freibeträge in voller Höhe und nicht zeitanteilig zu berücksichtigen (vgl. BMF v. 19.8.2013, IV C 3 – S 2221/12/10010 :004/IV C 5 – S 2345/08/0001, BStBl I 2013, 1087, Rz. 184 bis 187 unter Berücksichtigung der Änderungen bzw. Ergänzungen durch BMF v. 10.1.2014, IV C 3 – S 2221/12/10010 :003, BStBl I 2014, 70, BMF v. 10.4.2015, IV C 5 – S 2345/08/10001 :006, BStBl I 2015, 256, BMF v. 1.6.2015, IV C 5 – S 2345/15/10001, BStBl I 2015, 475, BMF v. 4.7.2016, IV C 3 – S 2255/15/10001, BStBl I 2016, 645, BMF v. 6.12.2016, IV C 3 – S 2221/12/10008 :008, BStBl I 2016, 1426, BMF v. 19.12.2016, IV C 5 – S 2345/07/0002, BStBl I 2016, 1433 und BMF v. 28.9.2021, IV C 3 – S 2221/19/10050 :002, BStBl I 2021, 1831, BMF v. 24.5.2017, IV C 3 – S 2221/16/10001 :004, BStBl I 2017,

820 und BMF v. 6.11.2017, IV C 3 – S 2221/17/10006 :001, BStBl I 2017, 1455, BMF v. 28.9.2021, IV C 3 – S 2221/21/10016 :001, BStBl I 2021, 1833 sowie durch BMF v. 10.1.2022, IV C 3 – S 2221/19/10050 :002, BStBl I 2022, 36).

Der Arbeitgeber ist verpflichtet, die für die Berechnung der Freibeträge für Versorgungsbezüge erforderlichen Angaben für jeden Versorgungsbezug gesondert im Lohnkonto aufzuzeichnen (§ 4 Abs. 1 Nr. 4 LStDV i.V.m. BMF v. 19.8.2013, IV C 3 – S 2221/12/10010 :004/IV C 5 – S 2345/08/0001, BStBl I 2013, 1087, Rz. 189 unter Berücksichtigung der Änderungen und Ergänzungen durch die zuvor genannten BMF-Schreiben. Die hiernach im Lohnkonto aufgezeichneten Angaben zu Versorgungsbezügen sind wie folgt zu übernehmen:

aa) Versorgungsbezug, der laufenden Arbeitslohn darstellt

2982 In Nummer 29 ist die nach § 19 Abs. 2 Sätze 4 bis 11 EStG ermittelte Bemessungsgrundlage für den Versorgungsfreibetrag (das Zwölffache des Versorgungsbezugs für den ersten vollen Monat zuzüglich voraussichtlicher Sonderzahlungen) einzutragen. In die Bemessungsgrundlage sind auch zusätzlich zu den laufenden Versorgungsbezügen gewährte weitere Zuwendungen und geldwerte Vorteile (z.B. steuerpflichtige Fahrtkostenzuschüsse, Freifahrtberechtigungen, Kontoführungsgebühren) einzubeziehen.

In Nummer 30 ist das maßgebende Kalenderjahr des Versorgungsbeginns (vierstellig) zu bescheinigen.

In Nummer 31 ist **nur bei unterjähriger Zahlung** eines laufenden Versorgungsbezugs der erste und letzte Monat (zweistellig mit Bindestrich, z.B. „02–12“ oder „01–08“), für den Versorgungsbezüge gezahlt wurden, einzutragen. Dies gilt auch bei unterjährigem Wechsel des Versorgungsträgers.

bb) Versorgungsbezug, der einen sonstigen Bezug darstellt

2983 Sterbegelder, Kapitalauszahlungen/Abfindungen von Versorgungsbezügen und die als sonstige Bezüge zu behandelnden Nachzahlungen von Versorgungsbezügen, die in den Zeilen 3 und 8 enthalten sind, sind in Zeile 32 gesondert zu bescheinigen.

Nach § 34 EStG ermäßigt **zu besteuernde Versorgungsbezüge für mehrere Jahre** sind dagegen nur in Nummer 9 zu bescheinigen. Zusätzlich ist zu den in den Nummern 9 oder 32 bescheinigten Versorgungsbezügen jeweils in Nummer 30 das Kalenderjahr des Versorgungsbeginns anzugeben.

cc) Mehrere Versorgungsbezüge

2984 Fällt der maßgebende Beginn mehrerer laufender Versorgungsbezüge in dasselbe Kalenderjahr (Zeile 30), kann der Arbeitgeber in Zeile 29 die zusammengerechneten Bemessungsgrundlagen dieser Versorgungsbezüge in einem Betrag bescheinigen (BMF v. 19.8.2013, IV C 3 – S 2221/12/10010 :004/IV C 5 – S 2345/08/0001, BStBl I 2013, 1087, Rz. 177 unter Berücksichtigung der Änderungen und Ergänzungen durch die in → Rz. 2981 genannten BMF-Schreiben; zuletzt durch BMF v. 10.1.2022, IV C 3 – S 2221/19/10050 :002, BStBl I 2022, 36. In diesem Fall sind auch in Nummer 8 die steuerbegünstigten Versorgungsbezüge zusammenzufassen.

Bei mehreren als sonstige Bezüge gezahlten Versorgungsbezügen mit maßgebendem Versorgungsbeginn in demselben Kalenderjahr können die Nummern 8 und/oder 9 sowie 30 und 32 zusammengefasst werden. Gleiches gilt, wenn der Versorgungsbeginn laufender Versorgungsbezüge und als sonstige Bezüge gezahlter Versorgungsbezüge in dasselbe Kalenderjahr fällt.

Bei mehreren laufenden Versorgungsbezügen und als sonstige Bezüge gezahlten Versorgungsbezügen mit unterschiedlichen Versorgungsbeginnen nach § 19 Abs. 2 Satz 3 EStG sind die Angaben zu den Nummern 8 und/oder 9 sowie 29 bis 32 jeweils **getrennt** zu bescheinigen (BMF v. 19.8.2013, IV C 3 – S 2221/12/10010 :004/IV C 5 – S 2345/08/0001, BStBl I 2013, 1087, Rz. 177 unter Berücksichtigung der Änderungen und Ergänzungen durch die in → Rz. 2981 genannten BMF-Schreiben; zuletzt durch BMF v. 10.1.2022, IV C 3 – S 2221/19/10050 :002, BStBl I 2022, 36).

t) Zeile 34 – Freibetrag DBA Türkei

2985 In Nummer 34 ist der beim Lohnsteuerabzug verbrauchte Betrag nach Art. 18 Abs. 2 DBA-Türkei zu bescheinigen (BMF v. 11.12.2014, IV B 4 – S 1301 – TÜR/0 :007, BStBl I 2015, 92, Rz. 17). Hierfür ist ein entsprechender Programmablaufplan mit einem entsprechenden Ausgangsparameter bekannt gemacht worden.

Dieser Programmablaufplan begrenzt den Lohnsteuerabzug auf Versorgungsbezüge von beschränkt steuerpflichtigen Versorgungsempfängern, denen die Abkommensvorteile nach dem DBA Türkei zustehen (→ *Maschinelle Lohnabrechnung* Rz. 3093).

Einzelheiten zur Sonderregelung nach Art. 18 Abs. 2 DBA-Türkei → *Rentner* Rz. 3739.

u) Letzte Zeile – Zuständiges Finanzamt

In der letzten Zeile ist stets das Finanzamt anzugeben, an das die 2986
Lohnsteuer abgeführt worden ist, sowie dessen **vierstellige Finanzamtsnummer**. Bei Finanzamtsaußenstellen mit eigener Nummer ist diese Nummer einzutragen.

Die Finanzamtsnummer wird auf Anfrage vom Betriebsstättenfinanzamt mitgeteilt. Ein Adressverzeichnis aller Finanzämter einschließlich der Finanzamtsnummer steht auch auf den Internetseiten des BZSt zum Download bereit (www.bzst.de).

v) Nicht amtlich belegte Zeilen

In den nicht amtlich belegten Zeilen des Ausdrucks sind **freiwillig** 2987
vom Arbeitgeber übermittelte Daten zu bescheinigen, z.B.

- „Arbeitnehmerbeitrag zur Winterbeschäftigungs-Umlage“,
- bei Arbeitgeberbeiträgen zur Zusatzversorgung, die nach den Lohnsteuerabzugsmerkmalen versteuert wurden: „Stpfl. Arbeitgeberbeitrag zur Zusatzversorgung“,
- „Arbeitnehmerbeitrag/-anteil zur Zusatzversorgung“,
- bei Fahrten zwischen Wohnung und erster Tätigkeitsstätte: „Anzahl der Arbeitstage“,
- bei steuerfreiem Fahrtkostenersatz für beruflich veranlasste Auswärtstätigkeiten: „Steuerfreie Fahrtkosten bei beruflich veranlasster Auswärtstätigkeit“,

Außerdem sind weitere, nicht der Finanzverwaltung übermittelte Angaben zulässig (betriebsinterne, für den Arbeitnehmer bestimmte Informationen); dies ist entsprechend zu kennzeichnen.

Der Arbeitnehmer kann sich die Lohnsteuerbescheinigung an eine von ihm gewünschte Adresse zusenden lassen. Diese ist dann vom Arbeitgeber in der Lohnsteuerbescheinigung anzugeben.

Die Anschrift des Arbeitnehmers kann im Ausdruck von der im Datensatz elektronisch übermittelten Adresse abweichen (z.B. Übermittlung durch Hauspost, Auslandszustellung oder Zustellung an die vom Arbeitnehmer gewünschte Adresse). Es ist darauf zu achten, dass die IdNr bei Benutzung von Fensterbriefumhüllungen im Adressfeld nicht sichtbar ist.

Neben der Anschrift des Arbeitgebers ist **die Steuernummer seiner lohnsteuerlichen Betriebsstätte** anzugeben. Hat ein Dritter für den Arbeitgeber die lohnsteuerlichen Pflichten übernommen, ist die Anschrift und **Steuernummer des Dritten** anzugeben.

Damit gewährleistet ist, dass die Daten der elektronischen Lohnsteuerbescheinigung(en) der Finanzverwaltung vollständig zur Verfügung stehen, muss nach der elektronischen Übermittlung das Verarbeitungsprotokoll abgerufen werden. Im Ausdruck der elektronischen Lohnsteuerbescheinigung ist als **Transferticket der Datenübermittlung** anzugeben.

w) Korrektur- und Stornierungsverfahren

Stellt der Arbeitgeber bis zum Ablauf des siebten auf den Be- 2988
steuerungszeitraum folgenden Kalenderjahres fest, dass die übermittelten Daten unzutreffend waren, so hat er die Lohnsteuerbescheinigung vorbehaltlich der Regelungen des § 41c Abs. 3 und 4 EStG durch **Übermittlung eines weiteren Datensatzes zu korrigieren oder zu stornieren** (§ 93c Abs. 3 Satz 1 AO).

Nach § 41c Abs. 3 Satz 1 EStG ist eine **Änderung des Lohnsteuerabzugs** grds. nur **bis zur Übermittlung der elektronischen Lohnsteuerbescheinigung** zulässig. Lediglich in dem **Sonderfall des § 41c Abs. 3 Satz 4 EStG** (Arbeitnehmer verschafft sich ohne vertraglichen Anspruch und gegen den Willen des Arbeitgebers Beträge, für die Lohnsteuer einbehalten wurde, vgl. → *Anmeldung der Lohnsteuer* Rz. 162) ist eine Minderung der einzubehaltenden und zu übernehmenden Lohnsteuer zulässig, vgl. hierzu auch BFH v. 30.9.2020, VI R 34/18, BStBl II 2021, 446. In diesem Fall ist der

Arbeitgeber verpflichtet, eine bereits an die Finanzverwaltung übermittelte oder ausgestellte Lohnsteuerbescheinigung zu berichtigen (§ 41c Abs. 3 Satz 5 EStG). Im Übrigen können Erstattungsansprüche wegen zu Unrecht einbehaltener Lohnsteuer nach Ablauf des Kalenderjahres und nach Übermittlung der Lohnsteuerbescheinigung lediglich i.R. einer Veranlagung zur Einkommensteuer geltend gemacht werden (H 41c.1 „Erstattungsantrag" LStH).

Wird eine Zahlung des Arbeitgebers zu Unrecht dem Lohnsteuerabzug unterworfen, weil die Besteuerung abkommensrechtlich dem Wohnsitzstaat des Arbeitnehmers zugewiesen ist, besteht daneben die Möglichkeit, einen Erstattungsantrag in analoger Anwendung des § 50c Abs. 3 Satz 1 EStG zu stellen, soweit die entsprechenden Einkünfte aus nichtselbständiger Arbeit nicht bereits i.R. einer Veranlagung nach § 50 Abs. 2 Satz 2 Nr. 4 Buchst. b i.V.m. Satz 7 EStG erfasst wurden (BFH v. 21.10.2009, I R 70/08, BStBl II 2012, 493). Genauso ist zu verfahren, wenn eine Zahlung des Arbeitgebers zu Unrecht dem Lohnsteuerabzug unterworfen wurde, weil weder eine unbeschränkte noch eine beschränkte Steuerpflicht des Arbeitnehmers im Inland bestanden hat.

Wurde der Lohnsteuerabzug in zu geringer Höhe vorgenommen, hat der Arbeitgeber dies dem Betriebsstättenfinanzamt anzuzeigen (§ 41c Abs. 4 EStG).

Es wird nicht beanstandet, wenn eine Korrektur einer bereits übermittelten elektronischen Lohnsteuerbescheinigung noch bis zum letzten Tag des Monats Februar des Folgejahres ohne Vorliegen eines gesetzlichen Änderungsgrundes vorgenommen wird.

Eine Korrektur oder Stornierung nach § 93c Abs. 3 Satz 1 AO kommt in Betracht, wenn es sich um eine **bloße Berichtigung** eines zunächst **unrichtig übermittelten Datensatzes** handelt (R 41c.1 Abs. 7 LStR). Eine solche Korrektur oder Stornierung unzutreffend bescheinigter Angaben bzw. Lohnsteuerdaten (z.B. einbehaltene Lohnsteuer oder einbehaltener Solidaritätszuschlag) ist der Finanzverwaltung durch **Übermittlung einer berichtigten Lohnsteuerbescheinigung** mitzuteilen, soweit sie nicht im Widerspruch zur maßgebenden bereits bestandskräftigen Lohnsteuer-Anmeldung steht. Korrigierte Lohnsteuerbescheinigungen sind mit dem Merker „Korrektur" zu versehen.

Eine **Stornierung** von bereits übermittelten Lohnsteuerbescheinigungen kommt insbesondere in Betracht, wenn

- ein falsches Kalenderjahr angegeben wurde,
- kennzeichnende Daten zu einer Person (IdNr, Name, Vorname und Geburtsdatum) falsch übermittelt wurden oder
- mehrere Einzel-Bescheinigungen zu einem Arbeitsverhältnis durch eine zusammenfassende Bescheinigung ersetzt werden.

Eine Stornierungsmitteilung storniert über die eindeutige verfahrensweite Kennzeichnung genau eine Lohnsteuerbescheinigung.

Eine detaillierte Beschreibung der technischen Umsetzung des Korrektur- und Stornierungsverfahrens ist in der technischen Schnittstellenbeschreibung zur elektronischen Lohnsteuerbescheinigung dokumentiert.

Wird eine Lohnsteuerbescheinigung korrigiert oder storniert, ist der Arbeitnehmer hierüber zu informieren (§ 93c Abs. 3 Satz 2 i.V.m. § 93c Abs. 1 Nr. 3 AO).

x) Nachzahlungen

2989 Stellen **Nachzahlungen** laufenden Arbeitslohn dar, sind diese für die Berechnung der Lohnsteuer den Lohnzahlungszeiträumen zuzurechnen, für die sie geleistet werden (R 39b.5 Abs. 4 Satz 1 LStR). Wird eine solche Nachzahlung nach Beendigung des Dienstverhältnisses im selben Kalenderjahr für Lohnzahlungszeiträume bis zur Beendigung des Dienstverhältnisses geleistet, ist die bereits erteilte und übermittelte Lohnsteuerbescheinigung zu korrigieren. Die berichtigte Lohnsteuerbescheinigung ist mit dem **Merker „Korrektur"** zu versehen.

Sonstige Bezüge, die nach Beendigung des Dienstverhältnisses oder in folgenden Kalenderjahren gezahlt werden, sind gesondert zu bescheinigen; als Dauer des Dienstverhältnisses ist in diesen Fällen der Monat der Zahlung anzugeben.

5. Ausdruck der elektronischen Lohnsteuerbescheinigung

2990 Das Muster für den Ausdruck der elektronischen Lohnsteuerbescheinigung wird jedes Jahr im BStBl I von der Finanzverwaltung veröffentlicht (für 2026 mit BMF v. 29.8.2025, IV C 5 – S 2533/00123/007/007, BStBl I 2025, 1703). Im Übrigen weist die FinVerw. auf Folgendes hin:

- Der Ausdruck hat das Format DIN A4.
- Der Ausdruck der elektronischen Lohnsteuerbescheinigung kann von dem amtlichen Muster abweichen, wenn er sämtliche Angaben in gleicher Reihenfolge enthält und in Format und Aufbau dem bekannt gemachten Muster entspricht.

6. Ausstellung von Besonderen Lohnsteuerbescheinigungen durch den Arbeitgeber ohne maschinelle Lohnabrechnung

Die Regelungen für den Ausdruck der elektronischen Lohnsteuerbescheinigung gelten für die Ausschreibung von Besonderen Lohnsteuerbescheinigungen entsprechend. Eine Besondere Lohnsteuerbescheinigung kann von Arbeitgebern ausgestellt werden, für die das Betriebsstättenfinanzamt zugelassen hat, dass diese nicht am elektronischen Abrufverfahren teilnehmen (§§ 39e Abs. 7, 41b Abs. 1 Satz 4 bis 6 EStG). Dies gilt insbesondere für Arbeitgeber ohne maschinelle Lohnabrechnung, die ausschließlich Arbeitnehmer im Rahmen einer geringfügigen Beschäftigung nach § 8a SGB IV im Privathaushalt beschäftigen und die Lohnsteuerbescheinigung nicht elektronisch an die Finanzverwaltung übermitteln. 2991

7. Korrektur der Lohnsteuerbescheinigung

Stellt der Arbeitgeber bis zum Ablauf des siebten auf den Besteuerungszeitraum folgenden Kalenderjahres fest, dass die übermittelten Daten unzutreffend waren, so hat er die Lohnsteuerbescheinigung vorbehaltlich der Regelungen des § 41c Abs. 3 und 4 EStG durch Übermittlung eines weiteren Datensatzes zu korrigieren oder zu stornieren (§ 93c Abs. 3 Satz 1 AO). 2992

Gemäß § 41c Abs. 3 Satz 1 EStG ist eine Änderung des Lohnsteuerabzugs grundsätzlich nur bis zur Übermittlung der elektronischen Lohnsteuerbescheinigung zulässig. Lediglich in dem Sonderfall des § 41c Abs. 3 Satz 4 EStG ist eine Minderung der einzubehaltenden und zu übernehmenden Lohnsteuer zulässig. In diesem Fall ist der Arbeitgeber verpflichtet, eine bereits an die Finanzverwaltung übermittelte oder ausgestellte Lohnsteuerbescheinigung zu berichtigen (§ 41c Abs. 3 Satz 5 EStG). Im Übrigen können Erstattungsansprüche wegen zu Unrecht einbehaltener Lohnsteuer nach Ablauf des Kalenderjahres und nach Übermittlung der Lohnsteuerbescheinigung lediglich im Rahmen einer Veranlagung zur Einkommensteuer geltend gemacht werden (H 41c.1 „Erstattungsantrag" LStH).

Wird eine Zahlung des Arbeitgebers zu Unrecht dem Lohnsteuerabzug unterworfen, weil die Besteuerung abkommensrechtlich dem Wohnsitzstaat des Arbeitnehmers zugewiesen ist, besteht daneben die Möglichkeit, einen Erstattungsantrag in analoger Anwendung des ***§ 50c Abs. 3 Satz 1 EStG*** zu stellen, soweit die entsprechenden Einkünfte aus nichtselbständiger Arbeit nicht bereits im Rahmen einer Veranlagung nach § 50 Abs. 2 Satz 2 Nr. 4 Buchst. b i.V.m. Satz 7 EStG erfasst wurden (H 41c.1 „Erstattungsantrag" LStH).

Wurde der Lohnsteuerabzug in zu geringer Höhe vorgenommen, hat der Arbeitgeber dies dem Betriebsstättenfinanzamt anzuzeigen (§ 41c Abs. 4 EStG).

Es wird nicht beanstandet, wenn eine Korrektur einer bereits übermittelten elektronischen Lohnsteuerbescheinigung noch bis zum letzten Tag des Monats Februar des Folgejahres ohne Vorliegen eines gesetzlichen Änderungsgrundes vorgenommen wird.

Eine Korrektur oder Stornierung nach § 93c Abs. 3 Satz 1 AO kommt ***danach nur noch*** in Betracht, wenn es sich um eine bloße Berichtigung eines zunächst unrichtig übermittelten Datensatzes handelt (R 41c.1 Abs. 7 LStR). Eine solche Korrektur oder Stornierung unzutreffend bescheinigter Angaben bzw. Lohnsteuerdaten (z.B. einbehaltene Lohnsteuer oder einbehaltener Solidaritätszuschlag) ist der Finanzverwaltung durch Übermittlung einer berichtigten Lohnsteuerbescheinigung mitzuteilen, soweit sie nicht im Widerspruch zur maßgebenden bereits bestandskräftigen Lohnsteuer-Anmeldung steht. Korrigierte Lohnsteuerbescheinigungen sind mit dem Merker „Korrektur" zu versehen.

Eine Stornierung von bereits übermittelten Lohnsteuerbescheinigungen kommt insbesondere in Betracht, wenn

- ein falsches Kalenderjahr angegeben wurde,
- kennzeichnende Daten zu einer Person (IdNr., Name, Vorname und Geburtsdatum) falsch übermittelt wurden oder
- mehrere Einzelbescheinigungen zu einem Arbeitsverhältnis durch eine zusammenfassende Bescheinigung ersetzt werden.

Eine detaillierte Beschreibung der technischen Umsetzung des Korrektur- und Stornierungsverfahrens ist in der technischen Schnittstellenbeschreibung zur elektronischen Lohnsteuerbescheinigung dokumentiert.

Wird eine Lohnsteuerbescheinigung korrigiert oder storniert, ist der Arbeitnehmer hierüber zu informieren (§ 93c Abs. 3 Satz 2 i.V.m. § 93c Abs. 1 Nr. 3 AO).

Lohnsteuer-Ermäßigungsverfahren

Inhalt

1. Allgemeines

a) Elektronische Lohnsteuerabzugsmerkmale

2993 Lohnsteuerkarten wurden letztmalig für das Kalenderjahr 2010 ausgestellt; auch gibt es – abgesehen von Ausnahmefällen (s. § 39 Abs. 3 EStG, fehlende Identifikationsnummer und § 39e Abs. 7 EStG, Härtefall) – keine sog. (Ersatz-)Bescheinigung in Papierform mehr. Die **Lohnsteuerabzugsmerkmale werden nunmehr elektronisch gebildet** und sowohl dem Arbeitgeber als auch dem Arbeitnehmer mitgeteilt (→ *ELStAM* Rz. 1841).

Die Berücksichtigung antragsabhängiger Freibeträge im Lohnsteuerabzugsverfahren 2026 setzt grds. voraus, dass der Arbeitnehmer für das Kalenderjahr 2026 einen entsprechenden Antrag auf Lohnsteuerermäßigung stellt. Eine Ausnahme gilt

- für Freibeträge, die im Ermäßigungsverfahren 2025 erstmals zweijährig beantragt wurden (§ 39a Abs. 1 Satz 3 EStG)
- sowie für Pauschbeträge für Menschen mit Behinderungen und Hinterbliebene, die bereits in der ELStAM-Datenbank gespeichert und mehrjährig über den 31.12.2026 hinaus gültig sind.

Die früheren Regelungen (Papier-Lohnsteuerkarte) über die Berücksichtigung von Freibeträgen gelten grds. weiter. Danach ist eine **„überjährige" Berücksichtigung von Kinderfreibeträgen möglich**, wenn nach den tatsächlichen Verhältnissen zu erwarten ist, dass die Voraussetzungen bestehen bleiben (§ 38b Abs. 2 Satz 3 EStG). Diese Regelung gilt sowohl für Kinder unter 18 Jahren (z.B. für Pflegekinder, Kinder mit Wohnsitz im Ausland) als auch für Kinder über 18 Jahre (z.B. für Kinder in Berufsausbildung).

Der Antrag auf Berücksichtigung eines Freibetrags hat auf **amtlich vorgeschriebenem Vordruck** zu erfolgen. Hierfür ist der Vordruck „Antrag auf Lohnsteuer-Ermäßigung und zu den Lohnsteuerabzugsmerkmalen" zu verwenden. Zum Antrag auf Lohnsteuer-Ermäßigung gehören: der Hauptvordruck für die allgemeinen Angaben; die Anlage Vereinfachter Antrag / Sonstiges; die Anlage Werbungskosten; die Anlage Kinder; die Anlage Sonderausgaben/außergewöhnliche Belastungen; die Anlage Haushaltsnahe Aufwendungen/Energetische Maßnahmen; die Anlage Steuerklassenwechsel und die Anlage elektronische Lohnsteuerabzugsmerkmale (ELStAM).

Antragsformulare werden von der Finanzverwaltung im Internet durch das „Formular-Management-System (FMS) der Bundesfinanzverwaltung", https://www.formulare-bfinv.de bereitgestellt und können „heruntergeladen" werden. Den Antrag auf Lohnsteuer-Ermäßigung und zu den ELStAM kann man auch über www.elster.de auch online an das Finanzamt übermitteln.

Starttermin für das **Ermäßigungsverfahren 2026 ist der 1.11.2025** (vgl. § 39a Abs. 2 Satz 2 EStG). Ab diesem Zeitpunkt können die Arbeitnehmer den Antrag auf Bildung eines Freibetrags nach § 39a EStG für einen Zeitraum von längstens zwei Kalenderjahren mit **Wirkung ab dem 1.1.2026** bei ihrem Wohnsitzfinanzamt stellen.

b) Allgemeines zur Berücksichtigung von Freibeträgen

Bei der **Lohnsteuer** gibt es eine Reihe von Freibeträgen, die verfahrensmäßig unterschiedlich berücksichtigt werden: 2994

- Die in § 39b Abs. 2 Satz 5 EStG aufgeführten **„Tabellen-Freibeträge"** sind bereits in die Lohnsteuertabellen eingearbeitet und werden daher beim Lohnsteuerabzug „automatisch" berücksichtigt. Dies sind
  - der **Arbeitnehmer-Pauschbetrag** von 1 230 €,
  - der **Sonderausgaben-Pauschbetrag** von 36/72 € (Alleinstehende /Verheiratete);
  - die **Vorsorgepauschale**;
  - der (**Grund-**)**Entlastungsbetrag für Alleinerziehende** von 4 260 €, welcher der Steuerklasse II entspricht (der sog. **Erhöhungsbetrag** von 240 € für das zweite und jedes weitere Kind kann dagegen nur im **Freibetragsverfahren** geltend gemacht werden), → *Entlastungsbetrag für Alleinerziehende* Rz. 1997.
- Folgende Freibeträge sind zwar nicht in den Lohnsteuerabzugsmerkmalen enthalten, aber **vom Arbeitgeber** vor Anwendung der Lohnsteuertabelle **abzuziehen** (§ 39b Abs. 2 Satz 3 EStG):
  - **Versorgungsfreibetrag** und der Zuschlag zum Versorgungsfreibetrag;
  - **Altersentlastungsbetrag**.
- Die **Pauschbeträge für Menschen mit Behinderungen und Hinterbliebene** sind grds. schon in den (elektronischen) Lohnsteuerabzugsmerkmalen enthalten. Sie müssen nur dann neu beantragt werden (und zwar beim Wohnsitzfinanzamt, nicht bei der Gemeinde), wenn sie nicht bereits in der neuen elektronischen Datenbank (ELStAM) gespeichert sind (z.B., wenn das Gültigkeitsdatum für den Freibetrag abgelaufen ist).
- Folgende Aufwendungen können nur **vom Finanzamt auf Antrag als Lohnsteuerabzugsmerkmale berücksichtigt** werden (§ 39a Abs. 1 EStG):
  - **Werbungskosten**, soweit sie den Arbeitnehmer-Pauschbetrag von 1 230 € übersteigen (→ *Werbungskosten* Rz. 4477).
  - **Kinderbetreuungskosten**, die seit 2012 nur noch als Sonderausgaben zu berücksichtigen sind (→ *Betreuungskosten* Rz. 1403).
  - **Sonderausgaben**, z.B. Ausbildungskosten, Kinderbetreuungskosten, Spenden, Kirchensteuer (→ *Sonderausgaben* Rz. 3917), jedoch **nicht Versicherungsbeiträge** i.S.d. § 10 Abs. 1 Nr. 3 Satz 1 EStG (Krankenversicherungsbeiträge und Beiträge zu gesetzlichen Pflegeversicherungen), wenn die Voraussetzungen des § 10 Abs. 2 EStG (kein unmittelbarer wirtschaftlicher Zusammenhang mit steuerfreien Einnahmen) vorliegen.

    Es ist verfassungsrechtlich nicht zu beanstanden, dass Altersvorsorgeaufwendungen i.S.d. § 10 Abs. 1 Nr. 2 Buchst. b

EStG nicht als Freibetrag auf der Lohnsteuerkarte eingetragen werden können (BFH v. 10.11.2016, VI R 55/08, BStBl II 2017, 715 betr. Einzahlungen in einen Basisrentenvertrag).

- **Außergewöhnliche Belastungen**. Für die Kürzung um die zumutbare Belastung nach § 33 Abs. 3 EStG ist vom voraussichtlichen Jahresarbeitslohn auszugehen (→ *Außergewöhnliche Belastungen: Allgemeines* Rz. 971, → *Außergewöhnliche Belastungen in besonderen Fällen* Rz. 1141 sowie R 39a.1 Abs. 5 LStR).
- Vergünstigungen für das **selbst genutzte Wohneigentum** (z.B. nach § 10f EStG betr. Erhaltungsaufwand bei Baudenkmalen).
- **Verluste** aus anderen Einkunftsarten.
- **Freibeträge** für Kinder, für die **kein Anspruch auf Kindergeld** besteht (→ *Kindergeld/Freibeträge für Kinder* Rz. 2672).
- **Tabellenfreibetrag**, soweit er sich im ersten Dienstverhältnis steuerlich nicht auswirkt (→ *Übertragung des Grundfreibetrags* Rz. 4158).
- Steuerermäßigung bei Aufwendungen für **haushaltsnahe Beschäftigungsverhältnisse, für die Inanspruchnahme haushaltsnaher Dienstleistungen und Handwerkerleistungen** nach § 35a EStG (→ *Haushaltsnahe Beschäftigungsverhältnisse und Dienstleistungen: Steuerermäßigung* Rz. 2530).
- **Steuerermäßigung für energetische Maßnahmen** bei zu eigenen Wohnzwecken genutzten Gebäuden nach § 35c EStG (→ *Energetische Gebäudesanierung* Rz. 1913).
- **Entlastungsbetrag für Alleinerziehende bei Verwitweten und Geschiedenen,** die (noch) nicht in die Steuerklasse II gehören (→ *Entlastungsbetrag für Alleinerziehende* Rz. 1997).

Die Berücksichtigung eines Freibetrags (ausgenommen der Pauschbetrag für Menschen mit Behinderungen bzw. Hinterbliebene) führt dazu, dass für den Arbeitnehmer nach Ablauf des Jahres eine **Veranlagung zur Einkommensteuer** durchgeführt werden muss und der Arbeitnehmer somit zur **Abgabe einer Einkommensteuererklärung** verpflichtet ist, wenn der im Kalenderjahr insgesamt erzielte Arbeitslohn einen bestimmten Betrag übersteigt. **Seit 2023** orientieren sich die **Arbeitslohngrenzen** an der Summe aus dem Grundfreibetrag (§ 32a Abs. 1 Satz 2 Nr. 1 EStG), dem Arbeitnehmer-Pauschbetrag (§ 9a Satz 2 Nr. 1 Buchst. a EStG) und dem Sonderausgaben-Pauschbetrag (§ 10c Satz 1 EStG). Bei Ehegatten werden der Grundfreibetrag und der Sonderausgaben-Pauschbetrag verdoppelt. Folglich stehen künftig die Arbeitslohngrenzen nicht mehr unmittelbar als Euro-Betrag im Gesetzestext (Änderung durch das Inflationsausgleichsgesetz). Hinweis: Vorsorgeaufwendungen werden bei der Ermittlung der Arbeitslohngrenzen nicht berücksichtigt. Nach dieser neuen Berechnungsformel ergeben sich für **2026** folgende Beträge: Für Arbeitnehmer bei Anwendung der Grundtabelle: 13 614 € und für Ehegatten, bei denen die Voraussetzungen für das Ehegattensplitting vorliegen: 27 228 €.

Hinweis:
Mit dem Gesetz zur Fortentwicklung des Steuerrechts und zur Anpassung des Einkommensteuertarifs (BGBl. I 2024, Nr. 449) wurde der Grundfreibetrag für 2026 auf 12 348 € erhöht.

Bei dieser Veranlagung kann es zu **Nachzahlungen** kommen, weil z.B. auf Grund des Freibetrags beim Lohnsteuerabzug zunächst höhere Werbungskosten berücksichtigt wurden, als bei der endgültigen Einkommensteuerveranlagung anerkannt werden.

Die Berücksichtigung eines Freibetrags ist eine gesonderte Feststellung von Besteuerungsgrundlagen, die nach der ausdrücklichen Regelung in § 39a Abs. 1 Satz 4 EStG **unter dem Vorbehalt der Nachprüfung** steht. Eine endgültige Entscheidung über die Abzugsfähigkeit von Aufwendungen erfolgt erst bei der **Einkommensteuerveranlagung**, bei der das Finanzamt denselben Sachverhalt anders beurteilen kann; eine rechtliche Bindung an die im Lohnsteuer-Ermäßigungsverfahren getroffene Entscheidung besteht nicht (BFH v. 10.4.2007, VI B 134/06, m.w.N., betr. den Ansatz der Entfernungspauschale).

Für **Kinder** werden zwar seit 1996 bei der Berechnung der Lohnsteuer **keine Kinderfreibeträge** mehr gewährt. Die Kinderfreibeträge haben aber weiterhin Bedeutung für die Berechnung der sog. **Annexsteuern** (Solidaritätszuschlag, Kirchensteuer) und werden daher als elektronische Lohnsteuerabzugsmerkmale berücksichtigt. Aus diesem Grund ist es oftmals vorteilhaft, z.B. für über 18 Jahre alte, in Ausbildung befindliche Kinder (rechtzeitig) die steuerliche Berücksichtigung zu beantragen.

Bei der Berechnung der **Sozialversicherungsbeiträge** dürfen die als elektronische Lohnsteuerabzugsmerkmale berücksichtigten Freibeträge nicht abgezogen werden.

2. Verfahren

a) Antragsfrist

Ein Freibetrag wird vom Wohnsitzfinanzamt nur auf **Antrag** als 2995
Lohnsteuerabzugsmerkmal berücksichtigt. Den Antrag muss der Arbeitnehmer für das **Kalenderjahr 2026 bis spätestens zum 30.11.2026** auf amtlich vorgeschriebenem Vordruck bei seinem Wohnsitzfinanzamt einreichen, frühestens aber ab dem 1.11.2025, sog. **Starttermin** (§ 39a Abs. 2 Satz 2 EStG).

Beispiel:
A ist im Dezember 2025 in einen anderen Wohnort gezogen und fährt nunmehr eine längere Strecke zur Arbeit. Seine Lohnsteuerabzugsmerkmale berücksichtigen bisher keinen Freibetrag.

A hat die Möglichkeit, bei seinem Wohnsitzfinanzamt für das Kalenderjahr 2026 einen Freibetrag wegen erhöhter Werbungskosten als Lohnsteuerabzugsmerkmal berücksichtigen zu lassen. Dies hat den Vorteil, dass bereits ab 1.1.2026 eine niedrigere Lohnsteuer einbehalten wird und eine Lohnsteuererstattung nicht erst nach einer Einkommensteuerveranlagung ausgezahlt wird.

Der Freibetrag muss aber spätestens bis zum 30.11.2026 beantragt werden.

b) Vereinfachungsregelung

Für die Praxis ist folgende Vereinfachungsregelung von erheblicher Bedeutung: 2996

Wenn der Arbeitnehmer höchstens den **im Vorjahr berücksichtigten Freibetrag beantragt** und versichert, dass sich die maßgebenden Verhältnisse nicht wesentlich geändert haben, hat das Finanzamt ohne nähere Prüfung den „Vorjahresfreibetrag" als Lohnsteuerabzugsmerkmal zu berücksichtigen (§ 39a Abs. 2 Satz 5 EStG, R 39a.1 Abs. 1 LStR).

c) Antragsgrenze

Aus Gründen der **Verwaltungsvereinfachung** dürfen Wer- 2997
bungskosten, Sonderausgaben sowie außergewöhnliche Belastungen nur dann als Lohnsteuerabzugsmerkmal berücksichtigt werden, wenn die Aufwendungen bzw. die abziehbaren Beträge eine sog. **Antragsgrenze von 600 €** übersteigen (§ 39a Abs. 2 Satz 4 EStG).

Diese Antragsgrenze ist wie folgt zu berechnen (vgl. R 39a.1 Abs. 2 LStR):

- **Werbungskosten** können nicht in voller Höhe, sondern lediglich insoweit angesetzt werden, als sie den Arbeitnehmer-Pauschbetrag von 1 230 € überschreiten (§ 39a Abs. 2 Satz 4 EStG).
- **Sonderausgaben** sind dagegen mit den tatsächlichen Aufwendungen anzusetzen, auch wenn sie den Sonderausgaben-Pauschbetrag von 36/72 € (Alleinstehende/Verheiratete) nicht übersteigen. Erst bei der Berücksichtigung eines etwaigen Freibetrags ist der Pauschbetrag anzurechnen.
- Die in **§ 39a Abs. 1 Nr. 4 und 5 EStG bezeichneten Beträge** (dazu gehören insbesondere die Pauschbeträge für Menschen mit Behinderungen und die Steuervergünstigungen für den Wohnungsbau sowie die Steuerermäßigung nach § 35a EStG für haushaltsnahe Beschäftigungsverhältnisse und Dienstleistungen) sowie Vorsorgeaufwendungen (§ 10 Abs. 1 Nr. 2 und 3 EStG), auch soweit sie die Vorsorgepauschale (§ 39b Abs. 2 Satz 5 Nr. 3 EStG) übersteigen, bleiben außer Betracht.
- **Außergewöhnliche Belastungen allgemeiner Art** nach § 33 EStG (z.B. Krankheitskosten) sind für die Berechnung der Antragsgrenze nicht um die zumutbare Belastung zu kürzen, sondern erst bei der Berücksichtigung eines etwaigen Freibetrags.
- Bei den **anderen außergewöhnlichen Belastungen** (Unterhalt von Angehörigen, Freibetrag für den „Sonderbedarf" eines Kindes nach § 33a Abs. 2 EStG, Pflege-Pauschbetrag) sowie

beim **Entlastungsbetrag für (verwitwete und geschiedene) Alleinerziehende** (→ Rz. 3012) sind dagegen nur die steuerlich abzugsfähigen Beträge maßgebend.

Bei Anträgen von **Ehegatten** werden die Aufwendungen und abziehbaren Beträge zusammengerechnet, dabei wird aber die **Antragsgrenze von 600 € nicht verdoppelt**. Weitere Einzelheiten s. R 39a.3 LStR.

Beispiel:

Ein lediger Arbeitnehmer mit einem voraussichtlichen Jahresarbeitslohn von 50 000 € für 2026 macht folgende Aufwendungen geltend:

– Werbungskosten (Fahrten mit dem Pkw zur Arbeit) =	2 415 €
– Sonderausgaben (Kirchensteuer 300 €, Spenden 100 €)	400 €
– Außergewöhnliche Belastungen (Arztkosten)	1 000 €
zusammen	3 815 €

Für die Prüfung, ob die 600 €-Antragsgrenze überschritten wird, ist wie folgt zu rechnen:

– Werbungskosten	2 415 €
– Arbeitnehmer-Pauschbetrag	1 230 €
verbleiben	1 185 €
– Sonderausgaben	400 €
– Außergewöhnliche Belastungen	1 000 €
zusammen	2 585 €

Weil die Antragsgrenze überschritten ist, kann A die Berücksichtigung eines Freibetrags als Lohnsteuerabzugsmerkmal beantragen.

Das bedeutet aber nicht, dass der Betrag von 2 585 € in voller Höhe als Freibetrag berücksichtigt wird. Anzurechnen ist jetzt nicht nur der in der Lohnsteuertabelle enthaltene Sonderausgaben-Pauschbetrag von 36 €, sondern bei den außergewöhnlichen Belastungen auch die zumutbare Belastung. Der Freibetrag errechnet sich somit wie folgt:

– Werbungskosten		2 415 €	
– Arbeitnehmer-Pauschbetrag		1 230 €	1 185 €
– Sonderausgaben		400 €	
– Sonderausgaben-Pauschbetrag		36 €	364 €
– Außergewöhnliche Belastungen		1 000 €	
– zumutbare Belastung (voraussichtlicher Jahresarbeitslohn abzüglich Werbungskosten = 47 585 €, R 39a Abs. 5 LStR)			
5 % von 15 340 €	767 €		
6 % von 32 245 € (47 585 € – 15 340 €)	1 934 €	2 701 €	0 €
ergibt Freibetrag			1 549 €

Die **Antragsgrenze von 600 € gilt nicht** für die Berücksichtigung des sog. **Erhöhungsbetrags von 240 €** für das zweite und jedes weitere Kind, der nur im **Freibetragsverfahren** geltend gemacht werden kann (→ *Entlastungsbetrag für Alleinerziehende* Rz. 1995).

d) Aufteilung des Freibetrags bei Ehegatten

2998 Bei Ehegatten ist der Freibetrag **grds. zur Hälfte** auf beide Ehegatten aufzuteilen, wenn für jeden Ehegatten Lohnsteuerabzugsmerkmale gebildet werden und die Ehegatten keine andere Aufteilung beantragen (§ 39a Abs. 3 Satz 3 EStG); dies gilt nicht für den sog. Hinzurechnungsbetrag nach § 39a Abs. 1 Nr. 7 EStG (→ *Übertragung des Grundfreibetrags* Rz. 4158). Ein Freibetrag wegen erhöhter Werbungskosten sowie ein Pauschbetrag für Menschen mit Behinderungen darf nur bei dem Ehegatten berücksichtigt werden, der die Voraussetzungen für die steuerliche Berücksichtigung erfüllt (R 39a.3 Abs. 5 LStR).

e) Aufteilung des Freibetrags bei mehreren Beschäftigungsverhältnissen

2999 Wurden für den Arbeitnehmer auf Grund mehrerer Beschäftigungsverhältnisse mehrere Lohnsteuerabzugsmerkmale ermittelt, so kann der Lohnsteuerpflichtige die Aufteilung des Freibetrags auf die jeweiligen Beschäftigungsverhältnisse beantragen.

3. Werbungskosten

3000 Werbungskosten sind nach § 9 Abs. 1 Satz 1 EStG Aufwendungen zur Erwerbung, Sicherung und Erhaltung der Einnahmen, also alle Aufwendungen, die durch den **Beruf veranlasst** sind (R 9.1 LStR sowie → *Werbungskosten* Rz. 4477). Ein **steuerfreier Arbeitgeberersatz** ist für derartige Aufwendungen grds. **nicht zulässig**, es sei denn, dass es dafür eine besondere Steuerbefreiungsvorschrift gibt (R 19.3 Abs. 3 Satz 1 LStR). Im Gesetz (§ 9 Abs. 1 Satz 3 Nr. 1 ff. EStG) sind **beispielhaft** einige Arten von Werbungskosten aufgeführt, z.B. Reisekosten, Aufwendungen für Wege zwischen Wohnung und erster Tätigkeitsstätte und für Berufsverbände, notwendige Mehraufwendungen wegen beruflich veranlasster doppelter Haushaltsführung, Arbeitsmittel.

Weitere Einzelheiten → *Werbungskosten* Rz. 4477.

4. Sonderausgaben

Sonderausgaben sind insbesondere die sog. **Vorsorgeaufwendungen**, aber auch **Kirchensteuer, Ausbildungskosten, Kinderbetreuungskosten usw.** Ein **steuerfreier Arbeitgeberersatz** 3001
für Sonderausgaben ist nicht möglich. Der Arbeitnehmer kann seine Sonderausgaben jedoch unter bestimmten Voraussetzungen als **Lohnsteuerabzugsmerkmal berücksichtigen** lassen. **Dies gilt jedoch nicht für Vorsorgeaufwendungen**, da für diese bereits die sog. Vorsorgepauschale (→ *Vorsorgepauschale* Rz. 4378) bei der Berechnung der Lohnsteuer berücksichtigt wird, die in den meisten Fällen die abzugsfähigen Vorsorgeaufwendungen abdeckt. Höhere Vorsorgeaufwendungen können nur i.R. einer Veranlagung zur Einkommensteuer berücksichtigt werden (→ *Veranlagung von Arbeitnehmern* Rz. 4233). Wegen der Ausnahmeregelung für Beiträge, die an Versicherungsunternehmen oder Sozialversicherungsträger geleistet werden, die ihren Sitz oder ihre Geschäftsleitung nicht im Inland haben vgl. § 39a Abs. 1 Satz Nr. 1a EStG. Für die übrigen Sonderausgaben (Kirchensteuer usw.) wird ein **Sonderausgaben-Pauschbetrag von 36 €/72 €** gewährt, der bereits bei der Berechnung der Lohnsteuer in den Steuerklassen I bis IV (also ohne Steuerklassen V und VI) berücksichtigt wird.

Weitere Einzelheiten → *Sonderausgaben* Rz. 3917.

5. Außergewöhnliche Belastung allgemeiner Art (§ 33 EStG)

Erwachsen einem Arbeitnehmer **zwangsläufig** (d.h. aus rechtli- 3002
chen, tatsächlichen oder sittlichen Gründen) **größere Aufwendungen als der überwiegenden Mehrzahl der Stpfl. gleicher Einkommens- und Vermögensverhältnisse und gleichen Familienstands**, so können die Aufwendungen – soweit sie **notwendig und angemessen** sind – als außergewöhnliche Belastung abgesetzt werden.

Weitere Einzelheiten → *Außergewöhnliche Belastungen: Allgemeines* Rz. 971.

Für bestimmte häufig wiederkehrende Fälle außergewöhnlicher Belastungen hat der Gesetzgeber abschließende („typisierende") Regelungen in § 33a EStG getroffen. Bei diesen durch **Höchstbeträge** begrenzten Abzügen ist eine (wahlweise) Berücksichtigung der Aufwendungen oder über die Höchstbeträge hinausgehender Aufwendungen nach der allgemeinen Regelung des § 33 EStG nicht möglich. Andererseits werden diese Aufwendungen **nicht um die zumutbare Belastung gekürzt**.

Es handelt sich um folgende Sachverhalte:

6. Unterhaltsaufwendungen (§ 33a Abs. 1 EStG)

Erwachsen einem Stpfl. Aufwendungen für den Unterhalt und eine 3003
etwaige Berufsausbildung einer dem Stpfl. oder seinem Ehegatten gegenüber gesetzlich unterhaltsberechtigten Person, so wird auf Antrag die Einkommensteuer dadurch ermäßigt, dass die Aufwendungen bis zur Höhe des Grundfreibetrags nach § 32a Abs. 1 Satz 2 Nr. 1 EStG im Kalenderjahr vom Gesamtbetrag der Einkünfte abgezogen werden. Die bisherige betragsmäßige Angabe des Unterhaltshöchstbetrags im Gesetzestext des § 33a Abs. 1 EStG ist seit dem Kalenderjahr 2023 entfallen. Damit zukünftige Betragsanpassungen beim Unterhaltshöchstbetrag als Folgeänderung auf Grund der Anhebung des Grundfreibetrags entfallen können, wird durch einen dynamischen auf den Grundfreibetrag in § 32a Abs. 1 Satz 2 Nr. 1 EStG der Gleichklang gesichert. Mit dem Gesetz zur Fortentwicklung des Steuerrechts und zur Anpassung des Einkommensteuertarifs (BGBl. I 2024, Nr. 449) wurde der Grundfreibetrag für 2026 auf 12 348 € erhöht. Für 2026 gilt deshalb ein Unterhaltshöchstbetrag von 12 348 €.

Der Unterhaltshöchstbetrag § 33a Satz 1 EStG erhöht sich um den Betrag der im jeweiligen Veranlagungszeitraum nach § 10 Abs. 1 Nr. 3 EStG für die Absicherung der unterhaltsberechtigten Person aufgewandten Beiträge; dies gilt nicht für Kranken- und Pflegeversicherungsbeiträge, die bereits nach § 10 Abs. 1 Nr. 3 Satz 1 EStG anzusetzen sind (§ 33a Abs. 1 Satz 2 EStG).

Weitere Einzelheiten → *Außergewöhnliche Belastungen in besonderen Fällen* Rz. 1142.

7. Ausbildungsfreibetrag (§ 33a Abs. 2 EStG)

3004 Zur Abgeltung des Sonderbedarfs eines sich in Berufsausbildung befindenden, auswärtig untergebrachten, volljährigen Kindes, für das Anspruch auf einen Freibetrag nach § 32 Abs. 6 EStG oder Kindergeld besteht, kann der Stpfl. einen Freibetrag i.H.v. 924 € je Kalenderjahr vom Gesamtbetrag der Einkünfte abziehen. Der Ausbildungsfreibetrag wurde durch das Jahressteuergesetz 2022 zum 1.1.2023 auf 1 200 € erhöht.

Weitere Einzelheiten → *Außergewöhnliche Belastungen in besonderen Fällen* Rz. 1156.

8. Menschen mit Behinderungen (§ 33b Abs. 1 bis 3 EStG)

3005 Menschen mit Behinderungen erhalten zur Abgeltung ihrer laufenden behinderungsbedingten Mehraufwendungen nach dem Grad ihrer Behinderung gestaffelte Pauschbeträge.

Weitere Einzelheiten → *Außergewöhnliche Belastungen in besonderen Fällen* Rz. 1161.

9. Hinterbliebene (§ 33b Abs. 4 EStG)

3006 Personen, denen laufende Hinterbliebenenbezüge, z.B. nach dem SGB XIV oder der gesetzlichen Unfallversicherung, bewilligt worden sind, erhalten auf Antrag einen **Hinterbliebenen-Pauschbetrag von 370 €** jährlich. Steht der Pauschbetrag einem Kind zu, kann er auf die Eltern übertragen werden.

Weitere Einzelheiten → *Außergewöhnliche Belastungen in besonderen Fällen* Rz. 1166.

10. Pauschbetrag für Pflegepersonen (§ 33b Abs. 6 EStG)

3007 Wer eine nicht nur vorübergehend hilflose Person pflegt, kann an Stelle seiner tatsächlichen Aufwendungen einen **Pflege-Pauschbetrag** geltend machen, wenn er für die Pflege keine Einnahmen erhält. Der Pflege-Pauschbetrag ist seit 2021 nach dem Grad der Behinderung gestaffelt.

Weitere Einzelheiten → *Außergewöhnliche Belastungen in besonderen Fällen* Rz. 1167.

11. Freibetrag bei Kapitaleinkünften

3008 Als Lohnsteuerabzugsmerkmal berücksichtigt werden können lediglich negative Einkünfte aus Kapitalvermögen, keine Steuerabzugsbeträge (Zinsabschlagsteuer) oder hohe Werbungskosten (BFH v. 21.11.1997, VI R 93/95, BStBl II 1998, 208).

12. Hinzurechnungsbetrag als Lohnsteuerabzugsmerkmal

3009 Ein steuerlich nicht ausgenutzter „Tabellenfreibetrag" kann ggf. beim zweiten Dienstverhältnis berücksichtigt werden (§ 39a Abs. 1 Nr. 7 EStG sowie R 39a.1 Abs. 7 LStR). Einzelheiten → *Übertragung des Grundfreibetrags* Rz. 4158.

13. Haushaltsnahe Beschäftigungsverhältnisse oder Dienstleistungen (§ 35a EStG)

3010 Seit 2003 ist eine Steuervergünstigung für Aufwendungen für **haushaltsnahe Beschäftigungsverhältnisse**, für die Inanspruchnahme **haushaltsnaher Dienstleistungen** sowie für bestimmte **Handwerkerleistungen** eingeführt worden (§ 35a EStG), → *Haushaltsnahe Beschäftigungsverhältnisse und Dienstleistungen: Steuerermäßigung* Rz. 2530.

Die als **Abzug von der Steuerschuld** konzipierte Steuervergünstigung wirkt sich grds. erst bei der Veranlagung zur Einkommensteuer aus. Damit Arbeitnehmer den Steuervorteil bereits beim Lohnsteuerabzug erhalten, kann ein entsprechender **Freibetrag** als Lohnsteuerabzugsmerkmal berücksichtigt werden (§ 39a Abs. 1 Nr. 5 Buchst. c EStG). Da der „Steuerabzugsbetrag" selbst nicht berücksichtigt werden kann, wird er durch **Vervierfachung in einen Freibetrag umgerechnet**.

Beispiel:

A wohnt im eigenen Einfamilienhaus; er beschäftigt für Gartenpflege, Fußwegreinigung und Schneeräumung ein Unternehmen, das dafür monatlich 100 € erhält.

A hat die Möglichkeit, hierfür i.R. seiner Einkommensteuererklärung eine Steuerermäßigung i.H.v. 20 % von 1 200 € (100 € × 12) = 240 € geltend machen, die bereits als Lohnsteuerabzugsmerkmal berücksichtigt werden kann. Als Freibetrag wird das Vierfache der Steuerermäßigung berücksichtigt, hier also 960 € (4 × 240 €).

14. Energetische Gebäudesanierung

Energetische Sanierungsmaßnahmen an selbstgenutztem Wohneigentum können ab 1.1.2020 bis zum 31.12.2029 (§ 52 Abs. 35c EStG) durch einen Abzug von **20 % der Aufwendungen (maximal insgesamt 40 000 €) von der Steuerschuld gefördert** werden (§ 35c EStG sowie → *Energetische Gebäudesanierung* Rz. 1913). 3011

Die als Abzug von der Steuerschuld konzipierte Steuervergünstigung wirkt sich grds. erst bei der **Veranlagung zur Einkommensteuer** aus. Damit Arbeitnehmer den Steuervorteil bereits beim Lohnsteuerabzug erhalten, kann ein entsprechender **Freibetrag als Lohnsteuerabzugsmerkmal berücksichtigt** werden (§ 39a Abs. 1 Nr. 5 Buchst. c EStG). Da der „Steuerabzugsbetrag" selbst nicht berücksichtigt werden kann, wird er durch **Vervierfachung in einen Freibetrag umgerechnet** (s.a. vorstehendes Beispiel).

15. Entlastungsbetrag für Alleinerziehende

Der Entlastungsbetrag für Alleinerziehende nach § 24b EStG kann bereits ab dem Monat des Todes des Ehegatten auch **Verwitweten mit Kindern** gewährt werden (→ *Entlastungsbetrag für Alleinerziehende* Rz. 1982). Weil diese für das Todesjahr und das Folgejahr noch die Steuerklasse III erhalten und in dieser der Entlastungsbetrag nicht eingearbeitet ist, kann er nur über die Berücksichtigung eines Freibetrags als Lohnsteuerabzugsmerkmal, die vom Finanzamt vorzunehmen ist, im Lohnsteuerverfahren berücksichtigt werden (§ 39a Abs. 1 Nr. 8 EStG). Für die Berücksichtigung gilt nach § 39a Abs. 2 Satz 4 EStG die **allgemeine Antragsgrenze von 600 €** (→ Rz. 2997). Zur Berücksichtigung des Entlastungsbetrags bei getrennt lebenden Ehegatten im Trennungsjahr vgl. *Entlastungsbetrag für Alleinerziehende* Rz. → 1994. 3012

Die **Antragsgrenze von 600 € gilt dagegen nicht** für die Berücksichtigung

- des sog. Erhöhungsbetrags von 240 € für das zweite und jedes weitere Kind,

der nur im **Freibetragsverfahren** geltend gemacht werden kann (→ *Entlastungsbetrag für Alleinerziehende* Rz. 1995).

16. Verlustabzug

Hat ein Arbeitnehmer Verluste aus anderen Einkunftsarten, kann er diese als Lohnsteuerabzugsmerkmal berücksichtigen lassen (R 39a.2 LStR). 3013

Beispiel:

Arbeitnehmer A hat ein Mehrfamilienhaus gebaut, das im März 2025 fertig gestellt wurde. Der voraussichtliche Verlust bei den Einkünften aus Vermietung und Verpachtung beträgt im Jahr 2025 etwa 25 000 €.

A kann den Verlust als Lohnsteuerabzugsmerkmal berücksichtigen lassen, allerdings nicht schon für das Jahr der Fertigstellung des Mehrfamilienhauses, sondern erstmals für das Folgejahr, d.h. für das Kalenderjahr 2026, vgl. H 39a.2 (Vermietung und Verpachtung) LStH.

17. Faktorverfahren nach § 39f EStG

Ab dem Veranlagungszeitraum 2019 ist das **zweijährige Faktorverfahren** eingeführt worden (nach § 39f Abs. 1 Satz 9 EStG i.V.m. § 52 Abs. 37a EStG, → *Steuerklassen* Rz. 4001). Danach gilt der Faktor gem. § 39f Abs. 1 Satz 9 EStG bis zum Ablauf des Kalenderjahres, das auf das Kalenderjahr folgt, in dem der Faktor erstmals gilt oder zuletzt geändert worden ist (gesetzlich vorgeschriebener Zweijahreszeitraum). Nach Ablauf des Zweijahreszeitraums wird der Faktor in der ELStAM-Datenbank programmgesteuert gelöscht und es verbleibt die **Steuerklasse IV**. Soll der Faktor bereits zu einem früheren Zeitpunkt nicht mehr angewendet werden, ist ein „Wechsel" der Steuerklassenkombination (dann IV/IV ohne Faktor) erforderlich. 3014

Beantragen Ehegatten/Lebenspartner das Faktorverfahren, handelt es sich um einen Steuerklassenwechsel. Der Antrag auf Berücksichtigung der Steuerklasse IV i.V.m. einem Faktor ist mit dem Antrag auf Steuerklassenwechsel bei Ehegatten/Lebenspartnern zu stellen. Sofern bei der Berechnung des Faktors ein Freibetrag berücksichtigt werden soll, ist zusätzlich der Antrag auf Lohnsteuer-Ermäßigung zuzüglich der erforderlichen Anlagen auszufüllen.

Ein etwaiger Frei- oder Hinzurechnungsbetrag wird bei der Ermittlung der voraussichtlichen Einkommensteuer nach dem Splittingverfahren berücksichtigt und wirkt sich somit auf die Höhe des Faktors aus. Wird ein Faktor gebildet, scheidet die zusätzliche Erfassung eines Freibetrags als Lohnsteuerabzugsmerkmal aus. Ein Hinzurechnungsbetrag ist hingegen zusätzlich als Lohnsteuerabzugsmerkmal für das das erste Dienstverhältnis zu bilden.

Lohnsteuerhaftung

→ *Haftung für Lohnsteuer: Allgemeine Grundsätze* Rz. 2471

Lohnsteuer-Jahresausgleich durch den Arbeitgeber

1. Allgemeines

3015 Der **Lohnsteuer-Jahresausgleich des Arbeitgebers** (§ 42b EStG) soll für den Arbeitnehmer eine möglichst rasche Erstattung der Lohnsteuer ermöglichen, wenn im Laufe des Jahres z.B. auf Grund schwankenden Arbeitslohns oder späterer Berücksichtigung eines Freibetrags als Lohnsteuerabzugsmerkmal zu viel Lohnsteuer einbehalten wurde. Ein Antrag des Arbeitnehmers ist hierzu nicht erforderlich. Führt der Arbeitgeber den Lohnsteuer-Jahresausgleich nicht durch, weil er hierzu entweder gesetzlich nicht verpflichtet ist oder einer der Ausschlussfälle vorliegt, dann kann der **Arbeitnehmer selbst** nach Ablauf des Kalenderjahres beim Finanzamt eine **Veranlagung zur Einkommensteuer beantragen** → *Veranlagung zur Einkommensteuer* Rz. 4236.

2. Die Grundvoraussetzungen

3016 Unabhängig von den unter → Rz. 3018 dargestellten Ausnahmefällen gelten folgende Grundvoraussetzungen (R 42b. Abs. 1 LStR):

- Der Arbeitgeber darf seit **2020** den Lohnsteuer-Jahresausgleich für **unbeschränkt sowie auch für beschränkt steuerpflichtige Arbeitnehmer durchführen, die während des gesamten Ausgleichsjahrs** ihren Wohnsitz oder ihren gewöhnlichen Aufenthalt im Inland hatten. Ausgeschlossen sind Fälle, in denen der Arbeitnehmer im Laufe des Kalenderjahres aus dem Ausland zugezogen ist oder ins Ausland zieht. Grund für diese Ausschlussfälle ist, dass durch solch einen Wohnsitzwechsel die unbeschränkte Einkommensteuerpflicht im Laufe des Kalenderjahres beginnt oder endet.
- Der Arbeitgeber darf den Lohnsteuer-Jahresausgleich nur für Arbeitnehmer durchführen, die während des **gesamten** Ausgleichsjahrs in **seinem** Dienstverhältnis gestanden haben. Folglich ist die Durchführung des betrieblichen Jahresausgleichs ausgeschlossen, wenn ein Arbeitnehmer vor Ende des Kalenderjahres aus dem Dienstverhältnis ausscheidet.
- Wird der übliche bzw. laufende Arbeitslohn eines Arbeitnehmers für einen Teil des Jahres pauschal besteuert (z.B. bei einer Tätigkeit als Aushilfs- oder Teilzeitkraft), schließt dies den Lohnsteuer-Jahresausgleich aus.

Nicht erforderlich ist, dass der Arbeitnehmer im Kalenderjahr beim Arbeitgeber ununterbrochen „gearbeitet" hat. Das Dienstverhältnis besteht auch weiter, wenn der Arbeitnehmer z.B. unbezahlten Urlaub erhalten hat.

Beispiel:

Arbeitnehmer A hat das ganze Jahr bei der Firma B gearbeitet, vom 1.10. bis 31.12. hat er wegen der Pflege seiner Mutter unbezahlten Urlaub genommen.

Der Arbeitgeber darf den Lohnsteuer-Jahresausgleich durchführen, weil das Beschäftigungsverhältnis zu A während des Urlaubs weiter bestanden hat.

3. Verpflichtung bzw. Berechtigung zum Lohnsteuer-Jahresausgleich

Der Arbeitgeber ist zur Durchführung des Lohnsteuer-Jahresausgleichs **gesetzlich verpflichtet, wenn er am 31. Dezember des Ausgleichsjahrs mindestens zehn Arbeitnehmer beschäftigt** (§ 42b Abs. 1 Satz 2 EStG). Hierbei zählen auch Teilzeitbeschäftigte, für welche die Lohnsteuer pauschal nach § 40a EStG ermittelt wird, sowie Arbeitnehmer, für die ein Lohnsteuer-Jahresausgleich gesetzlich ausgeschlossen ist. 3017

Beschäftigt der Arbeitgeber am 31. Dezember des Ausgleichsjahrs weniger als zehn Arbeitnehmer, so ist er zur Durchführung des Lohnsteuer-Jahresausgleichs zwar **nicht verpflichtet, jedoch berechtigt**. In der Praxis machen die Arbeitgeber im Interesse ihrer Arbeitnehmer hiervon Gebrauch.

4. Gesetzliche Ausschlussfälle

Das Gesetz enthält eine Reihe von Ausschlusstatbeständen, bei denen der Arbeitgeber den Lohnsteuer-Jahresausgleich nicht durchführen darf (§ 42b Abs. 1 Satz 3 Nr. 1 bis 6 EStG). Es handelt sich dabei v.a. um Fälle, in denen der **Arbeitnehmer** nach Ablauf des Jahres voraussichtlich zur **Einkommensteuer veranlagt** werden muss. So soll verhindert werden, dass der Arbeitgeber Lohnsteuer erstattet, die dann bei der Einkommensteuerveranlagung des Arbeitnehmers wieder erhoben werden müsste. 3018

Selbst wenn alle übrigen Voraussetzungen vorliegen, darf der Arbeitgeber den **Lohnsteuer-Jahresausgleich nicht durchführen**, wenn

- der **Arbeitnehmer es beantragt**, weil er z.B. gleich nach Ablauf des Jahres eine Einkommensteuer-Veranlagung beantragen will, oder
- der Arbeitnehmer für das Ausgleichsjahr oder für einen Teil des Ausgleichsjahrs nach den **Steuerklassen V oder VI zu besteuern war** oder
- der Arbeitnehmer (nur) für einen Teil des Ausgleichsjahrs nach den **Steuerklassen II, III oder IV zu besteuern war** oder
- bei der Lohnsteuerberechnung ein **Freibetrag oder Hinzurechnungsbetrag** (§ 39a Abs. 1 Nr. 7 EStG, → *Übertragung des Grundfreibetrags* Rz. 4158) zu berücksichtigen war oder
- das **Faktorverfahren** angewandt wurde (→ *Steuerklassen* Rz. 3988) oder
- der Arbeitnehmer im Ausgleichsjahr **bestimmte Lohnersatzleistungen** (Kurzarbeitergeld, Qualifizierungsgeld, Schlechtwettergeld, Zuschuss zum Mutterschaftsgeld nach dem Mutterschutzgesetz, Zuschuss bei Beschäftigungsverboten für die Zeit vor oder nach einer Entbindung sowie für den Entbindungstag während einer Elternzeit nach beamtenrechtlichen Vorschriften, Entschädigungen für Verdienstausfall nach dem Infektionsschutzgesetz, nach § 3 Nr. 21 EStG steuerfreie Einnahmen (Aktivrente → *Rentner* Rz. 3737) oder Aufstockungsbeträge nach dem Altersteilzeitgesetz u.ä.) bezogen hat, die zwar steuerfrei sind, aber dem sog. **Progressionsvorbehalt** unterliegen (→ *Progressionsvorbehalt* Rz. 3501); oder
- die Anzahl der im Lohnkonto oder in der Lohnsteuerbescheinigung eingetragenen **Großbuchstaben „U" mindestens eins beträgt** (d.h., dass der Arbeitnehmer für mindestens fünf aufeinander folgende Tage z.B. wegen Krankheit keinen Arbeitslohn bezogen hat, → *Lohnkonto* Rz. 2863) oder
- für den Arbeitnehmer im Ausgleichsjahr i.R. der **Vorsorgepauschale** jeweils **nur zeitweise** die Teilbeträge für die Rentenversicherung, für die gesetzliche Kranken- und soziale Pflegeversicherung oder für die private Basiskranken- und Pflegepflichtversicherung (§ 39b Abs. 2 Satz 5 Nr. 3 Buchst. a bis d EStG, ab 2026 Buchst. a bis e) berücksichtigt wurden oder wenn der Beitragszuschlag für Kinderlose in der sozialen Pflegeversicherung (§ 39b Abs. 2 Satz 5 Nr. 3 Buchst. c EStG) berücksichtigt wurde oder sich im Ausgleichsjahr der kassenindividuelle Zusatzbeitragssatz (§ 39b Abs. 2 Satz 5 Nr. 3 Buchst. b) geändert hat.
- für den Arbeitnehmer im Ausgleichsjahr im Rahmen der Vorsorgepauschale im Zusammenhang mit der Pflegeversicherung unterschiedliche Abschläge (§ 39b Abs. 2 Satz 5 Nr. 3 Buchst. c) berücksichtigt wurden.

Über die in § 42b Abs. 1 Satz 3 Nr. 5 und 5a EStG genannten Ausschlusstatbestände, in denen der Lohnsteuer-Jahresausgleich ausgeschlossen ist, hinaus, ist ein Lohnsteuer-Jahresausgleich durch den Arbeitgeber auch dann ausgeschlossen, wenn – bezogen auf den Teilbetrag der Vorsorgepauschale für die Rentenversicherung, die gesetzliche Kranken- und soziale Pflegeversicherung oder die Versicherung gegen Arbeitslosigkeit – innerhalb des Kalenderjahres nicht durchgängig ein einheitlicher Beitragssatz anzuwenden war (BMF v. 14.8.2025, IV C 5 – S 2367/00012/004/033, BStBl I 2025, 1628).

Nach dieser Regelung wäre durch die Erhöhung des Pflegebeitragssatzes zum 1.7.2023 der Jahresausgleich im Jahr 2023 durchgängig ausgeschlossen gewesen, wenn die Finanzverwaltung keine abweichende Regelung bekannt gegeben hätte.

Solch eine abweichende Regelung hatte das BMF dann mehr oder weniger versteckt und eher beiläufig herausgegeben. In dem Bekanntmachungsschreiben zu den geänderten Programmablaufplänen für den Lohnsteuerabzug ab dem 1.7.2023 v.19.6.2023, IV C 5 – S 2361/19/10008 :009, wurde in der Randziffer 2, zweiter Absatz ausgeführt:

„So kann auch bei unterschiedlichen Beitragssätzen im ersten und zweiten Halbjahr 2023 ein Lohnsteuer–Jahresausgleich durch den Arbeitgeber (§ 42b EStG) mit zutreffenden bzw. annähernd zutreffenden Ergebnissen durchgeführt werden.“

oder

– der Arbeitnehmer im Ausgleichsjahr **ausländische Einkünfte** aus nichtselbständiger Arbeit bezogen hat, von denen keine inländische Lohnsteuer einbehalten wurde.

5. Frist

3019 Der Arbeitgeber darf den Lohnsteuer-Jahresausgleich

– **frühestens** bei der Lohnabrechnung für den letzten im Ausgleichsjahr endenden Lohnzahlungszeitraum,
– **spätestens** bei der Lohnabrechnung für den letzten Lohnzahlungszeitraum, der im Monat **Februar** des dem Ausgleichsjahr folgenden Kalenderjahres endet, durchführen (§ 42b Abs. 3 Satz 1 EStG). Diese Frist entspricht dem spätesten Übermittlungstermin für die (elektronische) Lohnsteuerbescheinigung.

Nach R 42b Abs. 3 LStR darf der Arbeitgeber den Jahresausgleich mit der Ermittlung der Lohnsteuer für den letzten im Ausgleichszeitraum endenden Lohnzahlungszeitraum zusammenfassen. Da auf den „Lohnzahlungszeitraum“ abgestellt wird, ist es unerheblich, wann der Arbeitslohn tatsächlich ausgezahlt wird.

Beispiel:
Firma A beschäftigt 20 Arbeitnehmer, die monatlich entlohnt werden. Der Lohn wird im Voraus gezahlt.
Die Firma ist zur Durchführung des Jahresausgleichs verpflichtet (mindestens zehn Arbeitnehmer). Sie kann den Jahresausgleich frühestens Ende November mit der Lohnabrechnung für den Monat Dezember oder spätestens Ende Januar mit der Lohnabrechnung für den Monat Februar des Folgejahrs vornehmen.

6. Ermittlung des Jahresarbeitslohns

3020 Für den Lohnsteuer-Jahresausgleich hat der Arbeitgeber den Jahresarbeitslohn des Arbeitnehmers

– aus dem zu ihm ganzjährig bestehenden Dienstverhältnis nach den Eintragungen im **Lohnkonto**

festzustellen (§ 42b Abs. 2 Satz 1 EStG).

Zum Jahresarbeitslohn gehören alle **steuerpflichtigen Bar- und Sachbezüge**, die der Arbeitnehmer im Ausgleichsjahr bezogen hat. Laufender Arbeitslohn gilt in dem Jahr als bezogen, in dem der Lohnzahlungszeitraum endet, sonstige Bezüge dagegen im Jahr des Zuflusses (→ *Sonstige Bezüge* Rz. 3936). Im Übrigen gilt Folgendes:

– **Pauschal besteuerter Arbeitslohn** bleibt außer Betracht (§ 40 Abs. 3 Satz 3, § 40a Abs. 5, § 40b Abs. 5 Satz 1 EStG). Gemeint ist hier der üblicherweise gezahlte und pauschal besteuerte laufende Arbeitslohn; s.a. → Rz. 3016.
– **Sonstige Bezüge** bleiben außer Betracht, wenn sie pauschal versteuert worden sind; ebenso die darauf erhobene Pauschalsteuer.
– **Nettolöhne** sind auf einen Bruttolohn „hochzurechnen“.
– **Vor dem Kalenderjahr 2025:**

  Tarifermäßigt besteuerter Arbeitslohn (→ *Entschädigungen* Rz. 2001) sowie **Vergütungen für eine mehrjährige Tätigkeit** (→ *Arbeitslohn für mehrere Jahre* Rz. 712) bleiben außer Betracht, wenn der Arbeitnehmer nicht ausdrücklich ihre Einbeziehung beantragt (§ 42b Abs. 2 Satz 2 EStG). Hierdurch soll verhindert werden, dass die beim laufenden Lohnsteuerabzug gewährte Tarifermäßigung beim Lohnsteuer-Jahresausgleich, bei dem nur die „normale“ (allgemeine) Lohnsteuertabelle angewendet werden kann, rückgängig gemacht wird.
– **Ab dem Kalenderjahr 2025:**

  Diese Sonderregelungen für tarifermäßigt zu besteuernde sonstige Bezüge beim Lohnsteuer-Jahresausgleich in § 42b Abs. 2 Satz 2 und 6 EStG entfallen **ab** dem **Kalenderjahr 2025**; sie wurden durch das Wachstumschancengesetz v. 27.3.2024, BGBl. I 2024, Nr. 108 ab 2025 aufgehoben. Als Folgeänderung wurde § 46 Abs. 2 Nr. 5 EStG aufgehoben, weil eine Pflichtveranlagung zur Einkommensteuer aus Sicht der Finanzverwaltung „keine Bedeutung mehr“ hat.

  Somit darf der Arbeitgeber die **Fünftelungsregelung** nun **nicht** mehr anwenden. Möchte der **Arbeitnehmer** ab dem Kalenderjahr 2025 solch eine ermäßigte Besteuerung, kann er sie ausschließlich i.R. einer Veranlagung zur Einkommensteuer erhalten. Dazu muss er beim Finanzamt eine Einkommensteuererklärung abgeben.

Vor Ermittlung der Jahreslohnsteuer sind vom Jahresarbeitslohn ggf. **abzusetzen** (§ 42b Abs. 2 Satz 3 EStG)

– der **Versorgungsfreibetrag** sowie der Zuschlag zum Versorgungsfreibetrag,
– der **Altersentlastungsbetrag.**

Maßgebend sind die auf das **„ganze Kalenderjahr“** bezogenen Freibeträge, die monatlichen Höchstgrenzen sind nicht zu beachten, so dass vom Arbeitgeber insbesondere der volle Altersentlastungsbetrag (§ 24a EStG) und die vollen Versorgungsfreibeträge (§ 19 Abs. 2 EStG) ermittelt werden müssen, vgl. die Beispiele zu → *Altersentlastungsbetrag* Rz. 56 und → *Versorgungsfreibeträge* Rz. 4340.

7. Ermittlung der Jahressteuer

Für den festgestellten Jahresarbeitslohn ist nach Maßgabe der als 3021
elektronische Lohnsteuerabzugsmerkmale **zuletzt berücksichtigten Steuerklasse die Jahreslohnsteuer** nach § 39b Abs. 2 Satz 6 und 7 EStG **zu ermitteln** (§ 42b Abs. 2 Satz 4 EStG). Diese Regelung hat besonders für Steuerklassenänderungen im Laufe des Jahres Bedeutung. Steuerklassenänderungen von III/V nach IV/IV und umgekehrt oder auch der Wechsel von Steuerklasse I zu III nach einer Heirat bewirken allerdings den **Ausschluss des Lohnsteuer-Jahresausgleichs** durch den Arbeitgeber (→ Rz. 3018), eine Erstattung kann dann nur durch eine Veranlagung zur Einkommensteuer erreicht werden (→ *Veranlagung von Arbeitnehmern* Rz. 4233).

Beispiel:
B, ledig, hat im April ein Kind bekommen und heiratet anschließend. Sofort nach der Heirat lässt sie ihre bisherige Steuerklasse I/0 ändern in III/1 Kinderfreibetrag.
In diesem Fall ist ein Lohnsteuer-Jahresausgleich durch den Arbeitgeber gesetzlich ausgeschlossen (§ 42b Abs. 1 Satz 4 Nr. 3 EStG), weil für einen Teil des Ausgleichszeitraums die Steuerklasse III angewendet worden ist.

Bei Vorliegen einer **Nettolohnvereinbarung** hat der Arbeitgeber die zutreffende Jahreslohnsteuer durch Hochrechnung des Jahresnettolohns auf den entsprechenden Jahresbruttolohn zu ermitteln und diesen in der von ihm zu erstellenden elektronischen Lohnsteuerbescheinigung (§ 41b EStG i.V.m. § 93c AO) zu übermitteln. Führt die Durchführung des Lohnsteuer-Jahresausgleichs zu Steuererstattungen, ist die zu bescheinigende einbehaltene Lohnsteuer entsprechend zu vermindern (s. ausführlich OFD Nordrhein-Westfalen v. 15.8.2018, S 2367 – 2017/0004 – St 213, betr. Steuerliche Fragen im Zusammenhang mit Nettolohnvereinbarungen).

8. Ermittlung des Erstattungsbetrags

3022 Soweit die sich hiernach ergebende Jahreslohnsteuer die von dem zu Grunde gelegten Jahresarbeitslohn insgesamt erhobene Lohnsteuer unterschreitet, ist sie dem Arbeitnehmer zu **erstatten**. Bei der Ermittlung der insgesamt erhobenen Lohnsteuer ist die **Lohnsteuer auszuscheiden**, die von den **tarifermäßigt** besteuerten und deshalb außer Ansatz gebliebenen Bezügen einbehalten worden ist (§ 42b Abs. 2 Sätze 5 und 6 EStG).

Bei der **Zusammenfassung des Lohnsteuer-Jahresausgleichs mit der Dezember-Abrechnung** hat der Arbeitgeber für diesen Monat nur den Differenzbetrag als Lohnsteuer einzubehalten. **Übersteigt die erhobene Lohnsteuer die ermittelte Jahreslohnsteuer**, so ist der Unterschiedsbetrag dem Arbeitnehmer zu erstatten (R 42b Abs. 3 LStR).

Ist die **Jahreslohnsteuer identisch** mit der im Laufe des Jahres erhobenen Lohnsteuer, ergibt sich kein Erstattungsbetrag.

Ist die so ermittelte **Jahreslohnsteuer höher** als die im Laufe des Jahres erhobene Lohnsteuer, sind folgende Fälle zu unterscheiden:

- Ist der **Lohnsteuerabzug zutreffend** vorgenommen worden, hat der Arbeitgeber nichts zu veranlassen: Er darf weder vom Arbeitnehmer **Lohnsteuer nacherheben noch ist er verpflichtet, das Finanzamt zu unterrichten**.

  Ein im Laufe des Jahres zwar korrekter, auf das Jahr gesehen jedoch zu niedriger Lohnsteuerabzug ist – abgesehen von Tabellenrundungen – möglich, wenn der Arbeitgeber z.B. bei der Besteuerung eines sonstigen Bezugs von einem zu geringen Jahresarbeitslohn ausgegangen ist.
- Stellt der Arbeitgeber fest, dass er beim **Lohnsteuerabzug Fehler** gemacht hat, muss er die Lohnsteuer entweder nacherheben oder den Fehler unverzüglich dem **Betriebsstättenfinanzamt anzeigen** (§ 41c Abs. 4 EStG sowie → *Änderung des Lohnsteuerabzugs* Rz. 126).

Stellt der Arbeitgeber fest, dass ihm bei der Durchführung des **Lohnsteuer-Jahresausgleichs ein Fehler** unterlaufen ist und kann er diesen nicht mehr korrigieren, weil er die Lohnsteuerbescheinigung bereits ausgeschrieben hat, muss er das Betriebsstättenfinanzamt unterrichten (§ 41c Abs. 4 Nr. 3 EStG); er schließt damit gleichzeitig seine Haftung aus (§ 42d Abs. 2 Nr. 1 EStG).

9. Entnahme aus dem Lohnsteueraufkommen

3023 Die zu erstattende Lohnsteuer hat der Arbeitgeber dem Betrag zu entnehmen, den er für seine Arbeitnehmer für den Lohnzahlungszeitraum insgesamt an Lohnsteuer erhoben hat. Wenn die zu erstattende Lohnsteuer aus dem Betrag nicht gedeckt werden kann, der insgesamt an Lohnsteuer einzubehalten oder zu übernehmen ist, wird der **Fehlbetrag dem Arbeitgeber auf Antrag vom Betriebsstättenfinanzamt** erstattet (§ 42b Abs. 3 Sätze 2 und 3 EStG).

10. Solidaritätszuschlag

3024 Für die Festsetzung und Erhebung der sog. Zuschlagsteuern (→ *Solidaritätszuschlag* Rz. 3903; → *Kirchensteuer* Rz. 2705), die nach der Einkommensteuer bemessen werden, gelten die Vorschriften des EStG – und somit auch die über das Lohnsteuer-Abzugsverfahren – entsprechend (§ 51a Abs. 1 EStG). Führt der Arbeitgeber für den Arbeitnehmer einen **Lohnsteuer-Jahresausgleich durch, ist auch für den Solidaritätszuschlag ein Jahresausgleich durchzuführen** (Tz. 2.1 des Merkblatts zum Solidaritätszuschlag im Lohnsteuer-Abzugsverfahren ab 1996, BMF v. 20.9.1994, IV B 6 – S 2450 – 6/94, BStBl I 1994, 757).

Der Solidaritätszuschlag darf nicht einfach mit 5,5 % der Jahreslohnsteuer errechnet werden, sondern muss der **Jahrestabelle** entnommen werden. Dies liegt daran, dass Solidaritätszuschlag auf Grund der sog. **Nullzone und des Übergangsbereichs** nicht sofort zu erheben ist. Für das Kalenderjahr **2026** sind die Lohnsteuergrenzen, bis zu denen kein Solidaritätszuschlag auf die Lohnsteuer erhoben wird, erneut angehoben worden. Bis zu folgender Jahreslohnsteuer ist kein Solidaritätszuschlag zu erheben:

- in den Steuerklassen I, II und IV: 20 350 € und
- in der Steuerklasse III: 40 700 € (→ *Solidaritätszuschlag* Rz. 3903).

Außerdem darf der Solidaritätszuschlag nicht unmittelbar von der Einkommensteuer oder Lohnsteuer berechnet werden. Maßgebend ist in beiden Fällen – selbst wenn nur Kindergeld gewährt wird – die Einkommensteuer, die sich **nach Abzug der steuerlichen Freibeträge für Kinder** ergibt (sog. **Maßstabslohnsteuer**). Den sich im Einzelfall ergebenden Solidaritätszuschlag kann der Arbeitgeber jedoch ohne zusätzliche Berechnungen den u.a. von Stollfuß Verlag herausgegebenen **Steuertabellen oder maschinellen Abrechnungsprogrammen entnehmen**.

Übersteigt die Summe der einbehaltenen Zuschlagsbeträge den Jahresbetrag des Solidaritätszuschlags, so ist der Unterschiedsbetrag dem Arbeitnehmer zu **erstatten**. Übersteigt hingegen der Jahresbetrag des Solidaritätszuschlags die Summe der einbehaltenen Zuschlagsbeträge, so kommt eine **nachträgliche Einbehaltung durch den Arbeitgeber** grds. nicht in Betracht. Ausnahmen gelten in den Fällen des § 41c Abs. 1 EStG, in denen auch eine Änderung des Lohnsteuerabzugs zulässig oder zumindest das Betriebsstättenfinanzamt entsprechend zu unterrichten ist (→ *Änderung des Lohnsteuerabzugs* Rz. 126).

Beispiel 1:

Der Lohnsteuer-Jahresausgleich für Arbeitnehmer A ergibt hinsichtlich der Lohnsteuer keinen Erstattungsbetrag, hinsichtlich des Solidaritätszuschlags dagegen einen Minderbetrag von 25 €.

Der Arbeitgeber darf vom Arbeitnehmer den Solidaritätszuschlag grds. nicht nacherheben.

Auch eine Verrechnung mit zu erstattender Lohnsteuer ist unzulässig (Tz. 2.3 des o.g. Merkblatts zum Solidaritätszuschlag).

Beispiel 2:

Der Lohnsteuer-Jahresausgleich für Arbeitnehmer A ergibt hinsichtlich der Lohnsteuer einen Erstattungsbetrag von 250 €, hinsichtlich des Solidaritätszuschlags dagegen einen Minderbetrag von 10 €.

Der Arbeitgeber hat die überzahlte Lohnsteuer in voller Höhe dem Arbeitnehmer zu erstatten. Eine Verrechnung mit dem Solidaritätszuschlag ist nicht vorzunehmen.

11. Kirchensteuer

Führt der Arbeitgeber für den Arbeitnehmer einen Lohnsteuer- 3025
Jahresausgleich durch, hat er auch für die Kirchensteuer ein Jahresausgleich durchzuführen. Der Ausgleich von Kirchensteuer ist ein eigenständiges Ausgleichsverfahren. Der Arbeitgeber darf die überzahlte Kirchensteuer auch dann erstatten, wenn sich bei dem vom Arbeitgeber durchgeführten Lohnsteuer-Jahresausgleich keine Lohnsteuererstattung ergibt.

Die Kirchensteuer ist – wie auch der Solidaritätszuschlag – nach der Einkommensteuer zu berechnen, die sich in allen Fällen **nach Abzug der steuerlichen Freibeträge für Kinder** ergibt. Der sich im jeweiligen Einzelfall ergebende Betrag kann auch hier den u.a. von Stollfuß Verlag herausgegebenen **Tabellen und maschinellen Abrechnungsprogrammen** entnommen werden.

Der **Kirchensteuersatz ist in den einzelnen Bundesländern unterschiedlich** (→ *Kirchensteuer* Rz. 2705). Für den Kirchensteuer-Jahresausgleich gilt daher Folgendes:

- Hat der Arbeitnehmer im Ausgleichsjahr in Orten mit verschieden hohen Kirchensteuersätzen gewohnt oder
- weicht der Kirchensteuersatz am Wohnort von dem der Betriebsstätte ab,

hat der Arbeitgeber die Jahreskirchensteuer einheitlich nach dem **Kirchensteuersatz zu berechnen, der am Ort der Betriebsstätte gilt**. Ergibt sich hierdurch eine Erstattung, ist dem Arbeitnehmer der Differenzbetrag zu erstatten. Dagegen darf der Arbeitgeber keine Kirchensteuer nachfordern.

Beispiel 1:

A hat zum 1.7. seinen Arbeitgeber gewechselt und ist daher im Laufe des Jahres von Niedersachsen (Kirchensteuersatz 9 %) nach Bayern (Kirchensteuersatz 8 %) verzogen.

Auf Grund des Arbeitgeberwechsels während des Kalenderjahres ist ein Lohnsteuer-Jahresausgleich unzulässig. Führt der Arbeitgeber für die Kirchensteuer einen Jahresausgleich durch, ist ihre Höhe mit 8 % zu berechnen. Weil in der ersten Jahreshälfte die Kirchensteuer mit 9 % einbehalten worden ist, ergibt sich hierdurch eine Kirchensteuer-Erstattung.

Beispiel 2:

A hat zum 1.7. seinen Arbeitgeber gewechselt und ist daher im Laufe des Jahres von Bayern (Kirchensteuersatz 8 %) nach Niedersachsen (Kirchensteuersatz 9 %) verzogen.

Auf Grund des Arbeitgeberwechsels während des Kalenderjahres ist ein Lohnsteuer-Jahresausgleich unzulässig. Führt der Arbeitgeber für die Kirchensteuer einen Jahresausgleich durch, ist die Kirchensteuer mit 9 % zu berechnen. Da in der ersten Jahreshälfte die Kirchensteuer nur mit 8 % einbehalten worden ist, ergibt sich hierdurch eine Nachforderung. Der Arbeitgeber darf diese jedoch nicht nacherheben (der Kirchensteuersatz 8 % war ja zutreffend). Die Differenz darf zwar bei einer Veranlagung zur Einkommensteuer nacherhoben werden, nicht aber beim Jahresausgleich des Arbeitgebers (vgl. FG Münster v. 23.4.1971, VI 1591/66 Ki, EFG 1971, 601).

Beispiel 3:

A wohnt in Hessen (Kirchensteuersatz 9 %) und arbeitet in Bayern (Kirchensteuersatz 8 %).

Der Arbeitgeber darf nach dem Betriebsstättenprinzip die Kirchensteuer nur mit 8 % einbehalten.

Ist der Arbeitnehmer **im Laufe des Jahres aus der Kirche ausgetreten oder in die Kirche eingetreten**, wird die nach der Jahreslohnsteuer errechnete Jahreskirchensteuer entsprechend der Anzahl der Monate gekürzt, in denen Kirchensteuer nicht zu erheben war (BFH v. 24.10.1975, VI R 123/72, BStBl II 1976, 101).

Beispiel 4:

A wohnt und arbeitet in Niedersachsen, ist zum 1.7. aus der Kirche ausgetreten. Beim Lohnsteuer-Jahresausgleich des Arbeitgebers ergibt sich eine Lohnsteuererstattung von 100 €, auf die eine Lohnkirchensteuererstattung von 9 € entfiele (Kirchensteuersatz in Niedersachsen 9 %).

Beim Kirchensteuer-Jahresausgleich kann nur die Hälfte, d.h. 4,50 € erstattet werden, weil A nur ein halbes Jahr lang der Kirche angehört hat.

Zu weiteren Einzelheiten der Kirchensteuer-Berechnung → *Kirchensteuer* Rz. 2705.

12. Formvorschriften

3026 Der Arbeitgeber hat im **Lohnkonto**

- für das Ausgleichsjahr den **Inhalt etwaiger Lohnsteuerbescheinigungen** aus vorangegangenen Dienstverhältnissen des Arbeitnehmers einzutragen (unabhängig vom Jahresausgleich) sowie
- die im **Lohnsteuer-Jahresausgleich erstattete Lohnsteuer** gesondert einzutragen (§ 42b Abs. 4 Satz 1 EStG).

Zu den Eintragungen in der **Lohnsteuerbescheinigung** → *Lohnsteuerbescheinigung* Rz. 2952.

Lohnsteuerkarte

→ *ELStAM* Rz. 1841

Lohnsteuer-Nachschau

1. Allgemeines

3027 Zur Durchführung der **Lohnsteuer-Nachschau** (§ 42g EStG) gilt Folgendes (BMF v. 16.10.2014, IV C 5 – S 2386/09/10002 :001, BStBl I 2014, 1408):

Die Lohnsteuer-Nachschau ist **ein besonderes Verfahren zur zeitnahen Aufklärung** möglicher steuererheblicher Sachverhalte. Steuererheblich sind Sachverhalte, die eine Lohnsteuerpflicht begründen oder zu einer Änderung der Höhe der Lohnsteuer oder der Zuschlagsteuern führen können. Das für die Lohnsteuer-Nachschau zuständige Finanzamt kann das Finanzamt, in dessen Bezirk der steuererhebliche Sachverhalt verwirklicht wird, mit der Nachschau beauftragen. Die **Lohnsteuer-Nachschau ist keine Außenprüfung** i.S.d. §§ 193 ff. AO. Die Vorschriften für eine Außenprüfung sind nicht anwendbar, insbesondere gelten die §§ 146 Abs. 2b, 147 Abs. 6, 201, 202 AO und § 42d Abs. 4 Satz 1 Nr. 2 EStG nicht. Es bedarf weder einer Prüfungsanordnung i.S.d. § 196 AO noch einer Schlussbesprechung oder eines Prüfungsberichts. Im Anschluss an eine Lohnsteuer-Nachschau ist ein Antrag auf verbindliche Zusage (§ 204 AO) nicht zulässig.

2. Zweck der Lohnsteuer-Nachschau

Die Lohnsteuer-Nachschau dient der **Sicherstellung einer ordnungsgemäßen Einbehaltung und Abführung der Lohnsteuer**, des Solidaritätszuschlags, der Kirchenlohnsteuer oder von Pflichtbeiträgen zu einer Arbeits- oder Arbeitnehmerkammer. Ziel der Lohnsteuer-Nachschau ist es, einen Eindruck von den räumlichen Verhältnissen, dem tatsächlich eingesetzten Personal und dem üblichen Geschäftsbetrieb zu gewinnen. 3028

Eine **Lohnsteuer-Nachschau** kommt insbesondere **in Betracht**:

- bei Beteiligung an Einsätzen der Finanzkontrolle Schwarzarbeit,
- zur Feststellung der Arbeitgeber- oder Arbeitnehmereigenschaft,
- zur Feststellung der Anzahl der insgesamt beschäftigten Arbeitnehmer,
- bei Aufnahme eines neuen Betriebs,
- zur Feststellung, ob der Arbeitgeber eine lohnsteuerliche Betriebsstätte unterhält,
- zur Feststellung, ob eine Person selbständig oder als Arbeitnehmer tätig ist,
- zur Prüfung der steuerlichen Behandlung von sog. Minijobs (vgl. § 8 Abs. 1 und 2 SGB IV), ausgenommen Beschäftigungen in Privathaushalten,
- zur Prüfung des Abrufs und der Anwendung der ELStAM und
- zur Prüfung der Anwendung von Pauschalierungsvorschriften, z.B. § 37b Abs. 2 EStG.

Nicht Gegenstand der Lohnsteuer-Nachschau sind:

- Ermittlungen der individuellen steuerlichen Verhältnisse der Arbeitnehmer, soweit sie für den Lohnsteuer-Abzug nicht von Bedeutung sind,
- die Erfüllung der Pflichten des Arbeitgebers nach dem 5. VermBG und
- Beschäftigungen in Privathaushalten.

3. Durchführung der Lohnsteuer-Nachschau

Die Lohnsteuer-Nachschau muss **nicht angekündigt** werden (§ 42g Abs. 2 Satz 2 EStG). Die Anordnung der Nachschau erfolgt i.d.R. mündlich und zu Beginn der Lohnsteuer-Nachschau. Dem Arbeitgeber soll zu Beginn der Lohnsteuer-Nachschau der Vordruck „Durchführung einer Lohnsteuer-Nachschau" übergeben werden. Der mit der Lohnsteuer-Nachschau **beauftragte Amtsträger** hat sich **auszuweisen**. 3029

Zum Zweck der Lohnsteuer-Nachschau können die mit der Lohnsteuer-Nachschau beauftragten Amtsträger **Grundstücke und Räume von Personen, die eine gewerbliche oder berufliche Tätigkeit ausüben**, betreten (§ 42g Abs. 2 Satz 2 EStG). Die Grundstücke und Räume müssen nicht im Eigentum der gewerblich oder beruflich tätigen Person stehen. Die Lohnsteuer-Nachschau kann sich auch auf gemietete oder gepachtete Grundstücke und Räume sowie auf andere Orte, an denen steuererhebliche Sachverhalte verwirklicht werden (z.B. Baustellen), erstrecken.

Wohnräume dürfen gegen den Willen des Inhabers nur zur Verhütung dringender Gefahren für die öffentliche Sicherheit und Ordnung betreten werden (§ 42g Abs. 2 Satz 3 EStG).

Häusliche Arbeitszimmer oder Büros, die innerhalb einer ansonsten privat genutzten Wohnung belegen sind, dürfen auch dann betreten bzw. besichtigt werden, wenn sie nur durch die ausschließlich privat genutzten Wohnräume erreichbar sind.

Ein Betreten der Grundstücke und Räume ist während der **üblichen Geschäfts- und Arbeitszeiten zulässig**. Die Nachschau kann auch außerhalb der Geschäftszeiten vorgenommen werden, wenn dort Arbeitnehmer anzutreffen sind.

Das Betreten muss dazu dienen, Sachverhalte festzustellen oder zu überprüfen, die für den Steuerabzug vom Arbeitslohn erheblich sein können. Ein **Durchsuchungsrecht** gewährt die Lohnsteuer-Nachschau nicht. Das **bloße Betreten oder Besichtigen** von Geschäftsräumen, Betriebsräumen oder Grundstücken ist noch **kein Durchsuchen** (zur Zulässigkeit des Betretens von Geschäftsräumen im Rahmen einer (Umsatzsteuer-)Nachschau vgl. zuletzt FG Baden-Württemberg v. 24.1.2025, 1 K 381/22).

4. Mitwirkungspflicht

3030 Der Arbeitgeber hat dem mit der Lohnsteuer-Nachschau beauftragten Amtsträger auf Verlangen **Lohn- und Gehaltsunterlagen, Aufzeichnungen, Bücher, Geschäftspapiere und andere Urkunden** vorzulegen und **Auskünfte** zu erteilen, soweit dies zur Feststellung steuerlich erheblicher Sachverhalte zweckdienlich ist (§ 42g Abs. 3 Satz 1 EStG).

Darüber hinaus haben die Arbeitnehmer dem mit der Lohnsteuer-Nachschau beauftragten Amtsträger **jede gewünschte Auskunft** über Art und Höhe ihrer Einnahmen zu geben und auf Verlangen in ihrem Besitz befindliche Bescheinigungen über den Lohnsteuerabzug sowie Belege über bereits entrichtete Lohnsteuer vorzulegen (§ 42g Abs. 3 Satz 2 i.V.m. § 42f Abs. 2 Satz 2 EStG). Diese Pflichten gelten auch für Personen, bei denen es streitig ist, ob sie Arbeitnehmer sind oder waren. Die Auskunftspflicht erstreckt sich auf alle Fragen, die für die Beurteilung von Bedeutung sind, ob und in welcher Höhe eine Pflicht zum Abzug von Lohnsteuer und Zuschlagsteuern besteht.

5. Recht auf Datenzugriff

3031 Der mit der Lohnsteuer-Nachschau beauftragte Amtsträger darf nur dann auf **elektronische Daten** des Arbeitgebers zugreifen, **wenn der Arbeitgeber zustimmt**. Stimmt der Arbeitgeber dem Datenzugriff nicht zu, kann der mit der Lohnsteuer-Nachschau beauftragte Amtsträger verlangen, dass ihm die erforderlichen Unterlagen **in Papierform vorgelegt** werden. Sollten diese nur in elektronischer Form vorhanden sein, kann er verlangen, dass diese unverzüglich ausgedruckt werden (vgl. § 147 Abs. 5 zweiter Halbsatz AO).

6. Übergang zu einer Lohnsteuer-Außenprüfung

3032 Geben die bei der Lohnsteuer-Nachschau getroffenen Feststellungen hierzu Anlass, darf **ohne vorherige Prüfungsanordnung** (§ 196 AO) zu einer **Lohnsteuer-Außenprüfung nach § 42f EStG übergegangen** werden (§ 42g Abs. 4 Satz 1 EStG). Auf den Übergang zur Außenprüfung ist **schriftlich hinzuweisen** (§ 42g Abs. 4 Satz 2 EStG). Die allgemeinen Grundsätze über den notwendigen Inhalt von Prüfungsanordnungen gelten entsprechend. Insbesondere sind der Prüfungszeitraum und der Prüfungsumfang festzulegen. Der Beginn einer Lohnsteuer-Außenprüfung nach erfolgter Lohnsteuer-Nachschau ist unter Angabe von Datum und Uhrzeit aktenkundig zu machen. Für die Durchführung der nachfolgenden Lohnsteuer-Außenprüfung gelten die §§ 199 ff. AO. Die Entscheidung zum Übergang zu einer Lohnsteuer-Außenprüfung ist eine Ermessensentscheidung der Finanzbehörde (§ 5 AO).

Der **Übergang zu einer Lohnsteuer-Außenprüfung** nach § 42f EStG kann insbesondere angezeigt sein, wenn

- bei der Lohnsteuer-Nachschau erhebliche Fehler beim Steuerabzug vom Arbeitslohn festgestellt wurden,
- der für die Besteuerung maßgebliche Sachverhalt i.R. der Lohnsteuer-Nachschau nicht abschließend geprüft werden kann und weitere Ermittlungen erforderlich sind,
- der Arbeitgeber seinen Mitwirkungspflichten i.R. der Lohnsteuer-Nachschau nicht nachkommt oder
- die Ermittlung von Sachverhalten auf Grund des fehlenden Datenzugriffs nicht oder nur erschwert möglich ist.

7. Auswertungsmöglichkeiten

3033 Der Arbeitgeber kann auf Grund der i.R. der Lohnsteuer-Nachschau gewonnenen Erkenntnisse durch **Lohnsteuer-Nachforderungsbescheid** oder **Lohnsteuer-Haftungsbescheid** in Anspruch genommen werden. Die Lohnsteuer-Nachschau kann auch zu einer nachträglichen oder geänderten Lohnsteuer-Anmeldung führen. Soll auf Grund der Lohnsteuer-Nachschau der Arbeitgeber in Haftung genommen oder bei ihm Lohnsteuer nachgefordert werden, ist ihm rechtliches Gehör zu gewähren (§ 91 AO).

Ebenso kann der jeweilige Arbeitnehmer für (seine) Steuerschulden i.R. der allgemeinen gesetzlichen Regelungen als Haftender in Anspruch genommen werden (§ 42d Abs. 3 EStG). Erkenntnisse der Lohnsteuer-Nachschau können **auch im Veranlagungsverfahren des Arbeitnehmers** berücksichtigt werden.

Feststellungen, die während einer Lohnsteuer-Nachschau getroffen werden und die für die Festsetzung und Erhebung anderer Steuern des Betroffenen oder anderer Personen erheblich sein können, dürfen ausgewertet werden (§ 42g Abs. 5 EStG). Zu diesem Zweck können **Kontrollmitteilungen** erstellt werden.

8. Rechtsfolgen

Der Beginn der Lohnsteuer-Nachschau **hemmt nicht den Ablauf der Festsetzungsfrist** nach § 171 Abs. 4 AO. Die **Änderungssperre** des § 173 Abs. 2 AO findet **keine Anwendung**. Soweit eine Steuer gemäß § 164 AO unter dem **Vorbehalt der Nachprüfung** festgesetzt worden ist, muss dieser nach Durchführung der Lohnsteuer-Nachschau **nicht aufgehoben** werden. 3034

9. Zwangsmittel

I.R. einer Lohnsteuer-Nachschau erlassene Verwaltungsakte sind grds. mit **Zwangsmitteln** (§§ 328 ff. AO) **durchsetzbar**. Ein Verwaltungsakt liegt dann vor, wenn der mit der Lohnsteuer-Nachschau beauftragte Amtsträger Maßnahmen ergreift, die den Stpfl. zu einem bestimmten Tun, Dulden oder Unterlassen verpflichten sollen. Ein **Verwaltungsakt liegt insbesondere vor**, wenn der Amtsträger den Stpfl. auffordert, 3035

- das Betreten der nicht öffentlich zugänglichen Geschäftsräume zu dulden,
- Aufzeichnungen, Bücher, Geschäftspapiere und andere lohnsteuerlich relevante Urkunden vorzulegen oder
- Auskunft zu erteilen.

10. Rechtsbehelf

Gegen schlichtes Verwaltungshandeln (z.B. Betreten von Grundstücken und Räumen zur Durchführung einer Lohnsteuer-Nachschau) ist kein Einspruch gegeben. I.R. der Lohnsteuer-Nachschau ergangene **Verwaltungsakte** (→ Rz. 3035) können gemäß § 347 AO **mit Einspruch angefochten** werden. Der Amtsträger ist berechtigt und verpflichtet, den Einspruch entgegenzunehmen. Der Einspruch hat **keine aufschiebende Wirkung** und hindert daher nicht die Durchführung der Lohnsteuer-Nachschau, es sei denn, die Vollziehung des angefochtenen Verwaltungsakts wurde ausgesetzt (§ 361 AO, § 69 FGO). Mit Beendigung der Lohnsteuer-Nachschau sind oder werden Einspruch und Anfechtungsklage gegen die Anordnung der Lohnsteuer-Nachschau unzulässig; insoweit kommt lediglich eine Fortsetzungs-Feststellungsklage (§ 100 Abs. 1 Satz 4 FGO) in Betracht. Wurden die Ergebnisse der Lohnsteuer-Nachschau in einem Steuer- oder Haftungsbescheid berücksichtigt, muss auch dieser Bescheid angefochten werden, um ein steuerliches Verwertungsverbot zu erlangen. 3036

Für die Anfechtung der Mitteilung des Übergangs zur Außenprüfung (§ 42g Abs. 4 EStG) gelten die Grundsätze für die Anfechtung einer Prüfungsanordnung entsprechend (vgl. AEAO zu § 196).

11. Corona-Pandemie

Die Finanzverwaltung hatte im Kalenderjahr 2021 in ihren sog. **FAQ „Corona" (Steuern)**, veröffentlicht auf den Internetseiten des BMF, auf Erleichterungen betr. die Durchführung von Außenprüfungen – hierzu zählen auch **Lohnsteuer-Außenprüfungen** (§ 42f EStG) – im **Zusammenhang mit der Corona-Pandemie** hingewiesen. 3037

Lohnsteuerpauschalierung

→ *Pauschalierung der Lohnsteuer* Rz. 3336

Lohnsteuertabellen

1. Allgemeines

Die Höhe der Einkommensteuer und der Lohnsteuer kann nicht einfach im EStG abgelesen werden. Zwar werden die Einkommensteuer und Lohnsteuer in der sog. Tarifformel genau bestimmt, aber eben nicht betragsmäßig in Euro und Cent ausgewiesen. Die für die Einkommensteuer maßgebende Tarifformel wird auf das „zu versteuernde Einkommen" eines Kalenderjahres 3038 angewandt und beschreibt den Rechenweg zu der als Betrag in Euro „festzusetzenden“ tariflichen Einkommensteuer.

Die **Lohnsteuertabellen** sind zum Lohnsteuerabzug vom (Brutto-) Arbeitslohn bestimmt. Dazu bauen die Lohnsteuertabellen auf dem Bruttoarbeitslohn des Jahres, des Monats oder des Tages auf. Hierfür liefern sie zutreffende Ergebnisse; nicht aber für die Berechnung der Einkommensteuer, die aus dem zu versteuernden Einkommen zu ermitteln ist (s.o.).

Zwar sind die Einkommen- und Lohnsteuer grundsätzlich nach der Tarifformel elektronisch bzw. maschinell zu errechnen; allerdings dürfen für die Lohnsteuerermittlung die insbesondere in der Anwenderpraxis bewährten Lohnsteuertabellen verwendet werden. Damit diese Tabellen nicht einen unvertretbaren Umfang annehmen, schreibt das EStG für die Erstellung der Jahrestabellen vor, für den maßgebenden Arbeitslohn jeweils Stufen i.H.v. 36 € zu bilden. Entsprechend ist bei der manuellen Berechnung der Lohnsteuer zu verfahren. Für die Monatstabellen sind Stufen i.H.v. 3 € vorgeschrieben. Weil die in den Tabellenstufen auszuweisende Lohnsteuer aus dem Arbeitslohn der Obergrenze einer jeden Tabellenstufe zu berechnen ist, stimmt der Tabellenbetrag nur für diesen Arbeitslohn mit der maschinell ermittelten Lohnsteuer exakt überein; unterhalb der Obergrenze ist die Tabellensteuer tendenziell geringfügig höher. Für die Steuerermittlung wird ausgehend vom (Brutto-)Arbeitslohn das zu versteuernde Einkommen ermittelt, indem bestimmte Pauschbeträge und die entsprechend dem Familienstand in Betracht kommenden Freibeträge berücksichtigt und abgezogen werden.

Selbstverständlich beruhen die Lohnsteuertabellen auf demselben **Einkommensteuertarif** wie die Einkommensteuertabellen. Folglich sind die fälligen bzw. an den Fiskus zu zahlenden Steuerbeträge nach beiden (Steuer-)Tabellen gleich hoch.

Amtlicherseits (vom BMF) werden keine Lohnsteuertabellen veröffentlicht, seit einigen Jahren wird allerdings unter https://www.bmf-steuerrechner.de eine interaktive Berechnungshilfe zur Verfügung gestellt.

Die Herstellung der privat verlegten Lohnsteuertabellen wird vom BMF dadurch geordnet, indem die für die Aufstellung von Lohnsteuertabellen erforderlichen Parameter (Stufenbreite, Bemessungsgrundlage für die Vorsorgepauschale, Steuerberechnung nach der Stufenobergrenze) gesetzlich geregelt und entsprechend in einem **amtlichen Programmablaufplan** vorgegeben werden (§ 39b Abs. 6 EStG, § 51 Abs. 4 Nr. 1a EStG).

Weil die Lohnsteuertabellen den jeweiligen amtlichen Programmablaufplänen folgen, sind auch hier die vielfältigen Änderungsanweisungen des BMF zu beachten. Dies kann dazu führen, dass dem Arbeitgeber zunächst nur vorläufige Lohnsteuertabellen vorliegen oder während des Kalenderjahres ggf. sogar **mehrfach geänderte** Tabellen anzuwenden sind.

Für die Berechnung der Lohnsteuer werden (vom Stollfuß Verlag) **zwei verschiedene** Lohnsteuertabellen aufgestellt,

- die **allgemeine Lohnsteuertabelle** für einen Arbeitnehmer, der in allen Sozialversicherungszweigen versichert ist, und
- die **besondere Lohnsteuertabelle** für einen Arbeitnehmer, der in keinem Sozialversicherungszweig versichert und privat kranken- und pflegeversichert ist sowie dem Arbeitgeber keine Kranken- und Pflege-Pflichtversicherungsbeiträge mitgeteilt hat.

Beide Lohnsteuertabellen unterscheiden sich nur in der Höhe der eingearbeiteten Vorsorgepauschale (→ *Vorsorgepauschale* Rz. 4378).

Bei **geringfügig beschäftigten Arbeitnehmern** (geringfügig entlohnte Beschäftigung sowie kurzfristige Beschäftigung), für deren Arbeitslohn die Lohnsteuer nach den Lohnsteuerabzugsmerkmalen erhoben wird und der Arbeitnehmer keinen eigenen Beitrag zur Rentenversicherung und Kranken-/Pflegeversicherung zahlt, ist die Lohnsteuer mit der **besonderen Lohnsteuertabelle** zu berechnen.

Aus Vereinfachungsgründen werden bei der Erstellung der Lohnsteuertabellen – bezogen auf den Teilbetrag der Vorsorgepauschale für die soziale Pflegeversicherung – der **Beitragszuschlag für Kinderlose** und die Beitragsabschläge für zweite und weitere **Kinder** (§ 55 Abs. 3 SGB XI) in **keinem** Fall berücksichtigt. Für die Berücksichtigung des Teilbetrags der Vorsorgepauschale für die gesetzliche Krankenversicherung ist stets auf den **durchschnittlichen** Zusatzbeitragssatz der Krankenkassen (s. § 242a SGB V) abzustellen.

Für 2025 wurde zunächst kein amtlicher PAP für die Erstellung von Lohnsteuertabellen veröffentlicht, da man noch weitere Änderungen durch das noch nicht abgeschlossene Gesetzgebungsverfahren zum Steuerfortentwicklungsgesetz berücksichtigen wollte. Bis zur Bekanntmachung eines PAP für die Erstellung von Lohnsteuertabellen für 2025 galt nach BMF v. 22.11.2024, IV C 5 – S 2361/19/10008 :013, daher eine Übergangsregelung. Diese besagte, dass für den Übergangszeitraum Lohnsteuer manuell auf Grundlage der Lohnsteuertabellen für die Lohnzahlungszeiträume bis November 2024, welche auf dem PAP des BMF v. 23.2.2024, IV C 5 – S 2361/19/10008 :011, BStBl I 2024, 295, basieren, ermittelt werden kann, wenn der Arbeitnehmer nicht ausdrücklich widerspricht.

Das Gesetz zur Fortentwicklung des Steuerrechts und zur Anpassung des Einkommensteuertarifs (Steuerfortentwicklungsgesetz – SteFeG) wurde am 30.12.2024 im BGBl. verkündet (BGBl. I 2024, Nr. 449). Darin wurden u.a. die Grundfreibeträge für 2025 und 2026, die Kinderfreibeträge (Berücksichtigung bei der Ermittlung des Solidaritätszuschlags) sowie neue(n) Freigrenze(n) beim Solidaritätszuschlag festgelegt.

Mit Schreiben v. 22.1.2025 hat das BMF die endgültigen Programmablaufpläne für 2025 veröffentlicht (BMF v. 22.1.2025, IV C 5 – S 2361/00025/014/024), mit denen zugleich die in Rz. 3032 erläuterte Übergangsregelung für 2025 (BMF v. 22.11.2024, IV C 5 – S 2361/19/10008 :013) aufgehoben worden ist. Diese endgültigen Programmablaufpläne 2025 hatte der Arbeitgeber spätestens ab dem 1.3.2025 anzuwenden.

Für 2026 wurde das Muster der Lohnsteuer-Anmeldung mit BMF v. 14.8.2025, IV C 5 – S 2533/00120/006/009, BStBl I 2025, 1633 veröffentlicht.

Die Programmablaufpläne für 2026 wurden mit BMF v. 12.11.2025, IV C 5 – S 2361/00025/016/028, BStBl I 2025, 1948 bekanntgegeben.

2. Lohnsteuerberechnung

Bei der Berechnung der Lohnsteuer mit Hilfe von Lohnsteuerta- **3039**
bellen sind folgende **Besonderheiten** zu beachten (BMF v. 18.11.2022, IV C 5 – S 2361/19/10008 :006):

- **Freibeträge für Versorgungsbezüge und Altersentlastungsbetrag**

  Werden Versorgungsbezüge als laufender Arbeitslohn gezahlt, bleibt höchstens der auf den jeweiligen Lohnzahlungszeitraum entfallende Anteil der Freibeträge für Versorgungsbezüge (§ 19 Abs. 2 EStG) steuerfrei. Dieser Anteil ist wie folgt zu ermitteln:

  - Bei monatlicher Lohnzahlung sind die Jahresbeträge mit einem Zwölftel,
  - bei wöchentlicher Lohnzahlung die Monatsbeträge mit 7/30 und
  - bei täglicher Lohnzahlung die Monatsbeträge mit 1/30 anzusetzen.

  Dabei darf der sich hiernach insgesamt ergebende Monatsbetrag auf den nächsten vollen Euro-Betrag, der Wochenbetrag auf den nächsten durch zehn teilbaren Centbetrag und der Tagesbetrag auf den nächsten durch fünf teilbaren Centbetrag aufgerundet werden.

  Der dem Lohnzahlungszeitraum entsprechende anteilige Höchstbetrag darf auch dann nicht überschritten werden, wenn in früheren Lohnzahlungszeiträumen desselben Kalenderjahres wegen der damaligen Höhe der Versorgungsbezüge ein niedrigerer Betrag als der Höchstbetrag berücksichtigt worden ist. Eine Verrechnung des in einem Monat nicht ausgeschöpften Höchstbetrags mit den den Höchstbetrag übersteigenden Beträgen eines anderen Monats ist nicht zulässig. Die vorstehenden Regelungen gelten nicht in den Fällen des permanenten Lohnsteuer-Jahresausgleiches nach § 39b Abs. 2 Satz 12 EStG i.V.m. R 39b.8 LStR. Der Zuschlag zum Versorgungsfreibetrag ist in der Steuerklasse VI nicht zu berücksichtigen (§ 39b Abs. 2 Satz 5 Nr. 1 EStG).

  Die vorstehende Regelung gilt für die Berücksichtigung des Altersentlastungsbetrags entsprechend.

- **Vorsorgepauschale (bis 2025)**

  Aus Vereinfachungsgründen wird bei der Erstellung der Lohnsteuertabellen der **Beitragszuschlag für Kinderlose** in der Pflegeversicherung (§ 55 Abs. 3 SGB XI) i.R. der Ermittlung der Vorsorgepauschale **nicht berücksichtigt**. Beim **Teilbetrag der Vorsorgepauschale** für die gesetzliche Krankenversicherung ist **immer auf den durchschnittlichen Zusatzbeitragssatz** der Krankenkasse (§ 242a SGB V) abzustellen.

  Werden vom privat versicherten Arbeitnehmer Basiskranken- und Pflege-Pflichtversicherungsbeiträge nachgewiesen, ist die **Lohnsteuer in einer Nebenrechnung** zu ermitteln. Dabei werden die nachgewiesenen Beiträge des Arbeitnehmers um die nach den Lohnsteuertabellen für den tatsächlichen (Brutto-)Jahresarbeitslohn berücksichtigten Teilbeträge der Vorsorgepauschale gemindert. Von dem verbleibenden Betrag ist der typisierte Arbeitgeberzuschuss zur Kranken- und Pflegeversicherung abzuziehen, wenn der Arbeitgeber verpflichtet ist, einen Zuschuss zur Kranken- und Pflegeversicherung zu zahlen. Der so ermittelte Wert ist von dem maßgeblichen Bruttoarbeitslohn abzuziehen. Die Lohnsteuer ist für den geminderten Bruttoarbeitslohn in der Tabelle abzulesen. Für diese Nebenrechnung **weisen die Tabellen für privat versicherte Arbeitnehmer den typisierten Arbeitgeberzuschuss und die Teilbeträge der Vorsorgepauschale für die Kranken- und Pflegeversicherung** (ggf. die Mindestvorsorgepauschale) aus.

Beispiel 1:

Ein Arbeitnehmer in der Steuerklasse III (keine Kinder, BBG West) erhält in 2025 einen Bruttojahresarbeitslohn von 75 000 €. Er ist in der gesetzlichen Rentenversicherung pflichtversichert und privat kranken- und pflegeversichert. Seine nachgewiesenen Basiskranken- und Pflege-Pflichtversicherungsbeiträge betragen 13 200 € im Jahr. Dazu erhält er in 2025 einen Zuschuss von seinem Arbeitgeber.

Die Lohnsteuer nach der vorläufigen allgemeinen Lohnsteuertabelle 2025 beträgt 8 746 € im Jahr; dabei ist durch die Berücksichtigung der Vorsorgepauschale ein Aufwand für gesetzliche Kranken- und soziale Pflegeversicherung von 6 317 € berücksichtigt; der typisierte Arbeitgeberzuschuss beträgt in 2025 ebenfalls 6 317 €. Um die nachgewiesenen Basiskranken- und Pflege-Pflichtversicherungsbeiträge zu berücksichtigen, sind in einer Nebenrechnung diese Beiträge um den nach der allgemeinen Lohnsteuertabelle berücksichtigten Aufwand für die gesetzliche Kranken- und soziale Pflegeversicherung und den typisierten Arbeitgeberzuschuss zu mindern. Es verbleiben (13 200 € – 6 317 € – 6 317 € =) 566 €, die den Bruttojahresarbeitslohn mindern. In diesem Fall ist die Lohnsteuer bei einem Bruttojahresarbeitslohn von (75 000 € – 566 € =) 74 434 € abzulesen. Die Lohnsteuer beträgt in der Steuerklasse III 8 596 €.

Beispiel 2:

Ein Beamter in der Steuerklasse I ohne Kinder erhält 2025 einen Jahresarbeitslohn von 17 500 €. Seine nachgewiesenen Basiskranken- und Pflege-Pflichtversicherungsbeiträge betragen 2 400 €. Er erhält keinen Zuschuss von seinem Arbeitgeber.

Die Lohnsteuer nach der vorläufigen besonderen Lohnsteuertabelle 2025 beträgt 367 € im Jahr; dabei ist durch die Berücksichtigung der Mindestvorsorgepauschale bereits ein Aufwand von 1 900 € berücksichtigt. Um die nachgewiesenen Basiskranken- und Pflege-Pflichtversicherungsbeiträge zu berücksichtigen, sind in einer Nebenrechnung diese Beiträge um die nach der besonderen Lohnsteuertabelle berücksichtigte Mindestvorsorgepauschale zu mindern. Es verbleiben (2 400 € – 1 900 € =) 500 €, die den Jahresarbeitslohn mindern. In diesem Fall ist die Lohnsteuer bei einem Jahresarbeitslohn von (17 500 € – 500 € =) 17 000 € abzulesen. Die Lohnsteuer beträgt in der Steuerklasse I 278 €.

Die länderspezifische Besonderheit bei der sozialen Pflegeversicherung (höherer Arbeitnehmeranteil in Sachsen) ist zu beachten. Die Finanzverwaltung hat jedoch keine Bedenken, wenn die Lohnsteuer mittels einer Lohnsteuertabelle berechnet wird, welche diese Besonderheit nicht berücksichtigt, wenn der Arbeitnehmer einer entsprechenden Lohnsteuerberechnung nicht widerspricht (BMF v. 26.11.2013, IV C 5 – S 2367/13/10001, BStBl I 2013, 1532)

- **Vorsorgepauschale (ab 2026)**

  Mit BMF v. 14.8.2025, IV C 5 – S 2367/00012/004/033, BStBl I 2025, 1628 hat die Finanzverwaltung zur Berücksichtigung der Vorsorgepauschale ab dem Lohnsteuerabzugsverfahren 2026 (§ 39b Abs. 2 Satz 5 Nr. 3 EStG) aktualisiert Stellung genommen und das hierzu ergangene BMF-Schreiben 26.11.2013 (BStBl I 2013, 1532) ersetzt. Die aktualisierten Regelungen stellen sich wie folgt dar:

  - Eine Vorsorgepauschale wird ausschließlich im Lohnsteuerabzugsverfahren berücksichtigt (§ 39b Abs. 2 Satz 5 Nr. 3 EStG).
  - Über die Vorsorgepauschale hinaus werden im Lohnsteuerabzugsverfahren keine weiteren Vorsorgeaufwendungen berücksichtigt.
  - Eine Vorsorgepauschale wird in allen Steuerklassen berücksichtigt.

- **Bemessungsgrundlage für die Berechnung der Vorsorgepauschale (§ 39b Abs. 2 Satz 5 Nr. 3 EStG)**

  Die beim Lohnsteuerabzug zu berücksichtigende Vorsorgepauschale setzt sich aus folgenden Teilbeträgen zusammen:

  - Teilbetrag für die Rentenversicherung (§ 39b Abs. 2 Satz 5 Nr. 3 Buchst. a EStG),
  - Teilbetrag für die gesetzliche Kranken- und soziale Pflegeversicherung (§ 39b Abs. 2 Satz 5 Nr. 3 Buchst. b und c EStG),
  - Teilbetrag für die private Basiskranken- und Pflege-Pflichtversicherung (§ 39b Abs. 2 Satz 5 Nr. 3 Buchst. d EStG) und
  - Teilbetrag für die Versicherung gegen Arbeitslosigkeit (§ 39b Abs. 2 Satz 5 Nr. 3 Buchst. e EStG).

Ob die Voraussetzungen für den Ansatz der einzelnen Teilbeträge vorliegen, ist **jeweils gesondert zu prüfen**; hierfür ist immer der **Versicherungsstatus am Ende des jeweiligen Lohnzahlungszeitraums maßgebend** und das Dienstverhältnis nicht auf Teilmonate aufzuteilen. Die Teilbeträge sind **getrennt zu berechnen**; die auf **volle Euro aufgerundete Summe der Teilbeträge** ergibt die anzusetzende Vorsorgepauschale.

Bemessungsgrundlage für die Berechnung der Teilbeträge für die Rentenversicherung, die gesetzliche Kranken- und soziale Pflegeversicherung sowie die Versicherung gegen Arbeitslosigkeit ist der Arbeitslohn. Ein nicht besteuerter Vorteil i.S.d. § 19a Abs. 1 Satz 1 EStG ist dem Arbeitslohn hinzuzurechnen (§ 19a Abs. 1 Satz 6 EStG). Der in einem späteren Zeitpunkt besteuerte Vorteil aus der Übertragung einer Vermögensbeteiligung i.S.d. § 19a Abs. 1 Satz 1 EStG ist vom Arbeitslohn abzuziehen (§ 19a Abs. 4 Satz 3 EStG). Entschädigungen i.S.d. § 24 Nr. 1 EStG sind nicht als Arbeitslohnbestandteil zu berücksichtigen (§ 39b Abs. 2 Satz 5 Nr. 3 zweiter Teilsatz EStG). **Steuerfreier Arbeitslohn** gehört nicht zur Bemessungsgrundlage für die Berechnung der entsprechenden Teilbeträge (BFH-Urteil v. 18.3.1983, BStBl II 1983, 475). Der Arbeitslohn ist für die Berechnung der Vorsorgepauschale **nicht** um die Freibeträge für Versorgungsbezüge (§ 19 Abs. 2 EStG) und den Altersentlastungsbetrag (§ 24a EStG) zu vermindern.

Die jeweilige **Beitragsbemessungsgrenze** ist bei allen Teilbeträgen der Vorsorgepauschale zu beachten. Bei einer Versicherung in der knappschaftlichen Rentenversicherung ist deren besondere Beitragsbemessungsgrenze nicht maßgeblich, der Übergangsbereich in der Sozialversicherung ist steuerlich unbeachtlich. Ebenfalls unbeachtlich ist die Verminderung der Beitragsbemessungsgrenzen beim Zusammentreffen mehrerer Versicherungsverhältnisse (§ 22 Abs. 2 SGB IV). Die Bemessungsgrundlage für die Ermittlung der Vorsorgepauschale (Arbeitslohn) und für die Berechnung der Sozialabgaben (Arbeitsentgelt) kann unterschiedlich sein. Für die Berechnung der Vorsorgepauschale ist das sozialversicherungspflichtige Arbeitsentgelt **nicht maßgeblich**.

Beispiel:

Ein Arbeitnehmer mit einem Jahresarbeitslohn von 80 000 € wandelt einen Betrag von 6 000 € bei einer angenommenen Beitragsbemessungsgrenze in der allgemeinen Rentenversicherung von 100 000 € zu Gunsten einer betrieblichen Altersversorgung im Durchführungsweg Direktzusage um.

Bemessungsgrundlage für die Berechnung des Teilbetrags der Vorsorgepauschale für die Rentenversicherung ist der steuerpflichtige Arbeitslohn von 74 000 €. Das sozialversicherungspflichtige Arbeitsentgelt beträgt hingegen 76 000 €, weil sozialversicherungsrechtlich nur 4 % der Beitragsbemessungsgrenze (4 000 €) nicht als Arbeitsentgelt i.S.d. Sozialversicherung gelten (§ 14 Abs. 1 Satz 2 SGB IV).

Teilbetrag für die Rentenversicherung (§ 39b Abs. 2 Satz 5 Nr. 3 Buchst. a EStG)

Auf der Grundlage des steuerlichen Arbeitslohns wird unabhängig von der Berechnung der tatsächlich abzuführenden Rentenversicherungsbeiträge **typisierend** ein Arbeitnehmeranteil für die Rentenversicherung eines pflichtversicherten Arbeitnehmers berechnet, wenn der Arbeitnehmer in der gesetzlichen Rentenversicherung pflichtversichert und ein Arbeitnehmeranteil zu entrichten ist. Das gilt auch bei der Versicherung in einer berufsständischen Versorgungseinrichtung bei Befreiung von der Versicherungspflicht in der gesetzlichen Rentenversicherung (§ 6 Abs. 1 Satz 1 Nr. 1 SGB VI). Das Steuerrecht folgt insoweit der sozialversicherungsrechtlichen Beurteilung, so dass der Arbeitgeber hinsichtlich der maßgeblichen Vorsorgepauschale **keinen zusätzlichen Ermittlungsaufwand** anstellen muss, sondern auf die ihm insoweit bekannten Tatsachen bei der Abführung der Rentenversicherungsbeiträge (für das jeweilige Dienstverhältnis) zurückgreifen kann.

Der Teilbetrag der Vorsorgepauschale für die Rentenversicherung gilt daher bezogen auf das jeweilige Dienstverhältnis beispielsweise **nicht** bei

- Beamten,
- beherrschenden Gesellschafter-Geschäftsführern einer GmbH,
- Vorstandsmitgliedern von Aktiengesellschaften (§ 1 Satz 3 SGB VI),
- versicherungsfrei weiterbeschäftigten Beziehern einer Vollrente wegen Alters oder vergleichbaren Pensionsempfängern (§ 5 Abs. 4 Satz 1 SGB VI), auch wenn gemäß § 172 Abs. 1 SGB VI ein Arbeitgeberanteil zur gesetzlichen Rentenversicherung zu entrichten ist,
- Arbeitnehmern, die von ihrem Arbeitgeber nur Versorgungsbezüge i.S.d. § 19 Abs. 2 Satz 2 Nr. 2 EStG erhalten (Werkspensionäre/Betriebsrentner),
- geringfügig beschäftigten Arbeitnehmern (geringfügig entlohnte Beschäftigung) nach § 8 Abs. 1 Nr. 1 oder § 8a SGB IV, bei denen die Lohnsteuer nach den individuellen Lohnsteuerabzugsmerkmalen erhoben wird und für die nur der pauschale Arbeitgeberbeitrag zur gesetzlichen Rentenversicherung entrichtet wird (Übergangsregelung und Befreiung von der Rentenversicherungspflicht),
- geringfügig beschäftigten Arbeitnehmern (versicherungsfreie kurzfristige Beschäftigung) nach § 8 Abs. 1 Nr. 2 SGB IV, bei denen die Lohnsteuer nach den individuellen Lohnsteuerabzugsmerkmalen erhoben wird,
- anderen Arbeitnehmern, die nicht in der gesetzlichen Rentenversicherung pflichtversichert sind und deshalb auch keinen Arbeitnehmerbeitrag zur gesetzlichen Rentenversicherung zu leisten haben (z.B. als Praktikanten oder aus anderen Gründen), Arbeitnehmern, wenn der Arbeitgeber nach § 20 Abs. 3 Satz 1 SGB IV den Gesamtsozialversicherungsbeitrag allein trägt (u.a. Auszubildende mit einem Arbeitsentgelt von bis zu monatlich 325 €).

Bei Befreiung von der Versicherungspflicht in der gesetzlichen Rentenversicherung auf eigenen Antrag auf Grund einer der in R 3.62 Abs. 3 LStR genannten Vorschriften ist der Teilbetrag für die Rentenversicherung nur in den Fällen des § 3 Nr. 62 Satz 2 Buchst. b EStG (gesetzliche Rentenversicherung) und § 3 Nr. 62 Satz 2 Buchst. c EStG (berufsständische Versorgungseinrichtung) EStG, nicht jedoch in den Fällen des § 3 Nr. 62 Satz 2 Buchst. a EStG (Lebensversicherung) anzusetzen.

In Fällen, in denen die Verpflichtung besteht, Beiträge zur Alterssicherung an **ausländische Sozialversicherungsträger** abzuführen, hat der Arbeitgeber bei der Berechnung der Vorsorgepauschale einen Teilbetrag für die Rentenversicherung nur zu berücksichtigen, wenn der abzuführende Beitrag – zumindest teilweise – **einen Arbeitnehmeranteil enthält und dem Grunde nach zu einem Sonderausgabenabzug führen kann** (§ 10 Abs. 1 Nr. 2 Satz 1 Buchst. a EStG). **Besteht Sozialversicherungspflicht im Inland und parallel im Ausland, bleiben im Lohnsteuerabzugsverfahren die Beiträge an den ausländischen Sozialversicherungsträger unberücksichtigt.**

Teilbetrag für die gesetzliche Krankenversicherung (§ 39b Abs. 2 Satz 5 Nr. 3 Buchst. b EStG)

Auf der Grundlage des steuerlichen Arbeitslohns wird unabhängig von der Berechnung der tatsächlich abzuführenden Krankenversicherungsbeiträge **typisierend** ein Arbeitnehmeranteil für die Krankenversicherung eines pflichtversicherten Arbeitnehmers berechnet, wenn der Arbeitnehmer in der gesetzlichen Krankenversicherung pflichtversichert oder freiwillig versichert ist (z.B. bei höher verdienenden Arbeitnehmern und bei Beamten, die unter Verzicht auf einen Beihilfeanspruch steuerfreie Arbeitgeberleistungen nach § 3 Nr. 62 Satz 1 EStG erhalten [z.B. als Zuschuss, pauschale Beihilfe oder die Erstattung von Beiträgen zur Krankenversicherung]). Der typisierte Arbeitnehmeranteil ist auch anzusetzen bei in der gesetzlichen Krankenversicherung versicherten Arbeitnehmern, die die anfallenden Krankenversicherungsbeiträge in voller Höhe allein tragen müssen (z. B. freiwillig versicherte Beamte, Empfänger von Versorgungsbezügen). Der entsprechende Teilbetrag ist jedoch nur zu berücksichtigen, wenn der Arbeitnehmer auch tatsächlich Beiträge zur inländischen gesetzlichen Krankenversicherung leistet. Besteht Sozialversicherungspflicht im Inland und parallel im Ausland, bleiben auch hier die Beiträge an den ausländischen Sozialversicherungsträger unberücksichtigt. Den Arbeitnehmeranteil für die Versicherung in der gesetzlichen Krankenversicherung darf der Arbeitgeber nur ansetzen, wenn er (z.B. das Lohnbüro, die Besoldungsstelle) von einer entsprechenden Versicherung Kenntnis hat (z.B. bei Zahlung eines steuerfreien Zuschusses oder nach Vorlage eines geeigneten Nachweises durch den Arbeitnehmer).

Beispiel:

Lediglich der Beihilfestelle, nicht jedoch der Besoldungsstelle ist bekannt, dass ein Beamter freiwillig gesetzlich krankenversichert ist. Die Besoldungsstelle berücksichtigt beim Lohnsteuerabzug keinen Teilbetrag für die gesetzliche Krankenversicherung.

Für **geringfügig beschäftigte Arbeitnehmer** (geringfügig entlohnte Beschäftigung nach § 8 Abs. 1 Nr. 1 oder § 8a SGB IV sowie kurzfristige Beschäftigung nach § 8 Abs. 1 Nr. 2 SGB IV), bei denen die Lohnsteuer nach den individuellen Lohnsteuerabzugsmerkmalen erhoben wird, ist kein Teilbetrag für die gesetzliche Krankenversicherung anzusetzen, **wenn kein Arbeitnehmeranteil für die Krankenversicherung zu entrichten ist.** Entsprechendes gilt für andere Arbeitnehmer, wenn kein Arbeitnehmeranteil zu entrichten ist; dies ist regelmäßig bei Schülern und Studenten der Fall.

Teilbetrag für die soziale Pflegeversicherung (§ 39b Abs. 2 Satz 5 Nr. 3 Buchst. c EStG)

Der Teilbetrag für die soziale Pflegeversicherung wird bei Arbeitnehmern angesetzt, die in der inländischen sozialen Pflegeversicherung versichert sind. Der Teilbetrag ist unter Berücksichtigung des Grundsatzes „Pflegeversicherung folgt Krankenversicherung" auch dann anzusetzen, wenn der Arbeitnehmer gesetzlich krankenversichert, jedoch privat pflegeversichert ist. Besteht Sozialversicherungspflicht im Inland und parallel im Ausland, bleiben im Lohnsteuerabzugsverfahren die Beiträge an den ausländischen Sozialversicherungsträger unberücksichtigt (s.o.). **Länderspezifische Besonderheiten** bei den Beitragssätzen sind zu berücksichtigen (höherer Arbeitnehmeranteil in Sachsen nach § 58 Abs. 3 SGB XI [0,5 Beitragssatzpunkte]).

Der **Beitragszuschlag für Kinderlose** (§ 55 Abs. 3 Satz 1 SGB XI; 0,6 Beitragssatzpunkte) sowie die **Beitragsabschläge** ab dem zweiten bis zum fünften Kind (§ 55 Abs. 3 Satz 4 SGB XI; 0,25 Beitragssatzpunkte je Kind) sind ebenfalls zu berücksichtigen.

Teilbetrag für die private Basiskranken- und Pflege-Pflichtversicherung (§ 39b Abs. 2 Satz 5 Nr. 3 Buchst. d EStG)

Der Teilbetrag für die private Basiskranken- und Pflege-Pflichtversicherung wird bei Arbeitnehmern angesetzt, die nicht in der gesetzlichen Krankenversicherung und sozialen Pflegeversicherung versichert sind (z.B. privat versicherte Beamte, beherrschende Gesellschafter-Geschäftsführer und höher verdienende Arbeitnehmer).

Der Arbeitgeber berücksichtigt hier in den Steuerklassen I bis V die ihm als Lohnsteuerabzugsmerkmal bereitgestellten Beiträge nach § 39 Abs. 4 Nr. 4 Buchst. b EStG, etwaig vervielfältigt unter sinngemäßer Anwendung von § 39b Abs. 2 Satz 2 EStG auf einen Jahresbetrag, vermindert um die nach § 3 Nr. 62 EStG steuerfreien

Zuschüsse, die unter Berücksichtigung der als Lohnsteuerabzugsmerkmal bereitgestellten Beiträge nach § 39 Abs. 4 Nr. 4 Buchst. a EStG ermittelt wurden. Der Teilbetrag der Vorsorgepauschale für die private Basiskranken- und Pflege-Pflichtversicherung darf dabei nicht negativ sein (zu den weiteren Einzelheiten vgl. BMF-Schreiben v. 3.6.2025 (BStBl I 2025, 1454) zum Datenaustausch zwischen den Unternehmen der privaten Krankenversicherung und der privaten Pflege-Pflichtversicherung, der Finanzverwaltung und den Arbeitgebern im Rahmen des Lohnsteuerabzugsverfahrens ab 2026.

Teilbetrag für die Versicherung gegen Arbeitslosigkeit (§ 39b Abs. 2 Satz 5 Nr. 3 Buchst. e EStG)

Der Teilbetrag für die Versicherung gegen Arbeitslosigkeit wird bei Arbeitnehmern, die in der Arbeitslosenversicherung (SGB III) versichert sind, in den Steuerklassen I bis V angesetzt, soweit er zusammen mit den Teilbeträgen nach den § 39b Abs. 2 Satz 5 Nr. 3 Buchst. b bis d EStG (Kranken-, Pflege-, private Basiskranken- und Pflege-Pflichtversicherung) den Betrag von **1 900 € nicht übersteigt**.

Bescheinigung der Beiträge des Arbeitnehmers zur gesetzlichen Krankenversicherung, zur sozialen Pflegeversicherung (§ 41b Abs. 1 Satz 2 Nr. 13 EStG) sowie zur Arbeitslosenversicherung (§ 41b Abs. 1 Satz 2 Nr. 14 EStG)

Unter Nr. 25 und 26 der Lohnsteuerbescheinigung (siehe z.B. BMF v. 17.2.2025, BStBl I 2025, 650) sind Beiträge des Arbeitnehmers zur inländischen gesetzlichen Krankenversicherung und zur inländischen sozialen Pflegeversicherung zu bescheinigen. **Beiträge an ausländische Sozialversicherungsträger sind nicht zu bescheinigen**.

Unter Nr. 27 der Lohnsteuerbescheinigung sind Beiträge des Arbeitnehmers zur Arbeitslosenversicherung zu bescheinigen; dies gilt auch bei Beitragszahlungen an ausländische Sozialversicherungsträger.

Keine Mindestvorsorgepauschale mehr ab 2026

Eine Mindestvorsorgepauschale (§ 39b Abs. 2 Satz 5 Nr. 3 dritter Teilsatz EStG a.F.) ist ab 2026 **nicht mehr zu berücksichtigen**, da die Beiträge für eine private Krankenversicherung und eine private Pflege-Pflichtversicherung nunmehr entsprechend der tatsächlichen Gegebenheiten sowie ggf. die Arbeitnehmerbeiträge zur Versicherung gegen Arbeitslosigkeit in pauschalierter Weise über die entsprechenden Teilbeträge der Vorsorgepauschale berücksichtigt werden.

Lohnsteuer-Jahresausgleich durch den Arbeitgeber (§ 42b Abs. 1 Satz 3 Nr. 5 und 5a sowie § 39b Abs. 2 Satz 12 EStG)

Über die in § 42b Abs. 1 Satz 3 Nr. 5 und 5a EStG genannten Ausschlusstatbestände hinaus ist ein Lohnsteuer-Jahresausgleich durch den Arbeitgeber auch dann ausgeschlossen, wenn – bezogen auf den Teilbetrag der Vorsorgepauschale für die Rentenversicherung, die gesetzliche Kranken- und soziale Pflegeversicherung oder die Versicherung gegen Arbeitslosigkeit – **innerhalb des Kalenderjahres nicht durchgängig ein einheitlicher Beitragssatz** anzuwenden war.

Für den **permanenten Lohnsteuer-Jahresausgleich** (§ 39b Abs. 2 Satz 12 EStG) gilt dies entsprechend.

Lohnsteuertabellen zur manuellen Berechnung der Lohnsteuer (§ 51 Abs. 4 Nr. 1a EStG)

Aus Vereinfachungsgründen werden bei der Erstellung der Lohnsteuertabellen, bezogen auf die Berücksichtigung der Vorsorgepauschale

- der Beitragszuschlag für Kinderlose (§ 55 Abs. 3 Satz 1 SGB XI) und
- die Beitragsabschläge ab dem zweiten bis zum fünften Kind (§ 55 Abs. 3 Satz 4 SGB XI)

nicht berücksichtigt.

Die länderspezifische Besonderheit bei der sozialen Pflegeversicherung (Rn. 18, höherer Arbeitnehmeranteil in Sachsen [0,5 Beitragssatzpunkte]) ist jedoch – wie bisher auch – bei der Erstellung von Lohnsteuertabellen zu beachten. Laut der FinVerw. bestehen keine Bedenken, wenn die Lohnsteuer mittels einer Lohnsteuertabelle berechnet wird, die die Besonderheit nicht berücksichtigt, wenn der Arbeitnehmer einer entsprechenden Lohnsteuerberechnung **nicht widerspricht**.

Bei geringfügig beschäftigten Arbeitnehmern (geringfügig entlohnte Beschäftigung nach § 8 Abs. 1 Nr. 1 oder § 8a SGB IV sowie versicherungsfreie kurzfristige Beschäftigung nach § 8 Abs. 1 Nr. 2 SGB IV), bei denen die Lohnsteuer nach den individuellen Lohnsteuerabzugsmerkmalen erhoben wird und der Arbeitnehmer keinen eigenen Beitrag zur Rentenversicherung und Kranken-/Pflegeversicherung zahlt, ist die Lohnsteuer mit der „Besonderen Lohnsteuertabelle“ zu berechnen.

Pauschalierung der Lohnsteuer in besonderen Fällen (§ 40 Abs. 1 EStG)

Bei der Berechnung des durchschnittlichen Steuersatzes kann nach R 40.1 Abs. 3 Satz 2 LStR aus Vereinfachungsgründen davon ausgegangen werden, dass die betroffenen Arbeitnehmer in allen Zweigen der Sozialversicherung versichert sind und keinen Beitragszuschlag für Kinderlose (§ 55 Abs. 3 Satz 1 SGB XI) leisten sowie keine Beitragsabschläge für Kinder ab dem zweiten bis zum fünften Kind (§ 55 Abs. 3 Satz 4 SGB XI) zu berücksichtigen sind. Die individuellen Verhältnisse auf Grund des Faktorverfahrens nach § 39f EStG bleiben unberücksichtigt.

Lohnzahlung an Dritte

→ *Arbeitslohn* Rz. 621

Lohnzahlung durch Dritte

1. Allgemeines

Der Arbeitgeber ist nach § 38 Abs. 1 EStG bei der Auszahlung von Arbeitslohn zur Einbehaltung der Lohnsteuer verpflichtet. Der Lohnsteuer unterliegt auch der i.R. des Dienstverhältnisses **von einem Dritten gewährte Arbeitslohn**, wenn der Arbeitgeber weiß oder erkennen kann, dass derartige Vergütungen erbracht werden; dies ist insbesondere anzunehmen, wenn Arbeitgeber und Dritter verbundene Unternehmen i.S.v. § 15 AktG sind (§ 38 Abs. 1 Satz 3 EStG). **3040**

Bei Zahlungen durch Dritte ist zu **unterscheiden**, ob es sich hierbei um eine **„unechte“ Lohnzahlung durch Dritte** oder um eine **„echte“ Lohnzahlung durch Dritte** handelt (BFH v. 30.5.2001, VI R 123/00, BStBl II 2002, 230; R 38.4 LStR). Entsprechend dieser Einordnung richtet sich die Verpflichtung zur Einbehaltung der Lohnsteuer.

Zur Einbehaltung der Lohnsteuer ist aber **immer der Arbeitgeber verpflichtet**; der Dritte hat keine lohnsteuerlichen Pflichten zu erfüllen, es sei denn, die lohnsteuerlichen Pflichten werden nach § 38 Abs. 3a EStG auf den Dritten übertragen, → *Lohnsteuerabzug durch Dritte* Rz. 2937. Deshalb verbleibt die Pflicht zur Einbehaltung der Lohnsteuer und ggf. die Haftung für nicht abgeführte Lohnsteuerbeträge grds. beim **Arbeitgeber**.

Soweit der Arbeitgeber nicht zum Lohnsteuerabzug verpflichtet ist, hat der Arbeitnehmer den Arbeitslohn unter den Voraussetzungen des § 46 EStG (→ *Veranlagung von Arbeitnehmern* Rz. 4233) i.R. seiner **Einkommensteuererklärung** anzugeben und zu versteuern (dazu hat der Arbeitnehmer den nicht dem Lohnsteuerabzug unterliegenden Arbeitslohn in der „Anlage N“ einzutragen).

2. Unechte Lohnzahlung durch Dritte

Eine unechte Lohnzahlung eines Dritten ist nach R 38.4 Abs. 1 LStR dann anzunehmen, wenn der Dritte **lediglich als Leistungsmittler fungiert**. Das ist z.B. der Fall, wenn der Dritte im Auftrag des Arbeitgebers leistet oder die Stellung einer Kasse des Arbeitgebers innehat, z.B. selbständige Kasse zur Zahlung von Unterstützungsleistungen (BFH v. 28.3.1958, VI 233/56 S, BStBl III 1958, 268) oder von Erholungsbeihilfen (BFH v. 27.1.1961, VI 249/60 U, BStBl III 1961, 167). In diesen Fällen bleibt jedoch der den Dritten als Leistungsmittler einsetzende Arbeitgeber derjenige, welcher den Arbeitslohn zahlt. Folglich ist er zum Lohnsteuerabzug verpflichtet (§ 38 Abs. 1 Satz 1 EStG). **3041**

Bei der **Gewährung von geldwerten Vorteilen durch Dritte** führt allein **eine enge wirtschaftliche Verknüpfung** des Arbeitgebers mit dem Dritten i.R. eines Konzernverbunds **nicht zur Annahme**, dass sog. **unechter Arbeitslohn** vorliegt. Für solche Vorteile eines Dritten ist der Arbeitgeber nicht nach § 38 Abs. 1 Satz 1 EStG zum Lohnsteuerabzug verpflichtet (BFH v. 4.4.2006, VI R 11/03,

BStBl II 2006, 668). Allerdings kann ein Lohnsteuerabzug nach § 38 Abs. 1 Satz 3 EStG in Betracht kommen, → Rz. 3042.

Zur Frage der **Lohnsteuerabzugsverpflichtung des Arbeitgebers** bei der Einräumung gegenseitiger „Vorteilstarife" an Mitarbeiter verbundener Unternehmen vgl. FG Köln v. 1.10.2002, 5 K 135/96, EFG 2005, 1105, sowie BMF v. 20.01.2015, IV C 5 - S 2360/12/10002, BStBl I 2015, 143, zur steuerlichen Behandlung der Rabatte, die Arbeitnehmern von dritter Seite eingeräumt werden.

3. Echte Lohnzahlung durch Dritte

3042 Eine echte Lohnzahlung eines Dritten liegt nach R 38.4 Abs. 2 LStR dann vor, wenn dem Arbeitnehmer **Vorteile von einem Dritten eingeräumt** werden, die ein **Entgelt für eine Leistung** sind, die der Arbeitnehmer i.R. seines Dienstverhältnisses **für den Arbeitgeber** erbringt. Dies ist auch dann der Fall, wenn der Arbeitgeber als eine Art Treuhänder bei der Verteilung der Gelder eingeschaltet ist; auch in dieser Konstellation liegt die Zuwendung eines Dritten und nicht die des Arbeitgebers vor (BFH v. 18.6.2015, VI R 37/14, BStBl II 2016, 751 betr. freiwillige Zahlungen von Spielbankkunden an die Saalassistenten einer Spielbank für das Servieren von Speisen und Getränken).

Werden Rabatte sowohl **Arbeitnehmern von Geschäftspartnern** als auch einem **weiteren Personenkreis** (z.B. Angehörigen der gesamten Versicherungsbranche, Arbeitnehmern weiterer Unternehmen) eingeräumt, so liegt hierin **kein Arbeitslohn** vor (BFH v. 10.4.2014, VI R 62/11, BStBl II 2015, 191).

Allgemein gilt: Rabatte, die der Arbeitgeber nicht nur seinen Arbeitnehmern, sondern auch fremden Dritten üblicherweise einräumt, begründen bei den Arbeitnehmern keinen Arbeitslohn. Soweit und in der Höhe, als Preisnachlässe auch im normalen Geschäftsverkehr unter fremden Dritten erzielt werden können, spricht nichts dafür, dass diese Rabatte, wenn sie auch Arbeitnehmern eingeräumt werden, als Vorteil für deren Beschäftigung gewährt werden. Denn es fehlt an einem aus dem Arbeitsverhältnis stammenden Vorteil als Grundvoraussetzung für steuerliche Einkünfte.

Beispiel 1:

Der Vorstandsvorsitzende und Hauptaktionär einer AG veräußert der Ehefrau eines Vorstandsmitglieds und Gesellschaftern der AG und Geschäftsfreunden Aktien der AG zum vom Börsenkurs abweichenden Nennwert.

Der verbilligte Erwerb von Aktien vom Arbeitgeber (oder einem Dritten) kann zu Einnahmen aus nichtselbständiger Arbeit führen, wenn der Vorteil dem Arbeitnehmer „für" seine Arbeitsleistung gewährt wird. Dies kann nur auf Grund einer grds. der Tatsacheninstanz vorbehaltenen Würdigung aller wesentlichen Umstände des Einzelfalls entschieden werden (BFH v. 7.5.2014, VI R 73/12, BStBl II 2014, 904).

Beispiel 2:

Die B GmbH war Alleingesellschafterin der A GmbH. Die B GmbH veräußerte sämtliche Anteile der A GmbH an die D AG. Die Arbeitnehmer der A GmbH erhielten einen von der B GmbH ausgestellten Scheck über 5 200 €. Im dazugehörigen Anschreiben der B GmbH ist unter anderem ausgeführt:

Die bisherige Alleingesellschafterin der A GmbH, die B GmbH, hat ihre Geschäftsanteile an die D AG verkauft. Aus diesem Anlass schenkt Ihnen die B GmbH die in beiliegendem Scheck verzeichnete Summe. Bei diesem Betrag handelt es sich um eine freiwillige, nicht mehr mit dem Arbeitsverhältnis im Zusammenhang stehende Zuwendung, die grds. der Schenkungsteuer unterliegt. Die Höhe der anfallenden Schenkungsteuer ist in Abhängigkeit von dem Zuwendungsbetrag der beigefügten Tabelle zu entnehmen.

Die freiwilligen Zuwendungen, die die Arbeitnehmer der ehemaligen A GmbH aus Anlass der Veräußerung der Anteile an die D AG von der B GmbH erhalten, sind keine Schenkungen, sondern als echte Lohnzahlungen durch Dritte Arbeitslohn (BFH v. 28.2.2013, VI R 58/11, BStBl II 2013, 642 und BFH v. 7.8.2014, VI R 57/12, HFR 2015, 242, in Abgrenzung hierzu zur schenkweisen Übertragung von Geschäftsanteilen auf leitende Mitarbeiter zur Sicherung der Unternehmensnachfolge, welche nicht ohne Weiteres zu Arbeitslohn führt, vgl. BFH Urteil v. 20.11.2024, VI R 21/22, BStBl II 2025, 256).

Beispiel 3:

Eine Gemeinde hat im eigenen Namen Leasingverträge über Pkws abgeschlossen, um ihren Arbeitnehmern Zugang zu vergünstigten Konditionen zu ermöglichen, weil der Autohersteller der Gemeinde günstigere Konditionen einräumt als einem privaten Leasingnehmer (sog. Behördenleasing). Die Leasingwagen stehen allein den Arbeitnehmern zur uneingeschränkten dienstlichen und privaten Verwendung zur Verfügung.

Zunächst ist zu prüfen, ob das Fahrzeug dem Arbeitgeber oder dem Arbeitnehmer zuzurechnen ist. Ist das Fahrzeug dem Arbeitgeber zuzurechnen, liegt die Überlassung eines Firmenwagens zur privaten Nutzung vor, die nach § 8 Abs. 2 Satz 2 bis 5 EStG zu bewerten ist (→ *Firmenwagen zur privaten Nutzung* Rz. 2121). Ist das Fahrzeug dem Arbeitnehmer zuzurechnen, können in Höhe der Differenz zwischen den für dritte Privatpersonen üblichen und den tatsächlich bezahlten Leasinggebühren Einnahmen aus nichtselbständiger Arbeit vorliegen (BFH v. 18.12.2014, VI R 75/13, BStBl II 2015, 670).

Beispiel 4:

Der beherrschende Gesellschafter einer GmbH, bei der der Arbeitnehmer beschäftigt ist, veräußert einen Anteil an dieser GmbH verbilligt an eine Mitgesellschafterin, bei der es sich ebenfalls um eine GmbH handelt, die ihrerseits von dem Arbeitnehmer beherrscht wird.

Der verbilligte Erwerb einer GmbH-Beteiligung durch eine vom Geschäftsführer des Arbeitgebers beherrschte GmbH kann auch dann zu Arbeitslohn führen, wenn nicht der Arbeitgeber selbst, sondern ein Gesellschafter des Arbeitgebers die Beteiligung veräußert. Die materiellrechtlichen Anforderungen an den Veranlassungszusammenhang zwischen Vorteil und Dienstverhältnis und an dessen tatsächliche Feststellung sind bei Drittzuwendungen grds. nicht anders zu beurteilen als bei Zuwendungen durch den Arbeitgeber.

Gewährt ein Gesellschafter des Arbeitgebers einen Vorteil an eine vom Geschäftsführer des Arbeitgebers beherrschte Gesellschaft aus im Gesellschaftsverhältnis wurzelnden Gründen, liegt im Verhältnis des Gesellschafters zum Arbeitgeber eine Einlage und im Verhältnis des Arbeitgebers zu der an ihm beteiligten Gesellschaft des Geschäftsführers eine verdeckte Gewinnausschüttung vor, wenn die Gewährung des Vorteils durch das Gesellschaftsverhältnis veranlasst ist oder (direkter) Arbeitslohn, wenn die Arbeitsleistung mit der Vorteilsgewährung entgolten wird (BFH v. 1.9.2016, VI R 67/14, BStBl II 2017, 69).

Zu den **echten Lohnzahlungen durch Dritte** gehören auch die **Fälle des § 13b AÜG**. Danach hat der Entleiher dem Leiharbeitnehmer grds. Zugang zu den Gemeinschaftseinrichtungen oder -diensten im Unternehmen unter den gleichen Bedingungen zu gewähren wie vergleichbaren Arbeitnehmern in dem Betrieb, in dem der Leiharbeitnehmer seine Arbeitsleistung erbringt (R 38.4 Abs. 2 Satz 1 zweiter Halbsatz LStR).

Liegt eine echte Lohnzahlung durch Dritte vor, hat der Arbeitgeber die Lohnsteuer einzubehalten und die damit verbundenen weiteren Pflichten zu erfüllen, wenn **der Arbeitslohn i.R. des Dienstverhältnisses** von einem Dritten gezahlt wird und **der Arbeitgeber weiß oder erkennen kann**, dass derartige Vergütungen erbracht werden. Dies ist insbesondere anzunehmen, wenn Arbeitgeber und Dritter verbundene Unternehmen i.S.v. § 15 AktG sind (§ 38 Abs. 1 Satz 3 EStG).

Der Arbeitgeber kann die Lohnzahlung durch Dritte **insbesondere dann erkennen**, wenn

- er an der Verschaffung der Drittvergütung **mitgewirkt** hat,
- der Vorteil auf einer **Rahmenvereinbarung** beruht, die der Berufsverband des Arbeitgebers oder seine Dachorganisation mit dem Dritten geschlossen hat, und der Vorteil den Verbandsmitgliedern bekannt ist,
- im Unternehmen des Arbeitgebers **allgemein bekannt** ist, dass der Dritte derartige Vergütungen i.R. des Dienstverhältnisses gewährt,
- der Arbeitgeber von den Finanz- oder Sozialbehörden auf die Drittvergütung **hingewiesen** worden ist, oder
- Arbeitgeber und Dritter **verbundene Unternehmen** i.S.d. § 15 AktG sind.

Damit der Arbeitgeber seine Lohnsteuerabzugsverpflichtung auch erfüllen kann, ist **der Arbeitnehmer gesetzlich verpflichtet**, seinem Arbeitgeber die **von einem Dritten gewährten Bezüge** am Ende des jeweiligen Lohnzahlungszeitraums **anzugeben**. Wenn **der Arbeitnehmer keine Angabe** oder eine erkennbar unrichtige Angabe macht, hat der **Arbeitgeber dies dem Betriebsstättenfinanzamt anzuzeigen** (§ 38 Abs. 4 Satz 3 EStG).

Der Arbeitgeber ist insbesondere in folgenden Fällen **zum Lohnsteuerabzug verpflichtet**:

- **Gewährung von Rabatten oder Aktienoptionen** von konzernangehörigen Unternehmen,
- **Provisionszahlungen** von Bausparkassen oder Versicherungsunternehmen an Arbeitnehmer der Kreditinstitute für Vertragsabschlüsse, die während der Arbeitszeit vermittelt wer-

den; wenn zum Aufgabengebiet des Arbeitnehmers der direkte Kontakt mit dem Kunden des Kreditinstituts gehört, gilt dies auch für die Provisionen der Vertragsabschlüsse außerhalb der Arbeitszeit (→ *Provisionen* Rz. 3510),

- **Remunerationen an Vorstandsmitglieder von Sparkassen**; als Remunerationen werden Vergütungen bezeichnet, die Vorstandsmitglieder auf Grund von Kooperationsabkommen zwischen Sparkassen auf der einen und Bausparkassen bzw. Versicherungen auf der anderen Seite erhalten; diese Kooperationsabkommen regeln die Vermittlung von Dienstleistungen der Bausparkassen und Versicherungen durch die Sparkassen.

Beispiel 5:

Der Sparkassenvorstand S erhält von der Bausparkasse B als Remunerationen bezeichnete Vergütungen.

Die an S gezahlten Remunerationen sind Ausfluss seines Arbeitsverhältnisses zur Sparkasse und gehören zu den Einkünften aus nichtselbständiger Arbeit. Derartige Vergütungen sind im Kooperationsfall üblich, so dass die Sparkasse weiß oder erkennen kann, dass derartige Vergütungen erbracht werden. Mithin stellen diese Remunerationen Lohnzahlungen Dritter dar, die nach § 38 Abs. 1 Satz 3 EStG dem Lohnsteuerabzug unterliegen.

Soweit die Sparkasse als Arbeitgeber diese Bezüge nicht selbst ermitteln kann, hat sie der Sparkassenvorstand für jeden Lohnzahlungszeitraum anzuzeigen. Von dieser Behandlung sind lediglich die Fälle ausgenommen, in denen der Lohnsteuerabzug durch die Bausparkasse oder Versicherung erfolgt, weil auf Grund besonderer Vereinbarungen ein Dienstverhältnis zwischen diesem Institut und dem Sparkassenvorstand besteht (BMF v. 26.10.1998, IV C 5 – S 2360 – 2/98).

Der Arbeitgeber ist allerdings **nicht zum Lohnsteuerabzug verpflichtet**, wenn Mitarbeiter einer Bank beim Abschluss eines eigenen Bausparvertrags von der Bausparkasse Gebührenvorteile (Verzicht auf Abschlussgebühr) erhalten und der Arbeitgeber nicht zum Konzernverbund der Bausparkasse gehört, sondern lediglich i.R. einer Kooperation Verträge der Bausparkasse vermittelt (BFH v. 20.5.2010, VI R 41/09, BStBl II 2010, 1022).

Ebenso stellen **Entgelte für Länderspieleinsätze**, die vom Bundesverband **an die Nationalspieler gezahlt** werden, **keine Lohnzahlungen** des arbeitgebenden Bundesligavereins **durch Dritte** dar, wenn sich die Verpflichtung zur Teilnahme an den Länderspielen **nicht aus dem Arbeitsvertrag** des Spielers mit dem Bundesligaverein ergibt. § 38 Abs. 1 Satz 3 EStG ist insoweit nicht anzuwenden (FG Münster v. 25.3.2015, 7 K 3010/12 L, EFG 2015, 989). Die Frage, welcher Einkunftsart konkret die Zahlungen des Verbands zuzuordnen sind (Einkünfte aus selbständiger Arbeit nach § 18 EStG oder Einkünfte aus nichtselbständiger Arbeit nach § 19 EStG), ließ das FG Münster offen, weil in beiden Alternativen keine Verpflichtung zum Lohnsteuerabzug durch den Bundesligaverein bestand. Einzelheiten → *Berufssportler* Rz. 1368.

Zur Behandlung der Mitarbeiterbeteiligung an den Liquidationseinnahmen der Chefärzte → *Arzt* Rz. 815.

4. Rabattgewährung von dritter Seite

3043 Zur steuerlichen Behandlung der Rabatte, die Arbeitnehmern von dritter Seite eingeräumt werden, vgl. BMF v. 20.1.2015, IV C 5 – S 2360/12/10002, BStBl I 2015, 143 sowie → *Rabatte* Rz. 3537.

5. Lohnsteuerabzugsverfahren

3044 Der Arbeitnehmer hat **dem Arbeitgeber die von einem Dritten gewährten Bezüge** i.S.v. § 38 Abs. 1 Satz 3 EStG am Ende des jeweiligen Lohnzahlungszeitraums **anzugeben**; hierzu ist der Arbeitnehmer **gesetzlich verpflichtet** (§ 38 Abs. 4 Satz 3 EStG). Der Arbeitgeber hat die Anzeige als Beleg zum Lohnkonto **aufzubewahren** und die bezeichneten Bezüge zusammen mit dem übrigen Arbeitslohn des Arbeitnehmers dem Lohnsteuerabzug zu unterwerfen. **Dabei kann folgende Erklärung verwendet werden:**

Erklärung

(☐= Zutreffendes jeweils ankreuzen bzw. ausfüllen, nicht Zutreffendes streichen)

Mir ist bekannt, dass Zahlungen, die ich von einem Dritten i.R. meines Dienstverhältnisses erhalte, lohnsteuerpflichtig sind.

Ich erkläre hiermit unter Versicherung der Richtigkeit meiner Angaben, dass ich

☐ im Monat ....

☐ in der Zeit vom .... bis ....

☐ .... € erhalten habe.

☐ keine der oben genannten Zahlungen erhalten habe.

...., den ....

(Unterschrift)

Wenn der vom Arbeitgeber geschuldete **Barlohn zur Deckung der Lohnsteuer nicht ausreicht**, hat der Arbeitnehmer dem Arbeitgeber den Fehlbetrag zur Verfügung zu stellen oder der Arbeitgeber muss einen entsprechenden Teil der anderen Bezüge des Arbeitnehmers zurückbehalten (§ 38 Abs. 4 Satz 1 EStG). Soweit der Arbeitnehmer seiner Verpflichtung nicht nachkommt und der Arbeitgeber den Fehlbetrag nicht durch Zurückbehaltung von anderen Bezügen des Arbeitnehmers aufbringen kann, hat der Arbeitgeber dies dem Betriebsstättenfinanzamt anzuzeigen (§ 38 Abs. 4 Satz 2 EStG). Ebenfalls anzuzeigen hat der Arbeitgeber dem Betriebsstättenfinanzamt, wenn **der Arbeitnehmer ihm keine Angaben** zu den von einem Dritten gewährten Bezügen i.S.v. § 38 Abs. 1 Satz 3 EStG macht oder **erkennbar unrichtige Angaben** macht (§ 38 Abs. 4 Satz 3 EStG).

Die dem Arbeitgeber bei der Lohnzahlung durch Dritte auferlegte Lohnsteuerabzugspflicht erfordert, dass dieser seine Arbeitnehmer auf ihre **gesetzliche Verpflichtung hinweist.** Kommt der Arbeitnehmer seiner Angabenpflicht nicht nach und kann der Arbeitgeber bei der gebotenen Sorgfalt aus seiner Mitwirkung an der Lohnzahlung des Dritten oder aus der Unternehmensverbundenheit mit dem Dritten erkennen, dass der Arbeitnehmer zu Unrecht keine Angaben macht oder seine Angaben unzutreffend sind, hat der Arbeitgeber die **ihm bekannten Tatsachen** zur Lohnzahlung von dritter Seite dem Betriebsstättenfinanzamt anzuzeigen. Die Anzeige hat **unverzüglich** zu erfolgen (R 38.4 Abs. 2 Sätze 3 bis 5 LStR). Im Anschluss daran hat das Finanzamt die zu wenig erhobene Lohnsteuer vom Arbeitnehmer nachzufordern.

Der Arbeitgeber hat **keine** Lohnsteuer einzubehalten von Bezügen, die **nicht** i.R. des Dienstverhältnisses gezahlt werden, z.B. vom Arbeitslohn aus einem zweiten oder weiteren Dienstverhältnis. Zahlt im Fall unerlaubter Arbeitnehmerüberlassung der Entleiher an Stelle des Verleihers den Arbeitslohn an die Arbeitnehmer, so ist der Entleiher regelmäßig nicht Dritter, sondern Arbeitgeber i.S.d. § 38 Abs. 1 Satz 1 Nr. 1 EStG, vgl. H 42d.2 (Steuerrechtlicher Arbeitgeber) LStH.

6. Haftung

Der **Arbeitgeber haftet grds. nicht** für die Lohnsteuer, die er **infolge unvollständiger oder unrichtiger Angaben** des **Arbeitnehmers** zu gering einbehalten hat. Voraussetzung ist allerdings, dass er in diesen Fällen seiner Anzeigepflicht gegenüber seinem Betriebsstättenfinanzamt nachkommt (§ 38 Abs. 4 Satz 3 EStG). 3045

Der Arbeitgeber haftet jedoch für die zu gering einbehaltene Lohnsteuer, wenn der Arbeitnehmer zutreffende und vollständige Angaben über die Lohnzahlung durch Dritte macht und der Arbeitgeber dies nicht beim Lohnsteuerabzug berücksichtigt oder dem Betriebsstättenfinanzamt nicht zumindest nach § 38 Abs. 4 Satz 2 EStG anzeigt (BFH v. 9.10.2002, VI R 112/99, BStBl II 2002, 884).

7. Sozialversicherung

Die steuerlichen Grundsätze für die Lohnzahlung durch Dritte gelten für die Sozialversicherung entsprechend. Obwohl § 14 SGB IV (Arbeitsentgelt) keine entsprechende Regelung enthält, kann unter Bezugnahme auf die Rechtsprechung des BSG (BSG v. 26.10.1988, 12 RK 18/87) insoweit von einem Gleichklang ausgegangen werden. 3046

S.a. → *Arbeitnehmerüberlassung* Rz. 568.

Lohnzahlungszeitraum

→ *Berechnung der Lohnsteuer* Rz. 1337

Lohnzuschläge

→ *Zuschläge* Rz. 4797

Lösegeld

1. Arbeitslohn

3047 Höchstrichterlich noch nicht eindeutig bzw. abschließend geklärt ist, ob Lösegeldzahlungen des Arbeitgebers zur Befreiung von entführten oder zurückgehaltenen Arbeitnehmern

- steuerpflichtiger **Arbeitslohn** sind (in diesem Sinne BFH v. 22.2.2001, I B 132/00 (NV), betr. Lösegeldzahlungen einer GmbH für ihren Gesellschafter als verdeckte Gewinnausschüttung). Im Urteilsfall ging es um eine Lösegeldzahlung anlässlich der Entführung auf einer Dienstreise. Betroffen waren ein Gesellschafter und dessen Bruder als Geschäftsführer.

- oder **im ganz überwiegenden betrieblichen Interesse des Arbeitgebers liegen und damit kein Arbeitslohn** sind (so FG Nürnberg v. 13.3.1986, VI 239/84, EFG 1986, 493 betr. Übernahme der Kaution für einen Berufskraftfahrer, der auf einer Geschäftsfahrt durch die (frühere) DDR einen schweren Unfall verursacht hatte).

U.E. ist **Arbeitslohn** anzunehmen, weil der betroffene Arbeitnehmer stets auch ein erhebliches Eigeninteresse an der Übernahme des Lösegeldes durch den Arbeitgeber haben dürfte; schließlich dient es seiner Sicherung bzw. der Unversehrtheit von Leib und Leben.

Folglich sind diese Aufwendungen zumindest auch privat veranlasst, sodass keine Werbungskosten vorliegen werden. Weil der geldwerte Vorteil zudem von erheblichem Gewicht ist (es handelt sich regelmäßig um höhere [Geld-]Beträge) und es sich bei einer Kostenübernahme durch den Arbeitgeber um Aufwendungen für die Lebensführung handelt – hierunter fallen sämtliche Aufwendungen zum Schutz des eigenen Lebens – ist typisierend Arbeitslohn anzunehmen (vgl. BFH v. 5.4.2006, IX R 109/00, BStBl II 2006, 541, betr. Sicherheitsmaßnahmen am Wohnhaus eines Bankvorstands als Arbeitslohn sowie → *Bewachung* Rz. 1446).

LSt SV

2. Werbungskosten

3048 Lösegeldzahlungen sind keine Werbungskosten. Aufwendungen für den Schutz des eigenen Lebens oder die Wiedererlangung der Freiheit sind Kosten der Lebensführung (BFH v. 30.10.1980, IV R 27/77, BStBl II 1981, 303 sowie → *Bewachung* Rz. 1450). Ggf. können die Aufwendungen (hier der versteuerte Arbeitslohn) als außergewöhnliche Belastungen geltend gemacht werden (BFH v. 6.5.1994, III R 27/92, BStBl II 1995, 104).

Mahlzeiten

Inhalt

1. Allgemeines

Die Aufwendungen des Arbeitnehmers für Essen und Trinken sind 3049
im Allgemeinen Kosten der privaten Lebensführung und damit keine Werbungskosten bei den Einkünften aus nichtselbständiger Arbeit. Dies gilt auch dann, wenn berufsbedingt erhöhte Kosten anfallen (zuletzt BFH v. 9.4.2014, X R 40/11, HFR 2015, 461 betr. Verpflegungsmehraufwendungen eines Kraftsportlers). Auch ungewöhnlich lange Arbeitsschichten, z.B. der 24-Stunden-Dienst eines Feuerwehrmanns, berechtigen nicht zum Ansatz bzw. Abzug von Verpflegungsmehraufwendungen als Werbungskosten (BFH v. 31.1.1997, VI R 98/94, HFR 1997, 662). Ein **Werbungskostenabzug** kommt nach diesem Urteil allenfalls für **„vergebliche Speisen"** in Betracht, wenn z.B. ein Feuerwehrmann sein Essen wegen eines Einsatzes nicht einnehmen konnte und er nach Rückkehr, weil die Speise ungenießbar geworden war, erneut ein Essen herrichten musste. Solche vergeblichen Aufwendungen müssen aber dem Finanzamt im Einzelnen nachgewiesen werden.

Ausnahmen von diesem Abzugsverbot gelten bei

- Mehraufwendungen für Verpflegung anlässlich von Auswärtstätigkeiten (→ *Reisekosten: Allgemeine Grundsätze* Rz. 3589);
- Mehraufwendungen für Verpflegung anlässlich einer doppelten Haushaltsführung (→ *Doppelte Haushaltsführung: Allgemeines* Rz. 1709).

Trägt der Arbeitgeber ganz oder teilweise **die Aufwendungen für** die während der Arbeitszeit eingenommenen **Mahlzeiten** des Arbeitnehmers, so besteht darin grds. ein **geldwerter Vorteil des Arbeitnehmers**, der auch steuer- und beitragspflichtig ist.

LSt SV

In folgenden Ausnahmefällen ist die Gewährung von Mahlzeiten allerdings als **im ganz überwiegenden betrieblichen Interesse** des Arbeitgebers **nicht** als Arbeitslohn anzusehen und damit nicht steuer- und beitragspflichtig:

- Mahlzeiten anlässlich und während eines außergewöhnlichen Arbeitseinsatzes (→ *Arbeitsessen* Rz. 611),
- Mahlzeiten anlässlich einer geschäftlich veranlassten Bewirtung (→ *Bewirtungskosten* Rz. 1452),
- Zusatzverpflegung in gesundheitsgefährdeten Betrieben (→ *Arbeitslohn-ABC* Rz. 711 „Zusatzverpflegung"),
- Mahlzeiten, die Kindergärtnerinnen lt. Arbeitsvertrag gemeinsam mit den Kindern einzunehmen haben (FG Niedersachsen v. 19.2.2009, 11 K 384/07),
- Mahlzeiten, die angestellte Betreuer eines Kinderheims lt. Arbeitsvertrag gemeinsam mit den Kindern einzunehmen haben (FG Schleswig-Holstein v. 23.1.2012, 5 K 64/11),
- Mahlzeiten, die Pflegekräfte einnehmen, die mit behinderten Menschen in einer Wohngemeinschaft leben, um diese rund um die Uhr pflegen, betreuen und versorgen zu können (FG Baden-Württemberg v. 21.3.2013, 3 K 3932/11, EFG 2013, 1353).

  Dies gilt nach einer Entscheidung der obersten Finanzbehörden auch für Mahlzeiten, die Arbeitnehmer eines Pflegedienstes, der einen 24-Stunden-Pflegedienst anbietet, vom zu Pflegenden erhalten, weil sie während der Pflegezeit mit diesem in häuslicher Gemeinschaft (gemeinsames Wohnen und Wirtschaften) zu leben haben,
- Mahlzeiten, die Mitarbeiter auf einer Offshore-Plattform einnehmen, wenn dies den Gesichtspunkten der Logistik, dem Sicherheits- und Betriebskonzept, den Hygienebestimmungen und der Gestaltung des Betriebsablaufs (Schichtdienst) auf der Offshore-Plattform im besonderen Maße Rechnung trägt, die Mitarbeiter auf Grund der beengten Räumlichkeiten keine Möglichkeit haben, sich selbst zu verpflegen, und die Verpflegung das übliche Maß in der Offshore-Branche nicht übersteigt (FG Hamburg v. 17.9.2015, 2 K 54/15, EFG 2016, 36), zu Leiharbeitnehmern vgl. FG Niedersachsen v. 13.5.2022, 14 K 212/19, DStRE 856,
- Mahlzeiten, die das Kabinen- und Cockpit-Personal an Bord eines Flugzeuges einnimmt, sofern die Mahlzeiten auf Lang- und Mittelstreckenflügen bei Flugzeiten von über sechs Stunden mit kurzen „Turn-Around-Zeiten" unentgeltlich überlassen werden (FG Düsseldorf v. 13.8.2021, 14 K 2158/16 L, EFG 2021, 1130),
- Mahlzeiten, die Besatzungsmitglieder an Bord von Flusskreuzfahrtschiffen einnehmen, wenn das eigenbetriebliche Interesse des Arbeitgebers an einer Gemeinschaftsverpflegung

wegen besonderer betrieblicher Abläufe den Vorteil der Arbeitnehmer bei Weitem überwiegt (BFH v. 21.1.2010, VI R 51/08, BStBl II 2010, 700).

(LSt) (SV durchgestrichen)

Demgegenüber wird Profifußballern mit der Übernahme der Kosten für die – verpflichtend einzunehmende – Verpflegung anlässlich der Heimspiele und Auswärtsspiele sowie der Trainingslager ein steuerpflichtiger geldwerter Vorteil zugewandt. An der Einnahme sportmedizinisch abgestimmter Speisen besteht neben dem eigenbetrieblichen Interesse des Arbeitgebers ein – zur Annahme von Arbeitslohn führendes – nicht unerhebliches Interesse der Sportler (FG München v. 3.5.2013, 8 K 4017/09, EFG 2013, 1407).

2. Definition des Begriffs Mahlzeit

3050 Zu den Mahlzeiten gehören alle Speisen und Lebensmittel, die üblicherweise der Ernährung dienen, einschließlich der dazu üblichen Getränke, vgl. H 8.1 (7) (Begriff der Mahlzeit) LStH. Zu den **Mahlzeiten** gehören demnach alle warmen und kalten Speisen, unabhängig davon, ob es sich um eine vollständige Mahlzeit oder um eine Teilmahlzeit handelt, z.B. belegte Brötchen, eine Suppe, ein Salat, Würstchen mit Brot oder ein Drei-Gänge-Menü (vgl. OFD Frankfurt v. 6.7.2015, S 2353 A – 87 – St 222). Getränke gehören zu den Mahlzeiten, wenn sie üblicherweise zu den Mahlzeiten eingenommen werden, z.B. ein Erfrischungsgetränk zum Essen oder ein Kaffee im unmittelbaren Anschluss an ein Mittagessen. Unbelegte Backwaren wie Brötchen und Rosinenbrot mit einem Heißgetränk stellen kein Frühstück dar. Für die Annahme eines (einfachen) Frühstücks muss jedenfalls ein Aufstrich oder Belag hinzutreten (BFH v. 3.7.2019, VI R 36/17, BStBl II 2020, 788).

Getränke, die nicht unmittelbar zur Mahlzeit gereicht werden, z.B. kostenlose Getränke zwischen den Mahlzeiten, sind nicht mit einzubeziehen; diese Getränke gehören i.d.R. als Aufmerksamkeiten nicht zum Arbeitslohn (→ *Annehmlichkeiten* Rz. 167).

Zu den Mahlzeiten, die mit dem Sachbezugswert anzusetzen sind (→ Rz. 3051), gehören auch Lebensmittel, welche der Arbeitnehmer in der **Kantine einkauft**, um sie während der Arbeitszeit zu verzehren, z.B. Brot, Butter, Wurst, Gebäck. Dabei ist der Grund für den Einkauf der Lebensmittel nebensächlich. Es kann sein, dass der Arbeitgeber keine warmen Mahlzeiten in der Kantine herstellt. Es kann aber auch sein, dass der Arbeitnehmer die Gerichte gesundheitlich nicht verträgt, dass sie ihm nicht gefallen oder dass er zu den kantinenüblichen Esszeiten nicht im Betrieb anwesend ist (BFH v. 21.3.1975, VI R 94/72, BStBl II 1975, 486). Auch ein kleiner Imbiss in Form von belegten Broten, Joghurt oder Kuchen, der zum (als) Frühstück ausgegeben wird, ist mit dem entsprechenden Sachbezugswert anzusetzen (vgl. OFD Frankfurt v. 6.7.2015, S 2353 A – 87 – St 222).

Keine mit dem Sachbezugswert anzusetzende **Mahlzeit** ist die **Abgabe von unbelegten Backwaren** wie Brötchen und Rosinenbrot **in Kombination mit Heißgetränken**, denn für die Annahme eines (einfachen) Frühstücks muss ein Aufstrich oder Belag hinzutreten. Bei derartigen Vorteilen handelt es sich grds. nicht um Arbeitslohn, sondern um **nicht** steuerbare Aufmerksamkeiten (BFH v. 3.7.2019, VI R 36/17, BStBl II 2020, 788).

Auch Chipstüten, Salzgebäck, Schokowaffeln, Müsliriegel oder vergleichbare Knabbereien im Flugzeug, Zug oder Schiff erfüllen nicht die Kriterien für eine Mahlzeit (→ *Reisekosten: Erstattungen* Rz. 3687).

Ein Verzehr im unmittelbaren Anschluss an die Arbeitszeit ist für die Bewertung mit dem Sachbezugswert unschädlich, und zwar unabhängig davon, ob der Arbeitnehmer tagsüber auswärts tätig war oder nicht (BFH v. 7.11.1975, VI R 174/73, BStBl II 1976, 50).

3. Ansatz der Sachbezugswerte

a) Anwendungsbereich

3051 Mahlzeiten, die dem Arbeitnehmer vom Arbeitgeber als Sachbezug zur Verfügung gestellt werden, sind mit dem maßgebenden amtlichen Sachbezugswert nach der SvEV zu bewerten (R 8.1 Abs. 7 Nr. 1 LStR). Dies gilt auch dann, wenn der Arbeitnehmer **verpflichtet** ist, an der Gemeinschaftsverpflegung teilzunehmen (BFH v. 11.3.2004, VI B 26/03).

Die amtlichen Sachbezugswerte werden regelmäßig vom Bundesministerium für Arbeit und Soziales (BMAS) jährlich festgelegt. Sie gelten für arbeitstägliche Mahlzeiten,

- die durch eine vom Arbeitgeber selbst betriebene Kantine, Gaststätte oder vergleichbare Einrichtung abgegeben werden, oder
- die Arbeitnehmer in einer nicht vom Arbeitgeber betriebenen Einrichtung erhalten, wenn der Arbeitgeber auf Grund vertraglicher Vereinbarung durch Barzuschüsse oder andere Leistungen zur Verbilligung der Mahlzeiten beiträgt.

Diese Sachbezugswerte sind auch anzuwenden für Arbeitnehmer, die nicht der gesetzlichen Rentenversicherungspflicht unterliegen, z.B. Beamte oder Richter. Die amtlichen Sachbezugswerte gelten stets, auch wenn tarifvertraglich oder lt. Arbeitsvertrag für gewährte Mahlzeiten höhere oder niedrigere Beträge festgesetzt werden.

Die Sachbezugswerte für Mahlzeiten dürfen jedoch in folgenden Fällen **nicht angesetzt** werden:

- Soweit der Arbeitgeber die Mahlzeiten überwiegend nicht für die Arbeitnehmer zubereitet und der Wert des geldwerten Vorteils nach § 8 Abs. 3 EStG mit dem Endpreis am Abgabeort ermittelt wird (allerdings nach Abzug eines Bewertungsabschlags von 4 % und des Rabattfreibetrags von 1 080 €), vgl. → *Rabatte* Rz. 3523.

Beispiel 1:

Ein Hotelbetrieb gewährt seinen Arbeitnehmern ein Mittagessen für 3 €; diese können sich die Mahlzeit von der Speisekarte aussuchen.

Der Sachbezugswert ist nicht anzusetzen, wenn die Bewertung der Mahlzeit nach § 8 Abs. 3 EStG (Preis auf der Speisekarte abzüglich 4 % Abschlag unter Beachtung des Freibetrags von jährlich 1 080 €) erfolgt.

- Soweit der Arbeitgeber Zuschüsse an die Arbeitnehmer auszahlt und die Verwendung der Zuschüsse nicht kontrolliert; in diesem Fall ist der Wert des Zuschusses als Arbeitslohn zu erfassen.

Beispiel 2:

Ein Arbeitgeber ohne eigene Kantine gewährt seinen Arbeitnehmern jeweils für eine Mittagsmahlzeit einen Zuschuss i.H.v. 5 €. Der Zuschuss wird den Arbeitnehmern wöchentlich bar ausgezahlt. Den Arbeitnehmern steht es frei, ob und wo sie essen gehen.

Der „Essenzuschuss" ist nicht mit dem Sachbezugswert anzusetzen, sondern mit dem tatsächlichen Wert von 5 € der Lohnversteuerung zu unterwerfen.

Auf Mahlzeiten, die der Arbeitgeber nicht zur üblichen arbeitstäglichen Beköstigung seiner Arbeitnehmer abgibt, sind die amtlichen Sachbezugswerte ebenfalls nicht anwendbar. Diese Mahlzeiten sind mit ihren üblichen Endpreisen zu bewerten (BFH v. 6.2.1987, VI R 24/84, BStBl II 1987, 355), soweit sie zum Arbeitslohn gehören (→ *Arbeitsessen* Rz. 610).

b) Höhe der Sachbezugswerte

aa) Monatliche Werte

Der Wert der einem Arbeitnehmer zur Verfügung gestellten Verpflegung beträgt für das Kalenderjahr **2026** nach § 2 Abs. 1 SvEV **monatlich 333 €**. Wird Verpflegung teilweise zur Verfügung gestellt, sind anzusetzen: 3052

- für Frühstück 71 €,
- für Mittagessen 137 €,
- für Abendessen 137 €.

Diese Werte gelten einheitlich **in den alten und neuen Bundesländern**. Sie gelten auch für Jugendliche unter 18 Jahren und Auszubildende. Wird die Verpflegung keinen ganzen Monat gewährt, so ist für jeden Tag, an dem der Arbeitnehmer verpflegt wird, ein Dreißigstel des Monatswerts zu Grunde zu legen. Die Berechnungen der anteiligen Sachbezugswerte sind **jeweils auf zwei Dezimalstellen** durchzuführen; dabei ist die letzte Dezimalstelle kaufmännisch zu runden.

Eine **Tabelle mit allen Einzelwerten** ist im Anhang abgedruckt, → *Anhang, B. Sozialversicherung* Rz. 4834.

Wird Verpflegung nicht nur dem Arbeitnehmer, sondern auch seinen **nicht bei demselben Arbeitgeber** beschäftigten Familienangehörigen zur Verfügung gestellt, so erhöhen sich diese Werte nach § 2 Abs. 2 SvEV für jeden Familienangehörigen,

- der das 18. Lebensjahr vollendet hat, um **100 %**,
- der das 14., aber noch nicht das 18. Lebensjahr vollendet hat, um **80 %**,
- der das 7., aber noch nicht das 14. Lebensjahr vollendet hat, um **40 %**,
- der das 7. Lebensjahr noch nicht vollendet hat, um **30 %**.

Bei der Berechnung des Wertes für **Kinder** bleibt das Lebensalter des Kindes im ersten Lohnzahlungszeitraum des Kalenderjahres maßgebend. Ist ein Ehepaar bei demselben Arbeitgeber beschäftigt, ist für jeden Ehegatten der volle Sachbezugswert anzusetzen. Für Kinder sind die Erhöhungswerte dann beiden Ehegatten je zur Hälfte zuzurechnen.

Beispiel:

Ein Arbeitnehmer erhält von seinem Arbeitgeber für sich und seine nicht berufstätige Tochter freie Verpflegung. Die Tochter vollendet am 8.3.2026 das 14. Lebensjahr.

Die Tochter hat im Januar 2025 das 14. Lebensjahr noch nicht vollendet, so dass der Zuschlag für die Verpflegung der Tochter 40 % beträgt, und zwar für das ganze Kalenderjahr 2026. Der Sachbezugswert beträgt monatlich:

– Für den Arbeitnehmer (100 % von 345 €)	345,– €
– für die Tochter (40 % von 345 €)	138,– €
Insgesamt	483,– €

bb) Arbeitstägliche Werte

3053 Mahlzeiten, die der Arbeitgeber **arbeitstäglich** unentgeltlich oder verbilligt im Betrieb abgibt, z.B. in einer **selbst betriebenen Kantine, Gaststätte** oder vergleichbaren Einrichtung, sind mit dem maßgebenden amtlichen Sachbezugswert nach der SvEV zu bewerten (R 8.1 Abs. 7 Nr. 1 LStR). **Dabei sind die Tageswerte maßgebend**, die die Finanzverwaltung durch Verwaltungsanweisung jährlich festsetzt (regelmäßig Übernahme der durch das BMAS festgelegten Beträge, s.o.).

Die Sachbezugswerte **2026** für **Frühstück, Mittag- und Abendessen** betragen für lohnsteuerliche Zwecke:

- Frühstück 2,37 €,
- Mittagessen 4,57 €,
- Abendessen 4,57 €.

cc) Unentgeltliche und (teil-)entgeltliche Mahlzeiten

3054 Diese Werte sind für eine Mahlzeit anzusetzen, wenn der Arbeitnehmer die Mahlzeit **unentgeltlich** erhält. Muss der Arbeitnehmer dagegen für die Mahlzeit ein Entgelt zahlen, so ist ein geldwerter Vorteil als Arbeitslohn zu erfassen, wenn und soweit der vom Arbeitnehmer für eine Mahlzeit gezahlte Preis (einschließlich Umsatzsteuer) den maßgebenden amtlichen Sachbezugswert unterschreitet. D.h., zahlt der Arbeitnehmer jeweils ein Entgelt in Höhe des Sachbezugswerts, ist ein geldwerter Vorteil nicht zu erfassen (R 8.1 Abs. 7 Nr. 3 LStR).

Beispiel 1:

Die Arbeitnehmer müssen in 2026 für jedes Mittagessen im Betrieb 2 € bezahlen.

Die Arbeitnehmer haben pro Mahlzeit 2,57 € (4,57 € – 2,– €) als Arbeitslohn zu versteuern.

Der Sachbezugswert gilt demnach auch für preiswerte Mahlzeiten, deren tatsächlicher Wert unter dem Sachbezugswert liegt. Ein Wahlrecht zwischen dem Sachbezugswert und dem tatsächlichen Preis besteht nicht.

Beispiel 2:

In 2026 gewährt der Arbeitgeber in der eigenen Kantine kostenlose Mahlzeiten. Ein Arbeitnehmer bestellt sich zum Mittagessen eine Frikadelle mit Pommes frites im Wert von 2,20 €.

Die Mahlzeit ist mit dem Sachbezugswert von 4,57 € anzusetzen und zu versteuern, obwohl der tatsächliche Wert der Mahlzeit geringer ist.

Andererseits bildet der Sachbezugswert **auch** den **Preis für die Getränke** mit ab, so dass der Preis für ein Getränk auf den Sachbezugswert angerechnet wird.

Beispiel 3:

In 2026 gewährt der Arbeitgeber in der eigenen Kantine kostenlose Mahlzeiten. Ein Arbeitnehmer bestellt sich zum Mittagessen ein 3-Gänge-Menü im Wert von 13 €. Zum Essen bestellt er sich ein alkoholfreies Bier, für das er 4,80 € zahlt.

Weil die üblichen Getränke zu den Mahlzeiten gehören, zahlt der Arbeitnehmer insgesamt für das Mittagessen einen Preis von 4,80 €. Dieser Preis liegt über dem maßgebenden Sachbezugswert für 2026 (4,57 €), so dass keine Versteuerung erfolgt.

Gewährt der Arbeitgeber seinen Arbeitnehmern **unentgeltlich** Mahlzeiten, so sind diese auch dann mit den Sachbezugswerten anzusetzen, wenn der tatsächliche Wert der Mahlzeit den Sachbezugswert überschreitet.

Beispiel 4:

Ein Arbeitgeber hat für seine Arbeitnehmer eine Kantine eingerichtet. Der Wert der in 2026 an die Arbeitnehmer abgegebenen Mittagessen beträgt 9 €.

Die Arbeitnehmer haben lediglich den Sachbezugswert von 4,57 € als Arbeitslohn zu versteuern. Der restliche Wert der Mahlzeit (4,43 €) fließt den Arbeitnehmern steuerfrei zu.

4. Mahlzeiten im Betrieb

Mahlzeiten, die arbeitstäglich durch eine **vom Arbeitgeber selbst betriebene Kantine, Gaststätte** oder vergleichbare Einrichtung abgegeben werden, sind mit dem anteiligen amtlichen Sachbezugswert nach der SvEV zu bewerten. Dabei spielt es keine Rolle, ob der Arbeitgeber für seine Arbeitnehmer Essenmarken ausgibt oder nicht. Ebenso bedeutungslos ist der Wert der evtl. ausgegebenen Essenmarken. Bei einer Mahlzeitengewährung **im Betrieb** ist immer der Sachbezugswert (gemindert um Zahlungen des Arbeitnehmers für die Mahlzeit) anzusetzen. 3055

Gibt der Arbeitgeber **unterschiedliche Mahlzeiten** zu unterschiedlichen Preisen verbilligt oder unentgeltlich an die Arbeitnehmer ab und soll die Lohnsteuer nach § 40 Abs. 2 EStG pauschal erhoben werden, kann der geldwerte Vorteil mit dem Durchschnittswert der Pauschalbesteuerung zu Grunde gelegt werden. Die Durchschnittsbesteuerung braucht nicht tageweise durchgeführt zu werden, sie darf sich auf den gesamten Lohnzahlungszeitraum erstrecken (R 8.1 Abs. 7 Nr. 5 LStR). Die Durchschnittsberechnung bleibt auch dann zulässig, wenn sich bei der Berechnung der pauschal zu versteuernden Mahlzeiten kein geldwerter Vorteil ergibt.

Bietet der Arbeitgeber bestimmte Mahlzeiten nur einem Teil seiner Arbeitnehmer an, z.B. in einem Vorstandskasino, so sind diese Mahlzeiten nicht in die Durchschnittsberechnung einzubeziehen. Unterhält der Arbeitgeber mehrere Kantinen, so ist der Durchschnittswert für jede einzelne Kantine zu ermitteln.

Ist die Ermittlung des Durchschnittswerts wegen der Menge der zu erfassenden Daten besonders aufwendig, kann sie für einen repräsentativen Zeitraum und bei einer Vielzahl von Kantinen für eine repräsentative Auswahl der Kantinen durchgeführt werden.

Beispiel:

In 2026 gibt der Arbeitgeber in einer selbst betriebenen Kantine als Mittagessen verschiedene Menüs zu verschiedenen Preisen ab. Im Monat Juli (Monat = Lohnzahlungszeitraum) sind folgende Menüs verkauft worden:

Menüart	Preis	Anzahl der Menüs	Insgesamt
Tagesmenü A	4,60 €	500	2 300 €
Tagesmenü B	5,– €	400	2 120 €
Vegetarisches Menü	4,10 €	200	820 €
Schlemmermenü	7,– €	300	2 100 €
Quickmenü	3,20 €	600	1 920 €
Insgesamt		**2 000**	**9 260 €**

Der Durchschnittswert aller Menüs errechnet sich wie folgt:

$$\frac{\text{Menüpreis für alle Arbeitnehmer}}{\text{Anzahl der insgesamt ausgegebenen Menüs}} = \frac{9\,260\,€}{2\,000} = 4{,}63\,€$$

Für den Monat Juli ist kein geldwerter Vorteil bei den einzelnen Arbeitnehmern zu versteuern, denn der Durchschnittsbetrag ist höher als der amtliche Sachbezugswert für ein Mittagessen i.H.v. 4,57 €. Die teureren Menüs haben den „Vorteil" durch die preisgünstigeren Menüs ausgeglichen.

5. Mahlzeiten außerhalb des Betriebs

3056 Mahlzeiten, die die Arbeitnehmer in einer nicht vom Arbeitgeber selbst betriebenen Kantine, Gaststätte oder vergleichbaren Einrichtung erhalten, sind ebenfalls mit dem anteiligen amtlichen Sachbezugswert zu bewerten, wenn der Arbeitgeber **auf Grund vertraglicher Vereinbarung** durch Barzuschüsse oder andere Leistungen, z.B. durch verbilligte Überlassung von Räumen, Energie oder Einrichtungsgegenständen, **zur Verbilligung der Mahlzeiten beiträgt**. Es ist nicht erforderlich, dass die Mahlzeiten i.R. eines Reihengeschäfts zunächst an den Arbeitgeber und danach von diesem an die Arbeitnehmer abgegeben werden (R 8.1 Abs. 7 Nr. 2 LStR).

6. Essenmarken

3057 Erhält ein Arbeitnehmer von seinem Arbeitgeber **Essenmarken** (Essengutscheine, Restaurantschecks), die von einer Gaststätte oder vergleichbaren Einrichtung bei der Abgabe von Mahlzeiten in Zahlung genommen werden, so ist die Essenmarke **nur unter besonderen Voraussetzungen** nicht mit ihrem ausgewiesenen Verrechnungswert, sondern die Mahlzeit als Sachbezug dem Arbeitslohn zuzurechnen und mit dem amtlichen Sachbezugswert anzusetzen (R 8.1 Abs. 7 Nr. 4 LStR):

a) Bewertung als Sachbezug

3058 Die Erfassung der Mahlzeit als Sachbezug an Stelle der Essenmarke und ihre Bewertung mit dem Sachbezugswert setzen nach R 8.1 Abs. 7 Nr. 4 LStR voraus, dass

- **tatsächlich eine Mahlzeit** abgegeben wird. Lebensmittel sind nur dann als Mahlzeit anzuerkennen, wenn sie zum unmittelbaren Verzehr geeignet oder zum Verbrauch während der Essenpausen bestimmt sind,
- für jede Mahlzeit lediglich **eine Essenmarke täglich** in Zahlung genommen wird,
- der Verrechnungswert der Essenmarke den amtlichen Sachbezugswert einer Mittagsmahlzeit **um nicht mehr als 3,10 € übersteigt**.

An der früheren Richtlinienregelung in R 8.1 Abs. 7 Nr. 4 Buchst. a Satz 1 Doppelbuchst. dd LStR, wonach eine Bewertung von Essenmarken mit dem Sachbezugswert nicht bei Arbeitnehmern möglich ist, die eine Auswärtstätigkeit ausüben, hält die **Finanzverwaltung nicht mehr fest** (s. R 8.1 Abs. 7 Nr. 4 Buchst. a Satz 1 Doppelbuchst. ee LStR – neu).

Üben **Arbeitnehmer eine längerfristige berufliche Auswärtstätigkeit** an derselben Tätigkeitsstätte aus, sind **nach Ablauf von drei Monaten** (§ 9 Abs. 4a Satz 6 und 7 EStG) an diese Arbeitnehmer ausgegebene Essenmarken (Essensgutscheine, Restaurantschecks) **mit dem maßgebenden Sachbezugswert** zu bewerten (BMF v. 5.1.2015, IV C 5 – S 2334/08/10006, BStBl I 2015, 119, sowie BMF v. 25.11.2020, IV C 5 – S 2353/19/10011 :006, Rz. 61 und Rz. 66-69, BStBl I 2020, 1228). Der Ansatz des Sachbezugswerts setzt voraus, dass die übrigen Voraussetzungen der R 8.1 Abs. 7 Nr. 4 Buchst. a LStR vorliegen.

Das bedeutet:

- In den **ersten drei Monaten** einer beruflich veranlassten Auswärtstätigkeit handelt es sich bei der Hingabe von Essenmarken nicht um eine vom Arbeitgeber zur Verfügung gestellte, mit dem amtlichen Sachbezugswerts zu bewertende Mahlzeit, sondern in Höhe des Verrechnungswerts um einen **Verpflegungszuschuss**, um den die Verpflegungspauschale zu kürzen ist (→ *Reisekosten: Erstattungen* Rz. 3687 sowie BMF v. 25.11.2020, IV C 5 – S 2353/19/10011 :006, Rz. 76, BStBl I 2020, 1228).
- **Nach Ablauf der Dreimonatsfrist** führt die Hingabe von Essenmarken für ein Frühstück, Mittag- oder Abendessen (in 2025 maximaler Verrechnungswert: 5,40 € bzw. jeweils 7,50 €) pro Tag lediglich in Höhe des amtlichen Sachbezugswerts zu einem geldwerten Vorteil.

Dies gilt auch dann, wenn zwischen Arbeitgeber und der Gaststätte keine unmittelbaren vertraglichen Beziehungen bestehen, weil ein Unternehmen eingeschaltet ist, das die Essenmarken ausgibt.

Um sicherzustellen, dass lediglich eine **Essenmarke täglich** in Zahlung genommen wird, hat der Arbeitgeber für jeden Arbeitnehmer die Tage der Abwesenheit z.B. infolge von Auswärtstätigkeiten, Urlaub oder Erkrankung festzustellen und die für diese Tage ausgegebenen Essenmarken zurückzufordern oder die Zahl der im Folgemonat auszugebenden Essenmarken um die Zahl der Abwesenheitstage zu vermindern. **Die Pflicht zur Feststellung der Abwesenheitstage** und zur Anpassung der Zahl der Essenmarken im Folgemonat **entfällt für Arbeitnehmer**, die im Kalenderjahr durchschnittlich an nicht mehr als drei Arbeitstagen je Kalendermonat Auswärtstätigkeiten ausüben, wenn **keiner** dieser Arbeitnehmer im Kalendermonat **mehr als 15 Essenmarken** erhält (sog. 15er-Regelung).

Der Bewertung mit dem Sachbezugswert steht es nicht entgegen, dass **Restaurantschecks auch in Supermärkten einlösbar** sind, wenn die Einlösemöglichkeit der Restaurantschecks nach den Vertragsbedingungen begrenzt ist auf den Erwerb von Mahlzeiten bzw. Nahrungsmitteln, die für den direkten Verzehr bestimmt sind, während Alkohol, Tabakwaren und „non food" ausgenommen sind (FG Sachsen-Anhalt v. 14.11.2019, 2 K 768/16, EFG 2020, 1122).

An den **Nachweis der bestimmungsgemäßen Verwendung** der Restaurantschecks durch die Arbeitnehmer sind **keine überzogenen Anforderungen** zu stellen. Allein die abstrakte Möglichkeit missbräuchlicher Verwendung der Restaurantschecks ist unschädlich. Den Nachweis, dass der Arbeitgeber alles Erforderliche und Zumutbare unternommen hat, um sicherzustellen, dass die Restaurantschecks ausschließlich zum Erwerb von Mahlzeiten eingesetzt werden, kann der Arbeitgeber durch Vorlage der wechselseitigen Vereinbarungen zwischen ihm und dem Scheckemittenten einerseits und der Mustervereinbarung des Scheckemittenten mit den Akzeptanzstellen andererseits sowie eines Restaurantscheckmusters erbringen. Der Arbeitgeber genügt seinen Überwachungs- und Kontrollpflichten, indem er seine Mitarbeiter auf die Einhaltung der – inhaltlich eindeutigen – Zweckbestimmung der Restaurantschecks hinweist. Weitergehende Kontroll-, Aufbewahrungs- und Dokumentationspflichten, dass und welche Lebensmittel im Einzelfall tatsächlich vom Arbeitnehmer mit den Schecks erworben worden sind, bestehen für den Arbeitgeber nicht. Es bestehen insbesondere keine gesetzlichen Kontrollpflichten und/oder Dokumentationspflichten des Arbeitgebers dahingehend, dass die Lebensmittel etwa innerhalb eines gewissen Zeitraums – in der Mittagspause – erworben und sofort verzehrt werden müssten (FG Sachsen-Anhalt v. 14.11.2019, 2 K 768/16, EFG 2020, 1122).

Eine Bewertung (und ggf. Versteuerung) **der Restaurantschecks mit den Sachbezugswerten** kommt aber **nicht in Betracht**, wenn es nach den allgemeinen Geschäftsbedingungen den beteiligten Akzeptanzstellen nicht untersagt ist, mehrere Schecks pro Arbeitstag oder an den Wochenenden zu akzeptieren, und tatsächlich Missbräuche erfolgten (FG Düsseldorf v. 19.5.2010, 15 K 1185/09 H(L), EFG 2010, 2078).

b) Höhe des Sachbezugswerts

Ist bei Essenmarken der Wert der erhaltenen Mahlzeit **mit dem Sachbezugswert** anzusetzen und muss der Arbeitnehmer ein Entgelt für die Essenmarke zahlen, so ist diese Zahlung vom Sachbezugswert abzuziehen. Als geldwerter Vorteil ist lediglich der Differenzbetrag zwischen dem amtlichen Sachbezugswert und dem Entgelt des Arbeitnehmers für die Mahlzeit, höchstens aber der Wert der Essenmarke anzusetzen (R 8.1 Abs. 7 Nr. 4 LStR). 3059

Beispiel 1:

Ein Arbeitgeber gibt im Kalenderjahr 2026 an seine Arbeitnehmer Essenmarken im Wert von 1,60 € kostenlos aus, die in der von einem Pächter bewirtschafteten Kantine entgegengenommen werden. Der Arbeitnehmer zahlt für das Essen 3,00 €.

Sachbezugswert für das Mittagessen:	4,57 €
Zuzahlung des Arbeitnehmers:	3,00 €
Differenz	1,57 €
Wert der Essenmarke	1,60 €

Da die Differenz zwischen Sachbezugswert und Zuzahlung des Arbeitnehmers **niedriger** ist als der Wert der Essenmarke, ist die Differenz von 1,57 € als geldwerter Vorteil zu versteuern.

Beispiel 2:

Sachverhalt wie Beispiel 1, jedoch isst der Arbeitnehmer eine Currywurst mit Brot im Wert von 4,00 € und zahlt lediglich 1,35 €.

Sachbezugswert für das Mittagessen:	4,57 €
Zuzahlung des Arbeitnehmers:	1,50 €
Differenz	3,07 €
Wert der Essenmarke	1,60 €

Weil die Differenz zwischen Sachbezugswert und Zuzahlung des Arbeitnehmers **höher** ist als der Wert der Essenmarke, ist der Wert der Essenmarke von 1,60 € als geldwerter Vorteil zu versteuern.

Beispiel 3:

Der Arbeitnehmer isst eine Currywurst mit Brot im Wert von 4,00 € und zahlt lediglich 1,50 €, die Kantine wird allerdings vom Arbeitgeber **selbst** betrieben.

Sachbezugswert für das Mittagessen:	4,57 €
Zuzahlung des Arbeitnehmers:	1,50 €
Differenz	3,07 €

Bei einer vom Arbeitgeber **selbst betriebenen Kantine** ist **stets** der Sachbezugswert (abzüglich. Zuzahlung des Arbeitnehmers) anzusetzen. Der Wert der Essenmarke ist in diesen Fällen bedeutungslos. Der geldwerte Vorteil beträgt somit 3,07 €.

Beispiel 4:

Ein Arbeitnehmer erhält eine Essenmarke mit einem Wert von 6,40 €. Die vom Arbeitnehmer in einer Gaststätte eingenommene Mahlzeit kostet 11,20 €. Die Zuzahlung beträgt folglich 4,80 €.

Wert der Essenmarke:	6,40 €
Anzusetzender Sachbezugswert für das Mittagessen:	4,57 €
Zuzahlung des Arbeitnehmers:	4,80 €
Differenz	–0,23 €

Weil die Zuzahlung des Arbeitnehmers über dem anzusetzenden Sachbezugswert liegt, ist **kein geldwerter Vorteil zu versteuern**. Es würde auch ausreichen, wenn die Differenz zwischen anzusetzendem Sachbezugswert und Zuzahlung 0 € beträgt.

c) Barlohnverzicht

3060 **Wird der Arbeitsvertrag** dahingehend **geändert**, dass der Arbeitnehmer **Essenmarken an Stelle von Barlohn** erhält, so vermindert sich dadurch der Barlohn in entsprechender Höhe (BFH v. 20.8.1997, VI B 83/97, BStBl II 1997, 667). Die Essenmarken sind in diesem Fall zu erfassen, und zwar entweder mit dem Sachbezugswert oder mit dem Verrechnungswert (R 8.1 Abs. 7 Nr. 4 Buchst. c LStR).

Beispiel 1:

Ein Arbeitnehmer hat bislang einen monatlichen Barlohn von 3 500 €. Er vereinbart mit seinem Arbeitgeber, dass dieser ihm zukünftig monatlich 15 Essenmarken gibt, die einen Verrechnungswert von jeweils 6,67 € haben. Im Hinblick auf die Essenmarken wird **im Arbeitsvertrag der Barlohn** von 3 500 € um 100,05 € auf 3 399,95 € **herabgesetzt**.

Der Verrechnungswert der Essenmarken übersteigt den Sachbezugswert von 4,57 € um nicht mehr als 3,10 € (6,67 € – 4,57 € = 2,10 €; der Höchstbetrag beträgt 7,67 €). Dem Barlohn von 3 399,95 € ist daher der Wert der Mahlzeit mit dem Sachbezugswert von 68,55 € (15 × 4,57 €) hinzuzurechnen. Der Arbeitnehmer hat in diesem Fall monatlich 3 468,50 € zu versteuern.

Beispiel 2:

Sachverhalt wie Beispiel 1, jedoch beträgt der Verrechnungswert der Essenmarken jeweils 10 €, sodass der Barlohn um 150 € auf 3 350 € herabgesetzt wird.

Der Verrechnungswert der Essenmarken übersteigt den Sachbezugswert von 4,57 € um mehr als 3,10 € (10 € – 4,57 € = 5,43 €). Dem Barlohn von 3 500 € ist daher der Wert der Mahlzeit mit dem Verrechnungswert der Essenmarken von 150 € (15 × 10 €) hinzuzurechnen. Der Arbeitnehmer hat in diesem Fall unverändert monatlich 3 500 € zu versteuern.

Ohne Änderung des Arbeitsvertrags führt der Austausch von Barlohn durch Essenmarken nicht zu einer Herabsetzung des steuerpflichtigen Barlohns. In diesem Fall ist der Betrag, um den sich der ausgezahlte Barlohn verringert, als Entgelt für die Mahlzeit oder Essenmarke anzusehen und von dem für die Essenmarke maßgebenden Wert abzusetzen.

Beispiel 3:

Ein Arbeitnehmer hat einen monatlichen Barlohn von 3 500 €. Er vereinbart mit seinem Arbeitgeber, dass dieser ihm zukünftig monatlich15 Essenmarken gibt, die einen Verrechnungswert von jeweils 6,67 € haben. Im Hinblick auf die Essenmarken zahlt der Arbeitnehmer dem Arbeitgeber **ohne Änderung des Arbeitsvertrags** monatlich 100,05 € für die Essenmarken.

Der Verrechnungswert der Essenmarken übersteigt den Sachbezugswert von 4,57 € um nicht mehr als 3,10 € (6,67 € – 4,57 € = 2,10 €). Der Wert der Mahlzeit ist mit dem Sachbezugswert von 66,00 € (15 × 4,57 €) anzusetzen. Hiervon ist das Entgelt des Arbeitnehmers von 100,05 € abzuziehen, so dass der Arbeitnehmer keinen steuerpflichtigen Vorteil durch die Essenmarken hat. Der Arbeitnehmer hat – wie bisher auch – monatlich 3 500 € zu versteuern.

7. Arbeitstägliche Zuschüsse

a) Allgemeines

Seit dem 1.1.2020 ist die neue gesetzliche Regelung in § 8 Abs. 1 Satz 2 und 3 EStG zu beachten. Danach gehören zu den Einnahmen in Geld auch zweckgebundene Geldleistungen, nachträgliche Kostenerstattungen, Geldsurrogate und andere Vorteile, die auf einen Geldbetrag lauten, soweit es sich nicht um Gutscheine oder Geldkarten handelt, die ausschließlich zum Bezug von Waren oder Dienstleistungen berechtigen und die Kriterien des § 2 Abs. 1 Nr. 10 ZAG erfüllen (→ *Sachbezüge* Rz. 3799). 3061

Sachbezüge i.S.d § 8 Abs. 2 Satz 1 EStG sind alle nicht in Geld bestehenden Einnahmen. Ein Sachbezug i.S.d. § 8 Abs. 2 Satz 1 EStG liegt nicht vor, wenn der Arbeitnehmer an Stelle des Sachbezugs auch eine Geldleistung verlangen kann, selbst wenn der Arbeitgeber die Sache zuwendet (BFH v. 4.7.2018, VI R 16/17, BStBl II 2019, 373 Rdnr. 16).

Unter diesen Voraussetzungen ist die Gewährung von (Papier-) Essenmarken (Essensgutscheine, Restaurantschecks) und arbeitstäglichen Zuschüssen zu Mahlzeiten (sog. digitale Essenmarke, z.B. aufladbare Geldkarte) ein Sachbezug (BMF v. 13.4.2021, IV C 5 – S 2334/19/10007 :002, BStBl I 2021, 624, Rdnr. 8, R 8.1 Abs. 7 Nr. 4 Satz 1 LStR).

Zur Anwendung der Regelungen von R 8.1 Abs. 7 Nr. 4 LStR zu Kantinenmahlzeiten und Papier-Essenmarken (Essensgutscheine, Restaurantschecks) bei arbeitstäglichen Zuschüssen zu Mahlzeiten gilt Folgendes (BMF v. 18.1.2019, IV C 5 – S 2334/08/10006-01, BStBl I 2019, 66):

b) Ansatz des maßgebenden amtlichen Sachbezugswerts

Bestehen die Leistungen des Arbeitgebers in einem **arbeitsvertraglich** oder auf Grund einer **anderen arbeitsrechtlichen Rechtsgrundlage vereinbarten Anspruch** des Arbeitnehmers auf arbeitstägliche Zuschüsse zu Mahlzeiten, ist **als Arbeitslohn nicht der Zuschuss**, sondern die Mahlzeit des Arbeitnehmers mit dem **maßgebenden amtlichen Sachbezugswert** nach der SvEV anzusetzen, wenn sichergestellt ist, dass 3062

- **tatsächlich arbeitstäglich eine Mahlzeit** (Frühstück, Mittag- oder Abendessen) durch den Arbeitnehmer **erworben** wird; Lebensmittel sind nur dann als Mahlzeit anzuerkennen, wenn sie zum unmittelbaren Verzehr geeignet oder zum Verbrauch während der Essenpausen bestimmt sind,
- für jede Mahlzeit lediglich **ein Zuschuss arbeitstäglich** (ohne Krankheitstage, Urlaubstage und Arbeitstage, an denen der Arbeitnehmer eine Auswärtstätigkeit bis zu drei Monaten ausübt) beansprucht werden kann,
- der Zuschuss den amtlichen Sachbezugswert einer Mittagsmahlzeit um **nicht mehr als 3,10 € übersteigt**,
- der Zuschuss den **tatsächlichen Preis der Mahlzeit nicht übersteigt** und
- der Zuschuss **nicht von Arbeitnehmern beansprucht** werden kann, die eine **Auswärtstätigkeit ausüben**, bei der die ersten **drei Monate noch nicht abgelaufen** sind (BMF v. 5.1.2015, IV C 5 – S 2334/08/10006, BStBl I 2015, 119).

Dies gilt auch dann, wenn **keine vertraglichen Beziehungen** zwischen Arbeitgeber und dem Unternehmen (Gaststätte oder vergleichbarer Einrichtung), das die bezuschusste Mahlzeit abgibt, bestehen.

Die Regelungen in R 8.1 Abs. 7 Nr. 4 Buchst. a Satz 4 und 5 (sog. 15er-Regelung) sowie Buchst. b und c LStR sind entsprechend anzuwenden. Die „15er-Regelung" gilt für max. 15 Zuschüsse zu Mahlzeiten (insgesamt für Frühstück, Mittag- oder Abendessen) im Kalendermonat.

Der Arbeitgeber hat die vorstehenden Voraussetzungen nachzuweisen; der Nachweis der Verwendung des Zuschusses ausschließlich zum Erwerb einer Mahlzeit kann dabei auch durch Vorlage entsprechender vertraglicher Vereinbarungen zwischen dem Unternehmen, das die bezuschusste Mahlzeit abgibt, und dem Arbeitgeber oder dem mit der Verwaltung der Zuschüsse beauftragten Unternehmen geführt werden.

Dem Arbeitgeber bleibt es unbenommen, entweder die ihm **vom Arbeitnehmer vorgelegten Einzelbelegnachweise manuell zu überprüfen** oder sich entsprechender **elektronischer Verfahren** zu bedienen (z.B. wenn ein Anbieter die Belege vollautomatisch digitalisiert, prüft und eine monatliche Abrechnung an den Arbeitgeber übermittelt, aus der sich dieselben Erkenntnisse wie aus Einzelbelegnachweisen gewinnen lassen). Der Arbeitgeber hat die Belege oder die Abrechnung zum Lohnkonto aufzubewahren.

Beispiel:

Ein Arbeitgeber gewährt seinen Arbeitnehmern auf arbeitsvertraglicher Grundlage in 2025 unter folgenden Voraussetzungen Essenszuschüsse für den Erwerb von arbeitstäglichen Mahlzeiten außerhalb des Betriebs:

1. Zahlung eines zweckgebundenen Essenszuschusses für eine arbeitstäglich tatsächlich erworbene Mahlzeit,
2. Zuschuss in Höhe des amtlichen Sachbezugswert zzgl. 3,10 € (für 2026 maximaler Wert für Mittagessen 7,67 €)
3. Zuzahlung des Mitarbeiters erforderlich, soweit der Wert der Mahlzeit den gewährten Zuschuss übersteigt,
4. keinen Essenszuschuss für Arbeitnehmer, die eine Auswärtstätigkeit ausüben,
5. Nachweispflicht des Mitarbeiters.

Der Arbeitnehmer erfüllt dabei seine **Nachweispflicht** durch Einreichung des Belegs mittels eines **elektronischen Verfahrens**. Hierzu installiert der Mitarbeiter auf seinem Mobiltelefon eine App, mit welcher er die Belege durch **Abfotografieren einscannen** und anschließend an den vom Arbeitgeber **beauftragten Dienstleister übermitteln** kann. Die Belege werden mittels **optischer und semantischer Erkennung** ausgelesen und dem Arbeitnehmer im Anschluss **zur Prüfung angezeigt**. Der Arbeitnehmer ist zur manuellen Korrektur nicht korrekt ausgelesener Daten verpflichtet. Der **Arbeitnehmer** muss vor Einreichung jeder einzelnen Rechnung **ausdrücklich bestätigen**, dass er den Beleg auf Grund des Erwerbs einer tatsächlich von ihm selbst konsumierten Mahlzeit zu dem in der Rechnung ausgewiesenen Preis erlangt hat. Ohne entsprechende Bestätigung ist eine Erstattung der jeweiligen Rechnung nicht möglich. Bei wiederholter manueller Korrektur von Angaben durch den Arbeitnehmer erfolgt eine weitere Prüfung durch den Dienstleister.

Der Dienstleister erstellt über das Ergebnis der Auswertung hinsichtlich der Höhe des dem jeweiligen Arbeitnehmer zu gewährenden Zuschusses eine **monatliche Abrechnung für den Arbeitgeber**. Die Überweisung des Mahlzeitenzuschusses durch den Arbeitgeber für den jeweiligen Arbeitstag erfolgt einmal monatlich i.R. der Lohn- und Gehaltsabrechnung des Folgemonats zu Gunsten des Mitarbeiters.

Als Arbeitslohn ist nicht der Zuschuss von max. 7,67 €, sondern die **Mittagsmahlzeit mit dem Sachbezugswert** 2026 i.H.v. 4,57 € anzusetzen, denn der Zuschuss übersteigt den amtlichen Sachbezugswert nicht um mehr als 3,10 € (7,67 € – 4,57 € = 3,10 €) und auch die übrigen Voraussetzungen der Verwaltungsregelung (BMF v. 18.1.2019, IV C 5 – S 2334/08/10006-01, BStBl I 2019, 66) sind erfüllt. Der Arbeitgeber darf den geldwerten Vorteil nach § 40 Abs. 2 Satz 1 Nr. 1 EStG pauschal mit 25 % versteuern (→ Rz. 3063 und → Rz. 3079).

c) Pauschalierung der Lohnsteuer

3063 Es bestehen bei Vorliegen der Voraussetzungen der → Rz. 3062 **keine Bedenken**, wenn der Arbeitgeber die Lohnsteuer entsprechend § 40 Abs. 2 Satz 1 Nr. 1 EStG **pauschal erhebt**, auch wenn **keine vertraglichen Beziehungen zu dem Unternehmen bestehen**, das die bezuschusste Mahlzeit abgibt.

d) Arbeitstägliche Zuschüsse zu Mahlzeiten für Home-Office-Mitarbeiter und für Teilzeitkräfte

3064 Arbeitstägliche Zuschüsse zu Mahlzeiten sind bei Vorliegen der Voraussetzungen der → Rz. 3062 auch dann mit dem maßgebenden amtlichen Sachbezugswert anzusetzen, wenn sie an Arbeitnehmer geleistet werden, die ihre Tätigkeit **in einem Home-Office** verrichten oder **nicht mehr als sechs Stunden täglich arbeiten**, auch wenn die betriebliche Arbeitszeitregelung keine entsprechenden Ruhepausen vorsieht.

e) Einzelkauf von Bestandteilen einer Mahlzeit

3065 Arbeitstägliche Zuschüsse zu Mahlzeiten sind bei Vorliegen der Voraussetzungen der → Rz. 3062 auch dann mit dem maßgebenden amtlichen Sachbezugswert anzusetzen, wenn der Arbeitnehmer **einzelne Bestandteile seiner Mahlzeit bei verschiedenen Akzeptanzstellen erwirbt**.

f) Erwerb auf Vorrat

Je Arbeitstag und **je bezuschusster Mahlzeit** (Frühstück, Mittag- oder Abendessen) darf nur **ein Zuschuss** mit dem amtlichen Sachbezugswert angesetzt werden. Erwirbt der Arbeitnehmer am selben Tag weitere Mahlzeiten für andere Tage auf Vorrat, sind hierfür gewährte Zuschüsse als steuerpflichtiger Barlohn zu erfassen. Gleiches gilt für den Einzelkauf von Bestandteilen einer Mahlzeit auf Vorrat. 3066

g) Weitere Zweifelsfragen

Die Finanzverwaltung hat darüber hinaus zu weiteren Zweifelsfragen Stellung genommen (BayLfSt v. 11.2.2019, S 2334.1.1-43/7 St36): 3067

aa) Gemischte Belege

Der Arbeitnehmer reicht einen Beleg ein, der neben der arbeitstäglichen Mahlzeit noch weitere, gleichzeitig mit der Mahlzeit erworbene Produkte enthält, die nicht Teil der Mahlzeit sind. Gegenüber dem Arbeitgeber wird der Zuschuss nur für die Höhe des tatsächlichen Mahlzeitenpreises geltend gemacht. 3068

Unter der Voraussetzung, dass der Arbeitnehmer den Teilbetrag für die Mahlzeit eindeutig bestimmt, steht es der Bewertung mit dem Sachbezugswert nicht entgegen, wenn die Rechnung zusätzliche Artikel enthält.

bb) Sammelbeleg

Mehrere Arbeitnehmer nehmen ihre Mahlzeit gemeinsam ein. Dabei bezahlt jeder sein Essen selbst, jedoch stellt das Restaurant keine getrennten Einzel- sondern einen Sammelbeleg aus. Gegenüber dem Arbeitgeber beantragt der Arbeitnehmer einen Essenszuschuss nur für den Teilbetrag der Rechnung, der auf das von ihm konsumierte und gezahlte Essen entfällt. 3069

Auch in diesem Fall scheitert die Bewertung mit dem amtlichen Sachbezugswert **nicht** daran, dass weitere Beträge auf der Rechnung enthalten sind, solange der Arbeitnehmer – entsprechend seiner Verpflichtung – nur für die tatsächlich von ihm verzehrte Mahlzeit Zuschüsse geltend macht. Inwieweit für die übrigen Mahlzeiten Zuschüsse durch andere Arbeitnehmer beantragt werden, ist insoweit ohne Bedeutung.

cc) Mindestzuzahlung durch den Arbeitnehmer

Zur Reduzierung des Verwaltungsaufwands macht der Arbeitgeber den Anspruch auf einen arbeitstäglichen Essenszuschuss davon abhängig, dass der Arbeitnehmer je Mahlzeit eine Zuzahlung in Höhe des amtlichen Sachbezugswerts leistet. 3070

Knüpft der Arbeitgeber den Essenzuschuss an zusätzliche Bedingungen, ist dies für dessen Bewertung grds. unerheblich. Die Zuzahlungen sind jedoch bei der Bewertung zutreffend zu erfassen.

dd) Kurzzeitige Auswärtstätigkeiten

Der Arbeitnehmer wird an einzelnen Tagen sowohl an der ersten Tätigkeitsstätte als auch auswärts tätig. 3071

Obwohl R 8.1 Abs. 7 Nr. 4 LStR vorsieht, dass die Essenmarke nicht an Arbeitnehmer ausgegeben werden darf, die eine Auswärtstätigkeit ausüben (nur in den ersten drei Monaten der Tätigkeit), kann hier dennoch eine Bewertung mit dem Sachbezugswert in Betracht kommen. Denn der Ausschluss derjenigen Tage, an denen der Arbeitnehmer auswärts tätig ist, dient der Vermeidung einer Doppelbegünstigung, die ansonsten durch den ihm daneben zukommenden Vorteil in Form der steuerfreien Verpflegungspauschale entstehen würde. Hat der Arbeitnehmer für einen oder mehrere Tage **keinen Anspruch** auf eine steuerfreie Verpflegungspauschale, ist für diesen bzw. diese eine Bewertung der gestellten Mahlzeit mit dem Sachbezugswert möglich.

ee) Mehrere Arbeitgeber

Der Arbeitnehmer hat mehrere Dienstverhältnisse und wird an einem Tag für verschiedene Arbeitgeber tätig. 3072

Da sich die Gestellung arbeitstäglicher Mahlzeiten grds. am jeweiligen Dienstverhältnis orientiert, bestehen keine Bedenken, dass jeder Arbeitgeber für Tage, an denen der Arbeitnehmer für mehrere Arbeitgeber tätig wird – losgelöst von weiteren Dienstverhältnissen – die Richtlinienregelung anwenden kann.

ff) Anwendung der „15er-Regelung“

3073 Verwendet der Arbeitgeber Essenmarken, so hat er für jeden Arbeitnehmer die Abwesenheitstage (z.B. infolge von Auswärtstätigkeiten, Urlaub oder Erkrankung) festzustellen und die für diese Tage ausgegebenen Essenmarken zurückzufordern oder die Zahl der im Folgemonat auszugebenden Essenmarken um die Zahl der Abwesenheitstage zu vermindern. Diese Pflicht des Arbeitgebers zur Feststellung der Abwesenheitstage und zur Anpassung der Zahl der Essenmarken entfällt für Arbeitnehmer, die im Kalenderjahr durchschnittlich an nicht mehr als drei Arbeitstagen je Kalendermonat Auswärtstätigkeiten ausüben, wenn keiner dieser Arbeitnehmer im Kalendermonat mehr als 15 Essenmarken erhält („15er-Regelung“).

Entsprechende Erleichterungen sieht die Verwaltungsregelung (BMF v. 18.1.2019, IV C 5 – S 2334/08/10006-01, BStBl I 2019, 66) auch für elektronische Verfahren vor und stellt damit einen Gleichklang zwischen Papier-Essenmarken und arbeitstäglichen Essenszuschüssen (bzw. digitalen Essenmarken) her. Konsens besteht in beiden Verfahren dahingehend, dass die Zuschüsse/Essenmarken nur an tatsächlichen Arbeitstagen, nicht hingegen an Abwesenheitstagen (z.B. Krankheitstagen) eingelöst werden dürfen.

gg) Restaurantbesuche am späten Nachmittag bzw. frühen Abend

3074 Das Interesse des Arbeitgebers für die Verpflegung seiner Arbeitnehmer zu sorgen und die Einnahme der Mahlzeit so zu gestalten, dass dadurch die Arbeitsleistung für den Betrieb möglichst wenig beeinträchtigt wird, steht im Wesentlichen im zeitlichen Zusammenhang mit der dienstlichen Tätigkeit.

Die Mahlzeiteneinnahme erfordert daher grds. eine Nähe zur Dienstzeit. Allerdings erfordert bereits gewöhnlicher Schichtbetrieb unterschiedliche Pausen/Essenszeitpunkte und lässt betriebsnahe Mahlzeiten zu den verschiedensten Zeitpunkten zu. Darüber hinaus sollte die Mahlzeiteneinnahme auch im direkten Anschluss an die Dienstzeit möglich sein. Damit sind auch abendliche Restaurantbesuche nicht kategorisch auszuschließen, da die Pause je nach Dienstzeit auch um diese Uhrzeit eingebracht werden kann.

hh) Stichprobenkontrolle

3075 Der Arbeitgeber hat die an die Sachbezugsbewertung anknüpfenden Voraussetzungen nachzuweisen.

Bei einer größeren Zahl an Arbeitnehmern erscheint eine Einzelkontrolle allerdings unzumutbar, weshalb in entsprechenden Fällen eine stichprobenhafte Prüfung der ordnungsgemäßen Verwendung der Zuschüsse für ausreichend aber unabdingbar betrachtet wird. Die Stichprobenkontrolle hat in einem regelmäßigen Turnus zu erfolgen und ist zu dokumentieren. Unabhängig davon sind sämtliche Belege zum Lohnkonto zu nehmen.

ii) Ausweis digitaler Essenmarken in der Entgeltabrechnung

3076 Nach § 41 Abs. 1 Satz 3 EStG sind bei jeder Lohnzahlung im Lohnkonto die Art und Höhe des gezahlten Arbeitslohns einschließlich der steuerfreien Bezüge einzutragen. Aufzuzeichnen sind nach § 4 Abs. 2 Nr. 4 und Nr. 8 LStDV auch die steuerfreien Bezüge und Bezüge, die pauschal besteuert worden sind.

Die Verwaltungsregelung (BMF v. 18.1.2019, IV C 5 – S 2334/08/10006-01, BStBl I 2019, 66) nimmt ausdrücklich zu den Aufzeichnungspflichten Stellung und bestimmt hierzu, dass der Arbeitgeber die Belege oder die Abrechnung zum Lohnkonto aufzubewahren hat. Diese Aufzeichnungspflichten beziehen sich auf das Lohnkonto und dienen der Nachprüfbarkeit durch das Finanzamt. Darüber hinaus gehende Verpflichtungen zur Darstellung in der Entgeltabrechnung ergeben sich aus steuerlicher Sicht nicht.

jj) Gehaltsumwandlung

Die Gestellung arbeitstäglicher Mahlzeiten kann im Zuge der Net- 3077
tolohnoptimierung genutzt werden. Die Umwandlung von Barlohn in mit dem Sachbezugswert zu bewertende Mahlzeiten ist grds. möglich, da es sich insoweit um **keinen** Vergütungsbestandteil mit Zusätzlichkeitsvoraussetzung handelt. Die Umwandlung von Barlohn in Sachlohn setzt voraus, dass der Arbeitnehmer unter Änderung des Arbeitsvertrages auf einen Teil seines Barlohns verzichtet und ihm der Arbeitgeber stattdessen Sachlohn gewährt (BFH v. 6.3.2008, VI R 6/05, BStBl II 2008, 530). Zur steuerlichen Anerkennung ist es zudem erforderlich, dass die Vereinbarungen vor Entstehung des Vergütungsanspruchs zwischen Arbeitnehmer und Arbeitgeber getroffen werden (vgl. BFH vom 27.4.2001, VI R 2/98, BStBl II 2001, 601).

8. Nachweispflichten des Arbeitgebers

Der Arbeitgeber hat die vom Arbeitnehmer geleistete Zahlung 3078
grds. in nachprüfbarer Form **nachzuweisen**. Der **Einzelnachweis** der Zahlungen ist nur dann nicht erforderlich, wenn gewährleistet ist, dass

- die Zahlung des Arbeitnehmers für eine Mahlzeit den anteiligen amtlichen Sachbezugswert nicht unterschreitet oder
- der Wert der Essenmarke als Arbeitslohn zu erfassen ist.

Die von Gaststätten oder vergleichbaren Einrichtungen **eingelösten Essenmarken** brauchen allerdings **nicht an den Arbeitgeber zurückgegeben** und von ihm **nicht aufbewahrt** werden, wenn **die Gaststätte** über Essenmarken **mit dem Arbeitgeber abrechnet** und die Abrechnungen, aus denen sich ergibt, wie viel Essenmarken mit welchem Verrechnungswert eingelöst worden sind, vom Arbeitgeber aufbewahrt werden. Dasselbe gilt, wenn ein Essenmarkenemittent eingeschaltet ist und der Arbeitgeber von diesem eine entsprechende Abrechnung erhält und aufbewahrt (R 8.1 Abs. 7 Nr. 4 Buchst. d LStR).

Ein Einzelnachweis ist auch nicht erforderlich, wenn der Arbeitgeber eine **Durchschnittsberechnung** anwendet.

Beispiel 1:

Ein Arbeitgeber hat mit einer Gaststätte vereinbart, dass seine Arbeitnehmer dort das Mittagessen einnehmen können; die vom Arbeitgeber kostenlos ausgegebenen Essenmarken im Wert von 2 € werden entgegengenommen, auch die übrigen Voraussetzungen für eine Bewertung mit dem Sachbezugswert sind erfüllt. Dem Arbeitgeber wird vom Gastwirt monatlich bestätigt, dass das billigste Essen in der Gaststätte 7 € kostet.

Ein Einzelnachweis der Zuzahlungen der Arbeitnehmer entfällt, weil sichergestellt ist, dass die Arbeitnehmer mindestens 5 € zuzahlen müssen und die Zuzahlung damit den Sachbezugswert von 4,57 € übersteigt.

Beispiel 2:

Ein Arbeitgeber gibt Essenmarken im Wert von 1 € aus, die von verschiedenen Gaststätten in Zahlung genommen werden. Aus Vereinfachungsgründen verzichtet der Arbeitgeber auf einen Einzelnachweis und versteuert den Wert der Essenmarken als geldwerten Vorteil.

Da der Arbeitgeber den Wert der Essenmarke als Arbeitslohn erfasst, ist ein Einzelnachweis nicht notwendig.

Beispiel 3:

Ein Arbeitgeber gibt an seine Arbeitnehmer Essenmarken im Wert von 1,50 € kostenlos aus, die in der von einem Pächter bewirtschafteten Kantine entgegengenommen werden. Der Pächter bietet den Arbeitnehmern keine festen Menüs an, sondern die Arbeitnehmer können sich ihr (Mittag-)Essen aus verschiedenen Komponenten selbst zusammenstellen (Komponenten-Essen). Die Essenmarke wird auf den individuellen Preis des Komponenten-Essens angerechnet. Für den Monat Mai ergibt sich Folgendes:

- Einnahmen aus dem Komponenten-Essen (ohne Essenmarken): 13 500 €
- Anzahl der Essenmarken (Essen): 3 000 Stück

Der Pächter rechnet die eingelösten Essenmarken mit dem Arbeitgeber ab. Er erhält hierfür 3 000 € (3 000 × 1 €); darüber hinaus zahlt der Arbeitgeber dem Pächter noch einen Zuschuss i.H.v. 5 000 € für die Sach- und Personalaufwendungen (z.B. Strom, Heizung, Arbeitslöhne).

Grds. ist nicht nur die Ausgabe von Essenmarken an die Arbeitnehmer, sondern auch die Zuschusszahlung als geldwerter Vorteil anzusehen. Allerdings werden bei der arbeitstäglichen Mahlzeitengewährung nicht die vom Arbeitgeber tatsächlich aufgewendeten Beträge, sondern nur die Sachbezugswerte bzw. der Wert der Essenmarken angesetzt.

Bei der Durchschnittsberechnung ergibt sich eine durchschnittliche Zuzahlung von 5,00 € (15 000 € : 3 000) je Essen. Die Verbilligung der Mahlzeiten durch die Essenmarken und den Zuschuss zu den Sach- und Personalaufwendungen des Pächters führt daher zu keinem geldwerten Vorteil (Sachbezugswert = 4,57 €). Der Einzelnachweis der vom Arbeitnehmer geleisteten Zuzahlungen entfällt, weil der Arbeitgeber die Durchschnittsberechnung anwendet.

9. Lohnsteuerpauschalierung

3079 Soweit sich bei der Mahlzeitengewährung ein geldwerter Vorteil ergibt, z.B. weil die Mahlzeit unentgeltlich gewährt wird oder weil die Zuzahlung des Arbeitnehmers niedriger ist als der Sachbezugswert, kann der geldwerte Vorteil entweder individuell dem Arbeitnehmer zugerechnet (entsprechend erhöht sich der Bruttoarbeitslohn des Arbeitnehmers) oder nach § 40 Abs. 2 Satz 1 Nr. 1 EStG mit **25 % pauschal** versteuert werden.

Bei der Pauschalbesteuerung ist zu beachten, dass die Mahlzeiten **arbeitstäglich** im Betrieb des Arbeitgebers abgegeben werden müssen oder es müssen Barzuschüsse an ein anderes Unternehmen geleistet werden, das seinerseits **arbeitstäglich** Mahlzeiten abgibt. Die Pauschalbesteuerung ist aber auch möglich, wenn **mehrere Mahlzeiten** am Tag abgegeben werden, z.B. Mittag- und Abendessen. Voraussetzung ist allerdings, dass die Mahlzeiten **nicht als Lohnbestandteile** vereinbart sind. Als Lohnbestandteile sind Mahlzeiten vielfach im Hotel- und Gaststättengewerbe, beim Krankenhauspersonal oder in der Land- und Forstwirtschaft vereinbart.

Ein besonderer Antrag – dem das Finanzamt zustimmen muss – ist nicht Voraussetzung für die Pauschalierung. Ebenso muss auch keine größere Zahl von Fällen vorliegen, damit der geldwerte Vorteil pauschal besteuert werden kann. Daher ist die Pauschalierung auch zulässig, wenn nur einem einzelnen Arbeitnehmer arbeitstäglich Mahlzeiten gewährt werden.

Voraussetzung für die Pauschalierung ist nach § 40 Abs. 3 EStG, dass der Arbeitgeber die pauschale Lohnsteuer zu übernehmen hat. Aber auch hier gilt die Rechtsprechung des BAG (BAG v. 5.8.1987, 5 AZR 22/86), nach der die Lohnsteuer im Innenverhältnis auf den Arbeitnehmer überwälzt werden kann; hierdurch mindert sich jedoch nicht die steuerliche Bemessungsgrundlage (→ *Abwälzung der pauschalen Lohnsteuer auf den Arbeitnehmer* Rz. 27). Neben der pauschalen Lohnsteuer entsteht noch der Solidaritätszuschlag sowie ggf. die pauschale Kirchensteuer. Bei der pauschalen Kirchensteuer ist zu beachten, dass der Arbeitgeber ein „Wahlrecht“ hat. Er kann entweder die Kirchensteuer **für alle Arbeitnehmer** mit dem ermäßigten Kirchensteuersatz (in Niedersachsen z.B. 6 %) oder, wenn er für einen Teil seiner **Arbeitnehmer** die Nichtzugehörigkeit zu einer kirchensteuererhebenden Körperschaft nachweist, für die restlichen Arbeitnehmer mit dem vollen Kirchensteuersatz (in Niedersachsen z.B. 9 %) erheben, → *Kirchensteuer* Rz. 2720.

Soweit der geldwerte Vorteil pauschal versteuert wird, sind die Einnahmen nach § 1 Abs. 1 Nr. 3 SvEV **sozialversicherungsfrei**.

Beispiel 1:

Ein Arbeitgeber in Celle bietet in einer selbst betriebenen Kantine mittags verschiedene Menüs „unentgeltlich“ an. Im Monat Februar 2026 werden insgesamt 200 Menüs ausgegeben. Der geldwerte Vorteil wird pauschal versteuert.

Der Pauschalbesteuerung ist der amtliche Sachbezugswert zu Grunde zu legen, d.h. pro Mahlzeit 4,57 €. Dieser Betrag ist nicht zu kürzen, denn die Arbeitnehmer müssen keine Zuzahlungen leisten. Insgesamt entsteht ein geldwerter Vorteil von 914 € (200 × 4,57 €).

Die Pauschalsteuer beträgt

– Lohnsteuer (25 % von 914 €)	228,50 €
– Solidaritätszuschlag (5,5 % von 220,00 €)	12,57 €
– Kirchensteuer (6 % von 220,00 €)	13,71 €
Insgesamt	254,78 €

Beispiel 2:

Wie Beispiel 1, aber der Arbeitgeber hat mit seinen Arbeitnehmern vereinbart, dass sie die pauschale Steuer übernehmen.

Die Übernahme der pauschalen Lohnsteuer durch den Arbeitnehmer **mindert nicht die steuerliche Bemessungsgrundlage**. Die Pauschalsteuer wird ermittelt wie im Beispiel 1 dargestellt. Den Gesamtbetrag von 254,78 € hat der Arbeitgeber von den Nettolöhnen der Arbeitnehmer einzubehalten.

Der geldwerte Vorteil kann aber auch mit dem Durchschnittswert der Pauschalbesteuerung zu Grunde gelegt werden, wenn der Arbeitgeber **unterschiedliche Mahlzeiten** zu unterschiedlichen Preisen verbilligt oder unentgeltlich an die Arbeitnehmer abgibt. Bei der Durchschnittswertermittlung wird die Summe der Entgelte durch die Zahl der ausgegebenen Mahlzeiten geteilt. Dies setzt grds. die Erfassung der Entgelte in einer besonderen Kasse voraus. In dieser Kasse können auch die Getränke, die zusammen mit den Speisen erworben werden und die deshalb zu den Mahlzeiten gehören, mit erfasst werden. Nicht mit einbezogen werden dürfen die Umsätze von Getränken, die außerhalb der Mahlzeiten erworben werden, sowie andere Umsätze, z.B. die Umsätze des Frühstücks. Werden Mahlzeiten nur einem bestimmten Teil der Arbeitnehmer angeboten, z.B. den leitenden Angestellten in einem Vorstandskasino, so sind diese Umsätze nicht in die Durchschnittsberechnung einzubeziehen. Das schließt aber nicht aus, dass diese Mahlzeiten im Einzelfall pauschal besteuert werden. Unterhält der Arbeitgeber mehrere Kantinen, so ist der Durchschnittswert für jede einzelne Kantine zu ermitteln.

Die Durchschnittsbesteuerung braucht nicht tageweise durchgeführt zu werden, sie darf sich auf den gesamten Lohnzahlungszeitraum erstrecken (R 8.1 Abs. 7 Nr. 5 LStR). Ein längerer Zeitraum für die Durchschnittsberechnung, z.B. das Kalenderjahr, ist nicht möglich. Ist die Ermittlung des Durchschnittswerts wegen der Menge der zu erfassenden Daten allerdings besonders aufwendig, so kann nach R 8.1 Abs. 7 Nr. 5 Satz 5 LStR die Ermittlung des Durchschnittswerts für einen **repräsentativen Zeitraum** und bei einer Vielzahl von Kantinen für eine **repräsentative Auswahl der Kantinen** durchgeführt werden. Diese „repräsentative Durchschnittsermittlung“ sollte nur im Benehmen mit dem Betriebsstättenfinanzamt durchgeführt werden.

Beispiel 3:

Ein Arbeitgeber in Niedersachsen gibt in einer selbst betriebenen Kantine verschiedene Menüs zu verschiedenen Preisen ab. Nach Ablauf des Monats Juli 2026 (Monat = Lohnzahlungszeitraum) ergibt sich folgende Situation:

Menüart	Preis	Anzahl der Essen	Insgesamt
Tagesmenü A	1,60 €	600	960,– €
Tagesmenü B	2,– €	500	1 000,– €
Vegetarisches Menü	2,60 €	300	780,– €
Schlemmermenü	4,50 €	200	900,– €
Quickmenü	1,10 €	400	440,– €
Insgesamt		2 000	4 080,– €

Der Durchschnittswert aller Menüs errechnet sich wie folgt:

$$\frac{\text{Menüpreis für alle Arbeitnehmer}}{\text{Anzahl der insgesamt ausgegebenen Menüs}} = \frac{4\,080\,€}{2\,000} = 2{,}04\,€$$

Für den Monat Juli ist **ein geldwerter Vorteil** zu versteuern, denn der Durchschnittsbetrag ist niedriger als der amtliche Sachbezugswert von 4,57 €.

Zu versteuern ist die Differenz zwischen dem maßgebenden Sachbezugswert und dem Durchschnittswert, also 2,53 € (4,57 € – 2,04 €) je Essen. Bei 2 000 abgegebenen Mahlzeiten ergibt sich ein Betrag von 5 060 €.

Die Pauschalsteuer beträgt

– Lohnsteuer (25 % von 4 720 €)	1 265,– €
– Solidaritätszuschlag (5,5 % von 1 180 €)	69,58 €
– Kirchensteuer (6 % von 1 180 €)	75,90 €
Insgesamt	1 410,48 €

Die Durchschnittsermittlung darf nur durchgeführt werden, wenn der geldwerte Vorteil **pauschal besteuert** wird. Soll hingegen der Vorteil individuell dem einzelnen Arbeitnehmer zugeordnet werden, ist sie nicht zulässig.

10. Rabattfreibetrag bei der Mahlzeitengewährung

Der Rabattfreibetrag von 1 080 € nach § 8 Abs. 3 EStG kann grds. auch bei der Mahlzeitengewährung berücksichtigt werden. Voraussetzung ist allerdings, dass die Mahlzeiten vom Arbeitgeber **nicht überwiegend** für den Bedarf seiner Arbeitnehmer herge- 3080 stellt werden und keine Pauschalierung nach § 40 Abs. 2 Satz 1 Nr. 1 EStG erfolgt. Es ist dabei **nicht entscheidend**, ob die den fremden Dritten gereichten Speisen **in gleicher Weise** auch den Arbeitnehmern zur Verfügung gestellt werden oder ob die Arbeitnehmer eine speziell zubereitete Mahlzeit erhalten. Denn es kommt nur darauf an, dass die Zubereitung von Speisen überhaupt zur Produktpalette des Arbeitgebers gehört (BFH v. 21.1.2010, VI R 51/08, BStBl II 2010, 700).

In diesen Fällen ist der Wert der Mahlzeiten **nicht** mit dem maßgebenden amtlichen Sachbezugswert anzusetzen, **sondern** mit dem um 4 % geminderten **Endpreis** des Arbeitgebers, abzüglich des Rabattfreibetrags von 1 080 € im Kalenderjahr (→ *Rabatte* Rz. 3523).

Im Regelfall werden in einer vom Arbeitgeber betriebenen Kantine die Mahlzeiten **überwiegend** an Arbeitnehmer abgegeben, so dass der Rabattfreibetrag **nicht angewendet** werden kann.

Anders ist es aber im **Hotel- und Gaststättengewerbe**, wenn die Arbeitnehmer sich ihr Essen von der Speisekarte aussuchen können.

Beispiel 1:

Ein Hotelbetrieb gewährt seinen Arbeitnehmern arbeitstäglich ein kostenloses Mittagessen. Arbeitnehmer A ist am 1.9.2026 eingestellt worden. Er hat im Kalenderjahr 2026 insgesamt 100 Essen erhalten, deren Wert insgesamt 1 000 € beträgt.

Für die Bewertung der Mahlzeiten ist § 8 Abs. 3 EStG anwendbar, weil die Zubereitung von Speisen zur Produktpalette des Arbeitgebers gehört und damit die Mahlzeiten nicht überwiegend an die Arbeitnehmer abgegeben werden. Der geldwerte Vorteil bemisst sich also nicht nach dem maßgebenden amtlichen Sachbezugswert, sondern nach dem Wert der Speisen. Der geldwerte Vorteil ermittelt sich wie folgt:

Wert der Mahlzeiten im Kalenderjahr	1 000 €
– Abschlag von 4 %	40 €
= Endpreis des Arbeitgebers	960 €
– Rabattfreibetrag von 1 080 €	1 080 €
= geldwerter Vorteil	0 €

Die Gewährung der Mahlzeiten ist nicht zu versteuern, weil sich nach Abzug des Rabattfreibetrags von 1 080 € kein geldwerter Vorteil ergibt.

In diesen Fällen kommt neben der Bewertung nach § 8 Abs. 3 EStG auch eine Bewertung nach § 8 Abs. 2 Satz 6 EStG in Betracht. Insoweit gilt auch hier die Verwaltungsregelung, die **sowohl dem Arbeitnehmer als auch dem Arbeitgeber eine Wahlmöglichkeit** zwischen den Bewertungsvorschriften des § 8 Abs. 2 und Abs. 3 EStG **einräumt** (BMF v. 16.5.2013, IV C 5 – S 2334/07/0011, BStBl I 2013, 729). Einzelheiten hierzu → *Rabatte* Rz. 3526.

Wenn sich nach Abzug des Rabattfreibetrags ein geldwerter Vorteil ergibt, so besteht auch die Möglichkeit, diesen nach § 40 Abs. 2 Satz 1 Nr. 1 EStG pauschal zu versteuern, wenn die Mahlzeiten arbeitstäglich abgegeben werden. Denn nach R 8.2 Abs. 1 Satz 1 Nr. 4 LStR kann bei jedem **einzelnen Sachbezug**, für den die Voraussetzungen des § 8 Abs. 3 und des § 40 Abs. 2 Satz 1 Nr. 1 EStG gleichzeitig vorliegen, zwischen der Pauschalbesteuerung und der Anwendung des § 8 Abs. 3 EStG gewählt werden, d.h., für jede einzelne Mahlzeit kann entweder der Rabattfreibetrag oder die Pauschalbesteuerung in Anspruch genommen werden. Macht der Arbeitgeber von der Möglichkeit der Pauschalbesteuerung Gebrauch, so ist für die Bewertung der Mahlzeiten der Sachbezugswert maßgebend.

Beispiel 2:

Ein Hotelbetrieb gewährt seinen Arbeitnehmern arbeitstäglich ein kostenloses Mittagessen. Arbeitnehmer B hat im Kalenderjahr 2026 insgesamt 280 Essen erhalten. Jedes Essen hatte einen Wert von 9 €.

Für jede einzelne Mahlzeit kann zwischen dem Rabattfreibetrag und der Pauschalbesteuerung gewählt werden. Der Arbeitgeber wird so lange die Rabattbesteuerung wählen, bis der Rabattfreibetrag voll ausgeschöpft ist. Dieser Betrag errechnet sich unter Berücksichtigung des Abschlags von 4 % wie folgt:

$$\frac{\text{Rabattfreibetrag} \times 100}{100 - 4\,\%\ \text{Abschlag}} = \frac{1\,080\,€ \times 100}{100 - 4} = 1\,125\,€$$

Die Besteuerung der kostenlosen Mahlzeiten ist wie folgt vorzunehmen (für einen Teil der Arbeitnehmer wird keine pauschale Kirchensteuer entrichtet):

– Rabattbesteuerung	
125 Mahlzeiten × 9 €	1 125,– €
– 4 % Abschlag	45,– €
Endpreis des Arbeitgebers	1 080,– €
– Rabattfreibetrag	1 080,– €
= geldwerter Vorteil	0,– €
= Steuern auf den geldwerten Vorteil	0,– €
– Pauschalbesteuerung	
155 Mahlzeiten × 4,57 €	708,35 €
Lohnsteuer (25 % von 708,35 €)	177,09 €
Solidaritätszuschlag (5,5 % von 170,50 €)	9,74 €
Kirchensteuer (9 % von 170,50 €)	15,94 €
= Steuern auf den geldwerten Vorteil	202,77 €

Weil die Sachbezüge nach § 8 Abs. 3 EStG gesondert im Lohnkonto zu erfassen sind, kann der Arbeitgeber auf die Anwendung der Rabattbesteuerung verzichten, und z.B. sämtliche Mahlzeiten der Pauschalbesteuerung mit 25 % unterwerfen.

Beispiel 3:

Wie Beispiel 2, der Arbeitgeber wendet die Pauschalbesteuerung **nicht** an. Die individuelle Grenzsteuerbelastung des Arbeitnehmers wird mit 30 % angenommen (in diesem Einkommensbereich fällt ab 2022 kein Solidaritätszuschlag mehr an → *Solidaritätszuschlag* Rz. 3904; zur Grenzsteuerbelastung → *Steuertarif* Rz. 4048).

Die Besteuerung der kostenlosen Mahlzeiten ist wie folgt vorzunehmen:

Rabattbesteuerung	
280 Mahlzeiten × 9 €	2 520,– €
– 4 % Abschlag	100,80 €
Endpreis des Arbeitgebers	2 419,20 €
– Rabattfreibetrag	1 080,– €
= geldwerter Vorteil	1 339,20 €
Lohnsteuer (30 % von 1 339,20 €)	401,76 €
Solidaritätszuschlag	0,– €
Kirchensteuer (9 % von 401,76 €)	36,15 €
= Steuern auf den geldwerten Vorteil	437,91 €

Der Rabattfreibetrag kann auch bei betriebseigenen Kantinen, in denen auch Nichtbetriebsangehörige in größerem Umfang Mahlzeiten einnehmen können, angewendet werden. Voraussetzung dafür ist, dass die Zahl der Mahlzeiten, die an Nichtbetriebsangehörige ausgegeben werden, die Anzahl der an Arbeitnehmer ausgegebenen Mahlzeiten **übersteigt**.

Beispiel 4:

Der Arbeitgeber betreibt in eigener Regie eine Kantine. Jedes dort ausgegebene Essen kostet 7 €. In der Kantine dürfen nicht nur die eigenen Arbeitnehmer essen, sondern auch fremde Personen, die dieses Angebot reichlich nutzen. Die eigenen Arbeitnehmer erhalten vom Arbeitgeber im Kalenderjahr Essenmarken **zum Preis von 2 €**, für die sie in der Kantine ein Essen im Wert von 7 € erhalten. Für jeden Arbeitnehmer werden **213 Essenmarken** ausgegeben; die Anzahl der Essenmarken ergibt sich aus den maximalen Arbeitstagen im Kalenderjahr nach Abzug von Wochenenden, Urlaub und Feiertagen.

Im Kalenderjahr 2026 ergibt sich folgende Situation:

Abgabe von Essen im Kalenderjahr 2026	40 000 Essen
davon auf Essenmarken, also an eigene Arbeitnehmer	18 000 Essen

Der Arbeitgeber hat im Kalenderjahr 2026 die Mahlzeiten nicht überwiegend an seine eigenen Arbeitnehmer abgegeben, daher kann die Rabattregelung nach § 8 Abs. 3 EStG angewendet werden. In diesem Fall sind nicht die Sachbezugswerte, sondern der Endpreis des Arbeitgebers zu Grunde zu legen, zu dem der Arbeitgeber die Mahlzeiten fremden Letztverbrauchern im allgemeinen Geschäftsverkehr anbietet, also 7 €.

Der **höchstmögliche Vorteil** für den einzelnen Arbeitnehmer errechnet sich wie folgt:

Preis der Mahlzeit	7,– €
– 4 % Abschlag	0,28 €
= Endpreis des Arbeitgebers	6,72 €
– Zuzahlung des Arbeitnehmers	2,– €
= Vorteil des Arbeitnehmers pro Tag	4,72 €
Vorteil im Kalenderjahr (4,72 € × 213 Tage)	1 005,36 €
– Rabattfreibetrag	1 080,– €
= zu versteuern	0,– €

Da sich beim höchstmöglichen Vorteil für den einzelnen Arbeitnehmer kein geldwerter Vorteil ergibt, bleibt die verbilligte Mahlzeitengewährung **bei allen Arbeitnehmern** steuer- und beitragsfrei.

In diesem Fall wird das Betriebsstättenfinanzamt einem Antrag auf Aufzeichnungserleichterungen nach § 4 Abs. 3 Satz 2 LStDV entsprechen, weil der Rabattfreibetrag **in keinem Fall** überschritten werden kann (→ *Rabatte* Rz. 3567).

11. Umsatzsteuer

Wendet der Arbeitgeber seinen Arbeitnehmern unentgeltliche oder 3081
verbilligte Mahlzeiten zu, können daraus neben den lohnsteuerlichen auch **umsatzsteuerliche Konsequenzen** entstehen. So erfasst das Umsatzsteuerrecht grds. auch unentgeltliche oder verbilligte Sachzuwendungen oder Leistungen, die ein Arbeitgeber an

seine Arbeitnehmer oder deren Angehörige auf Grund eines Dienstverhältnisses ausführt (§ 1 Abs. 1 und § 3 UStG).

Einzelheiten → *Sachbezüge* Rz. 3827.

Mahlzeiten aus besonderem Anlass

1. Allgemeines

3082 Neben den typischen „Kantinenessen" (→ *Mahlzeiten* Rz. 3049), die dem Arbeitnehmer arbeitstäglich angeboten werden, kann er auch aus einem besonderen Anlass eine unentgeltliche oder verbilligte Mahlzeit erhalten. Für die steuerliche Berücksichtigung dieser besonderen Mahlzeitengestellung sind zu unterscheiden:

- Mahlzeiten, die der **Arbeitgeber oder auf dessen Veranlassung ein Dritter** aus besonderem Anlass an Arbeitnehmer abgibt (R 8.1 Abs. 8 LStR):

  Die Mahlzeitengestellung kann steuerfrei oder aber ein mit dem tatsächlichen Wert oder auch dem Sachbezugswert zu bewertender geldwerter Vorteil sein.
- Mahlzeiten, die **Dritte aus anderen Gründen** abgeben und die deshalb steuerlich überhaupt nicht zu erfassen sind.

Für die steuerliche Erfassung und Bewertung von Mahlzeiten, die der **Arbeitgeber** oder auf dessen Veranlassung ein Dritter (z.B. das Hotel, in dem der Arbeitnehmer übernachtet) **aus besonderem Anlass** an Arbeitnehmer abgibt, **gilt Folgendes** (R 8.1 Abs. 8 LStR):

2. Betrieblich veranlasste Mahlzeiten

3083 Mahlzeiten, die im **ganz überwiegenden betrieblichen Interesse** des Arbeitgebers an die Arbeitnehmer abgegeben werden, gehören **nicht zum Arbeitslohn** (vgl. BFH v. 21.1.2010, VI R 51/08, BStBl II 2010, 700 betr. unentgeltliche Verpflegung der Besatzungsmitglieder an Bord von Flusskreuzfahrtschiffen durch den Arbeitgeber sowie FG Düsseldorf v. 13.8.2021, 14 K 2158/16 L, EFG 2021, 1130 betr. unentgeltliche Verpflegung des Kabinen- und Cockpit-Personals an Bord eines Flugzeuges auf Lang- und Mittelstreckenflügen).

LSt SV

Die Gewährung einer Mahlzeit erfolgt nicht bereits deswegen im ganz überwiegend eigenbetrieblichen Interesse, weil für sie betriebliche Gründe sprechen, beim Arbeitgeber also Betriebsausgaben vorliegen. Vielmehr muss sich aus den Begleitumständen wie Anlass, Art und Höhe des Vorteils, Auswahl der Begünstigten, freie oder nur gebundene Verfügbarkeit, Freiwilligkeit oder Zwang zur Annahme der Mahlzeit und seiner besonderen Geeignetheit ergeben, dass diese Zielsetzung ganz im Vordergrund steht und ein damit einhergehendes eigenes Interesse des Arbeitnehmers, die Mahlzeit zu erhalten, deshalb vernachlässigt werden kann.

Hierzu gehören Mahlzeiten, die

- als sog. **Arbeitsessen** (→ *Arbeitsessen* Rz. 611) oder
- bei Teilnahme des Arbeitnehmers an einer **geschäftlich veranlassten Bewirtung** (→ *Bewirtungskosten* Rz. 1452) abgegeben werden.

Beispiel:

Eine Firma lädt alle Außendienstmitarbeiter zu einer eintägigen Fortbildungsveranstaltung in ein abseits und ruhig gelegenes Hotel ein. Auf Grund der umfangreichen Tagesordnung ist nur eine Mittagspause von einer halben Stunde vorgesehen, in der ein vom Arbeitgeber bereits vorbestelltes, einfaches Essen gereicht wird. Andere Essensmöglichkeiten gibt es in der Nähe nicht.

In diesem Fall kann die Mahlzeitengewährung den Arbeitnehmern nicht als Arbeitslohn zugerechnet werden, weil das eigenbetriebliche Interesse des Arbeitgebers an der reibungslosen Abwicklung der Fortbildungsveranstaltung den Vorteil des Arbeitnehmers durch die unentgeltliche Mittagsmahlzeit bei weitem überwiegt. Hinzu kommt, dass nur ein „einfaches Essen" gereicht wird (vgl. BFH v. 5.5.1994, VI R 55–56/92, BStBl II 1994, 771).

3. Mahlzeiten bei Auswärtstätigkeiten und doppelter Haushaltsführung

3084 Mahlzeiten, die zur **üblichen Beköstigung** der Arbeitnehmer anlässlich oder während einer **Auswärtstätigkeit**, einer **Bildungsmaßnahme** (z.B. **auswärtige Fortbildungsveranstaltung**) **oder einer doppelten Haushaltsführung** abgegeben werden, gehören grds. zum **Arbeitslohn**.

LSt SV

Allerdings erfolgt in diesen Fällen eine Kürzung der Verpflegungspauschalen bei gleichzeitigem Verzicht auf die Arbeitslohnbesteuerung.

Zur Mahlzeitengestellung bei Auswärtstätigkeiten → *Reisekosten: Erstattungen* Rz. 3687 und bei doppelter Haushaltsführung → *Doppelte Haushaltsführung: Erstattungsbeträge* Rz. 1764.

a) Bewertung üblicher Mahlzeiten

Eine vom Arbeitgeber während einer beruflich veranlassten Aus- 3085
wärtstätigkeit zur Verfügung gestellte „übliche" Mahlzeit wird mit dem **maßgebenden amtlichen Sachbezugswert** nach der SvEV (→ *Anhang, B. Sozialversicherung* Rz. 4834) bewertet. Entsprechendes gilt für die i.R. einer beruflich veranlassten doppelten Haushaltsführung vom Arbeitgeber zur Verfügung gestellten „üblichen" Mahlzeiten. Als **„üblich" gilt eine Mahlzeit**, deren Preis **60 € nicht übersteigt** (§ 8 Abs. 2 Satz 8 EStG). Hierbei sind auch die zur Mahlzeit eingenommenen Getränke einzubeziehen. Zum Begriff der Mahlzeit (→ *Mahlzeiten* Rz. 3050).

Im Gegensatz zu den Verpflegungspauschalen, bei denen es für Tätigkeiten im Ausland besondere Pauschbeträge für Verpflegungsmehraufwendungen gibt (→ *Anhang, A. Lohnsteuer* Rz. 4826), **gilt die 60 €-Grenze** nach § 8 Abs. 2 Satz 8 EStG **sowohl im Inland als auch im Ausland**.

Mahlzeiten mit einem Preis von **über 60 €** dürfen nicht mit dem maßgebenden amtlichen Sachbezugswert bewertet werden. Bei einer solchen Mahlzeit wird typisierend unterstellt, dass es sich um ein „Belohnungsessen" (→ Rz. 3089) handelt.

Für die **Prüfung der 60 €-Grenze** kommt es auf den Preis der Mahlzeit (einschließlich Umsatzsteuer) an, den der Dritte dem Arbeitgeber in Rechnung stellt. **Zuzahlungen des Arbeitnehmers** sind bei der Prüfung der 60 €-Grenze **nicht zu berücksichtigen.** Ist der Preis der Mahlzeit in der Rechnung eines Dritten nicht beziffert, weil die Mahlzeit i.R. eines Gesamtpreises z.B. mit einer Fortbildungsveranstaltung berechnet wird, ist nach dem **Gesamtbild der Verhältnisse im Einzelfall** zu beurteilen, ob es sich um eine „übliche" Beköstigung i.S.d. § 8 Abs. 2 Satz 8 EStG gehandelt hat oder ob ein höherer Wert der Mahlzeit als 60 € anzunehmen ist.

Die für eine unmittelbar vom Arbeitgeber abgegebene Mahlzeit maßgeblichen Grundsätze gelten auch, wenn eine Mahlzeit auf Veranlassung des Arbeitgebers von einem Dritten an den Arbeitnehmer abgegeben wird. Die Gestellung einer Mahlzeit ist **vom Arbeitgeber veranlasst**, wenn er **Tag und Ort** der Mahlzeitengestellung **bestimmt**. Das ist insbesondere dann der Fall, wenn

- er die Verpflegungskosten im Hinblick auf die beruflich veranlasste Auswärtstätigkeit des Arbeitnehmers **dienst- oder arbeitsrechtlich erstattet** und
- die **Rechnung auf den Arbeitgeber ausgestellt** ist oder es sich um eine Kleinbetragsrechnung i.S.d. § 14 UStG i.V.m. § 33 UStDV handelt, die als Beleg zur Buchführung des Arbeitgebers vorliegt oder vorgelegen hat und gesichert wurde.

Zu den vom **Arbeitgeber zur Verfügung gestellten Mahlzeiten** gehören auch die z.B. **im Flugzeug, im Zug oder auf einem Schiff** im Zusammenhang mit der Beförderung unentgeltlich **angebotenen Mahlzeiten**, sofern die Rechnung für das Beförderungsticket auf den Arbeitgeber ausgestellt ist und von diesem dienst- oder arbeitsrechtlich erstattet wird. Die Verpflegung muss dabei nicht offen auf der Rechnung ausgewiesen werden. Lediglich dann, wenn z.B. anhand des gewählten Beförderungstarifs feststeht, dass es sich um eine reine Beförderungsleistung handelt, bei der keine Mahlzeiten unentgeltlich angeboten werden, liegt keine Mahlzeitengestellung vor (→ *Reisekosten: Erstattungen* Rz. 3680). Allerdings erfüllen Chipstüten, Salzgebäck, Schokowaffeln, Müsliriegel oder vergleichbare Knabbereien im Flugzeug, Zug oder Schiff nicht die Kriterien für eine Mahlzeit und führen daher nicht zu einer Kürzung der Verpflegungspauschale (→ *Reisekosten: Erstattungen* Rz. 3687).

b) Besteuerungsverzicht bei üblichen Mahlzeiten

Die durch das Wachstumschancengesetz ab 2024 geplante Er- 3086
höhung der Pauschalen für Verpflegungsmehraufwendungen auf

16 € bzw. 32 € ist nicht umgesetzt worden. Somit gelten die steuerfreien Verpflegungspauschalen i.H.v. 14 € und 28 € unverändert weiter (§ 9 Abs. 4a EStG). Nur diese Beträge dürfen steuerfrei gezahlt werden; vgl. → *Reisekosten: Erstattungen* Rz. 3661.

Die **steuerliche Erfassung** einer solchen üblichen Mahlzeit als Arbeitslohn ist **ausgeschlossen**, wenn der Arbeitnehmer für die betreffende Auswärtstätigkeit dem Grunde nach eine **Verpflegungspauschale** i.S.d. § 9 Abs. 4a EStG als Werbungskosten geltend machen könnte (→ *Reisekosten: Erstattungen* Rz. 3661). Auf die Höhe der tatsächlich als Werbungskosten anzusetzenden Verpflegungspauschale kommt es nicht an. Ebenso ist eine **mögliche Kürzung** des Werbungskostenabzugs nach § 9 Abs. 4a Satz 8 ff. EStG wegen der Gestellung einer Mahlzeit (→ *Reisekosten: Erstattungen* Rz. 3661) unerheblich (§ 8 Abs. 2 Satz 9 EStG).

Im Ergebnis unterbleibt die Erfassung der mit dem Sachbezugswert bewerteten Mahlzeit bereits immer dann, wenn der Arbeitnehmer anlässlich einer beruflich veranlassten Auswärtstätigkeit eine Verpflegungspauschale beanspruchen kann, weil er innerhalb der Dreimonatsfrist nach § 9 Abs. 4a Satz 6 EStG nachweislich **mehr als acht Stunden** von seiner Wohnung und der ersten Tätigkeitsstätte abwesend ist oder eine **mehrtägige Auswärtstätigkeit mit Übernachtung** vorliegt. Nach Ablauf der Dreimonatsfrist ist die Gestellung einer Mahlzeit grds. als Arbeitslohn zu erfassen.

Beispiel 1:

Der Arbeitnehmer nimmt im Kalenderjahr 2026 auf Veranlassung seines Arbeitgebers an einem zweitägigen Seminar mit Übernachtung teil. Die Hotelrechnung ist auf den Arbeitgeber ausgestellt. Der Arbeitgeber erstattet die vom Arbeitnehmer verauslagten Übernachtungskosten i.H.v. 100 € inkl. 20 € für ein Frühstück i.R. der Reisekostenabrechnung des Arbeitnehmers. Die auf den Arbeitgeber ausgestellte Rechnung des Seminarveranstalters hat der Arbeitgeber unmittelbar bezahlt. Darin enthalten ist für beide Seminartage jeweils ein für derartige Veranstaltungen typisches Mittagessen, dessen Preis in der Rechnung nicht gesondert ausgewiesen ist.

Der Arbeitnehmer A erhält sowohl das Frühstück als auch die beiden Mittagessen auf Veranlassung seines Arbeitgebers. Für den An- und den Abreisetag steht ihm grds. jeweils eine Verpflegungspauschale i.H.v. 14 € zu. Obgleich der Preis der Mittagessen in der Rechnung des Seminarveranstalters nicht beziffert ist, kann auf Grund der Art und Durchführung der Seminarveranstaltung von einer üblichen Beköstigung ausgegangen werden, deren Preis 60 € nicht übersteigt. Die Mahlzeiten sind daher nicht als Arbeitslohn zu erfassen und die Verpflegungspauschale des Arbeitnehmers im Hinblick auf die zur Verfügung gestellten Mahlzeiten nach § 9 Abs. 4a Satz 8 EStG zu kürzen (→ *Reisekosten: Erstattungen* Rz. 3661).

Eine vom Arbeitgeber oder auf dessen Veranlassung von einem Dritten abgegebene Mahlzeit mit einem **höheren Preis als 60 €** ist stets **als Arbeitslohn zu erfassen**. Das gilt auch dann, wenn der Preis der Mahlzeit zwar nicht offen in Rechnung gestellt, nach dem Gesamtbild der Umstände aber als unüblich i.S.d. § 8 Abs. 2 Satz 8 EStG anzusehen ist und ein Wert der Mahlzeit von mehr als 60 € unterstellt werden kann. **Im Zweifel ist der Wert der Mahlzeit zu schätzen**. Eine unübliche Mahlzeit ist als Arbeitslohn zu erfassen, unabhängig davon, ob der Arbeitnehmer für die betreffende Auswärtstätigkeit eine Verpflegungspauschale als Werbungskosten geltend machen kann.

Beispiel 2:

Der Arbeitnehmer nimmt im Auftrag seines Arbeitgebers im Kalenderjahr 2026 an einer eintägigen Podiumsdiskussion mit anschließender Abendveranstaltung teil. Die auf den Arbeitgeber ausgestellte Rechnung des Veranstalters hat der Arbeitgeber unmittelbar bezahlt. Darin enthalten sind die Kosten für ein Galadinner, das mit 80 € separat ausgewiesen ist. Der Arbeitnehmer ist mehr als acht Stunden von seiner Wohnung und seiner ersten Tätigkeitsstätte abwesend.

Der Arbeitnehmer erhält das Galadinner vom Veranstalter der Podiumsdiskussion auf Veranlassung seines Arbeitgebers. Angesichts der Kosten von mehr als 60 € ist von einem Belohnungsessen auszugehen (unübliche Beköstigung gemäß § 8 Abs. 2 Satz 8 EStG), so dass die dafür berechneten 80 € als Arbeitslohn anzusetzen sind. Der Arbeitnehmer kann als Werbungskosten eine ungekürzte Verpflegungspauschale i.H.v. 14 € geltend machen.

c) Zuzahlung des Arbeitnehmers

3087 Der Ansatz einer nach § 8 Abs. 2 Satz 8 EStG mit dem amtlichen Sachbezugswert bewerteten Mahlzeit als Arbeitslohn setzt voraus, dass es sich um eine übliche Mahlzeit handelt und der Arbeitnehmer **keine Verpflegungspauschale beanspruchen** kann; dies liegt regelmäßig vor, wenn er **nicht mehr als acht Stunden** außerhalb seiner Wohnung und seiner ersten Tätigkeitsstätte beruflich tätig ist (→ *Reisekosten: Erstattungen* Rz. 3661) oder die **Dreimonatsfrist** nach § 9 Abs. 4a Satz 6 EStG überschritten ist (→ *Reisekosten: Erstattungen* Rz. 3661).

Zahlt der Arbeitnehmer in diesen Fällen **ein Entgelt für die erhaltene Mahlzeit**, **mindert** dieses Entgelt **den steuerpflichtigen geldwerten Vorteil**. Die Finanzverwaltung beanstandet es nicht, wenn der Arbeitgeber ein vereinbartes Entgelt für die Mahlzeit i.R. der Lohnabrechnung **unmittelbar aus dem Nettoentgelt** des Arbeitnehmers entnimmt. Übersteigt das vom Arbeitnehmer gezahlte Entgelt den maßgebenden Sachbezugswert oder entspricht es dem Sachbezugswert, verbleibt kein steuerpflichtiger geldwerter Vorteil. Der den Sachbezugswert **übersteigende Betrag darf nicht als Werbungskosten abgezogen** werden.

Gleiches gilt, wenn der Arbeitnehmer bei der Gestellung einer Mahlzeit auf Veranlassung des Arbeitgebers ein zuvor vereinbartes Entgelt **unmittelbar an den Dritten** entrichtet. Es muss sich hierbei aber um ein **Entgelt des Arbeitnehmers** handeln. Wird das vom Dritten in Rechnung gestellte Entgelt zunächst vom Arbeitnehmer verauslagt und diesem anschließend vom Arbeitgeber erstattet, handelt es sich nicht um ein Entgelt des Arbeitnehmers. Das gilt insbesondere für den auf den Arbeitgeber ausgestellten Rechnungsbetrag.

Beispiel 1:

Der Arbeitnehmer nimmt auf Veranlassung seines Arbeitgebers an einem zweitägigen Seminar mit Übernachtung teil. Die auf den Arbeitgeber ausgestellte Hotelrechnung von 100 € inkl. 20 € für ein Frühstück wird zunächst vom Arbeitnehmer bezahlt. Der Arbeitgeber erstattet dem Arbeitnehmer die Übernachtungskosten inkl. Frühstück i.R. der Reisekostenabrechnung.

Im Hinblick auf die Rechnungsstellung und spätere Erstattung der Auslagen durch den Arbeitgeber handelt es sich bei dem in der Hotelrechnung für das Frühstück enthaltenen Kostenanteil nicht um ein Entgelt des Arbeitnehmers. Da es sich bei den zur Verfügung gestellten Mahlzeiten um übliche Mahlzeiten handelt, sind diese nicht als Arbeitslohn zu erfassen; beim Werbungskostenabzug des Arbeitnehmers sind die Verpflegungspauschalen entsprechend zu kürzen (→ *Reisekosten: Erstattungen* Rz. 3661).

Beispiel 2:

Der Arbeitnehmer wird für sechs Monate von seinem Arbeitgeber an einen Tochterbetrieb im Inland entsandt. Für die Zeit der Entsendung übernachtet der Arbeitnehmer während der Woche in einem Hotel in der Nähe des Tochterbetriebs. Das Hotel stellt dem Arbeitgeber pro Übernachtung 70 € zuzüglich 10 € für ein Frühstück in Rechnung, das der Arbeitnehmer zunächst verauslagt und dann i.R. der Reisekostenabrechnung von seinem Arbeitgeber erstattet erhält. Es liegt eine beruflich veranlasste Auswärtstätigkeit vor. Der Arbeitnehmer erhält das Frühstück jeweils auf Veranlassung seines Arbeitgebers.

Für die ersten drei Monate der Auswärtstätigkeit stehen dem Arbeitnehmer arbeitstäglich Verpflegungspauschalen zu. Da es sich bei den zur Verfügung gestellten Mahlzeiten um übliche Mahlzeiten handelt, sind diese nicht als Arbeitslohn zu erfassen und beim Werbungskostenabzug des Arbeitnehmers die Verpflegungspauschalen entsprechend zu kürzen.

Ab dem vierten Monat der Auswärtstätigkeit stehen dem Arbeitnehmer keine Verpflegungspauschalen mehr zu. Das Frühstück ist jeweils mit dem amtlichen Sachbezugswert als Arbeitslohn zu erfassen, der nach § 40 Abs. 2 Satz 1 Nr. 1a EStG pauschal besteuert (→ Rz. 3090) werden kann.

Beispiel 3:

Sachverhalt wie Beispiel 2. Allerdings zahlt der Arbeitnehmer für das Frühstück jeweils 4 €.

Das vom Arbeitnehmer für das Frühstück gezahlte Entgelt ist ab dem vierten Monat auf den Sachbezugswert anzurechnen. Weil das Entgelt höher ist als der Sachbezugswert (2,30 € im Kalenderjahr 2025), unterbleibt eine Besteuerung als Arbeitslohn. Der den Sachbezugswert übersteigende Betrag darf nicht als Werbungskosten abgezogen werden.

d) Mahlzeitenbewertung bei Seeleuten

In der Vergangenheit wurden durch gleich lautende Erlasse der Küstenländer **Sachbezugswerte für die Bewertung der Beköstigung** im Bereich der Seeschifffahrt (Kauffahrtei) und im Bereich der Fischerei festgesetzt (vgl. für das Kalenderjahr 2014 gleich lautende Erlasse der FinMin Bremen, Hamburg, Mecklenburg-Vorpommern, Niedersachsen und Schleswig-Holstein v. 28.2.2014, BStBl I 2014, 569). 3088

Seit 2015 wird **auf die Festsetzung von Sachbezugswerten verzichtet**. Stattdessen gilt Folgendes (gleich lautende Erlasse der FinMin Bremen, Hamburg, Mecklenburg-Vorpommern, Niedersachsen und Schleswig-Holstein v. 15.6.2015, BStBl I 2015, 512):

- Erhalten **Seeleute an Bord** (Auswärtstätigkeit) **Mahlzeiten**, für die nach § 8 Abs. 2 Satz 8 EStG eine Versteuerung mit dem Sachbezugswert vorzunehmen ist, ist der von dem **Ausschuss der Berufsgenossenschaft für Transport und Verkehrswirtschaft festgesetzte Wert** des Sachbezugs für die **Besteuerung des Arbeitslohns** zu Grunde zu legen (→ *Sachbezüge* Rz. 3815).
- Ein **Ansatz des Werts einer Mahlzeit** – und damit die Besteuerung als Arbeitslohn – **unterbleibt**, wenn für die Seeleute für ihnen entstehende Mehraufwendungen für Verpflegung nach § 9 Abs. 4a Satz 1 bis 7 EStG ein **Werbungskostenabzug in Betracht** käme (§ 8 Abs. 2 Satz 9 EStG). Der Werbungskostenabzug ist insoweit nach § 9 Abs. 4a Satz 8 ff. EStG ausgeschlossen.
- Erhalten **Seeleute keine Bordverpflegung** oder nur eine Teilverpflegung an Bord, können sie unter den in § 9 Abs. 4a EStG genannten Voraussetzungen für die Mehraufwendungen für Verpflegung eine Verpflegungspauschale gem. § 3 Nr. 16 EStG steuerfrei vom Arbeitgeber erhalten oder entsprechend den (Differenz-)Betrag als Werbungskosten geltend machen (§ 9 Abs. 4a Sätze 8 ff. EStG).
- Seeleute können eine **Barvergütung für Verpflegung** erhalten (z.B. bei tageweiser auswärtiger Beschäftigung, bei tariflich vorgesehener Umschaufrist, bei Krankheit oder für die Zeit des Urlaubs – auch wenn mehrere Urlaubsansprüche in einem Kalenderjahr zusammenfallen). Soweit die Voraussetzungen für die Gewährung einer Verpflegungspauschale nach § 9 Abs. 4a EStG nicht vorliegen, ist die **Barvergütung in voller Höhe steuerpflichtig**.
- Die **Dreimonatsfrist** für die Beurteilung, ob Verpflegungsmehraufwendungen als Werbungskosten berücksichtigt oder steuerfrei erstattet werden können, kommt **bei Fahrtätigkeiten nicht zur Anwendung** (→ *Reisekosten: Erstattungen* Rz. 3684).

4. Mahlzeiten zur Belohnung

3089 Mahlzeiten, die der Arbeitgeber als **Gegenleistung** für das **Zurverfügungstellen der individuellen Arbeitskraft** an seine Arbeitnehmer abgibt, sind mit ihrem tatsächlichen Preis (**„Wert laut Speisekarte"**) anzusetzen.

Hierzu gehören Mahlzeiten, die

- bei **regelmäßigen Geschäftsleitungssitzungen** (→ *Arbeitsessen* Rz. 613) oder
- als **Belohnungsessen** (→ *Arbeitsessen* Rz. 613) abgegeben werden.

Als Arbeitslohn ist ein geldwerter Vorteil nur in der Höhe als Arbeitslohn zu erfassen, in welcher der vom Arbeitnehmer gezahlte Preis (einschließlich Umsatzsteuer) den tatsächlichen Preis der Mahlzeit unterschreitet (Differenzbetrachtung).

LSt SV

5. Pauschalierung üblicher Mahlzeiten

3090 Nach § 40 Abs. 2 Satz 1 Nr. 1a EStG besteht bei Mahlzeiten die **Möglichkeit der pauschalen Besteuerung** mit 25 %, wenn

- diese dem Arbeitnehmer von seinem Arbeitgeber oder auf dessen Veranlassung von einem Dritten **während einer auswärtigen Tätigkeit** unentgeltlich oder verbilligt zur Verfügung gestellt werden,
- es sich um **übliche Mahlzeiten** handelt, die nach § 8 Abs. 2 Satz 8 EStG mit dem Sachbezugswert anzusetzen sind (→ Rz. 3085) und
- deren **Besteuerung nicht** nach § 8 Abs. 2 Satz 9 EStG **unterbleibt** (→ Rz. 3086).

Die Pauschalbesteuerung kommt demnach in Betracht, wenn

- der Arbeitnehmer ohne Übernachtung **nicht mehr als acht Stunden auswärts tätig** ist,
- der Arbeitgeber die **Abwesenheitszeit nicht überwacht**, nicht kennt oder
- die **Dreimonatsfrist** nach § 9 Abs. 4a Satz 6 EStG abgelaufen ist (→ *Reisekosten: Erstattungen* Rz. 3661).

Beispiel:

Der Arbeitnehmer nimmt an einer halbtägigen auswärtigen Seminarveranstaltung teil. Der Arbeitgeber hat für die teilnehmenden Arbeitnehmer neben dem Seminar auch ein Mittagessen gebucht und bezahlt. Der Arbeitgeber besteuert das Mittagessen nach § 40 Abs. 2 Satz 1 Nr. 1a EStG pauschal mit 25 %, weil er keine Aufzeichnungen über die Abwesenheitszeiten der Arbeitnehmer führt.

Die Pauschalbesteuerung kommt **nicht in Betracht** bei

- sog. **Belohnungsessen** mit einem Preis von mehr als 60 €,
- Mahlzeiten, die im **überwiegend eigenbetrieblichen Interesse des Arbeitgebers abgegeben** werden (z.B. sog. Arbeitsessen oder bei Beteiligung von Arbeitnehmern an einer geschäftlich veranlassten Bewirtung), weil insoweit kein steuerpflichtiger Arbeitslohn vorliegt (→ Rz. 3083),
- der Gestellung von Mahlzeiten **am Ort der ersten Tätigkeitsstätte** i.R. einer doppelten Haushaltsführung; hier kommt allerdings eine Pauschalierung nach § 40 Abs. 2 Satz 1 Nr. 1 EStG in Betracht (→ *Mahlzeiten* Rz. 3079).

6. Sonstige Fälle unentgeltlicher Mahlzeitengewährung

Mahlzeiten, die **nicht vom Arbeitgeber** selbst und auch nicht auf seine Veranlassung von einem Dritten abgegeben werden, können dem Arbeitnehmer 3091

- **weder als steuerpflichtiger geldwerter Vorteil zugerechnet** werden
- **noch werden die ihm zustehenden Verpflegungspauschalen gekürzt**.

Das kann der Fall sein,

- wenn der Arbeitnehmer während der Auswärtstätigkeit durch das **besuchte Unternehmen kostenlos bewirtet** wird, selbst wenn es sich um ein Mutter- oder Tochterunternehmen des Arbeitgebers handelt (vgl. R 4.10 Abs. 7 Satz 2 EStR),
- bei der **kostenlosen Bewirtung von Geschäftsfreunden des Arbeitgebers**, auch wenn dieser nicht an der Bewirtung teilnimmt,
- bei **privaten Einladungen** des Arbeitnehmers, z.B. durch einen Bekannten.

Beispiel:

A wird während seiner mehrtägigen Auswärtstätigkeit auf der Hannover-Messe nach einem erfolgreichen Geschäftsabschluss vom Kunden zum Abendessen eingeladen.

Der Arbeitgeber darf A die volle Verpflegungspauschale von 28 € steuerfrei zahlen, weil das Abendessen nicht vom Arbeitgeber oder auf dessen Veranlassung von einem Dritten abgegeben wird.

Soweit der **Arbeitnehmer selbst Geschäftsfreunde seines Arbeitgebers bewirtet**, kann er die ihm hierdurch entstehenden Aufwendungen als steuerfreien **Auslagenersatz** gegenüber seinem Arbeitgeber abrechnen (§ 3 Nr. 50 EStG). Bei der **Bewirtung von Geschäftsfreunden in der Wohnung des Arbeitnehmers** gehören die Aufwendungen stets zu den steuerlich nicht zu berücksichtigenden Kosten der Lebensführung (§ 12 Nr. 1 EStG). Soweit diese Aufwendungen vom Arbeitgeber ersetzt werden, gehört der Ersatz zum **steuerpflichtigen Arbeitslohn**. Einzelheiten → *Bewirtungskosten* Rz. 1452.

Maifeier/Maigeld

→ *Arbeitslohn-ABC* Rz. 697

Managementbeteiligung

→ *Arbeitslohn-ABC* Rz. 698

Mandatsträger

→ *Abgeordnete* Rz. 10

Mankogelder

→ *Fehlgeldentschädigung* Rz. 2094

März-Klausel

→ *Einmalzahlungen* Rz. 1793

Maschinelle Lohnabrechnung

1. Allgemeiner Programmablaufplan

3092 Arbeitgeber setzen für die Lohn- und Gehaltsabrechnungen ihrer Arbeitnehmer elektronische bzw. maschinelle Berechnungsprogramme ein. Deshalb ist die Finanzverwaltung gesetzlich verpflichtet, neben den Vorgaben für die Lohnsteuertabellen auch einen **Programmablaufplan für die maschinelle Berechnung der Lohnsteuer aufzustellen** und bekannt zu machen (§ 39b Abs. 6 EStG). Mit Hilfe dieses Programmablaufplans und dessen Vorgaben kann ein Lohnsteuerberechnungsprogramm erstellt werden.

Für das **Kalenderjahr 2025** mussten Arbeitgeber zunächst „improvisieren“. Am 10.10.2024 hat das BMF im Internet **Entwürfe** der Programmablaufpläne für den Lohnsteuerabzug für/ab 2025 veröffentlicht. Danach folgten die für 2025 zunächst als Übergangsregelung maßgebenden Programmablaufpläne durch BMF v. 22.11.2024, IV C 5 – S 2361/19/10008 :013, BStBl I 2024, 1434. Der Grund hierfür lag in den noch nicht beschlossenen Gesetzesregelungen zur Änderung des Einkommensteuertarifs für 2025 (u.a. höherer Grundfreibetrag, Änderung der §§ 32 und 32a EStG). Diese Änderungen wurden mit dem Gesetz zur Fortentwicklung des Steuerrechts und zur Anpassung des Einkommensteuertarifs (Steuerfortentwicklungsgesetz – SteFeG), welches am 30.12.2024 im BGBl. I 2024, Nr. 449 verkündet wurde, beschlossen. Durch das Gesetz wurden u.a. eine weitere Anpassung der Grundfreibeträge für 2025 und 2026, die Erhöhung der Kinderfreibeträge (Berücksichtigung bei der Ermittlung des Solidaritätszuschlags) sowie neue Freigrenzen beim Solidaritätszuschlag festgelegt.

Diese Änderungen wurden mit Schreiben des BMF v. 22.1.2025 in die endgültigen Programmablaufpläne für 2025

- zur maschinellen Berechnung der vom Arbeitslohn einzubehaltenden Lohnsteuer für 2025 (sowie für die Erstellung von Lohnsteuertabellen für 2025) und
- zur Ermittlung der Begrenzung der von Versorgungsbezügen einzubehaltenden Lohnsteuer und des Solidaritätszuschlags nach den DBA

eingearbeitet und veröffentlicht (BMF v. 22.1.2025, IV C 5 – S 2361/00025/014/024).

Diese endgültigen Programmablaufpläne hatt der Arbeitgeber spätestens ab dem 1.3.2025 anzuwenden. Mit diesem Schreiben ist zugleich die o.g. und auch in → Rz. 3093 erläuterte Übergangsregelung für 2029 (BMF v. 22.11.2024, IV C 5 – S 2361/19/10008 :013) aufgehoben worden.

Für 2026 wurden die neuen Programmablaufpläne für das Jahr 2026 mit BMF v. 12.11.2025, IV C 5 – S 2361/00025/016/028, BStBl I 2025, 1948, bekannt gemacht und ist ab 1.1.2026 anzuwenden. Der Programmablaufplan berücksichtigt für 2026 die Änderungen bei der Berechnung der Vorsorgepauschale durch das Jahressteuergesetz 2020, das Jahressteuergesetz 2022 und das Kreditzweitmarktförderungsgesetz sowie die Anpassungen des Einkommensteuertarifs (einschließlich Anhebung des Grundfreibetrags auf 12 348 €), der Zahlenwerte in § 39b Abs. 2 Satz 7 EStG, des Kinderfreibetrags (Anhebung auf 4 878 € bzw. 9 756 €) und der Freigrenze beim Solidaritätszuschlag (Anhebung auf 20 350 €) durch das Steuerfortentwicklungsgesetz, die BBG der Sozialversicherung für 2026 und einen durchschnittlichen Zusatzbeitrag in der gesetzlichen Krankenversicherung von 2,9 %.

2. Programmablaufplan für die Begrenzung von Versorgungsbezügen für beschränkt steuerpflichtige Versorgungsempfänger

3093 Für die Ermittlung des **Lohnsteuerabzugs bei Versorgungsbezügen von beschränkt steuerpflichtigen Versorgungsempfängern**, denen die Abkommensvorteile nach den **DBA Türkei, Spanien oder Norwegen** zustehen, hat die Finanzverwaltung einen **besonderen Programmablaufplan** veröffentlicht (zunächst BMF v. 28.1.2016, IV C 5 – S 2361/14/10002, BStBl I 2016, 202). Dieser Programmablaufplan war seit dem 1.4.2016 anzuwenden. Die Lohnsteuerberechnung erfolgte dabei unter **Berücksichtigung** des jeweiligen Programmablaufplans zur maschinellen Berechnung der Lohnsteuer für den entsprechenden Lohnzahlungszeitraum.

Ab dem **1.4.2024** ist ein geänderter besonderer Programmablaufplan anzuwenden, der als Anlage 3 mit BMF-Schreiben v. 23.2.2024, IV C 5 – S 2361/19/10008 :011, BStBl I 2024, 295, veröffentlicht worden ist. Dessen Anwendung durch den Arbeitgeber ist zulässig, wenn ihm eine Bescheinigung für den Lohnsteuerabzug bei beschränkter Einkommensteuerpflicht nach § 1 Abs. 4 EStG i.V.m. § 39 Abs. 2 und 3 EStG vorliegt, aus der die Anwendbarkeit des entsprechenden DBA hervorgeht.

Ist eine Steuerberechnung nach diesem Programmablaufplan ist nicht zulässig, hat der Arbeitgeber die Lohnsteuer nach den allgemeinen Regeln und unter Beachtung des Programmablaufplans für die maschinellen Berechnung der vom Arbeitslohn einzubehaltenden Lohnsteuer zu berechnen; es sei denn, der Lohnsteuerabzug kann nach Vorlage einer Freistellungsbescheinigung unterbleiben.

Ab dem **Kalenderjahr 2025** müssen geänderte Vorgaben zur Ermittlung der Lohnsteuer und des Solidaritätszuschlags für Versorgungsbezüge, für die eine Quellensteuerbegrenzung nach den DBA-Abkommen vorgesehen ist, berücksichtigt werden. Für den dafür maßgebenden Programmablaufplan gelten die unter → Rz. 3092 beschriebenen Vorgaben entsprechend.

Mehrarbeitslohn, Mehrarbeitszuschlag

→ *Zuschläge* Rz. 4797

Mehraufwand für Verpflegung

→ *Doppelte Haushaltsführung: Allgemeines* Rz. 1709, → *Reisekosten: Allgemeine Grundsätze* Rz. 3589

Mehraufwands-Wintergeld

→ *Saison-Kurzarbeitergeld* Rz. 3850

Mehrfachbeschäftigung

1. Arbeitsrecht

Die Mehrfachbeschäftigung eines Arbeitnehmers ist arbeitsrechtlich unbedenklich und wird in **vielfachen Formen** praktisch ausgeführt, z.B. mit einer haupt- und einer nebenberuflichen Tätigkeit, mit mehreren Teilzeitarbeitsverhältnissen bzw. auch mit mehreren geringfügigen Beschäftigungen nebeneinander. Die Doppel- oder Mehrfachbeschäftigung bei **mehreren Arbeitgebern** ist grds. zulässig. Die Tätigkeit für mehrere Auftraggeber allein begründet indes keine Selbständigkeit (LSG Nordrhein-Westfalen v. 18.1.2021, L 8 BA 16/20 B ER). Umgekehrt ist die Aufspaltung einer **Beschäftigung bei demselben Arbeitgeber** in mehrere Teilarbeitsverhältnisse etwa mit unterschiedlicher Vergütung oder mit Abspaltung eines Mini-Jobs grds. **unzulässig**. 3094

Eine weitere Beschäftigung ist verboten, wenn sie gegen das **Arbeitsschutzrecht** verstößt. Die Tätigkeiten, die der Arbeitnehmer in mehreren Arbeitsverhältnissen ausübt, dürfen zusammen nicht die gesetzliche Höchstgrenze der täglichen Arbeitszeit (acht bzw. zehn Stunden, vgl. §§ 3 Abs. 1, 6 Abs. 2 ArbZG) überschreiten. Bei der Frage, ob die höchstzulässige Arbeitszeit überschritten ist, sind auch die Sonn- und Feiertage einzubeziehen (§ 11 Abs. 2 ArbZG). Wichtig ist, dass die Arbeitszeiten bei mehreren Arbeitgebern **zusammengerechnet** werden müssen, § 2 Abs. 1 ArbZG. Daraus ergibt sich auch: Die **Ruhezeit** zwischen der Beendigung einer abendlichen Tätigkeit und dem Beginn einer Tagestätigkeit muss mindestens elf Stunden betragen, § 5 Abs. 1 ArbZG. Mehrfachbeschäftigungen sind also **unzulässig**, wenn die Summe der Arbeitszeit die vom **Arbeitszeitgesetz** festgelegte Grenze erheblich und regelmäßig übersteigt. Dennoch behält der Arbeitnehmer auch für die unzulässige Arbeitszeit seinen Anspruch auf Arbeitsvergütung (vgl. BAG v. 19.6.1959, 1 AZR 565/57).

Unzulässig ist die Aufnahme einer Nebenbeschäftigung, wenn dies im Hauptarbeitsvertrag oder durch eine Betriebsvereinbarung oder durch einen Tarifvertrag ausgeschlossen wird. Ein solcher Ausschluss ist jedoch nur eingeschränkt zulässig, denn der Arbeitnehmer darf grds. nicht gehindert werden, seine gesamte Arbeitskraft zu verwerten, wie sich aus dem Persönlichkeitsrecht, Art. 2 GG, und dem Recht auf freie Wahl des Arbeitsplatzes, Art. 12 GG, ergibt. In dieser freien Verwertung seiner Arbeitskraft darf der Hauptarbeitgeber den Arbeitnehmer nur einschränken, wenn er hieran ein berechtigtes Interesse besitzt, z.B. aus dem Gesichtspunkt des Wettbewerbs.

Wichtig: Der Arbeitnehmer hat bei Mehrfachbeschäftigung in jedem Arbeitsverhältnis die normalen Arbeitnehmeransprüche, z.B. auf **Urlaub, Entgeltfortzahlung im Krankheitsfall**, anteilige **Sozial- und Sonderleistungen** sowie auf Einhaltung der **Kündigungsschutzbestimmungen**.

Zu weiteren Einzelheiten auch → *Nebentätigkeit* Rz. 3272; → *Teilzeitbeschäftigte* Rz. 4091.

2. Lohnsteuer

3095 Bezieht ein Arbeitnehmer nebeneinander von mehreren Arbeitgebern Arbeitslohn, hat die Finanzverwaltung für jedes weitere Dienstverhältnis elektronische Lohnsteuerabzugsmerkmale zu bilden (§ 39e Abs. 3 Satz 2 EStG). Der **Arbeitnehmer** hat jedem seiner Arbeitgeber bei Eintritt in das Dienstverhältnis zum Zweck des Abrufs der Lohnsteuerabzugsmerkmale unter anderem **mitzuteilen**, ob es sich um das **erste oder ein weiteres Dienstverhältnis** handelt (§ 39e Abs. 4 EStG). Der Arbeitnehmer kann wählen, welches Dienstverhältnis das erste ist (Steuerklasse I bis V) und welches Dienstverhältnis als weiteres gilt (Steuerklasse VI). Im Regelfall wird diese Entscheidung von der Höhe des Arbeitslohns abhängen. Der bei dem ersten Dienstverhältnis nicht ausgenutzte Tabellenfreibetrag kann als Freibetrag auf ein weiteres Dienstverhältnis übertragen werden (→ *Übertragung des Grundfreibetrags* Rz. 4158).

Sind die Voraussetzungen für die Pauschalierung der Lohnsteuer bei einem Dienstverhältnis erfüllt, so kann der Arbeitslohn auch pauschal versteuert werden, denn die Voraussetzungen für die Pauschalierung sind bei jedem Dienstverhältnis einzeln zu prüfen.

3. Sozialversicherung

3096 Bei sozialversicherungspflichtigen Arbeitnehmern, die gleichzeitig in mehreren Beschäftigungsverhältnissen stehen, sind die Beiträge für jedes Beschäftigungsverhältnis nach den allgemeinen Regeln zu ermitteln, sofern die Beitragsbemessungsgrenze (BBG) in den einzelnen Versicherungszweigen nicht überschritten wird. Übersteigt die Summe der Arbeitsentgelte jedoch die BBG, sind für den jeweiligen Versicherungszweig die beitragspflichtigen Einnahmen nach dem Verhältnis ihrer Höhe so zu vermindern, dass sie zusammen höchstens die BBG erreichen. Dabei kann **folgende Formel** zu Grunde gelegt werden:

$$\frac{\text{BBG} \times \text{Entgelt aus der einzelnen Beschäftigung}}{\text{Summe der Entgelte aus allen Beschäftigungen}}$$

Beispiel 1:

Der Arbeitnehmer erhält 2026 folgende monatlichen Arbeitsentgelte:

Bei Arbeitgeber A:	4 500,– €
Bei Arbeitgeber B:	4 100,– €
Die BBG liegt für 2026 bundeseinheitlich in der RV und AV bei 8 450 €.	
Arbeitgeber A: (8 450 × 4 500 : 8 600) =	4 421,51 €
Arbeitgeber B: (8 450 × 4 100 : 8 600) =	4 028,49 €
	8 450,– €

Beim Arbeitgeber A beträgt somit das beitragspflichtige Arbeitsentgelt 4 421,51 €, beim Arbeitgeber B 4 028,49 €.

Bei der Berechnung des Arbeitgeberzuschusses zu einer freiwilligen Kranken- und Pflegeversicherung ist entsprechend zu verfahren.

Auch → *Nebentätigkeit* Rz. 3272.

Arbeitsentgelte, die für sich gesehen bereits über der Beitragsbemessungsgrenze liegen, sind vor der Verhältnisrechnung auf die jeweilige BBG zu kürzen .

Beispiel 2:

Der Arbeitnehmer erhält 2026 folgende monatlichen Arbeitsentgelte:

Bei Arbeitgeber A:	8 600,– €
Bei Arbeitgeber B:	1 200,– €
Die BBG liegt für 2026 bundeseinheitlich in der RV und AV bei	8 450,– €.
Es ergibt sich folgende Kürzung bei Arbeitgeber A auf	8 450,– €
Gekürztes Gesamtentgelt	9 650,– €
Arbeitgeber A: (8 450 € × 8 450 € : 9 650 €) =	7 399,22 €
Arbeitgeber B: (8 450 € × 1 200 € : 9 650 €) =	1 050,78 €

Beim Arbeitgeber A beträgt somit das beitragspflichtige Arbeitsentgelt 7 399,22 €, beim Arbeitgeber B 1 050,78 €.

Bei Hinzutritt oder Wegfall einer versicherungspflichtigen Beschäftigung im Laufe eines Kalendermonats sind die Arbeitsentgelte nicht nur für die Tage des Monats, an denen die Mehrfachbeschäftigung besteht, zuzuordnen, sondern aus Vereinfachungsgründen dem gesamten Kalendermonat.

Tritt eine versicherungspflichtige Beschäftigung im Laufe eines Monats zu einer versicherungspflichtigen Beschäftigung hinzu, die ebenfalls nicht für den gesamten Kalendermonat besteht, kann die monatliche BBG nicht angesetzt werden.

Stattdessen sind die Arbeitsentgelte aus der Beschäftigung, ungeachtet des konkreten Überschneidungszeitraumes, ins Verhältnis zu einer anteiligen BBG zu setzen, die für den Rahmenzeitraum zu bilden ist.

Entsprechendes gilt bei Beendigung mehrerer Beschäftigungsverhältnisse im Laufe eines Monats. Eine anteilige Aufteilung der Arbeitsentgelte ist nicht vorzunehmen, wenn die Summe derartiger Mehrfachbeschäftigungen die anteilige BBG nicht übersteigt.

Beispiel 3: (Krankenversicherungspflicht besteht)

Beschäftigung bei Arbeitgeber A vom 4.5. bis 8.5.2026	850,– €
Beschäftigung bei Arbeitgeber B vom 5.5. bis 12.5.2026	900,– €
Gesamtentgelt	1 750,– €
Anteilige BBG (KV/PV) für Rahmenzeitraum 4.5. bis 12.5.2026	1 743,75 €
Anteilige BBG (RV/ALV) für Rahmenzeitraum 4.5. bis 12.5.2026	2 535,– €
Ermittlung der Beitragsbemessungsgrundlagen für die KV und PV:	
Arbeitgeber A (850 € x 1 743,75 € : 1 750 €) =	846,96 €
Arbeitgeber B (900 € x 1 743,75 € : 1 750 €) =	896,79 €

Hinsichtlich der Beiträge zur Renten- und Arbeitslosenversicherung findet keine anteilmäßige Aufteilung der Arbeitsentgelte statt, da die Summe des Gesamtentgelts die maßgebende anteilige BBG nicht übersteigt (Besprechungsergebnis der Spitzenorganisationen der Sozialversicherung am 13.3.2013).

Mehrjährige Tätigkeit

→ *Arbeitslohn für mehrere Jahre* Rz. 712

Meldefristen

→ *Meldungen für Arbeitnehmer in der Sozialversicherung* Rz. 3099

Meldepflicht nach Kündigung bzw. bei befristetem Arbeitsverhältnis

Personen, deren Ausbildungs- oder Arbeitsverhältnis endet, sind 3097
verpflichtet, sich **spätestens drei Monate** vor dessen Beendigung bei der **Agentur für Arbeit unter Angabe der persönlichen Daten und des Beendigungszeitpunktes arbeitsuchend zu melden** (§ 38 Abs. 1 SGB III). Liegen zwischen der Kenntnis des Beendigungszeitpunkts und der Beendigung des Ausbildungs- oder Arbeitsverhältnisses weniger als drei Monate, haben sie sich **innerhalb von drei Tagen** nach Kenntnis des Beendigungszeitpunkts zu melden. Seit 1.1.2022 ist die auch mittels einer Online-Arbeitslosmeldung (siehe s.g. eServices der Bundesagentur für Arbeit) möglich.

Die Agentur für Arbeit soll unverzüglich nach der Arbeitsuchendmeldung ein erstes Beratungs- und Vermittlungsgespräch durchführen, das persönlich oder auch per Videotelefonie erfolgen kann. Die Verpflichtung zur frühzeitigen Meldung besteht sowohl bei befristeten als auch bei unbefristeten Arbeitsverhältnissen. Die Pflicht zur Meldung besteht unabhängig davon, ob der Fortbestand des Ausbildungs- oder Arbeitsverhältnisses gerichtlich geltend gemacht wird. Der Arbeitgeber sollte den Arbeitnehmer bei Ausspruch der Kündigung auf seine Meldepflicht hinweisen. Die Meldepflicht besteht **nicht** bei betrieblichen Ausbildungsverhältnissen. Unterbrechungen oder eine Beendigung des Beschäftigungsverhältnisses bei fortbestehendem Arbeitsverhältnis (z.B. Elternzeit) lösen keine Meldepflicht aus.

3098 Für Bezieher von Arbeitslosengeld treten **Sanktionen** ein, wenn sie sich entgegen § 38 Abs. 1 SGB III **nicht oder nicht unverzüglich arbeitsuchend** gemeldet haben (Sperrzeit bei verspäteter Arbeitsuchendmeldung vgl. § 159 Abs. 1 Nr. 9 SGB III) oder sich zwar fristgerecht gemeldet, jedoch den mit der Agentur für Arbeit vereinbarten Termin für ein persönliches Beratungsgespräch in der Agentur ohne wichtigen Grund nicht wahrgenommen haben. In diesen Fällen tritt eine Sperrzeit beim Arbeitslosengeld von einer Woche ein.

Meldungen für Arbeitnehmer in der Sozialversicherung

Inhalt

1. Allgemeines

a) Aktuelle Änderungen

3099 Durch das Gesetz zur Anpassung des SGB VI und anderer Gesetze (SGB VI-Anpassungsgesetz) ergeben sich folgende Veränderungen:

- Bei der gesonderten Meldung im Rentenantragsverfahren nach § 194 SGB VI entfällt zum 1.1.2027 das Zustimmungserfordernis des Rentenantragstellers. Die Aufforderung erfolgt ausschließlich durch den Träger der Rentenversicherung.
- Ausweitung des Rahmens bei kurzfristig Beschäftigten in der Landwirtschaft auf 90 Arbeitstage oder 15 Wochen ab 1.1.2026.
- Der Meldepflichtige hat der zu meldenden Person mindestens einmal jährlich bis zum 30. April eines Jahres den Inhalt der Meldungen in Textform mitzuteilen. Dies gilt nicht, wenn die Meldung ausschließlich auf Grund von Daten für die gesetzliche Unfallversicherung erfolgt. Hierbei handelt es sich lediglich um eine Klarstellung zu einer bereits bestehenden Regelung (Tag nach Verkündung des Gesetzes).
- Erfolgt die Korrektur einer fehlerhaften Meldung trotz mehrfacher Aufforderung der Einzugsstelle vom Arbeitgeber nicht, ist ab 1.1.2026 der manuelle Eingriff durch die Einzugsstelle in Einzelfällen gestattet. Dies gilt nicht für die Angaben zum beitragspflichtigen Entgelt und die Betriebsnummer des Meldepflichtigen. Die Meldungen sind zu kennzeichnen und den meldenden Stellen in Kopie zu übersenden. Der Beschäftigte muss der Korrektur gegenüber der Einzugsstelle in Textform zustimmen.
- Wie bei der Eröffnung eines Lohnkontos ist auch ein Zahlstellenkonto zu eröffnen. Bei der erstmaligen Bewilligung von Versorgungsbezügen hat die Zahlstelle die notwendigen Angaben zur Einrichtung eines Zahlstellenkontos elektronisch zu übermitteln (Tag nach Verkündung des Gesetzes).
- Die weiteren Änderungen betreffen den technischen Bereich des Meldeverfahrens.

Mit dem Entwurf eines Gesetzes zur Modernisierung und Digitalisierung der Schwarzarbeit wird u.a. eine Änderung in § 28a Abs. 4 SGB IV vorgenommen. Während man bei den Unternehmen der Forstwirtschaft auf Grund der Entwicklungen der letzten Jahre keinen Bedarf mehr für Sofortmeldungen sieht, wird ein Bedarf für eine Sofortmeldungspflicht im Friseur- und Kosmetikgewerbe gesehen, da dort vermehrt auf Schwarzarbeit gestoßen wird. Zudem wurde bei der Fleischwirtschaft eine detailliertere Beschreibung vorgesehen und plattformbasierte Lieferdienste explizit als Risikobranche von der Sofortmeldungspflicht erfasst; s.a. → Rz. 3120.

Zum Redaktionsschluss waren beide Gesetze allerdings noch nicht verabschiedet. Bitte beachten Sie unseren Online-Aktualisierungsdienst (s. Benutzerhinweis auf S. IV).

b) Datenübertragung

Arbeitgeber dürfen die Melde- und Abrechnungsdaten nur durch gesicherte und verschlüsselte Datenübertragung aus **systemgeprüften Programmen** oder mittels **zugelassener Ausfüllhilfen** über den GKV-Kommunikationsserver an die Datenannahmestellen der Krankenkassen geben. Diese Regelung ist unabhängig von der Unternehmensgröße, d.h., auch wer nur einen Arbeitnehmer beschäftigt, muss diese Technik anwenden. **3100**

Der Spitzenverband Bund der Krankenkassen führt seit 1.1.2024 eine automatisierte Datei, die den an den Meldeverfahren beteiligten Meldepflichtigen die notwendigen Stammdaten der Träger der sozialen Sicherung für die Durchführung der Meldeverfahren zum automatisierten Abruf zur Verfügung stellt. Die praktische Umsetzung der Stammdatei erfolgte zum 1.7.2024. Sie ist seit 1.1.2025 verpflichtend von den Abrechnungsprogrammen zu nutzen. Hierfür wurde die Stammdatendatei in das Basis-Modul aufgenommen.

Das vom Arbeitgeber eingesetzte Lohn- und Gehaltsabrechnungsprogramm muss ein von der Informationstechnischen Servicestelle der Gesetzlichen Krankenversicherung GmbH (ITSG) systemuntersuchtes und zugelassenes Programm sein. Die Systemuntersuchung ist vom Software-Ersteller und nicht vom jeweiligen Arbeitgeber bei der ITSG zu beantragen. Wird die Systemuntersuchung mit einem positiven Ergebnis durchgeführt, wird das GKV-Zertifikat „systemuntersucht“ vergeben.

Arbeitgeber, die sich kein Lohn- und Gehaltsabrechnungsprogramm zulegen möchten, müssen ihre Meldungen und Beitragsnachweise mittels systemgeprüfter maschineller Ausfüllhilfe an die Datenannahmestellen übermitteln. Das bekannteste Produkt war die Ausfüllhilfe sv.net der ITSG. **3101**

Inzwischen sind die Sozialversicherungsträger gesetzlich verpflichtet, eine Ausfüllhilfe zum elektronischen Austausch von Meldungen, Beitragsnachweisen, Bescheinigungen und Anträgen zur Verfügung zu stellen. Diese Anwendung heißt **SV-Meldeportal** (sv-meldeportal.de oder unter www.itsg.de) und wurde **im Oktober 2023** freigeschaltet.

Das SV-Meldeportal richtet sich vorrangig an kleine Arbeitgeber, aber auch mittelständische und große Unternehmen, Selbständige, die öffentliche Verwaltung sowie Zahlstellen können das Portal nutzen. Wie auch schon sv.net führt das Meldeportal keine Berechnungen zur Ermittlung der erforderlichen Angaben durch und steht nicht in Konkurrenz zu Lohn- und Gehaltsabrechnungsprogrammen.

Die EU gibt vor, dass es für die öffentliche Verwaltung einen Portalverbund geben muss. In Deutschland gilt als zentrales Unternehmenskonto die **ELSTER-ID**. Mit der Umstellung auf das SV-Meldeportal ist das Login nur noch mit dem ELSTER-Zertifikat möglich. Dieses Unternehmenskonto (UK) kann über die Webseite „mein-unternehmenskonto.de" eingerichtet werden. Das SV-Meldeportal bietet einen zentralen Online-Datenspeicher, eine komplexe Mandantenverwaltung, eine Verwaltung von Niederlassungen und eine Personalverwaltung mit Historie. Die Nutzer werden an den Kosten der Datenübermittlung beteiligt, es ist eine Nutzungsgebühr zu entrichten. Die Nutzungsgebühr wird für eine Laufzeit von 36 Monaten im Voraus erhoben. Für den Datenaustausch für eine Betriebsnummer werden 36 € und für den Austausch für mehrere Betriebsnummern 99 € jeweils plus Mehrwertsteuer berechnet. Die Anzahl der Meldungen ist nicht limitiert.

2. Organisationsmittel und Ordnungsbegriffe

3102 Zur Abwicklung des Meldeverfahrens sind eindeutige Ordnungsbegriffe notwendig, die zusätzlich auch für Statistiken und Analysen im Bereich der Sozialdaten und der Arbeitsmarktbeobachtung verwertbar sind.

a) Sozialversicherungsausweis/Versicherungsnummernnachweis

3103 Mit Vergabe der Rentenversicherungsnummer erhält der Arbeitnehmer seinen Versicherungsnummernnachweis (→ *Sozialversicherungsausweis/Versicherungsnummernnachweis* Rz. 3960).

b) Versicherungsnummer

3104 Die Rentenversicherungsnummer ist als eindeutiges Identifizierungsmerkmal von besonderer Bedeutung, weil unter diesem Ordnungsbegriff der Versicherungsverlauf gespeichert wird. Ist die Versicherungsnummer bei einer notwendigen Meldung noch nicht vergeben oder nicht bekannt, sind die für ihre Vergabe erforderlichen Daten zusätzlich in die Meldung aufzunehmen.

Dies sind:

- die Angabe der Staatsangehörigkeit des Arbeitnehmers,
- sein Geschlecht, hier ist auch das „X" für unbestimmt und das „D" für divers zulässig
- sein Geburtsdatum,
- sein Geburtsland,
- sein Geburtsort und
- ggf. der Geburtsname.

Maßgeblich für das Geschlechtsmerkmal im Meldeverfahren ist die Angabe am Geburtenregister. Der Arbeitgeber muss ggf. seinen Arbeitnehmer befragen.

Der Arbeitgeber oder die Zahlstelle haben in den Fällen, in denen bei einer Anmeldung aus Anlass der Aufnahme einer Beschäftigung keine Versicherungsnummer vorliegt, eine Meldung zur Abfrage der Versicherungsnummer an die Datenstelle der Rentenversicherung zu übermitteln. Auf Grund von häufigen Übertragungsfehlern ist dieses Verfahren generell zu nutzen. Die Datenstelle der Träger der Rentenversicherung übermittelt unverzüglich durch Datenübertragung die Versicherungsnummer oder den Hinweis, dass die Vergabe der Versicherungsnummer mit der Anmeldung erfolgt (→ *Versicherungsnummer* Rz. 4333).

c) Abgabegründe

3105 In den Meldungen ist anzugeben, aus welchem Grund die Meldung erstattet wird. Hierfür ist ein zweistelliger Schlüssel vorgesehen, der folgende Bedeutung hat:

Anmeldungen

10 Anmeldung wegen Beginn einer Beschäftigung

11 Anmeldung wegen Krankenkassenwechsel

12 Anmeldung wegen Beitragsgruppenwechsel

13 Anmeldung wegen sonstiger Gründe/Änderungen im Beschäftigungsverhältnis, z.B.

- Anmeldung nach unbezahltem Urlaub oder Streik von länger als einem Monat nach § 7 Abs. 3 Satz 1 SGB IV
- Anmeldung wegen Wechsel des Entgeltabrechnungssystems (optional)
- Anmeldung wegen Änderung des Personengruppenschlüssels ohne Beitragsgruppenwechsel
- Anmeldung wegen Währungsumstellung während eines Kalenderjahres

17 Meldung über den Beginn einer Elternzeit

20 Sofortmeldung bei Aufnahme einer Beschäftigung nach § 28a Abs. 4 SGB IV

Abmeldungen

30 Abmeldung wegen Ende einer Beschäftigung

31 Abmeldung wegen Krankenkassenwechsel

32 Abmeldung wegen Beitragsgruppenwechsel

33 Abmeldung wegen sonstiger Gründe/Änderungen im Beschäftigungsverhältnis

34 Abmeldung wegen Ende des Fortbestehens eines sozialversicherungsrechtlichen Beschäftigungsverhältnisses nach § 7 Abs. 3 Satz 1 SGB IV

35 Abmeldung wegen Arbeitskampf von länger als einem Monat

36 Abmeldung wegen Wechsel des Entgeltabrechnungssystems (optional) oder Währungsumstellung während eines Kalenderjahres

37 Meldung über das Ende einer Elternzeit

40 Gleichzeitige An- und Abmeldung wegen Ende der Beschäftigung

49 Abmeldung wegen Tod

Jahres-, Unterbrechungs- und Sondermeldung

50 Jahresmeldung

51 Unterbrechungsmeldung wegen Bezug von bzw. Anspruch auf Entgeltersatzleistungen

52 Unterbrechungsmeldung wegen Elternzeit

53 Unterbrechungsmeldung wegen gesetzlicher Dienstpflicht oder freiwilligem Wehrdienst

54 Meldung von einmalig gezahltem Arbeitsentgelt (Sondermeldung)

55 Meldung von nicht vereinbarungsgemäß verwendetem Wertguthaben (Störfall)

56 Meldung des Unterschiedsbetrags bei Entgeltersatzleistungen während Altersteilzeitarbeit

57 Gesonderte Meldung nach § 194 SGB VI

58 GKV-Monatsmeldung

92 UV-Jahresmeldung

Meldungen in Insolvenzfällen

70 Jahresmeldung für freigestellte Arbeitnehmer

71 Meldung des Vortags der Insolvenz/der Freistellung

72 Entgeltmeldung zum rechtlichen Ende der Beschäftigung

Für die praktische Anwendung ergeben sich beispielhaft auf Grund der vielschichtigen Meldesachverhalte folgende Konstellationen:

Sachverhalt	Abgabegrund	Meldeart
Aufnahme einer versicherungspflichtigen oder geringfügigen Beschäftigung	10	Anmeldung
Ende einer versicherungspflichtigen oder geringfügigen Beschäftigung	30	Abmeldung
Ende einer versicherungspflichtigen Beschäftigung wegen Tod	49	Abmeldung

Sachverhalt	Abgabegrund	Meldeart
Beginn und Ende einer versicherungspflichtigen oder geringfügigen Beschäftigung, wenn zum Zeitpunkt der Abmeldung noch keine Anmeldung abgegeben wurde – nur zulässig, wenn die Versicherungsnummer bekannt ist	40	An- und Abmeldung
Krankenkassenwechsel bei fortbestehendem Beschäftigungsverhältnis	31 11	Abmeldung Anmeldung
Beitragsgruppenwechsel bei fortbestehendem Beschäftigungsverhältnis	32 12	Abmeldung Anmeldung
Jahresmeldung für das abgelaufene Kalenderjahr	50	Jahresmeldung
Einmalig gezahltes Arbeitsentgelt als Sondermeldung	54	Sondermeldung
Unterbrechung der Beschäftigung ohne Fortzahlung des Arbeitsentgelts für mindestens einen Kalendermonat wegen des Bezugs z.B. von Kranken- und Mutterschaftsgeld	51	Unterbrechungsmeldung
Unterbrechung der Beschäftigung wegen Elternzeit	52	Unterbrechungsmeldung
Unterbrechung der Beschäftigung wegen Ableistung der gesetzlichen Dienstpflicht von mehr als einem Kalendermonat	53	Unterbrechungsmeldung
Unterbrechung der Beschäftigung ohne Fortzahlung des Arbeitsentgelts von mehr als einem Monat,		
• z.B. wegen unbezahltem Urlaub • wegen Arbeitskampf	34 13 35 13	Abmeldung Wiederanmeldung Abmeldung Wiederanmeldung
Wechsel von einer geringfügig entlohnten in eine kurzfristige Beschäftigung oder umgekehrt	30 10	Abmeldung Anmeldung
Änderung des Arbeitsentgelts, wenn die Geringfügigkeitsgrenze (→ Rz. 3166) über- oder unterschritten wird	30 10	Abmeldung Anmeldung
Beginn der Beschäftigung nach Ende der Berufsausbildung beim gleichen Arbeitgeber • ohne Beitragsgruppenwechsel • mit Beitragsgruppenwechsel	 33 13 32 12	 Abmeldung Anmeldung Abmeldung Anmeldung
Beginn einer Beschäftigung nach dem Altersteilzeitgesetz beim gleichen Arbeitgeber • ohne Krankenkassenwechsel und ohne Beitragsgruppenwechsel • mit Krankenkassenwechsel ggf. auch Beitragsgruppenwechsel • mit Beitragsgruppenwechsel	 33 13 31 11 32 12	 Abmeldung Anmeldung Abmeldung Anmeldung Abmeldung Anmeldung
Wechsel des Entgeltabrechnungssystems beim Arbeitgeber – Nicht jeder Wechsel eines Abrechnungssystems macht innerhalb der Systeme das An- und Abmelden erforderlich. Sollten jedoch Meldungen erforderlich sein, so ist der gesonderte Abgabegrund zu verwenden.	36 13	Abmeldung Anmeldung

d) Betriebsnummer/Unternehmensnummer

3106 Die Betriebsnummer des Beschäftigungsbetriebs wird **auf Antrag** des Betriebs **von** der Bundesagentur für Arbeit vergeben. Der Antrag kann nur online gestellt werden (vgl. § 18i Abs. 1 SGB IV). Nähere Informationen hierzu findet man im Internet unter www.arbeitsagentur.de. Der Arbeitgeber erhält einen Vergabebescheid, aus dem die zum Beschäftigungsbetrieb gespeicherten betrieblichen Angaben zu ersehen sind.

Später eintretende Änderungen muss der Arbeitgeber unverzüglich melden. Zur maschinellen Übermittlung der Änderungen steht der Datensatz Betriebsdatenpflege (DSBD) zur Verfügung, mit dem man auch Veränderungen melden kann (z.B. den Einsatz einer neuen Abrechnungssoftware), die nicht die eigentlichen Betriebsdaten betreffen. Alle Änderungen werden durch die eingesetzten systemgeprüften Entgeltabrechnungsprogramme gemeldet. Der Datensatz „Betriebsdatenpflege" geht ab 1.1.2027 nicht mehr an die Annahmestellen der Krankenkassen, sondern über das Dialogverfahren Betriebsdatenpflege direkt an die Annahmestelle der Bundesagentur für Arbeit. Der Betriebsnummernservice unterrichtet diejenigen Beschäftigungsbetriebe, bei denen er eine grundsätzliche Sofortmeldepflicht festgestellt hat, über diesen Tatbestand. Seit 1.1.2024 wird auch die Unternehmensnummer (Vergabe durch Unfallversicherungsträger) mit erhoben, d.h. sie wird bei Beantragung der Betriebsnummer benötigt und ist durch die Arbeitgeber auch im DSBD zu verwenden.

Zusätzlich war die Unternehmensnummer mit einer Initialmeldung (Bestandsmeldung) bis 31.5.2024 zu übermitteln. Zu diesem Termin fehlten noch 25 % der Kopplungsinformationen. Die Spitzenorganisationen der Sozialversicherung haben in ihrer Besprechung zu Fragen des gemeinsamen Meldeverfahrens am 26.6.2024 beschlossen, dass die Arbeitgeber bis zum 31.5.2025 erneut Initialmeldungen abzugeben haben. Dies galt auch für Arbeitgeber, die bereits eine Initialmeldung abgegeben haben. Die Meldung erhält den Abgabegrund „09".

In ihrer Besprechung zu Fragen des gemeinsamen Meldeverfahrens am 11.09.2025 haben die Spitzenorganisationen der Sozialversicherung beschlossen im Jahr 2026 keine weiteren verpflichtenden Initialmeldungen mehr zu fordern.

Die Unternehmensnummer erhält man für ein neues Unternehmen, sobald ein Unfallversicherungsträger hierüber Kenntnis erlangt. Als Unternehmer ist man verpflichtet, sich binnen einer Woche nach Eröffnung des Unternehmens anzumelden. Dies gilt auch für Unternehmen, die keinen Unternehmenssitz in Deutschland haben und im Bundesgebiet Arbeitnehmer beschäftigen. Zum Aufbau der Unternehmensnummer s.a. → Rz. 3131.

e) Personengruppen

Der dreistellige Personengruppenschlüssel (PGR) lässt eine genaue Berufsbildzuordnung zu. Die 1. Stelle des Schlüssels ist fest vergeben. Bei Arbeitgebermeldungen ist es immer die „1". Andere Schlüssel in der 1. Stelle sind anderen meldenden Stellen vorbehalten. Grundsätzlich ist der Schlüssel 101 bzw. 140 zu verwenden. Hat das Beschäftigungsverhältnis **besondere Merkmale**, gelten die Schlüssel 102 ff. bzw. 141 ff. Treffen mehrere besondere Merkmale zu, ist die niedrigste Schlüsselzahl zu vermerken. Die Schlüssel 109 und 110 haben jedoch immer Vorrang. 3107

Schlüsselzahl	Personenkreis	Erläuterung
101	Sozialversicherungspflichtig Beschäftigte ohne besondere Merkmale	Beschäftigte, die kranken-, pflege-, renten- oder arbeitslosenversicherungspflichtig sind oder für die Arbeitgeberanteile zur Renten- oder Arbeitslosenversicherung zu zahlen sind
102	Auszubildende	Personen, die eine betriebliche Berufsausbildung in einem anerkannten Ausbildungsberuf durchlaufen oder die Ausbildung für einen Beruf erlernen, die üblich oder anerkannt ist. Auszubildende, deren Arbeitsentgelt die Geringverdienergrenze (325 €) nicht übersteigt, sind mit dem PGR 121 zu melden.

Schlüsselzahl	Personenkreis	Erläuterung
		Teilnehmer an dualen Studiengängen und dualer Ausbildung mit Abschnitten des schulischen Unterrichts und der praktischen Ausbildung, für die ein Ausbildungsvertrag und Anspruch auf Ausbildungsvergütung besteht, stehen den Beschäftigten zur Berufsausbildung gleich. Übersteigt das Arbeitsentgelt die Geringverdienergrenze nicht, sind sie mit PGR 121 zu melden.
103	Beschäftigte in Altersteilzeit	Beschäftigung nach dem Altersteilzeitgesetz
104	Hausgewerbetreibende	Personen, die in eigener Arbeitsstätte im Auftrag anderer tätig sind
105	Praktikanten	Personen, die eine in der Studien- oder Prüfungsordnung vorgeschriebene berufspraktische Tätigkeit im Rahmen eines rentenversicherungspflichtigen Vor- oder Nachpraktikums verrichten
106	Werkstudenten	Studenten, die eine Beschäftigung ausüben und darin kranken-, pflege- und arbeitslosenversicherungsfrei, jedoch rentenversicherungspflichtig sind
107	Behinderte Menschen in anerkannten Werkstätten oder gleichartigen Einrichtungen	Personen, die für eine Erwerbstätigkeit befähigt werden sollen oder in Einrichtungen tätig sind. Der Schlüssel gilt auch für behinderte Menschen, die in einer anerkannten Werkstatt für behinderte Menschen im Eingangsverfahren oder im Berufsbildungsbereich tätig sind
108	Bezieher von Vorruhestandsgeld	–
109	Geringfügig entlohnte Beschäftigung nach § 8 Abs. 1 Nr. 1 SGB IV	Geringfügig Beschäftigte, deren erzieltes Arbeitsentgelt regelmäßig nicht die Geringfügigkeitsgrenze übersteigt (→ Rz. 3166)
110	Kurzfristig Beschäftigte nach § 8 Abs. 1 Nr. 2 SGB IV	Geringfügig Beschäftigte mit einer Befristung auf drei Monate oder 70 Arbeitstage
111	Personen in Einrichtungen der Jugendhilfe, Berufsbildungswerken oder ähnlichen Einrichtungen für behinderte Menschen	durch den zuständigen Träger der Einrichtung sind Meldungen zu erstatten
112	Mitarbeitende Familienangehörige in der Landwirtschaft	ohne Auszubildende
113	Nebenerwerbslandwirte	Personen, die neben der Bewirtschaftung einer Landwirtschaft in einem abhängigen Dauerarbeitsverhältnis stehen
114	Nebenerwerbslandwirte (saisonal beschäftigt)	Personen, die neben der Bewirtschaftung einer Landwirtschaft eine Beschäftigung ausüben, die auf höchstens 26 Wochen befristet ist
116	Ausgleichsgeldempfänger nach dem FELEG	Landwirtschaftliche Arbeitnehmer und mitarbeitende Familienangehörige, deren

Schlüsselzahl	Personenkreis	Erläuterung
		Beschäftigung durch die Einstellung des landwirtschaftlichen Unternehmens endet
117	Nicht berufsmäßig unständig Beschäftigte	Versicherungspflichtige Beschäftigung, die auf weniger als eine Woche befristet ist. Die Person darf der unständigen Beschäftigung nicht berufsmäßig nachgehen
118	Berufsmäßig unständig Beschäftigte*	Versicherungspflichtige Beschäftigung, die auf weniger als eine Woche befristet ist. Es muss sich um eine berufsmäßige unständige Beschäftigung handeln.
119	Versicherungsfreie Altersvollrentner und Versorgungsbezieher wegen Alters	Personen, die nach Erreichen der Regelaltersgrenze eine Vollrente wegen Alters aus der gesetzlichen Rentenversicherung oder z. B. einer berufsständischen Versorgungseinrichtung beziehen oder Personen, die vor Erreichen der Regelaltersgrenze eine Vollrente wegen Alters aus der gesetzlichen Rentenversicherung beziehen und auf Grund des Bestandsschutzes in einer vor dem 1.1.2017 aufgenommenen Beschäftigung über den 31.12.2016 hinaus rentenversicherungsfrei bleiben.
120	Versicherungspflichtige Altersvollrentner und Versorgungsbezieher wegen Alters	Personen, die vor Erreichen der Regelaltersgrenze eine Vollrente wegen Alters aus der gesetzlichen Rentenversicherung beziehen oder Personen, die nach Erreichen der Regelaltersgrenze eine Vollrente wegen Alters aus der gesetzlichen Rentenversicherung oder z. B. berufsständischen Versorgungseinrichtung beziehen und auf die Rentenversicherungsfreiheit verzichten oder Personen, die vor Erreichen der Regelaltersgrenze eine Vollrente wegen Alters aus der gesetzlichen Rentenversicherung beziehen und in einer vor dem 1.1.2017 aufgenommenen Beschäftigung auf die weiterbestehende Versicherungsfreiheit verzichten.
121	Auszubildende, deren Arbeitsentgelt die Geringverdienergrenze nicht übersteigt	Geringverdienergrenze = 325 € Auszubildende ohne Arbeitsentgelt sind mit dem Personengruppenschlüssel 102 zu melden.
122	Auszubildende in einer außerbetrieblichen Einrichtung	
123	Personen, die ein freiwilliges soziales oder ökologisches Jahr oder einen Bundesfreiwilligendienst leisten	Es handelt sich um eine Ausbildung in einer nicht einem Betrieb angegliederten Bildungseinrichtung
124	Heimarbeiter ohne Anspruch auf Entgeltfortzahlung im Krankheitsfall	Erwerbstätige mit selbst gewählter Arbeitsstätte ohne unmittelbare Weisungsgebundenheit und ohne Eingliederung in den Betrieb, die im Auftrag und für Rechnung von Gewerbetreibenden, ge-

Schlüsselzahl	Personenkreis	Erläuterung
		meinnützigen Unternehmen oder öffentlich-rechtlichen Körperschaften arbeiten. Soweit Heimarbeiter einen Anspruch auf Entgeltfortzahlung im Krankheitsfall haben, ist der PGR 124 nicht anzuwenden
127	Behinderte Menschen, die im Anschluss an eine Beschäftigung in einer anerkannten Werkstatt in einem Inklusionsbetrieb beschäftigt sind	Es handelt sich um körperlich, geistig oder seelisch behinderte Menschen, die im Anschluss an eine Beschäftigung in einer nach dem SGB IX anerkannten Werkstatt für behinderte Menschen in einem Inklusionsbetrieb tätig sind.
140	Seeleute	ohne Lotsen
141	Auszubildende in der Seefahrt	wie Schlüssel 102 und 140
142	Seeleute in Altersteilzeit	wie Schlüssel 103 und 140
143	Seelotsen	Rentenversicherungspflichtig Selbständige
144	Auszubildende in der Seefahrt, deren Arbeitsentgelt die Geringverdienergrenze nicht übersteigt	Geringverdienergrenze = 325 €
149	In der Seefahrt beschäftigte versicherungsfreie Altersvollrentner und Versorgungsbezieher wegen Alters	Vergleichbare Beschreibung zu Personengruppenschlüssel 119 und 140
150	In der Seefahrt beschäftigte versicherungspflichtige Altersvollrentner und Versorgungsbezieher wegen Alters	Vergleichbare Beschreibung zu Personengruppenschlüssel 120 und 140
190	Beschäftigte, die ausschließlich Beschäftigte i.S. der Unfallversicherung sind	Meldungen für versicherte Beschäftigte nach §2 Abs. 1 Nr. 1 SGB VII mit beitragspflichtigem Entgelt

*Anmerkung zur Personengruppe 118: Die Arbeitgeber haben die Beschäftigungszeiten in einer Abmeldung zusammen zu fassen. Dies gilt nur, wenn der Zeitraum der Unterbrechung zwischen den einzelnen unständigen Beschäftigungen nicht mehr als drei Wochen beträgt.

f) Beitragsgruppen

3108 Da die Krankenkassen auch Einzugsstellen für die Pflege-, Renten- und Arbeitslosenversicherungsbeiträge sind, die Bedingungen für die Versicherungspflicht bzw. -freiheit aber nicht immer gleich sind, ist bei der Anmeldung zu kennzeichnen, zu welchen Zweigen Versicherungs- und damit Beitragspflicht besteht. Dies geschieht durch die jeweilige Beitragsgruppe (→ *Beiträge zur Sozialversicherung* Rz. 1261).

Der Beitragsgruppenschlüssel ist vierstellig und kennzeichnet in der ersten Stelle die Versicherungspflicht/-freiheit zur Krankenversicherung, in der zweiten Stelle zur Rentenversicherung, in der dritten Stelle die Beitragspflicht zur Arbeitslosenversicherung und in der vierten Stelle die Versicherungspflicht/-freiheit zur Pflegeversicherung. Bei den An- und Abmeldungen für geringfügig Beschäftigte sind auch die Beitragsgruppen anzugeben.

Der Beitragsgruppenschlüssel setzt sich wie folgt zusammen:

Krankenversicherung
0 = kein Beitrag
1 = allgemeiner Beitrag
3 = ermäßigter Beitrag
4 = Beitrag zur landwirtschaftlichen Krankenversicherung
5 = Arbeitgeberbeitrag zur landwirtschaftlichen Krankenversicherung
6 = Pauschalbeitrag für geringfügig Beschäftigte

Beitrag zur freiwilligen Krankenversicherung
9 = freiwillige Krankenversicherung – Firmenzahler

Rentenversicherung
0 = kein Beitrag
1 = voller Beitrag
3 = halber Beitrag
5 = Pauschalbeitrag für geringfügig Beschäftigte

Arbeitslosenversicherung
0 = kein Beitrag
1 = voller Beitrag
2 = halber Beitrag – nur Arbeitgeberanteil

Pflegeversicherung
0 = kein Beitrag
1 = voller Beitrag
2 = halber Beitrag

Bei freiwillig in der gesetzlichen Krankenversicherung versicherten Personen ist die Pflegeversicherung – unabhängig davon, ob für die Krankenversicherung der Schlüssel „0" oder „9" verwendet wird – stets mit „1" oder „2" zu verschlüsseln, wenn Versicherungspflicht in der sozialen Pflegeversicherung besteht. Der Schlüssel „0" für die Pflegeversicherung kommt nur für solche Personen in Betracht, die in der privaten Pflegeversicherung versichert oder die geringfügig beschäftigt sind. Entsprechendes gilt für Personen, die weder in der sozialen noch in der privaten Pflegeversicherung versichert sind.

g) Angaben zur Tätigkeit

Der Tätigkeitsschlüssel setzt sich aus den Elementen „Ausgeübte Tätigkeit", „Höchster allgemeinbildender Schulabschluss", „Höchster beruflicher Ausbildungsabschluss", „Arbeitnehmerüberlassung" und „Vertragsform" zusammen. 3109

Mit dem Betriebsnummernbescheid wird jedem Arbeitgeber, der sozialversicherungspflichtig oder geringfügig beschäftigte Arbeitnehmer anmeldet, die Internet-Adresse mitgeteilt, unter der das Schlüsselverzeichnis für die Angaben zur Tätigkeit aufgerufen werden kann. Zusätzlich steht das Hilfsmittel „Tätigkeitsschlüssel Online" im Internet unter bns-ts.arbeitsagentur.de zur Verfügung.

Der Schlüssel ist **neunstellig und** setzt sich wie folgt zusammen:

- Ausgeübte Tätigkeit (1. bis 5. Stelle)
  Gültige Schlüssel nach der Klassifizierung der Berufe 2010
- Höchster allgemeinbildender Schulabschluss (6. Stelle)
  Gültige Schlüssel „1" bis „4" und „9"
  1 = ohne Schulabschluss
  2 = Haupt-/Volksschulabschluss
  3 = Mittlere Reife oder gleichwertiger Abschluss
  4 = Abitur/Fachabitur
  9 = Abschluss unbekannt
- Höchster beruflicher Ausbildungsabschluss (7. Stelle)
  Gültige Schlüssel „1" bis „6" und „9"
  1 = ohne beruflichen Ausbildungsabschluss
  2 = Abschluss einer anerkannten Berufsausbildung
  3 = Meister-/Techniker- oder gleichwertiger Fachschulabschluss
  4 = Bachelor
  5 = Diplom/Magister/Master/Staatsexamen
  6 = Promotion
  9 = Abschluss unbekannt

- Arbeitnehmerüberlassung (8. Stelle)
  Gültige Schlüssel
  „1“ und „2“
  1 = nein
  2 = ja
- Vertragsform (9. Stelle)
  Gültige Schlüssel „1“ bis „4“
  1 = Vollzeit, unbefristet
  2 = Teilzeit, unbefristet
  3 = Vollzeit, befristet
  4 = Teilzeit, befristet

h) Staatsangehörigkeitsschlüssel

3110 In den Meldungen zur Sozialversicherung ist auch die Staatsangehörigkeit des Arbeitnehmers anzugeben. Einzutragen ist der vom Statistischen Bundesamt festgelegte Schlüssel.

i) Statuskennzeichen

3111 Neben dem optionalen Statusfeststellungsverfahren, das vom Auftraggeber oder Auftragnehmer beantragt werden kann, gibt es noch das obligatorische Statusfeststellungsverfahren. Die Statuskennzeichen lauten wie folgt:

1 = Ehegatte, eingetragener Lebenspartner nach dem LPartG oder Abkömmling des Arbeitgebers

2 = Geschäftsführender Gesellschafter einer GmbH

Abkömmlinge sind Kinder, adoptierte Kinder, Enkel und Urenkel, nicht dagegen Stief- und Pflegekinder.

Das Statuskennzeichen ist bei allen Anmeldungen mit Abgabegrund 10, bei gleichzeitiger An- und Abmeldung mit Abgabegrund 40 und auch für geringfügig Beschäftigte (Ausnahme: Haushaltsscheckverfahren) vorgesehen.

Das Statusfeststellungsverfahren wird ausschließlich von der Deutschen Rentenversicherung Bund durchgeführt (→ *Statusfeststellungsverfahren* Rz. 3977).

3. Pflichten und Aufgaben

a) Arbeitnehmer

3112 Kann elektronisch keine Sozialversicherungsnummer ermittelt werden, hat der Arbeitnehmer dem Arbeitgeber seinen **Sozialversicherungsausweis/Versicherungsnummernnachweis** (→ Rz. 3960) **vorzulegen** und alle für die Durchführung des Meldeverfahrens erforderlichen Angaben zu machen.

b) Arbeitgeber

3113 Zur Abwicklung der Beitrags- und Meldeverpflichtungen hat der Arbeitgeber bei der jeweiligen Krankenkasse ein Arbeitgeberkonto einzurichten.

Hierzu wird zur Einrichtung des Arbeitgeberkontos auch das elektronische Verfahren genutzt. Auf elektronische Anforderung der Krankenkasse hat der Arbeitgeber mit der nächsten Entgeltabrechnung die notwendigen Angaben zur Errichtung eines Arbeitgeberkontos ebenfalls elektronisch zu übermitteln.

Dabei muss ersichtlich sein, ob ein neues Arbeitgeberkonto anzulegen ist oder die in einer Anmeldung angegebene Betriebsnummer einem bestehenden Arbeitgeberkonto zuzuordnen ist. Hierfür ist in der Anmeldung die Hauptbetriebsnummer des Unternehmens anzugeben. Hat der Arbeitgeber mehr als nur eine Hauptbetriebsnummer, ist die Hauptbetriebsnummer anzugeben, unter der die Beiträge für den angemeldeten Arbeitnehmer im Beitragsnachweisverfahren nachgewiesen werden.

Weiterhin ist die Erteilung eines SEPA-Lastschriftmandates gegenüber den Einzugsstellen möglich. Seit 1.1.2025 ist es auch möglich ein SEPA-Lastschriftmandat elektronisch zu widerrufen. Hierfür wurde das Kennzeichen „Widerruf SEPA-Lastschriftmandat“ eingeführt.

Der Arbeitgeber hat dem Beschäftigten mindestens einmal jährlich bis zum 30. April eines Jahres für alle im Vorjahr durch Datenübertragung erstatteten Meldungen eine maschinell erstellte Bescheinigung zu übergeben, die inhaltlich getrennt alle gemeldeten Daten enthalten muss. Diese Bescheinigung ist nicht zu erstellen, sofern ausschließlich gemeldete Daten zur Unfallversicherung im DBUV storniert und neu gemeldet werden. Ausgenommen hiervon sind darüber hinaus Meldungen für ausschließlich in der gesetzlichen Unfallversicherung versicherte Beschäftigte (Personengruppe 190), da diese einzig für die Betriebsprüfung von Bedeutung sind.

Arbeitgeber, die von einem Tarifvertrag über eine gemeinsame Einrichtung i.S.v. § 4 Abs. 2 TVG erfasst werden, haben nach § 110 SGB IV seit 1.1.2025 der nach diesem Tarifvertrag zuständigen gemeinsamen Einrichtung für jeden ihrer von diesem Tarifvertrag erfassten Beschäftigten monatlich oder kalenderjährlich über die Annahmestelle der gemeinsamen Einrichtung zur Beitragserhebung eine Meldung zu erstatten. Die Datenübermittlung erfolgt in einem automatisierten Verfahren durch systemgeprüfte Programme oder Ausfüllhilfen.

Die Meldungen enthalten insbesondere folgende Daten:

1. Die Betriebskontennummer oder eine andere von der gemeinsamen Einrichtung vorgegebene Betriebsidentifikationskennung,
2. Den Wirtschaftsklassenschlüssel des Beschäftigungsbetriebes,
3. Die Arbeitnehmer-Nummer,
4. Den aktuellen Tätigkeitsschlüssel für den Beschäftigten und
5. Die für die Beitragserhebung tarifvertraglich vorgesehene Beitragsbemessungsgrundlage.

c) Krankenkassen

Die Krankenkassen haben dafür zu sorgen, dass die erforderlichen 3114
Meldungen rechtzeitig erstattet und die Angaben vollständig und richtig gemacht werden. Zu diesem Zweck werden die Meldungen **auf Plausibilität geprüft** und ggf. mit Bestandsdaten abgeglichen. Die Daten werden anschließend zur Aktualisierung des Mitgliederverzeichnisses der Krankenkasse weiterverarbeitet, wobei Meldungen, die nicht krankenversicherungspflichtige Beschäftigte betreffen, von der Weiterverarbeitung in den Datenbeständen der Krankenkasse ausgeschlossen sind. Die Arbeitgeber oder Zahlstellen können in den Fällen, in denen ihnen nur falsche oder unvollständige Angaben über die Mitgliedschaft in einer Krankenkasse vorliegen, über den GKV-Spitzenverband die aktuelle Mitgliedschaft ermitteln lassen. Hierfür werden Name, Vorname, Geburtsdatum, Geburtsort und Versicherungsnummer des Arbeitnehmers benötigt. Danach erhält der Arbeitgeber eine Rückmeldung mit der Betriebsnummer der Krankenkasse, in der der Beschäftigte zum Zeitpunkt der Abfrage Mitglied ist.

1 = Mitgliedschaft bei einer Krankenkasse ermittelt

2 = Keine Mitgliedschaft bei einer Krankenkasse ermittelt.

d) Rentenversicherungsträger

Die Rentenversicherungsträger unterhalten eine Datenstelle, bei 3115
der alle Personen, denen von einem Träger der Rentenversicherung eine Versicherungsnummer zugeteilt wurde, so erfasst sind, dass bei Angabe der für die Vergabe der Versicherungsnummer erforderlichen Daten die Versicherungsnummer und der zuständige Träger der Rentenversicherung ermittelt werden kann.

Darüber hinaus speichern die Rentenversicherungsträger **vorwiegend Beschäftigungszeiträume und Arbeitsentgelte aus Jahresmeldungen und Abmeldungen** in dem „persönlichen Versicherungskonto“ des Arbeitnehmers, um sie bei einem Leistungsantrag sofort verwendbar abrufen zu können.

e) Bundesagentur für Arbeit

Die Rentenversicherungsträger übermitteln Meldedaten an die 3116
Bundesagentur für Arbeit, soweit diese zur Durchführung ihrer Aufgaben auf die Daten angewiesen ist. Die Bundesagentur für Arbeit verwendet die Meldedaten hauptsächlich zur Beobachtung und Analyse des Arbeitsmarkts.

4. Meldepflichtige Beschäftigungen und Meldetatbestände

a) Versicherungspflichtige

Der Arbeitgeber hat jeden in der Kranken-, Pflege-, Renten- und/ 3117
oder Arbeitslosenversicherung **versicherungspflichtig Beschäf-**

tigten oder die Person, für die Beitragsanteile (Arbeitgeberanteile) zu entrichten sind, der zuständigen Krankenkasse zu melden.

Meldepflichtig ist u.a.:

- Beginn und Ende der Beschäftigung,
- das Ende der Mitgliedschaft in der Krankenversicherung, wenn die Mitgliedschaft ohne Entgeltzahlung fortbesteht (§ 192 SGB V),
- das Ende der Entgeltzahlung,
- Beginn und Ende der Elternzeit (dies gilt nicht für geringfügig Beschäftigte.),
- die Änderung der Beitragspflicht,
- der Wechsel der Krankenkasse (Einzugsstelle),
- die Unterbrechung der Beschäftigung oder Entgeltzahlung,
- die Auflösung des Arbeitsverhältnisses,
- die Änderung des Familien- oder Vornamens,
- die Änderung der Staatsangehörigkeit,
- das Jahresentgelt für jeden Beschäftigten,
- einmalig gezahltes Arbeitsentgelt, sofern es nicht in einer Meldung aus anderem Anlass erfasst wird,
- die beitragspflichtige Einnahme i.R.d. Rentenantragsverfahrens,
- Beginn und Ende der Berufsausbildung,
- Beginn und Ende der Sozialversicherungspflicht auf Grund von Pflegezeit (→ *Pflegeversicherung* Rz. 3401),
- Beginn und Ende der Altersteilzeitarbeit,
- die Änderung des Arbeitsentgelts, wenn die Geringfügigkeitsgrenze (ab 1.1.2026 603 €; → *Mini-Jobs* Rz. 3166) im Monat über- oder unterschritten wird.

b) Geringfügig Beschäftigte

3118 Für geringfügig Beschäftigte, d.h. für geringfügig entlohnte und kurzfristig Beschäftigte, sind grundsätzlich die gleichen Meldungen zu erstatten wie für versicherungspflichtig Beschäftigte. Bei kurzfristig Beschäftigten sind jedoch keine Unterbrechungsmeldungen und keine „normalen" Jahresmeldungen abzugeben. Einzelheiten hierzu s.a. unter → Rz. 3130 und → *Mini-Jobs* Rz. 3161.

Für die Meldungen geringfügig Beschäftigter ist **ausschließlich die Minijob-Zentrale zuständig**.

Handelt es sich um eine geringfügige Beschäftigung in einem Privathaushalt, ist das Haushaltsscheckverfahren zwingend vorgeschrieben (→ *Mini-Jobs* Rz. 3161).

5. Meldeinhalte

3119 Die Meldepflicht ist in § 28a SGB IV geregelt. In den Meldungen ist immer die Versicherungsnummer des Arbeitnehmers anzugeben. Ist sie noch nicht zugeteilt worden oder aus sonstigen Gründen nicht bekannt, sind die für die Vergabe der Versicherungsnummer zusätzlich notwendigen Angaben wie Staatsangehörigkeit, Geschlecht, Geburtsort, Geburtsland, Geburtsdatum und ggf. Geburtsname anzugeben. Die Angaben sind zur eindeutigen Ermittlung bzw. Vergabe der persönlichen Versicherungsnummer erforderlich.

a) Sofortmeldung

3120 Die Sofortmeldung ist in § 28a Abs. 4 SGB IV i.V.m. § 7 DEÜV geregelt. Die Vorschriften bestimmen, dass Arbeitgeber in bestimmten dort aufgeführten Wirtschaftsbereichen ihre Arbeitnehmer spätestens zum Zeitpunkt des Beschäftigungsbeginns über das DEÜV-Meldeverfahren mit dem Grund 20 melden müssen, um eine lückenlose Überprüfung zu ermöglichen. In folgenden Branchen besteht die Pflicht zur Sofortmeldung:

1. Baugewerbe,
2. Gaststätten- und Beherbergungsgewerbe,
3. Personenbeförderungsgewerbe,
4. Speditions-, Transport- und damit verbundenes Logistikgewerbe, ab 1.1.2026 einschließlich der plattformbasierten Lieferdienste,
5. Schaustellergewerbe,
6. Unternehmen der Forstwirtschaft (bis 31.12.2025, s. unten Hinweis),
7. Gebäudereinigungsgewerbe,
8. Unternehmen, die sich am Auf- und Abbau von Messen und Ausstellungen beteiligen,
9. Fleischwirtschaft, mit Ausnahme des Fleischerhandwerks nach § 2 Abs. 2 Satz 2 des GSA Fleisch,
10. Prostitutionsgewerbe,
11. Wach- und Sicherheitsgewerbe
12. Friseur- und Kosmetikgewerbe (ab 1.1.2026).

Hinweis: Mit dem Gesetzentwurf der Bundesregierung zum Gesetz zur Modernisierung und Digitalisierung der Schwarzarbeitsbekämpfung, BT-Drucks. 21/1930 v. 1.10.2025 wird auch eine Änderung in § 28a Abs. 4 SGB IV als Folgeänderung von § 2a SchwarzArbG vorgenommen. Während man u.a. bei den Unternehmen der Forstwirtschaft auf Grund der Entwicklungen der letzten Jahre keinen Bedarf mehr für Sofortmeldungen sieht, wird ein Bedarf im Friseur- und Kosmetikgewerbe gesehen, da dort vermehrt auf Schwarzarbeit gestoßen wird. Zusätzlich wurde bei der Fleischwirtschaft eine detailliertere Beschreibung vorgesehen und explizit plattformbasierte Lieferdienste als Risikobranche von der Sofortmeldungspflicht erfasst. Der Bundestag hat am 13.11.2025 das Gesetz gebilligt. Zum Redaktionsschluss war das Gesetz allerdings noch nicht verabschiedet. Bitte beachten Sie unseren Online-Aktualisierungsdienst (s. Benutzerhinweis auf S. IV).

Maßgebend ist die von der Bundesagentur für Arbeit vergebene Wirtschaftsklasse.

Es ist der Tag des Beginns des Beschäftigungsverhältnisses spätestens bei dessen Aufnahme zu melden.

- Die Sofortmeldung wurde in das bestehende Meldeverfahren integriert, wobei die Sofortmeldung unmittelbar an die Datenstelle der Träger der Rentenversicherung zu übersenden ist. Die Empfänger-Betriebsnummer lautet „66667777".
- Die Sofortmeldung beinhaltet u.a. folgende Angaben:
  - Familien- und Vornamen,
  - Versicherungsnummer, soweit bekannt, ansonsten die zur Vergabe einer Versicherungsnummer notwendigen Angaben (Tag und Ort der Geburt, Anschrift usw.),
  - Betriebsnummer des Arbeitgebers,
  - Tag der Beschäftigungsaufnahme.
- Durch die Anpassung des SchwarzArbG wurden die Arbeitnehmer in den vorgenannten Wirtschaftszweigen verpflichtet, den Personalausweis, Pass, Passersatz oder Ausweisersatz mitzuführen. Im Gegenzug ist die Mitführungspflicht des Sozialversicherungsausweises entfallen, in dem auch kein Lichtbild mehr benötigt wird. Die Daten stehen neben den Behörden der Zollverwaltung auch den Prüfdiensten der Rentenversicherung sowie den Unfallversicherungsträgern zur Verfügung. Von einer Arbeitsgruppe auf Ebene der Spitzenorganisationen der Sozialversicherung wurde ein Frage- und Antwortkatalog zum gesamten Komplex der Sofortmeldung erarbeitet. Dieser befindet sich unter www.deutsche-rentenversicherung-bund.de und wird aktualisiert. Bei grundsätzlichen Fragen wenden Sie sich bitte an die jeweils zuständige Krankenkasse.

b) Anmeldung

Eine Anmeldung ist zu erstatten, wenn eine Beschäftigung aufgenommen wird (vgl. § 28a Abs. 1 Nr. 1 SGB IV), die zumindest in einem Zweig der Sozialversicherung Versicherungspflicht begründet oder für die der Arbeitgeber seinen Beitragsanteil zu entrichten hat. Tritt **Versicherungs- oder Beitragspflicht erst im Laufe der Beschäftigung** ein, ist dieses Datum als „Beschäftigungszeit von" anzugeben. 3121

Beispiel 1:

Die Arbeitnehmerin ist seit 3.11.2025 im Betrieb geringfügig beschäftigt. Zum 16.3.2026 wird das Arbeitsentgelt auf 620,— € angehoben. Versicherungspflicht tritt mit diesem Tag ein.

In dem Feld „Beschäftigungszeit von" ist das Datum 16.3.2026 anzugeben.

Hinweis

Auf Grund der Regelungen für geringfügige Beschäftigungsverhältnisse war die Beschäftigte zum 3.11.2025 als geringfügig Beschäftigte anzumelden (Personengruppenschlüssel 109, Beitragsgruppe 6500, Grund der Abgabe 10). Mit Veränderung des Arbeitsentgelts und Eintritt der Versicherungspflicht ist eine Abmeldung zum 15.3.20256 (Personengruppenschlüssel 109, Beitragsgruppe 6500 und beitragspflichtiges Bruttoarbeitsentgelt, Grund der Abgabe 30) zu erstellen. Zum 16.3.2025 ist eine Anmeldung für versicherungspflichtige Arbeitnehmer einzureichen.

Eine Anmeldung wird auch dann erstattet, wenn zuvor die Mitgliedschaft in der Krankenversicherung beendet war, z.B. bei einem **unbezahlten Urlaub** von mehr als einem Monat, und nunmehr die Arbeit wieder aufgenommen wird.

Beispiel 2:

Der Arbeitnehmer hat unbezahlten Urlaub vom 16.12.2025 bis zum 8.2.2026 Mit dem Tag der Arbeitsaufnahme am 9.2.2026 ist eine Anmeldung vorzunehmen.

Bleibt die Mitgliedschaft trotz unterbrochener Arbeitsleistung und Entgeltzahlung des Arbeitgebers wegen des Bezugs z.B. von **Krankengeld** in der Krankenversicherung erhalten, ist bei der Wiederaufnahme der Arbeit keine neue Anmeldung zu erstatten (→ *Arbeitsunterbrechungen durch Arbeitnehmer* Rz. 725).

Beispiel 3:

Der Arbeitnehmer war vom 4.1. bis 6.4.2026 arbeitsunfähig krank. Im Anschluss an die Entgeltfortzahlung bezog er vom 15.2.2026 an Krankengeld bis zum 6.4.2026 Eine Neuanmeldung bei Wiederaufnahme der Arbeit ist nicht erforderlich.

c) Anmeldung Saisonarbeitnehmer – besonderes Kennzeichen

3122 Saisonarbeitnehmer üben eine vorübergehende versicherungspflichtige Beschäftigung aus, die bis zu acht Monate befristet ist, um mit dieser Tätigkeit einen jahreszeitlich bedingten jährlich wiederkehrenden erhöhten Arbeitsbedarf des Arbeitgebers abzudecken. Sie kommen für diese Tätigkeit nach Deutschland.

Der Arbeitgeber hat nicht zu prüfen, ob der Arbeitnehmer allein für die Beschäftigung nach Deutschland gekommen ist und unmittelbar nach der Beschäftigung in sein Heimatland zurückkehrt oder in Deutschland bleibt.

Durch das besondere Kennzeichen erfährt die Krankenkasse allerdings davon, dass es sich um einen Saisonarbeitnehmer handelt und hat somit noch während seines Aufenthaltes in Deutschland die Möglichkeit, den Status nach dem Ende der Beschäftigung zu klären.

d) Abmeldung

3123 Der Arbeitgeber hat das Ende der versicherungspflichtigen Beschäftigung bzw. das Ende der Versicherungspflicht durch eine **Abmeldung** anzuzeigen (vgl. § 28a Abs. 1 Nr. 2 SGB IV). Wird die Beschäftigung bei Wegfall des Arbeitsentgelts wenigstens einen Kalendermonat unterbrochen, ohne dass die Mitgliedschaft in der Krankenversicherung dadurch endet, ist eine **Unterbrechungsmeldung** (→ Rz. 3124) zu erstatten. Abmeldungen können auch bei Änderungen in der Versicherungspflicht oder bei einem Kassenwechsel notwendig werden (→ Rz. 3127).

In das Feld „Beschäftigungszeit“ ist der Zeitraum einzutragen, in dem der Arbeitnehmer **in dem Jahr** beschäftigt war, in dem das gemeldete Arbeitsentgelt erzielt wurde. Sind in einem Kalenderjahr bereits Zeiträume gemeldet worden (z.B. bei einer Unterbrechungsmeldung oder einer Abmeldung wegen Änderungen), darf diese Zeit und das Entgelt nicht erneut gemeldet werden. Vielmehr wird bei einer notwendig werdenden Abmeldung nur noch der noch nicht bescheinigte Zeitraum bis zum Ende des Beschäftigungsverhältnisses/Versicherungsverhältnisses aufgenommen.

Das **beitragspflichtige Bruttoarbeitsentgelt** wird in Euro-Beträgen ohne Cent bescheinigt, wobei angefallene Centbeträge bis einschließlich 49 nach unten und über 49 nach oben auf volle Euro-Beträge gerundet werden. Das Entgelt ist grundsätzlich mit sechs Stellen anzugeben, wobei ggf. die ersten Stellen durch eine Null zu belegen sind.

Bei der **Bescheinigung des Arbeitsentgelts** ist darauf zu achten, dass die BBG der Rentenversicherung nicht – auch nicht in einzelnen Lohnabrechnungsperioden – überschritten wird. Gegebenenfalls ist dem Bruttoarbeitsentgelt der noch nicht gemeldete beitragspflichtige Betrag einer Einmalzahlung hinzuzurechnen. Wurde im bescheinigten Zeitraum Kurzarbeiter- oder Saison-Kurzarbeitergeld bezogen, ist neben dem tatsächlich erzielten auch ausgefallenes Arbeitsentgelt für die Stunden, für die eine der Leistungen gezahlt wurde, einzutragen. Dabei werden 80 % des Stundensatzes berücksichtigt, nach dem sich das Kurzarbeiter- bzw. Saison-Kurzarbeitergeld richtet.

Die in der Abmeldung angegebene Beitragsgruppe muss mit der aus der letzten Anmeldung gemeldeten Beitragsgruppe übereinstimmen.

In der Entgeltmeldung **ist** zusätzlich zu kennzeichnen, ob es sich um einen Fall im Übergangsbereich handelt oder nicht. Folgende Kennzeichen sind möglich:

1 monatliches Arbeitsentgelt durchgehend innerhalb des Übergangsbereichs; tatsächliche Arbeitsentgelte in allen Entgeltabrechnungszeiträumen oberhalb der Geringfügigkeitsgrenze bis 2 000,00 €

2 monatliches Arbeitsentgelt sowohl innerhalb als auch außerhalb des Übergangsbereichs; die Meldung umfasst sowohl Entgeltabrechnungszeiträume mit Arbeitsentgelten oberhalb der Geringfügigkeitsgrenze bis 2 000,00 € als auch solche mit Arbeitsentgelten unterhalb der Geringfügigkeitsgrenze und/oder über 2 000,00 €

e) Unterbrechungsmeldung

In der **Krankenversicherung** bleibt die **Mitgliedschaft** Versicherungspflichtiger **auch ohne Zahlung von Arbeitsentgelt erhalten, solange** 3124

- Anspruch auf Lohnersatzleistungen besteht, wie Kranken-, Verletzten- oder Übergangsgeld sowie Versorgungskrankengeld oder Mutterschaftsgeld,
- Elternzeit in Anspruch genommen wird oder Elterngeld bezogen wird,
- der Arbeitnehmer Wehr- oder Zivildienst leistet, an einer Eignungsübung teilnimmt oder freiwilligen Wehrdienst leistet,
- das Beschäftigungsverhältnis bei einem unbezahlten Urlaub von längstens einem Monat, im Falle eines rechtmäßigen Arbeitskampfes bis zu dessen Beendigung fortbesteht oder
- Anspruch auf Kurzarbeiter-/Saison-Kurzarbeitergeld besteht.

In der **Renten- und Arbeitslosenversicherung** hingegen besteht das versicherungspflichtige Beschäftigungsverhältnis nicht fort, wenn Krankengeld, Krankentagegeld, Verletztengeld, Versorgungskrankengeld, Übergangsgeld oder Mutterschaftsgeld bezogen wird. Dies ist auch nicht der Fall, wenn nach gesetzlichen Vorschriften Elterngeld bezogen oder Elternzeit in Anspruch genommen, Wehr- und Zivildienst oder freiwilliger Wehrdienst geleistet wird. Darüber hinaus gilt dies auch, wenn Leistungen für den Ausfall von Arbeitseinkünften bezogen werden, auf Grund einer Organspende und bei einer vollständigen Freistellung von der Arbeitsleistung im Rahmen von Pflegezeit. Versicherungszeiten werden nur dann angerechnet, wenn der Beitrags-(Kalender-)Monat mit Versicherungsbeiträgen, ggf. auch nur für Teilzeiträume, belegt ist. Ist demnach ein voller Kalendermonat nicht mit Versicherungsbeiträgen aus dem Arbeitsverhältnis belegt, muss dies dem Rentenversicherungsträger bekannt gemacht werden. Dieses zur Krankenversicherung unterschiedliche Recht macht die Abgabe von Unterbrechungsmeldungen dann erforderlich, wenn bei fortbestehendem Arbeitsverhältnis und ohne Unterbrechung der Mitgliedschaft bzw. des Versicherungsverhältnisses bei geringfügig Beschäftigten in der Krankenversicherung **für einen vollen Kalendermonat** kein **Beitrag zur Rentenversicherung** entrichtet wird.

Beispiel 1:

- Beginn der versicherungspflichtigen Beschäftigung am 15.9.1999
- Ende des Anspruchs auf Entgeltfortzahlung wegen Arbeitsunfähigkeit am 9.10.2026
- Krankengeld vom 10.10. bis 25.11.2026
- Arbeitsaufnahme am 26.11.2026

Eine Unterbrechungsmeldung ist nicht erforderlich, weil die Unterbrechung ohne Entgeltfortzahlung keinen vollen Monat umfasst. Die Zeit vom 1.10. bis 9.10. und vom 26.11. bis 30.11.2026 ist mit Beiträgen zur Rentenversicherung belegt.

Beispiel 2:

In dem ersten Beispiel wäre bei einer Krankengeldzahlung bis 9.12.2026 und einer Arbeitsaufnahme am 10.12.2026 eine Unterbrechungsmeldung notwendig geworden, weil der November als voller Monat nicht mit Beiträgen belegt ist.

Beispiel 3:

- Beginn der versicherungspflichtigen Beschäftigung am 1.4.2000
- Ende des Anspruchs auf Entgeltfortzahlung wegen Arbeitsunfähigkeit am 27.7.2026
- Krankengeld vom 28.7. bis 11.8.2026
- Unbezahlter Urlaub vom 12.8. bis 3.9.2026
- Arbeitsaufnahme am 4.9.2026

Eine Unterbrechungsmeldung ist zu erstatten, weil der Monat August 2026 nicht mit Beiträgen in der Rentenversicherung belegt ist. In der Krankenversicherung bewirken sowohl die Krankengeldzahlung als auch der unbezahlte Urlaub von nicht mehr als einem Monat den Erhalt der Mitgliedschaft.

Mit der Unterbrechungsmeldung wird das Arbeitsentgelt vom Beginn des Jahres bzw. bei späterem Einsetzen der Versicherungspflicht von dem Tag der versicherungspflichtigen Beschäftigung an bis zu dem Tag gemeldet, der als letzter vor der Unterbrechung mit Beiträgen belegt ist.

Zu Beispiel 1:

Zu melden ist das Arbeitsentgelt für die Zeit vom 1.1. bis zum 9.10.2026.

Zu Beispiel 3:

Zu melden ist das Arbeitsentgelt für die Zeit vom 1.1. bis zum 27.7.2026.

Wurde bereits im laufenden Jahr eine Unterbrechungsmeldung erstattet, darf der bereits gemeldete Zeitraum nicht erneut gemeldet werden.

Beispiel 4:

- Ende des Anspruchs auf Entgeltfortzahlung: 26.1.2026
- Krankengeld vom 27.1. bis 3.3.2026 Arbeitsaufnahme am 4.3.2026
- Unterbrechungsmeldung für die Zeit vom 1.1. bis 26.1.2026 ist erstattet
- Erneute Krankengeldzahlung vom 24.6. bis 11.8.2026, Arbeitsaufnahme am 12.8.2026

Mit der zweiten Unterbrechungsmeldung ist das Arbeitsentgelt für die Zeit vom 4.3. bis 23.6.2026 zu melden.

Nach dem Besprechungsergebnis der Spitzenorganisationen der Sozialversicherung v. 26./27.6.2002 ist das Beschäftigungsverhältnis privat krankenversicherter Frauen, die Mutterschaftsgeld nach § 19 Abs. 2 MuSchG beziehen, unterbrochen. Somit ist zum letzten Tag des Entgeltanspruchs vor Beginn der Schutzfrist eine Unterbrechungsmeldung zu erstellen. Nach dem Besprechungsergebnis der Spitzenorganisationen der Sozialversicherung v. 16./17.8.2006 ist ein Arbeitnehmer, dessen sozialversicherungspflichtiges (nicht arbeitsrechtliches) Beschäftigungsverhältnis wegen Erreichens der Höchstbezugsdauer von Krankengeld (Aussteuerung) endet, mit Ablauf der Monatsfrist, die sich an das Ende des Krankengeldbezugs anschließt (Abgabegrund 34), abzumelden. Es ist nur der Zeitraum der Monatsfrist zu melden, weil für diesen Sozialversicherungstage anzusetzen sind. Im Fall der Wiederaufnahme der Beschäftigung nach einer Aussteuerung ist der Arbeitnehmer mit Abgabegrund „13" wieder anzumelden. Während man bisher die Auffassung vertrat, dass eine Neuanmeldung auch dann zu erfolgen hat, wenn der Krankengeldanspruch wieder auflebt, haben sich die Spitzenverbände der Sozialversicherungsträger am 5./6.3.2003 darauf verständigt, dass eine Anmeldung beim gleichen Arbeitgeber nach einer Aussteuerung nur dann zu erfolgen hat, wenn die Beschäftigung tatsächlich wieder aufgenommen wurde. Für einen privat krankenversicherten Arbeitnehmer, der nach dem Ende der Entgeltfortzahlung kein Krankentagegeld bezieht, ist ebenfalls eine Abmeldung mit Abgabegrund 34 erforderlich. Erhält er dagegen Krankentagegeld von seiner privaten Krankenversicherung, ist eine Unterbrechungsmeldung mit Abgabegrund 51 erforderlich.

Auf Grund der Regelungen für geringfügige Beschäftigungsverhältnisse ist für geringfügig entlohnt Beschäftigte eine Abmeldung mit Abgabegrund 34 abzusetzen, wenn die geringfügig entlohnte Beschäftigung ohne Entgeltzahlung mindestens einen Kalendermonat unterbrochen ist. Bei Bezug von Verletztengeld, Übergangsgeld oder Versorgungskrankengeld ist eine Unterbrechungsmeldung mit Abgabegrund 51 zu erstatten.

Beispiel 5:

Ein geringfügig entlohnt Beschäftigter nimmt in der Zeit vom 25.5. bis 28.7.2026 unbezahlten Urlaub. Seine Arbeit nimmt er wieder am 29.7.2026 auf.

Für die mit Pauschalbeiträgen zur Kranken- und Rentenversicherung angemeldete geringfügig entlohnte Beschäftigung ist zum 24.5.2026 eine Unterbrechungsmeldung einzureichen. Hier ist der Zeitraum vom 1.1. bis 24.5.2026 zu bescheinigen.

Bisher war eine Unterbrechungsmeldung bei Aufnahme der **Elternzeit** nicht vorgesehen. Zum 1.1.2024 trat diesbezüglich eine Meldepflicht ein. Die Unterbrechung der Beschäftigung muss mindestens einen Kalendermonat andauern. Hierfür gibt es die Abgabegründe:

- 17 Meldung über den Beginn der Elternzeit
- 37 Meldung über das Ende der Elternzeit

Besteht die Elternzeit über den Jahreswechsel hinaus, gibt es keine „Elternzeit-Abmeldung". Wird beim selben Arbeitgeber eine mehr als geringfügige Beschäftigung aufgenommen, ist mit der Aufnahme der Beschäftigung ein Ende der Elternzeit zu melden. Bei einem Krankenkassenwechsel ist nur gegenüber der neuen Krankenkasse eine Beginn-Meldung abzugeben.

Ordnungskriterium für die Elternzeit-Meldungen ist die Versicherungsnummer. Für eine fehlerfreie systemseitige Zuordnung eingehender Meldungen sind zusätzlich Name und Anschrift des Arbeitnehmers und das Verursachen-Aktenzeichen anzugeben.

Ist die Elternzeit schon vor dem 1.1.2024 eingetreten, ist zum Ende der Elternzeit keine Ende-Meldung abzugeben.

Arbeitsentgelte und die entsprechenden Versicherungszeiten, die mit Unterbrechungsmeldungen bereits gemeldet wurden, dürfen in die Jahresmeldung nicht erneut aufgenommen werden. Beginndatum für die nächste Unterbrechungsmeldung, Jahres- oder Abmeldung ist der Tag der Wiederaufnahme der Entgeltzahlung.

Unterbrechungsmeldungen werden mit den Abgabegründen „51–53" abgegeben; bei Wiederaufnahme der Arbeit und der Entgeltzahlung ist keine neue Anmeldung zu erstatten.

In den Fällen, in denen sich bei einem freiwillig Versicherten an eine Elternzeit z.B. ein unbezahlter Urlaub anschließt und der Arbeitgeber die Beiträge im Firmenzahlverfahren gezahlt hat, ist zum Ende der Elternzeit ein Beitragsgruppenwechsel zu melden. Mit Besprechungsergebnis vom 9.3.2016 haben sich die Spitzenorganisationen der Sozialversicherung darauf verständigt, dass bei einer Elternzeit generell eine Unterbrechungsmeldung mit Abgabegrund „52" zu tätigen ist. Dies gilt auch für Unterbrechungszeiträume, die kleiner als ein voller Kalendermonat sind. Hierdurch können die Krankenkassen besser ermitteln, ob bei einem freiwillig Versicherten tatsächlich Beitragsfreiheit während der Elternzeit vorliegt.

Um das Verfahren nicht unnötig zu verkomplizieren, gilt die neue Meldepflicht auch für versicherungspflichtig beschäftigte Arbeitnehmer.

f) Jahresmeldung

Nach Ablauf eines Kalenderjahrs, spätestens bis zum 15. Februar des folgenden Jahrs, haben die Arbeitgeber für die Versi- **3125**
cherungspflichtigen den Zeitraum der Beschäftigung im vergangenen Jahr und die Höhe des beitragspflichtigen Arbeitsentgelts – unter Berücksichtigung der BBG in der Renten- und Arbeitslosenversicherung – zu melden (vgl. § 28a Abs. 2 SGB IV). Die **Jahresmeldung ist nur zu erstatten, wenn** das Beschäftigungsverhältnis über das Jahresende hinaus unverändert fortbesteht. Ist zum Jahresende eine Abmeldung notwendig, z.B. wegen Ende des Beschäftigungsverhältnisses oder Ende der Versicherungspflicht, entfällt die Jahresmeldung; die notwendigen Daten werden mit der Abmeldung an den Rentenversicherungsträger übermittelt. Wurde bereits in dem Kalenderjahr eine Unterbrechungsmeldung oder wegen versicherungsrechtlicher Änderungen eine Abmeldung und Neuanmeldung erstattet, darf nur das noch nicht gemeldete beitrags-

pflichtige Arbeitsentgelt in die Jahresmeldung aufgenommen werden.

Beispiel 1:

Der Beschäftigte wechselt zum Jahresende in den Vorruhestand. Da das Versicherungsverhältnis fortbesteht, aber versicherungsrechtliche Änderungen eintreten (in der Krankenversicherung besteht kein Anspruch auf Krankengeld mehr, Wegfall der Beitragspflicht in der Arbeitslosenversicherung), ist eine Abmeldung in den bisherigen Beitragsgruppen (z.B. 1111) und eine Neuanmeldung (z.B. in den Beitragsgruppen 3101) zum Jahreswechsel erforderlich. Eine Jahresmeldung wird nicht erstattet, weil die Entgeltdaten mit der Abmeldung übermittelt wurden.

Beispiel 2:

Wegen einer längerfristigen Arbeitsunfähigkeit war zum 14.8.2026 eine Unterbrechungsmeldung notwendig. Die Arbeit wurde am 21.10.2026 wieder aufgenommen. In die Jahresmeldung wird das Arbeitsentgelt aus der Zeit vom 21.10. bis 31.12.2026 aufgenommen.

Hinsichtlich der Jahresmeldung bei Bezug von **Kurzarbeiter- bzw. Saison-Kurzarbeitergeld** gelten Besonderheiten. Zu melden ist neben dem tatsächlich erzielten Arbeitsentgelt auch ausgefallenes Arbeitsentgelt für die Stunden, für die eine dieser Leistungen gezahlt wurde. Dabei werden 80 % des Stundensatzes, nach dem sich das Kurzarbeiter- bzw. Saison-Kurzarbeitergeld bemisst, berücksichtigt.

Für geringfügig Beschäftigte sind Jahresmeldungen bei der Minijob-Zentrale einzureichen.

In die **Jahresmeldung** ist das **Bruttoarbeitsentgelt** des bescheinigten Zeitraums, ggf. unter Beachtung der zeitgleich geltenden BBG der Rentenversicherung sowie ggf. unter Hinzurechnung der noch nicht gemeldeten Einmalzahlung, einzutragen. Dabei ist die für den bescheinigten Zeitraum geltende BBG in der Renten- und Arbeitslosenversicherung zu beachten. Einzutragen sind nur Euro-Beträge ohne Cent. Sind Centbeträge angefallen, werden sie bis 49 nach unten und über 49 nach oben auf volle Euro-Beträge gerundet.

Ca. 700 000 Jahresmeldungen müssen jährlich von den Krankenkassen bei den Arbeitgebern angemahnt werden, weil diese ihrer Meldeverpflichtung nicht nachkommen. Die Jahresmeldungen werden in elektronischer Form angefordert.

g) Entgeltmeldung bei einmalig gezahltem Arbeitsentgelt

3126 Für die Meldung beitragspflichtiger Einmalzahlungen während eines fortbestehenden Beschäftigungsverhältnisses gilt grundsätzlich, dass sie in die **nächste Entgeltmeldung einbezogen** werden. Dies gilt auch für den Fall, dass das Beschäftigungsverhältnis unterbrochen oder beendet ist, wenn die zu erstattende Abmeldung zum Zeitpunkt der Einmalzahlung noch nicht erstattet ist oder nach der Unterbrechung noch laufendes Arbeitsentgelt in dem Kalenderjahr zu melden ist. Dabei ist ohne Bedeutung, ob die nächste Meldung eine Abmeldung wegen Änderungen, eine Jahres-, Unterbrechungs- oder Abmeldung ist und ob der zu meldende Zeitraum den Zeitraum einschließt, dem die Einmalzahlung für die Beitragsberechnung zuzuordnen ist. Ohne Bedeutung ist auch, ob durch die Einbeziehung der Einmalzahlung die BBG für den zu meldenden Zeitabschnitt überschritten wird. Ist für das laufende Kalenderjahr keine weitere Meldung mehr zu fertigen, enthält die folgende Meldung innerhalb des Kalenderjahres kein **laufendes** beitragspflichtiges Arbeitsentgelt. Sind zwischenzeitlich Veränderungen in der Beitragsgruppe eingetreten, ist die Einmalzahlung gesondert zu melden.

Beispiel 1:

- Laufendes Arbeitsentgelt vom 1.1. bis 31.12.2026
- Einmalzahlungen im Juni und Dezember 2026

Meldung des laufenden Arbeitsentgelts und der Einmalzahlungen in der Jahresmeldung für den Zeitraum vom 1.1. bis 31.12.2026.

Beispiel 2:

- Laufendes Arbeitsentgelt vom 1.1. bis 24.6.2026 und vom 23.8. bis 31.12.2026
- Krankengeld vom 25.6. bis 22.8.2026
- Einmalzahlungen im Mai und Dezember 2026

Die Einmalzahlung für Mai 2026 kann mit der Unterbrechungsmeldung zum 24.6.2026 gemeldet werden. War dies nicht möglich, kann sie auch mit der Jahresmeldung für die Zeit vom 23.8. bis 31.12.2026 unter Einbeziehung der Einmalzahlung für Dezember 2026 gemeldet werden.

Wesentlich ist, dass die Beitragsberechnung für die Einmalzahlung nach den Beitragsgruppen erfolgt, die auch in der Meldung anzugeben sind.

Ist diese Bedingung nicht erfüllt, ist die **Einmalzahlung durch eine „Sondermeldung" mitzuteilen.** Dazu wird der Grund der Abgabe mit der Ziffer „54" verschlüsselt.

Beispiel 3:

- Laufendes Arbeitsentgelt vom 1.1. bis 31.12.2026
- Ende der Versicherungspflicht in der Arbeitslosenversicherung: 31.7.2026
- Abmeldung wegen Änderungen (Abmeldung mit Abgabegrund 32) mit der Bescheinigung des Entgelts für die Zeit vom 1.1. bis 31.7.2026, Beitragsgruppe 1111, Neuanmeldung zum 1.8.2026 mit dem Abgabegrund 12 und der Beitragsgruppe 1101
- Einmalzahlung im September 2026

Die Einmalzahlung ist in die Jahresmeldung für die Zeit vom 1.8. bis 31.12.2026 einzubeziehen.

Beispiel 4:

- Laufendes Arbeitsentgelt vom 1.1. bis 20.8.2026
- Krankengeld vom 21.8.2026 bis 12.1.2027 Unterbrechungsmeldung ist zum 20.8.2026 erstattet
- Einmalzahlung im Dezember

Meldung der Einmalzahlung durch Sondermeldung Grund „54", da für das laufende Kalenderjahr keine weitere Meldung mehr abgegeben wird.

Einmalzahlungen in den Monaten Januar bis März eines Jahres werden **ggf. dem letzten Abrechnungszeitraum des vorangegangenen Jahres zugeordnet** (→ *Einmalzahlungen* Rz. 1793).

Einmalzahlungen, auf die die März-Klausel angewandt wird, sind grundsätzlich mit einer Sondermeldung zu melden.

Beispiel 5:

Einmalzahlung im Januar 2026 – es wird festgestellt, dass die März-Klausel anzuwenden ist.

Selbst wenn die Jahresmeldung 2025 noch nicht abgegeben war, erfolgt die Meldung der Jahresmeldung ohne Einmalzahlung und die Einmalzahlung wird mit einer Sondermeldung gemeldet (Zeitraum 1.12.2025 bis 31.12.2025).

h) Änderungsmeldungen

Änderungen im Beschäftigungs- oder Versicherungsverhältnis erfordern Meldungen bei folgenden Sachverhalten: 3127

- Änderung der Beitragsgruppe oder des Personengruppenschlüssels (d.h. bei Wegfall oder Hinzutritt von Versicherungspflicht in einzelnen Versicherungszweigen z.B. bei Überschreiten der Jahresarbeitsentgeltgrenze)
- Wechsel der Krankenkasse
- Beendigung des Ausbildungsverhältnisses
- Übergang in Altersteilzeitarbeit
- Währungsumstellung während eines Kalenderjahrs.

Seit 1.11.2009 übermitteln die Meldeämter ihre Daten an die Datenstelle der Träger der Rentenversicherung (DSRV). Seit diesem Zeitpunkt sind Änderungsmeldungen durch die Arbeitgeber entbehrlich. Der Arbeitgeber teilt die Änderungen personenbezogener Daten nur mit der nächsten Ab- oder Jahresmeldung mit.

Folgende Parameter werden u.a. von den Meldeämtern übermittelt:

1. erstmalige Erfassung und jede Änderung des Vor- und Familiennamens,
2. Geschlecht,
3. Doktorgrad,
4. Tag, Monat, Jahr und Ort der Geburt,
5. Anschrift der alleinigen oder der Hauptwohnung,
6. Sterbetag.

Die Spitzenorganisationen der Sozialversicherung haben sich in ihrer Besprechung am 18./19.5.2009 darauf verständigt, optional auch über den 31.10.2009 hinaus Meldungen mit dem Abgabegrund 63 (für Zwecke der Rentenversicherung) von Arbeitgebern entgegenzunehmen.

i) Stornierungsmeldungen

3128 Fehlerhaft abgegebene Meldungen (z.B. unzutreffende Beschäftigungszeit, ein zu hohes oder zu niedriges beitragspflichtiges Bruttoarbeitsentgelt oder falsche Beitragsgruppen) müssen nach § 14 Abs. 1 DEÜV storniert und in richtiger Form neu erstattet werden.

Bei einer Stornierung ist der Datensatz mit dem Storno-Kennzeichen zu versehen und mit den ursprünglich gemeldeten Daten zu übermitteln. Anschließend ist die Meldung mit den zutreffenden Angaben neu zu erstatten. Sofern die bei einer unzuständigen Krankenkasse eingereichte Meldung zu stornieren ist, ist neben der Stornierung bei der unzuständigen Krankenkasse gegenüber der zuständigen Krankenkasse eine neue Meldung zu erstatten.

j) Gesonderte Meldung

3129 In einem laufenden Rentenantragsverfahren hatte der Arbeitgeber bisher die Verpflichtung, noch nicht gezahlte beitragspflichtige Einnahmen dem Rentenversicherungsträger für die Zeit bis zum Ende der Beschäftigung bis zu drei Monate im Voraus zu bescheinigen. Das Arbeitsentgelt war nach dem in den letzten sechs Monaten erzielten beitragspflichtigen Arbeitsentgelt zu berechnen, wenn für den voraus zu bescheinigenden Zeitraum die Höhe des Arbeitsentgelts nicht vorhersehbar war. Die Arbeitgeber haben auf Verlangen des Rentenantragstellers eine gesonderte Meldung über die beitragspflichtigen Einnahmen für abgelaufene Zeiträume frühestens drei Monate vor Rentenbeginn abzugeben. Die Vorausberechnung der beitragspflichtigen Einnahmen zwischen der Rentenantragstellung für eine Altersrente und dem Beschäftigungsende erfolgt jetzt durch den Rentenversicherungsträger.

Die Spitzenorganisationen der Sozialversicherung haben für diese Meldung den Abgabegrund „57“ vorgesehen.

Die gesonderte Meldung ist mit der nächsten Lohn- und Gehaltsabrechnung zu erstatten. Ist zu diesem Zeitpunkt noch keine Jahresmeldung erfolgt, ist diese ebenfalls zu diesem Zeitpunkt zu erstatten.

Beispiel 1:

Anforderung durch den Rentenversicherungsträger am 11.3.2026

Beginn der Altersrente am 1.7.2026

Frühester Meldezeitpunkt des Arbeitgebers am 1.4.2026

Nächste Entgeltabrechnung am 8.4.2026

Gesonderte Meldung am 8.4.2026, Abgabegrund „57“, Meldezeitraum 1.1. bis 31.3.2026

Die Jahresmeldung für das Jahr 2025 befindet sich bereits im Versicherungskonto.

Beispiel 2:

Anforderung durch den Rentenversicherungsträger am 8.12.2025

Beginn der Altersrente am 1.4.2026

Frühester Meldezeitpunkt des Arbeitgebers am 1.1.2026

Nächste Entgeltabrechnung am 6.1.2026

Gesonderte Meldung am 6.1.2026, Abgabegrund „57“, Meldezeitraum 1.1. bis 31.12.2025

Die gesonderte Meldung ist nur erforderlich, sofern die Jahresmeldung für die Zeit vom 1.1. bis 31.12.2025 noch nicht übermittelt war.

Für die Bescheinigung der beitragspflichtigen Einnahmen von Beziehern von Sozialleistungen (z.B. Krankengeld) haben die Leistungserbringer (z.B. Krankenkassen) ebenfalls die gesonderte Meldung zu erstellen.

Beispiel 3:

Rentenantrag am 13.6.2026

Beginn der Altersrente am 1.10.2026

Anforderung durch den Rentenversicherungsträger am 3.7.2026

Nächste Entgeltabrechnung am 10.7.2026

Ende der Entgeltfortzahlung am 17.6.2026

Beginn der Krankengeldzahlung am 18.6.2026

Gesonderte Meldung des Arbeitgebers am 10.7.2026, Abgabegrund „57“, Meldezeitraum 1.1. bis 17.6.2026

Gesonderte Meldung der Krankenkasse, Meldezeitraum 18.6. bis 30.6.2026

Meldungen aus dem „normalen“ Meldeverfahren haben immer Vorrang (Ausnahme: Jahresmeldung) vor einer gesonderten Meldung. Müssen Meldezeiträume oder beitragspflichtige Bruttoarbeitsentgelte, für die bereits eine gesonderte Meldung erstellt wurde, verändert werden, zieht dies eine Stornierung und ggf. Neumeldung nach sich.

Auf das Beispiel 3 hat dies folgende Auswirkungen: Als am 10.7.2026 die gesonderte Meldung erstellt werden musste, befand sich der Arbeitnehmer seit dem 18.6.2026 im Krankengeldbezug. Zu diesem Zeitpunkt stand jedoch noch nicht fest, wie lange der Krankengeldbezug andauern würde. Somit war folgerichtig eine gesonderte Meldung abzugeben. Sollte der Arbeitnehmer für den gesamten Kalendermonat Juli 2026 im Krankengeldbezug stehen, macht dies das Erstellen einer Unterbrechungsmeldung zum 17.6.2026 erforderlich. Die gesonderte Meldung des Arbeitgebers wäre dann zu stornieren.

k) Meldungen für geringfügig Beschäftigte

Für geringfügig Beschäftigte sind auch für folgende Tatbestände Meldungen zu erstatten: 3130

- grundsätzlich versicherungsfreie Beschäftigte, die eine geringfügige Beschäftigung ausüben (z.B. Beamte),
- geringfügig Beschäftigte in Privathaushalten (Haushaltsscheckverfahren),
- mitarbeitende Familienangehörige eines landwirtschaftlichen Unternehmers,
- Beschäftigte vor Vollendung des 16. Lebensjahrs, wenn sie eine allgemeinbildende Schule besuchen,
- Personen, die aus dem Ausland nach Deutschland entsandt werden,
- Personen im Schaustellergewerbe oder Personen, die eine Beschäftigung i.R.d. Auf- und Abbaus von Messen und Ausstellungen ausüben, auch wenn deren Beschäftigung innerhalb eines Monats nach ihrer Eigenart auf längstens sechs Tage begrenzt ist,

Das Meldeverfahren für geringfügig Beschäftigte stellt sich wie folgt dar:

- Name, Anschrift und Betriebsnummer des Arbeitgebers,
- Versicherungsnummer, Name, ggf. Geburtsname, Vorname (Rufname), Geburtsdatum und Anschrift des Beschäftigten,
- Beschäftigungstage,
- Schlüsselzahl der Angaben zur Tätigkeit,
- Schlüssel der Staatsangehörigkeit des Beschäftigten.

Geringfügig entlohnt Beschäftigte:

In allen Entgeltmeldungen (nicht Anmeldungen) für geringfügig entlohnt Beschäftigte sind Angaben zur Steuer vorzunehmen. Anzugeben sind:

- die Steuernummer des Arbeitgebers,
- die Steuer-Identifikationsnummer des Beschäftigten und
- die Art der Besteuerung mittels Kennzeichen.

In den Fällen, in denen die Finanzverwaltung keine Steuer-ID vergibt, entfällt die Angabe im Datensatz.

Die Art der Besteuerung wird mittels folgender Kennzeichen übermittelt:

- 1 = Pauschalsteuer i.H.v. 2 %
- 0 = alle anderen Möglichkeiten der Besteuerung

Die 2-prozentige Pauschalsteuer wird angewandt, wenn keine individuellen Lohnsteuermerkmale genutzt werden, es sich um einen geringfügig entlohnten Minijob handelt und der Arbeitgeber pauschale Rentenversicherungsbeiträge entrichtet. Die vorgenannten Regelungen gelten auch für geringfügig entlohnt Beschäftigte in Privathaushalten.

Kurzfristig Beschäftigte:

Für kurzfristig Beschäftigte sind grundsätzlich die Meldungen wie für versicherungspflichtig Beschäftigte zu erstatten (zu den Ausnahmen s. auch → Rz. 3118). Bei den Jahresmeldungen ist für kurzfristig Beschäftigte nur die UV-Jahresmeldung, aber nicht die „normale“ Jahresmeldung einzureichen. Falls eine Rahmenvereinbarung geschlossen wurde, kann der Arbeitgeber den Beschäftigten zu Beginn des Beschäftigungsverhältnisses an- und zum Ende des Beschäftigungsverhältnisses abmelden.

Wird die kurzfristige Beschäftigung auf Basis einer Rahmenvereinbarung für länger als einen Monat unterbrochen, ist nach Ablauf dieses Monats eine Abmeldung mit Abgabegrund „30“ und bei

Wiederaufnahme der Beschäftigung eine Anmeldung mit Abgabegrund „10“ zu erstellen. Dies ist darin begründet, weil bei kurzfristig Beschäftigten nach den Geringfügigkeitsrichtlinien der Abgabegrund „34“ nicht mehr verwendet werden darf. Es bestehen allerdings keine Bedenken dagegen, wenn auch bei Zeiträumen von mehr als einem Monat zwischen den Beschäftigungen eine Anmeldung mit Abgabegrund „10“ zum Beginn der Rahmenvereinbarung und eine Abmeldung mit Abgabegrund „30“ zum Ende der Rahmenvereinbarung erfolgt.

Darüber hinaus kann die kurzfristige Beschäftigung – auch innerhalb einer Rahmenvereinbarung – nach ihrem tatsächlichen Verlauf (tageweise) gemeldet werden.

Bei der Beurteilung, ob die entsprechenden Zeitgrenzen einer kurzfristigen Beschäftigung eingehalten werden, sind kurzfristige Beschäftigungen innerhalb eines Kalenderjahres zu addieren.

Für den Fall, dass dem beurteilenden Arbeitgeber nicht alle kurzfristigen Beschäftigungen seines Arbeitnehmers bekannt sind, teilt die Minijob-Zentrale nach der Anmeldung eines kurzfristig Beschäftigten mit, ob kurzfristige Beschäftigungen im vorausgehenden Zeitraum des gleichen Kalenderjahres bestehen oder bestanden haben.

Die Mitteilung erfolgt unverzüglich auf elektronischem Weg. Es gibt auch eine Fehlanzeige.

Voraussetzung für das Verfahren ist, dass die Anmeldung mit der Personengruppe „110“ erfolgt.

Darüber hinaus muss in allen Anmeldungen für kurzfristig Beschäftigte (Personengruppe 110) angegeben werden, wie der Beschäftigte für die Dauer der Beschäftigung krankenversichert ist. Der Gesetzgeber stellt damit sicher, dass kurzfristig Beschäftigte auch tatsächlich über einen anderweitige Absicherung im Krankheitsfall verfügen.

Anzugeben ist für gesetzlich Krankenversicherte die „1“ und privat oder anderweitig Versicherte die „2“.

Bei der gesetzlichen Krankenversicherung „1“ ist nicht relevant, ob eine Versicherungspflicht vorliegt, eine freiwillige Versicherung abgeschlossen wurde oder ob eine Familienversicherung besteht.

Bei der privaten oder anderweitigen Absicherung „2“ darf es sich nicht um eine Zusatzversicherung handeln, sondern es muss eine Vollversicherung vorliegen. Ob das Versicherungsunternehmen seine Sitz in Deutschland hat, spielt keine Rolle. Das Kennzeichen ist auch zu benutzen, wenn z.B. ein Soldat freie Heilfürsorge hat.

- **Meldefristen**

Für geringfügig Beschäftigte gelten generell die gleichen Meldefristen wie für versicherungspflichtig Beschäftigte.

- **Abgabegründe**

Für geringfügig Beschäftigte gelten generell die gleichen Abgabegründe wie für versicherungspflichtig Beschäftigte.

Für die geringfügig Beschäftigten bedeutet dies aber auch, dass sowohl Jahresmeldungen als auch Unterbrechungsmeldungen zu erstatten sind. Bei den Unterbrechungstatbeständen ist zu beachten, dass bei einer Unterbrechung der Entgeltzahlung von länger als einem Kalendermonat, z.B. bei unbezahltem Urlaub oder im Krankheitsfall, nach Ablauf eines Kalendermonats nach Ablauf der Entgeltzahlung eine Abmeldung mit Abgabegrund 34 zu erstellen ist.

Bei einer Unterbrechung wegen des Bezugs von Verletzten- oder Übergangsgeld ist jedoch zum letzten Tag der Entgeltfortzahlung eine Unterbrechungsmeldung mit Abgabegrund 51 zu erstellen.

Für beide Personengruppen gilt jedoch, dass z.B. der Wechsel der Krankenkasse oder ein Beitragsgruppenwechsel ein meldepflichtiger Tatbestand ist.

- **Personengruppenschlüssel**

Die Personengruppenschlüssel sind

- 109 = geringfügig entlohnte Beschäftigung nach § 8 Abs. 1 Nr. 1 SGB IV
- 110 = kurzfristige Beschäftigung nach § 8 Abs. 1 Nr. 2 SGB IV

und in der Meldung zur Sozialversicherung stets anzugeben. Tritt auf Grund der Zusammenrechnung mit einer nicht geringfügigen Beschäftigung (Hauptbeschäftigung) oder mehreren geringfügigen Beschäftigungen Versicherungspflicht (→ *Mini-Jobs* Rz. 3169) ein, ist eine erneute Meldung für versicherungspflichtige Arbeitnehmer mit dem Personengruppenschlüssel 101 und dem Merkmal „Mehrfachbeschäftigung“ abzusetzen.

- **Beitragsgruppe**

Für die Anmeldung von Arbeitnehmern in geringfügig entlohnten Beschäftigungen gelten folgende Beitragsgruppen:

- Krankenversicherung

  6 = Pauschalbeitrag für geringfügig Beschäftigte
- Rentenversicherung

  5 = Pauschalbeitrag für geringfügig Beschäftigte
- Hat der Beschäftigte auf die Rentenversicherungsfreiheit verzichtet oder ist nach der Neuregelung seit 1.1.2013 rentenversicherungspflichtig (→ *Mini-Jobs* Rz. 3173), ist in der Rentenversicherung die Beitragsgruppe

  1 = voller Beitrag zur Rentenversicherung

zu verwenden. Liegt für eine geringfügig entlohnte Beschäftigung eine Befreiung zur Rentenversicherung auf Grund der Mitgliedschaft in einer berufsständischen Versorgungseinrichtung vor, ist zur Rentenversicherung die Beitragsgruppe „0“ anzugeben.

Grundsätzlich müssen alle Meldungen für geringfügig Beschäftigte Beitragsgruppen beinhalten. Bei den kurzfristig Beschäftigten sind generell für die Kranken-, Renten-, Arbeitslosen- und Pflegeversicherung vier Nullen (0000) einzutragen.

Beispiel 1:

Anmeldung einer geringfügig entlohnten Beschäftigung mit Antrag auf Befreiung von der Versicherungspflicht in der Rentenversicherung

Versicherungszweig	Krankenversicherung	Rentenversicherung	Arbeitslosenversicherung	Pflegeversicherung
Beitragsgruppe	6	5	0	0

Beispiel 2:

Anmeldung einer geringfügig entlohnten Beschäftigung mit privater Krankenversicherung bei Versicherungsfreiheit oder mit Antrag auf Befreiung von der Versicherungspflicht in der Rentenversicherung (z.B. Beamter)

Versicherungszweig	Krankenversicherung	Rentenversicherung	Arbeitslosenversicherung	Pflegeversicherung
Beitragsgruppe	0	5	0	0

Beispiel 3:

Anmeldung einer geringfügig entlohnten Beschäftigung mit Rentenversicherungspflicht

Versicherungszweig	Krankenversicherung	Rentenversicherung	Arbeitslosenversicherung	Pflegeversicherung
Beitragsgruppe	6	1	0	0

Beispiel 4:

Anmeldung einer kurzfristigen Beschäftigung

Versicherungszweig	Krankenversicherung	Rentenversicherung	Arbeitslosenversicherung	Pflegeversicherung
Beitragsgruppe	0	0	0	0

Tritt auf Grund der Zusammenrechnung mit einer nicht geringfügigen Beschäftigung (Hauptbeschäftigung) oder mehreren geringfügigen Beschäftigungen Versicherungspflicht ein (→ *Mini-Jobs* Rz. 3170), sind die Beitragsgruppen für versicherungspflichtig beschäftigte Arbeitnehmer zu verwenden.

- **Angaben zur Tätigkeit**

Im Feld B der Angaben zur Tätigkeit ist der Tätigkeitsschlüssel bestehend aus den Teilen B1 = Stellung im Beruf und B2 = Ausbildung des Beschäftigten wie bei versicherungspflichtigen Arbeitnehmern anzugeben.

- **Staatsangehörigkeit**

Eingetragen wird der vom Statistischen Bundesamt festgelegte Schlüssel für Staatsangehörigkeitsschlüssel.

- **Bruttoarbeitsentgelt**

Hier ist das Bruttoarbeitsentgelt aus der geringfügigen Beschäftigung einzutragen, für das in dem angegebenen Zeitraum Beiträge entrichtet wurden oder zu entrichten waren. Hat der Beschäftigte auf die Rentenversicherungsfreiheit verzichtet oder es liegt Rentenversicherungspflicht vor und liegt das Arbeitsentgelt unter der Mindestbemessungsgrundlage von 175 €, dann ist mindestens ein monatliches Arbeitsentgelt von 175 € zu bescheinigen.

Beispiel 5:

Der Arbeitgeber hat für einen geringfügig entlohnten Arbeitnehmer eine Jahresmeldung für die Zeit vom 1.4.2026 bis 31.12.2026 zu erstellen. Der Arbeitnehmer ist rentenversicherungspflichtig. Das monatliche Arbeitsentgelt beträgt 140 €. In der Meldung sind folgende Daten zu bescheinigen:

Versicherungszweig	Krankenversicherung	Rentenversicherung	Arbeitslosenversicherung	Pflegeversicherung
Beitragsgruppe	6	1	0	0
beitragspflichtiges Bruttoarbeitsentgelt				1 575 €

Bei einer kurzfristigen Beschäftigung sind als beitragspflichtiges Bruttoarbeitsentgelt sechs Nullen anzugeben.

- **Annahmestelle**

Die Minijob-Zentrale ist für die Annahme der Meldungen für geringfügig Beschäftigte, egal, ob geringfügig entlohnt oder kurzfristig Beschäftigte, zuständig. Auch das Haushaltsscheckverfahren für geringfügig Beschäftigte in Privathaushalten wird ausschließlich über die Minijob-Zentrale abgewickelt. Die Meldungen an die Minijob-Zentrale lösen keine Krankenversicherung aus.

Tritt in einer geringfügigen Beschäftigung Versicherungspflicht ein, gehen die Meldungen an die Krankenkasse, bei der der geringfügig Beschäftigte aktuell krankenversichert ist (→ *Krankenkassenwahlrecht* Rz. 2751).

l) Meldungen zur Unfallversicherung

3131 Nach § 28a Abs. 2a SGB IV sind für jeden im Vorjahr in der Unfallversicherung versicherten Beschäftigten die erforderlichen Daten ausschließlich in einer besonderen Jahresmeldung zur Unfallversicherung (UV-Jahresmeldung) zu übermitteln. Die UV-Jahresmeldung enthält das beitragspflichtige Arbeitsentgelt zur Unfallversicherung und ist **zusätzlich** zur originären Jahresmeldung abzugeben. Sie hat den Abgabegrund „92" und ist bis zum 16.2. des Folgejahres zu erstellen.

Die Meldung besteht aus dem Datensatz Meldungen (DSME) und den Datenbausteinen Meldesachverhalt (DBME) und Unfallversicherung (DBUV).

Wohin: Sie geht an die Datenannahmestelle der Einzugsstelle, die zum Zeitpunkt der Abgabe für diesen Arbeitnehmer zuständig ist. Lässt sich diese nicht ermitteln, dann an die zuletzt bekannte Einzugsstelle. Von dort wird sie direkt an die Datenstelle der Deutschen Rentenversicherung weitergeleitet.

Wichtig: Unabhängig vom tatsächlichen Beschäftigungszeitraum ist der Meldezeitraum immer der 1.1. bis 31.12. des abgelaufenen Kalenderjahres.

Die UV-Jahresmeldung enthält folgende Angaben:

- Versicherungsnummer
- Betriebsnummer des Beschäftigungsbetriebes
- Kalenderjahr
- Mitgliedsnummer des Unternehmens; seit 1.1.2023 Unternehmensnummer
  - Beim elektronischen Stammdatenabruf, dem elektronischen Lohnnachweis und der UV-Jahresmeldung ist für den Meldezeitraum **seit 1.1.2023 eine neue Unternehmensnummer** (UNRS) zu verwenden. Diese setzt sich aus einer 12stelligen Unternehmensnummer und dem dreistelligen Unternehmenskennzeichen zusammen. Sollte für das Jahr 2023 die Unternehmensnummer noch nicht bekannt sein, ist übergangsweise weiterhin die Mitgliedsnummer zu nutzen (vgl. hierzu Gemeinsame Grundsätze für die Datenerfassung und Datenübermittlung nach § 28b Abs. 1 Satz 1 Nr. 1–3 SGB IV in der vom 1.1.2023 an geltenden Fassung).
- Betriebsnummer des zuständigen Unfallversicherungsträgers
- Beitragspflichtiges Unfallversicherungsarbeitsentgelt
- Zuordnung zur jeweiligen Gefahrentarifstelle

Wird der Beitrag nicht nach dem Arbeitsentgelt bemessen, sondern nach Köpfen, muss weiterhin der UV-Grund angegeben werden. Hierfür gibt es die Schlüssel 09 und in der Landwirtschaft 08.

Weiterhin Gültigkeit hat u.a. der besondere UV-Grund B06 (UV-Entgelt wird in einer anderen Gefahrtarifstelle dieser Entgeltmeldung angegeben) und der Personengruppenschlüssel 190. Für die Personengruppe „190" sind neben der UV-Jahresmeldung weiterhin die Meldungen nach § 28a Abs. 12 SGB IV abzugeben.

Fazit: Für jeden Arbeitnehmer und von dessen Arbeitgeber(n), bei dem/denen er an mindestens einem Tag unfallversicherungspflichtig beschäftigt war, ist eine UV-Jahresmeldung abzugeben.

Beispiel 1:

Der Arbeitnehmer war vom 1.1.2025 bis 31.3.2025 bei Arbeitgeber A und vom 1.6.2025 bis 30.11.2025 bei Arbeitgeber B beschäftigt.

Arbeitgeber A und B haben jeder eine UV-Jahresmeldung mit Abgabegrund 92 und dem Zeitraum 1.1.2025 bis 31.12.2025 abzugeben.

- **Lohnnachweis**

Zur Berechnung der Umlage haben die Arbeitgeber nach Ablauf eines Kalenderjahres die Arbeitsentgelte und die geleisteten Arbeitsstunden in der vom Unfallversicherungsträger geforderten Aufteilung zu melden. Man spricht vom Lohnnachweis.

Der Arbeitgeber meldet bis zum 16.2. direkt aus dem Entgeltabrechnungsprogramm oder mittels einer systemgeprüften Ausfüllhilfe die kumulierten Jahresentgelte unmittelbar an die Annahmestelle der Deutschen Gesetzlichen Unfallversicherung. Der elektronische Lohnnachweis ist verpflichtend.

Die Deutsche Gesetzliche Unfallversicherung hat eine Stammdatendatei errichtet, in der die Mitgliedsnummer bzw. seit 1.1.2023 Unternehmensnummer, die anzuwendenden Gefahrtarifstellen, die dazugehörigen Betriebsnummern, der zuständige Unfallversicherungsträger und weitere ggf. erforderliche Identifikationsmerkmale gespeichert sind. Die Unternehmen müssen einen automatischen Abgleich mit den Daten der Stammdatendatei durchführen.

Sofern ein abgegebener maschineller Lohnnachweis unzutreffende Angaben enthält, ist er unverzüglich, spätestens mit der nächsten Entgeltabrechnung zu stornieren und neu zu melden. Eine sofortige Berücksichtigung der Korrekturmeldungen beim Beitragsbescheid wäre verwaltungstechnisch zu aufwändig. Die rückwirkenden Korrekturen werden grundsätzlich einmal jährlich, spätestens mit dem nächsten Beitragsbescheid berücksichtigt.

Der Arbeitgeber hat allerdings die Möglichkeit manuell einen Antrag zu stellen, dass der korrigierte maschinelle Lohnnachweis unverzüglich geprüft und berücksichtigt wird.

m) Meldungen bei Insolvenz

Durch die Insolvenz eines Unternehmens enden nicht automatisch 3132 die Arbeitsverhältnisse der Arbeitnehmer. Vielmehr hat das BSG in zwei Urteilen v. 26.11.1985, 12 RK 51/83 und 12 RK 16/85 (vgl. Besprechungsergebnis der Spitzenverbände der Sozialversicherungsträger v. 5./6.11.1996), festgestellt, dass ein **versicherungspflichtiges Beschäftigungsverhältnis** nach der Insolvenzeröffnung **längstens bis zur Aufnahme einer anderweitigen Beschäftigung fortbesteht.** In einem weiteren Urteil v. 22.3.1995 (vgl. Besprechungsergebnis der Spitzenverbände der Sozialversicherungsträger v. 14./15.11.1995) hat das BSG unter Aufgabe früherer Rechtsprechung entschieden, dass sich der Anspruch auf Insolvenzgeld nicht auf den Tag der Insolvenzeröffnung erstreckt. Dies gilt gleichermaßen für den Tatbestand der **Abweisung eines Insolvenzantrags mangels** einer die Verfahrenskosten deckenden Masse. Bei der Abmeldung eines sozialversicherungspflichtig Beschäftigten ist deshalb auf den **Tag vor dem Insolvenzereignis** abzustellen.

Nach § 28a Abs. 3 Satz 2 Nr. 2 Buchst. b SGB IV ist in Abmeldungen und Jahresmeldungen „das beitragspflichtige Arbeitsentgelt in €/Euro" anzugeben. Die DEÜV ergänzt diese Aussage dahingehend, dass „das Bruttoentgelt einzutragen ist, für das in dem angegebenen Zeitraum Beiträge oder Beitragsanteile entrichtet wurden **oder zu entrichten waren**". Daraus folgt, dass weder die tatsächliche Beitragszahlung noch die Zahlung von Arbeitsentgelt, sondern ausschließlich der rechtliche Anspruch des Beschäftigten maßgebend ist für die Angaben in der Entgeltbescheinigung.

Die Spitzenverbände der Sozialversicherungsträger haben in verschiedenen Besprechungen hierzu die Auswirkungen auf das Meldeverfahren in der Sozialversicherung beraten:

Sofern der Arbeitnehmer über den Insolvenztag hinaus **weiterbeschäftigt** wird, ist zunächst eine Abmeldung bis zum **Tag vor der Insolvenz** mit Abgabegrund „30" unter Angabe des tatsächlich erzielten Arbeitsentgelts bzw. des Entgelts abzugeben, auf das Anspruch besteht. Die erneute Anmeldung vom Insolvenztag an wird mit dem Abgabegrund „10" erstattet, dabei kann die Betriebsnummer des insolventen Unternehmens verwendet werden.

Wird der **Arbeitnehmer infolge der Insolvenz freigestellt**, ist zum **Tag vor der Insolvenz** eine Abmeldung mit **Abgabegrund „71"** vorzunehmen. Gleichzeitig ist **ohne erneute Anmeldung die weitere Entgeltmeldung mit dem Abgabegrund „72"** zum Tage des rechtlichen Endes des Beschäftigungsverhältnisses zu fertigen. Liegt das **rechtliche Ende** des Beschäftigungsverhältnisses **im Folgejahr**, ist außerdem für das laufende Jahr eine Jahresmeldung mit dem **Abgabegrund „70"** zu erstatten. In diesen Meldungen ist das beitragspflichtige Arbeitsentgelt zu bescheinigen, auf das der Arbeitnehmer in dem jeweils angegebenen Zeitraum Anspruch hat.

Diese Meldungen sind unabhängig davon zu erstatten, ob sich der Beitragsanspruch noch realisieren lässt.

Neben dem Arbeitgeber hat auch die mit der Insolvenzabwicklung betraute Person (z.B. der Insolvenzverwalter) die Verpflichtung, Meldungen abzugeben.

Ist das Beschäftigungsverhältnis des Arbeitnehmers am Insolvenztag ohne Fortzahlung des Arbeitsentgelts unterbrochen, kann er nicht schlechter gestellt werden als der Arbeitnehmer, dessen Beschäftigungsverhältnis nicht unterbrochen war. Zu erstatten ist deshalb eine Abmeldung mit dem Grund der Abgabe „71" für die Zeit bis zum Vortag der Insolvenz und eine Meldung mit dem Grund der Abgabe „72" vom Insolvenztag bis zum rechtlichen Ende des Beschäftigungsverhältnisses.

Beispiel 1:

- Insolvenz: 31.8.2025
- Rechtliches Ende des Beschäftigungsverhältnisses: 31.3.2026
- Arbeitsunfähigkeit mit Krankengeldzahlung vom 13.8. bis 17.9.2025

Folgende Meldungen sind zu erstatten:

- Abmeldung mit Abgabegrund „71" zum 30.8.2025
- Meldung mit Abgabegrund „70" vom 31.8. bis 31.12.2025
- Meldung mit Abgabegrund „72" vom 1.1. bis 31.3.2026

Es stellt sich die Frage, ob für freigestellte Arbeitnehmer auch Unterbrechungsmeldungen zu tätigen sind.

Auch für freigestellte Arbeitnehmer sind Unterbrechungsmeldungen abzugeben. Voraussetzung ist, dass die Beschäftigung seit Ende des Entgeltfortzahlungsanspruchs für mindestens einen vollen Kalendermonat wegen des Bezuges einer Entgeltersatzleistung unterbrochen ist.

Beispiel 2:

- Insolvenz: 12.7.2026
- freigestellt ab 12.7.2026
- arbeitsrechtliches Ende des Beschäftigungsverhältnisses 30.09.2026
- arbeitsunfähig ab 17.7.2026
- Ende der Arbeitsunfähigkeit 30.9.2026
- Entgeltfortzahlungsanspruch bis 27.8.2026
- Krankengeldzahlung ab 17.7.2026

Fazit: Es ist eine Unterbrechungsmeldung zum 27.8.2026 mit Abgabegrund „51" zu erstellen, weil für einen „echten" vollen Kalendermonat (September 2025) Krankengeld gezahlt wurde. Danach erfolgt zum 30.9.2026 eine Abmeldung mit Abgabegrund „72", Meldezeitraum vom 28.8. bis 30.9.2026, Entgelt 000000.

Sollte der Insolvenzverwalter für die Abwicklung des Verfahrens eine zeitlich genutzte Betriebsnummer beim Betriebsnummern-Service beantragen, sind in den Meldungen für die weiterbeschäftigten Arbeitnehmer zwingend die Betriebsnummern der jeweiligen Beschäftigungsbetriebe zu nutzen.

n) GKV-Monatsmeldung

Soweit bei einer versicherungspflichtigen Mehrfachbeschäftigung **3133**
die Einzugsstelle auf Grundlage vorliegender Entgeltmeldungen nicht ausschließen kann, dass die in dem sich überschneidenden Zeitraum erzielten Arbeitsentgelte die BBG zur gesetzlichen Krankenversicherung überschreiten, fordert sie den Arbeitgeber auf, für den zu beurteilenden Zeitraum GKV-Monatsmeldungen abzugeben. Damit erhält sie weitere Angaben zur Ermittlung der zu Grunde zu legenden Entgelte.

Sowohl die Anforderung als auch die Rückmeldung an den Arbeitgeber hat in elektronischer Form durch gesicherte und verschlüsselte Datenübertragung zu erfolgen. In der Meldung des Arbeitgebers sind insbesondere anzugeben:

1. die Versicherungsnummer des Beschäftigten,
2. die Betriebsnummer des Beschäftigungsbetriebes,
3. das monatliche laufende und einmalig gezahlte Arbeitsentgelt, von dem Beiträge zur Kranken-, Renten-, Arbeitslosen- und Pflegeversicherung für das der Ermittlung zu Grunde liegende Kalenderjahr berechnet wurden.

Darüber hinaus sind u.a. die Sozialversicherungstage, die Beitragsgruppenschlüssel und das Rechtskreiskennzeichen (für Meldezeiträume vor dem 1.1.2025) von hoher Bedeutung.

Beim Kurzarbeitergeld sind 80 % des Unterschiedsbetrages zwischen dem Soll-Entgelt und dem Ist-Entgelt anzugeben.

Bei Arbeitnehmern, die nach dem Altersteilzeitgesetz Aufstockungsbeträge erhalten, ist zusätzlich zum laufenden monatlichen Arbeitsentgelt die zusätzliche beitragspflichtige Einnahme zu bescheinigen.

Generell ausgenommen vom Verfahren sind Mitglieder einer landwirtschaftlichen Krankenkasse, Personen, die eine nicht berufsmäßig unständige Beschäftigung ausüben und geringfügig entlohnte Beschäftigungen, die neben einer versicherungspflichtigen Beschäftigung ausgeübt werden. Dies gilt selbst dann, wenn in der geringfügig entlohnten Beschäftigung Rentenversicherungspflicht besteht.

Die Einzugsstellen haben in den vorgenannten Ausnahmetatbeständen trotzdem von Amts wegen zu ermitteln, ob Beiträge zu Unrecht entrichtet wurden.

Nach Aufforderung durch die Einzugsstelle hat der Arbeitgeber die Daten mit der ersten folgenden Lohn- und Gehaltsabrechnung, spätestens innerhalb von sechs Wochen nach Aufforderung zu melden.

Die Einzugsstelle stellt innerhalb von zwei Monaten nach Eingang der GKV-Monatsmeldungen fest, ob und inwieweit die laufenden und einmalig gezahlten Arbeitsentgelte die BBG Sozialversicherungszweigen überschreiten und meldet das Prüfergebnis den beteiligten Arbeitgebern. Dabei erhält jeder Arbeitgeber zu jeder abgegebenen Monatsmeldung eine Information, ob das erzielte laufende Gesamtentgelt die BBG überschritten hat.

Zusätzlich wird das monatliche Gesamtentgelt je Sozialversicherungszweig für jeden einzelnen Abrechnungszeitraum, in dem eine Überschreitung gegeben ist, mitgeteilt. Weiterhin wird angegeben, ob das angegebene einmalig gezahlte Arbeitsentgelt in voller Höhe der Beitragspflicht zu unterwerfen ist. Sofern das einmalig gezahlte Arbeitsentgelt nicht in voller Höhe beitragspflichtig ist, wird getrennt nach den einzelnen Sozialversicherungszweigen der beitragspflichtige Anteil gemeldet.

In den GKV-Monatsmeldungen sind als Meldezeitraum grundsätzlich der Erste und der Letzte des Monats einzutragen. Beginnt oder endet eine Mehrfachbeschäftigung innerhalb eines Kalendermonats ist dagegen immer auf den tatsächlichen Beginn bzw. das tatsächliche Ende der Beschäftigung abzustellen.

6. Bestandsprüfungen

Durch das 8. Gesetz zur Änderung des SGB IV und anderer Gesetze, BGBl. I 2022, 2759 wurde der automatisierte inhaltliche **3134**
Abgleich mit den Bestandsdaten der Einzugsstelle ersatzlos gestrichen.

7. Meldefristen

3135 Folgende Meldefristen sind zu beachten:

Anmeldung	– mit der ersten Lohn- und Gehaltsabrechnung, spätestens innerhalb von sechs Wochen nach Beschäftigungsbeginn
Abmeldung	– mit der nächsten Lohn- und Gehaltsabrechnung, spätestens innerhalb von sechs Wochen nach ihrem Ende
Jahresmeldung	– mit der ersten folgenden Lohn- und Gehaltsabrechnung, spätestens bis zum 15.2 des Folgejahrs
UV-Jahresmeldung Lohnnachweis zur UV	– bis zum 16.2. des Folgejahrs – bis zum 16.2. des Folgejahrs
Unterbrechungsmeldung	– innerhalb von zwei Wochen nach Ablauf des ersten vollen Kalendermonats der Unterbrechung
Meldung von einmalig gezahltem Arbeitsentgelt	– zusammen mit dem laufend gezahlten Arbeitsentgelt – ist dies nicht möglich, mit der ersten Lohn- und Gehaltsabrechnung, spätestens innerhalb von sechs Wochen nach der Zahlung durch eine Sondermeldung
GKV-Monatsmeldung	– mit der ersten Lohn- und Gehaltsabrechnung, spätestens innerhalb von sechs Wochen nach Aufforderung
Meldungen von Wertguthaben in Störfällen	– mit der ersten folgenden Lohn- und Gehaltsabrechnung
Änderungsmeldungen wegen Änderung der Beitragsgruppe, der Personengruppe und des Wechsels der Krankenkasse	– mit der ersten folgenden Lohn- und Gehaltsabrechnung, spätestens innerhalb von sechs Wochen nach Eintritt des meldepflichtigen Tatbestands
Stornierungen	– unverzüglich
Änderungsmeldungen des Namens, der Staatsangehörigkeit oder der Anschrift des Beschäftigten	– mit der folgenden Lohn- und Gehaltsabrechnung, spätestens innerhalb von sechs Wochen nach der Änderung

8. Zuständige Krankenkasse

3136 Hinsichtlich der zuständigen Krankenkasse gelten die Ausführungen zum Stichwort → *Krankenkassenwahlrecht* Rz. 2751.

Für Beschäftigte, die **bei keiner Krankenkasse versichert** sind, ist die Krankenkasse zuständig, bei der zuletzt eine Versicherung bestanden hat. Dies kann auch eine Familienversicherung gewesen sein. Lässt sich danach keine Krankenkasse bestimmen, hat die meldende Stelle die Meldung einer wählbaren Krankenkasse vorzulegen.

9. Ausbau des elektronischen Meldeverfahrens

3137 Seit 2012 wird das Meldeverfahren auch für andere Bereiche weiterentwickelt. Die ersten Jahre dienten der Analyse und Produktentwicklung. Lange Zeit wurden verschiedene Produkte mit freiwilliger Teilnahme angeboten. Seit 1.1.2022 werden jedoch die nachstehenden Verfahren sukzessive verpflichtend eingeführt.

a) BEA-Verfahren (Bundesagentur für Arbeit)

3138 BEA bedeutet „**B**escheinigungen **E**lektronisch **A**nnehmen“.

Seit einigen Jahren können die Arbeitsbescheinigung nach § 312 SGB III (z.B. für den Antrag auf Arbeitslosengeld, die Arbeitsbescheinigung nach § 312a SGB III (für Zwecke des über- und zwischenstaatlichen Rechts) die Nebeneinkommenbescheinigung nach § 313 SGB III (z.B. beim Bezug von Arbeitslosengeld) elektronisch übermittelt werden. Für die vorgenannten Bescheinigungen besteht seit 1.1.2023 die Verpflichtung der elektronischen Übermittlung. Dies gilt für alle Beschäfitungsverhältnisse, die ab 1.1.2023 enden.

Seit 1.7.2021 besteht zusätzlich die Möglichkeit, die Anträge auf Kurzarbeitergeld, Saison-Kurzarbeitergeld, Erstattung der Sozialversicherungsbeiträge für die Bezieher von Kurzarbeitergeld oder ergänzende Leistungen nach § 102 SGB III elektronisch zu stellen.

Hierfür wurde das **KEA**-Verfahren eingeführt.

KEA bedeutet: **K**urzarbeitergeld-Dokumente **e**lektronisch **a**nnehmen.

Weitere Informationen finden Sie unter www.arbeitsagentur.de/unternehmen/personalfragen-klaeren.

Inzwischen hat die BA ein Onlineportal für berufliche Weiterbildung freigeschaltet. Hier kann man Informationen zu Berufen, Orientierungstests, die Suche nach Weiterbildungsangeboten sowie Details zu Förder- und Beratungsmöglichkeiten erhalten.

Weitere Informationen finden Sie unter www.mein-now.de.

b) rvBEA-Verfahren (Rentenversicherungsträger)

rvBEA bedeutet „Rentenversicherung-Bescheinigungen elektronisch anfordern und annehmen“. 3139

Im laufenden Rentenverfahren des Arbeitnehmers haben die Arbeitgeber die Pflicht, eine gesonderte Meldung über die beitragspflichtigen Einnahmen für abgelaufene Zeiträume frühestens drei Monate vor Rentenbeginn abzugeben.

Seit 1.1.2022 ist die Teilnahme am maschinellen Verfahren für alle Arbeitgeber und alle Abrechnungsstellen obligatorisch. Der Postversand ist eingestellt.

- Der Arbeitgeber ist verpflichtet, mindestens einmal wöchentlich die Daten vom Kommunikationsserver der Rentenversicherung abzurufen. Auf diese Anforderung reagiert der Arbeitgeber mit einer DEÜV-Meldung (Abgabegrund 57). Diese ist zum frühestmöglichen Zeitpunkt aus einem systemgeprüften Lohnabrechnungsprogramm oder einer Ausfüllhilfe zu erzeugen.
- Liegt für einen Abrechnungszeitraum ein Hinderungsgrund für die Abgabe der gesonderten Meldung vor, werden Anforderungen mit entsprechenden Kennzeichen über einen Hinderungsgrund wieder zurückgesandt.

Beim neuen Anwendungsfall **ZUZA** (Befreiung von Zuzahlung im Hinblick auf den Erhalt von Rehabilitationsmaßnahmen), bei dem das Einkommen geprüft wird, um festzustellen, ob ein Arbeitnehmer von der Zuzahlung zur Rehabilitationsmaßnahme zu befreien ist, gibt es die Teilnahmeverpflichtung seit 1.1.2022.

Für den ebenfalls neuen Anwendungsfall **BEEG** (Bundeselterngeld- und Elternzeitgesetz), mit dem die für die Berechnung des Elterngeldes erforderlichen Daten von der DRV-Bund bei den Arbeitgebern abgerufen werden, um sie dann den zuständigen Behörden zur Berechnung zur Verfügung zu stellen, liegt die Teilnahmeverpflichtung seit dem 1.7.2022 vor. Aktuell nehmen nur Baden-Württemberg, Bremen, Hamburg und Sachsen am Verfahren teil. Zur Berechnung des Elterngeldes reichen die Entgeltdaten des Arbeitgebers alleine nicht aus. Die berechnende Stelle benötigt auch die Mutterschaftsgelddaten der Krankenkassen. Die Elterngeldstelle kann seit 1.7.2023 (verpflichtend ab 1.1.2024) die Mutterschaftsgelddaten bei der Krankenkasse elektronisch anfordern und erhält die Daten dann ebenfalls elektronisch von der jeweiligen Krankenkasse.

10. Informationsportal

Arbeitgeber und Beschäftigte haben gegenüber den am Meldeverfahren beteiligten Sozialversicherungsträgern einen Beratungsanspruch. Zur Erfüllung der Informationspflichten ist beim GKV-Spitzenverband ein Informationsportal eingerichtet. Darin sind alle notwendigen Basisinformationen und Verknüpfungen zu weiterführenden Informationsangeboten der fachlich zuständigen Träger zusammengeführt. Auslöser sind die Lebenslagen des Arbeitgebers. Man wird über strukturierte Fragebäume über seine Pflichten informiert. Auslöser kann die Neugründung eines Betriebes, aber auch die Neueinstellung eines Mitarbeiters sein. Darüber hinaus gibt es eine SV-Bibliothek, in der alle wichtigen Dokumente, wie Verordnungen, Richtlinien und Besprechungsergebnisse 3140 auffindbar sind. Die Internetadresse lautet: www.informationsportal.de

11. Bußgeld und Arbeitgeberhaftung bei Verstoß gegen die Meldevorschriften

3141 Ordnungswidrig handelt, wer vorsätzlich oder leichtfertig gegen die Meldevorschriften verstößt. Die Ordnungswidrigkeit kann von dem Versicherungsträger mit einer Geldbuße bis zu 5 000 € geahndet werden.

Nach einem offiziell noch nicht vom BMAS veröffentlichten Referentenentwurf vom Dreizehnten Gesetz zur Änderung des Zweiten Buches Sozialgesetzbuch und anderer Gesetze soll u.a. auch eine Arbeitgeberhaftung (§ 62a SGB II n.F.) eingeführt werden. Arbeitgeber, die eine geringfügige oder sozialversicherungspflichtige Beschäftigung nicht oder nicht vollständig oder nur zum Schein sozialversicherungsrechtlich anmelden, sollen dann für etwaige dadurch zu Unrecht bezogene Leistungen des Beschäftigten haften. Die Änderung könnte frühestens zum 1.7.2026 in Kraft treten (s.a. → *Schwarzarbeit* Rz. 3886).

Merchandiser

→ *Arbeitnehmer-ABC* Rz. 426

Messebesuch

→ *Werbungskosten* Rz. 4553

Miles & More

→ *Kundenbindungsprogramme* Rz. 2784

Mindestlohn

→ auch *Amateursportler* Rz. 120

→ auch *Mini-Jobs* Rz. 3174

Inhalt

1. Arbeitsrecht

a) Grundsätzliches und Entwicklung

3142 Nach § 1 Abs. 1, 2 MiLoG hat jeder Arbeitnehmer **Anspruch auf den gesetzlichen Mindestlohn.** Der Mindestlohnanspruch aus § 1 Abs. 1 MiLoG ist ein gesetzlicher Anspruch, der eigenständig neben den arbeits- oder tarifvertraglichen Entgeltanspruch tritt und der in die Entgeltvereinbarungen der Arbeitsvertragsparteien und anwendbarer Entgelttarifverträge insoweit eingreift, als sie den Anspruch auf Mindestlohn unterschreiten.

Der Mindestlohn betrug bei Einführung im Jahr 2015 noch 8,50 € je Stunde. Er unterlag insofern einer gewissen Dynamik, als er in der Folgezeit auch ohne erneutes Tätigwerden des Gesetzgebers den Gegebenheiten angepasst werden konnte. Diese Anpassungen des Mindestlohns sind in §§ 4–12 MiLoG so geregelt worden, dass eine Mindestlohnkommission aus Vertretern der Tarifpartner alle zwei Jahre einen Vorschlag zur Anpassung des Mindestlohns macht, den die Bundesregierung in einer Rechtsverordnung übernehmen kann. Die Anpassungsentscheidungen erfolgen im Anpassungsrhythmus des § 9 Abs. 1 Satz 2 MiLoG von zwei Jahren. So stieg der Mindestlohn in den Jahren 2015 bis 2025 stetig an.

Mit der Fünften Mindestlohnanpassungsverordnung v. 5.11.2025, BGBl. I 2025, Nr. 268 wurde der Mindestlohn **zum 1.1.2026 auf 13,90 € erhöht.** Mit einer zweiten Stufe wird er dann ab 1.1.2027 auf 14,60 € erhöht. Dies hat auch Auswirkungen auf die geringfügigen Beschäftigungen insbesondere auf die **Berechnung der Geringfügigkeitsgrenze** s.a. → Rz. 3157.

Mit der Bekanntmachung zur Umsetzung EU-Mindestlohnrichtlinie (Richtlinie (EU) 2022/2041 des Europäischen Parlaments und des Rates vom 19.10.2022 über angemessene Mindestlöhne in der EU v. 17.10.2024, BGBl. I 2024, Nr. 313) hat das BMAS i.Ü. verkündet, dass das MiLoG in seiner aktuellen Form auch die Richtlinie ordnungsgemäß umsetzt. Aktuell hat zwar der EuGH v. 11.11.2025, C-19/23, festgestellt, dass eben diese EU-Richtlinie teilweise unwirksam ist, aber zum Großteil auch die Gültigkeit der Richtlinie bestätigt. Die Entscheidung wird damit keine Auswirkung auf den Mindestlohn 2026 haben, u.a. auch, weil die Festlegung des Mindestlohns in Deutschland nach den Vorgaben des MiloG erfolgt, welches unabhängig von der Richtlinie besteht und seit 1.1.2015 in Kraft ist.

Einen Überblick über die Entwicklung des Mindestlohns in Vergangenheit und Zukunft gibt folgende Tabelle:

Zeitraum	Mindestlohn je Stunde
1.1.2015 – 31.12.2016	8,50 €
1.1.2017 – 31.12.2018	8,84 €
1.1.2019 – 31.12.2019	9,19 €
1.1.2020 – 31.12.2020	9,35 €
1.1.2021 – 30.6.2021	9,50 €
1.7.2021 – 31.12.2021	9,60 €
1.1.2022 – 30.6.2022	9,82 €
1.7.2022 – 30.9.2022	10,45 €
1.10.2022 – 31.12.2023	12,00 €
1.1.2024 – 31.12.2024	12,41 €
1.1.2025 – 31.12.2025	12,82 €
ab 1.1.2026	**13,90 €**
ab 1.1.2027	14,60 €

b) Geltungsbereich

Der Geltungsbereich des Mindestlohngesetzes erstreckt sich 3143
grds. – mit noch darzustellenden Ausnahmen – auf **alle Arbeitnehmer** (s. auch § 22 Abs. 1 Satz 1 MiLoG), also z.B. auch und insbesondere gerade auf den Bereich des Niedriglohnsektors für **Aushilfskräfte, geringfügig Beschäftigte, Teilzeitkräfte, Rentner und Saisonkräfte.** Durch die Koppelung der Geringfügigkeitsgrenze an den Mindestlohn profitieren viele geringfügig entlohnt Beschäftigte von Erhöhungen des gesetzlichen Mindestlohns, da statt eine Arbeitszeitverkürzung bei Erhöhung des Mindestlohns vereinbart werden muss, nun ihre Verdienstmöglichkeit zunimmt. Zusätzlich sind die Arbeitgeber entlastet, da sie nicht mehr prüfen müssen, ob sich durch eine Anhebung des gesetzlichen Mindestlohns Änderungsbedarf in Bezug auf die geringfügig entlohnt Beschäftigten ergibt.

Auch für **Saisonarbeiter**, wie sie insbesondere in der Landwirtschaft zu finden sind, gilt keine Ausnahme (s. hierzu aber die Möglichkeit der kurzfristigen Beschäftigung → *Mini Jobs* Rz. 3174). Hinsichtlich des Mindestlohns für Saisonarbeiter, die von ihrem Arbeitgeber **Sachbezüge in Form von Kost und Logis erhalten**, wird sich die Frage nach der Anrechnung auf den Mindestlohn unter Beachtung der **Pfändbarkeitsgrenzen** stellen (zum Fragenbereich vgl. BAG v. 24.3.2009, 9 AZR 733/07).

Nach dem BAG v. 25.4.2023, 9 AZR 253/22 (hierzu Nichtannahmebeschluss BVerfG v. 2.7.2024, 1 BvR 223/23) hat auch ein in einem Yoga-Ashram lebendes Vereinsmitglied Anspruch auf den gesetzlichen Mindestlohn, wenn die vertragliche Verpflichtung zur Leistung von Sevadiensten als Arbeitnehmertätigkeit zu werten ist. Dem Yoga-Ashram kommt insoweit nicht der Status einer Religions- oder Weltanschauungsgemeinschaft zu.

Keine Anwendung findet das Mindestlohngesetz andererseits auf nicht in Arbeitnehmereigenschaft tätige Personen wie z.B. auf **Selbständige** und freie Mitarbeiter. Insoweit wird sich ggf. die Überlegung einstellen, ob zur Vermeidung der Umstellung eines Arbeitsverhältnisses mit Anhebung auf den neuen Mindestlohn eine **Umwandlung in eine selbständige Tätigkeit** in Betracht kommen kann. Unter demselben Gesichtspunkt wäre bei einer Neueinstellung an einen Selbständigen-Vertrag statt an einen Arbeitsvertrag zu denken. Von solchen „Konstruktionen" ist jedoch strikt abzuraten, bewegt man sich doch im Niedriglohnbereich, in dem Selbständigkeit eher nicht anzutreffen ist, und in risikoreicher Nähe zur **Scheinselbständigkeit** (mit hoher Kontrolldichte).

Keine Anwendung findet das Mindestlohngesetz auch auf Beamte, Soldaten, familiär, d.h. nicht auf arbeitsvertraglicher Grundlage mitarbeitende Familienangehörige (→ *Angehörige* Rz. 135), GmbH-Geschäftsführer, Freiwillige im Bundesfreiwilligendienst nach dem BFDG und in Behindertenwerkstätten tätige schwerbehinderte Menschen (ArbG Kiel v. 19.6.2015, 2 Ca 165a/15). Zu den persönlichen Ausnahmen aus dem Anwendungsbereich s. ausführlich unter → Rz. 3149.

c) Vergütungspflichtige Arbeitszeit

3144 Der Anspruch auf Mindestlohn entsteht mit jeder geleisteten Arbeitsstunde; das erfordert deren schlüssige Darlegung durch den Arbeitnehmer (BAG v. 25.5.2016, 5 AZR 135/16). Bei einem vereinbarten **Monatsgehalt** muss daher ggf. die Erreichung des Mindestlohns durch Teilung durch die konkret geleisteten Stunden je Monat geprüft werden; ein nicht auf Stunden bezogener Zeitlohn muss also **umgerechnet** werden, wobei die **Summe der berücksichtigungsfähigen Vergütungsbestandteile geteilt durch die regelmäßige monatliche Arbeitszeit des Arbeitnehmers** einen Betrag ergeben muss, der mindestens dem gesetzlichen Mindestlohn entspricht.

Zur mit dem Mindestlohn vergütungspflichtigen **Arbeitszeit** (Zeitstunde) gehören **nach einer Entscheidung des BAG** auch **Zeiten der Bereitschaftsdienste** (BAG v. 29.6.2016, 5 AZR 716/15): Das Mindestlohngebot erstreckt sich auf alle Stunden, in denen der Arbeitnehmer die geschuldete Arbeit erbringt. Dabei differenziert die gesetzliche Vergütungspflicht des Mindestlohngesetzes nicht nach dem Grad der tatsächlichen Inanspruchnahme. Insoweit ist Bereitschaftszeit nicht nur arbeitsschutzrechtlich Arbeitszeit, sondern vergütungspflichtige Arbeit. Auch wenn Bereitschaftszeiten tariflich oder arbeitsvertraglich nur anteilig als Arbeitszeit berücksichtigt werden, ändert dies nichts daran, dass jede so erbrachte Zeitstunde mit dem gesetzlichen Mindestlohn zu vergüten ist. Erfüllt ist der Anspruch auf den gesetzlichen Mindestlohn, wenn die für den Kalendermonat gezahlte Bruttovergütung den Betrag erreicht, der sich aus der Multiplikation der Anzahl der in diesem Monat tatsächlich geleisteten Arbeitsstunden mit dem gesetzlichen Mindestlohn ergibt.

Demgegenüber zählen Zeiten der – nicht abgerufenen – **Rufbereitschaft** nicht zu den mit dem Mindestlohn vergütungspflichtigen Arbeitszeiten (BAG v. 9.10.2003, 6 AZR 512/02), ebenso wenig die Zeiten für den **Arbeitsweg**.

Nicht eindeutig gesetzlich geregelt ist die Frage, ob das Mindestlohngebot auch für **Vergütungsansprüche ohne Arbeitsleistung** gilt, insbesondere für die Lohnersatzansprüche (Entgeltschutzansprüche) im Krankheitsfall nach dem **EFZG**, im Urlaub nach dem **BUrlG** und in Mutterschaft nach dem **MuSchG**. Der Anspruch auf Urlaubsabgeltung soll nach Auffassung des LAG Hamm nicht mindestlohnwirksam i.S.d. § 3 Satz 1 MiLoG sein (LAG Hamm v. 13.2.2019, 5 Sa 524/18, bestätigt durch BAG v. 7.7.2020, 9 AZR 323/19). Insoweit verweist das BAG auf die einschlägigen speziellen Vorschriften, die den Vergütungsanspruch auch bei fehlender tatsächlicher Arbeitsleistung erhalten (BAG v. 25.5.2016, 5 AZR 135/16). Die Frage erscheint allerdings für die Vergütungspraxis nicht von Bedeutung, weil der Mindestlohn jedenfalls nach dem in diesen Fällen anzuwendenden **Lohnausfallprinzip** bzw. Referenzprinzip für die Berechnung maßgeblich ist (ausführlich zur Frage Vogelsang/Wensing, Mindestlohn ohne Arbeit – Gilt das MiLoG auch für Entgeltschutzansprüche?, NZA 2016, 141). Ein Rückgriff des Arbeitgebers auf eine vertraglich vereinbarte niedrigere Vergütung ist in diesen Fällen deshalb unzulässig (BAG v. 13.5.2015, 10 AZR 191/14). Die Höhe der Entgeltfortzahlung an Feiertagen bestimmt sich – soweit kein höherer tariflicher oder vertraglicher Vergütungsanspruch besteht – nach § 2 EFZG i.V.m. § 1 MiLoG (BAG v. 20.9.2017, 10 AZR 171/16). Sieht ein Tarifvertrag einen Nachtarbeitszuschlag vor, der auf den tatsächlichen Stundenverdienst zu zahlen ist, ist auch dieser nach der Entscheidung des BAG mindestens aus dem gesetzlichen Mindestlohn zu berechnen. Ungeklärt lässt das Mindestlohngesetz auch die Frage, wie mit **schwankenden Bezügen** umzugehen ist, ob ein und ggf. welcher Referenzzeitraum anzulegen ist. Entscheidend für die Beurteilung dürfte nicht der Lohn für einzelne Stunden, sondern eine **Gesamtbetrachtung** der vom Arbeitnehmer nach dem Arbeitsvertrag geschuldeten Arbeitsleistung und des vom Arbeitgeber dafür zu zahlenden Entgelts für eine bestimmte Abrechnungsperiode, d.h. regelmäßig für den **Kalendermonat**, sein (BAG v. 17.10.2012, 5 AZR 792/11).

d) Vergütungsbestandteile des Mindestlohns

Der Anspruch aus § 1 Abs. 1 MiLoG auf Mindestlohn ist ein ge- 3145
setzlicher Anspruch, der eigenständig neben den arbeitsvertraglichen Entgeltanspruch tritt und diesen überlagert (BAG v. 25.5.2016, 5 AZR 135/16, Rn. 22 und 34 m.w.N.). Erreicht die vom Arbeitgeber tatsächlich gezahlte Vergütung den gesetzlichen Mindestlohn nicht, so begründet dies einen Anspruch auf Zahlung der Differenzvergütung (BAG v. 25.5.2016, 5 AZR 135/16, Rn. 24). Insoweit handelt es sich bei der Mindestlohnverpflichtung des Arbeitgebers gemäß § 20 MiLoG i.V.m. § 1 Abs. 1 und 2 MiLoG um eine Bruttoentgelt- bzw. Geldschuld (BAG v. 25.5.2016, 5 AZR 135/16, Rn. 29 ff.). Die sich aus §§ 1 und 2 MiLoG ergebende Verpflichtung des Arbeitgebers zur Zahlung eines Arbeitslohns in Höhe des Mindestlohns kann durch die Gewährung von Sachleistungen, wie z.B. durch die Überlassung eines Kraftfahrzeugs, nicht erfüllt werden (vgl. OLG Bayern v. 26.11.202, 201 ObOWi 1381/20).

Setzt sich das vom Arbeitgeber geleistete Arbeitsentgelt aus **verschiedenen Lohnbestandteilen** zusammen, so stellt sich die praktisch bedeutsame und höchst umstrittene Frage, welche Arbeitgeberleistungen/Vergütungselemente (z.B. Zulagen, Zuschläge, Sonderzahlungen usw.) bei der Antwort auf die Frage zu berücksichtigen sind, ob der festgelegte Mindestlohn gezahlt ist. Das Mindestlohngesetz selbst enthält zu dieser Frage keine Regelung.

Insoweit dürfte (in Anbetracht vergleichbarer Konstellationen nach dem Arbeitnehmerentsendegesetz und Arbeitnehmerüberlassungsgesetz) davon auszugehen sein, dass der **Begriff des Arbeitsentgelts weit zu verstehen** ist, so dass also z.B. auch auf den Grundlohn entfallende und in der (monatlichen) Abrechnungsperiode gezahlte

- allgemeine Zuschläge,
- Akkordleistungen (LAG Hamm v. 22.4.2016, 16 Sa 1627/15),
- Provisionen (LAG Sachsen v. 24.5.2016, 3 Sa 680/15),
- Ansprüche auf Entgeltfortzahlung und Urlaubsabgeltung (BAG v. 13.5.2015, 10 AZR 191/14), sowie
- Zulagen und Prämien (BAG v. 21.12.2016, 5 AZR 374/16)

erfasst werden.

Umgekehrt werden **spezifische Zulagen oder Zuschläge** außer Ansatz bleiben müssen, die nicht die Normalleistung des Arbeitnehmers betreffen, sondern besondere Leistungen abgelten sollen (EuGH v. 14.4.2005, C-341/02), wie z.B.

- Zeitzuschläge für Nachtarbeit (zwingend nach § 6 Abs. 5 ArbZG, BAG v. 25.5.2016, 5 AZR 135/16),
- Zeitzuschläge für Sonntags-, Feiertags-, Schichtarbeit,
- Wechselschichtzulagen und Funktionszulagen (LAG Berlin-Brandenburg v. 7.4.2016, 10 Sa 2139/15),
- Überstundenzuschläge,
- Qualitätsprämien,
- Gefahrenzulagen oder
- Erschwerniszuschläge.

Die Rechtslage ist allerdings umstritten und noch nicht abschließend geklärt.

Für das weite Feld der zusätzlichen **Sonderzahlungen** wie z.B. Einmalzahlungen, Gratifikationen, Urlaubsgeld (s. auch ArbG Bautzen v. 25.6.2015, 1 Ca 1094/15; ArbG Stuttgart v. 10.3.2016, 11 Ca 6834/15; vgl. auch LAG Berlin-Brandenburg v. 12.1.2016, 19 Sa 1851/15; LAG Sachsen v. 11.5.2016, 2 Sa 551/15), Boni o.ä., mit denen keine spezifische Leistung vergütet werden soll (und die im Mindestlohnbereich wohl auch eher selten anzutreffen sind), dürfte nach einer Entscheidung des BAG **zu unterscheiden** sein (BAG v. 25.5.2016, 5 AZR 135/16):

- Sie sind **nicht als Erfüllung des Mindestlohnanspruchs zu berücksichtigen**, wenn sie, wie z.B. eine reine Treueprämie, nicht als Arbeitsentgelt dienen, ohne Rücksicht auf tatsächliche Arbeitsleistung des Arbeitnehmers erbracht werden oder die auf einer besonderen gesetzlichen Zweckbestimmung (z.B. § 6 Abs. 5 ArbZG) beruhen.
- Sie sind als Erfüllung beim Mindestlohn **zu berücksichtigen**, wenn sie jeweils vorbehaltlos und unwiderruflich ratierlich in der monatlichen Abrechnungsperiode (**Monatsbetrachtung** entsprechend § 2 Abs. 1 MiLoG) ausgezahlt werden müssen; auch verspätete Zahlungen können angerechnet werden.
- Insoweit ist allerdings eine entsprechende **Auszahlungsvereinbarung** über eine Zwölftelung erforderlich, die auch auf einer Betriebsvereinbarung beruhen kann; ein einseitig angeordneter Wechsel von jährlicher zu monatlicher Zahlung reicht nicht aus.
- Werden sie – als Arbeitsentgelt – einmal jährlich ausgezahlt und stehen daher dem Arbeitnehmer nicht laufend in jeder Abrechnungsperiode zu seiner Existenzsicherung zur Verfügung, kann eine **Berücksichtigung nur im Auszahlungsmonat** erfolgen.

Zusammenfassend ist für die Frage der Hinzurechnung von zusätzlichen Zahlungen auf den Mindestlohn darauf abzustellen, ob die vom Arbeitgeber erbrachte Leistung ihrem Zweck nach diejenige Arbeitsleistung des Arbeitnehmers entgelten soll, die mit dem Mindestlohn zu vergüten ist. Daher ist dem erkennbaren Zweck des Mindestlohns, der dem Arbeitnehmer als unmittelbare Leistung für die verrichtete Tätigkeit zusteht, der zu ermittelnde Zweck der jeweiligen Leistung des Arbeitgebers, die dieser auf Grund anderer (individual- oder kollektivrechtlicher) Regelungen erbracht hat, gegenüberzustellen. Besteht danach eine **funktionale Gleichwertigkeit der zu vergleichenden Leistungen** (BAG v. 16.4.2014, 4 AZR 802/11; BAG v. 18.4.2012, 4 AZR 139/10), ist die erbrachte Leistung auf den zu erfüllenden Mindestlohnanspruch anzurechnen. Zur Beurteilung der funktionalen Gleichwertigkeit ist es erforderlich, die Funktion zu bestimmen, die die bestimmte Leistung des Arbeitgebers hat, um sodann festzustellen, ob sie sich auf die Normaltätigkeit des Arbeitnehmers bezieht, die mit dem Mindestlohn abgegolten sein soll.

Danach zählen **vermögenswirksame Leistungen** (EuGH v. 7.11.2013, C-522/12; anders BAG v. 19.2.2014, 5 AZR 1047/12) angesichts ihres unterschiedlichen Zwecks nicht zum Arbeitsentgelt, ebenso wenig echter **Aufwendungsersatz**, es sei denn, es handelt sich um verschleiertes und damit steuerpflichtiges Arbeitsentgelt (BAG v. 13.3.2013, 5 AZR 294/12). Auch von Dritten geleistete **Trinkgelder** bleiben unberücksichtigt; ob eine Anrechnungsvereinbarung zulässig ist, ist umstritten (s. Dommermuth-Alhäuser/Heup, Anrechnung von Trinkgeld auf den Mindestlohn?, NZA 2015, 406).

Für den (mit dem Schwerpunkt auf der Gleichbehandlung) vergleichbaren Bereich des **Entsende-Mindestlohns** gilt nach einer Entscheidung des **EuGH** (EuGH v. 12.2.2015, C-396/13) für die Berechnung des Mindestlohns im Hinblick auf **tarifvertragliche Vergütungsbestandteile**:

- Ein **Tagegeld** ist unter den gleichen Bedingungen als Bestandteil des Mindestlohns anzusehen, wie sie für seine Einbeziehung in den Mindestlohn gelten, der einheimischen Arbeitnehmern bei ihrer Entsendung innerhalb des betreffenden Mitgliedstaats gezahlt wird.
- Eine Entschädigung für die tägliche **Pendelzeit**, die den Arbeitnehmern unter der **Voraussetzung gezahlt wird, dass ihre tägliche Pendelzeit mehr als eine Stunde** beträgt, ist als Bestandteil des Mindestlohns der entsandten Arbeitnehmer anzusehen, sofern diese Voraussetzung erfüllt ist.
- Die Übernahme der **Kosten für die Unterbringung** dieser Arbeitnehmer ist nicht als Bestandteil ihres Mindestlohns anzusehen.
- Eine Zulage in Form von **Essensgutscheinen**, die an diese Arbeitnehmer ausgegeben werden, darf nicht als Bestandteil ihres Mindestlohns angesehen werden.
- Die **Urlaubsvergütung**, die den entsandten Arbeitnehmern für die Dauer des bezahlten Mindestjahresurlaubs zu gewähren ist, muss dem Mindestlohn entsprechen, auf den diese Arbeitnehmer im Referenzzeitraum Anspruch haben.

e) Rechtsfolgen bei Unterschreitung des Mindestlohns/Kündigung

Wird der gesetzliche Mindestlohn pro Zeitstunde entgegen der Bestimmung des § 1 MiLoG mit einem vereinbarten niedrigeren Stundenlohn unterschritten, so ist die **Vereinbarung** wegen Gesetzesverstoßes nach § 134 BGB **unwirksam**. Umstritten ist, welche Vergütungshöhe an die Stelle der unwirksam vereinbarten Höhe tritt, ob der Mindestlohn pro Zeitstunde oder ein etwa maßgeblicher (höherer) üblicher Lohn. Insoweit dürfte an die Stelle der unwirksamen Vereinbarung nicht etwa automatisch der jeweilige Mindestlohn treten, sondern der Entgeltanspruch des Arbeitnehmers dürfte gem. § 612 Abs. 2 BGB nach dem **üblichen Arbeitsentgelt** für die Tätigkeit zu bestimmen sein, so dass dieser übliche Lohn durchaus höher liegen kann als der gesetzliche Mindestlohn. Die richtige Lohnhöhe i.S.d. üblichen Arbeitsentgelts kann im Übrigen nicht der Arbeitgeber einseitig festlegen, sondern sie ist nach den zu § 612 Abs. 2 BGB entwickelten Kriterien im Einzelfall zu ermitteln, was sich als kompliziert und streitanfällig erweisen kann. **3146**

Hinweis:

Es empfiehlt sich, bei einer in Anbetracht des neuen Mindestlohns zu niedrigen bisherigen Lohnhöhe durch eine neue Vereinbarung den jeweiligen Mindestlohn pro Zeitstunde ausdrücklich vertraglich festzuschreiben.

Erreicht die vom Arbeitgeber tatsächlich gezahlte Vergütung den gesetzlichen Mindestlohn nicht, begründet dies einen Anspruch auf Differenzvergütung, wenn der Arbeitnehmer in der Abrechnungsperiode für die geleisteten Arbeitsstunden im Ergebnis nicht mindestens den in § 1 Abs. 2 Satz 1 MiLoG vorgesehenen Bruttolohn erhält (BAG v. 25.5.2016, 5 AZR 135/16). Der Arbeitnehmer hat also ab Unwirksamkeit der Vergütungshöhe einen Anspruch auf **Nachzahlung** der Vergütungsdifferenz zur richtigen neuen Vergütungshöhe. Im Übrigen ist die Unterschreitung des Mindestlohns nach §§ 20, 21 Abs. 1 Nr. 9 MiLoG ordnungswidrig und **bußgeldbedroht**.

Fordert der Arbeitnehmer den gesetzlichen Mindestlohn vom Arbeitgeber ein und wird daraufhin von diesem gekündigt, so ist diese **Kündigung** des Arbeitsverhältnisses als **verbotene Maßregelung** nach § 612a BGB zu werten und somit unwirksam (ArbG Berlin v. 17.4.2015, 28 C 2405/15). Ebenso ist eine Kündigung als unerlaubte Maßregelung unwirksam, wenn sie ausgesprochen wird, weil der Arbeitnehmer ein mindestlohnwidriges Vertragsänderungsangebot des Arbeitgebers abgelehnt hat (LAG Chemnitz v. 24.6.2015, 2 Sa 156/15).

Das LAG Berlin-Brandenburg hat mit mehreren Urteilen v. 11.8.2015, 19 Sa 819/15, 19 Sa 827/15, 19 Sa 1156/15, entschieden, dass eine **Änderungskündigung**, mit der der Arbeitgeber auf Grund des ab 1.1.2015 maßgeblichen Mindestlohns bisher zusätzlich zu einem Stundenlohn unterhalb des Mindestlohns gezahltes Urlaubs- und Weihnachtsgeld streichen will, unwirksam ist.

Da auch geringfügig Beschäftigte seit dem 1.1.2015 Anspruch auf den neuen Mindestlohn hatten, konnte es für diesen Personenkreis dazu kommen, dass eine notwendige Anhebung der Vergütung auf den jeweiligen Mindestlohn zur **Überschreitung der Geringfügigkeitsgrenze** und zum Wegfall der Behandlung als geringfügig entlohnte Beschäftigung führte. Denn die bis zum 30.9.2022 geltende 450 €-Grenze ließ entsprechend des jeweilig geltenden Mindestlohns nur eine begrenzte Zahl von Arbeitsstunden zu. In einem solchen Fall half nur eine Vereinbarung mit dem Mini-Jobber über eine entsprechende Herabsetzung der Stundenzahl. Eine einseitige Anpassung der Stundenzahl durch den Arbeitgeber war unzulässig und eine entsprechende Änderungskündigung in ihrer Wirksamkeit zweifelhaft, wenn sie auf ihre soziale Rechtfertigung nach § 2 KSchG überprüft wurde. Durch die Kopplung der Geringfügigkeitsgrenze an den Mindestlohn (→ *Mini-Jobs* Rz. 3166) dürfte sich diese Problematik vom 1.10.2022 an erledigt haben.

f) Unabdingbarkeit des Mindestlohns

3147 Zum Schutz des Arbeitnehmers gegen Rechtsmissbrauch und gegen die Umgehung des Mindestlohns ist in § 3 MiLoG die Unabdingbarkeit angeordnet, d.h. der Mindestlohn hat zwingende Wirkung.

Das bedeutet:

- Der Arbeitnehmer kann den zwingenden Mindestlohnanspruch **nicht** durch Vereinbarung mit dem Arbeitgeber **abbedingen**.
- Der Arbeitnehmer kann auf den Mindestlohnanspruch **nicht** einseitig **verzichten**; zulässig ist allein ein Verzicht auf schon entstandene Ansprüche in einem gerichtlichen Vergleich.
- Eine **Verwirkung** des Anspruchs ist ausgeschlossen.
- Ein Verfall des Mindestlohns durch eine vereinbarte oder tarifliche **Ausschlussfrist** ist ausgeschlossen.

Allerdings ist die **Verjährung** von Mindestlohnansprüchen nach der regelmäßigen Verjährungsfrist von drei Jahren gem. § 195 BGB nicht ausgeschlossen.

g) Fälligkeit, Ausschlussfristen und Arbeitszeitkonto

3148 Nach § 2 Abs. 1 MiLoG ist der Mindestlohn grds. zum Zeitpunkt der vertraglich vereinbarten Fälligkeit zu zahlen, d.h. der Arbeitgeber hat den Mindestlohn spätestens bis zum letzten Bankarbeitstag des Monats, der auf den Monat folgt, in dem die Arbeitsleistung erbracht wurde, zu zahlen.

Eine arbeitsvertragliche Ausschlussklausel, die ohne jede Einschränkung alle beiderseitigen Ansprüche aus dem Arbeitsverhältnis und damit auch Ansprüche nach dem MiLoG erfasst, ist unwirksam. Dies gilt jedenfalls für nach dem 31.12.2014 geschlossene Arbeitsverträge (BAG v. 18.9.2018, 9 AZR 162/18). Gleiches gilt für den Entgeltfortzahlungsanspruch. Die Geltendmachung des Anspruchs auf Entgeltfortzahlung im Krankheitsfall nach § 3 Abs. 1 EFZG kann zwar ungeachtet seiner Unabdingbarkeit (§ 12 EFZG) grds. einer tariflichen Ausschlussfrist unterworfen werden, eine tarifliche Ausschlussfrist ist jedoch nach § 3 Satz 1 MiLoG unwirksam, soweit sie auch den während Arbeitsunfähigkeit nach §§ 3 Abs. 1, 4 Abs. 1 EFZG fortzuzahlenden gesetzlichen Mindestlohn erfasst (BAG v. 20.6.2018, 5 AZR 377/17).

Bei einem vereinbarten **Arbeitszeitkonto** muss nach § 2 Abs. 2 MiLoG spätestens innerhalb von zwölf Monaten nach der Erfassung ein Ausgleich durch Freizeit oder Zahlung des Mindestlohns erfolgen, soweit der Ausgleich nicht bereits durch **verstetigten Lohn** erfüllt ist.

h) Persönliche Ausnahmen vom Mindestlohn

3149 Der gesetzliche Mindestlohn gilt insbesondere nach der **Herausnahmeregelung** in § 22 MiLoG nicht für

- Auszubildende (**für die aber seit 2020 eine Mindestvergütung gilt** → *Auszubildende* Rz. 1184),
- ehrenamtlich Tätige (regelmäßig keine Arbeitnehmer, so BAG v. 29.8.2012, 10 AZR 499/11); insoweit sollen nach einer Stellungnahme der Bundesregierung auch die Amateur-Vertragsspieler im Fußball nicht zu den Arbeitnehmern gehören (→ *Ehrenamtsinhaber* Rz. 1784),
- Freiwilligendienstleistende,
- Beamte und Soldaten,
- familiär mitarbeitende Familienangehörige,
- GmbH-Geschäftsführer,
- Jugendliche im Alter von unter 18 Jahren ohne abgeschlossene Berufsausbildung (durch die Ausnahme soll sichergestellt sein, dass der Mindestlohn keinen Anreiz setzt, zu Gunsten einer mit dem Mindestlohn vergüteten Beschäftigung auf eine Berufsausbildung zu verzichten; vgl. hierzu BT-Drucks. 18/1558 v. 28.5.2014, 42),
- Schüler, Studierende und Auszubildende, die ein Pflichtpraktikum absolvieren,
- Teilnehmer an Orientierungspraktika von maximal drei Monaten für die Aufnahme einer Ausbildung oder eines Studiums (bei Überschreitung der Höchstdauer von drei Monaten besteht der Mindestlohnanspruch rückwirkend für die gesamte Dauer des Praktikums, und zwar selbst dann, wenn vorab eine Befristung vorlag und jetzt verlängert wird),
- Teilnehmer an ausbildungs- oder studiumsbegleitenden Praktika von maximal drei Monaten (bei Überschreitung der Höchstdauer von drei Monaten besteht der Mindestlohnanspruch rückwirkend für die gesamte Dauer des Praktikums, und zwar selbst dann, wenn vorab eine Befristung vorlag und jetzt verlängert wird).
- Teilnehmer an Einstiegsqualifikationen nach § 54a SGB III und Berufsbildungsvorbereitungen nach §§ 68 – 70 BBiG,
- Langzeitarbeitslose in den ersten sechs Monaten einer neuen Beschäftigung (der Arbeitgeber hat entsprechende Nachweise, aus denen der Status als Langzeitarbeitsloser hervorgeht, zu den Entgeltunterlagen zu nehmen; erfolgt innerhalb der ersten sechs Monate ein Arbeitgeberwechsel, ist im zweiten Beschäftigungsverhältnis der Mindestlohn zu zahlen),
- in Werkstätten für Behinderte beschäftigte Behinderte, weil sie keine Arbeitnehmer sind (ArbG Kiel v. 19.6.2015, 2 Ca 165a/15); anders behinderte Menschen in Integrationsprojekten, diese haben Anspruch auf den Mindestlohn.

Teilnehmer an **ausbildungsintegrierenden, ausbildungsbegleitenden oder praxisintegrierenden dualen Studiengängen** haben keinen Anspruch auf den Mindestlohn (ausführlich Koch-Rust/Kolb/Rosentreter, Mindestlohn auch für dual Studierende?, NZA 2015, 402).

Besonderes Augenmerk gilt der nunmehr gesetzlichen **Definition der Praktikanten** und dem Katalog der aus dem Mindestlohngesetz herausfallenden Praktikanten, für die kein Anspruch auf eine Praktikumsvergütung in Höhe des Mindestlohns besteht. Einbezogen in die Mindestlohnpflicht bleiben demgegenüber die sog. „**unechten Praktikanten**", die außerhalb der oben beschriebenen Ausnahmen in Wahrheit ausschließlich oder überwiegend abhängige Arbeit als Arbeitnehmer leisten. Diese Personen haben Anspruch auf den gesetzlichen Mindestlohn. Dies gilt auch für die so genannten **Werkstudenten**, bei denen es sich um evtl. steuerlich und sozialversicherungsrechtlich privilegierte – arbeitsrechtlich normale – Arbeitnehmer handelt. S.a. ausführlich zu diesem Thema → *Praktikanten* Rz. 3483.

Ob die so genannten **Volontäre** unter die Mindestlohnpflicht fallen, ist nicht ausdrücklich gesetzlich geregelt und umstritten (s. ausführlich Pickert/Sausmikat, Ausnahmsweise Mindestlohn? Das MiLoG und die Praktikanten, NZA 2014, 942, 946). Unter dem unklaren Begriff Volontariat versteht man dabei eine systematische Ausbildung, ohne dass mit dieser eine vollständig abgeschlossene Fachausbildung in einem anerkannten Ausbildungsberuf beabsichtigt ist. Entscheidend dürfte es daher darauf ankommen, ob **ein dem Berufsausbildungsverhältnis vergleichbares Ausbildungsverhältnis** durchgeführt wird. Insoweit dürfte das tarifvertraglich geregelte zweijährige Redaktionsvolontariat an Tageszeitungen ein dem Berufsausbildungsverhältnis vergleichbares Ausbildungsverhältnis darstellen, ohne dass sich tatsächlich die Frage des Mindestlohns stellt bei der tariflich vorgesehenen übersteigenden Volontärvergütung. Demgegenüber sind das einjährige Volontariat einer Fernsehredakteurin (BAG v. 1.12.2004, 7 AZR 129/04) und die üblichen Langpraktika im Kulturbereich nicht mit einem Berufsausbildungsverhältnis vergleichbar und unterfallen demgemäß der Mindestlohnpflicht.

i) Übergangsregelung für Tarifverträge

Branchenspezifische Mindestlohnvorschriften bzw. Regelungen über **Lohnuntergrenzen** finden sich in **§ 11 Arbeitnehmer-Entsendegesetz** und in **§ 3a AÜG** (vgl. → *Anhang, C. Arbeitsrecht* Rz. 4837). Die entsprechenden Bestimmungen sind durch das Gesetz zur Stärkung der Tarifautonomie (Tarifautonomiestärkungsgesetz) v. 11.8.2014 (BGBl. I 2014, 1348) in Art. 6 und 7 geändert worden; ebenso ist mit Art. 5 das Tarifvertragsgesetz (insbesondere betr. Erleichterung der Allgemeinverbindlichkeitserklärung) geändert worden. 3150

Im Verhältnis derartiger Regelungen zum Mindestlohngesetz gilt insoweit nach § 1 Abs. 3 MiLoG: Die Regelungen der nach dem Arbeitnehmerentsendegesetz und dem Arbeitnehmerüberlassungsgesetz ergangenen Rechtsverordnungen haben **Vorrang** vor dem Mindestlohn nach dem Mindestlohngesetz unter der Voraussetzung, dass der gesetzliche Mindestlohn **nicht unterschritten** wird.

Für den (vergleichbaren) **Entsende-Mindestlohn** gilt nach einer Entscheidung des **EuGH** (EuGH v. 12.2.2015, C-396/13) für die Berechnung des Mindeststundenlohns und/oder Mindestakkordlohns die Einteilung der Arbeitnehmer in **Lohngruppen**, wie sie nach den maßgeblichen Tarifverträgen vorgesehen ist.

j) Dokumentations- und Aufzeichnungspflichten

3151 Die Dokumentations- und Aufzeichnungspflichten sind u.a. in § 17 MiLoG, in der Mindestlohnaufzeichnungsverordnung (MiLoAufzV) und in der Mindestlohndokumentationspflichtenverordnung des BMAS (MiLoDokV) geregelt.

Die entsprechende Vorschrift des § 17 MiLoG lautet:

„(1) [1]Ein Arbeitgeber, der Arbeitnehmerinnen und Arbeitnehmer nach § 8 Absatz 1 des Vierten Buches Sozialgesetzbuch oder in den in § 2a des Schwarzarbeitsbekämpfungsgesetzes genannten Wirtschaftsbereichen oder Wirtschaftszweigen beschäftigt, ist verpflichtet, Beginn, Ende und Dauer der täglichen Arbeitszeit dieser Arbeitnehmerinnen und Arbeitnehmer spätestens bis zum Ablauf des siebten auf den Tag der Arbeitsleistung folgenden Kalendertages aufzuzeichnen und diese Aufzeichnungen mindestens zwei Jahre beginnend ab dem für die Aufzeichnung maßgeblichen Zeitpunkt aufzubewahren. [2]Satz 1 gilt entsprechend für einen Entleiher, dem ein Verleiher eine Arbeitnehmerin oder einen Arbeitnehmer oder mehrere Arbeitnehmerinnen oder Arbeitnehmer zur Arbeitsleistung in einem der in § 2a des Schwarzarbeitsbekämpfungsgesetzes genannten Wirtschaftszweige überlässt. [3]Satz 1 gilt nicht für Beschäftigungsverhältnisse nach § 8a des Vierten Buches Sozialgesetzbuch.

(2) [1]Arbeitgeber i.S.d. Absatzes 1 haben die für die Kontrolle der Einhaltung der Verpflichtungen nach § 20 i.V.m. § 2 erforderlichen Unterlagen im Inland in deutscher Sprache für die gesamte Dauer der tatsächlichen Beschäftigung der Arbeitnehmerinnen und Arbeitnehmer im Geltungsbereich dieses Gesetzes, mindestens für die Dauer der gesamten Werk- oder Dienstleistung, insgesamt jedoch nicht länger als zwei Jahre, bereitzuhalten. [2]Auf Verlangen der Prüfbehörde sind die Unterlagen auch am Ort der Beschäftigung bereitzuhalten. . . .

(2a) – (4) . . .“

Die in § 2a SchwarzArbG genannten und damit der Dokumentations- und Aufzeichnungspflicht unterliegenden **Branchen** sindderzeit

- Baugewerbe,
- Gaststätten- und Beherbergungsgewerbe,
- Personenbeförderungsgewerbe,
- Speditions-, Transport- und damit verbundenen Logistikgewerbe, ab 1.1.2026 einschließlich der plattformbasierten Lieferdienste
- Schaustellergewerbe,
- Unternehmen der Forstwirtschaft (bis 31.12.2025, s. Hinweis unten),
- Gebäudereinigungsgewerbe,
- Unternehmen, die sich am Auf- und Abbau von Messen und Ausstellungen beteiligen,
- Fleischwirtschaft, mit Ausnahme des Fleischerhandwerks nach § 2 Abs. 2 Satz 2 des GSA Fleisch,
- Prostitutionsgewerbe,
- Wach- und Sicherheitsgewerbe,
- Friseur- und Kosmetikgewerbe (ab 1.1.2026).

Hinweis: Mit dem Gesetzentwurf der Bundesregierung zum Gesetz zur Modernisierung und Digitalisierung der Schwarzarbeitsbekämpfung, BT-Drucks. 21/1930 v. 1.10.2025 wird auch eine Änderung in § 2a Abs. 1 SchwarzArbG vorgenommen. Während man bei den Unternehmen der Forstwirtschaft auf Grund der Entwicklungen der letzten Jahre keinen Bedarf mehr für besondere Aufzeichnungspflichten sieht, wird ein Bedarf im Friseur- und Kosmetikgewerbe gesehen, da dort vermehrt auf Schwarzarbeit gestoßen wird. Zusätzlich wurde bei der Fleischwirtschaft eine detailliertere Beschreibung vorgenommen und explizit plattformbasierte Lieferdienste als Risikobranche erfasst. Der Bundestag hat am 13.11.2025 das Gesetz gebilligt. Zum Redaktionsschluss war das Gesetz allerdings noch nicht verabschiedet. Bitte beachten Sie unseren Online-Aktualisierungsdienst (s. Benutzerhinweis auf S. IV).

Weiterhin gelten die Verpflichtungen auch für die in § 8 Abs. 1 SGB IV angeführten Arbeitnehmer, d.h. **für alle geringfügig Beschäftigte (Mini-Jobs)**, auch wenn sie nicht in einem der o. a. Wirtschaftszweige tätig sind (zu der Koppelung der Geringfügigkeitsgrenze an den Mindestlohn ab 1.10.2022 → Rz. 3157). **Ausgenommen** sind demgegenüber ausdrücklich geringfügig Beschäftigte in **Privathaushalten** gem. § 8a SGB IV.

Bei **Leiharbeitsverhältnissen** treffen die Verpflichtungen den **Entleiher**.

Unberührt von den Dokumentationspflichten nach § 17 MiLoG bleiben entsprechende oder ähnliche anderweitige Dokumentationspflichten, z.B. die (thematisch benachbarte) **Dokumentationspflicht gem. § 16 Abs. 2 ArbZG**; nach dieser Bestimmung müssen alle Arbeitgeber die über acht Stunden hinausgehende Arbeitszeit an Werktagen sowie jegliche Arbeitszeit an Sonn- und Feiertagen aufzeichnen (vgl. auch → *Arbeitszeitmodelle* Rz. 734).

Nach der § 1 MiLoDokV gilt die Dokumentationspflicht hinsichtlich Beginn, Ende und Dauer der Arbeitszeit nicht für Arbeitnehmer, die ein verstetigtes regelmäßiges Monatsentgelt von 2026 mehr als voraussichtlich 4 838 € brutto (s.a. → Rz. 2887) erzielen. Voraussetzung ist jedoch, dass der Arbeitgeber den Dokumentationspflichten gem. § 16 Abs. 2 ArbZG (Aufzeichnung der über acht Stunden an Werktagen hinausgehenden Arbeitszeit sowie der Arbeitszeit an Sonn- und Feiertagen) nachkommt und diese Unterlagen bereithält. Die Dokumentationsschwelle für das verstetigte regelmäßige Monatsentgelt reduziert sich auf voraussichtlich 3 225 € brutto (s.a. → Rz. 2887), wenn der Arbeitgeber dieses Monatsentgelt für die letzten vollen zwölf Monate nachweislich gezahlt hat, wobei Zeiten ohne Anspruch auf Arbeitsentgelt bei der Berechnung des Zeitraums von zwölf Monaten unberücksichtigt bleiben (vgl. § 1 Abs. 1 Satz 3 MiLoDokV). Zudem gelten die Dokumentationspflichten für mitarbeitende enge Familienangehörige nicht (vgl. § 1 Abs. 2 MiLoDokV).

Nach der Mindestlohnaufzeichnungsverordnung (§ 1 MiLoAufzV) entfällt für Arbeitnehmer, die ausschließlich mit mobilen Tätigkeiten beschäftigt werden und denen der Arbeitgeber keine Vorgaben zur konkreten täglichen Arbeitszeit (Beginn und Ende) macht und die sich ihre tägliche Arbeitszeit eigenverantwortlich einteilen können, zudem die Verpflichtung, Beginn und Ende der täglichen Arbeitszeit aufzuzeichnen. Für diese Arbeitnehmer ist lediglich die Dauer der täglichen Arbeitszeit zu erfassen.

Im Übrigen hat der EuGH entschieden, dass die Mitgliedstaaten der EU die Arbeitgeber dazu verpflichten müssen, nicht nur geleistete Überstunden, sondern alle Arbeitszeiten ihrer Arbeitnehmer systematisch zu erfassen (EuGH v. 14.5.2019, C-55/18). Die genaueren Auswirkungen des Urteils auf die Praxis sind abzuwarten. In diesem Zusammenhang hat das BAG v. 13.9.2022, 1 ABR 22/21, mit Beschluss klargestellt, dass der Arbeitgeber nach § 3 Abs. 2 Nr. 1 ArbSchG verpflichtet ist, ein System einzuführen, mit dem die von den Arbeitnehmern geleistete Arbeitszeit erfasst werden kann. Hier ist die Reaktion des Gesetzgebers zu verfolgen.

Eine Muster-Stundenzettel findet sich im → *Anhang, C. Arbeitsrecht* Rz. 4836.

k) Haftung der Auftraggeber

Mit der Vorschrift des § 13 MiLoG mit der Verweisung auf § 14 AEntG 3152
wird der gegenüber seinem Vertragsarbeitgeber bestehende Mindestlohnanspruch des Arbeitnehmers auf einen (fremden) **Auftraggeber des Vertragsarbeitgebers als weiteren Schuldner der Mindestlohnverpflichtung** ausgedehnt. Nach der entsprechenden Anwendung der Regelung in § 14 AEntG haftet ein Auftraggeber, der i.R.d. eigenen Unternehmens (also nicht als Privatperson) Auftragnehmer mit Leistungen betraut, für die Mindestlohnzahlung des Auftragnehmers (und weiterer Subauftragnehmer). Die Haftung gilt verschuldensunabhängig und entspricht derjenigen eines selbstschuldnerischen Bürgen. Der Arbeitnehmer (des Auftragnehmers oder Subauftragnehmers oder Verleihers) ist nicht darauf verwiesen, zunächst seinen eigenen Arbeitgeber in Anspruch zu nehmen, sondern kann den Mindestlohnanspruch auch sogleich beim Auftraggeber einfordern. Die Haftung ist auf den Nettobetrag begrenzt. Dieser Haftung unterliegen allerdings nicht Unternehmer, die lediglich als bloße Bauherren eine Bauleistung in Auftrag geben (BAG v. 16.10.2019, 5 AZR 241/18).

l) Kontrollen/Bußgelder

3153 Die **Kontrolle** über die Einhaltung der Mindestlohnvorschriften ist dem **Zoll (Finanzkontrolle Schwarzarbeit der Zollverwaltung, FKS) übertragen**. Die Zollverwaltung hat gem. § 15 MiLoG zu Kontrollzwecken die weitreichenden Rechte nach dem Schwarzarbeitsbekämpfungsgesetz (→ *Schwarzarbeit* Rz. 3887) und kann z.B. zu jeder Arbeitszeit und an jedem Arbeitsort Arbeitnehmer befragen und während der Geschäftszeiten in den Geschäftsräumen beim Arbeitgeber prüfen; sie ist berechtigt, Einsicht in Arbeitsverträge, Niederschriften nach § 2 des Nachweisgesetzes und andere Geschäftsunterlagen zu nehmen, die mittelbar oder unmittelbar Auskunft über die Einhaltung des Mindestlohns nach § 20 MiLoG geben, und sich diese Unterlagen vorlegen zu lassen.

Nach der Intention des Gesetzgebers ist **kein Prüfanlass** erforderlich. Selbst wenn im Ergebnis der Kontrollen kein Mindestlohnverstoß festgestellt wird, können die Zollbehörden ihre Erkenntnisse (z.B. an Finanz- und Sozialversicherungsbehörden) weitergeben.

Vorsätzliche oder fahrlässige Verstöße gegen das Mindestlohngesetz, die in einem Katalog in § 21 MiLoG aufgezählt sind, sind mit **Bußgeld** bedroht. So drohen z.B. gem. § 21 Abs. 2 MiLoG Bußgelder bis zu 500 000 €, wenn ein Arbeitgeber den Mindestlohn nicht oder nicht rechtzeitig zahlt oder ein Auftraggeber Nachunternehmer in erheblichem Umfang einsetzt, von denen er weiß oder wissen muss, dass sie Mindestlohn nicht vollständig oder nicht pünktlich zahlen bzw. ihrerseits Subauftragnehmer einsetzen, die Mindestlohnansprüche verletzen. Verstöße gegen die Melde- und Dokumentationspflichten sowie fehlende Mitwirkung bei Mindestlohnkontrollen sind gem. § 21 Abs. 3 MiLoG mit Bußgeld bis zu 30 000 € bedroht.

2. Lohnsteuer

3154 Aus der Einführung eines flächendeckenden gesetzlichen Mindestlohns ergeben sich **lohnsteuerlich keine Besonderheiten**. Der Arbeitgeber hat den gezahlten Arbeitslohn nach den allgemeinen Vorschriften zu versteuern, soweit die Lohnsteuer nicht pauschal erhoben wird (→ *Pauschalierung der Lohnsteuer* Rz. 3336). Entscheidend ist dabei der **tatsächlich ausgezahlte Arbeitslohn**.

Bei Anwendung der steuerlichen Regelungen ist es nicht entscheidend, ob Arbeitgeber und Arbeitnehmer die Vorschriften des Mindestlohngesetzes missachten, denn **für die Besteuerung ist es unerheblich**, ob ein Verhalten, das den Tatbestand eines Steuergesetzes ganz oder z.T. erfüllt, **gegen ein gesetzliches Gebot oder Verbot** oder gegen die guten Sitten verstößt (§ 40 AO), vgl. dazu zuletzt BFH v. 28.7.2017, X S 2/17 (PKH), betr. Prostituierte. Dies gilt selbst dann, wenn der Arbeitgeber wegen vorsätzlichen oder fahrlässigen Verstoßes gegen das Mindestlohngesetz mit einem Bußgeld belangt wird.

Wird dem Arbeitnehmer wegen Unterschreitung des Mindestlohns die **Vergütungsdifferenz nachgezahlt**, so ist die Nachzahlung als **sonstiger Bezug** lohnzuversteuern (→ *Sonstige Bezüge* Rz. 3936). Betrifft die Nachzahlung mindestens zwei Veranlagungszeiträume und einen Zeitraum von mehr als zwölf Monaten, kann für die Nachzahlung die Tarifermäßigung nach § 34 Abs. 1, 2 Nr. 4 EStG (**„Fünftelregelung“**) in Betracht kommen (→ *Arbeitslohn für mehrere Jahre* Rz. 712).

Auf Grund von Frei- und Pauschbeträgen dürften Arbeitnehmer, die nur den Mindestlohn beziehen, in vielen Fällen ganz „steuerfrei“ bleiben, s. ausführlich → *Steuertarif* Rz. 4051.

3. Sozialversicherung

a) Allgemeines

3155 Im Bereich der Sozialversicherung ist im Zusammenhang mit dem Mindestlohn grds. das Entstehungsprinzip (§ 22 Abs. 1 Satz 1 SGB IV) zu beachten. Das bedeutet, dass Beiträge auf der Basis des Mindestlohns immer dann fällig werden, wenn der Anspruch des Arbeitnehmers auf das Arbeitsentgelt entstanden ist. Das gilt gerade auch dann, wenn der Arbeitgeber nicht den Mindestlohn zahlt (→ *Phantomentgelt* Rz. 3386).

Mit Ausnahme von Einmalzahlungen und Entgelten aus Arbeitszeitguthaben kommt es somit auf den Zufluss des Arbeitslohns für den Beitragsanspruch nicht an. Sozialversicherungsbeiträge sind somit auch auf Lohnbestandteile zu zahlen, die gar nicht an den Arbeitnehmer ausgezahlt worden sind.

Verstöße gegen den gesetzlichen Anspruch auf den Mindestlohn können deshalb auch zu Beitragsnachberechnungen im Rahmen von Betriebsprüfungen führen.

b) Welche Entgeltbestandteile gehören zum Mindestlohn?

Wie bereits unter → Rz. 3145 ausgeführt, sind Lohnbestandteile nur dann auf den Mindestlohn anzurechnen, wenn sie das Verhältnis zwischen der Leistung des Arbeitnehmers und der ihm hierfür erbrachten Gegenleistung nicht verändern. Eine Anrechnung ist demnach nur dann möglich, wenn die Zulagen oder die Zuschläge zusammen mit den weiteren Leistungen des Arbeitgebers ihrem Zweck nach diejenige Arbeitsleistung des Arbeitnehmers entgelten sollen, die mit dem Mindestlohn zu vergüten ist. Das BAG hat entschieden, dass zur Erreichung der Lohnuntergrenze Sonderzahlungen (z.B. Urlaubsgeld) verrechnet werden können, wenn diese vorbehaltlos und unwiderruflich gezahlt werden. Dies gilt nicht für Zahlungen, die der Arbeitgeber ohne Rücksicht auf die tatsächliche Arbeitsleistung des Arbeitnehmers erbringt oder die auf einer besonderen gesetzlichen Zweckbestimmung beruhen (BAG v. 25.5.2016, 5 AZR 135/16). 3156

Nachstehend einige Beispiele zur Anrechenbarkeit und Nichtanrechenbarkeit von Zahlungen:

1. Anrechenbarkeit:

- Zulagen und Zuschläge, mit denen lediglich die Arbeitsleistung vergütet wird,
- Zulagen, die z.B. bei Stücklohnmodellen gezahlt werden, um den Mindestlohn zu erzielen,
- Einmalzahlungen, aber nur in ihrem Fälligkeitsmonat,
- Kinderzulagen, Betriebstreuezulagen u.Ä.,
- Entgeltumwandlungen zur betrieblichen Altersversorgung, wenn Arbeitsentgeltbestandteile umgewandelt werden.

2. Nichtanrechenbarkeit:

- Akkordprämien,
- Qualitätsprämien,
- Überstundenzuschläge,
- Sonn-, Feiertags- oder Nachtarbeitszuschläge,
- Schichtzulagen,
- Schmutzzulagen,
- Gefahrenzulagen,
- Erschwerniszuschläge,
- Arbeitgeberbeiträge zur betrieblichen Altersversorgung und sonstige vermögenswirksame Leistungen,
- Aufwandsentschädigungen,
- Trinkgelder,
- Provisionszahlungen, im Monat der Zahlung; unterschreitet das Fixum den Mindestlohn und wird auch mit der Provisionszahlung der Mindestlohn nicht erreicht, gilt der Mindestlohnanspruch,
- Sachbezüge;

  das Mindestlohngesetz spricht von einem gesetzlichen Mindestlohn als Geldbetrag; Sachleistungen sind somit grds. nicht berücksichtigungsfähig; lediglich bei Saisonarbeitnehmern soll die freie Unterkunft und Verpflegung im Rahmen der Gewerbeordnung und der SvEV auf den Mindestlohn angerechnet werden können; die nach der SvEV maßgebenden Beträge für freie Unterkunft und Verpflegung sind nur auf den Mindestlohn anrechenbar, wenn dem Saisonarbeitnehmer ein Nettolohn mindestens in Höhe der Pfändungsfreigrenze verbleibt (vgl. BAG v. 17.2.2009, 9 AZR 676/07). Zu der Frage, ob der Mindestlohn erfüllt ist bei der Überlassung eines Firmenwagens, hat das BSG v. 13.11.2025, B 12 BA 8/24 R und B 12 BA 6/23 R, entschieden. Danach muss ein Arbeitgeber zusätzlich zu den wegen Überlassung eines Firmenwagens bereits entrichteten Sozialversicherungsbeiträgen auch Beiträge auf den gesetzlichen Mindestlohn zahlen. Durch die Überlassung eines Firmenwagens wird der Mindestlohnanspruch nicht erfüllt. Mit seiner vom Gesetz angeordneten Entstehung werden hierauf Sozialversicherungsbeiträge fällig.

c) Auswirkungen auf die geringfügigen Beschäftigungsverhältnisse

aa) Geringfügig entlohnte Beschäftigungen (Mini-Jobs)

3157 Durch die seit 1.10.2022 bestehende Abhängigkeit zwischen **der Geringfügigkeitsgrenze** (ausführlich → *Mini-Jobs* Rz. 3166) und dem jeweils aktuellen Mindestlohn ist der Arbeitgeber von der Belastung der Prüfung auf Grund der Erhöhung des Mindestlohnes befreit. Die Geringfügigkeitsgrenze berechnet sich ab 1.1.2026 wie folgt:

13,90 € (Mindestlohn) x 130 : 3 = 602,34 € ≈ 603 €

Die Zahl 130 entspricht dabei der Arbeitszeit in 13 Wochen (3 Monate) mit einer Wochenarbeitszeit von 10 Stunden. Der Wert ist immer auf volle Euro aufzurunden.

Sollten neben dem Anspruch auf das „normale" Arbeitsentgelt Einmalzahlungen gewährt werden, so hat dies Auswirkungen auf den Mini-Job und nicht auf den Mindestlohn. Die Dokumentations- und Aufzeichnungspflichten (vgl. → Rz. 3151) bleiben davon jedoch unberührt.

bb) Kurzfristig Beschäftigte

3158 Bei kurzfristig Beschäftigten, die nicht der Sozialversicherungspflicht unterliegen, hat der Mindestlohnanspruch nur Auswirkungen auf die Bemessung der Umlagen nach dem AAG sowie der Unfallversicherungs- und Insolvenzgeldumlage.

d) Berechnung des Mindestlohns

3159 Der Bemessungszeitraum ist der Kalendermonat.

Bei einem vereinbarten Festlohn wird der Stundenlohn ermittelt, indem der Festlohn durch die Anzahl der tatsächlich geleisteten Arbeitsstunden geteilt wird.

Bei einem verstetigten Monatslohn ist die Stundenzahl vorgegeben, unabhängig von den tatsächlich geleisteten Arbeitsstunden. Die regelmäßige monatliche Arbeitszeit ermittelt sich wie folgt:

Wöchentliche Arbeitszeit × *13 : 3*

Der Stundenlohn ergibt sich durch Teilen des verstetigten Monatslohns mit der regelmäßigen monatlichen Arbeitszeit. Der Ausgleich erfolgt über die Verrechnung von Plus- und Minusstunden über ein Arbeitszeitkonto.

e) Kontrolle

3160 Die Prüfung der Einhaltung der Pflichten zur Zahlung des Mindestlohns obliegt der Zollverwaltung und im Speziellen der Finanzkontrolle Schwarzarbeit (→ Rz. 3153). Stellt der Rentenversicherungsträger im Rahmen der Betriebsprüfung Verstöße fest, muss er die Behörden der Zollverwaltung darüber unterrichten.

Mini-Jobs

Inhalt

1. Allgemeines

a) Arbeitsrecht

Im Arbeitsrecht spricht man von einem Mini-Job oder von geringfügiger Beschäftigung im eigentlichen Sinne bei einer – nicht näher definierten – geringfügigen Arbeitszeit und geringfügiger Entlohnung (entgeltgeringfügige Beschäftigung), und zwar unabhängig vom erzielten Verdienst (Achtung: Die Begriffe im Lohnsteuerrecht und Sozialversicherungsrecht sind anders!). 3161

Bei unregelmäßiger, **kurzfristiger** oder gelegentlicher **Beschäftigung** mit mehr als geringfügiger Arbeitszeit spricht man arbeitsrechtlich von **Aushilfstätigkeit**, ebenso bei kurzfristiger und gleichzeitig zeitlich geringfügiger Tätigkeit (→ *Aushilfskraft/Aushilfstätigkeit* Rz. 893).

Die **regelmäßige** Beschäftigung eines Arbeitnehmers mit geringfügiger Arbeitszeit, also bei einem betrieblichen Bedarf für die geringfügige Arbeitsleistung auf längere Dauer, stellt sich arbeitsrechtlich als **Teilzeitarbeitsverhältnis** dar. Es gelten die Grundsätze der Teilzeitarbeit, d.h., es handelt sich um ein **normales Arbeitsverhältnis**, auf das mit wenigen Ausnahmen alle arbeitsrechtlichen Regelungen und insbesondere Schutzbestimmungen Anwendung finden, z.B. hinsichtlich Kündigung, allgemeinem und besonderem Kündigungsschutz, Vergütung, Urlaub, Entgeltfortzahlung im Krankheitsfall; insbesondere sind insoweit das **Gleichbehandlungsgebot** und das **Diskriminierungsverbot** zu beachten, so dass es z.B. unzulässig ist, bei der Berechnung von **Beschäftigungszeiten** die Zeiten geringfügiger Beschäftigung nicht zu berücksichtigen (BAG v. 25.4.2007, 6 AZR 746/06); → *Teilzeitbeschäftigte* Rz. 4091. Auch bei der **betrieblichen Altersversorgung** haben geringfügig Beschäftigte Zugang; eine Herausnahme durch eine Versorgungsordnung verstößt gegen § 4 Abs. 1 TzBfG (LAG München v. 13.1.2016, 10 Sa 544/15).

Bei der Frage nach der Anwendbarkeit des **Kündigungsschutzgesetzes** ist bei der maßgeblichen Zahl der Arbeitnehmer von Bruchteilen im Verhältnis zur Arbeitszeit auszugehen, vgl. § 23 KSchG.

b) Lohnsteuer

Für das Arbeitsentgelt einer geringfügigen Beschäftigung i.S.d. Sozialversicherungsrechts kurz auch als Mini-Job bezeichnet, darf der Arbeitgeber 3162

- die Lohnsteuer im Regelverfahren nach den individuellen Lohnsteuerabzugsmerkmalen lt. den (elektronischen) Lohnsteuerabzugsmerkmalen des Arbeitnehmers erheben oder
- den Pauschsteuersatz i.H.v. 2 % oder 20 % wählen (§ 40a Abs. 2 und 2a EStG). Hinzu kommen noch die Möglichkeiten mit 5 % sowie 25 %.

Im Einzelnen:

1. **Einheitliche Pauschsteuer von 2 %**

   Für das Arbeitsentgelt aus einem **geringfügigen Beschäftigungsverhältnis** i.S.d. § 8 Abs. 1 Nr. 1 oder des § 8a SGB IV, für das der Arbeitgeber pauschale Beiträge zur Rentenversicherung entrichtet, darf die einheitliche Pauschsteuer von 2 % (Lohnsteuer einschließlich Solidaritätszuschlag und Kirchensteuer) gewählt werden. Einzelheiten zur Pauschsteuer → *Pauschalierung der Lohnsteuer bei geringfügig Beschäftigten* Rz. 3379.

2. **Pauschsteuer mit 5 %, 20 % oder 25 %**

   Der Arbeitgeber kann die Lohnsteuer pauschal mit 5 %, 20 % bzw. 25 % erheben, soweit er **Aushilfskräfte** beschäftigt oder **geringfügig Beschäftigte**, für deren Arbeitsentgelt die einheitliche Pauschsteuer (2 %) nicht in Betracht kommt. Einzelheiten zur Pauschalversteuerung → *Pauschalierung der Lohnsteuer bei Aushilfskräften* Rz. 3353, → *Pauschalierung der Lohnsteuer bei geringfügig Beschäftigten* Rz. 3379.

3. **Regelbesteuerung**

   Die Lohnsteuer für den Arbeitslohn wird entsprechend der Lohnsteuerabzugsmerkmale des Arbeitnehmers ermittelt. Einzelheiten zur Regelbesteuerung → *Berechnung der Lohnsteuer* Rz. 1337; → *Lohnsteuertabellen* Rz. 3038. Bei der Regelbesteuerung gelten bei Grenzgängern (→ *Grenzgänger* Rz. 2391) Besonderheiten.

c) Sozialversicherung

3163 Auch bei der **Sozialversicherung** gibt es für Arbeitsentgelte aus einem Mini-Job **drei Möglichkeiten**:

1. **Das Arbeitsentgelt ist beitragsfrei.**

   Das Arbeitsentgelt aus einem kurzfristigen Beschäftigungsverhältnis ist auf Grund **der kurzen Dauer der Beschäftigung** beitragsfrei (§ 8 Abs. 1 Nr. 2 SGB IV). Einzelheiten zur Beitragsfreiheit → Rz. 3176.

2. **Der Arbeitgeber entrichtet pauschale Beiträge.**

   Der Arbeitgeber hat für geringfügig entlohnte Beschäftigungsverhältnisse i.S.d. § 8 Abs. 1 Nr. 1 oder des § 8a SGB IV **Pauschalbeiträge** zur Rentenversicherung i.H.v. 15 % oder 5 % und Krankenversicherung i.H.v. 13 % oder 5 % zu leisten. Einzelheiten → Rz. 3167.

3. **Das Arbeitsentgelt ist „normal" beitragspflichtig.**

   Für bestimmte Personengruppen kommen die Sonderregelungen für geringfügig Beschäftigte nicht in Betracht. Hierzu zählen insbesondere Arbeitnehmer mit einer Hauptbeschäftigung, Auszubildende und Behinderte in geschützten Einrichtungen. Einzelheiten zur allgemeinen Beitragspflicht → *Beiträge zur Sozialversicherung* Rz. 1261.

Die Spitzenorganisationen der Sozialversicherung geben zu dem Thema Mini-Job jeweils aktuelle Richtlinien für die versicherungsrechtliche Beurteilung von geringfügigen Beschäftigungen (Geringfügigkeits-Richtlinien) heraus, zuletzt aktualisiert zum 14.12.2023. Die Richtlinien finden Sie auch in der werkbegleitenden Online-Datenbank unter „SV-Dokumente" (s. Benutzerhinweise auf S. IV).

d) Übersicht Möglichkeiten der Besteuerung

3164 Die nachfolgende **Übersicht** listet die verschiedenen Möglichkeiten der lohnsteuerlichen Besteuerung im Zusammenwirken mit den sozialversicherungsrechtlichen Vorschriften auf:

Mini-Jobs (Geringfügig Beschäftigte)			
Sozialversicherung	**Lohnsteuer**		
	Einheitliche Pauschsteuer i.H.v. 2 %	**Pauschsteuer i.H.v. 20 % oder 25 %**	**Regelbesteuerung (ELStAM)**
1. **Kurzfristige Beschäftigungen** (§ 8 Abs. 1 Nr. 2 SGB IV) – höchstens drei Monate oder 70 Arbeitstage im Jahr (Ausnahme: Landwirtschaft s. hierzu → Rz. 3176) – nicht möglich bei berufsmäßiger Beschäftigung **Beitragsfreiheit** in der Sozialversicherung	nein	ja[1])	ja
2. **Geringfügig entlohnte Beschäftigung** (§ 8 Abs. 1 Nr. 1 SGB IV) – Arbeitslohn bis 603 € im Monat **Pauschale Beiträge** durch Arbeitgeber i.H.v. 15 % Rentenversicherung 13 % Krankenversicherung	ja	ja[2])	ja
3. **Geringfügig entlohnte Beschäftigte in Privathaushalten (Haushaltsscheckverfahren)** (§ 8a SGB IV) – Arbeitslohn bis 603 € im Monat **Pauschale Beiträge** durch Arbeitgeber i.H.v. 5 % Rentenversicherung 5 % Krankenversicherung	ja	ja[2])	ja
4. **Besondere Personengruppen** (z.B. Auszubildende, Behinderte in geschützten Einrichtungen) **Allgemeine Beitragspflicht** (bis zur Geringverdienergrenze von 325 € trägt Arbeitgeber den Beitrag allein)	nein	ja[2])	ja

1) Pauschalierung mit **25 %** ist möglich, wenn
   - Arbeitszeit höchstens 18 zusammenhängende Arbeitstage,
   - Arbeitslohn nicht mehr als 150 € am Tag
     oder
     Beschäftigung zu einem unvorhersehbaren Zeitpunkt,
   - Stundenlohn nicht mehr als 15 € beträgt.

2) Pauschalierung mit 20 % ist möglich, wenn keine pauschalen Rentenversicherungsbeiträge entrichtet werden.

Nachfolgend sind allein die **sozialversicherungsrechtlichen Regelungen geringfügiger Beschäftigungsverhältnisse** dargestellt. Wenn Sie sich über die **Besteuerung** geringfügiger Beschäftigungsverhältnisse informieren wollen, so sehen Sie bitte unter → *Pauschalierung der Lohnsteuer bei geringfügig Beschäftigten* Rz. 3379 nach. Informationen zur Pauschalierung bei Aushilfskräften → *Pauschalierung der Lohnsteuer bei Aushilfskräften* Rz. 3353.

2. Mindestlohn, Aufzeichnungs- und Dokumentationspflicht

Nach § 1 Abs. 1, 2 MiLoG haben auch geringfügig Beschäftigte 3165
Anspruch auf Zahlung des gesetzlichen Mindestlohns. Dieser beträgt seit 1.1.2026 brutto 13,90 € pro Zeitstunde (zu einer Übersicht der Mindestlöhne seit 2015 → *Mindestlohn* Rz. 3142 und zur Koppelung des Mindestlohns mit der Geringfügigkeitsgrenze → Rz. 3166).

Nach § 17 Abs. 1 MiLoG gilt auch für geringfügig Beschäftigte die Pflicht des Arbeitgebers zur Dokumentation der Arbeitszeiten. Verstöße gegen das MiLoG können mit Bußgeldern geahndet werden. Formblätter für die Stundenaufzeichnung, die spätestens bis zum Ablauf des siebten auf den Tag der Arbeitsleistung folgenden Kalendertag vorliegen und dann zwei Jahre aufbewahrt werden müssen, finden Sie im Internet unter www.minijob-zentrale.de.

Nach dem Teilzeit- und Befristungsgesetz können Arbeitgeber und Arbeitnehmer vereinbaren, dass der Arbeitnehmer seine Arbeitsleistung auf Abruf erbringt. Diese Vereinbarung muss eine bestimmte Dauer der wöchentlichen und täglichen Arbeitszeit festlegen. Wenn die Dauer nicht festgelegt ist, gilt eine fiktive wöchentliche Arbeitszeit als vereinbart. Mit dem Gesetz zur Weiterentwicklung des Teilzeitrechts – Einführung einer Brückenteilzeit v. 11.12.2018, BGBl. I 2018, 2384 ist die bisher als vereinbart geltende wöchentliche Arbeitszeit von zehn Stunden zum 1.1.2019 auf 20 Stunden erhöht worden. Dies bedeutet, dass selbst unter Zugrundelegung des Mindestlohns die Geringfügigkeitsgrenze grds. nicht einhaltbar ist. Somit können Arbeitnehmer mit entsprechenden Abrufarbeitsverhältnissen ohne Festlegung der Arbeitszeit nicht geringfügig entlohnt beschäftigt sein.

Hinzuweisen ist in dem Zusammenhang auf das Änderungsgesetz zur Umsetzung der EU-Richtlinie über transparente und vorhersehbare Arbeitsbedingungen in der Europäischen Union, das am 1.8.2022 in Kraft getreten ist. Danach muss bei Arbeit auf Abruf – anders als bisher – ein Zeitrahmen (Referenzstunden und -tage) vereinbart werden, innerhalb dessen Arbeit abgerufen werden kann (und außerhalb dessen keine abgerufen werden darf).

3. Geringfügig entlohnte Beschäftigungen

a) Reform der Geringfügigkeitsgrenze

3166 Mit dem Gesetz zur Erhöhung des Schutzes durch den gesetzlichen Mindestlohn und zu Änderungen im Bereich der geringfügigen Beschäftigung v. 28.6.2022, BGBl. I 2022, 969, wurde die für die geringfügig entlohnt Beschäftigten (Mini-Jobs) zentrale Vorschrift des § 8 SGB IV reformiert. Die monatliche **Geringfügigkeitsgrenze** wird seit 1.10.2022 nicht mehr durch einen statischen Wert (z.B. wie früher „450 €-Job“) bestimmt, sondern in **§ 8 Abs. 1a SGB IV dynamisch ausgestaltet**. Die Angabe des statischen Werts wurde mit dem Begriff der **„Geringfügigkeitsgrenze“** entsprechend bei allen anderen betroffenen Regelungen in den unterschiedlichen Sozialgesetzbüchern ausgetauscht. Dies soll ausweislich der Gesetzbegründung ermöglichen, dass künftig viele geringfügig entlohnt Beschäftigte direkt von Erhöhungen des gesetzlichen Mindestlohns profitieren können. Statt eine Arbeitszeitverkürzung zu vereinbaren, sollen ihre Verdienstmöglichkeiten nämlich mit steigendem gesetzlichen Mindestlohn zunehmen. Eine Entlastung der Arbeitgeber soll ebenfalls erreicht werden, da sie dann nicht mehr prüfen müssen, ob sich durch eine Anhebung des gesetzlichen Mindestlohns Änderungsbedarf in Bezug auf die geringfügig entlohnt Beschäftigten ergibt.

Die Geringfügigkeitsgrenze wird berechnet, indem der Mindestlohn mit 130 (10 Wochenstunden x 13 Wochen) vervielfacht, durch drei geteilt und auf volle Euro aufgerundet wird. Die Dynamisierung der Geringfügigkeitsgrenze ermöglicht bei künftigen Erhöhungen des Mindestlohns eine gleichbleibende Arbeitszeit von regelmäßig zehn Wochenstunden. Hieraus ergibt sich **seit 1.1.2026 bei einem Mindestlohn i.H.v. 13,90 € eine Geringfügigkeitsgrenze i.H.v. 603 €**. Dieser Wert berechnet sich wie folgt:

Berechnung Geringfügigkeitsgrenze 2026:
13,90 € x 130 : 3 = 602,34 € ≈ 603 €

Der Wert ist immer auf volle Euro aufzurunden. Die Zahl 130 entspricht dabei der Arbeitszeit in 13 Wochen (3 Monate) mit einer Wochenarbeitszeit von 10 Stunden. Die Geringfügigkeitsgrenze wird jährlich im Bundesanzeiger bekannt gegeben. Die Bekanntmachung der Geringfügigkeitsgrenze nach § 8 Abs. 1a SGB IV für das Jahr 2026 wurde mit Datum vom 7.11.2025 veröffentlicht (BAnz AT 20.11.2025 B1).

Bis vor dem1.10.2022 war es so, dass eine Erhöhung des Mindestlohns Versicherungspflicht auslösen konnte, es sei denn, der Arbeitnehmer hat seine Wochenstunden reduziert oder auf Entgeltbestandteile verzichtet. Durch den jetzt erfolgten Gleichschritt zwischen Mindestlohn und Geringfügigkeitsgrenze kann bei ansonsten unveränderten Rahmenbedingungen keine Versicherungspflicht mehr eintreten.

Auch beim **unvorhersehbaren Überschreiten der Geringfügigkeitsgrenze** bestimmt nun § 8 Abs. 1b SGB IV, dass es möglich ist, innerhalb des zu bildenden Zeitjahres in nicht mehr als zwei Kalendermonaten den Betrag bis zum Doppelten **der monatlichen Geringfügigkeitsgrenze** zu überschreiten. Dies bedeutet z.B., dass im Jahr 2026 unvorhersehbar zweimal 1 206 € verdient werden können (→ Rz. 3171).

b) Allgemeine Voraussetzungen

Eine geringfügig entlohnte Beschäftigung liegt immer dann vor, 3167
wenn das Arbeitsentgelt **regelmäßig im Monat die Geringfügigkeitsgrenze nicht übersteigt** (§ 8 Abs. 1 Nr. 1 SGB IV). Die Geringfügigkeitsgrenze, die sich am Mindestlohn orientiert (→ vgl. Rz. 3166) beträgt aktuell 603 €.

Maßgebend sind die tatsächliche wöchentliche Arbeitszeit und das Arbeitsentgelt.

Beispiel:
Eine familienversicherte Sekretärin erhält ein monatliches Arbeitsentgelt i.H.v. 510 €.

Die Tätigkeit ist außer in der Rentenversicherung versicherungsfrei, weil die Geringfügigkeitsgrenze nicht überschritten wird. Ihr Arbeitgeber hat Meldungen an die Minijob-Zentrale zu tätigen (→ Rz. 3188) und Beiträge abzuführen (→ Rz. 3183).

Liegt eine Dauerbeschäftigung vor, gilt 2026 der Monatswert von 603 €. Nach den Geringfügigkeitsrichtlinien i.d.F. v. 14.12.2023 kann der Betrag von 603 € für die Ermittlung des regelmäßigen Entgelts auch dann angesetzt werden, wenn die Beschäftigung erst im Laufe des Monats aufgenommen wird oder endet.

Ist die Beschäftigung dagegen auf weniger als einen Kalendermonat befristet, war die bis 30.9.2022 geltende 450 €-Grenze auf die Beschäftigungsdauer umzurechnen. Diese Umrechnung ist durch BSG v. 5.12.2017, B 12 R 10/15, gekippt worden. Hiernach gilt auch bei Teilmonaten immer die Monatsgrenze und nicht mehr der anteilige Wert, der der tatsächlichen Beschäftigungszeit entspricht.

c) Ermittlung des Arbeitsentgelts

Bei der Ermittlung des regelmäßigen Arbeitsentgelts ist **von dem** 3168
Arbeitsentgelt auszugehen, auf das ein Rechtsanspruch besteht. Es kommt somit nicht auf die Höhe des tatsächlich gezahlten Arbeitsentgelts an.

Einmalige Einnahmen, wie beispielsweise Urlaubs- und Weihnachtsgeld, werden nur dann berücksichtigt, wenn sie **mindestens einmal jährlich zu erwarten** sind und auch **tatsächlich gezahlt** werden.

Beispiel 1:
Ein Schlosser erhält ein monatliches Arbeitsentgelt i.H.v. 580 €. Zusätzlich bekommt er im Juni ein Urlaubsgeld i.H.v. 180 € und im Dezember ein Weihnachtsgeld i.H.v. 180 €. Beide Zahlungen sind vertraglich zugesichert und werden auch tatsächlich geleistet.

Ermittlung des regelmäßigen Arbeitsentgelts:

Laufendes Arbeitsentgelt 580 € × 12	6 960,– €
Urlaubsgeld	180,– €
Weihnachtsgeld	180,– €
Insgesamt	7 320,– €
Umrechnung auf den Kalendermonat (7 320 € : 12 =)	610,– €

Die Geringfügigkeitsgrenze wird überschritten. Der Schlosser ist versicherungspflichtig.

Eine nicht mit Sicherheit zu erwartende Einmalzahlung bleibt bei der Ermittlung des regelmäßigen Arbeitsentgelts grundsätzlich unberücksichtigt. Eine solche Einmalzahlung ist in dem Monat der Zahlung als gelegentliches und unvorhersehbares Überschreiten der Geringfügigkeitsgrenze zu werten. Sie steht trotz Überschreitung der Jahresentgeltgrenze von 7 236 € dem Fortbestand der geringfügig entlohnten Beschäftigung nicht entgegen, wenn die unvorhersehbare Einmalzahlung zusammen mit dem laufenden Arbeitsentgelt für den Kalendermonat das doppelte der Geringfügigkeitsgrenze nicht übersteigt.

Jubiläumszuwendungen bleiben bei der Ermittlung des regelmäßigen Arbeitsentgelts z.B. ebenfalls außer Betracht, weil es sich um nicht jährlich wiederkehrende Zuwendungen handelt.

Ist i.R. eines Dauerarbeitsverhältnisses im Voraus unterschiedliches Arbeitsentgelt vereinbart, so ist für die versicherungsrechtliche Beurteilung **das Durchschnittsentgelt zu ermitteln**. Das Arbeitsentgelt darf im Durchschnitt einer Jahresbetrachtung die aktuell geltende Geringfügigkeitsgrenze nicht übersteigen. Die Jahresentgeltgrenze beträgt maximal 12 Mal die aktuell geltende Geringfügigkeitsgrenze (2026 = 7 236 €).

Ist kein festes Arbeitsentgelt vertraglich vereinbart, ist das Arbeitsentgelt **im Wege der Schätzung** zu ermitteln.

Sollten die später erzielten tatsächlichen Arbeitsentgelte **auf Grund unvorhersehbarer Umstände** nicht mit der vorgenommenen Schätzung übereinstimmen, verbleibt es dennoch für die Vergangenheit bei der versicherungsrechtlichen Beurteilung.

Beispiel 2:

Bademeister mit schwankendem Arbeitsentgelt

Januar bis April	monatlich	600 €
Mai bis Oktober	monatlich	650 €
November und Dezember	monatlich	600 €

Berechnung des regelmäßigen monatlichen Entgelts

6 × 600 € =	3 600 €
6 × 650 € =	3 900 €
Summe	7 500 €
7 500 € : 12	625 €

Die Geringfügigkeitsgrenze wird überschritten; die Beschäftigung ist versicherungspflichtig.

Nebenberufliche Tätigkeiten als Übungsleiter, Ausbilder, Erzieher und Betreuer usw. werden nach § 3 Nr. 26 EStG steuerrechtlich gesondert behandelt. Die gezahlten steuerfreien Einnahmen sind kein Arbeitsentgelt i.S. der Sozialversicherung, wobei dies bis zur Höhe eines kalenderjährlichen Betrags von **3 300 €** gilt. Erhöhung der Pauschale 2026 s.a. → *Nebenberufliche steuerbegünstigte Tätigkeiten* Rz. 3236.

Hierbei kann gewählt werden, ob der steuerfreie Betrag in monatlichen Teilbeträgen oder jeweils zum Beginn des Jahres oder zum Beginn des Beschäftigungsverhältnisses berücksichtigt werden soll.

Sofern nach Beendigung eines Beschäftigungsverhältnisses der **Steuerfreibetrag noch nicht verbraucht** ist, wird durch eine ggf. rückwirkende volle Ausschöpfung des Steuerfreibetrags die versicherungsrechtliche Beurteilung nicht verändert.

Zudem wird nach **§ 3 Nr. 26a EStG** ein Steuerfreibetrag von **960 €** gewährt (die sog. **Ehrenamtspauschale;** zu einer Erhöhung dieser Pauschale 2026 → Nebenberufliche steuerbegünstigte Tätigkeiten Rz. 3236). Wie bei der o.g. Übungsleiterpauschale (§ 3 Nr. 26 EStG) gilt dieser für Personen, die Einnahmen aus nebenberuflicher Tätigkeit im Dienst oder Auftrag einer inländischen juristischen Person des öffentlichen Rechts oder einer Einrichtung zur Förderung gemeinnütziger, mildtätiger und kirchlicher Zwecke erzielen. In der Sozialversicherung wurde diese Steuerfreiheit nachvollzogen. Sie ist geregelt in § 1 Abs. 1 Nr. 16 SvEV. Weitere Einzelheiten → *Nebenberufliche steuerbegünstigte Tätigkeiten* Rz. 3236.

Auch andere **steuerfreie Arbeitslohnbestandteile** bleiben bei der **Ermittlung des Arbeitsentgelts außer Ansatz**. Somit werden beispielhaft folgende steuerfreie Leistungen nicht berücksichtigt:

- Reisekosten,
- Zuschuss oder Übernahme des Jobtickets (insb. steuerfreie Deutschlandticket),
- Werkzeuggeld,
- Kindergartenzuschüsse,
- Privatnutzung betrieblicher Datenverarbeitungs- und Telekommunikationsgeräte,
- Rabatte bis zur Höhe des Rabattfreibetrags von 1 080 € jährlich,
- Sachbezüge bis 50 € monatlich,
- Sonntags-, Feiertags- oder Nachtzuschläge,
- Trinkgelder,
- Inflationsausgleichsprämie (bis 31.12.2024).

Darüber hinaus bleibt aber auch **pauschal versteuerter Arbeitslohn** außer Ansatz, wenn die Pauschalierung nach der SvEV Beitragsfreiheit in der Sozialversicherung auslöst.

d) Zusammenrechnung der Arbeitsentgelte aus mehreren Beschäftigungen

3169 Übt ein Arbeitnehmer bei verschiedenen Arbeitgebern **nebeneinander Beschäftigungen** aus, sind diese für die versicherungsrechtliche Beurteilung **zu addieren**. Bei der geringfügig entlohnten Beschäftigung ist die Geringfügigkeitsgrenze als Monatswert zu prüfen. Somit sind mehrere geringfügig entlohnte Beschäftigungen zu addieren.

Endet eine geringfügig entlohnte Beschäftigung im Laufe eines Kalendermonats und beginnt danach erneut eine geringfügig entlohnte Beschäftigung bei einem anderen Arbeitgeber, erfolgt für diesen Kalendermonat keine Zusammenrechnung der Arbeitsentgelte, so dass ein Überschreiten der Geringfügigkeitsgrenze in diesem Kalendermonat unschädlich ist.

Sofern ein Minijob endet und im Anschluss daran erneut ein Minijob bei demselben Arbeitgeber aufgenommen wird, ist von der widerlegbaren Vermutung auszugehen, dass es sich immer noch um dieselbe Beschäftigung handelt, wenn zwischen dem Ende der ersten Beschäftigung und dem Beginn der neuen Beschäftigung weniger als zwei Monate liegen.

Anders verhält es sich, wenn mehrere, für sich gesehen geringfügig entlohnte, Beschäftigungen aufeinanderfolgen, die jeweils im selben Kalendermonat beginnen und enden. Überschreitet in diesen Fällen das Arbeitsentgelt aus den Beschäftigungen insgesamt die Geringfügigkeitsgrenze, ist die später aufgenommene Beschäftigung, die zu einem Überschreiten der Entgeltgrenze in der Zusammenrechnung führt, nicht geringfügig entlohnt.

Beispiel 1:

Sekretärin

Arbeitgeber A	350 €
Arbeitgeber B	260 €

Beide Beschäftigungen sind für sich betrachtet geringfügig entlohnt. Durch die Addition (610 €) wird die Geringfügigkeitsgrenze überschritten. Die Sekretärin ist in beiden Beschäftigungsverhältnissen kranken-, pflege-, renten- und arbeitslosenversicherungspflichtig.

Hierbei ist jedoch zu berücksichtigen, dass **nur artgleiche Beschäftigungen zu addieren** sind, nicht jedoch eine geringfügig entlohnte und eine kurzfristige Beschäftigung.

Beispiel 2:

Eine familienversicherte Verkäuferin arbeitet befristet

– beim Arbeitgeber A vom 2.5. bis zum 28.6. gegen ein monatliches Arbeitsentgelt von	800 €
– beim Arbeitgeber B vom 2.5. bis zum 3.8. gegen ein monatliches Arbeitsentgelt von	350 €

Die Beschäftigung beim Arbeitgeber A ist wegen ihrer Dauer und die Beschäftigung beim Arbeitgeber B wegen der Höhe des Arbeitsentgelts geringfügig. Die Verkäuferin ist in beiden Beschäftigungen versicherungsfrei.

Eine **Zusammenrechnung der beiden Beschäftigungen kann nicht vorgenommen werden**, da es sich um eine kurzfristige Beschäftigung (Arbeitgeber A) und eine geringfügig entlohnte Beschäftigung (Arbeitgeber B) handelt.

Der Arbeitgeber sollte sich **bei jeder Neueinstellung nach weiteren Arbeitsverhältnissen erkundigen** und eine entsprechende Erklärung vom Mitarbeiter unterschreiben lassen. Darüber hinaus ist der Beschäftigte zu verpflichten, eventuelle Änderungen sofort mitzuteilen.

e) Zusammentreffen mit einer Hauptbeschäftigung

Übt ein Arbeitnehmer neben einer versicherungspflichtigen 3170
Hauptbeschäftigung geringfügig entlohnte Beschäftigungen aus, so sind diese – mit Ausnahme **einer** geringfügig entlohnten Beschäftigung – für den Bereich der Kranken-, Pflege- und Rentenversicherung mit der Hauptbeschäftigung zu addieren.

Dies bedeutet, dass egal, ob eine oder mehrere geringfügig entlohnte Beschäftigungen ausgeübt werden, stets für **eine** die Zusammenrechnung mit der Hauptbeschäftigung entfällt.

Wird folglich neben **einer Hauptbeschäftigung** nur **eine geringfügig entlohnte Beschäftigung** ausgeübt, bleibt diese versicherungsfrei (Ausnahme: Rentenversicherung).

Beispiel 1:

Ein Kfz-Mechaniker übt eine versicherungspflichtige Hauptbeschäftigung beim Arbeitgeber A mit einem monatlichen Arbeitsentgelt i.H.v. 3 400 € aus. Zusätzlich arbeitet er beim Arbeitgeber B als Tankwart mit einem monatlichen Arbeitsentgelt i.H.v. 380 €.

Der Kfz-Mechaniker unterliegt in der Hauptbeschäftigung beim Arbeitgeber A der Versicherungspflicht. Die Beschäftigung beim Arbeitgeber B bleibt als geringfügig entlohnte Beschäftigung versicherungsfrei (Ausnahme: Rentenversicherung), weil das Arbeitsentgelt die Geringfügigkeitsgrenze nicht übersteigt. Eine Zusammenrechnung der geringfügig entlohnten Beschäftigung mit der Hauptbeschäftigung erfolgt nicht.

Werden **mehrere geringfügig entlohnte Beschäftigungen neben einer Hauptbeschäftigung ausgeübt**, dann bleibt die geringfügig entlohnte Beschäftigung versicherungsfrei (Ausnahme: Rentenversicherung), die **zeitlich zuerst aufgenommen** wurde.

Beispiel 2:

Eine Bürofachgehilfin arbeitet regelmäßig

- beim Arbeitgeber A gegen ein monatliches Arbeitsentgelt i.H.v. 1 200 €
- seit 1.8.2026 beim Arbeitgeber B gegen ein monatliches Arbeitsentgelt i.H.v. 320 €
- seit 1.9.2026 beim Arbeitgeber C gegen ein monatliches Arbeitsentgelt i.H.v. 180 €

Sie unterliegt in ihrer Hauptbeschäftigung beim Arbeitgeber A der Versicherungspflicht. Die beiden weiteren Beschäftigungen sind für sich gesehen geringfügig entlohnt. Da die Beschäftigung beim **Arbeitgeber B zeitlich zuerst aufgenommen** wurde, wird sie nicht mit der Hauptbeschäftigung zusammengerechnet und bleibt versicherungsfrei (Ausnahme: Rentenversicherung).

Die Beschäftigung beim Arbeitgeber C wird mit der Hauptbeschäftigung beim Arbeitgeber A zusammengerechnet mit der Folge, dass Kranken-, Pflege- und Rentenversicherungspflicht eintritt.

Eine Zusammenrechnung mit einer Hauptbeschäftigung erfolgt nur dann, wenn **die Hauptbeschäftigung Versicherungspflicht begründet**. So scheidet z.B. die Addition mit einer versicherungsfreien Beamtenbeschäftigung aus. Dies hat jedoch zur Folge, dass mehrere geringfügig entlohnte Beschäftigungsverhältnisse neben einer Beamtentätigkeit untereinander zu addieren sind.

Beispiel 3:

Privat versicherter Beamter übt daneben zwei weitere Beschäftigungen aus.

Arbeitgeber A: 350 €

Arbeitgeber B: 300 €

Eine Zusammenrechnung der Beamtentätigkeit mit der zweiten geringfügig entlohnten Beschäftigung erfolgt nicht. Jede der Nebenbeschäftigungen ist für sich gesehen geringfügig entlohnt. Durch das Zusammenrechnen beider geringfügig entlohnter Beschäftigungen wird die Geringfügigkeitsgrenze überschritten. Es entsteht bei beiden Arbeitgebern Versicherungspflicht in der Renten- und Arbeitslosenversicherung. In der Kranken- und Pflegeversicherung besteht Versicherungsfreiheit.

In der **Arbeitslosenversicherung** werden **Hauptbeschäftigung und geringfügig entlohnte Beschäftigung generell nicht addiert**, so dass für sich gesehene geringfügig entlohnte Beschäftigungen grds. arbeitslosenversicherungsfrei bleiben.

Dies bedeutet bezogen auf das Beispiel 2, dass die Beschäftigungen **bei den Arbeitgebern B und C arbeitslosenversicherungsfrei** bleiben, weil das Arbeitsentgelt aus diesen Beschäftigungen jeweils die Geringfügigkeitsgrenze nicht überschreitet und für den Bereich der Arbeitslosenversicherung geringfügig entlohnte Beschäftigungen mit versicherungspflichtigen Hauptbeschäftigungen generell nicht zusammengerechnet werden.

f) Überschreiten der Geringfügigkeitsgrenze

3171 Wird die Geringfügigkeitsgrenze überschritten, so tritt **vom Tage des Überschreitens an Versicherungspflicht** ein. Für den zurückliegenden Zeitraum verbleibt es bei der Versicherungsfreiheit. Ein Überschreiten der Geringfügigkeitsgrenze liegt vor, wenn sich das von dem Arbeitgeber in vorausschauender Betrachtung ermittelte Arbeitsentgelt auf Grund geänderter Verhältnisse dauerhaft und damit regelmäßig auf mehr als das monatliche Arbeitsentgelt erhöht, das bei einer Arbeitszeit von zehn Wochenstunden zum Mindestlohn erzielt wird.

Nicht jede Überschreitung der Entgeltgrenze führt automatisch zur Versicherungspflicht. Wenn dies **nicht regelmäßig, sondern ausnahmsweise und unvorhersehbar, ohne dauerhaft beabsichtigt zu sein,** passiert, wirkt es sich unter bestimmten Voraussetzungen nicht auf die geringfügig entlohnte Beschäftigung aus.

Überschreitungen der Geringfügigkeitsgrenze in einzelnen Kalendermonaten sind unschädlich, solange die Jahresentgeltgrenze von 7 236 € in dem vom Arbeitgeber für die Ermittlung des regelmäßigen monatlichen Arbeitsentgelts gewählten Jahreszeitraum nicht überschritten wird.

Nach § 8 Abs. 1b SGB IV führt ein darüberhinausgehendes gelegentliches und nicht unvorhersehbares Überschreiten der Geringfügigkeitsgrenze bis zum Doppelten der monatlichen Geringfügigkeitsgrenze nicht zur Beendigung der geringfügig entlohnten Beschäftigung. Dieser Wert beträgt für 2026 dann 1 206 €. Als gelegentlich ist dabei ein Zeitraum von bis zu zwei Kalendermonaten innerhalb eines Zeitjahres anzusehen. Der Jahreszeitraum wird ermittelt, in dem vom letzten Tag des zu beurteilenden Monats ein Jahr zurückgerechnet wird. Das Zeitjahr entspricht einem Zeitraum von 12 Monaten, welcher mit dem Kalendermonat endet, für den aktuell die Beurteilung des Versicherungsstatus wegen nicht vorhersehbaren Überschreitens erfolgen soll. Auf Grund dieser Regelung ist wegen des zweimaligen unvorhersehbaren Überschreitens innerhalb eines Zeitjahres somit maximal ein Jahresverdienst möglich, der dem 14fachen der monatlichen Geringfügigkeitsgrenze (dies wären z.B. 2026 = 8 442 €) entspricht.

Liegt ein unzulässiges unvorhersehbares Überschreiten der Geringfügigkeitsgrenze vor, ist zu beachten, dass innerhalb des Zeitjahres nur die Kalendermonate eines unvorhersehbaren Überschreitens zu berücksichtigen sind, die auch zu einem Überschreiten der Jahresentgeltgrenze von 7 236 € in dem vom Arbeitgeber für die Ermittlung des regelmäßigen monatlichen Arbeitsentgelts gewählten Jahreszeitraum geführt haben.

Besteht in einem Kalendermonat neben dem vereinbarten Arbeitsentgelt auf Grund eines unvorhersehbaren Ereignisses ein zusätzlicher Anspruch auf Arbeitsentgelt und übersteigt das Gesamtentgelt das Doppelte der Geringfügigkeitsgrenze, endet die geringfügige Beschäftigung mit dem letzten Monat vor dem Kalendermonat des Überschreitens.

Ein gesetzlich krankenversicherter Kellner erhält in den Monaten März bis September monatlich 580 € und in den Monaten Oktober bis Februar monatlich 479,20 €. Im Jahr hat der Kellner damit insgesamt 6 456 € verdient. Das regelmäßige Arbeitsentgelt beträgt damit im Durchschnitt der Jahresbetrachtung 538 €.

Im Juli und August 2026 übernimmt er eine Krankheitsvertretung. Sein Arbeitsentgelt erhöht sich jeweils auf 1 250 €.

Ab 1.9.2025 wird wieder das vertraglich vereinbarte Arbeitsentgelt i.H.v. 580 € gezahlt.

Vom 1.7. bis 31.8.2026 liegt Versicherungspflicht in der Kranken-, Pflege-, Renten- und Arbeitslosenversicherung vor, weil das monatliche Arbeitsentgelt im Rahmen der Jahresbetrachtung die Geringfügigkeitsgrenze übersteigt.

Es liegt zwar ein zweimaliges gelegentliches unvorhersehbares Überschreiten vor, allerdings übersteigt das Arbeitsentgelt in den Monaten Juli und August jeweils das Doppelte der Geringfügigkeitsgrenze.

Am 1.9.2026 ist eine neue Jahresbetrachtung vorzunehmen, danach handelt es sich ab diesem Zeitpunkt wieder um eine geringfügig entlohnte Beschäftigung.

Zeitraum	Personengruppenschlüssel	Beitragsgruppenschlüssel
Bis 30.6.2026:	109	6100
Vom 1.7. bis 31.8.2026:	101	1111
Ab 1.9.2026:	109	6100

Beispiel:

Ein in der gesetzlichen Krankenversicherung familienversicherter Schüler arbeitet seit 1.1.2026 gegen ein Arbeitsentgelt von 510 € im Kundenservice eines Musikinstrumenten-Großhandels. Er hat sich von der Rentenversicherungspflicht befreien lassen. In dieser Branche kommt es immer mal wieder vor, dass unvorhersehbare Mehrarbeit in einzelnen Kalendermonaten geleistet wird, dies führt zu einem höheren Arbeitsentgelt oberhalb der Geringfügigkeitsgrenze:

März 2026	610 €
Mai 2026	710 €
August 2026	610 €
November 2026	890 €

Das regelmäßige monatliche Arbeitsentgelt im Durchschnitt der Jahresbetrachtung übersteigt auf Grund der unvorhersehbaren Mehrarbeit erstmalig im November 2026 die maßgebende Geringfügigkeitsgrenze (603 €). Die höheren Entgeltzahlungen in den Monaten März, Mai und August 2026 bleiben unberücksichtigt, weil damit die zulässige Jahresentgeltgrenze von 7 236 € nicht überschritten wird (7 x 510 € + 2 x 610 € + 710 € = 5 500 €).

Er bleibt auch für die Zeit vom 1.11. bis 30.11.2026 geringfügig entlohnt Beschäftigter, da es sich innerhalb des Zeitjahres vom 1.12.2025 bis 30.11.2026 nur um ein gelegentliches und unvorhersehbares Überschreiten der Geringfügigkeitsgrenze handelt.

Das vereinbarte monatliche Arbeitsentgelt i.H.v. 510 € hat sich im November 2026 maximal auf das Doppelte der Geringfügigkeitsgrenze (1 206 €) erhöht (vgl. § 8 Abs. 1b SGB IV).

Der Arbeitgeber hat auch in der Zeit vom 1.11.2026 bis zum 30.11.2026 Pauschalbeiträge zur Kranken- und Rentenversicherung zu zahlen. Der Personengruppenschlüssel ist 109, der Beitragsgruppenschlüssel 6500.

Schließt sich bei **demselben Arbeitgeber** eine befristete kurzfristige Beschäftigung mit einem Arbeitsentgelt über der Geringfügigkeitsgrenze an, ist von der widerlegbaren Vermutung auszugehen, dass es sich um die **Fortsetzung der bisherigen Beschäftigung** handelt, mit der Folge, dass ab dem Verlängerungszeitpunkt die Entgeltgrenze überschritten wird und Versicherungspflicht eintritt. Versicherungsfreiheit in der kurzfristigen Beschäftigung liegt nur dann vor, wenn es sich um voneinander unabhängige Beschäftigungsverhältnisse handelt.

Übersteigt das Arbeitsentgelt, z.B. auf Grund einer rückwirkenden Tariferhöhung die Geringfügigkeitsgrenze, tritt Versicherungspflicht ab Anspruchstag, z.B. Tag des Tarifabschlusses, ein. Für das **nachgezahlte Arbeitsentgelt sind Pauschalbeiträge** zu entrichten, die im Einzelfall auch für Arbeitsentgelte über der Geringfügigkeitsgrenze zu entrichten sind.

g) Besonderheiten bei der Jahresarbeitsentgeltgrenze

3172 Krankenversicherungspflichtig sind Arbeitnehmer nur dann, wenn ihr regelmäßiges Jahresarbeitsentgelt (JAE) die **JAE-Grenze** (2026 = 77 400 €) **nicht übersteigt**. Für Arbeitnehmer, die am 31.12.2002 privat krankenversichert waren, gilt 2026 eine besondere JAE-Grenze i.H.v. 69 750 €.

Beim einmaligen Überschreiten der JAE-Grenze endet die Versicherungspflicht, wenn die JAE-Grenze des nächsten Kalenderjahres perspektivisch ebenfalls überschritten wird. Auch die Arbeitnehmer, die neben einer versicherungspflichtigen Hauptbeschäftigung und einer geringfügig entlohnten Beschäftigung **eine weitere geringfügig entlohnte Beschäftigung ausüben** und deren regelmäßiges JAE dadurch die JAE-Grenze überschreitet, scheiden erst dann aus der Versicherungspflicht aus, wenn die JAE-Grenze überschritten und perspektivisch im nächsten Jahr ebenfalls überschritten wird.

Beispiel:

Ein Personalleiter erhält in seiner versicherungspflichtigen Hauptbeschäftigung ein monatliches Arbeitsentgelt i.H.v. 6 300 €. Am 1.3.2026 nimmt er eine weitere Tätigkeit beim Arbeitgeber B gegen ein monatliches Arbeitsentgelt i.H.v. 170 € und am 1.7.2026 eine weitere Beschäftigung beim Arbeitgeber C gegen ein monatliches Arbeitsentgelt i.H.v. 500 € auf.

In der Hauptbeschäftigung beim Arbeitgeber A ist er kranken-, pflege-, renten- und arbeitslosenversicherungspflichtig. Die beiden weiteren Beschäftigungen sind für sich betrachtet auf Grund der Geringfügigkeitsgrenze geringfügig entlohnt. Die zuerst aufgenommene Beschäftigung beim Arbeitgeber B wird nicht mit der Hauptbeschäftigung addiert und bleibt versicherungsfrei; es sind pauschale Beiträge zu entrichten. Es erfolgt keine Anrechnung auf das JAE.

Die Beschäftigung beim Arbeitgeber C wird auf Grund der Addition mit der Hauptbeschäftigung kranken-, pflege- und rentenversicherungspflichtig.

Zusammen mit dem Arbeitsentgelt aus Beschäftigung C wird die JAE-Grenze 2026 überschritten (6 300 € × 12 + 500 € × 6 = 78 600 €).

Der Personalleiter scheidet zum 31.12.2026 aus der Krankenversicherungspflicht aus, wenn die JAE-Grenze des Jahres 2027 perspektivisch überschritten wird.

Nimmt ein Arbeitnehmer, der bereits auf Grund seiner Hauptbeschäftigung krankenversicherungsfrei ist, geringfügig entlohnte Beschäftigungen auf, sind diese ebenfalls krankenversicherungsfrei (zur Abführung von Beiträgen in diesen Fällen → Rz. 3184).

h) Verzicht auf die Rentenversicherungspflicht

3173 Eine geringfügig entlohnte Beschäftigung ist rentenversicherungspflichtig. Der Arbeitnehmer kann jedoch auf die **Rentenversicherungspflicht verzichten** (vgl. § 6 Abs. 1b SGB VI).

Der Verzicht ist **schriftlich gegenüber dem Arbeitgeber zu erklären** und kann formlos erfolgen. Die Verzichtserklärung ist mit dem **Eingangsdatum** zu versehen und zu den Entgeltunterlagen zu nehmen.

Der Arbeitgeber meldet die Befreiung der Minijob-Zentrale, indem er den Arbeitnehmer mit dem Beitragsgruppenschlüssel „5“ in der Rentenversicherung zur Sozialversicherung anmeldet. Es gelten hierfür die gültigen Meldefristen „mit der nächsten Entgeltabrechnung; spätestens innerhalb von 6 Wochen“. Wenn die Minijob-Zentrale der Befreiung nicht innerhalb eines Monats widerspricht, ist der Arbeitnehmer von der Rentenversicherungspflicht befreit. Der mit dem Eingangsdatum versehene Befreiungsantrag dient dem Arbeitgeber bei späteren Prüfungen zum Nachweis der Richtigkeit des gemeldeten Beitragsgruppenschlüssels „5“ in der Rentenversicherung.

Bei mehreren Beschäftigungsverhältnissen gilt die Befreiung für alle Beschäftigungsverhältnisse. Die weiteren Arbeitgeber werden von der Minijob-Zentrale informiert.

Die Befreiung wirkt rückwirkend ab Beginn des Monats, in dem der Antrag des Beschäftigten beim Arbeitgeber vorliegt, wenn die Befreiung innerhalb von spätestens sechs Wochen bei der Minijob-Zentrale vorliegt und diese nicht widerspricht.

Beispiel:

Aufnahme einer geringfügig entlohnten Beschäftigung mit einem monatlichen Arbeitsentgelt i.H.v. 350 € am 1.7.2026.

Am 7.7.2026 schriftliche Beantragung der Befreiung zur Rentenversicherungspflicht beim Arbeitgeber.

Meldung des Arbeitgebers an die Minijob-Zentrale am 22.7.2026.

Die Meldefrist wurde eingehalten, befreit ab 1.7.2026.

Geht die Meldung verspätet bei der Minijob-Zentrale ein, wirkt die Befreiung ab dem 1. des zweiten Monats, der auf den Eingang der Meldung folgt.

Die Befreiung kann grundsätzlich nicht widerrufen werden. Endet die geringfügige Beschäftigung, verliert der Befreiungsantrag seine Wirkung.

Hinweis: Mit dem SGB VI-Anpassungsgesetz soll es ermöglicht werden, die erfolgte Befreiung von der Rentenversicherungspflicht einmalig auf Antrag rückgängig zu machen. Das Gesetzgebungsverfahren war bei Redaktionsschluss noch nicht abgeschlossen. Wir unterrichten Sie durch unseren Online-Aktualisierungsdienst (s. Benutzerhinweis auf S. IV). Mit der Änderung ist es dann voraussichtlich ab dem 1.7.2026 für geringfügig entlohne Beschäftigte möglich, die nach § 6 Abs. 1b Satz 1 SGB VI erfolgte Befreiung von der Rentenversicherungspflicht **einmalig** auf Antrag rückgängig zu machen und damit wieder versicherungspflichtig in der Rentenversicherung zu werden. Der schriftliche oder elektronische Antrag auf Aufhebung der Befreiung soll wie bei der Befreiung von der Rentenversicherungspflicht bei geringfügig Beschäftigten dem Arbeitgeber übergeben werden. Bei mehreren geringfügig entlohnten Beschäftigungen kann die Aufhebung der Befreiung nur einheitlich erklärt werden können. Die Aufhebung **ist nur für die Zukunft möglich**. Mit der Aufhebung der Befreiung ist eine erneute Befreiung für die Zukunft ausgeschlossen, um ein dem Versicherungsprinzip zuwiderlaufendes ständiges Wechseln zu verhindern.

Die Aufhebung der Befreiung von der Rentenversicherungspflicht erfolgt ebenso wie die zuvor erfolgte Befreiung ohne Erteilung eines förmlichen Bescheides, wenn die Voraussetzungen für die Aufhebung vorliegen und die Minijob-Zentrale nach Eingang der Arbeitgebermeldung nicht innerhalb eines Monats dem Aufhebungsantrag widerspricht.

Bei einer Mehrfachbeschäftigung hat die Minijob-Zentrale der Deutschen Rentenversicherung Knappschaft-Bahn-See künftig die anderen Arbeitgeber durch eine Meldung über die Aufhebung der Befreiung sowie deren Wirksamkeitszeitpunkt zu informieren. Da die Aufhebung der Befreiung von der Rentenversicherungspflicht für alle geringfügig entlohnten Beschäftigungsverhältnisse gelten soll, sind die Entgeltabrechnungen der weiteren Arbeitgeber gegebenenfalls zu korrigieren.

Bei Neuaufnahme einer geringfügigen Beschäftigung tritt wieder Rentenversicherungspflicht ein, selbst dann, wenn die neue Beschäftigung bei einem anderen Arbeitgeber nahtlos an die bisherige Beschäftigung anschließt. Bei gleichem Arbeitgeber verliert die Befreiung erst dann ihre Wirkung, wenn zwischen den Beschäftigungen mehr als zwei Monate liegen.

i) Besondere Personengruppen

aa) Vorruhestandsgeld

Für eine geringfügig entlohnte Beschäftigung erfolgt keine Addition mit dem Vorruhestandsgeld, so dass Versicherungsfreiheit in der geringfügig entlohnten Beschäftigung gegeben ist. 3174

Werden mehrere geringfügig entlohnte Beschäftigungen neben dem Vorruhestandsgeldbezug ausgeübt, so bleibt die zuerst aufgenommene geringfügig entlohnte Beschäftigung versicherungsfrei (Ausnahme: Rentenversicherung).

Die weiteren Beschäftigungen sind mit dem Vorruhestandsgeld zu addieren, mit der Folge, dass in diesen Beschäftigungen Kranken-, Pflege- und Rentenversicherungspflicht eintritt.

bb) Freiwilliger Wehrdienst

3175 Wer **neben einem freiwilligen Wehrdienst** geringfügig entlohnt beschäftigt ist, bleibt in dieser Beschäftigung versicherungsfrei (Ausnahme: Rentenversicherung). Es spielt dabei keine Rolle, ob die geringfügig entlohnte Beschäftigung beim bisherigen oder bei einem anderen Arbeitgeber ausgeübt wird.

Mehrere neben dem freiwilligen Wehrdienst ausgeübte geringfügig entlohnte Beschäftigungen sind zusammenzurechnen.

War der Arbeitnehmer bislang in einer weiteren geringfügig entlohnten Beschäftigung wegen einer versicherungspflichtigen Hauptbeschäftigung versicherungspflichtig, dann **entfällt die Versicherungspflicht bei Dienstantritt** und Wegfall der Hauptbeschäftigung, es sei denn, durch die Zusammenrechnung der geringfügig entlohnten Beschäftigungen tritt Versicherungspflicht ein.

Diese Regelungen gelten entsprechend bei der Inanspruchnahme von Elternzeit sowie bei Leistungsbezug von der Agentur für Arbeit.

4. Kurzfristige Beschäftigungen

a) Allgemeine Voraussetzungen

3176 Bei einer kurzfristigen Beschäftigung (§ 8 Abs. 1 Nr. 2 SGB IV) kommt es auf den zeitlichen Rahmen an. Sie muss **innerhalb eines Kalenderjahres auf längstens drei Monate oder 70 Arbeitstage nach ihrer Eigenart oder im Voraus vertraglich begrenzt sein**. Beide Alternativen stehen ohne Einschränkung gleichwertig nebeneinander. Es ist ausreichend, dass eine der beiden Optionen erfüllt ist (BSG v. 24.11.2020, B 12 KR 34/19 R).

Hinweis: Mit dem Gesetz zur Anpassung des SGB VI und anderer Gesetze soll die Definition in § 8 Abs. 1 Nr. 2 SGB IV um einen neuen Halbsatz ergänzt werden. Der Gesetzentwurf sieht vor, dass die Zeitgrenzen für Saisonarbeitskräfte in landwirtschaftlichen Betrieben ausgeweitet werden. Eine kurzfristige Beschäftigung soll dann auch vorliegen, wenn sie auf **15 Wochen oder 90 Arbeitstage** befristet ist. Die Änderung soll zum 1. Januar 2026 in Kraft treten. Das Gesetzgebungsverfahren war bei Redaktionsschluss noch nicht abgeschlossen. Bitte beachten Sie unseren Online-Aktualisierungsdienst (s. Benutzerhinweis S. IV).

Weiterhin darf die Beschäftigung **nicht berufsmäßig ausgeübt** werden.

Bei der Prüfung sind alle Tage zu berücksichtigen, für die ein Anspruch auf Arbeitsentgelt besteht; dazu gehören auch Tage, an denen bezahlter Urlaub gewährt wird oder Bereitschaftsdienst geleistet wird.

Wesentliches Merkmal einer kurzfristigen Beschäftigung ist, dass sie **nach ihrer Eigenart zeitlich begrenzt ist** oder **von Anfang an befristet** sein muss. Dies ergibt sich in vielen Fällen aus der Eigenart der Beschäftigung oder aus der Natur der Sache. In allen anderen Fällen muss ein entsprechender, auf längstens ein Kalenderjahr begrenzter Rahmenarbeitsvertrag abgeschlossen sein. Dies gilt auch dann, wenn die kurzfristige Beschäftigung die Voraussetzungen einer geringfügig entlohnten Beschäftigung erfüllt.

Beispiel:

Ein Elektriker ist auf Grund einer Dauerbeschäftigung beim Arbeitgeber A mit einem monatlichen Arbeitsentgelt i.H.v. 3 200 € versicherungspflichtig. Am 1.4.2026 nimmt er eine Aushilfsbeschäftigung als Zusteller beim Arbeitgeber B auf. Diese Beschäftigung ist von vornherein bis zum 5.7.2026 befristet. Das Arbeitsentgelt beträgt 600 €.

Die Beschäftigung beim Arbeitgeber B bleibt versicherungsfrei. Es wird zwar der Zeitraum von drei Monaten überschritten, es sind aber insgesamt nur 64 Arbeitstage.

Wird eine kurzfristige Beschäftigung **wider Erwarten über drei Monate oder 70 Arbeitstage hinaus verlängert**, tritt Versicherungspflicht spätestens **ab** Tag nach der Überschreitung ein. Ist die Überschreitung schon vor Ablauf von drei Monaten oder 70 Arbeitstagen erkennbar, tritt mit diesem Tage Versicherungspflicht ein.

Wird i.R. eines Dauerarbeitsverhältnisses zwischen Arbeitgeber und Arbeitnehmer zunächst **eine Probezeit vereinbart**, kann hieraus jedoch **kein befristetes Arbeitsverhältnis konstruiert** werden. Diese Beschäftigung ist von vornherein auf Dauer angelegt und wird nur bei erfolgloser Probezeit beendet. Dieser Arbeitnehmer ist von Anfang an versicherungspflichtig.

b) Drei Monate oder 70 Arbeitstage

Sind **mehrere Beschäftigungszeiten zu addieren**, treten an die Stelle des Dreimonatszeitraums 90 Kalendertage, es sei denn, es handelt sich bei den einzelnen Beschäftigungszeiten um jeweils volle Kalendermonate. Eine Arbeitsschicht über zwei Kalendertage (z.B. die Nachtschwester im Krankenhaus) gilt als ein Arbeitstag. 3177

c) Zusammenrechnung mehrerer Beschäftigungen

Kurzfristige Beschäftigungen dürfen i.R. ihrer zeitlichen Möglichkeiten **neben einer versicherungspflichtigen Hauptbeschäftigung versicherungsfrei** ausgeübt werden. 3178

Anders als bei den geringfügig entlohnten Beschäftigungen kommt hier **eine Zusammenrechnung mit einer Hauptbeschäftigung nicht in Frage**.

Mehrere aufeinander folgende kurzfristige Beschäftigungen sind bei der Prüfung, ob die Zeiträume von 90 Kalendertagen oder 70 Arbeitstagen überschritten werden, **zusammenzurechnen**. Die Addition erfolgt unabhängig davon, ob die Beschäftigung geringfügig entlohnt oder mehr als geringfügig entlohnt ist.

Bei Aufnahme einer neuen Beschäftigung ist zu prüfen, ob die neue Beschäftigung zusammen mit der schon im laufenden **Kalenderjahr** ausgeübten Beschäftigung die o.a. Zeitgrenzen überschreitet. Führt die Addition zum Überschreiten der Zeitgrenze, tritt Versicherungspflicht ein. Bei der Zusammenrechnung treten an die Stelle des Dreimonatszeitraums 90 Kalendertage. Bei vollen Kalendermonaten werden 30 Kalendertage berücksichtigt. Bei Beschäftigungen in Teilmonaten werden die tatsächlichen Tage gezählt. Besonderheit: Umfasst ein Beschäftigungs-Zeitraum zwar keinen Kalendermonat, aber einen Zeitmonat, ist dieser ebenfalls mit 30 Kalendertagen zu berücksichtigen.

Die Regelung heißt:

- Volle Kalendermonate sind vorrangig vor Teilmonaten.
- Liegt kein voller Kalendermonat vor, ist die Bildung eines Zeitmonats wiederum vorrangig vor zwei Teilmonaten.

Beispiel 1:

Beschäftigung wird ausgeübt im KFZ-Gewerbe

Vorbeschäftigung vom 3.7. bis 28.8.2026 (41 Arbeitstage)

Zu beurteilende Beschäftigung vom 4.9.2026 bis 31.10.2026 (39 Arbeitstage)

Ermittlung:

Anzurechnende Zeiten aus der Beschäftigung vom 3.7. bis 28.8.2026

Zeitmonat 3.7. bis 2.8.2026	= 30 Kalendertage
Teilmonat 3.8. bis 28.8.2026	= 26 Kalendertage

Anzurechnende Zeiten aus der Beschäftigung vom 4.9. bis 31.10.2026

Teilmonat 4.9. bis 30.9.2026	= 27 Kalendertage
Kalendermonat Oktober 2026	= 30 Kalendertage

Beide Zeitgrenzen (90 Kalendertage oder 70 Arbeitstage) sind überschritten. Die Beschäftigung vom 4.9.2026 bis 31.10.2026 ist keine kurzfristige Beschäftigung und somit sozialversicherungspflichtig.

Sollte es sich jedoch um eine für sich gesehene geringfügig entlohnte Beschäftigung handeln, bleibt sie auf Grund dieser Tatsache versicherungsfrei (Ausnahme: Rentenversicherung).

Beispiel 2:

Die Hausfrau erhält in ihrer Tätigkeit für die Zeit vom 5.6. bis 24.6. ein Arbeitsentgelt i.H.v. 240 €.

Das Arbeitsentgelt überschreitet die Geringfügigkeitsgrenze nicht (eine Umrechnung auf die tatsächliche Beschäftigungsdauer erfolgt nicht mehr). Somit gilt diese Beschäftigung für sich gesehen als geringfügig entlohnt und bleibt daher versicherungsfrei (Ausnahme: Rentenversicherung).

Die Ausführungen gelten auch für Beschäftigungen, die **über den Jahreswechsel hinausgehen**. Beginnt eine Beschäftigung in einem Kalenderjahr, in dem die Zeitgrenze zusammen mit den Vorbeschäftigungen erreicht wird, besteht für die gesamte Dauer Versicherungspflicht, auch für den Zeitraum, der in das neue Kalenderjahr hineinreicht.

Für den Fall, dass dem zu beurteilenden Arbeitgeber nicht alle kurzfristigen Beschäftigungen seines Arbeitnehmers bekannt sind, gibt es ein neues Instrument. Seit 1.1.2022 teilt die Minijob-Zentrale nach der Anmeldung eines kurzfristig Beschäftigten mit, ob anrechenbare Beschäftigungen im vorausgehenden Zeitraum des gleichen Kalenderjahres bestehen oder bestanden haben. Diese Mitteilung erfolgt unverzüglich auf elektronischem Weg. Es gibt auch eine Fehlanzeige. Voraussetzung ist, dass die Anmeldung mit der Personengruppe „110“ erfolgt.

d) Überschreiten der Zeitgrenzen

3179 Stellt sich im Laufe einer kurzfristigen Beschäftigung heraus, dass sie **verlängert wird**, tritt die Versicherungspflicht zu dem Zeitpunkt ein, an dem **das Überschreiten erkennbar wird**. Dies kann durchaus schon vor Ablauf der drei Monate oder 70 Arbeitstage der Fall sein.

Beispiel:

Eine Rentnerin übernimmt vom 1.6.2026 bis 31.7.2026 eine Krankheitsvertretung in einem Modehaus.

Diese Beschäftigung war im Voraus auf zwei Monate befristet.

Am 13.7.2026 wird erkennbar, dass die Krankheitsvertretung mindestens bis zum 30.9.2026 dauert. Die Grenze von 70 Arbeitstagen wird ebenfalls überschritten.

Versicherungspflicht in der Kranken-, Pflege-, Renten- und Arbeitslosenversicherung tritt ab 13.7.2026 ein.

Wird eine **Rahmenvereinbarung** mit einer Begrenzung auf ein Jahr, die zunächst maximal 70 Arbeitseinsätze vorsieht, **über den Zeitraum hinaus verlängert**, liegt vom Zeitpunkt der Verlängerung Versicherungspflicht vor.

Liegt jedoch zwischen dem Ende eines Rahmenarbeitsvertrags und dem Beginn eines neuen Rahmenarbeitsvertrags ein **Zeitraum von mindestens zwei Monaten**, liegt Versicherungsfreiheit vor. Das BSG (v. 7.5.2014, B 12 R 5/12 R) hat hierzu ausgeführt, dass es durchaus eine Rahmenvereinbarung geben kann, die über mehrere Jahre hinweg besteht und u.U. trotzdem die Voraussetzungen einer kurzfristigen Beschäftigung erfüllt sind. Bei einer regelmäßigen Beschäftigung gelten die zuvor genannten Voraussetzungen. Bei einer gelegentlichen Beschäftigung ist die Befristung auf längstens zwölf Monate nicht erforderlich. Eine gelegentliche Beschäftigung liegt vor, wenn es an der hinreichenden Planbarkeit, Vorhersehbarkeit und Häufigkeit der einzelnen Arbeitseinsätze fehlt. Gelegentlich ist die Beschäftigung also dann, wenn die einzelnen Arbeitseinsätze in unterschiedlichen Monaten, zu unterschiedlichen Anlässen und von der Anzahl der jeweiligen Arbeitstage her ohne erkennbares Schema erfolgen.

e) Prüfung der Berufsmäßigkeit

3180 Aushilfen sind dann nicht mehr versicherungsfrei, wenn die **Beschäftigung berufsmäßig ausgeübt** wird und das Arbeitsentgelt die Geringfügigkeitsgrenze (→ Rz. 3166) im Monat übersteigt.

Hierbei ist dem BSG v. 5.12.2017, B 12 R 10/15, folgend keine Umrechnung der Geringfügigkeitsgrenze mehr auf die tatsächliche Beschäftigungszeit vorzunehmen.

Es gilt immer der Monatswert der Geringfügigkeitsgrenze. Unberücksichtigt bleibt hingegen grds. das Arbeitsentgelt aus einer zuvor beendeten Beschäftigung. Dies gilt jedoch nicht, wenn mehrere, für sich gesehen kurzfristige, Beschäftigungen aufeinander folgen, die jeweils in demselben Kalendermonat beginnen oder enden. Überschreitet in diesen Fällen das Arbeitsentgelt insgesamt die Geringfügigkeitsgrenze, ist für die später aufgenommene Beschäftigung Berufsmäßigkeit zu prüfen.

Berufsmäßigkeit ist immer dann gegeben, wenn die Beschäftigung **für den Arbeitnehmer nicht von untergeordneter wirtschaftlicher Bedeutung** ist und er damit seinen Lebensunterhalt überwiegend oder doch in einem solchen Umfang bestreitet, dass seine wirtschaftliche Situation zu einem erheblichen Teil auf dieser Beschäftigung beruht (BSG v. 14.3.2018, B 12 KR 17/16 R). Beschäftigungen, die nur **gelegentlich ausgeübt** werden, wie z.B. zwischen Schulabschluss und anschließendem Studium, sind grds. von untergeordneter wirtschaftlicher Bedeutung und daher **nicht berufsmäßig**.

Die Prüfung der Berufsmäßigkeit entfällt, wenn die Beschäftigung bereits infolge Überschreitens der Zeitgrenzen für kurzfristige Beschäftigungen als nicht geringfügig anzusehen ist. Dies bedeutet im Umkehrschluss, dass berufsmäßig tätige Arbeitnehmer in einer auf längstens drei Monate oder 70 Arbeitstage befristeten Aushilfstätigkeit ebenfalls versicherungspflichtig sind.

Folgt die zu beurteilende kurzfristige Beschäftigung bereits ausgeübten Beschäftigungen und betragen die Beschäftigungszeiten im Laufe eines Kalenderjahres insgesamt mehr als 90 Kalendertage oder 70 Arbeitstage, dann ist **ohne weitere Prüfung Berufsmäßigkeit anzunehmen**. Hierbei sind nur solche Beschäftigungen zu berücksichtigen, die jeweils die monatliche Geringfügigkeitsgrenze überschreiten.

Nehmen **Personen, die bei der Agentur für Arbeit** für eine mehr als kurzfristige Beschäftigung **als Ausbildung- oder Arbeitssuchende gemeldet** sind, eine Beschäftigung auf, so ist diese als berufsmäßig anzusehen und daher ohne Rücksicht auf ihre Dauer versicherungspflichtig. Nur wenn es sich um geringfügig entlohnte Beschäftigungen handelt, d.h., das monatliche Arbeitsentgelt übersteigt die Geringfügigkeitsgrenze nicht, besteht Versicherungsfreiheit (Ausnahme: Rentenversicherung).

Personen, die sich lediglich während ihrer Schulausbildung zur Erlangung eines Ausbildungsplatzes bei der Agentur für Arbeit ausbildungssuchend melden, gelten für die Dauer ihrer Schulausbildung nicht als berufsmäßig.

Kurzfristige Beschäftigungen, die neben einem freiwilligen sozialen oder ökologischen Jahr, neben dem Bundesfreiwilligendienst, neben einem dem freiwilligen sozialen oder ökologischen Jahr vergleichbaren Freiwilligendienst oder neben dem freiwilligen Wehrdienst ausgeübt werden, sind grds. nicht berufsmäßig.

Eine **Beschäftigung zwischen Schulabschluss und Studium** ist **nicht als berufsmäßig anzusehen**. Nimmt somit ein Abiturient nach erfolgreichem Schulabschluss eine befristete Aushilfstätigkeit bis zu zwei Monaten auf, so ist diese Aushilfstätigkeit versicherungsfrei, wenn anschließend ein Studium aufgenommen wird.

Sollte sich der Schulabgänger dazu entschließen, **nach der Schule ein Ausbildungsverhältnis aufzunehmen**, dann ist **Berufsmäßigkeit zu unterstellen**, mit der Folge, dass selbst eine auf zwei Monate befristete Aushilfstätigkeit versicherungspflichtig wird.

Beispiel:

Abitur am 7.7.2026, Aufnahme einer befristeten Aushilfstätigkeit für die Zeit vom 22.7.2026 bis 12.8.2026 gegen ein monatliches Arbeitsentgelt i.H.v. 600 €. Zum 1.9.2026 wird eine Ausbildung aufgenommen.

Auf Grund der geplanten Ausbildung ist in diesem Fall Berufsmäßigkeit zu unterstellen, mit der Folge, dass Versicherungspflicht für die Zeit vom 22.7. bis 12.8.2026 besteht.

Eine mehr als nur untergeordnete wirtschaftliche Bedeutung der Einkünfte aus einer Aushilfstätigkeit für den Lebensunterhalt des Beschäftigten und damit deren berufsmäßige Ausübung i.S.d. § 8 Abs. 1 Nr. 2 SGB IV kommen aber dann in Betracht, wenn der **Beschäftigte auf den Aushilfslohn nicht zur Vermeidung einer anderenfalls zu erwartenden Sozialhilfebedürftigkeit angewiesen ist** (LSG Niedersachsen-Bremen v. 22.1.2025, L 2 BA 21/24).

Stellt ein **Sozialversicherungsträger im Nachhinein Berufsmäßigkeit fest**, tritt die Versicherungspflicht jedoch erst mit der Bekanntgabe dieser Feststellung ein. Die Versicherungspflicht tritt allerdings in den Fällen rückwirkend ein, in denen die Berufsmäßigkeit dadurch begründet ist, dass die Beschäftigung während des Wehr- oder Zivildienstes, der Elternzeit, eines unbezahlten Urlaubs, des Leistungsbezugs nach dem SGB III, der Eigenschaft als Arbeitssuchender oder zwischen dem Ende der Schulausbildung und dem Beginn einer Ausbildung oder eines Arbeitsverhältnisses ausgeübt wird.

5. Besonderheiten in der Arbeitslosenversicherung

Arbeitnehmer sind in einer Beschäftigung nur in der Zeit arbeitslosenversicherungsfrei, in der ein Anspruch auf Arbeitslosengeld besteht. 3181

Der Anspruch auf Arbeitslosengeld besteht aber nur dann, wenn der Anspruchsberechtigte beschäftigungslos ist.

Die Beschäftigungslosigkeit ist durch eine Beschäftigung oder selbständige Tätigkeit von weniger als 15 Stunden wöchentlich nicht ausgeschlossen.

6. Eintritt der Versicherungspflicht

3182 Der Arbeitgeber hat **zu Beginn des Beschäftigungsverhältnisses** die versicherungsrechtliche Beurteilung vorzunehmen, Meldungen zu tätigen, Beiträge zu berechnen und diese an die Einzugsstelle abzuführen. Sollte er zu der Entscheidung kommen, dass **Versicherungsfreiheit** gegeben ist, sind die hierfür **erforderlichen Angaben zu den Entgeltunterlagen** zu nehmen.

Der **Arbeitnehmer hat ihn bei der Beurteilung zu unterstützen**, indem er die hierfür erforderlichen Angaben macht. Hierzu gehören z.B. auch die Angaben über weitere aktuelle Beschäftigungsverhältnisse bei anderen Arbeitgebern. Sollten z.B. die Minijob-Zentrale durch Datenabgleich oder der Rentenversicherungsträger i.R. einer Betriebsprüfung im Nachhinein feststellen, dass Versicherungspflicht vorliegt, tritt die **Versicherungspflicht für die Zukunft** mit Bekanntgabe der Feststellung ein.

Um den Arbeitgebern die nötige Sicherheit zu verschaffen, sind die bisher üblichen Bescheide, die z.T. einige Jahre zurückgingen und erhebliche Nachzahlungen mit sich brachten, nicht mehr möglich.

Einzige Ausnahme ist, wenn der Arbeitgeber es **vorsätzlich oder grob fahrlässig versäumt** hat, den Sachverhalt aufzuklären. Von einem Vorsatz ist z.B. auszugehen, wenn der Arbeitgeber Hinweise des Beschäftigten oder anderer Personen ignoriert hat. Grobe Fahrlässigkeit ist z.B. dann gegeben, wenn der Arbeitgeber nichts zur Sachverhaltsermittlung unternommen hat.

Beispiel:

Eine Telefonistin übt seit dem 1.6.2026 beim Arbeitgeber A eine geringfügig entlohnte Beschäftigung mit einem monatlichen Arbeitsentgelt i.H.v. 350 € aus. Diese Beschäftigung ist ordnungsgemäß bei der Minijob-Zentrale gemeldet. Am 1.10.2026 nimmt sie eine weitere Beschäftigung beim Arbeitgeber B mit einem monatlichen Arbeitsentgelt i.H.v. 210 € auf. Auch diese Beschäftigung ist ordnungsgemäß bei der Minijob-Zentrale gemeldet. Sie versäumt es jedoch, die Arbeitgeber untereinander vom Vorliegen einer weiteren Beschäftigung zu informieren.

Im November stellt die Minijob-Zentrale i.R. eines Datenabgleichs fest, dass ein und dieselbe Person zwei Beschäftigungsverhältnisse ausübt. Die Addition der beiden Beschäftigungsverhältnisse führt zum Überschreiten der Geringfügigkeitsgrenze und somit zur Versicherungspflicht.

Mit Bescheid vom 4.11.2026 informiert die Minijob-Zentrale beide Arbeitgeber darüber, dass ab 1.12.2026 Versicherungspflicht vorliegt und die Beschäftigte bei der zuständigen Krankenkasse anzumelden ist.

Festzuhalten ist hier, dass die Minijob-Zentrale nicht die Krankenversicherung durchführt. Es gelten die Kriterien des Krankenkassenwahlrechts, nach dem die beiden Arbeitgeber in Absprache mit der Arbeitnehmerin zu entscheiden und die entsprechenden Meldungen vorzunehmen haben. Eine geringfügige Beschäftigung für sich allein begründet keine Krankenkassenmitgliedschaft.

Bisher hat die Minijob-Zentrale in Überschneidungsfällen einen feststellenden Verwaltungsakt über das Vorliegen von Versicherungspflicht erlassen. Das BSG hat in seinen Urteilen v. 15.7.2009, B 12 R 1/08 und B 12 R 5/08 R, n.v., darauf hingewiesen, dass es sich lediglich um die Bekanntgabe einer Wissensmitteilung handelt. Die Versicherungspflicht tritt spätestens mit dieser Bekanntgabe kraft Gesetzes ein.

Der Arbeitgeber wurde nur noch darauf hingewiesen, dass eine versicherungsfreie geringfügig entlohnte Beschäftigung nicht mehr vorliegt und die Beschäftigung bei der Minijob-Zentrale abzumelden ist. Weiterhin wird der Arbeitgeber darauf aufmerksam gemacht, dass er an die zuständige Krankenkasse zu melden hat.

Diese nicht praxisnahe Regelung wurde durch das 3. Gesetz zur Änderung des SGB IV und anderer Gesetze (BGBl. I 2009, 1127) wieder aufgehoben.

Die Minijob-Zentrale prüft die Einhaltung der Entgeltgrenze bei geringfügiger Beschäftigung nach den §§ 8 und 8a SGB IV und entscheidet bei deren Überschreiten über die Versicherungspflicht in der Kranken-, Pflege- und Rentenversicherung sowie nach dem Recht der Arbeitsförderung; sie erlässt auch den Widerspruchsbescheid.

Grobe Fahrlässigkeit und die damit verbundene rückwirkende Versicherungspflicht liegt nur dann vor, wenn der Arbeitgeber den Arbeitnehmer nicht nach weiteren Beschäftigungen gefragt hat oder ihm bekannt war, dass die Geringfügigkeitsgrenze durch weitere Beschäftigungen überschritten wird.

7. Beiträge

Auch wenn für eine geringfügig entlohnte Beschäftigung bis auf in der Rentenversicherung Versicherungsfreiheit gegeben ist, so sind dennoch vom Arbeitsentgelt **Beiträge zur Kranken- und Rentenversicherung durch den Arbeitgeber** zu zahlen. 3183

Egal ob der Arbeitnehmer von der Versicherungspflicht in der Rentenversicherung befreit ist oder nicht, zahlt der Arbeitgeber weiterhin Beiträge in Höhe der Pauschalbeiträge. **Der Arbeitnehmer** muss jedoch, wenn er nicht von der Rentenversicherungspflicht befreit ist, auch einen Beitrag zur Rentenversicherung leisten. Dieser ergibt sich aus der Differenz zwischen dem aktuellen Beitragssatz in der Rentenversicherung (2026 = 18,6 %) und dem pauschalen Beitragssatz für den Arbeitgeber in der Rentenversicherung (15 %). In 2026 beträgt also der Arbeitnehmeranteil zur Rentenversicherung 3,6 %.

Dies gilt nicht für die Pflege- und Arbeitslosenversicherung. Für versicherungsfreie kurzfristige Beschäftigungsverhältnisse sind keine Pauschalbeiträge zu entrichten.

Werden neben einer versicherungspflichtigen Hauptbeschäftigung mehrere geringfügig entlohnte Beschäftigungen ausgeübt, so sind für die Beschäftigung, die **nicht mit der Hauptbeschäftigung addiert** wird, **Pauschalbeiträge zur Kranken- und Rentenversicherung und der Arbeitnehmeranteil zur Rentenversicherung (auch hier nur, wenn der Arbeitnehmer nicht von der Rentenversicherungspflicht befreit ist)** zu entrichten.

Die pauschalen Beiträge betragen wie folgt:

	KV	RV	Pauschsteuer
Arbeitnehmer in einem Privathaushalt	5 %	5 %	2 %
Arbeitnehmer in einem gewerblichen Betrieb	13 %	15 %	2 %

Hierbei wird unterschieden, ob der Arbeitnehmer in einem gewerblichen Betrieb oder in einem Privathaushalt tätig ist.

Bei geringfügig Beschäftigten im Privathaushalt werden die Unfallversicherungsbeiträge i.H.v. 1,6 % ebenfalls mit über den Haushaltsscheck abgeführt.

Darüber hinaus wird die Pauschsteuer i.H.v. 2 % vom Arbeitgeber mit an die Minijob-Zentrale abgeführt, die diese dann an die zuständige Finanzbehörde weiterleitet (→ *Pauschalierung der Lohnsteuer bei geringfügig Beschäftigten* Rz. 3379).

Beispiel 1:

Ein Tankwart ist als Aushilfe in einer Autoreparaturwerkstatt mit einem monatlichen Arbeitsentgelt i.H.v. 390 € beschäftigt. Er hat sich von der Rentenversicherungspflicht befreien lassen.

Der Arbeitgeber hat u.a. folgende Beträge abzuführen:

Krankenversicherung	390 € × 13 %	= 50,70 €
Rentenversicherung	390 € × 15 %	= 58,50 €
Pauschsteuer	390 € × 2 %	= 7,80 €
Insgesamt		117,– €

Hat er sich nicht von der Rentenversicherungspflicht befreien lassen, stellt sich der Rentenversicherungsbeitrag wie folgt dar:

Rentenversicherungsanteil des Arbeitgebers	390 € × 15 %	= 58,50 €
Rentenversicherungsanteil des Arbeitnehmers	390 € × 3,6 %	= 14,04 €

Beispiel 2:

Eine Reinigungskraft ist als Aushilfe in einem privaten Haushalt mit einem monatlichen Arbeitsentgelt i.H.v. 390 € tätig.

Es liegt die Befreiung von der Rentenversicherungspflicht vor.

Der Arbeitgeber (privater Haushalt) hat u.a. folgende Beiträge abzuführen:

Krankenversicherung	390 € × 5 %	= 19,50 €
Rentenversicherung	390 € × 5 %	= 19,50 €
Unfallversicherung	390 € × 1,6 %	= 6,24 €
Pauschsteuer	390 € × 2 %	= 7,80 €
Insgesamt		53,04 €

a) Pauschaler Krankenversicherungsbeitrag

3184 Die **pauschalen Krankenversicherungsbeiträge** i.H.v. 13 % sind nur dann zu zahlen, wenn der Arbeitnehmer **gesetzlich krankenversichert** ist. Hierbei spielt die Art der Versicherung jedoch keine Rolle. Es kann sich sowohl um eine Pflichtversicherung, um eine freiwillige Versicherung oder um eine kostenfreie Familienversicherung handeln. Ohne Bedeutung ist auch, inwieweit der Arbeitnehmer bereits Krankenversicherungsbeiträge bezahlt.

Für geringfügig entlohnt Beschäftigte mit Auslandsbezug fallen ebenfalls die Pauschalbeiträge zur Krankenversicherung an. Eine Sonderregelung gibt es, wenn die Person in Dänemark, Luxemburg oder Österreich krankenversichert ist. Durch einen Betreuungsauftrag besteht ein Leistungsanspruch gegenüber dem Krankenversicherungsträger in Dänemark, Luxemburg oder Österreich. Somit kommt keine Versicherung in Deutschland zustande, folglich ist kein Pauschalbeitrag zur Krankenversicherung zu zahlen, sehr wohl aber zur Rentenversicherung.

Beiträge fallen nur für Zeiten an, in denen tatsächlich ein Versicherungsverhältnis besteht. Der sog. **nachgehende Leistungsanspruch** begründet daher **keine pauschalen Krankenversicherungsbeiträge**.

Endet z.B. die Familienversicherung des geringfügig entlohnt Beschäftigten, weil der **Stammversicherte aus der Versicherung ausscheidet**, entfällt die Zahlung des pauschalen Krankenversicherungsbeitrags.

Hat der geringfügig Beschäftigte seinen Versicherungsschutz **durch eine Privatversicherung sichergestellt** oder verzichtet er völlig auf die Absicherung bei Krankheit, sind ebenfalls keine pauschalen Krankenversicherungsbeiträge zu entrichten.

> **Beispiel:**
> Ein privat krankenversicherter Beamter übt eine geringfügig entlohnte Beschäftigung mit einem monatlichen Arbeitsentgelt i.H.v. 380 € aus.
> Pauschale Krankenversicherungsbeiträge sind nicht zu entrichten, da er nicht bei einer gesetzlichen Krankenkasse versichert ist. Es fallen lediglich 57,00 € pauschale Rentenversicherungsbeiträge (Befreiung von der Rentenversicherungspflicht liegt vor) und 7,60 € Pauschsteuer an.

Übt ein **höher verdienender krankenversicherungsfreier Arbeitnehmer** eine geringfügig entlohnte Beschäftigung aus, dann sind – unter der Voraussetzung, dass er sich bei einer gesetzlichen Krankenkasse **freiwillig versichert** hat – pauschale Krankenversicherungsbeiträge zu zahlen.

Für **krankenversicherungsfreie beschäftigte Studenten**, die z.B. über ihre Eltern familienversichert sind, sind **pauschale Krankenversicherungsbeiträge** zu entrichten. Übt der Student eine Beschäftigung aus, die **nicht geringfügig entlohnt** ist, weil er z.B. ein monatliches Arbeitsentgelt i.H.v. 700 € erhält, dann ist die Beschäftigung trotzdem krankenversicherungsfrei, wenn die Beschäftigung nicht mehr als 20 Wochenstunden ausmacht. Man unterstellt hier, dass das Studium immer noch im Vordergrund steht. In diesem Fall sind aber auch keine pauschalen Krankenversicherungsbeiträge zu entrichten, weil es sich nicht um eine geringfügig entlohnte Beschäftigung handelt.

Für Praktikanten ist ein pauschaler Krankenversicherungsbeitrag selbst dann nicht zu entrichten, wenn das Praktikum die Kriterien einer geringfügig entlohnten Beschäftigung erfüllt. Wird jedoch **neben einem Zwischenpraktikum** von einem Praktikanten, der gesetzlich krankenversichert ist, **eine geringfügig entlohnte Beschäftigung ausgeübt**, dann ist der Pauschalbeitrag zur Krankenversicherung zu zahlen.

b) Pauschaler Rentenversicherungsbeitrag

3185 **Voraussetzung für die Zahlung der pauschalen Beiträge** i.H.v. 15 % zur Rentenversicherung ist, dass der Arbeitnehmer in einer geringfügigen Beschäftigung von der Rentenversicherungspflicht auf Antrag befreit (§ 6 Abs. 1b SGB VI) oder wegen Erreichens einer Altersgrenze und durch den Bezug einer entsprechenden Rente oder Pension versicherungsfrei ist. In diesen Fällen gehen die Beiträge grds. an die Minijob-Zentrale.

Für Arbeitnehmer, die sich **wegen der Mitgliedschaft in einer berufsständischen Versorgungseinrichtung** von der Rentenversicherungspflicht haben befreien lassen (§ 6 Abs. 1 Satz 1 Nr. 1 SGB VI), hat der Arbeitgeber **trotzdem pauschale Rentenversicherungsbeiträge** abzuführen. Diese gehen dann allerdings an die berufsständische Versorgungseinrichtung.

Auch für Rentner mit einer Vollrente wegen Alters aus der gesetzlichen Rentenversicherung, **für Ruhestandsbeamte** nach Erreichen der Altersgrenze und ähnliche Personenkreise ist der **pauschale Rentenversicherungsbeitrag zu zahlen**. Die Regelung findet auch auf Personen Anwendung, die bisher nicht in der gesetzlichen Rentenversicherung versichert waren und wegen Vollendung des 65. Lebensjahres versicherungsfrei sind.

Wird bei Beamten die **Gewährleistung einer Versorgungsanwartschaft** auch auf die **geringfügig entlohnte Beschäftigung ausgeweitet**, ist **kein Pauschalbeitrag** zur Rentenversicherung zu zahlen.

c) Arbeitnehmerbeitrag bei Rentenversicherungspflicht

Für den Arbeitnehmer sind **Beiträge zur Rentenversicherung** 3186
nach dem allgemein geltenden Beitragssatz **i.H.v. 18,6 %** zu entrichten. Von diesen 18,6 % zahlt der Arbeitgeber 15 % bzw. im Privathaushalt nur 5 %. Die restlichen 3,6 % bzw. 13,6 % hat der **Arbeitnehmer allein zu tragen**.

Beispiel 1:

Eine familienversicherte Raumpflegerin ist monatlich gegen ein Arbeitsentgelt von 350 € beschäftigt. Sie hat auf die Rentenversicherungsfreiheit verzichtet.

Folgende Beiträge trägt der Arbeitgeber allein:

Krankenversicherung	350 € × 13 %	= 45,50 €
Rentenversicherung	350 € × 15 %	= 52,50 €
Die Arbeitnehmerin trägt Beiträge zur Rentenversicherung	350 € × 3,6 %	= 12,60 €

Würde sie die Tätigkeit in einem Privathaushalt ausüben, stellte sich die Beitragsverteilung wie folgt dar:

Folgende Beiträge trägt der Arbeitgeber allein:

Krankenversicherung	350 € × 5 %	= 17,50 €
Rentenversicherung	350 € × 5 %	= 17,50 €

Die Arbeitnehmerin trägt Beiträge zur

Rentenversicherung	350 € × 13,6 %	= 47,60 €

Die Rentenversicherungsbeiträge sind grds. **vom tatsächlichen Arbeitsentgelt zu berechnen**. Liegt das Arbeitsentgelt des Arbeitsnehmers allerdings unter 175 €, ist von einem monatlichen Mindestentgelt i.H.v. 175 € auszugehen. Der **Arbeitgeber** hat allerdings die Beiträge i.H.v. 15 % bzw. 5 % nur **vom tatsächlich erzielten Arbeitsentgelt** zu entrichten. Der **Arbeitnehmer** trägt den Differenzbetrag bis zum (aus dem Mindestentgelt errechneten) Mindestbeitrag i.H.v. 32,55 €.

Beispiel 2:

Ein Taxifahrer arbeitet als Aushilfe gegen ein monatliches Arbeitsentgelt von 120 €. Er ist nicht gesetzlich krankenversichert.

Auf Grund des geringen Arbeitsentgelts ist auf das Mindestentgelt von 175 € und somit auf den Mindestbeitrag i.H.v. 32,73 € abzustellen.

Rentenversicherungsbeitrag

Arbeitgeber	120 € × 15 %	= 18,– €
Arbeitnehmer (Differenzbetrag aus 32,55 € und 18,– €)		= 14,55 €

Die Spitzenorganisationen der Sozialversicherung haben entschieden, dass die Mindestbeitragsbemessungsgrundlage i.H.v. 175 € beim Vorliegen einer Hauptbeschäftigung nicht anzuwenden ist.

Die Arbeitsentgelte aus beiden Beschäftigungsverhältnissen sind zu addieren, mit dem Ergebnis, dass das Arbeitsentgelt aus beiden Beschäftigungen zusammen mehr als 175 € beträgt (Besprechungsergebnis der Spitzenverbände der Sozialversicherungsträger über Fragen des Gemeinsamen Beitragseinzugs am 26./27.5.2004).

d) Beitragszahlung

Die Pauschalbeiträge sind wie auch die Beiträge für die Pflicht- 3187
versicherten sozialversicherungsrechtlich als **Gesamtsozialversicherungsbeiträge** anzusehen. Dies gilt auch für den Arbeitnehmeranteil, falls nicht auf die Rentenversicherungspflicht verzichtet wird.

Die Pauschalbeiträge zur Kranken- und Rentenversicherung sind vom **tatsächlichen Arbeitsentgelt zu berechnen**. Das kann bei Gewährung einer Einmalzahlung im Einzelfall auch mal ein Betrag über der Geringfügigkeitsgrenze monatlich sein.

Beginnt eine geringfügig entlohnte Beschäftigung im Laufe eines Monats oder endet sie im Laufe eines Monats, sind Pauschalbeiträge **nur für den entsprechenden Teilmonat** zu zahlen.

Die **Minijob-Zentrale ist generelle Einzugsstelle für die Pauschalbeiträge** bei geringfügig Beschäftigten, wobei für kurzfristig Beschäftigte keine Beiträge anfallen.

Für die Abführung der pauschalen Beiträge und der Pauschsteuer gibt es **einen separaten Beitragsnachweis (Datensatz)**, der als Empfänger ausschließlich die Minijob-Zentrale vorsieht. Der **Arbeitgeber muss seine Steuernummer angeben**, damit die Minijob-Zentrale die Pauschsteuer an die Finanzverwaltung abführen kann. Die Beiträge für Personen, die in Privathaushalten tätig sind, sind ebenfalls an die Minijob-Zentrale abzuführen, wobei es hierfür ausschließlich das Haushaltsscheckverfahren gibt.

Im **Beitragsnachweis stehen folgende Beitragsgruppen** zur Verfügung:

6000	Pauschalbeitrag zur Krankenversicherung
0100	Beitrag zur Rentenversicherung bei Rentenversicherungspflicht
0500	Pauschalbeitrag zur Rentenversicherung nur bei schriftlichen Antrag auf Befreiung von der Rentenversicherungspflicht

8. Meldungen

3188 Für **geringfügig Beschäftigte gilt das allgemeine Meldeverfahren**. Aber es sind **Besonderheiten** zu berücksichtigen, wenn es **um die Art der geringfügigen Beschäftigung** geht. Die Meldungen für geringfügig Beschäftigte, egal ob geringfügig entlohnt oder kurzfristig Beschäftigte, gehen grds. an die Minijob-Zentrale. Für die **geringfügig Beschäftigten in Privathaushalten** kommt aber auch hier das **Haushaltsscheckverfahren** zum Tragen.

Tritt in einer geringfügig entlohnten Beschäftigung auf Grund der Addition mit einer versicherungspflichtigen Hauptbeschäftigung **Versicherungspflicht** ein, gehen die Meldungen **an die Krankenkasse**, bei der der geringfügig Beschäftigte **aktuell krankenversichert** ist. Bei privat Versicherten gilt das Prinzip der letzten Kasse.

a) Meldeinhalte

3189 Auf den Meldungen sind neben den persönlichen Angaben noch **folgende Angaben** zu machen:

- Grund der Abgabe,
- Personengruppen,
- Beitragsgruppen,
- Beitragspflichtiges Bruttoarbeitsentgelt.

In allen Entgeltmeldungen (nicht Anmeldungen) für geringfügig entlohnte Beschäftigte sind **auch** Angaben zur Steuer vorzunehmen. Anzugeben sind:

- die Steuernummer des Arbeitgebers,
- die IdNr des Beschäftigten (→ *Identifikationsnummer* Rz. 2576),
- die Art der Besteuerung mittels Kennzeichen.

In den Fällen, in denen die Finanzverwaltung keine IdNr vergibt, entfällt die Angabe im Datensatz.

Die Art der Besteuerung wird mittels folgender Kennzeichen übermittelt:

- 1 = Pauschalsteuer i.H.v. 2 %
- 0 = alle anderen Möglichkeiten der Besteuerung

Die zweiprozentige Pauschsteuer wird angewandt, wenn keine individuellen Lohnsteuermerkmale genutzt werden, es sich um einen geringfügig entlohnten Minijob handelt und der Arbeitgeber pauschale Rentenversicherungsbeiträge entrichtet.

Die vorgenannten Regelungen gelten auch für geringfügig entlohnt Beschäftigte in Privathaushalten.

Bei den Abgabegründen sind auch die **für die versicherungspflichtig Beschäftigten Schlüssel gültig**. So sind z.B. „10“ für eine Anmeldung, „30“ für eine Abmeldung, „50“ für eine Jahresmeldung usw. anzugeben.

Wichtig ist hier der Hinweis, dass der Wechsel von einer versicherungsfreien geringfügig entlohnten Beschäftigung zu einer versicherungspflichtigen Beschäftigung oder umgekehrt beim selben Arbeitgeber mit den Abgabegründen „31“ und „11“ (Wechsel der Einzugsstelle) zu melden ist.

Bei den **Personengruppen** ist **zwischen zwei Schlüsseln**, „109“ für geringfügig entlohnt Beschäftigte (Pauschalbeiträge sind zu entrichten) und „110“ für kurzfristig Beschäftigte (Pauschalbeiträge sind nicht zu entrichten), **zu unterscheiden.**

Bei den geringfügig entlohnten Beschäftigungen (Personengruppenschlüssel 109) ist die Beitragsgruppe zur Krankenversicherung mit „6“ und die Beitragsgruppe zur Rentenversicherung bei Versicherungsfreiheit oder Befreiung von der Versicherungspflicht mit „5“ bzw. bei Versicherungspflicht mit „1“ zu verschlüsseln. Ein vom Arbeitnehmer erklärter Verzicht auf die Versicherungsfreiheit sowie eine vom Arbeitnehmer beantragte Befreiung von der Versicherungspflicht, die nicht ab Beschäftigungsbeginn wirkt, begründet in der laufenden Beschäftigung einen Wechsel der Beitragsgruppe in der Rentenversicherung. In diesen Fällen hat eine Abmeldung mit Abgabegrund „32“ und eine Anmeldung mit Abgabegrund „12“ zu erfolgen. Wird die geringfügig entlohnte Beschäftigung auf Grund **vorgeschriebener Addition versicherungspflichtig**, ist grds. der Schlüssel „101“ zu verwenden und das Feld „Mehrfachbeschäftigung“ anzukreuzen. Für die erste geringfügig entlohnte Beschäftigung neben einer versicherungspflichtigen Hauptbeschäftigung verbleibt es jedoch beim Personengruppenschlüssel „109“.

Für geringfügig entlohnt Beschäftigte sind **folgende Beitragsgruppen** zu verwenden:

6 in der Krankenversicherung

5 für die Rentenversicherung, **nur** wenn der Arbeitnehmer schriftlich die Befreiung von der Rentenversicherungspflicht beantragt hat

1 für die Rentenversicherung bei Rentenversicherungspflicht.

Für **kurzfristig Beschäftigte** ist als Beitragsgruppenschlüssel stets 0000 zu verwenden.

Als **beitragspflichtiges Arbeitsentgelt** ist das Arbeitsentgelt einzutragen, **von dem die Pauschalbeiträge entrichtet wurden**. Sollte bei einem Arbeitnehmer, der rentenversicherungspflichtig ist, das Arbeitsentgelt unter der Mindestbemessungsgrundlage liegen, dann ist die Mindestbemessungsgrundlage von 175 € monatlich zu berücksichtigen.

Bei kurzfristig Beschäftigten ist das beitragspflichtige Entgelt generell mit 000000 anzugeben.

Zusätzlich muss bei allen Anmeldungen für kurzfristig Beschäftigte (Personengruppe 110) angegeben werden, wie der Beschäftigte für die Dauer der Beschäftigung krankenversichert ist. Der Gesetzgeber will damit sicherstellen, dass kurzfristig Beschäftigte auch tatsächlich über eine anderweitige Absicherung im Krankheitsfall verfügen.

Anzugeben ist für gesetzlich Krankenversicherte die „1“ und private oder anderweitige Versicherte die „2“.

Bei der gesetzlichen Krankenversicherung (1) ist nicht relevant, ob eine Versicherungspflicht vorliegt, eine freiwillige Versicherung abgeschlossen wurde oder ob eine Familienversicherung besteht.

Bei der privaten oder anderweitigen Versicherung (2) darf es sich nicht um eine Zusatzversicherung handeln, sondern es muss eine Vollversicherung vorliegen. Ob das Versicherungsunternehmen seinen Sitz in Deutschland hat, spielt keine Rolle. Das Kennzeichen ist auch zu benutzen, wenn z.B. ein Soldat freie Heilfürsorge hat.

b) Meldesachverhalte

Neben den An- und Abmeldungen und Veränderungsmeldungen 3190
sind für geringfügig Beschäftigte **Jahresmeldungen und Unterbrechungsmeldungen** zu erstellen.

Jahresmeldungen sind immer dann erforderlich, wenn der geringfügig Beschäftigte **über den Jahreswechsel hinaus weiterbeschäftigt** wird, es sei denn, eine bereits gemeldete Unterbrechung besteht noch am 31. Dezember.

Für kurzfristig geringfügig Beschäftigte ist nur die UV-Jahresmeldung und nicht die „normale" Jahresmeldung zu erstellen.

Wird die Entgeltzahlung **für länger als einen Monat unterbrochen** (z.B. im Falle der Arbeitsunfähigkeit nach einem Monat nach Ablauf der Entgeltfortzahlung), ist eine Abmeldung mit Abgabegrund „34" vorzunehmen. Bei Bezug von Verletztengeld, Übergangsgeld oder Versorgungskrankengeld ist eine Unterbrechungsmeldung mit Abgabegrund „51" zu erstatten.

Wird bei **kurzfristig Beschäftigten eine Rahmenvereinbarung** geschlossen, hat eine Anmeldung mit dem Tag der Aufnahme der Beschäftigung und eine Abmeldung mit dem letzten Tag der Beschäftigung zu erfolgen.

Wird eine **kurzfristige Beschäftigung auf der Basis einer Rahmenvereinbarung für länger als einen Monat unterbrochen**, ist nach Ablauf dieses Monats eine Abmeldung mit Abgabegrund „30" und bei Wiederaufnahme der Beschäftigung eine Anmeldung mit Abgabegrund „10" zu erstatten. Dies ist darin begründet, weil bei kurzfristig Beschäftigten nach den Geringfügigkeitsrichtlinien der Abgabegrund „34" nicht mehr verwendet werden darf. Übrigens: Es bestehen keine Bedenken dagegen, wenn auch bei Zeiträumen von mehr als einem Monat zwischen den Beschäftigungen eine Anmeldung mit Abgabegrund „10" zum Beginn der Rahmenvereinbarung und eine Abmeldung mit Abgabegrund „30" zum Ende der Rahmenvereinbarung erfolgt.

Nach dem Besprechungsergebnis der Spitzenverbände der Sozialversicherungsträger zu Fragen des Gemeinsamen Meldeverfahrens am 1./2.10.2003 werden bei Meldungen für kurzfristig Beschäftigte mit dem Personengruppenschlüssel „110" auch Meldungen mit dem Abgabegrund „40" akzeptiert, auch wenn keine Versicherungsnummer eingetragen ist.

Voraussetzung ist, dass die Meldungen die Daten beinhalten, die zur Vergabe einer Versicherungsnummer erforderlich sind.

9. Entgeltunterlagen

3191 Die **Regelungen der Beitragsverfahrensverordnung (§8 BVV)** über die Führung von Entgeltunterlagen **gelten uneingeschränkt auch für die geringfügig Beschäftigten** (siehe auch → *Lohnkonto* Rz. 2712). Der Arbeitgeber hat die für die Versicherungsfreiheit maßgebenden Angaben in den Entgeltunterlagen aufzuzeichnen und Nachweise, aus denen die erforderlichen Angaben ersichtlich sind, zu den Entgeltunterlagen zu nehmen. Hierzu gehören u.a. **Angaben und Unterlagen** über

- das monatliche Arbeitsentgelt,
- die Beschäftigungsdauer,
- die regelmäßige wöchentliche Arbeitszeit und die tatsächlich geleisteten Arbeitsstunden und
- die Aufzeichnungen nach §17 MiLoG über Beginn, Ende und Dauer der täglichen Arbeitszeit der geringfügig Beschäftigen sowie
- Dokumente wie
  - die Erklärung des geringfügig entlohnten Beschäftigten über das Vorliegen weiterer Beschäftigungen sowie die Bestätigung, dass dem Arbeitgeber die Aufnahme weiterer Beschäftigungen angezeigt wird,
  - den Bescheid der Minijob-Zentrale/des Rentenversicherungsträgers über die Feststellung von Sozialversicherungspflicht,
  - die schriftliche Erklärung des Beschäftigten über den Verzicht auf die Rentenversicherungsfreiheit nach §5 Abs. 2 Satz 2 SGB VI in der bis zum 31.12.2012 geltenden Fassung bzw. nach §230 Abs. 8 Satz 2 SGB VI,
  - den Antrag auf Befreiung von der Versicherungspflicht nach §6 Abs. 1b SGB VI, auf dem der Tag des Eingangs beim Arbeitgeber dokumentiert ist,
  - den Antrag auf Aufhebung der Befreiung von der Versicherungspflicht nach §6 Abs. 6 SGB VI, auf dem der Tag des Eingangs beim Arbeitgeber dokumentiert ist (s. hierzu → Rz. 3173),
  - die schriftliche Meldung an die Minijob-Zentrale über den Eingang eines Antrags auf Befreiung von der Rechtenversicherungspflicht nach §6 Abs. 1b SGB VI bei verspäteter Meldung bzw. Bestandsbeschäftigungen,
  - den Bescheid der zuständigen Einzugsstelle über die Feststellung des Bestehens oder Nichtbestehens von Versicherungspflicht,
  - die Bescheinigung A1 für Aushilfsbeschäftigungen von Saisonarbeitskräften aus einem EU/EWR-Mitgliedstaat sowie der Schweiz,
  - die Erklärung des Beschäftigten über die Befreiung von der Versicherungspflicht bzw. der Nachweis der Krankenkasse über eine bestehende Familienversicherung,
  - die schriftliche Erklärung des Verzichts auf die Versicherungsfreiheit nach §5 Abs. 4 Satz 2 SGB VI oder §230 Abs. 9 Satz 2 SGB VI, auf der der Tag des Eingangs beim Arbeitgeber dokumentiert ist und
  - den Nachweis über eine bestehende private Krankenversicherung im In- oder Ausland oder den Nachweis über die bestehende Krankenversicherung in Dänemark, Luxemburg oder Österreich zur Bestätigung der Nichtzahlung von Pauschalbeiträgen zur Krankenversicherung bei einer geringfügig entlohnten Beschäftigung.

Bei kurzfristig Beschäftigten sind zusätzlich Nachweise oder Erklärungen über

- eventuelle weitere kurzfristige Beschäftigungen im Kalenderjahr vor Beginn der zu beurteilenden Beschäftigung sowie die Bestätigung, dass dem Arbeitgeber die Aufnahme weiterer Beschäftigungen angezeigt wird,
- den Status (z.B. Hausfrau, Schüler, Student, freiwillig Wehrdienstleistender, Bundesfreiwilligendienstleistender, beschäftigungsloser Ausbildung- oder Arbeitsuchender, Rentner) des Beschäftigten
- den Nachweis eines Krankenversicherungsschutzes nach §28a Abs. 9a SGB IV und
- die Rückmeldung der Minijob-Zentrale zu Vorbeschäftigungszeiten

den Entgeltunterlagen beizufügen.

Durch §17 des MiLoG hat der Arbeitgeber für geringfügig Beschäftigte (gilt nicht im Privathaushalt) Beginn, Ende und Dauer der täglichen Arbeitszeit dieser Arbeitskraft spätestens bis zum Ablauf des siebten auf den Tag der Arbeitsleistung folgenden Kalendertages aufzuzeichnen und diese Aufzeichnungen mindestens zwei Jahre beginnend ab dem für die Aufzeichnung maßgeblichen Zeitpunkt aufzubewahren. Sollten die Aufzeichnungspflichten nicht eingehalten werden, kann dies nach §21 MiLoG mit Bußgeldern geahndet werden.

10. Entgeltfortzahlungsversicherung

Für die Durchführung der Entgeltfortzahlungsversicherung nach dem Aufwendungsausgleichsgesetz für alle geringfügig Beschäftigten ist die Minijob-Zentrale zuständig, unabhängig davon, bei welcher Krankenkasse die Krankenversicherung tatsächlich durchgeführt wird. 3192

Zu den Voraussetzungen für die Teilnahme am Umlageverfahren auch → *Lohnfortzahlung: Erstattungsverfahren für Arbeitgeber* Rz. 2846.

Die Minijob-Zentrale bietet eine Ausgleichskasse der Arbeitgeberaufwendungen bei Krankheit (U1) und die Ausgleichskasse der Arbeitgeberaufwendungen nach dem Mutterschutzgesetz (U2) an. Der **Beitrag zur U1** ist aus den Bruttoarbeitsentgelten aller im Betrieb geringfügig beschäftigten Arbeitnehmer zu entrichten. Der **Beitrag zur U2** errechnet sich auch aus den Bruttoarbeitsentgelten aller im Betrieb beschäftigten geringfügigen Arbeitnehmer, also auch der Männer.

Seit dem 1.1.2026 beträgt der Umlagesatz U1 (Arbeitgeberaufwendungen bei Krankheit) 0,8 % und der Umlagesatz U2 (Arbeitgeberaufwendungen bei Mutterschaft) 0,22 %.

11. Insolvenzgeldumlage

Für geringfügig Beschäftigte (außerhalb von Haushalten) ist auch die Insolvenzgeldumlage abzuführen. Für die Berechnung der Insolvenzgeldumlage ist das Arbeitsentgelt maßgebend, nach dem die Rentenversicherungsbeiträge im Falle des Bestehens von Rentenversicherungspflicht zu bemessen wären. Anzusetzen ist somit das tatsächliche Arbeitsentgelt, also bei schwankendem 3193

Arbeitsentgelt i.R. einer geringfügig entlohnten Beschäftigung auch der die Geringfügigkeitsgrenze überschreitende Betrag.

Die Umlagebeträge sind unter dem Beitragsgruppenschlüssel „0050“ anzugeben.

Zum Umlagesatz 2026 s. → *Insolvenzgeld* Rz. 2605.

12. Haushaltsscheckverfahren

3194 Das **Haushaltsscheckverfahren ist ausschließlich für geringfügig Beschäftigte in Privathaushalten** anwendbar. Das Haushaltsscheckverfahren findet keine Anwendung bei Wohnungseigentümergemeinschaften (BSG v. 29.12.2012, B 12 R 4/10 R, bestätigt durch BVerfG v. 22.9.2015, 1 BvR 138/13; vgl. auch ausführlich das Gemeinsame Rundschreiben „Haushaltsscheck-Verfahren“ i.d.F. ab 1.10.2022 v. 17.10.2022). Wird eine geringfügig entlohnte Beschäftigung in einem Privathaushalt auf Grund der **Addition mit einer versicherungspflichtigen Hauptbeschäftigung versicherungspflichtig**, ist das Haushaltsscheckverfahren nicht zu nutzen.

Der Haushaltsscheck ist bei **wechselndem Arbeitsentgelt monatlich einzureichen**. Es besteht im Gegenzug aber für Beschäftigungsverhältnisse **mit festem Monatsgehalt** die Möglichkeit, den Haushaltsscheck **zum „Dauerscheck“ zu erklären**.

Das Haushaltsscheckverfahren ist zwingend mit der **Abgabe eines SEPA-Basislastschriftmandats** sowohl für die pauschalen Beiträge, die Umlage nach der Lohnfortzahlungsversicherung und die Pauschsteuer **gekoppelt**.

Der Haushaltsscheck wird im Internet unter www.minijob-zentrale.de sowie für Arbeitgeber ohne Internetanschluss auf Anforderung unter Minijob-Zentrale, 45115 Essen, zur Verfügung gestellt. Auf der Internetseite der Minijob-Zentrale kann man Haushaltshilfen mit Beschäftigungsbeginn auch direkt per Online-Anmeldung zu Minijobbern machen, nur die für den Haushaltsscheck benötigten Informationen müssen hierzu vorliegen.

Der Haushaltsscheck besteht aus **drei Formularen**. Teil 1 für die Minijob-Zentrale, Teil 2 für den Arbeitgeber und Teil 3 für den Arbeitnehmer. Bei der ersten Abgabe für den jeweiligen Arbeitnehmer ist die Einzugsermächtigung beizufügen. Diese steht ebenfalls im Internet zur Verfügung.

Der Haushaltsscheck enthält u.a. folgende Angaben:

- Name, Vorname, Anschrift, Betriebsnummer, Steuernummer sowie die Telefonnummer und E-Mail-Adresse des Arbeitgebers,
- Name, Vorname, Anschrift, Versicherungsnummer sowie die Telefonnummer und E-Mail-Adresse des Arbeitnehmers,
- Kennzeichnung über die Zahlung von Pauschsteuer,
- Kennzeichnung über eine versicherungspflichtige (Haupt-)Beschäftigung des Arbeitnehmers,
- Kennzeichnung, falls der Arbeitnehmer nicht gesetzlich krankenversichert ist,
- Kennzeichnung, ob der Arbeitnehmer Pflichtbeiträge zur Rentenversicherung zahlen möchte,
- ist die Versicherungsnummer des Arbeitnehmers nicht bekannt, ist das Geburtsdatum, der Geburtsname und der Geburtsort anzugeben,
- Beginn und Ende der Beschäftigung,
- Höhe des monatlich gleichbleibend oder schwankend gezahlten Arbeitsentgelts in Euro (kaufmännisch auf volle Euro-Beträge gerundet).

Der Haushaltsscheck ist bei der **Minijob-Zentrale, 45115 Essen, unverzüglich einzureichen**. Meldeanlässe sind insbesondere der Beginn der Beschäftigung, Änderungen im laufenden Beschäftigungsverhältnis und das Ende der Beschäftigung. Die Meldungen können auch durch Datenübertragung aus systemgeprüften Programmen oder mit maschinell erstellter Ausfüllhilfe übermittelt werden. Allerdings muss das für den Beitragseinzug erforderliche Lastschriftmandat weiterhin einmalig in Schriftform mit der Unterschrift des Arbeitgebers eingereicht werden. Die Minijob-Zentrale teilt dem Beschäftigten den Inhalt der abgegebenen Meldungen schriftlich mit. Dies ist jetzt auch durch gesicherte Datenübertragung möglich.

Die für das Verfahren **erforderliche Betriebsnummer** wird von der **Deutsche Rentenversicherung Knappschaft-Bahn-See vergeben**, falls für den Privathaushalt nicht bereits eine Betriebsnummer von der Bundesagentur für Arbeit vergeben war.

Anhand des vorliegenden Haushaltsschecks berechnet die Minijob-Zentrale die pauschalen Beiträge, die Pauschsteuer, die Unfallversicherungsbeiträge und ggf. die Beiträge nach dem Aufwendungsausgleichsgesetz und bucht die Beträge vom Konto des jeweiligen Haushalts für die Monate Januar bis Juni 2026 am 31.7.2026 und für die Monate Juli bis Dezember 2026 am 31.1.2027 ab.

Bei Verwendung eines Haushaltsschecks gilt der ausgezahlte Betrag zuzüglich der durch Abzug vom Arbeitslohn einbehaltenen Steuern als Arbeitsentgelt (§ 14 Abs. 3 SGB IV). Das bedeutet: Werden zusätzlich zum Arbeitsentgelt Sachbezüge (z.B. kostenlose Mahlzeiten) gewährt, sind diese beitragsfrei.

Die Minijob-Zentrale bietet Arbeitgebern, die eine Haushaltshilfe mit monatlich schwankendem Arbeitsentgelt beschäftigen, einen **„Halbjahresscheck“ (auch online)** an. Das Verfahren läuft wie folgt ab:

1. Zunächst ist vom Arbeitgeber der „normale“ Haushaltsscheck mit schwankendem Arbeitsentgelt einzureichen.
2. Die Minijob-Zentrale sendet dem Arbeitgeber anschließend maschinell vorbereitete Schecks zusammen mit einem Merkblatt zu.
3. Die Schecks beinhalten bereits folgende Angaben:
   - Name, Vorname und Betriebsnummer des Arbeitgebers,
   - Name, Vorname und Versicherungsnummer des Arbeitnehmers,
   - Beschäftigungszeitraum und die schwankenden Arbeitsentgelte in einem sechsmonatigen Zeitraum,
   - Kennzeichnung über die Beendigung der Beschäftigung.
4. In diese Schecks ist dann noch das insgesamt erzielte Arbeitsentgelt für das jeweilige Kalenderhalbjahr sowie ggf. der Beschäftigungszeitraum einzutragen.
5. Der jeweilige Scheck in Papierform ist vom Arbeitgeber zu unterschreiben und rechtzeitig vor der Beitragsfälligkeit (31.7.2026 für das 1. und 31.1.2027 für das 2. Halbjahr 2026) einzureichen.

Es handelt sich um ein Zusatzangebot der Minijob-Zentrale; die Nutzung ist dem Privathaushalt freigestellt.

Der **Haushaltsscheck** hat für die **Lohnsteuer** gem. § 40a Abs. 6 EStG die sich aus § 168 Satz 1 AO ergebenden **Wirkungen einer Steueranmeldung**. Er ist ein Steuerbescheid. Die Lohnsteuerfestsetzung kann daher **i.R. der Festsetzungsfrist** gem. § 164 Abs. 2 AO **geändert** werden. Folglich darf auch nachträglich die Gewährung von Steuerbefreiungen, die bei der ursprünglichen Anmeldung irrtümlich nicht in Anspruch genommen wurden, beantragt bzw. geltend gemacht werden (FG Köln v. 26.2.2015, 6 K 116/13, EFG 2015, 2086).

Mitgliedsbeiträge

→ *Werbungskosten* Rz. 4554

Mobbing, Bossing

→ *Werbungskosten* Rz. 4555

Mobile-Office

→ *Home-Office/Mobile-Office/Telearbeit* Rz. 2549

Mobilitätshilfen

1. Arbeitsrecht

Die **Agenturen für Arbeit** haben die Möglichkeit, die regionale 3195
Mobilität von Arbeitslosen und von Arbeitslosigkeit bedrohten Arbeitsuchenden zu fördern, indem sie bei Aufnahme einer auswärtigen Beschäftigung die Kosten für

- die Fahrt zum Antritt der Arbeitsstelle (**Reisekostenbeihilfe**) in Höhe der berücksichtigungsfähigen Fahrtkosten bis zu einem Betrag von 300 €,

- tägliche Fahrten zwischen Wohnung und Arbeitsstelle (**Fahrtkostenhilfe**) für die ersten sechs Monate der Beschäftigung,
- eine getrennte Haushaltsführung (**Trennungskostenbeihilfe**), ebenfalls für die ersten sechs Monate der Beschäftigung, bis zu einem Betrag von 260 € monatlich,
- einen Umzug (**Umzugskostenbeihilfe**) als Zuschuss für das Befördern des Umzugsguts

übernehmen können. Die Förderung setzt die Aufnahme einer (sozial-)versicherungspflichtigen Beschäftigung auf dem ersten Arbeitsmarkt voraus (BSG v. 4.3.2021, B 4 AS 60/20 R).

Darüber hinaus können unabhängig davon, ob es sich um eine auswärtige Arbeitsaufnahme handelt, auch Leistungen für Arbeitskleidung und Arbeitsgerät (**Ausrüstungsbeihilfe**) i.H.v. bis zu 260 € bei Aufnahme einer Beschäftigung übernommen werden. Es handelt sich dabei um **Ermessensleistungen** der aktiven Arbeitsförderung, die in § 16 SGB II i.V.m. § 44 SGB III normiert sind (SG Dessau-Roßlau v. 6.5.2024, S 4 AS 872/20).

2. Lohnsteuer

3196 Die o.g. Leistungen der Agentur für Arbeit sind nach § 3 Nr. 2 Buchst. a EStG **steuerfrei**, ein **Werbungskostenabzug** kommt insoweit nach § 3c EStG nicht in Betracht (vgl. R 9.1 Abs. 4 Satz 3 LStR sowie FG Köln v. 21.9.2000, 7 K 8933/99, EFG 2001, 81; BFH v. 13.10.2003, VI R 71/02, BStBl II 2004, 890). Um eine Anrechnung auf Werbungskosten zu ermöglichen, müssen diese Leistungen in den Steuererklärungsvordrucken (Anlage „N" zur Einkommensteuererklärung) angegeben werden.

Mobilitätsprämie

→ *Wege zwischen Wohnung und erster Tätigkeitsstätte* Rz. 4471

Montageerlass

→ *Auslandstätigkeitserlass* Rz. 957

Motorsägegeld

→ *Werkzeuggeld* Rz. 4595

Musiker

1. Allgemeines

3197 Die **arbeits-, lohnsteuer- und sozialversicherungsrechtliche Behandlung** von Musikern ist von den Rechtsverhältnissen im Einzelfall abhängig. Eine typisierende Abgrenzung der Leistungen in „selbständige" und „nichtselbständige" Tätigkeit wurde für das Lohnsteuer- und Sozialversicherungsrecht durch die sog. „**Künstlererlasse**" vorgenommen (→ *Künstler (und verwandte Berufe)* Rz. 2798).

Die OFD Karlsruhe hat in einem **Merkblatt** v. 30.3.2020, S 2045/7 - St 112, „**Grundzüge der Besteuerung von Musikern und Sänger**" zusammengestellt.

Zahlt ein Arbeitgeber, der ein Orchester unterhält, einen Zuschuss (hier 70 %) zu der von den Musikern abgeschlossenen **Instrumentenversicherung,** so stellen diese Zahlungen keinen Arbeitslohn i.S.d. §§ 8, 19 EStG dar (FG Thüringen v. 15.10.2003, IV 272/00, EFG 2004, 716).

2. Musiker als Arbeitnehmer

3198 **Bühnenkünstler** stehen **nicht in einer abhängigen Beschäftigung**, wenn sich die Tätigkeit im Wesentlichen im Bühnenauftritt erschöpft und lediglich Rahmenvorgaben hinsichtlich Ort und Zeit der Aufführung sowie des „groben" Inhalts der Darbietung, innerhalb derer die übernommene Dienstleistung zu erbringen ist, zu beachten sind (BSG v. 14.3.2018, B 12 KR 3/17 R, betr. Opernchorsänger). **Opernchorsänger sind dagegen als Arbeitnehmer anzusehen**, wenn sie in den Geschäftsbetrieb der Opernchöre eingegliedert, dem Direktionsrecht der Chordirektionen unterworfen, an festgelegte Regelarbeitszeiten und Arbeitsorte gebunden sind, feste Bezüge erhalten, Anspruch auf Sozialleistungen haben und kein Unternehmerrisiko tragen (BFH v. 30.5.2018, I R 62/16, HFR 2018, 935).

Arbeitnehmertätigkeit wurde auch angenommen bei

- einer an einem Theater fest angestellten **Orchestermusikerin**, die i.R. einer Konzertreihe in demselben Betrieb als Solistin auftritt (LSG Hessen v. 31.1.2002, L 14 KR 429/99),
- **Mitgliedern eines Musikantenorchesters**, wenn sie verpflichtet sind, an allen Einsätzen des Orchesters teilzunehmen, sich also ständig in Bereitschaft zu halten hatten, nicht die Freiheit haben, abzusagen und stattdessen für andere Orchester tätig zu werden oder nach ihrem Belieben Urlaub zu nehmen und eine unabhängig von der Gesamtgage für jeden Fall festgesetzte Vergütung erhalten, die im Voraus und nicht von Fall zu Fall festgesetzt wird (BSG v. 4.4.1979, 12 RK 37/77).

Zur steuerlichen Beurteilung und ggf. Aufteilung des Arbeitslohnes von Musikern im Rahmen von Doppelbesteuerungsabkommen sind derzeit mehrere Verfahren vor dem BFH anhängig. Im Urteil der Vorinstanz des FG Saarland v. 30.1.2025, 2 K 1421/21, EFG 2025, 693 (Rev. BFH: VI R 5/25), geht es um die Klärung der Frage, ob die Steuerbefreiung nach Art. 13b Abs. 1 Satz 1 DBA-Frankreich für Arbeitslohn eines in Frankreich wohnenden, in Deutschland angestellten, teilweise als Betriebsrat freigestellten Orchestermusikers nur für den auf die künstlerische Tätigkeit entfallenden Teil seines Arbeitslohns oder in voller Höhe zu gewähren ist. In einem weiteren Verfahren ist streitig, wo das Besteuerungsrecht für luxemburgische Lohneinnahmen belegen ist. Das FG Rheinland-Pfalz (v. 19.6.2024, 1 K 1767/23, EFG 2024, 1590, Rev. BFH: VI R 21/24) hat hierzu entschieden, dass das Besteuerungsrecht Luxemburg zusteht, dass aber auch in Deutschland der Lohn in die Besteuerungsgrundlage für die Einkommensteuer – unter Anrechnung der luxemburgischen Steuern – einzubeziehen sei (Hinweis auf Urteil des FG Rheinland-Pfalz v. 20.9.2023, 1 K 1470/23, EFG 2024, 305; Rev. BFH: VI R 25/23).

LSt SV

3. Musiker als selbständig Tätige

Keine Arbeitnehmertätigkeit angenommen wurde dagegen bei 3199

- Musikern, die für bestimmte Aufnahmen im **Rundfunk** oder bei **Schallplattenherstellern** herangezogen werden (FG Köln v. 21.7.1981, II (XIV) 405/79 E, EFG 1982, 345),
- dem **Organisator und Dirigent einer Kurkapelle**, der die vertraglich geschuldete Leistung nicht in Person zu erbringen hat, sondern die Durchführung der musikalischen Veranstaltungen als Ganzes und nicht nur die Tätigkeit eines Dirigenten schuldet, dazu die Musiker auswählen, engagieren, zur Verfügung stellen, entlohnen und die gesetzlichen Abgaben leisten muss (BAG v. 20.1.2010, 5 AZR 99/09),
- einem Musiker, der nur **aushilfsweise in einem Orchester mitspielt** (LSG Bayern v. 18.1.2011, L 5 R 949/08),
- **Musikgruppen**, die sich für längere Zeit zusammenschließen und die ein eigenes Programm ausarbeiten, das sie jeweils für kürzere Zeiten wechselnden Veranstaltern anbieten (LSG Rheinland-Pfalz v. 2.3.1999, L 7 U 349/97),
- einer **Opernchoraushilfe**, die im Rahmen eines Auftragsverhältnisses tätig ist, nur für einzelne Vorstellungen engagiert wird und bei der keine Verpflichtung für den allgemeinen Dienst und somit insbesondere keine regelmäßige Probenverpflichtung besteht, sondern allenfalls eine kurze szenische (Sicherheits-)Einweisung und die Klärung der musikalischen Strichfassung unmittelbar vor dem Auftritt stattfindet (BSG v. 14.3.2018, B 12 KR 3/17 R),
- einer **Violinistin**, die jeweils auf entsprechende Anfrage des Betreibers eines Orchesters und ihre entsprechende Zusage hin teils als Aushilfe in Vertretungsfällen und teils als Verstärkung bei größeren Produktionen in einem Orchester eingesetzt wird. Dies gilt auch dann, wenn die Zusammenarbeit der Parteien über zwanzig Jahre angedauert und der Beschäftigungsumfang zuletzt ca. 1/5 einer Vollzeitbeschäftigung erreicht hat (LAG Baden-Württemberg v. 10.1.2020, 1 Sa 8/19),
- dem **Chefdirigenten** und künstlerischen Leiter eines Orchesters; die **Musiker** sind dagegen unstreitig Arbeitnehmer (FG Berlin-Brandenburg v. 13.1.2020, 9 V 9095/19, EFG 2020, 486 mit umfangreichen weiteren Rechtsprechungsnachweisen); die Entscheidung im Hauptsacheverfahren bleibt abzuwarten,

- einem **Chefdirigenten** und künstlerischen Leiter des Orchesters, der für die Programmgestaltung verantwortlich ist, die Konzerttermine festlegt, der das Letztentscheidungsrecht über die Probentermine hat, der an keinerlei Arbeitszeiten gebunden ist, der neben der Werkerstellung keine weiteren Verpflichtung wie die Erstellung von Dienstplänen, Mitwirkung an Dienstbesprechungen, Ausübung von Hausrechten oder Direktionsrechten gegenüber Mitarbeitern hat, dessen Verdienst zu rund 80 % erfolgsabhängig ist, und der werbend am Markt auftritt und sich eines Managements bedient (LSG Baden-Württemberg v. 2.6.2021, L 5 BA 142/20).
- Aus Gründen der Praktikabilität und der Verwaltungsvereinfachung soll bei den von Kirchengemeinden eingesetzten Organisten/Kirchenmusikern grundsätzlich davon auszugehen sein, dass deren Tätigkeit eine gewisse Gestaltungshöhe erreicht und somit die Voraussetzungen einer künstlerischen Tätigkeit i.S. des § 3 Nr. 26 EStG vorliegen.

(LSt) (SV)

4. Von Gastwirten/Hotels beschäftigte Musiker

3200 Nach der allgemeinen Lebenserfahrung besteht ein widerlegbarer Anschein dafür, dass in einer Gastwirtschaft bei Tanzveranstaltungen spielende, nebenberuflich tätige Musiker Arbeitnehmer des Gastwirts sind. Ein Arbeitsverhältnis zum Gastwirt ist jedoch i.d.R. zu verneinen, wenn die Kapelle gegenüber Dritten als selbständige Gesellschaft oder der Kapellenleiter als Arbeitgeber der Musiker aufgetreten ist. Spielt eine Kapelle nur gelegentlich (etwa nur für einen Abend oder an einem Wochenende) bei einem Gastwirt zum Tanz auf, so ist i.d.R. eine Selbständigkeit der Kapelle gegenüber dem Gastwirt anzunehmen (BFH v. 10.9.1976, VI R 80/74, BStBl II 1977, 178).

Das o.g. BFH-Urteil hat grundsätzliche Bedeutung auch für **andere Veranstalter, etwa Vereine, Tanzkreise usw.** Die **Finanzverwaltung** verfährt nach folgenden Grundsätzen (OFD Frankfurt v. 26.6.1996, S 2240 A – 5 – St II 20):

- **Haupt- oder nebenberuflich tätige Musiker** und andere Unterhaltungskünstler, die für Gastwirte, Vereine oder ähnliche Veranstalter tätig werden, erzielen regelmäßig **Einkünfte aus selbständiger Arbeit bzw. Gewerbebetrieb** (zur Abgrenzung vgl. unten), wenn sie nur für **ein oder zwei Abende oder für ein Wochenende verpflichtet** werden. Zur weiteren Abgrenzung zwischen selbständiger Tätigkeit und nichtselbständiger Arbeit und einen ggf. notwendigen Steuerabzug vom Arbeitslohn vgl. BMF v. 5.10.1990, IV B 6 – S 2332 – 73/90, BStBl I 1990, 638.
- Ein **Arbeitsverhältnis zum Veranstalter** ist i.d.R. auch dann zu verneinen, wenn eine **Kapelle selbständig als Gesellschaft** oder der **Kapellenleiter als Arbeitgeber** der Musiker aufgetreten ist. In diesen Fällen sind die Kapellen oder der Arbeitgeber-Kapellenleiter einkommensteuerlich zu erfassen.

  Tritt die **Kapelle** sowohl beim Abschluss der Verträge als auch bei ihren späteren Darbietungen **als Einheit auf**, indem sie beispielsweise unter ihrem **Kapellennamen in Erscheinung tritt**, so bildet die Gesamtheit der beteiligten Musiker eine **GbR;** i.d.R. sind in diesen Fällen die Mitglieder der Kapelle nach den zwischen ihnen getroffenen Vereinbarungen als **Mitunternehmer** i.S.d. § 15 Abs. 1 Nr. 2 EStG anzusehen.

  Soweit dagegen der **Kapellenleiter** die Musikkapelle nicht nur musikalisch, sondern auch **organisatorisch und wirtschaftlich führt**, selbst die Verträge mit den Veranstaltern in eigenem Namen abschließt und Inhalt und Zusammensetzung der musikalischen Darbietungen bestimmt, wird zwischen dem **Kapellenleiter und den übrigen Kapellenmitgliedern ein Arbeitsverhältnis** anzunehmen sein, es sei denn, dass ein Musiker nur für einen **einzelnen Auftritt** vom Kapellenleiter engagiert wird (vgl. BFH v. 7.9.1961, V 75/59, HFR 1962, 68). In der Beurteilung sind insbesondere auch die zwischen dem Kapellenleiter und den Kapellenmitgliedern getroffenen Vereinbarungen einzubeziehen. Maßgeblich ist das Gesamtbild der Verhältnisse.
- Ein **Arbeitsverhältnis zum Veranstalter** kann für sich allein auch eine etwaige **Vertragsklausel**, dass „Lohn- und Einkommensteuer, Kirchensteuer zu Lasten des Veranstalters gehen“, nicht begründen. Einer derartigen Vereinbarung kommt lediglich Indizwirkung zu, vgl. BFH v. 10.9.1976, VI R 80/74, BStBl II 1977, 178.
- Ist nach den vorstehenden Grundsätzen das Vorliegen eines **Arbeitsverhältnisses zu verneinen**, so werden in aller Regel Einkünfte aus **Gewerbebetrieb** anzunehmen sein. In einzelnen Fällen kann die Tätigkeit der Musiker jedoch als künstlerische anzusehen sein und daher zu Einkünften aus **selbständiger (freiberuflicher) Arbeit** führen (vgl. hierzu die Ausführungen des BFH in dem Urteil v. 19.8.1982, IV R 64/79, BStBl II 1983, 7). Die Entscheidung darüber, ob der vom BFH geforderte Qualitätsstandard vorliegt, wird sich im Zweifelsfall nur nach Einschaltung des Gutachterausschusses für Musik entscheiden lassen. Vor einer Einschaltung des Gutachterausschusses ist jedoch besonders sorgfältig zu prüfen, ob die Einordnung der Einkünfte überhaupt von steuerlicher Bedeutung ist.

Arbeitnehmertätigkeit wurde auch angenommen bei

- einem **einzelnen Pianist**, wenn er zwar nur ab und zu auftritt, keine festen Arbeitszeiten sowie keine Ansprüche auf Sozialleistungen (z.B. Lohnfortzahlung im Krankheitsfall, Urlaub) hat, er aber im Rahmen seiner grundsätzlichen Auftrittsbereitschaft nicht anders als normal bezahlte Arbeitnehmer in die Organisation des Betriebs eingebunden und weisungsabhängig an der ihm zugewiesenen Stelle tätig ist. Dies gilt selbst dann, wenn der Pianist mit dem Restaurantinhaber für jeden einzelnen Auftritt einen eigenen Vertrag abschließt und er das Programm völlig frei gestalten kann (FG Baden-Württemberg v. 24.4.2007, 4 K 200/04).

Keine Arbeitnehmertätigkeit angenommen wurde dagegen bei

- dem **Pianisten in einem Restaurant**, im Urteilsfall keine Eingliederung in den Betrieb, kein Arbeitsvertrag, Beauftragung erfolgte lediglich mündlich nach Bedarf, Vergütung nur für tatsächlich geleisteten Dienste, kein Urlaubsgeld, keine Lohnfortzahlung, kein Weisungsrecht bezüglich der Auswahl der gespielten Stücke; das Weisungsrecht bezüglich Zeit und Ort ergibt sich aus der Natur der Sache und ist für jeden Unterhaltungsmusiker eine Selbstverständlichkeit (SG Karlsruhe v. 9.4.2014, S 12 R 1641/13),
- einem **Hotelmusiker**, wenn er monatsweise in wechselnden Hotels auftritt, seine eigenen Instrumente zur Verfügung stellen muss und keine Regelungen über Urlaub und Entgeltfortzahlung getroffen werden (LSG Rheinland-Pfalz v. 13.9.2001, L 5 KR 130/00).

5. Instrumentengeld

Instrumenten-, Saiten-, Rohr- und Blattgelder, die der Arbeitgeber nach tarifrechtlichen Regelungen hauptberuflichen Musikern zur **Abgeltung aller Mehraufwendungen für Unterhalt und Abnutzung** der Musikinstrumente sowie für Notenbeschaffung zahlt, sind **kein steuerfreies Werkzeuggeld** i.S.d. § 3 Nr. 30 EStG, denn Musikinstrumente sind keine Werkzeuge (BFH v. 21.8.1995, VI R 30/95, BStBl II 1995, 906, sowie – zur Sozialversicherung – BSG v. 26.5.2004, B 12 KR 2/03 R, HFR 2005, 174). 3201

Das sog. **Rohr-, Blatt- und Saitengeld** kann jedoch als **steuerfreier Auslagenersatz** nach § 3 Nr. 50 EStG anerkannt werden (BFH v. 21.8.1995, VI R 30/95, BStBl II 1995, 906). Steuerfreier Auslagenersatz nach § 3 Nr. 50 EStG ist auch gegeben, wenn der Arbeitgeber auf Grund einer **tarifvertraglichen Verpflichtung** dem als Orchestermusiker beschäftigten Arbeitnehmer die **Kosten der Instandsetzung** des dem Arbeitnehmer gehörenden Musikinstruments ersetzt (BFH v. 28.3.2006, VI R 24/03, BStBl II 2006, 473). Entsprechendes gilt auch für die tarifvertragliche Übernahme von **Instandhaltungskosten** (FG Saarland v. 2.9.2013, 2 K 1425/11, EFG 2014, 1821).

(LSt) (SV)

Musikinstrumente

→ *Werbungskosten* Rz. 4557

Mutterschaftsgeld

Inhalt

1. Gesetzliche Regelung

3202 Das MuSchG gewährt auf dem Gebiet des Arbeitsrechts während der Schwangerschaft und für einige Zeit nach der Entbindung umfassenden Schutz. Das Gesetz verfolgt mehrere Ziele: Vorrangig ist die Abwehr von arbeitsplatzbedingten Risiken und Gefahren für Leben und Gesundheit von Mutter und Kind (**Gesundheitsschutz**). Dieser wird durch öffentlich-rechtliche Arbeitsschutzbestimmungen, welche die Anordnung von Beschäftigungsverboten vorsehen, und die vorrangigen Verpflichtungen zur Umgestaltung des Arbeitsplatzes und zur Versetzung auf einen anderen Arbeitsplatz erreicht. Diese Schutzbestimmungen werden durch ein umfassendes **Kündigungsverbot**, das dem Arbeitsplatzschutz dient, flankiert. Die Einhaltung des MuSchG wird durch die nach Landesrecht zuständigen Aufsichtsbehörden gesichert, denen umfassend Auskunft zu erteilen und Zutritt zum Betrieb zu gewähren ist (§§ 27, 29 MuSchG). Verstöße des Arbeitgebers werden als Ordnungswidrigkeit und Straftat verfolgt (§§ 32 MuSchG; § 9 Abs. 2 OWiG). Mit Ausnahme einzelner Vorschriften (z.B. Kündigungsschutz für Frauen, die eine Fehlgeburt erlitten haben), die bereits unmittelbar nach Verkündung des Gesetzes am 30.5.2017 geändert worden waren, gelten seit dem 1.1.2018 überwiegend die Bestimmungen des Gesetzes zur Neuregelung des Mutterschutzrechts v. 23.5.2017, BGBl. I 2017, 1228. Das Änderungsgesetz verfolgte verschiedene Ziele. Unverändert galt: die Interessen und Bedürfnisse der Frauen während der Schwangerschaft, nach der Entbindung und in der Stillzeit stehen im Vordergrund. Dabei gilt es einen Ausgleich zwischen dem Gesundheitsschutz der schwangeren oder stillenden Frauen und ihrer Kinder auf der einen und die selbstbestimmte Entscheidung der Frau über ihre Erwerbstätigkeit auf der anderen Seite zu schaffen. Mit der Änderung sollten aber auch bislang bestehende Schutzlücken geschlossen werden, z.B. durch die Ausweitung des geschützten Personenkreises auf Schülerinnen und Studentinnen. Weiteres Anliegen des Gesetzgebers war es, für mehr Verständlichkeit und Transparenz zu sorgen. Damit soll den betroffenen Frauen, den Arbeitgebern und den Rechtsanwendern der Umgang mit den Regelungen erleichtert werden. Die Integration der MuSchArbV und ihrer Anlagen in die Neufassung des MuSchG und die Neustrukturierung des Gesetzes sollen zudem für mehr Rechtsicherheit sorgen (vgl. Richter/Kirchbach, Ein Streifzug durch das neue Mutterschutzgesetz, ArbRAktuell 2017, 293).

3203 Der persönliche Geltungsbereich des MuSchG knüpft an den Begriff des Beschäftigungsverhältnisses i.S.d. § 7 SGB IV an. Demnach sind neben Frauen in einem Arbeitsverhältnis z.B. auch Fremdgeschäftsführerinnen einer GmbH erfasst. Darüber hinaus gilt das MuSchG auch unabhängig vom Bestehen eines Beschäftigungsverhältnisses für

- Frauen in betrieblicher Berufsausbildung und Praktikantinnen i.S.d. § 26 BBiG,
- Frauen mit Behinderung, die in einer Werkstatt für Behinderte beschäftigt sind,
- Frauen, die als Entwicklungshelferinnen tätig sind,
- Frauen, die als Freiwillige i.S.d. Jugend- oder Bundesfreiwilligendienstgesetzes tätig sind,
- Frauen, die als Mitglieder einer geistlichen Genossenschaft, Diakonissen oder Angehörige einer ähnlichen Gemeinschaft auf einer Planstelle oder auf Grund eines Gestaltungsvertrags für diese tätig werden,
- Frauen in arbeitnehmerähnlicher Stellung sowie
- Studentinnen und Schülerinnen, soweit die Ausbildungsstelle Ort, Zeit und Ablauf der Ausbildungsveranstaltung verpflichtend vorgibt.

Der **Gesundheitsschutz** ist seit dem 1.1.2018 ausschließlich im Mutterschutzgesetz geregelt. Dazu wurden die MuSchArbV und ihre Anlagen in das Mutterschutzgesetz integriert und an die modernen Standards angepasst. Die gesetzlichen Schutzfristen (6 Wochen vor und 8 Wochen nach der Entbindung) sind unverändert geblieben, seither aber in § 3 MuSchG zusammengefasst. Darüber hinaus wurde die zwölfwöchige nachgeburtliche Schutzfrist, die bisher nur bei Fehl- und Mehrlingsgeburten galt, auf solche Fälle erweitert, in denen die Frau ein Kind mit Behinderung zur Welt bringt, soweit diese Behinderung innerhalb der ersten acht Wochen nach der Geburt ärztlich festgestellt wird (§ 3 Abs. 2 Nr. 3 MuSchG). Der arbeitszeitliche und betriebliche Gesundheitsschutz ist auf Grund der Gesetzesänderung von dem Begriff der **„unverantwortbaren Gefährdung“** bestimmt. Aufbauend auf dem im ArbSchG vorherrschenden Grundsatz der Risikominimierung liegt der Neuregelung des MuSchG die Annahme zu Grunde, dass allein durch die Schwangerschaft oder das Stillen weitere neue Gesundheitsgefährdungen für die schwangere oder stillende Frau und ihr Kind hinzutreten können. Derartige Gefahren gilt es, soweit möglich, durch Gestaltung des Arbeitsplatzes oder die Bereitstellung eines alternativen Arbeitsplatzes auszuschließen. 3204

Seit dem 1.6.2025 gilt das Gesetz zur Anpassung des Mutterschutzgesetzes und weiterer Gesetze – Anspruch auf Mutterschutzfristen nach einer Fehlgeburt (**Mutterschutzanpassungsgesetz**) mit folgenden Änderungen: Die geänderten, gestaffelten Schutzfristen für Frauen, die eine Fehlgeburt erleiden, stellen sicher, dass Frauen nach einer Fehlgeburt eine Regenerationszeit erhalten, abhängig vom Fortschritt der Schwangerschaft.

Schwangerschaftswoche	Schutzfrist	Beschäftigungsverbot	Mutterschaftsgeldanspruch (§ 19 MuSchG)
ab der 13. SSW	2 Wochen	Ja (Verzicht möglich)	Ja
ab der 17. SSW	6 Wochen	Ja (Verzicht möglich)	Ja
ab der 20. SSW	8 Wochen	Ja (Verzicht möglich)	Ja

Die geänderten, gestaffelten Schutzfristen für Frauen, die eine Fehlgeburt erleiden, stellen sicher, dass Frauen nach einer Fehlgeburt eine Regenerationszeit erhalten, abhängig vom Fortschritt der Schwangerschaft.

Die Frau darf während der Schutzfrist nicht beschäftigt werden, es sei denn, sie erklärt ausdrücklich, weiterarbeiten zu wollen. Diese Erklärung kann jederzeit widerrufen werden – mit Wirkung für die verbleibende Schutzfrist. Während der Schutzfrist besteht Anspruch auf Mutterschaftsgeld, ergänzt durch den Arbeitgeberzuschuss. Arbeitgeber erhalten die Leistungen wie gewohnt über das Umlageverfahren U2 erstattet – die Kosten tragen damit alle Arbeitgeber anteilig. Die Rechtslage zur Kündigung gegenüber einer Frau nach einer Fehlgeburt bleibt unverändert. Sie ist bis zum Ablauf von vier Monaten nach einer Fehlgeburt nach der zwölften Schwangerschaftswoche unzulässig, § 17 Abs. 1 Nr. 2 MuSchG.

Das Leistungsrecht ist unverändert geblieben. Die Ermittlung des durchschnittlichen Arbeitsentgelts ist durch eine einheitliche Regelung in § 21 MuSchG erleichtert. Der frühere § 15 MuSchG wurde gestrichen, da er lediglich einen Überblick zu den nach § 24c SGB V bestehenden Ansprüchen gab und ohnehin allein klarstellende Wirkung hatte.

2. Voraussetzungen für den Erhalt

Voraussetzung für einen Anspruch auf Mutterschaftsgeld ist, dass die Frauen bei Beginn der Mutterschutzfrist in einem Arbeitsverhältnis (gleichgültig welcher Art) gestanden haben, sie in Heimarbeit beschäftigt waren oder dass ihr Arbeitsverhältnis während der Schwangerschaft vom Arbeitgeber – und nicht von der Frau – zulässig aufgelöst worden ist. Wird eine selbständige „Tagesmutter“, die nach §§ 22 ff., 43 SGB VIII als Tagespflegeperson Kinder in der Kindertagespflege betreut, schwanger, hat sie keinen An- 3205 spruch auf Zuschuss zum Mutterschaftsgeld nach dem Mutterschutzgesetz oder dem Unionsrecht (BAG v. 23.5.2018, 5 AZR 263/17). Nach einer Neuregelung durch das Gesetz zur Stärkung der Versorgung in der gesetzlichen Krankenversicherung (GKV-VSG) erhalten Frauen, deren Arbeitsverhältnis unmittelbar vor Beginn der Schutzfrist endet, auch dann Mutterschaftsgeld, wenn sie am letzten Tag des Arbeitsverhältnisses Mitglied einer Krankenkasse waren.

Unter **Mutterschutzfrist** ist ein vom Mutterschutzgesetz vorgesehener Zeitraum vor und nach der Entbindung zu verstehen, für den Beschäftigungsverbote für die werdende Mutter bzw. Wöchnerin gelten. Werdende Mütter dürfen in den **letzten sechs Wochen** vor der Entbindung nicht beschäftigt werden, es sei denn, dass sie sich zur Arbeitsleistung ausdrücklich bereit erklären. Diese Erklärung kann jederzeit widerrufen werden (§ 3 Abs. 2 MuSchG). Für die Berechnung der Sechs-Wochen-Frist ist das Zeugnis eines Arztes oder einer Hebamme über den mutmaßlichen Tag der Entbindung maßgebend. Irrt sich der Arzt oder die Hebamme über den Zeitpunkt der Entbindung, verlängert sich die Mutterschutzfrist entsprechend (§ 24i Abs. 3 SGB V). Mütter dürfen **bis zum Ablauf von acht Wochen**, bei Früh- und Mehrlingsgeburten bis zum Ablauf von zwölf Wochen, nach der Entbindung nicht beschäftigt werden. Bei **Frühgeburten** und sonstigen vorzeitigen Entbindungen **verlängern sich diese Fristen** zusätzlich um den Zeitraum der Schutzfrist nach § 3 Abs. 2 MuSchG, der nicht in Anspruch genommen werden konnte (§ 6 Abs. 1 MuSchG). Während dieser Zeit kann sich die Mutter grds. nicht zur Arbeitsleistung bereit erklären (BAG v. 26.8.1960, 1 AZR 202/59). Lediglich bei Tod ihres Kindes kann die Mutter auf ihr ausdrückliches Verlangen schon vor Ablauf dieser Fristen wieder beschäftigt werden, wenn nach ärztlichem Zeugnis nichts dagegenspricht. Nach einer Fehlgeburt steht der Arbeitnehmerin keine Schutzfrist zu.

Zur Abgrenzung des Mutterschaftsgelds → *Mutterschutzlohn* Rz. 3217.

3. Zahlungspflichtige

3206 Sind Frauen in einer gesetzlichen Krankenkasse freiwillig oder pflichtversichert, erhalten sie für die Zeit der Mutterschutzfristen **Mutterschaftsgeld von der Krankenkasse** nach den Vorschriften des Fünften Buches Sozialgesetzbuch oder des Zweiten Gesetzes über die Krankenversicherung der Landwirte (§ 19 MuSchG). Frauen, die nicht in einer gesetzlichen Krankenkasse versichert sind, erhalten für die Zeit der Mutterschutzfristen **Mutterschaftsgeld vom Bundesamt für Soziale Sicherung (§ 19 Abs. 2 MuSchG)**.

Die Krankenkassen erhalten vom Bund steuerfinanzierte Zuschüsse zu den versicherungsfremden Leistungen.

4. Höhe des Mutterschaftsgelds

3207 Frauen, die in einer **gesetzlichen Krankenkasse** freiwillig oder pflichtversichert sind, erhalten von der Krankenkasse ein Mutterschaftsgeld von **höchstens 13 €** je Kalendertag (§ 24i Abs. 2 Satz 2 SGB V).

Frauen, die **nicht in einer gesetzlichen Krankenkasse** versichert sind, z.B.

- Frauen, die bei einer privaten Krankenversicherung versichert sind,
- Frauen, die in Heimarbeit beschäftigt sind, oder
- Frauen, deren Arbeitsverhältnis während der Schwangerschaft vom Arbeitgeber – und nicht von der Frau selbst – zulässig aufgelöst worden ist,

erhalten ebenfalls ein Mutterschaftsgeld bis zu 13 € am Tag, **höchstens jedoch insgesamt 210 €**.

Das Mutterschaftsgeld ist **steuer- und beitragsfrei** (§ 3 Nr. 1 Buchst. d EStG).

Die Höhe des Mutterschaftsgelds richtet sich nach dem um die gesetzlichen Abzüge verminderten **durchschnittlichen kalendertäglichen Arbeitsentgelt der letzten drei Monate** vor Beginn der Mutterschutzfrist. Einmalig gezahltes Arbeitsentgelt und unverschuldete Verdienstkürzungen bleiben außer Betracht.

Die zur Berechnung des Zuschusses zum Mutterschaftsgeld nach § 20 Abs. 1 Satz 2 MuSchG zu Grunde zu legenden letzten drei abgerechneten Kalendermonate vor Beginn der Schutzfrist vor der Entbindung müssen der Schutzfrist **nicht unmittelbar vorausgegangen** sein. Daher ist bei einer weiteren Geburt im unmittelbaren Anschluss an die Inanspruchnahme von Elternzeit das **Arbeitsentgelt der drei Kalendermonate vor der Elternzeit** maßgeblich (BAG v. 19.5.2021, 5 AZR 378/20).

LSt SV

5. Zuschuss des Arbeitgebers

a) Höhe des Zuschusses

Da das Mutterschaftsgeld für Frauen, die in einer gesetzlichen 3208
Krankenkasse freiwillig oder pflichtversichert sind, höchstens 13 € je Kalendertag beträgt, würden diese Frauen bei einem höheren Nettoeinkommen während der Mutterschutzfrist eine Lohneinbuße erleiden. Nach § 20 MuSchG hat der Arbeitgeber daher einen **Zuschuss** zum Mutterschaftsgeld in Höhe des Differenzbetrags zwischen 13 € und dem um die gesetzlichen Abzüge verminderten durchschnittlichen kalendertäglichen Arbeitsentgelt zu leisten. Das durchschnittliche kalendertägliche Arbeitsentgelt ist aus den letzten drei abgerechneten Kalendermonaten, bei wöchentlicher Abrechnung aus den letzten 13 abgerechneten Wochen vor Beginn der Schutzfrist zu berechnen. Einmalige Zuwendungen oder Verdienstkürzungen infolge Kurzarbeit, Arbeitsausfällen oder unverschuldeter Arbeitsversäumnis bleiben außer Betracht. Wird das Arbeitsentgelt rückwirkend durch eine Tariflohnerhöhung erhöht, muss diese nachträgliche Tariflohnerhöhung auch bei der Bemessung des Arbeitgeberzuschusses erhöhend berücksichtigt werden (BAG v. 6.4.1994, 5 AZR 501/93).

Darüber hinaus sind auch nicht nur vorübergehende Erhöhungen des Arbeitsentgelts, die während der Schutzfristen wirksam werden, ab diesem Zeitpunkt einzubeziehen (§ 20 Abs. 1 Satz 3 MuSchG). Die gesetzliche Regelung ist somit der Rechtsprechung des BAG angepasst (BAG v. 31.7.1996, 5 AZR 9/95).

Ein **rechtsmissbräuchlicher Steuerklassenwechsel** oder ähnliche Vorgänge im Zusammenhang mit den Mutterschutzfristen wirken sich für den Arbeitgeber nicht nachteilig auf die Höhe des Zuschusses aus (BAG v. 22.10.1986, 5 AZR 733/85; BAG v. 18.9.1991, 5 AZR 581/90). Vgl. auch → Rz. 3213.

Der Zuschuss ist – wie das Mutterschaftsgeld – **steuer- und beitragsfrei** (§ 3 Nr. 1 Buchst. d EStG, § 1 Abs. 1 Satz 1 Nr. 6 SvEV).

LSt SV

Eine dem Zuschuss zum Mutterschaftsgeld angelehnte tarifvertragliche Zahlung i.R. eines arbeitnehmerähnlichen Beschäftigungsverhältnisses ist dagegen steuerpflichtig. Diese Auffassung hat der BFH zwischenzeitlich bestätigt. Danach sind tarifvertragliche Zuschüsse einer Rundfunkanstalt an eine selbständige Journalistin anlässlich ihrer Schwangerschaft und Mutterschaft nicht gemäß § 3 Nr. 1 Buchst. d EStG steuerfrei. Ferner stellte er fest, dass diese Vorschrift (§ 3 Nr. 1 Buchst. d EStG) insoweit nicht den allgemeinen Gleichheitssatz des Grundgesetzes verletze (BFH v. 28.9.2022, VIII R 39/19).

LSt SV

Beispiel:

A ist bei einer Rundfunkanstalt in einem Beschäftigungsverhältnis als „arbeitnehmerähnliche Person" tätig. A bezieht von der Rundfunkanstalt Einkünfte aus selbständiger Arbeit. Anlässlich der Geburt ihres Kindes erhielt A auf Grund von tarifvertraglichen Regelungen einen Zuschuss, der ausweislich einer Bescheinigung der Anstalt als Zuschuss zum Mutterschaftsgeld anzusehen sei und kein Honorar für Urheberleistungen darstelle. A beantragt, die Zahlung nach § 3 Nr. 1 Buchst. d EStG steuerfrei zu belassen und nur dem Progressionsvorbehalt nach § 32b Abs. 1 Satz 1 Nr. 1 Buchst. c EStG zu unterwerfen.

Dem folgten weder das Finanzamt noch der BFH. Steuerfrei ist nur ein Zuschuss zum Mutterschaftsgeld nach dem MuSchG, nicht jedoch auf tarifvertraglicher Grundlage (s.o.).

b) Besonderheit bei Nichtmitgliedschaft in einer gesetzlichen Krankenkasse

Auch Frauen, die nicht in einer gesetzlichen Krankenkasse versi- 3209
chert sind und deshalb ein Mutterschaftsgeld von höchstens 210 €

monatlich bekommen, erhalten vom Arbeitgeber lediglich einen Zuschuss in Höhe des Differenzbetrages zwischen 13 € und dem um die gesetzlichen Abzüge verminderten durchschnittlichen kalendertäglichen Arbeitsentgelt.

c) Nettoarbeitsentgelt

3210 Nettoarbeitsentgelt ist das um die **gesetzlichen Abzüge** verminderte Arbeitsentgelt. Zu den gesetzlichen Abzügen gehören die Lohnsteuer, die Kirchensteuer, der Solidaritätszuschlag sowie die gesetzlichen Anteile der Arbeitnehmerin an den Beiträgen zur gesetzlichen Krankenversicherung, zu den gesetzlichen Rentenversicherungen und an berufsständische Versorgungseinrichtungen, zur gesetzlichen Pflegeversicherung und zur Bundesagentur für Arbeit. Zu den gesetzlichen Abzügen gehören dagegen **nicht** Beiträge zu freiwilligen Versicherungen, gepfändete Lohnbeiträge und andere Abzüge, die gesetzlich nicht zwingend vorgeschrieben sind, wie z.B. Abzüge für vermögenswirksame Leistungen, Bausparkassenbeiträge oder Gewerkschaftsbeiträge.

d) Zuschuss zur freiwilligen Krankenversicherung

3211 Einer Arbeitnehmerin, die Mutterschaftsgeld erhält, steht für diese Zeit kein Arbeitgeber-Zuschuss zur freiwilligen Krankenversicherung nach § 257 SGB V zu (BMI v. 9.10.2000, D II 2 – 220 797/22, GMBl 2000, 1175). Dies gilt auch dann, wenn sie für diese Zeit die Versicherungsprämien zu ihrer privaten Krankenversicherung weiterzahlen muss. Zahlt der Arbeitgeber trotzdem den Zuschuss weiter, so ist dieser **nicht nach** § 3 Nr. 62 EStG **steuerfrei**, weil es sich um eine freiwillige Leistung des Arbeitgebers handelt. Der Zuschuss ist daher in voller Höhe steuer- und beitragspflichtig. LSt SV

e) Vermögenswirksame Leistung

3212 Frauen, die auf Grund der Schutzfristen des Mutterschutzgesetzes nicht arbeiten, gelten auch für diese Zeit als Arbeitnehmerinnen. Deshalb kann der **Arbeitgeber-Zuschuss** zum Mutterschaftsgeld auch **vermögenswirksam angelegt** werden.

f) Steuerrechtliche und sozialversicherungsrechtliche Aspekte im Übrigen

3213 Das Mutterschaftsgeld und der Arbeitgeber-Zuschuss zum Mutterschaftsgeld sind zwar nach § 3 Nr. 1 Buchst. d EStG steuerfrei, die Zahlungen unterliegen aber dem Progressionsvorbehalt. Daher muss der Arbeitgeber den Zuschuss zum Mutterschaftsgeld im Lohnkonto vermerken und in der Lohnsteuerbescheinigung in Zeile 15 gesondert bescheinigen.

Da der Zuschuss des Arbeitgebers vom Nettoarbeitsentgelt abhängig ist und dieser wiederum durch die Lohnsteuerabzugsmerkmale beeinflusst wird, stellt sich die Frage, ob die Arbeitnehmerin durch eine **bewusste Änderung der Steuerklassen** einen höheren Arbeitgeber-Zuschuss zum Mutterschaftsgeld erreichen kann.

Beispiel 1:

Zur Verdeutlichung der Auswirkungen beim Steuerklassentausch

Eine Arbeitnehmerin in Magdeburg (24 Jahre) hat ein Monatsgehalt für Dezember 2025 von 1 250 €. Da ihr Ehemann ebenfalls als Arbeitnehmer tätig ist, ist in ihren Lohnsteuerabzugsmerkmalen die Steuerklasse V/0 verzeichnet. Vier Monate vor Beginn der Mutterschutzfrist beantragt sie einen Steuerklassenwechsel in die Steuerklasse III/0.

Der Zuschuss zum Mutterschaftsgeld errechnet sich **bei der Steuerklasse V/0** wie folgt:

Monatslohn	1 250,– €
– Lohnsteuer	122,91 €
– Solidaritätszuschlag	0,– €
– Kirchensteuer	11,06 €
– Arbeitnehmer-Anteile zur Krankenversicherung einschließlich der Hälfte des kassenindividuellen Zusatzbeitrags (1/2 von 14,6 % + 1/2 von 2,5 % [angenommener Wert])	106,88 €
– Arbeitnehmer-Anteile zur Pflegeversicherung (1/2 von 3,6 %)	22,50€
– Beitragszuschlag zur Pflegeversicherung für Kinderlose (0,6 %)	7,50 €
– Arbeitnehmer-Anteile zur Rentenversicherung (1/2 von 18,6 %)	116,25 €
– Arbeitnehmer-Anteile zur Arbeitslosenversicherung (1/2 von 2,6 %)	16,25 €
= monatliches Nettoarbeitsentgelt geteilt durch 30 Kalendertage	846,65€
= tägliches Nettoarbeitsentgelt	28,22€
– Mutterschaftsgeld	13,– €
= täglicher Arbeitgeber-Zuschuss zum Mutterschaftsgeld	15,22 €
× 30 Kalendertage	
= monatlicher Arbeitgeber-Zuschuss zum Mutterschaftsgeld	456,60 €

Der Zuschuss zum Mutterschaftsgeld errechnet sich **bei der Steuerklasse III/0** wie folgt:

Monatslohn	1 250,– €
– Lohnsteuer	0,– €
– Solidaritätszuschlag	0,– €
– Kirchensteuer	0,– €
– Arbeitnehmer-Anteile zur Krankenversicherung einschließlich kassenindividueller Zusatzbeitrag (1/2 von 14,6 % + 1/2 von 2,5 % [angenommener Wert])	106,88 €
– Arbeitnehmer-Anteile zur Pflegeversicherung (1/2 von 3,6 %	22,50 €
Beitragszuschlag zur Pflegeversicherung für Kinderlose (0,6 %)	7,50 €
– Arbeitnehmer-Anteile zur Rentenversicherung (1/2 von 18,6 %)	116,25 €
– Arbeitnehmer-Anteile zur Arbeitslosenversicherung (1/2 von 2,6 %)	16,25 €
= monatliches Nettoarbeitsentgelt	980,62 €
= tägliches Nettoarbeitsentgelt (30 Kalendertage)	32,69 €
– Mutterschaftsgeld	13,– €
= täglicher Arbeitgeber-Zuschuss zum Mutterschaftsgeld	19,69 €
× 30 Kalendertage	
= monatlicher Arbeitgeber-Zuschuss zum Mutterschaftsgeld	590,70 €

Wäre der Wechsel der Steuerklasse zwischen den Ehegatten bei der Berechnung des Arbeitgeberzuschusses zum Mutterschaftsgeld zu beachten, ergäbe sich ein monatlich höherer Zuschuss von 134,02 €.

Wie das Beispiel zeigt, ist der Einkommensvorteil durch den Wechsel der Steuerklassen beachtlich. Die Arbeitnehmerin hätte es also im Zusammenspiel mit ihrem Ehemann in der Hand, durch bewusste Steuerklassenänderung oder durch Umschichtung von Freibeträgen in den Lohnsteuerabzugsmerkmalen sich einen erheblichen Vorteil zu Lasten des Arbeitgebers zu verschaffen. Zwar ist im Mutterschutzgesetz keine Regelung enthalten, die einen willkürlichen Steuerklassentausch gesetzlich verbietet. Dennoch hat das **BAG** entschieden, dass eine anspruchsberechtigte Arbeitnehmerin rechtsmissbräuchlich handelt, wenn sie durch Änderung von steuerlichen Merkmalen die Höhe der ihr im Bezugszeitraum zufließenden Nettovergütung allein deshalb beeinflusst, um einen höheren Zuschuss des Arbeitgebers zum Mutterschaftsgeld zu erlangen (BAG v. 22.10.1986, 5 AZR 733/85). Dies gilt **auch bei der erstmaligen Wahl** der Steuerklassenkombination nach der Eheschließung (BAG v. 18.9.1991, 5 AZR 581/90). Soweit der Wechsel der Steuerklassen jedoch sachlich zu begründen ist, stellt dies keine missbräuchliche Änderung dar; eine solche Änderung hat der Arbeitgeber daher zu beachten. Die von der Finanzverwaltung herausgegebenen Tabellen zur Steuerklassenwahl bei Ehegatten dienen dabei als Anhaltspunkt (→ *Steuerklassen* Rz. 3996). Diese sind auf den Internetseiten des BMF veröffentlicht. Die Wahl der Steuerklassenkombination IV/IV ist regelmäßig nicht rechtsmissbräuchlich (BAG v. 13.6.2006, 9 AZR 423/05, HFR 2007, 280).

Eine weitere steuerrechtliche Besonderheit ist die **Erhöhung des Steuerfreibetrags** im Zusammenhang mit dem Arbeitgeberzuschuss zum Mutterschaftsgeld.

Beispiel 2:

Die Arbeitnehmerin befindet sich ab Mitte Dezember 2025 in Mutterschutz. Sie ließ sich ab September 2025 einen Steuerfreibetrag von etwa 1 000 € in den Lohnsteuerabzugsmerkmalen eintragen und erhielt deshalb seitdem eine erhöhte Nettovergütung ausgezahlt. Der Freibetrag war vorher in den Lohnsteuerabzugsmerkmalen des Ehemanns der Arbeitnehmerin eingetragen.

Hat die Arbeitnehmerin zulässigerweise eine Lücke ausgenutzt?

Die Frage nach der Zulässigkeit eines solchen Vorgehens der Arbeitnehmerin ist ähnlich wie im vorhergehenden Fall des bewussten Steuerklassentauschs zu entscheiden. Auch hier ist von einer solchen rechtsmissbräuchlichen Absicht bei zeitnaher Änderung der Steuermerkmale zum Bezugszeitraum für den Zuschuss auszugehen. Diesen Absichtszusammenhang kann die Arbeitnehmerin nur ausnahmsweise entkräften, wenn sie einen triftigen sonstigen sachlichen Grund für die Änderung darlegen kann.

Ein besonderer Fall ist der Zuschuss zum Mutterschaftsgeld bei einer **Grenzgängerin**.

Beispiel 3:

A, eine Arbeitnehmerin aus Österreich, ist als sog. Grenzgängerin in Deutschland beschäftigt, wobei ihre Sozialversicherung in Deutschland, ihre Lohnsteuer in Österreich abgeführt wird.

A ist schwanger. Für den ihr zustehenden Anspruch auf Zuschuss zum Mutterschaftsgeld ist zu entscheiden, ob sich die Höhe nach dem tatsächlichen Nettogehalt oder nach dem fiktiv errechneten Entgelt richtet, wobei der Zuschuss zum Mutterschaftsgeld auch in Österreich steuerfrei ist.

Die Frage ist, soweit ersichtlich, **obergerichtlich noch nicht entschieden worden**. Insoweit ist anzuführen, dass Sinn und Zweck der gesetzlichen Regelung des Zuschusses zum Mutterschaftsgeld nach § 20 MuSchG darauf gerichtet ist, der Mutter in den gesetzlichen Schutzfristen den Lebensstandard durch das Arbeitsentgelt aufrechtzuerhalten bzw. ihr etwaige durch die Mutterschutzfristen entstehende Lohnnachteile auszugleichen. Diesem Grundsatz muss bei der Ermittlung des maßgeblichen Nettoentgelts hinsichtlich der „gesetzlichen Abzüge" Rechnung getragen werden. So hat das BAG (BAG v. 1.6.1988, 5 AZR 464/87) entschieden, dass vom Arbeitgeber an die Arbeitnehmerin mit den Bruttobezügen zur Selbstabführung ausgezahlte Beiträge zu einer Versorgungsanstalt „gesetzliche Abzüge" darstellen.

In diesem Sinne müsste auch die in Österreich abzuführende Lohnsteuer bei einer Grenzgängerin zu berücksichtigende gesetzliche Abzüge darstellen, die den Zuschuss zum Mutterschaftsgeld mindern. Ansonsten würde der Lebensstandard durch Einfließen der Steuer in den Zuschuss erhöht. Dies ist nicht Sinn der Zuschussregelung.

6. Berechnungsbeispiel

3214 Die Berechnung des Arbeitgeberzuschusses zum Mutterschaftsgeld soll an nachfolgendem Beispiel erläutert werden:

Beispiel:

Eine Arbeitnehmerin in Weimar (22 Jahre), Steuerklasse V/0, Kirchensteuermerkmal ev, erhält im Kalenderjahr 2025 einen Monatslohn von 2 000 € zuzüglich Überstundenvergütungen und Urlaubsgeld. Die vereinbarte Arbeitszeit beträgt 35 Stunden in der Woche. Sie legt ihrem Arbeitgeber ein Attest über den mutmaßlichen Tag der Entbindung vor, den 22.11.2025.

Der Arbeitgeber-Zuschuss ist aus den letzten drei abgerechneten Kalendermonaten vor Beginn der Schutzfrist zu berechnen. Maßgebend sind dabei der laufende Arbeitslohn einschließlich Zulagen, Zuschläge, Überstundenvergütungen, vermögenswirksame Leistungen, aber ohne einmalig gezahltes Arbeitsentgelt. Die Schutzfrist beginnt sechs Wochen vor dem mutmaßlichen Entbindungstag, also am 11.10.2025. Für die Berechnung des Arbeitgeberzuschusses sind daher die Nettoarbeitsentgelte der Monate Juli, August und September 2024 maßgebend. Diese betragen:

	Juli	August	September
Monatslohn	2 000,– €	2 000,– €	2 000,– €
+ Überstunden	0,– €	200,– €	100,– €
insgesamt	2 000,– €	2 200,– €	2 100,– €
– Lohnsteuer	311,41 €	379,08 €	345,25 €
– Solidaritätszuschlag	0,– €	0,– €	0,– €
– Kirchensteuer	28,02 €	34,11 €	31,07 €
– Krankenversicherung einschließlich kassenindividueller Zusatzbeitrag (1/2 von 14,6 % + 1/2 von 2,5 % [angenommener Wert])	171,– €	188,10 €	179,55 €
– Pflegeversicherung (1/2 von 3,6 %)	36,– €	39,60 €	37,80 €
– Rentenversicherung (1/2 von 18,6 %)	186,– €	204,60 €	195,30 €
– Arbeitslosenversicherung (1/2 von 2,6 %)	26,– €	28,60 €	27,30 €
= monatliches Nettoarbeitsentgelt	1 241,57 €	1 325,91 €	1 283,73 €
Nettoarbeitsentgelt für drei Monate			3 851,21 €

Der Zuschuss des Arbeitgebers berechnet sich nach dem arbeitstäglichen Nettoarbeitsentgelt, dabei ist der Kalendermonat mit 30 Tagen anzusetzen.

Nettoarbeitsentgelt für drei Monate geteilt durch 90 Kalendertage	3 851,21 €
= tägliches Nettoarbeitsentgelt	42,79 €
– Mutterschaftsgeld	13,– €
= täglicher Arbeitgeber-Zuschuss zum Mutterschaftsgeld	29,79 €

Der Betrag von täglich 29,79 € ist steuer- und beitragsfrei, muss aber im Lohnkonto und in der Lohnsteuerbescheinigung eingetragen werden.

Für den Monat Oktober 2025 ergibt sich folgende Lohnabrechnung:

- **Aufteilung des Monatslohns**

Da die Mutterschutzfrist für die Arbeitnehmerin am 11.10.2025 beginnt, hat sie nur sieben Arbeitstage im Monat. Der Monatslohn ist entsprechend aufzuteilen. Dabei sind zunächst die Monatsstunden zu ermitteln, und zwar nach **folgender Formel:**

$$\frac{\text{tarifliche Wochenstunden} \times 52 \text{ Wochen}}{12 \text{ Monate}}$$

Es ergeben sich folgende Monatsstunden:

– bei einer 40-Stunden-Woche:	173,3 Stunden
– bei einer 38,5-Stunden-Woche:	166,8 Stunden
– bei einer 35-Stunden-Woche:	151,6 Stunden

Für die sieben Tage ergibt sich folgende anteilige Vergütung:

$$\frac{2\,000\,€ \times 7 \text{ Arbeitstage} \times 7 \text{ Stunden}}{151{,}6 \text{ Stunden}} = 646{,}44\,€$$

- **Berechnung der Lohnsteuer**

Bei der Lohnsteuer ergibt sich kein Teillohnzahlungszeitraum, weil das Arbeitsverhältnis fortbesteht. Daher sind auch solche Arbeitstage mitzuzählen, für die die Arbeitnehmerin keinen Lohn bezieht (R 39b.5 Abs. 2 Satz 3 LStR). Die Lohnsteuer ist daher für den Monat zu berechnen.

- **Berechnung der Sozialversicherungsbeiträge**

Sozialversicherungsrechtlich entsteht ein Teillohnzahlungszeitraum vom 1.10. bis 10.10.2025 (zehn Kalendertage). Die Beitragsbemessungsgrenze beträgt für zehn Kalendertage:

– in der Kranken- und Pflegeversicherung	1 837,50 €,
– in der Renten- und Arbeitslosenversicherung	2 683,33 €.

Da der Arbeitslohn die anteilige Beitragsbemessungsgrenze nicht übersteigt, sind die Beiträge aus dem anteiligen Arbeitslohn zu berechnen.

- **Lohnabrechnung**

Arbeitslohn für sieben Arbeitstage	646,44 €
– Lohnsteuer	56,41 €
– Solidaritätszuschlag	0,– €
– Kirchensteuer	5,07 €
– Krankenversicherung einschließlich kassenindividueller Zusatzbeitrag (1/2 von 14,6 % + 1/2 von 2,5 % [angenommener Wert])	55,27 €
– Pflegeversicherung (1/2 von 3,6 %)	11,64 €
– Rentenversicherung (1/2 von 18,6 %)	60,12 €
– Arbeitslosenversicherung (1/2 von 2,6 %)	8,40 €
= Nettolohn	449,53 €
+ Zuschuss zum Mutterschaftsgeld für 21 Tage im Oktober (29,79 € × 21 Tage)	625,63 €
= auszuzahlender Betrag	1 075,16 €

7. Ausgleichsverfahren

Zur Verminderung des Risikos der Lohnfortzahlung ist ein Ausgleichsverfahren vorgesehen. Zu weiteren Einzelheiten → *Lohnfortzahlung: Erstattungsverfahren für Arbeitgeber* Rz. 2846. 3215

8. Verhältnis von Leistungen nach dem MuSchG und Kurzarbeitergeld

Das Verhältnis von Kurzarbeitergeld zu den Leistungen nach dem MuSchG (→ Rz. 3202 und → *Mutterschutzlohn* Rz. 3217) ist nicht ganz unumstritten. Während der Corona-Pandemie wurde diese Frage vermehrt gestellt. Das BMFSFJ hat daher unter Beteiligung des BMG und des BMAS die Auswirkungen, die Einführung von Kurzarbeit während der Beschäftigungsverbote außerhalb und innerhalb der Schutzfristen nach § 3 Abs. 1 und 2 MuSchG auf die mutterschutzrechtlichen Leistungen gem. §§ 18 bis 20 MuSchG haben, bewertet. 3216

Die Bundesministerien vertreten die Rechtsauffassung, dass bei einem zeitgleichen Vorliegen von Kurzarbeit und Beschäftigungsverboten vor und während der Schutzfristen nach § 3 Abs. 1 und 2 MuSchG Mutterschaftsleistungen in voller Höhe zu erbringen sind. Es erfolgt keine Kürzung der Leistungen auf Grund der bestehenden Kurzarbeit. Dies gilt auch in Fällen, in denen die Kurzarbeit bereits während des Berechnungszeitraums für die Mutterschaftsleistungen nach §§ 18 bis 20 MuSchG vorliegt (vgl. § 21 Abs. 2 Nr. 2 SGB V). Zugleich haben die Arbeitgeber bei Kurzarbeit Anspruch auf Erstattung des gezahlten Zuschusses zum Mutterschaftsgeld (§ 20 MuSchG) und des bei Beschäftigungsverboten gezahlten Mutterschutzlohns (§ 18 MuSchG) über das U2-Verfahren gem. § 1 Abs. 2 AAG. Eine umfassende Herleitung der Rechtsauffassung der drei genannten Bundesministerien wurde in einem Orientierungspapier zusammengefasst und vom BMFSFJ unter https://www.bmfsfj.de/bmfsfj/aktuelles/alle-meldungen/volle-mutterschaftsleistungen-auch-waehrend-kurzarbeit-im-betrieb/156596 vorrangig als Information für Arbeitgeber veröffentlicht. Zugleich wird mit dem Papier eine bundeseinheitliche Praxis bei der Gewährung von Mutterschaftsleistungen verfolgt, um unterschiedliche Rechtsauslegungen auch in der Praxis der Krankenkassen zu vermeiden (s.a. B+P 2020, 712).

Mutterschutz

→ *Mutterschaftsgeld*

Mutterschutzlohn

1. Gesetzliche Regelung, Begriff, Voraussetzungen und Abgrenzung zum Mutterschaftsgeld

3217 Das Mutterschutzrecht ist u.a. im MuSchG geregelt, welches zuletzt durch das Gesetz zur Neuregelung des Mutterschutzrechts v. 23.5.2017, BGBl. I 2017, 1228 überwiegend mit Wirkung zum 1.1.2018 reformiert wurde.

Frauen i.S.d. § 1 MuSchG steht gem. § 18 MuSchG, soweit sie nicht → *Mutterschaftsgeld* Rz. 3202 nach den Vorschriften des SGB V beziehen können, bei Beschäftigungsverbot eine Entgeltfortzahlung von Seiten des Arbeitgebers zu, der sog. Mutterschutzlohn.

Während der Mutterschutzfristen erhalten Frauen, die Anspruch auf Mutterschaftsgeld haben, ein solches von der Krankenkasse, sind sie nicht Mitglied in einer solchen vom Bundesamt für Soziale Sicherung. Daneben erhalten die Frauen bei Vorliegen bestimmter Voraussetzungen einen Arbeitgeber-Zuschuss (→ *Mutterschaftsgeld* Rz. 3205).

Aber außerhalb der Mutterschutzfristen, in welchen der Arbeitgeber verpflichtet ist, Mutterschaftsgeld an die Frauen zu zahlen, kann er zu Zahlungen verpflichtet sein, dann nämlich, wenn bestimmte Beschäftigungsverbote für die Zeit außerhalb der Mutterschutzfristen vorliegen, für die Mutterschaftsgeld-Zuschuss gezahlt wird. Der Frau dürfen gem. § 18 Satz 1 MuSchG aus der gegebenen Situation keine Nachteile entstehen. Für die Zeit dieser Beschäftigungsverbote hat der Arbeitgeber Mutterschutzlohn zu zahlen.

Durch die Gewährung von **Stillzeiten** darf nach § 7 Abs. 2 MuSchG ebenfalls kein Verdienstausfall eintreten. Für die Stillzeiten ist dasjenige Arbeitsentgelt fortzuzahlen, das die Arbeitnehmerin bei einer Weiterarbeit verdient hätte. Ein Vor- oder Nacharbeiten der Stillzeiten ist unzulässig.

§ 7 Abs. 1 MuSchG bestimmt schließlich, dass der Arbeitgeber der Frau **Freizeit für** i.R. der Schwangerschaft erforderlich werdende **Untersuchungen** zu gewähren hat und dass für diese Zeiten das Arbeitsentgelt fortzuzahlen ist.

Nach BAG v. 22.3.1995, 5 AZR 874/93, besteht kein Anspruch auf Mutterschutzlohn bei **krankheitsbedingter Arbeitsunfähigkeit** der Schwangeren, ohne dass ein Ursachenzusammenhang zu einem mutterschutzrechtlichen Beschäftigungsverbot gegeben ist; vielmehr wird Mutterschutzlohn nach § 18 Abs. 1 MuSchG nur geschuldet, wenn allein das ärztliche Beschäftigungsverbot für die Nichtleistung der Arbeit ursächlich ist (BAG v. 5.7.1995, 5 AZR 135/94).

2. Höhe des Mutterschutzlohns

3218 Der Arbeitgeber hat der Frau das durchschnittliche Arbeitsentgelt der letzten drei abgerechneten Kalendermonate vor dem Eintritt der Schwangerschaft weiter zu gewähren. Beginnt das Beschäftigungsverhältnis erst nach Eintritt der Schwangerschaft, ist das durchschnittliche Arbeitsentgelt aus dem Arbeitsentgelt der ersten drei Monate der Beschäftigung zu berechnen (§ 18 MuSchG).

Maßgebend ist der **Gesamtverdienst** im Bezugszeitraum, den die Frau für ihre Arbeitsleistung erhalten hat. Auch hier sind **Verdiensterhöhungen** nicht nur vorübergehender Natur bei der Berechnung zu berücksichtigen. Der Gesamtverdienst ist also so zu berechnen, als hätte der höhere Lohn schon während des ganzen Bezugszeitraums gegolten.

Verdienstkürzungen im Bezugszeitraum infolge von Kurzarbeit, Arbeitsausfällen oder unverschuldeten Arbeitsversäumnissen bleiben auch hier außer Betracht. Zu berücksichtigen sind aber **dauerhafte Verdienstkürzungen**, die während oder nach Ablauf des Berechnungszeitraums eintreten und nicht auf einem mutterschutzrechtlichen Beschäftigungsverbot beruhen. Nur wenn dieser Bezugszeitraum ausnahmsweise nicht geeignet ist, den Durchschnittsverdienst der Frau abzubilden – etwa, weil ihr Arbeitsverdienst in außergewöhnlichem Umfang monatlich schwankt, kann für die Berechnung des Mutterschutzlohns u.U. ein längerer Referenzzeitraum zugrunde gelegt werden (vgl. BAG v. 9.9.2025, 5 AZR 286/24).

3. Beschäftigungsverbote

Außerhalb der Zeit, für die Mutterschaftsgeld gezahlt wird, bestehen für werdende oder stillende Mütter auch nach dem 1.1.2018 weiterhin **Beschäftigungsverbote.** Indes sollen erzwungene Beschäftigungsverbote verboten sein. Arbeitnehmerinnen erhalten vielmehr Mitsprache und Eigenverantwortung. Der bisherige Rahmen bleibt jedoch im Wesentlichen unverändert: Die Schutzfrist beginnt sechs Wochen vor dem errechneten Geburtstermin. Die Arbeitnehmerin kann sich in dieser Zeit zur Arbeit bereit erklären, darf diese Erklärung aber jederzeit widerrufen (§ 3 Abs. 1 MuSchG). Nach der Entbindung gilt wie bisher ein acht- bis zwölfwöchiges Beschäftigungsverbot (§ 3 Abs. 2 MuSchG). 3219

Schwangere oder stillende Frauen dürfen bis 22 Uhr beschäftigt werden, wenn die Arbeitnehmerin einwilligt und aus ärztlicher Sicht nichts dagegenspricht. Weitere Voraussetzung ist, dass eine „**unverantwortbare Gefährdung**" der Frau oder ihres Kindes durch nächtliche Alleinarbeit ausgeschlossen ist (§ 5 Abs. 1 MuSchG). Nachtarbeit zwischen 22 Uhr und 6 Uhr ist in „besonders begründeten Einzelfällen" zulässig. In beiden Konstellationen ist eine behördliche Erlaubnis notwendig. Bei einer Beschäftigung vor 22 Uhr darf die Arbeitnehmerin aber bereits ab Antragstellung vorläufig eingesetzt werden; lehnt die Behörde den Antrag nicht innerhalb von sechs Wochen ab, so gilt er als genehmigt (§ 28 Abs. 2 MuSchG). Eine Beschäftigung nach 22 Uhr setzt dagegen zwingend eine behördliche Erlaubnis voraus (§ 29 Abs. 3 MuSchG). Ebenso dürfen schwangere oder stillende Frauen auch an Sonn- und Feiertagen auch ohne behördliche Erlaubnis beschäftigt werden. Jedoch vermag die Behörde die Beschäftigung jederzeit untersagen, wenn die gesetzlichen Voraussetzungen für eine Beschäftigung nicht vorliegen.

Die allgemeinen Beschäftigungsverbote der bisherigen §§ 3 Abs. 2 und 6 Abs. 1 MuSchG sind nunmehr in § 3 MuSchG zu einer Regelung zusammengefasst. Die für die Praxis entscheidenden Eckdaten bleiben dabei allerdings im Wesentlichen unverändert.

- Allgemeines Beschäftigungsverbot, soweit nach ärztlichem Zeugnis (zum **Beweiswert** der ärztlichen Bescheinigung s. BAG v. 31.7.1996, 5 AZR 474/95; zur **Erschütterung** des Beweiswerts bei ernsthaften Zweifelstatsachen BAG v. 1.10.1997, 5 AZR 685/96; zur **Offenbarungspflicht** von Arbeitnehmerin und Arzt BAG v. 12.3.1997, 5 AZR 766/95) Leben oder Gesundheit von Mutter und Kind gefährdet ist (§ 3 Abs. 1 MuSchG),
- Beschäftigungsverbot bei schwerer körperlicher Arbeit oder im Umgang mit gesundheitsgefährdenden Stoffen, insbesondere
  - mit Arbeiten, bei denen regelmäßig Lasten von mehr als fünf Kilogramm Gewicht oder gelegentlich Lasten von mehr als zehn Kilogramm Gewicht ohne mechanische Hilfsmittel von Hand gehoben, bewegt oder befördert werden; sollen größere Lasten mit mechanischen Hilfsmitteln von Hand gehoben, bewegt oder befördert werden, so darf die körperliche Beanspruchung der werdenden Mutter nicht größer sein als bei Arbeiten ohne mechanische Hilfsmittel,
  - nach Ablauf des fünften Monats der Schwangerschaft mit Arbeiten, bei denen sie ständig stehen müssen, soweit diese Beschäftigung täglich vier Stunden überschreitet (nur werdende Mütter),
  - mit Arbeiten, bei denen sie sich häufig erheblich strecken oder beugen oder bei denen sie dauernd hocken oder sich gebückt halten müssen,
  - mit der Bedienung von Geräten und Maschinen aller Art mit hoher Fußbeanspruchung, insbesondere von solchen mit Fußantrieb,
  - mit dem Schälen von Holz,
  - mit Arbeiten, bei denen sie infolge ihrer Schwangerschaft in besonderem Maße der Gefahr, an einer Berufskrankheit zu erkranken, ausgesetzt sind oder bei denen durch das Risiko der Entstehung einer Berufskrankheit eine erhöhte Gefährdung für die werdende Mutter oder eine Gefahr für die Leibesfrucht besteht,
  - nach Ablauf des dritten Monats der Schwangerschaft auf Beförderungsmitteln (nur werdende Mütter),
  - mit Arbeiten, bei denen sie erhöhten Unfallgefahren, insbesondere der Gefahr auszugleiten, zu fallen oder abzustürzen, ausgesetzt ist,

- Beschäftigungsverbot mit Akkord- und Fließbandarbeit,
- Beschäftigungsverbot bei Mehrarbeit sowie bei Nacht- und Sonntagsarbeit,
- Beschäftigungsverbot für Arbeiten, die die Leistungsfähigkeit der stillenden Mutter übersteigt, sofern diese nach ärztlichem Zeugnis nicht voll leistungsfähig ist.

Die zeitliche Begrenzung des Anspruchs auf bezahlte Stillzeiten gem. § 7 Abs. 2 MuSchG ist nicht auf den Mutterschutzlohn bei einem Beschäftigungsverbot nach § 13 Abs. 1 Nr. 3 MuSchG anwendbar (LSG Hessen v. 5.6.2025, L 8 KR 216/24).

4. Lohnsteuer und Sozialversicherung

3220 Der Mutterschutzlohn ist – wie jeder andere vom Arbeitgeber gezahlte Arbeitslohn – **steuer- und beitragspflichtig**.

Als Besonderheit ist lediglich zu beachten, dass die in dem Durchschnittsverdienst eventuell enthaltenen **Zuschläge für Sonntags-, Feiertags- oder Nachtarbeit** (→ *Zuschläge für Sonntags-, Feiertags- oder Nachtarbeit* Rz. 4823), die normalerweise nach § 3b EStG steuerfrei wären, nicht nach § 3b EStG steuerfrei sind, weil sie nicht für tatsächlich geleistete Sonntags-, Feiertags- oder Nachtarbeit gezahlt worden sind (BFH v. 26.10.1984, VI R 199/80, BStBl II 1985, 57; → *Zuschläge für Sonntags-, Feiertags- oder Nachtarbeit* Rz. 4800). Während des Beschäftigungsverbots nach § 5 MuSchG weiterhin gezahlte Schichtzuschläge sind nicht nach § 3b EStG steuerfrei. Die Besteuerung der Schichtzuschläge während des Beschäftigungsverbots ist weder ein Verstoß gegen das Gleichbehandlungsgebot von Frauen und Männern noch gegen das Gebot des Mutterschutzes (BFH v. 27.5.2009, VI B 69/08, BStBl II 2009, 730). Bei geringfügigen Beschäftigungsverhältnissen führt die Steuerpflicht der weiterhin gezahlten Schichtzuschläge allerdings nicht dazu, dass die Geringfügigkeitsgrenze (→ *Mini-Jobs* Rz. 3166) überschritten wird.

LSt SV

Nachforderung von Steuern und Beiträgen

1. Lohnsteuer

3221 Schuldner der Steuerabzugsbeträge (Lohnsteuer, Kirchensteuer und Solidaritätszuschlag) ist grds. der Arbeitnehmer (§ 38 Abs. 2 EStG). Daher ist eine **Nachforderung beim Arbeitnehmer** als Steuerschuldner **immer möglich**, wenn der Arbeitgeber die Steuerabzugsbeträge nicht nach den gesetzlichen Vorschriften vom Arbeitslohn einbehalten hat.

Ein Nachforderungsbescheid wird insbesondere dann **gegen den Arbeitnehmer** erlassen, wenn der Arbeitgeber auf Grund eines gesetzlichen Haftungsausschlusses nicht haften muss, → *Haftung für Lohnsteuer: Allgemeine Grundsätze* Rz. 2471. Jedoch kommt eine **Nachforderung beim Arbeitgeber** in Betracht, wenn dieser die Steuernachforderung für den Arbeitnehmer übernehmen möchte, → *Haftung für Lohnsteuer: Verfahrensvorschriften* Rz. 2506.

Wegen weiterer Einzelheiten → *Haftung für Lohnsteuer: Allgemeine Grundsätze* Rz. 2471, → *Haftung für Lohnsteuer: Berechnung der Nachforderung* Rz. 2487 und → *Haftung für Lohnsteuer: Verfahrensvorschriften* Rz. 2506.

2. Sozialversicherungsbeiträge

3222 Der Arbeitgeber hat gegenüber seinem Beschäftigten einen Anspruch darauf, dass dieser die Hälfte des Gesamtsozialversicherungsbeitrages trägt (Arbeitnehmeranteil). Nur **auf dem Weg des Lohn-/Gehaltsabzugs** kann der Arbeitgeber seinen **Anspruch geltend machen**. Wegen weiterer Einzelheiten → *Haftung für Sozialversicherungsbeiträge* Rz. 2520.

Nachrichtenreporter, -sprecher

→ *Arbeitnehmer-ABC* Rz. 431

Nachtarbeitszuschläge

→ *Zuschläge für Sonntags-, Feiertags- oder Nachtarbeit* Rz. 4800

Nachzahlungen

1. Überblick

Wie Nachzahlungen von Arbeitslohn lohnsteuerlich einzuordnen sind, zeigt die folgende **Übersicht**: 3223

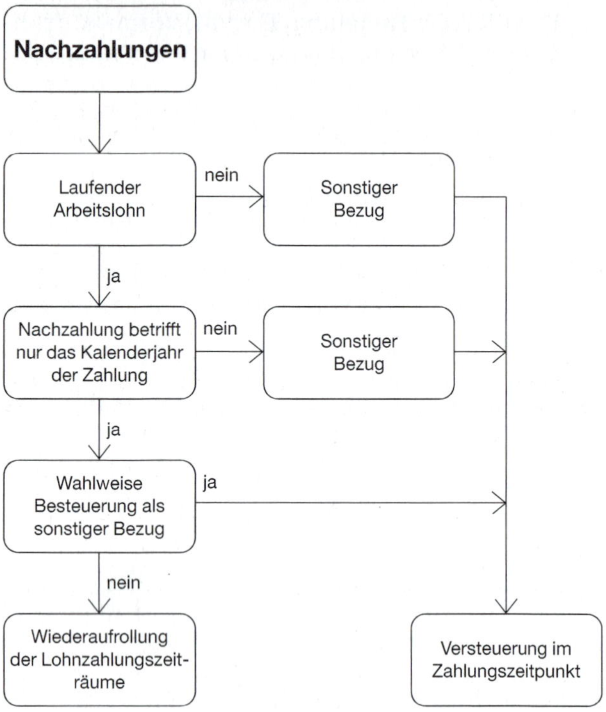

2. Lohnsteuer

a) Nachzahlung von sonstigen Bezügen

Arbeitslohn-Nachzahlungen rechnen zu den **sonstigen Bezügen**, 3224 wenn sich der Gesamtbetrag oder ein Teilbetrag der Nachzahlung auf Lohnzahlungszeiträume bezieht, die **in einem anderen Kalenderjahr** als dem der Zahlung enden bzw. geendet haben (R 39b.2 Abs. 2 Nr. 8 LStR sowie FG Hamburg v. 12.9.2018, 2 K 108/18).

Werden solche Bezüge nachgezahlt, ergeben sich keine lohnsteuerlichen Besonderheiten; die Nachzahlung ist **im Zahlungszeitpunkt** als sonstiger Bezug lohnzuversteuern (→ *Sonstige Bezüge* Rz. 3936).

b) Nachzahlung von laufendem Arbeitslohn

Nachzahlungen stellen **laufenden Arbeitslohn** dar, wenn sie sich 3225 ausschließlich auf Lohnzahlungszeiträume beziehen, die **im Kalenderjahr der Zahlung** enden bzw. geendet haben (R 39b.2 Abs. 1 Nr. 6 LStR).

Beispiel 1:

Ein Arbeitnehmer erhält am 18.11.2026 eine Nachzahlung für die Monate Mai bis Oktober 2026 i.H.v. 600 €.

Die Nachzahlung von 600 € gehört zum laufenden Arbeitslohn, weil sie Lohnzahlungszeiträume des laufenden Kalenderjahres betrifft.

Beispiel 2:

Ein Arbeitnehmer erhält am 15.1.2026 eine Nachzahlung für die Monate Oktober bis Dezember 2025 i.H.v. 500 €.

Die Nachzahlung von 500 € gehört nicht zum laufenden Arbeitslohn, weil sie Lohnzahlungszeiträume des abgelaufenen Kalenderjahres betrifft; die Nachzahlung ist als sonstiger Bezug zu versteuern (R 39b.2 Abs. 2 Nr. 8 LStR).

Beispiel 3:

Ein Arbeitnehmer erhält am 2.12.2026 eine Nachzahlung für die Monate Oktober 2025 bis November 2026 i.H.v. 1 200 €.

Die Nachzahlung von 1 200 € gehört insgesamt nicht zum laufenden Arbeitslohn, weil sie teilweise Lohnzahlungszeiträume des abgelaufenen Kalenderjahres betrifft. Folglich ist die Nachzahlung als sonstiger Bezug zu versteuern. Bei der Nachzahlung handelt es sich um eine Vergütung für eine mehrjährige Tätigkeit, weil sich die Nachzahlung über mindestens zwei Veranlagungszeiträume erstreckt und einen Zeitraum von mehr als zwölf Monaten umfasst.

Ab dem Kalenderjahr 2025 kann eine ermäßigte Besteuerung solchen Arbeitslohns nur noch ausschließlich i.R. einer Einkommensteuerveranlagung erfolgen. Weil in § 39b Abs. 3 die Sätze 9 und 10 EStG durch das Wachstumschancengesetz v. 27.3.2024, BGBl. I 2024, Nr. 108 aufgehoben wurden; die Anwendung der Tarifermäßigung nach § 34 EStG im Lohnsteuerabzugsverfahren ist damit entfallen. Der Arbeitgeber darf die Fünftelregelung nicht mehr anwenden. Folglich ist die Nachzahlung von 1 200 € als üblicher sonstiger Bezug zu behandeln. S. a. → *Arbeitslohn für mehrere Jahre* Rz. 712.

Handelt es sich bei der Nachzahlung um laufenden Arbeitslohn, so ist die Nachzahlung für die Berechnung der Lohnsteuer den Lohnzahlungszeiträumen zuzurechnen, für die sie geleistet wird. Dazu hat der Arbeitgeber die Nachzahlung auf die einzelnen Zeiträume der Nachzahlung (regelmäßig Monate) aufzuteilen und für diese Lohnzahlungszeiträume zunächst einen neuen Bruttolohn und dafür dann die Lohnsteuer neu zu berechnen (**Wiederaufrollung der Lohnzahlungszeiträume**).

Um dieses komplizierte Verfahren zu vermeiden, ist es nach R 39b.5 Abs. 4 LStR zulässig, die Nachzahlungen **als sonstige Bezüge** zu behandeln, wenn der Arbeitnehmer dieser Besteuerung nicht widerspricht. Der Arbeitnehmer kann also jederzeit die Besteuerung der Nachzahlung als laufenden Arbeitslohn vom Arbeitgeber verlangen. Selbst wenn die Vereinfachungsregelung angewandt wird und die Nachzahlung als sonstiger Bezug abgerechnet wird, bleibt sie begrifflich laufender Arbeitslohn. Eine Pauschalierung der Nachzahlung nach § 40 Abs. 1 Satz 1 Nr. 1 EStG mit dem betriebsindividuellen Pauschsteuersatz ist deshalb nicht zulässig.

Beispiel 4:

Ein rentenversicherungspflichtiger Arbeitnehmer (Steuerklasse III; 25 Jahre und kinderlos, Zusatzbeitrag Krankenversicherung 2,5 %) mit einem laufenden Bruttoarbeitslohn von 3 000 € monatlich erhält im Juni 2025 von seinem niedersächsischen Arbeitgeber eine rückwirkende Gehaltserhöhung von 50 € monatlich (ab 1.1.2025). Die Nachzahlung von 300 € für die Monate Januar bis Juni wird im Juli ausgezahlt. Von dem Monatslohn i.H.v. 3 000 € ist eine Lohnsteuer von 43,50 € einzubehalten sowie Kirchensteuer i.H.v. 3,91 €.

Von dem um die anteilige Nachzahlung von 50 € (300 € : 6 Monate) erhöhten Monatslohn von 3 050 € ist eine Lohnsteuer von 50,50 € einzubehalten sowie Kirchensteuer von 4,54 €.

Die Steuerabzugsbeträge auf die Nachzahlung berechnen sich wie folgt:

a) Lohnsteuer	
Lohnsteuer auf Monatslohn einschließlich anteiliger Nachzahlung (3 050 €)	50,50 €
Lohnsteuer auf Monatslohn ohne anteilige Nachzahlung (3 000 €)	43,50 €
Differenz	7,00 €
Differenz × 6 Monate	42,00 €
b) Kirchensteuer (9 %)	
Kirchensteuer auf Monatslohn einschließlich anteiliger Nachzahlung (3 050 €)	4,54 €
Kirchensteuer auf Monatslohn ohne anteilige Nachzahlung (3 000 €)	3,91 €
Differenz	0,63 €
Differenz × 6 Monate	3,78 €

Von dem im Juli 2025 ausgezahlten Arbeitslohn i.H.v. 3 350 € (3 050 € + 300 €) ist eine Lohnsteuer von 92,50 € (50,50 € + 42,00 €) einzubehalten sowie Kirchensteuer von 8,32 € (4,54 € + 3,78 €).

Beispiel 5:

Wie Beispiel 4; der Arbeitgeber behandelt die Nachzahlung jedoch als sonstigen Bezug nach R 39b.5 Abs. 4 Satz 2 LStR. Der Arbeitnehmer widerspricht dieser Berechnung der Steuerabzugsbeträge nicht.

Es ergibt sich folgende Berechnung der Steuerabzugsbeträge:

Der voraussichtliche Jahresarbeitslohn beträgt (6 × 3 000 € + 6 × 3 050 €)	36 300,– €
Lohnsteuer nach der Jahreslohnsteuertabelle auf Jahresarbeitslohn einschließlich Nachzahlung (36 300 € + 300 € = 36 600 €)	606,– €
Lohnsteuer nach der Jahreslohnsteuertabelle auf Jahresarbeitslohn ohne Nachzahlung (36 300 €)	564,– €
Lohnsteuer auf die Nachzahlung	42,– €
Kirchensteuer auf die Nachzahlung	3,78 €

Von dem im Juli ausgezahlten Arbeitslohn von 3 350 € (3 050 € + 300 €) ist eine Lohnsteuer von 92,50 € (50,50 € + 42 €) einzubehalten sowie Kirchensteuer von 8,32 € (4,54 € + 3,78 €).

Wäre die Versteuerung der Nachzahlung als sonstiger Bezug insgesamt **wesentlich ungünstiger** als die Wiederaufrollung der Lohnzahlungszeiträume, hätte der Arbeitnehmer das Recht, dieser Berechnungsart zu widersprechen.

3. Sozialversicherung

Unabhängig vom Zeitpunkt der Abrechnung oder der Auszahlung 3226
des Arbeitsentgelts sind die Sozialversicherungsbeiträge in dem Zeitabschnitt zu berücksichtigen, in dem sie tatsächlich erzielt worden sind. Dies gilt selbstverständlich auch für Nachzahlungen eines von Anfang an geschuldeten Arbeitsentgelts. Ohne Belang ist hierbei, dass der von der Nachzahlung betroffene Arbeitnehmer unterdessen aus dem Betrieb ausgeschieden ist. Die Aufsplittung einer Nachzahlung auf die einzelnen Lohnabrechnungszeiträume, in denen das Arbeitsentgelt erzielt wurde, bedeutet, dass auch die bisherige Beitragsberechnung für die Lohnabrechnungszeiträume zu berichtigen ist. Die Beiträge werden also so berechnet, als hätte der Arbeitgeber vom Beginn an das tatsächlich zu zahlende Arbeitsentgelt ausgezahlt.

Beispiel 1:

Bei der Lohnabrechnung (Monatslohn 2 900 €) hat der Arbeitgeber die ab September 2026 geltende neue Altersstufe nicht berücksichtigt und weiterhin den niedrigeren Alterszuschlag ausgezahlt. Auf Grund eines Hinweises des 22 Jahre alten Arbeitnehmers wird mit der Lohnabrechnung im Dezember 2026 der fällige Lohnanspruch i.H.v. 300 € nachgezahlt.

Bei der Beitragsberechnung darf der Nachzahlungsbetrag von 300 € nicht dem Monat Dezember zugeordnet werden, vielmehr ist der Nachzahlungsbetrag auf die Monate aufzuteilen, für die diese Nachzahlung auch tatsächlich gezahlt wurde, d.h. hier, dass eigentlich die Lohnabrechnung für die Monate September, Oktober und November durch den Arbeitgeber korrigiert werden müssten.

Aus Vereinfachungsgründen ist es nach Auffassung der Spitzenverbände der Sozialversicherungsträger (vgl. Gemeinsames Rundschreiben zum Haushaltsbegleitgesetz 1984 v. 18.11.1983, BKK, S. 46 ff.) jedoch möglich, **den Nachzahlungsbetrag wie einmalig gezahltes Arbeitsentgelt** zu behandeln und die nachzuzahlenden Lohnbezüge den anteiligen Jahres-Beitragsbemessungsgrenzen des Nachzahlungszeitraums gegenüberzustellen (→ *Einmalzahlungen* Rz. 1793).

Beispiel 2:

Es gilt der vorgenannte Sachverhalt.

Nachzahlungszeitraum 1.9. bis 30.11. Beitragspflichtiges monatliches Arbeitsentgelt bisher		2 900,– €
Nachzahlungsbetrag		300,– €
Anteilige Jahres-BBG vom 1.9. bis 30.11.		
(KV/PV: 69 750 € × 90 : 360)		17 437,50 €
(RV/AV: 101 400 € × 90 : 360)		25 350,– €
	KV/PV	RV/AV
bisher beitragspflichtiges Arbeitsentgelt für den o.a. Zeitraum	8 700,– €	8 700,– €
Bemessungsgrenze für die Einmalzahlung (Nachzahlungszeitraum)	8 737,50€	16 650,– €
Beitragspflichtige Nachzahlung	300,– €	300,– €

Die Nachzahlung i.H.v. 300 € ist somit voll beitragspflichtig. Für den Monat Dezember ergibt dies folgende Beitragsberechnung:

laufendes Arbeitsentgelt im Dezember	3 000,– €
Nachzahlungsbetrag für die Monate Sept.–Nov.	300,– €
Gesamtbetrag	3 300,– €
Arbeitgeberanteil zur	
Krankenversicherung (14,6 % : 2 = 7,3 %)	240,90 €
Kassenindividueller Zusatzbeitrag 1,6 % (angenommener Wert) (1,6 % : 2 = 0,8 %)	26,40 €
Pflegeversicherung (3,6 % : 2 = 1,8%)	59,40 €
Rentenversicherung (18,6 % : 2 = 9,3 %)	306,90 €
Arbeitslosenversicherung (2,6 % : 2 = 1,3 %)	42,90 €
Arbeitnehmeranteil zur	
Krankenversicherung (14,6 % : 2 = 7,3 %)	240,90 €
Kassenindividueller Zusatzbeitrag 1,6 % (angenommener Wert) (1,6 % : 2 = 0,8 %)	26,40 €
Pflegeversicherung (3,6 % : 2 = 1,8%)	59,40€
Rentenversicherung (18,6 % : 2 = 9,3 %)	306,90 €
Arbeitslosenversicherung (2,6 % : 2 = 1,3%)	42,90 €

Eine Ausnahme von diesem Grundsatz gilt für sog. hinausgeschobene Fälligkeitskonstellationen (Akkordspitzen, Überstundenvergütungen, Montagebeteiligung oder Provisionen). In derartigen Fällen darf eine Behandlung als Einmalzahlung nicht in Erwägung gezogen werden; es ist vielmehr eine Verteilung auf die entsprechenden Abrechnungszeiträume vorzunehmen (vgl. hierzu für den Fall der Montagebeteiligung BSG v. 27.10.1989, 12 RK 9/88).

Nachzahlungszinsen

→ *Werbungskosten* Rz. 4558

NATO: Mitarbeiter

1. Steuerpflicht

a) Allgemeines

3227 Grds. unterliegen Personen im Wohnsitzstaat mit ihrem Welteinkommen der unbeschränkten Steuerpflicht und im davon abweichenden Tätigkeitsstaat mit den – aus Sicht des Tätigkeitsstaats – inländischen Einkünften der beschränkten Steuerpflicht (→ *Steuerpflicht* Rz. 4002).

Von diesem Grundsatz gibt es **Ausnahmen für Angehörige der Streitkräfte**.

Sofern die Steuerpflicht vom Wohnsitz/gewöhnlichen Aufenthalt abhängt, gelten nach Artikel X des Abkommens zwischen den Parteien des Nordatlantikvertrages v. 19.6.1951 über die Rechtsstellung ihrer Truppen (NATO-Truppenstatut, NTS) und nach Art. 68 Abs. 4, 73 des Zusatzabkommens zum NTS (NTS-ZAbk) die Zeitabschnitte, in denen sich ein **Mitglied einer Truppe**, ein Mitglied des **zivilen Gefolges oder eine technische Fachkraft** (Zivilpersonal) oder deren **Angehörige** (Ehegatte oder unterhaltsberechtigte Kinder) **nur in dieser Eigenschaft** im Hoheitsgebiet dieses Staats aufhalten, i.S. der Steuerpflicht **nicht als Zeiten des Aufenthalts in diesem Gebiet** oder als Änderung des Wohnsitzes/gewöhnlichen Aufenthalts, es sei denn, sie haben die Staatsangehörigkeit des Aufnahmestaats.

Zur **Definition der technischen Fachkraft** vgl. die deutsch-amerikanische Vereinbarung v. 19.5.1998, BStBl I 1998, 881. Zur **Einstufung als ziviles Gefolge** vgl. BMF v. 15.6.2000, IV B 3 – S 1311 – 122/00, BStBl I 2000, 807. Die Mitglieder des zivilen Gefolges und die technischen Fachkräfte dürfen außerdem nicht staatenlos oder Staatsangehörige eines Nicht-NATO-Staats sein und ihren gewöhnlichen Aufenthalt im Aufnahmestaat haben. Die Regelungen des NTS-ZAbk für technische Fachkräfte und Angehörige gelten nicht für Deutsche im Ausland.

Halten sich die Mitglieder der Truppe, des zivilen Gefolges und die technischen Fachkräfte nur in dieser Eigenschaft im Aufnahmestaat auf, so sind sie **im Aufnahmestaat von jeder Steuer auf Bezüge und Einkünfte befreit**, die ihnen in dieser Eigenschaft vom Entsendestaat gezahlt werden, sowie von jeglicher Steuer auf bewegliche Sachen, die sich nur wegen des vorübergehenden Aufenthalts im Aufnahmestaat befinden.

Beruht die Anwesenheit im Aufnahmestaat **nicht mehr allein auf dem Umstand der Beschäftigung bei den Streitkräften,** ist unbeschränkte Steuerpflicht nach den allgemeinen Regeln gegeben.

Für die Zuweisung des Besteuerungsrechts ist das jeweilige DBA zu beachten.

Hinsichtlich der Anwendung des Art. X Abs. 1 Satz 2 NTS hat das BMF aktuell die Entscheidung des FG Rheinland-Pfalz v. 27.9.2022, 3 K 1372/20, aufgegriffen, wonach für die Steuerbefreiung der an Mitglieder einer Truppe gezahlten Bezüge nach Art. X Abs. 1 Satz 2 NTS nicht erforderlich ist, dass sich die Mitglieder einer Truppe i.S.d. Art. X Abs. 1 Satz 1 NTS „nur in dieser Eigenschaft" im Hoheitsgebiet des Aufnahmestaates aufhalten. Auch ein Reservist (hier Soldat in Diensten der USA), der sich auf Grund seiner Stationierung im Inland aufhält, ist als solches Mitglied der Truppe anzusehen. Die Finanzverwaltung hat die dagegen eingelegte Revision zurückgenommen (BFH, I R 47/22, Verfahren ohne Entscheidung erledigt). Als Folge hat sich das BMF dieser Ansicht des FG angeschlossen und seine bisher vertretene gegenteilige Rechtsauffassung aufgegeben (wird „nicht länger aufrechterhalten", BMF v. 26.7.2023, IV B 4 – S 1311/20/10002 :009, BStBl I 2023, 1565). Dieses BMF-Schreiben zeigt ferner die aktuelle Anwendung von Art. X Abs. 1 Satz 1 und 2 NTS auf.

b) Rechtsprechung

Fragen zur Steuerpflicht im Zusammenhang mit dem NATO-Truppenstatut beschäftigen immer wieder die Finanzgerichte. Hier eine **Übersicht** wichtiger Urteile: 3228

- Ob die Anwesenheit im Aufnahmestaat **nicht mehr allein auf dem Umstand der Beschäftigung bei den Streitkräften** beruht, ist **Tatfrage** (FG Saarland v. 26.5.2004, 1 K 323/00, EFG 2004, 1434).
- Ein Mitglied der ausländischen Streitkräfte, das zusammen mit seinem Ehegatten, der die Staatsangehörigkeit des Aufnahmestaats besitzt, und ggf. seinen Kindern außerhalb des Kasernenbereichs eine **gemeinsame Familienwohnung** im Aufnahmestaat bezogen hat, ist im Aufnahmestaat unbeschränkt steuerpflichtig (BFH v. 24.2.1988, I R 69/84, BStBl II 1989, 290; BFH v. 26.4.1991, III R 104/89; BFH v. 16.10.1996, I B 19/96).
- Ein im Dienst der US-Armee tätiger US-Beamter, der **seit über 35 Jahren** in Deutschland zusammen mit seiner aus Deutschland stammenden Ehefrau in einem **eigenen Einfamilienhaus** lebt, ist im Aufnahmestaat unbeschränkt steuerpflichtig (BFH v. 26.5.2010, VIII B 272/09).
- Ein bei den inländischen US-Streitkräften beschäftigter US-Staatsbürger ist nicht allein deswegen nach Art. 73 NTS-ZAbk als im Inland wohnhaft und daher unbeschränkt steuerpflichtig anzusehen, weil er mit seiner deutschen Ehefrau **außerhalb der Housing-Area** wohnt. Entscheidend ist nur, ob sich die „technische Fachkraft" in der Bundesrepublik nur in ihrer Eigenschaft als „technische Fachkraft" aufhält oder nicht. Dabei hält sie sich nur dann in dieser Eigenschaft im Inland auf, wenn nach **ihren gesamten Lebensumständen erkennbar** ist, dass sie **nach Beendigung ihres Dienstes in den Ausgangsstaat** oder in ihren Heimatstaat **zurückkehren** wird. Maßgeblich sind insoweit die Verhältnisse aus der Sicht des jeweiligen Besteuerungszeitraums (BFH v. 9.11.2005, I R 47/04, BStBl II 2006, 374; FG Baden-Württemberg v. 31.10.2013, 7 K 2364/13, EFG 2014, 919).
- Der erforderliche feste Entschluss zur Rückkehr in den Ausgangs- oder Heimatstaat verlangt eine **zeitliche Fixierung** im Hinblick auf die Rückkehr nach Beendigung des Dienstes. Es genügt nicht, irgendwann nach Beendigung des Dienstes zurückkehren zu wollen, die Rückkehr muss vielmehr in einer gewissen **zeitlichen Nähe zur Beendigung des Dienstes** stehen (BFH v. 18.9.2012, I B 10/12). Die Beweislast trifft in diesem Punkt den Stpfl. (BFH v. 22.2.2006, I R 18/05, HFR 2007, 437).
- Eine „technische Fachkraft" i.S.d. NTS-ZAbk ist unbeschränkt einkommensteuerpflichtig, wenn sie **ihren Rückkehrwillen weder im Wege des Anscheinsbeweises noch anhand sonstiger Indizien nachweisen** kann (BFH v. 21.9.2015, I R 72/14).
- Eine **Abfindung**, die ein früheres britisches Mitglied des zivilen Gefolges der britischen Streitkräfte der NATO, das im Inland wohnt und arbeitet, **nach einem Sozialplan** erhält, unterliegt der inländischen Besteuerung (FG Düsseldorf v. 21.3.2003, 8 K 7102/01 E, EFG 2003, 1390).
- Das Finanzgericht ist zur Überprüfung des Status „technische Fachkraft" i.R. des Art. 73 Satz 1 NTS-ZAbk berechtigt (FG Baden-Württemberg v. 4.10.2016, 5 K 1058/13, EFG 2017, 639),
- **Zahlungen der NATO** an einen im Inland unbeschränkt Stpfl. für seine **Tätigkeit bei der ISAF** (International Security Assistance Force) in Afghanistan unterliegen in vollem Umfang der inländischen Steuerpflicht (FG Rheinland-Pfalz v. 30.7.2019, 5 K 1077/17, EFG 2019 sowie FG Berlin-Brandenburg v. 19.12.2019, 9 K 9081/18. Die gegen beide Entscheidungen eingelegten Revisionen sind abgeschlossen. Der BFH hat mit Urteilen v. 13.10.2021, I R 43/19, HFR 2022, 427 sowie v. 24.11.2021, I R 17/20, BFH/NV 2022, 711, Folgendes entschieden (Leitsätze):

  „Der für eine Tätigkeit als International Civilian Consultant bei der ISAF in Afghanistan gezahlte Arbeitslohn unterliegt der Einkommensteuer. Aus völkerrechtlichen Vereinbarungen ergibt sich kein Anspruch auf eine Steuerbefreiung."

  Darüber hinaus hat der BFH festgestellt, dass der im Zusammenhang mit einer Tätigkeit für die ISAF gezahlte Gefahren-

und Erschwerniszuschlag nicht nach § 3 Nr. 64 EStG steuerfrei ist.

- Eine Person hält sich für die Anwendung des Art. X Abs. 1 Satz 1 NTS immer dann „nur in dieser Eigenschaft" im Inland auf, wenn nach den gesamten Lebensumständen erkennbar ist, dass sie in dem maßgeblichen Zeitraum fest entschlossen ist, nach Beendigung ihres Dienstes in den Ausgangsstaat oder in ihren Heimatstaat zurückzukehren (sog. Rückkehrwille). Maßgeblich sind die Lebensumstände aus der Sicht des jeweiligen Besteuerungszeitraums, nicht das spätere Verhalten des Betreffenden, das allenfalls als Indiz herangezogen werden kann. Die Beweislast trifft den Stpfl. Die Beurteilung, ob im konkreten Einzelfall ein Rückkehrwille vorliegt, obliegt dem FG als Tatsacheninstanz (BFH v. 3.3.2021, I R 35/19).
- Die Steuerbefreiung des Art. 71 Abs. 5 Buchst. a Satz 2 NATO-TrStatZAbk für Angestellte selbständiger Organisationen nichtwirtschaftlichen Charakters findet bei einem gewöhnlichen Aufenthalt im Inland nach Auffassung des FG Rheinland-Pfalz, Beschluss vom 16.8.2022, 3 V 1569/21 keine Anwendung. Das FG hat hier bei der Beurteilung der Gesamtumstände maßgeblich auch auf die im Inland erworbenen Immobilien (Familieneigenheim, sowie weitere Immobilien die vermietet wurden) abgestellt.
- Das FG Münster hat mit Urteil v. 17.5.2023, 14 K 3421/20 E, EFG 2023, 1223, Revision eingelegt, Az. beim BFH: I R 42/23, abgegeben an 6. Senat, neues Az.: VI R 24/23, entschieden, dass eine Einmalzahlung zur Abgeltung von Versorgungsbezügen der NATO an einen ehemaligen Angestellten zu steuerpflichtigen Einkünften aus nichtselbständiger Arbeit führt.

2. Steuerklasse

3229 Es kommt immer wieder vor, dass in Deutschland lebenden Ehegatten von Angehörigen ausländischer Streitkräfte unter Hinweis auf Art. X NTS die **Steuerklasse III verwehrt** wird. Hier sollte der Arbeitgeber seinem Arbeitnehmer ggf. den Rat geben, diese Entscheidung beim Finanzamt überprüfen zu lassen.

Beispiel 1:

Die deutsche Angestellte A arbeitet in Frankfurt, ihr US-amerikanischer Ehemann E beim zivilen Gefolge der US-Armee in Deutschland. Die Einkünfte des E übersteigen 19 968 €. Die Eheleute wohnen außerhalb der Kaserne. Das Finanzamt hat bislang bei A die Eintragung der Steuerklasse III abgelehnt.

Da E vor allem mit Rücksicht auf die Eheschließung mit der deutschen Staatsangehörigen A in Deutschland lebt, hält er sich hier **nicht nur in der Eigenschaft als Mitglied der zivilen Truppe** auf. Die Eheleute sind damit beide unbeschränkt steuerpflichtig und A hat Anspruch auf Steuerklasse III mit Splittingtarif und höheren Freibeträgen. Nach Art. 19 Abs. 1a des DBA USA (→ *Doppelbesteuerungsabkommen: Allgemeines* Rz. 1601) sind die Einkünfte des E in Deutschland steuerfrei, bei der Zusammenveranlagung der Eheleute werden diese Einkünfte jedoch nach Art. 23 DBA-USA und § 32b EStG im Wege des Progressionsvorbehalts berücksichtigt (→ *Progressionsvorbehalt* Rz. 3501).

Beispiel 2:

Ein Mitglied der französischen Truppe in Deutschland wohnt im Kalenderjahr 2025 mit seiner Ehefrau und seinem zehnjährigen Kind, alle mit französischer Staatsangehörigkeit, im Kasernenbereich. Der Ehemann erzielt Einkünfte von 28 000 €. Die Ehefrau nimmt eine Arbeit bei einem deutschen Arbeitgeber an und erzielt Einkünfte von 12 000 €.

Die Ehefrau ist mit ihren Einkünften beschränkt steuerpflichtig nach § 1 Abs. 4 EStG. Sie kann aber nach § 1 Abs. 3 EStG als unbeschränkt steuerpflichtig auf Antrag behandelt werden. Obwohl sie die Staatsangehörigkeit eines EU-Mitgliedstaats hat, kann sie nicht die familienbezogenen Entlastungen des § 1a EStG geltend machen. Die Zusammenveranlagung (Steuerklasse III) mit ihrem Ehemann scheidet aus, weil nicht mindestens 90 % des gemeinsamen Einkommens der Eheleute der deutschen Besteuerung unterliegen und die nicht der deutschen Einkommensteuer unterliegenden Einkünfte 21 816 € übersteigen (doppelter Grundfreibetrag, § 1a Abs. 1 Nr. 2 EStG). Die Geltendmachung von Unterhaltsaufwendungen an den Ehemann nach § 33a EStG und eine Eintragung einer entsprechenden Steuerentlastung vom Finanzamt auf der besonderen Bescheinigung nach § 39 Abs. 3 Satz 1 EStG scheidet wegen der Höhe der Einkünfte des Ehemannes aus (s. auch OFD Frankfurt v. 28.9.2000, S 2295 A – 15 – St II 22, RIW 2001, 239).

3. Ruhegehalt

3230 **Ruhegehaltszahlungen an ehemalige NATO-Bedienstete** sind i.d.R. Einkünfte aus nichtselbständiger Arbeit (FG Köln v. 15.8.2012, 5 K 189/11, EFG 2013, 32). Die Besteuerung der NATO-Ruhegehaltszahlungen einschließlich der Steuerausgleichszahlungen ist nicht verfassungswidrig (FG Köln v. 8.6.2017, 13 K 3913/12). Zur Frage, welche Zahlungen internationaler Organisationen zu den Versorgungsbezügen gehören, s. BMF v. 19.8.2013, IV C 3 – S 2221/12/10010 :004 / IV C 5 – S 2345/08/0001, BStBl I 2013, 1087, geändert durch BMF v. 10.1.2022, IV C 3 – S 2221/19/10050 :002, BStBl I 2022, 36, Tz. 168.

Behält die koordinierte Organisation einen Teil vom Arbeitslohn des Stpfl. ein, um ihn als Arbeitnehmerbeitrag einer Versorgungsrückstellung in ihrem Haushaltsplan zuzuführen, so fließt dem Stpfl. dadurch kein Arbeitslohn zu. Die Steuerbefreiung für Bezüge und Einkünfte, die den Bediensteten eines NATO-Hauptquartiers in ihrer Eigenschaft als derartige Bedienstete gezahlt werden, findet auf laufende Ruhegehaltszahlungen keine Anwendung (BFH v. 22.11.2006, X R 29/05, BStBl II 2007, 402).

4. EU-Truppenstatut

Das Gesetz v. 18.1.2005 zum EU-Truppenstatut (EU-TS) v. 17.11.2003, BGBl. II 2005, 19 ist in Deutschland am 22.1.2005 in Kraft getreten. Art. 16 EU-TS enthält eine Art. X NATO-TS vergleichbare Regelung. 3231

Nebenberufliche Lehr- und Prüfungstätigkeit

1. Zurechnung zur Haupttätigkeit

Hauptamtliche Lehrkräfte, die außerhalb von Universitäten und Hochschulen an allgemeinbildenden Schulen unterrichten, sind in aller Regel **Arbeitnehmer**, auch wenn sie an derselben Schule oder an einer anderen Schule derselben Schulform **nebenberuflich zusätzlichen Unterricht erteilen** und hierfür eine besondere Vergütung erhalten. Dies gilt auch für Lehrkräfte, die in schulischen Lehrgängen, etwa der **Volkshochschulen** oder eines privaten **Abendgymnasiums**, unterrichten, sowie für Lehrkräfte an Musikschulen. Für die Arbeitnehmereigenschaft spricht, dass auch die nebenberuflichen Lehrkräfte ihre Leistung in der vom Schulträger bestimmten Arbeitsorganisation erbringen müssen (vgl. zuletzt BAG v. 21.11.2017, 9 AZR 117/17, sowie BSG v. 14.3.2018, B 12 R 3/17 R, beide betr. Musikschullehrer). 3232

Diese zusätzliche Tätigkeit gehört zu den **eigentlichen Dienstobliegenheiten**, die der Arbeitgeber erwarten darf. Eine Tätigkeit wird also nicht nebenberuflich ausgeübt, wenn sie als **Teil der Haupttätigkeit anzusehen** ist, vgl. R 19.2 LStR und H 19.2 (Nebenberufliche Lehrtätigkeit) LStH und H 19.2 (Nebentätigkeit bei demselben Arbeitgeber) LStH sowie BFH v. 13.12.2016, VIII R 43/14, HFR 2017, 487 betr. Dozenten, die auf Grund einer gesonderten Vereinbarung mit der Schule Lehrbriefe, die den Lehrgangsteilnehmern der Schule neben dem Unterricht und anderen Lernmitteln zur Vertiefung und Prüfungsvorbereitung unentgeltlich von dieser zur Verfügung gestellt wurden, erstellt haben.

Vergütungen für die zusätzlichen Tätigkeiten sind zusammen mit den Bezügen für die „Haupttätigkeit" dem **Lohnsteuerabzug** zu unterwerfen.

Zur Arbeitnehmereigenschaft von Dozenten an Fachhochschulen, Volkshochschulen, Weiterbildungsinstituten → *Arbeitnehmer-ABC* Rz. 291.

LSt SV

2. Selbständige oder unselbständige nebenberufliche Lehrtätigkeit

Die **nebenberufliche Lehrtätigkeit** eines Arbeitnehmers wird regelmäßig als Ausübung eines **freien Berufs** anzusehen sein. Das gilt insbesondere für die nebenberufliche Lehrtätigkeit von **Handwerksmeistern** an Berufs- und Meisterschulen, vgl. H 19.2 (Nebenberufliche Lehrtätigkeit) LStH. Auch eine **nebenberufliche Prüfungstätigkeit** ist regelmäßig als selbständige Tätigkeit zu beurteilen, vgl. H 19.2 (Nebenberufliche Prüfungstätigkeit) LStH. 3233

LSt SV (durchgestrichen)

3. Lehrtätigkeit an Schulen

Abgrenzungsschwierigkeiten ergeben sich bei nebenberuflichen Lehrtätigkeiten oder bei sog. Aushilfs- und/oder Vertretungslehrern an einer **Schule oder einem Lehrgang mit einem allgemein** 3234

feststehenden und nicht nur von Fall zu Fall aufgestellten Lehrplan. Hier ist wie folgt zu unterscheiden (R 19.2 LStR sowie allgemein BAG v. 21.11.2017, 9 AZR 117/17, sowie BSG v. 14.3.2018, B 12 R 3/17 R, beide betr. Musikschullehrer):

Grds. ist davon auszugehen, dass die Lehrkräfte als **Arbeitnehmer** tätig werden.

Hingegen liegt eine **selbständige Tätigkeit** vor, wenn die Lehrkräfte auf Grund eines „freien Mitarbeitervertrags" tätig werden und in den Schul- oder Lehrgangsbetrieb **nicht fest eingegliedert** sind. Hat die **Lehrtätigkeit nur einen geringen Umfang**, so kann das ein Anhaltspunkt dafür sein, dass eine feste Eingliederung in den Schul- oder Lehrgangsbetrieb nicht vorliegt. Ein geringer Umfang in diesem Sinne kann nach R 19.2 Satz 3 LStR stets angenommen werden, wenn die nebenberuflich tätige Lehrkraft bei der einzelnen Schule oder dem einzelnen Lehrgang **in der Woche durchschnittlich nicht mehr als sechs Unterrichtsstunden** erteilt (Sechs-Stunden-Regelung).

Der **Zahl der Wochenstunden darf aber keine allein entscheidende Bedeutung beigemessen** werden:

- Ergibt sich nach dem Auftragsverhältnis, dass eine **selbständige Arbeit** vorliegt (so z.B. bei einem nebenberuflich tätigen Lehrbeauftragten an der Fachhochschule Rheinland-Pfalz), so kann dieses Ergebnis nicht dadurch in Frage gestellt werden, dass der Unterricht eine bestimmte Wochenstundenzahl überschreitet (BFH v. 4.10.1984, IV R 131/82, BStBl II 1985, 51, im Urteilsfall wurden bis zu acht Stunden wöchentlich unterrichtet). Im Ergebnis ebenso FG Berlin-Brandenburg betr. Vertretungslehrer an einer Privatschule, die auf Grund „freier Mitarbeiterverträge" zeitweise 11 Wochenstunden Unterricht erteilt hatten (Urteil v. 13.8.2020, 4 K 4123/18, EFG 2020, 1708).

- Wird jedoch ein **Arbeitsvertrag vereinbart**, kann auch bei einer wesentlich geringeren Stundenzahl (auch bei nur zwei Stunden wöchentlich) steuerlich ein Dienst-/Arbeitsverhältnis begründet werden.

Beispiel:

A ist bei der Firma X als Ingenieur tätig. Er hatte mit dem Land Niedersachsen einen **„Dienstvertrag"** abgeschlossen, wonach er „stundenweise" an der Staatlichen Technischen Abendschule Unterricht erteilen sollte. Die Zahl der Wochenstunden betrug laut Vertrag vier, tatsächlich wurden aber nur zwei Stunden Unterricht erteilt. Die Vergütung erfolgte nach Jahreswochenstunden, sie wurde also auch bei Urlaub und Krankheit weitergezahlt. Außerdem sollten nach dem Vertrag die sozialversicherungsrechtlichen Bestimmungen Anwendung finden.

Weil in diesem Fall ein Arbeitsvertrag gewollt war, hat der BFH A auch hinsichtlich seiner nebenberuflichen Lehrtätigkeit als Arbeitnehmer angesehen (BFH v. 4.12.1975, IV R 180/72, BStBl II 1976, 292).

Die vorgenannte **Sechs-Stunden-Regelung gilt nur**, wenn die nebenberufliche Lehrtätigkeit an einem Lehrgang mit einem **allgemein feststehenden** und nicht nur von Fall zu Fall aufgestellten **Lehrplan** erfolgt. **Volkshochschullehrveranstaltungen** können jedoch nicht als ein solcher Lehrgang mit allgemein feststehendem Lehrplan angesehen werden. Hiernach ist die Ausübung einer nebenberuflichen Lehrtätigkeit an Volkshochschulen i.d.R. als Ausübung eines **freien Berufs** anzusehen, es sei denn, dass z.B. ein **Arbeitsvertrag** für die Arbeitnehmereigenschaft spricht (s. H 19.2 „Nebenberufliche Lehrtätigkeit" LStH, m.w.N.).

4. Steuerbefreiungen

3235 Vergütungen für eine **nebenberufliche Lehr- und Prüfungstätigkeit** können unter bestimmten Voraussetzungen nach § 3 Nr. 26 EStG (z.B. bei Lehrtätigkeit an Volkshochschulen) oder teilweise nach § 3 Nr. 12 EStG (z.B. bei Lehrtätigkeit an Verwaltungsschulen) **steuerfrei** belassen werden (→ *Nebenberufliche steuerbegünstigte Tätigkeiten* Rz. 3236 sowie → *Aufwandsentschädigungen im öffentlichen Dienst* Rz. 865).

Nebenberufliche Pflegetätigkeit

→ *Nebenberufliche steuerbegünstigte Tätigkeiten* Rz. 3236

Nebenberufliche steuerbegünstigte Tätigkeiten

Inhalt

1. Allgemeine Voraussetzungen

a) Allgemeines

Hinweis: Die Übungsleiter- und Ehrenamtspauschalen werden 3236
durch das Steueränderungsgesetz 2025 für das Jahr 2026 angehoben. Das Gesetzgebungsverfahren war bei Redaktionsschluss allerdings noch nicht endgültig abgeschlossen. Bei Änderungen informieren wir Sie über unseren Online-Aktualisierungsdienst (s. Benutzerhinweis S. IV).

Nach § 3 Nr. 26 EStG (**sog. Übungsleiterpauschale**) sind Einnahmen für folgende nebenberufliche Tätigkeiten bis zur Höhe von insgesamt 3 300 € (bis 2025 = 3 000 €) im Jahr steuerfrei:

- Übungsleiter, Ausbilder, Erzieher, Betreuer oder eine vergleichbare Tätigkeit (→ Rz. 3249),
- künstlerische Tätigkeiten (→ Rz. 3252),
- Pflege alter, kranker Menschen oder Menschen mit Behinderungen (→ Rz. 3255).

§ 3 Nr. 26a EStG (**sog. Ehrenamtspauschale**) stellt grds. alle Einnahmen aus nebenberuflichen Tätigkeiten bis zur Höhe von insgesamt 960 € (bis 2025 = 840 €) im Jahr steuerfrei (→ Rz. 3258).

Nach § 3 Nr. 26b EStG sind Aufwandsentschädigungen für ehrenamtliche rechtliche Betreuer, Vormünder und Pflegschaften nach § 1835a BGB steuerfrei, soweit sie zusammen mit den steuerfreien Einnahmen i.S.d. § 3 Nr. 26 EStG den Freibetrag von 3 300 € nach § 3 Nr. 26 Satz 1 EStG nicht überschreiten (→ Rz. 3262).

Die Finanzverwaltung hat umfangreiche Verwaltungsanweisungen zur Anwendung der o.g. Steuerbefreiungen herausgegeben, die inhaltlich nachstehend wiedergegeben werden, und zwar

- R 3.26 LStR und die dazugehörigen Hinweise in H 3.26 LStH sowie OFD Frankfurt v. 2.9.2019, S 2245 A – 002 – St 29, StEd 2019, 617 zur Anwendung der Steuerbefreiung nach **§ 3 Nr. 26 EStG**,

- BayLfSt v. 19.9.2019, S 2121.2.1 – 29/25 St36, betr. Steuerfreiheit für nebenberufliche Tätigkeiten i.S.d. **§ 3 Nr. 26/26a EStG**,
- BMF v. 21.11.2014, IV C 4 – S 2121/07/0010 :032, BStBl I 2014, 1581 betr. Steuerfreie Einnahmen aus ehrenamtlicher Tätigkeit; Anwendungsschreiben zu **§ 3 Nr. 26a und 26b EStG**,
- OFD Niedersachsen v. 28.1.2015, S 2337 – 121 – St 213, Lohnsteuer-Handausgabe 2021, 103 sowie FinMin Baden-Württemberg v. 10.2.2016, 3 – S 233.7/38, betr. **§ 3 Nr. 26b EStG** – Einkommensteuerliche Behandlung der Aufwandsentschädigungen für ehrenamtliche Betreuer nach § 1835a BGB.

Darüber hinaus hat das BayLfSt auf seinen Internetseiten eine ausführliche **Informationsbroschüre** mit dem Titel „Steuerfreiheit für nebenberufliche Tätigkeiten i.S.d. § 3 Nr. 26/26a EStG" (Stand März 2021) veröffentlicht.

b) Abgrenzung zur „Liebhaberei"

3237 Viele nebenberufliche – besonders ehrenamtliche – Tätigkeiten sind neben dem Zeitaufwand mit erheblichen Kosten verbunden. Es ist daher zuerst die Frage zu prüfen, ob überhaupt eine **einkommensteuerlich relevante Tätigkeit ausgeübt** wird. Denn sollten die Ausgaben auf Dauer die Einnahmen übersteigen, liegt **keine „Einkünfteerzielungsabsicht"** vor (sog. **Liebhaberei**). Dies hat zur Folge, dass auf der einen Seite die Einnahmen von vornherein **nicht steuerbar** sind (die Frage, ob die Einnahmen nach § 3 Nr. 26, 26a EStG steuerfrei sind, stellt sich dann gar nicht erst!), auf der anderen Seite aber auch etwaige **Verluste** (wenn die Ausgaben höher sind als die Einnahmen) steuerlich **nicht berücksichtigt** werden können.

Beispiel:

Frau A ist im Hauptberuf nichtselbständig tätig. Darüber hinaus bezog sie (im Jahr 2025) von einem Sportverein Einnahmen von 1 200 € als Sporttrainerin. Im Zusammenhang mit dieser Tätigkeit hatte Frau A Ausgaben i.H.v. 4 062 €, weit überwiegend für Fahrten mit dem Pkw zu Wettbewerben. Den hieraus entstandenen Verlust machte sie in der Einkommensteuererklärung geltend.

Grds. kann Frau A den Verlust bei ihren Einkünften aus selbständiger Arbeit (§ 18 EStG) steuerlich geltend machen. Die Anwendung des § 3 Nr. 26 EStG setzt aber (auch) voraus, dass Frau A ihre nebenberufliche Tätigkeit als Übungsleiterin mit der **Absicht, einen Totalgewinn oder -überschuss der Einnahmen über die Ausgaben zu erzielen, ausgeübt** hat. Denn sollte ihre Tätigkeit als sog. Liebhaberei anzusehen sein, wären die daraus stammenden Einnahmen nicht steuerbar und die damit zusammenhängenden Aufwendungen steuerlich unbeachtlich. Die BFH-Rechtsprechung hat eine steuerlich irrelevante Liebhaberei für den Fall angenommen, dass Sportler im Zusammenhang mit ihrer Betätigung lediglich Zahlungen erhalten, die geringer oder nur ganz unwesentlich höher sind als die ihnen entstandenen Aufwendungen (→ *Arbeitnehmer* Rz. 196 sowie → *Amateursportler* Rz. 119).

Im Streitfall drängt sich eine Prüfung der Einkünfteerzielungsabsicht auf, weil Frau A bei Einnahmen von lediglich 1 200 € Ausgaben von 4 062 € entstanden sind. Frau A fuhr für ihren Verein mit ihrem eigenen Pkw zu Auswärtswettkämpfen und ihr entstanden hierbei Aufwendungen, welche die Zahlungen des Vereins beträchtlich überschritten. Die Einnahmen waren somit im Streitjahr nicht geeignet, die Ausgaben zu übersteigen oder auch nur in etwa abzudecken.

In einem entsprechenden Rechtsstreit hatte das **FG** Thüringen im zweiten Rechtsgang zu prüfen, ob die Klägerin (Frau A) bei ihrer Vorgehensweise auf Dauer einen Totalgewinn oder einen Totalüberschuss erzielen konnte und ob sie eine verlustbringende Tätigkeit möglicherweise wegen persönlicher Neigungen ausübte (**BFH** v. 20.12.2017, III R 23/15, BStBl II 2019, 469; „Erzielt ein Sporttrainer, der mit Einkünfteerzielungsabsicht tätig ist, steuerfreie Einnahmen unterhalb des sog. Übungsleiterfreibetrags nach § 3 Nr. 26 EStG, kann er die damit zusammenhängenden Aufwendungen insoweit abziehen, als sie die Einnahmen übersteigen."); ebenso BFH v. 20.11.2018, VIII R 17/16, BStBl II 2019, 422 betr. Verluste aus einer Übungsleitertätigkeit; „Erzielt ein Übungsleiter steuerfreie Einnahmen unterhalb des sog. Übungsleiterfreibetrags nach § 3 Nr. 26 EStG, kann er die damit zusammenhängenden Aufwendungen insoweit abziehen, als sie die Einnahmen übersteigen, wenn hinsichtlich der Tätigkeit eine Einkünfteerzielungsabsicht vorliegt."; Anschlussurteil an o.g. BFH v. 20.12.2017, III R 23/15, BStBl II 2019, 469).

2. Begünstigter Arbeitgeber/Auftraggeber

3238 **Begünstigt** sind nach § 3 Nr. 26 EStG i.V.m. R 3.26 Abs. 3 LStR und § 3 Nr. 26a EStG nur Tätigkeiten im Dienst oder Auftrag

- **einer juristischen Person des öffentlichen Rechts**, die in einem Mitgliedstaat der **E**uropäischen **U**nion, in einem Staat, auf den das Abkommen über den Europäischen **Wirtschaftsraum** Anwendung findet oder in der **Schweiz** belegen ist.

  Hierzu gehören
  - alle **Gebietskörperschaften** (Bund, Länder, Gemeinden, Gemeindeverbände),
  - **Körperschaften des öffentlichen Rechts** (z.B. Bundesbank, Landeszentralbanken, Hochschulen, öffentlich-rechtliche Religionsgemeinschaften, IHK, Handwerks-, Rechtsanwalts-, Steuerberater-, Wirtschaftsprüfer- oder Ärztekammern, Universitäten, Sozialversicherungsträger usw.).

    Bei einer Tätigkeit für juristische Personen des öffentlichen Rechts ist es unschädlich, wenn sie für einen **Betrieb gewerblicher Art** ausgeführt wird, da Betriebe gewerblicher Art auch gemeinnützigen Zwecken dienen können (z.B. Krankenhaus oder Kindergarten). Ziel der § 3 Nr. 26, 26a EStG ist es, Bürger, die im gemeinnützigen, mildtätigen oder kirchlichen Bereich nebenberuflich tätig sind, von steuerlichen Verpflichtungen freizustellen. Mithin ist bei einer Tätigkeit für einen Betrieb gewerblicher Art darauf abzustellen, ob dieser einen entsprechend begünstigten Zweck verfolgt oder nicht,
  - **rechtsfähige Anstalten** (z.B. Rundfunkanstalten sowie Stiftungen und Zweckverbände).
- oder einer unter § 5 Abs. 1 Nr. 9 KStG fallenden **gemeinnützigen, mildtätigen oder kirchlichen Zwecken dienenden Einrichtung** (dazu gehören Körperschaften, Personenvereinigungen, Stiftungen und Vermögensmassen, die nach der Satzung oder dem Stiftungsgeschäft und nach der tatsächlichen Geschäftsführung ausschließlich und unmittelbar gemeinnützige, mildtätige oder kirchliche Zwecke verfolgen):

  Hierzu gehören alle **gemeinnützigen Vereine** (z.B. Deutsches Rote Kreuz, Sportvereine, Heimat- und Brauchtumsvereine, Verbraucherschutzverbände, Umweltschutzorganisationen).

Begünstigt ist auch eine Tätigkeit für eine **im „EU-Raum" ansässige Körperschaft** (s.a. BFH v. 22.7.2008, VIII R 101/02, BStBl II 2010, 265 betr. eine nebenberufliche Lehrtätigkeit an der Universität Straßburg und die darauf beruhenden Änderungen der § 3 Nr. 26 und 26a EStG).

Nicht begünstigt sind dagegen z.B. Tätigkeiten für **politische Parteien, Privatschulen, Berufsverbände,** Interessenverbände wie Lohnsteuerhilfevereine oder Automobilvereine, **Gewerkschaften, Arbeitgeberverband** usw., auch wenn für solche Nebentätigkeiten die gleichen Aufwendungen entstehen (vgl. z.B. FG Saarland v. 8.9.1993, 2 K 79/91, EFG 1994, 110 betr. nebenberufliche Dozententätigkeit an einer von einer Bergbau AG betriebenen Bauingenieurschule sowie FG Sachsen-Anhalt v. 20.8.2002, 1 K 145/02, EFG 2002, 1579 betr. Pressearbeit bei einem Berufsverband). Die Bevorzugung öffentlicher und gemeinnütziger Tätigkeiten wird hier jedoch bisher – anders als bei den Steuerbefreiungen nach § 3 Nr. 12 Satz 1 EStG von Aufwandsentschädigungen im öffentlichen Dienst oder nach § 3 Nr. 13 EStG für Reisekostenvergütungen aus öffentlichen Kassen – offensichtlich als verfassungsgemäß angesehen.

Hinweis:

Das **FG Berlin-Brandenburg** hat mit Urteil v. 12.11.2020, 9 K 9167/17, EFG 2021, 825, Folgendes entschieden:

1. Nimmt eine kommunale GmbH in Brandenburg im sogenannten „Betreibermodell" unmittelbar für die an ihr beteiligten, gem. §§ 59, 66 des Brandenburgischen Wassergesetzes (BbgWG) aufgabenpflichtigen Kommunen überwiegend die Pflichtaufgabe der gemeinnützigen Abwasserentsorgung und daneben die Pflichtaufgabe der Trinkwasserversorgung wahr, so ist die ***von der GmbH an einen von einer beteiligten Kommune in den Aufsichtsrat der GmbH entsandten, dem Weisungsrecht der entsendenden Kommune unterliegenden Aufsichtsrat gezahlte Aufwandsentschädigung, die der Aufsichtsrat nach Abzug der ihm tatsächlich entstandenen Kosten an die Kommune abführen muss, nach § 3 Nr. 26a EStG steuerfrei; insoweit ist unerheblich, ob die GmbH gemeinnützig ist.***

2. Hinsichtlich der Person des Dienstherrn bzw. Auftraggebers i.S.d. § 3 Nr. 26a Satz 1 EStG bestehen die gleichen Voraussetzungen wie bei der parallelen Vorschrift des § 3 Nr. 26 EStG. § 3 Nr. 26a

EStG setzt auch für eine juristische Person des öffentlichen Rechts als „Dienst-" oder „Auftraggeber" voraus, dass gemeinnützige, mildtätige oder kirchliche Zwecke verfolgt werden und dass die Tätigkeit des Stpfl. für den ideellen Bereich der dienst- oder auftraggebenden Körperschaft (einschließlich ihrer Zweckbetriebe) erfolgt. ***Bei einer Bejahung der „Förderung gemeinnütziger Zwecke" ist es für die Gewährung des Freibetrags auch unschädlich, wenn die Tätigkeit des Stpfl. in den Hoheitsbereich einer juristischen Person des öffentlichen Rechts fällt oder wenn die Tätigkeit in einem Aufsichtsorgan einer juristischen Person des Privatrechts ausgeübt wird.*** *Lediglich die Tätigkeit in einem steuerpflichtigen wirtschaftlichen Geschäftsbetrieb oder im Rahmen der Vermögensverwaltung ist nicht ausreichend.*

3. ***Die Abwasserbeseitigung als hoheitliche Pflichtaufgabe der öffentlichen Hand erfüllt materiell die Gemeinnützigkeitskriterien einer Förderung der Allgemeinheit auf dem Gebiet des öffentlichen Gesundheitswesens*** *(§ 52 Abs. 2 Satz 1 Nr. 3 AO) sowie des Natur- und Umweltschutzes (§ 52 Abs. 2 Satz 1 Nr. 8 AO). Der Staat und seine Untergliederungen erfüllen im hoheitlichen Bereich zwangsläufig die subjektiven Voraussetzungen der steuerrechtlichen Gemeinnützigkeit.*

4. Es bleibt offen, ob die Trinkwasserversorgung eine gemeinnützige Tätigkeit darstellt. Selbst wenn das nicht der Fall sein sollte und die GmbH im Urteilsfall somit teilweise eine gemeinnützige Tätigkeit (Abwasserentsorgung) und teilweise eine nicht gemeinnützige Tätigkeit (Trinkwasserversorgung) ausüben sollte, ist die ***Aufwandsentschädigung vollständig und nicht nur teilweise nach § 3 Nr. 26a EStG steuerfrei, sofern die GmbH überwiegend gemeinnützig tätig ist*** *(im Streitfall: 60 % der Umsatzerlöse der GmbH aus der Abwasserentsorgung).*

Mit Urteil vom 8.5.2024, VIII R 9/21, hat der BFH die Sichtweise des FG Berlin-Brandenburg bestätigt und wie folgt präzisiert:

Tritt der Steuerpflichtige auf Grund eines förmlichen Bestellungsakts nach außen für eine juristische Person des öffentlichen Rechts als deren Vertreter im Aufsichtsrat einer kommunalen Gesellschaft auf, ist er im Auftrag der juristischen Person des öffentlichen Rechts tätig. **Die Steuerbefreiung der Tätigkeit im Dienst oder im Auftrag einer juristischen Person des öffentlichen Rechts hat keine weiteren Voraussetzungen; sie muss insbesondere nicht gemeinnützige, mildtätige oder kirchliche Zwecke fördern.** Damit ist die bisher kontrovers diskutierte Frage, ob die zusätzliche Förderung gemeinnütziger, mildtätiger oder kirchlicher Zwecke zur Gewährung der Begünstigung erforderlich ist, eindeutig entschieden und der Anwendungsbereich der Vorschrift im Hinblick auf die bisherige Ungewissheit klar erweitert worden.

3. Förderung gemeinnütziger, mildtätiger und kirchlicher Zwecke

3239 **Die Tätigkeit muss gemeinnützigen, mildtätigen oder kirchlichen Zwecken dienen.** Die Begriffe der gemeinnützigen, mildtätigen und kirchlichen Zwecke ergeben sich aus den §§ 52 bis 54 AO. Eine Förderung gemeinnütziger, mildtätiger und kirchlicher Zwecke (§§ 52 bis 54 AO) ist grds. nur dann gegeben, wenn die **Tätigkeit der Allgemeinheit zu Gute kommt**.

Eine Tätigkeit dient auch dann der selbstlosen Förderung begünstigter Zwecke, wenn sie diesen Zwecken nur **mittelbar** zu Gute kommt. So dient die Unterrichtung eines geschlossenen Kreises von Pflegeschülern an einem Krankenhaus mittelbar dem Zweck der Gesundheitspflege (BFH v. 26.3.1992, IV R 34/91, BStBl II 1993, 20 sowie H 3.26 „Mittelbare Förderung" LStH).

Eine nach § 3 Nr. 26 EStG begünstigte Tätigkeit liegt u.a. dann vor, wenn eine nebenberufliche Tätigkeit im steuerbegünstigten Bereich einer juristischen Person des öffentlichen Rechts oder einer unter § 5 Abs. 1 Nr. 9 KStG fallenden Einrichtung, d.h. zur Förderung gemeinnütziger, mildtätiger und kirchlicher Zwecke ausgeübt wird. **Diese Zwecke müssen selbstlos verfolgt werden.** Eine Förderung oder Unterstützung geschieht selbstlos, wenn dadurch **nicht in erster Linie eigenwirtschaftliche Zwecke verfolgt werden** und die übrigen in § 55 Abs. 1 Nr. 1 bis 5 AO genannten Voraussetzungen gegeben sind.

Beispiel 1:

Sparkassenmitarbeiter A ist als Dozent für eine ARGE tätig, zu der sich die Sparkassen des Landkreises X zusammengeschlossen haben.

Eine rein innerbetriebliche Ausbildung ist nicht begünstigt. Da hier die Dozententätigkeit wegen des begrenzten Teilnehmerkreises nicht im Interesse der Allgemeinheit liegt, sondern unmittelbar den eigenwirtschaftlichen Interessen der Sparkassen dient, findet die Steuerbefreiung des § 3 Nr. 26 EStG keine Anwendung.

Beispiel 2:

B, Arzt in einem Krankenhaus, unterrichtet nebenbei die Pflegeschüler der dem Krankenhaus angeschlossenen Pflegeschule und erhält hierfür eine Vergütung von rund 1 800 € im Jahr.

Die Vergütung bleibt in voller Höhe nach § 3 Nr. 26 EStG steuerfrei. Es wird zwar nur ein „abgeschlossener Personenkreis" unterrichtet. Der Unterricht kommt aber **mittelbar der Allgemeinheit zugute**, da er der Gesundheitspflege dient (BFH v. 26.3.1992, IV R 34/91, BStBl II 1993, 20).

Wird die Tätigkeit i.R. der Erfüllung der Satzungszwecke einer juristischen Person ausgeübt, die wegen Förderung gemeinnütziger, mildtätiger oder kirchlicher Zwecke steuerbegünstigt ist, ist im Allgemeinen davon auszugehen, dass die Tätigkeit ebenfalls der Förderung dieser steuerbegünstigten Zwecke dient. Dies gilt auch dann, wenn die nebenberufliche Tätigkeit in einem sog. **Zweckbetrieb** i.S. der §§ 65 bis 68 AO ausgeübt wird, z.B. als nebenberuflicher Übungsleiter bei sportlichen Veranstaltungen nach § 67a Abs. 1 AO, als nebenberuflicher Erzieher in einer Einrichtung über Tag und Nacht (Heimerziehung) oder sonstigen betreuten Wohnform nach § 68 Nr. 5 AO oder als nebenberuflicher Erzieher in einer Einrichtung der Fürsorgeerziehung/der freiwilligen Erziehungshilfe. Eine Tätigkeit in einem **steuerpflichtigen wirtschaftlichen Geschäftsbetrieb** einer im Übrigen steuerbegünstigten juristischen Person (§§ 64, 14 AO) erfüllt dagegen das Merkmal der Förderung gemeinnütziger, mildtätiger oder kirchlicher Zwecke nicht (R 3.26 Abs. 5 LStR).

Begünstigt sind hiernach z.B. die nebenberufliche Lehrtätigkeit an einer Universität oder Volkshochschule, die nebenberufliche Ausbildungstätigkeit bei der Feuerwehr oder die nebenberufliche Fortbildungstätigkeit für eine Anwalts- oder Ärztekammer, selbst wenn die Tätigkeit in den Hoheitsbereich der juristischen Person des öffentlichen Rechts fällt.

Die Steuerbefreiungen nach § 3 Nr. 26, 26a EStG können dagegen nicht gewährt werden, wenn eine Tätigkeit vorliegt, die in den Hoheitsbereich einer juristischen Person des öffentlichen Rechts fällt, vielmehr muss daneben die Tätigkeit der Förderung eines steuerbegünstigten Zwecks i.S. der §§ 52 bis 54 AO dienen. Die Durchführung einer Befragung i.R. des Zensus 2011 stellt z.B. keinen in diesen Normen benannten steuerbegünstigten Zweck dar (OFD Frankfurt v. 3.9.2012, S 2337 A – 67 – St 213); nicht der Besteuerung unterliegen dagegen nach § 20 Abs. 3 ZensG 2022 die Aufwandsentschädigungen an die Erhebungsbeauftragten, welche den Zensus (Volkszählung) 2022 durchgeführt haben (LfSt Bayern v. 3.9.2021, S 2113.1.1 – 2/3 St36). Zur Abgrenzung und aktuellen Rechtsprechung hinsichtlich der Tätigkeiten im Dienst oder im Auftrag einer juristischen Person des öffentlichen Rechts siehe Ausführungen unter 2.

4. Zurechnung zur Haupttätigkeit

Bevor die Frage geprüft wird, ob die einzelnen Voraussetzungen 3240
der Steuerbefreiungen nach § 3 Nr. 26, 26a EStG vorliegen, ist zu prüfen, ob überhaupt eine **nebenberufliche** Tätigkeit ausgeübt wird oder aber diese

- als **Teil der Haupttätigkeit** anzusehen ist,
- oder sich vom Umfang oder Charakter her als **„zweite Haupttätigkeit"** darstellt.

Eine **weitere Beschäftigung für denselben Arbeitgeber** wird auch bei formaler Trennung von haupt- und nebenberuflicher selbständiger oder nichtselbständiger Tätigkeit als Teil einer nichtselbständigen Haupttätigkeit angesehen, wenn zwischen **beiden Tätigkeiten ein unmittelbarer Zusammenhang** besteht (vgl. R 3.26 Abs. 2 Satz 5 LStR).

Ein **(schädlicher) wirtschaftlicher Zusammenhang** liegt vor, wenn

- beide Tätigkeiten für denselben Dienstherrn gleichartig sind
- oder (nicht und) der Stpfl. mit der Nebentätigkeit eine ihm aus seinem (Haupt-)Dienstverhältnis – faktisch oder rechtlich – obliegende Nebenpflicht erfüllt
- oder (nicht und) der Arbeitnehmer auch in der zusätzlichen Tätigkeit der Weisung und Kontrolle des Dienstherrn unterliegt

(zuletzt BFH v. 11.12.2017, VI B 75/17, betr. zusätzliche ehrenamtliche Tätigkeit von hauptamtlichen Mitarbeitern eines Rettungsdienstes).

Die Nebentätigkeit muss darüber hinaus **nicht auch eine Nebenpflicht aus dem (Haupt-)Arbeitsverhältnis darstellen**, deren Erfüllung der Arbeitgeber nach der tatsächlichen Gestaltung dieses Dienstverhältnisses und nach der Verkehrsauffassung – weisungs- und kontrollbefugt – erwarten darf, um der Steuerbefreiungen der § 3 Nr. 26, 26a EStG verlustig zu gehen.

Beispiel 1:

Herr A erzielte Einkünfte aus nichtselbständiger Arbeit aus seiner hauptberuflichen Tätigkeit als Dozent und stellvertretender Direktor einer Schule (Körperschaft des öffentlichen Rechts). Auf Grund einer gesonderten Vereinbarung mit der Schule erstellte er Lehrbriefe, die den Lehrgangsteilnehmern der Schule neben dem Unterricht und anderen Lernmitteln zur Vertiefung und Prüfungsvorbereitung unentgeltlich von dieser zur Verfügung gestellt wurden. Die Lehrbriefe wurden auch im Unterricht eingesetzt. Etwa 10 % der Lehrbriefe wurden an externe Personen verkauft. Den Lehrbriefen lag ein pädagogisches Gesamtkonzept zu Grunde, das in der Stoffaufbereitung und Darstellung auf die besonderen Verhältnisse der Lehrgangsteilnehmer zugeschnitten war. Abhängig von der Seitenzahl des jeweiligen Lehrbriefs bezahlte die Schule Honorare für deren Erstellung.

Der **BFH** hat es abgelehnt, die Honorare für die Erstellung der Lehrbriefe nach § 3 Nr. 26 EStG steuerfrei zu belassen, weil das Erstellen der Lehrbriefe keine freiwillige Leistung, sondern verpflichtend gewesen war und deshalb der Haupttätigkeit zuzurechnen ist (BFH v. 13.12.2016, VIII R 43/14, HFR 2017, 487).

Beispiel 2:

Die Mitarbeiter eines Rettungsdienstes sind in ihrem Hauptberuf in Vollzeit angestellt. Einige von ihnen leisten **zusätzliche ehrenamtliche Schichten**. Hierfür erhalten sie eine pauschale Aufwandsentschädigung je Schicht.

Der **BFH** hat die Anwendung des § 3 Nr. 26 EStG auf die Aufwandsentschädigungen abgelehnt, weil die Aufgaben der ehren- und hauptamtlichen Mitarbeiter die gleichen sind. Beide Tätigkeiten stehen deshalb in einem sachlichen und wirtschaftlichen Zusammenhang, so dass die ehrenamtlich geleisteten Schichten der Haupttätigkeit zuzurechnen und nicht als eigenständige steuerbegünstigte Nebentätigkeit zu beurteilen sind (BFH v. 11.12.2017, VI B 75/17).

Beispiel 3:

Herr A war im Streitjahr vollzeitbeschäftigt als Professor am Lehrstuhl für ... der Universität I tätig. Neben der nichtselbständigen Tätigkeit als Professor übte er angezeigte (nicht genehmigungspflichtige) selbständige Nebentätigkeiten aus, insbesondere die Erstellung von Gutachten sowie Vortragstätigkeiten (geschätzter zeitlicher Anteil der selbständigen Tätigkeit etwa ein Fünftel der nichtselbständigen Tätigkeit).

Das **FG Köln** hat es abgelehnt, die Vergütungen für die Vortragstätigkeiten nach § 3 Nr. 26 EStG steuerfrei zu belassen (Urteil v. 19.10.2017, 15 K 2006/16). Das Halten von Vorträgen zu speziellen Themen mit teilweiser rechtspolitischer Ausrichtung und das Halten von Vorträgen in der Weise einer Fortbildungsmaßnahme für Fachanwälte sind keine Tätigkeiten i.S.d. § 3 Nr. 26 EStG. Vortragstätigkeiten sind nicht „nebenberuflich" i.S.d. § 3 Nr. 26 EStG oder § 3 Nr. 26a EStG, wenn erhebliche Berührungspunkte und Überschneidungen zu einer hauptberuflichen Tätigkeit als Hochschulprofessor bestehen und die Vortragsveranstaltungen auch Ausfluss der hauptberuflichen Fähigkeiten und Expertise des Stpfl. sind, oder wenn die Vortragstätigkeiten Teil einer weiteren hauptberuflichen selbständigen Tätigkeit sind und diese erhebliches wirtschaftliches und auch zeitliches Gewicht hat und in höherem Maße zur Bestreitung des Lebensunterhalts als die Professorentätigkeit beiträgt.

Der Umstand, dass die Vortragstätigkeiten **dienstrechtlich Nebentätigkeiten** darstellen und der Stpfl. als Hochschulprofessor einer Anzeigepflicht für „Nebentätigkeiten" unterliegt, ist diesbezüglich unbeachtlich. Steuerrechtlich gelten eigene, vom Nebentätigkeitsrecht zu trennende Maßstäbe.

Beispiel 4:

Die Eheleute A erzielen als Ärzte i.R. einer Gemeinschaftspraxis Einkünfte aus selbständiger Arbeit. Daneben nahmen sie als sog. Lehrärzte an der praktischen Ausbildung von Studierenden der Medizin teil. Grundlage hierfür ist eine zwischen der Universität A und der Gemeinschaftspraxis der Eheleute abgeschlossene Vereinbarung. Danach weist die Universität den Lehrärzten Studierende zu, deren Anzahl in Absprache festgelegt wird. Die Universität beauftragt die Lehrärzte mit der Wahrnehmung von Lehraufgaben nach den Grundsätzen, die für die Erteilung eines Lehrauftrages unter Berücksichtigung der Approbationsordnung gelten.

Das **FG Schleswig-Holstein** (Urteil v. 7.3.2018, 2 K 174/17, EFG 2018, 925) hat es abgelehnt, die Vergütungen für die Tätigkeit als sog. „Lehrarzt" nach § 3 Nr. 26 EStG steuerfrei zu belassen, weil es an einer inhaltlichen, zeitlichen und organisatorischen Trennung der „hauptberuflichen" Tätigkeit als Arzt und der „nebenberuflichen" Tätigkeit als Lehrarzt fehlt. Inhaltlich und zeitlich überschneiden sich die Tätigkeiten, da mit der Behandlung der Patienten unter Anwesenheit der Studierenden gleichzeitig Haupt- und Nebenberuf ausgeübt werden. Auch organisatorisch sind die Tätigkeiten als Arzt und Lehrarzt derartig eng miteinander verzahnt, dass äußerlich eine Trennung nur im geringen Umfang erfolgt. Diese besteht einzig in dem Umstand, dass der Arzt mit den Studierenden zusätzlich zu den Unterweisungen während der Behandlung der Patienten Vor- und/oder Nachbesprechungen durchführt. Der Hauptteil des „Nebenberufs" wird aber quasi en passant zum „Hauptberuf" durchgeführt.

Dagegen ist die Gleichartigkeit von Haupt- und Nebenberuf grds. **nicht schädlich** für die Gewährung der Steuerbefreiungen nach § 3 Nr. 26, 26a EStG, sofern eine **klare Abgrenzung** vorgenommen werden kann. So kann beispielsweise ein hauptberuflich (selbständig oder nichtselbständig) tätiger (Not-)Arzt, der i.R. einer davon abzugrenzenden nebenberuflichen Tätigkeit als Not- bzw. Rettungsarzt für eine andere (gemeinnützige) Einrichtung arbeitet, den Freibetrag für die nebenberufliche Arbeit in Anspruch nehmen. Wird dagegen eine gleichartige Tätigkeit sowohl haupt- als auch nebenberuflich für den gleichen Auftraggeber ausgeübt, fehlt es an der erforderlichen Abgrenzung (BFH v. 11.12.2017, VI B 75/17, BFH/NV 2018, 337).

Das FG Köln hat bei Arbeitnehmern der Handwerkskammer, die in der Lehrlingsausbildung tätig sind, die Steuerbefreiung für nebenberufliche Lehrtätigkeiten (Mitwirkung an Meistervorbereitungslehrgängen) gewährt (FG Köln v. 22.11.1994, 2 K 2343/93, EFG 1995, 416).

Beaufsichtigen und betreuen Arbeitnehmer im Hauptberuf Kinder bei den Hausaufgaben, der Einnahme von Mahlzeiten und beim Spielen und wirken teilweise i.R. einer **zusätzlichen Vereinbarung über die Erbringung einer Nebentätigkeit**, die vom zeitlichen Umfang weniger als ein Drittel der Haupttätigkeit umfasst, bei der Gestaltung besonderer Nachmittagsangebote mit (Kurse, Projekte), welche individuelle Fertigkeiten voraussetzen und einer unterrichtenden Tätigkeit gleichkommen, steht die Beurteilung dieser nicht gleichartigen Nachmittags-Tätigkeit als nebenberufliche Tätigkeit i.S.d. § 3 Nr. 26 EStG nicht das Tätigwerden für denselben Arbeitgeber entgegen (FG Düsseldorf v. 29.2.2012, 7 K 4364/10 L, EFG 2012, 1313 m.w.N.).

Hochschullehrer, die Hochschulprüfungen abnehmen müssen, können die Steuerbefreiung nach § 3 Nr. 26 EStG nicht in Anspruch nehmen, anders dagegen bei der **Abnahme juristischer Staatsprüfungen** (FinMin Baden-Württemberg v. 30.1.1991, S 2332 A – 3/71, vgl. Nußbaum/Brachmann in Lohnsteuer-Handausgabe 2023, 371).

Beispiel 5:

A ist Hochschullehrer der Rechtswissenschaft an der FU Berlin. Zusätzlich wirkt er an Prüfungen des Justizprüfungsamts Berlin zur ersten juristischen Staatsprüfung mit und hat hierfür eine Vergütung erhalten. Das Finanzamt hat diese Tätigkeit als Bestandteil des „Hauptberufs" angesehen und die Vergütungen dem Arbeitslohn zugerechnet. Den Steuerfreibetrag nach § 3 Nr. 26 EStG hat es nicht gewährt, weil die Tätigkeit nicht „nebenberuflich" ausgeübt worden sei.

Der **BFH** hat A recht gegeben. Zwar sei A dienstrechtlich zur Übernahme der Prüfungstätigkeit im Nebenamt verpflichtet gewesen, er habe aber diese Tätigkeit nicht als Teil seiner Haupttätigkeit und auch nicht unter Weisung und Kontrolle der Hochschule ausgeübt. Dies ergebe sich schon daraus, dass die Prüfungen nicht von der Universität, sondern vom Landesjustizprüfungsamt abgenommen werden (BFH v. 29.1.1987, IV R 189/85, BStBl II 1987, 783).

Die Vergütungen für die Prüfungstätigkeit gehören somit zu den Einkünften aus selbständiger Tätigkeit i.S.d. § 18 Abs. 1 Nr. 1 EStG. Die Vergütungen bleiben i.H.d. Höchstbetrags (ab 2026 3 300 € → Rz. 3236) nach § 3 Nr. 26 EStG steuerfrei, denn A übt eine begünstigte nebenberufliche Tätigkeit aus. Die Tätigkeit eines Prüfers ist grds. der eines Ausbilders vergleichbar.

Beispiel 6:

B, Sachbearbeiter bei einem Bundesamt, hat an einem vom Bundesministerium X veranstalteten Ideenwettbewerb „Bürokratieabbau" teilgenommen und ein Preisgeld gewonnen. Er beantragt, einen Teil des Preisgeldes nach § 3 Nr. 26a EStG steuerfrei zu belassen, da die Erarbeitung von Vorschlägen zum Bürokratieabbau weder Ziel noch unmittelbare Folge seiner Berufstätigkeit sei und somit nicht seiner hauptberuflichen Tätigkeit zugerechnet werden könne.

Das **FG Köln** hat die Steuerbefreiung nach § 3 Nr. 26a EStG abgelehnt und entschieden, dass B das Preisgeld i.R. seiner hauptberuflich ausgeübten Tätigkeit bezogen hat, so dass die Tatbestandsvoraussetzung der Erzielung von Einnahmen aus einer nebenberuflichen Tätigkeit nicht erfüllt ist (Urteil v. 12.6.2013, 4 K 759/10, EFG 2013, 1405).

Auch eine **dienstrechtliche Einordnung von Fortbildungs- und Lehrveranstaltungen als Nebentätigkeiten** i.S.d. § 97 BBG eröffnet grds. den Weg zur Nebenberuflichkeit i.S.d. § 3 Nr. 26 EStG. Das dienstliche Interesse oder Verlangen des Dienstherrn an dieser Tätigkeit führt nicht automatisch zum Ausschluss der Nebenberuflichkeit. Es kommt aber immer auf die Umstände des einzelnen Falles an (s.o. Beispiel 3; das FG Köln hat trotz der dienstrechtlich genehmigten Vortragstätigkeiten eines Universitätsprofessors die Anwendung des § 3 Nr. 26 EStG abgelehnt).

Wird dagegen eine Lehr- oder Fortbildungsveranstaltung dienstrechtlich vollständig dem **Hauptamt zugeordnet**, so ist der Weg zur Nebenberuflichkeit und damit zur Steuerfreiheit nach § 3 Nr. 26 EStG versperrt.

5. Nebenberuflichkeit

a) Allgemeines

3241 Eine Tätigkeit ist nur begünstigt, wenn sie nebenberuflich ausgeübt wird. Es können auch solche Personen nebenberuflich tätig sein, die im steuerrechtlichen Sinne **keinen Hauptberuf** ausüben, z.B. Hausfrauen, Vermieter, Studenten, Rentner oder Arbeitslose (R 3.26 Abs. 2 Satz 2 LStR). Eine **Halbtagsbeschäftigung** wird bereits als hauptberufliche Tätigkeit angesehen, **nicht dagegen eine zeitlich befristet ausgeübte hauptberufliche Tätigkeit**.

Bei Prüfung der Nebenberuflichkeit ist nach R 3.26 Abs. 2 Satz 1 LStR auf das ganze Jahr abzustellen („**Jahresbetrachtung**").

Beispiel:

Ein pensionierter Lehrer betreut während der Ferien für einen gemeinnützigen Verein 4 Wochen lang Kinder mit Behinderung und erhält hierfür 1 500 €.

Während der Ferienbetreuung ist der Lehrer zwar ganztags tätig. Dies ist aber unerheblich, weil es sich bezogen auf das ganze Jahr (auch der Steuerfreibetrag ist ein Jahresbetrag!) um eine typische nebenberufliche Tätigkeit handelt. Bezogen auf das Kalenderjahr beträgt der zeitliche Umfang der Beschäftigung nicht mehr als ein Drittel einer vollen Erwerbstätigkeit (das wären 4 Monate).

Die Höhe der Einnahmen spielt keine Rolle, selbst wenn der Stpfl. allein mit der Nebentätigkeit seinen Lebensunterhalt verdient.

Ob die nebenberufliche Tätigkeit als Übungsleiter usw. i.R. eines Arbeitsverhältnisses oder selbständig ausgeübt wird, ist für die Anwendung der § 3 Nr. 26, 26a EStG ohne Bedeutung.

b) Zeitlicher Umfang/Drittelregelung

3242 Eine Tätigkeit wird nebenberuflich ausgeübt, wenn sie – bezogen auf das Kalenderjahr – nicht mehr als ein **Drittel der Arbeitszeit eines vergleichbaren Vollzeiterwerbs** in Anspruch nimmt **oder** wenn die regelmäßige Wochenarbeitszeit nicht mehr als **14 Stunden** beträgt (R 3.26 Abs. 2 Satz 1 LStR).

Bei der Ermittlung der sog. Ein-Drittel-Grenze **bleiben tarifvertraglich bedingte Unterschiede bei der Arbeitszeit aus Vereinfachungsgründen unbeachtlich**; es ist pauschalierend davon auszugehen, dass bei einer regelmäßigen Wochenarbeitszeit **von nicht mehr als 14 Stunden (= 1/3 von 42 Stunden) die Ein-Drittel-Grenze erfüllt** ist. Es bleibt dem Stpfl. unbenommen, im Einzelfall eine in seinem Tätigkeitsfeld höhere tarifliche Arbeitszeit nachzuweisen.

Beispiel:

Ein ehrenamtlicher Helfer wird je nach Bedarf wöchentlich für 13 Stunden als Sanitäter oder Altenpfleger eingesetzt. Für diese Tätigkeitsbereiche sind unterschiedliche tarifliche Arbeitszeiten vereinbart (38,5 Stunden-Woche bzw. 41 Stunden-Woche).

Bei der Prüfung der Drittelregelung sind die tariflichen Arbeitszeiten aus Vereinfachungsgründen unbeachtlich. Bei einer regelmäßigen Wochenarbeitszeit von höchstens 14 Stunden ist pauschalierend von einer nebenberuflichen Tätigkeit auszugehen. Im Einzelfall kann zudem eine höhere tarifliche Arbeitszeit nachgewiesen werden. Die Einnahmen des ehrenamtlichen Helfers aus seiner Tätigkeit sind bis zur Höhe des Höchstbetrags nach § 3 Nr. 26 EStG (ab 2026 3 300 € → Rz. 3236) jährlich steuer- und beitragsfrei.

Bei **Berufsgruppen, deren vertragliche Stundenanzahl nicht in Wochenarbeitsstunden**, sondern in anderen Einheiten (z.B. **Unterrichtsstunden**) ausgewiesen wird und bei denen diese vertragliche Stundenanzahl geringer ist als die tatsächliche Arbeitszeit (z.B. wegen Vor- und Nachbereitungen, die Teil der Tätigkeit sind), stellen die 42 Stunden keine geeignete Vergleichsgröße dar. In diesen Fällen ist die Ein-Drittel-Grenze auf die entsprechenden Einheiten bei Vollzeitbeschäftigung zu beziehen (bei **Lehrern** z.B. auf die Pflichtstunden bei Vollzeitbeschäftigung).

Eine zeitlich befristet ausgeübte hauptberufliche Tätigkeit ist nicht als nebenberuflich zu qualifizieren.

Unterliegt eine denselben Auftraggeber/Arbeitgeber betreffende Tätigkeit **zeitlichen Schwankungen**, so ist auf den jeweiligen Veranlagungszeitraum bzw. – wenn dieser kürzer ist – auf den für die jeweilige Vertragsdauer bezogenen Durchschnittswert abzustellen (vgl. BFH v. 30.3.1990, VI R 188/87, BStBl II 1990, 854). Demnach gilt:

- Sofern das Vertragsverhältnis nicht im ganzen Kalenderjahr bestanden hat, ist auf die tatsächlich kürzere Dauer des Vertragsverhältnisses abzustellen.
- Hat zwar das Vertragsverhältnis während des ganzen Kalenderjahres bestanden, aber wurde die Stundenanzahl im Vertrag (mehrfach) während des Kalenderjahres (im Vorhinein) geändert, ist auf das jeweilige Vertragsverhältnis abzustellen.

Ausführliche Erläuterungen mit Beispielen (u.a. zu den **Besonderheiten bei Lehrern**) s. BayLfSt v. 19.9.2019, S 2121.2.1 – 29/25 St36, sowie die im Internet veröffentlichte Informationsbroschüre des BayLfSt „Steuerfreiheit für nebenberufliche Tätigkeiten i.S.d. § 3 Nr. 26 / 26a EStG" (mit dem Stand März 2021).

c) Art der Tätigkeit

aa) Verschiedenartige Tätigkeiten

Übt ein Stpfl. **mehrere verschiedenartige Tätigkeiten** i.S.d. § 3 Nr. 26, 26a EStG aus, ist die Nebenberuflichkeit für jede Tätigkeit getrennt zu beurteilen (R 3.26 Abs. 2 Satz 3 LStR). 3243

Verschiedenartige Tätigkeiten liegen bei **Lehrern** z.B. vor, wenn der Unterricht

- nicht für die gleiche Zielgruppe erfolgt und der Unterricht deshalb unterschiedlich konzipiert sein muss (z.B. Unterricht tagsüber in Grundschule und abends in Volkshochschule). Sofern der Unterricht jedoch für die unterschiedlichen Zielgruppen nicht völlig unterschiedlich konzipiert ist, liegt eine gleichartige Tätigkeit vor,
- nicht der Vorbereitung auf den gleichen Abschluss dient (z.B. Unterricht sowohl in Grundschule als auch im Gymnasium).

Der auf eine bestimmte Prüfung vorbereitende Unterricht inkl. eventueller Aufgabenerstellung, Korrektur und Aufsichtsführung ist nicht mit der späteren Abnahme der mündlichen Prüfung gleichartig.

Verschiedenartige Tätigkeiten für denselben Arbeitgeber/Auftraggeber sind mit der Haupttätigkeit zusammenzufassen (BFH v. 11.12.2017, VI B 75/17, BFH/NV, 337), wenn

- der Stpfl. mit der Nebentätigkeit eine ihm aus seinem (Haupt-)Dienst- bzw. Auftragsverhältnis – faktisch oder rechtlich – obliegende Nebenpflicht erfüllt oder
- der Stpfl. in der zusätzlichen Tätigkeit der Weisung und Kontrolle des Arbeit- /Auftraggebers unterliegt (→ Rz. 3240).

Beamtenrechtliche Vorschriften und Vorgaben sind für die Bestimmung der Nebenberuflichkeit und damit für die Frage der Anwendbarkeit der § 3 Nr. 26/26a EStG grds. ohne Relevanz. Eine dienstrechtliche Einordnung von Fortbildungs- und Lehrveranstaltungen als Nebentätigkeiten kann aber **Indiz für eine nebenberufliche Tätigkeit** i.S.d. § 3 Nr. 26/26a EStG sein. Ebenso führt umgekehrt ein dienstliches Interesse oder Verlangen des Dienstherrn an der Übernahme dieser Tätigkeit aber auch nicht automatisch zum Ausschluss der Nebenberuflichkeit i.S.d. § 3 Nr. 26/26a EStG. Es kommt immer auf die Umstände des einzelnen Falles an (s.o. Beispiel 3 zu → Rz. 3240; das FG Köln hat trotz der dienstrechtlich genehmigten Vortragstätigkeiten eines Universitätsprofessors die Anwendung des § 3 Nr. 26 EStG abgelehnt).

bb) Gleichartige Tätigkeiten

Mehrere **gleichartige Tätigkeiten** i.S.d. § 3 Nr. 26/26a EStG sind stets (sowohl für denselben als auch für verschiedene Arbeitgeber/Auftraggeber) zusammenzufassen, wenn sie sich nach der Verkehrsanschauung als **Ausübung eines einheitlichen Haupt-** 3244

berufs darstellen, z.B. Unterricht von jeweils weniger als einem Drittel des Pensums einer Vollzeitkraft in mehreren Schulen (R 3.26 Abs. 2 Satz 4 LStR) oder Erledigung der Buchführung oder Aufzeichnungen von jeweils weniger als dem dritten Teil des Pensums einer Bürokraft für mehrere gemeinnützige Körperschaften. S.a. FG Sachsen-Anhalt v. 16.4.2002, 4 K 10500/99, EFG 2002, 958 betr. die freiwillige Betreuung Suchtkranker durch einen Sozialpädagogen in der Freizeit – nebenberufliche Tätigkeit anerkannt.

Beispiel 1:

A, Hausfrau, ist auf Grund eines Arbeitsvertrags an den Schulen X und Y als Dozentin tätig. Sie unterrichtet an beiden Schulen durchschnittlich jeweils fünf Stunden in der Woche (insgesamt also zehn Stunden). Ein „Vollzeitlehrer" würde 25 Wochenstunden geben.

Für die Anwendung des § 3 Nr. 26 EStG sind beide Lehrtätigkeiten zusammenzufassen, da es sich um die Ausübung eines **einheitlichen Hauptberufs** handelt. Da die Lehrtätigkeit mehr als ein Drittel der Stundenzahl eines Vollzeitlehrers ausmacht, kann die Steuerbefreiung des § 3 Nr. 26 EStG nicht gewährt werden. Dies wäre nur der Fall, wenn A insgesamt acht Stunden unterrichten würde. Unterliegt die Lehrtätigkeit zeitlichen Schwankungen, ist von dem auf den Veranlagungszeitraum bezogenen Durchschnittswert (durchschnittliche Stundenzahl) auszugehen. Vgl. zu einem ähnlichen Fall BFH v. 30.3.1990, VI R 188/87, BStBl II 1990, 854.

Beispiel 2:

Sachverhalt wie oben, A unterrichtet aber nur an einer Schule fünf Wochenstunden. Daneben übt sie eine Trainertätigkeit in einem Sportverein aus (etwa sechs Stunden in der Woche).

Da hier **verschiedenartige Tätigkeiten** ausgeübt werden, dürfen die Stunden nicht zusammengerechnet werden. A übt zwei unter die Steuerbefreiung des § 3 Nr. 26 EStG fallende nebenberufliche Tätigkeiten aus. Der Steuerfreibetrag von (zur Höhe → Rz. 3247) darf aber trotzdem insgesamt nur einmal gewährt werden (R 3.26 Abs. 8 Satz 2 LStR und sinngemäß zuletzt BFH v. 3.7.2018, VIII R 28/15, BStBl II 2018, 715 zur Steuerbefreiung nach § 3 Nr. 26a EStG).

Wenn eine der gleichartigen Tätigkeiten für sich allein betrachtet schon eine Haupttätigkeit darstellt, kann jede weitere Tätigkeit nebenberuflich i.S.d. § 3 Nr. 26 EStG sein (BFH v. 30.3.1990, VI R 188/87, BStBl II 1990, 854). In diesen Fällen ist nur dann ein Zusammenfassen der Tätigkeiten erforderlich, wenn die Haupt- und Nebentätigkeit für ein- und denselben Arbeit-/Auftraggeber erfolgt. Ausführliche Erläuterungen mit Beispielen (u.a. zu den **Besonderheiten bei Lehrern**) s. BayLfSt v 19.9.2019, S 2121.2.1 – 29/25 St36, sowie die im Internet veröffentlichte Informationsbroschüre des BayLfSt „Steuerfreiheit für nebenberufliche Tätigkeiten i.S.d. § 3 Nr. 26 / 26a EStG" (mit dem Stand März 2021).

cc) Gemischte Tätigkeiten

3245 Erzielt der Stpfl. Einnahmen, die teils für eine Tätigkeit, die unter § 3 Nr. 26, 26a EStG fällt, und teils für eine andere Tätigkeit gezahlt werden, ist lediglich für den entsprechenden Anteil nach § 3 Nr. 26, 26a EStG der Freibetrag zu gewähren (vgl. R 3.26 Abs. 7 LStR).

Beispiel 1:

Frau Müller ist von der Kirchengemeinde sowohl als Organistin (3 Stunden wöchentlich), Reinigungskraft in der Kirche (3 Stunden wöchentlich) als auch als Pfarrhaushälterin (10 Stunden wöchentlich) mit einem Arbeitsvertrag (beinhaltet alle drei Tätigkeiten) angestellt. Der Stundenlohn beträgt jeweils 13 €.

Zwar liegen mehrere verschiedenartige Tätigkeiten vor, die Nebenberuflichkeit ist jedoch für alle Tätigkeiten zusammen zu beurteilen. Mehrere Tätigkeiten für denselben Arbeitgeber/Auftraggeber sind mit der Haupttätigkeit zusammenzufassen (BFH v. 11.12.2017, VI B 75/17), da die Stpfl. in sämtlichen Tätigkeiten der Weisung und Kontrolle des Dienstherrn unterliegt: Alle genannten Tätigkeiten stellen Pflichten der Stpfl. aus ihrem Dienstverhältnis zur Kirchengemeinde dar. Die Tätigkeiten sind daher zusammenzufassen. Die Nebenberuflichkeit ist damit nicht erfüllt, (3+3+10 =) 16 Wochenstunden > 14 Wochenstunden.

Beispiel 2:

Frau Müller ist von der Kirchengemeinde sowohl als Organistin (3 Stunden wöchentlich), Reinigungskraft in der Kirche (3 Stunden wöchentlich) als auch als Pfarrhaushälterin (8 Stunden wöchentlich) angestellt. Der Stundenlohn beträgt jeweils 13 €, nach Abzug von Urlaub hat Frau Müller insgesamt 46 Wochen jährlich gearbeitet.

Da die Zeitgrenze für alle Tätigkeiten zusammen nicht überschritten wird (3+3+8 = 14 Wochenstunden), ist die Nebenberuflichkeit grds. erfüllt:

Organistin = begünstigte Tätigkeit nach § 3 Nr. 26 EStG (künstlerisch), Einnahmen i.H.v. 1 794 € (3 Std. x 46 Arbeitswochen x 13 €) steuerfrei.

Reinigungskraft = keine begünstigte Tätigkeit nach § 3 Nr. 26 EStG, aber § 3 Nr. 26a EStG tätigkeitsunabhängig möglich (kirchliche Zwecke), Einnahmen i.H.v. 840 € steuerfrei und i.H.v. 954 € (1 794 € abzgl. Ehrenamtspauschale 840 €) steuerpflichtig.

Pfarrhaushälterin = keine begünstigte Tätigkeit nach § 3 Nr. 26 EStG, § 3 Nr. 26a EStG wäre zwar tätigkeitsunabhängig grds. möglich, aber die Ehrenamtspauschale ist bereits verbraucht. Einnahmen i.H.v. 4 784 € (8 Std. x 46 Arbeitswochen x 13 €) steuerpflichtig.

d) Kombination der sog. Übungsleiterpauschale mit geringfügigen Beschäftigungsverhältnissen

Wird eine nebenberufliche Tätigkeit als Übungsleiter, Ausbilder 3246
oder Betreuer in einem Dienstverhältnis ausgeübt, so bleibt der Freibetrag (zur Höhe → Rz. 3247) jährlich bei der Prüfung der Frage, ob die **Geringfügigkeitsgrenze** (ab 1.1.2025 556 €, ab 1.1.2026 603 €, ab 1.1.2027 633 € → *Mini-Jobs* Rz. 3166) **eingehalten** ist, außer Betracht. Bei nebeneinander vorliegender Haupt- und Nebentätigkeit für die nebenberufliche Betätigung – die auch als geringfügige Beschäftigung ausübbar ist – sind folgende Fallgestaltungen zu unterscheiden:

1. **geringfügige Beschäftigung und Haupttätigkeit bei unterschiedlichen Arbeitgebern**
   a) gleichartige Tätigkeiten
   b) verschiedenartige Tätigkeiten
2. **geringfügige Beschäftigung und Haupttätigkeit bei demselben Arbeitgeber**
   a) gleichartige Tätigkeiten
   b) verschiedenartige Tätigkeiten

Steuerliche Bewertung:

1.a) Nach R 3.26 Abs. 2 Satz 4 LStR sind mehrere gleichartige Tätigkeiten zu einer einheitlichen Tätigkeit zusammenzufassen, wenn sie sich nach der Verkehrsauffassung als Ausübung eines einheitlichen Hauptberufs darstellen. Dies gilt auch für den Fall der Gleichartigkeit von Hauptberuf und daneben ausgeübten Nebenberuf bei unterschiedlichen Arbeitgebern, wenn sie nach der Verkehrsanschauung als Einheit zu betrachten sind.

1.b) Wird neben einer Haupttätigkeit eine davon verschiedenartige Nebentätigkeit bei unterschiedlichen Arbeitgebern verrichtet, liegt regelmäßig kein einheitliches Beschäftigungsverhältnis vor.

2.a) Bilden zwei oder mehrere gleichartige Tätigkeiten bei ein und demselben Arbeitgeber nach der Verkehrsanschauung eine Einheit, liegt steuerlich ein einheitliches Beschäftigungsverhältnis vor. Das hat zur Folge, dass die Gewährung des Übungsleiterfreibetrags für die gesamte Tätigkeit nur dann möglich ist, wenn deren zeitlicher Umfang höchstens ein Drittel eines vergleichbaren Vollzeiterwerbs einnimmt. Ist dieses Nebenberuflichkeitskriterium bei Zusammenrechnung der Tätigkeiten nicht oder nicht mehr gegeben, sind die Voraussetzungen des § 3 Nr. 26 EStG im Hinblick auf die zeitliche Komponente (Überschreiten der sog. 14 Std.-/Drittelgrenze nach R 3.26 Abs. 2 LStR) insgesamt nicht erfüllt.

2.b) Ungleichartige Tätigkeiten sind steuerlich dann zu einer Einheit zusammenzufassen, wenn sie nach der Verkehrsanschauung eine Einheit darstellen.

Die Regelung aus dem **Sozialversicherungsrecht**, wonach mehrere Beschäftigungsverhältnisse bei demselben Arbeitgeber, unabhängig davon, ob sie gleichartig sind oder sich voneinander unterscheiden, immer als einheitliche Tätigkeit zusammenzufassen sind, sind nur für die Frage des Vorliegens einer geringfügigen Beschäftigung nach **§ 40a Abs. 2 EStG maßgeblich** (vgl. BayLfSt v. 26.9.2018, S 2372.1.1 – 4/3 St36, StEd 2018, 673) und können nicht allgemein auf das Steuerrecht übertragen werden. **Insbesondere besteht kein allgemeiner lohnsteuerlicher Grundsatz, dass zwei nichtselbständige Beschäftigungen beim selben Arbeitgeber stets zu einem Dienstverhältnis zusammenzufassen sind.**

6. Höchstbeträge

Hinweis: Die Übungsleiter- und Ehrenamtspauschalen werden 3247
durch das Steueränderungsgesetz 2025 für das Jahr 2026 voraussichtlich angehoben. Das Gesetzgebungsverfahren war bei Redaktionsschluss allerdings noch nicht endgültig abgeschlossen. Bei Änderungen informieren wir Sie über unseren Online-Aktualisierungsdienst (s. Benutzerhinweis S. IV).

Die Steuerfreiheit

- nach § 3 Nr. 26 und 26b EStG ist auf einen **Jahreshöchstbetrag von 3 300 €**
- und die nach § 3 Nr. 26a EStG auf einen **Jahreshöchstbetrag von 960 €** beschränkt.

Die Freibeträge sind **personenbezogene (nicht tätigkeitsbezogene) Jahresbeträge**. Sie werden auch dann nur einmal gewährt, wenn

- mehrere begünstigte Tätigkeiten ausgeübt werden (R 3.26 Abs. 8 Sätze 1 und 2 LStR und zuletzt BFH v. 3.7.2018, VIII R 28/15, BStBl II 2018, 715 betr. Entschädigungen für die ehrenamtliche Tätigkeit als Versichertenberater und Mitglied des Widerspruchsausschusses der Rentenversicherung)
- oder der Stpfl. Vergütungen für mehrere Jahre in einer Summe erhält (BFH v. 15.2.1990, IV R 87/89, BStBl II 1990, 686).

Beispiel 1:

Herr M. ist im Sportverein Kassierer, Geschäftsführer und Platzwart. Für jede Tätigkeit erhält er 200 € im Jahr.

Da alle Tätigkeiten nach § 3 Nr. 26a EStG begünstigt sind, wird der Ehrenamtsfreibetrag nur einmal berücksichtigt.

Die Jahreshöchstbeträge sind **nicht zeitanteilig aufzuteilen**, selbst wenn die begünstigte Tätigkeit lediglich wenige Monate ausgeübt wird, so z.B. bei der Betreuung von Kindern bei Ferienmaßnahmen (vgl. R 3.26 Abs. 8 Satz 3 LStR).

Beispiel 2:

Übungsleiter X ist in den Monaten April bis August bei einem Sportverein tätig und erhält dafür monatlich 300 €; die wöchentliche Arbeitszeit beträgt 10 Stunden.

Der Verein kann den Monatsverdienst von 300 € steuer- und sozialversicherungsfrei auszahlen, denn der Verdienst liegt insgesamt unter dem Jahresfreibetrag (5 Monate x 300 € = 1 500 €). Allerdings muss X dem Arbeitgeber bestätigen, dass die Steuerbefreiung nicht in einem anderen Arbeits- oder Auftragsverhältnis in Anspruch genommen wird.

Die Freibeträge können aufgeteilt werden, wenn mehrere begünstigte Tätigkeiten **nacheinander** ausgeübt werden. Entsprechendes gilt, wenn mehrere begünstigte Tätigkeiten **nebeneinander** ausgeübt werden.

Beispiel 3:

Ein Jugendtrainer ist zeitgleich bei den Vereinen A und B beschäftigt. Er teilt den Vereinen A und B jeweils schriftlich mit, dass ein Übungsleiterfreibetrag von monatlich 137,50 € berücksichtigt werden kann (137,50 € x 12 Monate x 2 Auftraggeber = 3 300 €).

Die Vereine A und B können i.R. der Lohnabrechnung jeweils einen Übungsleiterfreibetrag von 137,50 € monatlich berücksichtigen.

Die Steuerbefreiungen sind auch bei **Ehegatten oder Lebenspartnern stets personenbezogen** vorzunehmen. Auch bei der Zusammenveranlagung können die Freibeträge demnach von jedem Ehegatten oder Lebenspartner bis zur Höhe der Einnahmen, die er für eine eigene begünstigte Tätigkeit erhält, in Anspruch genommen werden. Eine Übertragung des nicht ausgeschöpften Teils des Freibetrags eines Ehegatten oder Lebenspartners auf höhere Einnahmen des anderen Ehegatten oder Lebenspartners aus der begünstigten nebenberuflichen Tätigkeit ist **nicht** zulässig.

7. Begünstigte Tätigkeiten i.S.d. § 3 Nr. 26 EStG

a) Allgemeines

3248 Nach § 3 Nr. 26 EStG sind unter den dort genannten weiteren Voraussetzungen steuerfrei Einnahmen aus folgenden nebenberuflichen Tätigkeiten:

- Übungsleiter, Ausbilder, Erzieher, Betreuer oder vergleichbare nebenberufliche Tätigkeiten,
- künstlerische Tätigkeiten,
- nebenberufliche Pflege alter, kranker Menschen oder Menschen mit Behinderungen.

b) Übungsleiter und weitere begünstigte Tätigkeiten

aa) Allgemeines

3249 Die Tätigkeiten als **Übungsleiter, Ausbilder, Erzieher oder Betreuer** haben miteinander gemeinsam, dass sie auf **andere Menschen durch persönlichen Kontakt Einfluss nehmen**, um auf diese Weise deren geistige und körperliche Fähigkeiten zu entwickeln und zu fördern. **Gemeinsames Merkmal der Tätigkeiten ist eine pädagogische Ausrichtung** (R 3.26 Abs. 1 LStR und zuletzt BFH v. 3.7.2018, VIII R 28/15, BStBl II 2018, 715 betr. Entschädigungen für die ehrenamtliche Tätigkeit als Versichertenberater und Mitglied des Widerspruchsausschusses der Rentenversicherung).

Auch die Tätigkeit als **„Betreuer"** i.S.d. § 3 Nr. 26 EStG setzt sowohl eine pädagogische Ausrichtung als auch einen direkten persönlichen Kontakt voraus. Dass die Tätigkeit unter sozialen Aspekten wünschenswert ist, reicht auch unter Berücksichtigung des Gesetzeszwecks der Stärkung des ehrenamtlichen Engagements und der dadurch gebotenen weiten Auslegung des § 3 Nr. 26 EStG nicht aus (zuletzt BFH v. 3.7.2018, VIII R 28/15, BStBl II 2018, 715 betr. Entschädigungen für die ehrenamtliche Tätigkeit als Versichertenberater und Mitglied des Widerspruchsausschusses der Rentenversicherung).

Hauptanwendungsfall der Vorschrift sind **nebenberufliche Tätigkeiten** wie z.B. (vgl. R 3.26 Abs. 1 Satz 3 LStR):

- **Sporttrainer und Übungsleiter** (vgl. BFH v. 20.12.2017, III R 23/15, BStBl II 2019, 469 sowie BFH v. 20.11.2018, VIII R 17/16, BStBl II 2019, 422);
- **Chorleiter oder Orchesterdirigent**;
- **Dozenten-, Lehr- und Vortragstätigkeit in der allgemeinen Bildung und Ausbildung,** z.B. Erste-Hilfe-Kurse, Hausaufgabenbetreuung, Nachhilfe, Sprachförderung, Schwimmunterricht, Kurse und Vorträge an (Volkshoch)Schulen, Mütterberatung, berufliche Aus- und Fortbildung, Leitung von Arbeitsgemeinschaften für Referendare;
- **Beratung und Betreuung** von Menschen mit Behinderungen, Flüchtlingen, Blutspendern, Mütterberatung, Erste-Hilfe-Kurse, Schwimm-Unterricht oder die berufliche Aus- und Fortbildung;
- **Prüfer** bei einer Prüfung, die zu Beginn, im Verlauf oder als Abschluss einer Ausbildung abgenommen wird (BFH v. 23.6.1988, IV R 21/86, BStBl II 1988, 890). **Keine** begünstigte „Prüfungstätigkeit" ist hingegen die **„reine" Aufsichtsführung** bei der Abnahme von Prüfungen oder die **Erstellung von Lehrmaterialien**; in vielen Fällen fehlt es hier auch schon an der „Nebenberuflichkeit" (BFH v. 13.12.2016, VIII R 43/14, HFR 2017, 487 sowie → Rz. 3240 und → *Aufsichtsvergütungen* Rz. 863);
- **Betreuung einer Fußballmannschaft**.

Beispiel 1:

A ist beim Sparkassen- und Giroverband beschäftigt, dem eine Sparkassenschule angeschlossen ist. Für die Mitwirkung an Prüfungen der Sparkassenschule erhält er eine Vergütung von 5 000 € jährlich.

Auch Sparkassen- und Giroverbände sind Körperschaften des öffentlichen Rechts (BFH v. 27.2.1976, VI R 97/72, BStBl II 1976, 418). Die Prüfungstätigkeit ist eine selbständig ausgeübte Nebentätigkeit, vgl. H 19.2 (Nebenberufliche Prüfungstätigkeit) LStH, die nicht dem Hauptberuf zugerechnet werden kann und somit nicht dem Lohnsteuerabzug unterliegt. Die Vergütungen sind daher nach § 3 Nr. 26 EStG i.H.v. 3 300 € im Jahr steuerfrei. Dies wird i.R. einer Einkommensteuer-Erklärung geprüft.

Beispiel 2:

B ist als Kanzleikraft ebenfalls bei dem o.g. Sparkassen- und Giroverband beschäftigt. Sie wirkt ebenfalls an den Prüfungen der Sparkassenschule mit, aber lediglich als Aufsichtskraft. Sie erhält hierfür Vergütungen von rund 840 € im Jahr.

Die Finanzverwaltung rechnet die „reine Aufsichtsführung" der Haupttätigkeit zu. Die Vergütungen unterliegen zusammen mit dem „normalen/üblichen" Arbeitslohn dem Lohnsteuerabzug, die Steuerbefreiung des § 3 Nr. 26a EStG wird nicht gewährt.

Nicht begünstigt nach § 3 Nr. 26 EStG ist daher die Aufwandsentschädigung nach § 1835a BGB für **ehrenamtliche rechtliche Betreuer** nach §§ 1896 ff. BGB, ehrenamtlich tätige Vormünder nach §§ 1773 BGB und ehrenamtliche Pfleger nach §§ 1909 ff. BGB, da § 3 Nr. 26 EStG nur angewendet werden kann, wenn durch **einen direkten pädagogisch ausgerichteten persönlichen Kontakt zu den betreuten Menschen** ein Kernbereich des ehrenamtlichen Engagements erfüllt wird (seit 2011 gilt hierfür die Steuerbefreiung nach § 3 Nr. 26b EStG, → Rz. 3261). Es ist **nicht**

verfassungswidrig, dass der Gesetzgeber nicht sämtliche einem gemeinnützigen Zweck dienende Tätigkeiten begünstigt hat (BFH v. 1.6.2004, XI B 117/02).

Nicht begünstigt sind ferner die Ausbildung von Tieren (z.B. Rennpferden oder Diensthunden, R 3.26 Abs. 1 Satz 3 LStR) sowie „verwaltende" Tätigkeiten z.B. als Vorstandsmitglied, Vereinskassierer oder Gerätewart bei einem Sportverein, auch wenn solche Tätigkeiten ebenfalls unmittelbar im Vereinsinteresse – und damit auch im öffentlichen Interesse – liegen (vgl. R 3.26 Abs. 1 Satz 5 LStR). In diesen Fällen kommt jedoch ggf. die Steuerbefreiung nach § 3 Nr. 26a EStG in Betracht (→ Rz. 3258).

bb) Begünstigte Einzelfälle

3250 Die **Steuerbefreiung nach** § 3 Nr. 26 EStG **wird gewährt** z.B. für folgende nebenberufliche Tätigkeiten:

- **Ärzte im Behindertensport sowie Coronar-Sport**, wenn sie auf den Ablauf der Übungseinheiten und auf die Übungsinhalte aktiv Einfluss nehmen;
- **Aufgabenersteller, Korrektoren, Leiter von Lernarbeitsgemeinschaften, Prüfer** bei einer mündlichen Prüfung, Aufsichtstätigkeit bei Prüfungen, sofern diese im Zusammenhang mit einem Lehrauftrag steht;
- **Aufsichtsvergütung für die juristische Staatsprüfung**, d.h. Vergütungen an Richter, Staatsanwälte und Verwaltungsbeamte des höheren Dienstes, die nebenamtlich als Leiter von Arbeitsgemeinschaften für Referendarinnen und Referendare tätig sind;
- **Bahnhofsmission**, soweit begünstigte Pflege- und Betreuungsleistungen erbracht werden; begünstigter Anteil pauschal 60 % der Einnahmen (zur Höhe → Rz. 3247). Von dem pauschalen Satz kann im Einzelfall abgewichen und auf die tatsächlichen Verhältnisse abgestellt werden, wenn Anhaltspunkte dafür vorliegen, dass die Anwendung dieses Regelsatzes zu einer unzutreffenden Besteuerung führen würde);
- **Bereitschaftsleitungen und Jugendgruppenleiter**, soweit die Vergütung auf die Tätigkeit als Ausbilder oder Betreuer entfällt. Soweit lediglich organisatorische Aufgaben wahrgenommen werden, liegt keine begünstigte Tätigkeit vor;
- **Betreuung**, Anleitung von Menschen mit Behinderungen in einer Behindertenwerkstatt, Langzeitarbeitslosen in einem Projekt zur Wiedereingliederung, Blutspendern (Beratung der Blutspender zu Spendenfragen);
- **Diakone**, soweit sie nach § 3 Nr. 26 EStG begünstigte Tätigkeiten ausüben wie ausbildende und betreuende Tätigkeiten mit pädagogischer Ausrichtung sowie Arbeiten im sozialen Bereich, die als Pflege alter, kranker Menschen oder Menschen mit Behinderungen gewertet werden können. Bei einer Tätigkeit im Bereich der Verkündigung (z.B. Taufen, Krankenkommunion, Trauungen, Predigtdienst) handelt es sich dagegen nicht um eine begünstigte Tätigkeit;
- **Erziehungsbeistand und Betreuungshelfer nach § 30 SGB VIII, Familienhelfer nach § 31 SGB VIII**: I.R. der Hilfe zur Erziehung nach den §§ 27 ff. SGB VIII werden sog. Erziehungs- und Familienhelfer eingesetzt, die das Kind oder den Jugendlichen (§ 30 SGB VIII) oder die Familie (§ 31 SGB VIII) durch pädagogische und therapeutische Hilfen bei der Bewältigung von Entwicklungsproblemen oder bei der Erfüllung von Erziehungsaufgaben unterstützen sollen. Sofern kein Dienstvertrag vorliegt, ist eine nebenberufliche Tätigkeit nach § 3 Nr. 26 EStG begünstigt. Die neben der eigentlichen Hauptaufgabe zusätzlich zu erbringende hauswirtschaftliche praktische Versorgung einer in Not geratenen Familie oder einer Einzelperson kann insoweit vernachlässigt werden;
- **Ferienbetreuer**, die zeitlich begrenzt zur Durchführung von Ferienmaßnahmen eingesetzt werden, sind nebenberuflich tätig und üben bei Vorliegen der übrigen Voraussetzungen des § 3 Nr. 26 EStG eine begünstigte Tätigkeit aus;
- **Feuerwehrleute**, soweit sie eine ausbilderische Tätigkeit ausüben (→ *Feuerwehr* Rz. 2108);
- **Korrekturassistenten** (FG Berlin v. 12.10.2004, 5 K 5316/03, EFG 2005, 340 mit Hinweisen auf **gegenteilige Rechtsprechung!**);
- **Lehrbeauftragte an Schulen**, die von Schulen für einen ergänzenden Unterricht eingesetzt werden. Soweit von den Schulen mit den Lehrbeauftragten nicht ausdrücklich ein Arbeitsvertrag abgeschlossen wird, sind die Vergütungen den Einnahmen aus selbständiger (unterrichtender) Tätigkeit nach § 18 Abs. 1 Nr. 1 EStG zuzuordnen und nach § 3 Nr. 26 EStG begünstigt;
- **Paar- und Familientherapeuten;**
- **Schulweghelfer und Schulbusbegleiter**, die gleichzeitig zur Verkehrserziehung beitragen; Gemeinden gewähren den grds. als Arbeitnehmer beschäftigten Schulweghelfern und den Schulbusbegleitern Aufwandsentschädigungen. Diese sind nebeneinander sowohl nach § 3 Nr. 26 EStG als auch nach § 3 Nr. 12 Satz 2 EStG (→ *Aufwandsentschädigungen im öffentlichen Dienst* Rz. 865) begünstigt; die Vorschriften sind in der für den Stpfl. günstigsten Reihenfolge zu berücksichtigen (R 3.26 Abs. 7 LStR);
- **Stadt-, Museums-, Kloster, Mühlenführer**, die Tätigkeit ist – vergleichbar mit einer unterrichtenden Tätigkeit an einer Volkshochschule – wegen ihrer pädagogischen Ausrichtung grds. nach § 3 Nr. 26 EStG begünstigt. Zu prüfen ist jedoch insbesondere, ob die Tätigkeit im Auftrag oder im Dienst einer juristischen Person des öffentlichen Rechts oder einer anderen unter § 5 Abs. 1 Nr. 9 KStG zur Förderung gemeinnütziger, mildtätiger und kirchlicher Zwecke ausgeübt wird;
- **Wohnpaten für geflüchtete junge Erwachsene**, soweit sie Vergütungen für die Unterstützungs- und Integrationsleistung (also Betreuungsleistungen) i.H.v. monatlich 237 € erhalten (→ *Asylbewerber, Flüchtlinge* Rz. 845);
- **Zahnärzte im Arbeitskreis Jugendzahnpflege;** soweit die Zahnärzte i.R. der „Arbeitskreise Jugendzahnpflege in Hessen" (AkJ) tätig werden (sog. Patenschaftszahnärzte), üben sie diese Tätigkeit nebenberuflich aus, so dass die entsprechenden Vergütungen bei Vorliegen der übrigen Voraussetzungen nach § 3 Nr. 26 EStG begünstigt sind.

cc) Nicht begünstigte Einzelfälle

Nicht gewährt wird die Steuerbefreiung nach § 3 Nr. 26 EStG 3251
dagegen z.B. für folgende nebenberufliche Tätigkeiten:

- **Ausbildung von Tieren (Rennpferde, Diensthunde)**;
- **Babysitter**;
- **Blutspendehelfer (organisatorische Tätigkeiten)**;
- **Dolmetscher**;
- **ehrenamtliche Betreuer nach § 1835a BGB**, da eine eher rechtsberatende Tätigkeit ausgeübt wird; es gilt die Sonderregelung des **§ 3 Nr. 26b EStG** (vgl. FG Niedersachsen v. 8.2.2012, 9 K 399/10, FinMin Baden-Württemberg v. 10.2.2016, 3 – S 233.7/38, R 3.26 Abs. 1 Satz 5 LStR; s. zu § 3 Nr. 26b EStG → Rz. 3261);
- **ehrenamtliche Auditoren zur Akkreditierung akademischer Studiengänge i.R. des paneuropäischen Bologna-Prozesses**: Die Tätigkeit eines ehrenamtlichen Auditors zur Akkreditierung akademischer Studiengänge stellt mangels vorgesehener pädagogischer Ausrichtung keine vergleichbare Tätigkeit i.S.d. § 3 Nr. 26 EStG dar (FG Hessen v. 25.2.2016, 12 K 1017/15);
- **Dolmetscherin, gerichtlich bestellte** (BFH v. 11.5.2005, VI R 25/04, BStBl II 2005, 791);
- isolierte **Aufsichtstätigkeit bei Prüfungen**, sofern diese nicht im Zusammenhang mit einem Lehrauftrag steht;
- **Küchenmitarbeiter in sog. Waldheimen**; im Vordergrund steht die Essenszubereitung für die in den Waldheimen während der Ferienzeit aufgenommenen Jugendlichen, nicht deren pädagogische Betreuung;
- **Prädikanten und Lektoren** der evangelischen Kirche; es fehlt der direkte pädagogisch ausgerichtete persönliche Kontakt zu einzelnen Menschen. Eine Steuerfreiheit der Bezüge kann sich jedoch ggf. aus § 3 Nr. 12, 13, 50 EStG ergeben;
- **Pressearbeit** bei einem Berufsverband (FG Sachsen-Anhalt v. 20.8.2002, 1 K 145/02, EFG 2002, 1579);
- **Richter, Parcourschefs, Parcourschefassistenten bei Pferdesportveranstaltungen** (s.a. FG Nürnberg v. 15.4.2015, 5 K 1723/12, EFG 2015, 1425, betr. Turnierrichter im Pferdesport);

- **Verkaufstätigkeiten in Läden**;
- **Versichertenberater (Versichertenälteste)**, da keine pädagogisch ausgerichtete, sondern eher eine rechtsberatende Tätigkeit ausgeübt wird (zuletzt BFH v. 3.7.2018, VIII R 28/15, BStBl II 2018, 715, auch soweit zusätzlich eine ehrenamtliche Tätigkeit als Mitglied des Widerspruchsausschusses der Rentenversicherung ausgeübt wird; → *Versichertenälteste, Versichertenberater* Rz. 4174);
- **Vorbereitungstätigkeiten der betriebsärztlichen Untersuchung**.

In allen o.g. Fällen kommt jedoch ggf. die Steuerbefreiung nach **§ 3 Nr. 26a EStG** (→ Rz. 3258) bzw. für die ehrenamtlichen rechtlichen Betreuer, Vormünder und Pflegschaften die Steuerbefreiung nach **§ 3 Nr. 26b EStG** (→ Rz. 3262) in Betracht.

c) Künstlerische Tätigkeiten

aa) Allgemeines

3252 Eine künstlerische Tätigkeit liegt bei § 3 Nr. 26 EStG (wie bei § 18 EStG) nur vor, wenn eine gewisse Gestaltungshöhe bei eigenschöpferischer Leistung gegeben ist (zur Feststellung der Künstlereigenschaft für einkommensteuerliche Zwecke s. LfSt Bayern v. 26.9.2019, S 2246.1.1 – 1/10 St 32). Nach BFH v. 18.4.2007, XI R 21/06, BStBl II 2007, 702 wird die Auslegung des Begriffs einer künstlerischen Tätigkeit i.S.d. § 3 Nr. 26 EStG jedoch beeinflusst durch die Begrenzung auf einen Höchstbetrag und das Merkmal der Nebenberuflichkeit. In diesem Sinne kann eine künstlerische Tätigkeit auch dann vorliegen, wenn sie die eigentliche künstlerische (Haupt-)Tätigkeit unterstützt und ergänzt, sofern sie Teil des gesamten künstlerischen Geschehens ist. Auch der **Komparse** kann daher nach dem o.g. BFH-Urteil – anders als z.B. ein **Bühnenarbeiter** – eine künstlerische Tätigkeit ausüben, wenn sich seine Tätigkeit nicht auf eine rein mechanische Funktion („menschliche Requisite") beschränkt.

Beispiel:

Frau K, Anglistin aus Bonn, im Hauptberuf Werbetexterin, ist Mitglied eines gemeinnützigen Theater-Vereins, der es sich zur Aufgabe gemacht hat, die Zusammenarbeit zwischen Literaturwissenschaft und Theaterpraxis zu fördern und die Dramen Shakespeares in Originalsprache aufzuführen. Für ihre Inszenierung des „Wintermärchens" erhält sie eine Entschädigung von 3 500 €.

Die Tätigkeit eines Intendanten ist eine künstlerische Tätigkeit, die Einkünfte sind daher nach § 18 Abs. 1 Nr. 1 EStG einkommensteuerpflichtig. Da die Tätigkeit hier nebenberuflich ausgeübt worden und auch ein „begünstigter Auftraggeber" vorhanden ist, bleibt der erhaltene Betrag nach § 3 Nr. 26 EStG bis zum Höchstbetrag (→ Rz. 3247) steuerfrei.

bb) Begünstigte Einzelfälle

3253 Die **Steuerbefreiung nach** § 3 Nr. 26 EStG **wird gewährt** z.B. für folgende nebenberufliche Tätigkeiten:

- als **Chorleiter, Orchesterdirigent;**
- **Konzerttätigkeit** eines Musikpädagogen in Kirchen, Altenheimen usw. (BFH v. 22.7.1993, VI R 122/92, BStBl II 1994, 510);
- **Musizieren in Heimen, Krankenhäusern**;
- als **Intendanten und Schauspielerei in Theatervereinen**;
- als **Organist in Kirchengemeinden**; aus Gründen der Praktikabilität und der Verwaltungsvereinfachung ist bei den in Kirchengemeinden eingesetzten Organisten grds. davon auszugehen, dass deren Tätigkeit eine gewisse Gestaltungshöhe erreicht und somit die Voraussetzungen einer künstlerischen Tätigkeit i.S.v. § 3 Nr. 26 EStG vorliegen.

cc) Nicht begünstigte Einzelfälle

3254 **Nicht begünstigt** ist dagegen z.B.

- die **Darbietung von Musik auf Kirmesveranstaltungen oder auf Schützen- und Volksfesten**;
- eine **Tätigkeit als Konzertveranstalter**.

Ist aber eine Tätigkeit dem Grunde nach begünstigt (z.B. Chorleiter), **fehlt es** häufig **an einem „begünstigenden Auftraggeber"**, weil die z.B. künstlerisch Tätigen nicht im Dienst oder Auftrag der Gemeinde, eines Vereins usw., sondern im eigenen Namen tätig werden.

d) Pflegetätigkeiten

aa) Allgemeines

„Pflege" i.S.d. § 3 Nr. 26 EStG setzt eine unmittelbare, in **persönlichem Kontakt** zum Empfänger zu erbringende Leistung des Pflegenden voraus, eine nur mittelbare Hilfe durch Geld- oder Sachleistungen erfüllt nicht den Gesetzeszweck (BFH v. 1.6.2004, XI B 117/02). 3255

Hierunter fallen nach R 3.26 Abs. 1 Satz 4 LStR außer der **Dauerpflege auch Hilfsdienste**

- bei der häuslichen Betreuung durch **ambulante Pflegedienste**, z.B. Unterstützung bei der Grund- und Behandlungspflege, bei häuslichen Verrichtungen und Einkäufen, beim Schriftverkehr, bei der Altenhilfe entsprechend § 75 BSHG, z.B. Hilfe bei der Wohnungs- und Heimplatzbeschaffung, in Fragen der Inanspruchnahme altersgerechter Dienste, sowie die nicht auf eine bloße Beförderungsleistung beschränkte Tätigkeit eines Fahrers im Hol- und Bringdienst von bzw. zu einer Tagespflege, und
- bei Sofortmaßnahmen gegenüber Schwerkranken und Verunglückten, z.B. durch **Rettungssanitäter und Ersthelfer**.

bb) Begünstigte Einzelfälle

Die **Steuerbefreiung nach** § 3 Nr. 26 EStG wird bzw. wurde **gewährt** z.B. für folgende nebenberufliche Tätigkeiten: 3256

- **Ärzte und medizinisches Personal in Impfzentren und mobilen Impfteams** zur Durchführung von Impfungen gegen SARS-CoV-2 und von Tests zur Feststellung einer SARS-CoV-2-Infektion, soweit sie eine qualifizierte Tätigkeit im Zusammenhang mit der Durchführung der Impfungen oder Tests ausüben, d.h. Tätigkeit „mit und gegenüber Menschen", z.B. Verwaltung und Aufklärung im Impfbereich, Impfung einschließlich Aufbereitung des Impfstoffs, Testung (LfSt Rheinland-Pfalz v. 1.4.2021, S 2331/S 2121 A – St 31 6/St 31 3; die Regelung gilt für die Veranlagungszeiträume 2020 und 2021). Diese Erleichterungen gelten auch, wenn das Impfzentrum von einem **privaten Dienstleister betrieben** wird oder die Helferinnen und Helfer in den Zentralen Impfzentren und den Kreisimpfzentren über einen privaten Personaldienstleister angestellt sind. Nach den steuerlichen Vorschriften ist es für die Übungsleiter- und die Ehrenamtspauschale **eigentlich notwendig, dass die freiwillig Tätigen über einen gemeinnützigen oder öffentlichen Arbeitgeber – das Land oder eine Kommune – angestellt** sind, damit die Pauschalen greifen können. Allerdings ist die Struktur der in kürzester Zeit eingerichteten Impfzentren sehr unterschiedlich ausgestaltet, nicht alle Impfzentren werden z.B. direkt von einer Kommune, dem Land oder einer gemeinnützigen Einrichtung betrieben. Die obersten Finanzbehörden haben daher zugelassen, dass ausnahmsweise eine **Gleichbehandlung aller Freiwilligen für die Zeiträume 2020 bis 2021 unabhängig von der Struktur des Impfzentrums erfolgt** (Pressemitteilung des FinMin Baden-Württemberg v. 20.8.2021). Die Regelung, wonach die freiwilligen Helfer in den Impf- und Testzentren die sog. Übungsleiter- oder Ehrenamtspauschale in Anspruch nehmen können, ist bis einschließlich 2022 verlängert worden (siehe Pressemitteilung des FinMin Baden-Württemberg v. 7.2.2022, B+P 2022, 225);
- **Demenzbetreuer** im familiären Umfeld bzw. in der Gruppenbetreuung, Pflege, Betreuung und Beschäftigung von Demenzkranken;
- **Feuerwehrleute**, soweit sie Verletzte bergen und versorgen (→ *Feuerwehr* Rz. 2108);
- **Rettungskräfte**, und zwar Rettungssanitäter und -schwimmer sowie Notärzte in Rettungs- und Krankentransportwagen sowie i.R. von Großveranstaltungen, Einsatzkräfte der Berg-, Höhlen- und Wasserrettung, sofern Personenbergung im Vordergrund steht, Kriseninterventionspersonen (psychologische Soforthilfe für traumatisierte Opfer und deren Angehörige bei schweren oder tragischen Unfällen), Helfer vor Ort (organisierte Helfer, die bis zum Eintreffen eines Rettungsmittels mit qualifizierten basismedizinischen Maßnahmen, Ersthilfe leisten), Einsatzleiter Rettungsdienst vor Ort. Die Einnahmen dieser ehrenamtlichen Rettungskräfte sind nicht mehr in solche aus (begünstigten) Rettungseinsätzen und solche aus (nicht begünstigten) Bereitschaftsdienstzeiten aufzuteilen;

- **Behindertentransporte (auch Auslandsrückholdienst, Behindertenfahrdienst, Krankentransport und Medizinisches Transportmanagement)**: Die Fahrten werden regelmäßig mit einer Besatzung von zwei Helfern durchgeführt, wobei ein Helfer den Bus fährt und der andere (Beifahrer) die behinderten oder kranken Personen während der Fahrt betreut. Die Tätigkeit des **Fahrers** stellt keine nach § 3 Nr. 26 EStG begünstigte Tätigkeit dar, da er weit überwiegend mit dem Fahren des Fahrzeugs beschäftigt ist und ein unmittelbarer persönlicher Bezug zu den „Patienten" i.S.d. Pflege nicht aufgebaut werden kann. Für den **„Beifahrer"** sind die Voraussetzungen für die Inanspruchnahme der Steuerbefreiung nach § 3 Nr. 26 EStG gegeben. Ist die Aufgabenverteilung nicht verbindlich festgelegt, kann daher angenommen werden, dass beide Helfer an der Betreuung mitwirken. Der Freibetrag nach § 3 Nr. 26 EStG ist dann für jeweils 50 % der Vergütung zu gewähren. Vergütungen für Bereitschaftszeiten werden entsprechend der zugrundeliegenden Tätigkeit zugeordnet und zusammen mit der Vergütung für die eigentliche Tätigkeit ggf. in die Steuerbefreiung einbezogen. Finden die Fahrten mit nur einem Fahrer statt, so kann der Freibetrag auch hier für 50 % der Vergütung gewährt werden, wenn der Fahrer neben der reinen Fahrtätigkeit auch betreuende Tätigkeiten und Hilfestellungen leistet. S.a. **FG Baden-Württemberg** v. 8.3.2018, 3 K 888/16, EFG 2018, 1058, wonach auch die Fahrer eine begünstigte Leistung nach § 3 Nr. 26 EStG erbringen;
- **Helfer im sog. Hintergrunddienst des Hausnotrufdienstes (Schlüsseldienst im Hausnotruf und Pflegenotruf)**: Um bei Hausnotrufdiensten die Entgegennahme von Alarmanrufen rund um die Uhr, die Vertrautheit der Bewohner mit dem Hausnotrufdienst und die Funktionsfähigkeit der Hausnotrufgeräte zu gewährleisten, wird von den Hilfsorganisationen – zusätzlich zu den Mitarbeitern der Hausnotrufzentrale – ein sog. Hintergrunddienst eingerichtet, um vor Ort Hilfe zu leisten. Die Mitarbeiter des Hintergrunddienstes sind daneben auch mit der Einweisung, Einrichtung, Wartung und Überprüfung der Hausnotrufgeräte beschäftigt. Dennoch kann ihnen die Steuervergünstigung nach § 3 Nr. 26 EStG für die gesamte Vergütung gewährt werden, da Bereitschaftszeiten wie die aktive Tätigkeit zu behandeln sind. Das Sich-Bereithalten ist unabdingbare Voraussetzung für die erfolgreiche Durchführung der Rettungseinsätze (vgl. auch FG Köln v. 25.2.2015, 3 K 1350/12, EFG 2015, 1507). Nach diesem Urteil kommt die Steuerbefreiung auch dann zur Anwendung, wenn ein Rettungssanitäter zwar mehr als ein Drittel der Arbeitszeit eines vergleichbaren Vollzeitbeschäftigten tätig wird, letztlich aber maximal den in § 3 Nr. 26 EStG genannten Höchstbetrag erhält, da nach Erhalt der maximal steuerfreien Vergütung innerhalb der Drittelgrenze unentgeltlich unter deren Überschreitung weiter gearbeitet wird.

  Soweit ausschließlich Notrufe entgegen genommen und weitergeleitet werden, ist diese Tätigkeit nicht begünstigt;
- **Kriseninterventionspersonen** (psychologische Soforthilfe für traumatisierte Opfer und deren Angehörige bei schweren oder tragischen Unfällen) inkl. Bereitschaftsdienstzeiten;
- **Notärzte im Rettungsdienst** inkl. Bereitschaftsdienstzeiten (entgegen BFH v. 20.2.2002, VI B 85/99), sofern Haupt- und Nebenberuf klar abzugrenzen sind. Eine Gleichartigkeit von haupt- und nebenberuflicher Tätigkeit ist für die Gewährung des Freibetrags unschädlich. So könnte z.B. ein hauptberuflich tätiger (Not-)Arzt, der i.R. einer davon abzugrenzenden Nebentätigkeit als Not- bzw. Rettungsarzt für eine andere Einrichtung arbeitet, den Freibetrag in Anspruch nehmen;
- **Rettungsschwimmer, Rettungskräfte der Deutschen Gesellschaft zur Rettung Schiffbrüchiger inkl. Bereitschaftsdienstzeiten;**
- **Sanitätshelfer und Rettungssanitäter im Rettungs- und Krankenhaustransportwagen und bei Großveranstaltungen einschließlich der Bereitschaftsdienste** (R 3.26 Abs. 1 Satz 4 LStR). Einsatz- und Bereitschaftsdienstzeiten der Rettungssanitäter und Ersthelfer sind als einheitliche Tätigkeit zu behandeln, die insgesamt nach § 3 Nr. 26 EStG begünstigt sein kann und für die deshalb auch nicht teilweise die Steuerbefreiung nach § 3 Nr. 26a EStG gewährt wird.

cc) Nicht begünstigte Einzelfälle

Nicht gewährt wird die Steuerbefreiung nach § 3 Nr. 26 EStG dagegen z.B. für folgende Sachverhalte bzw. nebenberufliche Tätigkeiten: 3257

- **Gastfamilien, die Menschen mit Behinderungen zum betreuten Wohnen in ihren Haushalt aufnehmen**; in 2009 hat der Gesetzgeber für diese Fälle die **Steuerbefreiung des § 3 Nr. 10 EStG** eingeführt (FinMin Berlin v. 18.2.2010, III B – S 2245 – 2/2005; → *Behinderte (Menschen mit Behinderungen)* Rz. 1249);
- **Geschäftsführer** einer als gemeinnützig anerkannten Stiftung, deren Zweck es vornehmlich ist, Bedürftige zu unterstützen (BFH v. 1.6.2004, XI B 117/02);
- **Hauswirtschaftliche Tätigkeiten in Altenheimen, Krankenhäusern** usw.: Reine Hilfsdienste, wie z.B. Putzen, Waschen und Kochen im Reinigungsdienst und in der Küche von Altenheimen, Krankenhäusern, Behinderteneinrichtungen und ähnlichen Einrichtungen stehen nicht den ambulanten Pflegediensten gleich und fallen daher nicht unter § 3 Nr. 26 EStG, da keine häusliche Betreuung im engeren Sinne stattfindet und damit kein unmittelbarer persönlicher Bezug zu den gepflegten Menschen entsteht. Die Leistungen werden primär für das jeweilige Heim oder Krankenhaus erbracht und betreffen daher nur mittelbar die pflegebedürftigen Personen;
- **Mahlzeitendienste**, da die Lieferung einer Mahlzeit für die Annahme einer Pflegeleistung nicht ausreicht. Werden jedoch über die bloße Lieferung von Mahlzeiten hinaus pflegende und betreuende Tätigkeiten wahrgenommen (Gesprächsführung zur Erfragung des persönlichen Befindens der Empfänger der Mahlzeiten, andere Unterstützungen wie bspw. Zerkleinerung des Essens, Einleitung von Hilfsmaßnahmen etc.) sind diese Tätigkeiten mit nach § 3 Nr. 26 EStG begünstigten Hilfsdiensten bei der häuslichen Betreuung durch ambulante Pflegedienste gleichzusetzen;
- **Notfallfahrten bei Blut- und Organtransport**; es handelt sich nicht um begünstigte Tätigkeiten nach § 3 Nr. 26 EStG;
- **Patientenfürsprecher**, der die Interessen der Patienten gegenüber dem Krankenhaus zu vertreten hat; die Tätigkeit stellt keine Pflege alter, kranker Menschen oder Menschen mit Behinderungen dar. Für die in Berlin in § 30 des Landeskrankenhausgesetzes (LKG) geregelte Tätigkeit der Patientenfürsprecher ist jedoch eine **Steuerbefreiung nach § 3 Nr. 12 EStG** zu gewähren. Die Höhe der Aufwandsentschädigung ist in der Verordnung zur Durchführung des Gesetzes über die Entschädigung der Mitglieder der Bezirksverordnetenversammlungen, der Bürgerdeputierten und sonstige ehrenamtlich tätigen Personen geregelt. Die hierfür erforderlichen Haushaltsmittel werden in den jährlichen Haushaltsplänen berücksichtigt.

In o.g. Fällen kommt jedoch ggf. die Steuerbefreiung nach § 3 Nr. 26a EStG in Betracht (→ Rz. 3258).

Praktische Bedeutung haben die Steuerbefreiungen der § 3 Nr. 26, 26a EStG für viele, insbesondere **für gemeinnützige Organisationen ausgeübte ehrenamtliche Tätigkeiten**. Bei diesen Tätigkeiten ist jedoch zunächst zu prüfen, ob **überhaupt steuerpflichtige Einkünfte** erzielt werden. Dies ist nicht der Fall, wenn im Wesentlichen **nur Aufwandsersatz** geleistet wird und somit eine einkommensteuerlich irrelevante Tätigkeit vorliegt (**„Liebhaberei"**, → Rz. 3237). Die Steuerfreiheit der Aufwandsentschädigungen ergibt sich dann aus allgemeinen Grundsätzen (→ *Arbeitnehmer* Rz. 196, → *Deutsches Rotes Kreuz* Rz. 1526).

8. Begünstigte Tätigkeiten i.S.d. § 3 Nr. 26a EStG

a) Allgemeines

Viele Jahre wurde kritisiert, dass die Steuerbefreiung des § 3 Nr. 26 EStG in erster Linie für **pädagogisch ausgerichtete Tätigkeiten gewährt** wird. Für einen gemeinnützigen Verein sei aber die Tätigkeit der Vereinsvorsitzenden, Platzwarte, Kassierer usw. ebenso wichtig wie die der Übungsleiter. Der Gesetzgeber hat diese Kritik aufgegriffen und ab 2007 in § 3 Nr. 26a EStG einen **allgemeinen Freibetrag** für Einnahmen aus nebenberuflichen Tätigkeiten im gemeinnützigen, mildtätigen oder kirchlichen Bereich bis zur Höhe von **960 € (bis 2025 = 840 €)** im Jahr eingeführt. 3258

b) Anwendungsfälle

3259 Jede Tätigkeit ist begünstigt, es gibt keine Begrenzung auf bestimmte Tätigkeiten im gemeinnützigen/ideellen Bereich einschließlich Zweckbetriebe (nicht aber im steuerpflichtigen wirtschaftlichen Geschäftsbetrieb oder bei der Vermögensverwaltung).

aa) Begünstigte Einzelfälle

3260 **Unter die Steuerbefreiung fällt z.B. die nebenberufliche Tätigkeit** als:

- **Mitglied des Vorstands** (→ Rz. 3269);
- **Kassierer, Bürokraft, Reinigungspersonal und Gärtner in der Kirche**, Platzwart, Gerätewart, Aufsichtspersonal oder Schiedsrichter im Amateurbereich;
- im Zweckbetrieb z.B. nebenberuflicher **Kartenverkäufer in einem Museum**, Theater oder Opernhaus;
- bei juristischer Person des öffentlichen Rechts z.B. nebenberufliche **Aufsichtstätigkeit in einem Schwimmbad, nebenberuflicher Kirchenvorstand**;
- **Fahrdienst von Eltern zu Auswärtsspielen von Kindern** usw. in gemeinnützigen Vereinen;
- **Versichertenberater** (Versichertenälteste) und Mitglieder des sog. Widerspruchsausschusses der Rentenversicherung (BFH v. 3.7.2018, VIII R 28/15, BStBl II 2018, 715);
- **Gutachter** in „Gutachterausschüssen für Grundstückswerte und sonstige Wertermittlungen", soweit mit dem Honorar die Arbeitsleistung des Gutachters honoriert wird (OFD Frankfurt v. 24.9.2018, S 2248 A – 012 – St 213, StEd 2018, 687);
- Tätigkeit des Personals in regionalen **Impf- oder Testzentren und mobilen Impf- oder Testteams** zur Durchführung von Impfungen gegen SARS-CoV-2 und von Tests zur Feststellung einer SARS-CoV-2-Infektion, soweit sie nicht im Impfbereich, sondern nebenberuflich in der Impfzentren-Leitung oder der Infrastruktur, z.B. Personenstrommanagement und Sicherheit, Gebäudemanagement, Logistik tätig sind (LfSt Rheinland-Pfalz v. 1.4.2021, S 2331/S 2121 A – St 31 6/St 31 3, die Regelung gilt für die Veranlagungszeiträume 2020 und 2021); dies gilt auch, wenn die freiwillig Tätigen nicht über einen gemeinnützigen oder öffentlichen Arbeitgeber – das Land oder eine Kommune – angestellt sind (Pressemitteilung des FinMin Baden-Württemberg v. 20.8.2021);
- **alle übrigen ehrenamtlichen Tätigkeiten im gemeinnützigen Bereich, die nicht unter die engere Steuerbefreiung des § 3 Nr. 26 EStG fallen** (s. z.B. die Ausbildung von Rennpferden und Diensthunden).

bb) Nicht begünstigte Einzelfälle

3261 **Nicht gewährt wird die Steuerbefreiung dagegen z.B. für**

- **Amateursportler**;
- **Tätigkeiten im Hoheitsbereich oder in Betrieben gewerblicher Art** (BgA) juristischer Personen des öffentlichen Rechts, z.B. der Mini-Jobber, der im Rathaus die Kantine bewirtschaftet oder den städtischen Kindergarten (BgA) reinigt;
- **Reinigungspersonal im Rathaus** (weil nicht im gemeinnützigen/mildtätigen/kirchlichen Bereich tätig);
- sog. **Friedensrichter** in Sachsen, weil ihre Tätigkeit nicht der Förderung der in §§ 52 bis 54 AO genannten Zwecke dient (LSF Sachsen v. 25.6.2013, S 2331 – 22/28 – 212);
- die sog. **Erhebungsbeauftragten** für die Durchführung von Befragungen i.R.d. **Zensus 2011**, da es sich nicht um eine Tätigkeit zur Förderung gemeinnütziger, mildtätiger oder kirchlicher Zwecke i.S. der §§ 52 bis 54 AO handelt (OFD Frankfurt v. 3.9.2012, S 2337 A – 67 – St 213, ebenfalls zur Anwendung des § 3 Nr. 12 EStG; ob die Auffassung der OFD zu § 3 Nr. 26a EStG nach den o.g. Ausführungen zum BFH, Urteil v. 8.5.2024, VIII R 9/21 zukünftig für ähnliche Sachverhalte weiterhin aufrecht erhalten wird, bleibt abzuwarten). Nicht der Besteuerung unterliegen dagegen nach § 20 Abs. 3 ZensG 2022 die Aufwandsentschädigungen der Erhebungsbeauftragten, die den **Zensus (Volkszählung) 2022** durchführen sollen (LfSt Bayern v. 3.9.2021, S 2113.1.1 – 2/3 St36);
- Aufwandsentschädigungen und Sitzungsgelder eines Präsidiumsmitglieds eines privatrechtlich organisierten kommunalen Spitzenverbands – hier: **Städte- und Gemeindebund NRW** (FG Münster v. 24.9.2019, 3 K 2458/18 E, EFG 2019, 1895: das Gericht konnte nicht feststellen, dass der Städte- und Gemeindebund NRW gemeinnützige Zwecke i.S.d. § 52 AO verfolgt und damit eine Körperschaft i.S.d. § 5 Abs. 1 Nr. 9 KStG ist). Vgl. aber auch hierzu die o.g. Ausführungen zum BFH-Urteil v. 8.5.2024, VIII R 9/21.

9. Begünstigte Tätigkeiten i.S.d. § 3 Nr. 26b EStG

a) Allgemeines

Kann eine volljährige Person auf Grund einer psychischen Krankheit oder einer körperlichen, geistigen oder seelischen Behinderung ihre Angelegenheiten ganz oder teilweise nicht besorgen, so bestellt das Betreuungsgericht (Amtsgericht) auf ihren Antrag oder von Amts wegen für sie einen Betreuer (§ 1896 BGB). Neben **Berufsbetreuern** werden überwiegend **ehrenamtliche Betreuer** eingesetzt. In den häufigen Fällen mittelloser Betreuter kommt die Staatskasse für die Betreuungskosten auf. 3262

Ehrenamtliche Betreuer erhalten derzeit eine jährliche **Aufwandsentschädigung i.H.v. 425 €** (§§ 1877, 1878 BGB). Die Aufwandsentschädigung wird für jede einzelne Vormundschaft, Pflegschaft und Betreuung gewährt. Es ist deshalb in Ausnahmefällen möglich, dass eine Betreuungsperson den Betrag mehrfach bekommt. Der Betrag der Aufwandsentschädigung wurde in Anlehnung an die Entschädigung von Zeugen und Sachverständigen mit einem Vielfachen der Entschädigung für eine Stunde versäumter Arbeitszeit bestimmt.

Nach dem seit 2011 eingeführten **§ 3 Nr. 26b EStG** sind Aufwandsentschädigungen nach § 1835a BGB a.F. steuerfrei, soweit sie zusammen mit den steuerfreien Einnahmen i.S.d. § 3 Nr. 26 EStG den Freibetrag nach § 3 Nr. 26 Satz 1 EStG **nicht überschreiten** (BFH v. 17.10.2012, VIII R 57/09, BStBl II 2013, 799). Diese Steuerbefreiung soll in Anbetracht der alternden Gesellschaft, die künftig vermehrt auf ehrenamtliche rechtliche Betreuer usw. angewiesen sein wird, deren Tätigkeit dadurch aufwerten, dass sie eine gleich hohe Steuerbefreiung erhalten wie z.B. Übungsleiter in gemeinnützigen Vereinen. Die Steuerfreiheit gilt gleichermaßen für Aufwandsentschädigungen i.R. von Ergänzungs-, Abwesenheits- und Nachlasspflegschaften.

Die aus der Landeskasse an eine ehrenamtliche Betreuerin gezahlten Aufwandsentschädigungen sind nur in Höhe des Freibetrags nach § 3 Nr. 26b EStG steuerfrei. Übersteigen die Vergütungen den Freibetrag, sind sie insoweit steuerpflichtig und können auch **nicht nach § 3 Nr. 12 EStG steuerfrei bleiben**. Die Steuerbefreiung nach § 3 Nr. 26b EStG für ehrenamtliche Betreuer regelt die Besteuerung der Entschädigungen für diesen Personenkreis abschließend und geht § 3 Nr. 12 EStG zur gleichmäßigen steuerlichen Behandlung aller ehrenamtlichen Betreuer vor (FG Baden-Württemberg v. 6.3.2019, 2 K 317/17, EFG 2019, 1262; die beim BFH eingelegte Revision mit dem Az. VIII R 20/19 ist zurückgenommen worden; hierdurch ist das Verfahren erledigt).

Der Steuerfreibetrag nach § 3 Nr. 26b EStG wird, wenn der Betreffende **mehrere begünstigte nebenberufliche Tätigkeiten ausübt**, allerdings nicht zusätzlich zur Steuerbefreiung nach § 3 Nr. 26, 26a EStG gewährt. D.h. für alle in § 3 Nrn. 26 und 26b EStG genannten Tätigkeiten gilt insgesamt nur ein Freibetrag i.H.v. von derzeit 3 300 €. Ist dieser bereits durch eine Tätigkeit als Übungsleiter nach § 3 Nr. 26 EStG verbraucht, bleibt für eine Steuerbefreiung der Einkünfte als ehrenamtlicher Betreuer kein Raum. Ferner ist der Freibetrag nach § 3 Nr. 26a EStG (sog. Ehrenamtspauschale) ausgeschlossen, wenn die Steuerbefreiung nach § 3 Nr. 26b EStG in Anspruch genommen wurde.

Beispiel:

A ist nebenberuflich als Tennistrainer in einem gemeinnützigen Verein tätig und erhält hierfür Einnahmen i.H.v. 3 300 €; daneben hat er zwei ehrenamtliche rechtliche Betreuungen übernommen, für die er jeweils 400 €, zusammen also 800 € im Jahr erhält.

Seit 2011 ist für ehrenamtliche rechtliche Betreuer ausschließlich die der Höhe nach begrenzte Steuerbefreiung des § 3 Nr. 26b EStG anzuwenden.

Wenn A für seine Trainertätigkeit die volle Steuerbefreiung nach § 3 Nr. 26 EStG in Anspruch nimmt (ab 2026 höchstens 3 300 € im Jahr

→ Rz. 3236), sind die Aufwandsentschädigungen für die ehrenamtlichen rechtlichen Betreuungen zu versteuern – weder die Steuerbefreiung nach § 3 Nr. 26b EStG noch die Steuerbefreiung nach § 3 Nr. 26a EStG können zusätzlich zur Steuerbefreiung nach § 3 Nr. 26 EStG gewährt werden.

Früher war es bei ehrenamtlichen Betreuungen nach § 1835a BGB nicht zu beanstanden, wenn der Betreuer die Betriebsausgaben ohne Nachweis pauschal mit 25 % der erhaltenen Aufwandspauschale berücksichtigt hat. Es bestand eine Wahlmöglichkeit zwischen der Inanspruchnahme des pauschalierten Betriebsausgabenabzugs und der Steuerbefreiung. Die obersten Finanzbehörden haben jedoch beschlossen, dass ehrenamtlich tätige Betreuer mit Wirkung ab dem Veranlagungszeitraum 2015 **keine Betriebsausgabenpauschale** mehr geltend machen können (FinMin Baden-Württemberg v. 10.2.2016, 3 – S 233.7/38).

Die Einkünfte der Berufsbetreuer (z.B. Rechtsanwälte) sowie der ehrenamtlichen rechtlichen Betreuer stellen **Einkünfte aus sonstiger selbständiger Tätigkeit nach § 18 Abs. 1 Nr. 3 EStG** dar (BFH v. 17.10.2012, VIII R 57/09, BStBl II 2013, 799). Ein Betreuer ist berufsmäßig tätig, wenn er mehr als 10 Betreuungen hat oder die zur Führung der Betreuungen erforderliche Zeit voraussichtlich 20 Wochenstunden überschreitet.

Nachbarschaftliche Hilfsleistungen im Bereich Pflege und Betreuung fallen weder unter § 18 Abs. 1 Nr. 3 EStG noch unter § 22 Nr. 3 EStG und sind daher von vornherein **nicht steuerbar**, wenn keine erwerbswirtschaftlichen Zwecke, sondern private Motive (im Streitfall: langjährige Nachbarschaft und freundschaftliche Verbundenheit) für das Verhalten des Stpfl. entscheidend sind (FG Niedersachsen v. 26.6.2019, 9 K 101/18, betr. eine nachträgliche Vergütung für nachbarschaftliche Hilfsleistungen wie Erledigung von Behördenangelegenheiten usw. für eine ältere Dame, auch wenn diese ihrem Nachbarn eine Vorsorgevollmacht und eine **Betreuungsverfügung** ausgestellt hat).

Berufsbetreuer erhalten keinen Steuerfreibetrag nach § 3 Nr. 26b EStG.

b) Betriebsausgabenabzug

3263 Mit der Gewährung der Aufwandsentschädigung entfällt für den ehrenamtlichen Betreuer die Möglichkeit, Aufwendungsersatz gem. § 1835 BGB zu verlangen; die Aufwendungen des Betreuers bei Ausübung seiner Tätigkeit (wie z.B. Fahrtkosten, Telefongebühren, Brief- und Portokosten) sind somit durch die Aufwandsentschädigung abgegolten.

Die Berücksichtigung einer allgemeinen Betriebsausgabenpauschale, wie sie der früheren Verwaltungspraxis entsprach (25 % der Einnahmen), ist seit dem Veranlagungszeitraum 2015 nicht mehr möglich (FinMin Baden-Württemberg v. 10.2.2016, 3 – S 233.7/38).

Ein Abzug der mit den steuerfreien Einnahmen nach § 3 Nr. 26b EStG in einem unmittelbaren wirtschaftlichen Zusammenhang stehenden Betriebsausgaben ist abweichend von § 3c EStG nur insoweit möglich, als die Einnahmen des ehrenamtlichen Betreuers und gleichzeitig auch die berücksichtigungsfähigen Betriebsausgaben die steuerfreien Einnahmen übersteigen (§ 3 Nr. 26b Satz 2 EStG i.V.m. § 3 Nr. 26 Satz 2 EStG).

10. Verhältnis der Steuerbefreiungen nach § 3 Nr. 12, 26 oder 26b EStG zueinander

3264 Ein wesentlicher Unterschied zwischen den Steuerbefreiungen nach § 3 Nr. 26 und 26a EStG besteht darin, dass die **Steuerbefreiung des § 3 Nr. 26 EStG neben anderen Steuerbefreiungen gewährt** werden kann. Die Steuerfreiheit von Bezügen nach anderen Vorschriften, z.B. nach **§ 3 Nr. 9, 12, 13, 16 EStG**, bleibt unberührt; wenn auf bestimmte Bezüge sowohl § 3 Nr. 26 EStG als auch andere Steuerbefreiungsvorschriften anwendbar sind, so sind die Vorschriften in der Reihenfolge anzuwenden, die für den Stpfl. am günstigsten ist (R 3.26 Abs. 7 Satz 2 LStR).

Der **Freibetrag nach § 3 Nr. 26a EStG kann dagegen nicht in Anspruch genommen** werden, wenn für die Einnahmen aus derselben Tätigkeit ganz oder teilweise

- eine Steuerbefreiung nach **§ 3 Nr. 12 EStG** (Aufwandsentschädigungen aus öffentlichen Kassen) gewährt wird; dazu gehört auch Fahrtkostenersatz (FG Nürnberg v. 25.3.2021, 4 K 961/19, EFG 2021, 1717 zur Steuerbarkeit des Pauschbetrags für Zeitaufwand eines ehrenamtlichen DRV-Vorstandsvorsitzenden),
- oder eine Steuerbefreiung nach **§ 3 Nr. 26 EStG** (sog. Übungsleiterfreibetrag) gewährt wird. Die Steuerfreiheit nach anderen Vorschriften (z.B. **§ 3 Nrn. 13, 16 EStG**) bleibt unberührt, wenn mehrere Steuerbefreiungsvorschriften greifen: Anwendung in der Reihenfolge, die für den Stpfl. am günstigsten ist.

Beispiel 1:

A, nebenberuflicher **Dozent** für eine begünstigte juristische Person des öffentlichen Rechts, erhält eine Unterrichtsvergütung 2025 i.H.v. 3 500 € und daneben die tatsächlich entstandenen Fahrtkosten i.H.v. 500 €.

Die Fahrtkosten sind als Reisekosten steuerfrei nach § 3 Nr. 13 EStG. Die Unterrichtsvergütung bleibt bis zum Höchstbetrag von 3 000 € steuerfrei nach § 3 Nr. 26 EStG; als steuerpflichtige Einnahmen verbleiben 500 €. Zum Höchstbetrag ab 2026 → Rz. 3236.

Beispiel 2:

Die Aufwandsentschädigung eines **Kreisausbildungsleiters** in der freiwilligen Feuerwehr beträgt 2025 7 000 €. Davon entfallen 100 % auf eine Ausbildungstätigkeit i.S.d. § 3 Nr. 26 EStG.

In diesem Fall sind die Steuerbefreiungen nach § 3 Nr. 12 Satz 2 EStG (nach R 3.12 Abs. 3 LStR bleiben pauschal 3 000 € steuerfrei) und § 3 Nr. 26 EStG (Höchstbetrag 3 000 €) nebeneinander anzuwenden, d.h., dass insgesamt 6 000 € steuerfrei bleiben.

Der Restbetrag von 1 000 € kann nicht nach § 3 Nr. 26a EStG steuerfrei belassen werden, weil diese Steuerbefreiung nicht neben den o.g. anderen Steuerbefreiungen gewährt werden darf. Zu den Höchstbeträgen 2026 → Rz. 3226.

Beispiel 3:

Der ehrenamtlich und nebenberuflich tätige **Naturschutzbeauftragte A** der Region H erhält nach der Satzung im Jahr 2025 eine Aufwandsentschädigung von 3 600 € im Jahr, von der nach § 3 Nr. 12 Satz 2 EStG i.V.m. R 3.12 Abs. 3 LStR pauschal 3 000 € steuerfrei bleiben.

Die Steuerbefreiung nach § 3 Nr. 26 EStG kann nicht daneben gewährt werden, weil es sich nicht um eine pädagogisch ausgerichtete Tätigkeit handelt. Da A jedoch für eine juristische Person des öffentlichen Rechts tätig ist, fällt seine Tätigkeit unter die Steuerbefreiung des § 3 Nr. 26a EStG.

A wird jedoch die günstigere Steuerbefreiung des § 3 Nr. 12 Satz 2 EStG (3 000 €) in Anspruch nehmen. Der Differenzbetrag von 600 € kann auch nicht nach § 3 Nr. 26a EStG steuerfrei bleiben, da diese Vorschrift – anders als § 3 Nr. 26 EStG (s. Beispiel 2) – nicht neben der Steuerbefreiung nach § 3 Nr. 12 EStG in Anspruch genommen werden kann. Zu den Höchstbeträgen 2026 → Rz. 3226.

Hinzuweisen ist darauf, dass mit der steuerfreien Ehrenamtspauschale Einnahmen einschließlich des Ersatzes für eigene Werbungskosten/Betriebsausgaben des Stpfl. steuerfrei gestellt werden. Von den eigenen Werbungskosten/Betriebsausgaben des Stpfl. zu unterscheiden sind Aufwendungen, die der Stpfl. als Beauftragter des Vereins für diesen tätigt und die ihm vom Verein nach § 670 BGB ersetzt werden. **Dieser Auslagenersatz ist stets neben der steuerfreien Ehrenamtspauschale möglich, ohne dass insoweit eine Steuerpflicht entsteht (vgl. § 3 Nr. 50 EStG).**

11. Werbungskosten- bzw. Betriebsausgabenabzug

Die Finanzämter haben früher die **Anerkennung von Verlusten** 3265
aus einer unter § 3 Nr. 26, 26a EStG fallenden Nebentätigkeit mit dem Argument abgelehnt, die Ausgaben stünden in Zusammenhang mit steuerfreien Einnahmen und seien deshalb nicht abziehbar (§ 3c EStG). Ausgaben wurden nur anerkannt, soweit sie die steuerfreien Einnahmen übersteigen. Dabei mussten sowohl die Einnahmen als auch die Ausgaben den Freibetrag übersteigen (R 3.26 Abs. 9 LStR).

Der **BFH hat jedoch diese Verwaltungsauffassung abgelehnt** und entschieden (BFH v. 20.12.2017, III R 23/15, BStBl II 2019, 469 sowie BFH v. 20.11.2018, VIII R 17/16, BStBl II 2019, 422), dass die Abzugsbeschränkung des § 3c Abs. 1 EStG nicht dazu führen kann, dass die i.R. einer Einkunftsart angefallenen Aufwendungen, die mit steuerfreien Einnahmen in unmittelbarem wirtschaftlichen Zusammenhang stehen, auch insoweit nicht abgezogen werden können, als sie die Einnahmen übersteigen. Eine solche Gesetzesauslegung würde zu dem nicht gerechtfertigten Ergebnis führen, dass ein Steuervorteil in einen Steuernachteil umschlägt. Die Finanzverwaltung hat sich dieser BFH-Rechtsprechung angeschlossen (durch Veröffentlichung der Urteile im BStBl II sowie durch R 3.26 Abs. 9 LStR).

Demnach ist ein Abzug von Werbungskosten bzw. Betriebsausgaben, die mit den steuerfreien Einnahmen nach § 3 Nr. 26 EStG in einem unmittelbaren wirtschaftlichen Zusammenhang stehen, (nur) möglich, soweit die Ausgaben die steuerfreien Einnahmen aus der Tätigkeit übersteigen. Dadurch entstehende Verluste bzw. Werbungskostenüberschüsse erkennt die Finanzverwaltung an, wenn die Tätigkeit mit Einkunftserzielungsabsicht ausgeübt wird. Übersteigen sowohl die Einnahmen als auch die Ausgaben den steuerfreien Höchstbetrag, ist der den Höchstbetrag übersteigende Teil der Ausgaben gem. § 3 Nr. 26 Satz 2 EStG abweichend von § 3c Abs. 1 EStG in voller Höhe abziehbar. In Arbeitnehmerfällen ist der Arbeitnehmer-Pauschbetrag anzusetzen, soweit er nicht bereits bei anderen Dienstverhältnissen verbraucht ist.

In derartigen Fällen muss jedoch geprüft werden, ob ein Verlust steuerlich überhaupt berücksichtigt werden kann oder ob eine steuerlich nicht relevante Tätigkeit (sog. **Liebhaberei**) vorliegt (→ Rz. 3237).

Beispiel 1:

Ein für einen Sportverein tätiger Trainer erzielte im Jahr 2025 nach § 3 Nr. 26 EStG steuerfreie Einnahmen i.H.v. 1 500 € und hatte Ausgaben i.H.v. 3 300 €. Er machte die Differenz von 1 800 € als Verlust aus selbständiger Arbeit geltend. Das Finanzamt lehnte den Abzug ab. Ein Abzug von Werbungskosten oder Betriebsausgaben sei nur möglich, wenn sowohl die Einnahmen als auch die Aufwendungen den Freibetrag i.H.v. 3 000 € übersteigen würde (so R 3.26 Abs. 9 LStR alte Fassung).

Nach **BFH** v. 20.12.2017, III R 23/15, BStBl II 2018, 469 und BFH v. 20.11.2018, VIII R 17/16, BStBl II 2019, 422 ist der Verlust in voller Höhe anzuerkennen, wobei zuvor allerdings die Einkünfteerzielungsabsicht zu prüfen ist, → Rz. 3237.

In **Arbeitnehmerfällen** ist in jedem Falle der **Arbeitnehmer-Pauschbetrag** anzusetzen, soweit er nicht bei anderen Dienstverhältnissen verbraucht ist (R 3.26 Abs. 9 LStR).

Beispiel 2:

Ein Student, der keine anderen Einnahmen aus nichtselbständiger Arbeit erzielt, arbeitet 2025 nebenberuflich im Dienst der Stadt als Tierpfleger bei deren als gemeinnützig anerkanntem Tierheim. Dafür erhält er insgesamt 1 500 € im Jahr.

Von den Einnahmen sind der Arbeitnehmer-Pauschbetrag i.H.v. 1 230 € (seit 2023, § 9a Satz 1 Nr. 1 Buchst. b EStG) und der Freibetrag nach § 3 Nr. 26a EStG bis zur Höhe der verbliebenen Einnahmen (270 €) abzuziehen. Die Einkünfte aus der nebenberuflichen Tätigkeit betragen 0 €.

Wichtig ist außerdem, dass Betriebsausgaben oder Werbungskosten nach § 3 Nr. 26, 26a, 26b EStG abweichend von § 3c EStG nur insoweit berücksichtigt werden können, als sie den Betrag der steuerfreien Einnahmen übersteigen.

Beispiel 3:

B hat 2025 Einnahmen aus einer Prüfungstätigkeit bei der Industrie- und Handelskammer von 6 000 €, von denen 3 000 € nach § 3 Nr. 26 EStG steuerfrei bleiben (50 %). Seine mit dieser Tätigkeit im Zusammenhang stehenden Betriebsausgaben für Fahrtkosten, Computer, Fachliteratur u.Ä. betragen 3 200 €.

Von dem steuerpflichtigen Betrag i.H.v. 3 000 € könnte A nach § 3c EStG 1 600 € (50 % von 3 200 €) als Betriebsausgaben absetzen, da diese zur Hälfte mit steuerpflichtigen Einnahmen im Zusammenhang stehen. Es ergäben sich somit Einkünfte von 1 400 €.

Abweichend von § 3c EStG ist nach § 3 Nr. 26 EStG jedoch nur ein Abzug von Betriebsausgaben zulässig, soweit sie den Steuerfreibetrag von 3 000 € übersteigen (das sind nur 200 €). Es ergeben sich somit steuerpflichtige Einkünfte i.H.v. 2 800 €.

Entstehen Betriebsausgaben zur Vorbereitung einer unter § 3 Nr. 26 EStG fallenden **Tätigkeit und wird diese später nicht aufgenommen**, kann der entstandene Verlust in voller Höhe, also ohne Kürzung um den Freibetrag, berücksichtigt werden.

Soweit Betriebsausgaben oder Werbungskosten mit späteren, nach § 3 Nr. 26, 26a EStG **steuerfreien Einnahmen** im Zusammenhang stehen, kommt ein Abzug nach § 3c EStG nicht in Betracht (zuletzt BFH v. 22.7.2003, VI R 7/01, betr. Aufwendungen eines als Lehrer tätigen Arztes für verschiedene Bildungsmaßnahmen, die auch im Zusammenhang mit seiner Tätigkeit als Mitglied im Prüfungsausschuss bei den Abschlussprüfungen im Ausbildungsberuf „Arzthelfer/-in" stehen).

Bei einer **unentgeltlichen Tätigkeit** darf der Freibetrag nicht in Anspruch genommen werden. Die ursprünglich i.R. des Gesetzes zur weiteren Stärkung des bürgerschaftlichen Engagements v. 10.10.2007, BGBl. I 2007, 2332 geplante Steuervergünstigung für ohne Bezahlung geleistete Pflegetätigkeiten (lt. Gesetzentwurf § 34h EStG, sog. **Zeitspende**) wurde nicht in das Gesetz übernommen.

12. Abgabeverpflichtung einer Gewinnermittlung/Anlage EÜR

Steuerpflichtige, die den Gewinn gem. § 4 Abs. 3 EStG (Einnahme-Überschuss-Rechnung) ermitteln, sind grds. gem. § 60 Abs. 4 Satz 1 EStDV verpflichtet, die Gewinnermittlung nach amtlich vorgeschriebenem Datensatz an die Finanzverwaltung zu übermitteln. 3266

Nach bundeseinheitlicher Auffassung besteht bei ehrenamtlich Tätigen, deren Einnahmen nach § 3 Nr. 26, 26a oder 26b EStG insgesamt steuerfrei sind, keine Verpflichtung, die Anlage EÜR elektronisch an die Finanzverwaltung zu übermitteln.

Ehrenamtlich Tätige, deren Einnahmen teilweise steuerfrei sind, sind ebenfalls nicht verpflichtet, eine Anlage EÜR zu übermitteln, wenn sie für die begünstigte Tätigkeit keine Betriebsausgaben geltend machen und die erforderlichen Eintragungen in der Einkommensteuererklärung vornehmen.

13. Lohnsteuerabzug

Werden die nebenberuflichen Tätigkeiten in einem **Dienstverhältnis** ausgeübt, hat der **Arbeitgeber** die nach § 3 Nr. 26, 26a EStG steuerfreien Höchstbeträge von 3 300 € bzw. 960 € (Werte ab 2026 → Rz. 3236) vor Anwendung des **Lohnsteuerabzugs** bzw. der **Lohnsteuertabelle abzuziehen**. Die Freibeträge werden nicht als Lohnsteuerabzugsmerkmal berücksichtigt. Eine **zeitanteilige Aufteilung** ist dabei nicht erforderlich, selbst wenn feststeht, dass das Dienstverhältnis nicht bis zum Ende des Kalenderjahres besteht (R 3.26 Abs. 10 Satz 1 LStR). Werden nacheinander oder gleichzeitig mehrere nach § 3 Nr. 26 EStG begünstigte Tätigkeiten ausgeübt, darf der Jahresbetrag auf die einzelnen Dienst- oder Auftragsverhältnisse beliebig aufgeteilt werden. 3267

Der **Arbeitnehmer hat dem Arbeitgeber schriftlich zu bestätigen**, dass die Steuerbefreiung nicht bereits in einem anderen Dienst- oder Auftragsverhältnis berücksichtigt worden ist oder wird (R 3.26 Abs. 10 Satz 3 LStR). Diese Erklärung ist zum Lohnkonto zu nehmen (R 3.26 Abs. 10 Satz 4 LStR).

14. Weitere Einzelfragen

a) Freigrenze des § 22 Nr. 3 EStG

Gehören die Einnahmen des Stpfl. aus seiner nebenberuflichen Tätigkeit zu den sonstigen Einkünften (§ 22 Nr. 3 EStG), sind diese **nicht einkommensteuerpflichtig, wenn sie weniger als 256 € im Kalenderjahr betragen** haben. Der Freibetrag nach § 3 Nr. 26a EStG ist bei der Prüfung, ob diese Freigrenze überschritten ist, zu berücksichtigen. 3268

Beispiel:

Ein nebenberuflicher ehrenamtlicher Schiedsrichter im Amateursportbereich erhält im Jahr 2025 insgesamt 1 020 €.

Nach Abzug des Freibetrags nach § 3 Nr. 26a EStG von 840 € betragen die Einkünfte 180 €. Sie sind nicht einkommensteuerpflichtig, weil sie weniger als 256 € im Kalenderjahr betragen haben (§ 22 Nr. 3 Satz 2 EStG).

Hinweis:

Die Einkünfte der **ehrenamtlichen rechtlichen Betreuer** werden nicht mehr den sonstigen Einkünften nach § 22 Nr. 3 EStG zugeordnet, sondern den Einkünften aus sonstiger selbständiger Tätigkeit nach § 18 Abs. 1 Nr. 3 EStG. Die o.g. Freigrenze findet somit keine Anwendung mehr (FinMin Baden-Württemberg v. 10.2.2016, 3 – S 233.7/38).

b) Ehrenamtlicher Vorstand

Die Zahlung von pauschalen Vergütungen für Arbeits- oder Zeitaufwand (Tätigkeitsvergütungen) an den Vorstand ist nur dann zulässig, wenn dies durch bzw. auf Grund einer Satzungsregelung ausdrücklich zugelassen ist (vgl. auch § 27 Abs. 3 Satz 2 BGB i.d.F. des Ehrenamtsstärkungsgesetzes). Ein Verein, der nicht ausdrücklich die Bezahlung des Vorstands regelt und der dennoch Tätigkeitsvergütungen an Mitglieder des Vorstands zahlt, verstößt gegen das Gebot der Selbstlosigkeit. Die regelmäßig in den Satzungen enthaltene Aussage: „Es darf keine Person ... durch unverhältnismäßig hohe Vergütungen begünstigt werden" (vgl. Anlage 1 zu § 60 AO; dort § 4 der Mustersatzung) ist keine satzungsmäßige Zulassung von Tätigkeitsvergütungen an Vorstandsmitglieder. 3269

Eine Vergütung ist auch dann anzunehmen, wenn sie nach der Auszahlung an den Verein zurückgespendet oder durch Verzicht auf die Auszahlung eines entstandenen Vergütungsanspruchs an den Verein gespendet wird.

Der Ersatz tatsächlich entstandener Aufwendungen (z.B. Büromaterial, Telefon- und Fahrtkosten) ist auch ohne entsprechende Regelung in der Satzung zulässig. Der Einzelnachweis der Aufwendungen ist nicht erforderlich, wenn pauschale Zahlungen den tatsächlichen Aufwand offensichtlich nicht übersteigen; dies gilt nicht, wenn durch die pauschalen Zahlungen auch Arbeits- oder Zeitaufwand abgedeckt werden soll. Die Zahlungen dürfen nicht unangemessen hoch sein (§ 55 Abs. 1 Nr. 3 AO).

c) Rückspende, Aufwandsspende

3270 Die Rückspende einer steuerfrei ausgezahlten Aufwandsentschädigung oder Vergütung an die steuerbegünstigte Körperschaft ist grds. zulässig. Für den Spendenabzug nach § 10b EStG sind die in BMF v. 25.11.2014, IV C 4 – S 22223/07/0010 :005, BStBl I 2014, 1584, teilweise geändert durch BMF v. 24.8.2016, IV C 4 – S 2223/07/0010 :007, BStBl I 2016, 994 dargestellten Grundsätze zur Anerkennung sog. **Aufwandsspenden** an gemeinnützige Vereine zu beachten.

15. Sozialversicherung

3271 Steuerfreie Aufwandsentschädigungen und die in § 3 Nr. 26 und 26a EStG genannten steuerfreien Einnahmen gehören nicht zum Arbeitsentgelt i.S. der Sozialversicherung (§ 1 Abs. 1 Nr. 16 SvEV).

Es wird jedoch empfohlen, dass bei Beschäftigungen, die das ganze Kalenderjahr über andauern, im Interesse einer kontinuierlichen versicherungsrechtlichen Beurteilung als steuerfreie Leistung ein **monatlicher Betrag** in Abzug gebracht werden sollte (vgl. Besprechungsergebnis v. 25.2.2003). Übersteigt das unter Abzug der steuerfreien Leistung verbleibende Arbeitsentgelt nicht den Betrag **der Geringfügigkeitsgrenze**, besteht – sofern die übrigen Voraussetzungen erfüllt sind – **Versicherungsfreiheit in der Kranken-, Pflege- und Arbeitslosenversicherung**. Wird nur die steuerfreie Leistung gezahlt, wird in aller Regel in der Sozialversicherung Versicherungsfreiheit bestehen (→ *Mini-Jobs* Rz. 3161).

Nebentätigkeit

1. Arbeitsrecht

a) Begriff/Zulässigkeit

3272 Die Nebentätigkeit (oder auch Nebenbeschäftigung) im arbeitsrechtlichen Sinne ist dadurch gekennzeichnet, dass der Arbeitnehmer seine Arbeitskraft **neben einem Hauptbeschäftigungsverhältnis** bei einem anderen oder auch bei demselben Arbeitgeber zur Verfügung stellt. Es handelt sich also um eine besondere Form des Teilzeitarbeitsverhältnisses.

Da der Arbeitnehmer seinem Hauptarbeitgeber nicht seine ganze Arbeitskraft, sondern nur eine bestimmte Zeitspanne zur Verfügung stellt, steht es ihm grds. frei, eine Nebenbeschäftigung aufzunehmen. Der Arbeitnehmer kann daher grds. mehreren Beschäftigungen nachgehen, wobei allerdings die jeweiligen spezifischen Rechte, Pflichten und Interessen nicht immer im Einklang stehen und eine Vielzahl von Fragen, insbesondere **Kollisionsfragen** aufwerfen können. Insoweit ist insbesondere z.B. das grundsätzliche **Konkurrenzverbot** zu beachten. Der Arbeitgeber kann im Übrigen aber nur dann die Unterlassung einer Nebentätigkeit verlangen, wenn er ein berechtigtes Interesse darlegen kann. Dies setzt in aller Regel voraus, dass die Arbeitsleistung des Arbeitnehmers durch die Nebentätigkeit beeinträchtigt werden kann. Der Arbeitnehmer ist indes ohne eine spezifische Anspruchsgrundlage grds. nicht verpflichtet, seinem Hauptarbeitgeber die Aufnahme einer Nebenbeschäftigung mitzuteilen. Hingewiesen sei auch darauf, dass die Übernahme von Ehrenämtern nicht als Nebentätigkeit zu werten ist, insbesondere nicht der Genehmigung durch den Arbeitgeber unterliegt.

Besonderheiten gelten für **Arbeitsverhältnisse mit geringfügiger Beschäftigung**: Dabei sind mehrere geringfügige Beschäftigungen in sozialversicherungsrechtlicher Hinsicht **zusammenzurechnen**. Deshalb schreibt § 28o Abs. 1 SGB IV vor, dass der Arbeitnehmer, der in zwei geringfügigen Beschäftigungsverhältnissen steht, beiden Arbeitgebern das Vorhandensein des jeweils anderen Beschäftigungsverhältnisses anzeigen muss. Allerdings **haftet der Arbeitgeber** auf die entsprechenden Beiträge, auch wenn die Mitteilung unterbleibt.

Zu Fragen des **Nebenverdienstes** während **Arbeitslosigkeit** s. § 155 SGB III.

Zu zusammenfassenden Darstellungen s. N. Besgen, Aktuelles aus dem Arbeitsrecht zu Nebentätigkeiten und Minijobs, B+P 2018, 667.

b) Beschränkungen/Verbote

Der Abschluss eines Nebenbeschäftigungsvertrags ist insoweit **verboten**, als die **Summe der Arbeitszeit** aus Haupt- und Nebentätigkeit die von Arbeitszeitgesetz oder Tarifverträgen gesetzten Grenzen erheblich und regelmäßig übersteigt (vgl. BAG v. 19.6.1959, 1 AZR 565/57). Die gesetzliche Arbeitszeit von 48 Stunden (§ 3 ArbZG) darf nicht **überschritten** werden. Ein Verstoß gegen das Verbot führt zur Nichtigkeit des Teils der Nebentätigkeit, der über die zulässige Arbeitszeit hinausgeht. Eine lediglich **geringfügige und/oder gelegentliche Überschreitung** der Arbeitszeitgrenzen führt nicht zur Nichtigkeit oder Teilnichtigkeit des Nebenbeschäftigungsvertrags. 3273

Unzulässig ist die Aufnahme einer Nebenbeschäftigung, wenn dies im Hauptarbeitsvertrag oder durch eine Betriebsvereinbarung oder durch einen Tarifvertrag **ausgeschlossen** wird. Ein solcher **Ausschluss** ist jedoch nur eingeschränkt zulässig, denn der Arbeitnehmer darf grds. nicht gehindert werden, seine gesamte Arbeitskraft zu verwerten. In dieser freien Verwertung seiner Arbeitskraft darf der Hauptarbeitgeber den Arbeitnehmer nur einschränken, wenn er hieran ein **berechtigtes Interesse** besitzt (BAG v. 24.3.2010, 10 AZR 66/09).

Typische **zulässige Versagungsgründe** sind

- Beeinträchtigung des Hauptarbeitsverhältnisses wegen Überschreitung der Arbeitskraft in der Nebentätigkeit,
- Verletzung von erheblichen Wettbewerbsinteressen des Arbeitgebers (BAG v. 24.3.2010, 10 AZR 66/09),
- Schwarzarbeit (→ *Schwarzarbeit* Rz. 3886),
- Erwerbstätigkeit im Erholungsurlaub,
- Genesungsprozess beeinträchtigende Erwerbstätigkeit bei Arbeitsunfähigkeit,
- erhebliche Beeinträchtigung berechtigter Interessen des Arbeitgebers (BAG v. 28.2.2002, 6 AZR 357/01). Insoweit kann auch ein generelles Verbot zulässig sein (BAG v. 26.6.2001, 9 AZR 343/00).

In der Praxis verbreitet ist die **Vereinbarung eines Erlaubnisvorbehalts**. Ein solches Verbot mit Erlaubnisvorbehalt ist zulässig (BAG v. 11.12.2001, 9 AZR 464/00; BAG v. 13.3.2003, 6 AZR 585/01). Sofern keine Beeinträchtigung der betrieblichen Interessen des Arbeitgebers zu erwarten ist, hat der Arbeitnehmer Anspruch auf Erteilung der Zustimmung. Ein Erlaubnisvorbehalt dient somit nur dazu, dem Arbeitgeber bereits vor Aufnahme der Nebentätigkeit die Überprüfung zu ermöglichen, ob seine Interessen beeinträchtigt werden. Verstößt der Arbeitnehmer gegen seine Verpflichtung zur Einholung der Genehmigung, so ist eine Abmahnung auch dann berechtigt, wenn er Anspruch auf deren Erteilung hat (BAG v. 22.2.2001, 6 AZR 398/99). Allerdings handelt ein Arbeitnehmer, der mit der Ausübung einer Nebentätigkeit, durch die betriebliche Interessen nicht beeinträchtigt werden, nicht bis zu einer gerichtlichen Entscheidung über ihre Zulässigkeit abwartet, unter Berücksichtigung seiner Grundrechte aus Art. 12 Abs. 1 GG und Art. 2 Abs. 1 GG selbst dann nicht pflichtwidrig, wenn arbeitsvertraglich ein Erlaubnisvorbehalt vereinbart ist. Sinn und Zweck eines solchen Vorbehalts ist es, den Arbeitgeber durch die Anzeige beabsichtigter Nebentätigkeiten in die Lage zu versetzen, vor deren Aufnahme zu prüfen, ob durch sie betriebliche Belange beeinträchtigt werden. Das Interesse, den Arbeitnehmer auch dann von der Ausübung einer – angezeigten – Nebentätigkeit abzuhalten, wenn er bei objektiver Betrachtung einen **Anspruch auf ihre Erlaubnis** hat, ist dagegen nicht schutzwürdig; der Arbeitnehmer muss insoweit auch bei einem vereinbarten Erlaubnisvorbehalt **nicht bis zu einer gerichtlichen Entscheidung über ihre Zulässigkeit abwarten** (BAG v. 13.5.2015, 2 ABR 38/14).

Bei der Bestimmung der Reichweite des im laufenden Arbeitsverhältnis bestehenden **Wettbewerbsverbots** muss die durch Art. 12

Abs. 1 GG geschützte Berufsfreiheit des Arbeitnehmers stets Berücksichtigung finden. Daher ist i.R. einer Gesamtwürdigung aller Umstände des Einzelfalls festzustellen, ob die anderweitige Tätigkeit zu einer Gefährdung oder Beeinträchtigung der Interessen des Arbeitgebers führt. Es spricht viel dafür, dass bloße **Hilfstätigkeiten ohne Wettbewerbsbezug** nicht erfasst werden (BAG v. 24.3.2010, 10 AZR 66/09).

Auch bei einer grds. genehmigungsfreien Nebentätigkeit muss bei Berührung mit Arbeitgeberinteressen die Tätigkeit mitgeteilt werden; insoweit besteht auch eine **Auskunftspflicht** des Arbeitnehmers (BAG v. 18.1.1996, 6 AZR 314/95).

c) Folgen eines Verstoßes gegen Nebenbeschäftigungsverbot

3274 Ein Verstoß des Arbeitnehmers gegen ein **berechtigtes Nebenbeschäftigungsverbot** kann nach Abmahnung eine verhaltensbedingte **Kündigung** nach § 1 Abs. 2 KSchG, ggf. eine außerordentliche Kündigung nach § 626 BGB rechtfertigen, wenn Umstände vorliegen, die eine Fortsetzung des Dienstverhältnisses unzumutbar erscheinen lassen (BAG v. 19.4.2007, 2 AZR 180/06). Eine Abmahnung ist auch nicht entbehrlich, wenn der Arbeitnehmer bei der Ausübung einer erlaubten Nebentätigkeit die Ressourcen des Arbeitgebers in überzogener Weise in Anspruch nimmt (LAG Düsseldorf v. 21.6.2017, 4 Sa 869/16). Umgekehrt gilt: Hat der Hauptarbeitgeber dem Arbeitnehmer ohne Berechtigung eine Nebenbeschäftigung untersagt, so **darf** der Arbeitnehmer gegen dieses **unberechtigte Nebenbeschäftigungsverbot verstoßen;** eine auf diesen Verstoß gestützte Kündigung des Arbeitgebers ist unwirksam (vgl. LAG Köln v. 27.5.2021, 6 Sa 20/21). Dementsprechend kann die parallele Ausübung und Abrechnung einer nicht genehmigten Nebentätigkeit in Form von Notarzteinsätzen während bestehender und vergüteter Rufbereitschaft für einen anderen Arbeitgeber grundsätzlich ebenso einen Grund für eine außerordentliche Kündigung bilden wie die über einen langen Zeitraum nicht angezeigte und nicht genehmigte Nebentätigkeit. Dies gilt aber nicht, wenn der Arbeitgeber von der Ausübung einer Nebentätigkeit bzw. der parallelen Ausübung einer nicht genehmigten Nebentätigkeit während bestehender Rufbereitschaft über einen langen Zeitraum Kenntnis gehabt und dies gleichwohl vergütet und zudem nicht untersagt hat. (ArbG Nordhausen v. 22.2.2024, 3 Ca 78/23). Leistet der Arbeitnehmer im Hauptarbeitsverhältnis infolge der Nebentätigkeit **schlechte Arbeit**, z.B. weil er übermüdet ist, so kann dies zu einem **Schadensersatzanspruch** (→ *Schadensersatz* Rz. 3866) des Hauptarbeitgebers führen.

d) Entgeltfortzahlung/Urlaub/Überstunden/Zuschuss zum Mutterschaftsgeld/Kündigung

3275 Wird der Arbeitnehmer arbeitsunfähig krank, so hat er Anspruch auf **Entgeltfortzahlung** sowohl gegen seinen Hauptarbeitgeber als auch in seinem Nebenbeschäftigungsverhältnis.

Dauert das Nebenbeschäftigungsverhältnis länger als einen Monat, so hat der Arbeitnehmer **Urlaubsansprüche** wie eine Vollzeitkraft. Hinsichtlich der zeitlichen Gewährung des Urlaubs muss der Arbeitgeber sich dem Urlaub des Arbeitnehmers in dessen Hauptarbeitsverhältnis anpassen, soweit ihm dies bei Berücksichtigung seiner eigenen betrieblichen Belange zuzumuten ist.

Leistet der in Nebenbeschäftigung tätige Arbeitnehmer über die vereinbarte Arbeitszeit hinaus zusätzliche Arbeit, so stellt sich die Frage nach einem Anspruch auf **Überstunden- oder Mehrarbeitsvergütung**. Insoweit ist grds. kein Anspruch auf Zuschläge gegeben (EuGH v. 15.12.1994, C-399/92 u.a.).

Arbeitnehmerinnen haben bei mehreren Arbeitsverhältnissen gegen jeden Arbeitgeber Anspruch auf **Zuschuss zum Mutterschaftsgeld** nach § 14 MuSchG. Insoweit sind die Nettobezüge aller Arbeitsverhältnisse für die Berechnung des kalendertäglichen Arbeitsentgelts zu berücksichtigen; der Zuschuss zwischen dem so ermittelten Nettoentgelt und dem Mutterschaftsgeld ist von den Arbeitgebern **anteilig in dem Verhältnis** zu zahlen, in dem die Nettobezüge zueinander stehen (BAG v. 3.6.1987, 5 AZR 592/86).

2. Lohnsteuer

a) Abgrenzungskriterien für eine Arbeitnehmereigenschaft

Die Frage, ob eine Nebentätigkeit in einem Dienstverhältnis oder selbständig ausgeübt wird, ist nach den allgemeinen Abgrenzungsmerkmalen des § 1 Abs. 1 und 2 LStDV zu entscheiden. Je nachdem, ob die Tätigkeit unselbständig oder selbständig ausgeübt wird, ist die Vergütung als „Arbeitslohn" anzusehen oder nicht (dann als Betriebseinnahme). Gem. § 2 LStDV sind unter Arbeitslohn alle **Einnahmen** zu verstehen, die dem **Arbeitnehmer aus dem Dienstverhältnis** zufließen. 3276

Bei der **Prüfung, ob eine Nebentätigkeit selbständig oder nichtselbständig** ausgeübt wird, können neben den allgemeinen Abgrenzungsmerkmalen die folgenden Gesichtspunkte bedeutsam sein:

- Wird eine Tätigkeit nur **kurzfristig** oder neben einer Haupttätigkeit ausgeübt, so schließt dies die Eingliederung in den Betrieb des Auftraggebers und damit die Arbeitnehmereigenschaft nicht aus.
- Bei einer zeitlich nur kurzen Berührung mit dem Betrieb des Auftraggebers ist die Eingliederung des Beauftragten sorgfältig zu prüfen. Dabei kann auch die Eigenart der Tätigkeit bedeutsam sein. Bei **einfachen Arbeiten**, vor allem bei Handarbeiten, bei denen das Weisungsrecht des Auftraggebers sich stärker auswirkt, ist **eher eine Eingliederung in den Betrieb** und die Gestellung der Arbeitskraft anzunehmen als bei gehobenen Arbeiten, in denen die Weisungsbefugnis des Auftraggebers sich mehr auf äußere und organisatorische Dinge beschränkt, während im Übrigen der Beauftragte in der Gestaltung seiner Arbeit freie Hand hat und der Arbeitserfolg wichtiger ist als Dauer und Umfang der Arbeitsleistung.
- Muss der Beauftragte die Arbeit **in der Betriebsstätte des Auftraggebers** leisten, so spricht das eher für die Eingliederung in den Betrieb, als wenn er die Arbeit außerhalb der Betriebsstätte leisten kann.
- Gegen die Unselbständigkeit spricht es, wenn jemand die übernommene Arbeit auch durch eine andere Person, z.B. einen Familienangehörigen, leisten lassen kann; denn ein Arbeitnehmer muss i.d.R. persönlich tätig werden.
- Wesentlich ist, ob der Beauftragte seine Arbeit zu einer vom Auftraggeber **festgesetzten Zeit** leisten muss. Es spricht eher für Selbständigkeit, wenn ein Beauftragter die übernommene Arbeit erledigen kann, wann er will, ohne dabei an die Weisungen seines Auftraggebers gebunden zu sein.
- Ein Arbeitnehmer ist kein Unternehmer und trägt kein unternehmerisches Risiko. Trägt der Beauftragte jedoch in größerem oder geringerem Umfang das **Risiko des Arbeitserfolgs**, so ist er selbständig tätig.
- Möglich ist, dass kein Arbeitsverhältnis begründet wird, sondern der Gedanke der **Gefälligkeit** in den Vordergrund tritt. Dann ist das Entgelt nicht Arbeitslohn. Ob es in eine andere Einkunftsart fällt, ist im Einzelfall zu prüfen.
- Handelt es sich um eine **ehrenamtliche Tätigkeit**, z.B. Sanitätshelfer des Deutschen Roten Kreuzes, so ist zu prüfen, ob die gezahlten Entschädigungen die Aufwendungen des ehrenamtlich Tätigen regelmäßig nicht nur unwesentlich übersteigen. Nur in diesen Fällen sind die Entschädigungen Arbeitslohn.
- Die **Behandlung bei der Sozialversicherung** ist für die steuerliche Beurteilung nicht ausschlaggebend.

Zur Abgrenzung auch → *Arbeitnehmer* Rz. 191. Einzelbeispiele → *Arbeitnehmer-ABC* Rz. 208 ff.

b) Zurechnung zur Haupttätigkeit

Die Nebentätigkeit oder Aushilfstätigkeit ist **i.d.R. für sich allein zu beurteilen**, sofern nicht ausnahmsweise die Nebentätigkeit mit der Ausübung des Hauptberufs unmittelbar zusammenhängt und ihn zur Voraussetzung hat. 3277

Eine **weitere Beschäftigung für denselben Arbeitgeber** wird auch bei formaler Trennung von haupt- und nebenberuflicher selbständiger oder nichtselbständiger Tätigkeit als Teil einer nichtselbständigen Haupttätigkeit angesehen, wenn zwischen beiden Tätigkeiten ein unmittelbarer Zusammenhang besteht. Ein solcher wirtschaftlicher Zusammenhang liegt vor, wenn

- **beide Tätigkeiten** für denselben Dienstherrn/Arbeitgeber **gleichartig** sind

  oder (nicht und)

- der Stpfl. mit der Nebentätigkeit eine ihm aus seinem (Haupt-) Dienstverhältnis – faktisch oder rechtlich – **obliegende Nebenpflicht** erfüllt

  oder (nicht und)

- der Arbeitnehmer auch in der zusätzlichen Tätigkeit **der Weisung und Kontrolle des Dienstherrn/Arbeitgebers** unterliegt (zuletzt BFH v. 11.12.2017, VI B 75/17).

Beispiel 1:

Ein Kreditinstitut bittet einige Mitarbeiterinnen, im Anschluss an die reguläre Arbeitszeit bei Veranstaltungen des Arbeitgebers (Buchvorstellungen, Empfänge, Vorträge) als Hostessen im Bereich Service und Betreuung tätig zu werden. Die Mitarbeiterinnen erhalten dafür eine besondere Vergütung.

Die Vergütungen unterliegen zusammen mit dem Arbeitslohn aus der „Haupttätigkeit" dem Lohnsteuerabzug. Die Mitarbeiterinnen sind zwar in der Entscheidung, eine weitere Tätigkeit für den Arbeitgeber auszuüben, frei. Entscheiden sie sich aber für die Übernahme weiterer Tätigkeiten, können sie sich ihrem Arbeitgeber gegenüber auch in der Weise binden, dass sie ihm ihre Arbeitskraft zur fremdbestimmten Nutzung zur Verfügung stellen und so weisungsgebunden für ihn nichtselbständig tätig sind (BFH v. 7.11.2006, VI R 81/02, HFR 2007, 228).

Demgegenüber ist ein Arbeitnehmer i.R. einer Nebentätigkeit **selbständig tätig**, wenn er eigene Unternehmerinitiative entfaltet und eigenes Unternehmerrisiko trägt; dies gilt auch, wenn die Nebentätigkeit inhaltlich mit der Haupttätigkeit zusammenhängt (vgl. BFH v. 20.12.2000, XI R 32/00, BStBl II 2001, 496 und zuletzt FG Niedersachsen v. 9.10.2020, 14 K 21/19. Die dagegen eingelegte Revision hat der BFH als unbegründet zurückgewiesen; BFH v. 4.7.2023, VIII R 29/20. Im Streitfall ging es um die schriftstellerische Nebentätigkeit eines angestellten Rechtsanwalts und Steuerberaters. Strittig waren der Ansatz einer Betriebsausgabenpauschale nach H 18.2 Buchst. a EStH 2017 i.H.v. 30 % der Einnahmen und die Frage, ob der geldwerte Vorteil aus der Überlassung eines Fahrzeugs zur außerdienstlichen Nutzung um die Garagen-AfA zu mindern ist.

Beides lehnte der BFH ab, weil der Stpfl. mindestens im zeitlichen Umfang von mehr als einem Drittel eines vergleichbaren Vollzeiterwerbs im Veranlagungszeitraum schriftstellerisch tätig werden muss und weil keine rechtliche Verpflichtung des Arbeitnehmers gegenüber dem Arbeitgeber bestand, das Fahrzeug in der Garage unterzustellen.

Die o.g. Abgrenzung hat nicht nur bei der Einkommensteuer Bedeutung (z.B. für die Anwendung der Steuerbefreiung nach § 3 Nr. 26 EStG), sondern auch für die **Umsatzsteuer** und ggf. **Gewerbesteuer**.

Beispiel 2:

Ein Arbeitnehmer hat seinen Chef, der Direktor eines Hotels ist, beim Verkauf des Hotels beraten und hierfür ein Honorar erhalten. Das Finanzamt hat eine selbständige gewerbliche Tätigkeit angenommen und einen Gewerbesteuermessbescheid erlassen.

Der BFH hat das Honorar als Arbeitslohn angesehen, weil die Nebentätigkeit in einem unmittelbaren Zusammenhang mit der nichtselbständigen Tätigkeit des Arbeitnehmers stand (BFH v. 20.12.2000, XI R 32/00, BStBl II 2001, 496). Die Gewerbesteuerpflicht entfällt somit.

Beispiel 3:

A ist bei einem Sparkassen- und Giroverband, dem auch die Sparkassenschule angegliedert ist, als Schreibkraft tätig. Sie muss jedes Jahr etwa für zwei Wochen die schriftlichen Abschlussarbeiten der „Prüflinge" beaufsichtigen und erhält hierfür eine besondere Vergütung.

Die Aufsichtsführung ist nach Auffassung der Finanzverwaltung der Haupttätigkeit zuzurechnen, weil der Arbeitgeber diese Nebentätigkeit erwarten darf. Daraus folgt, dass die Vergütungen zusammen mit dem „normalen" Arbeitslohn dem Lohnsteuerabzug zu unterwerfen sind und dass die nur für „nebenberufliche" Tätigkeiten in Betracht kommende Steuerbefreiung des § 3 Nr. 26 EStG keine Anwendung findet. Im Übrigen wäre diese Vergünstigung hier aber auch deshalb abzulehnen, weil die reine Aufsichtsführung – selbst wenn gewisse Prüfungserfahrungen erforderlich sind – keine begünstigte ausbilderische Tätigkeit i.S.d. § 3 Nr. 26 EStG darstellt.

Vgl. hierzu auch OFD Hannover v. 23.5.1995, S 2332 – 135 – StH 211, betr. Aufsichtsvergütungen bei juristischen Staatsprüfungen, oder auch FinMin Thüringen v. 16.2.1996, S 2332 A – 32/96 – 204.1, betr. Vergütungen, die an das Aufsichtspersonal bei medizinischen Tests gezahlt werden.

3. Weitere Hinweise

Liegt eine Nebentätigkeit vor, bleiben die Einnahmen unter den in **3278** **§ 3 Nr. 26, 26a EStG** genannten Voraussetzungen steuerfrei (sog. Übungsleiterpauschale, → *Nebenberufliche steuerbegünstigte Tätigkeiten* Rz. 3236).

Hinzuweisen ist ferner auf **H 18.2 „Betriebsausgabenpauschale" EStH**, wonach bei wissenschaftlicher, künstlerischer oder schriftstellerischer Nebentätigkeit (auch Vortrags- oder nebenberufliche Lehr- und Prüfungstätigkeit), soweit es sich nicht um eine Tätigkeit i.S.d. § 3 Nr. 26 EStG handelt, **pauschal Betriebsausgaben** i.H.v. **25 % der Betriebseinnahmen** aus dieser Tätigkeit, **höchstens jedoch 900 € jährlich**, angesetzt werden dürfen (Anhebung der Pauschale ab dem Veranlagungszeitraum 2023, BMF v. 6.4.2023, IV C 6 –S 2246/20/10002 :001). Der Höchstbetrag von 900 € kann für alle Nebentätigkeiten, die unter die Vereinfachungsregelung fallen, nur einmal angesetzt werden. Es bleibt den Stpfl. unbenommen, etwaige höhere Betriebsausgaben nachzuweisen.

S. hierzu auch Urteil des BFH v. 4.7.2023, VIII R 29/20, mit dem er eine Anwendung der Vereinfachungsregelung für andere Nebentätigkeiten abgelehnt und die o.g. Regelung in H 18.2 EStH als Selbstbindung der Verwaltung bestätigt hat; insoweit Bestätigung des FG Niedersachsen v. 9.10.2020, 14 K 21/19, EFG 2021, 191.

Negative Einnahmen und Werbungskosten

1. Rückzahlung von Arbeitslohn

Zahlt ein Arbeitnehmer Arbeitslohn zurück, der zuvor dem Lohnsteuerabzug unterlegen hat, so bleibt der früher gezahlte Arbeitslohn zugeflossen (§ 11 Abs. 1 EStG) und steuerpflichtig. Die zurückgezahlten Beträge sind im Zeitpunkt der Rückzahlung als **negative Einnahmen oder Werbungskosten** zu berücksichtigen, selbst wenn der Arbeitslohn auf Grund rechtsirriger Annahmen des Finanzamts im Zuflussjahr steuerlich nicht erfasst wurde (FG Düsseldorf v. 13.4.2010, 17 K 1654/09 F, EFG 2010, 1783). Auch bei **beherrschenden Gesellschaftern** ist der Abfluss einer Arbeitslohnrückzahlung erst im Zeitpunkt der Leistung und nicht bereits im Zeitpunkt der Fälligkeit der Rückforderung anzunehmen (BFH v. 14.4.2016, VI R 13/14, BStBl II 2016, 778). **3279**

Ob die vorgenannten Rückzahlungen als negative Einnahmen oder Werbungskosten zu behandeln sind, hat der BFH bisher noch nicht entschieden; die Frage wurde zuletzt im Urteil v. 12.11.2009, VI R 20/07, BStBl II 2010, 845 (Gewinnausschüttungen einer Versorgungskasse sind keine Arbeitslohnrückzahlungen) offen gelassen.

Diese Unterscheidung hat aber grundsätzliche Bedeutung, weil sich beim Abzug als Werbungskosten nur der über den Arbeitnehmer-Pauschbetrag hinausgehende Teilbetrag steuerlich auswirken würde. Zur Berücksichtigung im Lohnsteuerverfahren → *Rückzahlung von Arbeitslohn* Rz. 3779.

Ein Stpfl., der bewirkt, dass die Rückzahlung von Einnahmen entgegen der Rechtsprechung des BFH vom Finanzamt bereits im Jahr der Überzahlung einkommensteuerlich berücksichtigt wird, handelt widersprüchlich und damit treuwidrig, wenn er die Rückzahlung im Zeitpunkt ihrer tatsächlichen Leistung nochmals einkünftemindernd geltend macht (BFH v. 29.1.2009, VI R 12/06).

Wird eine Gehaltsforderung des Arbeitnehmers dadurch erfüllt, dass dieser mit seinem Arbeitgeber einen **Kaufvertrag über eine Eigentumswohnung abschließt** und der Kaufpreis mit der fälligen Gehaltsforderung verrechnet wird, stellt sich dann jedoch heraus, dass der Kaufvertrag zivilrechtlich mangels Eintragung des Arbeitnehmers im Grundbuch nicht erfüllt wurde, kann die Veräußerung der Eigentumswohnung durch den Arbeitgeber im Wege der Zwangsversteigerung nicht als Arbeitslohnrückzahlung angesehen werden. Arbeitslohnrückzahlungen sind nur dann anzunehmen, wenn der Arbeitnehmer an den Arbeitgeber die Leistungen, die bei ihm als Lohnzahlungen zu qualifizieren waren, zurückzahlt. Der Veranlassungszusammenhang zum Arbeitsverhältnis wird durch den Abschluss des Kaufvertrages unterbrochen (BFH v. 10.8.2010, VI R 1/08, BStBl II 2010, 1074).

2. Erstattung von Werbungskosten

3280 Werden **Werbungskosten im Folgejahr erstattet**, so handelt es sich um **steuerpflichtige Einnahmen** bei der Einkunftsart, bei der die Aufwendungen vorher als Werbungskosten abgezogen worden sind, bei Arbeitnehmern also um **Arbeitslohn, nicht dagegen um negative Werbungskosten** (s. z.B. OFD Nordrhein-Westfalen, Kurzinformation Einkommensteuer Nr. 29/2017 v. 25.10.2017, DB 2017, 2474 betr. eine nachträgliche Kostenerstattung von Fortbildungskosten des Arbeitnehmers, die vom erfolgreichen Bestehen einer Abschlussprüfung abhängig gemacht wurde). Das gilt auch dann, wenn ein **Dritter**, z.B. eine Versicherungsgesellschaft, die Werbungskosten erstattet (BFH v. 13.7.2000, VI B 184/99).

Der Ansatz rückempfangener Beträge, welche zuvor als Werbungskosten abgezogen wurden, als steuerpflichtige Einnahmen setzt eine **erwerbsbezogene Veranlassung** voraus. Ein auf Grund bestandener Fortbildungsprüfung gewährter **Darlehenserlass nach § 13b Abs. 1 des Aufstiegsfortbildungsförderungsgesetzes (AFBG)** sollte nach Auffassung des FG Niedersachsen keine Einnahme bei der Einkunftsart darstellen, bei der die durch das Darlehen finanzierten Lehrgangs- und Prüfungsgebühren steuermindernd berücksichtigt worden sind. Ein solcher Darlehenserlass nach § 13b Abs. 1 AFBG sollte auch nicht als sonstige Leistung nach § 22 Nr. 3 EStG zu besteuern sein (FG Niedersachsen v. 31.3.2021, 14 K 47/20 E, EFG 2021, 1366). Dieser Auffassung ist der BFH in seiner Revisionsentscheidung nicht gefolgt (BFH v. 23.11.2023, VI R 9/21, BFH/NV 2024/449). Der allein vom Bestehen der Abschlussprüfung abhängige Darlehenserlass bei der beruflichen Aufstiegsfortbildung stellt demnach Ersatz von Werbungskosten aus in der Erwerbssphäre liegenden Gründen dar, welcher zu Arbeitslohn führt.

Beispiel:

A hat mit seinem Pkw auf der Fahrt zur Arbeit im Jahr 2024 einen Unfall erlitten (Restwert des Autos 10 000 €). Im Jahr 2025 werden ihm von der Versicherung 8 000 € erstattet; in diesem Jahr hat er andere Werbungskosten von 5 000 €.

A muss die Absetzungen für außergewöhnliche Abnutzung ohne Rücksicht auf evtl. Erstattungen im Jahr 2024 steuerlich ansetzen bzw. geltend machen (BFH v. 13.3.1998, VI R 27/97, BStBl II 1998, 443). Die Erstattung im Jahr 2025 i.H.v. 8 000 € ist als steuerpflichtige Einnahme zu behandeln.

Bei Annahme „negativer Werbungskosten" könnte demgegenüber im Jahr 2025 nur eine Verrechnung bis 0 € erfolgen; der übersteigende Betrag von 3 000 € würde steuerlich „unter den Tisch fallen". Dies hat der BFH allerdings abgelehnt.

Weder der Arbeitgeber noch die Versicherung hat in diesem Fall einen **Lohnsteuerabzug** vorzunehmen. Die Zahlungen sind aber ggf. i.R. einer **Einkommensteuerveranlagung** als Einnahmen zu erfassen und deshalb vom Arbeitnehmer in der Einkommensteuererklärung anzugeben.

Nettoarbeitsentgelt

→ *Arbeitsentgelt* Rz. 593

Nettolöhne

1. Allgemeines

3281 Eine **Nettolohnvereinbarung liegt vor**, wenn der **Arbeitgeber** nach dem Arbeitsvertrag – bzw. nach einer Betriebsvereinbarung oder einem Tarifvertrag – verpflichtet ist, zuzüglich zu dem vereinbarten Nettolohn die darauf entfallende Lohnsteuer, den Solidaritätszuschlag, die Kirchensteuer und den Arbeitnehmeranteil am Gesamtsozialversicherungsbeitrag selbst zu tragen. Wegen der Außergewöhnlichkeit einer Nettolohnvereinbarung und ihrer Folgen muss der Abschluss einer Nettolohnvereinbarung **zweifelsfrei und eindeutig feststellbar** sein, wenn sie anerkannt werden soll. Dies gilt sowohl arbeitsrechtlich (BAG v. 29.9.2004, 1 AZR 634/03; BAG v. 26.8.2009, 5 AZR 616/08) als auch steuerrechtlich (BFH v. 28.2.1992, VI R 146/87, BStBl II 1992, 733 m.w.N.). Fehlt es an dem eindeutigen Nachweis einer Nettolohnvereinbarung, so schuldet der Arbeitgeber lediglich den Bruttolohn, d.h. Steuern und Sozialversicherungsbeiträge werden vom vereinbarten Arbeitslohn abgezogen. Soweit in arbeitsrechtlichen Regeln der Begriff „netto" gebraucht wird, ist damit regelmäßig lediglich auf die Abzüge von Entgeltzahlungen Bezug genommen; nach den Umständen des Einzelfalls kann aber auch eine andere Auslegung geboten sein (BAG v. 18.5.2010, 3 AZR 373/08).

Unterbleibt ein Lohnsteuerabzug, weil die Beteiligten eines Dienstverhältnisses irrtümlich von freier Mitarbeit ausgehen, so liegt keine Nettolohnvereinbarung vor. Als Arbeitslohn sind die zugeflossenen Einnahmen (Barlohn und Sachbezüge) zu erfassen und nicht ein hochgerechneter Bruttolohn, der sich ergäbe, wenn den zugeflossenen Beträgen die auf sie entfallenden Lohnsteuerbeträge zugerechnet würden (BFH v. 23.4.1997, VI R 12/96, VI R 99/96).

Eine **Nettolohnvereinbarung liegt auch nicht vor**, wenn Arbeitgeber und Arbeitnehmer vereinbaren, dass ein bestimmter Betrag **steuerfrei** ausgezahlt werden soll. Erweist sich diese Behauptung als falsch, so schuldet **der Arbeitnehmer** und nicht der Arbeitgeber die nicht abgeführten Steuern und Sozialversicherungsbeiträge.

Beispiel:

Der Arbeitgeber vereinbart mit dem Arbeitnehmer, dass er eine monatliche Pauschale von 25 € zur Abgeltung von Repräsentationsaufwendungen steuerfrei erhält. Der Arbeitgeber zahlt den Betrag steuerfrei aus. Nach acht Monaten stellt der Arbeitgeber fest, dass die Pauschale als steuerpflichtiger Arbeitslohn zu behandeln ist.

Arbeitgeber und Arbeitnehmer haben keine Nettolohnvereinbarung abgeschlossen, weil es an einer klaren und eindeutigen Regelung fehlt. Deshalb schuldet der Arbeitnehmer die nachzuentrichtenden Steuern und Sozialversicherungsbeiträge.

Die entsprechende Verpflichtung des Arbeitgebers, Steuern und Sozialversicherungsbeiträge übernehmen zu wollen, berührt dabei lediglich **das Innenverhältnis**, so dass der Arbeitnehmer selbst Schuldner der Steuern bzw. Beiträge bleibt (§ 38 Abs. 2 EStG für die Lohnsteuer). Die Übernahme der Steuern bzw. Beitragslasten stellt für den Arbeitnehmer zusätzlich zu seinem Nettogehalt gezahlten Arbeitslohn dar. Steuerpflichtiger Bruttoarbeitslohn ist in diesen Fällen die Summe aus ausgezahltem Nettolohn und den vom Arbeitgeber übernommenen Steuern bzw. Arbeitnehmeranteil am Gesamtsozialversicherungsbeitrag.

Da bei einer Nettolohnvereinbarung der Arbeitnehmer Anspruch auf Auszahlung des vereinbarten Nettolohns hat, wirken sich Änderungen im Familienstand des Arbeitnehmers (z.B. Änderung der Steuerklasse nach einer Scheidung) sowie Gesetzesänderungen, die zu einer höheren Steuerbelastung führen (z.B. Einführung des Solidaritätszuschlags), nur auf den hochgerechneten Bruttoarbeitslohn aus. Dies gilt auch für eine Erhöhung der Sozialversicherungsbeiträge. Will der Arbeitgeber diese unabsehbaren Folgen vermeiden, so darf er keine Nettolohnvereinbarung abschließen.

Soweit bei geringfügig Beschäftigten und Aushilfskräften die Lohnsteuer pauschaliert wird, wird der Arbeitgeber nach § 40 Abs. 3 EStG Steuerschuldner der pauschalen Lohnsteuer. Hierin liegt aber noch keine Nettolohnvereinbarung, denn der Arbeitgeber kann die pauschale Lohnsteuer im Innenverhältnis auf den Arbeitnehmer abwälzen (→ *Abwälzung der pauschalen Lohnsteuer auf den Arbeitnehmer* Rz. 27). Eine Nettolohnvereinbarung liegt nur dann vor, wenn Arbeitgeber und Arbeitnehmer unabhängig von einer etwaigen Pauschalierungsmöglichkeit die Auszahlung eines Nettolohns vereinbaren. Dies ist insbesondere dann wichtig, wenn sich die Pauschalierung nachträglich als unzulässig erweist („missglückte" Pauschalierung).

Ist eine Nettolohnvereinbarung getroffen worden, hat der Arbeitgeber die gegenüber der Pauschalierung höheren Steuern und ggf. die Sozialversicherungsbeiträge zu tragen, anderenfalls kann er Rückgriff auf den Arbeitnehmer nehmen (→ *Haftung für Lohnsteuer: Allgemeine Grundsätze* Rz. 2471).

Kommt es zu Streitigkeiten, ob eine Nettolohnvereinbarung vorliegt oder nicht, so ist für diesen Streit **nicht der Finanzrechtsweg** gegeben (BFH v. 29.6.1993, VI B 108/92, BStBl II 1993, 760). Gleiches gilt für Streitigkeiten über die Höhe des in der Lohnsteuerbescheinigung auszuweisenden Bruttoarbeitslohns, denn ein unzutreffender Lohnsteuerabzug kann durch Einwendungen gegen die Lohnsteuerbescheinigung nicht berichtigt werden (BFH v. 13.12.2007, VI R 57/04, BStBl II 2008, 434).

Weil der **Arbeitnehmer** bei einer Nettolohnvereinbarung Schuldner der Lohnsteuer bleibt – im Gegensatz zur Pauschalierung der Lohnsteuer, bei welcher der Arbeitgeber Schuldner der Lohnsteuer wird –, ist der ermittelte Bruttoarbeitslohn als Einnahmen aus nichtselbständiger Arbeit auch dann in die Einkommensteuerveranlagung des Arbeitnehmers einzubeziehen, wenn die vom Arbeitgeber einbehaltene Lohnsteuer höher als die später durch die Veranlagung festgesetzte Einkommensteuer ist und der Arbeitnehmer den daraus resultierenden Erstattungsanspruch i.R. der Nettolohnvereinbarung an den Arbeitgeber abgetreten hat (BFH v. 12.12.1975, VI B 124/75, BStBl II 1976, 543; BFH v. 16.8.1979, VI R 13/77, BStBl II 1979, 771).

Ergibt sich auf Grund der Durchführung einer Einkommensteuerveranlagung ein Erstattungsanspruch des Arbeitnehmers, den dieser entsprechend den bestehenden arbeitsvertraglichen Vereinbarungen – bzw. den kollektiven Regelungen der Betriebsvereinbarung oder des Tarifvertrags – an den Arbeitgeber abzutreten bzw. auszukehren hat, bleibt dieser Umstand ohne Auswirkungen auf die Einkommensteuerveranlagung des entsprechenden Veranlagungszeitraums (BFH v. 16.8.1979, VI R 13/77, BStBl II 1979, 771). Die Einkommensteuererstattung führt vielmehr zu **negativen Einnahmen** des Arbeitnehmers aus nichtselbständiger Tätigkeit, die in dem Kalenderjahr der tatsächlichen Rückzahlung an den Arbeitgeber steuerlich zu berücksichtigen sind (→ *Rückzahlung von Arbeitslohn* Rz. 3779).

Gleiches gilt für das im Rahmen einer Nettolohnvereinbarung an den Arbeitgeber abgetretene und an diesen ausgezahlte Kindergeld; dieses mindert im Jahr der Zahlung den Bruttoarbeitslohn des Arbeitnehmers (vgl. BFH v. 8.2.2024, VI R 26/21, BStBl II 2024, 574). Bei Bestehen einer Nettolohnvereinbarung ist grds. bei der Einkommensteuerveranlagung des Arbeitnehmers die vom Arbeitgeber einbehaltene Lohnsteuer auf die Einkommensteuerschuld ohne Rücksicht darauf anzurechnen, ob der Arbeitgeber die Lohnsteuer tatsächlich an das Finanzamt abgeführt hat (BFH v. 26.2.1982, VI R 123/78, BStBl II 1982, 403; BFH v. 13.11.1987, VI R 4/84; BFH v. 28.2.1992, VI R 146/87, BStBl II 1992, 733). Hier ist entscheidend, dass bei Vorliegen einer Nettolohnvereinbarung regelmäßig **aus Sicht des Arbeitnehmers** mit der Auszahlung des Nettobetrags der Bruttoarbeitslohn entsprechend den gesetzlichen Vorschriften um den Lohnsteuerabzug gekürzt worden ist (§ 42d Abs. 3 Satz 4 Nr. 2 EStG).

2. Berechnung des Nettolohns bei laufendem Arbeitslohn

3282 Bei einer Nettolohnvereinbarung ist die Lohnsteuer aus dem Bruttoarbeitslohn zu berechnen, der nach Minderung um die übernommenen Abzugsbeträge den Nettolohn ergibt. Dies gilt sinngemäß, wenn der Arbeitgeber nicht alle Abzugsbeträge übernehmen will. Ein beim Lohnsteuerabzug zu berücksichtigender Freibetrag, die Freibeträge für Versorgungsbezüge, der Altersentlastungsbetrag und ein Hinzurechnungsbetrag sind beim Bruttoarbeitslohn zu berücksichtigen. Führen mehrere Bruttoarbeitslöhne zum gewünschten Nettolohn, kann der niedrigste Bruttoarbeitslohn zu Grunde gelegt werden (R 39b.9 Abs. 1 LStR).

Bei der **manuellen Berechnung** der Lohnsteuer anhand von Lohnsteuertabellen wird eine Nettolohnvereinbarung mit steuerlicher Wirkung nur anerkannt, wenn sich gegenüber der maschinellen Lohnsteuerberechnung **keine Abweichungen ergeben**. Geringfügige Abweichungen auf Grund des Lohnstufenabstands (§ 51 Abs. 4 Nr. 1a EStG) sind hier jedoch unbeachtlich (R 39b.9 Abs. 3 LStR).

Wird bei der Berechnung des Bruttolohns zur Beurteilung der **Jahresarbeitsverdienstgrenze** in der Kranken- und Pflegeversicherung bei einer Nettolohnvereinbarung der Grenzwert bereits durch das Hinzurechnen der Steuern überschritten, tritt Versicherungsfreiheit ein. Kranken- und Pflegeversicherungspflicht bleiben jedoch bestehen, wenn der Grenzwert nur durch das Hinzurechnen der Arbeitnehmeranteile überschritten würde.

Die manuelle Ermittlung des Bruttolohns gestaltet sich sehr kompliziert. Weil sich der maßgebende Arbeitslohn und die tatsächliche Lohnsteuer durch ein „Herantasten" ergeben, wird diese Berechnungsmethode lohnsteuerlich „Abtastverfahren" genannt (R 39b.9 LStR).

3. Berechnung des Nettolohns bei sonstigen Bezügen

Sonstige Bezüge, die netto gezahlt werden, z.B. Nettogratifikationen, sind grds. nach den allgemeinen Regelungen, die für die Besteuerung sonstiger Bezüge gelten, zu versteuern, d.h. die Lohnsteuer auf den sonstigen Bezug ist die Differenz zwischen der Jahreslohnsteuer auf den voraussichtlichen Jahresarbeitslohn mit dem sonstigen Bezug und der Jahreslohnsteuer auf den voraussichtlichen Jahresarbeitslohn ohne den sonstigen Bezug. Dabei ist zu beachten, dass der voraussichtliche laufende Jahresarbeitslohn und frühere, netto gezahlte sonstige Bezüge mit den entsprechenden Bruttobeträgen anzusetzen sind. Diese Bruttobeträge sind auch bei späterer Zahlung sonstiger Bezüge im selben Kalenderjahr bei der Ermittlung des maßgebenden Jahresarbeitslohns zu Grunde zu legen (R 39b.9 Abs. 2 LStR). 3283

4. Lohnsteuer-Jahresausgleich durch den Arbeitgeber (§ 42b EStG)

Der Arbeitgeber ist unter den Voraussetzungen des § 42b EStG berechtigt bzw. verpflichtet, einen Lohnsteuer-Jahresausgleich durchzuführen (→ *Lohnsteuer-Jahresausgleich durch den Arbeitgeber* Rz. 3015); dies gilt auch in den Fällen einer Nettolohnvereinbarung. 3284

Bei Vorliegen einer Nettolohnvereinbarung hat der Arbeitgeber die zutreffende Jahreslohnsteuer durch Hochrechnung des Jahresnettolohns auf den entsprechenden Jahresbruttolohn zu ermitteln und diesen auf der von ihm zu erstellenden Lohnsteuerbescheinigung (§ 41b EStG) zu vermerken.

Führt die Durchführung des Lohnsteuer-Jahresausgleichs zu Steuererstattungen, ist die zu bescheinigende einbehaltene Lohnsteuer entsprechend zu vermindern.

Dieses Verfahren berücksichtigt, dass eine im Lohnsteuer-Jahresausgleichsverfahren vorgenommene Erstattung i.d.R. dem Arbeitgeber verbleibt und sich dementsprechend die zu bescheinigenden Bruttobezüge durch Rückzahlung von Arbeitslohn entsprechend mindern.

Hat der Arbeitnehmer im Ausgleichsjahr vor Ausstellung der Lohnsteuerbescheinigung eine Einkommensteuererstattung auf Grund der Durchführung einer Einkommensteuerveranlagung für ein Vorjahr erhalten und diese an seinen Arbeitgeber weitergeleitet, kann der nach den vorgenannten Grundsätzen ermittelte Bruttoarbeitslohn um diesen Erstattungsbetrag gekürzt werden (→ Rz. 3281).

Als vom Arbeitgeber einbehaltene Lohnsteuer ist dann die um den Erstattungsbetrag geminderte Lohnsteuer auszuweisen.

5. Einordnung der Einkommensteuererstattung bei Nettolohnvereinbarungen und unbeschränkter Steuerpflicht

An den Arbeitgeber weitergeleitete **Einkommensteuererstattungen** (zum Kindergeld → Rz. 3281) sind **als negative Einnahmen** im Kalenderjahr des Abflusses (§ 11 Abs. 2 EStG) beim Arbeitnehmer steuermindernd zu berücksichtigen (→ *Rückzahlung von Arbeitslohn* Rz. 3779). Ein Abfluss in diesem Sinne erfolgt dabei regelmäßig noch nicht mit der wirksamen Abtretung des Erstattungsanspruchs (§ 46 Abs. 2 AO) an den Arbeitgeber, sondern erst in dem Zeitpunkt, in dem die Erstattung tatsächlich an den Arbeitgeber geleistet wird (BFH v. 22.6.1990, VI R 162/86). 3285

Anders als bei der Rückzahlung eines irrtümlich überhöht gezahlten Nettolohns durch den Arbeitnehmer ist diese negative Einnahme **nicht auf einen fiktiven Bruttobetrag hochzurechnen**, da es sich bei der Einkommensteuererstattung lediglich um die Rückzahlung der entsprechenden Steuern auf den Nettolohn handelt (BFH v. 30.7.2009, VI R 29/06, BStBl II 2010, 148).

Zahlt der Arbeitgeber auf Grund einer Nettolohnvereinbarung für den Arbeitnehmer eine **Einkommensteuernachzahlung** an das Finanzamt, wendet er dem Arbeitnehmer Arbeitslohn zu, der dem Arbeitnehmer als sonstiger Bezug im Zeitpunkt der Zahlung zufließt. Der in der Tilgung der persönlichen Einkommensteuerschuld des Arbeitnehmers durch den Arbeitgeber liegende Vorteil unterliegt der Einkommensteuer. Er ist deshalb auf einen **Bruttobetrag hochzurechnen** (BFH v. 3.9.2015, VI R 1/14, BStBl II 2016, 31).

Im Lohnsteuerabzugsverfahren kann der Arbeitgeber den Rückfluss von Arbeitslohn durch eine Minderung des laufenden Bruttoarbeitslohns – also nicht durch Abzug vom übrigen Nettolohn – berücksichtigen (OFD Nordrhein-Westfalen v. 15.8.2018, S 2367 – 2017/0004 – St 213).

Beispiel:

Ein Arbeitnehmer (Steuerklasse III/0, ohne Religionszugehörigkeit, nicht sozialversicherungspflichtig) mit Nettolohnvereinbarung erhält im Kalenderjahr 2025 monatliche Nettobezüge i.H.v. 3 750 €. Am 13.4.2025 wird die Erstattung aus der Einkommensteuerveranlagung 2024 i.H.v. 1 500 € vom Finanzamt an den Arbeitgeber überwiesen.

Die Lohnsteuer für den Monat April 2025 ist wie folgt zu berechnen (Besondere Tabelle):

ursprünglicher Bruttoarbeitslohn	4 136,66
abzüglich Einkommensteuererstattung	1 500,– €
bereinigter Bruttoarbeitslohn	2 636,66€
Lohnsteuer hiervon	41,00 €
Solidaritätszuschlag (5,5 %)	0,– €

Bei Durchführung des betrieblichen Lohnsteuer-Jahresausgleichs ist → Rz. 3284 zu beachten.

Macht der Arbeitgeber von der Möglichkeit, die Rückzahlung von Arbeitslohn im Lohnsteuerabzugsverfahren zu berücksichtigen, **keinen Gebrauch**, kann der Arbeitnehmer die zurückgezahlten Beträge bei seiner Veranlagung zur Einkommensteuer – im Beispielsfall für das Jahr 2025 – als negative Einnahme geltend machen.

6. Weitere Fragen zu Nettolohnvereinbarungen

3286 Zu weiterer Fragen im Zusammenhang mit Nettolohnvereinbarungen, z.B. zur steuerlichen Behandlung der Einkommensteuererstattung bei Nettolohnvereinbarungen **nach Wegfall der unbeschränkten Steuerpflicht**, vgl. OFD Nordrhein-Westfalen v. 15.8.2018, S 2367 – 2017/0004 – St 213.

Die **Übernahme von Steuerberatungskosten** durch den Arbeitgeber führt i.d.R. zum Zufluss eines geldwerten Vorteils in Höhe der tatsächlichen Kosten (inkl. Umsatzsteuer). Übernimmt der Arbeitgeber, der mit dem Arbeitnehmer **unter Abtretung der Steuererstattungsansprüche eine Nettolohnvereinbarung abgeschlossen** hat, die Steuerberatungskosten für die Erstellung der Einkommensteuererklärungen des Arbeitnehmers, wendet er damit i.d.R. **keinen Arbeitslohn** zu (BFH v. 9.5.2019, VI R 28/17, BStBl II 2019, 785).

Arbeitslohn liegt dagegen i.d.R. vor, soweit die **Steuerberatungskosten anderen Einkunftsarten** (z.B. Kapitalvermögen oder Vermietung und Verpachtung) als den aus dem Dienstverhältnis zum Arbeitgeber oder verbundenen Unternehmen (§ 15 AktG) erzielten Einkünften aus nichtselbständiger Arbeit zuzuordnen sind. Wird für die Steuerberatungskosten **eine pauschale Vergütung** je Arbeitnehmer oder für alle Arbeitnehmer vereinbart, bestehen nach Auffassung der Finanzverwaltung grds. **keine Bedenken**, wenn **aus Vereinfachungsgründen auf die Erfassung** der anteilig den anderen Einkunftsarten zuzuordnenden Steuerberatungskosten **verzichtet** wird (BMF v. 22.4.2020, IV B 2 – S 1300/08/10027-01, BStBl I 2020, 483).

Nettolohnfiktion

→ *Schwarzarbeit* Rz. 3886

Nettolohn: Übernahme der Einkommensteuer des Arbeitnehmers

→ *Arbeitslohn-ABC* Rz. 699

Nichteheliche Lebensgemeinschaft

3287 Nach **Änderung des § 1353 Abs. 1 Satz 1 BGB** durch das Gesetz zur Einführung des Rechts auf Eheschließung für Personen gleichen Geschlechts v. 20.7.2017, BGBl. I 2017, 2787 (sog. **EheöffnungsG**) können diese seit dem 1.10.2017 **bürgerlich-rechtlich eine Ehe eingehen** mit der Folge, dass die steuerlichen Vergünstigungen für Eheleute (also insbesondere die Zusammenveranlagung nach § 26b EStG mit Anwendung des **Splittingtarifs** = Steuerklasse III) für diesen Personenkreis nunmehr unmittelbar gelten. Neue Lebenspartnerschaften können ab Inkrafttreten des o.g. Gesetzes nicht mehr begründet werden (Art. 3 Abs. 3 des o.g. Gesetzes). Das **Lebenspartnerschaftsgesetz** gilt seit dem 1.10.2017 nur noch für die Lebenspartnerschaften, die ihre Partnerschaft nicht in eine Ehe umwandeln lassen.

Gem. § 20a des Lebenspartnerschaftsgesetzes (LPartG) ist es seit dem 1.10.2017 möglich, eine bestehende eingetragene Lebenspartnerschaft in eine Ehe umwandeln zu lassen. Dies erfolgt rückwirkend zum Tag der Begründung der eingetragenen Lebenspartnerschaft (frühestens zum 1.8.2001 = Inkrafttreten des LPartG). Wurde eine Lebenspartnerschaft bis zum 31.12.2019 gem. § 20a LPartG in eine Ehe umgewandelt, sind § 175 Abs. 1 Satz 1 Nr. 2 und Satz 2 sowie § 233a Abs. 2a AO entsprechend anzuwenden, soweit die Ehegatten **bis zum 31.12.2020** den Erlass, die Aufhebung oder Änderung eines Steuerbescheids zur nachträglichen Berücksichtigung an eine Ehe anknüpfender und bislang nicht berücksichtigter Rechtsfolgen beantragt haben (§ 9 Abs. 5 EGAO). Die bisherigen Lebenspartner werden somit durch einen entsprechenden Antrag ab dem Zeitpunkt der Begründung der eingetragenen Lebenspartnerschaft steuerlich wie Eheleute behandelt. Insbesondere können sie rückwirkend eine Zusammenveranlagung beantragen, auch soweit die bisherigen Einzelveranlagungen bereits bestandskräftig sind.

Nichteheliche (verschiedengeschlechtliche) Lebensgemeinschaften werden von § 2 Abs. 8 EStG nicht erfasst, so dass für sie die Zusammenveranlagung sowie die Anwendung des Splittingtarifs (= Steuerklasse III) weiterhin nicht in Betracht kommen (BFH v. 29.9.2016, III R 62/13, BStBl II 2017, 259 und zuletzt BFH v. 26.4.2017, III B 100/16, BStBl II 2017, 903). Sie erhalten damit ebenso wie Alleinstehende mit Kindern nur die **Steuerklasse I oder II**.

Führen die Partner einer solchen Lebensgemeinschaft aus beruflichen Gründen einen **doppelten Haushalt**, kann ggf. eine doppelte Haushaltsführung anerkannt werden (zuletzt FG Münster v. 20.12.2011, 1 K 4150/08 E, EFG 2012, 504 sowie → *Doppelte Haushaltsführung: Allgemeines* Rz. 1709).

Zur **Anerkennung von Arbeitsverträgen** zwischen den Partnern einer nichtehelichen Lebensgemeinschaft → *Angehörige* Rz. 141.

Notarangestellte

→ *Auflassungsvollmachten: Notarangestellte* Rz. 851

Notarzt

→ *Arzt* Rz. 815

Notbetreuung

→ *Betreuungskosten* Rz. 1393

Notstandsbeihilfen

→ *Unterstützungen* Rz. 4217

Objektschutz

→ *Bewachung* Rz. 1446

OECD-Musterabkommen

→ *Doppelbesteuerungsabkommen: Allgemeines* Rz. 1601

Öffentliche Haushalte

Der Begriff der „öffentlichen Haushalte" ist für die **Steuerfreiheit der Zuschüsse und Zinsvorteile nach § 3 Nr. 58 EStG** (z.B. Wohngeld, sonstige Leistungen zur Senkung der Miete oder Darlehen aus Wohnungsfürsorgemitteln) von Bedeutung. 3288

Nach R 3.58 LStR sind öffentliche Haushalte i.S.v. § 3 Nr. 58 EStG die Haushalte des Bundes, der Länder, der Gemeinden, der Gemeindeverbände, der kommunalen Zweckverbände und der Sozialversicherungsträger.

Eine Handwerkskammer führt als Körperschaft des öffentlichen Rechts zwar einen öffentlichen Haushalt i.S.d. § 3 Nr. 58 EStG, eine Steuerbefreiung nach § 3 Nr. 58 EStG kann aber nur gewährt werden, wenn die Einkommensgrenzen des im Einzelfall einschlägigen Wohnraumförderungsgesetzes oder des Landesgesetzes zur Wohnraumförderung eingehalten sind (BFH v. 3.7.2019, VI R 37/16, BStBl II 2020, 241).

Auch für die **Steuerfreiheit von Beihilfen nach § 3 Nr. 11 EStG** ist der Begriff der „öffentlichen Haushalte" von Interesse (→ *Unterstützungen* Rz. 4218).

Öffentliche Kassen

3289 Der Begriff der „öffentlichen Kasse" ist für die Steuerfreiheit bestimmter Arbeitgeberleistungen von Bedeutung, insbesondere für → *Aufwandsentschädigungen im öffentlichen Dienst* Rz. 865 sowie → *Reisekostenvergütungen aus öffentlichen Kassen* Rz. 3718.

Öffentliche Kassen sind die Kassen der inländischen juristischen Personen des öffentlichen Rechts. Ebenfalls öffentliche Kassen sind solche Kassen, die einer Dienstaufsicht und Prüfung der Finanzgebarung durch die inländische öffentliche Hand unterliegen (BFH v. 7.8.1986, IV R 228/82, BStBl II 1986, 848).

Öffentliche Kassen sind z.B. die Kassen des Bundes, der Länder und der Gemeinden, der öffentlich-rechtlichen Religionsgemeinschaften, der öffentlich-rechtlichen Körperschaften, Anstalten und Stiftungen, der Ortskrankenkassen, Landwirtschaftliche Krankenkassen, Innungskrankenkassen und Ersatzkassen, die Kassen des Bundeseisenbahnvermögens, der Deutschen Bundesbank, der öffentlich-rechtlichen Rundfunkanstalten, der Berufsgenossenschaften (vgl. dazu FG Hamburg v. 13.3.1997, II 164/95, EFG 1997, 856), Gemeindeunfallverbände, der Deutschen Rentenversicherung (Bund, Knappschaft-Bahn-See, Regionalträger), die Kassen von kommunalen Zweckverbänden und die Unterstützungskassen der Postunternehmen sowie deren Nachfolgeunternehmen sowie **berufsständische Versorgungswerke**, z.B. ein Rechtsanwaltsversorgungswerk, vgl. H 3.11 (Öffentliche Kassen) LStH sowie zuletzt BFH v. 28.3.2018, I R 42/16, BStBl II 2019, 671. Zum Begriff der inländischen öffentlichen Kasse i.S.d. § 49 Abs. 1 Nr. 4 Buchst. b EStG vgl. BMF v. 13.11.2019, IV C 5 – S 2300/19/10009 :003, BStBl I 2019, 1082.

Die **Kassen privatrechtlicher Unternehmen** sind i.d.R. keine öffentlichen Kassen, selbst wenn es sich um staatsnahe Unternehmen handelt, die sich wirtschaftlich in öffentlicher Hand befinden. Das gilt auch, wenn ein solches Unternehmen öffentliche Mittel verwaltet. Der Begriff „öffentliche Kasse" ist insoweit nicht mit dem Begriff der „öffentlichen Mittel" (vgl. § 3 Nr. 11 EStG) gleichzusetzen. Das Gleiche gilt für privatrechtlich organisierte kommunale Spitzenverbände, weil es auf Grund der privatrechtlichen Organisation an einer Dienstaufsicht und an der Prüfung des Finanzgebarens durch die öffentliche Hand fehlt (FG Münster v. 24.9.2019, 3 K 2458/18 E, EFG 2019, 1895 betr. den Städte- und Gemeindebund NRW).

Öffnungsklausel

1. Arbeitsrecht

3290 Die Rechtsnormen eines Tarifvertrags, die den Inhalt, den Abschluss oder die Beendigung von Arbeitsverhältnissen ordnen, gelten bei Bindung an den Tarifvertrag unmittelbar und zwingend zwischen den Arbeitsvertragsparteien. Abweichende Abmachungen sind nach § 4 Abs. 3 TVG nur zulässig, soweit sie durch den Tarifvertrag gestattet sind oder eine Änderung der Regelungen zu Gunsten des Arbeitnehmers enthalten. Die Vereinbarung in einem Tarifvertrag, dass bestimmte tarifvertragliche Regelungen durch Betriebsvereinbarung oder durch Arbeitsvertrag anders geordnet werden können, wird „Öffnungsklausel" genannt. Nicht selten besteht Streit über den Umfang und die Reichweite einer tariflichen Öffnungsklausel. Daher sollte im Einzelfall sehr sorgfältig deren Geltungsbereich geprüft werden (vgl. LAG Mecklenburg-Vorpommern v. 18.8.2021, 3 Sa 234/20). Auch wenn die Zulassung abweichender Betriebsvereinbarungen grundsätzlich zulässig ist, muss eine weitreichende Zulassung – im Interesse der Rechtssicherheit und wegen des Gebots der Rechtsnormklarheit – der tariflichen Öffnungsklausel eindeutig zu entnehmen sein (BAG v. 12.3.2019, 1 AZR 307/17, AP BetrVG 1972, § 77 Nr. 116; LAG Schleswig-Holstein Urt. v. 9.2.2022, 6 Sa 150/21, BeckRS 2022, 3587). Ob ein Tarifvertrag den Abschluss ergänzender Betriebsvereinbarungen i.S.v. § 77 Abs. 3 Satz 2 BetrVG ausdrücklich zulässt, ist durch Auslegung zu ermitteln. Eine tarifliche Bestimmung, wonach eine auf Grund betrieblicher Regelung gewährte und ihrer Art nach entsprechende Leistung auf die tarifliche Leistung anzurechnen ist, lässt die Erfüllung des tariflichen Anspruchs durch eine betrieblich geregelte gleichartige Zahlung zu. Darin liegt zugleich die Gestattung, eine übertarifliche Leistung durch Betriebsvereinbarung zu regeln (BAG v. 24.1.2024, 10 AZR 33/23). Eine pauschale Regelung in einer Betriebsvereinbarung in einem Unternehmen der Metall- und Elektroindustrie, in welchem Umfang für Mitarbeiter einer Werksfeuerwehr Arbeitsbereitschaft und Bereitschaftsdienst anfallen, verstößt ebenfalls nicht gegen § 77 Abs. 3 BetrVG (LAG Köln v. 5.3.2025, 5 SLa 95/24).

In der Praxis finden sich regelmäßig – zulässige – Vereinbarungen, wonach die Tarifvertragsparteien die Billigung einer der Regelungssperre unterliegenden Betriebsvereinbarung durch Zustimmungserklärungen verabreden. Einem solchen Zustimmungsvorbehalt zur Änderung einer durch Öffnungsklausel zugelassenen Betriebsvereinbarung wird dann aber nicht durch Abschluss eines Firmentarifvertrags genügt (BAG v. 13.8.2019, 1 AZR 213/18). Die dem Tarifvorrang nach § 77 Abs. 3 Satz 1 BetrVG unterliegende Betriebsvereinbarung kann jedoch auch nachträglich von den Tarifvertragsparteien zugelassen werden. Die Zulassung kann ihrerseits mit bestimmten Maßgaben versehen und spezifisch gestaltet sein.

2. Lohnsteuer

Eine Öffnungsklausel hat auch lohnsteuerliche Bedeutung. Ist in 3291
einem Tarifvertrag eine Öffnungsklausel vereinbart, die besagt, dass für bestimmte Leistungen des Arbeitgebers vorhandene betriebliche Systeme unberührt bleiben, so kann die Zuwendung nur dann steuerfrei sein, wenn sie **zusätzlich** zu den Leistungen erbracht wird, die der Arbeitgeber auf Grund des Tarifvertrags oder im Falle eines „vorhandenen Systems" auf Grund dieses Systems ohnehin geschuldet hätte (BFH v. 12.3.1993, VI R 71/92, BStBl II 1993, 521).

Zu der Frage, wann eine zusätzliche Leistung vorliegt, → *Barlohnumwandlung* Rz. 1223.

Offshore-Zulage

→ *Zuschläge* Rz. 4797

Ökologisches Jahr

→ *Freiwilligendienste* Rz. 2262

Optionsrecht

→ *Aktienoption* Rz. 38

Ordensangehörige

1. Lohnsteuer

a) Rechtsbeziehungen zwischen Orden und Ordensangehörigen

Angehörige eines katholischen Ordens oder einer evangelischen 3292
Gemeinschaft (Ordensangehörige) sind **nicht Arbeitnehmer** ihres Ordens bzw. ihrer Gemeinschaft. Dies gilt auch insoweit, als sie innerhalb ihres Ordens bzw. ihrer Gemeinschaft wirtschaftlich tätig werden. Es besteht vielmehr – soweit nicht ausdrücklich ein Arbeitsverhältnis vereinbart worden ist – ein **familienähnliches Verhältnis** eigener Art, das auf dem religiösen Gelübde begründet ist (BFH v. 30.7.1965, VI 205/64 U, BStBl III 1965, 525).

LSt SV (durchgestrichen)

b) Rechtsbeziehungen zwischen Dritten und Ordensangehörigen

3293 Wird ein Ordensangehöriger auf Grund eines vom Orden oder der Gemeinschaft abgeschlossenen **Gestellungsvertrags mit Dritten**, z.B. Schule, Krankenhaus, Altenheim oder Kindergarten, tätig, liegt kein steuerliches Dienstverhältnis zwischen dem Dritten und dem Ordensangehörigen vor (BFH v. 11.5.1962, VI 55/61 U, BStBl III 1962, 310). Dies gilt auch dann, wenn sich der Orden oder die Gemeinschaft verpflichtet, ein bestimmtes Mitglied abzustellen (FinMin Niedersachsen v. 28.2.1966, S 2220 – 46 – 314, DB 1966, 561). Auch die den Ordensangehörigen gewährte Unterkunft, Verpflegung und Bekleidung ist deshalb nicht als Arbeitslohn anzusehen.

LSt (durchgestrichen) SV (durchgestrichen)

Tritt der Ordensangehörige dagegen **selbst in ein Dienstverhältnis** zu einem Dritten (Schule, Krankenhaus, Altenheim oder Kindergarten) und wird er wie üblich entlohnt, so liegt ein **Arbeitsverhältnis** vor (BFH v. 11.5.1962, VI 55/61 U, BStBl III 1962, 310). Dies ist stets der Fall, wenn er z.B. in ein Beamtenverhältnis berufen wird (OFD Düsseldorf v. 5.6.1963, S 2220 A – St 12, DB 1963, 913).

LSt SV

c) Umfang des Arbeitslohns

3294 Beiträge einer als Arbeitnehmerin tätigen Diakonisse an ein Diakonissenmutterhaus, die der Arbeitgeber vom Gehalt einbehält, sind **durchlaufende Gelder** (→ *Auslagenersatz und durchlaufende Gelder* Rz. 916), so das FG Düsseldorf v. 22.10.1993, 14 K 573/88 E, EFG 1994, 282. Vgl. hierzu auch BFH v. 25.11.1993, VI R 115/92, BStBl II 1994, 424 betr. „Vorabzug“ vom Grundgehalt bei einer Rote-Kreuz-Schwester, bei der nur der geminderte Arbeitslohn der Lohnsteuer unterliegt (→ *Gehaltsverzicht* Rz. 2281).

LSt (durchgestrichen) SV (durchgestrichen)

2. Sozialversicherung

3295 In der **Kranken- und Pflegeversicherung** sind **Mitglieder geistlicher Genossenschaften, Diakonissen und ähnliche Personen**, die sich aus überwiegend religiösen oder sittlichen Beweggründen mit der Krankenpflege, dem Unterricht oder anderen gemeinnützigen Tätigkeiten beschäftigen, **versicherungsfrei**. Hinsichtlich der Entgeltlichkeit ihrer Beschäftigung ist Voraussetzung, dass sie nicht mehr als **freien Unterhalt oder ein geringes Entgelt** beziehen, das nur zur Beschaffung der unmittelbaren Lebensbedürfnisse an Wohnung, Verpflegung, Kleidung und dergleichen ausreicht (§ 6 Abs. 1 Nr. 7 SGB V).

Auch wenn die gesetzliche Vorschrift alternativ von dem Bezug des freien Unterhalts **oder** eines geringen Entgelts ausgeht, bestehen keine Bedenken, beide Bezugsformen nebeneinander zu tolerieren und Krankenversicherungsfreiheit anzunehmen. Als **geringes Entgelt** ist dabei ein Betrag bis zu **einem Zwanzigstel der Bezugsgröße** (2026 = 197,75 €) anzusehen. Selbst wenn über diesen Grenzwert hinaus Barmittel zufließen, bleibt Versicherungsfreiheit bestehen, wenn der übersteigende Betrag der Gemeinschaft **zweckgebunden** für notwendige Kleidung usw. zur Verfügung gestellt wird, der eigentlich von der Gemeinschaft als Sachbezug ihren Mitgliedern zufließen würde (Besprechungsergebnis der Spitzenverbände der Sozialversicherungsträger v. 26./27.6.2002). Durch die GKV-Gesundheitsreform 2000 hat es für nicht satzungsmäßige Mitglieder geistlicher Genossenschaften, die außerschulisch für den Dienst in einer solcher Gemeinschaft ausgebildet werden (Postulanten und Novizen), die Klarstellung gegeben, dass diese der Kranken- und Pflegeversicherungspflicht unterliegen.

Für die **Arbeitslosenversicherung** ergibt sich **Versicherungsfreiheit** nach § 27 Abs. 1 SGB III.

In der **Rentenversicherung** besteht für **satzungsgemäße Mitglieder geistlicher Genossenschaften, Diakonissen und Angehörige ähnlicher Gemeinschaften Versicherungsfreiheit, wenn** ihnen nach den Regeln der Gemeinschaft **Anwartschaft auf die in der Gemeinschaft übliche Versorgung** bei verminderter Erwerbsfähigkeit und im Alter gewährleistet ist. Dabei muss die Erfüllung der Gewährleistung gesichert sein (§ 5 Abs. 1 Nr. 3 SGB VI). Durch Ausdehnung der Gewährleistung der Versorgungsanwartschaft auf weitere Beschäftigungsverhältnisse tritt auch in diesen Beschäftigungen Rentenversicherungsfreiheit ein.

Ortsräte

→ *Abgeordnete* Rz. 10

Outplacement

1. Allgemeines

Unter dem Begriff Outplacement-Beratung sind **Beratungs- und Betreuungsleistungen zur beruflichen Neuorientierung** zu verstehen, die Arbeitgeber ausscheidenden Mitarbeitern gewähren, um diese bei deren beruflicher Neuorientierung zu unterstützen. Zielgruppe sind Beschäftigte, deren Arbeitsplatz von einem Wegfall bedroht ist und die nach einem Ausscheiden aus der Firma eine weitere Erwerbstätigkeit planen. 3296

Dem Grunde nach beinhalten die von spezialisierten Firmen erbrachten Beratungsleistungen die individuelle Betreuung, fachliche Beratung und organisatorische Unterstützung bei der Suche nach einem neuen Arbeitsplatz und gehen damit über eine reine Arbeitsvermittlung hinaus. Sie bestehen grds. aus einem **Paket verschiedener Einzelleistungen**, das sich typischerweise in folgende Phasen gliedert:

- Bestandsaufnahme: Analyse des Status Quo sowohl in beruflicher als auch privater Hinsicht und Definition der beruflichen Ziele des Arbeitnehmers.
- Analysierung der Qualifikation des Arbeitnehmers.
- Entwicklung einer Bewerbungsstrategie und Beginn der Jobsuche.
- Erstellung der Bewerbungsunterlagen und Vorbereitung auf Vorstellungsgespräche.
- Auswahl der Jobangebote bis hin zur Unterstützung bei den Vertragsvereinbarungen.

Häufig verpflichten sich Arbeitgeber im Zusammenhang mit der Entlassung von Arbeitnehmern – neben der Zahlung von Abfindungen – zu solchen Maßnahmen. Die ausscheidenden Arbeitnehmer sollen durch diese Leistungen i.R. von individueller Betreuung, fachlicher Beratung und organisatorischer Unterstützung bei der Suche nach einem neuen Arbeitsplatz unterstützt werden. Die Outplacement-Beratungen werden vom Arbeitgeber selbst, aber auch von sog. **Beschäftigungsgesellschaften** durchgeführt. Häufig werden für diese Maßnahmen auch **externe Personalberatungs- und Fortbildungsunternehmen eingeschaltet**.

Die Outplacement-Beratung ist regelmäßig **Teil der Abfindungsvereinbarung**. Viele Arbeitnehmer stimmen einem Aufhebungsvertrag nur zu, wenn sie bei der Suche nach einem anderen Arbeitsplatz Unterstützung durch eine Beratung erhalten.

2. Arbeitslohn

Übernimmt der Arbeitgeber die Aufwendungen für die Outplacement-Beratung, die der Arbeitnehmer in Anspruch nimmt, handelt es sich grds. um einen **steuerpflichtigen geldwerten Vorteil, da die Beratung nicht im ganz überwiegenden betrieblichen Interesse erfolgt**. Denn das Interesse des Arbeitgebers beschränkt sich bei ausscheidenden Arbeitnehmern im Regelfall auf die sozialverträgliche Beendigung des Arbeitsverhältnisses, wohingegen die Beratung selbst auf die Interessen des einzelnen Arbeitnehmers und speziell dessen künftige berufliche Entwicklung zugeschnitten ist. Da der Vorteil im Zusammenhang mit der vom Arbeitgeber veranlassten Auflösung des Dienstverhältnisses anfällt, sind die Arbeitgeberleistungen im Regelfall **Teil der Abfindung** wegen Entlassung aus dem Dienstverhältnis und unter den allgemeinen Voraussetzungen **nach § 34 EStG tarifbegünstigt (sog. Fünftelregelung,** → *Entschädigungen* Rz. 2001). 3297

Eine **Entlassungsentschädigung** bleibt auch dann **nach § 34 EStG steuerbegünstigt**, wenn in einem späteren Veranlagungszeitraum aus **sozialer Fürsorge** für eine gewisse Übergangszeit ergänzende Entschädigungszusatzleistungen erbracht werden. Entschädigungszusatzleistungen sind beispielsweise solche Leistungen, die der (frühere) Arbeitgeber dem Stpfl. zur Erleichterung des Arbeitsplatzwechsels oder Berufswechsels (z.B. **Out-**

placement-Beratung) oder als Anpassung an eine dauerhafte Berufsaufgabe und Arbeitslosigkeit erbringt. Diese ergänzenden Zusatzleistungen, die Teil der einheitlichen Entschädigung sind, sind unschädlich für die Beurteilung der Hauptleistung als zusammengeballte Entschädigung und im **Zeitraum ihres Zuflusses regulär zu besteuern** (BFH v. 14.8.2001, XI R 22/00, BStBl II 2002, 180).

Von einer „Zusatzleistung aus Gründen der sozialen Fürsorge" kann jedoch nicht ausgegangen werden, wenn der Stpfl. die Zusatzleistung erhält, weil er sich insbesondere verpflichtet hat in eine Transfergesellschaft zu wechseln, eine Kündigungsschutzklage zurückzunehmen sowie alle beiderseitigen Ansprüche aus dem Arbeitsverhältnis für erledigt zu erklären (FG Rheinland-Pfalz v. 24.1.2013, 6 K 2670/10, EFG 2013, 1669).

LSt SV

3. Kein Arbeitslohn

3298 Arbeitslohn liegt nach R 19.3 Abs. 2 5. Spiegelstrich LStR ausnahmsweise dann nicht vor, wenn der Arbeitgeber pauschale Zahlungen an ein Dienstleistungsunternehmen erbringt, das sich verpflichtet für **alle Arbeitnehmer in ihrer Gesamtheit Outplacement-Beratungsleistungen zu erbringen** und dem einzelnen Arbeitnehmer der individuell verursachte Beratungsaufwand nicht zugeordnet werden kann.

Auch bei **Trainings- und Qualifikationsmaßnahmen i.S.d. SGB III** liegt kein Arbeitslohn vor, wenn sie der Arbeitgeber oder eine zwischengeschaltete Beschäftigungsgesellschaft im Zusammenhang mit Auflösungsvereinbarungen erbringt (R 19.7 Abs. 2 Satz 5 LStR).

Hierbei handelt es sich um Maßnahmen, die zur Verbesserung der Eingliederung in das Arbeitsleben von staatlicher Stelle für maximal acht Wochen gefördert werden.

Als Leistung im überwiegenden betrieblichen Interesse kann der Arbeitgeber neben den Lehrgangs- und Prüfungsgebühren auch **Fahrgeld** sowie **Kosten der Betreuung von aufsichtsbedürftigen Kindern** des Arbeitnehmers übernehmen.

Kein Arbeitslohn liegt ferner vor, wenn der Arbeitnehmer die vom Arbeitgeber finanzierte Outplacement-Beratung tatsächlich nicht in Anspruch nimmt.

LSt (durchgestrichen) SV (durchgestrichen)

4. Anwendung der Steuerbefreiung des § 3 Nr. 19 EStG

3299 Nach § 3 Nr. 19 EStG steuerfrei sind **Weiterbildungsleistungen** des Arbeitgebers oder auf dessen Veranlassung von einem Dritten

a) für Maßnahmen nach § 82 Abs. 1 und 2 SGB III oder

b) die der Verbesserung der Beschäftigungsfähigkeit des Arbeitnehmers dienen.

Steuerfrei sind auch **Beratungsleistungen** des Arbeitgebers oder auf dessen Veranlassung von einem Dritten zur beruflichen Neuorientierung bei Beendigung des Dienstverhältnisses. Die o.g. Leistungen dürfen keinen überwiegenden Belohnungscharakter haben.

Nach der Erweiterung der Vorschrift durch das Jahressteuergesetz 2020 v. 21.12.2020, BStBl I 2021, 6 sind rückwirkend seit 2020 auch Beratungsleistungen des Arbeitgebers oder auf seine Veranlassung von einem Dritten zur beruflichen Neuorientierung (sog. **„Outplacement"-Beratung, „Newplacement"-Beratung**) für ausscheidende Arbeitnehmer steuerfrei (s.a. B+P 2021, 111).

Zur Steuerbefreiung nach § 3 Nr. 19 EStG für **Online-Weiterbildungen mittels Internet-Plattformen** gilt Folgendes (OFD Frankfurt v. 25.2.2021, S 2342 A – 89 – St 210, StEd 2021, 237):

„Die Entwicklung des letzten Jahres führt vermehrt zur Wahrnehmung von Online-Formaten im Seminarbereich. Für die steuerliche Beurteilung von Online-Weiterbildungen wird gebeten die folgende Auffassung zu vertreten:

(1) Die Einräumung eines unentgeltlichen Nutzungsrechts durch den Arbeitgeber für nichtarbeitsplatzbezogene Online-Weiterbildungsmaßnahmen stellt beim Arbeitnehmer einen geldwerten Vorteil und somit Arbeitslohn gem. § 19 Abs. 1 Nr. 1 EStG dar.

(2) Eine Verbesserung der Beschäftigungsfähigkeit i.S.d. § 3 Nr. 19 Satz 1 (2. Alt.) EStG ist gegeben, wenn durch die Bildungsmaßnahme Kenntnisse/Fertigkeiten vermittelt werden, die ganz allgemein der Berufstätigkeit förderlich sein können.

3) Das Format der Weiterbildungsmaßnahme ist für die Anwendung des § 3 Nr. 19 Satz 1 (2. Alt.) EStG unerheblich. Deshalb können sowohl Video-Schulungen als auch eLearning-Angebote ohne einen Dozenten nach § 3 Nr. 19 Satz 1 (2. Alt.) EStG begünstigt sein."

5. Werbungskostenabzug

Soweit die Beratungsleistungen als individueller, steuerpflichtiger Arbeitslohn zu qualifizieren sind, steht dem Arbeitnehmer in dieser Höhe der Werbungskostenabzug i.R. seiner Einkommensteuer-Veranlagung zu. Dies gilt auch dann, wenn der Arbeitgeber selbst den Vertrag mit dem Outplacementberater abgeschlossen und die Aufwendungen getragen hat, sog. **abgekürzter Vertragsweg** (FG Baden-Württemberg v. 6.3.2007, 4 K 280/06, EFG 2007, 832). 3300

Soweit die Vorteile hingegen die Voraussetzungen für eine Steuerbefreiung nach § 3 Nr. 19 EStG erfüllen, scheidet der Werbungskostenabzug aus (R 9.1 Abs. 4 LStR).

Beispiel:

Firma H. beabsichtigt, ihr Personal zu reduzieren. In diesem Zusammenhang hat sie ein Unternehmen beauftragt, Arbeitnehmer, die entlassen werden müssen, bei der Suche nach einem neuen Arbeitsplatz individuell zu betreuen und zu unterstützen (= Outplacement-Beratung). Die Aufwendungen für die Outplacement-Beratung werden von der Firma H. übernommen und bei den betroffenen Arbeitnehmern als **geldwerter Vorteil** versteuert.

Bei den betroffenen Arbeitnehmern liegen in Höhe des zu versteuernden geldwerten Vorteils (**vorweggenommene**) **Werbungskosten** vor, die bereits i.R. des Lohnsteuer-Ermäßigungsverfahrens berücksichtigungsfähig sind. Die Beratung steht in unmittelbarem Zusammenhang mit dem künftigen Arbeitsverhältnis. Dem Arbeitnehmer entstehen auch Aufwendungen. In Fällen, in denen ein Arbeitnehmer beruflich veranlasste Aufwendungen dadurch erspart, dass er entsprechende Sachbezüge erhält, die versteuert werden, steht der als Arbeitslohn erfasste Wert der Sachbezüge entsprechenden Aufwendungen gleich (R 9.1 Abs. 4 Satz 2 LStR).

Zum Nachweis der Höhe der Outplacementkosten erhalten die betroffenen Arbeitnehmer von der Firma H. eine Bescheinigung zur Vorlage beim Finanzamt.

Der Werbungskostenabzug beseitigt jedoch die steuerliche Belastung nicht völlig, weil sich Werbungskosten steuerlich nur auswirken, wenn und soweit sie den Arbeitnehmer-Pauschbetrag von 1 230 € (2022: 1 200 €) übersteigen. Nachteile entstehen außerdem bei der Sozialversicherung, weil der volle Arbeitslohn beitragspflichtig ist.

Parkgebühren: Erstattung

Parkgebühren, die der Arbeitgeber im Zusammenhang mit Fahrten zwischen Wohnung und erster Tätigkeitsstätte dem Arbeitnehmer ersetzt, gehören zum **Arbeitslohn**. Der Arbeitnehmer kann die Parkgebühren **nicht als Werbungskosten** neben der Entfernungspauschale (§ 9 Abs. 1 Satz 3 Nr. 4 EStG) geltend machen, denn durch die Entfernungspauschale sind sämtliche Aufwendungen abgegolten, die durch die Wege zwischen Wohnung und erster Tätigkeitsstätte veranlasst sind (§ 9 Abs. 2 Satz 1 EStG). 3301

Dies gilt selbst dann, wenn

- der Arbeitnehmer nur deshalb mit dem Auto zur Arbeit gefahren ist, weil er es für (spätere) **Auswärtstätigkeiten** benötigt, oder
- der **Arbeitgeber keinen Firmenparkplatz** zur Verfügung gestellt hat (BFH v. 12.1.1994, IV B 13/93).

LSt SV

Die vom Arbeitgeber ersetzten Parkgebühren können nach § 40 Abs. 2 Satz 2 Nr. 1 EStG **pauschal mit 15 % versteuert** werden, soweit die vom Arbeitgeber ersetzten Aufwendungen für die Fahrten zwischen Wohnung und erster Tätigkeitsstätte insgesamt nicht höher sind als der Betrag, den der Arbeitnehmer als Werbungskosten geltend machen könnte (→ *Wege zwischen Wohnung und erster Tätigkeitsstätte* Rz. 4431).

Beispiel:

Dem Arbeitnehmer werden vom Arbeitgeber in 2025 die monatlichen Parkgebühren in der Parkgarage i.H.v. 80 € ersetzt. Die Entfernung zwischen Wohnung und erster Tätigkeitsstätte beträgt 35 km, hierfür kann der Arbeitnehmer eine Entfernungspauschale beanspruchen (→ *Wege zwischen Wohnung und erster Tätigkeitsstätte* Rz. 4419). Der Arbeitnehmer benutzt das Fahrzeug an 20 Tagen im Monat.

Der Arbeitnehmer könnte für Fahrten zwischen Wohnung und erster Tätigkeitsstätte einen Betrag von 234 € (20 Tage × 20 km × 0,30 € + 20 Tage × 15 km × 0,38 €) im Monat als Werbungskosten geltend machen (→ *Wege zwischen Wohnung und erster Tätigkeitsstätte* Rz. 4431). Die vom Arbeitgeber ersetzten Parkgebühren sind niedriger, daher können sie pauschal mit 15 % versteuert werden. Der Arbeitnehmer kann allerdings nur noch einen Betrag von 154 € (234 € – 80 €) pro Monat als Werbungskosten in seiner Einkommensteuererklärung geltend machen.

Hinweis: Zu der neuen Entfernungspauschale 2026 i.H.v. 0,38 € ab dem 1. Enfernungskilometer → *Wege zwischen Wohnung und erster Tätigkeitsstätte* Rz. 4419.

Einzelheiten im Zusammenhang mit der Pauschalierung der Lohnsteuer → *Wege zwischen Wohnung und erster Tätigkeitsstätte* Rz. 4453.

Parkgebühren, die als **Reisenebenkosten** (→ *Reisekosten: Erstattungen* Rz. 3712) anlässlich einer Auswärtstätigkeit vom Arbeitgeber erstattet werden, sind steuer- und beitragsfrei (R 9.8 Abs. 2 LStR).

LSt SV (durchgestrichen)

Parkplätze: Überlassung

3302 Stellt der Arbeitgeber seinen Arbeitnehmern für das Abstellen der Pkw während der Arbeitszeit Parkplätze unentgeltlich zur Verfügung, so handelt es sich hierbei um Leistungen, die der Arbeitgeber im ganz überwiegenden **eigenbetrieblichen Interesse** erbringt. Die Leistungen sind daher steuer- und beitragsfrei. Dies gilt auch insoweit, als der Arbeitgeber Park- oder Einstellplätze von Dritten anmietet, um sie seinen Arbeitnehmern unentgeltlich oder verbilligt zur Verfügung zu stellen (FinMin Baden-Württemberg v. 13.1.1981, S 2351 A – 10/79).

Die anders lautende Rechtsprechung des FG Köln (FG Köln v. 15.3.2006, 11 K 5680/04, EFG 2006, 1516), nach der die unentgeltliche Überlassung von Parkplätzen durch den Arbeitgeber an seine Arbeitnehmer grds. zu steuerpflichtigem Arbeitslohn führt, wird von der **Finanzverwaltung nicht angewendet** (OFD Münster v. 25.6.2007, Kurzinformation ESt Nr. 17/2007, DB 2007, 1498).

Allerdings ist zu beachten, dass die unentgeltliche oder verbilligte Parkplatzgestellung u.E. keinen anderen Arbeitslohn ersetzen kann.

Beispiel:

Ein Arbeitgeber hat mehrere, frei wählbare, Parkplätze in einem fußläufig vom Betrieb zu erreichenden und von einem unabhängigen Unternehmer betriebenen Parkhaus angemietet. Das Mietentgelt für den einzelnen Parkplatz beträgt 100 € im Monat. Der Arbeitgeber hat seinen Arbeitnehmern nunmehr das Angebot gemacht, einen Stellplatz zu nutzen. Entscheiden sich die Arbeitnehmer für die Nutzungsmöglichkeit, wird das Entgelt für den Stellplatz i.R. einer Gehaltsumwandlung einbehalten.

Die unentgeltliche oder verbilligte Parkplatzgestellung für Privatfahrzeuge der Arbeitnehmer zählt zu den Leistungen im ganz überwiegend eigenbetrieblichen Interesse des Arbeitgebers, wenn der Arbeitgeber diese zusätzlich zum ohnehin geschuldeten Lohn gewährt. Wird die Parkplatzüberlassung jedoch durch Gehaltsumwandlung finanziert, liegt u.E. kein überwiegend eigenbetriebliches Interesse mehr vor. Hierdurch verlieren die gewährten Zuwendungen den Charakter als nicht steuerbare Leistung im überwiegend eigenbetrieblichen Interesse. Vielmehr führen sie zu Arbeitslohn.

LSt SV (durchgestrichen)

Anders aber, wenn der Arbeitgeber den Arbeitnehmern die Parkgebühren ersetzt (→ *Parkgebühren: Erstattung* Rz. 3301).

LSt SV

Zur **umsatzsteuerlichen** Behandlung der Überlassung von Parkplätzen an Arbeitnehmer → *Sachbezüge* Rz. 3842.

Parkplatzkosten

→ *Werbungskosten* Rz. 4559

Partnerschaftsbonus

→ *Elterngeld* Rz. 1901, → *Elternzeit* Rz. 1905

Pauschale Lohnsteuer

→ *Abwälzung der pauschalen Lohnsteuer auf den Arbeitnehmer* Rz. 27

Pauschalierung der Einkommensteuer bei Sachzuwendungen

Inhalt

1. Allgemeines

Stpfl. können die Einkommensteuer einheitlich für alle innerhalb 3303
eines Wirtschaftsjahres gewährten

- **betrieblich veranlassten Zuwendungen**, die zusätzlich zur ohnehin vereinbarten Leistung oder Gegenleistung erbracht werden, und

- **Geschenke** i.S.v. § 4 Abs. 5 Satz 1 Nr. 1 EStG,

die nicht in Geld bestehen, mit einem **Pauschsteuersatz von 30 %** erheben (§ 37b EStG). Die Regelung betrifft nur Sachzuwendungen; bei Barzuwendungen ist die Pauschalierung der Einkommensteuer nach § 37b EStG nicht möglich.

Wichtig: Die Übernahme der Pauschalsteuer ist aus Sicht des zuwendenden Stpfl. **ein weiteres Geschenk** i.S.d. § 4 Abs. 5 Satz 1 Nr. 1 EStG; die **Pauschalsteuer** ist daher **nicht als Betriebsausgabe abziehbar**, wenn der Empfänger der Zuwendung **kein Arbeitnehmer** des Stpfl. ist und der Wert des Geschenks zuzüglich der übernommenen Pauschalsteuer 50 € (bis 2023: 35 €) übersteigt (BFH v. 30.3.2017, IV R 13/14, BStBl II 2017, 892; die Finanzverwaltung wendet aber ihre Vereinfachungsregelung weiter an, → Rz. 3328).

Für den Empfänger handelt es sich bei der Zuwendung regelmäßig um **einen steuerpflichtigen geldwerten Vorteil**, dessen Wert für ihn häufig schwer zu ermitteln ist. Zur Vereinfachung des Besteuerungsverfahrens ist daher die Pauschalierungsmöglichkeit eingeführt worden, die es dem zuwendenden Stpfl. ermöglicht, die Einkommensteuer pauschal zu erheben. Diese Pauschalsteuer gilt die steuerliche Erfassung des geldwerten Vorteils beim Zuwendungsempfänger ab.

Zur Anwendung dieser Regelung gilt Folgendes (BMF v. 19.5.2015, IV C 6 – S 2297-b/14/10001, BStBl I 2015, 468 unter Berücksichtigung der Änderungen durch BMF v. 28.6.2018, IV C 6 – S 2297-b/14/10001, BStBl I 2018, 814):

2. Anwendungsbereich

a) Zuwendender

3304 Zuwendender i.S.d. § 37b EStG kann **jede natürliche und juristische Person** oder Personenvereinigung sein, die **aus betrieblichem Anlass** nicht in Geld bestehende

- Geschenke oder
- Zuwendungen zusätzlich
  - zur ohnehin vereinbarten Leistung oder Gegenleistung oder
  - zum ohnehin geschuldeten Arbeitslohn

erbringt.

Juristische Personen des öffentlichen Rechts sind sowohl mit ihrem hoheitlichen Bereich und dem Bereich der Vermögensverwaltung als auch mit ihren einzelnen Betrieben gewerblicher Art jeweils Zuwendender i.S.d. § 37b EStG. Die Wahlmöglichkeit kann für die verschiedenen Bereiche unabhängig voneinander ausgeübt werden. Macht der Zuwendende von der Wahlmöglichkeit des § 37b EStG Gebrauch, ist er Stpfl. i.S.d. § 33 AO. **Ausländische Zuwendende** und nicht steuerpflichtige juristische Personen des öffentlichen Rechts werden spätestens mit der Anwendung des § 37b EStG zu Stpfl. i.S.d. § 37b EStG.

Allerdings fallen Sachzuwendungen, die eine Körperschaft des öffentlichen Rechts an Nichtarbeitnehmer leistet und die **durch die „hoheitliche Tätigkeit" veranlasst** sind (z.B. Blumenstrauß oder Präsentkorb an Jubilare), **nicht in den Anwendungsbereich** des § 37b EStG. Dies gilt auch, wenn sich unter den Jubilaren ein Arbeitnehmer der Körperschaft befindet (OFD Frankfurt v. 10.10.2012, S 2297b A – 1 – St 222, StEd 2012, 697).

b) Zuwendungsempfänger

aa) Nichtarbeitnehmer

3305 **Zuwendungsempfänger** können Dritte unabhängig von ihrer Rechtsform sein, z.B. AGs, GmbHs, Aufsichtsräte, Verwaltungsratsmitglieder, sonstige Organmitglieder von Vereinen und Verbänden, Geschäftspartner, deren Familienangehörige, Arbeitnehmer Dritter (vgl. FG Bremen v. 17.1.2017, 1 K 111/16).

bb) Arbeitnehmer

3306 Die Pauschalierung ist auch für betrieblich veranlasste Zuwendungen an **Arbeitnehmer des Stpfl.** möglich, soweit die Zuwendungen nicht in Geld bestehen und zusätzlich zum ohnehin geschuldeten Arbeitslohn erbracht werden (§ 37b Abs. 2 EStG). Eine Umwandlung von regulär zu besteuernden Barvergütungen in pauschal besteuerte Sachzuwendungen ist ausgeschlossen.

Weiterhin ist die **Pauschalierung ausgeschlossen** für Sondertatbestände, für die bereits gesetzliche Bewertungsregelungen bestehen. Dies sind:

- besondere Bewertung der **privaten Nutzung eines betrieblichen Kraftfahrzeugs** (§ 8 Abs. 2 Satz 2 bis 5 EStG; → *Firmenwagen zur privaten Nutzung* Rz. 2121),
- amtliche **Sachbezugswerte** (§ 8 Abs. 2 Satz 6 EStG; → *Sachbezüge* Rz. 3815),
- **Durchschnittswerte** (§ 8 Abs. 2 Satz 10 EStG; → *Sachbezüge* Rz. 3815),
- **Rabattregelung** (§ 8 Abs. 3 EStG; → *Rabatte* Rz. 3523),
- Überlassung von **Vermögensbeteiligungen** an Arbeitnehmer (§ 3 Nr. 39 EStG; → *Vermögensbeteiligungen* Rz. 4265),
- Sachprämien i.R. von **Kundenbindungsprogrammen** (§ 37a EStG; → *Kundenbindungsprogramme* Rz. 2784),
- **Pauschalierung nach § 40 Abs. 2 EStG** (→ *Pauschalierung der Lohnsteuer* Rz. 3336).

In den Fällen des § 8 Abs. 3 EStG ist es nach Auffassung der Finanzverwaltung auch dann **nicht zulässig**, die Steuer nach § 37b Abs. 2 EStG zu pauschalieren, wenn der Stpfl. nach R 8.2 Abs. 1 Satz 1 4. Spiegelstrich LStR die **Bewertung des geldwerten Vorteils nach § 8 Abs. 2 EStG wählt**. Für sonstige Sachbezüge, die nach § 40 Abs. 1 EStG pauschaliert besteuert werden können, kann der Stpfl. auch die Pauschalierung nach § 37b EStG wählen.

Soweit Aufwendungen im ganz überwiegenden eigenbetrieblichen Interesse des Arbeitgebers liegen und daher bei den Arbeitnehmern **nicht zu Arbeitslohn führen,** unterliegen sie auch **nicht der Pauschalierung nach § 37b Abs. 2 EStG**.

Beispiel:

Der Arbeitgeber veranstaltete eine Regattabegleitfahrt anlässlich der Kieler Woche, zu denen er zahlreiche Kunden und Geschäftsfreunde einlud. Zur Durchführung der Regattabegleitfahrt charterte er ein Segelschiff (Dreimaster). Die Teilnehmer konnten bei Bedarf auf dem Schiff übernachten und an Bord ein Catering in Anspruch nehmen, wobei das für das Catering erforderliche Servicepersonal von der Agentur gestellt wurde, von der der Arbeitgeber das Schiff gechartert hatte. An der Veranstaltung nahmen 44 Personen teil, davon waren 25 Personen Kunden bzw. Geschäftsfreunde und 19 Personen Arbeitnehmer. Da einige der eingeladenen Kunden ihre Teilnahme absagten, durften auch die diesen Kunden zugeordneten Arbeitnehmer nicht an der Regattabegleitfahrt teilnehmen. Die Arbeitnehmer waren dienstlich zu der Teilnahme an der Veranstaltung verpflichtet; sie waren die zuständigen Kundenbetreuer der eingeladenen Gäste und sollten während der Fahrt fachliche Gespräche mit den Kunden bzw. Geschäftsfreunden führen. Allen Teilnehmern wurden Jacken mit dem Logo des Arbeitgebers zur Verfügung gestellt, wobei die Arbeitnehmer angehalten waren, diese Jacken während der Veranstaltung zu tragen.

Die Aufwendungen des Arbeitgebers für die Teilnahme der eigenen Arbeitnehmer führen nicht zu Arbeitslohn, denn die Teilnahme der Arbeitnehmer an der Regattabegleitfahrt lag im ganz überwiegendem eigenbetrieblichen Interesse des Arbeitgebers. Die auf die Arbeitnehmer entfallenden Aufwendungen unterliegen daher nicht der Pauschalierung nach § 37b Abs. 2 EStG (BFH v. 16.10.2013, VI R 78/12, BStBl II 2015, 495).

c) Anwendungsbereich

Von § 37b EStG werden nur **solche Zuwendungen erfasst**, die **betrieblich veranlasst** sind (BFH vom 12.12.2013, VI R 47/12, BStBl II 2015, 490) und die beim Empfänger dem Grunde nach **zu steuerbaren und steuerpflichtigen Einkünften führen** (BFH v. 16.10.2013, VI R 57/11, BStBl II 2015, 457). § 37b EStG begründet **keine eigenständige Einkunftsart** und **erweitert nicht den einkommensteuerrechtlichen Lohnbegriff**, sondern stellt lediglich eine **besondere pauschalierende Erhebungsform der Einkommensteuer** zur Wahl (BFH v. 16.10.2013, VI R 57/11, BStBl II 2015, 457 und BFH v. 16.10.2013, VI R 78/12, BStBl II 2015, 495). 3307

Die Voraussetzungen für die Anwendung des § 37b EStG (insbesondere Veranlassungszusammenhang zwischen Zuwendung und Leistungsaustausch) ist hinsichtlich jeden Gastes einer Jubiläumsfeier zu ermitteln. Allein die schlichte Existenz einer früheren Leistungsbeziehung ist nicht ausreichend (FG Sachsen v. 9.3.2017, 6 K 1201/16).

3. Wahlrecht

a) Einheitlichkeit

Das Wahlrecht zur Pauschalierung ist **einheitlich** für alle innerhalb eines Wirtschaftsjahres gewährten Zuwendungen, mit Ausnahme der die Höchstbeträge nach § 37b Abs. 1 Satz 3 EStG übersteigenden Zuwendungen, **auszuüben**. Dabei ist es zulässig, für Zuwendungen an Dritte (§ 37b Abs. 1 EStG) und an eigene Arbeitnehmer (§ 37b Abs. 2 EStG) das Wahlrecht jeweils gesondert anzuwenden (BFH v. 15.6.2016, VI R 54/15, BStBl II 2016, 1010). Auch bei einem vom Kalenderjahr abweichenden Wirtschaftsjahr ist für den Personenkreis der eigenen Arbeitnehmer immer die kalenderjahrbezogene Betrachtungsweise für das Wahlrecht maßgeblich. Das Wahlrecht kann für alle inländischen lohnsteuerlichen Betriebsstätten nach § 41 Abs. 2 EStG nur einheitlich ausgeübt werden. 3308

Werden **Zuwendungen an Arbeitnehmer verbundener Unternehmen** vergeben, fallen diese Zuwendungen in den Anwendungsbereich des § 37b Abs. 1 EStG und sind mindestens mit dem sich aus § 8 Abs. 3 EStG ergebenden Wert zu bemessen (Rabattgewährung an Konzernmitarbeiter). Diese Zuwendungen können aber auch individuell besteuert werden, selbst wenn der Zuwendende für die übrigen Zuwendungen nach § 37b Abs. 1 EStG pauschaliert. Für die übrigen Zuwendungen ist das Wahlrecht einheitlich auszuüben.

Übt ein ausländischer Zuwendender das Wahlrecht zur Anwendung des § 37b EStG aus, sind die Zuwendungen, die unbeschränkt oder beschränkt Stpfl. im Inland gewährt werden, einheitlich zu pauschalieren.

b) Zeitpunkt

Die Entscheidung zur Anwendung der Pauschalierung kann für den Anwendungsbereich des § 37b Abs. 1 EStG auch im laufenden Wirtschaftsjahr, **spätestens in der letzten Lohnsteuer-An-** 3309

meldung des Wirtschaftsjahres der Zuwendung getroffen werden. Eine Berichtigung der vorangegangenen einzelnen Lohnsteuer-Anmeldungen zur zeitgerechten Erfassung ist nicht erforderlich.

Beispiel:

Ein Unternehmen gibt im März 2026 eine geänderte Lohnsteuer-Anmeldung für Dezember 2025 ab und erklärt darin erstmals eine pauschale Einkommensteuer nach § 37b Abs. 1 EStG für im Jahr 2025 getätigte Sachzuwendungen an Geschäftsfreunde. Gleichzeitig wird die pauschale Einkommensteuer an das Finanzamt bezahlt.

Nach § 37b Abs. 4 Satz 1 EStG gilt die pauschale Einkommensteuer als Lohnsteuer und ist von dem die Sachzuwendung gewährenden Stpfl. in der Lohnsteuer-Anmeldung anzumelden. Eine Ausschlussfrist, bis zu welchem Zeitpunkt die pauschale Einkommensteuer spätestens anzumelden ist, ist in § 37b EStG nicht genannt. In der letzten Lohnsteuer-Anmeldung wird die Entscheidung auch dann getroffen, wenn für den letzten Lohnsteuer-Anmeldungszeitraum eine geänderte Anmeldung abgegeben wird, solange das **verfahrensrechtlich noch möglich** ist (BayLfSt v. 26.6.2009, S 2297a.1.1 – 1 St 32/St 33).

Für den Anwendungsbereich des § 37b Abs. 2 EStG soll die Entscheidung zur Anwendung der Pauschalierung grds. **spätestens bis zur Übermittlung der elektronischen Lohnsteuerbescheinigung** (letzter Tag im Februar des Folgejahres) getroffen werden. Dieser Endtermin gilt auch, wenn ein Arbeitnehmer während des laufenden Kalenderjahres ausscheidet. Ist eine Änderung des Lohnsteuerabzugs nach § 41c EStG zum Zeitpunkt der Ausübung des Wahlrechts nicht mehr möglich, so hat der Arbeitgeber dem ausscheidenden Arbeitnehmer eine Bescheinigung über die Pauschalierung nach § 37b Abs. 2 EStG auszustellen. Die Korrektur des bereits individuell besteuerten Arbeitslohns kann der Arbeitnehmer dann nur noch im Veranlagungsverfahren zur Einkommensteuer begehren.

Das **Wahlrecht** kann auch durch Änderung einer **noch nicht materiell bestandskräftigen Lohnsteuer-Anmeldung ausgeübt** werden. Eine **erstmalige Wahlrechtsausübung** i.R. einer **Außenprüfung** ist somit **zulässig**. Nach den Neuregelungen im Rahmen des Jahressteuergesetzes 2024 in § 37a Abs. 2 Satz 1 EStG i.V.m. § 40 Abs. 4 Satz 2 EStG kann der Leistende das Pauschalierungswahlrecht im Rahmen einer Lohnsteueraußenprüfung durch eine schriftliche oder elektronische Erklärung gegenüber dem Betriebsstättenfinanzamt ausüben. Diese Erklärung ist spätestens bis zur Bestandskraft der auf Grund der Lohnsteueraußenprüfung zu erlassenden Bescheide abzugeben (§ 37a Abs. 2 Satz 1 EStG i.V.m. § 40 Abs. 4 Satz 3 EStG). Die pauschale Lohnsteuer wird dann vom Betriebsstättenfinanzamt durch Steuerbescheid festgesetzt (§ 37a Abs. 2 Satz 1 EStG i.V.m. § 40 Abs. 4 Satz 4 EStG). Diese Neuregelung findet auf alle offenen Fälle Anwendung (§ 52 Abs. 37c EStG i.d.F. des Jahressteuergesetzes 2024). Diese für die Fälle der Lohnsteueraußenprüfung konzipierte Regelung soll dem Bürokratieabbau insoweit dienen, als das der Leistende in den einschlägigen Fällen keine geänderte – ggf. auch mit finanziellen Aufwendungen verbundene – Lohnsteueranmeldung übermitteln bzw. abgeben muss, um die Pauschalversteuerung anzuwenden. Im Übrigen ist es praktikabler, auch die pauschalen Steuernachforderungsbeträge durch das Finanzamt festsetzen zu lassen, das nach Abschluss der Lohnsteueraußenprüfung ohnehin ein Bescheid erstellt (siehe Gesetzesbegründung zum Jahressteuergesetz 2024, BT-Drucks. 20/12780).

Wurden Sachzuwendungen an eigene Arbeitnehmer (§ 37b Abs. 2 EStG) vorbehaltlich der Pauschalierung nach § 40 Abs. 1 Satz 1 EStG weder nach anderen Vorschriften pauschal noch individuell besteuert, kann das Wahlrecht (erstmalig) auch noch i.R. einer Änderung einer noch nicht materiell bestandskräftigen Lohnsteuer-Anmeldung ausgeübt werden. Wurden Sachzuwendungen an eigene Arbeitnehmer dagegen **bisher individuell besteuert**, weil eine Pauschalierung zum maßgeblichen Wahlrechtszeitpunkt nicht vorgenommen worden ist, ist eine Pauschalierung nach § 37b Abs. 2 EStG **nicht mehr möglich**. Wurden Zuwendungen an eigene Arbeitnehmer nach § 37b EStG bisher pauschal besteuert, ist die bisherige Ausübung des Wahlrechts für den Zuwendenden bindend. Eine nachträgliche individuelle Besteuerung der Sachzuwendungen ist nicht zulässig.

c) Widerruf

3310 Die in § 37b EStG **eingeräumten Wahlrechte sind widerruflich** (BFH v. 15.6.2016, VI R 54/15, BStBl II 2016, 1010). Will der Stpfl. von seinem Widerrufsrecht Gebrauch machen, muss er eine **geänderte Lohnsteuer-Anmeldung** gegenüber dem Betriebsstättenfinanzamt abgeben; eine formlose Erklärung genügt hierfür nicht.

Im Übrigen liegt ein **wirksamer Widerruf** nur vor, wenn der Zuwendende den **Empfänger vom Widerruf unterrichtet**, damit dieser von seinen steuerlichen Pflichten erfährt und diesen nachkommen kann. Das Absehen einer entsprechenden Mitteilung ist **rechtsmissbräuchlich** und stellt sich als (unter Umständen strafbewehrte) Vereitelung des staatlichen Steueranspruchs dar.

Nach einem wirksamen Widerruf sind Zuwendungen **rückwirkend** (§ 175 Abs. 1 Satz 1 Nr. 2 AO) in die **Veranlagung des Zuwendungsempfängers** als Einnahmen einzubeziehen. Dabei beginnt die Festsetzungsfrist in solchen Fällen erst mit Ablauf des Kalenderjahres, in dem der Widerruf ausgesprochen wird (§ 175 Abs. 1 Satz 2 AO).

4. Pauschsteuersatz

Der Pauschsteuersatz beträgt **30 %** der Bemessungsgrundlage. 3311
Bei der Höhe ist berücksichtigt, dass die übernommene Steuer einen weiteren Vorteil für den Empfänger der Sachzuwendungen darstellt, der steuersystematisch ebenfalls als Einnahme zu erfassen wäre (vgl. § 40 Abs. 1 Satz 2 EStG).

5. Bemessungsgrundlage

Die Pauschalierung ist möglich für 3312

- **betrieblich veranlasste Zuwendungen**, die zusätzlich zur ohnehin vereinbarten Leistung oder Gegenleistung erbracht werden; das sind z.B. Incentive-Reisen (→ *Incentive-Reisen* Rz. 2495) und
- **Geschenke** i.S.v. § 4 Abs. 5 Satz 1 Nr. 1 EStG (→ *Geschenke* Rz. 2318).

a) Begriffsbestimmung

Besteuerungsgegenstand sind betrieblich veranlasste Sachzu- 3313
wendungen, die zusätzlich zur ohnehin vereinbarten Leistung oder zum ohnehin geschuldeten Arbeitslohn erbracht werden, und Geschenke, die nicht in Geld bestehen. Gesellschaftsrechtlich veranlasste Zuwendungen, wie z.B. verdeckte Gewinnausschüttungen (§ 8 Abs. 3 Satz 2 KStG, R 8.5 KStR) sind von der Pauschalierung nach § 37b EStG ausgenommen (BFH v. 12.12.2013, VI R 47/12, BStBl II 2015, 490).

Die **„Zusätzlichkeitsvoraussetzung“ für betrieblich veranlasste Zuwendungen** nach § 37b Abs. 1 Satz 1 Nr. 1 EStG erfordert, dass die Zuwendungen **in sachlichem und zeitlichem Zusammenhang** mit einem zwischen den Vertragsparteien abgeschlossenen Vertragsverhältnis (sog. Grundgeschäft) stehen und zur ohnehin geschuldeten Leistung als zusätzliche Leistung hinzukommen. Zuwendungen, die nicht zu einem Leistungsaustausch hinzutreten, etwa zur Anbahnung eines Vertragsverhältnisses, fallen nicht in den Anwendungsbereich des § 37b Abs. 1 Nr. 1 EStG (BFH v. 12.12.2013, VI R 47/12, BStBl II 2015, 495). Für das Zusätzlichkeitserfordernis in § 37b EStG reicht es nicht aus, dass die Zuwendung des Stpfl. zu einer Leistung eines Dritten an den Zuwendungsempfänger hinzutritt (BFH v. 21.2.2018, VI R 25/16, BStBl II 2018, 389). Unbeachtlich ist, ob der Empfänger einen Rechtsanspruch auf die Zuwendungen hat oder die Zuwendungen vom Zuwendenden freiwillig erbracht werden.

Eine Sachzuwendung i.S.d. § 37b Abs. 1 Satz 1 Nr. 1 EStG liegt daher nicht notwendiger Weise vor, wenn **Privatkunden eines Kreditinstituts von diesem zu Weinproben oder Golfturnieren eingeladen** werden. Maßgeblich ist, ob die eingeladenen Kunden durch die Einladung Einkünfte aus Kapitalvermögen i.S.d. § 20 EStG erzielen, also ob die Zuwendung bei den Zuwendungsempfängern dem Grunde nach zu einkommensteuerbaren und einkommensteuerpflichtigen Einkünften führen. Das ist nicht der Fall, wenn das Kreditinstitut nicht die Aufrechterhaltung der bestehenden Spar- und Festgeldanlagen entlohnen, sondern die Gelegenheit zum Abschluss anders gearteter Verträge schaffen will (BFH v. 9.11.2023, VI R 10/21).

Die **„Zusätzlichkeitsvoraussetzung“ für zusätzlich zum ohnehin geschuldeten Arbeitslohn** erbrachte betrieblich veranlasste Zuwendungen nach § 37b Abs. 2 Satz 1 EStG erfordert, dass die Zuwendung zu dem Arbeitslohn hinzukommt, den der Arbeitgeber arbeitsrechtlich schuldet; eine Gehaltsumwandlung erfüllt diese Voraussetzung nicht (→ *Barlohnumwandlung* Rz. 1222).

Bei **Zuwendungen an Dritte** handelt es sich regelmäßig um Geschenke i.S.d. § 4 Abs. 5 Satz 1 Nr. 1 Satz 1 EStG und R 4.10 Abs. 4 Satz 1 bis 5 EStR oder Incentives (z.B. Reise- oder Sachpreise auf Grund eines ausgeschriebenen Verkaufs- oder Außendienstwettbewerbs). Geschenke in diesem Sinne sind auch Nutzungsüberlassungen. **Zuzahlungen des Zuwendungsempfängers** ändern nicht den Charakter als Zuwendung; sie mindern lediglich die Bemessungsgrundlage. **Zuzahlungen Dritter** (z.B. Beteiligung eines anderen Unternehmers an der Durchführung einer Incentive-Reise) mindern die Bemessungsgrundlage hingegen nicht. **Aufmerksamkeiten** i.S.d. R 19.6 Abs. 1 LStR, die dem Empfänger aus Anlass eines besonderen persönlichen Ereignisses zugewendet werden, führen nicht zu steuerbaren und steuerpflichtigen Einnahmen und gehören daher nicht zur Bemessungsgrundlage.

Bei der Teilnahme eines Kunden an einem **Bonusprogramm** wird die Ausgabe der Bonuspunkte zum Bestandteil der Gegenleistung des leistenden Unternehmens. Damit liegt weder in der Gutschrift der Punkte noch in der Hingabe der Prämie eine zusätzliche Leistung vor, so dass eine **Pauschalierung nach § 37b EStG** in derartigen Fällen **ausgeschlossen** ist. Die Einkommensteuer kann in diesen Fällen bei Vorliegen der weiteren Voraussetzungen **nach § 37a EStG pauschaliert** werden (→ *Kundenbindungsprogramme* Rz. 2786).

Beispiel 1:

Ein Unternehmen führt eine Aktion unter dem Motto „Einkaufen – Punkte sammeln – Prämie aussuchen“ durch. Hierbei wird jedem Kunden, der sich für die Teilnahme an der Aktion entschieden hat, pro 10 € Einkauf ein Punkt gutgeschrieben. Je nach Höhe der erlangten Punkte erhält der Kunde eine Prämie. Er erhält z.B. bei 25 Punkten wahlweise einen Waschstraßengutschein oder eine Isolierkanne, bei 50 Punkten einen USB-Stick oder eine elektrische Zahnbürste.

Sobald der Kunde sich für die Teilnahme an einem Bonusprogramm entscheidet, wird damit die Ausgabe der Punkte zum Bestandteil der Leistung des leistenden Unternehmens. Die Hingabe der Prämie stellt nur noch die Folge dar. Eine zusätzliche Leistung ist weder in der Gutschrift der Punkte noch in der Hingabe der Prämie zu sehen. **§ 37b EStG** findet in diesen Fällen **keine Anwendung** (OFD Frankfurt v. 10.10.2012, S 2297b A – 1 – St 222, StEd 2012, 697).

Gewinne aus Verlosungen, Preisausschreiben und sonstigen Gewinnspielen sowie **Prämien aus (Neu)Kundenwerbungsprogrammen** und Vertragsneuabschlüssen führen beim Empfänger regelmäßig nicht zu steuerbaren und steuerpflichtigen Einnahmen und fallen dann **nicht in den Anwendungsbereich des § 37b Abs. 1 EStG**.

Sachzuwendungen, deren Anschaffungs- oder Herstellungskosten 10 € nicht übersteigen, sind bei der Anwendung des § 37b EStG als **Streuwerbeartikel** anzusehen und **brauchen** daher **nicht in den Anwendungsbereich der Vorschrift einbezogen zu werden**. Damit wendet die Finanzverwaltung die entgegenstehende Auffassung des BFH (BFH v. 16.10.2013, VI R 52/11, BStBl II 2015, 455) nicht an (sog. **Nichtanwendungserlass**). Der Vorsteuerbetrag nach § 15 UStG gehört, soweit er bei der Umsatzsteuer abgezogen werden kann, nicht zu den Anschaffungs- oder Herstellungskosten des Wirtschaftsguts (§ 9b Abs. 1 EStG).

Bei der Prüfung der 10 €-Grenze ist auf den **Wert des einzelnen Werbeartikels** abzustellen, auch wenn der Zuwendungsempfänger mehrere Artikel erhält. Besteht der einzelne Werbeartikel aus einer Sachgesamtheit (z.B. ein Etui mit zwei Kugelschreibern im Wert von je 6 €), ist bei Prüfung der 10 €-Grenze auf den Wert der Sachgesamtheit abzustellen (OFD Frankfurt v. 10.10.2012, S 2297b A – 1 – St 222, StEd 2012, 697).

Beispiel 2:

Der Arbeitnehmer erhält im Monat Mai insgesamt sechs Sachzuwendungen im Wert von jeweils 9 €. Der Arbeitgeber behandelt die Sachzuwendungen als „Streuwerbeartikel“ und nimmt insoweit keine pauschale Besteuerung nach § 37b EStG vor.

Die einzelnen Zuwendungen sind im Lohnkonto aufzuzeichnen (§ 4 Abs. 2 Nr. 3 LStDV). Da sie in der Summe die 50 €-Freigrenze (§ 8 Abs. 2 Satz 11 EStG) überschreiten (6 × 9 € = 54 €), gehören die Sachzuwendungen insgesamt zum steuerpflichtigen Arbeitslohn.

Beispiel 3:

Sachverhalt wie Beispiel 2, aber der Arbeitgeber bezieht die Sachzuwendungen in die Pauschalversteuerung nach § 37b EStG ein.

Eine Aufzeichnung im Lohnkonto ist nicht erforderlich. Die pauschal versteuerten Sachzuwendungen bleiben bei der Prüfung, ob die 50 €-Freigrenze (§ 8 Abs. 2 Satz 11 EStG) überschritten ist, außer Betracht.

Die Teilnahme an einer **geschäftlich veranlassten Bewirtung** i.S.d. § 4 Abs. 5 Satz 1 Nr. 2 EStG ist **nicht in den Anwendungsbereich des § 37b EStG einzubeziehen** (R 4.7 Abs. 3 EStR, R 8.1 Abs. 8 1. Spiegelstrich LStR).

Dies gilt nicht, wenn die geschäftlich veranlasste Bewirtung

- **Teil einer Gesamtleistung** ist, die insgesamt als Zuwendung nach § 37b EStG besteuert wird, z.B. Bewirtung i.R. einer **Incentive-Reise** (BMF v. 14.10.1996, IV B 2 – S 2143 – 23/96, BStBl I 1996, 1192); eine Incentive-Reise liegt in Abgrenzung zu einer Incentive-Maßnahme, bei der ggf. ein Bewirtungsanteil herausgerechnet werden kann, vor, wenn die Veranstaltung **mindestens eine Übernachtung** umfasst; oder
- **i.R. von Repräsentationsveranstaltungen** i.S.d. § 4 Abs. 5 Satz 1 Nr. 4 EStG stattfindet, z.B. Einladung zu einem Golfturnier, zu einem Segeltörn oder zu einer Jagdgesellschaft.

Zuwendungen, die ein Arbeitnehmer von einem Dritten erhalten hat, können nicht vom Arbeitgeber, der nach § 38 Abs. 1 Satz 3 EStG zum Lohnsteuerabzug verpflichtet ist, nach § 37b EStG pauschal besteuert werden. Die Pauschalierung nach § 37b EStG kann **nur der Zuwendende selbst** vornehmen. Für **Zuwendungen an Mitarbeiter verbundener Unternehmen** i.S.d. §§ 15 ff. AktG oder § 271 HGB beanstandet es die Finanzverwaltung nicht, wenn an Stelle des Zuwendenden **der Arbeitgeber** des Zuwendungsempfängers die Pauschalierung nach § 37b Abs. 1 EStG vornimmt. Die erforderliche „Zusätzlichkeitsvoraussetzung“ ist nur dann erfüllt, wenn die Zuwendungen auf **vertraglichen Beziehungen** zwischen dem Dritten und dem Arbeitnehmer beruhen. Zuwendungen, die auf vertraglichen Beziehungen zwischen dem Zuwendenden und dem Arbeitgeber des Arbeitnehmers beruhen (sog. Rahmenvertrag), können vom Zuwendenden daher nach § 37b EStG pauschal besteuert werden, wenn dem Grunde nach Arbeitslohn vorliegt (BMF v. 20.1.2015, IV C 5 – S 2360/12/10002, BStBl I 2015, 143). Zur Anwendung des § 37b EStG in den Fällen des sog. (Elektro-)Fahrrad-Leasings → *Fahrrad* Rz. 2072.

Gibt ein Stpfl. eine Zuwendung unmittelbar weiter, die dieser selbst unter Anwendung des § 37b EStG erhalten hat, entfällt eine erneute pauschale Besteuerung nach § 37b EStG, wenn der Stpfl. hierfür keinen Betriebsausgabenabzug vornimmt.

In die Bemessungsgrundlage nach § 37b Abs. 1 und 2 EStG sind alle Zuwendungen einzubeziehen, die beim Empfänger dem Grunde nach **zu steuerbaren und steuerpflichtigen Einkünften** führen. Demzufolge sind **Zuwendungen an beschränkt und unbeschränkt steuerpflichtige Empfänger auszuscheiden**, die nach den Bestimmungen eines DBA oder des Auslandstätigkeitserlasses **nicht der inländischen Besteuerung unterliegen** oder die dem Empfänger **nicht i.R. einer Einkunftsart zufließen**. Für Zuwendungen, die nicht in die Bemessungsgrundlage des § 37b EStG einzubeziehen sind, hat der Zuwendende neben den für den Betriebsausgabenabzug bestehenden Aufzeichnungspflichten zusätzlich durch **geeignete Aufzeichnungen darzulegen**, dass diese Zuwendungen nicht beim Empfänger steuerbar und steuerpflichtig sind. Die **Empfänger der Zuwendungen** müssen auf Verlangen der Finanzbehörde **genau benannt werden können** (§ 160 AO).

Beispiel 4:

Ein Unternehmen führt ein Management-Meeting durch, an dem sowohl eigene Arbeitnehmer aus Deutschland als auch Arbeitnehmer der Tochtergesellschaften aus dem In- und Ausland teilnehmen. Die Aufwendungen betragen 124 197 €. Nach der Teilnehmerliste waren 34,85 % der Teilnehmer nicht steuerpflichtige Ausländer.

Die Bemessungsgrundlage von 124 197 € ist um 34,85 % auf 80 914 € zu kürzen, weil dieser Anteil auf nicht steuerpflichtige Ausländer entfällt (BFH v. 16.10.2013, VI R 57/11, BStBl II 2015, 457).

Zur **Vereinfachung der Ermittlung der Bemessungsgrundlage** für die Anwendung des § 37b Abs. 1 EStG kann der Stpfl. der Besteuerung nach § 37b EStG **einen bestimmten Prozentsatz** aller gewährten Zuwendungen an Dritte unterwerfen. Der Prozentsatz orientiert sich an den unternehmensspezifischen Gegebenheiten und ist vom Stpfl. anhand geeigneter Unterlagen oder Aufzeichnungen glaubhaft zu machen. In diesem Fall kann er auf weitergehende Aufzeichnungen zur Steuerpflicht beim Empfänger verzichten. Für die Glaubhaftmachung kann auch auf die Aufzeichnungen, die über **einen repräsentativen Zeitraum von mindestens drei Monaten** geführt werden, zurückgegriffen und aus diesen der anzuwendende Prozentsatz ermittelt werden. Dieser kann so lange angewandt werden, wie sich die Verhältnisse nicht wesentlich ändern.

Beispiel 5:

Das Unternehmen aus Beispiel 4 führt die Management-Meetings einmal pro Monat durch, Anhand der Teilnehmerlisten der letzten drei Monate betrug der Anteil der nicht steuerpflichtigen Ausländer 34,85 %, 32,93 % bzw. 36,23 %. Das Unternehmen beantragt bei seinem Finanzamt, die Besteuerung nach § 37b EStG mit einem Prozentsatz von 65,33 % aller gewährten Zuwendungen zu unterwerfen und auf Aufzeichnungen zur Steuerpflicht der Teilnehmer zu verzichten.

Das Finanzamt wird dem Antrag des Unternehmens zustimmen, denn der Prozentsatz ist aus den Aufzeichnungen der letzten drei Monate ermittelt worden. Er gilt so lange, wie sich die Verhältnisse nicht wesentlich ändern.

b) Bewertung der Zuwendungen

aa) Allgemeines

3314 Nach § 37b Abs. 1 Satz 2 EStG sind die Zuwendungen mit den **Aufwendungen des Stpfl.** einschließlich Umsatzsteuer zu bewerten. Der Bruttobetrag kann aus Vereinfachungsgründen mit dem Faktor 1,19 aus dem Nettobetrag hochgerechnet werden. In die Bemessungsgrundlage sind alle **tatsächlich angefallenen Aufwendungen einzubeziehen**, die der jeweiligen Zuwendung direkt zugeordnet werden können, ungeachtet dessen, ob sie beim Zuwendungsempfänger einen Vorteil begründen können. Soweit diese nicht direkt ermittelt werden können, weil sie Teil einer Gesamtleistung sind, ist der auf die jeweilige Zuwendung entfallende Anteil an den Gesamtaufwendungen anzusetzen, der ggf. im Wege der Schätzung zu ermitteln ist. Zu den Aufwendungen i.R. von Veranstaltungen gehören z.B. Aufwendungen für Musik, künstlerische und artistische Darbietungen und Aufwendungen für den äußeren Rahmen, z.B. Raummiete, Eventmanager (BFH v. 13.5.2020, VI R 13/18, BStBl II 2021, 395, BFH v. 7.7.2020, VI R 4/19, HFR 2021, 276). Dies gilt **nicht für Werbemittelaufwendungen**. Derartige Kosten dienen nicht der Veranstaltung, sondern der Eigenwerbung/Außendarstellung des Stpfl. Sie sind der zu bewertenden Zuwendung damit nicht zuzuordnen und daher nicht in die Bemessungsgrundlage nach § 37b Abs. 1 Satz 2 EStG einzubeziehen (BFH v. 7.7.2020, VI R 4/19, HFR 2021, 276). Wird ein Wirtschaftsgut zugewandt, das der **Stpfl. selbst hergestellt** hat, sind als Aufwendungen grds. die **Herstellungskosten** des Wirtschaftsguts (zuzüglich der Umsatzsteuer) anzusetzen (z.B. Eintrittskarten für eine selbst ausgerichtete Veranstaltung). Der Zuwendende kann **stattdessen den gemeinen Wert** (z.B. den Kartenpreis) ansetzen, wenn dieser ohne weiteres ermittelt werden kann.

Besteht die Zuwendung in der Hingabe eines Wirtschaftsguts des Betriebsvermögens oder in der unentgeltlichen Nutzungsüberlassung und sind dem Zuwendenden **keine oder nur unverhältnismäßig geringe Aufwendungen entstanden** (z.B. zinslose Darlehensgewährung), ist als Bemessungsgrundlage für eine Besteuerung nach § 37b EStG **der gemeine Wert** anzusetzen.

Beispiel:

Die Zuwendung einer Eintrittskarte beinhaltet die kostenlose Hingabe eines Rechts, an einer bestimmten Veranstaltung teilzunehmen Soweit dieses Recht selbst geschaffen wurde und zur Veräußerung bestimmt ist, handelt es sich um ein immaterielles Wirtschaftsgut des Umlaufvermögens. Damit fällt die Zuwendung von Eintrittskarten grds. unter die Fallgruppe „Hingabe eines Wirtschaftsguts des Betriebsvermögens".

Die Aufwendungen für diese Eintrittskarten entsprechen in diesen Fällen den anteiligen Herstellungskosten. Dazu zählen alle Aufwendungen, die mit der Organisation und Ausrichtung der Veranstaltung im Zusammenhang stehen und keinen anderen besonderen Zweck oder Wirtschaftsgut zugeordnet werden können. Da diese Aufwendungen i.d.R. nicht unverhältnismäßig gering sind, ist im Einzelfall zu prüfen, ob als Bemessungsgrundlage für die Anwendung des § 37b EStG die Aufwendungen anzusetzen sind, die der einzelnen Karte (ggf. im Schätzungswege) zugeordnet werden können, oder aber der gemeine Wert anzusetzen ist (OFD Frankfurt v. 10.10.2012, S 2297b A – 1 – St 222, StEd 2012, 697).

Zur Bemessungsgrundlage in den Fällen des sog. (Elektro-)Fahrrad-Leasings → *Fahrrad* Rz. 2073.

bb) Ermittlung der Bemessungsgrundlage

(1) VIP-Logen in Sportstätten

Zur **Aufteilung der Gesamtaufwendungen für VIP-Logen** in 3315
Sportstätten und ähnlichen Fällen können die **bestehenden Vereinfachungsregelungen** (BMF v. 22.8.2005, IV B 2 – S 2144 – 41/05, BStBl I 2005, 845, Rdnr. 14, 19, BMF v. 11.7.2006, IV B 2 – S 2144 – 53/06, BStBl I 2006, 447) weiter angewendet werden (40 % Werbung, 30 % Bewirtung, 30 % Geschenke). Der danach ermittelte, auf Geschenke entfallende pauschale Anteil stellt die Aufwendungen dar, die in die Bemessungsgrundlage nach § 37b EStG einzubeziehen sind (FG Berlin-Brandenburg v. 19.6.2019, 7 K 7250/15, EFG 2019, 1565). Die Vereinfachungsregelungen zur Übernahme der Besteuerung (BMF v. 22.8.2005, IV B 2 – S 2144 – 41/05, BStBl I 2005, 845, Rdnr. 16, 18, und entsprechende Verweise im BMF v. 11.7.2006, IV B 2 – S 2144 – 53/06, BStBl I 2006, 447) können seit dem 1.1.2007 nicht mehr angewendet werden.

Die o.a. Verwaltungsanweisung zur Aufteilung der Gesamtaufwendungen für VIP-Logen müssen **die Gerichte** allerdings **nicht beachten**, sondern können die Aufwendungen **im Einzelfall im Wege einer Schätzung aufteilen** (BFH v. 23.11.2023, VI R 15/21).

(2) Veranstaltungen für Geschäftspartner und Arbeitnehmer

Unternehmen bieten häufig **Veranstaltungen für ihre Ge-** 3316
schäftspartner bzw. Arbeitnehmer an. Hinsichtlich der geldwerten Vorteile, die den Geschäftspartnern und Arbeitnehmern aus diesen Veranstaltungen entstehen, können die Unternehmen die Pauschalversteuerung nach § 37b EStG wählen. Das Wahlrecht kann für die Geschäftspartner (§ 37b Abs. 1 EStG) und die eigenen Arbeitnehmer (§ 37b Abs. 2 EStG) getrennt ausgeübt werden (→ Rz. 3308).

In die Bemessungsgrundlage für § 37b EStG sind jedoch nicht sämtliche Aufwendungen für die Veranstaltung einzubeziehen. Vielmehr ist zu unterscheiden, um **welche Art von Veranstaltung** es sich handelt (OFD Nordrhein-Westfalen v. 7.9.2017, Kurzinfo LSt 1/2017, NWB-Datenbank Nr.: YAAAG-58610; s.a. B+P 2017, 762):

- **Incentive-Veranstaltungen**

Incentive-Veranstaltungen sind Veranstaltungen, die allein dem 3317
privaten Vergnügen dienen, wie zum Beispiel (Jubiläums-)Feiern, Theater-Besuche oder Reisen mit touristischem Programm. Dabei unterscheidet man Tagesveranstaltungen mit Incentive-Charakter und Incentive-Reisen.

Die aus den Aufwendungen des Zuwendenden resultierenden geldwerten Vorteile aus den Tagesveranstaltungen mit Incentive-Charakter und Incentive-Reisen sind **für die Teilnehmer grds. Betriebseinnahmen bzw. Arbeitslohn**. Davon ausgenommen ist der auf die Teilnahme an einer geschäftlich veranlassten Bewirtung i.S.d. § 4 Abs. 5 Satz 1 Nr. 2 EStG entfallende Anteil der Gesamtaufwendungen während einer Tagesveranstaltung mit Incentive-Charakter. Dabei ist nicht entscheidend, ob es sich bei der zu beurteilenden Tagesveranstaltung um eine gesponserte Sport- oder Kulturveranstaltung mit Werbecharakter oder um eine selbst organisierte Veranstaltung handelt. Entscheidend ist vielmehr, dass der geschäftliche Anlass einer Bewirtung sich auch i.R. einer Unterhaltungsveranstaltung **ausschließlich nach dem Teilnehmerkreis** und nicht nach dem Anlass der Veranstaltung bestimmt (vgl. auch BFH v. 18.9.2007, I R 75/06, BStBl II 2008, 116). Dies gilt auch unabhängig von der Anzahl der teilnehmenden „Nicht"-Arbeitnehmer. Die Bewirtung der Nichtarbeitnehmer muss jedoch betrieblich veranlasst sein.

I.R. von **Incentive-Reisen** fließen hingegen Aufwendungen für die Bewirtung in die Bemessungsgrundlage mit ein (→ Rz. 3313). Eine Incentive-Reise liegt in Abgrenzung zu einer Tagesveranstaltung mit Incentive-Charakter vor, wenn die Incentive-Reise mindestens eine Übernachtung umfasst. „Umfassen" bedeutet dabei, dass sich die Incentive-Reise selbst über mehrere Tage erstreckt, also **an mindestens zwei Tagen Programmpunkte angeboten** werden.

- **Betrieblich veranlasste bzw. betriebsfunktionale Veranstaltungen**

3318 **Betrieblich veranlasste bzw. betriebsfunktionale Veranstaltungen** sind z.B. fachliche Besprechungen, Produktpräsentationen oder Fortbildungen.

Die Teilnahme an diesen Veranstaltungen dient nicht dem privaten Vergnügen, sondern erfolgt **aus rein betrieblichen Gründen**.

Die aus Anlass solcher Veranstaltungen entstehenden Aufwendungen, wie Zurverfügungstellung von Räumen nebst Ausstattung, (Tagungs-)Unterlagen, Referenten und ggf. übernommene Reise- und Übernachtungskosten sind daher **nicht als geldwerte Vorteile der Teilnehmer** anzusehen und nicht unter § 37b EStG zu fassen.

- **Gemischt veranlasste Veranstaltungen**

3319 Gemischt veranlasst sind Veranstaltungen, die sowohl betrieblich veranlasste Bestandteile als auch Bestandteile mit Incentive-Bezug haben.

Aufwendungen, die für gemischt veranlasste Veranstaltungen entstehen, sind auf die Veranstaltungsteile mit Incentive-Bezug und die betrieblich veranlassten Veranstaltungsteile aufzuteilen.

Aufwendungen, die unmittelbar den Veranstaltungsteilen mit Incentive-Bezug zugeordnet werden können (z.B. touristisches Programm), sind insgesamt als geldwerte Vorteile der Teilnehmer anzusehen.

Aufwendungen, die unmittelbar den rein betrieblich veranlassten Veranstaltungsteilen zugeordnet werden können (z.B. Kosten für Tagungsräume/Referenten), sind nicht als geldwerte Vorteile der Teilnehmer anzusehen.

Aufwendungen, die sich nicht unmittelbar in einen der vorgenannten Bereiche einordnen lassen (z.B. Flug-/Fahrtkosten, Übernachtungskosten) sind im Wege einer sachgerechten Schätzung aufzuteilen (§ 162 AO).

Die Aufteilung der nicht direkt zuzuordnenden Aufwendungen soll grds. zeitanteilig erfolgen. Entsprechend dem durch die BFH-Rechtsprechung vorgegebenen Aufteilungsmaßstab ist bei der zeitanteiligen Aufteilung der nicht unmittelbar zuzuordnenden Kosten von einem Acht-Stunden-Arbeitstag als Ausgangsgröße auszugehen (BFH v. 18.8.2005, VI R 32/03, BStBl II 2006, 30). Dazu sind die betriebsfunktionalen Reisebestandteile ins Verhältnis zu einer täglichen Arbeitszeit von acht Stunden zu setzen, um den betrieblich veranlassten Anteil der Aufwendungen zu ermitteln. Die Zeitanteile für die An- und Abreise bleiben für die Ermittlung des Aufteilungsmaßstabs außer Ansatz.

Beispiel:

Der Arbeitgeber fliegt mit seinen Arbeitnehmern zu einer gemischt veranlassten Veranstaltung nach Portugal. Ihm entstehen dabei Kosten i.H.v. 5 000 € für Tagungsräume/Referenten. Ferner entstehen Aufwendungen von 9 000 € für das touristische Programm und Aufwendungen i.H.v. 10 000 € für Flug- und Hotelübernachtung.

Der Ablauf der Veranstaltung ist wie folgt:

Mittwoch	Anreise der Tagungsteilnehmer mittels Flugzeug ab 20 Uhr gemeinsames Abendessen
Donnerstag	9 Uhr bis 12 Uhr Fachvorträge 13 Uhr bis 19 Uhr Betriebsversammlung ab 20:15 Uhr Barbecue am Pool
Freitag	9 Uhr bis 10 Uhr Fachvortrag ab 14:30 Uhr Stadtrundfahrt anschließend ab 19:30 Uhr Folkloristischer Abend auf einem Landgut
Samstag	9 Uhr bis 11:30 Uhr Präsentation der Arbeitsergebnisse ab 13 Uhr Sport- & Spielprogramm ab 20 Uhr Cocktail-Empfang und anschließend „Brasilianische Nacht"
Sonntag	Abreise je nach Flugplan

Unter § 37b EStG fallen zunächst die eindeutig nicht dem betriebsfunktionalen Teil zuzuordnenden Aufwendungen (touristisches Programm) i.H.v. 9 000 €. Die eindeutig betrieblich veranlassten Aufwendungen i.H.v. 5 000 € für die Tagungsräume/Referenten sind indes nicht unter § 37b EStG zu fassen. Hinsichtlich der nicht leicht und einwandfrei zuzuordnenden Kosten (Hotelübernachtung/Flug) ist wie folgt aufzuteilen:

Donnerstag (insg. zwar 9 Stunden beruflich, max.	8,0 Stunden beruflich aber)
Freitag	1,0 Stunde beruflich
Samstag	2,5 Stunden beruflich
Insgesamt	11,5 Stunden beruflich

Im Verhältnis zu 24 Stunden (3 Tage × 8 Stunden-Arbeitstag) ergeben sich 48 % (11,5 Stunden/24 Stunden) betriebsfunktionaler Teil und 52 % Anteil mit Vorteilscharakter.

Demzufolge sind von den Aufwendungen, die nicht einwandfrei zuzuordnen sind (Hotelübernachtung/Flug), weitere 5 200 € (52 % von 10 000 €) und somit insgesamt 14 200 € der Pauschalversteuerung nach § 37b EStG zu unterwerfen.

c) Wirkungen auf bestehende Regelungen

Sachbezüge, die im ganz überwiegenden eigenbetrieblichen Interesse des Arbeitgebers gewährt werden (BFH v. 16.10.2013, VI R 78/12, BStBl II 2015, 495) sowie steuerfreie Sachbezüge, z.B. auch nach § 19 Abs. 1 Satz 1 Nr. 1a EStG, werden von § 37b Abs. 2 EStG nicht erfasst. Im Übrigen gilt Folgendes: 3320

aa) Sachbezugsfreigrenze

Wird die Freigrenze des § 8 Abs. 2 Satz 11 EStG i.H.v. 50 € nicht überschritten, **liegt kein steuerpflichtiger Sachbezug** vor. Bei der **Prüfung der Freigrenze** bleiben die nach § 8 Abs. 2 Satz 1 EStG zu bewertenden Vorteile, die nach §§ 37b und 40 EStG pauschal versteuert werden, **außer Ansatz**. 3321

Eine analoge Anwendung der Sachbezugsfreigrenze i.H.v. monatlich 50 € ist bei der Zuwendung an Dritte nicht zulässig (OFD Frankfurt v. 10.10.2012, S 2297b A – 1 – St 222, StEd 2012, 697).

bb) Mahlzeiten aus besonderem Anlass

Mahlzeiten aus besonderem Anlass, die vom oder auf Veranlassung des Arbeitgebers anlässlich von Auswärtstätigkeiten an seine Arbeitnehmer abgegeben werden, können nach § 37b EStG pauschal besteuert werden, wenn der Wert der Mahlzeit 60 € (vgl. § 8 Abs. 2 Satz 8 EStG) übersteigt. 3322

cc) Aufmerksamkeiten

Zuwendungen des Arbeitgebers an seine Arbeitnehmer, die als bloße Aufmerksamkeiten (R 19.6 Abs. 1 LStR) anzusehen sind und deren jeweiliger Wert 60 € nicht übersteigt, gehören nicht zum Arbeitslohn und sind daher nicht in die Pauschalierung nach § 37b EStG einzubeziehen. Bei Überschreitung des Betrags von 60 € ist die Anwendung des § 37b EStG möglich. 3323

Die 60 €-Freigrenze für Aufmerksamkeiten ist auch bei **Zuwendungen an Dritte** zu berücksichtigen (OFD Frankfurt v. 10.10.2012, S 2297b A – 1 – St 222, StEd 2012, 697).

d) Zeitpunkt der Zuwendung

Die Zuwendung ist im Zeitpunkt der **Erlangung der wirtschaftlichen Verfügungsmacht** zu erfassen. Das ist bei Geschenken der **Zeitpunkt der Hingabe** (z.B. Eintrittskarte) und bei Nutzungen der **Zeitpunkt der Inanspruchnahme** (z.B. bei Einladung zu einer Veranstaltung der Zeitpunkt der Teilnahme). Die Finanzverwaltung beanstandet es aber nicht, wenn die Pauschalierung nach § 37b EStG bereits in dem Wirtschaftsjahr vorgenommen wird, in dem der Aufwand zu berücksichtigen ist. Auf einen hiervon abweichenden Zeitpunkt der Bezahlung der Rechnung durch den Zuwendenden kann hingegen nicht abgestellt werden. 3324

6. Höchstbetrag

Die Pauschalierung ist ausgeschlossen, 3325

- **soweit** die Aufwendungen je Empfänger und Wirtschaftsjahr (§ 37b Abs. 1 Satz 3 Nr. 1 EStG) oder
- **wenn** die Aufwendungen für die einzelne Zuwendung (§ 37b Abs. 1 Satz 3 Nr. 2 EStG)

den **Betrag von 10 000 € übersteigen**.

Diese Beträge sind auf die Bruttoaufwendungen anzuwenden. Bei dem Betrag nach § 37b Abs. 1 Satz 3 Nr. 1 EStG handelt es sich um einen **Höchstbetrag**, bei dem Betrag nach § 37b Abs. 1 Satz 3 Nr. 2 EStG um eine **Höchstgrenze**. Wird die Höchstgrenze für eine Zuwendung überschritten, ist eine Pauschalierung für andere Zuwendungen an diesen Zuwendungsempfänger i.R. des § 37b Abs. 1 Satz 3 Nr. 1 EStG zulässig.

Beispiel 1:

Ein Stpfl. schenkt seinem Hauptkunden zu Ostern, Pfingsten und zu Weihnachten jeweils eine Urlaubsreise im Wert von 4 000 €.

Die Pauschalierung der Einkommensteuer kann nur einheitlich für alle drei Reisen vorgenommen werden. Sie ist möglich für die Reisen zu Ostern und zu Pfingsten in voller Höhe und für die Reise zu Weihnachten i.H.v. 2 000 €. Dem Kunden muss mitgeteilt werden, dass die Reisen im Wert von 12 000 € nur zu 10 000 € pauschal nach § 37b EStG versteuert wurden. Der Kunde muss 2 000 € i.R. seiner Einkommensteuerveranlagung versteuern.

Beispiel 2:

Ein Stpfl. schenkt seinem Geschäftspartner einen Pkw im Wert von 15 000 €.

Eine Pauschalierung der Einkommensteuer ist nicht möglich, weil der Wert der Zuwendung 10 000 € übersteigt. Dem Kunden muss mitgeteilt werden, dass er die Zuwendung i.R. seiner Einkommensteuerveranlagung versteuern muss.

Beispiel 3:

Ein Stpfl. schenkt seinem Hauptkunden zu Ostern eine Reise im Wert von 3 000 €, zu Pfingsten eine Reise im Wert von 5 000 € und zu Weihnachten einen Pkw im Wert von 12 000 €.

Die Aufwendungen für den Pkw i.H.v. 12 000 € können nicht nach § 37b EStG pauschal besteuert werden. Dem Kunden muss mitgeteilt werden, dass er die Zuwendung i.R. seiner Einkommensteuerveranlagung versteuern muss. Die Aufwendungen für die beiden anderen Einzelzuwendungen von insgesamt 8 000 € können hingegen nach § 37b EStG pauschal besteuert werden.

Bei Zuzahlungen durch den Zuwendungsempfänger mindert sich der Wert der Zuwendung, auf den der Höchstbetrag anzuwenden ist.

Beispiel 4:

Ein Stpfl. „verkauft" seinem Geschäftspartner einen Pkw im Wert von 11 000 € für 2 000 €.

Eine Pauschalierung der Einkommensteuer ist möglich, weil der Wert der Zuwendung 10 000 € nicht übersteigt. Vom Wert der Zuwendung ist die Zuzahlung des Geschäftspartners abzuziehen. Bei 9 000 € (11 000 € – 2 000 €) ist die Freigrenze von 10 000 € nicht überschritten.

Für die Prüfung des Höchstbetrags ist bei betrieblich veranlassten Sachzuwendungen an nahestehende Personen eines Geschäftsfreunds oder eines Arbeitnehmers Zuwendungsempfänger der Geschäftsfreund oder der Arbeitnehmer selbst.

Beispiel 5:

Ein Stpfl. schenkt seinem Hauptkunden zu Ostern und Pfingsten jeweils eine Urlaubsreise im Wert von 4 000 €. Zu Weihnachten schenkt der Stpfl. der Ehefrau seines Hauptkunden eine Urlaubsreise im Wert von 4 000 €.

Für die Prüfung des Höchstbetrags ist die der Ehefrau des Hauptkunden geschenkte Reise dem Hauptkunden selbst zuzurechnen. Also Lösung wie in Beispiel 1.

7. Verhältnis zu anderen Pauschalierungsvorschriften

a) Lohnsteuerpauschalierung mit Nettosteuersatz

3326 Zum Zeitpunkt der Ausübung des Wahlrechts nach § 37b Abs. 2 EStG bereits nach § 40 Abs. 1 Satz 1 EStG durchgeführte Pauschalierungen müssen **nicht rückgängig** gemacht werden. Eine Änderung ist aber in den Grenzen der allgemeinen Regelungen zulässig (→ *Anmeldung der Lohnsteuer* Rz. 164); § 37b Abs. 2 EStG kann danach angewandt werden.

Die Rückabwicklung eines nach § 40 Abs. 1 Satz 1 EStG pauschalierten Zuwendungsfalls muss **für alle Arbeitnehmer einheitlich** vorgenommen werden, die diese Zuwendung erhalten haben. Nach der Entscheidung zur Anwendung des § 37b EStG ist eine Pauschalierung nach § 40 Abs. 1 Satz 1 EStG für alle Zuwendungen, auf die § 37b EStG anwendbar ist, nicht mehr möglich.

b) Arbeitnehmer verbundener Unternehmen

3327 Die Pauschalierung ist für Sachzuwendungen an Arbeitnehmer verbundener Unternehmer i.S.d. §§ 15 ff. AktG oder § 271 HGB zulässig, wenn die Voraussetzungen des § 37b Abs. 1 EStG erfüllt sind.

8. Verfahrensvorschriften

a) Steuerliche Behandlung beim Zuwendenden

3328 Auf die pauschale Einkommensteuer ist § 40 Abs. 3 EStG sinngemäß anzuwenden. Das bedeutet, dass der zuwendende Stpfl. die **Pauschalsteuer zu übernehmen** hat; er wird insoweit **Steuerschuldner**. Auf die Pauschalsteuer sind Solidaritätszuschlag und Kirchensteuer zu erheben. Einzelheiten zur Ermittlung der Kirchensteuer bei Anwendung des § 37b EStG → *Kirchensteuer* Rz. 2720.

Die Aufwendungen für die Zuwendung sind nach **allgemeinen steuerlichen Grundsätzen** zu beurteilen; sie sind entweder in voller Höhe als Betriebsausgaben abziehbar (Geschenke an eigene Arbeitnehmer und Zuwendungen, die keine Geschenke sind) oder unter der Maßgabe des § 4 Abs. 5 Satz 1 Nr. 1 EStG beschränkt abziehbar. Die übrigen Abzugsbeschränkungen des § 4 Abs. 5 EStG, insbesondere des § 4 Abs. 5 Satz 1 Nr. 4 oder Nr. 10 EStG, sind ebenfalls zu beachten.

Die Übernahme der pauschalen Einkommensteuer nach § 37b EStG für ein Geschenk unterliegt als weiteres Geschenk dem Abzugsverbot des § 4 Abs. 5 Satz 1 Nr. 1 EStG, soweit bereits der Wert des Geschenks selbst oder zusammen mit der übernommenen pauschalen Einkommensteuer den Betrag von 35 € übersteigt (BFH v. 30.3.2017, IV R 13/14, BStBl II 2017, 892).

Die Finanzverwaltung wendet aber ihre Vereinfachungsregelung, nach der bei der Prüfung der Freigrenze von 35 € für Geschenke (§ 4 Abs. 5 Satz 1 Nr. 1 Satz 2 EStG) aus Vereinfachungsgründen allein auf den Betrag der Zuwendung abzustellen und die übernommene Steuer nicht mit einzubeziehen ist, weiter an (vgl. Fußnote zu BFH v. 30.3.2017, IV R 13/14, BStBl II 2017, 892).

b) Steuerliche Behandlung beim Empfänger

Nach § 37b Abs. 3 Satz 1 EStG bleibt eine pauschal besteuerte Sachzuwendung bei der Ermittlung der Einkünfte des Empfängers **außer Ansatz**. Besteht die Zuwendung in der Hingabe eines einzelnen Wirtschaftsguts, das beim Empfänger Betriebsvermögen wird, gilt sein gemeiner Wert als Anschaffungskosten (§ 6 Abs. 4 EStG). Wird die Zuwendung unmittelbar an einen Dritten weitergegeben, gilt dies nur, wenn bei Weitergabe eine erneute Besteuerung nach § 37b EStG vorgenommen wird (→ Rz. 3313). 3329

c) Entstehung der Steuer

Für den Zeitpunkt der Entstehung der Steuer ist grds. der **Zeitpunkt des Zuflusses** maßgeblich (→ Rz. 3324). Dabei ist nicht auf den Entstehungszeitpunkt der Einkommensteuer oder Körperschaftsteuer beim Zuwendungsempfänger abzustellen. 3330

d) Unterrichtung des Empfängers

Der zuwendende Stpfl. ist verpflichtet, den **Empfänger über die Pauschalierung zu unterrichten** (§ 37b Abs. 3 EStG). Dies ist erforderlich, damit – andernfalls – der Empfänger seine steuerlichen Pflichten zutreffend erfüllen kann. Eine besondere Form ist nicht vorgeschrieben. Die Unterrichtung kann in einfachster, sachgerechter Weise erfolgen. Welche Anforderungen an die Unterrichtung zu stellen sind, wird sich auch nach dem Empfängerkreis richten. Bei eigenen Arbeitnehmern wird etwa ein Aushang am Schwarzen Brett/ein Hinweis in der Lohnabrechnung o.Ä. genügen, bei Dritten wird eher eine schriftliche Mitteilung (Beleg) erforderlich sein. 3331

Arbeitnehmer sind nach § 38 Abs. 4 Satz 3 EStG verpflichtet, ihrem Arbeitgeber die ihnen von Dritten gewährten Bezüge am Ende des Lohnzahlungszeitraums anzuzeigen (→ *Lohnzahlung durch Dritte* Rz. 3044). Erhält der Arbeitnehmer erst im Nachhinein eine Mitteilung vom Zuwendenden über die Anwendung des § 37b EStG, kann bei bereits durchgeführter individueller Besteuerung eine **Korrektur des Lohnsteuerabzugs** vorgenommen werden, wenn die Änderung des Lohnsteuerabzugs beim Arbeitnehmer noch zulässig ist.

Wird die Pauschalierung **zulässigerweise widerrufen**, muss der **Empfänger** auch hiervon **unterrichtet** werden (BFH v. 15.6.2016, VI R 54/15, BStBl II 2016, 1010). Einzelheiten zum Widerruf → Rz. 3310.

e) Aufzeichnungspflichten

Die bestehenden Aufzeichnungspflichten für Geschenke nach § 4 Abs. 5 Satz 1 Nr. 1 EStG bleiben unberührt (vgl. § 4 Abs. 7 EStG, R 4.11 EStR). **Besondere Aufzeichnungspflichten** für die Ermittlung der Zuwendungen, für die § 37b EStG angewandt wird, **bestehen nicht**. Aus der Buchführung oder den Aufzeichnungen muss sich ablesen lassen, dass bei Wahlrechtsausübung alle Zuwendungen erfasst wurden und dass die Höchstbeträge nicht überschritten wurden. Nach § 37b EStG pauschal versteuerte Zuwendungen müssen nicht im Lohnkonto aufgezeichnet werden (§ 41 Abs. 1 EStG i.V.m. § 4 Abs. 2 Nr. 8 LStDV). 3332

Bei Zuwendungen **bis zu einem Wert von jeweils 60 €** geht die Finanzverwaltung aus Vereinfachungsgründen davon aus, dass der Höchstbetrag nach § 37b Abs. 1 Satz 3 Nr. 1 EStG auch beim Zusammenfallen mit weiteren Zuwendungen im Wirtschaftsjahr nicht überschritten wird. Eine Aufzeichnung der Empfänger kann insoweit unterbleiben.

§ 37b EStG kann auch angewendet werden, wenn die **Aufwendungen beim Zuwendenden** ganz oder teilweise **unter das Abzugsverbot des § 160 AO fallen**. Fallen mehrere Zuwendungen zusammen, bei denen § 160 AO zum Abzugsverbot der Aufwendungen führt, ist die Summe dieser Aufwendungen den Höchstbeträgen gegenüberzustellen.

f) Anmeldung der Pauschsteuer

3333 Die pauschale Einkommensteuer **gilt als Lohnsteuer** und ist von dem die Sachzuwendung gewährenden Stpfl. **in der Lohnsteuer-Anmeldung** der Betriebsstätte nach § 41 Abs. 2 EStG anzumelden und spätestens **am zehnten Tag** nach Ablauf des für die Betriebsstätte maßgebenden Lohnsteuer-Anmeldungszeitraums an das Betriebsstättenfinanzamt **abzuführen**. Hat der Stpfl. mehrere Betriebsstätten, so ist das Finanzamt der Betriebsstätte zuständig, in der die für die pauschale Besteuerung maßgebenden Sachbezüge ermittelt werden (§ 37b Abs. 4 EStG).

Für **ausländische Zuwendende** ergeben sich die für die Verwaltung der Lohnsteuer zuständigen Finanzämter aus der analogen Anwendung des H 41.3 (Zuständige Finanzämter für ausländische Bauunternehmer) LStH.

g) Anrufungsauskunft

3334 Für Sachverhalte zur Pauschalierung der Einkommensteuer bei Sachzuwendungen nach § 37b EStG kann eine Anrufungsauskunft i.S.d. § 42e EStG eingeholt werden (→ *Auskünfte und Zusagen des Finanzamts* Rz. 897).

9. Sozialversicherung

3335 Die Spitzenorganisationen der Sozialversicherung haben in ihrer Besprechung über Fragen des gemeinsamen Beitragseinzugs am 23./24.4.2007 darauf hingewiesen, dass die Pauschalbesteuerung von Sachzuwendungen nach § 37b EStG **keinerlei Auswirkungen auf die Sozialversicherung** hat. Grund: Die SvEV sieht hierfür keine Beitragsfreiheit vor. Somit gehören die nach § 37b EStG pauschal versteuerten Sachzuwendungen zum Arbeitsentgelt i.S. der Sozialversicherung. Bemessungsgrundlage ist der maßgebende geldwerte Vorteil der Sachzuwendung.

Lediglich Zuwendungen nach § 37b Abs. 1 EStG, soweit die Zuwendungen **an Arbeitnehmer eines Dritten** erbracht werden und diese Arbeitnehmer nicht Arbeitnehmer eines mit dem Zuwendenden verbundenen Unternehmens sind, sind **nicht dem Arbeitsentgelt zuzurechnen** (§ 1 Abs. 1 Satz 1 Nr. 14 SvEV).

Sonstige Bezüge eines versicherungspflichtigen Arbeitnehmers werden nicht dem beitragspflichtigen Arbeitsentgelt zugerechnet, wenn sie vom Arbeitgeber nach § 40 Abs. 1 Satz 1 Nr. 1 EStG pauschal besteuert werden. Diese Regelung gilt nicht, wenn es sich um einmalig gezahltes Arbeitsentgelt handelt.

Durch eine Präzisierung in § 23a Abs. 1 Satz 2 Nr. 3 SGB IV wurde klargestellt, dass tatsächlich einmalig gewährte **Sachbezüge** auch als einmalig gezahltes Arbeitsentgelt zu behandeln sind.

Unabhängig von der pauschalierten Besteuerung bleiben sie beitragspflichtiges Arbeitsentgelt.

Durch eine weitere Klarstellung in der SvEV wurde ergänzt, dass es nicht mehr auf eine dem Grunde nach bestehende Steuerfreiheit bzw. Pauschalbesteuerungsmöglichkeit ankommt, sondern die Bezüge **tatsächlich steuerfrei oder pauschalbesteuert behandelt** werden.

Pauschalierung der Lohnsteuer

Inhalt

1. Allgemeines

Die Besteuerung der Arbeitslöhne von Arbeitnehmern ist grds. 3336
nach den allgemeinen Vorschriften des Lohnsteuerabzugs vorzunehmen (Regelbesteuerung nach den [elektronischen] Lohnsteuerabzugsmerkmalen). Unter bestimmten Voraussetzungen können **die Steuerabzugsbeträge** jedoch **pauschal ermittelt** werden (§§ 40, 40a und 40b EStG sowie §§ 37a und 37b EStG).

Bei der Pauschalierung der Lohnsteuer ist zu unterscheiden zwischen der Pauschalierung des **gesamten Arbeitslohns** und der Pauschalierung von **bestimmten Teilen des Arbeitslohns**. Die Pauschalierung des gesamten Arbeitslohns ist nur bei Aushilfskräften und geringfügig entlohnten Beschäftigten möglich, während die Pauschalierung von bestimmten Teilen des Arbeitslohns grds. bei allen Arbeitnehmern möglich ist.

Ein weiteres Unterscheidungsmerkmal ist der Pauschsteuersatz: Zum einen ist eine Pauschalierung mit **festen Pauschsteuersätzen** möglich, zum anderen gibt es einen **besonders zu ermittelnden Pauschsteuersatz**. Zur Ausübung der lohnsteuerlichen Pauschalierungswahlrechte durch die Abgabe bzw. Übermittlung einer entsprechenden Lohnsteuer-Anmeldung → Rz. 3348 unter b) Verfahrensregelungen, wobei diese eine ggf. zuvor erforderliche Antragsstellung auf Pauschalierung nicht ersetzen kann.

Nach dem EStG hat der Arbeitgeber die pauschale Lohnsteuer zu übernehmen (§ 40 Abs. 3 EStG). Allerdings besteht immer die arbeitsrechtliche Möglichkeit, dass die pauschale Lohnsteuer im Innenverhältnis auf den Arbeitnehmer abgewälzt wird, die Abwälzung mindert allerdings nicht die Bemessungsgrundlage für die Pauschalsteuer (→ *Abwälzung der pauschalen Lohnsteuer auf den Arbeitnehmer* Rz. 27).

Eine Pauschalierung der Lohnsteuer ist in folgenden Fällen möglich:

- **Pauschalierung mit einem besonderen Pauschsteuersatz:**
  - Gewährung (Zahlung) von sonstigen Bezügen in einer größeren Zahl von Fällen (§ 40 Abs. 1 Satz 1 Nr. 1 EStG), Einzelheiten → Rz. 3337;
  - Nacherhebung von Lohnsteuer in einer größeren Zahl von Fällen (§ 40 Abs. 1 Satz 1 Nr. 2 EStG), Einzelheiten → Rz. 3347;
- **Pauschalierung mit festen Pauschsteuersätzen:**

– Arbeitstägliche Abgabe von **Mahlzeiten im Betrieb** (§ 40 Abs. 2 Satz 1 Nr. 1 EStG): Einzelheiten → *Mahlzeiten* Rz. 3079;	**25 %,**
– Abgabe von **Mahlzeiten aus Anlass von Auswärtstätigkeiten** (§ 40 Abs. 2 Satz 1 Nr. 1a EStG): Einzelheiten → *Mahlzeiten aus besonderem Anlass* Rz. 3090;	**25 %,**
– Zahlung von Arbeitslohn aus Anlass von **Betriebsveranstaltungen** (§ 40 Abs. 2 Satz 1 Nr. 2 EStG): Einzelheiten → *Betriebsveranstaltungen* Rz. 1437;	**25 %,**
– Gewährung von **Erholungsbeihilfen** (§ 40 Abs. 2 Satz 1 Nr. 3 EStG): Einzelheiten → *Erholung: Arbeitgeberzuwendungen* Rz. 2036;	**25 %,**
– Zahlung von steuerpflichtigen **Verpflegungsmehraufwendungen** (§ 40 Abs. 2 Satz 1 Nr. 4 EStG): Einzelheiten → *Reisekosten: Erstattungen* Rz. 3661;	**25 %,**
– **Übereignung von Datenverarbeitungsgeräten** und Zahlung von Zuschüssen für die **Internetnutzung** des Arbeitnehmers (§ 40 Abs. 2 Satz 1 Nr. 5 EStG): Einzelheiten → *Computer* Rz. 1518, → *Telekommunikation* Rz. 4104;	**25 %,**
– **Übereignung von Ladevorrichtungen für Elektrofahrzeuge oder Hybridelektrofahrzeuge** und Ge-	

währung von Zuschüssen für den Erwerb und die Nutzung dieser Ladevorrichtungen (§ 40 Abs. 2 Satz 1 Nr. 6 EStG): 25 %,
Einzelheiten → *Elektromobilität* Rz. 1822
- **Übereignung von betrieblichen Fahrrädern** (§ 40 Abs. 2 Satz 1 Nr. 7 EStG): 25 %,
Einzelheiten → *Fahrrad* Rz. 2070
- Gewährung von Fahrkarten und Fahrtkostenzuschüssen für **Fahrten zwischen Wohnung und erster Tätigkeitsstätte bei Anrechnung** auf die Entfernungspauschale (§ 40 Abs. 2 Satz 2 Nr. 1 EStG): 15 %,
Einzelheiten → *Wege zwischen Wohnung und erster Tätigkeitsstätte* Rz. 4453;
- Gewährung von Fahrtkostenzuschüssen für **Fahrten zwischen Wohnung und erster Tätigkeitsstätte ohne Anrechnung** auf die Entfernungspauschale (§ 40 Abs. 2 Satz 2 Nr. 2 EStG): 25 %,
Einzelheiten → *Wege zwischen Wohnung und erster Tätigkeitsstätte* Rz. 4466;
- **Freifahrtberechtigungen von Soldaten** (§ 40 Abs. 2 Satz 2 Nr. 3 EStG): 25 %,
Einzelheiten → *Freifahrten* Rz. 2249;
Einzelheiten → *Pauschalierung der Lohnsteuer bei Aushilfskräften* Rz. 3363;
- Arbeitslohnzahlungen an **geringfügig entlohnte Beschäftigte mit** pauschalen Rentenversicherungsbeiträgen (§ 40a Abs. 2 EStG): 2 %,
Einzelheiten → *Pauschalierung der Lohnsteuer bei geringfügig Beschäftigten* Rz. 3379;
- Arbeitslohnzahlungen an **geringfügig entlohnte Beschäftigte ohne** pauschale Rentenversicherungsbeiträge (§ 40a Abs. 2a EStG): 20 %,
Einzelheiten → *Pauschalierung der Lohnsteuer bei geringfügig Beschäftigten* Rz. 3379;
- Arbeitslohnzahlungen an **Aushilfskräfte** in der **Land- und Forstwirtschaft** (§ 40a Abs. 3 EStG): 5 %,
Einzelheiten → *Pauschalierung der Lohnsteuer bei Aushilfskräften* Rz. 3353;
- Arbeitslohnzahlungen an **beschränkt steuerpflichtige Arbeitnehmer** für im Inland kurzfristig ausgeübte Tätigkeiten: 30 %,
Einzelheiten → *Pauschalierung der Lohnsteuer bei Aushilfskräften* Rz. 3375;
- Zahlung von Beiträgen für eine **Direktversicherung** oder Zuwendungen an eine Pensionskasse, wenn vor dem 1.1.2018 mindestens ein Beitrag nach § 40b Abs. 1 und 2 EStG a.F. pauschal besteuert wurde (§ 52 Abs. 40 EStG), sowie für Zuwendungen zum Aufbau einer **nicht kapitalgedeckten Altersversorgung** an eine Pensionskasse (§ 40b Abs. 1 EStG): 20 %,
Einzelheiten → *Zukunftssicherung: Betriebliche Altersversorgung* Rz. 4653;
- Zahlung von Beiträgen für eine **Unfallversicherung** (§ 40b Abs. 3 EStG): 20 %,
Einzelheiten → *Unfallversicherung: freiwillige* Rz. 4205;
- Gewährung von **Sachprämien** i.R. von Kundenbindungsprogrammen (§ 37a EStG): 2,25 %,
Einzelheiten → *Kundenbindungsprogramme* Rz. 2786;
- Gewährung von **Sachzuwendungen** an Geschäftspartner und deren Arbeitnehmer sowie an eigene Arbeitnehmer (§ 37b EStG): 30 %.
Einzelheiten → *Pauschalierung der Einkommensteuer bei Sachzuwendungen* Rz. 3303

2. Pauschalierung von sonstigen Bezügen (§ 40 Abs. 1 Satz 1 Nr. 1 EStG)

a) Grundsätze

3337 Gewährt der Arbeitgeber seinen Arbeitnehmern in einer größeren Zahl von Fällen **sonstige Bezüge**, so kann das Betriebsstättenfinanzamt auf Antrag des Arbeitgebers zulassen, dass die Lohnsteuer mit einem besonderen (betriebsindividuellen) Pauschsteuersatz erhoben wird. Die Pauschalierung ist allerdings nur möglich, soweit der Arbeitgeber einem Arbeitnehmer sonstige Bezüge **von nicht mehr als 1 000 €** im Kalenderjahr gewährt bzw. zahlt (§ 40 Abs. 1 Satz 3 EStG) und er die Lohnsteuer übernimmt (§ 40 Abs. 3 EStG). Bei der Ermittlung dieses Pauschsteuersatzes ist zu berücksichtigen, dass die vorgeschriebene Übernahme der Lohnsteuer durch den Arbeitgeber für den Arbeitnehmer einen geldwerten Vorteil darstellt (§ 40 Abs. 1 Satz 2 EStG). Die Lohnsteuer ist daher nach einem Nettosteuersatz zu berechnen. Dem Antrag hat der Arbeitgeber eine Berechnung beizufügen, aus der sich der durchschnittliche Steuersatz unter Zugrundelegung der durchschnittlichen Jahresarbeitslöhne und der durchschnittlichen Jahreslohnsteuer in jeder Steuerklasse für diejenigen Arbeitnehmer ergibt, denen die Bezüge gewährt werden sollen (§ 40 Abs. 1 Satz 4 EStG).

Voraussetzungen für eine Pauschalierung sind folglich:
- Gewährung von **sonstigen Bezügen**,
- eine **größere Zahl von Fällen**,
- Beachtung der **1 000 €-Grenze**,
- **Übernahme** der Lohnsteuer **durch den Arbeitgeber**,
- Zustimmung des Betriebsstättenfinanzamts,
- **Ermittlung** des besonderen Pauschsteuersatzes durch den Arbeitgeber.

b) Sonstige Bezüge

Ein sonstiger Bezug ist nach R 39b.2 Abs. 2 LStR der Arbeitslohn, 3338
der nicht als laufender Arbeitslohn gezahlt wird (→ *Sonstige Bezüge* Rz. 3937).

c) Größere Anzahl von Fällen

Eine **größere Zahl von Fällen** ist vom Finanzamt ohne weitere 3339
Prüfung anzunehmen, wenn gleichzeitig **mindestens 20 Arbeitnehmer** in die Pauschalbesteuerung einbezogen werden (R 40.1 Abs. 1 Satz 1 LStR). Wird ein Antrag auf Lohnsteuerpauschalierung für weniger als 20 Arbeitnehmer gestellt, so kann unter Berücksichtigung der besonderen Verhältnisse des Arbeitgebers und der mit der Pauschalbesteuerung angestrebten Vereinfachung eine größere Zahl von Fällen **auch** bei **weniger** als 20 Arbeitnehmern angenommen werden (R 40.1 Abs. 1 Satz 2 LStR). Diese Regelung wird von den Finanzgerichten für zweifelhaft angesehen (FG Münster v. 21.11.1997, 11 K 4425/96 L, EFG 1998, 822).

d) 1 000 €-Grenze

Die Pauschalierung der Lohnsteuer für sonstige Bezüge mit einem 3340
besonderen Steuersatz ist **nur zulässig**, soweit der **Gesamtbetrag** der pauschal besteuerten Bezüge eines Arbeitnehmers **im Kalenderjahr** den Betrag von **1 000 € nicht übersteigt**. Anhand der Aufzeichnungen im Lohnkonto ist vom Arbeitgeber **vor jedem Pauschalierungsantrag** zu prüfen, ob die Summe aus den im laufenden Kalenderjahr bereits gezahlten sonstigen Bezügen, für welche die Lohnsteuer mit einem besonderen Steuersatz erhoben worden ist, und aus dem sonstigen Bezug, der nunmehr an den einzelnen Arbeitnehmer gezahlt werden soll, den Jahresbetrag von 1 000 € übersteigt. Wird der Jahresbetrag durch den sonstigen Bezug, der gewährt werden soll, überschritten, ist die Besteuerung dieses sonstigen Bezugs für den betreffenden Arbeitnehmer insoweit nach der Regelbesteuerung sonstiger Bezüge vorzunehmen, als der Betrag von 1 000 € überschritten wird (R 40.1 Abs. 2 LStR).

Beispiel 1:

Die Arbeitnehmer erhalten im Februar 2026 zum 25-jährigen Geschäftsjubiläum eine Jubiläumszuwendung i.H.v. 400 €, die pauschal versteuert wird. Im Juli 2026 erhalten die Arbeitnehmer ein Urlaubsgeld von 250 €, das auch pauschal versteuert wird (nach § 40 Abs. 1 Satz 3 EStG; die Anwendung von § 40 Abs. 2 Satz 1 Nr. 3 EStG [Erholungsbeihilfen] ist hier nicht zulässig). Auch das im Dezember 2026 gezahlte Weihnachtsgeld von 1 000 € soll pauschal versteuert werden.

Die Pauschalierung der sonstigen Bezüge im Februar und im Juli 2026 ist möglich, weil die 1 000 €-Grenze noch nicht überschritten ist (400 € + 250 € = 650 €). Für das Weihnachtsgeld von 1 000 € kann die Lohnsteuer allerdings nicht in voller Höhe pauschaliert werden, weil die 1 000 €-Grenze überschritten wird (400 € + 250 € + 1 000 € = 1 650 €). Vom Weihnachtsgeld dürfen nur 350 € pauschal besteuert werden, der Restbetrag von 650 € ist der Regelbesteuerung zu unterwerfen. Will der Arbeitgeber auch für diesen Betrag die Lohnsteuer übernehmen, so ist eine Nettolohnberechnung durchzuführen (→ *Nettolöhne* Rz. 3281).

Bei der Beachtung der 1 000 €-Grenze sind nur sonstige Bezüge zu berücksichtigen, die nach dem **besonderen Pauschsteuersatz** pauschal besteuert werden. Sonstige Bezüge, die nach § 40 Abs. 2 EStG mit einem festen Pauschsteuersatz pauschal versteuert werden (Fahrtkostenzuschüsse, Mahlzeiten usw.), werden nicht auf die 1 000 €-Grenze angerechnet (R 40.2 Abs. 2 LStR).

Die 1 000 €-Grenze gilt **getrennt für jedes Arbeitsverhältnis**. Hat der Arbeitnehmer mehrere Arbeitsverhältnisse oder wechselt er im Laufe des Kalenderjahres den Arbeitgeber, so ist jeder einzelne Arbeitgeber berechtigt, die 1 000 €-Grenze auszuschöpfen.

Da die Lohnsteuerpauschalierung mit einem besonderen Pauschsteuersatz grds. Sozialversicherungspflicht in der Sozialversicherung auslöst (→ Rz. 3346), führt die Übernahme der Sozialversicherungsbeiträge durch den Arbeitgeber ebenfalls zu einem geldwerten Vorteil. Sofern diese Beiträge pauschal versteuert werden sollen, sind sie auf die 1 000 €-Grenze anzurechnen.

Beispiel 2:

Ein Arbeitgeber hat 25 Arbeitnehmer (alle unter 23 Jahre). Im Juli 2026 erhalten die Arbeitnehmer ein Urlaubsgeld, dessen Höhe abhängig ist von der Beschäftigungsdauer. Der Arbeitgeber will das Urlaubsgeld pauschal versteuern. Ebenso will er auch die Sozialversicherungsbeiträge übernehmen. An die Arbeitnehmer wird folgendes Urlaubsgeld ausgezahlt:

– 10 Arbeitnehmer erhalten je	400 €
– 5 Arbeitnehmer erhalten je	600 €
– 7 Arbeitnehmer erhalten je	900 €
– 3 Arbeitnehmer erhalten je	1 200 €

Unter Beachtung der 1 000 €-Grenze sind pauschalierungsfähig:

– 10 × 400 €	4 000 €
– 5 × 600 €	3 000 €
– 7 × 900 €	6 300 €
– 3 × 1 200 €, maximal aber 1 000 €	3 000 €
Insgesamt	16 300 €

Obwohl das Urlaubsgeld pauschal versteuert wird, sind die Zuwendungen als einmalig gezahltes Arbeitsentgelt sozialversicherungspflichtig (§ 1 Abs. 1 Satz 1 Nr. 2 SvEV). Die Übernahme der Sozialversicherungsbeiträge durch den Arbeitgeber ist ein geldwerter Vorteil, der ebenfalls lohnsteuerpflichtig ist. Soweit die 1 000 €-Grenze noch nicht überschritten ist, darf der Arbeitgeber diesen Vorteil in die Lohnsteuerpauschalierung einbeziehen. Für die Berechnung des geldwerten Vorteils aus der Übernahme der Sozialversicherungsbeiträge ergibt sich folgende Berechnung (dabei wird unterstellt, dass die Arbeitnehmer die Beitragsbemessungsgrenzen in der Sozialversicherung nicht überschreiten):

Arbeitnehmeranteil zur Sozialversicherung (angenommen) 20,575 %

Da die Übernahme der Lohnsteuer auf die Sozialversicherungsbeiträge ebenfalls ein geldwerter Vorteil ist, ist der Beitragssatz auf einen „Bruttobeitragssatz“ hochzurechnen:

$$\frac{\text{Beitragssatz} \times 100}{100\,\%\ \text{Beitragssatz}} = \text{Bruttobeitrags-satz, also} = \frac{20{,}575 \times 100}{100 - 20{,}575} = 25{,}9\,\%$$

In die Pauschalierung sind einzubeziehen:

– 10 × 103,60 €	(25,9 % von 400 €)	1 036,– €
– 5 × 155,40 €	(25,9 % von 600 €)	777,– €
– 7 × 100,– €	(25,9 % von 900 €, höchstens aber noch 100 €)	700,– €
– 3 × 0,– €	(1 000 €-Grenze schon ausgeschöpft)	0,– €
insgesamt		2 513,– €

Insgesamt können also 18 813,– € (16 300,– € + 2 513,– €) pauschal besteuert werden. Für die zehn Arbeitnehmer, bei denen die 1 000 €-Grenze überschritten ist, sind die Sozialversicherungsbeiträge im Wege einer Nettolohnberechnung zu versteuern (→ *Nettolöhne* Rz. 3281).

e) Übernahme der Lohnsteuer

3341 Schuldner der pauschalen Lohnsteuer ist nach § 40 Abs. 3 EStG der Arbeitgeber. Nach der Rechtsprechung des BAG ist es zwar arbeitsrechtlich zulässig, dass der Arbeitgeber die pauschale Lohnsteuer **im Innenverhältnis** auf den Arbeitnehmer überwälzt (BAG v. 5.8.1987, 5 AZR 22/86; BAG v. 1.2.2006, 5 AZR 628/04, HFR 2006, 727), die Abwälzung mindert aber nicht die Bemessungsgrundlage für die Pauschalsteuer; die auf den Arbeitnehmer abgewälzte pauschale Lohnsteuer gilt als zugeflossener Arbeitslohn (§ 40 Abs. 3 Satz 2 zweiter Halbsatz EStG), → *Abwälzung der pauschalen Lohnsteuer auf den Arbeitnehmer* Rz. 27.

f) Zustimmung des Betriebsstättenfinanzamts

3342 Sind die oben genannten Voraussetzungen erfüllt, wird das Betriebsstättenfinanzamt dem Antrag des Arbeitgebers zustimmen.

g) Ermittlung des besonderen Pauschsteuersatzes

3343 Der Arbeitgeber hat den besonderen Pauschsteuersatz selbst zu ermitteln und die Ermittlung seinem Antrag auf Lohnsteuerpauschalierung beizufügen.

Die Verpflichtung, den durchschnittlichen Steuersatz zu errechnen, kann der Arbeitgeber nach R 40.1 Abs. 3 LStR dadurch erfüllen, dass er

- den **Durchschnittsbetrag** der pauschal zu versteuernden Bezüge,
- die **Zahl der betroffenen Arbeitnehmer** nach Steuerklassen getrennt in folgenden drei Gruppen:
  - Arbeitnehmer in den Steuerklassen I, II und IV,
  - Arbeitnehmer in der Steuerklasse III und
  - Arbeitnehmer in den Steuerklassen V und VI sowie
- die **Summe der Jahresarbeitslöhne** der betroffenen Arbeitnehmer,
  - **gemindert** um
    a) die Freibeträge für Versorgungsbezüge und Altersentlastungsbeträge sowie die abziehbaren Freibeträge – einschließlich der Erhöhungsbeträge nach § 24b Abs. 2 Satz 2 EStG (§ 39b Abs. 3 Satz 3 EStG),
    b) den Entlastungsbetrag für Alleinerziehende i.H.v. 4 260 € (seit 2023; § 24b Abs. 2 Satz 1 EStG) bei der Steuerklasse II ohne die Erhöhungsbeträge für weitere Kinder (240 €),

    und
  - **erhöht** um die Hinzurechnungsbeträge

ermittelt. Hierbei kann **aus Vereinfachungsgründen** davon ausgegangen werden, dass die betroffenen Arbeitnehmer in allen Zweigen der Sozialversicherung versichert sind und keinen Beitragszuschlag für Kinderlose (§ 55 Abs. 3 SGB XI) leisten; die individuellen Verhältnisse auf Grund des Faktorverfahrens nach § 39f EStG bleiben unberücksichtigt (R 40.1 Abs. 3 Satz 2 LStR). **Kinderfreibeträge** der Arbeitnehmer sind bei der Ermittlung des Pauschsteuersatzes **nicht zu berücksichtigen** (BFH v. 26.7.2007, VI R 48/03, BStBl II 2007, 844).

Außerdem kann für die Ermittlungen der Summe der Jahresarbeitslöhne und die Einordnung der Arbeitnehmer in die drei Gruppen eine **repräsentative Auswahl** der betroffenen Arbeitnehmer zu Grunde gelegt werden. Zur Festsetzung eines Pauschsteuersatzes für das laufende Kalenderjahr können für die Ermittlung der Summe der Jahresarbeitslöhne auch **die Verhältnisse des Vorjahres** zu Grunde gelegt werden. Aus der Summe der Jahresarbeitslöhne hat der Arbeitgeber den durchschnittlichen Jahresarbeitslohn der erfassten Arbeitnehmer zu berechnen. Für jede der drei Gruppen hat der Arbeitgeber sodann den Steuerbetrag zu ermitteln, dem der Durchschnittsbetrag der pauschal zu versteuernden Bezüge unterliegt, wenn er dem durchschnittlichen Jahresarbeitslohn hinzugerechnet wird (BFH v. 11.3.1988, VI R 106/84, BStBl II 1988, 726).

Dabei ist maßgebend:

– für die Gruppe der Arbeitnehmer in den Steuerklassen I, II und IV	die **Steuerklasse I**,
– für die Gruppe der Arbeitnehmer in der Steuerklasse III	die **Steuerklasse III**,
– für die Gruppe der Arbeitnehmer in den Steuerklassen V und VI	die **Steuerklasse V.**

Der **Durchschnittsbetrag** der pauschal zu versteuernden Bezüge ist auf den nächsten durch 216 teilbaren Euro-Betrag **aufzurunden** (R 40.1 Abs. 3 Satz 7 zweiter Halbsatz LStR). Durch Multiplikation der Steuerbeträge mit der Zahl der in der entsprechenden Gruppe erfassten Arbeitnehmer und Division der sich hiernach ergebenden Summe der Steuerbeträge durch die Gesamtzahl der Arbeitnehmer und den Durchschnittsbetrag der pauschal zu besteuernden Bezüge ist hiernach die durchschnittliche Steuerbelastung zu berechnen, der die pauschal zu besteuernden Bezüge unterliegen (R 40.1 Abs. 3 Satz 8 LStR).

Auf Grund der Angaben des Arbeitgebers hat das **Finanzamt** den Pauschsteuersatz (und somit die Steuerbelastung) so zu berechnen, dass unter Berücksichtigung der Übernahme der pauschalen Lohnsteuer durch den Arbeitgeber insgesamt nicht zu wenig Lohnsteuer erhoben wird (**Berücksichtigung des Nettosteuersatzes**). Die Prozentsätze der durchschnittlichen Steuerbelastung und des Pauschsteuersatzes sind mit einer Dezimalstelle anzusetzen, die nachfolgenden Dezimalstellen sind fortzulassen (R 40.1 Abs. 3 Sätze 9 und 10 LStR).

Beispiel:

Ein Arbeitgeber in Hannover ermittelt im November 2025 für seine 35 rentenversicherungspflichtigen Arbeitnehmer den durchschnittlichen Betrag der pauschal zu besteuernden steuerpflichtigen Bezüge mit 275 € (Zusatzbeitrag Krankenversicherung 1 %.) Seine Arbeitnehmer verteilen sich auf die drei Gruppen wie folgt:

- in den Steuerklassen I, II und IV: 20 Arbeitnehmer,
- in der Steuerklasse III: 12 Arbeitnehmer,
- in den Steuerklassen V und VI: 3 Arbeitnehmer.

Von der Summe der Jahresarbeitslöhne der betroffenen Arbeitnehmer sind die Summe aller Freibeträge, die Freibeträge für Versorgungsbezüge und Altersentlastungsbeträge sowie der Entlastungsbetrag für Alleinerziehende i.H.v. 4 260 € (seit 2023) bei der Steuerklasse II abzuziehen. Das so ermittelte Ergebnis beträgt 610 190 €. Dies ergibt einen durchschnittlichen Jahresarbeitslohn von 17 434 € (610 190 € : 35).

Der Durchschnittsbetrag von 275 € ist auf den nächsten durch 216 teilbaren Euro-Betrag aufzurunden, also auf 432 €. Die Erhöhung des durchschnittlichen Jahresarbeitslohns 2025 von 17 434 € um 432 € ergibt den Betrag von 17 866 €. Im November 2025 ergibt sich folgende Steuerberechnung:

a) Steuerklasse I:

Lohnsteuer nach Steuerklasse I vom durchschnittlichen Jahresarbeitslohn **mit** dem sonstigen Bezug (17 434 € + 432 € = 17 866 €)	140 €
Lohnsteuer nach Steuerklasse I vom durchschnittlichen Jahresarbeitslohn **ohne** den sonstigen Bezug (17 434 €)	79 €
Differenz = Lohnsteuer auf den sonstigen Bezug	61 €

b) Steuerklasse III:

Lohnsteuer nach Steuerklasse III vom durchschnittlichen Jahresarbeitslohn **mit** dem sonstigen Bezug (17 434 € + 432 € = 17 866 €)	0 €
Lohnsteuer nach Steuerklasse III vom durchschnittlichen Jahresarbeitslohn **ohne** den sonstigen Bezug (17 434 €)	0 €
Differenz = Lohnsteuer auf den sonstigen Bezug	0 €

c) Steuerklasse V:

Lohnsteuer nach Steuerklasse V vom durchschnittlichen Jahresarbeitslohn **mit** dem sonstigen Bezug (17 434 € + 432 € = 17 866 €)	1 825 €
Lohnsteuer nach Steuerklasse V vom durchschnittlichen Jahresarbeitslohn **ohne** den sonstigen Bezug (17 434 €)	1 770 €
Differenz = Lohnsteuer auf den sonstigen Bezug	55 €

Die durchschnittliche Steuerbelastung der pauschal zu versteuernden Bezüge ist hiernach wie folgt zu berechnen:

Steuerklasse	Anzahl	Differenz	Gesamtbetrag
I	20	61 €	1 220 €
III	12	0 €	0 €
V	3	55 €	165 €
Insgesamt			1 385 €

Der durchschnittliche Pauschsteuersatz errechnet sich wie folgt:

$$\frac{\text{Steuerbelastung insgesamt} \times 100}{\text{Durchschnittsbetrag sonstiger Bezug} \times \text{Anzahl der Arbeitnehmer}} =$$

$$\frac{1\,385\,€ \times 100}{432 \times 35} = 9{,}16005291005\,\%,$$

abgerundet auf eine Dezimalstelle: 9,1 % (Bruttosteuersatz).

Umgerechnet in einen Nettosteuersatz beträgt der Pauschsteuersatz:

$$\frac{9{,}1 \times 100}{100 - 9{,}1} = 10{,}0110011001\,\%,$$

abgerundet auf eine Dezimalstelle: 10,0 % (Nettosteuersatz).

Die pauschale Lohnsteuer auf die sonstigen Bezüge ermittelt sich wie folgt:

Sonstige Bezüge × Anzahl der Arbeitnehmer (275 € × 35)	9 625,– €
Gesamtbetrag × Nettosteuersatz (10,0 %) = abzuführende pauschale Lohnsteuer	962,50 €
Der Solidaritätszuschlag beträgt 5,5 % von 962,50 €	52,93 €
Die Kirchensteuer beträgt 6 % von 962,50 €	57,75 €

Die Übernahme des Solidaritätszuschlags und der Kirchensteuer wäre ebenso ein geldwerter Vorteil. Auf Grund bundeseinheitlicher Verwaltungsanweisungen werden der Solidaritätszuschlag und die Kirchensteuer allerdings nicht dem zu versteuernden Betrag hinzugerechnet, vgl. die nachfolgenden Ausführungen zur Kirchensteuer und zum Solidaritätszuschlag.

Die pauschale Lohnsteuer, der Solidaritätszuschlag und die Kirchensteuer sind nicht beitragspflichtig in der Sozialversicherung. Bei der Veranlagung der Arbeitnehmer bleiben pauschal versteuerte Bezüge außer Ansatz, der Arbeitgeber darf sie deshalb nicht in der Lohnsteuerbescheinigung eintragen.

h) Kirchensteuer

3344 Wenn der Arbeitgeber bereit ist, die Lohnsteuer zu pauschalieren und als Steuerschuldner zu übernehmen, hat er auch die pauschale Kirchensteuer zu übernehmen. Der Antrag auf Pauschalierung der Lohnsteuer zieht auch die Pauschalierung der Kirchensteuer nach sich (BFH v. 30.11.1989, I R 14/87, BStBl II 1990, 993). Einzelheiten zur Pauschalierung der Kirchensteuer vgl. → *Kirchensteuer* Rz. 2705.

Die Übernahme der Kirchensteuer ist ebenso ein geldwerter Vorteil wie die Übernahme der pauschalen Lohnsteuer oder der Sozialversicherungsbeiträge. Allerdings ist **aus Vereinfachungsgründen von der Finanzverwaltung zugelassen** worden, dass die Kirchensteuer bei der Ermittlung des besonderen Pauschsteuersatzes nach § 40 Abs. 1 Nr. 1 oder 2 EStG dem zu versteuernden Betrag **nicht hinzuzurechnen** ist (FinMin Baden-Württemberg v. 30.5.2011, 3 – S 245.2/3).

i) Solidaritätszuschlag

Wird die Lohnsteuer pauschaliert, so beträgt der Solidaritätszu- 3345
schlag **stets 5,5 % der pauschalen Lohnsteuer** (BFH v. 1.3.2002, VI R 171/98, BStBl II 2002, 440). Einzelheiten hierzu → *Solidaritätszuschlag* Rz. 3908.

Die Vereinfachungsregelung bei der Übernahme der Kirchensteuer → Rz. 3344 gilt auch bei der Übernahme des Solidaritätszuschlags (FinMin Baden-Württemberg v. 30.5.2011, 3 – S 245.2/3).

j) Sozialversicherungsbeiträge

Nach § 1 Abs. 1 Satz 2 SvEV ist für die Nichthinzurechnung zum 3346
Arbeitsentgelt Voraussetzung, dass die Zuwendungen und Leistungen vom Arbeitgeber oder von einem Dritten mit der Entgeltabrechnung für den jeweiligen Abrechnungszeitraum lohnsteuerfrei belassen oder pauschal besteuert werden.

Diese Regelung ist von Bedeutung für

- die in § 40 Abs. 1 Satz 1 EStG genannten sonstigen Bezüge, soweit die nicht einmalig gezahltes Arbeitsentgelt sind,
- die in § 40 Abs. 2 EStG genannten Einnahmen,
- die in § 40b EStG aufgeführten Zukunftssicherungsleistungen und
- Sachprämien nach § 37a EStG.

Ist vertraglich geregelt, dass die Durchführung der Pauschalbesteuerung auf geringere Werte als die steuerlichen Höchstgrenzen beschränkt ist, können die pauschal besteuerbaren Bezüge auch nur in Höhe dieser tarif- oder arbeitsvertraglichen Grenzwerte beitragsfrei belassen werden. Insoweit ist zu beachten, dass bei Beiträgen, welche die vertraglichen Grenzwerte übersteigen, das Regelbesteuerungsverfahren durchzuführen ist und deshalb Beitragspflicht besteht.

Eine vom Arbeitgeber erst im Nachhinein vorgenommene Pauschalbesteuerung wirkt sich auf die beitragsrechtliche Behandlung der Arbeitsentgeltbestandteile nur bis zur Erstellung der Lohnsteuerbescheinigung aus. Dies ist längstens bis zum 28. Februar des Folgejahres möglich. Das gilt auch, wenn die Entgeltbestandteile vom Arbeitgeber

- zunächst beitragspflichtig behandelt oder
- unzutreffend als steuer- und beitragsfrei beurteilt wurden

und er die zulässige Pauschalbesteuerung noch bis zur Ausstellung der Lohnsteuerbescheinigung – längstens bis zum letzten Tag des Monats Februar des folgenden Jahres, für 2026 also bis zum 28.2.2027 (bzw. bis zum 1.3.2027, weil der 28.2.2027 ein Sonntag ist) – vornimmt (vgl. hierzu auch die Nr. 5 „Beitragsrechtlichen Behandlung steuerfreier bzw. pauschal besteuerter Entgeltbestandteile" des Besprechungsergebnisses der Spitzenverbände der Sozialversicherungsträger v. 20.4.2016, welches u.a. in der werkbegleitende Online-Datenbank erhältlich ist; s. Benutzerhinweise auf S. IV). Die Auffassung der Spitzenorganisationen der Sozialversicherung wurde vom BSG mit Urteil vom 23.4.2024, B 12 B 3/22 R bestätigt.

3. Pauschalierung bei der Nacherhebung von Lohnsteuer (§ 40 Abs. 1 Satz 1 Nr. 2 EStG)

a) Grundsätze

Ist **in einer größeren Zahl von Fällen Lohnsteuer nachzuerheben**, weil der Arbeitgeber die Lohnsteuer nicht vorschriftsmäßig einbehalten hat, so kann das Betriebsstättenfinanzamt auf Antrag des Arbeitgebers zulassen, dass die Lohnsteuer mit einem Pauschsteuersatz erhoben wird. Der typische Anwendungsfall für diese Regelung ist die Lohnsteuer-Nachforderung nach einer Lohnsteuer-Außenprüfung. Die Pauschalierung ist in 3347 diesen Fällen immer möglich, die **1 000 €-Grenze** findet hier **keine Anwendung**. Ebenso ist nicht Voraussetzung, dass es sich um sonstige Bezüge handeln muss; es kann daher auch die Lohnsteuer, die auf laufenden Arbeitslohn entfällt, pauschal nachgefordert werden.

Eine „nicht vorschriftsmäßige Einbehaltung" der Lohnsteuer i.S.v. § 40 Abs. 1 Satz 1 Nr. 2 EStG liegt **nicht** vor, wenn der Arbeitgeber entsprechend einer ihm zuvor erteilten Anrufungsauskunft zum Lohnsteuereinbehalt verfahren ist (BFH v. 16.11.2005, VI R 23/02, BStBl II 2006, 210). Weil hier die Lohnsteuer „zutreffend" erhoben wurde, ist eine Pauschalierung auf Grund einer Nacherhebung nicht zulässig bzw. nicht erforderlich. Dies gilt selbst dann, wenn der Arbeitgeber nach einer Lohnsteuer-Außenprüfung der Pauschalierung zugestimmt hat.

Weil im Bereich der Lohnsteuer-Nachforderung bei einer Lohnsteuer-Außenprüfung die 1 000 €-Grenze nicht gilt, könnte der Arbeitgeber bei der Gewährung sonstiger Bezüge, welche die 1 000 €-Grenze übersteigen, zunächst „versehentlich" von einer Lohnversteuerung, die nach den allgemeinen Regelungen zu erfolgen hätte, absehen. Würde der Fehler später „bemerkt", käme ja eine Pauschalbesteuerung ohne Beachtung der 1 000 €-Grenze in Betracht. Um dieser missbräuchlichen Inanspruchnahme der pauschalen Nachversteuerung vorzubeugen, hat die Finanzverwaltung in R 40.1 Abs. 2 Satz 3 LStR festgelegt:

*„Hat der Arbeitgeber die Pauschalierungsgrenze mehrfach nicht beachtet, sind Anträge auf Lohnsteuerpauschalierung nach § 40 Abs. 1 Satz 1 Nr. 2 EStG **nicht zu genehmigen**."*

b) Verfahrensregelungen

3348 Auch die mit einem Pauschsteuersatz erhobene Lohnsteuer ist in der Lohnsteuer-Anmeldung anzugeben. Nach der gefestigten BFH-Rspr. übt der Arbeitgeber das Pauschalierungswahlrecht gem. § 40 Abs. 2 Satz 1 und 2 EStG ggü. dem Finanzamt – anders als bei der Pauschalierung nach § 40 Abs. 1 EStG – nicht durch einen Antrag, sondern durch die Angabe der mit einem Pauschsteuersatz erhobenen Lohnsteuer in der Lohnsteuer-Anmeldung aus (BFH v. 1.9.2021, VI R 38/19, BFH/NV 321–323).

Mit dem Jahressteuergesetz 2024 v. 2.12.2024, BGBl. I 2024 Nr. 387, wurde diese Praxis gesetzlich festgeschrieben (§ 40 Abs. 4 neu EStG). Zu beachten ist, dass diese Anmeldung eine ggf. notwendige Antragsstellung (nach § 40 Abs. 1 EStG) nicht ersetzt; s. hierzu die nachfolgenden Erläuterungen. Die Pauschalierung der Lohnsteuer nach § 40 Abs. 1 Satz 1 Nr. 2 EStG setzt – wie die Pauschalierung von sonstigen Bezügen – **einen Antrag des Arbeitgebers** voraus. Wird seinem Antrag entsprochen, so wird er Schuldner der pauschalen Lohnsteuer (§ 40 Abs. 3 EStG). Nach der Rechtsprechung des BAG ist es zwar arbeitsrechtlich zulässig, dass der Arbeitgeber die pauschale Lohnsteuer **im Innenverhältnis** auf den Arbeitnehmer überwälzt (BAG v. 5.8.1987, 5 AZR 22/86; BAG 1.2.2006, 5 AZR 628/04, HFR 2006, 727), die Abwälzung mindert aber nicht die Bemessungsgrundlage für die Pauschalsteuer. Denn die auf den Arbeitnehmer abgewälzte pauschale Lohnsteuer gilt als zugeflossener Arbeitslohn (§ 40 Abs. 3 Satz 2 zweiter Halbsatz EStG), → *Abwälzung der pauschalen Lohnsteuer auf den Arbeitnehmer* Rz. 27.

Der Arbeitgeber ist an seinen rechtswirksam gestellten Antrag auf Pauschalierung der Lohnsteuer gebunden, sobald der Lohnsteuer-Pauschalierungsbescheid wirksam wird (BFH v. 5.3.1993, VI R 79/91, BStBl II 1993, 692). Wird auf den Einspruch des Arbeitgebers ein gegen ihn ergangener Lohnsteuer-Pauschalierungsbescheid aufgehoben, so kann der dort berücksichtigte Arbeitslohn bei der Veranlagung des Arbeitnehmers erfasst werden (BFH v. 18.1.1991, VI B 140/89, BStBl II 1991, 309; BFH v. 19.2.2002, VI B 240/01).

Hat der Arbeitgeber selbst **keinen Pauschalierungsantrag** gestellt, so ist ein vom Finanzamt nach § 40 Abs. 1 Satz 1 Nr. 2 EStG ergangener Lohnsteuer-Pauschalierungsbescheid **nicht** von vornherein **nichtig** (BFH v. 7.2.2002, VI R 80/00, BStBl II 2002, 438). Denn nicht nur der Arbeitgeber, sondern auch eine andere Person darf einen Pauschalierungsantrag stellen. Folglich ist derjenige, der für den Arbeitgeber i.R. der Lohnsteuer-Außenprüfung auftritt (z.B. der Steuerberater), i.d.R. nach den Grundsätzen der Anscheinsvollmacht dazu befugt, einen Antrag auf Lohnsteuer-Pauschalierung zu stellen (BFH v. 10.10.2002, VI R 13/01, BStBl II 2003, 156). Dem darf das Finanzamt folgen.

Die pauschale Lohnsteuer darf nur für solche Einkünfte aus nichtselbständiger Arbeit erhoben werden, die dem Lohnsteuerabzug unterliegen, wenn der Arbeitgeber keinen Pauschalierungsantrag gestellt hätte (BFH v. 10.5.2006, IX R 82/98, BStBl II 2006, 669).

Nachdem der Außenprüfer (das Finanzamt) die nachzuerhebende Steuer anhand des Pauschsteuersatzes (nach § 40 Abs. 1 Satz 1 Nr. 2 EStG) ermittelt hat, erhält der Arbeitgeber – da er selbst der Steuerschuldner ist – vom Finanzamt einen **Nachforderungsbescheid** (R 42d.1 Abs. 6 LStR). Für seine Arbeitnehmer bedeutet die Lohnsteuerpauschalierung, dass der so besteuerte Arbeitslohn bei der Einkommensteuerveranlagung außer Ansatz bleibt (§ 40 Abs. 3 Satz 3 EStG).

Von dem Nachforderungsbescheid zur (Nach-)Erhebung pauschaler Lohnsteuer ist der **Haftungsbescheid** zu einer Lohnsteuernachforderung zu unterscheiden. Beantragt der Arbeitgeber für nachzuversteuernden Arbeitslohn nicht die Lohnsteuerpauschalierung, so kann ihn das Finanzamt im Haftungswege in Anspruch nehmen (für die im Regelverfahren anfallende Lohnsteuer → *Haftung für Lohnsteuer: Allgemeine Grundsätze* Rz. 2471). In diesem Fall bleibt aber der Arbeitnehmer Steuerschuldner.

c) Berechnung der pauschalen Lohnsteuer

Nach einer Lohnsteuer-Außenprüfung wird das Finanzamt die Höhe des Pauschsteuersatzes selbst ermitteln. Dabei ist die unter → Rz. 3343 dargestellte Ermittlung des besonderen Pauschsteuersatzes auch vom Finanzamt anzuwenden. Der vom Finanzamt ermittelte Pauschsteuersatz wird auch in diesen Fällen in einen **Nettosteuersatz** umgerechnet, weil die vorgeschriebene Übernahme der Lohnsteuer durch den Arbeitgeber für den Arbeitnehmer einen geldwerten Vorteil darstellt. 3349

Die Ermittlung erfolgt nach der Formel:

$$\frac{\text{Bruttosteuersatz} \times 100}{100 - \text{Bruttosteuersatz}} = \text{Nettosteuersatz}$$

Die Auswirkungen der Umrechnung von Bruttosteuersatz in Nettosteuersatz verdeutlicht folgende Tabelle:

Umrechnungstabelle Bruttosteuersatz – Nettosteuersatz	
Der Bruttosteuersatz von	ergibt einen Nettosteuersatz von
15 %	17,6 %
20 %	25,0 %
25 %	33,3 %
30 %	42,8 %
35 %	53,8 %
40 %	66,6 %
42 %	72,4 %
45 %	81,8 %

Der geldwerte Vorteil aus der Steuerübernahme des Arbeitgebers ist nicht nach den Verhältnissen im Zeitpunkt der Steuernachforderung zu versteuern. Vielmehr muss der für die pauschalierten Löhne **nach den Verhältnissen der jeweiligen Zuflussjahre** errechnete Bruttosteuersatz jeweils auf den Nettosteuersatz der Jahre hochgerechnet werden, in denen die pauschalierten Löhne zugeflossen sind und in denen die pauschale Lohnsteuer entsteht (BFH v. 6.5.1994, VI R 47/93, BStBl II 1994, 715). Die pauschalen Steuerbeträge sind im Pauschalierungsbescheid auf die einzelnen Jahre aufzuteilen (BFH v. 18.7.1985, VI R 208/82, BStBl II 1986, 152).

Beispiel:

Bei einer Lohnsteuer-Außenprüfung für das Kalenderjahr 2024 wird festgestellt, dass der Arbeitgeber Arbeitslöhne teilweise nicht versteuert hat. Im Einzelnen ist Folgendes festgestellt worden:

- **Erste Feststellung:**

Der Arbeitgeber hat Mietwohnungen verbilligt an seine Arbeitnehmer überlassen, ohne den sich nach Abzug des Bewertungsabschlags nach § 8 Abs. 2 Satz 12 EStG ergebenden geldwerten Vorteil zu versteuern. Für 2024 ergeben sich nachzuversteuernde Beträge i.H.v. 2 000 €.

– **Zweite Feststellung:**

Einigen Arbeitnehmern sind Schadensersatzforderungen erlassen worden, ohne dass der hieraus resultierende geldwerte Vorteil (BFH v. 27.3.1992, VI R 145/89, BStBl II 1992, 837) lohnversteuert wurde. Für 2024 ergeben sich nachzuversteuernde Beträge i.H.v. 30 000 €.

Der Arbeitgeber erklärt sich i.R. der Lohnsteuer-Außenprüfung mit der Übernahme der auf die unversteuerten Beträge entfallenden Abzugssteuern einverstanden und beantragt die Pauschalierung.

Die Lohnsteuer-Außenprüfung ermittelt die besonderen Bruttosteuersätze in der nachfolgend dargestellten Höhe. Es ergibt sich folgende nachzufordernde Summe:

	unversteuerte Beträge	Bruttosteuersatz	Steuerbetrag
– Erste Feststellung	2 000 €	26 %	520 €
– Zweite Feststellung	30 000 €	42 %	12 600 €
Insgesamt			13 120 €

Da der Arbeitgeber die Steuerabzugsbeträge übernimmt, ergeben sich für die Arbeitnehmer geldwerte Vorteile i.H.v. 13 120 €. Der Bruttosteuersatz ist deshalb **im Zuflusszeitpunkt** in einen Nettosteuersatz umzurechnen. Nach der oben abgedruckten Formel ergeben sich folgende Nettosteuersätze:

Bruttosteuersatz	Nettosteuersatz
26 %	35,1 %
42 %	72,4 %

Die vom Arbeitgeber für 2024 nachzuentrichtende Lohnsteuer beträgt danach:

	unversteuerte Beträge	Nettosteuersatz	Steuerbetrag
– Erste Feststellung	2 000 €	35,1 %	702 €
– Zweite Feststellung	30 000 €	72,4 %	21 720 €
Insgesamt			22 422 €

Für die Berechnung des Solidaritätszuschlags und der Kirchensteuer gilt Folgendes:

Die Übernahme des Solidaritätszuschlags und der Kirchensteuer wäre an sich auch ein geldwerter Vorteil. Auf Grund bundeseinheitlicher Verwaltungsanweisungen werden der Solidaritätszuschlag und die Kirchensteuer allerdings nicht dem zu versteuernden Betrag hinzugerechnet.

Der **Solidaritätszuschlag** beträgt 5,5 % von 22 422 €, also 1 233,21 €.

Die **pauschale Kirchensteuer** beträgt (in Niedersachsen) 6 % von 22 422 €, also 1 345,32 €.

Die vom Arbeitgeber für das Kalenderjahr 2024 insgesamt nachzufordernden Beträge belaufen sich auf

– Lohnsteuer	22 422,– €
– Solidaritätszuschlag	1 233,21 €
– Kirchensteuer	1 345,32 €
Insgesamt	25 000,53 €

d) Solidaritätszuschlag

3350 Der Grundsatz, dass der geldwerte Vorteil aus der Steuerübernahme des Arbeitgebers nicht nach den Verhältnissen im Zeitpunkt der Steuernachforderung zu versteuern ist, sondern **nach den Verhältnissen der jeweiligen Zuflussjahre**, gilt auch für die Erhebung des Solidaritätszuschlags. Einzelheiten hierzu → *Solidaritätszuschlag* Rz. 3908.

Der Solidaritätszuschlag ist bei der Ermittlung des besonderen Pauschsteuersatzes dem zu versteuernden Betrag nicht hinzuzurechnen (→ Rz. 3345).

e) Sozialversicherung

3351 Wird als Ergebnis einer Lohnsteuer-Außenprüfung von dem Finanzamt Lohnsteuer in einer größeren Zahl von Fällen pauschal nacherhoben, hat dies insoweit Auswirkungen auf das Beitragsrecht der Sozialversicherung, als zu prüfen ist, ob **im Einzelfall** durch die fehlerhafte Steuerermittlung **auch Sozialversicherungsbeiträge fehlerhaft festgestellt** wurden. Trifft dies zu, ist eine **individuelle Berichtigung** der Sozialversicherungsbeiträge vorzunehmen.

Die im Steuerrecht mögliche **vereinfachte Pauschalabführung** der nachzuentrichtenden Steuern ist für einen vergleichbaren Sachverhalt **im Sozialversicherungsrecht** wegen der personenbezogenen Beitragsabführung **nicht möglich**. So könnten beispielsweise pauschal nacherhobene Beiträge zur Rentenversicherung nicht im Versicherungskonto des Arbeitnehmers gutgeschrieben werden.

Eine nachträgliche pauschalierte Steuerentrichtung des Arbeitgebers erhöht nicht den für die Berechnung der Beiträge maßgeblichen Bruttolohn des Arbeitnehmers.

Kommt es wegen **fehlerhafter Abführung der Sozialversicherungsbeiträge zu einer Beitragsnachentrichtung** durch den Arbeitgeber an den Träger der Sozialversicherung, so stellt sich die Frage, ob in der Übernahme der Sozialversicherungsbeiträge durch den Arbeitgeber lohnsteuerlich wiederum ein geldwerter Vorteil entsteht.

Hierzu hat der BFH entschieden, dass hinsichtlich der Arbeitnehmeranteile **nur dann** die Gewährung zusätzlichen steuerpflichtigen Arbeitslohnes vorliegt, wenn Arbeitgeber und Arbeitnehmer eine **Nettolohnvereinbarung** getroffen haben oder der Arbeitgeber **zwecks Steuer- und Beitragshinterziehung** die Unmöglichkeit einer späteren Rückbelastung beim Arbeitnehmer **bewusst** in Kauf genommen hat.

Eine Gewährung zusätzlichen Arbeitslohns liegt dagegen nicht vor, wenn es der Arbeitgeber **irrtümlich** unterlässt, den Barlohn des Arbeitnehmers um den gesetzlichen Arbeitnehmeranteil zu kürzen und die Unmöglichkeit einer Rückbelastung **wegen Eintritts der gesetzlichen Lastenverschiebung nach § 28g SGB IV** zum endgültigen Verbleiben des Vorteils beim Arbeitnehmer führt (BFH v. 29.10.1993, VI R 4/87, BStBl II 1994, 194).

4. Urlaubs- und Lohnausgleichskasse der Bauwirtschaft (ULAK)

Die Zahlung von Lohnneben- und Lohnersatzleistungen (regelmäßig sonstige Bezüge) durch die ULAK ist als Lohnzahlung Dritter anzusehen. Insoweit übernimmt die ULAK die Pflichten des Arbeitgebers (§ 38 Abs. 3a Satz 1 EStG). Zur Vereinfachung darf die Lohnsteuer für einen sonstigen Bezug unabhängig von den elektronischen Lohnsteuerabzugsmerkmalen des Arbeitnehmers pauschal mit 20 % erhoben werden (§ 39c Abs. 3 EStG). 3352

Schuldner der so erhobenen Lohnsteuer bleibt im Gegensatz zur üblichen Lohnsteuerpauschalierung nach den §§ 40 bis 40b EStG der Arbeitnehmer. Zudem wird der sonstige Bezug in die Regelbesteuerung einbezogen und dafür die Einkommensteuer berechnet. Deshalb ist der Arbeitnehmer nach § 46 Abs. 2 Nr. 5 EStG zur Einkommensteuer zu veranlagen (Pflichtveranlagung), bei der die 20 %ige pauschale Lohnsteuer auf die festgesetzte Einkommensteuer angerechnet wird. Dazu hat die ULAK eine elektronische Lohnsteuerbescheinigung auszustellen und an die Finanzverwaltung zu übermitteln; → *Lohnausgleichskasse* Rz. 2840.

Pauschalierung der Lohnsteuer bei Aushilfskräften

Inhalt

1. Lohnsteuer

Unter diesem Stichwort ist allein die **Pauschalierung der Lohnsteuer für Aushilfskräfte** dargestellt. Zur **Pauschalierung** der Lohnsteuer vom Arbeitslohn **für geringfügig entlohnte Beschäftigte** → *Pauschalierung der Lohnsteuer bei geringfügig Beschäftigten* Rz. 3379. 3353

a) Überblick

Für die Pauschalierung der Lohnsteuer bei Aushilfskräften ergibt sich folgende **Übersicht**: 3354

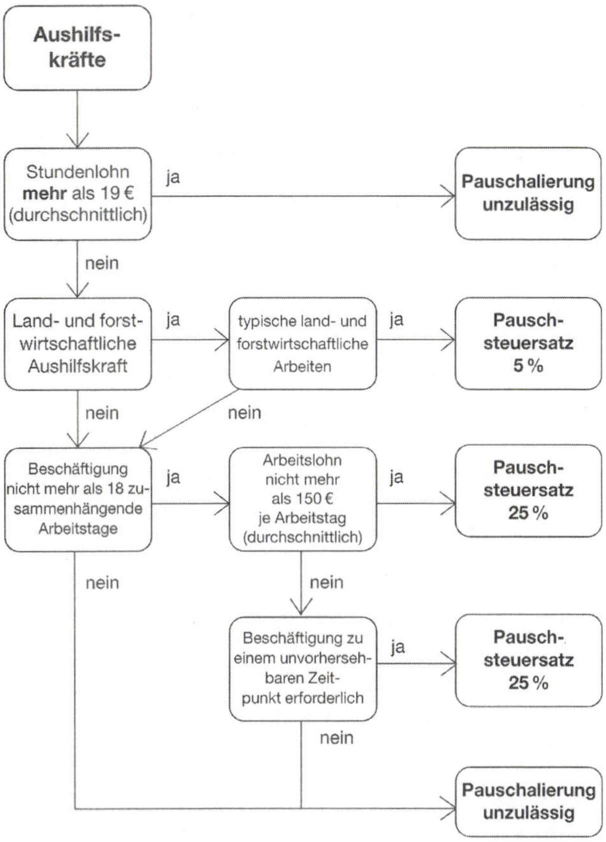

b) Grundsätze

3355 Die Besteuerung von Aushilfskräften ist grds. nach den allgemeinen Vorschriften des Lohnsteuerabzugs vorzunehmen. Unter bestimmten Voraussetzungen dürfen die Steuerabzugsbeträge für Aushilfskräfte jedoch mit einem **festen Pauschsteuersatz** erhoben werden (§ 40a Abs. 1 und 3 EStG).

Dabei ist es nicht zulässig, im Laufe eines Kalenderjahres zwischen der Regelbesteuerung und der Pauschbesteuerung **zu wechseln**, wenn dadurch allein die Ausnutzung der mit Einkünften aus nichtselbständiger Arbeit verbundenen Frei- und Pauschbeträge erreicht werden soll (BFH v. 20.12.1991, VI R 32/89, BStBl II 1992, 695). Ein Wechsel in der Besteuerungsart ist jedoch möglich, wenn sich die Veranlassung dazu aus dem Arbeitsverhältnis ergibt. Dies ist z.B. dann der Fall, wenn

- der Arbeitnehmer im Laufe des Kalenderjahres aus dem Dienstverhältnis ausscheidet (Ruhestand, Kündigung) und er bei demselben Arbeitgeber in einem neuen Arbeitsverhältnis unter Pauschalierung der Lohnsteuer weiter- bzw. wieder beschäftigt wird (BFH v. 27.7.1990, VI R 20/89, BStBl II 1990, 931) oder
- die nachgenannten Pauschalierungsgrenzen des § 40a EStG wegen des schwankenden Arbeitslohns teilweise über- bzw. unterschritten werden.

Darüber hinaus darf innerhalb der Festsetzungsfrist der maßgebenden Lohnsteuer-Anmeldung für das gesamte Jahr von der Pauschalierung nach § 40a EStG zur Regelbesteuerung übergegangen werden. Dies gilt auch bei Ehegatten-Arbeitsverhältnissen (BFH v. 26.11.2003, VI R 10/99, BStBl II 2004, 195).

Die Pauschalierung der Lohnsteuer bei Aushilfskräften ist in § 40a Abs. 1 und 3 EStG i.V.m. R 40a.1 LStR mit den nachfolgenden Pauschsteuersätzen **geregelt für**

- kurzfristig beschäftigte Arbeitnehmer, sog. **Aushilfskräfte** (§ 40a Abs. 1 EStG): 25 %,
- **Aushilfskräfte in der Land- und Forstwirtschaft** (§ 40a Abs. 3 EStG): 5 %.

Für beide Gruppen gelten folgende gemeinsame Voraussetzungen:

- Der **Abruf von elektronischen Lohnsteuerabzugsmerkmalen** oder die Vorlage einer Bescheinigung für den Lohnsteuerabzug ist **nicht erforderlich**.
- Die Pauschalierung der Lohnsteuer ist **nicht abhängig von einem Antrag** des Arbeitgebers; sie bedarf daher keiner Zustimmung des Finanzamts. Der Arbeitgeber wählt gegenüber der Finanzverwaltung eine Lohnsteuerpauschalierung durch die entsprechenden Angaben in der Lohnsteuer-Anmeldung (§ 40 Abs. 4 EStG).
- Der Arbeitgeber darf **die Pauschalbesteuerung nachholen**, solange keine Lohnsteuerbescheinigung ausgeschrieben ist, eine Lohnsteuer-Anmeldung noch berichtigt werden kann und insoweit noch keine Festsetzungsverjährung eingetreten ist (FG Nürnberg v. 16.10.2014, 6 K 178/13, EFG 2015, 732).
- Eine **fehlerhafte Pauschalbesteuerung** ist für die Veranlagung des Arbeitnehmers zur Einkommensteuer **nicht bindend** (BFH v. 10.6.1988, III R 232/84, BStBl II 1988, 981); die vom Arbeitgeber abgeführte pauschale Lohnsteuer kann nicht auf die Einkommensteuerschuld des Arbeitnehmers angerechnet werden (BFH v. 20.3.2006, VII B 230/05).
- Der durchschnittliche **Stundenlohn** darf während der Beschäftigungsdauer **19 € nicht übersteigen** (Anhebung von 15 € auf 19 € seit dem Kalenderjahr 2023).
- Bei der Prüfung der Voraussetzungen für die Pauschalierung ist von den Merkmalen auszugehen, die sich **für das einzelne Dienstverhältnis** ergeben.
- Die Pauschalierung ist **sowohl bei unbeschränkt als auch bei beschränkt einkommensteuerpflichtigen Arbeitnehmern** möglich.
- Der pauschal besteuerte Arbeitslohn und die pauschale Lohnsteuer bleiben **bei einer Einkommensteuer-Veranlagung** des Arbeitnehmers **außer Ansatz** (§ 40a Abs. 5, § 40 Abs. 3 EStG).
- **Schuldner** der pauschalen Lohnsteuer **ist der Arbeitgeber**, er hat die pauschale Lohnsteuer zu übernehmen (§ 40a Abs. 5, § 40 Abs. 3 EStG). Es ist jedoch arbeitsrechtlich möglich, dass die pauschale Lohnsteuer **im Innenverhältnis** vom Arbeitnehmer getragen wird, die Abwälzung mindert aber nicht mehr die Bemessungsgrundlage für die Pauschalsteuer; die auf den Arbeitnehmer abgewälzte pauschale Lohnsteuer gilt als zugeflossener Arbeitslohn (§ 40a Abs. 5 i.V.m. § 40 Abs. 3 Satz 2 zweiter Halbsatz EStG); → *Abwälzung der pauschalen Lohnsteuer auf den Arbeitnehmer* Rz. 27.

c) Gemeinsame Voraussetzungen für die Pauschalierung

aa) Keine Zustimmung des Finanzamts erforderlich

Die Pauschalierung der Lohnsteuer ist, da es sich um ein Wahlrecht des Arbeitgebers handelt, nicht von einem Antrag des Arbeitgebers abhängig. Das Wahlrecht muss aber entsprechend ausgeübt werden. Nach § 40a Abs. 5 Satz 2 i.V.m. § 40 Abs. 4 EStG wird das Wahlrecht durch die Übermittlung oder Abgabe einer Lohnsteuer Anmeldung, in der die pauschale Lohnsteuer angegeben wird, ausgeübt. Einer gesonderten Zustimmung des Finanzamts bedarf es nicht. Der Arbeitgeber darf vielmehr von sich aus entscheiden, ob er den Arbeitslohn des Arbeitnehmers pauschal besteuert oder nicht. Dabei muss die Pauschalierung **nicht einheitlich** für alle in Betracht kommenden Arbeitnehmer durchgeführt werden; der Arbeitgeber kann die Pauschalierung auch auf bestimmte Arbeitnehmer beschränken (BFH v. 3.6.1982, VI R 48/79, BStBl II 1982, 710). 3356

Weil die Pauschalierung keine Zustimmung des Finanzamts voraussetzt, ist die **Pauschalierung auch im Insolvenzverfahren** möglich. Stellt der Insolvenzverwalter nach Eröffnung des Insolvenzverfahrens fest, dass vor Eröffnung des Insolvenzverfahrens Aushilfslöhne gezahlt worden sind, die zwar dem Grunde nach pauschalierungsfähig, bisher aber steuerlich nicht erfasst worden sind, so kann er die Aushilfslöhne pauschal versteuern. Das Finanzamt hat – anders als in den Fällen des § 40 EStG – auch dann **keine Möglichkeit, die Pauschalierung zu untersagen**, wenn die Steuernachforderung im Insolvenzverfahren offensichtlich nicht oder nicht in vollem Umfang befriedigt werden wird. Eine Inanspruchnahme des Arbeitnehmers ist in diesen Fällen wegen der Steuerschuldnerschaft des Arbeitgebers ausgeschlossen. Die pauschale Lohnsteuer gehört zu den Masse-Verbindlichkeiten (§ 55 Abs. 1 Nr. 1 InsO), da sie durch die – nach Eröffnung des Insolvenzverfahrens getroffene – Entscheidung des Insolvenzverwalters zur Pauschalierung begründet wird.

bb) Durchschnittlicher Stundenlohn während der Beschäftigungsdauer

3357 Nach § 40a Abs. 4 Nr. 1 EStG **ist die Pauschalierung** für die zuvor genannten Aushilfskräfte (einschl. Land- und Forstwirtschaft) – im Gegensatz zur Sozialversicherung – **unzulässig**, wenn der Arbeitslohn **durchschnittlich** je Arbeitsstunde **19 € übersteigt** (Anhebung von 15 € auf 19 € seit dem Kalenderjahr 2023).

Als Beschäftigungsdauer ist der zwischen dem Arbeitgeber und dem Arbeitnehmer gewählte Lohnzahlungs- oder Lohnabrechnungszeitraum anzusehen. Für die Berechnung des durchschnittlichen Stundenlohns während der Beschäftigungsdauer ist auf die während dieses Zeitraums tatsächlich geleisteten Arbeitsstunden abzustellen.

Beispiel 1:

Der Arbeitgeber beschäftigt den Arbeitnehmer im Mai jeweils montags, mittwochs und sonntags. Der Stundenlohn beträgt montags und mittwochs 15 € sowie sonntags 20 €. Der Arbeitnehmer arbeitet im Mai montags und mittwochs insgesamt 20 Stunden und sonntags insgesamt 10 Stunden.

Berechnung des durchschnittlichen Stundenlohns:

20 Stunden à 15 € =	300 €	
10 Stunden à 20 € =	200 €	
30 Stunden =	500 €	
1 Stunde =	500 €	: 30 Stunden = 16,66 € (gerundet)

Der durchschnittliche Stundenlohn übersteigt nicht die Stundenlohngrenze von 19 €.

Ein vereinbarter Stundenlohn ist nicht erforderlich. Eine Pauschalierung ist deshalb grds. auch bei nach Stückzahlen entlohnten Heimarbeitern zulässig, wenn in sich schlüssige Aufzeichnungen über die tatsächlichen Arbeitsstunden eine Umrechnung in einen durchschnittlichen Stundenlohn ermöglichen.

Der Begriff „Arbeitsstunde" in § 40a Abs. 4 EStG ist als **Zeitstunde** zu verstehen (BFH v. 10.8.1990, VI R 89/88, BStBl II 1990, 1092). Wird der Arbeitslohn für kürzere Zeiteinheiten (z.B. 45 Minuten) gezahlt, ist der Lohn zur Prüfung der Stundenlohngrenze des § 40a Abs. 4 EStG entsprechend umzurechnen, vgl. H 40a.1 (Arbeitsstunde) LStH.

Beispiel 2:

Der Arbeitnehmer ist aushilfsweise als Fahrlehrer tätig. Er erhält für eine Fahrstunde von 45 Minuten einen Lohn von 18 €.

Durch die Umrechnung ergibt sich ein maßgebender Stundenlohn von 24 €, so dass wegen Überschreitens der Stundenlohngrenze von 19 € eine Versteuerung nach § 40a Abs. 1 EStG ausscheidet.

Bei der Prüfung, ob die Stundenlohngrenze überschritten wird oder nicht, sind **sämtliche** (steuerpflichtigen) **Einnahmen**, die dem Arbeitnehmer aus der Aushilfstätigkeit zufließen, **zu berücksichtigen**. Jedoch bleiben **steuerfreie** Einnahmen außer Betracht. Erhalten Aushilfskräfte neben dem laufenden Arbeitslohn sonstige steuerpflichtige Bezüge (z.B. Weihnachtsgeld, Urlaubsgeld, Leistungsprämie, Erholungsbeihilfen, Sachzuwendungen bei Betriebsveranstaltungen), sind diese bei der Berechnung des durchschnittlichen Stundenlohns rechnerisch gleichmäßig auf die Lohnzahlungs- oder Lohnabrechnungszeiträume zu verteilen, in denen die Arbeitsleistung erbracht wird, für die die Bezüge eine Belohnung darstellen (BFH v. 13.1.1989, VI R 66/87, BStBl II 1989, 1030; BFH v. 21.7.1989, VI R 157/87, BStBl II 1989, 1032). Das gilt auch, wenn die sonstigen Bezüge nach § 40 EStG pauschal besteuert worden sind (Ausnahme: Pauschal besteuerter Fahrtkostenersatz nach § 40 Abs. 2 Satz 2 EStG wird nicht miteinbezogen, vgl. § 40 Abs. 2 Satz 3 zweiter Halbsatz EStG).

cc) Mehrere Dienstverhältnisse

3358 Bei der Prüfung der Voraussetzungen für die Pauschalierung ist von den Merkmalen auszugehen, die sich **für das einzelne Dienstverhältnis** ergeben. Der Arbeitgeber muss daher nicht prüfen, ob der Arbeitnehmer noch in einem Dienstverhältnis zu einem anderen Arbeitgeber steht (R 40a.1 Abs. 1 LStR). Folglich ist auch die Pauschalierung bei **mehreren gleichzeitig ausgeübten Aushilfsbeschäftigungen** möglich.

Danach ist es unerheblich, ob die Aushilfstätigkeit in einem zweiten oder weiteren Arbeitsverhältnis ausgeübt wird. Die Pauschalierungs-Voraussetzungen sind jeweils **für das einzelne Arbeitsverhältnis zu prüfen**. Dabei ist jedoch zu beachten, dass nach Auffassung der Finanzverwaltung **ein Arbeitnehmer nicht für denselben Arbeitgeber in zwei** (gegenwärtigen) **Arbeitsverhältnissen** mit der Folge unterschiedlicher steuerlicher Behandlung der beiden Arbeitsverhältnisse beschäftigt sein darf. Das gilt auch dann, wenn es sich um unterschiedliche Tätigkeiten handelt. Folglich ist die Pauschalierung der Lohnsteuer nach § 40a Abs. 4 Nr. 2 EStG ausgeschlossen, wenn der Arbeitnehmer für denselben Arbeitgeber neben seiner Haupttätigkeit eine Nebentätigkeit mit den Merkmalen einer Aushilfstätigkeit ausübt. Allerdings kann ein Arbeitnehmer, wenn er für verschiedene Betriebe desselben Arbeitgebers tätig wird, mehrere Arbeitsverhältnisse mit derselben Person haben (FG Münster v. 21.2.2003, 11 K 1158/01 L, EFG 2003, 864). Dies gilt aber nur, wenn es eine hinreichende Trennung der Tätigkeiten in sachlicher und zeitlicher Hinsicht gibt (FG Niedersachsen v. 26.9.2017, 14 K 241/16, EFG 2018, 572).

Beispiel 1:

Der Arbeitgeber erzielt aus einem Institut für Ausbildung in bildender Kunst und Kunsttherapie und Persönlichkeitsentwicklung Einkünfte aus selbständiger Arbeit. Daneben erzielt er aus einem Buchhandel und Handel mit Künstlerbedarf Einkünfte aus Gewerbebetrieb. In dem Institut war die Arbeitnehmerin X als Sekretärin beschäftigt; der von ihr bezogene Arbeitslohn wurde der Regelbesteuerung unterworfen. Daneben war Frau X in dem Buchhandel als Verkäuferin in den Abendstunden tätig. Hierfür erhielt sie einen Arbeitslohn, der nach § 40a EStG pauschal versteuert wurde.

Das Finanzamt sah eine Versteuerung des laufenden Arbeitslohns als Sekretärin nach den Lohnsteuerabzugsmerkmalen und eine Pauschalbesteuerung nach § 40a EStG für die Tätigkeit als Verkäuferin nach § 40a Abs. 4 Nr. 2 EStG als unzulässig an. Dem folgte das FG Münster nicht. Da es sich um zwei verschiedene Beschäftigungsverhältnisse i.R. von zwei verschiedenen Betrieben handelt, sei eine Pauschalbesteuerung für die Tätigkeit als Verkäuferin möglich (FG Münster v. 21.2.2003, 11 K 1158/01 L, EFG 2003, 864).

Beispiel 2:

Der Arbeitgeber ist Inhaber eines Betriebs für den Vertrieb und die Verarbeitung von Klebstoffen und Klebstoffzubehör (Betrieb X) sowie einer Buchbinderei. Die Betriebsstätten liegen räumlich nahe beieinander und die Betriebe werden beim Finanzamt unter eigenen Steuernummern geführt. Von den insgesamt 24 Arbeitnehmern werden neun Arbeitnehmer als Aushilfskräfte geführt. Der Arbeitgeber unterhält für jeden Betrieb eine gesonderte Lohn- und Finanzbuchhaltung. Die Lohnsteuer-Anmeldungen werden für beide Betriebe zusammengefasst unter der Steuernummer des Betriebs X abgegeben. Vier Arbeitnehmer arbeiten neben ihrer Festanstellung in dem einen Betrieb jeweils auch als geringfügig Beschäftigte in dem anderen Betrieb. Die Lohnsteuer wird für das Hauptbeschäftigungsverhältnis nach individuellen Besteuerungsmerkmalen und pauschal nach § 40a Abs. 2 EStG für das zweite (geringfügige) Beschäftigungsverhältnis ermittelt.

Das Finanzamt sah eine Versteuerung des laufenden Arbeitslohns nach den Lohnsteuerabzugsmerkmalen und eine Pauschalbesteuerung nach § 40a EStG nach § 40a Abs. 4 Nr. 2 EStG als unzulässig an. Das FG Niedersachsen bestätigte die Rechtsauffassung des Finanzamts. Da die Tätigkeiten weder in sachlicher noch in zeitlicher Hinsicht hinreichend getrennt sind, liegt ein einheitliches Beschäftigungsverhältnis vor, so dass eine Pauschalierung der Lohnsteuer nicht möglich ist (FG Niedersachsen v. 26.9.2017, 14 K 241/16, EFG 2018, 572).

Bei Zahlung von **Betriebsrenten** bzw. Vorruhestandsgeldern ist ausnahmsweise **eine isolierte Anwendung** des § 40a EStG **zulässig** (BFH v. 27.7.1990, VI R 20/89, BStBl II 1990, 931).

Bei zwar rechtlich selbständigen, aber verbundenen und von einem einheitlich beherrschten Willen geprägten Unternehmen (z.B. **Konzerngesellschaften, Mutter- und Tochtergesellschaft**, Personenidentität der Gesellschafter) handelt es sich grds. um zwei oder ggf. mehrere verschiedene Arbeitgeber mit der Folge einer gesonderten steuerrechtlichen Betrachtung der einzelnen Arbeitsverhältnisse.

Beispiel 3:

Eine Beteiligungs-GmbH beschäftigt eine fest angestellte Arbeitnehmerin, die gleichzeitig eine Aushilfstätigkeit bei einer GmbH & Co. KG ausübt, an der die GmbH als Komplementärin beteiligt ist. Eine Pauschalierung nach § 40a EStG für die Aushilfstätigkeit ist hier möglich.

Eine gesonderte steuerliche Betrachtung wäre nur dann nicht geboten, wenn die GmbH & Co. KG keinen eigenen Tätigkeitsbereich hätte oder die Arbeitnehmer die „Aushilfstätigkeit" im Auftrag ihres „Hauptarbeitgebers" ausüben (z.B. während der vereinbarten Arbeitszeit) und lediglich die Zahlung durch die GmbH & Co. KG erfolgen würde. Im zuletzt genannten Fall wären die Zahlungen dann als Lohnzahlungen Dritter von der GmbH dem Steuerabzug zu unterwerfen (R 38.4 Abs. 1 LStR).

dd) Bemessungsgrundlage für die Pauschalierung

Zur Bemessungsgrundlage der pauschalen Lohnsteuer gehören 3359
alle Einnahmen, die dem Arbeitnehmer aus der Aushilfsbeschäfti-

gung zufließen (§ 2 LStDV). **Steuerfreie Einnahmen** bleiben für die Lohnsteuer-Erhebung jedoch **außer Betracht** (R 40a.1 Abs. 4 Satz 1 und 2 LStR). Mit Hilfe der steuerfreien Zuwendungen ist es möglich, dem Arbeitnehmer höhere monatliche Bezüge als in § 40a EStG vorgesehen auszuzahlen, ohne die Möglichkeit der Pauschalierung zu verlieren. **Folgende steuerfreie Zuwendungen kommen insbesondere in Betracht:**

- steuerfreie Reisekosten,
- steuerfreies Werkzeuggeld,
- steuerfreie Kindergartenzuschüsse,
- steuerfreie Überlassung von Datenverarbeitungs- und Telekommunikationsgeräten,
- steuerfreie Sonntags-, Feiertags- oder Nachtzuschläge,
- steuerfreie Rabatte.

Beispiel:

In einem Restaurant in Hannover wird eine Kellnerin im Oktober für 15 Arbeitstage als Aushilfe beschäftigt. Sie erhält einen Stundenlohn von 16 €. Für die Arbeit zu bestimmten Zeiten erhält sie zusätzlich Zuschläge, und zwar für

Sonntagsarbeit	50 %,
Feiertagsarbeit	125 %,
Nachtarbeit (20 bis 6 Uhr)	25 %.

Im Oktober hat sie folgende Stunden gearbeitet:
84 Stunden an Wochentagen, davon 50 Stunden nach 20 Uhr,
14 Stunden an Sonntagen, davon 7 Stunden nach 20 Uhr,
7 Stunden an Feiertagen, davon 4 Stunden nach 20 Uhr.

Es ergibt sich folgende Lohnabrechnung für den Monat:

– 34 Wochentags-Stunden à 16 €	544,– €
– 50 Wochentags-Stunden mit Nachtarbeitszuschlag à 20,00 € (16 € + 25 % Zuschlag)	1 000,– €
– 7 Sonntags-Stunden à 24 € (16 € + 50 % Zuschlag)	168,– €
– 7 Sonntags-Stunden mit Nachtarbeitszuschlag à 28,00 € (16 € + 75 % Zuschlag)	196,00 €
– 3 Feiertags-Stunden à 36,00 € (16 € + 125 % Zuschlag)	108,60 €
– 4 Feiertags-Stunden mit Nachtarbeitszuschlag à 40 € (16 € + 150 % Zuschlag)	160,– €
insgesamt	2 176,60 €

Die Zuschläge für Sonntags-, Feiertags- oder Nachtarbeit sind in voller Höhe steuerfrei, weil sie die gesetzlichen Grenzen des § 3b EStG nicht übersteigen, sie bleiben daher für die Überprüfung der Pauschalierungsgrenzen außer Betracht. Der steuerpflichtige Arbeitslohn beträgt 1 680 € (105 Stunden à 16 €), so dass weder die Stundenlohngrenze noch die Tageslohngrenze überschritten sind. Eine Pauschalbesteuerung ist daher für die kurzfristige Beschäftigung möglich. Die steuerliche Belastung für den Arbeitgeber in diesem Monat errechnet sich wie folgt:

Arbeitslohn insgesamt (steuerpflichtig und steuerfrei)	2 176,60 €
+ pauschale Lohnsteuer (25 % von 1 580 €)	420,00 €
+ Solidaritätszuschlag (5,5 % von 420,00 €)	23,10 €
+ pauschale Kirchensteuer (6 % von 420,00 €)	25,20 €
Belastung insgesamt	2 644,30 €

Bei der Prüfung der Pauschalierungsgrenzen bleiben **nur steuerfreie Einnahmen außer Ansatz**. Alle steuerpflichtigen Einnahmen sind hingegen miteinzubeziehen. Dies gilt auch für Bezüge, die nach § 40 EStG **pauschal versteuert** werden (R 40a.1 Abs. 5 Satz 2 LStR). Wird durch die Hinzurechnung der pauschal versteuerten Bezüge die Pauschalierungsgrenze überschritten, so ist der Arbeitslohn der Regelversteuerung zu unterwerfen (liegen keine Lohnsteuerabzugsmerkmale vor, so muss die Versteuerung nach der Steuerklasse VI erfolgen, → *ELStAM* Rz. 1881). Die Pauschalversteuerung nach § 40 EStG bleibt hingegen bestehen.

Von dem Grundsatz, dass pauschal besteuerte Bezüge bei der Prüfung der Pauschalierungsgrenze mit einzubeziehen sind, gibt es eine Ausnahme. **Kraft ausdrücklicher gesetzlicher Regelung** in § 40 Abs. 2 Satz 3 EStG bleiben die mit 15 % oder 25 % **pauschal besteuerte Fahrtkostenzuschüsse** des Arbeitgebers für Fahrten des Arbeitnehmers zwischen Wohnung und erster Tätigkeitsstätte bei der Prüfung der Pauschalierungsgrenze außer Ansatz, vgl. R 40a.1 Abs. 5 Satz 2 LStR.

Wird ein **Arbeitnehmer** beschäftigt, der **älter als 64 Jahre** ist, so darf der Arbeitslohn für die Ermittlung der pauschalen Lohnsteuer **nicht um den Altersentlastungsbetrag** (§ 24a EStG) gekürzt werden (R 40a.1 Abs. 4 Satz 3 LStR).

ee) Abwälzung der pauschalen Lohnsteuer auf den Arbeitnehmer

3360 Gegenüber der FinVerw. ist der Arbeitgeber Schuldner der pauschalen Lohnsteuer bei Aushilfskräften (§ 40a Abs. 5 i.V.m. § 40 Abs. 3 EStG). Dennoch ist es möglich, dass der Arbeitgeber die pauschale Lohnsteuer **im Innenverhältnis** auf den Arbeitnehmer überwälzt (→ *Abwälzung der pauschalen Lohnsteuer auf den Arbeitnehmer* Rz. 27).

Die Steuerschuldnerschaft des Arbeitgebers wird durch eine solche Vereinbarung allerdings nicht berührt. Das bedeutet, dass der Arbeitgeber die pauschale Lohnsteuer beim Finanzamt anmelden und abführen muss, und zwar **als Steuerschuldner** und nicht im Namen und im Auftrag des Arbeitnehmers.

Wird die Pauschalsteuer arbeitsrechtlich zulässig auf den Arbeitnehmer abgewälzt, so muss der Arbeitgeber die pauschale Lohnsteuer, den Solidaritätszuschlag und die Kirchensteuer vom vereinbarten Arbeitslohn errechnen, denn eine Abwälzung ist lohnsteuerrechtlich nicht mehr zulässig (→ *Abwälzung der pauschalen Lohnsteuer auf den Arbeitnehmer* Rz. 28). Diese Abzugsbeträge kann sich der Arbeitgeber dann vom Arbeitnehmer erstatten lassen.

ff) Auswirkung auf die Einkommensteuer des Arbeitnehmers

Nach § 40a Abs. 5 i.V.m. § 40 Abs. 3 EStG bleibt der **pauschal besteuerte Arbeitslohn** und die **pauschale Lohnsteuer bei einer Veranlagung des Arbeitnehmers außer Ansatz**. Dies gilt gleichermaßen für den pauschalen Solidaritätszuschlag sowie die pauschale Kirchensteuer. Ebenso ist die pauschale Lohnsteuer, der pauschale Solidaritätszuschlag und die pauschale Kirchensteuer nicht auf die Einkommensteuer des Arbeitnehmers anzurechnen. Die pauschale Lohnsteuer stellt damit eine **endgültige Besteuerung** des so besteuerten Arbeitslohns dar. Folglich darf der Arbeitnehmer seine mit dem pauschal besteuerten Arbeitslohn zusammenhängen Aufwendungen, nicht als Werbungskosten abziehen (R 40a.1 Abs. 1 Satz 5 LStR). 3361

Allerdings besteht im Einkommensteuer-Veranlagungsverfahren des Arbeitnehmers **keine verfahrensrechtliche Bindung** des Finanzamts an die im Lohnsteuer-Pauschalierungsverfahren vom Arbeitgeber getroffenen Entscheidungen. Deshalb darf das Finanzamt bei **Verneinung der Pauschalierungsvoraussetzungen** auch den pauschal besteuerten Arbeitslohn in die Veranlagung einbeziehen, ohne dass es einer vorherigen Änderung der Lohnsteuer-Anmeldung bedarf (BFH v. 10.6.1988, III R 232/84, BStBl II 1988, 981). Die vom Arbeitgeber abgeführte pauschale Lohnsteuer kann aber nicht auf die Einkommensteuerschuld des Arbeitnehmers angerechnet werden (BFH v. 20.3.2006, VII B 230/05).

gg) Aufzeichnungsvorschriften bei der Pauschalierung

Der Arbeitgeber muss auch bei der Pauschalierung der Lohnsteuer bestimmte Aufzeichnungspflichten erfüllen. Nach § 4 Abs. 2 Nr. 8 LStDV genügt es, wenn der Arbeitgeber ein **Sammelkonto mit folgenden Angaben für den einzelnen Arbeitnehmer führt:** 3362

- **Name und Anschrift** des Arbeitnehmers,
- **Dauer der Beschäftigung**,
- **Tag der Zahlung**,
- **Höhe des Arbeitslohns**,
- **Art der Beschäftigung** bei Aushilfskräften in der Land- und Forstwirtschaft.

Ein Unterzeichnen oder Quittieren der Lohnabrechnung durch den Arbeitnehmer ist nicht erforderlich aber ggf. hilfreich.

Die zuvor genannten Aufzeichnungspflichten im Lohnsteuer-Sammelkonto haben nur den Charakter von Ordnungsvorschriften und sind keine materiell-rechtlichen Voraussetzungen für die Pauschalierung der Lohnsteuer (BFH v. 12.6.1986, VI R 167/83, BStBl II 1986, 681). Soweit Arbeitgeber für das Lohnsteuer-Sammelkonto vorgesehene Aufzeichnungen nicht vorlegen können, haben sie grds. die Möglichkeit glaubhaft zu machen, dass die Voraussetzungen für die Pauschalierung nach § 40a EStG gleichwohl vorgelegen haben. Dabei kann sich der **Arbeitgeber aller zulässigen Beweismittel bedienen, z.B.**

- Arbeitsnachweise,
- Zeitkontrollen oder
- Zeugenaussagen.

Allerdings sollte sich jeder Arbeitgeber darüber im Klaren sein, dass verbleibende Unklarheiten zu seinen Lasten gehen.

Die Aufzeichnungen über die Beschäftigungsdauer müssen den Zweck erfüllen, den Stundenlohn zu ermitteln. Als Beschäftigungsdauer ist dazu neben der Zahl der Arbeitstage jeweils die Zahl der tatsächlichen Arbeitsstunden (= 60 Minuten) in dem jeweiligen Lohnzahlungs- oder Lohnabrechnungszeitraum aufzuzeichnen (BFH v. 10.9.1976, VI R 220/75, BStBl II 1977, 17).

Die Finanzverwaltung legt großen Wert auf **die korrekte Aufzeichnung der Arbeitslohnempfänger** (Name und Anschrift), denn sie hat bei Lohnsteuer-Außenprüfungen häufig feststellen müssen, dass die in den Aushilfsquittungen bezeichneten Personen tatsächlich keine Arbeitslohnzahlungen erhalten haben.

d) Aushilfskräfte (§ 40a Abs. 1 EStG)

aa) Gesetzliche Regelung

3363 Der Arbeitgeber kann unter Verzicht auf den **Abruf von elektronischen Lohnsteuerabzugsmerkmalen** oder die Vorlage einer Bescheinigung für den Lohnsteuerabzug bei Arbeitnehmern, die **nur kurzfristig beschäftigt** werden (Aushilfskräfte), die Lohnsteuer mit einem Pauschsteuersatz von **25 %** des Arbeitslohns erheben.

Steuerlich liegt eine **kurzfristige Beschäftigung** (nach § 40a Abs. 1 EStG) **vor, wenn**

- der Arbeitnehmer bei dem Arbeitgeber **gelegentlich**, nicht regelmäßig wiederkehrend beschäftigt wird,
- die Dauer der Beschäftigung **18 zusammenhängende Arbeitstage** nicht übersteigt **und**
- der Arbeitslohn während der Beschäftigungsdauer **150 €** durchschnittlich je Arbeitstag nicht übersteigt (Anhebung von 120 € auf 150 € seit dem Kalenderjahr 2023) **oder**
- die Beschäftigung zu einem **unvorhergesehenen Zeitpunkt** sofort erforderlich wird.

Ob **sozialversicherungsrechtlich eine kurzfristige Beschäftigung vorliegt** oder nicht, ist für die Pauschalierung nach § 40a Abs. 1 EStG **ohne Bedeutung** (R 40a.1 Abs. 2 Satz 5 LStR).

bb) Gelegentliche, nicht regelmäßig wiederkehrende Beschäftigung

3364 Als gelegentliche, nicht regelmäßig wiederkehrende Beschäftigung ist eine ohne feste Wiederholungsabsicht ausgeübte Tätigkeit anzusehen. Tatsächlich kann es zu Wiederholungen der Tätigkeit kommen. Entscheidend ist, dass die erneute Tätigkeit nicht bereits von vornherein vereinbart worden ist. Es kommt dann nicht darauf an, wie oft die Aushilfskräfte tatsächlich im Laufe des Jahres tätig werden (R 40a.1 Abs. 2 LStR).

Kann der Arbeitgeber dagegen auf einen Stamm von Arbeitnehmern zurückgreifen, die auf Abruf bereitstehen, so kommt es darauf an, wie oft es zu einer Tätigkeit im Laufe des Jahres kommt. Dabei ist auch zu beachten, dass diese Handlungsweise nicht nach § 42 AO einen Missbrauch von Formen und Gestaltungsmöglichkeiten darstellt.

Bei der Beurteilung, ob eine gelegentliche, nicht regelmäßig wiederkehrende Beschäftigung vorliegt, kommt es nach der Rechtsprechung des BFH letztlich nur auf die Dauer der Tätigkeit an (BFH v. 24.8.1990, VI R 70/85, BStBl II 1991, 318).

Beispiel 1:

Ein Arbeitgeber benötigt häufig Sargträger. Ihm ist ein Kreis von Personen bekannt, der ohne feste Wiederholungsabsicht bereit ist, nach Abkömmlichkeit auf Anruf auszuhelfen.

Falls der Arbeitgeber im Laufe eines Jahres einen Sargträger mehrfach (z.B. 50-mal) genommen hat, handelt es sich gleichwohl um kurzfristige Beschäftigungen.

Beispiel 2:

Ein Arbeitgeber benötigt eine Buchhaltungshilfe. Er vereinbart mit einem Arbeitnehmer, dass er an den letzten drei Tagen des Monats im Betrieb arbeiten soll.

Es handelt sich nicht um eine kurzfristige Beschäftigung.

cc) Dauer der Beschäftigung

3365 Der Zeitraum von 18 zusammenhängenden Arbeitstagen wird durch Tage, an denen üblicherweise nicht gearbeitet wird, nicht unterbrochen. Als Arbeitstage zählen nur die Tage, an denen der Arbeitnehmer tatsächlich tätig ist oder an denen der Arbeitslohn wegen Urlaubs, Krankheit oder gesetzlicher Feiertage fortgezahlt wird (R 40a.1 Abs. 5 Satz 3 LStR). Unbezahlte Sonn- und Feiertage, Sonnabende oder Krankheits- und Urlaubstage bleiben hingegen außer Betracht (FG Hamburg v. 9.12.1977, I 192/76, EFG 1978, 335).

Beispiel:

Ein Arbeitnehmer wird im Dezember 2026 für das Weihnachtsgeschäft eingestellt. Er arbeitet vom 1.12. bis 24.12.2026 (24 Kalendertage) jeweils von Montag bis Freitag; Heiligabend wird nicht gearbeitet.

Sonn- und Feiertage sowie Sonnabende und der Heiligabend bleiben bei der Prüfung, ob der Zeitraum von 18 zusammenhängenden Arbeitstagen überschritten wird, außer Betracht. Daher ergibt sich folgende Berechnung:

1. Woche:	1. bis 4.12.2026:	4 Arbeitstage
2. Woche:	7. bis 11.12.2026:	5 Arbeitstage
3. Woche:	14. bis 18.12.2026:	5 Arbeitstage
4. Woche:	21. bis 23.12.2026:	3 Arbeitstage
Insgesamt		17 Arbeitstage

Es liegt eine kurzfristige Beschäftigung vor, denn der Zeitraum von 18 zusammenhängenden Arbeitstagen wird nicht überschritten.

dd) Durchschnittslohn je Arbeitstag

Der Durchschnittslohn je Arbeitstag für kurzfristig Beschäftigte beträgt seit dem 1.1.2023 **150 €** (Anhebung von 120 € auf 150 €). Diese Anhebung erfolgte auf Grund des erhöhten Mindestlohns (→ *Mindestlohn* Rz. 3142). Dabei wurde auch berücksichtigt, dass für verschiedene Branchen höhere Mindestlöhne als der gesetzliche Mindestlohn gelten. Die erhöhte Tageslohngrenze ermöglicht es, auch über dem Mindestlohn liegende Stundenlöhne für qualifizierte Tätigkeiten in die Lohnsteuerpauschalierung einzubeziehen. 3366

Der Durchschnittslohn je Arbeitstag beträgt:

Zeitraum	Durchschnittslohn je Arbeitstag
bis 31.12.2014	62 €
1.1.2015 – 31.12.2016	68 €
1.1.2017 – 31.12.2019	72 €
1.1.2020 – 31.12.2021	120 €
seit 1.1.2023	150 €

Der Betrag von 150 € arbeitstäglich ist ein Durchschnittsbetrag und errechnet sich aus dem Gesamtlohn einschließlich sonstiger Bezüge und der Zahl der tatsächlichen Arbeitstage. Der Betrag kann also an einzelnen Tagen, z.B. durch Überstunden, über 150 € liegen. Einzubeziehen sind z.T. auch andere pauschal besteuerte Bezüge.

Der Begriff „Arbeitstag" ist dabei nicht immer als Kalendertag zu verstehen. Als ein „Arbeitstag" kann auch eine sich auf zwei Kalendertage erstreckende Nachtschicht angesehen werden (BFH v. 28.1.1994, VI R 51/93, BStBl II 1994, 421).

Beispiel:

Eine Aushilfskraft arbeitet nicht regelmäßig wiederkehrend als Taxifahrer und erhält für eine Nachtschicht 150 €.

Eine Pauschalierung mit 25 % ist möglich, weil die Nachtschicht, auch wenn sie sich über zwei Kalendertage erstreckt, für die Prüfung der 150 €-Grenze nur als ein Kalendertag i.S.v. § 40a Abs. 1 Nr. 1 EStG anzusehen ist.

ee) Beschäftigung zu einem unvorhergesehenen Zeitpunkt

Bei der Beschäftigung zu einem unvorhergesehenen Zeitpunkt ist die Begrenzung auf 150 € je Arbeitstag **nicht** zu beachten. Beschäftigungen zu einem unvorhergesehenen Zeitpunkt (nicht Zeitraum) sind dann gegeben, wenn sie für den Arbeitgeber durch **Geschehnisabläufe, die** 3367

- überraschend eintreten,
- außerhalb der Wahrscheinlichkeit liegen,
- nicht kalkulierbar sind,

erforderlich werden. Als **derartige Ereignisse sind z.B. anzusehen**

- Fälle der höheren Gewalt wie
  - Eintritt besonderer Witterungsverhältnisse (z.B. Unwetter, plötzlicher Frost oder Schneefall),
  - plötzlicher Stromausfall,
  - Ausfall von Arbeitskräften durch Krankheit

  oder
- akuter Bedarf zusätzlicher Arbeitskräfte (R 40a.1 Abs. 3 Satz 1 LStR).

Die Beschäftigung von Aushilfskräften, deren **Einsatzzeitpunkt längere Zeit vorher feststeht**, z.B. bei Volksfesten oder Messen, oder deren **kurzfristiger Einsatz betriebstypisch** ist, z.B. bei Reinigungsunternehmen, Hafenbetrieben oder Markthändlern, kann grds. **nicht als unvorhersehbar und sofort erforderlich angesehen werden** (FG Düsseldorf v. 4.2.1974, VIII 295/69 L, EFG 1974, 334; FG Niedersachsen v. 5.6.1979, VI (IX) L 262/77, EFG 1979, 605). Auch ein kurzfristiger Einsatz zusätzlicher Aushilfen im Baugewerbe nach alljährlich wiederkehrenden Schlechtwetterperioden kann nicht als zu einem unvorhergesehenen Zeitpunkt sofort erforderlich angesehen werden, weil ein derartiger Einsatz in dieser Branche insoweit betriebstypisch ist. Ebenso kann nicht von einem Einsatz zu einem unvorhersehbaren Zeitpunkt gesprochen werden, wenn dem Arbeitgeber ein gewisser Stamm von erfahrenen und fachlich geeigneten Aushilfskräften auf Abruf zur Verfügung steht.

Eine andere Beurteilung ist z.B. aber hinsichtlich solcher Aushilfskräfte möglich, deren (sofortige) Einstellung entgegen dem vorhersehbaren Bedarf an Arbeitskräften notwendig geworden ist (R 40a.1 Abs. 3 Satz 2 LStR).

e) Aushilfskräfte in der Land- und Forstwirtschaft (§ 40a Abs. 3 EStG)

aa) Gesetzliche Regelung

3368 Der Arbeitgeber kann unter Verzicht auf den **Abruf von elektronischen Lohnsteuerabzugsmerkmalen** oder die Vorlage einer Bescheinigung für den Lohnsteuerabzug bei Arbeitnehmern, die als Aushilfskräfte in der Land- und Forstwirtschaft beschäftigt werden (L+F-Aushilfskräfte), die Lohnsteuer mit einem Pauschsteuersatz von **5 %** des Arbeitslohns erheben.

Eine Beschäftigung als L+F-Aushilfskraft liegt nach § 40a Abs. 3 EStG und R 40a.1 Abs. 6 LStR vor, wenn die Aushilfskraft

- **in einem land- und forstwirtschaftlichen Betrieb** i.S.d. § 13 Abs. 1 EStG tätig ist,
- **ausschließlich typische land- und forstwirtschaftliche Tätigkeiten** ausübt,
- **keine land- und forstwirtschaftliche Fachkraft** ist,
- **nicht mehr als 180 Tage im Kalenderjahr beschäftigt** wird,
- für die Ausführung und für die Dauer von Arbeiten, **die nicht ganzjährig anfallen**, beschäftigt wird; jedoch ist eine Beschäftigung mit anderen land- und forstwirtschaftlichen Arbeiten **unschädlich**, wenn deren Dauer 25 % der Gesamtbeschäftigungsdauer nicht überschreitet und
- einen durchschnittlichen **Stundenlohn** von höchstens 19 € erhält (Anhebung von 15 € auf 19 € seit dem Kalenderjahr 2023); es ist allerdings **unschädlich**, wenn der Arbeitslohn während der Beschäftigung die Arbeitslohngrenze für Aushilfskräfte übersteigt.

Zunächst sollte ggf. geprüft werden, ob die L+F-Aushilfskraft nicht i.R. eines geringfügigen Beschäftigungsverhältnisses tätig wird (→ *Mini-Jobs* Rz. 3161). In diesem Falle beträgt der Pauschsteuersatz nur 2 % (→ *Pauschalierung der Lohnsteuer bei geringfügig Beschäftigten* Rz. 3379).

bb) Land- und forstwirtschaftlicher Betrieb

3369 **Zu den Einkünften aus Land- und Forstwirtschaft** i.S.d. § 13 Abs. 1 EStG **zählen**

- Einkünfte aus dem Betrieb von Landwirtschaft, Forstwirtschaft, Weinbau, Gartenbau, Obstbau, Gemüsebau, Baumschulen und aus allen Betrieben, die Pflanzen und Pflanzenteile mit Hilfe der Naturkräfte gewinnen,
- Einkünfte aus der Tierzucht und Tierhaltung innerhalb bestimmter Grenzen,
- Einkünfte aus sonstiger land- und forstwirtschaftlicher Nutzung (§ 62 BewG),
- Einkünfte aus Jagd, wenn diese mit dem Betrieb einer Landwirtschaft oder einer Forstwirtschaft im Zusammenhang steht,
- Einkünfte von Hauberg-, Wald-, Forst- und Laubgenossenschaften und ähnlichen Realgemeinden i.S.d. § 3 Abs. 2 KStG.

Eine Pauschalierung der Lohnsteuer für L+F-Aushilfskräfte setzt nach § 40a Abs. 3 EStG voraus, dass die L+F-Aushilfskräfte in einem land- oder forstwirtschaftlichen Betrieb i.S.d. § 13 Abs. 1 EStG beschäftigt werden (R 40a.1 Abs. 6 Satz 1 LStR). Diese Voraussetzung ist dann **nicht mehr erfüllt**, wenn ein Betrieb (z.B. ein Weingut) **infolge erheblichen Zukaufs** fremder Erzeugnisse aus dem Tätigkeitsbereich des § 13 Abs. 1 EStG ausgeschieden und einheitlich als Gewerbebetrieb zu beurteilen ist. Etwas anderes gilt auch nicht für Neben- oder Teilbetriebe, die für sich allein die Merkmale eines land- und forstwirtschaftlichen Betriebes erfüllen (BFH v. 3.8.1990, VI R 22/89, BStBl II 1990, 1002). Für L+F-Aushilfskräfte, die in einem Gewerbebetrieb beschäftigt werden, kommt die Pauschalierung der Lohnsteuer nach § 40a Abs. 3 EStG selbst dann nicht in Betracht, wenn diese Aushilfskräfte in diesem Betrieb mit typischen land- und forstwirtschaftlichen Arbeiten beschäftigt werden (R 40a.1 Abs. 6 Satz 2 LStR).

Demgegenüber ist die Pauschalierung der Lohnsteuer nach § 40a Abs. 3 EStG **zulässig**, wenn ein Betrieb, der Land- und Forstwirtschaft betreibt, **ausschließlich wegen seiner Rechtsform** (z.B. Kapitalgesellschaft) als Gewerbebetrieb gilt (R 40a.1 Abs. 6 Satz 2 2. Halbsatz LStR), vgl. auch H 40a.1 (Land- und Forstwirtschaft) LStH. Dies ist bei Gewerbebetrieben kraft Rechtsform (§ 2 Abs. 2 GewStG, R 2.1 Abs. 4 GewStR) dann der Fall, wenn nach den Abgrenzungskriterien von R 15.5 EStR ein Betrieb der Land- und Forstwirtschaft anzunehmen wäre. Bei einem Gewerbebetrieb kraft Rechtsform ist die Anwendung des § 40a Abs. 3 EStG nicht davon abhängig, dass er ggf. nach § 3 GewStG von der Gewerbesteuer befreit ist. Die Pauschalierung der Lohnsteuer für Aushilfskräfte in Betrieben der Land- und Forstwirtschaft nach § 40a Abs. 3 EStG ist **auch dann zulässig**, wenn der **Betrieb einer Personengesellschaft**, die Land- und Forstwirtschaft i.S.d. § 13 Abs. 1 Nr. 1 bis 4 EStG betreibt, **nur wegen** § 15 Abs. 3 Nr. 1 EStG **(Abfärbetheorie) als Gewerbebetrieb gilt** (BFH v. 14.9.2005, VI R 89/98, BStBl II 2006, 92).

In den nachstehenden Sonderfällen gilt Folgendes:

- **Winzergenossenschaften** sind berechtigt, die Aushilfslöhne mit 5 % zu pauschalieren, wenn nach den oben stehenden Kriterien ein Betrieb der Land- und Forstwirtschaft anzunehmen ist.
- Rebveredelungsarbeiten in **Rebveredelungsbetrieben** sind typisch landwirtschaftliche Arbeiten, weil es sich hierbei um die Gewinnung von Pflanzen bzw. Pflanzenteilen unter Ausnutzung der Naturkraft des Grund und Bodens handelt. Dasselbe gilt auch für entsprechende Tätigkeiten im **Obstbau** und für **Baumschulen**. Auch das Veredeln von Rosen ist eine landwirtschaftliche Tätigkeit in diesem Sinne.

  Dies gilt auch bei **wissenschaftlicher und züchterischer Arbeit** (BFH v. 6.5.1954, IV 221/53 U, BStBl III 1954, 197). Im Gegensatz zum Blumenbinden und zum Verkauf der landwirtschaftlichen Erzeugnisse werden die Reben durch die Rebveredelung – also durch Bodennutzung und Kulturtechnik – erst zum Verkauf reif gemacht; sie erfahren dadurch eine Wesensänderung.
- In der Rechtsform eines eingetragenen Vereins organisierte landwirtschaftliche **Betriebshilfedienste**, die landwirtschaftlichen Betrieben in Notfällen Aushilfskräfte zur Verfügung stellen und entlohnen (z.B. bei längerer Erkrankung des Landwirtes), sind **keine Betriebe** i.S.d. § 13 EStG. Außerdem handelt es sich bei den beschäftigten Aushilfskräften regelmäßig um land- und forstwirtschaftliche Fachkräfte.

cc) Typische land- und forstwirtschaftliche Tätigkeit

Zu den „typisch land- und forstwirtschaftlichen Arbeiten" i.S.d. 3370
§ 40a Abs. 3 Satz 1 EStG rechnen grds. alle anfallenden Arbeiten bis zur Fertigstellung der land- und forstwirtschaftlichen Erzeugnisse, die i.R. des erzeugenden land- und forstwirtschaftlichen Betriebs anfallen.

Weitere Voraussetzung ist, dass die Aushilfskräfte **ausschließlich mit typisch land- und forstwirtschaftlichen Arbeiten** beschäftigt worden sind. Werden die Aushilfskräfte zwar in einem land- und forstwirtschaftlichen Betrieb i.S.d. § 13 Abs. 1 EStG beschäftigt, üben sie aber keine typische land- und forstwirtschaftliche Tätigkeit aus, z.B. Blumenbinder, Verkäufer, ist eine Pauschalierung der Lohnsteuer nach § 40a Abs. 3 EStG nicht zulässig (R 40a.1 Abs. 6 Satz 3 LStR). Auch das Schälen von Spargel ist keine typisch land- und forstwirtschaftliche Tätigkeit (BFH v. 8.5.2008, VI R 76/04, BStBl II 2009, 40).

Eine Beschränkung des Pauschalierungsverfahrens auf wachstums- und witterungsabhängige Arbeit besteht nicht. **Im Weinbau** gehören deshalb bei einem Erzeugerbetrieb auch die saisonbedingten Kellereiarbeiten zu den typisch land- und forstwirtschaftlichen Arbeiten. Im Besonderen fallen hierunter die Maßnahmen der Traubenverarbeitung (z.B. Keltern) sowie weitere anschließende Arbeiten bis zum ersten Abstich. Dabei ist zu beachten, dass beim Ausbau des Weines erfahrungsgemäß in verstärktem Maße Fachkräfte eingesetzt werden, für die die Anwendung der Pauschalierungsregelung nach § 40a Abs. 3 Satz 3 EStG ausgeschlossen ist. **Werden bei Erntearbeiten** (z.B. Zuckerrübenernte) u.a. Kraftfahrer als Aushilfskräfte beschäftigt, die das Erntegut von den Feldern zum Verwertungsbetrieb (z.B. Zuckerfabrik) fahren, so ist diese Tätigkeit ebenso wie die Feldarbeit der übrigen Aushilfskräfte als i.R. eines Ernteeinsatzes ausgeübte land- und forstwirtschaftliche Tätigkeit anzusehen. Zu den typisch forstwirtschaftlichen Tätigkeiten gehört grds. auch der Bau von Waldwegen, die der Erschließung oder Ausnutzung eines Waldgebiets dienen. Voraussetzung ist aber, dass die Wald- oder Wirtschaftswege von dem Forstwirt in seiner Eigenschaft als Inhaber eines forstwirtschaftlichen Betriebs angelegt werden. Diese Bedingung ist nicht erfüllt, wenn die Gemeinden die Waldwege ausschließlich oder auch in ihrer Eigenschaft als öffentlich-rechtliche Gebietskörperschaft und in Erfüllung der öffentlichen Daseinsvorsorge zur Erschließung eines Gebiets als Erholungsgebiet oder zur Verbesserung der Zufahrtsmöglichkeiten auch für andere land- und forstwirtschaftliche Betriebe erstellen. In diesen Fällen sind die Aushilfskräfte nicht in einem Betrieb der Land- und Forstwirtschaft ausschließlich mit typisch land- und forstwirtschaftlichen Arbeiten beschäftigt (BFH v. 12.6.1986, VI R 167/83, BStBl II 1986, 681).

dd) Land- und forstwirtschaftliche Fachkräfte

3371 Keine L+F-Aushilfskräfte, für deren Arbeitslohn die Lohnsteuer mit einem Pauschsteuersatz von 5 % erhoben werden kann, sind Arbeitnehmer, die zu den **land- und forstwirtschaftlichen Fachkräften** gehören (§ 40a Abs. 3 Satz 3 EStG).

Ob ein Arbeitnehmer Fachkraft ist, hängt von der **Art der Tätigkeit** und von den **Kenntnissen** ab, die er zur Verrichtung dieser Tätigkeit erworben hat. Das bedeutet im Einzelnen:

- Ein Arbeitnehmer, der die **Fertigkeiten** für eine land- oder forstwirtschaftliche Tätigkeit **i.R. einer Berufsausbildung erlernt** hat, gehört zu den **Fachkräften**, ohne dass es darauf ankommt, ob die durchgeführten Arbeiten den Einsatz einer Fachkraft erfordern (BFH v. 25.10.2005, VI R 77/02, BStBl II 2006, 208).
- Hat ein Arbeitnehmer die erforderlichen Fertigkeiten **nicht i.R. einer Berufsausbildung erworben**, gehört er nur dann zu den land- und forstwirtschaftlichen Fachkräften, wenn er **an Stelle einer Fachkraft** eingesetzt ist (BFH v. 25.10.2005, VI R 77/02, BStBl II 2006, 208).
- Ein Arbeitnehmer ist an Stelle einer land- und forstwirtschaftlichen Fachkraft eingesetzt, wenn **mehr als 25 %** der zu beurteilenden Tätigkeit Fachkraft-Kenntnisse erfordern (BFH v. 25.10.2005, VI R 77/02, BStBl II 2006, 208).
- **Traktorführer** sind jedenfalls dann als Fachkräfte und nicht als Aushilfskräfte zu beurteilen, wenn sie den **Traktor als Zugfahrzeug** mit landwirtschaftlichen Maschinen führen (BFH v. 25.10.2005, VI R 59/03, BStBl II 2006, 204).
- Wird ein Arbeitnehmer lediglich **unter Anleitung** eines als Fachkraft zu beurteilenden anderen Arbeitnehmers **tätig** und erbringt er dabei **Handlangerdienste** oder andere einfache Tätigkeiten, die außer einer kurzen Anleitung kein weiteres Anlernen erfordern, so ist dieser Arbeitnehmer regelmäßig **keine Fachkraft** i.S.d. § 40a Abs. 3 EStG.

ee) Beschäftigungsdauer höchstens 180 Tage

3372 L+F-Aushilfskräfte dürfen **nicht mehr als 180 Tage im Kalenderjahr** beschäftigt werden (§ 40a Abs. 3 Satz 3 EStG).

Beispiel:

Eine L+F-Aushilfskraft arbeitet im Frühjahr 60 Tage bei einem Landwirt i.R. der Pflanzarbeit. Im Sommer wird die L+F-Aushilfskraft für weitere 90 Tage zur Ernte beschäftigt. Im Herbst soll die L+F-Aushilfskraft für einen weiteren Ernteeinsatz eingestellt werden.

Wenn die L+F-Aushilfskraft im Herbst an mehr als 30 Tagen beschäftigt wird, war sie mehr als 180 Tage im Kalenderjahr bei dem Arbeitgeber beschäftigt. In diesem Fall ist eine Pauschalierung nach § 40a Abs. 3 EStG für das gesamte Kalenderjahr – also auch rückwirkend – unzulässig.

ff) Beschäftigung mit Arbeiten, die nicht ganzjährig anfallen

Gegenstand der Pauschalierung nach § 40a Abs. 3 EStG sind die 3373
saisonbedingten Arbeiten, wie etwa Pflanzen und Ernten. Durchgehend das Jahr über anfallende Arbeiten, wie z.B. Viehfüttern, Ausmisten oder saisonunabhängige Kellereiarbeiten (z.B. Abfüllen, Etikettieren von Flaschen), können daher grds. nicht in die Pauschalierung nach § 40a Abs. 3 EStG einbezogen werden. Allerdings darf die L+F-Aushilfskraft **auch mit anderen land- und forstwirtschaftlichen Arbeiten**, also Arbeiten, die das ganze Jahr über anfallen, beschäftigt werden, wenn die Dauer dieser Tätigkeiten **25 % der Gesamtbeschäftigungsdauer nicht überschreitet** (§ 40a Abs. 3 Satz 2 zweiter Halbsatz EStG). Das bedeutet im Einzelnen:

- Land- und forstwirtschaftliche Arbeiten fallen **nicht ganzjährig** an, wenn sie wegen der **Abhängigkeit vom Lebensrhythmus** der produzierten Pflanzen oder Tiere **einen erkennbaren Abschluss** in sich tragen. Dementsprechend können darunter auch Arbeiten fallen, die im Zusammenhang mit der Viehhaltung stehen (BFH v. 25.10.2005, VI R 60/03, BStBl II 2006, 206).
- Wenn die **Tätigkeit des Ausmistens** nicht laufend, sondern nur **im Zusammenhang mit dem einmal jährlich erfolgenden Vieh-Austrieb** auf die Weide möglich ist, handelt es sich um eine **nicht ganzjährig anfallende Arbeit**. Unschädlich ist, dass ähnliche Tätigkeiten bei anderen Bewirtschaftungsformen ganzjährig anfallen können (BFH v. 25.10.2005, VI R 60/03, BStBl II 2006, 206).
- **Reinigungsarbeiten**, die ihrer Art nach während des ganzen Jahres anfallen (hier: Reinigung der Güllekanäle und Herausnahme der Güllespalten), sind **nicht vom Lebensrhythmus** der produzierten Pflanzen oder Tiere abhängig und sind daher **keine saisonbedingten Arbeiten** (BFH v. 25.10.2005, VI R 59/03, BStBl II 2006, 204).
- Die **Unschädlichkeitsgrenze** von 25 % der Gesamtbeschäftigungsdauer bezieht sich auf **ganzjährig anfallende land- und forstwirtschaftliche Arbeiten**. Für andere land- und forstwirtschaftliche Arbeiten gilt sie nicht (BFH v. 25.10.2005, VI R 60/03, BStBl II 2006, 206).

Beispiel:

Eine L+F-Aushilfskraft wird von einem Weinbauern zur Weinlese für 20 Tage eingestellt. Weil auf Grund der Witterung (starker Regen) die Weinlese an fünf Tagen nicht möglich ist, wird die Aushilfskraft mit dem Spülen der zurückgegebenen Weinflaschen beschäftigt.

Das Spülen der Weinflaschen ist keine Saisonarbeit, so dass eine Pauschalierung der Lohnsteuer nach § 40a Abs. 3 EStG für diese Tätigkeit grds. nicht möglich ist. Da die L+F-Aushilfskraft aber zur Weinlese – einer Saisonarbeit – eingestellt worden ist und das Weinflaschenspülen nur 25 % der Gesamtbeschäftigungsdauer beträgt, ist eine Pauschalierung der Lohnsteuer nach § 40a Abs. 3 EStG möglich.

gg) Pauschalierung nach § 40a Abs. 1 EStG

Soweit die Voraussetzungen des § 40a Abs. 3 EStG nicht vorlie- 3374
gen, kann ggf. die Lohnsteuer nach § 40a Abs. 1 EStG (Pauschalierung für Aushilfskräfte) pauschaliert werden. Hat der Arbeitgeber – unzulässigerweise – nach § 40a Abs. 3 EStG pauschaliert, besteht hierdurch keine Bindung an das Pauschalierungsverfahren nach § 40a Abs. 1 EStG. Der Arbeitgeber muss sich vielmehr eindeutig erklären, ob in der von ihm vorgenommenen Pauschalierung nach § 40a Abs. 3 EStG zugleich auch die Bereitschaft liegt, Schuldner einer pauschalen Lohnsteuer nach § 40a Abs. 1 EStG zu sein, falls die Voraussetzungen des § 40a Abs. 3 EStG nicht erfüllt sind (BFH v. 25.5.1984, VI R 223/80, BStBl II 1984, 569).

Im Übrigen kann das Finanzamt nicht ohne weiteres eine Nettolohnvereinbarung unterstellen. Von einer Nettolohnvereinbarung kann nur dann ausgegangen werden, wenn der Abschluss einer derartigen Vereinbarung klar und zweifelsfrei feststellbar ist (BFH v. 14.3.1986, VI R 30/82, BStBl II 1986, 886; BFH v. 13.10.1989, VI R 36/85, BStBl II 1990, 30).

f) Pauschalierung für beschränkt steuerpflichtige Arbeitnehmer

3375 Die vorgenannten Pauschalierungsmöglichkeiten gelten sowohl für unbeschränkt als auch beschränkt steuerpflichtige Arbeitnehmer. Daneben besteht seit dem **1.1.2020** eine besondere Pauschalierungsmöglichkeit für **beschränkt steuerpflichtige Arbeitnehmer** mit höheren Arbeitslöhnen. Für sie beträgt der Pauschsteuersatz **30 %** des Arbeitslohns. Voraussetzung ist, dass sie einer ausländischen Betriebsstätte des Arbeitgebers zugeordnet sind und im Inland eine nur **kurzfristige Tätigkeit** (18 zusammenhängende Tage) ausüben (§ 40a Abs. 7 EStG).

Damit soll die Lohnsteuererhebung bei beschränkt steuerpflichtigen Arbeitnehmern vereinfacht werden, ohne das Lohnsteueraufkommen zu schmälern. Angesprochen sind insbesondere große Arbeitgeber, wie Banken und Versicherungsunternehmen, die im Ausland an Stelle von Tochterunternehmen regelmäßig Betriebsstätten als ausländische Niederlassungen unterhalten und deshalb zivilrechtlicher Arbeitgeber der in den ausländischen Betriebsstätten angestellten Mitarbeiter sind.

Beispiel:

Ein im Ausland ansässiger **Mitarbeiter einer ausländischen Betriebsstätte** besucht für eine Woche eine interne Schulungsveranstaltung beim deutschen Stammhaus bzw. bei der deutschen Konzernmutter (zivilrechtlicher Arbeitgeber). Der Arbeitslohn wird vollständig durch die Betriebsstätte getragen; eine Weiterbelastung der Kosten erfolgt nicht.

Die Betriebsstätte kann nicht Arbeitgeber sein (→ *Doppelbesteuerungsabkommen bei Einkünften aus nichtselbständiger Arbeit* Rz. 1655). Deutschland hat das Besteuerungsrecht für die fünf deutschen Arbeitstage, weil das Stammhaus einen in Deutschland ansässigen Arbeitgeber darstellt, der die Vergütungen zahlt. Folglich muss vom deutschen Stammhaus Lohnsteuer einbehalten und abgeführt werden.

Nach § 40a Abs. 7 EStG kann der auf die fünf Tage entfallende Arbeitslohn mit 30 % pauschal versteuert werden. Dabei sind **weder** eine **Stundenlohngrenze** oder ein **Durchschnittslohn je Arbeitstag zu beachten.**

g) Pauschalierung der Kirchensteuer

3376 Wenn der Arbeitgeber bereit ist, die Lohnsteuer zu pauschalieren und als Steuerschuldner zu übernehmen, hat er auch die pauschale Kirchensteuer zu übernehmen. Der Antrag auf Pauschalierung der Lohnsteuer zieht auch die Pauschalierung der Kirchensteuer nach sich (BFH v. 30.11.1989, I R 14/87, BStBl II 1990, 993). Einzelheiten zur Pauschalierung der Kirchensteuer vgl. → *Kirchensteuer* Rz. 2720.

h) Solidaritätszuschlag

3377 Wird die Lohnsteuer pauschaliert, so beträgt der Solidaritätszuschlag stets 5,5 % der pauschalen Lohnsteuer (BFH v. 1.3.2002, VI R 171/98, BStBl II 2002, 440). Einzelheiten → *Solidaritätszuschlag* Rz. 3908.

2. Sozialversicherung

3378 Zu den sozialversicherungsrechtlichen Regelungen → *Mini-Jobs* Rz. 3161.

Pauschalierung der Lohnsteuer bei geringfügig Beschäftigten

Inhalt

1. Allgemeines

Unter diesem Stichwort ist allein die **Besteuerung geringfügig entlohnter Beschäftigungsverhältnisse** dargestellt. Wenn Sie sich über die **sozialversicherungsrechtlichen Regelungen** geringfügiger Beschäftigungsverhältnisse informieren wollen, so sehen Sie bitte unter → *Mini-Jobs* Rz. 3161 nach. Informationen zur Lohnsteuerpauschalierung bei Aushilfskräften → *Pauschalierung der Lohnsteuer bei Aushilfskräften* Rz. 3353. 3379

Zu der mitunter (immer noch) aufgeworfenen Frage, ob ein GmbH-Geschäftsführer (ggf. auch als alleiniger Gesellschafter) eine geringfügige Beschäftigung i.S.d. § 8 SGB IV ausüben kann und folglich die Lohnsteuer-Pauschalierung mit 2 % oder 20 % wählen darf, hat der BFH abschließend entschieden (Beschluss v. 9.8.2023, VI B 1/23). Er hat klargestellt, dass eine Pauschalversteuerung nach § 40a Abs. 2 EStG unter anderem das Vorliegen von Arbeitsentgelt aus einer geringfügigen Beschäftigung i.S.d. § 8 Abs. 1 Nr. 1 SGB IV oder des § 8a SGB IV verlange. Beide Vorschriften setzen das Bestehen einer sozialversicherungsrechtlichen Beschäftigung voraus, wobei diese für sämtliche Zweige des Sozialversicherungsrechts in § 7 Abs. 1 SGB IV definiert wird (vgl. Beschluss des Bundesverfassungsgerichts v. 20.5.1996, 1 BvR 21/96). Ein Geschäftsführer, der zugleich alleiniger Gesellschafter ist, erfülle die in § 7 Abs. 1 SGB IV genannten Voraussetzungen grundsätzlich nicht (ständige Rechtsprechung, z.B. Bundessozialgericht v. 3.4.2014, B 2 U 26/12 R, Rn. 16, m.w.N.). Damit liegen die Voraussetzungen für eine Lohnsteuer-Pauschalierung mit 2 % oder 20 % nicht vor.

2. Überblick

Für die Pauschalierung der Lohnsteuer bei geringfügig Beschäftigten ergibt sich folgende **Übersicht**: 3380

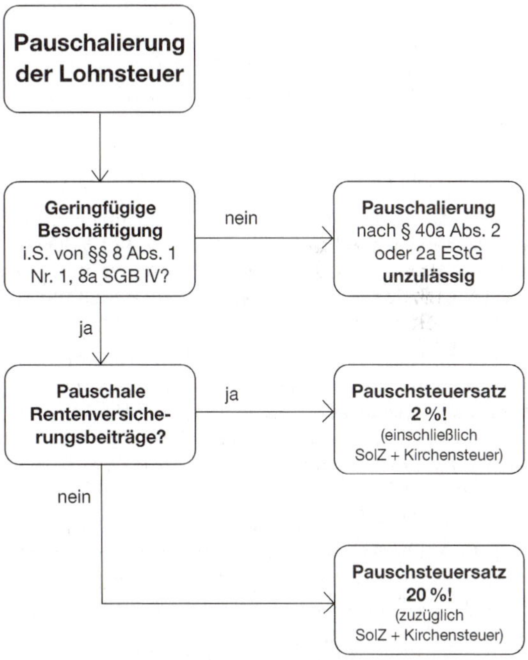

3. Grundsätze

Nach § 40a Abs. 2 EStG kann der Arbeitgeber unter Verzicht auf den **Abruf von elektronischen Lohnsteuerabzugsmerkmalen** oder die Vorlage einer Bescheinigung für den Lohnsteuerabzug das **Arbeitsentgelt aus geringfügigen Beschäftigungen** i.S.d. §§ 8 Abs. 1 Nr. 1, 8a SGB IV, für das er **pauschale Rentenversicherungsbeiträge** i.H.v. 5 % oder 15 % zu entrichten hat, mit einem einheitlichen Pauschsteuersatz (Lohnsteuer einschließlich Solidaritätszuschlag und Kirchensteuer) i.H.v. insgesamt 2 % des Arbeitsentgelts erheben. Dies gilt sowohl für unbeschränkt als auch für beschränkt einkommensteuerpflichtige Arbeitnehmer. Aus lohnsteuerlicher Sicht ist es für die Pauschalierung **unerheblich**, ob der Arbeitnehmer ein geringfügiges Beschäftigungsverhältnis in einem Unternehmen oder in einem Privathaushalt ausübt. 3381

Hat der Arbeitgeber **keine pauschalen Rentenversicherungsbeiträge** zu entrichten, kommt eine Lohnsteuerpauschalierung mit 20 % (zuzüglich Solidaritätszuschlag und Kirchensteuer) nach § 40a Abs. 2a EStG in Betracht. Macht der Arbeitgeber von der Möglichkeit der Pauschalversteuerung keinen Gebrauch, so ist der Lohnsteuerabzug im Regelverfahren nach den Lohnsteuerabzugsmerkmalen des Arbeitnehmers vorzunehmen (R 40a.2 LStR).

4. Geringfügige Beschäftigung

3382 Die Pauschalierungsvorschriften des § 40a Abs. 2 und 2a EStG **verzichten auf eine eigenständige steuerliche Arbeitslohngrenze** und stellen stattdessen darauf ab, ob eine **geringfügige Beschäftigung nach § 8 Abs. 1 Nr. 1 oder § 8a SGB IV** vorliegt. Indem die Steuerbefreiung unmittelbar an das Vorliegen eines solchen Beschäftigungsverhältnisses anknüpft, wird eine große Übereinstimmung zwischen pauschaler Sozialversicherungspflicht und Pauschalversteuerung erreicht. Einzelheiten zu den sozialversicherungsrechtlichen Voraussetzungen für eine geringfügig entlohnte Beschäftigung → *Mini-Jobs* Rz. 3167.

Die **Geringfügigkeitsgrenze** (maßgebende Arbeitsentgeltgrenze) orientiert sich seit dem 1.10.2022 an einer Wochenarbeitszeit von 10 Stunden, vergütet mit dem gesetzlichen Mindestlohn. Der gesetzliche Mindestlohn erhöht sich auf 13,90 € pro Arbeitsstunde zum 1.1.2026 und auf 14,60 € zum 1.1.2027 (bis 2025 12,82 € pro Arbeitsstunde, s.a. → *Mini-Jobs* Rz. 3166; Änderung durch die Fünfte Mindestlohnanpassungsverordnung – MiLoV5 v. 5.11.2025, BGBl. I 2025, Nr. 268.

Durch diese Erhöhung des Mindestlohns steigt die monatliche Arbeitsentgeltgrenze von Mini-Jobs wie folgt:

- im Jahr 2026 auf 603 € und
- im Jahr 2027 auf 633 €.

Die **Prüfung der** maßgebenden **Arbeitsentgeltgrenze** haben sowohl der Arbeitgeber (bezogen auf das jeweilige Beschäftigungsverhältnis) als auch der zuständige **Sozialversicherungsträger** vorzunehmen. Wird bei der Zusammenrechnung von mehreren Beschäftigungsverhältnissen festgestellt, dass die Voraussetzungen einer geringfügigen Beschäftigung nicht oder nicht mehr vorliegen, tritt die **Versicherungspflicht** erst **mit dem Tage der Bekanntgabe der Feststellung** durch die Einzugsstelle oder einen Träger der Rentenversicherung ein (§ 8 Abs. 2 Satz 3 SGB IV). Bis zu diesem Zeitpunkt bleibt die **Entrichtung des einheitlichen Pauschsteuersatzes** nach § 40a Abs. 2 EStG **zulässig**.

Bemessungsgrundlage für die einheitliche Pauschsteuer (§ 40a Abs. 2 EStG) und den Pauschsteuersatz nach § 40a Abs. 2a EStG ist das **sozialversicherungsrechtliche Arbeitsentgelt**. Daraus folgt als weitere Bedingung, dass diese Pauschalierung eine sozialversicherungsrechtliche Beschäftigung gem. § 7 SGB IV voraussetzt (vgl. BFH v. 9.8.2023, VI B 1/23, → Rz. 3379). Nur dann kann Arbeitsentgelt aus geringfügigen Beschäftigungen i.S.d. § 8 Abs. 1 Nr. 1 SGB IV oder des § 8a SGB IV vorliegen.

Für Lohnbestandteile, die nicht zum sozialversicherungsrechtlichen Arbeitsentgelt gehören, ist die Lohnsteuerpauschalierung nach § 40a Abs. 2 und 2a EStG nicht zulässig; **sie unterliegen der Lohnsteuererhebung nach den allgemeinen Regelungen** (R 40a.2 Satz 3 und 4 LStR). Das bedeutet (FinMin Nordrhein-Westfalen v. 26.3.2007, S 2372 – 10 – V B 3, Steuer-Telex 2007, 282):

- **Abfindungen** sind kein Arbeitsentgelt i.S. der Sozialversicherung und daher nicht nach § 40a Abs. 2 und 2a EStG pauschalierungsfähig. Folglich dürfen Entlassungsabfindungen nicht nach § 40a EStG pauschal versteuert werden, sondern sind der individuellen Lohnbesteuerung zu unterwerfen,
- **steuerfreie Zuwendungen nach** § 3 Nr. 63 Satz 1 und 2 EStG sind dem sozialversicherungspflichtigen Arbeitsentgelt nicht zuzurechnen und daher nicht in die Pauschalierung nach § 40a EStG einzubeziehen. Steuerfreie Zuwendungen (z.B. nach § 3 Nr. 63 Satz 3 EStG), die als sozialversicherungspflichtiges Arbeitsentgelt zu erfassen sind, unterliegen hingegen insoweit der Pauschalierung nach § 40a EStG.

Auch bei der Zahlung von **Zukunftssicherungsleistungen i.S.v.** § 40b EStG ist zunächst zu prüfen, ob die Zukunftssicherungsleistungen zum Arbeitsentgelt gehören oder nicht.

Der Arbeitgeber muss sich bei einem geringfügig entlohnten Beschäftigungsverhältnis **in einem ersten Schritt entscheiden**, ob er die Zukunftssicherungsleistungen nach § 40b EStG besteuert (Pauschsteuersatz 20 %). Besteuert er sie nach § 40b EStG, sind diese nicht dem Arbeitsentgelt hinzuzurechnen (Ausnahme: Entgeltumwandlung aus laufendem Arbeitslohn). Es fallen auf diese Zuwendungen und Beiträge für die Zukunftssicherung somit auch keine pauschalen Rentenversicherungsbeiträge an. Der verbleibende Arbeitslohn kann – soweit die übrigen Voraussetzungen erfüllt sind – nach § 40a Abs. 2 EStG mit dem einheitlichen Pauschsteuersatz von 2 % versteuert werden. Soweit Beitragsfreiheit nach § 1 Abs. 1 SvEV in Betracht kommt, ist für diesen Betrag die Lohnsteuer nach § 40b EStG zu erheben und an das Betriebsstättenfinanzamt abzuführen.

Besteuert der Arbeitgeber die Zukunftssicherungsleistungen **nicht nach** § 40b EStG, sind diese dem **sozialversicherungsrechtlichen Arbeitsentgelt hinzuzurechnen**. Hat der Arbeitgeber für den zusammenzurechnenden verbleibenden Arbeitslohn sowie für die Zuwendungen und Beiträge für die Zukunftssicherung pauschale Rentenversicherungsbeiträge zu entrichten, kann das gesamte Arbeitsentgelt mit dem einheitlichen Pauschsteuersatz von 2 % besteuert werden.

Beispiel 1:

Ein geringfügig Beschäftigter arbeitet ab dem Kalenderjahr 2026 in einer Buchhandlung für 550 € monatlich. Zusätzlich zahlt der Arbeitgeber noch Beiträge für eine Direktversicherung (vor dem 1.1.2018 wurde ein Beitrag nach § 40b Abs. 1 und 2 EStG a.F. pauschal besteuert) i.H.v. 100 €.

Der Arbeitgeber hat hinsichtlich der Beiträge zur Direktversicherung zwei Möglichkeiten:

- Er entscheidet sich, **die Beiträge pauschal** nach § 40b EStG **zu besteuern**. Folgen:
  - Die Beiträge gehören nicht zum Arbeitsentgelt (§ 1 Abs. 1 Satz 1 Nr. 4 SvEV), so dass sozialversicherungsrechtlich eine geringfügig entlohnte Beschäftigung nach § 8 Abs. 1 Nr. 1 SGB IV vorliegt. Die Abführung pauschaler Sozialversicherungsbeiträge und damit die Entrichtung der einheitlichen Pauschsteuer nach § 40a Abs. 2 EStG ist für das Arbeitsentgelt i.H.v. 550 € möglich.
  - Daneben sind die Beiträge für die Direktversicherung i.H.v. 100 € pauschal mit 20 % zu versteuern. Hierzu ist eine Lohnsteuer-Anmeldung an das Betriebsstättenfinanzamt erforderlich.
- Er entscheidet sich, **die Beiträge nicht pauschal** nach § 40b EStG **zu besteuern**. Folge:
  - Die Beiträge gehören zum Arbeitsentgelt (§ 1 Abs. 1 Satz 1 Nr. 4 SvEV), so dass sozialversicherungsrechtlich keine geringfügig entlohnte Beschäftigung nach § 8 Abs. 1 Nr. 1 SGB IV mehr vorliegt (Arbeitsentgeltgrenze v. 603 € ist überschritten). Der Arbeitslohn ist nach den Lohnsteuerabzugsmerkmalen des Arbeitnehmers der Regelbesteuerung zu unterwerfen. Sozialversicherungsrechtlich besteht volle Versicherungspflicht.

Beispiel 2:

Sachverhalt wie Beispiel 1, das Arbeitsentgelt beträgt allerdings nur 450 € monatlich.

Wenn sich der Arbeitgeber entscheidet, die Beiträge zur Direktversicherung pauschal nach § 40b EStG zu besteuern, ergeben sich dieselben Folgen wie im Beispiel 1.

Entscheidet sich der Arbeitgeber allerdings gegen die Pauschalversteuerung, so handelt es sich gleichwohl um eine geringfügig entlohnte Beschäftigung i.S.v. § 8 Abs. 1 Nr. 1 SGB IV, weil die Geringfügigkeitsgrenze (ab 1.1.2026 603 € → *Mini-Jobs* Rz. 3166) nicht überschritten wird (450 € + 100 €). Die Abführung pauschaler Sozialversicherungsbeiträge und damit die Entrichtung der einheitlichen Pauschsteuer nach § 40a Abs. 2 EStG ist für das gesamte Arbeitsentgelt i.H.v. 550 € möglich.

Für Gestaltungen, bei denen Arbeitnehmer über eine **Zeitarbeitsgesellschaft** i.R. geringfügiger Beschäftigungsverhältnisse Arbeitgebern überlassen werden, für die sie bereits im Hauptarbeitsverhältnis tätig sind, gilt für die Entscheidung, ob **ein einheitliches Beschäftigungsverhältnis** vorliegt, Folgendes:

Maßgebend für die Lohnsteuerpauschalierung nach § 40a Abs. 2 EStG ist allein die **sozialversicherungsrechtliche Beurteilung** des Beschäftigungsverhältnisses. Ob ein Beschäftigungsverhältnis bei demselben Arbeitgeber vorliegt, hängt entscheidend von der eigenständigen Ausübung des Direktionsrechts durch den Arbeitgeber ab. Wird das Direktionsrecht letztlich – ggf. auch mittelbar – nur von einem Arbeitgeber ausgeübt, liegt bei diesem ein einheitliches Beschäftigungsverhältnis vor (BMF v. 11.6.2004, IV C 5 – S 2372 – 295/03 III, INF 2004, 570).

Beispiel 3:

Ein Arbeitnehmer schließt mit einem fremden Arbeitgeber (Zeitarbeitsfirma) einen „Mini-Job-Vertrag" ab, wonach der Arbeitnehmer in seiner Freizeit auf Veranlassung der Zeitarbeitsfirma bei seinem Hauptarbeitgeber tätig werden soll. Bisher wurden für solche Tätigkeiten Überstunden geleistet.

Wird das Direktionsrecht auch tatsächlich von der Zeitarbeitsfirma ausgeübt, ist von zwei getrennten Arbeitsverhältnissen auszugehen. Ein Missbrauch rechtlicher Gestaltungsmöglichkeiten i.S.v. § 42 AO liegt nicht vor.

5. Gemeinsame Voraussetzungen für die Pauschalierung

a) Keine Zustimmung des Finanzamts erforderlich

3383 Die Pauschalierung der Lohnsteuer mit 2 % oder 20 % des Arbeitsentgelts für geringfügig entlohnte Beschäftigte ist nicht abhängig von einem Antrag des Arbeitgebers; eine **Zustimmung des Finanzamts** ist daher **nicht erforderlich**. Wegen weiterer Einzelheiten → *Pauschalierung der Lohnsteuer bei Aushilfskräften* Rz. 3356.

Ein **Wechsel** von der individuellen Besteuerung des Arbeitslohns eines Beschäftigten zur Pauschalversteuerung ist nach Ablauf des Kalenderjahres **nur bis zur Übermittlung oder Ausschreibung der Lohnsteuerbescheinigung zulässig** (FG Nürnberg v. 16.10.2014, 6 K 178/13, EFG 2015, 732). Ebenso ist ein Arbeitgeber weder unter dem Gesichtspunkt des Rechtsmissbrauchs noch durch die Zielrichtung des § 40a gehindert, nach Ablauf des Kalenderjahres die Pauschalversteuerung des Arbeitslohnes für die in seinem Betrieb angestellte Ehefrau rückgängig zu machen und zur Regelbesteuerung überzugehen (BFH v. 26.11.2003, VI R 10/99, BStBl II 2004, 195).

b) Individuelle Besteuerung möglich

3384 Der Arbeitgeber ist **nicht zur Lohnsteuerpauschalierung verpflichtet**. Sind dem Arbeitgeber die Lohnsteuerabzugsmerkmale des Arbeitnehmers bekannt, so darf der Arbeitgeber die Lohnsteuer auch nach den allgemeinen lohnsteuerlichen Regeln erheben (R 40a.2 LStR), → *Berechnung der Lohnsteuer* Rz. 1337. Zur Frage, ab welchem Betrag Lohnsteuer einzubehalten ist, → *Steuertarif* Rz. 4051.

c) Kein durchschnittlicher Stundenlohn

3385 Bei der Pauschalierung der Lohnsteuer für geringfügig Beschäftigte ist – im Gegensatz zur Pauschalierung bei Aushilfskräften – **keine Stundenlohngrenze** zu beachten. **Hintergrund:** Pauschalierungsvoraussetzung für die Anwendung des § 40a EStG ist bei kurzfristig beschäftigten Arbeitnehmern sowie bei Aushilfskräften in der Land- und Forstwirtschaft, dass der Stundenlohn während der Beschäftigungsdauer **durchschnittlich** 19 € je Arbeitsstunde nicht übersteigt (Anhebung von 15 € auf 19 € seit dem Kalenderjahr 2023). Demnach ist es zulässig, dass der Stundenlohn mitunter über dem maßgebenden Stundenlohn liegt, aber zeitweise auch darunter, sodass er während der Beschäftigungsdauer durchschnittlich höchstens 19 € je Arbeitsstunde beträgt.

Beispiel:

Ein geringfügig Beschäftigter arbeitet im Kalenderjahr 2026 in einem Restaurant monatlich 30 Stunden. Der Stundenlohn beträgt 20 €.

Der Monatslohn beträgt 600 €, so dass es sich um ein geringfügiges Beschäftigungsverhältnis i.S.v. § 8 Abs. 1 Nr. 1 SGB IV handelt. Eine Lohnsteuerpauschalierung nach § 40a Abs. 2 oder 2a EStG (mit 2 % oder 20 %) ist möglich, obwohl der Stundenlohn mehr als 19 € beträgt.

d) Abwälzung der pauschalen Lohnsteuer auf den Arbeitnehmer

3386 Schuldner der pauschalen Lohnsteuer des Arbeitsentgelts für eine geringfügige Beschäftigung ist der Arbeitgeber (§ 40a Abs. 5 i.V.m. § 40 Abs. 3 EStG). Dennoch ist es möglich, dass der Arbeitgeber die pauschale Lohnsteuer **im Innenverhältnis** (arbeitsvertraglich) auf den Arbeitnehmer überwälzt (BAG v. 1.2.2006, 5 AZR 628/04, HFR 2006, 727, sowie → *Abwälzung der pauschalen Lohnsteuer auf den Arbeitnehmer* Rz. 27).

Die Steuerschuldnerschaft des Arbeitgebers wird durch eine solche Vereinbarung allerdings nicht berührt. Das bedeutet, dass der Arbeitgeber die pauschale Lohnsteuer i.H.v. 2 % bei der Deutschen Rentenversicherung Knappschaft-Bahn-See anmelden und dorthin abführen muss oder die Lohnsteuer mit anderen Pauschsteuersätzen beim Finanzamt anmelden und dorthin abführen muss; und zwar **als Steuerschuldner** und nicht im Namen und im Auftrag des Arbeitnehmers.

Wird die Pauschalsteuer arbeitsrechtlich zulässig auf den Arbeitnehmer abgewälzt, so muss der Arbeitgeber die pauschale Lohnsteuer vom vereinbarten (und somit ungekürzten) Arbeitslohn errechnen; sie ist Maßstab für den Solidaritätszuschlag und die Kirchensteuer. Denn solch eine Abwälzung – verbunden mit einer Minderung der Bemessungsgrundlage – ist lohnsteuerrechtlich nicht zulässig (→ *Abwälzung der pauschalen Lohnsteuer auf den Arbeitnehmer* Rz. 28). Im Fall einer (o.g.) Abwälzung muss sich der Arbeitnehmer die fälligen Steuern einschl. Solidaritätszuschlag und ggf. Kirchensteuer vom Arbeitnehmer erstatten lassen.

e) Auswirkung auf die Einkommensteuer des Arbeitnehmers

Nach § 40a Abs. 5 i.V.m. § 40 Abs. 3 EStG bleibt der **pauschal besteuerte Arbeitslohn** und die **pauschale Lohnsteuer bei einer Veranlagung des Arbeitnehmers zur Einkommensteuer außer Ansatz**. Dies gilt gleichermaßen für den von der pauschalen Lohnsteuer erhobenen Solidaritätszuschlag (5,5 %) sowie die Kirchensteuer (mit pauschalem Steuersatz). Folglich sind die pauschale Lohnsteuer, der Solidaritätszuschlag und die Kirchensteuer nicht auf die festgesetzte Einkommensteuer des Arbeitnehmers anzurechnen. Im Ergebnis stellt die pauschale Lohnsteuer eine **endgültige Besteuerung** des betreffenden Arbeitslohns dar. Daher kann der Arbeitnehmer Aufwendungen, die mit dem pauschal besteuerten Arbeitslohn zusammenhängen, nicht als Werbungskosten abziehen (R 40a.1 Abs. 1 Satz 5 LStR). 3387

f) Aufzeichnungsvorschriften bei der Pauschalierung

Der Arbeitgeber hat auch bei einer Pauschalierung der Lohnsteuer vom Arbeitslohn geringfügig Beschäftigter bestimmte Aufzeichnungspflichten zu erfüllen. Nach § 4 Abs. 2 Nr. 8 letzter Satz LStDV muss er zumindest ein **Sammelkonto mit folgenden Angaben für den einzelnen Arbeitnehmer führen**: 3388

- **Name und Anschrift** des Arbeitnehmers,
- **Dauer der Beschäftigung**,
- **Tag der Zahlung**,
- **Höhe des Arbeitslohns**.

Ein Unterzeichnen oder Quittieren der Lohnabrechnung durch den Arbeitnehmer ist nicht erforderlich, „schadet" bei Barzahlungen aber auch nicht.

Die zuvor genannten Aufzeichnungspflichten haben nur den Charakter von Ordnungsvorschriften und sind keine materiell-rechtlichen Voraussetzungen für die Pauschalierung der Lohnsteuer. Deshalb kann es im Einzelfall ausreichend sein, wenn der Arbeitgeber das Vorliegen der Pauschalierungsvoraussetzungen glaubhaft macht; allerdings gehen evtl. Unklarheiten zu seinen Lasten (BFH v. 12.6.1986, VI R 167/83, BStBl II 1986, 681).

6. Einheitliche Pauschsteuer i.H.v. 2 %

Voraussetzung für die Lohnsteuerpauschalierung nach § 40a Abs. 2 EStG ist, dass der Arbeitgeber für den geringfügig entlohnten Beschäftigten Beiträge nach § 168 Abs. 1 Nr. 1b und 1c SGB VI (geringfügig versicherungspflichtig Beschäftigte), nach § 172 Abs. 3 und 3a SGB VI (versicherungsfrei oder von der Versicherungspflicht befreite geringfügig Beschäftigte) oder nach § 276a Abs. 1 SGB VI (versicherungsfrei geringfügig Beschäftigte) zu entrichten hat. Ist dies der Fall, ist die Lohnsteuerpauschalierung mit 2 % zulässig. 3389

Die **einheitliche Pauschsteuer von 2 %** beinhaltet neben der Lohnsteuer auch den Solidaritätszuschlag und die Kirchensteuer. Im Gegensatz zu allen anderen Pauschalierungen ist ein Nachweis, dass der geringfügig Beschäftigte keiner steuererhebenden Religionsgemeinschaft angehört (→ *Kirchensteuer* Rz. 2722), nicht erforderlich und auch nicht zulässig, wenn dadurch eine Minderung der Pauschsteuer von 2 % erreicht werden soll. Eine Minderung der 2 % (einheitliche Pauschsteuer) ist nicht möglich.

Für die Erhebung der einheitlichen Pauschsteuer nach § 40a Abs. 2 EStG ist die Deutschen Rentenversicherung Knappschaft-Bahn-See zuständig. Allerdings sind die (steuerlichen) Regelungen zum Steuerabzug vom Arbeitslohn entsprechend anzuwenden. Lediglich für die Anmeldung, Abführung und Vollstreckung der einheitlichen Pauschsteuer sowie für die Erhebung eines Säumniszuschlags und für das Mahnverfahren für die einheitliche Pauschsteuer gelten die Regelungen für die Pauschalbeiträge zur Rentenversicherung (§ 40a Abs. 6 EStG). Zu diesem Zweck besteht im Beitragsnachweis für geringfügig Beschäftigte die Möglichkeit, auch die Pauschsteuer gegenüber der Deutschen Rentenversicherung Knappschaft-Bahn-See nachzuweisen. Wird hiervon Gebrauch gemacht, ist auch die **Steuernummer des Arbeitgebers im Beitragsnachweis anzugeben**. Einzelheiten zum Beitragsnachweis für geringfügig Beschäftigte → *Mini-Jobs* Rz. 3187.

Aus der gesetzlichen Aufgabenübertragung an die Deutschen Rentenversicherung Knappschaft-Bahn-See (§ 40a Abs. 6 EStG) ergibt sich jedoch **kein Prüfungsverbot für die Finanzverwaltung**. Diese darf und hat die Einhaltung der Geringfügigkeitsgrenze (→ *Mini-Jobs* Rz. 3166) eigenständig zu prüfen.

Allerdings ist **für die steuerrechtliche Würdigung** hinsichtlich des Bestehens einer geringfügigen Beschäftigung **der sozialversicherungsrechtlichen Beurteilung** (→ *Mini-Jobs* Rz. 3167) **im Einzelfall zu folgen** (BayLfSt v. 26.9.2018, S 2372.1.1 – 4/3 St 36, StEd 2018, 673).

Bei **geringfügiger Beschäftigung in Privathaushalten** ist seit dem 1.4.2003 **ausschließlich das Haushaltsscheckverfahren zu verwenden**. Auf dem Haushaltsscheck hat der Arbeitgeber das Arbeitsentgelt mitzuteilen und ob die Lohnsteuer mit der einheitlichen Pauschsteuer erhoben werden soll. Einzelheiten → *Mini-Jobs* Rz. 3194.

Das **Haushaltsscheckverfahren** hat für die Lohnsteuer gem. § 40a Abs. 6 EStG die sich aus § 168 Satz 1 AO ergebenden **Wirkungen einer Steueranmeldung**. Die Lohnsteuerfestsetzung kann daher innerhalb der **Festsetzungsfrist** (4 Jahre) gem. § 164 Abs. 2 AO **geändert** werden. Folglich kann auch nachträglich die Gewährung von Steuerbefreiungen, die bei der ursprünglichen Anmeldung irrtümlich nicht in Anspruch genommen wurden, geltend gemacht werden (FG Köln v. 26.2.2015, 6 K 116/13, EFG 2015, 2086).

Die einheitliche Pauschsteuer **darf nicht in der Lohnsteuer-Anmeldung** des Arbeitgebers **angegeben** und auch nicht an das Betriebsstättenfinanzamt abgeführt werden.

Die Deutsche Rentenversicherung Knappschaft-Bahn-See **teilt die einheitliche Pauschsteuer auf die erhebungsberechtigten Körperschaften** auf; dabei entfallen aus Vereinfachungsgründen 90 % auf die Lohnsteuer, 5 % auf den Solidaritätszuschlag und 5 % auf die Kirchensteuern. Für den sich so ergebenden Betrag haben sich die erhebungsberechtigten Kirchen auf eine Aufteilung des Kirchensteueranteils verständigt und diesen der Deutschen Rentenversicherung Knappschaft-Bahn-See mitgeteilt.

Beispiel 1:

Ein geringfügig Beschäftigter arbeitet im Kalenderjahr 2026 als Zeitungsausträger für monatlich 603 €.

Die Belastung für den Arbeitgeber errechnet sich wie folgt:

Arbeitslohn	603,– €
+ einheitliche Pauschsteuer (2 % von 603 €)	12,06 €
+ pauschale Rentenversicherung (15 % von 603 €)	90,45 €
+ pauschale Krankenversicherung (13 % von 603 €)	78,39 €
= Belastung insgesamt	783,90 €

Die pauschalen Beiträge i.H.v. insgesamt 30 % (einschl. einheitliche Pauschsteuer) sind an die Minijob-Zentrale der Deutsche(n) Rentenversicherung Knappschaft-Bahn-See zu entrichten.

Beispiel 2:

Sachverhalt wie Beispiel 1. Der geringfügig Beschäftigte ist Schüler und teilt dem Arbeitgeber seine IdNr und das Geburtsdatum mit. Nach den elektronischen Lohnsteuerabzugsmerkmalen ergibt sich die Steuerklasse I.

Bei einem Monatslohn von 603 € fällt in der Steuerklasse I keine Lohnsteuer an. Der Arbeitgeber verzichtet daher auf die Pauschalierung und „versteuert" den Arbeitslohn nach den allgemeinen Regeln.

Die Belastung für den Arbeitgeber errechnet sich wie folgt:

Arbeitslohn	603,– €
+ pauschale Rentenversicherung (15 % von 603 €)	90,45 €
+ pauschale Krankenversicherung (13 % von 603 €)	78,39 €
= Belastung insgesamt	771,84 €

Die pauschalen Beiträge i.H.v. insgesamt 28 % sind an die Deutsche Rentenversicherung Knappschaft-Bahn-See zu entrichten. Die Minderbelastung ergibt sich aus der nicht zu entrichtenden einheitlichen Pauschsteuer (2 % von 603 € = 12,06 €).

7. Pauschale Lohnsteuer i.H.v. 20 %

Hat der Arbeitgeber für geringfügig Beschäftigte i.S.d. §§ 8 Abs. 1 Nr. 1, 8a SGB IV **keine pauschalen Rentenversicherungsbeiträge** zu entrichten, so kann der Arbeitgeber die Lohnsteuer mit einem Pauschsteuersatz von 20 % des Arbeitsentgelts erheben (§ 40a Abs. 2a EStG). Dieser Pauschsteuersatz von 20 % beinhaltet **nicht** den Solidaritätszuschlag und die Kirchensteuer. Sie fallen zusätzlich an. 3390

Wird die Lohnsteuer nach § 40a Abs. 2a EStG pauschaliert (20 %), so beträgt der **Solidaritätszuschlag stets 5,5 % der pauschalen Lohnsteuer** (BFH v. 1.3.2002, VI R 171/98, BStBl II 2002, 440). Einzelheiten → *Solidaritätszuschlag* Rz. 3903; hinzu kommt ggf. noch die Kirchensteuer.

Ergänzend zu dem eingangs genannten BFH-Urteil v. 9.8.2023 (a. a.O.) haben mehrere FG entschieden, dass bei einer geringfügigen Beschäftigung eines **alleinigen oder zu mehr als 50 % beteiligten Gesellschafters einer GmbH** die Pauschalierung der Lohnsteuer nach § 40a Abs. 2a EStG **nicht zulässig** ist, weil es sich um kein Beschäftigungsverhältnis i.S. des Sozialversicherungsrechts handelt (FG Rheinland-Pfalz v. 27.2.2014, 6 K 1485/11, EFG 2014, 961, FG Baden-Württemberg v. 21.7.2015, 11 K 3633/13, EFG 2015, 2074). Entscheidet der Arbeitgeber, die Lohnsteuer zu pauschalieren und hat er folglich diese als Steuerschuldner zu übernehmen, gilt dies auch für die zu übernehmende **Kirchensteuer**. Sie ist mit einem pauschalen Kirchsteuersatz zu erheben. Der Antrag bzw. hier die Wahl für eine Pauschalierung der Lohnsteuer zieht auch die Pauschalierung der Kirchensteuer nach sich (BFH v. 30.11.1989, I R 14/87, BStBl II 1990, 993). Allerdings ist ein Nachweis, dass der geringfügig Beschäftigte keiner steuererhebenden Religionsgemeinschaft angehört, zulässig. Einzelheiten zur Pauschalierung der Kirchensteuer → *Kirchensteuer* Rz. 2720.

Für die nach § 40a Abs. 2a EStG einbehaltene Pauschsteuer ist – wie allgemein für die Lohnsteuer üblich – **das Betriebsstättenfinanzamt** zuständig. Die pauschale Lohnsteuer muss in der Lohnsteuer-Anmeldung des Arbeitgebers ggf. zusammen mit der nach den individuellen Merkmalen von weiteren Arbeitnehmern erhobenen Lohnsteuer angegeben und an das Finanzamt abgeführt werden. Gleiches gilt für den Solidaritätszuschlag und die Kirchensteuer.

Beispiel:

Ein Arbeitnehmer in Osnabrück (21 Jahre) hat neben einer nicht geringfügigen Beschäftigung (Arbeitsentgelt 1 000 € monatlich) ein geringfügiges Beschäftigungsverhältnis und erhält hierfür monatlich 350 €. Am 1.4.2026 nimmt er ein zweites geringfügiges Beschäftigungsverhältnis für monatlich 300 € beim Arbeitgeber D auf.

Ein geringfügiges Beschäftigungsverhältnis bleibt anrechnungsfrei. Maßgebend hierbei ist das geringfügige Beschäftigungsverhältnis, das **zuerst aufgenommen** wird. Die Abführung pauschaler Sozialversicherungsbeiträge und damit die Entrichtung der einheitlichen Pauschsteuer nach § 40a Abs. 2 EStG ist für das Arbeitsentgelt i.H.v. 350 € weiterhin möglich. Das zweite geringfügige Beschäftigungsverhältnis wird mit der Hauptbeschäftigung zusammengerechnet, so dass insoweit „volle" Sozialversicherungspflicht besteht, mit Ausnahme der Arbeitslosenversicherung (→ *Mini-Jobs* Rz. 3167). Weil das Beschäftigungsverhältnis – für sich betrachtet – die Voraussetzungen einer geringfügigen Beschäftigung i.S. des § 8 Abs. 1 Nr. 1 SGB IV erfüllt, darf Arbeitgeber D die Lohnsteuer (zzgl. Solidaritätszuschlag und Kirchensteuer) für dieses Beschäftigungsverhältnis mit einem Pauschsteuersatz von 20 % des Arbeitsentgelts erheben (§ 40a Abs. 2a EStG).

Die Belastung für den Arbeitgeber D errechnet sich wie folgt:

Arbeitslohn	300,– €
+ pauschale Lohnsteuer (20 % von 300 €)	60,– €
+ pauschaler Solidaritätszuschlag (5,5 % von 60 €)	3,30 €
+ pauschale Kirchensteuer (6 % von 60 €)	3,60 €

+	„übliche" Krankenversicherungsbeiträge einschließlich halber kassenindividueller Zusatzbeitrag (1/2 von 14,0 % + 1/2 von 2,5 % [angenommener Wert] von 300 €)	24,75 €
+	„übliche" Pflegeversicherungsbeiträge (1/2 von 3,6 % von 300 €)	5,40 €
+	„übliche" Rentenversicherungsbeiträge (1/2 von 18,6 % von 300 €)	27,90 €
=	Belastung insgesamt	424,95 €

Der Arbeitnehmer erhält ausgezahlt:

	Arbeitslohn	300,– €
–	„übliche" Krankenversicherungsbeiträge einschließlich halber kassenindividueller Zusatzbeitrag (1/2 von 14,6 % + 1/2 von 2,5 % [angenommener Wert] von 300 €)	24,75 €
–	„übliche" Pflegeversicherungsbeiträge (1/2 von 3,6 % von 300 €)	5,40 €
–	„übliche" Rentenversicherungsbeiträge (1/2 von 18,6 % von 300 €)	27,90 €
=	Nettolohn	241,95 €

Die pauschale Lohnsteuer sowie der Solidaritätszuschlag und die Kirchensteuer sind an das Betriebsstättenfinanzamt zu entrichten.

Pauschbetrag

→ *Arbeitnehmer-Pauschbetrag* Rz. 566

Payback

→ *Kundenbindungsprogramme* Rz. 2784

Pensionäre

1. Lohnsteuer

a) Grundsätze

3391 Als „Pensionäre" werden Personen bezeichnet, die nach Ausscheiden aus dem Berufsleben auf Grund ihres früheren Dienstverhältnisses Versorgungsbezüge (→ *Versorgungsbezüge* Rz. 4334) erhalten, die nach § 19 Abs. 1 Nr. 2 EStG i.V.m. § 2 Abs. 2 Nr. 2 LStDV als **Arbeitslohn anzusehen** sind und dem Lohnsteuerabzug unterliegen. Dies gilt auch, wenn die Versorgungsbezüge dem **Rechtsnachfolger** (z.B. der Beamtenwitwe) gezahlt werden. Versorgungsbezüge sind nicht nur die von öffentlichen Arbeitgebern insbesondere an Beamte von Bund, Ländern und Gemeinden gezahlten **„echten" Pensionen**, sondern auch die sog. **Betriebs- oder Werksrenten**, die von „privaten" Arbeitgebern auf Grund einer betrieblichen Versorgungszusage ohne eigene Beitragsleistungen des Arbeitnehmers gezahlt werden (→ *Zukunftssicherung: Betriebliche Altersversorgung* Rz. 4653).

Für den **Lohnsteuerabzug** gelten die allgemeinen Grundsätze, d.h. auf Veranlassung des Pensionärs werden seine elektronischen Lohnsteuerabzugsmerkmale gebildet und dem Arbeitgeber zur Verfügung gestellt.

Besonderheiten gelten bei Auslandspensionen, die an **Pensionäre im Ausland** gezahlt werden. Zur steuerliche Behandlung von Ruhegehaltszahlungen deutscher Arbeitgeber an ehemalige Arbeitnehmer mit Wohnsitz im Ausland s. OFD Frankfurt v. 14.9.2015, S 2533 A – 35 – St 222.

Zu beachten ist bei Pensionen, dass der Arbeitgeber vor Berechnung der Lohnsteuer den **Versorgungsfreibetrag** (12,8 % der Versorgungsbezüge, höchstens 960 € bei Versorgungsbeginn im Jahr 2026) sowie in den Steuerklassen I bis V den **Zuschlag zum Versorgungsfreibetrag** (höchstens 288 € bei Versorgungsbeginn im Jahr 2026) abziehen muss, die nicht als Lohnsteuerabzugsmerkmal berücksichtigt sind (Hinsichtlich weiterer Besonderheiten auch wegen der Änderungen durch das Wachstumschancengesetz und deren erstmaligen Anwendung beim Steuerabzug ab dem 1.1.2025 → *Versorgungsfreibeträge* Rz. 4340).

LSt SV (durchgestrichen)

b) Abgrenzung Versorgungsbezüge/Altersrenten

3392 **Altersrenten**, die auf Grund **eigener Beitragsleistung** insbesondere aus der gesetzlichen Rentenversicherung gezahlt werden, sind bis 2058 mit dem sog. **Besteuerungsanteil** als „sonstige Einkünfte" i.S.d. § 22 Nr. 1 Satz 3 Buchst. a EStG einkommensteuerpflichtig, Lohnsteuer ist somit nicht einzubehalten.

Wegen der Besteuerung von **Zusatzrenten** z.B. von der **Versorgungsanstalt des Bundes und der Länder** (VBL) → *Zusatzversorgungskassen* Rz. 4789.

LSt (durchgestrichen) SV (durchgestrichen)

2. Sozialversicherung

Pensionäre sind aus dem aktiven Berufsleben ausgeschieden; sie 3393
stehen nicht mehr in einem Beschäftigungsverhältnis, das Versicherungspflicht und in der Folge Beitragspflicht in den verschiedenen Zweigen der Sozialversicherung begründen könnte, gleich ob es sich um eine Beamtenpension, Werkspension o.Ä. handelt. Für die **Kranken- und Pflegeversicherung** ist jedoch zu beachten, dass Versorgungsbezüge als beitragspflichtige Einnahmen zur Finanzierung der gesetzlichen Kranken- und Pflegeversicherung herangezogen werden (§§ 229 SGB V und 57 SGB XI sowie → *Versorgungsbezüge* Rz. 4334).

3. Besonderheiten bei Nebentätigkeiten von Pensionären

a) Lohnsteuer

Geht ein Pensionär noch einer anderen Beschäftigung als Arbeit- 3394
nehmer nach, ist hierfür die **Steuerklasse VI** anzuwenden (§ 38b Abs. 1 Satz 2 Nr. 6 EStG). Der weitere Arbeitgeber muss für 2026, falls der beschäftigte Pensionär vor dem 2.1.1961 geboren ist, allerdings auch den **Altersentlastungsbetrag** (→ *Altersentlastungsbetrag* Rz. 56) absetzen, da dieser nur für bereits steuerbegünstigte Versorgungsbezüge ausgeschlossen ist, nicht aber für zusätzlich verdienten „normalen" Arbeitslohn.

Zu beachten ist ferner, dass bei Pensionären mit einem Nebenjob **zwei „Werbungskosten-Pauschbeträge"** abzuziehen sind, und zwar

- von der Pension der Pauschbetrag für Versorgungsbezüge i.H.v. **102 €** (§ 9a Satz 1 Nr. 1 Buchst. b EStG)
- und vom laufenden Gehalt der Arbeitnehmer-Pauschbetrag von **1 230 €** (seit 2023, § 9a Satz 1 Nr. 1 Buchst. a EStG).

b) Sozialversicherung

In der **Krankenversicherung** bleiben Bezieher einer **Beamten-** 3395
pension und Personen mit vergleichbarem Rechtsstatus bei einer nebenher ausgeübten Beschäftigung dann versicherungsfrei, wenn ihnen ein **Anspruch auf Ruhegehalt zuerkannt ist und sie Anspruch auf Beihilfe im Krankheitsfall** nach beamtenrechtlichen Vorschriften oder Grundsätzen haben. Die Versicherungsfreiheit in der Krankenversicherung bewirkt auch die Versicherungsfreiheit in der **Pflegeversicherung**.

In der **Rentenversicherung** sind die eine Nebentätigkeit ausübenden Pensionäre dann versicherungsfrei, wenn sie nach beamtenrechtlichen Vorschriften oder Grundsätzen eine **Versorgung nach Erreichen einer Altersgrenze beziehen**. Dies gilt auch für solche Pensionäre, die nach berufsständischen Versorgungsregelungen oder kirchenrechtlichen Regelungen nach Erreichen einer Altersgrenze Versorgungsbezüge erhalten. Jedoch muss der Arbeitgeber seinen Beitragsanteil unabhängig von der Versicherungsfreiheit entrichten.

Wird die Nebenbeschäftigung nur **geringfügig** i.S.d. § 8 Abs. 1 Nr. 1 SGB IV ausgeübt, d.h., das Arbeitsentgelt übersteigt den Grenzwert der Geringfügigkeitsgrenze nicht, hat der Arbeitgeber einen Pauschalbeitrag zur Rentenversicherung i.H.v. 15 % zu entrichten. Dies gilt unabhängig von der Versicherungsfreiheit in der Rentenversicherung auf Grund einer Versorgung aus einem öffentlich-rechtlichen Dienstverhältnis nach Erreichen der Altersgrenze. In der Krankenversicherung wäre bei einer Versicherungsfreiheit auf Grund einer geringfügigen Beschäftigung vom Arbeitgeber nur dann ein Pauschalbeitrag i.H.v. 13 % zu zahlen, wenn der Pensionär bei einer gesetzlichen Krankenkasse versichert ist. Dabei ist es unerheblich, ob es sich bei dieser Versicherung um eine Pflichtversicherung (z.B. als Rentner oder als Leistungsbezieher nach dem SGB III) oder eine freiwillige Versicherung oder eine Familienversicherung handelt (→ *Beiträge zur Sozialversicherung* Rz. 1214, → *Mini-Jobs* Rz. 3167).

In der **Arbeitslosenversicherung** gelten für beschäftigte Pensionäre die gleichen Regeln wie für andere Arbeitnehmer. Beitragsfreiheit besteht somit u.a., wenn

- der Beschäftigte die Regelaltersgrenze erreicht hat,
- die Beschäftigung geringfügig ist.

Bezieher einer **betrieblichen Pension, Werksrente** o.Ä. sind grds. versicherungspflichtig, es sei denn, die Beschäftigung ist geringfügig oder es gelten für die Arbeitslosenversicherung die oben dargestellten Voraussetzungen.

Pensionsfonds

→ *Zukunftssicherung: Betriebliche Altersversorgung* Rz. 4653

Pensionskasse

→ *Zukunftssicherung: Betriebliche Altersversorgung* Rz. 4653

PEP-Reisen

→ *Reiseveranstalter: Arbeitnehmerreisen* Rz. 3722

Permanenter Lohnsteuer-Jahresausgleich

1. Begriff

3396 Nach § 39b Abs. 2 Satz 12 EStG kann das Betriebsstättenfinanzamt allgemein oder auf Antrag des Arbeitgebers zulassen, dass die Lohnsteuer für **laufenden Arbeitslohn** unter den Voraussetzungen des § 42b Abs. 1 EStG (→ *Lohnsteuer-Jahresausgleich durch den Arbeitgeber* Rz. 2941) **nach dem voraussichtlichen Jahresarbeitslohn** ermittelt wird, wenn gewährleistet ist, dass die zutreffende Jahreslohnsteuer (§ 38a Abs. 2 EStG) nicht unterschritten wird. Dieses besondere Verfahren der Lohnsteuerermittlung wird **permanenter Lohnsteuer-Jahresausgleich** genannt. Mit diesem Verfahren kann bei stark schwankenden Arbeitslöhnen eine ständige Über- bzw. Unterzahlung von Lohnsteuer vermieden werden. Zur seit 1.1.2018 geltenden Sonderregelung für gelegentlich beschäftigte Arbeitnehmer mit der Steuerklasse VI → Rz. 3400.

2. Voraussetzungen

3397 Der permanente Lohnsteuer-Jahresausgleich darf nach R 39b.8 Abs. 1 Satz 2 LStR nur durchgeführt werden, wenn

- der Arbeitnehmer seit Beginn des Kalenderjahres **ständig in einem durchgängigen Dienstverhältnis** zu demselben Arbeitgeber steht,
- die **zutreffende Jahreslohnsteuer** (§ 38a Abs. 2 EStG) nicht unterschritten wird,
- bei der Lohnsteuerberechnung **kein Freibetrag oder Hinzurechnungsbetrag** zu berücksichtigen war,
- das **Faktorverfahren** nicht angewandt wurde,
- der Arbeitnehmer **kein Kurzarbeitergeld** einschließlich Saison-Kurzarbeitergeld, keinen Zuschuss zum Mutterschaftsgeld nach dem Mutterschutzgesetz oder § 3 MuSchEltZV oder einer entsprechenden Landesregelung, keine Entschädigung für Verdienstausfall nach dem Infektionsschutzgesetz, keine Aufstockungsbeträge nach dem Altersteilzeitgesetz, keine Zuschläge auf Grund des § 6 Abs. 2 BBesG und in den Ausgleichsjahren 2020, 2021 und 2022 keine steuerfreien Arbeitgeberzuschüsse zum Kurzarbeitergeld und Saison-Kurzarbeitergeld (§ 3 Nr. 28a EStG) bezogen hat,
- im Lohnkonto oder in der Lohnsteuerbescheinigung kein **Großbuchstabe „U"** eingetragen ist,
- im Kalenderjahr bei der **Berechnung der Vorsorgepauschale** die Teilbeträge für die Rentenversicherung, für die gesetzliche Kranken- und soziale Pflegeversicherung oder für die private Basiskranken- und Pflegepflichtversicherung sowie der Beitragszuschlag für Kinderlose in der sozialen Pflegeversicherung **nicht nur zeitweise berücksichtigt** werden,
- im Kalenderjahr der **kassenindividuelle Zusatzbeitrag** in der gesetzlichen Krankenversicherung (§ 242 SGB V) sich **nicht geändert** hat (durchgängig ein Beitragssatz),
- der Arbeitnehmer im Kalenderjahr – bezogen auf den Teilbetrag der Vorsorgepauschale für die Rentenversicherung – **durchgängig zum Anwendungsbereich nur einer Beitragsbemessungsgrenze** (West oder Ost) gehört,
- für den Arbeitnehmer im Kalenderjahr – bezogen auf den Teilbetrag der Vorsorgepauschale für die Rentenversicherung oder die gesetzliche Kranken- und soziale Pflegeversicherung – innerhalb des Kalenderjahres **durchgängig ein Beitragssatz anzuwenden** ist.

  Anmerkung: Danach wäre durch die Erhöhung des Pflegebeitragssatzes zum 1.7.2023 der Jahresausgleich für 2023 durchgängig ausgeschlossen gewesen, wenn die Finanzverwaltung keine abweichende Regelung bekannt gegeben hätte. Solch eine abweichende Regelung hat das BMF mehr oder weniger versteckt und eher beiläufig herausgegeben. In dem Bekanntmachungsschreiben zu den geänderten Programmablaufplänen für den Lohnsteuerabzug ab dem 1.7.2023 v. 19.6.2023, IV C 5 – S 2361/19/10008 :009, wird in Rz. 2, 2. Abs. ausgeführt:

  „So kann auch bei unterschiedlichen Beitragssätzen im ersten und zweiten Halbjahr 2023 ein Lohnsteuer–Jahresausgleich durch den Arbeitgeber (§ 42b EStG) mit zutreffenden bzw. annähernd zutreffenden Ergebnissen durchgeführt werden."

  Eine Rechtsgrundlage dafür ist nicht angegeben worden; als eine Billigkeitsregelung wurde dieser Hinweis nicht bezeichnet. Folglich hatte dieser Hinweis nicht den Rang einer Verwaltungsanweisung,
- der Arbeitnehmer keinen Arbeitslohn bezogen hat, der nach einem **DBA** oder nach dem **Auslandstätigkeitserlass** von der deutschen Lohnsteuer freigestellt ist.

Sind diese Voraussetzungen erfüllt, so **gilt** die **Genehmigung** des Betriebsstättenfinanzamts grds. **als erteilt**, wenn sie nicht im Einzelfall widerrufen wird. Ein besonderer Antrag des Arbeitgebers ist daher i.d.R. nicht notwendig (R 39b.8 Abs. 1 Satz 4 LStR).

Auf die **Steuerklasse** des Arbeitnehmers kommt es dabei nicht an (R 39b.8 Abs. 1 Satz 3 LStR). Der permanente Lohnsteuer-Jahresausgleich kann daher auch dann durchgeführt werden, wenn der Arbeitnehmer im Laufe des Kalenderjahres die **Steuerklasse wechselt**.

Die besondere Lohnsteuerermittlung nach dem voraussichtlichen Jahresarbeitslohn beschränkt sich im Übrigen auf den **laufenden Arbeitslohn**; für die Lohnsteuerermittlung von **sonstigen Bezügen** ist stets das für sonstige Bezüge geltende Verfahren anzuwenden (R 39b.8 Abs. 1 Satz 5 LStR); → *Sonstige Bezüge* Rz. 3936.

Seit dem Kalenderjahr 2020 ist die Durchführung des Lohnsteuer-Jahresausgleichs nach § 42b EStG **auf beschränkt steuerpflichtige Arbeitnehmer ausgedehnt** worden, weshalb der **permanente Lohnsteuer-Jahresausgleich ebenso bei beschränkt steuerpflichtigen Arbeitnehmern durchgeführt** werden darf (R 39b.8 Abs. 1 Satz 1 Nr. 1 LStR 2015 bzw. in der Fassung vor 2023 war insoweit überholt). Liegen die Voraussetzungen für den permanenten Lohnsteuer-Jahresausgleich für **nachfolgende** Lohnzahlungszeiträume **nicht** mehr vor, bleibt ein in den **vorangegangenen** Lohnzahlungszeiträumen vorgenommener Lohnsteuer-Jahresausgleich hiervon **unberührt**.

Hinweis:

Durch das JStG 2024 v. 2.12.2024, BGBl. I 2024, Nr. 387 = BStBl I 2024, 1484, sind die Ausschlusskriterien des Lohnsteuer-Jahresausgleichs erweitert worden. Zum einen führen nunmehr auch unterjährige unterschiedliche Beitragsabschläge in der Pflegeversicherung zu einem Ausschluss und zum anderen allgemein der Bezug von (ausländischem) Arbeitslohn, von dem keine inländische Lohnsteuer einbehalten worden ist. Bis zu einer anderslautenden Bekanntmachung durch die Finanzverwaltung sollten diese neuen Ausschlussfälle u.E. auch beim permanenten Lohnsteuer-Jahresausgleich berücksichtigt werden.

3. Verfahren

Zur Anwendung des permanenten Lohnsteuer-Jahresausgleichs 3398
ist nach Ablauf eines jeden Lohnzahlungszeitraums oder in den Fällen, in denen der Arbeitgeber Abschlagszahlungen leistet, nach Ablauf des Lohnabrechnungszeitraums der **laufende Arbeitslohn** der abgelaufenen Lohnzahlungs- oder Lohnabrechnungszeiträume **auf einen Jahresbetrag hochzurechnen**, z.B. der laufende Arbeitslohn für die Monate Januar bis April × 3 (12/4). Von dem Jahresbetrag sind die **Freibeträge für Versorgungsbezüge** (§ 19

Abs. 2 EStG) und der **Altersentlastungsbetrag** (§ 24a EStG) abzuziehen, wenn die Voraussetzungen für den Abzug jeweils erfüllt sind. Für den verbleibenden Jahreslohn ist die **Jahreslohnsteuer zu ermitteln.** Dabei ist die für den Lohnzahlungszeitraum geltende Steuerklasse maßgebend. Sodann ist der **Teilbetrag der Jahreslohnsteuer** zu ermitteln, der **auf die abgelaufenen Lohnzahlungs- oder Lohnabrechnungszeiträume entfällt.** Von diesem Steuerbetrag ist die **Lohnsteuer abzuziehen,** die von dem laufenden Arbeitslohn der abgelaufenen Lohnzahlungs- oder Lohnabrechnungszeiträume **bereits erhoben worden** ist; der Restbetrag ist die Lohnsteuer, die für den zuletzt abgelaufenen Lohnzahlungs- oder Lohnabrechnungszeitraum zu erheben ist (R 39b.8 Abs. 1 Sätze 6 bis 11 LStR).

Beispiel 1:

Der Arbeitnehmer, Steuerklasse I/0, rk, 20 Jahre, kassenindividueller Zusatzbeitrag 5 %, ist bei einem Arbeitgeber in Hannover seit dem 1.1.2025 beschäftigt. Für die Zeit vom 1.1. bis 31.5.2025 sind im Lohnkonto aufgezeichnet:

Bruttoarbeitslohn:	14 820,– €
Lohnsteuer:	1 571,65 €
Solidaritätszuschlag:	0,– €
Kirchensteuer:	0,– €

Für den Monat Juni 2025 erhält er einen Bruttoarbeitslohn von 3 118 €.
Für den Monat Juni errechnen sich die Steuerabzugsbeträge wie folgt:

Bruttoarbeitslohn 1.1. bis 31.5.2025	14 820,– €
+ Bruttoarbeitslohn für Juni 2025	3 118,– €
= Insgesamt	17 938,– €
Umgerechnet auf Jahresarbeitslohn	
17 938 € × 12 Monate / 6 Monate	35 876,– €
Jahreslohnsteuer (Steuerklasse I/0)	3 650,– €
Jahressolidaritätszuschlag (Steuerklasse I/0)	0,– €
Jahreskirchensteuer (Steuerk35876lasse I/0)	0,– €
Lohnsteuer für die Zeit vom 1.1. bis 30.6.2024	
3 650 € × 6 Monate / 12 Monate	1 825,– €
Lohnsteuer für die Zeit vom 1.1. bis 31.5.2024	1 571,65 €
Lohnsteuer für Juni 2024	253,35 €
Solidaritätszuschlag für die Zeit vom 1.1. bis 30.6.2024 (6/12 von 0 €)	0,– €
– Solidaritätszuschlag für die Zeit vom 1.1. bis 31.5.2024	0,– €
Solidaritätszuschlag für Juni 2024	0,– €
Kirchensteuer für die Zeit vom 1.1. bis 30.6.2024 (6/12 von 345,78 €)	0,– €
– Kirchensteuer für die Zeit vom 1.1. bis 31.5.2024	114,75 €
Kirchensteuer für Juni 2024	0,– €

In den Fällen, in denen die **maßgebende Steuerklasse während des Kalenderjahres gewechselt hat,** ist an Stelle der Lohnsteuer, die vom laufenden Arbeitslohn der abgelaufenen Lohnzahlungs- oder Lohnabrechnungszeiträume erhoben worden ist, die Lohnsteuer abzuziehen, die nach der **zuletzt maßgebenden Steuerklasse** vom laufenden Arbeitslohn bis zum vorletzten abgelaufenen Lohnzahlungs- oder Lohnabrechnungszeitraum zu erheben gewesen wäre (R 39b.8 Abs. 1 Satz 12 LStR).

Beispiel 2:

Ein Arbeitnehmer wechselt ab 1.6.2025 die Steuerklasse von IV/0 nach III/0.

Für die Ermittlung der einzubehaltenden Lohnsteuer für Juni 2025 ist die nach der Steuerklasse III/0 ermittelte anteilige Jahreslohnsteuer um die Lohnsteuer zu kürzen, die in den Monaten Januar bis Mai nach der Steuerklasse III/0 einzubehalten gewesen wäre.

Bei Arbeitnehmern, für die der **Arbeitgeber** nach § 42b Abs. 1 EStG einen **Lohnsteuer-Jahresausgleich durchführen darf,** ist es dem Arbeitgeber gestattet, den Jahresausgleich mit der Ermittlung der Lohnsteuer für den letzten im Ausgleichsjahr endenden Lohnzahlungszeitraum zusammenfassen. Hierbei ist die Jahreslohnsteuer nach den für den Lohnsteuer-Jahresausgleich geltenden Regeln (→ *Lohnsteuer-Jahresausgleich durch den Arbeitgeber* Rz. 3015) zu ermitteln und der Lohnsteuer, die von dem Jahresarbeitslohn erhoben worden ist, gegenüberzustellen. Übersteigt die ermittelte Jahreslohnsteuer die erhobene Lohnsteuer, so ist der Unterschiedsbetrag die Lohnsteuer, die für den letzten Lohnzahlungszeitraum des Ausgleichsjahrs einzubehalten ist. Übersteigt die erhobene Lohnsteuer die ermittelte Jahreslohnsteuer, so ist der Unterschiedsbetrag dem Arbeitnehmer zu erstatten (R 42b Abs. 3 LStR).

4. Teilzeitbeschäftigte und Aushilfskräfte

Insbesondere **bei Teilzeitbeschäftigten und Aushilfskräften** 3399
bietet der permanente Lohnsteuer-Jahresausgleich Vorteile, wenn in den Lohnsteuerabzugsmerkmalen des Arbeitnehmers die **Steuerklasse V oder VI** mitgeteilt wurde und der Arbeitnehmer **beim Arbeitgeber das ganze Kalenderjahr beschäftigt** ist.

Beispiel:

Ein Arbeitnehmer ist bei einem Arbeitgeber in Köln, bei dem er regelmäßig Aushilfstätigkeiten durchführt, das gesamte Kalenderjahr beschäftigt. In den Lohnsteuerabzugsmerkmalen wird die Steuerklasse V mitgeteilt. Im Mai 2025 erhält der Arbeitnehmer für seine Tätigkeit in der Zeit vom 1.5. bis 31.5.2025 einen Monatslohn von 295 €. Für die Zeit vom 1.1. bis 30.4.2025 ist im Lohnkonto kein Arbeitslohn aufgezeichnet.

Bei Anwendung der Monatstabelle (Steuerklasse V) müsste der Arbeitgeber folgende Beträge einbehalten:

Lohnsteuer	17,66 €
Solidaritätszuschlag	0,– €
Kirchensteuer (9 %)	0,– €

Dem Arbeitnehmer könnten also nur 277,34 € ausgezahlt werden. Sozialversicherungsbeiträge fallen beim Arbeitnehmer nicht an. Entweder ist das Beschäftigungsverhältnis als kurzfristige oder geringfügige Beschäftigung sozialversicherungsfrei oder der Arbeitgeber muss für den Arbeitnehmer als sog. Geringverdiener die gesamten Sozialversicherungsbeiträge übernehmen.

Der Arbeitgeber kann aber den permanenten Lohnsteuer-Jahresausgleich anwenden, weil der Arbeitnehmer bei ihm das ganze Kalenderjahr beschäftigt ist. **Die Lohnsteuer für den Monat Mai 2025 berechnet sich wie folgt:**

Bruttoarbeitslohn 1.1. bis 30.4.2025	0,– €
+ Bruttoarbeitslohn für Mai 2025	295,– €
= Insgesamt	295,– €
Umgerechnet auf Jahresarbeitslohn	
295 € × 12 Monate / 5 Monate	708,– €
Jahreslohnsteuer (Steuerklasse V/0)	0,– €
Jahressolidaritätszuschlag (Steuerklasse V/0)	0,– €
Jahreskirchensteuer (Steuerklasse V/0)	0,– €
Lohnsteuer für die Zeit vom 1.1. bis 31.5.2025	
0 € × 5 Monate / 12 Monate	0,– €
– Lohnsteuer für die Zeit vom 1.1. bis 30.4.2025	0,– €
Lohnsteuer für Mai 2025	0,– €
Solidaritätszuschlag für Mai 2025	0,– €
Kirchensteuer für Mai 2025	0,– €

Der Arbeitgeber kann also den Monatslohn für Mai ungekürzt i.H.v. 295 € dem Arbeitnehmer auszahlen.

Der permanente Lohnsteuer-Jahresausgleich kommt **auch für kurzfristig beschäftigte Arbeitnehmer** in Betracht, bei denen entweder die betraglichen oder zeitlichen Grenzen für eine Pauschalbesteuerung mit 25 % überschritten sind oder es sich nicht um eine Beschäftigung zu einem unvorhergesehenen Zeitpunkt handelt. Voraussetzung ist jedoch, dass der kurzfristig Beschäftigte **das ganze Kalenderjahr in einem durchgängigen Dienstverhältnis zu demselben Arbeitgeber** steht.

5. Sonderregelung für gelegentlich beschäftigte Arbeitnehmer

Seit dem 1.1.2018 kann das Betriebsstättenfinanzamt **auf An-** 3400
trag zulassen, dass auch **bei gelegentlich beschäftigten Arbeitnehmern,** die **nicht das ganze Kalenderjahr in einem durchgängigen Dienstverhältnis** zu demselben Arbeitgeber stehen, die Regelungen des permanenten Lohnsteuer-Jahresausgleichs angewendet werden können (§ 39b Abs. 2 Satz 13 ff. EStG).

Voraussetzung hierfür ist, dass der Arbeitnehmer

- **unbeschränkt einkommensteuerpflichtig** (§ 1 Abs. 1 EStG) ist,
- die **Steuerklasse VI ohne Freibetrag** nach § 39a EStG hat und
- beim Arbeitgeber gelegentlich, nicht regelmäßig wiederkehrend beschäftigt ist und die Dauer der Beschäftigung **24 zusammenhängende Arbeitstage nicht übersteigt.**

Sind diese Voraussetzungen erfüllt, kann der während der Beschäftigung erzielte Arbeitslohn auf einen Jahresbetrag hochgerechnet und die sich ergebende Lohnsteuer auf den Lohnabrechnungszeitraum zurückgerechnet werden, wobei als Lohnabrechnungszeitraum der Zeitraum vom Beginn des Kalenderjahres bis zum Ende der Beschäftigung gilt.

Dabei sind auch der im Kalenderjahr in etwaigen vorangegangenen und beendeten weiteren Dienstverhältnissen in der Steuerklasse VI bezogene Arbeitslohn und die darauf erhobene Lohnsteuer einzubeziehen, soweit dort bereits dieses Verfahren angewandt wurde (§ 39b Abs. 2 Satz 14 EStG).

Für den Antrag des Arbeitgebers kann folgendes **Muster** verwendet werden:

Antrag auf Anwendung des permanenten Lohnsteuer-Jahresausgleichs für kurzfristig beschäftigte Arbeitnehmer (§ 39b Abs. 2 Satz 13 bis 16 EStG)

Anlass der Beschäftigung: ....

Hiermit beantrage ich für kurzfristig beschäftigte Aushilfskräfte, die nach § 1 Abs. 1 EStG unbeschränkt einkommensteuerpflichtig sind und deren Arbeitslohn nach Steuerklasse VI (ohne Freibetrag nach § 39a EStG) abgerechnet wird, den Lohnsteuerabzug nach dem voraussichtlichen Jahresarbeitslohn (sog. permanenten Lohnsteuer-Jahresausgleich) vorzunehmen.

Es wird versichert, dass die Voraussetzungen für die Anwendung des Verfahrens vorliegen (u.a. Beschäftigungshöchstdauer von 24 zusammenhängenden Arbeitstagen je Arbeitnehmer, Zustimmungserklärungen der Arbeitnehmer).

Die Zustimmungserklärungen werden zum Lohnkonto genommen.

.................., den ....

(Unterschrift des Arbeitgebers)

Weitere Voraussetzung für die Anwendung dieses Verfahrens ist zudem, dass der Arbeitnehmer vor Aufnahme der Beschäftigung

- unter **Angabe seiner IdNr** gegenüber dem Arbeitgeber **schriftlich zustimmt**,
- mit der Zustimmung den **in etwaigen vorangegangenen und beendeten weiteren Dienstverhältnissen einzubeziehenden Arbeitslohn** und die darauf erhobene Lohnsteuer **erklärt** und
- mit der Zustimmung versichert, dass ihm der **Pflichtveranlagungstatbestand** nach § 46 Abs. 2 Nr. 2 und 3a **bekannt** ist (§ 39b Abs. 2 Satz 15 EStG).

Die Zustimmungserklärung des Arbeitnehmers ist zum Lohnkonto zu nehmen (§ 39b Abs. 2 Satz 16 EStG). Dabei kann folgendes **Muster** verwendet werden:

Erklärung des Arbeitnehmers zur Anwendung des permanenten Lohnsteuer-Jahresausgleichs nach § 39b Abs. 2 Satz 13 bis 16 EStG
(nur in den Fällen der Steuerklasse VI)

Name
Vorname
Geburtsdatum
Identifikationsnummer (IdNr)
Steuernummer (soweit vorhanden)
Straße, Hausnummer
Postleitzahl, Wohnort

Hiermit stimme ich zu, dass mein Arbeitslohn nach Steuerklasse VI unter Berücksichtigung des voraussichtlichen Jahresarbeitslohns (sog. permanenten Lohnsteuer-Jahresausgleich) versteuert wird.

Die Zustimmung gilt für folgende Beschäftigung:

Anlass der Beschäftigung: ....

Zeitraum: vom .... bis ....

☐ Ich habe bereits für eine oder mehrere vorangegangene Beschäftigung(en) in diesem Kalenderjahr die Zustimmung zur Anwendung der Steuerklasse VI unter Berücksichtigung des permanenten Lohnsteuer-Jahresausgleichs erteilt:

Arbeitslohn aus dieser/diesen Beschäftigung(en):

Höhe:
einbehaltene Lohnsteuer:
einbehaltener Solidaritätszuschlag:
einbehaltene Kirchensteuer des Arbeitnehmers:
einbehaltene Kirchensteuer des Ehegatten / Lebenspartners:

Mir ist bekannt, dass ich bei Anwendung der Steuerklasse VI zur Abgabe einer Einkommensteuererklärung verpflichtet bin (§ 46 Abs. 2 Nr. 2 und 3a EStG) und es bei Anwendung des permanenten Lohnsteuer-Jahresausgleichs zu Steuernachzahlungen kommen kann.

.................., den ....

(Unterschrift des Arbeitnehmers)

Personalrabatte

→ *Rabatte* Rz. 3523

Personalrat

→ *Betriebsrat* Rz. 1419

Personengruppen

→ *Meldungen für Arbeitnehmer in der Sozialversicherung* Rz. 3099

Personenschutz

→ *Bewachung* Rz. 1446

Pfändungsfreigrenzen

→ *Lohnpfändung* Rz. 2890

Pfändungs- und Überweisungsbeschluss

→ *Lohnpfändung* Rz. 2890

Pfändung von Arbeitslohn

→ *Abtretung einer Forderung als Arbeitslohn* Rz. 26, → *Lohnpfändung* Rz. 2890

Pflege-Pauschbetrag

→ *Lohnsteuer-Ermäßigungsverfahren* Rz. 2993

Pflegeunterstützungsgeld

→ *Pflegezeiten* Rz. 3443

Pflegeversicherung

Inhalt

1. Pflegeunterstützungs- und -entlastungsgesetz

3401 Auf Grund eines Urteils des BVerfG v. 7.4.2022, 1 BvL 3/18, 1 BvR 2824/17, 1 BvR 2257/16, 1 BvR 717/16, welches es für unvereinbar mit Art. 3 GG hielt, dass beitragspflichtige Eltern in der sozialen Pflegeversicherung unabhängig von der Zahl der von ihnen betreuten und erzogenen Kinder mit gleichen Beiträgen belastet werden, wurde der Gesetzgeber verpflichtet bis zum 31.7.2023 eine Neuregelung zu treffen. Der Gesetzgeber hat mit dem Gesetz zur Unterstützung und Entlastung in der Pflege (Pflegeunterstützungs- und -entlastungsgesetz – PUEG, BGBl. I 2023, Nr. 155) zum 1.7.2023 entsprechend reagiert. Das Gesetz enthielt u.a. folgende für das Lohnbüro wichtige Änderungen:

- Anhebung des Beitragssatzes der Pflegeversicherung auf 3,4 % (hierzu → Rz. 3418).
- Erhöhung des Beitragszuschlags für Kinderlose auf 0,6 % (hierzu → Rz. 3419).
- Einführung von Beitragsabschlägen abhängig von der Anzahl der zu berücksichtigenden Kinder in gestaffelter Form i.H.v. 0,25 Beitragssatzpunkten bis 1,0 Beitragssatzpunkten (hierzu → Rz. 3420).
- Bei kurzfristigem Liquiditätsbedarf wurde eine zusätzliche Rechtsverordnungsermächtigung für die Bundesregierung zur Anpassung des Beitragssatzes geschaffen, wobei bei mehreren Anpassungen diese nicht höher als 0,5 Beitragssatzpunkte über dem jeweils zuletzt gesetzlich festgesetzten Beitragssatz liegen dürfen.

Im Folgenden werden die Grundsätzlichen Hinweise des GKV-Spitzenverbandes zur Differenzierung der Beitragssätze in der Pflegeversicherung nach Anzahl der Kinder und Empfehlungen zum Nachweis der Elterneigenschaft vom 31.3.2025 berücksichtigt, welches u.a. in der werkbegleitende Online-Datenbank erhältlich ist (s. Benutzerhinweise auf S. IV).

2. Zuständige Pflegekasse

3402 Die Pflegeversicherung wird für Versicherungspflichtige bei der Pflegekasse durchgeführt, die bei der **Krankenkasse** errichtet ist, die auch die Krankenversicherung durchführt (→ *Krankenkassenwahlrecht* Rz. 2751). Bei einem Wechsel der Krankenkasse wechselt somit auch die zuständige Pflegekasse. Fehlt es an einer eigenständigen Mitgliedschaft in der Krankenversicherung, ist die Pflegekasse zuständig, die bei der Krankenkasse errichtet ist, die die Leistungen auftragsweise gewährt. Sofern sich hiernach keine Zuständigkeit ergibt, kann der Versicherte die Pflegekasse wählen, der er bei Versicherungspflicht in der Krankenversicherung oder bei einer freiwilligen Versicherung angehören würde (→ *Krankenkassenwahlrecht* Rz. 2751). Die gewählte Pflegekasse darf die Mitgliedschaft nicht ablehnen.

Die Familienversicherung führt die Pflegekasse durch, bei der auch das Mitglied versichert ist.

Weiterversicherte in der Pflegeversicherung gehören der Kasse an, bei der zuletzt die Mitgliedschaft bestanden hat.

3. Versicherter Personenkreis

3403 Die Versicherungspflicht in der sozialen Pflegeversicherung erstreckt sich auf **alle Personen, die Mitglieder der gesetzlichen Krankenversicherung sind**. Unerheblich ist, ob es sich um eine Pflichtversicherung oder eine freiwillige Versicherung handelt. Daneben sind auch die **familienversicherten** Ehegatten und Kinder in den Schutz der sozialen Pflegeversicherung eingeschlossen. Da die Pflegeversicherung in vielen Details den Regelungen der Krankenversicherung folgt, gilt der Grundsatz „Pflegeversicherung folgt Krankenversicherung“ (→ *Krankenversicherung: gesetzliche* Rz. 2760).

Privat krankenversicherte Personen sind verpflichtet, einen gleichwertigen privaten Pflegeversicherungsschutz bei einem privaten Versicherungsunternehmen abzuschließen.

a) Beschäftigte

Soweit auf Grund der Beschäftigung Versicherungspflicht in 3404
der Krankenversicherung (→ *Krankenversicherung: gesetzliche* Rz. 2760) besteht, gilt dies auch für die Pflegeversicherung. Andererseits sind versicherungsfreie oder von der Krankenversicherung befreite Arbeitnehmer grundsätzlich nicht in den Schutz der sozialen Pflegeversicherung einbezogen. Zu prüfen ist, ob ggf. i.R. der Familienversicherung Schutz in der sozialen Pflegeversicherung besteht, z.B. bei versicherungsfreien geringfügig Beschäftigten.

b) Freiwillig Krankenversicherte

Alle in der gesetzlichen Krankenversicherung freiwillig Versicher- 3405
ten **sind in die soziale Pflegeversicherung als Pflichtversicherte einbezogen**. Dabei ist ohne Bedeutung, auf welcher Rechtsgrundlage die freiwillige Krankenversicherung zu Stande gekommen ist und ob die freiwillige Krankenversicherung satzungsgemäße Leistungsbeschränkungen vorsieht.

c) Ausschluss der Versicherungspflicht in der Pflegeversicherung

Bei Personen, die mindestens in den letzten zehn Jahren weder in 3406
der Kranken- noch in der Pflegeversicherung versichert waren, wird bei Aufnahme einer **Beschäftigung von untergeordneter wirtschaftlicher Bedeutung** gesetzlich vermutet, dass eine versicherungspflichtige Beschäftigung oder selbständige Tätigkeit nicht vorliegt. Damit tritt keine Versicherungspflicht ein, die ggf. zu einem Leistungsbezug berechtigen könnte. Dies gilt insbesondere bei Beschäftigungen unter Familienangehörigen (→ *Angehörige* Rz. 135). Die gesetzliche Vermutung des Ausschlusses der Versicherungspflicht kann durch geeignete Beweismittel widerlegt werden.

Mit dieser Regelung wird den Pflegekassen ein Instrument zur Missbrauchsvermeidung – insbesondere bei Beschäftigungen unter Familienangehörigen – in Form einer gesetzlichen Beweislastumkehr an die Hand gegeben.

Darüber hinaus wurde klargestellt, dass die Pflegeversicherungspflicht bei einem vorübergehenden Beschäftigungsverhältnis in Deutschland nicht eintritt, sofern die deutsche Krankenversicherungspflicht auf Grund einer auf Abkommensregelungen beruhenden Ausnahmevereinbarung ausgeschlossen ist.

d) Sonstige Personen

Versicherungspflicht in der sozialen Pflegeversicherung besteht 3407
(vgl. ausführlich § 20 SGB XI) auch für

- Vorruhestandsgeldbezieher (sofern sie unmittelbar vor Beginn des Vorruhestands versicherungspflichtig waren und das Vorruhestandsgeld mindestens i.H.v. 65 % des früheren Bruttoarbeitsentgelts gezahlt wird),
- Leistungsempfänger nach dem SGB III unter Berücksichtigung der Sperrfrist,
- Landwirte, mitarbeitende Familienangehörige (→ *Angehörige* Rz. 135) und Altenteiler,
- Künstler und Publizisten,
- Jugendliche, Rehabilitanden, Behinderte,
- Rentner, Rentenantragsteller,
- Personen mit Wohnsitz oder gewöhnlichem Aufenthalt in der Bundesrepublik Deutschland, die einen Anspruch auf Heil- oder Krankenbehandlung nach dem SGB XIV haben und weder gesetzlich noch privat versichert sind,
- Mitglieder von Solidargemeinschaften, die als anderweitige Absicherung im Krankheitsfall gilt.

In die Versicherungspflicht werden nicht nur die Beschäftigten, sondern auch deren Hinterbliebene einbezogen, sofern sie Anspruch auf Krankenbehandlung haben und nicht durch die Familienversicherung geschützt sind.

Für Soldaten auf Zeit (vgl. hierzu § 21 SGB XI) besteht dann Versicherungspflicht in der sozialen Pflegeversicherung, wenn sie weder gesetzlich noch privat versichert sind. Dies gilt auch dann noch, wenn der Soldat aus dem Dienstverhältnis ausscheidet, aber Übergangsgebührnisse erhält.

Einbezogen in die soziale Pflegeversicherung sind darüber hinaus noch weitere Personen, die hier jedoch gänzlich außer Betracht bleiben können.

e) Familienversicherung

3408 Für **Familienangehörige eines Mitglieds** (vgl. § 25 SGB XI) besteht in der sozialen Pflegeversicherung unter den gleichen Voraussetzungen wie in der Krankenversicherung Anspruch auf beitragsfreie Versicherung. Bei der Prüfung der Frage, ob das Gesamteinkommen des Familienangehörigen 1/7 der monatlichen Bezugsgröße (→ *Bezugsgröße* Rz. 1480) übersteigt, bleibt ein evtl. gezahltes Pflegegeld aus der Pflegeversicherung unberücksichtigt. Das gilt auch für eine eventuelle finanzielle Anerkennung, die ein Pflegebedürftiger der Pflegeperson zahlt, wenn der Betrag das dem Umfang der Pflegetätigkeit entsprechende Pflegegeld nicht übersteigt. Das sind im Pflegegrad 2 = 347 €, im Pflegegrad 3 = 599 €, im Pflegegrad 4 = 799 € und im Pflegegrad 5 = 990 €. Im Pflegegrad 1 stehen nur Betreuungsleistungen zur Verfügung.

Die Familienversicherung bleibt bei Kindern, die auf Grund gesetzlicher Verpflichtung mehr als drei Tage Wehr- oder Zivildienst leisten oder die i.R. einer besonderen Auslandsverwendung i.S.d. Soldatengesetzes freiwillig Wehrdienst leisten, für die Dauer des Dienstes bestehen.

f) Versicherungspflicht in der privaten Pflegeversicherung

3409 An der Durchführung der Pflegeversicherung sind neben den gesetzlichen Krankenkassen auch die privaten Krankenversicherungsunternehmen beteiligt, um das **Ziel** einer **weitgehend lückenlosen Absicherung gegen das Risiko der Pflegebedürftigkeit** zu erreichen. Deshalb haben Personen, die bei einem privaten Krankenversicherungsunternehmen mit Anspruch auf allgemeine Krankenhausleistungen versichert sind, zur Absicherung des Risikos der Pflegebedürftigkeit für sich und ihre Familienangehörigen einen Versicherungsvertrag abzuschließen (vgl. § 23 SGB XI). Eine private Zusatz- oder Krankenhaustagegeldversicherung löst hingegen diese Versicherungspflicht nicht aus.

Personen, die nach beamtenrechtlichen Vorschriften oder Grundsätzen bei Pflegebedürftigkeit Anspruch auf **Beihilfe** haben, sind zum Abschluss eines „beihilfekonformen" Versicherungsvertrags verpflichtet, wenn sie nicht nach anderen Vorschriften pflegeversichert sind. Dies gilt auch für Heilfürsorgeberechtigte, die nicht in der sozialen Pflegeversicherung versichert sind (z.B. Polizeivollzugsbeamte in der Bundespolizei, Berufssoldaten), sowie für Beamte der Unternehmen der ehemaligen Deutschen Bundespost und des Bundeseisenbahnvermögens, soweit sie Mitglieder der Postbeamtenkrankenkasse oder der Krankenversorgung der Bundesbahnbeamten sind.

4. Befreiung von der Versicherungspflicht

a) Freiwillige Mitglieder gesetzlicher Krankenkassen

3410 Freiwillige Mitglieder der gesetzlichen Krankenkassen können sich von der Versicherungspflicht in der sozialen Pflegeversicherung befreien lassen, wenn sie einen gleichwertigen privaten Pflegeversicherungsschutz nachweisen (vgl. § 22 SGB XI). Dieser Nachweis ist auch für die Angehörigen zu führen, wenn diese ansonsten i.R. der Familienversicherung Leistungen beanspruchen könnten. Die Leistungen aus der privaten Pflegeversicherung müssen in Art und Umfang denen der sozialen Pflegeversicherung entsprechen.

b) Antragstellung zur Befreiung von der Versicherungspflicht

3411 Der Antrag auf Befreiung von der Versicherungspflicht in der sozialen Pflegeversicherung kann nur **innerhalb von drei Monaten nach Beginn der Versicherungspflicht** gestellt werden (vgl. § 22 Abs. 2 SGB XI). Fällt der letzte Tag dieser Antragsfrist auf einen Samstag, Sonntag oder arbeitsfreien Feiertag, verlängert sich die Frist auf den nächstfolgenden Werktag.

Beispiel:

Beginn der Beschäftigung und Eintritt der Versicherungspflicht:	1.2.2002
Ende der Versicherungspflicht wegen Überschreitens der Jahresarbeitsentgeltgrenze:	31.12.2025
Weiterversicherung als freiwilliges Mitglied in der gesetzlichen Krankenversicherung zum:	1.1.2026
Beginn der Antragsfrist:	1.1.2026
Ende der Antragsfrist:	31.3.2026

Die Befreiung wirkt vom Beginn der Versicherungspflicht an, wenn seit diesem Zeitpunkt keine Leistungen in Anspruch genommen wurden, ansonsten vom Beginn des Kalendermonats an, der auf die Antragstellung folgt.

Eine einmal ausgesprochene **Befreiung** von der sozialen Pflegeversicherung **kann nicht widerrufen werden**. Die Befreiung gilt für die Dauer der freiwilligen Mitgliedschaft in der gesetzlichen Krankenversicherung. Die Befreiung verliert ihre Wirkung, wenn auf Grund anderer Vorschriften wiederum Versicherungspflicht in der sozialen Pflegeversicherung oder Familienversicherung einsetzt. Ohne Wirkung bleibt ein **Arbeitgeberwechsel**, wenn die freiwillige Krankenversicherung nahtlos fortbesteht. Dies gilt auch dann, wenn mit dem Arbeitgeberwechsel verbunden eine neue Krankenkasse gewählt wird.

Der Antrag auf Befreiung ist bei der Pflegekasse zu stellen, die bei der Krankenkasse errichtet ist, die die freiwillige Mitgliedschaft durchführt.

5. Weitere Tatbestände

a) Beihilfeberechtigte

Personen, die im Falle der Pflegebedürftigkeit Beihilfeleistungen **3412**
erhalten (z.B. Beamte), sind **zum Abschluss einer entsprechenden anteiligen Versicherung verpflichtet**, mit der die durch die Beihilfeleistungen nicht gedeckten Aufwendungen ergänzt werden (Restkostenversicherung). Beihilfeleistungen und Versicherungsleistungen müssen zusammen den Leistungen der sozialen Pflegeversicherung entsprechen und ggf. auch die Leistungsansprüche für Familienangehörige in dem Umfang einschließen, wie die soziale Pflegeversicherung sie i.R. der Familienversicherung vorsieht.

b) Zukunftsverpflichtung

Für Personen, die wegen des Abschlusses eines privaten Versi- **3413**
cherungsvertrags von der sozialen Pflegeversicherung befreit sind, besteht die in die Zukunft wirkende Verpflichtung, den privaten Versicherungsschutz für die Dauer der Befreiung und im erforderlichen Umfang aufrechtzuerhalten. Diese Verpflichtung überwachen die privaten Versicherungsunternehmen; ggf. wird das Bundesamt für Soziale Sicherung informiert. Wer vorsätzlich oder leichtfertig dieser Verpflichtung zur Aufrechterhaltung seines Versicherungsvertrags nicht nachkommt, handelt ordnungswidrig.

c) Weiterversicherung

Wie in der gesetzlichen Krankenversicherung haben Personen, **3414**

- die **aus der Versicherungspflicht ausscheiden** oder
- deren **Familienversicherung erlischt**,

die Möglichkeit, die soziale Pflegeversicherung auf Antrag freiwillig fortzusetzen, vorausgesetzt, es tritt keine Versicherungspflicht bei einem privaten Krankenversicherungsunternehmen ein und eine Vorversicherungszeit wird nachgewiesen.

Gefordert wird, dass entweder

- in den letzten fünf Jahren vor dem Ausscheiden mindestens 24 Monate oder
- unmittelbar vor dem Ausscheiden mindestens zwölf Monate

ein Versicherungsverhältnis in der sozialen Pflegeversicherung bestanden hat.

Als **Vorversicherungszeiten** werden angerechnet Zeiten der Versicherungspflicht, der Weiterversicherung sowie der Familienversicherung in der sozialen Pflegeversicherung. Reichen die für die Feststellung der Vorversicherungszeiten zu berücksichtigenden Zeiträume bis zur Zeit vor Inkrafttreten des Pflegeversicherungs-

Gesetzes nicht, können – fiktiv – Zeiten berücksichtigt werden, wenn die Pflegeversicherung seinerzeit schon bestanden hätte.

Keine Vorversicherungszeit wird gefordert für Personen, die aus der Familienhilfe ausscheiden oder für Neugeborene, deren Familienversicherung wegen der Höhe der Einkünfte des Mitglieds nicht zu Stande kommt.

Für den **Antrag** auf Weiterversicherung gilt eine **Frist von drei Monaten**.

Das Recht der Weiterversicherung steht auch Personen zu, die wegen **Verlegung ihres Wohnsitzes** oder gewöhnlichen Aufenthalts **ins Ausland** aus der Versicherungspflicht ausscheiden. Nach der BT-Drucks. 12/5262 soll das Recht der Weiterversicherung auch **Grenzgängern** eingeräumt werden, die im Ausland wohnen, in Deutschland aber beschäftigt sind, wenn ihre Versicherungspflicht bei Aufgabe der Beschäftigung in Deutschland endet. Die Weiterversicherung umfasst auch die versicherten **Familienangehörigen**, die gemeinsam **mit dem Mitglied** ihren Wohnsitz oder gewöhnlichen Aufenthaltsort **ins Ausland** verlegen. Verbleibt der Familienangehörige im Inland, endet die Familienversicherung mit dem Tag, an dem das Mitglied seinen Wohnsitz oder gewöhnlichen Aufenthalt ins Ausland verlegt.

Ein **Antrag** auf Weiterversicherung ist hier **innerhalb eines Monats** zu stellen.

6. Meldungen

a) Versicherte einer Krankenkasse

3415 Die Meldung zur gesetzlichen Krankenversicherung schließt die Meldung zur sozialen Pflegeversicherung ein. Die Versicherungspflicht/-freiheit in der Pflegeversicherung ist durch die vierte Stelle in dem Beitragsgruppenschlüssel besonders zu kennzeichnen. Bei freiwilligen Mitgliedern einer Krankenkasse gilt die Beitrittserklärung zur Krankenversicherung auch als Meldung zur Pflegeversicherung (→ *Meldungen für Arbeitnehmer in der Sozialversicherung* Rz. 3108).

b) Sonstige Versicherte

3416 Für die sonstigen Versicherten (→ Rz. 3407) haben die leistungsgewährenden, betreuenden Stellen die Meldung zur Pflegeversicherung zu erstatten.

7. Beiträge

3417 Das Beitragsrecht zur sozialen Pflegeversicherung entspricht grundsätzlich dem der Krankenversicherung. Beiträge zur sozialen Pflegeversicherung werden von dem Bemessungsentgelt erhoben, von dem auch die Beiträge zur Krankenversicherung berechnet werden. Dies schließt auch die Beitragsbemessungsgrenze in der Krankenversicherung als Obergrenze ein. Für 2026 beträgt die Beitragsbemessungsgrenze bundeseinheitlich:

Zeitraum	
Jahr	69 750,– €
Monat	5 812,50 €

Bei freiwillig Versicherten werden die Einnahmen zum Lebensunterhalt als Bemessungsgrundlage herangezogen, Beiträge werden jedoch mindestens in Höhe der auch für die Krankenversicherung geltenden Untergrenze von 1 318,33 € erhoben.

a) Beitragssatz

3418 Der Beitragssatz in der Pflegeversicherung wird grundsätzlich durch Gesetz festgelegt (§ 55 Abs. 1 SGB XI). Die Bundesregierung kann ihn aber auch per Verordnungsermächtigung anpassen (vgl. hierzu § 55 Abs. 1 Satz 2 i.V.m Abs. 2 SGB XI). Hierzu hat die scheidende Bundesregierung die **Verordnung zur Anpassung des Beitragssatzes in der sozialen Pflegeversicherung 2025** (Pflege-Beitragssatz-Anpassungsverordnung 2025 – PBAV 2025) beschlossen, wonach sich der Pflegeversicherungsbeitrag seit 1.1.2025 um 0,2 % auf 3,6 % erhöht.

Arbeitgeber- und Arbeitnehmeranteil betragen damit seit 1.1.2025 also 1,8 %, wobei der Arbeitnehmeranteil je nach Anzahl der Kinder und deren Alter variieren kann.

In Sachsen ist die Beitragslast anderes verteilt. Dort trägt der Arbeitnehmer seit 1.1.2025 2,3 %. Der Arbeitgeber trägt 1,3 %. Auch hier gilt, dass der Arbeitnehmeranteil seit 1.7.2023 variieren kann.

Zur Entwicklung des Pflegeversicherungsbeitrags in den vergangenen Jahren → Rz. 1282.

Zur Übersicht der Beitragslastverteilung Pflegeversicherung seit 1.1.2025 s.a. → Rz. 3423.

b) Beitragszuschlag für Kinderlose

Der Beitragszuschlag für Kinderlose ab Vollendung des 23. Lebensjahres beträgt auf Grund der Änderungen durch das PUEG **seit 1.7.2023 0,6 %**. **3419**

Der Beitragszuschlag gilt allerdings nicht für Mitglieder,

- die das 23. Lebensjahr noch nicht vollendet haben,
- die vor dem 1.1.1940 geboren sind,
- die Wehrdienst, Zivildienst oder Grenzschutzdienst leisten,
- die Bürgergeld bzw. ab 1.7.2026 Grundsicherungsgeld (→ Rz. 715) nach § 19 Abs. 1 Satz 1 SGB II beziehen.

Der Beitragszuschlag gilt **auch nicht für Eltern von mindestens einem Kind, unabhängig vom Alter des Kindes,** siehe hierzu die folgende → Rz. 3420.

Anders als bei den Empfängern von Bürgergeld bzw. Grundsicherungsgeld sind die Bezieher von Leistungen nach dem SGB III nicht von der Zahlung des Beitragszuschlags ausgenommen. Allerdings wird der Beitrag pauschal von der Bundesagentur für Arbeit übernommen.

c) Beitragsabschlag

aa) Allgemeines

Zum 1.7.2023 wurde ein Beitragsabschlag für Eltern mit Kindern eingeführt. Für diese reduziert sich der Beitragssatz **ab dem zweiten Kind bis zum fünften Kind** um jeweils einen Abschlag i.H.v. 0,25 Beitragssatzpunkten bis zum Ablauf des Monats, **in dem das jeweilige Kind das 25. Lebensjahr vollendet hat.** Bei der Ermittlung des Abschlags nicht berücksichtigungsfähig sind allerdings Kinder, die das 25. Lebensjahr bereits vollendet haben. Dies bedeutet, dass Eltern von Kindern, die das 25. Lebensjahr bereits vollendet haben, im Umkehrschluss **lebenslang keinen Beitragszuschlag (→ Rz. 3419) zu zahlen haben**, aber dann auch nicht (mehr) der neu eingeführte Beitragsabschlag berücksichtigt wird. **3420**

Der vorgenannte Abschlag gilt auch für Eltern, die das 23. Lebensjahr noch nicht vollendet haben. Werden die Beiträge von Dritten getragen, kann ein Beitragsabschlag nicht berücksichtigt werden. Hierzu gehören u.a. Auszubildende mit einem Arbeitsentgelt von nicht mehr als 325 €.

bb) Höhe des Beitragsabschlags

Der Abschlag gestaltet sich dann bis zum Ablauf des Monats, in dem das jeweilige Kind das 25. Lebensjahr vollendet hat, wie folgt: **3421**

- Bei einem Kind 0,00 Beitragssatzpunkte (dieser Abschlag bleibt lebenslang, auch wenn das Kind das 25. Lebensjahr vollendet hat)
- Bei zwei Kindern 0,25 Beitragssatzpunkte
- Bei drei Kindern 0,5 Beitragssatzpunkte
- Bei vier Kindern 0,75 Beitragssatzpunkte
- Bei fünf und mehr Kindern 1,0 Beitragssatzpunkte

Beispiel 1:

Ein Arbeitnehmer mit drei Kindern, die das 25. Lebensjahr noch nicht vollendet haben, bekommt seit 1.7.2023 einen Beitragsabschlag i.H.v. 0,5 Beitragssatzpunkten, folglich beträgt der Arbeitnehmeranteil zur Pflegeversicherung 1,3 %.

Am 5.11.2026 vollendet 1 Kind das 25. Lebensjahr.

Ab 1.12.2026 beträgt der Beitragsabschlag nur noch 0,25 Beitragssatzpunkte. Der Arbeitnehmeranteil zur Pflegeversicherung beträgt dann 1,55 %.

Der Beitragsabschlag mindert den Arbeitnehmeranteil zur Pflegeversicherung. Der Abschlag wird durch Anwendung des maßgebenden Beitragsabschlags auf die beitragspflichtige Einnahme berechnet und auf zwei Dezimalstellen gerundet. Der Arbeitgeberanteil beträgt immer 1,8 % (bzw. in Sachsen 1,3 %). Eine genaue Übersicht der Beiträge zur Pflegeversicherung seit 1.1.2025 siehe auch unter → Rz. 3423.

Beispiel 2:

Ein 26 Jahre alter Arbeitnehmer erhält bei seiner Arbeit in Köln ab 1.7.2026 ein Bruttoarbeitsentgelt i.H.v. 2 500 €.

Die Berechnung der Pflegeversicherungsbeiträge gestaltet sich je nach Anzahl der Kinder, wenn jeweils ab dem zweiten Kind, die Kinder das 25. Lebensjahr noch nicht vollendet haben.

Fall A: Kinderlos

Arbeitgeberanteil 2 500 € x 1,8 % =	45,– €
Arbeitnehmeranteil 2 500 € x 1,8 % =	45,– €
Arbeitnehmer-Beitragszuschlag 2 500 € x 0,6 % =	15,00 €
Arbeitnehmeranteil gesamt	60,– €

Fall B: ein Kind

Arbeitgeberanteil 2 500 € x 1,8 % =	45,– €
Arbeitnehmeranteil 2 500 € x 1,8 % =	45,– €

Kein Beitragszuschlag und kein Beitragsabschlag

Fall C: zwei Kinder

Arbeitgeberanteil 2 500 € x 1,8 % =	45,– €
Arbeitnehmeranteil 2 500 € x 1,8 % =	45,– €
Arbeitnehmer-Beitragsabschlag 2 500 € x 0,25 % =	6,25 €
Arbeitnehmeranteil gesamt	38,75 €

Fall D: drei Kinder

Arbeitgeberanteil 2 500 € x 1,8 % =	45,– €
Arbeitnehmeranteil 2 500 € x 1,8 %=	45,– €
Arbeitnehmer-Beitragsabschlag 2 500 € x 0,5 % =	12,50 €
Arbeitnehmeranteil gesamt	32,50 €

Fall E: vier Kinder

Arbeitgeberanteil 2 500 € x 1,8 % =	45,– €
Arbeitnehmeranteil 2 500 € x 1,8 % =	45,– €
Arbeitnehmer-Beitragsabschlag 2 500 € x 0,75 % =	18,75 €
Arbeitnehmeranteil gesamt	26,25 €

Fall F: fünf und mehr Kinder

Arbeitgeberanteil 2 500 € x 1,8 % =	45,– €
Arbeitnehmeranteil 2 500 € x 1,8 % =	45,– €
Arbeitnehmer-Beitragsabschlag 2 500 € x 1,0 % =	25,00 €
Arbeitnehmeranteil gesamt	20,– €

cc) Nachweis der Elterneigenschaft

3422 Die Elterneigenschaft und die Angabe zur Anzahl der Kinder muss bei der beitragsabführenden Stelle (z.B. Arbeitgeber) oder bei der Pflegekasse nachgewiesen werden. Auf den Nachweis kann verzichtet werden, wenn z.B. in den Lohnsteuerabzugsmerkmalen des Arbeitnehmers Kinder berücksichtigt sind oder bei der Pflegekasse eine Familienversicherung besteht.

	Variante 1	Variante 2
Geburt	13.3.2023	13.3.2023
Nachweis erbracht am	12.6.2023	25.8.2023
Ohne Beitragszuschlag ab	1.3.2023	1.7.2023
	Variante 3	**Variante 4**
Geburt	13.3.2023	15.1.2024
Nachweis erbracht am	19.2.2024	18.3.2024
Ohne Beitragszuschlag ab	1.3.2024	1.1.2024

Zu der Wirkung des Nachweises Folgendes:

- Nachweise für vor dem 1.7.2023 geborene Kinder wirken vom 1.7.2023 an.

  Erfolgt der Nachweis für zwischen dem 1.4.2023 und dem 30.6.2023 geborene Kinder innerhalb von drei Monaten nach der Geburt, gilt der Nachweis in Bezug auf den Beitragszuschlag für Kinderlose mit Beginn des Monats der Geburt als erbracht.
- Nachweise für Kinder, die im Zeitraum vom 1.7.2023 bis 30.6.2025 geboren werden, wirken ab Beginn des Monats der Geburt.
- Erfolgt der Nachweis für ab dem 1.7.2025 geborene Kinder innerhalb von drei Monaten nach der Geburt, gilt der Nachweis mit Beginn des Monats der Geburt als erbracht, ansonsten wirkt der Nachweis ab Beginn des Monats, der dem Monat folgt, in dem der Nachweis erbracht wird.
- Im Zeitraum vom 1.7.2023 bis zum 30.6.2025 gilt der Nachweis auch dann als erbracht, wenn das Mitglied auf Anforderung der beitragsabführenden Stelle oder der Pflegekasse die erforderlichen Angaben zu den berücksichtigungsfähigen Kindern mitteilt (vereinfachtes Nachweisverfahren). In diesem Verfahren gilt der erforderliche Nachweis als erbracht. Mit dem Gesetz zur Stärkung der hochschulischen Pflegeausbildung, zu Erleichterungen bei der Anerkennung ausländischer Abschlüsse in der Pflege und zur Änderung weiterer Vorschriften (Pflegestudiumsstärkungsgesetz), BGBl. I 2023, Nr. 359, erfolgte die Klarstellung, dass im vereinfachten Verfahren auch ein Vollnachweis verlangt und erbracht werden kann.

  Sofern die vom Mitglied mitgeteilten Angaben von den im späteren digitalen Verfahren zur Verfügung gestellten Angaben abweichen, erfolgt keine rückwirkende Korrektur zu Lasten des Mitglieds.

Als Nachweis können u. a. Geburtsurkunde, Abstammungsurkunde, Auszug aus dem Familienbuch oder die steuerliche Lebensbescheinigung des Einwohnermeldeamts berücksichtigt werden. Der Nachweis über die Elterneigenschaft sowie die Nachweise für jedes einzelne Kind sind den Entgeltunterlagen beizufügen. Nachweise in nichtdeutscher Sprache sind darüber hinaus zu übersetzen. Die beglaubigten Übersetzungen sind ebenfalls den Entgeltunterlagen beizufügen. Im Übrigen ist der Arbeitnehmer nach § 28o Abs. 1 SGB IV zur Auskunft und zur Vorlage der Nachweise verpflichtet, da diese beitragsrechtlichen Auswirkungen nach sich ziehen, die der Arbeitgeber im Rahmen seiner Verpflichtungen wiederum umsetzen muss.

Befreit von dem Zuschlag sind nicht nur leibliche Eltern, sondern auch Pflege-, Adoptiv- und Stiefeltern minderjähriger Kinder. Adoptiv- bzw. Stiefeltern zahlen nur dann keinen Zuschlag, wenn die Kinder z.B. bei Adoptionen, entsprechende Altersgrenzen noch nicht erreicht haben. Dies gilt auch für die Inanspruchnahme eines Beitragsabschlags.

Elterngemeinschaft und Beitragszuschlag/Beitragsabschlag

Stellung der Eltern	Weitere Bedingung
Leibliche Eltern	Keine
Stiefeltern	Häusliche Gemeinschaft mit dem Kind vor Überschreiten der Altersgrenzen für eine Familienversicherung
Adoptiveltern	Wirksamwerden der Adoption vor Überschreiten der Altersgrenzen für eine Familienversicherung
Pflegeeltern	Keine. Pflegeeltern erbringen Betreuungs- und Erziehungsleistungen unabhängig vom Alter des Pflegekindes

Altersgrenzen für die Berücksichtigung von Adoptiv- und Stiefkindern

Altersgrenze	Bedingung
Vollendung des 18. Lebensjahrs	Regelfall
Vollendung des 23. Lebensjahrs	Kind ist nicht erwerbstätig
Vollendung des 25. Lebensjahrs (Verlängerung um die Zeit, um die sich die Schul- oder Berufsausbildung durch den gesetzlichen Wehr- oder Zivildienst verzögert)	Kind befindet sich in Schul- oder Berufsausbildung, leistet einen Freiwilligendienst (früher freiwilliges soziales bzw. ökologisches Jahr)

Elterngemeinschaft und Beitragszuschlag/Beitragsabschlag	
Stellung der Eltern	**Weitere Bedingung**
Keine	Kind ist wegen körperlicher, geistiger oder seelischer Behinderung außerstande, sich selbst zu unterhalten

Der Arbeitgeber hat seit 1.7.2025 bei Beginn einer versicherungspflichtigen Beschäftigung eine Meldung zur Erhebung und zum Nachweis der Elterneigenschaft sowie der Anzahl der berücksichtigungsfähigen Kinder für eine Beitragssatzermittlung über die Datenstelle der Rentenversicherung an das BZSt zu erstatten (automatisiertes Übermittlungsverfahren). Damit einhergehend wird ein Abonnement eingerichtet über das der Arbeitgeber über Veränderungen informiert wird. Bei Beschäftigungsaufnahme hat dies innerhalb von sieben Tagen zu erfolgen. Lediglich eine Veränderung auf Grund der Vollendung des 25. Lebensjahres wird nicht proaktiv von dem BZSt gemeldet. Diese Daten waren schon in der Meldung vorhanden, die im Rahmen der Anmeldung getätigt wurde.

Darüber hinaus ist eine Historienanfrage für vergangene Zeiten ohne Einrichtung eines Abonnements und eine Bestandsabfrage mit Einrichtung eines Abonnements möglich

Bei Ende der versicherungspflichtigen Beschäftigung ist ebenfalls eine Meldung zu erstellen. Dies zeitgleich mit der „normalen" DEÜV-Abmeldung. Diese Meldung beendet auch das Abonnement.

In den Meldungen sind anzugeben:

1. Das Geburtsdatum des Beschäftigten
2. Die steuerliche Identifikationsnummer
3. Der Tag des Beginns oder des Endes der Beschäftigung
4. Die Betriebsnummer des Arbeitgebers

Bei einer Anmeldung teilt die Datenstelle der Rentenversicherung dem Arbeitgeber unverzüglich die zum Nachweis der Elterneigenschaft sowie die zur Ermittlung der berücksichtigungsfähigen Kinder erforderlichen Daten mit. Änderungen während eines laufenden Beschäftigungsverhältnisses werden ebenfalls mitgeteilt.

Für alle im Bestand des Arbeitgebers befindlichen Arbeitnehmer ist seit dem 1.7.2025 eine Bestandsabfrage vorgesehen. Die Meldungen müssen spätestens bis zur Entgeltabrechnung Dezember 2025 erfolgt sein.

Bei Arbeitgebern, die im Zeitraum vom 1.7.2023 bis zum 30.6.2025 weder die Elterneigenschaft sowie die Anzahl der Kinder haben nachweisen lassen noch an dem Nachweisverfahren teilgenommen haben, erstreckt sich diese Meldung über den gesamten Zeitraum.

Näheres zum Verfahren sowie dem Aufbau und dem Inhalt der Datensätze ist den Gemeinsamen Grundsätzen für das Digitale Verfahren Datenaustausch Beitragsdifferenzierung in der sozialen Pflegeversicherung (DaBPV) nach § 55a SGB XI und § 28a Abs. 13 Satz 8 SGB IV i.d.F. gültig ab 1.4.2025 zu entnehmen.

Beitragsabschläge, die durch beitragsabführende Stellen und Pflegekassen bis zum 1.7.2023 nicht berücksichtigt wurden, sind so bald wie möglich, spätestens bis zum 30.6.2025 zu erstatten.

Die Erstattung erfolgt durch die beitragsabführenden Stellen, bei Selbstzahlern durch die Krankenkasse. Die Erstattung wird im Wege der Aufrechnung mit den laufenden Beiträgen zur Pflegeversicherung vorgenommen, dies auch, wenn das Beschäftigungsverhältnis bereits beendet ist. Ist im Einzelfall eine Aufrechnung nicht mehr möglich, weil keine laufenden Beträge zur Pflegeversicherung gezahlt werden, ist ein Antrag auf Erstattung an die zuständige Krankenkasse zu richten. Der Erstattungsanspruch auf die Beitragsabschläge steht allein dem Mitglied zu, beim Tod den Erben.

Durch das Wachstumschancengesetz v. 27.3.2024, BGBl. I Nr. 108 wurde mit § 125 SGB IV eine vereinfachte Übergangsregelung zur Verzinsung des Erstattungsanspruchs geschaffen. Diese sieht vor, dass der Erstattungsanspruch nach Ablauf des Kalendermonats der Beitragszahlung bis zum Ablauf des Kalendermonats vor der Erstattung mit 4 % pro Jahr zu verzinsen ist. Ein gesonderter Antrag ist dafür nicht erforderlich. Allerdings greift die Verzinsung nicht in den Fällen, in denen die Erstattungsansprüche bereits vor dem digitalen Übermittlungsverfahren erfüllt wurden. Darüber hinaus besteht auch kein Zinsanspruch für Erstattungszeiträume ab dem 1.7.2025. Der Zinsanspruch entsteht angesichts der monatlichen Fälligkeit von Beiträgen für jeden Monat der Beitragszahlung für den die Beiträge wegen Nichtberücksichtigung des Beitragsabschlags zu viel gezahlt wurden. Somit stellt sich der Verzinsungszeitraum für jeden Monat der Beitragszahlung anders dar.

Beispiel:
Im Rahmen der Bestandsabfrage erhält der Arbeitgeber im Juli 2025 die Meldung, dass sein Arbeitnehmer A drei Kinder hat, die seit dem 1.7.2023 beim Pflegeversicherungsbeitrag zu berücksichtigen sind.

Die Erstattung wird mit der Entgeltabrechnung im August 2025 vorgenommen. Der Erstattungsbetrag ist mit 4 % für folgende Zeiträume zu verzinsen:

Erstattungsbetrag von	Verzinsung von – bis	Verzinsungszeitraum
Juli 2023	1.8.2023 bis 30.6.2025	23 Monate
August 2023	1.9.2023 bis 30.6.2025	22 Monate
September 2023	1.10.2023 bis 30.6.2025	21 Monate
Usw.		

Ein Anspruch auf Verzinsung besteht nur für Zeiträume bis zum 30.6.2025. Der Erstattungsbetrag aus Juli 2025 wird daher nicht mehr verzinst.

Zur Differenzierung der Beitragssätze in der Pflegeversicherung nach Anzahl der Kinder und Empfehlungen zum Nachweis der Elterneigenschaft hat der GKV-Spitzenverband unter dem Datum 31.3.2025 grundsätzliche Hinweise veröffentlicht (erhältlich in der werkbegleitenden Online-Datenbank, s. Benutzerhinweise auf S. IV).

Personen, die nach beamtenrechtlichen Vorschriften oder Grundsätzen bei Krankheit und Pflegebedürftigkeit Anspruch auf Beihilfe oder Heilfürsorge haben, zahlen infolge der Halbierung ihrer Leistungsansprüche nur den halben Beitragssatz. Zu diesem Personenkreis gehören insbesondere:

- die Beamten, Richter, Soldaten auf Zeit sowie Berufssoldaten,
- sonstige Beschäftigte des Bundes, der Länder, eines Gemeindeverbands, einer Gemeinde,
- Beschäftigte von öffentlich-rechtlichen Körperschaften, Anstalten und Stiftungen oder Verbänden öffentlich-rechtlicher Körperschaften oder deren Spitzenverbänden,
- Geistliche der als öffentlich-rechtliche Körperschaften anerkannten Religionsgemeinschaften,
- Pensionäre sowie
- Soldaten auf Zeit.

Der „halbe" Beitragssatz ist auch anzuwenden bei:

- beschäftigten Beamtenwitwen/-witwern,
- Vollwaisen von Beamten sowie
- versicherungspflichtigen Rentnern, wenn sie nach beamtenrechtlichen Vorschriften oder Grundsätzen bei Krankheit und Pflege einen **eigenen Anspruch** auf Beihilfe haben.

Der Beitragszuschlag ist allerdings in voller Höhe aufzubringen. Dies gilt entsprechend auch für die versicherungspflichtigen Altenteiler und Bezieher von Produktionsaufgaberente oder Ausgleichsgeld.

d) Übersicht Beitragslastverteilung Pflegeversicherung

Die nachstehende Tabelle zeigt die Beitragsverteilung seit 1.1.2025 in der Pflegeversicherung: 3423

Personenkreis	Regulärer Beitragssatz	Zuschlag bzw. Abschlag	Tatsächlicher Beitragssatz	AN-Anteil	AG-Anteil
Mitglieder *vor Vollendung des 23. Lebensjahrs ohne Kind o. vor 1.1.1940 geboren*	3,60 %	entfällt	3,60 %	1,80 %	1,80 %
Mitglieder *nach Vollendung des 23. Lebensjahrs* ohne Kind	3,60 %	0,60 %	4,20 %	2,40 %	1,80 %
Mitglieder ohne Kind *mit Beihilfe/ Heilfürsorge*)*	1,80 %	0,60 %	2,40 %	2,40 %	entfällt
Mitglieder mit 1 Kind	3,60 %	entfällt	3,60 %	1,80 %	1,80 %
Mitglieder mit 2 Kindern**)	3,60 %	0,25 %	3,35 %	1,55 %	1,80 %
Mitglieder mit 3 Kindern**)	3,60 %	0,50 %	3,10 %	1,30 %	1,80 %
Mitglieder mit 4 Kindern**)	3,60 %	0,75 %	2,85 %	1,05 %	1,80 %
Mitglieder mit 5 oder mehr Kindern**)	3,60 %	1,00 %	2,60 %	0,80 %	1,80 %
Mitglieder mit 1 Kind	1,80 %	entfällt	1,80 %	1,80 %	entfällt
Mitglieder mit 2 Kindern**)	1,80 %	0,25 %	1,55 %	1,55 %	entfällt
Mitglieder mit 3 Kindern**)	1,80 %	0,50 %	1,30 %	1,30 %	entfällt
Mitglieder mit 4 Kindern**)	1,80 %	0,75 %	1,05 %	1,05 %	entfällt
Mitglieder mit 5 oder mehr Kindern**) *alle mit Beihilfe/ Heilfürsorge*)*	1,80 %	1,00 %	0,80 %	0,80 %	entfällt
Sachsen					
Mitglieder *vor Vollendung des 23. Lebensjahrs* ohne Kind o. vor 1.1.1940 geboren	3,60 %	entfällt	3,60 %	2,30 %	1,30 %
Mitglieder *nach Vollendung des 23. Lebensjahrs* ohne Kind	3,60 %	0,60 %	4,20 %	2,90 %	1,30 %
Mitglieder ohne Kind mit Beihilfe/ Heilfürsorge*)	1,80 %	0,60 %	2,40 %	2,40 %	entfällt
Mitglieder mit 1 Kind	3,60 %	entfällt	3,60 %	2,30 %	1,30 %
Mitglieder mit 2 Kindern**)	3,60 %	0,25 %	3,35 %	2,05 %	1,30 %
Mitglieder mit 3 Kindern**)	3,60 %	0,50 %	3,10 %	1,80 %	1,30 %
Mitglieder mit 4 Kindern**)	3,60 %	0,75 %	2,85 %	1,55 %	1,30 %
Mitglieder mit 5 oder mehr Kindern**)	3,60 %	1,00 %	2,60 %	1,30 %	1,30 %
Mitglieder mit 1 Kind	1,80 %	entfällt	1,80 %	1,80 %	entfällt
Mitglieder mit 2 Kindern**)	1,80 %	0,25 %	1,55 %	1,55 %	entfällt
Mitglieder mit 3 Kindern**)	1,80 %	0,50 %	1,30 %	1,30 %	entfällt
Mitglieder mit 4 Kindern**)	1,80 %	0,75 %	1,05 %	1,05 %	entfällt

Personenkreis	Regulärer Beitragssatz	Zuschlag bzw. Abschlag	Tatsächlicher Beitragssatz	AN-Anteil	AG-Anteil
Mitglieder mit 5 oder mehr Kindern**) *alle mit Beihilfe/ Heilfürsorge*)*	1,80 %	1,00 %	0,80 %	0,80 %	entfällt

*) Diese Regelung gilt für gesetzlich pflegeversicherte Beamte.
**) Die Abschläge ab dem zweiten Kind gelten nur, solange alle zu berücksichtigen Kinder das 25. Lebensjahr nicht vollendet haben.

8. Beitragsfreiheit

a) Beitragsfreiheit kraft Gesetzes

In weitgehender Anlehnung an das Recht der Krankenversicherung besteht Beitragsfreiheit in der sozialen Pflegeversicherung bei **3424**

- Familienangehörigen für die Dauer der Familienversicherung,
- Rentenantragstellern vom Zeitpunkt der Rentenantragstellung bis zum Beginn der Rente einschließlich einer Rente nach dem Gesetz über die Alterssicherung der Landwirte für
  - den hinterbliebenen Ehegatten eines Rentners, der bereits Rente bezogen hat, wenn Hinterbliebenenrente beantragt wird,
  - die Waise eines Rentners, der bereits Rente bezogen hat, vor Vollendung des 18. Lebensjahrs; dies gilt auch für Waisen, deren verstorbener Elternteil eine Rente nach dem Gesetz über die Alterssicherung der Landwirte bezogen hat,
  - den hinterbliebenen Ehegatten eines Rentenbeziehers nach dem Gesetz über die Alterssicherung der Landwirte, wenn die Ehe vor Vollendung des 65. Lebensjahrs des Verstorbenen geschlossen wurde,
  - den hinterbliebenen Ehegatten eines Beziehers von Landabgabenrente.

Die Beitragsfreiheit tritt nicht ein, wenn der Rentenantragsteller eine eigene Rente, Arbeitsentgelt, Arbeitseinkommen oder Versorgungsbezüge erhält.

Beitragsfrei sind **auch** Versicherte für die Dauer des Bezugs von Mutterschaftsgeld oder Elterngeld. Dabei erstreckt sich die Beitragsfreiheit jedoch nur auf die beiden genannten Leistungen, nicht aber auf sonstige Bezüge wie Arbeitsentgelt, sonstige Renten oder Versorgungsbezüge. Bei Krankengeldbezug sind vom Zahlbetrag des Krankengelds gleichfalls Beiträge zu entrichten.

b) Beitragsfreiheit auf Antrag

In der sozialen Pflegeversicherung tritt Beitragsfreiheit auf Antrag ein, wenn **3425**

- sich das Mitglied auf nicht absehbare Dauer in stationärer Pflege befindet,
- keine Familienangehörigen in die Familienversicherung einbezogen sind und
- eine der folgenden Entschädigungsleistungen bezogen wird:
  - Leistungen nach § 34 BeamtVG, die ein Beamter, Richter oder Soldat erhält, der auf Grund eines Dienstunfalls pflegebedürftig ist, oder
  - Leistungen der Anstaltspflege, die der Unfallversicherungsträger nach Eintritt eines Arbeitsunfalls erbringt, oder
  - Leistungen der stationären Pflege nach dem SGB XIV in Form der Übernahme der Kosten für Unterkunft, Verpflegung und Betreuung einschließlich der notwendigen Pflege unter Anrechnung der Versorgungsbezüge.

Gleiches gilt bei Bezug entsprechender Leistungen nach den Gesetzen, die eine Anwendung des Bundesversorgungsgesetzes vorsehen.

Die Beitragsfreiheit kann unter Beifügung geeigneter Nachweise formlos auch rückwirkend beantragt werden.

9. Beitragszuschuss

3426 Freiwillig krankenversicherte Arbeitnehmer, die in der Pflegeversicherung kraft Gesetzes pflichtversichert sind oder bei einem privaten Krankenversicherungsunternehmen versicherte Arbeitnehmer, die nach den Vorschriften des Pflegeversicherungsgesetzes verpflichtet sind, eine private Pflegeversicherung abzuschließen, erhalten von ihrem Arbeitgeber nach § 61 Abs. 1 Satz 1 SGB XI einen Zuschuss zu ihrem Pflegeversicherungsbeitrag; weitere Einzelheiten → *Beitragszuschuss zur Pflegeversicherung* Rz. 1323.

10. Beitragserstattung

3427 Zu Unrecht entrichtete Beiträge zur Pflegeversicherung sind grundsätzlich zu erstatten. Für die Erstattung dieser Pflegeversicherungsbeiträge ist die Pflegekasse zuständig. Zu weiteren Einzelheiten → *Beitragserstattung* Rz. 1298.

11. Soziale Sicherung der Pflegepersonen

3428 **Pflegeperson** ist, wer

- einen Pflegebedürftigen mit mindestens Pflegegrad 2 nicht erwerbsmäßig pflegt,
- die Pflege in der häuslichen Umgebung leistet und
- wenigstens 10 Stunden verteilt auf regelmäßig mindestens zwei Tage in der Woche ehrenamtlich Pflege leistet.

Wird die Pflegetätigkeit von Angehörigen, Verwandten, Freunden oder Nachbarn übernommen, besteht, ungeachtet der Höhe einer finanziellen Anerkennung oder Zuwendung, die der Pflegebedürftige an die Pflegeperson leistet, die widerlegbare Vermutung einer nicht erwerbsmäßigen Pflegetätigkeit.

Die o.a. Werte gelten auch dann, wenn der Pflegebedürftige statt des Pflegegelds die Kombinationsleistung oder die Pflegesachleistung gewählt hat.

Wird der Pflegebedürftige auf Grund des Umfangs der Pflegebedürftigkeit von zwei oder mehr Personen jeweils mehr als 10 Stunden wöchentlich gepflegt, erstreckt sich die soziale Sicherung auf alle Pflegepersonen.

Bei der Pflege von zwei oder mehreren pflegebedürftigen Personen gleichzeitig werden rentenrechtlich wirksame Pflegezeiten addiert, wenn bei den Pflegebedürftigen mindestens der Pflegegrad 2 anerkannt ist.

a) Kurzzeitige Arbeitsverhinderung

3429 Wird ein naher Angehöriger zum Pflegefall, dürfen Arbeitnehmer bis zu zehn Arbeitstage ihrer Arbeit fernbleiben. Diese Zeit dient in erster Linie dazu, die Pflege zu organisieren. Die kurzzeitige Arbeitsverhinderung muss nicht separat beantragt werden. Es reicht aus, wenn der Arbeitgeber umgehend über den Umstand informiert wird. Auf Wunsch des Arbeitgebers wird der behandelnde Arzt oder eine Pflegefachperson bescheinigen, dass der Angehörige tatsächlich pflegebedürftig ist und daher kurzfristig eine Arbeitsbefreiung erforderlich ist. Während der kurzzeitigen Arbeitsverhinderung erhält der Arbeitnehmer grundsätzlich keinen Lohn. Der Arbeitnehmer hat nur dann einen Anspruch auf Weitergewährung seines Arbeitsentgelts, wenn der Arbeitgeber arbeitsrechtlich dazu verpflichtet ist, beispielsweise auf Grund einer Betriebsvereinbarung oder einer Klausel im Arbeits- oder Tarifvertrag. Beschäftigte, die auf Grund der kurzzeitigen Arbeitsverhinderung keinen Anspruch auf Entgeltfortzahlung haben, haben Anspruch auf ein Pflegeunterstützungsgeld. Dieses wird durch die Pflegekasse des Pflegebedürftigen bzw. durch die private Pflegekasse gezahlt. Die Höhe des Pflegeunterstützungsgeldes entspricht den Leistungen des Kinderpflegekrankengeldes. Seit 1.1.2024 steht Pflegeunterstützungsgeld je Kalenderjahr zur Verfügung. Dies bedeutet, dass bei akuter Notlage in der Pflegesituation eine abermalige Freistellung in Anspruch genommen werden kann.

Während der kurzzeitigen Arbeitsbefreiung von bis zu zehn Tagen bleibt der Arbeitnehmer kranken-, pflege-, renten- und arbeitslosenversicherungspflichtig. Wird kein Arbeitsentgelt gezahlt, ist dieser Zeitraum sozialversicherungsrechtlich wie unbezahlter Urlaub zu bewerten, d.h. die Versicherungspflicht und damit auch Beitragspflicht bleiben bestehen. Besondere Meldungen sind nicht erforderlich. Sofern im unmittelbaren Anschluss an die kurzzeitige Arbeitsverhinderung unbezahlter Urlaub genommen wird, werden die kurzzeitige Arbeitsverhinderung und die Zeit des unbezahlten Urlaubs für die Ermittlung der Monatsfrist addiert. Dies kann dazu führen, dass der Arbeitgeber – bei Überschreitung der Monatsfrist – eine Abmeldung mit dem Tag des Ablaufs der Monatsfrist erstellen muss.

b) Pflegezeit

Um sich längere Zeit selbst der Pflege von nahen Angehörigen in 3430
häuslicher Umgebung widmen zu können, dürfen Arbeitnehmer bis zu sechs Monate in Pflegezeit gehen. Sie haben einen arbeitsrechtlichen Anspruch auf teilweise oder vollständige unbezahlte Freistellung von der Arbeit. Im Gegensatz zur kurzzeitigen Arbeitsverhinderung besteht dieser Anspruch grundsätzlich nur in Unternehmen, die regelmäßig mehr als 15 Arbeitnehmer beschäftigen. Betriebe mit 15 oder weniger Arbeitnehmern können die Pflegezeit freiwillig anbieten. Anders als bei der kurzzeitigen Arbeitsverhinderung endet die Versicherungspflicht des Arbeitnehmers mit dem Tag vor Beginn der Pflegezeit. Der Arbeitnehmer ist mit Abgabegrund „30“ abzumelden. Mit dem Tag, an dem die Beschäftigung wieder aufgenommen wird, ist er mit Abgabegrund „10“ wieder anzumelden. Das versicherungspflichtige Beschäftigungsverhältnis besteht selbst dann nicht fort, wenn der Arbeitnehmer auch während der Pflegezeit z.B. vermögenswirksame Leistungen erhält.

Wird die Arbeitszeit nur reduziert und ein Arbeitsentgelt bis zur Geringfügigkeitsgrenze (Mini-Job) erzielt, sind die Ummeldungen zur Minijob-Zentrale zu tätigen und der Arbeitgeber muss pauschale Beiträge abführen.

Reduzieren versicherungsfreie Arbeitnehmer ihre Arbeitszeit, so dass sie mit ihrem regelmäßigen Arbeitsentgelt unterhalb der Jahresarbeitsentgeltgrenze liegen, werden sie versicherungspflichtig. In diesem Fall muss der Arbeitgeber eine Ummeldung vornehmen. Von dieser Krankenversicherungspflicht können sich privat krankenversicherte Pflegepersonen auf ihren Antrag hin befreien lassen und so ihren bisherigen Versicherungsschutz beibehalten. Diese Befreiung gilt nur für die Dauer der Pflegezeit.

Bei Eintritt von Krankenversicherungspflicht besteht diese auch über das Ende der Pflegezeit hinaus, mindestens bis zum Ablauf des Kalenderjahres.

Will der Beschäftigte die Pflegezeit beanspruchen, muss er dies spätestens zehn Arbeitstage vor Beginn schriftlich gegenüber dem Arbeitgeber ankündigen und gleichzeitig erklären, für welchen Zeitraum und in welchem Umfang die Freistellung von der Arbeitsleistung in Anspruch genommen werden soll. Die Inanspruchnahme der Pflegezeit bedarf nicht der Zustimmung des Arbeitgebers.

Die Pflegezeit kann grundsätzlich nicht einseitig beendet werden. Sie endet allerdings, wenn der nahe Angehörige nicht mehr pflegebedürftig oder dem Beschäftigten die häusliche Pflege des nahen Angehörigen unmöglich (z.B. Tod des Angehörigen) oder unzumutbar ist, und zwar vier Wochen nach Eintritt der veränderten Umstände.

Die Pflegezeit kann für jeden pflegebedürftigen nahen Angehörigen für längstens sechs Monate in Anspruch genommen werden. Jeder weitere nahe Angehörige, der zu einem Pflegefall wird, löst einen erneuten Anspruch aus. Für die Pflegezeit, die Familienpflegezeit (→ Rz. 3434), die Betreuung minderjähriger pflegebedürftiger Angehöriger und für die Sterbebegleitung haben Beschäftigte gegen das Bundesamt für Familie und zivilgesellschaftliche Aufgaben einen Anspruch auf Gewährung eines in monatlichen Raten zu zahlenden zinslosen Darlehens.

Die Betreuung eines minderjährigen pflegebedürftigen nahen Angehörigen und die Sterbebegleitung eines nahen Angehörigen für maximal drei Monate sind Leistungen, die ebenfalls in den Leistungskatalog aufgenommen wurden.

aa) Kranken- und Pflegeversicherung während der Pflegezeit

Pflegepersonen, die nicht oder nur noch als geringfügig Beschäf- 3431
tigte erwerbstätig sind, werden in aller Regel über ihren Ehe- bzw. Lebenspartner kostenlos in der Kranken- und Pflegeversicherung familienversichert. Voraussetzung hierfür ist, dass die eigenen Einkünfte nicht die Einkommensgrenze von 565 € übersteigen.

Pflegepersonen, die nicht familienversichert werden, können sich grundsätzlich freiwillig versichern oder unterliegen der Versicherungspflicht für nicht versicherte Personen. Die Pflegekasse gewährt einen Zuschuss zu den Kranken- und Pflegeversicherungsbeiträgen.

bb) Rentenversicherung während der Pflegezeit

3432 Während der Pflegezeit besteht Rentenversicherungspflicht, da der Pflegebedürftige mindestens 10 Stunden in der Woche gepflegt wird. Die Beiträge zur Rentenversicherung werden von der Pflegekasse aufgebracht. Dies gilt auch, wenn die Pflege vorübergehend unterbrochen wird, etwa weil sich der Pflegebedürftige im Krankenhaus (max. vier Wochen) befindet oder im Ausland aufhält (max. sechs Wochen).

cc) Arbeitslosenversicherung während der Pflegezeit

3433 In der Arbeitslosenversicherung liegt während der Pflegezeit Versicherungspflicht vor. Voraussetzung hierfür ist, dass die Pflegeperson unmittelbar vor der Pflegezeit arbeitslosenversicherungspflichtig war. Die Beiträge werden von der Pflegekasse allein getragen.

c) Familienpflegezeit

3434 Im Rahmen der Familienpflegezeit werden folgende Möglichkeiten eröffnet:

- Bis zu 2 Jahre einen Angehörigen in häuslicher Umgebung zu pflegen.
- Während dieser Zeit im Beruf bei reduzierter Stundenzahl weiterzuarbeiten.
- Durch eine staatliches zinsloses Darlehen die finanzielle Lebensgrundlage zu erhalten.

Der Beschäftigte hat für die Familienpflegezeit gegen das Bundesamt für Familie und zivilgesellschaftliche Aufgaben einen Anspruch auf Gewährung eines in monatlichen Raten zu zahlendes zinslosen Darlehens.

Er hat einen Rechtsanspruch auf Familienpflegezeit, wenn er in einem Betrieb mit mehr als 25 Beschäftigten tätig ist. Auszubildende zählen dabei nicht mit.

Hinweis: Die Pflegezeit und die Familienpflegezeit können kombiniert werden, wobei sie unmittelbar aneinander anschließen müssen und gemeinsam 24 Monate nicht überschreiten dürfen.

aa) Kranken- und Pflegeversicherung während der Familienpflegezeit

3435 Ein vor Beginn der Familienpflegezeit bestehendes versicherungspflichtiges Beschäftigungsverhältnis bleibt in der Familienpflegezeit bestehen. War der Beschäftigte wegen Überschreitens der Jahresarbeitsentgeltgrenze versicherungsfrei in der gesetzlichen Krankenversicherung, tritt nach den allgemeinen Grundsätzen Versicherungspflicht ein. Soweit diese Mitglieder vor Inanspruchnahme in der gesetzlichen Krankenversicherung freiwillig versichert waren, ist dies im Ergebnis ohne praktische Konsequenzen. Der bisherige Zuschuss wird durch den Arbeitgeberanteil am Gesamtsozialversicherungsbeitrag ersetzt. Bestand vorher eine private Krankenversicherung, kann man sich auf Antrag von der Versicherungspflicht befreien lassen. Der Antrag auf Befreiung ist innerhalb von drei Monaten nach Beginn der Versicherungspflicht zu stellen.

Sozialversicherungsfreiheit wegen Geringfügigkeit der Beschäftigung kann nicht eintreten, da das monatliche Arbeitsentgelt während der Familienpflegezeit 603 € übersteigen muss.

Die vorgenannten Regelungen gelten auch für die Pflegeversicherung.

bb) Rentenversicherung während der Familienpflegezeit

3436 Die Rentenversicherungspflicht bleibt während der Familienpflegezeit erhalten. Es kann sogar eine Mehrfachversicherung eintreten, wenn der Arbeitnehmer gleichzeitig die Voraussetzung der Versicherungspflicht als Pflegeperson erfüllt.

cc) Arbeitslosenversicherung während der Familienpflegezeit

3437 Die Arbeitslosenversicherungspflicht bleibt ebenfalls erhalten.

d) Rentenversicherung außerhalb der Pflegezeit

3438 Die Rentenversicherungspflicht (ohne Pflegezeit) **beginnt** grundsätzlich mit dem Tag, an dem der Pflegebedürftige Leistungen nach dem Pflegeversicherungs-Gesetz beantragt, frühestens jedoch zu dem Zeitpunkt, zu dem die Voraussetzungen für die Versicherungspflicht vorliegen. Wird der Antrag später als einen Monat nach Eintritt der Pflegebedürftigkeit gestellt, beginnt die Versicherungspflicht frühestens mit Beginn des Monats der Antragstellung. Der Eintritt der Versicherungspflicht löst gleichzeitig auch die **Beitragszahlpflicht der Pflegekasse** aus. Für die Durchführung der Versicherungspflicht benötigt die Pflegekasse die persönlichen Daten des Pflegenden.

Die **Voraussetzungen für den Eintritt der Versicherungspflicht** sind im Einzelnen:

- die Pflege eines oder mehrerer Pflegebedürftigen mit mindestens Pflegegrad 2,
- die nicht erwerbsmäßige Pflege,
- der Umfang der Pflegetätigkeit von wöchentlich insgesamt regelmäßig 10 Stunden, verteilt auf mindestens zwei Tage in der Woche ehrenamtlich,
- die Pflege in der häuslichen Umgebung und
- der Anspruch des/der Pflegebedürftigen auf Leistungen aus der sozialen oder privaten Pflegeversicherung. Dabei kommen als Leistungen das Pflegegeld, die Kombinationsleistung und die Tages- und Nachtpflege in Betracht.

Teilen sich mehrere Personen die Pflegetätigkeit, werden sie jeweils für sich selbst in der Rentenversicherung versichert, wenn jede Person die Voraussetzungen erfüllt (z.B. 10 Stunden Pflegetätigkeit).

Nicht erwerbsmäßig tätige Pflegepersonen bleiben in der Rentenversicherung dann versicherungsfrei, wenn sie nach sonstigen, allgemeinen Voraussetzungen nicht in der Rentenversicherung versichert sind. Das gilt insbesondere, wenn sie

- eine Vollrente wegen Alters beziehen,
- nach beamtenrechtlichen Vorschriften oder Grundsätzen oder entsprechenden kirchenrechtlichen Regeln oder nach den Regeln berufsständischer Versorgungseinrichtungen eine Versorgung wegen Erreichens der Altersgrenze beziehen oder die in der Gemeinschaft übliche Versorgung im Alter erhalten oder
- bis zur Vollendung des 65. Lebensjahrs nicht versichert waren oder nach Vollendung des 65. Lebensjahrs eine Beitragserstattung aus ihrer Versicherung erhalten haben.

Personen, die auf ihren Antrag hin **von der Versicherungspflicht** in der Rentenversicherung **befreit** worden sind (§ 6 SGB VI), unterliegen gleichwohl der Versicherungspflicht auf Grund einer nicht erwerbsmäßigen Pflegetätigkeit, wenn die übrigen Voraussetzungen gegeben sind. Dies gilt auch für selbständig Tätige, die am 31.12.1991 in den neuen Bundesländern auf Grund eines Versicherungsvertrags von der Rentenversicherung befreit waren.

Gleiches gilt für

- Angestellte, die im Zusammenhang mit der Erhöhung oder dem Wegfall des Jahresarbeitsentgeltgrenze,
- Handwerker,
- Empfänger von Versorgungsbezügen,

die von der Rentenversicherung befreit waren. Durch eine nicht erwerbsmäßige Pflegetätigkeit erwerben sie Versicherungspflichtzeiten in der Rentenversicherung.

Die **Versicherungspflicht endet**, wenn eine der o.a. Voraussetzungen entfällt. Auch die Unterbrechung der Pflegetätigkeit (z.B. durch Urlaub oder Erkrankung des Pflegenden) beendet zunächst die Versicherungspflicht. Dies gilt jedoch dann nicht, wenn die Unterbrechung durch eine stationäre Krankenhausbehandlung oder Rehabilitationsmaßnahme des Pflegebedürftigen begründet ist und das Pflegegeld weitergezahlt wird.

e) Zuständiger Rentenversicherungsträger

Durchgeführt wird die Versicherung von dem Rentenversiche- 3439
rungsträger, bei dem die Pflegeperson

- zuletzt versichert war oder
- derzeit versichert ist.

Sind vor Beginn der Versicherungspflicht auf Grund einer nicht erwerbsmäßigen Pflegetätigkeit keine Beiträge zur gesetzlichen Rentenversicherung entrichtet worden, ist die Deutschen Rentenversicherung Bund zuständig, es sei denn, es wird ein Regionalträger gewählt. Dieses Wahlrecht besteht nur einmal.

f) Beiträge

3440 Die beitragspflichtige Bemessungsgrundlage (Ausgangswert) bestimmt sich bei Pflegepersonen nach dem pflegerischen Aufwand. Dabei wird nicht nur auf die jeweilige Stufe der Pflegebedürftigkeit abgestellt, sondern zusätzlich innerhalb der Stufen nach dem zeitlichen Aufwand differenziert. Damit wird der unterschiedlichen Belastung der Pflegenden Rechnung getragen.

Der Ausgangswert für die Berechnung der Beiträge wird in Prozentsätzen der Bezugsgröße festgesetzt.

Die nachfolgende **Tabelle** gibt einen **Überblick** über die Ausgangswerte und die Differenzierungen nach dem jeweiligen Pflegebedarf:

Pflegegrad	Leistung	ergibt Bemessungsgrundlage (2026) in €	Ausgangswert in % der Bezugsgröße	2026
		Ost und West*		Ost und West*
2	Pflegegeld	1 067,85	27	198,62
2	Kombinationsleistung	907,67	22,95	168,83
2	Pflegesachleistung	747,50	18,9	139,03
3	Pflegegeld	1 700,65	43	316,32
3	Kombinationsleistung	1 445,55	36,55	268,87
3	Pflegesachleistung	1 190,46	30,1	221,42
4	Pflegegeld	2 768,50	70	514,94
4	Kombinationsleistung	2 353,23	59,5	437,70
4	Pflegesachleistung	1 937,95	49	360,46
5	Pflegegeld	3 955,00	100	735,63
5	Kombinationsleistung	3 361,75	85	625,29
5	Pflegesachleistung	2 768,50	70	514,94

*Die Rechtskreistrennung in der Renten- und Arbeitslosenversicherung ist seit 1.1.2025 entfallen.

g) Arbeitslosenversicherung außerhalb der Pflegezeit

3441 Für Pflegepersonen, die aus dem Berufsleben aussteigen, um sich pflegebedürftigen Angehörige zu widmen, entrichtet die Pflegekasse Beiträge zur Arbeitslosenversicherung für die gesamte Dauer der Pflegetätigkeit. Die Pflegepersonen haben damit Anspruch auf Arbeitslosengeld, falls ein Wiedereinstieg in eine Beschäftigung nach Ende der Pflegetätigkeit zunächst nicht gelingt. Das Gleiche gilt für Menschen, die für die Pflegetätigkeit den Leistungsbezug der Arbeitslosenversicherung unterbrechen.

h) Unfallversicherungsschutz

3442 Pflegepersonen sind während ihrer pflegerischen Tätigkeit in den Schutz der gesetzlichen Unfallversicherung einbezogen; dies schließt Arbeitsunfälle, Wegeunfälle und Berufskrankheiten ein.

Versichert sind die Pflegetätigkeiten im Bereich der Körperpflege und – soweit diese Verrichtungen überwiegend dem Pflegebedürftigen zugutekommen – in den Bereichen der Ernährung, Mobilität und der hauswirtschaftlichen Versorgung.

Zuständig für die Durchführung der Unfallversicherung sind die Gemeinden und Gemeindeunfallversicherungsverbände.

Pflegezeit

Inhalt

1. Arbeitsrecht

a) Einleitung/Allgemeines

Das Pflegezeitgesetz (PflegeZG) und das Familienpflegezeitgesetz (FPfZG) haben zum Ziel, Beschäftigten mit besonderen **Freistellungsmöglichkeiten** die Chance zu eröffnen, pflegedürftige nahe Angehörige in häuslicher Umgebung zu pflegen und damit die Vereinbarkeit von Beruf und familiärer Pflege zu verbessern. Da die darin vorgesehenen Möglichkeiten in der Praxis des Arbeitslebens nur wenig genutzt wurden, wurden beide Gesetze umfassend **geändert** (BGBl. I 2014, 2462). Die Änderungen sind seit dem 1.1.2015 geltendes Recht. Die Regelungen werfen unverändert viele Fragen auf, so dass die diesbezügliche Entwicklung insbesondere in der Rechtsprechung weiter zu beobachten ist (vgl. hierzu Thüsing/Pötters, Das Gesetz zur besseren Vereinbarkeit von Familie, Pflege und Beruf, BB 2015, 181; N. Besgen, Geplante Änderungen des Pflegezeitrechts ab dem 1.1.2015, B+P 2014, 811). Am 13.6.2019 hat der Rat der Europäischen Union die RL (EU) 2019/1158 zur Vereinbarkeit von Beruf und Privatleben für Eltern und pflegende Angehörige beschlossen. Die Richtlinie enthält im Wesentlichen Vorgaben zu Vaterschaftsurlaub, Elternurlaub, Pflegeurlaub, flexiblen Arbeitsbedingungen und Kündigungsschutz. Da das deutsche Recht über die Vorgaben der Richtlinie hinaus geht, ist mit grundlegenden Veränderungen des Gesetzeslage nicht zu rechnen (vgl. Melle, SPA 2019, 141). 3443

Das Pflegezeitgesetz beruht im Grundsatz auf zwei unterschiedlich ausgestalteten Säulen:

Teil 1: Bei unerwartetem Eintritt einer besonderen Pflegesituation haben Beschäftigte nunmehr das Recht, kurze Zeit (maximal zehn Tage) der Arbeit fernzubleiben, um die sofortige Pflege eines nahen Angehörigen sicherzustellen (kurzzeitige Verhinderung/Freistellung).

Teil 2: Bei einer längeren Pflege hingegen besteht ein Anspruch bis zur maximalen Dauer von sechs Monaten auf vollständige oder teilweise Freistellung von der Arbeit (Pflegezeit).

Wichtig: Von den Regelungen des PflegeZG kann unter keinem Gesichtspunkt zum Nachteil der Beschäftigten abgewichen werden, wie § 8 PflegeZG ausdrücklich klarstellt. Dies gilt nicht nur für einzelvertragliche Vereinbarungen, sondern auch für kollektivrechtliche Regelungen (Tarifvertrag oder Betriebs- bzw. Dienstvereinbarungen). Die Vorschriften des PflegeZG sind **unabdingbar**.

b) Sonderkündigungsschutz

Das Arbeitsverhältnis unterliegt **von der Ankündigung bis zur Beendigung** der kurzzeitigen Arbeitsverhinderung nach § 2 PflegeZG oder während der Pflegezeit nach § 3 PflegeZG dem **besonderem Kündigungsschutz** nach § 5 PflegeZG: Der Arbeitgeber darf das **Arbeitsverhältnis nicht kündigen**. In besonderen Fällen kann ausnahmsweise eine Kündigung durch die für den Arbeitsschutz zuständige oberste Landesbehörde oder die von ihr bestimmte Stelle für zulässig erklärt werden (**Kündigungsverbot unter Erlaubnisvorbehalt**). Der Sonderkündigungsschutz **beginnt** bereits mit der Ankündigung der Freistellung. Der Zeitraum zwischen Ankündigung und Antritt wird daher ebenfalls von dem 3444

Sonderkündigungsschutz erfasst, **höchstens** jedoch **12 Wochen** vor dem angekündigten Beginn, § 5 Abs. 1 PflegeZG. Mit der zeitlichen Begrenzung des besonderen Kündigungsschutzes auf zwölf Wochen wird berechtigten Interessen der Arbeitgeber Rechnung getragen. Der Sonderkündigungsschutz **endet** mit Ablauf der Freistellung. Ein nachwirkender Kündigungsschutz besteht nicht.

Mit der Bestimmung des § 6 Abs. 1 PflegeZG wird klargestellt, dass die Vertretung eines Beschäftigten, der eine Freistellung in Anspruch nimmt, einen **sachlichen Grund** für die Befristung des Arbeitsverhältnisses darstellt. Dies gilt auf Grund der Verweisung in § 2 Abs. 3 FPfZG auch für Freistellungen nach dem Familienpflegezeitgesetz. Die formalen Voraussetzungen für wirksam befristete Arbeitsverträge müssen umfassend beachtet werden.

Nach § 6 PflegeZG ist die Einstellung einer **Ersatzkraft mit befristetem Vertrag** zulässig. Insoweit besteht für den Arbeitgeber ein **Sonderkündigungsrecht** mit einer Frist von zwei Wochen bei vorzeitiger Beendigung der Pflegezeit wegen besonderer Umstände. Zusätzlich wird klargestellt, dass das Kündigungsschutzgesetz in diesen Fällen nicht anzuwenden ist.

c) Begriffsbestimmungen

aa) Beschäftigte und Arbeitgeber

3445 Ansprüche auf Pflegezeit-Freistellung haben **Beschäftigte**. Der Begriff des Beschäftigten umfasst nach § 7 Abs. 1 PflegeZG nicht nur Arbeitnehmerinnen und Arbeitnehmer. Vielmehr gelten als Beschäftigte auch die zu ihrer **Berufsbildung** Beschäftigten. Damit sind nicht nur Auszubildende i.S.d. Berufsbildungsgesetzes gemeint, sondern auch z.B. Volontäre und **Praktikanten**. Erfasst werden schließlich auch **arbeitnehmerähnliche Personen**. Bei den arbeitnehmerähnlichen Personen handelt es sich im Wesentlichen um die Personengruppen Heimarbeiter und Einfirmen-Handelsvertreter. Darüber hinaus gibt es eine umfangreiche Einzelkasuistik zur Frage der Rechtswegzuständigkeit nach § 5 Abs. 1 Satz 2 ArbGG. Eine Arbeitnehmerähnlichkeit ist bejaht worden für Call-Center-Agentin, Dozent an einem Weiterbildungsinstitut, Dozent in einem privaten Lehrinstitut, Frachtführer, Franchisenehmer, freie Mitarbeiter von Rundfunk- und Fernsehanstalten, Geschäftsführer einer Betriebskrankenkasse, Scheinsozius einer Rechtsanwaltssozietät, Rundfunkgebührenbeauftragter, Service-Beauftragter für Fotokopiergeräte, Volkshochschuldozent. Sofern Tätigkeiten auf gesellschafts- oder vereinsrechtlicher Basis beruhen, ist der Status der arbeitnehmerähnlichen Person hingegen grds. abzulehnen.

Arbeitgeber sind alle natürlichen oder juristischen Personen, die Personen nach den genannten Definitionen beschäftigen. Für die arbeitnehmerähnlichen Personen wird klargestellt, dass an die Stelle des Arbeitgebers der Auftraggeber tritt.

bb) Nahe Angehörige

3446 Die Rechte auf kurzzeitige Freistellung bzw. Inanspruchnahme von Pflegezeit setzen die Pflegebedürftigkeit **naher Angehöriger** voraus. Wer naher Angehöriger i.S.d. Gesetzes ist, wird in § 7 Abs. 3 PflegeZG im Einzelnen aufgeführt:

- Großeltern, Eltern, Schwiegereltern, Stiefeltern,
- Ehegatten, Lebenspartner, Partner einer eheähnlichen oder lebenspartnerschaftsähnlichen Gemeinschaft, Geschwister, Schwägerinnen und Schwäger,
- Kinder, Adoptiv- oder Pflegekinder, die Kinder, Adoptiv- oder Pflegekinder des Ehegatten oder Lebenspartners, Schwiegerkinder und Enkelkinder.

Die Definition ist abschließend. Insoweit zählen zu den nahen Angehörigen nicht die Kinder, Adoptiv- bzw. Pflegekinder des Partners einer (bloßen) eheähnlichen Gemeinschaft. Aus der abschließenden Aufzählung wird deutlich, dass z.B. Onkel und Tante unverändert nicht erfasst sind.

cc) Pflegebedürftigkeit

3447 Die in § 7 Abs. 4 PflegeZG geregelte **Pflegebedürftigkeit** verweist auf die Bestimmungen und Voraussetzungen der §§ 14, 15 SGB XI. Zu beachten ist insoweit, dass durch das Pflegestärkungsgesetz II (BGBl. I 2015, 2424 ff.) mit Wirkung ab dem 1.1.2017 ein **neuer Pflegebedürftigkeitsbegriff** und ein neues Begutachtungsinstrument eingeführt wurde mit nunmehr fünf Pflegegraden statt der bisherigen drei Pflegestufen. Einzelheiten → *Pflegeversicherung* Rz. 3401.

Das Gesetz lässt in § 7 Abs. 4 Satz 2 PflegeZG auch die **voraussichtliche Pflegebedürftigkeit** zu. Diese hat allein für die kurzzeitige Arbeitsverhinderung nach § 2 PflegeZG Bedeutung und ist gegeben, wenn die Pflegebedürftigkeit konkret absehbar und hinreichend wahrscheinlich ist. Für den mehrmonatigen Pflegezeitanspruch nach § 3 PflegeZG muss die Pflegebedürftigkeit bereits vorliegen.

d) Kurzzeitige Pflege-Freistellung im Einzelnen

Die **Voraussetzungen** für diesen Freistellungsanspruch sind nach § 2 PflegeZG: 3448

- Beschäftigteneigenschaft des Anspruchstellers,
- Pflegebedürftigkeit eines nahen Angehörigen,
- Akut aufgetretene Pflegesituation,
- Personenbezogene Erforderlichkeit der Freistellung mit Nachweispflicht für den Anspruchsteller,
- Erforderlichkeit des verlangten Freistellungszeitraums.

Eine bestimmte **Betriebsgröße** ist demgegenüber **nicht** Voraussetzung für den Anspruch, der also auch in Kleinbetrieben geltend gemacht werden kann.

Nach § 2 Abs. 2 PflegeZG trifft den Beschäftigten die Pflicht zur **unverzüglichen Mitteilung** über die Verhinderung an der Arbeitsleistung und deren voraussichtliche Dauer. Insoweit ist der Beschäftigte nach den zu § 5 EFZG entwickelten Grundsätzen gehalten, sich der modernen Telekommunikationsmittel zu bedienen und den Arbeitgeber so schnell zu informieren, wie es nach den Umständen des Einzelfalls möglich ist.

Eine **Nachweispflicht** hinsichtlich der Pflegebedürftigkeit durch **ärztliche Bescheinigung** trifft den Beschäftigten nach § 2 Abs. 2 PflegeZG nur dann, wenn der Arbeitgeber dies **ausdrücklich verlangt**. Die Bescheinigung muss auf Verlangen auch bestätigen, dass der namentlich zu benennende Beschäftigte die bedarfsgerechte Pflege organisieren oder eine pflegerische Versorgung in dieser Zeit sicherstellen kann. Die **Kosten** der Bescheinigung trägt allein der Beschäftigte. Eine Kostenübernahmepflicht des Arbeitgebers besteht nicht.

Sind die Voraussetzungen für die Freistellung gegeben, so entsteht der Freistellungsanspruch nach § 2 PflegeZG unmittelbar mit dem Verlangen und **ohne Zustimmung des Arbeitgebers** mit der gesetzlichen Grenze einer **Höchstdauer** von maximal bis zu **zehn Arbeitstagen**.

Ein Anspruch auf **Fortzahlung der Vergütung** nach dem PflegeZG ist in § 2 Abs. 3 PflegeZG ausdrücklich **ausgeschlossen**. Ein Entgeltfortzahlungsanspruch kann sich daher nur aus anderen Vorschriften ergeben. Ein solcher anderweitiger Anspruch auf Fortzahlung der Vergütung kann sich in erster Linie aus **§ 616 BGB** (für Auszubildende gilt die Spezialvorschrift des § 19 Abs. 1 Nr. 2 Buchst. b BBiG) ergeben. Danach besteht der Anspruch auf Vergütung fort, wenn der Arbeitnehmer ohne sein Verschulden an der Arbeitsleistung vorübergehend verhindert ist. Nach herrschender Meinung gehört hierzu unter bestimmten Voraussetzungen auch die Pflege naher Angehöriger, allerdings regelmäßig begrenzt auf maximal fünf Tage. Die Vorschrift und damit die Entgeltfortzahlungspflicht sind aber **abdingbar** und kann daher durch Tarifvertrag oder Arbeitsvertrag sowohl ausgeschlossen als auch auf eine kürzere Anspruchsdauer eingeschränkt werden. Ein Anspruch auf Entgeltfortzahlung kann sich im Übrigen auch aus sonstigen Vereinbarungen oder Vorschriften ergeben. In Betracht kommen **tarifvertragliche Ansprüche**, z.B. nach § 29 TVöD, oder individualrechtliche Vereinbarungen.

Besteht keine Entgeltfortzahlungspflicht des Arbeitgebers, steht Beschäftigten für die Dauer der kurzzeitigen Arbeitsverhinderung nach § 2 Abs. 3 Satz 2 PflegeZG i.V.m. § 44a Abs. 3 SGB XI ein Anspruch auf **Pflegeunterstützungsgeld** zu (ausführlich Freudenberg, Pflegeunterstützungsgeld – eine neue Sozialleistung bei kurzzeitiger Arbeitsverhinderung, B+P 2015, 126). Gewährt wird das Pflegeunterstützungsgeld auf Antrag von der Pflegekasse oder dem Versicherungsunternehmen des pflegebedürftigen nahen Angehörigen. Dabei handelt es sich um eine Lohnersatzleistung, vergleichbar mit dem Kinderkrankengeld, dem das Pflegeunterstützungsgeld auch der Höhe nach entspricht. Dem Gesetzeswortlaut ist eine Beschränkung des Freistellungsanspruchs auf eine **einmalige** Inanspruchnahme (pro nahem Angehörigen) nicht zu entnehmen. Auszugehen ist deshalb davon, dass der Wiederholungsfall nicht ausgeschlossen ist. Allerdings wird dann der Arbeitnehmer die Erforderlichkeit spezifisch dahingehend begründen müssen, weshalb der Wiederholungsfall nicht vorhersehbar war und nicht entsprechend vorgesorgt werden konnte. § 3 Abs. 1 Satz 1 PflegeZG gestattet jedoch nicht, die Pflegezeit für einen Angehörigen aufzuteilen (BAG v. 15.11.2011, 9 AZR 348/10). Sofern der Arbeitgeber also einen Arbeitnehmer auf dessen Antrag hin für einen Monat zur Pflege seiner pflegebedürftigen Mutter freistellt, ist der Sechs-Monats-Zeitraum verbraucht. Der Arbeitnehmer kann nicht anschließend eine weitere Freistellung von bis zu fünf Monaten für seine Mutter begehren.

Eine **Teilfreistellung** (stundenweise Freistellung) ist für die kurzzeitige Arbeitsverhinderung nach § 2 PflegeZG nicht vorgesehen. Hier kann der Arbeitnehmer also nur die vollständige Freistellung in Anspruch nehmen, es sei denn, es kommt zu einer entsprechenden freiwilligen Vereinbarung.

e) Pflegezeit im Einzelnen

aa) Freistellungsanspruch

3449 Die **Voraussetzungen** für den Freistellungsanspruch nach § 3 PflegeZG sind:

- Beschäftigteneigenschaft des Anspruchstellers,
- Pflegebedürftigkeit eines nahen Angehörigen in häuslicher Umgebung (dies kann auch der Haushalt der Pflegeperson sein).

Insoweit kommt es – anders als bei der kurzzeitigen Freistellung nach § 2 PflegeZG – nicht auf eine akute Pflegesituation und auch nicht auf eine personenbezogene Erforderlichkeit an. Auch bedarf es bei der vollständigen Freistellung und Inanspruchnahme von Pflegezeit **keiner Vereinbarung** zwischen den Vertragsparteien.

bb) Kleinbetriebe ausgenommen

3450 Andererseits gilt eine **Ausnahme** für **Kleinbetriebe**: Der Anspruch auf Pflegezeit besteht nicht gegenüber Arbeitgebern mit i.d.R. fünfzehn oder weniger Beschäftigten. Für die Berechnung dieses **Schwellenwertes** maßgeblich ist der Beschäftigtenbegriff des Pflegezeitgesetzes nach § 7 Abs. 1 PflegeZG. Gezählt werden also nicht nur die Arbeitnehmerinnen und Arbeitnehmer, sondern auch die zu ihrer Berufsbildung Beschäftigten (Praktikanten und Volontäre inbegriffen) sowie die arbeitnehmerähnlichen Personen. Gezählt wird ferner ausschließlich nach Kopfzahlen. Die z.B. im Kündigungsschutzgesetz (vgl. § 23 KSchG) geltende anteilige Zählweise für Teilzeitkräfte gilt im Pflegezeitgesetz nicht.

cc) Nachweispflicht

3451 Eine **Nachweispflicht** hinsichtlich der Pflegebedürftigkeit durch Bescheinigung der Pflegekasse oder des Medizinischen Dienstes der Krankenversicherung (oder bei privat Pflegeversicherten durch entsprechenden Nachweis) trifft den Beschäftigten nach § 3 Abs. 2 PflegeZG auch dann, wenn der dies nicht ausdrücklich verlangt. Die **Kosten** der Bescheinigung trägt allein der Beschäftigte. Eine Kostenübernahmepflicht des Arbeitgebers besteht nicht.

dd) Ankündigungsfrist

3452 Die **Ankündigungsfrist** für den Beschäftigten beträgt nach § 3 Abs. 3 PflegeZG **mindestens zehn Arbeitstage** vor Beginn der beabsichtigten Pflegezeit. Abgestellt wird auf Arbeitstage und nicht auf Kalendertage oder Werktage. Wird die Pflegezeit im Anschluss an eine Familienpflegezeit beansprucht, verlängert sich die Ankündigungsfrist auf **mindestens acht Wochen**, § 3 Abs. 3 Satz 6 PflegeZG. Ab dem 1.1.2025 nicht mehr zwingend erforderlich ist die **schriftliche** Ankündigung. Vielmehr ist die Anzeige auch in Textform nach § 126b BGB ausreichend (Art. 68 Viertes Bürokratieentlastungsgesetz, BGBl. I 2024 Nr. 323 vom 29.10.2024). Hält der Beschäftigte die Ankündigungsfrist von zehn Tagen nicht ein, führt dies nicht zur Unwirksamkeit der geltend gemachten Pflegezeit insgesamt. Vielmehr wird der Antrag dann so umgedeutet, dass er sich hilfsweise auf den Zeitpunkt richtet, zu dem der Beschäftigte den Pflegezeitanspruch frühestmöglich verlangen kann.

Die Ankündigungserklärung muss sich **inhaltlich** auf den Zeitraum der Pflegezeit beziehen. Es muss also genau mitgeteilt werden, für welche Zeiträume Pflegezeit beansprucht wird (Beginn und Dauer bzw. Ende). Ferner muss sich der Beschäftigte zum Umfang der Freistellung erklären.

ee) Teilfreistellung/Teilzeitarbeit

Anders als bei dem kurzzeitigen Freistellungsanspruch kann nach § 3 Abs. 4 PflegeZG die Pflegezeit auch nur teilweise in Anspruch genommen werden (**Teilfreistellung**). Der Beschäftigte muss daher mitteilen, ob er vollständig oder nur teilweise Pflegezeit in Anspruch nehmen möchte. Bei der teilweisen Freistellung ist schließlich auch die **gewünschte Verteilung** der Arbeitszeit anzugeben. Bei der Teilfreistellung haben Arbeitgeber und Beschäftigter über die Verringerung und die Verteilung der Arbeitszeit eine **Vereinbarung** zu treffen. Der Arbeitgeber hat den Wünschen des Beschäftigten zu entsprechen, wenn nicht **dringende betriebliche Belange** entgegenstehen. Diese Formulierung entspricht § 15 Abs. 7 Satz 1 Nr. 4 BEEG beim Anspruch auf Teilzeit während der Elternzeit. Verweigert der Arbeitgeber seine Zustimmung zur teilweisen Freistellung wegen entgegenstehender dringender betrieblicher Gründe, kann der Beschäftigte sich **nicht einseitig** teilweise freistellen. Vielmehr ist er gehalten, seine Ansprüche gerichtlich durchzusetzen. 3453

ff) Dauer/Verlängerung

Als **Dauer der Pflegezeit** kann nach § 4 PflegeZG eine Zeit von längstens sechs Monaten für jeden nahen Angehörigen in Anspruch genommen werden. Diese Anspruchshöchstdauer gilt auch für den Fall der nur teilweisen Freistellung. Die Pflegezeit wird dann also nicht anteilig erhöht. Der **Anspruch auf Verlängerung** der Pflegezeit bei zunächst beantragter kürzerer Dauer, freilich nur bis zur Pflegehöchstdauer von sechs Monaten, besteht grds. nur mit – freier – Zustimmung des Arbeitgebers; nur ausnahmsweise besteht ein Anspruch auf Verlängerung, wenn ein vorgesehener Wechsel in der Person des Pflegenden aus einem wichtigen Grund nicht erfolgen kann. 3454

gg) Aufteilung

Die Pflegezeit bis zur Dauer von längstens sechs Monaten nach § 3 Abs. 1 PflegeZG kann allerdings nur einmalig in Anspruch genommen werden; eine **Aufteilung in mehrere**, beim ersten Antrag nicht ausgeschöpfte **Zeitabschnitte ist unzulässig**. Mit der erstmaligen Inanspruchnahme von Pflegezeit ist das Recht erloschen. Dies gilt selbst dann, wenn die genommene Pflegezeit die Höchstdauer von sechs Monaten unterschreitet (BAG v. 15.11.2011, 9 AZR 387/10). 3455

Der Anspruch auf Pflegezeit ist beschäftigtenbezogen, hingegen nicht angehörigenbezogen. Es ist deshalb durchaus denkbar, dass Beschäftigte verschiedener Arbeitgeber jeweils einen Pflegezeitanspruch für denselben nahen Angehörigen durchsetzen (z.B., wenn der pflegebedürftige Vater von seinem Sohn und seiner Schwiegertochter versorgt wird).

hh) Beendigung der Pflegezeit

Die Pflegezeit **endet** nach Ende des beantragten Zeitraums, spätestens mit Ablauf der sechsmonatigen Höchstdauer. **Ausnahmsweise** kann die Pflegezeit aber auch **vorzeitig** nach § 4 Abs. 2 PflegeZG beendet werden. Dies ist dann der Fall, wenn 3456

- der nahe Angehörige nicht mehr pflegebedürftig ist oder
- die häusliche Pflege des nahen Angehörigen unmöglich oder unzumutbar geworden ist.

In diesen Fällen endet jedoch die Pflegezeit nicht mit sofortiger Wirkung. Vielmehr muss der Arbeitnehmer den Arbeitgeber über die veränderten Umstände unterrichten. Die Unterrichtung hat **unverzüglich** zu erfolgen. Sie ist nicht formgebunden, mündliche Unterrichtung ist also ausreichend. Liegen die vorgenannten Voraussetzungen vor, endet die Pflegezeit vier Wochen nach Eintritt der veränderten Umstände. Ansonsten endet die Pflegezeit nicht vorzeitig, es sei denn, der Arbeitgeber ist damit einverstanden.

ii) Entgeltfortzahlung

Ein Anspruch auf **Entgeltfortzahlung** besteht im Übrigen bei der Pflegezeit für die Ausfallzeit während des gänzlich oder teilweise ruhenden Arbeitsverhältnisses **nicht**, denn die Voraussetzungen für einen Anspruch nach § 616 BGB sind deshalb nicht erfüllt, weil 3457 es sich nicht um eine vorübergehende Verhinderung handelt. Der Arbeitnehmer hat auch **keinen** gesetzlichen, tariflichen, betriebsverfassungsrechtlichen, einzelvertraglichen noch einen sonstigen **Rechtsanspruch** gegen den Arbeitgeber auf Abschluss einer **Wertguthabenvereinbarung** (LAG Rheinland-Pfalz v. 15.4.2010, 10 Sa 755/09).

jj) Darlehen vom BZgA/Wertguthaben

3458 Für die Dauer der Pflegezeit besteht allerdings ein Anspruch des Beschäftigten gegen das BZgA auf **Gewährung eines zinslosen Darlehens**. Ziel des Darlehens ist es, die Vereinbarkeit von Pflege und Beruf weiter zu verbessern, indem die Finanzierung einer Pflegezeit ermöglicht wird. Die Anspruchsvoraussetzungen, Höhe und Verfahren sind in den §§ 3 bis 10 FPfZG geregelt, auf die § 3 Abs. 7 PflegeZG verweist. Das Darlehen setzt einen Antrag des Beschäftigten voraus und wird in monatlichen Raten ausgezahlt. Die Höhe der Darlehensraten entspricht der Hälfte der Differenz zwischen den pauschalierten monatlichen Nettoentgelten vor und während der Freistellung, § 3 Abs. 2 FPfZG. Die Förderfähigkeit endet, wenn eine der Freistellungsvoraussetzungen nicht mehr vorliegt, z.B. der nahe Angehörige nicht mehr pflegebedürftig ist. Die Rückzahlung erfolgt in monatlichen Raten und beginnt grds. in dem Monat, der auf das Ende der Förderfähigkeit folgt, § 6 FPfZG. Die Pflichten des Arbeitgebers beschränken sich auf die Ausstellung einer Bescheinigung über den Arbeitsumfang und das Arbeitsentgelt des Beschäftigten vor Beginn der Freistellung, soweit der Beschäftigte den Nachweis nicht anders führen kann, § 4 FPfZG.

Nach wie vor kann aber der finanzielle Ausfall durch Vereinbarung zwischen Arbeitnehmer und Arbeitgeber abgefedert werden durch **Aufstockung des Arbeitsentgelts** aus einem (sich regelmäßig zunächst negativ entwickelnden) **Wertguthaben**, das in der sog. Nachpflegephase vom Arbeitnehmer wieder auszugleichen ist, wie durch § 7c Abs. 1 Nr. 1 Buchst. a) SGB IV ausdrücklich klargestellt ist.

kk) Urlaubskürzung

3459 Der Arbeitgeber ist jetzt nach § 4 Abs. 4 PflegeZG n.F. berechtigt, den **Erholungsurlaub,** der dem Beschäftigten für das Urlaubsjahr zusteht, für jeden vollen Kalendermonat der vollständigen Freistellung von der Arbeitsleistung um ein Zwölftel zu **kürzen**.

f) Sonderfall: Betreuung eines minderjährigen nahen Angehörigen

3460 Nach § 3 Abs. 5 PflegeZG können Beschäftigte wahlweise statt Pflegezeit auch einen vollständigen oder teilweisen Freistellungsanspruch zur **häuslichen oder außerhäuslichen** Betreuung eines **minderjährigen** nahen Angehörigen geltend machen. Im Unterschied zur Pflegezeit setzt dieser Anspruch gerade **keine Pflege** durch den Beschäftigten voraus und ist auch bei einer **stationären Unterbringung** des minderjährigen nahen Angehörigen möglich.

g) Sonderfall: Sterbebegleitung

3461 Um einen nahen Angehörigen in der letzten Phase des Lebens zu begleiten, kann ein Beschäftigter nach § 3 Abs. 6 PflegeZG eine vollständige oder teilweise Freistellung für **längstens drei Monate** beanspruchen. Voraussetzung der Freistellung ist eine Erkrankung des nahen Angehörigen, die progredient verläuft und bereits ein weit fortgeschrittenes Stadium erreicht hat, bei der eine Heilung ausgeschlossen und eine palliativmedizinische Behandlung notwendig ist und die lediglich eine begrenzte Lebenserwartung von Wochen oder wenigen Monaten erwarten lässt. Beschäftigte haben diese Erkrankung durch ärztliche Bescheinigung gegenüber dem Arbeitgeber unaufgefordert nachzuweisen. Dieser Anspruch setzt keine häusliche Pflege durch den Beschäftigten voraus, ist also auch bei einer stationären Unterbringung anwendbar. Im Übrigen gelten auch hier die Regelungen der Pflegezeit entsprechend.

h) Familienpflegezeit im Einzelnen

aa) Freistellungsanspruch

3462 Das FPfZG sieht in § 2 vor, dass Beschäftigte

- über einen Zeitraum von maximal 24 Monaten,
- auf bis zu mindestens 15 Wochenstunden

ihre **Arbeitszeit reduzieren** können, wenn sie einen **pflegebedürftigen nahen Angehörigen in häuslicher Umgebung** pflegen. Während der Familienpflegezeit muss die wöchentliche Arbeitszeit zwingend **mindestens 15 Wochenstunden** betragen. Bei unregelmäßiger Arbeitszeit ist die durchschnittliche Arbeitszeit über einen Zeitraum von bis zu einem Jahr zu betrachten. Es liegt während der Familienpflegezeit daher stets ein **Teilzeitarbeitsverhältnis** vor.

Anders als bei der Pflegezeit nach dem Pflegezeitgesetz besteht **kein Rechtsanspruch** des Arbeitnehmers auf diese Familienpflegezeit, sondern es ist eine individuelle schriftliche **(Teilzeit-)Vereinbarung** nach Maßgabe des § 2a Abs. 2 FPfZG auf freiwilliger Grundlage zwischen Arbeitnehmer und Arbeitgeber erforderlich. Dabei muss der Arbeitgeber den geäußerten Wünschen des Beschäftigten grds. entsprechen, es sei denn, es stehen dringende betriebliche Gründe entgegen. Die Familienpflegezeit beginnt nicht ohne diese Vereinbarung. Kommt die Vereinbarung nicht zu Stande, muss der Beschäftigte seine Ansprüche gerichtlich durchsetzen (ausführlich hierzu: Göttling/Neumann, NZA 2012, 119; Sasse, DB 2011, 2660; Karb, öAT 2012, 30).

bb) Kleinbetriebe ausgenommen

Auch der Anspruch auf Familienpflegezeit gilt **nicht im Kleinbetrieb**. Im Gegensatz zu der Pflegezeit ist der Schwellenwert nach dem FPfZG allerdings erhöht. Familienpflegezeit kann nach § 2 Abs. 4 FPfZG nur gegenüber Arbeitgebern mit i.d.R. **mehr als 25 Beschäftigten** geltend gemacht werden. Zusätzlich zu der gegenüber der Pflegezeit erhöhten Mindestanzahl an Beschäftigten sind bei dem Schwellenwert nach dem FPfZG die zu ihrer **Berufsausbildung** Beschäftigten außerdem **nicht** mitzuzählen. 3463

cc) Nachweispflicht

Wie bei der Pflegezeit muss der Beschäftigte die Pflegebedürftigkeit des nahen Angehörigen ohne besondere Aufforderung durch eine Bescheinigung der Pflegekasse oder des Medizinischen Dienstes der Krankenversicherung (MDK) bzw. bei privat Pflegeversicherten durch eine entsprechende Bescheinigung gegenüber dem Arbeitgeber nachweisen, § 2a Abs. 4 FPfZG. Die **Kosten** für die Bescheinigung trägt der Beschäftigte. 3464

dd) Ankündigungsregelungen

Wer Familienpflegezeit beanspruchen will, muss dies dem Arbeitgeber gegenüber **spätestens acht Wochen** vor Beginn der beabsichtigten Familienpflegezeit mitteilen, § 2a Abs. 1 Satz 1 FPfZG. Wird die Familienpflegezeit im Anschluss an eine Pflegezeit beansprucht, verlängert sich die Ankündigungsfrist auf **drei Monate**. Ab dem 1.1.2025 nicht mehr zwingend erforderlich ist die schriftliche Ankündigung. Vielmehr ist die Anzeige auch in Textform nach § 126b BGB ausreichend (Art. 69 Viertes Bürokratieentlastungsgesetz, BGBl. I 2024 Nr. 323 vom 29.10.2024). 3465

Aus der Ankündigung muss sich zunächst (ggf. im Wege der Auslegung) ergeben, dass Familienpflegezeit beansprucht werden soll. Ist nicht zweifelsfrei zu klären, welche Freistellung tatsächlich gewollt ist und erfüllt die Ankündigung die Voraussetzung beider Freistellungsvarianten, gilt nach der **Zweifelsregel** des § 2a Abs. 1 Satz 3 FPfZG die Ankündigung als Ankündigung von Pflegezeit. Der Beschäftigte muss außerdem Beginn und Ende der beabsichtigten Freistellung mitteilen. Da während der Familienpflegezeit stets ein Teilzeitarbeitsverhältnis vorliegt, muss die Ankündigung auch den Umfang der beabsichtigten Reduzierung und die gewünschte Verteilung der Arbeitszeit enthalten.

ee) Dauer/Verlängerung/Ende

Die **Höchstdauer** der Familienpflegezeit beträgt **24 Monate**, § 2 Abs. 1 FPfZG, und kann nur ein einziges Mal für denselben nahen Angehörigen beansprucht werden, selbst wenn die Höchstdauer nicht ausgeschöpft wird. 3466

Eine **Verlängerung** der Familienpflegezeit bis zur Höchstdauer ist grds. nur mit Einverständnis des Arbeitgebers möglich. Eine Verlängerung gegen den Willen des Arbeitgebers kann nur verlangt werden, wenn ein vorgesehener Wechsel der Person des Pflegenden aus einem wichtigen Grund nicht erfolgen kann, § 2a Abs. 3 Satz 1 FPfZG.

Die Familienpflegezeit **endet** nach Ablauf der vereinbarten Dauer. Sie endet gem. § 2a Abs. 5 FPfZG **vorzeitig** vier Wochen nach Eintritt der veränderten Umstände, wenn der nahe Angehörige nicht mehr pflegebedürftig ist oder dessen häusliche Pflege unmöglich oder unzumutbar wird. Der Beschäftigte hat den Arbeitgeber hierüber unverzüglich zu unterrichten. Eine einvernehmliche vorzeitige Beendigung der Familienpflegezeit ist selbstverständlich jederzeit möglich.

ff) Entgeltfortzahlung/ Darlehen vom BZgA/Wertguthaben

3467 Während der Familienpflegezeit hat der Beschäftigte einen nur entsprechend der Verringerung der wöchentlichen Arbeitszeit reduzierten Vergütungsanspruch gegen den Arbeitgeber. Eine Entgeltfortzahlungspflicht darüber hinaus besteht nicht.

Um den Verdienstausfall während der teilweisen Freistellung möglichst zu kompensieren, haben Beschäftigte die Möglichkeit, wie während einer Pflegezeit, ein **zinsloses Darlehen** vom BZgA zu beanspruchen, § 3 Abs. 1 Satz 1 FPfZG (→ Rz. 3458).

Nach wie vor kann aber auch der finanzielle Ausfall durch Vereinbarung zwischen Arbeitnehmer und Arbeitgeber abgefedert werden durch **Aufstockung des Arbeitsentgelts** aus einem (sich regelmäßig zunächst negativ entwickelnden) **Wertguthaben**, das in der sog. Nachpflegephase vom Arbeitnehmer wieder auszugleichen ist, wie durch § 7c Abs. 1 Nr. 1a) SGB IV ausdrücklich klargestellt wird.

gg) Sonderkündigungsschutz/befristete Ersatzkraft

3468 Das Arbeitsverhältnis unterliegt während der Inanspruchnahme der Familienpflegezeit und in der Nachpflegephase **besonderem Kündigungsschutz** nach § 2 Abs. 3 FPfZG (im Einzelnen → Rz. 3444). Ebenso ist nach § 2 Abs. 3 FPfZG i.V.m. § 6 PflegeZG die Einstellung einer **Ersatzkraft mit befristetem Vertrag** zulässig (im Einzelnen → Rz. 3444).

i) Kombination von Pflegefreistellungen

3469 Ein Beschäftigter kann grds. für denselben nahen Angehörigen **Pflegezeit und Familienpflegezeit** beanspruchen, die Ansprüche schließen sich nicht gegenseitig aus. Allerdings müssen sich beide Freistellungsvarianten zwingend **unmittelbar aneinander anschließen**, § 3 Abs. 3 Satz 4 und § 2a Abs. 1 Satz 4 FPfZG. Eine zeitliche Unterbrechung ist gesetzlich nicht vorgesehen und schließt die Geltendmachung der jeweils anderen Freistellungsvariante für die Zukunft aus.

Einschränkungen bestehen auch hinsichtlich der **Höchstdauer** der Freistellung, denn nach § 4 Abs. 1 Satz 4 PflegeZG und § 2 Abs. 2 FPfZG dürfen Pflegezeit und Familienpflegezeit **gemeinsam längstens 24 Monate** dauern (Gesamtdauer). Schließlich verlängern sich die Mindestankündigungsfristen wie bereits dargestellt. Auch hier werden die Freistellungen für die Betreuung Minderjähriger wie Pflegezeit bzw. Familienpflegezeit behandelt. Auch die Freistellung zur **Sterbebegleitung** ist nach der Intention des Gesetzgebers auf die Höchstdauer von 24 Monaten anzurechnen.

Für die Freistellung wegen kurzzeitiger Arbeitsverhinderung, § 2 PflegeZG, bestehen keine Besonderheiten bei der Kombination mit anderen Freistellungsvarianten. Insbesondere gilt keine gemeinsame Gesamtdauer und auch keine Beschränkung der zeitlichen Lage.

j) Speziell: Freistellung bei Arbeitsverhinderung wegen Erkrankung eines Kleinkindes

3470 Ein anderer seit Jahren geläufiger Massentatbestand mit aufgefächerter Literatur und Rechtsprechung ist die Arbeitsverhinderung infolge Erkrankung eines Kleinkindes; insoweit besteht jetzt Teilidentität mit der vorstehend behandelten Pflegezeit.

aa) Kinderpflege-Krankengeld nach § 45 SGB V

3471 Nach der Bestimmung des § 45 SGB V hat ein Versicherter Anspruch auf **Krankengeld**, wenn

- es nach ärztlichem Zeugnis erforderlich ist, dass er zur Beaufsichtigung, Betreuung oder Pflege seines erkrankten und versicherten Kindes der Arbeit fernbleibt,
- eine andere im Haushalt des Versicherten lebende Person die Beaufsichtigung, Betreuung oder Pflege nicht übernehmen kann,
- das Kind das zwölfte Lebensjahr noch nicht vollendet hat.

Im Einzelnen hierzu → *Krankengeld bei Erkrankung eines Kindes* Rz. 2741.

Nach § 45 Abs. 3 SGB V hat der Versicherte, der Krankengeld fordern kann, einen Anspruch gegen seinen Arbeitgeber auf **unbezahlte Freistellung** von der Arbeitsleistung, soweit nicht bereits ein Anspruch auf bezahlte Freistellung besteht; dies gilt nach § 45 Abs. 5 SGB V auch für nicht versicherte Arbeitnehmer. Aus § 45 Abs. 3 SGB V lässt sich aber kein Anspruch ableiten, dass der Arbeitgeber das Fernbleiben von der Arbeit wegen Erkrankung des Kindes als unbezahlte Freistellung anerkennt (BAG v. 16.12.2004, 6 AZR 663/03).

Dieser Anspruch auf unbezahlte Freistellung kann arbeitsvertraglich nicht ausgeschlossen oder beschränkt werden; er ist insoweit **zwingend**.

Der Anspruch des Arbeitnehmers auf Pflege-Krankengeld gegenüber seiner Krankenkasse ist jedoch **subsidiär** gegenüber dem Anspruch gegen den Arbeitgeber, denn, wie es das BAG ausgedrückt hat (BAG v. 7.6.1978, 5 AZR 466/77): „Der arbeitsrechtliche Anspruch auf bezahlte Freistellung geht dem sozialversicherungsrechtlichen Anspruch auf Pflege-Krankengeld vor."

bb) Persönliche Arbeitsverhinderung

Die Erkrankung eines Kleinkindes stellt einen in der Person des Arbeitnehmers liegenden Grund zur Arbeitsverhinderung dar. Insoweit kann der betroffene Arbeitnehmer unter bestimmten Voraussetzungen gegen den Arbeitgeber einen **Anspruch auf bezahlte Freistellung nach § 616 BGB** besitzen. Zwar liegt der Grund nicht in der eigenen Person des Arbeitnehmers, sondern in der Person des erkrankten Kleinkindes. Derartige mittelbare Gründe reichen jedoch aus. Der Arbeitnehmer muss allerdings die Pflegebedürftigkeit des erkrankten Kleinkindes durch **ärztliches Attest** nachweisen. 3472

Eine Arbeitsverhinderung aus persönlichen Gründen liegt nur dann vor, wenn dem Arbeitnehmer die Dienstleistung wegen der Erkrankung des Kindes nicht zuzumuten ist. Eine **Unzumutbarkeit** liegt erst vor (Ausnahme: § 45 Abs. 4 SGB V), wenn

- eine Beaufsichtigung, Betreuung oder Pflege des Kindes geboten (unerlässlich) ist (BAG v. 11.8.1982, 5 AZR 1082/79) und
- andere im Haushalt des Arbeitnehmers lebende Personen nicht zur Verfügung stehen und eine anderweitige Unterbringung des Kindes unzumutbar ist; dabei wird ein nicht erwerbstätiger Ehegatte regelmäßig die Betreuung übernehmen müssen.

Auch der andere in **nichtehelicher Lebensgemeinschaft** im Haushalt lebende Partner ist für die Betreuung mit in Betracht zu ziehen.

Beispiel:

Eine Arbeitnehmerin muss an vier Arbeitstagen der Arbeit fernbleiben, um ihre 3 1/2 Jahre alte Tochter zu Hause pflegen und betreuen zu können. Wegen der Art der Erkrankung kann das Kind nicht im Kindergarten untergebracht werden. Andere im Haushalt lebende Personen stehen zur Betreuung und Pflege nicht zur Verfügung.

Der Arbeitgeber ist zur bezahlten Freistellung für die vier Tage der Arbeitsverhinderung verpflichtet. Anders wäre die Rechtslage dann, wenn beispielsweise eine im Haushalt lebende Großmutter das erkrankte Kleinkind betreuen kann.

Ist durch die Pflege des Kleinkindes zwar die Arbeitsleistung während der regelmäßigen Arbeitszeit nicht möglich, könnte die Arbeitnehmerin jedoch die Arbeit außerhalb der sonstigen regelmäßigen Arbeitszeit **teilweise nachholen,** beispielsweise in den Abendstunden zwischen 18 und 20 Uhr, so hindert dies die Annahme einer Arbeitsverhinderung nur dann, wenn der Arbeitgeber ein entsprechendes Ausweichangebot macht (BAG v. 7.6.1978, 5 AZR 466/77).

cc) Nicht erheblicher Zeitraum

Bei Erkrankung eines Kleinkindes obliegt dem Arbeitnehmer die Pflicht, sich um **andere Pflegemöglichkeiten** zu kümmern, wenn er mit einer längeren Erkrankung rechnen muss. Eine nicht erhebliche Zeit der Arbeitsverhinderung liegt deshalb nur für die ersten Tage der Erkrankung des Kleinkindes vor, wobei die Regelung nach der bis zum 31.12.1991 geltenden Altfassung des § 45 Abs. 2 3473

SGB V einen Anhaltspunkt gibt, die dem Versicherten für **längstens fünf Arbeitstage im Kalenderjahr** für jedes Kind einen Anspruch auf Pflege-Krankengeld gibt. Mit diesem Zeitraum ist der Verhinderungszeitraum abgegrenzt, der nach § 616 Abs. 1 BGB als verhältnismäßig nicht erhebliche Zeit anzusehen ist (BAG v. 19.4.1978, 5 AZR 834/76). Im Hinblick auf die Vermeidung einer übermäßigen Belastung des Arbeitgebers ist daher von einem Anspruch auf **maximal fünf Arbeitstage pro Betreuungsfall** auszugehen, zumal tarifvertraglich der Anspruch nicht selten noch weitergehend verkürzt ist.

Kann eine andere Person die Pflege des erkrankten Kleinkindes übernehmen, kann der Arbeitnehmer keinen Anspruch auf bezahlte Freistellung geltend machen (Ausnahme: § 45 Abs. 4 SGB V). Steht bei Beginn der Erkrankung des Kleinkindes eine Pflegeperson zur Verfügung, jedoch nicht für die gesamte Dauer der Pflegebedürftigkeit, so hat der Arbeitnehmer Anspruch seinerseits auf bezahlte Freistellung, wenn er innerhalb des ihm zustehenden Freistellungszeitraumes (regelmäßig fünf Tage) keine Ersatzpflegeperson finden konnte; diese **Frist zur Suche einer Ersatzperson** beginnt mit dem Zeitpunkt zu laufen, in dem der Arbeitnehmer davon erfährt, dass die bisherige Pflegeperson ausfallen wird (BAG v. 20.6.1979, 5 AZR 479/77).

Beispiel:

Eine Arbeitnehmerin hat eine Tochter, die an Windpocken erkrankt ist und nach ärztlicher Bescheinigung für die Zeit vom 5. bis 14. Januar pflegebedürftig ist.

Vom 5. bis 11. Januar pflegt der auf Besuch weilende Schwager der Arbeitnehmerin das Kind. Nach dessen Abreise führt die Arbeitnehmerin vom 12. bis 14. Januar die Pflege fort und bleibt der Arbeit fern.

Bei dieser Fallgestaltung hat die Arbeitnehmerin seit Kenntnis von der Abreise ihres Schwagers fünf Tage Zeit gehabt, um für die Zeit nach der Abreise eine andere Pflegeperson zu suchen und zu finden. Der Arbeitgeber ist deshalb nicht zur Bezahlung der Zeit der Arbeitsverhinderung vom 12. bis 14. Januar verpflichtet.

Anders wäre die Rechtslage in dem Beispielsfall, wenn der Schwager plötzlich durch Krankheit seinerseits ab 12. Januar ausgefallen wäre: Dann hätte die Arbeitnehmerin bezahlte Freistellung für die weitere Zeit der Pflegebedürftigkeit beanspruchen können.

dd) Verschulden

3474 Der Arbeitnehmer hat einen Anspruch auf bezahlte Freistellung nur dann, wenn die Arbeitsverhinderung nicht auf sein Verschulden zurückzuführen ist. Im Zusammenhang mit der Erkrankung eines Kleinkindes ist dem Arbeitnehmer jedoch nicht als Verschulden anzulasten, dass er nicht schon für die ersten Tage einer plötzlich auftretenden Erkrankung des Kleinkindes Vorsorge getroffen hat (BAG v. 19.4.1978, 5 AZR 834/76). An den **Verschuldensmaßstab** wird i.S. einer erforderlichen unverschuldeten Zwangslage ein strenger Maßstab anzulegen sein (BAG v. 21.5.1992, 2 AZR 10/92).

ee) Abdingbarkeit

3475 Der Anspruch des Arbeitnehmers auf bezahlte Freistellung wegen Erkrankung eines Kleinkindes richtet sich für alle Arbeitnehmer nach § 616 Abs. 1 BGB. Diese gesetzliche Regelung kann zumindest **durch Tarifvertrag** ganz oder teilweise **eingeschränkt** werden. Diese tariflichen Vorschriften sind dann für die Dauer des Anspruchs des Arbeitnehmers auf bezahlte Freistellung maßgebend.

Beispiel:

Eine technische Sachbearbeiterin hatte ihre 3-jährige Tochter in einem Kindergarten untergebracht, die dort an einem fieberhaften Infekt erkrankte. Die Kinderärztin bescheinigte, dass die Tochter aus medizinischen Gründen für acht Tage der mütterlichen Pflege bedürfe. Die Arbeitnehmerin blieb aus diesem Grund für vier Tage der Arbeit fern und verlangte vom Arbeitgeber die Bezahlung der ausgefallenen Arbeitszeit. Ein auf das Arbeitsverhältnis anwendbarer Tarifvertrag bestimmte, dass im Falle der Erkrankung eines Kleinkindes mangels anderweitiger Versorgungsmöglichkeit die Angestellte bis zur Dauer von 16 Stunden ohne Gehaltsminderung freigestellt werden sollte.

Die Arbeitnehmerin besitzt entsprechend der tariflichen Einschränkung Anspruch auf Gehaltsfortzahlung für die beiden ersten Pflegetage, für die beiden weiteren Pflegetage jedoch nicht.

Für die Ausfallzeiten durch tarifliche Einschränkung lebt der **Krankengeldanspruch** nach § 45 SGB V wieder auf.

Eine Einschränkung oder gar ein Ausschluss des gesetzlichen Anspruchs nach § 616 Abs. 1 BGB muss allerdings aus einer tarifvertraglichen Regelung **eindeutig** hervorgehen. Bei einer fehlenden eindeutigen Einschränkung in einem Tarifvertrag muss also davon ausgegangen werden, dass der Anspruch nach § 616 Abs. 1 BGB auf bezahlte Freistellung nicht abbedungen ist (BAG v. 20.6.1979, 5 AZR 479/77).

Ob der Anspruch auf bezahlte Freistellung auch durch einzelvertragliche Vereinbarung gänzlich **ausgeschlossen** werden kann, ist noch nicht abschließend geklärt; eine die gesetzliche Ausgangsregelung **einschränkende** vertragliche Vereinbarung ist jedenfalls zulässig (BAG v. 20.6.1979, 5 AZR 479/77).

ff) Wahlrecht der Eltern

Sind im Falle der Erkrankung eines Kleinkindes **beide Elternteile berufstätig,** so können nicht etwa beide Elternteile bezahlte Freistellung verlangen; auch kann nicht der Arbeitgeber unter Hinweis auf den jeweils anderen Elternteil dem bei ihm beschäftigten Arbeitnehmer den Anspruch ablehnen. Vielmehr **entscheiden die Eltern** in eigener Verantwortung, welcher Elternteil im Interesse des Wohlergehens des Kindes die Pflege wahrnimmt. An diese Entscheidung ist der Arbeitgeber gebunden. Er kann weder eine Aufteilung des Krankenpflegelohns auf beide Arbeitgeber verlangen noch etwa eine abwechselnde Pflege der Eltern (BAG v. 20.6.1979, 5 AZR 479/77). 3476

Beispiel:

Das Ehepaar ist bei verschiedenen Arbeitgebern beschäftigt. Ihr Kleinkind erkrankt und bedarf der Pflege. Die Eheleute entscheiden, dass der Ehemann der Arbeit fernbleiben und das Kind pflegen soll.

Diese Entscheidung muss der Arbeitgeber des Ehemanns akzeptieren. Er kann nicht auf die Ehefrau mit dem Argument verweisen, sie sei als Mutter für die Pflege besser geeignet. Er kann sich auch nicht darauf berufen, der Arbeitgeber der Ehefrau müsse sich hälftig an der Bezahlung der Freistellung des Ehemanns beteiligen.

Die Entscheidungsfreiheit der Eltern ist nur bei einer **missbräuchlichen Entscheidung oder** bei einem **vorrangigen Interesse** des Arbeitgebers unbeachtlich.

gg) Höhe der Entgeltfortzahlung bei Arbeitsverhinderung

Der Arbeitnehmer hat bei Arbeitsverhinderung aus den genannten Gründen Anspruch auf Arbeitsvergütung nach dem **Lohnausfallprinzip.** Im Einzelnen wird auf die Darstellung zur Höhe der Entgeltfortzahlung im Krankheitsfall verwiesen (→ *Entgeltfortzahlung* Rz. 1956). 3477

hh) Anrechnung anderweitigen Verdienstes

Erhält der Arbeitnehmer für die Zeit der Arbeitsverhinderung Leistungen auf Grund **gesetzlicher** Kranken- und Unfallversicherung, so sind diese Leistungen auf die Entgeltfortzahlung des Arbeitgebers **anzurechnen.** Andere Leistungen bleiben demgegenüber außer Ansatz, wie beispielsweise Leistungen aus der gesetzlichen Rentenversicherung, aus privater Kranken- und Unfallversicherung, aus **Entschädigung** als Zeuge, Sachverständiger, Laienrichter oder Abgeordneter, soweit nicht derartige Entschädigungen wiederum davon abhängen, dass nicht der Arbeitgeber den Verdienstausfall zu begleichen hat (BAG v. 20.6.1979, 5 AZR 479/77). 3478

Zur Verhinderung von doppelten Ansprüchen des Arbeitnehmers kann im Einzelarbeitsvertrag, in einer Betriebsvereinbarung oder auch in einem Tarifvertrag **vereinbart** werden, dass der Arbeitgeber bei Arbeitsverhinderung aus persönlichen Gründen nur insoweit zur Entgeltfortzahlung verpflichtet ist, wie der Arbeitnehmer nicht anderweitig Leistungen für die Ausfallzeit erhält (BAG v. 20.6.1995, 3 AZR 857/94).

2. Lohnsteuer

a) Allgemeines

Zahlt der Arbeitgeber während der Pflegezeit den Arbeitslohn weiter, ergeben sich lohnsteuerlich keine Besonderheiten. Der Arbeitgeber hat den Arbeitslohn **nach den allgemeinen Vorschriften** zu versteuern. Entscheidend ist dabei der tatsächlich ausgezahlte Arbeitslohn. Zahlt der Arbeitgeber den Lohn nur teilweise weiter, ist der teilweise gezahlte Lohn Bemessungsgrundlage für die Lohnsteuer. 3479

b) Familienpflegezeit

3480 Das Familienpflegezeitgesetz selbst enthält **keine steuerlichen Regelungen**.

Zur Förderhöchstdauer nach § 2 FPfZG (→ Rz. 3462) haben die obersten Finanzbehörden entschieden, dass betriebliche Modelle zur Pflege-/Familienpflegezeit auch dann **steuerlich anzuerkennen** sind, wenn sie die **gesetzlich vorgesehene Förderdauer von zwei Jahren überschreiten**.

Darüber hinaus hatten sich **in der Vergangenheit lohnsteuerliche Fragen** zu den arbeits-/sozialrechtlichen Regelungen im Hinblick auf die Förderstruktur – Gewährung eines Darlehens an den Arbeitgeber in Abhängigkeit von der Aufstockung des Arbeitsentgelts über Wertguthaben und dem Abschluss einer Familienpflegezeitversicherung durch den Arbeitnehmer – gestellt (BMF v. 23.5.2012, IV C 5 – S 1901/11/10005, BStBl I 2012, 617). Diese Regelungen gelten weiterhin, soweit die Übergangsregelung nach § 15 FPfZG Anwendung findet.

Seit 2015 zahlt der Arbeitgeber bei Inanspruchnahme der Familienpflegezeit nur noch den entsprechend der Arbeitszeitverkürzung geminderten Arbeitslohn aus. Darüber hinaus erhält der Arbeitnehmer auf Antrag vom BZgA ein zinsloses Darlehen (§ 3 FPfZG).

Lohnsteuerlich liegt **Zufluss von Arbeitslohn nur in Höhe des reduzierten Arbeitsentgelts** vor. Das **zinslose Darlehen** des BZgA an den Arbeitnehmer (§ 3 Abs. 1 FPfZG), die Rückzahlung durch den Arbeitnehmer (§ 6 FPfZG) oder die Härtefallregelung (§ 7 FPfZG) führen beim Arbeitnehmer zu **keinen lohnsteuerpflichtigen Tatbeständen**.

LSt-crossed SV-crossed

3. Sozialversicherung

3481 Einzelheiten → *Pflegeversicherung* Rz. 3428.

Phantomentgelt

3482 Bei Phantomentgelt handelt es sich um Arbeitsentgelt, auf das der Arbeitnehmer einen rechtlichen Anspruch hat, welches aber nicht ausgezahlt wurde. In einem solchen Fall können z.B. bei einer Prüfung Sozialversicherungsbeiträge auf das Phantomentgelt berechnet werden.

Im Bereich der Sozialversicherung gilt grds. **das Entstehungsprinzip**. Dies bedeutet, dass Beiträge immer dann fällig werden, wenn der Anspruch des Arbeitnehmers auf das Arbeitsentgelt entstanden ist. Dies gilt auch für den gesetzlich festgelegten Mindestlohn (seit 1.1.2025 12,82 € je Zeitstunde, in ihrer Sitzung vom 27.6.2025 hat die Mindestlohnkommission eine stufenweise Erhöhung des gesetzlichen Mindestlohns auf 13,90 € zum 1.1.2026 und 14,60 € zum 1.1.2027 beschlossen).

Beitragsansprüche bei einmalig gezahltem Arbeitsentgelt entstehen jedoch **erst mit der tatsächlichen Auszahlung**.

Wichtig hierbei ist, dass der Arbeitnehmer **schriftlich auf die Zahlung verzichtet** haben muss, wenn ein Anspruch auf die Einmalzahlung, z.B. durch Tarifvertrag, gegeben ist. Andernfalls fallen doch Beiträge an.

Obwohl es sich um eine beitragsrechtliche Regelung handelt, findet das sog. Zuflussprinzip **auch bei der versicherungsrechtlichen Beurteilung** Anwendung. Dies sind:

- die **Ermittlung des regelmäßigen Jahresarbeitsentgelts** in der Krankenversicherung,
- die Prüfung, ob das regelmäßige Arbeitsentgelt von geringfügig entlohnten Beschäftigten (Mini-Jobs) **die Geringfügigkeitsgrenze überschreitet**,
- die Prüfung, ob das regelmäßige Arbeitsentgelt die **Grenze für den Übergangsbereich von 2 000 €** übersteigt.

Hat der Arbeitnehmer auf die Zahlung des einmalig gezahlten Arbeitsentgelts schriftlich verzichtet, kann es – ungeachtet der arbeitsrechtlichen Zulässigkeit – bei der **Ermittlung nicht berücksichtigt** werden.

Wurde die **Einmalzahlung zunächst berücksichtigt**, verbleibt es für die Vergangenheit bei der versicherungsrechtlichen Beurteilung, ggf. ist ab dem Zeitpunkt, an dem feststeht, dass die Einmalzahlung nicht zur Auszahlung gelangt, eine **neue Beurteilung vorzunehmen**.

Pkw-Nutzung

→ *Firmenwagen zur privaten Nutzung* Rz. 2121 → *Kraftfahrzeug* Rz. 2735, → *Reisekosten: Allgemeine Grundsätze* Rz. 3589, → *Wege zwischen Wohnung und erster Tätigkeitsstätte* Rz. 4419

Praktikanten

1. Arbeitsrecht

a) Begriffliches und Mindestlohn

Praktikant ist nach der **gesetzlichen Definition** gem. § 22 Abs. 1 Satz 3 MiLoG unabhängig von der Bezeichnung des Rechtsverhältnisses, wer sich nach der tatsächlichen Ausgestaltung und Durchführung des Vertragsverhältnisses für eine begrenzte Dauer zum Erwerb praktischer Kenntnisse und Erfahrungen einer bestimmten betrieblichen Tätigkeit zur Vorbereitung auf eine berufliche Tätigkeit unterzieht, ohne dass es sich dabei um eine Berufsausbildung i.S.d. Berufsbildungsgesetzes oder um eine damit vergleichbare praktische Ausbildung handelt. Die Nachweispflichten nach dem NachwG gelten weitgehend auch für Praktikanten (§ 2 Abs. 1a NachwG). Die ab dem 1.1.2025 geltenden Formerleichterungen nach dem Bürokratieentlastungsgesetz IV v. 29.10.2024, BGBl. I 2024, Nr. 323, gelten mithin auch für Praktikantenverhältnisse. 3483

Praktikanten gelten nach § 22 Abs. 1 Satz 2 MiLoG als **Arbeitnehmer** mit der Konsequenz, dass sie Anspruch auf den **gesetzlichen Mindestlohn** nach dem MiLoG besitzen mit folgenden **Ausnahmen**:

- Pflichtpraktikanten nach Ausbildungsordnung, hochschulrechtlicher Bestimmung, oder i.R. einer Ausbildung an einer gesetzlich geregelten Berufsakademie,
- Teilnehmer an Orientierungspraktika von maximal drei Monaten für die Aufnahme einer Ausbildung oder eines Studiums,
- Teilnehmer an ausbildungs- oder studiumsbegleitenden Praktika von maximal drei Monaten.

Von der Pflicht zur Zahlung einer Vergütung in Höhe des gesetzlichen Mindestlohns ist in Anwendung der Ausnahmeregelung des § 22 Abs. 1 Satz 2 Nr. 1 MiLoG auch ein Vorpraktikum ausgenommen, das nach einer hochschulrechtlichen Bestimmung Zulassungsvoraussetzung für die Aufnahme eines Studiums ist (BAG v. 19.1.2022, 5 AZR 217/21).

Praktikanten haben jedenfalls keinen Anspruch auf den gesetzlichen Mindestlohn, wenn sie das Praktikum zur Orientierung für eine Berufsausbildung oder für die Aufnahme eines Studiums leisten und es eine Dauer von drei Monaten nicht übersteigt. Ein solches Praktikum kann aus Gründen in der Person des Praktikanten rechtlich oder tatsächlich unterbrochen und um die Dauer der Unterbrechungszeit verlängert werden, wenn zwischen den einzelnen Abschnitten ein sachlicher und zeitlicher Zusammenhang besteht und die Höchstdauer von drei Monaten insgesamt nicht überschritten wird (BAG v. 30.1.2019, 5 AZR 556/17).

Im juristischen Schrifttum wird zu § 22 Abs. 1 Nr. 2 und 3 MiLoG die Frage kontrovers diskutiert, zu welchem Zeitpunkt die Mindestlohnpflicht einsetzt, wenn das entsprechende Praktikum den gesetzlich festgelegten Zeitraum von drei Monaten überschreitet. Der Wortlaut des Gesetzes regelt diese Frage nicht eindeutig. Die Bundesagentur für Arbeit vertritt aus naheliegenden Gründen die Auffassung, dass der Mindestlohn für die gesamte Dauer des Praktikums zu zahlen ist, wenn dieses die Dauer von drei Monaten überschreitet. Diese Einschätzung unterliegt durchaus Bedenken. Einen entscheidenden Hinweis zur Beantwortung dieser Frage kann man der Nr. 3 entnehmen: Ein Begleitpraktikum nach Nr. 3 wird mindestlohnpflichtig, wenn der Praktikant bereits vorher beim selben Ausbilder ein solches Begleitpraktikum nach Nr. 3 absolviert hat. Die Mindestlohnpflicht setzt somit nicht schon beim ersten, sondern erst beim zweiten Praktikum ein, das beim selben Ausbilder abgeleistet wird. Dieser Fall des Aufspaltens eines Praktikums auf zwei Zeiträume von je drei Monaten kann aber ernsthaft nicht anders behandelt werden als die Konstellation, dass das Praktikum von vornherein an einem Stück länger als drei Monate dauert. Ferner entspricht diese Sichtweise der Zielsetzung des Gesetzes, das Instrument Praktikum nicht über Gebühr einzuschränken (BT-Drucks. 18/1558, 42).

Praktika, die nach der Zulassungsordnung einer Hochschule verpflichtende Voraussetzung der Studienzulassung sind, unterfallen § 22 Abs. 1 Satz 2 MiLoG und sind deshalb auch dann nicht nach diesem Gesetz zu vergüten, wenn sie auf Grund der Zulassungsordnung länger als drei Monate andauern. Der weit gefasste Begriff der „hochschulrechtlichen Bestimmung" in § 22 Abs. 1 Satz 2 MiLoG umfasst auch die Zulassungsordnungen der privaten Hochschulen (BAG v. 19.1.2022, 5 AZR 217/21).

Zur Behandlung der echten und unechten Praktikanten beim neuen Mindestlohn im Einzelnen → *Mindestlohn* Rz. 3142.

Zu Praktika von **Asylbewerbern/Flüchtlingen** → *Asylbewerber, Flüchtlinge* Rz. 828.

Für **ausbildungsähnliche Rechtsverhältnisse** und damit auch für den Personenkreis dieser Praktikanten, die – zumeist nur für relativ kurze Zeit – eingestellt werden, um berufliche Kenntnisse, Fertigkeiten oder Erfahrungen zu erwerben, ohne dass es sich um eine Berufsausbildung i.S.d. BBiG handelt und soweit nicht ein Arbeitsverhältnis vereinbart ist, sollen nach dem Willen des Gesetzgebers gem. § 26 BBiG vertragsrechtliche Schutzvorschriften des Berufsbildungsgesetzes zur Anwendung kommen. Entscheidend ist ggf. in jedem Einzelfall in einem als Praktikum bezeichneten Vertragsverhältnis, ob es sich um ein ausbildungsähnliches Rechtsverhältnis mit Ausbildungselementen i.S.d. § 26 BBiG handelt, bei dem der Ausbildungscharakter im Vordergrund steht oder ob das Rechtsverhältnis durch seine Ausgestaltung als Arbeitsverhältnis geprägt wird. Steht der Arbeitsverhältnischarakter der Beziehungen im Vordergrund, dient die Arbeitsleistung also in erster Linie und überwiegend in zeitlicher Hinsicht wirtschaftlichen Zwecken und nicht oder erst in zweiter Linie der Vermittlung beruflicher Kenntnisse, Fertigkeiten oder Erfahrungen, so findet zwar das Berufsbildungsgesetz mit seinen Schutzvorschriften keine Anwendung; für das Arbeitsverhältnis gelten dann aber natürlich die allgemeinen arbeitsrechtlichen Regeln, z.B. insbesondere die Pflicht zur Zahlung einer angemessenen Arbeitsvergütung.

Zur **Befristung** im Anschluss an ein früheres Praktikantenverhältnis gilt: Eine berufsvorbereitende Beschäftigung als Praktikant, wenn mit diesem kein Arbeitsvertrag abgeschlossen wurde, ist **kein Vorbeschäftigungsverhältnis** und steht daher der sachgrundlosen Befristung nach § 14 Abs. 2 TzBfG nicht entgegen (BAG v. 19.10.2005, 7 AZR 31/05).

Zur **europarechtlichen Arbeitnehmereigenschaft** eines Praktikanten im Zusammenhang von Massenentlassungen s. EuGH v. 9.7.2015, C-229/14.

Hinsichtlich einer ausführlichen **Darstellung** s. D. Besgen, Die Welt der Praktikanten, B+P 2015, 666.

b) Abgrenzung zu ähnlichen Vertragsformen

aa) Abgrenzung Arbeitsverhältnis

3484 Das Praktikantenverhältnis unterscheidet sich vom normalen Arbeitsverhältnis dadurch, dass beim Praktikanten die **Ausbildung im Vordergrund** der Vertragsbeziehungen steht, während das Arbeitsverhältnis in erster Linie den reinen Austausch der Arbeitsleistung gegen Arbeitsvergütung zum Inhalt hat.

In **Missbrauchsfällen**, d.h. bei Benutzung der Praktikantenbezeichnung zur Verdeckung eines in Wahrheit vollzogenen Arbeitsverhältnisses (**Scheinpraktika**) gilt: Bei nicht überwiegendem Ausbildungszweck ist die Vereinbarung einer – geringen – Ausbildungsvergütung sittenwidrig und eine angemessene Vergütung geschuldet (LAG Baden-Württemberg v. 8.2.2008, 5 Sa 45/07). Erbringt ein Beschäftigter i.R. eines sog. Praktikantenvertrages auf Weisung des Arbeitgebers über einen längeren Zeitraum Leistungen, die nicht seiner Aus- oder Fortbildung dienen, sondern ganz überwiegend im betrieblichen Interesse liegen, so steht ihm hierfür ein Vergütungsanspruch gem. § 612 BGB zu (LAG Sachsen-Anhalt v. 18.5.2009, 6 Sa 432/08; zum lohnwucherischen „Anlernverhältnis" BAG v. 27.7.2010, 3 AZR 317/08). Steht in einem nahezu einjährigen sog. Praktikantenverhältnis der Ausbildungszweck nicht im Vordergrund, sondern liegt eine Eingliederung in die Arbeitsorganisation vor, so verstößt eine Vergütung i.H.v. 200 € für eine Vollzeittätigkeit gegen die guten Sitten und stellt einen **Fall unzulässigen Lohnwuchers dar;** vielmehr ist die übliche Vergütung zu zahlen (ArbG Kiel v. 19.11.2008, 4 Ca 1187 d/08; vgl. auch BAG v. 21.2.2018, 7 AZR 765/16, zum institutionellen Rechtsmissbrauch). Außerdem besteht mindestens Anspruch auf den **gesetzlichen Mindestlohn** nach dem MiLoG (→ *Mindestlohn* Rz. 3142). Nach einer Entscheidung des LAG Berlin-Brandenburg v. 20.5.2016, 6 Sa 1787/15, ist ein „Praktikum" nur dann kein Arbeitsverhältnis, wenn ein Ausbildungszweck „im Vordergrund" steht. Insoweit sind Praktika von bereits fertigen **Absolventen eines einschlägigen Studiums** mit typischen Arbeitnehmerpflichten, die lediglich dem Einstieg in den Arbeitsmarkt dienen, jedoch überwiegend mit üblichen Arbeitsaufgaben von Arbeitnehmern verbunden sind, Scheinpraktika und Arbeitsverhältnisse. Diesbezüglich liegt eine sittenwidrige Vergütung vor, wenn die vereinbarte Praktikumsvergütung 400 € beträgt, der Bezugslohn jedoch bei über 3 000 € liegt.

Geht es in einem **Konfliktfall** um die Frage, ob es sich im Einzelfall um ein – privilegiertes – Praktikantenverhältnis oder um ein normales Arbeitsverhältnis mit allen diesbezüglichen Rechten und Pflichten gehandelt hat, so ist letztlich entscheidend nicht die Bezeichnung und die Vereinbarung der Vertragsbeziehungen „auf dem Papier", sondern maßgeblich ist (wie z.B. bei der Abgrenzung freier Mitarbeit zum Arbeitsverhältnis) die praktische Durchführung der Vertragsbeziehungen (s. z.B. BAG v. 29.1.1992, 7 ABR 25/91; BAG v. 25.5.2005, 5 AZR 347/04).

bb) Abgrenzung zum Ausbildungsverhältnis

Das normale Berufsausbildungsverhältnis nach dem Berufsbildungsgesetz unterscheidet sich vom Praktikantenvertrag dadurch, dass im Berufsausbildungsverhältnis die Ausbildung nach der vorgegebenen Berufsausbildungsordnung für einen anerkannten Ausbildungsberuf bis zum Prüfungsabschluss erfolgt. Der Praktikant absolviert demgegenüber nur einen praktischen Ausbildungsabschnitt im Betrieb ohne Abschlussprüfung in einem relativ kurzen Zeitraum bei weitgehender Eigenverantwortlichkeit für den Erfolg. Wegen der Unterschiede ist daher auch die in einem vorausgegangenen Praktikum zurückgelegte Zeit **nicht auf die Probezeit in einem folgenden Berufsausbildungsverhältnis anzurechnen** (BAG v. 19.11.2015, 6 AZR 844/14). 3485

cc) Abgrenzung zum Werkstudenten

Studenten nehmen häufig während der Semesterferien und auch während des Studiums eine Tätigkeit als Werkstudent (→ *Studenten* Rz. 4058) auf, insbesondere um ihr Studium zu finanzieren. Derartige Werkstudenten-Arbeitsverhältnisse sind arbeitsrechtlich als **normale Arbeitsverhältnisse** einzuordnen; es handelt sich ungeachtet der Bezeichnung nicht um Praktikantenverträge. Die Werkstudentenverträge sind lediglich unter bestimmten Voraussetzungen bei der Sozialversicherung privilegiert. 3486

dd) Abgrenzung zum Schülerpraktikum

In den letzten Jahren hat sich ein Betriebspraktikum für Schüler (→ *Schüler* Rz. 3882) verstärkt herausgebildet. Ein derartiges Betriebspraktikum hat den Zweck, einen Schüler und angehenden Auszubildenden/Arbeitnehmer mit dem praktischen Arbeits- und Berufsleben vertraut zu machen, und zwar noch vor dem Schulabschluss. Für die Durchführung derartiger Betriebspraktika für Schüler i.R. der Schulausbildung bestehen in den meisten Bundesländern Richtlinien und Erlasse (z.B. in NRW: RdErl. d. Ministeriums für Schule und Bildung, 12-21 Nr. 1, Berufliche Orientierung v. 23.1.2019, ABl. NRW. 02/19). Bei den Betriebspraktika im vorgenannten Sinne handelt es sich nicht um arbeitsrechtlich relevante Praktikantenverhältnisse, sondern um eine schulische Ausbildung i.R. einer Schulveranstaltung in den Betrieben. 3487

c) Hochschul- und Fachhochschulpraktikanten

Bei verschiedenen Studiengängen eines Hochschulstudiums oder eines Fachhochschulstudiums ist eine praktische Ausbildung während der Studienzeit Bestandteil der Ausbildung. Der betreffende Student muss also diese praktische Ausbildung während des Studiums ggf. erfolgreich ablegen und nachweisen, um sein Studienziel erreichen zu können. Es handelt sich also um eine **eigenständige schulische Ausbildung bzw. Hochschulausbildung** außerhalb des Berufsbildungsgesetzes. 3488

Studenten haben deshalb für ihr Studienpraktikum beispielsweise

- **keinen Anspruch auf Urlaub, Urlaubsentgelt oder Urlaubsgeld,**

- **keinen Anspruch auf Arbeitsentgelt**, Ausbildungsvergütung oder Unterhaltsbeihilfe,
- **keinen Anspruch** auf Einhaltung der besonderen **Kündigungsschutzbestimmungen** nach dem Berufsbildungsgesetz.

d) Praktikum vor und nach dem Studium

3489 Da nach der Rechtsprechung des BAG lediglich das Praktikum innerhalb des Studiums und als dessen Bestandteil als besonderer schulischer Ausbildungsgang von den Vorschriften des Berufsbildungsgesetzes ausgenommen ist, ergibt sich umgekehrt:

Ein Praktikum **vor Aufnahme** eines Hochschulstudiums oder einer Fachhochschulausbildung ist ein arbeitsrechtlich in vollem Umfang relevantes **Praktikantenverhältnis**, auf das gem. § 26 BBiG die Schutzregelungen nach §§ 10 bis 23 und 25 BBiG Anwendung finden. Dies gilt auch dann, wenn das Betriebspraktikum Voraussetzung für die Aufnahme des Studiums ist.

Dasselbe gilt für ein Berufspraktikum, das **im Anschluss an ein Studium** absolviert wird und ggf. absolviert werden muss.

2. Lohnsteuer

3490 Praktikanten, die für ihre Tätigkeit entlohnt werden, sind Arbeitnehmer. Es gelten daher die allgemeinen Bestimmungen über den Lohnsteuerabzug. Für **ausländische Praktikanten** können auf Grund von DBA Steuerbefreiungen in Betracht kommen (→ *Ausländische Praktikanten* Rz. 936; → *Ausländische Studenten* Rz. 939).

LSt

3. Sozialversicherung

a) Grundsätze

3491 Zum Zweck der Berufsausbildung beschäftigte Personen und damit auch Praktikanten sind **grds. sozialversicherungspflichtig**.

SV

Die Krankenversicherungspflicht für Personen, die eine in Studien- oder Prüfungsordnungen vorgeschriebene berufspraktische Tätigkeit ohne Arbeitsentgelt verrichten (§ 5 Abs. 1 Nr. 10 SGB V), ist seit 1.1.2020 auf die Vollendung des 30. Lebensjahres begrenzt. Dies gilt ausdrücklich nicht für zu ihrer Berufsausbildung ohne Arbeitsentgelt Beschäftigte.

Auf Grund der Vielgestaltigkeit und der Besonderheiten der einzelnen Praktikanten haben sich infolge von gesetzgeberischen Aktivitäten oder höchstrichterlichen Entscheidungen folgende **Fallkonstellationen** herausgebildet, die in sozialversicherungsrechtlicher Hinsicht **unterschiedlich** zu behandeln sind (speziell zu der versicherungsrechtlichen Beurteilung der Praktika von Erziehern s. TOP 3 der Besprechung des GKV-Spitzenverbandes am 20./21.11.2013):

b) Zwischenpraktikum

3492 Unter einem Zwischenpraktikum ist der in der jeweiligen **Studien- oder Prüfungsordnung vorgeschriebene praktische Ausbildungsteil** zu verstehen, den ordentlich Studierende einer Hochschule oder einer sonstigen der wissenschaftlichen oder fachlichen Ausbildung dienenden Schule **während ihres Studiums** zu absolvieren haben. Für Zwischenpraktikanten besteht auf Grund der BSG-Rechtsprechung (BSG v. 30.1.1980, 12 RK 45/78, und BSG v. 17.12.1980, 12 RK 3/80) in der sozialversicherungsrechtlichen Beurteilung faktisch die Gleichstellung mit den Studenten. Durch das Wachstums- und Beschäftigungsförderungsgesetz v. 25.9.1996 ist die Vorschrift des § 5 Abs. 3 SGB VI über die **Rentenversicherungsfreiheit** der von Studenten ausgeübten Beschäftigungen **aufgehoben worden**. Dies hätte zur Folge, dass eingeschriebene Studenten, die während ihres Studiums ein Praktikum als Zwischensemester oder Praxissemester absolvieren, **bei einem Praktikumsbeginn nach dem 30.9.1996** stets rentenversicherungspflichtig wären. Es stellt sich nunmehr aber die Frage, ob immatrikulierte Zwischenpraktikanten, die ein in einer Studienordnung vorgeschriebenes Praktikum ableisten, in einem versicherungsrechtlich relevanten Beschäftigungsverhältnis stehen oder ob es sich um eine in den Betrieb verlagerte schulische Ausbildung handelt.

Die Spitzenverbände der Sozialversicherungsträger haben in ihrer Besprechung am 6.10.1999 hierzu die Auffassung vertreten, dass in diesen Fällen ein Beschäftigungsverhältnis i.S.d. § 7 Abs. 2 SGB IV regelmäßig zu verneinen ist. Diese Praktika sind integrierter Bestandteil der Ausbildung und werden durch die Schule begleitet. Ein Beschäftigungsverhältnis wird selbst dann nicht angenommen, wenn dem Praktikanten eine Vergütung gezahlt wird.

Üblicherweise ist in der Studien- und Prüfungsordnung definiert, wie groß der Umfang des Zwischenpraktikums mindestens sein muss. Orientiert am Bildungszweck ist eine solche Festschreibung des Umfangs sachgerecht. Dieser vorgeschriebene Umfang kann aber auch im Einzelfall überschritten werden, wenn der Student dies mit dem jeweiligen Betrieb vereinbart. Grds. endet das vorgeschriebene Praktikum mit dem Erreichen des definierten Umfangs.

Wird allerdings das gesamte Praktikum von der Hochschule anerkannt, dann bleibt die versicherungsrechtliche Beurteilung für das vorgeschriebene Zwischenpraktikum auch für die verlängerte Zeit bestehen. Dies ist dann anzunehmen, wenn weiterhin ein Zusammenhang zwischen dem Praktikum und dem Studium besteht. Im Zweifelsfall muss dieser Zusammenhang nachgewiesen werden.

Dies gilt auch hinsichtlich der Renten- und Arbeitslosenversicherung für Praktikanten der Landwirtschaftsschulen während der Ableistung des fachpraktischen Semesters in der elterlichen Landwirtschaft. In der landwirtschaftlichen Krankenversicherung sowie in der Pflegeversicherung besteht hingegen für diese Praktikanten Versicherungspflicht nach § 2 Abs. 1 Nr. 3 i.V.m. § 2 Abs. 4 Satz 1 KVLG 1989 bzw. nach § 20 Abs. 1 Satz 2 Nr. 3 i.V.m. Satz 1 SGB XI.

Studenten, die ein **nicht vorgeschriebenes Praktikum** ableisten, unterliegen seit 1.10.1996 als Arbeitnehmer der Rentenversicherungspflicht, es sei denn, die Beschäftigung erfüllt die Voraussetzungen der Geringfügigkeit i.S.d. § 8 Abs. 1 SGB IV. Liegt eine geringfügige Beschäftigung vor, hat der Arbeitgeber – anders als in der Krankenversicherung – nach ausdrücklicher Bestimmung in § 172 Abs. 3 Satz 2 SGB VI allerdings hier keinen pauschalen Beitrag zur Rentenversicherung zu zahlen (Besprechungsergebnis der Spitzenverbände der Sozialversicherungsträger über Fragen des gemeinsamen Beitragseinzugs v. 26./27.5.2004).

Unabhängig hiervon bleibt der Student/Praktikant i.R. der **studentischen Versicherung** krankenversicherungspflichtig und in der Folge nach § 20 Abs. 1 Nr. 9 SGB XI versicherungspflichtig in der Pflegeversicherung.

Gleiches gilt für die an einer ausländischen Hochschule immatrikulierten Studenten, die in Deutschland ein Praktikum absolvieren.

c) Vor- und Nachpraktikum

Die zuvor beschriebenen Regelungen finden jedoch dann keine Anwendung, wenn ein in einer Studien- oder Prüfungsordnung vorgeschriebenes Praktikum absolviert wird, der Praktikant aber **nicht** an einer Hochschule oder Fachhochschule **immatrikuliert** ist. 3493

Wird das vorgeschriebene Praktikum ohne Anspruch auf Arbeitsentgelt geleistet, kann in der Kranken- und Pflegeversicherung zwar keine Versicherungspflicht **als Arbeitnehmer** eintreten, jedoch ergibt sich in der Krankenversicherung auf Grund der **Sondervorschrift** des § 5 Abs. 1 Nr. 10 SGB V und in der Pflegeversicherung nach § 20 Abs. 1 Nr. 10 SGB XI **Versicherungspflicht**, wenn keine Familienversicherung dies ausschließt. Zu beachten ist weiterhin, dass der Praktikant nach § 8 Abs. 1 Nr. 5 SGB V in der Krankenversicherung und mit gleichzeitiger Wirkung auch für die Pflegeversicherung die **Befreiung beantragen** kann.

In der **Renten- und Arbeitslosenversicherung** sind diese Praktikanten als zur Berufsausbildung Beschäftigte auch ohne Entgeltzahlung nach § 1 Satz 1 Nr. 1 SGB VI bzw. § 25 Abs. 1 SGB III versicherungspflichtig. Für die Berechnung der Beiträge gelten die Regelungen des § 162 Nr. 1 SGB VI bzw. des § 342 SGB III; danach wird ein **fiktives monatliches Entgelt** i.H.v. 1 % der monatlichen Bezugsgröße angesetzt (2026 in allen Bundesländern = 39,55 €).

d) Schülerpraktikanten

Häufig leisten Schüler während ihrer schulischen Ausbildung für eine befristete Zeit – i.d.R. zwei bis drei Wochen – in Betrieben ihrer Wahl ein Praktikum, um Eindrücke aus dem Arbeitsleben und möglicherweise Entscheidungshilfen für eine spätere Berufswahl zu gewinnen. Diese Praktika begründen als Teil der schulischen 3494

Ausbildung keine Arbeitsverhältnisse, so dass keine Versicherungspflicht eintreten kann.

e) Fachschulpraktikum

3495 Für Fachschulpraktika gelten regelmäßig die Grundsätze der Sozialversicherungsfreiheit wie bei Hochschulstudenten.

LSt ~~SV~~

Wird das Praktikum hingegen vor oder nach dem Fachschulbesuch abgeleistet, sind diese Praktikanten sozialversicherungspflichtig in der Kranken-, Pflege-, Renten- und Arbeitslosenversicherung. Die Sondervorschrift des § 5 Abs. 1 Nr. 10 SGB V ist auf Fachschüler nicht anwendbar (Gemeinsames Rundschreiben der Spitzenverbände der Sozialversicherungsträger v. 23.11.2016).

LSt SV

Prämien

3496 Prämien (z.B. Anreiz-, Anwesenheits-, Fang-, Qualitäts-, Treueprämien) werden vom Arbeitgeber gezahlt, um den Arbeitnehmer für **besondere Leistungen zu honorieren**, und zwar entweder den Arbeitnehmer als Einzelnen oder eine bestimmte Gruppe von Arbeitnehmern. Arbeitsrechtlich sind je nach Art der Prämie Besonderheiten und Mitbestimmungsrechte des Betriebsrats zu beachten.

Alle Prämien, die dem Arbeitnehmer i.R. seines Dienstverhältnisses zufließen, gehören zum **Arbeitslohn** (BFH v. 11.3.1988, VI R 106/84, BStBl II 1988, 726 betr. Sicherheitsprämien, die ein Arbeitgeber i.R. eines Sicherheitswettbewerbs zur Eindämmung der betrieblichen Unfälle an seine Arbeitnehmer zahlt).

Hierzu gehören auch Prämien, die der Arbeitgeber seinen Arbeitnehmern für **unfallfreies Fahren** innerhalb eines bestimmten Zeitraums gewährt. Auch Prämienrückvergütungen, die Versicherungsunternehmen dem Arbeitgeber wegen geringer Unfälle gewähren und die dieser wiederum an seine Arbeitnehmer weiterleitet, gehören zum Arbeitslohn der betroffenen Arbeitnehmer. Dies gilt auch dann, wenn der Arbeitgeber die Prämienrückvergütungen unter den in Betracht kommenden Arbeitnehmern **verlost** (→ *Verlosungsgeschenke/Verlosungsgewinne* Rz. 4259).

LSt SV

Prämien eines Herstellers von Fotoartikeln auf Grund eines Bonusprogramms an die im Fachhandel tätigen Fachverkäufer, die auf Grund einer **eigenständigen Rechtsbeziehung** zwischen dem Arbeitnehmer (Fachverkäufer) und dem Hersteller gewährt werden, sind **kein Arbeitslohn**; die Einnahmen sind jedoch als **sonstige Einkünfte nach § 22 Nr. 3 Satz 1 EStG** oder, sofern die Tätigkeit als nachhaltig anzusehen ist, als **Einkünfte aus Gewerbebetrieb** steuerpflichtig (s. die Anmerkung von RiBFH Geserich zu BFH v. 21.2.2018, VI R 25/16, BStBl II 2018, 389 in HFR 2018, 472).

Praxisvertreter

→ *Arzt* Rz. 815

Preise

1. Abgrenzung zu steuerfreien Einnahmen

3497 Preise gehören bei Arbeitnehmern nur zum **steuerpflichtigen Arbeitslohn**, wenn sie in untrennbarem wirtschaftlichem Zusammenhang mit dem Dienstverhältnis stehen. Dieser Zusammenhang ist gegeben, wenn die Preisverleihung wirtschaftlich den **Charakter eines leistungsbezogenen Entgelts** hat und wenn sie sowohl Ziel als auch unmittelbare Folge der Tätigkeit ist. Das ist insbesondere der Fall, wenn der Preisträger zur Erzielung des Preises ein **besonderes Werk geschaffen** oder eine besondere Leistung erbracht hat (BMF v. 5.9.1996, IV B 1 – S 2121 – 34/96, BStBl I 1996, 1150; FG Münster v. 16.9.2009, 10 K 4647/07 F, EFG 2010, 27).

LSt SV

Keinen Zusammenhang mit dem Dienstverhältnis haben dagegen Einnahmen aus Preisen, deren Verleihung in erster Linie dazu bestimmt ist,

- das **Lebenswerk** oder Gesamtschaffen des Empfängers zu **würdigen**,
- die **Persönlichkeit des Preisträgers** zu ehren,
- eine **Grundhaltung auszuzeichnen** oder
- eine **Vorbildfunktion herauszustellen** (BFH v. 9.5.1985, IV R 184/82, BStBl II 1985, 427).

Dies kann ausnahmsweise auch angenommen werden, wenn zwar ein bestimmtes Werk oder eine **bestimmte Leistung Anlass für die Preisverleihung** war, zur Auswahl des Preisträgers jedoch dessen **Gesamtpersönlichkeit** oder (bisheriges) Gesamtschaffen entscheidend beigetragen haben. Davon ist z.B. bei der Vergabe des **Nobelpreises** auszugehen. Unter Anwendung dieser Grundsätze sind die jährlich vom Kuratorium Hessischer Kulturpreis verliehenen Kultur- und Förderpreise sowie der **Wächterpreis der Tagespresse**, der **Theodor-Wolff-Preis** und der **Deutsche Zukunftspreis für Technik und Innovation** nicht als steuerpflichtige Einnahmen der Preisträger anzusehen (OFD Frankfurt v. 14.5.2014, S 2120 A – 2 – St 210, StEd 2014, 395).

~~LSt~~ ~~SV~~

Diese Grundsätze gelten auch für die Verleihung von **Filmpreisen für künstlerische Einzelleistungen**, z.B. Preise für darstellerische Leistungen, Regie, Drehbuch, Kameraführung bzw. Bildgestaltung, Schnitt, Filmmusik, Ausstattung, Kostüme (BMF v. 23.12.2002, IV A 5 – S 2121 – 8/02 I, BStBl I 2003, 76).

2. Preise von Arbeitgebern

Preise, die der Arbeitnehmer im Zusammenhang mit dem Dienst- 3498
verhältnis vom Arbeitgeber erhält, sind steuer- und beitragspflichtig. Ein typischer Anwendungsfall hierfür ist die **Auslobung einer Reise für den erfolgreichsten Verkäufer** einer bestimmten Periode (→ *Incentive-Reisen* Rz. 2579).

LSt SV

Beispiel:

In einem Möbelgeschäft wird ein Preiswettbewerb veranstaltet. Der Arbeitnehmer, der im 1. Halbjahr die höchsten Umsätze tätigt, erhält als Preis eine Wochenendreise nach Hamburg.

Die Kosten der Reise sind als Sachbezug zu versteuern, weil der Arbeitnehmer die Reise nur wegen seiner besonderen Arbeitsleistung erhält.

Aber auch Preise, die die Arbeitnehmer anlässlich einer betrieblichen Verlosung vom Arbeitgeber erhalten, sind i.d.R. steuerpflichtiger Arbeitslohn. Zu den Ausnahmen → *Verlosungsgeschenke/Verlosungsgewinne* Rz. 4259.

3. Preise von Dritten

Preise, die der Arbeitnehmer von dritter Seite erhält, sind ebenfalls 3499
Arbeitslohn, wenn die Preisverleihung nicht v.a. eine Ehrung der Persönlichkeit des Preisträgers darstellt, sondern wirtschaftlich den Charakter **eines leistungsbezogenen Entgelts** hat (BFH v. 23.4.2009, VI R 39/08, BStBl II 2009, 668). Dabei ist nicht entscheidend, ob es sich um Geldpreise oder Sachpreise handelt. Der **Arbeitgeber** ist aber nur dann zum **Lohnsteuerabzug verpflichtet**, wenn der Preis i.R. des Dienstverhältnisses gewährt wird und der Arbeitgeber weiß oder erkennen kann, dass derartige Preise erbracht werden; dies ist insbesondere dann anzunehmen, wenn Arbeitgeber und Dritter verbundene Unternehmen i.S.v. § 15 AktG sind (→ *Lohnzahlung durch Dritte* Rz. 3040).

LSt SV

Beispiel 1:

Ein Arbeitnehmer erhält den vom Genossenschaftsverband seines Arbeitgebers ausgeschriebenen Nachwuchsförderpreis i.H.v. 5 000 €. Die einzureichenden Bewerbungsunterlagen sollten u.a. Beurteilungen der Persönlichkeit und der Leistungen des Bewerbers enthalten.

Das Preisgeld gehört zum steuerpflichtigen Arbeitslohn des Arbeitnehmers (BFH v. 23.4.2009, VI R 39/08, BStBl II 2009, 668).

Beispiel 2:

Ein Arbeitnehmer ist an einer Hochschule für Verwaltungswissenschaften tätig. Neben seiner Lehrtätigkeit fertigt er eine Habilitationsschrift. Auf Vorschlag des Rektors der Verwaltungshochschule wird ihm für diese Habilitationsschrift der mit 5 000 € dotierte „Förderpreis des Deutschen Bundestags für wissenschaftlichen und publizistischen Nachwuchs" verliehen.

Das Preisgeld gehört zum steuerpflichtigen Arbeitslohn des Arbeitnehmers (FG Schleswig-Holstein v. 15.3.2000, I 210/95, EFG 2000, 787).

Beispiel 3:

Ein Beamter ist in der Funktion eines Sachbearbeiters bei einem Bundesamt im Geschäftsbereich des Verkehrsministeriums tätig. Er erhielt i.R. eines Ideenwettbewerbs des Bundesinnenministeriums zum Bürokratieabbau ein Preisgeld. Die Teilnahme an dem Wettbewerb, mit dem nach dem Inhalt der Ausschreibung das Wissen und die Kompetenz der Mitarbeiter stärker für die Verwaltungspraxis genutzt werden sollten, war auf die Beschäftigten der Bundesverwaltung beschränkt.

Das Preisgeld gehört zum steuerpflichtigen Arbeitslohn des Beamten (FG Köln v. 12.6.2013, 4 K 759/10, EFG 2013, 1405).

Beispiel 4:

Ein Oberarzt hat neben seiner Tätigkeit als angestellter Krankenhausarzt in internationalen Arbeitsgruppen mit anderen medizinischen Wissenschaftlern Studienprotokolle erstellt. Die Arbeitsgruppen fanden meist im europäischen Ausland im Vorfeld von Fachkongressen statt. Er erhielt für seine Arbeit, die er i.R. des internationalen Forschungsprojekts erstellt hatte, ein Preisgeld von einer Stiftung, die eng mit seiner Klinik verbunden war.

Das Preisgeld gehört **nicht** zum steuerpflichtigen Arbeitslohn des Oberarztes (FG Nürnberg v. 25.2.2014, 1 K 1718/12, EFG 2014, 1187).

Beispiel 5:

Ein Professor erhielt den von der Behörde für Wissenschaft und Forschung ausgelobten Lehrpreis der Freien und Hansestadt Hamburg (Hamburger Lehrpreis), mit dem herausragende und innovative Lehrleistungen an den Hamburger Hochschulen prämiert werden.

Das Preisgeld gehört zum steuerpflichtigen Arbeitslohn des Professors (FG Hamburg v. 25.2.2014, 3 K 126/13, EFG 2014, 1790).

Beispiel 6:

M war auf Grund mehrerer gleicher Zeitverträge mit der Universität D als wissenschaftliche Mitarbeiterin des Instituts für E mit einer durchschnittlichen regelmäßigen Arbeitszeit von 50 % beschäftigt. M war nach ihrem Arbeitsvertrag verpflichtet, Dienstleistungen und Aufgaben in Lehre und Forschung mit einer Lehrverpflichtung von zwei Semesterwochenstunden zu erbringen. Neben ihrer Tätigkeit fertigte M ihre Dissertation an. Mit dem Lehrstuhlinhaber bestand die Abrede, dass M zu Beginn ihrer Promotion mehr für den Lehrstuhl arbeitete und dann zum Ende der Promotion mehr und mehr von dieser Arbeit „verschont" wurde, um die Dissertation fertigzustellen.

Für ihre Dissertation erhielt M einen von der ABC AG gesponserten und von der Universität D vergebenen Promotionspreis. Nach dem Sponsoringvertrag will die AG hierdurch ihr bildungspolitisches Engagement besonders auf dem Gebiet der Forschung unterstreichen. Die Preisträger werden von einem Auswahlausschuss bestimmt, der aus vier Professoren und einem Mitglied der AG besteht.

Der Dissertationspreis gehört zum steuerpflichtigen Arbeitslohn der M (FG Köln v. 18.2.2020, 1 K 1309/18, EFG 2020, 1237).

Beispiel 7:

W, der als freiberuflicher Berater und Hochschulprofessor tätig ist, erhält ein Preisgeld für seine Habilitationsschriften. Die Habilitation wurde größtenteils vor der Berufung von W. zum Professor erstellt. Das Finanzamt stuft das Preisgeld zunächst als steuerpflichtige Einnahme ein. Der Wissenschaftler klagt dagegen und argumentiert, dass das Preisgeld weder mit seiner Tätigkeit als Professor noch mit seiner freiberuflichen Tätigkeit in Zusammenhang steht. Der BFH gibt ihm Recht: Das Preisgeld ist nicht steuerbar, da es ausschließlich der Würdigung seiner wissenschaftlichen Leistung dient und keinen Bezug zu seiner beruflichen oder betrieblichen Tätigkeit hat. Es liegen auch keine sonstigen Einkünfte i.S.d. § 22 Nr. 3 Satz 1 EStG vor, weil die Habilitationsschrift nicht um des Wissenschaftspreis willen erbracht wurden (BFH v. 21.11.2024, VI R 12/22, BStBl II 2025, 534).

4. Fernseh-Preisgelder

3500 Preisgelder für die **Teilnahme als Kandidat an einer Fernsehshow** sind als sonstige Einkünfte nach § 22 Nr. 3 EStG steuerbar (BFH v. 28.11.2007, IX R 39/06, BStBl II 2008, 469; BFH v. 24.4.2012, IX R 6/10, BStBl II 2012, 581 betr. Preisgeld eines Gewinners der Fernsehshow „Big Brother", FG Münster v. 15.1.2014, 4 K 1215/12 E, EFG 2014, 638 betr. Preisgeld aus der Fernsehshow „Die Farm" sowie FG Köln v. 28.2.2019, 1 V 2304/18, EFG 2019, 895 betr. Renovierungsleistungen zu Gunsten von Teilnehmern der Fernsehshow „Zuhause im Glück"). Entscheidendes Kriterium für die Steuerbarkeit ist aber, dass der Auftritt des Kandidaten und das gewonnene Preisgeld in einem **gegenseitigen Leistungsverhältnis** stehen. Hierfür sprechen folgende Gesichtspunkte:

- Dem Kandidaten wird von Seiten des Produzenten ein **bestimmtes Verhaltensmuster** o.Ä. **vorgegeben**.
- Dem Kandidaten wird neben der Gewinnchance und dem damit verbundenen Preisgeld noch ein **erfolgsunabhängiges Antritts-, Tagegeld** usw. gezahlt.
- Das Format sieht grds. nicht nur einen einmaligen Auftritt vor, sondern erstreckt sich **über mehrere Folgen**. Der Kandidat muss hierfür ggf. Urlaub nehmen oder von der Arbeit freigestellt werden.
- Das Preisgeld hat die Funktion einer Entlohnung für eine Leistung. Es fließt als **Erfolgshonorar** zu.

Liegen **keine der vorstehenden Anhaltspunkte** vor, bleibt es auch bei i.R. von Fernsehsendungen gewonnenen Geldern **bei nicht steuerbaren Einnahmen** (BMF v. 30.5.2008, IV C 3 – S 2257/08/10001, BStBl I 2008, 645).

Zur ertragsteuerlichen Behandlung der Einnahmen **prominenter Kandidaten** aus Spiel- und Quizshows vgl. BMF v. 27.4.2006, IV B 2 – S 2246 – 6/06, BStBl I 2006, 342.

Private Nutzung betrieblicher Pkw

→ *Firmenwagen zur privaten Nutzung* Rz. 2121

Privatforstbedienstete

→ *Forstbedienstete* Rz. 2206

Privatversicherte

→ *Beitragszuschuss zur Krankenversicherung* Rz. 1315

Professor

→ *Hochschullehrer* Rz. 2546

Progressionsvorbehalt

Inhalt

1. Bedeutung für den Arbeitgeber

Der sog. Progressionsvorbehalt nach § 32b EStG bewirkt, dass Lohnersatzleistungen und vergleichbare Entgelt- oder Einkommensersatzleistungen zwar **steuerfrei bleiben**, aber das übrige steuerpflichtige Einkommen mit dem – grds. höheren – Steuersatz besteuert wird, der sich ergibt, wenn die Lohnersatzleistungen usw. für die Ermittlung des Steuersatzes dem zu versteuernden Einkommen hinzugerechnet werden (vgl. ausführlich → Rz. 3502). Eine Auswirkung ergibt sich danach nur in den Fällen, in denen der Stpfl. oder auch sein mit ihm zusammen veranlagter Ehegatte/Lebenspartner im selben Jahr dem Progressionsvorbehalt unterliegende Leistungen (wie z.B. Arbeitslosengeld) und steuerpflichtige Einkünfte erzielt hat (weil z.B. die Arbeitslosigkeit nur einige Monate bestanden hat), nicht jedoch, wenn der Stpfl. das ganze Jahr zwar dem Progressionsvorbehalt unterliegenden Leistungen wie Arbeitslosengeld, Krankengeld usw. bezieht, aber keine steuerpflichtigen Einkünfte. 3501

Die Besteuerung mit dem Progressionsvorbehalt erfolgt zwar ausschließlich i.R. der **Einkommensteuerveranlagung** des Arbeitnehmers, so dass der **Arbeitgeber** diese oftmals schwierige Berechnung nicht durchzuführen hat. Er ist aber insoweit in das Verfahren zumindest „mittelbar eingebunden", indem er gesetzlich **verpflichtet** ist, die vom Progressionsvorbehalt erfassten **und von ihm gezahlten Lohnersatzleistungen usw.** (→ Rz. 3507) **sowohl im Lohnkonto besonders aufzuzeichnen als auch in der Lohnsteuerbescheinigung anzugeben**. Folglich muss ihm bekannt sein, welche Leistungen vom Progressionsvorbehalt (§ 32b EStG) erfasst werden. Die Kenntnis dieser Regelung ist für ihn darüber hinaus von Bedeutung, weil Arbeitnehmer immer wieder – wenn es bei ihnen auf Grund des Progressionsvorbehalts bei der Einkommensteuerveranlagung zu Nachzahlungen kommt – unterstellen, der **Lohnsteuerabzug sei vom Arbeitgeber nicht zutreffend durchgeführt** worden.

Mit der Zusage, Übergangsleistungen an den Arbeitnehmer **„steuerfrei" zu erbringen**, verpflichtet sich ein Arbeitgeber noch nicht, auch die steuerliche Belastung zu übernehmen, die sich durch den Progressionsvorbehalt nach § 32b Abs. 2 EStG ergeben. Verpflichtet sich der Arbeitgeber dagegen ausdrücklich für die Dauer der Arbeitslosigkeit, die **Steuern zu übernehmen**, soweit sie „für das Übergangsgeld anfallen", so beinhaltet dies, den ausgeschiedenen Arbeitnehmer steuerlich auch von der Mehrbelastung durch den Progressionsvorbehalt freizustellen. Die den Nettobetrag des zugesagten Übergangsgelds mindernde Steuerbelastung hat danach der Arbeitgeber zu übernehmen, soweit sie auf der Berücksichtigung der bezogenen Arbeitslosenunterstützung bei der Einkommensteuer beruht (BAG v. 29.7.2003, 9 AZR 100/02, HFR 2004, 268).

2. Berechnung der Einkommensteuer mit Progressionsvorbehalt

3502 Die tarifliche Einkommensteuer bemisst sich nach dem zu versteuernden Einkommen und kann üblicherweise **ohne zusätzliche Berechnungen** der Einkommensteuer-Grundtabelle oder Splittingtabelle **entnommen** werden (§ 32a Abs. 1 Satz 1 EStG).

Dies gilt nicht, wenn **Lohn- und Einkommensersatzleistungen**, aber auch **ausländische Einkünfte** (bei Arbeitnehmern z.B. nach dem **Auslandstätigkeitserlass**), dem Progressionsvorbehalt unterliegen. Die **Einkommensteuer** muss dann **wie folgt berechnet** werden:

- Zunächst ist das zu versteuernde Einkommen **ohne** die steuerfreien Lohn- und Einkommensersatzleistungen bzw. die steuerfreien Einkünfte zu ermitteln.
- Dem vorstehend ermittelten zu versteuernden Einkommen sind die dem Progressionsvorbehalt unterliegenden Leistungen und Einkünfte (→ Rz. 3503) hinzuzurechnen (positiver Progressionsvorbehalt) oder – sofern der Betrag negativ ist – von ihm **abzuziehen** (**negativer Progressionsvorbehalt**). Die Lohn- und Einkommensersatzleistungen sind mit den Beträgen anzusetzen, die als **Leistungsbeträge nach den einschlägigen Leistungsgesetzen** festgestellt werden. Kürzungen, die sich im Fall der Abtretung oder durch den Abzug von Versichertenanteilen an den Beiträgen zur Renten-, Arbeitslosen- und ggf. Kranken- und Pflegeversicherung ergeben, bleiben unberücksichtigt (R 32b Abs. 2 EStR).

  Bei der Ermittlung der dem Progressionsvorbehalt unterliegenden Leistungen i.S.v. § 32b Abs. 1 Satz 1 Nr. 1 EStG ist der Arbeitnehmer-Pauschbetrag von 1 230 € (seit 2023, zuvor 1 200 € bzw. 1 000 €) abzuziehen, soweit er nicht bei der Ermittlung der Einkünfte aus nichtselbständiger Arbeit abziehbar ist (§ 32b Abs. 2 Nr. 1 EStG). Auch beim Elterngeld sind die Leistungen nicht um den Arbeitnehmer-Pauschbetrag zu vermindern, wenn bei der Ermittlung der Einkünfte aus nichtselbständiger Arbeit den Pauschbetrag übersteigende Werbungskosten abgezogen wurden (BFH v. 25.9.2014, III R 61/12, BStBl II 2015, 182, die dagegen eingelegte Verfassungsbeschwerde (Az. des BVerfG: 2 BvR 3057/14) ist durch Beschluss vom 18.2.2022 – also nach acht Jahren – nicht zur Entscheidung angenommen worden. Folglich ist das BFH-Urteil und damit die geltende Verwaltungsauffassung anzuwenden.

  Bei der Ermittlung der ausländischen Einkünfte i.S.v. § 32b Abs. 1 Satz 1 Nr. 2 bis 5 EStG

  - ist der Arbeitnehmer-Pauschbetrag (seit 2023 i.H.v. 1 230 €) abzuziehen, soweit er nicht bei der Ermittlung der Einkünfte aus nichtselbständiger Arbeit abziehbar ist;
  - sind Werbungskosten nur insoweit abzuziehen, als sie zusammen mit den bei der Ermittlung der Einkünfte aus nichtselbständiger Arbeit abziehbaren Werbungskosten den Arbeitnehmer-Pauschbetrag (ab 2023 i.H.v. 1 230 €) übersteigen (§ 32b Abs. 2 Nr. 2 EStG).

  Eine **Kürzung der Lohnersatzleistungen um gezahlte Sozialversicherungsbeiträge** ist nicht möglich, weil dies weder gesetzlich vorgesehen noch auf Grund einer verfassungskonformen Auslegung geboten ist (BFH v. 5.3.2009, VI R 78/06); zur **EU-Rechtswidrigkeit** des Ausschlusses des Sonderausgabenabzugs für Sozialversicherungsbeiträge im Ausland tätiger Arbeitnehmer → *Vorsorgeaufwendungen* Rz. 4359.

  Die in § 32b Abs. 1 Satz 1 Nr. 2 bis 5 EStG (→ Rz. 3506) enthaltenen außerordentlichen Einkünfte sind dabei mit einem Fünftel anzusetzen.

  Ein **negativer Progressionsvorbehalt** kann sich z.B. dadurch ergeben, dass unter den Progressionsvorbehalt fallende Lohn- und Einkommensersatzleistungen zurückgezahlt werden. Denn **Rückzahlungen** sind unabhängig davon, ob die zurückgezahlten Beträge im Jahr des Bezugs dem Progressionsvorbehalt unterlegen haben, von den im selben Kalenderjahr bezogenen Leistungsbeträgen abzuziehen. Ergibt sich ein negativer Betrag, weil die Rückzahlungen höher sind als die empfangenen Beträge oder weil keine Leistungen bezogen worden sind, so ist der negative Betrag bei der Berechnung des besonderen Steuersatzes nach § 32b EStG zu berücksichtigen. Aus Vereinfachungsgründen können zurückgezahlte Beträge dem Jahr der Ausstellung des Rückforderungsbescheids zugerechnet werden. Beantragt der Stpfl. die Zurechnung zum Abflussjahr, hat er den Zeitpunkt des Abflusses nachzuweisen oder glaubhaft zu machen (R 32b Abs. 3 EStR).

  In bestimmten Fällen können Lohn- und Einkommensersatzleistungen rückwirkend wegfallen, so z.B. der Anspruch auf Krankengeld oder die Leistungen nach dem SGB III nach Zubilligung einer Rente. Zu Folgerungen bei **rückwirkendem Wegfall** s. R 32b Abs. 4 EStR, BFH v. 10.7.2002, X R 46/01, BStBl II 2003, 391 und BFH v. 9.12.2015, X R 30/14, BStBl II 2016, 624. Unterliegt ein Nachzahlungsbetrag sowohl der Tarifermäßigung des § 34 Abs. 1 EStG als auch dem negativen Progressionsvorbehalt des § 32b EStG, z.B. bei Rückzahlung von Arbeitslosengeld durch den Arbeitnehmer, so hat das Finanzamt eine **integrierte Steuerberechnung nach dem Günstigkeitsprinzip** vorzunehmen. Danach sind die Ermäßigungsvorschriften in der Reihenfolge anzuwenden, die zu einer geringeren Steuerbelastung führt, als dies bei ausschließlicher Anwendung des negativen Progressionsvorbehalts der Fall wäre (BFH v. 15.11.2007, VI R 66/03, BStBl II 2008, 375).
- Der sich nach der vorstehenden Ermittlung ergebende durchschnittliche Steuersatz ist auf das zu versteuernde Einkommen ohne die steuerfreien Lohn- und Einkommensersatzleistungen bzw. Einkünfte anzuwenden.

Die dem Progressionsvorbehalt unterliegenden Leistungen/Einkünfte werden also **nicht tatsächlich besteuert**, sie erhöhen (beim positiven Progressionsvorbehalt) oder vermindern (beim negativen Progressionsvorbehalt) jedoch den **Steuersatz**, der auf das eigentliche zu versteuernde Einkommen anzuwenden ist. Der Progressionsvorbehalt ist auch anwendbar, wenn das zu versteuernde Einkommen unterhalb des Grundfreibetrags liegt oder diesen geringfügig überschreitet (BFH v. 29.8.2002, III B 16/02, m.w.N.). Durch den negativen Progressionsvorbehalt kann sich die Steuer bis auf 0 € mindern. Einschränkungen sind zu beachten. So kommt bei bestimmten ausländischen negativen Einkünften i.S.d. § 2a EStG, die auf Grund eines DBA freizustellen sind, kein negativer Progressionsvorbehalt in Betracht.

Beispiel: Berechnung

1. Der verheiratete Arbeitnehmer A wurde im Laufe des Kalenderjahres 2025 arbeitslos. Er bezog Arbeitslosengeld von 8 000 €. Das zu versteuernde Einkommen betrug 40 000 €.
2. Der verheiratete Arbeitnehmer B musste 2022 Arbeitslosengeld von 2 000 € zurückzahlen. Das zu versteuernde Einkommen betrug ebenfalls 40 000 €.

Die Steuerberechnung erfolgt unter Berücksichtigung des Progressionsvorbehalts wie folgt:

Arbeitnehmer	A	B
zu versteuerndes Einkommen	40 000 €	40 000 €
Arbeitslosengeld (Fall A)	8 000 €	
Oder		
zurückgezahltes Arbeitslosengeld (Fall B)		2 000 €
zu versteuerndes Einkommen für die Berechnung des Steuersatzes	48 000 €	38 000 €
Steuer lt. Splittingtabelle	5 324 €	2 784 €
	11,09%	7,33 %

durchschnittlicher Steuersatz (bezogen auf 48 000 € bzw. 38 000 €)		
Die Anwendung des durchschnittlichen Steuersatzes auf das zu versteuernde Einkommen (40 000 €) ergibt als Steuer	4 436 €	2 932 €

Zum Vergleich:

Ohne Progressionsvorbehalt hätte sich bei beiden Arbeitnehmern eine Einkommensteuer von 3 278 € und eine Durchschnittsbelastung i.H.v. 8,20 % ergeben. Das heißt,

- bei A ergibt sich durch den Progressionsvorbehalt eine Steuerbelastung von 1 158 €,
- bei B dagegen ein Vorteil von 346 € (allerdings kein „echter" Vorteil, weil die seinerzeit erhaltenen Lohnersatzleistungen ebenfalls dem Progressionsvorbehalt unterlegen haben).

Das **BVerfG** hat entschieden, dass der Progressionsvorbehalt für Lohnersatzleistungen mit dem Grundgesetz vereinbar ist (s. BFH v. 29.7.2005, VI B 199/04, m.w.N.). Der Progressionsvorbehalt bei steuerfreien Auslandseinkünften ist mit EU-Recht vereinbar (BFH v. 19.7.2010, I B 10/10).

Treffen negativer Progressionsvorbehalt und Tarifermäßigung nach § 34 Abs. 1 EStG (→ *Arbeitslohn für mehrere Jahre* Rz. 712, → *Entschädigungen* Rz. 2001) zusammen, sind beide Tarifbegünstigungen nicht additiv, sondern integriert zu berechnen. Dies wird bewerkstelligt, indem

- entweder der negative Progressionsvorbehalt i.R. der Ermittlung des Steuerbetrags für die außerordentlichen Einkünfte i.S. des § 34 Abs. 2 EStG steuersatzmindernd berücksichtigt wird oder stattdessen
- die Tarifmilderung i.S. des § 34 Abs. 1 Satz 2 ff. EStG bei der Ermittlung des für die Progressionseinnahmen geltenden „besonderen Steuersatzes" berücksichtigt wird.

Im Einzelfall ist derjenigen Methode der Vorrang einzuräumen, die für den Stpfl. zu einer geringeren Steuerbelastung führt (FG Berlin-Brandenburg v. 18.6.2020, 4 K 4163/18).

3. Dem Progressionsvorbehalt unterliegende Leistungen/Einkünfte

3503 Dem Progressionsvorbehalt unterliegen insbesondere Lohn- und Einkommensersatzleistungen sowie bestimmte steuerfreie – insbesondere ausländische – Einkünfte:

a) Lohn- und Einkommensersatzleistungen (§ 32b Abs. 1 Satz 1 Nr. 1 EStG)

aa) Allgemeines

3504 Zu den Lohn- und Einkommensersatzleistungen i.S.d. § 32b Abs. 1 Satz 1 Nr. 1 EStG gehören:

- **Arbeitslosengeld**, Teilarbeitslosengeld, Zuschüsse zum Arbeitsentgelt, **Kurzarbeitergeld**, **Insolvenzgeld**, Übergangsgeld nach dem SGB III sowie das ab dem 1.4.2024 eingeführte staatliche Qualifizierungsgeld nach § 82a SGB III; Insolvenzgeld, das nach § 170 Abs. 1 SGB III einem Dritten zusteht, ist dem Arbeitnehmer zuzurechnen;
- **Krankengeld, Mutterschaftsgeld,** Verletztengeld, Übergangsgeld oder vergleichbare Lohnersatzleistungen nach SGB V, SGB VI oder SGB VII, der RVO, dem KVLR oder dem Zweiten Gesetz über die Krankenversicherung der Landwirte; das gilt auch für Krankengeld, das ein freiwillig in einer gesetzlichen Krankenkasse Versicherter nach § 44 Abs. 1 SGB V erhält (BFH v. 26.11.2008, X R 53/06, BStBl II 2009, 376; BFH v. 26.11.2008, X R 59/06), **nicht** jedoch Leistungen nach der Berufskrankheiten-Verordnung sowie das Krankentagegeld aus einer privaten Krankenversicherung;

  auch nach der Einführung des sog. Basistarifs in der privaten Krankenversicherung ist es **verfassungsrechtlich nicht zu beanstanden**, dass zwar das Krankengeld aus der gesetzlichen Krankenversicherung, nicht aber das Krankentagegeld aus einer privaten Krankenversicherung in den Progressionsvorbehalt nach § 32b Abs. 1 Satz 1 Nr. 1 Buchst. b EStG einbezogen wird (BFH v. 13.11.2014, III R 36/13, BStBl II 2015, 512);

  Leistungen der gesetzlichen Krankenkassen für eine Ersatzkraft i.R. der Haushaltshilfe an nahe Angehörige unterliegen dagegen nicht dem Progressionsvorbehalt (BFH v. 17.6.2005, VI R 109/00, BStBl II 2006, 17); entsprechendes gilt für vergleichbare Lohnersatzleistungen (OFD Rheinland v. 30.3.2006, S 2295 – 17 – St 2);
- **Mutterschaftsgeld**, Zuschuss zum Mutterschaftsgeld, die Sonderunterstützung nach dem MuSchG sowie der Zuschuss bei Beschäftigungsverboten für die Zeit vor oder nach einer Entbindung sowie für den Entbindungstag während einer Elternzeit nach beamtenrechtlichen Vorschriften;
- Arbeitslosenbeihilfe nach dem Soldatenversorgungsgesetz;
- Entschädigungen für den Verdienstausfall nach dem Infektionsschutzgesetz;
- Krankengeld der Sozialen Entschädigung nach dem SGB XIV oder Übergangsgeld nach dem Soldatenentschädigungsgesetz;
- nach § 3 Nr. 28 EStG steuerfreie Aufstockungsbeträge oder Zuschläge sowie in dem Zeitraum vom 1.3.2020 bis zum 30.6.2022 nach § 3 Nr. 28a EStG steuerfrei gezahlten Zuschüsse (→ *Kurzarbeitergeldzuschüsse* Rz. 2821);
- Leistungen an Arbeitnehmer nach § 5 des Unterhaltssicherungsgesetzes;
- nach § 3 Nr. 60 EStG steuerfrei Anpassungsgelder;
- Elterngeld nach dem Bundeselterngeld- oder Elternzeitgesetz; das Elterngeld unterliegt **in voller Höhe** dem Progressionsvorbehalt, d.h. auch insoweit, als der Mindestbetrag i.H.v. 300 € bzw. 150 € monatlich gezahlt wird (BFH v. 21.9.2009, VI B 31/09, BStBl II 2011, 382);
- nach § 3 Nr. 2 Buchst. e EStG steuerfreie Leistungen (bestimmte Leistungen ausländischer Rechtsträger, die ihren Sitz in einem EU-/EWR-Mitgliedstaat oder in der Schweiz haben), wenn vergleichbare Leistungen inländischer öffentlicher Kassen dem Progressionsvorbehalt unterfallen. Hierunter fällt nach dem Urteil des FG Baden-Württemberg auch die Zahlung von Unfallgeld durch eine schweizerische Unfallversicherung (Urteil v. 26.7.2023, 2 K 1258/20, EFG 2024, 926).

Das **Insolvenzgeld** ist bei der Anwendung des Progressionsvorbehalts nicht um darin enthaltene steuerfreie Sonn-, Feiertags- oder Nachtzuschläge zu kürzen (FG Niedersachsen v. 17.5.2005, 16 K 20150/03, EFG 2005, 1670). Soweit **Insolvenzgeld vorfinanziert** wird, das nach § 188 Abs. 1 SGB III einem Dritten zusteht, ist die **Gegenleistung** für die Übertragung des Arbeitsentgeltanspruchs **als Insolvenzgeld** i.S.d. § 32b Abs. 1 Satz 1 Nr. 1 Buchst. a EStG **anzusehen**; die an den Arbeitnehmer gezahlten Entgelte unterliegen **im Zuflusszeitpunkt dem Progressionsvorbehalt** (BFH v. 1.3.2012, VI R 4/11, BStBl II 2012, 596).

bb) Elektronisches Mitteilungsverfahren

Die **Träger der Sozialleistungen** i.S.d. § 32b Abs. 1 Satz 1 Nr. 1 3505
EStG haben für jeden Leistungsempfänger der für seine Besteuerung nach dem Einkommen zuständigen Finanzbehörde neben den nach § 93c Abs. 1 AO erforderlichen Angaben die Daten über die im Kalenderjahr gewährten Leistungen sowie die Dauer des Leistungszeitraums nach amtlich vorgeschriebenem Datensatz durch Datenfernübertragung über die amtlich bestimmte Schnittstelle zu übermitteln, soweit die Leistungen nicht in der Lohnsteuerbescheinigung anzugeben sind (§ 41b Abs. 1 Satz 2 Nr. 5 EStG), und zwar bis zum letzten Tag des Monats Februar des folgenden Jahres, für das **Kalenderjahr 2025** also **bis zum 28.2.2026**. Die mitteilungspflichtige Stelle hat den Empfänger der Leistungen auf die steuerliche Behandlung dieser Leistungen und seine Steuererklärungspflicht hinzuweisen. In den Fällen des § 170 Abs. 1 SGB III gilt als Empfänger des an Dritte ausgezahlten Insolvenzgelds der Arbeitnehmer, der seinen Arbeitsentgeltanspruch übertragen hat (§ 32b Abs. 3 EStG).

Da das **Gesetz zur Modernisierung des Besteuerungsverfahrens** v. 18.7.2016, BStBl I 2016, 694 für die Regelung in § 32b Abs. 3 EStG keine Härtefallregelung enthält, konnte die Finanzverwaltung die bisherige **Billigkeitsregelung nicht mehr beibehalten. Seit dem Kalenderjahr 2018** sind Daten zu Lohnersatzleistungen ausschließlich nach Maßgabe des § 32b Abs. 3 EStG i.V.m. § 93c AO zu übermitteln. Bei der Meldung kann sich die mitteilende Stelle der Hilfe Dritter bedienen (FinMin Niedersachsen v. 17.10.2016, S 2295 – 59 – 3332).

Im Hinblick auf die **Meldung der dem Progressionsvorbehalt unterliegenden Leistungen** nach § 32b Abs. 3 EStG in **Fällen der**

rückwirkenden Verrechnung zwischen Trägern der Sozialleistungen gilt Folgendes (BMF v. 16.7.2013, IV C 5 – S 2295/12/10007 :001, BStBl I 2013, 922):

Hat ein Leistungsträger (LT 1) Sozialleistungen erbracht und ist der Anspruch auf diese wegen der rückwirkenden Zubilligung einer anderen Sozialleistung nachträglich ganz oder teilweise entfallen, ist der für die andere Leistung zuständige Leistungsträger (LT 2) grds. erstattungspflichtig (vgl. §§ 102 ff. SGB X). Es erfolgt insoweit regelmäßig kein Rückgriff beim Leistungsempfänger, sondern LT 2 erstattet LT 1 die an den Leistungsempfänger gezahlten Beträge. In diesen Fällen ist die ursprünglich von LT 1 gezahlte Sozialleistung in Höhe dieses Erstattungsanspruchs als Sozialleistung des LT 2 zu qualifizieren. Die von LT 2 gewährte Sozialleistung gilt in dieser Höhe im Zeitpunkt der Zahlung der ursprünglichen Leistung als dem Leistungsempfänger zugeflossen (vgl. BFH v. 10.7.2002, X R 46/01, BStBl II 2003, 391).

LT 2 hat den Leistungsbetrag und LT 1 hat den Minderungsbetrag (Stornierungsbetrag) jeweils in seiner Mitteilung nach § 32b Abs. 3 Satz 1 EStG für das Jahr zu berücksichtigen, in dem die ursprüngliche Leistung dem Leistungsempfänger zugeflossen ist. Eine zuvor bereits übersandte Mitteilung ist nach amtlich vorgeschriebenem Datensatz durch amtlich bestimmte Datenfernübertragung zu korrigieren. Der Stpfl. ist nach § 32b Abs. 3 Satz 2 EStG zu informieren.

Diese Regelungen gelten für die zur Meldung nach § 32b Abs. 3 EStG verpflichteten Sozialleistungsträger unabhängig davon, ob die andere Sozialleistung auch dem Progressionsvorbehalt unterliegt, die andere Leistung als steuerfreie Sozialleistung nicht dem Progressionsvorbehalt unterliegt oder die andere Sozialleistung als Rente zu besteuern ist (zur entsprechenden Rechtslage bei Renten: vgl. R 32b Abs. 4 EStR; BMF v. 19.8.2013, IV C 3 – S 2221/12/10010 :004/IV C 5 – S 2345/08/0001, BStBl I 2013, 1087, Rdnr. 192 unter Berücksichtigung der Änderungen durch BMF v. 10.1.2014, IV C 3 – S 2221/12/10010 :003, BStBl I 2014, 70, BMF v. 10.4.2015, IV C 5 – S 2345/08/10001 :006, BStBl I 2015, 256, BMF v. 1.6.2015, IV C 5 – S 2345/15/10001, BStBl I 2015, 475, BMF v. 4.7.2016, IV C 3 – S 2255/15/10001, BStBl I 2016, 645, BMF v. 6.12.2016, IV C 3 – S 2221/12/10008 :008, BStBl I 2016, 1426, BMF v. 19.12.2016, IV C 5 – S 2345/07/0002, BStBl I 2016, 1433, BMF v. 28.9.2021, IV C 3 – S 2221/19/10050 :002, BStBl I 2021, 1831, BMF v. 10.1.2022, IV C 3 – S 2221/19/10050 :002, BStBl I 2022, 36 sowie BMF v. 24.5.2017, IV C 3 – S 2221/16/10001 :004, BStBl I 2017, 820, BMF v. 6.11.2017, IV C 3 – S 2221/17/10006 :001, BStBl I 2017, 1455, BMF v. 28.9.2021, IV C 3 – S 2221/21/10016 :001, BStBl I 2021, 1833 und BMF v. 16.12.2021, IV C 3 – S 2221/20/10012 :002, BStBl I 2022, 155).

b) Bestimmte steuerfreie ausländische Einkünfte

3506 Hierzu gehören:

- die nach dem **Auslandstätigkeitserlass** (→ *Auslandstätigkeitserlass* Rz. 957) steuerfreien Einkünfte;
- im Fall der im Kalenderjahr nur **zeitweise bestehenden unbeschränkten Steuerpflicht** (→ *Steuerpflicht: unbeschränkte* Rz. 4035) einschließlich des **Wechsels der Steuerpflicht** (→ *Steuerpflicht: Wechsel* Rz. 4042):

  sämtliche **ausländische Einkünfte**, die im Veranlagungszeitraum **nicht der deutschen Einkommensteuer unterlegen** haben; ausgenommen sind Einkünfte, die nach einem sonstigen zwischenstaatlichen Übereinkommen i.S.v. § 32b Abs. 1 Satz 1 Nr. 4 EStG steuerfrei sind und nach diesem Übereinkommen nicht unter dem Vorbehalt der Einbeziehung bei der Berechnung der Einkommensteuer stehen;
- in übrigen Fällen:
  - Einkünfte, die nach einem DBA steuerfrei sind (§ 32b Abs. 1 Satz 1 Nr. 3 EStG); **nicht dem Progressionsvorbehalt unterliegen allerdings bestimmte Einkünfte aus EU-/EWR-Mitgliedstaaten** (§ 32b Abs. 1 Satz 2 EStG); mit dieser Neuregelung – so die Begründung des Gesetzgebers – ist der Progressionsvorbehalt europarechtskonform ausgestaltet worden; der Gesetzgeber geht davon aus, dass ein negativer Progressionsvorbehalt nicht berücksichtigt werden muss, wenn im Gegenzug auch Auslandseinkünfte i.R. d. positiven Progressionsvorbehalts nicht berücksichtigt werden; bei unter Progressionsvorbehalt abkommensrechtlich steuerfrei gestellten ausländischen Einkünften liegt auch dann keine unzulässige Übermaßbesteuerung der ausländischen Einkünfte vor, wenn bei Zusammenrechnung der Auslandssteuer und der inländischen Steuererhöhung auf Grund des Progressionsvorbehaltes rechnerisch eine Steuerbelastung der ausländischen Einkünfte von mehr als 49 % entsteht (BFH v. 11.10.2023, I R 53/20, BFH/NV 2024, 379),
  - Einkünfte, die nach einem sonstigen zwischenstaatlichen Übereinkommen unter dem Vorbehalt der Einbeziehung bei der Berechnung der Einkommensteuer steuerfrei sind (§ 32b Abs. 1 Satz 1 Nr. 4 EStG),
  - Einkünfte, die bei unbeschränkter Steuerpflicht auf Antrag nach § 1 Abs. 3 EStG, bei Anwendung des § 1a EStG (Splitting, Realsplitting) oder des § 50 Abs. 2 Satz 2 Nr. 4 EStG (Veranlagung eines beschränkt steuerpflichtigen Arbeitnehmers) im Veranlagungszeitraum bei der Ermittlung des zu versteuernden Einkommens unberücksichtigt bleiben, weil sie nicht der deutschen Einkommensteuer oder einem Steuerabzug unterliegen; ausgenommen sind Einkünfte, die nach einem sonstigen zwischenstaatlichen Übereinkommen i.S.v. § 32b Abs. 1 Satz 1 Nr. 4 EStG steuerfrei sind und die nach diesem Übereinkommen nicht unter dem Vorbehalt der Einbeziehung bei der Berechnung der Einkommensteuer stehen (§ 32b Abs. 1 Satz 1 Nr. 5 EStG).

Nicht dem Progressionsvorbehalt nach § 32b Abs. 1 Satz 1 Nr. 2 bis 5 EStG unterliegen Leistungen, die nach § 3 Nr. 6 EStG steuerfrei sind (Bezüge Wehr- oder Zivildienstbeschädigter, BFH v. 22.1.1997, I R 152/94, BStBl II 1997, 358). Dasselbe muss u.E. nach der Systematik auch für andere steuerfreie Leistungen nach § 3 EStG gelten, die bei inländischem Bezug nicht dem Progressionsvorbehalt unterliegen (→ *Steuerpflicht* Rz. 4006).

I.R. der Ermittlung des Progressionsvorbehalts nach § 32b EStG sind ausländische Einkünfte ohne Abzug der im Ausland gezahlten Beiträge zur gesetzlichen Krankenversicherung zu berücksichtigen (BFH v. 3.11.2010, I R 73/09, HFR 2011, 757). Die Nichtberücksichtigung der im Ausland gezahlten Sozialversicherungsabgaben i.R. der Anwendung des Progressionsvorbehalts ist weder verfassungs- noch europarechtswidrig (FG Saarland v. 17.7.2008, 2 K 2194/05, EFG 2008, 1708).

4. Lohnkonto/Lohnbescheinigung/Lohnsteuer-Jahresausgleich

Nicht alle vom Progressionsvorbehalt erfassten **Lohn- und Einkommensersatzleistungen** werden durch den **Arbeitgeber** gezahlt. Soweit dies aber der Fall ist, muss er diese Leistungen im **Lohnkonto** aufzeichnen (→ *Lohnkonto* Rz. 2868). Ebenfalls aufzuzeichnen sind Bezüge, die nach einem **DBA** oder dem **Auslandstätigkeitserlass** von der Lohnsteuer freigestellt sind (→ *Lohnkonto* Rz. 2876). 3507

Die aufgezeichneten Angaben hat der Arbeitgeber in der **Lohnsteuerbescheinigung** anzugeben, damit das Finanzamt den Progressionsvorbehalt ggf. i.R. der Einkommensteuerveranlagung des Arbeitnehmers berücksichtigen kann (§ 41b Abs. 1 EStG).

Sofern der **Anspruch auf Arbeitslohn** während der Dauer des Arbeitsverhältnisses **für mehr als fünf aufeinander folgende Arbeitstage im Wesentlichen entfallen** ist, ohne dass vom Arbeitgeber Lohnersatzleistungen gezahlt werden, ist nach § 41 Abs. 1 Satz 6 EStG **jeweils der Großbuchstabe „U“** im Lohnkonto des Arbeitnehmers zu vermerken (→ *Lohnkonto* Rz. 2867). Die Bescheinigung des Großbuchstabens „U“ in der Lohnsteuerbescheinigung gibt dem Finanzamt einen Anhaltspunkt für den Bezug von Lohnersatzleistungen.

Für Arbeitnehmer, denen der Arbeitgeber Lohnersatzleistungen oder Einkünfte gezahlt hat, die dem Progressionsvorbehalt unterliegen, darf **kein Lohnsteuer-Jahresausgleich** durchgeführt werden (§ 42b Abs. 1 Satz 4 Nr. 4 und 6 EStG). Dasselbe gilt, wenn im Lohnkonto bzw. in der Lohnsteuerbescheinigung der Großbuchstabe „U“ eingetragen ist (§ 42b Abs. 1 Satz 4 Nr. 4a EStG).

5. Einzelfragen

a) Allgemeines

3508 Für einen Arbeitnehmer ist stets eine **Pflichtveranlagung** zur Einkommensteuer durchzuführen, wenn die dem Progressionsvorbehalt unterliegenden Einkünfte und Leistungen insgesamt die Bagatellgrenze von 410 € übersteigen (§ 46 Abs. 2 Nr. 1 EStG). Diese Grenze verdoppelt sich **nicht** bei zusammen veranlagten Ehegatten/Lebenspartnern.

b) Fehlende Lohn- oder Einkommensersatzleistungen

3509 Hat ein Arbeitnehmer trotz Arbeitslosigkeit kein Arbeitslosengeld erhalten, weil ein entsprechender Antrag abgelehnt worden ist, so kann dies durch die Vorlage des Ablehnungsbescheids nachgewiesen werden. Hat der Arbeitnehmer keinen Leistungsantrag gestellt, so kann dies durch die Vorlage der vom Arbeitgeber nach § 312 SGB III ausgestellten Arbeitsbescheinigung im Original belegt werden. Kann ein Arbeitnehmer weder durch geeignete Unterlagen nachweisen noch in sonstiger Weise glaubhaft machen, dass er keine Lohn- oder Einkommensersatzleistungen erhalten hat, kann das Finanzamt bei der für den Arbeitnehmer zuständigen Agentur für Arbeit eine Bescheinigung (**Negativbescheinigung**) darüber anfordern (R 32b Abs. 5 EStR).

Promotion

→ *Doktoranden* Rz. 1599

Promotionskosten

→ *Fortbildung* Rz. 2211

Provisionen

1. Lohnsteuer

a) Allgemeines

3510 Erhalten Arbeitnehmer von ihren Arbeitgebern Vermittlungsprovisionen, so sind diese **grds. Arbeitslohn**, wenn sie für die Beschäftigung gezahlt werden. Beruhen die Zahlungen dagegen auf einem anderen Rechtsgrund, können ggf. gewerbliche oder sonstige Einkünfte angenommen werden (→ *Arbeitslohn* Rz. 624).

Arbeitnehmer eines Kreditinstituts erzielen Einkünfte aus nichtselbständiger Tätigkeit, wenn sie sog. **Tippprovisionen** für Hinweise auf mögliche Vertragsabschlüsse (Anbahnung von Immobiliengeschäften) erhalten und der Arbeitgeber auf Grund einer Interessenabwägung nach Treu und Glauben die Weitergabe solcher Informationen erwarten darf (BFH v. 7.11.2006, VI R 81/02, HFR 2007, 228).

Provisionen, die Versicherungsgesellschaften ihren im Innendienst beschäftigten Angestellten für die gelegentliche **Vermittlung von Versicherungen** zahlen, und Provisionen im Bankgewerbe für die **Vermittlung von Wertpapiergeschäften** sind Arbeitslohn, wenn die Vermittlungstätigkeit i.R. des Dienstverhältnisses des Angestellten ausgeübt wird (BFH v. 7.10.1954, IV 405/53 U, BStBl III 1955, 17). Die Weiterleitung von **Provisionszahlungen Dritter** durch den Arbeitgeber an den Arbeitnehmer ist gleichfalls Arbeitslohn (R 19.4 Abs. 1 Satz 2 LStR).

Als Provisionszahlungen bezeichnete Preisnachlässe des Arbeitgebers bei Geschäften, die mit dem Arbeitnehmer als Kunden abgeschlossen werden, sind als Preisvorteile nach § 8 Abs. 3 EStG (→ *Rabatte* Rz. 3523) zu erfassen.

Ein leitender Angestellter ist **selbständig tätig,** wenn er dauerhaft seine Anstellung missbraucht und gegen Provisionszahlungen in seiner Eigenschaft als Vorstand bei der Auftragsvergabe Firmen bevorzugt (FG München v. 29.7.2004, 14 K 4355/01).

Provisionen eines Herstellers von Fotoartikeln auf Grund eines Bonusprogramms an die im Fachhandel tätigen Fachverkäufer, die auf Grund einer **eigenständigen Rechtsbeziehung** zwischen dem Arbeitnehmer (Fachverkäufer) und dem Hersteller gewährt werden sind **kein Arbeitslohn**; die Einnahmen sind jedoch als **sonstige Einkünfte nach § 22 Nr. 3 Satz 1 EStG** oder, sofern die Tätigkeit als nachhaltig anzusehen ist, als **Einkünfte aus Gewerbebetrieb** steuerpflichtig (s. die Anmerkung von RiBFH Geserich zu BFH v. 21.2.2018, VI R 25/16, BStBl II 2018, 389 in HFR 2018, 472).

LSt SV

b) Provisionszahlungen von Bausparkassen und Versicherungen an Arbeitnehmer von Kreditinstituten

Die steuerliche Behandlung der **Provisionszahlungen** von Bausparkassen und Versicherungen an Arbeitnehmer von Kreditinstituten ist in R 19.4 Abs. 2 LStR und ergänzenden Verwaltungsanweisungen (z.B. OFD Düsseldorf v. 25.5.2000, S 2332 A – St 223) geregelt. Dabei ist Folgendes zu beachten: 3511

- Bei Arbeitnehmern mit direktem Kundenkontakt (z.B. hauptberufliche Kreditsachbearbeiter, Anlageberater, Kundenberater im Schalterdienst) sind sämtliche Provisionszahlungen steuerpflichtiger Arbeitslohn.

  Bei diesen Arbeitnehmern wird somit nicht danach unterschieden, ob sie die Vertragsabschlüsse während der Arbeitszeit oder in der Freizeit vermittelt haben und ob die Provisionen für Verträge mit Fremden, für Abschlüsse im Verwandtenbereich oder für eigene Verträge gezahlt werden.
- Bei Arbeitnehmern ohne direkten Kundenkontakt handelt es sich bei den Provisionen für Vertragsabschlüsse während der Arbeitszeit mit Ausnahme der Provisionen für eigene Verträge um steuerpflichtigen Arbeitslohn.

  Provisionszahlungen für in der Freizeit abgeschlossene Verträge sind bei diesen Arbeitnehmern dagegen keine Einkünfte aus nichtselbständiger Arbeit.
- Ist bei Vertragsabschlüssen und Eigenversicherungen durch Arbeitnehmer des Kreditinstituts nach den schriftlichen Vereinbarungen der Bausparkasse oder des Versicherungsunternehmens mit dem Kreditinstitut ausschließlich das Kreditinstitut provisionsberechtigt, so handelt es sich bei den von dem Kreditinstitut an die Arbeitnehmer weitergeleiteten Provisionen stets um steuerpflichtigen Arbeitslohn.

  Es ist unerheblich, ob es sich dabei um Arbeitnehmer mit oder ohne direkten Kundenkontakt handelt oder ob die Verträge während der Arbeitszeit oder in der Freizeit vermittelt worden sind.
- Findet entsprechend den o.g. Tatbeständen die Vermittlungstätigkeit ihre Grundlage jedoch offensichtlich nicht in einer – ungeschriebenen – Nebenleistungspflicht aus dem Arbeitsvertrag, sondern beruhen die Provisionszahlungen an die Arbeitnehmer des Kreditinstituts dagegen ausschließlich auf konkreten schriftlichen Vereinbarungen der Bausparkassen oder des Versicherungsunternehmens mit den Arbeitnehmern des Kreditinstituts, so handelt es sich bei den Provisionszahlungen nicht um steuerpflichtigen Arbeitslohn aus dem Dienstverhältnis der Arbeitnehmer zum Kreditinstitut, sondern bei einer nachhaltigen Vermittlungstätigkeit um Einkünfte aus Gewerbebetrieb (§ 15 EStG) und bei einer nur gelegentlichen Vermittlungstätigkeit um sonstige Einkünfte (§ 22 Nr. 3 EStG).

  Bei einer nachhaltigen Vermittlungstätigkeit sind auch die Provisionen für Eigenversicherungen als Einnahmen aus Gewerbebetrieb zu erfassen. Es ist nämlich davon auszugehen, dass sich diese Provisionen allein auf das gewerbliche Vertragsverhältnis zwischen Versicherungsgesellschaft (Bausparkasse) und Versicherungsvertreter gründen (BFH v. 27.2.1991, XI R 24/88). Einem fremden Dritten würden für Eigenversicherungen nämlich keine Provisionen gezahlt. Die Frage, für wen eine Versicherung abgeschlossen wird, kann deshalb für die Qualifikation als gewerbliche Einkünfte keine Bedeutung haben. Bei einer erstmaligen oder gelegentlichen Vermittlungstätigkeit sind die Provisionen für Eigenversicherungen als Einnahmen nach § 22 Nr. 3 EStG zu erfassen (BFH v. 27.5.1998, X R 94/96, BStBl II 1998, 619).

c) Verfahren

Wenn der Arbeitgeber weiß oder erkennen kann, dass als Arbeitslohn zu versteuernde Provisionen gezahlt werden, z.B. durch die Anzeige des Arbeitnehmers, hat er die Lohnsteuer einzubehalten und die damit verbundenen sonstigen Pflichten zu erfüllen (§ 38 Abs. 1 Satz 3 EStG, R 38.4 Abs. 2 LStR). Einzelheiten → *Lohnzahlung durch Dritte* Rz. 3040. 3512

Provisionen, die nicht zum Arbeitslohn gehören, weil z.B. der Versicherungsvertrag außerhalb der Arbeitszeit vermittelt worden ist, sind in der Einkommensteuererklärung anzugeben.

2. Sozialversicherung

3513 Provisionen sind beitragsrechtlich nicht als einmalige Zuwendungen, sondern als laufendes Arbeitsentgelt zu behandeln und für die Beitragsberechnung dem Monat zuzuordnen, für den sie gezahlt werden. Vielfach werden Provisionen mit einer Verspätung von ein bis zwei Monaten ausgezahlt, so dass eine Neuberechnung der Beiträge erforderlich wäre. Um den dadurch entstehenden Aufwand zu vermeiden, können diese Provisionen dem Monat zugeordnet werden, in dem die Abrechnung erfolgt.

Bei betriebsüblich noch späteren Abrechnungen (viertel- oder halbjährlich) sind die Gehaltsabrechnungen rückwirkend zu berichtigen. Dabei können die Provisionen gleichmäßig auf den Zahlungszeitraum verteilt werden. Werden Provisionen erst nach Beendigung des Beschäftigungsverhältnisses ausgezahlt, sollte die Zuordnung entsprechend der während des Beschäftigungsverhältnisses üblichen Handlungsweise vorgenommen werden. Monatlich ausgezahlte Provisionen sind demnach dem letzten Lohnabrechnungszeitraum des Beschäftigungsverhältnisses zuzuordnen, während in größeren Abständen ausgezahlte Provisionen auf die entsprechenden Abrechnungszeiträume zu verteilen sind (vgl. Besprechungsergebnis der am gemeinsamen Beitragseinzug beteiligten Versicherungsträger, Die Beiträge 1984, 201).

Provisionen, die ohne Zuordnung auf bestimmbare Lohnabrechnungszeiträume gezahlt werden, können als einmalige Zuwendung behandelt werden.

Für Stornoreserven, die als einbehaltene Provisionen von Versicherungsgesellschaften z.T. mit erheblichen Verzögerungen ausgezahlt werden, gilt nach Auffassung der am gemeinsamen Beitragseinzug beteiligten Versicherungsträger (Die Beiträge 1986, 27) die für Provisionszahlungen geschilderte Regelung entsprechend.

Prozesskosten: Arbeitgeberersatz

3514 Ersetzt der Arbeitgeber dem Arbeitnehmer Prozesskosten, so ist der Arbeitgeberersatz steuer- und beitragspflichtiger **Arbeitslohn**.

Dies gilt auch dann, wenn der strafrechtliche Schuldvorwurf, gegen den sich der Arbeitnehmer zur Wehr setzt, durch sein **berufliches Verhalten veranlasst** gewesen ist und der Arbeitnehmer die Prozesskosten deshalb als Werbungskosten abziehen kann (BFH v. 19.2.1982, VI R 31/78, BStBl II 1982, 467). Ein steuerfreier **Werbungskostenersatz** durch den Arbeitgeber ist nicht möglich, weil es hierfür keine besondere Steuerbefreiungsvorschrift gibt (R 19.3 Abs. 3 Satz 1 LStR).

Zum **Werbungskostenabzug** sowie zum Abzug als **außergewöhnliche Belastung** nach § 33 EStG → *Werbungskosten* Rz. 4562 bzw. → *Außergewöhnliche Belastungen: Allgemeines* Rz. 1086.

LSt SV

Prüfungsaufsicht

→ *Aufsichtsvergütungen* Rz. 863

Prüfungsvergütung

→ *Hochschullehrer* Rz. 2546, → *Nebenberufliche Lehr- und Prüfungstätigkeit* Rz. 3232

Psychologische Seminare

→ *Werbungskosten* Rz. 4563

Putzkraft

→ *Haushaltshilfe/Hausgehilfe* Rz. 2524

Qualifizierungsgeld

1. Allgemeines

Mit dem Gesetz zur Stärkung der Aus- und Weiterbildungsförderung v. 17.7.2023, BGBl. I 2023, Nr. 191 wurde die Einführung eines Qualifizierungsgeldes beschlossen. Der Startzeitpunkt der neu eingeführten Entgeltersatzleistung war der 1.4.2024. 3515

Mit dieser Leistung werden Betriebe unterstützt, die z.B. auf Grund von Digitalisierung einem Strukturwandel unterliegen. Ihnen wird so die Möglichkeit gegeben, Fachkräfte im Unternehmen zu halten, in dem sich diese weiter qualifizieren. Zielgruppe der Bewilligung eines Qualifizierungsgeldes sind ausweislich der Begründung des Gesetzes Beschäftigte, denen im besonderen Maße durch die Transformation der Arbeitswelt der Verlust von Arbeitsplätzen droht, bei denen Weiterbildungen jedoch eine zukunftssichere Beschäftigung im gleichen Unternehmen ermöglichen können. Fördervoraussetzungen für das Qualifizierungsgeld sind ein **strukturwandelbedingter Qualifizierungsbedarf eines nicht unerheblichen Teils der Belegschaft** und eine **entsprechende Betriebsvereinbarung oder ein entsprechender betriebsbezogener Tarifvertrag**.

Das **Qualifizierungsgeld ist eine an das Kurzarbeitergeld angelehnte Entgeltersatzleistung** und in den §§ 82a bis 82c SGB III geregelt. Es kann **präventiv zu Gunsten der Arbeitnehmer** eingesetzt werden, um den Eintritt eines dauerhaften Arbeitsausfalls zu vermeiden. Im Gegensatz hierzu greifen die Regelungen des Kurzarbeitergeldes, wenn ein vorübergehender, erheblicher Arbeitsausfall aus wirtschaftlichen Gründen eingetreten ist.

2. Voraussetzungen

Arbeitnehmer können bei beruflicher Weiterbildung ein Qualifizierungsgeld erhalten, wenn unter anderem die **betrieblichen und persönlichen Voraussetzungen** erfüllt sind. Diese ergeben sich aus den § 82a Abs. 2 und 4 SGB III. Zudem muss der Träger der Maßnahme nach den Vorschriften des SGB III zertifiziert sind, die Maßnahme muss mehr als 120 Stunden umfassen und es müssen mit der Maßnahme Fertigkeiten, Kenntnisse und Fähigkeiten vermittelt werden, die über rein arbeitsplatzbezogene Maßnahmen hinausgehen. Die maximale Förderdauer beträgt 3,5 Jahre. 3516

a) Betriebliche Voraussetzungen

Die betrieblichen Voraussetzungen sind erfüllt, wenn **strukturwandelbedingte Qualifizierungsbedarfe im Betrieb bestehen und diese mindestens 20 %** der Arbeitnehmer betreffen, der **Arbeitgeber die berufliche Weiterbildung finanziert** und beim Arbeitgeber **durch eine Betriebsvereinbarung oder durch einen Tarifvertrag betriebsbezogene Regelungen** getroffen wurden über 3517

a) das Bestehen des strukturwandelbedingten Qualifizierungsbedarfs,
b) die damit verbundenen Perspektiven der Arbeitnehmer für eine nachhaltige Beschäftigung im Betrieb und
c) die Inanspruchnahme des Qualifizierungsgeldes.

Hiervon abweichend ist es in Betrieben mit weniger als 250 Arbeitnehmern ausreichend, wenn mind. 10 % der Arbeitnehmer von strukturwandelbedingtem Qualifizierungsbedarf betroffen sind. Die Anzahl der Arbeitnehmer ist in dem Betrieb zu ermitteln, für den die Betriebsvereinbarung oder der Tarifvertrag abgeschlossen wurde. Der so ermittelte Anteil der betroffenen Arbeitnehmer gilt für die Dauer von drei Jahren ab Antragstellung. Arbeitnehmer dürfen nicht an den Kosten beteiligt werden; zulässig ist eine Kostenübernahme durch Dritte. In Betrieben mit weniger als zehn Arbeitnehmern kann anstelle einer Betriebsvereinbarung oder eines Tarifvertrags eine schriftliche Erklärung des Arbeitgebers ausreichend sein.

b) Persönliche Voraussetzungen

Die persönlichen Voraussetzungen sind erfüllt, wenn die **Weiterbildung im Rahmen eines bestehenden Arbeitsverhältnisses** durchgeführt wird, der Arbeitnehmer in den letzten vier Jahren vor Antragstellung nicht an einer nach § 82a SGB III geförderten beruflichen Weiterbildung teilgenommen hat und das Arbeitsverhältnis nicht gekündigt oder durch Aufhebungsvertrag aufgelöst ist. 3518

Die persönlichen Voraussetzungen sind auch erfüllt, wenn der Arbeitnehmer während des Bezugs von Qualifizierungsgeld arbeitsunfähig wird, solange Anspruch auf Fortzahlung des Arbeitsentgelts im Krankheitsfall besteht oder ohne den Arbeitsausfall bestehen würde. § 98 Abs. 3 SGB III gilt entsprechend. Die persönlichen Voraussetzungen sind in Zeiten, in denen ein Anspruch der Arbeitnehmerin oder des Arbeitnehmers auf Urlaubsentgelt besteht, nicht erfüllt.

3. Höhe und Bemessung des Qualifizierungsgeldes

3519 Das Qualifizierungsgeld beträgt nach § 82b SGB III für Arbeitnehmer, die beim Arbeitslosengeld die Voraussetzungen für den erhöhten Leistungssatz erfüllen würden, 67 %, für die übrigen Arbeitnehmer 60 % der durchschnittlich auf den Tag entfallenden Nettoentgeltdifferenz im Referenzzeitraum. Die Nettoentgeltdifferenz entspricht der Differenz zwischen dem pauschalierten Nettoentgelt aus dem beitragspflichtigen Bruttoarbeitsentgelt im Referenzzeitraum (Soll-Entgelt) und dem pauschalierten Nettoentgelt aus einem fiktiven beitragspflichtigen Bruttoarbeitsentgelt, das sich unter Annahme des Entgeltausfalls durch den weiterbildungsbedingten Arbeitsausfall wegen einer Maßnahme im Rahmen von § 82a SGB III im Referenzzeitraum ergibt (Ist-Entgelt). Der Referenzzeitraum ist der letzte Entgeltabrechnungszeitraum, welcher spätestens drei Monate vor Anspruchsbeginn abgerechnet wurde.

Mehrarbeitsvergütungen, einmalige Arbeitsentgelte, Arbeitsentgelte auf Grund des weiterbildungsbedingten Arbeitsausfalls im Referenzzeitraum sowie Wertguthaben nach § 7b SGB IV bleiben bei der Bestimmung außen vor.

4. Anrechnung von Nebeneinkommen und sonstigen Zahlungen des Arbeitgebers

3520 Ist ein Arbeitnehmer während einer Zeit erwerbstätig, für die ihm Qualifizierungsgeld zusteht, ist das daraus erzielte Einkommen nach Abzug der Steuern, der Sozialversicherungsbeiträge, der Werbungskosten sowie eines Freibetrages i.H.v. 165 € in dem Kalendermonat, in dem die Tätigkeit neben der Weiterbildung ausgeübt wird, auf das Qualifizierungsgeld anzurechnen. Handelt es sich um eine selbständige Tätigkeit, eine Tätigkeit als mithelfende Familienangehörige oder mithelfender Familienangehöriger, sind bei der Anrechnung pauschal 30 % der Betriebseinnahmen als Betriebsausgaben abzusetzen, es sei denn, die Arbeitnehmerin oder der Arbeitnehmer weist höhere Betriebsausgaben nach. Für Einkommen aus Erwerbstätigkeiten, die bereits im maßgeblichen Referenzzeitraum ausgeübt wurden, gilt das Vorgesagte jedoch nicht.

5. Steuern

3521 Mit dem Wachstumschancengesetz v. 27.3.2024, BGBl. I 2024, Nr. 108 wurde das Qualifizierungsgeld nach § 3 Nr. 2 Buchst. a EStG von der ESt befreit, unterliegt aber dem Progressionsvorbehalt (§ 32b Abs. 1 Nr. 1 Buchst. a EStG). Die Weiterbildungskosten, die beim Qualifizierungsgeld vom Arbeitgeber zu tragen sind, sind nach § 3 Nr. 19 Satz 1 Buchst. a EStG steuerfrei gestellt.

Mit dem Jahressteuergesetz 2024 v. 2.12.2024, BGBl. I 2024, Nr. 387, wurde hinsichtlich des Qualifizierungsgelds geregelt, dass es im Lohnkonto aufzuzeichnen ist (§ 41 Abs. 1 Satz 4 EStG), die hieraus resultierenden Daten in die elektronische Lohsteuerbescheinigung zu übernehmen sind (§ 41b Abs. 1 Satz 2 Nr. 5 EStG) und in diesen Fällen der Arbeitgeber für den betroffenen Arbeitnehmer einen Lohnsteuer-Jahresausgleich nicht durchführen darf (§ 42b Abs. 1 Satz 3 Nr. 4 EStG). Die vorgenannten Neuregelungen finden ab 2024 Anwendung.

6. Sozialversicherung

3522 Zu den versicherungs- und beitragsrechtlichen Auswirkungen des Bezugs von Qualifizierungsgeld haben sich die Spitzenorganisationen der Sozialversicherung mit einem Besprechungsergebnis vom 28.11.2024 unter Tagesordnungspunkt 1 „Versicherungs- und beitragsrechtliche Auswirkungen des Bezugs von Qualifizierungsgeld" besprochen. **Das Besprechungsergebnis ist u.a. in der werkbegleitenden Online-Datenbank unter SV-Dokumente erhältlich (s. Benutzerhinweis S. IV).** Danach besteht während des Bezugs von Qualifizierungsgeld für die Beschäftigten das Versicherungsverhältnis in der Kranken-, Pflege-, Renten- und Arbeitslosenversicherung fort (§ 192 Abs. 1 Nr. 4 SGB V, § 49 Abs. 2 SGB XI, § 1 Satz 1 Nr. 1 SGB VI, § 24 Abs. 3 SGB III). Als Bemessungsgrundlage für die Beiträge zur Kranken-, Pflege- und Rentenversicherung wird für die Bezieher von Qualifizierungsgeld neben dem tatsächlichen Arbeitsentgelt ein fiktives Arbeitsentgelt i.H.v. 80 % des Unterschiedsbetrags zwischen dem Sollentgelt und dem Istentgelt nach § 106 SGB III zu Grunde gelegt (§ 232a Abs. 2 SGB V, § 57 Abs. 1 SGB XI, § 163 Abs. 6 SGB VI). Die Beiträge aus dem fiktiven Arbeitsentgelt sind vom Arbeitgeber allein zu tragen (§ 249 Abs. 2 SGB V, § 58 Abs. 1 Satz 2 SGB XI, § 168 Abs. 1 Nr. 1a SGB VI). In der Arbeitslosenversicherung ist ein fiktives Entgelt nicht anzusetzen, so dass es für die Beitragsberechnung nach dem Recht der Arbeitsförderung unberücksichtigt bleibt. Die versicherungs- und beitragsrechtlichen Regelungen in der Kranken-, Pflege-, Renten- und Arbeitslosenversicherung sind bei Bezug von Qualifizierungsgeld damit grundsätzlich mit denen bei Bezug von Kurzarbeitergeld identisch. In einigen Punkten unterscheidet sich die leistungsrechtliche Ausgestaltung des Qualifizierungsgeldes allerdings von der des Kurzarbeitergeldes. So wird die Höhe des Qualifizierungsgeldes einmalig auf Basis eines vor Anspruchsbeginn abgerechneten Referenzzeitraums (§ 82b Abs. 1 Satz 3 SGB III) festgelegt mit der Folge, dass im Laufe der Maßnahme gegebenenfalls eintretende Veränderungen (z.B. Tarifgehaltserhöhung oder Anhebung der Beitragsbemessungsgrenzen) sich nicht auf die Höhe des Qualifizierungsgeldes auswirken. Auch der tatsächliche weiterbildungsbedingte Arbeitsausfall im einzelnen Monat hat keinen Einfluss auf die Höhe des Qualifizierungsgeldes, das demzufolge für die gesamte Dauer der Maßnahme in gleichbleibender Höhe ausgezahlt wird. Infolgedessen bleibt auch das auf der Grundlage der Differenz von Soll- und Istentgelt im Referenzeitraum ermittelte fiktive Arbeitsentgelt i.H.v. 80 % des Unterschiedsbetrags für die Dauer des Bezugs von Qualifizierungsgeld grundsätzlich konstant. Vor diesem Hintergrund beschreibt das Besprechungsergebnis die versicherungs- und/oder beitragsrechtlichen Auswirkungen in folgenden Fallkonstellationen:

1. Ermittlung der Beitragsbemessungsgrundlage bei leistungsrechtlicher Kürzung des monatlichen Qualifizierungsgeldes, das nicht durchgehend während des gesamten Kalendermonats gezahlt wird, z.B. wegen der Inanspruchnahme von Urlaubstagen, der Beendigung der Entgeltfortzahlung im Krankheitsfall oder der Beendigung des Beschäftigungsverhältnisses während der Weiterbildungsmaßnahme.
2. Ermittlung der Beitragsbemessungsgrundlage bei leistungsrechtlicher Kürzung des monatlichen Qualifizierungsgeldes auf Grund von anrechenbarem Einkommen aus einer Nebentätigkeit.
3. Begrenzung der beitragspflichtigen Einnahmen auf die Beitragsbemessungsgrenze.
4. Auswirkungen auf Beschäftigungen im Übergangsbereich nach § 20 Abs. 2 SGB IV.
5. Auswirkungen auf den Fortbestand der Krankenversicherungsfreiheit auf Grund des Überschreitens der Jahresarbeitsentgeltgrenze.

Auf das Rundschreiben (erhältlich in der werkbegleitenden Online-Datenbank unter SV-Dokumente, s. Benutzerhinweis S. IV) wird bzgl. dieser Detailfragen verwiesen.

Die Umlagen werden während des Bezugs von Qualifizierungsgeld aus dem tatsächlich erzielten Arbeitsentgelt sowie dem gegebenenfalls gewährten Arbeitgeberzuschuss berechnet. Das fiktive Arbeitsentgelt wird für die Umlageberechnung nicht herangezogen.

Eine besondere Kennzeichnung ist im Meldeverfahren nicht vorgesehen. Das maßgebende Fiktiventgelt ist im beitragspflichtigen Arbeitsentgelt der Entgeltmeldung zu berücksichtigen.

Quellenstaat

→ *Anrechnung/Abzug ausländischer Steuern* Rz. 170, → *Doppelbesteuerungsabkommen: Allgemeines* Rz. 1601

Rabatte

Inhalt

1. Allgemeines

3523 Arbeitslohn sind grds. alle Einnahmen in Geld oder Geldeswert, die durch ein individuelles Dienstverhältnis veranlasst sind. Ein Veranlassungszusammenhang zwischen Einnahmen und einem Dienstverhältnis ist anzunehmen, wenn die Einnahmen dem Empfänger **nur mit Rücksicht auf das Dienstverhältnis** zufließen und sich als Ertrag seiner nichtselbständigen Arbeit darstellen. Die letztgenannte Voraussetzung ist erfüllt, wenn sich die Einnahmen im weitesten Sinne als Gegenleistung für das Zurverfügungstellen der individuellen Arbeitskraft erweisen (R 19.3 Abs. 1 LStR).

Überlässt der Arbeitgeber seinen Arbeitnehmern Waren oder Dienstleistungen unentgeltlich oder verbilligt, so liegt in dem Unterschiedsbetrag zwischen dem vereinbarten Preis und dem üblichen Preis **ein geldwerter Vorteil**, wenn der Arbeitnehmer die Verbilligung nur deshalb erhalten hat, weil er bei seinem Arbeitgeber beschäftigt ist. Dabei kommt es nicht darauf an, ob der Arbeitgeber es „wünscht" bzw. ein eigenbetriebliches Interesse daran hat, dass der Arbeitnehmer bei ihm einkauft. Eine **aufgezwungene Bereicherung führt nur dann nicht zum Arbeitslohn**, wenn der Vorteil dem Arbeitnehmer aufgedrängt wird, ohne dass ihm eine Wahl bei der Annahme des Vorteils bleibt und ohne, dass der Vorteil eine Marktgängigkeit besitzt, wie z.B. bei Vorsorgeuntersuchungen leitender Angestellter (BFH v. 25.7.1986, VI R 203/83, BStBl II 1986, 868).

LSt SV

Erhält der Arbeitnehmer einen Preisnachlass, den ein fremder Dritter auch erhält, ist der Rabatt nicht durch das Dienstverhältnis veranlasst und führt daher nicht zu Arbeitslohn (BFH v. 26.7.2012, VI R 27/11, BStBl II 2013, 402).

Beispiel 1:

Der Arbeitgeber führt einen Jubiläumsverkauf durch, bei dem alle Waren mit einem Rabatt von 30 % verkauft werden.

Kauft ein Arbeitnehmer solche Waren mit einem Rabatt von 30 %, gehört der Vorteil gegenüber dem Normalpreis nicht zum Arbeitslohn.

Von steuerpflichtigem Arbeitslohn kann ebenfalls nicht ausgegangen werden, wenn der Arbeitgeber an von den Arbeitnehmern benannte Dritte Rabatte gewährt, die auf Seiten der Arbeitnehmer nicht zu einer objektiven Bereicherung führen (FG Niedersachsen v. 3.12.1998, XI 183/96, EFG 1999, 335).

Beispiel 2:

Der Arbeitgeber betreibt ein Reiseunternehmen. Er gibt Reiseleistungen nicht nur an seine Arbeitnehmer, sondern auch an von seinen Arbeitnehmern benannte und mit diesen gemeinsam Reisende, nicht mit ihnen verwandte Dritte verbilligt ab.

Das FG hat die Preisvorteile, die die Dritten erhalten haben, nicht als Arbeitslohn der Arbeitnehmer angesehen.

LSt (durchgestrichen) SV (durchgestrichen)

Insbesondere wenn der Arbeitgeber seinen Arbeitnehmern **mehrere Vorteile** einräumt, ist die Entscheidung, ob steuerpflichtiger Arbeitslohn vorliegt, **nicht immer einfach** zu beantworten, vgl. hierzu beispielsweise FG München v. 17.1.2002, 7 K 1790/00, EFG 2002, 617.

Zur Vereinfachung des Besteuerungsverfahrens sind bei Rabatten, die der Arbeitnehmer von seinem Arbeitgeber erhält, **besondere Bewertungsvorschriften** sowie ein **Rabattfreibetrag** (§ 8 Abs. 3 EStG) eingeführt worden.

2. Berechnung der Lohnsteuer bei Rabatten

Gewährt der Arbeitgeber den Arbeitnehmern verbilligt Waren oder Dienstleistungen, so ist deren Geldwert mit dem laufenden Arbeitslohn zusammenzurechnen. Hat der Arbeitnehmer für die Waren oder Dienstleistungen eine Zahlung zu leisten, so kann die Zahlung auch mit dem auszuzahlenden Arbeitslohn verrechnet werden. Dieser Betrag darf nicht vom Bruttogehalt, sondern **nur vom Nettobetrag** abgezogen werden. 3524

Beispiel:

Ein Arbeitnehmer in Köln (Steuerklasse III, rk, kein Kind, 22 Jahre, 2,5 % Zusatzbeitrag zur KV) mit einem Bruttoarbeitslohn von 36 000 € im Jahr (3 000 € im Monat) erhält von seinem Arbeitgeber im November 2025 die Einrichtung für ein Kinderzimmer zum Preis von 1 000 €, die der Arbeitgeber üblicherweise für 1 500 € verkauft. Die 1 000 € werden vom laufenden Arbeitslohn einbehalten. Weitere Rabatte hat der Arbeitnehmer im laufenden Jahr nicht erhalten.

Der Rabatt von 500 € ist unter Berücksichtigung des Preisabschlags von 4 % und Anwendung des Rabattfreibetrags von 1 080 € lohnsteuerfrei. Es ergibt sich folgende Lohnabrechnung:

Bruttogehalt	3 000,– €
+ geldwerter Vorteil	0,– €
= lohnsteuerpflichtiges Brutto	3 000,– €
– Lohnsteuer	46,66 €
– Solidaritätszuschlag	0,– €
– Kirchensteuer	4,19 €
– Sozialversicherung	628,50 €
= Nettobetrag	2320,65 €
– Zahlung des Arbeitnehmers für die Kinderzimmer-Einrichtung	1 000,– €
= Auszahlungsbetrag	1 320,65 €

3. Bewertungsvorschriften

a) Allgemeines

Für die Frage, welche Bewertungsvorschrift der Arbeitgeber für den verbilligten oder unentgeltlichen Bezug von Sachbezügen anzuwenden hat, kommt es entscheidend darauf an, ob der **Rabattfreibetrag von 1 080 €** zum Abzug kommt oder nicht. Die besondere Regelung des Rabattfreibetrags nach § 8 Abs. 3 EStG geht der Einzelbewertung nach allgemeinen Grundsätzen (üblicher Endpreis) und der Bewertung mit amtlichen Sachbezugswerten grds. vor. Der Arbeitgeber kann deshalb nach folgendem Schema vorgehen: 3525

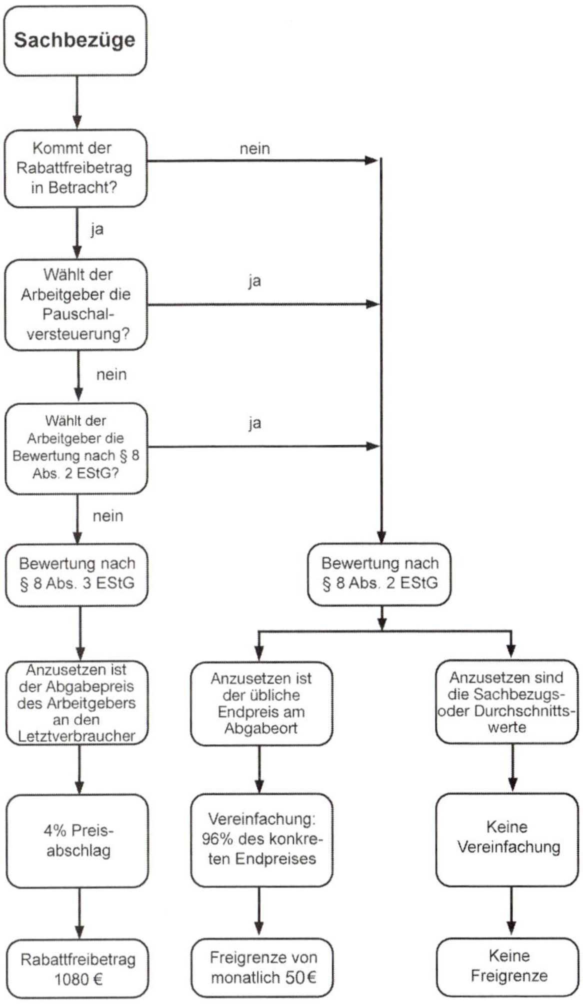

Der Arbeitgeber muss bei der Bewertung stets folgende zwei Entscheidungskriterien prüfen:

- **Kann auf den gewährten Sachbezug der Rabattfreibetrag von 1 080 € angewendet werden?**

  Wird diese Frage bejaht, ist der Sachbezug grds. nach den Vorschriften des § 8 Abs. 3 EStG zu bewerten. Maßgebend ist deshalb der um 4 % geminderte Endpreis, zu dem der Arbeitgeber oder der am Abgabeort nächstansässige Abnehmer die Waren oder Dienstleistungen fremden Letztverbrauchern anbietet. Der Ansatz von Sachbezugswerten und die Anwendung der monatlichen Freigrenze von 50 € ist ausgeschlossen.

  Ist der Rabattfreibetrag von 1 080 € nicht anwendbar, so ist in diesen Fällen die Bewertung immer nach § 8 Abs. 2 EStG vorzunehmen (üblicher Endpreis am Abgabeort, Sachbezugswert, Durchschnittswert).

  Durch den **Rabattfreibetrag begünstigt** ist die unentgeltliche oder verbilligte Überlassung

  - von Waren und Dienstleistungen,
  - die der Arbeitnehmer auf Grund seines Dienstverhältnisses erhält, wobei es sich auch um ein früheres oder künftiges Dienstverhältnis handeln kann,
  - die vom Arbeitgeber nicht überwiegend für den Bedarf der Arbeitnehmer hergestellt, vertrieben oder erbracht werden.

  Der **Rabattfreibetrag gilt nicht**

  - für Waren und Dienstleistungen, die der Arbeitgeber überwiegend für den Bedarf der Arbeitnehmer herstellt, vertreibt oder erbringt (z.B. Kantinenmahlzeiten),
  - soweit Arbeitnehmer Waren beziehen oder Dienstleistungen erhalten können, die in einem mit dem Arbeitgeber im Konzern verbundenen Unternehmen hergestellt, gehandelt oder erbracht werden,
  - wenn der Arbeitnehmer den als Lohn zu beurteilenden Sachbezug auf Veranlassung des Arbeitgebers **von einem Dritten** erhält, es sich also nicht um Waren oder Dienstleistungen des Arbeitgebers handelt. Dies gilt auch, wenn die Vorteilsgewährung durch den früheren Arbeitgeber (z.B. **Konzernmutter**), aber im Hinblick auf die Tätigkeit beim gegenwärtigen Arbeitgeber (z.B. Konzerntochter) erfolgt (BFH v. 8.11.1996, VI R 100/95, BStBl II 1997, 330),
  - für Waren und Dienstleistungen, die der Arbeitgeber **nicht als eigene** liefert oder erbringt. Die Rabattbesteuerung greift nur ein, wenn der Sachbezug eine eigene Leistung des Arbeitgebers betrifft (BFH v. 4.11.1994, VI R 81/93, BStBl II 1995, 338).

Beispiel 1:

Der Arbeitgeber vermietet seinem Arbeitnehmer eine Wohnung verbilligt.

- Vermietet der Arbeitgeber **überwiegend** an fremde Dritte, kann der Rabattfreibetrag angewendet werden.

Anzusetzen ist die Miete, die der Arbeitgeber von Dritten erzielt, abzüglich 4 % Abschlag.

- Vermietet der Arbeitgeber **nicht überwiegend** an fremde Dritte, darf der Rabattfreibetrag nicht angewendet werden.

Maßgebend ist die ortsübliche Miete, ggf. nach Abzug des Bewertungsabschlags nach § 8 Abs. 2 Satz 12 EStG.

Beispiel 2:

Der Arbeitgeber vermietet seinem Arbeitnehmer ein möbliertes Zimmer verbilligt.

- Betreibt der Arbeitgeber **ein Hotel**, darf der Rabattfreibetrag angewendet werden.

Maßgebend ist der Zimmerpreis, den der Arbeitgeber von Dritten verlangt, abzüglich 4 % Abschlag.

- Vermietet der Arbeitgeber möblierte Zimmer **nicht überwiegend** an fremde Dritte, kann der Rabattfreibetrag nicht angewendet werden.

Maßgebend ist der Sachbezugswert für eine Unterkunft.

Beispiel 3:

Der Arbeitgeber gewährt seinem Arbeitnehmer ein verbilligtes Mittagessen.

- Betreibt der Arbeitgeber **eine Gaststätte**, kann der Rabattfreibetrag angewendet werden, weil diese Speisen überwiegend für fremde Dritte zubereitet werden.

Maßgebend ist der Preis lt. Speisekarte, abzüglich 4 % Abschlag.

- Betreibt der Arbeitgeber **eine Kantine** nur für seine Arbeitnehmer, darf der Rabattfreibetrag nicht angewendet werden, weil die Speisen nicht überwiegend für fremde Dritte zubereitet werden.

Maßgebend ist der Sachbezugswert.

- **Soll der Sachbezug pauschal nach § 40 Abs. 1 EStG versteuert werden?**

  Wird diese Frage bejaht, so ist der Sachbezug **nicht** nach den Vorschriften des § 8 Abs. 3 EStG, sondern nach § 8 Abs. 2 EStG zu bewerten. Maßgebend ist deshalb der um übliche Preisnachlässe geminderte übliche Endpreis am Abgabeort bzw. ein etwaiger Sachbezugs- oder Durchschnittswert. Die monatliche Freigrenze von 50 € ist zu beachten, soweit es sich nicht um Sachbezugs- oder Durchschnittswerte handelt. Der Rabattfreibetrag von 1 080 € kann nicht abgezogen werden.

Beispiel 4:

Der Arbeitgeber betreibt **eine Gaststätte** und gewährt seinem Arbeitnehmer ein verbilligtes Mittagessen. Der Arbeitgeber versteuert den geldwerten Vorteil pauschal nach § 40 EStG.

Der Rabattfreibetrag darf nicht angewendet werden. Maßgebend für die Pauschalversteuerung ist der Sachbezugswert.

b) Wahlrecht

Der Arbeitnehmer hat i.R. seiner Einkommensteuerveranlagung **die Wahl**, die Höhe des geldwerten Vorteils entweder 3526

- nach der Regelung des § 8 Abs. 2 Satz 1 EStG **ohne** Bewertungsabschlag und Rabattfreibetrag

  oder

- mit diesen Abschlägen auf der Grundlage des Endpreises des Arbeitgebers nach § 8 Abs. 3 EStG bewerten zu lassen.

Wählt der Arbeitnehmer im Veranlagungsverfahren zur Einkommensteuer eine andere Bewertung als der Arbeitgeber, muss er dem Finanzamt **nachweisen**, welchen Endpreis bzw. geldwerten Vorteil der Arbeitgeber im Lohnsteuerabzugsverfahren als steuerpflichtiger Arbeitslohn angesetzt hat (entweder den Endpreis i.S.d. § 8 Abs. 3 Satz 1 EStG oder den Endpreis i.S.d. § 8 Abs. 2 Satz 1 EStG). Dazu genügt z.B. eine formlose Mitteilung des Arbeitgebers sowie der Nachweis eines günstigeren inländischen Angebots im Zeitpunkt des Zuflusses.

Dem **Arbeitgeber** bleibt es unbenommen, im Lohnsteuerabzugsverfahren den geldwerten Vorteil nach § 8 Abs. 3 EStG zu bewerten. Er ist **nicht verpflichtet**, den geldwerten Vorteil nach § 8 Abs. 2 Satz 1 EStG zu bewerten (BMF v. 16.5.2013, IV C 5 – S 2334/07/0011, BStBl I 2013, 729). Damit folgt die Finanzverwaltung der Rechtsprechung (BFH v. 5.9.2006, VI R 41/02, BStBl II 2007, 309; BFH v. 26.7.2012, VI R 30/09, BStBl II 2013, 400; BFH v. 26.7.2012, VI R 27/11, BStBl II 2013, 402).

Beispiel:

Ein Möbelhandelsunternehmen übereignet seinem Arbeitnehmer im Januar 2025 eine Schrankwand und im Februar 2025 eine Couch zu einem Preis von je 3 000 €. Bestell- und Liefertag fallen nicht auseinander. Der durch Preisauszeichnung angegebene Endpreis beträgt jeweils 5 000 €. Das Möbelhandelsunternehmen gewährt auf diese Möbelstücke durchschnittlich 10 % Rabatt. Ein anderes inländisches Möbelhandelsunternehmen bietet diese Couch im Februar 2024 auf seiner Internetseite für 4 000 € an. Der Arbeitgeber hat die geldwerten Vorteile nach § 8 Abs. 3 Satz 1 EStG bewertet. Der Arbeitnehmer beantragt i.R. seiner Einkommensteuerveranlagung die Bewertung des geldwerten Vorteils für die Couch nach § 8 Abs. 2 Satz 1 EStG und legt einen Ausdruck des günstigeren Angebots vor.

- **Steuerliche Behandlung im Lohnsteuerabzugsverfahren:**

  Endpreis i.S.d. § 8 Abs. 3 Satz 1 EStG ist der am Ende von Verkaufsverhandlungen durchschnittlich angebotene Preis des Arbeitgebers i.H.v. jeweils 4 500 € (= 5 000 € abzüglich durchschnittlichem Rabatt von 10 %). Zur Ermittlung des geldwerten Vorteils aus der Übereignung der Schrankwand ist der Endpreis um 180 € (= 4 %) zu kürzen, so dass sich nach Anrechnung des vom Arbeitnehmer gezahlten Entgelts von 3 000 € ein Arbeitslohn von 1 320 € ergibt. Dieser Arbeitslohn überschreitet den Rabattfreibetrag von 1 080 € um 240 €, so dass dieser Betrag für Januar 2024 zu versteuern ist.

  Zur Ermittlung des geldwerten Vorteils aus der Übereignung der Couch ist der Endpreis von 4 500 € um 180 € (= 4 %) zu kürzen, so dass sich nach Anrechnung des vom Arbeitnehmer gezahlten Entgelts von 3 000 € ein Arbeitslohn von 1 320 € ergibt. Der Rabattfreibetrag kommt nicht mehr in Betracht, weil er bereits bei der Ermittlung des geldwerten Vorteils aus der Übereignung der Schrankwand berücksichtigt wurde. Daher ist ein Arbeitslohn von 1 320 € für Februar 2024 zu versteuern.

- **Steuerliche Behandlung im Veranlagungsverfahren:**

  Endpreis i.S.d. § 8 Abs. 2 Satz 1 EStG ist die nachgewiesene günstigste Marktkondition i.H.v. 4 000 €. Zur Ermittlung des geldwerten Vorteils aus der Übereignung der Couch ist der Endpreis nicht zu kürzen, so dass sich nach Anrechnung des vom Arbeitnehmer gezahlten Entgelts ein Arbeitslohn von 1 000 € (statt bisher 1 320 €) ergibt. Die Freigrenze für Sachbezüge nach § 8 Abs. 2 Satz 11 EStG ist überschritten, so dass ein Arbeitslohn von 1 000 € zu versteuern ist. Der bisher versteuerte Arbeitslohn ist durch das Finanzamt um 320 € zu mindern.

4. Gegenstand der Rabattgewährung

3527 Voraussetzung für die Bewertung nach § 8 Abs. 3 EStG ist, dass der Arbeitnehmer auf Grund seines Dienstverhältnisses **Waren oder Dienstleistungen** erhält, die vom Arbeitgeber nicht überwiegend für den Bedarf seiner Arbeitnehmer hergestellt, vertrieben oder erbracht werden und deren Bezug nicht nach § 40 EStG pauschal versteuert wird.

Von dem Grundsatz, dass die Zuwendung vom Arbeitgeber erfolgen muss, gibt es eine **Ausnahme**:

Nach § 12 Abs. 8 Deutsche Bahn Gründungsgesetz (DBGrG) gilt § 8 Abs. 3 EStG für die nach § 12 Abs. 2 und 3 DBGrG zugewiesenen Beamten und die Ruhestandsbeamten des früheren Sondervermögens Deutsche Bundesbahn entsprechend. Daher ist der **Rabattfreibetrag** auf Fahrvergünstigungen, die die Deutsche Bahn AG Ruhestandsbeamten des Bundeseisenbahnvermögens gewährt, **anwendbar** (BFH v. 26.6.2014, VI R 41/13, BStBl II 2015, 39).

Dabei erstreckt sich der Rabattfreibetrag auf **alle Fahrvergünstigungen**, die die Deutsche Bahn AG (ehemaligen) Arbeitnehmern gewährt. Dies gilt auch dann, wenn die unentgeltlich oder verbilligt gewährten Freifahrtscheine auf Grund besonderer Nutzungsbestimmungen **fremden Letztverbrauchern nicht angeboten** werden, z.B. Tagesfreifahrtscheine im Fernverkehr (BFH v. 26.9.2019, VI R 23/17, BStBl II 2020, 162).

a) Veranlassung durch das Dienstverhältnis

Die Sachbezüge müssen dem Arbeitnehmer auf Grund **seines Dienstverhältnisses** zufließen. Dabei kann es sich auch um Sachbezüge handeln, die dem Arbeitnehmer **ausschließlich wegen seines früheren oder künftigen Dienstverhältnisses** zufließen. Diese Voraussetzung ist nur dann erfüllt, wenn das frühere Dienstverhältnis nicht nur eine notwendige, sondern auch eine ausreichende Bedingung für die Vorteilsgewährung darstellt und es unerheblich ist, ob der ehemalige Arbeitnehmer noch und ggf. bei wem berufstätig ist. Ist aber eine der Voraussetzungen für die Vorteilsgewährung die gegenwärtige Beschäftigung im Konzernverbund, wird der Vorteil nicht ausschließlich auf Grund des früheren Dienstverhältnisses gewährt; der Rabattfreibetrag kann nicht gewährt werden (BFH v. 8.11.1996, VI R 100/95, BStBl II 1997, 330). Steht der Arbeitnehmer im Kalenderjahr nacheinander oder nebeneinander in mehreren Dienstverhältnissen, so sind die Sachbezüge aus jedem Dienstverhältnis unabhängig voneinander zu beurteilen. Auf Sachbezüge, die der Arbeitnehmer nicht unmittelbar vom Arbeitgeber erhält, ist § 8 Abs. 3 EStG nicht anwendbar (R 8.2 Abs. 1 Satz 1 Nr. 1 LStR); zur steuerlichen Erfassung und Bewertung derartiger Sachbezüge → *Sachbezüge* Rz. 3815. 3528

Beispiel 1:

Ein Arbeitgeber gewährt allen früheren Arbeitnehmern, die Altersrente beziehen, die gleichen Rabattvorteile wie den aktiven Arbeitnehmern.

Der Rabattfreibetrag ist grds. auch bei den Rentnern anzuwenden, weil sie die Sachbezüge ausschließlich auf Grund ihres früheren Dienstverhältnisses erhalten.

Beispiel 2:

Ein Arbeitgeber gliedert eine Betriebsabteilung aus. Die früheren Arbeitnehmer erhalten weiterhin die gleichen Rabattvorteile wie vor der Ausgliederung.

Der Rabattfreibetrag ist nicht anzuwenden, weil die Rabattgewährung nicht ausschließlich auf Grund des früheren Dienstverhältnisses erfolgt. Wollte man dies bejahen, so müsste der Arbeitgeber allen ausgeschiedenen Arbeitnehmern – also auch denen, die jetzt bei einem anderen Arbeitgeber arbeiten – die Rabattvorteile zubilligen (BFH v. 8.11.1996, VI R 100/95, BStBl II 1997, 330).

b) Waren und Dienstleistungen

Die Sachbezüge müssen in der Überlassung von Waren oder in Dienstleistungen bestehen (s.u.); → *Sachbezüge* Rz. 3799; Ausführungen zur ertragsteuerrechtlichen Behandlung von virtuellen Währungen und von sonstigen Token waren bisher im BMF-Schreiben v. 10.5.2022, IV C 1 – S 2256/19/10003 :001, BStBl I 2022, 668, Rdnr. 88 ff. hinterlegt. Dieses Schreiben wurde mit Datum v. 6.3.2025, IV C 1 – S 2256/00042/064/043, BStBl I 2025, 658 neu gefasst, ausdrücklich allerdings ohne Aussagen für den Bereich der Einkünfte aus nichtselbständiger Arbeit und zum Lohnsteuerabzug im Zusammenhang mit der Gewährung von Kryptowerten im Rahmen eines Dienstverhältnisses. Bis zu einer detaillierten Verlautbarung der Finanzverwaltung sind daher u.E. die allgemein gehaltenen Ausführungen des Schreibens v. 10.5.2022, IV C 1 – S 2256/19/10003 :001, BStBl I 2022, 668 weiterhin anzuwenden. Im Einzelfall sollte bis zu einer offiziellen Stellungnahme der Finanzverwaltung zur Klärung, insbesondere auch der Frage, ob nach Auffassung der Finanzverwaltung im konkreten Sachverhalt von Sach- oder aber Barlohn auszugehen ist, ggf. eine Anrufungsauskunft gem. § 42e EStG in Betracht gezogen werden. 3529

Sachbezüge liegen auch dann vor, wenn der Arbeitgeber **freiwillig gezahltes** Weihnachtsgeld nicht als Geldbetrag auszahlt, sondern in **Form von Warengutscheinen** seinen Arbeitnehmern aushändigt. Voraussetzung ist allerdings, dass den Arbeitnehmern **kein Wahlrecht** eingeräumt wird. In diesem Fall fließt dem Arbeitnehmer der Sachbezug als Arbeitslohn bei Einlösung des Gutscheins zu, → *Warengutscheine* Rz. 4406. Wird hingegen ein **tariflich**

festgelegter Urlaubsgeldanspruch gegen einen beim Arbeitgeber einzulösenden Warengutschein ausgetauscht, fließt dem Arbeitnehmer Barlohn zu, wenn der Arbeitnehmer nicht unter Änderung seines Anstellungsvertrags auf einen Teil seines Barlohns verzichtet (BFH v. 6.3.2008, VI R 6/05, BStBl II 2008, 530).

Beispiel 1:

Die Arbeitnehmer eines Warenhauskonzerns erhalten im Dezember 2023 statt eines freiwilligen Weihnachtsgelds Warengutscheine in gleicher Höhe. Ein Wahlrecht wird den Arbeitnehmern nicht zugestanden. Ein Arbeitnehmer löst seinen Gutschein i.H.v. 1 000 € im Januar 2025 beim Kauf eines Computers ein.

Dem Arbeitnehmer fließt der Vorteil nicht bei Erhalt des Gutscheins, sondern bei dessen Einlösung zu, also im Januar 2025. Da der Rabattfreibetrag von 1 080 € sowie der Abschlag von 4 % zum Tragen kommen, hat der Arbeitnehmer **keinen geldwerten Vorteil** zu versteuern.

Beispiel 2:

Die Arbeitnehmer eines Möbelhauses können auf Grund einer Vereinbarung mit dem Betriebsrat wählen, ob sie im Juli statt des tarifvertraglich zustehenden Urlaubsgelds einen Warengutschein in gleicher Höhe erhalten wollen, der bis Ende des Jahres einzulösen ist; eine Barauszahlung des Gutscheins ist ausgeschlossen.

Auch wenn der Arbeitnehmer den Warengutschein gewählt hat, ist das in dieser Form gezahlte Urlaubsgeld als Barlohn zu behandeln. Denn die Arbeitnehmer haben auf ihren Barlohnanspruch nicht zu Gunsten eines Sachlohns verzichtet, sondern den Barlohn zum Erwerb des Warengutscheins verwendet (BFH v. 6.3.2008, VI R 6/05, BStBl II 2008, 530).

Zu den hier als **Sachbezüge** erfassten **Waren** und Güter gehören alle Wirtschaftsgüter, die im Wirtschaftsverkehr wie Sachen (§ 90 BGB) behandelt werden (R 8.2 Abs. 1 Satz 1 Nr. 2 LStR), z.B. bewegliche und unbewegliche Sachen wie **Grundstücke, Strom, Wärme, Gas, Wasser, Tabak, Zigaretten, Freiflüge, Deputate, Freitrunk**. Sie umfassen die gesamte eigene Produktpalette des jeweiligen Arbeitgebers.

Beispiel 3:

Die Besatzungsmitglieder eines Flusskreuzfahrtschiffs erhalten an Bord ein einheitliches Essen, das besonders zubereitet wird und nicht den Speisen für die Passagiere entspricht.

Der Rabattfreibetrag ist anwendbar, weil der Arbeitgeber Speisen überwiegend für Fremde zubereitet. Es ist nicht entscheidend, dass die den Passagieren gereichten Speisen in gleicher Weise auch den Arbeitnehmern zur Verfügung gestellt werden. Es kommt nur darauf an, dass die Leistung – hier die Zubereitung von Speisen – überhaupt zur Produktpalette des Arbeitgebers gehört (BFH v. 21.1.2010, VI R 51/08, BStBl II 2010, 700).

Beispiel 4:

Die DB AG gewährt ihren Arbeitnehmern Tagesfreifahrtscheine im Fernverkehr, die sie in dieser Form nur ihren Mitarbeitern und deren Angehörigen, nicht aber ihren Kunden anbietet.

Der Rabattfreibetrag ist anwendbar, denn es ist nur auf die Beförderungsleistung und nicht auf die Art der Fahrtberechtigungen abzustellen. Es kommt nur darauf an, dass die Leistung – hier Personenbeförderung – an sich zur Produktpalette des Arbeitgebers gehört (BFH v. 26.9.2019, VI R 23/17, BStBl II 2020, 162).

Auf **Rohstoffe**, **Zutaten** und **Halbfertigprodukte** ist der Rabattfreibetrag anwendbar, wenn diese mengenmäßig überwiegend in die Erzeugnisse des Betriebs eingehen. **Betriebs- und Hilfsstoffe**, die mengenmäßig überwiegend nicht an fremde Dritte abgegeben werden, sind dagegen nicht begünstigt (R 8.2 Abs. 1 Satz. 1 Nr. 3 LStR). Soweit allerdings ein Krankenhaus **Medikamente** an die Belegschaft abgibt, ist der Rabattfreibetrag zu berücksichtigen (BFH v. 27.8.2002, VI R 63/97, BStBl II 2002, 881).

Als **Dienstleistungen** kommen alle anderen Leistungen in Betracht, die üblicherweise gegen Entgelt erbracht werden (R 8.2 Abs. 1 Satz 1 Nr. 2 LStR), z.B. auch **Beförderungsleistungen, Beratung, Werbung, Datenverarbeitung, Kontenführung und Versicherungsschutz sowie Reiseveranstaltungen**. Dienstleistungen umfassen nicht nur solche i.S.d. § 611 BGB, sondern alle Sachbezüge der eigenen Leistungspalette des jeweiligen Arbeitgebers. Insoweit reicht es aus, wenn der Arbeitnehmer durch die Dienstleistung **bereichert** wird, z.B. Kontoführung oder die unentgeltliche Inspektion eines Kraftfahrzeugs oder einer Heizungsanlage. Die leih- oder mietweise Überlassung von Grundstücken, Wohnungen, möblierten Zimmern oder von Kraftfahrzeugen, Maschinen und anderen beweglichen Sachen sowie die Gewährung von Darlehen sind ebenfalls Dienstleistungen (BFH v. 4.11.1994, VI R 81/93, BStBl II 1995, 338).

Beispiel 5:

Ein Hotelbetrieb stellt einem Angestellten ein übliches Hotelzimmer unentgeltlich zur Verfügung.

Da die Nutzungsüberlassung zu den Dienstleistungen des Arbeitgebers zählt, ist der Abzug des Rabattfreibetrags möglich. Die Bewertung erfolgt nach § 8 Abs. 3 EStG, es gilt der um 4 % geminderte Endpreis, zu dem der Arbeitgeber das Hotelzimmer fremden Letztverbrauchern, also Hotelgästen, anbietet.

c) Sachbezüge vom Arbeitgeber

Voraussetzung für die Gewährung des Rabattfreibetrags ist ferner, dass es sich um Waren handelt, die **vom Arbeitgeber** hergestellt oder vertrieben werden, oder um Dienstleistungen, die vom Arbeitgeber erbracht werden. **3530**

Der Begriff des Arbeitgebers ist zwar im Einkommensteuerrecht nicht definiert. In Umkehrung des Begriffs des Arbeitnehmers (§ 1 Abs. 2 LStDV) ergibt sich aber, dass Arbeitgeber derjenige ist, dem der Arbeitnehmer die Arbeitsleistung schuldet, unter dessen Leitung er tätig wird oder dessen Weisungen er zu folgen hat. Dies ist regelmäßig der sich aus dem Dienstvertrag ergebende Vertragspartner des Arbeitnehmers. **Im Falle eines Konzerns** sind Arbeitnehmer grds. nur im Verhältnis zu dem Konzernunternehmen arbeitsvertraglich gebunden, mit dem ihr Dienstvertrag geschlossen ist; **nur dieses Konzernunternehmen hat unmittelbar Weisungsrechte**. Der Arbeitnehmer hat auch nur gegenüber diesem Unternehmen Rechtsansprüche (z.B. auf Zahlung des Arbeitslohns, einer Entgeltfortzahlung oder des Urlaubsgelds), die er grds. auch nur gegenüber diesem Unternehmen gerichtlich durchsetzen könnte (BFH v. 21.2.1986, VI R 9/80, BStBl II 1986, 768).

Das bedeutet, dass **Arbeitnehmer von Konzernunternehmen** oder ein **überbetrieblicher Belegschaftshandel nicht** durch den Rabattfreibetrag **steuerlich begünstigt werden** (BFH v. 15.1.1993, VI R 32/92, BStBl II 1993, 356). Der Rabattfreibetrag ist aber zu gewähren, wenn der bisherige Arbeitgeber bei einer Umstrukturierung des Konzerns einen Unternehmensteil ausgliedert, den zu diesem Unternehmen umgesetzten Arbeitnehmern die bisherigen Rabatte weiter gewährt und diese sonstige gewichtige Beiträge zur Herstellung der Ware erbringen (BFH v. 1.10.2009, VI R 22/07, BStBl II 2010, 204).

Bei Waren oder Dienstleistungen kann der Rabattfreibetrag nur angewendet werden, wenn sie **vom Arbeitgeber hergestellt, vertrieben oder erbracht** werden. Es ist jedoch nicht erforderlich, dass die Leistungen des Arbeitgebers zu seinem üblichen Geschäftsgegenstand gehören. Es reicht aber nicht aus, dass der Arbeitgeber die Waren oder Dienstleistungen nur vermittelt (BFH v. 7.2.1997, VI R 17/94, BStBl II 1997, 363).

Beispiel 1:

Eine Konzernobergesellschaft hat vier Konzerntöchter. Die Konzerngesellschaft A stellt Computer her, die Konzerngesellschaft B Nahrungsmittel, die Konzerngesellschaft C ist im Bankgeschäft tätig und die Konzerngesellschaft D vertreibt die von A und B hergestellten Waren. Alle Arbeitnehmer des Konzerns erhalten Rabattvorteile bei den hergestellten Waren und können bei C verbilligt ein Konto führen. Die im Bankgeschäft tätige C vermittelt gelegentlich den Verkauf von Computern der A an ihre Kunden.

Zur Anwendung des Rabattfreibetrags gilt Folgendes:

- Die **Arbeitnehmer der Konzernobergesellschaft** erhalten beim verbilligten Bezug der Waren oder für die verbilligte Kontenführung bei C **keinen Rabattfreibetrag**, weil ihr Arbeitgeber weder Waren oder Dienstleistungen herstellt, vertreibt oder erbringt.
- Die **Arbeitnehmer von A** erhalten auf den verbilligten Bezug von Computern den Rabattfreibetrag, weil ihr Arbeitgeber Computer herstellt. Auf den Bezug von Nahrungsmitteln oder für die verbilligte Kontenführung bei C kann der Rabattfreibetrag nicht gewährt werden.
- Die **Arbeitnehmer von B** erhalten auf den verbilligten Bezug von Nahrungsmitteln den Rabattfreibetrag, weil ihr Arbeitgeber Nahrungsmittel herstellt. Auf den Bezug von Computern oder für die verbilligte Kontenführung bei C kann der Rabattfreibetrag nicht gewährt werden.
- Die **Arbeitnehmer von C** erhalten auf die verbilligte Kontenführung den Rabattfreibetrag, weil ihr Arbeitgeber die Dienstleistung erbringt. Auf den Bezug von Computern und Nahrungsmitteln kann der Rabattfreibetrag nicht gewährt werden. Für die Gewährung des Rabattfreibetrags reicht es nicht aus, dass C Computer der A vermittelt (BFH v. 7.2.1997, VI R 17/94, BStBl II 1997, 363).
- Die **Arbeitnehmer von D** erhalten auf den verbilligten Bezug von Computern und Nahrungsmitteln den Rabattfreibetrag, weil ihr Ar-

beitgeber Computer und Nahrungsmittel vertreibt. Auf die verbilligte Kontenführung bei C kann der Rabattfreibetrag nicht gewährt werden.

Beispiel 2:

Die Arbeitnehmer einer Druckerei erhalten jeweils ein Freiexemplar einer Zeitung. Die Druckerei führt den Satz und den Druck der Zeitung im Auftrag der Schwesterfirma aus, die Herausgeber der Zeitung ist und den Inhalt und die Satzvorgaben für die Zeitung übermittelt.

Der Rabattfreibetrag von 1 080 € kann berücksichtigt werden, weil die Druckerei Hersteller der Zeitung ist. Denn Hersteller einer Ware i.S.d. § 8 Abs. 3 EStG kann auch derjenige Arbeitgeber sein, der im Auftrag und nach den Plänen und Vorgaben eines anderen die Ware produziert (BFH v. 28.8.2002, VI R 88/99, BStBl II 2003, 154).

Weitere Voraussetzung für die Gewährung des Rabattfreibetrags ist, dass die zu bewertenden Waren oder Dienstleistungen zur **Produktpalette des Arbeitgebers** gehören. Das bedeutet, dass der Arbeitgeber **mit den Produkten** entweder selbst oder über Abnehmer **am Markt erscheinen** muss (BFH v. 27.8.2002, VI R 63/97, BStBl II 2002, 881; BFH v. 27.8.2002, VI R 158/98, BStBl II 2003, 95; BFH v. 18.9.2002, VI R 134/99, BStBl II 2003, 371; BFH v. 9.10.2002, VI R 164/01, BStBl II 2003, 373; BFH v. 9.10.2002, VI R 54/01, HFR 2003, 257; BFH v. 26.4.2018, VI R 39/16, BStBl II 2019, 286).

Beispiel 3:

Ein Krankenhaus verkauft **Artikel des medizinischen Bedarfs** an seine Arbeitnehmer, im Übrigen werden die Artikel nur zur Versorgung der Krankenhauspatienten verbraucht.

Den Arbeitnehmern kann der **Rabattfreibetrag gewährt** werden, weil die Abgabe von Medikamenten zur Produktpalette des Krankenhauses gehört. Die Modalitäten, wie das Produkt vertrieben wird (nur Abgabe an Patienten), sind unmaßgeblich (BFH v. 27.8.2002, VI R 63/97, BStBl II 2002, 881).

Beispiel 4:

Eine **Fachklinik für Orthopädie** bezieht sämtliche Medikamente für den Krankenhausbedarf sowie auch solche für den Bedarf ihrer Beschäftigten von einer Krankenhausapotheke. Die für die Beschäftigten bestellten Waren gibt die Fachklinik gegen Erstattung der Selbstkosten weiter. Zum großen Teil handelt es sich dabei um Waren, die im Betrieb der Fachklinik selbst nicht benötigt werden (z.B. Antibabypillen, Windeln).

Den Arbeitnehmern kann der **Rabattfreibetrag nicht gewährt** werden, soweit Medikamente dieser Art nicht mindestens im gleichen Umfang an Patienten abgegeben werden; dies ist z.B. bei Antibabypillen und Windeln nicht der Fall (BFH v. 27.8.2002, VI R 158/98, BStBl II 2003, 95).

Beispiel 5:

Ein Arbeitgeber gewährt seinen Arbeitnehmern **zinslose Darlehen.** Darüber hinaus hat der Arbeitgeber lediglich verbundenen Unternehmen Darlehen eingeräumt.

Den Arbeitnehmern kann der **Rabattfreibetrag nicht gewährt** werden, weil Darlehensgeschäfte nicht zur Produktpalette des Arbeitgebers gehören und er damit nicht am Markt teilnimmt. Das Einräumen von Krediten an verbundene Unternehmen ist ein konzerninterner Vorgang und gehört nicht zur geschäftlichen Betätigung des Arbeitgebers am Markt (BFH v. 18.9.2002, VI R 134/99, BStBl II 2003, 371).

Beispiel 6:

Eine Hauptverwaltung der Deutschen Bundesbank gewährt ihren Arbeitnehmern **verbilligte Baudarlehen**. Die Gewährung von Baudarlehen an Privatpersonen gehört nicht zur Geschäftstätigkeit einer Hauptverwaltung (vgl. § 22 Bundesbankgesetz).

Den Arbeitnehmern kann der **Rabattfreibetrag nicht gewährt** werden, weil die Gewährung von Baudarlehen an Privatpersonen nicht zur Produktpalette des Arbeitgebers gehört und er damit nicht am Markt teilnimmt. Die Gewährung von Darlehen an institutionelle Geschäftspartner ist nicht mit der Darlehensgewährung zur Finanzierung von Wohnungen privater Verbraucher vergleichbar und gehört nicht zur geschäftlichen Betätigung des Arbeitgebers am Markt (BFH v. 9.10.2002, VI R 164/01, BStBl II 2003, 373).

Beispiel 7:

Der Arbeitnehmer eines Reiseveranstalters erhält von seinem Arbeitgeber ein **verbilligtes Darlehen**. Darüber hinaus hat der Arbeitgeber an andere Personen keine Kredite vergeben, sondern lediglich Festgeldkonten unterhalten.

Dem Arbeitnehmer kann der **Rabattfreibetrag nicht gewährt** werden, weil Darlehensgeschäfte nicht zur Produktpalette des Arbeitgebers gehören und er damit nicht am Markt teilnimmt. Zwar beinhaltet das Unterhalten von Festgeldkonten eine Kapitalnutzung. Eine solche ist aber nicht mit der Vergabe von Krediten vergleichbar (BFH v. 9.10.2002, VI R 54/01, HFR 2003, 257).

Beispiel 8:

Der Arbeitnehmer hatte seinen Strom ursprünglich **von seinem Arbeitgeber bezogen** und auf Grund des für ihn geltenden Werktarifs einen Nachlass auf den von ihm verbrauchten Strom erhalten. Da nach dem EnWG die Energieversorger verpflichtet waren, die Tätigkeit als Verteilernetzbetreiber von den sonstigen Tätigkeiten der Energieversorgung zu trennen (sog. Unbundling, vgl. § 7 EnWG), erfolgte die Entflechtung im Konzern dadurch, dass der Arbeitgeber **nur noch als Verteilernetzbetreiber** fungiert und die **vertrieblichen Aktivitäten auf die Vertriebs-GmbH** übergingen.

Dem Arbeitnehmer kann der **Rabattfreibetrag gewährt** werden, weil der Arbeitgeber als Stromnetzbetreiber bei wertender Betrachtung **als Hersteller** der vom Arbeitnehmer bezogenen Ware Strom anzusehen ist (FG München v. 30.5.2016, 7 K 428/15, EFG 2016, 1405).

Waren, die der Arbeitgeber **überwiegend für seine Arbeitnehmer herstellt**, z.B. Kantinenmahlzeiten, oder überwiegend an seine Arbeitnehmer vertreibt, und Dienstleistungen, die der Arbeitgeber überwiegend für seine Arbeitnehmer erbringt, sind **nicht** nach § 8 Abs. 3 EStG begünstigt; für die Wertermittlung ist in diesen Fällen § 8 Abs. 2 EStG anzuwenden.

Beispiel 9:

Die Arbeitnehmer einer Mietwagenfirma können vom Arbeitgeber Neuwagen und Gebrauchtwagen erwerben. Neuwagen verkauft die Mietwagenfirma normalerweise nicht, dagegen werden die Mietwagen nach Ablauf einer bestimmten Zeit auch an fremde Dritte veräußert.

Soweit die Arbeitnehmer einen Neuwagen verbilligt kaufen, steht ihnen der Rabattfreibetrag nicht zu, weil der Arbeitgeber nicht mit Neuwagen handelt. Beim Kauf eines Gebrauchtwagens kann dagegen der Rabattfreibetrag berücksichtigt werden, denn diese werden auch an fremde Dritte veräußert.

Beispiel 10:

Der Arbeitnehmer eines Reisebüros hat unter Einschaltung seines Arbeitgebers eine Pauschalreise zu einem Preis von 1 500 € gebucht, die im Katalog des Reiseveranstalters zum Preis von 2 000 € angeboten wird. Vom Preisnachlass entfallen 300 € auf die Reiseleistung des Veranstalters und 200 € auf die Vermittlung des Arbeitgebers, der insoweit keine Vermittlungsprovision erhält, vgl. H 8.2 (Berechnung des Rabattfreibetrags – Beispiel 2) LStH.

Die unentgeltliche **Vermittlungsleistung** ist nach § 8 Abs. 3 EStG unter Anwendung des Rabattfreibetrags von 1 080 € jährlich zu bewerten. Auf die darüber hinausgehende Verbilligung der Pauschalreise um 300 € ist der Rabattfreibetrag nicht anwendbar, weil die Reiseveranstaltung nicht **vom Arbeitgeber durchgeführt** wird; sie ist deshalb nach § 8 Abs. 2 EStG ohne Anwendung des Rabattfreibetrags von 1 080 € jährlich zu bewerten.

Der geldwerte Vorteil errechnet sich wie folgt:

a) Vermittlungsleistung

Unentgeltliche Vermittlungsleistung	200 €
– 4 % Abschlag	8 €
= Endpreis des Arbeitgebers	192 €
– Rabattfreibetrag	1 080 €
= geldwerter Vorteil	0 €

b) Verbilligung der Pauschalreise

Katalogpreis des Reiseveranstalters	2 000 €	
– Vermittlungsprovision	200 €	1 800 €
– 4 % Abschlag (Vereinfachungsregelung nach R 8.1 Abs. 2 Satz 9 LStR)		72 €
= üblicher Endpreis am Abgabeort		1 728 €
– Zahlung des Arbeitnehmers		1 500 €
= geldwerter Vorteil		228 €

Der Arbeitnehmer hat einen geldwerten Vorteil von 228 € zu versteuern. Die Finanzverwaltung hat dem Deutschen Reisebüroverband gegenüber die im Beispiel vertretene Auffassung bekräftigt, dass bei einem Reisevermittler nur der im Sachbezug enthaltene Teil der Vermittlungsleistung nach § 8 Abs. 3 EStG bewertet werden kann (OFD Berlin v. 17.12.1996, St 425 – S 2334 – 6/96). Dies ist von den Finanzgerichten bestätigt worden (BFH v. 20.8.1997, VI B 93/97, sowie FG München v. 26.9.2001, 7 K 3672/98).

Zur steuerlichen Behandlung sog. **PEP**-Reisen → *Reiseveranstalter: Arbeitnehmerreisen* Rz. 3722.

Beispiel 11:

Eine Gemeinde überlässt Dienstwohnungen verbilligt an Schulhausmeister. Eine Hausmeisterwohnung wird allerdings an einen fremden Dritten vermietet.

Unterscheidet sich die Hausmeisterwohnung durch ihre Merkmale in einem solchen Maße, dass sie nur als Hausmeisterwohnung genutzt werden kann, kommt der Rabattfreibetrag nur zur Anwendung, wenn Hausmeisterwohnungen überwiegend an fremde Dritte vermietet werden (BFH v. 16.2.2005, VI R 46/03, BStBl II 2005, 529).

Arbeitgeber, die den **Vertrieb ihrer Erzeugnisse über selbständige Vertragshändler** abwickeln, sind z.T. aus verschiedenen Gründen nicht bereit, den Belegschaftshandel abweichend von dem gewählten Vertriebsweg zu organisieren. Um auch den hiervon betroffenen Arbeitnehmern den steuerbegünstigten Erwerb der Waren ihres Arbeitgebers zu ermöglichen, ist es nach Auffassung der Finanzverwaltung unschädlich, wenn die Überlassung der Waren des Arbeitgebers auch über selbständige Vertragshändler erfolgt, die im eigenen Namen handeln, sofern sichergestellt ist, dass im Verhältnis zwischen Arbeitgeber und Vertragshändler der Rabatt in vollem Umfang vom Arbeitgeber getragen wird (BFH v. 4.6.1993, VI R 95/92, BStBl II 1993, 687).

Trägt dagegen **der Vertragshändler den Rabatt z.T. selbst**, z.B. durch eine Minderung der üblichen Händlerprovision, so ist nach den allgemeinen Grundsätzen zu prüfen, ob diese **Zuwendung als Lohnzahlung eines Dritten** steuerpflichtiger Arbeitslohn ist. Ist dies der Fall, sind die Voraussetzungen des § 8 Abs. 3 EStG aus den o.g. Gründen nicht erfüllt (OFD Münster v. 10.1.1990, S 2334 – 10 – St 12 – 31, DB 1990, 298).

Beispiel 12:

Ein Automobilunternehmen verkauft an die Arbeitnehmer keine Fahrzeuge. Die Arbeitnehmer können aber bei den Vertragshändlern des Automobilwerks ein Fahrzeug mit einem Rabatt von 20 % erwerben. Dieser Rabatt wird vom Automobilwerk in voller Höhe getragen.

Beim Kauf eines Fahrzeugs kann der Rabattfreibetrag berücksichtigt werden.

Tritt nicht der Arbeitgeber, sondern eine **konzernzugehörige Schifffahrtsgesellschaft als Reiseveranstalter** auf, ist auch dann **kein Rabattfreibetrag** nach § 8 Abs. 3 EStG abzuziehen, wenn der Arbeitgeber als Reederei mit seiner Bereederung maßgeblich an der Erstellung der als geldwerter Vorteil anzusehenden Kreuzfahrtreise beteiligt ist (FG Schleswig-Holstein v. 4.9.2013, 2 K 23/12, EFG 2013, 2011).

Zur Anwendung des Rabattfreibetrags auf Fahrvergünstigungen, die die Deutsche Bahn AG Ruhestandsbeamten des Bundeseisenbahnvermögens gewährt, → Rz. 3527.

5. Bewertung nach § 8 Abs. 3 EStG

a) Allgemeines

3531 Steht fest, dass der **Rabattfreibetrag berücksichtigt werden kann**, ist die besondere Bewertung nach § 8 Abs. 3 EStG anzuwenden. Das bedeutet:

Der steuerlichen Bewertung der Sachbezüge sind die **Endpreise** (einschließlich Umsatzsteuer) zu Grunde zu legen, zu denen der **Arbeitgeber** oder der nächstansässige Abnehmer die Waren oder Dienstleistungen fremden Letztverbrauchern im allgemeinen Geschäftsverkehr **anbietet**. Endpreis i.S.d. § 8 Abs. 3 EStG ist der **am Ende von Verkaufsverhandlungen als letztes Angebot des Händlers stehende Preis** (R 8.2 Abs. 2 LStR). Der angebotene **Endpreis umfasst daher auch Rabatte** (BFH v. 26.7.2012, VI R 30/09, BStBl II 2013, 400). Der **Preisabschlag von 4 %** soll die zum üblichen Marktpreis möglichen Preisunterschiede ausgleichen. Ein Preisabschlag, den der Arbeitgeber Groß- oder Dauerkunden einräumt, ist nicht zulässig.

In den Fällen, in denen der Arbeitgeber mit fremden Letztverbrauchern nicht in Geschäftsbeziehungen tritt (z.B. Großhändler oder Hersteller), sind die Endpreise maßgebend, zu denen der dem Abgabeort des Arbeitgebers **nächstansässige Abnehmer** die Waren oder Dienstleistungen **fremden Letztverbrauchern anbietet**. In Fällen, in denen Waren nicht am Betriebssitz des Arbeitgebers, sondern an dritter Stelle abgegeben werden, gilt als Abgabeort der Ort, an dem die organisatorischen Vorkehrungen für die Rabattgewährung getroffen werden (BFH v. 4.6.1993, VI R 95/92, BStBl II 1993, 687).

Bei einem **umfangreichen Warenangebot**, von dem fremde Letztverbraucher ausgeschlossen sind, kann der Endpreis einer Ware, zu dem der nächstansässige Abnehmer die Waren fremden Letztverbrauchern im allgemeinen Geschäftsverkehr anbietet, auch **auf Grund repräsentativer Erhebungen** über die relative Preisdifferenz **für die gängigsten Einzelstücke** jeder Warengruppe ermittelt werden. Das bedeutet, dass sich der Arbeitgeber über die Angebotspreise der gängigsten Einzelstücke beim nächstansässigen Abnehmer erkundigen muss. Aus der so ermittelten Preisdifferenz zu seinen Verkaufspreisen kann er dann die Endpreise aller anderen Waren ableiten (R 8.2 Abs. 2 Satz 5 LStR).

Der so festgestellte Endpreis ist **um 4 % zu mindern**, wobei der geminderte Endpreis den Geldwert des Sachbezugs darstellt. Als steuerpflichtiger geldwerter Vorteil ist der Unterschiedsbetrag zwischen diesem Geldwert und dem vom Arbeitnehmer gezahlten Entgelt anzusetzen, soweit dieser aus dem Dienstverhältnis im Kalenderjahr insgesamt 1 080 € übersteigt.

Beispiel:

Ein Arbeitnehmer erhält von seinem Arbeitgeber, einem Teppichhersteller, für sein Einfamilienhaus Teppichboden für 130 qm zu einem Preis von 13 € je qm.

Da der Arbeitgeber Teppichboden nicht selbst an Letztverbraucher veräußert, ist der Angebotspreis maßgebend, zu dem der nächstansässige Abnehmer des Teppichherstellers den Teppichboden anbietet. Der Arbeitgeber stellt fest, dass der nächstansässige Abnehmer den Teppichboden zu einem Quadratmeterpreis von 28 € anbietet. Bei einer Abnahme von 130 qm würde er aber – sofern der Kunde verhandelt – den Teppichboden für 25 € je qm anbieten.

Maßgebend ist der **am Ende von Verkaufsverhandlungen als letztes Angebot des Abnehmers stehende Preis**. Der geldwerte Vorteil errechnet sich wie folgt:

Angebotspreis des nächstansässigen Abnehmers (130 qm × 25 €)	3 250 €
– 4 % Abschlag	130 €
= Endpreis i.S.v. § 8 Abs. 3 EStG	3 120 €
– Zahlung des Arbeitnehmers (130 qm × 13 €)	1 690 €
= Vorteil	1 430 €
– Rabattfreibetrag	1 080 €
= geldwerter Vorteil	350 €

Der Arbeitnehmer hat einen geldwerten Vorteil von 350 € zu versteuern.

b) Sonderregelung in der Automobilbranche

Für die Ermittlung des geldwerten Vorteils beim Erwerb von sog. 3532
Jahreswagen in der Automobilbranche gilt folgende **Vereinfachungsregelung** (BMF v. 18.12.2009, IV C 5 – S 2334/09/10006, BStBl I 2010, 20 i.V.m. BMF v. 16.5.2013, IV C 5 – S 2334/07/0011, BStBl I 2013, 729, unter Berücksichtigung der Änderungen durch BMF v. 11.2.2021, IV C 5 – S 2334/19/10024 :003, BStBl I 2021, 311):

Personalrabatte, die Automobilhersteller oder Automobilhändler ihren Arbeitnehmern beim Erwerb von Kraftfahrzeugen gewähren, gehören grds. als geldwerte Vorteile zum steuerpflichtigen Arbeitslohn. Der steuerlichen Bewertung der Kraftfahrzeuge sind unter den Voraussetzungen des § 8 Abs. 3 EStG (vgl. R 8.2 Abs. 1 LStR) die Endpreise zu Grunde zu legen, zu denen der Arbeitgeber die Kraftfahrzeuge anderen Letztverbrauchern **im allgemeinen Geschäftsverkehr anbietet**. Bietet der Arbeitgeber die Kraftfahrzeuge anderen Letztverbrauchern nicht an, so sind die Endpreise des nächstgelegenen Händlers maßgebend (R 8.2 Abs. 2 Sätze 1 bis 6 LStR).

Endpreis ist nicht der Preis, der mit dem Käufer unter Berücksichtigung individueller Preiszugeständnisse tatsächlich vereinbart wird. Regelmäßig ist vielmehr der Preis maßgebend, der nach der Preisangabenverordnung anzugeben und auszuweisen ist. Dies ist z.B. der sog. **Hauspreis**, mit dem Kraftfahrzeuge ausgezeichnet werden, die im Verkaufsraum eines Automobilhändlers ausgestellt werden. Wenn kein anderes Preisangebot vorliegt, ist dem Endpreis grds. die unverbindliche Preisempfehlung des Herstellers (UPE) zu Grunde zu legen.

Nach den Gepflogenheiten in der Automobilbranche werden Kraftfahrzeuge im allgemeinen Geschäftsverkehr fremden Letztverbrauchern tatsächlich häufig zu einem Preis angeboten, der **unter der unverbindlichen Preisempfehlung des Herstellers** liegt. Deshalb kann der tatsächliche Angebotspreis an Stelle des empfohlenen Preises angesetzt werden (vgl. BFH v. 4.6.1993, VI R 95/92, BStBl II 1993, 687; BFH v. 17.6.2009, VI R 18/07, BStBl II 2010, 67).

Im Hinblick auf die Schwierigkeiten bei der Ermittlung des tatsächlichen Angebotspreises ist es nicht zu beanstanden, wenn als Endpreis i.S.d. § 8 Abs. 3 EStG der Preis angenommen wird, der sich ergibt, wenn **der Preisnachlass**, der durchschnittlich beim Verkauf an fremde Letztverbraucher im allgemeinen Geschäftsverkehr tatsächlich gewährt wird, **von dem empfohlenen Preis abgezogen** wird. Dabei ist der durchschnittliche Preisnachlass modellbezogen nach den tatsächlichen Verkaufserlösen in den vorangegangenen drei Kalendermonaten zu ermitteln und jeweils der Endpreisfeststellung im Zeitpunkt der Bestellung (Bestellbestätigung) zu Grunde zu legen.

Bei der Ermittlung des durchschnittlichen Preisnachlasses sind sowohl Fahrzeugverkäufe, deren Endpreise inklusive Transport- und Überführungskosten im Einzelfall über der UPE liegen, als auch Fahrzeugverkäufe, die mit überhöhter Inzahlungnahme von Gebrauchtfahrzeugen, Sachzugaben oder anderen indirekten Rabatten einhergehen, einzubeziehen. Neben Barrabatten ist der Wert indirekter Rabatte bei der Ermittlung des durchschnittlichen Preisnachlasses zu berücksichtigen, soweit diese in den **Verkaufsunterlagen des Automobilherstellers oder Automobilhändlers nachvollziehbar dokumentiert** sind. Fahrzeugverkäufe mit den Marktzins unterschreitenden Finanzierungen bleiben bei der Ermittlung des durchschnittlichen Preisnachlasses unberücksichtigt.

Es wird nicht beanstandet, wenn bei **neu eingeführten Modellen** in den ersten drei Kalendermonaten **ein pauschaler Abschlag von 6 % der UPE** als durchschnittlicher Preisnachlass angenommen wird. Als neues Modell ist ein neuer Fahrzeugtyp oder eine neue Fahrzeuggeneration anzusehen, nicht dagegen eine sog. Modellpflegemaßnahme („Facelift"). Es bestehen keine Bedenken, in Zweifelsfällen hierzu auf die ersten Ziffern des im Fahrzeugschein oder in der Zulassungsbescheinigung Teil I verzeichneten Typenschlüssels des Herstellers abzustellen. Wurde ein Modell in den der Bestellung vorangegangenen drei Kalendermonaten nicht verkauft, ist auf den durchschnittlichen Preisnachlass des letzten Drei-Monats-Zeitraums abzustellen, in dem Verkaufsfälle vorliegen.

Der Arbeitgeber hat die Grundlagen für den ermittelten geldwerten Vorteil als Beleg zum Lohnkonto aufzubewahren.

Nach Auffassung der obersten Finanzbehörden ist der durchschnittliche Preisnachlass auf zwei Dezimalstellen festzustellen und dabei die zweite Dezimalstelle kaufmännisch zu runden.

Beispiel 1:

Ein Automobilunternehmen verkauft seine Fahrzeuge nur über selbständige Kraftfahrzeughändler. Auf Grund der Händlerverkaufsstatistik erkennt das Automobilunternehmen, dass der nächstansässige Kraftfahrzeughändler folgende durchschnittliche Preisnachlässe gewährt hat:

Monat	Modell A	Modell B	Modell C
Januar 2025	9,84 %	6,53 %	7,98 %
Februar 2025	8,82 %	8,72 %	10,99 %
März 2025	8,34 %	5,87 %	17,90 %
Durchschnitt	9,00 %	7,04 %	12,29 %

Für Fahrzeuge, die im April 2025 von Arbeitnehmern des Automobilunternehmens bestellt werden, ergeben sich somit folgende Abschläge bei den einzelnen Modellen:

- Modell A: 9,00 %,
- Modell B: 7,04 %,
- Modell C: 12,29 %.

Ein Arbeitnehmer bestellt am 11.4.2025 ein Fahrzeug des Modells A, das einen Listenpreis von 30 000 € hat. Der Arbeitnehmer muss hierfür bei Lieferung einen Preis von 25 000 € zahlen. Den geldwerten Vorteil ermittelt der Arbeitgeber wie folgt:

Listenpreis des Automobilunternehmens	30 000 €
– Abschlag (9,00 %)	2 700 €
= Angebotspreis	27 300 €
– 4 % Abschlag	1 092 €
= Endpreis des Arbeitgebers	26 208 €
– Kaufpreis des Arbeitnehmers	25 000 €
= Vorteil	1 208 €
– Rabattfreibetrag nach § 8 Abs. 3 EStG	1 080 €
= vom Arbeitnehmer zu versteuern	128 €

Der Arbeitnehmer hat für den Kauf des Fahrzeugs 128 € im Zeitpunkt der Lieferung zu versteuern. Dabei ist unerheblich, wie hoch die Abschläge an fremde Letztverbraucher im Zeitpunkt der Lieferung tatsächlich sind, maßgebend ist allein der Zeitpunkt der Bestellung.

Allerdings kann der Arbeitnehmer noch i.R. seiner Einkommensteuerveranlagung statt der Versteuerung des geldwerten Vorteils nach § 8 Abs. 3 EStG auch eine Versteuerung nach § 8 Abs. 2 Satz 1 EStG, also ohne Bewertungsabschlag und Rabattfreibetrag, beantragen (BMF v. 16.5.2013, IV C 5 – S 2334/07/0011, BStBl I 2013, 729).

Beispiel 2:

Sachverhalt wie Beispiel 1. Allerdings bestellt ein Arbeitnehmer, der am Sitz des Automobilunternehmens wohnt, ein Fahrzeug des Modells C, das einen Listenpreis von 80 000 € hat. Der Arbeitnehmer muss hierfür bei Lieferung einen Preis von 65 000 € zahlen. Der geldwerte Vorteil ermittelt der Arbeitgeber wie folgt:

Listenpreis des Automobilunternehmens	80 000,– €
– Abschlag (12,29 %)	9 832,– €
= Angebotspreis	70 168,– €
– 4 % Abschlag	2 806,72 €
= Endpreis des Arbeitgebers	67 361,28 €
– Kaufpreis des Arbeitnehmers	65 000,– €
= Vorteil	2 361,28 €
– Rabattfreibetrag nach § 8 Abs. 3 EStG	1 080,– €
= vom Arbeitnehmer zu versteuern	1 281,28 €

Der Arbeitnehmer stellt fest, dass Fahrzeuge des Modells C am Bestelltag mit einem Rabatt von 17,90 % verkauft worden sind. I.R. seiner Einkommensteuerveranlagung kann er auch folgende Ermittlung des geldwerten Vorteils wählen (BMF v. 16.5.2013, IV C 5 – S 2334/07/0011, BStBl I 2013, 729):

Listenpreis des Automobilunternehmens	80 000 €
– Abschlag (17,90 %)	14 320 €
= üblicher Endpreis am Abgabeort	65 680 €
– Kaufpreis des Arbeitnehmers	65 000 €
= vom Arbeitnehmer zu versteuern	680 €

Bei Wahl der Bewertungsmethode nach § 8 Abs. 2 Satz 1 EStG hat der Arbeitnehmer 601,28 € weniger versteuern als bei Anwendung der Bewertungsmethode nach § 8 Abs. 3 EStG. Allerdings muss der Arbeitnehmer den am Sitz des Arbeitgebers **maßgeblichen Angebotspreis bzw. günstigsten Marktpreis nachweisen**, z.B. durch eine formlose Mitteilung des Arbeitgebers oder einen Ausdruck eines günstigeren inländischen Angebots im Zeitpunkt des Zuflusses (BMF v. 16.5.2013, IV C 5 – S 2334/07/0011, BStBl I 2013, 729).

Wird dem Arbeitnehmer – anders als einem fremden Endkunden – tatsächlich **keine Überführungsleistung** (eines Fahrzeugs) erbracht, **scheidet** insoweit die **Annahme eines** nach § 8 Abs. 3 Satz 1 EStG zu bewertenden **geldwerten Vorteils aus**, denn der Endpreis stellt auf den Endpreis für die konkret zu bewertende Leistung ab. Werden mehrere Leistungen zugewandt, ist für jede Leistung gesondert eine Verbilligung und ein damit einhergehender Vorteil zu ermitteln (BFH v. 16.1.2020, VI R 31/17, BStBl II 2020, 591).

c) Unterschiede in der Bewertung nach § 8 Abs. 2 EStG und § 8 Abs. 3 EStG

Die unterschiedlichen Bewertungsmaßstäbe des § 8 Abs. 3 und des § 8 Abs. 2 EStG sollen noch einmal gegenübergestellt werden: 3533

Bewertung nach § 8 Abs. 3 EStG	Bewertung nach § 8 Abs. 2 EStG
Konkreter Endpreis des Arbeitgebers oder nächstansässigen Abnehmers	**Üblicher** Endpreis am Abgabeort, ggf. 96 % des konkreten Endpreises
Kein Ansatz von Sachbezugswerten	**Ansatz** von Sachbezugswerten, wenn festgesetzt (zwingend)
Abschlag **4 %**	**Kein** Abschlag
Rabattfreibetrag **1 080 €** jährlich	Freigrenze **50 €** monatlich

6. Pauschalierung der Lohnsteuer

Für die Anwendung des Rabattfreibetrags und der besonderen Bewertung für die unentgeltliche oder verbilligte Überlassung von Waren oder Dienstleistungen nach § 8 Abs. 3 EStG ist Voraussetzung, dass die Sachbezüge **nicht pauschal** besteuert werden. **Pauschalierung und Anwendung des Rabattfreibetrags schließen sich grds. aus.** 3534

Macht der Arbeitgeber von der Möglichkeit der Lohnsteuer-Pauschalierung Gebrauch, so ist für die Bewertung der Sachbezüge

§ 8 Abs. 2 EStG anzuwenden. Als für den Rabattfreibetrag **schädliche Pauschalierungen** kommen in Betracht:

- § 40 Abs. 1 Satz 1 Nr. 1 EStG

  Sonstige Bezüge in einer größeren Zahl von Fällen (→ *Pauschalierung der Lohnsteuer* Rz. 3337).
- § 40 Abs. 1 Satz 1 Nr. 2 EStG

  Nachversteuerung in einer größeren Zahl von Fällen (→ *Pauschalierung der Lohnsteuer* Rz. 3347).
- § 40 Abs. 2 Satz 1 Nr. 1 EStG

  Mahlzeiten im Betrieb (→ *Mahlzeiten* Rz. 3079).
- § 40 Abs. 2 Satz 1 Nr. 1a EStG

  Mahlzeiten bei Auswärtstätigkeiten (→ *Mahlzeiten aus besonderem Anlass* Rz. 3090).
- § 40 Abs. 2 Satz 1 Nr. 2 EStG

  Betriebsveranstaltungen (→ *Betriebsveranstaltungen* Rz. 1437).
- § 40 Abs. 2 Satz 1 Nr. 5 EStG

  Übereignung von Datenverarbeitungsgeräten (→ *Computer* Rz. 1517).
- § 40 Abs. 2 Satz 1 Nr. 6 EStG

  Übereignung von Ladevorrichtungen für Elektrofahrzeuge oder Hybridelektrofahrzeuge (→ *Elektromobilität* Rz. 1822).
- § 40 Abs. 2 Satz 1 Nr. 7 EStG

  Übereignung von betrieblichen Fahrrädern (→ *Fahrrad* Rz. 2070).

Diese Aufzählung ist abschließend. Daher ist es möglich, dass auch Aushilfskräfte und geringfügig entlohnte Beschäftigte, deren Lohnsteuer nach § 40a EStG pauschal erhoben wird (→ *Pauschalierung der Lohnsteuer bei Aushilfskräften* Rz. 3353, → *Pauschalierung der Lohnsteuer bei geringfügig Beschäftigten* Rz. 3379), in den Genuss des Rabattfreibetrags kommen können.

Die Pauschalierung schließt die gleichzeitige Anwendung des Rabattfreibetrags aus. Es ist **nicht möglich**, für **einen** Sachbezug den Rabattfreibetrag anzuwenden und für den übersteigenden Preisnachlass eine Pauschalierung durchzuführen. Das **Wahlrecht „Rabattfreibetrag oder Pauschalierung"** steht dem Arbeitgeber für **jeden einzelnen Sachbezug** zu, ohne dass eine Aufteilung des Sachbezugs zulässig ist.

Beispiel 1:

Frau R, Kunsthistorikerin aus Köln, erhält von ihrer Arbeitgeberin, einer Galeristin, eine Plastik von Thevenin zu einem Preis von 50 000 €. Normalerweise bietet die Galeristin solche Plastiken für 54 000 € an.

Der geldwerte Vorteil errechnet sich wie folgt:

Angebotspreis des Arbeitgebers	54 000 €
– 4 % Abschlag	2 160 €
= Endpreis i.S.v. § 8 Abs. 3 EStG	51 840 €
– Zahlung des Arbeitnehmers	50 000 €
= Vorteil	1 840 €
– Rabattfreibetrag	1 080 €
= geldwerter Vorteil	760 €

Es ist **nicht zulässig**, den Betrag von 760 € pauschal nach § 40 Abs. 1 Satz 1 Nr. 1 EStG zu versteuern.

Die Aufteilung **eines Sachbezugs** ist **nur zulässig**, wenn die Pauschalierung der Lohnsteuer beantragt wird und die Pauschalierungsgrenze des § 40 Abs. 1 Satz 3 EStG überschritten wird (BMF v. 19.5.2015, IV C 5 – S 2334/07/0009, BStBl I 2015, 484).

Beispiel 2:

Wie Beispiel 1. Die Galeristin will die auf den Sachbezug entfallende Lohnsteuer pauschal versteuern. Der ortsübliche Endpreis am Abgabeort wird nach der Vereinfachungsregelung der R 8.1 Abs. 2 Satz 9 LStR ermittelt.

Der geldwerte Vorteil errechnet sich wie folgt:

Angebotspreis des Arbeitgebers	54 000 €
– 4 % Abschlag (Vereinfachungsregelung)	2 160 €
= üblicher Endpreis i.S.v. § 8 Abs. 2 EStG	51 840 €
– Zahlung des Arbeitnehmers	50 000 €
= Vorteil	1 840 €

Dieser Betrag kann nur bis zur Höhe von 1 000 € pauschal versteuert werden (weil ein sonstiger Bezug, § 40 Abs. 1 Satz 3 EStG). Darüber hinaus ist eine Pauschalierung ausgeschlossen. Auf den restlichen Betrag von 840 € kann der Rabattfreibetrag von 1 080 € angewendet werden, so dass dieser Vorteil steuerfrei ist.

Für die Frage, ob ein **einzelner Sachbezug** vorliegt, ist auf den **Zufluss** abzustellen. Bei einem Zufluss zu verschiedenen Zeitpunkten handelt es sich jeweils um einzelne Sachbezüge.

Beispiel 3:

Der Koch eines Hotels erhält arbeitstäglich eine kostenlose Mahlzeit lt. Speisekarte.

Die Mahlzeiten stellen einzelne Sachbezüge dar, so dass zwischen Rabattfreibetrag und Pauschalierung gewählt werden kann. Die Anwendung des Rabattfreibetrags bis zu 1 080 € ist möglich, es gilt § 8 Abs. 3 EStG, d.h. Endpreis lt. Speisekarte abzüglich 4 %. Sobald der Rabattfreibetrag ausgeschöpft ist, kann der Arbeitgeber weitere Sachbezüge nach § 40 Abs. 2 Satz 1 Nr. 1 EStG pauschal versteuern. Es findet § 8 Abs. 2 EStG mit dem Ansatz des amtlichen Sachbezugswerts Anwendung (→ *Mahlzeiten* Rz. 3080).

7. Rabattgewährung an Angehörige

Arbeitslohn sind alle Einnahmen, die dem Arbeitnehmer aus dem **3535**
Dienstverhältnis zufließen. Dies gilt auch für Einnahmen, die **nicht dem Arbeitnehmer selbst**, sondern einem Dritten (Ehegatte, Lebenspartner, Angehörige, nahe stehende Personen, Bekannte) zufließen, solange sie Ausfluss aus dem Dienstverhältnis des Arbeitnehmers sind.

Einkünfte aus nichtselbständiger Arbeit sind demjenigen zuzuordnen, der sie erzielt hat (§ 2 Abs. 1 EStG). Erzielt hat die Einkünfte grds. derjenige, der sie durch eigene Arbeitskraft erwirtschaftet, d.h. derjenige, der durch sein Dienstverhältnis mit dem Arbeitgeber diesen zur Zahlung des Arbeitslohns veranlasst.

Ist die Möglichkeit, dass Angehörige unentgeltlich oder verbilligt Waren beziehen oder Dienstleistungen in Anspruch nehmen, **ausschließlich durch das Dienstverhältnis des Arbeitnehmers veranlasst** und nur hierdurch zu erklären und handelt es sich nicht um ein selbständiges Angebot an Dritte, ist sie als Ausfluss der nichtselbständigen Tätigkeit i.R. dieses Dienstverhältnisses zu versteuern. Die Sachbezüge an Angehörige sind ebenso zu beurteilen wie die Zuwendungen an den Arbeitnehmer selbst, insbesondere ist ein eventueller geldwerter Vorteil auf den Rabattfreibetrag des Arbeitnehmers anzurechnen.

8. Mehrfache Gewährung des Rabattfreibetrags

Der Rabattfreibetrag ist an das Dienstverhältnis gekoppelt. Steht **3536**
der Arbeitnehmer im Kalenderjahr **nacheinander oder nebeneinander in mehreren Dienstverhältnissen**, so sind die Sachbezüge aus jedem Dienstverhältnis unabhängig voneinander zu beurteilen. Das bedeutet, dass der Arbeitnehmer den Rabattfreibetrag bei jedem Dienstverhältnis in voller Höhe in Anspruch nehmen kann. Dabei ist es gleichgültig, ob es sich bei dem Dienstverhältnis um ein „übliches" Arbeitsverhältnis oder um eine Teilzeitbeschäftigung oder Aushilfstätigkeit handelt.

Beispiel 1:

Eine Arbeitnehmerin übernimmt im Kalenderjahr drei Aushilfstätigkeiten bei verschiedenen Arbeitgebern.

Bei jeder Aushilfstätigkeit steht ihr der Rabattfreibetrag von 1 080 € zu, so dass sie u.U. Rabattvorteile i.H.v. insgesamt 3 240 € nicht versteuern muss.

Erwerben mehrere Arbeitnehmer eines Arbeitgebers **gemeinsam eine Ware**, so kann der Rabattfreibetrag für jeden Arbeitnehmer gewährt werden. Voraussetzung ist jedoch, dass alle beteiligten Arbeitnehmer Eigentümer der Ware werden. Eine Mehrfachberücksichtigung des Preisabschlags von 4 % kommt nicht in Betracht.

Beispiel 2:

Die Eheleute sind bei einem Automobilwerk beschäftigt und erwerben verbilligt einen Pkw.

Eine Gewährung des Rabattfreibetrags für jeden Arbeitnehmer ist nur dann zulässig, wenn der Kaufvertrag von beiden Eheleuten abgeschlossen wird.

Beispiel 3:

Vater und Sohn sind bei einem Elektrizitätsversorgungsunternehmen beschäftigt. Sie bewohnen gemeinsam ein Einfamilienhaus und erhalten vom Arbeitgeber Strom verbilligt über einen Stromzähler geliefert.

Eine Gewährung des Rabattfreibetrags für jeden Arbeitnehmer ist nur dann zulässig, wenn beide Vertragspartner für die Stromlieferung sind. Davon ist auszugehen, wenn der Stromzähler auf die Namen beider Arbeitnehmer eingetragen ist.

9. Rabattgewährung durch Dritte

a) Allgemeines

3537 Arbeitslohn kann auch die unentgeltliche oder verbilligte **Überlassung von Waren oder Dienstleistungen eines Dritten** sein, wenn sie Entgelt für eine Leistung ist, die der Arbeitnehmer i.R. seines individuellen Arbeitsverhältnisses für den Arbeitgeber erbringt; demgemäß muss auch hier der Zusammenhang zwischen der Leistung des Dritten und dem Dienstverhältnis gewahrt sein. Dies ist der Fall, wenn der Arbeitnehmer die Zuwendung eines Dritten vernünftigerweise als Frucht seiner Leistung für den Arbeitgeber ansehen kann (BFH v. 5.7.1996, VI R 10/96, BStBl II 1996, 545), nicht aber, wenn die Zuwendung bzw. Einnahme auf eigenen unmittelbaren rechtlichen oder wirtschaftlichen Beziehungen des Arbeitnehmers zu dem Dritten beruht (BFH v. 7.8.1987, VI R 53/84, BStBl II 1987, 822).

Rabatte, die Arbeitnehmern von dritter Seite eingeräumt werden, sind daher nur Arbeitslohn, wenn sich aus den Umständen ergibt, dass **mit dem Preisnachlass die für den Arbeitgeber erbrachte Arbeitsleistung final entgolten** werden soll. „Enge Beziehungen sonstiger Art" zwischen dem Dritten und dem Arbeitgeber allein begründen den erforderlichen Veranlassungszusammenhang nicht (gegen BMF v. 20.1.2015, IV C 5 – S 2360/12/10002, BStBl I 2015, 143). Gewährt der Dritte den Rabatt aus eigenwirtschaftlichen Gründen, spricht dies gegen die Annahme von Arbeitslohn (FG Hamburg v. 29.11.2017, 1 K 111/16, EFG 2018, 490). Maßgebend waren im Urteilsfall nicht ausreichende Rechtsbeziehungen zwischen den beteiligten Konzern-Unternehmen.

Gewährt jedoch ein Automobilhersteller Arbeitnehmern eines Zulieferers, an dem er kapitalmäßig beteiligt ist und dem er eigene Arbeitnehmer überlässt, die nämlichen Rabatte beim Erwerb von Fahrzeugen wie seinen eigenen Arbeitnehmern, handelt es sich bei den Preisnachlässen um lohnsteuerbaren Drittlohn; so der BFH in seinem jüngsten Urteil v. 16.2.2022, VI R 53/18. Dem Vorliegen von Arbeitslohn steht ein eigenes wirtschaftliches Interesse des Automobilherstellers nicht entgegen. Im Urteilsfall hat ein Arbeitnehmer, der bei einem Zulieferbetrieb eines Autoherstellers beschäftigt war (Beteiligung mit 50 % an dem Zulieferer), am Rabattprogramm für „Werksangehörige" teilgenommen. Die Vorteile des Arbeitnehmers beliefen sich auf einen Preisvorteil von 1 700 €, zudem wurden die Überführungskosten i.H.v. 700 € erlassen. Das Finanzamt behandelte diese Vorteile als steuerpflichtigen Arbeitslohn, was das FG Köln verneinte (Urteil v. 11.10.2018, 7 K 2053/17, EFG 2019, 119).

Der BFH bekräftigte, dass § 8 Abs. 3 Satz 2 EStG nach ständiger Senatsrechtsprechung ausschließlich für solche Zuwendungen anzuwenden ist, die der Arbeitgeber seinem Arbeitnehmer auf Grund seines Dienstverhältnisses gewährt. Hiernach greifen für Vorteile – wie hier – von Dritten die Steuerbegünstigung selbst dann nicht ein, wenn die Dritten – z.B. konzernzugehörige Unternehmen – dem Arbeitgeber nahestehen. Etwas anderes gilt auch nicht, wenn – wie vorliegend – Drittlohn in Rede steht und der Hersteller am Herstellungsprozess beteiligte Arbeitnehmer eines Dritten durch die Gewährung des Personalrabatts mit eigenen Arbeitnehmern gleichstellt.

Werden Rabatte beim Abschluss von **Versicherungsverträgen** sowohl Arbeitnehmern von Geschäftspartnern als auch einem weiteren Personenkreis (Angehörige der gesamten Versicherungsbranche, Arbeitnehmer weiterer Unternehmen) eingeräumt, so liegt hierin kein Arbeitslohn (BFH v. 10.4.2014, VI R 62/11, BStBl II 2015, 191).

Ebenfalls kein Arbeitslohn von dritter Seite liegt vor, wenn einem Reisebüroangestellten und deren Ehegatten von einem Reiseveranstalter für die Buchung einer Kreuzfahrt ein Rabatt gewährt wird, sofern die Rabattierung zur Auslastungsoptimierung sowie Reduzierung der Kostenbelastung und damit vor allem aus eigenwirtschaftlichen Gründen des Veranstalters erfolgt (FG Düsseldorf v. 21.12.2016, 5 K 2504/14 E).

Beispiel 1:

Ein Kreuzfahrtunternehmen veranstaltet mit Kreuzfahrtschiffen weltweit Hochseekreuzfahrten. Die Vermittlung dieser Kreuzfahrten erfolgt fast ausschließlich über Reisebüros. Der Veranstalter gewährt Reisebüroinhabern und -angestellten (Expedienten) die Möglichkeit, auf allen Schiffen Kreuzfahrten zu einem im Vergleich zum Katalogpreis erheblich reduzierten Preis zu unternehmen (Preisreduktion über 80 % des entsprechenden Katalogpreises). Die Gewährung der vergünstigten Kreuzfahrt erfolgt ohne eine konkrete Gegenleistung des Empfängers und soll dazu dienen, die bestehenden Geschäftsverbindungen zu sichern und zu verbessern. So sind auch keine weiteren Bedingungen oder Einschränkungen hinsichtlich der gewünschten Reise zu beachten. Das Unternehmen verlangt bei der Buchung lediglich eine Bestätigung, dass die jeweils reisende Person in einem Reisebüro tätig ist. Daneben werden dieselben Konditionen auch einer weiteren mitreisenden Person (Lebenspartner) des Expedienten gewährt.

Die Rabattierung erfolgt zur Auslastungsoptimierung sowie Reduzierung der Kostenbelastung und damit vor allem aus eigenwirtschaftlichen Gründen des Veranstalters. Allein der Umstand, dass der Preisnachlass lediglich den Mitarbeitern von Reisebüros und nicht auch anderen Arbeitnehmern gewährt wird, begründet keinen hinreichenden Veranlassungszusammenhang zwischen der Vorteilsgewährung und der Arbeitsleistung. Rabatte, die ein Dritter einräumt, gehören nicht allein deshalb zum Arbeitslohn, weil der Arbeitgeber an deren Verschaffung mitgewirkt hat. Zwar kann eine Mitwirkung des Arbeitgebers an Preisvorteilen, die Arbeitnehmern von dritter Seite eingeräumt werden, dafür sprechen, dass die Drittzuwendung wirtschaftlich betrachtet Arbeitslohn ist. Entscheidend ist aber, ob die Zuwendung des Dritten Prämie oder Belohnung für eine Leistung ist, die der Arbeitnehmer i.R. seines Arbeitsverhältnisses für den Arbeitgeber erbringt (FG Düsseldorf v. 21.12.2016, 5 K 2504/14 E).

In den Fällen, in denen der Rabatt durch Dritte gewährt wird, kommt die **Anwendung des Rabattfreibetrags nicht in Betracht**, weil der Vorteil nicht vom Arbeitgeber gewährt wird (→ Rz. 3530). Die Bewertung dieser Vorteile hat nach § 8 Abs. 2 EStG mit dem um übliche Preisnachlässe geminderten üblichen Endpreis am Abgabeort zu erfolgen.

Beispiel 2:

Ein Arbeitnehmer eines Getränkehandels erhält von einer Brauerei, zu der der Getränkehandel in ständiger Geschäftsbeziehung steht, eine Reise in die Schweiz geschenkt.

Die dem Arbeitnehmer zugewendete Reise ist steuerpflichtiger Arbeitslohn, denn sie wird ihm i.R. seines Dienstverhältnisses zugewendet (FG Baden-Württemberg v. 12.1.1995, 6 K 224/93, EFG 1995, 666). Der Rabattfreibetrag ist nicht anwendbar, die Bewertung der Vorteile erfolgt nach § 8 Abs. 2 EStG.

Die Finanzverwaltung hat zur steuerlichen Behandlung der Rabatte, die Arbeitnehmern von dritter Seite eingeräumt werden, wie folgt Stellung genommen (BMF v. 20.1.2015, IV C 5 – S 2360/12/10002, BStBl I 2015, 143):

b) Preisvorteile als Arbeitslohn

Preisvorteile, die Arbeitnehmern von dritter Seite eingeräumt werden, sind Arbeitslohn, wenn sie sich **für den Arbeitnehmer als Frucht seiner Arbeit** für den Arbeitgeber darstellen und wenn sie im **Zusammenhang mit dem Dienstverhältnis** stehen. Ein überwiegend eigenwirtschaftliches Interesse des Dritten schließt die Annahme von Arbeitslohn dagegen i.d.R. aus. Arbeitslohn liegt auch dann nicht vor, wenn und soweit der Preisvorteil auch fremden Dritten üblicherweise im normalen Geschäftsverkehr eingeräumt wird (z.B. Mengenrabatte). 3538

c) Aktive Mitwirkung des Arbeitgebers

Es spricht dafür, dass Preisvorteile zum Arbeitslohn gehören, wenn der Arbeitgeber an der Verschaffung dieser Preisvorteile **aktiv mitgewirkt** hat. Eine aktive Mitwirkung des Arbeitgebers in diesem Sinne liegt in folgenden Fällen vor: 3539

- Aus dem Handeln des Arbeitgebers ist ein **Anspruch** des Arbeitnehmers auf den Preisvorteil entstanden.

  Ein Anspruch des Arbeitnehmers auf die Rabattgewährung liegt immer dann vor, wenn der Arbeitgeber mit dem Dritten **einen Rahmenvertrag abschließt**, nach dem sich der Dritte verpflichtet, den Arbeitnehmern einen bestimmen Rabatt zu gewähren.

  Beispiel 1:

  Ein Unternehmen schließt mit einem Automobilhersteller einen Vertrag ab, nach dem alle Arbeitnehmer, die im Außendienst tätig sind und ihren Privatwagen für ihre berufliche Tätigkeit nutzen, einen Rabatt von 10 % auf den Neuwagenpreis erhalten. Das Unternehmen verpflichtet sich gegenüber dem Automobilunternehmen, nur für die Außendienstmitarbeiter entsprechende Bescheinigungen auszustellen. Alle übrigen Arbeitnehmer erhalten keine Bescheinigung und damit auch keinen Rabatt.

Es spricht vieles dafür, dass der Preisvorteil zum Arbeitslohn gehört, weil der Arbeitnehmer durch den Vertrag seines Arbeitgebers mit dem Automobilunternehmen einen **Anspruch** auf den Rabatt erhält.

Das **FG Rheinland-Pfalz** vertritt hierzu allerdings **eine andere Auffassung**. Rabatte, die beim Erwerb von Kraftfahrzeugen durch Arbeitnehmer auf Grund eines vom Arbeitgeber mit verschiedenen Kraftfahrzeugherstellern **abgeschlossenen Rahmenabkommens** angefallen sind, sind **kein Arbeitslohn von dritter Seite**, weil die eigenwirtschaftlichen Interessen der Automobilhersteller, nämlich die Erschließung und Bindung eines attraktiven Kundenstamms von Außendienstmitarbeitern, das Arbeitgeberinteresse an der Rabattverschaffung überlagern. Der vermittelte Rabattrahmen bewege sich nicht nur in einer für vergleichbare Mengenrabatte für Großkunden üblichen Bandbreite, sondern sei auch für fremde Endverbraucher marktgerecht. Allein der vom Arbeitgeber abgeschlossene Rahmenvertrag könne deshalb einen besteuerbaren Rabatt von dritter Seite nicht begründen (FG Rheinland-Pfalz v. 9.9.2020, 2 K 1690/18, EFG 2021, 100, Nichtzulassungsbeschwerde durch BFH v. 2.7.2021, VI B 86/20, nicht dokumentiert, als unbegründet zurückgewiesen).

- Der Arbeitgeber übernimmt für den Dritten **Verpflichtungen**, z.B. Inkassotätigkeit oder Haftung.

Beispiel 2:

Ein Versandunternehmen bietet einem Arbeitgeber an, seinen Arbeitnehmern Preisnachlässe i.H.v. 15 % zu gewähren. Voraussetzung ist jedoch, dass die Arbeitnehmer per Sammelbestellung über ihn bestellen und er die Rechnungen in einer Summe begleicht.

Es spricht dafür, dass der Preisvorteil der Arbeitnehmer zum Arbeitslohn gehört, weil der Arbeitgeber für das Versandunternehmen das Inkasso übernimmt.

Einer **aktiven Mitwirkung** des Arbeitgebers in diesem Sinne **steht gleich**:

- Zwischen dem Arbeitgeber und dem Dritten besteht eine **enge wirtschaftliche oder tatsächliche Verflechtung** oder enge Beziehung sonstiger Art, z.B. Organschaftsverhältnis (a.A. FG Hamburg v. 29.11.2017, 1 K 111/16, EFG 2018, 490). Im Urteilsfall gewährte eine KG i.R. einer freiwilligen Leistung ihren Konzernmitarbeitern auf alle Käufe aus dem eigenen Warensortiment einen Rabatt, der den Mitarbeitern der Klägerin durch Aushang bekannt gemacht wurde. Der Kaufpreis für bestellte Waren wurde in der Lohnbuchhaltung vom Lohn des Mitarbeiters einbehalten und dem Lieferunternehmen gutgeschrieben. Das FG hat die Steuerpflicht der (Konzern-)Rabatte auf Grund nicht ausreichender Rechtsbeziehungen zwischen den Unternehmen verneint).

  Zur aktuellen BFH-Rechtsprechung s. ergänzend → Rz. 3537.

  Die o.g. Mitwirkung ist insbesondere bei **„Konzernrabatten"** zu prüfen, d.h. für Preisvorteile, die nicht unmittelbar vom Arbeitgeber gewährt werden, sondern von einem Unternehmen, das mit dem Arbeitgeber konzernrechtlich verbunden ist.

Beispiel 3:

Das Kaufhausunternehmen hat ein Tochterunternehmen, das sich auf den Verkauf von Computerartikeln spezialisiert hat. Die Mitarbeiter des Tochterunternehmens erhalten beim Kaufhausunternehmen dieselben Rabattkonditionen wie die eigenen Mitarbeiter.

Es spricht dafür, dass die Rabatte, die die Mitarbeiter des Tochterunternehmens beim Kaufhausunternehmen erhalten, zum Arbeitslohn gehören, weil beide Unternehmen konzernrechtlich verbunden sind.

Seit 2004 ist der Arbeitgeber verpflichtet, Lohnsteuer einzubehalten, wenn der Arbeitslohn i.R. des Dienstverhältnisses von einem Dritten gezahlt wird und der Arbeitgeber weiß oder erkennen kann, dass derartige Vorteile gewährt werden (→ *Lohnzahlung durch Dritte* Rz. 3042).

- Dem Arbeitnehmer werden Preisvorteile von einem Unternehmen eingeräumt, dessen Arbeitnehmer ihrerseits Preisvorteile vom Arbeitgeber erhalten (**gegenseitige Rabattgewährung**).

Beispiel 4:

Ein Unternehmen der Möbelbranche stellt nur Küchenmöbel her. Ein anderes – selbständiges – Unternehmen stellt nur Wohnzimmermöbel her. Ohne dass eine Vereinbarung zwischen den selbständigen Unternehmen besteht, gewähren die Unternehmen auch den Arbeitnehmern des anderen Unternehmens dieselben Rabattkonditionen wie den eigenen Mitarbeitern.

Es spricht dafür, dass die Rabatte zum Arbeitslohn gehören, weil eine gegenseitige Rabattgewährung vorliegt.

Preisvorteile, die ein Dritter Arbeitnehmern einräumt, gehören aber **nicht allein deshalb zum Arbeitslohn**, weil der Arbeitgeber an der Verschaffung der Rabatte mitgewirkt hat. Entscheidend ist vielmehr, ob die Zuwendung des Dritten **Prämie oder Belohnung für eine Leistung** ist, die der Arbeitnehmer **i.R. seines Arbeitsverhältnisses** für den Arbeitgeber erbringt (BFH v. 18.10.2012, VI R 64/11, BStBl II 2015, 184 und BFH v. 10.4.2014, VI R 62/11, BStBl II 2015, 191).

d) Keine aktive Mitwirkung des Arbeitgebers

Eine aktive Mitwirkung des Arbeitgebers an der Verschaffung von Preisvorteilen ist **nicht anzunehmen**, wenn sich seine Beteiligung darauf beschränkt, **3540**

- **Angebote Dritter** in seinem Betrieb, z.B. am „schwarzen Brett", im betriebseigenen Intranet oder in einem Personalhandbuch, **bekannt zu machen** oder
- **Angebote Dritter** an die Arbeitnehmer seines Betriebs und evtl. damit verbundene Störungen des Betriebsablaufs **zu dulden** oder
- **die Betriebszugehörigkeit** der Arbeitnehmer **zu bescheinigen** oder
- **Räumlichkeiten** für Treffen der Arbeitnehmer mit Ansprechpartnern des Dritten **zur Verfügung zu stellen**.

Beispiel 1:

Dem Arbeitgeber wird von einem Reiseveranstalter mitgeteilt, dass er allen Beschäftigten einen Rabatt von 5 % auf den Reisepreis gewährt. Er bittet den Arbeitgeber, dieses Schreiben am „schwarzen Brett" auszuhängen und den Arbeitnehmern – sofern sie keinen Firmenausweis haben – die Betriebszugehörigkeit zu bescheinigen.

Der Preisvorteil gehört nicht zum Arbeitslohn, weil der Arbeitgeber lediglich das Angebot des Dritten seinen Arbeitnehmern bekannt macht und die Betriebszugehörigkeit bescheinigt.

Beispiel 2:

Ein Arbeitgeber (Krankenhaus) bezieht seit mehreren Jahren auf Grund eines Versorgungsvertrags Apothekenartikel von einer Apotheke. Diese liefert darüber hinaus i.R. eines sog. Mitarbeiter-Vorteilsprogramms an die Mitarbeiter des Krankenhauses ebenfalls Apothekenartikel aller Art, wobei die Mitarbeiter einen Nachlass auf den üblichen Apothekenendpreis erhielten. Das Mitarbeiter-Vorteilsprogramm war von der Apotheke initiiert und den Mitarbeitern bekannt gemacht worden. Der Arbeitgeber hatte diese Bekanntmachung in ihrem Betrieb geduldet. Die Artikel bestellen die Mitarbeiter von ihrem Arbeitsplatz aus direkt bei der Apotheke, wobei sie die Station, Name und Krankenhaus, ggf. die Kundenummer angeben. Die Apotheke liefert dann die bestellten Artikel den Mitarbeitern direkt an ihren Arbeitsplatz im Betrieb des Arbeitgebers, was der Arbeitgeber ebenfalls duldet. Die Mitarbeiter bezahlen die von ihnen bestellten Artikel mittels Einzugsermächtigung direkt an die Apotheke.

Der Erwerb der verbilligten Apothekenartikel durch die Arbeitnehmer stellt keinen geldwerten Vorteil dar, der als Arbeitslohn von dritter Seite vom Arbeitgeber lohnzuversteuern wäre (BFH v. 18.10.2012, VI R 64/11, BStBl II 2015, 184).

An einer Mitwirkung des Arbeitgebers fehlt es auch dann, wenn bei der Verschaffung von Preisvorteilen allein eine vom Arbeitgeber unabhängige **Selbsthilfeeinrichtung der Arbeitnehmer** mitwirkt.

Beispiel 3:

Die Arbeitnehmer eines Unternehmens gründen einen selbständigen Verein, dessen Zweck es ist, den Mitgliedern Rabatte bei anderen Unternehmen zu verschaffen.

Die Rabatte gehören nicht zum Arbeitslohn, weil eine Selbsthilfeeinrichtung der Arbeitnehmer und nicht der Arbeitgeber mitwirkt.

Soweit der **Betriebsrat oder Personalrat** an der Verschaffung der Preisvorteile durch Dritte **mitwirkt**, ist dies dem Arbeitgeber **nicht zuzurechnen**. Die Preisvorteile, an denen der Betriebsrat oder Personalrat mitgewirkt hat, gehören daher **nicht zum Arbeitslohn**. Wenn allerdings der Arbeitgeber an der Verschaffung der Preisvorteile aktiv mitwirkt, wird die Zurechnung von Preisvorteilen zum Arbeitslohn jedoch nicht dadurch ausgeschlossen, dass der Betriebsrat oder Personalrat ebenfalls mitgewirkt hat.

Beispiel 4:

Der Betriebsrat eines Unternehmens hat mit einem Automobilhändler schriftlich vereinbart, dass die Arbeitnehmer einen Rabatt von 8 % auf den Kaufpreis erhalten.

Der Rabatt ist nicht dem Arbeitslohn zuzurechnen, weil lediglich der Betriebsrat mitgewirkt hat.

Beispiel 5:

Wie Beispiel 4, zusätzlich zu dem Vertrag des Betriebsrats übernimmt der Arbeitgeber die Haftung für den Kaufpreis.

Es spricht dafür, dass der Rabatt dem Arbeitslohn zuzurechnen ist, weil der Arbeitgeber die Haftung für den Kaufpreis übernommen hat. Die Mitwirkung des Betriebsrats ändert hieran nichts.

e) Bewertung der Rabattvorteile

3541 Die Bewertung der zum Arbeitslohn gehörenden Preisvorteile erfolgt nach § 8 Abs. 2 EStG. Maßgebend ist also der um übliche Preisnachlässe geminderte übliche Endpreis am Abgabeort. Hierbei kann die Vereinfachungsregelung der R 8.1 Abs. 2 Satz 3 LStR **(Ansatz mit 96 % des konkreten Endpreises des Dritten)** angewendet werden. Sind für den Sachbezug Sachbezugswerte festgesetzt worden, so sind diese maßgebend (→ *Sachbezüge* Rz. 3815).

Soweit eine Bewertung mit Sachbezugswerten nicht in Betracht kommt, kann die **Freigrenze von 50 € monatlich berücksichtigt** werden (→ *Sachbezüge* Rz. 3819). Danach ergibt sich **folgende Übersicht**:

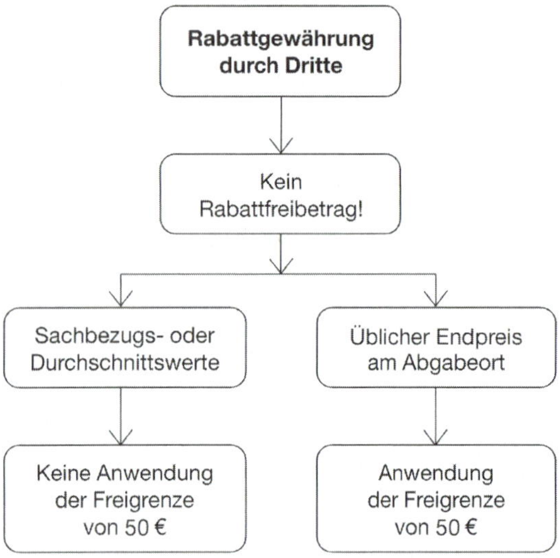

Erwirbt der Arbeitnehmer verschiedene Waren und sind die Preise gegenüber dem örtlichen Markt teilweise niedriger und teilweise höher, so ist **keine Saldierung** vorzunehmen (FG Münster v. 4.2.1998, 13 K 5956/95 L, EFG 1998, 1126, insoweit bestätigt durch BFH v. 10.5.2006, IX R 82/98, BStBl II 2006, 669).

f) Lohnsteuerabzug

3542 Soweit Rabatte vorliegen, die auf Grund der aktiven Mitwirkung des Arbeitgebers zum Arbeitslohn gehören, **unterliegen sie stets dem Lohnsteuerabzug** nach § 38 Abs. 1 Satz 1 EStG.

Soweit Rabatte zum Arbeitslohn gehören, **ohne dass der Arbeitgeber mitwirkt**, unterliegen sie dem Lohnsteuerabzug, wenn sie **von einem Dritten für eine Arbeitsleistung** gewährt werden und der Arbeitgeber weiß oder erkennen kann, dass derartige Vergütungen erbracht werden; dies ist insbesondere dann anzunehmen, wenn Arbeitgeber und Dritte **verbundene Unternehmen** i.S.v. § 15 AktG sind (§ 38 Abs. 1 Satz 3 EStG). Die anderslautende Rechtsprechung (BFH v. 10.5.2006, IX R 82/98, BStBl II 2006, 669) ist durch die Neufassung des § 38 EStG überholt.

Zum Lohnsteuerabzug ergibt sich folgende Übersicht:

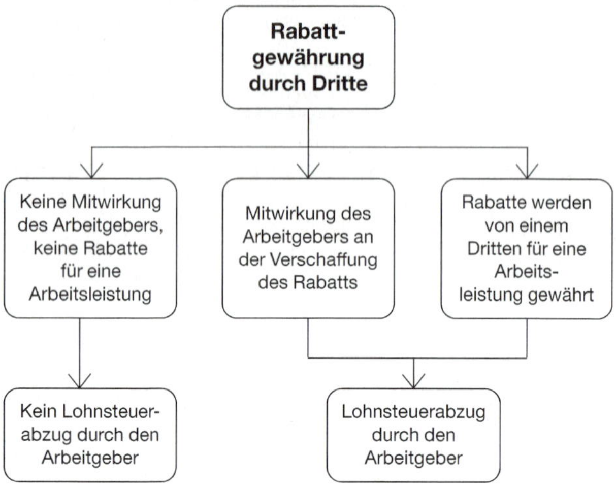

g) Anzeige des Arbeitnehmers

Der Arbeitnehmer hat **dem Arbeitgeber die von einem Dritten gewährten Bezüge** i.S.v. § 38 Abs. 1 Satz 3 EStG am Ende des jeweiligen Lohnzahlungszeitraums **anzugeben**; hierzu ist der Arbeitnehmer **gesetzlich verpflichtet** (§ 38 Abs. 4 Satz 3 EStG). 3543

Der Arbeitnehmer sollte die Richtigkeit seiner Angaben durch Unterschrift bestätigen. Der Arbeitgeber hat die Anzeige **als Beleg zum Lohnkonto** aufzubewahren und die bezeichneten Bezüge zusammen mit dem übrigen Arbeitslohn des Arbeitnehmers dem Lohnsteuerabzug zu unterwerfen. Dabei kann folgende Erklärung verwendet werden:

Erklärung

(☐= Zutreffendes jeweils ankreuzen bzw. ausfüllen, nicht Zutreffendes streichen)

Mir ist bekannt, dass Preisvorteile, die Arbeitnehmer durch die Mitwirkung des Arbeitgebers von dritter Seite erhalten, **lohnsteuerpflichtig** sind.

Lohnsteuerpflichtig sind auch Preisvorteile, die ohne Mitwirkung des Arbeitgebers eingeräumt werden, wenn sie Entgelt für eine Leistung sind, die i.R. des Dienstverhältnisses erbracht worden ist.

Ich erkläre hiermit unter Versicherung der Richtigkeit meiner Angaben, dass ich

☐ im Monat ....
☐ in der Zeit vom ....
bis ....
☐ **keine** der oben genannten Preisvorteile erhalten habe.
☐ folgende Waren oder Dienstleistungen verbilligt erhalten habe:

Ware/Dienstleistung	Entgelt	Rabatt
....	....	....
....	....	....

.................., den ....
(Unterschrift)

Wenn der vom Arbeitgeber geschuldete Barlohn zur Deckung der Lohnsteuer nicht ausreicht, hat der **Arbeitnehmer dem Arbeitgeber den Fehlbetrag zur Verfügung zu stellen** oder der Arbeitgeber einen entsprechenden Teil der anderen Bezüge des Arbeitnehmers zurückzubehalten (§ 38 Abs. 4 Satz 1 EStG). Soweit der Arbeitnehmer seiner Verpflichtung nicht nachkommt und der Arbeitgeber den Fehlbetrag nicht durch Zurückbehaltung von anderen Bezügen des Arbeitnehmers aufbringen kann, hat der Arbeitgeber dies dem Betriebsstättenfinanzamt anzuzeigen (§ 38 Abs. 4 Satz 2 EStG). Ebenfalls anzuzeigen hat der Arbeitgeber dem Betriebsstättenfinanzamt, wenn **der Arbeitnehmer ihm keine Angaben** zu den von einem Dritten gewährten Bezügen i.S.v. § 38 Abs. 1 Satz 3 EStG macht oder **erkennbar unrichtige Angaben** macht (§ 38 Abs. 4 Satz 3 EStG). Das Finanzamt hat die zu wenig erhobene Lohnsteuer vom Arbeitnehmer nachzufordern. Der Arbeitgeber haftet für zu wenig einbehaltene Lohnsteuer, wenn der Arbeitnehmer richtige und vollständige Angaben über die Rabattgewährung durch Dritte macht und der Arbeitgeber dies nicht beim Lohnsteuerabzug berücksichtigt oder dem Betriebsstättenfinanzamt nicht zumindest nach § 38 Abs. 4 Satz 2 EStG anzeigt (BFH v. 9.10.2002, VI R 112/99, BStBl II 2002, 884).

Zu weiteren Einzelheiten zur Lohnzahlung von dritter Seite und zur Anzeigepflicht des Arbeitgebers → *Lohnzahlung durch Dritte* Rz. 3040.

10. Rabattgewährung bei beschädigter oder gebrauchter Ware

3544 Zur steuerlichen Bewertung **von beschädigten oder gebrauchten Waren**, die der Arbeitgeber unentgeltlich oder verbilligt an seine Arbeitnehmer abgibt, vertritt die Finanzverwaltung folgende Auffassung (BMF v. 7.8.1990, IV B 6 – S 2334 – 106/90):

a) Waren mit unerheblichen Mängeln

3545 Geräte und Möbelstücke, die nur **unerhebliche Mängel** oder Schäden aufweisen (z.B. Kratzer am Gehäuse eines Fernsehgeräts) oder bei denen lediglich die Verpackung mangelhaft oder beschädigt ist, sind **wie unbeschädigte Waren** zu behandeln. **Die steuerliche Bewertung dieser Waren richtet sich nach** § 8 Abs. 3 EStG, soweit die Artikel einer einzelnen Warengruppe vom Arbeitgeber nicht überwiegend an seine Arbeitnehmer abgegeben werden. Dies gilt auch dann, wenn die beschädigten Artikel einer einzelnen Warengruppe überwiegend an die Arbeitnehmer abgegeben werden. Der steuerlichen Bewertung sind hiernach die Endpreise zu Grunde zu legen, zu denen der Arbeitgeber oder der dem Abgabeort nächstansässige Abnehmer die unbeschädigten Waren fremden Letztverbrauchern im allgemeinen Geschäftsverkehr anbietet. Von diesem Preis ist der Abschlag von 4 % abzuziehen sowie der Rabattfreibetrag von 1 080 €.

b) Waren mit erheblichen Mängeln oder gebrauchte Waren

3546 Bei Geräten und Möbeln, die **nicht unerheblich** beschädigt oder **zu Vorführzwecken erkennbar benutzt** worden sind, handelt es sich um Waren, die eine **andere Marktgängigkeit** als unbeschädigte oder ungebrauchte Waren haben. Dabei ist eine nicht unerhebliche Beschädigung eines Geräts insbesondere dann anzunehmen, wenn sie die Funktion des Geräts beeinträchtigt. **Die steuerliche Bewertung dieser Waren richtet sich nur dann nach** § 8 Abs. 3 EStG, wenn die beschädigten oder gebrauchten Artikel der einzelnen Warengruppe vom Arbeitgeber nicht überwiegend an seine Arbeitnehmer abgegeben werden. Dabei sind die Endpreise zu Grunde zu legen, zu denen der Arbeitgeber oder der dem Abgabeort nächstansässige Abnehmer die beschädigten oder gebrauchten Waren fremden Letztverbrauchern im allgemeinen Geschäftsverkehr anbietet. Wenn der Arbeitgeber die beschädigten oder gebrauchten Waren überwiegend an seine Arbeitnehmer abgibt, richtet sich die steuerliche Bewertung nach § 8 Abs. 2 EStG. Hiernach sind die Preise zu Grunde zu legen, zu denen die beschädigten oder gebrauchten Waren im allgemeinen Geschäftsverkehr am Abgabeort angeboten werden. Aus Vereinfachungsgründen kann auch der konkrete Endpreis des Arbeitgebers abzüglich 4 % Abschlag angesetzt werden. Die Freigrenze von 50 € monatlich ist anzuwenden.

11. Rabattgewährung bei nachträglicher Gutschrift

3547 Wenn der Arbeitnehmer die Waren oder Dienstleistungen zunächst **zum normalen Preis** erwirbt, **später aber eine Gutschrift** von seinem Arbeitgeber oder von einem Dritten, z.B. am Jahresende, **erhält, ist der Rabattfreibetrag grds. nicht anwendbar**. Der Arbeitnehmer erhält keine verbilligten Sachbezüge, sondern erwirbt die Sachbezüge zum regulären Preis. Die spätere Gutschrift ist als normale Lohnzahlung der Besteuerung zu unterwerfen.

Etwas anderes gilt nur dann, wenn die **Rabattkonditionen**, die zu den späteren Gutschriften führen, **bereits in dem Zeitpunkt bestehen**, in dem die Waren **vom Arbeitgeber** dem Arbeitnehmer überlassen werden oder zu dem die Dienstleistung **vom Arbeitgeber** gegenüber dem Arbeitnehmer erbracht wird (R 8.2 Abs. 1 Satz 4 LStR).

Nachträgliche Gutschriften eines Dritten sind aber in keinem Fall als Verbilligung zu werten, sondern – soweit es sich um Arbeitslohn handelt – immer als Lohnzahlung eines Dritten zu versteuern (R 8.2 Abs. 1 Satz 5 LStR).

12. Rabattgewährung im Versicherungsgewerbe

In der Versicherungsbranche gibt es ein aufsichtsrechtlich vorgegebenes Spartentrennungsgebot. Insoweit ist es nicht möglich, den Arbeitnehmern einen „Rundum-Versicherungsschutz" aus einer Hand durch ein einheitliches Arbeitgeber-Versicherungsunternehmen anzubieten. 3548

Wegen **der besonderen Verhältnisse** in der Versicherungswirtschaft ist beantragt worden, die Anwendung des § 8 Abs. 3 EStG und damit die Anwendung des Rabattfreibetrags von 1 080 € auch auf Rabatte zuzulassen, die Arbeitnehmern von **Konzerngesellschaften** eingeräumt werden. Dieses Anliegen hat die Finanzverwaltung abgelehnt, da es für die gewünschte Ausnahmeregelung an einer gesetzlichen Grundlage fehlt (BMF v. 27.4.1990, IV B 6 – S 2334 – 104/90).

Bei der Gewährung von Versicherungsschutz kommt es für die Feststellung, ob ein steuerpflichtiger Vorteil vorliegt, **nicht auf das billigste Angebot** an, für das Versicherungsschutz am Markt zu erhalten ist. Grundlage für die Feststellung, ob ein steuerpflichtiger Vorteil vorliegt, ist vielmehr das **jeweilige konkrete Angebot des Arbeitgebers** an seine Arbeitnehmer (BFH v. 30.5.2001, VI R 123/00, BStBl II 2002, 230). Ein geldwerter Vorteil liegt bereits dann vor, wenn die Arbeitnehmer von ihrem Arbeitgeber ein Produkt zu einem verbilligten Preis erhalten, unabhängig davon, ob andere funktionsgleiche Produkte am Markt zu einem geringeren Preis erhältlich sind (BFH v. 28.6.2007, VI R 45/02, HFR 2007, 979).

Ein geldwerter Vorteil ist auch dann gegeben – so der BFH –, wenn der übliche Endpreis für funktionsgleiche und qualitativ gleichwertige Waren oder Dienstleistungen anderer Hersteller oder Dienstleister geringer ist als der der konkreten Ware oder Dienstleistung, die verbilligt überlassen wird. Allerdings kann der Arbeitgeber, der den Abschluss von Versicherungsverträgen vermittelt, seinen Arbeitnehmern auch dadurch einen geldwerten Vorteil i.S.d. § 8 Abs. 3 EStG (mit Berücksichtigung des Rabattfreibetrags!) gewähren, dass er im Voraus auf die ihm zustehende Vermittlungsprovision verzichtet, sofern das Versicherungsunternehmen auf Grund dieses Verzichts den fraglichen Arbeitnehmern den Abschluss von Versicherungsverträgen zu günstigeren Tarifen gewährt, als das bei anderen Versicherungsnehmern der Fall ist (BFH v. 30.5.2001, VI R 123/00, BStBl II 2002, 230).

Soweit den Arbeitnehmern in der Versicherungsbranche verbilligt Versicherungsschutz von Konzernunternehmen angeboten wird, ist der Vorteil nach § 8 Abs. 2 EStG mit dem um übliche Preisnachlässe geminderten üblichen Endpreis am Abgabeort für gleichartige Versicherungsverträge (auch hinsichtlich der Versicherungsbedingungen und des Leistungsumfangs) zu erfassen oder mit dem konkreten Endpreis des Unternehmens, zu der der Versicherer eine gleichartige Einzelversicherung im allgemeinen Geschäftsverkehr fremden Dritten anbietet, abzüglich 4 % Abschlag (R 8.1 Abs. 2 Satz 3 LStR). Die Freigrenze von 50 € monatlich ist zu berücksichtigen.

Auch bei **Haustarifen für Konzernmitarbeiter** ist die Preisdifferenz zwischen Haustarif und den entsprechenden Einzelverträgen als Arbeitslohn zu erfassen.

13. Rabattgewährung bei Gruppenversicherungen

Soweit Arbeitgeber für ihre Arbeitnehmer **Gruppenversicherungen** abschließen, ergeben sich häufig Prämienvorteile gegenüber Einzelversicherungen. So gibt es z.B. in der Lebens-, Unfall- und Krankenversicherung Gruppenversicherungen mit eigenständig kalkulierten Gruppentarifprämien. Die bei Gruppenversicherungen gegenüber Einzelversicherungen entstehenden Prämienvorteile gehören **nicht zum Arbeitslohn**. 3549

Aus der aufsichtsrechtlichen Behandlung von **Gruppenversicherungen** folgt, dass diese lohnsteuerlich **nicht mit Einzelversicherungen gleichgesetzt** werden können. Für beide Versicherungsarten gelten unterschiedliche Tarife. Prämienunterschiede beruhen deshalb auf Versicherungsrecht und stellen keinen Arbeitslohn dar, soweit sie sich nicht aus zusätzlich eingeräumten Vergünstigungen ergeben, die aber aufsichtsrechtlich nicht zulässig sind (BMF v. 20.3.1996, IV B 6 – S 2334 – 100/96).

Zweifelhaft ist, ob diese **Auffassung auch auf Prämienvorteile übertragbar** ist, die entstehen, wenn auf eine **Einzelversicherung** statt eines Einzeltarifs **ein Gruppentarif angewendet** wird.

Beispiel 1:

Der Arbeitnehmer ist selbst Versicherungsnehmer, aber es liegt nach den rechtlichen und tatsächlichen Gegebenheiten eine Einzelversicherung und keine Gruppenversicherung vor. Insbesondere zeichnen sich die nach Gruppentarif versicherten Versicherungsnehmer nicht durch eine gemeinsame Risikostruktur aus. Vielmehr beruht der Prämienvorteil (Gruppentarif statt Einzeltarif) auf einem Vertriebsvorteil, weil eine größere Anzahl von Einzelverträgen geschlossen wird und Vertriebsaufgaben und Verwaltungsaufgaben nicht vom Versicherer selbst, sondern vom Arbeitgeber getragen werden. Die Prämienunterschiede beruhen überwiegend auf betriebswirtschaftlichen und nicht auf versicherungsmathematischen Gründen.

Es liegt eine Einzelversicherung vor, auf die ein Gruppentarif angewendet wird.

Nach Auffassung der Finanzverwaltung gilt hierzu Folgendes:

Prämienvorteile beruhen nur auf Versicherungsrecht und nicht auf dem Dienstverhältnis zwischen Arbeitgeber und Arbeitnehmer, soweit Angebote **zu gleichen Konditionen auch arbeitgeberunabhängigen Gruppen** (z.B. Sportvereinen) unterbreitet werden (z.B. im Internet oder in Prospekten). In diesen Fällen gehören die gegenüber Einzelversicherungen entstehenden Prämienvorteile nicht zum Arbeitslohn (BMF v. 20.3.1996, IV B 6 – S 2334 – 100/96).

Werden **vergleichbare Angebote nur arbeitgeberbezogen**, also nur den Arbeitnehmern bestimmter Arbeitgeber unterbreitet (z.B. weil diese Arbeitgeber einen Rahmenvertrag mit der Versicherung abschließen), sind die Prämienvorteile überwiegend durch das Dienstverhältnis zwischen Arbeitgeber und Arbeitnehmer veranlasst und damit **Arbeitslohn**. Die Prämienvorteile sind nach § 8 Abs. 2 Satz 1 EStG mit dem um übliche Preisnachlässe geminderten üblichen Endpreis am Abgabeort zu bewerten.

- Soweit **Angebote zu gleichen Konditionen** an arbeitgeberunabhängige Gruppen **nicht vorliegen**, ist Endpreis am Abgabeort regelmäßig der **Einzeltarif**.
- Liegen Angebote an arbeitgeberunabhängige Gruppen vor, die **günstiger sind als reguläre Einzeltarife**, aber **ungünstiger als die den Arbeitnehmern angebotenen Gruppentarife**, kann **dieser Gruppentarif als Vergleichswert** für die Ermittlung des geldwerten Vorteils zu Grunde gelegt werden. In diesen Fällen beruhen die Prämienvorteile teilweise auf Versicherungsrecht und sind insoweit kein Arbeitslohn.

Beispiel 2:

Eine Versicherung gewährt Arbeitnehmern des Arbeitgebers einen Gruppentarif auf die bei ihr abgeschlossenen Einzelversicherungen, weil sich eine Gruppe von 30 Arbeitnehmern des Arbeitgebers hierzu entschlossen hat. Gegenüber dem Einzeltarif ergibt sich für die Arbeitnehmer ein Preisvorteil von monatlich 55 €. Die Versicherung gewährt derartige Gruppentarife nur Arbeitnehmern von Arbeitgebern, die einen Rahmenvertrag mit ihr geschlossen haben.

Die Prämienvorteile sind überwiegend durch das Dienstverhältnis zwischen dem Arbeitgeber und seinen Arbeitnehmern veranlasst und damit Arbeitslohn. Der geldwerte Vorteil beträgt monatlich 55 € und ist – weil die 50 €-Freigrenze überschritten ist – in voller Höhe steuerpflichtig (→ *Sachbezüge* Rz. 3819).

Beispiel 3:

Sachverhalt wie Beispiel 2, aber die Versicherung gewährt Gruppentarife auch Mitgliedern von Vereinen, wenn eine Mindestzahl von 30 Einzelverträgen erreicht wird. Bei einem Sportclub kommt eine ausreichende Zahl von Vertragsabschlüssen zu Stande. Gegenüber dem Einzeltarif ergibt sich für die Mitglieder des Sportclubs jedoch nur ein Preisvorteil von monatlich 15 €.

Die Prämienvorteile für die Arbeitnehmer sind, soweit sie die Prämienvorteile aus dem Gruppentarif für Vereine übersteigen, durch das Dienstverhältnis zwischen dem Arbeitgeber und seinen Arbeitnehmern veranlasst und damit Arbeitslohn. Der geldwerte Vorteil beträgt monatlich 40 € (55 € – 15 €) und ist – weil die 50 €-Freigrenze unterschritten ist – steuerfrei (→ *Sachbezüge* Rz. 3819).

14. Rabattgewährung im Bankgewerbe

3550 Im Bankgewerbe erhalten die Arbeitnehmer unterschiedliche Rabattvorteile. Die Mitarbeiter erhalten auf ihre Guthaben einen **Vorzugszins**, ihnen werden **zinsgünstige Darlehen** eingeräumt und darüber hinaus ist bei ihnen die **Kontenführung kostenlos** oder verbilligt. Zu den einzelnen Vorteilen gilt Folgendes:

a) Verbilligte Darlehen

3551 Bei Überlassung eines zinslosen oder zinsverbilligten Arbeitgeberdarlehens ist der geldwerte Vorteil (Zinsvorteil) zu ermitteln, der vom Arbeitnehmer als Arbeitslohn zu versteuern ist. Für die Ermittlung des Zinsvorteils ist zwischen einer Bewertung nach § 8 Abs. 2 EStG (z.B. der Arbeitnehmer eines Einzelhändlers erhält ein zinsverbilligtes Arbeitgeberdarlehen) und einer Bewertung nach § 8 Abs. 3 Satz 1 EStG (z.B. der Bankangestellte erhält von seinem Arbeitgeber ein zinsverbilligtes Arbeitgeberdarlehen mit Ansatz des Rabattfreibetrags) zu unterscheiden.

Die zinslose oder verbilligte Darlehensgewährung ist nach § 8 Abs. 3 EStG zu bewerten, soweit sie nicht überwiegend für den Bedarf der eigenen Arbeitnehmer erbracht wird (BFH v. 4.11.1994, VI R 81/93, BStBl II 1995, 338). In diesem Fall kann zwar der Rabattfreibetrag von 1 080 € berücksichtigt werden, die Ermittlung des Vorteils aus der Darlehensgewährung ist jedoch **nach dem konkreten Zinssatz des Arbeitgebers** vorzunehmen. Die Bewertung nach § 8 Abs. 3 EStG kann trotz des Rabattfreibetrags **ungünstiger** sein als die Bewertung nach § 8 Abs. 2 EStG.

Der Arbeitnehmer erlangt keinen steuerpflichtigen Zinsvorteil, wenn der Arbeitgeber ihm ein Darlehen zu einem marktüblichen Zinssatz (Maßstabszinssatz) gewährt (BFH v. 4.5.2006, VI R 28/05, BStBl II 2006, 781).

Zinsvorteile sind nur als Sachbezüge zu versteuern, wenn die **Summe der noch nicht getilgten Darlehen** am Ende des Lohnzahlungszeitraums **2 600 € übersteigt**.

Auf den geldwerten Vorteil eines zinsgünstigen **Darlehens der Deutschen Bundesbank** und ihrer Hauptverwaltungen ist der **Rabattfreibetrag nicht anwendbar**, weil die Gewährung von Darlehen an Privatpersonen nicht zur Produktpalette der Deutschen Bundesbank gehört. Die Gewährung von Darlehen an institutionelle Geschäftspartner ist nicht mit der Darlehensgewährung an private Verbraucher vergleichbar (BFH v. 9.10.2002, VI R 164/01, BStBl II 2003, 373).

Für **sonstige Bankdienstleistungen** (kostenlose Kontoführung, provisionsfreie Abrechnung von Wertpapiergeschäften) ist der **Rabattfreibetrag** von 1 080 € hingegen **zu berücksichtigen**, weil diese sich innerhalb der auch anderen Letztverbrauchern offen stehenden Angebotspalette der Deutschen Bundesbank bewegen (FG Hessen v. 9.2.2001, 13 K 1365/00, EFG 2001, 623).

Im Einzelnen gilt Folgendes (BMF v. 19.5.2015, IV C 5 – S 2334/07/0009, BStBl I 2015, 484):

aa) Bewertung nach § 8 Abs. 3 EStG

(1) Allgemeines

Der Zinsvorteil aus der Überlassung eines zinslosen oder zinsverbilligten Darlehens kann nach § 8 Abs. 3 EStG ermittelt werden, wenn 3552

- der Arbeitgeber Darlehen gleicher Art und – mit Ausnahme des Zinssatzes – zu gleichen Konditionen (insbesondere Laufzeit des Darlehens, Dauer der Zinsfestlegung, Zeitpunkt der Tilgungsverrechnung) **überwiegend an betriebsfremde Dritten** vergibt und
- der Zinsvorteil **nicht** nach § 40 EStG **pauschal besteuert** wird.

Endpreis i.S.d. § 8 Abs. 3 EStG für die von einem Kreditinstitut gegenüber seinen Mitarbeitern erbrachten Dienstleistungen ist grds. der Preis, der für diese Leistungen im Preisaushang des Kreditinstituts oder der kontoführenden Zweigstelle angegeben ist. Dieser Preisaushang ist für die steuerliche Bewertung auch der Dienstleistungen maßgebend, die vom Umfang her den Rahmen des standardisierten Privatkundengeschäfts übersteigen, es sei denn, dass für derartige Dienstleistungen in den Geschäftsräumen offen zugängliche besondere Preisverzeichnisse ausgelegt werden. Es ist zur Ermittlung des Zinsvorteils nach § 8 Abs. 3 EStG zulässig, von dem im Preisaushang dargestellten Preis abzuweichen. Die Verwaltungsregelung, nach der am Ende von Verkaufsverhandlungen durchschnittlich gewährte Preisnachlässe zu berücksichtigen sind (BMF v. 16.5.2013, IV C 5 – S 2334/07/0011, BStBl I 2013, 729), gilt auch für die Ermittlung des Zinsvorteils nach § 8 Abs. 3 EStG für die von einem Kreditinstitut gegenüber seinen Mitarbeitern erbrachten Dienstleistungen. Der Abschlag von 4 % nach § 8 Abs. 3 Satz 1 EStG ist stets vorzunehmen.

(2) Ermittlung des Zinsvorteils

Wird der Zinsvorteil nach § 8 Abs. 3 EStG bewertet, bemisst sich der Zinsvorteil nach dem **Unterschiedsbetrag** zwischen dem **ermittelten** und um 4 % geminderten **Effektivzinssatz**, den der Ar- 3553 beitgeber fremden Letztverbrauchern im allgemeinen Geschäftsverkehr für Darlehen vergleichbarer Kreditart (z.B. Wohnungsbaukredit, Konsumentenkredit) anbietet (Maßstabszinssatz), und dem Zinssatz, der **im konkreten Einzelfall** vereinbart ist.

Bei **Arbeitgeberdarlehen mit Zinsfestlegung** ist grds. der Maßstabszinssatz **bei Vertragsabschluss für die gesamte Vertragslaufzeit** maßgeblich. Im Falle der **Prolongation** ist der neu vereinbarte Zinssatz mit dem Maßstabszinssatz im Zeitpunkt der Prolongationsvereinbarung zu vergleichen. Bei Arbeitgeberdarlehen mit **variablem Zinssatz** ist für die Ermittlung des Zinsvorteils im Zeitpunkt der vertraglichen Zinssatzanpassung der neu vereinbarte Zinssatz mit dem jeweils aktuellen Maßstabszinssatz zu vergleichen.

Der Arbeitgeber hat die Unterlagen für den ermittelten und der Lohnversteuerung zu Grunde gelegten Endpreis sowie die Berechnung des Zinsvorteils zu dokumentieren, als Belege zum Lohnkonto aufzubewahren und dem Arbeitnehmer auf Verlangen formlos mitzuteilen.

Beispiel 1:

Der Arbeitnehmer schließt mit seinem Arbeitgeber, einer Bank, am 18.1.2026 einen Vertrag über ein Hypothekendarlehen mit zehnjähriger Zinsfestlegung zu 2 % ab. Das Darlehen wird am 28.6.2026 ausgezahlt.

Gegenüber fremden Kunden beträgt der Effektivzinssatz bei Hypothekendarlehen mit zehnjähriger Zinsfestlegung

- am 18.1.2026: 3,4 %,
- am 28.6.2026: 3,6 %.

Für die Berechnung des geldwerten Vorteils ist der gegenüber fremden Kunden für Hypothekendarlehen mit zehnjähriger Zinsbindungsfrist geltende Effektivzins am 18.1.2026 maßgebend. Dies gilt für die gesamte Zinsbindungsfrist.

(3) Lohnsteuer-Pauschalierung bei Darlehen

3554 Wird der Zinsvorteil aus der Überlassung eines zinslosen oder zinsverbilligten Darlehens nach § 40 Abs. 1 EStG **pauschal versteuert**, so ist der Zinsvorteil nach § 8 Abs. 2 Satz 1 EStG zu bewerten (→ *Zinsersparnisse/Zinszuschüsse* Rz. 4617). Dies gilt auch, wenn der Arbeitgeber Darlehen überwiegend betriebsfremden Dritten überlässt. Sind die Voraussetzungen für die Lohnsteuerpauschalierung erfüllt, insbesondere weil ein Pauschalierungsantrag gestellt worden ist, kann diese Bewertungsmethode auch dann gewählt werden, **wenn keine pauschale Lohnsteuer anfällt**.

In den Fällen des § 8 Abs. 3 EStG ist es auch dann **nicht zulässig**, die Steuer **nach § 37b Abs. 2 EStG zu pauschalieren**, wenn der Arbeitgeber nach R 8.2 Abs. 1 Satz 1 Nr. 4 LStR die Bewertung des geldwerten Vorteils nach § 8 Abs. 2 EStG wählt und der Zinsvorteil nicht nach § 40 Abs. 1 EStG pauschal versteuert worden ist.

Ein Antrag auf Pauschalierung nach § 40 Abs. 1 Satz 1 Nr. 1 EStG kann aber nur für sonstige Bezüge gestellt werden (→ *Pauschalierung der Lohnsteuer* Rz. 3338). Zinsvorteile sind als sonstige Bezüge anzusehen, wenn der maßgebende Zinszahlungszeitraum den jeweiligen Lohnzahlungszeitraum überschreitet.

Beispiel 2:

Der Arbeitnehmer ist bei einer Bank angestellt. Er erhält am 1.3.2026 einen Kredit i.H.v. 90 000 € zu einem Zinssatz von 3,75 %. Kunden der Bank zahlen für einen solchen Kredit Zinsen i.H.v. 6,5 %. Die Zinsen sind monatlich fällig.

Der geldwerte Vorteil nach § 8 Abs. 3 EStG beträgt:

	Endpreis des Arbeitgebers (6,5 % von 90 000 € für zehn Monate)	4 875,– €
–	4 % Abschlag	195,– €
=	Endpreis des Arbeitgebers	4 680,– €
–	Zahlung des Arbeitnehmers (3,75 % von 90 000 € für zehn Monate)	2 812,50 €
=	Vorteil	1 867,50 €
–	Rabattfreibetrag nach § 8 Abs. 3 EStG	1 080,– €
=	vom Arbeitnehmer zu versteuern	787,50 €

Der Arbeitgeber kann **keinen Antrag auf Pauschalierung** der Lohnsteuer stellen, denn die Zinsvorteile – da monatliche Zinszahlung – gehören zum laufenden Arbeitslohn, für den eine Pauschalierung nach § 40 Abs. 1 Satz 1 Nr. 1 EStG **nicht zulässig** ist.

Der Arbeitnehmer hat aber ein Wahlrecht zwischen den Bewertungsvorschriften des § 8 Abs. 2 und Abs. 3 EStG (→ Rz. 3526). Er kann daher in der Einkommensteuerveranlagung die Bewertung nach § 8 Abs. 2 EStG wählen. Obwohl der Arbeitgeber nicht verpflichtet ist, die Günstigerprüfung im Lohnsteuerabzugsverfahren vorzunehmen, kann auch er die günstigere Bewertungsmethode anwenden, so dass sich kein geldwerter Vorteil ergibt (vgl. Beispiel 3).

Beispiel 3:

Wie Beispiel 2, die Zinsen sind aber vierteljährlich fällig.

Ein Antrag auf Lohnsteuer-Pauschalierung ist möglich, weil die Zinsvorteile als sonstige Bezüge anzusehen sind (der Verzinsungszeitraum überschreitet den Lohnzahlungszeitraum).

Bei einem Antrag auf Pauschalierung ist der Vorteil nach § 8 Abs. 2 EStG i.V.m. R 8.1 Abs. 1 LStR zu bewerten, d.h., es ist der **um übliche Preisnachlässe geminderte übliche Endpreis am Abgabeort** maßgebend. Aus Vereinfachungsgründen kann der bei Vertragsabschluss von der Deutschen Bundesbank zuletzt veröffentlichte Effektivzinssatz herangezogen werden (Einzelheiten → *Zinsersparnisse/Zinszuschüsse* Rz. 4620). Dieser soll 3, % betragen. Nach Abzug eines Abschlags von 4 % ergibt sich ein Maßstabszinssatz von 3,75 %. Da der Arbeitnehmer einen Zinssatz von 3,75 % hat, ergibt sich kein geldwerter Vorteil.

Der Arbeitgeber sollte einen Antrag auf Pauschalierung der Lohnsteuer stellen, denn hierdurch erspart er dem Arbeitnehmer die Versteuerung von 787,50 €, während er durch den Antrag wirtschaftlich nicht belastet ist.

Wird der Zinsvorteil nur **z.T. pauschal** versteuert, weil die Pauschalierungsgrenze von 1 000 € überschritten ist (→ *Pauschalierung der Lohnsteuer* Rz. 3340), so ist bei der Bewertung des individuell zu versteuernden Zinsvorteils der Teilbetrag des Darlehens außer Ansatz zu lassen, für den die Zinsvorteile pauschal versteuert werden.

Beispiel 4:

Ein Kreditinstitut überlässt seinem Arbeitnehmer am 11.1.2026 ein Arbeitgeberdarlehen von 150 000 € zum Effektivzinssatz von 4 % jährlich (Laufzeit 4 Jahre mit jährlicher Tilgungsverrechnung und vierteljährlicher Fälligkeit der Zinsen). Darlehen gleicher Art bietet das Kreditinstitut fremden Kunden im allgemeinen Geschäftsverkehr zu einem Effektivzinssatz von 5,5 % an. Der nachgewiesene günstigste Zinssatz für **vergleichbare Darlehen am Markt** wurde im Internet bei einer Direktbank mit 5 % ermittelt.

Das Kreditinstitut beantragt die Besteuerung nach § 40 Abs. 1 Satz 1 Nr. 1 EStG. Der Zinsvorteil ist insoweit nach § 8 Abs. 2 Satz 1 EStG zu ermitteln. Die ermittelte Zinsverbilligung beträgt 1 % (marktüblicher Zinssatz 5 %, abzüglich Zinslast des Arbeitnehmers von 4 %). Der pauschale Abschlag i.H.v. 4 % nach R 8.1 Abs. 2 Satz 3 LStR kommt nicht in Betracht.

Der Zinsvorteil im Kalenderjahr 2026 beträgt 1500 € (1 % von 150 000 €). Mangels anderer pauschal besteuerter Leistungen kann der Zinsvorteil des Arbeitnehmers bis zum Höchstbetrag von 1 000 € pauschal besteuert werden (Pauschalierungsgrenze). Ein Zinsvorteil von 1 000 € ergibt sich unter Berücksichtigung der nach R 8.1 Abs. 1 LStR ermittelten Zinsverbilligung von 1 % für ein Darlehen von

$$\frac{1\,000\,€\ \text{(Pauschalierungsgrenze)} \times 100}{1\ \text{(Zinsvorteil)}} = 100\,000\,€.$$

Mithin wird durch die Pauschalbesteuerung nur der Zinsvorteil aus einem Darlehensteilbetrag von 100 000 € abgedeckt. Der Zinsvorteil aus dem restlichen Darlehensteilbetrag von 50 000 € ist individuell zu versteuern. Der zu versteuernde Betrag ist wie folgt zu ermitteln:

Nach Abzug eines Abschlags von 4 % (§ 8 Abs. 3 Satz 1 EStG) vom Angebotspreis des Arbeitgebers von 5,5 % ergibt sich ein Maßstabszinssatz von 5,28 %.

	Endpreis des Arbeitgebers (50 000 € Darlehen × Maßstabszinssatz 5,28 %)	2640 €
–	Zinslast des Arbeitnehmers (50 000 € × 4 %)	2 000 €
=	Zinsvorteil	640 €
–	Rabattfreibetrag nach § 8 Abs. 3 Satz 2 EStG	640 €
=	zu versteuernder geldwerter Vorteil (Jahresbetrag)	0 €
=	vierteljährlich der Lohnsteuer zu unterwerfen	0 €

Der Zinsvorteil ist jeweils bei Tilgung des Arbeitgeberdarlehens für die Restschuld neu zu ermitteln.

bb) Wahlrecht

Der Arbeitnehmer hat ein **Wahlrecht zwischen den Bewertungsvorschriften des § 8 Abs. 2 und Abs. 3 EStG** (BMF v. 16.5.2013, IV C 5 – S 2334/07/0011, BStBl I 2013, 729 sowie → Rz. 3526). Er kann den Zinsvorteil i.R. seiner Einkommensteuerveranlagung nach § 8 Abs. 2 Satz 1 EStG bewerten. In diesen Fällen hat der Arbeitnehmer den Endpreis nachzuweisen, den der Arbeitgeber im Lohnsteuerabzugsverfahren zu Grunde gelegt hat (z.B. durch eine formlose Mitteilung des Arbeitgebers). 3555

Dem Arbeitgeber bleibt es unbenommen, im Lohnsteuerabzugsverfahren den Zinsvorteil nach § 8 Abs. 3 Satz 1 EStG zu bewerten. Er ist dann nicht verpflichtet, den Zinsvorteil nach § 8 Abs. 2 Satz 1 EStG zu bewerten. Ermittelt der Arbeitgeber den Vorteil nach § 8 Abs. 2 Satz 1 EStG, kann er einen um übliche Preisnachlässe geminderten üblichen Endpreis am Abgabeort ansetzen. Er ist dann nicht verpflichtet, den günstigsten Preis am Markt zu ermitteln.

cc) Zufluss von Arbeitslohn

3556 **Als Zuflusszeitpunkt** ist der **Fälligkeitstermin der Zinsen** als Nutzungsentgelt für die Überlassung eines zinsverbilligten Darlehens anzusehen. Bei der Überlassung eines zinslosen Darlehens ist der Zufluss in dem Zeitpunkt anzunehmen, in dem das Entgelt üblicherweise fällig wäre. Es kann davon ausgegangen werden, dass das Entgelt üblicherweise zusammen mit der Tilgungsrate fällig wäre.

Wird ein **Arbeitgeberdarlehen ohne Tilgungsleistung** (endfälliges Darlehen) gewährt, kann für die Entscheidung, ob der Zinsvorteil am Ende der Laufzeit oder monatlich, vierteljährlich oder jährlich zufließt, grds. dem der Vereinbarung zugrundeliegenden Willen der Beteiligten gefolgt werden.

dd) Versteuerung in Sonderfällen

3557 **Erhält der Arbeitnehmer keinen anderen laufenden Arbeitslohn** (z.B. bei Beurlaubung, Elternzeit), ist der im Kalenderjahr erhaltene Zinsvorteil bei Wiederaufnahme der Arbeitslohnzahlung zu versteuern oder anderenfalls spätestens nach Ablauf des Kalenderjahres nach § 41c EStG zu behandeln.

Scheidet der Arbeitnehmer aus dem Dienstverhältnis aus und besteht das vergünstigte Arbeitgeberdarlehen weiter, so hat der Arbeitgeber dies dem Betriebsstättenfinanzamt anzuzeigen, wenn er auf Grund des beendeten Dienstverhältnisses die Lohnsteuer für die Zinsvorteile nicht einbehalten kann (§ 41c Abs. 4 Satz 1 Nr. 1 EStG).

ee) Sicherheitenbestellung

3558 Setzt der Zinssatz des vergleichbaren Darlehens eine **Sicherheitenbestellung** (z.B. eine Grundschuldbestellung) voraus, ist der **Verzicht des Arbeitgebers** auf eine solche Bestellung **ein steuerpflichtiger geldwerter Vorteil**. In die Bewertung des geldwerten Vorteils einbezogen werden insbesondere die üblichen Kosten und Gebühren des Grundbuchamts und des Notars für eine dingliche Sicherung des Arbeitgeberdarlehens. Diese Beträge können regelmäßig mit den im Internet bereitgestellten Notar-/Grundbuchkostenrechnern ermittelt werden. Ein Abschlag ist nicht vorzunehmen. Als Zuflusszeitpunkt ist das Auszahlungsdatum des Arbeitgeberdarlehens anzusetzen. Ein geldwerter Vorteil für die ersparte Löschung einer Sicherheitenbestellung ist aus Vereinfachungsgründen nicht anzusetzen.

ff) Vermittlungs- und Vergleichsportale

3559 Banken und Sparkassen bieten Darlehen (insbesondere Baufinanzierungen) nicht nur vor Ort in den Geschäftsstellen, sondern auch über **Vermittlungsportale und Vergleichsportale im Internet** an.

Die Dienstleistung der Vermittlungsportale besteht **ausschließlich in der Vermittlung** von (Bau-)Finanzierungen zwischen der Bank und dem Kunden. Der Darlehensvertrag wird unmittelbar zwischen der **Bank und dem vermittelten Kunden** in der jeweiligen Geschäftsstelle der Bank abgeschlossen. Die Darlehenskonditionen der Bank, die Kunden bei Abschluss einer (Bau-)Finanzierung über ein Internet-Vermittlungsportal angeboten werden, sind i.d.R. günstiger, als bei Darlehensabschluss direkt (d.h. ohne Einschaltung eines Vermittlungsportals) vor Ort in der Bankfiliale.

Beispiel:

Wohnungsbaudarlehen, Zinsbindung 10 Jahre, 2 % Tilgung, 5% Sondertilgung, 60 % Beleihungswert,

- „Standardkondition" der Bank (ohne Einschaltung eines Vermittlungsportals) 1,90 %,
- Darlehenskondition bei der Bank bei Vermittlung durch Vermittlungsportal 1,60 %.

Hierzu gilt Folgendes (BayLfSt v. 7.7.2015, S 2334.2.1 – 84/16 St 32 –, StEd 2015, 571):

- **Bewertung nach § 8 Abs. 3 EStG**

  Die Konditionen der durch das Vermittlungsportal vermittelten Darlehen können in die **Berechnung der Vergleichskonditionen** („Gesamtdurchschnittspreis") **einbezogen** werden. I.R. des § 8 Abs. 3 EStG ist es aber nicht möglich, ausschließlich auf die durchschnittlichen Konditionen der durch ein Vermittlungsportal vermittelten Darlehen abzustellen oder gar die absolut günstigsten Konditionen eines einzelnen vergleichbaren Darlehens zu berücksichtigen.

  Für die Bewertung des geldwerten Vorteils nach § 8 Abs. 3 EStG ist aus den „Standardkonditionen" der Bank (ohne Einschaltung eines Vermittlungsportals) und den Darlehenskonditionen der Bank bei Vermittlung durch ein Vermittlungsportal ein **Gesamtdurchschnittswert** zu bilden. Maßgebend sind hier nicht die fiktiven Konditionen, die einem Kunden für ein durch ein Vermittlungsportal vermitteltes vergleichbares Darlehen gewährt worden wären, sondern nur die Konditionen von **tatsächlich an fremde Dritte gewährten vergleichbaren Darlehen**.

  Dieser Wert ist der maßgebende Endpreis/Angebotspreis i.S.d. § 8 Abs. 3 EStG. Der um den gesetzlichen Bewertungsabschlag von 4 % geminderte Angebotspreis ist der Geldwert des Sachbezugs; als Arbeitslohn ist der Unterschiedsbetrag zwischen diesem Geldwert und dem vom Arbeitnehmer gezahlten Entgelt (tatsächlicher Zinssatz) anzusetzen, soweit er den Rabatt-Freibetrag von 1 080 € im Kalenderjahr übersteigt (§ 8 Abs. 3 Satz 2 EStG).

- **Bewertung nach § 8 Abs. 2 Satz 1 EStG**

  Als üblicher Endpreis nach § 8 Abs. 2 Satz 1 EStG gilt auch der **günstigste Preis für ein vergleichbares Darlehen** mit nachgewiesener günstigster Marktkondition, zu der das Darlehen unter Beiziehung allgemein zugänglicher Internetangebote (z.B. Internetangebote von Direktbanken) an Endverbraucher angeboten wird, ohne dass individuelle Preisverhandlungen im Zeitpunkt des Vertragsabschlusses berücksichtigt werden. I.R. des § 8 Abs. 2 Satz 1 EStG ist es daher auch möglich, ausschließlich auf die durchschnittlichen Konditionen der durch Vermittlungsportale vermittelten Darlehen abzustellen oder gar die **absolut günstigsten Konditionen** eines einzelnen vergleichbaren Darlehens zu berücksichtigen. Der pauschale Abschlag i.H.v. 4 % (R 8.1 Abs. 2 Satz 3 LStR) kommt in den Fällen nicht zur Anwendung.

  Es ist dabei auch zulässig, die Konditionen zu Grunde zu legen, die einem Kunden für ein durch das Vermittlungsportal vermitteltes vergleichbares Darlehen gewährt worden wären, auch wenn ein entsprechendes Darlehen tatsächlich nicht zustande kommt (fiktive Konditionen).

b) Verbilligte Kontenführung

Die im Bankgewerbe **übliche kostenlose oder verbilligte Kontenführung** (einschließlich der kostenlosen Ausgabe von Bank- und Kreditkarten) sowie andere Preisnachlässe, z.B. bei der Beschaffung von Devisen, der Vermietung von Schließfächern und der Depotführung, sind Vorteile, für die der Rabattfreibetrag Anwendung findet (R 8.2 Abs. 1 Satz 1 Nr. 2 Satz 3 LStR). 3560

Endpreis i.S.d. § 8 Abs. 3 EStG für die von einem Kreditinstitut gegenüber seinen Mitarbeitern erbrachten Dienstleistungen ist grds. der Preis, **der für diese Leistungen im Preisaushang** der kontoführenden Zweigstelle des Kreditinstituts **angegeben ist**. Allerdings kann bei der Ermittlung des tatsächlichen Angebotspreises als Endpreis i.S.d. § 8 Abs. 3 EStG auch der Preis angenommen werden, der sich ergibt, wenn der Preisnachlass, der durchschnittlich beim Verkauf an fremde Letztverbraucher im allgemeinen Geschäftsverkehr tatsächlich gewährt wird, von dem Preis lt. Preisaushang abgezogen wird (BMF v. 16.5.2013, IV C 5 – S 2334/07/0011, BStBl I 2013, 729).

Beispiel:

Ein Arbeitnehmer ist bei einer Bank beschäftigt. Er verkauft Aktien im Wert von 156 250 €; hierfür hat er eine Provision von 0,5 % des Umsatzes, also 781,25 €, zu entrichten. Privatkunden haben nach dem Preisaushang eine Gebühr von 1 % des Umsatzes zu bezahlen. Es ist in dieser Bank jedoch üblich, Kunden auf Anfrage eine Provisionsermäßigung zu gewähren. Die durchschnittliche Preisermäßigung wird mit 0,20 % des Umsatzes ermittelt.

Als Endpreis i.S.v. § 8 Abs. 3 EStG gilt der Betrag von 1 250 € (0,80 % von 156 250 €), denn diese Gebühr wird Privatkunden regelmäßig in Rechnung gestellt. Nach Abzug des Abschlags von 4 % (50 €) und der vom Arbeitnehmer zu zahlenden Provision (781,25 €) ergibt sich ein Sachbezug von 418,75 €, von dem der Rabattfreibetrag von 1 080 € – soweit er nicht bereits ausgeschöpft ist – abgezogen werden kann.

c) Aufzeichnungserleichterungen

Wegen der Vielzahl der Vorteile, die zudem in der betragsmäßigen Höhe sehr gering sind, hat die Finanzverwaltung den Kreditinstituten **Aufzeichnungserleichterungen zugestanden** (BMF v. 19.5.2015, IV C 5 – S 2334/07/0009, BStBl I 2015, 484): 3561

„Das Betriebsstättenfinanzamt kann auf Antrag eines Kreditinstituts Ausnahmen von der Aufzeichnung der geldwerten Vorteile zulassen, die sich aus der unentgeltlichen oder verbilligten

- ***Kontenführung**, Nutzung von Geldautomaten sowie der Ausgabe von Kreditkarten,*
- ***Depotführung** bis zu einem Depotnennwert von 60 000 € (maßgebend ist der Depotnennwert, nach dem die Depotgebühren berechnet werden),*
- ***Überlassung von Schließfächern** und Banksafes und*
- ***Beschaffung** und Rücknahme **von Devisen** durch Barumtausch*

ergeben.

Voraussetzung hierfür ist, dass

*a) der **durchschnittliche Betrag** des Vorteils aus den von der Aufzeichnung befreiten Dienstleistungen unter Berücksichtigung des Preisabschlags nach § 8 Abs. 3 EStG von 4 % je Arbeitnehmer **ermittelt** wird (Durchschnittsbetrag).*

Der Durchschnittsbetrag ist jeweils im letzten Lohnzahlungszeitraum eines Kalenderjahres aus der summarischen Erfassung sämtlicher aufzeichnungsbefreiter Vorteile der vorangegangenen zwölf Monate für die Arbeitnehmer eines Kreditinstituts (einschließlich sämtlicher inländischer Zweigstellen) zu ermitteln. Dabei sind auch die Vorteile einzubeziehen, die das Kreditinstitut Personen einräumt, die mit den Arbeitnehmern verbunden sind. Falls erforderlich, können für alleinstehende und verheiratete Arbeitnehmer unterschiedliche Durchschnittsbeträge festgesetzt werden.

Hat ein Kreditinstitut mehrere lohnsteuerliche Betriebsstätten, so ist der Aufzeichnungsverzicht und ggf. die Festsetzung des Durchschnittsbetrags mit den anderen Betriebsstättenfinanzämtern abzustimmen.

*b) der Arbeitgeber im letzten Lohnzahlungszeitraum des Kalenderjahres den Betrag **pauschal nach** § 40 Abs. 1 EStG **versteuert**, um den die Summe der Vorteile aus den nicht aufzeichnungsbefreiten Dienstleistungen und dem Durchschnittsbetrag bei den einzelnen Arbeitnehmern den Rabattfreibetrag von 1 080 € übersteigt. Dabei ist der übersteigende Betrag wenigstens bis zur Höhe des Durchschnittsbetrags pauschal zu versteuern. Soweit die Vorteile pauschal versteuert werden, sind sie nach § 8 Abs. 2 EStG zu bewerten."*

Beispiel:

Der durchschnittliche Vorteil wird auf der Basis der Endpreise ermittelt mit	350 €
Nach Abzug des Abschlags von 4 % (350 € × 4 %)	14 €
ergibt sich ein Durchschnittsbetrag von	336 €
Nach § 4 Abs. 2 Nr. 3 LStDV sind im Lohnkonto des Arbeitnehmers als Sachbezüge i.S.v. § 8 Abs. 3 EStG aufgezeichnet worden	991 €
Die Summe von	1 327 €
übersteigt den Rabattfreibetrag von	1 080 €
um	247 €

Für den Betrag von 247 € ist die Lohnsteuer pauschal nach § 40 Abs. 1 EStG zu versteuern.

d) Vorzugszins

3562 Soweit Arbeitnehmer von Kreditinstituten und ihre Angehörigen von ihrem Arbeitgeber eine höhere Verzinsung als andere Privatkunden auf ihre Einlagen erhalten, gehört dieser „Vorzugszins" zum Arbeitslohn, weil die höheren Zinsen durch das Dienstverhältnis veranlasst sind (BMF v. 2.3.1990, IV B 6 – S 2332 – 23/90, BStBl I 1990, 141). **Aus Vereinfachungsgründen** beanstandet es die Finanzverwaltung jedoch nicht, wenn der Zusatzzins als Einnahmen aus Kapitalvermögen behandelt wird, sofern der dem Arbeitnehmer und seinen Angehörigen eingeräumte Zinssatz **nicht mehr als 1 %** über dem Zinssatz liegt, den die kontoführende Stelle des Arbeitgebers betriebsfremden Anlegern im allgemeinen Geschäftsverkehr anbietet.

Diese Vereinfachungsregelung gilt auch für Mitarbeiter der Deutschen Bundesbank sowie für Mitarbeitereinlagen bei bankfremden Arbeitgebern (FinMin Brandenburg v. 19.3.1993, III/6 – S 2332 – 6/93).

e) Erwerb von Fondsanteilen

Beim Erwerb von Fondsanteilen wird Mitarbeitern im Bankkonzern ein Teilnachlass bei den Erwerbsnebenkosten gewährt, wie es auch bei Geschäften mit anderen Großkunden der Fall ist. Die Verbilligung ist **als ein bloßer Rabatt bei einem Kaufvorgang** zu sehen, den der Arbeitnehmer auf Grund einer eigenen Investitionsentscheidung tätigt. Es handelt sich daher **nicht um einen Vorteil i.R. der Überlassung von Vermögensbeteiligungen** i.S.d. § 3 Nr. 39 EStG. Die Rabattgewährung ist als geldwerter Vorteil nach Maßgabe des § 8 Abs. 2 Satz 1 EStG (bei Arbeitnehmern im Konzernbereich) bzw. § 8 Abs. 3 EStG (bei Arbeitnehmern der Investmentgesellschaft) zu erfassen (OFD Karlsruhe v. 16.10.2008, S 2334/27 – St 141). 3563

Die Finanzverwaltung hat zu den hauptsächlich vorkommenden Sachverhalten **folgende Beispiele** gebildet:

Grundlegendes zum Sachverhalt:

Der Ausgabepreis für einen Fondsanteil in den folgenden Beispielen beträgt am Kauftag 100 €. Dieser Preis beinhaltet grds. einen Ausgabeaufschlag von 5 %, der nach der Vertriebsvereinbarung zwischen der Investmentgesellschaft und dem Kreditinstitut i.H.v. 4 % dem Kreditinstitut zusteht. Den Mitarbeitern soll in den nachfolgenden Sachverhalten jeweils immer ein Rabatt auf den Anschaffungspreis des Fondsanteils von 4 % eingeräumt werden.

Beispiel 1a (Festpreisgeschäft):

Ein Arbeitnehmer des Kreditinstituts schließt mit diesem einen Kaufvertrag über den Erwerb von Fondsanteilen (Festpreisgeschäft). Das Kreditinstitut reduziert den Kaufpreis zu Gunsten des Arbeitnehmers auf 96,19 € (**Hinweis:** da der Ausgabeaufschlag im Ausgabepreis enthalten ist, entsprechen die 100 € 105 %; der Mitarbeiter müsste demnach 101 %, somit 96,19 € zahlen).

Vertragspartner des Kaufgeschäfts (= „Personalkauf") ist für den Arbeitnehmer das Kreditinstitut. Die Verbilligung ist als bloßer Rabatt bei einem geschäftsüblichen Kaufvorgang zu sehen, den der Arbeitnehmer auf Grund einer eigenen Investitionsentscheidung tätigt. Der Verzicht des Kreditinstituts auf einen Teil seines Entgeltanteils i.R. des Erwerbs der Anteile führt vorliegend zu keinem zu versteuernden geldwerten Vorteil des Arbeitnehmers, weil der Fondsanteil nicht unter 96 % des Preises im allgemeinen Geschäftsverkehr (Ausgabepreis) überlassen wird. Vorliegend übersteigt die Zahlung des Arbeitnehmers (96,19 €) den nach § 8 Abs. 3 EStG zu bewertenden Sachbezug (96 €). Falls sich hier ein lohnsteuerpflichtiger geldwerter Vorteil ergäbe, würde dieser unter Beachtung des Rabattfreibetrags von 1 080 € steuerfrei bleiben.

Beispiel 1b (Festpreisgeschäft):

Ein Arbeitnehmer einer Konzerngesellschaft/eines Verbundunternehmens des Kreditinstituts schließt mit diesem einen Kaufvertrag über den Erwerb von Fondsanteilen (Festpreisgeschäft). Das Kreditinstitut reduziert den Kaufpreis beispielsweise auf Grund eines Rahmenvertrags mit dem Arbeitgeber des Arbeitnehmers zu Gunsten des Arbeitnehmers auf 96,19 €.

Vertragspartner des Kaufgeschäfts ist für den Arbeitnehmer das Kreditinstitut. Die Verbilligung ist als bloßer Rabatt bei einem geschäftsüblichen Kaufvorgang zu sehen, den der Arbeitnehmer auf Grund einer eigenen Investitionsentscheidung tätigt. Der Verzicht des Kreditinstituts auf einen Entgeltanteil i.R. des Erwerbs der Anteile führt vorliegend zu keinem zu versteuernden geldwerten Vorteil des Arbeitnehmers, weil der Fondsanteil nicht unter 96 % des Preises im allgemeinen Geschäftsverkehr (Ausgabepreis) überlassen wird. Vorliegend übersteigt die Zahlung des Arbeitnehmers (96,19 €) den nach § 8 Abs. 2 EStG (i.V.m. R 8.1 Abs. 2 Satz 9 LStR) zu bewertenden Sachbezug (96 €). Sofern die gesamten geldwerten Vorteile des Arbeitnehmers im Kaufmonat insgesamt 50 € nicht übersteigen, unterbleibt eine Versteuerung.

Beispiel 2a (Anlagenvermittlung):

Ein Arbeitnehmer des Kreditinstituts kauft den Fondsanteil unmittelbar bei der Investmentgesellschaft. Das Kreditinstitut tritt als Finanzintermediär hier lediglich als Vermittler im technischen Sinne (§ 84 HGB) auf, d.h. es wird nur die Verbindung zur Fondsgesellschaft hergestellt, ggf. werden Formulare ausgefüllt, so dass ein Kaufvertrag zu Stande kommt. Das Kreditinstitut erhält von der Investmentgesellschaft beispielsweise wegen geringerem Arbeitsaufwand auch nur eine geringere oder keine Vermittlungsprovision, so dass sich insgesamt der Ausgabeaufschlag für den Fondsanteil mindert und der Arbeitnehmer (bei einer Minderung des Ausgabeaufschlags auf 1 %) nur 96,19 € an die Investmentgesellschaft zahlt.

Hier handelt das Kreditinstitut als technischer Vermittler und nicht wie in Beispiel 1a und 1b als Verkäufer. Verkäuferin ist die Fondsgesellschaft. Der geldwerte Vorteil – hier von dritter Seite – ermittelt sich nach § 8 Abs. 2 EStG auf der Basis von 96 % des üblichen Endpreises am Abgabeort. Vorliegend übersteigt die Zahlung des Arbeitnehmers (96,19 €) den nach § 8 Abs. 2 EStG zu bewertenden Sachbezug (96 €). Darüber hinaus kommt die Freigrenze des § 8 Abs. 2 Satz 11 EStG in Betracht. Sofern die gesamten geldwerten Vorteile des Arbeitnehmers im Kaufmonat insgesamt 50 € nicht übersteigen, unterbleibt eine Versteuerung.

Beispiel 2b (Abschlussvermittlung):

Ein Arbeitnehmer des Kreditinstituts wendet sich zur Vermittlung von Fondsanteilen an seinen Arbeitgeber. Das Kreditinstitut tritt auf Basis eines Vermittlungsvertrags mit der Investmentgesellschaft gegenüber dem Mitarbeiter im fremden Namen und auf Rechnung dieser Investmentgesellschaft auf. Der Vermittlungsvertrag sieht vor, dass das Kreditinstitut bei der Vermittlung von Fondsanteilen zu Gunsten der Mitarbeiter keine oder nur eine reduzierte Provision erhält. Im vorliegenden Beispiel erhält das Kreditinstitut keine Provision, so dass die Investmentgesellschaft dem Mitarbeiter je Fondsanteil lediglich 96,19 € in Rechnung stellt (**Hinweis:** der Provisionsanteil für die Bank beträgt 4 %; unter Berücksichtigung der Ausführungen im Hinweis zu Beispiel 1a entsprechen 4 % 3,81 €).

Hier erbringt das Kreditinstitut eine Vermittlungsleistung zu Gunsten der Investmentgesellschaft. Der geldwerte Vorteil für den Arbeitnehmer entsteht mittelbar durch den Provisionsverzicht des Kreditinstituts (Arbeitgeber), aber direkt durch einen Dritten (die Investmentgesellschaft). Dieser geldwerte Vorteil für den Arbeitnehmer ermittelt sich daher nach § 8 Abs. 2 EStG auf der Basis von 96 % des üblichen Endpreises am Abgabeort (das ist hier die Provision von 3,81 €), somit mit 3,66 € pro Fondsanteil. Sofern die gesamten geldwerten Vorteile des Arbeitnehmers im Kaufmonat insgesamt 50 € nicht übersteigen, unterbleibt eine Versteuerung.

Beispiel 2c (Kommissionsgeschäft):

Ein Arbeitnehmer des Kreditinstituts erteilt diesem den Auftrag zum Kauf von Fondsanteilen. Das Kreditinstitut bestellt im eigenen Namen für fremde Rechnung bei der Investmentgesellschaft die georderten Fondsanteile. Von der Investmentgesellschaft erhält das Kreditinstitut eine Provision in Höhe des vollen ihm zustehenden Ausgabeaufschlags. Das Kreditinstitut reduziert nun beispielsweise im Fall des Kommissionsgeschäfts mit seinem Arbeitnehmer den Verkaufspreis auf 96,19 €.

Das Kreditinstitut tritt vorliegend als Kommissionär auf. Der Sachverhalt ist vergleichbar dem Festpreisgeschäft (Beispiel 1a) zu lösen.

Beispiel 3a (Direkterwerb):

Ein Arbeitnehmer der Investmentgesellschaft (= „Personalkauf") kauft den Fondsanteil unmittelbar bei seiner Arbeitgeberin. Wegen des verkürzten Vertriebswegs verzichtet die Investmentgesellschaft maximal auf den gesamten Ausgabeaufschlag.

Vertragspartner des Kaufgeschäfts ist für den Arbeitnehmer die Investmentgesellschaft, seine Arbeitgeberin. Die Verbilligung ist als bloßer Rabatt bei einem geschäftsüblichen Kaufvorgang zu sehen, den der Arbeitnehmer auf Grund einer eigenen Investitionsentscheidung tätigt. Die Nichterhebung eines Ausgabeaufschlags oder die Erhebung eines verringerten Ausgabeaufschlags führt zu einem zu versteuernden geldwerten Vorteil des Arbeitnehmers, wenn der Fondsanteil unter 96 % des Preises im allgemeinen Geschäftsverkehr (Ausgabepreis) überlassen wird. Er ermittelt sich dann als Differenz des um 4 % geminderten Ausgabepreises und der Zahlung des Arbeitnehmers. Sofern die gesamten geldwerten Vorteile des Mitarbeiters im Kalenderjahr den Rabattfreibetrag von 1 080 € nicht übersteigen, unterbleibt eine Versteuerung (§ 8 Abs. 3 EStG).

Beispiel 3b (Direkterwerb):

Ein Arbeitnehmer einer Konzerngesellschaft/eines Verbundunternehmens der Investmentgesellschaft kauft den Fondsanteil unmittelbar bei der Investmentgesellschaft. Wegen des verkürzten Vertriebswegs verzichtet die Investmentgesellschaft maximal auf den gesamten Ausgabeaufschlag.

Vertragspartner des Kaufgeschäfts ist für den Arbeitnehmer die Investmentgesellschaft. Die Verbilligung ist als bloßer Rabatt bei einem geschäftsüblichen Kaufvorgang zu sehen, den der Arbeitnehmer der Konzerngesellschaft/des Verbundunternehmens auf Grund einer eigenen Investitionsentscheidung tätigt. Die Nichterhebung eines Ausgabeaufschlags oder die Erhebung eines verringerten Ausgabeaufschlags führt zu einem zu versteuernden geldwerten Vorteil des Arbeitnehmers der Konzerngesellschaft/des Verbundunternehmens, wenn der Fondsanteil unter 96 % des Preises im allgemeinen Geschäftsverkehr (Ausgabepreis) überlassen wird (§ 8 Abs. 2 EStG i.V.m. R 8.1 Abs. 2 Satz 5 LStR). Er ermittelt sich dann als Differenz des um 4 % geminderten Ausgabepreises und der Zahlung des Arbeitnehmers. Sofern die gesamten geldwerten Vorteile des Arbeitnehmers im Kaufmonat insgesamt 50 € nicht übersteigen, unterbleibt eine Versteuerung (§ 8 Abs. 2 Satz 11 EStG).

Beispiel 4 (Mitarbeiterfonds):

Eine Investmentgesellschaft schließt mit einem Unternehmen eine Vereinbarung, auf deren Grundlage die Arbeitnehmer des Unternehmens unmittelbar Anteile an einem von der Investmentgesellschaft aufgelegten Mitarbeiterfonds erwerben können. Dabei verzichtet die Investmentgesellschaft auf die Erhebung eines Teils des Ausgabeaufschlags.

Durch die Vereinbarung der Investmentgesellschaft mit dem Arbeitgeber-Unternehmen führt der verbilligte Erwerb der Fondsanteile durch die Arbeitnehmer des Unternehmens grds. zur Gewährung eines geldwerten Vorteils von dritter Seite. Die Erhebung eines verringerten Ausgabeaufschlags führt zu einem zu versteuernden geldwerten Vorteil des Arbeitnehmers, wenn der Fondsanteil unter 96 % des im allgemeinen Geschäftsverkehr von Letztverbrauchern in der Mehrzahl der Verkaufsfälle am Abgabeort für den Fonds tatsächlich gezahlten Preis (Ausgabepreis) überlassen wird (§ 8 Abs. 2 EStG i.V.m. R 8.1 Abs. 2 Satz 5 LStR). Sofern die gesamten geldwerten Vorteile des Arbeitnehmers im Kaufmonat insgesamt 50 € nicht übersteigen, unterbleibt eine Versteuerung (§ 8 Abs. 2 Satz 11 EStG).

f) Vermittlung von Versicherungen

Häufig vermitteln Banken auch den Abschluss von Versicherungs- **3564**
und Bausparverträgen. Soweit die Bank solche Provisionen vollständig oder teilweise an ihre Arbeitnehmer weitergibt, handelt es sich in Höhe der Provision um steuerpflichtigen Arbeitslohn. Der Rabattfreibetrag findet jedoch keine Anwendung, wenn eine Bank zu Gunsten der Mitarbeiter auf Provisionen für die eigene Vermittlungsleistung beim Abschluss von Eigenverträgen der Mitarbeiter verzichtet, selbst wenn die Vermittlungsleistungen nicht nur gegenüber den Mitarbeitern, sondern auch gegenüber den gewöhnlichen Bankkunden erbracht werden. Denn in diesem Fall gewährt die Bank Barlohn und keinen Sachlohn (BFH v. 23.8.2007, VI R 44/05, HFR 2008, 35).

Werden Rabatte beim Abschluss von Versicherungsverträgen sowohl Arbeitnehmern von Geschäftspartnern als auch einem weiteren Personenkreis (Angehörige der gesamten Versicherungsbranche, Arbeitnehmer weiterer Unternehmen) eingeräumt, so liegt hierin kein Arbeitslohn (BFH v. 10.4.2014, VI R 62/11, BStBl II 2015, 191).

g) Veranstaltung von Reisen

Vielfach organisieren Banken Urlaubsreisen für ihre Kunden. So- **3565**
weit die Bank dafür vom Reiseveranstalter Freiplätze erhält, die sie an Arbeitnehmer der Bank kostenlos weitergibt, entsteht in Höhe des Reisepreises ein geldwerter Vorteil für den Arbeitnehmer. Der **Rabattfreibetrag** ist nur dann **anwendbar,** wenn die Bank **Veranstalter** der Reise ist; wird die Bank lediglich als Vermittler tätig, kann dieser nicht berücksichtigt werden (BFH v. 7.2.1997, VI R 17/94, BStBl II 1997, 363).

Ist der Bankmitarbeiter allerdings während der Reise **als Reiseleiter** tätig, gehört der Vorteil der Reise **nicht zum Arbeitslohn.** Einzelheiten → *Reiseveranstalter: Arbeitnehmerreisen* Rz. 3722.

15. Rabattgewährung im Hotelgewerbe

Bei Betrieben im Hotelgewerbe ist es üblich, Arbeitnehmern die **3566**
Möglichkeit zu bieten, in den Hotels des Arbeitgebers **zu einem verbilligten Preis** zu übernachten. Zur Bewertung dieser Vorteile gilt Folgendes (BMF v. 18.4.1995, IV B 6 – S 2334 – 85/95, DB 1995, 1442):

„Auch die Überlassung einer Wohnung gehört zu den Dienstleistungen i.S.v. § 8 Abs. 3 EStG. Der steuerpflichtige Vorteil aus einer verbilligten Hotelübernachtung ist deshalb ***nach*** *§ 8 Abs. 3 EStG zu ermitteln, wenn dem Arbeitnehmer ein Zimmer* ***im Hotel seines Arbeitgebers*** *überlassen wird, das der Arbeitgeber nicht überwiegend für seinen Arbeitnehmer bereithält, und der Vorteil nicht nach § 40 EStG pauschal besteuert wird.*

Der Bewertung des Vorteils aus der verbilligten Hotelübernachtung ist in diesen Fällen der Endpreis zu Grunde zu legen. Das ist nach R 8.2 Abs. 2 LStR der Angebotspreis, der in dem nach § 7 Abs. 3 der Preisangabenverordnung ***anzubringenden Preisverzeichnis*** *ausgewiesen ist. Wird die Hotelunterkunft Arbeitnehmern während einer nachfragearmen Zeit oder für einen mehrtägigen Zeitraum (z.B. ein Wochenendarrangement) zu einem niedrigeren Preis überlassen und bietet dieses Hotel in derartigen Fällen die Unterkunft im allgemeinen Geschäftsverkehr fremden Letztverbrauchern ebenfalls* ***zu einem Sonderpreis an,*** *so ist dieser maßgebend. Das setzt voraus, dass dieses Angebot*

- *in Preislisten oder Anzeigen festgelegt ist,*
- *sich an die Allgemeinheit richtet, also jedermann zugänglich ist und keine Personen ausschließt,*
- *keine Preisnachlässe enthält, die auf der Abnahme einer bestimmten Anzahl von Zimmern beruhen.*

*Um ein **Haftungsrisiko** zu vermeiden, empfiehlt es sich, **die entsprechende Preisliste oder Anzeige als Beleg zum Lohnkonto aufzubewahren.**"*

Allerdings kann bei der Ermittlung des tatsächlichen Angebotspreises als Endpreis i.S.d. § 8 Abs. 3 EStG auch der Preis angenommen werden, der sich ergibt, wenn der Preisnachlass, der durchschnittlich beim Verkauf an fremde Letztverbraucher im allgemeinen Geschäftsverkehr tatsächlich gewährt wird, von dem Preis lt. Preisverzeichnis abgezogen wird (BMF v. 16.5.2013, IV C 5 – S 2334/07/0011, BStBl I 2013, 729).

Darüber hinaus hat der Arbeitnehmer ein **Wahlrecht zwischen den Bewertungsvorschriften des § 8 Abs. 2 und Abs. 3 EStG** (BMF v. 16.5.2013, IV C 5 – S 2334/07/0011, BStBl I 2013, 729 sowie → Rz. 3526).

16. Aufzeichnungsvorschriften

3567 Grds. sind alle Sachbezüge, die der Arbeitgeber den Arbeitnehmern gewährt, im **Lohnkonto des Arbeitnehmers aufzuzeichnen** (→ *Lohnkonto* Rz. 2865). Dies gilt auch dann, wenn die Sachbezüge auf Grund des Rabattfreibetrags von 1 080 € im Ergebnis steuerfrei bleiben. Nach § 4 Abs. 3 LStDV kann das Betriebsstättenfinanzamt jedoch **auf Antrag** des Arbeitgebers **Aufzeichnungserleichterungen** zulassen, wenn **durch betriebliche Regelungen und entsprechende Überwachungsmaßnahmen sichergestellt** ist, dass **der Rabattfreibetrag von 1 080 € nicht überschritten wird**. In diesem Fall sind die Sachbezüge **nicht im Lohnkonto aufzuzeichnen**.

Beispiel 1:

Ein Computergeschäft gewährt seinen Arbeitnehmern bei Kauf von Computern und Zubehör einen Rabatt von 24 %. Dies gilt allerdings nur für Waren im Wert von 5 400 € im Kalenderjahr. Darüber hinaus wird nur noch ein Rabatt von 4 % gewährt. Die Einhaltung des Jahreshöchstbetrags wird durch ein Softwareprogramm sichergestellt, das jeden Personaleinkauf entsprechend registriert.

Da der Rabattfreibetrag anwendbar ist, bleiben die Rabattvorteile der Arbeitnehmer steuerfrei, wenn die Vorteile nicht mehr als 1 080 € im Kalenderjahr betragen. Wenn der Arbeitgeber sich von der Pflicht befreien lassen will, die einzelnen Rabattvorteile der Arbeitnehmer aufzuzeichnen, muss sichergestellt sein, dass der Rabattfreibetrag von 1 080 € nicht überschritten wird. Dies kann nach folgender Formel ermittelt werden:

$$\frac{\text{Rabattfreibetrag} \times 100}{\text{Rabatt} - 4\,\%\ \text{Abschlag}} = \text{Maximale Einkäufe im Kalenderjahr.}$$

Für den Beispielsfall bedeutet dies, dass der Rabattfreibetrag nicht überschritten werden kann:

	Maximaler Verkaufswert der Computer	5 400 €
–	4 % Abschlag	216 €
=	Endpreis des Arbeitgebers	5 184 €
–	Zahlung des Arbeitnehmers (76 % von 5 400 €)	4 104 €
=	Vorteil	1 080 €
–	Rabattfreibetrag	1 080 €
=	geldwerter Vorteil	0 €

Der darüber hinausgehende Rabatt von 4 % ist unschädlich, weil sich hierdurch unter Berücksichtigung des vierprozentigen Abschlags keine Erhöhung des geldwerten Vorteils ergeben kann. Das Betriebsstättenfinanzamt wird dem Antrag des Arbeitgebers auf Befreiung von den Aufzeichnungsvorschriften für die gewährten Rabatte entsprechen.

Der nachfolgenden Tabelle ist zu entnehmen, auf welchen Betrag die Rabattvorteile bei den verschiedenen Rabatthöhen begrenzt werden müssen, damit der Rabattfreibetrag nicht überschritten wird:

Höhe des Rabatts	Maximale Einkäufe im Kalenderjahr
5 %	108 000 €
6 %	54 000 €
7 %	36 000 €
8 %	27 000 €
9 %	21 600 €
10 %	18 000 €
12 %	13 500 €
16 %	9 000 €
20 %	6 750 €
24 %	5 400 €
28 %	4 500 €
34 %	3 600 €
40 %	3 000 €
50 %	2 348 €
100 %	1 125 €

Darüber hinaus hat das Betriebsstättenfinanzamt einem Antrag des Arbeitgebers auf Befreiung von den Aufzeichnungspflichten zu entsprechen, wenn es **im Hinblick auf die betrieblichen Verhältnisse nach der Lebenserfahrung** so gut wie ausgeschlossen ist, dass der Rabattfreibetrag von 1 080 € im Einzelfall überschritten wird (R 41.1 Abs. 3 LStR). Zusätzlicher Überwachungsmaßnahmen des Arbeitgebers bedarf es in diesen Fällen nicht.

Beispiel 2:

Die Arbeitnehmer eines Schuhherstellers können Schuhe mit einem Rabatt von 20 % erwerben. Weitere Rabatte erhalten die Arbeitnehmer nicht.

Da der Rabattfreibetrag anwendbar ist, bleiben die Rabattvorteile der Arbeitnehmer steuerfrei, wenn die Vorteile nicht mehr als 1 080 € im Kalenderjahr betragen. Wenn der Arbeitgeber sich von der Pflicht befreien lassen will, die einzelnen Rabattvorteile der Arbeitnehmer aufzuzeichnen, muss er prüfen, bis zu welcher Höhe er Rabatte gewähren kann, ohne dass der Rabattfreibetrag von 1 080 € überschritten wird. Nach der oben abgedruckten Tabelle können die Arbeitnehmer bei 20 % Rabatt für maximal 6 750 € einkaufen, ohne dass der Rabattfreibetrag überschritten wird.

Nach allgemeiner Lebenserfahrung ist es ausgeschlossen, dass ein Arbeitnehmer für mehr als 6 750 € im Kalenderjahr Schuhe kauft. Dem Antrag des Arbeitgebers auf Befreiung von den Aufzeichnungsvorschriften für die gewährten Rabatte wird das Betriebsstättenfinanzamt entsprechen.

17. Umsatzsteuer

Unentgeltliche oder verbilligte Sachbezüge des Arbeitgebers an seine Arbeitnehmer oder dessen Angehörige unterliegen grds. der Umsatzsteuer (§ 1 Abs. 1 und § 3 UStG). 3568

Die **umsatzsteuerliche Bemessungsgrundlage** bei der unentgeltlichen Abgabe von Gegenständen oder Leistungen ist der Einkaufspreis zuzüglich Nebenkosten, die Selbstkosten oder die bei Ausführung sonstiger Leistungen entstandenen Kosten einschließlich der anteiligen Gemeinkosten (§ 10 Abs. 4 UStG). Liegt im Falle der verbilligten Abgabe das vom Arbeitnehmer gezahlte Entgelt unter den Selbstkosten des Arbeitgebers, sind die Selbstkosten als umsatzsteuerliche Bemessungsgrundlage anzusetzen (sog. Mindestbemessungsgrundlage). Eine Kürzung der umsatzsteuerlichen Bemessungsgrundlage um den Rabattfreibetrag von 1 080 € ist unzulässig.

Bei der **Einräumung von Belegschaftsrabatten** durch den Arbeitgeber stellt demgegenüber das tatsächlich von den Arbeitnehmern gezahlte Entgelt die umsatzsteuerliche Bemessungsgrundlage dar, weitere Einzelheiten → *Sachbezüge* Rz. 3820.

18. Sozialversicherung

Entsprechend § 1 Abs. 1 Nr. 1 SvEV gilt auch hier, dass den Arbeitnehmern eingeräumte Rabatte beitragsfrei in der Sozialversicherung bleiben, wenn sie steuerfrei sind. Dies gilt auch, soweit die Gewährung als freiwillige Leistung des Arbeitgebers über den Tarif- oder Arbeitsvertrag hinaus erfolgt. 3569

Werden Warengutscheine oder Sachzuwendungen an Stelle vertraglich vereinbartem Arbeitsentgelt gewährt, vertreten die Spitzenverbände der Sozialversicherungsträger folgende Auffassung (zuletzt Besprechung über Fragen des gemeinsamen Beitragseinzugs am 2.6.2003):

- Geldwerte Vorteile aus Warengutscheinen und Sachleistungen, die der Arbeitgeber als freiwillige Leistung zusätzlich zum Arbeitsentgelt gewährt, fallen unter § 8 Abs. 3 EStG und gehören – soweit sie hiernach steuerfrei sind – nicht zum Arbeitsentgelt i.S. der Sozialversicherung.
- Geldwerte Vorteile aus Warengutscheinen und Sachleistungen, die an Stelle von in den Vorjahren außervertraglich (freiwillig) gezahltem Arbeitsentgelt gewährt wurden, fallen unter § 8 Abs. 3 EStG und gehören – soweit sie hiernach steuerfrei sind – nicht zum Arbeitsentgelt i.S. der Sozialversicherung.
- Geldwerte Vorteile aus Warengutscheinen und Sachleistungen, die an Stelle von vertraglich vereinbartem Arbeitsentgelt gewährt werden, fallen nicht unter § 8 Abs. 3 EStG und gehören somit in voller Höhe zum beitragspflichtigen Arbeitsentgelt i.S. der Sozialversicherung.

Sofern Belegschaftsrabatte auf Antrag des Arbeitgebers mit einem besonders festgestellten Pauschsteuersatz versteuert werden, kann der Arbeitgeber unter Bezugnahme auf § 3 Abs. 3 SvEV einen Durchschnittswert des pauschal versteuerten Rabatts ermitteln und dem einzelnen Arbeitnehmer zuordnen. Dabei ist es auch möglich, den Durchschnittswert des Vorjahres zu Grunde zu legen. Die so ermittelten Werte werden als Einmalzahlung dem letzten Lohnabrechnungszeitraum des Kalenderjahres zugeordnet. Diese Handhabe setzt voraus, dass der Arbeitgeber den auf den Durchschnittsbetrag entfallenden Teil der Arbeitnehmeranteile selbst trägt.

Folgende Besonderheiten sind jedoch zu beachten:

Werden Mahlzeiten oder Zuwendungen aus Anlass von Betriebsveranstaltungen nach § 40 Abs. 2 EStG pauschal versteuert, besteht auf Grund des § 1 Abs. 1 Satz 1 Nr. 3 SvEV in der Sozialversicherung Beitragsfreiheit.

Rechtliche Betreuer

→ *Nebenberufliche steuerbegünstigte Tätigkeiten* Rz. 3236

Rechtsbehelfe

Inhalt

1. Lohnsteuer

a) Einspruch

aa) Allgemeines

3570 Der Arbeitgeber kann gegen alle „förmlichen“ Bescheide des Finanzamts als Rechtsbehelf einen **Einspruch** einlegen. Dies gilt nicht nur für einen **Haftungsbescheid** im Anschluss an eine Lohnsteuer-Außenprüfung, sondern z.B. auch für einen Bescheid über eine **Anrufungsauskunft** nach § 42e EStG. Der Einspruch ist ferner statthaft gegen **Lohnsteuer-Anmeldungen**, Einkommensteuerbescheide oder wenn geltend gemacht wird, dass über einen Antrag auf Erlass eines bestimmten Verwaltungsaktes ohne Mitteilung eines unzureichenden Grundes in einer angemessenen Frist sachlich nicht entschieden worden ist. Ist der Einspruch erfolglos, können die Finanzgerichte angerufen werden (Klage beim FG und Revision beim BFH). Durch die Einlegung des Einspruchs wird die Vollziehung des angefochtenen Verwaltungsakts i.d.R. nicht gehemmt (→ *Aussetzung der Vollziehung* Rz. 1173).

Entscheidungen des BFH werden, soweit sie nicht ausschließlich Bedeutung für einen Einzelfall haben, im BStBl II (früher Teil III) amtlich veröffentlicht. Vorab werden die zur Veröffentlichung vorgesehenen Entscheidungen auf den Internet-Seiten des BMF mit einer Kurzbeschreibung in einer sog. **„Grünen Liste“** bekanntgemacht. Bereits durch die Aufnahme in diese Liste sind die Entscheidungen von den Finanzämtern (zwingend) allgemein anzuwenden (weitere Einzelheiten zur Anwendung von BFH-Urteilen s. OFD Frankfurt v. 31.3.2014, FG 2029 A – 4 – St 21).

bb) Rechtsbehelfsfrist

3571 Der Einspruch gegen einen (Steuer-)Bescheid muss innerhalb **eines Monats** nach Bekanntgabe, also Zustellung, des Steuerbescheids eingelegt werden (§ 355 Abs. 1 AO). Die Frist beginnt mit dem Ablauf des Tages der Bekanntgabe, also einen Tag, nachdem der Steuerbescheid zugestellt ist. **Als bekanntgegeben gilt** ein Steuerbescheid bis zum 31.12.2024 am dritten Tag nach Aufgabe zur Post, das Postaufgabedatum ist im Allgemeinen das Datum des Steuerbescheids. Mit dem Postrechtsmodernisierungsgesetz v. 18.7.2024, BGBl. I 2024, Nr. 236 hat der Gesetzgeber die Vermutungsregelungen für die Bekanntgabe von Verwaltungsakten nach § 122 Abs. 2 Nr. 1 und Abs. 2a AO und § 122a Abs. 4 Satz 1 AO an die längeren Laufzeitvorgaben für die Zustellungen von Briefen angepasst. Ab dem 1.1.2025 gilt ein Steuerbescheid demnach **am vierten Tag** nach Aufgabe zur Post als bekanntgegeben. Die Neuregelung ist gem. Art. 97 § 1 Abs. 15 EGAO auf alle Verwaltungsakte anzuwenden, die **nach dem 31.12.2024 zur Post gegeben, elektronisch übermittelt, oder elektronisch zum Abruf bereitgestellt werden**.

Beispiel:

Arbeitgeber A erhält nach einer Lohnsteuer-Außenprüfung am 9.4.2025 einen Haftungsbescheid, der das Datum 7.4.2025 trägt. Der Bescheid gilt als bekannt gegeben am 11.4.2025 (vierter Tag nach Aufgabe zur Post), auch wenn ihn A schon zwei Tage früher erhalten hat). Die Einspruchsfrist von einem Monat beginnt einen Tag nach Bekanntgabe zu laufen, also am 12.4.2025, und endet mit Ablauf des 11.5.2025. Weil dies ein Sonntag ist, verschiebt sich die Ablauffrist auf den 12.5.2025. Wenn A also fristgerecht Einspruch einlegen will, muss er diesen bis spätestens 12.5.2025, 24.00 Uhr, in den Hausbriefkasten des Finanzamts werfen. Es reicht **nicht** aus, den Einspruch am 12.5.2025 lediglich zur Post zu geben.

Hinweis: Wenn das Ende der Frist auf einen Samstag, Sonntag oder Feiertag fällt, läuft die Frist erst mit Ende des nächstfolgenden Werktags ab (s. zuvor).

Wenn die Einspruchsfrist ohne Verschulden versäumt wurde (z.B. im Falle plötzlicher Erkrankung oder Verzögerungen bei der Post), kann der Stpfl. **„Wiedereinsetzung in den vorigen Stand“** (§ 110 AO) beantragen und vom Finanzamt gewährt werden. Der Antrag auf Wiedereinsetzung ist innerhalb eines Monats nach Wegfall des Hindernisses zu stellen; die Tatsachen zur Begründung sind glaubhaft zu machen. **Fehlt** es dem Bescheid an einer **Rechtsbehelfsbelehrung** oder ist sie unrichtig, verlängert sich die Frist auf ein Jahr.

Da es durchaus vorkommen kann, dass Postsendungen u.a. wegen Personalmangels erst nach Wochen oder gar nicht zugestellt werden, so dass Einspruchsfristen nicht gewahrt werden können, hat das FinMin Nordrhein-Westfalen im Erlass v. 1.1.2025, S 0284, FMNR202500089, dargestellt, wie in solchen Sachverhalten verfahren werden soll.

Der Zugang wird überhaupt bestritten:

Wird der Zugang eines Verwaltungsakts überhaupt bestritten, so bedarf das Bestreiten i.d.R. keiner näheren Substantiierung, weil diese im Fall des Nichtzugangs objektiv unmöglich ist (BFH-Urteil v. 8.12.1976, I R 240/74, BStBl II 1977, 321; BFH-Urteil v. 14.3.1989, VII R 75/85, BStBl II 1989, 534). Die Behörde muss in diesem Fall nach den allgemeinen Beweisregeln den Zugang beweisen, wobei starke Indizien für den Zugang bestehen, da der Verlust einer Sendung selten ist (BFH-Urteil v. 14.3.1989, BFH-Urteil v. 15.9.1994, XI R 31/94, BStBl II 1995, 41). **Für den Zugangsnachweis (Indizienbeweis) sind vor allem die Verhaltensweisen des Steuerpflichtigen bzw. seines Beraters innerhalb eines längeren Zeitraums nach Absendung des Verwaltungsaktes frei zu würdigen und die Umstände zu berücksichtigen, die gegen die Glaubwürdigkeit der Behauptung des Steuerpflichtigen über den Nichtzugang des Verwaltungsakts sprechen.** Vielfach wird der Verwaltungsakt im Wege der förmlichen Zustellung erneut bekanntzugeben werden.

Es wird ein verspäteter Zugang behauptet:

Wird ein verspäteter Zugang eines Verwaltungsakts geltend gemacht, so muss der Steuerpflichtige dies durch nähere Angaben (z.B. Poststempel, Briefumschlag) substantiieren (BFH-Beschluss v. 20.1.1999, VI B 28/98, BFH/NV 1999, 905; BFH-Beschluss v. 30.11.2006, XI B 13/06, BFH/NV 2007, 389; BFH-Beschluss v. 16.5.2007, V B 169/06, BFH/NV 2007, 1454; BFH-Beschluss v. 25.2.2010, IX B 149/09, BFH/NV 2010, 1115, m.w.N.). Nur wenn sich aus seinem schlüssigen Vortrag oder den Umständen des Falles begründete Zweifel am Zugang zu dem gesetzlich vermuteten Zeitpunkt ergeben, entsteht die Beweispflicht der Behörde (BFH-Urteil v. 6.9.1989, II R 233/85, BStBl II 1990 108). Dabei sind der Vortrag des Steuerpflichtigen und die festgestellten oder unstreitigen Umstände frei zu würdigen und gegeneinander abzuwägen. Auf die Beweislastregel des § 122 Abs. 2 2. Halbsatz AO (Nachweis durch die Behörde) ist erst dann zurückzugreifen, wenn trotz erfolgter Sachaufklärung noch Zweifel am gesetzlich vermuteten Zugang eines Bescheides verbleiben (BFH-Urteil v. 3.5.2001, III R 56/98, BFH/NV 2001, 1365; BFH-Beschluss v. 30.11.2006).

Für **Lohnsteuer-Anmeldungen** beginnt die Einspruchsfrist mit ihrem Eingang beim Finanzamt, denn eine Steueranmeldung steht einer Steuerfestsetzung unter Vorbehalt der Nachprüfung gleich (§ 168 Satz 1 AO). Führt die Anmeldung zu einer Herabsetzung der bisher zu entrichtenden Steuer oder zu einer Erstattung (Rotbetrag), beginnt die Einspruchsfrist erst mit der formellen Zustimmung bzw. Auszahlung der entsprechenden Beträge (BMF v. 15.7.1998, IV A 4 – S 0062 – 13/98, BStBl I 1998, 630 zu § 355 AO, AEAO zu § 355 Nr. 1).

cc) Form und Inhalt des Rechtsbehelfs

3572 Der Rechtsbehelf muss **schriftlich oder elektronisch** eingereicht oder beim Finanzamt **zur Niederschrift** erklärt werden. Ein Rechtsbehelf ist dann zur Niederschrift erklärt, wenn ein Beamter der zuständigen Behörde ein Protokoll über die ihm gegenüber erteilte Erklärung aufgenommen hat. Dazu muss der Steuerpflichtige im jeweiligen Finanzamt vorsprechen. Bei **schriftlicher** oder elektronischer Einlegung muss aus dem Schriftstück/Schreiben hervorgehen, **wer** den Einspruch eingelegt hat. Zudem sollte angegeben werden, gegen welchen Steuerbescheid genau vorgegangen wird (Aktenzeichen und Datum).

Ein schriftlicher oder elektronischen Rechtsbehelf kann durch Telegramm, (Computer-)Fax oder (einfache) E-Mail an das Finanzamt gesendet werden. Eine qualifizierte elektronische Signatur ist nicht erforderlich (BFH v. 13.5.2015, III R 26/14, BStBl II 2015, 790). Ein telefonischer Einspruch ist nicht möglich.

Für das Klageverfahren gilt nach § 64 Abs. 1 FGO das eine Klage „schriftlich" oder zu Protokoll des Urkundsbeamten der Geschäftsstelle zu erheben ist. Wird sie in elektronischer Form eingelegt, ist eine qualifizierte elektronische Signatur erforderlich (§ 52a FGO, zur Frage des Begriffs der Signatur vgl. FG Hamburg Urteil v. 3.12.2024, 4 K 16/23, EFG 2025,954, Revision eingelegt (Az. BFH: VII R 33/24)). Bei der Einlegung soll der Verwaltungsakt **angegeben** werden, gegen den der Einspruch bzw. die Klage gerichtet ist. Angegeben werden soll insbesondere auch, inwieweit er angefochten und seine Aufhebung beantragt wird. Ferner sollen die Tatsachen zur Begründung und die Beweismittel (z.B. Zeugen, Unterlagen) bezeichnet werden.

dd) Zuständige Behörde

3573 Der Einspruch ist grds. bei der Behörde (meist das Finanzamt) einzulegen, deren Verwaltungsakt angefochten wird oder bei der ein Antrag auf Erlass eines solchen gestellt worden ist. Wird der Einspruch bei einer anderen Behörde eingelegt, so ist das unschädlich, wenn er vor Ablauf der Einspruchsfrist der zuständigen Behörde übermittelt wird. Da dies in der Praxis nicht immer sichergestellt werden kann, sollte es vermieden werden, Einsprüche an die vorgesetzten Behörden (Finanzministerien, Oberfinanzdirektionen) zu schicken.

ee) Rechtsbehelfsverzicht

3574 Auf die Einlegung eines Einspruchs kann verzichtet werden, grds. allerdings erst nach Erlass eines Verwaltungsakts (z.B. Steuerbescheids). Bei **Steueranmeldungen** kann der Verzicht jedoch bereits mit Abgabe der Anmeldung für den Fall ausgesprochen werden, dass die Steuer nicht abweichend von der Steueranmeldung festgesetzt wird. Durch den Verzicht wird der Einspruch unzulässig (§ 354 Abs. 1 AO).

Der Verzicht ist grds. **schriftlich** zu erklären. Er ist **unwirksam**, wenn

- das Finanzamt den Verzicht durch Drohung oder Täuschung oder sonstige unlautere Beeinflussung veranlasst hat,
- der Verzicht unter einer Bedingung abgegeben worden ist oder
- bei Steueranmeldungen die Steuer abweichend von der Steueranmeldung festgesetzt wird.

Der Verzicht muss **ausdrücklich** und **eindeutig** erklärt werden. Stimmt der **Arbeitgeber dem Ergebnis einer Außenprüfung zu**, so können solche Erklärungen über ihren eigentlichen Inhalt hinaus nicht zu Ungunsten des Arbeitgebers als Rechtsbehelfsverzicht ausgelegt werden. Denn der Arbeitgeber erklärt damit nicht eindeutig, dass er sich hinsichtlich der Einlegung des Rechtsbehelfs seiner Handlungsfreiheit begeben will. Daher ist auch die **schriftliche Anerkennung der Lohnsteuer-Nachforderung** nach § 42d Abs. 4 Nr. 2 EStG **nicht als Rechtsbehelfsverzicht** zu werten (BFH v. 17.9.1974, VI R 71/72, BStBl II 1975, 49).

ff) „Ruhensliste"

Gerade im Lohn- und Einkommensteuerbereich werden immer wieder Regelungen streitig, die für viele Arbeitgeber und Arbeitnehmer von Bedeutung sind. Um den mit sog. **Masseneinsprüchen** verbundenen Verwaltungsaufwand in Grenzen zu halten, hat der Gesetzgeber eine wichtige **Vereinfachungsregelung** getroffen: 3575

Nach § 363 Abs. 2 Satz 2 AO **„ruhen" Einspruchsverfahren kraft Gesetzes (sog. Zwangsruhe)**, wenn sich der Stpfl. in seinem Einspruch auf ein beim EuGH, beim BVerfG oder einem obersten Bundesgericht (also v.a. beim BFH) anhängiges Verfahren beruft; dies gilt jedoch nicht für Verfahren vor dem EGMR (FG Düsseldorf v. 17.5.2013, 3 K 1927/12 E, U, EFG 2013, 1288). Wenn ein beratener Stpfl. sich ausdrücklich unter Nennung der Aktenzeichen auf bestimmte Verfahren stützt, ruht das Einspruchsverfahren allerdings nur im Hinblick auf diese Verfahren. Die bloße Existenz von nach Erledigung der Bezugsverfahren noch anhängigen Parallelverfahren, ohne dass sich der Einspruchsführer auf noch anhängige Parallelverfahren beruft, reicht für eine Fortdauer des Ruhens nicht aus (BFH v. 23.1.2013, X R 32/08, BStBl II 2013, 423).

Ein besonderer Antrag an das Finanzamt, den Einspruch ruhen zu lassen, ist nicht erforderlich (Einzelheiten zum Ruhen von Verfahren s. zuletzt BayLfSt v. 26.1.2016, S 0622.1.1 – 20/6 St 42).

Eine monatlich aktualisierte Liste über anhängige Verfahren beim BVerfG und BFH sowie beim EuGH und EuG kann von den Internetseiten des BFH abgerufen werden.

Daneben kann die Finanzverwaltung wie bisher das **Ruhenlassen** von Einsprüchen durch **Verfügung anordnen**: Davon wird insbesondere dann Gebrauch gemacht, wenn eine Rechtsfrage von besonderer Bedeutung ist und durch den BFH oder das BVerfG entschieden werden soll, zunächst aber noch beim FG anhängig ist.

gg) „Vorläufigkeitskatalog"

Die Finanzverwaltung erlässt zur Vermeidung von „Masseneinsprüchen" in bestimmten Fällen nach § 165 Abs. 1 AO vorläufige Steuerfestsetzungen und hat hierzu einen Vorläufigkeitskatalog aufgestellt, der bei Bedarf aktualisiert wird und zz. folgende Punkte enthält (BMF v. 28.3.2022, IV A 3 – S 0338/19/10006 :001, BStBl I 2022, 203 i.V.m. BMF v. 25.11.2024, IV D 1 – S0338/19/010006 :001, BStBl I 2024, 1407, BMF v. 10.3.2025, IV C 4 – S 2255/0236/011/001, BStBl 2025, 654): 3576

1. Höhe der kindbezogenen Freibeträge nach § 32 Abs. 6 Sätze 1 und 2 EStG.
2. Verlustverrechnungsbeschränkung für Aktienveräußerungsverluste nach § 20 Abs. 6 Satz 4 EStG (§ 20 Abs. 6 Satz 5 EStG a.F.).
3. Höhe des Grundfreibetrages nach § 32a Abs. 1 Satz 2 EStG.

Ferner waren i.R. der verfahrensrechtlichen Möglichkeiten sämtliche Festsetzungen des **Solidaritätszuschlags** für die Veranlagungszeiträume ab 2005 hinsichtlich der Verfassungsmäßigkeit des Solidaritätszuschlaggesetzes 1995 vorläufig vorzunehmen. Für die Veranlagungszeiträume ab 2020 erfasste dieser Vorläufigkeitsvermerk auch die Frage, ob die fortgeltende Erhebung eines Solidaritätszuschlages nach Auslaufen des Solidarpakts II zum 31.12.2019 verfassungsgemäß ist (BMF v. 4.1.2021, IV A 3 – S 0338/19/10006 :001, BStBl I 2021, 49). Da das Bundesverfassungsgericht (BVerfG) in seiner Entscheidung vom 26.3.2025, 2 BvR 1505/20, ausführlich dargelegt hat, dass gegenwärtig keine Zweifel an der Verfassungsmäßigkeit der Erhebung des Solidaritätszuschlags nach dem Auslaufen des Solidarpakts zum 31.12.2019 bestehen und für weiter zurückliegende Veranlagungszeiträume bereits der BFH wiederholt entschieden hat, dass keine verfassungsmäßigen Zweifel an der Erhebung eines Solidaritätszuschlags bestehen (zuletzt in seinem Urteil vom 20.2.2024, IX R 27/23 (II R 27/15), BStBl II 2024, 444, auch das BVerfG hatte mit Beschluss vom 7.6.2023, 2 BvL 6/14, eine diesbezügliche Richtervorlage in einem Verfahren der konkreten Normenkontrolle als unzulässig abgewiesen) wurde der Vorläufigkeitsvermerk hinsichtlich des Solidaritätszuschlages mit BMF-Schreiben v. 26.5.2025, IV D 1 – S 0338/00083/001/099, BStBl I 2025, 1178 aufgehoben. Bereits eingelegte Einsprüche gegen die Festsetzung des Solidaritätszuschlages für Veranlagungszeiträume vor

2020 wurden zwischenzeitlich mit Allgemeinverfügung der obersten Finanzbehörden der Länder vom 4.8.2025 zurückgewiesen (vgl. FM NRW v. 4.8.2025, S 623-000001-2023-0020453-V A 2).

Diese Maßnahme als Solches hat sich in der Praxis bewährt und liegt auch im Interesse des Stpfl., da so die Einlegung von Einsprüchen in „Massenverfahren" vermieden wird. Der Steuerpflichtige muss dann gar nicht erst Einspruch einlegen. Die Finanzbehörde kann die durch Berufung auf ein vorgreifliches Verfahren bewirkte Verfahrensruhe auch im Einspruchsverfahren durch einen **Vorläufigkeitsvermerk** derselben Reichweite beenden, denn der Vorläufigkeitsvermerk bietet einen der Verfahrensruhe gleichwertigen Rechtsschutz (BFH v. 23.1.2013, X R 32/08, BStBl II 2013, 423).

b) Dienstaufsichtsverfahren

3577 Unabhängig vom sog. förmlichen Rechtsbehelfsverfahren (Einspruch, Klage, Revision) kann sich der Arbeitgeber im **Dienstaufsichtswege** (sog. Fach- oder Dienstaufsichtsbeschwerde) an einen Vorgesetzten oder aber die **vorgesetzten Behörden** (Amtsleiter, OFD, FinMin) oder auch mit einer **Petition** an den Deutschen Bundestag bzw. jeweiligen Landtag (Artikel 17 des Grundgesetzes) wenden, um eine Entscheidung des Finanzamts überprüfen zu lassen. Dies empfiehlt sich v.a., wenn eine Frage von grundsätzlicher Bedeutung vorliegt, die noch nicht eindeutig geklärt ist oder zu der innerhalb des Bundesgebietes unterschiedliche Verwaltungsregelungen erlassen worden sind. Die **obersten Finanzbehörden** haben dann die Möglichkeit, eine bundeseinheitliche Regelung herbeizuführen, die im BStBl veröffentlicht wird und damit allgemein verbindlich ist.

Der Dienstaufsichtsweg kann auch parallel zu einem **finanzgerichtlichen Verfahren** zum Erfolg führen, wenn z.B. ein **FG eine für den Arbeitgeber oder Arbeitnehmer günstige Verwaltungsregelung nicht anwenden will** (s. z.B. BFH v. 19.12.2019, VI R 8/18, BStBl II 2020, 291, wonach mit der Entfernungspauschale auch unfallbedingte fahrzeug- und wegstreckenbezogene Aufwendungen abgegolten sind; das Urteil widerspricht insoweit der bisherigen Verwaltungsauffassung in BMF v. 18.11.2021, IV C 5 – S 2351/20/10001 :002, Rdnr. 30 sowie in „Unfallschäden" in H 9.10 LStH; das Gleiche gilt, wenn ein FG eine **Übergangsregelung der Finanzverwaltung** nicht anwenden will, so z.B. FG Köln v. 12.2.2020, 5 K 2225/18, betr. Liebhaberei bei Anmietung einer als Homeoffice genutzten Wohnung des Arbeitnehmers durch den Arbeitgeber).

Hierbei ist zu beachten, dass **Gerichte grds. nicht an Verwaltungsregelungen** gebunden sind (zuletzt BFH v. 7.7.2021, III R 40/19, HFR 2021, 1089 zur DA-KG 2017). Selbst an die **LStR** sind die Finanzgerichte daher nur gebunden, soweit sie eine zutreffende Auslegung des Gesetzes und sog. Typisierungsvorschriften enthalten (zuletzt FG Berlin-Brandenburg v. 13.8.2020, 4 K 4123/18, EFG 2020, 1708 betr. Vertretungslehrkräfte einer privaten Ersatzschule als Freiberufler oder Arbeitnehmer).

Eine von den Gerichten zu beachtende **Selbstbindung der Verwaltung** besteht lediglich ausnahmsweise im Bereich der ihr vom Gesetz eingeräumten Entscheidungsfreiheit, also i.R. des Ermessens, der Billigkeit (z.B. bei Änderung der Rechtsprechung) und der Typisierung oder Pauschalierung (zuletzt BFH v. 28.11.2016, GrS 1/15, BStBl II 2017, 393 betr. Steuererlass aus Billigkeitsgründen nach dem sog. Sanierungserlass des BMF).

Eine Dienstaufsichtsbeschwerde oder Petition sollte aber nur **zusätzlich zu einem Einspruch oder einer Klage** eingelegt werden, weil anderenfalls der (Steuer-)Bescheid des Finanzamts bestandskräftig wird und dann selbst bei einer positiven Entscheidung der Dienstaufsichtsbehörde nicht mehr geändert werden könnte.

c) Kosten eines Einspruchs und einer Dienstaufsichtsbeschwerde

3578 **Einspruch und Dienstaufsichtsbeschwerde sind kostenlos**, im **gerichtlichen Verfahren** entstehen allerdings **Kosten**, wenn die Klage bzw. Revision keinen Erfolg hat.

Die **eigenen Kosten**, z.B. für einen **Steuerberater**, werden im Einspruchsverfahren auch im Falle des Obsiegens nicht erstattet, sondern nur im finanzgerichtlichen Verfahren; dies ist mit dem Grundgesetz vereinbar (BFH v. 23.7.1996, VII B 42/96, HFR 1996, 718).

Sind dem Finanzbeamten jedoch bei der Bearbeitung **grobe Fehler** unterlaufen, können erforderliche Rechtsverfolgungskosten im Wege des **Schadensersatzes** gegen das Land geltend gemacht werden (§ 839 BGB i.V.m. Art. 34 GG); Voraussetzung ist ein **vorsätzliches** oder zumindest **fahrlässiges** Verhalten des Finanzbeamten. In einer Vielzahl von Fällen hat die Rechtsprechung derartige **Schadensersatzansprüche anerkannt**, vgl. zuletzt OLG Koblenz, 17.7.2002, 1 U 1588/01, sowie Kilian/Schwerdtfeger, DStR 2006, 1773 mit ausführlichen Rechtsprechungsnachweisen: Entscheidungsbefugte Sachbearbeiter der Finanzämter müssen zeitnah über die grundlegenden Entscheidungen des BFH informiert werden. Das gilt insbesondere für solche Entscheidungen, die der bisherigen Verwaltungspraxis widersprechen. Werden die Sachbearbeiter nicht oder nicht rechtzeitig informiert, so liegt ein **Organisationsverschulden** vor. Stpfl. können in einem solchen Fall den Ersatz der Kosten für ein – eigentlich unnötiges – Einspruchsverfahren nach Amtshaftungsgrundsätzen ersetzt verlangen. Hinweise zur Durchsetzung derartiger Ansprüche enthält – zumindest für Bayern – die Verfügung der OFD München v. 10.5.2004, O 1057 – 211 St 311.

2. Sozialversicherung

a) Allgemeines zum Widerspruch

Gegen Entscheidungen der Sozialversicherungsträger oder der 3579
Bundesagentur für Arbeit kann der **Rechtsbehelf des Widerspruchs** eingelegt werden. Dabei regelt der X. Teil des Sozialgesetzbuches das Verwaltungsverfahren; das Sozialgerichtsgesetz ermöglicht einen umfassenden **Rechtsschutz gegen Verwaltungsakte** der Versicherungsträger, durch die sich Versicherte oder Arbeitgeber in ihren Rechten beeinträchtigt fühlen.

b) Verwaltungsakt

Formell ist der **Verwaltungsakt** die nach außen wirkende Rege- 3580
lung eines Einzelfalles auf dem Gebiet des öffentlichen Rechts. Dabei muss der Verwaltungsakt inhaltlich hinreichend bestimmt sein und den erlassenden Versicherungsträger erkennen lassen. Der Verwaltungsakt kann schriftlich, mündlich oder in anderer Weise erlassen werden. Die Schriftform ist jedenfalls immer dann zu wählen, wenn hieran ein berechtigtes Interesse besteht oder der Betroffene dies verlangt.

Bevor ein Verwaltungsakt erlassen wird, der in die Rechte eines Beteiligten eingreift, ist ihm in aller Regel Gelegenheit zu geben, sich zu den rechtserheblichen Tatsachen zu äußern.

c) Form und Frist

Verwaltungsakte, die in die Rechte von Beteiligten eingreifen, 3581
werden in aller Regel mit einer schriftlich erteilten **Rechtsbehelfsbelehrung** versehen. Sie klärt über die Möglichkeit, Ort, Form und Frist auf, in der Widerspruch gegen den Verwaltungsakt eingelegt werden kann. Dabei beträgt die **Widerspruchsfrist einen Monat**, gerechnet von der Bekanntgabe des Verwaltungsaktes an. Wurde diese Frist versäumt, ist der Verwaltungsakt bindend, d.h., er kann nicht mehr angefochten werden.

Der Widerspruch kann **schriftlich**, aber auch „zur Niederschrift", d.h. mündlich – zu Protokoll – bei der erlassenden Stelle eingelegt werden. Bei einem elektronischen Widerspruch ist eine spezielle elektronische Unterschrift oder der Versand per De-Mail erforderlich. Das LSG Hessen hat hierzu in einem Urteil entschieden, dass der Versand per einfacher Mail nicht ausreichend ist (LSG Hessen v. 8.10.2023, L4 SO 180/21).

Fehlt die schriftliche Rechtsbehelfsbelehrung oder ist sie unvollständig, verlängert sich die Widerspruchsfrist auf ein Jahr.

War der Beschwerte ohne Verschulden verhindert, die gesetzlich festgelegte Verfahrensfrist (ein Monat oder ein Jahr) einzuhalten, kann ihm auf seinen Antrag hin **„Wiedereinsetzung in den vorigen Stand"** gewährt werden. Dabei ist die „Wiedereinsetzung" innerhalb einer Frist von einem Monat zu beantragen, beginnend mit dem Tag, an dem das Hindernis beseitigt ist.

d) Zuständige Behörde/Entscheidung

Über den Widerspruch entscheidet die von dem Selbstverwal- 3582
tungsorgan des Versicherungsträgers gebildete **Widerspruchsstelle**. Sie setzt sich im Allgemeinen paritätisch aus Vertretern der

Versicherten und Arbeitgeber zusammen (bei Ersatzkassen: nur Versicherten); Mitarbeiter des betroffenen Versicherungsträgers haben bei den Entscheidungen des Widerspruchsausschusses kein Stimmrecht. Die Widerspruchsstelle ist bei ihren Entscheidungen zwar an Rechtsvorschriften gebunden, wird aber die Verwaltungsentscheidung sorgfältig prüfen und kann sie bestätigen, aufheben oder ändern. Die Entscheidung der Widerspruchsstelle wird dem Beteiligten schriftlich als Verwaltungsakt mit Rechtsmittelbelehrung bekannt gegeben. Gegen diese Entscheidung kann innerhalb eines Monats mit der Klage das Sozialgericht angerufen werden.

Rechtskreise (Ost und West)

3583 In der Zeit der staatlichen Trennung Deutschlands haben sich die Sozialversicherungssysteme in den beiden Teilen unterschiedlich entwickelt. In dem Vertrag zur Wirtschafts-, Währungs- und Sozialunion verpflichtete sich die ehemalige DDR, die Voraussetzungen für eine gegliederte Sozialversicherung zu schaffen.

Im Wesentlichen ist die Einheit im Sozialversicherungsrecht seit 1.1.1991 stufenweise und mit Übergangsregelungen in der Form hergestellt worden, dass das Recht der alten Bundesländer nach den Regelungen des Einigungsvertrages und ergänzender Gesetze angewendet wird.

Die unterschiedlichen Wirtschafts- und Einkommensverhältnisse in den alten und neuen Bundesländern zwangen dazu, die für das Sozialversicherungsrecht geltenden Grenzwerte wie z.B. die Bezugsgröße mit ihren weiteren Abhängigkeiten, die Beitragsbemessungsgrenzen, die Jahresarbeitsverdienstgrenze, die Sachbezugswerte, aber auch die Rentenanpassungsgrößen und andere aus dem früheren DDR-Recht für fortbestehend erklärte Rechtsvorschriften differenziert zum Recht der alten Bundesländer zu gestalten. Aus dieser Notwendigkeit heraus bildete sich der sog. Begriff der „Rechtskreise". Dabei umfasste der Rechtskreis West die Länder der alten Bundesrepublik, der Rechtskreis Ost die Bundesländer Mecklenburg-Vorpommern, Brandenburg, Sachsen-Anhalt, Sachsen und Thüringen. Die besondere Situation in Berlin führte dazu, dass mit Wirkung vom 1.1.1995 an für dieses Bundesland in der Kranken- und Pflegeversicherung einheitlich das „West-Recht" für anwendbar erklärt wurde. Durch das Gesetz zur Rechtsangleichung in der Kranken- und Pflegeversicherung wird seit 1.1.2001 bei der Beitragsbemessungsgrenze (→ *Beiträge zur Sozialversicherung* Rz. 1268) in diesen beiden Zweigen nicht mehr nach alten und neuen Bundesländern unterschieden. Hier gilt einheitlich die Grenze der alten Bundesländer.

Die Zuordnung zum jeweiligen Rechtskreis richtete sich

- bei Beschäftigten grundsätzlich nach dem Beschäftigungsort
- bei der sozialen Sicherung der Pflegepersonen (→ *Pflegeversicherung* Rz. 3415) nach dem Ort, an dem die Pflegetätigkeit ausgeübt wurde.

Durch das **Renten-Überleitungsgesetz** v. 17.7.2017, BGBl. I 2017, 2575 wurden die bisher in den neuen Bundesländern noch abweichenden Werte für die Renten- und Arbeitslosenversicherung schrittweise an die Werte der alten Bundesländer angeglichen.

Für seit dem Jahr 2025 erworbene Rentenanwartschaften wird in der gesetzlichen Rentenversicherung einheitliches Recht gelten, unabhängig davon, ob Rentenversicherungsbeiträge in den alten oder neuen Bundesländern gezahlt wurden. Die Angleichung geschieht seit 1.7.2018 in 7 Schritten.

Seit dem 1.1.2019 wurde die Bewertung der Arbeitsentgelte angepasst. Dazu wurden sowohl die Bezugsgröße und die Beitragsbemessungsgrenze Ost ebenfalls in 7 Schritten angehoben.

Seit dem 1.1.2025 gelten für alle Bundesländer eine einheitliche Bezugsgröße und Beitragsbemessungsgrenzen. Die bisher im Arbeitgeber-Meldeverfahren erforderliche Differenzierung des Rechtskreises fiel daher – anders als hinsichtlich der Fortführung der Rechtskreistrennung im Beitragsnachweis über den 31.12.2024 hinaus – für Meldezeiträume seit vergangenem Jahr weg. Die Spitzenorganisationen der Sozialversicherung haben für den Wegfall des sog. Rechtskreiskennzeichens Folgendes beschlossen:

- Für Meldezeiträume ab dem 1.1.2025 war in den Meldungen kein Rechtskreiskennzeichen anzugeben (Grundstellung im Feld KENNZ-RECHTSKREIS)
- Für Meldezeiträume bis 31.12.2024 war in den Meldungen einschließlich Stornierungsmeldungen mit diesem Meldezeitraum wie bisher der jeweils zutreffende Rechtskreis „W" oder „O" anzugeben.
- Es war sicherzustellen, dass auch in den Jahresmeldungen für das Jahr 2024, die im Jahr 2025 abgegeben werden, der jeweils zutreffende Rechtskreis „W" oder „O" angegeben wird.
- Allein aus Anlass der Aufgabe der Rechtskreistrennung sind keine Ab- und Anmeldungen zum 1.1.2025 vorzunehmen.

Bei den Beitragsnachweisen ist die Pflicht der Rechtskreistrennung ebenfalls entfallen. Dies gilt auch für nachträglich nachzuweisende Beiträge für Zeiten bis zum 31.12.2025.

Rechtsnachfolger

Rechtsnachfolger von Arbeitnehmern sind nach § 1 Abs. 1 Satz 2 LStDV (selbst) als Arbeitnehmer einzustufen, soweit sie 3584
Arbeitslohn aus dem früheren Dienstverhältnis ihres Rechtsvorgängers beziehen (R 19.9 LStR, BFH v. 19.4.2021, VI R 8/19, BStBl II 2021, 909). Diese Regelung findet insbesondere dann Anwendung, wenn der Arbeitnehmer verstirbt und der Arbeitslohn nach dem Tod des Arbeitnehmers ausbezahlt wird (→ *Sterbegeld* Rz. 3982). Zu den hierbei zu beachtenden Sonderregelungen → *Tod des Arbeitnehmers* Rz. 4120.

Rechtsschutzversicherung

Wenn eine Rechtsschutzversicherung **ausschließlich ein berufliches Risiko** abdeckt, dann können die Beiträge vom Ar- 3585
beitnehmer als **Werbungskosten** abgesetzt werden (z.B. die Fahrer-Rechtsschutzversicherung eines Omnibusfahrers). Ein **steuerfreier Arbeitgeberersatz** ist jedoch nicht möglich, weil es hierfür an einer Steuerbefreiungsvorschrift fehlt (R 19.3 Abs. 3 Satz 1 LStR).

Vom Arbeitgeber dürfen lediglich Beiträge des Arbeitnehmers zu **Kraftfahrzeug-Rechtsschutzversicherungen** als Reisekosten steuerfrei ersetzt werden, soweit der Arbeitnehmer mit seinem Fahrzeug **Auswärtstätigkeiten** unternimmt und die anteiligen tatsächlichen Kfz-Kosten, zu denen auch die Beiträge zu diesen Versicherungen gehören, erstattet werden. Werden die Kfz-Kosten hingegen mit dem pauschalen km-Satz von 0,30 € erstattet bzw. vergütet, dann sind damit auch die o.g. Versicherungsbeiträge abgegolten.

Der Beitragsanteil, welcher auf die Fahrten zwischen Wohnung und erster Tätigkeitsstätte entfällt, kann ebenfalls nicht steuerfrei erstattet werden; für diese Fahrten ist lediglich eine Pauschalierung der Lohnsteuer mit 15 % bis zur Höhe der **Entfernungspauschale**, → *Wege zwischen Wohnung und erster Tätigkeitsstätte* Rz. 4419, welche diese Kosten ebenfalls mit abdeckt, zulässig (§ 40 Abs. 2 Satz 2 EStG).

Beiträge zu **kombinierten Rechtsschutzversicherungen** (z.B. eine Familien- und Verkehrsrechtsschutzversicherung für Lohn- und Gehaltsempfänger) können nur dann in (steuerlich nicht abzugsfähige) Aufwendungen für die Lebensführung und in **abzugsfähige Werbungskosten aufgeteilt** werden, wenn der **Versicherer bescheinigt**, welcher Anteil der Gesamtprämie auf den die berufliche Sphäre betreffenden Versicherungsschutz entfällt. Lehnt der Versicherer eine solche Aufteilung ab, ist die Gesamtprämie steuerlich nicht abzugsfähig (BFH v. 31.1.1997, VI R 97/94). Eine schätzungsweise Aufteilung (auch nach den Angaben des Verbandes der Versicherungswirtschaft) wird von der Finanzverwaltung abgelehnt (BMF v. 23.7.1998, IV B 6 – S 2354 – 33/98). Sie dürfte aber nach dem Beschluss des Großen Senats des BFH v. 21.9.2009, GrS 1/06, BStBl II 2010, 672 (nunmehr) doch zulässig sein.

Referendare

1. Lohnsteuer

Auch wenn sich Referendare „kindergeldrechtlich" noch in **Berufs-** 3586
ausbildung befinden (zuletzt BFH v. 13.7.2004, VIII R 20/02; BFH v. 29.5.2008, III R 33/06, m.w.N., betr. den juristischen Vorbereitungsdienst), werden sie lohnsteuerlich als **Arbeitnehmer** angesehen, selbst wenn sie nur einen Unterhaltszuschuss erhalten (BFH v. 12.8.1983, VI R 155/80, BStBl II 1983, 718). **Nebentätigkeiten** bei einem Anwalt können je nach Fallgestaltung selbständig oder

nichtselbständig ausgeübt werden. Bei Urlaubsvertretung eines Anwalts wird regelmäßig ein Arbeitsverhältnis vorliegen.

2. Sozialversicherung

3587 Obwohl Referendare als Arbeitnehmer gelten (zuletzt BSG v. 31.3.2015, B 12 R 1/13 R, betr. freiwillige zusätzliche an Rechtsreferendare geleistete Vergütungen), **tritt nicht automatisch Sozialversicherungspflicht ein.** Haben sie wie Beamte (→ *Beamte* Rz. 1231) **nach beamtenrechtlichen Vorschriften** oder Grundsätzen bei Krankheit einen Anspruch auf Fortzahlung der Bezüge und auf Beihilfe oder Heilfürsorge, besteht **in der Kranken- und Arbeitslosenversicherung Versicherungsfreiheit.** In der **Pflegeversicherung** gelten besondere Regelungen (→ *Pflegeversicherung* Rz. 3401). In der **Rentenversicherung ist Versicherungsfreiheit nur dann gegeben**, wenn nach beamtenrechtlichen Vorschriften Anwartschaft auf Versorgung bei verminderter Erwerbsfähigkeit und im Alter sowie auf Hinterbliebenenversorgung gewährleistet und die Erfüllung der Gewährleistung gesichert ist. Wird zusätzlich eine **Nebenbeschäftigung** ausgeübt, gelten die gleichen sozialversicherungsrechtlichen Regelungen wie bei Beamten.

Regierungsamt

→ *Abgeordnete* Rz. 10

Reinigungskosten

→ *Berufskleidung* Rz. 1353

Reisegepäckversicherung

3588 Schließt ein Arbeitgeber für seine Arbeitnehmer eine Reisegepäckversicherung ab, aus der den Arbeitnehmern ein eigener Anspruch gegenüber dem Versicherer zusteht, so führt die Zahlung der **Prämien durch den Arbeitgeber zu Arbeitslohn** (BFH v. 19.2.1993, VI R 42/92, BStBl II 1993, 519). Dieser ist i.d.R. gem. § 3 Nr. 16 EStG als Ersatz von Reisekosten (**Reisenebenkosten**) steuerfrei, wenn sich der Versicherungsschutz auf eine beruflich bedingte Auswärtstätigkeit beschränkt, vgl. H 9.8 (Reisegepäckversicherung) LStH.

LSt SV

Für eine sog. **Kollektiv-Reisegepäckversicherung**, die auch **private Reisen** und das Gepäck von **Begleitpersonen** einschließt, gilt Folgendes (BFH v. 19.2.1993, VI R 42/92, BStBl II 1993, 519):

- Bezieht sich der Versicherungsschutz auf **sämtliche Reisen** des Arbeitnehmers, so ist eine **Aufteilung** der gesamten Prämie in einen beruflichen und einen privaten Anteil dann **zulässig**, wenn der Versicherer eine Auskunft über die Kalkulation seiner Prämien erteilt, die eine Aufteilung ohne weiteres ermöglicht. Lehnt dies die Versicherung ab, ist die gesamte Prämie als steuerpflichtiger Arbeitslohn zu erfassen.
- Eine Aufteilung, die auf Grund der Auskunft des Versicherers möglich wäre, hat zu unterbleiben mit der Folge, dass dann die **gesamte Prämie als steuerpflichtiger Arbeitslohn** anzusehen ist, wenn der **Arbeitnehmer nur sporadisch oder gar keine Auswärtstätigkeiten** ausübt.

Reisekosten: Allgemeine Grundsätze

Inhalt

1. Allgemeines

Unter diesem Stichwort werden zur besseren Übersicht nur die Begriffe und die allgemeinen Grundsätze für den Werbungskostenabzug und den steuerfreien Arbeitgeberersatz bei **auswärtigen beruflichen Tätigkeiten (kurz: Auswärtstätigkeiten)** von Arbeitnehmern erläutert. Näheres über **Höhe und Dauer der berücksichtigungsfähigen Beträge** ist unter → *Reisekosten: Erstattungen* Rz. 3661 zu finden. 3589

Wie die **Mahlzeitengestellung** anlässlich von Auswärtstätigkeiten steuerlich zu behandeln ist, wird unter → *Mahlzeiten aus besonderem Anlass* Rz. 3082 dargestellt.

Als Werbungskosten abgezogen bzw. **vom Arbeitgeber steuerfrei ersetzt werden können Reisekosten, soweit diese durch eine beruflich veranlasste Auswärtstätigkeit (§ 9 Abs. 4a Satz 2 und 4 EStG,** → Rz. 3630) **des Arbeitnehmers entstehen (R 9.4 LStR).**

Eine **begünstigte Auswärtstätigkeit** liegt vor, wenn der Arbeitnehmer

- außerhalb der Wohnung und seiner ersten Tätigkeitsstätte
- beruflich tätig wird (§ 9 Abs. 4a Satz 2 und 4 EStG).

Reisekosten sind

- **Fahrtkosten** (§ 9 Abs. 1 Satz 3 Nr. 4a EStG, R 9.5 LStR),
- **Verpflegungsmehraufwendungen** (§ 9 Abs. 4a EStG, R 9.6 LStR),

- **Übernachtungskosten** (§ 9 Abs. 1 Satz 3 Nr. 5a u. 5b EStG, R 9.7 LStR) sowie
- **Reisenebenkosten** (R 9.8 LStR).

Einzelheiten → *Reisekosten: Erstattungen* Rz. 3661, → *Reisekostenvergütungen aus öffentlichen Kassen* Rz. 3718.

Wo der Arbeitnehmer seine „**erste Tätigkeitsstätte**“ inne hat, ist für die Frage, ob

- die **Fahrten zwischen Wohnung und erster Tätigkeitsstätte** der Abzugsbeschränkung des § 9 Abs. 1 Satz 3 Nr. 4 EStG unterliegen, d.h. Abzug nur in Höhe der niedrigeren **Entfernungspauschale**, oder
- ob der Arbeitnehmer eine **„begünstigte Auswärtstätigkeit“ ausübt** und deshalb nicht nur die Fahrtkosten in voller Höhe bzw. mit den pauschalen km-Sätzen (z.B. für Pkw 0,30 €/km) absetzen, sondern auch die gesetzlichen Verpflegungspauschalen in Anspruch nehmen kann,

nach denselben Regeln zu beurteilen.

Bedeutung hat die Abgrenzung ferner für die **Besteuerung des geldwerten Vorteils aus der unentgeltlichen Überlassung eines Firmenwagens für Fahrten zwischen Wohnung und erster Tätigkeitsstätte**: Nur wenn der Betriebssitz oder eine andere Tätigkeitsstätte als „erste Tätigkeitsstätte“ anzusehen ist, ist für diese Fahrten ein geldwerter Vorteil zu erfassen (→ *Firmenwagen zur privaten Nutzung* Rz. 2121).

Zahlt der Arbeitgeber **höhere Beträge als gesetzlich zulässig**, muss er von dem übersteigenden Betrag den Lohnsteuerabzug vornehmen, sofern nicht – wie bei der Erstattung von Verpflegungsmehraufwendungen – eine Pauschalierung der Lohnsteuer in Betracht kommt. Zahlt ein **Dritter** Vergütungen für Auswärtstätigkeiten und ist der Arbeitgeber nicht zum Lohnsteuerabzug verpflichtet (→ *Lohnzahlung durch Dritte* Rz. 3040), muss der Arbeitnehmer den steuerpflichtigen Teilbetrag ggf. in seiner **Einkommensteuererklärung** angeben.

Beispiel:

Der Sächsische Gemeindeunfallversicherungsverband zahlt auf der Grundlage seiner Satzung den Teilnehmern von Ausbildungslehrgängen Reisekostenvergütungen.

Nach § 3 Nr. 13 EStG ist nicht der gesamte Betrag steuerfrei. Da die steuerpflichtigen Anteile nicht für eine Arbeitsleistung gezahlt werden, unterliegen sie nicht dem Lohnsteuerabzug des Arbeitgebers. Der Arbeitnehmer hat diese Einnahmen als nicht dem Lohnsteuerabzug unterworfene Einnahmen aus nichtselbständiger Tätigkeit in der Einkommensteuererklärung anzugeben.

Die Höhe der steuerpflichtigen Anteile ist durch eine Bescheinigung des Sächsischen Gemeindeunfallversicherungsverbands nachzuweisen. Eine Mitteilungspflicht des Sächsischen Gemeindeunfallversicherungsverbands besteht nicht.

2. Reform des Reisekostenrechts ab 2014

3590 Mit dem Gesetz zur Änderung und Vereinfachung der Unternehmensbesteuerung und des steuerlichen Reisekostenrechts v. 20.2.2013, BStBl I 2013, 188 ist das steuerliche Reisekostenrecht ab 2014 grundlegend geändert worden. **Zentraler Punkt ist die** gesetzliche Definition **der „ersten Tätigkeitsstätte“**, welche den Begriff der „regelmäßigen Arbeitsstätte“ ersetzt hat (§ 9 Abs. 4 EStG). Nur wenn der Arbeitnehmer **vorübergehend** außerhalb seiner Wohnung und der ersten Tätigkeitsstätte beruflich tätig wird, liegt eine Auswärtstätigkeit vor. Hervorzuheben ist, dass eine erste Tätigkeitsstätte nicht nur in einer ortsfesten betrieblichen Einrichtung des Arbeitgebers, sondern – im Fall einer dauerhaften Zuordnung – auch bei einem verbundenen Unternehmen oder bei einem Dritten begründet werden kann und sogar in einer Bildungseinrichtung (→ Rz. 3620).

Verfassungsrechtliche Bedenken gegen die Abzugsbeschränkung von Fahrtkosten für Fahrten zwischen Wohnung und erster Tätigkeitsstätte auf die Entfernungspauschale **verneint der BFH auch für das geänderte Reisekostenrecht**. Der Gesetzgeber habe sein Regelungsermessen nicht überschritten, da sich Arbeitnehmer in unterschiedlicher Weise auf die immer gleichen Wege einstellen und so auf eine Minderung der Wegekosten hinwirken könnten (z.B. BFH v. 4.4.2019, VI R 27/17, BStBl II 2019, 536 betr. Polizeibeamte im Einsatz- und Streifendienst).

Ausführliche Erläuterungen zur steuerlichen Behandlung der Reisekosten von **Arbeitnehmern** enthält das überarbeitete Anwendungsschreiben (BMF v. 25.11.2020, IV C 5 – S 2353/19/10011 :006, BStBl I 2020, 1228). Zum **betrieblichen Bereich** s. weiterhin BMF v. 23.12.2014, IV C 6 – S 2145/10/10005 :001, BStBl I 2015, 26.

Nachfolgende Übersicht soll die wesentlichen Grundsätze für die Anerkennung einer „ersten Tätigkeitsstätte“ verdeutlichen:

Prüfschema „erste Tätigkeitsstätte“

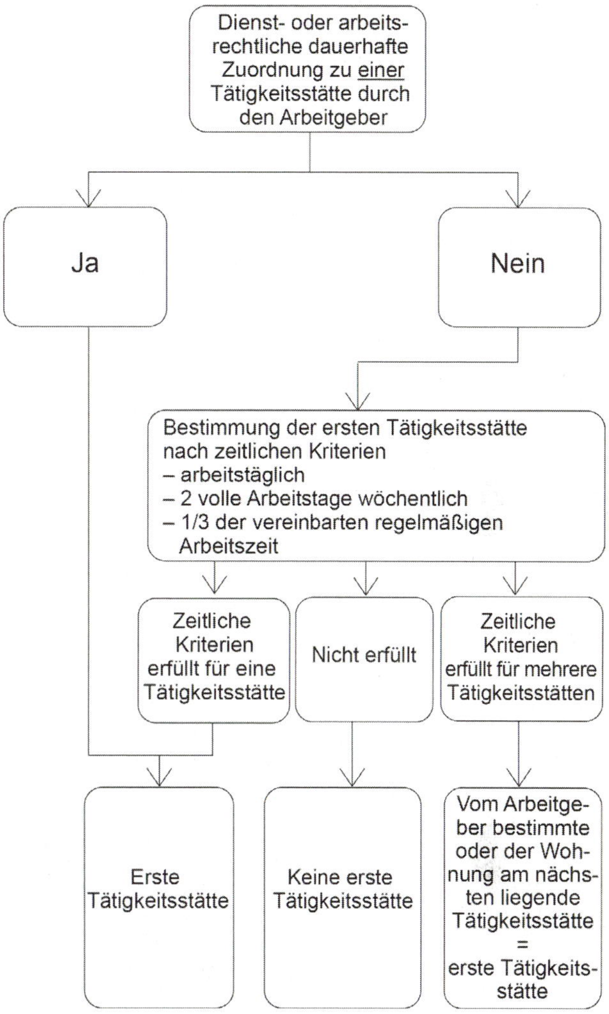

(→ *Anhang, A. Lohnsteuer* Rz. 4804)

3. Vorteile des steuerfreien Arbeitgeberersatzes

Der steuerfreie Arbeitgeberersatz durch den Arbeitgeber hat in der Praxis erhebliche Bedeutung, weil er sowohl für den Arbeitnehmer als auch für den Arbeitgeber Vorteile bringt: 3591

- Die Aufwendungen des Arbeitnehmers für die o.g. Auswärtstätigkeiten (insbesondere Fahrtkosten, Mehraufwendungen für Verpflegung, Übernachtungskosten sowie Reisenebenkosten) dürfen vom Arbeitgeber nach § 3 Nr. 13 bzw. 16 EStG **steuerfrei ersetzt** werden. Ein steuerfreier Ersatz anderer **Werbungskosten** des Arbeitnehmers durch den Arbeitgeber ist sonst grds. **nicht zulässig** (R 19.3 Abs. 3 Satz 1 LStR).
- Anders als bei den übrigen Steuerbefreiungen, z.B. von Kindergartenzuschüssen nach § 3 Nr. 33 EStG, ist auch eine sog. **Barlohnumwandlung** (→ *Barlohnumwandlung* Rz. 1218) zulässig, d.h., dass steuerpflichtiger Barlohn in steuerfreie Reisekostenvergütungen nach § 3 Nr. 16 EStG umgewandelt werden kann (BFH v. 27.4.2001, VI R 2/98, BStBl II 2001, 601). Voraussetzung für die Steuerbefreiung ist lediglich, dass die Herabsetzung des Lohnanspruchs und die Umwandlung in eine Vergütung i.S.d. § 3 Nr. 16 EStG vor der Entstehung des Vergütungsanspruchs zwischen Arbeitgeber und Arbeitnehmer vereinbart worden ist. Es genügt nicht, dass der Arbeitgeber

lediglich aus dem Arbeitslohn Teile herausrechnet und als steuerfrei behandelt (BMF v. 22.5.2013, IV C 5 – S 2388/11/10001 – 02, BStBl I 2013, 728). Die Umwandlung führt beim Arbeitnehmer zu einer vollen Steuerersparnis. Beim Werbungskostenabzug würden sich dagegen nur die Aufwendungen steuerlich auswirken, die über den Arbeitnehmer-Pauschbetrag von 1 230 € hinausgehen.

- Anders als bei „üblichen" Tätigkeiten können **nur bei den o.g. Auswärtstätigkeiten sowie bei einer beruflich veranlassten doppelten Haushaltsführung** (→ *Doppelte Haushaltsführung: Erstattungsbeträge* Rz. 1748) **Mehraufwendungen für Verpflegung berücksichtigt** werden, bei einer längerfristigen Tätigkeit an derselben Tätigkeitsstätte allerdings nur in den **ersten drei Monaten** (zuletzt BFH v. 8.10.2014, VI R 7/13, BStBl II 2015, 336 sowie BVerfG v. 7.7.2015, 2 BvR 2251/13, StEd 2015, 469 und ab 2014 § 9 Abs. 4a Satz 6 EStG). Der Gesetzgeber geht dabei in verfassungsrechtlich unbedenklicher Weise typisierend davon aus, dass ein etwa beruflich veranlasster **Mehr-Aufwand für Verpflegung nicht anzuerkennen ist, solange sich der Arbeitnehmer am Betriebssitz oder an anderen ortsfesten betrieblichen Einrichtungen des Arbeitgebers aufhält**. Dem liegt die Erwägung zu Grunde, dass der Arbeitnehmer im Betriebsgebäude (bzw. auf dem Betriebsgelände) regelmäßig Einrichtungen vorfinden wird, an denen er sich vergleichsweise **kostengünstig wird verpflegen können**. Bei Tätigkeiten an einer ersten Tätigkeitsstätte ist ein Abzug von Verpflegungsmehraufwendungen daher auch dann nicht mehr möglich, wenn die Abwesenheit von der Wohnung mehr als zwölf Stunden betragen hat (zuletzt BFH v. 11.5.2005, VI R 16/04, BStBl II 2005, 789 m.w.N. betr. Wegfall des früheren Pauschbetrags von 3 DM). Auch ungewöhnlich lange Arbeitsschichten, z.B. der 24-Stunden-Dienst eines Feuerwehrmanns, berechtigen nicht zur Abziehbarkeit von Verpflegungsmehraufwendungen als Werbungskosten (BFH v. 31.1.1997, VI R 98/94, HFR 1997, 662). Ein Werbungskostenabzug kommt nach diesem Urteil allenfalls für **„vergebliche Speisen"** in Betracht, wenn z.B. ein Feuerwehrmann sein Essen wegen eines Einsatzes nicht einnehmen konnte und er nach Rückkehr, weil die Speise ungenießbar geworden war, erneut ein Essen herrichten musste. Solche vergeblichen Aufwendungen müssen aber im Einzelnen nachgewiesen werden.
- Aufwendungen für **Wege zwischen Wohnung und auswärtiger Tätigkeitsstätte** können auch bei Benutzung eines Kfz in voller Höhe steuerlich berücksichtigt und vom Arbeitgeber steuerfrei erstattet werden, die Beschränkung auf die niedrigere Entfernungspauschale gilt nur für Wege zwischen Wohnung und erster Tätigkeitsstätte i.S.d. § 9 Abs. 1 Satz 3 Nr. 4 EStG.
- Die steuerfreien und ggf. pauschal versteuerten Arbeitgeberleistungen unterliegen **nicht der Sozialversicherungspflicht** (→ Rz. 3660).

4. Notwendige Unterscheidung Auswärtstätigkeit – doppelte Haushaltsführung

3592 Nach § 9 Abs. 4a EStG ist eine Unterscheidung der früheren Fallgruppen Dienstreise, Fahrtätigkeit, Einsatzwechseltätigkeit grds. nicht mehr erforderlich – sie fallen nunmehr unter den einheitlichen **Begriff „auswärtige berufliche Tätigkeit" (kurz: Auswärtstätigkeit)**.

Zu prüfen ist allerdings insbesondere bei längerfristigen Auswärtstätigkeiten an derselben Tätigkeitsstätte, **ob weiterhin noch eine Auswärtstätigkeit vorliegt** oder ob die neue Tätigkeitsstätte möglicherweise zur neuen „ersten Tätigkeitsstätte" geworden ist mit der Folge, dass für die „Auswärtstätigkeit" allenfalls die engeren Grundsätze für **Wege zwischen Wohnung und erster Tätigkeitsstätte bzw. der doppelten Haushaltsführung gelten**, und zwar aus folgenden Gründen:

- Für die doppelte Haushaltsführung gibt es keine Möglichkeit der **Pauschalversteuerung von Verpflegungszuschüssen** des Arbeitgebers mit 25 % (§ 40 Abs. 2 Satz 1 Nr. 4 EStG sowie → *Reisekosten: Erstattungen* Rz. 3714).
- Außerdem können bei einer doppelten Haushaltsführung für **Familienheimfahrten** (einmal wöchentlich) steuerfreie Zahlungen nur in Höhe der **Entfernungspauschale**, die ab dem Kalenderjahr 2026 einheitlich 0,38 € ab dem ersten Kilometer beträgt, geleistet werden; **zur aktuellen Entwicklung der Entfernungspauschale 2026** → *Wege zwischen Wohnung und erster Tätigkeitsstätte* Rz. 4431. Für eine Übergangszeit bis zum 31.12.2025 ist die Entfernungspauschale ab dem 21. km angehoben worden auf 0,35 € für das Kalenderjahr 2021 und auf 0,38 € je Entfernungskilometer für die Jahre 2022 bis 2025 (§ 9 Abs. 1 Satz 3 Nr. 5 Satz 9 EStG).
- Bei **täglicher Rückkehr zur Wohnung** gelten die Regeln für **„Wege zwischen Wohnung und erster Tätigkeitsstätte"**. Eine steuerfreie Erstattung der Fahrtkosten durch den Arbeitgeber ist grds. – sofern nicht die Steuerbefreiung nach § 3 Nr. 15 EStG für sog. Job-Tickets in Betracht kommt (→ *Job-Ticket* Rz. 2617) – nicht zulässig, allenfalls eine Pauschalierung mit 15 % oder 25 % (§ 40 Abs. 2 Satz 2 Nr. 1 bzw. Nr. 2 EStG sowie → *Wege zwischen Wohnung und erster Tätigkeitsstätte* Rz. 4453 und → Rz. 4466).

5. Erste Tätigkeitsstätte

a) Allgemeines

Erste Tätigkeitsstätte ist nach der Legaldefinition in § 9 Abs. 4 Satz 1 EStG die ortsfeste betriebliche Einrichtung (→ Rz. 3594) des Arbeitgebers, eines verbundenen Unternehmens (§ 15 des Aktiengesetzes) oder eines vom Arbeitgeber bestimmten Dritten, der der Arbeitnehmer dauerhaft zugeordnet ist. Der Begriff ist seit dem 1.1.2014 an die Stelle der regelmäßigen Arbeitsstätte getreten. Der Arbeitnehmer kann je Dienstverhältnis höchstens *eine* erste Tätigkeitsstätte, ggf. aber auch keine erste, sondern nur auswärtige Tätigkeitsstätten haben (§ 9 Abs. 4 Satz 5 EStG). 3593

Die Bestimmung der ersten Tätigkeitsstätte erfolgt **vorrangig anhand der dienst- oder arbeitsrechtlichen Festlegungen** durch den Arbeitgeber (→ Rz. 3598). Sind solche nicht vorhanden oder sind die getroffenen Festlegungen nicht eindeutig, werden hilfsweise **quantitative Kriterien** (→ Rz. 3609) herangezogen. Voraussetzung ist zudem, dass der Arbeitnehmer in einer der in § 9 Abs. 4 Satz 1 EStG genannten **ortsfesten Einrichtungen** (→ Rz. 3594) **dauerhaft** (→ Rz. 3600) tätig werden soll.

Ein Arbeitnehmer ohne erste Tätigkeitsstätte ist außerhalb seiner Wohnung immer auswärts tätig.

b) Art und Ort der Tätigkeitsstätte

aa) Allgemeines

Ortsfeste betriebliche Einrichtungen sind räumlich zusammengefasste Sachmittel, die der Tätigkeit des Arbeitgebers, eines verbundenen Unternehmens oder eines vom Arbeitgeber bestimmten Dritten dienen und mit dem Erdboden verbunden oder dazu bestimmt sind, überwiegend standortgebunden genutzt zu werden. 3594

Eine **(großräumige) erste Tätigkeitsstätte** liegt auch vor, wenn eine Vielzahl solcher Mittel, die für sich betrachtet selbständige betriebliche Einrichtungen darstellen können (z.B. Werkstätten und Werkshallen, Bürogebäude und -etagen sowie Verkaufs- und andere Wirtschaftsbauten), räumlich abgrenzbar in einem organisatorischen, technischen oder wirtschaftlichen Zusammenhang mit der betrieblichen Tätigkeit des Arbeitgebers, eines verbundenen Unternehmens oder eines vom Arbeitgeber bestimmten Dritten stehen (z.B. BFH v. 16.12.2020, VI R 35/18, BStBl II 2021, 525 betr. erste Tätigkeitsstätte eines Gerichtsvollziehers).

Demgemäß kommt als eine solche erste Tätigkeitsstätte auch ein **großflächiges und entsprechend infrastrukturell erschlossenes Gebiet** (z.B. Werksanlage, Betriebsgelände, Bahnhof oder Flughafen) in Betracht (zuletzt BFH v. 1.10.2020, VI R 36/18: Das **firmeneigene Schienennetz**, das ein Lokomotivführer mit der firmeneigenen Eisenbahn – Werksbahn – seines Arbeitgebers befährt, ist eine – wenn auch großräumige – erste Tätigkeitsstätte).

So stellen auch **Baucontainer**, die z.B. auf einer Großbaustelle längerfristig fest mit dem Erdreich verbunden sind und in denen sich z.B. Baubüros, Aufenthaltsräume oder Sanitäreinrichtungen befinden, „ortsfeste" betriebliche Einrichtungen dar.

Fahrzeuge, Flugzeuge, Schiffe oder Tätigkeitsgebiete ohne ortsfeste betriebliche Einrichtungen sind **keine Tätigkeitsstätten** i.S.d. § 9 Abs. 4 Satz 1 EStG (vgl. zuletzt BFH v. 12.7.2021, VI R 27/19, BStBl II 2021, 642 betr. Kürzung der Verpflegungspauschalen im Fall der Mahlzeitengestellung auch dann, wenn der Stpfl. – im Urteilsfall ein Seemann – nicht über eine erste Tätigkeitsstätte verfügt; Schiffe können keine erste Tätigkeitsstätte sein).

Beispiel:

Der Busfahrer auf dem Bus, der Lokführer und Schaffner im Zug, der Pilot und die Stewardessen im Flugzeug, die Besatzung auf dem Schiff üben ihre berufliche Tätigkeit auf diesen Fahrzeugen und somit mangels ortsfester Einrichtung auswärtig aus. Es gelten somit die steuerlichen Regeln für **Auswärtstätigkeiten**.

Hinweis: Aktuelles Verfahren zur Auslegung des Begriffs „Betriebsstätte"

Mit einem (noch nicht rechtskräftigem) Urteil hat das FG Rheinland-Pfalz entschieden, dass sich mit der Neuregelung des Reisekostenrechts ab 2014 nur der Begriff der „Arbeitsstätte" und nicht auch der Begriff der „Betriebsstätte" geändert habe. Die „Betriebsstätte" sei weiterhin auf der Grundlage der früheren Auslegung des Betriebsstättenbegriffs durch die BFH-Rechtsprechung zu bestimmen (FG Rheinland-Pfalz v. 19.6.2024, 1 K 1219/21, EFG 2024, 1656).

In Streitfall folgte das Finanzamt der Verwaltungsauffassung und entschied, dass der Kläger als IT-Berater bei seinem (einzigen) Kunden seine „erste Tätigkeitsstätte" habe, sodass für die Hin- und Rückfahrten nur die Entfernungspauschale anzusetzen sei. Das FG Rheinland-Pfalz kam zum Ergebnis, dass im Streitfall die gesetzlichen Anforderungen an eine „erste Tätigkeitsstätte" aus mehreren Gründen nicht erfüllt seien. Stattdessen sei hier der Sitz des (einzigen) Kunden des Klägers als seine „Betriebsstätte" anzusehen. Somit seien die Fahrtkosten (auch nur) in Höhe der Entfernungspauschale als Betriebsausgaben anzusetzen. Die Wohnung des Klägers bzw. sein häusliches Arbeitszimmer stelle keine Betriebsstätte dar.

Diese Entscheidung widerspricht den Regelungen im derzeit maßgebenden BMF-Schreiben v. 23.12.2014 (IV C 6 – S 2145/10/10005 :001, BStBl I 2015, 26), weshalb das FG die Revision beim BFH zugelassen hat. Sie ist inzwischen anhängig mit der Rechtsfrage: „Welche Bedeutung kommt dem seit 2014 in § 9 Abs. 1 Satz 3 Nr. 4 Satz 1, Abs. 4 Satz 1 EStG eingeführten Begriff der „ersten Tätigkeitsstätte" und den damit in Zusammenhang stehenden Regelungen (§ 9 Abs. 4 Satz 2 ff. EStG) für die Auslegung des Begriffs der Betriebsstätte in § 4 Abs. 5 Satz 1 Nr. 6 EStG zu?" (Az. des BFH: VIII R 15/24.)

Hervorzuheben ist, dass er hierbei um die **ertragsteuerliche** Beurteilung des Begriffs der Betriebsstätte geht, also **nicht** um den Arbeitnehmerbereich und nicht um eine primär lohnsteuerrechtliche Frage. Gleichwohl sollte der Ausgang des Verfahrens verfolgt werden.

bb) Einrichtung des Arbeitgebers

3595 Eine Einrichtung des Arbeitgebers liegt vor, wenn sie ihm zuzurechnen ist. Das ist insbesondere der Fall, wenn der Arbeitgeber die tatsächliche Sachherrschaft über die betreffende Einrichtung auf Grund seiner Eigentümerstellung, eines obligatorischen oder dinglichen Nutzungsrechts ausüben kann. Gleiches gilt, wenn der Arbeitgeber kraft seines arbeits- oder dienstrechtlichen Direktionsrechts oder kraft hoheitlicher Anordnung bestimmenden Einfluss auf die Nutzung der Einrichtung für seine betrieblichen Zwecke ausüben kann. Unter diesen Voraussetzungen kann auch eine **Einrichtung, die der Arbeitnehmer auf Grund seiner Eigentümerstellung, seines obligatorischen oder dinglichen Rechts für die berufliche Tätigkeit nutzt, eine betriebliche Einrichtung des Arbeitgebers** sein (BFH v. 16.12.2020, VI R 35/18, BStBl II 2021, 525: Erste Tätigkeitsstätte eines Gerichtsvollziehers ist sein Amtssitz, bestehend aus den Dienstgebäuden des Amtsgerichts, dem er zugeordnet ist, und dem Geschäftszimmer, welches er am Sitz des Amtsgerichts auf eigene Kosten vorzuhalten hat).

cc) Häusliches Arbeitszimmer

3596 Das **häusliche Arbeitszimmer** des Arbeitnehmers (Home-Office) ist keine betriebliche Einrichtung des Arbeitgebers oder eines Dritten und kann daher **keine erste Tätigkeitsstätte** sein. Das gilt auch, wenn ein häusliches Arbeitszimmer steuerlich nicht anerkannt werden kann, sondern allenfalls die sog. Home-Office-Pauschale berücksichtigt wird (→ *Home-Office/Mobile Office/Telearbeit* Rz. 2549).

Ebenso verhält es sich, wenn der **Arbeitgeber vom Arbeitnehmer einen oder mehrere Arbeitsräume anmietet**, die der Wohnung des Arbeitnehmers zuzurechnen sind. Auch bei dieser Gestaltung handelt es sich bei dem häuslichen Arbeitszimmer um einen **Teil der Wohnung** des Arbeitnehmers (so schon zur früheren Rechtslage z.B. BFH v. 22.10.2014, X R 13/13, BStBl II 2015, 273: Bei Arbeitnehmern führt nicht allein die Existenz eines häuslichen Arbeitszimmers dazu, dass die Entfernungspauschale auf ihre Wege zwischen der Wohnung und der regelmäßigen Arbeitsstätte keine Anwendung mehr findet).

Zur Abgrenzung, welche Räume der Wohnung des Arbeitnehmers zuzurechnen sind, ist auf das Gesamtbild der Verhältnisse im Einzelfall abzustellen (z.B. unmittelbare Nähe zu den privaten Wohnräumen).

c) Tätigkeitsstätte bei einem verbundenen Unternehmen oder bei einem Dritten

Die Annahme einer Tätigkeitsstätte erfordert nicht, dass es 3597
sich um eine ortsfeste betriebliche Einrichtung des lohnsteuerlichen Arbeitgebers handelt. Erfasst werden auch Sachverhalte, in denen der Arbeitnehmer statt beim eigenen Arbeitgeber in einer ortsfesten betrieblichen **Einrichtung eines der in § 15 AktG genannten Unternehmen oder eines Dritten (z.B. eines Kunden) tätig werden soll** (z.B. BFH v. 11.4.2019, VI R 12/17, BStBl II 2019, 551 betr. erste Tätigkeitsstätte einer Luftsicherheitskontrollkraft; die großräumige erste Tätigkeitsstätte umfasst auch die Einsatzorte/Kontrollstellen, die nicht zum Betriebsgelände des Arbeitgebers, sondern der Muttergesellschaft gehören).

Von einem solchen Tätigwerden kann dann nicht ausgegangen werden, wenn der Arbeitnehmer bei dem Dritten oder verbundenen Unternehmen z.B. **nur eine Dienstleistung des Dritten in Anspruch nimmt oder einen Einkauf tätigt.**

Beispiel:

A, Elektromonteur der Firma X, ist seit über zehn Jahren ausschließlich im Kraftwerk Y tätig.

Auch eine ortsfeste betriebliche Einrichtung eines vom Arbeitgeber bestimmten Dritten (hier das Kraftwerk Y), der der Arbeitnehmer dauerhaft zugeordnet ist, ist als erste Tätigkeitsstätte anzusehen.

d) Festlegung durch den Arbeitgeber

Eine erste Tätigkeitsstätte liegt vor, wenn der Arbeitnehmer einer 3598
solchen Tätigkeitsstätte (§ 9 Abs. 4 Satz 1 EStG) **dauerhaft zugeordnet** ist.

Ist der Arbeitnehmer nur **vorübergehend** einer Tätigkeitsstätte zugeordnet, begründet er dort keine erste Tätigkeitsstätte. Zur Abgrenzung der Merkmale „dauerhaft" und „vorübergehend" → Rz. 3600.

Die dauerhafte Zuordnung des Arbeitnehmers wird durch die dienst- oder arbeitsrechtlichen Festlegungen sowie die diese ausfüllenden Absprachen oder Weisungen bestimmt (§ 9 Abs. 4 Satz 2 EStG). Das gilt für einzelne Arbeitnehmer oder Arbeitnehmergruppen, unabhängig davon, ob diese schriftlich oder mündlich erteilt worden sind. Die Zuordnung muss sich auf die Tätigkeit des Arbeitnehmers beziehen; dies ergibt sich aus § 9 Abs. 4 Satz 3 EStG, der mit der beispielhaften Aufzählung darüber hinaus das Kriterium der Dauerhaftigkeit beschreibt. Einer gesonderten Zuordnung für einkommensteuerliche Zwecke bedarf es nicht (z.B. BFH v. 17.12.2020, VI R 21/18, BStBl II 2021, 506). Zur Frage der Zuordnung hat der BFH entschieden, dass sich eine (stillschweigende) Zuordnung des Arbeitnehmers zu einer ortsfesten betrieblichen Einrichtung des Arbeitgebers nicht allein daraus ergibt, dass der Arbeitnehmer die Einrichtung (ex ante) nur gelegentlich zur Ausübung seiner beruflichen Tätigkeit aufsuchen muss, im Übrigen aber seine Arbeitsleistung ganz überwiegend außerhalb der festen Einrichtung erbringt (BFH v. 14.9.2023, VI R 27/21 zu BMF v. 25.11.2020, IV C 5 – S 2353/19/10011 :006, BStBl I 2020, 1228, Rdnr. 9 Beispiel 1 und Abwandlung).

Zu den **arbeits- oder dienstrechtlichen Weisungen und Verfügungen** zählen alle schriftlichen, aber auch mündlichen Absprachen oder Weisungen. Die Zuordnung kann also insbesondere im Arbeitsvertrag oder durch Ausübung des Direktionsrechts (z.B. im Beamtenverhältnis durch dienstliche Anordnung) kraft der Organisationsgewalt des Arbeitgebers oder Dienstherrn vorgenommen werden. Die Zuordnung zu einer ersten Tätigkeitsstätte muss dabei nicht ausdrücklich erfolgen. Sie setzt auch nicht voraus, dass sich der Arbeitgeber der steuerrechtlichen Folgen dieser Entscheidung bewusst ist. Wird der Arbeitnehmer von seinem Arbeitgeber einer betrieblichen Einrichtung zugeordnet, weil er dort seine Arbeitsleistung erbringen soll, ist diese Zuordnung auf Grund der steuerrechtlichen Anknüpfung an das Dienst- oder Arbeitsrecht vielmehr auch steuerrechtlich maßgebend. Deshalb bedarf es neben der arbeitsrechtlichen Zuordnung zu einer betrieblichen Einrichtung keiner gesonderten Zuweisung zu einer ersten Tätigkeitsstätte für einkommensteuerrechtliche Zwecke. Denn der Gesetzgeber wollte mit der Neuregelung des steuerlichen Reisekostenrechts auch das Auseinanderfallen der arbeitsrechtlichen von der steuerrechtlichen Einordnung bestimmter Zahlungen als Reisekosten verringern. Entscheidend ist, ob der Arbeitnehmer aus der Sicht ex ante nach den arbeitsrechtlichen Festlegungen an einer ortsfesten betrieblichen Einrichtung des Arbeitgebers, eines verbundenen Unternehmens oder eines vom Arbeitgeber bestimmten Dritten tätig werden sollte (zuletzt BFH v. 12.7.2021, VI R 9/19, betr. die erste Tätigkeitsstätte einer Mitarbeiterin des allgemeinen Ordnungsdienstes).

Die Zuordnung eines Arbeitnehmers zu einer betrieblichen Einrichtung **allein aus tarifrechtlichen, mitbestimmungsrechtlichen oder organisatorischen Gründen** (z.B. Personalaktenführung), ohne dass der Arbeitnehmer in dieser Einrichtung tätig werden soll, ist dagegen keine Zuordnung i.S.d. § 9 Abs. 4 EStG.

Soll der Arbeitnehmer in einer vom Arbeitgeber festgelegten Tätigkeitsstätte zumindest in ganz **geringem Umfang tätig werden** (z.B. Hilfs- und Nebentätigkeiten wie Auftragsbestätigungen, Stundenzettel abgeben etc.), **kann der Arbeitgeber den Arbeitnehmer dieser Tätigkeitsstätte zuordnen.** Dies gilt selbst dann, wenn für die Zuordnung tarifrechtliche, mitbestimmungsrechtliche oder organisatorische Gründe ausschlaggebend sind.

Ist der Arbeitnehmer einer bestimmten Tätigkeitsstätte arbeitsrechtlich zugeordnet, kommt es auf Grund des Direktionsrechts des Arbeitgebers für die erste Tätigkeitsstätte auf den **qualitativen Schwerpunkt der Tätigkeit**, die der Arbeitnehmer dort ausübt oder ausüben soll, entgegen der bis 2013 geltenden Rechtslage nicht mehr an. Erforderlich, aber auch ausreichend ist, dass der Arbeitnehmer am Ort der ersten Tätigkeitsstätte **zumindest in geringem Umfang Tätigkeiten zu erbringen hat**, die er arbeitsvertraglich oder dienstrechtlich schuldet und die zu dem von ihm ausgeübten Berufsbild gehören (z.B. BFH v. 16.12.2020, VI R 35/18, BStBl II 2021, 525 betr. erste Tätigkeitsstätte eines Gerichtsvollziehers).

Auf die **Qualität des Tätigwerdens** kommt es somit (anders als bei der Bestimmung anhand der quantitativen Zuordnungskriterien, → Rz. 3609 ff.) **nicht an**. Vielmehr können, wie z.B. bei Festlegung einer Dienststelle/Dienststätte, auch **Tätigkeiten von untergeordneter Bedeutung ausreichend** sein (Vorrang des Dienst- oder Arbeitsrechts, BFH v. 4.4.2019, VI R 27/17, BStBl II 2019, 536).

Beispiel 1:

A ist der Konzernzentrale in Münster zugeordnet. Er ist aber dort tatsächlich nur für einen Tag im Monat zu Dienstbesprechungen vor Ort. Ansonsten ist er im Betrieb in Dortmund im Einsatz.

Auf Grund der Zuordnung ist die Zentrale in Münster die erste Tätigkeitsstätte, auch wenn er dort nur selten tätig werden soll.

Beispiel 2:

Wie Beispiel 1. Ordnet der Arbeitgeber den A der Konzernzentrale in Münster nicht oder nicht eindeutig zu, erfolgt die Prüfung, ob eine erste Tätigkeitsstätte vorliegt anhand der quantitativen Kriterien des § 9 Abs. 4 Satz 4 EStG (→ Rz. 3609 ff.). In diesem Fall liegt in Münster keine erste Tätigkeitsstätte vor.

Beispiel 3:

Der Arbeitgeber des in Münster wohnenden M hat seinen Firmensitz in Dortmund. In Münster hat ein Kunde des Arbeitgebers seinen Stammsitz. M ist regelmäßig an 2 Tagen in der Woche in Dortmund, alle 2 Wochen für einen Tag beim Kunden in Münster und ansonsten bei unterschiedlichen Kunden im Einsatz. Der Arbeitgeber ordnet M dem Kunden in Münster zu.

Die erste Tätigkeitsstätte befindet sich in Münster beim Kunden am Wohnort des M. Bei einer etwaigen Firmenwagennutzung hat diese Zuordnung Auswirkung auf die Versteuerung eines geldwerten Vorteils für die Nutzung für die Fahrten zwischen Wohnung und erster Tätigkeitsstätte. Denn ohne Zuordnung wäre der Firmensitz in Dortmund die erste Tätigkeitsstätte und es würde die Entfernung zwischen Münster und Dortmund zu Grunde gelegt werden.

Soll der Arbeitnehmer **an mehreren Tätigkeitsstätten tätig** werden und ist er *einer* bestimmten Tätigkeitsstätte dienst- oder arbeitsrechtlich dauerhaft zugeordnet, ist es unerheblich, in welchem Umfang er seine berufliche Tätigkeit an dieser oder an den anderen Tätigkeitsstätten ausüben soll. Auch auf die Regelmäßigkeit des Aufsuchens dieser Tätigkeitsstätten kommt es dann nicht mehr an.

Beispiel 4:

A ist der Filiale in Köln zugeordnet. Er ist aber 4 Tage in der Woche in der Filiale in Düsseldorf im Einsatz.

Auf Grund der Zuordnung ist die Filiale in Köln die erste Tätigkeitsstätte, auch wenn er dort nur einen Tag in der Woche arbeitet. Für die Fahrten nach Düsseldorf gelten die Grundsätze der Auswärtstätigkeit

Nicht entscheidend ist, ob an der vom Arbeitgeber nach § 9 Abs. 4 Satz 1 EStG festgelegten Tätigkeitsstätte der **qualitative Schwerpunkt der Tätigkeit** liegt oder liegen soll. Für die Zuordnung ist lediglich entscheidend, ob der Arbeitnehmer bei einer in die Zukunft gerichteten **Prognose** nach den dienst- oder arbeitsrechtlichen Festlegungen an einer ortsfesten betrieblichen Einrichtung des Arbeitgebers, eines verbundenen Unternehmens oder eines vom Arbeitgeber bestimmten Dritten tätig werden soll.

Erforderlich, aber ausreichend ist, dass der Arbeitnehmer am Ort der ersten Tätigkeitsstätte **zumindest in geringem Umfang Tätigkeiten zu erbringen hat**, die er arbeitsvertraglich oder dienstrechtlich schuldet und die zu dem von ihm ausgeübten Berufsbild gehören. Nur dann kann die „erste Tätigkeitsstätte" als Anknüpfungspunkt für den Ansatz von Wegekosten nach Maßgabe der Entfernungspauschale und als Abgrenzungsmerkmal gegenüber einer auswärtigen beruflichen Tätigkeit dienen. Dies folgt nach Auffassung des BFH insbesondere aus § 9 Abs. 4 Satz 3 EStG, der zumindest für den Regelfall davon ausgeht, dass der Arbeitnehmer an diesem Ort auch tätig werden soll. Darüber hinaus ist das Erfordernis einer arbeitsvertraglich oder dienstrechtlich geschuldeten Betätigung an diesem Ort nicht zuletzt dem Wortsinn des Tatbestandsmerkmals „erste Tätigkeitsstätte" geschuldet. Denn ein Ort, an dem der Stpfl. nicht tätig wird (oder für den Regelfall nicht tätig werden soll), kann nicht als Tätigkeitsstätte angesehen werden. Schließlich zwingt auch das objektive Nettoprinzip, den Begriff der ersten Tätigkeitsstätte dahingehend auszulegen (zuletzt BFH v. 2.9.2021, VI R 25/19). Denn anderenfalls bestimmt sich die Steuerlast nicht – gleichheitsrechtlich geboten – nach der individuellen Leistungsfähigkeit des Stpfl., sondern nach dem Belieben seines Arbeitgebers (BFH v. 12.7.2021, VI R 9/19, betr. die erste Tätigkeitsstätte einer Mitarbeiterin des allgemeinen Ordnungsdienstes).

Beispiel 5:

Der Vertriebsmitarbeiter V für die Region A soll einmal wöchentlich an den Firmensitz nach B fahren, dem er zugeordnet ist. Dort soll er die anfallenden Bürotätigkeiten erledigen und an Dienstbesprechungen teilnehmen.

B ist erste Tätigkeitsstätte auf Grund der arbeitsrechtlichen Zuordnung. Dabei ist unerheblich, dass V überwiegend in der Region A und nicht in B tätig werden soll.

Beispiel 6:

Wie Beispiel 5. Ordnet der Arbeitgeber den V dem Firmensitz in B nicht oder nicht eindeutig zu, erfolgt die Prüfung, ob eine erste Tätigkeitsstätte vorliegt, anhand der quantitativen Kriterien des § 9 Abs. 4 Satz 4 EStG. In diesem Fall liegt in B keine erste Tätigkeitsstätte vor.

Beispiel 7:

Frau A ist als Mitarbeiterin im Allgemeinen Ordnungsdienst im Ordnungsamt C angestellt. Sie ist überwiegend im Außendienst tätig. Ort des Dienstbeginns und des Dienstendes ist die Dienststelle. In ihrer Einkommensteuererklärung machte sie Fahrten zur Arbeitsstelle sowie Verpflegungsmehraufwendungen wegen mehr als 8-stündiger Abwesenheit nach Reisekostengrundsätzen als Werbungskosten geltend.

Der BFH hat dies im Urteil v. 12.7.2021, VI R 9/19, abgelehnt, weil das Ordnungsamt die erste Tätigkeitsstätte der Frau A sei, der sie vom Arbeitgeber zugeordnet sei. An dieser werde sie auch in dem erforderlichen Umfang tätig. Die Tätigkeit der Frau A im Bereich des Allgemeinen Ordnungsdienstes umfasste die Wahrnehmung von Aufgaben, die die Sicherheit, Ordnung und Sauberkeit im öffentlichen Raum betrafen. Hierbei war sie zwar überwiegend im Außendienst tätig, ihre Tätigkeit umfasste aber auch Aufgaben, die in der Dienststelle zu erledigen waren. Diese war Ort des Dienstbeginns und des Dienstendes der Frau A.

Weil der Arbeitgeber einen weitgehenden Spielraum bei der Festlegung der ersten Tätigkeitsstätte hat, wird **§ 42 AO (Missbrauch von rechtlichen Gestaltungsmöglichkeiten)** insoweit nur im Ausnahmefall zur Anwendung kommen. Insbesondere bei Gesellschafter-Geschäftsführern, Arbeitnehmer-Ehegatten/Lebenspartnern und sonstigen, mitarbeitenden Familienangehörigen ist entscheidend, ob die getroffenen Vereinbarungen einem **Fremdvergleich** standhalten.

Der Arbeitgeber kann für einen **bereits abgelaufenen Veranlagungszeitraum nicht rückwirkend eine bislang unterbliebene Zuordnungsentscheidung nachholen** (§ 9 Abs. 4 Satz 2 EStG sowie z.B. BFH v. 4.4.2019, VI R 27/17, BStBl II 2019, 536 betr. Polizeibeamte im Einsatz- und Streifendienst).

e) Dokumentation der Festlegungen

3599 Die arbeitsrechtliche Zuordnungsentscheidung des Arbeitgebers als solche muss für ihre steuerliche Wirksamkeit **nicht dokumentiert** werden. Die Zuordnungsentscheidung des Arbeitgebers kann sich vielmehr auch ergeben aus: Regelungen im Arbeitsvertrag, Tarifvertrag, Protokollnotizen, dienstrechtlichen Verfügungen (u.a. Regelungen zum abweichenden Dienstsitz), Einsatzplänen, Reiserichtlinien, Reisekostenabrechnungen, dem Ansatz eines geldwerten Vorteils für die Nutzung eines Dienstwagens für die Fahrten zwischen Wohnung und erster Tätigkeitsstätte oder vom Arbeitgeber als Nachweis seiner Zuordnungsentscheidung vorgelegten **Organigrammen**. Es entspricht regelmäßig der Lebenswirklichkeit, dass der Arbeitnehmer der betrieblichen Einrichtung des Arbeitgebers zugeordnet ist, in der er tatsächlich tätig ist oder werden soll (z.B. BFH v. 17.12.2020, VI R 21/18, BStBl II 2021, 525).

Fehlt eine Zuordnung, gilt § 9 Abs. 4 Satz 4 EStG betr. die **quantitative Zuordnung** → Rz. 3609.

Beispiel 1:

Die Firma hat zwei Filialen in Bonn bzw. Koblenz. Eine ausdrückliche Zuordnung für den in Bonn wohnenden Außendienstmitarbeiter A ist vom Arbeitgeber nicht vorgenommen worden. Allerdings wird für die Nutzung des Firmenwagens ein geldwerter Vorteil für die Fahrten zwischen dem Wohnort Bonn zur Tätigkeitsstätte in Koblenz versteuert.

Mit der Besteuerung eines geldwerten Vorteils für die Fahrten nach Koblenz hat der Arbeitgeber Koblenz als erste Tätigkeitsstätte bestimmt.

Ein betriebliches **Organigramm** (z.B. zur Arbeitsplatzbeschreibung) kann gegen den Willen des Arbeitgebers nicht als Nachweis zur Bestimmung einer ersten Tätigkeitsstätte herangezogen werden, wenn der Arbeitgeber tatsächlich keine Zuordnung seines Arbeitnehmers zu einer Tätigkeitsstätte getroffen hat und kein anderer Nachweis über die Zuordnung erbracht wird. In diesen Fällen ist anhand der quantitativen Kriterien (→ Rz. 3609) nach § 9 Abs. 4 Satz 4 EStG zu prüfen, ob der Arbeitnehmer eine erste Tätigkeitsstätte hat. Indiz für eine dienst- oder arbeitsrechtliche Zuordnungsentscheidung des Arbeitgebers kann auch sein, dass z.B. nach der betrieblichen Reiserichtlinie gerade für Tätigkeiten an dieser Tätigkeitsstätte keine Reisekosten gezahlt werden bzw. die Besteuerung eines geldwerten Vorteils für die Fahrten Wohnung – erste Tätigkeitsstätte bei Dienstwagengestellung erfolgt.

§ 9 Abs. 4 Satz 1 bis 3 EStG sieht die Möglichkeit einer Zuordnungsentscheidung des Arbeitgebers zu einer bestimmten Tätigkeitsstätte vor. Der Arbeitgeber kann dienst- oder arbeitsrechtlich daher **nicht** festlegen, dass der Arbeitnehmer **keine** erste Tätigkeitsstätte hat (**Negativfestlegung**). Er kann allerdings (ggf. auch ausdrücklich) darauf verzichten, eine erste Tätigkeitsstätte dienst- oder arbeitsrechtlich festzulegen, oder ausdrücklich erklären, dass organisatorische Zuordnungen keine erste Tätigkeitsstätte begründen sollen. In diesen Fällen erfolgt die Prüfung, ob eine erste Tätigkeitsstätte gegeben ist, anhand der **quantitativen Zuordnungskriterien** nach § 9 Abs. 4 Satz 4 EStG (→ Rz. 3609).

Der Arbeitgeber kann jedoch festlegen, dass sich die Bestimmung der ersten Tätigkeitsstätte nach den **quantitativen Zuordnungskriterien** des § 9 Abs. 4 Satz 4 EStG richtet (→ Rz. 3609). **Im Ergebnis ist eine Zuordnungsentscheidung des Arbeitgebers mittels dienst- oder arbeitsrechtlicher Festlegung** (→ Rz. 3598) **somit lediglich erforderlich, wenn er die erste Tätigkeitsstätte abweichend von den quantitativen Zuordnungskriterien festlegen will.**

Beispiel 2:

In Einstellungsbögen bzw. in Arbeitsverträgen ist auf Grund des Nachweisgesetzes und tariflicher Regelungen ein Einstellungs-, Anstellungs- oder Arbeitsort des Arbeitnehmers bestimmt.

Hierbei handelt es sich nicht um eine Zuordnung i.S.d. § 9 Abs. 4 EStG, wenn der Arbeitgeber schriftlich auch gegenüber dem Arbeitnehmer bzw. in der Reiserichtlinie des Unternehmens erklärt, dass dadurch keine arbeitsrechtliche Zuordnung zu einer ersten Tätigkeitsstätte erfolgen soll.

f) Dauerhafte Zuordnung

aa) Allgemeines

Die Zuordnung durch den Arbeitgeber zu einer Tätigkeitsstätte 3600
muss **auf Dauer angelegt** sein (**Prognose**). Typische Fälle einer dauerhaften Zuordnung sind

- die unbefristete Zuordnung des Arbeitnehmers zu einer bestimmten betrieblichen Einrichtung,
- die Zuordnung für die gesamte Dauer des – befristeten oder unbefristeten – Dienstverhältnisses
- oder die Zuordnung über einen Zeitraum von 48 Monaten hinaus (§ 9 Abs. 4 Satz 3 EStG).

Die **Zuordnung „bis auf Weiteres"** ist eine Zuordnung ohne Befristung und damit dauerhaft.

Eine **Zuordnung ist unbefristet**, wenn die Dauer der Zuordnung zu einer Tätigkeitsstätte aus der maßgeblichen Sicht ex ante (Beurteilung bzw. Betrachtung aus früherer Sicht) nicht kalendermäßig bestimmt ist und sich auch nicht aus Art, Zweck oder Beschaffenheit der Arbeitsleistung ergibt. Auch der Umstand, dass der Arbeitnehmer jederzeit einer anderen Tätigkeitsstätte zugeordnet werden könnte, führt nicht zur Annahme einer befristeten Zuordnung (vgl. BFH v. 17.12.2020, VI R 21/18, BStBl II 2021, 525). Entscheidend sind allein die Festlegungen des Arbeitgebers und die dienstlich erteilten Weisungen.

Beispiel:

Der Arbeitnehmer A ist von der Firma Z als technischer Zeichner ausschließlich für ein Projekt befristet eingestellt worden. Das Arbeitsverhältnis von A soll vertragsgemäß nach Ablauf der Befristung enden.

A hat ab dem ersten Tag der Tätigkeit bei Z auf Grund der arbeitsrechtlichen Zuordnung des Arbeitgebers seine erste Tätigkeitsstätte.

Dass das Finanzamt eine **fehlende Zuordnung** des Arbeitgebers nicht ohne Weiteres durch eigenes Verwaltungshandeln ersetzen darf, ist höchstrichterlich bestätigt worden. Im Streitfall war ein Rettungssanitäter (lt. Arbeitgeberbestätigung) **weder** dienst- noch arbeitsrechtlich einer ersten Tätigkeitsstätte **zugeordnet** und sollte **ohne Zeitvorgaben** an wechselnden betrieblichen Einrichtungen in allen Rettungswachen im Landkreis eingesetzt werden. Tatsächlich war er an 145 Tagen und weiteren 45 Tagen zusammenhängend in einer Rettungswache tätig. Folglich hatte das Finanzamt hier eine erste Tätigkeitsstätte gesehen (→ Rz. 3609). Dem widersprach zunächst das FG Berlin-Brandenburg (FG Berlin-Brandenburg v. 25.7.2023, 11 K 11130/21). Die von der Finanzverwaltung hiergegen eingelegte Nichtzulassungsbeschwerde hat der BFH als unzulässig verworfen (BFH v. 8.2.2024, VI B 46/23). In seiner Begründung weist der BFH darauf hin, dass gegen die Würdigung des FG keine durchgreifenden Bedenken bestehen und es hier mangels Zuordnung und fehlender Festlegung der Arbeitsleistung auf zwei volle Arbeitstage oder mit einem Drittel der Arbeitszeit an einer ersten Tätigkeitsstätte fehle. Im Übrigen könne allein ein monatlich im Voraus erstellter **Dienstplan** bei einem unbefristet tätigen Arbeitnehmer keine Dauerhaftigkeit der Zuordnung begründen.

bb) Prognose-Betrachtung

Die Zuordnung erfolgt gem. § 9 Abs. 4 Satz 3 2. Alternative EStG 3601
für die **Dauer des Arbeits- oder Dienstverhältnisses**, wenn sie aus der maßgeblichen **Sicht ex ante** für die gesamte Dauer des Arbeits- oder Dienstverhältnisses Bestand haben soll. Dies kann insbesondere angenommen werden, wenn die Zuordnung i.R. des

Arbeits- oder Dienstverhältnisses unbefristet oder (ausdrücklich) für dessen gesamte Dauer erfolgt (z.B. BFH v. 17.12.2020, VI R 21/18, BStBl II 2021, 525).

Die Änderung einer Zuordnung durch den Arbeitgeber ist mit Wirkung für die Zukunft zu berücksichtigen.

Beispiel 1:

Der in H wohnende Arbeitnehmer A ist bis auf Weiteres an 3 Tagen in der Woche in einer Filiale seines Arbeitgebers in H und an 2 Tagen in der Woche in einer Filiale seines Arbeitgebers in S tätig. Der Arbeitgeber hatte zunächst die Filiale in S als erste Tätigkeitsstätte festgelegt. Ab 1.7. legt er H als erste Tätigkeitsstätte fest.

Bis 30.6. hat der Arbeitnehmer in S seine erste Tätigkeitsstätte. Ab 1.7. ist die erste Tätigkeitsstätte in H.

Beispiel 2:

Der Arbeitnehmer A ist unbefristet beschäftigt. Für einen Zeitraum von 36 Monaten soll er überwiegend in der Filiale X arbeiten. In der Filiale Y soll er nur an Teambesprechungen, Mitarbeiterschulungen und sonstigen Firmenveranstaltungen teilnehmen. Diese finden voraussichtlich einmal pro Monat statt. Der Arbeitgeber hat A der Filiale Y arbeitsrechtlich dauerhaft zugeordnet.

Erste Tätigkeitsstätte ist die Filiale Y, da A dort arbeitsrechtlich dauerhaft zugeordnet ist.

Beispiel 3:

Wie Beispiel 2, der Arbeitgeber ordnet jedoch nicht zu.

Es liegt keine erste Tätigkeitsstätte vor; in der Filiale X soll A nicht dauerhaft tätig werden und in der Filiale Y nicht in dem nach § 9 Abs. 4 Satz 4 EStG (→ Rz. 3609) erforderlichen quantitativen Umfang.

Eine Änderung der Zuordnung kann auch vorliegen, wenn sich das **Berufsbild des Arbeitnehmers auf Grund der Vorgaben des Arbeitgebers dauerhaft ändert**, so z.B. wenn ein Außendienstmitarbeiter auf Dauer in den Innendienst wechselt.

Beispiel 4:

Der Arbeitnehmer A ist von seinem Arbeitgeber unbefristet eingestellt worden, um dauerhaft in der Filiale Y zu arbeiten. In den ersten 36 Monaten seiner Beschäftigung soll A aber zunächst ausschließlich die Filiale X führen. In der Filiale Y soll er während dieser Zeit nicht, auch nicht in ganz geringem Umfang tätig werden.

Die Filiale X ist keine erste Tätigkeitsstätte, da A dort lediglich für 36 Monate und damit nicht dauerhaft tätig werden soll (unabhängig vom quantitativen Umfang der Tätigkeit). Die Filiale Y wird erst nach Ablauf von 36 Monaten erste Tätigkeitsstätte.

Weichen die tatsächlichen Verhältnisse durch **unvorhersehbare Ereignisse**, wie etwa Krankheit, politische Unruhen am Tätigkeitsort, Insolvenz des Kunden o.ä. von der ursprünglichen Festlegung (Prognose) der dauerhaften Zuordnung ab, bleibt die zuvor getroffene **Prognose-Entscheidung für die Vergangenheit bezüglich des Vorliegens der ersten Tätigkeitsstätte maßgebend**.

Beispiel 5:

Der Kundendienstmonteur K soll an der betrieblichen Einrichtung seines Arbeitgebers in A lediglich in unregelmäßigen Abständen seine Aufträge abholen und abrechnen und gelegentlich an Besprechungen teilnehmen (vgl. → Rz. 3609). K ist der betrieblichen Einrichtung in A nicht arbeitsrechtlich zugeordnet. Seine eigentliche berufliche Tätigkeit soll K ausschließlich bei verschiedenen Kunden ausüben. Auf Grund ungeplanter betrieblicher Abläufe ergibt es sich, dass K über einen Zeitraum von 12 Monaten nur die betriebliche Einrichtung in A arbeitstäglich aufsuchen soll und auch aufsucht, um dort seine Berichte zu verfassen (= Teil seiner eigentlichen beruflichen Tätigkeit).

Auch wenn K für einen Zeitraum von 12 Monaten arbeitstäglich einen Teil seiner beruflichen Tätigkeit in der betrieblichen Einrichtung in A ausüben soll, führt dies mangels Dauerhaftigkeit noch nicht zu einer ersten Tätigkeitsstätte. Die ursprüngliche Prognose sah dies nicht vor und nach der neuen Prognose sollen diese Arbeiten am Betriebssitz in A nur vorübergehend ausgeübt werden.

Wird eine auf höchstens **48 Monate geplante Auswärtstätigkeit des Arbeitnehmers verlängert**, kommt es darauf an, ob dieser vom Zeitpunkt der Verlängerungsentscheidung an noch mehr als 48 Monate an der Tätigkeitsstätte eingesetzt werden soll.

Beispiel 6:

Der unbefristet beschäftigte Arbeitnehmer A wird für eine Projektdauer von voraussichtlich 18 Monaten der betrieblichen Einrichtung in M zugeordnet. Nach 18 Monaten wird die Zuordnung um 36 Monate verlängert.

Obwohl A insgesamt 54 Monate in M tätig wird, hat er dort keine erste Tätigkeitsstätte. Die vom Gesetz vorgegebene Prognose-Betrachtung bedeutet, dass A weder im Zeitpunkt der erstmaligen Zuordnung noch im Zeitpunkt der Verlängerungsentscheidung für mehr als 48 Monate in M eingesetzt werden sollte.

Beispiel 7:

Wie Beispiel 6. Die Zuordnung von A wird bereits nach drei Monaten um 36 Monate auf insgesamt 54 Monate verlängert.

Ab dem Zeitpunkt der Verlängerungsentscheidung hat A seine erste Tätigkeitsstätte in M, da er ab diesem Zeitpunkt noch 51 Monate und somit dauerhaft in M tätig werden soll.

Das gilt auch, wenn A für diese Tätigkeit neu eingestellt und eine Probezeit vereinbart wurde oder das Projekt planwidrig bereits nach 12 Monaten beendet wird. Die steuerliche Beurteilung der ersten 3 Monate als beruflich veranlasste Auswärtstätigkeit bleibt von der Verlängerungsentscheidung unberührt.

Wird ein befristetes Beschäftigungsverhältnis vor Ablauf der Befristung schriftlich durch bloßes Hinausschieben des Beendigungszeitpunkts bei ansonsten unverändertem Vertragsinhalt verlängert, liegt ein einheitliches Beschäftigungsverhältnis vor. Für die Frage, ob eine Zuordnung für die Dauer des Beschäftigungsverhältnisses erfolgt, ist daher ab dem Zeitpunkt der Verlängerung auf das einheitliche Beschäftigungsverhältnis und nicht lediglich auf den Zeitraum der Verlängerung abzustellen (BFH v. 10.4.2019, VI R 6/17, BStBl II 2019, 539).

Befindet sich jedoch ein Leiharbeitnehmer in einem unbefristeten Arbeitsverhältnis zum Zeitarbeitsunternehmen und ist er ab Vertragsbeginn ausschließlich und durchgängig bei einem Kunden tätig, geht der BFH von einer (nur) befristeten Zuordnung des Leiharbeitnehmers zu der betrieblichen Einrichtung des Entleihers aus (BFH v. 12.5.2022, VI R 32/20, BStBl II 2023, 35). Im Urteilsfall waren die zwischen Entleiher und Verleiher geschlossenen Vereinbarungen befristet. Ein weiterer Einsatz des Leiharbeitnehmers setzte voraus, dass der Kunde nach Ablauf der jeweiligen Frist mit dem Arbeitgeber ein weiteres (befristetes) Leihverhältnis begründete. Dies ist stets geschehen.

cc) Erste Tätigkeitsstätte bei unabwendbarem Ereignis

Eine erste Tätigkeitsstätte liegt nicht vor, wenn der Arbeitnehmer an der betrieblichen Einrichtung des Arbeitgebers oder des Dritten nur vorübergehend tätig wird. Das gilt z.B. auch dann, wenn der Arbeitnehmer auf Grund eines unabwendbaren Ereignisses an seinem eigentlichen Arbeitsplatz (z.B. nach einem Brand oder bei einer Kernsanierung) vorübergehend an einem anderen Ort tätig werden muss. 3602

Beispiel:

Die in einem alten Gebäudeteil untergebrachten Arbeitnehmer müssen auf Grund einer Kernsanierung ihren eigentlichen Arbeitsplatz verlassen und arbeiten vorübergehend in einem anderen Gebäude des Arbeitgebers in derselben Stadt.

Wenn die Arbeitnehmer während der Sanierungsphase in einem anderen Büro arbeiten, sind sie dort nicht dauerhaft zugeordnet oder werden nicht dauerhaft tätig. Damit liegt keine erste Tätigkeitsstätte i.S.d. § 9 Abs. 4 EStG vor (FinMin Hamburg, Fachinfo 5/2017 v. 11.10.2017, www.iww.de, Abruf-Nr. 198033).

Wird Personal aber nur ausgelagert, um Schönheitsreparaturen durchzuführen, greifen die Aussagen der Finanzbehörde Hamburg nicht. Hier liegt kein unabwendbares Ereignis vor.

dd) Kettenabordnung

Bei einer sog. Kettenabordnung ist **keine dauerhafte Zuordnung zu einer Tätigkeitsstätte** gegeben, wenn die einzelne Abordnung jeweils einen Zeitraum von **höchstens 48 Monaten** umfasst. 3603

Wird eine auf **weniger als 48 Monate geplante Auswärtstätigkeit des Arbeitnehmers verlängert**, kommt es darauf an, ob dieser vom Zeitpunkt der Verlängerungsentscheidung an noch mehr als 48 Monate an der Tätigkeitsstätte eingesetzt werden soll.

Beispiel 1:

Das Unternehmen hat je eine Betriebsstätte in Dresden und in Leipzig. Mitarbeiter M aus Dresden war seit seiner Einstellung zunächst auch lange Zeit in der Betriebsstätte in Dresden eingesetzt. Seit dem 1.7.2020 bis zum 30.6.2024 ist er vorübergehend zur Betriebsstätte in Leipzig abgeordnet. Zum 1.7.2024 wird sein Einsatz in Leipzig um 2 Jahre bis zum 30.6.2026 verlängert.

Die Betriebsstätte in Leipzig wird nicht zur ersten Tätigkeitsstätte, obwohl insgesamt ein Zeitraum von mehr als 48 Monaten vorliegt.

Beispiel 2:

A, angestellter Elektromonteur, war seit 2018 ununterbrochen auf der Baustelle des Auftraggebers seines Arbeitgebers eingesetzt. Der Auftraggeber hatte dabei jeweils befristete Aufträge an den Arbeitgeber von längstens 36 Monaten erteilt. Auf dieser Grundlage wurde auch der Monteur auf der Baustelle eingesetzt. Der Arbeitgeber hatte den Monteur im Arbeitsvertrag keiner ersten Tätigkeitsstätte zugeordnet. Der Monteur machte in seiner Steuererklärung Reisekosten nach den Regeln der Auswärtstätigkeit geltend.

Nach **FG Münster** v. 25.3.2019, 1 K 447/16, begründet eine wiederholte befristete Zuordnung zu einer Baustelle von jeweils weniger als 48 Monaten dort keine „erste Tätigkeitsstätte", auch wenn der Einsatz insgesamt ununterbrochen länger als vier Jahre andauert, A übte eine „Auswärtstätigkeit" aus. Mangels arbeitsvertraglicher Bestimmung der ersten Tätigkeitsstätte durch den Arbeitgeber sei nach dem Gesetz maßgeblich, ob der Monteur der Baustelle für die Dauer des Dienstverhältnisses oder für mehr als 48 Monate zugewiesen worden sei. Hierfür sei nicht darauf abzustellen, dass der Monteur rückwirkend betrachtet mehr als 48 Monate auf der Baustelle tätig war. Vielmehr sei im Wege einer **Prognosebetrachtung** anhand objektiver Umstände zu prüfen, ob der Monteur davon ausgehen konnte, für einen so langen Zeitraum auf der Baustelle eingesetzt zu werden. Dies sei vorliegend auf Grund der stets befristeten Beauftragung seines Arbeitgebers durch den Auftraggeber nicht der Fall. Dementsprechend habe der Monteur insbesondere seine Wohnsituation nicht danach ausrichten können.

ee) Outsourcing

3604 Eine **dauerhafte Zuordnung** ist gegeben, wenn das Dienstverhältnis auf einen anderen Arbeitgeber ausgelagert wird und der Arbeitnehmer für die gesamte Dauer des neuen Beschäftigungsverhältnisses oder länger als 48 Monate weiterhin an seiner früheren Tätigkeitsstätte des bisherigen Arbeitgebers tätig werden soll (sog. Outsourcing).

ff) Leiharbeitnehmer

3605 Entsprechendes gilt, wenn ein Leiharbeitnehmer ausnahmsweise dauerhaft (nach § 9 Abs. 4 Satz 3 EStG, „bis auf Weiteres" also unbefristet, für die gesamte Dauer des Leiharbeitsverhältnisses) in einer ortsfesten betrieblichen Einrichtung des Entleihers tätig werden soll (vgl. BFH v. 10.4.2019, VI R 6/17, BStBl II 2019, 539).

Beispiel:

Der Arbeitnehmer A ist von der Zeitarbeitsfirma Z als technischer Zeichner ausschließlich für die Überlassung an die Projektentwicklungsfirma P eingestellt worden. Das Arbeitsverhältnis von A endet vertragsgemäß nach Abschluss des aktuellen Projekts bei P.

A hat ab dem ersten Tag der Tätigkeit bei der Projektentwicklungsfirma P seine erste Tätigkeitsstätte, da er seine Tätigkeit bei P für die gesamte Dauer seines Dienstverhältnisses bei Z und damit dort dauerhaft ausüben soll.

Ergänzend zu → Rz. 3601 mit dem BFH-Grundsatzurteil, wonach es an einer dauerhaften Zuordnung i.S.d. § 9 Abs. 2 Satz 3 EStG fehlt, wenn der Einsatz des Arbeitnehmers bei dem Entleiher in wiederholten, aber befristeten Einsätzen besteht (BFH v. 12.5.2022, VI R 32/20, BStBl II 2023, 35), folgende aktuelle Verfahren:

Nach Auffassung des FG Niedersachsen ist für die Frage, ob für einen Leiharbeitnehmer eine Zuordnung für die Dauer des Dienstverhältnisses erfolgt, auf das einheitliche befristete Beschäftigungsverhältnis (wiederholt verlängertes Beschäftigungsverhältnis) und nicht lediglich auf den Zeitraum der Verlängerung abzustellen (vgl. BFH v. 10.4.2019, VI R 6/17, BFHE 264, 258, BStBl II 2019, 539, Rn. 34 und 35). Im Streitfall lag danach nur ein einziges, wiederholt verlängertes Beschäftigungsverhältnis vor.

Anders wäre dies nur, wenn jede Verlängerung der Befristung zugleich ein neues Beschäftigungsverhältnis darstellen würde (FG Niedersachsen v. 18.6.2024, 12 K 38/24, hiergegen hat die FinVerw. Revision eingelegt, Az. beim BFH: VI R 2/25). Im Streitfall ging es um die Berücksichtigung und Höhe von Fahrtkosten für Fahrten von der Wohnung zur Arbeitsstelle im Rahmen eines Leiharbeitsverhältnisses.

Ebenso sieht es der BFH in seinem aktuellen Urteil v. 17.6.2025, VI R 22/23, BFH/NV 2025, 1651. Danach kommt bei einem unbefristeten Leiharbeitsverhältnis eine dauerhafte Zuordnung des Leiharbeitnehmers zu einer ersten Tätigkeitsstätte (i.S.d. § 9 Abs. 4 Satz 1 bis 3 EStG) beim Entleiher regelmäßig nicht in Betracht (gegen das Urteil des FG München v. 21.3.2023, 6 K 1233/20).

Dabei beruft er sich auch auf sein Urteil v. 12.5.2022 (VI R 32/20, BStBl II 2023, 35), worin klargestellt wird, dass es an einer dauerhaften Zuordnung i.S.d. § 9 Abs. 4 Satz 3 EStG fehlt, wenn der Einsatz des Arbeitnehmers bei dem Entleiher in wiederholten, aber befristeten Einsätzen besteht.

Fehlt es an einer dauerhaften Zuordnung zu einer ersten Tätigkeitsstätte, gelten für die Wege zwischen Wohnung und Tätigkeitsstätte die Reisekostengrundsätze.

Die Regelungen des § 1 Abs. 1 Satz 4 i.V.m. Abs. 1b Arbeitnehmerüberlassungsgesetz entfalten für das Steuerrecht keine Wirkung (so BMF v. 25.11.2020, IV C 5 – S 2353/19/10011 :006, BStBl I 2020, 1228, Rdnr. 21); anders jedoch die Entscheidung im vorgenannten BFH-Urteil mit einer Sonderstellung von Leiharbeitnehmern im Steuerrecht.

gg) Tätigkeit bei Kunden

Die frühere sog. **Kunden-Rechtsprechung**, wonach die betriebliche Einrichtung eines Kunden des Arbeitgebers i.d.R. keine regelmäßige Arbeitsstätte sein konnte, ist überholt, sofern der Arbeitnehmer **dauerhaft** beim Kunden des Arbeitgebers tätig werden soll (so ausdrücklich BFH v. 11.4.2019, VI R 12/17, BStBl II 2019, 551 betr. die erste Tätigkeitsstätte einer Luftsicherheitskontrollkraft). 3606

Beispiel:

Monteur M aus Dortmund ist 2013 bereits seit 10 Jahren bei einem Kunden seines Arbeitgebers, der ein Kraftwerk in Essen betreibt, eingesetzt und soll diesem Kraftwerk entsprechend auf Dauer weiter zugeordnet werden.

Seit Anwendung des „neuen" Reisekostenrechts (1.1.2014) hat M in Essen seine erste Tätigkeitsstätte.

hh) Öffentlicher Dienst

Dienststelle/Dienststätte i.S.d. öffentlichen Reisekosten-, Umzugskosten- und Trennungsgeldrechts ist die Stelle, bei der der Arbeitnehmer eingestellt oder zu der er versetzt, abgeordnet, zugeteilt, zugewiesen oder kommandiert worden ist. Jede dieser dienstlichen Maßnahmen führt dazu, dass diese Stelle zur neuen dienstrechtlichen Dienststelle/Dienststätte wird, unabhängig davon, ob die Maßnahme dauerhaft oder nur vorübergehend ist (s. zuletzt **FG Hessen** v. 15.7.2021, 7 K 603/19, EFG 2021, 2044; rechtskräftig, trotz Zulassung der Revision. Das Urteil betr. einen Beamten, der als Dozent an eine Hochschule des Landes Hessen **abgeordnet** wurde; an seiner eigentlichen Dienststelle war er nur wenige Tage im Jahr tätig, so dass lt. FG diese schon deshalb nicht als erste Tätigkeitsstätte ansah, weil er dort nicht in einem hinreichenden Umfang tätig war.). 3607

Im Übrigen führt die **Kettenabordnung** eines Beamten nicht zur Begründung einer ersten Tätigkeitsstätte (keine dauerhafte Zuordnung, so FG Münster v. 2.9.2024, 15 K 698/22 E). Im Urteilsfall wurde ein Beamter für vier Jahre befristet an eine Ausbildungsstätte versetzt. Anschließend erfolgte eine Verlängerung um zwei Jahre. Danach sollte er an eine andere Behörde versetzt werden.

Für die steuerrechtliche Beurteilung der dauerhaften Zuordnung zu einer bestimmten Tätigkeitsstätte gilt insbesondere Folgendes:

- **Versetzung ohne zeitliche Befristung:** dauerhafte Zuordnung, es wird eine neue „erste Tätigkeitsstätte" begründet.
- **Abordnung ohne zeitliche Befristung:** dauerhafte Zuordnung, es wird eine neue „erste Tätigkeitsstätte" begründet".
- **Versetzung mit einer zeitlichen Befristung bis zu 48 Monaten:** keine dauerhafte Zuordnung, damit keine neue „erste Tätigkeitsstätte".
- **Abordnung mit einer zeitlichen Befristung bis zu 48 Monaten, ggf. auch verbunden mit dem Ziel der Versetzung:** keine dauerhafte Zuordnung, damit keine neue „erste Tätigkeitsstätte".
- Entsprechendes gilt für **abordnungs- oder versetzungsgleiche Maßnahmen** (z.B. Kommandierung, Zuteilung, Zuweisung).
- Der Umstand, dass ein Beamter unter Beachtung der dienstrechtlichen Vorschriften (jederzeit) auch einer anderen Dienststelle zugeordnet werden könnte, führt nicht zur Annahme einer befristeten Zuordnung (BFH v. 4.4.2019, VI R 27/17, BStBl II 2019, 536).

Beispiel:

Finanzbeamter B, wohnhaft und zunächst tätig in A, hat sich erfolgreich auf eine Stelle in der OFD in Z beworben. Er wird zum 1.7.2025 für ein halbes Jahr mit dem Ziel der Versetzung an die OFD abgeordnet. Zum 1.1.2026 erfolgt die Versetzung.

Die OFD wird nicht mit der Abordnung, sondern erst mit der Versetzung ab 2026 zur ersten Tätigkeitsstätte.

Zur Annahme einer ersten Tätigkeitsstätte bei Beamtenanwärtern → Rz. 3544.

ii) Grenzüberschreitende Arbeitnehmerentsendung

3608 Bei **grenzüberschreitender Arbeitnehmerentsendung** zwischen verbundenen Unternehmen liegt beim aufnehmenden Unternehmen eine erste Tätigkeitsstätte dann vor, wenn der Arbeitnehmer i.R. eines **eigenständigen Arbeitsvertrags** mit dem aufnehmenden Unternehmen einer ortsfesten betrieblichen Einrichtung dieses Unternehmens unbefristet zugeordnet ist, die Zuordnung die Dauer des gesamten – befristeten oder unbefristeten – Dienstverhältnisses umfasst oder die Zuordnung über einen Zeitraum von 48 Monaten hinaus reicht (vgl. § 9 Abs. 4 Satz 3 EStG sowie BFH v. 17.12.2020, VI R 21/18, BStBl II 2021, 525).

Beispiel 1:

Der Arbeitnehmer A ist von der ausländischen Muttergesellschaft M für 2 Jahre an die inländische Tochtergesellschaft T entsandt worden. A hat mit T einen eigenständigen Arbeitsvertrag über 2 Jahre abgeschlossen, in dem er der inländischen Hauptniederlassung von T zugeordnet wurde.

A hat bei T seine erste Tätigkeitsstätte.

Wird ein Arbeitnehmer bei grenzüberschreitender Arbeitnehmerentsendung zwischen verbundenen Unternehmen **ohne Abschluss eines eigenständigen Arbeitsvertrags** mit dem aufnehmenden Unternehmen in einer ortsfesten betrieblichen Einrichtung dieses Unternehmens tätig, liegt beim aufnehmenden Unternehmen eine erste Tätigkeitsstätte nur dann vor, wenn der Arbeitnehmer vom entsendenden Unternehmen einer ortsfesten Einrichtung des aufnehmenden Unternehmens unbefristet zugeordnet ist, die Zuordnung die Dauer des gesamten – befristeten oder unbefristeten – Dienstverhältnisses umfasst oder die Zuordnung über einen Zeitraum von 48 Monaten hinaus reicht (vgl. § 9 Abs. 4 Satz 3 EStG).

Beispiel 2:

Der Arbeitnehmer A ist von der ausländischen Muttergesellschaft M i.R. eines unbefristeten Arbeitsvertrags für zwei Jahre an die inländische Tochtergesellschaft T entsandt und für diesen Zeitraum der inländischen Hauptniederlassung von T zugeordnet worden. A hat mit T keinen eigenständigen Arbeitsvertrag abgeschlossen.

A hat bei T keine erste Tätigkeitsstätte, da er der inländischen Hauptniederlassung von T nicht dauerhaft i.S.v. § 9 Abs. 4 Satz 1 i.V.m. Satz 3 EStG zugeordnet worden ist. Er übt für die Dauer seiner zweijährigen Tätigkeit bei T eine beruflich veranlasste Auswärtstätigkeit aus.

Fehlt es bei grenzüberschreitender Arbeitnehmerentsendung zwischen verbundenen Unternehmen an einer dauerhaften Zuordnung des Arbeitnehmers zu einer betrieblichen Einrichtung des aufnehmenden Unternehmens durch dienst- oder arbeitsrechtliche Festlegung oder ist die getroffene Festlegung nicht eindeutig, gelten die quantitativen Zuordnungskriterien des § 9 Abs. 4 Satz 4 EStG (vgl. hierzu die Ausführungen zur Dauerhaftigkeit unter → Rz. 3600 und zu den quantitativen Kriterien unter → Rz. 3609).

g) Quantitative Zuordnung

aa) Allgemeines

3609 Fehlt es an einer dauerhaften Zuordnung des Arbeitnehmers zu einer betrieblichen Einrichtung durch dienst- oder arbeitsrechtliche Festlegung nach den vorstehenden Kriterien (z.B. weil der Arbeitgeber ausdrücklich auf eine Zuordnung verzichtet hat oder ausdrücklich erklärt, dass organisatorische Zuordnungen keine steuerliche Wirkung entfalten sollen) oder ist die getroffene Festlegung nicht eindeutig, ist nach § 9 Abs. 4 Satz 4 EStG **von einer ersten Tätigkeitsstätte an der betrieblichen Einrichtung auszugehen, an welcher der Arbeitnehmer**

- **typischerweise arbeitstäglich oder**
- **je Arbeitswoche zwei volle Arbeitstage**
- **oder mindestens ein Drittel seiner vereinbarten regelmäßigen Arbeitszeit**

dauerhaft (→ Rz. 3600) **tätig** werden soll.

Beispiel 1:

Der Arbeitnehmer A ist von seinem Arbeitgeber unbefristet eingestellt worden, um dauerhaft in der Filiale Y zu arbeiten. In den ersten 36 Monaten seiner Tätigkeit arbeitet er an 3 Tagen wöchentlich in der Filiale X und 2 volle Tage wöchentlich in der Filiale Y. Der Arbeitgeber hat A für die ersten 36 Monate der Filiale X zugeordnet.

In diesen 36 Monaten seiner Tätigkeit hat A in der Filiale X keine erste Tätigkeitsstätte, da er dort nicht dauerhaft zugeordnet ist. Erste Tätigkeitsstätte ist jedoch – auch ohne Zuordnung i.S.d. § 9 Abs. 4 Satz 1 EStG – die Filiale Y, da A dort dauerhaft typischerweise an 2 vollen Tagen i.S.d. § 9 Abs. 4 Satz 4 EStG tätig werden soll.

Beispiel 2:

Der Arbeitnehmer A soll in den ersten 36 Monaten seiner Tätigkeit an 4 Tagen wöchentlich in der Filiale X und 1 vollen Tag wöchentlich in der Filiale Y tätig werden.

In diesen 36 Monaten seiner Tätigkeit hat A in der Filiale X keine erste Tätigkeitsstätte, da er dort nicht dauerhaft tätig werden soll. Erste Tätigkeitsstätte ist auch nicht die Filiale Y, da A dort die quantitativen Kriterien nach § 9 Abs. 4 Satz 4 EStG nicht erfüllt.

Bei der quantitativen Zuordnung muss der Arbeitnehmer an der betrieblichen Einrichtung seine eigentliche berufliche Tätigkeit ausüben. Allein ein regelmäßiges Aufsuchen der betrieblichen Einrichtung, z.B. für kurze Rüstzeiten, zur Berichtsfertigung, zur Vorbereitung der Zustellroute, zur Wartung und Pflege des Fahrzeugs, zur Abholung oder Abgabe von Kundendienstfahrzeugen oder LKWs einschließlich deren Be- und Entladung, zur Abgabe von Auftragsbestätigungen und Stundenzetteln, Krankmeldungen und Urlaubsanträgen, führt hier – anders als bei der o.g. Zuordnungsregelung, → Rz. 3598 – noch nicht zu einer Qualifizierung der betrieblichen Einrichtung als erste Tätigkeitsstätte.

Beispiel 3:

Der Kundendienstmonteur K, der von seinem Arbeitgeber keiner betrieblichen Einrichtung dauerhaft zugeordnet ist, sucht den Betrieb seines Arbeitgebers regelmäßig auf, um den Firmenwagen samt Material zu übernehmen, die Auftragsbestätigungen in Empfang zu nehmen und die Stundenzettel vom Vortag abzugeben.

Der Kundendienstmonteur K hat keine erste Tätigkeitsstätte. Der Betrieb seines Arbeitgebers wird auch durch das regelmäßige Aufsuchen nicht zur ersten Tätigkeitsstätte, da er seine eigentliche berufliche Tätigkeit an diesem Ort nicht ausübt.

Beispiel 4:

Die Fahrer im ÖPV sollen ihr Fahrzeug immer an wechselnden Stellen im Stadtgebiet aufnehmen und i.d.R. mindestens einmal wöchentlich die Kassen abrechnen. Die Kassenabrechnung sollen sie in der Geschäftsstelle oder in einem Betriebshof durchführen. Dort werden auch die Personalakten geführt oder sind Krank- und Urlaubsmeldungen abzugeben.

Bei der quantitativen Zuordnung ist allein das bloße Abrechnen der Kassen, die Führung der Personalakten sowie die Verpflichtung zur Abgabe der Krank- und Urlaubsmeldungen nicht ausreichend, um zu einer ersten Tätigkeitsstätte am Betriebshof oder in der Geschäftsstelle zu kommen.

Ordnet der Arbeitgeber die Arbeitnehmer hingegen dem Betriebshof oder der Geschäftsstelle arbeitsrechtlich zu, so genügen auch diese Hilfs- und Nebentätigkeiten, um dort eine erste Tätigkeitsstätte zu begründen (→ Rz. 3598).

Beispiel 5:

Der Lkw-Fahrer L soll typischerweise arbeitstäglich den Betriebssitz des Arbeitgebers aufsuchen, um dort das Fahrzeug abzuholen sowie dessen Wartung und Pflege durchzuführen.

Allein das Abholen sowie die Wartung und Pflege des Fahrzeugs, als Hilfs- und Nebentätigkeiten, führen i.R. der quantitativen Zuordnung nicht zu einer ersten Tätigkeitsstätte am Betriebssitz des Arbeitgebers; allerdings handelt es sich in diesem Fall bei dem Betriebssitz um einen sog. **Sammelpunkt** (→ Rz. 3627).

Etwas anderes gilt nur, wenn der Arbeitgeber den Arbeitnehmer dem Betriebssitz arbeitsrechtlich als erste Tätigkeitsstätte zuordnet (→ Rz. 3598).

Auch die in § 9 Abs. 4 Satz 4 EStG aufgeführten zeitlichen (= quantitativen) Merkmale sind anhand einer in die Zukunft gerichteten **Prognose** zu beurteilen. Weichen die tatsächlichen Verhältnisse durch unvorhersehbare Ereignisse (wie z.B. Krankheit) hiervon ab, bleibt es bei der zuvor getroffenen Prognoseentscheidung bezüglich der ersten Tätigkeitsstätte. Solch eine **Prognoseentscheidung ist zu Beginn des Dienstverhältnisses zu treffen.** Die auf Grundlage dieser Prognose getroffene Beurteilung bleibt solange bestehen, bis sich die Verhältnisse maßgeblich ändern. Davon ist insbesondere auszugehen, wenn sich das Berufsbild des Arbeitnehmers (Außendienstmitarbeiter wechselt z.B. in den Innendienst) oder die quantitativen Zuordnungskriterien (Arbeitnehmer soll z.B. statt 2 nun 3 Filialen betreuen) dauerhaft ändern oder der Arbeitgeber erstmalig eine dienst- oder arbeitsrechtliche Zuordnungsentscheidung trifft.

Beispiel 6:

Der Arbeitnehmer A soll seine berufliche Tätigkeit an 3 Tagen wöchentlich in einem häuslichen Arbeitszimmer ausüben und an 2 vollen Tagen wöchentlich in der betrieblichen Einrichtung seines Arbeitgebers in D tätig werden.

Das häusliche Arbeitszimmer ist nie erste Tätigkeitsstätte. Erste Tätigkeitsstätte ist hier vielmehr die betriebliche Einrichtung des Arbeitgebers in D, da der Arbeitnehmer dort an 2 vollen Tagen wöchentlich beruflich tätig werden soll.

Beispiel 7:

Der Arbeitnehmer A soll seine berufliche Tätigkeit im häuslichen Arbeitszimmer ausüben und zusätzlich jeden Arbeitstag für eine Stunde in der betrieblichen Einrichtung seines Arbeitgebers in D tätig werden.

Das häusliche Arbeitszimmer kann niemals eine erste Tätigkeitsstätte sein. Erste Tätigkeitsstätte ist hier vielmehr die betriebliche Einrichtung des Arbeitgebers in D, da der Arbeitnehmer dort typischerweise arbeitstäglich tätig werden soll. In diesem Fall ist es unerheblich, dass dort weniger als 1/3 der gesamten regelmäßigen Arbeitszeit erbracht werden soll.

Beispiel 8:

Der Arbeitnehmer A soll seine berufliche Tätigkeit im häuslichen Arbeitszimmer ausüben und zusätzlich jeden Tag in einer anderen betrieblichen Einrichtung seines Arbeitgebers tätig werden. Die Arbeitszeit in den verschiedenen Tätigkeitsstätten beträgt jeweils weniger als 1/3 der gesamten Arbeitszeit des Arbeitnehmers.

Ein häusliches Arbeitszimmer ist keine erste Tätigkeitsstätte. An den anderen betrieblichen Einrichtungen des Arbeitgebers hat der Arbeitnehmer auch keine erste Tätigkeitsstätte, da er diese Tätigkeitsstätten nicht arbeitstäglich aufsucht und dort jeweils weniger als 1/3 seiner gesamten Arbeitszeit tätig wird.

Beispiel 9:

Der Arbeitnehmer A übt seine Tätigkeit nur bei wechselnden Kunden und im häuslichen Arbeitszimmer aus.

Er hat keine erste Tätigkeitsstätte.

bb) Zusammenfassung

3610 **Bei der quantitativen Prüfung kommt es somit allein auf den Umfang der an der Tätigkeitsstätte zu leistenden arbeitsvertraglichen Arbeitszeit an** (mind. 1/3 der vereinbarten regelmäßigen Arbeitszeit oder zwei volle Arbeitstage wöchentlich oder arbeitstäglich).

Dies bedeutet:

- Soll der Arbeitnehmer an einer Tätigkeitsstätte zwei volle Arbeitstage je Arbeitswoche oder mindestens 1/3 der vereinbarten regelmäßigen Arbeitszeit tätig werden, dann ist dies die erste Tätigkeitsstätte.
- Entsprechendes gilt, wenn der Arbeitnehmer an einer Tätigkeitsstätte arbeitstäglich und mindestens 1/3 der vereinbarten regelmäßigen Arbeitszeit tätig werden soll.
- Soll der Arbeitnehmer an einer Tätigkeitsstätte arbeitstäglich, aber weniger als 1/3 der vereinbarten regelmäßigen Arbeitszeit tätig werden, dann führt dies nur zu einer ersten Tätigkeitsstätte, wenn der Arbeitnehmer dort typischerweise arbeitstäglich seine eigentliche berufliche Tätigkeit und nicht nur Vorbereitungs-, Hilfs- oder Nebentätigkeiten (Rüstzeiten, Abholung oder Abgabe von Kundendienstfahrzeugen oder LKWs einschließlich deren Be- und Entladung, die Abgabe von Auftragsbestätigungen, Stundenzetteln, Krankmeldungen, Urlaubsanträgen oder Ähnlichem) durchführen soll.
- Erfüllen danach mehrere Tätigkeitsstätten die quantitativen Voraussetzungen für eine erste Tätigkeitsstätte, kann der Arbeitgeber bestimmen, welche dieser Tätigkeitsstätten die erste Tätigkeitsstätte ist.
- Fehlt eine solche Bestimmung des Arbeitgebers, wird zu Gunsten des Arbeitnehmers die Tätigkeitsstätte zu Grunde gelegt, die der Wohnung des Arbeitnehmers am nächsten liegt.

h) Mehrere Tätigkeitsstätten

Der Arbeitnehmer kann je Dienstverhältnis höchstens *eine* erste 3611
Tätigkeitsstätte haben (§ 9 Abs. 4 Satz 5 EStG). Hingegen kann ein Arbeitnehmer mit mehreren Dienstverhältnissen auch *mehrere* erste Tätigkeitsstätten haben (je Dienstverhältnis jedoch höchstens *eine*).

Erfüllen mehrere Tätigkeitsstätten in einem Dienstverhältnis die quantitativen Voraussetzungen für die Annahme einer ersten Tätigkeitsstätte, kann der Arbeitgeber die erste Tätigkeitsstätte bestimmen (§ 9 Abs. 4 Satz 6 EStG). Dabei muss es sich nicht um die Tätigkeitsstätte handeln, an der der Arbeitnehmer den zeitlich überwiegenden oder qualitativ bedeutsameren Teil seiner beruflichen Tätigkeit ausüben soll.

Beispiel 1:

Der in H wohnende Filialleiter A ist an 3 Tagen in der Woche in einer Filiale seines Arbeitgebers in H und an 2 Tagen in der Woche in einer Filiale seines Arbeitgebers in S tätig. Der Arbeitgeber bestimmt die Filiale in S zur ersten Tätigkeitsstätte.

Durch die Bestimmung seines Arbeitgebers hat der Filialleiter A in der betrieblichen Einrichtung in S seine erste Tätigkeitsstätte. Unerheblich ist, dass er dort lediglich 2 Tage und damit nicht zeitlich überwiegend beruflich tätig ist.

Macht der Arbeitgeber von seinem Bestimmungsrecht nach § 9 Abs. 4 Satz 6 EStG (Zuordnung einer ersten Tätigkeitsstätte) keinen Gebrauch oder ist die Bestimmung nicht eindeutig, ist die der Wohnung des Arbeitnehmers örtlich am nächsten liegende Tätigkeitsstätte die erste Tätigkeitsstätte (§ 9 Abs. 4 Satz 7 EStG). Die Fahrten zu weiter entfernten Tätigkeitsstätten werden in diesem Fall als Auswärtstätigkeit qualifiziert.

Beispiel 2:

Der in H wohnende Filialleiter A soll typischerweise arbeitstäglich in 3 Filialen (X, Y und Z) seines Arbeitgebers tätig werden. Er fährt morgens mit seinem eigenen Pkw regelmäßig zur Filiale X, dann zur Filiale Y, von dort zur Filiale Z und von dieser zur Wohnung. Die Filiale Y liegt der Wohnung am nächsten. Der Arbeitgeber ordnet A arbeitsrechtlich keine Filiale (als erste Tätigkeitsstätte) zu.

Erste Tätigkeitsstätte ist die Filiale Y, da diese der Wohnung des A am nächsten liegt. Die Tätigkeiten in X und Z sind beruflich veranlasste Auswärtstätigkeiten. Da A von seiner Wohnung zu einer auswärtigen Tätigkeitsstätte, von dort zur ersten Tätigkeitsstätte und von dort wieder zu einer anderen auswärtigen Tätigkeitsstätte fährt, liegen keine Fahrten zwischen Wohnung und erster Tätigkeitsstätte vor, sondern Fahrten, für die ein steuerfreier Arbeitgeberersatz bzw. Werbungskostenabzug nach Reisekostengrundsätzen in Betracht kommt.

Beispiel 3:

Wie Beispiel 2, allerdings nutzt der Filialleiter A für die arbeitstäglichen Fahrten einen ihm vom Arbeitgeber überlassenen Dienstwagen. A führt kein Fahrtenbuch, sondern ermittelt den geldwerten Vorteil nach der pauschalen Nutzungswertmethode.

Grds. ist ein geldwerter Vorteil für die Möglichkeit, den Dienstwagen für Fahrten zwischen Wohnung und erster Tätigkeitsstätte zu nutzen, i.H.v. 0,03 % des Listenpreises je Entfernungskilometer anzusetzen. Weist A mittels Einzelaufzeichnungen die Zahl der tatsächlichen Fahrten zwischen Wohnung und erster Tätigkeitsstätte nach, ist stattdessen für jede Fahrt ein geldwerter Vorteil von 0,002 % des Listenpreises je Entfernungskilometer anzusetzen.

Im vorliegenden Fall hat A keine unmittelbaren Fahrten zwischen Wohnung und erster Tätigkeitsstätte; daher ist – bei Nachweis der tatsächlichen Fahrten – insoweit kein geldwerter Vorteil anzusetzen.

Beispiel 4:

Die Pflegedienstkraft P hat täglich vier Personen zu betreuen. Alle vier Pflegepersonen sollen von P nach Absprache mit der Pflegedienststelle (Arbeitgeber) bis auf Weiteres arbeitstäglich regelmäßig betreut werden. Der Arbeitgeber hat keine dieser Pflegestellen als erste Tätigkeitsstätte bestimmt.

Erste Tätigkeitsstätte der P ist die ihrer Wohnung am nächsten liegende Pflegestelle.

Beispiel 5:

Wie Beispiel 4. Die vier Pflegepersonen sollen von P nach Absprache mit der Pflegedienststelle (Arbeitgeber) zunächst für die Dauer von 2 Jahren arbeitstäglich regelmäßig betreut werden.

Die Pflegedienstkraft hat keine erste Tätigkeitsstätte, da sie an keiner der Pflegestellen dauerhaft tätig werden soll.

i) Bestimmte Berufsgruppen

aa) Allgemeines

3612 Zu den Regelungen des „neuen“ Reisekostenrechts sind inzwischen zahlreiche BFH- und FG-Entscheidungen ergangen, gleichwohl sind (und werden wohl) weitere Verfahren beim BFH anhängig (werden). Auch die Finanzverwaltung hat inzwischen zu Einzelfragen Stellung genommen. Nachstehend sind die **bedeutendsten Entscheidungen und Verwaltungsanweisungen mit ihren steuerlichen Folgerungen** aufgelistet.

bb) Fliegendes Personal

3613 Die **Finanzverwaltung** vertritt hierzu folgende Auffassung (BayLfSt v. 15.2.2016, S 2353.1.1 – 16/1 St 32, StEd 2016, 250, Auszug):

„3. Fliegendes Personal

3.1 Erste Tätigkeitsstätte

Beim fliegenden Personal (z.B. Piloten oder Flugbegleitern) kommt als erste Tätigkeitsstätte (§ 9 Abs. 4 EStG) insbesondere der Stammflughafen in Betracht. Ein Flugzeug kann keine erste Tätigkeitsstätte darstellen, weil es sich nicht um eine ortsfeste Einrichtung handelt.

Die Bestimmung der ersten Tätigkeitsstätte erfolgt, wie bei allen Arbeitnehmern, vorrangig anhand der dauerhaften dienst- oder arbeitsrechtlichen Festlegungen durch den Arbeitgeber (BMF v. 24.10.2014, BStBl I 2014, 1412 Rz. 5 – 12; [Anm.: Dies ist das maßgebende BMF-Schreiben vor der Neufassung durch BMF v. 25.11.2020, IV C 5 – S 2353/19/10011 :006, BStBl I 2020, 1228]*). Diese kann sich u.a. aus dem Arbeitsvertrag oder anderen dienstrechtlichen Verfügungen, durch die Bestimmung eines Stamm-/Heimatflughafens, ergeben. Die Zuordnung ist insbesondere dann dauerhaft, wenn ein (Stamm-)Flughafen unbefristet (bis auf Weiteres), für die Dauer des Dienstverhältnisses oder über einen Zeitraum von 48 Monaten festgelegt wurde. Entscheidend ist die auf die Zukunft gerichtete Prognose (ex-ante-Betrachtung).*

Von einer dauerhaften Zuordnung zu einem (Stamm-)Flughafen kann beispielsweise bei folgenden Bestimmungen ausgegangen werden:

- *Dem Arbeitnehmer wird der Dienstort München zugewiesen.*
- *Der Arbeitnehmer wird als Flugzeugführer für das Flugzeugmuster ABC 123 mit dem Beschäftigungsort München eingestellt.*
- *Der Arbeitnehmer wird als Flugzeugführer bei der Flotte MUC xx/xx in München beschäftigt. Der Arbeitnehmer kann jederzeit auf anderen Flugmustern, an anderen Orten, sowie bei anderen Konzerngesellschaften eingesetzt werden.*

Es handelt sich jedoch um keine Zuordnung i.S.d. § 9 Abs. 4 EStG, wenn der Arbeitgeber schriftlich gegenüber dem Arbeitnehmer oder in der Reiserichtlinie des Unternehmens erklärt, dass dadurch keine arbeitsrechtliche Zuordnung zu einer ersten Tätigkeitsstätte erfolgen soll.

Sind dienst- oder arbeitsrechtlichen Festlegungen nicht vorhanden oder sind die getroffenen Festlegungen nicht eindeutig, werden für die Bestimmung der ersten Tätigkeitsstätte hilfsweise die quantitativen (zeitlichen) Kriterien herangezogen. Damit diese erfüllt sind, muss der Arbeitnehmer mindestens arbeitstäglich, je Arbeitswoche zwei volle Arbeitstage oder mindestens ein Drittel seiner vereinbarten Arbeitszeit am (Stamm-)Flughafen tätig werden. Soll der Arbeitnehmer am (Stamm-)Flughafen arbeitstäglich, aber weniger als ein Drittel der vereinbarten Arbeitszeit tätig werden, dann führt dies nur zu einer ersten Tätigkeitsstätte, wenn der Arbeitnehmer dort typischerweise arbeitstäglich seine eigentliche berufliche Tätigkeit und nicht nur Vorbereitungs-, Hilfs- oder Nebentätigkeiten durchführen soll (BMF v. 24.10.2014, BStBl I 2014, 1412 Rz. 28 [s.o.]*).*

3.2 Fahrtkosten

3.2.1 Erste Tätigkeitsstätte am Flughafen

Stellt der Flughafen eine erste Tätigkeitsstätte dar, sind die Fahrten mit der Entfernungspauschale nach § 9 Abs. 1 Satz 3 Nr. 4 EStG anzusetzen. Durch die Entfernungspauschale sind sämtliche Anwendungen abgegolten, die durch die Wege zwischen Wohnung und erster Tätigkeitsstätte entstehen. Dies gilt z.B. auch für Parkgebühren am Flughafen für das Abstellen des Kraftfahrzeugs während der Arbeitszeit.

3.2.2 Keine erste Tätigkeitsstätte am Flughafen

Liegt keine erste Tätigkeitsstätte vor, ist in einem zweiten Schritt zu prüfen ob am (Stamm)Flughafen ein Sammelpunkt i.S.d. § 9 Abs. 1 Satz 3 Nr. 4a Satz 3 EStG gegeben ist. Hierfür ist erforderlich, dass der Arbeitnehmer keine erste Tätigkeitsstätte hat und den Flughafen auf Grund einer dienst- oder arbeitsrechtlichen Festlegung zur Aufnahme seiner beruflichen Tätigkeit dauerhaft und typischerweise arbeitstäglich aufzusuchen hat.

Sind die Voraussetzungen für einen Sammelpunkt erfüllt, können die Fahrtkosten ebenfalls nur mit der Entfernungspauschale berücksichtigt werden (§ 9 Abs. 1 Satz 3 Nr. 4a Satz 3 EStG).

In allen anderen Fällen sind die tatsächlichen Kosten anzusetzen (§ 9 Abs. 1 Satz 3 Nr. 4a Satz 1 und 2 EStG).

3.3 Verpflegungsmehraufwendungen

3.3.1 Erste Tätigkeitsstätte am Flughafen

Besteht am Flughafen eine erste Tätigkeitsstätte, liegt ab dem Verlassen des Flughafens eine Auswärtstätigkeit vor. Somit ist für die Abwesenheitszeit bei eintägigen Auswärtstätigkeiten die Zeit ab dem Verlassen des Flughafens maßgebend.

3.3.2 Keine erste Tätigkeitsstätte am Flughafen

Besteht keine erste Tätigkeitsstätte beginnt die für die Auswärtstätigkeit maßgebende Abwesenheitszeit ab dem Verlassen der Wohnung. Wird der Arbeitnehmer am jeweiligen Flughafen an mindestens drei Tagen in der Woche tätig, ist die Dreimonatsfrist zu beachten. D.h. in diesen Fällen ist nach Ablauf von drei Monaten die Tätigkeitszeit am Flughafen für die Ermittlung der Mindestabwesenheitszeit von mehr als 8 Stunden nicht mehr zu berücksichtigen (vgl. BMF v. 24.10.2014, BStBl I 2014, 1412 Rz. 55 Beispiel 41 [s.o.]*).*

Steht dem Arbeitnehmer eine Verpflegungspauschale zu, ist diese nach § 9 Abs. 4a Satz 8 EStG zu kürzen, wenn ihm vom Arbeitgeber oder auf dessen Veranlassung von einem Dritten eine Mahlzeit zur Verfügung gestellt wurde. Insbesondere bei Langstreckenflügen erhalten die Arbeitsnehmer i.d.R. eine Bordverpflegung, die zu einer Kürzung führt.

4. Flughafenmitarbeiter

Die Bestimmung der ersten Tätigkeitsstätte erfolgt auch bei Flughafenmitarbeitern (Bodenpersonal) vorrangig nach der dienst- oder arbeitsrechtlichen Festlegung und hilfsweise nach den quantitativen (zeitlichen) Kriterien. Wird der Arbeitnehmer dauerhaft an einem Ort im Flughafen tätig (z.B. Fluglotsen oder Mitarbeiter von Geschäften die sich innerhalb des Flughafens befinden), hat er dort seine erste Tätigkeitsstätte. Auch bei Arbeitnehmern, die ihre Tätigkeit an verschiedenen Orten innerhalb des Flughafens (z.B. Reinigungs- oder Sicherheitskräfte im Innenbereich) oder im Außenbereich des Flughafens (z.B. Shuttleservice oder Sicherheitskräfte im Außenbereich) ausüben, stellt bei einer dauerhaften Tätigkeit das Flughafenbetriebsgelände, als sog. Betriebs-/Werksgelände (BMF v. 24.10.2014, BStBl I 2014, 1412 Rz. 3 [s.o.]*), die erste Tätigkeitsstätte dar. Ein weiträumiges Tätigkeitsgebiet i.S.d. § 9 Abs. 1 Satz 3 Nr. 4a EStG ist damit nicht gegeben.*

In diesen Fällen sind die Wege zur ersten Tätigkeitsstätte mit der Entfernungspauschale zu berücksichtigen (§ 9 Abs. 1 Satz 3 Nr. 4 EStG). Mangels Auswärtstätigkeit entfällt ein Ansatz von Verpflegungsmehraufwendungen.“

Der BFH hat bisher die Auffassung der Finanzverwaltung bestätigt und Folgendes entschieden (BFH v. 11.4.2019, VI R 40/16, BStBl II 2019, 546 betr. eine Flugzeugführerin sowie BFH v. 11.4.2019, VI R 12/17, BStBl II 2019, 551 betr. eine Luftsicherheitskontrollkraft):

- **Ortsfeste betriebliche Einrichtungen** sind räumlich zusammengefasste Sachmittel, die der Tätigkeit des Arbeitgebers, eines verbundenen Unternehmens oder eines vom Arbeitgeber bestimmten Dritten dienen und mit dem Erdboden verbunden oder dazu bestimmt sind, überwiegend standortgebunden genutzt zu werden.
- Eine **(großräumige) erste Tätigkeitsstätte** liegt auch vor, wenn eine Vielzahl solcher Mittel, die für sich betrachtet selbständige betriebliche Einrichtungen darstellen können, räumlich abgrenzbar in einem organisatorischen, technischen oder wirtschaftlichen Zusammenhang mit der betrieblichen Tätig-

keit des Arbeitgebers, eines verbundenen Unternehmens oder eines vom Arbeitgeber bestimmten Dritten stehen. Demgemäß kommt als eine solche erste Tätigkeitsstätte auch ein großflächiges und entsprechend infrastrukturell erschlossenes Gebiet (z.B. Werksanlage, Betriebsgelände, Bahnhof oder Flughafen) in Betracht.

- Eine **Flugzeugführerin**, die von ihrem Arbeitgeber arbeitsrechtlich einem Flughafen dauerhaft zugeordnet ist und auf dem Flughafengelände zumindest in geringem Umfang Tätigkeiten erbringt, die sie als Flugzeugführerin arbeitsvertraglich schuldet, hat dort ihre erste Tätigkeitsstätte.
- Die **Zuordnung zu einer ortsfesten betrieblichen Einrichtung** wird durch die dienst- oder arbeitsrechtlichen Festlegungen sowie diese ausfüllenden Absprachen bestimmt. Einer gesonderten Zuordnung für einkommensteuerliche Zwecke bedarf es nicht.
- Ein Arbeitnehmer, der auf einem **Flughafen** an wechselnden Kontrollstellen zur Durchführung von **Sicherheitskontrollen** eingesetzt wird, hat auf dem Flughafengelände seine erste (großräumige) Tätigkeitsstätte.

Im Urteil v. 10.4.2019, VI R 17/17, hatte der **BFH** zwar ebenfalls entschieden, dass fliegendes Personal, das vom Arbeitgeber einem Flughafen dauerhaft zugeordnet ist, seine erste Tätigkeitsstätte in den dort belegenen ortsfesten betrieblichen Einrichtungen des Arbeitgebers, eines verbundenen Unternehmens (§ 15 AktG) oder eines vom Arbeitgeber bestimmten Dritten hat, wenn es dort zumindest in geringem Umfang arbeitsvertraglich geschuldete Tätigkeiten ausübt. **Der Fall wurde jedoch an das FG Hessen zurückverwiesen, da dieses keine ausreichenden Feststellungen dazu getroffen habe, ob die Kläger auf dem Betriebsgelände des Arbeitgebers am Flughafen auch in dem erforderlichen Umfang tätig geworden seien, um diese betriebliche Einrichtung als erste Tätigkeitsstätte i.S.d. § 9 Abs. 4 EStG einzuordnen.** Die Entscheidung des FG Hessen im sog. 2. Rechtsgang liegt inzwischen vor, das Gericht hat diese Frage nach umfangreichen Sachverhaltsermittlungen und Zeugenbefragungen bejaht (FG Hessen v. 26.4.2021, 1 K 1824/15).

Zu den Tätigkeiten eines **Piloten im Cockpit** eines Flugzeugs stellt sich aktuell eine interessante Rechtsfrage. Vordergründig ist zu entscheiden, ob die Aufwendungen eines Flugzeugführers für Fahrten zu dem ihm vom Arbeitgeber zugewiesenen Stationierungsflughafen mit der Entfernungspauschale nach § 9 Abs. 1 Satz 3 Nr. 4 EStG abgegolten sind oder nicht. Das FG Köln hat die Verwaltungsauffassung bestätigt, wonach die Entfernungspauschale anzusetzen ist (Urteil FG Köln v. 4.12.2024, 12 K 1369/21).

Die nun aber entscheidungserhebliche Frage ist, ob die Tätigkeiten eines Piloten im Cockpit eines Flugzeugs der großräumigen (ortgebundenen) Tätigkeitsstätte „Flughafen" zuzuordnen sind oder nicht. Das FG bejahte diese Frage, der Kläger (Pilot) bestreitet sie. Denn nach der Ankunft auf dem Flughafen begebe er sich zusammen mit der Crew unmittelbar zum Flugzeug, wo er dann im Cockpit sämtliche sicherheitsrelevanten Arbeiten rund um den Flug absolviere. Zudem stelle der Flughafen nach den maßgebenden arbeitsrechtlichen Bestimmungen sowie der Manteltarifverträge keinen Tätigkeitsort und damit erst recht keine erste Tätigkeitsstätte dar.

Weil der BFH bisher noch nicht die Frage entschieden hat, ob die Tätigkeiten eines Piloten im Cockpit eines Flugzeugs der großräumigen Tätigkeitsstätte Flughafen zuzuordnen sind oder nicht, hat das FG ausdrücklich die Revision zugelassen, die inzwischen eingelegt worden ist (Az. beim BFH: VI R 4/25).

Ferner soll der BFH (Az. beim BFH: VI R 17/25, Vorinstanz: FG Berlin-Brandenburg v. 18.9.2025, 14 K 14094/23), entscheiden, ob für eine Flugbegleiterin die Fahrten zu dem ihr vom Arbeitgeber zugewiesenen Stationierungsflughafen und den damit möglichen Verpflegungsmehraufwendungen nach Dienstreisegrundsätzen als Werbungskosten zu berücksichtigen sind oder nicht. Nach Auffassung des FG ist der Flughafen ein räumlich abgrenzbares, infrastrukturell erschlossenes Betriebsgelände und daher eine ortsfeste betriebliche Einrichtung i.S.d. § 9 Abs. 4 EStG. Dazu gehören die Rollfelder, Gates und Flugzeug-Parkpositionen. Die von der Klägerin vor Abflug durchgeführten Sicherheits- und Funktionsschecks, Boardingvorbereitungen sowie Briefings im stehenden Flugzeug gehören zu ihrem Berufsfeld; sie fanden auf dem Flughafengelände statt. Damit liegt eine tatsächliche Tätigkeit an der ortsfesten Einrichtung vor, was ausreichend ist, um eine erste Tätigkeitsstätte zu begründen.

cc) Bundeswehr

Das **FG Hessen** (Urteil v. 25.3.2021, 4 K 1788/19, EFG 2021, 1194) **3614**
hat bei einem Zeitsoldaten dessen **Bundeswehrstützpunkt** als erste Tätigkeitsstätte angesehen. Hierfür ist entscheidend, dass bereits die Einplanungsentscheidung der Bundeswehr eine Bestimmung des Stützpunktes vornimmt, dem der Zeitsoldat während seiner Tätigkeit dauerhaft zugeordnet ist. Unerheblich ist hingegen, dass der Zeitsoldat zum Beginn seiner Tätigkeit eine Eignungsübung an einem anderen Standort ableisten musste und die Versetzungsverfügung zum in Rede stehenden Stützpunkt der Anschlussverwendung eine „voraussichtliche Verwendungsdauer" von 37 Monaten vorsah. Denn diese ist nach der Urteilsbegründung nicht als zeitliche Befristung, sondern lediglich als Verweis auf die Versetzungsbefugnis der Bundeswehr zu verstehen. Der BFH hat die Revision gegen o.g. Urteil des FG Hessen als unbegründet zurückgewiesen. Im NV-Urteil v. 22.11.2022, VI R 6/21, wird bestätigt, dass ein Zeitsoldat an dem Bundeswehrstandort, dem er dauerhaft zugeordnet ist, eine erste Tätigkeitsstätte begründen kann. Der Umstand, dass ein Soldat (auf Zeit) unter Beachtung der dienstrechtlichen Vorschriften (jederzeit) auch einem anderen Bundeswehrstandort zugeordnet werden kann, steht einer dauerhaften Zuordnung nicht entgegen.

Gleichgelagert ist das Urteil des FG Hessen v. 17.1.2025, 4 K 561/21. Das verlangt für eine erste Tätigkeitsstätte eines Berufssoldaten der Bundeswehr die Zuweisung eines fest eingerichteten Dienstpostens (ohne zeitliche Befristung). Die Angabe der voraussichtlichen Verwendungsdauer in einer Abordnungsverfügung stelle nach der Rechtsprechung des BFH keine Befristung im lohnsteuerlichen Sinne dar. Die gegen das FG-Urteil eingelegte Nichtzulassungsbeschwerde wurde zurückgenommen (BFH-Einstellungsbeschluss v. 30.4.2025, VI B 5/25, nicht dokumentiert).

Wird ein Zeitsoldat durch eine Versetzungsverfügung anfänglich für seine komplette Dienstzeit an einen bestimmten Bundeswehrstandort versetzt, wo er durchgehend Dienst leistet, so bildet dieser Standort durchgehend seine „erste Tätigkeitsstätte" i.S.d. § 9 Abs. 4 EStG. Dies gilt auch, wenn er nach seiner ursprünglichen Versetzung formal an einen anderen Bundeswehrstandort versetzt wird, dort aber ohne eigene Diensttätigkeit nur übernachtet und von dort arbeitstäglich an seinen ursprünglichen Standort fährt (**FG Rheinland-Pfalz** v. 17.12.2020, 3 K 1145/20, EFG 2021, 1016). Der BFH hat mit Beschluss v. 26.11.2021, VI B 13/21, – nicht dokumentiert –, das Urteil des FG Rheinland-Pfalz v. 17.12.2020 aufgehoben und die Sache an das FG zurückverwiesen.

Die i.R. der Neuausrichtung der Bundeswehr ab dem Kalenderjahr 2003 bis zum 31.12.2018 zunächst auf zwei bzw. auf drei Jahre begrenzten Versetzungen von Soldaten führten dazu, dass die betroffenen Bundeswehrangehörigen keine erste Tätigkeitsstätte i.S.d. § 9 Abs. 4 EStG hatten, weil sie der neuen Tätigkeitsstätte weder dauerhaft noch länger als 48 Monate zugeordnet wurden. Unmaßgeblich ist, ob die voraussichtliche Verwendungsdauer am selben Dienstort ggf. mehrmals verlängert wurde bzw. wird, weil auch die Verlängerungen jeweils auf maximal zwei bzw. drei Jahre begrenzt waren bzw. werden. Die betroffenen Bundeswehrangehörigen üb(t)en somit eine Auswärtstätigkeit aus, so dass z.B. die Aufwendungen für die täglichen Fahrten von der Wohnung zum Ort der Tätigkeit nach Reisekostengrundsätzen zu berücksichtigen waren bzw. sind.

Eine Ausnahme gilt für Zeitsoldaten, deren Verwendungsdauer am selben Dienstort von Beginn an für den Zeitraum des gesamten Dienstes festgelegt worden ist; s. zuvor genanntes Urteil des BFH v. 22.11.2022, VI R 6/21, n.v.

> **Beispiel:**
>
> Der verheiratete S hat sich für drei Jahre als Soldat auf Zeit verpflichtet. Er wird der Kaserne in A zugewiesen. Als voraussichtliche Verwendungsdauer in A werden drei Jahre festgelegt.
>
> Die Kaserne in A stellt für S eine erste Tätigkeitsstätte dar, da es sich um eine ortsfeste betriebliche Einrichtung handelt, der er von seinem Arbeitgeber für die gesamte Dauer des Dienstverhältnisses zugeordnet worden ist (§ 9 Abs. 4 Satz 3 EStG). Die Aufwendungen für die Fahrten zwischen Wohnung und Kaserne sind mit der Entfernungspauschale zu berücksichtigen.

dd) Beamtenanwärter

3615 Beamtenanwärter werden für Zwecke der Ausbildung (Vorbereitungsdienst) in ein Beamtenverhältnis auf Widerruf berufen. Wird der Anwärter für die gesamte Dauer der Ausbildung nur einer betrieblichen Einrichtung des Dienstherrn zugewiesen (Stammdienststelle), in der z.B. die praxisbezogene Ausbildung erfolgt, handelt es sich um eine **dauerhafte Zuordnung, so dass an der Stammdienststelle eine erste Tätigkeitsstätte begründet** wird. Denn § 22 Abs. 4 Beamtenstatusgesetz regelt für Beamte auf Widerruf der Länder, Gemeinden und Gemeindeverbände sowie der sonstigen der Aufsicht eines Landes unterstehenden Körperschaften, Anstalten und Stiftungen des öffentlichen Rechts, dass das Beamtenverhältnis auf Widerruf mit Ablauf des Tages der Ablegung oder dem endgültigen Nichtbestehen der für die Laufbahn vorgeschriebenen Prüfung endet. Ähnliches ergibt sich für Beamte des Bundes aus § 37 Abs. 2 Satz 2 BBeamtenG, wonach Beamte auf Widerruf im Vorbereitungsdienst mit Ablauf des Tages aus dem Beamtenverhältnis zu entlassen sind, an dem ihnen das Bestehen oder das endgültige Nichtbestehen der Prüfung oder das endgültige Nichtbestehen einer vorgeschriebenen Zwischenprüfung bekannt gegeben wird. Das Dienstverhältnis endet also automatisch spätestens mit dem Abschluss des Vorbereitungsdienstes, so dass die Zuordnung zu einer Dienststelle für die gesamte Zeit des Vorbereitungsdienstes dauerhaft i.S.d. § 9 Abs. 4 Satz 3 EStG ist.

Gleiches gilt, wenn Laufbahnbewerber von einem Dienstherrn als Beamte auf Widerruf eingestellt werden, zum Zwecke der Ausbildung an einen anderen Dienstherrn abgeordnet und dort einer betrieblichen Einrichtung zugeordnet werden.

Beispiel:

Anwärter A wird vom BZSt in B für die Ausbildung zum Bundesprüfer eingestellt und in das Beamtenverhältnis auf Widerruf berufen. Für die Dauer des dreijährigen Vorbereitungsdienstes wird A an eine Landesfinanzverwaltung abgeordnet und dort dem Ausbildungsfinanzamt X zugewiesen. Er absolviert dort im Wesentlichen die gleiche Ausbildung wie die Finanzanwärter des Landes.

A begründet am Finanzamt X eine erste Tätigkeitsstätte, da er für die gesamte Dauer des Dienstverhältnisses und damit dauerhaft seinem Ausbildungsfinanzamt zugewiesen wird. Bei Abordnungen von der Stammdienststelle an andere betriebliche Einrichtungen, z.B. an eine Fachhochschule, wird der Beamtenanwärter dort i.R. von Auswärtstätigkeiten tätig.

S.a. OFD Niedersachsen v. 15.3.2017, S 2350 – 14 – St 215, StEd 2017, 214 betr. Aufwendungen der Finanz- und Steueranwärter/-innen für die eigene Berufsausbildung, insbesondere aus Anlass der Teilnahme an auswärtigen Lehrgängen.

ee) Polizei

3616 **Nach BFH v. 4.4.2019, VI R 27/17, BStBl II 2019, 536 gilt Folgendes:**

- Ein Polizeibeamter im Einsatz- und Streifendienst verfügt an seinem ihm zugeordneten **Dienstsitz**, den er arbeitstäglich aufsucht, um dort zumindest in geringem Umfang Tätigkeiten zu erbringen, die er dienstrechtlich schuldet und die zu dem Berufsbild eines Polizeivollzugsbeamten gehören, über eine **erste Tätigkeitsstätte**.
- Für die **Frage der Zuordnung** ist entscheidend, ob der Arbeitnehmer aus der Sicht ex ante nach den dienst- oder arbeitsrechtlichen Festlegungen an einer ortsfesten betrieblichen Einrichtung des Arbeitgebers, eines verbundenen Unternehmens oder eines vom Arbeitgeber bestimmten Dritten tätig werden soll.
- Entgegen der bis 2013 geltenden Rechtslage kommt es für die Bestimmung der ersten Tätigkeitsstätte auf den qualitativen Schwerpunkt der Tätigkeit nicht mehr an. Erforderlich, aber auch ausreichend ist, dass der Arbeitnehmer **am Ort der ersten Tätigkeitsstätte zumindest in geringem Umfang Tätigkeiten zu erbringen** hat, die er arbeitsvertraglich oder dienstrechtlich schuldet und die zu dem von ihm ausgeübten Berufsbild gehören.
- Eine **Zuordnung ist unbefristet** i.S.d. § 9 Abs. 4 Satz 3 erste Alternative EStG, wenn die Dauer der Zuordnung zu einer Tätigkeitsstätte nicht kalendermäßig bestimmt ist und sich auch nicht aus Art, Zweck oder Beschaffenheit der Arbeitsleistung ergibt.

ff) LKW-Fahrer, Baustellenarbeiter u.Ä.

Es kommt (wie stets) auf die Gesamtumstände des Einzelfalls an: 3617

- Aufwendungen für die Fahrten von der Wohnung zur betrieblichen Einrichtung des Arbeitgebers können nur nach den Grundsätzen der Entfernungspauschale geltend gemacht werden, wenn der Stpfl. nach den arbeitsrechtlichen Festlegungen sowie den diese ausfüllenden Weisungen und Absprachen zur Aufnahme seiner beruflichen Tätigkeit (Abholung des LKW) dauerhaft typischerweise arbeitstäglich denselben Ort (betriebliche Einrichtung des Arbeitgebers) aufsuchen muss. Ein „typischerweise arbeitstägliches" Aufsuchen erfordert kein ausnahmsloses Aufsuchen des vom Arbeitgeber festgelegten Orts oder Gebiets an sämtlichen Arbeitstagen des Arbeitnehmers. Für die Frage, ob der Arbeitnehmer denselben Ort oder dasselbe weiträumige Tätigkeitsgebiet auf Grund der Weisung des Arbeitgebers „dauerhaft" aufzusuchen hat, ist die Legaldefinition in § 9 Abs. 4 Satz 3 EStG entsprechend heranzuziehen (BFH v. 19.4.2021, VI R 6/19, BStBl II 2021, 727 und BFH v. 2.9.2021, VI R 14/19, betr. Fahrten eines Baumaschinenführers bzw. Elektroinstallateurs zum Betriebssitz des Arbeitgebers als Sammelpunkt i.S.d. § 9 Abs. 1 Satz 3 Nr. 4a Satz 3 EStG).
- Kommt ein an verschiedenen Baustellen tätiger Arbeitnehmer nur einmal wöchentlich zur betrieblichen Einrichtung seines Arbeitgebers, um Hilfstätigkeiten und Nebentätigkeiten (hier: Beladen des Firmenautos, Abgabe von Stundenzetteln und Urlaubsanträgen) zu erledigen, und hat der Arbeitgeber ihn der Einrichtung nicht zugeordnet, sind die Kosten für die Fahrten zur betrieblichen Einrichtung des Arbeitgebers nicht mit der Entfernungspauschale, sondern nach Reisekostengrundsätzen anzuerkennen (**FG Nürnberg** v. 8.7.2016, 4 K 1836/15, EFG 2016, 1692).
- Eine typischerweise arbeitstägliche Anfahrt zu einem Sammelpunkt ist anzunehmen, wenn zwar die Anfahrt nicht an jedem Arbeitstag stattfindet, jedoch immer dann, wenn der Arbeitnehmer von seinem Wohnort aufbricht, um seine Arbeit binnen eines Tages oder länger während auf einer Baustelle zu verrichten (**FG Sachsen** v. 14.3.2017, 8 K 1870/16).
- Typischerweise arbeitstägliches Aufsuchen eines Ortes zur Aufnahme der beruflichen Tätigkeit ist nicht gleichzusetzen mit „regelmäßig oder üblicherweise". Der Fernfahrer, der lediglich 2 - 3 Tage/Woche seine Fahrtätigkeit am Firmensitz seines Arbeitgebers beginnt und die übrige Zeit mehrtägige Fahrten unternimmt, sucht nicht typischerweise arbeitstäglich den Firmensitz seines Arbeitgebers zur Aufnahme seiner beruflichen Tätigkeit auf (**FG Niedersachsen** v. 15.6.2017, 10 K 139/16).

gg) Gerichtsvollzieher

Nach BFH v. 16.12.2020, VI R 35/18, BStBl II 2021, 525 ist erste 3618
Tätigkeitsstätte eines Gerichtsvollziehers sein **Amtssitz**, bestehend aus den Dienstgebäuden des Amtsgerichts, dem er zugeordnet ist, und dem **Geschäftszimmer**, welches er am Sitz des Amtsgerichts auf eigene Kosten vorzuhalten hat.

Die Frage, ob der Gerichtsvollzieherbezirk ein **weiträumiges Tätigkeitsgebiet** i.S.d. § 9 Abs. 1 Satz 3 Nr. 4a Satz 3 EStG ist, hat der BFH offen gelassen. Denn einer Antwort auf diese Frage bedürfe es nach § 9 Abs. 1 Satz 3 Nr. 4a Satz 1 EStG nur, wenn der Stpfl. – anders als der Kläger im Streitfall – über keine erste Tätigkeitsstätte verfügt.

hh) Sonstige Berufe

Eine **(ggf. großräumige) erste Tätigkeitsstätte** haben ferner 3619

- überwiegend im Außendienst tätige **Mitarbeiter im allgemeinen Ordnungsdienst** im Ordnungsamt (BFH v. 12.7.2021, VI R 9/19),
- verbeamtete und angestellte **Postzusteller** im Zustellpunkt (Zustellzentrum), dem ein Postzusteller zugeordnet ist und an dem er arbeitstäglich vor- und nachbereitende Tätigkeiten (z.B. Sortiertätigkeiten, Abschreibpost, Abrechnungen) ausübt (BFH v. 30.9.2020, VI R 10/19, BStBl II 2021, 306),
- ein **Rettungsassistent** in der Rettungswache, der er zugeordnet ist, wenn er dort arbeitstäglich vor dem Einsatz auf dem Rettungsfahrzeug vorbereitende Tätigkeiten vornimmt (z.B. Überprüfung des Rettungsfahrzeugs in Bezug auf Sauberkeit und ordnungsgemäße Bestückung mit Medikamenten und sonstigem (Verbrauchs-)Material, im Bedarfsfall Reinigung so-

wie Bestückung des Fahrzeugs mit fehlenden Medikamenten und fehlendem (Verbrauchs-)Material (BFH v. 30.9.2020, VI R 11/19, BStBl II 2021, 308),

- ein **Lokomotivführer**, der mit der firmeneigenen Eisenbahn (Werksbahn) seines Arbeitgebers das firmeneigene Schienennetz befährt. Die Tätigkeit des Arbeitnehmers als Lokomotivführer einer Werksbahn unterscheidet sich von der Tätigkeit der Lokomotivführer im öffentlichen Eisenbahnverkehr, etwa einem Lokführer der DB AG im Nah- oder Fernverkehr. Die Schienenwege öffentlicher Betreiber sind wegen der Zugänglichkeit für jedermann (vgl. § 3 Abs. 1 Nr. 3 AEG) nicht mit einem Betriebssitz oder einer sonstigen betrieblichen Einrichtung eines Unternehmens vergleichbar (BFH v. 1.10.2020, VI R 36/18),
- Angehörige von Betriebs-/Werksfeuerwehren, wenn sie ihre Arbeitsbereitschafts- und Bereitschaftsruhezeiten an einer bestimmten (ersten) Tätigkeitsstätte abzuleisten haben (BFH v. 26.10.2022, VI R 48/20, veröffentlicht am 23.2.2023).

Keine erste Tätigkeitsstätte hat

- ein Müllwerker im Betriebshof, wenn er dort lediglich die Ansage der Tourenleitung abhört, das Tourenbuch, Fahrzeugpapiere und -schlüssel abholt sowie die Fahrzeugbeleuchtung kontrolliert (BFH v. 2.9.2021, VI R 25/19).

6. Bildungseinrichtung als erste Tätigkeitsstätte

a) Allgemeines

3620 **Nach § 9 Abs. 4 Satz 8 EStG gilt als erste Tätigkeitsstätte auch eine Bildungseinrichtung, die**

- **außerhalb eines Dienstverhältnisses** (→ Rz. 3621)
- **zum Zwecke eines Vollzeitstudiums oder einer vollzeitigen Bildungsmaßnahme aufgesucht wird** (→ Rz. 3623).

Die Aufwendungen für die Wege zu der als „erste Tätigkeitsstätte" zu behandelnden Bildungseinrichtung sind (nur) mit der **Entfernungspauschale** anzusetzen (§ 9 Abs. 1 Satz 3 Nr. 4 EStG). **Verpflegungsmehraufwendungen** können nicht geltend gemacht und **Übernachtungskosten** nur berücksichtigt werden, sofern es sich um Mehraufwendungen i.R. einer anzuerkennenden doppelten Haushaltsführung (§ 9 Abs. 1 Satz 3 Nr. 5 EStG) oder Auswärtstätigkeit (§ 9 Abs. 4a EStG, s.a. → Rz. 3624) handelt (BFH v. 14.5.2020, VI R 24/18, BStBl II 2020, 770 betr. einen viermonatigen Schweißtechnikerlehrgang sowie BFH v. 14.5.2020, VI R 3/18, BStBl II 2021, 302 betr. Auslands- und Praxissemester).

Die Neuregelung wirkt sich für viele Stpfl. nachteilig, für andere dagegen vorteilhaft aus (s. nachstehendes Beispiel).

b) Studium oder Bildungsmaßnahme außerhalb eines Dienstverhältnisses

3621 Ein Studium oder eine Bildungsmaßnahme findet insbesondere dann außerhalb eines Dienstverhältnisses statt, wenn

- diese nicht Gegenstand des Dienstverhältnisses sind, auch wenn sie seitens des Arbeitgebers durch Hingabe von Mitteln, wie z.B. eines Stipendiums, gefördert werden, oder
- diese ohne arbeitsvertragliche Verpflichtung absolviert werden und die Beschäftigung lediglich das Studium oder die Bildungsmaßnahme ermöglicht.

Beispiel:

Frau A, studierte Diplom-Sozialpädagogin, war arbeitslos geworden. Sie hat anschließend an einer Hochschule ein weiteres Studium aufgenommen, um nach dem erfolgreichen Abschluss an einer Berufsschule als Lehrerin für Sozialpädagogik tätig zu werden.

Die Aufwendungen sind als sog. vorab entstandene Werbungskosten abzugsfähig. § 12 Nr. 5 EStG a.F. sowie folglich die entsprechenden Regelungen in den §§ 4 Abs. 9 und 9 Abs. 6 EStG stehen dem nicht entgegen (§ 12 Nr. 5 EStG wurde mit Wirkung ab 2015 aufgehoben durch das Gesetz zur Anpassung der Abgabenordnung an den Zollkodex der Union und zur Änderung weiterer steuerlicher Vorschriften v. 22.12.2014, BGBl. I Nr. 63, 2417, da die §§ 4 Abs. 9 und 9 Abs. 6 EStG sinngemäße Regelungen enthalten), weil Frau A vor dem Beginn ihres Studiums ein Hochschulstudium und damit eine (erste) Berufsausbildung i.S.d. § 9 Nr. 6 absolviert hatte (BFH v. 9.2.2012, VI R 44/10, BStBl II 2013, 234).

Der BFH hatte allerdings auch entschieden, dass die Hochschule nicht als regelmäßige Arbeitsstätte anzusehen ist und die Fahrten zur Hochschule daher mit den tatsächlichen Kosten oder den pauschalen km-Sätzen (für Pkw 0,30 €/km) berücksichtigt werden können. Soweit Frau A unentgeltlich i.R. einer Fahrgemeinschaft mitgenommen wird oder als Studentin auf Grund eines sog. Semestertickets unentgeltlich öffentliche Verkehrsmittel nutzen kann, ist ein Werbungskostenabzug jedoch nicht möglich. Je nach Dauer der Abwesenheit von der Wohnung konnten Verpflegungsmehraufwendungen geltend gemacht werden.

Seit 2014 ist dies **nicht** mehr möglich. Die Hochschule wird als „erste Tätigkeitsstätte" behandelt. Die Fahrtkosten können nur in Höhe der Entfernungspauschale berücksichtigt werden (ab 2026 i.H.v. 0,38 € je Entfernungskilometer, km-Satz also nur 0,19 €; s.a. Hinweis → Rz. 4431), Verpflegungsmehraufwendungen hingegen nicht mehr.

Die Entfernungspauschale ist aber auch anzusetzen, wenn der Frau A aus den o.g. Gründen keine tatsächlichen Fahrtkosten entstehen sollten. Insoweit wirkt sich diese Regelung vorteilhaft aus.

c) Studium oder Bildungsmaßnahme innerhalb eines Dienstverhältnisses

Die o.g. gesetzliche Neuregelung findet auf Studien oder Bildungsmaßnahmen innerhalb eines Dienstverhältnisses keine Anwendung. Das kann der Fall sein bei 3622

- Studien oder Bildungsmaßnahmen i.R. eines sog. Ausbildungsdienstverhältnisses (vgl. R 9.2 Satz 2 LStR),
- beruflichen Fort- oder Weiterbildungsleistungen des Arbeitgebers (R 19.7 LStR),
- Aufwendungen des Arbeitnehmers für seine Fortbildung in dem bereits erlernten Beruf, z.B. Besuch eines Meisterkurses.

In diesen Fällen handelt es sich bei dem Besuch der Bildungseinrichtung um eine **Auswärtstätigkeit** (Folge: Voller Abzug der Fahrtkosten oder z.B. pauschal 0,30 €/km für Pkw und ggf. Berücksichtigung von Verpflegungsmehraufwendungen und Übernachtungskosten).

Beispiel:

Frau B hat das Abitur und eine Lehre als staatlich geprüfte Wirtschaftsassistentin erfolgreich abgeschlossen und absolviert i.R. eines Ausbildungsdienstverhältnisses ein duales Hochschulstudium mit dem Ziel „Bachelor of Arts im Studiengang Steuern und Prüfungswesen". Arbeitgeber ist die B-GmbH, die ganzjährig die monatliche Vergütung der Auszubildenden bezahlt und das Direktionsrecht gegenüber der Auszubildenden hat. In den Praxisphasen arbeitet Frau B in der Steuerkanzlei des Arbeitgebers.

Es handelt sich um ein Ausbildungsdienstverhältnis. Bei den Studienaufenthalten an der Dualen Hochschule handelt es sich um Auswärtstätigkeiten (FG Baden-Württemberg v. 18.7.2011, 10 K 1105/11, EFG 2011, 1906). Folge: Voller Abzug der Fahrtkosten oder z.B. pauschal 0,30 €/km für Pkw und ggf. Berücksichtigung von Verpflegungsmehraufwendungen und Übernachtungskosten.

Wird zunächst der Betrieb aufgesucht und z.B. erst nachmittags die Bildungseinrichtung, unterliegen zwar die Fahrten zwischen Wohnung und Betrieb der Abzugsbeschränkung auf die Entfernungspauschale, nicht hingegen die Fahrten zwischen Betrieb und Bildungseinrichtung und ggf. die Rückfahrt Bildungseinrichtung – Wohnung.

d) Vollzeitstudium und vollzeitige Bildungsmaßnahme

Ein Vollzeitstudium oder eine vollzeitige Bildungsmaßnahme liegt 3623
insbesondere vor, wenn der Stpfl. im Studium oder in der Bildungsmaßnahme **für einen Beruf ausgebildet** wird und daneben entweder

- keiner Erwerbstätigkeit nachgeht oder
- während der gesamten Dauer des Studiums oder der Bildungsmaßnahme eine Erwerbstätigkeit mit durchschnittlich bis zu 20 Stunden regelmäßiger wöchentlicher Arbeitszeit oder in Form eines geringfügigen Beschäftigungsverhältnisses i.S.d. § 8 und 8a SGB IV ausübt.

Die **Dauer einer vollzeitigen Bildungsmaßnahme** ist für die Einordnung einer Bildungseinrichtung als erste Tätigkeitsstätte dabei unerheblich. Eine zeitliche Mindestdauer der Bildungsmaßnahme ist nicht erforderlich. Eine Bildungseinrichtung gilt daher auch dann als erste Tätigkeitsstätte, wenn sie vom Stpfl. i.R. einer nur kurzzeitigen Bildungsmaßnahme aufgesucht wird. Davon ist auszugehen, wenn der Stpfl. die Bildungseinrichtung anlässlich der regelmäßig zeitlich befristeten Bildungsmaßnahme nicht nur gelegentlich, sondern mit einer gewissen Nachhaltigkeit, d.h. fortdauernd und immer wieder (dauerhaft) aufsucht (BFH v. 14.5.2020, VI R 24/18, BStBl II 2020, 770 betr. einen viermonatigen Schweißtechnikerlehrgang).

Diese Grundsätze gelten auch für den Sonderausgabenabzug nach § 10 Abs. 1 Nr. 7 EStG.

e) Auslands- und Praxissemester

3624 Nach der BFH-Rechtsprechung (BFH v. 14.5.2020, VI R 3/18, BStBl II 2021, 302) ist eine **„Auswärtstätigkeit"** des Stpfl. während einer vollzeitigen Bildungsmaßnahme oder eines Vollzeitstudiums ungeachtet des § 9 Abs. 4 Satz 8 EStG **nicht ausgeschlossen**. Denn die Entscheidung des Gesetzgebers, eine Bildungseinrichtung i.R. einer vollzeitigen Zweitausbildung wie eine erste Tätigkeitsstätte eines Arbeitnehmers zu behandeln, ist (nur) insoweit sachlich gerechtfertigt, als sich ein Stpfl. in Vollzeitausbildung **wie ein Arbeitnehmer**, der einer betrieblichen Einrichtung dauerhaft zugeordnet ist, auf immer gleiche ausbildungsbedingte Wege und Unterkunftskosten einstellen und diese aufwandsmindernd beeinflussen kann. Daran fehlt es jedoch, wenn der Stpfl. in Vollzeitausbildung die **Bildungseinrichtung** und damit seine erste Tätigkeitsstätte i.S.v. § 9 Abs. 4 Satz 8 EStG **vorübergehend nicht aufsucht**, weil er nach der Ausbildungs-/Studienordnung Teile der Ausbildung (Ausbildungsabschnitte) an einer **auswärtigen Bildungseinrichtung absolvieren** kann bzw. muss.

Jedenfalls soweit der Stpfl. nach der Ausbildungs-/Studienordnung weiterhin der bisherigen Bildungseinrichtung zugeordnet bleibt, unterfällt die nur vorübergehend aufgesuchte auswärtige Bildungseinrichtung nicht der Fiktion des § 9 Abs. 4 Satz 8 EStG (= erste Tätigkeitsstätte). Nur diese Auslegung bewirkt – so der BFH – eine Gleichstellung mit einem Arbeitnehmer, der am auswärtigen Tätigkeitsort keine erste Tätigkeitsstätte begründet, wenn er dort nicht dauerhaft, sondern nur vorübergehend seinen Beruf ausübt (§ 9 Abs. 4 Satz 3 EStG). Der Umstand, dass er diese auf Geheiß seines Arbeitgebers aufsucht, während der Stpfl. in Vollzeitausbildung die auswärtige Bildungseinrichtung unter Umständen aus eigenem Antrieb besucht, steht dem nicht entgegen.

Demgemäß ist die auswärtige (Bildungs-)Einrichtung, die Studierende vorübergehend i.R. ihres Vollzeitstudiums besuchen, z.B. um ein **Auslands-, ein Praxissemester oder ein Praktikum zu absolvieren, keine erste Tätigkeitsstätte** i.S.v. § 9 Abs. 4 Satz 8 EStG, wenn der Studierende für die Dauer der auswärtigen Ausbildung der bisherigen Bildungseinrichtung zugeordnet bleibt.

Beispiel:

Frau A begann nach dem Abschluss einer ersten Ausbildung zum Wintersemester 2012/13 mit dem Studium International Business an der Fachhochschule X. Die Bachelorprüfungsordnung für diesen achtsemestrigen Studiengang schrieb vor, dass das Studium ab dem fünften Semester an einer **Partnerhochschule** im ausländischen Sprachraum fortzuführen sowie ein **Auslandspraxissemester** zu absolvieren war. Frau A leistete die beiden Auslandsemester im Wintersemester 2014/15 und im Sommersemester 2015 an einem College in Dublin und im Anschluss daran das Praxissemester bei einer Au-Pair-Agentur in London ab. Nach der Praxissemesterordnung blieb der Studierende auch während des Praxissemesters Mitglied der FH mit allen dazugehörigen Rechten und Pflichten. Während des Praxissemesters war Frau A in der Au-Pair-Agentur X in Vollzeit tätig und bezog Arbeitslohn, daneben Leistungen nach dem BAföG. Während des gesamten Studiums sowie während der Auslandsaufenthalte in Dublin bzw. London behielt Frau A ihren Wohnsitz in der Wohnung der Eltern bei, wo sich auch ihr Lebensmittelpunkt befand.

Finanzamt und FG Münster hatten es abgelehnt, die Aufwendungen für Unterkunft in Dublin bzw. London sowie Verpflegungsmehraufwendungen als Werbungskosten anzuerkennen. Begründung: Das College in Dublin und die Au-Pair-Agentur in London seien als erste Tätigkeitsstätte i.S.d. § 9 Abs. 4 Satz 8 EStG anzusehen. Da Frau A in der Wohnung ihrer Eltern keinen eigenen (Haupt-)Hausstand unterhalten habe, lägen die Voraussetzungen einer doppelten Haushaltsführung nicht vor. Damit seien die geltend gemachten Unterkunfts- und Verpflegungskosten nicht als Werbungskosten anzuerkennen.

Der **BFH** hat diese Auffassung aus den o.g. Gründen abgelehnt (BFH v. 14.5.2020, VI R 3/18, BStBl II 2021, 302). Es handele sich um eine Auswärtstätigkeit, da Frau A auch während der Auslands- und Praxissemester an der Fachhochschule X eingeschrieben blieb. Nur die Fachhochschule X könne als erste Tätigkeitsstätte i.S.d. § 9 Abs. 4 Satz 8 EStG angesehen werden.

7. Fahrtkosten bei auswärtiger Tätigkeit, Sammelpunkt, weiträumiges Tätigkeitsgebiet

3625 Bei einer Auswärtstätigkeit sind grds. die **tatsächlich entstandenen Fahrtkosten** als Werbungskosten abzugsfähig bzw. können vom Arbeitgeber nach § 3 Nr. 13, 16 EStG steuerfrei erstattet werden (→ *Reisekosten: Erstattungen* Rz. 3662).

Aufwendungen für Fahrten von einer Wohnung, die den Lebensmittelpunkt des Arbeitnehmers darstellt, zu einem **Sammelpunkt** i.S.d. § 9 Abs. 1 Satz 3 Nr. 4a Satz 3 EStG (→ Rz. 3627) sind nur mit der **Entfernungspauschale** als Werbungskosten zu berücksichtigen. Dies gilt auch dann, wenn die Fahrten an einer dem Arbeitsplatz näher gelegenen Wohnung unterbrochen werden (BFH v. 14.9.2020, VI B 64/19); Entsprechendes gilt für Fahrten zu einem **weiträumigen Tätigkeitsgebiet** (→ Rz. 3628).

Die Abgrenzung führt in der Praxis immer wieder zu Schwierigkeiten.

a) Tatsächliche Fahrtkosten und pauschaler Kilometersatz bei auswärtiger Tätigkeit

Ist ein Arbeitnehmer außerhalb seiner Wohnung und ersten Tätigkeitsstätte beruflich tätig (auswärtige berufliche Tätigkeit), gilt für die steuerliche Berücksichtigung der tatsächlichen Fahrtkosten im Zusammenhang mit dieser beruflichen Tätigkeit Folgendes: 3626

Die Fahrtkosten können grds. mit den **tatsächlich entstandenen Aufwendungen** als Werbungskosten berücksichtigt werden (§ 9 Abs. 1 Satz 3 Nr. 4a Satz 1 EStG). Entsprechendes gilt für den steuerfreien Reisekostenersatz der Fahrtkosten durch den Arbeitgeber nach § 3 Nr. 13 bzw. § 3 Nr. 16 EStG.

Bei der Benutzung eines eigenen oder zur Nutzung überlassenen Fahrzeugs kann aber auch ein **Kilometersatz auf Grund der für einen Zeitraum von zwölf Monaten ermittelten Gesamtkosten für das genutzte Fahrzeug errechnet werden** (R 9.5 Abs. 1 Satz 4 LStR). Dieser Kilometersatz kann solange angesetzt werden, bis sich die Verhältnisse wesentlich ändern (z.B. Ablauf des sechsjährigen Abschreibungszeitraums oder des Leasingzeitraums).

Statt der tatsächlichen Aufwendungen kann aus Vereinfachungsgründen typisierend je nach Art des benutzten Verkehrsmittels (z.B. Pkw, Motorrad) auch ein **pauschaler Kilometersatz** (höchste Wegstreckenentschädigung nach dem Bundesreisekostengesetz für das jeweils benutzte Beförderungsmittel: **Benutzung eines Kraftwagen, z.B. Pkw 0,30 €, für jedes andere motorbetriebene Fahrzeug 0,20 €**) für jeden gefahrenen Kilometer angesetzt werden (§ 9 Abs. 1 Satz 3 Nr. 4a Satz 2 EStG, R 9.5 Abs. 1 Satz 5 LStR). Eine Prüfung der tatsächlichen Kilometerkosten ist demnach nicht mehr erforderlich, wenn der Arbeitnehmer von dieser gesetzlichen Typisierung Gebrauch macht.

Weitere Einzelheiten → *Reisekosten: Erstattungen* Rz. 3662.

b) Sammelpunkt

Liegt keine erste Tätigkeitsstätte nach → Rz. 3598 oder 3627
→ Rz. 3609 vor (diese Frage ist vorrangig zu prüfen!) und bestimmt der Arbeitgeber durch dienst- oder arbeitsrechtliche Festlegung, dass der Arbeitnehmer den Ort (z.B. ein **Sammelpunkt**) oder das **weiträumige Gebiet** zur Aufnahme der Arbeit auf Grund einer Weisung des Arbeitgebers

- zum einen **typischerweise arbeitstäglich**
- und zum anderen auch **dauerhaft aufzusuchen** hat,

ist gem. § 9 Abs. 1 Satz 3 Nr. 4a Satz 3 EStG die **Entfernungspauschale** entsprechend anzuwenden. Ein **„typischerweise arbeitstägliches" Aufsuchen** erfordert kein ausnahmsloses Aufsuchen des vom Arbeitgeber festgelegten Orts oder Gebiets an sämtlichen Arbeitstagen des Arbeitnehmers. „Typischerweise" meint nicht ausnahmslos, sondern „i.d.R. üblich" bzw. „im Normalfall". Ein Aufsuchen desselben Orts oder desselben weiträumigen Tätigkeitsgebiets an sämtlichen Arbeitstagen ist folglich nicht erforderlich. So ist z.B. der Besuch von Fortbildungsveranstaltungen unschädlich für die Anwendung der Entfernungspauschale. Auf die Überschreitung bestimmter prozentualer oder tageweiser Grenzen kommt es nicht an. **Ein nach Weisung „typischerweise fahrtägliches" Aufsuchen genügt aber nicht.** Ein **dauerhaftes Aufsuchen** ist entsprechend der Legaldefinition in § 9 Abs. 4 Satz 3 EStG zu bejahen, wenn die Anordnung des Arbeitgebers zum Aufsuchen desselben Orts (Sammelpunkt) oder desselben weiträumigen Tätigkeitsgebiets unbefristet, für die Dauer des Dienstverhältnisses oder über einen Zeitraum von 48 Monaten hinaus erfolgt (vgl. z.B. BFH v. 19.4.2021, VI R 6/19,

BStBl II 2021, 727; vgl. a. HFT 2021, 984). Es handelt sich **nicht um Reisekosten** (R 9.5 Abs. 1 Satz 6 LStR).

In diesen Fällen kommt es folglich darauf an, wie die arbeitsrechtliche Absprache bzw. Weisung des Arbeitgebers lautet. Steht von vorneherein fest, dass der Arbeitnehmer nicht nur eintägige, sondern auch mehrtägige Einsätze haben wird, die eine auswärtige Übernachtung erfordern, ist die entsprechende Anwendung der Entfernungspauschale ausgeschlossen, da in dieser Situation nur ein „typischerweise fahrtägliches", nicht aber das gesetzlich geforderte „typischerweise arbeitstägliche" Aufsuchen des Sammelpunkts vorliegen kann. Nur wenn solche mehrtägigen Einsätze nicht vorgesehen sind und „überraschend" entstehen, sind diese für die entsprechende Anwendung der Entfernungspauschale unschädlich.

Bus- oder Lkw-Fahrer haben regelmäßig keine erste Tätigkeitsstätte. Lediglich, wenn dauerhaft und typischerweise arbeitstäglich ein vom Arbeitgeber festgelegter Ort aufgesucht werden soll, werden die Fahrten von der Wohnung zu diesem Ort/Sammelpunkt gleich behandelt mit den Fahrten von der Wohnung zu einer ersten Tätigkeitsstätte.

Beispiel 1:

Der Arbeitgeber hat bestimmt, dass der Arbeitnehmer sich dauerhaft typischerweise arbeitstäglich am Wohnsitz des Kollegen einfinden soll, um von dort mit diesem gemeinsam die unterschiedlichen eigentlichen Einsatzsorte aufzusuchen.

In diesem Fall liegt ein Sammelpunkt vor.

Beispiel 2:

Der Arbeitgeber hat zwar bestimmt, dass die Mitarbeiter gemeinsam mit den Firmenwagen die unterschiedlichen Einsatzorte aufzusuchen haben. Den genauen Treffpunkt (z.B. am Wohnort eines Mitarbeiters) bestimmt der Arbeitgeber aber nicht.

In diesem Fall liegt kein Sammelpunkt vor.

Beispiel 3:

Kundendienstmonteure haben i.d.R. keine erste Tätigkeitsstätte. Nur dann, wenn dauerhaft und typischerweise arbeitstäglich ein vom Arbeitgeber festgelegter Ort aufgesucht werden soll, werden die Fahrten von der Wohnung zu diesem Ort/Sammelpunkt ebenso behandelt wie die Fahrten von der Wohnung zu einer ersten Tätigkeitsstätte.

Beispiel 4:

Seeleute, die auf einem Schiff tätig werden sollen, haben i.d.R. keine erste Tätigkeitsstätte, da das Schiff keine ortsfeste betriebliche Einrichtung des Arbeitgebers ist.

Soll der Dienstantritt, die Ein- und Ausschiffung aber typischerweise arbeitstäglich von dem gleichen Anleger (wie z.B. einem Fähranleger, Liegeplatz des Seenotrettungskreuzers, Anleger des Fahrgastschiffes) erfolgen, werden die Fahrten zu diesem Ort/Sammelpunkt ebenso behandelt wie die Fahrten von der Wohnung zu einer ersten Tätigkeitsstätte.

Beispiel 5:

Angestellte Lotsen haben üblicherweise keine erste Tätigkeitsstätte, wenn sie ihre Tätigkeit typischerweise auf verschiedenen Schiffen ausüben sollen. Fahrten von der Wohnung zu einer vom Arbeitgeber festgelegten Lotsenstation oder Lotsenwechselstation, um von dort zum Einsatz auf ein Schiff verbracht zu werden, werden ebenso behandelt wie die Fahrten von der Wohnung zu einer ersten Tätigkeitsstätte.

Treffen sich mehrere Arbeitnehmer typischerweise arbeitstäglich an einem bestimmten Ort, um von dort aus gemeinsam zu ihren Tätigkeitsstätten zu fahren (**privat organisierte Fahrgemeinschaft**), liegt kein Sammelpunkt nach § 9 Abs. 1 Satz 3 Nr. 4a Satz 3 EStG vor. Es fehlt insoweit an einer dienst- oder arbeitsrechtlichen Festlegung des Arbeitgebers.

Beispiel 6:

Arbeitnehmer A und sein Kollege B werden von ihrem Arbeitgeber für die Dauer eines Jahres an die 100 km entfernte Filiale Y abgeordnet, ihre erste Tätigkeitsstätte ist die Filiale X. Um Kosten zu sparen, treffen sie sich täglich auf dem Rasthof X, um von dort aus gemeinsam zur Filiale Y zu fahren.

Beide Arbeitnehmer üben eine Auswärtstätigkeit aus. Der Rasthof ist aber kein Sammelpunkt i.S.d. §§ 9 Abs. 1 Satz 3 Nr. 4a Satz 3 EStG, da es insoweit an einer dienst- oder arbeitsrechtlichen Festlegung des Arbeitgebers fehlt. Die gesamten Fahrtkosten können daher in voller Höhe bzw. mit dem pauschalen km-Satz von 0,30 € berücksichtigt werden (auch die Fahrten zwischen den Wohnungen und dem Rasthof).

Wenn die Arbeitnehmer auf Dauer an die Filiale Y versetzt werden, liegt keine Auswärtstätigkeit mehr vor. Die Arbeitnehmer können dann für ihre Wege zur Arbeitsstätte nur die Entfernungspauschale absetzen, jeweils nach der kürzesten Straßenverbindung Wohnung – erste Tätigkeitsstätte.

Auf die Berücksichtigung von Verpflegungspauschalen oder Übernachtungskosten als Werbungskosten oder den steuerfreien Arbeitgeberersatz hierfür hat die Festlegung als Sammelpunkt keinen Einfluss, da der Arbeitnehmer weiterhin außerhalb einer ersten Tätigkeitsstätte und somit auswärts beruflich tätig wird. Es wird keine erste Tätigkeitsstätte fingiert, sondern nur die Anwendung der Entfernungspauschale für die Fahrtkosten von der Wohnung zu diesem Ort sowie die Besteuerung eines geldwerten Vorteils bei Dienstwagengestellung durch den Arbeitgeber nach § 8 Abs. 2 Satz 3 und 4 EStG festgelegt und der steuerfreie Arbeitgeberersatz für diese Fahrten nach § 3 Nr. 13 oder Nr. 16 EStG ausgeschlossen.

Die Grundsätze der **steuerfreien Sammelbeförderung** nach § 3 Nr. 32 EStG, R 3.32 LStR gelten auch für Fahrten zu dem vom Arbeitgeber festgelegten, typischerweise arbeitstäglich aufzusuchenden selben Ort (Sammelpunkt) bzw. zu einem weiträumigen Tätigkeitsgebiet.

c) Weiträumiges Tätigkeitsgebiet

aa) Ansatz der Entfernungspauschale

Liegt keine erste Tätigkeitsstätte nach → Rz. 3598 oder → Rz. 3609 vor (diese Frage ist vorrangig zu prüfen!) und bestimmt der Arbeitgeber durch dienst- oder arbeitsrechtliche Festlegung, dass der Arbeitnehmer den Ort (z.B. ein Sammelpunkt) oder das **weiträumige Gebiet** zur Aufnahme der Arbeit auf Grund einer Weisung des Arbeitgebers **3628**

- zum einen **typischerweise arbeitstäglich**
- und zum anderen auch **dauerhaft aufzusuchen** hat,

ist gem. § 9 Abs. 1 Satz 3 Nr. 4a Satz 3 EStG die **Entfernungspauschale** entsprechend anzuwenden. Es gelten dieselben Grundsätze wie für Fahrten zu einem **Sammelpunkt** (→ Rz. 3627).

Die Grundsätze der **steuerfreien Sammelbeförderung** nach § 3 Nr. 32 EStG, R 3.32 LStR gelten auch für Fahrten zu dem vom Arbeitgeber festgelegten, typischerweise arbeitstäglich aufzusuchenden selben Ort (Sammelpunkt) bzw. zu einem weiträumigen Tätigkeitsgebiet.

Ein **weiträumiges Tätigkeitsgebiet** liegt in Abgrenzung zur ersten Tätigkeitsstätte vor, wenn die vertraglich vereinbarte Arbeitsleistung auf einer festgelegten Fläche und nicht innerhalb einer ortsfesten betrieblichen Einrichtung des Arbeitgebers, eines verbundenen Unternehmens (§ 15 AktG) oder bei einem vom Arbeitgeber bestimmten Dritten ausgeübt werden soll. In einem weiträumigen Tätigkeitsgebiet werden i.d.R. z.B. Zusteller, Hafenarbeiter und Forstarbeiter tätig.

Hingegen sind z.B. Bezirksleiter und Vertriebsmitarbeiter, die verschiedene Niederlassungen betreuen oder mobile Pflegekräfte, die verschiedene Personen in deren Wohnungen in einem festgelegten Gebiet betreuen, sowie Schornsteinfeger von dieser Regelung nicht betroffen.

Wird das weiträumige Tätigkeitsgebiet immer von **verschiedenen Zugängen aus betreten oder befahren**, ist die Entfernungspauschale aus Vereinfachungsgründen bei diesen Fahrten nur für die kürzeste Entfernung von der Wohnung zum nächstgelegenen Zugang anzuwenden.

Für alle **Fahrten innerhalb des weiträumigen Tätigkeitsgebietes** sowie für die zusätzlichen Kilometer bei den Fahrten von der Wohnung zu einem weiter entfernten Zugang können die tatsächlichen Aufwendungen oder der sich am Bundesreisekostengesetz orientierende maßgebliche pauschale Kilometersatz angesetzt werden (§ 9 Abs. 1 Satz 3 Nr. 4a Satz 4 EStG).

Beispiel:

Der Forstarbeiter A fährt an 150 Tagen mit dem Pkw von seiner Wohnung zu dem 15 km entfernten, nächstgelegenen Zugang des von ihm täglich zu betreuenden Waldgebietes (weiträumiges Tätigkeitsgebiet). An 70 Tagen fährt A von seiner Wohnung über einen weiter entfernt gelegenen Zugang (20 km) in das Waldgebiet.

Die Fahrten von der Wohnung zu dem weiträumigen Tätigkeitsgebiet werden behandelt wie die Fahrten von der Wohnung zu einer ersten

Tätigkeitsstätte. A kann somit für diese Fahrten lediglich die Entfernungspauschale i.H.v. 0,38 € je Entfernungskilometer (ab dem Kalenderjahr 2026, = 15 km x 0,38 €; s.a. Hinweis → Rz. 4431) als Werbungskosten ansetzen.

Die Fahrten innerhalb des Waldgebietes können mit den tatsächlichen Kosten oder aus Vereinfachungsgründen mit dem pauschalen Kilometersatz i.H.v. 0,30 € je tatsächlich gefahrenem Kilometer berücksichtigt werden.

Bei den Fahrten zu dem weiter entfernt gelegenen Zugang werden ebenfalls nur 15 Kilometer mit der Entfernungspauschale (15 km x 0,38 €, ab dem Kalenderjahr 2026; s.a. Hinweis → Rz. 4431) berücksichtigt. Die jeweils zusätzlichen fünf Kilometer für den tatsächlich längeren Hin- und Rückweg werden ebenso wie die Fahrten innerhalb des weiträumigen Tätigkeitsgebietes mit den tatsächlichen Kosten oder aus Vereinfachungsgründen mit dem pauschalen Kilometersatz i.H.v. 0,30 € je gefahrenem Kilometer berücksichtigt.

Somit sind für 220 Tage jeweils 15 km mit der Entfernungspauschale und die restlichen tatsächlich gefahrenen Kilometer mit den tatsächlichen Kosten oder aus Vereinfachungsgründen dem pauschalen Kilometersatz i.H.v. 0,30 € anzusetzen.

Auf die Berücksichtigung von **Verpflegungspauschalen oder Übernachtungskosten** als Werbungskosten sowie den steuerfreien Arbeitgeberersatz hat diese Festlegung „tätig werden in einem weiträumigen Tätigkeitsgebiet" **keinen Einfluss**, da der Arbeitnehmer weiterhin außerhalb einer ersten Tätigkeitsstätte – und damit auswärts – beruflich tätig wird. Es wird nur die Anwendung der Entfernungspauschale für die Fahrtkosten von der Wohnung zum nächstgelegenen Zugang zu dem weiträumigen Tätigkeitsgebiet sowie die Besteuerung eines geldwerten Vorteils bei Dienstwagengestellung durch den Arbeitgeber nach § 8 Abs. 2 Satz 3 und 4 EStG festgelegt und der steuerfreie Arbeitgeberersatz für diese Fahrten nach § 3 Nr. 13 oder Nr. 16 EStG ausgeschlossen.

Soll der Arbeitnehmer in **mehreren ortsfesten Einrichtungen seines Arbeitgebers**, eines verbundenen Unternehmens oder eines Dritten, die innerhalb eines bestimmten Bezirks gelegen sind, beruflich tätig werden, wird er nicht in einem weiträumigen Tätigkeitsgebiet, sondern an verschiedenen, ggf. sogar **ständig wechselnden Tätigkeitsstätten** tätig.

bb) Begriff „weiträumiges Tätigkeitsgebiet"

3629 Der Begriff „weiträumiges Tätigkeitsgebiet" (s. → Rz. 3628) kann grds. auch nach der früheren BFH-Rechtsprechung beurteilt werden (zuletzt BFH v. 15.2.2023, VI R 4/21, sowie BMF v. 25.11.2020, IV C 5 – S 2353/19/10011:006, BStBl I 2020, 1228, Rz. 42 und Rz. 46, betr. den Hamburger Hafen nur dann als weiträumiges Tätigkeitsgebiet i.S.d. § 9 Abs. 1 Satz 3 Nr. 4a EStG, wenn der Arbeitnehmer die vertraglich vereinbarte Arbeitsleistung auf einer festgelegten Fläche und nicht innerhalb einer ortsfesten betrieblichen Einrichtung des Arbeitgebers, eines verbundenen Unternehmens oder bei einem vom Arbeitgeber bestimmten Dritten auszuüben hat).

Ein weiträumiges Tätigkeitsgebiet liegt zunächst vor, wenn es sich um ein **zusammenhängendes Gelände des Arbeitgebers** handelt, auf dem der Arbeitnehmer auf Dauer und mit einer gewissen Nachhaltigkeit tätig wird.

Aber auch wenn das Gelände nicht dem Arbeitgeber zugerechnet werden kann, liegt ein weiträumiges Tätigkeitsgebiet vor, wenn die **Einsatzstellen aneinandergrenzen und in unmittelbarer Nähe zueinander liegen**, vgl. H 9.4 (Weiträumiges Arbeitsgebiet) LStH.

Ein weiträumiges Tätigkeitsgebiet liegt dagegen **nicht** schon deshalb vor, weil der Arbeitnehmer ständig nur in einem **Gemeindegebiet**, im Bereich einer **Großstadt** oder eines **Ballungsgebiets** oder nur innerhalb eines **bestimmten Radius** um den Betriebsort oder die Wohnung herum tätig wird, vgl. H 9.4 (Weiträumiges Arbeitsgebiet) LStH. Es liegt daher nicht nur dann eine **Einsatzwechseltätigkeit** vor, wenn ein Arbeitnehmer innerhalb eines Stadt- bzw. Ballungsgebiets in allen Stadtteilen tätig wird, sondern auch dann, wenn er lediglich in mehreren vom Arbeitgeber vorgegebenen **Stadtteilen** zum Einsatz kommt, diese jedoch entfernt voneinander liegen (FG Rheinland-Pfalz v. 28.6.2002, 4 K 1258/01, EFG 2002, 1516).

Beispiel:

A ist bei einem Malerbetrieb in einer Großstadt beschäftigt. Er wird zwar so gut wie ausschließlich nur im Stadtgebiet tätig, muss jedoch damit rechnen, auch außerhalb eingesetzt zu werden.

Für A ist das Großstadtgebiet kein weiträumiges Tätigkeitsgebiet. A übt eine Auswärtstätigkeit (Einsatzwechseltätigkeit) aus, der Arbeitgeber kann ihm daher seine Fahrtkosten sowie Verpflegungsmehraufwendungen (Mindestabwesenheitsdauer von Wohnung und erster Tätigkeitsstätte mehr als acht Stunden) als Reisekosten steuerfrei erstatten.

In einem **weiträumigen Tätigkeitsgebiet tätig** werden i.d.R. z.B.

- Hafenarbeiter; für einen Hafenarbeiter, der i.R. der Arbeitnehmerüberlassung seines Arbeitgebers bei verschiedenen Hafeneinzelbetrieben auf dem Gebiet des Hamburger Hafens eingesetzt wird, stellt das Hamburger Hafengebiet nur dann dasselbe typischerweise arbeitstäglich aufzusuchende weiträumige Tätigkeitsgebiet dar, wenn der Arbeitnehmer die vertraglich vereinbarte Arbeitsleistung auf einer festgelegten Fläche und nicht innerhalb des gesamten Hafengebiets auszuüben hat (BFH v. 15.2.2023, VI R 4/21), BStBl II 2023, 829,
- Zusteller,
- Forstarbeiter,
- Lotsen (BFH v. 29.4.2014, VIII R 33/10, BStBl II 2014, 777),
- auf einem Werksgelände tätige Großgerätefahrer (zuletzt BFH v. 18.6.2009, VI R 61/06, BStBl II 2010, 564 betr. ein Bergwerk),
- innerhalb eines Klinikgeländes eingesetzte sog. Springer (FG Baden-Württemberg v. 27.11.2003, 3 K 145/01, EFG 2004, 876).

Nicht in einem weiträumigen Tätigkeitsgebiet tätig werden dagegen i.d.R. z.B.

- Bezirksleiter und Vertriebsmitarbeiter von Versicherungen (zuletzt FG Berlin-Brandenburg v. 9.4.2019, 5 K 5269/17, EFG 2019, 1088),
- mobile Pflegekräfte, die verschiedene Personen in deren Wohnungen in einem festgelegten Gebiet betreuen das kann auch eine Großstadt sein (FG Berlin-Brandenburg v. 9.4.2019, 5 K 5269/17, EFG 2019, 1088),
- Schornsteinfeger (vgl. FG Berlin-Brandenburg v. 9.4.2019, 5 K 5269/17, EFG 2019, 1088).

Wie der **BFH** ein **„weiträumiges Tätigkeitsgebiet"** gegenüber einer **„großräumigen ersten Tätigkeitsstätte"** (→ Rz. 3593) abgrenzen möchte, war zunächst ungewiss. In seiner neuen Rechtsprechung betr. den **Hamburger Hafen** (BFH v. 11.4.2019, VI R 36/16, BStBl II 2019, 543, → *Hafenarbeiter* Rz. 2464) und **Flughäfen** (BFH v. 11.4.2019, VI R 40/16, BStBl II 2019, 546 betr. eine Flugzeugführerin (s. hierzu auch → Rz. 3613) und BFH v. 11.4.2019, VI R 12/17, BStBl II 2019, 551 betr. eine Luftsicherheitskontrollkraft) ist diese Frage offen geblieben, weil die jeweiligen Tätigkeitsstätten nach der vorrangig vorzunehmenden Prüfung bereits als „erste Tätigkeitsstätten" anzusehen waren. In seinem jüngsten Urteil stellt er jedoch klar, dass ein Tätigwerden in einem weiträumigen Tätigkeitsgebiet nur vorliegt, wenn der Arbeitnehmer die vertraglich vereinbarte Arbeitsleistung auf einer festgelegten Fläche und nicht innerhalb einer (gesamten) ortsfesten betrieblichen Einrichtung des Arbeitgebers, eines verbundenen Unternehmens (§ 15 AktG) oder bei einem vom Arbeitgeber bestimmten Dritten auszuüben hat (BFH v. 15.2.2023, VI R 4/21, BStBl II 2023, 829).

Allerdings ist vom BFH noch die Frage zu beantworten, in welcher Höhe die Fahrkosten von (selbständig tätigen) Lotsen anzusetzen sind. Anhängig ist ein Verfahren mit der Rechtsfrage: *„Stellt der Lotsbezirk in einem Hafen eine großräumige Betriebsstätte dar, weil alle Fahrstrecken in einem durch normative Regelungen begrenzten Einzugsbereich umfasst sind und eine Lotsenstation als ortsfeste Einrichtung vorliegt?"* (FG Niedersachsen v. 22.5.2024, 8 K 74/22, Revision eingelegt, Az. beim BFH: VIII R 13/24).

8. Auswärtstätigkeit

a) Begriff

Eine **auswärtige berufliche Tätigkeit (kurz: Auswärtstätigkeit)** 3630 liegt vor, wenn der Arbeitnehmer außerhalb seiner Wohnung und ersten Tätigkeitsstätte beruflich tätig wird (§ 9 Abs. 4a Satz 1 EStG). Weitere Voraussetzung für die steuerliche Berücksichtigung von Aufwendungen für Auswärtstätigkeiten LStR ist jedoch, dass die **Auswärtstätigkeit so gut wie ausschließlich beruflich veranlasst** ist. Eine beruflich veranlasste Auswärtstätigkeit ist auch der **Vorstellungsbesuch eines Stellenbewerbers** (R 9.4 Satz 2 LStR).

b) Berufliche Gründe

3631 Berufliche Gründe für eine Auswärtstätigkeit liegen vor, wenn ihr (offensichtlich) ein **unmittelbarer konkreter beruflicher Anlass** zu Grunde liegt und die Reise im betrieblichen Interesse erfolgt, wie z.B.

- der **Besuch eines Kunden** zur Vornahme von Geschäftsabschlüssen, Verhandlungen mit Geschäftspartnern des Arbeitgebers, Beratungsleistungen, Lieferungsbetreuung usw.,
- **Besuch einer Fachmesse**,
- **Halten eines Vortrags** auf einer Fortbildungsveranstaltung,
- die Durchführung einer **Auslandsreise als Dienstaufgabe** eines Lehrers oder eines Forschungsauftrags,

und die **Verfolgung privater Reiseinteressen nicht den Schwerpunkt der Reise bildet** (BMF v. 6.7.2010, IV C 3 – S 2227/07/10003 :002, BStBl I 2010, 614 sowie zuletzt BFH v. 19.1.2017, VI R 37/15, BStBl II 2017, 526 betr. Werbungskostenabzug bei Nutzung eines selbst gesteuerten Privatflugzeugs für beruflich veranlasste Reisen).

Diese Voraussetzung wird meist erfüllt sein, wenn der Arbeitnehmer auf Grund einer **Weisung seines Arbeitgebers** einen beruflichen Termin wahrnimmt und dieser die Reisekosten ersetzt (vgl. BFH v. 21.9.2009, GrS 1/06, BStBl II 2010, 672: volle Abzugsfähigkeit der Kosten für Hin- und Rückreise auch dann, wenn der Arbeitnehmer den beruflichen Pflichttermin mit einem vorangehenden oder nachfolgenden Privataufenthalt verbindet). Liegt einer Auswärtstätigkeit ein unmittelbarer beruflicher Anlass zu Grunde (z.B. Geschäftsabschluss, Dienstleistungen usw.), ist auch dann kein Arbeitslohn anzunehmen, wenn die Reise mit angenehmen Begleitumständen für den Arbeitnehmer verbunden ist oder seinen persönlichen Bildungshorizont erweitert (BFH v. 14.9.2005, VI R 69/03).

Aber nicht jede auf Weisung des Arbeitgebers unternommene Reise muss beruflich veranlasst sein. Gegen eine berufliche Veranlassung können in Einzelfällen u.a. die Art der Reise und das Reiseziel sprechen (BFH v. 22.1.1993, VI R 64/91, BStBl II 1993, 612 und v. 16.4.1993, VI R 6/89, BStBl II 1993, 640). Dies gilt insbesondere für Reisen von Arbeitnehmern im Zusammenhang mit VIP-Maßnahmen des Arbeitgebers (OFD Düsseldorf v. 10.11.2003, S 2144 A – St 11, DB 2003, 2521) sowie Studienreisen in das Ausland, wenn diese mit einem Privataufenthalt verbunden werden oder der Ehegatte mitgenommen wird. Auch die in verschiedenen Landesgesetzen (z.B. § 66 Abs. 1 des Hessischen Lehrerbildungsgesetzes – HLbG) verankerte Pflicht für Lehrkräfte zum Erhalt und zur Weiterentwicklung der berufsbezogenen Grundqualifikation durch Fortbildungsmaßnahmen reicht allein nicht aus, Aufwendungen für Fortbildungsmaßnahmen als Werbungskosten anzuerkennen.

Für eine private Mitveranlassung kann auch sprechen, wenn der Arbeitgeber weder **Sonderurlaub noch Dienstbefreiung** gewährt hat. Andererseits reicht die Gewährung von Sonderurlaub oder Dienstbefreiung allein nicht aus, die berufliche Veranlassung einer Auslandsreise anzuerkennen (zuletzt BFH v. 13.4.2005, VI B 197/04).

Ersetzt der Arbeitgeber die Reisekosten nicht oder zahlt er nur einen geringen Zuschuss, kann dies ebenfalls darauf hindeuten, dass die Reise nicht im ausschließlichen dienstlichen/betrieblichen Interesse des Arbeitgebers gelegen hat. Grds. kann ein in privaten Diensten stehender Arbeitnehmer die von ihm verausgabten, durch das Arbeitsverhältnis bedingten Fahrtkosten auch dann als Werbungskosten geltend machen, wenn er gegen seinen Arbeitgeber einen Anspruch auf Ersatz der Kosten hat, dieser aber nicht geltend gemacht wird (zuletzt BFH v. 19.1.2017, VI R 37/15, BStBl II 2017, 526 betr. Werbungskostenabzug bei Nutzung eines selbst gesteuerten Privatflugzeugs für beruflich veranlasste Reisen). Dies gilt besonders dann, wenn – wie z.B. im öffentlichen Dienst – **lediglich entsprechende Haushaltsmittel fehlten** (vgl. zuletzt BFH v. 27.8.2002, VI R 22/01, BStBl II 2003, 369 betr. Auslandsreise eines Hochschulmitarbeiters).

Eine berufliche Veranlassung ist dagegen regelmäßig **nicht** gegeben bei der Teilnahme an **gesellschaftlichen Veranstaltungen** des Berufsverbands, des Wirtschaftsverbands, des Fachverbands oder einer Gewerkschaft, auch wenn die Veranstaltung im Zusammenhang mit einer rein fachlichen Veranstaltung steht und der Teilnahme eine Weisung des Arbeitgebers zu Grunde liegt (vgl. BFH v. 25.3.1993, VI R 14/90, BStBl II 1993, 559 betr. eine von einer Gewerkschaft veranstaltete Studienreise, bei der der Schwerpunkt allgemein touristischen Zwecken diente).

c) Auswärtstätigkeiten mit Entlohnungscharakter

Tritt die berufliche Veranlassung einer Reise in den Hintergrund, d.h. 3632
ist die Berufsausübung nur Vorwand für eine ggf. mehrtägige „Reise" der Arbeitnehmer, so gehören alle vom Arbeitgeber getragenen Aufwendungen zum steuerpflichtigen Arbeitslohn. Bei der Versteuerung kann ggf. § 37b EStG bzw. § 40 Abs. 2 EStG Anwendung finden, wenn es sich dabei um eine Betriebsveranstaltung handelt.

> **Beispiel:**
> Eine Baukolonne der Firma X hat durch ihren Einsatz bei der Erstellung eines Großprojekts dafür gesorgt, dass die Baumaßnahme fristgerecht abgeschlossen werden konnte. Die Firma X lädt die Mitarbeiter auf ihre Kosten zu einer einwöchigen Mallorca-Reise nach Arenal ein. Ein Vormittag in dieser Woche wird dazu genutzt, die Großbaustelle einer anderen Baufirma in Palma zu besichtigen.
> Es unterliegt keinem Zweifel, dass im vorliegenden Fall der Wert der Reise zu steuerpflichtigem Arbeitslohn der Mitarbeiter führt.

Bei einer insgesamt als privat zu würdigenden Reise sind jedoch Aufwendungen, die ausschließlich beruflich veranlasst und von den übrigen Kosten eindeutig abgrenzbar sind, nicht als Arbeitslohn zu erfassen. Hierzu gehören insbesondere Kursgebühren, Eintrittsgelder, Raummieten, Fahrtkosten, zusätzliche Unterbringungskosten und Mehraufwendungen für Verpflegung (BFH v. 21.9.2009, GrS 1/06, BStBl II 2010, 672). Im o.g. Beispiel sind daher die auf die Betriebsbesichtigung entfallenden Aufwendungen nicht als steuerpflichtiger Arbeitslohn anzusehen.

d) Private Mitveranlassung

Nach der BFH-Rechtsprechung sind Auslandsreisen, denen of- 3633
fensichtlich ein unmittelbarer betrieblicher (beruflicher) Anlass zu Grunde liegt (wie z.B. das Aufsuchen eines Geschäftsfreundes, das Halten eines Fachvortrags auf einem Fachkongress oder die Durchführung eines Forschungsauftrags) anders zu beurteilen als Auslandsreisen, denen ein solch konkreter Bezug zur betrieblichen (beruflichen) Tätigkeit fehlt und bei denen häufig auch private Interessen eine Rolle spielen (s. dazu BMF v. 6.7.2010, IV C 3 – S 2227/07/10003 :002, BStBl I 2010, 614). Letzteres trifft insbesondere bei sog. **Kongressreisen und Reisen zu Informationszwecken sowie zu Sprachkursen im Ausland** zu (zuletzt BFH v. 9.1.2013, VI B 133/12, betr. Teilnahme einer Exportsachbearbeiterin an einem Sprachkurs in spanischer Sprache in Südamerika – Abzug der hälftigen Kosten zugelassen).

Zu der Frage, wie in diesen Fällen die Kosten steuerlich zu behandeln sind, s.

- zur Versteuerung als **Arbeitslohn** → Rz. 3637
- und zum **Werbungskostenabzug** → Rz. 3641.

Im Einzelfall können **private Gründe die beruflichen Gründe** für eine Auswärtstätigkeit – insbesondere bei Auslandsreisen – **„überlagern"**. So kann das **Halten eines Fachvortrags** je nach Art der beruflichen Tätigkeit zwar ein Indiz für den unmittelbaren beruflichen Anlass einer Reise sein; dieser Schluss ist aber nicht zwingend, d.h. in jedem Fall gerechtfertigt (BFH v. 18.7.1997, VI R 10/97, betr. einen wissenschaftlichen Mitarbeiter einer Universität, der einen Fachkongress in London besucht und dort einen 30-minütigen Fachvortrag gehalten hat). Vgl. zu dieser Frage bereits BFH v. 23.1.1997, IV R 39/96, BStBl II 1997, 357, in dem der Betriebsausgabenabzug für die Reise eines syrischen Zahnarztes zu einem Kongress nach Damaskus trotz Haltens eines Fachvortrags abgelehnt worden war.

Nach der BFH-Rechtsprechung darf es jedoch **nicht mehr als Indiz für eine private Mitveranlassung gewertet** werden, wenn eine Fortbildungsveranstaltung (z.B. eine Mitarbeitertagung, ein Sprachkurs oder ein Fachkongress) nicht im Inland, sondern im **Ausland stattfindet**. Andererseits darf bei Sprachreisen der touristische Wert des Aufenthalts am Kursort nicht unbeachtet bleiben, so dass die Kosten im Allgemeinen nicht in vollem Umfang als Werbungskosten berücksichtigt werden können (zuletzt BFH v. 9.1.2013, VI B 133/12, betr. Teilnahme einer Exportsachbearbeiterin an einem Sprachkurs in spanischer Sprache in Südamerika – Abzug der hälftigen Kosten zugelassen).

Nimmt ein Stpfl. ohne unmittelbaren beruflichen Anlass an einer **Kreuzfahrt** teil, ist immer von einer gewichtigen privaten Mitveranlassung auszugehen. Die Aufwendungen können in diesem Fall nicht als Betriebsausgaben oder Werbungskosten abgezogen werden (BFH v. 11.11.1998, IV B 135/97).

9. Verbindung mit Privataufenthalt

a) Unmittelbarer Anlass bei „echten" Auswärtstätigkeiten

3634 Liegt der Auswärtstätigkeit des Arbeitnehmers – anders als z.B. bei einer Gruppeninformations- oder Studienreise – offensichtlich ein **unmittelbarer betrieblicher Anlass** zu Grunde, z.B. wenn der Arbeitnehmer auf Grund einer Weisung seines Arbeitgebers einen beruflichen Termin wahrnimmt oder einer Dienstpflicht nachkommt, so ist die **Auswärtstätigkeit selbst dann beruflich veranlasst, wenn der Arbeitnehmer den beruflichen Pflichttermin mit einem vorangehenden oder nachfolgenden Privataufenthalt verbindet** (BMF v. 6.7.2010, IV C 3 – S 2227/07/10003 :002, BStBl I 2010, 614 und zuletzt FG Münster v. 14.5.2019, 2 K 2355/18 E, EFG 2019, 1525 betr. Reisekosten eines Steuerberaters zu internationalen Fachtagungen, bei denen er die Reisen, auf denen ihn seine Ehefrau begleitete, über die Veranstaltungsdauer hinaus verlängerte). Dabei kommt es nicht notwendigerweise darauf an, ob der private Teil der Reise kürzer oder länger ist als der berufliche Teil. Auch die Kosten der Hin- und Rückreise sind dann in vollem Umfang als Werbungskosten abzugsfähig bzw. können vom Arbeitgeber nach § 3 Nr. 16 EStG steuerfrei ersetzt werden, nicht dagegen die Aufwendungen für rein privat veranlasste Mehrkosten (z.B. Hotelkosten für einen an die Auswärtstätigkeit anschließenden Erholungsurlaub).

Ein **voller Abzug** der beruflich veranlassten Reisekosten kommt in Betracht, wenn

- **der Reise – wie oben dargelegt – ein unmittelbarer beruflicher Anlass zu Grunde liegt**

Beispiel 1:

Verkaufsleiter A fliegt zu Verkaufsverhandlungen nach New York (Montag bis Donnerstag). Da er noch nie in den USA war, verbringt er das Wochenende noch in New York und fliegt erst am Montag wieder zurück.

Es handelt sich um eine Auswärtstätigkeit (Dienstreise) aus einem unmittelbaren beruflichen Anlass, so dass die Flugkosten trotz des privaten Wochenendaufenthalts als Werbungskosten berücksichtigt bzw. vom Arbeitgeber steuerfrei ersetzt werden können (vgl. BMF v. 6.7.2010, IV C 3 – S 2227/07/10003 :002, BStBl I 2010, 614 Tz. 15 Beispiel 3).

Nicht abzugsfähig sind dagegen die Hotelkosten sowie Verpflegungsmehraufwendungen während des Wochenendaufenthalts.

- oder wenn insbesondere bei Studienreisen die **berufliche Veranlassung nach dem Anlass der Reise, dem vorgesehenen Programm und der tatsächlichen Durchführung bei Weitem überwiegt** und die Befriedigung privater Interessen, wie z.B. Erholung, Bildung und Erweiterung des allgemeinen Gesichtskreises, nicht ins Gewicht fällt und nur von untergeordneter Bedeutung ist. **Der private Anteil darf nicht mehr als 10 % betragen**, wobei es sich jedoch nicht um eine starre Grenze handelt.

Beispiel 2:

Ein Apotheker nahm am Apothekerkongress in Meran teil.

Der BFH hat die Aufwendungen in vollem Umfang als Werbungskosten anerkannt, weil der Privatanteil (Teilnahme an zwei privaten Exkursionen) im Verhältnis zum gesamten Ablauf der Reise von untergeordneter Bedeutung war (BFH v. 22.7.2008, VI R 2/07).

Weitere Einzelheiten zu Kongressreisen und Reisen zu Informationszwecken (Studienreisen usw.) sowie zu Sprachkursen im Ausland s.

- zur Versteuerung als **Arbeitslohn** → Rz. 3637
- und zum **Werbungskostenabzug** → Rz. 3641.

b) Mittelbarer Anlass bei Gruppeninformations- oder Studienreisen

3635 Nach der BFH-Rechtsprechung sind Auslandsreisen, denen offensichtlich ein unmittelbarer betrieblicher (beruflicher) Anlass zu Grunde liegt (s.o.), anders zu beurteilen als Auslandsreisen, denen ein solch konkreter Bezug zur betrieblichen (beruflichen) Tätigkeit fehlt und bei denen häufig auch private Interessen eine Rolle spielen. Letzteres trifft insbesondere bei sog. Kongressreisen, Studienreisen (d.h. Reisen zu Informationszwecken) sowie Sprachkursen im Ausland zu (vgl. BFH v. 9.1.2013, VI B 133/12, betr. Teilnahme einer Exportsachbearbeiterin an einem Sprachkurs in spanischer Sprache in Südamerika – Abzug der hälftigen Kosten zugelassen).

Weitere Einzelheiten zu Kongressreisen, Studienreisen (Reisen zu Informationszwecken) und Sprachkursen im Ausland s.

- zur Versteuerung als **Arbeitslohn** → Rz. 3637
- und zum **Werbungskostenabzug** → Rz. 3641.

10. Private Unterbrechungen

Bei einer Unterbrechung der Auswärtstätigkeit aus privaten Gründen kommt es darauf an, ob die fortgesetzte Fahrt ihrem **Charakter nach noch eine Auswärtstätigkeit** ist. 3636

Beispiel 1:

Zu Beginn einer Dienstreise macht A einen kurzen Abstecher, um sein Kind in den Kinderhort zu bringen. Auf diesem Umweg erleidet er einen Unfall.

Die Unfallkosten sind privat veranlasst und können somit vom Arbeitgeber nicht als Reisekosten steuerfrei erstattet werden (BFH v. 13.3.1996, VI R 103/95, BStBl II 1996, 375). Die Fahrtkosten (einschließlich Unfallkosten) gehören auch nicht zu den – unter bestimmten weiteren Voraussetzungen (→ *Betreuungskosten* Rz. 1403) – als Sonderausgaben abzugsfähigen Kinderbetreuungskosten, die allerdings ebenfalls nicht vom Arbeitgeber steuerfrei ersetzt werden könnten (R 19.3 Abs. 3 Satz 1 LStR).

Entsprechendes gilt für kurze Abstecher zu einem Supermarkt, selbst wenn dort Getränke (Kaffee usw.) zum Verzehr am Arbeitsplatz eingekauft werden sollten (BFH v. 12.1.1996, VI R 69/95), oder zum Besuch des Weihnachtsmarkts (vgl. BFH v. 18.4.2007, XI R 60/04, BStBl II 2007, 762).

Beispiel 2:

A unterbricht die Rückfahrt von einem Kundenbesuch (Dienstreise), um den Zahnarzt aufzusuchen (Dauer: eine Stunde). Auf dem Weg zwischen Zahnarzt und Wohnung erleidet er einen Unfall.

Die Unfallkosten können vom Arbeitgeber als Reisekosten steuerfrei ersetzt werden. Durch die kurze Unterbrechung hat sich der Charakter der Fahrt als „Dienstreise" noch nicht verändert (vgl. FG Münster v. 28.11.1983, VII 6725/82 E, EFG 1984, 340).

Beispiel 3:

Sachverhalt wie oben, A unterbricht jedoch die Heimfahrt, um in der Firmenmannschaft Fußball zu spielen. Auf der nächtlichen Heimfahrt erleidet er einen Unfall.

Hier hat sich der Charakter der Heimfahrt als berufliche Fahrt verändert, es handelt sich um die Rückfahrt von einer privaten Veranstaltung. Eine Aufteilung in einen beruflichen und einen privaten Teil ist nicht möglich. Ersetzt der Arbeitgeber die Unfallkosten, handelt es sich um steuerpflichtigen Arbeitslohn (vgl. FG Berlin v. 19.3.1987, I 113/85, EFG 1987, 400).

11. Arbeitslohn bei Auslandsreisen

a) Allgemeines

Ersetzt der Arbeitgeber einem Arbeitnehmer die Kosten einer Auswärtstätigkeit, so handelt es sich grds. um nach § 3 Nr. 16 EStG **steuerfreien Arbeitslohn** (→ *Reisekosten: Erstattungen* Rz. 3661). Dass sich bei jeder Auswärtstätigkeit – dies mag besonders für Auslandsreisen gelten – auch der persönliche Bildungshorizont des Arbeitnehmers erweitert, ist unerheblich (zuletzt BFH v. 14.9.2005, VI R 69/03, betr. eine ganz überwiegend berufsbezogene Fortbildungsreise). 3637

Probleme gibt es in der Praxis aber immer wieder bei Auswärtstätigkeiten, die mehr oder weniger **private Anteile** enthalten: Der BFH geht in seiner **neueren Rechtsprechung** (BFH v. 18.8.2005, VI R 32/03, BStBl II 2006, 30; BFH v. 30.4.2009, VI R 55/07, BStBl II 2009, 726 sowie → *Incentive-Reisen* Rz. 2579), davon aus, dass – ebenso wie bei den Werbungskosten – auch für den Arbeitslohn das Veranlassungsprinzip maßgeblich ist. Die Zuwendung einer Reise kann sich im Einzelfall als **geldwerter Vorteil** (= Arbeitslohn) oder als **notwendige Begleiterscheinung betriebsfunktionaler Zielsetzungen des Arbeitgebers** erweisen (= kein Arbeitslohn). Ob das eine oder das andere zutrifft, hängt von den gesamten Umständen des Einzelfalls ab. Dabei sind zu unterscheiden

- **einheitlich zu beurteilende Reisen** und
- **gemischt veranlasste Reisen**.

Arbeitslohn kann im Übrigen auch vorliegen, wenn die **Reisekosten von dritter Stelle getragen** werden.

Beispiel:

A ist Geschäftsführer einer GmbH. Auf Einladung der Firma B, mit der die GmbH Geschäftsbeziehungen unterhält, fährt A zu einer dreitägigen Messe in die USA, die Kosten werden von der Firma B getragen. Die Messe ist mit einem umfangreichen Beiprogramm verbunden.

Es handelt sich um steuerpflichtigen Arbeitslohn von dritter Seite (FG Rheinland-Pfalz v. 13.5.1998, 1 K 2058/97). Ein Lohnsteuerabzug ist insoweit nicht vorzunehmen, A muss den geldwerten Vorteil in seiner Einkommensteuererklärung angeben.

Sachzuwendungen an Arbeitnehmer anlässlich einer **zweitägigen Reise**, die sowohl eine **Betriebsveranstaltung** als auch eine aus ganz überwiegend eigenbetrieblichen Interessen durchgeführte **Betriebsbesichtigung** bei einem Hauptkunden des Arbeitgebers umfasst, sind grds. **aufzuteilen.** Die Aufwendungen des Arbeitgebers für eine derartige Reise sind insgesamt **kein Arbeitslohn,** wenn die dem Betriebsveranstaltungsteil zuzurechnenden anteiligen Kosten die für Zuwendungen bei Betriebsveranstaltungen maßgebliche Freigrenze nicht übersteigen. Die dem Betriebsbesichtigungsteil zuzurechnenden anteiligen Kosten stellen ebenfalls keinen Arbeitslohn dar, wenn die Besichtigung im ganz überwiegend eigenbetrieblichen Interesse durchgeführt wird und damit keinen Entlohnungscharakter hat (BFH v. 16.11.2005, VI R 118/01, BStBl II 2006, 444; BFH v. 30.4.2009, VI R 55/07, BStBl II 2009, 726).

b) Einheitlich zu beurteilende Reisen

3638 Für diese Reisen gilt die bisherige BFH-Rechtsprechung weiter, dass die vom Arbeitgeber übernommenen Kosten **entweder in voller Höhe oder gar nicht Arbeitslohn** darstellen:

- **Arbeitslohn ist anzunehmen**, wenn die Würdigung aller Umstände des Einzelfalls ergibt, dass die Reise ausschließlich oder ganz überwiegend der Entlohnung des Reiseteilnehmers dient.

  Hierunter fallen u.E. in erster Linie als Belohnung ausgestaltete **Incentive-Reisen** (→ *Incentive-Reisen* Rz. 2579) sowie **Gruppeninformations- und Studienreisen**, die insgesamt als private Ferienreise zu behandeln sind und bei denen eine Aufteilung in einen beruflichen und einen privaten Anteil nicht möglich erscheint (vgl. zuletzt BFH v. 5.2.2010, IV B 57/09, m.w.N., betr. eine sog. Fachstudienreise nach Vietnam und Singapur).

  Beispiel 1:

  A ist als Landrat zugleich Verwaltungsratsvorsitzender des regionalen Rechenzentrums. Er hat an einer vom Verwaltungsrat des Rechenzentrums veranstalteten Informationsreise nach Skandinavien teilgenommen, bei der auch touristisch interessante Sehenswürdigkeiten besichtigt wurden. Außerdem hatten etliche Teilnehmer keine Kenntnisse im EDV-Bereich (also keine „homogene Gruppe").

  Da die Voraussetzungen für die steuerliche Anerkennung nicht vorliegen, hat A den geldwerten Vorteil als Arbeitslohn zu versteuern (FG Baden-Württemberg v. 28.4.1998, 7 K 121/97, EFG 1998, 1125).

  Bei einer insgesamt als privat zu würdigenden Reise sind jedoch Aufwendungen, die ausschließlich beruflich veranlasst und von den übrigen **Kosten eindeutig abgrenzbar** sind, **nicht als Arbeitslohn** zu erfassen. Hierzu gehören insbesondere Kursgebühren, Eintrittsgelder, Fahrtkosten, zusätzliche Unterbringungskosten und Mehraufwendungen für Verpflegung.

- **Arbeitslohn ist dagegen nicht anzunehmen**, wenn sich die Reise nahezu ausschließlich als notwendige Begleiterscheinung betriebsfunktionaler Zielsetzung erweist, z.B. bei Vornahme von Geschäftsabschlüssen, Verhandlungen mit Geschäftspartnern des Arbeitgebers, Beratungsleistungen, Lieferungsbetreuung usw. Dies gilt auch, wenn die Reise für den Arbeitnehmer mit angenehmen Begleitumständen verbunden ist (vgl. BFH v. 9.3.2010, VIII R 32/07, HFR 2010, 819 betr. Teilnahme an Auslandsreisen des Ministerpräsidenten als Mitglied einer Wirtschaftsdelegation und Teilnahme am Weltwirtschaftsforum in Davos).

  Beispiel 2:

  B wird von seiner Firma (Automobilwerk) für 3 Monate nach Detroit (USA) entsandt, um im dortigen Werk ein neues Modell einzuführen. An den Wochenenden erholt er sich an den Großen Seen.

  Auch wenn B anlässlich seiner Dienstreise touristisch interessante Gegenden kennen lernt und damit gleichzeitig seinen persönlichen Bildungshorizont erweitert, ist kein Arbeitslohn anzunehmen (vgl. BFH v. 14.9.2005, VI R 69/03).

c) Gemischt veranlasste Reisen

Anders als die vorgenannten grds. einheitlich zu beurteilenden 3639
Reisen kann eine Reise aber auch **gemischt veranlasst** sein. Das ist dann der Fall, wenn die Reise

- sowohl Elemente beinhaltet, bei denen die **betriebliche Zielsetzung** des Arbeitgebers ganz im Vordergrund steht,
- als auch Bestandteile umfasst, deren Zuwendung sich als **geldwerter Vorteil** darstellt.

In diesen Fällen ist nach der (geänderten) **BFH-Rechtsprechung** (BFH v. 18.8.2005, VI R 32/03, BStBl II 2006, 30 und zuletzt BFH v. 30.4.2009, VI R 55/07, BStBl II 2009, 726 betr. eine Betriebsversammlung auf einem Ausflugsschiff) grds. eine **Aufteilung** nach objektiven Gesichtspunkten vorzunehmen. Der Aufteilung einer gemischt veranlassten Reise steht i.d.R. weder das Fehlen eines geeigneten Aufteilungsmaßstabs noch der Umstand entgegen, dass Reiseteile mit bzw. ohne Vorteilscharakter zeitlich und organisatorisch aufeinander aufbauen, denn gerade wenn eine genaue und eindeutige Ermittlung oder Berechnung der Besteuerungsgrundlagen nicht möglich ist, sind sie zu **schätzen** (§ 162 AO 1977).

Aufwendungen für die Hin- und Rückreise bei gemischt beruflich und privat veranlassten Reisen können grds. nach Maßgabe der beruflich und privat veranlassten Zeitanteile der Reise aufgeteilt werden, wenn die beruflich veranlassten Zeitanteile feststehen und nicht von untergeordneter Bedeutung sind (BFH v. 21.9.2009, GrS 1/06, BStBl II 2010, 672 i.V.m. BMF v. 6.7.2010, IV C 3 – S 2227/07/10003 :002, BStBl I 2010, 614).

Beispiel 1:

Arbeitnehmer A nimmt an einer 8-tägigen Informationsreise des Fachverbandes des Arbeitgebers in die USA teil. Anschließend verbringt er einen 3-wöchigen Urlaub in Kalifornien.

Die beruflich veranlassten Kosten der Informationsreise für Unterkunft und Verpflegung können vom Arbeitgeber steuerfrei ersetzt werden. Die Flugkosten sind dagegen zeitanteilig aufzuteilen.

Beispiel 2:

Arbeitgeber B trägt für die erfolgreichsten Mitarbeiter die Kosten für eine Reise nach Japan. I.R. dieser Veranstaltung werden in erster Linie bekannte Sehenswürdigkeiten besucht. Aber auch einige Betriebe, die dem des Arbeitgebers B entsprechen, werden besichtigt.

Die Reise ist weitaus überwiegend privat bedingt. Die von B übernommenen Kosten stellen daher Arbeitslohn der Arbeitnehmer dar. Zwar wird durch die Besichtigung der Betriebe u.U. auch der Beruf der Arbeitnehmer gefördert, dadurch ändert sich jedoch der Charakter der Reise nicht.

Soweit im Einzelfall Aufwendungen i.R. einer – privat durchgeführten – Studien- oder einer Urlaubsreise ausschließlich beruflich veranlasst sind, können diese vom Arbeitgeber steuerfrei ersetzt werden.

Beispiel 3:

Arbeitnehmer C verbringt seinen Jahresurlaub am Starnberger See. Sein Arbeitgeber beauftragt ihn, während dieser Zeit Verkaufsverhandlungen mit einem Kunden in München zu führen. C fährt daher an einem Tag vom Starnberger See nach München und kehrt noch am selben Tag an seinen Urlaubsort zurück.

Die Reise an den Starnberger See ist eindeutig eine private Urlaubsreise. Dagegen ist die Fahrt vom Starnberger See nach München und zurück ausschließlich beruflich veranlasst. Der Arbeitgeber kann daher die Kosten für die Fahrt vom Starnberger See nach München und zurück sowie etwaige Mehraufwendungen für Verpflegung für diesen Tag steuerfrei ersetzen.

Trägt ein Stpfl. vor, er habe auf einer gemischt veranlassten Reise **krankheitsbedingt** an den Programmpunkten mit Incentive-Charakter nicht teilgenommen, sind an die Darlegung und den Nachweis grds. strenge Anforderungen zu stellen (BFH v. 18.8.2005, VI R 7/03).

d) Aufteilung

3640 Für die Aufteilung gilt Folgendes:

- **Direkte Zuordnung abgrenzbarer Kosten**

  Ist eine Reise nach den vorgenannten Grundsätzen gemischt veranlasst, sind für die Aufteilung zunächst die Kostenbestandteile der Reise zu trennen, die sich leicht und eindeutig dem betriebsfunktionalen Bereich und dem Bereich, dessen Zuwendung sich als geldwerter Vorteil darstellt, zuordnen lassen. Die **Kosten rein betriebsfunktionaler Reise-Bestandteile** (z.B. für die Zurverfügungstellung von **Tagungsräumen** nebst Ausstattung, Tagungsunterlagen und Referenten) sind von vornherein **kein steuerpflichtiger Arbeitslohn**.

  Auf der anderen Seite sind die Kosten solcher Reise-Bestandteile vollumfänglich als **Arbeitslohn** zu erfassen, die sich – isoliert betrachtet – als geldwerter Vorteil erweisen. Hierzu gehören z.B. die Kosten für das **touristische Programm**, Ausflüge, das Spiel- und Sportprogramm sowie gemeinsame Feiern und Unterhaltung.

- **Schätzungsweise Aufteilung**

  Die Kosten, die sich nicht den vorgenannten Bereichen zuordnen lassen, sind grds. im Wege sachgerechter Schätzung (§ 162 AO) aufzuteilen:

  Hierbei handelt es sich insbesondere um die **Kosten für die Beförderung** (Flug- bzw. Fahrtkosten, Transfers), die **Hotelunterbringung, die Verpflegung** sowie weitere, nicht direkt zuzuordnende Kosten der Reise (z.B. für Vorreisen, Kommunikation und Versand, allgemeine Betreuung, Organisation).

  Als sachgerechter **Aufteilungsmaßstab ist grds. das Verhältnis der Zeitanteile** heranzuziehen, in dem die Reise-Bestandteile mit Vorteilscharakter zu den aus betriebsfunktionalen Gründen durchgeführten Reise-Bestandteilen stehen. Gegebenenfalls kann eine Aufteilung zu je 50 % vorgenommen werden.

  Für die vom Arbeitgeber getragenen **Verpflegungskosten** sind die gesetzlichen Verpflegungspauschalen zu beachten, die nach dem o.g. Aufteilungsmaßstab aufzuteilen sind (ggf. 50 %). Wenn der Arbeitgeber die tatsächlichen Verpflegungskosten erstattet (z.B. bei Hotelaufenthalt mit Vollpension), stellt der darüber hinausgehende Teilbetrag immer steuerpflichtigen Arbeitslohn dar.

Beispiel:

Firma A hat von Mittwoch bis Sonntag eine **Jahrestagung ihrer Außendienste in einem Hotel in Portugal veranstaltet**. Das Programm enthielt zahlreiche Fachvorträge, aber auch Stadtbesichtigungen sowie Sport- und Spielprogramme.

Der BFH hat mit Urteil v. 18.8.2005, VI R 32/03, BStBl II 2006, 30 entschieden, dass es sich um eine **gemischt veranlasste Reise** handelt und deshalb folgende **Aufteilung** vorzunehmen ist:

- Soweit die vom Arbeitgeber getragenen Kosten u.a. die Zurverfügungstellung der **Tagungsräume** betreffen, ist **kein Arbeitslohn** anzunehmen.
- Dagegen sind die **Ausflüge** sowie das **Sport- und Unterhaltungsprogramm** insgesamt als **Arbeitslohn** zu erfassen.
- Die **verbleibenden Kosten** (insbesondere für Hin- und Rückflug, Hotel, Verpflegung) sind **50 : 50 aufzuteilen**.

Für den steuerfreien Ersatz von Verpflegungsmehraufwendungen sind dabei die – entsprechend aufzuteilenden – **gesetzlichen Verpflegungspauschalen zu beachten**, d.h. für Portugal 36 € (Abwesenheit mindestens 24 Stunden). Auf den beruflichen Anteil entfallen somit 18 €. Trägt der Arbeitgeber die gesamten Verpflegungskosten (etwa beim Hotelaufenthalt mit „all inclusive"), stellt der Differenzbetrag immer steuerpflichtigen Arbeitslohn dar.

12. Werbungskosten

a) Allgemeines

3641 Soweit der Arbeitgeber die Kosten für Auswärtstätigkeiten nicht nach § 3 Nr. 13 EStG (öffentlicher Dienst) oder § 3 Nr. 16 EStG („private Arbeitgeber") steuerfrei ersetzt, kann sie der Arbeitnehmer als **Werbungskosten absetzen**.

Wie auf der Arbeitslohnseite gibt es in der Praxis aber immer wieder Probleme v.a. bei **Auslandsreisen (insbesondere bei sog. Kongressreisen sowie Sprachkursen im Ausland oder Gruppeninformations- und Studienreisen)**, die sowohl dem beruflichen Bereich als auch der privaten Lebensführung zugehören können. In Abkehr von der früheren BFH-Rechtsprechung sind nach dem **Beschluss des Großen Senats des BFH** (BFH v. 21.9.2009, GrS 1/06, BStBl II 2010, 672), der insbesondere **nicht mehr an dem früheren sog. Aufteilungs- und Abzugsverbot des** § 12 Nr. 1 Satz 2 EStG **festhält, Reisen nicht mehr in jedem Falle insgesamt als Einheit zu beurteilen**. Vielmehr können unterschiedliche Reiseabschnitte unterschiedlich beruflich oder privat veranlasst und die Aufwendungen hierfür entsprechend aufzuteilen sein.

Als sachgerechter **Aufteilungsmaßstab** kommt in derartigen Fällen das **Verhältnis der beruflichen und privaten Zeitanteile der Reise** in Betracht. Das unterschiedliche Gewicht der verschiedenen Veranlassungsbeiträge kann es jedoch im Einzelfall erfordern, einen anderen Aufteilungsmaßstab heranzuziehen oder von einer Aufteilung ganz abzusehen (zuletzt BFH v. 19.1.2012, VI R 3/11, BStBl II 2012, 416); s. zur Anwendung der neuen Rechtsprechung auch BMF v. 6.7.2010, IV C 3 – S 2227/07/10003 :002, BStBl I 2010, 614.

An den von der BFH-Rechtsprechung (BFH v. 27.11.1978, GrS 8/77, BStBl II 1979, 213 und zuletzt v. 19.1.2012, VI R 3/11, BStBl II 2012, 416) für **Auslandsgruppenreisen entwickelten Abgrenzungsmerkmalen** hält der Große Senat grds. fest. Allerdings vermögen die Indizien keine Gesamtwürdigung im Einzelfall zu ersetzen, sie dürfen nicht schematisch geprüft und wie rechtliche Tatbestandsmerkmale verselbständigt werden. Auch stehen sie einer Aufteilung der Kosten nach den beruflichen und privaten Zeitanteilen der Reise nicht entgegen.

Für die steuerliche Beurteilung gibt es nach der geänderten BFH-Rechtsprechung drei Möglichkeiten:

b) Voller Abzug der Kosten

Ein voller Abzug der beruflich veranlassten Reisekosten kommt in Betracht, wenn 3642

- **der Reise ein unmittelbarer beruflicher Anlass zu Grunde liegt**, weil der Stpfl. z.B. auf Grund einer Weisung seines Arbeitgebers einen beruflichen Termin wahrnimmt oder einer Dienstpflicht nachkommt (→ Rz. 3634). Die Kosten der Hin- und Rückreise können auch dann in vollem Umfang beruflich veranlasst sein, wenn der Stpfl. den beruflichen Pflichttermin mit einem vorangehenden oder nachfolgenden Privataufenthalt verbindet. Dabei kommt es nicht notwendig darauf an, ob der private Teil der Reise kürzer oder länger ist als der berufliche Teil (BFH v. 21.9.2009, GrS 1/06, BStBl II 2010, 672 sowie BMF v. 6.7.2010, IV C 3 – S 2227/07/10003 :002, BStBl I 2010, 614).

  Nicht abzugsfähig sind lediglich die Aufwendungen, die auf den Privataufenthalt entfallen (insbesondere Hotelkosten).

  Beispiel 1:

  Verkaufsleiter A fliegt zu Verkaufsverhandlungen nach New York (Montag bis Donnerstag). Da er noch nie in den USA war, verbringt er das Wochenende noch in New York und fliegt erst am Montag wieder zurück.

  Es handelt sich um eine Auswärtstätigkeit (Dienstreise) aus einem unmittelbaren beruflichen Anlass, so dass die Flugkosten trotz des privaten Wochenendaufenthalts als Werbungskosten berücksichtigt bzw. vom Arbeitgeber steuerfrei ersetzt werden können (vgl. BMF v. 6.7.2010, IV C 3 – S 2227/07/10003 :002, BStBl I 2010, 614 Tz. 15 Beispiel 3).

  Nicht abzugsfähig sind dagegen die Hotelkosten sowie Verpflegungsmehraufwendungen während des Wochenendaufenthalts.

- **oder wenn insbesondere bei Studienreisen die berufliche Veranlassung nach dem Anlass der Reise, dem vorgesehenen Programm und der tatsächlichen Durchführung bei Weitem überwiegt** und die Befriedigung privater Interessen, wie z.B. Erholung, Bildung und Erweiterung des allgemeinen Gesichtskreises, nicht ins Gewicht fällt und nur von untergeordneter Bedeutung ist. Der private Anteil darf nicht mehr als 10 % betragen, wobei es sich jedoch nicht um eine starre Grenze handelt.

  Beispiel 2:

  Ein Apotheker nahm am Apothekerkongress in Meran teil.

  Der BFH hat die Aufwendungen in vollem Umfang als Werbungskosten anerkannt, weil der Privatanteil (Teilnahme an zwei privaten Exkursionen) im Verhältnis zum gesamten Ablauf der Reise von untergeordneter Bedeutung war (BFH v. 22.7.2008, VI R 2/07).

c) Teilweiser Abzug der Kosten

3643 In Abkehr von der bisherigen BFH-Rechtsprechung sind nach dem **Beschluss des Großen Senats des BFH** (BFH v. 21.9.2009, GrS 1/06, BStBl II 2010, 672), der insbesondere **nicht mehr an dem früheren sog. Aufteilungs- und Abzugsverbot festhält, Reisen nicht mehr in jedem Falle insgesamt als Einheit zu beurteilen**. Vielmehr können unterschiedliche Reiseabschnitte unterschiedlich beruflich oder privat veranlasst und die Aufwendungen hierfür entsprechend aufzuteilen sein.

Sind die Aufwendungen sowohl durch betriebliche/berufliche als auch private Gründe von jeweils nicht untergeordneter Bedeutung veranlasst, ist nach Möglichkeit eine **Aufteilung der Aufwendungen nach Veranlassungsbeiträgen** vorzunehmen (vgl. zuletzt BFH v. 19.1.2012, VI R 3/11, BStBl II 2012, 416). Es ist ein geeigneter, den Verhältnissen im Einzelfall gerecht werdender Aufteilungsmaßstab zu finden. Der Maßstab muss nach objektivierbaren – d.h. nach außen hin erkennbaren und nachvollziehbaren – Kriterien ermittelt und hinsichtlich des ihm zu Grunde liegenden Veranlassungsbeitrags dokumentiert werden. Als sachgerechter Aufteilungsmaßstab kommt bei Reisen das **Verhältnis der beruflichen und privaten Zeitanteile der Reise** in Betracht. Das unterschiedliche Gewicht der verschiedenen Veranlassungsbeiträge kann es jedoch im Einzelfall erfordern, einen anderen Aufteilungsmaßstab heranzuziehen oder von einer Aufteilung abzusehen (vgl. BMF v. 6.7.2010, IV C 3 – S 2227/07/10003 :002, BStBl I 2010, 614).

Beispiel 1:

A hat an einer Konferenz in den USA teilgenommen, Aufenthaltsdauer 7 Tage, von denen 4 Tage auf die Konferenz entfielen.

Das Finanzamt hat die Kosten insgesamt nicht anerkannt, weil die Reise nicht zu mindestens 90 % beruflich veranlasst war. Der BFH hat dagegen eine Aufteilung zugelassen und neben den vollen Konferenzkosten die Kosten für 4 Übernachtungen, Verpflegungsmehraufwendungen für 5 Tage und 4/7 der Flugkosten als Werbungskosten anerkannt (BFH v. 21.9.2009, GrS 1/06, BStBl II 2010, 672).

Beispiel 2:

Ein niedergelassener Arzt besucht einen Fachkongress in London. Er reist Samstagfrüh an. Die Veranstaltung findet ganztägig von Dienstag bis Donnerstag statt. Am Sonntagabend reist er nach Hause zurück.

Da Reisen nach dem Beschluss des Großen Senats des BFH entgegen der bisherigen Rechtsprechung nicht mehr in jedem Fall als Einheit zu betrachten sind, sind die Kosten für zwei Übernachtungen (von Dienstag bis Donnerstag) sowie die Kongressgebühren ausschließlich dem betrieblichen Bereich zuzuordnen und daher vollständig als Betriebsausgaben abziehbar. Die Flugkosten sind gemischt veranlasst und entsprechend den Veranlassungsbeiträgen aufzuteilen. Sachgerechter Aufteilungsmaßstab ist das Verhältnis der betrieblichen und privaten Zeitanteile der Reise (betrieblich veranlasst sind 3/9). Ein Abzug der Verpflegungskosten als Betriebsausgaben ist nur in Höhe der Pauschbeträge für Verpflegungsmehraufwendungen für die betrieblich veranlassten Tage zulässig (BMF v. 6.7.2010, IV C 3 – S 2227/07/10003 :002, BStBl I 2010, 614 Tz. 15).

Bestehen keine Zweifel daran, dass ein nach objektivierbaren Kriterien abgrenzbarer Teil der Aufwendungen betrieblich/beruflich veranlasst ist, bereitet seine Quantifizierung aber Schwierigkeiten, so ist dieser Anteil unter Berücksichtigung aller maßgeblichen Umstände zu **schätzen** (§ 162 AO). Ist also zweifelsfrei ein betrieblicher/beruflicher Kostenanteil entstanden, kann aber dessen jeweiliger Umfang mangels geeigneter Unterlagen nicht belegt werden, ist wie bisher eine Schätzung geboten (BMF v. 6.7.2010, IV C 3 – S 2227/07/10003 :002, BStBl I 2010, 614).

Eine „willkürliche Schätzung" ist jedoch nicht möglich:

Beispiel 3:

A, Steuerberater, nahm an der Reise eines Mandanten nach Hongkong und Bangkok teil, um diesen bei Geschäftsabschlüssen beraten zu können. Den konkreten Reiseverlauf konnte A jedoch nicht angeben. Das FG hielt es dennoch für glaubhaft, **dass die Reisetage zumindest zur Hälfte mit beruflichen Tätigkeiten ausgefüllt** waren und hat deshalb die Hälfte der Reisekosten als Betriebsausgaben anerkannt.

Der BFH hat das Urteil des FG aufgehoben und die Sache zur erneuten Verhandlung und Entscheidung an das FG zurückverwiesen. Das FG habe verkannt, dass vor einer Schätzung anhand objektiver Umstände festgestellt werden muss, ob die Reise zumindest z.T. beruflich veranlasst war; ggf. müssten hierzu die anderen Reiseteilnehmer befragt werden. Eine willkürliche Schätzung des beruflichen Anteils sei nicht zulässig (BFH v. 1.6.2010, VIII R 80/05).

d) Kein Abzug der Kosten

Ein Abzug der Reisekosten kommt dagegen insgesamt nicht in Betracht, wenn 3644

- die berufliche Mitveranlassung unbedeutend ist oder
- die – für sich gesehen jeweils nicht unbedeutenden – beruflichen und privaten Veranlassungsbeiträge (z.B. bei einer beruflich/privaten Doppelmotivation für eine Reise) so ineinander greifen, dass eine **Trennung nicht möglich ist, es also an objektivierbaren Kriterien für eine Aufteilung fehlt.**

Beispiel 1:

Ein Steuerberater nimmt an einer von der örtlichen Sparkasse veranstalteten „Fachstudienreise" nach Vietnam und Singapur mit Inhabern und Geschäftsführern regionaler Unternehmen teil, um auf dieser Reise Mandanten zu gewinnen.

Der BFH hat dennoch die Reisekosten insgesamt steuerlich nicht anerkannt, weil die Reise überwiegend privat veranlasst war. Das betriebliche Interesse, sich zu repräsentieren und neue Mandanten zu werben, sei hiervon nicht trennbar. Eine zeitliche Aufteilung der Aufwendungen wurde abgelehnt, weil kein Zeitabschnitt der Reise nur diesem Zweck gedient hat (BFH v. 5.2.2010, IV B 57/09).

Beispiel 2:

B erzielte als Lehrer Einkünfte aus nichtselbständiger Arbeit sowie aus anderweitiger unterrichtender Tätigkeit und als Autor von Lehrbüchern für die kaufmännische Ausbildung Einkünfte aus selbständiger Arbeit. Er hat beantragt, bei seinen Einkünften aus selbständiger Arbeit Aufwendungen für Reisen zu einem angemieteten Ferienhaus in Italien sowie zu einem seiner Ehefrau gehörenden Ferienhaus in Spanien als Betriebsausgaben abzuziehen. Begründung: Er habe diese Reisen für zwei bis drei Wochen in den jeweiligen Sommerferien unternommen, um an den Ferienorten ausschließlich die von ihm verfassten Lehrbücher zu überarbeiten. Die weiteren (privaten) Familienurlaube mit den beiden gemeinsamen Kindern habe er mit seiner Frau jeweils in den Oster- und Herbstferien unternommen.

Der BFH hat den Abzug mangels Trennbarkeit der privaten und beruflichen Anteile der Reise einerseits und wegen nicht völlig untergeordneter Bedeutung des privaten Anteils andererseits abgelehnt (BFH v. 7.5.2013, VIII R 51/10, BStBl II 2013, 808). Der BFH weist zur Begründung u.a. darauf hin, dass bei Auslandsreisen besonders sorgfältig abzuwägen ist, ob für die Größe des Betriebs und für die Art seiner Betätigung eine Auslandsreise überhaupt betrieblich veranlasst sein kann. Dies sei insbesondere dann fraglich, wenn die Aufwendungen für die Reise im Verhältnis zur Größe und Bedeutung des Betriebs und auch im Hinblick auf die Reisedauer unangemessen erscheinen.

Beispiel 3:

Ein Geschäftsführer unternimmt mit seiner Familie während seines Jahresurlaubs eine dreiwöchige Rundreise in die USA, um (auch) sein berufliches Informationsbedürfnis über internationale Mitbewerber zu stillen.

Das FG München hat den Werbungskostenabzug insgesamt abgelehnt, weil abgrenzbare berufliche Aufwendungen nicht entstanden sind (FG München v. 1.4.2015, 2 K 488/13).

Wird ein Sachverhalt insgesamt als privat veranlasst gewürdigt und werden die Aufwendungen dementsprechend steuerlich nicht berücksichtigt, so können **zusätzliche ausschließlich betrieblich/beruflich veranlasste Aufwendungen für sich genommen als Betriebsausgaben oder Werbungskosten abzuziehen** sein.

Beispiel 4:

Ein Stpfl. nimmt während seiner 14-tägigen Urlaubsreise an einem eintägigen Fachseminar teil.

Die Aufwendungen für die Urlaubsreise sind nicht abziehbar. Die Aufwendungen, die unmittelbar mit dem Fachseminar zusammenhängen (Seminargebühren, Fahrtkosten vom Urlaubsort zum Tagungsort, ggf. Pauschbetrag für Verpflegungsmehraufwendungen), sind als Betriebsausgaben/Werbungskosten abziehbar (BMF v. 6.7.2010, IV C 3 – S 2227/07/10003 :002, BStBl I 2010, 614 Tz. 11).

e) Angemessenheitsprüfung

Ungeachtet der Frage, ob und inwieweit Reisekosten nach den vorstehenden Grundsätzen des § 12 Nr. 1 EStG (sog. Aufteilungs- und Abzugsverbot) ganz oder teilweise als Werbungskosten abzugsfähig sind, kann – auch wenn es für den Werbungskostenabzug grds. kein „Kargheitsgebot" gibt – im Einzelfall eine Kürzung auf die „angemessenen Kosten" in Betracht kommen. Denn nach 3645

§ 4 Abs. 5 Satz 1 Nr. 7 EStG, der über § 9 Abs. 5 Satz 1 EStG auch für Arbeitnehmer gilt, sind Werbungskosten, die die Lebensführung des Arbeitnehmers oder anderer Personen berühren, **insoweit nicht abziehbar, als sie nach der allgemeinen Verkehrsauffassung als unangemessen anzusehen** sind. Nach R 9.1 Abs. 1 Satz 3 LStR betrifft dieses Abzugsverbot aber nur seltene Ausnahmefälle; die Werbungskosten müssen erhebliches Gewicht haben und die Grenze der Angemessenheit erheblich überschreiten, wie z.B. Aufwendungen für die **Nutzung eines Privatflugzeugs zu einer Auswärtstätigkeit**. Der BFH hat diese Auffassung bestätigt (BFH v. 19.1.2017, VI R 37/15, BStBl II 2017, 526).

Beispiel:

A, GmbH-Geschäftsführer, war Eigentümer eines auf dem Flughafen B stationierten, einmotorigen Privatflugzeugs, das er auf Grund eines ihm erteilten Flugscheins selbst steuern durfte. Sein Privatflugzeug nutzte A im Streitjahr für 111 Flugstunden. Davon entfielen 29,59 Flugstunden auf Flüge zur Wahrnehmung beruflich veranlasster Auswärtstermine. Die Flugkosten von ca. 17 000 € machte A als Werbungskosten geltend.

Der BFH hat dem FG aufgegeben zu prüfen, ob der Kläger mit der Benutzung des Privatflugzeugs für seine Dienstreisen einen unangemessenen beruflichen Aufwand i.S.d. § 4 Abs. 5 Satz 1 Nr. 7 EStG i.V.m. § 9 Abs. 5 Satz 1 EStG betrieben hat und ggf. den angemessenen Teil der Werbungskosten zu ermitteln. Dabei kann es sich anbieten, den angemessenen Teil der Reisekosten unter Rückgriff auf durchschnittliche Reisekosten einschließlich Nebenkosten (z.B. Flug- oder Bahnkosten; Kosten für Anreise zum Flughafen oder Bahnhof; Taxen und Parkgebühren) zu schätzen (BFH v. 19.1.2017, VI R 37/15, BStBl II 2017, 526).

f) Sprachkurse

aa) Allgemeines

3646 **Kursgebühren** zum Erwerb von Kenntnissen in einer Fremdsprache sind als Werbungskosten abziehbar, wenn ein konkreter Zusammenhang mit der Berufstätigkeit besteht. Ob dies zutrifft, ist durch Würdigung aller Umstände des Einzelfalls zu beurteilen.

Bei einem Fortbildungslehrgang zum Erwerb oder zur Vertiefung von Fremdsprachenkenntnissen, der nicht am Wohnort des Stpfl. oder in dessen Nähe stattfindet (**auswärtiger Sprachkurs**), ist i.R. einer Gesamtwürdigung weiter zu bestimmen, ob neben den reinen Kursgebühren auch die Aufwendungen für die mit dem Sprachkurs verbundene **Reise beruflich veranlasst** und demzufolge als Werbungskosten abziehbar sind. Der **vollständige Abzug** auch dieser Aufwendungen setzt voraus, dass die Reise ausschließlich oder nahezu ausschließlich der beruflichen Sphäre zuzuordnen ist. Das ist bei auswärtigen Sprachlehrgängen ebenso wie bei sonstigen Reisen v.a. dann der Fall, wenn ihnen offensichtlich ein **unmittelbarer beruflicher Anlass zu Grunde liegt und die Verfolgung privater Reiseinteressen nicht den Schwerpunkt bildet**.

Liegt der Reise **kein unmittelbarer beruflicher Anlass** zu Grunde, sind nach den Grundsätzen, die der Große Senat des BFH in seinem Beschluss (BFH v. 21.9.2009, GrS 1/06, BStBl II 2010, 672), aufgestellt hat, die mit dem Sprachkurs verbundenen **Reisekosten aufzuteilen**, sofern der erwerbsbezogene Anteil nicht von untergeordneter Bedeutung ist (zuletzt BFH v. 9.1.2013, VI B 133/12, betr. Teilnahme einer Exportsachbearbeiterin an einem Sprachkurs in spanischer Sprache in Südamerika – Abzug der hälftigen Kosten zugelassen).

Im Fall der **Aufteilung** der mit dem Sprachkurs verbundenen Reisekosten ist nach der BFH-Rechtsprechung Folgendes zu beachten:

- Als sachgerechter Aufteilungsmaßstab für doppelmotivierte Kosten einer Reise kommt grds. das **Verhältnis der beruflichen und privaten Zeitanteile** der Reise in Betracht. Dieser Maßstab hat jedoch zur Voraussetzung, dass die maßstabsbildenden, unterschiedlich eindeutig zuzuordnenden Veranlassungsbeiträge **nacheinander verwirklicht** werden. Unterschiedliche Veranlassungsbeiträge, die **gleichzeitig verwirklicht** werden, können auch nach einem **anderen als dem zeitlichen Aufteilungsmaßstab aufzuteilen** sein.
- Bei der Aufteilung ist einerseits zu berücksichtigen, dass eine Sprache in dem Land, in dem sie – gegebenenfalls neben anderen – gesprochen wird, **im Allgemeinen effizienter als im Inland zu erlernen sein** wird. Das gilt insbesondere, wenn sich der Stpfl. mit den Besonderheiten der Fremdsprache, der landesüblichen Aussprache und Betonung vertraut machen will. Es darf zudem nicht darauf abgestellt werden, dass ein Besuch von Sprachkursen im Inland den gleichen Erfolg hätte haben können. Gleiches gilt auch für die Tatsache, dass ein Auslandsaufenthalt erhöhte Kosten verursachen kann.
- **Andererseits darf bei Sprachreisen der touristische Wert des Aufenthalts am Kursort nicht unbeachtet bleiben**. Anders als bei sonstigen der Fortbildung dienenden Reisen besteht bei Sprachreisen für die Wahl des auswärtigen Kursorts regelmäßig keine unmittelbare berufliche Veranlassung. Deshalb wird die Ortswahl in diesen Fällen auch von privaten, i.d.R. touristischen Interessen des Stpfl. bestimmt sein. Daher kann auch bei einem Intensivsprachkurs, der dem Stpfl. unter der Woche wenig Zeit für touristische Aktivitäten belässt und diese deshalb im Wesentlichen auf das Wochenende beschränkt sind, eine Aufteilung der mit dem auswärtigen Aufenthalt verbundenen Kosten gerechtfertigt sein.
- Sollte keiner – weder der Stpfl. noch das Finanzamt – einen anderen Aufteilungsmaßstab substantiell vortragen und nachweisen können, so bestehen nach Auffassung des BFH keine Bedenken, von einer **hälftigen Aufteilung sämtlicher mit der Reise verbundenen Kosten auszugehen.**

Zur Abzugsfähigkeit von Aufwendungen für Sprachkurse als Betriebsausgaben oder Werbungskosten liegt eine **umfangreiche Rechtsprechung** vor. Soweit der BFH in seiner bisherigen Rechtsprechung

- den **Abzug zugelassen** hat, weil die Aufwendungen so gut wie ausschließlich beruflich veranlasst waren (Privatanteil weniger als 10 %), können diese Urteile weiter angewendet werden,
- den **Abzug nicht zugelassen** hat, ist zu prüfen, ob künftig eine Aufteilung der Kosten nach beruflichen bzw. privaten Veranlassungsbeiträgen (d.h. bei Reisen regelmäßig eine Aufteilung nach Zeitanteilen) in Betracht kommt (BMF v. 6.7.2010, IV C 3 – S 2227/07/10003 :002, BStBl I 2010, 614 Tz. 15).

Beispiel:

Ein Englischlehrer hat zusammen mit anderen Englischlehrern an einer einwöchigen Fortbildungsreise nach Dublin teilgenommen. Finanzamt und FG haben den Abzug der Aufwendungen im Hinblick auf das Aufteilungs- und Abzugsverbot des § 12 Nr. 1 Satz 2 EStG abgelehnt.

Der BFH hat das Urteil des FG aufgehoben und die Sache zur erneuten Verhandlung und Entscheidung an das FG zurückverwiesen. Das FG müsse nach den Grundsätzen der geänderten Rechtsprechung prüfen, ob die beruflichen und privaten Veranlassungsbeiträge für die Teilnahme an der Reise nach objektiven Kriterien abgrenzbar sind und demgemäß zumindest ein teilweiser Abzug der Reisekosten als Werbungskosten in Betracht kommt (BFH v. 21.4.2010, VI R 5/07, BStBl II 2010, 687).

Nicht als Betriebsausgaben/Werbungskosten abzugsfähig sind Aufwendungen eines in Deutschland lebenden Ausländers für das **Erlernen der deutschen Sprache**, auch wenn sie beruflich mitveranlasst sind (BMF v. 6.7.2010, IV C 3 – S 2227/07/10003 :002, BStBl I 2010, 614 Tz. 19 sowie zuletzt FG Hamburg v. 16.8.2017, 2 K 129/16, EFG 2017, 1787 m.w.N.).

Dem stehen BMF v. 4.7.2017, IV C 5 – S 2332/09/10005, BStBl I 2017, 882 betr. Lohnsteuerliche Behandlung von Deutschkursen für Flüchtlinge sowie H 19.7 „Deutschkurse“ LStH nicht entgegen, da es nur die **„Arbeitslohnseite“** betrifft, bei der das Aufteilungs- und Abzugsverbot des § 12 Nr. 1 EStG nicht zu beachten ist.

bb) Weitere Rechtsprechungsnachweise

In voller Höhe anerkannt (der private Anteil lag unter 10 %) hat der BFH den Werbungskostenabzug zuletzt für Aufwendungen (insoweit kann die ältere BFH-Rechtsprechung im Zweifelsfall weiter angewendet werden) 3647

- einer **Berufsschullehrerin** für einen **Sprachkurs in England**, weil dieser der Vorbereitung auf eine Prüfung diente (BFH v. 19.12.2005, VI R 65/04, HFR 2006, 566);
- eines **Wirtschaftsingenieurs** für einen **Sprachlehrgang „English for Business“** in England (BFH v. 10.4.2008, VI R 13/07).

Teilweise anerkannt (ggf. muss der genaue berufliche Anteil noch vom FG ermittelt werden) hat der BFH den Werbungskostenabzug zuletzt für Aufwendungen

- einer **Englischlehrerin** für eine einwöchige Fortbildungsreise nach Dublin (BFH v. 21.4.2010, VI R 5/07, BStBl II 2010, 687);
- eines **Bundeswehroffiziers** für einen Englischsprachkurs in Südafrika (BFH v. 24.2.2011, VI R 12/10, BStBl II 2011, 796);

- einer **Exportsachbearbeiterin** für einen Sprachkurs in spanischer Sprache in Südamerika (BFH v. 9.1.2013, VI B 133/12).

Insgesamt abgelehnt (eine Aufteilung der Reisekosten war offensichtlich nicht möglich, so dass nach BMF v. 6.7.2010, IV C 3 – S 2227/07/10003 :002, BStBl I 2010, 614 Tz. 18 die bisherige BFH-Rechtsprechung im Zweifelsfall weiter anzuwenden ist) hat der BFH den Werbungskostenabzug zuletzt für Aufwendungen

- des **Schulleiters** eines Berufsschulzentrums für die Teilnahme an einem nicht straff organisierten **Sprachprogramm in England** (BFH v. 16.1.2007, VI B 35/06);
- eines **Bundeswehroffiziers** für einen **Englischkurs in Südafrika** (BFH v. 15.3.2007, VI R 61/04).

g) Gruppeninformations- und Studienreisen, Kongresse

aa) Allgemeines

3648 Nach der BFH-Rechtsprechung sind Auslandsreisen, denen offensichtlich ein unmittelbarer betrieblicher (beruflicher) Anlass zu Grunde liegt (wie z.B. das Aufsuchen eines Geschäftsfreundes, das Halten eines Fachvortrags auf einem Fachkongress oder die Durchführung eines Forschungsauftrags), **anders zu beurteilen als Auslandsreisen, denen ein solch konkreter Bezug zur betrieblichen (beruflichen) Tätigkeit fehlt und bei denen häufig auch private Interessen eine Rolle spielen**. Letzteres trifft insbesondere bei sog. Kongressreisen und Reisen zu Informationszwecken sowie zu Sprachkursen im Ausland zu (zuletzt BFH v. 9.1.2013, VI B 133/12, betr. Teilnahme einer Exportsachbearbeiterin an einem Sprachkurs in spanischer Sprache in Südamerika – Abzug der hälftigen Kosten zugelassen). Bei solchen Auslandsaufenthalten müssen die Beurteilungsmerkmale, die jeweils für eine private oder betriebliche (berufliche) Veranlassung der Reise sprechen, gegeneinander abgewogen werden. Eine unbedeutende private Mitveranlassung steht dem vollständigen Abzug von Betriebsausgaben oder Werbungskosten nicht entgegen.

Auch nach der neuen BFH-Rechtsprechung ist wie bisher eine **Würdigung der Gesamtumstände des Einzelfalls** vorzunehmen; die Indizien, die für eine private bzw. berufliche Motivation der Reise sprechen, sind gegeneinander abzuwägen (zuletzt BFH v. 19.1.2012, VI R 3/11, BStBl II 2012, 416 m.w.N. betr. Teilnahme einer Lehrerin an Auslandsgruppenreisen).

Für betriebs- bzw. berufsbedingte Aufwendungen können z.B. folgende Merkmale sprechen:

- homogener Teilnehmerkreis,
- straffe und lehrgangsmäßige Organisation der Reise,
- Reiseprogramm, das auf die betrieblichen bzw. beruflichen Bedürfnisse und Gegebenheiten der Teilnehmer zugeschnitten ist,
- bei Arbeitnehmern ggf. Freistellung von der Arbeit (Sonderurlaub, Dienstbefreiung) oder teilweise Zuschüsse durch den Arbeitgeber.

Gegen betriebs- bzw. berufsbedingte Aufwendungen können z.B. folgende Merkmale sprechen:

- der Besuch bevorzugter Ziele des Tourismus,
- häufiger Ortswechsel,
- bei kürzeren Veranstaltungen die Einbeziehung vieler Sonn- und Feiertage, die zur freien Verfügung stehen,
- die Mitnahme des Ehegatten oder anderer naher Angehöriger,
- die Reise in den heimischen Kulturkreis,
- entspannende oder kostspielige Beförderung, z.B. Schiffsreise.

Allerdings weist der BFH (BFH v. 21.9.2009, GrS 1/06, BStBl II 2010, 672) darauf hin, dass in Abkehr von der bisherigen Rechtsprechung **Reisen nicht mehr in jedem Falle insgesamt als Einheit zu beurteilen** sind. Vielmehr können unterschiedliche Reiseabschnitte unterschiedlich beruflich oder privat veranlasst und die Aufwendungen hierfür entsprechend aufzuteilen sein. Eine solche Aufteilung kommt aber nur in Betracht, soweit die – für sich gesehen jeweils nicht unbedeutenden – beruflichen und privaten Veranlassungsbeiträge (z.B. bei einer beruflichen/privaten Doppelmotivation für eine Reise) voneinander abgrenzbar sind.

Bei einer **gemischt veranlassten Reise** sind, sofern es sich nicht um eine Pauschalreise handelt, zunächst die Kostenbestandteile zu trennen, die sich leicht und eindeutig dem beruflichen und privaten Bereich zuordnen lassen. Für die Aufwendungen, die sowohl den beruflichen als auch den privaten Reiseteil betreffen (z.B. Kosten für die Beförderung, die Hotelunterbringung und Verpflegung), kann als sachgerechter Aufteilungsmaßstab das Verhältnis der beruflich und privat veranlassten **Zeitanteile** herangezogen werden. Bei der Bemessung der Zeitanteile sind **An- und/oder Abreisetag** nur dann zu berücksichtigen, wenn diese Tage zumindest teilweise für touristische bzw. berufliche Unternehmungen zur Verfügung standen. Ansonsten sind diese Tage bei der Aufteilung als neutral zu behandeln (BFH v. 21.4.2010, VI R 5/07, BStBl II 2010, 687 betr. Teilnahme einer Englischlehrerin an einer Auslandsgruppenreise). Bei der **Aufteilung von Flugkosten** anhand des Verhältnisses der betrieblichen/beruflichen und privaten Zeitanteile einer Reise kann bei einer sachgerechten Schätzung eine besonders lange An- und Abreisedauer nicht unberücksichtigt bleiben. An- und Abreisetage, die wegen der langen Reisedauer quasi nur zum Reisen genutzt werden können, sind nicht dem privaten Reiseanteil zuzurechnen, sondern als **neutral** zu werten (FG Münster v. 14.5.2019, 2 K 2355/18 E, EFG 2019, 1525 betr. Aufwendungen für Auslandsreisen zu beruflichen Veranstaltungen eines Steuerberaters).

Greifen dagegen in anderen Fällen bei einer Auslandsgruppenreise die – jeweils für sich gesehen – nicht unbedeutenden beruflichen und privaten **Veranlassungsbeiträge so ineinander, dass eine Trennung nicht möglich** ist, fehlt es also an objektivierbaren Kriterien für eine Aufteilung, kommt ein Betriebsausgaben- oder **Werbungskostenabzug auch weiterhin in vollem Umfang nicht in Betracht**. Aufwendungen für die üblichen Auslandsgruppenreisen, wie sie auch Privatpersonen angeboten werden, sind daher im Allgemeinen insgesamt nicht abzugsfähig.

Beispiel:

Eine Englischlehrerin nimmt zusammen mit anderen Englischlehrern in den Osterferien an einer einwöchigen Fortbildungsreise in die Neuenglandstaaten der USA (Boston – New York – Philadelphia – Washington, D.C.) teil.

Das FG Münster hat den Abzug der Reisekosten insgesamt abgelehnt, weil die Reise üblichen touristischen Reisen entsprach. Eine Aufteilung der Reiseabschnitte nach beruflichen bzw. privaten Veranlassungsbeiträgen – und damit ein teilweiser Abzug der Reisekosten – war nach dem Ablauf der Reise nicht möglich (FG Münster v. 27.8.2010, 4 K 3175/08 E, EFG 2010, 2094).

In der Praxis ist häufig streitig, ob das Finanzamt zur Prüfung des Merkmals **„Homogenität des Teilnehmerkreises“** von den Stpfl. ein Verzeichnis mit den Namen und Anschriften der übrigen Reiseteilnehmer anfordern darf oder ob diesem Verlangen der **Datenschutz** entgegensteht. Die obersten Finanzbehörden halten die Anforderung von **Teilnehmerverzeichnissen** – auch gegenüber Dritten (das kann z.B. der Reiseveranstalter sein) – nach § 93 AO im Einzelfall für zulässig und zwingend erforderlich, um das o.g. Merkmal prüfen zu können. Zulässig seien auch **Mitteilungen an die Wohnsitzfinanzämter** der anderen Reiseteilnehmer, damit diese ggf. ebenfalls den Werbungskostenabzug ablehnen (OFD Hannover v. 3.2.1999, S 2227 – 10 – StO 242, DB 1999, 408). Zweifelsfrei ist die Auffassung der Finanzverwaltung sicher nicht: So hat z.B. das FG Düsseldorf die Rechtmäßigkeit eines an die Industrie- und Handelskammer gerichteten Auskunftsersuchens abgelehnt (FG Düsseldorf v. 15.1.1997, 13 K 350/90 AO, EFG 1997, 582).

Die o.g. Grundsätze gelten auch für sog. **Kongressreisen**: Aufwendungen für Fachkongresse können als Werbungskosten abziehbar sein, wenn ein **konkreter Zusammenhang mit der Berufstätigkeit besteht**. Dies ist i.R. einer Gesamtwürdigung aller Umstände des Einzelfalls zu bestimmen, zu berücksichtigen sind u.a. Anlass der Reise, die Programme, die tatsächliche Durchführung sowie der Teilnehmerkreis (homogene Zusammensetzung). Zum Nachweis der tatsächlichen Teilnahme an den Veranstaltungen bedarf es **nicht in jedem Fall eines Anwesenheitstestats**, wenn sie anderweitig glaubhaft ist (zuletzt BFH v. 22.7.2008, VI R 2/07, betr. einen Apothekerkongress in Meran). Auch die Nichtteilnahme an einzelnen Veranstaltungen ist im Hinblick „auf die Begrenztheit der geistigen Aufnahmefähigkeit des Menschen unschädlich“ (BFH v. 11.1.2007, VI R 8/05, BStBl II 2007, 457 betr. einen Ärztekongress in St. Anton am Arlberg).

bb) Weitere Rechtsprechungsnachweise

3649 **In voller Höhe anerkannt** (der private Anteil lag unter 10 %) hat der BFH den Werbungskostenabzug zuletzt für Aufwendungen (insoweit kann die ältere BFH-Rechtsprechung im Zweifelsfall weiter angewendet werden)

- eines **Oberarztes** für die Teilnahme an einem Fachkongress in St. Anton am Arlberg (BFH v. 11.1.2007, VI R 8/05, BStBl II 2007, 457);
- eines **Pharmazeuten** für die Teilnahme an einem Fortbildungskongress für praktische und wissenschaftliche Pharmazie der Bundesapothekerkammer in Meran (BFH v. 22.7.2008, VI R 2/07);
- eines **Pfarrers** anlässlich einer Pilgerwallfahrt nach Rom und einer Tertiatskursfahrt nach Jordanien, sofern die weiteren Ermittlungen des Finanzgerichts ergeben, dass die Teilnahme an diesen Reisen zu seinen dienstlichen Aufgaben gehörte (BFH v. 9.12.2010, VI R 42/09, BStBl II 2011, 522).

Teilweise anerkannt (ggf. muss der genaue berufliche Anteil noch vom FG ermittelt werden) hat der BFH den Werbungskostenabzug zuletzt für Aufwendungen

- eines **„EDV-Controllers“** für den Besuch einer Computer-Messe in Las Vegas mit anschließendem Kurzurlaub (BFH v. 21.9.2009, GrS 1/06, BStBl II 2010, 672);
- eines **Unfallarztes** für die Teilnahme an einem Fortbildungskurs zur Erlangung der Zusatzbezeichnung „Sportmedizin“ (BFH v. v. 21.4.2010, VI R 66/04, BStBl II 2010, 685);
- einer **Englischlehrerin** für eine einwöchige Fortbildungsreise nach Dublin (BFH v. 21.4.2010, VI R 5/07, BStBl II 2010, 687);
- eines **Unternehmers** für die Teilnahme an sog. Delegationsreisen hochgestellter Politiker und an einer Jahrestagung Weltwirtschaftsforum in Davos (BFH v. 9.3.2010, VIII R 32/07, HFR 2010, 819);
- eines **Steuerberaters** nebst Ehefrau für eine Reise nach Hongkong und Bangkok auf Wunsch eines Mandanten, um ihn bei Vertragsverhandlungen beraten zu können; der berufliche Anteil konnte bisher nicht genau beziffert werden, eine willkürliche Schätzung hat der BFH abgelehnt (BFH v. 1.6.2010, VIII R 80/05);
- einer **Romanschreiberin** für Reisen u.a. nach Neuseeland, um dort für ihr Buch zu recherchieren (BFH v. 24.8.2012, III B 21/12).

Insgesamt abgelehnt (eine Aufteilung der Reisekosten war nicht möglich) hat der BFH den Werbungskostenabzug zuletzt für Aufwendungen

- des **Gesellschafters einer Steuerberater- bzw. Rechtsanwalts-Sozietät** für die Teilnahme an einer „Fachstudienreise“ nach Vietnam und Singapur, weil – auch wenn auf dieser Reise Geschäfte angebahnt und Mandanten geworben werden sollten – kein Zeitabschnitt ausschließlich beruflichen Zwecken zugeordnet werden konnte (BFH v. 5.2.2010, IV B 57/09);
- eines **Unternehmers** in die Türkei zur „Erschließung neuer Märkte“ (BFH v. 23.3.2011, X R 44/09, HFR 2011, 944);
- einer **Lehrerin** für Auslandsgruppenreisen nach China und Paris, weil kein unmittelbarer beruflicher Anlass für die Reisen vorlag. Auch wenn eine Reise von einem Fachverband angeboten und beworben, dann jedoch im Wesentlichen durch einen kommerziellen Reiseveranstalter durchgeführt wird, so wird ein Werbungskostenabzug regelmäßig ausscheiden, wenn die Reise nach Programm und Ablauf einer allgemeinbildenden Studienreise entspricht (BFH v. 19.1.2012, VI R 3/11, BStBl II 2012, 416).

Unter welchen Voraussetzungen **Aufwendungen für Gruppeninformations- und Studienreisen als Betriebsausgaben oder Werbungskosten** abgesetzt werden können, ist in R 12.2 EStR (z. Zt. unbesetzt) und H 12.2 EStH ausführlich dargestellt. S. ferner OFD Frankfurt v. 13.4.2012, S 2227 A – 3 – St 217, betr. einkommensteuerliche Behandlung der Aufwendungen für Studienreisen und Fachkongresse.

13. Mitnahme des Ehegatten

In der Praxis kommt es besonders bei Reisen von **Arbeitnehmern in leitender Funktion** vor, dass sie auf einer Auswärtstätigkeit von ihrem Ehegatten oder auch von Familienangehörigen begleitet werden, möglicherweise, weil die Mitnahme von Geschäftspartnern oder Kollegen erwartet wird oder weil die Angehörigen fremde Städte kennen lernen wollen. Dies gilt besonders für sog. **Kongress- und Studienreisen** ins Ausland. 3650

Steuerlich ist wie folgt zu differenzieren:

a) Unmittelbarer beruflicher Anlass

Liegt der Auswärtstätigkeit ein **unmittelbarer beruflicher Anlass zu Grunde** (z.B. Fahrt zu Kunden oder Lieferanten, Besuch einer Messe oder einer Fachtagung), ist die Mitnahme von Familienangehörigen für die steuerliche Behandlung der Aufwendungen beim Arbeitnehmer selbst „unschädlich“ (zuletzt FG Münster v. 14.5.2019, 2 K 2355/18 E, EFG 2019, 1525 betr. Mitnahme der Ehefrau eines Steuerberaters zu internationalen Fachtagungen im Ausland). Der Arbeitnehmer kann nicht steuerfrei erstattete Kosten als Werbungskosten absetzen. Insbesondere führt die Mitnahme des Ehegatten oder Lebensgefährten nicht zu einer geringeren Berücksichtigung der Kosten der Hin- und Rückreise (BFH v. 24.8.2012, III B 21/12). 3651

Der Arbeitgeber kann die Kosten in dem Umfang nach § 3 Nr. 16 EStG steuerfrei ersetzen, wie sie **ohne Mitnahme der Familienangehörigen entstanden wären**, d.h., dass besonders bei den Unterkunftskosten nur der auf den Arbeitnehmer entfallende berufliche Anteil berücksichtigt werden kann (→ *Reisekosten: Erstattungen* Rz. 3700).

Die **Mehrkosten für die Mitnahme der Familienangehörigen** dürfen steuerlich auch dann **nicht berücksichtigt** werden, wenn (im Zweifelsfall gilt die alte BFH-Rechtsprechung weiter, s. BMF v. 6.7.2010, IV C 3 – S 2227/07/10003 :002, BStBl I 2010, 614 Tz. 18)

- die **Mitnahme aus beruflichen Gründen erfolgt**, weil dem Arbeitnehmer aus seiner beruflichen Stellung heraus gewisse **Repräsentationspflichten** obliegen. Die dadurch erwachsenden Aufwendungen sind eine Folge der beruflichen und gesellschaftlichen Stellung dieser Arbeitnehmer und gehören daher zu den steuerlich nicht abzugsfähigen **Kosten der Lebensführung** nach § 12 Nr. 1 Satz 2 EStG, selbst wenn der Beruf des Arbeitnehmers dadurch gefördert wird (vgl. dazu z.B. BFH v. 25.3.1993, VI R 58/92, BStBl II 1993, 639 betr. Mitnahme der Ehefrau auf eine vom Arbeitgeber veranstaltete Händler-Incentive-Reise),
- **ausländische Vertragspartner die Familie kennen lernen** wollten (vgl. entsprechend BFH v. 26.11.1997, X R 146/94, betr. Japanreise eines Gewerbetreibenden mit der Ehefrau und seinen drei Kindern zur Führung von Verkaufsverhandlungen),
- die Ehefrau den Arbeitnehmer bei seiner **Tätigkeit unterstützt** und der Arbeitgeber die Mitnahme ausdrücklich wünscht (vgl. zuletzt FG Münster v. 14.5.2019, 2 K 2355/18 E, EFG 2019, 1525 betr. Mitnahme der Ehefrau eines Steuerberaters zu internationalen Fachtagungen im Ausland; die Unterstützungsleistung der Ehefrau ging nicht über das Maß hinaus, das § 1353 Abs. 1 Satz 2 BGB von allen Eheleuten als gegenseitigen Beistand und Unterstützung verlangt).

  Etwas anderes gilt ausnahmsweise dann, wenn die **Ehefrau** im Betrieb des Arbeitgebers ebenfalls als („vollwertige“) **Arbeitskraft tätig** ist und die Teilnahme der Ehefrau ebenso als nahezu ausschließlich beruflich anzusehen wäre, wie dies bei der Teilnahme einer fremden Angestellten der Fall gewesen wäre (BFH v. 13.2.1980, I R 178/78, BStBl II 1980, 386; BFH v. 18.2.1994, VI R 53/93). Dies gilt **nicht für ein geringfügiges Beschäftigungsverhältnis** mit dem Ehegatten (FG Sachsen v. 27.8.2003, 6 K 184/01, EFG 2003, 1770 betr. Mitnahme der Ehefrau auf eine beruflich veranlasste dreimonatige Auslandsreise),
- die Begleitung des Arbeitnehmers aus **gesundheitlichen Gründen erforderlich** ist (vgl. zuletzt BFH v. 23.10.2000, VI B 200/97).

Soweit Aufwendungen (Flug-, Hotel-, Verpflegungs- oder Nebenkosten) für den mitreisenden Ehegatten oder Familienangehörige vom **Arbeitgeber übernommen** werden, gehören diese in vollem Umfang zum **steuerpflichtigen Arbeitslohn** des Arbeitnehmers. Ein Werbungskostenabzug ist hinsichtlich der Aufwendungen für die Familienangehörigen nicht zulässig.

Auch bei Teilnahme eines Ehegatten oder Lebensgefährten an einer gemischt veranlassten Reise kann ggf. eine Aufteilung der gemischt veranlassten Kosten (wie z.B. die Kosten der Hin- und Rückreise) anhand von feststehenden Zeitanteilen in Betracht kommen (BFH v. 24.8.2012, III B 21/12).

Beispiel:

A, GmbH-Geschäftsführer, fuhr zu einer Messe nach Frankreich und hat seine Ehefrau, die als Fremdsprachensekretärin ausgebildet ist, als Dolmetscherin mitgenommen. Während der Reise wurde der Pkw aufgebrochen und diverse Gegenstände, u.a. der Mantel der Ehefrau, gestohlen.

Der BFH hat nur die dem Ehemann gestohlenen Gegenstände als Werbungskosten anerkannt (BFH v. 30.6.1995, VI R 26/95, BStBl II 1995, 744). Den Werbungskostenabzug für den Mantel der Ehefrau hat er im Hinblick auf § 12 Nr. 1 Satz 2 EStG abgelehnt. Das gilt nach dem Urteil auch dann, wenn die Ehefrau den Arbeitnehmer bei seiner beruflichen Tätigkeit unterstützt hat.

b) Studienreisen, Kongressreisen u.Ä.

3652 Die oben dargestellten Grundsätze gelten auch dann, wenn der Reise – wie es bei Studien- und Kongressreisen im Allgemeinen der Fall ist – **kein konkreter beruflicher Anlass zu Grunde** liegt, die Reise vielmehr der allgemeinen Information dienen soll. Die ggf. vom Arbeitgeber übernommenen Kosten für Familienangehörige stellen dann ebenfalls steuerpflichtigen Arbeitslohn dar.

Anders als bei Reisen, denen **ein konkreter beruflicher Anlass zu Grunde** liegt, wird sich bei Studien- und Kongressreisen aus der Teilnahme von Familienangehörigen regelmäßig sogar ein Hinweis auf einen **insgesamt gesellschaftlichen Charakter** der Reise ergeben mit der Folge, dass auch die **Reisekosten des Arbeitnehmers selbst steuerlich nicht berücksichtigt** werden können, ausgenommen etwaige abgrenzbare Mehrkosten wie z.B. Kongressgebühren oder Eintrittsgelder (zuletzt BFH v. 21.9.2009, GrS 1/06, BStBl II 2010, 672). Dies gilt insbesondere für sog. Kongressreisen, wenn der Ehegatte oder Lebensgefährte mitgenommen und der Besuch des Kongresses mit einem **Kurzurlaub verbunden** wird (BFH v. 18.7.1997, VI R 10/97).

Aber auch hier hat die Rechtsprechung **Ausnahmen** zugelassen, wenn z.B.

- an einer Fachstudienreise, an der 36 Ingenieure teilgenommen haben, **lediglich drei Ehefrauen mitgefahren** sind – die „Homogenität" der Reisegruppe wird dadurch nicht beeinträchtigt (FG Hamburg v. 16.12.1992, III 281/91, EFG 1993, 506);
- eine Ärztin auf einer Kongressreise von ihrer Mutter begleitet wird, nach dem Ablauf des Programms aber **kaum Zeit für gemeinsame Unternehmungen** bleibt (FG Köln v. 11.4.2001, 10 K 723/96).

14. Abgrenzung zu Wegen zwischen Wohnung und erster Tätigkeitsstätte und Familienheimfahrten

3653 Es kommt häufig vor, dass ein Arbeitnehmer gebeten wird, auf dem morgendlichen Weg zur Arbeit oder dem Rückweg dienstliche Angelegenheiten zu erledigen, z.B. das **Abholen der Post** oder die **Belieferung eines Kunden**. Wenn in solchen Fällen nur ein kurzer Umweg erforderlich ist und sich der **Charakter der Fahrt** als „Weg zwischen Wohnung und erster Tätigkeitsstätte" oder als „Familienheimfahrt" i.R. einer doppelten Haushaltsführung nicht wesentlich ändert, werden diese Fahrten **nicht zu „Dienstreisen"**. Andernfalls hätte es fast jeder Arbeitnehmer in der Hand, durch Aussuchen entsprechender Umwegstrecken zwecks Erledigung beruflicher Angelegenheiten aus einem „Weg zwischen Wohnung und erster Tätigkeitsstätte" oder einer „Familienheimfahrt" eine Fahrt zu machen, die ihn zum vollen Abzug der Kosten und ggf. der steuerfreien Erstattung durch den Arbeitgeber berechtigt. In solchen Fällen können lediglich die durch das Dienstgeschäft jeweils entstandenen **Mehrkosten** im Umfang der über die gewöhnliche Entfernung von Wohnung und erster Tätigkeitsstätte hinausgehenden Fahrtstrecke – zusätzlich zum Ansatz der Entfernungspauschale – als Werbungskosten berücksichtigt werden (zuletzt BFH v. 19.5.2015, VIII R 12/13, betr. durch **Mandantenbesuche** unterbrochene Fahrten zwischen Wohnung oder Betriebsstätte eines Steuerberaters; das Urteil gilt für den Arbeitnehmerbereich sinngemäß, s. auch H 9.10 „Dienstliche Verrichtung auf der Fahrt" LStH).

Anders ist es hingegen, wenn der Arbeitnehmer auf der Fahrt zwischen Wohnung und erster Tätigkeitsstätte einen Kunden **des Arbeitgebers aufsucht und dadurch eine wesentliche Änderung des Charakters der Fahrt eintritt**. In diesem Fall ist die gesamte Fahrt als Dienstfahrt zu werten.

Beispiel:

A ist Ärztin. Ihre Fahrten zwischen Wohnung und Praxis verbindet sie mit Hausbesuchen.

Durch die Hausbesuche verlieren die Fahrten nicht ihren Charakter als „Wege zwischen Wohnung und erster Tätigkeitsstätte", weil das Aufsuchen der Praxis im Vordergrund steht (FG München v. 6.6.2014, 8 K 3322/13, EFG 2014, 2188 m.w.N.). Es handelt sich nicht um Dienstreisen.

Diese Grundsätze gelten auch für Arbeitnehmer. Vom Arbeitgeber können allenfalls etwaige Umwegstrecken steuerfrei erstattet werden.

Ein „Weg zwischen Wohnung und erster Tätigkeitsstätte" verliert diesen Charakter auch dann nicht, wenn das Fahrzeug **wie ein Büro eingerichtet** ist und der Arbeitnehmer auf dieser Fahrt – weil das Fahrzeug von einem Fahrer gesteuert wird – berufliche Aufgaben erledigt, z.B. Briefe schreibt bzw. diktiert (BFH v. 27.9.1996, VI R 84/95, BStBl II 1997, 147 betr. Vorstandsmitglieder eines Verbands).

Für Fahrten zwischen Wohnung und erster Tätigkeitsstätte kann auch dann nur die Entfernungspauschale berücksichtigt werden, wenn sich in der Wohnung ein **häusliches Arbeitszimmer befindet und die Fahrten (angeblich) vom häuslichen Arbeitszimmer aus angetreten werden**. Denn die berufliche Nutzung der Räume löst nicht deren Einbindung in die private Sphäre und lässt den privaten Charakter der Wohnung insgesamt unberührt; die Fahrten bleiben „Fahrten zwischen Wohnung und erster Tätigkeitsstätte" (BFH v. 29.4.2014, VIII R 33/10, BStBl II 2014, 777 betr. Fahrten eines Lotsen von seinem häuslichen Büro zur Lotsenstation und sinngemäß FG Münster v. 5.9.2018, 7 K 543/18 F, EFG 2018, 1786).

Wenn ein Arbeitnehmer nach Beendigung einer Auswärtstätigkeit direkt nach Hause fährt, **endet die Auswärtstätigkeit mit Erreichen der Wohnung**. Die „morgendliche Fahrt" zum Betrieb kann nicht mehr der Auswärtstätigkeit zugerechnet werden, sondern stellt einen „Weg zwischen Wohnung und erster Tätigkeitsstätte" dar (BFH v. 20.12.1991, VI R 116/89, BStBl II 1992, 308).

15. Nachweise

Der Arbeitnehmer hat seinem Arbeitgeber Unterlagen vorzulegen, 3654
aus denen die Voraussetzungen für die steuerfreie Erstattung ersichtlich sein müssen. Aus diesen Unterlagen müssen zumindest erkennbar sein

- das Datum der Reisen mit den konkreten Abwesenheitszeiten,
- der konkrete Anlass der Reisen, wie z.B. die Art der Veranstaltung oder die Gesprächspartner, sowie
- die entstandenen Kosten (BFH v. 9.8.2005, XI B 192/03, und zuletzt FG Saarland v. 24.5.2017, 2 K 1082/14).

Der Arbeitgeber hat diese Unterlagen als **Belege zum Lohnkonto** aufzubewahren (R 9.5 Abs. 2 Satz 2 sowie R 9.8 Abs. 2 Satz 3 LStR). Es reicht aus, wenn die Reisekostenabrechnungen in einem besonderen Ordner aufbewahrt werden und ein leichter Zugriff auf die Belege möglich ist. Soweit tatsächlich entstandene Aufwendungen erstattet werden, z.B. Fahrt- und Übernachtungskosten, müssen sich aus den Unterlagen auch die tatsächlichen Kosten ergeben. Verpflegungsmehraufwendungen können nur bis zur Höhe der von der Abwesenheitsdauer abhängenden Verpflegungspauschbeträge steuerfrei ersetzt werden. Insoweit ist in den Unterlagen auch die Abwesenheitsdauer anzugeben (vgl. BMF v. 29.9.1998, IV C 5 – S 2334 – 1/98, betr. Reisekostenabrechnungen mittels **Firmenkreditkarte** sowie → *Firmenkreditkarte* Rz. 2115).

Die **Beweislast**, dass steuerfreie Reisekostenvergütungen vorgelegen haben, trifft im Lohnsteuerabzugsverfahren den Arbeitgeber, bei der Einkommensteuerveranlagung dagegen den Arbeitnehmer, wobei die Behandlung beim Lohnsteuerabzug das Wohnsitzfinanzamt bei der Einkommensteuerveranlagung des Arbeitnehmers grds. nicht bindet (BFH v. 5.7.1996, VI R 76/95, HFR 1997, 9 und zuletzt BFH v. 3.8.2000, VI B 72/00).

16. Lohnsteuerabzug von Arbeitgeberleistungen

a) Zusammenfassung der Erstattungsarten

3655 Zur Ermittlung der steuerfreien Leistungen (Geld und Sachbezüge) für Reisekosten dürfen die einzelnen Aufwendungsarten (Fahrtkosten, Mehraufwendungen für Verpflegung, Übernachtungskosten, Reisenebenkosten) zusammengefasst werden; die Leistungen sind steuerfrei, soweit sie die Summe der zulässigen Leistungen nicht übersteigen. Hierbei können **mehrere Reisen zusammengefasst** abgerechnet werden (R 3.16 Satz 1 bis 3 LStR ggf. i.V.m. R 3.13 Abs. 1 Satz 3 LStR).

Beispiel 1:

A ist von seinem Arbeitgeber im Kalenderjahr 2026 zu einem vierwöchigen Lehrgang entsandt worden. Der Arbeitgeber hat die Hotelkosten, Verpflegungsmehraufwendungen pauschal mit 40 € täglich und Fahrtkosten (einschließlich wöchentlicher Familienheimfahrten) erstattet, allerdings nur mit den niedrigeren Kosten für öffentliche Verkehrsmittel. Tatsächlich ist A die Strecke von 1 200 km mit seinem Pkw hin- und zurückgefahren.

Für die Frage, inwieweit die Reisekostenvergütungen zu versteuern sind, hat der Arbeitgeber folgende Vergleichsrechnung durchgeführt:

Erstattungen des Arbeitgebers

a) Verpflegung pauschal 30 € × 22 Tage (ohne Wochenenden)	660 €
b) Fahrtkosten (Zahlung nach Bahntarif) 8 Fahrten × 50 €	400 €
c) Übernachtungskosten laut Hotelrechnung 30 Tage × 50 €	1 500 €
zusammen	2 780 €

Steuerfrei bleibende Beträge

a) Verpflegung pauschal 28 € × 20 Tage, zuzüglich An- und Abreisetag je 14 €	588 €
b) Fahrtkosten mit dem Pkw: 2 400 km × 0,30 €/km	720 €
c) Übernachtungskosten wie oben	1 500 €
zusammen	2 808 €

Der Arbeitgeber hat insgesamt 72 € mehr an Tagegeld gezahlt als steuerfrei zulässig ist; andererseits hätte er aber die Fahrtkosten mit dem Pkw in tatsächlicher Höhe oder mit dem pauschalen km-Satz von 0,30 € steuerfrei erstatten dürfen. Nach Zusammenfassung der einzelnen Erstattungsarten in ein steuerfreies Volumen verbleibt kein steuerpflichtiger Teilbetrag der Reisekostenvergütung. Das verbleibende steuerfreie Volumen i.H.v. 28 € kann der Arbeitnehmer als Werbungskosten geltend machen.

Beispiel 2:

Bei einer längerfristigen beruflichen Auswärtstätigkeit im Kalenderjahr 2026 wird ein Monteur für die Dauer von sechs Monaten (110 Arbeitstage) an derselben Tätigkeitsstätte tätig. Die arbeitstägliche Abwesenheit von seiner Wohnung und der ersten Tätigkeitsstätte beträgt jeweils mehr als 8 Stunden. Während der sechs Monate seiner Tätigkeit steht dem Monteur nach Reiserichtlinie des Arbeitgebers ein Tagegeld i.H.v. insgesamt 770 € zu (110 Arbeitstage x 7 €/Arbeitstag).

Erfolgt eine **monatliche Reisekostenabrechnung** können die Tagegelder der ersten drei Monate steuerfrei geleistet werden (zur Höhe der Verpflegungspauschalen vgl. voranstehenden Hinweis):

Steuerfreie Verpflegungspauschalen:	55 Arbeitstage x 14 €/Arbeitstag = 770 €
Gezahltes Tagegeld:	55 Arbeitstage x 7 €/Arbeitstag = 385 €

Der Arbeitnehmer könnte somit zusätzlich für die **ersten** drei Monate noch 385 € als Werbungskosten geltend machen.

Die Tagegelder der **folgenden** drei Monate sind steuerpflichtig; ein Werbungskostenabzug beim Arbeitnehmer ist insoweit nicht zulässig.

Steuerfreie Verpflegungspauschalen:	= 0 €
Gezahltes Tagegeld (steuerpflichtig):	55 Arbeitstage x 7 €/Arbeitstag = 385 €

Wird die längerfristige berufliche Auswärtstätigkeit **zusammengefasst abgerechnet**, dürfen die Tagegelder der gesamten sechs Monate steuerfrei gezahlt werden. Der Arbeitnehmer kann dann keinen Werbungskostenabzug mehr geltend machen.

Steuerfreie Verpflegungspauschalen:	55 Arbeitstage x 14 €/Arbeitstag = 770 €
Gezahltes Tagegeld:	110 Arbeitstage x 7 €/Arbeitstag = 770 €

Beispiel 3:

Der Arbeitnehmer A nimmt an einem halbtägigen auswärtigen Seminar mit Mittagessen teil und ist 6 Stunden von seiner Wohnung und der ersten Tätigkeitsstätte abwesend. Für die Fahrt zum Seminar nutzt A seinen privaten Pkw und könnte für die entstandenen Fahrtkosten eine steuerfreie Erstattung i.H.v. 30 € von seinem Arbeitgeber beanspruchen.

Der Arbeitgeber kann die von ihm i.R. des Seminars gestellte Mahlzeit mit dem Sachbezugswert individuell oder pauschal mit 25 % versteuern oder von den zu erstattenden 30 € abziehen.

In den Fällen, in denen keine steuerfreie Verpflegungspauschale gezahlt werden darf, ist es nicht zu beanstanden, wenn der Arbeitgeber bei einer von ihm zur Verfügung gestellten Mahlzeit eine **Verrechnung des anzusetzenden Sachbezugswertes** mit steuerfrei zu erstattenden Fahrt-, Unterkunfts- oder Reisenebenkosten vornimmt.

Beispiel 4:

Der Arbeitnehmer A nimmt an einem halbtägigen auswärtigen Seminar mit Mittagessen teil und ist 6 Stunden von seiner Wohnung und der ersten Tätigkeitsstätte abwesend. Für die Fahrt zum Seminar nutzt A seinen privaten PKW und könnte für die entstandenen Fahrtkosten eine steuerfreie Erstattung i.H.v. 30 € von seinem Arbeitgeber beanspruchen.

Der Arbeitgeber kann die von ihm i.R. des Seminars gestellte Mahlzeit mit dem Sachbezugswert individuell oder pauschal mit 25 % versteuern oder von den zu erstattenden 30 € abziehen.

Diese **Saldierungsmöglichkeit** kann z.B. **auch von Bedeutung** sein, **wenn der Arbeitgeber**

- für Fahrten des Arbeitnehmers mit seinem privaten Pkw eine **niedrigere Wegstreckenentschädigung** als 0,30 €/km zahlt (im öffentlichen Dienst z.B. 0,22 €/km),
- sich bei der Zahlung von **Verpflegungspauschalen** nicht genau an die gesetzlichen vorgeschriebene Abwesenheitszeiten hält,
- auch für die **Wochenenden**, an denen der Arbeitnehmer unbezahlte, aber erstattungsfähige Familienheimfahrten durchführt, die vollen **Verpflegungspauschalen zahlt**.

Die Möglichkeit der Verrechnung von steuerpflichtigen Teilen der Reisekostenvergütung mit nicht ausgeschöpften steuerfreien Beträgen ist auf die einzelne Erstattung beschränkt. Mehrere Auswärtstätigkeiten können aber zusammengefasst werden, wenn die Auszahlung der betreffenden Reisekostenvergütungen in einem Betrag erfolgt. Durch das Zusammenfassen von Reisekostenabrechnungen und Auszahlung der Reisekosten in einem Betrag können somit die sich bei einer Auswärtstätigkeit ergebenden steuerpflichtigen Teile der Reisekostenvergütung mit nicht ausgeschöpften steuerfreien Beträgen einer anderen Auswärtstätigkeit verrechnet werden (R 3.16 Satz 2 LStR).

Nicht zulässig ist es jedoch, aus Auswärtstätigkeiten ein sog. **Guthabenkonto** zu bilden und dieses Guthabenkonto mit nicht ausgeschöpften steuerfreien Beträgen nachfolgender Reisekostenerstattungen zu verrechnen (FinMin Nordrhein-Westfalen v. 11.10.1996, StEd 1996, 752).

Die Verrechnungsmöglichkeit gilt u.a. für Reisekostenvergütungen und die Erstattung von Mehraufwendungen für doppelte Haushaltsführung (R 9.11 Abs. 10 Satz 7 Nr. 4 LStR).

b) Sonstige Bezüge

Soweit auch nach Zusammenfassung der einzelnen Aufwendungsarten die **Reisekostenvergütungen** des Arbeitgebers nicht in voller Höhe steuerfrei belassen werden können, können sie als **sonstige Bezüge behandelt** werden (Arbeitgeber-Merkblatt 1996, BStBl I 1995, 719 Rdnr. 8). Deshalb entfällt die individuelle Besteuerung, wenn das Betriebsstättenfinanzamt auf Antrag des Arbeitgebers die **Pauschalbesteuerung** nach § 40 Abs. 1 Satz 1 Nr. 1 EStG mit einem besonderen Pauschsteuersatz zulässt (R 40.2 Abs. 4 Satz 2 LStR). Dies setzt u.a. voraus, dass die pauschal zu besteuernden Beträge – ggf. zusammen mit anderen pauschal besteuerten Bezügen des Arbeitnehmers – **1 000 € jährlich nicht übersteigen** (→ *Pauschalierung der Lohnsteuer* Rz. 3336). 3656

Eine **Pauschalbesteuerung der Sachbezugswerte** für vom Arbeitgeber veranlasste Mahlzeiten **ist nicht möglich**. Der Pauschsteuersatz von 25 % nach § 40 Abs. 2 Satz 1 Nr. 1 EStG gilt nur für arbeitstägliche Mahlzeiten außerhalb von Auswärtstätigkeiten.

c) Pauschalbesteuerung von Vergütungen für Verpflegungsmehraufwendungen

Einzelheiten zu der seit 1997 eingeführten Pauschalbesteuerung 3657
von Vergütungen für Verpflegungsmehraufwendungen mit 25 %

– soweit die steuerfreien Beträge überschritten werden → *Reisekosten: Erstattungen* Rz. 3661.

d) Zeitpunkt der Versteuerung

3658 Grds. sind die steuerpflichtigen Teile von Reisekostenvergütungen bei der **nächstmöglichen Lohnabrechnung** zu versteuern. Aus Vereinfachungsgründen beanstandet es die Finanzverwaltung jedoch nicht, wenn die steuerpflichtigen Teile von Reisekostenvergütungen nur mindestens **vierteljährlich abgerechnet und versteuert** werden. Äußere zeitliche Grenze hierbei ist das Kalenderjahr oder die ggf. kürzere Dauer des Dienstverhältnisses.

Dies gilt auch für die Besteuerung der **Sachbezugswerte** für kostenlose Mahlzeiten, die vom Arbeitgeber oder auf dessen Veranlassung von einem Dritten auf Dienstreisen abgegeben werden (OFD Frankfurt v. 29.5.2013, S 2338 A – 43 – St 211, StEd 2013, 413). Anträge von Arbeitgeberseite, die Versteuerung aus Vereinfachungsgründen nur **einmal am Jahresende** vorzunehmen, hat die Finanzverwaltung damit **abgelehnt**.

Bei **Abschlagszahlungen**, die Dienstreisende vor Antritt der Dienstreise erhalten, sind im Zeitpunkt der Zahlung noch keine steuerlichen Folgen zu ziehen, auch wenn die Abschlagszahlung die steuerlich zulässigen Beträge überschreitet.

17. Vorsteuerabzug

3659 Zum Vorsteuerabzug für Reisekosten (Auswärtstätigkeiten) von Arbeitnehmern → *Vorsteuerabzug* Rz. 4399.

18. Sozialversicherung

3660 Die Steuerfreiheit von Reisekostenvergütungen, Umzugskostenvergütungen und Trennungsgeldern hat zur Folge, dass diese auch nicht dem Arbeitsentgelt in der Sozialversicherung zugerechnet werden können (§ 1 Abs. 1 Satz 1 Nr. 1 SvEV). Ersetzt der Arbeitgeber geringere Beträge als steuerlich zulässig, kann der Arbeitnehmer die Differenz als **Werbungskosten** absetzen. Werbungskosten mindern jedoch das beitragspflichtige Entgelt in der Sozialversicherung nicht.

Beitragsfrei sind aber auch die steuerpflichtigen Teile von Reisekostenvergütungen (Verpflegungszuschüsse), die nach § 40 Abs. 2 Satz 1 Nr. 4 EStG pauschal versteuert werden (§ 1 Abs. 1 Satz 1 Nr. 3 SvEV sowie → *Reisekosten: Erstattungen* Rz. 3714).

Bei der Einkommensteuer bzw. **Lohnsteuer ist eine „Gesamtrechnung" zulässig**, d.h., dass z.B. steuerpflichtige Tagegelder mit nicht „voll" erstatteten Fahrtkosten verrechnet werden können. Diese Regelung wird auch in der Sozialversicherung angewendet. Dies bedeutet, dass die vom Arbeitgeber erstatteten Reisekosten nicht dem Arbeitsentgelt zuzurechnen sind, soweit sie i.R. der LStR (R 3.13 LStR, R 3.16 LStR) steuerfrei belassen werden (Besprechungsergebnis der Spitzenverbände der Sozialversicherungsträger v. 21./22.11.2001).

Darüber hinaus führt eine Umwandlung von steuerpflichtigem Arbeitslohn in eine nach § 3 Nr. 13, 16 EStG steuerfreie Reisekostenvergütung nicht zur Minderung des beitragspflichtigen Arbeitsentgelts in der Sozialversicherung (Besprechungsergebnis der Spitzenverbände der Sozialversicherungsträger v. 10./11.4.2002).

Reisekosten: Erstattungen

Inhalt

1. Allgemeines

Unter diesem Stichwort wird zur besseren Übersicht nur dargelegt, welche Aufwendungen der Arbeitnehmer bei **auswärtigen beruflichen Tätigkeiten** (kurz: Auswärtstätigkeiten) als Werbungskosten abziehen bzw. der Arbeitgeber seinen Arbeitnehmern steuerfrei erstatten darf. Übersichten und Tabellen hierzu finden sich im Anhang (→ *Anhang, A. Lohnsteuer* Rz. 4825). 3661

Die allgemeinen Voraussetzungen für die Annahme einer **Auswärtstätigkeit** sind unter → *Reisekosten: Allgemeine Grundsätze* Rz. 3589 erläutert.

Wie die **Mahlzeitengestellung** anlässlich von Auswärtstätigkeiten steuerlich zu behandeln ist, wird unter → *Mahlzeiten aus besonderem Anlass* Rz. 3082 dargestellt.

Seit dem 1.1.2020 betragen die inländischen **Pauschalen für Verpflegungsmehraufwendungen** i.R. einer beruflichen Auswärtstätigkeit oder doppelten Haushaltsführung

- **28 € (Abwesenheiten von 24 Stunden) und**
- **14 € (für An- und Abreisetage sowie für Tage mit Abwesenheiten von mehr als 8 Stunden).**

Zum 1.1.2020 wurde für Arbeitnehmer, die ihrer beruflichen Tätigkeit überwiegend in Kraftwagen nachgehen (**„Berufskraftfahrer"**), ein neuer Pauschbetrag i.H.v. **8 € pro Übernachtung** im Fahrzeug eingeführt (§ 9 Abs. 1 Satz 3 Nr. 5b EStG, → Rz. 3710). Dieser Betrag wurde durch das Wachstumschancengesetz v. 27.3.2024, BGBl. I 2024, Nr. 108 = BStBl I 2024, 666, ab dem **Kalenderjahr 2024 von 8 € auf 9 €** erhöht.

Ausführliche Verwaltungsanweisungen zur steuerlichen Behandlung der Reisekosten von **Arbeitnehmern** enthält das überarbeitete Anwendungsschreiben (BMF v. 25.11.2020, IV C 5 – S 2353/19/10011 :006, BStBl I 2020, 1228). Berücksichtigt wurden u.a. die ab 1.1.2020 geltenden Rechtsänderungen (z.B. die erhöhten Verpflegungspauschalen sowie die Übernachtungspauschale für Berufskraftfahrer) und die neue BFH-Rechtsprechung.

Zum **betrieblichen Bereich** s. weiterhin BMF v. 23.12.2014, IV C 6 – S 2145/10/10005 :001, BStBl I 2015, 26.

Die Erstattung von Reisekosten durch **„private" Arbeitgeber** ist nach § 3 Nr. 16 EStG steuerfrei, soweit keine höheren Beträge erstattet werden, als sie beim Arbeitnehmer als **Werbungskosten** abziehbar wären, vgl. H 9.5 (Werbungskostenabzug und Erstattung durch den Arbeitgeber) LStH, H 9.6 (Erstattung durch den Arbeitgeber) LStH, H 9.7 (Steuerfreiheit der Arbeitgebererstattungen) LStH sowie R 9.8 Abs. 2 LStR und zuletzt BFH v. 27.4.2001, VI R 2/98, BStBl II 2001, 601. Die Steuerbefreiung des § 3 Nr. 16 EStG kommt auch dann zur Anwendung, wenn der Arbeitgeber nicht einen Geldbetrag, sondern die damit zu erlangende **Sachleistung** (z.B. Verpflegungskosten bei Auswärtstätigkeiten) unmittelbar zuwendet (BFH v. 19.11.2008, VI R 80/06, BStBl II 2009, 547; BMF v. 13.7.2009, IV C 5 – S 2334/08/10013, BStBl I 2009, 771; R 3.16 Satz 1 LStR). Für den **öffentlichen Dienst** gilt die Steuerbefreiungsvorschrift des § 3 Nr. 13 EStG (→ *Reisekostenvergütungen aus öffentlichen Kassen* Rz. 3718).

Welche Aufwendungen der Arbeitgeber steuerfrei ersetzen darf, wird nachfolgend erläutert (die Ausführungen gelten sinngemäß für den Abzug von Reisekosten als Werbungskosten beim Arbeitnehmer).

Reisekosten setzen sich zusammen aus:

- **Fahrtkosten** (→ Rz. 3662),
- **Mehraufwendungen für Verpflegung** (→ Rz. 3670),
- **Unterkunftskosten** (→ Rz. 3694),
- **Reisenebenkosten** (→ Rz. 3712).

2. Fahrtkosten

a) Allgemeine Grundsätze

3662 Ist ein Arbeitnehmer außerhalb seiner Wohnung und ersten Tätigkeitsstätte beruflich tätig (auswärtige berufliche Tätigkeit), gilt für die steuerliche Berücksichtigung der tatsächlichen Fahrtkosten im Zusammenhang mit dieser beruflichen Tätigkeit Folgendes:

Der Arbeitgeber darf grds. alle **tatsächlichen Fahrtkosten steuerfrei erstatten**, die Wahl des Verkehrsmittels bleibt dem Arbeitnehmer oder Arbeitgeber überlassen (§ 9 Abs. 1 Satz 3 Nr. 4a Satz 1 EStG). Eine Einschränkung gilt nur, wenn die **Kosten im Einzelfall unangemessen** sein sollten (§ 4 Abs. 5 Satz 1 Nr. 4 EStG i.V.m. § 9 Abs. 5 EStG), wie z.B. bei Nutzung eines **Pkw der Luxusklasse** (vgl. zuletzt BFH v. 10.10.2017, X R 33/16, BStBl II 2018, 185 betr. die Anschaffung mehrerer Pkw aus dem höchsten Preissegment) oder eines **Privatflugzeugs** zu Auswärtstätigkeiten (R 9.1 Abs. 1 Satz 3 LStR sowie zuletzt BFH v. 19.1.2017, VI R 37/15, BStBl II 2017, 526; steuerfrei können dann lediglich die geringeren Kosten für einen Linienflug erstattet werden).

Beispiel:

A, Geschäftsführer einer GmbH, ist Eigentümer eines einmotorigen Privatflugzeugs, das er auf Grund eines ihm erteilten Flugscheins selbst steuern durfte. Sein Privatflugzeug nutzte er im Streitjahr für 111 Flugstunden. Davon entfielen 29,59 Flugstunden auf Flüge zur Wahrnehmung beruflich veranlasster Auswärtstermine. A machte gegenüber seiner Arbeitgeberin für seine Dienstreisen mit dem eigenen, selbst gesteuerten Flugzeug keine Reisekostenerstattung geltend, hat diese Aufwendungen jedoch steuerlich als **Werbungskosten** geltend gemacht.

Finanzamt und FG Hessen hatten den Abzug nach § 12 Nr. 1 EStG als sog. Kosten der Lebensführung insgesamt abgelehnt.

Der **BFH** hat das Urteil der Vorinstanz aufgehoben und entschieden, dass allenfalls eine **Kürzung der Werbungskosten auf die „angemessenen Kosten"** (§ 4 Abs. 5 Satz 1 Nr. 7 EStG i.V.m. § 9 Abs. 5 Satz 1 EStG) in Betracht kommt (BFH v. 19.1.2017, VI R 37/15, BStBl II 2017, 526). Dabei kann es sich – so der BFH – anbieten, den angemessenen Teil der Reisekosten unter Rückgriff auf durchschnittliche Reisekosten einschließlich Nebenkosten (z.B. Flug- oder Bahnkosten; Kosten für Anreise zum Flughafen oder Bahnhof; Taxen und Parkgebühren) zu schätzen.

Bei einer **Auswärtstätigkeit** gelten die Grundsätze des § 9 Abs. 1 Satz 3 Nr. 4 Satz 4 EStG, wie sie bei Fahrten zwischen Wohnung und erster Tätigkeitsstätte zur Anwendung kommen (Ansatz einer „offensichtlich verkehrsgünstigeren" Straßenverbindung statt der „kürzesten Straßenverbindung"), nicht. Vielmehr ist die **berufliche Veranlassung eines Umwegs** nach allgemeinen Grundsätzen zu beurteilen (FG Saarland v. 28.2.2013, 2 K 1305/12, EFG 2013, 1213: Umweg über die Autobahn auf der Fahrt zur Berufsschule nicht als beruflich veranlasst anerkannt).

b) Öffentliche Verkehrsmittel

Die Kosten für **öffentliche Verkehrsmittel** (Bahn, Bus, Taxi, 3663
Schiff, Flugzeug) können ohne Weiteres steuerfrei ersetzt werden. Anzusetzen ist grds. der entrichtete Fahrpreis einschließlich etwaiger Zuschläge (z.B. ICE-Zuschlag) sowie ein etwaiger Aufpreis für die Wahl einer höheren Tarifklasse (z.B. Business-Class im Flugzeug, 1. Wagenklasse bei der Deutschen Bahn AG). Der Arbeitgeber darf dem Arbeitnehmer nach § 3 Nr. 13 bzw. 16 EStG auch die Kosten einer **BahnCard, des Deutschlandtickets** (H 3.15 [Deutschland-Ticket] sowie BMF v. 7.11.2023, IV C 5 – S 2342/19/10007 :009, BStBl I 2023, 1969) **oder eines Job-Tickets steuerfrei ersetzen**, wenn der Preis der Einzelfahrscheine für die dienstlichen Fahrten den Kaufpreis des Job-Tickets übersteigt (→ *BahnCard* Rz. 1213, → *Job-Ticket* Rz. 2635). Zur Anwendung der **Steuerbefreiung des § 3 Nr. 15 EStG** bei der Nutzung von BahnCards oder Job-Tickets → *Job-Ticket* Rz. 2617.

In den Fällen, in denen ein Arbeitnehmer eine Monatskarte für die Nutzung des öffentlichen Nahverkehrs selbst privat anschafft und diese auch für dienstliche Fahrten i.R. einer Auswärtstätigkeit nutzt, kommt eine steuerfreie Erstattung durch den Arbeitgeber nach § 3 Nr. 13 oder Nr. 16 EStG in Betracht. Es gelten die Grundsätze des steuerlichen Reisekostenrechts. Ein überwiegend eigenbetriebliches Interesse des Arbeitgebers ist zu verneinen. Für die Höhe der steuerfreien Erstattung ist ein monatlicher Nachweis der beruflichen Fahrten erforderlich. Aus **Vereinfachungsgründen** können dafür – anstelle einer quotalen Aufteilung (Nutzung zu dienstlichen Zwecken im Verhältnis zur Gesamtnutzung) – auch die während des Gültigkeitszeitraumes ersparten Kosten für die Einzelfahrscheine zu Grunde gelegt werden, die durch die dienstliche Nutzung des Nahverkehrs entstanden wären, allerdings begrenzt auf die Höhe der tatsächlichen Kosten der vom Arbeitnehmer erworbenen Monatskarte.

Der Arbeitgeber kann demnach die dem Arbeitnehmer entstandenen Aufwendungen für die Zeitfahrkarte (z.B. Monatskarte) dann vollumfänglich steuerfrei erstatten, wenn die Kosten der während des Gültigkeitszeitraums ersparten Einzelfahrkarten für die dienstlichen Fahrten den Preis der Monatskarte erreichen oder übersteigen. Dies gilt auch für das **Deutschlandticket**. In allen anderen Fällen ist eine teilweise steuerfreie Erstattung möglich. Auch hier kann die Höhe der Erstattung anhand der ersparten Kosten für Einzelfahrkarten für die im Gültigkeitszeitraum nachgewiesenen dienstlichen Fahrten ermittelt werden (zuletzt OFD Frankfurt v. 9.12.2019, S 2334 A – 80 – St 212, StEd 2020, 43).

Zu den Fahrtkosten gehören z.B. auch die **Taxikosten** für Fahrten zum Bahnhof (oder Flughafen) und **am Zielort**, also z.B. zu den jeweiligen Kunden. Das können auch Kosten für einen **Mietwagen** sein.

Für eine steuerfreie Erstattung muss sich der Arbeitgeber grundsätzlich die **Fahrkarten und Rechnungen** vom Arbeitnehmer aushändigen lassen und als **Belege zum Lohnkonto** aufbewahren (R 9.5 Abs. 2 LStR). Kann dieser Nachweis nicht geführt werden, so genügt es, wenn sich aus anderen Unterlagen (z.B. Hotelrechnungen, Korrespondenz) ergibt, dass der Arbeitnehmer eine Auswärtstätigkeit unternommen hat. Die Höhe der Fahrtkosten muss dann geschätzt werden.

Der Ansatz der pauschalen Kilometersätze nach § 9 Abs. 1 Satz 3 Nr. 4a Satz 2 EStG anstelle der tatsächlichen Aufwendungen gem. § 9 Abs. 1 Satz 3 Nr. 4a Satz 1 EStG für sonstige berufliche Fahrten kommt nicht in Betracht, wenn der Stpfl. ein **regelmäßig verkehrendes Beförderungsmittel** i.S.d. § 4 Abs. 1 BRKG (z.B. Bahn, Flugzeug, Schiff/Fähre, Bus, U-/S-Bahn, Straßenbahn) benutzt (BFH v. 11.2.2021, VI R 50/18, BStBl II 2021, 440).

c) Erstattung der nachgewiesenen Kfz-Kosten

Setzt der Arbeitnehmer bei seiner beruflich veranlassten Aus- 3664
wärtstätigkeit sein eigenes (privates) Kfz ein, darf der Arbeitgeber

die **anteiligen Gesamtkosten** des Fahrzeugs steuerfrei ersetzen. Dazu ist das Verhältnis der „Auswärtstätigkeiten-Kilometer" zur Jahresfahrleistung zu ermitteln (R 9.5 Abs. 1 Satz 3 LStR). Die dienstlich und privat zurückgelegten Fahrtstrecken sind gesondert und laufend in einem **Fahrtenbuch** nachzuweisen. Zu den Mindestanforderungen an ein Fahrtenbuch gibt es eine umfangreiche Rechtsprechung (R 8.1 Abs. 9 Nr. 2 LStR sowie → *Firmenwagen zur privaten Nutzung* Rz. 2156).

Zu den **Gesamtkosten** des Kfz gehören die Betriebsstoffkosten, mit Ausnahme der Aufwendungen des Arbeitgebers für das elektrische Aufladen eines Elektro- oder Hybridelektrofahrzeugs (§ 3 Nr. 46 EStG), die Wartungs- und Reparaturkosten, die Kosten einer Garage am Wohnort, die Kfz-Steuer, die Aufwendungen für die Halterhaftpflicht- und Fahrzeugversicherungen, die Absetzungen für Abnutzung (AfA) sowie die Zinsen für ein Anschaffungsdarlehen, vgl. H 9.5 (Einzelnachweis) LStH. Zu den Anschaffungskosten des Kfz, die steuerlich nur über die jährlichen AfA berücksichtigt werden können, gehören auch **Sonderausstattungen** des Kfz, z.B. Navigationsgerät (BFH v. 16.2.2005, VI R 37/04, BStBl II 2005, 563), Diebstahlssicherung, ABS, Winterreifen(-räder), **nicht** dagegen ein **Autotelefon** (vgl. R 8.1 Abs. 9 Nr. 1 Satz 6 LStR sowie OFD Berlin v. 11.4.2003, St 176 – S 2334 – 3/03, betr. Diebstahlssicherung und FG Hamburg v. 13.3.1997, II 164/95, EFG 1997, 856 betr. Kfz-Zubehör sowie BFH v. 20.2.1997, III B 98/96, BStBl II 1997, 360 betr. Autotelefon).

Den **Absetzungen für Abnutzung** ist bei Pkw und Kombifahrzeugen nach Auffassung der Finanzverwaltung grds. eine Nutzungsdauer von **sechs Jahren (AfA-Satz = 16,67 %)** zu Grunde zu legen, vgl. die Amtliche AfA-Tabelle für allgemein verwendbare Anlagegüter, BMF v. 15.12.2000, IV D 2 – S 1551 – 188/00, BStBl I 2000, 1532 sowie H 9.5 (Einzelnachweis) LStH. Diese bewusst großzügige Verwaltungsregelung beinhaltet praktisch einen **„Nichtanwendungserlass"** zur BFH-Rechtsprechung (zuletzt BFH v. 8.4.2008, VIII R 64/06, m.w.N.), der im Regelfall von einer **achtjährigen Nutzungsdauer** ausgeht. Diese Nutzungsdauer ist jedoch bei der Ermittlung des **Nutzungswerts** für ein dem Arbeitnehmer **überlassenes betriebliches** Kfz **anzusetzen**.

Die Anschaffungskosten eines neuen Pkw sind bzw. waren nicht um die für die Verschrottung des Altfahrzeugs gewährte **Umweltprämie** („Abwrackprämie") zu mindern (FinMin Schleswig-Holstein v. 12.7.2010, VI 304 – S 2131 – 004). Zur steuerlichen Behandlung der seit Mai 2016 gezahlten **Kaufprämie für bestimmte Elektrofahrzeuge** → *Elektromobilität* Rz. 1833.

Beim Ansatz der tatsächlichen Fahrtkosten sind steuerfreie Vorteile nach § 3 Nr. 46 EStG für das elektrische Aufladen eines **Elektrofahrzeugs oder Hybridelektrofahrzeugs** und für die zur privaten Nutzung überlassene betriebliche Ladevorrichtung sowie pauschal besteuerte Leistungen und Zuschüsse vom Arbeitgeber für dieses Elektrofahrzeug oder Hybridelektrofahrzeug nicht in die Gesamtaufwendungen des Arbeitnehmers einzubeziehen (BMF v. 11.11.2025, IV C 5 – S 2334/00087/014/013, BStBl I 2025, Rdnr. 38, welches das BMF-Schreiben v. 29.9.2020, IV C 5 – S 2334/19/10009 :004, BStBl I 2020, 972, ersetzt.). S.a. → *Elektromobilität* Rz. 1819 und → Rz. 1827.

Kosten für den **behindertengerechten Umbau eines Fahrzeugs** sind bei der Ermittlung der Kosten eines Behinderten für Fahrten zwischen Wohnung und erster Tätigkeitsstätte nur abzüglich eines gewährten Zuschusses anzusetzen (BFH v. 14.6.2012, VI R 89/10, BStBl II 2012, 835).

Bei einer **hohen Fahrleistung** darf auch eine **kürzere Nutzungsdauer** als die o.g. sechs Jahre anerkannt werden; bei einer Jahresfahrleistung von rund 100 000 km etwa **vier Jahre** (FG Münster v. 20.6.1996, 8 K 5835/94 E, EFG 1996, 1157). Bei **kleineren Kfz-Typen** kann ebenfalls davon ausgegangen werden, dass der Pkw schon nach Ablauf von **vier Jahren** technisch oder wirtschaftlich voll verbraucht ist, wenn der Pkw eine durchschnittliche Jahresfahrleistung von mindestens 40 000 km aufweist (BFH v. 26.7.1991, VI R 82/89, BStBl II 1992, 1000).

Bei Kfz, die im Zeitpunkt der Anschaffung **nicht neu** gewesen sind, ist die entsprechende **Restnutzungsdauer** unter Berücksichtigung des Alters, der Beschaffenheit und des voraussichtlichen Einsatzes des Fahrzeugs zu schätzen. Je nach Alter und Kilometerleistung eines gebraucht erworbenen Pkw kann sich bei einer Addition der Nutzungsdauer bis zur Veräußerung und der Restnutzungsdauer eine Gesamtnutzungsdauer von mehr als acht Jahren (bzw. bei Zugrundelegung der amtlichen AfA-Tabelle von mehr als sechs Jahren) ergeben (BFH v. 17.4.2001, VI B 306/00).

Die Absetzungen für Abnutzung sind **monatsweise zu berechnen**. Sie sind weder um einen etwaigen Veräußerungsgewinn zu kürzen noch vom Finanzamt zu versagen, wenn sich bei einer späteren **Weiterveräußerung** des Fahrzeugs herausstellen sollte, dass die AfA den tatsächlichen Wertverzehr überschritten haben (BMF v. 28.5.1993, IV B 6 – S 2353 – 37/93/IV A 7 – S 1551 – 80/93, BStBl I 1993, 483 sowie BFH v. 8.4.2008, VIII R 64/06).

Bei einem **geleasten Fahrzeug** gehören auch **Leasing- und Leasingsonderzahlungen** zu den Gesamtkosten. Leasingsonderzahlungen sind jedenfalls dann periodengerecht anzusetzen, wenn der **Arbeitgeber** diese Kosten **in seiner Gewinnermittlung** periodengerecht erfassen muss (BMF v. 4.4.2018, IV C 5 – S 2334/18/10001, BStBl I 2018, 592, Rdnr. 32 und BFH v. 3.9.2015, VI R 27/14, BStBl II 2016, 174). Ebenso verhält es sich nun, wenn der Arbeitnehmer i.R. seiner Auswärtstätigkeit für die beruflich veranlassten Fahrten sein eigenes bzw. privates Kfz einsetzt und seine tatsächlichen Aufwendungen für den steuerfreien Arbeitgeberersatz oder den Ansatz von Werbungskosten ermitteln möchte. Mit Urteil vom 21.11.2024, VI R 9/22 (StEd 2025, 44, BStBl II 2025, 626) hat der VI. Senat des BFH zur periodengerechten Verteilung einer Leasingsonderzahlung im Rahmen der Ermittlung der jährlichen Fahrzeuggesamtkosten durch den Arbeitnehmer wie folgt entschieden.

Zur Ermittlung der tatsächlichen Kosten für sonstige berufliche Fahrten (des Arbeitnehmers) nach § 9 Abs. 1 Satz 3 Nr. 4a Satz 1 EStG ist eine Leasingsonderzahlung den einzelnen Veranlagungszeiträumen während der Laufzeit des Leasingvertrags zuzuordnen. Auch andere (Voraus-)Zahlungen, die sich wirtschaftlich auf die Dauer des Leasingvertrags erstrecken, sind periodengerecht auf die einzelnen Veranlagungszeiträume während der Laufzeit des Leasingvertrags zu verteilen. Damit hält der BFH an seiner bisherigen Rechtsprechung (BFH v. 5.5.1994, VI R 100/93, BStBl II 1994, 643) nicht länger fest. Künftig soll so von vornherein vermieden werden, dass sich unter Berücksichtigung einer Leasingsonderzahlung für das Jahr des Leasingbeginns ein erhöhter individueller km-Satz ergibt, der oftmals für die folgenden Jahren beibehalten worden ist.

Arbeitnehmer mit Leasingfahrzeugen sollten die neuen Vorgaben beachten und die aufgewendeten Kosten entsprechend verteilen. Der sofortige Abzug einer Leasingsonderzahlung ist nun nicht mehr möglich.

Wie zuvor erläutert, sind die vorstehenden Grundsätze des neuen BFH-Urteils auch auf andere (Voraus-)Zahlungen anzuwenden, die sich wirtschaftlich auf die Dauer des Leasingvertrags erstrecken. Im Urteil werden dazu beispielsweise Aufwendungen für einen weiteren Satz Reifen (Räder) genannt. Sie sind nun nicht mehr sofort im Jahr der Zahlung als Fahrzeugkosten zu berücksichtigen, was eine Abkehr vom steuerlichen Zufluss- und Abflussprinzip bedeutet. Solche Aufwendungen sind nunmehr ebenso periodengerecht (also zeitanteilig pro Jahr) zuzuordnen und i.H.d. AfA/ durch Verteilung auf die Vertragslaufzeit in die jährlichen Kfz-Gesamtaufwendungen für die sonstigen beruflichen Fahrten (s.o.) einzubeziehen.

Nicht zu den Gesamtkosten gehören demgegenüber z.B. Park- und Straßenbenutzungsgebühren, Aufwendungen für Insassen- und Unfallversicherungen, Aufwendungen infolge von Verkehrsunfällen sowie Verwarnungs-, Ordnungs- und Bußgelder. Diese Aufwendungen – ausgenommen die Verwarnungs-, Ordnungs- und Bußgelder – darf der Arbeitgeber jedoch als **Reisenebenkosten** steuerfrei ersetzen, vgl. R 9.8 Abs. 1 LStR sowie H 9.8 LStH.

Beispiel:

A setzt als Reisevertreter sein eigenes Fahrzeug ein, mit dem er insgesamt rund 50 000 km im Jahr fährt. Nach seinen Aufzeichnungen im Fahrtenbuch entfallen auf Dienstreisen 40 000 km, auf Fahrten zwischen Wohnung und erster Tätigkeitsstätte 5 000 km und auf Privatfahrten ebenfalls 5 000 km. Die Gesamtkosten für das Fahrzeug betragen 30 000 €.

Das Fahrzeug wird zu 80 % zu Dienstreisen genutzt. A kann sich daher vom Arbeitgeber 80 % der Gesamtkosten, also 24 000 €, steuerfrei erstatten lassen. Eine steuerfreie Erstattung der auf die Fahrten zwischen Wohnung und erster Tätigkeitsstätte entfallenden Kosten ist dagegen nicht möglich. Übernimmt der Arbeitgeber auch diese Kosten, kann er insoweit allenfalls die Lohnsteuer pauschal mit 15 % erheben, soweit der

Arbeitnehmer die Erstattungen nach den Regeln der Entfernungspauschale als Werbungskosten absetzen könnte (§ 40 Abs. 2 Satz 2 Nr. 1 EStG).

d) Individuelle Kilometersätze

3665 Der Arbeitgeber kann dem Arbeitnehmer die Fahrtkosten auch mit einem sog. individuellen Kilometersatz steuerfrei erstatten, den der Arbeitnehmer **aus seinen tatsächlichen und nachgewiesenen Gesamtkosten für einen Zeitraum von mindestens zwölf Monaten ermittelt** hat (R 9.5 Abs. 1 Satz 4 LStR).

Zur Ermittlung des individuellen km-Satzes sind die Gesamtkosten durch die Zahl der während dieser zwölf Monate insgesamt (berufliche und private Fahrten) zurückgelegten **Kilometer zu dividieren**. Die Unterlagen über die ermittelten Gesamtkosten muss sich der Arbeitgeber vom Arbeitnehmer geben lassen und als Belege zum **Lohnkonto** nehmen (R 9.5 Abs. 2 LStR).

Der individuelle km-Satz darf so lange angesetzt werden, bis sich die Verhältnisse wesentlich ändern, z.B.

- bis zum **Ablauf des sechsjährigen Abschreibungszeitraums**
- oder bis zum **Eintritt veränderter Leasingbelastungen** (R 9.5 Abs. 1 Satz 4 LStR).

Beispiel 1:

Handelsvertreter A nutzt in 2026 für seine beruflichen Zwecke ein eigenes Fahrzeug, das er am 2.1.2023 für 54 000 € erworben hat. Am 31.12.2026 legt er seinem Arbeitgeber ein ordnungsgemäß geführtes Fahrtenbuch sowie eine exakte Kostenaufstellung für den Zeitraum 1.1. bis 31.12.2026 vor. Danach haben betragen

Absetzungen für Abnutzung 16,67 % (Nutzungsdauer sechs Jahre)	9 000 €
Benzin, Wartung, Versicherungen usw.	21 000 €
Pkw-Kosten insgesamt	30 000 €

Nach dem Fahrtenbuch sind insgesamt 60 000 km beruflich und privat zurückgelegt worden. Daraus ergibt sich ein „individueller km-Satz" von 0,50 €, der so lange steuerfrei ersetzt werden darf, bis sich die Verhältnisse wesentlich ändern, d.h. hier längstens bis zum 31.12.2028, weil dann der sechsjährige Abschreibungszeitraum abgelaufen ist oder aber so lange, bis das Fahrzeug zu einem früheren Zeitpunkt veräußert (und ersetzt) wird.

Der Arbeitgeber, der A im Laufe des Jahres 2026 zunächst nur den pauschalen km-Satz von 0,30 € steuerfrei erstattet hat, kann ihm nun den Differenzbetrag von 0,20 € je km steuerfrei nachzahlen.

Beispiel 2:

Handelsvertreter A hat einen Pkw geleast und hierfür im ersten Jahr eine Sonderzahlung von 5 000 € geleistet.

Die Sonderzahlung gehört in voller Höhe zu den Gesamtkosten (zuletzt BFH v. 15.4.2010, VI R 20/08, BStBl II 2010, 805 m.w.N.). Würde man auf dieser Basis einen individuellen km-Satz ermitteln, so wäre dieser in den Folgejahren eindeutig zu hoch. Hier kann also erstmals für das zweite Jahr ein individueller km-Satz ermittelt werden, der dann auch für die Folgejahre Gültigkeit hat.

Würde es sich um eine Leasingsonderzahlung handeln, wäre sie nach Ansicht des BFH zeitraumbezogen aufzuteilen, wenn sie insbesondere nach dem Leasingvertrag die monatliche Rate mindern würde (BFH v. 12.3.2024, VIII R 1/21, BStBl II 2024, 633), → Rz. 3664.

Nach der BFH-Rechtsprechung müssen nicht alle Kfz-Kosten nachgewiesen werden; vielmehr ist auch eine **Teilschätzung** der Benzinkosten zulässig (BFH v. 7.4.1992, VI R 113/88, BStBl II 1992, 854). Allerdings muss es dann der Arbeitnehmer hinnehmen, dass das Finanzamt **Abschläge** vornimmt, also z.B. von den niedrigsten Benzinkosten und vom niedrigsten Treibstoffverbrauch ausgeht.

Der Zeitraum von zwölf Monaten für die Ermittlung der Gesamtkosten muss zwar **nicht das Kalenderjahr** umfassen, jedoch **zusammenhängend** sein.

e) Pauschale Kilometersätze

3666 Statt der tatsächlichen Aufwendungen darf für die Ermittlung der Fahrtkosten aus **Vereinfachungsgründen** typisierend je nach Art des benutzten Verkehrsmittels (z.B. Pkw, Motorrad) auch ein **pauschaler Kilometersatz (höchste Wegstreckenentschädigung nach dem Bundesreisekostengesetz für das jeweils benutzte Beförderungsmittel)** für jeden gefahrenen Kilometer angesetzt werden (§ 9 Abs. 1 Satz 3 Nr. 4a Satz 2 EStG, R 9.5 Abs. 1 Satz 5 LStR). Eine Prüfung der tatsächlichen Kilometerkosten ist nicht erforderlich, wenn der Arbeitnehmer von dieser gesetzlichen Typisierung Gebrauch macht.

Pauschale Kilometersätze sind bei auswärtiger Tätigkeit jedoch **nicht anzusetzen**, wenn die Fahrten mit der **Bahn oder mit dem Flugzeug durchgeführt** wurden (BFH v. 11.2.2021, VI R 50/18, BStBl II 2021, 440).

Der Arbeitgeber darf die pauschalen Kilometersätze **nicht – auch nicht teilweise – steuerfrei erstatten**, wenn der Arbeitnehmer i.R. seines Dienstverhältnisses ein Kraftfahrzeug (**Firmenwagen**) für dienstlich veranlasste Auswärtstätigkeiten gestellt bekommt (R 9.5 Abs. 2 Satz 3 LStR). Dies gilt auch, wenn der Arbeitnehmer auf Grund einer Vereinbarung mit dem Arbeitgeber für die **Benzinkosten im Zusammenhang mit diesen Fahrten selbst aufkommen** muss. Allein die Übernahme eines Teils der Aufwendungen, wie z.B. der Benzinkosten, ist jedoch nicht ausreichend für den Ansatz der pauschalen Kilometersätze, da die pauschalen Kilometersätze **an die Stelle der gesamten Aufwendungen treten**, die im Zusammenhang mit der Nutzung eines Kraftfahrzeugs entstehen. Der Arbeitnehmer kann in diesem Fall nur die ihm durch die dienstliche Nutzung des Fahrzeugs tatsächlich entstandenen **Teilaufwendungen** nach § 9 Abs. 1 Nr. 4a EStG als Werbungskosten geltend machen.

Die pauschalen Kilometersätze für jeden gefahrenen Kilometer betragen bei einer Nutzung von:

Kraftwagen	**0,30 € je Fahrtkilometer,**
anderen motorbetriebenen Fahrzeugen	**0,20 € je Fahrtkilometer.**

Bei einem **Elektrofahrrad** kommt der km-Satz von 0,30 € je gefahrenen km nicht in Betracht, da es sich nicht um einen „Kraftwagen" handelt. Der für andere motorbetriebene Fahrzeuge geltende km-Satz von 0,20 € je gefahrenen km kann im Übrigen nur dann steuerfrei erstattet werden, wenn das Elektrofahrrad verkehrsrechtlich als Kfz einzuordnen ist, z.B. weil der Motor auch Geschwindigkeiten über 25 km/h unterstützt; dies gilt auch für **E-Scooter** (→ *Fahrrad* Rz. 2059, → *Elektromobilität* Rz. 1839).

Nutzt der Arbeitnehmer sein **privates Elektrofahrzeug oder Hybridelektrofahrzeug** für **Dienstfahrten**, kann er die pauschalen Kilometersätze aus Vereinfachungsgründen auch dann ansetzen, wenn der Arbeitnehmer nach § 3 Nr. 46 EStG steuerfreie Vorteile oder nach § 40 Abs. 2 Satz 1 Nr. 6 EStG pauschal besteuerte Leistungen und Zuschüsse vom Arbeitgeber für dieses Elektrofahrzeug oder Hybridelektrofahrzeug erhält (BMF v. 11.11.2025, IV C 5 – S 2334/00087/014/013, BStBl I 2025, Rdnr. 37, welches das BMF-Schreiben v. 29.9.2020, IV C 5 – S 2334/19/10009 :004, BStBl I 2020, 972, ersetzt). S.a. → *Elektromobilität* Rz. 1819 und → Rz. 1827.

Durch den Hinweis in § 9 Abs. 1 Nr. 4a EStG auf das **Bundesreisekostengesetz** ist die früher ansetzbare **Mitnahmeentschädigung** von 0,02 € bzw. 0,01 € entfallen (bestätigt durch FG Rheinland-Pfalz v. 8.11.2016, 3 K 2578/14, EFG 2016, 2035) sowie der pauschale Ansatz bei einem **Fahrrad** (bisher 0,05 €) seit 2014 grds. nicht mehr möglich. D.h. dass die tatsächlichen Kosten (Abschreibungen, Wartung, Reparaturen usw.), soweit sie auf die dienstliche Nutzung des Fahrrads entfallen, grds. nachgewiesen werden müssen. Zulässig dürfte für Fahrräder aber eine **Schätzung** der Kosten mit **0,05 €/km** sein (entspricht der bis 2013 gültigen Reisekostenpauschale). **Bei einer aus öffentlichen Kassen gezahlten Mitnahmeentschädigung geht die Finanzverwaltung weiterhin von einer Steuerfreiheit gem. § 3 Nr. 13 EStG aus.**

Für die **Mitnahme von Gepäck** gibt es ebenfalls keine zusätzlichen steuerfreien Beträge, diese Aufwendungen sind durch die pauschalen km-Sätze abgegolten (so bereits BMF v. 20.8.2001, IV C 5 – S 2353 – 312/01, BStBl I 2001, 541).

Die o.g. Pauschbeträge sollten die tatsächlichen Kosten berücksichtigen und waren daher **ursprünglich wesentlich höher** als die – aus umwelt-, verkehrs- und haushaltspolitischen Erwägungen bewusst niedrig gehaltene – **Entfernungspauschale von aktuell einheitlich 0,38 € ab dem ersten Entfernungskilometer** (ab dem Kalenderjahr 2026, zuvor 0,30 € und ab dem 21. km für 2021 0,35 € und für die Jahre 2022 bis 2025 0,38 €; zu den Pauschalen 2026 und den aktuellen Entwicklungen s.a. Hinweis → Rz. 4431) je Entfernungskilometer für Wege zwischen Wohnung und erster Tätigkeitsstätte (für die einfache Strecke sind die Beträge zu halbieren!). Das bedeutet aber zugleich, dass eine etwaige Anhebung oder gar Absenkung der Entfernungspauschale keine Auswirkungen auf den gesetzlichen pauschalen km-Satz von 0,30 € für Reisekosten hat, da für diesen Pauschsatz die höchste Wegstreckenentschädigung nach dem Bundesreisekostengesetz maßgebend ist (§ 9 Abs. 1 Satz 3 Nr. 4a Satz 2 EStG).

Ein höherer Pauschsatz kann deshalb auch nicht mit der Begründung verlangt werden, dass einzelne **Bundesländer** (z.B. Baden-Württemberg und Rheinland-Pfalz) die Wegstreckenentschädigung auf 0,35 €/km angehoben haben. Der **BFH hat schon zum alten Rechtsstand eine pauschale Anhebung auf 0,35 €/km abgelehnt** und sieht auch keine Ungleichbehandlung von Bediensteten öffentlicher Arbeitgeber gegenüber Arbeitnehmern in der Privatwirtschaft (BFH v. 15.3.2011, VI B 145/10).

Hält ein Arbeitnehmer den pauschalen Kilometersatz von 0,30 €/km für nicht mehr ausreichend, hat er jederzeit – anders als bei der Entfernungspauschale für Wege zwischen Wohnung und erster Tätigkeitsstätte – die Möglichkeit, seine höheren **tatsächlichen Kosten nachzuweisen**. Der Arbeitnehmer kann allerdings nicht den Ansatz eines höheren Pauschbetrags unter Hinweis auf die **„ADAC-Tabellen“** verlangen, denn diese Pauschsätze enthalten z.B. auch Rückstellungen für die Neuanschaffung eines Fahrzeugs und entsprechen daher nicht den steuerlichen Regeln (vgl. BFH v. 7.4.1992, VI R 113/88, BStBl II 1992, 854, in dem der BFH lediglich eine Teilschätzung der laufenden Betriebskosten zugelassen hat).

Steuerfrei gezahlt werden dürfen jedoch pauschale Entschädigungen für die Beförderung von **Werkzeugen** zwischen Wohnung und Einsatzstelle (§ 3 Nr. 30 EStG i.V.m. R 3.30 Satz 4 LStR); ein vom Arbeitgeber steuerfrei gezahltes **„Kofferraumgeld“** ist jedoch auf vom Arbeitnehmer geltend gemachte Werbungskosten anzurechnen (vgl. BFH v. 12.8.2002, VI B 251/00).

Mit den vorgenannten pauschalen km-Sätzen sind **sämtliche mit dem laufenden Betrieb eines Kfz verbundenen Aufwendungen abgegolten**, dazu gehören z.B. auch die Aufwendungen für eine Fahrzeug-Vollversicherung, vgl. H 9.5 (Pauschale Kilometersätze) LStH. Werden daher vom Arbeitgeber

- **Kreditzinsen** (BFH v. 30.11.1979, VI R 129/78, BStBl II 1980, 141),
- **Prämien für eine Fahrzeug-Vollversicherung** (BFH v. 21.6.1991, VI R 178/88, BStBl II 1991, 814 sowie zuletzt FG Düsseldorf v. 11.4.2005, 15 K 4678/02 E (2), EFG 2005, 1460 m.w.N.),
- Aufwendungen für **Sicherheitseinrichtungen im Fahrzeug**, z.B. Winterreifen, ABS, Schneeketten, Autoradio, Kopfstützen im Fond (FG Hamburg v. 13.3.1997, II 164/95, EFG 1997, 856),
- **Leasing-Sonderzahlungen**, auch wenn sie in einem Veranlagungszeitraum entstanden sind, als das Fahrzeug noch nicht für berufliche Fahrten genutzt wurde (BFH v. 15.4.2010, VI R 20/08, BStBl II 2010, 805),

zusätzlich erstattet, handelt es sich um **steuerpflichtigen Arbeitslohn**.

Seit dem 1.1.2014 sind die pauschalen Kilometersätze für die Benutzung von Kraftfahrzeugen i.R. von Auswärtstätigkeiten **gesetzlich geregelt** und gelten danach auch dann, wenn der Arbeitnehmer keine eigene Fahrzeug-Vollversicherung, sondern der **Arbeitgeber eine Dienstreise-Kaskoversicherung für ein Kfz des Arbeitnehmers abgeschlossen** hat, vgl. H 9.5 (Pauschale Kilometersätze) LStH sowie BMF v. 9.9.2015, IV C 5 – S 2353/11/10003, BStBl I 2015, 734. Auf Grund der gesetzlichen Festschreibung darf die Finanzverwaltung nicht prüfen, ob sie im Einzelfall zu einer offensichtlich unzutreffenden Besteuerung führen würden (z.B. bei hoher Fahrleistung).

Aufwendungen für **Besuchsfahrten eines Ehepartners zur auswärtigen Tätigkeitsstätte** des anderen Ehepartners sind für den steuerfreien Arbeitgeberersatz auch bei einer längerfristigen Auswärtstätigkeit des anderen Ehepartners grds. nicht zu berücksichtigen. Der BFH lässt es jedoch dahingestellt, ob und unter welchen Voraussetzungen **in besonders gelagerten Ausnahmefällen** die Notwendigkeit, private Dinge durch einen Besuch des Ehepartners bei dem Stpfl. zu regeln, durch den dienstlichen Einsatz des Stpfl. an dessen auswärtiger Tätigkeitsstätte in einem solchen Maße beruflich veranlasst sein kann, dass private Veranlassungsbeiträge dahinter zurücktreten und die Fahrt des Ehepartners zum Stpfl. deshalb nicht als private Besuchsfahrt, sondern ausnahmsweise als beruflich veranlasst anzusehen ist (zuletzt BFH v. 12.7.2017, VI R 42/15, BStBl II 2018, 13).

Wie dem auch sei; der neue R 9.11 Abs. 6 Nr. 2 Satz 3 LStR (2023) schafft nun eine gewisse Klarheit: Tritt ein Besuch des Ehegatten an die Stelle einer Familienheimfahrt des Arbeitnehmers (umgekehrte Familienheimfahrt), so kommen die Reisekosten des Ehegatten als Werbungskosten in Betracht, wenn der Arbeitnehmer aus beruflichen Gründen an einer Familienheimfahrt gehindert ist (z.B. wegen Bereitschaftsdienst oder der Teilnahme an einer Fortbildungsveranstaltung am Arbeitsort). Als Werbungskosten sind jedoch nur die Fahrtkosten (regelmäßig die Entfernungspauschale oder Fahrkarte), nicht aber der Mehraufwand des besuchenden Ehegatten für Unterkunft und Verpflegung am Arbeitsort, ansatzfähig.

Stellt der Arbeitgeber dem Arbeitnehmer ein Kfz zur beruflichen Nutzung (Auswärtstätigkeit) zur Verfügung, können die pauschalen Km-Sätze weder vom Arbeitgeber steuerfrei erstattet noch vom Arbeitnehmer als Werbungskosten abgezogen werden (vgl. R 9.5 Abs. 2 Satz 3 LStR). Dies gilt auch dann, wenn der Arbeitnehmer die Tankkosten für die berufliche Nutzung trägt. In diesem Fall können lediglich die tatsächlichen Kosten steuerfrei erstattet bzw. als Werbungskosten abgezogen werden.

f) Nicht abgegoltene Kfz-Kosten

Nicht abgegolten mit den (individuellen oder pauschalen) km-Sätzen sind etwaige **außergewöhnliche Kosten**, wenn diese durch berufliche Fahrten entstanden sind, für die die Kilometersätze anzusetzen sind, also z.B. anlässlich von Auswärtstätigkeiten, vgl. H 9.5 (Pauschale Kilometersätze) LStH. 3667

Außergewöhnliche Kosten sind danach aber nur:

- **Nicht voraussehbare Aufwendungen für Reparaturen, die nicht auf Verschleiß beruhen**

  Nach der Rechtsprechung sind solche vorzeitigen Verschleißschäden aber nur zu berücksichtigen, soweit sie auf den **beruflichen Nutzungsanteil** entfallen, denn ein Verschleißschaden ist – anders als z.B. ein Unfallschaden – nicht allein einer Dienstfahrt zuzuordnen, sondern entweder konstruktionsbedingt oder hat seine Ursache in der gesamten Fahrweise und konkretisiert sich lediglich anlässlich der beruflich veranlassten Fahrt (zuletzt FG Rheinland-Pfalz v. 24.6.2004, 6 K 1105/01, m.w.N., betr. einen außerordentlichen Motorschaden während einer beruflichen Fahrt).

  Aufwendungen für einen **Austauschmotor** werden nur unter **sehr engen Voraussetzungen** neben dem pauschalen km-Satz anerkannt. Es kommt auf die Würdigung aller Umstände des Einzelfalls an, eine Typisierung hat der BFH ausgeschlossen (BFH v. 29.1.1982, VI R 133/79, BStBl II 1982, 325). Die Rechtsprechung ist nicht einheitlich:

  Beispiel 1:

  Bei einem 14 Monate alten FIAT UNO Diesel ist anlässlich einer Dienstfahrt bei einem km-Stand von 43 710 km ein Motorschaden eingetreten, so dass ein Austauschmotor eingebaut werden musste.

  Es handelt sich um außergewöhnliche Kosten, die der Arbeitgeber neben dem pauschalen km-Satz von 0,30 € als Reisekosten steuerfrei ersetzen darf. Da der Motorschaden aber gleichermaßen durch die berufliche und die private Nutzung des Kfz verursacht worden ist, können nur die anteilig auf die beruflich gefahrenen Strecken entfallenden Aufwendungen berücksichtigt werden (FG Hessen v. 1.12.1992, 12 K 1425/91, EFG 1993, 647).

  Beispiel 2:

  Bei einem Audi 80 GTI mit einer Fahrleistung von 40 000 km und einer Laufzeit von nur 13 Monaten wurde der Motorschaden nicht als außergewöhnlich beurteilt, weil das leistungsstarke und zusätzlich leistungsgesteigerte Fahrzeug für eine sportliche Fahrweise ausgelegt war (FG Baden-Württemberg v. 7.2.1984, 5 K 727/00 E, EFG 1984, 543).

- **Unfallschäden**

  Bei Unfallschäden kommt demgegenüber eine **Kürzung um einen privaten Nutzungsanteil nicht in Betracht** (BFH v. 9.11.1979, VI R 156/77, BStBl II 1980, 71 sowie → *Unfallkosten* Rz. 4194).

  Beispiel 3:

  A erleidet auf einer Dienstreise einen Unfall. Die Reparaturkosten seines eigenen Pkw und die Zahlungen an den Unfallgegner betragen zusammen 10 000 €.

Der Arbeitgeber kann diesen Betrag als Reisekosten steuerfrei ersetzen.

- **Absetzungen für außergewöhnliche technische Abnutzung**

  Diese kommen meist nach Unfällen in Betracht und können – wie Unfallkosten – in voller Höhe berücksichtigt werden, wenn der Schaden auf einer **beruflichen Fahrt** eingetreten ist (→ *Unfallkosten* Rz. 4197).

  Beispiel 4:

  Beispiel wie oben, der Arbeitnehmer hat sein Fahrzeug jedoch nicht reparieren lassen. Die durch Gutachten nachgewiesene Wertminderung beträgt 5 000 €.

  Der Arbeitgeber kann diesen Betrag als Reisekosten steuerfrei ersetzen. Soweit das Fahrzeug aber tatsächlich repariert worden ist, darf der Arbeitgeber zusätzlich zu den Reparaturkosten keine weitere steuerfreie Entschädigung für „Wertminderung" leisten (vgl. BFH v. 27.8.1993, VI R 7/92, BStBl II 1994, 235).

- **Diebstahlsverluste**

  Diebstahlsverluste sind ebenfalls **wie Unfallkosten** zu behandeln, d.h., dass sie anlässlich **einer** beruflichen **Fahrt in voller Höhe berücksichtigt** werden können. Eine Kürzung um den privaten Nutzungsanteil ist nicht vorzunehmen (BFH v. 25.5.1992, VI R 171/88, BStBl II 1993, 44). Nicht berücksichtigt werden können jedoch Diebstahlsverluste, die anlässlich eines privaten Umwegs entstanden sind (zuletzt BFH v. 18.4.2007, XI R 60/04, BStBl II 2007, 762 betr. einen privaten Abstecher zum Besuch des Weihnachtsmarkts).

  Steuerfrei ist die Ersatzleistung aber nur in der Höhe, in der die Anschaffungs- oder Herstellungskosten des Pkw im Fall ihrer Verteilung auf die übliche Gesamtnutzungsdauer auf die Zeit nach dem Eintritt des Schadens entfallen würden, d.h. in Höhe des **„fiktiven Buchwerts"**. Es dürfen also weder die ursprünglichen Anschaffungskosten noch der Zeitwert oder gar die Wiederbeschaffungskosten berücksichtigt werden (BFH v. 30.11.1993, VI R 21/92, BStBl II 1994, 256 sowie → *Diebstahl* Rz. 1536 und → *Unfallkosten* Rz. 4197).

  Beispiel 5:

  A ist während einer Dienstreise in der Nacht der vor dem Hotel abgestellte private Pkw gestohlen worden.

  Der Wertverlust kann vom Arbeitgeber als Reisekosten steuerfrei ersetzt werden, denn das Parken des Pkw in der Nacht ist ebenso beruflich veranlasst wie die Übernachtung während einer mehrtägigen Dienstreise (vgl. BFH v. 18.4.2007, XI R 60/04, BStBl II 2007, 762 m.w.N.).

Entsprechende **Schadensersatzleistungen** sind auf diese Kosten **anzurechnen**. Der verbleibende Betrag kann vom Arbeitgeber als Fahrtkosten neben dem pauschalen km-Satz steuerfrei erstattet werden, vgl. H 9.5 (Pauschale Kilometersätze) LStH.

Park- und **Straßenbenutzungsgebühren** sowie Aufwendungen für **Insassen- und Unfallversicherungen** können als **Reisenebenkosten** steuerfrei erstattet werden (vgl. R 9.8 Abs. 1 LStR).

g) Zu berücksichtigende Fahrten

aa) Auswärtstätigkeit

3668 Solange eine **auswärtige berufliche Tätigkeit vorliegt**, darf der Arbeitgeber die Fahrtkosten für folgende Fahrten steuerfrei ersetzen, vgl. H 9.5 (Allgemeines) LStH:

- **Fahrten des Arbeitnehmers zwischen Wohnung und auswärtiger Tätigkeitsstätte.**

  Aufwendungen für **Besuchsfahrten eines Ehepartners** zur auswärtigen Tätigkeitsstätte des anderen Ehepartners (sog. umgekehrte Familienheimfahrten) können auch bei einer längerfristigen Auswärtstätigkeit des anderen Ehepartners grds. selbst dann nicht berücksichtigt werden, wenn der Arbeitnehmer aus betrieblicher Notwendigkeit vor Ort bleiben muss und daher nicht selbst an den Familienwohnort reisen kann; der BFH hat (noch) nicht entschieden, ob und unter welchen Voraussetzungen in **besonders gelagerten Ausnahmefällen** die Notwendigkeit, private Dinge durch einen Besuch des Ehepartners bei dem Stpfl. zu regeln, durch den dienstlichen Einsatz des Stpfl. an dessen auswärtiger Tätigkeitsstätte in einem solchen Maße beruflich veranlasst sein kann, dass private Veranlassungsbeiträge dahinter zurücktreten und die Fahrt des Ehepartners zum Stpfl. deshalb nicht als private Besuchsfahrt, sondern **ausnahmsweise als beruflich veranlasst** anzusehen ist (zuletzt BFH v. 12.7.2017, VI R 42/15, BStBl II 2018, 13), s. → Rz. 3666,

- **Fahrten zwischen der Zweitwohnung (z.B. auch Hotel) am auswärtigen Arbeitsort und der auswärtigen Tätigkeitsstätte,**
- **Fahrten zwischen erster Tätigkeitsstätte (im Regelfall der Betrieb) und auswärtiger Tätigkeitsstätte,**
- **Zwischenheimfahrten (auch Mehrfachfahrten in der Woche), selbst wenn der Arbeitnehmer in der Wohnung der Eltern wohnt und keinen doppelten Haushalt führt,**

  Beispiel:

  A ist für sechs Monate von seinem Arbeitgeber zu einer auswärtigen Filiale abgeordnet worden. Seine erste Tätigkeitsstätte ist der Betrieb am Heimatort. Er hat in der Nähe der auswärtigen Filiale ein Zimmer gemietet, ist aber trotzdem jeden zweiten Tag nach Hause gefahren.

  Bei der Tätigkeit handelt es sich um eine **Auswärtstätigkeit**. Alle Fahrten, d.h. sowohl die Fahrten zwischen Zweitwohnung (Zimmer) und auswärtiger Arbeitsstelle als auch die Heimfahrten, können nach den Grundsätzen für Auswärtstätigkeiten in vollem Umfang berücksichtigt werden. Für Zwischenheimfahrten bei Auswärtstätigkeiten gibt es – anders als bei der doppelten Haushaltsführung – keine zahlenmäßige Beschränkung auf **eine** Familienheimfahrt in der Woche (BFH v. 24.4.1992, VI R 105/89, BStBl II 1992, 664).

- **Fahrten zwischen mehreren auswärtigen Tätigkeitsstätten oder innerhalb eines weiträumigen Tätigkeitsgebiets.**

bb) Ansatz der Entfernungspauschale

Die **Entfernungspauschale** ist auch anzusetzen für Fahrten des Arbeitnehmers von der Wohnung zu 3669

- einem vom Arbeitgeber dauerhaft festgelegten Ort, an dem sich der Arbeitnehmer auf Grund der dienst- oder arbeitsrechtlichen Festlegungen sowie den diesen ausfüllenden Absprachen und Weisungen typischerweise arbeitstäglich einzufinden hat, um von dort seine unterschiedlichen eigentlichen Einsatzorte aufzusuchen oder dort die Arbeit aufzunehmen, sog. **Sammelpunkt** (§ 9 Abs. 1 Satz 3 Nr. 4a Satz 3 EStG sowie → *Reisekosten: Allgemeine Grundsätze* Rz. 3627),
- einem sog. **weiträumigen Tätigkeitsgebiet** (§ 9 Abs. 1 Satz 3 Nr. 4a Satz 3 EStG sowie → *Reisekosten: Allgemeine Grundsätze* Rz. 3628) oder
- einer **Bildungseinrichtung**, die außerhalb eines Arbeitsverhältnisses zum Zwecke eines Vollzeitstudiums oder einer vollzeitigen Bildungsmaßnahme aufgesucht wird (§ 9 Abs. 4 Satz 8 EStG sowie → *Reisekosten: Allgemeine Grundsätze* Rz. 3620).

3. Verpflegungsmehraufwendungen

a) Allgemeine Grundsätze

Der Arbeitnehmer kann für die ihm **tatsächlich entstandenen Mehraufwendungen** für Verpflegung auf Grund einer beruflich veranlassten Auswärtstätigkeit nach der Abwesenheitszeit von seiner Wohnung und seiner ersten Tätigkeitsstätte gestaffelte **Verpflegungspauschalen** als Werbungskosten ansetzen oder in entsprechender Höhe einen steuerfreien Arbeitgeberersatz erhalten. Der Einzelnachweis von Verpflegungsmehraufwendungen berechtigt nicht zum Abzug höherer Beträge (R 9.6 Abs. 1 Satz 2 LStR). 3670

Das Merkmal „tatsächlich entstandene" Mehraufwendungen bringt dabei zum Ausdruck, dass die **Verpflegungspauschalen insoweit nicht zum Ansatz kommen, als der Arbeitnehmer während seiner beruflichen Auswärtstätigkeit durch den Arbeitgeber „verpflegt" wird**. Eine Prüfungspflicht hinsichtlich der Höhe der tatsächlich entstandenen Aufwendungen besteht nicht.

Seit 2014 sind daher die Verpflegungspauschalen zu kürzen, wenn dem Arbeitnehmer anlässlich oder während einer Tätigkeit außerhalb seiner ersten Tätigkeitsstätte vom Arbeitgeber oder auf dessen Veranlassung von einem Dritten eine **Mahlzeit zur Verfügung gestellt wird** (→ *Mahlzeiten aus besonderem Anlass* Rz. 3084).

Beispiel:

Außendienstmitarbeiter A besucht für drei Tage die X-Messe. Er wohnt bei Freunden, wo er auch weitgehend verpflegt wird. An den Abenden wird er von Geschäftsfreunden zum Essen eingeladen.

Auch wenn A tatsächlich allenfalls geringe Verpflegungskosten entstanden sind, kann er die Verpflegungspauschalen in Anspruch nehmen.

Nur wenn er vom Arbeitgeber oder auf dessen Veranlassung von einem Dritten abends zum Essen eingeladen würde, würde die Verpflegungspauschale für die Abendessen um 40 % des höchsten Betrags von 28 € (= 11,20 €) gemindert werden.

Um die steuerliche Berücksichtigung von Verpflegungsmehraufwendungen zu vereinfachen, wurde ab 2014 die bisherige dreistufige Staffelung der abziehbaren Pauschalen und Mindestabwesenheitszeiten durch eine **zweistufige Staffelung** ersetzt. Die Prüfung von Mindestabwesenheitszeiten bei mehrtägigen Auswärtstätigkeiten fällt für den An- und Abreisetag weg. Auch die Berechnung der **Dreimonatsfrist** wurde vereinfacht (→ Rz. 3682).

Höhere Erstattungen des Arbeitgebers müssen versteuert werden. Zahlt der Arbeitgeber ohne Rücksicht auf die im Einzelfall nachgewiesenen Abwesenheitszeiten **„pauschale Reisekostenvergütungen"**, sind diese steuerpflichtig, weil nicht festgestellt werden kann, inwieweit die gesetzlichen Voraussetzungen für die Steuerfreiheit (Mindestabwesenheit mehr als acht Stunden) erfüllt sind (vgl. zuletzt BFH v. 11.8.2011, X S 6/11 (PKH), betr. sog. **Spesenvorschüsse** sowie sinngemäß FG Sachsen v. 21.10.2010, 1 K 1564/06: Keine Steuerfreiheit des vom Arbeitgeber gezahlten pauschalen Fahrtkostenersatzes für mit dem privaten Pkw ausgeführte Dienstfahrten).

b) Inlandspauschalen

aa) Übersicht

3671 Als Verpflegungspauschalen sind seit dem **Kalenderjahr 2020** ansetzbar:

Bei Abwesenheit von 24 Stunden (bei mehrtägiger Reise)	**28 €**
Bei Abwesenheit mehr als 8 bis unter 24 Stunden	**14 €**
Bei Abwesenheit bis 8 Stunden	**-**
Jeweils für den An- und Abreisetag bei einer mehrtägigen Reise, unabhängig von der Abwesenheitsdauer	**14 €**

bb) Eintägige Auswärtstätigkeit

3672 Für eintägige auswärtige Tätigkeiten ohne Übernachtung kann ab einer Abwesenheit von mehr als 8 Stunden von der Wohnung und der ersten Tätigkeitsstätte eine Pauschale für Verpflegungsmehraufwendungen von **14 €** berücksichtigt werden.

Beispiel 1:

Monteur M hat im Kalenderjahr 2026 keine erste Tätigkeitsstätte. Er verlässt jeden Morgen seine Wohnung um 7.00 Uhr, fährt kurz zur Firma, um Material und Auftragszettel für den Tag abzuholen, anschließend zu den Kunden und kehrt gegen 17.00 Uhr nach Hause zurück.

Der Arbeitgeber kann täglich eine Pauschale von 14 € für Verpflegungsmehraufwendungen steuerfrei auszahlen (Abwesenheit mehr als 8 Stunden).

Dies gilt auch, wenn der Arbeitnehmer seine auswärtige berufliche Tätigkeit über Nacht (also an zwei Kalendertagen) ausübt – somit nicht übernachtet – und dadurch ebenfalls insgesamt mehr als 8 Stunden von der Wohnung und der ersten Tätigkeitsstätte abwesend ist (sog. **„Mitternachtsregelung"**).

Ist der Arbeitnehmer **an einem Kalendertag mehrfach oder über Nacht (an zwei Kalendertagen ohne Übernachtung) auswärts tätig**, können die Abwesenheitszeiten dieser Tätigkeiten zusammengerechnet und im Fall der Tätigkeit über Nacht für den Kalendertag berücksichtigt werden, an dem der Arbeitnehmer den überwiegenden Teil der insgesamt mehr als 8 Stunden abwesend ist (§ 9 Abs. 4a Satz 3 Nr. 3 zweiter Halbsatz EStG).

Beispiel 2:

Auslieferungsfahrer A ist im Kalenderjahr 2026 von Montag 17.30 Uhr bis Dienstag 2.30 Uhr von seiner Wohnung abwesend und auf Auslieferungsfahrt. Eine erste Tätigkeitsstätte hat er nicht.

Auf Grund der 9-stündigen Abwesenheit kann für Montag, dem Tag der überwiegenden Abwesenheit, eine Verpflegungspauschale i.H.v. 14 € steuerfrei gezahlt werden.

Beispiel 3:

Der Vertriebsleiter V verlässt um 8.00 Uhr seine Wohnung in B und besucht zuerst bis 12.00 Uhr einen Kunden. Von 12.30 Uhr bis 14.30 Uhr ist er in seinem Büro (erste Tätigkeitsstätte) tätig. Anschließend fährt er von dort zu einer Tagung in C und kehrt um 19.00 Uhr noch einmal für 1 Stunde in sein Büro in B zurück.

Es zählen die Zeiten vom Verlassen der Wohnung bis zur Ankunft an der ersten Tätigkeitsstätte (Büro) mittags sowie vom Verlassen der ersten Tätigkeitsstätte (Büro) bis zur Rückkehr dorthin. V war zweimal beruflich auswärts tätig und dabei insgesamt mehr als 8 Stunden von seiner Wohnung und seiner ersten Tätigkeitsstätte abwesend. Er erfüllt daher die Voraussetzungen der Verpflegungspauschale für eine eintägige Auswärtstätigkeit (14 €).

Beispiel 4:

Der Kurierfahrer K ist typischerweise von 20.00 Uhr bis 5.30 Uhr des Folgetags beruflich unterwegs. In dieser Zeit legt er regelmäßig auch eine Lenkpause von 45 Minuten ein. Seine Wohnung verlässt K um 19.30 Uhr und kehrt um 6.00 Uhr dorthin zurück. Eine erste Tätigkeitsstätte liegt nicht vor.

K ist i.R. seiner beruflichen Auswärtstätigkeit (Fahrtätigkeit) über Nacht von seiner Wohnung abwesend (4,5 Stunden + 6 Stunden). Bei der Lenkpause handelt es sich nicht um eine Übernachtung. Die Abwesenheitszeiten über Nacht können aber zusammengerechnet werden. Sie werden für den zweiten Kalendertag berücksichtigt, an dem K den überwiegenden Teil der Zeit abwesend ist. K erfüllt die Voraussetzungen der Verpflegungspauschale für eine eintägige Auswärtstätigkeit (14 €).

Beispiel 5:

Wie Beispiel 4, die berufliche Fahrtätigkeit des K verteilt sich im Kalenderjahr 2026 wie folgt auf die Tage (in Stunden):

Montag Dienstag Mittwoch Donnerstag Freitag Samstag
5 4 5 4 5 4 4,5 5 5 4

Wählt K die Zusammenrechnung der Abwesenheitszeiten über Nacht, kann er eine Verpflegungspauschale für eine eintägige Auswärtstätigkeit i.H.v. 14 € für folgende Tage beanspruchen: Montag, Dienstag, Mittwoch und Freitag (4 Tage).

Rechnet K stattdessen die an dem jeweiligen Tag geleisteten einzelnen Abwesenheitszeiten zusammen, kann er für Dienstag, Mittwoch, Donnerstag und Freitag eine Verpflegungspauschale von jeweils 14 € beanspruchen.

Beispiel 6:

Wie Beispiel 4. Die berufliche Fahrtätigkeit des K verteilt sich im Kalenderjahr 2026 wie folgt auf die Tage (in Stunden):

Montag Dienstag Mittwoch Donnerstag Freitag Samstag
5 4 5 4 5 4 4,5 4 4 5

Wählt K die Zusammenrechnung der Abwesenheitszeiten über Nacht, kann er eine Verpflegungspauschale für eine eintägige Auswärtstätigkeit i.H.v. 14 € für folgende Tage beanspruchen: Montag, Dienstag, Mittwoch, Donnerstag und Samstag.

Rechnet K die an dem jeweiligen Tag geleisteten einzelnen Abwesenheitszeiten zusammen, kann er nur für Dienstag, Mittwoch und Donnerstag eine Verpflegungspauschale von jeweils 14 € beanspruchen.

Maßgeblich hierfür ist die gesetzliche Regelung des § 9 Abs. 4a Satz 3 Nr. 3 zweiter Halbsatz EStG, die anstelle der auf den Kalendertag bezogenen Betrachtung bei auswärtigen beruflichen Tätigkeiten über Nacht ohne Übernachtung ausnahmsweise die Zusammenrechnung dieser Zeiten ermöglicht.

Beispiel 7:

Der Arbeitnehmer A unternimmt, ohne zu übernachten, eine Dienstreise, die am 5.5. um 17.00 Uhr beginnt und am 6.5. um 7.30 Uhr beendet wird. Am 6.5. unternimmt A nachmittags eine weitere Dienstreise (von 14.00 Uhr bis 23.30 Uhr).

A hat hier die Möglichkeit, die Abwesenheitszeiten der ersten Dienstreise über Nacht zusammenzurechnen (= 14 Stunden und 30 Minuten). Bedingt durch die überwiegende Abwesenheit am 6.5. ist die dafür zu berücksichtigende Verpflegungspauschale dann dem 6.5. zuzurechnen.

Alternativ können auch alle ausschließlich am 6.5. geleisteten Abwesenheitszeiten (7 Stunden 30 Minuten zuzüglich 9 Stunden 30 Minuten = 17 Stunden) zusammengerechnet werden. In diesem Fall bleiben die während der ersten Dienstreise angefallenen Abwesenheitszeiten unberücksichtigt.

Unabhängig davon, für welche Berechnungsmethode A sich entscheidet, steht ihm lediglich eine Verpflegungspauschale von 14 € für den Reisetag am 6.5. zu.

Eine Verpflegungspauschale von 28 € kommt nur in Betracht, wenn entweder die gesamte Tätigkeit über Nacht oder die Tätigkeit an dem jeweiligen Kalendertag 24 Stunden erreicht.

Beispiel 8:

Der Arbeitnehmer A arbeitet von 8.30 Uhr bis 17.00 Uhr in seinem Büro in B (erste Tätigkeitsstätte), anschließend fährt er zu einem Geschäftstermin in C. Der Termin erstreckt sich bis 0.30 Uhr des Folgetags. A kehrt um 1.30 Uhr in seine Wohnung zurück.

A war wegen beruflicher Tätigkeit mehr als 8 Stunden auswärts tätig. Dass sich die Abwesenheit über zwei Kalendertage ohne Übernachtung erstreckt, ist unschädlich. Die Abwesenheiten werden zusammengerechnet und dem ersten Kalendertag zugeordnet, weil an diesem Tag der überwiegende Teil der Abwesenheit stattgefunden hat. A erfüllt die Voraussetzungen der Verpflegungspauschale für eintägige Auswärtstätigkeit (14 €).

cc) Mehrtägige Auswärtstätigkeit im Inland

3673 Für jeden Kalendertag, an dem der Arbeitnehmer auf Grund einer auswärtigen beruflichen Tätigkeit 24 Stunden von seiner Wohnung abwesend ist (**Zwischentag**), kann eine Pauschale für Verpflegungsmehraufwendungen i.H.v. **28 €** als Werbungskosten geltend gemacht bzw. vom Arbeitgeber steuerfrei ersetzt werden.

Für den **An- und Abreisetag** einer mehrtägigen auswärtigen Tätigkeit mit Übernachtung außerhalb der Wohnung kann ohne Prüfung einer Mindestabwesenheitszeit eine **Pauschale von jeweils 14 €** als Werbungskosten berücksichtigt bzw. vom Arbeitgeber steuerfrei ersetzt werden (§ 9 Abs. 4a Satz 3 Nr. 2 EStG). Dabei ist es unerheblich ist, ob der Arbeitnehmer die Reise von der Wohnung, der ersten oder einer anderen Tätigkeitsstätte aus antritt. Eine **mehrtägige auswärtige Tätigkeit mit Übernachtung** liegt auch dann vor, wenn die berufliche Auswärtstätigkeit über Nacht ausgeübt wird und sich daran eine Übernachtung am Tage sowie eine weitere Tätigkeit über Nacht anschließt.

Unerheblich ist auch, ob für die Übernachtung tatsächlich Übernachtungskosten anfallen (so z.B. bei **Schlafen im Bus, Lkw oder Lokomotive**).

Beispiel 1:

Der Ingenieur I aus B ist im Kalenderjahr 2026 von Montagabend bis Dienstag in M auswärts tätig. An diese Tätigkeit schließt sich am Dienstag gleich die Weiterreise nach H zu einer neuen auswärtigen Tätigkeit an. I fährt von M direkt nach H und kehrt am Mittwochmittag zu seiner Wohnung zurück.

I kann folgende Verpflegungspauschalen beanspruchen:

- Für Montag als Anreisetag und für Mittwoch als Rückreisetag stehen ihm jeweils 14 € zu.
- Da I am Dienstag infolge der Abreise aus M und direkten Anreise nach H 24 Stunden von seiner Wohnung und ersten Tätigkeitsstätte abwesend ist, kommt für diesen Tag eine Pauschale von 28 € in Betracht.

Beispiel 2:

Wie Beispiel 1 im Kalenderjahr 2026. I sucht am Dienstag kurz seine Wohnung in B auf, um Unterlagen und Kleidung einzupacken und fährt nach einer Stunde weiter nach H.

In diesem Fall kann I auch für Dienstag als An- und gleichzeitig als Abreisetag nur 14 € Verpflegungspauschale beanspruchen. Eine Verpflegungspauschale von 28 € kann nur dann beansprucht werden, wenn I infolge seiner beruflichen Auswärtstätigkeit 24 Stunden von seiner Wohnung und ersten Tätigkeitsstätte abwesend ist.

Beispiel 3:

Monteur M aus D ist im Kalenderjahr 2026 von Montag bis Mittwoch in S auswärts tätig. Eine erste Tätigkeitsstätte besteht nicht. M verlässt am Montag um 10.30 Uhr seine Wohnung in D. M verlässt S am Mittwochabend und erreicht seine Wohnung in D am Donnerstag um 1.45 Uhr.

M steht für Montag (Anreisetag) eine Verpflegungspauschale von 14 € zu. Für Dienstag und Mittwoch kann M eine Pauschale von 28 € beanspruchen, da er an diesen Tagen 24 Stunden von seiner Wohnung abwesend ist. Für Donnerstag steht ihm eine Pauschale von 14 € zu (Abreisetag).

dd) Begriff „Wohnung“

3674 Nach § 9 Abs. 1 Satz 3 Nr. 5a Satz 1 EStG sind notwendige Mehraufwendungen eines Arbeitnehmers für beruflich veranlasste Übernachtungen an einer Tätigkeitsstätte, die nicht erste Tätigkeitsstätte ist, Werbungskosten. Abzugsfähig sind daher nur Aufwendungen, die dem Arbeitnehmer für eine **zusätzliche (berufliche) Unterkunft** entstehen. Nur insoweit liegt Mehraufwand vor. Der Arbeitnehmer muss folglich – wie bei einer doppelten Haushaltsführung – **neben der auswärtigen Unterkunft eine andere Wohnung/Unterkunft haben.** Er muss dort jedoch weder einen eigenen Hausstand führen noch muss dort der Mittelpunkt seiner Lebensinteressen liegen. Die Berücksichtigung von Unterkunftskosten anlässlich einer Auswärtstätigkeit setzt damit – anders als bei einer beruflich veranlassten doppelten Haushaltsführung – nicht voraus, dass der Arbeitnehmer die Wohnung/Unterkunft aus eigenem Recht oder als Mieter innehat und sich an den dortigen Kosten der Lebensführung finanziell beteiligt. Es genügt, wenn der Arbeitnehmer z.B. im Haushalt der Eltern ein Zimmer bewohnt. Abziehbar sind die tatsächlichen Aufwendungen für die persönliche Inanspruchnahme einer (zusätzlichen) auswärtigen Unterkunft zur Übernachtung (§ 9 Abs. 1 Satz 3 Nr. 5a Satz 1 EStG sowie zuletzt BFH v. 14.5.2020, VI R 3/18, BStBl II 2021, 302 betr. Auslands- und Praxissemester).

Als **Wohnung** im vorstehenden Sinne gilt (§ 9 Abs. 4a Satz 4 zweiter Halbsatz EStG)

- der **Hausstand**, der den Mittelpunkt der Lebensinteressen des Arbeitnehmers bildet und nicht nur gelegentlich aufgesucht wird oder
- die **Zweitwohnung** am Ort einer steuerlich anzuerkennenden doppelten Haushaltsführung (insbesondere zu berücksichtigen, wenn der Arbeitnehmer mehrere Wohnungen hat).

Wohnung in diesem Sinne kann somit z.B. bei **Auszubildenden auch die elterliche Wohnung** sein, wenn sich dort noch der Lebensmittelpunkt des Auszubildenden befindet.

Beispiel 1:

Arbeitnehmer A wohnt noch in der elterlichen Wohnung. Dort befindet sich sein Lebensmittelpunkt. Er beginnt mit der Auswärtstätigkeit Montag um 18.00 Uhr, übernachtet am auswärtigen Einsatzort und kehrt am Dienstag um 14.00 Uhr zurück.

Steuerfrei gezahlt werden können seit dem Kalenderjahr 2020 unabhängig von den Abwesenheitszeiten für den An- und Abreisetag jeweils 14 €. Ob der Arbeitnehmer eine eigene Wohnung hat, ist nicht entscheidend. Es genügt, wenn der Arbeitnehmer z.B. im Haushalt der Eltern ein Zimmer bewohnt. Maßgebend ist der Lebensmittelpunkt (vgl. FG Baden-Württemberg v. 21.3.2013, 3 K 3932/11, EFG 2013, 1353).

Beispiel 2:

Übernachtet der Arbeitnehmer aus beruflichem Anlass z.B. i.R. einer Auswärtstätigkeit in seinem eigenen Ferienappartement, welches er nur gelegentlich aufsucht, handelt es sich um eine mehrtägige auswärtige Tätigkeit mit Übernachtung, auch wenn für die Übernachtung selbst keine Kosten entstehen.

4. Auslandsreisen

a) Allgemeine Grundsätze

Unter denselben Voraussetzungen wie bei inländischen Auswärtstätigkeiten werden bei Auswärtstätigkeiten im Ausland besondere Pauschalen für Verpflegungsmehraufwendungen angesetzt. Diese betragen 3675

- bei einer Abwesenheit von 24 Stunden 120 %
- und für den An- sowie Abreisetag oder für eine Abwesenheit von mehr als 8 Stunden jeweils 80 %

der Auslandstagegelder nach dem Bundesreisekostengesetz (§ 9 Abs. 4a Satz 5 EStG).

Die jeweils länderweise anzusetzenden Beträge werden regelmäßig durch jährliche BMF-Schreiben bekannt gemacht (→ *Anhang, A. Lohnsteuer* Rz. 4826).

Der anzusetzende länderweise unterschiedliche Pauschbetrag bestimmt sich nach dem Ort, den der Arbeitnehmer vor 24 Uhr Ortszeit zuletzt erreicht, oder, wenn dieser Ort im Inland liegt, nach dem letzten Tätigkeitsort im Ausland (§ 9 Abs. 4a Satz 5 EStG).

Die übrigen Regelungen zu den Besonderheiten bei Auswärtstätigkeiten im Ausland gelten weiter (so z.B. R 9.6 Abs. 3 LStR betr. Regelungen für Flug- und Schiffsreisen).

b) Eintägige Auswärtstätigkeit

Für eintägige Reisen ins Ausland, die am selben Tag begonnen und beendet werden, ist der Pauschbetrag des **„letzten Tätigkeitsorts“** im Ausland maßgebend, an dem zuletzt die berufliche Tätigkeit ausgeübt worden ist. Sie werden also in ihrer Gesamtheit wie Auslandsreisen behandelt. 3676

Beispiel:

Außendienstmitarbeiter A sucht in 2025 i.R. einer eintägigen Dienstreise zunächst einen Kunden in Frankreich und danach einen in Luxemburg auf. Er fährt um 7.00 Uhr los und kehrt um 22.00 Uhr wieder zurück.

Es ist das Tagegeld für Luxemburg maßgebend (Abwesenheit mehr als 8 Stunden, 42 €).

c) Mehrtägige Auswärtstätigkeit

3677 Im Hinblick auf die bei auswärtigen beruflichen Tätigkeiten im Ausland oftmals über Nacht oder mehrere Tage andauernden An- und Abreisen genügt es für die **Qualifizierung als An- und Abreisetag**, wenn der Arbeitnehmer unmittelbar nach der Anreise oder vor der Abreise auswärtig übernachtet.

Bei **Auswärtstätigkeiten in verschiedenen ausländischen Staaten** gilt für die Ermittlung der Verpflegungspauschalen am **An- und Abreisetag** Folgendes:

- Bei einer **Anreise** vom Inland ins Ausland oder vom Ausland ins Inland jeweils ohne Tätigwerden ist die Verpflegungspauschale des Ortes maßgebend, der vor 24.00 Uhr erreicht wird.
- Bei einer **Abreise** vom Ausland ins Inland oder vom Inland ins Ausland ist die Verpflegungspauschale des letzten Tätigkeitsortes maßgebend.

d) Zusammentreffen von Inlands- und Auslandsreisen

3678 Werden an einem Kalendertag Auswärtstätigkeiten im In- und Ausland durchgeführt, ist für diesen Tag das entsprechende Auslandstagegeld maßgebend, selbst dann, wenn die überwiegende Zeit im Inland verbracht wird. **Mehrere Abwesenheitszeiten** auf Grund mehrerer Auswärtstätigkeiten an einem Kalendertag sind **zusammenzurechnen**. Führt dabei nur **eine Reise ins Ausland**, kann gleichwohl das höhere Auslandstagegeld angesetzt werden, selbst wenn die **überwiegende Zeit im Inland verbracht** wird (R 9.6 Abs. 3 Satz 3 LStR).

Beispiel 1:

A, Handelsvertreter mit Wohnort in Konstanz, unternimmt in 2025 vormittags eine Dienstreise in die Schweiz nach Zürich (Dauer: 5 Stunden), zum Mittagessen ist er wieder zurück. Nachmittags unternimmt er eine weitere Dienstreise nach Ulm (Dauer: 4 Stunden).

Die Abwesenheitszeiten sind zusammenzurechnen: Es ergibt sich eine Gesamtabwesenheitszeit von 9 Stunden, so dass der Arbeitgeber für diesen Tag die steuerfreie Verpflegungspauschale für Abwesenheiten über 8 Stunden zahlen darf. Maßgebend ist hier das Auslandstagegeld für die Schweiz von 43 €.

Beispiel 2:

A, Kundendiensttechniker, dessen erste Tätigkeitsstätte der Betrieb ist, wird in 2025 zu einer Reparatur nach Belgien gerufen, die unbedingt in der Nacht durchgeführt werden muss (keine Übernachtung). Er beginnt seine Dienstreise nach Belgien am ersten Tag um 23.00 Uhr und kehrt am zweiten Tag um 6.00 Uhr zurück. Am zweiten Tag unternimmt er in der Zeit von 14.00 bis 20.00 Uhr eine weitere Dienstreise, allerdings nur im Inland.

Die am ersten Tag begonnene Dienstreise ist nach der „Mitternachtsregelung" mit ihrer gesamten Abwesenheitszeit von 7 Stunden dem zweiten Tag zuzuordnen. Da A am zweiten Tag eine weitere Dienstreise (Abwesenheit 6 Stunden) unternimmt, beträgt die gesamte Abwesenheitszeit an diesem Tag 13 Stunden. Es ist daher für eine Abwesenheitszeit von mehr als 8 Stunden das Auslandstagegeld für Belgien anzusetzen (das sind hier 40 €), auch wenn A tatsächlich nur 7 Stunden in Belgien verbracht hat.

Diese Betrachtung erscheint recht **großzügig**, weil auch bei nur kurzem Aufenthalt im Ausland ggf. für den ganzen Tag das höhere Auslandstagegeld zum Ansatz kommen kann. Dies wird aber auch bei einer zusammenhängenden Auswärtstätigkeit, bei der die Tätigkeitsorte sowohl im Inland als auch im Ausland liegen, in Kauf genommen. Denn maßgebend ist in solchen Fällen das Auslandstagegeld für den letzten Tätigkeitsort im Ausland.

Entsprechendes gilt, wenn eine Auswärtstätigkeit in **mehrere benachbarte Länder** führt.

Beispiel 3:

Sachverhalt wie Beispiel 2, jedoch führt die zweite Reise in die Niederlande.

Auch hier sind beide Auslandsreisen hinsichtlich der Abwesenheitszeit zusammenzurechnen (13 Stunden) und dem zweiten Tag der überwiegenden Abwesenheit zuzurechnen. Anzusetzen ist das Tagegeld für den letzten Tätigkeitsort im Ausland, also für die Niederlande (32 €).

e) Auswärtstätigkeiten in verschiedenen Staaten

3679 Bei Auswärtstätigkeiten in verschiedenen ausländischen Staaten gilt für die Ermittlung der Verpflegungspauschalen am An- und Abreisetag sowie an den Zwischentagen (→ *Anhang, A. Lohnsteuer* Rz. 4826):

- Bei einer **Anreise** vom Inland ins Ausland oder vom Ausland ins Inland jeweils ohne Tätigwerden ist die Verpflegungspauschale des Ortes maßgebend, der vor 24.00 Uhr Ortszeit erreicht wird.
- Bei einer **Abreise** vom Ausland ins Inland oder vom Inland ins Ausland ist die Verpflegungspauschale des letzten Tätigkeitsortes maßgebend.
- Für die **Zwischentage** ist i.d.R. der entsprechende Pauschbetrag des Ortes maßgebend, den der Arbeitnehmer vor 24.00 Uhr Ortszeit erreicht wird.

Beispiel 1:

Der Arbeitnehmer A reist am Montag um 20.00 Uhr zu einer beruflichen Auswärtstätigkeit von seiner Wohnung in Berlin nach Brüssel. Er erreicht Belgien um 2.00 Uhr. Dienstag ist er den ganzen Tag in Brüssel tätig. Am Mittwoch reist er zu einem weiteren Geschäftstermin um 8.00 Uhr nach Amsterdam. Er erreicht Amsterdam um 14.00 Uhr. Dort ist er bis Donnerstag um 13.00 Uhr tätig und reist anschließend zurück nach Berlin. Er erreicht seine Wohnung am Donnerstag um 22.30 Uhr.

Für Montag ist die inländische Verpflegungspauschale für den Anreisetag maßgebend, da A sich um 24.00 Uhr noch im Inland befindet. Für Dienstag ist die Verpflegungspauschale für Belgien anzuwenden. Für Mittwoch ist die Verpflegungspauschale für die Niederlande zu Grunde zulegen, da sich der Ort, den A vor 24 Uhr Ortszeit zuletzt erreicht hat, in den Niederlanden befindet (§ 9 Abs. 4a Satz 5 EStG). Für Donnerstag ist die Verpflegungspauschale der Niederlande für den Abreisetag maßgeblich, da A noch bis 13.00 Uhr in Amsterdam beruflich tätig war.

Beispiel 2:

Der Arbeitnehmer A reist für ein berufliches Projekt am Sonntag um 21.00 Uhr von Paris nach Mannheim. Am Sonntag um 24.00 Uhr befindet sich A noch in Frankreich. A ist in Mannheim von Montag bis Freitag beruflich tätig und verlässt Mannheim am Freitag um 11.00 Uhr. Er erreicht Paris am Freitag um 21.00 Uhr.

Für Sonntag (Anreisetag) ist die Verpflegungspauschale für Frankreich maßgebend. Für Montag bis Freitag ist die jeweils maßgebliche inländische Verpflegungspauschale anzuwenden.

Schließt sich an den Tag der Rückreise von einer mehrtägigen Auswärtstätigkeit zur Wohnung oder ersten Tätigkeitsstätte eine **weitere ein- oder mehrtägige Auswärtstätigkeit** an, ist für diesen Tag die höhere Verpflegungspauschale zu berücksichtigen.

Beispiel 3:

Ingenieur I kehrt in 2025 am Dienstag von einer mehrtätigen Auswärtstätigkeit in Straßburg zu seiner Wohnung zurück. Nachdem er Unterlagen und neue Kleidung eingepackt hat, reist er zu einer weiteren mehrtägigen Auswärtstätigkeit nach Kopenhagen. I erreicht Kopenhagen um 23.30 Uhr. Die Übernachtung – jeweils mit Frühstück – werden vom Arbeitgeber im Voraus gebucht und bezahlt.

Für Dienstag ist nur die höhere Verpflegungspauschale von 50 € (Rückreisetag von Straßburg: 36 €, Anreisetag nach Kopenhagen [Dänemark]: 50 €) anzusetzen. Auf Grund der Gestellung des Frühstücks i.R. der Übernachtung in Straßburg ist die Verpflegungspauschale um 15,00 € (20 % von 75 € [für Kopenhagen bzw. Dänemark]) auf 35,00 € zu kürzen.

Dieses Beispiel zeigt, welche Verpflegungspauschale für die Kürzung bei einer Mahlzeitengestellung anzusetzen ist, wenn der Arbeitnehmer nicht in dem Land übernachtet,

in dem er auswärts tätig ist, sondern z.B. in einem Nachbarland. In solchen Fällen ist der Grundsatz zu beachten, dass bei der Gestellung von Mahlzeiten durch den Arbeitgeber die Kürzung der Verpflegungspauschale i.S.v. § 9 Abs. 4a Satz 8 ff. EStG tagesbezogen vorzunehmen ist. Folglich ist die für den jeweiligen Reisetag maßgebende Verpflegungspauschale für eine 24-stündige Abwesenheit (§ 9 Abs. 4a Satz 5 EStG) anzusetzen, unabhängig davon, in welchem Land die jeweilige Mahlzeit zur Verfügung gestellt wurde.

f) Flugreisen

Auch bei Flugreisen gelten grds. die Regelungen für eintägige und mehrtägige Auslandsdienstreisen, d.h. maßgebend ist grds. der Pauschbetrag für das Land, das der Arbeitnehmer **vor 24.00 Uhr Ortszeit zuletzt erreicht**. Abzustellen ist dabei auf den Zeitpunkt, in dem das **Flugzeug landet, Zwischenlandungen** bleiben unberücksichtigt, es sei denn, dass durch sie Übernachtungen notwendig werden (R 9.6 Abs. 3 Satz 4 Nr. 1 LStR). 3680

Beispiel 1:

Beginn der mehrtägigen Dienstreise in München um 4.00 Uhr (in 2025), Abflug in Frankfurt um 8.00 Uhr, Zwischenlandung in London um 10.00 Uhr, Weiterflug um 12.00 Uhr nach New York und Landung dort um 19.00 Uhr (Ortszeit 13.00 Uhr).

Für den gesamten Anreisetag ist das Auslandstagegeld für New York von 44 € anzusetzen (im Kalenderjahr 2025). Die Zwischenlandung in London bleibt außer Betracht.

Für den **Abflugtag** kommt ein Auslandstagegeld somit nur in Betracht, wenn das Flugzeug vor 24.00 Uhr Ortszeit tatsächlich in einem ausländischen Staat landet, in dem der Arbeitnehmer seine berufliche Tätigkeit ausüben soll oder den Flug zwecks Übernachtung unterbricht.

Erstreckt sich der **Flug über zwei Kalendertage**, kommt für den ersten Tag nur die **Inlandspauschale** in Betracht, wenn der Abflughafen im Inland liegt. Erstreckt sich eine **Flugreise über mehr als zwei Kalendertage**, ist für die Tage, die zwischen dem Tag des Abflugs und dem Tag der Landung liegen, das für **Österreich** geltende Tagegeld maßgebend (R 9.6 Abs. 3 Satz 4 Nr. 1 Satz 2 LStR).

Beispiel 2:

Sachverhalt wie Beispiel 1 im Kalenderjahr 2025. Auf Grund von Verspätungen startet das Flugzeug in London jedoch erst um 24.00 Uhr und landet um 7.00 Uhr des nächsten Tages in New York (Ortszeit 1.00 Uhr).

Für den Abflugtag ist noch die Inlandspauschale von 14 € anzusetzen. Die höhere Auslandspauschale kommt erstmals für den zweiten Tag in Betracht (Anreisetag).

Für **Rückreisetage von einer mehrtägigen Flugreise und für eintägige Flugreisen** in das Ausland ist das Auslandstagegeld für den letzten Tätigkeitsort im Ausland maßgebend. Zwischenlandungen bleiben auch hier unberücksichtigt.

Desgleichen gelten für Flugreisen die **„Mitternachtsregelung“** (der Aufenthalt im Flugzeug gilt nicht als Übernachtung) und die Regelungen für das **Zusammentreffen von Auslands- und Inlandsdienstreisen**.

Zu den vom **Arbeitgeber zur Verfügung gestellten Mahlzeiten gehören auch** die z.B. **im Flugzeug, im Zug oder auf einem Schiff** im Zusammenhang mit der Beförderung unentgeltlich **angebotenen Mahlzeiten**, sofern die Rechnung für das Beförderungsticket auf den Arbeitgeber ausgestellt ist und von diesem dienst- oder arbeitsrechtlich erstattet wird. Die Verpflegung muss dabei nicht offen auf der Rechnung ausgewiesen werden. Lediglich dann, wenn z.B. anhand des gewählten Beförderungstarifs feststeht, dass es sich um eine **reine Beförderungsleistung** handelt, bei der keine Mahlzeiten unentgeltlich angeboten werden, liegt **keine Mahlzeitengestellung** vor (→ *Mahlzeiten aus besonderem Anlass* Rz. 3084).

Die z.B. auf innerdeutschen Flügen oder Kurzstrecken-Flügen gereichten **kleinen Tüten mit Chips, Salzgebäck, Schokowaffeln, Müsliriegel oder vergleichbare andere Knabbereien erfüllen jedoch nicht die Kriterien für eine Mahlzeit** und führen somit zu keiner Kürzung der Pauschalen (→ Rz. 3687).

Eine steuerfreie **Übernachtungspauschale** darf für die Dauer der Benutzung von Beförderungsmitteln (dazu gehören auch Flugzeuge) nicht angesetzt werden (R 9.7 Abs. 3 Satz 7 LStR).

g) Schiffsreisen

3681 Bei **Schiffsreisen** kann der Arbeitgeber – wie bei Flugreisen – grds. zusätzlich zum Fahrpreis ebenfalls Verpflegungspauschalen als Reisekosten steuerfrei ersetzen. Maßgebend ist grds.

- für die **Tage der Einschiffung und Ausschiffung** das für den **Hafenort** geltende Tagegeld und
- für die **übrige Zeit** (Tage „auf See“) das für **Luxemburg** geltende Tagegeld (R 9.6 Abs. 3 Satz 4 Nr. 2 LStR).

Im Übrigen (d.h. insbesondere auch zur **Mahlzeitengestellung**) gelten die gleichen Grundsätze wie für Flugreisen (s.o.).

Zur Beachtung der sog. **Dreimonatsfrist** → Rz. 3682.

Für das Personal auf **deutschen Staatsschiffen** sowie für das Personal auf Schiffen der Handelsmarine unter deutscher Flagge auf Hoher See gilt das **Inlandstagegeld**. Für die Tage der Einschiffung und Ausschiffung ist das für den Hafenort geltende Tagegeld maßgebend (R 9.6 Abs. 3 Satz 4 Nr. 2 LStR).

5. Dreimonatsfrist

a) Allgemeine Grundsätze

3682 Der Abzug der Verpflegungsmehraufwendungen ist auf **die ersten drei Monate** einer längerfristigen auswärtigen beruflichen Tätigkeit an derselben Tätigkeitsstätte beschränkt (§ 9 Abs. 4a Satz 6 EStG).

Werden während einer beruflichen Tätigkeit mehrere ortsfeste betriebliche Einrichtungen innerhalb eines großräumigen Werks- oder Betriebsgeländes aufgesucht, handelt es sich um die Tätigkeit an einer **(großräumigen) Tätigkeitsstätte** (BFH v. 11.4.2019, VI R 40/16 und VI R 12/17, BStBl II 2019, 546 und 551).

Handelt es sich um einzelne ortsfeste betriebliche Einrichtungen verschiedener Auftraggeber oder Kunden, liegen **mehrere Tätigkeitsstätten** vor. Dies gilt auch dann, wenn sich die Tätigkeitsstätten in unmittelbarer räumlicher Nähe zueinander befinden.

Beispiel 1:

Monteur M aus Köln ist seit dem 1.7. auf der Baustelle 1 in Köln tätig. Ab dem 1.9. wird M auf der Baustelle 2 in einer Parallelstraße eingesetzt.

Mit Beginn der Tätigkeit an der Baustelle 2 beginnt am 1.9. eine neue Dreimonatsfrist, da es sich nicht um dieselbe Tätigkeitsstätte handelt, auch wenn diese nicht weit entfernt von dem vorherigen Einsatzort liegt.

Beispiel 2:

Unternehmensberater U ist i.R. einer beruflich veranlassten Auswärtstätigkeit für zwei Monate beim Kunden K eingesetzt. Im Anschluss daran bleibt er dort im Einsatz, weil zwischen seinem Arbeitgeber und dem Auftraggeber ein Anschlussprojekt vereinbart worden ist.

Nach drei Monaten besteht kein Anspruch mehr auf die Verpflegungspauschalen.

Beispiel 3:

Unternehmensberater U wird von seinem Arbeitgeber vom 1.1. an in einem fünfstöckigen Bürogebäude zunächst für drei Monate für Kunde A im Erdgeschoss und anschließend für Kunde B im 3. Obergeschoss tätig.

Da es sich um unterschiedliche Auftraggeber handelt, führt der nach drei Monaten vorgenommene Wechsel zu einer neuen Dreimonatsfrist. Es ist unerheblich, dass beide Kunden ihren Sitz im selben Gebäude haben.

Um die Berechnung der Dreimonatsfrist zu vereinfachen, ist eine rein zeitliche Bemessung der Unterbrechungsregelung vorzunehmen. Eine Unterbrechung der beruflichen Tätigkeit an derselben Tätigkeitsstätte führt zu einem **Neubeginn der Dreimonatsfrist, wenn sie mindestens vier Wochen dauert** (§ 9 Abs. 4a Satz 7 EStG). Der Grund der Unterbrechung ist unerheblich; **es zählt nur die Unterbrechungsdauer.** Es kommt also nicht darauf an, ob die Unterbrechung urlaubs- oder krankheitsbedingt oder auf eine vorübergehende Tätigkeit an der ersten Tätigkeitsstätte zurückzuführen ist.

Beispiel 4:

Bauarbeiter B aus Augsburg ohne eine erste Tätigkeitsstätte ist auf einer Großbaustelle in Berlin eingesetzt. Er nimmt jährlich jeweils im Monat Juli Urlaub.

Der vierwöchige Urlaub wird steuerlich als Unterbrechungsgrund akzeptiert. Daher beginnt jährlich am 1.8. nach Rückkehr aus dem Urlaub eine neue Dreimonatsfrist.

b) Anrechnung von Auswärtstätigkeiten

Wenn die **auswärtige Tätigkeitsstätte zur neuen ersten Tätigkeitsstätte wird** (z.B. durch Versetzung) und der Arbeitnehmer am Beschäftigungsort (weiterhin) übernachtet, kann die Auswärtstätigkeit zwar in eine **doppelte Haushaltsführung** „umschlagen“ (zu den Voraussetzungen → *Doppelte Haushaltsführung: Allgemeines* Rz. 1709). Das bedeutet aber nicht, dass für die Zeit der doppelten Haushaltsführung eine neue Dreimonatsfrist beginnt, in der Verpflegungsmehraufwendungen steuerfrei erstattet werden könnten, denn nach § 9 Abs. 4a Satz 6 EStG wird die **Dreimonatsfrist**, in der Verpflegungsmehraufwendungen während der Auswärtstätigkeit steuerfrei erstattet werden können, auf die **Zeit der doppelten Haushaltsführung angerechnet**. 3683

Beispiel:

A (verheiratet) ist ab 1. Januar 2026 für ein halbes Jahr an eine auswärtige Filiale **abgeordnet** worden (Auswärtstätigkeit), er hat am neuen Arbeitsort ein Zimmer gemietet. An den Wochenenden fährt er mit seinem Pkw nach Hause (Abfahrt montags zum Arbeitsort 7.00 Uhr, Rückkehr in der Wohnung freitags 16.00 Uhr). Da er sich in der neuen Filiale bewährt hat, ist er zum 1. Juli dorthin **versetzt** worden (neue erste Tätigkeitsstätte).

Die ersten sechs Monate stellen eine **Auswärtstätigkeit** dar, ab der Versetzung (d.h. ab 1. Juli) wird die auswärtige Filiale als neue erste Tätigkeitsstätte angesehen. Da A am Arbeitsort übernachtet, führt er dort ab dem siebenten Monat einen **doppelten Haushalt** (bei Verheirateten wird eine doppelte Haushaltsführung im Allgemeinen ohne Weiteres anerkannt).

Der Arbeitgeber darf **Verpflegungsmehraufwendungen** nur in den ersten drei Monaten mit den in Betracht kommenden Pauschbeträgen steuerfrei erstatten, d.h. für „ganze Tage" 28 €. Für die Wochenenden, an denen sich A zu Hause aufgehalten hat, dürfen keine steuerfreien Pauschalen gezahlt werden. Für Montag und Freitag können 14 € steuerfrei erstattet werden (An- und Abreisetage). Nach sechs Monaten schlägt die Auswärtstätigkeit zwar in eine **doppelte Haushaltsführung** um, für den steuerfreien Ersatz von Verpflegungsmehraufwendungen beginnt aber keine neue Dreimonatsfrist (§ 9 Abs. 4a Satz 13 EStG).

Die **Fahrtkosten** kann der Arbeitgeber in den ersten sechs Monaten (**Auswärtstätigkeit**) i.H. der nachgewiesenen Kosten oder pauschal mit 0,30 €/km steuerfrei ersetzen, ab dem siebenten Monat **(doppelte Haushaltsführung)** nur noch **eine** Familienheimfahrt wöchentlich i.H. der Entfernungspauschale von 0,38 € (ab dem Kalenderjahr 2026, zuvor 0,30 € und ab dem 21. km für 2021 0,35 € und für die Jahre 2022 bis 2025 0,38 €) je Entfernungskilometer (km-Satz also nur 0,19 €, § 9 Abs. 1 Satz 3 Nr. 5 EStG, s.a. Hinweis auf aktuelle Änderung 2026 → Rz. 4431).

Würde A den auswärtigen Arbeitsort täglich aufsuchen, ergäbe sich in den ersten sechs Monaten (Auswärtstätigkeit) keine abweichende Beurteilung. Nach dieser Zeit wären jedoch „übliche Wege zwischen Wohnung und erster Tätigkeitsstätte" anzunehmen, die vom Arbeitgeber nicht steuerfrei ersetzt werden dürfen. Zulässig wäre allenfalls eine Pauschalversteuerung mit 15 %, soweit der Arbeitnehmer nach den Regeln der Entfernungspauschale Werbungskosten absetzen könnte (§ 40 Abs. 2 Satz 2 EStG).

c) Keine Anwendung der Dreimonatsfrist

3684 Bei beruflichen Tätigkeiten auf mobilen, **nicht ortsfesten betrieblichen Einrichtungen** wie z.B. Fahrzeugen, Flugzeugen, Schiffen findet die Dreimonatsfrist keine Anwendung (so bereits BFH v. 24.2.2011, VI R 66/10, BStBl II 2012, 27 betr. einen Seemann auf einem Fischfangschiff).

Entsprechendes gilt für eine Tätigkeit in einem **weiträumigen Tätigkeitsgebiet.**

Beispiel:

Busfahrer B fährt im Kalenderjahr 2026 jeden Morgen zum Busdepot, um seinen Bus abzuholen. B hat keine erste Tätigkeitsstätte.

B hat bei einer Abwesenheit von zu Hause von mehr als 8 Stunden täglich einen Anspruch auf eine Verpflegungspauschale von 14 €. Die Dreimonatsfrist gilt auf Grund der Fahrtätigkeit nicht.

d) Längerfristige Tätigkeit an derselben Tätigkeitsstätte

3685 Von einer längerfristigen beruflichen Tätigkeit an derselben Tätigkeitsstätte ist erst dann auszugehen, sobald der Arbeitnehmer an dieser **mindestens an drei Tagen in der Woche** tätig wird. Die Dreimonatsfrist beginnt daher nicht, solange die auswärtige Tätigkeitsstätte an nicht mehr als zwei Tagen in der Woche aufgesucht wird (**Vereinfachungsregelung**). Ab dem ersten Tag einer dreitägigen Tätigkeit beginnt die Dreimonatsfrist zu laufen und wird nur durch eine **mindestens vierwöchige Abwesenheit von dieser Tätigkeitsstätte unterbrochen**. Bei einer einmal in Gang gesetzten Dreimonatsfrist läuft diese auch dann weiter, wenn der Arbeitnehmer nur noch an einzelnen Tagen in der Woche an dieser Tätigkeitsstätte eingesetzt wird.

Die Prüfung des Unterbrechungszeitraums und des Ablaufs der Dreimonatsfrist erfolgt stets im Nachhinein mit Blick auf die zurückliegende Zeit (**Ex-post-Betrachtung**).

Beispiel 1:

Der Bauarbeiter A soll ab März 2026 arbeitstäglich an der Baustelle in H für fünf Monate tätig werden. Am 1.4.2026 nimmt er dort seine Tätigkeit auf. Ab 20.5.2026 wird er nicht nur in H, sondern für einen Tag wöchentlich auch an der Baustelle in B tätig, da dort ein Kollege ausgefallen ist.

Für die Tätigkeit an der Baustelle in H beginnt die Dreimonatsfrist am 1.4.2026 und endet am 30.6.2026. Eine vierwöchige Unterbrechung liegt nicht vor (immer nur eintägige Unterbrechung).

Für die Tätigkeit an der Baustelle in B greift die Dreimonatsfrist hingegen nicht, da A dort lediglich einen Tag wöchentlich tätig wird.

Beispiel 2:

Wie Beispiel 1, allerdings wird A ab 1.4.2026 zwei Tage wöchentlich in H und drei Tage wöchentlich in B tätig. Ab 15.4.2026 muss er für zwei Wochen nach M. Ab 2.5.2026 ist er dann bis auf Weiteres drei Tage wöchentlich in H und zwei Tage in B tätig.

Für die Tätigkeit an der Baustelle in B beginnt die Dreimonatsfrist am 1.4.2026 und endet am 30.6.2026. Eine vierwöchige Unterbrechung liegt nicht vor (lediglich zwei Wochen und dann immer nur dreitägige Unterbrechung).

Für die Tätigkeit an der Baustelle in H beginnt die Dreimonatsfrist hingegen erst am 2.5.2026, weil A dort erst ab diesem Tag an drei Tagen wöchentlich tätig wird.

Sucht ein Stpfl. **mehrere Tätigkeitsstätten** auf und greift bei einer dieser Tätigkeitsstätten die Dreimonatsbeschränkung, so sind die Abwesenheitszeiten entsprechend aufzuteilen.

Beispiel 3:

Der Außendienstmitarbeiter A wohnt in Köln und hat am Betriebssitz seines Arbeitgebers in Stuttgart seine erste Tätigkeitsstätte (arbeitsrechtliche Zuordnung durch den Arbeitgeber). A sucht arbeitstäglich die Filiale in Köln gegen 8.00 Uhr auf und bereitet sich dort üblicherweise für 1 bis 2 Stunden auf seinen Außendienst vor. Von ca. 10.00 Uhr bis 16.30 Uhr sucht er dann verschiedene Kunden im Großraum Köln auf. Anschließend fährt er nochmals in die Filiale in Köln, um Nacharbeiten zu erledigen.

Bei dem arbeitstäglichen Vor- und Nachbereiten der Außendiensttätigkeit in der Filiale in Köln handelt es sich um eine längerfristige berufliche Auswärtstätigkeit an derselben Tätigkeitsstätte; für die berufliche Tätigkeit an dieser Tätigkeitsstätte können nach Ablauf von drei Monaten daher keine Verpflegungspauschalen mehr beansprucht werden.

Für die restliche eintägige berufliche Auswärtstätigkeit bei den verschiedenen Kunden im Großraum Köln gilt dies nicht. Die Tätigkeitszeit in der Filiale in Köln kann für die Ermittlung der erforderlichen Mindestabwesenheitszeit von mehr als 8 Stunden nach Ablauf von 3 Monaten nicht mehr berücksichtigt werden, sondern ist abzuziehen. Ab dem vierten Monat kommt es für die Ermittlung der Abwesenheitszeiten der eintägigen Auswärtstätigkeit daher jeweils auf die Dauer der Abwesenheit von der Wohnung, abzüglich der Tätigkeitszeit(en) in der Filiale in Köln an.

Bei der Anwendung der Dreimonatsfrist für die Berücksichtigung von Verpflegungsmehraufwendungen haben sich in der Praxis Fragen sowie Abgrenzungsschwierigkeiten bei Arbeitnehmern ergeben, die **Windkraftanlagen** errichten. Die **Finanzverwaltung** hat hierzu Folgendes entschieden:

- Werden Arbeitnehmer zur Errichtung einer **einzelnen Windkraftanlage** eingesetzt, so stellt diese Windkraftanlage eine Tätigkeitsstätte i.S.v. § 9 Abs. 4a Satz 6 EStG der Arbeitnehmer dar.
- Bei der **Errichtung von landgestützten Windparks** stellt nicht die einzelne Windkraftanlage, sondern der gesamte Windpark eines Auftraggebers eine Tätigkeitsstätte i.S.v. § 9 Abs. 4a Satz 6 EStG der Arbeitnehmer dar, wenn auf der Fläche des Windparks Büro- oder Baucontainer o.ä. zur Abhaltung von regelmäßigen Besprechungen oder der Verrichtung sonstiger dienstlicher Angelegenheiten für die Arbeitnehmer aufgestellt worden sind.
- Werden Arbeitnehmer bei der Errichtung von Windparks im Küstenvorfeld (sog. **„Offshore-Windparks"**) sowohl bei der Vormontage im Basishafen als auch bei der schiffsgestützten Endmontage auf See eingesetzt, so unterfällt nur die Tätigkeit im Basishafen der Drei-Monats-Grenze des § 9 Abs. 4a Satz 6 EStG. Bei der schiffsgestützten Endmontage handelt es sich hingegen um eine berufliche Tätigkeit auf einer **mobilen betrieblichen Einrichtung**, bei der die Dreimonatsfrist nicht gilt.

e) Wechsel der Tätigkeitsstätte

Da in der Gesetzregelung auf **dieselbe Tätigkeitsstätte** abgestellt 3686
wird, beginnt mit jedem Wechsel der **Tätigkeitsstätte eine neue Dreimonatsfrist zu laufen**. Der Neubeginn der Dreimonatsfrist orientiert sich ausschließlich an dem gesetzlich festgelegten Merkmal „Tätigwerden an derselben Tätigkeitsstätte". Es ist nicht notwendig, auch die Nutzung der Zweitwohnung am Beschäftigungsort zu unterbrechen.

Beispiel 1:

Verbandsprüfer A prüft die Genossenschaft X. Nach drei Monaten ist die Prüfung beendet, er wechselt dann zu der in unmittelbarer Nähe liegenden Genossenschaft Y. Seine Wohnung ist von dieser nur 2 km entfernt.

A unternimmt als Verbandsprüfer Dienstreisen. Mit dem Wechsel der Tätigkeitsstätte zur Genossenschaft Y beginnt eine **neue Dienstreise mit einer neuen Dreimonatsfrist**. Die Entfernung zur alten Tätigkeitsstätte oder zur Wohnung ist unerheblich. Der Arbeitgeber darf daher auch weiterhin die Fahrtkosten und ggf. Mehraufwendungen für Verpflegung nach Dienstreisegrundsätzen steuerfrei erstatten.

Wird die Dreimonatsfrist bei einer Einsatzstelle **nicht** voll **ausgeschöpft**, ist es **nicht** zulässig, den nicht ausgeschöpften Zeitraum aus der (ersten) Beschäftigung auf die Dreimonatsfrist für die nachfolgende Einsatzstelle zu übertragen, um diese Frist für die dortige Tätigkeit zu verlängern.

Beispiel 2:

A wird zunächst für zwei Monate in X, anschließend für vier Monate in Y eingesetzt.

Die Tätigkeit in X stellt eine Auswärtstätigkeit dar. Beim Wechsel nach Y beginnt eine **neue Auswärtstätigkeit mit einer neuen Dreimonatsfrist**. Der bei der Tätigkeit in X nicht ausgeschöpfte Teil der Dreimonatsfrist kann nicht auf die Tätigkeit in Y übertragen werden mit der Folge, dass dort für vier Monate Wechsel nach Y beginnt eine **neue Auswärtstätigkeit mit einer neuen Dreimonatsfrist**. Der bei der Tätigkeit in X nicht ausgeschöpfte Teil der Dreimonatsfrist kann nicht auf die Tätigkeit in Y übertragen werden mit der Folge, dass dort für vier Monate Verpflegungsmehraufwendungen steuerfrei erstattet werden könnten.

6. Kürzung der Verpflegungspauschalen bei Mahlzeitengestellung

a) Allgemeine Grundsätze

3687 Der Arbeitnehmer kann für ihm tatsächlich entstandene Mehraufwendungen für Verpflegung auf Grund einer beruflich veranlassten Auswärtstätigkeit Verpflegungspauschalen als Werbungskosten ansetzen oder in entsprechender Höhe einen steuerfreien Arbeitgeberersatz erhalten. Die Höhe der Verpflegungspauschalen ist nach der Abwesenheitszeit des Arbeitnehmers von seiner Wohnung und seiner ersten Tätigkeitsstätte gestaffelt.

Das **Merkmal „tatsächlich entstandene“ Mehraufwendungen** bringt dabei zum Ausdruck, dass die **Verpflegungspauschalen nicht** zum Ansatz kommen, soweit der Arbeitnehmer während seiner beruflichen Auswärtstätigkeit durch den **Arbeitgeber „verpflegt“** wird. Eine Prüfungspflicht hinsichtlich der Höhe der tatsächlich entstandenen Aufwendungen besteht nicht.

Die Verpflegungspauschalen sind auch dann nach § 9 Abs. 4a Satz 8 EStG zu kürzen, wenn der Arbeitgeber dem Arbeitnehmer Mahlzeiten zur Verfügung stellt, der **Arbeitnehmer aber nicht über eine erste Tätigkeitsstätte** verfügt (BFH v. 12.7.2021, VI R 27/19, BStBl II 2021, 642 betr. einen Seemann; auf Schiffen kann keine erste Tätigkeitsstätte begründet werden).

Wird dem Arbeitnehmer von seinem Arbeitgeber oder auf dessen Veranlassung von einem Dritten eine Mahlzeit zur Verfügung gestellt, wird der **Werbungskostenabzug tageweise gekürzt** (im Gegenzug wird anders als bis 2013 auf die Versteuerung der Mahlzeitengestellung verzichtet) und zwar (§ 9 Abs. 4a Satz 8 EStG)

- um **20 % für ein Frühstück**
- um jeweils **40 %und für ein Mittag- und Abendessen**

der für die 24-stündige Abwesenheit geltenden höchsten Verpflegungspauschale. Demnach sind seit **dem Kalenderjahr 2020** für Auswärtstätigkeiten im **Inland** die jeweils zustehenden Verpflegungspauschalen zu kürzen um

- **5,60** € (20 % von 28 €) **für ein Frühstück und**
- **jeweils 11,20** € (40 % von 28 €) für **ein Mittag- und Abendessen**

Die Kürzung darf die ermittelte Verpflegungspauschale nicht übersteigen (§ 9 Abs. 4a Satz 8 EStG). Die typisierende, pauschale Kürzung der Verpflegungspauschale ist tagesbezogen und maximal bis auf 0 € vorzunehmen.

Eine Mahlzeit, die zur Kürzung der Verpflegungspauschale führt, kann auch ein **vom Arbeitgeber zur Verfügung gestellter Imbiss** (z.B. belegte Brötchen, Kuchen und Obst) sein. Die z.B. auf **Flügen** gereichten kleinen Tüten mit **Chips, Salzgebäck, Schokowaffeln, Müsliriegel** oder bei anderen Anlässen zur Verfügung gestellte vergleichbare Knabbereien und unbelegte Backwaren, erfüllen dagegen nicht die Kriterien für eine Mahlzeit. Sie führen zu keiner Kürzung der Pauschalen (BFH v. 3.7.2019, VI R 36/17, BStBl II 2020, 788 sowie OFD Frankfurt v. 6.7.2015, S 2353 A – 87 – St 222).

Eine **feste zeitliche Grenze** für die Frage, ob ein Frühstück, Mittag- oder Abendessen zur Verfügung gestellt wird, gibt es nicht. Maßstab für die Einordnung ist vielmehr, ob die zur Verfügung gestellte Verpflegung an die Stelle einer der genannten Mahlzeiten tritt, welche üblicherweise zu der entsprechenden Zeit eingenommen wird.

Ob die vom Arbeitgeber zur Verfügung gestellte **Mahlzeit vom Arbeitnehmer tatsächlich eingenommen** wird oder die Aufwendungen für die vom Arbeitgeber gestellte Mahlzeit niedriger sind als der jeweilige pauschale Kürzungsbetrag, ist für die Kürzung der Verpflegungspauschalen unbeachtlich. Das Zurverfügungstellen einer Mahlzeit durch den Arbeitgeber (oder auf dessen Veranlassung durch einen Dritten) i.S.v. § 9 Abs. 4a Satz 8 EStG erfordert nicht, dass der Arbeitnehmer die Mahlzeit auch tatsächlich einnimmt. Aus welchen Gründen der Arbeitnehmer eine ihm von seinem Arbeitgeber zur Verfügung gestellte Mahlzeit nicht einnimmt, ist insoweit ebenfalls unerheblich (zuletzt BFH v. 12.7.2021, VI R 27/19, BStBl II 2021, 642 betr. einen Seemann; nur soweit dem Seemann an einzelnen Hafentagen vom Arbeitgeber tatsächlich keine Mahlzeiten zur Verfügung gestellt wurden, habe das FG folgerichtig von einer Kürzung abgesehen und für diese Tage Verpflegungsmehraufwendungen gewährt).

Die **gesetzlich vorgeschriebene pauschale Kürzung unterbleibt** nur, wenn der Arbeitgeber keine Mahlzeit zur Verfügung stellt, z.B. weil er die entsprechende Mahlzeit abbestellt oder der Arbeitnehmer die Mahlzeit selbst veranlasst und bezahlt.

Beispiel 1:

Der Arbeitnehmer A ist im Kalenderjahr 2026 von 9.00 Uhr bis 18.00 Uhr auswärts bei verschiedenen Kunden beruflich tätig. In der Mittagspause kauft er sich eine Pizza und ein Wasser für 8 €.

Da A anlässlich einer eintägigen beruflichen Auswärtstätigkeit mehr als acht Stunden von seiner Wohnung abwesend ist, könnte er eine Verpflegungspauschale von 14 € beanspruchen.

Würde A die Rechnung für die mittags verzehrte Pizza und das Wasser seinem Arbeitgeber vorlegen und von diesem erstattet bekommen, könnte A neben 8 € Erstattungsbetrag nur noch eine gekürzte Verpflegungspauschale von 2,80 € (14 € – 11,20 €) beanspruchen (Kürzung um 40 % der höchsten Verpflegungspauschale von 28 € = 11,20 €).

Bei der **Hingabe von Essensmarken** durch den Arbeitgeber i.R. einer beruflichen Auswärtstätigkeit des Arbeitnehmers handelt es sich **innerhalb der Dreimonatsfrist** nicht um eine vom Arbeitgeber gestellte Mahlzeit, sondern lediglich um eine Verbilligung der vom Arbeitnehmer selbst veranlassten und bezahlten Mahlzeit.

Nach Ablauf der Dreimonatsfrist sind die an diese Arbeitnehmer ausgegebenen Essenmarken (Essensgutscheine, Restaurantschecks) abweichend von R 8.1 Abs. 7 Nr. 4 Buchst. a Satz 1 Doppelbuchst. ee LStR mit dem maßgebenden Sachbezugswert zu bewerten. Der Ansatz des Sachbezugswerts setzt voraus, dass die übrigen Voraussetzungen der R 8.1 Abs. 7 Nr. 4 Buchst. a LStR vorliegen.

Beispiel 2:

Der Arbeitnehmer A ist im Kalenderjahr 2026 auf einer dreitägigen Auswärtstätigkeit. Der Arbeitgeber hat für den Arbeitnehmer in einem Hotel zwei Übernachtungen jeweils mit Frühstück sowie am Zwischentag ein Mittag- und ein Abendessen gebucht und bezahlt. Der Arbeitnehmer A erhält vom Arbeitgeber keine weiteren Reisekostenerstattungen.

Der Arbeitgeber hat keinen geldwerten Vorteil für die Mahlzeiten zu versteuern. Der Arbeitnehmer A kann für die Auswärtstätigkeit folgende Verpflegungspauschalen als Werbungskosten geltend machen:

a) Anreisetag:			14,– €
b) Zwischentag:		28,– €	
Kürzung	Frühstück	5,60 €	
	Mittagessen	11,20 €	
	Abendessen	11,20 €	
verbleiben für Zwischentag			0,– €
c) Abreisetag		14,– €	
Kürzung	Frühstück	5,60 €	
verbleiben für Abreisetag			8,40 €
insgesamt abziehbar			22,40 €

Beispiel 3:

Der Werbegrafiker W arbeitet im Kalenderjahr 2026 von 10.00 Uhr bis 20.00 Uhr in seinem Büro in B (erste Tätigkeitsstätte), anschließend fährt er noch zu einem Geschäftstermin in C. Der Termin erstreckt sich bis 3.00 Uhr des Folgetags. W kehrt um 4.30 Uhr in seine Wohnung zurück. Zu Beginn des Geschäftstermins nimmt W an einem Abendessen teil, welches vom Arbeitgeber des W bestellt und bezahlt wird.

W ist bei seiner beruflichen Tätigkeit mehr als 8 Stunden auswärts tätig. Dass sich diese Abwesenheit über zwei Kalendertage ohne Übernachtung erstreckt, ist unschädlich. Die Abwesenheitszeiten werden zusammengerechnet und dem zweiten Kalendertag zugeordnet, da an diesem Tag der überwiegende Teil der Abwesenheit stattgefunden hat. Die Verpflegungspauschale von 14 € für die berufliche Abwesenheit von mehr als 8 Stunden über Nacht ist allerdings um 11,20 € zu kürzen; dass die Mahlzeit am ersten Tag vom Arbeitgeber gestellt wird und die Verpflegungspauschale dem Folgetag (Tag, an dem die Auswärtstätigkeit endet) zuzuordnen ist, ist dabei unbeachtlich. Dem Arbeitnehmer wird im Zusammenhang mit der beruflichen Auswärtstätigkeit, für die er die Verpflegungspauschale beanspruchen kann, vom Arbeitgeber eine Mahlzeit gestellt.

b) Kürzung bei teilweiser Kostenerstattung

3688 Eine Kürzung der Verpflegungspauschalen ist auch dann vorzunehmen, wenn der Arbeitgeber die dem Arbeitnehmer zustehende **Reisekostenvergütung lediglich gekürzt ausbezahlt**. Nur ein für die Gestellung der Mahlzeit vereinbartes und vom Arbeitnehmer tatsächlich gezahltes **Entgelt mindert den Kürzungsbetrag** (BFH v. 7.7.2020, VI R 16/18, BStBl II 2020, 783 betr. teilweise nicht eingenommene Gemeinschaftsverpflegung eines Bundeswehrsoldaten, der nur für das eingenommene Mittagessen ein Entgelt gezahlt hatte). Es ist hierbei nicht zu beanstanden, wenn der Arbeitgeber das für die Mahlzeit vereinbarte Entgelt unmittelbar aus dem Nettolohn des Arbeitnehmers entnimmt. Gleiches gilt, wenn der Arbeitgeber das Entgelt mit der dem Arbeitnehmer dienst- oder arbeitsrechtlich zustehenden Reisekostenerstattung verrechnet.

Beispiel 1:

Der Arbeitnehmer A ist in 2026 auf einer dreitägigen Auswärtstätigkeit. Der Arbeitgeber hat für den Arbeitnehmer in einem Hotel zwei Übernachtungen jeweils mit Frühstück sowie am Zwischentag ein Mittag- und ein Abendessen gebucht und bezahlt. Zusätzlich möchte der Arbeitgeber eine steuerfreie Reisekostenerstattung zahlen. Für die vom Arbeitgeber veranlassten und bezahlten Mahlzeiten soll jeweils der geltende Sachbezugswert (2026: Frühstück 2,37 €, Mittag-/Abendessen je 4,57 €, gesamte Verpflegung 11,51 €) einbehalten werden.

Der Arbeitnehmer hat keinen geldwerten Vorteil für die Mahlzeiten zu versteuern. Der Arbeitgeber darf für die Auswärtstätigkeit **höchstens** noch folgende Beträge zusätzlich für die Verpflegung **steuerfrei** erstatten:

a) Anreisetag:			14,– €
b) Zwischentag:		28,– €	
Kürzung	Frühstück	5,60 €	
	Mittagessen	11,20 €	
	Abendessen	11,20 €	
verbleiben für Zwischentag			0,– €
c) Abreisetag		14,– €	
Kürzung	Frühstück	5,60 €	
verbleiben für Abreisetag			8,40 €
insgesamt steuerfrei auszahlbar			22,40 €

Zahlt der Arbeitgeber angesichts der Mahlzeitengestellung nur eine (z.B. um die amtlichen Sachbezugswerte für 2-mal Frühstück je 2,37 €, ein Mittagessen je 4,57 € und ein Abendessen je 4,57 €, zusammen also um 13,88 €) gekürzte steuerfreie Reisekostenerstattung von 8,52 € (22,40 € – 13,88 €) an seinen Arbeitnehmer, kann der Arbeitnehmer die Differenz von 13,88 € (22,40 € – 8,52 €) als Werbungskosten geltend machen.

In diesem Fall hat der Arbeitnehmer einen arbeitsrechtlichen Anspruch auf eine (nur) gekürzte Reisekostenerstattung.

a) Anreisetag:			14,– €
b) Zwischentag:		28,– €	
Kürzung	Frühstück	5,60 €	
	Mittagessen	11,20 €	
	Abendessen	11,20 €	
verbleiben für Zwischentag			0,– €
c) Abreisetag		14,– €	
Kürzung	Frühstück	5,60 €	
verbleiben für Abreisetag			8,40 €
insgesamt Verpflegungspauschalen			22,40 €
abzüglich steuerfreie Reisekostenerstattung			8,52 €
verbleiben als Werbungskosten			13,88 €

Behält der Arbeitgeber die Sachbezugswerte (2,37 € + 4,57 € + 4,57 € + 2,37 € = 13,88 €) von den ungekürzten Verpflegungspauschalen (14 € + 28 € + 14 € = 56 €) ein und zahlt er nur eine gekürzte Reisekostenerstattung von 42,12 € (56 € – 13,88 €) an den Arbeitnehmer, können höchstens 22,40 € steuerfrei erstattet werden. Der darüber hinausgehende, vom Arbeitgeber ausgezahlte Betrag von 19,72 € (= 42,12 € – 22,40 €) ist pauschal (nach § 40 Abs. 2 Satz 1 Nr. 4 EStG höchstens bis zu 56 €) oder individuell zu besteuern.

Zahlt der Arbeitgeber eine ungekürzte steuerfreie Reisekostenerstattung von 22,40 € und zieht er hiervon im Wege der Verrechnung ein Entgelt für die gestellten Mahlzeiten i.H. der amtlichen Sachbezugswerte ab (2,37 € + 4,57 € + 4,57 € + 2,37 € = 13,88 €) ab, ist die Kürzung der steuerlichen Verpflegungspauschalen um die verrechneten Entgelte zu kürzen; im Gegenzug ist aber die steuerfreie Reisekostenerstattung von 22,40 € von den steuerlichen Pauschalen abzuziehen. Zwar erhält der Arbeitnehmer nun lediglich 8,52 € vom Arbeitgeber ausgezahlt, dies ist aber wirtschaftlich die Differenz aus 22,40 € steuerfreie Reisekostenerstattung und 13,88 € Entgelt für die gestellten Mahlzeiten.

In diesem Fall hat der Arbeitnehmer einen arbeitsrechtlichen Anspruch auf eine ungekürzte steuerfreie Reisekostenerstattung, die der Arbeitgeber aber i.R. der Erfüllung dieses Erstattungsanspruchs mit seinem Anspruch auf das für die Mahlzeiten vereinbarte Entgelt aufrechnet. Die arbeitgeberinterne Verrechnung ändert nicht den wirtschaftlichen Charakter oder die Anspruchsgrundlage der Reisekostenerstattung.

a) Anreisetag:			14,– €
b) Zwischentag:		28,– €	
Kürzung	Frühstück (5,60 € – 2,37 €)	3,23 €	
	Mittagessen (11,20 € – 4,57 €)	6,63 €	
	Abendessen (11,20 € – 4,57 €)	6,63 €	
verbleiben für Zwischentag			11,51 €
c) Abreisetag:		14,– €	
Kürzung	Frühstück (5,60 € – 2,37 €)	3,23 €	
verbleiben für Abreisetag			10,77 €
insgesamt Verpflegungspauschalen			36,28 €
abzüglich steuerfreie Reisekostenerstattung			22,40 €
verbleiben als Werbungskosten			13,88 €

Zahlt der Arbeitgeber eine ungekürzte Reisekostenerstattung von 56 € und zieht hiervon das für die Mahlzeiten vereinbarte Entgelt i.H. der Sachbezugswerte im Wege der Verrechnung ab (56 € – 13,88 € = 42,12 €), ändert dies nichts an der Berechnung der dem Arbeitnehmer steuerlich zustehenden Verpflegungspauschalen. In diesem Fall können ebenfalls 36,28 € steuerfrei erstattet werden. Der darüber hinausgehende, dem Arbeitnehmer arbeitsrechtlich zustehende Erstattungsbetrag von 19,72 € (= 56 € – 36,23 €) ist pauschal (nach § 40 Abs. 2 Satz 1 Nr. 4 EStG höchstens bis zu 56 €) oder individuell zu besteuern.

Beispiel 2:

Wie Beispiel 1. Allerdings zahlt der Arbeitnehmer A für das Frühstück je 5,60 € und für das Mittag- und das Abendessen je 7,80 €.

a) Anreisetag:			14,– €
b) Zwischentag:		28,– €	
Kürzung	Frühstück (5,60 € – 5,60 €)	0,– €	
	Mittagessen (11,20 € – 7,80 €)	3,40 €	
	Abendessen (11,20 € – 7,80 €)	3,40 €	
verbleiben für Zwischentag			21,20 €
c) Abreisetag:		14,– €	
Kürzung	Frühstück (5,60 € – 5,60 €)	0,– €	
verbleiben für Abreisetag			14,00 €
insgesamt steuerfrei auszahlbar			49,20 €

Beispiel 3:

Wie Beispiel 1. Allerdings zahlt der Arbeitnehmer für die volle Verpflegung am Zwischentag pauschal 19 €.

a) Anreisetag:			14,– €
b) Zwischentag:		28,– €	
Kürzung	Tagesverpflegung (28 € – 19 €)	9,– €	
verbleiben für Zwischentag			19,– €
c) Abreisetag:		14,– €	
Kürzung	Frühstück	5,60 €	
verbleiben für Abreisetag			8,40 €
insgesamt steuerfrei auszahlbar			41,40 €

Beispiel 4:

Der Arbeitnehmer ist im Kalenderjahr 2026 während einer eintägigen Auswärtstätigkeit von 5.00 bis 22.00 Uhr abwesend. Der Arbeitgeber stellt am Reisetag zwei Mahlzeiten (Mittag- und Abendessen) zur Verfügung. Für eintägige Auswärtstätigkeiten erstattet der Arbeitgeber dem Arbeitnehmer einen Verpflegungsmehraufwand von 28 €.

Auf Grund der Kürzung der Verpflegungspauschale verbleibt kein steuerfreier Reisekostenersatz für Verpflegungsmehraufwendungen:

Verpflegungspauschale	14,– €
Kürzung: 1 x Mittagessen	11,20 €
Kürzung: 1 x Abendessen	11,20 €
verbleibt Verpflegungspauschale:	0,– €

Die Erstattung des Verpflegungsmehraufwands durch den Arbeitgeber ist i.H.v. 28 € grds. steuerpflichtiger Arbeitslohn. Nach § 40 Abs. 2 Satz 1 Nr. 4 EStG kann der Arbeitgeber einen Betrag von 14 € (100 % des in § 9 Abs. 4a Satz 3 Nr. 2 EStG genannten Betrags) pauschal mit 25 % besteuern. Die verbleibenden 14 € (28 € abzüglich 14 €) sind nach den persönlichen Besteuerungsmerkmalen des Arbeitnehmers individuell zu besteuern.

Zuzahlungen des Arbeitnehmers sind jeweils vom Kürzungsbetrag derjenigen Mahlzeit abzuziehen, für die der Arbeitnehmer das Entgelt zahlt. Übersteigt das vom Arbeitnehmer für die Mahlzeit gezahlte Entgelt den Kürzungsbetrag, entfällt für diese Mahlzeit die Kürzung des Werbungskostenabzugs. Eine Verrechnung etwaiger Überzahlungen des Arbeitnehmers mit Kürzungsbeträgen für andere Mahlzeiten ist nicht zulässig.

Beispiel 5:

Der Arbeitnehmer A ist im Kalenderjahr 2026 auf einer dreitägigen Auswärtstätigkeit. Der Arbeitgeber hat für den Arbeitnehmer in einem Hotel zwei Übernachtungen jeweils mit Frühstück sowie am Zwischentag ein Mittag- und ein Abendessen gebucht und bezahlt. Der Arbeitnehmer A zahlt für das Mittag- und Abendessen je 11,20 €.

a)	Anreisetag:			14,– €
b)	Zwischentag:		28,– €	
	Kürzung	Frühstück	5,60 €	
		Mittagessen (11,20 € - 11,20 €)	0,– €	
		Abendessen (11,20 € - 11,20 €)	0,– €	
	verbleiben für Zwischentag			22,40 €
c)	Abreisetag:		14,– €	
	Kürzung	Frühstück	5,60 €	
	verbleiben für Abreisetag			8,40 €
	insgesamt Verpflegungspauschalen			44,80 €

Die Kürzung der Verpflegungspauschale ist auch dann vorzunehmen, wenn der Arbeitgeber den amtlichen Sachbezugswert der Mahlzeit pauschal besteuert hat.

Beispiel 6:

Der Arbeitnehmer A nimmt im Kalenderjahr 2026 an einer eintägigen Fortbildungsveranstaltung teil. Der Arbeitgeber hat für den Arbeitnehmer A auf dieser Fortbildungsveranstaltung ein Mittagessen gebucht und bezahlt. Der Arbeitgeber besteuert das Mittagessen nach § 40 Abs. 2 Satz 1 Nr. 1a EStG pauschal, da er keine Aufzeichnungen über die Abwesenheit des Arbeitnehmers führt. Der Arbeitnehmer erhält vom Arbeitgeber keine weiteren Reisekostenerstattungen.

Der Arbeitnehmer A kann anhand seiner Bahntickets gegenüber dem Finanzamt nachweisen, dass er für die Fortbildung insgesamt zehn Stunden von seiner Wohnung und seiner ersten Tätigkeitsstätte abwesend war. Er kann für die Fortbildung folgende Verpflegungspauschalen als Werbungskosten abziehen:

eintägige Auswärtstätigkeit	14,– €
Kürzung: 1 x Mittagessen	11,20 €
verbleiben als Werbungskosten:	2,80 €

Erhält der Arbeitnehmer steuerfreie Erstattungen für Verpflegung vom Arbeitgeber, ist ein Werbungskostenabzug insoweit ausgeschlossen.

Beispiel 7:

Der Arbeitnehmer A ist im Kalenderjahr 2026 auf einer dreitägigen Auswärtstätigkeit. Der Arbeitgeber hat für den Arbeitnehmer in einem Hotel zwei Übernachtungen jeweils mit Frühstück sowie am Zwischentag ein Mittag- und ein Abendessen gebucht und bezahlt. Der Arbeitnehmer A erhält von seinem Arbeitgeber zusätzlich zu den zur Verfügung gestellten Mahlzeiten noch eine steuerfreie Reisekostenerstattung für Verpflegungsmehraufwendungen von 22,40 €.

Der Arbeitgeber muss keinen geldwerten Vorteil für die Mahlzeiten versteuern. Der Arbeitnehmer A kann für die Auswärtstätigkeit keine Verpflegungspauschalen als Werbungskosten geltend machen:

a)	Anreisetag:			14,– €
b)	Zwischentag:		28,– €	
	Kürzung	Frühstück	5,60 €	
		Mittagessen	11,20 €	
		Abendessen	11,20 €	
	verbleiben für Zwischentag			0,– €
c)	Abreisetag:		14,– €	
	Kürzung	Frühstück	5,60 €	
	verbleiben für Abreisetag			8,40 €
	insgesamt Verpflegungspauschalen			22,40 €
	abzüglich steuerfreie Reisekostenerstattung			22,40 €
	verbleiben als Werbungskosten			0,– €

Verpflegungspauschalen sind stets zu kürzen, wenn dem Arbeitnehmer eine Mahlzeit von seinem Arbeitgeber oder auf dessen Veranlassung von einem Dritten zur Verfügung gestellt wird (§ 9 Abs. 4a Satz 8 EStG).

Solch eine Mahlzeitengestellung liegt z.B. vor bei

- einer geschäftlich veranlassten **Bewirtung** des Arbeitnehmers i.S.d. § 4 Abs. 5 Satz 1 Nr. 2 EStG oder
- einem dem Arbeitnehmer außerhalb der ersten Tätigkeitsstätte gewährten **Arbeitsessen** (R 19.6 Abs. 2 Satz 2 LStR).

Es kommt nicht darauf an, ob Vorteile aus der Gestellung derartiger Mahlzeiten zum Arbeitslohn zählen.

Beispiel 8:

Unternehmer U trifft sich im Kalenderjahr 2026 am Samstagabend mit einigen Vertretern der Zulieferfirma Z in einem Restaurant zum Essen, um mit diesen eine geschäftliche Kooperation zu erörtern. An dem Essen nehmen auch der Vertriebsleiter und der Leiter der Konstruktionsabteilung des U teil. Jeder Teilnehmer erhält ein Menü zum Preis von 55 € einschließlich Getränke.

Die Mahlzeit am Samstagabend erhalten die **Arbeitnehmer des U** i.R. einer geschäftlich veranlassten Bewirtung; sie gehört nicht zum Arbeitslohn. Sofern bei den Arbeitnehmern des U die Voraussetzungen für eine Verpflegungspauschale erfüllt wären (z.B., weil sie mehr als 8 Stunden abwesend waren oder weil sie nach dem Restaurantbesuch auswärtig übernachtet haben), wäre diese um 11,20 € zu **kürzen**.

Für die **Arbeitnehmer der Zulieferfirma Z** handelt es sich ebenfalls um die Teilnahme an einer geschäftlich veranlassten Bewirtung, die auch für die Arbeitnehmer des Z **kein** Arbeitslohn darstellt. Sofern die Arbeitnehmer des Z die Voraussetzungen für eine Verpflegungspauschale erfüllen, ist bei diesen **keine** Kürzung auf Grund der gestellten Mahlzeit vorzunehmen ist. Z selbst hat seinen Arbeitnehmern keine Mahlzeit gestellt. Da U das Essen gestellt hat, um Geschäftsbeziehungen zu Z zu knüpfen, ist das Merkmal „ein Dritter auf Veranlassung des Arbeitgebers" **nicht** gegeben.

Nimmt der Arbeitnehmer hingegen an der geschäftlich veranlassten **Bewirtung durch einen Dritten** oder einem **Arbeitsessen eines Dritten** teil, fehlt es in aller Regel an einer durch den Arbeitgeber zur Verfügung gestellten Mahlzeit; in diesem Fall sind die Verpflegungspauschalen nicht zu kürzen.

Beispiel 9:

Der Mitarbeiter einer deutschen Gesellschaft nimmt an einer Vertriebsveranstaltung im Betriebssitz der italienischen Tochtergesellschaft teil (separate Firmierung). Die italienische Gesellschaft trägt sämtliche Kosten der Vertriebsveranstaltung (so z.B. Hotel, Essen, etc.).

Die Verpflegungsmehraufwendungen des Arbeitnehmers der deutschen Gesellschaft sind **nicht** zu kürzen, weil ihm die Mahlzeiten nicht auf Veranlassung seines Arbeitgebers, sondern eines Dritten (der italienischen Tochtergesellschaft) zur Verfügung gestellt werden.

Beispiel 10:

Wie Beispiel 9, die italienische Tochtergesellschaft belastet der deutschen Gesellschaft die Kosten für den Arbeitnehmer weiter.

In diesem Fall ist davon auszugehen, dass die dem Arbeitnehmer gestellten Mahlzeiten auf Veranlassung des Arbeitgebers erfolgen, was zur gesetzlich vorgeschriebenen **Kürzung** der Verpflegungspauschalen führt.

Weil die während einer herkömmlichen Betriebsveranstaltung (§ 19 Abs. 1 Satz 1 Nr. 1a EStG) abgegebenen Mahlzeiten in aller Regel durch den Arbeitgeber veranlasst sind, gelten die in → Rz. 3689 dargestellten Grundsätze entsprechend, wenn die Betriebsveranstaltung mit einer beruflichen Auswärtstätigkeit verknüpft ist.

Die durch eine zusätzlich zur Betriebsveranstaltung veranlasste berufliche Auswärtstätigkeit entstehenden Fahrt- und Übernachtungskosten sowie Verpflegungsmehraufwendungen sind Reisekosten und können als Werbungskosten berücksichtigt oder in entsprechender Höhe als steuerfreier Arbeitgeberersatz erstattet werden.

Die dem Arbeitgeber unmittelbar durch die Betriebsveranstaltung entstehenden Fahrt- und Übernachtungskosten sowie Verpflegungsaufwendungen sind nach den für die Betriebsveranstaltung geltenden allgemeinen Grundsätzen steuerlich zu beurteilen.

Die Kürzung der Verpflegungspauschalen unterbleibt insoweit, als Mahlzeiten vom Arbeitgeber zur Verfügung gestellt werden, deren Preis 60 € übersteigt und die daher individuell zu versteuern sind.

c) Minderung des Kürzungsbetrags

Hat der Arbeitnehmer für die Mahlzeit ein **Entgelt** entrichtet, wird **3689**
dieses Entgelt auf den Kürzungsbetrag angerechnet (§ 9 Abs. 4a Satz 10 EStG). Es kommt insoweit auf das tatsächlich entrichtete Entgelt an, nicht aber darauf, ob das Entgelt dem tatsächlichen Wert der Mahlzeit entsprochen oder der Arbeitnehmer die Mahlzeit verbilligt erhalten hat.

Nimmt der Arbeitnehmer eine ihm vom Arbeitgeber zur Verfügung gestellte Mahlzeit nicht ein, darf ihm der Arbeitgeber eine weitere gleichartige Mahlzeit zur Verfügung stellen (arbeitsrechtliche Erstattung und Belegvorlage beim Arbeitgeber). Für die Betrachtung der 60 €-Grenze sind die Kosten beider Mahlzeiten zusammenzurechnen. Sofern der Arbeitnehmer für eine solche weitere vom Arbeitgeber gestellte Mahlzeit eine Zuzahlung zu leisten hat, kommt eine Minderung des Kürzungsbetrags in Betracht.

Ein **Werbungskostenabzug** des Arbeitnehmers bei seiner Einkommensteuerveranlagung durch die Vorlage von Belegen für eine auf eigene Veranlassung eingenommene Verpflegung anstelle der vom Arbeitgeber zur Verfügung gestellten Mahlzeit ist ausgeschlossen. Hier bleibt es bei der typisierenden Kürzung der steuerlichen Verpflegungspauschalen (§ 9 Abs. 4a Satz 8 EStG).

Beispiel 1:

Arbeitnehmer A verschläft auf dem vom Arbeitgeber gebuchten Flug das Frühstück (im Kalenderjahr 2026). Nach seiner Ankunft nimmt er ein Frühstück zum Preis von 14 € im Flughafenrestaurant ein. Er reicht die Frühstücksrechnung beim Arbeitgeber ein und erhält die Kosten in voller Höhe erstattet. Damit wird auch das zweite Frühstück vom Arbeitgeber gestellt.

Die Verpflegungspauschale ist wie folgt zu berechnen:

Anreisetag	14,– €
– Kürzung für gestelltes Frühstück insgesamt	5,60 €
verbleibende steuerfreie Verpflegungspauschale	8,40 €

Beispiel 2:

Wie Beispiel 1. A reicht die Frühstücksrechnung beim Arbeitgeber ein, der verlangt nun allerdings für das zweite Frühstück von A ein Entgelt i.H.v. 5,60 €. Der Arbeitgeber verrechnet die Kostenerstattung für das zweite Frühstück mit dem geforderten Entgelt und erstattet den übersteigenden Betrag von 10 €.

Anreisetag	14,– €
– Kürzung für gestelltes Frühstück (5,60 € - 5,60 €)	0,– €
verbleibende steuerfreie Verpflegungspauschale	14,– €

Beispiel 3:

Wie Beispiel 1. A reicht die Frühstücksrechnung beim Arbeitgeber ein, der verlangt nun für das zweite Frühstück von A ein Entgelt i.H.v. 14 €. Der Arbeitgeber verrechnet die Kostenerstattung für das zweite Frühstück mit dem geforderten Entgelt in gleicher Höhe.

Anreisetag	14,– €
– Kürzung für gestelltes Frühstück (5,60 € - 14,– €)	0,– €
verbleibende steuerfreie Verpflegungspauschale	14,– €

Beispiel 4:

Der Arbeitnehmer A nimmt im Kalenderjahr 2026 an einer von seinem Arbeitgeber gebuchten eintägigen Fortbildungsveranstaltung von mehr als 8 Stunden Dauer teil. In der Tagungsgebühr ist ein Mittagessen zum Preis von 30 € enthalten. Der Arbeitnehmer A verzichtet auf die Einnahme dieses Essens und nimmt stattdessen in der Mittagspause in einem nahegelegenen Restaurant eine Mahlzeit zum Preis von 25 € ein, die ihm von seinem Arbeitgeber gegen Einreichung der Rechnung vollständig erstattet wird.

Verpflegungspauschale	14,– €
– Kürzung für gestelltes Mittagessen (zum Preis von insgesamt 55 €)	11,20 €
verbleibende steuerfreie Verpflegungspauschale	2,80 €

Beispiel 5:

Wie Beispiel 4. Der Preis der im Restaurant eingenommenen Mahlzeit beträgt 35 €, die der Arbeitgeber in voller Höhe gegen Einreichung der Rechnung übernimmt.

Verpflegungspauschale	14,– €

Eine Kürzung der Verpflegungspauschale unterbleibt, da der Preis für die gestellten Mittagessen (30 € + 35 €) insgesamt 60 € übersteigt. Die steuerfreie Verpflegungspauschale beträgt unverändert 14 €. Die vom Arbeitgeber getragenen Aufwendungen für die gestellten Mittagessen von 65 € sind lohnsteuerpflichtiger Arbeitslohn, der mit einem Teilbetrag von 14 € nach § 40 Abs. 2 Satz 1 Nr. 4 EStG pauschal besteuert werden kann.

d) Kürzung bei Auslandsreisen

3690 Bei der Gestellung von Mahlzeiten durch den Arbeitgeber oder auf dessen Veranlassung durch einen Dritten ist die Kürzung der Verpflegungspauschale i.S.d. § 9 Abs. 4a Satz 8 ff. EStG **tagesbezogen** vorzunehmen, d.h. von der für den jeweiligen Reisetag maßgebenden Verpflegungspauschale (s.o.) für eine 24-stündige Abwesenheit (§ 9 Abs. 4a Satz 5 EStG), **unabhängig davon, in welchem Land die jeweilige Mahlzeit zur Verfügung gestellt wurde**.

Beispiel:

Der Ingenieur I kehrt in 2025 am Dienstag von einer mehrtägigen Auswärtstätigkeit in Straßburg zu seiner Wohnung zurück. Nachdem er Unterlagen und neue Kleidung eingepackt hat, reist er zu einer weiteren mehrtägigen Auswärtstätigkeit nach Kopenhagen weiter. I erreicht Kopenhagen um 23.00 Uhr. Die Übernachtungen – jeweils mit Frühstück – wurden vom Arbeitgeber im Voraus gebucht und bezahlt.

Für Dienstag ist nur die höhere Verpflegungspauschale von 50 € (Rückreisetag von Straßburg: 36 €, Anreisetag nach Kopenhagen: 50 €) anzusetzen. Auf Grund der Gestellung des Frühstücks i.R. der Übernachtung in Straßburg ist die Verpflegungspauschale zu kürzen. Bemessungsgrundlage für die Kürzung ist die Verpflegungspauschale von Kopenhagen (Dänemark); folglich 20 % der Verpflegungspauschale Kopenhagen für einen vollen Kalendertag: 75 €, ergibt 15 €; Kürzung auf 35 €.

Zur Begründung wird auf die Erläuterungen in → Rz. 3679 (nach Beispiel 3) verwiesen.

Schließt sich an den Tag der Rückreise von einer mehrtägigen Auslandsauswärtstätigkeit zur Wohnung oder ersten Tätigkeitsstätte eine **weitere ein- oder mehrtägige Auswärtstätigkeit an, ist für diesen Tag nur die jeweils höhere Verpflegungspauschale zu berücksichtigen**.

Zur **Kürzung der Verpflegungspauschale** gilt dabei Folgendes: Bei der Gestellung von Mahlzeiten durch den Arbeitgeber oder auf dessen Veranlassung durch einen Dritten ist die Kürzung der Verpflegungspauschale i.S.d. § 9 Abs. 4a Satz 8 ff. EStG **tagesbezogen vorzunehmen**, d.h. von der für den jeweiligen Reisetag maßgebenden Verpflegungspauschale (s.o.) für eine 24-stündige Abwesenheit (§ 9 Abs. 4a Satz 5 EStG), unabhängig davon, in welchem Land die jeweilige Mahlzeit zur Verfügung gestellt wird.

e) Ermittlung der Pauschalen bei gemischt veranlassten Veranstaltungen mit Mahlzeitengestellung

Bei gemischt veranlassten Reisen sind die entstehenden Kosten grds. in einen beruflich veranlassten Anteil und einen den Kosten der Lebensführung zuzurechnenden Anteil aufzuteilen (BFH v. 18.8.2005, VI R 32/03, BStBl II 2006, 30). Dies gilt auch für die entstehenden Verpflegungsmehraufwendungen. 3691

Stellt der Arbeitgeber während einer gemischt veranlassten Reise Mahlzeiten zur Verfügung, ist die gesetzlich vorgeschriebene Kürzung der Verpflegungspauschalen erst nach der Ermittlung des beruflich veranlassten Teils der Verpflegungspauschalen vorzunehmen.

Beispiel:

Der Arbeitnehmer A nimmt im Kalenderjahr 2026 an einer einwöchigen vom Arbeitgeber organisierten und finanzierten Reise im Inland teil. Das Programm sieht morgens eine Fortbildungsmaßnahme vor, der Nachmittag steht für touristische Aktivitäten zur Verfügung. Frühstück und Abendessen sind inklusive (Halbpension).

Fahrtkosten und Übernachtungskosten sind zu 50 % als Werbungskosten zu berücksichtigen.

Folgende Auswirkungen ergeben sich durch die gemischte Veranlassung der Reise (bei einer angenommenen Quote von 50 %) auf die steuerliche Berücksichtigung des Verpflegungsmehraufwands:

Die Verpflegungsmehraufwendungen sind – wie die übrigen Reisekosten – nur zu 50 % beruflich veranlasst.

a)	Anreisetag: 14,– € × 50 % =	7,00 €	
	Kürzung	11,20 €	
	verbleibt Verpflegungspauschale		0,– €
b)	5 Zwischentage je 28,– € × 50 % =	je 14,– €	
	Kürzung je 5,60 € und je 11,20 € =	je 16,80 €	
	verbleibt Verpflegungspauschale 5 × 0,– € =		0,– €
c)	Abreisetag: 14,– € × 50 %	7,00 €	
	Kürzung	5,60 €	
verbleibt Verpflegungspauschale			1,40 €

7. Konkurrenzregelungen

Soweit für denselben Kalendertag Verpflegungsmehraufwendungen wegen einer Auswärtstätigkeit oder wegen einer doppelten Haushaltsführung anzuerkennen sind, darf der Arbeitgeber nur jeweils den **höchsten Pauschbetrag** steuerfrei zahlen (§ 9 Abs. 4a Satz 12 EStG). 3692

Beispiel:

A, Mitarbeiter einer Bausparkasse, ist an eine auswärtige Filiale versetzt worden (neue erste Tätigkeitsstätte) und hat am Arbeitsort ein Zimmer gemietet. An einigen Tagen ist er im Außendienst tätig (Abwesenheit mehr als 8 Stunden).

A erfüllt zunächst die Voraussetzungen der **doppelten Haushaltsführung**. Der Arbeitgeber kann somit in den ersten drei Monaten für „ganze" Abwesenheitstage Mehraufwendungen für Verpflegung mit einem Pauschbetrag von 28 € (wie bei Auswärtstätigkeiten) steuerfrei zahlen.

Für Zeiten, in denen er im Außendienst ist, stehen ihm auch die Pauschbeträge für **Auswärtstätigkeiten** zu (bei einer Abwesenheit von mehr als 8 Stunden 14 € täglich). Der Arbeitgeber darf hier aber nur den höchsten in Betracht kommenden Pauschbetrag von 28 € steuerfrei zahlen.

8. Bescheinigung des Großbuchstabens „M"

3693 Hat der Arbeitgeber oder auf dessen Veranlassung ein Dritter dem Arbeitnehmer während seiner beruflichen Tätigkeit außerhalb seiner Wohnung und seiner ersten Tätigkeitsstätte oder i.R. einer doppelten Haushaltsführung **eine mit dem amtlichen Sachbezugswert zu bewertende Mahlzeit zur Verfügung gestellt, muss im Lohnkonto der Großbuchstabe „M" aufgezeichnet und in der elektronischen Lohnsteuerbescheinigung bescheinigt werden** (§ 41b Abs. 1 Satz 2 Nr. 8 EStG) Zur Erläuterung der mit dem Großbuchstaben „M" bescheinigten Mahlzeitengestellungen sind neben den Reisekostenabrechnungen regelmäßig keine weiteren detaillierten Arbeitgeberbescheinigungen auszustellen.

Diese Aufzeichnungs- und Bescheinigungspflicht gilt unabhängig von der Anzahl der Mahlzeitengestellungen an den Arbeitnehmer im Kalenderjahr. Es kommt nicht darauf an, ob eine Besteuerung der Mahlzeiten ausgeschlossen ist (§ 8 Abs. 2 Satz 9 EStG) oder die Mahlzeit pauschal nach § 40 Abs. 2 Satz 1 Nr. 1a EStG oder individuell besteuert wurde. Im Fall der Gewährung von Mahlzeiten, die keinen Arbeitslohn darstellen oder deren Preis 60 € übersteigt und die daher nicht mit dem amtlichen Sachbezugswert zu bewerten sind, besteht keine Pflicht im Lohnkonto den Großbuchstaben „M" aufzuzeichnen und zu bescheinigen.

Beispiel:

A war im Vorjahr an insgesamt 80 Tagen auf einer Auswärtstätigkeit. Nur i.R. einer einzelnen Auswärtstätigkeit am 5.3. hat er vom Arbeitgeber eine Mittagsmahlzeit gestellt bekommen. Der Arbeitgeber zahlt keine Verpflegungspauschalen. A ist darauf angewiesen, den Anspruch auf die Verpflegungspauschalen i.R. der Steuererklärung beim Finanzamt geltend zu machen.

Trotz der nur einen Auswärtstätigkeit mit einer Mahlzeitengestellung ist im Lohnkonto der Großbuchstabe „M" zu erfassen. Das Finanzamt wird daher nicht ohne weiteres erkennen können, auf welche Auswärtstätigkeit sich das „M" bezieht.

Das Finanzamt wird auf weitere Informationen angewiesen sein. Zur Erläuterung der mit dem Großbuchstaben „M" bescheinigten Mahlzeitengestellungen sind aber neben den Reisekostenabrechnungen regelmäßig keine weiteren detaillierten Arbeitgeberbescheinigungen auszustellen. Insoweit wird das Wohnsitzfinanzamt bei der ggf. erforderlichen Aufklärung des Sachverhalts in erster Linie auf die etwaigen **Reisekostenabrechnungen** zurückgreifen.

9. Unterkunftskosten

a) Allgemeine Grundsätze

3694 Steuerfrei erstattet bzw. als Werbungskosten abgezogen werden können **notwendige Mehraufwendungen** eines Arbeitnehmers für beruflich veranlasste **Übernachtungen** an einer Tätigkeitsstätte, die nicht erste Tätigkeitsstätte ist (§ 9 Abs. 1 Satz 3 Nr. 5a Satz 1 EStG). Abzugsfähig sind daher nur Aufwendungen, die dem Arbeitnehmer für eine **zusätzliche (berufliche) Unterkunft** entstehen. Nur insoweit liegt Mehraufwand vor.

Der Arbeitnehmer muss dort weder einen eigenen Hausstand führen noch muss dort der Mittelpunkt seiner Lebensinteressen liegen. Die Berücksichtigung von Unterkunftskosten anlässlich einer Auswärtstätigkeit setzt damit – anders als bei einer beruflich veranlassten doppelten Haushaltsführung – nicht voraus, dass der Arbeitnehmer die Wohnung/Unterkunft aus eigenem Recht oder als Mieter innehat und sich an den Kosten der Lebensführung finanziell beteiligt. Es genügt, wenn der Arbeitnehmer z.B. im Haushalt der Eltern ein Zimmer bewohnt. Abziehbar sind die tatsächlichen Aufwendungen für die persönliche Inanspruchnahme einer (zusätzlichen) auswärtigen Unterkunft zur Übernachtung (§ 9 Abs. 1 Satz 3 Nr. 5a Satz 2 EStG, R 9.7 Abs. 1 Satz 2 LStR sowie BFH v. 14.5.2020, VI R 3/18, BStBl II 2021, 302 betr. Auslandssemester).

Der Bezug einer Unterkunft am Ort der Auswärtstätigkeit begründet keine doppelte Haushaltsführung. Die Kosten einer Zweitwohnung, die vom Lebensmittelpunkt des Stpfl. entfernt liegt und für Übernachtungen i.R. einer wechselnden Auswärtstätigkeit sowie als Büroarbeitsplatz genutzt wird, sind nach § 9 Abs. 1 Satz 3 Nr. 5a EStG nach **Reisekostengrundsätzen** als Werbungskosten berücksichtigungsfähig (FG Hamburg v. 24.10.2019, 6 K 35/19, EFG 2020, 189); eine doppelte Haushaltsführung schied im Urteilsfall von vornherein aus, denn eine solche liegt **nur dann vor**, wenn der Arbeitnehmer außerhalb des Ortes seiner ersten Tätigkeitsstätte einen eigenen Hausstand unterhält und auch am Ort der ersten Tätigkeitsstätte wohnt (§ 9 Abs. 1 Satz 3 Nr. 5 Satz 2 EStG), es fehlte im Urteilsfall schon an einer ersten Tätigkeitsstätte des Stpfl. in Hamburg.

Eine doppelte Haushaltsführung liegt ebenfalls nicht vor, wenn die Unterkunft am Tätigkeitsort **nicht „zum Wohnen" genutzt** wird, sondern das Aufhalten in der Unterkunft am Arbeitsort das Verrichten von Arbeit darstellt. Ein Zeitsoldat, der die **Gemeinschaftsunterkunft** ausschließlich für dienstliche Zwecke (Aufbewahrung seiner Dienstkleidung und seiner Ausrüstung sowie Wechseln der Uniform) und nicht zum Wohnen am Beschäftigungsort nutzt, kann daher die Wohnungskosten in Höhe des geldwerten Vorteils für unentgeltliche Überlassung der Gemeinschaftsunterkunft als **(allgemeine) Werbungskosten** nach § 9 Abs. 1 Satz 1 EStG absetzen (BFH v. 28.4.2020, VI R 5/18, BStBl II 2021, 725).

Wohnungskosten sind als Übernachtungskosten grds. in tatsächlicher Höhe abzugsfähig, wenn sie beruflich veranlasst sind; bei einer **privaten Mitveranlassung** (z.B. bei Mitnahme von Familienangehörigen) sind sie nach BFH v. 21.9.2009, GrS 1/06, BStBl II 2010, 672 – notfalls durch Schätzung – aufzuteilen (BFH v. 3.7.2018, VI R 55/16, HFR 2018, 870).

Steht eindeutig fest, dass der Arbeitnehmer z.B. in Gasthäusern übernachtet hat und hat er jedoch die Belege verloren, so können die von ihm erklärten oder **geschätzten Übernachtungskosten** steuerfrei erstattet werden; vgl. H 9.7 (Übernachtungen) LStH sowie zuletzt BFH v. 12.9.2001, VI R 72/97, BStBl II 2001, 775.

b) Berufliche Veranlassung

Die berufliche Veranlassung ist gegeben, wenn der Arbeitnehmer 3695
auf **Weisung des Arbeitgebers** so gut wie ausschließlich betrieblich bzw. dienstlich unterwegs ist. Dies ist z.B. der Fall, wenn der Arbeitnehmer einen Kunden besucht.

Erledigt der Arbeitnehmer im Zusammenhang mit der beruflich veranlassten Auswärtstätigkeit auch in einem mehr als geringfügigen Umfang **private Angelegenheiten**, sind die beruflich veranlassten von den privat veranlassten Aufwendungen zu trennen (vgl. BFH v. 21.9.2009, GrS 1/06, BStBl II 2010, 672). Ist das nicht – auch nicht durch Schätzung – möglich, gehören die gesamten Aufwendungen zu den nach § 12 EStG nicht abziehbaren Aufwendungen für die Lebensführung.

c) Unterkunftskosten

Unterkunfts- bzw. Übernachtungskosten sind die **tatsächlichen** 3696
Aufwendungen für die persönliche Inanspruchnahme einer (zusätzlichen) auswärtigen Unterkunft zur Übernachtung. Hierzu zählen z.B. Kosten für die Nutzung eines Hotelzimmers, Mietaufwendungen für die Nutzung eines (ggf. möblierten) Zimmers oder einer Wohnung sowie Nebenleistungen (z.B. Kultur- und Tourismusförderabgabe, Kurtaxe/Fremdenverkehrsabgabe, bei Auslandsübernachtungen die besondere Kreditkartengebühr bei Zahlungen in Fremdwährungen).

Als **Werbungskosten** dürfen lediglich die tatsächlich **entstandenen** Übernachtungskosten und **keine Pauschalen** berücksichtigt werden.

Arbeitnehmer, die nach eigenen **Angaben an der Einsatzstelle übernachten**, müssen nähere Angaben über die gewählte Unterkunft machen, wenn diese in einer Entfernung von der (Familien-)Wohnung des Arbeitnehmers liegt, die üblicherweise von Arbeitnehmern täglich mit dem Kfz zurückgelegt wird. In Zweifelsfällen sind die Angaben des Arbeitnehmers in den ESt-Erklärungen hinzuzuziehen. Bei widersprüchlichen Erklärungen ist der Besteuerung der nach dem gesamten Vorbringen glaubhafte Sachverhalt zu Grunde zu legen.

Beispiel:

A war in einer Entfernung von 100 km von seiner Wohnung und dem Betrieb des Arbeitgebers tätig. Dem Arbeitgeber hat er versichert, dass er am Einsatzort wohne. Neben der Erklärung liegen dem Arbeitgeber für die Dauer der auswärtigen Beschäftigung Mietquittungen vor. In seiner ESt-Erklärung hat A dagegen tägliche Fahrten zwischen Wohnung und Arbeitsstätte als Werbungskosten geltend gemacht, für die er keine Nachweise vorlegen konnte.

Der gegenüber dem Arbeitgeber erklärte Sachverhalt ist glaubhafter und damit für die Besteuerung maßgebend. Wird dieser Sachverhalt i.R. einer Lohnsteuer-Außenprüfung aufgedeckt, ist eine Änderung des ESt-Bescheids des A vorzunehmen.

Der steuerlichen Beurteilung können allerdings nur Erklärungen und Nachweise der Arbeitnehmer zu Grunde gelegt werden. Kein Entscheidungskriterium ist dagegen die Höhe der vom Arbeitgeber gezahlten Auslösung (z.B. Fernauslösung), weil die Zahlung derartiger Beträge sich regelmäßig nicht nach der tatsächlichen Rückkehr, sondern nach der Zumutbarkeit der täglichen Rückkehr in die eigene Wohnung richtet. Für die Frage der Zumutbarkeit ist häufig der Zeitaufwand bei Benutzung öffentlicher Verkehrsmittel auch dann maßgebend, wenn die Arbeitnehmer tatsächlich den eigenen Pkw benutzen.

d) Kürzung um Mahlzeiten

3697 Kosten für Mahlzeiten gehören zu den Aufwendungen des Arbeitnehmers für die Verpflegung und sind nur nach Maßgabe des § 9 Abs. 4a EStG abziehbar. Wird durch Zahlungsbelege nur ein Gesamtpreis für Unterkunft und Verpflegung nachgewiesen und lässt sich der Preis für die Verpflegung nicht feststellen (z.B. **Tagungspauschale**), so ist dieser Gesamtpreis zur Ermittlung der Übernachtungskosten zu kürzen.

Als **Kürzungsbeträge** sind dabei

- für Frühstück 20 %,
- für Mittag- und Abendessen jeweils 40 %

der für den Unterkunftsort maßgebenden Verpflegungspauschale bei einer Auswärtstätigkeit mit einer Abwesenheitsdauer von mindestens 24 Stunden anzusetzen. Für das Inland ergeben sich seit dem Kalenderjahr 2020 **Kürzungsbeträge i.H.v. 5,60 € und 11,20 €.**

Beispiel 1:

Der Arbeitnehmer A übernachtet während einer zweitägigen inländischen Auswärtstätigkeit im Hotel. Die Rechnung des Hotels ist auf den **Namen des Arbeitgebers ausgestellt**. Das Hotel rechnet eine Übernachtung mit Frühstück wie folgt ab: Pauschalarrangement 70 €.

Der Arbeitgeber hat folgende Möglichkeiten

Zur Ermittlung der Übernachtungskosten kann der Gesamtpreis um 5,60 € (20 % von 28 € für die auf das Frühstück entfallenden anteiligen Kosten) gekürzt werden. Der verbleibende Betrag von 64,40 € darf vom Arbeitgeber dann als Übernachtungskosten steuerfrei erstattet werden. Für den An- und Abreisetag stehen dem Arbeitnehmer Verpflegungspauschalen von 28 € (je 14 € für den An- und Abreisetag) zu. Die Verpflegungspauschale für den Abreisetag ist nicht zu kürzen (um 5,60 € für das Frühstück), wenn der Arbeitgeber dem Arbeitnehmer lediglich die 64,40 € als Übernachtungskosten erstattet. Insgesamt kann der Arbeitgeber somit 92,40 € steuerfrei erstatten (64,40 € Unterkunft plus 28 € Verpflegung).

Erstattet der Arbeitgeber dem Arbeitnehmer hingegen den Gesamtpreis von 70 € (also einschließlich Frühstück), sind die Verpflegungspauschalen zu kürzen auf einen Betrag von 22,40 € für Verpflegung. Insgesamt kann der Arbeitgeber somit 92,40 € steuerfrei erstatten (70 € Unterkunft und Frühstück plus 22,40 € Verpflegung).

Die Berechnungen führen somit zum gleichen Ergebnis, gleichgültig von welchem Betrag der pauschale Einbehalt bzw. die pauschale Kürzung erfolgt.

Beispiel 2:

Wie Beispiel 1. Die Rechnung des Hotels ist auf den **Namen des Arbeitnehmers ausgestellt**.

Auch in diesem Fall kann der Arbeitgeber insgesamt höchstens 92,40 € steuerfrei erstatten (64,40 € Unterkunft plus 28 € Verpflegung).

Beispiel 3:

Der Arbeitnehmer A übernachtet während einer zweitägigen Auswärtstätigkeit im Hotel. Die Rechnung ist auf den **Namen des Arbeitgebers** ausgestellt. Das Hotel rechnet eine Übernachtung mit Frühstück wie folgt ab: Übernachtung 60 €, Frühstück 10 €.

Die ausgewiesenen Übernachtungskosten von 60 € können vom Arbeitgeber steuerfrei erstattet werden. Für den An- und Abreisetag stünden dem Arbeitnehmer zusätzlich auch noch Verpflegungspauschalen von 28 € (je 14 € für den An- und Abreisetag) zu. Die Verpflegungspauschale für den Abreisetag ist nicht zu kürzen, wenn der Arbeitgeber dem Arbeitnehmer lediglich die 60 € Übernachtungskosten erstattet.

Erstattet der Arbeitgeber hingegen auch den Betrag von 10 € für das Frühstück, ist die Verpflegungspauschale für den Abreisetag um 5,60 € auf Grund des vom Arbeitgeber zur Verfügung gestellten Frühstücks zu kürzen. Der Arbeitgeber kann dann zusätzlich einen Betrag von 22,40 € für Verpflegung steuerfrei erstatten.

Beispiel 4:

Wie Beispiel 3. Die Rechnung des Hotels ist auf den **Namen des Arbeitnehmers** ausgestellt.

In diesem Fall darf der Arbeitgeber insgesamt höchstens 88 € steuerfrei erstatten (60 € Unterkunft plus 28 € Verpflegungspauschalen).

Werden keine steuerfreien Erstattungen seitens des Arbeitgebers gezahlt, ist der Betrag von 88 € als Werbungskosten berücksichtigungsfähig.

Bei **Übernachtungen im Ausland** ist in der Hotelrechnung i.d.R. der Preis für das Frühstück nicht enthalten. Von einer Kürzung der Übernachtungskosten um einen (unterstellten) Frühstücksanteil kann abgesehen werden, wenn der Dienstreisende auf der Hotelrechnung handschriftlich vermerkt, dass in den Übernachtungskosten das Frühstück nicht enthalten ist. Ansonsten ist zur Ermittlung der Übernachtungskosten der Gesamtpreis um 20 % des für den Unterkunftsort maßgebenden Pauschbetrags für Verpflegungsmehraufwendungen bei einer Auswärtstätigkeit mit einer Abwesenheitsdauer von mindestens 24 Stunden zu kürzen (OFD Erfurt v. 24.10.2001, S 2353 A – 03 – St 331).

e) Notwendige Mehraufwendungen

aa) Inland

Es ist lediglich die berufliche Veranlassung zu prüfen, nicht aber die Angemessenheit der Unterkunft (bestimmte Hotelkategorie oder Größe der Unterkunft). 3698

Die Anerkennung von Unterkunftskosten bei einer auswärtigen beruflichen Tätigkeit **erfordert jedoch, dass noch eine andere Wohnung besteht, für die dem Arbeitnehmer Aufwendungen entstehen, weil er dort**

- seinen **Lebensmittelpunkt** hat, ohne dass dort jedoch ein eigener Hausstand vorliegen muss, oder
- seinen Lebensmittelpunkt wieder aufnehmen will (→ Rz. 3694).

Für die Berücksichtigung von Unterkunftskosten anlässlich einer Auswärtstätigkeit wird somit – anders als bei der doppelten Haushaltsführung – nicht vorausgesetzt, dass der Arbeitnehmer eine Wohnung aus eigenem Recht oder als Mieter innehat und eine finanzielle Beteiligung an den Kosten der Lebensführung leistet. Es genügt z.B., wenn der Arbeitnehmer z.B. im Haushalt der Eltern ein Zimmer bewohnt.

Ist die Unterkunft am auswärtigen Tätigkeitsort die einzige Wohnung/Unterkunft des Arbeitnehmers, liegt kein beruflich veranlasster Mehraufwand vor (R 9.7 Abs. 1 Satz 2 LStR sowie BFH v. 14.5.2020, VI R 3/18, BStBl II 2021, 302 betr. Auslands- und Praxissemester).

Beispiel 1:

Der ledige Arbeitnehmer L aus Hamburg wird für drei Jahre vom Mutterkonzern M in Hamburg an das Tochterunternehmen in München abgeordnet, ohne mit dem Tochterunternehmen einen eigenen Vertrag abgeschlossen zu haben. L bewohnt in Hamburg ein Appartement, das er wegen der Abordnung kündigt. In München mietet er ein kleines Appartement.

Weil das Appartement in München die einzige Wohnung/Unterkunft ist, dürfen die Aufwendungen dafür nicht steuerfrei erstattet werden.

Beispiel 2:

Wie Beispiel 1, L wohnt jedoch in Hamburg bei seinen Eltern.

In diesem Fall dürfen die in München entstehenden Unterkunftskosten steuerfrei erstattet werden.

bb) Ausland

3699 **Bei Übernachtungen im Ausland** i.R. einer längerfristigen Auswärtstätigkeit sind die für das Inland maßgebende Höchstgrenze von 1 000 € pro Monat sowie die 48-Monatsgrenze für den Ansatz von Unterkunftskosten (→ Rz. 3701) **nicht zu beachten. Maßgebend hierfür ist deren berufliche Veranlassung sowie die Notwendigkeit der entstandenen Aufwendungen**. Für die Anwendung der Grundsätze „berufliche Veranlassung" sowie „Notwendigkeit" der entstandenen Aufwendungen ist Folgendes zu beachten:

Wird im Ausland i.R. einer Auswärtstätigkeit oder eines doppelten Haushalts übernachtet, sind die Aufwendungen in tatsächlicher Höhe als notwendig zu berücksichtigen, soweit sie die durch die beruflich veranlasste und alleinige Nutzung des Arbeitnehmers verursacht werden. Als **Vergleichsmaßstab** kann nach Auffassung der Finanzverwaltung die ortsübliche Miete für eine nach Lage und Ausstattung durchschnittliche Wohnung am Ort der auswärtigen Tätigkeitsstätte mit einer Wohnfläche bis zu **60 qm** herangezogen werden; sie ist jedenfalls nicht überhöht und darf ggf. auch überschritten werden (R 9.11 Abs. 8 LStR, H 9.11 [5–10] LStH).

Nach der jüngsten Entscheidung des BFH ist bei einer doppelten Haushaltsführung im Ausland im Einzelfall zu prüfen, welche Unterkunftskosten notwendig sind (BFH v. 9.8.2023, VI R 20/21, BStBl II 2025, 891). Eine Typisierung dahingehend, dass lediglich Unterkunftskosten, die den Durchschnittsmietzins einer 60 qm-Wohnung am Beschäftigungsort nicht überschreiten, notwendig in diesem Sinne sind, kommt für Auslandssachverhalte und (damit im Urteilsfall) nicht in Betracht. Diese Entscheidung widersprach der damaligen strengen v.g. Verwaltungsauffassung (in H 9.11 [5–10] sowie im BMF-Schreiben v. 25.11.2020). Die Revision des Finanzamts gegen das dem BFH vorangegangene Urteil des FG Rheinland-Pfalz v. 22.6.2021, 3 K 1255/20, EFG 2021, 1708, wurde als unbegründet zurückgewiesen. Insoweit verbleibt es bei der gesetzlichen Regelung des § 9 Abs. 1 Satz 3 Nr. 5 Satz 1 EStG, wonach notwendige Unterkunftskosten, d.h. begrenzt auf das nach objektiven Maßstäben zur Zweckverfolgung Erforderliche, als Werbungskosten abzugsfähig sind.

Hinweis: Im Gesetzgebungsverfahren zum Steueränderungsgesetz 2025 wurde als Reaktion auf die Rechtsprechung des BFH (BFH v. 9.8.2023, VI R 20/21, BStBl II 2025, 891) eine Regelung aufgenommen, die einen doppelten „Inlandsbetrag" i.H.v. 2 000 € im Fall der doppelten Haushaltsführung mit einer ausländischen Unterkunft gesetzlich vorsieht (§ 9 Abs. 1 Satz 3 Nr. 5 Satz 4 EStG n.F.). Das Gesetzgebungsverfahren war bei Redaktionsschluss noch nicht endgültig abgeschlossen. Wir informieren Sie über unseren Online-Aktualisierungsdienst (s. Benutzerhinweis auf S. IV).

Diese zur doppelten Haushaltsführung ergangene Entscheidung kann u.E. auf den Bereich der Reisekosten übertragen werden, wenn z.B. bei einem vorübergehend ins Ausland abgeordneten Geschäftsführer (d.h. die erste Tätigkeitsstätte „geht nicht mit", also kein Fall der doppelten Haushaltsführung!) die Unterbringung in einer größeren Werkswohnung erfolgt. In der Praxis werden aber regelmäßig weiterhin die angefallenen Aufwendungen höchstens mit dem Betrag berücksichtigt, der bei Anmietung einer nach Lage und Ausstattung durchschnittlichen 60 qm großen Wohnung am Ort der auswärtigen Tätigkeitsstätte angefallen wäre.

Für Übernachtungen im Ausland werden entsprechend der Regelung für Verpflegungsmehraufwendungen vom BMF **Pauschbeträge auf der Grundlage der höchsten Auslandsübernachtungsgelder nach dem Bundesreisekostengesetz** festgesetzt, die der Arbeitgeber nach R 9.7 Abs. 3 Sätze 2 bis 4 LStR pauschal steuerfrei ersetzen darf (→ *Anhang, A. Lohnsteuer* Rz. 4826). Es gelten die gleichen Grundsätze wie für die Auslandstagegelder, maßgebend ist z.B. der Pauschbetrag für den Ort, den der Arbeitnehmer vor 24.00 Uhr Ortszeit zuletzt erreicht.

Hinzuweisen ist ferner darauf, dass auch die Auslandsübernachtungsgelder vom Arbeitnehmer seit 2008 **nicht mehr als Werbungskosten abgesetzt** werden können. Trotz Kritik des BFH an der Rechtmäßigkeit der Auslandspauschalen (BFH v. 23.3.2011, X R 44/09, BStBl II 2011, 884) setzt die Finanzverwaltung aus Vereinfachungsgründen und im Interesse der Gleichbehandlung mit Arbeitnehmern im öffentlichen Dienst (bei diesen sind die Auslandspauschalen nach dem BRKG nach § 3 Nr. 13 EStG steuerfrei) weiterhin derartige Pauschalen fest (→ *Anhang, A. Lohnsteuer* Rz. 4826).

Steuerfreie Auslandsübernachtungsgelder dürfen vom Arbeitgeber allerdings **nicht gezahlt** werden, wenn der Arbeitnehmer die Unterkunft vom **Arbeitgeber** oder auf Grund seines Dienstverhältnisses von einem Dritten **unentgeltlich oder teilentgeltlich** erhalten hat.

Ferner dürfen die vom Arbeitgeber steuerfrei gezahlten Auslandsübernachtungsgelder beim Arbeitnehmer nicht zu einer **offensichtlich unzutreffenden Besteuerung** führen, wie dies z.B. bei Unterbringung in einer **Gemeinschaftsunterkunft** (z.B. bei Klassenfahrten) der Fall sein kann. Anders als beim Ersatz von Fahrtkosten mit dem gesetzlichen pauschalen km-Satz von 0,30 € für Pkw kann die Finanzverwaltung hier die Möglichkeit einer „unzutreffenden Besteuerung" prüfen.

f) Mitnahme von Angehörigen und Bekannten

Soweit höhere Übernachtungskosten anfallen, weil der Arbeitnehmer eine Unterkunft gemeinsam mit Personen nutzt, die in keinem Dienstverhältnis zum selben Arbeitgeber stehen, sind nur diejenigen Aufwendungen anzusetzen, die **bei alleiniger Nutzung durch den Arbeitnehmer angefallen wären**. Nicht abziehbar sind somit Mehrkosten, die auf Grund der Mitnutzung der Übernachtungsmöglichkeit durch eine Begleitperson entstehen, insbesondere wenn die Begleitung privat und nicht beruflich veranlasst ist. Die Übernachtungskosten sind nach BFH v. 21.9.2009, GrS 1/06, BStBl II 2010, 672 aufzuteilen (BFH v. 3.7.2018, VI R 55/16, HFR 2018, 870). Vgl. zuletzt FG Münster v. 14.5.2019, 2 K 2355/18 E, EFG 2019, 1525 betr. Mitnahme der Ehefrau eines Steuerberaters zu internationalen Fachtagungen im Ausland; die Unterstützungsleistung der Ehefrau ging nicht über das Maß hinaus, das § 1353 Abs. 1 Satz 2 BGB von allen Eheleuten als gegenseitigen Beistand und Unterstützung verlangt. 3700

Bei Mitnutzung eines **Mehrbettzimmers** (z.B. Doppelzimmer) können die Aufwendungen angesetzt werden, die bei Inanspruchnahme eines Einzelzimmers im selben Haus entstanden wären (§ 9 Abs. 1 Satz 3 Nr. 5a Satz 3 EStG).

Bei Nutzung einer **Wohnung am auswärtigen Tätigkeitsort** zur Übernachtung während einer beruflich veranlassten Auswärtstätigkeit kann im **Inland** aus Vereinfachungsgründen – entsprechend den Regelungen für Unterkunftskosten bei einer längerfristigen Auswärtstätigkeit von mehr als 48 Monaten – **bei Aufwendungen bis zu einem Betrag von 1 000 € monatlich von einer ausschließlichen beruflichen Veranlassung ausgegangen werden.**

Betragen die Aufwendungen

- im **Inland mehr als 1 000 € monatlich** oder
- handelt es sich um eine **Wohnung im Ausland**

können nur die Aufwendungen berücksichtigt werden, die durch die beruflich veranlasste, **alleinige Nutzung des Arbeitnehmers verursacht werden**; dazu kann z.B. die ortsübliche Miete für eine nach Lage und Ausstattung durchschnittliche Wohnung am Ort der auswärtigen Tätigkeitsstätte mit einer **Wohnfläche bis zu 60 qm** als Vergleichsmaßstab herangezogen werden.

Beispiel 1:

Arbeitnehmer A wird aus persönlichen Gründen auf einer Auswärtstätigkeit von seiner Ehefrau begleitet. Für die Übernachtung im Doppelzimmer entstehen Kosten von 150 €. Ein Einzelzimmer hätte 90 € gekostet.

Als Werbungskosten abziehbar oder vom Arbeitgeber steuerfrei erstattungsfähig sind 90 €.

Beispiel 2:

Auf einer Auswärtstätigkeit teilt sich der Arbeitnehmer A das Doppelzimmer (Kosten 150 €) mit seinem Kollegen B, der ihn aus betrieblichen Gründen begleitet.

Für jeden Arbeitnehmer können 75 € (150 € : 2 =) als Werbungskosten berücksichtigt oder vom Arbeitgeber steuerfrei erstattet werden.

Bei der Mitnahme von Angehörigen sind zwar grds. die Übernachtungskosten zu kürzen, soweit die tatsächlichen Kosten geltend gemacht werden, d.h. sowohl beim steuerfreien Arbeitgeberersatz nach § 3 Nr. 16 EStG als auch beim Werbungskostenabzug; die **pauschalen Übernachtungsgelder** sind dagegen aus Vereinfachungsgründen **nicht zu kürzen**.

Hinweis:

Das **FG Niedersachsen** lehnt die oben dargestellte Berechnung der abzugsfähigen Unterkunftskosten bei Mitnahme der Familie ins Ausland ab, **insbesondere die „60 qm-Regelung"** (FG Niedersachsen v. 30.10.2015, 9 K 105/12, EFG 2016, 557, **bestätigt durch BFH** v. 3.7.2018, VI R 55/16, HFR 2018, 870). Der durch die Mitnahme der Familie privat veranlasste Mehraufwand ist lt. BFH nicht unbedingt anhand der 60 qm-Grenze zu ermitteln, sondern kann im Wege einer **modifizierten Aufteilung nach Köpfen ermittelt** werden. Hierzu ist zunächst der Gesamtaufwand nach Köpfen zu verteilen. Im Anschluss ist eine Korrektur i.H.v. 20 % des Gesamtaufwands zu Gunsten des Erwerbsaufwands vorzunehmen.

Die **Finanzverwaltung** hat keine Bedenken, die Berechnungsmethode des FG Niedersachsen als Aufteilungsmaßstab anzuerkennen, soweit Stpfl. sich in vergleichbaren Fällen auf diese berufen.

g) Begrenzte Berücksichtigung von Unterkunftskosten (48-Monatsfrist)

aa) Allgemeine Grundsätze

3701 Bei einer längerfristigen beruflichen Tätigkeit an derselben Tätigkeitsstätte im **Inland**, die nicht erste Tätigkeitsstätte ist, können **nach Ablauf von 48 Monaten die tatsächlich entstehenden Unterkunftskosten höchstens bis zur Höhe von 1 000 € im Monat** als Werbungskosten abgezogen oder vom Arbeitgeber steuerfrei erstattet werden (§ 9 Abs. 1 Satz 3 Nr. 5a Satz 4 EStG). Das gilt auch für **Hotelübernachtungen**.

Bei **Übernachtungen im Ausland** i.R. einer längerfristigen Auswärtstätigkeit ist die **Höchstgrenze von monatlich 1 000 € nicht** zu beachten (→ Rz. 3699).

Von einer längerfristigen beruflichen Tätigkeit an derselben Tätigkeitsstätte ist **erst dann auszugehen, sobald der Arbeitnehmer an dieser mindestens an drei Tagen in der Woche tätig wird.** Die 48-Monatsfrist beginnt daher nicht, solange die auswärtige Tätigkeitsstätte nur an zwei Tagen wöchentlich aufgesucht wird.

Eine **Unterbrechung** von weniger als sechs Monaten, z.B. wegen Urlaub, Krankheit, beruflicher Tätigkeit an einer anderen Tätigkeitsstätte, führt nicht zu einem Neubeginn der 48-Monatsfrist (§ 9 Abs. 1 Satz 3 Nr. 5a Satz 5 EStG). Die Prüfung des Unterbrechungszeitraums und des Ablaufs der 48-Monatsfrist erfolgt stets im Nachhinein mit Blick auf die zurückliegende Zeit (**Ex-post-Betrachtung**).

Beispiel 1:

Der Arbeitnehmer A ist seit 1.4.2026 in der sich an seinem Wohnort befindlichen ersten Tätigkeitsstätte in H an zwei Tagen in der Woche tätig. An den anderen drei Tagen betreut er auf Grund arbeitsrechtlicher Festlegungen eine 200 km entfernte Filiale in B. Dort übernachtet er regelmäßig zweimal wöchentlich.

Da der Arbeitnehmer A längerfristig infolge seiner beruflichen Tätigkeit an drei Tagen in der Woche an derselben Tätigkeitsstätte in B, die nicht erste Tätigkeitsstätte ist, tätig wird und dort übernachtet, können die ihm tatsächlich entstehenden Übernachtungskosten nach Ablauf von 48 Monaten nur noch bis zur Höhe von 1 000 € monatlich als Werbungskosten geltend gemacht oder steuerfrei erstattet werden.

Beispiel 2:

Wie Beispiel 1, allerdings muss A ab 17.7.2026 für vier Monate nach M. Ab 16.11.2026 ist er dann drei Tage wöchentlich in H und zwei Tage in B.

Für die längerfristige berufliche Auswärtstätigkeit in B beginnt die 48-Monatsfrist am 1.4.2026 und endet voraussichtlich am 31.3.2030. Eine sechsmonatige Unterbrechung liegt noch nicht vor (lediglich vier Monate und dann immer nur dreitägige Unterbrechung).

Für die Prüfung der 48-Monatsfrist wird auf den tatsächlich verwirklichten Sachverhalt abgestellt. Erst nach Ablauf von 48 Monaten greift die Begrenzung der Höhe nach auf den Betrag von 1 000 € im Monat. Die unbegrenzte Berücksichtigung der entstandenen Aufwendungen in den ersten 48 Monaten bleibt davon unberührt.

bb) Anwendung der 48-Monatsfrist

3702 Maßgeblich für den Beginn der 48-Monatsfrist ist der jeweilige **Beginn der längerfristigen beruflichen Tätigkeit an derselben Tätigkeitsstätte** im Inland. Aus Vereinfachungsgründen ist es allerdings nicht zu beanstanden, wenn die abziehbaren Übernachtungskosten erst ab dem **ersten vollen Kalendermonat**, der auf den Monat folgt, in dem die 48-Monatsfrist endet, auf 1 000 € begrenzt werden.

h) Steuerfreie Erstattung durch den Arbeitgeber

Für jede Übernachtung im **Inland** darf der Arbeitgeber 3703

- die nachgewiesenen Übernachtungskosten (→ Rz. 3698, → Rz. 3701)
- oder ohne Einzelnachweis **einen Pauschbetrag von 20 €** steuerfrei erstatten (R 9.7 Abs. 3 Satz 1 LStR).

Die steuerfreie Erstattung des Pauschbetrags ist auch möglich, wenn der Arbeitnehmer privat, z.B. bei Bekannten, übernachtet.

Beispiel 1:

A übernachtet in einem Vertragshotel seines Arbeitgebers unentgeltlich. Der Arbeitgeber hat für A ein Zimmer mit Frühstück bestellt, die Rechnung wird vom Hotel direkt an den Arbeitgeber geschickt.

A hat die Unterkunft auf Veranlassung seines Arbeitgebers erhalten. Ein steuerfreies pauschales Übernachtungsgeld darf daher nicht zusätzlich gezahlt werden.

Beispiel 2:

A unternimmt eine Dienstreise von Bonn nach Berlin und übernachtet dort kostenlos bei Bekannten.

In diesem Fall darf der Arbeitgeber die Übernachtungspauschale von 20 € steuerfrei zahlen, da der Arbeitnehmer die Unterkunft nicht auf Grund seines Dienstverhältnisses vom Arbeitgeber oder von einem Dritten unentgeltlich erhalten hat. Die kostenlose Unterkunft beruht nicht auf dem Arbeitsverhältnis.

Der Pauschbetrag bleibt auch dann steuerfrei, wenn tatsächlich geringere Übernachtungskosten angefallen sind – der Differenzbetrag ist dann steuerfrei (vgl. BFH v. 12.9.2001, VI R 72/97, BStBl II 2001, 775).

Bei Übernachtungen während einer auswärtigen **beruflichen Tätigkeit im Ausland** können die nachgewiesenen Übernachtungskosten oder ohne Einzelnachweis die jeweils mit BMF-Schreiben bekannt gemachten Pauschbeträge steuerfrei erstattet werden (R 9.7 Abs. 3 Satz 2 ff. LStR sowie → *Anhang, A. Lohnsteuer* Rz. 4826).

Die Pauschbeträge dürfen nicht steuerfrei erstattet werden, wenn dem Arbeitnehmer die Unterkunft **vom Arbeitgeber oder auf Grund seines Dienstverhältnisses von einem Dritten unentgeltlich oder teilweise unentgeltlich zur Verfügung gestellt** wurde. Auch bei **Übernachtung in einem Fahrzeug** ist die steuerfreie Zahlung der Pauschbeträge nicht zulässig. Bei Benutzung eines Schlafwagens oder einer Schiffskabine dürfen die Pauschbeträge nur dann steuerfrei gezahlt werden, wenn die Übernachtung in einer anderen Unterkunft begonnen oder beendet worden ist (R 9.7 Abs. 3 Satz 6 bis 8 LStR).

i) Pauschalierte Gesamt-Reisekosten

Verpflegungsmehraufwendungen **und** Übernachtungskosten dürfen somit bei Inlandsreisen für „ganze Reisetage" (Abwesenheit 24 Stunden) pauschal i.H.v. **48 €** steuerfrei erstattet werden (Pauschalen i.H.v. 28 € für Verpflegung und i.H.v. 20 € für Übernachtung). Zu beachten ist, dass 3704

- für den **An- und Abreisetag** nur die geringere Verpflegungspauschalen von 14 € gewährt werden kann
- und bei einer länger andauernden Auswärtstätigkeit an **derselben Tätigkeitsstätte** (z.B. Lehrgang) die steuerfreie Erstattung von Verpflegungsmehraufwendungen nur für **längstens drei Monate** zulässig ist.

j) Bahn-, Flug- und Schiffsreisen

Für die **Dauer der Benutzung von Beförderungsmitteln** darf ein **Übernachtungsgeld nicht angesetzt** werden (auch nicht bei Benutzung eines **Schlafwagens oder einer Schiffskabine**), die steuerfreie Zahlung des Pauschbetrags für eine Übernachtung im Fahrzeug ist nicht zulässig. Der Arbeitgeber darf nur dann einen steuerfreien Pauschbetrag zahlen, wenn die **Übernachtung in einer anderen Unterkunft begonnen oder beendet** worden ist (R 9.7 Abs. 3 Sätze 3 und 4 LStR). 3705

Beispiel 1:

Handelsvertreter A fährt mit dem Zug abends, 23.00 Uhr von Passau nach Hannover (Ankunft 6.00 Uhr). Er schläft in einem Liegewagen.

Der Arbeitgeber darf zwar keine steuerfreie Übernachtungspauschale, aber die gesamten Fahrtkosten einschließlich der Zuschläge für den Liegewagen steuerfrei ersetzen.

Beispiel 2:

A hat vor der Rückfahrt (3.00 Uhr) mit der Bahn von einer mehrtägigen Dienstreise in einem Hotel geschlafen. Er hat einen Schlafwagenplatz gebucht, um dort weiterzuschlafen.

Der Arbeitgeber darf – wenn er die Pauschalregelung anwenden möchte – für die Übernachtung im Hotel eine Übernachtungspauschale von 20 € steuerfrei zahlen. Er kann aber stattdessen die tatsächlichen Hotelkosten sowie die gesamten Kosten der Bahnfahrt einschließlich des Zuschlags für den Schlafwagen steuerfrei ersetzen.

k) Wahlrecht zwischen Pauschale und Einzelnachweis

3706 Bei einer mehrtägigen Auswärtstätigkeit ist auch bei **derselben Auswärtstätigkeit** ein **Wechsel** zwischen der Übernachtungspauschale und durch Einzelnachweis nachgewiesenen Übernachtungskosten **zulässig**.

Beispiel:

A macht eine zweiwöchige Dienstreise nach Berlin. Eine Woche übernachtet er im Hotel, die zweite unentgeltlich bei Bekannten.

Der Arbeitgeber kann für die Hotelübernachtungen die tatsächlichen Kosten und für die übrigen Übernachtungen die Übernachtungspauschale von 20 € steuerfrei zahlen.

Daneben darf er Mehraufwendungen für Verpflegung mit den hierfür in Betracht kommenden Pauschbeträgen steuerfrei erstatten.

l) Besonderheiten bei Einsatzwechseltätigkeit

3707 Die Übernachtungskosten können wie bei Dienstreisen ohne Nachweis deren tatsächlichen Höhe grds. mit einem Pauschbetrag von 20 € je Übernachtung steuerfrei gezahlt werden. Die Pauschbeträge dürfen allerdings nicht steuerfrei erstattet werden, wenn dem Arbeitnehmer die Unterkunft vom Arbeitgeber oder auf Grund seines Dienstverhältnisses von einem Dritten unentgeltlich oder teilweise unentgeltlich zur Verfügung gestellt wurde (R 9.7 Abs. 3 Satz 6 LStR). Das kann auch die Übernachtung in einem **Baucontainer** sein.

Beispiel:

A ist als Kranführer auf einer Großbaustelle tätig; er übernachtet in einem vom Arbeitgeber gestellten Baucontainer, für den er lediglich die Stromkosten tragen muss.

Da der Arbeitgeber den Baucontainer teilweise unentgeltlich zur Verfügung gestellt hat, darf er daneben keine Übernachtungsgelder steuerfrei zahlen.

m) Besonderheiten bei Fahrtätigkeit

3708 Die Übernachtungskosten können wie bei Dienstreisen grds. mit einem **Pauschbetrag von 20 €** je Übernachtung steuerfrei erstattet werden. Bei einer **Übernachtung in einem Fahrzeug** darf diese Übernachtungspauschale allerdings **nicht steuerfrei gezahlt** werden (R 9.7 Abs. 3 Satz 7 LStR). Die Finanzverwaltung geht davon aus, dass Berufskraftfahrern häufig oder meist keine Übernachtungskosten entstehen. Sie hält deshalb für die Anwendung dieser Pauschale einen **verschärften Übernachtungsnachweis** für Berufskraftfahrer, denen ein Fahrzeug mit Schlafkabine zur Verfügung steht, für erforderlich. Der Nachweis einer Übernachtung kann nur durch Beleg (Rechnung oder Bestätigung des Hotels) erbracht werden.

Zur seit 2024 erhöhten **„Berufskraftfahrerpauschale" von 9 €** je Übernachtung im Fahrzeug → Rz. 3710.

Beispiel 1:

A ist Reisebusfahrer. Ihm wird in den mit seiner Reisegesellschaft angefahrenen Hotels meist ein „Fahrerfreiplatz" bereitgestellt. Da es sich dabei oft um Zimmer minderer Qualität handelt, übernachtet er häufig in anderen Hotels in der Nähe.

Der Arbeitgeber kann die Übernachtungskosten steuerfrei erstatten. A ist nicht verpflichtet, den angebotenen Fahrerfreiplatz in Anspruch zu nehmen (vgl. FG Saarland v. 14.10.1993, 1 K 49/93, EFG 1994, 238).

Beispiel 2:

B übernachtet meist bei Freunden.

Wenn er dies glaubhaft machen kann, darf der Arbeitgeber die Übernachtungspauschale von 20 € steuerfrei zahlen.

Nachteile sollen dem Berufskraftfahrer aus der belegmäßigen Nachweispflicht aber nicht entstehen. Der Arbeitgeber kann deshalb die Übernachtungskosten auch dann bis zum Pauschbetrag von 20 € steuerfrei erstatten, wenn sie laut **Hotelbeleg tatsächlich niedriger** waren (vgl. BFH v. 12.9.2001, VI R 72/97, BStBl II 2001, 775).

n) Werbungskostenabzug

Soweit der Arbeitgeber keine oder nur die geringen Übernachtungspauschalen steuerfrei ersetzt hat, darf der Arbeitnehmer nur **nachgewiesene höhere Übernachtungskosten als Werbungskosten** absetzen (R 9.7 Abs. 2 LStR). Denn anders als beim Arbeitgeberersatz gibt es für den Werbungskostenabzug von Übernachtungskosten **keine Pauschalen**; der BFH hat dies bestätigt (BFH v. 12.9.2001, VI R 72/97, BStBl II 2001, 775). 3709

Dies gilt seit 2008 auch für Übernachtungskosten im Ausland (R 9.7 Abs. 3 LStR). Hierdurch werden beim Werbungskostenabzug von Übernachtungskosten **Inlands- und Auslandsreisen gleichgestellt**.

Sind jedoch unstreitig Übernachtungskosten entstanden und kann lediglich der Nachweis nicht erbracht werden, sind die als Werbungskosten abzugsfähigen **Übernachtungskosten zu schätzen**. Hierbei sind weder die für den Arbeitgeberersatz bestimmten Übernachtungspauschalen noch tarifvertragliche Bestimmungen über die Höhe von Auslösungsbeträgen maßgeblich (BFH v. 12.9.2001, VI R 72/97, BStBl II 2001, 775).

10. Übernachtungspauschale für Berufskraftfahrer

Zur Abgeltung der notwendigen Mehraufwendungen, die einem Arbeitnehmer während seiner auswärtigen beruflichen Tätigkeit auf einem Kraftfahrzeug des Arbeitgebers oder eines vom Arbeitgeber beauftragten Dritten im Zusammenhang mit einer Übernachtung in dem Kraftfahrzeug entstehen, kann seit 1.1.2024 nach § 9 Abs. 1 Satz 3 Nr. 5b EStG einheitlich im Kalenderjahr eine **Pauschale von 9 €** für jeden Kalendertag berücksichtigt werden, an dem der Arbeitnehmer eine **Verpflegungspauschale** nach § 9 Abs. 4a Satz 3 Nr. 1 und 2 EStG sowie Satz 5 zur Nr. 1 und 2 EStG beanspruchen könnte. 3710

Die Pauschale kann auch von **mitfahrenden Arbeitnehmern beansprucht** werden, die ebenfalls im Fahrzeug übernachten, wenn der Arbeitgeber keine weiteren Erstattungen für Übernachtungskosten leistet oder der Arbeitnehmer keine weiteren Übernachtungskosten als Werbungskosten geltend macht. Die übrigen Voraussetzungen des § 9 Abs. 1 Satz 3 Nr. 5b EStG müssen erfüllt sein.

Der Ansatz dieser Pauschale erfolgt anstelle der tatsächlich entstehenden Mehraufwendungen; es können aber auch höhere Aufwendungen als die 9 € nachgewiesen und geltend gemacht werden (z.B. auf der Grundlage von BMF v. 4.12.2012, IV C 5 – S 2353/12/10009, BStBl I 2012, 1249 – vereinfachter Nachweis). Die Entscheidung, die tatsächlich entstandenen Mehraufwendungen oder den gesetzlichen Pauschbetrag geltend zu machen, **kann nur einheitlich im Kalenderjahr erfolgen.**

Als **Aufwendungen** i.S.d. § 9 Abs. 1 Satz 3 Nr. 5b EStG kommen z.B. in Betracht:

- Gebühren für die Benutzung der sanitären Einrichtungen (Toiletten sowie Dusch- oder Waschgelegenheiten) auf Raststätten und Autohöfen,
- Park- oder Abstellgebühren auf Raststätten und Autohöfen,
- Aufwendungen für die Reinigung der eigenen Schlafkabine.

Wird anstelle der tatsächlichen Mehraufwendungen der gesetzliche Pauschbetrag geltend gemacht, ist **die Höhe der tatsächlichen Aufwendungen unbeachtlich**. Es müssen nur dem Grunde nach Aufwendungen tatsächlich entstanden sein, wovon regelmäßig ausgegangen werden kann.

Diese (Übernachtungs-)Pauschale darf **zusätzlich zu den Verpflegungspauschalen** für die Tage angesetzt werden, an denen der Arbeitnehmer eine Verpflegungspauschale nach § 9 Abs. 4a

Satz 3 Nr. 1 und 2 sowie Satz 5 Nr. 1 und 2 EStG beanspruchen könnte. Das sind

- der An- oder Abreisetag einer mehrtägigen Auswärtstätigkeit mit Übernachtung sowie
- jeder Kalendertag mit einer Abwesenheit von 24 Stunden

i.R. einer Auswärtstätigkeit im In- oder Ausland i.S.d. § 9 Abs. 4a Satz 3 Nr. 1 und 2 EStG sowie § 9 Abs. 4a Satz 5 zur Nr. 1 und 2 EStG.

Für Kalendertage, an denen der Arbeitnehmer eine Verpflegungspauschale nach § 9 Abs. 4a Satz 3 Nr. 3 EStG (**eintägige Auswärtstätigkeit ohne Übernachtung** außerhalb seiner Wohnung mit Abwesenheit von mehr als 8 Stunden) beanspruchen kann, darf diese Übernachtungspauschale für Berufskraftfahrer (nach § 9 Abs. 1 Satz 3 Nr. 5b EStG) – mangels Übernachtung – nicht geltend gemacht werden.

Übernachten Arbeitnehmern mit Fahrtätigkeit in ihrem Fahrzeug, darf der Arbeitgeber die ansonsten mögliche Übernachtungspauschale von 20 € nicht steuerfrei zahlen.

Der **Arbeitgeber** kann nach Maßgabe der **Steuerbefreiungen des § 3 Nr. 13 EStG oder des § 3 Nr. 16 EStG** Erstattungen einheitlich im Kalenderjahr entweder bis zur Höhe der nachgewiesenen tatsächlichen Mehraufwendungen oder bis zur Höhe des neuen Pauschbetrags **steuerfrei leisten**.

Beispiel:

Lkw-Fahrer L holt im Kalenderjahr 2026 montags morgens seinen Lkw ab und ist die ganze Woche mit Übernachtungen im Lkw europaweit unterwegs. Er kommt in der Nacht von Donnerstag auf Freitag regelmäßig zwischen 4.00 Uhr und 6.00 Uhr nach Hause, um dann montags wieder im gleichen Rhythmus auf Tour zu gehen.

L hat Anspruch auf folgende **Verpflegungspauschalen**: montags und freitags jeweils 14 € sowie dienstags bis donnerstags jeweils 28 € (Summe = 112 € wöchentlich).

Daneben hat er Anspruch auf die **Berufskraftfahrerpauschale** (jeweils 9 € täglich = 45 € wöchentlich).

Aktuelle Rechtsprechung zum Ansatz der Übernachtungspauschale für Berufskraftfahrer:

Die Frage, ob die steuerfreie gesetzliche Übernachtungspauschale

- nur für die Reisetage angesetzt werden darf, an denen tatsächlich Übernachtungen im Kfz erfolgten oder
- auch für (Ab- und An-)Reisetage, an denen keine Übernachtung im Kfz erfolgte,

ist derzeit umstritten. Das FG Thüringen hat – abweichend von der Auffassung der FinVerw. – entschieden, dass der Pauschbetrag nicht für solche Tage steuerfrei gewährt werden darf, für die der Arbeitnehmer zwar einen Anspruch auf eine Verpflegungspauschale hat, an denen er aber nicht im Kfz übernachtet hat (gem. § 9 Abs. 1 Satz 3 Nr. 5b Satz 1 EStG, FG Thüringen v. 18.6.2024, 2 K 534/22, EFG 2025, 849). Diese Rechtsfrage ist inzwischen beim BFH zur Klärung anhängig (Az. beim BFH: VI R 6/25).

Bis zu einer (anderslautenden) Entscheidung des BFH zählt die Auffassung der FinVerw., wonach (weiterhin) der Pauschbetrag von 9 € pro Reisetag an diesen Tagen angesetzt werden darf, an denen der Arbeitnehmer eine Verpflegungspauschale beanspruchen kann (BMF v. 25.11.2020, IV C 5 – S 2353/19/10011 :006, BStBl I 2020, 1228, Rdnr. 131).

11. Unterkunftskosten und Verpflegungsmehraufwendungen bei vorübergehend entsandten Arbeitnehmern

3711 In der Praxis kommt es häufig vor, dass Arbeitnehmer von ihrem Arbeitgeber (z.B. eine ausländische Muttergesellschaft) vorübergehend an ein verbundenes Unternehmen (z.B. inländische Tochtergesellschaft) entsandt werden. Zu den sich in diesen Fällen ergebenden steuerlichen Fragen hat die **Finanzverwaltung ausführliche Informationen veröffentlicht**, OFD Frankfurt v. 24.9.2018, S 2353 A – 59 – St 211:

„Werden Arbeitnehmer von ihrem Arbeitgeber (z.B. ausländische Muttergesellschaft) zeitlich befristet an ein verbundenes Unternehmen (z.B. inländische Tochtergesellschaft) entsandt, sind für die Frage des Werbungskostenabzugs bzw. der steuerfreien Erstattung von Reisekosten durch den Arbeitgeber zwei Fallgestaltungen zu unterscheiden:

1. Das mit dem bisherigen Arbeitgeber abgeschlossene Beschäftigungsverhältnis ruht für die Dauer der Entsendung zum verbundenen Unternehmen. Dieses schließt mit dem Arbeitnehmer für die Dauer der Entsendung einen eigenständigen Arbeitsvertrag ab.

Hierzu bitte ich, folgende Auffassung zu vertreten:

1.1 Rechtslage bis einschließlich Kalenderjahr 2013

. . . [Letztmalig abgedruckt in ABC des Lohnbüros 2022]

1.2 Rechtslage ab Kalenderjahr 2014

Ab dem Kalenderjahr 2014 ist das o.g. BFH-Urteil v. 10.4.2014 überholt (s. Rz. 21 des ergänzten BMF-Schreibens zur Reform des steuerlichen Reisekostenrechts ab 1.1.2014 v. 24.10.2014, IV C 5 – S 2353/14/10002, BStBl I 2014, 1412).

Im Gegensatz zur Rechtslage bis 2013 ist ab 2014 gesetzlich geregelt, unter welchen Voraussetzungen die für das Vorliegen einer ersten Tätigkeitsstätte erforderliche dauerhafte Zuordnung zu einer ortsfesten betrieblichen Einrichtung durch den Arbeitgeber bzw. eine dauerhafte Tätigkeit an einer ortsfesten betrieblichen Einrichtung gegeben ist.

Nach § 9 Abs. 4 Satz 3 EStG ist insbesondere dann davon auszugehen, dass eine vom Arbeitgeber vorgenommene Zuordnung des Arbeitnehmers zu einer ortsfesten betrieblichen Einrichtung dauerhaft ist, wenn der Arbeitnehmer

- *unbefristet (dazu gehört auch „bis auf Weiteres"),*
- *für die Dauer des Dienstverhältnisses oder*
- *über einen Zeitraum von mehr als 48 Monaten*

dort tätig werden soll.

Hat der Arbeitgeber den Arbeitnehmer keiner ortsfesten betrieblichen Einrichtung dauerhaft zugeordnet oder ist die vorgenommene Zuordnung nicht eindeutig, ist nach § 9 Abs. 4 Satz 4 EStG erste Tätigkeitsstätte die ortsfeste betriebliche Einrichtung, an der der Arbeitnehmer dauerhaft

- *typischerweise arbeitstäglich oder*
- *je Arbeitswoche zwei volle Arbeitstage oder mindestens ein Drittel seiner vereinbarten Arbeitszeit*

tätig werden soll.

Wird der entsandte Arbeitnehmer i.R. eines eigenständigen Arbeitsvertrages beim aufnehmenden Unternehmen tätig, liegt – auch lohnsteuerlich – ein eigenständiges Dienstverhältnis vor.

I.R. dieses Dienstverhältnisses ist nach dem insoweit eindeutigen Wortlaut des § 9 Abs. 4 EStG auch die erste Tätigkeitsstätte zu bestimmen. Vereinbarungen mit dem entsendenden Unternehmen über eine nur vorübergehende Entsendung sind nach der Verwaltungsauffassung somit unmaßgeblich. Folglich hat der entsandte Arbeitnehmer auf Grund des Arbeitsvertrages mit dem aufnehmenden Unternehmen als Arbeitgeber eine erste Tätigkeitsstätte, wenn er von diesem einer ortsfesten betrieblichen Einrichtung dauerhaft zugeordnet worden ist.

Beim BFH sind nunmehr jedoch unter den Az. VI R 23/18, VI R 22/18 und VI R 21/18 drei Revisionsverfahren anhängig, in welchen diese Verwaltungsauffassung auf dem Prüfstand steht und zu entscheiden ist, unter welchen Voraussetzungen in Entsendefällen, in denen das bisherige Dienstverhältnis ruht, bei dem aufnehmenden Unternehmen von einer dauerhaften Zuordnung i.S.d. § 9 Abs. 4 EStG auszugehen ist.

Rechtsbehelfsverfahren, die sich hierauf beziehen, ruhen kraft Gesetzes gem. § 363 Abs. 2 Satz 2 AO.

Liegt keine dauerhafte Zuordnung des Arbeitnehmers zu einer ortsfesten betrieblichen Einrichtung durch das aufnehmende Unternehmen vor, hat der entsandte Arbeitnehmer i.R. des Dienstverhältnisses mit dem aufnehmenden Unternehmen eine erste Tätigkeitsstätte, wenn die oben genannten quantitativen Voraussetzungen des § 9 Abs. 4 Satz 4 EStG hinsichtlich einer ortsfesten betrieblichen Einrichtung erfüllt sind (vgl. Rz. 23 des ergänzten BMF-Schreibens zur Reform des steuerlichen Reisekostenrechts ab 1.1.2014 v. 24.10.2014, IV C 5 – S 2353/14/10002, BStBl I 2014, 1412).

Hat der Arbeitnehmer i.R. des Dienstverhältnisses mit dem aufnehmenden Unternehmen eine erste Tätigkeitsstätte, können die durch die Tätigkeit für das aufnehmende Unternehmen entstehenden Aufwendungen nur berücksichtigt werden, wenn die Voraus-

setzungen einer beruflich veranlassten doppelten Haushaltsführung erfüllt sind (R 9.11 LStR).

Liegen die Voraussetzungen einer beruflich veranlassten doppelten Haushaltsführung vor, können die Kosten für die Unterkunft am Ort der regelmäßigen Arbeitsstätte bis einschließlich 2013 höchstens mit dem Betrag berücksichtigt werden, der für die Anmietung einer nach Lage und Ausstattung durchschnittlichen 60 qm großen Wohnung angefallen wäre (BFH v. 9.8.2007, VI R 10/06, BStBl II 2007, 820).

Ab 2014 ist zu unterscheiden, ob eine Entsendung ins Ausland oder ins Inland vorliegt. Bei einer Entsendung ins Ausland können – wie bis einschließlich 2013 – die Kosten der Unterkunft höchstens mit dem Betrag berücksichtigt werden, der bei Anmietung einer nach Lage und Ausstattung durchschnittlichen 60 qm großen Wohnung am ausländischen Ort der ersten Tätigkeitsstätte angefallen wäre. Bei einer Entsendung ins Inland können die tatsächlichen Aufwendungen für die Nutzung der Unterkunft am Ort der ersten Tätigkeitsstätte höchstens mit 1 000 € im Monat berücksichtigt werden (§ 9 Abs. 1 Satz 3 Nr. 5 Satz 4 EStG i.d.F. ab 2014). Der Höchstbetrag von 1 000 € umfasst sämtliche entstehenden Aufwendungen wie Miete, Betriebskosten, AfA für notwendige Einrichtungsgegenstände, Rundfunkbeitrag, Miet- oder Pachtgebühren für einen KfZ-Stellplatz (Rz. 104 des ergänzten BMF-Schreibens zur Reform des steuerlichen Reisekostenrechts v. 24.10.2014, IV C 5 – S 2353/14/10002, BStBl I 2014, 1412).

2. Der Arbeitgeber entsendet den Arbeitnehmer i.R. des bestehenden Beschäftigungsverhältnisses vorübergehend an das aufnehmende verbundene Unternehmen. Der Arbeitnehmer wird bei diesem ausschließlich auf Grundlage der Entsendung durch den Arbeitgeber tätig, mit dem aufnehmenden Unternehmen wird kein Arbeitsvertrag abgeschlossen.

Hierzu bitte ich, folgende Auffassung zu vertreten:

*Der Arbeitnehmer begründet durch die vorübergehende Entsendung bis 2013 keine regelmäßige Arbeitsstätte bei dem aufnehmenden Unternehmen (R 9.4 Abs. 3 Satz 4 LStR 2013; vgl. auch Verfügung der OFD'en Rheinland und Münster v. 29.3.2012) und **ab 2014** mangels erforderlicher dauerhafter Zuordnung durch das entsendende Unternehmen (s. Rz. 22 des ergänzten BMF-Schreibens zur Reform des steuerlichen Reisekostenrechts v. 24.10.2014, IV C 5 – S 2353/14/10002, BStBl I 2014, 1412) und mangels Vorliegens der quantitativen Kriterien nach § 9 Abs. 4 Satz 4 EStG keine erste Tätigkeitsstätte. Die durch die Tätigkeit beim aufnehmenden Unternehmen entstehenden Aufwendungen sind nach den Grundsätzen der Auswärtstätigkeit zu behandeln.*

Für die Berücksichtigung von Unterbringungskosten und Verpflegungsmehraufwendungen gilt Folgendes:

2.1 Aufgabe der bisherigen Wohnung

Unterhält der Arbeitnehmer seine einzige Wohnung am neuen Beschäftigungsort, handelt es sich bei den Unterbringungskosten um Aufwendungen für die private Lebensführung (§ 12 Nr. 1 Satz 1 EStG). Aufwendungen für das Unterhalten einer Wohnung, die den Mittelpunkt der Lebensführung eines Stpfl. darstellt, sind bereits durch den Grundfreibetrag abgedeckt (vgl. auch Beschluss des Großen Senats des BFH v. 21.9.2009, GrS 1/06, BStBl II 2010, 672 unter C III 4a). Es fallen keine ausschließlich beruflich veranlassten Mehrkosten an.

Dies gilt auch in den Fällen, in denen der Arbeitnehmer über die bisherige Wohnung während der Dauer der Entsendung nicht jederzeit verfügen kann (z.B. weil sie vermietet ist). Die Unterbringungskosten können daher nicht als Werbungskosten abgezogen bzw. vom Arbeitgeber steuerfrei erstattet werden.

Für die Ermittlung der abzugsfähigen/steuerfrei erstattungsfähigen Verpflegungsmehraufwendungen ist die Abwesenheitsdauer von der Wohnung maßgebend. Die Dreimonatsfrist ist zu beachten (§ 4 Abs. 5 Satz 1 Nr. 5 Satz 5 EStG i.d.F. bis einschließlich 2013, § 9 Abs. 4a Satz 6 EStG i.d.F. ab 2014).

2.2 Keine Aufgabe der bisherigen Wohnung

Behält der Arbeitnehmer seine bisherige Wohnung bei, die ihm jederzeit zur Verfügung steht, und unterhält am neuen Beschäftigungsort eine – weitere – Wohnung, können die beruflich veranlassten Unterbringungskosten als Werbungskosten abgezogen bzw. vom Arbeitgeber steuerfrei erstattet werden (R 9.7 LStR). Den Arbeitnehmer trifft die Feststellungslast dafür, dass die bisherige Wohnung nicht aufgegeben wurde.

*Erstreckt sich die Entsendung auf Grund von Verlängerungen über einen Zeitraum von mehr als 48 Monaten ist zu berücksichtigen, dass Unterkunftskosten **ab 2014** nach Ablauf von 48 Monaten einer längerfristigen Tätigkeit an derselben Tätigkeitsstätte, die nicht erste Tätigkeitsstätte ist, nur noch bis zur Höhe des Betrages berücksichtigt werden können, der i.R. einer doppelten Haushaltsführung zu berücksichtigen wäre (§ 9 Abs. 1 Nr. 5a Satz 4 EStG i.d.F. ab 2014). Bei einer Entsendung nach Deutschland können die tatsächlichen Aufwendungen für die Unterkunft am Tätigkeitsort nach Ablauf von 48 Monaten daher höchstens mit 1 000 € im Monat berücksichtigt werden (§ 9 Abs. 1 Satz 3 Nr. 5 Satz 4 EStG). Bei einer Entsendung in das Ausland können die tatsächlichen Aufwendungen für die Unterkunft am Tätigkeitsort nach Ablauf von 48 Monaten dagegen höchstens mit dem Betrag berücksichtigt werden, der bei Anmietung einer nach Lage und Ausstattung durchschnittlichen 60 qm großen Wohnung am Ort der auswärtigen Tätigkeitsstätte angefallen wäre.*

Wird die Wohnung am Beschäftigungsort auch von Familienmitgliedern des Arbeitnehmers genutzt, sind die Aufwendungen für die Wohnung in einen beruflich und einen privat veranlassten Anteil aufzuteilen. Entscheidend ist, welche Mehrkosten durch die privat veranlasste Unterbringung der Familie gegenüber der ausschließlichen Unterbringung des Arbeitnehmers entstehen. Der Aufteilungsmaßstab kann im Wege einer ermessensgerechten Schätzung erfolgen, wobei eine Aufteilung der Kosten nach Köpfen nicht zu einem sachgerechten Ergebnis führen dürfte.

Bis einschließlich 2013 bestehen keine Bedenken, aus Vereinfachungsgründen die bis 2013 geltende „60 qm-Regelung" (vgl. H 9.11 Abs. 5-10 „Angemessenheit der Unterkunftskosten" zweiter Spiegelstrich LStH 2013) der doppelten Haushaltsführung anzuwenden, wobei jedoch keine Beschränkung auf den ortsüblichen Durchschnittsmietzins erfolgen darf, sondern die tatsächlich entstehenden Aufwendungen zu Grunde zu legen sind.

***Ab 2014** kann in Fällen, in denen die monatlichen Kosten für eine Unterkunft im Inland den Betrag von 1 000 € nicht übersteigen aus Vereinfachungsgründen – entsprechend den Regelungen für Unterkunftskosten bei einer längerfristigen Tätigkeit von mehr als 48 Monaten (§ 9 Abs. 1 Nr. 5 a Satz 4 EStG) – davon ausgegangen werden, dass die Aufwendungen ausschließlich beruflich veranlasst sind. Betragen die monatlichen Unterkunftskosten am inländischen Beschäftigungsort mehr als 1 000 € oder liegt die Wohnung an einem ausländischen Beschäftigungsort (Entsendung ins Ausland), können nur die beruflich veranlassten, allein auf den Arbeitnehmer entfallenden Unterkunftskosten berücksichtigt werden; dazu kann die ortsübliche Miete für eine nach Lage und Ausstattung durchschnittliche Wohnung am Ort der auswärtigen Tätigkeitsstätte mit einer Wohnfläche bis zu 60 qm als Vergleichsmaßstab herangezogen werden (vgl. Rz. 117 des ergänzten BMF-Schreibens zur Reform des steuerlichen Reisekostenrechts v. 24.10.2014, IV C 5 – S 2353/14/10002, BStBl I 2014, 1412).*

Beispiel:

Ein nach Deutschland entsandter Arbeitnehmer wohnt mit seiner Ehefrau und zwei Kindern in einer 150 qm großen Mietwohnung am auswärtigen Beschäftigungsort. Die Aufwendungen betragen monatlich 1 050 € (7 €/qm). Der Durchschnittsmietzins für eine 60 qm große Wohnung beträgt 5 €/qm.

Rechtslage ab 2014

Da die monatlichen Unterkunftskosten 1 000 € übersteigen, können nur die Unterkunftskosten berücksichtigt werden, die ausschließlich durch die Nutzung des Arbeitnehmers verursacht werden. Soweit kein anderer nachvollziehbarer Aufteilungsmaßstab beantragt wird, können die anteiligen beruflich veranlassten Aufwendungen, die als Werbungskosten abgezogen bzw. vom Arbeitgeber steuerfrei erstattet werden können, auf 300 € (5 € x 60 qm) geschätzt werden.

Für die Ermittlung der abzugsfähigen/steuerfrei erstattungsfähigen Verpflegungsmehraufwendungen ist auf die Abwesenheitsdauer von der bisherigen Wohnung (nicht von der Wohnung am Beschäftigungsort) abzustellen. Die Dreimonatsfrist ist zu beachten (§ 4 Abs. 5 Satz 1 Nr. 5 Satz 5 EStG i.d.F. bis 2013, § 9 Abs. 4a Satz 6 EStG i.d.F. ab 2014).

S. zu dieser Frage auch OFD Nordrhein-Westfalen v. 15.8.2018, S 2367 – 2017/0004 – St 213, betr. Steuerliche Fragen im Zusammenhang mit Nettolohnvereinbarungen mit weiteren Hinweisen.

12. Reisenebenkosten

3712 Reisenebenkosten, die i.R. einer beruflich veranlassten Auswärtstätigkeit entstehen, werden in tatsächlicher Höhe berücksichtigt. Sie können als Werbungskosten abgezogen werden, soweit sie nicht vom Arbeitgeber steuerfrei erstattet wurden (R 9.8 Abs. 1 LStR, H 9.8 LStH).

Zu den **Reisenebenkosten** gehören die tatsächlichen Aufwendungen z.B. für:

- **Beförderung und Aufbewahrung von Gepäck**.
- **Telekommunikation und Schriftverkehr** beruflichen Inhalts mit dem Arbeitgeber oder Geschäftspartnern.
- **Straßen- und Parkplatzbenutzung sowie Schadensbeseitigung infolge von Verkehrsunfällen**, wenn die jeweils damit verbundenen Fahrtkosten als Reisekosten anzusetzen sind.
- **Verlust von auf der Reise abhanden gekommener oder beschädigter Gegenstände**, die der Arbeitnehmer auf der Reise verwenden musste, wenn der Verlust auf Grund einer reisespezifischen Gefährdung eingetreten ist. Berücksichtigt wird der Verlust bis zur Höhe des Wertes, der dem Gegenstand zum Zeitpunkt des Verlustes beigemessen wird (→ *Diebstahl* Rz. 1535).

  Begleitet der Ehegatte den Arbeitnehmer auf seiner Auswärtstätigkeit, gilt der vorgenannte Grundsatz für den Verlust von Kleidung, Gepäck usw. des Ehegatten entsprechend, wenn die Tätigkeit des Ehegatten auf der Dienstreise so wichtig ist, dass der Arbeitgeber auch den Ehegatten für seine Dienstleistungen bezahlt (BFH v. 30.6.1995, VI R 26/95, BStBl II 1995, 744).
- **Private Telefongespräche**, soweit sie der beruflichen Sphäre zugeordnet werden können. Anerkannt bei einer Auswärtstätigkeit von mindestens einer Woche (ohne Zwischenheimfahrten) für Aufwendungen für ein **wöchentliches Telefonat mit der Familie** (BFH v. 5.7.2012, VI R 50/10, BStBl II 2013, 282 betr. Einsatz eines Marinesoldaten auf einer Fregatte).
- **Reisegepäckversicherungen**, soweit sich der Versicherungsschutz auf Auswärtstätigkeiten beschränkt. Ist den Arbeitnehmern nicht klar und eindeutig ein eigener Anspruch auf die Versicherungsleistungen eingeräumt, liegt von vornherein kein Arbeitslohn vor (FG München v. 5.8.2002, 7 K 5726/00, EFG 2002, 1524).
- **Unfallversicherungen**, die ausschließlich Berufsunfälle außerhalb einer ortsgebunden ersten Tätigkeitsstätte abdecken (→ *Unfallversicherung: freiwillige* Rz. 4205).
- **Kreditkartengebühren**, soweit diese auf Reisekosten entfallen (→ *Firmenkreditkarte* Rz. 2115).
- **Reisepass und Passbilder** jedenfalls dann, wenn sie durch betriebliche Reisen erforderlich wurden und eine private Verwendung (über mehrere Jahre) nicht erfolgte (FG Saarland v. 22.1.2014, 1 K 1441/12, EFG 2014, 828).

Die Reisenebenkosten sind durch geeignete **Unterlagen nachzuweisen bzw. glaubhaft zu machen**. Regelmäßig wiederkehrende Reisenebenkosten können zur Vereinfachung über einen repräsentativen Zeitraum von **drei Monaten im Einzelnen nachgewiesen werden und dann in der Folgezeit mit dem täglichen Durchschnittsbetrag angesetzt** werden.

Nicht zu den Reisenebenkosten gehören z.B.:

- **Kosten für die persönliche Lebensführung** wie Tageszeitungen (selbst wenn aus beruflichen Gründen eine zusätzliche Zeitung erworben wird, vgl. zuletzt FG Münster v. 30.9.2010, 5 K 3976/08 E, EFG 2011, 228), private Telefongespräche (mit Ausnahme der o.g. Gespräche als Ersatz für Familienheimfahrten), Massagen, Minibar oder Pay-TV (vgl. R 9.8 Abs. 1 LStR).
- **Ordnungs-, Verwarnungs- und Bußgelder**, die die auf einer Auswärtstätigkeit verhängt werden (§ 12 Nr. 4 EStG), s.a. → *Bußgelder* Rz. 1511.
- Verlust von **Geld oder Schmuck** (vgl. dazu FG München v. 7.7.1999, 1 K 3088/98, EFG 1999, 1216 betr. Schmuck einer Schauspielerin, auch wenn die Produktionsfirma sie aufgefordert hatte, ihren eigenen Schmuck für Dreharbeiten mitzubringen).
- **Bekleidungskosten** sowie Aufwendungen für andere **allgemeine Reiseausrüstungen** wie z.B. **Koffer, Reisetasche, Reisewecker**), weil sie nur mittelbar mit einer Auswärtstätigkeit zusammenhängen.
- Anschaffungskosten für **Bekleidung, Koffer oder andere Reiseausrüstungsgegenstände**, weil sie nur mittelbar mit einer Auswärtstätigkeit zusammenhängen (vgl. R 9.4 Satz 4 LStR sowie FG Hamburg v. 24.9.1987, II 278/84, EFG 1988, 679: Bei Arbeitnehmern mit umfangreicher Reisetätigkeit können jedoch Aufwendungen für einzelne ausschließlich beruflich genutzte Koffer anerkannt werden (FG Hessen v. 12.10.2006, 13 K 2035/06, betr. den Vorstand eines globalen Konzerns, der insgesamt neun Reisekoffer besitzt, von denen er drei ausschließlich für berufliche Zwecke nutzt; unerheblich sei, dass in den Koffern auch private Kleidung transportiert werde).
- **Essengutscheine**, z.B. in Form von Raststätten- oder Autohof-Wertbons. Gutscheine gehören nicht zu den Reisenebenkosten, da zur Abgeltung der tatsächlich entstandenen, beruflich veranlassten Mehraufwendungen für Verpflegung eine Verpflegungspauschale (§ 9 Abs. 4a EStG) angesetzt werden kann.
- **Krankheitskosten**, auch wenn sie unmittelbar durch eine Auswärtstätigkeit veranlasst sind, z.B. eine Malaria-Erkrankung anlässlich einer Auswärtstätigkeit nach Afrika, oder vorbeugende **Schutzimpfungen sowie Medikamente**, vgl. FG München v. 15.4.2005, 15 K 4973/04, betr. Aufwendungen für Hepatitis-Impfungen bei einer Flugbegleiterin (streitig). In den letztgenannten Fällen ist eine steuerfreie Erstattung allenfalls i.R. der R 3.11 Abs. 2 LStR zulässig (→ *Unterstützungen* Rz. 4219).
- **Zusätzliche Krankenversicherungsbeiträge**, selbst wenn der zusätzliche Krankenversicherungsschutz allein durch eine berufliche Auslandstätigkeit veranlasst ist (BFH v. 16.4.1999, VI R 66/97, BStBl II 2000, 408). Dies gilt u.E. jedoch nicht, wenn ein weltweit tätiges Unternehmen für seine im Ausland tätigen Mitarbeiter aus Fürsorgegesichtspunkten und zur Verwaltungsvereinfachung eine **Gruppenkrankenversicherung** abschließt, um die Mitarbeiter bei Auswärtstätigkeiten vor finanziellen Risiken im Krankheitsfall zu bewahren. Es handelt sich dann um nicht steuerpflichtige Leistungen im ganz überwiegenden betrieblichen Interesse des Arbeitgebers.

Vgl. hierzu auch H 9.8 LStH m.w.N.

Beispiel:

Der Lkw-Fahrer L ist im Inland eintägig mehr als 8 Stunden beruflich auswärts tätig (im Kalenderjahr 2026). Er nimmt ein Mittagessen im Wert von 8,50 € in einer Autobahnraststätte ein und bezahlt an der Kasse 6 € in bar und den Rest in Wertbons, die er im Zusammenhang mit der vom Arbeitgeber erstatteten Parkplatzgebühr erhalten hat.

Dem Lkw-Fahrer L steht eine ungekürzte Verpflegungspauschale von 14 € zu.

13. Aufzeichnungen und Nachweise

Nach R 9.4 Satz 6 LStR hat der **Arbeitnehmer seinem Arbeitgeber Unterlagen über seine Auswärtstätigkeit vorzulegen**, aus denen die Dauer der Reise, der Reiseweg und – soweit die Reisekosten nicht zulässigerweise pauschal ersetzt werden – auch die entstandenen Reisekosten ersichtlich sein müssen (vgl. BFH v. 9.8.2005, XI B 192/03). Als **Nachweise** kommen in Betracht Fahrtenbücher, Tankquittungen, Hotelrechnungen, Schriftverkehr usw. In Ballungsgebieten genügt es nicht, wenn als Aufzeichnungen über Reiseweg oder Reiseorte lediglich eine Aufzählung der aufgesuchten Gemeinden vorgelegt wird; vielmehr ist die genaue Angabe (Anschrift) z.B. des besuchten Kunden unerlässlich. Gehen die Angaben nicht aus den Aufzeichnungen über die Auswärtstätigkeit hervor, müssen ggf. andere Unterlagen (Tätigkeitsberichte, Auftragsbücher usw.) herangezogen werden. Zum Nachweis bei Benutzung einer **Firmenkreditkarte** → *Firmenkreditkarte* Rz. 2115. 3713

Die dem Arbeitnehmer erstattete Fahrtkosten sind nur dann nach § 3 Nr. 16 EStG steuerfrei, wenn der Arbeitgeber (zeitnah) Unterlagen **erstellt und aufbewahrt** hat, anhand derer die Überprüfung der Steuerfreiheit des ausgezahlten Fahrtkostenersatzes nachgeprüft werden kann. Dies gilt auch dann, wenn Arbeitnehmer und Arbeitgeber übereinstimmend bestätigen, dass Fahrtkosten im Wege der Einzelabrechnung und unterhalb der gesetzlich zulässigen Pauschbeträge erstattet wurden. Auch wenn es § 4 Abs. 2 Nr. 4 LStDV gestattet, steuerfrei ausgezahlte Beträge im

Lohnkonto in einer Summe auszuweisen, muss sich aus den **neben dem Lohnkonto zu führenden Unterlagen** zweifelsfrei ergeben, für welche konkrete Dienstreise und in welcher Höhe dem Arbeitnehmer jeweils Aufwendungen für Fahrt- und Übernachtungskosten, Verpflegungsmehraufwendungen oder sonstige Nebenkosten erstattet wurden. Die Besonderheiten des Lohnsteuerabzugsverfahrens schließen eine Schätzung des Anteils des steuerfrei an Arbeitnehmer ausgezahlten Fahrtkostenersatzes selbst dann aus, wenn dem Arbeitnehmer unstreitig Reisekostenaufwand entstanden ist und die hierfür geleisteten Zahlungen offensichtlich unterhalb der gesetzlich zulässigen Kilometer-Pauschalen lagen. Eine einvernehmliche Schätzung über die Höhe der als Betriebsausgaben abziehbaren Erstattungen von Fahrtkosten an Arbeitnehmer ist ohne jedwede Bedeutung für die Frage, ob hiervon Lohnsteuer einzubehalten ist (**FG Saarland** v. 24.5.2017, 2 K 1082/14).

Auch wenn der **Arbeitgeber Übernachtungskosten pauschal ersetzt**, muss er sich vom **Arbeitnehmer Unterlagen** vorlegen oder eine Erklärung geben lassen, dass eine Übernachtung stattgefunden hat. Dieser Nachweis kann ggf. durch Arbeitsnachweise über Einsatzort, Dauer der Tätigkeit usw. erfolgen. Die Vorlage einer Hotelrechnung wird im Regelfall nicht verlangt.

Obwohl diese Anforderungen an den Nachweis eine **starke Arbeitsbelastung** mit sich bringen können, kann **nicht auf die Unterlagen verzichtet** werden, zumal der Arbeitnehmer, der Werbungskosten beim Finanzamt geltend machen will, entsprechende Unterlagen vorlegen muss.

Lassen die Aufzeichnungen erhebliche Zweifel an der Höhe der zulässigerweise steuerfrei zu belassenden Beträge aufkommen, so gehen diese im Steuerabzugsverfahren zu Lasten des Arbeitgebers und im Veranlagungsverfahren zu Lasten des Arbeitnehmers, wobei die Behandlung der Reisekosten beim Lohnsteuerabzug das Wohnsitzfinanzamt bei der Einkommensteuer-Veranlagung nicht bindet (BFH v. 3.8.2000, VI B 72/00). Das gilt insbesondere dann, wenn ein Sachverhalt vorgetragen wird, der nach der Lebenserfahrung ungewöhnlich ist, z.B. wenn angegeben wird, der Arbeitnehmer habe auswärts übernachtet, obwohl er ganz in der Nähe wohnt.

Der Arbeitgeber hat diese Unterlagen als **Beleg zum Lohnkonto** zu nehmen, vgl. R 9.5 Abs. 2 Satz 2 LStR, H 9.7 (Erstattung durch den Arbeitgeber) LStH, R 9.8 Abs. 2 Satz 3 LStR. Es reicht dabei aus, wenn die Reisekostenabrechnungen in einem **besonderen Ordner** aufbewahrt werden und ein leichter Zugriff auf die Belege möglich ist.

14. Pauschalversteuerung von Verpflegungszuschüssen

a) Allgemeine Grundsätze

3714 Erstattet der Arbeitgeber **höhere Verpflegungszuschüsse als die steuerlich zulässigen Pauschbeträge**, so muss er den Differenzbetrag – ggf. nach Verrechnung mit steuerfrei bleibenden Übernachtungskosten und Fahrtkosten – dem steuerpflichtigen **Arbeitslohn hinzurechnen** und versteuern (→ *Reisekosten: Allgemeine Grundsätze* Rz. 3589).

Seit 1997 können **Verpflegungszuschüsse** des Arbeitgebers, die die steuerfreien Pauschbeträge übersteigen und auch nach Verrechnung nicht steuerfrei bleiben, mit **25 % pauschal versteuert** werden (§ 40 Abs. 2 Satz 1 Nr. 4 EStG). Diese Regelung soll den „betrieblichen Erfassungsaufwand für die individuelle Besteuerung beim Arbeitnehmer minimieren“. Gleichzeitig soll erreicht werden, dass diese Lohnteile aus der **sozialversicherungsrechtlichen Beitragspflicht herausgenommen** werden (§ 1 Abs. 1 Satz 1 Nr. 3 SvEV).

Um Missbräuche zu vermeiden, gilt jedoch eine **Obergrenze von 100 % der Pauschbeträge**, d.h., die Pauschalversteuerung kommt – unter Beachtung der Dreimonatsfrist – nur für Verpflegungszuschüsse bis 28 € bzw. 56 € in Betracht, soweit sie die steuerfrei bleibenden Pauschbeträge (14 € bzw. 28 €) übersteigen. Bei Auslandsdienstreisen gelten die doppelten Auslandstagegelder.

Beispiel 1:

Ein Arbeitgeber zahlt im Kalenderjahr 2026 allen Reisevertretern Verpflegungszuschüsse von 34 € bei mehr als achtstündiger Abwesenheit.

Hiervon
- sind 14 € steuerfrei (Verpflegungspauschale bei Abwesenheit von mehr als 8 Stunden),
- können 14 € mit 25 % pauschal versteuert werden und sind damit auch von der Sozialversicherungspflicht ausgenommen,
- unterliegen die restlichen 6 € der „üblichen“ Besteuerung. Nur für diesen Teilbetrag besteht Sozialversicherungspflicht.

Voraussetzung für die Pauschalversteuerung ist allerdings, dass die steuerfreien Verpflegungspauschalen tatsächlich auch gewährt werden dürfen,

- weil eine **Auswärtstätigkeit** vorliegt (die pauschale Versteuerung ist nur für Auswärtstätigkeiten i.S.d. § 4 Abs. 5 Satz 1 Nr. 5 Sätze 2 bis 4 EStG zugelassen worden; dazu gehört **nicht die doppelte Haushaltsführung!**) und
- weil die **Mindestabwesenheit von mehr als acht Stunden** erreicht wird.

Der Anwendungsbereich beschränkt sich folglich auf die Fälle, in denen der Arbeitgeber um bis zu 100 % höhere Pauschalen als steuerfrei zulässig zahlt.

Beispiel 2:

Ein Arbeitgeber zahlt im Kalenderjahr 2026 allen Arbeitnehmern bereits bei einer sechsstündigen Abwesenheit eine Pauschale von 15 € täglich.

Die Pauschale ist in voller Höhe steuerpflichtiger Arbeitslohn, soweit die Mindestabwesenheit von mehr als acht Stunden nicht erreicht wird. Eine pauschale Versteuerung mit 25 % ist insoweit nicht zulässig.

Die **pauschale Versteuerung ist daher ausgeschlossen** für

- Verpflegungszuschüsse, die i.R. einer **doppelten Haushaltsführung** gezahlt werden (R 40.2 Abs. 1 Nr. 4 LStR), sowie
- für die Versteuerung der **unentgeltlichen Mahlzeitengewährung** mit Sachbezugswerten, die vom Arbeitgeber oder auf dessen Veranlassung von einem Dritten abgegeben werden. Es handelt sich dabei nicht um „Vergütungen für Verpflegungsmehraufwendungen“ i.S.d. § 40 Abs. 2 Satz 1 Nr. 4 EStG; hierunter fallen nach Auffassung der Finanzverwaltung nur **Geldleistungen**.

Ist nach Ablauf der **Dreimonatsfrist** eine steuerfreie Erstattung von Verpflegungsmehraufwendungen nicht mehr zulässig, kommt eine Pauschalbesteuerung nach § 40 Abs. 2 Satz 1 Nr. 4 EStG ebenso nicht mehr in Betracht.

Beispiel 3:

Arbeitnehmer A erhält im Kalenderjahr 2026 während einer ununterbrochenen viermonatigen Auswärtstätigkeit von seinem Arbeitgeber Vergütungen für Verpflegungsmehraufwendungen i.H.v. 56 € für jeden vollen Kalendertag. Während seiner Auswärtstätigkeit wird dem Arbeitnehmer kostenlos eine Unterkunft vom Arbeitgeber zur Verfügung gestellt.

In den ersten drei Monaten ist die Verpflegungspauschale für die vollen Kalendertage i.H.v. 28 € und für die An- und Abreisetage jeweils i.H.v. 14 € steuerfrei. Der vom Arbeitgeber gezahlte Mehrbetrag für die vollen Kalendertage von 28 € kann mit 25 % pauschal versteuert werden. Ab dem vierten Monat sind die Verpflegungsvergütungen von täglich 56 € wegen des Ablaufs der Dreimonatsfrist als Arbeitslohn individuell zu versteuern.

b) Verrechnung der einzelnen Aufwandsarten

Dem Gesetzeswortlaut nach kommt die Lohnsteuerpauschalierungsmöglichkeit an sich nur für die **Vergütung von Verpflegungsmehraufwendungen** in Betracht. Fraglich war, wie zu verfahren ist, wenn der Arbeitgeber **Verpflegungsmehraufwendungen nicht** oder nur in geringer Höhe erstattet und erst durch die sog. **Verrechnungsmöglichkeit** (vgl. dazu R 3.16 Satz 2 LStR sowie → *Reisekosten: Allgemeine Grundsätze* Rz. 3589) der einzelnen Aufwandsarten unterstellt wird, der Arbeitgeber habe Verpflegungsmehraufwendungen erstattet. 3715

Die Finanzverwaltung hat hierzu eine **großzügige Regelung** getroffen (R 40.2 Abs. 4 Satz 4 LStR):

Wenn durch die Verrechnungsmöglichkeit Arbeitgeberleistungen bis zur Höhe der Verpflegungspauschalen steuerfrei bleiben, dann werden diese auch als Vergütung von Verpflegungsmehraufwendungen durch den Arbeitgeber angesehen mit der Folge, dass insoweit auch die neue Lohnsteuerpauschalierung in Betracht kommt. Dies soll selbst für den Fall gelten, dass der Arbeitgeber **tatsächlich** gar **keine Verpflegungspauschalen** erstattet.

Beispiel:

Ein Arbeitnehmer erhält im Kalenderjahr 2026 wegen einer Auswärtstätigkeit von Montag 11.00 Uhr bis Mittwoch 20.00 Uhr mit kostenloser Übernachtung und Bewirtung (nicht auf Veranlassung des Arbeitgebers!) im Gästehaus eines Geschäftsfreunds lediglich pauschalen Fahrtkostenersatz von 300 € (fiktive Bahnkosten), er ist jedoch mit dem eigenen Pkw gefahren (500 km).

Steuerfrei sind

eine Fahrtkostenvergütung von (500 km × 0,30 € =)	150 €
Verpflegungspauschalen von (14 € + 28 € + 14 € =)	56 €
insgesamt	206 €

Steuerpflichtig sind hiernach 94 € (300 € – 206 €). Von diesem Betrag kann der Arbeitgeber 56 € pauschal mit 25 % versteuern, auch wenn er tatsächlich keine Verpflegungsmehraufwendungen – sondern ausschließlich Fahrtkosten – erstattet hat.

c) Zusammentreffen von doppelter Haushaltsführung mit Auswärtstätigkeiten

3716 Bei einem Arbeitnehmer, der einen doppelten Haushalt führt und von diesem aus eine Auswärtstätigkeit (Dienstreise, Einsatzwechseltätigkeit, Fahrtätigkeit) unternimmt, kann in den ersten drei Monaten nur **eine** – nämlich die **höchste** – **Verpflegungspauschale** steuerfrei gezahlt werden, sog. **Konkurrenzregelung** nach § 9 Abs. 4a Satz 12 EStG. Erstattet der Arbeitgeber in diesem Fall bereits den höchsten Pauschsatz von 28 € für die **doppelte Haushaltsführung**, ist für denselben Tag die zusätzliche Erstattung von Verpflegungsmehraufwendungen z.B. wegen einer **Auswärtstätigkeit** nicht mehr zulässig.

Die Finanzverwaltung unterstellt aber in diesen Fällen zu Gunsten der Arbeitgeber und Arbeitnehmer, dass in dem Pauschbetrag für die doppelte Haushaltsführung i.H.v. 28 € auch 14 € für Verpflegungsmehraufwendungen **wegen der Auswärtstätigkeit** „stecken", und lässt insoweit doch die Pauschalierung zu (R 40.2 Abs. 4 Satz 4 LStR).

Beispiel:

Versicherungsvertreter A, verheiratet, ist im Kalenderjahr 2026 von der Hauptstelle in Hamburg an die Filiale in Köln versetzt worden (neue erste Tätigkeitsstätte); er führt in Köln einen doppelten Haushalt. A ist täglich etwa ein bis zwei Stunden in der Filiale tätig und dann durchschnittlich neun Stunden im Außendienst (= Auswärtstätigkeit).

Der Arbeitgeber darf drei Monate lang Verpflegungsmehraufwendungen wegen der **doppelten Haushaltsführung** bis zu 28 € täglich steuerfrei erstatten (für Tage mit einer Abwesenheitsdauer von 24 Stunden von der Heimatwohnung). Für den Fall der doppelten Haushaltsführung gibt es an sich keine Möglichkeit der Lohnsteuerpauschalierung für höhere Arbeitgebererstattungen nach § 40 Abs. 2 Satz 1 Nr. 4 EStG.

Die Finanzverwaltung geht jedoch davon aus, dass die Pauschale von 28 € für die doppelte Haushaltsführung auch 14 € (Abwesenheit mehr als 8 Stunden von der Wohnung am Arbeitsort) für die **Außendiensttätigkeit** (= Auswärtstätigkeit) beinhaltet, die nur wegen der höheren Verpflegungspauschale von 28 € für die doppelte Haushaltsführung nicht zusätzlich steuerfrei bleiben können. Insoweit soll dem Arbeitgeber zumindest die Möglichkeit der Lohnsteuerpauschalierung eröffnet werden. Wenn er Verpflegungsmehraufwendungen z.B. mit 40 € erstattet, bleiben 28 € schon wegen der doppelten Haushaltsführung steuerfrei, den Mehrbetrag von 12 € kann er pauschal mit 25 % versteuern.

15. Zuschüsse für ausländische Berufspendler

3717 Auf Grund der **Corona-Pandemie** und der damit einhergehenden verschärften Quarantäne-Bestimmungen einiger ausländischer Staaten war die tägliche Anfahrt zur Arbeit für ausländische Berufspendler vielfach nicht möglich, weil der ausländische Staat jeden Einreisenden in Quarantäne nahm. Damit war die Grenze für Berufspendler praktisch geschlossen. Um die ausländischen „Einpendler" in Deutschland als Arbeitnehmer zu halten, zahlten einige Arbeitgeber den Berufspendlern ein **Tagegeld** von z.B. 65 €. Mit diesem Betrag sollen die ausländischen Pendler eine Unterkunft in Deutschland bezahlen können. Zum Teil wurde das Tagegeld dem Arbeitgeber vom jeweiligen Bundesland erstattet.

Hierzu hat die **Finanzverwaltung** in den sog. FAQ „Corona" (Steuern), zuletzt mit Stand 21.3.2023, veröffentlicht auf den Internetseiten des BMF, wie folgt Stellung genommen:

- ***„Wie werden öffentliche Zuschüsse für die Unterbringung und Verpflegung ausländischer Grenzpendler, z.B. polnischer Grenzpendler, die auf Grund der Grenzschließungen oder Quarantäneregeln nicht täglich nach Hause zurückkehren können, steuerlich behandelt?***

  *Für die Besteuerung in Deutschland gilt: Die auf Grund der Corona-Krise aus öffentlichen Mitteln geleisteten Zuschüsse bzw. Tagegeldzahlungen, die ein Arbeitgeber erhält und an seine Arbeitnehmer (ausländische Grenzpendler) zur Finanzierung der ihnen entstehenden Mehraufwendungen für Unterbringung und Verpflegung in Folge der Grenzschließung oder anderen Gründen leistet, sind **kein Arbeitslohn** und unterliegen damit nicht der Lohnbesteuerung."*

Reisekostenvergütungen aus öffentlichen Kassen

1. Allgemeines

Für die aus öffentlichen Kassen (Bund, Länder, Gemeinden, Kirchen, Krankenkassen, Berufsgenossenschaften usw.) nach reisekostenrechtlichen Vorschriften gezahlten **Reisekostenvergütungen, Umzugskostenvergütungen und Trennungsgelder gilt die besondere Steuerbefreiungsvorschrift des § 3 Nr. 13 EStG.** Sie ist nicht so strikt gefasst, wie die für private Arbeitgeber/Arbeitnehmer maßgebenden Regelungen in § 3 Nr. 16 EStG. 3718

Nach § 3 Nr. 13 EStG können Reisekosten nur dann steuerfrei erstattet werden, wenn – so die Auffassung der Finanzverwaltung – der Bedienstete (Arbeitnehmer) eine steuerliche **Auswärtstätigkeit** ausübt. Dies ist der Fall, wenn der Bedienstete **außerhalb seiner Dienststelle/Dienststätte, die seine sog. erste Tätigkeitsstätte i.S.d. § 9 Abs. 1 Satz 3 Nr. 4a EStG ist, tätig wird.** Dienststelle/Dienststätte i.S.d. öffentlichen Reisekosten-, Umzugskosten- und Trennungsgeldrechts ist die Stelle, bei welcher der Arbeitnehmer eingestellt oder zu der er versetzt, abgeordnet, zugeteilt, zugewiesen oder kommandiert worden ist. Jede dieser dienstlichen Maßnahmen führt dazu, dass diese Stelle zur neuen dienstrechtlichen Dienststelle/Dienststätte wird, unabhängig davon, ob die Maßnahme dauerhaft oder nur vorübergehend ist (→ *Reisekosten: Allgemeine Grundsätze* Rz. 3607).

Nach Auffassung des **FG Schleswig-Holstein** (Urteil v. 19.11.2014, 5 K 65/13, EFG 2015, 452) ist bei der Bestimmung des Begriffs **„Reisekostenvergütung" jedoch nicht von dem einkommensteuerrechtlichen Reisekostenbegriff auszugehen, der eine „Auswärtstätigkeit" voraussetzt**. Der Begriff „Reisekostenvergütungen" i.S.d. § 3 Nr. 13 EStG leite sich vielmehr aus den jeweils einschlägigen **leistungsrechtlichen Regelungen** ab. Das Gericht hat deshalb einem bei der Kreisfeuerwehrschule ehrenamtlich tätigen Fahrlehrer das vom Kreisfeuerwehrverband (öffentliche Kasse) gezahlte „Kilometergeld" als nach § 3 Nr. 13 EStG steuerfrei angesehen (allerdings **beschränkt auf die Höhe der Entfernungspauschale**), obwohl es nicht für eine Auswärtstätigkeit, sondern für Fahrten vom Wohnort zum Dienstort gezahlt wurde.

Der Umfang der Steuerbefreiungen nach § 3 Nr. 13 EStG war früher wesentlich vorteilhafter als die Regelungen in der entsprechenden Vorschrift des § 3 Nr. 16 EStG für im Privatdienst tätige Arbeitgeber und Arbeitnehmer. Diese Besserstellung ist inzwischen im Wesentlichen entfallen, weil

- die steuerlichen Abzugsbeschränkungen für **Verpflegungsmehraufwendungen** (Ansatz der gesetzlich festgelegten Pauschbeträge usw.) auch für den steuerfreien Arbeitgeberersatz im öffentlichen Dienst gelten (§ 3 Nr. 13 Satz 2 EStG). Ferner ist die Steuerfreiheit von **Trennungsgeldern** eingeschränkt worden;
- die reisekostenrechtlichen Vorschriften (z.B. das **Bundesreisekostenrecht**) im Wesentlichen dem Steuerrecht angeglichen worden sind, so dass von vornherein im Allgemeinen nur noch die steuerlich zulässigen (und steuerfrei bleibenden) Beträge gezahlt werden;
- das Finanzamt **seit 2000 ein Nachprüfungsrecht** hat, ob die erstatteten Reisekosten Werbungskosten darstellen und somit steuerfrei zahlbar sind (→ Rz. 3720).

2. Reisekostenvergütungen

Nach § 3 Nr. 13 EStG sind Leistungen (**Geld und Sachbezüge**) **steuerfrei**, die als Reisekostenvergütungen, Umzugskostenvergütungen oder Trennungsgelder aus einer öffentlichen Kasse gewährt werden. Dies gilt **nicht für Mahlzeiten**, die dem Arbeitneh- 3719 mer während einer beruflichen Auswärtstätigkeit oder i.R. einer doppelten Haushaltsführung vom Arbeitgeber oder auf dessen Veranlassung von einem Dritten zur Verfügung gestellt werden (→ *Mahlzeiten aus besonderem Anlass* Rz. 3082). Die Steuerfreiheit von Verpflegungszuschüssen ist auf die nach § 9 Abs. 4a EStG (Pauschbeträge für Verpflegungsmehraufwendungen bei Auswärtstätigkeit) maßgebenden Beträge begrenzt. R 3.16 Satz 1 bis 3 LStR ist entsprechend anzuwenden (R 3.13 Abs. 1 LStR).

Mit den LStR 2015 wurden die Grundsätze zu Reisekostenvergütungen aus öffentlichen Kassen geändert:

Nach R 3.13 Abs. 2 Satz 2 LStR sind nunmehr Reisekostenvergütungen aus öffentlichen Kassen nur noch dann nach § 3 Nr. 13 EStG steuerfrei, wenn sie

- nach den reisekostenrechtlichen Vorschriften des Bundes oder der Länder gewährt werden
- oder soweit sie auf Grund von Tarifverträgen oder anderen Vereinbarungen, z.B. öffentlich-rechtliche Satzungen (z.B. BFH v. 8.10.2008, VIII R 58/06, BStBl II 2009, 405 betr. kommunale Satzungen), gezahlt werden und den reisekostenrechtlichen Vorschriften des Bundes oder eines Landes dem Grund und der Höhe nach **vollumfänglich entsprechen**.

Werden die Reisekostenvergütungen nicht, nur **teilweise** oder nach unterschiedlichen Bestimmungen der reisekostenrechtlichen Vorschriften des Bundes und/oder der Länder gewährt, können auf diese Leistungen nur die zu § 3 Nr. 16 EStG erlassenen Verwaltungsvorschriften angewandt werden (R 3.13 Abs. 3 Satz 1 LStR). Fahrtkostenentschädigungen bei Auswärtstätigkeiten sind dann entweder in tatsächlicher Höhe oder (nur noch) i.H.v. 0,30 €/km steuerfrei. Seit dem Kalenderjahr 2015 ist es nicht mehr möglich, für den Abzug von Verpflegungsmehraufwendungen oder Fahrtkosten als Werbungskosten sich auf die jeweils günstigste Reisekostenregelung im Bund oder in einem Bundesland zu berufen.

Trennungsgeld, das in den Fällen des **Bezugs einer Unterkunft am Beschäftigungsort** gezahlt wird, ist regelmäßig nach Maßgabe von § 9 Abs. 1 Satz 3 Nr. 5 EStG (doppelte Haushaltsführung) und § 9 Abs. 4a EStG (Verpflegungsmehraufwendungen bei Auswärtstätigkeit) **steuerfrei** (R 3.13 Abs. 4 Satz 4 LStR).

Wird **Trennungsgeld** bei einer **täglicher Rückkehr zum Wohnort** gezahlt, ist es nur in den Fällen des § 9 Abs. 1 Satz 3 Nr. 4a Satz 1 EStG (Fahrtkosten bei Auswärtstätigkeit) **steuerfrei** (R 3.13 Abs. 4 Satz 3 LStR). Es kann nicht in voller Höhe steuerfrei gezahlt werden, da § 3 Nr. 13 letzter Halbsatz EStG insoweit ausdrücklich eine Einschränkung auf Dienstreisen usw. enthält; vgl. dazu R 3.13 Abs. 4 Satz 3 LStR sowie FinMin Sachsen-Anhalt v. 27.11.1996, S 2338 – 18.

Beispiel 1:

A ist im Zuge der Auflösung seiner alten Dienststelle ohne zeitliche Befristung an eine andere Dienststelle **versetzt** worden. Wegen seiner bevorstehenden Pensionierung ist A nicht an den neuen Beschäftigungsort umgezogen. Stattdessen fährt er jeden Tag zur 30 km entfernt liegenden neuen Dienststelle und erhält hierfür nach § 6 TGV ein Trennungsgeld.

Die neue Dienststelle ist vom ersten Tag an die neue erste Tätigkeitsstätte (→ *Reisekosten: Allgemeine Grundsätze* Rz. 3607). Die Fahrten stellen daher „übliche" Wege zwischen Wohnung und erster Tätigkeitsstätte dar, die vom Arbeitgeber nicht – auch nicht von „öffentlichen Arbeitgebern" – steuerfrei ersetzt werden dürfen.

Beispiel 2:

Sachverhalt wie Beispiel 1, A ist jedoch nur für ein Jahr **abgeordnet** worden.

In diesem Fall wird die neue Dienststelle nicht zu einer neuen ersten Tätigkeitsstätte (→ *Reisekosten: Allgemeine Grundsätze* Rz. 3607). Es liegt eine Auswärtstätigkeit vor, so dass das an A gezahlte Trennungsgeld nach § 3 Nr. 13 EStG steuerfrei belassen werden kann.

Die Steuerbefreiung nach § 3 Nr. 13 EStG gilt sinngemäß für **Umzugskostenvergütungen** und Trennungsgelder nach Maßgabe der umzugskosten- und reisekostenrechtlichen Vorschriften des Bundes und der Länder. Werden anlässlich eines Umzugs Verpflegungszuschüsse nach dem Bundesumzugskostengesetz (BUKG) gewährt, sind diese nur i.R. der zeitlichen Voraussetzungen des § 9 Abs. 4a EStG steuerfrei (R 9.9 Abs. 2 Satz 1 LStR).

Nach einer öffentlich-rechtlichen Satzung geleistete **pauschale Reisekostenvergütungen** können bei Beachtung von R 3.13 Abs. 2 Satz 2 LStR auch ohne Einzelnachweis steuerfrei sein, sofern die Pauschale die tatsächlich entstandenen Reiseaufwendungen nicht ersichtlich übersteigt (BFH v. 8.10.2008, VIII R 58/06, BStBl II 2009, 405 sowie H 3.13 „Pauschale Reisekostenvergütungen" LStH).

Der **Geldwert** für die **Privatnutzung eines Pkw**, der dem Arbeitnehmer vom Arbeitgeber – nach den Grundsätzen sog. beamteneigener Fahrzeuge – für Dienst- und Privatfahrten überlassen wird, fällt nicht unter die Steuerbefreiung des § 3 Nr. 13 EStG (BFH v. 26.7.2001, VI R 122/98, BStBl II 2001, 844). Er ist regelmäßig steuerpflichtiger Arbeitslohn.

Liegen die Voraussetzungen für die Steuerbefreiung nach § 3 Nr. 13 EStG oder § 3 Nr. 16 EStG nicht vor, kann ggf. eine **Steuerbefreiung nach anderen Vorschriften** in Betracht kommen (R 3.13 Abs. 3 LStR). **Dies sind: § 3 Nr. 12 EStG** (→ *Aufwandsentschädigungen im öffentlichen Dienst* Rz. 865) oder **§ 3 Nr. 26, 26a, 26b EStG** (→ *Nebenberufliche steuerbegünstigte Tätigkeiten* Rz. 3236).

3. Nachprüfungsrecht des Finanzamts

Reisekostenvergütungen sind nach § 3 Nr. 13 EStG grds. nur steuerfrei, wenn sie als Werbungskosten abzugsfähig wären (zuletzt BFH v. 12.4.2007, VI R 53/04, BStBl II 2007, 536, betr. u.a. Beiträge zum Beschaffen klimabedingter Kleidung bei Auslandsumzügen). **3720**

Beispiel:

Eine Kreissparkasse (Anstalt des öffentlichen Rechts) übernahm für ihren Vorstandsvorsitzenden die Kosten einer Studienreise, ohne Lohnsteuer einzubehalten. Die Reise erfüllte weder vom Ablauf noch von der Zusammensetzung der Teilnehmer her (der Vorstandsvorsitzende hatte – ebenso wie viele andere – seine Ehefrau mitgenommen) die Kriterien, die nach der Rechtsprechung für die Anerkennung derartiger Aufwendungen als Werbungskosten erfüllt sein müssen (vgl. dazu H 12.2 EStH zum „unbesetzten" R 12.2 EStR).

Ein steuerfreier Reisekostenersatz ist nicht möglich. Arbeitnehmer im öffentlichen und privaten Dienst müssen den selben steuerrechtlichen Vorschriften und Regelungen unterworfen sein. Die Beantwortung der Frage, welche Aufwendungen (hier: Reisekosten) als Werbungskosten abziehbar sind bzw. vom Arbeitgeber steuerfrei erstattet werden können, hat sich allein nach steuerrechtlichen Grundsätzen zu richten (BFH v. 27.5.1994, VI R 67/92, BStBl II 1995, 17).

Steuerpflichtig ist im Regelfall auch die Übernahme der Kosten für die Ehefrau.

Darüber hinaus ist seit **2001** die Vorschrift der R 3.13 Abs. 2 Satz 3 LStR zu beachten (**„§ 12 Nr. 1 EStG bleibt unberührt"**). Diese Ergänzung soll gewährleisten, dass in den Fällen, in denen zwar Reisekosten aus öffentlichen Kassen gezahlt werden, dienstrechtlich jedoch keine Auswärtstätigkeit vorliegt (z.B. bei sog. **Vergnügungs-/Erholungsreisen**), die Steuerfreiheit des Arbeitgeberersatzes versagt werden kann. In der Praxis wird diese Richtlinienregelung jedoch eher sparsam angewendet.

4. Einzelfragen

Bei der Besteuerung gelten im Prinzip dieselben Grundsätze wie für die Privatwirtschaft, also hinsichtlich der Verrechnungsmöglichkeiten, der vereinfachten Besteuerung als sonstiger Bezug usw. (→ *Reisekosten: Allgemeine Grundsätze* Rz. 3589). **3721**

Beamte, die ins Ausland versetzt wurden, erhielten vor der o.g. Anpassung der steuerlichen Regelungen zu steuerfreien Reisekostenzahlungen ein sog. **Auslandstrennungsgeld**, das nach § 3 Nr. 64 EStG steuerfrei belassen wurde. Dies wäre nach § 3 Nr. 13 Satz 2 EStG an sich seit 1996 nicht mehr möglich gewesen. Um Nachteile zu vermeiden, sind deshalb solche Zahlungen durch die Bundesverwaltung (Bund) und die der Ländern ab 1998 in eine **Aufwandsentschädigung** umgewandelt worden, die nach § 3 Nr. 12 Satz 1 EStG steuerfrei ist. Vgl. z.B. FinMin Niedersachsen v. 8.9.2004, Nds. MBl. 2004, 588 mit Hinweisen auf die Regelungen im Bereich des Bundes.

Erhält ein hauptamtlicher **Bürgermeister** in Baden-Württemberg eine Dienstaufwandsentschädigung steuerfrei ausbezahlt, die nach der Auslegung durch das FG seine gesamten beruflich veranlassten Aufwendungen ersetzen soll, so kann er nur insoweit Werbungskosten geltend machen, als die Aufwendungen die Entschädigung übersteigen. Infolge eines unmittelbaren wirtschaftlichen Zusammenhangs zu § 3 Nr. 12 Satz 2 EStG fallen auch die **nicht durch die steuerfreie Reisekostenvergütung i.S.d. § 3 Nr. 13 EStG abgegoltenen Reisekosten unter das Abzugsverbot des § 3c EStG, wenn die Dienstaufwandsentschädigung auch diese Aufwendungen abgelten** soll. Die Antwort auf die Frage, wofür eine Aufwandsentschädigung gezahlt wird, ist dem jeweiligen Bundes- oder Landesgesetz zu entnehmen, in welchem die Zahlung der betreffenden Aufwandsentschädigung vorgesehen ist (BFH v. 19.10.2016, VI R 23/15, BStBl II 2017, 345; s. ausführlich → *Bürgermeister* Rz. 1507).

Bei einer aus öffentlichen Kassen gezahlten **Mitnahmeentschädigung wird weiterhin von einer Steuerfreiheit** gem. § 3 Nr. 13 EStG ausgegangen.

Reiseveranstalter: Arbeitnehmerreisen

1. Allgemeines

3722 Reiseveranstalter oder Reisebüros bieten ihren Mitarbeitern häufig **Reisen mit fachlichem Hintergrund** an. Diese führen naturgemäß zu touristisch interessanten Zielen und deren Reiseverlauf gleicht grds. denen von Pauschalreisen (z.B. Besichtigung der Sehenswürdigkeiten, Erprobung des Freizeitangebots). Diese Reisen müssen von den Incentive-Reisen (→ *Incentive-Reisen* Rz. 2579) abgegrenzt werden, deren kostenlose oder verbilligte Durchführung zu einem geldwerten Vorteil beim Arbeitnehmer führt (BFH v. 9.3.1990, VI R 48/87, BStBl II 1990, 711).

Um eine **einheitliche Verwaltungspraxis** zu gewährleisten, hat die Finanzverwaltung (BMF v. 14.9.1994, IV B 6 – S 2334 – 115/94, BStBl I 1994, 755) eine Regelung getroffen, wie **unentgeltliche oder verbilligte Reisen von Mitarbeitern von Reisebüros oder Reiseveranstaltern steuerlich zu behandeln sind. Danach gilt Folgendes:**

Eine vom Arbeitgeber dem Arbeitnehmer unentgeltlich oder verbilligt verschaffte Reise gehört **nicht zum Arbeitslohn**, wenn die Reise im **ganz überwiegenden betrieblichen Interesse des Arbeitgebers durchgeführt** wird. Ein ganz überwiegendes betriebliches Interesse muss über das normale Interesse des Arbeitgebers, das ihn zur Lohnzahlung veranlasst, deutlich hinausgehen. Dieses Interesse muss so stark sein, dass das Interesse des Arbeitnehmers an der Leistung vernachlässigt werden kann. Es müssen daher **nachweisbare betriebsfunktionale Gründe** für die Teilnahme des Arbeitnehmers an der Reise bestehen. Als Reisen im ganz überwiegenden betrieblichen Interesse des Arbeitgebers können **beruflich veranlasste Auswärtstätigkeiten** und **Fachstudienreisen** unter den nachfolgend aufgeführten Voraussetzungen in Betracht kommen.

2. Beruflich veranlasste Auswärtstätigkeiten

3723 Beruflich veranlasste Auswärtstätigkeiten sind Reisen, denen ein **unmittelbarer betrieblicher Anlass** zu Grunde liegt, z.B. Verhandlungen mit Geschäftspartnern des Arbeitgebers oder die Durchführung eines bestimmten Auftrags (Vorbereitung von Reiseveranstaltungen oder Objektbeschreibungen in Katalogen des Arbeitgebers).

Beispiel:

Der Arbeitnehmer eines Reiseveranstalters fliegt für 14 Tage nach Neuseeland, um dort eine Pauschalreise vorzubereiten, die im nächsten Reisekatalog angeboten werden soll. Er hat Verhandlungen mit den Hotels, mit Restaurants und Mietwagenfirmen zu führen. Darüber hinaus hat er die Objektbeschreibung für den Katalog vorzubereiten.

Bei beruflich veranlassten Auswärtstätigkeiten ist ein ganz überwiegend betriebliches Interesse des Arbeitgebers nur anzunehmen, mit der Folge, dass ein lohnsteuerpflichtiger Arbeitslohn bzw. geldwerter Vorteil nicht gegeben ist, wenn die **folgenden Voraussetzungen nebeneinander** erfüllt sind:

- Die Reise wird **auf Anordnung** des Arbeitgebers durchgeführt.
- Die Reise ist für den Arbeitnehmer **unentgeltlich**.
- Die Reisetage sind grds. **wie übliche Arbeitstage** mit beruflicher Tätigkeit ausgefüllt (BFH v. 12.4.1979, IV R 106/77, BStBl II 1979, 513).
- Die Reisetage werden **nicht auf den Urlaub** des Arbeitnehmers angerechnet.

3. Fachstudienreisen

Fachstudienreisen sind Reisen, die der **beruflichen Fortbildung des Arbeitnehmers** dienen. 3724

Beispiel:

Ein Reiseveranstalter führt für seine Arbeitnehmer siebentägige Informationsreisen nach Griechenland durch. Ziel der Reise ist es, den Arbeitnehmern zusätzliche Informationen „vor Ort" zu verschaffen. Auf dem Programm der Reise stehen halbtägige Arbeitsseminare mit Themen wie z.B. Produktschulung und Verkaufsargumente. Darüber hinaus sollen die Arbeitnehmer das Freizeitangebot, das von den Gästen des Hotels genutzt werden kann, unter den gleichen Bedingungen „testen" wie die zahlenden Gäste.

Bei Fachstudienreisen ist ein ganz überwiegend betriebliches Interesse des Arbeitgebers (R 19.7 LStR) **nur anzunehmen**, wenn die **folgenden Voraussetzungen nebeneinander** erfüllt sind:

- Der an der Reise teilnehmende Arbeitnehmer ist im **Reisevertrieb** oder mit der **Reiseprogrammbeschreibung**, -gestaltung oder -abwicklung **beschäftigt**.
- Der Arbeitgeber wertet die Teilnahme an der Reise **als Arbeitszeit** und rechnet jeden vollen Reisetag, der auf einen regelmäßigen Arbeitstag des teilnehmenden Arbeitnehmers entfällt, mit mindestens sechs Stunden auf die vereinbarte regelmäßige Arbeitszeit an.
- Der Reise liegt eine **feste Programmgestaltung** zu Grunde und das Programm ist auf die **konkreten beruflichen Qualifikations- und Informationsbedürfnisse** der oben genannten Arbeitnehmer zugeschnitten. Das Programm muss Fachveranstaltungen mit einer Gesamtdauer von **mindestens sechs Stunden pro Tag** enthalten. Dabei sind folgende Programmpunkte als Fachveranstaltungen anzuerkennen:
  - Kennenlernen der Leistungsträger der gesamten Organisation vor Ort,
  - Vorstellung verschiedener Unterkünfte und Unterkunftsbesichtigungen,
  - länderkundliche Referate, Zielgebietsschulung,
  - ortskundige Führungen,
  - Vorträge von Verkehrsämtern und Ausflugsveranstaltern,
  - eigene Recherchen nach Aufgabenstellung (Fallstudien, Gruppenarbeit),
  - regelmäßige Programmbesprechungen.
- Der Arbeitnehmer nimmt grds. **an allen vorgesehenen fachlichen Programmpunkten teil** und erstellt ein **Protokoll über den Reiseverlauf**.
- Der Arbeitnehmer nimmt **keine Begleitperson** mit, es sei denn, dass die Mitnahme einer Begleitperson aus zwingenden betrieblichen Gründen erforderlich ist.

4. Nachweispflichten des Arbeitgebers

Der Arbeitgeber hat das ganz überwiegende betriebliche Interesse 3725
sowohl bei Dienst- als auch bei Fachstudienreisen **nachzuweisen**. Deshalb hat er folgende Unterlagen aufzubewahren und auf Verlangen der Finanzverwaltung vorzulegen:

- Bei **beruflich veranlassten Auswärtstätigkeiten** die Unterlagen, aus denen sich der Anlass und der Arbeitsauftrag ergibt.
- Bei **Fachstudienreisen**
  - die Einladung zur Fachstudienreise,
  - die Programmunterlagen,
  - die Bestätigungen über die Teilnahme des Arbeitnehmers an den fachlichen Programmpunkten,
  - das Protokoll des Arbeitnehmers über den Reiseverlauf,
  - die Teilnehmerliste.

5. Besonderheiten

a) Privater Anschlussaufenthalt

3726 Wenn sich an eine beruflich veranlasste Auswärtstätigkeit oder Fachstudienreise, die im ganz überwiegenden betrieblichen Interesse des Arbeitgebers liegt, **ein privater Reiseaufenthalt anschließt**, so **gehören die Leistungen für den Anschlussaufenthalt zum Arbeitslohn**.

LSt SV

Ob die **Leistungen für die Hin- und Rückfahrt** zum Arbeitslohn gehören, wird bei beruflich veranlassten Auswärtstätigkeiten und bei Fachstudienreisen unterschiedlich beurteilt:

Bei **beruflich veranlassten Auswärtstätigkeiten** gehören die Leistungen für die Hin- und Rückfahrt grds., also auch im Falle eines Anschlussaufenthalts des Arbeitnehmers, nicht zum Arbeitslohn.

> **Beispiel 1:**
>
> Der Arbeitnehmer eines Reiseveranstalters fliegt für 14 Tage nach Neuseeland, um dort eine Pauschalreise vorzubereiten, die im nächsten Reisekatalog angeboten werden soll. Er hat Verhandlungen mit den Hotels, mit Restaurants und Mietwagenfirmen zu führen. Darüber hinaus hat er die Objektbeschreibung für den Katalog vorzubereiten. Nach Abschluss der Verhandlungen bleibt der Arbeitnehmer noch zusätzlich vier Tage in Neuseeland. Den Zusatzaufenthalt erhält der Arbeitnehmer kostenlos. Betriebsfremde bzw. Dritte als Reisende müssten für diese vier Tage 200 € entrichten.
>
> Die Aufwendungen für die beruflich veranlasste Auswärtstätigkeit gehören nicht zum Arbeitslohn des Arbeitnehmers, wenn die unter → Rz. 3723 genannten Voraussetzungen erfüllt sind. Dies gilt auch für die Kosten des Hin- und Rückflugs. Die 200 €, die der Arbeitnehmer für den kostenlosen Zusatzaufenthalt spart, hat er i.R. des § 8 Abs. 3 EStG als Arbeitslohn zu versteuern (ggf. Anwendung des Rabattfreibetrags).

Bei **Fachstudienreisen** hingegen gehören diese Leistungen dann zum Arbeitslohn, wenn der Anschlussaufenthalt **mehr als 10 % der gesamten Reisezeit** in Anspruch nimmt.

> **Beispiel 2:**
>
> Ein Reiseveranstalter führt für seine Arbeitnehmer siebentägige Informationsreisen nach Griechenland durch. Einige Arbeitnehmer bleiben noch einen Tag länger, um sich zu erholen. Dieser Zusatzaufenthalt ist kostenlos, betriebsfremde bzw. Dritte als Reisende müssten für diesen Verlängerungstag 40 € zahlen. Die Kosten für den Hin- und Rückflug betragen 390 €.
>
> Da die Arbeitnehmer Fachstudienreisen durchführen (→ Rz. 3724), sind im vorliegenden Fall die Kosten des Hin- und Rückflugs insgesamt zu versteuern, denn der private Zusatzaufenthalt beträgt mehr als 10 % der gesamten Reisezeit (Reisezeit insgesamt acht Tage, davon ein Tag Privataufenthalt = 12,5 %). Zusammen mit den fiktiven Kosten für den zusätzlichen Tag i.H.v. 40 € hat der Arbeitnehmer demnach i.R. des § 8 Abs. 3 EStG 430 € als Arbeitslohn zu versteuern.

Diese Regelung gilt auch, wenn der beruflich veranlassten Auswärtstätigkeit oder Fachstudienreise ein privater Reiseaufenthalt **vorangeht**.

Hinweis:

Die Finanzverwaltung hält an dieser Regelung trotz des **Beschlusses des Großen Senats des BFH** (BFH v. 21.9.2009, GrS 1/06, BStBl II 2010, 672) weiterhin fest. Zu dieser Frage auch → *Reisekosten: Allgemeine Grundsätze* Rz. 3589 und die dort wiedergegebene **neue BFH-Rechtsprechung**.

b) Leistungen Dritter

3727 Werden Dienst- oder Fachstudienreisen **von dritter Seite unentgeltlich oder verbilligt zur Verfügung gestellt**, so liegt kein Arbeitslohn vor, wenn die Leistungen dem Arbeitnehmer im ganz überwiegenden betrieblichen Interesse des Arbeitgebers zugute kommen. Dies ist gegeben, wenn die zuvor genannten Voraussetzungen erfüllt sind.

LSt SV (durchgestrichen)

Liegen **diese Voraussetzungen nicht vor**, ist nach den Regelungen der Finanzverwaltung über die lohnsteuerliche Behandlung von Rabatten von dritter Seite (BMF v. 20.1.2015, IV C 5 – S 2360/12/10002, BStBl I 2015, 143) zu prüfen, ob Arbeitslohn vorliegt, der dem Lohnsteuerabzug unterliegt (→ *Rabatte* Rz. 3537).

6. PEP-Reisen

3728 PEP-Reisen (Personal Education Program) sind Reiseangebote, die sich **ausschließlich an die Angehörigen der Touristikbranche** richten, und zwar unabhängig von der Zugehörigkeit zu einem bestimmten Reisebüro. PEP-Reisen sind **vergünstigte Reiseangebote,** die den Reisebüromitarbeitern aus Marketinggesichtspunkten zugewendet werden. Damit sollen die Mitarbeiter in die Lage versetzt werden, die Produkte der Reiseveranstalter noch effizienter zu verkaufen. So gibt es auch spezialisierte Veranstalter, die außer PEP-Reisen kein weiteres Geschäft betreiben. Bei PEP-Reisen ist stets ein als Arbeitslohn zu versteuernder **geldwerter Vorteil** gegeben (FinMin Saarland v. 6.4.2005, B/2 – 4 – 62/05 – S 2334).

LSt SV

Die Auffassung, dass die Inanspruchnahme von Expedientenrabatten zu steuerpflichtigem Arbeitslohn führt, hat das FG Münster bestätigt (FG Münster v. 29.6.2011, 4 K 258/08 E, EFG 2011, 1886), hingegen das FG Düsseldorf abgelehnt (FG Düsseldorf v. 21.12.2016, 5 K 2504/14 E). Einzelheiten zur Rabattgewährung durch Dritte → *Rabatte* Rz. 3537.

7. Banken als Reiseveranstalter

Es kommt häufig vor, dass eine **Bank selbst Reisen veranstaltet,** 3729
die von Bankmitarbeitern begleitet werden. Wie die an die Reisebegleiter erstatteten Reisekosten steuerlich zu behandeln sind, kann nur unter Abwägung aller Verhältnisse des Einzelfalls entschieden werden. Das FG Köln hat hierfür einen **Kriterienkatalog** aufgestellt, nach dem jede einzelne Reise beurteilt wird; die Urteile des Finanzgerichts sind danach unterschiedlich ausgefallen, von der Vollstattgabe bis zur Klageabweisung (FG Köln v. 3.12.1996, 7 K 2800/93 u.a., EFG 1997, 859).

Danach ist z.B.

- **Arbeitslohn zu verneinen,** wenn die Reisen auf einem langjährig geübten Marketingkonzept beruhen, im Wesentlichen dieselben Mitarbeiter mit der Reisebegleitung betraut werden – und dabei übergreifende Reisebetreuungsaufgaben übernehmen – und sie nicht von ihren Ehegatten begleitet werden (zuletzt FG Baden-Württemberg v. 15.4.2005, 10 K 222/02, EFG 2005, 1692);
- **dagegen steuerpflichtiger Arbeitslohn** anzunehmen, wenn die Begleiter häufig wechseln – dies deutet auf einen **Belohnungscharakter** hin –, für den Begleiter kaum Arbeiten anfallen, weil die Reise nicht mit häufigen Hotelwechseln verbunden und die Gruppe überdies nur klein ist.

Den **Arbeitgeber** trifft nach diesem Urteil die **Beweislast,** dass diese Voraussetzungen vorgelegen haben und er somit zu Recht vom Lohnsteuerabzug abgesehen hat.

LSt SV

Reiseversicherung

→ *Reisekosten: Allgemeine Grundsätze* Rz. 3589 → *Reisekosten: Erstattungen* Rz. 3661

Renten

→ *Altersrenten* Rz. 61, → *Rentner* Rz. 3736, → *Versorgungsbezüge* Rz. 4334

Rentenversicherung

1. Rentenversicherungsträger

Die gesetzliche Rentenversicherung ist Teil des neben der Kran- 3730
ken-, Pflege-, Unfall- und Arbeitslosenversicherung insgesamt fünfgliedrigen Sozialversicherungssystems.

Als Spitzenorganisationen auf Bundesebene fungieren die Deutsche Rentenversicherung Bund und die Deutsche Rentenversicherung Knappschaft-Bahn-See. Das Beratungsnetz wird von der Regionalebene verwaltet, wobei alle Träger die Bezeichnung „Deutsche Rentenversicherung" im Namen führen. Hinzu kommt die Bezeichnung des jeweiligen Zuständigkeitsbereichs.

2. Aufgaben

Die Rentenversicherungsträger haben vorrangig die Aufgabe, die 3731
soziale Sicherung der Arbeitnehmer, in eingeschränktem Umfang auch der Selbständigen, und ihrer Angehörigen bzw. Hinterbliebenen sicherzustellen gegen die Risiken

- der Berufs- und Erwerbsunfähigkeit,
- des Alters und
- des Todes.

3. Leistungen

3732 Um diese Ziele zu erreichen, können im Wesentlichen die **folgenden Leistungen** gewährt werden:

- Heilbehandlung, Berufsförderung und andere Leistungen zur Erhaltung, Besserung und Wiederherstellung der Erwerbsfähigkeit einschließlich wirtschaftlicher Hilfen,
- Renten wegen Alters, verminderter Erwerbsfähigkeit sowie Bergmannsrenten und Knappschaftsausgleichsleistungen,
- Renten wegen Todes,
- Witwen- und Witwerrentenabfindungen,
- Zuschüsse zu den Aufwendungen für die Krankenversicherung,
- Leistungen für Kindererziehung.

In der Alterssicherung der Landwirte können darüber hinaus Betriebs- und Haushaltshilfe zur Aufrechterhaltung des Betriebes im Falle des Todes des landwirtschaftlichen Unternehmers gewährt werden.

4. Versicherungsumfang

3733 Der Kreis der in der Rentenversicherung versicherten Personen erstreckt sich vorrangig auf die gegen Entgelt beschäftigten Arbeitnehmer, in geringem Umfang auch auf Selbständige. Er ist weitgehend identisch mit dem Kreis derer, die auch der Kranken-, Pflege- und Arbeitslosenversicherungspflicht unterliegen. Unter bestimmten Voraussetzungen ist in der gesetzlichen Rentenversicherung auch eine freiwillige Versicherung möglich.

Für geringfügig entlohnte Beschäftigte → *Mini-Jobs* Rz. 3161.

5. Finanzierung

3734 Finanziert werden die Aufwendungen der Rentenversicherung durch die nach dem Solidarprinzip erhobenen Beiträge. Das bedeutet, unabhängig von Alter, Geschlecht, Familienstand oder Gesundheitszustand werden die Beiträge prozentual und ausschließlich nach der Höhe des Arbeitsentgelts bemessen. Die **Rentenversicherungsbeiträge** werden als Teil des Gesamtsozialversicherungsbeitrages mit den Beiträgen zur Kranken-, Pflege- und Arbeitslosenversicherung von den Krankenkassen (Einzugsstellen) erhoben und von ihnen täglich an die Rentenversicherungsträger weitergeleitet.

Beitragseinnahmen ergeben sich auch aus den Beiträgen für sog. Lohnersatzleistungen. Zahlen Sozialversicherungsträger wie z.B. Krankenkassen ihren Mitgliedern Krankengeld, sind aus dem Zahlbetrag des Krankengeldes Beiträge an die Rentenversicherungsträger zu entrichten, wobei grundsätzlich auch hier die Teilung der Beitragslast je zur Hälfte gilt. Neben dem Krankengeldbezieher trägt die Krankenkasse aus ihrem Vermögen die andere Hälfte der Beiträge.

Weiterhin erhalten die Rentenversicherungsträger staatliche Zuschüsse aus Steuermitteln, weil sie z.T. auch versicherungsfremde Aufgaben übernehmen, die grundsätzlich in die Leistungspflicht des Staates fallen.

6. Verfahrensregelungen

3735 Für versicherungspflichtige Arbeitnehmer sind keine besonderen Meldungen direkt an die Rentenversicherungsträger zu erstatten. Vielmehr erhalten diese die notwendigen Daten im Wege des Datenaustauschs aus den bei den Krankenkassen einzureichenden Meldungen.

Wesentliches Ordnungskriterium für die Rentenversicherungsträger ist die Rentenversicherungsnummer. Unter diesem Ordnungsbegriff, der für jeden Versicherten nur einmal vergeben wird, werden alle im Laufe des Berufslebens für eine Leistungsgewährung notwendigen Daten gespeichert. Durch direkte Plausibilitätsprüfungen kann das Versichertenkonto des Beschäftigten mit gesicherten, ggf. abgeprüften Daten aktuell geführt werden. Eine aufwendige und häufig nicht mehr mögliche Klärung von Zweifelsfragen z.B. zum Ende des Berufslebens bei der Rentenantragstellung entfällt.

Die Rentenversicherungsträger unterrichten zu bestimmten Zeitpunkten ihre Versicherten über die gespeicherten Daten und erteilen Auskünfte zum Versicherungsverlauf.

Rentner

Inhalt

1. Arbeitsrecht

Das Arbeitsverhältnis endet bei Eintritt in die Rente nur, wenn eine 3736
arbeitsvertragliche Regelung besteht, die ein Ende zu diesem Zeitpunkt vorsieht.

Es besteht keine gesetzliche Regelung, die die Weiterbeschäftigung eines Arbeitnehmers, der z.B. mit Erreichen der Regelaltersgrenze eine Altersrente bezieht, verbietet. Zudem sind Diskriminierungen wegen des Alters verboten. Die Neueinstellung von Rentnern ist zulässig. Für die Beschäftigung gelten die allgemeinen arbeitsrechtlichen Regelungen und Bestimmungen des Arbeitsschutzes. Insbesondere kommen auch Regelungen zum Mindestlohn, Urlaub, Entgeltfortzahlung und Kündigungsschutz zur Anwendung. Es sind aber u.U. → *Hinzuverdienstgrenzen* Rz. 2544 zu beachten.

Das Gesetz zur Stabilisierung des Rentenniveaus und zur vollständigen Gleichstellung der Kindererziehungszeiten sieht zur Vereinfachung der Beschäftigung eine neue Regelung zur Weiterbeschäftigung von Rentnern, welche zur Fachkräftesicherung beitragen soll, vor. Personen, die die Regelaltersgrenze erreicht haben, soll hierzu insbesondere die Rückkehr zu ihrem bisherigen Arbeitgeber erleichtert werden. Nach geltender Rechtslage steht das Anschlussverbot des § 14 Abs. 2 Satz 2 TzBFG einem sachgrundlos befristeten Arbeitsverhältnis bei einem Arbeitgeber, bei welchem die Person bereits zu einem früheren Zeitpunkt beschäftigt war, entgegen. Diese Einschränkung soll aufgehoben werden (mit einem neuen § 41 Abs. 2 SGB IV), um eine Weiterarbeit nach Erreichen der Regelaltersgrenze für die Arbeitsvertragsparteien einfacher zu gestalten und damit insbesondere einen Beitrag zur Fachkräftesicherung zu leisten. Das Gesetzgebungsverfahren war allerdings zum Zeitpunkt des Redaktionsschlusses allerdings noch nicht endgültig abgeschlossen. Sollten sich Änderungen ergeben, unterrichten wir Sie über unseren Online-Aktualisierungsdienst (s. Benutzerhinweis S. IV).

2. Aktivrentengesetz

Die mit dem „Gesetz zur steuerlichen Förderung von Arbeitneh- 3737
merinnen und Arbeitnehmern im Rentenalter (**Aktivrentengesetz**)“ geplante Aktivrente sieht ab 1.1.2026 mit einem neuen § 3 Nr. 21 EStG n.F. vor, dass Rentner ab dem Monat, der auf das Erreichen der Regelaltersgrenze folgt, monatlich bis zu 2 000 € steuerfrei hinzuverdienen können. Das Gesetzgebungsverfahren war bei Redaktionsschluss allerdings noch nicht endgültig abgeschlossen. Sollten sich Änderungen im weiteren Gesetzgebungsverfahren ergeben, unterrichten wir Sie über unseren Online-Aktualisierungsdienst (s. Benutzerhinweis S. IV).

Begünstigt durch das Aktivrentengesetz sollen laufende, aber auch einmalige Einnahmen aus nichtselbständiger Arbeit sein.

Dagegen sollen nicht begünstigt sein: Zuwendungen bei Betriebsveranstaltungen, Einnahmen in Form von Wartegeldern, Ruhegeldern, Witwen- und Waisengeldern sowie andere Bezüge und

Vorteile aus früheren Dienstleistungen, laufende Beiträge zur betrieblichen Altersversorgung inklusive etwaiger Sonderzahlungen, wie auch Abfindungen, Nachzahlungen oder sonstige Leistungen aus dem ersten Dienstverhältnis, die für Zeiträume gewährt werden bzw. die in Zeiträumen erdient wurden, in denen nicht oder noch nicht sämtliche Voraussetzungen der Aktivrente vorlagen (z.B. die Einhaltung der Regelaltersgrenze).

Der Freibetrag von 24 000 € ist auf das Jahr bzw. die Monate so aufzuteilen, dass er nur für Kalendermonate gewährt wird, in denen die Tatbestandsvoraussetzungen der Norm vorliegen. Der tatsächliche monatliche Freibetrag beträgt damit nicht mehr als 2 000 €, d.h. es ist kein Aufaddieren der Freibeträge möglich, für Monate, in denen sie nicht in Anspruch genommen worden.

Die steuerfreie Hinzuverdienstgrenze ist ein zentraler Bestandteil der Aktivrente und unterscheidet sich von bisherigen Regelungen, bei denen Hinzuverdienste i.d.R. steuerpflichtig waren oder nur bis zu bestimmten Grenzen ohne Rentenkürzung möglich waren. Dieses Konzept soll einen Anreiz schaffen, auch nach dem Renteneintritt weiterhin erwerbstätig zu bleiben.

Selbständige, Beamte, geringfügige Beschäftigungsverhältnisse (Mini-Jobs) sowie Renten- und Versorgungsbezüge profitieren nicht von dieser Regelung und sind von der Steuerbefreiung ausgenommen. Ebenso ausgenommen sind Tätigkeiten, die zu Einkünften aus selbständiger Arbeit, Gewerbebetrieb oder Land- und Forstwirtschaft führen.

Die **steuerfrei gestellten Einnahmen** unterliegen nicht (wie zunächst einmal vorgesehen) dem Progressionsvorbehalt.

Zu beachten sind jedoch noch folgende weitere Änderungen im EStG, die sich auf Grund der Einführung Aktivrente im EStG ergeben haben:

- betr. Aufzeichnungspflichten im → *Lohnkonto* Rz. 2868 auf Grund der Einführung der Aktivrente,
- § 41b Abs. 1 Satz 2 Nr. 5 EStG betr. Ausweis der steuerfreien Einnahmen (Aktivrente) in der → *Lohnsteuerbescheinigung Rz. 2952*,
- § 42b Abs. 1 Satz 3 Nr. 4 EStG betr. Ausschluss des → *Lohnsteuer-Jahresausgleich durch den Arbeitgeber* Rz. 3018,
- § 14 Abs. 2 Nr. 12 WoGG: Klarstellung, dass die nach § 3 Nr. 21 EStG steuerfreien Einnahmen als wohngeldrechtliches Einkommen zu berücksichtigen sind.

Von Seiten des **BMF ist ein FAQ** zur Aktivrente geplant, der voraussichtlich erst nach dem 1.1.2026 veröffentlicht wird.

In der Sozialversicherung ist zu beachten, dass die Einkünfte **sozialversicherungspflichtig** sind. § 1 Abs. 1 Satz 1 Nr. 1 SvEV wird durch das Aktivrentengesetz eine Klarstellung erhalten, dass die nach § 3 Nr. 21 EStG steuerfreien Einnahmen sozialversicherungspflichtig sind. Der Gesetzgeber verspricht sich davon Mehreinnahmen in der Sozialversicherung. Der Aktivrentner bzw. der Arbeitgeber hat dann die gleichen Sozialversicherungsbeiträge zu leisten wie andere Rentner, zu diesen Voraussetzungen siehe → Rz. 3750.

Im Sinne des Wohngeldgesetzes (WoGG) sollen auch die im Rahmen der Aktivrente nach § 3 Nr. 21 EStG steuerfrei erzielten Einkünfte als wohngeldrechtliches Einkommen zu berücksichtigen sein.

LSt SV

3. Lohnsteuer

3738 Renten aus der **gesetzlichen Rentenversicherung** unterliegen **nicht** dem Lohnsteuerabzug (→ *Altersrenten* Rz. 63). Nimmt ein Rentner noch eine **Beschäftigung als Arbeitnehmer** auf, so ist der Lohnsteuerabzug nach den allgemeinen Regeln vorzunehmen. Dabei muss der Arbeitgeber auch den Altersentlastungsbetrag berücksichtigen, obwohl dieser nicht als Lohnsteuerabzugsmerkmal übermittelt (berücksichtigt) wird (der Altersentlastungsbetrag kommt im Kalenderjahr 2025 in Betracht, wenn der Arbeitnehmer vor dem 2.1.1961 geboren ist; → *Altersentlastungsbetrag* Rz. 59).

Leben Rentner im Ausland und beziehen sie aus Deutschland eine Altersrente, so ist diese regelmäßig in Deutschland zu versteuern (i.R. einer Einkommensteuerveranlagung). Zuständig dafür ist das Finanzamt Neubrandenburg (→ Rz. 3744). Es ist in Deutschland das einzige Finanzamt, das zentral für sämtliche Rentenempfänger im Ausland zuständig ist. Bei weiteren Einkünften des Auslandsrentners kann ein anderes Finanzamt zuständig sein (→ Rz. 3744).

Bezieht ein Rentner von seinem früheren Arbeitgeber eine **Werkspension** oder ein Pensionär von seinem Dienstherrn eine Pension, so ist von diesen **Versorgungsbezügen** (auch **Ruhegehälter** genannt) Lohnsteuer einzubehalten.

LSt SV

4. Sonderregelung Türkei

a) Allgemeines

Für Rentner, die Alterseinkünfte aus der Türkei beziehen, bzw. die in der Türkei leben und Alterseinkünfte aus Deutschland beziehen, gibt es nach dem DBA-Türkei **Sonderregelungen**. 3739

Für die Ermittlung des Lohnsteuerabzugs hat die Finanzverwaltung einen **besonderen Programmablaufplan** veröffentlicht (BMF v. 28.1.2016, IV C 5 – S 2361/14/10002, BStBl I 2016, 202). Dieser Programmablaufplan begrenzt den Lohnsteuerabzug auf **Versorgungsbezüge** von beschränkt steuerpflichtigen Versorgungsempfängern, denen die Abkommensvorteile nach den DBA Türkei (oder Spanien oder Norwegen) zustehen (→ *Maschinelle Lohnabrechnung* Rz. 3093).

Für die steuerliche Behandlung von Alterseinkünften im deutsch-türkischen Verhältnis gilt im Übrigen Folgendes (BMF v. 11.12.2014, IV B 4 – S 1301 – TÜR/0 :007, BStBl I 2015, 92):

b) Alterseinkünfte aus der Türkei

Ist **Deutschland der Ansässigkeitsstaat** i.S.d. Art. 4 DBA-Türkei, steht für die Alterseinkünfte (Ruhegehälter, Renten und ähnliche Vergütungen) mit Ausnahme der Ruhegehälter aus dem türkischen öffentlichen Dienst grds. **Deutschland das Besteuerungsrecht** zu (Art. 18 Abs. 1 DBA-Türkei). Betroffen sind insbesondere Renten aus der türkischen gesetzlichen Rentenversicherung (Institution für Soziale Sicherheit – SGK). Der Türkei steht als Quellenstaat ebenfalls ein Besteuerungsrecht zu, allerdings sind Zahlungen dort **bis zu einem Betrag von 10 000 €** von der Steuer **befreit** (Art. 18 Abs. 2 DBA-Türkei). Die in der Türkei erhobene Steuer ist nicht auf die deutsche Steuer anzurechnen. In Höhe der in der Türkei als Quellenstaat nicht zu besteuernden Zahlungen bis zu einem Betrag von 10 000 € hat Deutschland als Ansässigkeitsstaat das alleinige Besteuerungsrecht (Art. 18 Abs. 1 DBA-Türkei). 3740

Eine Doppelbesteuerung wird durch Freistellung vermieden, soweit der Bruttobetrag der Alterseinkünfte den Betrag von 10 000 € übersteigt (Art. 22 Abs. 2 Buchst. a und d DBA-Türkei i.V.m. § 32b Abs. 1 Satz 1 Nr. 3 EStG).

Zur Berechnung des Progressionsvorbehalts ist aus dem übersteigenden Betrag die Höhe der Einkünfte zu ermitteln.

Beispiel:

Der in Deutschland ansässige A scheidet zum 31.12.2024 aus dem Berufsleben aus. Zum 1.1.2025 vollendet er sein 65. Lebensjahr. A erhält in 2025 eine Rente aus der türkischen Rentenversicherung (Rentenbeginn 1.1.2024) i.H.v. 15 000 € jährlich.

In die deutsche Besteuerung darf nur die Bruttorente bis 10 000 € einbezogen werden, weil die den Betrag von 10 000 € übersteigende Bruttorente in der Türkei besteuert werden darf. Soweit die Bruttorente 10 000 € übersteigt, unterliegen die sich daraus ergebenden Einkünfte dem Progressionsvorbehalt.

Der in die deutsche Besteuerung einzubeziehende Teil der Bruttorente beläuft sich auf 10 000 € (entspricht 66,67 % der Bruttorente). Der dem Progressionsvorbehalt unterliegende Teil beläuft sich auf 5 000 € (entspricht 33,33 % der Bruttorente).

Die aufzuteilende **Summe der Alterseinkünfte** beträgt:

Einkünfte nach § 22 Nr. 1 Satz 3 EStG		
Rente aus der gesetzlichen Rentenversicherung		15 000 €
Rentenbeginn	1.1.2025	
Besteuerungsanteil	83,5 %	
Anzusetzen		12 525 €

Der der **Besteuerung unterliegende Anteil** von 12 525 € ist in dem oben dargestellten Maßstab aufzuteilen. Der Werbungskosten-Pauschbetrag für Versorgungsbezüge i.H.v. 102 € ist vorrangig bei dem der deutschen Besteuerung unterliegenden Anteil zu berücksichtigen.

Die Höhe der in die deutsche Besteuerung einzubeziehenden Alterseinkünfte beträgt

66,67 % von 12 525 €	8 350 €
– Werbungskosten-Pauschbetrag	102 €
Einkünfte	8 248 €

Die Höhe der dem Progressionsvorbehalt unterliegenden Einkünfte beträgt

33,33 % von 12 525 €	4 175 €

Ist **Deutschland** – trotz unbeschränkter Steuerpflicht – **nicht der Ansässigkeitsstaat** i.S.d. Art. 4 DBA-Türkei, besteht für Alterseinkünfte aus der Türkei **kein Besteuerungsrecht**. In diesem Fall unterliegen die Alterseinkünfte **in voller Höhe dem Progressionsvorbehalt**.

Für **Ruhegehälter**, die **vom türkischen Staat**, von einer türkischen Gebietskörperschaft oder einem von diesen errichteten Sondervermögen an einen in Deutschland ansässigen Stpfl. für der Türkei oder einer ihrer Gebietskörperschaften geleistete Dienste gezahlt werden, steht **Deutschland** das ausschließliche **Besteuerungsrecht** zu, wenn der Stpfl. **deutscher Staatsangehöriger** ist (Art. 19 Abs. 2 Buchst. b DBA-Türkei). Art. 18 DBA-Türkei ist auf Ruhegehälter aus dem öffentlichen Dienst nicht anwendbar.

c) Alterseinkünfte aus Deutschland

3741 Bei der Berücksichtigung von **Alterseinkünften aus Deutschland** ist i.R. der Festsetzung der **Einkommensteuer** eines beschränkt Stpfl. zunächst die Steuerpflicht dieser Einkünfte in Deutschland (§ 49 EStG) und sodann die Aufteilung des Besteuerungsrechts für diese Alterseinkünfte nach dem DBA zu prüfen.

Der **beschränkten Steuerpflicht** unterliegen **Renten** aus der inländischen (deutschen) gesetzlichen Rentenversicherung, der **landwirtschaftlichen Alterskasse**, den **berufsständischen Versorgungseinrichtungen** und aus **Basisrentenverträgen**. Dies gilt auch für Leibrenten und andere Leistungen aus ausländischen Zahlstellen, wenn die Beiträge, die den Leistungen zu Grunde liegen, ganz oder teilweise bei der Ermittlung der Sonderausgaben berücksichtigt wurden (§ 49 Abs. 1 Nr. 7 EStG). Ebenso sind Leistungen aus Altersvorsorgeverträgen („Riester-Rente"), aus Pensionsfonds, Pensionskassen (z.B. VBL) und Direktversicherungen (§ 49 Abs. 1 Nr. 10 EStG) erfasst.

Einnahmen aus einem früheren Dienstverhältnis wie z.B. Wartegelder, Ruhegelder, Werks- oder Betriebsrenten, Witwen- und Waisengelder (Ruhegehälter) sowie andere Bezüge und Vorteile aus früheren Dienstleistungen, unabhängig davon, ob sie dem ursprünglich Bezugsberechtigten oder seinem Rechtsnachfolger zufließen, stellen beschränkt steuerpflichtige **Einkünfte aus nichtselbständiger Arbeit** nach § 49 Abs. 1 Nr. 4 EStG dar.

Bei den **Alterseinkünften** (Ruhegehälter, Renten und ähnliche Vergütungen) steht – mit Ausnahme der Ruhegehälter aus dem deutschen öffentlichen Dienst – der **Türkei als Ansässigkeitsstaat das Besteuerungsrecht** zu (Art. 18 Abs. 1 DBA-Türkei). Deutschland kann diese Alterseinkünfte, wenn sie aus Deutschland stammen, ebenfalls besteuern, soweit ihr Bruttobetrag (vor Abzug von Steuern und Sozialabgaben) 10 000 € übersteigt (vgl. Art. 18 Abs. 2 Satz 1 DBA-Türkei). Die Steuer ist auf 10 % des Bruttobetrags begrenzt (vgl. Art. 18 Abs. 2 Satz 2 DBA-Türkei).

Bei der Besteuerung beschränkt Stpfl. mit Alterseinkünften aus Deutschland ist grds. zwischen **abgeltend besteuerten und anderen Alterseinkünften zu unterscheiden**:

aa) Ausschließlich nicht abgeltend besteuerte Alterseinkünfte

3742 Um zu ermitteln, in welchem Umfang die Alterseinkünfte im Quellenstaat Deutschland besteuert werden dürfen, ist wie folgt vorzugehen:

a) Aus den nicht abgeltend besteuerten Alterseinkünften i.S.d. Art. 18 DBA-Türkei (z.B. Renten, Leistungen aus der betrieblichen Altersversorgung, Ruhegehälter – sofern ausnahmsweise die Abgeltungswirkung durchbrochen ist) ist eine Summe zu bilden, die den **Bruttobetrag der Alterseinkünfte** darstellt.

   Nur wenn der Bruttobetrag der Alterseinkünfte den Betrag von 10 000 € überschreitet, sind die den Bruttobetrag bildenden Alterseinkünfte in die weitere Berechnung einzubeziehen:

b) In einem zweiten Schritt ist die Summe der Einkünfte (§ 2 Abs. 2 EStG) ausschließlich aus den zu berücksichtigenden Alterseinkünften zu bilden. Bei Renten wird ein Werbungskosten-Pauschbetrag von 102 € (§ 9a Satz 1 Nr. 3 EStG) berücksichtigt. Bei Versorgungsbezügen i.S.d. § 19 Abs. 2 EStG bleibt der Versorgungsfreibetrag und der Zuschlag zum Versorgungsfreibetrag steuerfrei. Daneben wird ein Werbungskosten-Pauschbetrag von 102 € (§ 9a Satz 1 Nr. 1 Buchst. b EStG) berücksichtigt.

c) Ist der um 10 000 € verminderte Betrag aus Buchst. a geringer als der Betrag nach Buchst. b, gilt dieser bezogen auf diese Alterseinkünfte (Buchst. a) als Summe der Einkünfte (Günstigerprüfung). Andernfalls ist der nach Buchst. b ermittelte Betrag als Summe der Einkünfte anzusetzen.

Das zu versteuernde Einkommen des Stpfl. ist unter Berücksichtigung des nach der Günstigerprüfung anzusetzenden Betrags zu ermitteln.

Auf das ermittelte zu versteuernde Einkommen ist die tarifliche Einkommensteuer zu errechnen. Der auf die Alterseinkünfte entfallende Teil der Einkommensteuer darf 10 % des Bruttobetrags der Alterseinkünfte nicht übersteigen. Die festzusetzende Einkommensteuer ist erforderlichenfalls um den übersteigenden Betrag zu mindern.

Beispiel 1:

A scheidet zum 31.12.2024 aus dem Berufsleben aus und verlegt seinen Wohnsitz zum 31.12.2024 in die Türkei. Seit dem 1.1.2025 (seinem 65. Geburtstag) bezieht er seine Alterseinkünfte. A vereinnahmt in 2025:

Rente aus der deutschen gesetzlichen Rentenversicherung (Rentenbeginn 1.1.2025) – jährlich	12 000 €
Bruttobezüge	12 000 €

Der Bruttobetrag der von A erzielten Alterseinkünfte übersteigt den Betrag von 10 000 €, so dass Deutschland ein Besteuerungsrecht nach Art. 18 Abs. 2 DBA-Türkei zusteht. Die Höhe der Besteuerung ist wie folgt zu ermitteln (nach BMF v. 11.12.2014, IV B 4 – S 1301 – TÜR/0 :007, BStBl I 2015, 92):

Der **Bruttobetrag der Alterseinkünfte** (vgl. Buchst. a) beläuft sich auf			12 000 €
Die **Summe der Alterseinkünfte** (vgl. Buchst. b) ermittelt sich wie folgt:			
Rente aus der gesetzlichen Rentenversicherung		12 000 €	
Rentenbeginn	1.1.2025		
Besteuerungsanteil	83,5 %		
Anzusetzen		10020 €	
– Werbungskosten-Pauschbetrag		102 €	
Summe der Alterseinkünfte			9 918 €
Günstigerprüfung nach Buchst. c)			
Bruttobetrag der Alterseinkünfte (Buchst. a)		12 000 €	
– Betrag nach Art. 18 Abs. 2 DBA-Türkei		10 000 €	
Verminderter Bruttobetrag		2 000 €	
Summe der Alterseinkünfte		9 918 €	
Anzusetzen ist der niedrigere Wert			2 000 €
Altersentlastungsbetrag (**keine Anwendung** nach § 24a Satz 2 Nr. 2 EStG)			0 €
Gesamtbetrag der Einkünfte			2 000 €
Zu versteuerndes Einkommen			2 000 €
Hinzurechnung des Grundfreibetrags (§ 50 Abs. 1 Satz 2 EStG)			12 096 €
Summe			14 096 €
Die tarifliche Einkommensteuer (inkl. Solidaritätszuschlag) beträgt			317 €
Maximalsteuerbelastung nach DBA-Türkei			
Bruttobetrag		12 000 €	
Prozentsatz nach DBA-Türkei		10 %	
Maximale Einkommensteuer für Alterseinkünfte			1 200 €
Tarifliche Einkommensteuer			317 €
Anzusetzen ist der niedrigere Betrag			317 €
Festzusetzende Einkommensteuer (inkl. Solidaritätszuschlag)			317 €
Gesamtsteuerbelastung auf 12 000 € Bruttobezüge			317 €

Entgegen der Verwaltungsauffassung hat das FG Mecklenburg-Vorpommern entschieden, dass **in beiden Berechnungsalternativen** der Werbungskosten-Pauschbetrag von 102 € (§ 9a Satz 1 Nr. 3 EStG) mindernd zu berücksichtigen ist (FG Mecklenburg-Vorpommern v. 22.1.2019, 1 K 282/17, EFG 2019, 1106).

Beispiel 2:

A scheidet zum 31.12.2024 aus dem Berufsleben aus und verlegt seinen Wohnsitz zum 31.12.2024 in die Türkei. Seit dem 1.1.2025 (seinem 65. Geburtstag) bezieht er seine Alterseinkünfte. A vereinnahmt in 2025:

Rente aus der deutschen gesetzlichen Rentenversicherung (Rentenbeginn 1.1.2025) – jährlich	12 000 €
Bruttobezüge	12 000 €

Der Bruttobetrag der von A erzielten Alterseinkünfte übersteigt den Betrag von 10 000 €, so dass Deutschland ein Besteuerungsrecht nach Art. 18 Abs. 2 DBA-Türkei zusteht. Die Höhe der Besteuerung ist wie folgt zu ermitteln (nach FG Mecklenburg-Vorpommern v. 22.1.2019, 1 K 282/17, EFG 2019, 1106):

Der **Bruttobetrag der Alterseinkünfte** (vgl. Buchst. a) beläuft sich auf			12 000 €
Die **Summe der Alterseinkünfte** (vgl. Buchst. b) ermittelt sich wie folgt:			
Rente aus der gesetzlichen Rentenversicherung		12 000 €	
Rentenbeginn	1.1.2025		
Besteuerungsanteil	83,5 %		
Anzusetzen		10 020 €	
– Werbungskosten-Pauschbetrag		102 €	
Summe der Alterseinkünfte			9 918 €

Günstigerprüfung nach Buchst. c)

Bruttobetrag der Alterseinkünfte (Buchst. a)	12 000 €	
– Betrag nach Art. 18 Abs. 2 DBA-Türkei	10 000 €	
– Werbungskosten-Pauschbetrag	102 €	
Verminderter Bruttobetrag	1 898 €	
Summe der Alterseinkünfte	9 918 €	
Anzusetzen ist der niedrigere Wert		1 898 €
Altersentlastungsbetrag (**keine Anwendung** nach § 24a Satz 2 Nr. 2 EStG)		0 €
Gesamtbetrag der Einkünfte		1 898 €
Zu versteuerndes Einkommen		1 898 €
Hinzurechnung des Grundfreibetrags (§ 50 Abs. 1 Satz 2 EStG)		12 096 €
Summe		13 994 €
Die tarifliche Einkommensteuer (inkl. Solidaritätszuschlag) beträgt		299 €
Maximalsteuerbelastung nach DBA-Türkei		
Bruttobetrag	12 000 €	
Prozentsatz nach DBA-Türkei	10 %	
Maximale Einkommensteuer für Alterseinkünfte		1 200 €
Tarifliche Einkommensteuer		299 €
Anzusetzen ist der niedrigere Betrag		299 €
Festzusetzende Einkommensteuer (inkl. Solidaritätszuschlag)		299 €
Gesamtsteuerbelastung auf 12 000 € Bruttobezüge		299 €

bb) Ausschließlich abgeltend besteuerte Alterseinkünfte

3743 Liegen ausschließlich Einkünfte i.S.v. § 49 Abs. 1 Nr. 4 EStG (Ruhegehälter) vor, tritt nach § 50 Abs. 2 Satz 1 EStG für die genannten Einkünfte durch den **Steuerabzug vom Arbeitslohn** eine **Abgeltungswirkung** ein. Dies gilt nicht, wenn ein Freibetrag i.S.d. § 39a Abs. 4 EStG auf der Lohnsteuer-Bescheinigung (§ 39 Abs. 3 EStG i.V.m. § 39a Abs. 2 Satz 8 EStG) vermerkt ist (§ 50 Abs. 2 Satz 2 Nr. 4 Buchst. a EStG).

Werden von einem beschränkt Stpfl. ausschließlich Ruhegehälter bezogen, ist zunächst keine Begrenzung des Steuerabzugs auf 10 % des Bruttobetrags der Leistungen i.R. des Lohnsteuerabzugs vorzunehmen; Art. 27 Abs. 1 DBA-Türkei lässt insoweit einen Steuerabzug nach den innerstaatlichen Rechtsvorschriften zu.

Auf **Antrag des Stpfl.** (bzw. des Arbeitgebers im Namen des Stpfl.) ist der Jahresarbeitslohn **bis zur Höhe von 10 000 € freizustellen** und die Besteuerung **auf 10 % zu begrenzen**, wenn es sich um Ruhegehalt handelt (§ 39 Abs. 3 i.V.m. Abs. 4 Nr. 5 EStG). Das Betriebsstättenfinanzamt erteilt daraufhin eine **Bescheinigung für den Lohnsteuerabzug**, auf der vermerkt ist, dass das DBA-Türkei anzuwenden und demnach der Betrag nach Art. 18 Abs. 2 DBA-Türkei von 10 000 € sowie die Begrenzung auf 10 % zu berücksichtigen sind. Der Betrag wird durch den Arbeitgeber gekürzt um den Versorgungsfreibetrag, den Zuschlag zum Versorgungsfreibetrag und den Werbungskosten-Pauschbetrag, weil insoweit alterseinkünftespezifische Frei- bzw. Pauschbeträge vorliegen. Die Vorsorgepauschale und der Sonderausgaben-Pauschbetrag mindern den Betrag nicht. Der in der Lohnsteuerberechnung enthaltene Grundfreibetrag wird bereits vorrangig vor dem gekürzten Betrag nach Art. 18 Abs. 2 DBA-Türkei berücksichtigt. In der Lohnsteuerbescheinigung ist der verbrauchte Betrag auszuweisen. Die Abgeltungswirkung des Lohnsteuerabzugs bleibt in diesen Fällen erhalten.

Auf **Antrag des Stpfl.** an das Betriebsstättenfinanzamt des Arbeitgebers wird **die Steuer** in analoger Anwendung des § 50c Abs. 3 Satz 1 EStG **erstattet**, soweit der Betrag nach Art. 18 Abs. 2 DBA-Türkei durch den **inländischen Arbeitgeber nicht zutreffend berücksichtigt** wurde oder soweit die einbehaltene Lohnsteuer die 10 %-Grenze des Art. 18 Abs. 2 Satz 2 DBA-Türkei überschritten hat. Hierfür sind die Begrenzung des Steuerabzugs i.H.v. 10 % des Bruttobetrags der Leistungen und daneben die tarifliche Einkommensteuer unter Berücksichtigung des gekürzten Betrags i.H.v. 10 000 € zu ermitteln. Der niedrigere Wert wird angesetzt, und ein sich ergebender Differenzbetrag zur einbehaltenen Lohnsteuer erstattet. Ein darüber hinausgehender Erstattungsanspruch nach § 37 Abs. 2 AO besteht nicht. Der Antrag auf Erstattung kann nur bis zum Ablauf des vierten Kalenderjahres gestellt werden, das auf den Zeitpunkt der Steuerfestsetzung folgt (Art. 27 Abs. 2 DBA-Türkei), für 2025 also bis zum 31.12.2029. Hat der Stpfl. weitere Einkünfte, die i.R. des Veranlagungsverfahrens zu besteuern sind (z.B. Renten, Einkünfte aus Vermietung und Verpachtung), so wird das Erstattungsverfahren für die nicht in die Veranlagung einzubeziehenden Ruhegehälter vom Betriebsstättenfinanzamt getrennt zum Veranlagungsverfahren des jeweils zuständigen Finanzamtes durchgeführt.

Wird die Abgeltungswirkung durch Eintragung eines Freibetrags durchbrochen, sind die betreffenden Einkünfte in das Veranlagungsverfahren (→ Rz. 3742) einzubeziehen. Hat der Stpfl. kein Vermögen im Inland, ist für die Veranlagung das Betriebsstättenfinanzamt des Arbeitgebers zuständig (§ 50 Abs. 2 Satz 3 EStG).

cc) Gemischte (abgeltend und nicht abgeltend besteuerte) Einkünfte

Liegen **Renten** (§ 49 Abs. 1 Nr. 7 oder 10 EStG) **und Ruhegehälter** § 49 Abs. 1 Nr. 4 EStG) vor, tritt für die Ruhegehälter durch den Steuerabzug vom Lohn die Abgeltungswirkung ein. Für die Besteuerung der Ruhegehälter gelten → Rz. 3743 und für die Besteuerung der Renten → Rz. 3742 entsprechend. 3744

Beispiel 1:

A scheidet zum 31.12.2024 aus dem Berufsleben aus und verlegt seinen Wohnsitz zum 31.12.2024 in die Türkei. Seit dem 1.1.2025 (seinem 65. Geburtstag) bezieht er seine Alterseinkünfte. A vereinnahmt in 2025:

Rente aus der deutschen gesetzlichen Rentenversicherung (Rentenbeginn 1.1.2025) – jährlich	12 000 €
Rente aus einer Pensionskasse, diese beruht zu 20 % auf nach § 3 Nr. 63 EStG geförderten und zu 80 % auf ungeförderten Beiträgen	6 000 € (gefördert: 1 200 € ungefördert: 4 800 €)
Ruhegehalt aus einer Direktzusage seines ehemaligen privaten Arbeitgebers – jährlich	6 000 €
Bruttobezüge	24 000 €

Für die Ruhegehälter (§ 49 Abs. 1 Nr. 4 EStG) tritt die Abgeltungswirkung ein. A stellt **keinen Antrag** auf Berücksichtigung des Betrags von 10 000 € (Art. 18 Abs. 2 Satz 1 DBA-Türkei) bzw. der Begrenzung auf 10 % (Art. 18 Abs. 2 Satz 2 DBA-Türkei) i.R. des Lohnsteuerabzugs.

Der Bruttobetrag der von A erzielten Alterseinkünfte übersteigt den Betrag von 10 000 €, so dass Deutschland ein Besteuerungsrecht nach Art. 18 Abs. 2 DBA-Türkei zusteht. Die Höhe der Besteuerung ist wie folgt zu ermitteln:

1. Ruhegehalt

Ruhegehälter unterliegen dem Lohnsteuerabzug, welchen der Arbeitgeber ohne Berücksichtigung des Betrags nach Art. 18 Abs. 2 Satz 1 DBA-Türkei vornimmt, weil der Stpfl. keinen Antrag auf Berücksichtigung gestellt hat.

Ruhegehalt (§ 49 Abs. 1 Nr. 4 EStG)	6 000 €
– Versorgungsfreibetrag (13,2 % von 6 000 €, max. 990 €)	792 €
– Zuschlag zum Versorgungsfreibetrag	297 €
– Werbungskosten-Pauschbetrag	102 €
– Mindestvorsorgepauschale (12 % von 6 000 €, max. 1 900 €)	720 €
– Sonderausgaben- Pauschbetrag	36 €
Nach der Grundtabelle zu versteuern	4 053 €

Die Lohnsteuer beträgt unter Berücksichtigung des Grundfreibetrags 0 €. Für die Ruhegehälter (§ 49 Abs. 1 Nr. 4 EStG) tritt die Abgeltungswirkung ein. Sie werden nicht in die Veranlagung zur beschränkten Steuerpflicht einbezogen.

Der Betrag nach Art. 18 Abs. 2 Satz 1 DBA-Türkei i.H.v. 10 000 € ist i.H.v. 1 191 € (792 € + 297 € + 102 €) verbraucht. Damit verbleibt ein Betrag i.H.v. 8 809 €.

2. Übrige Renten

Der **Bruttobetrag der Alterseinkünfte** beläuft sich auf			18 000 €
Die **Summe der Alterseinkünfte** ermittelt sich wie folgt:			
Rente aus der gesetzlichen Rentenversicherung		12 000 €	
Rentenbeginn	1.1.2025		
Besteuerungsanteil	83,5 %		
Anzusetzen		10 020 €	
Rente aus der Pensionskasse			
Geförderter Teil (§ 22 Nr. 5 Satz 1 EStG)		1 200 €	
Ungeförderter Teil (§ 22 Nr. 5 Satz 2 Buchst. a EStG)	4 800 €		
Ertragsanteil	18 %		
Anzusetzen		864 €	
Summe		12 084 €	
– Werbungskosten-Pauschbetrag		102 €	
Summe der Alterseinkünfte			11 982 €

3. Günstigerprüfung

Bruttobetrag der Alterseinkünfte	18 000 €	
– Verbleibender Betrag nach Art. 18 Abs. 2 DBA-Türkei	8 809 €	
Verminderter Bruttobetrag	9 191 €	
Summe der Alterseinkünfte	11 982 €	
Anzusetzen ist der niedrigere Wert		9 191 €
Altersentlastungsbetrag (Einkünfte nach § 22 Nr. 5 Satz 1 EStG i.H.v. 1 200 €, davon 13,6 %, max. 646 €)		163 €
Gesamtbetrag der Einkünfte		9 028 €
Zu versteuerndes Einkommen		9 028 €
Hinzurechnung des Grundfreibetrags (§ 50 Abs. 1 Satz 2 EStG)		12 096 €
Summe		21 124 €
Die tarifliche Einkommensteuer (inkl. Solidaritätszuschlag) beträgt		
– Einkommensteuer	1 921 €	
– Solidaritätszuschlag	0 €	1 921 €
Maximalsteuerbelastung nach DBA-Türkei		
Bruttobetrag	24 000 €	
Prozentsatz nach DBA-Türkei	10 %	
Maximale Einkommensteuer für Alterseinkünfte nach DBA-Türkei	2 400 €	
– Lohnsteuer (inkl. Solidaritätszuschlag)	0 €	2 400 €
Tarifliche Einkommensteuer (inkl. Solidaritätszuschlag)		1 921 €
Anzusetzen ist der niedrigere Betrag		1 921 €
Festzusetzende Einkommensteuer (inkl. Solidaritätszuschlag)		1 921 €
Gesamtsteuerbelastung auf 24 000 € Bruttobezüge		1 921 €

Beispiel 2:

A scheidet zum 31.12.2024 aus dem Berufsleben aus und verlegt seinen Wohnsitz zum 31.12.2024 in die Türkei. Seit dem 1.1.2025 (seinem 65. Geburtstag) bezieht er seine Alterseinkünfte. A vereinnahmt in 2025:

Rente aus der deutschen gesetzlichen Rentenversicherung (Rentenbeginn 1.1.2025) – jährlich	12 000 €
Rente aus einer Pensionskasse, diese beruht zu 20 % auf nach § 3 Nr. 63 EStG geförderten und zu 80 % auf ungeförderten Beiträgen	6 000 € (gefördert: 1 200 € ungefördert: 4 800 €)
Ruhegehalt aus einer Direktzusage seines ehemaligen privaten Arbeitgebers – jährlich	50 000 €
Bruttobezüge	68 000 €

Für die Ruhegehälter (§ 49 Abs. 1 Nr. 4 EStG) tritt die Abgeltungswirkung ein. Auf **Antrag des A** hat das **Betriebsstättenfinanzamt eine Bescheinigung für den Lohnsteuerabzug** erteilt, auf der vermerkt ist, dass das DBA-Türkei anzuwenden ist und der Betrag von 10 000 € sowie die Begrenzung auf 10 % zu berücksichtigen sind.

Der Bruttobetrag der von A erzielten Alterseinkünfte übersteigt den Betrag von 10 000 €, so dass Deutschland ein Besteuerungsrecht nach Art. 18 Abs. 2 DBA-Türkei zusteht. Die Höhe der Besteuerung ist wie folgt zu ermitteln:

1. Ruhegehalt

Ruhegehälter unterliegen dem Lohnsteuerabzug, den der Arbeitgeber auf Grund des Antrags des A unter Berücksichtigung des Betrags nach Art. 18 Abs. 2 Satz 1 DBA-Türkei und der Begrenzung der Steuer auf 10 % nach Art. 18 Abs. 2 Satz 2 DBA-Türkei vornimmt:

Ruhegehalt (§ 49 Abs. 1 Nr. 4 EStG)		50 000 €
– Versorgungsfreibetrag (13,2 % von 50 000 €, max. 990 €)		990 €
– Zuschlag zum Versorgungsfreibetrag		297 €
– Werbungskosten-Pauschbetrag		102 €
– Mindestvorsorgepauschale (12 % von 50 000 €, max. 1 900 €)		1 900 €
– Sonderausgaben- Pauschbetrag		36 €
zu versteuern sind grds.		46 675 €
– Betrag nach Art. 18 Abs. 2 Satz 1 DBA-Türkei (10 000 € – [990 € + 297 € + 102 €])		8 611 €
= Bemessungsgrundlage für die Lohnsteuer		38 064 €
zu zahlende Lohnsteuer 2025 (inkl. Solidaritätszuschlag – ohne 10 % Begrenzung)		4 277 €
Maximalbelastung nach DBA-Türkei		
Bruttobetrag		50 000 €
Prozentsatz nach DBA-Türkei	10 %	
Maximale Lohnsteuer	5 000 €	
Anzusetzende Lohnsteuer		4 277 €

Der Betrag nach Art. 18 Abs. 2 Satz 1 DBA-Türkei i.H.v. 10 000 € ist im ersten Schritt i.H.v. 1 389 € (990 € + 297 € + 102 €) verbraucht. Im zweiten Schritt ist der Betrag i.H.v. weiteren 8 611 € verbraucht. Damit ist letztlich der Betrag nach Art. 18 Abs. 2 Satz 1 DBA-Türkei **in voller Höhe i.R. des Lohnsteuerabzugs verbraucht**. Es verbleibt kein Restbetrag, der bei den übrigen Renteneinkünften berücksichtigt werden könnte. Für die Ruhegehälter (§ 49 Abs. 1 Nr. 4 EStG) tritt die Abgeltungswirkung ein. Sie werden **nicht in die Veranlagung** zur beschränkten Steuerpflicht **einbezogen**.

2. Übrige Renten

Der **Bruttobetrag der Alterseinkünfte** beläuft sich auf			18 000 €
Die **Summe der Alterseinkünfte** ermittelt sich wie folgt:			
Rente aus der gesetzlichen Rentenversicherung		12 000 €	
Rentenbeginn	1.1.2025		
Besteuerungsanteil	83,5 %		
Anzusetzen		10 020 €	
Rente aus der Pensionskasse			
Geförderter Teil (§ 22 Nr. 5 Satz 1 EStG)		1 200 €	
Ungeförderter Teil (§ 22 Nr. 5 Satz 2 Buchst. a EStG)	4 800 €		
Ertragsanteil	18 %		
Anzusetzen		864 €	
Summe		12 084 €	
– Werbungskosten-Pauschbetrag		102 €	
Summe der Alterseinkünfte			11 982 €

3. Günstigerprüfung

Bruttobetrag der Alterseinkünfte	18 000 €	
– Verbleibender Betrag nach Art. 18 Abs. 2 DBA-Türkei	0 €	
Verminderter Bruttobetrag	18 000 €	
Summe der Alterseinkünfte	11 982 €	
Anzusetzen ist der niedrigere Wert		11 982 €
Altersentlastungsbetrag (Einkünfte nach § 22 Nr. 5 Satz 1 EStG i.H.v. 1 200 €, davon 13,6 %, max. 646 €)		163 €
Gesamtbetrag der Einkünfte		11 819 €
Zu versteuerndes Einkommen		11 819 €
Hinzurechnung des Grundfreibetrags (§ 50 Abs. 1 Satz 2 EStG)		12 096 €
Summe		23 915 €
Die tarifliche Einkommensteuer (inkl. Solidaritätszuschlag) beträgt		
– Einkommensteuer	2 640 €	
– Solidaritätszuschlag	0 €	2 640 €
Maximalsteuerbelastung nach DBA-Türkei		
Bruttobetrag	68 000 €	
Prozentsatz nach DBA-Türkei	10 %	
Maximale Einkommensteuer für Alterseinkünfte nach DBA-Türkei	6 800 €	
– Lohnsteuer (inkl. Solidaritätszuschlag)	4 277 €	2 523 €
Tarifliche Einkommensteuer (inkl. Solidaritätszuschlag)		2 640 €
Anzusetzen ist der niedrigere Betrag		2 523 €
Festzusetzende Einkommensteuer (inkl. Solidaritätszuschlag)		2 523 €
Gesamtsteuerbelastung auf 68 000 € Bruttobezüge		6 800 €

Hat der Stpfl. **kein Vermögen im Inland** und ist die Abgeltungswirkung durchbrochen (z.B. durch Eintragung eines Freibetrags), ist für die Veranlagung der Renten und Ruhegehälter das **Betriebsstättenfinanzamt des Arbeitgebers zuständig** (§ 50 Abs. 2 Satz 3 EStG).

Liegen **Renten** (§ 49 Abs. 1 Nr. 7 oder 10 EStG), **Ruhegehälter** (§ 49 Abs. 1 Nr. 4 EStG) und **weitere Einkünfte** nach § 49 Abs. 1 EStG vor (z.B. Einkünfte aus Gewerbebetrieb oder Einkünfte aus Vermietung und Verpachtung), ist für die Veranlagung der Alterseinkünfte das **Finanzamt** zuständig, in dessen Bezirk sich **das Vermögen** (z.B.: Betriebsstätte oder das vermietete Objekt) befindet (§ 19 Abs. 2 Satz 1 AO).

In allen anderen Fällen liegt die Zuständigkeit beim Finanzamt Neubrandenburg. Das Finanzamt Neubrandenburg prüft, ob eine Lohnsteuerbescheinigung vorliegt und in welcher Höhe i.R. des Lohnsteuerabzugsverfahrens der Betrag nach Art. 18 Abs. 2 Satz 1 DBA-Türkei bereits verbraucht ist. Dies gilt im Zweifel auch, wenn dem Stpfl. noch **keine gültige Steuernummer** zugeteilt wurde.

Hat der Stpfl. ein **Ruhegehalt** bezogen und **bleibt es bei der Abgeltungswirkung** für den Steuerabzug vom Lohn, so ist auf Antrag des Stpfl. (bzw. des Arbeitgebers im Namen des Stpfl.) der Jahresarbeitslohn bis zur Höhe von 10 000 € freizustellen und die Besteuerung auf 10 % zu begrenzen (§ 39 Abs. 3 i.V.m. Abs. 4 Nr. 5 EStG); die Regelung in → Rz. 3743 Abs. 3 gilt entsprechend.

I.R. **der Veranlagung** ist ein noch nicht verbrauchter Teil des Betrags nach Art. 18 Abs. 2 Satz 1 DBA-Türkei (i.H.v. ursprünglich 10 000 €) zu berücksichtigen; in Höhe der beim Lohnsteuerabzug bereits berücksichtigten Frei- und Pauschbeträge (Versorgungsfreibetrag, Zuschlag zum Versorgungsfreibetrag und Werbungskosten-Pauschbetrag) ist dieser Betrag bereits verbraucht. Dies ergibt sich i.d.R. aus der Lohnsteuerbescheinigung.

dd) Ruhegehälter aus dem öffentlichen Dienst

3745 Für **Ruhegehälter**, die **vom deutschen Staat**, seinen Ländern, von einer deutschen Gebietskörperschaft oder einem von diesen errichteten Sondervermögen an einen in der Türkei ansässigen Stpfl. gezahlt werden, steht **Deutschland das ausschließliche Besteuerungsrecht** zu (Art. 19 Abs. 2 Buchst. a DBA-Türkei). Da Art. 18 DBA-Türkei auf Ruhegehälter aus dem öffentlichen Dienst nicht anwendbar ist, **gilt für diese Einkünfte weder der Betrag von 10 000 € noch der Höchststeuersatz von 10 %.**

Wenn der in der Türkei ansässige Bezieher der Ruhegehälter **türkischer Staatsangehöriger** ist, steht abweichend davon der **Türkei das ausschließliche Besteuerungsrecht** zu (Art. 19 Abs. 2 Buchst. b DBA-Türkei).

d) Unbeschränkte Steuerpflicht auf Antrag (§ 1 Abs. 3 EStG)

3746 Eine natürliche Person, die weder über einen Wohnsitz noch über einen gewöhnlichen Aufenthalt im Inland verfügt, wird auf Antrag mit ihren inländischen Einkünften als unbeschränkt steuerpflichtig behandelt, wenn ihre Einkünfte im Kalenderjahr mindestens zu 90 % der deutschen **Einkommensteuer** unterliegen oder die nicht der deutschen Einkommensteuer unterliegenden Einkünfte den Grundfreibetrag nicht übersteigen (→ *Steuerpflicht* Rz. 4006). Da die **Türkei** der **Ländergruppe 3** zuzuordnen ist (BMF v. 18.12.2023, IV D 5-5 – S 2285/19/10001 :004), ist der **Grundfreibetrag nur mit 50 %** zu berücksichtigen (§ 1 Abs. 3 Satz 2 EStG). Alterseinkünfte einschließlich der Ruhegehälter, die nach Art. 18 Abs. 2 DBA-Türkei der Höhe nach nur beschränkt besteuert werden dürfen, gelten für die Berechnung der Einkunftsgrenzen als nicht der deutschen Einkommensteuer unterliegend (§ 1 Abs. 3 Satz 3 EStG).

Beispiel:

A scheidet zum 31.12.2024 aus dem Berufsleben aus und verlegt seinen Wohnsitz zum 31.12.2024 in die Türkei. Seit dem 1.1.2025 (seinem 65. Geburtstag) bezieht er seine Altersrenkünfte. Daneben erzielt er aus in Deutschland belegenen Mietobjekten Einkünfte i.H.v. 8 000 € (Einkünfte aus Vermietung und Verpachtung nach § 21 EStG). **A stellt einen Antrag nach § 1 Abs. 3 EStG.** A vereinnahmt in 2025:

Rente aus der deutschen gesetzlichen Rentenversicherung (Rentenbeginn 1.1.2025) – jährlich	12 000 €
Einkünfte aus Vermietung und Verpachtung	8 000 €

Der Bruttobetrag der von A erzielten Alterseinkünfte übersteigt den Betrag von 10 000 €, so dass Deutschland ein Besteuerungsrecht nach Art. 18 Abs. 2 DBA-Türkei zusteht. Die Einkunftsgrenzen des § 1 Abs. 3 EStG sind allerdings überschritten. Die Einkünfte von A unterliegen nicht zu mindestens 90 % der deutschen Einkommensteuer, weil die Alterseinkünfte nach § 1 Abs. 3 Satz 3 EStG als nicht der deutschen Einkommensteuer unterliegend gelten. Auch übersteigen die nicht der deutschen Einkommensteuer unterliegenden (Alters-)Einkünfte den Grundfreibetrag. Der Grundfreibetrag ist dabei zur Berechnung der Einkunftsgrenzen nach § 1 Abs. 3 Satz 2 EStG zu kürzen. Die Türkei unterfällt der Ländergruppe 3 (Berücksichtigung mit 50 %).

Der **Bruttobetrag der Alterseinkünfte** beläuft sich auf	12 000 €
Die **Summe der Alterseinkünfte** (vgl. Beispiel in → Rz. 3742) beträgt	9 918 €
Der gekürzte Grundfreibetrag beträgt	6048 €

5. Sozialversicherung

a) Allgemeines

Für beschäftigte Rentner, die mehr als geringfügig beschäftigt werden, haben Arbeitgeber auch grundsätzlich Sozialversicherungsbeiträge zu zahlen. 3747

Die Varianten der Altersrente haben unterschiedliche Bezeichnungen:

- Regelaltersrente (bei Erreichen des gesetzlichen Rentenalters)
- Altersrente für langjährig Versicherte (kann früher in Anspruch genommen werden, meist mit 63 Jahren, aber dann mit Abschlägen für jeden Monat der vor der Regelaltersgrenze liegt),
- Altersrente für besonders langjährig Versicherte (vorzeitige Rente aber ohne Abschläge bei 45 Versicherungsjahren)
- Altersrente für schwerbehinderte Menschen (früherer Renteneintritt, wenn mindestens 35 Jahres Wartezeit erfüllt sind)..

Seit 1.1.2017 besteht **Rentenversicherungsfreiheit für beschäftigte Altersvollrentner,** nur noch nach Erreichen der Regelaltersgrenze. Der Arbeitgeber hat weiterhin seinen Arbeitgeberanteil zu entrichten. Diese beschäftigten Altersvollrentner können nach Erreichen der Regelaltersgrenze auf die Rentenversicherungsfreiheit verzichten. Der Verzicht gilt nur mit Wirkung für die Zukunft und für die Dauer der Beschäftigung. Die Erklärung ist schriftlich gegenüber dem Arbeitgeber abzugeben. Mit einer Änderung durch SGB VI-Anpassungsgesetz in § 5 Abs. 4 Satz 2 SGB VI, soll den Beschäftigten die Möglichkeit gegeben werden, den Verzicht auch elektronisch zu erklären. Das Gesetzgebungsverfahren war bei Redaktionsschluss noch nicht abgeschlossen. Sollten sich Änderungen ergeben, unterrichten wir Sie mit unserem Online-Aktualisierungsdienst (s. Benutzerhinweis S. IV). Die dann abgeführten Beiträge wirken sich bei einer Rentenneuberechnung rentensteigernd aus. Dies bedeutet aber auch, dass Beschäftigte über den Beginn einer vorzeitigen Altersvollrente hinaus bis zum Erreichen der Regelaltersgrenze rentenversicherungspflichtig bleiben.

I.R. einer **Bestandsschutzregelung** bleiben Arbeitnehmer, die am 31.12.2016 auf Grund des Bezuges einer Altersvollrente rentenversicherungsfrei beschäftigt waren, in dieser Beschäftigung rentenversicherungsfrei. Sie konnten aber gegenüber ihrem Arbeitgeber auf die Versicherungsfreiheit verzichten. Der Verzicht kann auch nur für die Zukunft erklärt werden und ist für diese Beschäftigung bindend.

In der **Arbeitslosenversicherung** ist seit 1.1.2022 der Arbeitgeberanteil zur Arbeitslosenversicherung wieder zu zahlen.

Zu Hinzuverdienstgrenzen bei einer Beschäftigung während des Rentenbezugs s.a. → *Hinzuverdienstgrenzen* Rz. 2544.

b) Nicht beschäftigte Rentner

Krankenversicherungspflichtig sind die Bezieher einer Rente aus der gesetzlichen Rentenversicherung sowie die Rentenantragsteller, wenn sie seit der erstmaligen Aufnahme einer Erwerbstätigkeit bis zur Stellung des Rentenantrags mindestens neun Zehntel der zweiten Hälfte des Zeitraums bei einer gesetzlichen Krankenkasse Mitglied oder familienversichert waren. 3748

Beispiel:

Eintritt in das Berufsleben am 1.4.1986

Rentenantragstellung am 31.3.2026

Der Zeitraum der Erwerbstätigkeit (Rahmenfrist) umfasst die Zeit vom 1.4.1986 bis zum 31.3.2026 = 40 Jahre oder 480 Monate.

Die zweite Hälfte dieses Zeitraums erstreckt sich auf die Zeit vom 1.4.2006 bis zum 31.3.2026 = 20 Jahre oder 240 Monate.

Neun Zehntel dieses (zweiten) Zeitraums sind 216 Monate.

Um die erforderliche Vorversicherungszeit für eine Pflichtmitgliedschaft in der Krankenversicherung der Rentner nachweisen zu können, müssen in der Zeit vom 1.4.2006 bis zum 31.3.2026 insgesamt 216 Monate mit entsprechenden Versicherungszeiten in der gesetzlichen Krankenversicherung belegt sein.

Seit 1.1.2017 sind Bezieher einer Halb- oder Vollwaisenrente auch ohne eine Vorversicherungszeit versicherungspflichtig in der Krankenversicherung der Rentner. Ausgenommen davon sind lediglich Waisenrentner, die vor Stellung des Rentenantrags privat versichert waren. Die Privatversicherung schließt die Krankenversicherung der Rentner jedoch nicht aus, wenn der Waisenrentner die Voraussetzung für eine Familienversicherung erfüllt.

Seit 1.8.2017 wird für jedes Kind, Stiefkind oder Pflegezeit eine Zeit von drei Jahren angerechnet. Es werden pauschal drei Jahre für jedes Kind angerechnet. Einzige Voraussetzung war bisher, dass die Elterneigenschaft vor der Rentenantragstellung eingetreten ist.

Mit Wirkung ab 11.5.2019 setzt eine Anrechnung voraus, dass bei Adoptiveltern zum Zeitpunkt des Wirksamwerdens der Adoption bzw. bei Stiefkindern zum Zeitpunkt der Eheschließung mit dem Elternteil des Kindes das Kind die Altersgrenzen für die Familienversicherung noch nicht erreicht hat. Bei Stiefkindern ist zusätzliche Voraussetzung, dass das Kind vor Erreichen der Altersgrenze in den gemeinsamen Haushalt mit dem Rentenantragsteller aufgenommen wurde.

Zu weiteren Einzelheiten auch → *Pensionäre* Rz. 3391.

c) Beschäftigte Rentner

aa) Geringfügig beschäftigte Rentner

3749 Die Vorschriften über die Versicherungsfreiheit bei geringfügiger Beschäftigung in der Kranken-, Pflege-, Renten- und Arbeitslosenversicherung gelten für alle Bezieher einer Vollrente wegen Alters uneingeschränkt, so dass Arbeitsverhältnisse versicherungsfrei bleiben, wenn das Arbeitseinkommen monatlich bis zur Geringfügigkeitsgrenze beträgt (→ *Mini-Jobs* Rz. 3161).

LSt ~~SV~~

bb) Mehr als geringfügig beschäftigte Rentner

3750 Bezieher einer Altersvollrente nach Erreichen der Regelaltersgrenze

- Diese Beschäftigten sind versicherungspflichtig in der **Kranken- und Pflegeversicherung**. Dabei ist für die Krankenversicherung wegen des Fortfalles des Anspruches auf Krankengeld nur der ermäßigte Beitragssatz (Beitragsgruppe 3) zu entrichten. In der Renten- und Arbeitslosenversicherung besteht Versicherungsfreiheit, jedoch hat der Arbeitgeber seinen Beitragsanteil zur Rentenversicherung (Beitragsgruppe 3) und zur Arbeitslosenversicherung (Beitragsgruppe 2) abzuführen.

  Meldungen: Personengruppenschlüssel 119, Beitragsgruppenschlüssel 3321

Bezieher einer Altersvollrente vor Erreichen der Regelaltersgrenze

- Diese Beschäftigten sind in allen Sozialversicherungszweigen sozialversicherungspflichtig. In der Krankenversicherung besteht kein Anspruch auf Krankengeld. In der Rentenversicherung erhöhen die Beiträge die spätere Rente.

  Meldungen: Personengruppenschlüssel 120, Beitragsgruppenschlüssel 3111

  Die einschlägigen **Hinzuverdienstgrenzen** (→ *Hinzuverdienstgrenzen* Rz. 2544) sind zu beachten, weil ansonsten der Rentenbezug entfallen und damit Versicherungspflicht nach den allgemeinen Regeln eintreten kann.

  Nimmt ein von der Krankenversicherungspflicht befreiter Rentner eine zur Versicherungspflicht führende Beschäftigung auf, tritt Versicherungspflicht als Arbeitnehmer ein.

  Einzige Ausnahme: die Versicherungspflicht scheidet generell wegen § 6 Abs. 3a SGB V (über 55-Jährige) aus.

Bezieher einer Teilrente oder Hinterbliebenenrente nach Erreichen der Regelaltersgrenze

- Diese Beschäftigten sind neben der Versicherungspflicht in der Kranken-, Pflege- und Arbeitslosenversicherung (in der Arbeitslosenversicherung, sofern das 65. Lebensjahr noch nicht vollendet ist) **auch rentenversicherungspflichtig**. Die einschlägigen Hinzuverdienstgrenzen sind zu beachten.

  Meldungen: Personengruppenschlüssel 101 Beitragsgruppenschlüssel 1121

Bezieher einer Teilrente oder Hinterbliebenenrente vor Erreichen der Regelaltersgrenze

- Es besteht Sozialversicherungspflicht in allen Zweigen. Die gezahlten Beiträge erhöhen die spätere Rente.

  Meldungen: Personengruppenschlüssel 101 Beitragsgruppenschlüssel 1111

Bezieher einer teilweisen Erwerbsminderungsrente

- Beschäftigte, die auf dem allgemeinen Arbeitsmarkt mit einem Restleistungsvermögen von drei bis unter sechs Stunden beschäftigt sind, erhalten eine halbe Erwerbsminderungsrente. Diese Beschäftigung ist in allen Zweigen der Sozialversicherung beitragspflichtig.

  Meldungen: Personengruppenschlüssel 101 Beitragsgruppenschlüssel 1111

Bezieher einer vollen Erwerbsminderungsrente

- Beschäftigte, die auf dem allgemeinen Arbeitsmarkt mit einem Restleistungsvermögen von drei Stunden beschäftigt sind, erhalten eine volle Erwerbsminderungsrente. Diese Beschäftigung ist versicherungspflichtig in der Kranken-, Pflege- und Rentenversicherung. Bei der Beitragsentrichtung ist jedoch zu beachten, dass die Bezieher voller Erwerbsminderungsrenten keinen Anspruch auf Krankengeld haben und somit der ermäßigte Beitragssatz in der Krankenversicherung anzuwenden ist (Beitragsgruppe 3). Außerdem führt der Bezug der vollen Erwerbsminderungsrente zur Versicherungsfreiheit in der Arbeitslosenversicherung.

  Meldungen: Personengruppenschlüssel 101 Beitragsgruppenschlüssel 3101

Reparaturkosten

→ *Unfallkosten* Rz. 4194

Richtfest

→ *Arbeitslohn-ABC* Rz. 700

Riester-Förderung

Inhalt

1. Allgemeine Grundsätze

Seit 2002 fördert der Staat unter bestimmten Voraussetzungen **3751**
den **Aufbau einer zusätzlichen privaten Altersvorsorge**

- durch die **Steuerbefreiung nach** § 3 Nr. 63 EStG (und damit auch Befreiung von der Sozialversicherungspflicht) für **Arbeitgeberbeiträge i.R. des ersten Dienstverhältnisses an einen Pensionsfonds, eine Pensionskasse oder für eine Direktversicherung** bis zu bestimmten Obergrenzen (→ *Zukunftssicherung: Betriebliche Altersversorgung* Rz. 4653). Steuerfrei nach § 3 Nr. 66 EStG ist daneben die Übertragung bestehender Versorgungsverpflichtungen oder Versorgungsanwartschaften aus Direktzusagen des Arbeitgebers oder aus Unterstützungskassen auf Pensionsfonds. Diese Vorschriften erlangen insbesondere bei der **betrieblichen Altersversorgung** Bedeutung (→ *Zukunftssicherung: Betriebliche Altersversorgung* Rz. 4653),

- für **Leistungen des Arbeitnehmers** selbst durch
  - eine **Altersvorsorgezulage**, bestehend aus einer **Grundzulage** (§ 84 EStG) und einer **Kinderzulage** (§ 85 EStG) oder
  - eine **steuerliche Entlastung: Sonderausgabenabzug** nach § 10a EStG, wenn dieser günstiger ist als die Altersvorsorgezulage.

Weil die Zulage und der Sonderausgabenabzug für Lohnbüros nur von untergeordneter Bedeutung sind, werden nachfolgend lediglich die wesentlichen Grundsätze dargestellt. Die Finanzverwaltung hat ein umfangreiches BMF-Schreiben v. 5.10.2023, IV C 3 – S 2015/22/10001 :001, BStBl I 2023, 1726, zu der Thematik herausgegeben.

Voraussetzung für die Erlangung der Altersvorsorgezulage ist die Leistung eines Altersvorsorgebeitrags. Es reicht nicht aus, wenn lediglich Zinsen und Erträge des Vorsorgevermögens dem Altersvorsorgevertrag gutgeschrieben werden (BFH v. 8.7.2015, X R 41/13, BStBl II 2016, 525).

In der „**Altersvorsorge-Durchführungsverordnung**" sind Einzelheiten zur Durchführung des Altersvermögensgesetzes geregelt worden, z.B. Bestimmungen über den Datenaustausch, den sog. Dauerzulageantrag, Mitteilungspflichten usw.

Die von der Bundesregierung der Ampel-Koalition eingesetzte Fokusgruppe private Altersvorsorge hat in ihrem Abschlussbericht Empfehlungen für eine angestrebte Reform ausgesprochen, die insgesamt geeignet sind, eine Revitalisierung der privaten Altersvorsorge herbeizuführen. Die Bundesregierung der Ampel-Koalition hatte basierend auf diesem Bericht einen Referentenentwurf zum Gesetz zur Reform der steuerlichen geförderten privaten Altersvorsorge (pAV-Reformgesetz) v. 23.9.2024 vorgelegt. Auf Grund dessen sollten künftig neben sicherheitsorientierten Garantieprodukten mit garantiertem Kapital zu Beginn der Auszahlungsphase auch ein renditeorientiertes, zertifiziertes Kapitalvorsorgedepot ohne Garantien zugelassen werden. Darüber hinaus waren u.a. weitere Verbesserungen im Hinblick auf die Straffung von Zertifizierungskriterien und die Flexibilisierung der Auszahlungsphase angedacht. Im Übrigen sollte künftig die Zulagenförderung beitragsproportional ausgestaltet werden. An der bisherigen steuerlichen Fördersystematik, also einer Freistellung der Beiträge in der Ansparphase und einer nachgelagerten Besteuerung in der Auszahlungsphase sollte vom Grundsatz her festgehalten werden. Zu einem Gesetzgebungsverfahren ist es allerdings auf Grund der zwischenzeitlichen Neuwahlen nicht mehr gekommen

Die schwarz-rote Bundesregierung möchte nun wiederum die bisherige Riester-Rente durch ein neues privates Altersvorsorge-Modell ersetzen. Dieses soll von bürokratischen Hemmnissen befreit und mit dem Verzicht auf zwingende Garantien sowie der Reduzierung der Verwaltungs-, Produkt- und Abschlusskosten reformiert werden. Die schwarz-rote Bundesregierung hat entsprechende Reformansätze im geplanten im Referentenentwurf zum Altersvorsorgereformgesetz aufgenommen.

Hinweis:

Die weitere Entwicklung im Gesetzgebungsverfahren zum Altersvorsorgereformgesetz bleibt abzuwarten. Wir werden Sie über unseren Online-Aktualisierungsdienst informieren (s. Benutzerhinweis auf S. IV).

2. Begünstigte Personen

3752 Begünstigt sind vor allem unbeschränkt steuerpflichtige in der inländischen gesetzlichen Rentenversicherung **pflichtversicherte Arbeitnehmer sowie Beamte** usw., nicht dagegen die überwiegende Zahl der geringfügig Beschäftigten (soweit nur ein pauschaler Rentenversicherungsbeitrag von 12 % durch den Arbeitgeber gezahlt wird). S.a. BFH v. 29.7.2015, X R 11/13, BStBl II 2016, 18 sowie BFH v. 6.4.2016, X R 42/14, HFR 2016, 712: Kein zusätzlicher Sonderausgabenabzug gem. § 10a EStG für nicht aktiv in der gesetzlichen Rentenversicherung Pflichtversicherte und für Mitglieder berufsständischer Versorgungswerke.

3. Begünstigte Anlagen

a) Zertifizierung

Es werden nur Verträge gefördert, die gewisse Mindestvoraussetzungen erfüllen. Diese sind im **Altersvorsorgeverträge-Zertifizierungsgesetz** – AltZertG geregelt; hierzu gehört nach § 1 AltZertG u.a., dass die Verträge 3753

- bis zur Vollendung des 62. Lebensjahrs oder bis zum Beginn einer Altersrente des Anlegers aus der gesetzlichen Rentenversicherung gebunden sind und nicht beliehen oder anderweitig verwendet werden können,
- ab Auszahlungsbeginn eine lebenslange steigende oder gleichbleibende monatliche Leibrente vorsehen; entsprechende Auszahlungen aus Fonds- oder Bankguthaben, die in der Leistungsphase ab dem 85. Lebensjahr mit einer Rentenversicherung verbunden sind, sind ebenfalls möglich. Liegt zu Beginn der Auszahlungsphase eine Kleinbetragsrente vor, gilt eine Abfindung hierfür nicht als schädliche Verwendung (§ 93 Abs. 3 EStG),
- zu Beginn der Auszahlungsphase mindestens die eingezahlten Beiträge zusagen. Förderunschädlich können die Anlageverträge mit einer Zusatzversicherung für verminderte Erwerbsfähigkeit und einer Hinterbliebenenrente verbunden werden.

Das **BZSt hat als Zertifizierungsbehörde** zu prüfen, ob die angebotenen Altersvorsorgeprodukte die vorgeschriebenen Förderkriterien erfüllen.

b) Begünstigte Altersvorsorgebeiträge

Der gesamte **Altersvorsorgeaufwand** setzt sich aus den **Altersvorsorgebeiträgen** (§ 82 EStG) und der **Altersvorsorgezulage** (§ 83 EStG) zusammen. Der Anleger leistet nur seine **Eigenbeiträge**, die **Zulage** wird von der Zentralen Zulagenstelle für Altersvermögen (ZfA) unmittelbar **an den Anbieter ausgezahlt**, der sie dem begünstigten Vertrag gutschreibt. 3754

Zu den **begünstigten Altersvorsorgebeiträgen** gehören die Beiträge zu Gunsten eines zertifizierten Altersvorsorgevertrags. Auch i.R. der **betrieblichen Altersversorgung** geleistete Beiträge in **Direktversicherungen, Pensionskassen und Pensionsfonds** sind förderfähig, wenn diese Einrichtungen für den Zulageberechtigten eine **lebenslange Altersversorgung** i.S.d. Altersvorsorgeverträge-Zertifizierungsgesetzes gewährleisten und die Beiträge aus individuell versteuerten und verbeitragten Arbeitsentgelten erbracht werden.

Nicht zu den begünstigten Altersvorsorgebeiträgen gehören dagegen Aufwendungen, für die eine Arbeitnehmer-Sparzulage nach dem 5. VermBG gewährt wird oder die als Sonderausgaben i.R. der Höchstbeträge nach § 10 Abs. 3 EStG geltend gemacht werden. Auch die Rückzahlungsbeträge für einen entnommenen Altersvorsorge-Eigenheimbetrag sind nicht begünstigt. Für diese Aufwendungen soll eine Doppelförderung verhindert werden.

4. Höhe der Altersvorsorgezulage

a) Alleinstehende

Die Altersvorsorgezulage setzt sich zusammen aus einer **Grundzulage** (§ 84 EStG) und einer **Kinderzulage** für jedes Kind, für das dem Zulageberechtigten Kindergeld ausgezahlt wird (§ 85 EStG). Die Höhe ist weder von der Höhe der Sparleistungen (es muss allerdings der Mindestsparbeitrag entrichtet werden) noch vom Einkommen des Stpfl. abhängig. 3755

Die jährliche Zulage beträgt für den Zulageberechtigten sowie pro Kind:

Grundzulage	Die Grundzulage beträgt ab dem Beitragsjahr 2018 jährlich **175 €**. Für Zulageberechtigte, die zu Beginn des Beitragsjahres das **25. Lebensjahr** noch nicht vollendet haben, erhöht sich die Grundzulage um einmalig **200 €** (sog. Berufseinsteiger-Bonus)

Kinderzulage	Die Kinderzulage wird für jedes Kind gewährt, für das gegenüber dem Zulageberechtigten Kindergeld festgesetzt wird und beträgt jährlich **185 €**. Für ein nach dem 31.12.2007 geborenes Kind erhöht sich die Kinderzulage auf **300 €**.

Erhalten im Laufe eines Kalenderjahres **mehrere zulageberechtigte Personen Kindergeld** für dasselbe Kind, steht die Kinderzulage demjenigen zu, dem für den **ersten Kindergeldzeitraum** das Kindergeld ausgezahlt wurde.

b) Ehegatten

aa) Grundzulage

3756 Bei Ehegatten steht die Grundzulage jedem Ehegatten gesondert zu, wenn **beide Ehegatten zum begünstigten Personenkreis** gehören und eigenständige Altersvorsorgeverträge abgeschlossen haben. Der nur mittelbar zulageberechtigte Ehegatte hat (nur) dann einen Anspruch auf eine Altersvorsorgezulage, wenn er einen Altersvorsorgevertrag abgeschlossen hat.

Gehört nur **ein Ehegatte** zum begünstigten Personenkreis, kann auch der andere Ehegatte die Zulage erhalten, wenn die Voraussetzungen für eine Zusammenveranlagung vorliegen und für den nicht selbst begünstigten Ehegatten ein eigener Vertrag abgeschlossen wird, sog. **abgeleiteter (mittelbarer) Zulageanspruch**, § 79 Satz 2 EStG). Eine **mittelbare Zulageberechtigung** besteht jedoch nur, wenn der betreffende Ehegatte **mindestens 60 € pro Beitragsjahr** auf seinen Altersvorsorgevertrag einzahlt.

Die Voraussetzungen für eine mittelbare Altersvorsorgezulageberechtigung nach § 79 Satz 2 EStG sind nicht erfüllt, wenn der Ehegatte, für den eine unmittelbare Zulageberechtigung in Betracht käme, zu dem Personenkreis gehört, dessen Zulageberechtigung gem. § 10a Abs. 1 Satz 1 zweiter Halbsatz EStG von der Erteilung einer fristgebundenen Einwilligung in die Datenübermittlung abhängig ist, er diese Einwilligung aber nicht fristgemäß erteilt hat (BFH v. 5.7.2018, X B 24/18).

bb) Kinderzulage

3757 Die **Kinderzulage** wird auch bei Ehegatten, die beide einen Anspruch auf Altersvorsorgezulage haben, nur **einmal gewährt**. Liegen bei einem Elternpaar die Voraussetzungen für eine Zusammenveranlagung vor, können sie gemeinsam wählen, wer von ihnen die Kinderzulage erhalten soll. Dabei kann dieses Wahlrecht für mehrere Kinder nur einheitlich ausgeübt werden. Stellen die Eltern keinen übereinstimmenden Antrag, erhält die Mutter die Kinderzulagen. Auf Antrag beider Eltern, der jährlich neu zu stellen ist und nicht zurückgenommen werden kann, wird die Kinderzulage dem Vater zugeordnet (§ 85 Abs. 2 EStG).

Bei Eltern gleichen Geschlechts, die miteinander verheiratet sind oder eine Lebenspartnerschaft führen, nicht dauernd getrennt leben und ihren Wohnsitz oder gewöhnlichen Aufenthalt in einem EU- oder EWR-Staat haben, ist die Kinderzulage dem Elternteil zuzuordnen, dem gegenüber das Kindergeld festgesetzt wird, auf Antrag beider Elternteile dem anderen Elternteil (§ 85 Satz 2 EStG).

5. Mindesteigenbeitrag

a) Allgemeines

3758 Mit den vorstehenden Zulagen soll die private Altersvorsorge gefördert und nicht eine staatlich finanzierte Grundrente erbracht werden. Der Gesetzgeber verlangt daher, dass der **Zulageberechtigte einen bestimmten Eigenbeitrag** zu seiner Altersvorsorge erbringt (sog. Mindesteigenbeitrag, § 86 EStG). Erreichen die Einzahlungen des Stpfl. diesen Mindesteigenbeitrag nicht, werden die **Grund- und Kinderzulagen gekürzt**. Die Höhe des Mindesteigenbeitrags hängt grds. allein von den **im Vorjahr erzielten beitragspflichtigen Einnahmen** i.S.d. SGB VI **(rentenversicherungspflichtiges Vorjahreseinkommen)** abzüglich der Grund- und Kinderzulagen ab. Werden **mehrere Tätigkeiten** im Laufe des Kalenderjahres ausgeübt, so sind die beitragspflichtigen Einnahmen zusammenzurechnen.

Die Berechnung des Mindesteigenbeitrags wird durch einen **Höchstbetrag** und einen **Sockelbetrag** begrenzt:

Der **Mindesteigenbeitrag** beträgt 4 % der im vorangegangenen Kalenderjahr erzielten beitragspflichtigen Einnahmen, höchstens 2 100 € jährlich abzüglich der Zulage.

Auch wenn bereits die Zulagen (Grund- und Kinderzulage) dem Mindesteigenbeitrag entsprechen oder ihn sogar übersteigen, muss zur Erlangung der vollen Zulage immer ein **Sockelbetrag von 60 €** (unabhängig von der Anzahl der Kinderzulagen) **als Mindesteigenbeitrag** geleistet werden.

Wird der Mindesteigenbeitrag durch den Zulageberechtigten nicht geleistet, erfolgt eine **Kürzung der Altersvorsorgezulage**. Diese Kürzung ermittelt sich nach dem Verhältnis der geleisteten Altersvorsorgebeiträge zum Mindesteigenbeitrag (§ 86 Abs. 1 Satz 6 EStG).

b) Ehegatten

Gehören **beide Ehegatten** zum begünstigten Personenkreis, ist die Mindesteigenbeitragsberechnung für jeden Ehegatten gesondert anzuwenden. Hierbei ist, wie bei Alleinstehenden, das jeweils eigene beitragspflichtige Vorjahreseinkommen zu Grunde zu legen. 3759

Gehört nur **ein Ehegatte** dem begünstigten Personenkreis an und hat der andere Ehegatte einen abgeleiteten Zulageanspruch, gelten für die Mindesteigenbeitragsberechnung besondere Regelungen.

c) Maximale Förderung

Wie viel ein Arbeitnehmer einzahlen muss, um die höchstmögliche staatliche Förderung zu bekommen, soll folgendes Beispiel verdeutlichen: 3760

Beispiel:

Herr A hat im Jahr 2025 beitragspflichtige Einnahmen von 60 000 €.

Er müsste also 2026 einen Mindesteigenbeitrag von 2 225 € (4 % von 60 000 € = 2 400 € – 175 € Grundzulage) einzahlen, um die volle Zulage zu bekommen. Durch die Begrenzung des Mindesteigenbeitrags muss er jedoch 2026 nur einen Eigenbeitrag von 1 925 € (2 100 € Höchstbetrag – 175 € Grundzulage) zahlen.

6. Verteilung der Zulage

Jeder Anleger kann **mehrere Altersvorsorgeverträge** abschließen. Die Altersvorsorgezulage wird jedoch auch bei mehreren Altersvorsorgeverträgen **nur für zwei dieser Verträge gewährt** (§ 87 Satz 1 EStG). Die gesamte Zulage wird dabei im Verhältnis der auf diese beiden Verträge geleisteten Beiträge verteilt (§ 87 Satz 3 EStG). Um eine Kürzung der Zulage zu vermeiden, muss der Mindesteigenbeitrag auf diese zwei Verträge gezahlt worden sein. Einzelheiten mit Beispielen s. BMF v. 5.10.2023, IV C 3 – S 2015/22/10001 :001, BStBl I 2023, 1726. 3761

7. Sonderausgabenabzug („Günstigerprüfung")

Die gesamten Altersvorsorgeaufwendungen (Eigenbeiträge und Altersvorsorgezulage) können i.R. der **Einkommensteuererklärung als Sonderausgaben berücksichtigt** werden (§ 10a Abs. 1 EStG). Das Finanzamt prüft bei der Einkommensteuerveranlagung „von Amts wegen", ob der Sonderausgabenabzug günstiger ist als der Anspruch auf Altersvorsorgezulage (§ 10a Abs. 2 EStG). Dieses Verfahren entspricht der **Günstigerprüfung bei den Freibeträgen für Kinder/Kindergeld**. Ist die steuerliche Auswirkung günstiger als die Altersvorsorgezulage, wird die über die Zulage hinausgehende Steuerermäßigung mit der Steuererstattung ausgezahlt bzw. mit einer Nachzahlung verrechnet. Die Steuerermäßigung wird vom Finanzamt gesondert festgestellt und im Steuerbescheid ausgewiesen. Die gewährte Zulage verbleibt in jedem Fall auf dem Altersvorsorgevertrag. Anders als beim Kindergeld wird jedoch bei den meisten Stpfl. der **Sonderausgabenabzug günstiger** sein! 3762

Als Sonderausgaben können Altersvorsorgeaufwendungen seit 2008 bis **höchstens 2 100 €** im Kalenderjahr berücksichtigt werden.

Der Höchstbetrag wird auch bei **zusammenveranlagten Ehegatten** nicht verdoppelt. Ausnahme: Beide Ehegatten gehören zum begünstigten Personenkreis und haben entsprechende Aufwendungen für eigene begünstigte Verträge geleistet.

Sofern bei Ehegatten ein Ehegatte unmittelbar und der andere Ehegatte lediglich mittelbar zulageberechtigt ist, erhöht sich der Höchstbetrag für den unmittelbar zulagenberechtigten Ehegatten um 60 € auf **2 160 €**.

Liegen bei Ehegatten die Voraussetzungen für eine Zusammenveranlagung vor und gehören **beide zum geförderten Personenkreis**, steht der Sonderausgabenabzug jedem Ehegatten gesondert zu (§ 10a Abs. 3 Satz 1 EStG). Dabei kann jeder Ehegatte nur die eigenen Altersvorsorgeaufwendungen geltend machen. Wird der Höchstbetrag durch einen Ehegatten nicht ausgeschöpft, ist eine Übertragung auf den anderen Ehegatten nicht möglich.

Gehört nur **ein Ehegatte zum geförderten Personenkreis** und hat der andere Ehegatte einen abgeleiteten Zulageanspruch, steht nur dem erstgenannten Ehegatten der Sonderausgabenabzug zu. Als Sonderausgaben sind i.R. des Höchstbetrags die von beiden Ehegatten geleisteten Altersvorsorgebeiträge und die dafür zustehenden Zulagen zu berücksichtigen (§ 10a Abs. 3 Satz 2 EStG).

8. Verfahren

a) Allgemeines

3763 Das Verfahren gliedert sich wie folgt:

- Das **Bundeszentralamt für Steuern** prüft, ob die auf den Markt gebrachten Produkte den Anforderungen des Gesetzes genügen („Zertifizierungsbehörde").
- **Die Zulage wird von der Zentralen Zulagenstelle für Altersvermögen (ZfA) gewährt**.
- Ob der **Sonderausgabenabzug günstiger** ist als die Zulage, wird vom **Finanzamt** bei der Einkommensteuerveranlagung geprüft, dabei hat das Finanzamt aber auch die Höhe der zustehenden Zulage zu ermitteln.

b) Antragsverfahren für Altersvorsorgezulage

3764 Der **Zulageantrag** ist nach amtlich vorgeschriebenem Vordruck bis zum Ablauf des zweiten Kalenderjahrs, das auf das Beitragsjahr folgt, bei dem **Anbieter einzureichen** (Versicherungsunternehmen, Bank, Investmentfonds), an den die Altersvorsorgebeiträge geleistet wurden (§ 89 Abs. 1 EStG). Auf Grund der Neuregelungen durch das Wachstumschancengesetz kann der Zulageantrag ab 2024 auch digital erfolgen, wenn sowohl der Anbieter als auch der Zulageberechtigte mit diesem Verfahren einverstanden ist (§ 89 Abs. 1 Satz 1 EStG). Die Frist zur Einreichung des Antrags von zwei Jahren ist eine **Ausschlussfrist**, die nicht verlängert werden kann.

Der Anbieter erfasst die für die Ermittlung und Überprüfung des Zulageanspruchs erforderlichen Daten und übermittelt sie der Zentralen Zulagenstelle für Altersvermögen (ZfA).

Hat der Zulageberechtigte auf **mehrere Altersvorsorgeverträge** Beiträge geleistet, muss er im Zulageantrag bestimmen, auf welche Verträge die Zulage überwiesen werden soll. Dabei ist die Begrenzung auf zwei zulagegeförderte Verträge zu beachten (§ 89 Abs. 1 Satz 2 EStG).

Das Zulageverfahren wurde seit 2005 durch die Möglichkeit vereinfacht, dem Anbieter eine schriftliche Bevollmächtigung zu erteilen (**Dauerzulageantrag**, § 89 Abs. 1a EStG). Auch dies ist nach den Änderungen durch das Wachstumschancengesetz ab dem Jahr 2024 digital möglich, wenn sowohl der Anbieter als auch der Zulageberechtigte mit diesem Verfahren einverstanden ist (§ 89 Abs. 1a Satz 1 EStG).

c) Festsetzung der Zulage

3765 Für die Zulagengewährung und deren Überwachung ist die **Zentrale Zulagenstelle für Altersvermögen (ZfA)** zuständig. Diese ermittelt auf Grund der ihr vom Anbieter übermittelten Daten, ob und in welcher Höhe ein Zulageanspruch besteht (§ 90 Abs. 1 EStG). Anschließend veranlasst sie die **Auszahlung an den Anbieter**, der die Zulage unverzüglich den **Altersvorsorgeverträgen des Zulageberechtigten gutzuschreiben** hat. Besteht kein Zulageanspruch, teilt die Zentrale Zulagenstelle für Altersvermögen (ZfA) dies dem Anbieter mit.

Zur **Information des Zulageberechtigten** über seinen Altersvorsorgevertrag **erteilt der Anbieter dem Zulageberechtigten jährlich eine Bescheinigung** (§ 92 EStG; zum Vordruckmuster vgl. BMF v. 10.10.2011, IV C 3 – S 2495/08/10003 :002, BStBl I 2011, 964 mit Teiländerungen/Ergänzungen durch BM v. 6.12.2013, IV C 3 – S 2495/08/10003, BStBl I 2013, 1507 und BMF v. 23.7.2024, IV C 3 – S 2495/23/10001, BStBl I 2024, 1126) über

- die Höhe der im abgelaufenen Beitragsjahr geleisteten Altersvorsorgebeiträge,
- die im abgelaufenen Beitragsjahr getroffenen, aufgehobenen oder geänderten Ermittlungs- oder Berechnungsergebnisse,
- die Summe der bis zum Ende des abgelaufenen Beitragsjahrs dem Altersvorsorgevertrag gutgeschriebenen Zulagen,
- die Summe der bis zum Ende des abgelaufenen Beitragsjahrs geleisteten Altersvorsorgebeiträge und
- den Stand des Altersvorsorgevermögens.

Eine **förmliche Festsetzung der Zulage** erfolgt i.d.R. nur auf besonderen Antrag des Zulageberechtigten (§ 90 Abs. 4 EStG). Dieser ist innerhalb eines Jahres nach Erteilung der vorgenannten Bescheinigung an den **Anbieter** zu richten. Der Anbieter leitet den Antrag mit einer Stellungnahme und den erforderlichen Unterlagen an die Zentrale Zulagenstelle für Altersvermögen (ZfA) weiter, die die förmliche Festsetzung veranlasst.

d) Antragsverfahren für den Sonderausgabenabzug

Der Stpfl. kann die Altersvorsorgeaufwendungen in seiner **Einkommensteuererklärung** geltend machen. Die Prüfung, ob der Sonderausgabenabzug günstiger als der – vom Finanzamt zu ermittelnde – Zulageanspruch ist, wird vom Finanzamt von Amts wegen vorgenommen. 3766

Die über den **Zulageanspruch hinausgehende Steuerermäßigung** wird vom Finanzamt gesondert festgestellt, im Einkommensteuerbescheid berücksichtigt sowie ausgewiesen und der Zentralen Zulagenstelle für Altersvermögen (ZfA) mitgeteilt (§ 10a Abs. 4 EStG). Dieser Betrag wird für eine mögliche Rückforderung im Falle einer schädlichen Verfügung benötigt.

Der BFH hat mit Urteilen v. 8.9.2020, X R 2/19, HFR 2021, 877 und X R 16/19, entschieden, dass die Mitteilung der Zentralen Zulagenstelle für Altersvermögen (ZfA) bei Abweichungen in Bezug auf den Sonderausgabenabzug nach § 10a Abs. 1 Satz 1 EStG nicht dazu führt, dass das Finanzamt ungeprüft den Inhalt dieser Mitteilung umzusetzen hat; die Mitteilung nach § 91 Abs. 1 Satz 4 EStG ist im Verhältnis zum Einkommensteuerbescheid weder ein Grundlagenbescheid noch kommt ihr grundlagenbescheidsähnliche Wirkung zu. § 91 Abs. 1 Satz 4 EStG ermächtigt das Finanzamt lediglich, die Einkommensteuerfestsetzung i.S.d. § 172 Abs. 1 Satz 1 Nr. 2 Buchst. d AO zu ändern. Auf diese Rechtsprechung hat der Gesetzgeber reagiert und ordnet ab dem Vz 2024 in § 91 Abs. 1 Satz 4 EStG an, dass eine nach § 90 Abs. 4 EStG von der zentralen Stelle unanfechtbar festgesetzte Zulage für das Finanzamt bindend ist und auch der gesonderten Feststellung nach § 10a Abs. 4 EStG zu Grunde zu legen ist.

Soll das Finanzamt für die eingezahlten Riester-Beiträge und die erhaltene Zulage den möglichen Sonderausgabenabzug prüfen, ist die Anlage AV zu verwenden.

9. Schädliche Verwendung

Damit das geförderte Altersvorsorgevermögen auch tatsächlich für eine lebenslange zusätzliche finanzielle Versorgung des Zulageberechtigten verwendet wird, sind im Altersvermögensgesetz **Verfügungsbeschränkungen** aufgenommen worden. 3767

Eine **schädliche Verwendung** liegt vor, wenn das Altersvorsorgevermögen **nicht**

- in Form einer lebenslangen Leibrente,
- i.R. eines Auszahlungsplans oder
- unmittelbar für die Anschaffung oder Herstellung von selbst genutztem Wohneigentum (Altersvorsorge-Eigenheimbetrag),

sondern beispielsweise in einem **Einmalbetrag ausgezahlt** wird (§ 93 Abs. 1 EStG). Das gilt auch bei Auszahlungen nach Beginn der Auszahlungsphase.

In diesen Fällen sind die in dem ausgezahlten Altersvorsorgevermögen enthaltenen **Zulagen** sowie ggf. die gesondert festgestellten **Steuervorteile** des Sonderausgabenabzugs (Rückzahlungsbetrag) **zurückzuzahlen**. Außerdem sind die im ausgezahlten Kapital enthaltenen Erträge und Wertsteigerungen i.R. der Einkommensteuerveranlagung als **sonstige Einkünfte zu versteuern** (§ 22 Nr. 5 Satz 2 EStG).

Weitere Einzelheiten s. BMF v. 5.10.2023, IV C 3 – S 2015/22/10001 :001, BStBl I 2023, 1726.

10. Besteuerung in der Auszahlungsphase

3768 Leistungen aus einem Altersvorsorgevertrag werden in der Auszahlungsphase in vollem Umfang als sonstige Einkünfte gem. § 22 Abs. 5 EStG erfasst (sog. **nachgelagerte Besteuerung**). Die volle Besteuerung beruht auf der steuerlichen Entlastung der Altersvorsorgebeiträge durch Zulage bzw. Sonderausgabenabzug in der Ansparphase. Die nachgelagerte Besteuerung umfasst auch die in der Vertragslaufzeit erwirtschafteten Erträge und Wertsteigerungen und selbst die gewährten Zulagen. Tarifermäßigungen wie z.B. für die Nachzahlung von Arbeitslohn (§ 34 EStG) werden nicht gewährt; steuerlich günstig wirkt sich die spätere Versteuerung v.a. bei Rentnern aus, die nach dem Wegfall ihrer „Aktivbezüge" und ggf. Nebeneinkünften nur noch die geringere Altersrente beziehen.

Hinweis:

Nach bisherigem Recht unterliegen Leistungen aus ausländischen betrieblichen Altersvorsorgeeinrichtungen (Pensionsfonds, Pensionskassen und Direktversicherungen) auch dann nicht der vollen nachgelagerten Besteuerung nach § 22 Nr. 5 Satz 1 EStG, wenn die zu besteuernden Leistungen auf Beiträgen beruhen, die im Ausland begünstigt oder steuerfrei gestellt wurden. In diesen Konstellationen kann es zur Besserstellung gegenüber dem inl. Standardfall kommen, wenn z.B. bei der ausländischen Besteuerung eine Steuerbefreiung von Beiträgen gewährt wurde und in Deutschland bei der Rentenleistung nur der Ertrag (§ 22 Nr. 5 Satz 2 EStG) besteuert wird. Um diese Besserstellung zu vermeiden, wurde nun mit dem Jahressteuergesetz 2024 v. 2.12.2024, BGBl. I 2024, Nr. 387, durch eine Ergänzung des § 22 Nr. 5 Satz 2 EStG klargestellt, dass nicht nur eine Steuerbefreiung von Beiträgen bei der deutschen Besteuerung, sondern auch eine vergleichbare steuerliche Freistellung oder Begünstigung von Beiträgen bei einer ausl. Besteuerung zu Leistungen i.S.d. § 22 Nr. 5 Satz 1 EStG führt (vgl. BT-Drucks. 20/12780).

Auf Grund der Ergänzung des § 22 Nr. 5 Satz 2 EStG konnte die Vorschrift des § 22 Nr. 5 Satz 14 EStG gestrichen werden.

Nach § 22 Nr. 5 Satz 7 EStG hat der Anbieter eines Altersvorsorgevertrags oder einer betrieblichen Altersversorgung bei erstmaligem Bezug von Leistungen, in den Fällen des § 93 Abs. 1 EStG sowie bei Änderung der im Kalenderjahr auszuzahlenden Leistungen dem Stpfl. nach amtlich vorgeschriebenem Vordruck den Betrag der im abgelaufenen Kalenderjahr zugeflossenen Leistungen i.S.d. § 22 Nr. 5 Sätze 1 bis 3 EStG jeweils gesondert mitzuteilen. Das Vordruckmuster ab dem Kalenderjahr 2020 ist durch BMF v. 9.11.2020, IV C 3 – S 2257-b/19/10005 :002, BStBl I 2020, 1061, bekannt gemacht worden.

11. Sog. Wohn-Riester-Förderung

a) Allgemeines

3769 Mit dem **Eigenheimrentengesetz** v. 29.7.2008 (BStBl I 2008, 818) wurden – neben weiteren Änderungen – im Wesentlichen die Regelungen zur herkömmlichen Riesterförderung (§§ 10a, 79 bis 99 EStG) auf die **Finanzierung von Wohneigentum ausgedehnt**. Durch das **Altersvorsorge-Verbesserungsgesetz** v. 24.6.2013, BStBl I 2013, 790 wurde die Förderung erweitert. Einzelheiten s. BMF v. 5.10.2023, IV C 3 – S 2015/22/10001 :001, BStBl I 2023, 1726.

b) Erweiterung des Kreises der begünstigten Anlageprodukte

3770 Im Eigenheimrentengesetz wird der Kreis derjenigen Anlageprodukte erweitert, die dem Grunde nach zertifizierungsfähig sind. So können

- der Erwerb weiterer, über die Pflichtanteile hinausgehender Geschäftsanteile an einer in das Genossenschaftsregister eingetragenen Genossenschaft für eine vom Förderberechtigten selbstgenutzte **Genossenschaftswohnung**,
- **Darlehensverträge** (reiner Darlehensvertrag, Kombination Sparvertrag mit Darlehensoption, Vorfinanzierungsdarlehen) für die Bildung selbstgenutzten Wohneigentums sowie
- **Bausparverträge**

unter bestimmten Bedingungen in Form von Altersvorsorgeverträgen abgeschlossen werden.

c) Förderung von Tilgungsleistungen

Durch das Eigenheimrentengesetz werden **Darlehenstilgungen** zu Gunsten eines zertifizierten Altersvorsorgevertrags als Altersvorsorgebeiträge, wie die bisherigen Sparbeiträge, steuerlich gefördert. Voraussetzung für die Förderung ist, dass das Darlehen für eine nach dem 31.12.2007 vorgenommene **wohnungswirtschaftliche Verwendung** i.S.d. § 92a Abs. 1 Satz 1 EStG genutzt wird (§ 82 Abs. 1 EStG). Nicht begünstigt sind Finanzierungen von Immobilien, die vor dem 1.1.2008 angeschafft oder hergestellt wurden. Eine Förderung der **Darlehenszinsen** ist durch das Gesetz nicht vorgesehen. 3771

Wie bei Sparbeiträgen wird auf Antrag des Zulageberechtigten auch geprüft, ob der **Sonderausgabenabzug** für die entsprechenden Tilgungsleistungen einschließlich des Zulageanspruchs (bis maximal 2 100 €) für den Zulageberechtigten **günstiger** ist als der Zulageanspruch (§ 10a EStG). Ist dies der Fall, erhält der Zulageberechtigte noch einen über die Zulage hinausgehenden Steuervorteil i.R. seiner Einkommensteuerveranlagung.

d) Entnahme von gefördertem Altersvorsorgevermögen

Seit dem 1.1.2014 ist eine Entnahme des geförderten Kapitals (Altersvorsorge-Eigenheimbetrag) bis zur Anschaffung bzw. Herstellung einer Wohnung oder Darlehenstilgung bis zum Beginn der Auszahlungsphase jederzeit möglich. 3772

Auch während der Ansparphase ist eine Entnahme des geförderten Kapitals möglich. Zur Vermeidung von Mini-Verträgen mit Kleinstrentenansprüchen muss aber bei einer teilweisen Entnahme zu wohnungswirtschaftlichen Zwecken ein gefördertes Altersvorsorgevermögen von 3 000 € auf dem Vertrag verbleiben. Ebenso gilt eine Mindestentnahme von 3 000 € (§ 92a Abs. 1 Satz 1 Nr. 1 EStG).

Für den Entnahmebetrag (**Altersvorsorge-Eigenheimbetrag**) sieht der Gesetzgeber drei verschiedene Verwendungsarten vor:

- **Anschaffung oder Herstellung einer Wohnung oder zur Tilgung eines zu diesem Zweck aufgenommenen Darlehens,** wenn das dafür entnommene Kapital mindestens 3 000 € beträgt (§ 92a Abs. 1 Satz 1 Nr. 1 EStG),
- **Erwerb von Pflicht-Geschäftsanteilen an einer eingetragenen Genossenschaft** für die Selbstnutzung einer Genossenschaftswohnung oder zur Tilgung eines zu diesem Zweck aufgenommenen Darlehens, wenn das dafür entnommene Kapital mindestens 3 000 € beträgt (§ 92a Abs. 1 Satz 1 Nr. 2 EStG,
- **Finanzierung eines altersgerechten Umbaus bzw. ab Vz 2024 auch energetische Sanierung einer Wohnung** (§ 92a Abs. 1 Satz 1 Nr. 3 EStG).

Die Einzahlung von gefördertem Altersvorsorgevermögen auf einen nicht zertifizierten Bausparvertrag stellt auch dann eine förderschädliche wohnungswirtschaftliche Verwendung gem. § 92a Abs. 1 Satz 1 Nr. 1 zweite Alternative EStG dar, wenn infolge der hierdurch ermöglichten früheren Zuteilung der Bausparsumme erreicht werden soll, ein Darlehen zur Immobilienfinanzierung zinsersparend früher abzulösen (BFH v. 12.2.2020, X R 28/18, BStBl II 2020, 496).

e) Nachgelagerte Besteuerung

Die geförderten Tilgungsbeiträge, die hierfür gewährten Zulagen sowie der entnommene Altersvorsorge-Eigenheimbetrag werden in einem sog. **Wohnförderkonto** erfasst (§ 92a Abs. 2 Satz 1 EStG). Das Wohnförderkonto dient der Erfassung des in der Immobilie gebundenen steuerlich geförderten Kapitals. Dieser Wert ist die **Grundlage für die spätere nachgelagerte Besteuerung.** Als Ausgleich für die vorzeitige Nutzung des Altersvorsorgekapitals und zur Gleichstellung mit anderen Riester-Produkten wird der in das Wohnförderkonto eingestellte **Betrag in der Ansparphase um jährlich 2 % erhöht** (§ 92a Abs. 2 Satz 3 EStG). In der Auszahlungsphase erfolgt jedoch keine Erhöhung mehr. 3773

Der Stpfl. kann während der gesamten Auszahlungsphase die **Einmalbesteuerung** des noch vorhandenen Wohnförderkontos wählen (§ 92a Abs. 2 Satz 6 EStG).

Der Zulageberechtigte kann die Besteuerung des Wohnförderkontos dadurch vermeiden, dass er einen Betrag in Höhe des Wohnförderkontos in eine **neue selbst genutzte Wohnimmobilie investiert.** Die Reinvestitionsfrist ist seit 2014 verlängert worden auf zwei Jahre vor und fünf Jahre nach Ablauf des Veranlagungszeitraums, in dem der Berechtigte das Wohneigentum letztmals selbst nutzt (§ 92a Abs. 3 Satz 9 Nr. 1 EStG).

f) Schädliche Verwendung – Aufgabe der Selbstnutzung

3774 Wird die Selbstnutzung der geförderten Wohnung aufgegeben, handelt es sich grds. um eine schädliche Verwendung. Der Zulageberechtigte hat die Aufgabe der Selbstnutzung demjenigen anzuzeigen, der das Wohnförderkonto führt (§ 92a Abs. 3 Satz 1 und 2 EStG). Das ist i.d.R. der Anbieter, bei dem der Zulagenberechtigte einen Altersvorsorgevertrag abgeschlossen hat. In diesen Fällen erfolgt eine **unmittelbare Besteuerung des Stands des Wohnförderkontos** (§ 22 Nr. 5 Satz 4 i.V.m. § 92a Abs. 3 Satz 5 EStG). Die steuerlichen Folgen der schädlichen Verwendung in der Auszahlungsphase sind wiederum besonders geregelt, auf die Darstellung wird hier verzichtet.

12. Berufseinsteiger-Bonus

3775 Alle Förderberechtigten, die das **25. Lebensjahr** noch nicht vollendet haben, erhalten einmalig eine um **200 € erhöhte Grundzulage** (§ 84 Satz 2 und 3 EStG). Der Berufseinsteiger-Bonus wird erstmals für **Beitragsjahre ab 2008** gewährt (§ 84 Satz 2 EStG). Ein separater Antrag ist hierfür nicht erforderlich, der Bonus wird automatisch bei Beantragung der Altersvorsorgezulage gewährt, wenn die Voraussetzungen dafür erfüllt sind.

Rückdeckung/Rückdeckungsversicherung

1. Begriff

3776 Der Begriff der Rückdeckung ist **bei der betrieblichen Altersversorgung der Arbeitnehmer von großer Bedeutung**. Während Ausgaben, die der Arbeitgeber leistet, um einen Arbeitnehmer oder diesem nahe stehende Personen für den Fall der Krankheit, des Unfalls, der Invalidität, des Alters oder des Todes abzusichern (**Zukunftssicherung**), nach § 2 Abs. 2 Nr. 3 Satz 1 LStDV zum steuerpflichtigen Arbeitslohn des Arbeitnehmers gehören, wenn dieser der Zukunftssicherung zustimmt, gehören Ausgaben, die nur dazu dienen, **dem Arbeitgeber die Mittel zur Leistung** einer dem Arbeitnehmer zugesagten Versorgung **zu verschaffen** (**Rückdeckung**), nach § 2 Abs. 2 Nr. 3 Satz 4 LStDV **nicht zum Arbeitslohn**.

2. Abgrenzung Direktversicherung – Rückdeckungsversicherung

3777 **Für die Abgrenzung** zwischen einer Direktversicherung und einer Rückdeckungsversicherung sind regelmäßig die zwischen Arbeitgeber und Arbeitnehmer getroffenen Vereinbarungen (Innenverhältnis) maßgebend und nicht die Abreden zwischen Arbeitgeber und Versicherungsunternehmen (Außenverhältnis). Deshalb **wird eine Rückdeckungsversicherung steuerlich** nach R 40b.1 Abs. 3 LStR **nur anerkannt**, wenn die **nachstehenden drei Voraussetzungen sämtlich** erfüllt sind:

- Der Arbeitgeber hat dem Arbeitnehmer **eine Versorgung aus eigenen Mitteln** zugesagt, z.B. eine Werkspension.
- Zur Gewährleistung der Mittel für diese Versorgung hat der Arbeitgeber eine Versicherung abgeschlossen, zu der **der Arbeitnehmer keine eigenen Beiträge** i.S.d. § 2 Abs. 2 Nr. 3 Satz 2 LStDV leistet. Keine eigenen Beiträge des Arbeitnehmers liegen vor, wenn der Arbeitgeber seine Beiträge zur Rückdeckungsversicherung ganz oder teilweise durch eine mit dem Arbeitnehmer vereinbarte Gehaltskürzung finanziert und zwischen den Beteiligten Einigkeit besteht, dass die späteren Versorgungsbezüge lohnsteuerpflichtig sind (BFH v. 14.2.1964, VI 179/62 U, BStBl III 1964, 243).
- **Nur der Arbeitgeber**, nicht aber der Arbeitnehmer **erlangt Ansprüche gegen die Versicherung**. Unschädlich ist jedoch die Verpfändung der Ansprüche aus der Rückdeckungsversicherung an den Arbeitnehmer, weil dieser bei einer Verpfändung gegenwärtig keine Rechte erwirbt, die ihm einen Zugriff auf die Versicherung und die darin angesammelten Werte ermöglichen. Entsprechendes gilt für eine aufschiebend bedingte Abtretung des Rückdeckungsanspruchs, da die Abtretung rechtlich erst wirksam wird, wenn die Bedingung eintritt (§ 158 Abs. 1 BGB), und für die Abtretung des Rückdeckungsanspruchs zahlungshalber im Falle der Liquidation oder der Vollstreckung in die Versicherungsansprüche durch Dritte.

Handelt es sich in diesem Sinne um eine **Rückdeckungsversicherung**, so sind die Aufwendungen des Arbeitgebers kein Arbeitslohn des Arbeitnehmers.

LSt (durchgestrichen) SV (durchgestrichen)

3. Steuerpflichtiger Arbeitslohn

3778 Verwendet der Arbeitgeber später **die Mittel aus der Rückdeckungsversicherung**, um seine Versorgungszusagen zu erfüllen, so sind die Zahlungen des Arbeitgebers beim Arbeitnehmer als Arbeitslohn zu erfassen, → *Versorgungsbezüge* Rz. 4334.

Dies gilt auch dann, wenn ein Anspruch aus einer **Rückdeckungsversicherung ohne Entgelt auf den Arbeitnehmer übertragen**, abgetreten oder eine bestehende Rückdeckungsversicherung in eine Direktversicherung umgewandelt wird. **Im Zeitpunkt** der Übertragung bzw. Umwandlung fließt dem Arbeitnehmer ein lohnsteuerpflichtiger geldwerter Vorteil zu, der grds. dem geschäftsplanmäßigen Deckungskapital zuzüglich einer bis zu diesem Zeitpunkt zugeteilten Überschussbeteiligung der Versicherung entspricht; § 3 Nr. 65 Satz 1 Buchst. c EStG ist nicht anwendbar. Entsprechendes gilt, wenn eine aufschiebend bedingte Abtretung rechtswirksam wird (BFH v. 9.10.2002, VI R 112/99, BStBl II 2002, 884). Dies gilt nicht nur für die Abtretung der Ansprüche aus einer Rückdeckungsversicherung bzw. die Übernahme einer Rückdeckungsversicherung während der Ansparphase, sondern auch, wenn der Versicherungsfall (Tod des Arbeitnehmers und Abtretung der Ansprüche an seine Witwe) bereits eingetreten ist (FG Niedersachsen v. 10.3.2015, 12 K 70/14).

Tritt ein Arbeitgeber Ansprüche aus einer von ihm mit einem Versicherer abgeschlossenen Rückdeckungsversicherung **an den Arbeitnehmer ab** und **leistet der Arbeitgeber im Anschluss hieran Beiträge an den Versicherer**, sind diese Ausgaben **Arbeitslohn** (BFH v. 5.7.2012, VI R 11/11, BStBl II 2013, 190).

Scheidet ein Arbeitnehmer wegen Beendigung des Arbeitsverhältnisses aus der Rückdeckungsversicherung aus, hat er aber **auf Grund eines Fortführungsangebots** die Wahl, ob er sich für eine **Fortführung der Versicherung** oder eine **Auszahlung des Übertragungswerts** entscheidet, fließt ihm der sog. Übertragungswert **mit der Übertragung** zu und ist **als Arbeitslohn zu erfassen** (FG Baden-Württemberg v. 7.12.2011, 7 K 3446/08, EFG 2012, 1394).

LSt SV

Rückzahlung von Arbeitslohn

Inhalt

1. Allgemeines

3779 Die Rückzahlung zu viel gezahlten Arbeitslohns ist in der Praxis von erheblicher Bedeutung, auch für den Lohnsteuerabzug. Die Rückzahlung von Arbeitslohn setzt aber voraus, dass Güter in Geld oder Geldeswert beim Arbeitnehmer abfließen. Schüttet daher eine Versorgungskasse an ihren Träger, den Arbeitgeber, Gewinne aus, wird damit kein Arbeitslohn zurückgezahlt (BFH v. 12.11.2009, VI R 20/07, BStBl II 2010, 845).

Eine Arbeitslohnrückzahlung ist anzunehmen, wenn der Arbeitnehmer **an den Arbeitgeber** die Leistungen, die bei ihm als Lohnzahlungen zu qualifizieren waren, zurückzahlt. Dies gilt auch dann, wenn später in einem Arbeitsgerichtsprozess festgestellt wird, dass kein Arbeitsverhältnis bestanden hat (FG Köln v. 13.2.2014, 6 K 2745/10, EFG 2014, 843).

Zum Arbeitslohn gehören auch **irrtümliche Überweisungen des Arbeitgebers** (Besteuerung/Lohnsteuer bei Zufluss). Die Rückzahlung von Arbeitslohn ist erst im Zeitpunkt des tatsächlichen Abflusses einkünftemindernd zu berücksichtigen (BFH v. 14.4.2016, VI R 13/14, BStBl II 2016, 778).

Wird aber eine Gehaltsforderung des Arbeitnehmers dadurch erfüllt, dass dieser mit seinem Arbeitgeber einen Kaufvertrag über eine Eigentumswohnung abschließt und der Kaufpreis mit der fälligen Gehaltsforderung verrechnet wird, stellt sich dann jedoch heraus, dass der Kaufvertrag zivilrechtlich mangels Eintragung des Arbeitnehmers im Grundbuch nicht erfüllt wurde, kann die Veräußerung der Eigentumswohnung durch den Arbeitgeber im Wege der Zwangsversteigerung nicht als Arbeitslohnrückzahlung angesehen werden. Der Veranlassungszusammenhang zum Arbeitsverhältnis wird durch den Abschluss des Kaufvertrags unterbrochen (BFH v. 10.8.2010, VI R 1/08, BStBl II 2010, 1074).

Auch bei beherrschenden Gesellschaftern ist der Abfluss einer Arbeitslohnrückzahlung erst im Zeitpunkt der Leistung und nicht bereits im Zeitpunkt der Fälligkeit der Rückforderung anzunehmen (BFH v. 14.4.2016, VI R 13/14, BStBl II 2016, 778).

Wie die **einzelnen Fallgestaltungen** lohnsteuerlich zu behandeln sind, ist in **bundeseinheitlichen Verwaltungsregelungen zusammengefasst** (vgl. z.B. OFD Frankfurt v. 25.7.2000, S 2399 A – 1 – St II 30):

2. Rückzahlung von nicht versteuertem Arbeitslohn

3780 Zahlt ein Arbeitnehmer **Arbeitslohn zurück**, der im Zeitpunkt des Zuflusses **zu Recht steuerbefreit** war, so ist die Rückzahlung als ein außersteuerlicher Vorgang anzusehen. Der Arbeitnehmer kann im Jahr der Rückzahlung weder Werbungskosten noch negative Einnahmen in entsprechender Höhe geltend machen.

Dies gilt auch für den Fall, dass der Arbeitnehmer Arbeitslohn zurückzahlen muss, bei dem es sich dem Grunde nach zwar um steuerpflichtigen Arbeitslohn gehandelt hat, der aber im Zeitpunkt des Zuflusses **zu Unrecht als steuerfrei behandelt** worden ist.

Beispiel:

Dem Arbeitnehmer ist ein bestimmter Betrag als Reisekostenersatz steuerfrei ausgezahlt worden. Es stellt sich später heraus, dass die Voraussetzungen einer Auswärtstätigkeit nicht gegeben waren. Der Arbeitgeber fordert den zu Unrecht gewährten Betrag zurück.

Sieht der Arbeitgeber in derartigen Fällen von einer Rückforderung des zu Unrecht als steuerfrei behandelten Arbeitslohns ab, muss dieser Arbeitslohn nachträglich steuerlich erfasst werden.

3. Rückzahlung von versteuertem Arbeitslohn

3781 Zahlt ein Arbeitnehmer Arbeitslohn zurück, der dem Lohnsteuerabzug unterlegen hat, **so bleibt der früher gezahlte Arbeitslohn zugeflossen** (§ 11 Abs. 1 EStG). Die zurückgezahlten Beträge sind im Zeitpunkt der Rückzahlung (§ 11 Abs. 2 EStG) **als negative Einnahmen** zu behandeln (BFH v. 4.5.2006, VI R 17/03, BStBl II 2006, 830, BFH v. 4.5.2006, VI R 19/03, BStBl II 2006, 832 und BFH v. 14.4.2016, VI R 13/14, BStBl II 2016, 778). Dies gilt selbst dann, wenn der Arbeitslohn im Zuflussjahr ermäßigt besteuert wurde (BFH v. 4.5.2006, VI R 33/03, BStBl II 2006, 911).

Hat ein Arbeitnehmer das Finanzamt dazu veranlasst, die **Rückzahlung von Einnahmen** entgegen der Rechtsprechung des BFH **bereits im Jahr der Überzahlung** durch Saldierung zu berücksichtigen, so dass der Arbeitslohn zu Unrecht nicht versteuert wurde, kann er die Rückzahlung im Zeitpunkt ihrer tatsächlichen Leistung nicht nochmals einkünftemindernd geltend machen; insoweit liegt ein **Verstoß gegen den Grundsatz von Treu und Glauben** vor (BFH v. 29.1.2009, VI R 12/06).

Beispiel:

Der Arbeitnehmer erhält im Kalenderjahr 2025 eine Gehaltsüberzahlung von 10 000 €, die er am 14.3.2026 an den Arbeitgeber zurückzahlt. Der Arbeitnehmer verständigt sich mit dem Finanzamt darauf, dass der überzahlte Betrag von 10 000 € bereits vom Arbeitslohn des Kalenderjahres 2025 abgezogen wird. Nach Bestandskraft des Einkommensteuerbescheids 2025 reicht er die Einkommensteuererklärung 2026 ein und beantragt, die Gehaltsüberzahlung vom Arbeitslohn abzuziehen. Zur Begründung verweist der Arbeitnehmer auf die BFH-Rechtsprechung, nach der die Rückzahlung überzahlter Einnahmen erst im Zeitpunkt des Abflusses steuermindernd zu berücksichtigen ist.

Die Gehaltsüberzahlung kann im Kalenderjahr 2026 nicht (nochmals) berücksichtigt werden, weil der Arbeitnehmer durch sein Verhalten gegen den Grundsatz von Treu und Glauben verstoßen hat (BFH v. 29.1.2009, VI R 12/06).

Im Einzelnen ergeben sich folgende Fallgestaltungen:

a) Rückzahlung von Arbeitslohn im Kalenderjahr seiner Zahlung bei fortbestehendem Dienstverhältnis

Hat der Arbeitnehmer Arbeitslohn **im selben Kalenderjahr zurückzuzahlen**, in welchem er ihn erhalten hat, und steht er im Zeitpunkt der Rückzahlung noch in einem Dienstverhältnis zu demselben Arbeitgeber, kann dieser den zurückgezahlten Betrag **im Lohnzahlungszeitraum der Rückzahlung** oder in den auf die Rückzahlung folgenden Lohnzahlungszeiträumen sowie im Lohnsteuer-Jahresausgleich nach § 42b EStG **vom steuerpflichtigen Arbeitslohn absetzen**. Es ist auch möglich, dass der Arbeitgeber stattdessen den Lohnsteuerabzug des früheren Lohnzahlungszeitraums auf Grund der Rückzahlung entsprechend ändert. 3782

Die Berücksichtigung des zurückgezahlten Betrags durch den Arbeitgeber ist gem. § 41c Abs. 3 EStG aber nur **bis zur Ausstellung einer Lohnsteuerbescheinigung** möglich. Kann der Arbeitgeber deswegen zurückgezahlte Beträge des Arbeitnehmers nicht mehr berücksichtigen oder macht er von seiner Berechtigung hierzu keinen Gebrauch, kann **der Arbeitnehmer** diese Beträge i.R. **der Veranlagung zur Einkommensteuer als negative Einnahmen geltend machen** (→ *Negative Einnahmen und Werbungskosten* Rz. 3279).

b) Rückzahlung von Arbeitslohn in einem späteren Kalenderjahr bei fortbestehendem Dienstverhältnis

Wird Arbeitslohn nicht im Kalenderjahr der Zahlung, sondern **in einem späteren Kalenderjahr zurückgefordert**, stellen die zurückgezahlten Beträge **negative Einnahmen des Rückzahlungsjahres** dar. Steht der Arbeitnehmer zu dem Arbeitgeber, der den Arbeitslohn überzahlt hat, noch in einem Dienstverhältnis, kann der Arbeitgeber die Rückzahlung im Lohnzahlungszeitraum der Rückzahlung oder in den auf die Rückzahlung folgenden Lohnzahlungszeiträumen sowie im Lohnsteuer-Jahresausgleich nach § 42b EStG berücksichtigen. 3783

Kann der Arbeitgeber zurückgezahlte Beträge des Arbeitnehmers nicht mehr berücksichtigen oder macht er von seiner Berechtigung hierzu keinen Gebrauch, so gilt auch hier, dass **der Arbeitnehmer** diese Beträge i.R. **der Veranlagung zur Einkommensteuer als negative Einnahmen geltend** machen kann – allerdings **erst im** Rückzahlungsjahr (BFH v. 7.11.2006, VI R 2/05, BStBl II 2007, 315).

c) Rückzahlung von Arbeitslohn nach Beendigung des Dienstverhältnisses

Steht ein Arbeitnehmer im Zeitpunkt der Rückzahlung von Arbeitslohn **nicht mehr in einem Dienstverhältnis** zu dem Arbeitgeber, der den Arbeitslohn überzahlt hat, kann der zurückgezahlte Betrag **nur i.R. einer Veranlagung zur Einkommensteuer berücksichtigt** werden. 3784

d) Berücksichtigung der Rückzahlung bei der Veranlagung zur Einkommensteuer durch das Finanzamt

3785 Für die Berücksichtigung zurückgezahlten Arbeitslohns als negative Einnahme **bei der Veranlagung zur Einkommensteuer** ist Folgendes zu beachten:

- **Bezieht der Arbeitnehmer** im Jahr der Rückzahlung **Einkünfte aus nichtselbständiger Arbeit**, werden diese durch den zurückgezahlten Arbeitslohn (negative Einnahmen) **entsprechend gemindert**. Da es sich hierbei nicht um Werbungskosten des Arbeitnehmers handelt, wird der Arbeitnehmer-Pauschbetrag von 1 230 € (seit 2023) in jedem Fall gewährt.

Beispiel 1:

Ein Arbeitnehmer mit einem Monatslohn von 3 500 € scheidet am 30.9.2025 aus dem Dienstverhältnis aus. Am 6.12.2025 zahlt er an seinen ehemaligen Arbeitgeber versehentlich zu viel gezahlten Arbeitslohn von 500 € zurück. In der Lohnsteuerbescheinigung für 2025 ist ein Arbeitslohn von 31 500 € bescheinigt.

Die Rückzahlung des Arbeitslohns wird i.R. der Einkommensteuerveranlagung für das Kalenderjahr 2025 berücksichtigt. Das Finanzamt hat die Einkünfte aus nichtselbständiger Arbeit wie folgt zu berechnen:

Arbeitslohn laut Lohnsteuerbescheinigung	31 500 €
– Arbeitslohnrückzahlung	500 €
= Arbeitslohn	31 000 €
– Arbeitnehmer-Pauschbetrag (seit 2023 1 230 €)	1 230 €
= Einkünfte aus nichtselbständiger Arbeit	29 770 €

- Bezieht der Arbeitnehmer im Kalenderjahr der Rückzahlung **keine Einkünfte aus nichtselbständiger Arbeit**, so können die negativen Einnahmen mit anderen Einkünften i.R. einer Veranlagung zur Einkommensteuer ausgeglichen werden (**Verlustausgleich**).
- Soweit dem Arbeitnehmer **im Kalenderjahr der Rückzahlung keine positiven Einkünfte verbleiben**, kann er eine Erstattung von Steuern erreichen, indem er für den zurückgezahlten Arbeitslohn **einen Verlustabzug** von den positiven Einkünften des vorangegangenen Kalenderjahres (**Verlustrücktrag**) bzw. der folgenden Kalenderjahre (**Verlustvortrag**) nach Maßgabe des § 10d EStG **beantragt**. Kommt für diese Kalenderjahre nicht bereits aus anderen Gründen eine Veranlagung zur Einkommensteuer in Betracht, kann sie der Arbeitnehmer besonders beantragen (§ 46 Abs. 2 Nr. 8 EStG).
- **Die Höhe** der bei der Veranlagung zur Einkommensteuer zu berücksichtigenden **negativen Einnahmen** ist vom Arbeitnehmer **nachzuweisen oder glaubhaft zu machen**. Der Einkommensteuererklärung sollte deshalb, wenn der Arbeitnehmer nicht über andere geeignete Unterlagen verfügt, eine entsprechende Bescheinigung des Arbeitgebers beigefügt werden.

Beispiel 2:

Ein Arbeitnehmer scheidet zum 31.12.2024 aus dem Dienstverhältnis aus; versehentlich hat ihm der Arbeitgeber den Januarlohn 2025 i.H.v. 5 000 € bereits im November 2024 überwiesen. Eine Korrektur der Lohnabrechnung erfolgt nicht. Der Arbeitnehmer zahlt den Arbeitslohn für Januar 2025 am 19.2.2025 an den Arbeitgeber zurück. Im Jahr 2025 hat der Arbeitnehmer keine steuerpflichtigen Einkünfte.

Für 2025 ergibt sich ein negativer Gesamtbetrag der Einkünfte von 5 000 €. Dieser kann im Veranlagungszeitraum 2024 wie Sonderausgaben berücksichtigt werden (Verlustrücktrag). Wahlweise kann der Arbeitnehmer aber auf Antrag ganz oder teilweise auf den Verlustrücktrag verzichten und stattdessen den Betrag in 2026 wie Sonderausgaben abziehen (Verlustvortrag).

4. Rückzahlung von Versorgungsbezügen

3786 Die oben dargestellten Grundsätze gelten auch, wenn ein Arbeitnehmer i.R. eines bestehenden Dienstverhältnisses Versorgungsbezüge an den Arbeitgeber zurückzahlt. Hierbei ist allerdings zu beachten, dass sich seit 2005 die Freibeträge für Versorgungsbezüge auf der Grundlage des Versorgungsbezugs für Januar 2005 bei Versorgungsbeginn vor 2005 bzw. des Versorgungsbezugs für den ersten vollen Monat bei Versorgungsbeginn ab 2005 berechnen. Die ermittelten Freibeträge gelten grds. für die gesamte Laufzeit des Versorgungsbezugs (BMF v. 19.8.2013, IV C 3 – S 2221/12/10010 :004/IV C 5 – S 2345/08/0001, BStBl I 2013, 1087, Rdnr. 170 ff. unter Berücksichtigung der Änderungen durch BMF v. 10.1.2014, IV C 3 – S 2221/12/10010 :003, BStBl I 2014, 70, BMF v. 10.4.2015, IV C 5 – S 2345/08/10001 :006, BStBl I 2015, 256, BMF v. 1.6.2015, IV C 5 – S 2345/15/10001, BStBl I 2015, 475, BMF v. 4.7.2016, IV C 3 – S 2255/15/10001, BStBl I 2016, 645, BMF v. 6.12.2016, IV C 3 – S 2221/12/10008 :008, BStBl I 2016, 1426, BMF v. 19.12.2016, IV C 5 – S 2345/07/0002, BStBl I 2016, 1433, BMF v. 28.9.2021, IV C 3 – S 2221/19/10050 :002, BStBl I 2021, 1831 und BMF v. 10.1.2022, IV C 3 – S 2221/19/10050 :002, BStBl I 2022, 36 sowie BMF v. 24.5.2017, IV C 3 – S 2221/16/10001 :004, BStBl I 2017, 820, BMF v. 6.11.2017, IV C 3 – S 2221/17/10006 :001, BStBl I 2017, 1455, BMF v. 28.9.2021, IV C 3 – S 2221/21/10016 :001, BStBl I 2021, 1833 und BMF v. 16.12.2021, IV C 3 – S 2221/20/10012 :002, BStBl I 2022, 155), zuletzt geändert durch BMF v. 28.12.2023, IV C 3 – S 2221/20/10012 :005, BStBl I 2024, 209. Zu diesem aktuellen BMF-Schreiben → *Vorsorgeaufwendungen* Rz. 4366. Daher hat die Rückzahlung von Versorgungsbezügen keinen Einfluss auf die Höhe der monatlich zu berücksichtigenden Zuschläge für Versorgungsbezüge.

5. Steuererstattungen im Billigkeitswege (§ 227 AO)

Kann der Arbeitnehmer durch die Berücksichtigung der negativen Einnahmen bei der Veranlagung zur Einkommensteuer **keinen vollen steuerlichen Ausgleich** (einschl. Progressionsnachteile) **erlangen**, kommt i.d.R. eine zusätzliche **Steuererstattung aus sachlichen Billigkeitsgründen** (§ 227 AO) **nicht in Betracht**, weil der Gesetzgeber Auswirkungen bei der Anwendung der Vorschriften des § 11 EStG (Zufluss von Einnahmen, Abfluss von Ausgaben) oder des § 10d EStG (Verlustabzug) zum Vorteil oder zum Nachteil des Stpfl. bewusst in Kauf genommen hat (s. ausführlich → *Erlass von Lohnsteuer* Rz. 2047). Möglicherweise kommt aber eine Erstattung von Steuerbeträgen **aus persönlichen Billigkeitsgründen** des Arbeitnehmers (z.B. besondere Notlage) in Betracht. Vgl. dazu → *Erlass von Lohnsteuer* Rz. 2045. 3787

6. Rückzahlung von Sozialversicherungsbeiträgen

Wurden in der **irrtümlichen Annahme der Versicherungspflicht** oder aus sonstigen Gründen zu Unrecht Sozialversicherungsbeiträge abgeführt, so können sie erstattet bzw. mit anderen abzuführenden Beiträgen verrechnet werden. 3788

a) Allgemeines

Eine **Rückforderung** ist jedoch **immer dann ausgeschlossen, wenn** 3789

- der Versicherungsträger bis zur Geltendmachung des Erstattungsanspruchs auf Grund der entrichteten Beiträge oder
- für den Zeitraum, für den die Beiträge zu Unrecht entrichtet worden sind,

Leistungen erbracht hat. Dies gilt jedoch nicht für solche Beiträge, die für Zeiten entrichtet worden sind, die während des Bezugs von Leistungen beitragsfrei waren. Dabei steht der Erstattungsanspruch grds. dem zu, der die Beiträge tatsächlich getragen hat, i.d.R. also je zur Hälfte dem Arbeitgeber und dem Arbeitnehmer.

Rentenversicherungsbeiträge, die in der irrtümlichen Annahme der Versicherungspflicht entrichtet und nicht zurückgefordert werden oder deren Rückforderung auf Grund zwischenzeitlicher Leistungsgewährung ausgeschlossen ist, gelten, sofern das Recht dazu zum Zeitpunkt der Entrichtung bestand, als für die freiwillige Versicherung entrichtet.

Zu Unrecht entrichtete Arbeitslosenversicherungsbeiträge sind i.R. des § 351 SGB III erstattungsfähig. Der Erstattungsanspruch mindert sich dabei um den Betrag der Leistung, die in der irrtümlichen Annahme der Beitragspflicht gezahlt worden ist.

b) Verrechnung

Der Arbeitgeber kann zu viel entrichtete Sozialversicherungsbeiträge in voller Höhe oder Teile hiervon verrechnen, wenn bei Verrechnung 3790

- von Beiträgen in voller Höhe der Beginn des Zeitraums, für den die Beiträge irrtümlich entrichtet wurden, nicht länger als sechs Kalendermonate zurückliegt,
- von Teilen von Beiträgen der Zeitraum, für den die Beiträge gezahlt wurden, nicht länger als 24 Kalendermonate zurückliegt.

Die unter → Rz. 3789 beschriebenen leistungsrechtlichen Voraussetzungen bei der Erstattung von Beiträgen müssen bei der Verrechnung gleichermaßen beachtet werden. Ggf. ist dies bei den Entgeltunterlagen zu dokumentieren. Alle aus Anlass der Verrechnung notwendigen Berichtigungen oder Stornierungen sind ebenfalls in den Entgeltunterlagen prüffähig zu vermerken.

Zu viel entrichtete Beiträge können mit den abzuführenden Beiträgen des laufenden Abrechnungszeitraumes verrechnet werden. Bereits erstattete Entgeltmeldungen (z.B. Jahresentgeltmeldung) sind zu berichtigen.

c) Erstattung

3791 Zu Unrecht entrichtete und nicht verrechnete Beiträge werden auf Antrag durch die Krankenkasse erstattet. Stellt sie dabei fest, dass für das Erstattungsverfahren der Träger der Rentenversicherung oder die Bundesagentur für Arbeit zuständig ist, leitet sie den Antrag zur abschließenden Bearbeitung dorthin weiter (→ *Beitragserstattung* Rz. 1298). Rentenversicherungsbeiträge, die nicht mehr beanstandet werden dürfen, gelten als zu Recht entrichtete Pflichtbeiträge und dürfen nicht erstattet werden.

Zu Unrecht entrichtete Rentenversicherungsbeiträge, die bereits verjährt sind, gelten als zu Recht entrichtete Rentenversicherungsbeiträge. Die Erstattung der Rentenversicherungsbeiträge scheidet danach insoweit aus, als der Erstattungsanspruch bereits verjährt ist. Der Erstattungsanspruch verjährt in vier Jahren nach Ablauf des Kalenderjahres, in dem die Beiträge entrichtet worden sind.

7. Steuerliche Folgen aus der Rückzahlung von Sozialversicherungsbeiträgen

3792 Wird bei der Rückzahlung von Arbeitslohn auch die sozialversicherungsrechtliche Behandlung rückgängig gemacht, ist Folgendes zu beachten:

- Fordert der Arbeitgeber vom Arbeitnehmer den Bruttoarbeitslohn **ohne Kürzung** um den **Arbeitnehmeranteil** zur Sozialversicherung zurück und **erstattet er dem Arbeitnehmer später diesen Anteil**, weil er den Betrag von dem für alle Arbeitnehmer des Betriebs abzuführenden Sozialversicherungsbeiträgen gekürzt oder vom Sozialversicherungsträger erstattet erhalten hat, so stellt die Vergütung keinen steuerpflichtigen Arbeitslohn dar. Fordert der Arbeitgeber dagegen vom Arbeitnehmer **den Bruttoarbeitslohn zunächst gekürzt um den Arbeitnehmeranteil zur Sozialversicherung zurück** und behält er die durch Verrechnung zurückerhaltenen Arbeitnehmeranteile zurück, stellen diese ebenfalls zurückgezahlten Arbeitslohn des Arbeitnehmers dar. Dies gilt unabhängig davon, ob die Sozialversicherungsbeiträge in demselben oder im nachfolgenden Kalenderjahr verrechnet werden.
- Die zurückgezahlten **Arbeitnehmeranteile** zur Sozialversicherung **mindern** im Rückzahlungsjahr **die als Vorsorgeaufwendungen abziehbaren Sozialversicherungsbeiträge**. Der Arbeitgeber hat dies bei der Bescheinigung der einbehaltenen Sozialversicherungsbeiträge zu berücksichtigen.
- Die Erstattung des **Arbeitgeberanteils** zur gesetzlichen Sozialversicherung spielt sich nur im Verhältnis des Arbeitgebers zu den Sozialversicherungsträgern ab und **hat keine Auswirkungen auf die Besteuerung des Arbeitslohns**.

8. Rückzahlung von Arbeitslohn in Fällen der Nettolohnvereinbarung

3793 Für die steuerliche Behandlung von zurückgezahltem Arbeitslohn bei Vorliegen einer Nettolohnvereinbarung gelten die oben genannten Ausführungen entsprechend.

Eine Rückzahlung von Arbeitslohn liegt auch dann vor, wenn der Arbeitnehmer die vom Finanzamt erhaltene Steuererstattung vereinbarungsgemäß an den Arbeitgeber weiterleitet. Selbst wenn das Finanzamt die Steuererstattung auf Grund einer Abtretungserklärung direkt dem Arbeitgeber auszahlt, liegt eine Rückzahlung von Arbeitslohn vor, denn Steuerschuldner und damit auch Erstattungsberechtigter ist der Arbeitnehmer und nicht der Arbeitgeber (zur Minderung des Bruttolohns bei Abtretung des Kindergeldes im Rahmen einer Nettolohnvereinbarung vgl. BFH v. 8.2.2024, VI R 26/21, BStBl II 2024, 574). Einzelheiten zur Nettolohnvereinbarung → *Nettolöhne* Rz. 3285.

9. Rückzahlung von Arbeitslohn in den Fällen der Lohnsteuerpauschalierung nach §§ 40, 40a und 40b EStG

Die Rückzahlung von Arbeitslohn, der unter Übernahme der Lohnsteuer durch den Arbeitgeber nach 3794

- § 40 EStG (→ *Pauschalierung der Lohnsteuer* Rz. 3336),
- § 40a EStG (→ *Pauschalierung der Lohnsteuer bei Aushilfskräften* Rz. 3353, → *Pauschalierung der Lohnsteuer bei geringfügig Beschäftigten* Rz. 3379),
- § 40b EStG (→ *Zukunftssicherung: Betriebliche Altersversorgung* Rz. 4653)

pauschal versteuert worden ist, **hat keine negativen Einnahmen beim Arbeitnehmer zur Folge**. Die Rückzahlung führt vielmehr **zu einem Erstattungsanspruch des Arbeitgebers**. Für die Ermittlung eines eventuellen Steuererstattungsanspruchs sind folgende Fälle zu unterscheiden:

a) Pauschalierung nach §§ 40 Abs. 2, 40a, 40b EStG

Bei diesen Pauschalierungsvorschriften wird die Lohnsteuer mit 3795
festen Steuersätzen pauschaliert.

Der Arbeitgeber kann den vom Arbeitnehmer zurückgezahlten pauschal versteuerten Arbeitslohn im **Zeitpunkt der Rückzahlung** mit entsprechenden pauschal zu versteuernden Leistungen **verrechnen**, ohne dass es auf die Höhe des ehemaligen Pauschsteuersatzes ankommt.

Soweit eine Verrechnung des zurückgezahlten Arbeitslohns mit entsprechenden Zahlungen im gleichen Anmeldungszeitraum nicht möglich ist, **ergibt sich für den Arbeitgeber ein Steuererstattungsanspruch**. Der Berechnung dieses Anspruchs ist der entsprechende, im Zeitpunkt der Rückzahlung geltende Pauschsteuersatz zu Grunde zu legen (OFD Frankfurt v. 25.7.2000, S 2399 A – 1 – St II 30). Der BFH vertritt allerdings die Ansicht, dass die **Festsetzung einer** negativen Einkommensteuer und damit auch einer negativen **pauschalen Lohnsteuer gesetzlich nicht vorgesehen** ist (BFH v. 28.4.2016, VI R 18/15, BStBl II 2016, 898).

Zu den Folgen einer Rückzahlung von nach § 40b EStG pauschal besteuertem Arbeitslohn vgl. → *Zukunftssicherung: Betriebliche Altersversorgung* Rz. 4664.

b) Pauschalierung nach § 40 Abs. 1 EStG

Bei dieser Pauschalierungsvorschrift wird die Lohnsteuer mit 3796
einem **besonders ermittelten Steuersatz** pauschaliert.

In diesem Fall darf der zurückgezahlte Arbeitslohn nicht mit entsprechenden positiven Zahlungen im gleichen Anmeldungszeitraum verrechnet werden. Die Rückzahlung führt deshalb generell zu einem Steuererstattungsanspruch des Arbeitgebers. Dabei kann **aus Vereinfachungsgründen von dem Betrag ausgegangen** werden, der vorher als pauschale Lohnsteuer für die zurückgezahlten Beträge abgeführt worden ist. Der BFH vertritt allerdings auch hierzu die Ansicht, dass die **Festsetzung einer** negativen Einkommensteuer und damit auch einer negativen **pauschalen Lohnsteuer gesetzlich nicht vorgesehen** ist (BFH v. 28.4.2016, VI R 18/15, BStBl II 2016, 898).

Rufbereitschaft

→ *Bereitschaftsdienst* Rz. 1348

Ruhestandsbeamte

Personen, die nach beamtenrechtlichen Vorschriften oder Grund- 3797
sätzen oder entsprechenden kirchenrechtlichen Regelungen oder nach den Regelungen einer berufsständischen Versorgungseinrichtung eine Versorgung nach Erreichen einer Altersgrenze beziehen und daneben noch eine Beschäftigung ausüben, sind in der **Rentenversicherung versicherungsfrei**. Um Wettbewerbsvorteile zu verhindern, hat der Arbeitgeber für diese Beschäftigten, obwohl diese rentenversicherungsfrei sind, den Arbeitgeberbeitragsanteil zu zahlen (→ *Beiträge zur Sozialversicherung* Rz. 1214).

Bei Beamten bzw. beamtenähnlichen Personen, die bereits **vor Erreichen der jeweils maßgeblichen Altersgrenze in den Ruhestand versetzt werden** (sog. einstweiliger Ruhestand), tritt jedoch **keine Rentenversicherungsfreiheit** ein (vgl. BSG v. 25.3.2004, B 12 KR 9/02).

Sabbatjahr

3798 Nach verschiedenen v.a. im öffentlichen Dienst eingeführten Arbeitszeitmodellen ist es möglich, **ein Jahr von der Arbeit freigestellt** zu werden. Grundlage ist, dass das Gehalt

- in den Jahren der „Arbeitsphase" gekürzt
- und als Ausgleich in der „Freizeitphase" weitergezahlt wird.

Lohnsteuerlich ergibt sich Folgendes:

- Sowohl in der Arbeits- als auch in der Freizeitphase ist nur der **reduzierte Arbeitslohn** der Besteuerung zu Grunde zu legen.
- Der in der **Freizeitphase weitergezahlte Arbeitslohn ist „normal" zu versteuern**. Es handelt sich dabei nicht um nach § 34 Abs. 1 EStG tarifermäßigt („Fünftelregelung") zu versteuernde Bezüge (→ *Entschädigungen* Rz. 2001). Dies kommt nur in Betracht, wenn das Sabbatjahr nicht in Anspruch genommen wird oder werden kann und deshalb Arbeitslohn nachgezahlt wird (z.B. bei Krankheit oder vorzeitigem Ausscheiden aus dem Dienstverhältnis).
- Wenn das Sabbatjahr vorgeschaltet ist und die anschließende Arbeitsphase nicht oder nicht vollständig erfüllt wird, muss **im Sabbatjahr gezahlter Arbeitslohn zurückgezahlt** werden. Diese Rückzahlungen stellen **„negativen Arbeitslohn"** dar, der im Jahr der Rückzahlung mit laufendem Arbeitslohn zu verrechnen ist (→ *Rückzahlung von Arbeitslohn* Rz. 3779).

Beispiel:

A erhält fünf Jahre lang nur ein um 20 % reduziertes Gehalt. Nach diesen fünf Jahren bleibt er ein Jahr zu Hause, das Gehalt wird weitergezahlt.

Das in der Freizeitphase weitergezahlte Gehalt unterliegt dem normalen Lohnsteuerabzug.

S.a. → *Arbeitszeitmodelle* Rz. 734.

Sachbezüge

Inhalt

1. Lohnsteuer

a) Allgemeines

3799 Fließt dem Arbeitnehmer Arbeitslohn (→ *Arbeitslohn* Rz. 622) in Form von Sachbezügen zu, so sind diese **ebenso wie Barlohnzahlungen** entweder dem laufenden Arbeitslohn oder den sonstigen Bezügen zuzuordnen (R 39b.2 LStR). **Für die Besteuerung unentgeltlicher Sachbezüge ist deren Geldwert maßgebend**. Sachbezüge i.S.d. § 8 Abs. 2 Satz 1 EStG sind alle **nicht in Geld bestehenden Einnahmen**.

Erhält der Arbeitnehmer die Sachbezüge nicht unentgeltlich, so ist der **Unterschiedsbetrag** zwischen dem Geldwert des Sachbezugs und dem tatsächlichen Entgelt zu versteuern. Dabei darf der vom Arbeitgeber gezahlte oder i.R. der Lohnabrechnung verrechnete Betrag den Bruttoarbeitslohn nicht mindern. Der Geldwert ist entweder durch Einzelbewertung zu ermitteln oder mit einem amtlichen Sachbezugswert anzusetzen. Im Einzelnen kommen für die Bewertung der Sachbezüge folgende Bewertungsvorschriften in Betracht:

- **Einzelbewertung** (§ 8 Abs. 2 Satz 1 EStG),
- **Besondere Bewertung der privaten Nutzung eines betrieblichen Kraftfahrzeugs** (§ 8 Abs. 2 Sätze 2 bis 5 EStG; → *Firmenwagen zur privaten Nutzung* Rz. 2121),
- **Amtliche Sachbezugswerte** (§ 8 Abs. 2 Satz 6 EStG),
- **Durchschnittswerte** (§ 8 Abs. 2 Satz 10 EStG),
- **Besondere Bewertungsvorschriften** (§ 8 Abs. 3 EStG; → *Rabatte* Rz. 3523),
- Bewertung von Zuwendungen anlässlich von **Betriebsveranstaltungen** (§ 19 Abs. 1 Satz 1 Nr. 1a EStG; → *Betriebsveranstaltungen* Rz. 1427).

Die steuerliche Behandlung von Sachbezügen ist, soweit sich von den nachstehend dargestellten Grundsätzen Abweichendes ergibt, unter den jeweiligen Stichworten erläutert.

b) Abgrenzung zwischen Geldleistung und Sachbezug

aa) Die Gesetzesänderung

Zur **Abgrenzung zwischen Geldleistung und Sachbezug** ist § 8 Abs. 1 EStG seit 2020 wie folgt ergänzt worden: 3800

„Zu den Einnahmen in Geld gehören auch zweckgebundene Geldleistungen, nachträgliche Kostenerstattungen, Geldsurrogate und andere Vorteile, die auf einen Geldbetrag lauten. Dies gilt nicht bei Gutscheinen und Geldkarten, die ausschließlich zum Bezug von Waren oder Dienstleistungen berechtigen und die Kriterien des § 2 Abs. 1 Nr. 10 ZAG erfüllen."

Auszug aus der Gesetzesbegründung (BT-Drucks. 19/14909):

„Sachbezüge sind nach § 8 Abs. 2 Satz 1 EStG Einnahmen, die nicht in Geld bestehen. Die Auslegung dieser Definition bereitet der Verwaltung, den Arbeitgebern und anderen Rechtsanwendern häufig Schwierigkeiten. Praktische Auswirkungen hat die Definition insbesondere im Fall der Pauschalierung der Einkommensteuer bei Sachzuwendungen nach § 37b EStG und bei der Anwendung der 50 €-Freigrenze nach § 8 Abs. 2 Satz 11 EStG.

Der BFH hat mit Urteilen v. 7.6.2018, VI R 13/16, BStBl II 2019, 371 und v. 4.7.2018, VI R 16/17, BStBl II 2019, 373 seine Rechtsprechung zur Abgrenzung zwischen Geldleistung und Sachbezug erneut geändert bzw. fortentwickelt. Danach werden z.B. zweckgebundene Geldleistungen oder nachträgliche Kostenerstattungen entgegen der bisherigen Rechtsprechung nun nicht mehr ohne weiteres als Sachbezug eingeordnet.

...

Mit der neuen gesetzlichen Definition „Zu den Einnahmen in Geld gehören" in § 8 Abs. 1 Satz 2 EStG wird gesetzlich festgeschrieben, dass zweckgebundene Geldleistungen, nachträgliche Kostenerstattungen, Geldsurrogate, die regelmäßig als Zahlungsdienste gelten, und andere Vorteile, die auf einen Geldbetrag lauten, grds. keine Sachbezüge, sondern Geldleistungen sind.

Gutscheine und Geldkarten sind ein flexibles Mittel der Sachzuwendung i.R. der 44 €-Freigrenze (ab 1.1.2022 50 €-Freigrenze) und gerade in der heutigen digitalen Zeit bei Arbeitgebern und Arbeitnehmern weit verbreitet. Sie ermöglichen dem Arbeitgeber, dem Arbeitnehmer unbürokratisch Waren oder Dienstleistungen zuzuwenden.

Die vorliegende gesetzliche Änderung in § 8 Abs. 1 Satz 3 EStG hat daher das Ziel, bestimmte zweckgebundene Gutscheine und Geldkarten, die die Kriterien des § 2 Abs. 1 Nr. 10 ZAG erfüllen und damit nicht als Zahlungsdienste gelten, als Sachbezug zu definieren.

Hierzu sollen regelmäßig sog. Closed-Loop-Karten (z.B. aufladbare Geschenkkarten für den Einzelhandel) und sog. Controlled-Loop-Karten (z.B. Centergutschein, „City-Cards") gehören. Closed-Loop-Karten berechtigen, Waren oder Dienstleistungen vom Aussteller des Gutscheins zu beziehen. Controlled-Loop-Karten berechtigen, Waren oder Dienstleistungen nicht nur beim Aussteller, sondern bei einem begrenzten Kreis von Akzeptanzstellen zu beziehen. In dieser Form sollen speziell kleine und mittelständische Unternehmen vor Ort gefördert werden.

Die neue Regelung § 8 Abs. 1 Satz 3 EStG soll jedoch regelmäßig nicht anzuwenden sein bei Geldkarten (z.B. bestimmte Open-Loop-Karten), die als Geldsurrogate i.R. unabhängiger Systeme des unbaren Zahlungsverkehrs eingesetzt werden können. Als Geldleistung zu behandeln sollen daher insbesondere bestimmte Geldkarten sein, die über eine Barauszahlungsfunktion oder über eine eigene IBAN verfügen, die für Überweisungen (z.B. PayPal) oder für den Erwerb von Devisen (z.B. Pfund, US-Dollar, Franken) verwendet sowie als generelles Zahlungsinstrument hinterlegt werden können."

Darüber hinaus ist § 8 Abs. 2 Satz 11 EStG ergänzt worden, so dass die Freigrenze von 50 € bei den nach § 8 Abs. 1 Satz 3 nicht zu den Einnahmen in Geld gehörenden Gutscheinen und Geldkarten nur dann berücksichtigt werden darf, wenn diese **zusätzlich zum ohnehin geschuldeten Arbeitslohn** (→ *Barlohnumwandlung* Rz. 1218) gewährt werden. Damit soll der steuerliche Vorteil durch die 50 €-Freigrenze insbesondere i.R. von Gehaltsumwandlungen ausgeschlossen werden.

bb) Das BMF-Schreiben

3801 Zur **Abgrenzung zwischen Geldleistung und Sachbezug** auf Grund der neuen Regelungen des § 8 Abs. 1 Satz 2 und 3 und § 8 Abs. 2 Satz 11 zweiter Halbsatz EStG gelten die nachfolgend erläuterten Grundsätze (BMF v. 15.3.2022, IV C 5 – S 2334/19/10007 :007, BStBl I 2022, 242, welches das Schreiben v. 13.4.2021 aktualisiert hat).

(1) Überblick über die neuen Regelungen

3802 In § 8 Abs. 1 Satz 2 EStG ist durch die neue Definition „Zu den Einnahmen in Geld gehören" nun gesetzlich festgeschrieben, dass **zweckgebundene Geldleistungen**, **nachträgliche Kostenerstattungen**, **Geldsurrogate** und **andere Vorteile, die auf einen Geldbetrag lauten**, grds. keine Sachbezüge, sondern **Geldleistungen** sind.

Die bisherige (arbeitnehmerfreundliche) Rechtsprechung des BFH (BFH v. 11.11.2010, VI R 21/09, BStBl II 2011, 383, BFH v. 11.11.2010, VI R 27/09, BStBl II 2011, 386, BFH v. 11.11.2010, VI R 41/10, BStBl II 2011, 389, BFH v. 7.6.2018, VI R 13/16, BStBl II 2019, 371 und BFH v. 4.7.2018, VI R 16/17, BStBl II 2019, 373) ist insoweit durch die gesetzlichen Regelungen überholt.

In § 8 Abs. 1 Satz 3 EStG werden **bestimmte zweckgebundene Gutscheine** (einschließlich entsprechender Gutscheinkarten, digitaler Gutscheine, Gutscheincodes oder Gutscheinapplikationen/-Apps) oder entsprechende Geldkarten (einschließlich Wertguthabenkarten in Form von Prepaid-Karten) hingegen **als Sachbezug gesetzlich definiert**. Voraussetzung ist, dass die Gutscheine oder Geldkarten ausschließlich zum Bezug von Waren oder Dienstleistungen bei dem Arbeitgeber oder bei einem Dritten berechtigen und zudem **ab dem 1.1.2022** die Kriterien des § 2 Abs. 1 Nr. 10 ZAG erfüllen. Von einer solchen Berechtigung zum ausschließlichen Bezug von Waren oder Dienstleistungen ist **insbesondere nicht auszugehen**, wenn der Arbeitnehmer (z.B. auf Grund eines vom Arbeitgeber selbst ausgestellten Gutscheins) zunächst in Vorleistung tritt und der Arbeitgeber ihm die Kosten im Nachhinein erstattet. In diesen Fällen handelt es sich um eine Geldleistung in Form einer nachträglichen Kostenerstattung. Bei den **vom Arbeitgeber getragenen Gebühren** für die Bereitstellung (z.B. Setup-Gebühr) und Aufladung von Gutscheinen und Geldkarten handelt es sich **nicht um einen zusätzlichen geldwerten Vorteil**, sondern um eine notwendige Begleiterscheinung betriebsfunktionaler Zielsetzungen des Arbeitgebers und damit nicht um Arbeitslohn des Arbeitnehmers.

Die 50 €-Freigrenze ist bei Sachbezügen in Form von Gutscheinen und Geldkarten nur dann anwendbar, wenn sie **zusätzlich zum ohnehin geschuldeten Arbeitslohn gewährt** werden (§ 8 Abs. 2 Satz 11 zweiter Halbsatz i.V.m. § 8 Abs. 4 EStG). Der steuerliche Vorteil ist damit insbesondere i.R. von Gehaltsverzicht oder -umwandlungen ausgeschlossen.

(2) Sachbezug i.S.d. § 8 Abs. 2 Satz 1 EStG i.V.m. § 8 Abs. 1 Satz 3 EStG

Sachbezüge i.S.d. § 8 Abs. 2 Satz 1 EStG sind alle nicht in Geld bestehenden Einnahmen. Ein Sachbezug i.S.d. § 8 Abs. 2 Satz 1 EStG liegt nicht vor, wenn der Arbeitnehmer anstelle des Sachbezugs auch eine Geldleistung verlangen kann, selbst wenn der Arbeitgeber die Sache zuwendet (BFH v. 4.7.2018, VI R 16/17, BStBl II 2019, 373). 3803

Unter diesen Voraussetzungen ist Sachbezug i.S.d. § 8 Abs. 2 Satz 1 EStG i.V.m. § 8 Abs. 1 Satz 3 EStG u.a.:

- die Gewährung von **Kranken-, Krankentagegeld oder Pflegeversicherungsschutz** bei Abschluss einer Kranken-, Krankentagegeld oder Pflegeversicherung und Beitragszahlung durch den Arbeitgeber (BFH v. 7.6.2018, VI R 13/16, BStBl II 2019, 371),
- die Gewährung von **Unfallversicherungsschutz**, soweit bei Abschluss einer freiwilligen Unfallversicherung durch den Arbeitgeber der Arbeitnehmer den Versicherungsanspruch unmittelbar gegenüber dem Versicherungsunternehmen geltend machen kann, sofern die Beiträge nicht nach § 40b Abs. 3 EStG pauschal besteuert werden. Die Regelung in BMF v. 28.10.2009, IV C 5 – S 2332/09/10004, BStBl I 2009, 1275, Tz. 2.2.1 ist insoweit überholt. § 37b Abs. 2 EStG ist anwendbar,
- die Gewährung von **Papier-Essenmarken** (Essensgutscheine, Restaurantschecks) und arbeitstäglichen **Zuschüssen zu Mahlzeiten** (sog. digitale Essenmarken); die Richtlinienregelung des R 8.1 Abs. 7 Nr. 4 LStR und die Regelungen in BMF v. 18.1.2019, IV C 5 – S 2334/08/10006-01, BStBl I 2019, 66 bleiben unberührt (§ 8 Abs. 2 Satz 10 EStG), vgl. → „Beispiele zu § 2 Abs. 1 Nr. 10 Buchst. c ZAG" Rz. 3802,
- die Gewährung von **Gutscheinen oder Geldkarten**, die ausschließlich zum Bezug von Waren oder Dienstleistungen beim Arbeitgeber oder bei einem Dritten berechtigen (zur Abgrenzung → Rz. 3809) und zudem ab dem 1.1.2022 (→ Rz. 3812) unter lohn- und einkommensteuerlicher Auslegung **die Kriterien des § 2 Abs. 1 Nr. 10 Buchst. a ZAG erfüllen**: 3804
  a) Gutscheine oder Geldkarten, unabhängig von einer Betragsangabe, die berechtigen, **ausschließlich Waren oder Dienstleistungen** vom Aussteller des Gutscheins **aus seiner eigenen Produktpalette** zu beziehen (BFH v. 4.7.2018, VI R 16/17, BStBl II 2019, 373); der Sitz des Ausstellers sowie dessen Produktpalette sind insoweit nicht auf das Inland beschränkt oder
  b) Gutscheine oder Geldkarten, unabhängig von einer Betragsangabe, die berechtigen, **ausschließlich Waren oder Dienstleistungen** auf Grund von Akzeptanzverträgen zwischen Aussteller/Emittent und Akzeptanzstellen bei **einem begrenzten Kreis von Akzeptanzstellen im Inland** zu beziehen (zur Abgrenzung → Rz. 3808),
- ein begrenzter Kreis von Akzeptanzstellen in diesem Sinne gilt für lohn- und einkommensteuerliche Zwecke als erfüllt:
  a) bei **städtischen Einkaufs- und Dienstleistungsverbünden im Inland** oder im Internetshop der jeweiligen Akzeptanzstelle,
  b) bei **Einkaufs- und Dienstleistungsverbünden**, die sich auf **eine bestimmte inländische Region** (z.B. mehrere benachbarte Städte und Gemeinden im ländlichen Raum) erstrecken, oder im Internetshop der jeweiligen Akzeptanzstelle,
  c) wenn Einkaufs- und Dienstleistungsverbünde i.S.d. Buchstaben a oder b auf die – auch bundeslandübergreifend – unmittelbar räumlich angrenzenden zweistelligen Postleitzahlen-Bezirke (PLZ-Bezirke) begrenzt werden (dabei werden Städte und Gemeinden, die jeweils in zwei PLZ-Bezirke fallen, als ein PLZ-Bezirk betrachtet); es bestehen keine Bedenken, wenn die Auswahl dieser PLZ-Bezirke durch den Arbeitnehmer erfolgt oder
  d) wenn aus Vereinfachungsgründen für von **einer bestimmten Ladenkette** (einem bestimmten Aussteller) ausgegebene Kundenkarten zum Bezug von Waren oder Dienstleistungen in den einzelnen Geschäften im Inland oder im Internetshop dieser Ladenkette mit **einheitlichem Markt-**

auftritt (z.B. ein Symbol, eine Marke, ein Logo) berechtigen; die Art des Betriebs (z.B. eigene Geschäfte, im Genossenschafts- oder Konzernverbund, über Agenturen oder Franchisenehmer) ist unerheblich. Entsprechendes gilt, wenn sich der Arbeitnehmer vor Hingabe des Gutscheins oder vor Aufladung des Guthabens auf die Geldkarte aus verschiedenen Ladenketten je eine auswählen kann; zum Zeitpunkt des Zuflusses → Rz. 3810.

Beispiele zu § 2 Abs. 1 Nr. 10 Buchst. a ZAG:

- wiederaufladbare Geschenkkarten für den Einzelhandel,
- shop-in-shop-Lösungen mit Hauskarte,
- Tankgutscheine oder -karten eines einzelnen Tankstellenbetreibers zum Bezug von Waren oder Dienstleistungen in seiner Tankstelle,
- von einer bestimmten Tankstellenkette (einem bestimmten Aussteller) ausgegebene Tankgutscheine oder -karten zum Bezug von Waren oder Dienstleistungen in den einzelnen Tankstellen mit einheitlichem Marktauftritt (z.B. ein Symbol, eine Marke, ein Logo); die Art des Betriebs (z.B. eigene Geschäfte, im Genossenschafts- oder Konzernverbund, über Agenturen oder Franchisenehmer) ist unerheblich,
- ein vom Arbeitgeber selbst ausgestellter Gutschein (z.B. Tankgutschein, hierzu zählt auch eine Berechtigung zum Tanken), wenn die Akzeptanzstellen (z.B. Tankstelle oder Tankstellenkette) auf Grund des Akzeptanzvertrags (z.B. Rahmenvertrag) unmittelbar mit dem Arbeitgeber abrechnen,
- Karten eines Online-Händlers, die nur zum Bezug von Waren oder Dienstleistungen aus seiner eigenen Produktpalette (Verkauf und Versand durch den Online-Händler) berechtigen, nicht jedoch, wenn sie auch für Produkte von Fremdanbietern (z.B. Marketplace) einlösbar sind,
- Centergutscheine oder Kundenkarten von Shopping-Center, Malls und Outlet-Villages,
- „City-Cards", Stadtgutscheine.

Hinweis:

Der vorangegangene Buchstabe c) übernimmt die im Merkblatt der Bundesanstalt für Finanzdienstleistungsaufsicht „Hinweise zum Zahlungsdiensteaufsichtsgesetz (ZAG)" (www.bafin.de – Stichwortsuche: Merkblatt ZAG) erläuterte Auffassung der **sog. „PLZ-Lösung"**. Danach können z.B. Hamburg (PLZ 20 und 21), Frankfurt (PLZ 60, z.T. 65) und München (PLZ 80 und 81), die jeweils in zwei PLZ-Bezirke fallen, als ein PLZ-Bezirk betrachtet werden (z.B. City-Card München auch einsetzbar in PLZ-Bezirken 82 und 85). Die Finanzverwaltung sieht die **Voraussetzungen eines begrenzten Kreises von Akzeptanzstellen als erfüllt** an, wenn Einkaufs- und Dienstleistungsverbünde sich dieser „PLZ-Lösung" bedienen.

3805 – die Gewährung von **Gutscheinen oder Geldkarten**, die ausschließlich zum Bezug von Waren oder Dienstleistungen bei dem Arbeitgeber oder bei einem Dritten berechtigen (zur Abgrenzung → Rz. 3809) und zudem ab dem 1.1.2022 (→ Rz. 3812) unter lohn- und einkommensteuerlicher Auslegung **die Kriterien des § 2 Abs. 1 Nr. 10 Buchst. b ZAG erfüllen**:

Gutscheine oder Geldkarten, unabhängig von einer Betragsangabe, die nur berechtigen, Waren oder Dienstleistungen ausschließlich **aus einer sehr begrenzten Waren- oder Dienstleistungspalette** zu beziehen; auf die Anzahl der Akzeptanzstellen und den Bezug im Inland kommt es deshalb hier nicht an. Nicht ausreichend ist hierfür die alleinige Bezugnahme auf eine Händlerkategorie (z.B. sog. Merchant Category Code, MCC). Sofern zu einer begrenzten Waren- oder Dienstleistungspalette – wenn auch in geringem Maße – Waren oder Dienstleistungen einer anderen Palette angeboten werden, sind die in → Rz. 3804 genannten Grundsätze zu § 2 Abs. 1 Nr. 10 Buchst. a ZAG zu beachten.

Beispiele zu § 2 Abs. 1 Nr. 10 Buchst. b ZAG:

Gutscheine oder Geldkarten begrenzt auf

- den Personennah- und Fernverkehr (z.B. für Fahrberechtigungen, Zugrestaurant, Park & Ride-Parkgelegenheiten) einschließlich bestimmter Mobilitätsdienstleistungen (z.B. die Nutzung von (Elektro-) Fahrrädern, Car-Sharing, E-Scootern),
- Kraftstoff, Ladestrom etc. („Alles, was das Auto bewegt"),
- Fitnessleistungen (z.B. für den Besuch der Trainingsstätten und zum Bezug der dort angebotenen Waren oder Dienstleistungen),
- Streamingdienste für Film und Musik,
- Zeitungen und Zeitschriften, einschließlich Downloads,
- Bücher, auch als Hörbücher oder Dateien, einschließlich Downloads,
- die Behandlung der Person in Form von Hautpflege, Makeup, Frisur und dergleichen (sog. Beautykarten),
- Bekleidung inkl. Schuhe nebst Accessoires wie z.B. Taschen, Schmuck, Kosmetika, Düfte (sog. Waren, die der Erscheinung einer Person dienen).

– die Gewährung von **Gutscheinen oder Geldkarten**, die ausschließlich zum Bezug von Waren oder Dienstleistungen bei dem Arbeitgeber oder bei einem Dritten berechtigen (zur Abgrenzung → Rz. 3809) und zudem ab dem 1.1.2022 (→ Rz. 3812) unter lohn- und einkommensteuerlicher Auslegung **die Kriterien des § 2 Abs. 1 Nr. 10 Buchst. c ZAG erfüllen**: 3806

Gutscheine oder Geldkarten, unabhängig von einer Betragsangabe, die nur berechtigen, auf Grund von Akzeptanzverträgen zwischen Aussteller/Emittent und Akzeptanzstellen Waren oder Dienstleistungen **ausschließlich für bestimmte soziale oder steuerliche Zwecke im Inland** zu beziehen (Zweckkarte); auf die Anzahl der Akzeptanzstellen kommt es nicht an.

Nicht um eine Zweckkarte i.S.d. § 2 Abs. 1 Nr. 10 Buchst. c ZAG handelt es sich bei Gutscheinen oder Geldkarten, wenn deren Einsatzbereich für sich genommen nicht mehr hinreichend bestimmt eingegrenzt ist. Ein „begünstigter" sozialer oder steuerlicher Zweck in diesem Sinne ist daher insbesondere **nicht die Inanspruchnahme**

- der 50 €-Freigrenze (§ 8 Abs. 2 Satz 11 EStG),
- der Richtlinienregelung des R 19.6 LStR (Aufmerksamkeiten) oder
- der Pauschalversteuerung nach § 37b EStG an sich.

Beispiele zu § 2 Abs. 1 Nr. 10 Buchst. c ZAG:

- Verzehrkarten in einer sozialen Einrichtung, Papier-Essenmarken (Essensgutscheine, Restaurantschecks) und arbeitstägliche Zuschüsse zu Mahlzeiten (sog. digitale Essenmarken),
- Behandlungskarten für ärztliche Leistungen oder Reha-Maßnahmen,
- Karten für betriebliche Gesundheitsmaßnahmen (einschließlich betrieblicher Gesundheitsleistungen des Arbeitgebers i.S.d. § 3 Nr. 34 EStG)

Ein **Abschlag von 4 %** nach R 8.1 Abs. 2 Satz 3 LStR ist **nicht vorzunehmen**, wenn ein Gutschein oder eine Geldkarte über **einen in Euro lautenden Höchstbetrag** hingegeben wird (R 8.1 Abs. 2 Satz 5 LStR).

(3) Geldleistung i.S.d. § 8 Abs. 1 Satz 1 und 2 EStG

Kein Sachbezug, sondern Geldleistung i.S.d. § 8 Abs. 1 Satz 1 und 2 EStG ist u.a.: 3807

- eine Zahlung des Arbeitgebers an den Arbeitnehmer bei **Abschluss einer Kranken-, Krankentagegeld- oder Pflegeversicherung und Beitragszahlung durch den Arbeitnehmer**, wenn die Zahlung des Arbeitgebers mit der Auflage verbunden ist, dass der Arbeitnehmer mit einem vom Arbeitgeber benannten Unternehmen einen Versicherungsvertrag schließt (BFH v. 4.7.2018, VI R 16/17, BStBl II 2019, 373),
- ein im Inland gültiges gesetzliches **Zahlungsmittel** oder Zahlungen in einer gängigen, frei konvertiblen und im Inland handelbaren ausländischen Währung; dies gilt nicht für Zahlungsmittel (z.B. Sonderprägungen), wenn der übliche Endpreis am Abgabeort i.S.d. § 8 Abs. 2 Satz 1 EStG vom Nennwert abweicht,

Beispiel 1:

Ein Arbeitgeber zahlt eine Lohnzulage i.H.v. 45 € nicht in Euro, sondern unter Zugrundelegung des maßgebenden Umrechnungskurses in US-Dollar aus.

Die gezahlten US-Dollar sind **nicht als Sachbezug** i.S.v. § 8 Abs. 2 EStG anzusehen, so dass der Betrag von 45 € voll als steuer- und beitragspflichtiger Arbeitslohn anzusehen ist (R 8.1 Abs. 1 Satz 6 LStR, BFH v. 27.10.2004, VI R 29/02, BStBl II 2005, 135).

- eine Zahlung des Arbeitgebers an den Arbeitnehmer anstelle der geschuldeten Ware oder Dienstleistung (**zweckgebundene Geldleistungen und nachträgliche Kostenerstattungen**); R 8.2 Abs. 1 Satz 4 LStR bleibt unberührt, die Steuerbefreiung des § 3 Nr. 50 EStG für Beträge, die der Arbeitnehmer vom Arbeitgeber erhält, um sie für ihn auszugeben (**durchlaufende Gelder**) und für Beträge, durch die Auslagen des Arbeitnehmers für den Arbeitgeber ersetzt werden (**Auslagenersatz**), bleibt hiervon unberührt. Besteht ein **eigenes Interesse des Arbeitnehmers** an den bezogenen Waren oder Dienstleistungen, liegen **kein steuerfreier Auslagenersatz und auch keine durchlaufenden Gelder** i.S.d. § 3 Nr. 50 EStG vor (R 3.50 Abs. 1 Satz 3 LStR); von einem eigenen Interesse des Arbeitnehmers an den bezogenen Waren oder Dienstleistungen ist auszugehen, wenn die Waren oder Dienstleistungen **für den privaten Gebrauch des Arbeitnehmers** bestimmt sind.

Beispiel 2:

Arbeitnehmer A hat gegenüber seinem Arbeitgeber zusätzlich zum ohnehin geschuldeten Arbeitslohn einen Anspruch auf Übereignung eines Fahrrads im Wert von 800 €. A erhält von seinem Arbeitgeber anstelle des geschuldeten Fahrrads einen Betrag von 800 € für den entsprechenden Erwerb.

Die arbeitsvertragliche Zweckbestimmung führt nicht zur Annahme eines Sachbezugs. Es handelt sich um eine zweckgebundene Geldleistung. § 37b EStG ist nicht anwendbar.

Beispiel 3:

Arbeitnehmer A hat gegenüber seinem Arbeitgeber zusätzlich zum ohnehin geschuldeten Arbeitslohn einen Anspruch auf Übereignung eines Fahrrads im Wert von 800 €. A erwirbt das Fahrrad und erhält von seinem Arbeitgeber nach Vorlage seines Kaufbelegs den Betrag von 800 € erstattet.

Die arbeitsvertragliche Zweckbestimmung führt nicht zur Annahme eines Sachbezugs. Es handelt sich um eine zweckgebundene Geldleistung. § 37b EStG ist nicht anwendbar.

Beispiel 4:

Als Rahmenprogramm zu einer Fortbildung wird für die teilnehmenden Arbeitnehmer eine Bowling-Veranstaltung durchgeführt. Teilnehmer A bezahlt die Kosten für die Bowling-Bahn sowie sämtliche dort verzehrten Speisen und Getränke. Er lässt sich diese Kosten anschließend über den vom Arbeitgeber vorgesehenen Auslagenerstattungsprozess erstatten.

Bei der Erstattung der Kosten durch den Arbeitgeber an A handelt es sich – auch hinsichtlich der Erstattung für dessen eigene Teilnahme – um Auslagenersatz i.S.d. § 3 Nr. 50 EStG, da er die Ausgaben für Rechnung des Arbeitgebers geleistet hat. Bei den für Rechnung des Arbeitgebers gewährten Leistungen handelt es sich bei allen teilnehmenden Arbeitnehmern – einschließlich A – um Sachbezüge.

3808 – ab dem 1.1.2022 (→ Rz. 3812) die Gewährung von Gutscheinen oder Geldkarten, die unter lohn- und einkommensteuerlicher Auslegung die Kriterien des § 2 Abs. 1 Nr. 10 ZAG (→ Rz. 3804 ff.) **nicht erfüllen**:

Geldsurrogate, wie insbesondere die Gewährung von Geldkarten oder Wertguthabenkarten in Form von Prepaid-Kreditkarten mit überregionaler Akzeptanz ohne Einschränkungen hinsichtlich der Produktpalette, die i.R. unabhängiger Systeme des unbaren Zahlungsverkehrs eingesetzt werden können (BFH v. 4.7.2018, VI R 16/17, BStBl II 2019, 373). Allein die Begrenzung der Anwendbarkeit von Gutscheinen oder Geldkarten auf das Inland ist für die Annahme eines Sachbezugs nicht ausreichend.

3809 – die Gewährung von Gutscheinen oder Geldkarten, die **nicht ausschließlich zum Bezug von Waren oder Dienstleistungen** bei dem Arbeitgeber oder bei einem Dritten berechtigen. Stets als Geldleistung zu behandeln sind daher insbesondere Gutscheine oder Geldkarten, die

a) über eine **Barauszahlungsfunktion** verfügen; die Finanzverwaltung beanstandet es nicht, wenn verbleibende Restguthaben bis zu einem Euro ausgezahlt oder auf einen anderen Gutschein oder eine andere Geldkarte übertragen werden können; dies gilt auch bei einem monatlichen Wechsel z.B. der Ladenkette im Rahmen einer weiteren Aufladung eines Guthabens auf derselben Geldkarte,
b) über eine eigene IBAN verfügen,
c) für Überweisungen (z.B. PayPal) verwendet werden können,
d) für den Erwerb von Devisen (z.B. Pfund, US-Dollar, Schweizer Franken) oder Kryptowährungen (z.B. Bitcoin, Ethereum) verwendet werden können oder
e) als generelles Zahlungsinstrument hinterlegt werden können oder
f) ausschließlich berechtigen, sie gegen andere Gutscheine oder Geldkarten einzulösen (z.B. Gutscheinportale), da der alleinige Bezug eines weiteren Gutscheins oder einer weiteren Geldkarte kein Bezug von Waren oder Dienstleistungen i.S.d. § 8 Abs. 1 Satz 3 EStG ist (vgl. Rz. 3798). Dies gilt nicht, wenn durch technische Vorkehrungen und in den zur Verwendung kommenden Vertragsvereinbarungen sichergestellt ist, dass
   aa) die Einlösung nur gegen andere Gutscheine oder Geldkarten erfolgen kann, die ausschließlich zum Bezug von Waren oder Dienstleistungen bei dem Arbeitgeber oder bei einem Dritten berechtigen und die ab dem 1.1.2022 die Kriterien des § 2 Abs. 1 Nr. 10 ZAG erfüllen (→ Rz. 3812) und
   bb) dem Arbeitnehmer das Guthaben erst nach Auswahl des anderen Gutscheins oder der anderen Geldkarte zur Verfügung steht (z.B. Auswahl vor Freischaltung eines Gutscheincodes oder vor Aufladung des Guthabens auf die Geldkarte).

Beispiel 5:

Arbeitnehmer A erhält im Januar 2026 von seinem Arbeitgeber zusätzlich zum ohnehin geschuldeten Arbeitslohn eine Prepaid-Kreditkarte, die monatlich mit 50 € aufgeladen wird und mit der er bei über 30 Mio. Akzeptanzstellen weltweit Waren einkaufen kann. Auf Grundlage der arbeitsvertraglichen Vereinbarungen ist A aber nur der Erwerb von Kraftstoff für seinen Privatwagen erlaubt.

Die Voraussetzungen der → Rz. 3804 ff. sind nicht erfüllt. Bei der Prepaid-Kreditkarte handelt es sich um ein Geldsurrogat i.S.d. § 8 Abs. 1 Satz 2 EStG. Die arbeitsvertragliche Zweckbestimmung führt nicht zur Annahme eines Sachbezugs. Es handelt sich um eine Geldleistung. Die 50 €-Freigrenze ist nicht anwendbar.

Beispiel 6:

Sachverhalt wie Beispiel 4. Auf Grundlage der arbeitsvertraglichen Vereinbarungen ist A nur der Erwerb von Kraftstoff für seinen Dienstwagen erlaubt.

Es handelt sich nicht um einen Sachbezug, sondern um eine zweckgebundene Geldleistung, die nach § 3 Nr. 50 EStG steuerfrei ist.

Ergänzend zu o.g. Buchstaben d) ist auf das Anwendungsschreiben zur ertragsteuerlichen Behandlung von virtuellen Währungen und sonstigen Token hinzuweisen (BMF v. 10.5.2022, IV C 1 – S 2256/19/10003 :001; BStBl I 2022, 668). Darin wird zur lohnsteuerlichen Behandlung Folgendes geregelt (vgl. Rdnr. 88 und 89 des BMF-Schreibens):

„Werden dem Arbeitnehmer Token verbilligt oder unentgeltlich überlassen, ist im Einzelfall zu prüfen, ob eine Geldleistung i.S.d. § 8 Abs. 1 EStG oder ein Sachbezug i.S.d. § 8 Abs. 2 Satz 1 EStG vorliegt. Die Bewertung eines Sachbezugs erfolgt mit dem um die üblichen Preisnachlässe geminderten üblichen Endpreis am Abgabeort im Zeitpunkt des Zuflusses (§ 8 Abs. 2 Satz 1 EStG). Sachbezüge bleiben außer Ansatz, wenn sie im Kalendermonat insgesamt 50 € nicht übersteigen (§ 8 Abs. 2 Satz 11 EStG).

Token, die als Sachbezug einzuordnen sind, fließen dem Arbeitnehmer regelmäßig im Zeitpunkt der Einbuchung in die Wallet zu. Der Zufluss der Token erfolgt frühestens zu dem Zeitpunkt, ab dem die Token gehandelt werden können, da der Arbeitnehmer erst zu diesem Zeitpunkt die Möglichkeit hat, wirtschaftlich über die Token zu verfügen. Ein Zufluss liegt somit noch nicht vor, wenn der Arbeitgeber lediglich die Überlassung von Token schuldrechtlich zugesagt hat. Wird vom Arbeitnehmer bereits vor dem Zeitpunkt des Zuflusses der Token der schuldrechtliche Anspruch auf die Einbuchung der Token in seine Wallet gegen Entgelt an Dritte abgetreten, erfolgt schon zu diesem Zeitpunkt ein Zufluss von Arbeitslohn in Höhe der Differenz zwischen dem Verkaufserlös und den Erwerbsaufwendungen für die Token.“

Das Schreiben hat zwar durch BMF v. 6.3.2025, IV C 1 – S 2256/00042/064/043, BStBl I 2025, 658 eine Neufassung erfahren, Ausführungen zu Einkünften aus nichtselbständiger Arbeit und zum Lohnsteuerabzug im Zusammenhang mit der Gewährung von Kryptowerten im Rahmen eines Dienstverhältnisses sind jedoch ausdrücklich nicht Gegenstand dieses –neuen – BMF-Schreibens. Bis zu einer detaillierten Verlautbarung der FinVerw. sind daher u. E. die allgemein gehaltenen Ausführungen des Schreibens v.

10.5.2022, IV C 1 – S 2256/19/10003 :001, BStBl I 2022, 668 weiterhin anzuwenden. Im Einzelfall sollte bis zu einer offiziellen Stellungnahme der FinVerw. zur Klärung, insbesondere auch der Frage, ob nach Auffassung der FinVerw. im konkreten Sachverhalt von Sach- oder aber Barlohn auszugehen ist, ggf. eine Anrufungsauskunft gem. § 42 e EStG in Betracht gezogen werden.

(4) Allgemeine lohn- und einkommensteuerliche Regelungen zu Gutscheinen oder Geldkarten

3810 Der Zufluss des Sachbezugs erfolgt bei einem **Gutschein oder einer Geldkarte, die bei einem Dritten einzulösen** sind, **im Zeitpunkt der Hingabe** und bei Geldkarten frühestens im Zeitpunkt der Aufladung des Guthabens, weil der Arbeitnehmer zu diesem Zeitpunkt einen Rechtsanspruch gegenüber dem Dritten erhält (§ 38 Abs. 2 Satz 2 EStG, R 38.2 Abs. 3 Satz 1 LStR). Zum Zuflusszeitpunkt von Token/Kryptowerten, die dem Arbeitnehmer verbilligt oder unentgeltlich überlassen werden → Rz. 3809.

Der Zufluss des Sachbezugs erfolgt bei einem **Gutschein oder einer Geldkarte, die beim Arbeitgeber einzulösen** sind, **im Zeitpunkt der Einlösung** (§ 38 Abs. 2 Satz 2 EStG, R 38.2 Abs. 3 Satz 2 LStR).

Die **funktionale Begrenzung der Gutscheine und Geldkarten** ist in geeigneter Weise durch **technische Vorkehrungen** und in den zur Verwendung kommenden **Vertragsvereinbarungen** sicherzustellen.

Die **konkrete aufsichtsrechtliche Einordnung** einer Geldkarte als Zahlungsdienst oder eine Bescheinigung über die aufsichtsrechtliche Erfüllung der Kriterien des § 2 Abs. 1 Nr. 10 ZAG durch die Bundesanstalt für Finanzdienstleistungsaufsicht ist **für die Finanzverwaltung nicht bindend** (BT-Drucks. 19/14909, 10).

Die vorstehenden Regelungen gelten nur **für die lohn- und einkommensteuerliche Auslegung** der Kriterien des § 2 Abs. 1 Nr. 10 ZAG. Die diesbezüglichen aufsichtsrechtlichen Regelungen bleiben hiervon unberührt.

(5) Anwendung der 50 €-Freigrenze bei Unfallversicherungen und betrieblicher Altersversorgung

3811 Bei pauschalierungsfähigen Beiträgen für eine Unfallversicherung der Arbeitnehmer i.S.d. § 40b Abs. 3 EStG scheidet die Anwendung der 50 €-Freigrenze aus (BFH v. 26.11.2002, VI R 68/01, BStBl II 2003, 492). I.R. der betrieblichen Altersversorgung führen laufende Beiträge und Zuwendungen des Arbeitgebers aus einem bestehenden Dienstverhältnis an einen Pensionsfonds, eine Pensionskasse oder für eine Direktversicherung zu Einkünften aus nichtselbständiger Arbeit (§ 19 Abs. 1 Satz 1 Nr. 3 EStG). Diese spezialgesetzliche Regelung schließt eine Bewertung der entsprechenden Beiträge und Zuwendungen nach § 8 Abs. 2 Satz 1 EStG aus (vgl. BFH v. 7.6.2018, VI R 13/16, BStBl II 2019, 371). Die 50 €-Freigrenze ist daher nicht anwendbar.

(6) Anwendungszeitraum

3812 Die vorstehenden Grundsätze sind ab 1.1.2020 anzuwenden. Die Finanzverwaltung beanstandet es jedoch – abweichend von § 8 Abs. 1 Satz 3 EStG – nicht, wenn Gutscheine und Geldkarten, die ausschließlich zum Bezug von Waren oder Dienstleistungen berechtigen (zur Abgrenzung → Rz. 3809), jedoch die Kriterien des § 2 Abs. 1 Nr. 10 ZAG (→ Rz. 3804 ff.) nicht erfüllen, noch bis zum 31.12.2021 als Sachbezug anerkannt werden.

c) Berechnung der Lohnsteuer

3813 Gewährt der Arbeitgeber den Arbeitnehmern Sachbezüge, so ist deren Geldwert dem laufenden Arbeitslohn hinzuzurechnen. Hat der **Arbeitnehmer** für den Sachbezug eine **Zahlung zu leisten**, die auch mit dem auszuzahlenden Arbeitslohn verrechnet werden kann, so ist nur die **Differenz** zwischen dem Geldwert des Sachbezugs und der Zahlung des Arbeitnehmers hinzuzurechnen. Die Zahlung des Arbeitnehmers darf nicht vom Bruttogehalt, sondern **nur vom Nettobetrag** abgezogen werden.

Verzichtet der Arbeitnehmer allerdings **unter Änderung des Anstellungsvertrags** auf einen Teil seines Barlohns und gewährt ihm der Arbeitgeber stattdessen einen Sachbezug (z.B. in Form eines Nutzungsvorteils), so ist nur der verbleibende Barlohn mit dem Nennwert und der Sachbezug mit den Werten des § 8 Abs. 2 und 3 EStG anzusetzen (BFH v. 20.8.1997, VI B 83/97, BStBl II 1997, 667, zur Beurteilung im Rahmen der Zusätzlichkeitsvoraussetzung vgl. § 8 Abs. 4 EStG). Einzelheiten hierzu → *Firmenwagen zur privaten Nutzung* Rz. 2144.

Will der **Arbeitgeber die Lohnsteuer** für die dem Arbeitnehmer gewährten Sachbezüge **übernehmen**, so muss die Lohnsteuer für den Sachbezug als „Nettolohn“ **ermittelt** werden (→ *Nettolöhne* Rz. 3281).

d) Bewertungsvorschriften

Für die Frage, welche Bewertungsvorschrift der Arbeitgeber für 3814 den verbilligten oder unentgeltlichen Bezug von Sachbezügen anzuwenden hat (§ 8 Abs. 2 EStG oder § 8 Abs. 3 EStG), kommt es entscheidend darauf an, ob der **Rabattfreibetrag von 1 080 €** zum Abzug kommt oder nicht. Die besondere Regelung des Rabattfreibetrags nach § 8 Abs. 3 EStG geht der Einzelbewertung nach allgemeiner Vorschrift und der Bewertung mit amtlichen Sachbezugswerten grds. vor.

Der Arbeitgeber muss also bei der Bewertung von Sachbezügen stets **folgende zwei Entscheidungskriterien prüfen**:

- Kann auf den gewährten Sachbezug der Rabattfreibetrag von 1 080 € angewendet werden?
- Soll der Sachbezug pauschal nach § 40 Abs. 1 EStG versteuert werden?

Einzelheiten und eine Übersicht hierzu → *Rabatte* Rz. 3525.

Der Arbeitnehmer hat i.R. seiner Einkommensteuerveranlagung **die Wahl**, die Höhe des geldwerten Vorteils entweder nach der Regelung des § 8 Abs. 2 Satz 1 EStG ohne Bewertungsabschlag und Rabattfreibetrag oder mit diesen Abschlägen auf der Grundlage des Endpreises des Arbeitgebers nach § 8 Abs. 3 EStG bewerten zu lassen. Dem **Arbeitgeber** bleibt es unbenommen, im Lohnsteuerabzugsverfahren den geldwerten Vorteil nach § 8 Abs. 3 EStG zu bewerten. Er ist **nicht verpflichtet**, den geldwerten Vorteil nach § 8 Abs. 2 Satz 1 EStG zu bewerten (BMF v. 16.5.2013, IV C 5 – S 2334/07/0011, BStBl I 2013, 729 unter Berücksichtigung der Änderungen durch BMF v. 11.2.2021, IV C 5 – S 2334/19/10024 :003, BStBl I 2021, 311). Damit folgt die Finanzverwaltung der Rechtsprechung (BFH v. 5.9.2006, VI R 41/02, BStBl II 2007, 309; BFH v. 26.7.2012, VI R 30/09, BStBl II 2013, 400; BFH v. 26.7.2012, VI R 27/11, BStBl II 2013, 402). Der Arbeitnehmer hat den im Lohnsteuerabzugsverfahren der Besteuerung zu Grunde gelegten Endpreis i.S.d. § 8 Abs. 3 Satz 1 EStG und den Endpreis i.S.d. § 8 Abs. 2 Satz 1 EStG **nachzuweisen** (z.B. formlose Mitteilung des Arbeitgebers, Ausdruck eines günstigeren inländischen Angebots im Zeitpunkt des Zuflusses). Einzelheiten hierzu → *Rabatte* Rz. 3526.

Hinsichtlich der Bewertung von Sachbezügen, auf die der Rabattfreibetrag anwendbar ist, s. → *Rabatte* Rz. 3523. **Nachfolgend soll die Bewertung der Sachbezüge nach § 8 Abs. 2 EStG erläutert werden.**

e) Bewertung der Sachbezüge nach § 8 Abs. 2 EStG

aa) Amtliche Sachbezugswerte und Durchschnittswerte

Amtliche Sachbezugswerte werden durch die SvEV oder durch Er- 3815 lasse der obersten Landesfinanzbehörden nach § 8 Abs. 2 Satz 10 EStG festgesetzt. **Die amtlichen Sachbezugswerte sind, soweit nicht zulässigerweise** § 8 Abs. 3 EStG **angewandt wird, ausnahmslos für die Sachbezüge maßgebend, für die sie bestimmt sind**. Eine Prüfung, ob die Sachbezugswerte möglicherweise offensichtlich unzutreffend sind, ist nicht möglich; die Sachbezugswerte sind zwingend für die Besteuerung zu übernehmen (BFH v. 7.1.2004, VI B 108/02), dies gilt auch, wenn der übliche Endpreis am Abgabeort unter dem Wert der SvEV liegt (BFH v. 23.8.2007, VI R 74/04, BStBl II 2007, 948). Die Sachbezugswerte nach der SvEV gelten nach § 8 Abs. 2 Satz 7 EStG auch für Arbeitnehmer, die nicht der gesetzlichen Rentenversicherungspflicht unterliegen. Die amtlichen Sachbezugswerte gelten auch dann, wenn in einem Tarifvertrag, einer Betriebsvereinbarung oder in einem Arbeitsvertrag für Sachbezüge höhere oder niedrigere Werte festgesetzt worden sind. Sie gelten **nicht**, wenn die vorgesehenen Sachbezüge durch **Barvergütungen abgegolten** werden (BFH v. 16.3.1962, VI 297/61 U, BStBl III 1962, 284); in diesen Fällen sind grds. die Barvergütungen zu versteuern. Werden die Barvergütungen nur gelegentlich oder vorübergehend gezahlt, z.B. bei tageweiser auswärtiger Beschäftigung, für die Dauer einer Krankheit oder eines Urlaubs, so sind die amtlichen Sachbezugswerte weiter anzuwenden, wenn mit der Barvergütung nicht mehr als der tatsächliche Wert der Sachbezüge abgegolten wird; geht die Barvergütung über den tatsächlichen Wert der Sachbezüge hinaus, so ist die Barvergütung der Besteuerung zu Grunde zu legen (R 8.1 Abs. 4 Satz 4 LStR).

Durch die **SvEV** sind Sachbezugswerte festgesetzt worden für

- **Verpflegung** (Frühstück, Mittag- und Abendessen), → *Mahlzeiten* Rz. 3049, und
- **Unterkunft**, → *Dienstwohnung* Rz. 1544.

Zur Höhe der Sachbezugswerte → *Anhang, B. Sozialversicherung* Rz. 4834.

Die Finanzverwaltung legt für den Bereich der **Seeschifffahrt und Fischerei** eigenständig **keine Sachbezugswerte** für Verpflegung **mehr fest**. Stattdessen sind die vom zuständigen **Ausschuss der Berufsgenossenschaft für Transport und Verkehrswirtschaft** festgesetzten Werte der Besteuerung des Arbeitslohns zu Grunde zu legen (gleich lautende Erlasse der FinMin Bremen, Hamburg, Mecklenburg-Vorpommern, Niedersachsen und Schleswig-Holstein v. 15.6.2015, BStBl I 2015, 512).

Für 2026 hat der o.g. zuständige Ausschuss z.B. folgende Beköstigungssätze festgesetzt (die aktuellen Werte sind zu finden unter https://www.bg-verkehr.de/medien/downloads-formulare/mitgliedschaft-beitrag/seefahrtsunternehmen/beitraege):

- für Beköstigung im Bereich der **Seeschifffahrt** (Kauffahrtei) und im Bereich der **Fischerei** monatlich 348 €,
- für Teilbeköstigung im Bereich der **Kleinen Hochseefischerei und der Küstenfischerei** monatlich 72 € für Frühstück und je 138 € für Mittag- und Abendessen
- für Beköstigung im Bereich der Kanalsteurer betragen die Beköstigungssätze ab 1.1.2026 monatlich 45 € für Kanalsteurer, für 80 %-fahrende Kanalsteurer 36 €, für 53,30 %-fahrende Kanalsteurer 24 € und für Kanalsteureranwärter ebenfalls 24 €.

Ferner sind für die Besteuerung durch Erlasse der obersten Landesfinanzbehörden nach § 8 Abs. 2 Satz 10 EStG z.B. **Durchschnittswerte** festgesetzt worden für

- die Bewertung der Überlassung von **Fahrrädern** einschließlich Elektrofahrrädern (→ *Fahrrad* Rz. 2057),
- die Bewertung der Überlassung von **Rundfunk- und Fernsehgeräten** (→ *Fernsehgerät: Zuwendung an Arbeitnehmer* Rz. 2103),
- die Bewertung der **von Luftfahrtunternehmen gewährten Flüge** (→ *Freiflüge* Rz. 2250).

bb) Besondere Bewertung der privaten Nutzung eines betrieblichen Kraftfahrzeugs

3816 Zur Ermittlung des Werts für die private Nutzung eines betrieblichen Kraftfahrzeugs durch den Arbeitnehmer enthält § 8 Abs. 2 Sätze 2 bis 5 EStG besondere Bewertungsvorschriften (→ *Firmenwagen zur privaten Nutzung* Rz. 2121).

cc) Einzelbewertung von Sachbezügen

3817 **Sachbezüge, für die keine amtlichen Sachbezugswerte festgesetzt sind** und die nicht nach § 8 Abs. 2 Satz 2 bis 5 EStG oder § 8 Abs. 3 EStG unter Berücksichtigung des Rabattfreibetrags von 1 080 € bewertet werden, sind nach § 8 Abs. 2 Satz 1 EStG mit den **um übliche Preisnachlässe geminderten** üblichen Endpreisen am Abgabeort im Zeitpunkt der Abgabe anzusetzen.

Als Endpreis am Abgabeort kann auch der **nachgewiesene günstigste Preis einschließlich sämtlicher Nebenkosten**, zu dem die konkrete Ware oder Dienstleistung mit vergleichbaren Bedingungen an Endverbraucher ohne individuelle Preisverhandlungen im Zeitpunkt des Zuflusses am Markt angeboten wird, **angesetzt** werden. In diesem Fall ist die Vereinfachungsregelung nach R 8.1 Abs. 2 Satz 5 LStR nicht anzuwenden. **Markt** in diesem Sinne sind **alle gewerblichen Anbieter**, von denen der Stpfl. die konkrete Ware oder Dienstleistung **im Inland unter Einbeziehung allgemein zugänglicher Internetangebote** oder auf sonstige Weise **gewöhnlich beziehen** kann (BMF v. 16.5.2013, IV C 5 – S 2334/07/0011, BStBl I 2013, 729 unter Berücksichtigung der Änderungen durch BMF v. 11.2.2021, IV C 5 – S 2334/19/10024 :003, BStBl I 2021, 311).

Wird die konkrete Ware oder Dienstleistung **nicht zu vergleichbaren Bedingungen** an Endverbraucher **am Markt angeboten**, kann der Sachbezug **in Höhe der entsprechenden Aufwendungen des Arbeitgebers** einschließlich Umsatzsteuer und sämtlicher Nebenkosten angesetzt werden (BFH v. 7.7.2020, VI R 14/18, BStBl II 2021, 232). Auch in diesem Fall ist die Vereinfachungsregelung nach R 8.1 Abs. 2 Satz 5 LStR nicht anzuwenden (BMF v. 16.5.2013, IV C 5 – S 2334/07/0011, BStBl I 2013, 729 unter Berücksichtigung der Änderungen durch BMF v. 11.2.2021, IV C 5 – S 2334/19/10024 :003, BStBl I 2021, 311).

Fracht-, Liefer- und Versandkosten zählen nicht zum Endpreis i.S.d. § 8 Abs. 2 Satz 1 EStG. Liefert der Arbeitgeber aber die Ware in die Wohnung des Arbeitnehmers, liegt **eine zusätzliche Leistung des Arbeitgebers** an den Arbeitnehmer vor. Der Vorteil hieraus ist in die Berechnung der 50 €-Freigrenze (→ Rz. 3819) einzubeziehen. Entsprechendes gilt, wenn der günstigste Einzelhandelspreis des Sachbezugs am Markt im Versand- oder Onlinehandel gefunden wird. Ist der Versand dort als eigenständige Leistung ausgewiesen und nicht bereits im Einzelhandelsverkaufspreis und damit im Endpreis i.S.v. § 8 Abs. 2 Satz 1 EStG enthalten, tritt der geldwerte Vorteil aus der Lieferung „nach Hause" bei der Berechnung der 50 €-Freigrenze zum Warenwert hinzu (BFH v. 6.6.2018, VI R 32/16, BStBl II 2018, 764).

Die Frage, ob ein geldwerter Vorteil i.S.v. § 8 Abs. 2 EStG durch die verbilligte Ware oder Dienstleistung gegeben ist, ist anhand des **üblichen Endpreises für die konkrete Ware oder Dienstleistung** zu ermitteln (BFH v. 30.5.2001, VI R 123/00, BStBl II 2002, 230). Denn ein geldwerter Vorteil ist nach Ansicht des BFH auch dann gegeben, wenn der übliche Endpreis für funktionsgleiche und qualitativ gleichwertige Waren oder Dienstleistungen anderer Hersteller oder Dienstleister geringer ist als der der konkreten Ware oder Dienstleistung, die verbilligt überlassen wird.

Dem Arbeitgeber bleibt es unbenommen, im Lohnsteuerabzugsverfahren einen um übliche Preisnachlässe geminderten üblichen Endpreis am Abgabeort anzusetzen. Er ist nicht verpflichtet, den günstigsten Preis am Markt zu ermitteln. Der Arbeitnehmer kann i.R. seiner Einkommensteuerveranlagung den geldwerten Vorteil mit dem günstigsten Preis am Markt bewerten.

Der Arbeitgeber hat die Grundlagen für den ermittelten und der Lohnversteuerung zu Grunde gelegten Endpreis als Belege zum Lohnkonto aufzubewahren, zu dokumentieren und dem Arbeitnehmer auf Verlangen formlos mitzuteilen (BMF v. 16.5.2013, IV C 5 – S 2334/07/0011, BStBl I 2013, 729 unter Berücksichtigung der Änderungen durch BMF v. 11.2.2021, IV C 5 – S 2334/19/10024 :003, BStBl I 2021, 311).

Bei einem **umfangreichen Warenangebot**, von dem fremde Letztverbraucher ausgeschlossen sind, kann der übliche Preis einer Ware auch auf Grund **repräsentativer Erhebungen** über die relative Preisdifferenz für die gängigsten Einzelstücke jeder Warengruppe ermittelt werden (R 8.1 Abs. 2 Satz 2 LStR).

Erhält der Arbeitnehmer eine Ware oder Dienstleistung, die nach § 8 Abs. 2 Satz 1 EStG zu bewerten ist, kann sie **aus Vereinfachungsgründen mit 96 % des Endpreises** bewertet werden, zu dem sie der Abgebende oder dessen Abnehmer fremden Letztverbrauchern im allgemeinen Geschäftsverkehr anbietet. **Dies gilt nicht**, wenn als Endpreis der **günstigste Preis am Markt angesetzt oder ein Warengutschein mit Betragsangabe** hingegeben wird (R 8.1 Abs. 2 Satz 3 und 4 LStR).

Auf den so ermittelten ortsüblichen Preis ist die **Freigrenze von 50 €** anzuwenden (→ Rz. 3819). Das bedeutet, dass die Sachbezüge bei der Besteuerung außer Ansatz bleiben, wenn deren Wert monatlich 50 € nicht übersteigt.

Beispiel 1:

Ein Elektrofachgeschäft gewährt den Arbeitnehmern der Muttergesellschaft einen Rabatt von 12 %. Ein Arbeitnehmer der Muttergesellschaft kauft einen Fernseher für 660 €. Der normale Ladenpreis beträgt 750 €.

Der Rabatt, den der Arbeitnehmer erhält, gehört zum steuerpflichtigen Arbeitslohn. Die Anwendung des Rabattfreibetrags kommt nicht in Betracht, da es sich um einen Konzern-Arbeitnehmer handelt. Maßgebend ist der um übliche Preisnachlässe geminderte übliche Endpreis. Wird festgestellt, dass ein solcher Fernseher in anderen Geschäften z.B. einen Preis von 700 € hat, ist dieser Preis maßgebend, so dass der Arbeitnehmer einen geldwerten Vorteil von 40 € (700 € – 660 €) hat, der unter Berücksichtigung der Freigrenze von 50 € außer Ansatz bleibt. Kann der Arbeitgeber den üblichen Endpreis nicht feststellen, so kann er folgendermaßen rechnen:

Endpreis des Elektrofachgeschäfts	750 €
– 4 % Abschlag	30 €
= üblicher Endpreis aus Vereinfachungsgründen	720 €
– Zahlung des Arbeitnehmers	660 €
= geldwerter Vorteil	60 €

Da die Freigrenze von 50 € überschritten ist, muss der geldwerte Vorteil **in voller Höhe** versteuert werden.

Beispiel 2:

Sachverhalt wie Beispiel 1. I.R. seiner Einkommensteuererklärung weist der Arbeitnehmer nach, dass er den Fernseher im Internet auch für 660 € hätte erwerben können.

Der Arbeitnehmer hat keinen geldwerten Vorteil zu versteuern, weil der Kaufpreis und nachgewiesener günstigster Preis am Markt identisch sind. Hat der Arbeitgeber im Lohnsteuerabzugsverfahren einen geldwerten Vorteil von 60 € versteuert (vgl. Beispiel 1), wird das Finanzamt den steuerpflichtigen Arbeitslohn um 60 € mindern.

Lässt sich für den in Form überwiegend **unentgeltlicher Schiffskreuzfahrten** eines Reederei-Mitarbeiters in Begleitung der Lebensgefährtin gewährten geldwerten Vorteil auf Grund der **Abweichung der Reiseleistungen von den Katalogleistungen kein Marktpreis feststellen**, ist der übliche Preis i.S.d. § 8 Abs. 2 Satz 1 EStG zum Zeitpunkt des Reiseantritts oder kurz davor als maßgebenden Bewertungsstichtag unter Beachtung der einer Restplatzverwertung entsprechenden Ausgestaltung **zu schätzen**, wenn bis dahin wegen vorbehaltender Kabinenverfügbarkeit die tatsächliche Reiseteilnahme unsicher ist. Dies gilt unabhängig vom Grad der Wahrscheinlichkeit einer kurzfristigen Absage. I.R. der Wertermittlung des geldwerten Vorteils der Reiseleistung durch Schätzung ist neben der Gegenüberstellung von wertmindernden und werterhöhenden Umständen abzuwägen, welchen Einfluss die Tatsache auf den Wert des Vorteils hat, dass die Reiseleistung Bestandteil einer Restplatzverwertung ist (FG Schleswig-Holstein v. 4.9.2013, 2 K 23/12, EFG 2013, 2011).

dd) Sonderregelung in der Automobilbranche

3818 Wird Arbeitnehmern beim Erwerb eines Kraftfahrzeugs unter Mitwirkung des Arbeitgebers ein Preisvorteil von dritter Seite eingeräumt, so gehört dieser Preisvorteil nach Auffassung der Finanzverwaltung grds. zum Arbeitslohn und ist nach § 8 Abs. 2 EStG auf der Grundlage des üblichen Endpreises zu ermitteln (→ *Rabatte* Rz. 3537). Nach Ansicht der FG Rheinland-Pfalz genügt diese kausale Mitwirkungshandlung für sich allein betrachtet noch nicht, um Arbeitslohn anzunehmen; erforderlich ist vielmehr, dass der Dritte dem Arbeitnehmer den Vorteil als Entlohnung für den Arbeitgeber über geleistete Dienste final zuwendet (FG Rheinland-Pfalz v. 9.9.2020, 2 K 1690/18, EFG 2021, 100, Nichtzulassungsbeschwerde durch BFH v. 2.7.2021, VI B 86/20, nicht dokumentiert, als unbegründet zurückgewiesen).

In der Automobilbranche ist **die Feststellung des üblichen Endpreises mit Schwierigkeiten** verbunden. Dies liegt insbesondere daran, dass der einzelne Verkaufspreis eines Kraftfahrzeugs sehr hoch ist und sich bereits Abweichungen von 1 % bei der Feststellung des Endpreises erheblich auswirken.

Daher hat die Finanzverwaltung folgende **Vereinfachungsregelung** zugelassen (BMF v. 28.8.1998, IV B 6 – S 2334 – 88/98, unter Berücksichtigung der Änderungen durch BMF v. 18.12.2009, IV C 5 – S 2334/09/10006, BStBl I 2010, 20 i.V.m. BMF v. 16.5.2013, IV C 5 – S 2334/07/0011, BStBl I 2013, 729 unter Berücksichtigung der Änderungen durch BMF v. 11.2.2021, IV C 5 – S 2334/19/10024 :003, BStBl I 2021, 311):

„Zur Feststellung des Endpreises von Kraftfahrzeugen ist mit BMF v. 18.12.2009, IV C 5 – S 2334/09/10006, BStBl I 2010, 20 i.V.m. BMF v. 16.5.2013, IV C 5 – S 2334/07/0011, BStBl I 2013, 729 eine besondere Vereinfachungsregelung getroffen worden. Hiernach wird es nicht beanstandet, wenn als Endpreis der Preis angenommen wird, der sich ergibt, wenn der Preisnachlass, der durchschnittlich beim Verkauf an fremde Letztverbraucher tatsächlich gewährt wird, vom Listenpreis abgezogen wird (→ Rabatte Rz. 3532). Daraus folgt für die Rabattgewährung von dritter Seite auf Grund von Rahmenabkommen:

1. *Der übliche Endpreis nach § 8 Abs. 2 EStG ist grds. anhand der Verkaufszahlen des Abgabeorts zum Zeitpunkt der Abgabe zu ermitteln.*
2. *Aus Vereinfachungsgründen kann der Endpreis des § 8 Abs. 2 EStG mit 96 % des Angebotspreises i.S.d. § 8 Abs. 3 EStG angesetzt werden (R 8.1 Abs. 2 Satz 3 LStR). Dies ist im Kraftfahrzeuggewerbe entweder*
   - *der tatsächliche Angebotspreis des Dritten, z.B. dessen Hauspreis, oder*
   - *der nach der o.a. Vereinfachungsregelung ermittelte Angebotspreis.“*

Beispiel:

Ein Arbeitnehmer erwirbt auf Grund eines Rahmenabkommens mit einem Automobilhersteller ein Fahrzeug zum Preis von 17 000 €. Nur Arbeitnehmer, die bestimmte Zielvereinbarungen erfüllen, sind berechtigt, das Fahrzeug vergünstigt zu erwerben.

a) Der übliche Endpreis am Abgabeort beträgt 17 900 €.
b) Der Hauspreis des Händlers beträgt 18 500 €.
c) Der Listenpreis des Fahrzeugs beträgt 20 000 €. Der durchschnittliche Rabatt für dieses Fahrzeug beträgt laut Händlerverkaufsstatistik des Automobilunternehmens 12,50 %.

Der geldwerte Vorteil kann wie folgt ermittelt werden:

a)	**üblicher Endpreis am Abgabeort**		
	üblicher Endpreis am Abgabeort		17 900 €
	–	Kaufpreis des Arbeitnehmers	17 000 €
	=	geldwerter Vorteil	900 €
b)	**Hauspreis des Händlers**		
	Hauspreis des Händlers		18 500 €
	–	4 % Abschlag	740 €
	=	üblicher Endpreis aus Vereinfachungsgründen	17 760 €
	–	Kaufpreis des Arbeitnehmers	17 000 €
	=	geldwerter Vorteil	760 €
c)	**Angebotspreis lt. BMF**		
	Listenpreis des Automobilunternehmens		20 000 €
	–	durchschnittlicher Rabatt (12,50 %)	2 500 €
	=	Angebotspreis	17 500 €
	–	4 % Abschlag	700 €
	=	üblicher Endpreis aus Vereinfachungsgründen	16 800 €
	–	Kaufpreis des Arbeitnehmers	17 000 €
	=	geldwerter Vorteil	0 €

f) Anwendung der Freigrenze von 50 €

Durch das JStG 2020 v. 21.12.2020, BStBl I 2021, 6 ist die **Freigrenze** nach § 8 Abs. 2 Satz 11 EStG **seit 1.1.2022** von 44 € **auf 50 € erhöht** worden. Die Freigrenze von 50 € gilt nur für Sachbezüge, die mit dem um übliche Preisnachlässe geminderten **üblichen Endpreis am Abgabeort bewertet** werden. 3819

Für Sachbezüge, die mit dem amtlichen **Sachbezugswert** nach der SvEV bewertet werden (§ 8 Abs. 2 Satz 6 EStG) oder für die **Durchschnittswerte** festgelegt worden sind (§ 8 Abs. 2 Satz 10 EStG), **ist die Freigrenze nicht anwendbar**. Dies gilt auch bei der besonderen Bewertung der Privatnutzung **betrieblicher Kraftfahrzeuge** (§ 8 Abs. 2 Sätze 2 bis 5 EStG). Ebenso ist die Freigrenze von 50 € nicht anwendbar, wenn der Sachbezug nach den besonderen Bewertungsvorschriften des § 8 Abs. 3 EStG oder des § 3 Nr. 39 EStG zu bewerten ist (R 8.1 Abs. 3 Satz 3 LStR).

Die Freigrenze von 50 € gilt insbesondere für folgende Sachbezüge, die der Arbeitnehmer vom Arbeitgeber erhält und bei denen im Regelfall der Rabattfreibetrag nicht anwendbar ist:

- Überlassung von **Wohnungen** (→ *Dienstwohnung* Rz. 1544),
- Nutzung von **Sportmöglichkeiten** (z.B. Tennis- und Squashplätze) oder **Fitnessstudios** (→ *Sport* Rz. 3971),
- **Belohnungsessen** (→ *Arbeitsessen* Rz. 610),
- **Geschenke** an Arbeitnehmer, die nicht als Aufmerksamkeiten anzusehen sind (→ *Annehmlichkeiten* Rz. 167),
- **Krankenversicherungsschutz**, wenn der Arbeitnehmer auf Grund des Arbeitsvertrags von seinem Arbeitgeber **ausschließlich Versicherungsschutz** und nicht auch eine Geldzahlung **verlangen** kann (BFH v. 7.6.2018, VI R 13/16, BStBl II 2019, 371),
- **Zinsersparnisse** (→ *Zinsersparnisse/Zinszuschüsse* Rz. 4615).

Auch für Waren und Dienstleistungen, die ein Arbeitnehmer von einem Dritten, z.B. von einer **Konzerngesellschaft**, erhält, ist die Freigrenze von 50 € anwendbar. Bei **Gutscheinen** ist die 50 €-Freigrenze ebenfalls anwendbar, wenn der Gutschein zusätzlich zum ohnehin geschuldeten Arbeitslohn gewährt wird. Zur gesetzlichen Neuregelung seit 2020 hinsichtlich der Abgrenzung zwischen Geldleistung und Sachbezug → Rz. 3800.

Die Freigrenze von 50 € gilt insbesondere nicht für folgende Sachverhalte:

- **Personalrabatte**, von denen nach § 8 Abs. 3 EStG der Rabattfreibetrag von 1 080 € abzuziehen ist,
- **Kantinenmahlzeiten**, weil diese mit Sachbezugswerten bewertet werden,
- **Vermögensbeteiligungen** nach § 3 Nr. 39 EStG, wenn diese mit dem gemeinen Wert nach dem Bewertungsgesetz bewertet werden; die **Rechtsprechung des BFH** zur Vorgängervorschrift des § 19a EStG a.F. (vgl. zuletzt BFH v. 15.1.2015, VI R 16/12, HFR 2015, 564) wird von der Finanzverwaltung **nicht angewendet** (→ *Vermögensbeteiligungen* Rz. 4273),
- Zuwendungen anlässlich von **Betriebsveranstaltungen**, weil diese nach § 19 Abs. 1 Satz 1 Nr. 1a EStG zu bewerten sind (→ *Betriebsveranstaltungen* Rz. 1427),
- **verwendungsbezogene Zuschüsse des Arbeitgebers** für eine private Zusatzkrankenversicherung seiner Arbeitnehmer, wenn damit kein arbeitsrechtliches Versprechen erfüllt wird, das auf Gewährung von Sachlohn gerichtet ist (BFH v. 4.7.2018, VI R 16/17, BStBl II 2019, 373), denn in diesem Fall wendet der Arbeitgeber Barlohn und keinen Sachlohn zu,
- **Zahlungen** des Arbeitgebers an die **Zusatzversorgungskasse der Land- und Forstwirtschaft**, weil zwischen dem Arbeitgeber und der Zusatzversorgungskasse keine vertraglichen Beziehungen bestehen und es sich deshalb um Barlohn handelt (BFH v. 26.11.2002, VI R 161/01, BStBl II 2003, 331).

Nach der Gesetzesbegründung (BT-Drucks. 13/1686, 8) sollen durch die Freigrenze von 50 € monatlich **kleinliche Bewertungsstreitigkeiten** zwischen der Finanzverwaltung und dem Steuerbürger **vermieden** und der Verwaltungsaufwand bei der Ermittlung eines geldwerten Vorteils im Verhältnis zum steuerlichen Ergebnis auf ein vertretbares Maß reduziert werden. Deshalb sind von der Bagatellgrenze auch bewusst **Sachbezüge ausgenommen** worden, deren Erfassung durch amtliche Sachbezugswerte oder Durchschnittswerte **bereits vereinfacht** ist. Somit ergibt sich folgende **Übersicht** zur Anwendung der Freigrenze von 50 €:

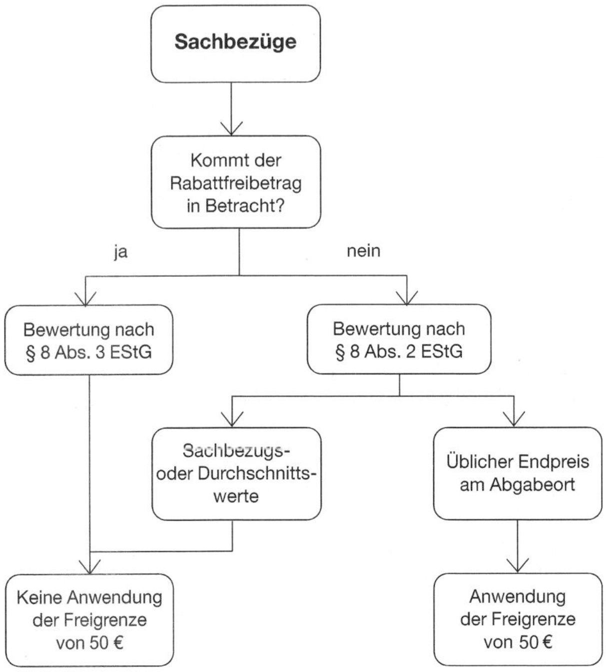

Die Ausgestaltung als **Freigrenze** bedeutet, dass der **gesamte geldwerte Vorteil steuerpflichtig** ist, wenn die **Freigrenze von 50 € auch nur geringfügig überschritten** wird.

Beispiel 1:

Der Arbeitnehmer eines Computergeschäfts erhält von seinem Arbeitgeber wegen eines besonders guten Verkaufsabschlusses drei Flaschen Sekt geschenkt, die der Arbeitgeber für 48 € eingekauft hat.

Die Flaschen Sekt sind grds. als Sachbezug zu erfassen. Da der festgestellte geldwerte Vorteil die Freigrenze von 50 € nicht übersteigt, bleibt der Vorteil außer Ansatz und ist damit im Ergebnis steuer- und beitragsfrei.

Beispiel 2:

Sachverhalt wie Beispiel 1, der Arbeitgeber hat die drei Flaschen Sekt für 53 € eingekauft.

Der monatliche geldwerte Vorteil des Arbeitnehmers ermittelt sich wie folgt:

Kaufpreis der Flaschen Sekt	53,– €
– 4 % Abschlag (Vereinfachungsregelung)	2,12 €
= üblicher Endpreis	50,88 €

Der festgestellte geldwerte Vorteil ist in voller Höhe mit 50,88 € zu erfassen, weil die Freigrenze von 50 € – wenn auch nur geringfügig – überschritten wird; der Vorteil ist somit steuer- und beitragspflichtig.

Bei der Freigrenze von 50 € handelt es sich um einen **Monatsbetrag**. **Eine Übertragung** von nicht ausgeschöpften Beträgen **in andere Kalendermonate** ist nicht möglich. Die Freigrenze von 50 € je Kalendermonat kann also nicht in einen Jahresbetrag von 600 € umgerechnet werden (vgl. OFD Erfurt v. 30.1.1996, S 2334 A – 37 – St 332 [T]). Bei der monatlichen Überlassung einer Monatsmarke oder einer monatlichen Fahrberechtigung für ein Job-Ticket, das für einen längeren Zeitraum gilt, ist die 50 €-Freigrenze allerdings anwendbar (R 8.1 Abs. 3 Satz 4 LStR), wenn die Steuerbefreiung nach § 3 Nr. 15 EStG nicht in Betracht kommt. Einzelheiten zur Steuerbefreiung nach § 3 Nr. 15 EStG und zur Anwendung der 50 €-Freigrenze bei Job-Tickets → *Job-Ticket* Rz. 2615.

Beispiel 3:

Ein Arbeitnehmer erhält von seinem Arbeitgeber ein verbilligtes Job-Ticket. Das Job-Ticket ist ein Jahr gültig **(Jahreskarte)**. Der Arbeitgeber zahlt für das Job-Ticket 600 €. Der Arbeitnehmer hat 300 € zu zahlen; die übrigen 300 € werden durch Gehaltsumwandlung finanziert.

Der geldwerte Vorteil des Arbeitnehmers ist nicht nach § 3 Nr. 15 EStG steuerfrei, weil er nicht zusätzlich zum ohnehin geschuldeten Arbeitslohn gewährt wird. Er ermittelt sich wie folgt:

Job-Ticket	600,– €
– 4 % Abschlag (Vereinfachungsregelung)	24,– €
= üblicher Endpreis	576,– €
– Zahlung des Arbeitnehmers	300,– €
= geldwerter Vorteil	276,– €

Der festgestellte geldwerte Vorteil ist in voller Höhe mit 276 € zu erfassen, weil im Zuflussmonat die Freigrenze von 50 € überschritten wird; der Vorteil ist somit steuer- und beitragspflichtig (vgl. R 8.1 Abs. 3 Satz 3 LStR sowie BFH v. 14.11.2012, VI R 56/11, BStBl II 2013, 382).

Beispiel 4:

Sachverhalt wie Beispiel 3, das Job-Ticket ist jeweils nur einen Monat gültig **(Monatskarte)**. Der Arbeitgeber zahlt monatlich 50 €; der Arbeitnehmer hat 25 € zu zahlen; die übrigen 25 € werden durch Gehaltsumwandlung finanziert.

Der monatliche geldwerte Vorteil des Arbeitnehmers ist nicht nach § 3 Nr. 15 EStG steuerfrei, weil er nicht zusätzlich zum ohnehin geschuldeten Arbeitslohn gewährt wird. Er ermittelt sich wie folgt:

Job-Ticket	50,– €
– 4 % Abschlag (Vereinfachungsregelung)	2,– €
= üblicher Endpreis	48,– €
– Zahlung des Arbeitnehmers	25,– €
= geldwerter Vorteil	23,– €

Der festgestellte geldwerte Vorteil ist nicht zu erfassen, weil die monatliche Freigrenze von 50 € nicht überschritten wird; der Vorteil ist somit steuer- und beitragsfrei.

Hinweis:

Den Beispielen ist zu entnehmen, dass es große steuerliche Auswirkungen hat, ob ein Sachbezug monatlich oder jährlich zufließt. Es sollte daher stets geprüft werden, ob **der Zufluss von Sachbezügen so gesteuert werden** kann, dass die monatliche Freigrenze von 50 € optimal eingesetzt werden kann. Dies kann z.B. durch die Ausgabe von Warengutscheinen erfolgen (→ *Warengutscheine* Rz. 4406).

Hat der Arbeitnehmer **mehrere Dienstverhältnisse**, so kann die Freigrenze bei jedem Arbeitgeber in Anspruch genommen werden. Bei **einem** Arbeitgeber gilt die Freigrenze jedoch für **alle Sachbezüge**, die der Arbeitnehmer insgesamt im Monat erhält. Die Freigrenze kann also **bei verschiedenen Sachbezügen**, z.B. kostenlose Sauna-Nutzung und Tankgutschein, auch **nur einmal in Anspruch genommen werden**. Daher kann die Freigrenze ihrer zugedachten Funktion, kleinliche Auseinandersetzungen über die Höhe des geldwerten Vorteils zu vermeiden, nicht immer gerecht werden. Gerade wenn der Arbeitnehmer mehrere kleinere geldwerte Vorteile erhält, muss der Wert des Vorteils genau ermittelt werden, um zu prüfen, ob die Freigrenze von 50 € überschritten wird oder nicht.

Fracht-, Liefer- und Versandkosten zählen nicht zum Endpreis i.S.d. § 8 Abs. 2 Satz 1 EStG. Liefert der Arbeitgeber aber die Ware in die Wohnung des Arbeitnehmers, liegt eine **zusätzliche Leistung des Arbeitgebers** an den Arbeitnehmer vor, die bei der Prüfung, ob die Freigrenze von 50 € überschritten wird, zu berücksichtigen ist (→ Rz. 3817).

Beispiel 5:

Der Arbeitgeber beauftragt die Firma Y, die für jeden Mitarbeiter einen Web-Zugang mit persönlichen Zugangsdaten anlegt. Es handelt sich hierbei um einen individualisierten Zugangsnamen und ein frei wählbares Passwort. Der Arbeitnehmer kann sich innerhalb einer vom Arbeitgeber vorgegebenen Frist einen individuellen Sachbezug auswählen. Nach Ablauf der Frist hat der Arbeitgeber die Möglichkeit, die Sachbezüge der einzelnen Arbeitnehmer zu überprüfen und ggf. auch den Sachbezug bei einzelnen Personen zu streichen. Der Arbeitgeber erteilt dann seine Freigabe für die Bestellung. Y stellt die Sachbezüge dem Arbeitgeber in Rechnung. Nach Ausgleich der Rechnung werden die Sachbezüge bei den Lieferanten bestellt und an Y geliefert. Die Sachbezüge werden durch Y direkt an die jeweiligen Arbeitnehmer versandt. Die Einzelpreise der jeweiligen Sachbezüge betragen 49,99 € (einschließlich Umsatzsteuer); für jede Sendung werden Versand und Handlingkosten von jeweils 7,14 € (einschließlich Umsatzsteuer) ausgewiesen.

Zunächst ist der niedrigste Einzelhandelsverkaufspreis der vom Arbeitgeber an seine Arbeitnehmer ausgekehrten Sachbezüge zu ermitteln. Wird der günstigste Einzelhandelspreis des Sachbezugs am Markt im Versand- oder Onlinehandel gefunden und ist der Versand als eigenständige Leistung ausgewiesen und nicht bereits im Einzelhandelsverkaufspreis und damit im Endpreis i.S.v. § 8 Abs. 2 Satz 1 EStG enthalten, tritt der geldwerte Vorteil aus der Lieferung „nach Hause" bei der Berechnung der 50 €-Freigrenze zum Warenwert hinzu.

Ist eine Einzelbewertung der Sachbezüge auf Grund der Vielzahl und Verschiedenheit der Sachzuwendungen nicht möglich, ist der Sachbezugswert zu schätzen. Dabei ist zu berücksichtigen, dass Fracht-, Liefer- und Versandkosten nicht zum Endpreis i.S.d. § 8 Abs. 2 Satz 1 EStG zählen. Liefert der Arbeitgeber in diesem Fall aber die Ware in die Wohnung des Arbeitnehmers, liegt eine zusätzliche Leistung des Arbeitgebers an den Arbeitnehmer vor. Diese ist als gesonderter Sachbezug nach § 8 Abs. 2 Satz 1 EStG zu bewerten. Dabei ist zu berücksichtigen, dass es an einer Bereicherung fehlen kann, wenn der Arbeitnehmer für das Empfangene selbst nichts hätte aufwenden müssen.

Ergibt die Bewertung der Sachbezüge zuzüglich etwaiger Fracht-, Liefer- und Versandkosten einen Wert von mehr als 50 €, ist die Freigrenze von 50 € überschritten und die Sachbezüge sind steuer- und beitragspflichtig (BFH v. 6.6.2018, VI R 32/16, BStBl II 2018, 764).

Für die Anwendung der Freigrenze sind **alle** im Kalendermonat zufließenden **Sachbezüge** i.S.d. § 8 Abs. 2 Satz 1 EStG **zusammenzurechnen, auch wenn sie versteuert worden sind** (R 8.1 Abs. 3 Satz 2 LStR).

Beispiel 6:

Ein Arbeitnehmer erhält von seinem Arbeitgeber kostenlos eine Eintrittskarte für ein Fußballspiel. Der Vorteil i.H.v. 60 € wird korrekt versteuert. Außerdem hat der Arbeitnehmer im Monat August für 20 € unentgeltlich die firmeneigene Squashhalle benutzt.

Die Nutzung der Squashhalle ist zu versteuern, weil die Summe aller nach § 8 Abs. 2 Satz 1 EStG zu bewertenden Vorteile (hier die Eintrittskarte i.H.v. 60 € und die Squashhallennutzung i.H.v. 20 €, insgesamt also 80 €) die Freigrenze von 50 € monatlich übersteigen.

Beispiel 7:

Der einzige Vorteil, den der Arbeitgeber dem Arbeitnehmer gewährt, ist die kostenlose Überlassung eines Centergutscheins i.H.v. 50 €; dieser wird zusätzlich zum ohnehin geschuldeten Arbeitslohn gewährt.

Die Freigrenze von 50 € nach § 8 Abs. 2 Satz 11 EStG ist nicht überschritten, der geldwerte Vorteil ist nicht zu versteuern. Der Arbeitgeber und auch das Finanzamt haben dann aber in jedem Monat darauf zu achten, dass jedes „Extra-Frühstück", jeder Gang in die firmeneigene Squashhalle oder Sauna zur Überschreitung der Freigrenze und damit zur vollen Steuerpflicht aller geldwerten Vorteile (einschließlich des Centergutscheins) führt.

Beispiel 8:

Ein Arbeitgeber hat als Versicherungsnehmer für die Mitarbeiter des Unternehmens bei zwei Versicherungen (Gruppen-)Zusatzkrankenversicherungen für Vorsorgeuntersuchungen, stationäre Zusatzleistungen sowie Zahnersatz abgeschlossen. Für den Versicherungsschutz seiner Arbeitnehmer zahlt der Arbeitgeber je Arbeitnehmer einen monatlichen Betrag von 40 €.

Die Gewährung von Krankenversicherungsschutz ist in Höhe der geleisteten Beiträge Sachlohn, wenn der Arbeitnehmer auf Grund des Arbeitsvertrags von seinem Arbeitgeber ausschließlich Versicherungsschutz und nicht auch eine Geldzahlung verlangen kann. Die Verschaffung von Krankenversicherungsschutz unterliegt als Sachbezug der Freigrenze i.S.d. § 8 Abs. 2 Satz 11 EStG (BFH v. 7.6.2018, VI R 13/16, BStBl II 2019, 371; BMF v. 15.3.2022, IV C 5 – S 2334/19/10007 :007, BStBl I 2022, 242, Rdnr. 18).

Da die 50 €-Freigrenze nicht überschritten ist, bleibt der geldwerte Vorteil im Ergebnis steuer- und beitragsfrei.

Beispiel 9:

Der Arbeitgeber ersetzt seinem Arbeitnehmer die **Mittagsmahlzeit** (Rechnung **auf den Namen des Arbeitnehmers** i.H.v. 53 €), welche dieser anlässlich einer siebenstündigen Auswärtstätigkeit in einem selbst ausgewählten Restaurant zu sich genommen hat.

Da es sich nicht um eine „Mahlzeitengewährung auf Veranlassung des Arbeitgebers" handelt und der Arbeitnehmer auf Grund der Dauer der Auswärtstätigkeit auch nicht steuerfreien Reisekostenersatz in Form eines Mehraufwands für Verpflegung beanspruchen kann, sind die o.g. 53 € voll dem Lohnsteuerabzug zu unterwerfen. Auch hier ist die Freigrenze des § 8 Abs. 2 Satz 11 EStG überschritten und somit „verbraucht".

Zu beachten ist, dass allerdings nur Vorteile, die mit dem üblichen Endpreis am Abgabeort (§ 8 Abs. 2 Satz 1 EStG) bewertet werden, bei der Prüfung der Freigrenze zusammenzurechnen sind. **Außer Betracht** bleiben danach insbesondere

- Vorteile aus der **Überlassung eines betrieblichen Kraftfahrzeugs** für private Fahrten (§ 8 Abs. 2 Sätze 2 bis 5 EStG),
- die mit den amtlichen Sachbezugswerten zu bewertende **Unterkunft und Verpflegung** (§ 8 Abs. 2 Satz 6 EStG) sowie
- Zuwendungen anlässlich von **Betriebsveranstaltungen** (§ 19 Abs. 1 Satz 1 Nr. 1a EStG).

Beispiel 10:

Dem Arbeitnehmer ist ein Firmenwagen zur privaten Nutzung überlassen worden. Der geldwerte Vorteil aus der Pkw-Überlassung beträgt monatlich 500 € und wird zutreffend lohnversteuert. Im Mai erhält der Arbeitnehmer von seinem Arbeitgeber wegen eines besonders guten Verkaufsabschlusses eine Flasche Champagner, die der Arbeitgeber für 49 € eingekauft hat.

Der Sachbezug „Firmenwagen" ist bei der Prüfung der Freigrenze von 50 € nicht mit zu berücksichtigen, weil er nach § 8 Abs. 2 Sätze 2 bis 5 EStG zu bewerten ist. Die Flasche Champagner im Wert von 49 € übersteigt nicht die Freigrenze von 50 €. Dieser geldwerte Vorteil bleibt daher außer Ansatz und ist deshalb im Ergebnis steuer- und beitragsfrei.

Auf **zweckgebundene Geldleistungen** des Arbeitgebers an seine Arbeitnehmer findet die Freigrenze von 50 € **seit 2020 keine Anwendung** mehr, denn zweckgebundene Zuschüsse gehören zu den Einnahmen in Geld (§ 8 Abs. 1 Satz 2 EStG).

Beispiel 11:

Der Arbeitgeber beschäftigt ca. 500 Mitarbeiter. Um deren sportliche Betätigung zu unterstützen, bot er ihnen einen monatlichen Zuschuss von höchstens 50 € an. Bedingung für die Erlangung des Zuschusses war, dass die Mitarbeiter sich gemeinsam zu dritt oder mehreren bei einem Sportverein oder einem Fitnessclub ihrer Wahl anmeldeten und dem Arbeitgeber durch Vorlage einer Mitgliedsvereinbarung nachweisen konnten, dass sie dafür einen mindestens dem Zuschuss entsprechenden Vereinsbeitrag zu entrichten hatten.

Nach § 8 Abs. 1 Satz 2 EStG gehören zweckgebundene Zuschüsse zu den Einnahmen in Geld und stellen keinen Sachbezug dar; die Freigrenze von 50 € ist nicht anwendbar.

Voraussetzung für die Annahme eines Sachbezugs ist aber, dass durch die Zahlung ein **arbeitsrechtliches Versprechen erfüllt** wird, das auf **Gewährung von Sachlohn gerichtet** ist. Zahlt der Arbeitgeber dagegen seinem Arbeitnehmer einen Zuschuss unter der Bedingung, dass dieser mit einem vom Arbeitgeber benannten Unternehmen einen Vertrag schließt, wendet er Geld und nicht eine Sache zu (BFH v. 4.7.2018, VI R 16/17, BStBl II 2019, 373).

Beispiel 12:

Der Arbeitgeber informierte durch einen „Mitarbeiteraushang" seine Arbeitnehmer darüber, dass er ihnen zukünftig eine Zusatzkrankenversicherung über eine private Krankenversicherungsgesellschaft anbieten könne. Hierzu werde in seinem Haus ein Termin mit einem Berater der Versicherungsgesellschaft stattfinden. Außerdem wies er seine Mitarbeiter in dem Aushang darauf hin, dass ihnen kein Geldwertanspruch gegenüber dem Arbeitgeber entstehe, falls sie sich gegen die Inanspruchnahme dieser Leistung entschieden. Einige Arbeitnehmer schlossen in eigenem Namen mit der Versicherungsgesellschaft private Zusatzkrankenversicherungsverträge ab. Die Versicherungsbeiträge wurden von den Mitarbeitern direkt an die Versicherungsgesellschaft überwiesen. Hierfür erhielten sie monatlich einen Zuschuss i.H.v. 50 € vom Arbeitgeber auf ihr Gehaltskonto ausgezahlt, der aber geringer war als die zu zahlenden Versicherungsbeiträge.

Der Arbeitgeber hat seinen Arbeitnehmern arbeitsvertraglich keinen Versicherungsschutz zugesagt, sondern gewährt lediglich einen Zuschuss in Geld zu einer von den Arbeitnehmern abgeschlossenen Versicherung. Daher ist die 50 €-Freigrenze nicht anwendbar (BFH v. 4.7.2018, VI R 16/17, BStBl II 2019, 373).

Seit 2020 gehören zweckgebundene Zuschüsse ohnehin zu den Einnahmen in Geld und stellen keinen Sachbezug dar (§ 8 Abs. 1 Satz 2 EStG).

Grds. sind alle **Sachbezüge**, die der Arbeitgeber den Arbeitnehmern gewährt, im Lohnkonto des Arbeitnehmers aufzuzeichnen (→ *Lohnkonto* Rz. 2865). Dies gilt auch dann, wenn die Sachbezüge auf Grund der Freigrenze von 50 € im Ergebnis steuerfrei bleiben. Nach § 4 Abs. 3 LStDV kann das Betriebsstättenfinanzamt jedoch **auf Antrag des Arbeitgebers Aufzeichnungserleichterungen** zulassen, wenn durch betriebliche Regelungen und entsprechende Überwachungsmaßnahmen sichergestellt ist, dass die monatliche Freigrenze von 50 € nicht überschritten wird. In diesem Fall sind die Sachbezüge nicht im Lohnkonto aufzuzeichnen.

Beispiel 13:

Die Arbeitnehmer einer Holdinggesellschaft erhalten die Möglichkeit, bei einem Konzernunternehmen, das Schuhe herstellt und vertreibt, Schuhe mit einem Rabatt von 10 % zu erwerben. Weitere Sachbezüge erhalten die Arbeitnehmer nicht.

Der Rabattfreibetrag ist nicht anwendbar, weil die Arbeitnehmer der Holdinggesellschaft die Vorteile nicht vom eigenen Arbeitgeber erhalten. Da die Sachbezüge mit dem um übliche Preisnachlässe geminderten üblichen Endpreis am Abgabeort zu bewerten sind, kommt die Freigrenze von monatlich 50 € zur Anwendung. Der Arbeitgeber muss prüfen, bis zu welcher Höhe er Sachbezüge gewähren kann, ohne dass die Freigrenze von 50 € überschritten wird. Dies kann nach folgender Formel ermittelt werden:

$$\frac{\text{Freigrenze} \times 100}{\text{Rabatt} - 4\,\%\ \text{Abschlag}} = \text{Maximale monatliche Einkäufe}$$

Für den Beispielsfall bedeutet dies, dass die Arbeitnehmer für maximal 833,33 € einkaufen können, ohne dass die Freigrenze überschritten wird:

Verkaufswert der Schuhe	833,33 €
– 4 % Abschlag (Vereinfachungsregelung)	33,33 €
= üblicher Endpreis	800,– €
– Zahlung des Arbeitnehmers (90 % von 833,33 €)	750,– €
= geldwerter Vorteil	50,– €

Wenn also die Holdinggesellschaft sicherstellt, dass ihre Arbeitnehmer bei der Schuhfabrik nur für maximal 833,33 € mit einem zehnprozentigen Rabatt einkaufen können, kann das Betriebsstättenfinanzamt zulassen, dass die Sachbezüge nicht aufgezeichnet zu werden brauchen. Unschädlich ist, wenn die Arbeitnehmer für Einkäufe über 833,33 € noch einen Rabatt von 4 % erhalten. Hierdurch kann sich unter Berücksichtigung des vierprozentigen Abschlags keine Erhöhung des geldwerten Vorteils ergeben. Weitere Voraussetzung ist allerdings, dass keine zusätzlichen Sachbezüge i.S.v. § 8 Abs. 2 Satz 1 EStG gewährt werden.

2. Umsatzsteuer

a) Allgemeines

3820 Neben den lohnsteuerlichen können auch **umsatzsteuerliche Konsequenzen** aus der Gewährung von Sachbezügen entstehen. So erfasst das Umsatzsteuerrecht grds. auch unentgeltliche oder verbilligte Sachzuwendungen oder Leistungen, die ein Arbeitgeber an sein Personal oder dessen Angehörige auf Grund eines Dienstverhältnisses hingibt bzw. ausführt. Als Personal bzw. dessen Angehörige sind **folgende Personen** anzusehen:

- eigene **aktive** Arbeitnehmer und deren Angehörige,
- **ausgeschiedene Arbeitnehmer** und deren Angehörige,
- **Auszubildende** (Abschn. 1.8 Abs. 2 Satz 5 UStAE) und
- **Praktikanten**.

Umsatzsteuer fällt demgegenüber nicht an bei **Aufmerksamkeiten** (§ 3 Abs. 9a Nr. 1 UStG) oder bei der Anwendung von **Umsatzsteuerbefreiungsvorschriften**.

Ein **entscheidender Unterschied** bei der umsatzsteuerlichen Erfassung von Sachbezügen gegenüber der lohnsteuerlichen Behandlung besteht insbesondere darin, dass nicht nur der geldwerte Vorteil erfasst wird, sondern die **gesamte Lieferung oder sonstige Leistung** an den Arbeitnehmer umsatzbesteuert wird und dabei als **Bemessungsgrundlage** die Nettoeinstandspreise bzw. die Nettokosten zu Grunde gelegt werden (§ 10 Abs. 4 UStG). Aus Vereinfachungsgründen können für die Ermittlung der Umsatzsteuer die lohnsteuerlichen Werte zu Grunde gelegt werden (z.B. bei Deputaten, Firmenwagengestellung), die aber als Bruttowerte um die enthaltene Umsatzsteuer bereinigt werden müssen (Abschn. 1.8 Abs. 8 Satz 3 UStAE). Findet der erhöhte Umsatzsteuersatz Anwendung (z.B. bei der Firmenwagennutzung), ist die Umsatzsteuer aus dem lohnsteuerlichen Wert mit **15,97 %** herauszurechnen. Bei Anwendung des ermäßigten Steuersatzes von 7 % (z.B. Deputaten) ist demgegenüber ein Prozentsatz von **6,54 %** anzuwenden (Abschn. 15.4 Abs. 3 UStAE, auch wegen weiterer Berechnungsmöglichkeiten der Umsatzsteuer aus Bruttorechnungsbeträgen).

Bei der Ermittlung der Bemessungsgrundlage für die Berechnung der Umsatzsteuer sind der **Rabattfreibetrag** i.H.v. 1 080 € (§ 8 Abs. 3 EStG) und die **Freigrenze i.H.v. 50 €** (§ 8 Abs. 2 Satz 11 EStG) **nicht anwendbar** (Abschn. 1.8 Abs. 8 UStAE).

b) Umsatzsteuerbare Sachzuwendungen

Es können grds. **folgende Fallgruppen unterschieden** werden: 3821

- Der Arbeitgeber bewirkt mit einem **Sachlohn**, der neben dem Barlohn als Vergütung für geleistete Dienste dem Arbeitnehmer zugewendet wird, eine entgeltliche Leistung (§ 1 Abs. 1 Nr. 1 Satz 1 UStG), für die der Arbeitnehmer einen Teil seiner Arbeitsleistung als Gegenleistung aufwendet.
- **Lieferungen oder sonstige Leistungen**, die der Arbeitgeber an seine Arbeitnehmer oder deren Angehörige auf Grund eines Dienstverhältnisses zwar gegen ein **besonders berechnetes Entgelt, aber verbilligt** ausführt, unterliegen ebenfalls grds. der Umsatzsteuer (§ 1 Abs. 1 Nr. 1 Satz 1 UStG).
- **Lieferungen oder sonstige Leistungen**, die der Arbeitgeber an seine Arbeitnehmer oder deren Angehörige ausführt, sind auch dann umsatzsteuerbar, wenn der Empfänger der Leistung **kein besonderes Entgelt** aufwendet (z.B. Arbeitnehmersammelbeförderung). Ein Leistungsaustausch ist – wie bei vorstehenden Fallgruppen – nicht erforderlich. Voraussetzung ist aber, dass die betreffenden Leistungen aus betrieblichen Gründen für den privaten, außerhalb des Dienstverhältnisses liegenden Bedarf der Arbeitnehmer ausgeführt werden (Abschn. 1.8 Abs. 2 Satz 2 UStAE).

c) Umsatzsteuerbefreiungen

Auch auf Leistungen im Zusammenhang mit Sachbezügen an Arbeitnehmer sind bestimmte Umsatzsteuerbefreiungsvorschriften anwendbar (Abschn. 1.8 Abs. 5 UStAE). In Betracht kommen insbesondere folgende Leistungen der Arbeitgeber an Arbeitnehmer: 3822

- Gewährung eines unentgeltlichen oder niedrig verzinslichen **Arbeitgeber-Darlehens** (§ 4 Nr. 8 Buchst. a UStG),
- Verschaffung von **Versicherungsschutz** (§ 4 Nr. 10 Buchst. b UStG),
- Überlassung von **Werkdienstwohnungen** (§ 4 Nr. 12 UStG),
- Gewährung von **Beherbergung, Beköstigung und üblicher Naturalleistungen an Arbeitnehmer** bestimmter in § 4 Nr. 18,

23 und 24 UStG aufgeführter begünstigter Einrichtungen (z.B. Wohlfahrtsverbände, Deutsches Jugendherbergswerk und Träger der öffentlichen Jugendhilfe).

d) Bemessungsgrundlage

3823 Die Bemessungsgrundlage für entgeltliche Leistungen ist das **Entgelt** (§ 10 Abs. 1 UStG). Bei verbilligten Lieferungen oder sonstigen Leistungen an Arbeitnehmer ist Bemessungsgrundlage grds. die tatsächliche Zahlung des Arbeitnehmers, vermindert um die darin enthaltene Umsatzsteuer. Ist das vom Arbeitnehmer gezahlte Entgelt **niedriger als der Einkaufspreis, die Selbstkosten bzw. die Ausgaben** des Arbeitgebers, erfolgt der Ansatz der sog. **Mindestbemessungsgrundlage** (§ 10 Abs. 5 Nr. 2 UStG i.V.m. § 10 Abs. 4 UStG).

Beruht die Verbilligung auf einem **Belegschaftsrabatt** (z.B. bei der Lieferung von Jahreswagen an Werksangehörige in der Automobilindustrie), liegen die Voraussetzungen für die Anwendung der Mindestbemessungsgrundlage i.d.R. nicht vor. Bemessungsgrundlage ist in diesen Fällen der **tatsächlich aufgewendete Betrag** ohne die enthaltene Umsatzsteuer (Abschn. 1.8 Abs. 6 UStAE).

Die Bemessungsgrundlage für **unentgeltliche Lieferungen** des Arbeitgebers an den Arbeitnehmer ist der **Einkaufspreis** für den Gegenstand zum Zeitpunkt der Abgabe an den Arbeitnehmer (Abschn. 1.8 Abs. 7 UStAE). Der Einkaufspreis entspricht regelmäßig dem Wiederbeschaffungspreis. In Ermangelung eines Einkaufspreises kann von den Selbstkosten ausgegangen werden, die alle durch den betrieblichen Prozess entstehenden Ausgaben umfassen.

Demgegenüber sind die unentgeltlich abgegebenen Produkte, die **im Betrieb des Arbeitgebers hergestellt worden sind**, mit den Selbstkosten der Umsatzsteuer zu unterwerfen. Diese entsprechen grds. den ertragsteuerlichen **Herstellungskosten** (R 6.3 EStR).

Bei der Ermittlung der Bemessungsgrundlage für unentgeltliche sonstige Leistungen ist von den bei der Ausführung dieser Leistungen entstandenen Ausgaben (inklusive anteiliger Gemeinkosten) auszugehen (§ 10 Abs. 4 Satz 1 Nr. 2 und 3 UStG). Bei der Ermittlung der Bemessungsgrundlage sonstiger Leistungen, die nicht in der Verwendung eines Unternehmensgegenstandes bestehen, sind die Ausgaben auszuscheiden, die nicht zum vollen oder teilweisen Vorsteuerabzug berechtigt haben (Abschn. 1.8 Abs. 7 UStAE).

e) Einzelfälle

aa) Unentgeltliche Unterkunft und Verpflegung

3824 Gewährt der Arbeitgeber einem Arbeitnehmer **unentgeltliche Unterkunft und Verpflegung** (z.B. im Gastronomiebereich), liegen umsatzsteuerlich eine gem. § 4 Nr. 12 Buchst. a UStG **befreite Vermietungsleistung** (inklusive Heizung und Beleuchtung als Nebenleistung) und eine umsatzsteuerpflichtige **Essensgewährung** zum erhöhten Steuersatz i.H.v. 19 % vor (BFH v. 24.4.2013, XI R 3/11, BStBl II 2014, 86). Der ermäßigte Umsatzsteuersatz ist nur in den Fällen anwendbar, in denen eine Essensabgabe an den Arbeitnehmer nicht zum Verzehr an Ort und Stelle erfolgt (Abschn. 1.8 Abs. 9 Satz 3 UStAE). Vgl. hierzu aber die vorgesehenen Steuersatzänderungen im Jahressteuergesetz (JStG) 2025.

Hier ist allerdings zu beachten, dass für **alle Restaurant- und Verpflegungsdienstleistungen** – mit Ausnahme der Abgabe von Getränken –, die nach dem 30.6.2020 und **vor dem 1.1.2024** erbracht werden, der **ermäßigte Umsatzsteuersatz** gilt (§ 12 Abs. 2 Nr. 15 UStG, BMF v. 3.6.2021, III C 2 – S 7030/20/10006 :006, BStBl I 2021, 777, verlängert durch BMF v. 21.11.2022, Az. wie zuvor).

Die **Bemessungsgrundlage** für die Essenslieferungen stellen grds. die **Selbstkosten** dar. Aus Vereinfachungsgründen ist jedoch von den lohnsteuerlichen Sachbezugswerten nach der SvEV auszugehen (Abschn. 1.8 Abs. 9 Satz 1 UStAE).

Beispiel:
Ein Arbeitgeber gewährt einem Arbeitnehmer in 2026 unentgeltliche Vollverpflegung:

Amtlicher Sachbezugswert für Vollverpflegung (§ 2 Abs. 1 SvEV) Bruttowert	345,– €
– enthaltene Umsatzsteuer (6,54 %)	22,56 €
umsatzsteuerliche Bemessungsgrundlage	367,58 €

Eine **umsatzsteuerpflichtige Vermietungsleistung** liegt vor, wenn ein Arbeitgeber in seiner Pension Räume an eigene Saisonarbeitnehmer überlässt, die alternativ zur vorübergehenden Beherbergung von Gästen oder zur Unterbringung des Saisonpersonals bereitgehalten werden (Abschn. 4.12.9 Abs. 2 Satz 3 UStAE).

bb) Incentive-Reisen

Incentive-Reisen liegen vor, wenn der Arbeitgeber seinen Arbeitnehmern z.B. als Anerkennung für besondere Verkaufsleistungen eine Reise zuwendet. Eine unentgeltliche Wertabgabe (§ 3 Abs. 9a Nr. 2 UStG) unterliegt grds. der Umsatzsteuer. Sie stellt umsatzsteuerlich eine „Reiseleistung" des Arbeitgebers dar, die der **Margenbesteuerung** gem. § 25 UStG unterliegt. Umsatzsteuer ergibt sich jedoch regelmäßig nicht, da sich die Kosten des Arbeitgebers (§ 10 Abs. 4 Satz 1 Nr. 3 UStG) mit den Aufwendungen für die Reise decken (Abschn. 25.3 Abs. 4 Nr. 1 UStAE), mithin eine Marge nicht entsteht. 3825

cc) Job-Ticket

Eine unentgeltliche Sachzuwendung liegt bei unentgeltlicher oder verbilligter Abgabe von Job-Tickets nicht vor, da Leistungsbeziehungen zwischen Beförderungsunternehmer und Arbeitnehmer bestehen (BMF v. 15.2.1994, IV C 3 – S 7100 – 4/94). Die auf die einzelnen Arbeitnehmer ausgestellten Job-Tickets werden nicht für das Unternehmen des Arbeitgebers bezogen. Ein **Vorsteuerabzug** scheidet bei ihm daher aus (Abschn. 15.5 Abs. 1 Sätze 2 und 3 UStAE). 3826

dd) Mahlzeiten

(1) Unternehmenseigene/fremdbewirtschaftete Kantine

Für **alle Restaurant- und Verpflegungsdienstleistungen** – mit Ausnahme der Abgabe von Getränken –, die nach dem 30.6.2020 und **vor dem 1.1.2024** erbracht werden, gilt der **ermäßigte Umsatzsteuersatz** (§ 12 Abs. 2 Nr. 15 UStG). 3827

Für die befristete Anwendung des ermäßigten Umsatzsteuersatzes für Restaurations- und Verpflegungsdienstleistungen mit Ausnahme der Abgabe von Getränken ist es nicht zu beanstanden, wenn zur **Aufteilung des Gesamtkaufpreises** von sog. Kombiangeboten aus Speisen inklusive Getränken (z.B. Buffet, All-Inclusive-Angeboten) der auf die Getränke entfallende Entgeltanteil mit **30 % des Pauschalpreises** angesetzt wird (Abschn. 10.1 Abs. 12 UStAE, BMF v. 3.6.2021, III C 2 – S 7030/20/10006 :006, BStBl I 2021, 777, verlängert durch BMF v. 21.11.2022, Az. wie zuvor).

Die Ermittlung der zutreffenden umsatzsteuerlichen Bemessungsgrundlage bei der Abgabe von Mahlzeiten erfordert die Abgrenzung zwischen unternehmenseigener und fremdbewirtschafteter Kantine, da bei der unentgeltlichen Abgabe von Mahlzeiten an Arbeitnehmer durch **unternehmenseigene Kantinen** im Gegensatz zur Abgabe durch fremdbewirtschaftete Kantinen aus Vereinfachungsgründen als Bemessungsgrundlage von den **amtlichen Sachbezugswerten** nach der SvEV ausgegangen werden kann.

Eine **unternehmenseigene Kantine** liegt nach Abschn. 1.8 Abs. 10 UStAE vor, wenn der Unternehmer (Arbeitgeber) die Mahlzeiten entweder selbst herstellt oder die Mahlzeiten vor deren Auslieferung an die Arbeitnehmer mehr als nur geringfügig be- oder verarbeitet bzw. aufbereitet oder ergänzt.

Eine **nicht selbst betriebene Kantine** liegt demgegenüber vor, wenn die Mahlzeiten nicht vom Arbeitgeber/Unternehmer selbst – d.h. durch eigenes Personal – zubereitet und an die Arbeitnehmer geliefert werden.

Eine unternehmenseigene Kantine i.S.d. Abschn. 1.8 Abs. 10 UStAE liegt im Übrigen auch dann vor, wenn der Kantinenbetrieb in einer gesonderten Betriebsabteilung geführt wird, die wirtschaftlich in das Gesamtunternehmen eingegliedert ist. Das ist z.B. der Fall, wenn alle Kantinen eines Konzerns durch eine **eigene Konzerntochter bewirtschaftet** werden und die Konzerntochter als Organgesellschaft **unselbständiger Bestandteil des Unternehmens** ist (OFD Niedersachsen v. 3.8.2017, S 7100 – 220 – St 172, StEd 2017, 570).

(2) Abgabe von Mahlzeiten durch eine unternehmenseigene Kantine

3828 Nach Abschn. 1.8 Abs. 11 Satz 1 UStAE ist für die Ermittlung der Bemessungsgrundlage für die Abgabe von unentgeltlichen Mahlzeiten an Arbeitnehmer durch unternehmenseigene Kantinen aus Vereinfachungsgründen von den Werten auszugehen, die den **amtlichen Sachbezugswerten** nach der SvEV entsprechen (R 8.1 Abs. 7 LStR). Dabei sind **Abschläge** für Angehörige der Arbeitnehmer nicht zulässig.

Beispiel 1:

Wert der Mahlzeit in 2026	4,57 €
Zahlung des Arbeitnehmers	1,– €
maßgeblicher Wert	4,57 €
darin enthaltene Umsatzsteuer 19 % (15,97 %)	0,73 €
Bemessungsgrundlage	3,84 €

Zahlt der Arbeitnehmer einen höheren Betrag als den amtlichen Sachbezugswert, ist der tatsächlich gezahlte Wert der Besteuerung zu Grunde zu legen.

Beispiel 2:

Wert der Mahlzeit in 2026	4,57 €
Zahlung des Arbeitnehmers	5,– €
maßgeblicher Wert	5,– €
darin enthaltene Umsatzsteuer 19 % (15,97 %)	0,80 €
Bemessungsgrundlage	4,20 €

Werden verschiedene Mahlzeiten zu unterschiedlichen Preisen verbilligt an die Arbeitnehmer abgegeben, kann der Arbeitgeber zur Ermittlung der unterschiedlichen Bemessungsgrundlagen von dem für lohnsteuerliche Zwecke ermittelten Durchschnittswert ausgehen (→ *Mahlzeiten* Rz. 3055). Aus Vereinfachungsgründen kann der Arbeitgeber dabei den für die pauschale Erhebung der Lohnsteuer nach § 40 Abs. 2 EStG ermittelten Durchschnittswert als umsatzsteuerrechtliche Bemessungsgrundlage zu Grunde legen (→ *Mahlzeiten* Rz. 3079).

Verzehrfertig zubereitete Speisen können ab dem 1.1.2023 sowohl i.R. einer ggf. ermäßigt besteuerten Lieferung (7 %) als auch i.R. einer nicht ermäßigt besteuerten sonstigen Leistung (19 %) abgegeben werden. Zur **Abgrenzung von Lieferungen und sonstigen Leistungen** bei der Abgabe von Speisen und Getränken vgl Abschn. 3.6 Abs. 1 UStAE.

(3) Abgabe von Mahlzeiten durch eine fremdbewirtschaftete Kantine

3829 Erwirbt der Arbeitnehmer die Mahlzeiten von einem Gastronomieunternehmer (Kantinenpächter), ohne dass Leistungsvereinbarungen zwischen diesem und dem Arbeitgeber bestehen, und bezahlt der Arbeitnehmer den Essenpreis – ggf. vermindert um einen Zuschuss des Arbeitgebers –, so erbringt der Gastronomieunternehmer einen entgeltlichen Gastronomieumsatz zum allgemeinen Steuersatz **direkt gegenüber dem Arbeitnehmer**. In diesem Fall stellt die Zahlung des Arbeitnehmers, zuzüglich der eventuellen Zuzahlung des Arbeitgebers (Entgelt von dritter Seite), abzüglich der enthaltenen Umsatzsteuer, die umsatzsteuerliche Bemessungsgrundlage dar. Die amtlichen Sachbezugswerte sind in diesen Fällen nicht anwendbar.

Sofern der Arbeitgeber dem Gastronomieunternehmer Küchen- und Kantinenräume, Einrichtungs- und Ausstattungsgegenstände sowie Koch- und Küchengeräte unentgeltlich zur Verfügung stellt, ist der Wert der Gebrauchsüberlassung bei der Ermittlung der Bemessungsgrundlage für die Mahlzeiten nicht zu berücksichtigen (Abschn. 1.8 Abs. 10 Satz 4 UStAE).

Beispiel:

Der Arbeitnehmer erwirbt in einer Gaststätte am 6.10.2026 ein Mittagessen zum Preis von 5 €. Den Essenpreis begleicht er durch Hingabe einer Essensmarke seines Arbeitgebers zum Wert von 3 € und einer eigenen Zuzahlung von 2 €. Der Gastronomieunternehmer lässt sich den Wert der Essensmarken monatlich vergüten.

Der Gastwirt erbringt gegenüber dem Arbeitnehmer eine sonstige Leistung, deren Bemessungsgrundlage 5 € (abzüglich 19 % Umsatzsteuer) beträgt (zur Herabsetzung des Steuersatzes vgl. Entwurf des JStG 2025). Der Arbeitgeber erbringt gegenüber dem Arbeitnehmer keine Sachzuwendung. Ein Vorsteuerabzug steht dem Arbeitgeber wegen fehlender Leistungsbeziehung im Verhältnis zum Gastwirt nicht zu.

(4) Weitergabe erworbener Mahlzeiten durch den Arbeitgeber

Wendet der Arbeitgeber die von einem Gastronomieunternehmer erworbenen Speisen seinen Arbeitnehmern zu und hat der Gastronomieunternehmer einen Zahlungsanspruch gegen den Arbeitgeber, liegen zwei hintereinander geschaltete Leistungsverhältnisse vor. Der Lieferant bewirkt eine sonstige Leistung an den Arbeitgeber. Dieser führt eine weitere sonstige Leistung (mit demselben Leistungsgegenstand) an seine Arbeitnehmer aus. 3830

Dem Arbeitgeber steht aus dem Erwerb der Mahlzeiten ein Vorsteuerabzug zu.

Beispiel:

Der Arbeitgeber bezieht von einer Großküche im November 2026 100 Mahlzeiten zum Nettopreis von 250 € zzgl. 17,50 € Umsatzsteuer (7 %). Die erworbenen Essen gibt er in der eigenen Kantine zum Preis von jeweils 2 € (brutto) an die Arbeitnehmer ab.

Die Bemessungsgrundlage beträgt 250 € **zzgl. 7 % Umsatzsteuer**, da der Abgabepreis **unter** dem Einkaufspreis der Mahlzeiten liegt (§ 10 Abs. 4 Satz 1 Nr. 2 UStG).

ee) Unentgeltliche Warenabgaben/Deputate

Unentgeltliche Warenabgaben werden neben dem Barlohn in bestimmten Bereichen (z.B. Brauereien, Landwirtschaft etc.) gewährt. Diese Warenabgaben sind umsatzsteuerbar, soweit bei Erwerb oder Herstellung des abgegebenen Gegenstandes ein Vorsteuerabzug in Anspruch genommen werden konnte (§ 3 Abs. 1b Satz 1 Nr. 2 UStG). Die Bemessungsgrundlage sind grds. der Einkaufspreis oder die Selbstkosten (§ 10 Abs. 4 Satz 1 Nr. 1 UStG). Die Verwaltung lässt aber aus Vereinfachungsgründen den Ansatz der nach lohnsteuerlichen Regelungen (R 8.1 Abs. 2 LStR, R 8.2 Abs. 2 LStR) ermittelten Werte zu (Abschn. 1.8 Abs. 14 Satz 4 UStAE). 3831

Der für lohnsteuerliche Zwecke ggf. anzuwendende Rabattfreibetrag i.H.v. 1 080 € ist bei der Ermittlung der umsatzsteuerlichen Bemessungsgrundlage nicht zu berücksichtigen.

Getränke und Genussmittel, die der Arbeitgeber den Arbeitnehmern unentgeltlich zum Verzehr im Betrieb zur Verfügung stellt, sind als Aufmerksamkeiten nicht umsatzsteuerbar (§ 3 Abs. 1b Satz 1 Nr. 2 UStG). Demgegenüber unterliegt die Abgabe derartiger Waren der Umsatzsteuer, wenn sie zum häuslichen Verzehr erfolgt. Als Bemessungsgrundlage sind in diesen Fällen die Selbstkosten bzw. der Einkaufspreis anzusetzen (OFD Hannover v. 25.4.2005, S 7109 – 1 – StO 172). Denn in der Gewährung eines Rabatts liegt keine Leistung, sondern ein Preisnachlass (OFD Niedersachsen v. 3.8.2017, S 7100 – 220 – St 172, StEd 2017, 570).

Sachgeschenke an Arbeitnehmer gelegentlich eines Arbeitnehmer- oder Firmenjubiläums sind der Umsatzsteuer zu unterwerfen, sofern es sich nicht um Aufmerksamkeiten oder Leistungen im überwiegenden betrieblichen Interesse handelt.

Zuwendungen i.R. von Betriebsveranstaltungen sind ebenfalls umsatzsteuerbar, wenn sie sich nicht im üblichen Rahmen halten (→ Rz. 3842).

Bemessungsgrundlage in den vorgenannten Fällen sind der Einkaufspreis oder die Selbstkosten. Aus Vereinfachungsgründen können auch hier die nach lohnsteuerrechtlichen Regelungen ermittelten Werte zu Grunde gelegt werden.

ff) Arbeitnehmer-Sammelbeförderung

Die Beförderung von Arbeitnehmern durch den Arbeitgeber von ihrem Wohnsitz, persönlichen Aufenthalt oder von einer Sammelhaltestelle (z.B. Bahnhof) zum Arbeitsplatz mit unternehmenseigenen oder gemieteten Fahrzeugen (z.B. Beauftragung eines Omnibusunternehmens) ist grds. steuerbar (§ 3 Abs. 9a Nr. 2 UStG) und steuerpflichtig. 3832

Der Arbeitgeber erbringt eine **entgeltliche Beförderungsleistung**, wenn er sie als Vergütung für geleistete Dienste ausführt (Verpflichtung aus Tarifvertrag oder durch Einzelvereinbarung).

Aber auch die freiwillige (ohne rechtliche Verpflichtung) **unentgeltlich ausgeführte Arbeitnehmerbeförderung** zwischen Wohnung und erster Tätigkeitsstätte ist **umsatzsteuerlich relevant** (§ 3 Abs. 9a Nr. 2 UStG), da es sich um Fahrten zur Befriedigung des privaten Bedarfs und nicht zur Gestaltung der Dienstausübung handelt.

Arbeitnehmer-Sammelbeförderungen lösen demgegenüber dann **keine Umsatzsteuer** aus, wenn sie im **überwiegenden betrieblichen Interesse** liegen. Hiervon ist beispielsweise **in folgenden Fällen** auszugehen (Abschn. 1.8 Abs. 15 Satz 2 UStAE):

- die Beförderung könnte mit öffentlichen Verkehrsmitteln nicht oder nur mit unverhältnismäßig hohem Zeitaufwand durchgeführt werden (BFH v. 15.11.2007, V R 15/06, BStBl II 2009, 423),
- die Arbeitnehmer werden an ständig wechselnden Tätigkeitsstätten oder verschiedenen Stellen eines weiträumigen Arbeitsgebietes eingesetzt,
- die Beförderungsleistungen werden im Einzelfall wegen eines außergewöhnlichen Arbeitseinsatzes erforderlich,
- die Beförderungsleistungen dienen hauptsächlich dem Materialtransport und Arbeitnehmer werden dabei unentgeltlich mitgenommen.

Die Prüfung kann nach folgendem Schema erfolgen (vgl. OFD Niedersachsen v. 28.9.2015, S 7100 – 431 – St 171):

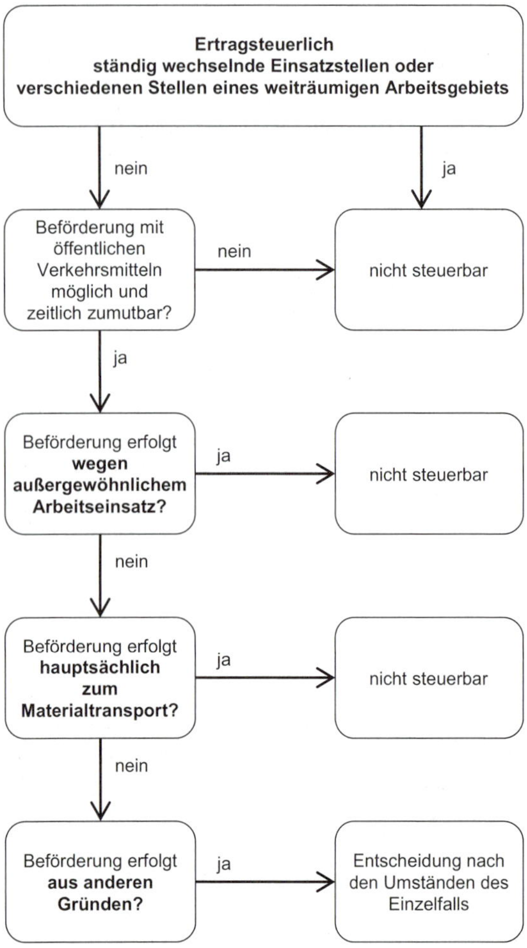

Beförderungsleistungen im Schienenbahnverkehr unterliegen seit 2020 immer dem ermäßigten Umsatzsteuersatz i.H.v. 7 %, andere Beförderungsleistungen unterliegen grds. dem ermäßigten Umsatzsteuersatz i.H.v. 7 %, sofern es sich im verkehrsrechtlichen Sinne um Beförderungen im genehmigten Linienverkehr (innerhalb einer Gemeinde oder einfache Entfernung bis 50 km) handelt (Abschn. 12.15 Abs. 1 und 2 UStAE sowie Abschn. 12.13 Abs. 5 UStAE).

Eine Sammelbeförderung **geringfügig beschäftigter Arbeitnehmer** kann ebenfalls eine nicht steuerbare Leistung des Arbeitgebers darstellen, wenn sich das Angebot der Beförderung an alle Arbeitnehmer richtet, die Arbeitsleistung aber unabhängig von der Annahme dieses Angebots allein auf Grund der Barlohnvereinbarung geschuldet und erbracht wird (BFH v. 10.6.1999, V R 104/98, BStBl II 1999, 582).

Als Bemessungsgrundlage für die unentgeltlichen Beförderungsleistungen sind die dem Arbeitgeber entstandenen Kosten anzusetzen. Kosten, die nicht mit Umsatzsteuer belastet sind, sind ebenfalls in die Bemessungsgrundlage einzubeziehen. Ersatzweise können diese geschätzt werden, soweit der Arbeitgeber die Beförderung mit betriebseigenen Fahrzeugen durchführt (Abschn. 1.8 Abs. 16 UStAE). Danach kann der Arbeitgeber die Bemessungsgrundlage eines Monats z.B. pauschal aus der Zahl der durchschnittlich beförderten Arbeitnehmer und aus dem Preis für eine Monatskarte für die kürzeste und weiteste gefahrene Strecke (Durchschnitt) ableiten (Abschn. 1.8 Abs. 16 Satz 3 UStAE).

Beispiel:

Ein Arbeitgeber hat in einem Monat durchschnittlich sechs Arbeitnehmer mit einem betriebseigenen Fahrzeug unentgeltlich von ihrer Wohnung zur ersten Tätigkeitsstätte befördert. Die kürzeste Strecke von der Wohnung eines Arbeitnehmers zur Arbeitsstelle beträgt 10 km, die weiteste 30 km (Durchschnitt 20 km).

Die Bemessungsgrundlage für die Beförderungsleistungen in diesem Monat berechnet sich wie folgt:

Sechs Arbeitnehmer × 76 € (Monatskarte für 20 km)	456,– €
– Umsatzsteuer (Steuersatz 7 %)	29,83 €
= Bemessungsgrundlage	426,17 €

Beauftragt der Arbeitgeber einen selbständigen Beförderungsunternehmer mit der Durchführung der Arbeitnehmersammelbeförderung zur Arbeitsstelle, liegt umsatzsteuerlich eine Leistung des Beförderungsunternehmers an den Arbeitgeber und eine Leistung des Arbeitgebers an die Arbeitnehmer vor. Bemessungsgrundlage für die Beförderungsleistung des Arbeitgebers an seine Arbeitnehmer sind die ihm durch den Beförderungsunternehmer in Rechnung gestellten Kosten. Der ermäßigte Umsatzsteuersatz ist auf diese Leistung zwischen Arbeitgeber und Arbeitnehmer nicht anwendbar (Abschn. 12.15 Abs. 3 UStAE).

gg) Freifahrten der Arbeitnehmer von Verkehrsbetrieben

Freifahrten, die von Verkehrsbetrieben aus betrieblichen Gründen **3833**
für den privaten, außerhalb des Dienstverhältnisses liegenden Bedarf der Arbeitnehmer, ihrer Angehörigen und ihrer Pensionäre gewährt werden, sind umsatzsteuerbar (§ 3 Abs. 9a Nr. 2 UStG). Die als Bemessungsgrundlage anzusetzenden Kosten sind nach den jeweiligen örtlichen Verhältnissen zu ermitteln und können im Allgemeinen mit 25 % des normalen Preises für den überlassenen Fahrschein angenommen werden (Abschn. 1.8 Abs. 17 UStAE). Die Umsatzsteuer ist zum jeweiligen Steuersatz herauszurechnen.

hh) Firmenwagen zur privaten Nutzung

Die Überlassung von Kraftfahrzeugen als Sachzuwendung an den **3834**
Arbeitnehmer hat umsatzsteuerliche Folgerungen. Zu beachten ist, dass der Begriff **„Fahrzeug"** für umsatzsteuerliche Zwecke gleichzusetzen ist mit dem Begriff „Kraftfahrzeug" und damit auch Elektrofahrräder, die einer Kennzeichen-, Versicherungs- oder Führerscheinpflicht unterliegen, umfasst (BMF v. 7.2.2022, III C 2 – S 7300/19/10004 :001, BStBl I 2022, 197).

Für die umsatzsteuerliche Behandlung der als Sachzuwendung zu beurteilenden Überlassung von unternehmerischen Kraftfahrzeugen durch einen Arbeitgeber an sein Personal (Arbeitnehmer) für Privatfahrten, für Fahrten zwischen Wohnung und erster Tätigkeitsstätte sowie Familienheimfahrten aus Anlass einer doppelten Haushaltsführung gilt Folgendes (BMF v. 5.6.2014, IV D 2 – S 7300/07/10002 :001, BStBl I 2014, 896):

(1) Entgeltliche Überlassung

Die Überlassung eines Kraftfahrzeugs durch den Arbeitgeber an **3835**
seinen Arbeitnehmer zur privaten Nutzung ist als entgeltliche Leistung i.S.d. § 1 Abs. 1 Nr. 1 Satz 1 UStG (Abschn. 1.8 Abs. 1 UStAE) zu beurteilen. Die Überlassung eines Kraftfahrzeugs ist als Vergütung für geleistete Dienste (Entgelt) anzusehen, wenn sie

- im Arbeitsvertrag geregelt ist,
- auf mündlicher Abrede oder
- auf sonstigen Umständen des Arbeitsverhältnisses (faktische betriebliche Übung) beruht.

Dabei spricht stets für die **Entgeltlichkeit**, wenn das Kraftfahrzeug dem Arbeitnehmer für eine gewisse Dauer und nicht nur gelegentlich zur Privatnutzung überlassen wird.

Bei der entgeltlichen Fahrzeugüberlassung zu Privatzwecken liegt ein tauschähnlicher Umsatz vor (§ 3 Abs. 12 Satz 2 UStG). Die umsatzsteuerliche Bemessungsgrundlage ist der Wert der nicht durch den Barlohn abgegoltenen Arbeitsleistung des Arbeitnehmers (§ 10 Abs. 2 Satz 2 i.V.m. § 10 Abs. 1 Satz 1 UStG). Diese kann anhand der **Gesamtkosten des Arbeitgebers** für die Überlassung des Fahrzeugs geschätzt werden. Aus diesen Gesamtkosten dürfen die dem Arbeitgeber entstandenen Kosten, die nicht mit Vorsteuer belastet sind (z.B. Kfz-Versicherung, Kfz-Steuer o.Ä.), **nicht** ausgeschieden werden. Bei dem so ermittelten Wert handelt es sich um einen **Nettowert**, auf den die Umsatzsteuer mit dem allgemeinen Umsatzsteuersatz aufzuschlagen ist.

Etwaige **Zuzahlungen des Arbeitnehmers**, um z.B. seinen persönlichen Wünschen entsprechende Sonderausstattungen zu erhalten, oder Zuzahlungen zu den laufenden Unterhaltskosten dürfen die umsatzsteuerliche Bemessungsgrundlage nicht mindern. Anderes gilt für Sonderausstattungen nur, wenn der Arbeitnehmer im eigenen Namen für das Fahrzeug (z.B. eine hochwertige Musikanlage) erwirbt und insoweit als Leistungsempfänger anzusehen ist. Insofern scheidet auch der Vorsteuerabzug des Unternehmers hierfür aus. Einzelheiten zur umsatzsteuerlichen Behandlung von Zuzahlungen des Arbeitnehmers bei Firmenwagenüberlassung vgl. BMF v. 30.12.1997, IV C 3 – S 7102 – 41/97, BStBl I 1998, 110.

Treffen Arbeitgeber und Arbeitnehmer Aussagen zu dem **Wert der Arbeitsleistung**, so kann dieser als Bemessungsgrundlage zu Grunde gelegt werden, wenn er die Kosten für die Fahrzeugüberlassung übersteigt.

Die Finanzverwaltung beanstandet es **aus Vereinfachungsgründen** nicht, wenn für die umsatzsteuerliche Bemessungsgrundlage an Stelle der Kosten von den **lohnsteuerlichen Pauschalwerten** ausgegangen wird, aus denen – da es sich um Bruttowerte handelt – die Umsatzsteuer mit **15,97 %** herauszurechnen ist (Abschn. 1.8 Abs. 8 UStAE).

Wird für lohnsteuerliche Zwecke für die entgeltliche Fahrzeugüberlassung für Privatfahrten und für Fahrten zwischen Wohnung und erster Tätigkeitsstätte nach § 8 Abs. 2 Satz 2 und 3 i.V.m. § 6 Abs. 1 Nr. 4 Satz 2 EStG der vom Listenpreis abgeleitete **Pauschalwert** angesetzt (R 8.1 Abs. 9 Nr. 1 LStR), kann dieser Wert auch der Umsatzbesteuerung zu Grunde gelegt werden (Abschn. 15.23 Abs. 11 UStAE). Eine Kürzung des inländischen Listenpreises für Elektro- und Hybridelektrofahrzeugen (→ *Firmenwagen zur privaten Nutzung* Rz. 2174) ist nicht vorzunehmen (BMF v. 7.2.2022, III C 2 – S 7300/19/10004 :001, BStBl I 2022, 197). Auch sind Kürzungen um Zuzahlungen des Arbeitnehmers unzulässig.

Bei **Familienheimfahrten** ist aus Vereinfachungsgründen der Pauschalwert mit 0,002 % des Listenpreises (ohne Kürzung für Elektro- und Hybridelektrofahrzeuge) je Kilometer zwischen den Orten des Hausstands und der Beschäftigung zu berücksichtigen. Aus dem so ermittelten Bruttowert ist die Umsatzsteuer mit 15,97 % herauszurechnen. **Ein pauschaler Abschlag i.H.v. 20 % für nicht mit Vorsteuer belastete Kosten ist in diesen Fällen ebenfalls unzulässig.**

Beispiel 1:

Ein Arbeitnehmer mit einer am 1.1.2026 begründeten doppelten Haushaltsführung nutzt einen Firmenwagen mit einem Listenpreis einschließlich Umsatzsteuer von 30 000 € im gesamten Kalenderjahr 2026 zu Privatfahrten, zu Fahrten zur 10 km entfernten ersten Tätigkeitsstätte und zu 20 Familienheimfahrten zum 150 km entfernten Wohnsitz der Familie.

Die Umsatzsteuer für die Firmenwagenüberlassung ist wie folgt zu ermitteln (BMF v. 5.6.2014, IV D 2 – S 7300/07/10002 :001, BStBl I 2014, 896):

a) für die allgemeine Privatnutzung 1 % von 30 000 € × 12 Monate	3 600,– €
b) für Fahrten zwischen Wohnung und erster Tätigkeitsstätte 0,03 % von 30 000 € × 10 km × 12 Monate	1 080,– €
lohnsteuerlicher geldwerter Vorteil	4 680,– €
c) für Familienheimfahrten 0,002 % von 30 000 € × 150 km × 20 Fahrten	1 800,– €
Bruttowert der sonstigen Leistung an den Arbeitnehmer	6 480,– €
Die darin enthaltene Umsatzsteuer beträgt 19/119 von 6 480 €	1 034,62 €

Ermittelt der Arbeitgeber den privaten Nutzungsanteil durch ein ordnungsgemäß geführtes Fahrtenbuch anhand der durch Belege nachgewiesenen Gesamtkosten (R 8.1 Abs. 9 Nr. 2 LStR), ist dieser Wert auch als Bemessungsgrundlage für die sonstigen Leistungen an den Arbeitnehmer zu Grunde zu legen. Zu den Privatfahrten sind dann auch die Fahrten zwischen Wohnung und erster Tätigkeitsstätte und die Familienheimfahrten zu zählen.

Aus den Gesamtkosten dürfen keine Kosten ausgeschieden werden, bei denen ein Vorsteuerabzug nicht möglich ist. Eine Kürzung der insgesamt entstandenen Aufwendungen um Aufwendungen, die auf

- **das Batteriesystem bei Elektro- und Hybridelektrofahrzeugen** (→ *Firmenwagen zur privaten Nutzung* Rz. 2174) oder
- **auf den nach § 3 Nr. 46 EStG steuerfreien Vorteil für das elektrische Aufladen eines Elektrofahrzeugs oder Hybridelektrofahrzeugs** (→ *Elektromobilität* Rz. 1821)

entfallen, **ist nicht möglich.**

Beispiel 2:

Ein Firmenwagen mit einer Jahresfahrleistung von 20 000 km wird von einem Arbeitnehmer lt. ordnungsgemäß geführtem Fahrtenbuch an 180 Tagen jährlich für Fahrten zur 10 km entfernten ersten Tätigkeitsstätte benutzt. Die übrigen Privatfahrten des Arbeitnehmers belaufen sich auf insgesamt 3 400 km. Die gesamten Kraftfahrzeugkosten (Nettoaufwendungen einschließlich Abschreibung) betragen 9 000 €.

Von den Privatfahrten des Arbeitnehmers entfallen 3 600 km auf Fahrten zwischen Wohnung und erster Tätigkeitsstätte (180 Tage × 20 km) und 3 400 km auf sonstige Fahrten. Dies entspricht einer Privatnutzung von insgesamt 35 % (7 000 km von 20 000 km). Für die umsatzsteuerliche Bemessungsgrundlage ist von einem Betrag von 35 % von 9 000 € = 3 150 € auszugehen. Die Umsatzsteuer beträgt 19 % von 3 150 € = 598,50 € (BMF v. 5.6.2014, IV D 2 – S 7300/07/10002 :001, BStBl I 2014, 896).

(2) Unentgeltliche Überlassung

Die **unentgeltliche Überlassung** eines Kraftfahrzeugs durch den Arbeitgeber an den Arbeitnehmer i.S.d. § 3 Abs. 9a Nr. 1 UStG (Abschn. 1.8 Abs. 2 UStAE) **stellt nach Verwaltungsauffassung einen Ausnahmefall dar**. Sie wird dann angenommen, wenn die vereinbarte private Nutzung des Fahrzeugs derart gering ist, dass sie für die Gehaltsbemessung keine wirtschaftliche Rolle spielt, und wenn nach den objektiven Gegebenheiten eine weitere private Nutzungsmöglichkeit ausscheidet (BFH v. 4.10.1984, V R 82/83, BStBl II 1984, 808). Die Finanzverwaltung geht nur dann von einer Unentgeltlichkeit aus, wenn das Kraftfahrzeug dem Arbeitnehmer **gelegentlich an nicht mehr als fünf Kalendertagen im Kalendermonat** für private Zwecke überlassen wird (vgl. BMF v. 3.3.2022, IV C 5 – S 2334/21/10004:001, BStBl I 2022, 2321, Rdnr. 16). 3836

Bemessungsgrundlage für die unentgeltliche Kraftfahrzeugüberlassung sind die Kosten (§ 10 Abs. 4 Satz 1 Nr. 2 UStG). Aus diesen sind die nicht mit Vorsteuer belasteten Kosten auszuscheiden. Der hiernach ermittelte Wert ist ein **Nettowert**, auf den der allgemeine Umsatzsteuersatz aufzuschlagen ist.

Auch für diese Fälle gibt es eine **Vereinfachungsregelung** (BMF v. 5.6.2014, IV D 2 – S 7300/07/10002 :001, BStBl I 2014, 896):

Danach kann für Umsatzsteuerzwecke von den lohnsteuerlichen Werten ausgegangen werden, aus denen – da es sich insoweit um Bruttowerte handelt – die Umsatzsteuer mit **15,97 %** herauszurechnen ist (Abschn. 1.8 Abs. 8 UStAE). Hierbei ist zu beachten, dass die **ertragsteuerlichen** Sonderregelungen für Elektro- und Hybridelektrofahrzeuge sowie für Fahrräder bei der Umsatzsteuer **nicht** anzuwenden sind (BMF v. 7.2.2022, III C 2 – S 7300/19/10004 :001, BStBl I 2022, 197). Folglich darf für solche Fahrzeuge sowie (Elektro-)Fahrräder der inländische Listenpreis nicht gekürzt werden.

(3) Sonstiges

Der **BFH** hat die von der Finanzverwaltung getroffenen **Vereinfachungsregelungen bestätigt**. Da es sich hierbei um eine einheitliche Schätzung handelt, kann diese **nur insgesamt** oder gar nicht **in Anspruch genommen** werden (BFH v. 5.6.2014, XI R 2/12, BStBl II 2015, 785). 3837

Darüber hinaus gilt Folgendes (OFD Niedersachsen v. 3.8.2017, S 7100 – 220 – St 172, StEd 2017, 570):

- Die o.a. Regelungen gelten unabhängig davon, ob der Unternehmer **das Fahrzeug gekauft, gemietet oder geleast** hat. Auch bei gemieteten oder geleasten Fahrzeugen kann der Unternehmer den Wert der Nutzungsüberlassung nach dem vom Listenpreis abgeleiteten Pauschalwert ansetzen (R 8.1 Abs. 9 Nr. 1 LStR), wenn er von der Vereinfachungsregelung in Abschn. 15.23 Abs. 11 UStAE Gebrauch macht.
- **Elektrofahrräder** mit einer Kennzeichen-, Versicherungs- oder Führerscheinpflicht (S-Pedelecs) sind Kraftfahrzeuge i.S.d. Abschn. 15.23 UStAE. Fahrräder ohne straßenverkehrliche Zulassung sind keine Kraftfahrzeuge und unterliegen den allgemeinen Grundsätzen der Umsatzbesteuerung. Aus Vereinfachungsgründen kann jedoch für diese Fahrräder oder Elektrofahrräder, wenn sie für Leistungen nach § 3 Abs. 9a Nr. 1 UStG verwendet werden, die von der Finanzverwaltung festgesetzten Durchschnittswerte (→ *Fahrrad* Rz. 2061) angewendet werden.
- Bei Unternehmern mit steuerfreien Umsätzen ist die Fahrzeugüberlassung steuerbar und steuerpflichtig. Die Steuerbefreiung nach § 4 Nr. 28 UStG ist auf diese Leistungen nicht anwendbar (Abschn. 4.28.1 Abs. 1 Satz 3 UStAE).

Soweit sich der **EuGH zur Steuerpflicht und zum Ort der Überlassung von Dienstfahrzeugen** an Arbeitnehmer geäußert hat (EuGH v. 20.1.2021, C-288/19, HFR 2021, 325), hat dieses Urteil nur **Auswirkungen auf grenzüberschreitende Fahrzeugüberlassungen** (in diesen Fällen besteht nun die Gestaltungsmöglichkeit, den Ort der Leistung und damit vor allem den Umsatzsteuersatz über die Ausgestaltung der Vereinbarung über die Entgeltlichkeit (entgeltlich bzw. unentgeltlich) steuern zu können. Für rein inländische Sachverhalte ändert sich durch das Urteil im Ergebnis nichts.

ii) Telefonnutzung

3838 Ersetzt der Arbeitgeber die für den Anschluss eines Telefons und dessen laufende Nutzung anfallenden Kosten, knüpfen sich hieran keine umsatzsteuerlichen Folgen, da es sich um eine nicht umsatzsteuerbare Geldleistung handelt. Dem Arbeitgeber steht insoweit kein Vorsteuerabzug zu, da der Arbeitnehmer Vertragspartner des Telefondienstleisters ist. Gleiches gilt für die Anschluss- und Unterhaltskosten eines Autotelefons oder Handys.

Wird einem Arbeitnehmer für dessen Privatzwecke kostenlos ein betrieblicher Telefonanschluss zur Verfügung gestellt, erbringt der Arbeitgeber grds. gegenüber dem Arbeitnehmer eine steuerbare und steuerpflichtige Wertabgabe (§ 3 Abs. 9a UStG), denn die bei der Einkommensteuer geltende Steuerbefreiung (§ 3 Nr. 45 EStG) zieht keine Steuerbefreiung im Bereich der Umsatzsteuer nach sich. Wenn die Nutzung betrieblicher Einrichtungen in solchen Fällen zwar auch die Befriedigung eines privaten Bedarfs der Arbeitnehmer zur Folge hat, diese Folge aber durch die mit der Nutzung angestrebten betrieblichen Zwecke überlagert wird, liegen überwiegend durch das betriebliche Interesse des Arbeitgebers veranlasste nicht steuerbare Leistungen vor (Abschn. 1.8 Abs. 4 UStAE). Eine Umsatzsteuerbelastung tritt daher in derartigen Fällen regelmäßig nicht ein (OFD Hannover v. 11.6.2001, S 7109 – 4 – StO 355).

jj) Stromlieferung für Elektrofahrzeuge

3839 Für die umsatzsteuerliche Behandlung der Stromlieferung für das **Laden von Elektrofahrzeugen beim Arbeitgeber** gilt Folgendes (die in § 3 Nr. 46 EStG eingeführte Steuerbefreiung bei der Einkommensteuer [→ *Elektromobilität* Rz. 1821] kann aus unionsrechtlichen Gründen nicht auf die Umsatzsteuer übertragen werden):

(1) Entgeltliche Überlassung

3840 Bei vollentgeltlicher und verbilligter Stromlieferung ist der Arbeitgeber nach § 14 Abs. 2 Satz 1 Nr. 2 UStG berechtigt, aber nicht verpflichtet, seinem Arbeitnehmer eine Rechnung mit gesondert ausgewiesener Umsatzsteuer zu erteilen. Im Falle der verbilligten Stromlieferung gilt dabei die sog. Mindestbemessungsgrundlage (§ 10 Abs. 5 Nr. 2 UStG i.V.m. § 10 Abs. 4 UStG), wonach die Lieferung nicht mit dem tatsächlich gezahlten Entgelt, sondern grds. mit dem Einkaufspreis für den Strom der Umsatzsteuer unterliegt. In der Rechnung sind diese Mindestbemessungsgrundlage und der darauf entfallende Steuerbetrag anzugeben.

(2) Unentgeltliche Überlassung

Die unentgeltliche Stromlieferung stellt eine sog. unentgeltliche Wertabgabe dar, wenn der Bezug des Stroms den Arbeitgeber zum Vorsteuerabzug berechtigt hat. Diese unentgeltliche Wertabgabe unterliegt zwar beim Arbeitgeber mit dem Einkaufspreis für den Strom der Umsatzsteuer. Der Arbeitgeber darf hierüber aber keine Rechnung mit gesondert ausgewiesener Umsatzsteuer ausstellen. 3841

kk) Nicht steuerbare Sachzuwendungen des Arbeitgebers

Aufmerksamkeiten (§ 3 Abs. 9a UStG) und Leistungen, die überwiegend durch das betriebliche Interesse des Arbeitgebers veranlasst sind (BFH v. 11.3.1988, V R 30/84, BStBl II 1988, 643), sind keine steuerbaren Umsätze. 3842

(1) Aufmerksamkeiten

Aufmerksamkeiten sind nach Abschn. 1.8 Abs. 3 Satz 1 UStAE Zuwendungen des Arbeitgebers, die nach ihrer Art und nach ihrem Wert Geschenken entsprechen, die im gesellschaftlichen Verkehr üblicherweise ausgetauscht werden und zu keiner ins Gewicht fallenden Bereicherung des Arbeitnehmers führen (BFH v. 22.3.1985, VI R 26/82, BStBl II 1985, 641, R 19.6 LStR). 3843

Die Begriffe Aufmerksamkeit im umsatzsteuerlichen und lohnsteuerlichen Sinne entsprechen sich (→ *Annehmlichkeiten* Rz. 167).

(2) Leistungen im überwiegenden Interesse des Arbeitgebers

Leistungen im überwiegenden Interesse des Arbeitgebers sind ebenfalls nicht umsatzsteuerbar. Sie liegen vor, wenn betrieblich veranlasste Maßnahmen zwar auch die Befriedigung eines privaten Bedarfs der Arbeitnehmer zur Folge haben, diese Folgen aber durch die mit diesen Maßnahmen angestrebten betrieblichen Zwecke überlagert werden. Dies ist dann anzunehmen, wenn die Maßnahme die dem Arbeitgeber obliegende Gestaltung der Dienstausübung betrifft (BFH v. 9.7.1998, V R 105/92, BStBl II 1998, 635). 3844

Hierzu gehören insbesondere (Abschn. 1.8 Abs. 4 UStAE):

- Leistungen zur **Verbesserung der Arbeitsbedingungen**, z.B. die Bereitstellung von Aufenthalts- und Erholungsräumen sowie von betriebseigenen Duschanlagen, die grds. von allen Betriebsangehörigen in Anspruch genommen werden können; auch die Bereitstellung von Bade- und Sportanlagen kann überwiegend betrieblich veranlasst sein, wenn in der Zurverfügungstellung der Anlagen nach der Verkehrsauffassung kein geldwerter Vorteil zu sehen ist; z.B. ist die Bereitstellung von Fußball- oder Handballsportplätzen kein geldwerter Vorteil, wohl aber die Bereitstellung von Tennis- oder Golfplätzen (BFH v. 27.9.1996, VI R 44/96, BStBl II 1997, 146),
- die **betriebsärztliche Betreuung sowie die Vorsorgeuntersuchung** des Arbeitnehmers, wenn sie im ganz überwiegenden betrieblichen Interesse des Arbeitgebers liegt (BFH v. 17.9.1982, VI R 75/79, BStBl II 1983, 39),
- betriebliche **Fort- und Weiterbildungsleistungen**,
- die Überlassung von **Arbeitsmitteln zur beruflichen Nutzung** einschließlich der Arbeitskleidung, wenn es sich um typische Berufskleidung, insbesondere um Arbeitsschutzkleidung, handelt, deren private Nutzung so gut wie ausgeschlossen ist,
- das **unentgeltliche Zurverfügungstellen von Parkplätzen** auf dem Betriebsgelände;

  soweit die Überlassung über das Zurverfügungstellen von Pkw-Parkplätzen auf dem Betriebsgelände hinausgeht, liegen steuerbare und steuerpflichtige Umsätze vor; darunter fällt z.B. die verbilligte oder kostenlose Überlassung eines Teils der Werkhalle zum Unterstellen einer Segeljacht bzw. eines Wohnwagens (OFD Niedersachsen v. 3.8.2017, S 7100 – 220 – St 172, StEd 2017, 570);

  die **Überlassung von Parkplätzen gegen Kostenbeteiligung** ist jedoch eine **umsatzsteuerpflichtige entgeltliche Leistung**, denn die Besteuerung unentgeltlicher Leistungen erlaubt keinen Rückschluss auf die Besteuerung von Dienstleistungen, die der Unternehmer gegen verbilligtes Entgelt erbringt (BFH v. 14.1.2016, V R 63/13, BStBl II 2016, 360),

- Zuwendungen i.R. von **Betriebsveranstaltungen**, soweit sie sich im üblichen Rahmen halten; die Üblichkeit der Zuwendungen ist **bis zu einer Höhe von 110 €** einschließlich Umsatzsteuer je Arbeitnehmer und Betriebsveranstaltung nicht zu prüfen; dies gilt allerdings nicht bei mehr als zwei Betriebsveranstaltungen im Jahr; die lohnsteuerrechtliche Beurteilung gilt entsprechend;

  die gesetzlichen Änderungen, insbesondere die Ersetzung der bisherigen lohnsteuerlichen Freigrenze durch einen Freibetrag, haben grds. keine Auswirkungen auf die umsatzsteuerrechtlichen Regelungen; ob eine Betriebsveranstaltung vorliegt und wie die Kosten, die auf den einzelnen Arbeitnehmer entfallen, zu berechnen sind, bestimmt sich nach den lohnsteuerrechtlichen Grundsätzen; von einer überwiegend durch das unternehmerische Interesse des Arbeitgebers veranlassten, üblichen Zuwendung ist umsatzsteuerrechtlich i.d.R. auszugehen, wenn der Betrag je Arbeitnehmer und Betriebsveranstaltung 110 € einschließlich Umsatzsteuer nicht überschreitet; übersteigt dagegen der Betrag, der auf den einzelnen Arbeitnehmer entfällt, pro Veranstaltung die Grenze von 110 € einschließlich Umsatzsteuer, ist von einer überwiegend durch den privaten Bedarf des Arbeitnehmers veranlassten unentgeltlichen Zuwendung auszugehen (BMF v. 14.10.2015, IV C 5 – S 2332/15/10001/III C 2 – S 7109/15/10001, BStBl I 2015, 832); **übersteigen die Zuwendungen** i.R. von Betriebsveranstaltungen den Betrag von **110 € je Arbeitnehmer, entfällt der Vorsteuerabzug für den gesamten Betrag**; die Finanzverwaltung hat diese Auffassung bekräftigt und es abgelehnt, zur umsatzsteuerlichen Behandlung von Betriebsveranstaltungen analog zur lohnsteuerlichen Regelung des § 19 Abs. 1 Satz 1 Nr. 1a EStG einen einheitlichen Freibetrag von 110 € pro Mitarbeiter bei der Umsatzsteuer einzuführen (BMF v. 19.4.2016, III C 2 – S 7109/15/10001, BC 2016, 192),

  Jubilarfeiern sind Betriebsveranstaltungen, wenn nicht einzelne Jubilare geehrt werden; bei der Ehrung eines einzelnen Jubilars liegt keine Betriebsveranstaltung i.S.v. Abschn. 1.8 Abs. 4 Satz 3 Nr. 6 UStAE vor; die Freigrenze von 110 € kommt somit nicht zur Anwendung; demzufolge sind sämtliche i.R. einer solchen Veranstaltung zugewendeten Leistungen grds. der Umsatzsteuer (unentgeltliche Wertabgabe) zu unterwerfen, wenn diese Leistungen zum vollen oder teilweisen Vorsteuerabzug berechtigt haben; eine Besteuerung scheidet aus, wenn der Leistungsbezug zuvor mit der Absicht erfolgt ist, diesen zu einem späteren Zeitpunkt unentgeltlich zuzuwenden und somit ein Vorsteuerabzug nicht geltend gemacht werden kann (OFD Niedersachsen v. 3.8.2017, S 7100 – 220 – St 172, StEd 2017, 570),

- das Zurverfügungstellen von **Betriebskindergärten**,
- das Zurverfügungstellen von **Übernachtungsmöglichkeiten in gemieteten Zimmern**, wenn der Arbeitnehmer an weit von seinem Heimatort entfernten Tätigkeitsstellen eingesetzt wird (BFH v. 21.7.1994, V R 21/92, BStBl II 1994, 881),
- Schaffung und Förderung der Rahmenbedingungen für die **Teilnahme an einem Verkaufswettbewerb** (BFH v. 16.3.1995, V R 128/92, BStBl II 1995, 651),
- die **Sammelbeförderung** unter den in Abschn. 1.8 Abs. 15 Satz 2 UStAE bezeichneten Voraussetzungen,
- die **unentgeltliche Abgabe von Speisen** anlässlich und während eines **außergewöhnlichen Arbeitseinsatzes**, z.B. während einer außergewöhnlichen betrieblichen Besprechung oder Sitzung (EuGH v. 11.12.2008, C-371/07, HFR 2009, 322).

Dem Arbeitgeber steht aus derartigen Aufwendungen grds. der Vorsteuerabzug unter den weiteren Voraussetzungen des § 15 UStG zu, da es sich um Leistungsbezüge für sein Unternehmen handelt (→ *Vorsteuerabzug* Rz. 4399). Soweit keine Aufmerksamkeit vorliegt, scheidet ein Vorsteuerabzug allerdings aus (BFH v. 9.12.2010, V R 17/10, BStBl II 2012, 53 betr. Vorsteuerabzug aus Leistungen für Betriebsausflüge).

3. Sozialversicherung

a) Allgemeines

Das Beitragsrecht der Sozialversicherung hat keine eigenständige Definition zur Abgrenzung zwischen Geldleistung und Sachbezug. Es wird auf die Regelungen der Finanzverwaltung zurückgegriffen. So gelten die Regelungen zur Abgrenzung zwischen Geldleistung und Sachbezug (→ Rz. 3801) auch für die Sozialversicherung. Die Spitzenorganisationen der Sozialversicherung übernehmen nach ihrem Besprechungsergebnis über Fragen des gemeinsamen Beitragseinzugs am 24.3.2021 die Übergangsregelung der Finanzverwaltung, wonach – abweichend von § 8 Abs. 1 Satz 3 EStG – Gutscheine und Geldkarten, die ausschließlich zum Bezug von Waren oder Dienstleistungen berechtigen (zur Abgrenzung → Rz. 3809), jedoch die Kriterien des § 2 Abs. 1 Nr. 10 ZAG (→ Rz. 3804 ff.) nicht erfüllen, noch bis zum 31.12.2021 als Sachbezug anerkannt werden. Es liegt keine Beitragspflicht vor. Sind Gutscheine und Geldkarten seit 1.1.2020 der Steuer- und Beitragspflicht unterworfen worden, gelten die gezahlten Beiträge als zu Recht gezahlt. Eine Beitragserstattung scheidet aus, sowie auch eine Aufrechnung der Beiträge nicht in Betracht kommt. 3845

Sofern Arbeitgeber, die zunächst Steuern erhoben haben, unter Hinweis darauf, dass die Nichtbeanstandungspraxis der Finanzverwaltung noch nicht bekannt war, rückwirkend noch Abrechnungszeiträume lohnsteuerfrei belassen können, wird beitragsrechtlich eine Aufrechnung der Beiträge nicht beanstandet.

Das BSG v. 23.3.2021, B 12 R 21/18 R, hat festgestellt, dass die steuerliche Bewertung von Sachbezügen für die beitragsrechtliche Bewertung nicht maßgebend sei, weil es keine entsprechende Geltungsanordnung hinsichtlich des Steuerrechts gibt. Die Spitzenorganisationen der Sozialversicherung haben in ihrer Besprechung über Fragen des gemeinsamen Beitragseinzugs am 11.11.2021 auf das Urteil reagiert und erklärt, dass sie bei der Abgrenzung zwischen Geldleistung und Sachbezug grundsätzlich auf die im Einkommensteuerrecht bestehenden Regelungen, die Rechtsprechung des BFH sowie auf die Grundsätze der Finanzverwaltung zurückgreifen werden.

Die Spitzenorganisationen der Sozialversicherung haben in der Besprechung über Fragen des gemeinsamen Beitragseinzugs am 4.5.2023 zur beitragsrechtlichen Behandlung von Arbeitgeberleistungen im Rahmen eines Mitarbeiter-PC-Programms (MPP) beraten. Unter den Voraussetzungen des § 3 Nr. 45 EStG stellt die Zuwendung in Form des geldwerten Vorteils eine steuerfreie Einnahme dar. Dies unabhängig davon, ob die Zuwendung zusätzlich zum ohnehin geschuldeten Arbeitslohn gewährt wird.

In der Sozialversicherung tritt Beitragsfreiheit jedoch nur dann ein, wenn die Zuwendung zusätzlich zu Löhnen und Gehältern gewährt wird. Dies ist bei einer Entgeltumwandlung allerdings nicht gegeben. Es fehlt an der Zusätzlichkeit der Zuwendung. Als Wert für die Nutzungsüberlassung ist das Nutzungsentgelt anzusetzen, das i.d.R. dem Betrag der Gehaltsumwandlung entspricht. Weichen die Höhe einer Leasingrate und die Höhe des Entgeltverzichts voneinander ab, ist als Wert die Höhe der vom Arbeitgeber vereinbarten Leasingrate in Ansatz zu bringen.

Die durch den Arbeitgeber gewährten Sachbezüge gehören zum beitragspflichtigen Arbeitsentgelt in der Sozialversicherung. Um Rechtssicherheit zu schaffen und um eine Gleichbehandlung sicherzustellen, stellt seit 1.1.2011 das BMAS jährlich im Voraus durch Rechtsverordnung (§ 17 Abs. 1 Nr. 4 SGB IV) mit Zustimmung des Bundesrats den amtlichen Wert der Sachbezüge insbesondere für Verpflegung und Unterkunft fest. Nach § 8 Abs. 2 EStG sind diese Werte bei Arbeitnehmern, deren Sachbezüge durch die o.a. Rechtsverordnung festgestellt sind, auch für die Bemessung der Lohnsteuer maßgebend. Damit ist ein Gleichklang mit der Sozialversicherung gewährleistet, → Rz. 3815.

Die aktuell geltenden geltenden Werte sind der im Anhang abgedruckten Übersicht zu entnehmen (→ *Anhang, B. Sozialversicherung* Rz. 4834).

b) Unterkunft und Verpflegung

Der Wert der Verpflegung und Unterkunft wird in der SvEV festgelegt. Daher gelten sozialversicherungsrechtlich die gleichen 3846

Grundsätze wie bei der Lohnsteuer, → *Dienstwohnung* Rz. 1545, → *Mahlzeiten* Rz. 3051.

c) Freie Wohnung

3847 Wird dem Arbeitnehmer vom Arbeitgeber eine Wohnung überlassen, so ist sozialversicherungsrechtlich der ortsübliche Mietpreis maßgebend. Auch hier gelten die gleichen Grundsätze wie bei der Lohnsteuer, → *Dienstwohnung* Rz. 1549.

d) Sonstige Sachbezüge

3848 Werden sonstige Sachbezüge gewährt, gelten die gleichen Grundsätze wie bei der Lohnsteuer. Generell gilt als Wert der übliche Endpreis am Abgabeort, es sei denn, die oberste Finanzbehörde des Landes hat mit Zustimmung des BMF für weitere Sachbezüge Durchschnittswerte nach § 8 Abs. 2 Satz 10 EStG festgesetzt, → Rz. 3815.

e) Beitragsberechnung

3849 Die genannten Werte für Sachbezüge sind dem daneben gewährten Bruttolohn zuzurechnen und insgesamt für die Beitragsberechnung heranzuziehen.

Beispiel 1:

Bruttolohn	560,– €
Unterkunft	285,– €
Frühstück	71,– €
Mittagessen	137,– €
Abendessen	137,– €
beitragspflichtiger Bruttolohn	1 190,– €

Übernimmt der Arbeitgeber zusätzlich zu den Sachbezügen auch die Lohnsteuer und/oder die Arbeitnehmeranteile zur Sozialversicherung (Nettolohnzahlung), ist dies als geldwerter Vorteil aus dem Arbeitsverhältnis lohnsteuer- und beitragspflichtig. Ausgehend vom Nettolohn ist der maßgebliche Bruttolohn dann in der Weise zu ermitteln, dass die zu entrichtenden Steuern und die Arbeitnehmeranteile zur Sozialversicherung ggf. unter Beachtung der Beitragsbemessungsgrenzen dem Entgelt so lange zugerechnet werden, bis sich für den Bruttolohn keine höheren Steuern und keine höheren Sozialversicherungsbeiträge mehr ergeben; zu weiteren Einzelheiten → *Nettolöhne* Rz. 3281.

Entfallen Sachbezüge auf Teillohnzahlungszeiträume, ist der kalendertägliche Betrag zu Grunde zu legen, der durch Division des Monatswerts durch 30 auf zwei Kommastellen errechnet wird. Dieser Wert ist anschließend mit der Zahl der beitragspflichtigen Tage zu multiplizieren und jeweils auf zwei Dezimalstellen kaufmännisch zu runden. Soweit Zu- oder Abschläge zu berücksichtigen sind, werden diese nach der Feststellung des Tageswerts hinzu- oder abgerechnet.

Beispiel 2:

Bruttolohnberechnung für Teillohnzahlungszeiträume mit Sachbezug für Frühstück und Mittagessen

Bruttolohn für die Zeit v. 10.1.2026 bis 31.1.2026 = 22 Kalendertage	420,– €
Sachbezüge für die Zeit v. 10.1.2026 bis 31.1.2026 = 22 Kalendertage =	
– Frühstück (71,– € : 30 × 22 Tage)	52,14 €
– Mittagessen (137,– € : 30 × 22 Tage)	100,54 €
Bruttolohn	**572,68 €**

Die vollen Sachbezugswerte gelten auch dann, wenn der Sachbezug nur arbeitstäglich oder werktäglich (Fünf- oder Sechs-Tage-Woche) bezogen wird. Eine anteilige Kürzung ist nur dann vorzunehmen, wenn **arbeitsvertraglich ausdrücklich vereinbart** ist, dass Sachbezüge nicht kalendertäglich, sondern nur arbeits- oder werktäglich zur Verfügung gestellt werden. Dabei ist an Stelle einer monatlichen Ermittlung der Ausfalltage ein durchschnittlich gleichbleibender Wert anzusetzen.

Sachgeschenke

→ *Gelegenheitsgeschenke* Rz. 2285

Sachversicherung

→ *Kaskoversicherung* Rz. 2656, → *Reisegepäckversicherung* Rz. 3588

Saisonarbeiter

→ *Land- und Forstwirtschaft* Rz. 2823

Saisonaushilfskraft

→ *Aushilfskraft/Aushilfstätigkeit* Rz. 893

Saison-Kurzarbeitergeld

1. Allgemeines

Saison-Kurzarbeitergeld wird in der **Schlechtwetterzeit** (vom 3850
1. Dezember bis 31. März) **nach § 101 SGB III als Sonderform des Kurzarbeitergelds** an die Bauarbeitnehmer gezahlt und dient der Vermeidung von Entlassungen. Es wird nicht nur bei witterungsbedingten Arbeitsausfällen, sondern auch bei Arbeitsausfällen geleistet, die aus **wirtschaftlichen Gründen** (z.B. saisonbedingter Auftragsmangel) eintreten. Es gilt für die Bauwirtschaft, kann aber auch Grundlage für entsprechende Lösungen in anderen Wirtschaftszweigen sein, die von saisonalen Arbeitsausfällen betroffen sind und in denen eine hohe Winterarbeitslosigkeit zu verzeichnen ist. Daher zielt die Leistung darauf ab, die Rahmenbedingungen für eine verstetigte Beschäftigung in den Wirtschaftszweigen zu verbessern, die in besonderer Weise jahreszeitliche Beschäftigungsschwankungen aufweisen. **Ergänzende Leistungen nach § 102 SGB III an Arbeitnehmer** zur Überbrückung von Ausfallstunden (**Zuschuss-Wintergeld**) sowie zur Abgeltung der Mehraufwendungen bei einer Arbeitsleistung (**Mehraufwands-Wintergeld**) und an Arbeitgeber zur Entlastung von den Kosten der Kurzarbeit (**Erstattung von Sozialversicherungsbeiträgen**) setzen weitere Anreize zur Vermeidung von Entlassungen in den Wintermonaten. Während das Saison-Kurzarbeitergeld aus Mitteln der Arbeitslosenversicherung geleistet wird, erfolgt die Finanzierung der ergänzenden Leistungen durch eine **branchenspezifische Umlage**, deren Einführung die Mitwirkung der Tarifpartner erfordert und diese damit aktiv an der Beschäftigungssicherung in ihrer Branche beteiligt. Das Saison-Kurzarbeitergeld **schränkt** den Anwendungsbereich des **konjunkturellen Kurzarbeitergelds** in der Baubranche im Winter **ein**. Ein Arbeitsausfall mit Entgeltausfall, der in der Schlechtwetterzeit vom 1. Dezember bis 31. März in Betrieben des Bauhauptgewerbes, des Dachdeckerhandwerks, des Garten-, Landschafts- und Sportplatzbaus sowie des Gerüstbaugewerbes eintritt, darf mit Kurzarbeitergeld **nur in der Form des Saison-Kurzarbeitergelds** ausgeglichen werden (§ 95 Satz 2 SGB III). Außerhalb der Schlechtwetterzeit kann konjunkturelles Kurzarbeitergeld auch in Betrieben des Baugewerbes gezahlt werden.

2. Anwendungsfälle

In Betrieben des **Bauhauptgewerbes** sowie in Betrieben des 3851
Baunebengewerbes (Betriebe des Dachdeckerhandwerks, des Gerüstbaugewerbes und des Garten-, Landschafts- und Sportplatzbaus) erhalten Arbeitnehmer **Saison-Kurzarbeitergeld** zum **Ausgleich saisonbedingter Arbeitsausfälle** (witterungsbedingt oder aus wirtschaftlichen Ursachen, z.B. saisonbedingter Auftragsmangel) in der **Schlechtwetterzeit** (1. Dezember bis 31. März). Das Saison-Kurzarbeitergeld wird jedoch nur für die Ausfallstunden geleistet, die nicht durch **Einbringung (Auflösung)** von **Arbeitszeit- und Urlaubsguthaben** vermieden werden können. Von der Berechnungsmethode und von der Höhe her unterscheidet sich das Saison-Kurzarbeitergeld nicht vom konjunkturellen **Kurzarbeitergeld**.

3. Ergänzende Leistungen

Neben dem aus Mitteln der Arbeitslosenversicherung finanzierten 3852
Saison-Kurzarbeitergeld werden Arbeitnehmern und Arbeitgebern in den genannten Betrieben folgende **ergänzende Leistungen** gezahlt, die durch eine **Umlage finanziert** werden, die von den

Arbeitnehmern und den Arbeitgebern gemeinsam oder nur von den Arbeitgebern allein aufgebracht wird:

a) Bauhauptgewerbe und Betriebe des Dachdeckerhandwerks und des Garten-, Landschafts- und Sportplatzbaus

3853 **Arbeitnehmer** erhalten

- **Zuschuss-Wintergeld** für das aufgelöste Arbeitszeitguthaben, um saisonale Ausfallstunden in der Schlechtwetterzeit auszugleichen, und für die somit kein Saison-Kurzarbeitergeld zu zahlen ist, i.H.v. 2,50 € je Stunde und
- **Mehraufwands-Wintergeld** für die in der Zeit vom 15. Dezember bis zum letzten Kalendertag des Monats Februar gearbeiteten Stunden i.H.v. 1 € je Arbeitsstunde für höchstens 90 Stunden im Dezember und je 180 Stunden im Januar und Februar.

Arbeitgebern werden

- die von ihnen **allein zu tragenden Beitragsaufwendungen** zur Kranken-, Renten- und Pflegeversicherung für die Bezieher von Saison-Kurzarbeitergeld **in voller Höhe erstattet**.

b) Betriebe des Gerüstbauhandwerks

3854 Für **Betriebe des Gerüstbauhandwerks** galt die Übergangsregelung des § 133 SGB III bis zum 31.3.2021. Mit Auslaufen der Übergangsregelung erhalten Arbeitnehmer und Arbeitgeber die gleichen Leistungen wie in den anderen Branchen des Baugewerbes.

4. Winterbeschäftigungs-Umlage

a) Einzug

3855 Die **Winterbeschäftigungs-Umlage** ist von **allen Arbeitgebern des Baugewerbes** im Wege der **Selbstveranlagung (Meldung und Zahlung)**, also ohne vorherige besondere Aufforderung, zu entrichten, wenn in den Betrieben die ganzjährige Beschäftigung in der Bauwirtschaft zu fördern ist. Sie dient der **Finanzierung der ergänzenden Leistungen** einschließlich der Verwaltungskosten und der sonstigen Kosten, die mit der Zahlung dieser Leistungen und der Einziehung der Umlage zusammenhängen.

Die Arbeitgeber führen die Umlagebeträge grds. über die gemeinsame **Einrichtung ihres Wirtschaftszweigs/Ausgleichskasse** (Einzugsstellen des Baugewerbes) ab. Umlagepflichtige Arbeitgeber, auf die die Tarifverträge über die gemeinsamen Einrichtungen/Ausgleichskasse **keine Anwendung** finden, führen die Umlagebeträge (mit einer Mehrkostenpauschale) **unmittelbar an die Umlageeinzugsstelle** der Bundesagentur für Arbeit in der Regionaldirektion Hessen ab.

Beginn und Ende der Umlagepflicht sind vom **Arbeitgeber** unverzüglich und unaufgefordert der jeweiligen Einzugsstelle **zu melden**. Die Höhe der umlagepflichtigen Bruttoarbeitsentgelte sowie der fälligen Umlagebeträge ist ebenfalls, und zwar jeweils **monatlich, zu melden**. Dabei ist zu beachten, dass die Meldung jeweils zum 15. des Monats fällig ist, der dem Monat folgt, für den der Lohn zu zahlen ist.

Die Umlage (einschließlich ggf. Mehrkostenpauschale) ist grds. ebenfalls am **15. des Monats fällig**, der dem **Monat folgt**, für den der Lohn zu zahlen ist.

Wird die Umlage nicht gezahlt, ist ein **Säumniszuschlag** i.H.v. 1 % des rückständigen, auf 50 € nach unten gerundeten Betrags zu entrichten.

Außerdem ist die Bundesagentur für Arbeit nach erfolgloser Mahnung verpflichtet, ein **Verwaltungsvollstreckungsverfahren** einzuleiten, wodurch dem Arbeitgeber weitere nicht unerhebliche Kosten entstehen.

b) Höhe und Aufbringung der Umlage

3856 Die Umlage bemisst sich nach einem **Prozentsatz der umlagepflichtigen Bruttoarbeitsentgelte** der in den Betrieben und Betriebsabteilungen des Baugewerbes beschäftigten **gewerblichen Arbeitnehmer**, die ergänzende Leistungen dem Grunde nach erhalten können.

Dieser **Prozentsatz beträgt** in Betrieben

- des **Bauhauptgewerbes** befristet vom 1.1.2026 bis zum 31.12.2026 **1,0 %** (davon 0,4 % Arbeitnehmeranteil, 0,6 % Arbeitgeberanteil),
- des **Dachdeckerhandwerks 1,6 %** (davon 0,6 % Arbeitnehmeranteil, 1,0 % Arbeitgeberanteil),
- des **Garten- und Landschaftsbaus 1,85 %** (davon 0,8 % Arbeitnehmeranteil, 1,05 % Arbeitgeberanteil) und
- des **Gerüstbauerhandwerks** = **1,9 %** (nur Arbeitgeber).

5. Lohnsteuer

Das Mehraufwands-Wintergeld/Zuschuss-Wintergeld und das Saison-Kurzarbeitergeld sind gem. § 3 Nr. 2 EStG **lohnsteuerfrei**. 3857
Nach § 32b EStG (Progressionsvorbehalt) wird beim Bezug von Saison-Kurzarbeitergeld das steuerpflichtige Einkommen einem besonderen Steuersatz unterworfen. Der **Progressionsvorbehalt** wird ausschließlich vom Finanzamt i.R. der Antragsveranlagung (§ 46 Abs. 2 Nr. 8 EStG) oder bei der Einkommensteuerveranlagung (§ 46 Abs. 2 Nr. 1 bis 7 EStG) berücksichtigt (→ *Progressionsvorbehalt* Rz. 3501).

Der Arbeitgeber hat das ausgezahlte Saison-Kurzarbeitergeld im **Lohnkonto** einzutragen (→ *Lohnkonto* Rz. 2865). Bei Beendigung des Dienstverhältnisses oder am Ende des Kalenderjahres hat der Arbeitgeber in der **Lohnsteuerbescheinigung** des Arbeitnehmers u.a. das ausgezahlte Saison-Kurzarbeitergeld zu bescheinigen (→ *Lohnsteuerbescheinigung* Rz. 2966).

Die Beteiligung der Arbeitnehmer an der **Winterbeschäftigungs-Umlage** wird aus versteuertem Einkommen finanziert und dient dazu, Arbeitsplätze in der Schlechtwetterzeit zu erhalten. Der Beitrag ist daher nach § 9 Abs. 1 Satz 1 EStG bei den **Werbungskosten** abzugsfähig. Bei Übernahme durch den Arbeitgeber liegt steuer- und beitragspflichtiger **Arbeitslohn** vor. Arbeitgeber können diese Umlage in einer freien Zeile der elektronischen Lohnsteuerbescheinigung als freiwillige Angabe ausweisen (OFD Koblenz v. 5.4.2007, S 2354 A – St 32 2).

6. Sozialversicherung

Während der Zeit des Bezugs von Saison-Kurzarbeitergeld (gilt 3858
auch für das konjunkturelle Kurzarbeitergeld) bleibt in der gesetzlichen Kranken-, Pflege-, Renten- und Arbeitslosenversicherung das tatsächlich (noch) **erzielte Bruttoarbeitsentgelt** (sog. Kurzlohn) **Grundlage** für die Berechnung der Beiträge und ggf. der Umlagen nach dem Aufwendungsausgleichsgesetz. Diese Beiträge sind in der **üblichen Weise** zu berechnen und grds. je zur Hälfte vom Arbeitgeber und vom Arbeitnehmer zu tragen.

Für die Beiträge zur Kranken-, Pflege- und Rentenversicherung kommt jedoch noch eine fiktive Bemessungsgrundlage hinzu. Dieses Fiktiventgelt beträgt 80 % des Unterschiedsbetrags zwischen dem ungerundeten Sollentgelt und dem ungerundeten Ist-Entgelt.

Die Beiträge aus dem Fiktiventgelt trägt der Arbeitgeber allein. Die alleinige Beitragspflicht des Arbeitgebers umfasst den gesamten aus dem fiktiven Arbeitsentgelt ermittelten Betrag, d.h. auch den ansonsten vom Mitglied zur gesetzlichen Krankenversicherung zu tragenden kassenindividuellen einkommensabhängigen Zusatzbeitrag. Der Beitragszuschlag für Kinderlose zur Pflegeversicherung i.H.v. 0,6 % wird pauschal über die Agentur für Arbeit abgegolten.

Den Arbeitgebern des **Bauhauptgewerbes, des Dachdeckerhandwerks, des Garten-, Landschafts- und Sportplatzbaus sowie des Gerüstbauerhandwerks** werden die **SV-Beiträge** aus der Umlage in voller Höhe **erstattet**. Das gilt nicht nur für die pflichtversicherten, sondern auch für freiwillig krankenversicherte und für privat krankenversicherte Bezieher von Saison-Kurzarbeitergeld.

Weitere Anreize zur Vermeidung von saisonbedingter Arbeitslosigkeit sollen die ergänzenden Leistungen des Zuschuss-Wintergeldes und des Mehraufwands-Wintergeldes bieten. Voraussetzung für die Gewährung dieser Leistungen an Arbeitnehmer und Arbeitgeber eines bestimmten Wirtschaftszweigs ist die Einführung einer Umlage zur Aufbringung der erforderlichen Mittel.

An der Finanzierung der Umlage können auch die Arbeitnehmer beteiligt werden. Der von den Arbeitnehmern zu tragende Anteil der Umlage ist sozialversicherungspflichtig. Übernimmt der Arbeitgeber die Arbeitnehmeranteile der Umlage, handelt es sich um geldwerte Vorteile des Arbeitnehmers.

Saitengeld

→ *Musiker* Rz. 3197

Sammelbeförderung

3859 Nach § 3 Nr. 32 EStG ist die unentgeltliche oder verbilligte Sammelbeförderung eines Arbeitnehmers zwischen Wohnung und erster Tätigkeitsstätte sowie bei Fahrten nach § 9 Abs. 1 Satz 3 Nr. 4a Satz 3 EStG (Fahrten zu einem sog. Sammelpunkt oder einem weiträumigen Tätigkeitsgebiet) mit einem vom Arbeitgeber gestellten Kfz steuerfrei, soweit die Sammelbeförderung für den betrieblichen Einsatz des Arbeitnehmers notwendig ist (→ *Wege zwischen Wohnung und erster Tätigkeitsstätte* Rz. 4446). Zur **umsatzsteuerlichen Behandlung** der Arbeitnehmer-Sammelbeförderung → *Sachbezüge* Rz. 3799.

LSt (durchgestrichen) SV (durchgestrichen)

Sammellohnkarte

→ *Lohnkonto* Rz. 2863

Sänger

→ *Künstler (und verwandte Berufe)* Rz. 2798

Sanierungsbeitrag

→ *Gehaltsverzicht* Rz. 2281

Säumniszuschlag

1. Lohnsteuer

3860 Bei verspäteter Zahlung einer Steuer sind nach § 240 AO Säumniszuschläge zu entrichten; dies gilt auch, wenn der Arbeitgeber Lohnsteuer erst nach Fälligkeit entrichtet. Für jeden angefangenen Monat der Säumnis wird ein **Säumniszuschlag von 1 % des rückständigen, auf 50 € nach unten abgerundeten Steuerbetrages** erhoben. Gegen die gesetzliche Höhe des Säumniszuschlags nach § 240 Abs. 1 Satz 1 AO bestehen auch für Zeiträume nach dem 31.12.2018 keine verfassungsrechtlichen und europarechtlichen Bedenken und es liegt auch kein Verstoß gegen die Konvention zum Schutze der Menschenrechte und Grundfreiheiten vor, weil es sich bei der Verwirkung von Säumniszuschlägen nicht um eine Straftat i.S.d. Art. 6 Abs. 2 EMRK handelt (BFH v. 19.2.2025, XI R 18/23, BStBl II 2025, 479). Ebenso hat der BFH hat mit Beschluss v. 21.3.2025, X B 21/25 (AdV), BStBl II 2025, 485, entschieden, dass auf Grund des deutlichen und nachhaltigen Anstiegs der Marktzinsen, der seit dem russischen Überfall auf die Ukraine im Februar 2022 zu verzeichnen ist, jedenfalls seit März 2022 keine ernstlichen Zweifel mehr an der Verfassungsmäßigkeit der gesetzlichen Regelung über die Höhe der Säumniszuschläge bestehen.

Weitere Einzelheiten zur Erhebung von Säumniszuschlägen bei verspätet angemeldeter Lohnsteuer → *Abführung der Lohnsteuer* Rz. 6.

Säumniszuschläge fallen auch an, wenn der Arbeitgeber in einem Haftungsbescheid festgesetzte **Haftungsschulden** verspätet zahlt (§ 240 Abs. 1 Satz 2 AO).

Die sog. **Zahlungsschonfrist** ist seit 2004 von bisher fünf Tagen auf drei Tage verkürzt worden (§ 240 Abs. 3 AO).

Liegen die allgemeinen Voraussetzungen vor (→ *Erlass von Lohnsteuer* Rz. 2045), können Säumniszuschläge auf Antrag **erlassen** werden (vgl. zuletzt BFH v. 2.3.2017, II B 33/16, BStBl II 2017, 646). Dies gilt jedoch nicht, wenn ein Steuerberater Lohnsteuer regelmäßig verspätet anmeldet und abführt (FG Hamburg v. 30.12.1999, II 351/99, EFG 2000, 475).

Ein Erlass ist jedoch nicht zu gewähren, wenn Stpfl. geltend machen, dass analog der neuen BVerfG- und BFH-Rechtsprechung zur Verfassungsmäßigkeit von Nachzahlungszinsen nach § 238 AO (→ *Sonderausgaben* Rz. 3922) auch die **Säumniszuschläge in verfassungswidriger Weise zu hoch** seien. Die Vorschrift des § 238 AO gilt ausschließlich für Zinsfestsetzungen und nicht für Säumniszuschläge (OFD Karlsruhe, AO Aktuell Ausgabe 1/2018 v. 31.10.2018, StEd 2018, 702). Gegen die Höhe des Säumniszuschlags bestehen auch bei einem strukturellen Niedrigzinsniveau keine verfassungsmäßigen Bedenken (BFH v. 15.11.2022, VIII R 55/20).

2. Sozialversicherung

a) Fälligkeitszeitpunkt

Für Beiträge und Beitragsvorschüsse, die nicht bis zum Ablauf des 3861
Fälligkeitstages gezahlt sind, ist gem. § 24 Abs. 1 SGB IV ein Säumniszuschlag für jeden angefangenen Monat i.H.v. 1 % des rückständigen, auf 50 € abgerundeten Betrages zu erheben.

Dem Zahlungspflichtigen kann keine Schonfrist eingeräumt werden. Nach dem hier auszugsweise wiedergegebenen **Gemeinsamen Rundschreiben der Spitzenorganisationen der Sozialversicherung vom 24.4.2024**, heißt es hierzu: *„Die Erhebung von Säumniszuschlägen setzt Zahlungsverzug, nicht aber eine Zahlungsaufforderung oder das Verstreichen einer Schonfrist voraus. In Verzug kommt der Zahlungspflichtige dann, wenn er die auf Grund eines entstandenen Beitragsanspruchs geschuldeten Beiträge bis zum Ablauf des Fälligkeitstages nicht entrichtet hat."* Auf das ausführliche Rundschreiben sollte in Zweifelsfällen zurückgegriffen werden, es ist u.a. in der werkbegleitenden Online-Datenbank erhältlich (s. Benutzerhinweise auf S. IV).

Der Säumniszuschlag soll den Zahlungspflichtigen anhalten, seine Beiträge pünktlich zu zahlen; gleichzeitig ist er aber auch eine Gegenleistung für das Hinausschieben der Zahlung (Ausgleich für Zinsverlust). Der Säumniszuschlag verfolgt damit einen doppelten Zweck, er dient als Druckmittel zur fristgerechten Zahlung und als Schadensausgleich für den entstandenen Verwaltungsmehraufwand. Dies stellt sicher, dass die Sozialversicherungsträger leistungsfähig bleiben.

Der Säumniszuschlag ist zwingend zu erheben und stellt keine Ermessensentscheidung des Versicherungsträgers dar. Dies bedeutet, ist der Beitrag zum Fälligkeitstag nicht geleistet worden, tritt Säumnis ein. Es ist daher dringend geraten die Termine zur → *Fälligkeit zur Sozialversicherung* Rz. 2091 einzuhalten.

b) Berechnung des Säumniszuschlags

Der Säumniszuschlag beträgt für jeden angefangenen Monat der 3862
Säumnis 1 % des rückständigen, auf 50 € nach unten abgerundeten Betrags. Bemessungsgrundlage für die Berechnung des Säumniszuschlags ist der Betrag, der nach Ablauf des Fälligkeitstages noch nicht gezahlt ist. In diesen Betrag fließen neben dem rückständigen Gesamtsozialversicherungsbeitrag auch die Umlagen nach dem Aufwendungsausgleichsgesetz sowie die Insolvenzgeldumlage ein. Bei Teilnahme des Arbeitgebers am sog. Firmenzahlerverfahren sind auch rückständige Beiträge zur Kranken- und Pflegeversicherung für freiwillig krankenversicherte Arbeitnehmer in die Bemessungsgrundlage zur Ermittlung des Säumniszuschlags einzubeziehen. Säumniszuschläge sind hingegen nicht auf Kosten, Gebühren, Zinsen und Säumniszuschläge zu erheben.

Für die Berechnung des Säumniszuschlages sind die rückständigen Beiträge und Umlagen auf 50 € nach unten abzurunden. Hierzu gibt es zwei Möglichkeiten:

- **Additionsmethode:** Bei der Additionsmethode werden alle fälligen Beiträge und Umlagen addiert. Dieser Gesamtbetrag wird dann auf den nächsten durch 50 € teilbaren Betrag nach unten abgerundet.
- **Fälligkeitsmethode:** Bei der Fälligkeitsmethode sind die rückständigen Beiträge und Umlagen unterschiedlicher Fälligkeit ohne Addition auf den nächsten durch 50 € teilbaren Betrag nach unten abzurunden.

Welche Abrechnungsmethode von der Einzugsstelle genutzt wird, steht ihr frei.

c) Säumniszuschlag unter 150 €

3863 Nach § 24 Abs. 1 Satz 3 SGB IV sind bei einem rückständigen Betrag unter 150 € Säumniszuschläge nicht zu erheben, **wenn er gesondert schriftlich anzufordern wäre.** Diese Regelung hat allein verwaltungsökonomische Gründe. Sie soll verhindern, dass Portokosten entstehen, die der Höhe nach den Säumniszuschlag übersteigen (vgl. Gesetzesbegründung in BT-Drucks. 12/5187). Deshalb sind in den Fällen, in denen der Säumniszuschlag **nicht gesondert anzufordern ist,** auch bei einem Beitragsrückstand unter 150 € Säumniszuschläge zu erheben.

d) Säumniszuschlag bei Stundung und rückwirkender Festsetzung

3864 Im Falle der Stundung von Beiträgen sind keine Säumniszuschläge zu erheben, weil die Fälligkeit durch die Stundung aufgeschoben ist und insofern kein Zahlungsverzug eintritt. Für jeden angefangenen Monat der Stundung sind allerdings Stundungszinsen nach näherer Maßgabe der Beitragserhebungsgrundsätze des GKV-Spitzenverbandes zu verlangen. Der Stundungszeitraum beginnt mit dem nächsten Fälligkeitstag für laufende Beiträge nach Eingang des Stundungsantrags. Bei Eingang des Stundungsantrags an einem Fälligkeitstag beginnt der Stundungszeitraum mit diesem Tag. Auch bei Stundungen, bei denen die Fälligkeit des der Stundung zu Grunde liegen Beitragsanspruchs bereits eingetreten ist, beginnt der Stundungszeitraum mit dem nächsten Fälligkeitstag nach Eingang des Stundungsantrags. Das bedeutet, dass bis dahin Säumniszuschläge zu berechnen sind bzw. es bei den bereits erhobenen Säumniszuschlägen auf die bei Fälligkeit nicht gezahlten Beiträge bleibt. Halten Beitragsschuldner eine Stundungsvereinbarung nicht ein, sind Säumniszuschläge von diesem Zeitpunkt an zu erheben → *Stundung* Rz. 4072.

Säumniszuschläge können regelmäßig auch rückwirkend festgesetzt werden (BSG v. 17.5.2001, B 12 KR 32/00 R). Wird eine Beitragsforderung durch Bescheid mit Wirkung für die Vergangenheit festgestellt, so ist gem. § 24 Abs. 2 SGB IV ein darauf entfallender Säumniszuschlag nicht zu erheben, soweit der Schuldner glaubhaft macht, dass er unverschuldet keine Kenntnis von der Zahlungspflicht hatte.

Das BSG hat ausgeführt, Kenntnis sei das sichere Wissen darum, rechtlich und tatsächlich zur Beitragszahlung verpflichtet zu sein. Ob das Fehlen der Kenntnis unverschuldet ist, bestimme sich nach der Systematik des SGB und setze daher wenigstens bedingten Vorsatz voraus (BSG v. 12.12.2018, B 12 R 15/18 R).

Bei Beitragsforderungen, die auf fehlerhaften Statusbeurteilungen beruhen, werden keine Säumniszuschläge erhoben. Dies gilt nicht, wenn festgestellt wird, dass es sich um die Nichtberücksichtigung früherer Beanstandungen aus Betriebsprüfungen handelt oder wenn eine bestehende Beschäftigung abgemeldet jedoch unverändert fortgesetzt wurde.

In Einzelfall können Säumniszuschläge erhoben werden, wenn Lohnsteuerberichte nicht ausgewertet wurden, die Abführung von Beiträgen nach arbeitsgerichtlichen Entscheidungen unterblieben ist oder ein Verstoß gegen Tarifrecht vorliegt. Von einem bedingten Vorsatz ist auszugehen, wenn der Arbeitgeber einen Steuerberater beauftragt oder die Entgeltabrechnung mit dafür ausgebildetem Personal selbst vorgenommen hat. Der Arbeitgeber muss sich deren Verhalten zurechnen lassen. Bei Beitragsnachforderungen, die wegen illegaler Beschäftigung oder Schwarzarbeit erhoben werden, ist immer vom Vorsatz auszugehen.

e) Erlass von Säumniszuschlägen

3865 Der Säumniszuschlag kann erlassen werden, wenn sein Einzug nach Lage des Einzelfalls **unbillig** wäre (vgl. hierzu § 76 Abs. 2 Satz 1 Nr. 3 SGB IV). Für einen solchen Erlass ist grundsätzlich ein Antrag des Zahlungspflichtigen notwendig. Dieser ist formlos möglich und hat das Vorliegen der Voraussetzungen für den Erlass zu belegen und dadurch glaubhaft zu machen (§ 9 Abs. 3 der Beitragserhebungsgrundsätze). Sollte der Antrag telefonisch gestellt werden, sind das Antragsbegehren und die Begründung von der Einzugsstelle entsprechend zu dokumentieren. Über den Erlassantrag entscheidet die Einzugsstelle nach pflichtgemäßem Ermessen. Die Entscheidung ist dem Antragsteller durch Verwaltungsakt bekanntzugeben (§ 9 Abs. 4 der Beitragserhebungsgrundsätze).

Die Spitzenorganisationen der Sozialversicherung haben in dem Gemeinsamen Rundschreiben v. 24.4.2024 eine tabellarische Übersicht zum Erlass der Säumniszuschläge veröffentlicht:

Fallgruppe	Antrag	Erlass/ Teilerlass
Unabwendbares Ereignis	Antrag erforderlich; der Grund für die verspätete Zahlung ist darzulegen	Erlass in voller Höhe
Bisher pünktlicher Beitragszahler	Antrag erforderlich	Erlass in voller Höhe
Zahlungsunfähigkeit/Überschuldung	Antrag erforderlich; der Nachweis der Zahlungsunfähigkeit/Überschuldung ist zu erbringen. Im Insolvenzverfahren ist die hälftige Anerkennung der Säumniszuschläge als ein Antrag auf Teilerlass zu werten.	Erlass zur Hälfte
Gefährdung der wirtschaftlichen Existenz	Antrag erforderlich; der Nachweis über die Gefährdung der wirtschaftlichen Existenz ist zu erbringen	Erlass zur Hälfte
Vorliegen der Voraussetzungen für den Erlass der Hauptschuld	Kein besonderer Antrag erforderlich; der Antrag auf Erlass der Hauptschuld reicht aus	Erlass in voller Höhe
Sonstige Fälle	Antrag erforderlich; der Grund für die verspätete Zahlung ist darzulegen	Erlass in voller Höhe oder zur Hälfte, je nach Lage des Einzelfalles

Bei einem nicht ausgeführten Lastschriftmandat muss der Zahlungspflichtige Säumniszuschläge zahlen, wenn der Beitragseinzug aus Gründen, die vom Zahlungspflichtigen zu vertreten sind, nicht ausgeführt werden kann oder zurückgerufen wird.

Sollte das Geldinstitut für die Rücklastschrift ein Entgelt erheben, so ist dies ebenfalls vom Zahlungspflichtigen zu erstatten.

Bei Vorliegen eines SEPA-Lastschriftmandats zum Einzug der Beiträge ist der Differenzbetrag zwischen dem nachgewiesenen Beitrag und dem Betrag der Schätzung nicht nur zeitnah von der Einzugsstelle einzuziehen, sondern aus dem Differenzbetrag sind Säumniszuschläge zu erheben. Diese Neuerung erfordert auf Seiten der Einzugsstellen eine Verfahrensumstellung. Während der Umstellungsphase bis spätestens 1.1.2026 wird die bisherige Verfahrensweise akzeptiert.

Schadensersatz

Schadensersatzpflichtig kann sich sowohl der Arbeitnehmer gegenüber dem Arbeitgeber als auch umgekehrt der Arbeitgeber gegenüber dem Arbeitnehmer machen. 3866

1. Schadensersatzpflicht des Arbeitgebers gegenüber dem Arbeitnehmer

a) Arbeitsrecht

Eine Schadensersatzpflicht kann den Arbeitgeber infolge unterschiedlicher Sachverhalte treffen, z.B. bei Verletzung von Schutzpflichten (bzgl. Leben und Gesundheit des Arbeitnehmers oder bzgl. der vom Arbeitnehmer in den Betrieb berechtigterweise eingebrachten Sachen etc.). Erleidet der Arbeitnehmer bei der Erledigung seiner Arbeitsleistung Schaden an seiner Person oder seinem Eigentum, so stellt sich die Frage, inwieweit hierfür eine Haftung des Arbeitgebers in Betracht kommen kann. Nach der Rechtsprechung des BAG haftet der Arbeitgeber nicht für das typische Schadensrisiko, das bei der Durchführung der Arbeitsleistung entsteht, sondern nur in Ausnahmefällen. 3867

- In Betracht kommt zunächst die Erstattung **von Sachschäden.** Von besonderer Bedeutung sind Sachschäden am **Privatfahr-**

zeug des Arbeitnehmers, das dieser zu einer Dienstfahrt benutzt:

Nach der Rechtsprechung des BAG (BAG v. 14.12.1995, 8 AZR 875/94) muss der Arbeitgeber dem Arbeitnehmer die an dessen Fahrzeug ohne Verschulden des Arbeitgebers entstandenen Unfallschäden erst dann ersetzen, wenn das Fahrzeug mit Billigung des Arbeitgebers ohne besondere Vergütung hierfür im Betätigungsbereich des Arbeitgebers im Einsatz war. Ein Einsatz **im Betätigungsbereich des Arbeitgebers** ist dann gegeben, wenn ohne Einsatz des Fahrzeugs des Arbeitnehmers der Arbeitgeber ein eigenes Fahrzeug einsetzen und damit dessen Unfallgefahr hätte tragen müssen. Ein Mitverschulden des Arbeitnehmers bei der Entstehung des Schadens ist nach § 254 BGB zu berücksichtigen (BAG v. 27.1.2000, 8 AZR 876/98).

Der Arbeitgeber sollte für Fälle, in denen der Arbeitnehmer dauernd oder zumindest regelmäßig sein privates Fahrzeug zu dienstlichen Fahrten nutzt, den Arbeitnehmer auffordern, das Fahrzeug bei Erstattung der hierfür erforderlichen Aufwendungen Kasko zu versichern.

Diese Grundsätze für die Haftung des Arbeitgebers gelten auch bei Einsatz eines privaten Nutzfahrzeugs des Arbeitnehmers für betriebliche Zwecke (vgl. BAG v. 17.7.1997, 8 AZR 480/95).

- Für **Personenschäden** hat der Arbeitnehmer grds. keinen Ersatzanspruch gegen den Arbeitgeber. Die diesbezügliche Einschränkung folgt aus §§ 104 ff. SGB VII. Eine Haftung greift nur dann ein, wenn der Arbeitgeber den Arbeitsunfall vorsätzlich herbeigeführt hat oder wenn der Arbeitsunfall als Wegeunfall vom Arbeitgeber verursacht worden ist.
- Bei Verletzung des **Persönlichkeitsrechts** des Arbeitnehmers (fehlender Schutz vor ungerechter Behandlung durch Vorgesetzte, Mobbing, Verletzung der Verschwiegenheitspflicht bzgl. der Persönlichkeit des Arbeitnehmers, zu weitgehende Beschränkung der freien Entfaltung, Mithören von Telefonaten etc.) kann nach dem BAG ggf. ein Anspruch auf **Schmerzensgeld** nach § 847 BGB geltend gemacht werden, sofern es sich um einen ausreichend schwerwiegenden Eingriff handelt und das Persönlichkeitsrecht auf andere Art nicht ausreichend geschützt werden kann (BAG v. 21.2.1979, 5 AZR 568/77).
- Eine spezielle gesetzliche Regelung findet sich seit dem 1.8.2002 in § 253 Abs. 2 BGB, insbesondere für **Mobbing** (s. im Einzelnen z.B. BAG v. 24.4.2008, 8 AZR 347/07) und **sexuelle Belästigung**.
- Speziell geregelt ist der **Entschädigungsanspruch** gegen den Arbeitgeber wegen **Geschlechtsdiskriminierung** bei Begründung eines Arbeitsverhältnisses in § 611a BGB und bei Diskriminierungen i.S.d. Allgemeinen Gleichbehandlungsgesetzes (**AGG**) aus Gründen der Rasse oder wegen der ethnischen Herkunft, des Geschlechts, der Religion oder Weltanschauung, einer Behinderung, des Alters oder der sexuellen Identität (vgl. hierzu OVG Münster v. 7.10.2019, 6 A 2170/16, 6 A 2628/16: Zwei Lehrerinnen, die auf Grund ihrer religiösen Überzeugung ein Kopftuch tragen, waren vom Land Nordrhein-Westfalen nicht wegen Benachteiligung bei der Stellenbesetzung zu entschädigen). Die Grenze in § 15 Abs. 2 Satz 2 AGG ist eine Kappungs- bzw. Höchstgrenze, die nur dann eine Rolle spielt, wenn die Höhe der angemessenen Entschädigung drei Bruttomonatsentgelte übersteigen sollte. Im Falle einer geringeren Schwere der Diskriminierung und einem fehlenden Schaden kann eine Entschädigung in Höhe eines Gehaltes im Einzelfall angemessen sein (LAG Köln v. 19.12.2024, 8 SLa 109/24).
- Eine Haftung des Arbeitgebers kommt auch bei verzögerter Lohnzahlung wegen **Schuldnerverzugs** in Betracht. Diese Schadensersatzpflicht kann sich (bei Verschulden) nicht nur auf die Verzinsung der Schuld, sondern auch auf einen sog. **Steuerschaden** des Arbeitnehmers erstrecken (vgl. BAG v. 14.5.1998, 8 AZR 158/97).
- Zunehmend an praktischer Bedeutung im Arbeitsverhältnis gewinnt der Schadensersatzanspruch für materielle oder immaterielle Schäden gem. Art. 82 Abs. 1 DSGVO. So begründet z.B. die nicht-vollständige Beantwortung des Auskunftsanspruchs nach Art. 15 Abs. 1 DSGVO einen immateriellen Schadensersatzanspruch dem Grunde nach (vgl. z.B. LAG Hamm v. 11.5.2021, 6 Sa 1260/20). Die Bestimmung eines der Höhe nach in das Ermessen des Gerichts gestellten Schadensersatzanspruchs richtet sich nach § 287 Abs. 1 Satz 1 ZPO (BAG v. 5.5.2022, 2 AZR 363/21). Das BAG hatte zunächst offengelassen, ob eine nicht vollständige Erfüllung der Auskunftspflicht gem. Art. 15 Abs. 1 DSGVO für sich genommen einen Anspruch auf immateriellen Schadenersatz nach Art. 82 Abs. 1 DSGVO begründet und ob dem Schadenersatzanspruch auch eine Abschreckungsfunktion zukommt (vgl. hierzu Vorabentscheidungsersuchen BAG v. 26.8.2021, 8 AZR 253/20 (A)). Nach Auffassung des EuGH ist Art. 82 Abs. 1 DSGVO dahin auszulegen, dass der in dieser Bestimmung vorgesehene Schadenersatzanspruch eine Ausgleichsfunktion hat, da eine auf diese Bestimmung gestützte Entschädigung in Geld ermöglichen soll, den konkret auf Grund des Verstoßes gegen diese Verordnung erlittenen Schaden vollständig zu ersetzen, und keine abschreckende oder Straffunktion erfüllt (EuGH v. 21.12.2023, C-667/21 [Krankenversicherung Nordrhein]). Der EuGH bestätigte zudem die Auffassung, dass ein Verstoß gegen die DSGVO allein nicht zu einem Schadensersatzanspruch aus generalpräventiven Gründen führt (LG Karlsruhe v. 2.8.2019, 8 O 26/19, ZD 2019, 511). Für eine Haftung des Arbeitgebers ist vielmehr der Nachweis erforderlich, dass der Schaden „wegen eines Verstoßes" gegen die DSGVO entstanden ist, d.h. einem Verordnungsverstoß zugeordnet werden kann (Kausalität) (LAG Baden-Württemberg v. 25.2.2021, 17 Sa 37/20). Der Arbeitnehmer hat nicht den Nachweis eines materiellen Schadens zu führen (so aber OLG Frankfurt a. M. v. 2.3.2022, 13 U 206/20, NZA 2022, 869). Nach Meinung es EuGH hängt zum einen die Haftung des Verantwortlichen vom Vorliegen eines ihm anzulastenden Verschuldens ab, das vermutet wird, wenn er nicht nachweist, dass die Handlung, die den Schaden verursacht hat, ihm nicht zurechenbar ist. Zum anderen verlange Art. 82 DSGVO nicht, dass der Grad dieses Verschuldens bei der Bemessung der Höhe des als Entschädigung für einen immateriellen Schaden auf der Grundlage dieser Bestimmung gewährten Schadenersatzes berücksichtigt wird (EuGH, aaO.). Dementsprechend hat das BAG inzwischen entschieden, dass die Verarbeitung personenbezogener Daten, um eine neue Personalverwaltungs-Software zu testen, nach Art. 6 Abs. 1 Unterabs. 1 Buchst. f DSGVO zur Wahrung der berechtigten Interessen des Arbeitgebers gerechtfertigt sein kann, sofern entpersonalisierte „Dummy-Daten" zur Erreichung des Testzwecks nicht ausreichen, andernfalls aber ein Schadenersatzanspruch des Arbeitnehmers besteht (BAG v. 8.5.2025, 8 AZR 209/21).

Der den Schadenersatz begehrende Arbeitnehmer hat die Kausalität zwischen Pflichtverletzung und eingetretenem Schaden darzulegen und unter Beweis zu stellen. So begründet z.B. alleine die Erhöhung der Ansteckungsgefahr mit dem Corona-Virus durch behauptete Pflichtverletzungen keine Haftung, wenn sich die Gefahr nicht im konkreten Fall verwirklicht hat. Steht nicht fest, wann sich die Arbeitnehmerin bei wem genau angesteckt hat, lässt sich auch nicht feststellen, ob und inwieweit hierfür welche der verschiedensten von der Arbeitnehmerin behaupteten Pflichtverletzungen des Arbeitgebers, für ihre eigene Erkrankung ursächlich geworden ist (ArbG Siegburg v. 30.3.2022, 3 Ca 1848/21, COVuR 2022, 341).

Zu beachten sind in diesem Kontext ferner die von der Rechtsprechung entwickelten Grundsätze der Haftung des Arbeitgebers für an vom Arbeitnehmer eingebrachte Sachen entstandene Schäden. Aus seiner allgemeinen Fürsorgepflicht leiten sich Obhuts- und Verwahrungspflichten des Arbeitgebers in Bezug auf eingebrachte Sachen des Arbeitgebers ab. Dem Arbeitgeber können indes allein solche Schutzmaßnahmen abverlangt werden, die dem Arbeitgeber nach den konkreten beruflichen und betrieblichen Verhältnissen zumutbar sind. Bei unzureichender Erfüllung der gebotenen Schutzmaßnahmen haftet der Arbeitgeber nach den allgemeinen Grundsätzen des BGB. Die Obhuts- und Verwahrungspflicht gilt uneingeschränkt für persönlich unentbehrliche Sachen des Arbeitnehmers aber auch für unmittelbar arbeitsdienliche Sachen (z.B. Fachbücher, Werkzeug, Arbeitskleidung und sonstiges Arbeitsmaterial), sofern die Einbringung dieser Sachen aus Arbeitnehmersicht notwendig und für den Arbeitgeber zumutbar ist. Keine Ersatzpflicht besteht bei Schäden an solchen Sachen, die weder für die Arbeitsleistung des Arbeitnehmers notwendig sind noch im Zusammenhang mit der Arbeitsleistung üblicherweise eingebracht werden. Hinsichtlich des Kraftfahrzeugs, mit dem der Arbeitnehmer die Arbeitsstelle aufsucht, haftet der Arbeitgeber, sofern er Parkplätze zur Verfügung stellt und Schäden eintreten, die auf die Verletzung der allgemeinen Verkehrssicherungspflicht zurückgehen. Sofern also der Arbeitgeber mit der Bereitstellung von Firmenparkplätzen eine potenzielle Gefahrenquelle eröffnet hat, hat er zur Vermeidung etwaiger Schäden an den dort parkenden Fahrzeugen seiner Mitarbeiter i.R. der Zumutbarkeit alles Gebotene zu tun, um deren Eintritt zu verhindern. Im Fall einer Sturmwarnung ist deshalb z.B. der Arbeitgeber verpflichtet, das Betriebsgelände abzugehen und etwaige Gefahrenquellen zu sichern. Unterlässt er das, muss er für Sturmschäden haften (LAG Düsseldorf v. 11.9.2017, 9 Sa 42/17).

b) Lohnsteuer

aa) Allgemeines

3868 Schadensersatzleistungen des Arbeitgebers oder eines Dritten (z.B. einer Versicherung) an Arbeitnehmer stellen nur dann **lohnsteuerpflichtigen Arbeitslohn** dar, wenn die Zuwendungen auf dem **Dienstverhältnis beruhen**.

Nicht als Arbeitslohn anzusehen sind somit insbesondere Schadensersatzleistungen, wenn der Arbeitgeber dem Arbeitnehmer einen Schaden ersetzt, den dieser infolge einer **Verletzung arbeits- oder sonstiger zivilrechtlicher (Fürsorge-)Pflichten oder einer unerlaubten Handlung des Arbeitgebers** erlitten hat (→ *Abfindungen* Rz. 1). Denn damit werden nicht die Dienste des Arbeitnehmers vergütet, sondern ein vom Arbeitgeber verursachter Schaden ausgeglichen, vgl. auch H 19.3 (Beispiele) LStH. Für die Frage der Steuerpflicht muss daher in jedem Einzelfall der **Rechtsgrund** der Zahlung festgestellt werden. Die Erfüllung eines Schadensersatzanspruchs eines Arbeitnehmers gegen seinen Arbeitgeber, der auf einer **überhöhten Einkommensteuerfestsetzung** gegenüber dem Arbeitnehmer beruht, führt beim Arbeitnehmer nicht zu einem Lohnzufluss, wenn dem Arbeitnehmer tatsächlich ein Schaden entstanden ist, die Einkommensteuer also ohne die Pflichtverletzung oder unerlaubte Handlung des Arbeitgebers niedriger festgesetzt worden wäre. Der Stpfl. trägt die objektive Feststellungslast, dass die Ersatzleistung des Arbeitgebers der Erfüllung eines tatsächlich bestehenden Schadensersatzanspruchs diente, weil die entscheidungserheblichen Umstände in seiner Sphäre liegen (BFH v. 25.4.2018, VI R 34/16, BStBl II 2018, 600).

Bei den Einnahmen, deren Ausfall ersetzt werden soll, muss es sich um **steuerbare Einnahmen handeln**; sie müssen (im Erfüllungsfall) einer Einkunftsart unterfallen. § 24 Nr. 1 Buchst. a EStG schafft keine eigene Einkunftsart. Diese Regelung weist vielmehr die in ihr genannten Einnahmen der Einkunftsart zu, zu der die entgangenen oder künftig entgehenden Einnahmen gehört hätten, wenn sie erzielt worden wären (H 24.1 [Allgemeines] EStH, BFH v. 12.6.1996, XI R 43/94, BStBl II 1996, 516).

Erhält jedoch ein im Zeitpunkt des schädigenden Ereignisses 12-jähriges Verkehrsunfallopfer von der Versicherung des Schädigers nach Schweizer Recht Ersatz für den verletzungsbedingt erlittenen, rein hypothetisch berechneten Erwerbs- und Fortkommensschaden, kommt eine Anwendung von § 24 Nr. 1 Buchst. a EStG nicht in Betracht, wenn die Vereinbarung der an der Schadensregulierung Beteiligten – trotz der Bezeichnung der gewährten Versicherungsleistung als „Verdienstausfall" – nicht dahin gedeutet werden kann, dass damit Ersatz für steuerbare Einnahmen aus einer konkreten, d.h. bestimmten oder jedenfalls hinreichend bestimmbaren Einkunftsquelle i.S.d. § 2 Abs. 1 Satz 1 Nr. 1 bis 7 EStG gezahlt werden sollte (BFH v. 26.5.2020, IX R 15/19, HFR 2020, 1138; s.a. → *Entschädigungen* Rz. 2001).

Leistungen, die Ansprüche ersetzen sollen, die bei ihrer Erfüllung zu nicht steuerbaren Einnahmen geführt hätten, fallen nicht unter die Regelung. Schadenersatz wegen der Verletzung anderer Rechtsgüter (Gesundheit) fällt ebenso wenig darunter, wie etwa Ansprüche auf Ausgleich eines **behinderungsbedingten Mehrbedarfs oder auf Zahlung eines Schmerzensgelds** (zuletzt BFH v. 9.1.2018, IX R 34/16, BStBl II 2018, 582).

Erhält ein im Zeitpunkt des schädigenden Ereignisses Erwerbsloser vom Schädiger bzw. seiner Versicherung Ersatz für den verletzungsbedingt erlittenen **Erwerbsschaden gem. § 842 BGB**, kommt es für die Anwendung von § 24 Nr. 1 Buchst. a EStG darauf an, ob mit der Zahlung steuerbare und steuerpflichtige Einnahmen ersetzt werden sollen (sog. **Verdienstausfall**) oder der **Wegfall des Anspruchs auf steuerfreie Sozialleistungen wie das Arbeitslosengeld** (BFH v. 20.7.2018, IX R 25/17, BStBl II 2020, 186 betr. eine Versicherungsentschädigung nach einer missglückten Operation).

bb) „Steuerfreie" Schadensersatzleistungen

In den folgenden Fällen hat die Rechtsprechung den Zusammenhang der Zahlung mit dem Dienstverhältnis verneint, so dass **kein steuerpflichtiger Arbeitslohn** anzunehmen ist: 3869

- Zahlungen auf Grund **unerlaubter Handlung oder Gefährdungshaftung**, also insbesondere **Schmerzensgeld** nach §§ 823 bis 853 BGB oder Zahlungen für die **Beseitigung von Unfallfolgen**, z.B. Arzt- und Heilmittelkosten (vgl. zuletzt BFH v. 26.5.2020, IX R 15/19, HFR 2020, 1138 betr. Steuerbarkeit einer als „Verdienstausfall" bezeichneten Versicherungsleistung bei einem 12-jährigen Verkehrsunfallopfer sowie → *Entschädigungen* Rz. 2002).
- Zahlungen wegen **Verletzung des allgemeinen Persönlichkeitsrechts** (§ 847 BGB) des Arbeitnehmers (BFH v. 29.10.1963, VI 290/62 U, BStBl III 1964, 12).
- **Zinsen für rückständigen Arbeitslohn**; es handelt sich insoweit aber um Einkünfte aus Kapitalvermögen (FG Köln v. 19.6.1989, 7 K 2621/88, EFG 1989, 640).
- Schadensersatzleistungen des Arbeitgebers, wenn dieser eine **fehlerhafte Lohnbescheinigung ausgestellt** hat und der Arbeitnehmer somit eine zu hohe Einkommensteuer nachzahlen musste (BFH v. 20.9.1996, VI R 57/95, BStBl II 1997, 144).
- **Schadensersatzrente nach § 844 Abs. 2 BGB**, da sie lediglich den durch ein schädigendes Ereignis entfallenden, nicht steuerbaren Unterhaltsanspruch ausgleicht und keinen Ersatz für entgangene oder entgehende einkommensteuerpflichtige Einnahmen gewährt (BFH v. 26.11.2008, X R 31/07, BStBl II 2009, 651 sowie BMF v. 15.7.2009, IV C 3 – S 2255/08/10012, BStBl I 2009, 836).

cc) Steuerpflichtige Schadensersatzleistungen

Ein Zusammenhang mit dem Dienstverhältnis und damit **Arbeitslohn bejaht** wurde für: 3870

- Schadensersatzleistungen an einen **entlassenen Arbeitnehmer** für den **Umbau** eines am neuen Beschäftigungsort erworbenen **Einfamilienhauses** (BFH v. 28.2.1975, VI R 29/72, BStBl II 1975, 520).
- Schadensersatzleistungen für **entgehenden oder entgangenen Arbeitslohn (Verdienstausfall) auf Grund eines Unfalls oder einer missglückten Operation** (zuletzt BFH v. 20.7.2018, IX R 25/17, BStBl II 2020, 186 sowie → *Entschädigungen* Rz. 2002).
- Schadensersatzleistungen für ein am **Arbeitsplatz gestohlenes Kleidungsstück** des Arbeitnehmers (FG Köln v. 8.6.1990, 4 K 23/85, EFG 1991, 193).
- **Tagegelder, die als Verdienstausfallentschädigungen** von einer Unfallversicherung über den Arbeitgeber an die Arbeitnehmer weitergeleitet werden, nicht jedoch eine Todesfall-Versicherungsleistung selbst (BFH v. 22.4.1982, III R 135/79, BStBl II 1982, 496).
- **Entschädigungen**, die ein Beamter von seinem Dienstherrn wegen **pflichtwidrig unterlassener Beförderung** erhält. Dazu gehören nicht die Prozesszinsen, diese zählen zu den tariflich zu besteuernden Einkünften aus Kapitalvermögen (FG Köln v. 19.6.1989, 7 K 2621/88, EFG 1989, 640).
- **Schadensersatzleistung aus Amtshaftung** als Surrogat für die durch eine rechtswidrige Abberufung als Bankvorstand entstandenen Verdienst- und Betriebsrentenausfälle (BFH v. 12.7.2016, IX R 33/15, BStBl II 2017, 158).
- **Ausgleichszahlung, die ein Feuerwehrbeamter für rechtswidrig erbrachte Mehrarbeit erhält** (BFH v. 14.6.2016, IX R 2/16, BStBl II 2016, 901 sowie BFH v. 26.8.2016, VI B 95/15).
- **Verzicht des Arbeitnehmers gegen eine Ausgleichsleistung darauf, seine Arbeitskraft weiterhin zur Verfügung zu stellen** und dadurch laufende Lohneinkünfte zu erzielen (FG München v. 8.12.2016, 11 K 763/15).

– Nach einem aktuellen Urteil des BFH führt der einem Stpfl. zu gewährende Ersatz eines Verdienstausfallschadens auch in Höhe der hierauf entfallenden Einkommensteuer (**Erstattung der Steuerzahlung**) zu steuerbaren Einkünften gem. § 24 Nr. 1 Buchst. a EStG (BFH-Urteil v. 15.10.2024, IX R 5/23, BStBl II 2025, 446). Im vg. Urteil ging es dabei um eine sog. Nettolohnberechnung. Die Rechtspraxis hat für den Ersatz des Verdienstausfalles abhängig Beschäftigter zwei Berechnungsmethoden entwickelt. Nach der Bruttolohnmethode ist Maßstab für die Schadensberechnung der entgangene Bruttoverdienst des Geschädigten; Steuern und Sozialversicherungsbeiträge sind somit von vornherein enthalten. Dagegen stellt nach der (modifizierten) Nettolohnmethode der ersatzpflichtige Schaden das fiktive Nettoeinkommen des Geschädigten zuzüglich aller seiner aus dem Schadenereignis folgenden weiteren Nachteile einschließlich der auf die Schadenersatzleistung geschuldeten Steuer dar (BGH-Urteil v. 8.6.2021, VI ZR 924/20, Rz. 18, m.w.N.). Beide Berechnungsmethoden stehen gleichberechtigt nebeneinander (vgl. BGH-Urteil v. 15.11.1994, VI ZR 194/93, BGHZ 127, 391, unter II.1.a) und führen – richtig angewandt – zu gleichen Ergebnissen (BGH-Urteil v. 8.6.2021, VI ZR 924/20). Hinsichtlich des Verdienstausfallschadens (einschl. der Steuererstattungen) im Rahmen der Nettolohnberechnung schloss der BFH auch die tarifermäßigte Besteuerung aus, da der Ersatz eines Verdienstausfallschadens keine Vergütung für eine mehrjährige Tätigkeit gem. § 34 Abs. 2 Nr. 4 EStG darstellt. Auch stellen die **sukzessiv – im Rahmen einer „Permanentbesteuerung" infolge des jährlichen Ersatzes der Steuerzahlung des Vorjahres –** in späteren Veranlagungszeiträumen vom Schädiger erstatteten Steuerlasten auf den Verdienstausfallschaden keine für eine tarifermäßigte Besteuerung gem. § 34 Abs. 2 Nr. 2 EStG erforderliche Zusammenballung von Einkünften dar. Die Verteilung der Zahlungen auf mehrere Jahre nahm der Entschädigung die für eine ermäßigte Besteuerung gem. § 34 EStG (sog. Fünftelregelung) notwendige „Außerordentlichkeit". Im Urteil ging es allerdings lediglich um den Ersatz des Verdienstausfalls Entschädigungen z.B. für Arzt- und Heilungskosten, für Mehraufwand während der Krankheit und Schmerzensgeld (vgl. BFH v. 21.1.2004, XI R 40/02, BStBl II 2004, 716) sind nicht steuerpflichtig.

Sofern die übrigen Voraussetzungen erfüllt sind, insbesondere die sog. Zusammenballung, können Schadensersatzleistungen **nach** § 34 EStG **tarifermäßigt besteuert** werden, sog. Fünftelregelung (zuletzt BFH v. 9.1.2018, IX R 34/16, BStBl II 2018, 582 zur Abgrenzung und Nettolohnberechnung siehe vg. Ausführungen BFH-Urteil v. 15.10.2024, IX R 5/23, BStBl II 2025, 446) sowie → *Entschädigungen* Rz. 2001).

LSt

dd) Aufteilung

3871 Werden – v.a. von Versicherungen – Schadensersatzleistungen für **mehrere Schäden** in einer Summe gezahlt (z.B. Verdienstausfall, Krankheitskosten, Schmerzensgeld), so muss diese – ggf. im Schätzungswege – in einen **steuerpflichtigen und einen steuerfreien Teil aufgeteilt** werden (BFH v. 21.1.2004, XI R 40/02, BStBl II 2004, 716 m.w.N.). Der BFH geht davon aus, dass ggf. i.R. einer vernünftigen Schätzung ermittelt werden kann, in welcher Höhe die zur Auszahlung gelangte Entschädigungssumme auf die einzelnen Schadenspositionen entfällt, mithin also auf den steuerpflichtigen oder den steuerfreien Teil (→ *Entschädigungen* Rz. 2002).

Verpflichtet sich der Arbeitgeber vertraglich, im Zusammenhang mit der Auflösung des Arbeitsverhältnisses mehrere Zahlungen an den Arbeitnehmer zu leisten, ist eine einheitliche Entschädigung nur anzunehmen, wenn tatsächliche Anhaltspunkte dafür festgestellt sind, dass sämtliche Teilzahlungen „als Ersatz für entgangene oder entgehende Einnahmen" i.S.d. § 24 Nr. 1 Buchst. a EStG gewährt worden sind. Ist neben einer Entschädigung für entgangene Einnahmen, die sich ihrer Höhe nach i.R. des Üblichen bewegt, eine weitere Zahlung vereinbart, die bei zusammenfassender Betrachtung den Rahmen des Üblichen in besonderem Maße überschreiten würde, spricht dies indiziell dafür, dass es sich insoweit nicht um eine Entschädigung für entgangene Einnahmen handelt. Von einer Überschreitung in besonderem Maß ist auszugehen, wenn durch die **zweite Teilzahlung die Höhe der Gesamtzahlung verdoppelt** wird (BFH v. 9.1.2018, IX R 34/16, BStBl II 2018, 582).

Zur Frage, ob der ersetzte Steuerschaden, d.h. die Einkommensteuer, Kirchensteuer und Solidaritätszuschlag, welche auf eine Verdienstausfallentschädigung ggf. entstehen, gedanklich getrennt und damit selbst nicht der Einkommensteuer unterworfen werden dürfen, vgl. vg. Ausführungen des FG Baden-Württemberg v. 20.11.2017, 10 K 3494, EFG 2018, 217, FG Baden-Württemberg v. 23.11.2022, 7 K 195/21, EFG 2023, 836, Rev. entschieden mit BFH v. 15.10.2024, IX R 5/23, BStBl II 2025, 446, sowie FG Baden-Württemberg v. 5.10.2023, 3 K 3132/20, Rev. entschieden mit BFH v. 15.10.2024, IX R 26/23, BFH/NV 2025, 268.

ee) Verfahren

Steuerpflichtige Schadensersatzzahlungen, die der **Arbeitgeber** zahlt, muss er dem **Lohnsteuerabzug** unterwerfen (BAG v. 16.11.1995, 8 AZR 240/95, betr. Schadensersatz wegen Vorenthaltung eines vertraglich auch zur privaten Nutzung zugesagten Kfz). 3872

Demgegenüber kommt bei Schadensersatzzahlungen eines **Dritten** (z.B. einer Versicherung), die als Arbeitslohn steuerpflichtig sind, ein **Lohnsteuerabzug nicht** in Betracht, weil die Versicherung nicht der Arbeitgeber des Geschädigten ist. Die Zahlungen sind dann ggf. i.R. der **Einkommensteuerveranlagung** des Arbeitnehmers zu erfassen.

Zu Zahlungen aus einer **Unfallversicherung** → *Unfallversicherung: freiwillige* Rz. 4205.

c) Sozialversicherung

Stehen dem Arbeitnehmer auf Grund gesetzlicher Verpflichtung des Arbeitgebers Schadensersatzleistungen zu, liegt auch dann **kein sozialversicherungspflichtiges Arbeitsentgelt** i.S.d. § 14 SGB IV vor, wenn die Ansprüche wegen einer Schädigung des Arbeitnehmers mit dem Arbeits- oder Dienstverhältnis in Zusammenhang stehen. 3873

2. Schadensersatzpflicht des Arbeitnehmers gegenüber dem Arbeitgeber

Auch der Arbeitgeber kann auf Grund unterschiedlicher Sachverhalte einen Anspruch auf Schadensersatz haben, z.B. wegen eines ihm entstehenden Schadens infolge außerordentlicher Kündigung wegen Verletzung der Arbeitspflicht (endgültiges und rechtswidriges Sich-Lösen vom Vertrag), § 628 Abs. 2 BGB, infolge vorübergehender Nichtleistung („Blaumachen" u.a.) sowie infolge nur mangelhafter Arbeitsleistung (Schlechtleistung). 3874

a) Arbeitsrecht

aa) Außerordentliche Kündigung

Der Arbeitgeber kann innerhalb einer Frist von zwei Wochen seit Beginn der Arbeitsniederlegung das Arbeitsverhältnis gem. § 626 BGB fristlos kündigen, wenn ihm die **Fortsetzung des Arbeitsverhältnisses** infolge der Verletzung der Arbeitspflicht nicht zuzumuten ist. 3875

Nach § 628 Abs. 2 BGB hat der **Arbeitnehmer** den durch die Aufhebung des Arbeitsverhältnisses entstehenden **Schaden** des Arbeitgebers zu **ersetzen**. Voraussetzung ist, dass der Arbeitnehmer seine Arbeitspflicht schuldhaft verletzt hat, ihm also Vorsatz oder Fahrlässigkeit (§ 276 BGB) vorzuwerfen ist.

Ist dies der Fall, hat der Arbeitnehmer nach § 628 Abs. 2 BGB den durch die Aufhebung des Vertrages ausgelösten Schaden zu ersetzen. In zeitlicher Hinsicht endet dieser Schadensersatzanspruch spätestens zu dem Zeitpunkt, zu dem der Arbeitnehmer selbst außerordentlich oder ordentlich kündigen konnte.

Beispiel:

Der Arbeitgeber kündigt am 1. Juli dem Arbeitnehmer außerordentlich gem. § 626 BGB wegen Verletzung seiner Arbeitspflicht. Die tarifliche Kündigungsfrist beträgt zwei Wochen. Der Arbeitgeber kann nur für den Zeitraum vom 1. bis 14. Juli Schadensersatz verlangen.

Der Arbeitnehmer muss den vollen Schaden einschließlich des entgangenen Gewinns ersetzen (BAG v. 27.1.1972, 2 AZR 172/71).

Der Arbeitgeber hat sowohl das Verschulden des Arbeitnehmers darzulegen und zu beweisen als auch einen konkreten Schaden nachzuweisen.

Zu ersetzen ist z.B. die Lohndifferenz bei Einstellung einer teureren Ersatzkraft (BAG v. 25.5.1970, DB 1970, 1134) oder Kosten für Stellenanzeigen, sofern die Kosten bei ordnungsgemäßer Einhaltung der arbeitsvertraglichen Kündigungsfrist vermeidbar gewesen wären (BAG v. 23.3.1984, 7 AZR 37/81). Unklar ist eine Ersatzpflicht, wenn der Arbeitgeber selbst Mehrarbeit übernimmt. Das BAG hat das allerdings bejaht, obgleich im zu entscheidenden Fall zusätzliche Kosten nicht angefallen waren (BAG v. 24.8.1967, 5 AZR 59/67).

Sofern der Arbeitgeber zur Sachverhaltsermittlung im Zusammenhang mit dem Fehlverhalten des Arbeitnehmers finanzielle Aufwendungen infolge der Einschaltung eines Rechtsanwalts tätigt, stellt sich ihm die Frage, ob und inwieweit er diese von dem pflichtwidrig handelnden Mitarbeiter ersetzt verlangen kann. Kernfrage ist die Abgrenzung zwischen Kosten, die analog zur Beauftragung eines Detektivs als Schadensersatz verlangt werden können und solchen Kosten, für die § 12 a ArbGG einen materiellrechtlichen Kostenerstattungsanspruch verneint. Die Rechtsprechung hatte bei sog. Compliance-Untersuchungen regelmäßig wegen der Rechtspflicht des Arbeitgebers zur Aufklärung die Tätigkeiten als Rechtsberatung der Anwälte bewertet. Demgegenüber hat das BAG inzwischen klargestellt, dass § 12a ArbGG gar nicht zur Anwendung gelange und die aufgewendeten Ermittlungskosten – soweit sie erforderlich und angemessen seien sowie dies auch substantiiert dargelegt sei – als erstattungsfähig erachtet. Arbeitgeber können daher unter diesen Voraussetzungen die Kosten, die für Ermittlungen bis zum Zeitpunkt des Ausspruchs der Kündigung des Arbeitsverhältnisses entstanden sind, von dem gekündigten Arbeitnehmer erstattet verlangen. Diese Ermittlungskosten dienen der Aufklärung des kündigungsrelevanten Sachverhalts und bezwecken daher die Beseitigung der Vertragsstörung (BAG v. 29.4.2021, 8 AZR 276/20).

Die bisher gesicherte Zulässigkeit von **Vertragsstrafenabreden** für den Fall des Vertragsbruchs durch den Arbeitnehmer ist nach dem Schuldrechtsreformgesetz für ab 1.1.2002 getroffene Abreden zweifelhaft geworden im Hinblick auf die neue Vorschrift des § 309 Nr. 6 BGB; es sei hingewiesen auf die Darstellung: Reinecke, DB 2002, 585; von Koppenfels, BZA 2002, 598; Leder/Morgenroth, NZA 2002, 952.

bb) Vorübergehende geringfügige Nichtleistung

3876 Der Arbeitgeber kann ganz unabhängig von einer Kündigung für die Zeit der Nichtleistung der Arbeit Schadensersatz verlangen.

Voraussetzung für den Schadensersatzanspruch ist Verschulden. Der Arbeitnehmer kann die gesetzliche Vermutung für das Verschulden widerlegen.

cc) Schlechtleistung

3877 Der Arbeitnehmer erfüllt bei der Schlechtleistung zwar die Arbeitspflicht, die Arbeitsleistung aber ist mangelhaft (unterdurchschnittlich, fehlerhafte Arbeitsergebnisse). Infolge der Mangelhaftigkeit muss dem Arbeitgeber ein Schaden entstanden sein. Hat der Arbeitgeber einen Schadensersatzanspruch, hat er grds. die Möglichkeit, mit der Arbeitsvergütung des Arbeitnehmers aufzurechnen.

Bei rechtswidriger und schuldhafter Schlechtleistung hat der Arbeitgeber Anspruch auf Schadensersatz aus §§ 241 Abs. 2, 280, 619a, 276 BGB; dabei hat der Arbeitgeber die Beweislast für das Verschulden des Arbeitnehmers. Die Darlegungs- und Beweislast des Arbeitgebers erstreckt sich nicht nur auf die Pflicht- bzw. Rechtsgutverletzung, sondern auch auf die haftungsbegründende und die haftungsausfüllende Kausalität sowie auf den Schaden (LAG Hamm v. 1.2.2022, 8 Sa 160/21, BeckRS 2022, 18358). Es sind aber die von der Rechtsprechung entwickelten Grundsätze zum **Mitverschulden** des Arbeitgebers und zur **eingeschränkten Haftung im Arbeitsverhältnis** zu berücksichtigen (s. z.B. zuletzt BAG v. 18.1.2007, 8 AZR 250/06). Ein vorsätzliches Handeln ist nur anzunehmen, wenn der Arbeitnehmer den Schaden in seiner konkreten Höhe zumindest als möglich voraussieht und ihn für den Fall des Eintritts billigt. Dies ist nicht gegeben, wenn der Arbeitnehmer auf Grund seiner Erfahrung davon ausging, den Schaden noch abwenden zu können. Bei grober Fahrlässigkeit ist im Einzelfall eine Entlastung des Arbeitnehmers nicht ausgeschlossen. Liegt der festgestellte Schaden deutlich über der auf Grund der Haftungsbeschränkung zugesprochenen Schadensersatzsumme müssen die weiteren Schadenspositionen nicht feststehen (LAG Köln v. 19.12.2024, 8 Sa 830/22).

Gesteigerte praktische Bedeutung erlangt die Tatsache, dass sich Arbeitsvertragsparteien zunehmend Betrugsversuchen von Kriminellen ausgesetzt sehen, die z.B. durch das sog. **Spoofing** oder den **„Fake President Trick“** Mitarbeiter unter Vorspiegelung eines betrieblichen Anlasses zu Verfügungen über betriebliches Vermögen veranlassen. Wird ein Unternehmen Opfer einer derartigen Betrugsmasche, stellt sich regelmäßig auch der einstehenden Versicherung die Frage nach (arbeits-)rechtlichen Konsequenzen für die involvierten Mitarbeiter. Insbesondere sind Schadensersatzansprüche zu diskutieren, die auf Grund der arbeitsrechtlichen Besonderheiten – Stichwort: Grundsätze des innerbetrieblichen Schadensausgleichs – häufig nur schwer zu realisieren sind. Das LAG Sachsen hatte eine Arbeitnehmerin im Zusammenhang mit der „Chef-Masche“ zum Schadensersatz verurteilt (LAG Sachsen v. 13.6.2017, 3 Sa 556/16). Das LAG Düsseldorf hat hingegen entschieden, dass ein Arbeitnehmer nicht für einen Schaden haftet, den sein Arbeitgeber durch einen Betrug mit Hilfe des sog. Spoofing erleidet (LAG Düsseldorf v. 29.8.2017, 14 Sa 334/17). Das LAG hat einen Schadenersatzanspruch in dem „Spoofing-Fall“ ebenfalls erwogen, eine grobe Pflichtwidrigkeit der Arbeitnehmerin indes wegen der strukturellen Unterlegenheit verneint.

Eine Lohnkürzung bei fehlendem Verschulden ist nicht zulässig.

Für die sog. **Mankohaftung** des Arbeitnehmers gelten von der Rechtsprechung entwickelte besondere Grundsätze (vgl. z.B. BAG v. 17.9.1998, 8 AZR 175/97, und BAG v. 2.12.1999, 8 AZR 386/98).

b) Lohnsteuer

Verzichtet der Arbeitgeber auf eine ihm (vom Arbeitnehmer zu zahlende) zustehende Schadensersatzforderung, so stellt dies für den Arbeitnehmer einen geldwerten Vorteil dar. Dieser ist in dem Zeitpunkt lohnsteuerlich zu erfassen, in dem der Arbeitgeber zu erkennen gibt, dass er keinen Rückgriff nehmen wird (zuletzt BFH v. 24.5.2007, VI R 73/05, BStBl II 2007, 766 betr. einen Fall, in dem der Arbeitnehmer im Zustand der absoluten Fahruntüchtigkeit während einer beruflichen Fahrt alkoholbedingt ein firmeneigenes Kfz beschädigt hat). Solch ein Verzicht führt zu einem Vermögensvorteil und zu Arbeitslohn. Er ist nicht durch die 1 %-Regelung abgegolten (FG Köln v. 29.10.2015, 15 K 1581/11, EFG 2017, 196). 3878

Dieser Grundsatz ist auch dann zu beachten, wenn der Arbeitgeber gegenüber dem Arbeitnehmer auf Schadensersatz wegen eines von diesem verschuldeten **Motorschadens an einem Dienstwagen** verzichtet. Allerdings führt der als Arbeitslohn zu erfassende Verzicht auf Schadensersatz **nur** dann zu einer Steuererhöhung, wenn die Begleichung der Schadensersatzforderung **nicht** zum **Werbungskostenabzug** berechtigt. Solch ein Werbungskostenabzug kommt beim Arbeitnehmer **nicht** in Betracht, wenn das auslösende Moment für den Verkehrsunfall die alkoholbedingte Fahruntüchtigkeit war (BFH v. 24.5.2007, BStBl II 2007, 766). Werden Unfallkosten bis zu 1 000 € zzgl. Umsatzsteuer je Schaden in die Kfz-Gesamtkosten einbezogen (→ R 8.1 Abs. 9 Nr. 2 Satz 12 LStR), kann der Arbeitgeber auf die Prüfung eines Schadensersatzanspruches verzichten.

Zum Werbungskostenabzug → *Werbungskosten* Rz. 4568.

[LSt]

c) Sozialversicherung

Hat der Arbeitnehmer dem Arbeitgeber Schadensersatz zu leisten, ist eine **Berücksichtigung** der Aufwendungen des Arbeitnehmers bei der Bemessung der abzuführenden Sozialversicherungsbeiträge **nicht möglich**. Allerdings hat der Arbeitnehmer dadurch einen Vorteil, dass das für die Bemessung von Lohnersatzzahlungen maßgebliche Arbeitsentgelt ebenfalls nicht durch die Schadensersatzforderung gemindert wird, die Schadensersatzforderung also keinen Einfluss auf die Höhe des Arbeitsentgelts hat. 3879

Schauspieler

→ *Künstler (und verwandte Berufe)* Rz. 2798

Scheidung

→ *Werbungskosten* Rz. 4570

Scheinarbeitsverträge

→ *Angehörige* Rz. 135

Scheinselbständigkeit

→ *Arbeitnehmer* Rz. 191

Schichtlohnzuschläge

3880 Zuschläge, die zur **Abgeltung von Erschwernissen** gezahlt werden, die mit dem Schichtdienst zusammenhängen, sind steuer- und beitragspflichtig (vgl. R 19.3 Abs. 1 Satz 2 erster Spiegelstrich LStR). Von diesen Schichtlohnzuschlägen kann kein Teil als nach § 3b EStG steuerfreier Zuschlag für Nachtarbeit abgezogen werden; → *Wechselschichtzulage* Rz. 4412.

LSt SV

Wird hingegen ein Spätarbeitszuschlag für die **Arbeit zu bestimmten Zeiten** gewährt, so ist er insoweit steuerfrei, als er für die nach § 3b EStG begünstigten Nachtzeiten gewährt wird. Zu Einzelheiten → *Zuschläge für Sonntags-, Feiertags- oder Nachtarbeit* Rz. 4800.

LSt (durchgestrichen) SV (durchgestrichen)

Beispiel:

Auf Grund tarifvertraglicher Vereinbarung erhält ein Arbeitnehmer für die Arbeit in der Zeit von 18 bis 22 Uhr einen Spätarbeitszuschlag.

Der für die Zeit von 20 bis 22 Uhr gezahlte Spätarbeitszuschlag ist ein nach § 3b EStG begünstigter Zuschlag für Nachtarbeit.

Schmerzensgeld

→ *Schadensersatz* Rz. 3866

Schmiergelder

3881 Nach § 40 AO können auch Einnahmen aus **rechts- oder sittenwidrigen Tätigkeiten einkommensteuerpflichtig** sein (vgl. zuletzt BFH v. 28.7.2017, X S 2/17 (PKH), betr. Prostituierte).

Schmiergelder (**Bestechungsgelder**), die ohne Wissen und entgegen den Interessen des Arbeitgebers von einem **Dritten gezahlt** werden, um den Arbeitnehmer zu einem bestimmten Handeln zu veranlassen (z.B. der Auftragsvergabe an ein bestimmtes Unternehmen), sind **kein Arbeitslohn**, weil sie nicht durch das Dienstverhältnis, sondern durch ein besonderes rechtliches oder wirtschaftliches Verhältnis zu dem Zahlenden veranlasst sind. Sie sind jedoch als **sonstige Einkünfte** i.S.d. § 22 Nr. 3 EStG einkommensteuerpflichtig. Die Herausgabe der Bestechungsgelder an den geschädigten Arbeitgeber führt im Abflusszeitpunkt zu Werbungskosten bei den Einkünften aus § 22 Nr. 3 EStG, wobei die Verlustausgleichsbeschränkung des § 22 Nr. 3 Satz 3 EStG zu beachten ist (BFH v. 16.6.2015, IX R 26/14, BStBl II 2015, 1019). Eine nachträgliche Berücksichtigung der Rückzahlung im Zuflussjahr ist auch nicht im Billigkeitsweg gem. § 163 AO zulässig (zuletzt BFH v. 7.12.2010, IX R 46/09, BStBl II 2012, 310 m.w.N.).

Ein Arbeitnehmer, der zu Lasten seines Arbeitgebers in erheblichem Umfang **eigene Geschäfte** tätigt, kann insoweit sogar eine **gewerbliche Tätigkeit** ausüben (zuletzt BFH v. 5.7.2005, III B 149/04, betr. einen Heizungsbauer, der mehrere Aufträge „privat abgerechnet" hat).

LSt (durchgestrichen) SV (durchgestrichen)

Der Abzug von Bestechungs- und Schmiergeldern als **Betriebsausgaben/Werbungskosten** ist **nach § 4 Abs. 5 Satz 1 Nr. 10 EStG/§ 9 Abs. 5 EStG ausgeschlossen**, wenn die Zuwendung der Vorteile eine **rechtswidrige Handlung darstellt**, die den Tatbestand eines Strafgesetzes oder eines Gesetzes verwirklicht, das die Ahndung mit einer Geldbuße zulässt. Ausreichend ist, dass mit der Zuwendung von Vorteilen objektiv gegen das Straf- oder Ordnungswidrigkeitenrecht verstoßen wird. Auf ein Verschulden des Zuwendenden, auf die Stellung eines Strafantrags oder auf eine tatsächliche Ahndung kommt es nicht an. Unerheblich ist auch, ob die Bestechung erfolgreich war und ob gegen den Stpfl. wegen der Tat ermittelt wird und welchen Ausgang ein solches Verfahren nimmt. Die Feststellung des Straftatbestands im steuerlichen Sinne muss **nicht den strafprozessualen Beweisanforderungen genügen** (zuletzt FG Niedersachsen v. 21.7.2020, 6 K 279/17, zu den Voraussetzungen der Versagung des Betriebsausgabenabzugs nach § 4 Abs. 5 Nr. 10 EStG bei der Zahlungen von Bestechungsgeldern; der BFH hat mit Beschluss v. 7.12.2021, XI B 42/20, nicht dokumentiert, die Nichtzulassungsbeschwerde gegen dieses Urteil des FG Niedersachsen als unbegründet zurückgewiesen).

Soweit die Zuwendung von Vorteilen sowie die damit zusammenhängenden Aufwendungen als Betriebsausgaben nach § 4 Abs. 5 Satz 1 Nr. 10 Satz 1 EStG den Gewinn nicht mindern dürfen, wenn die Zuwendung der Vorteile eine rechtswidrige Handlung darstellt, die den Tatbestand eines Strafgesetzes verwirklicht, muss auch der **subjektive Tatbestand des Strafgesetzes erfüllt** sein (BFH v. 15.4.2021, IV R 25/18, BStBl II 2021, 703 sowie IV R 26/18 und IV R 27/18).

Das Abzugsverbot erfasst nicht nur die Bestechungsgelder als solche, sondern auch die **Kosten eines nachfolgenden Strafverfahrens** sowie Aufwendungen, die auf Grund einer im Strafurteil ausgesprochenen Verfallsanordnung entstehen (BFH v. 14.5.2014, X R 23/12, BStBl II 2014, 684).

Aufwendungen eines Betreibers von Autobahnraststätten für die kostenlose Bewirtung von Busfahrern, die diese Raststätten mit einem mit potentiellen Kunden gefüllten Bus ansteuern, fallen nicht unter das o.g. Abzugsverbot des § 4 Abs. 5 Satz 1 Nr. 10 EStG, da die Zuwendungen an die Busfahrer nicht nach § 299 Abs. 2 StGB a.F. strafbar sind. Der Tatbestand des § 299 Abs. 2 StGB a.F. setzt u.a. voraus, dass der Bestechende auf den Angestellten oder Beauftragten eines geschäftlichen Betriebes dahin einwirkt, dass dieser i.R. seines Dienst- oder Auftragsverhältnisses den Bestechenden (oder einen zu bevorzugenden Dritten) bei dem Bezug von Waren oder gewerblichen Leistungen – im Verhältnis zwischen dem Geschäftsherrn und dem Bestechenden (oder zu bevorzugenden Dritten) – bevorzuge. Hieran fehlte es im Streitfall. Zwischen den Geschäftsherren der Busfahrer und dem Raststättenbetrieb bestand kein Verhältnis, das den Bezug von Waren oder gewerblichen Leistungen zum Gegenstand hat. Soweit der Raststättenbetreiber seine Raststätte offenhält, geschieht das gegenüber jedermann. Bezieher der Waren oder gewerblichen Leistungen des Raststättenbetreibers (Inanspruchnahme der in der Raststätte angebotenen Leistungen, die das wirtschaftliche Ziel der Bewirtung der Busfahrer sind), sind die Busreisenden, nicht hingegen die Reiseunternehmen als Geschäftsherren der Busfahrer (BFH v. 26.4.2018, X R 24/17, BStBl II 2018, 750).

S. hierzu ausführlich auch **OFD Frankfurt** v. 13.9.2016, S 2145 A – 17 – St 210, betr. Abzugsverbot für die Zuwendung von Vorteilen i.S.d. § 4 Abs. 5 Satz 1 Nr. 10 EStG sowie den **Leitfaden der OFD Düsseldorf** Stand: November 2004 „Die Behandlung von Vorteilszuwendungen i.S.d. § 4 Abs. 5 Satz 1 Nr. 10 EStG".

Nach § 4 Abs. 5 Satz 1 Nr. 10 Satz 3 EStG haben die **Finanzbehörden** Tatsachen, die den Verdacht einer Straftat oder Ordnungswidrigkeit i.S.d. Satzes 1 dieser Vorschrift begründen, der **Staatsanwaltschaft bzw. der Verwaltungsbehörde mitzuteilen**. Die Offenbarung der erlangten Kenntnisse ist daher gem. § 30 Abs. 4 Nr. 2 AO zulässig. Weitere Einzelheiten s. BMF v. 10.10.2002, IV A 6 – S 2145 – 35/02, BStBl I 2002, 1031 sowie BFH v. 14.7.2008, VII B 92/08, BStBl II 2008, 850.

Schriftsteller

→ *Künstler (und verwandte Berufe)* Rz. 2798

Schulden

→ *Werbungskosten* Rz. 4573

Schulderlass

→ *Darlehen an Arbeitnehmer* Rz. 1523

Schuldzinsen

→ *Werbungskosten* Rz. 4574

Schüler

1. Arbeitsrecht

a) Schülerpraktika

3882 Bei den Betriebspraktika von Schülern nach Richtlinien und Erlassen der Länder handelt es sich nicht um arbeitsrechtlich relevante Praktikanten- oder Arbeitsverhältnisse, sondern um eine **schulische Ausbildung** i.R. einer Schulveranstaltung in den Betrieben mit einer Dauer von zwei bis vier Wochen. Es besteht **weder** eine arbeitsrechtliche **Pflicht zur Zahlung von Arbeitsentgelt** für den Betrieb **noch** ein Recht bzw. eine **Pflicht zur Arbeitsleistung**. Ob der Arbeitgeber den Schülern ohne rechtliche Verpflichtung eine Art **Anerkennungsentgelt** oder **Taschengeld** zukommen lässt, sollte mit dem pädagogischen Leiter des Betriebspraktikums abgesprochen werden.

Die Beschäftigung von Schülern i.R. eines Betriebspraktikums während der Vollzeitschulpflicht ist nach § 5 Abs. 2 Nr. 2 JArbSchG auch für noch nicht 15 Jahre alte Schüler (Kinder) zulässig.

Hinsichtlich des **Mindestlohns** nach dem Mindestlohngesetz sind nach § 22 MiLoG Schüler, die ein Pflichtpraktikum absolvieren, generell aus dem persönlichen Anwendungsbereich des Gesetzes herausgenommen (→ *Mindestlohn* Rz. 3142).

b) Schülerbeschäftigung im Arbeitsverhältnis

3883 Schüler, die der **Vollzeitschulpflicht** unterliegen, sind entweder Kinder oder gelten nach § 2 Abs. 3 JArbSchG als Kinder. Insoweit ist die Beschäftigung neben dem Unterricht nach § 5 Abs. 1 JArbSchG **grds.** – bei einigen neu geregelten Ausnahmen mit zeitlicher Begrenzung für Kinder über 13 Jahre – **verboten**.

Zulässig ist demgegenüber nach § 5 Abs. 4 JArbSchG die Beschäftigung von Jugendlichen von **über 15 Jahren während der Schulferien** für höchstens vier Wochen im Kalenderjahr. Insoweit sind die Schutzvorschriften nach §§ 8 bis 31 JArbSchG zu beachten.

Für eine solche Schülerbeschäftigung während der Schulferien gelten ansonsten die zwingenden arbeitsrechtlichen Vorschriften; es handelt sich insoweit in aller Regel um normale Aushilfsarbeitsverhältnisse mit Anspruch zumindest auf Arbeitsvergütung in Höhe des Mindestlohns nach dem MiLoG. Eine Ausnahme gilt insoweit nach § 22 MiLoG für Jugendliche im Alter von unter 18 Jahren ohne abgeschlossene Berufsausbildung (→ *Mindestlohn* Rz. 3142).

2. Lohnsteuer

3884 Es gelten dieselben Grundsätze wie für Studenten, → *Studenten* Rz. 4058.

Durch bestimmte **Projekttage,** z.B. „Aktion Tagwerk", „Sozialer Tag" oder „WOW-Day", wird Schülern die Möglichkeit eröffnet, **an Stelle des Schulbesuchs** in Unternehmen und bei Privatpersonen **zu arbeiten.** Die Einnahmen aus der eintägigen, freiwillig geleisteten Arbeit kommen bestimmten gemeinnützigen Einrichtungen zugute und werden direkt vom Arbeitgeber dorthin überwiesen.

Die i.R. dieser Projekte gespendeten Arbeitslöhne bleiben aus Billigkeits- und Vereinfachungsgründen i.R. einer eventuell durchzuführenden Einkommensteuerveranlagung der Schüler bei der Feststellung des steuerpflichtigen Arbeitslohns außer Ansatz und unterliegen nicht dem Lohnsteuerabzug (FinMin Sachsen-Anhalt v. 4.3.2020, 45 – S 2332-253/2/14053/2020). Entsprechendes gilt auch im Bereich der Sozialversicherung. Unternehmen können im Übrigen den Arbeitslohn als Betriebsausgaben abziehen.

~~LSt~~ ~~SV~~

3. Sozialversicherung

Schüler, die während des Besuches einer allgemeinbildenden Schule (Grund-/Hauptschule, Realschule, Gymnasium) eine Beschäftigung ausüben, sind beitragsfrei in der Arbeitslosenversicherung. Dies gilt jedoch nicht, wenn schulische Einrichtungen besucht werden, die der Fortbildung außerhalb der üblichen Arbeitszeit dienen, z.B. Abend- oder Volkshochschulen (§ 27 Abs. 4 SGB III). 3885

In der Kranken-, Pflege- und Rentenversicherung gibt es keine die Versicherungspflicht von Schülern ausschließende Vorschrift, so dass grds. Versicherungs- und Beitragspflicht bestehen. Jedoch ist i.d.R. anzunehmen, dass die Beschäftigung von Schülern wegen ihrer Geringfügigkeit die Voraussetzungen des § 8 SGB IV bzw. i.V.m. § 7 SGB V, § 5 Abs. 2 SGB VI und § 27 Abs. 2 SGB III erfüllen und deshalb Versicherungsfreiheit (Ausnahme: Rentenversicherung) gegeben ist (Ferienjobs). S.a. → *Mini-Jobs* Rz. 3161.

Als Zeitpunkt der Schulentlassung ist in Anlehnung an die Regelungen des BAföG der Tag der Ausstellung des letzten Zeugnisses anzusehen.

Zur Sozialversicherungspflicht von Studenten → *Studenten* Rz. 4058.

Schulgeld

→ *Sonderausgaben* Rz. 3917, → *Werbungskosten* Rz. 4575

Schussgeld

→ *Forstbedienstete* Rz. 2206

Schutzkleidung

→ *Berufskleidung* Rz. 1353

Schwarzarbeit

1. Vorbemerkung

Schwarzarbeit ist ein komplexes Thema, das auch rechtliche Bereiche wie Arbeitsrecht, Steuerrecht und Sozialversicherungsrecht berührt. Im folgenden Stichwort werden die wichtigsten Aspekte zusammengefasst. 3886

Grundlage für die Bekämpfung der Schwarzarbeit ist u.a. das Gesetz zur Bekämpfung der Schwarzarbeit und illegalen Beschäftigung (SchwarzArbG).

Mit dem **Gesetz zur Modernisierung und Digitalisierung der Schwarzarbeitsbekämpfung** (BT-Drucks. v. 1.10.2025, 21/1930) soll das SchwarzArbG geändert werden und die FKS damit zu einer zentralen Prüfungs- und Ermittlungsbehörde fortentwickelt werden, um die Aufgabenwahrnehmung der FKS im Sinne einer qualitativen Verdichtung zielgerichteter, moderner, digitaler und schlagkräftiger auszurichten. Im Einzelnen sind folgende Neuerungen geplant:

- Teilnahme der Finanzkontrolle Schwarzarbeit (FKS) am polizeilichen Informationsverbund.
- Verbesserung der Datenanalyse und des Risikomanagements auf der Seite der FKS durch einen Datenabgleich zwischen Landesfinanzbehörden, Deutscher Rentenversicherung und FKS.
- Risikoorientierte Schwerpunktprüfungen durch die FKS, um Fehlentwicklungen in einzelnen Branchen entgegenzutreten. Damit verbundenen sind auch Mitführungs- und Vorlagepflicht von Ausweispapieren für die Arbeitnehmerinnen und Arbeitnehmer sowie eine Sofortanmeldepflicht bei der Neuaufnahme von Beschäftigungsverhältnissen.
- Verbesserung der digitalen Abläufe bei den Prüfungs-, Ermittlungs- und Ahndungsprozessen. Hierzu soll die Prüfungsmöglichkeit von Arbeitgebern außerhalb des Betriebssitzes erweitert werden. Gleichzeitig soll der FKS die Möglichkeit eingeräumt werden, auf die elektronischen Unterlagen eines Unternehmens zugreifen zu können.
- Die FKS soll künftig selbst ahnden können. Vorgesehen ist, dass die FKS neben einfach gelagerten Strafverfahren, bei de-

nen das Arbeitsentgelt vorenthalten und veruntreut wird, auch Betrugsfälle, in denen auf Grund von Schwarzarbeit Sozialleistungen zu Unrecht bezogen wurden, selbständig ahnden kann.

- Im Branchenkatalog des § 2a SchwarzArbG werden die Unternehmen der Forstwirtschaft gestrichen, das Friseur- und Kosmetikgewerbe aufgenommen und zusätzlich bei der Fleischwirtschaft eine detailliertere Beschreibung vorgenommen und explizit plattformbasierte Lieferdienste als Risikobranche erfasst; zu den Auswirkungen auf die Mitführungspflicht von Ausweisen s. hierzu auch → *Sozialversicherungsausweis* Rz. 3965, auf die Sofortmeldungspflicht → *Meldungen für Arbeitnehmer in der Sozialversicherung* Rz. 3120 und auf die Aufzeichnungspflichten → *Lohnkonto* Rz. 2887.

Der Bundestag hat am 13.11.2025 das Gesetz gebilligt. Zum Redaktionsschluss war das Gesetz allerdings noch nicht verabschiedet. Bitte beachten Sie unseren Online-Aktualisierungsdienst (s. Benutzerhinweis auf S. IV).

Zusätzlich soll mit dem Dreizehnten Gesetz zur Änderung des Zweiten Buches Sozialgesetzbuch und anderer Gesetze eine Arbeitgeberhaftung mit dem neuen § 62a SGB II eingeführt werden. Ausweislich der Gesetzesbegründung des am 12.11.2025 vom BMAS veröffentlichen Gesetzesentwurfs sollen Arbeitgeber, die eine geringfügige oder sozialversicherungspflichtige Beschäftigung nicht oder nicht vollständig oder zum Schein sozialversicherungsrechtlich anmelden, für etwaige dadurch zu Unrecht bezogene Leistungen des Beschäftigten haften. Ziel der Regelung soll sein, dass Arbeitgeber auch für die sozialrechtlichen Folgen von Schwarzarbeit haften, das heißt auch für zu Unrecht erbrachte Leistungen der Grundsicherung für Arbeitsuchende. Die Regelung soll am 1.7.2026 in Kraft treten. Sollten sich Änderungen ergeben, berichten wir auch hier über unseren Online-Aktualisierungsdienst (s. Benutzerhinweis S. IV).

2. Begriff

3887 § 1 Abs. 2 SchwarzArbG definiert Schwarzarbeit, ohne selbst Rechtsfolgen anzuordnen. Danach leistet Schwarzarbeit, wer Dienst- oder Werkleistungen erbringt oder ausführen lässt und dabei

1. als Arbeitgeber, Unternehmer oder versicherungspflichtiger Selbständiger seine sich auf Grund der Dienst- oder Werkleistungen ergebenden sozialversicherungsrechtlichen Melde-, Beitrags- oder Aufzeichnungspflichten nicht erfüllt,
2. als Stpfl. seine sich auf Grund der Dienst- oder Werkleistungen ergebenden steuerlichen Pflichten nicht erfüllt,
3. als Empfänger von Sozialleistungen seine sich auf Grund der Dienst- oder Werkleistungen ergebenden Mitteilungspflichten gegenüber dem Sozialleistungsträger nicht erfüllt,
4. als Erbringer von Dienst- oder Werkleistungen seiner sich daraus ergebenden Verpflichtung zur Anzeige von Beginn des selbständigen Betriebes eines stehenden Gewerbes (§ 14 GewO) nicht nachkommt oder die erforderliche Reisegewerbekarte (§ 55 GewO) nicht erworben hat,
5. als Erbringer von Dienst- oder Werkleistungen ein zulassungspflichtiges Handwerk als stehendes Gewerbe betreibt, ohne in der Handwerksrolle eingetragen zu sein (§ 1 HandwO).

Schwarzarbeit leistet auch, wer vortäuscht, eine Dienst- oder Werkleistung zu erbringen oder ausführen zu lassen, und wenn er selbst oder ein Dritter dadurch Sozialleistungen nach dem Zweiten oder Dritten Buch Sozialgesetzbuch zu Unrecht bezieht.

Nach § 1 Abs. 4 SchwarzArbG findet Abs. 2 keine Anwendung für nicht nachhaltig auf Gewinn gerichtete Dienst- oder Werkleistungen, die von Angehörigen, aus Gefälligkeit, im Wege der Nachbarschaftshilfe oder im Wege der Selbsthilfe bei staatlich gefördertem sozialem Wohnungsbau i.S.d. § 26 des II. Wohnungsbaugesetzes bzw. § 12 WohnraumförderungsG erbracht werden. Als nicht nachhaltig auf Gewinn gerichtet gilt dabei „eine Tätigkeit, die gegen geringes Entgelt“ erbracht wird.

Darüber hinaus ist das Nichtabführen von Arbeitgeber- und Arbeitnehmeranteilen zur Sozialversicherung ein Straftatbestand (§ 266a StGB). Auch Scheinbeschäftigungsverhältnisse zum Erschleichen von Sozialleistungen sind unter Strafe gestellt. Strafbar ist auch die vorsätzliche Falsch- oder Nicht-Information der Einzugsstellen im Zusammenhang mit der Pflicht zur Abgabe von sozialversicherungsrechtlichen Meldungen und Beitragsmeldungen (§ 266a Abs. 2 StGB). Demgegenüber war nach bis zum Jahr 2019 geltender Rechtslage die leichtfertige Falsch- oder Nicht-Information der Einzugsstellen weder strafbar noch mit einem Bußgeld bedroht. Auf Grund der gesetzlichen Regelung gilt hier eine Bußgeldvorschrift (§ 8 Abs. 3 SchwarzArbG). Eine weitere Regelung bezieht sich auf die verbreitete Praxis, durch Schein- oder Abdeckrechnungen inhaltlich falsche Buchhaltungsbelege zu erstellen, damit die Empfänger dieser „Rechnungen“ sie i.R. ihrer Buchhaltung dazu nutzen können, Schwarzlohnzahlungen an Arbeitnehmer zu verschleiern. Das ist bußgeldbewehrt (§ 8 Abs. 4 SchwarzArbG).

Seit 2014 ist die Verfolgung illegaler Beschäftigung dem Zoll übertragen und diese bei der **Finanzkontrolle Schwarzarbeit** (FKS) konzentriert. Die FKS ist zuständige Behörde für die Aufklärung und Verfolgung von Schwarzarbeit, unerlaubter Arbeitnehmerüberlassung und anderen Formen „illegaler Beschäftigung“. Wenn Arbeitgeber von Kontrollen des Zolls betroffen sind, werden sie zumeist überrascht und sehen sich schon im Ermittlungsstadium ggf. einschneidenden Maßnahmen ausgesetzt. Nachstehend sollen die in diesem Kontext für Arbeitgeber wichtigsten Aspekte skizziert werden.

Hauptaufgabe der FKS ist die Bekämpfung von Schwarzarbeit und der illegalen Beschäftigung. Die gesetzlichen Grundlagen ergeben sich vor allem aus dem SchwarzArbG. Die FKS prüft nach § 2 Abs. 1 Satz 1 SchwarzArbG, die Einhaltung sozialversicherungsrechtlicher Bestimmungen, namentlich ob

- die sozialversicherungsrechtlichen Meldepflichten nach § 28a SGB IV erfüllt werden,
- den unrechtmäßigen Bezug von Sozialleistungen,
- die Angaben des Arbeitgebers, die für Leistungen der Arbeitsförderung erheblich sind, zutreffend bescheinigt wurden,
- Ausländer illegal beschäftigt werden,
- Arbeitsbedingungen nach Maßgabe des AEntG und des MiLoG eingehalten werden.

Im Zusammenhang mit internationalen Beförderungsdienstleistungen aus dem EU-Ausland ist geklärt, dass **Kontrollen nach dem MiLoG zulässig** sind. Denn der Bundesgesetzgeber durfte der Zollverwaltung nach Art. 87 Abs. 3 Satz 2 GG die Prüfung der Einhaltung der Pflichten eines Arbeitgebers nach § 20 MiLoG übertragen. Transportunternehmen mit Sitz im Ausland, deren Arbeitnehmer im Inland tätig sind, sind daher verpflichtet, eine Überprüfung der tatsächlich im Inland verrichteten Arbeiten nach dem MiLoG zu dulden (BFH v. 18.8.2020, VII R 34/18, HFR 2021, 686, BFH v. 18.8.2020, VII R 35/18, und BFH v. 18.8.2020, VII R 12/19).

Der Zollverwaltung sind zudem Aufgaben der Arbeitsschutzkontrolle zugewiesen. Die Zollbehörden dürfen z.B. nach § 6b GSA Fleisch prüfen, ob ein Betrieb dem Geltungsbereich des § 2 Abs. 1 GSA Fleisch unterfällt. Für die Frage, ob ein Betrieb als Betrieb der Fleischwirtschaft i.S.d. § 6 Abs. 9 AEntG anzusehen ist, ist demnach der Rechtsweg zu den Finanzgerichten eröffnet (FG Hamburg v. 20.5.2021, 4 V 33/21). Über die hiergegen eingelegte Beschwerde hat der BFH entschieden (Beschwerdeverfahren VII B 85/21). Der BFH hat mit Beschluss v. 10.2.2022, VII B 85/21, HFR 2022, 545 zum Gesetz zur Sicherung von Arbeitnehmerrechten in der Fleischwirtschaft entschieden, dass

- für Streitigkeiten im Zusammenhang mit der Einordnung eines Unternehmens als Betrieb der Fleischwirtschaft und diesbezüglichen eventuellen Prüfungsmaßnahmen der Zollverwaltung der Finanzrechtsweg gem. § 33 Abs. 1 Nr. 4 FGO i.V.m. § 23 SchwarzArbG, § 6b Abs. 1 Satz 1 und Abs. 2 GSA Fleisch gegeben ist;
- einem Antrag auf Erlass einer einstweiligen Anordnung mit dem Ziel festzustellen, dass es sich bei der Antragstellerin nicht um einen Betrieb der Fleischwirtschaft i.S.d. § 6 Abs. 9 AEntG handelt, das Rechtsschutzbedürfnis fehlt.

Offen ist noch das Verfahren mit der Rechtsfrage, ob es sich bei einem Wursthersteller um einen Betrieb oder eine selbständige Betriebsabteilung der Fleischwirtschaft i.S. von § 2 Abs. 1 GSA Fleisch i.V.m. § 6 Abs. 9 AEntG handelt und ob er bei Zusammenarbeit mit Konzerngesellschaften und anderen Unternehmen auf Basis von Werkverträgen oder Arbeitnehmerüberlassung gegen das Kooperationsverbot gemäß § 6a Abs. 1 GSA Fleisch verstößt (FG Nürnberg v. 20.7.2021, 1 K 382/21, die eingelegte Revision wurde zurückgenommen, BFH v. 3.7.2024, VII R 24/21, nicht dokumentiert).

Zu steuerlichen Prüfungen ist die FKS nur in begrenztem Maße befugt gem. § 2 Abs. 1 Satz 2 SchwarzArbG. Die FKS ist nur insoweit prüfungsberechtigt, wie dies notwendig ist, um die Landesfinanzbehörden i.R. von § 6 Abs. 1 SchwarzArbG zu unterrichten. Die Prüfung der Erfüllung steuerlicher Pflichten obliegt den zuständigen Landesfinanzbehörden. Die FKS ist befugt, ohne Anfangsverdacht und anlassunabhängig zu prüfen (§ 2 SchwarzArbG). Dabei stehen vor allem die für Schwarzarbeit anfälligen Wirtschaftszweige im Fokus, für die § 2a SchwarzArbG besondere Pflichten vorsieht, wie z.B. die Baubranche. Die FKS hat zur Erfüllung ihrer Aufgaben ein breites Spektrum an Kontrollinstrumenten: Der Zoll kann

- nach § 3 Abs. 1 und 3 SchwarzArbG Geschäftsräume und Grundstücke während der Arbeitszeit der dort beschäftigten Personen betreten,
- Personen überprüfen,
- Informationen zum Beschäftigungsverhältnis einholen und
- Geschäftsunterlagen prüfen (§ 4 SchwarzArbG).

Nach § 5 SchwarzArbG sind Betroffene verpflichtet, Auskunft zu erteilen, und müssen die in §§ 3 und 4 SchwarzArbG genannten Unterlagen vorlegen oder deren Einsichtnahme ermöglichen. Sollte sich i.R. der Prüfung ein Anfangsverdacht ergeben, leitet die FKS die Prüfung in ein Ermittlungsverfahren über. Der Zoll hat dabei nach § 14 SchwarzArbG Befugnisse wie die Polizeibehörden als Ermittlungspersonen der Staatsanwaltschaft.

Die FKS richtet ihre Ermittlungen auf verschiedene Sachverhalte, die als „illegale Beschäftigung“ umschrieben werden können. Das SchwarzArbG verwendet diesen Begriff nicht, sondern knüpft an die Definition der „Schwarzarbeit“ in § 1 Abs. 2 SchwarzArbG an. Weniger komplex sind dabei Fälle von Schwarzarbeit, in denen ein Arbeitgeber seinen sozialversicherungsrechtlichen Pflichten zu Personen nicht nachkommt, die ohnehin nach Ansicht aller Beteiligten als Arbeitnehmer abhängig beschäftigt sind und „nur“ nicht gemeldet waren. Praktisch relevant sind vielmehr Fälle, in denen der sozialversicherungsrechtliche Status und die Arbeitgeberstellung streitig sind. Dies betrifft u.a. die sog. Scheinselbständigkeit und die unerlaubte Arbeitnehmerüberlassung. Dreh- und Angelpunkt der rechtlichen Bewertung ist dabei der Begriff des sozialversicherungsrechtlichen Beschäftigungsverhältnisses (§ 7 Abs. 1 SGB IV). Das LSG Darmstadt hat jüngst nochmals bestätigt, dass Personen, die im Wesentlichen ihre Arbeitskraft zur Verfügung stellen und kein Unternehmerrisiko tragen, abhängig beschäftigt sind (LSG Darmstadt v. 26.1.2023, L 8 BA 51/20).

Nach der Vorschrift des § 5a SchwarzArbG ist es verboten, seine Arbeitskraft als Tagelöhner im öffentlichen Raum „aus einer Gruppe heraus“ anzubieten, und zwar in einer Weise, die geeignet ist, Schwarzarbeit zu ermöglichen. Dementsprechend ist auch das Nachfragen solcher Angebote auf einer solchen Tagelöhnerbörse („Arbeiterstrich“) verboten. Die FKS hat die Befugnis, in solchen Fällen Platzverweise auszusprechen.

Die besondere Form der Schwarzarbeit durch die **illegale Beschäftigung von Drittstaatsangehörigen** ohne rechtmäßigen Aufenthalt in Umsetzung der Richtlinie 2009/52/EG v. 18.6.2009 – **Sanktionenrichtlinie** – ist behandelt mit dem sog. **2. Richtlinienumsetzungsgesetz** v. 22.11.2011, BGBl. I 2011, 2258, mit Änderungen im Aufenthaltsgesetz und mit Einfügung eines neuen Straftatbestands in § 10a SchwarzarbG.

Im Übrigen ist zu beachten: Die Folgen für den Schwarzarbeitervertrag sind je nach Vertragstyp unterschiedlich. Wird die Schwarzarbeit in Form von selbständigen Dienst- oder Werkverträgen erbracht, sind die entsprechenden Verträge nach der Rechtsprechung des BGH **nichtig**, wenn beide Vertragspartner gegen § 1 Abs. 2 Nr. 2 SchwarzArbG verstoßen. Dem Besteller, der den Werklohn bereits gezahlt hat, steht gegen den Unternehmer **kein Rückzahlungsanspruch** unter dem Gesichtspunkt einer ungerechtfertigten Bereicherung zu (BGH v. 11.6.2015, VII ZR 216/14).

Arbeitsverträge, welche die Bezieher von Arbeitslosengeld, Krankengeld oder ähnlicher Sozialleistungen unter Verstoß gegen das SchwarzArbG abschließen, sind dagegen wirksam, weil Zweck des SchwarzArbG hier nicht die Beseitigung des Arbeitsvertrags ist, sondern die erforderlichen Mitteilungen an die Leistungsträger sichergestellt werden sollen, um einen unzulässigen Leistungsbezug zu verhindern. Nichtig ist lediglich die Vereinbarung, keine Steuern und Sozialversicherungsbeiträge zu zahlen (BAG v. 26.2.2003, 5 AZR 690/01). Nach § 14 Abs. 2 Satz 1 SGB IV gilt in diesem Fall der illegalen Beschäftigung ein Nettoarbeitsentgelt als vereinbart; zur Berechnung der Beiträge ist das sozialversicherungsrechtliche Arbeitsentgelt des Beschäftigten zu ermitteln, indem das Nettoarbeitsentgelt um die darauf entfallenden Steuern und den Gesamtsozialversicherungsbeitrag zu einem Bruttolohn hochgerechnet werden. Die Fiktion beschränkt sich auf die Sozialversicherung. Sie begründet kein steuerliches und insbesondere auch kein arbeitsrechtliches Nettoarbeitsverhältnis mit der entsprechenden Nachzahlungspflicht durch den Arbeitgeber (BAG v. 17.3.2010, 5 AZR 301/91). Steuerschuldner bleibt der Arbeitnehmer. Der Arbeitgeber muss lediglich die entsprechenden Sozialabgaben nachzahlen. Ein Rückgriff gegenüber dem Arbeitnehmer ist bei einem bei Schwarzarbeit zu unterstellenden Verschulden des Arbeitgebers nur eingeschränkt möglich.

Die Ableistung von Schwarzarbeit durch den Arbeitnehmer bei einem Dritten kann den Arbeitgeber je nach Beeinträchtigung seiner Interessen zur außerordentlichen/fristlosen oder ordentlichen Kündigung berechtigen. Wird die Schwarzarbeit während des Urlaubs verrichtet, kommt eine Rückforderung des Urlaubsentgelts in Betracht (§ 8 BUrlG).

3. Arbeitsrecht

Von der Schwarzarbeit ist trotz Gemeinsamkeiten die **Schwarzgeldvereinbarung** zu unterscheiden. Bei einer Schwarzgeldvereinbarung geht es nicht um eine insgesamt illegale Beschäftigung und um verbotene Dienst- oder Werkleistung, sondern um die Hinterziehung von Steuern und Sozialversicherungsbeiträgen. Aus einer Schwarzgeldvereinbarung folgt deshalb **nicht die Nichtigkeit des Arbeitsvertrags**, der Vergütungsabrede oder des Schwarzlohnteils der Vergütungsabrede (BAG v. 26.2.2003, 5 AZR 690/01), sondern unwirksam (und strafbar nach §§ 263, 266a StGB) ist nur die Vereinbarung der Hinterziehung von Steuern und Sozialversicherungsabgaben. Anders aber – Nichtigkeit des Vertrags insgesamt – bei einem „schwarzen“ freien Dienstvertrag (BAG v. 24.3.2004, 5 AZR 233/03). 3888

Um die Arbeitgeber vom Abschluss von Schwarzgeldvereinbarungen abzuhalten, regelt § 14 Abs. 2 SGB IV, dass ein **Nettoarbeitsentgelt** als vereinbart gilt. Damit wird die Abwicklung aufgedeckter Schwarzlohnfälle wesentlich vereinfacht und erleichtert. Die Fiktion einer Nettoarbeitsentgeltvereinbarung dient aber ausschließlich der Berechnung der nachzufordernden Gesamtsozialversicherungsbeiträge und hat nicht die arbeitsrechtliche Wirkung einer Nettolohnvereinbarung (BAG v. 17.3.2010, 5 AZR 301/09; BAG v. 21.9.2011, 5 AZR 629/10). Das Gericht kann, auch ohne dass sich eine Vertragspartei darauf beruft, feststellen, dass eine zur Nichtigkeit des Vertrages führende Schwarzgeldabrede getroffen worden ist (OLG Düsseldorf v. 21.1.2020, I-21 U 34/19).

4. Steuerrecht

Schwarzarbeit ist steuerlich als Nebentätigkeit zu bewerten (→ *Nebentätigkeit* Rz. 3272). Ob diese Tätigkeit selbständig oder unselbständig ausgeübt wird, hängt von den Umständen des Einzelfalls ab. Dabei ist nicht entscheidend, ob der Schwarzarbeiter im Hauptberuf Arbeitnehmer ist oder nicht, denn die Tätigkeit im Hauptberuf ist im Allgemeinen nicht Voraussetzung für die Ausübung der Schwarzarbeit, auch wenn dem Schwarzarbeiter das beruflich erworbene Wissen und Können zugutekommt. Ob und inwieweit die Schwarzarbeit **gesetzeswidrig** (oder sittenwidrig) ist, ist nach § 40 AO steuerlich ohne Bedeutung (vgl. BFH v. 28.7.2017, X S 2/17 (PKH)). 3889

Bauhandwerker sind bei nebenberuflicher „Schwarzarbeit“ i.d.R. keine Arbeitnehmer des Bauherrn (BFH v. 21.3.1975, VI R 60/73, BStBl II 1975, 513). Arbeitnehmereigenschaft wird dagegen begründet, wenn ein „Schwarzarbeiter“ z.B. bei einem größeren Bauvorhaben tatsächlich weisungsgebunden ist und die Arbeiten zu vom Auftraggeber festgelegten Zeiten ausführen muss; der Auftraggeber haftet dann für nicht angemeldete und abgeführte

Lohnsteuer (FG Düsseldorf v. 21.4.1997, 7 V 6073/96 A (H [L]), EFG 1997, 1117).

Zur **Haftungsinanspruchnahme des faktischen Geschäftsführers für Schwarzlohnzahlungen** und zur Schätzung der Höhe von Schwarzlohnzahlungen im Baugewerbe s. FG Berlin-Brandenburg v. 6.7.2016, 9 K 9267/12, EFG 2017, 13, die gegen dieses Urteil erhobene Nichtzulassungsbeschwerde wurde als unbegründet zurückgewiesen). In diesem Urteil geht das Gericht davon aus, dass beim lohnintensiven Baugewerbe bei illegalen Beschäftigungsverhältnissen in Form von Schwarzarbeit davon auszugehen ist, dass grundsätzlich zwei Drittel des Nettoumsatzes als Lohnsumme – und zwar als Nettolohnsumme – zu veranschlagen sind. In diesem Sinne hat auch das FG Nürnberg mit Urteil v. 24.1.2024, 3 K 1158/22 entschieden.

Bei Leistungen von Unternehmern in Zusammenhang mit einem Grundstück (z.B. Bauleistungen, Gartenarbeiten, Instandhaltungsarbeiten in und an Gebäuden, Fensterputzen) ist der **Unternehmer verpflichtet**, auch bei Leistungen an einen privaten Empfänger innerhalb von sechs Monaten nach Leistungserbringung **eine Rechnung auszustellen** (§ 14 Abs. 2 Satz 2 Nr. 3 UStG). Bei Verstoß gegen die Rechnungsausstellungspflicht kann ein Bußgeld bis zu 5 000 € verhängt werden (§ 26a Abs. 2 UStG). Der private Leistungsempfänger (oder auch Unternehmer, der die Leistung für seinen privaten Bereich verwendet) muss diese Rechnungen, einen Zahlungsbeleg oder eine andere beweiskräftige Unterlage **zwei Jahre lang aufbewahren** (§ 14b Abs. 1 Satz 5 UStG). Im Falle eines Verstoßes hiergegen können bis zu 500 € Bußgeld verhängt werden (§ 26a Abs. 2 UStG).

5. Nachzahlung von Lohnsteuer und Sozialversicherungsbeiträgen

3890 Der Grund für die Schwarzarbeit ist i.d.R. der, dass beide Parteien Lohnabzüge vermeiden wollen. Es werden damit also Schwarzgeldvereinbarungen getroffen, einvernehmlich mit dem Zweck, **Lohnsteuer** und **Sozialversicherungsbeiträge** zu **hinterziehen**. Regelmäßig wird die Vergütung insgesamt oder nur teilweise (z.B. nur die Überstundenvergütung) „schwarz“ ausbezahlt.

a) Steuernachzahlung

3891 Solche (Schwarzgeld-)Vereinbarungen sind unzulässig und damit unwirksam mit der **Folge**, dass sowohl die Steuern als auch die nicht einbehaltenen Sozialversicherungsbeiträge nachgezahlt werden müssen. Zu berücksichtigen ist, dass es sich bei der Schwarzlohnvereinbarung **steuerrechtlich** auch nach der früheren Neufassung des § 14 Abs. 2 SGB IV um **keine Nettolohnvereinbarung** handelt (BFH v. 21.2.1992, VI R 41/88, BStBl II 1992, 443), denn der steuerliche Begriff des Arbeitslohns deckt sich nicht immer mit dem sozialversicherungsrechtlichen Begriff des Arbeitsentgelts (→ *Arbeitslohn* Rz. 621).

Regelmäßig hat der Arbeitgeber als **Haftungsschuldner** die Steuernachzahlung an das Finanzamt zu leisten. Zu versteuern sind der schwarz ausgezahlte Barlohn, die auf den Schwarzlohn entfallenden Steuern, für die der Arbeitgeber haftet, sowie die vom Arbeitgeber nachzuzahlenden Arbeitnehmeranteile zur Sozialversicherung und die Steuern, die auf die Nacherhebung der Arbeitnehmeranteile zur Sozialversicherung entfallen, wobei insbesondere in den letzten drei Positionen geldwerte Vorteile für den Arbeitnehmer zu erblicken sind (Prinzip des Nettosteuersatzes).

Andererseits gilt nach der Rechtsprechung des BFH Folgendes: Haftet der Arbeitgeber wegen fehlender Aufzeichnungen gem. § 42d EStG für die von den Arbeitnehmern geschuldete Lohnsteuer, so ist die Höhe der Haftungsschuld selbst dann mit dem (niedrigeren) **Bruttosteuersatz** und nicht mit dem (höheren) Nettosteuersatz zu berechnen, wenn feststeht, dass der Arbeitgeber nach der Zahlung wegen des Fehlens von Aufzeichnungen bei seinen Arbeitnehmern keinen Regress wird nehmen können (BFH v. 29.10.1993, VI R 26/92, BStBl II 1994, 197). Es bleibt dem Finanzamt jedoch unbenommen, nach Zahlung der Haftungsschuld zu prüfen, ob der Arbeitgeber tatsächlich bei seinen Arbeitnehmern Regress nimmt. Tut er dies nicht, weil ihm dies z.B. wegen fehlender Aufzeichnungen nicht möglich ist, so liegen die Voraussetzungen für einen weiteren Zufluss von Lohn bei den Arbeitnehmern vor und es kann ein weiterer Haftungsbescheid erlassen werden.

b) Sozialversicherungsbeitrags-Nachzahlung

Die Versicherungs- und Beitragspflicht in der Sozialversicherung hängt nicht von dem Willen der beteiligten Arbeitnehmer oder Arbeitgeber ab, sie bestimmt sich ausschließlich unter Würdigung der tatsächlichen Verhältnisse nach gesetzlichen Vorgaben. Eine Schwarzarbeit ist wegen einer möglichen Versicherungspflicht nach den allgemeinen Grundsätzen des Sozialversicherungsrechts zu bewerten. 3892

Haftungsschuldner ist bei festgestellter Versicherungspflicht auch hier der Arbeitgeber. Der Arbeitgeber hat die Arbeitgeber- als auch die Arbeitnehmeranteile sowohl für den ausgezahlten Schwarzlohn als auch für die von ihm übernommene Lohn- und Kirchensteuer nachzuentrichten, weil er die Nichtabführung mitverschuldet hat (→ *Beiträge zur Sozialversicherung* Rz. 1261). Nach § 14 Abs. 2 Satz 2 SGB IV gilt ein Nettoarbeitsentgelt als vereinbart (Nettolohnvereinbarung), wenn bei illegalen Beschäftigungsverhältnissen Steuern und Beiträge zur Sozialversicherung und zur Arbeitsförderung nicht gezahlt wurden. Durch das o.g. Gesetz zur Erleichterung der Bekämpfung von illegaler Beschäftigung und Schwarzarbeit v. 23.7.2002, BGBl. I 2002, 2787 wurden die Haftungsregelungen erweitert. Ein Bauunternehmer, der einen Subunternehmer direkt beauftragt, haftet für die Abführung der Sozialversicherungsbeiträge dieses Subunternehmers oder eines von diesem beauftragten Verleihers wie ein selbstschuldnerischer Bürge. Diese Haftungsregelung greift bei Bauwerken ab einem geschätzten Auftragsvolumen von 275 000 €. Die Haftung des Generalunternehmers entfällt, wenn er nachweist, dass er ohne eigenes Verschulden davon ausgehen konnte, dass die Zahlungspflicht erfüllt wurde.

Haftet der Arbeitgeber nachträglich für die erhobene Lohn- oder Kirchensteuer, so handelt es sich insoweit um die Zuwendung eines Vermögensvorteils an den Arbeitnehmer mit sich daran anschließender entsprechender Beitragslast. Die Krankenkassen dürfen davon ausgehen, dass der Arbeitgeber bei einer einvernehmlichen Steuerhinterziehung die Steuern, die nachträglich erhoben wurden, selbst trägt. Diese Vermutung kann der Arbeitgeber widerlegen.

Für den Bereich der Sozialversicherung hat der Gesetzgeber die Nettolohnfiktion geschaffen.

Grds. werden die Sozialversicherungsbeiträge aus dem Bruttoarbeitsentgelt berechnet. Nettolohnvereinbarungen haben zur Folge, dass das Bruttoarbeitsentgelt aus dem gezahlten Nettoentgelt hochgerechnet wird.

Das BSG (BSG v. 9.11.2011, B 12 R 18/09 R) hat entschieden, dass die Nettolohnfiktion bei der Schwarzarbeit nur dann anzuwenden ist, wenn der Arbeitgeber vorsätzlich gegen die Arbeitgeberpflichten verstoßen hat. Hierfür ist ein bedingter Vorsatz ausreichend.

Bedingter Vorsatz liegt vor, wenn der Arbeitgeber die Beitragspflicht für möglich gehalten, es aber billigend in Kauf genommen hat, dass die Beiträge nicht abgeführt werden.

Von einem Verstoß gegen die Arbeitgeberpflichten, verbunden mit einer vorsätzlichen Beitragsvorenthaltung, ist regelmäßig bei folgenden Fallgestaltungen auszugehen:

- Schwarzarbeit und Schwarzlohnzahlung,
- Sozialleistungsmissbrauch,
- illegale Ausländerbeschäftigung,
- Sozialdumping nach dem Arbeitnehmer-Entsendegesetz,
- illegale Arbeitnehmerüberlassung.

Die Nettolohnfiktion findet aber auch dann Anwendung, wenn der Arbeitgeber einen maßgeblichen Bescheid eines Sozialversicherungsträgers unbeachtet gelassen hat, wenn derselbe Sachverhalt bereits in einer früheren Arbeitgeberprüfung festgestellt und beanstandet worden ist oder gleichartige Sachverhalte im Betrieb versicherungs- oder beitragsrechtlich grundlos unterschiedlich behandelt wurden.

Bei Nachentrichtung hinterzogener Arbeitnehmeranteile zur Gesamtsozialversicherung führt die Nachzahlung als solche zum Zufluss eines zusätzlichen geldwerten Vorteils. Dem Lohnzufluss steht nicht entgegen, dass der Arbeitgeber beim Arbeitnehmer nach § 28g SGB IV keinen Rückgriff mehr nehmen kann (BFH v. 13.9.2007, VI R 54/03, BStBl II 2008, 58).

Nur in den Fällen werden die Steuern bei der Nachentrichtung der Sozialversicherungsbeiträge nicht mitberücksichtigt, in denen der Arbeitgeber bei dem **Arbeitnehmer** hinsichtlich der nacherhobenen Steuern Regress nimmt.

Die Verletzung der Meldepflicht kann dem Arbeitgeber ggf. als **Ordnungswidrigkeit** mit der Folge eines Bußgeldes zur Last gelegt werden.

c) Regress beim Arbeitnehmer

3893 Für einen Rückgriff des Arbeitgebers beim Arbeitnehmer ist erforderlich, dass die Inanspruchnahme des Arbeitnehmers rechtlich und tatsächlich möglich ist.

Im Einzelnen ist wie folgt zu unterscheiden:

- Bezüglich der **Sozialversicherungsbeiträge** ist bei Verschulden des Arbeitgebers lediglich eine Einbehaltung bei einer der nächsten drei Lohnzahlungen möglich.
- Bezüglich der **Lohnsteuer** ist der Arbeitnehmer dem Arbeitgeber gegenüber erstattungspflichtig. Das aber ist nur möglich, wenn der Arbeitnehmer noch auffindbar ist oder Aufzeichnungen beim Arbeitgeber vorhanden sind, die einen Regress gegenüber dem Arbeitnehmer ermöglichen.
- **Ausschlussfristen** sind zu beachten, sofern solche arbeitsvertraglich oder tariflich vereinbart wurden. Ausgelöst wird diese regelmäßig erst mit der nachträglichen Abführung der Steuern an das Finanzamt (BAG v. 20.3.1984, 3 AZR 124/82).

Schwerbehinderung

→ *Menschen mit Behinderung* Rz. 1244

Sechs-Wochen-Frist

→ *Entgeltfortzahlung* Rz. 1914

Seeschifffahrt

1. Allgemeines

3894 Durch das Gesetz zur Verlängerung des erhöhten Lohnsteuereinbehalts in der Seeschifffahrt v. 12.5.2021, BStBl I 2021, 853 ist der bis zum 31.5.2021 befristete Lohnsteuereinbehalt für Reeder um weitere 72 Monate verlängert worden. Daher dürfen Arbeitgeber, die eigene oder gecharterte Handelsschiffe betreiben, die **gesamte anzumeldende und abzuführende Lohnsteuer**, → *Anmeldung der Lohnsteuer* Rz. 155, die auf den Arbeitslohn entfällt, der an die Besatzungsmitglieder für die Beschäftigungszeiten auf diesen Schiffen gezahlt wird, **abziehen und einbehalten** (§ 41a Abs. 4 Satz 1 EStG).

Der Lohnsteuereinbehalt wird aus beihilferechtlichen Gründen nicht mehr länger auf die deutsche Flagge beschränkt, sondern auf EU-/EWR-Flaggen ausgeweitet. Die in der Genehmigung der EU-Kommission v. 3.5.2016 geforderten Bedingungen beim Personenbeförderungsdienst und bei Schlepp- und Baggerschiffen wurden gesetzlich verankert und gelten auch zukünftig.

Die EU-Kommission hat die Genehmigung mit der Maßgabe erteilt, dass das Erfordernis der Eintragung in einem Seeschiffsregister diskriminierungsfrei ausgestaltet werde. Die mit dem Änderungsgesetz vorgesehene Fassung entspreche nicht dieser Anforderung, da Eigner, deren Handelsschiffe in einem Register eines anderen EU- oder EWR-Staates eingetragen sind, benachteiligt seien, ohne dass es hierfür eine ausreichende Rechtfertigung gebe. Die geänderte Regelung ist daher **mit der Maßgabe anzuwenden**, dass an die Stelle der Eintragung in einem inländischen Seeschiffsregister die **Eintragung in einem Seeschiffsregister eines EU-/EWR-Mitgliedsstaats** tritt (BMF v. 29.6.2021, BStBl I 2021, 854). Im Rahmen des Vierten Corona-Steuerhilfegesetzes v. 19.6.2022, BGBl. I 2022, 911 ist die Vorgabe der EU in innerstaatliches Recht umgesetzt worden. § 41a Abs. 4 Satz 2 EStG wurde daher wie folgt geändert:

„Die Handelsschiffe müssen in einem Seeschiffsregister eines Mitgliedstaates der Europäischen Union oder eines Staates, auf den das Abkommen über den Europäischen Wirtschaftsraum anwendbar ist, eingetragen sein, die Flagge eines dieser Staaten führen und zur Beförderung von Personen oder Gütern im Verkehr mit oder zwischen ausländischen Häfen, innerhalb eines ausländischen Hafens oder zwischen einem ausländischen Hafen und der Hohen See betrieben werden.“

2. Regelungsinhalt

Arbeitgeber, die eigene oder gecharterte Handelsschiffe betreiben, können vom Gesamtbetrag der anzumeldenden und abzuführenden Lohnsteuer, → *Anmeldung der Lohnsteuer* Rz. 155, **die gesamte Lohnsteuer (100 %) abziehen und einbehalten** (§ 41a Abs. 4 EStG). Voraussetzung ist, dass die Handelsschiffe in einem **Seeschifffahrtsregister eines EU-/EWR-Mitgliedsstaats** eingetragen sind, die **Flagge eines EU-/EWR-Mitgliedsstaats** führen und zur Beförderung von Personen oder Gütern im Verkehr mit oder zwischen ausländischen Häfen, innerhalb eines ausländischen Hafens oder zwischen einem ausländischen Hafen und der Hohen See betrieben werden (§ 41a Abs. 4 Satz 2 EStG). Gleiches gilt, wenn Seeschiffe **überwiegend außerhalb der deutschen Hoheitsgewässer** zum **Schleppen, Bergen oder Aufsuchen von Bodenschätzen oder zur Vermessung** von Energielagerstätten unter dem Meeresboden eingesetzt werden (§ 41a Abs. 4 Satz 3 EStG). 3895

Bei Besatzungsmitgliedern, die auf Schiffen, einschließlich Ro-Ro-Fahrgastschiffen, arbeiten, die im regelmäßigen **Personenbeförderungsdienst zwischen Häfen im Hoheitsgebiet der Mitgliedstaaten der EU** eingesetzt werden, gilt dies nur, wenn die Besatzungsmitglieder Staatsangehörige eines EU-/EWR-Mitgliedstaates sind (§ 41a Abs. 4 Satz 4 EStG). Bei **Seeschiffen, die für Schlepp- und Baggerarbeiten genutzt** werden, gilt dies nur, wenn es sich um seetüchtige Schlepper und Baggerschiffe mit Eigenantrieb handelt und die Schiffe während **mindestens 50 % ihrer Betriebszeit** für Tätigkeiten auf See eingesetzt werden (§ 41a Abs. 4 Satz 5 EStG).

Eine Kürzung der einbehaltenen Lohnsteuer nach § 41a Abs. 4 Sätze 1 und 2 EStG kommt nicht in Betracht, wenn das Schiff **im maßgebenden Lohnzahlungszeitraum nicht im internationalen Verkehr betrieben** wird. Ein qualifizierter Betrieb an wenigen Tagen im Jahr reicht daher nicht aus, um die einbehaltene Lohnsteuer für das gesamte Wirtschaftsjahr zu kürzen (BFH v. 18.12.2019, VI R 30/17, BStBl II 2020, 289).

3. Bemessungsgrundlage

Bemessungsgrundlage für den Steuereinbehalt nach § 41a Abs. 4 EStG ist die Lohnsteuer, die auf den für die Tätigkeit an Bord von Schiffen gezahlten Arbeitslohn entfällt. Der Lohnsteuereinbehalt durch den Reeder nach § 41a Abs. 4 EStG gilt für den **Kapitän und alle Besatzungsmitglieder** – einschließlich des Servicepersonals –, die über ein Seefahrtsbuch verfügen und deren Arbeitgeber er ist. Der Lohnsteuereinbehalt kann durch **Korrespondent- oder Vertragsreeder** nur vorgenommen werden, wenn diese mit der Bereederung des Schiffs in ihrer Eigenschaft als Mitgesellschafter an der Eigentümergesellschaft beauftragt sind. Bei Vertragsreedern ist dies regelmäßig nicht der Fall. Bei Korrespondentreedern ist der Lohnsteuereinbehalt nur für die Heuern der Seeleute zulässig, die auf den Schiffen tätig sind, bei denen der Korrespondentreeder auch Miteigentümer ist (R 41a.1 Abs. 5 LStR). 3896

Beispiel 1:

Ein Reeder in Hamburg betreibt eigene Handelsschiffe, die die Voraussetzungen des § 41a Abs. 4 EStG erfüllen. Die gesamte Lohnsteuer für die 20 Besatzungsmitglieder beträgt 9 000 €.

Der Reeder hat an das Finanzamt keine Lohnsteuer abzuführen, denn er kann die gesamte Lohnsteuer (100 % von 9 000 €) für seinen Betrieb einbehalten. Der Solidaritätszuschlag und die Kirchensteuer dürfen hingegen nicht gekürzt werden.

Ist für den Lohnsteuerabzug die Lohnsteuer nach den **Steuerklassen V und VI** zu ermitteln, so bemisst sich der Einbehalt nach der Lohnsteuer der **Steuerklasse I** (§ 41a Abs. 4 Satz 6 EStG). Der Lohnsteuer-Einbehalt von 100 % gilt im Übrigen **auch bei der pauschalen Lohnsteuer**.

Beispiel 2:

Sachverhalt wie Beispiel 1, allerdings haben vier Besatzungsmitglieder die Steuerklasse V. Die auf sie entfallende Lohnsteuer beträgt 2 000 €. Hätten sie die Steuerklasse I, würde die Lohnsteuer insgesamt nur 1 100 € betragen.

Der Lohnsteuer-Einbehalt errechnet sich wie folgt:

Lohnsteuer für die Besatzungsmitglieder mit Steuerklasse I bis IV (9 000 € – 2 000 €)	7 000 €
+ fiktive Lohnsteuer nach der Steuerklasse I für die Besatzungsmitglieder mit Steuerklasse V oder VI	1 100 €
= Insgesamt	8 100 €
davon 100 %	8 100 €

Der Reeder hat an das Finanzamt Lohnsteuer i.H.v. 900 € abzuführen, denn er kann 8 100 € der einbehaltenen Lohnsteuer (100 % von 8 100 €) für seinen Betrieb einbehalten. Der Solidaritätszuschlag und die Kirchensteuer dürfen hingegen nicht gekürzt werden.

4. Anwendungszeitraum

3897 Nach § 52 Abs. 40a EStG gilt die Regelung in § 41a Abs. 4 Satz 1 EStG (Lohnsteuereinbehalt 100 %, keine 183 Tage-Regelung) **für eine Dauer von 72 Monaten**; sie ist erstmalig für den Lohnzahlungszeitraum anzuwenden, der dem Kalendermonat folgt, in dem die EU-Kommission die Genehmigung erteilt hat.

Da die EU-Kommission die erforderliche Genehmigung am 22.6.2021 erteilt und das BMF den Tag der erstmaligen Anwendung sowohl im BGBl. als auch im BStBl bekannt gegeben hat (BMF v. 29.6.2021, BGBl. I 2021, 2247 = BStBl I 2021, 854), ist diese **Regelung anzuwenden** für

- laufenden Arbeitslohn, der für einen Lohnzahlungszeitraum von Juni 2021 bis Mai 2027 gezahlt wird, sowie
- für sonstige Bezüge, die seit dem 1.6.2021 und vor dem 1.6.2027 zufließen (§ 52 Abs. 40a EStG).

Selbständigkeit

1. Abgrenzung zwischen Beschäftigung und Selbständigkeit

3898 In der Praxis ist es häufig schwierig, eine selbständige Tätigkeit von einer abhängigen Beschäftigung abzugrenzen.

Anhaltspunkte für eine Beschäftigung sind u.a. das Ausüben einer Tätigkeit nach Weisungen und die Eingliederung in die Arbeitsorganisation des Weisungsgebers. Somit sind als Kriterien z.B. das Direktionsrecht über Inhalt, Art, Durchführung, Zeit, Dauer und Ort der Beschäftigung heranzuziehen. Besondere Bedeutung kommt dem Handeln auf eigene Rechnung und eigene Verantwortung und dem Unternehmerrisiko (Vergütungsrisiko) zu.

S. hierzu ausführlich → *Arbeitnehmer* Rz. 191, → *Arbeitnehmer-ABC* Rz. 207, → *Arzt* Rz. 815 und → *Krankenschwestern* Rz. 2755.

2. Anfrageverfahren

3899 Durch § 7a Abs. 1 Satz 1 SGB IV haben die Beteiligten (Auftragnehmer und/oder Auftraggeber) die Möglichkeit, i.R. eines Anfrageverfahrens bei der Deutschen Rentenversicherung Bund den Status ihrer Zusammenarbeit und deren versicherungsrechtliche Beurteilung klären zu lassen.

S. hierzu ausführlich → *Statusfeststellungsverfahren* Rz. 3977.

3. Selbständige in der Kranken- und Pflegeversicherung

3900 Entscheidendes Merkmal zum Krankenversicherungsstatus eines Selbständigen ist das Merkmal der Hauptberuflichkeit. Das Vorliegen der Hauptberuflichkeit hat zur Konsequenz, dass der Betroffene von der Kranken- und Pflegeversicherungspflicht ausgeschlossen ist. Der Gesetzgeber will mit dieser Regelung vermeiden, dass ein Selbständiger durch zusätzliche Aufnahme einer versicherungspflichtigen Beschäftigung den umfassenden Schutz der Krankenversicherung erhält.

Nach den Grundsätzlichen Hinweisen des GKV-Spitzenverbandes zum Begriff der hauptberuflich selbständigen Erwerbstätigkeit vom 20.3.2019 wird bei Personen, die im Zusammenhang mit ihrer selbständigen Erwerbstätigkeit **regelmäßig mindestens einen Arbeitnehmer** mehr als geringfügig beschäftigen, vermutet, dass sie **hauptberuflich selbständig erwerbstätig** sind; als Arbeitnehmer gelten für Gesellschafter auch die Arbeitnehmer der Gesellschaft.

Danach ist jemand, der einen Mitarbeiter mehr als geringfügig beschäftigt, nicht mehr automatisch hauptberuflich selbständig erwerbstätig. Allerdings stellt die Beschäftigung eines Mitarbeiters weiterhin ein Indiz für eine hauptberuflich selbständige Tätigkeit dar.

Werden mehrere Minijobber beschäftigt, ist deren Arbeitsentgelt zu addieren. Wird die Geringfügigkeitsgrenze (→ *Mini-Jobs* Rz. 3161) überschritten, greift diese gesetzliche Vermutung.

Erscheint jedoch die Annahme der Arbeitgeberstellung als nicht gerechtfertigt, kann auf eine Einzelfallprüfung bestanden werden.

Hauptberuflich ist diese Erwerbstätigkeit nur dann, soweit diese von der wirtschaftlichen Bedeutung und dem zeitlichen Umfang her die übrigen Erwerbstätigkeiten zusammen deutlich übersteigt.

Es gibt Konstellationen, die zu klaren Ergebnissen der **nicht hauptberuflichen Selbständigkeit** führen:

- Der Selbständige ist als Arbeitnehmer in Vollzeit tätig.
- Der Selbständige ist als Arbeitnehmer mit mehr als 20 Wochenstunden tätig. Das Entgelt übersteigt die Hälfte der monatlichen Bezugsgröße (2026 = 1 977,50 €).

Umgekehrt gibt es Konstellationen, die zu klaren Ergebnissen der **hauptberuflichen Selbständigkeit** führen:

- Der Selbständige arbeitet mehr als 30 Wochenstunden und das Einkommen ist Haupteinnahmequelle.
- Der Selbständige arbeitet mehr als 20 Wochenstunden, aber weniger als 30 Wochenstunden und das Einkommen beträgt als Haupteinnahmequelle mehr als die Hälfte der monatlichen Bezugsgröße (2026 = 1 977,50 €).

4. Arbeitnehmerähnliche Selbständige in der Rentenversicherung

Die **Rentenversicherungspflicht für arbeitnehmerähnliche** 3901
Selbständige nach § 2 Satz 1 Nr. 9 SGB VI gilt weiterhin.

Selbständige, die keinen versicherungspflichtigen Arbeitnehmer beschäftigen, dessen Arbeitsentgelt regelmäßig die Geringfügigkeitsgrenze (→ *Mini-Jobs* Rz. 3161) im Monat übersteigt, und die **auf Dauer** und **im Wesentlichen nur für einen Auftraggeber tätig** sind, sind rentenversicherungspflichtig.

Bei dem Merkmal „auf Dauer nur für einen Auftraggeber tätig" zu sein handelt es sich um zeitlich begrenzte Auftragsverhältnisse, die sich mit demselben Auftraggeber regelmäßig wiederholen.

Das Erfordernis „im Wesentlichen nur für einen Auftraggeber tätig" zu sein ist dann erfüllt, wenn mindestens 5/6 der gesamten Einkünfte aus dieser Tätigkeit erzielt werden.

Die Rentenversicherungsträger legen § 2 Satz 1 Nr. 9 SGB VI dahingehend aus, dass eine selbständige Tätigkeit auch i.R. einer Mitarbeit in einer Personen- oder Kapitalgesellschaft ausgeübt werden kann. Die Voraussetzungen für das Eintreten von Rentenversicherungspflicht (kein versicherungspflichtiger Arbeitnehmer und nur ein Auftraggeber) sind dann von der Gesellschaft zu erfüllen. Das BSG hat im Einzelfall entschieden, dass entscheidend für das Eintreten von Rentenversicherungspflicht sei, dass der Gesellschafter selbst die Tatbestandsvoraussetzungen erfüllt, insbesondere ob die GmbH sein einziger Auftraggeber ist (BSG v. 24.11.2005, B 12 RA 1/04 R).

Die Rentenversicherungsträger haben sich darauf verständigt, dieses Urteil nicht über den Einzelfall hinaus anzuwenden. Mit dem Haushaltsbegleitgesetz 2006 v. 29.6.2006, BGBl. I 2006, 1402 hat der Gesetzgeber reagiert und eine Klarstellung i.S. der Rentenversicherung herbeigeführt. § 2 SGB VI wurde dahingehend angepasst, dass bei Gesellschaftern als Auftraggeber die Auftraggeber der Gesellschaft gelten und dass als Arbeitnehmer für die Gesellschafter die Arbeitnehmer der Gesellschaft gelten.

Bisher waren die Rentenversicherungsträger davon ausgegangen, dass bei der Prüfung der Beschäftigung von versicherungspflichtigen Arbeitnehmern tatsächlich nur versicherungspflichtige Beschäftigungsverhältnisse mit einem Entgelt über der Geringfügigkeitsgrenze → *Mini-Jobs* Rz. 3161) berücksichtigt werden. Das BSG hat entschieden (BSG v. 23.11.2005, B 12 RA 15/04 R), dass die Zusammenrechnung der Beschäftigungsverhältnisse von geringfügig beschäftigten Arbeitnehmern möglich ist. Wird durch die

Zusammenrechnung die Geringfügigkeitsgrenze (→ *Mini-Jobs* Rz. 3161) überschritten, steht dies der Beschäftigung eines versicherungspflichtigen Arbeitnehmers gleich.

Auf Grund dessen haben die Rentenversicherungsträger ihre bisherige Auffassung aufgegeben.

5. Freiwillige Weiterversicherung in der Arbeitslosenversicherung

3902 Selbständige, die mindestens 15 Stunden wöchentlich selbständig tätig sind, können sich in der Arbeitslosenversicherung freiwillig weiterversichern, wenn sie in den letzten 24 Monaten vor Aufnahme der selbständigen Tätigkeit in der Arbeitslosenversicherung versicherungspflichtig waren und zwischen der Aufnahme der selbständigen Tätigkeit und dem Ende der Versicherungspflicht keine Unterbrechung von mehr als einem Monat liegt.

Sicherheitseinrichtungen

→ *Bewachung* Rz. 1446

Silberne Hochzeit

→ *Gelegenheitsgeschenke* Rz. 2285

Smartphone

→ *Computer* Rz. 1517, → *Telekommunikation* Rz. 4092

Sofortmeldung

→ *Meldungen für Arbeitnehmer in der Sozialversicherung* Rz. 3099

Soldat

→ *Bundeswehr* Rz. 1498

Solidaritätszuschlag

1. Allgemeines

a) Höhe und Bemessungsgrundlage

3903 Nach dem **Solidaritätszuschlaggesetz 1995** (SolZG 1995, zum 1.1.2023 zuletzt geändert durch das Inflationsausgleichsgesetz) wird seit 1995 ein unbefristeter Solidaritätszuschlag zur Einkommen- und Lohnsteuer erhoben, der vom Arbeitgeber bereits beim Lohnsteuerabzug sowohl vom laufenden Arbeitslohn als auch von sonstigen Bezügen zusätzlich zur Lohnsteuer einzubehalten ist. Für den Steuerabzug gelten nach § 51a Abs. 1 EStG die Vorschriften des EStG über das Lohnsteuerabzugsverfahren sinngemäß (vgl. FG Berlin-Brandenburg v. 5.7.2016, 6 K 6148/15, EFG 2016, 2004: Auch steuerfreie, dem Progressionsvorbehalt unterliegende Leistungen sind bei der Festsetzung des Solidaritätszuschlags zu berücksichtigen [Bemessungsgrundlage ist ja die Einkommensteuer]). Nach BFH v. 14.11.2018, II R 63/15 und II R 64/15, StEd 2020, 54 bzw. BStBl II 2019, 289 ist es verfassungsrechtlich nicht zu beanstanden, dass die Bemessungsgrundlage des Solidaritätszuschlags bei Fehlen gewerblicher Einkünfte ohne Berücksichtigung der Steuerermäßigung nach § 35 EStG zu ermitteln ist (im Urteilsfall waren in das zu versteuernde Einkommen der Kläger Einkünfte aus nichtselbständiger und aus selbständiger Arbeit eingegangen, Einkünfte aus Gewerbebetrieb waren nicht darunter).

Durch das **Gesetz zur Rückführung des Solidaritätszuschlags 1995** v. 10.12.2019, BStBl I 2020, 15 wird der Solidaritätszuschlag seit dem 1.1.2021 zu Gunsten **niedrigerer und mittlerer Einkommen** zurückgeführt (Einführung einer sog. **Freigrenze**). Eine **„Milderungszone"** im Anschluss an die Freigrenze vermeidet einen Belastungssprung und stellt einen kontinuierlichen Anstieg der Gesamtbelastung durch Einkommensteuer und Solidaritätszuschlag sicher. In einem „ersten Schritt" der Rückführung des Solidaritätszuschlags werden rund 90 % der Zahler von Lohnsteuer und veranlagter Einkommensteuer durch **Anhebung der Freigrenzen** in § 3 SolzG vollständig entlastet. Fällt die Lohnsteuer bzw. veranlagte Einkommensteuer in die sog. Milderungszone, werden die Stpfl. bei steigenden Einkommen mit abnehmender Wirkung entlastet. Die Beschränkung der Entlastung auf untere und mittlere Einkommen wird aus sozialstaatlichen Erwägungen gerechtfertigt, weil **höhere Einkommen** einer stärkeren Besteuerung unterliegen sollen als niedrigere Einkommen (vgl. die Gesetzesbegründung in BT-Drucks. 19/14103 v. 16.10.2019).

Eine vollständige Streichung des Solidaritätszuschlags soll zu einem späteren Zeitpunkt erfolgen.

Der Zuschlag beträgt weiterhin grds. 5,5 % der Lohnsteuer, ggf. nach Abzug der steuerlichen Freibeträge für Kinder.

Streitig war, ob die Erhebung des Solidaritätszuschlags wegen der zeitlich nicht begrenzten Geltung verfassungsgemäß ist. Der **BFH hat jedoch die Verfassungsmäßigkeit bestätigt**, denn auch nach einer Laufzeit von bis dahin 13 Jahren diene der Solidaritätszuschlag noch zur Deckung des besonderen Finanzbedarfs des Bundes aus den Kosten der Wiederherstellung der deutschen Einheit. Zu einem dauerhaften Instrument der Steuerumverteilung dürfe der Solidaritätszuschlag allerdings nicht werden (BFH v. 21.7.2011, II R 50/09; BFH v. 21.7.2011, II R 52/10, BStBl II 2012, 43).

Mit Vorlagebeschluss v. 21.8.2013, 7 K 143/08, hat das **FG Niedersachsen dem BVerfG die Frage vorgelegt**, ob die Regelungen im Solidaritätszuschlaggesetz insoweit verfassungswidrig sind, als auf Grund der verschiedenen Anrechnungsvorschriften bei der Festsetzung der Einkommensteuer – z.B. bei ausländischen Einkünften (§ 34c EStG) bzw. bei der Gewerbesteuer (§ 35 EStG) – ein Solidaritätszuschlag in unterschiedlicher Höhe bei gleichgelagerten Sachverhalten festgesetzt wird. Hierfür liege ein sachlicher Rechtfertigungsgrund nicht vor. Damit verstoße die Regelung gegen das Gleichbehandlungsgebot aus Art. 3 Abs. 1 GG (Az. beim BVerfG: 2 BvL 6/14). Die Entscheidung bleibt allerdings offen, da mit Beschluss vom 7.6.2023, 2 BvL 6/14, die 2. Kammer des Zweiten Senats des BVerfG die Vorlage des Niedersächsischen Finanzgerichts für unzulässig erklärt hat

Gegen das Gesetz werden erhebliche verfassungsrechtliche Bedenken dahingehend erhoben, dass nach Wegfall des Solidarpakts II 2019 der Solidaritätszuschlag noch über das Jahr 2019 hinaus erhoben werden soll. Eine entsprechende Klage sowie einen Antrag auf Aussetzung der Vollziehung hat das **FG Nürnberg** als unbegründet zurückgewiesen (Urteil v. 29.7.2020, 3 K 1098/19). Auf Grund der eingelegten Revision hat der BFH mit Urteil v. 17.1.2023, IX R 15/20, die **Verfassungsmäßigkeit des Solidaritätszuschlags bestätigt**. Der Zuschlag war zumindest in den Jahren 2020 und 2021 noch nicht verfassungswidrig. Zwar wurde das angefochtene FG-Urteil aus verfahrensrechtlichen Gründen aufgehoben; eine Zurückverweisung an das FG war aber nicht erforderlich. Denn in der Sache hatte die Revision keinen Erfolg und führte zur Klageabweisung. Letztlich sei die Vorinstanz zu Recht davon ausgegangen, dass die angefochtenen Bescheide über Solidaritätszuschlag für 2020 und Vorauszahlungen auf den Solidaritätszuschlag für 2021 einfachgesetzlich nicht zu beanstanden sind. Eine Vorlage an das BVerfG hat der BFH für nicht erforderlich gehalten, weil er von der Verfassungswidrigkeit des SolZG 1995 nicht überzeugt ist.

Die FDP hatte gegen das Solidaritätszuschlaggesetz 1995 beim BVerfG erfolglos Verfassungsbeschwerde eingelegt. Mit BVerfG v. 26.3.2025, 2 BvR 1505/2025, hat das Verfassungsgericht hierzu entschieden, dass der Solidaritätszuschlag weiterhin verfassungsgemäß ist. Es stellte fest, dass die Ergänzungsabgabe gemäß Art. 106 Abs. 1 Nr. 6 GG einen aufgabenbezogenen Mehrbedarf des Bundes voraussetzt, der hier weiterhin gegeben sei. Zwar habe sich der finanzielle Bedarf durch die Wiedervereinigung verringert, sei aber nicht in evidenter Weise entfallen. Der Gesetzgeber habe mit der teilweisen Abschmelzung des Solidaritätszuschlags ab 2021 angemessen reagiert.

Das Gericht betonte zudem, dass die Ergänzungsabgabe nicht von vornherein befristet sein muss und auch nicht auf Notlagen beschränkt ist. Sie kann längerfristig erhoben werden, solange ein aufgabenbezogener Mehrbedarf besteht. Die soziale Staffelung des Solidaritätszuschlags, die ab 2021 eine Entlastung für untere und mittlere Einkommensgruppen vorsieht, wurde ebenfalls als verfassungsgemäß angesehen, da sie der Leistungsfähigkeit der Steuerpflichtigen Rechnung trägt.

Zusammenfassend bleibt der Solidaritätszuschlag verfassungskonform, da er weiterhin einem spezifischen Mehrbedarf des Bundes dient und die gesetzgeberischen Maßnahmen im Einklang mit den Anforderungen der Finanzverfassung stehen.

Nach insoweit abschließender höchstrichterlicher Entscheidung haben Bund und Länder beschlossen, die Anweisung zur vorläufigen Festsetzung des Solidaritätszuschlags aufzuheben. Siehe zur Vorläufigen Steuerfestsetzung im Hinblick auf anhängige Musterverfahren (§ 165 Abs. 1 Satz 2 AO): Aussetzung der Steuerfestsetzung nach § 165 Abs. 1 Satz 4 AO Verfassungsmäßigkeit des Solidaritätszuschlaggesetzes 1995 BMF v. 26.5.2025, IV D 1 – S 0338/00083/001/099, BStBl I 2025, 1178.

Eingelegte Rechtsbehelfe sowie anhängige, außerhalb eines Einspruchs- oder Klageverfahrens gestellte und zulässige Anträge auf Aufhebung einer Festsetzung des Solidaritätszuschlags für Veranlagungszeiträume vor 2020 wurden zwischenzeitlich mit Allgemeinverfügung der obersten Finanzbehörden der Länder vom 4.8.2025 zurückgewiesen. Gegen diese Allgemeinverfügung können die von ihr betroffenen Steuerpflichtigen Klage erheben. Ein Einspruch ist insoweit ausgeschlossen (vgl. Finanzministerium des Landes Nordrhein-Westfalen, 4.8.2025, S 0623-000001-2023-0020453-V A 2, FVNR202501340).

b) Freigrenze und Milderungszone

3904 Mit dem o.g. Gesetz zur Rückführung des Solidaritätszuschlags 1995 ist für den Großteil der Steuerzahler die Zuschlagsteuer seit dem Jahr 2021 weggefallen. Der schrittweise Abbau wird durch die Anhebung der Freigrenze in § 3 SolzG herbeigeführt (die Freigrenzen beziehen sich auf die tarifliche Einkommensteuer im jeweiligen Veranlagungsjahr):

Veranlagungsart	Einzelveranlagung	Zusammenveranlagung
bis 31.12.2020	972 €	1 944 €
seit 1.1.2021	16 956 €	33 912 €
seit 1.1.2023	17 543 €	35 086 €
seit 2024:	18 130 €	36 260 €
2025	19 950 €	39 900 €
2026	20 350 €	40 700 €

Die Anhebung der Freigrenzen ab 1.1.2025 erfolgte durch das Gesetz zur Fortentwicklung des Steuerrechts und zur Anpassung des Einkommensteuertarifs (BGBl. I 2024 Nr. 449).

Um einen Belastungssprung zu vermeiden, folgt auf die ausgedehnten Freigrenzen die sog. **Milderungszone** (§ 4 SolzG). Liegt die tarifliche Einkommensteuer über den Freigrenzen, setzt die Milderungszone ein, in der der Solidaritätszuschlag nicht in voller Höhe erhoben wird, sondern schrittweise an den vollen Satz i.H.v. 5,5 % herangeführt wird. Der Prozentwert zur Ermittlung der Grenzbelastung innerhalb der Milderungszone wurde von bisher 20 % auf 11,9 % gesenkt.

Erst darüber hinaus wird der volle Zuschlag i.H.v. 5,5 % festgesetzt.

Der Solidaritätszuschlag ist von **allen Arten von Arbeitslohn zu erheben**. Er ist für den Steuerabzug vom laufenden Arbeitslohn, für den Steuerabzug von sonstigen Bezügen und für die Lohnsteuerpauschalierung nach den §§ 40 bis 40b EStG jeweils gesondert zu ermitteln (Tz. 1.2 des „Merkblatts zum Solidaritätszuschlag im Lohnsteuer-Abzugsverfahren ab 1995“, BMF v. 20.9.1994, IV B 6 – S 2450 – 6/94, BStBl I 1994, 757, nachfolgend „**Merkblatt**“ genannt), weil die Berechnung des Solidaritätszuschlags unterschiedlich ist.

Bei der Berechnung des Solidaritätszuschlags bleiben **Bruchteile eines Cents jeweils außer Betracht** (§ 4 Satz 3 SolZG, Tz. 1.5 des „Merkblatts“).

2. Abzug von Freibeträgen für Kinder

3905 Seit 1996 erfolgt der „Familienleistungsausgleich“ vorrangig über das **Kindergeld**, d.h. dass bei der Steuerberechnung – auch beim Lohnsteuerabzug – generell **keine Freibeträge für Kinder** mehr abgezogen werden (→ *Kindergeld/Freibeträge für Kinder* Rz. 2672). Die „Zahl der Kinderfreibeträge“ hat aber **weiterhin Bedeutung für die sog. Annexsteuern** (Kirchensteuer und Solidaritätszuschlag):

Bemessungsgrundlage ist nicht die zu erhebende Lohnsteuer, sondern eine **fiktive Lohnsteuer**. Es wird nach § 3 Abs. 2a SolZG die Lohnsteuer zu Grunde gelegt, die sich **nach Abzug von Kinderfreibeträgen** und (seit 2002) des Freibetrags für den Betreuungs- und Erziehungs- oder Ausbildungsbedarf des Kindes ergeben hätte (sog. **Maßstabslohnsteuer**). Diese Maßstabslohnsteuer und den sich danach ergebenden Solidaritätszuschlag kann der Arbeitgeber ohne zusätzliche eigene Berechnungen den u.a. von Stollfuß Verlag herausgegebenen **Steuertabellen oder maschinellen Abrechnungsprogrammen** entnehmen.

3. Laufender Arbeitslohn

Beim laufenden Arbeitslohn (→ *Laufender Arbeitslohn* Rz. 2831) beträgt der Solidaritätszuschlag im Allgemeinen **5,5 % der Lohnsteuer**. Bei Arbeitnehmern mit **Kindern** ist die sog. **Maßstabslohnsteuer** zu Grunde zu legen. 3906

Zu berücksichtigen sind ferner **Freigrenze und Milderungszone**, die ebenfalls in den Lohnsteuertabellen eingearbeitet sind. Solidaritätszuschlag fällt somit ab 2024 erst an, wenn die **Maßstabslohnsteuer** im jeweiligen Lohnzahlungszeitraum die folgenden Beträge übersteigt:

Steuerklasse	Monatslohn	Wochenlohn	Tageslohn
III 2025	3 325,00 €	775,83 €	110,83 €
III 2026	3 391,66 €	791,38 €	113,05 €
I, II, IV–VI 2025	1 662,50 €	387,91 €	55,41 €
I, II, IV–VI 2026	1 695,83 €	395,69 €	56,52 €

Dies entspricht im Kalenderjahr **2025** folgenden **Brutto-Arbeitslöhnen** (angenommener KV-Betrag insgesamt 17,1 %):

Steuerklasse: (ohne Kinderfreibeträge)	**Nullzone:** Kein Solidaritätszuschlag bis Monatslohn i.H.v.	
	Allgemeine Lohnsteuertabelle	**Besondere** Lohnsteuertabelle
I	6 981,30 €	6 332,05 €
II	7 372,70 €	6 687,00 €
III	12 735,00 €	12 032,99 €
IV	6 981,30 €	6 332,05 €
V	5 545,70 €	5 013,50 €
VI	5 429,40 €	4 896,10 €

4. Sonstige Bezüge

Im Lohnsteuerabzugsverfahren wurden in der Vergangenheit für sonstige Bezüge keine Freigrenzen berücksichtigt. Diese Regelung ist vor dem Hintergrund der erheblichen Anhebung der Freigrenze nach § 3 SolzG 1995 geändert worden. Damit ist sichergestellt, dass für gering oder durchschnittlich verdienende Arbeitnehmer vom Arbeitgeber unterjährig kein Solidaritätszuschlag einzubehalten ist, wenn die jährliche Freigrenze nicht überschritten wird. Es ist keine Veranlagung allein aus Gründen der Rückerstattung des Solidaritätszuschlages erforderlich. 3907

Durch § 3 Abs. 4a Satz 1 SolzG 1995 wird die Anwendung der jährlichen Freigrenze auch bei sonstigen Bezügen sichergestellt. Für die Prüfung, ob die Freigrenze überschritten wird, ist auf die Jahreslohnsteuer i.S.d. § 39b Abs. 3 Satz 5 EStG abzustellen (Jahreslohnsteuer unter Einbeziehung des sonstigen Bezugs). Die Freibeträge für Kinder (Kinderfreibetrag und Freibetrag für den Betreuungs- und Erziehungs- oder Ausbildungsbedarf) werden hier für jedes Kind entsprechend der Vorgaben beim laufenden Arbeitslohn (§ 3 Abs. 2a SolzG 1995) mindernd berücksichtigt. Bemessungsgrundlage für die Ermittlung des Solidaritätszuschlags bleibt die Lohnsteuer auf den sonstigen Bezug (§ 39b Abs. 3 Satz 8 EStG).

§ 3 Abs. 4a Satz 2 SolzG 1995 gibt vor, dass für die Ermittlung des Solidaritätszuschlags bei sonstigen Bezügen die weiteren Berechnungsvorgaben in § 39b Abs. 3 EStG Anwendung finden. Danach sind hier z.B. auch die Regelungen zum Versorgungsfreibetrag und zum Altersentlastungsbetrag sowie die Besonderheiten bei ermäßigt zu besteuernden sonstigen Bezügen zu beachten.

Der Verweis auf „§ 3 Absatz 3, 4 und 5“ stellt sicher, dass bei der Ermittlung des Solidaritätszuschlags auf sonstige Bezüge (§ 3 Abs. 4a SolzG 1995) die Milderungsregelung nicht anzuwenden ist. Es ist – wie bisher – der Solidaritätszuschlag mit 5,5 % zu erheben, dies jedoch nur, wenn auch die maßgebende jährliche

Freigrenze (für 2025 von 18 130 € bzw. 36 260 €) überschritten wird. Dies vermeidet komplizierte Schattenberechnungen und führt zu keinen weiteren Belastungen der Arbeitgeber bei der Lohn-, Gehalts- und Bezügeabrechnung. In den meisten Fällen ist der mit 5,5 % auf die Lohnsteuer des sonstigen Bezugs ermittelte Solidaritätszuschlag ohnehin geringer als ein gemilderter Solidaritätszuschlag auf die gesamte Lohnsteuer des Arbeitnehmers.

Hinweis:

Arbeitgeber brauchen diese komplizierten Berechnungen nicht durchzuführen, sie können den jeweiligen Solidaritätszuschlag den u.a. von Stollfuß Verlag herausgegebenen Lohnsteuertabellen entnehmen. Die Finanzverwaltung hat darüber hinaus für den Arbeitgeber ein besonderes Merkblatt zu allgemeinen Fragen bei der Erhebung des Solidaritätszuschlags herausgegeben (s. vorgenanntes „Merkblatt zum Solidaritätszuschlag im Lohnsteuer-Abzugsverfahren ab 1995" [„Merkblatt"]).

5. Pauschalierung der Lohnsteuer

3908 Bemessungsgrundlage für den Solidaritätszuschlag ist die **pauschale Lohnsteuer**, wenn Lohnsteuer mit einem Pauschsteuersatz erhoben wird. Die sog. Null- und Gleitzone ist bei der pauschalen Lohnsteuer nicht zu berücksichtigen (BFH v. 1.3.2002, VI R 171/98, BStBl II 2002, 440). Der Solidaritätszuschlag beträgt somit stets **5,5 % der pauschalen Lohnsteuer**. Gleiches gilt für die Besteuerung von **Kapitalerträgen mit 25 %** (§ 32d Abs. 3 und 4 EStG).

Wird bei geringfügig Beschäftigten eine einheitliche Pauschsteuer von 2 % erhoben (§ 40a Abs. 2 EStG), ist damit neben der Lohnsteuer auch der Solidaritätszuschlag und die Kirchensteuer abgegolten (→ *Pauschalierung der Lohnsteuer bei geringfügig Beschäftigten* Rz. 3379).

6. Nettolohnvereinbarungen

3909 **Übernimmt der Arbeitgeber** in den Fällen einer Nettolohnvereinbarung auch den **Solidaritätszuschlag**, so ist die Lohnsteuer nach dem Bruttoarbeitslohn zu berechnen, der nach Kürzung um die Lohnabzüge einschließlich des Solidaritätszuschlags den ausgezahlten Nettolohnbetrag ergibt (sog. **Abtastverfahren**). Einzelheiten mit Beispielen auch zum Solidaritätszuschlag → *Nettolöhne* Rz. 3281.

Übernimmt der Arbeitgeber den Solidaritätszuschlag nicht, so bleibt dieser bei der Berechnung des Bruttoarbeitslohns außer Betracht. Der Nettolohn ist um den Solidaritätszuschlag zu mindern (Tz. 1.3 des „Merkblatts").

7. Nachzahlungen oder Vorauszahlungen von Arbeitslohn

3910 Ob, wann und in welcher Höhe Solidaritätszuschlag zu erheben ist, richtet sich nach den allgemeinen Grundsätzen für die Abgrenzung von laufendem Arbeitslohn und sonstigen Bezügen (→ *Nachzahlungen* Rz. 3223):

- Nachzahlungen und Vorauszahlungen sind **„laufender Arbeitslohn"**, wenn sie sich ausschließlich auf **Lohnzahlungszeiträume** beziehen, **die im Kalenderjahr der Zahlung enden** (R 39b.2 Abs. 1 Nr. 6 LStR).

  Sie sind somit lohnsteuerlich dem Lohnzahlungszeitraum zuzuordnen, **für** den sie gezahlt werden; der Zahlungszeitpunkt ist unerheblich.

- Nachzahlungen und Vorauszahlungen stellen **„sonstige Bezüge"** dar, wenn sich der Gesamtbetrag oder ein Teilbetrag auf **Lohnzahlungszeiträume** bezieht, die **in einem anderen Jahr als dem der Zahlung enden** (R 39b.2 Abs. 2 Nr. 8 LStR).

  Der Solidaritätszuschlag ist daher i.H.v. 5,5 % zu erheben.

- Nachzahlungen oder Vorauszahlungen, die für das **laufende Jahr** gezahlt werden und damit an sich **„laufender Arbeitslohn"** sind, können aus Vereinfachungsgründen **als sonstiger Bezug behandelt** werden (R 39b.5 Abs. 4 Satz 2 LStR).

- Für den Solidaritätszuschlag gelten ebenfalls die Regelungen für sonstige Bezüge, d.h. dass es für die Erhebung des Solidaritätszuschlags und dessen Höhe allein auf den **Zahlungszeitpunkt** ankommt.

8. Beschränkt Steuerpflichtige

Bei beschränkt steuerpflichtigen Arbeitnehmern gilt der Solidaritätszuschlag durch den **Steuerabzug** als abgegolten, soweit sie nicht zur Einkommensteuer veranlagt werden (§ 51a Abs. 1 i.V.m. § 50 Abs. 5 Satz 1 EStG). 3911

9. Permanenter Lohnsteuer-Jahresausgleich

Wird die Lohnsteuer nach dem voraussichtlichen Jahresarbeitslohn des Arbeitnehmers unter Anwendung der Jahreslohnsteuertabelle berechnet (→ *Permanenter Lohnsteuer-Jahresausgleich* Rz. 3396), so ist der Solidaritätszuschlag nach der in diesem Verfahren ermittelten Lohnsteuer zu berechnen. Der Solidaritätszuschlag kann unmittelbar der **Jahreslohnsteuertabelle** entnommen werden (Tz. 1.4 des „Merkblatts"). 3912

10. Rückwirkende Änderungen

Wird die Lohnsteuer infolge rückwirkender Änderungen von Besteuerungsmerkmalen (z.B. rückwirkende Änderungen der Zahl der Kinderfreibeträge) neu ermittelt, so ist auch der Solidaritätszuschlag neu zu ermitteln. In diesen Fällen ist ein **zu viel einbehaltener Solidaritätszuschlag** dem Arbeitnehmer zu **erstatten**; ein **zu wenig einbehaltener Solidaritätszuschlag** ist **nachzuerheben**. Das gilt auch bei **nachträglicher Berücksichtigung von Freibeträgen** als Lohnsteuerabzugsmerkmal (Tz. 1.6 des „Merkblatts"). 3913

11. Lohnsteuer-Jahresausgleich des Arbeitgebers

Wenn der Arbeitgeber für den Arbeitnehmer einen Lohnsteuer-Jahresausgleich durchführt, ist auch für den Solidaritätszuschlag ein Jahresausgleich durchzuführen. Der Jahresbetrag des Solidaritätszuschlags kann der vom Stollfuß Verlag jeweils jahresbezogen herausgegebenen Lohnsteuertabelle Jahr entnommen werden. 3914

Übersteigt die Summe der einbehaltenen Zuschlagsbeträge den Jahresbetrag des Solidaritätszuschlags, so ist der Unterschiedsbetrag dem Arbeitnehmer vom Arbeitgeber zu **erstatten**.

Im umgekehrten Falle kommt jedoch – wie bei der Lohnsteuer – eine **nachträgliche Einbehaltung** durch den Arbeitgeber grds. **nicht in Betracht**. Der Arbeitgeber ist entsprechend § 41c EStG zur **nachträglichen Einbehaltung nur berechtigt**, wenn

- beim Arbeitnehmer Lohnsteuerabzugsmerkmale berücksichtigt werden, die auf einen früheren Zeitpunkt **zurückwirken** oder
- er erkennt, dass er die Lohnsteuer und somit auch den Solidaritätszuschlag bisher nicht **vorschriftsmäßig einbehalten** hat (vgl. Tz. 2.3 des „Merkblatts").

Macht der Arbeitgeber von seiner Berechtigung zur Änderung des Lohnsteuerabzugs sowie des einbehaltenen Solidaritätszuschlags keinen Gebrauch (**kein nachträglicher Einbehalt), hat er dies dem Betriebsstättenfinanzamt anzuzeigen**. Der Solidaritätszuschlag wird dann vom Wohnsitzfinanzamt zusammen mit der Lohnsteuer vom Arbeitnehmer nachgefordert, sofern der Arbeitnehmer nicht zur Einkommensteuer veranlagt wird (→ *Berechnung der Lohnsteuer* Rz. 1337).

12. Verhältnis zur Kirchensteuer

Der Solidaritätszuschlag ist nur auf die Lohnsteuer zu erheben, nicht auf die Kirchensteuer. Die Kirchensteuer bemisst sich nach der Lohnsteuer ohne den Solidaritätszuschlag (Tz. 3 des „Merkblatts"). 3915

13. Verfahrensvorschriften

Für den Solidaritätszuschlag gelten dieselben Verfahrensvorschriften wie für die Lohnsteuer (§ 51a Abs. 1 EStG), d.h. dass der Solidaritätszuschlag **zusammen mit der Lohnsteuer anzumelden und abzuführen** ist. Entsprechend ist der Solidaritätszuschlag im Lohnkonto (→ *Lohnkonto* Rz. 2863), in der **Lohnsteuer-Anmeldung** und in der Lohnsteuerbescheinigung (→ *Lohnsteuerbescheinigung* Rz. 2952) gesondert neben der Lohnsteuer und der Kirchensteuer anzugeben (bzw. einzutragen, Tz. 4 des „Merkblatts"). 3916

Ferner gelten die Vorschriften über

- die **Haftung** des Arbeitgebers sowie
- die **Anrufungsauskunft** oder die **Lohnsteuer-Außenprüfung**

entsprechend.

Soll die Außenprüfung auch die Prüfung des Solidaritätszuschlags umfassen, bedarf es einer besonderen Anordnung durch das Finanzamt (OFD Münster v. 17.9.1991, S 2386 – 18 – St 15 – 31, DB 1991, 2162).

Sonderausgaben

1. Allgemeine Grundsätze

3917 Sonderausgaben sind insbesondere die sog. **Vorsorgeaufwendungen**, aber auch **Kirchensteuer, Ausbildungskosten, Kinderbetreuungskosten usw.** Es handelt sich an sich um steuerlich nicht abzugsfähige Kosten der **Lebensführung** (§ 12 EStG), die der Gesetzgeber aus bestimmten Gründen (z.B. Förderung der „Eigenvorsorge" durch den Abzug von Versicherungsbeiträgen oder der Berufsausbildung) ausdrücklich in § 10 EStG zum Abzug zugelassen hat. Die **Aufzählung** der abzugsfähigen Sonderausgaben ist – im Gegensatz zu den in § 9 Abs. 1 EStG beispielhaft aufgeführten Werbungskosten – **abschließend**.

Ein **steuerfreier Arbeitgeberersatz** für Sonderausgaben ist nicht möglich. Der Arbeitnehmer kann seine Sonderausgaben jedoch unter bestimmten Voraussetzungen als **Lohnsteuerabzugsmerkmal berücksichtigen** lassen.

Dies gilt jedoch **nicht für Vorsorgeaufwendungen**, da für diese bereits die sog. **Vorsorgepauschale** (→ *Vorsorgepauschale* Rz. 4378) bei der Berechnung der Lohnsteuer berücksichtigt wird, die in den meisten Fällen die abzugsfähigen Vorsorgeaufwendungen abdeckt. Höhere Vorsorgeaufwendungen können nur i.R. einer Veranlagung zur Einkommensteuer berücksichtigt werden (→ *Veranlagung von Arbeitnehmern* Rz. 4233). Für die übrigen Sonderausgaben (Kirchensteuer usw.) wird ein **Sonderausgaben-Pauschbetrag von 36 €/72 €** gewährt, der bereits bei der Berechnung der Lohnsteuer in den Steuerklassen I bis IV (also ohne Steuerklassen V und VI) berücksichtigt wird. Weitere Einzelheiten → *Lohnsteuer-Ermäßigungsverfahren* Rz. 2993

Zu unterscheiden sind

- **beschränkt abzugsfähige** Sonderausgaben (insbesondere Vorsorgeaufwendungen)
- und **unbeschränkt abzugsfähige** Sonderausgaben (Kirchensteuer usw.).

Wie **steuerfreie Zuschüsse oder Erstattungen** steuerlich zu behandeln sind, ist in § 10 Abs. 4b EStG wie folgt geregelt:

- nach § 10 Abs. 4b Satz 1 EStG ist ein steuerfreier Zuschuss, den der Stpfl. für die von ihm für einen anderen Veranlagungszeitraum geleisteten Vorsorgeaufwendungen erhält, den erstatteten Aufwendungen gleichzustellen,
- nach § 10 Abs. 4b Satz 2 EStG ist ein Erstattungsüberhang bei den Vorsorgeaufwendungen mit anderen i.R. der jeweiligen Vorsorgeaufwendungen anzusetzenden Aufwendungen zu verrechnen,
- nach § 10 Abs. 4b Satz 3 EStG ist ein verbleibender Betrag des sich bei den Vorsorgeaufwendungen für Kranken- und gesetzliche Pflegeversicherungen (§ 10 Abs. 1 Nr. 3 EStG) und bei der Kirchensteuer (§ 10 Abs. 1 Nr. 4 EStG) ergebenden Erstattungsüberhangs dem Gesamtbetrag der Einkünfte hinzuzurechnen.

Ein Erstattungsüberhang aus **zurückgezahlter Kirchensteuer** kann nicht mit Verlustvorträgen ausgeglichen werden und ist daher als Einkommen zu versteuern, selbst wenn sich die erstattete Zahlung im Zahlungsjahr nicht steuermindernd ausgewirkt hat (BFH v. 12.3.2019, IX R 34/17, BStBl II 2019, 658). Mit Urteil v. 7.7.2020, 6 K 2090/17 E, EFG 2020, 1742 hat das **FG Münster** entschieden, dass ein Kirchensteuer-Erstattungsüberhang auch insoweit dem Gesamtbetrag der Einkünfte nach § 10 Abs. 4b Satz 3 EStG hinzuzurechnen ist, als sich die Kirchensteuer im Zahlungsjahr wegen eines negativen zu versteuernden Einkommens nicht ausgewirkt hat. Zur Berücksichtigung gezahlter und erstatteter Kirchensteuer nach Beendigung der Kirchensteuerpflicht i.R. des Sonderausgabenabzugs s. **FG Hessen** v. 10.3.2021, 9 K 1505/20.

Zur einkommensteuerrechtlichen Behandlung von **Vorsorgeaufwendungen** s. ausführlich BMF v. 24.5.2017, IV C 3 – S 2221/16/10001:004, BStBl I 2017, 820, unter Berücksichtigung der Änderungen durch BMF v. 6.11.2017, IV C 3 – S 2221/17/10006 :001, BStBl I 2017, 1455, BMF v. 3.4.2019, IV C 3 – S 2221/10/10005 :005, BStBl I 2019, 254, BMF v. 28.9.2021, IV C 3 – S 2221/21/10016 :001, BStBl I 2021, 1833, BMF v. 16.12.2021, IV C 3 – S 2221/20/10012 :002, BStBl I 2022, 155 und BMF v. 28.12.2023, IV C 3 – S 2221/20/10012 :005, BStBl I 2024, 209.

Wie mit verfahrensrechtlichen Fragen zum o.g. BMF-Schreiben v. 16.12.2021 umzugehen ist, regelt das aktuelle BMF-Schreiben v. 7.10.2022, IV A 3 – S 0338/19/10006 :009/ IV C 3 – S 2221/21/10002 :011, BStBl I 2022, 1437. Darin werden die Voraussetzungen und Modalitäten zur Änderung der betroffenen Einkommensteuerbescheide geregelt, soweit deren Festsetzungsfrist nicht abgelaufen ist.

Sonderausgaben, außergewöhnliche Belastungen und die Steuerermäßigungen nach § 35a EStG werden bei einer **Einzelveranlagung grds. dem Ehegatten zugerechnet, der die „Aufwendungen wirtschaftlich getragen"** hat (§ 26a Abs. 2 Satz 1 EStG). Statt wirtschaftlicher Zuordnung können die Ehegatten aber auch beantragen, dass die Aufwendungen ihnen „jeweils zur Hälfte zugerechnet" werden sollen (§ 26a Abs. 2 Satz 2 EStG). Hierzu genügt ein übereinstimmender Antrag. Der **BFH** hat jedoch mit Urteil v. 28.11.2019, III R 11/18, HFR 2020, 621 gegen die Finanzverwaltung entschieden, dass – wenn Eheleute die Einzelveranlagung und den hälftigen Abzug von Sonderausgaben, außergewöhnlichen Belastungen und Steuerermäßigungen nach § 35a EStG beantragen – die Aufwendungen unabhängig davon, wer sie wirtschaftlich getragen hat, bei den Ehegatten jeweils hälftig zu berücksichtigen sind. Sodann sind in einem **zweiten Rechenschritt** die Höchstbetragsberechnungen und Günstigerprüfungen individuell bei jedem der Ehegatten durchzuführen.

2. Abzug nach § 10 Abs. 1 EStG

I.R. des Zollkodex-Anpassungsgesetzes v. 22.12.2014, BStBl I 3918
2015, 58 ist der Sonderausgabenabzug neu geordnet worden:

a) Vorsorgeaufwendungen und private Altersvorsorge (§ 10 Abs. 1 Nr. 2, 3 und 3a EStG)

Altersvorsorgeaufwendungen (z.B. Beiträge zur Rentenversi- 3919
cherung) und **sonstige Vorsorgeaufwendungen** (z.B. Beiträge zu Versicherungen gegen Arbeitslosigkeit, Krankheit, Unfälle) können zwar nach § 10 Abs. 1 EStG als Sonderausgaben abgesetzt, jedoch nicht als Lohnsteuerabzugsmerkmal berücksichtigt werden. Beide Arten von Vorsorgeaufwendungen werden im Lohnsteuerverfahren durch die **Vorsorgepauschale** berücksichtigt. Zur Berücksichtigung von Beiträgen an **berufsständische Versorgungseinrichtungen** als Sonderausgaben i.S.d. § 10 Abs. 1 Nr. 2 Buchst. a EStG s. FinMin Bremen v. 8.6.2016, 34 – S 2221 – 2015#011.

Einzelheiten → *Vorsorgeaufwendungen* Rz. 4359 sowie → *Vorsorgepauschale* Rz. 4378.

Zur Förderung der Beiträge durch die sog. Riester-Rente → *Riester-Förderung* Rz. 3751.

b) Kirchensteuer (§ 10 Abs. 1 Nr. 4 EStG)

Abzugsfähig ist die im jeweiligen Kalenderjahr auf Grund gesetzli- 3920
cher Bestimmungen **gezahlte Kirchensteuer, nicht jedoch die bei der sog. Abgeltungsteuer auf Kapitalerträge erhobene Kirchensteuer**. Bei Arbeitnehmern ist die laut Lohnsteuerbescheinigung einbehaltene Kirchensteuer um die im selben Kalenderjahr **erstattete Kirchensteuer** (z.B. aus der Einkommensteuerveranlagung des Vorjahres) **zu mindern** (zur Verrechnung ausführlich → Rz. 3917). **Freiwillige Beiträge** sind keine Kirchensteuern, können jedoch ggf. als Spenden abgezogen werden. Auch Zahlungen an Religionsgemeinschaften, die nicht zur Erhebung von Kirchensteuer berechtigt sind, können als Spenden abgesetzt werden.

Erstattet der Arbeitnehmer seinem Arbeitgeber im Rahmen eines Gesamtschuldnerausgleichs die für ihn an das Finanzamt im Rahmen der Haftung nach § 42d EStG gezahlten Lohnkirchensteuern, sind diese beim Arbeitnehmer als Sonderausgabe i.S.d. § 10 Abs. 1 Nr. 4 EStG abziehbar (BFH v. 23.8.2023, X R 16/21).

Einige als Körperschaften des öffentlichen Rechts anerkannte Religionsgemeinschaften erheben, obwohl sie dazu berechtigt sind, keine Kirchensteuer, sondern finanzieren sich aus **freiwilligen Beiträgen und Umlagen**. In diesem Fall können die Beiträge bis zu der Höhe wie Kirchensteuer abgezogen werden, in der in dem jeweiligen Bundesland Kirchensteuer gezahlt wird. Übersteigende Beträge können als Spenden berücksichtigt werden. Zahlungen auf offene Kirchensteuern des Erblassers durch den Erben sind bei diesem im Jahr der Zahlung als Sonderausgabe abziehbar (BFH v. 21.7.2016, X R 43/13, BStBl II 2017, 256).

Zum Abzug von Kirchenbeiträgen wie Kirchensteuern s. OFD Frankfurt v. 12.4.2017, S 2221 A – 46 – St 218.

c) Kinderbetreuungskosten (§ 10 Abs. 1 Nr. 5 EStG)

3921 **Seit 2012 kommt nur noch ein beschränkter Abzug als Sonderausgaben** nach § 10 Abs. 1 Nr. 5 EStG in Betracht; weggefallen sind die persönlichen Anspruchsvoraussetzungen der Eltern; es kommt also nicht mehr darauf an, ob Kinderbetreuungskosten z.B. wegen Berufstätigkeit oder Krankheit der Eltern anfallen (→ *Betreuungskosten* Rz. 1403).

d) Zinsen für Steuernachforderungen (§ 10 Abs. 1 Nr. 5 EStG a.F.)

3922 § 10 Abs. 1 Nr. 5 EStG wurde durch das **Steuerentlastungsgesetz 1999/2000/2002** v. 24.3.1999, BStBl I 1999, 304 mit Wirkung ab 1999 gestrichen. **Nachzahlungszinsen** gehören seitdem zu den **nach § 12 Nr. 3 EStG nicht abziehbaren Ausgaben**. Die Nichtabziehbarkeit von nach dem 31.3.1999 gezahlten Nachzahlungszinsen ist verfassungsgemäß (BFH v. 15.11.2006, XI R 73/03, BStBl II 2007, 387).

Im Rahmen des Zweiten Gesetzes zur Änderung der Abgabenordnung und des Einführungsgesetzes zur Abgabenordnung (v. 12.7.2022, BGBl. I 2022, 1142) ist der Zinssatz für Nachzahlungs- und Erstattungszinsen nach § 233a AO für Verzinsungszeiträume seit dem 1.1.2019 **rückwirkend auf 0,15 % pro Monat** (1,8 % pro Jahr) gesenkt worden.

Die **Verzinsung** von Steuernachforderungen und -erstattungen mit jährlich 6 % seit dem Jahr 2014 war **verfassungswidrig** (BVerfG v. 8.7.2021, 1 BvR 2237/14, 1 BvR 2422/17, HFR 2021, 922 mit weiteren Erläuterungen).

Zinsen i.S.v. § 233a AO, die das Finanzamt an den Stpfl. zahlt (**Erstattungszinsen**), sind steuerbare **Einnahmen aus Kapitalvermögen** i.S.d. § 20 Abs. 1 Nr. 7 Satz 3 EStG (BFH v. 24.6.2014, VIII R 29/12, BStBl II 2014, 998 und BFH v. 15.4.2015, VIII R 30/13, die hiergegen erhobenen Verfassungsbeschwerden beim BVerfG: 2 BvR 2674/14 bzw. 2 BvR 1711/15 sind durch Beschluss v. 5.7.2023 erledigt). Die Vereinnahmung durch bzw. die Weiterleitung an den Arbeitgeber auf Grund bestehender vertraglicher Verpflichtungen bei **Nettolohnvereinbarungen** führt – vergleichbar der Beurteilung bei den Steuererstattungsansprüchen – zu negativen Einnahmen des Arbeitnehmers aus nichtselbständiger Arbeit (s. ausführlich OFD Nordrhein-Westfalen v. 15.8.2018, S 2367 – 2017/0004 – St 213, betr. steuerliche Fragen im Zusammenhang mit Nettolohnvereinbarungen).

e) Steuerberatungskosten (§ 10 Abs. 1 Nr. 6 EStG a.F.)

3923 Der Sonderausgabenabzug für **private Steuerberatungskosten** ist zum 1.1.2006 aufgehoben worden. **Beruflich oder betrieblich veranlasste Steuerberatungskosten** können dagegen weiterhin als **Betriebsausgaben oder Werbungskosten** abgezogen werden (→ *Werbungskosten* Rz. 4580).

f) Berufsausbildung (§ 10 Abs. 1 Nr. 7 EStG)

3924 Aufwendungen für die eigene Berufsausbildung sind nur bis zu **6 000 €** im Kalenderjahr als Sonderausgaben abzugsfähig; die Abzugsbeschränkung ist **verfassungsgemäß** (BVerfG v. 19.11.2019, 2 BvL 22-27/14, HFR 2020, 174). Es handelt sich um einen **Jahresbetrag**, der auch bei kürzeren Ausbildungszeiten nicht zu kürzen ist. Nur in Ausnahmefällen kommt nach der o.g. BVerfG-Rechtsprechung ein voller Abzug als vorab entstandene Betriebsausgaben bzw. Werbungskosten in Betracht (→ *Fortbildung* Rz. 2217).

Zu den abzugsfähigen Aufwendungen gehören auch Aufwendungen für eine **auswärtige Unterbringung**; ein Student, der seinen Lebensmittelpunkt an den Studienort verlagert hat, ist jedoch nicht auswärts untergebracht i.S.d. § 10 Abs. 1 Nr. 7 Satz 3 EStG (zuletzt BFH v. 16.10.2013, XI R 40/12).

Einzelfragen zur gesetzlichen Neuregelung sind in BMF v. 22.9.2010, IV C 4 – S 2227/07/10002 :002, BStBl I 2010, 721 geregelt.

Zu den abziehbaren Aufwendungen gehören z.B.

- die **Schul-, Lehrgangs-, Studien- und Prüfungsgebühren**,
- Aufwendungen für **Lernmittel** (Schreibwaren, Kopien, Fachbücher, Computerprogramme usw.), nicht jedoch Aufwendungen für Tageszeitungen oder Wochenzeitschriften (FG Baden-Württemberg v. 8.11.2000, 12 K 258/00, EFG 2001, 285 betr. den FOCUS eines Studenten der Politologie),
- **Arbeitsmittel** wie z.B. ein Schreibtisch, die bei Aufwendungen über 800 € (zur Erhöhung auf 1 000 € durch das Wachstumschancengesetz – siehe → Rz. 4494), mit 19 % Umsatzsteuer über 952 € (→ *Werbungskosten* Rz. 4500), auf die voraussichtliche Nutzungsdauer zu verteilen sind,
- **Computer und Software**; nach BMF v. 22.2.2022, IV C 3 – S 2190/21/10002 :025, BStBl I 2022, 187 kann für die nach § 7 Abs. 1 EStG anzusetzende Nutzungsdauer für die in Rdnr. 2 ff. des BMF-Schreibens abschließend aufgeführten materiellen Wirtschaftsgüter „Computerhardware“ sowie die in Rdnr. 5 des BMF-Schreibens abschließend näher bezeichneten immateriellen Wirtschaftsgüter „Betriebs- und Anwendersoftware“ eine betriebsgewöhnliche Nutzungsdauer von 1 Jahr (bisher regelmäßig 3 Jahre) zu Grunde gelegt werden (→ *Computer* Rz. 1520),
- Aufwendungen für **Wege zwischen Wohnung und Bildungseinrichtung**, bei vollzeitigen Bildungsmaßnahmen aber nur in Höhe der Entfernungspauschale (→ *Reisekosten: Allgemeine Grundsätze* Rz. 3620),
- bei auswärtiger Unterbringung auch die **Kosten für Unterkunft**, wenn der Studienort nicht der Lebensmittelpunkt des Stpfl. ist (BFH v. 16.10.2013, XI R 40/12),
- **Zinsen für Ausbildungsdarlehen**, nicht dagegen die Rückzahlung eines BAföG-Darlehens (zuletzt BFH v. 7.2.2008, VI R 41/05, HFR 2008, 805).

Die Abzugsbeschränkungen für ein häusliches Arbeitszimmer gelten entsprechend (vgl. BMF v. 15.8.2023, IV C 6 – S 2145/19/10006 :027, BStBl I 2023, 1551 Rdnr. 41).

Zweckgebundene **steuerfreie Bezüge** sind von den Aufwendungen abzusetzen, soweit sie unmittelbar zur Förderung der Aus- oder Weiterbildung gewährt werden. Weitere Einzelheiten s. R 10.9 EStR und H 10.9 EStH.

g) Hauswirtschaftliche Beschäftigungsverhältnisse (§ 10 Abs. 1 Nr. 8 EStG a.F.)

Aufwendungen für eine „rentenversicherungspflichtige Hausgehilfin“ konnten **bis höchstens 18 000 DM** als Sonderausgaben abgesetzt werden (§ 10 Abs. 1 Nr. 8 EStG a.F.). Seit 1.1.2002 ist dieses sog. Dienstmädchenprivileg weggefallen. 3925

Seit 2003 ist eine neue Steuervergünstigung für Aufwendungen für **haushaltsnahe Beschäftigungsverhältnisse**, für die Inanspruchnahme **haushaltsnaher Dienstleistungen** und **Handwerkerleistungen** eingeführt worden (§ 35a EStG, → *Haushaltsnahe Beschäftigungsverhältnisse und Dienstleistungen: Steuerermäßigung* Rz. 2530).

h) Schulgeld (§ 10 Abs. 1 Nr. 9 EStG)

Als Sonderausgaben abzugsfähig sind nach § 10 Abs. 1 Nr. 9 EStG **30 % des Entgelts, höchstens 5 000 € im Jahr**, das der Stpfl. für ein Kind, für das er Anspruch auf einen Kinderfreibetrag nach § 32 Abs. 6 EStG oder auf Kindergeld hat, für dessen **Besuch einer Schule in freier Trägerschaft oder einer überwiegend privat finanzierten Schule** entrichtet; es gibt keinen verfassungsrechtlichen Anspruch auf den unbegrenzten Abzug von Schulgeld (BFH v. 8.6.2011, X B 176/10, HFR 2011, 966 sowie FG Hamburg v. 16.8.2013, 3 V 169/13). **Hochschulen** einschließlich der **Fachhochschulen** und die ihnen im EU/EWR-Ausland gleichstehenden Einrichtungen sind keine Schulen i.S.d. § 10 Abs. 1 Nr. 9 EStG, so dass Gebühren für deren Besuch (z.B. Studiengebühren) von einer **Berücksichtigung ausgeschlossen** sind. 3926

Voraussetzung ist, dass die Schule in einem **Mitgliedstaat der Europäischen Union** oder in einem Staat belegen ist, auf den das

Abkommen über den Europäischen Wirtschaftsraum Anwendung findet, und die Schule zu einem vom zuständigen inländischen Ministerium eines Landes, von der Kultusministerkonferenz der Länder oder von einer inländischen Zeugnisanerkennungsstelle anerkannten oder einem inländischen Abschluss an einer öffentlichen Schule **als gleichwertig anerkannten allgemeinbildenden oder berufsbildenden Schul-, Jahrgangs- oder Berufsabschluss führt**. Der Besuch einer anderen Einrichtung, die auf einen Schul-, Jahrgangs- oder Berufsabschluss ordnungsgemäß vorbereitet, steht einem Schulbesuch gleich. Der Besuch einer Deutschen Schule im Ausland steht dem Besuch einer solchen Schule gleich, unabhängig von ihrer Belegenheit. Schulgeldzahlungen für den Besuch einer in einem Drittland belegenen Privatschule sind dagegen nicht als Sonderausgaben abzugsfähig (BFH v. 13.6.2013, X B 232/12, betr. Schulgeldzahlungen für den Besuch einer Schule in den USA).

Die Prüfung und Feststellung der schulrechtlichen Kriterien in Bezug auf die ordnungsgemäße Vorbereitung eines schulischen Abschlusses gem. § 10 Abs. 1 Nr. 9 Satz 3 EStG obliegt nach BFH v. 20.6.2017, X R 26/15, BStBl II 2018, 58 nicht den Schulbehörden, sondern ist Aufgabe der Finanzbehörden (gegen BMF v. 9.3.2009, IV C 4 – S 2221/07/0007, BStBl I 2009, 487).

Der Höchstbetrag wird für jedes Kind, bei dem die Voraussetzungen vorliegen, je Elternpaar nur einmal gewährt.

Der BFH hat mit Urteil v. 10.10.2017, X R 32/15, HFR 2018, 365 entschieden, dass Entgelte für ein Studium an einer **privaten (Fach-)Hochschule** auch nach der durch das JStG 2009 geänderten Fassung des § 10 Abs. 1 Nr. 9 EStG nicht als Sonderausgaben berücksichtigt werden können und die Begrenzung des Sonderausgabentatbestands des § 10 Abs. 1 Nr. 9 EStG auf bestimmte Privatschulen verfassungsrechtlich nicht zu beanstanden ist.

Nicht begünstigt sind individueller Privat- sowie Nachhilfeunterricht. Soweit das Schulgeld auch Beherbergung, Betreuung und Verpflegung enthält, ist es ebenfalls nicht abzugsfähig. Weitere Einzelheiten s. R 10.10 EStR und H 10.10 EStH sowie BFH v. 11.6.1997, X R 77/94, BStBl II 1997, 615; BFH v. 11.6.1997, X R 74/95, BStBl II 1997, 617 und BFH v. 11.6.1997, X R 144/95, BStBl II 1997, 621.

Nicht abzugsfähig ist ferner Schulgeld für noch nicht der Schulpflicht unterliegende Kinder (BFH v. 16.11.2005, XI R 79/03, BStBl II 2006, 377).

Schulgeld gehört weder zu den nach § 9 Abs. 1 Satz 1 EStG abzugsfähigen sog. allgemeinen **Werbungskosten** noch zu den als Sonderausgaben abzugsfähigen **Kinderbetreuungskosten** (BMF v. 14.3.2012, IV C 4 – S 2221/07/0012 :012, BStBl I 2012, 307).

Dies gilt auch für Schulgeldzahlungen an **Privatschulen**, die Arbeitnehmern ausländischer Unternehmen nach einem Umzug ins Inland entstehen. Als Umzugskosten können allenfalls Auslagen für umzugsbedingten zusätzlichen Unterricht der Kinder (z.B. Nachhilfe) berücksichtigt werden (OFD Frankfurt v. 10.7.2009, S 2221 A – 67 – St 218, sowie → *Umzugskosten* Rz. 4178).

Eltern, deren Kinder eine überwiegend privat finanzierte Schule besuchen, müssen häufig zusätzlich zum Schulgeld weitere Beiträge aufbringen (**Investitionsbeiträge**, Ergänzungsbeiträge oder ähnlich bezeichnete Beiträge), deren Höhe sich im Allgemeinen nach dem Einkommen der Eltern richtet und ggf. im Wege einer Selbsteinschätzung festgelegt wird. Die zusätzlich zum Schulgeld zu leistenden Investitionsbeiträge stellen **keine Spenden** dar, weil es sich auch bei diesen Beiträgen wie beim Schulgeld nicht um freiwillige Leistungen handelt. Die Investitionsbeiträge sind jedoch als **Schulgeld** i.S.d. § 10 Abs. 1 Nr. 9 EStG zu beurteilen, unabhängig davon, ob sie im Einzelfall in voller Höhe zur Abdeckung der Kosten des normalen Schulbetriebs erforderlich sind (OFD Frankfurt v. 10.7.2009, S 2221 A – 67 – St 218).

Zu weiteren Einzelfragen s. BayLfSt v. 12.9.2018, S 2221.1.1 – 9, 90 St 36.

3. Abzug nach § 10 Abs. 1a EStG

a) Allgemeines

3927 Sonderausgaben sind nach § 10 Abs. 1a EStG auch die nachfolgenden Aufwendungen. **In dieser Vorschrift sind die Sonderausgabenabzugstatbestände zusammengefasst worden, bei denen der Abzugstatbestand des Leistenden mit einer Besteuerung beim Leistungsempfänger korrespondiert**. Die Zusammenfassung soll eine übersichtlichere Darstellung für den Rechtsanwender ermöglichen und damit der Rechtsklarheit dienen. In die Aufzählung der einzelnen Abzugstatbestände sind die bisher in § 10 Abs. 1 Nr. 1, 1a und 1b EStG enthaltenen Regelungen ohne wesentliche inhaltliche Änderungen übernommen worden (BT-Drucks. 18/3441, 56).

b) Unterhaltsleistungen an den geschiedenen oder dauernd getrennt lebenden Ehegatten (§ 10 Abs. 1a Nr. 1 EStG)

Unterhaltsleistungen an den geschiedenen oder dauernd getrennt 3928
lebenden unbeschränkt steuerpflichtigen Ehegatten sind bis **höchstens 13 805 €** im Jahr abzugsfähig, wenn der Geber dies **mit Zustimmung des Empfängers beantragt** (hierfür gibt es beim Finanzamt den Vordruck „Anlage U"). Der Höchstbetrag erhöht sich um den Betrag der im jeweiligen Veranlagungszeitraum nach § 10 Abs. 1 Nr. 3 für die Absicherung des geschiedenen oder dauernd getrennt lebenden unbeschränkt einkommensteuerpflichtigen Ehegatten aufgewandten Beiträge zu einer (Basis) Kranken- und Pflegeversicherung.

Der Antrag kann jeweils nur für **ein** Kalenderjahr gestellt und nicht zurückgenommen werden. Die Zustimmung ist mit Ausnahme der nach § 894 ZPO als erteilt geltenden bis auf Widerruf wirksam. Der Widerruf ist vor Beginn des Kalenderjahres, für das die Zustimmung erstmals nicht gelten soll, gegenüber dem Finanzamt zu erklären. Entsprechendes gilt für Fälle der Nichtigkeit oder der Aufhebung der Ehe.

Der Empfänger muss die Unterhaltsleistungen als **sonstige Einkünfte versteuern** (§ 22 Nr. 1a EStG). Der Steuervorteil liegt also v.a. in der Auswirkung der Steuerprogression (hohe Steuerersparnis beim Zahlenden, geringe Steuerschuld beim Empfänger). Stimmt der Empfänger diesem sog. Realsplitting nicht zu, können die Unterhaltsaufwendungen nur i.R. des § 33a Abs. 1 EStG als **außergewöhnliche Belastung** berücksichtigt werden (vgl. zum Realsplitting grds. BFH v. 9.12.2009, X R 49/07, HFR 2010, 1297: Die Steuerpflicht der Unterhaltsleistungen beim Empfänger nach § 22 Nr. 1a EStG hängt nicht davon ab, ob und inwieweit der Sonderausgabenabzug beim Geber tatsächlich zu einer Steuerminderung geführt hat, sowie OFD Koblenz v. 30.7.2007, S 2221a A – St 32 1, betr. Antrag und Zustimmung zum Realsplitting).

Der für das Realsplitting im Jahr 2008 geltende Höchstbetrag von 13 805 € ist **verfassungsrechtlich nicht zu beanstanden** (BFH v. 26.10.2011, X B 4/11). Es verstößt auch nicht gegen das Gemeinschaftsrecht, dass ein in Deutschland ansässiger Stpfl. Unterhaltszahlungen an seine in Österreich wohnende geschiedene Ehefrau nicht abziehen kann, während er dazu berechtigt wäre, wenn die Frau noch in Deutschland leben würde (EuGH v. 12.7.2005, C-403/03).

Zur Vermeidung vorhandener Vollzugsdefizite ist Voraussetzung für den Sonderausgabenabzug der zahlenden Person, dass diese die **IdNr** (§ 139b AO, → *Identifikationsnummer* Rz. 2575 ff.) der den Unterhalt empfangenden Person angibt (§ 10 Abs. 1 Nr. 1 Sätze 7 – 9 EStG). Auf diese Weise soll die Besteuerung des Unterhalts der empfangenden Person (§ 22 Nr. 1a EStG) sichergestellt werden.

c) Renten und dauernde Lasten (§ 10 Abs. 1a Nr. 2 EStG)

Renten und dauernde Lasten sind als Sonderausgaben abzugs- 3929
fähig, wenn sie weder Werbungskosten noch Betriebsausgaben sind, auf besonderen Verpflichtungsgründen beruhen und nicht mit steuerfreien Einkünften zusammenhängen (R 10.3 EStR). Abzugsfähig sind hiernach z.B. **Altenteilleistungen** in der Landwirtschaft oder **Versorgungsleistungen** im Zusammenhang mit einem unentgeltlich übertragenen Grundstück. **Nicht** abzugsfähig sind hingegen **Unterhaltszahlungen** an gesetzlich unterhaltsberechtigte Personen (Kinder, Ehegatten) oder an deren Ehegatten. Weitere Einzelheiten s. R 10.3 EStR.

d) Ausgleichsleistungen zur Vermeidung eines Versorgungsausgleichs (§ 10 Abs. 1a Nr. 3 EStG)

Mit § 10 Abs. 1a Nr. 3 EStG ist ein neuer Abzugstatbestand für 3930
Ausgleichszahlungen zur Vermeidung des Versorgungsausgleichs

nach einer Ehescheidung bzw. der Auflösung einer Lebenspartnerschaft (§ 6 Abs. 1 Satz 2 Nr. 2 des Versorgungsausgleichsgesetz – VersAusglG) eingeführt worden. Damit soll in diesem Bereich ein bestehendes Regelungsdefizit beseitigt werden. Die steuerlichen Regelungen zur internen und externen Teilung (§ 3 Nr. 55a und 55b EStG) bleiben unberührt.

Die mit der angesprochenen materiell-rechtlichen Neuregelung in § 10 Abs. 1a Satz 1 Nr. 3 EStG geschaffene Abzugsmöglichkeit der Aufwendungen zur Vermeidung des Versorgungsausgleichs bezieht sich auf Zahlungen nach § 6 Abs. 1 Satz 2 Nr. 2 VersAusglG und § 1408 Abs. 2, § 1587 BGB. Nach dieser Regelung hat die ausgleichspflichtige Person die Möglichkeit, zur Vermeidung der Durchführung eines Versorgungsausgleichs, Ausgleichszahlungen an den Versorgungsberechtigten zu leisten/zu vereinbaren. Die entsprechenden Zahlungen können nunmehr steuerlich als Sonderausgaben geltend gemacht werden. Die Berücksichtigung erfolgt auf Antrag des Ausgleichsverpflichteten mit Zustimmung des Ausgleichsberechtigten. Dies ermöglicht den Verfahrensbeteiligten genau zu bestimmen, in welchem Umfang ein Abzug und die damit einhergehende Besteuerung erfolgen soll. Eine steuerliche Berücksichtigung des nicht von der Zustimmung umfassten Teils der Ausgleichszahlungen in einem vom Leistungsjahr abweichenden Veranlagungszeitraum ist nicht möglich.

Die angesprochene Ausgleichsmöglichkeit besteht versorgungsrechtlich unabhängig davon, ob sie eine beamten-rechtliche, eine öffentlich-rechtliche, eine private, eine geförderte oder eine betriebliche Altersversorgung betrifft.

§ 10 Abs. 1a Satz 1 Nr. 3 EStG ordnet deshalb alle entsprechenden Ausgleichszahlungen einheitlich dem Bereich des Sonderausgabenabzugs zu. Die bisherige steuerliche Einordnung dieser Zahlungen als Werbungskosten (s. z.B. BFH v. 8.3.2006, IX R 107/00 und IX R 78/01, BStBl II 2006, 446 u. 448 zu den Ausgleichszahlungen eines Beamten und damit zusammenhängender Schuldzinsen zur Vermeidung einer Kürzung seiner Versorgungsbezüge) oder als Vorgang auf der privaten Vermögensebene ist damit künftig unbeachtlich. Auf diese Weise wird eine steuerliche Gleichbehandlung aller Ausgleichszahlungen erreicht (BT-Drucks. 18/3441, 56).

Der steuerliche Abzug der Aufwendungen des Ausgleichsverpflichteten als Sonderausgaben korrespondiert mit der Besteuerung der Leistungen beim Ausgleichsberechtigten (§ 22 Nr. 1a EStG).

e) Ausgleichszahlungen i.R. des Versorgungsausgleichs (§ 10 Abs. 1a Nr. 4 EStG)

3931 Abzugsfähig sind Ausgleichszahlungen i.R. des Versorgungsausgleichs nach den §§ 20 bis 22 und 26 des Versorgungsausgleichsgesetzes und nach den §§ 1587f, 1587g und 1587i BGB in der bis zum 31.8.2009 geltenden Fassung sowie nach § 3a des Gesetzes zur Regelung von Härten im Versorgungsausgleich, soweit die ihnen zu Grunde liegenden Einnahmen bei der ausgleichspflichtigen Person der Besteuerung unterliegen, wenn die ausgleichsberechtigte Person unbeschränkt einkommensteuerpflichtig ist.

4. Sonstige Abzüge

a) Spenden für gemeinnützige Zwecke (§ 10b Abs. 1 EStG)

aa) Allgemeines

3932 **Ausgaben** zur Förderung mildtätiger, kirchlicher, religiöser, wissenschaftlicher und der als besonders förderungswürdig anerkannten gemeinnützigen Zwecke sind bis zur Höhe von insgesamt **20 % des Gesamtbetrags der Einkünfte** als Sonderausgaben abzugsfähig. Dies gilt rückwirkend seit 2007 auch für Mitgliedsbeiträge an sog. Kulturfördervereine (§ 52 Abs. 24d Satz 4 EStG).

Berücksichtigt werden können auch **Sachspenden** (§ 10b Abs. 3 Satz 1 EStG). Voraussetzung ist eine genaue Bezeichnung des zugewendeten Gegenstands (Alter, Zustand, Kaufpreis usw.) in der Zuwendungsbestätigung nach amtlichem Muster (FG Berlin-Brandenburg v. 28.11.2018, 7 K 7258/16, betr. Briefmarken, Tageszeitungen, Magazine als Sachspenden an eine politische Partei).

Voraussetzung für die steuerliche Anerkennung ist grds. eine besondere **Zuwendungsbestätigung** nach amtlich vorgeschriebenem Vordruck (§ 50 Abs. 1 Satz 1 EStDV). Abweichend davon kann der Zuwendende den Zuwendungsempfänger bevollmächtigen, die Zuwendungsbestätigung der für seine Besteuerung nach dem Einkommen zuständigen Finanzbehörde nach amtlich vorgeschriebenem Datensatz durch Datenfernübertragung nach Maßgabe des § 93c der AO zu übermitteln (§ 55 Abs. 2 Satz 1 EStDV). Der Zuwendende hat dem Zuwendungsempfänger zu diesem Zweck seine Identifikationsnummer (AO) mitzuteilen (§ 55 Abs. 2 Satz 2 EStDV).

Für Einzahlungen bis **300 €** reicht ein einfacher Bareinzahlungsbeleg oder eine Buchungsbestätigung als Nachweis aus (§ 55 Abs. 4 Nr. 2 EStDV).

Seit 2017 muss der Stpfl. muss für den Zuwendungsabzug die Nachweisunterlagen nicht mehr zusammen mit der Steuererklärung einreichen. Er muss sie hingegen aufbewahren und auf Verlangen der Finanzbehörde vorlegen (sog. **Belegvorhaltepflicht**). Das Finanzamt kann die Vorlage vom Stpfl. bis zum Ablauf eines Jahres ab der Bekanntgabe der Steuerfestsetzung verlangen (§ 50 Abs. 8 EStDV).

Auch die **Zuwendung von Wirtschaftsgütern** an steuerbegünstigte Körperschaften kann eine steuerlich abzugsfähige Spende i.S.d. § 10b EStG darstellen. Es stellt sich jedoch vielfach die Frage, mit welchem Wert eine solche Sachzuwendung anzusetzen ist. S. hierzu ausführlich OFD Nordrhein-Westfalen v. 17.7.2018, S 2223 – 2015/0029 – St 15, betr. Sachzuwendungen (insbesondere **Kunstspenden**).

bb) Aufwandsspenden

Im Hinblick auf ein ehrenamtliches Engagement in steuerbegünstigten Organisationen kommen neben direkten Geld- oder Sachspenden auch sog. **Aufwandsspenden** in Betracht. Diese können steuerlich aber nur anerkannt werden, wenn im Vorhinein ein schriftlich fixierter Anspruch auf die Erstattung der Aufwendungen durch Vertrag oder Satzung ernsthaft eingeräumt und auf die Erstattung verzichtet worden ist. Soweit ohne einen konkreten Erstattungsanspruch eigene Zeit und persönliche Arbeitsleistung aufgewandt wird, liegt keine Spende i.S.v. § 10b EStG vor (FG Berlin-Brandenburg v. 28.11.2018, 7 K 7258/16, betr. Reisekosten als Aufwandsspenden). 3933

b) Spenden an politische Parteien und Wählervereinigungen (§ 10b Abs. 2 EStG)

Mitgliedsbeiträge und Spenden an politische Parteien sind bis zur Höhe von **1 650 €**, bei zusammen veranlagten Ehegatten bis **3 300 €** als Sonderausgaben abzugsfähig. Dies gilt aber nur, soweit nicht der **Steuerabzug nach** § 34g EStG in Betracht kommt. Nach dieser Vorschrift ermäßigt sich die tarifliche Einkommensteuer für Mitgliedsbeiträge und Spenden an 3934

- politische Parteien i.S.d. § 2 des Parteiengesetzes sowie
- an unabhängige Wählervereinigungen

um **50 % der Ausgaben, höchstens aber um 825/1 650 €** (Alleinstehende/Ehegatten).

Beispiel:

A, ledig, ist Mitglied der X-Partei. Seine Mitgliedsbeiträge und Spenden haben insgesamt 5 000 € betragen.

Hiervon werden zunächst 1 650 € i.R. des § 34g EStG begünstigt: A kann den höchstmöglichen Betrag von 825 € direkt von seiner Steuerschuld abziehen.

Von dem Restbetrag von 3 350 € (5 000 € – 1 650 €) kann A nochmals den Höchstbetrag von 1 650 € als Sonderausgaben absetzen.

Mitgliedsbeiträge und Spenden an **unabhängige Wählervereinigungen** sind demgegenüber nur nach § 34g EStG begünstigt, ein Sonderausgabenabzug nach § 10b EStG ist daneben nicht möglich (BFH v. 20.3.2017, X R 55/14, BStBl II 2017, 1122).

Weitere Einzelheiten s. R 10b.2 EStR und H 10b.2 (Spendenabzug) EStH sowie H 34g EStH.

c) Verlustabzug (§ 10d EStG)

Hat ein Arbeitnehmer **Verluste aus anderen Einkunftsarten**, kann er diese als Lohnsteuerabzugsmerkmal berücksichtigen lassen (R 39a.2 LStR). 3935

Beispiel 1:

Arbeitnehmer A hat ein Mehrfamilienhaus gebaut, das im März 2025 fertig gestellt wurde. Der voraussichtliche Verlust bei den Einkünften aus Vermietung und Verpachtung beträgt im Jahre 2025 etwa 25 000 €.

A kann den Verlust als Lohnsteuerabzugsmerkmal berücksichtigen lassen, allerdings nicht schon für das Jahr der Fertigstellung, sondern erstmals für das Folgejahr, d.h. für das Kalenderjahr 2026, vgl. H 39a.2 (Vermietung und Verpachtung) LStH.

Unter den Voraussetzungen des § 10d EStG ist ein **Verlustrücktrag bzw. -vortrag** möglich. Nach der **neuen BFH-Rechtsprechung** (Urteil v. 13.1.2015, IX R 22/14, BStBl II 2015, 829; s.a. OFD Frankfurt v. 8.5.2018, S 2225 A – 009 – St 213) kann ein verbleibender Verlustvortrag nach § 10d EStG auch dann gesondert festgestellt werden, wenn ein Einkommensteuerbescheid für das Verlustentstehungsjahr nicht mehr erlassen werden kann. Eine Bindungswirkung des Einkommensteuerbescheids für die Feststellung des Verlustvortrags besteht dann nicht, wenn eine Einkommensteuerveranlagung gar nicht durchgeführt worden ist. Mit der Entscheidung vereinfacht der BFH die Geltendmachung von Verlustvorträgen in zurückliegenden Jahren. **Praktische Bedeutung hat dies vor allem für Stpfl., die sich beruflich weiterbilden, z.B. durch Besuch eines Meisterkurses.** Auch wenn diese in der Vergangenheit keine Einkommensteuererklärung abgegeben haben und wegen Eintritts der Festsetzungsverjährung eine Einkommensteuerveranlagung nicht mehr durchgeführt werden kann, kann innerhalb der Verjährungsfrist für die Verlustfeststellung diese noch beantragt und durchgeführt werden.

Beispiel 2:

Student B hat erstmals im Kalenderjahr 2025 erfahren, dass er seine Studienkosten für sein Zweitstudium als vorab entstandene Betriebsausgaben/Werbungskosten geltend machen kann (→ *Fortbildung* Rz. 2216). Einkommensteuer-Erklärungen hat er in den vergangenen Jahren nicht abgegeben.

Nach den Grundsätzen des o.g. BFH-Urteils (der BFH geht offensichtlich von einer siebenjährigen Verjährungsfrist aus) kann B im Kalenderjahr 2025 noch eine Verlustfeststellung für die Kalenderjahre seit 2018 beantragen.

Sondermeldung

→ *Meldungen für Arbeitnehmer in der Sozialversicherung* Rz. 3099

Sonntagszuschläge

→ *Zuschläge für Sonntags-, Feiertags- oder Nachtarbeit* Rz. 4800

Sonstige Bezüge

Inhalt

1. Allgemeines

3936 Neben dem Arbeitslohn, der dem Arbeitnehmer regelmäßig wiederkehrend gezahlt wird, z.B. jeden Monat, kommen in der Praxis auch Arbeitslohnzahlungen vor, die nur zu einem bestimmten Zeitpunkt oder zu einem bestimmten Ereignis, z.B. Urlaubsgeld, Weihnachtsgeld oder Jubiläumszuwendungen, ausgezahlt werden. Für diese „Sonderzahlungen“ gibt es sowohl im Lohnsteuerrecht als auch im Sozialversicherungsrecht Sonderregelungen hinsichtlich der Ermittlung der darauf entfallenden Lohnsteuer bzw. Sozialversicherungsbeiträge.

Lohnsteuerrechtlich werden diese „Sonderzahlungen“ sonstige Bezüge genannt, während das Sozialversicherungsrecht den Begriff des einmalig gezahlten Arbeitsentgelts (§ 23a SGB IV) verwendet.

Über die Transmissionswirkung des § 1 SvEV gilt, dass im Regelfall die sozialversicherungsrechtliche Beurteilung von Bezügen der lohnsteuerrechtlichen Behandlung folgt.

Die nachfolgenden Ausführungen beinhalten **ausschließlich die lohnsteuerliche Behandlung der sonstigen Bezüge**. Zu Einzelheiten der sozialversicherungsrechtlichen Beurteilung → *Einmalzahlungen* Rz. 1793.

2. Begriff und Besteuerungsgrundsätze

Als sonstige Bezüge bezeichnet man den Arbeitslohn, der nicht als laufender Arbeitslohn gezahlt wird (→ *Laufender Arbeitslohn* Rz. 2831). Sonstige Bezüge sind also Zahlungen, die nicht regelmäßig fortlaufend dem Arbeitnehmer zufließen, sondern nur aus besonderem Anlass gezahlt werden. Zu den sonstigen Bezügen gehören deshalb insbesondere einmalige Arbeitslohnzahlungen, die neben dem laufenden Arbeitslohn gezahlt werden. 3937

Beispiele für sonstige Bezüge nach R 39b.2 Abs. 2 LStR:

- 13. und 14. Monatsgehälter,
- einmalige Abfindungen und Entschädigungen,
- Gratifikationen und Tantiemen, die nicht fortlaufend gezahlt werden,
- Jubiläumszuwendungen,
- Urlaubsgelder, die nicht fortlaufend gezahlt werden, und Entschädigungen zur Abgeltung nicht genommenen Urlaubs,
- Vergütungen für Erfindungen,
- Weihnachtszuwendungen,
- Nachzahlungen und Vorauszahlungen, wenn sich der Gesamtbetrag oder ein Teilbetrag der Nachzahlung oder Vorauszahlung auf Lohnzahlungszeiträume bezieht, **die in einem anderen Jahr als dem der Zahlung enden**, oder, wenn Arbeitslohn für Lohnzahlungszeiträume des abgelaufenen Kalenderjahres später als drei Wochen nach Ablauf dieses Jahres zufließen,

Beispiel:

Der Arbeitgeber zahlt seinen Arbeitnehmern das Dezembergehalt für 2025 erst am 30.1.2026 aus.

Beim Dezembergehalt handelt es sich um Arbeitslohn für einen Lohnzahlungszeitraum des abgelaufenen Kalenderjahres. Da es nicht innerhalb der ersten drei Wochen des nachfolgenden Kalenderjahres (also nicht bis zum 21.1.2026) zufließt, ist ein sonstiger Bezug anzunehmen. Das Dezembergehalt ist daher im Kalenderjahr 2026 zu versteuern.

- Ausgleichszahlungen für die in der Arbeitsphase erbrachten Vorleistungen auf Grund eines Altersteilzeitverhältnisses im Blockmodell, das vor Ablauf der vereinbarten Zeit beendet wird,
- Zahlungen innerhalb eines Kalenderjahres als viertel- oder halbjährliche Teilbeträge.

Weitere Beispiele für sonstige Bezüge sind:

- Arbeitslohn aus Anlass von Betriebsveranstaltungen, soweit er nicht steuerfrei ist,
- Erholungsbeihilfen,
- Heirats- und Geburtsbeihilfen,
- steuerpflichtige Sachbezüge, soweit sie nicht fortlaufend gewährt werden,
- Prämien für eine Direktversicherung des Arbeitgebers, soweit die Prämien nicht monatlich fortlaufend gezahlt werden und nicht nach § 3 Nr. 63 EStG steuerfrei sind,
- Abfindungszahlungen zur Abgeltung von Versorgungsansprüchen oder -anwartschaften.

Von einem sonstigen Bezug ist die Lohnsteuer stets in dem Zeitpunkt einzubehalten, in dem er zufließt. Daher kommt es bei sonstigen Bezügen – im Gegensatz zum laufenden Arbeitslohn – entscheidend darauf an, wann der sonstige Bezug dem Arbeitnehmer zufließt. Der Arbeitgeber hat also gewisse Gestaltungsmöglichkeiten, was die Besteuerung der sonstigen Bezüge betrifft (→ *Zufluss von Arbeitslohn* Rz. 4633). Der Lohnsteuerermittlung sind die Lohnsteuerabzugsmerkmale des Arbeitnehmers zu Grunde zu legen, die zum Ende des Kalendermonats des Zuflusses gelten (R 39b.6 Abs. 1 Satz 2 LStR).

3. Berücksichtigung der Jahreslohnsteuer

3938 Für die Einbehaltung der Lohnsteuer von einem sonstigen Bezug hat der Arbeitgeber den **voraussichtlichen Jahresarbeitslohn ohne den sonstigen Bezug** festzustellen. Für den Jahresarbeitslohn ist zunächst die Jahreslohnsteuer zu ermitteln. In einem zweiten Schritt ist die Jahreslohnsteuer für den maßgebenden Jahresarbeitslohn **unter Einbeziehung des sonstigen Bezugs** zu ermitteln. **Der Unterschiedsbetrag** zwischen den ermittelten Jahreslohnsteuerbeträgen ist die Lohnsteuer, die vom sonstigen Bezug einzubehalten ist.

Diese Berechnung gilt nur für die Ermittlung der Lohnsteuer. Beim **Solidaritätszuschlag** und bei der **Kirchensteuer** sind die Beträge **nicht aus der Jahreslohnsteuer** zu ermitteln. Der Solidaritätszuschlag beträgt vielmehr grds. 5,5 % der Lohnsteuer, die auf den sonstigen Bezug entfällt (Arbeitgeber-Merkblatt zum Solidaritätszuschlag v. 20.9.1994, IV B 6 – S 2450 – 6/94, BStBl I 1994, 757 – allerdings ist die Senkung des Solidaritätszuschlags auf 5,5 % seit 1998 zu berücksichtigen). Dies gilt auch für die Kirchensteuer (§ 51a Abs. 2 Satz 1 EStG); hier beträgt die Kirchensteuer 8 % oder 9 % der Lohnsteuer, die auf den sonstigen Bezug entfällt. Auf Grund dieser Besonderheiten bietet der Stollfuß Verlag eine spezielle Lohnsteuertabelle „Sonstige Bezüge“ für die Besteuerung von sonstigen Bezügen an.

Bei der Ermittlung der Jahreslohnsteuer ist von den Lohnsteuerabzugsmerkmalen des Arbeitnehmers auszugehen. Maßgebend sind dabei die Steuerklasse und ein eingetragener Frei- oder Hinzurechnungsbetrag, der **zum Ende des Kalendermonats des Zuflusses** gilt. Hat sich also z.B. die Steuerklasse im Kalenderjahr geändert, so ist jeweils die Steuerklasse maßgebend, die im Zuflusszeitpunkt gilt.

Beispiel:

Die Steuerklasse des Arbeitnehmers wird mit Wirkung vom 1.8.2026 von Steuerklasse III in Steuerklasse V geändert. Der Arbeitnehmer erhält von seinem Arbeitgeber am 7.7.2026 Urlaubsgeld i.H.v. 500 € und am 4.12.2026 Weihnachtsgeld in Höhe eines zusätzlichen Monatslohns.

Für die Besteuerung der sonstigen Bezüge ist die Steuerklasse maßgebend, die **zum Ende des Kalendermonats** des Zuflusses gilt. Das Urlaubsgeld ist also nach der Jahreslohnsteuer der Steuerklasse III zu ermitteln, das Weihnachtsgeld nach der Jahreslohnsteuer der Steuerklasse V.

Von der Berücksichtigung der Jahreslohnsteuer bei der Besteuerung eines sonstigen Bezugs **gibt es eine Ausnahme**: Sonstige Bezüge, die in einer größeren Zahl von Fällen gewährt werden, können unter bestimmten Voraussetzungen **mit einem besonderen Pauschsteuersatz** versteuert werden (→ *Pauschalierung der Lohnsteuer* Rz. 3337).

4. Maßgebender Jahresarbeitslohn

3939 Nach § 39b Abs. 3 Satz 4 EStG ist die Jahressteuer für den **maßgebenden Jahresarbeitslohn** zu ermitteln. Der maßgebende Jahresarbeitslohn errechnet sich aus dem voraussichtlichen Jahresarbeitslohn nach Abzug der Freibeträge für Versorgungsbezüge, des Altersentlastungsbetrags und eines etwaigen Freibetrags sowie nach Hinzurechnung eines etwaigen Hinzurechnungsbetrags.

Besonderheiten bei der Ermittlung ergeben sich bei ehemaligen Arbeitnehmern (→ Rz. 3949).

a) Voraussichtlicher Jahresarbeitslohn

3940 Zur Ermittlung der von einem sonstigen Bezug einzubehaltenden Lohnsteuer ist jeweils der **voraussichtliche Jahresarbeitslohn** des Kalenderjahres zu Grunde zu legen, in dem der sonstige Bezug dem Arbeitnehmer zufließt. Dabei sind der laufende Arbeitslohn, der für die im Kalenderjahr bereits abgelaufenen Lohnzahlungszeiträume zugeflossen ist, und die in diesem Kalenderjahr bereits gezahlten sonstige Bezüge mit dem laufenden Arbeitslohn zusammenzurechnen, der sich voraussichtlich für die Restzeit des Kalenderjahres ergibt. Stattdessen kann der voraussichtlich für die Restzeit des Kalenderjahres zu zahlende laufende Arbeitslohn durch Umrechnung des bisher zugeflossenen laufenden Arbeitslohns ermittelt werden. Die im Kalenderjahr früher gezahlten sonstigen Bezüge, die eine **Entschädigung oder eine Entlohnung für eine mehrjährige Tätigkeit** darstellen und deshalb ermäßigt besteuert werden, sind **in voller Höhe** anzusetzen. **Künftige sonstige Bezüge**, deren Zahlung bis zum Ablauf des Kalenderjahres zu erwarten ist, **sind nicht zu erfassen.**

Hat der Arbeitnehmer **Lohnsteuerbescheinigungen aus früheren Dienstverhältnissen nicht vorgelegt**, so ist bei der Ermittlung des voraussichtlichen Jahresarbeitslohns der Arbeitslohn für Beschäftigungszeiten bei früheren Arbeitgebern mit dem Betrag anzusetzen, der sich ergibt, wenn der **laufende Arbeitslohn im Monat** der Zahlung des sonstigen Bezugs entsprechend der Beschäftigungsdauer bei früheren Arbeitgebern **hochgerechnet** wird (§ 39b Abs. 3 Satz 2 EStG).

Danach sind bei der Ermittlung des voraussichtlichen Jahresarbeitslohns einzubeziehen:

- Laufender Arbeitslohn, der in den Vormonaten bezogen worden ist. Dies gilt auch dann, wenn der Arbeitslohn von einem früheren Arbeitgeber gezahlt wurde.
- Laufender Arbeitslohn, der in dem Monat bezogen wird, in dem die sonstigen Bezüge gezahlt werden.
- Laufender Arbeitslohn, der sich voraussichtlich für die Restzeit des Kalenderjahres ergibt. Dabei sind etwaige abzusehende Lohnerhöhungen zu berücksichtigen.

  Aus Vereinfachungsgründen kann auf die genaue Ermittlung des voraussichtlich zu zahlenden Arbeitslohns verzichtet und stattdessen für die Restzeit des Kalenderjahres der zu zahlende laufende Arbeitslohn durch Umrechnung des bisher zugeflossenen laufenden Arbeitslohns ermittelt werden.
- Sonstige Bezüge, die bereits im Kalenderjahr gezahlt worden sind. Auch sonstige Bezüge, die eine Entschädigung darstellen oder die für eine mehrjährige Tätigkeit gezahlt werden, sind in voller Höhe einzubeziehen.

Bei der Ermittlung des voraussichtlichen Jahresarbeitslohns sind nicht einzubeziehen:

- Sonstige Bezüge, deren Zahlung bis zum Ablauf des Kalenderjahres zu erwarten ist.
- Steuerfreie Beträge, wie z.B. steuerfreie Reisekostenerstattungen oder Zuschläge für Sonntags-, Feiertags- oder Nachtarbeit.

b) Freibeträge für Versorgungsbezüge

Vom voraussichtlichen Jahresarbeitslohn sind der Versorgungsfreibetrag sowie – in den Steuerklassen I bis V – der Zuschlag zum Versorgungsfreibetrag abzuziehen, wenn im Kalenderjahr Versorgungsbezüge vom Arbeitgeber gezahlt werden. Zur Höhe der Freibeträge für Versorgungsbezüge → *Versorgungsfreibeträge* Rz. 4340. Soweit der Versorgungsfreibetrag sowie – in den Steuerklassen I bis V – der Zuschlag zum Versorgungsfreibetrag noch nicht bei der Feststellung des maßgebenden Jahresarbeitslohns berücksichtigt worden sind, können sie beim sonstigen Bezug berücksichtigt werden. 3941

c) Altersentlastungsbetrag

Ferner ist vom voraussichtlichen Jahresarbeitslohn der Altersentlastungsbetrag abzuziehen, wenn die Voraussetzungen für die Gewährung vorliegen. Zu den Voraussetzungen und der Höhe des Altersentlastungsbetrags → *Altersentlastungsbetrag* Rz. 56. Soweit der Altersentlastungsbetrag noch nicht bei der Feststellung des maßgebenden Jahresarbeitslohns berücksichtigt worden ist, kann er beim sonstigen Bezug berücksichtigt werden. 3942

d) Freibetrag

Ist als Lohnsteuerabzugsmerkmal ein **Jahresfreibetrag** mitgeteilt worden, ist (auch) er vom voraussichtlichen Jahresarbeitslohn abzuziehen. 3943

Nach Abzug des Jahresfreibetrags kann der **maßgebende Arbeitslohn** nach § 39b Abs. 3 EStG **auch negativ** sein (R 39b.6 Abs. 1 Satz 3 LStR). Dies ist für die Berechnung eines sonstigen Bezugs dann von Bedeutung, wenn der als Lohnsteuerabzugsmerkmal mitgeteilte Jahresfreibetrag höher ist als der laufende Arbeitslohn.

Beispiel:

Ein Arbeitnehmer in Hannover (Steuerklasse I, ev, 20 Jahre alt, KV-Zusatzbeitrag 2,5 %) erhält in 2025 einen laufenden Arbeitslohn von 3 000 € im Monat. Als Lohnsteuerabzugsmerkmal wird ein Jahresfreibetrag von 60 000 € mitgeteilt. Im Dezember wird eine Tantieme von 50 000 € ausgezahlt. Die Steuern auf die Tantieme im Dezember 2025 ermitteln sich wie folgt:

Laufender Arbeitslohn (12 × 3 000 €)	36 000,– €
– mitgeteilter Jahresfreibetrag	60 000,– €
= Jahresarbeitslohn **ohne sonstigen Bezug**	**– 24 000,– €**
+ Sonstiger Bezug	50 000,– €
= Jahresarbeitslohn **mit sonstigem Bezug**	**26 000,– €**
Lohnsteuer (I/0) von 26 000 €	1 565,– €
– Lohnsteuer (I/0) von –24 000 €	0,– €
= Lohnsteuer auf den sonstigen Bezug	1 565,– €
Solidaritätszuschlag (→ Rz. 3955)	0,– €
Kirchensteuer (9 % von 1 706 €)	140,85 €

e) Hinzurechnungsbetrag

3944 Zum voraussichtlichen Jahresarbeitslohn ist ein als Lohnsteuerabzugsmerkmal mitgeteilter Jahreshinzurechnungsbetrag hinzuzurechnen. Einzelheiten zum Hinzurechnungsbetrag → *Übertragung des Grundfreibetrags* Rz. 4158.

f) Berechnungsschema

3945 Für die Berechnung des maßgebenden Jahresarbeitslohns ergibt sich folgendes Berechnungsschema:

1. Ermittlung des laufenden Arbeitslohns	
Laufender Arbeitslohn der Vormonate und des Zahlungsmonats, auch soweit von früheren Arbeitgebern gezahlt, ggf. Schätzung durch Hochrechnung des laufenden Arbeitslohns	.... €
+ Laufender Arbeitslohn für die Folgemonate, ggf. Schätzung	.... €
= **Laufender Jahresarbeitslohn**	.... €
2. Schätzung des laufenden Arbeitslohns	
Laufender Arbeitslohn der Vormonate und des Zahlungsmonats, auch soweit von früheren Arbeitgebern gezahlt, ggf. Schätzung durch Hochrechnung des laufenden Arbeitslohns	.... €
Umrechnung auf 12 Monate:	
Laufender Arbeitslohn × 12 Monate / abgelaufene Monate	
= **Laufender Jahresarbeitslohn**	.... €
3. Ermittlung des maßgebenden Jahresarbeitslohns	
Laufender Jahresarbeitslohn nach 1. oder 2.	.... €
+ bereits gezahlte sonstige Bezüge	.... €
= Voraussichtlicher Jahresarbeitslohn	.... €
– Versorgungsfreibetrag (§ 19 Abs. 2 EStG)	.... €
– Zuschlag zum Versorgungsfreibetrag (§ 19 Abs. 2 EStG)	.... €
– Altersentlastungsbetrag (§ 24a EStG)	.... €
– Jahresfreibetrag	.... €
+ Jahreshinzurechnungsbetrag	.... €
= **maßgebender Jahresarbeitslohn**	.... €

5. Anwendung der Fünftelregelung

3946 Arbeitslohn, der eine **Entschädigung** oder eine **Vergütung für eine mehrjährige Tätigkeit** darstellt, wird nach § 34 Abs. 1 EStG ermäßigt besteuert. Dabei wird bei der Einkommensteuerveranlagung die „Fünftelregelung" angewendet, d.h., es wird die Differenz ermittelt zwischen der Einkommensteuer ohne diese Bezüge und der Einkommensteuer mit einem Fünftel dieser Bezüge. Die ermittelte Differenz wird verfünffacht; dies ist die Einkommensteuer auf die ermäßigt zu besteuernden Vergütungen.

Zur Frage, welche Bezüge eine Entschädigung darstellen, → *Entschädigungen* Rz. 2001. Eine **typische Entschädigung ist die Entlassungsabfindung**. Zur Frage, welche Bezüge eine Vergütung für eine mehrjährige Tätigkeit sind, → *Arbeitslohn für mehrere Jahre* Rz. 712.

Diese Berechnung für die sogen. Fünftelregelung konnte nach § 39b Abs. 3 Satz 9 EStG bis einschließlich 2024 **schon im Lohnsteuerabzugsverfahren angewendet werden**, wenn eine Zusammenballung i.S.v. § 34 Abs. 1 EStG vorlag (zur Zusammenballung → *Entschädigungen* Rz. 2016). Mit dem Wachstumschancengesetz (Gesetz v. 27.3.2024, BGBl. I 2024 Nr. 108) wurde die Vorschrift des § 39b Abs. 3 Satz 9 EStG **ab 2025 aufgehoben**. Grund hierfür war, dass die Regelung komplizierte Berechnungsschleifen im Programmablaufplan für die maschinelle Lohnsteuerabrechnung und den Lohnsteuerberechnungs- bzw. Lohnabrechnungsprogrammen der Arbeitgeber erforderte. Für den Arbeitnehmer ergeben sich hieraus keine Nachteile, denn die Tarifermäßigung des § 34 Abs. 1 EStG kann – wie bisher – im Rahmen der Veranlagung zur Einkommensteuer geltend gemacht werden. In den Lohnsteuerbescheinigungen sind die für die Tarifermäßigungen des § 34 Abs. 1 EStG in Betracht kommenden Arbeitslöhne aber weiterhin gesondert auszuweisen. Die Entscheidung, über die Gewährung der Ermäßigung selbst obliegt jedoch dem Finanzamt.

6. Nachzahlung von laufendem Arbeitslohn

Nachzahlungen stellen **laufenden Arbeitslohn** dar, wenn sie sich ausschließlich auf Lohnzahlungszeiträume beziehen, die **im Kalenderjahr der Zahlung** enden (R 39b.2 Abs. 1 6. Spiegelstrich LStR). Sie sind für die Berechnung der Lohnsteuer den Lohnzahlungszeiträumen zuzurechnen, für die sie geleistet werden **(Wiederaufrollung der Lohnzahlungszeiträume)**. 3947

Um dieses komplizierte Verfahren zu vermeiden, ist in R 39b.5 Abs. 4 LStR zugelassen worden, dass die Nachzahlungen **als sonstige Bezüge** behandelt werden können, wenn der Arbeitnehmer dieser Besteuerung nicht widerspricht. Einzelheiten → *Nachzahlungen* Rz. 3223.

7. Sonstige Bezüge bei Steuerklasse V oder VI

Bei einem Arbeitnehmer mit der Steuerklasse V oder VI ergeben sich **keine Besonderheiten** für die Ermittlung des sonstigen Bezugs. Die Lohnsteuer für den sonstigen Bezug ist unter Berücksichtigung der Jahreslohnsteuer zu ermitteln. Sowohl bei der Steuerklasse V als auch bei der Steuerklasse VI sind der Versorgungsfreibetrag und der Altersentlastungsbetrag zu berücksichtigen, wenn die Voraussetzungen hierfür erfüllt sind. Der Zuschlag zum Versorgungsfreibetrag darf nur bei der Steuerklasse V berücksichtigt werden, nicht aber bei der Steuerklasse VI. Der Solidaritätszuschlag ist mit 5,5 % und die Kirchensteuer mit 8 % bzw. 9 % der auf den sonstigen Bezug entfallenden Lohnsteuer zu ermitteln. 3948

8. Sonstige Bezüge nach Ausscheiden aus dem Dienstverhältnis

Werden sonstige Bezüge gezahlt, nachdem der Arbeitnehmer aus dem Dienstverhältnis ausgeschieden ist, so hat der ehemalige Arbeitnehmer seinem früheren Arbeitgeber für die Besteuerung des sonstigen Bezugs seine **IdNr** und den **Tag der Geburt** mitzuteilen – soweit dieser diese Angaben nicht bereits früher erhalten hat –, damit der Arbeitgeber die **Lohnsteuerabzugsmerkmale abrufen** kann. Ist der Arbeitnehmer zum Zeitpunkt der Zahlung in keinem Dienstverhältnis, z.B. weil er arbeitslos ist oder bereits Altersrente bezieht, kann er dem Arbeitgeber mitteilen, dass es sich um das erste Dienstverhältnis handelt. Ist er hingegen bei einem anderen Arbeitgeber beschäftigt, muss er dem Arbeitgeber mitteilen, dass es sich um ein weiteres Dienstverhältnis handelt. 3949

Für die Besteuerung des sonstigen Bezugs gelten die allgemeinen Regelungen für die Ermittlung der Lohnsteuer, des Solidaritätszuschlags und der Kirchensteuer, d.h. die Lohnsteuer für den sonstigen Bezug ist unter Berücksichtigung der Jahreslohnsteuer zu ermitteln.

Bei der **Ermittlung des maßgebenden Jahresarbeitslohns** ergeben sich bei ehemaligen Arbeitnehmern folgende Besonderheiten:

a) Erstes Dienstverhältnis

Bezieht der Arbeitnehmer zur Zeit der Zahlung des sonstigen Bezugs keinen Arbeitslohn von einem anderen Arbeitgeber, so hat er seinem ehemaligen Arbeitgeber mitzuteilen, dass es sich um das erste Dienstverhältnis handelt. Der Arbeitgeber erhält bei Abruf der Lohnsteuerabzugsmerkmale die Steuerklasse I bis V mitgeteilt. Der Arbeitnehmer kann seinem ehemaligen Arbeitgeber mitteilen, wie hoch der bisher zugeflossene Arbeitslohn ist. Der voraussichtliche Jahresarbeitslohn ist dann auf der Grundlage der Angaben des Arbeitnehmers zu ermitteln. Eine Hochrechnung ist 3950 nicht erforderlich, wenn mit dem Zufließen von weiterem Arbeitslohn im Laufe des Kalenderjahres, z.B. wegen Alters oder Erwerbsunfähigkeit, nicht zu rechnen ist. Macht der Arbeitnehmer keine Angaben, so ist der sonstige Bezug als Jahresarbeitslohn anzusetzen (R 39b.6 Abs. 3 Sätze 3 bis 6 LStR).

b) Weiteres Dienstverhältnis

3951 Bezieht der Arbeitnehmer zur Zeit der Zahlung des sonstigen Bezugs Arbeitslohn von einem anderen Arbeitgeber, so hat er seinem ehemaligen Arbeitgeber mitzuteilen, dass es sich um ein weiteres Dienstverhältnis handelt. Der Arbeitgeber erhält bei Abruf der Lohnsteuerabzugsmerkmale die Steuerklasse VI mitgeteilt und der sonstige Bezug ist als Jahresarbeitslohn anzusetzen.

c) Keine Lohnsteuerabzugsmerkmale

3952 Kann der Arbeitgeber die elektronischen Lohnsteuerabzugsmerkmale nicht abrufen, weil ihm der Arbeitnehmer die notwendigen Angaben verweigert, so hat der Arbeitgeber die Besteuerung des sonstigen Bezugs nach der Steuerklasse VI durchzuführen (§ 39c Abs. 1 EStG).

9. Versorgungsbezüge als sonstige Bezüge

3953 Zahlt der Arbeitgeber Versorgungsbezüge an den Arbeitnehmer, z.B. eine Betriebsrente, so bleiben hiervon nach § 19 Abs. 2 EStG der Versorgungsfreibetrag und ein Zuschlag zum Versorgungsfreibetrag steuerfrei. Wegen weiterer Einzelheiten → *Versorgungsbezüge* Rz. 4334 und → *Versorgungsfreibeträge* Rz. 4340.

Werden Versorgungsbezüge **als sonstige Bezüge** gezahlt, so dürfen nach § 39b Abs. 3 Satz 6 EStG die Freibeträge für Versorgungsbezüge von dem sonstigen Bezug nur abgezogen werden, soweit sie bei der Feststellung des maßgebenden Jahresarbeitslohns oder bei der Zahlung von früheren sonstigen Bezügen nicht verbraucht sind. Bei der Frage, ob die Freibeträge für Versorgungsbezüge schon verbraucht sind oder nicht, ist von der Höhe der im voraussichtlichen Jahresarbeitslohn enthaltenen Versorgungsbezüge auszugehen, und zwar unabhängig davon, ob die Freibeträge insgesamt schon berücksichtigt worden sind oder nicht.

Zahlt der Arbeitgeber in einem Kalenderjahr mehrmals Versorgungsbezüge als sonstige Bezüge, so dürfen die Freibeträge für Versorgungsbezüge nur insgesamt einmal berücksichtigt werden.

Werden laufende Versorgungsbezüge erstmals gezahlt, nachdem im selben Kalenderjahr bereits Versorgungsbezüge als sonstige Bezüge gewährt worden sind, so darf der Arbeitgeber die Freibeträge für Versorgungsbezüge bei den laufenden Bezügen nur berücksichtigen, soweit sie sich bei den sonstigen Bezügen nicht ausgewirkt haben.

10. Altersentlastungsbetrag bei sonstigen Bezügen

3954 Arbeitnehmer, die vor dem Beginn des Kalenderjahres das **64. Lebensjahr** vollendet haben (für 2026 also diejenigen, die **vor dem 2.1.1962** geboren sind), erhalten einen Altersentlastungsbetrag. Er ist bis zu einem Höchstbetrag im Kalenderjahr ein nach einem Prozentsatz ermittelter Betrag des Arbeitslohns und der positiven Summe der Einkünfte, die nicht solche aus nichtselbständiger Arbeit sind. Wegen weiterer Einzelheiten → *Altersentlastungsbetrag* Rz. 56.

Der Altersentlastungsbetrag darf bei der Besteuerung eines sonstigen Bezugs berücksichtigt werden, soweit er bei der Feststellung des maßgebenden Jahresarbeitslohns oder bei der Zahlung von früheren sonstigen Bezügen nicht verbraucht ist. Bei der Frage, ob der Altersentlastungsbetrag schon verbraucht ist oder nicht, ist von der Höhe des im voraussichtlichen Jahresarbeitslohn enthaltenen Arbeitslohns (ohne Versorgungsbezüge) auszugehen, und zwar unabhängig davon, ob der Altersentlastungsbetrag insgesamt schon berücksichtigt worden ist oder nicht.

Hinweis: Das Wachstumschancengesetz sieht ab 2023 eine gestreckte Staffelung für den Abbau des Versorgungsfreibetrags, des Höchstbetrags sowie des Zuschlags zum Versorgungsfreibetrag vor. Diese betragen z.B. in 2025 13,2 %, 900 € und 627 €; der Abbau verläuft nun in geringerem Maße als zuvor.

Beispiel:

Ein Arbeitgeber in Essen zahlt im April 2025 einem 65-jährigen Arbeitnehmer mit der Steuerklasse I einen sonstigen Bezug (Umsatzprovision für das vorangegangene Kalenderjahr) i.H.v. 5 000 €. Der Arbeitnehmer ist am 28.2.2025 in den Ruhestand getreten. Der Arbeitslohn betrug bis dahin monatlich 2 300 €. Seit dem 1.3.2025 erhält der Arbeitnehmer neben dem Altersruhegeld aus der gesetzlichen Rentenversicherung eine Betriebsrente von monatlich 900 € (da der Arbeitnehmer ab dem 1.3.2025 nicht mehr rentenversicherungspflichtig ist, wird bei der Berechnung der Vorsorgepauschale kein Teilbetrag für die Rentenversicherung berücksichtigt, → *Vorsorgepauschale* Rz. 4380).

Die Steuern für den sonstigen Bezug von 5 000 € ermitteln sich wie folgt:

a) Freibeträge für Versorgungsbezüge beim laufenden Arbeitslohn:

Versorgungsbezüge (900 € × 12 Monate)	10 800,– €
davon 13,2 %, max. 990 €, davon 10/12	825,– €
zuzüglich Zuschlag zum Versorgungsfreibetrag 297 €, davon 10/12	247,50 €
insgesamt	1 072,50 €

b) Altersentlastungsbetrag beim laufenden Arbeitslohn:

Arbeitslohn (2 300 € × 2 Monate)	4 600,– €
davon 13,2 %, max. 627 €	607,20 €

c) Freibeträge für Versorgungsbezüge beim sonstigen Bezug:

Die Umsatzprovision ist kein Versorgungsbezug, so dass keine Freibeträge für Versorgungsbezüge abgezogen werden dürfen.

d) Altersentlastungsbetrag beim sonstigen Bezug:

Umsatzprovision	5 000,– €
davon 13,2 %, max. 627 € höchstens jedoch der beim laufenden Arbeitslohn noch nicht verbrauchte Altersentlastungsbetrag von 19,80 € (627,– € – 607,20 €)	19,80 €

e) Ermittlung des maßgebenden Jahresarbeitslohns:

Laufender Arbeitslohn (2 300 € × 2 Monate)		4 600,– €
+ Versorgungsbezüge (900 € × 10 Monate)		9 000,– €
Insgesamt		13 600,– €
– Versorgungsfreibetrag 13,2 % von 10 800 €, max. 990 €, davon 10/12		825,– €
– Zuschlag zum Versorgungsfreibetrag 297 €, davon 10/12		247,50 €
– Altersentlastungsbetrag 13,2 % von 4 600 €, max. 627 €		607,20 €
= maßgebender Jahresarbeitslohn		11 920,30 €
Jahresarbeitslohn ohne sonstigen Bezug		**11 920,30 €**
+ Umsatzprovision	5 000,– €	
– Altersentlastungsbetrag	19,80 €	4 980,20 €
= Jahresarbeitslohn **mit sonstigem Bezug**		**16 900,50 €**

f) Ermittlung der Steuern auf den sonstigen Bezug:

Lohnsteuer (I/0) von 16 849 – €	254 – €
– Lohnsteuer (I/0) von 11 869,40 €	0,– €
= Lohnsteuer auf den sonstigen Bezug	254,– €
Solidaritätszuschlag (→ Rz. 3955)	0,– €
Kirchensteuer	22,86 €

11. Solidaritätszuschlag

Bei sonstigen Bezügen beträgt der Solidaritätszuschlag stets 3955
5,5 % der Lohnsteuer. Der Solidaritätszuschlag darf daher nicht aus der Jahreslohnsteuer berechnet werden.

Einzelheiten → *Solidaritätszuschlag* Rz. 3907.

12. Nettobesteuerung

Sonstige Bezüge, die netto gezahlt werden, z.B. Nettogratifikatio- 3956
nen, sind grds. nach den allgemeinen Regelungen, die für die Besteuerung sonstiger Bezüge gelten, zu versteuern, d.h., die Lohnsteuer auf den sonstigen Bezug ist die **Differenz** zwischen der Jahreslohnsteuer auf den voraussichtlichen Jahresarbeitslohn **mit** dem sonstigen Bezug und der Jahreslohnsteuer auf den voraussichtlichen Jahresarbeitslohn **ohne** den sonstigen Bezug.

Zu Einzelheiten im Zusammenhang mit **Nettolöhnen**, insbesondere zur sozialversicherungsrechtlichen Behandlung von Nettolöhnen, → *Nettolöhne* Rz. 3283.

Sozialer Tag

→ *Schüler* Rz. 3882

Soziales Jahr

→ *Freiwilligendienste* Rz. 2262

Sozialgesetzbuch

3957 Die in den unterschiedlichsten Gesetzeswerken normierten Sozialgesetze werden nach und nach in einem „Sozialgesetzbuch" (SGB) zusammengefasst. Nach dem derzeitigen Stand ist das Sozialgesetzbuch in dreizehn einzelne Bücher gegliedert, wobei ein „SGB XIII" absichtlich nicht existiert. In den Büchern sind Regelungen zu folgenden Bereichen enthalten:

SGB Nr.	Inhalt
I	Allgemeiner Teil
II	Bürgergeld, Grundsicherung für Arbeitsuchende (bis 30.6. 2026); (ab 1.7.2026) Grundsicherung für Arbeitssuchende (→ Rz. 715)
III	Arbeitsförderung
IV	Gemeinsame Vorschriften für die Sozialversicherung
V	Gesetzliche Krankenversicherung
VI	Gesetzliche Rentenversicherung
VII	Gesetzliche Unfallversicherung
VIII	Kinder- und Jugendhilfe
IX	Rehabilitation und Teilhabe von Menschen mit Behinderungen
X	Sozialverwaltungsverfahren und Sozialdatenschutz
XI	Soziale Pflegeversicherung
XII	Sozialhilfe
XIV	Soziale Entschädigung

Sozialhilfe

→ *Arbeitslosengeld* Rz. 715

Sozialplan

1. Arbeitsrecht

3958 Unternehmer und Betriebsrat haben über den Ausgleich oder die Milderung wirtschaftlicher Nachteile, die den Arbeitnehmern infolge der **geplanten Betriebsänderung** entstehen, eine Einigung durch Sozialplan herbeizuführen (§ 112 Abs. 1 Satz 2 BetrVG), sei es durch Betriebsvereinbarung, sei es durch Spruch der Einigungsstelle. Insoweit hat der Betriebsrat ein erzwingbares **Mitbestimmungsrecht**. Der Sozialplan dient dem Ausgleich oder der Milderung von wirtschaftlichen Nachteilen, die den Arbeitnehmern infolge der geplanten Betriebsänderung entstehen können. Während der Interessenausgleich sich mit der geplanten Betriebsänderung selbst auseinandersetzt, beschäftigt sich der Sozialplan mit den daraus entstehenden wirtschaftlichen Folgen (BAG v. 11.11.2008, 1 AZR 475/07). Wie dieses Ziel erreicht wird, überlässt das Gesetz primär den Betriebsparteien (BAG v. 23.10.2002, 7 ABR 55/01). Nur wenn sie sich nicht einigen, entscheidet die **Einigungsstelle**, deren Ermessen durch die in § 112 Abs. 5 BetrVG genannten Gesichtspunkte, insbesondere durch die dort in Satz 2 festgelegten Leitlinien begrenzt wird. Wirtschaftliche Nachteile sind nicht nur Entlassungen; es kann sich hierbei auch um andere wirtschaftliche Nachteile handeln. Die Nachteile müssen nicht wesentlich sein. Der Relativsatz des § 111 Satz 1 BetrVG bezieht sich insoweit als Interpretationsmaßstab nur auf das Vorliegen einer beteiligungspflichtigen Betriebsänderung. Die Entstehung des Nachteils muss durch die geplante Betriebsänderung verursacht werden. Nicht erfasst sind Folgen, die nicht an die Veränderung auf Betriebsebene anknüpfen, wie z. B. die Verringerung der Haftungsmasse beim Betriebserwerber oder dessen befristete Befreiung von der Sozialplanpflicht nach § 112a Abs. 2 BetrVG. Auch die Reduzierung der Mitarbeiterzahl auf unter 21 Personen mit dem zukünftigen Wegfall der Interessenausgleichs- und Sozialplanpflicht stellt keinen wirtschaftlichen Nachteil dar, der infolge der geplanten Betriebsänderung entsteht.

Welche **Maßnahmen** im Sozialplan in Betracht kommen, kann von den Betriebsparteien nur nach den Umständen des Einzelfalles festgelegt werden. Dabei sind insbesondere auch Vorteile der geplanten Betriebsänderung zu berücksichtigen. Maßnahmen des Ausgleichs bzw. der Milderung sind beispielsweise Erstattung von Fahrgeld, Übernahme oder teilweise Übernahme von Umzugskosten, Zurverfügungstellung von Werkswohnungen, die Übernahme von Kosten notwendiger Umschulungs- oder Berufsbildungsmaßnahmen usw.; bei Entlassungen werden üblicherweise **Abfindungen** für den Verlust des Arbeitsplatzes vereinbart, die i.d.R. nach Lebensalter und Betriebszugehörigkeit gestaffelt sind, → *Entlassungsabfindungen/Entlassungsentschädigungen* Rz. 1973. Während laufender Sozialplanverhandlungen besteht keine Rechtspflicht des Arbeitgebers, Zwischenstände aus den laufenden Verhandlungen zu berichten und Prognosen über das Verhandlungsergebnis abzugeben (LAG Hamburg v. 5.3.2024, 6 Sa 17/23).

Zu beachten ist § 10 Satz 3 Nr. 6 AGG, der eine besondere Rechtfertigung für die altersbezogene Differenzierung bei Sozialplanleistungen vorsieht. Nach dem Wortlaut sind Differenzierungen von Sozialplanleistungen möglich, wenn die Parteien eine nach Alter und Betriebszugehörigkeit gestaffelte Abfindungsregel geschaffen haben, in der die wesentlich vom Alter abhängenden Chancen auf dem Arbeitsmarkt durch eine verhältnismäßig starke Betonung des Lebensalters berücksichtigt worden sind, oder Beschäftigte von den Leistungen des Sozialplans ausgeschlossen haben, die wirtschaftlich abgesichert sind, weil sie, ggf. nach Bezug von Arbeitslosengeld, rentenberechtigt sind. Mit dieser Regelung dürften allerdings keine über § 75 BetrVG – und die dazu ergangene Rechtsprechung – hinausgehenden Anforderungen kreiert worden sein (BAG v. 11.11.2008, 1 AZR 475/07). Die Regelung in einem Sozialplan, nach der Arbeitnehmer, welche eine abschlagsfreie Rente erhalten können, keine Sozialplanabfindung erhalten, stellt zwar eine unmittelbare Benachteiligung wegen des Alters i.S.v. § 3 Abs. 1 AGG dar, diese ist jedoch nach § 10 Satz 3 Nr. 6 i.V.m. § 10 Satz 2 AGG gerechtfertigt (LAG Mecklenburg-Vorpommern v. 8.12.2020, 2 Sa 152/20).

Zulässig sind im Übrigen auch Höchstbetragsregelungen. Hierdurch werden in einem Sozialplan ältere Arbeitnehmer regelmäßig nicht i.S.v. § 3 Abs. 2 AGG mittelbar benachteiligt, wenn die Abfindung die durch den Verlust des Arbeitsplatzes entstehenden Nachteile spürbar abmildert und nur die Begünstigung begrenzt, die diese Arbeitnehmergruppe durch eine besondere Berücksichtigung der Betriebszugehörigkeit im Rahmen der Abfindungsberechnung erfahren hat (BAG v. 8.2.2022, 1 AZR 252/21). Entsprechendes gilt, wenn die Obergrenze durch die Betriebsparteien mit einer Klageverzichtsprämie kombiniert wird (BAG v. 7.12.2021, 1 AZR 562/20).

Abfindungen auf Grund eines Sozialplans und auf Grund eines gesetzlichen Nachteilsausgleichs nach § 113 BetrVG sind verrechenbar (BAG v. 12.2.2019, 1 AZR 279/17).

2. Lohnsteuer

Zahlungen des Arbeitgebers (hier: Fahrtkostenzuschüsse wegen Betriebsverlegung) auf Grund eines Sozialplans gem. § 112 Abs. 1 BetrVG erfolgen grds. nicht im eigenbetrieblichen Interesse des Arbeitgebers und stellen daher steuer- und beitragspflichtigen Arbeitslohn dar (FG Baden-Württemberg v. 28.6.1989, XII K 26/85, EFG 1989, 574). Die Fahrtkostenzuschüsse können aber ggf. steuerfrei sein (z.B. nach § 3 Nr. 15 EStG) oder nach § 40 Abs. 2 Satz 2 EStG pauschal versteuert werden. 3959

LSt SV

Nach der Rechtsprechung des BFH (Urteil vom 6.12.2021, IX R10/21, BFH/NV 2022, 717) sind Sozialplanabfindungen dann nicht nach § 34 EStG tarifbegünstigt (hier sogen. Fünftelregelung) wenn eine einheitliche, in unterschiedlichen Veranlagungszeiträumen ausgezahlte Entschädigung ausgezahlt wird und diese Teilleistungen auf die Beendigung des Arbeitsverhältnisses zurückzuführen sind. Dies gilt auch, soweit eine Teilentschädigung dafür geleistet wird, dass der Arbeitnehmer sein Beschäftigungs- und Qualifizierungsverhältnis bei der Transfergesellschaft vorzeitig kündigt, weil er bei einem anderen Arbeitgeber ein neues Arbeitsverhältnis beginnt.

Siehe auch → *Entschädigungen* Rz. 2001.

Zur sozialversicherungsrechtlichen Beurteilung → *Entlassungsabfindungen/Entlassungsentschädigungen* Rz. 1975.

Sozialräume

→ *Sachbezüge* Rz. 3799

Sozialversicherungsausweis/ Versicherungsnummernnachweis

1. Grundsätze

3960 Mit dem 8. SGB IV-Änderungsgesetz v. 20.12.2022, BGBl. I 2022, 2759 wurde der Sozialversicherungsausweis abgeschafft. Seit 1.1.2023 ist die Pflicht zur Vorlage eines Sozialversicherungsausweises durch den automatisierten Abruf der Versicherungsnummer seitens des Arbeitgebers bei der Datenstelle der Rentenversicherung abgelöst worden. Zudem wurde der Sozialversicherungsausweis durch den Versicherungsnummern-Nachweis ersetzt.

Der Versicherungsnummern-Nachweis (früher Sozialversicherungsausweis) ist ein wichtiges Dokument und wird z.B. bei jeder Beschäftigung zum Nachweis der vergebenen Versicherungsnummer, oder wenn eine Sozialleistung (zum Beispiel Arbeitslosengeld) beantragt wird, benötigt.

a) Personenkreis

3961 Die Datenstelle der Rentenversicherung stellt jeder Person, für die sie eine Versicherungsnummer (→ *Versicherungsnummer* Rz. 4333) vergibt, einen Versicherungsnummernnachweis aus.

b) Angaben auf dem Ausweis

3962 Der Versicherungsnummernnachweis enthält folgende Angaben:

- Name und Vorname sowie ggf. Geburtsname des Arbeitnehmers,
- Versicherungsnummer des Arbeitnehmers,
- Ausstellungsdatum.

c) Bedingte Vorlagepflicht

3963 Der Arbeitgeber hat die Versicherungsnummer aus der Meldung der Datenstelle der Rentenversicherungsträger zu entnehmen. Kann keine Versicherungsnummer übermittelt werden, hat der **Arbeitnehmer** den Versicherungsnummernnachweis unverzüglich vorzulegen oder der Arbeitgeber oder eine Zahlstelle hat die Vergabe einer Versicherungsnummer zu beantragen.

d) Erneute Ausstellung eines SV-Ausweises

3964 Der Ausweisinhaber ist verpflichtet, der Einzugsstelle den Verlust des Sozialversicherungsausweises oder sein Wiederauffinden unverzüglich anzuzeigen. Die Datenstelle der Rentenversicherung stellt auf Antrag bei der zuständigen Einzugsstelle oder beim Rentenversicherungsträger einen neuen Versicherungsnummernnachweis aus, wenn der Sozialversicherungsausweis oder der Versicherungsnummernnachweis zerstört worden, abhandengekommen oder in anderer Form unbrauchbar geworden ist.

Von Amts wegen wird ein neuer Versicherungsnummernnachweis ausgestellt, wenn sich die Versicherungsnummer oder die Angaben zur Person ändern.

Die Angaben auf dem Versicherungsnummernnachweis werden verschlüsselt, maschinenlesbar und codiert aufgebracht.

2. Mitführungspflicht

3965 Nach § 2a SchwarzArbG besteht eine Verpflichtung für Personen bei der Erbringung von Dienst- oder Werkleistungen ihren Personalausweis, Pass, Passersatz oder Ausweisersatz mitzuführen und bei Kontrollen den Behörden der Zollverwaltung auf Verlangen vorzulegen, in folgenden Wirtschaftsbereichen

- im Baugewerbe,
- im Gaststätten- und Beherbergungsgewerbe,
- im Personenbeförderungsgewerbe,
- im Speditions-, Transport- und damit verbundenen Logistikgewerbe ab 1.1.2026 einschließlich der plattformbasierten Lieferdienste,
- im Schaustellergewerbe,
- in Unternehmen der Forstwirtschaft (bis 31.12.2025, s.u. Hinweis)
- im Gebäudereinigungsgewerbe,
- bei Unternehmen, die sich am Auf- und Abbau von Messen und Ausstellungen beteiligen,
- in der Fleischwirtschaft mit Ausnahme des Fleischerhandwerks nach Abs. 2 Satz 2 des Gesetzes zur Sicherung von Arbeitnehmerrechten in der Fleischwirtschaft,
- im Prostitutionsgewerbe,
- im Wach und Sicherheitsgewerbe,
- im Friseur- und Kosmetikgewerbe (ab 1.1.2026).

Hinweis: Mit dem Gesetzentwurf der Bundesregierung zum Gesetz zur Modernisierung und Digitalisierung der Schwarzarbeitsbekämpfung, BT-Drucks. 21/1930 v. 1.10.2025 wird auch eine Änderung in § 2 Abs. 1 SchwarzArbG vorgenommen. Während man bei den Unternehmen der Forstwirtschaft auf Grund der Entwicklungen der letzten Jahre keinen Bedarf mehr für besondere Mitführungspflichten sieht, wird ein Bedarf im Friseur- und Kosmetikgewerbe gesehen, da dort vermehrt auf Schwarzarbeit gestoßen wird. Zusätzlich wurde bei der Fleischwirtschaft eine detailliertere Beschreibung vorgenommen und explizit plattformbasierte Lieferdienste als Risikobranche erfasst. Der Bundestag hat am 13.11.2025 das Gesetz gebilligt. Zum Redaktionsschluss war das Gesetz allerdings noch nicht verabschiedet. Bitte beachten Sie unseren Online-Aktualisierungsdienst (s. Benutzerhinweis auf S. IV).

Der Arbeitgeber hat seine Arbeitnehmer vor der Erbringung der Dienst- oder Werkleistungen nachweislich und schriftlich auf diese Mitführungspflicht hinzuweisen, diesen Hinweis für die Dauer der Erbringung der Dienst- oder Werkleistungen aufzubewahren und auf Verlangen bei den Prüfungen nach § 2 Abs. 1 SchwarzArbG vorzulegen.

Sozialversicherungsmeldung

→ *Meldungen für Arbeitnehmer in der Sozialversicherung* Rz. 3099

Sozialversicherungstage

→ *Arbeitsunterbrechungen durch Arbeitnehmer* Rz. 621

Sparkassenbedienstete: Aufwandsentschädigungen und Remunerationen

1. Steuerbefreiung von Aufwandsentschädigungen und Reisekosten

Sparkassen sind zwar **„öffentliche Kassen"**, vgl. H 3.11 (Öffentliche Kassen) LStH. Da die Sparkassenbediensteten jedoch **keine „öffentlichen Dienste"** leisten – es handelt sich um Betriebe gewerblicher Art –, können die Sparkassen keine steuerfreien Aufwandsentschädigungen nach § 3 Nr. 12 Satz 2 EStG zahlen, vgl. H 3.12 (Fiskalische Verwaltung) LStH. Dies gilt auch für die ehrenamtliche Tätigkeit der Mitglieder des **Verwaltungsrats** einer Sparkasse (→ Rz. 3968). 3966

Die Tätigkeit der **Sparkassen- und Giroverbände** ist hingegen regelmäßig im Wesentlichen dem Bereich der schlichten Hoheitsverwaltung zuzurechnen. Die von Sparkassen- und Giroverbänden gezahlten Aufwandsentschädigungen können daher unter den Voraussetzungen des § 3 Nr. 12 Satz 2 EStG steuerfrei bleiben (BFH v. 27.2.1976, VI R 97/72, BStBl II 1976, 418).

Die Steuerfreiheit von Reisekostenvergütungen richtet sich nach § 3 Nr. 13 EStG (→ *Reisekostenvergütungen aus öffentlichen Kassen* Rz. 3718).

2. Abgrenzung der Einkunftsart

a) Umfang des Arbeitslohns

Die **Sparkassenbediensteten** sind Arbeitnehmer. Der Arbeitslohn ist steuerpflichtig. 3967

Zum steuerpflichtigen Arbeitslohn gehören auch Vergütungen (sog. **Remunerationen**), die **Vorstandsmitglieder** der Sparkassen von Bausparkassen bzw. Versicherungen auf Grund von Kooperationsabkommen dafür erhalten, dass die Sparkassen Dienstleistungen der Bausparkassen oder Versicherungen vermitteln (z.B. Bausparverträge). Es handelt sich um **Lohnzahlungen von dritter Seite**, die dem Lohnsteuerabzug unterliegen. Soweit die Sparkasse diese Bezüge nicht selbst ermitteln kann, hat sie der Sparkassenvorstand für jeden Lohnzahlungszeitraum seinem Arbeitgeber anzuzeigen (§ 38 Abs. 4 Satz 3 EStG). Es kommt auch vor, dass auf Grund besonderer Vereinbarungen insoweit ein Dienstverhältnis zwischen der Bausparkasse bzw. Versicherung und dem Sparkassenvorstand besteht; den Lohnsteuerabzug hat dann die Bausparkasse bzw. Versicherung vorzunehmen (BMF v. 26.10.1998, IV C 5 – S 2360 – 2/98).

Zur lohnsteuerlichen Behandlung **„ersparter Abschlussgebühren"** bei Abschluss eigener Bausparverträge durch Arbeitnehmer von Kreditinstituten → *Abschlussgebühr: Zahlungsverzicht* Rz. 21.

b) Besonderheiten bei Mitgliedern des Verwaltungsrats

3968 Für Vergütungen („Aufwandsentschädigungen") an Mitglieder des Verwaltungsrats (das sind der Vorsitzende, die weiteren Mitglieder und die Vertreter der Beschäftigten der Sparkasse) öffentlicher Sparkassen gilt Folgendes (vgl. FinMin Baden-Württemberg v. 4.3.2009, 3 – S 233.7/16):

1. Die Voraussetzungen für die Steuerfreiheit der Vergütung nach § 3 Nr. 12 Satz 1 EStG als **Aufwandsentschädigung liegen nicht** vor.

Personen, deren Tätigkeit für eine Körperschaft des öffentlichen Rechts sich ausschließlich oder überwiegend auf die Erfüllung von Aufgaben in einem Betrieb gewerblicher Art i.S.v. § 1 Abs. 1 Nr. 6 KStG bezieht, leisten keine öffentlichen Dienste i.S.d. § 3 Nr. 12 Satz 2 EStG (R 3.12 Abs. 1 LStR, H 3.12 (Fiskalische Verwaltung) LStH). Zu diesen Betrieben gewerblicher Art gehören auch die in der Rechtsform einer Körperschaft des öffentlichen Rechts betriebenen Sparkassen. Die an Mitglieder des Verwaltungsrats der Sparkasse gezahlten Vergütungen sind daher **keine steuerfreien Aufwandsentschädigungen** i.S.d. § 3 Nr. 12 Satz 2 EStG.

2. Vorsitzende der Verwaltungsräte der öffentlichen Sparkassen sind im Allgemeinen Bürgermeister (Oberbürgermeister) oder Landräte in ihrer Eigenschaft als Vorsitzende der Hauptorgane der Träger (Gemeinden, Landkreise, Zweckverbände) oder als Vorsitzende der Versammlung der Träger. In Stadtkreisen kann der Bürgermeister (Oberbürgermeister) sein Amt auf einen leitenden Beamten des Stadtkreises (z.B. Beigeordneten) übertragen. Der Vorsitzende des Verwaltungsrats bekleidet dieses Amt somit kraft seiner Stellung als Leiter einer kommunalen Verwaltung oder als dessen Vertreter. Seine Funktion ist untrennbarer Bestandteil seines Hauptamts. Die Vergütungen und die geldwerten Vorteile (z.B. Überlassung eines Dienstwagens), die ihm für seine Verwaltungstätigkeit gezahlt werden, sind **steuerpflichtiger Arbeitslohn**; sie sind zusammen mit dem übrigen Arbeitslohn vom kommunalen Arbeitgeber dem **Lohnsteuerabzug zu unterwerfen**. Werbungskosten im Zusammenhang mit dieser Tätigkeit sind nur abzugsfähig, wenn sie nachgewiesen oder glaubhaft gemacht werden.

Hinweis:

In **einigen Bundesländern bestehen allerdings Sonderregelungen**, nach denen es nicht beanstandet wird, wenn vom Lohnsteuerabzug abgesehen wird und die Aufsichtsratsmitglieder ihre Aufsichtsratsvergütungen **erst in der Einkommensteuer-Erklärung angeben** (z.B. OFD Frankfurt v. 23.9.2013, S 2337 A – 26 – St 211, sowie LSF Sachsen v. 22.12.2014, S 2248 – 19/8 – 212).

3. Bei den **weiteren Mitgliedern des Verwaltungsrats** stellt ihre Tätigkeit regelmäßig eine **Nebentätigkeit** dar. Für die Frage der Abgrenzung zwischen selbständiger und nichtselbständiger Arbeit ist seine Stellung der eines Aufsichtsrats vergleichbar, mit der Folge, dass eine **selbständige Tätigkeit** anzunehmen ist und die Vergütungen Einkünfte aus selbständiger Arbeit i.S.d. § 18 Abs. 1 Nr. 3 EStG sind. Die mit dieser Tätigkeit im Zusammenhang stehenden Aufwendungen können als Betriebsausgaben berücksichtigt werden.

Handelt es sich bei den weiteren Mitgliedern des Verwaltungsrat um Bedienstete des Trägers bzw. eines der Träger der Sparkasse, die diese Tätigkeit auf Vorschlag oder Veranlassung ihres Dienstherrn übernommen haben, steht die Nebentätigkeit in so engem Zusammenhang mit der Tätigkeit für den Träger bzw. eines der Träger der Sparkasse, dass die Vergütungen aus dieser Nebentätigkeit als Einkünfte aus nichtselbständiger Arbeit zu behandeln und ohne Lohnsteuerabzug i.R. der Veranlagung zur Einkommensteuer zu erfassen sind. Die mit dieser Tätigkeit im Zusammenhang stehenden Aufwendungen können als Werbungskosten berücksichtigt werden.

Dem Verwaltungsrat gehören auch **Vertreter der Beschäftigten der Sparkasse** an. Da die Vertreter der Beschäftigten der Sparkasse nicht auf Vorschlag oder Veranlassung des Dienstherren tätig werden, sondern von den Beschäftigten der Sparkasse gewählt werden, besteht zwischen der Tätigkeit im Verwaltungsrat der und der Tätigkeit für den Träger bzw. eines der Träger der Sparkasse kein enger Zusammenhang. Die den Vertretern der Beschäftigten der Sparkasse gewährten Vergütungen gehören daher zu den **Einkünften aus selbständiger Arbeit** i.S.d. § 18 Abs. 1 Nr. 3 EStG. Die mit dieser Tätigkeit zusammenhängenden Aufwendungen können als Betriebsausgaben berücksichtigt werden.

Die den Mitgliedern des Verwaltungsrats gezahlten **Sitzungsgelder** sind wie die Aufwandsentschädigungen zu behandeln.

Sparprämien

→ *Arbeitslohn-ABC* Rz. 702

Sparvertrag, -zulage

→ *Vermögensbildung der Arbeitnehmer* Rz. 4295

Speisen

→ *Mahlzeiten* Rz. 3049

Spenden

→ *Belegschaftsspenden* Rz. 1327, → *Sonderausgaben* Rz. 3917

Spielbank: Mitarbeiter

1. Arbeitslohn

Die dem spieltechnischen Personal (technische Leiter, Saalchefs, Croupiers usw.) aus dem sog. **Tronc gezahlten Bezüge sind steuerpflichtiger Arbeitslohn**; die Steuerbefreiung des § 3 Nr. 51 EStG für Trinkgelder findet keine Anwendung (BFH v. 18.12.2008, VI R 49/06, BStBl II 2009, 820 und BFH v. 18.12.2008, VI R 8/06). 3969

Fundgelder (z.B. Jetons oder Bargeld, das Mitarbeiter oft in nicht unbeträchtlicher Höhe in den Räumlichkeiten der Spielbank auffinden), die Arbeitnehmer mit Wissen und Billigung des Arbeitgebers behalten dürfen, sind steuerpflichtiger **Arbeitslohn**. Der **Arbeitgeber haftet**, wenn er den Lohnsteuerabzug nicht vornimmt (FG Rheinland-Pfalz v. 22.3.1990, 6 K 129/87).

LSt SV

2. Kein Arbeitslohn

Freiwillige Zahlungen von Spielbankkunden an die Saalassistenten einer Spielbank für das Servieren von Speisen und Getränken können steuerfreie Trinkgelder i.S.d. § 3 Nr. 51 EStG sein. Die Steuerfreiheit entfällt nicht dadurch, dass der Arbeitgeber als eine Art Treuhänder bei der Aufbewahrung und Verteilung der Gelder eingeschaltet ist (BFH v. 18.6.2015, VI R 37/14, BStBl II 2016, 751). 3970

Für **Sonntags-, Feiertags- oder Nachtarbeit** können nach § 3b EStG steuerfreie Zuschläge gezahlt werden, wenn neben dem Grundlohn tatsächlich ein Zuschlag für effektiv geleistete Sonntags-, Feiertags- oder Nachtarbeit gezahlt wird (R 3b Abs. 1 Satz 1 LStR); ein **pauschales „Herausrechnen"** aus der Gesamtvergütung ist nicht zulässig (FinMin Nordrhein-Westfalen v. 16.12.1976, S 2524 – 19 – V B 3).

Aufwendungen für Bekleidung (z.B. Anzüge, Smokinghemden, Binder für Schuhe, Socken, normale Oberhemden) können auch beim spieltechnischen Personal **nicht** als typische Berufskleidung angesehen und damit vom Arbeitgeber **nicht** steuerfrei erstattet werden (BFH v. 16.3.2022, VIII R 33/18, BStBl II 2022, 614, FG Baden-Württemberg v. 31.1.2006, 4 K 448/01, EFG 2006, 809, betreffend eines schwarzen Anzugs eines Croupiers in einem Spielcasino, R 3.31 Abs. 1 Satz 4 LStR).

Sport

3971 In der Praxis ist immer wieder streitig, ob und wann Aufwendungen des Arbeitgebers für den **Betriebssport** steuerpflichtiger Arbeitslohn sind und ob entsprechende Aufwendungen des Arbeitnehmers als **Werbungskosten** abgesetzt werden können.

1. Arbeitgeberaufwendungen als Arbeitslohn

a) Verwaltungsauffassung

3972 Nach Auffassung der Finanzverwaltung gilt Folgendes (OFD Frankfurt v. 8.7.1996, S 2334 A – 61 – St II 30):

Die Aufwendungen des **Arbeitgebers für den Betriebssport stellen grds. Arbeitslohn** dar. Lediglich die für das Betreiben von **Mannschaftssportarten (z.B. Handball, Fußball)** übernommenen Kosten für Platz- und Gerätemiete können wegen der schwierigen persönlichen Zurechnung sowie des im Allgemeinen geringen persönlichen Vorteils des Arbeitnehmers außer Ansatz bleiben. Soweit der Arbeitgeber dagegen seinen Arbeitnehmern kostenlos oder verbilligt die Ausübung von **Einzelsportarten wie z.B. Tennis oder Golf** ermöglicht, ist der geldwerte Vorteil dem Arbeitnehmer zuzurechnen und als Arbeitslohn zu versteuern. Für die Bewertung des Vorteils ist § 8 Abs. 2 EStG maßgeblich, d.h. dass als Arbeitslohn die um übliche Preisnachlässe geminderten üblichen Endpreise am Abgabeort anzusetzen sind.

Ein Zuschuss des Arbeitgebers an die Betriebssportgemeinschaft für die **Anschaffung von Sportkleidung** ist lohnsteuerrechtlich unbeachtlich. Voraussetzung dazu ist jedoch, dass die bezuschusste Sportkleidung zivilrechtlich und wirtschaftlich im Eigentum der Sportgemeinschaft verbleibt und eine Nutzung außerhalb der betrieblichen Sportveranstaltungen ausgeschlossen ist.

Im Einzelfall muss geprüft werden, ob die **Steuerbefreiung nach § 3 Nr. 34 EStG** Anwendung findet. Danach sind steuerfrei zusätzlich zum ohnehin geschuldeten Arbeitslohn (→ *Barlohnumwandlung* Rz. 1218) erbrachte Leistungen des Arbeitgebers zur **Verbesserung des allgemeinen Gesundheitszustands und der betrieblichen Gesundheitsförderung**, die hinsichtlich Qualität, Zweckbindung und Zielgerichtetheit den Anforderungen der §§ 20 und 20b SGB V genügen, soweit sie pro Arbeitnehmer 600 € im Kalenderjahr nicht übersteigen (→ *Gesundheitsförderung, betriebliche* Rz. 2367 ff.).

b) Rechtsprechung

3973 Die **unentgeltliche** Nutzung von **Tennis- oder Squashplätzen**, welche der Arbeitgeber für die Arbeitnehmer gemietet hat, führt bei diesen zu steuerpflichtigem **Arbeitslohn**, und zwar unabhängig davon, wie der Arbeitgeber die Nutzung der überlassenen Plätze im Einzelnen organisiert hat (BFH v. 27.9.1996, VI R 44/96, BStBl II 1997, 146). Dies gilt auch für den Fall, dass der Arbeitgeber seinen Arbeitnehmern angemietete Plätze zu einem **verbilligten Preis** überlässt; der Preisvorteil stellt dann einen als Arbeitslohn zu erfassenden geldwerten Vorteil dar (BFH v. 8.11.1996, VI R 74/96). Entsprechendes gilt für die unentgeltliche oder verbilligte Überlassung von **Golfplätzen, Reitpferden, Segelbooten** usw.

Arbeitslohn liegt auch vor, wenn

- der Arbeitgeber seinen Arbeitnehmern unentgeltlich oder verbilligt **Eintrittskarten für Fitnesscenter, Kegelbahnen, Tennishallen** usw. überlässt (zuletzt BFH v. 7.7.2020, VI R 14/18, BStBl II 2021, 232 betr. Lohnzufluss bei vom Arbeitgeber eingeräumter Möglichkeit der vergünstigten Nutzung von **Fitnessstudios**),
- der Arbeitgeber **Zuschüsse zur „Betriebssportgruppe Tennis“** zahlt, weil sie messbare Vorteile für die einzelnen Spieler beinhalten (FG Rheinland-Pfalz v. 27.1.1999, 1 K 1827/98),
- der Arbeitgeber seinen Arbeitnehmern vergünstigte **Mitgliedschaften in verschiedenen Trainings- und Gesundheitseinrichtungen** einer GmbH finanziert und die sog. 50 €-Freigrenze des § 8 Abs. 2 Satz 11 EStG überschritten ist (FG Bremen v. 23.3.2011, 1 K 150/09 (6)),
- eine **GmbH zu Gunsten ihres Geschäftsführers Beiträge für einen Golfclub leistet**. Das gilt – in Abgrenzung zu einer aufgedrängten Bereicherung – auch dann, wenn der – nicht beteiligte – Geschäftsführer einer Steuerberatungsgesellschaft nicht selbst Golf spielt, mithin über keine Platzfreigabe verfügt, aber das Anwerben neuer Mandanten auf Grund eines zusätzlichen Arbeitslohns in Form einer Erfolgsprämie in seinem Interesse liegt (BFH v. 21.3.2013, VI R 31/10, BStBl II 2013, 700),
- eine **AG Golfclubbeiträge des angestellten Mehrheitsaktionärs übernimmt** (FG Köln v. 26.3.2013, 8 K 1406/11, EFG 2013, 1311),
- ein **Bundesligaverein** für seine Spieler Kosten für **Verpflegung anlässlich von Auswärtsspielen** einschließlich Trainingslagern sowie von Heimspielen übernimmt (FG München v. 3.5.2013, 8 K 4017/09, EFG 2013, 1407).

  Aber: Werden übliche Mahlzeiten während beruflich veranlassten Auswärtsspielen (Auswärtstätigkeiten) zur Verfügung gestellt und kann eine Verpflegungspauschale (→ *Reisekosten: Erstattungen*) beansprucht werden, ist kein geldwerter Vorteil zu versteuern. Allerdings sind die Verpflegungspauschalen um 20 % für ein Frühstück und um jeweils 40 % für ein Mittag-/Abendessen zu kürzen. Kommt keine Verpflegungspauschale in Betracht (Abwesenheit nicht über acht Stunden), sind übliche Mahlzeiten mit den Sachbezugswerten anzusetzen und als Arbeitslohn zu versteuern.
- zum Vorliegen evtl. steuerfreier Zuschläge gem. § 3b EStG für tatsächlich an Sonn-, Feiertagen oder zur Nachtzeit geleistete Arbeit hinsichtlich „passiver“ Fahrzeiten von Spielern und Betreuern einer Profi-Sportmannschaft im Mannschaftsbus vgl. BFH v. 16.12.2021, VI R 28/18, BStBl II 2022, 209.

Arbeitslohn liegt dagegen nicht vor, wenn

- Arbeitnehmer dienstlich verpflichtet waren zur **Teilnahme an Regattabegleitfahrten**, zu denen der Arbeitgeber Kunden und Geschäftsfreunde eingeladen hatte, und die Teilnahme der Arbeitnehmer an den Regattabegleitfahrten in dem ganz überwiegenden eigenbetrieblichen Interesse des Arbeitgebers lag (BFH v. 16.10.2013, VI R 78/12, BStBl II 2015, 495),
- einem früheren firmenspielberechtigten Vorstandsmitglied einer Bank nach dessen Eintritt in den Ruhestand eine **Ehrenmitgliedschaft in einem Golfclub** gewährt wird und der Golfclub dabei auf die Mitgliedsbeiträge verzichtet. Arbeitslohn liegt nur dann vor, wenn mit der Zuwendung die Arbeitsleistung des Vorstandsmitglieds entlohnt werden soll, nicht aber allein deshalb, weil die Ehrenmitgliedschaft allen firmenspielberechtigten Vorstandsmitgliedern einer Bank gewährt wurde oder der Arbeitgeber an der Verschaffung der Ehrenmitgliedschaft mitgewirkt hat. Entscheidend ist vielmehr der Rechtsgrund der Zuwendung (BFH v. 17.7.2014, VI R 69/13, BStBl II 2015, 41).

Zweckgebundene Geldleistungen des Arbeitgebers an seine Arbeitnehmer für die Mitgliedschaft in einem Sportclub stellen seit dem 1.1.2020 **keinen Sachbezug** mehr dar. Denn nach § 8 Abs. 1 Satz 2 EStG gehören zu den Einnahmen in Geld auch zweckgebundene Geldleistungen, nachträgliche Kostenerstattungen, Geldsurrogate und andere Vorteile, die auf einen Geldbetrag lauten, soweit es sich nicht um Gutscheine oder Geldkarten handelt, die ausschließlich zum Bezug von Waren oder Dienstleistungen berechtigen und die Kriterien des § 2 Abs. 1 Nr. 10 ZAG erfüllen. Folglich ist bei solchen Vorteilen die Anwendung der **50 €-Freigrenze** des § 8 Abs. 2 Satz 11 EStG **nicht zulässig** (→ *Warengutscheine* Rz. 4406).

Bei der Prüfung, ob die (**monatliche**) **50 €-Freigrenze** angewendet werden darf, kommt es entscheidend darauf an, wann der geldwerte Vorteil dem Arbeitnehmer zufließt. Der BFH hat entschieden, dass der mit der **vergünstigten Nutzung von Fitness-Studios** einhergehende geldwerte Vorteil den teilnehmenden Arbeitnehmern – anders als bei einer Jahresfahrkarte – nicht in voller Höhe im Zeitpunkt der Aushändigung der ausgedruckten Trainingsberechtigung bzw. des Mitgliedsausweises zufließt, sondern **fortlaufend (monatlich)** erst durch Einräumung der tatsächlichen Nutzungsmöglichkeit, d.h. dass die **50 €-Freigrenze anzuwenden** ist (BFH v. 7.7.2020, VI R 14/18, BStBl II 2021, 232).

LSt SV

2. Werbungskostenabzug

3974 Aufwendungen eines Arbeitnehmers für die Teilnahme am **Betriebssport** (z.B. Fahrtkosten, Mehraufwendungen für Verpflegung, evtl. Nebenkosten wie z.B. Unfallkosten) sind **Kosten der Lebensführung** (§ 12 Nr. 1 EStG) und können daher nicht als Werbungskosten abgesetzt werden (FG Berlin v. 19.3.1987, I 113/85, EFG 1987, 400 betr. Unfall auf der Fahrt zu einer Betriebssportveranstaltung). Vgl. dazu OFD Düsseldorf v. 19.5.1988, S 2354 A – 34 – St II 30, DStR 1988, 685:

Sportliche Aktivitäten im Bereich des Betriebssports liegen im **privaten Bereich** des Teilnehmers. Dass der Sport im Kollegenkreis betrieben wird, das Arbeitsklima fördert und das Zusammengehörigkeitsgefühl der Belegschaft stärkt und häufig der Arbeitgeber diese Aktivitäten seiner Mitarbeiter fördert, führt nicht dazu, dass diese Art der privaten Freizeitgestaltung beruflichen Charakter bekäme. Die Teilnahme am Betriebssport ist i.d.R. völlig freiwilliger Natur. Die **wohlwollende Förderung des Betriebssports durch Arbeitgeber** kann wegen des bestehenden Aufteilungs- und Abzugsverbots nach § 12 Nr. 1 EStG **nicht** dazu führen, dass Aufwendungen (Fahrtkosten, Mehrverpflegungsaufwand und eventuelle Nebenkosten wie z.B. Unfallkosten) anlässlich von Betriebssportveranstaltungen steuermindernd als **Werbungskosten** berücksichtigt werden.

Eine **dienstliche Veranlassung** dürfte aber in den Fällen angenommen werden, in denen Arbeitnehmer von Arbeitgebern in **offizieller Funktion** zur Organisation und Durchführung von regionalen bzw. überregionalen Betriebssportveranstaltungen abgeordnet werden.

Ein Werbungskostenabzug ist nur zulässig, wenn die Aufwendungen so gut wie ausschließlich beruflich veranlasst sind.

Anerkannt als Werbungskosten (bzw. Betriebsausgaben) wurden z.B. Aufwendungen

- eines **Polizeibeamten für Fahrten zum Dienstsport** (FG Berlin-Brandenburg v. 10.1.2008, 6 K 993/05, EFG 2008, 676). S. aber auch BFH v. 22.5.2007, VI B 107/06: Die Aufwendungen eines Polizeibeamten für den Besuch eines Fitnessstudios in seiner **Freizeit wurden nicht als Werbungskosten anerkannt**, weil keine Anrechnung auf die Dienstzeit erfolgte und der Besuch auch nicht als Dienstsport vom Dienstherrn anerkannt wurde; ebenso FG Rheinland-Pfalz v. 19.6.2009, 5 K 2517/07, betr. Aufwendungen eines Polizeibeamten für seinen in der Freizeit betriebenen Handballsport,
- eines **Sportlehrers** für einen **Snowboardkurs**, um seinen Schülern i.R. von Wintersportveranstaltungen auch Snowboardfahren anbieten zu können (BFH v. 22.6.2006, VI R 61/02, BStBl II 2006, 1782),
- eines in einer Sicherheitsfirma für die Betreuung von Schießübungen und für das Thema Waffenkunde zuständigen Arbeitnehmers für die **Teilnahme an nationalen und internationalen Schießwettkämpfen**, weil er dazu nach dem Arbeitsvertrag verpflichtet war und der Arbeitgeber bezahlten Sonderurlaub gewährt sowie die Aktivitäten auf die Arbeitszeit angerechnet hatte (FG Rheinland-Pfalz v. 21.8.2008, 4 K 2076/05, EFG 2009, 16),
- eines nebenberuflich tätigen **Tanztrainers für Tanzturniere**, wie etwa für Turnierbekleidung und Tanzschuhe. Das kommt selbst dann in Betracht, wenn sie aus der Turnierteilnahme keine Einnahmen erzielen. Die Qualifikation eines Sporttrainers wird maßgeblich am eigenen sportlichen Erfolg gemessen. Daher können Aufwendungen für die Teilnahme an Tanzturnieren der Sicherung oder Erweiterung der Einnahmen aus der Trainertätigkeit dienen (FG Rheinland-Pfalz v. 22.8.2006, 2 K 1930/04),
- **eines Auszubildenden in einer (Landes-)Sportfördergruppe** (FG Thüringen v. 25.9.2013, 3 K 290/13, EFG 2014, 292),
- einer **Brauerei für eine Golfturnierreihe**; zwar können durch das Veranstalten eines Golfturniers veranlasste Aufwendungen einen den Aufwendungen für Jagd oder Fischerei, für Segeljachten oder Motorjachten „ähnlichen Zweck“ erfüllen und dadurch den Betriebsausgabenabzugsausschluss nach § 4 Abs. 5 Satz 1 Nr. 4 EStG auslösen. Dies gilt aber nicht für Aufwendungen im Zusammenhang mit einer Golfturnierreihe (20 Veranstaltungen) mit freier Teilnahmemöglichkeit für jeden Interessenten, zu deren Finanzierung sich ein Brauereibetrieb gegenüber seinen Geschäftspartnern (hier: Vereine bzw. Gastronomiebetriebe) i.R. von Bierliefervereinbarungen vertraglich verpflichtet (BFH v. 14.10.2015, I R 74/13, BStBl II 2017, 222 sowie OFD Frankfurt v. 30.6.2016, S 2145 A – 11 – St 210).

Nicht anerkannt als Werbungskosten (bzw. Betriebsausgaben) wurden demgegenüber z.B. Aufwendungen

- eines **Sportlehrers** für die allgemeine sportliche Betätigung (zuletzt FG Niedersachsen v. 14.2.2002, 14 K 596/99, EFG 2002, 754 betr. Aufwendungen für Stepptanz- und Schwimmtraining),
- eines **Polizisten** für ein **Rennrad**, welches er sowohl zur Ableistung des Dienstsports als auch zur eigenen Freizeitgestaltung nutzt (FG Baden-Württemberg v. 23.11.2005, 3 K 202/04, EFG 2006, 811),
- einer **Kommanditgesellschaft** für eine **Regatta-Begleitfahrt** anlässlich der „Kieler Woche“, an der Kunden und Geschäftsfreunde sowie Vertriebsmitarbeiter teilgenommen haben (BFH v. 2.8.2012, IV R 25/09, BStBl II 2012, 824),
- **eines Finanzbeamten für Teilnahme am Fußballturnier der Finanzämter**. Die Freistellung vom Dienst für die Wettkampfteilnahme entfaltet keine Bindungswirkung hinsichtlich der einkommensteuerrechtlichen Einordnung der mit der Wettkampfteilnahme verbundenen Aufwendungen als Werbungskosten (BFH v. 6.2.2012, VI B 110/11),
- Aufwendungen für die Durchführung eines **Golfturniers** einschließlich der Aufwendungen für die Bewirtung der Turnierteilnehmer und Dritter i.R. einer sich an das Golfturnier anschließenden **Abendveranstaltung**; dies gilt auch dann, wenn beide Veranstaltungen auch dem Zweck dienen, Spenden für die Finanzierung einer Wohltätigkeitsveranstaltung zu generieren (BFH v. 16.12.2015, IV R 24/13, BStBl II 2017, 224),
- eines **Freizeitsportlers für Training usw.**, auch wenn er in seiner Sportart deutscher Meister und sogar Vizeweltmeister geworden ist und etwaige Einnahmen aus Werbeauftritten und Sponsorengelder als **sonstige Einkünfte** i.S.d. § 22 Nr. 3 Satz 1 EStG versteuert. Aufwendungen für die Ausübung des Sports, auch wenn der Stpfl. täglich trainieren musste, sind nach § 12 Nr. 1 EStG nicht als Werbungskosten abzugsfähig. Abgezogen werden können lediglich die Kosten für die Anreise zu Sponsorenterminen und Autogrammstunden und der damit verbundene Sachaufwand wie etwa die Ersatzbeschaffung für die auf diesen Terminen zerstörte Ausrüstung (FG Baden-Württemberg v. 9.9.2014, 6 K 4193/12),
- eines **Kraftsportlers** für erhöhten Ernährungsbedarf sog. **Sportlerkost** BFH v. 9.4.2014, X R 40/11, HFR 2015 461),
- eines **Profifußballspielers für Pay TV, Sportbekleidung und einen Personal-Trainer** (FG Rheinland-Pfalz v. 18.7.2014, 1 K 1490/12, sowie FG Münster v. 24.3.2015, 2 K 3027/12 E). **A.A. BFH** v. 16.1.2019, VI R 24/16, BStBl II 2019, 376 und FG Düsseldorf v. 5.11.2019, 15 K 12338/19 E, EFG 2020, 90: Aufwendungen eines Fußballtrainers für ein Sky-Bundesliga-Abo können **Werbungskosten** sein, wenn tatsächlich eine berufliche Verwendung vorliegt,
- einer **Feng-Shui-Beraterin für ein Seminar „Bogenschießen – Das Ziel ist die Berührung der Seele“**. Bogenschießen ist ein typischer Freizeitsport, dessen nützliche Aspekte, wie z.B. die Förderung der Konzentrationsfähigkeit, auch allgemein für die Lebensführung förderlich sind. Aufwendungen für das Bogenschießen dürfen daher nach § 12 Nr. 1 EStG grds. nicht als Betriebsausgaben abgezogen werden. Dies kann auch dann gelten, wenn eine das Bogenschießen vermittelnde Veranstaltung als Bildungsveranstaltung nach den Gesetzen über Bildungsurlaub anerkannt ist (FG Berlin-Brandenburg v. 24.1.2018, 7 K 7100/16),
- eines **Berufssportlers für Beiträge zu einer Sportunfähigkeitsversicherung**. Auch wenn ein Berufssportler ein erhöhtes Risiko hat, auf Grund eines Unfalls oder einer Erkrankung seinen derzeitigen Beruf (Sport) nicht mehr ausüben zu können, sind Beiträge für eine Sportunfähigkeitsversicherung grds. nicht als Werbungskosten, sondern nur als Sonderausgaben abzugsfähig, sofern die Versicherung nicht ausnahmsweise auf berufsspezifische Unfälle/Erkrankungen beschränkt ist. Gibt es eine solche Beschränkung nicht, kommt ein Abzug als Werbungskosten wegen des Abzugsverbots des § 12 Nr. 1 EStG

nur in Betracht, wenn a) die berufliche Veranlassung bei weitem überwiegt und das Hineinspielen der Lebensführung nicht ins Gewicht fällt oder soweit b) sich der beruflich veranlasste Teil der Aufwendungen anhand von Unterlagen nach objektiv nachprüfbaren Merkmalen leicht und einwandfrei von den nichtabziehbaren Kosten der Lebensführung trennen lässt (FG Düsseldorf v. 12.1.2021, 10 K 2192/17 E, EFG 2021, 446, gl. A. FG Niedersachsen v. 12.1.2022, 9 K 165/20, EFG 2022, 665).

- ein Abzug der Aufwendungen für Sportbekleidung bei einem Steuerpflichtigen, der als Verkäufer und Fitnesstrainer in einem Sportbekleidungsgeschäft mit integriertem Fitnessstudio arbeitet (FG Berlin-Brandenburg, Gerichtsbescheid v. 3.6.2024, 3 K 3139/23).

Ein Werbungskostenabzug ist im Übrigen von vornherein ausgeschlossen, wenn die Einnahmen aus der sportlichen Betätigung in Geld oder Geldeswert lediglich dazu dienen, in pauschalierender Weise die tatsächlichen Selbstkosten zu decken und es somit an der Gewinn-/Überschusserzielungsabsicht fehlt (sog. **Liebhaberei**, → *Amateursportler* Rz. 119).

Sporttrainer

→ *Arbeitnehmer-ABC* Rz. 535, → *Nebenberufliche steuerbegünstigte Tätigkeiten* Rz. 3236

Sprachkurse

→ auch *Werbungskosten* Rz. 4462

3975 Übernimmt der Arbeitgeber für Arbeitnehmer die Kosten für Sprachkurse, liegt grds. **steuerpflichtiger Arbeitslohn** vor, auch wenn die Aufwendungen beim Arbeitnehmer als **Werbungskosten** abzugsfähig sein sollten (R 19.3 Abs. 3 Satz 1 LStR).

Kein Arbeitslohn ist dagegen eine Ersatzleistung des Arbeitgebers bzw. vom Arbeitgeber selbst unentgeltlich angebotene Sprachkurse, wenn die Kurse **im ganz überwiegenden betrieblichen Interesse des Arbeitgebers** durchgeführt werden. Dies ist der Fall, wenn der Arbeitgeber die Sprachkenntnisse in dem für den Arbeitnehmer vorgesehenen Aufgabengebiet verlangt (R 19.7 Abs. 2 Satz 4 LStR); dies gilt auch für Sprachgrundkurse. Dabei ist unerheblich, ob der Arbeitnehmer den Sprachkurs **während der Arbeitszeit oder aber in seiner Freizeit besucht** (→ *Fortbildung* Rz. 2233). Für die Frage, ob steuerpflichtiger Arbeitslohn vorliegt, ist es auch unerheblich, wenn der Sprachkurs im **„EU-Ausland"** stattfindet (Einzelheiten s. BMF v. 26.9.2003, IV A 5 – S 2227 – 1/03, BStBl I 2003, 447). Welche Kosten steuerfrei ersetzt werden können, richtet sich nach den Regeln für Auswärtstätigkeiten (→ *Reisekosten: Allgemeine Grundsätze* Rz. 3589).

Beispiel:

Ein Arbeitgeber ersetzte verschiedenen ausländischen Arbeitnehmern, die aus beruflichen Gründen ihren Wohnsitz nach Deutschland verlegt hatten, die Kosten eines Sprachkurses (Deutsch).

Das FG München hat **keinen Arbeitslohn** angenommen (FG München v. 17.1.2002, 7 K 1790/00, EFG 2002, 617). Begründung: Das Erlernen der deutschen Sprache der im Betrieb tätigen ausländischen Arbeitnehmer ist als eine betriebsfunktionale Zielsetzung anzuerkennen, weil die Arbeitnehmer unmittelbar mit Mitarbeitern, Lieferanten und Kunden zu kommunizieren hatten und in der Lage sein mussten, Dokumente zu lesen und sich in der rechtlichen Umwelt ihres Unternehmens in Deutschland zurechtzufinden.

Ein **Werbungskostenabzug** wäre dagegen nicht möglich, weil die beruflichen und privaten Veranlassungsbeiträge untrennbar miteinander verbunden sind (vgl. BFH v. 15.3.2007, VI R 14/04, BStBl II 2007, 814 sowie BMF v. 6.7.2010, IV C 3 – S 2227/07/10003 :002, BStBl I 2010, 614 und zuletzt FG Hamburg v. 16.8.2017, 2 K 129/16, EFG 2017, 1787).

Die **Finanzverwaltung** hat sich inzwischen der Auffassung des FG München angeschlossen und Folgendes entschieden (BMF v. 4.7.2017, IV C 5 – S 2332/09/10005, BStBl I 2017, 882 betr. **Lohnsteuerliche Behandlung von Deutschkursen für Flüchtlinge**):

„Zur Frage, ob Arbeitgeberleistungen für Deutschkurse zur beruflichen Integration von Flüchtlingen zu Arbeitslohn führen, gilt im Einvernehmen mit den obersten Finanzbehörden der Länder Folgendes:

Berufliche Fort- oder Weiterbildungsleistungen des Arbeitgebers führen nach R 19.7 LStR ***nicht zu Arbeitslohn****, wenn diese Bildungsmaßnahmen im ganz überwiegenden betrieblichen Interesse des Arbeitgebers durchgeführt werden. Bei Flüchtlingen und anderen Arbeitnehmern, deren Muttersprache nicht Deutsch ist, sind Bildungsmaßnahmen zum Erwerb oder zur Verbesserung der deutschen Sprache dem ganz überwiegenden betrieblichen Interesse des Arbeitgebers zuzuordnen, wenn der Arbeitgeber die Sprachkenntnisse in dem für den Arbeitnehmer vorgesehenen Aufgabengebiet verlangt.*

Arbeitslohn *kann bei solchen Bildungsmaßnahmen nur dann vorliegen, wenn konkrete Anhaltspunkte für den Belohnungscharakter der Maßnahme vorliegen."*

Zum **Werbungskostenabzug** → *Werbungskosten* Rz. 4577 sowie → *Reisekosten: Allgemeine Grundsätze* Rz. 3589.

LSt SV

Springer

Arbeitnehmer, die ausschließlich als **Aushilfen bei Personalengpässen** infolge Krankheit, Urlaub oder unvorhergesehenen Arbeitsanfalls in Filialen z.B. von Supermarktketten oder Banken eingesetzt werden (sog. **Springer**), üben eine **Auswärtstätigkeit** aus, sofern sie vom Arbeitgeber außerhalb einer „ersten Tätigkeitsstätte" i.S.d. § 9 Abs. 4 EStG eingesetzt werden (→ *Reisekosten: Allgemeine Grundsätze* Rz. 3589). 3976

Lediglich wenn dauerhaft und typischerweise arbeitstäglich ein vom Arbeitgeber festgelegter Ort aufgesucht werden soll (z.B. die Firmenzentrale), werden die Fahrten von der Wohnung zu diesem Ort (**Sammelpunkt**) gleichbehandelt mit den Fahrten von der Wohnung zu einer ersten Tätigkeitsstätte und unterliegen der Abzugsbeschränkung auf die **Entfernungspauschale** nach § 9 Abs. 1 Satz 3 Nr. 4 Satz 8 EStG (vgl. BFH v. 19.4.2021, VI R 6/19, BStBl II 2021, 727).

Auf die Berücksichtigung von Verpflegungspauschalen oder Übernachtungskosten als Werbungskosten oder den steuerfreien Arbeitgeberersatz hat diese Festlegung hingegen keinen Einfluss, da der Arbeitnehmer weiterhin außerhalb einer ersten Tätigkeitsstätte und somit auswärts beruflich tätig wird. Es wird keine erste Tätigkeitsstätte fingiert, sondern nur die Anwendung der Entfernungspauschale für die Fahrtkosten von der Wohnung zu diesem Ort sowie die Besteuerung eines geldwerten Vorteils bei Firmenwagengestellung durch den Arbeitgeber nach § 8 Abs. 2 Satz 3 und 4 EStG festgelegt und der steuerfreie Arbeitgeberersatz für diese Fahrten nach § 3 Nr. 16 EStG ausgeschlossen (→ *Reisekosten: Allgemeine Grundsätze* Rz. 3627).

Staatsangehörigkeitsschlüssel

→ *Meldungen für Arbeitnehmer in der Sozialversicherung* Rz. 3099

Statusfeststellungsverfahren

1. Allgemeines

Neben dem Anfrageverfahren, bei dem Auftragnehmer und/oder Auftraggeber die Möglichkeit haben, bei der Deutschen Rentenversicherung Bund (DRV Bund) den Status ihrer Zusammenarbeit und damit klären zu lassen, ob sie selbständig tätig oder abhängig beschäftigt sind (**optionales Statusfeststellungsverfahren** vgl. auch → *Selbständigkeit* Rz. 3899), besteht ein weiteres Statusfeststellungsverfahren, das **obligatorische Statusfeststellungsverfahren**. Bei beiden Statusfeststellungsverfahren ist die DRV Bund gesetzlich beauftragt zu entscheiden. 3977

Das BSG hat entschieden, dass beim obligatorischen Statusfeststellungsverfahren nicht die Einzugsstelle, sondern die DRV Bund berechtigt ist, das Bestehen oder Nichtbestehen einer versicherungspflichtigen Beschäftigung festzustellen. Die DRV Bund ist berechtigt, Bescheide zur Versicherungspflicht einer gesetzlichen Krankenkasse mit dem Argument anzufechten, ihre Alleinzuständigkeit sei verletzt (BSG v. 16.7.2019, B 12 KR 6/18 R und B 12 KR 5/18 R).

Verstärkend hat das BSG festgestellt, dass eine Krankenkasse, die die Umstände nicht aus der Meldung erfahren hat, nicht berechtigt ist, eine Entscheidung zum sozialversicherungsrechtlichen Status zu treffen. Es ist immer das Statusfeststellungsverfahren durchzuführen.

Zudem ist das BSG der Auffassung, dass Steuerberater nicht befugt seien, Mandanten, die sie auch steuerlich betreuen, i.R. eines sozialversicherungsrechtlichen Statusfeststellungsverfahrens zu vertreten, und zwar weder im Antrags- noch im Widerspruchsverfahren (vgl. BSG v. 5.3.2014, B 12 R 4/12 R und B 12 R 7/12 R).

2. Obligatorisches Statusfeststellungsverfahren

3978 Das obligatorische Statusfeststellungsverfahren (§ 7a Abs. 1 Satz 2 SGB IV) funktioniert wie folgt: Bei nachstehenden Personenkreisen ist bei einer Anmeldung (Abgabegrund 10 und Abgabegrund 40) ein Kennzeichen in das Feld „Statuskennzeichen" einzutragen, vgl. § 28a Abs. 3 Satz 2 Nr. 1 Buchst. d und e SGB IV (→ *Meldungen für Arbeitnehmer in der Sozialversicherung* Rz. 3111):

1 = Ehegatte, eingetragener Lebenspartner nach dem LPartG oder Abkömmling des Arbeitgebers
2 = Geschäftsführender Gesellschafter einer GmbH

Die Ergänzung **eingetragener** Lebenspartner **nach dem LPartG** stellt dabei klar, dass Statusfeststellungsverfahren nur für eingetragene Lebenspartnerschaften durchzuführen sind. Zu der Ergänzung kam es, da in der Vergangenheit auch Anfragen gestellt worden sind, die lediglich **nicht eingetragene Lebenspartnerschaften** betrafen. Letztere begründen jedoch keine Rechte und Pflichten, weshalb sie nicht zu dem Personenkreis dazugehören.

Abkömmlinge sind Kinder, adoptierte Kinder, Enkel und Urenkel, nicht dagegen Stief- und Pflegekinder.

Ist in das Feld Statuskennzeichen eine „1" oder „2" eingetragen, trifft die Clearingstelle der DRV Bund die Entscheidung, ob eine Beschäftigung vorliegt. An diesen Bescheid ist die Bundesagentur für Arbeit leistungsrechtlich gebunden. Stellt die Einzugsstelle das Vorliegen einer versicherungspflichtigen Beschäftigung fest, tritt grds. keine Bindungswirkung der Bundesagentur für Arbeit ein. Diese Rechtssicherheit wird nur durch das Verfahren bei der Clearingstelle ausgelöst (vgl. § 336 SGB III a.F.). Zur Bindungswirkung ab 1.4.2022 für alle Versicherungsträger s. → Rz. 3981.

3. Optionales Statusfeststellungsverfahren

3979 Das optionale Statusfeststellungsverfahren (§ 7a Abs. 1 Satz 1 SGB IV) wird auf Antrag eingeleitet. Es soll den Beteiligten Rechtssicherheit darüber verschaffe, ob sie selbständig tätig oder abhängig beschäftigt sind. Die DRV Bund wird nach Vorliegen des Antrags die Beteiligten **schriftlich** – unter Fristsetzung – **zur Vorlage von Unterlagen** auffordern.

Nach **Abschluss der Ermittlungen** bekommen die Beteiligten Gelegenheit, sich zu der beabsichtigten Entscheidung der DRV Bund zu äußern. Nach Abschluss des Verfahrens erhalten die Beteiligten einen **rechtsbehelfsfähigen begründenden Bescheid**. Sollte ein versicherungspflichtiges Beschäftigungsverhältnis vorliegen, wird zusätzlich die Einzugsstelle (Krankenkasse) informiert.

Wird das **Anfrageverfahren innerhalb eines Monats nach Aufnahme der Tätigkeit** beantragt, so beginnt die Versicherungspflicht erst mit Bekanntgabe der Entscheidung, wenn der Beschäftigte dieser Regelung zustimmt und er für den Zwischenzeitraum eine Absicherung des Krankheitsrisikos und eine Altersvorsorge nachweisen kann. Das BSG hat entschieden, dass die Absicherung bei Krankheit keine dem Krankengeld entsprechende Leistung beinhalten muss (BSG v. 7.6.2018, B 12 KR 17/17 R). Stimmt der Beschäftigte nicht zu, beginnt die Versicherungspflicht mit der Aufnahme der Beschäftigung.

Beispiel 1:

Es wird eine Anfrage zur Statusfeststellung bei der DRV Bund gestellt. Hintergrund ist, dass für einen Verkaufsfahrer Zweifel bestehen, ob er eine selbständige Tätigkeit ausübt.

Beginn der selbständigen Tätigkeit:	2.9.2025
Anfrage bei der DRV Bund am:	9.9.2025
Bekanntgabe der Entscheidung durch die DRV Bund am:	7.12.2025
Entscheidung: Versicherungspflichtige Beschäftigung	
Beginn der Versicherungspflicht:	7.12.2025

Die weitere Voraussetzung, dass zwischen der Aufnahme der Beschäftigung und dem Beginn der Versicherungspflicht ein ausreichender Versicherungsschutz besteht, ist erfüllt.

Wird von der Einzugsstelle, dem Rentenversicherungsträger i.R. einer Betriebsprüfung oder i.R. eines erst nach Ablauf eines Monats nach Aufnahme der Tätigkeit beantragten Anfrageverfahrens festgestellt, dass eine versicherungspflichtige Beschäftigung vorliegt, tritt Versicherungspflicht mit Aufnahme der Beschäftigung ein.

Beispiel 2:

Im Rahmen einer Betriebsprüfung wird am 9.11.2025 festgestellt, dass ein als selbständig tätiger Verkaufsfahrer in Wirklichkeit abhängig beschäftigt ist.

Die Tätigkeit wurde am 1.4.2025 aufgenommen.

Die Entscheidung wird den Beteiligten am 13.12.2025 mitgeteilt.

Die Versicherungspflicht beginnt am 1.4.2025.

Das Anfrageverfahren bei der DRV Bund findet jedoch nicht statt, wenn bereits eine Einzugsstelle außerhalb eines Statusfeststellungsverfahrens nach § 7a Abs. 1 Satz 1 SGB IV (z.B. im Rahmen einer Entscheidung über eine freiwillige Versicherung, eine Familienversicherung, einer Prüfung nach § 28h Abs. 2 SGB IV) oder durch einen Rentenversicherungsträger (im Rahmen einer Betriebsprüfung nach § 28p Abs. 1 SGB IV) ein Verfahren zur Feststellung des Status der Erwerbsperson durchgeführt oder eingeleitet wurde. Ein Verfahren zur Feststellung der Rentenversicherungspflicht auf Grund einer selbständigen Tätigkeit nach § 2 SGB VI schließt das Anfrageverfahren hingegen nicht aus.

4. Widerspruch und Klage

Widerspruch und Klage gegen die Statusentscheidung der Clearingstelle haben gegen Entscheidungen nach den § 7 Abs. 2 und 4a SGB IV aufschiebende Wirkung (§ 7a Abs. 6 Satz 1 SGB IV). 3980
Dagegen haben Widersprüche und Klagen gegen Statusentscheidungen der Krankenkassen und der Rentenversicherungsträger im Rahmen von Betriebsprüfungen keine aufschiebende Wirkung.

5. Änderungen seit 1.4.2022

Durch das Gesetz zur Umsetzung der EU-Richtlinie 2019/882 des Europäischen Parlaments und des Rates über die Barrierefreiheitsanforderungen für Produkte und Dienstleistungen und zur Änderung anderer Gesetze v. 16.7.2021, BGBl. I 2021, 2970 wurde das Statusfeststellungsverfahren ab **1.4.2022** von der Frage der Versicherungspflicht entkoppelt. Festgestellt wird **nur noch der Erwerbsstatus** und nicht eine mögliche Versicherungspflicht beurteilt (vgl. § 7a SGB IV).Dieser Frage wurde bislang nicht nachgegangen, wenn trotz Statusfeststellungsverfahrens eine Feststellung über den versicherungsrechtlichen Status offen blieb, weil die Versicherungspflicht aus anderen Gründen verneint wurde. 3981

Beispiel:

Es geht um einen geringfügig Beschäftigten, bei dem unklar ist, ob es sich um eine selbständige Tätigkeit oder abhängige Beschäftigung handelt.

Nach der Rechtslage bis zum 31.3.2022 wurde kein Statusfeststellungsverfahren durchgeführt, weil wegen der Höhe der Vergütung (bis 450 €) keine Versicherungspflicht entsteht.

Seit dem 1.4.2022 wird der Erwerbsstatus geklärt.

Eine mögliche Versicherungspflicht, die sich aus der Feststellung einer Beschäftigung ergibt, tritt weiterhin unter folgenden Voraussetzungen erst mit der Bekanntgabe der Entscheidung der DRV Bund ein, wenn der oder die Beschäftigte:

- dem späteren Eintritt der Versicherungspflicht zustimmt und
- für den Zeitraum zwischen Aufnahme der Beschäftigung und der Entscheidung eine Absicherung gegen das finanzielle Risiko von Krankheit und Altersvorsorge vorgenommen hat, die der Art nach den Leistungen der gesetzlichen Krankenversicherung und der gesetzlichen Rentenversicherung entspricht.

Nunmehr stellt jedoch die DRV Bund den Zeitpunkt fest, der als Tag des Eintritts in das Beschäftigungsverhältnis gilt (vgl. § 7

Abs. 5 Satz 2 SGB IV), da weder die Einzugsstelle noch der Arbeitgeber mit der Feststellung dieses Zeitpunkts belastet werden sollen. Eine gesonderte Feststellung der Versicherungspflicht ist nur in Ausnahmefällen notwendig, wie z.B. das Überschreiten der JAE-Grenze durch die Einzugsstelle oder die Beurteilung einer geringfügigen Beschäftigung durch die Minijob-Zentrale.

An die Entscheidung zum Erwerbsstatus sind andere Versicherungsträger, insbesondere auch die Bundesagentur für Arbeit gebunden (vgl. § 7 Abs. 2 Satz 4 SGB IV).

Bei **Einsatz von Fremdpersonal** kommt es häufig zur Beteiligung von mehr als nur zwei Parteien. Es kann sich hierbei um eine „verdeckte" Arbeitnehmerüberlassung oder aber um „echte" Werkverträge handeln.

Nach bisheriger Form war eine umfassende Klärung kaum möglich, es mussten mindestens zwei Statusfeststellungsverfahren angestrengt werden.

Seit 1.4.2022 werden sämtliche das Vertragsverhältnis prägende Rechtsbeziehungen herangezogen, also auch die zwischen Auftraggeber und Endkunde (vgl. § 7 Abs. 2 Satz 2 SGB IV).

Hier wird im Fall einer abhängigen Beschäftigung zugleich die Folgefrage geklärt, mit wem das Beschäftigungsverhältnis besteht.

Nach § 7a Abs. 2 Satz 2 SGB IV wird ebenfalls geprüft, ob das Beschäftigungsverhältnis zu einer dritten Person besteht, wenn die Tätigkeit für einen Dritten erbracht wird und sich aus den eingereichten Unterlagen Anhaltspunkte dafür ergeben.

Nach dem Recht bis 31.3.2022 konnte ein Statusfeststellungsverfahren erst nach Aufnahme einer Tätigkeit durchgeführt werden. **Auf Antrag der Beteiligten kann seit dem 1.4.2022 eine Klärung bereits vor Aufnahme der Tätigkeit herbeigeführt** werden (vgl. § 7 Abs. 4a SGB IV).

Die **Prognoseentscheidung** kann den Beteiligten die Entscheidung darüber erleichtern, ob sie das Vertragsverhältnis, wie geplant, eingehen wollen. Anders als der Begriff vermuten lässt, ist die Prognoseentscheidung keine eigenständige Entscheidungsart und daher eine endgültige Feststellung des Erwerbsstatus. Falls die vertraglichen Regelungen von den bei der Antragstellung angegebenen Verhältnissen abweichen, haben die Beteiligten diese bekanntzugeben.

Ein weiteres neues Instrument ist die **Gruppenfeststellung**, bei der sich die DRV Bund gutachterlich zum Erwerbsstatus äußert (vgl. § 7 Abs. 4b SGB IV).

Die Gruppenfeststellung kommt in Betracht

- bei einer Identität der Vertragsparteien (beispielsweise bei einem Rahmenvertrag),
- bei unterschiedlichen Parteien, wenn die Aufträge auf Grundlage von im wesentlichen einheitlichen Bedingungen umgesetzt werden.

Die Gruppenfeststellung stellt keinen Verwaltungsakt dar und löst somit keine Bindungswirkung und auch keine umfassende Rechtssicherheit aus.

Künftigen Auftragnehmern, die von der Gruppenfeststellung erfasst werden sollen, ist bei Vertragsabschluss eine Kopie der gutachterlichen Äußerung auszuhändigen. Seit 1.1.2023 muss dokumentiert werden, welchen Auftragnehmern eine Kopie ausgehändigt wurde.

Hat die DRV Bund in der gutachterlichen Äußerung das Vorliegen einer selbständigen Tätigkeit angenommen und stellt ein anderer Versicherungsträger dann eine abhängige Beschäftigung fest, tritt die Versicherungspflicht erst mit dem Tag der Bekanntgabe der Entscheidung ein. Voraussetzung ist auch hier, dass der Beschäftigte für den Zwischenzeitraum eine Absicherung vorgenommen hat.

Im **Widerspruchsverfahren ist fortan eine mündliche Anhörung möglich** (§ 7a Abs. 6 Satz 2 SGB IV). Die Beteiligten können dann nach Begründung des Widerspruchs eine mündliche Anhörung beantragen, die gemeinsam mit den anderen Beteiligten erfolgen soll. Hiermit wird das Ziel verfolgt, die rechtlich erheblichen Umstände besser aufzuklären und zu einer individuell abgestimmten Entscheidung kommen zu können, um so die Akzeptanz bei den Beteiligten zu steigern.

Anlässlich der Änderungen haben die Spitzenorganisationen der Sozialversicherung das gemeinsame Rundschreiben zur Statusfeststellung von Erwerbstätigen mit Wirkung ab 1.4.2022 überarbeitet, welches u.a. in der werkbegleitende Online-Datenbank erhältlich ist (s. Benutzerhinweise auf S. IV).

Statuskennzeichen

→ *Meldungen für Arbeitnehmer in der Sozialversicherung* Rz. 3099, → *Statusfeststellungsverfahren* Rz. 3977

Sterbebegleitung

→ *Pflegezeiten* Rz. 3443

Sterbegeld

1. Sterbegeld im öffentlichen Dienst

a) Steuerpflichtiges Sterbegeld

Im öffentlichen Dienst erhalten der überlebende Ehegatte oder die **3982**
anderen im Beamtenversorgungsgesetz genannten Personen ein Sterbegeld in Höhe des zweifachen Betrags der Dienstbezüge, des Ruhegehalts oder des Unterhaltsbeitrags des Verstorbenen (§ 18 Abs. 1, Abs. 2 Nr. 1 und Abs. 3 BeamtVG). Das Sterbegeld wird neben dem Witwengeld in einer Summe ausgezahlt. Es ist – anders als das sog. **Kostensterbegeld** – keine nach § 3 Nr. 11 EStG steuerfreie Beihilfe, sondern steuerpflichtiger Arbeitslohn (BFH v. 19.4.2021, VI R 8/19, HFR 2021, 976 und BFH v. 15.6.2023, VI R 33/20). Tarifermäßigungen, wie z.B. die Anwendung der Fünftelregelung (→ *Entschädigungen* Rz. 2001; → *Arbeitslohn für mehrere Jahre* Rz. 712), kommen nicht in Betracht. Das Sterbegeld ist jedoch ein **steuerbegünstigter Versorgungsbezug** (§ 19 Abs. 2 EStG, R 19.8 Abs. 1 Nr. 1 LStR; → *Versorgungsbezüge* Rz. 4334). Hinsichtlich der Versteuerung des Sterbegelds → *Tod des Arbeitnehmers* Rz. 4120.

LSt ~~SV~~

b) Steuerfreies Sterbegeld

Sterbegeld, das an **sonstige Personen** bis zur Höhe ihrer Auf- **3983**
wendungen auf Grund des § 18 Abs. 2 Nr. 2 BeamtVG gezahlt wird, ist nach § 3 Nr. 11 EStG steuer- und beitragsfrei. In diesen Fällen wird stets ein Notfall i.S.d. § 3 Nr. 11 EStG unterstellt (OFD Düsseldorf v. 1.9.1964, S 2114 A – St 121, DB 1964, 1393).

~~LSt~~ ~~SV~~

2. Sterbegeld im privaten Dienst

Für Sterbegelder, die im privaten Dienst gezahlt werden, gelten die **3984**
oben dargestellten Ausführungen entsprechend. So ist das auf Grund eines Tarifvertrags oder einer Betriebsvereinbarung bzw. einer einzelvertraglichen Regelung gezahlte Sterbegeld steuerpflichtiger, aber beitragsfreier Arbeitslohn, der als sonstiger Bezug i.S.d. § 19 Abs. 1 Satz 1 Nr. 2 EStG von den Hinterbliebenen versteuert werden muss. Dies gilt auch für den Fall, dass als Sterbegeld mehrere Monatsgehälter gezahlt werden, weil es sich hierbei dem Grunde nach nur um die ratenweise Zahlung eines Einmalbetrags handelt. Hinsichtlich der Versteuerung des Sterbegelds und zur Anwendung der Freibeträge für Versorgungsbezüge → *Tod des Arbeitnehmers* Rz. 4120.

LSt ~~SV~~

3. Sterbegeld aus Altersvorsorgeverträgen

Die Möglichkeit, ein einmaliges angemessenes Sterbegeld auch **3985**
an andere Personen als an Hinterbliebene (Ehegatte, Lebenspartner, Lebensgefährte, Kinder) auszuzahlen, führt nicht zur Versagung der Anerkennung als betriebliche Altersversorgung (→ *Zukunftssicherung: Betriebliche Altersversorgung* Rz. 4657).

Wird ein solches Sterbegeld mangels lebender Bezugsberechtigter nicht an die Bezugsberechtigten i.S.d. BetrAVG, sondern ersatzweise an die **Erben ausgezahlt**, handelt es sich dennoch um Leistungen aus Altersvorsorgeverträgen, die **als sonstige Einkünfte** nach § 22 Nr. 5 Satz 1 EStG **zu versteuern** sind (BFH v. 5.11.2019, X R 38/18, HFR 2020, 620). Allerdings ist zu prüfen, ob unter dem Gesichtspunkt einer „Vergütung für mehrjährige Tätigkeiten“ die **Fünftelregelung** zu gewähren ist (→ *Arbeitslohn für mehrere Jahre* Rz. 712).

4. Besteuerung des Sterbegelds bei mehreren Anspruchsberechtigten

3986 Sind **mehrere Erben** oder Hinterbliebene anspruchsberechtigt und zahlt der Arbeitgeber den Arbeitslohn an **einen** Erben oder **einen** Hinterbliebenen aus, so ist der Lohnsteuerabzug nur nach dessen Lohnsteuerabzugsmerkmalen durchzuführen. Die an die übrigen Anspruchsberechtigten weitergegebenen Beträge stellen im Kalenderjahr der Weitergabe **negative Einnahmen** dar (R 19.9 Abs. 2 LStR). Zu weiteren Einzelheiten, insbesondere zur Berücksichtigung der Freibeträge für Versorgungsbezüge bei der Ermittlung der negativen Einnahmen, → *Tod des Arbeitnehmers* Rz. 4120.

5. Betriebsausgaben/Werbungskosten

3987 Auch Rechtsanwälte können die an die Rechtsanwaltskammer gezahlten Sterbegeld-Beiträge nicht als Betriebsausgaben geltend machen. Sie können sich der Beitragspflicht zwar nicht entziehen. Die Zahlungen stellen aber keine öffentlich-rechtliche Beitragslast dar, weil sie der privaten Lebensführung des Anwalts zuzuordnen sind (FG Rheinland-Pfalz v. 24.6.2004, 6 K 1105/01).

Steuerberechnung

→ *Haftung für Lohnsteuer: Berechnung der Nachforderung* Rz. 2487

Steuer-Identifikationsnummer

→ *Identifikationsnummer* Rz. 2575

Steuerklassen

1. Allgemeines

3988 Um dem Ziel, durch den Lohnsteuerabzug möglichst die zutreffende Einkommensteuer zu erheben, möglichst nahezukommen, werden Arbeitnehmer für den Lohnsteuerabzug in unterschiedliche Steuerklassen eingereiht (§§ 38b Satz 1 EStG). Die **Zuständigkeit** für die Einreihung in die Steuerklasse und deren elektronische Speicherung als ELStAM ist zweigeteilt.

Die Bildung der ELStAM erfolgt grundsätzlich **automatisiert** durch das BZSt (§ 39e Abs. 1 Satz 1 EStG) auf Grund der dort gespeicherten (Melde-)Daten (ELStAM-Verfahren). Dabei werden je Arbeitnehmer die Steuerklasse und die Kinderfreibeträge für die in den Steuerklassen I bis IV zu berücksichtigenden Kinder gebildet (§ 39 Abs. 4 Satz 1 Nr. 1 und 2 i.V.m. § 38b Abs. 1 und 2 EStG).

Das **Finanzamt** bildet hingegen **auf Antrag** des Arbeitnehmers Lohnsteuerabzugsmerkmale (nach § 39 Abs. 1 und 2 EStG); z.B. Freibeträge nach § 39a EStG oder (abweichende) **Steuerklassen** bei antragsgebundenem Steuerklassenwechsel. Diese Merkmale teilt es dem BZSt zum Zweck der Bereitstellung für den automatisierten Abruf durch den Arbeitgeber mit.

Der Arbeitgeber ist an die in den Lohnsteuerabzugsmerkmalen mitgeteilte Steuerklasse gebunden, selbst wenn sie falsch sein sollte. Er muss den Arbeitnehmer zwecks Änderung an das Finanzamt verweisen.

Zu Einzelheiten, welcher Tarif und welche Pausch- und Freibeträge in welcher Steuerklasse „automatisch“ berücksichtigt werden, → *Steuertarif* Rz. 4051. Dort ist auch dargestellt, bis zu welcher Höhe Arbeitslöhne in den jeweiligen Steuerklassen steuerfrei bleiben.

Um verheirateten oder verpartnerten Arbeitnehmern die Steuerklassenwahl zu erleichtern, gibt das BMF auf seinen Internetseiten regelmäßig ein jährliches Merkblatt zur Steuerklassenwahl für Ehegatten oder Lebenspartner, die beide Arbeitnehmer sind, heraus. Aus der dort beigefügten Tabelle können die Ehegatten nach der Höhe ihrer monatlichen Arbeitslöhne die Steuerklassenkombination feststellen, bei der sie die geringste Lohnsteuer entrichten müssen (→ Rz. 3996).

Die durch das Gesetz zur Fortentwicklung des Steuerrechts und zur Anpassung des Einkommensteuertarifs (BGBl. I 2024 Nr. 449) vorgesehenen Änderungen, insbesondere die Überführung der Steuerklassen III und V in das Faktorverfahren, wurden nicht umgesetzt.

2. Einordnungsmerkmale

a) Allgemeines

Die **Einordnung** des Arbeitnehmers in die Steuerklasse ist wesentlich von seinen **familiären Verhältnissen** abhängig. Außerdem richtet sie sich danach, ob der Arbeitnehmer gleichzeitig von **mehreren Arbeitgebern** Arbeitslohn bezieht oder nicht. 3989

b) Steuerklasse I

In die Steuerklasse I gehören nach §§ 38b Abs. 1 Satz 2 Nr. 1 EStG folgende Arbeitnehmer: 3990

- unbeschränkt Einkommensteuerpflichtige, die
  - **ledig** sind,
  - verheiratet, verwitwet, geschieden oder verpartnert sind und bei denen die Voraussetzungen für die Steuerklasse III oder IV nicht erfüllt sind,
- beschränkt Einkommensteuerpflichtige.

c) Steuerklasse II

In die Steuerklasse II gehören Arbeitnehmer, die Anspruch auf einen **Entlastungsbetrag für Alleinerziehende** haben. Zu den Voraussetzungen und zur Berücksichtigung des Entlastungsbetrags für Alleinerziehende (auch bei Verwitweten) im Einzelnen → *Entlastungsbetrag für Alleinerziehende* Rz. 1979. 3991

d) Steuerklasse III

In die Steuerklasse III gehören nach § 38b Abs. 1 Satz 2 Nr. 3 EStG folgende Arbeitnehmer: 3992

- **Verheiratete und Verpartnerte**, wenn beide Ehegatten/Lebenspartner unbeschränkt steuerpflichtig sind und nicht dauernd getrennt leben und der Ehegatte/Lebenspartner des Arbeitnehmers auf Antrag beider Ehegatten/Lebenspartner in die Steuerklasse V eingereiht wird;
- **Verwitwete**, wenn sie und ihr verstorbener Ehegatte/Lebenspartner im Zeitpunkt seines Todes unbeschränkt steuerpflichtig waren und nicht dauernd getrennt gelebt haben, für das Todesjahr (→ Rz. 3997) und das Jahr, das dem Sterbejahr folgt; steht diesen Personen ein Entlastungsbetrag für Alleinerziehende zu, wird dieser ggf. bei den Lohnsteuerabzugsmerkmalen als Freibetrag berücksichtigt (→ *Entlastungsbetrag für Alleinerziehende* Rz. 1997);
- Arbeitnehmer, deren **Ehe oder Lebenspartnerschaft aufgelöst** worden ist, im Jahr der Auflösung der Ehe/Lebenspartnerschaft, wenn im Kalenderjahr der Auflösung der Ehe/Lebenspartnerschaft beide Ehegatten/Lebenspartner unbeschränkt steuerpflichtig waren, nicht dauernd getrennt lebten, der andere Ehegatte/Lebenspartner wieder geheiratet hat bzw. eine neue Lebenspartnerschaft eingegangen ist, von seinem neuen Ehegatten/Lebenspartner nicht dauernd getrennt lebt und er und sein neuer Ehegatte/Lebenspartner unbeschränkt steuerpflichtig sind.

Welche Personen **Ehegatten** sind, bestimmt sich nach den Vorschriften des **bürgerlichen Rechts** einschließlich des deutschen internationalen Privatrechts; bei Ausländern sind die Voraussetzungen für jeden Beteiligten nach den Gesetzen des Staates zu beurteilen, dem er angehört, es sei denn, diese Gesetze verstoßen gegen die guten Sitten oder den Zweck eines deutschen Gesetzes (BFH v. 17.4.1998, VI R 16/97, BStBl II 1998, 473). Hat ein Arbeitnehmer mehrere Ehefrauen (z.B. nach islamischem Recht), die in Deutschland tätig sind, so erhält nur eine Ehefrau die Steuerklasse III, IV oder V. Die weiteren Ehefrauen erhalten Steuerklasse I oder II. Zu weiteren Einzelheiten auch bei Verschollenen s. H 26 (Allgemeines) EStH. Paare, die eine **eingetragene Lebenspartnerschaft** begründet haben, sind Ehegatten in Bezug auf die Einordnung in Steuerklassen **gleichgestellt** (→ *Nichteheliche Lebensgemeinschaft* Rz. 3287).

Die **Voraussetzungen für Steuerklasse III liegen nicht mehr vor**, wenn die Ehegatten/Lebenspartner zu Beginn des Kalenderjahres **dauernd getrennt** leben. Ein dauerndes Getrenntleben ist anzunehmen, wenn die zum Wesen der Ehe/Lebenspartnerschaft gehörende Lebens- und Wirtschaftsgemeinschaft auf Dauer nicht mehr besteht (BFH v. 7.12.2001, III B 129/01, m.w.N.). Eine auf Dauer herbeigeführte räumliche Trennung ist zwar Indiz für ein Getrenntleben; ein dauerndes Getrenntleben ist aber nicht allein deshalb anzunehmen, weil sich die Ehegatten/Lebenspartner nur vorübergehend, z.B. wegen eines beruflich bedingten Auslandsaufenthalts, Krankheit oder Verbüßung einer Freiheitsstrafe, räumlich trennen (R 26 Abs. 1 EStR).

Die **Einstufung in die Steuerklasse III** setzt außerdem grds. **unbeschränkte oder erweiterte unbeschränkte Steuerpflicht** nach § 1 Abs. 1 oder 2 EStG **beider Ehegatten/Lebenspartner** voraus.

Zur Einstufung in die Steuerklasse III in Fällen, in denen nicht beide Ehegatten/Lebenspartner im Inland wohnen oder erweitert unbeschränkt steuerpflichtig nach § 1 Abs. 2 EStG sind, → *Steuerpflicht* Rz. 4009.

Die Steuerklasse III führt stets zu einer **Pflichtveranlagung zur Einkommensteuer**, wenn beide Ehegatten/Lebenspartner Arbeitslohn bezogen haben und einer dieser Personen für den Veranlagungszeitraum oder einen Teil davon nach Steuerklasse V oder VI besteuert worden ist (§ 46 Abs. 2 Nr. 3a EStG). Gleiches gilt, wenn die Berücksichtigung des Ehegatten/Lebenspartners auf § 1a EStG beruht (§ 46 Abs. 2 Nr. 7 EStG; → *Steuerpflicht* Rz. 4009).

e) Steuerklasse IV

3993 In die Steuerklasse IV gehören nach § 38b Abs. 1 Satz 2 Nr. 4 EStG **verheiratete und verpartnerte Arbeitnehmer**, wenn beide Ehegatten/Lebenspartner unbeschränkt steuerpflichtig sind und nicht dauernd getrennt leben. Dies gilt auch, wenn einer der Ehegatten/Lebenspartner keinen Arbeitslohn bezieht und ein Antrag auf Steuerklasse III nicht gestellt wurde.

f) Steuerklasse V

3994 In die Steuerklasse V gehören nach § 38b Abs. 1 Satz 2 Nr. 5 EStG **verheiratete und verpartnerte** Arbeitnehmer, die unbeschränkt steuerpflichtig sind und deren Ehegatte/Lebenspartner auf gemeinsamen Antrag in die Steuerklasse III eingereiht wird (→ Rz. 3992).

g) Steuerklasse VI

3995 In die Steuerklasse VI gehören nach §§ 38b Abs. 1 Satz 2 Nr. 6 EStG Arbeitnehmer, die **nebeneinander von mehreren Arbeitgebern Arbeitslohn** beziehen, für das zweite und jedes weitere Arbeitsverhältnis. Der bei der Lohnbesteuerung im ersten Arbeitsverhältnis nicht ausgeschöpfte Grundfreibetrag kann als Freibetrag übertragen werden (→ *Übertragung des Grundfreibetrags* Rz. 4158). Zur Anwendung der Steuerklasse VI s.a. → *ELStAM* Rz. 1881.

Für unbeschränkt steuerpflichtige Arbeitnehmer mit Steuerklasse VI ist nach § 46 Abs. 2 Nr. 2 EStG stets eine **Pflichtveranlagung** zur Einkommensteuer durchzuführen.

3. Steuerklassenwahl

3996 **Ehegatten/Lebenspartner**, welche die Voraussetzungen für die Steuerklasse IV erfüllen, können statt der Steuerklassenkombination IV/IV die **Steuerklassenkombination III/V wählen**.

Die Frage, ob und ggf. für welchen Ehegatten/Lebenspartner die Steuerklasse III gewählt werden soll mit der Folge, dass der andere Ehegatte/Lebenspartner zwangsläufig in die Steuerklasse V eingestuft wird, oder ob beide Ehegatten/Lebenspartner in die Steuerklasse IV eingereiht werden sollen, ist für die Berechnung der Lohnsteuer (nach § 39b Abs. 2 EStG in den jeweiligen Steuerklassen) **von Bedeutung**.

In der **Steuerklasse V** wird die Lohnsteuer nach einem besonderen, vom Splittingtarif abgeleiteten Tarif, mindestens aber mit dem Eingangssteuersatz von 14 % bemessen (§ 39b Abs. 2 Satz 7 EStG). Die Lohnsteuer wird mit dem Betrag erhoben, der sich ergibt, wenn von der für den gemeinsamen Arbeitslohn von beiden Ehegatten/Lebenspartnern geschuldeten Lohnsteuer die vom Ehegatten/Lebenspartner mit der Steuerklasse III geschuldete Lohnsteuer abgezogen wird. Bei der für dieses Verfahren erforderlichen Ermittlung der „Gesamtlohnsteuer" wird unterstellt, dass der Arbeitslohn des Ehegatten/Lebenspartners mit **Steuerklasse III 60 % und der Arbeitslohn des Ehegatten/Lebenspartners mit Steuerklasse V 40 % des gesamten Arbeitslohns beider Ehegatten/Lebenspartner ausmacht**. Beträgt der Arbeitslohn des Ehegatten/Lebenspartners mit Steuerklasse V weniger als 40 % des „Gesamtlohns", so wird eine zu geringe Lohnsteuer erhoben und es kommt i.R. der Einkommensteuerveranlagung zu einer **Nachzahlung**. Die **Steuerklassenkombination III/V** führt daher gem. § 46 Abs. 2 Nr. 3a EStG zur **Pflichtveranlagung** zur Einkommensteuer. Die wiederholte widersprüchliche Ausübung von Wahlrechten – Steuerklasse III und V einerseits, Antrag auf getrennte Veranlagung andererseits – mit dem Ziel, die Steuererhebung zu vereiteln, stellt einen Missbrauch von Gestaltungsmöglichkeiten des Rechts dar (BFH v. 15.7.2004, III R 66/98, HFR 2005, 200).

Weil der Grundfreibetrag bei der Bemessung der Lohnsteuer für den Ehegatten/Lebenspartner mit der **Steuerklasse III** steuermindernd berücksichtigt wird (doppelter Grundfreibetrag), ist der Lohnsteuerabzug des Ehegatten/Lebenspartners mit der Steuerklasse V **verhältnismäßig hoch**. Der Ehegatte/Lebenspartner mit der Steuerklasse V zahlt während des laufenden Jahres einen Teil der Steuer mit, die auf den anderen Ehegatten/Lebenspartner entfällt. Wer das nicht möchte, sollte alternativ die Steuerklassenkombination IV/IV oder das **Faktorverfahren** prüfen (→ Rz. 4001).

Mitunter kann die Höhe des Nettolohns für **außersteuerliche Angelegenheiten** von Bedeutung sein. Da manche **(Lohnersatz-) Leistungen** – wie z.B. Arbeitslosengeld, Unterhalts-, Kranken- oder Mutterschaftsgeld – vom Nettomonatslohn bemessen werden, der in einem bestimmten Zeitraum vor Eintritt des Leistungsfalls bezogen wurde, kann die Steuerklasse V, die zu einem niedrigeren Nettolohn führt als die Steuerklasse III oder IV, zu einer Minderung entsprechender Leistungen führen. Während steuerliche Nachteile bei ungünstiger Steuerklassenwahl i.R. der Veranlagung ausgeglichen werden können, sind außersteuerliche Nachteile grds. endgültig. Ein Wechsel des nunmehr arbeitslosen Ehegatten/Lebenspartners kann daher ungünstig sein. Zur außersteuerrechtlichen Nichtberücksichtigung einer rechtsmissbräuchlichen Steuerklassenwahl bzw. eines Steuerklassenwechsels → Rz. 3998.

Die **Steuerklassenkombination IV/IV** führt zum **zutreffenden Lohnsteuerabzug, wenn beide Ehegatten/Lebenspartner Arbeitslohn in gleicher Höhe beziehen**. Bei unterschiedlicher Lohnhöhe kann die Steuerklassenkombination IV/IV allenfalls zu einem **überhöhten Lohnsteuerabzug** führen. Der überhöhte Steuerabzug ist i.R. einer **Antragsveranlagung**, → *Veranlagung von Arbeitnehmern* Rz. 4233, zu erstatten. Allein die Steuerklassenkombination IV/IV ist kein Pflichtveranlagungsgrund.

Hiernach gilt grds.:

- Die Ehegatten/Lebenspartner verdienen etwa **gleich viel** oder ein Ehegatte/Lebenspartner möchte nicht im laufenden Jahr einen Teil der Lohnsteuer des anderen Ehegatten/Lebenspartners mittragen, weil sich z.B. außersteuerliche Geldleistungen mindern:

  Wahl der Steuerklassen IV/IV.

- Ein Ehegatte/Lebenspartner verdient wesentlich weniger und es liegen keine „außersteuerlichen Gründe" (s.o.) vor:

  Wahl der Steuerklassen III/V, und zwar für den höher verdienenden Ehegatten/Lebenspartner Steuerklasse III und für den geringer verdienenden Ehegatten/Lebenspartner Steuerklasse V.

Die obersten Finanzbehörden geben alljährlich ein **Merkblatt** zur Steuerklassenwahl heraus, das insbesondere **Tabellen zur Erleichterung der Wahl** enthält. Das Merkblatt für 2023 ist auf den Internetseiten des BMF veröffentlicht worden (www.bundesfinanzministerium.de, Stichwortsuche: Steuerklassenwahl, → Rz. 3988).

Zur Beteiligung an Steuererstattungsansprüchen von Ehegatten/Lebenspartnern und Zustimmung zur Zusammenveranlagung bei Steuerklassenkombination III/V und späterer Trennung vgl. OLG Frankfurt v. 18.12.2003, 1 U 74/02.

4. Änderung der Steuerklassen

3997 Treten bei einem Arbeitnehmer die Voraussetzungen für eine für ihn **ungünstigere Steuerklasse** ein, ist der Arbeitnehmer **verpflichtet**, dem Finanzamt dies mitzuteilen und **die Steuerklasse umgehend ändern** zu lassen. Eine Mitteilung ist nicht erforderlich, wenn die Abweichung einen Sachverhalt betrifft, der zu einer Änderung der Daten führt, die nach § 39e Abs. 2 Satz 2 EStG von den Meldebehörden zu übermitteln sind (z.B. Änderung des Familienstands). Kommt der Arbeitnehmer seiner Verpflichtung nicht nach, ändert das Finanzamt die Steuerklasse von Amts wegen (§ 39 Abs. 5 EStG).

Eine **ungünstigere Steuerklasse** kann auf Antrag eingetragen werden oder bestehen bleiben (§ 38b Abs. 3 EStG).

Bei **Änderungen der Verhältnisse während des Kalenderjahres** gilt Folgendes:

Treten die Voraussetzungen für eine günstigere Steuerklasse ein, so kann der Arbeitnehmer **bis zum 30. November** beim Finanzamt eine **Änderung der Lohnsteuerabzugsmerkmale beantragen** (§ 39 Abs. 6 EStG). Der Arbeitnehmer kann aber die ungünstigere Steuerklasse beibehalten. Bei Ehegatten/Lebenspartnern, **deren Ehe/Lebenspartnerschaft aufgelöst** wurde oder die sich **getrennt haben**, dürfen die Steuerklassen nicht geändert werden, es sei denn, die Voraussetzungen für einen Steuerklassenwechsel liegen vor. Das gilt nicht, wenn der Ehegatte/Lebenspartner des Arbeitnehmers wieder geheiratet hat und der Arbeitnehmer die Voraussetzungen für die Steuerklasse III erfüllt (→ Rz. 3992). Bei einem **verwitweten** Arbeitnehmer ist auf Antrag mit Wirkung von dem auf den Sterbemonat folgenden Monat die Steuerklasse III zu berücksichtigen, wenn die Ehegatten/Lebenspartner zu Beginn des Jahres die Voraussetzungen für die Steuerklassenwahl erfüllten.

5. Steuerklassenwechsel

a) Lohnsteuer

3998 Bei **Ehegatten/Lebenspartnern** kann das Finanzamt auf gemeinsamen Antrag der Ehegatten/Lebenspartner die in den Lohnsteuerabzugsmerkmalen berücksichtigten Steuerklassen wie folgt ändern (= Steuerklassenwechsel), vgl. § 39 Abs. 6 EStG, R 39.2 Abs. 2 LStR:

Steuerklasse vor Änderung		Steuerklasse nach Änderung	
Ehemann/ Lebenspartner 1	Ehefrau/ Lebenspartner 2	Ehemann/ Lebenspartner 1	Ehefrau/ Lebenspartner 2
IV	IV	III	V
IV	IV	V	III
III	V	IV	IV
III	V	V	III
V	III	IV	IV
V	III	III	V

Seit dem 1.1.2018 ist die für einen Steuerklassenwechsel bisher notwendige **Voraussetzung**, dass **beide Ehegatten/Lebenspartner in einem Dienstverhältnis stehen müssen, entfallen**. Insoweit hat die Entscheidung des FG Berlin-Brandenburg, dass der Arbeitslosengeld I beziehende Ehegatte keinen Anspruch hat, in die Steuerklasse III eingeordnet zu werden, wenn nur der andere Ehegatte Arbeitslohn bezieht (FG Berlin-Brandenburg v. 28.2.2017, 13 K 8328/15, EFG 2017, 840), keine Bedeutung mehr.

Ebenfalls ist **seit dem 1.1.2018** der Wechsel von der Steuerklasse III oder V in die Steuerklasse IV auch **auf Antrag nur eines Ehegatten/Lebenspartners** möglich mit der Folge, dass beide Ehegatten/Lebenspartner in die Steuerklasse IV eingereiht werden (§ 38b Abs. 3 Satz 2 EStG).

Ändern sich die Voraussetzungen für die Steuerklasse (oder für die Zahl der Kinderfreibeträge) **zu Gunsten** des Arbeitnehmers, hat das Finanzamt solch eine Änderung mit Wirkung von dem ersten Tag des Monats an vorzunehmen, in dem **erstmals** die Voraussetzungen für die Änderung **vorlagen**. **Andernfalls** (bei Änderung der Steuerklassen auf Antrag) darf der Steuerklassenwechsel frühestens mit Wirkung vom Beginn des Kalendermonats an erfolgen, der auf die Antragstellung **folgt**. Für eine Berücksichtigung im laufenden Kalenderjahr ist der Antrag **bis zum 30. November** zu stellen, für 2026 also bis zum 30.11.2026. Eine rückwirkende Änderung der Eintragung ist nicht zulässig. Eine Klage gegen die Ablehnung des Steuerklassenwechsels ist nach Ablauf des Jahres ggf. als Fortsetzungsfeststellungsklage zulässig (FG Niedersachsen v. 7.4.2003, 7 K 3301/02 F, EFG 2003, 1104).

Ein Steuerklassenwechsel kann seit 2020 beliebig oft erfolgen, denn das Recht auf einen Steuerklassenwechsel bei Ehegatten/Lebenspartnern ist nicht mehr auf einen Wechsel pro Kalenderjahr beschränkt (Wegfall des Wortes „einmalig" in § 39 Abs. 6 Satz 3 EStG).

b) Sozialversicherung

Das Sozialversicherungsrecht enthält **differenzierte Regelungen** zur Frage, ob ein **Steuerklassenwechsel beim Leistungsbezug zu berücksichtigen** ist. Hierdurch soll eine **willkürliche Beeinflussung der Leistungshöhe verhindert** werden. Zur Wirksamkeit des Steuerklassenwechsels sowie zur Rückzahlung von **Arbeitslosengeld** bei Verletzung der Mitteilungspflicht bei Steuerklassenwechsel s.a. BSG v. 4.9.2001, B 7 AL 84/00 R, HFR 2002, 738; BSG v. 29.8.2002, B 11 AL 99/01 R, HFR 2003, 616; BSG v. 29.8.2002, B 11 AL 87/01 R, und v. 27.7.2004, B 7 AL 76/03 R. Die Bundesagentur für Arbeit gibt insoweit zu dem Thema aktualisierte Merkblätter heraus. Das BSG hatte sich mit mehreren Fragestellungen zu diesem Thema auseinanderzusetzen. Danach sind die Auswirkungen eines Steuerklassenwechsels nach § 133 Abs. 3 SGB III a.F. sind nur dann verfassungsrechtlich hinnehmbar, wenn bei Antragstellung deutlich und **gesondert vom Merkblatt** auf die Gefahren des Wechsels und die **Notwendigkeit einer Beratung** hingewiesen worden ist (vgl. BSG v. 16.3.2005, B 11a/11 AL 41/03 R). Es besteht auch kein Anspruch auf rückwirkende Erhöhung des Arbeitslosengelds bei späterem Steuerklassenwechsel (BSG v. 16.3.2005, B 11a/11 AL 41/03 R). Berücksichtigt die Agentur für Arbeit bei einem Ehegatten den Steuerklassenwechsel, muss sie dies auch bei dem anderen Ehegatten tun (LSG Niedersachsen-Bremen v. 29.7.2003, L 7 AL 351/01). Der Arbeitnehmer sollte sich daher über die Auswirkungen der Steuerklasse bzw. eines Steuerklassenwechsels auf den Leistungsbezug beraten lassen. 3999

Ein **Steuerklassenwechsel** mit dem Ziel, den Anspruch auf **Elterngeld zu erhöhen**, ist **nicht rechtsmissbräuchlich**, daher ist auch ein Steuerklassenwechsel von Steuerklasse V nach Steuerklasse III zulässig (BSG v. 25.6.2009, B 10 EG 3/08 R). Die günstigere Steuerklasse muss aber die überwiegende Zahl der Monate des Bemessungszeitraums gegolten haben (§ 2c Abs. 3 BEEG).

c) Arbeitsrecht

Der Arbeitgeber ist nicht gehalten, einen nach § 242 BGB rechtsmissbräuchlichen Steuerklassenwechsel bei der Bemessung von nettolohnbezogenen Zuschussleistungen (im Streitfall: **Aufstockungsbeträge nach dem Altersteilzeitgesetz** bzw. entsprechende Zuschläge im öffentlichen Dienst) zu berücksichtigen (BAG v. 9.9.2003, 9 AZR 554/02, und BAG v. 9.9.2003, 9 AZR 605/02). Allerdings ist die Wahl der Steuerklassenkombination IV/IV regelmäßig nicht missbräuchlich (BAG v. 13.6.2006, 9 AZR 423/05, HFR 2007, 280). 4000

Die Verschiebung der Steuerbelastung beim **Elternunterhalt** ist zu korrigieren, wenn der Unterhaltsverpflichtete im Verhältnis zu seinem Ehegatten die ungünstigere Steuerklasse gewählt hat (BGH v. 14.1.2004, XII ZR 69/01).

6. Faktorverfahren

4001 **Alternativ** zu den Steuerklassenkombinationen IV/IV und III/V kann das „optionale" Faktorverfahren gewählt werden (§ 39f EStG). Das Faktorverfahren ist nur möglich, wenn **beide Ehegatten/Lebenspartner Arbeitslohn beziehen**.

Beim Faktorverfahren bildet das Finanzamt als Lohnsteuerabzugsmerkmal jeweils die Steuerklasse IV i.V.m. einem **Faktor**. Der Faktor wird aus der voraussichtlichen Einkommensteuer für beide Ehegatten/Lebenspartner bei Anwendung des Splittingverfahrens unter Berücksichtigung der in § 39b Abs. 2 EStG genannten Abzugsbeträge und der Summe der voraussichtlichen Lohnsteuer bei Anwendung der Steuerklasse IV für jeden Ehegatten/Lebenspartner ermittelt. Freibeträge werden neben dem Faktor nicht als Lohnsteuerabzugsmerkmal gebildet, sondern bei der Ermittlung des Faktors berücksichtigt. Hinzurechnungsbeträge werden sowohl bei der Ermittlung des Faktors berücksichtigt als auch als Lohnsteuerabzugsmerkmal für das erste Dienstverhältnis gebildet. Arbeitslöhne aus einem zweiten und weiteren Dienstverhältnissen bleiben unberücksichtigt (§ 39f Abs. 1 EStG).

Der Arbeitgeber hat für die Einbehaltung der Lohnsteuer die Steuerklasse IV und den Faktor anzuwenden. Dies gilt auch für die Erhebung des Solidaritätszuschlags und der Kirchensteuer (§ 39f Abs. 2 EStG).

Seit 2019 kann der **Faktor** nicht mehr nur für ein Jahr, sondern mit einer Gültigkeit von **zwei Jahren** beantragt werden (§ 39f Abs. 1 Satz 9 i.V.m. § 52 Abs. 37a EStG).

Beispiel 1:

Arbeitnehmer-Ehegatte A hat in 2025 voraussichtlich einen Jahresarbeitslohn von 30 000 €, der voraussichtliche Jahresarbeitslohn von Arbeitnehmer-Ehegatte B beträgt 10 000 €.

a) Berechnung der Lohnsteuer bei Anwendung der Steuerklassenkombination IV/IV:

Lohnsteuer von Arbeitnehmer-Ehegatte A	2 383 €
Lohnsteuer von Arbeitnehmer-Ehegatte B	0 €
Gesamte Lohnsteuer	**2 383 €**

b) Berechnung der Lohnsteuer bei Anwendung des Faktorverfahrens:

aa) Ermittlung des Faktors durch das Finanzamt

Summe der Lohnsteuer bei Steuerklasse IV/IV	2 383 €
Einkommensteuer bei Anwendung des Splittingverfahrens	880 €
Faktor (880 € : 2 383 €)	0,369

Das Finanzamt bildet als Lohnsteuerabzugsmerkmal den Faktor 0,369 neben der Steuerklasse IV bei den Ehegatten A und B.

bb) Ermittlung der Lohnsteuer, Vergleich der Steuerklassenkombinationen

Lohnsteuer von Arbeitnehmer-Ehegatte A (2383 € × 0,369)	879,32 €
Lohnsteuer von Arbeitnehmer-Ehegatte B (0 € × 0,36,9)	0 €
Gesamte Lohnsteuer	**879,32 €**

Beispiel 2:

Sachverhalt wie Beispiel 1. Die Ehegatten wählen statt des Faktorverfahrens die Steuerklassenkombination III/V.

Lohnsteuer von Arbeitnehmer-Ehegatte A (Steuerklasse III)	0 €
Lohnsteuer von Arbeitnehmer-Ehegatte B (Steuerklasse V)	924 €
Gesamte Lohnsteuer	**924 €**

Bei Wahl der Steuerklassenkombination III/V hätten die Eheleute insgesamt 44,68 € **mehr** Lohnsteuer – bezogen auf das Faktorverfahren – zu zahlen. Eine Erstattung erfolgt im Rahmen der durchzuführenden Einkommensteuerveranlagung.

Die Eintragung des Faktors kann beim Finanzamt formlos beantragt werden, soweit nicht auch Frei- oder Hinzurechnungsbeträge bei der Ermittlung des Faktors berücksichtigt werden sollen (§ 39f Abs. 3 EStG). Das Faktorverfahren ist im Programmablaufplan des BMF für die maschinelle Berechnung der Lohnsteuer berücksichtigt (§ 39f Abs. 4 EStG).

Steuerpflicht

Inhalt

1. Persönliche und sachliche Steuerpflicht

Mit dem Gesetz zur steuerlichen Freistellung des Existenzminimums 2024 v. 2.12.2024, BGBl. I 2024, Nr. 386, wurde der Grundfreibetrag rückwirkend zum 1.1.2024 auf 11 784 € erhöht. 4002

Durch das Steuerfortentwicklungsgesetz (SteFeG) wurden weitere Anhebungen des Grundfreibetrages für 2025 auf 12 096 € bzw. 2026 auf 12 348 € vorgenommen. Die ferner vorgesehenen Änderungen hinsichtlich der Überführung der Steuerklassen III und V in ein Faktorverfahren wurden dagegen nicht umgesetzt.

Voraussetzungen für den (Lohn-)Steuerabzug bzw. die Festsetzung von Einkommensteuer sind die **persönliche Steuerpflicht** i.S.d. § 1 EStG und die **sachliche Steuerpflicht** der natürlichen Person, d.h. das Vorliegen steuerbarer Einkünfte.

2. Arten der Steuerpflicht

Man unterscheidet zwischen folgenden Arten der Steuerpflicht: 4003

- **Unbeschränkte** Steuerpflicht nach § 1 Abs. 1 EStG,
- **beschränkte** Steuerpflicht nach § 1 Abs. 4 EStG.

Sonderformen:

- **Erweiterte unbeschränkte** Steuerpflicht nach § 1 Abs. 2 EStG,
- **unbeschränkte Steuerpflicht auf Antrag** nach § 1 Abs. 3 EStG,
- **erweiterte beschränkte** Steuerpflicht nach § 1 Abs. 4 EStG i.V.m. § 2 AStG.

Die Höhe der Steuer wird wesentlich bestimmt durch die Art der Steuerpflicht (→ *Steuerpflicht* Rz. 4008). Nachfolgendes Schema soll bei der Orientierung helfen:

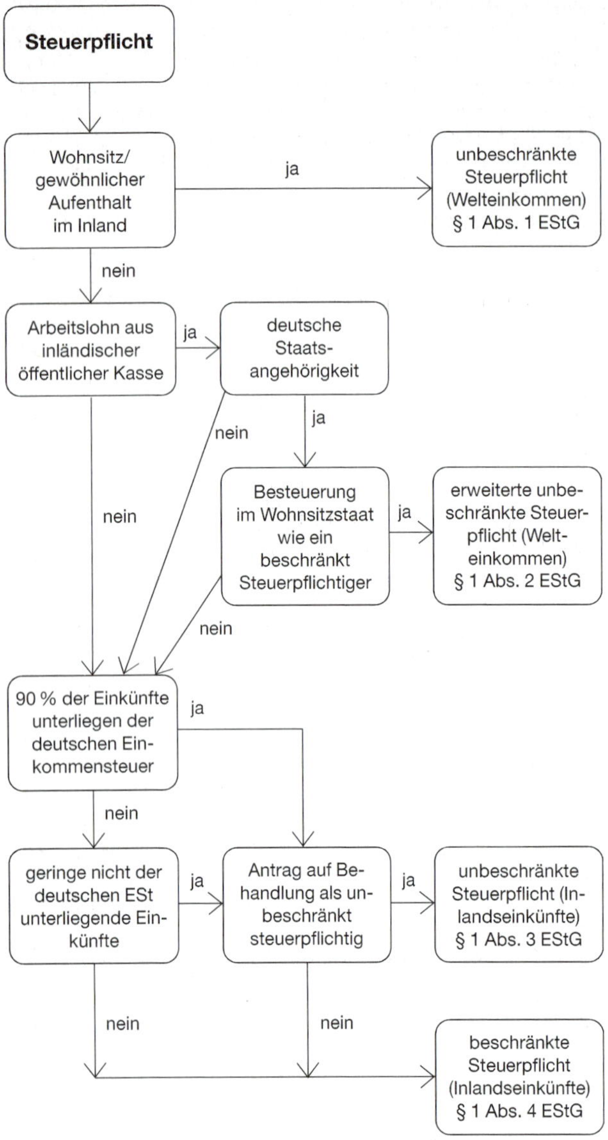

a) Unbeschränkte Steuerpflicht (§ 1 Abs. 1 EStG)

4004 Unbeschränkt steuerpflichtig sind nach § 1 Abs. 1 EStG alle natürlichen Personen, die in Deutschland (Inland) einen Wohnsitz (§ 8 AO) oder ihren gewöhnlichen Aufenthalt (§ 9 AO) haben (Näheres → *Steuerpflicht: unbeschränkte* Rz. 4035).

b) Erweiterte unbeschränkte Steuerpflicht (§ 1 Abs. 2 EStG)

4005 Erweitert unbeschränkt steuerpflichtig nach § 1 Abs. 2 EStG sind

- deutsche Staatsangehörige ohne Wohnsitz/gewöhnlichen Aufenthalt im Inland, die zu einer inländischen juristischen Person des öffentlichen Rechts in einem Dienstverhältnis stehen und dafür **Arbeitslohn** aus einer **inländischen öffentlichen Kasse** (H 3.11 [Öffentliche Kassen] LStH sowie BMF v. 13.11.2019, IV C 5 – S 2330/19/10009 :003, BStBl I 2019, 1082) beziehen, sowie
- ihre zum **Haushalt gehörenden Angehörigen**, die
  - **deutsche Staatsangehörige** sind
  - oder **keine bzw. nur im Inland steuerpflichtige Einkünfte** haben.

Weitere Voraussetzung ist, dass die vorgenannten Personen im Wohnsitzstaat nur in einem der beschränkten Steuerpflicht ähnlichen Umfang besteuert werden. Beim **Arbeitnehmer** selbst kommt es dabei auf die **Rechtsvorschriften** des ausländischen Staats, bei den Angehörigen auf die faktische Besteuerung an. Daher ist auch der ausländische Ehegatte, der die Staatsangehörigkeit des Wohnsitzstaats besitzt, aber keine Einkünfte hat, erweitert unbeschränkt einkommensteuerpflichtig (vgl. R 1a EStR). Danach fallen unter die erweiterte unbeschränkte Steuerpflicht insbesondere von der Bundesrepublik Deutschland ins Ausland entsandte Mitglieder einer **diplomatischen Mission oder konsularischen Vertretung** und ihre Angehörigen (→ *Diplomaten und Konsularbeamte* Rz. 1593), in **NATO**-Mitgliedstaaten stationierte Bundeswehrsoldaten (→ *NATO: Mitarbeiter* Rz. 3227) und an deutsche Schulen in den USA entsandte oder nach Ecuador oder Kolumbien vermittelte Lehrkräfte und andere nicht entsandte Arbeitnehmer (→ *Auslandslehrer* Rz. 951), nicht aber Mitarbeiter des Goethe-Instituts (BFH v. 22.2.2006, I R 60/05, BStBl II 2007, 106).

Erfüllt ein Arbeitnehmer zwar **allein, nicht** aber mit **seinem Ehegatten** die Voraussetzungen der erweiterten unbeschränkten Steuerpflicht, z.B. weil der Ehegatte nicht deutscher Staatsangehöriger ist und geringe Einkünfte im Wohnsitzstaat hat, so kann der Ehegatte für Zwecke des § 26 EStG (Zusammenveranlagung bzw. Steuerklasse III mit Splitting) als unbeschränkt steuerpflichtig behandelt werden, wenn die Einkünfte der nicht dauernd getrennt lebenden Ehegatten überwiegend der deutschen Einkommensteuer unterliegen und der Ehegatte des Arbeitnehmers seinen Wohnsitz/gewöhnlichen Aufenthalt entweder im EU-/EWR-Ausland oder am Dienstort des Arbeitnehmers hat (→ Rz. 4009).

Für den Fall, dass der Arbeitnehmer und sein Ehegatte zunächst unter den Voraussetzungen des § 1 Abs. 2 oder Abs. 3 EStG unbeschränkt steuerpflichtig waren bzw. so behandelt wurden, der Arbeitnehmer dann aus dienstlichen Gründen ins Inland versetzt wird und der nicht dauernd getrennt lebende Ehegatte aus persönlichen Gründen noch für kurze Zeit im Ausland verbleibt, gibt es eine **Billigkeitsregelung** (BMF v. 8.10.1996, IV B 4 – S 2102 – 59/96, BStBl I 1996, 1191).

Der erweiterten unbeschränkten Steuerpflicht unterliegt das **Welteinkommen**. Das deutsche Besteuerungsrecht kann jedoch durch DBA wesentlich eingeschränkt sein (→ *Doppelbesteuerungsabkommen: Allgemeines* Rz. 1601).

c) Unbeschränkte Steuerpflicht auf Antrag (§ 1 Abs. 3 EStG)

Auf **Antrag** werden Personen **ohne Wohnsitz**/gewöhnlichen Aufenthalt im Inland nach § 1 Abs. 3 EStG als unbeschränkt einkommensteuerpflichtig behandelt, 4006

- **soweit** sie **inländische Einkünfte** i.S.d. § 49 EStG haben und
- wenn ihre gesamten **Einkünfte** im Kalenderjahr
  - mindestens zu **90 %** der deutschen Einkommensteuer unterliegen oder
  - die nicht der deutschen Einkommensteuer unterliegenden Einkünfte nicht mehr als **12 096 €** im Kalenderjahr 2025 (Grundfreibetrag des jeweiligen Kalenderjahres) betragen; dieser Betrag ist zu kürzen, soweit es nach den Verhältnissen des Wohnsitzstaats (Lebensstandard) des Stpfl. notwendig und angemessen ist (§ 1 Abs. 3 Satz 2 EStG).

Bei Überprüfung der Voraussetzungen des § 1 Abs. 3 EStG sind die Einkünfte beider Ehegatten zusammenzurechnen, da § 1a Abs. 1 Nr. 2 Satz 3 EStG auf die Einkünfte beider Ehegatten abstellt (BFH v. 6.5.2015, I R 16/14, BStBl II 2015, 957, sowie FG Berlin-Brandenburg v. 24.6.2014, 6 K 6279/12, EFG 2015, 104).

Zur **Ermittlung der Einkunftsgrenze** s. BMF v. 30.12.1996, IV B 4 – S 2303 – 266/96, BStBl I 1996, 1506. Danach sind die ausländischen Einkünfte sowohl hinsichtlich der relativen als auch der absoluten Grenze grds. nach deutschem Steuerrecht zu ermitteln. Ausländische Einnahmen, die bei Anwendung des deutschen Steuerrechts nach § 3 EStG steuerfrei wären, sind nicht einzubeziehen. Dabei reicht es nach Auffassung der Finanzverwaltung nicht aus, dass die Einnahmen lediglich mit deutschen Leistungen vergleichbar sind (OFD Frankfurt v. 10.2.1999, S 2102 A – 13 – St II 22, StEd 1999, 299). Erzielt der in einem anderen Mitgliedstaat der EU wohnende Ehegatte dort ausschließlich steuerfreie Einkünfte, sind diese steuerfreien Einkünfte bei der Prüfung des § 1 Abs. 3 EStG außer Ansatz zu lassen (EuGH v. 25.1.2007, C-329/05, HFR 2007, 404). Im Streitfall erzielte die in Österreich wohnende Ehefrau Lohnersatzleistungen (Karenz- und Wochengeld), die nicht nach deutschem, sondern lediglich nach österreichischem Recht steuerfrei waren.

Inländische Einkünfte, die nach einem DBA nur der Höhe nach beschränkt besteuert werden dürfen (z.B. Dividenden), gelten als nicht der deutschen Einkommensteuer unterliegend (§ 1 Abs. 3 Satz 3 EStG; → *Doppelbesteuerungsabkommen: Allgemeines* Rz. 1601). § 1 Abs. 3 Satz 3 EStG bezieht sich nur auf den vorangehenden Satz, so dass auch die in Satz 3 aufgeführten Einkünfte in die Veranlagung einzubeziehen sind. Bei der Festsetzung der Einkommensteuer ist die rechnerische Gesamtsteuer quotal aufzuteilen und sodann der Steuersatz für die der Höhe nach nur beschränkt zu besteuernden Einkünfte zu ermäßigen. § 36 Abs. 2 Satz 2 Nr. 3 Satz 4 Buchst. e EStG 1997; jetzt: § 36 Abs. 2 Nr. 2 Buchst. b EStG (Anrechnung) steht einer Anrechnung nicht entgegen (BFH v. 13.11.2002, I R 67/01, BStBl II 2003, 587). Danach ist sichergestellt, dass ein Arbeitnehmer ohne Wohnsitz/gewöhnlichen Aufenthalt im Inland, der seine Einkünfte aber überwiegend in Deutschland erzielt, z.B. Steuerabzugsbeträge und Körperschaftsteuer aus inländischen Kapitaleinkünften, bei denen auch der Ansässigkeitsstaat das Besteuerungsrecht hat, anrechnen kann. Bei der Prüfung der 90 %-Grenze ist der pauschal besteuerte Arbeitslohn nicht einzubeziehen. In Grenzfällen sollte daher geprüft werden, ob sich durch Verzicht auf eine mögliche Pauschalierung insgesamt eine niedrigere Steuerbelastung ergibt, weil die Einbeziehung des entsprechenden Arbeitslohns zur Überschreitung der 90 %-Grenze und damit zur Möglichkeit personen- und familienbezogener Entlastungen führt.

Die absolute Einkommensgrenze von **12 096 €** im Kalenderjahr 2025 (Grundfreibetrag des jeweiligen Kalenderjahres) wird bei Ländern mit niedrigen Lebenshaltungskosten gekürzt, und zwar bei Ländern der Ländergruppe 2 um ein Viertel, der Ländergruppe 3 um zwei Viertel und der Ländergruppe 4 um drei Viertel (Ländergruppeneinteilung, s. BMF v. 11.11.2020, IV C 8 – S 2285/19/10001 :002). Diese Regelung ist nicht anzuwenden, wenn der den Antrag stellende Ehegatte im Gebiet der EU seinen Wohnsitz hat, weil seit der Neufassung des § 1a Abs. 1 EStG unbeschränkt einkommensteuerpflichtige EU-/EWR-Staatsangehörige die Zusammenveranlagung mit ihrem im EU-/EWR-Ausland lebenden Ehegatten auch dann beanspruchen können, wenn die gemeinsamen Einkünfte der Ehegatten zu weniger als 90 % der deutschen Einkommensteuer unterliegen oder die ausländischen Einkünfte der Ehegatten den doppelten Grundfreibetrag übersteigen (BFH v. 8.9.2010, I R 28/10, BStBl II 2011, 269).

Die **Höhe der nicht der deutschen Einkommensteuer unterliegenden Einkünfte** ist durch eine **Bescheinigung der zuständigen ausländischen Steuerbehörde nachzuweisen** (§ 1 Abs. 3 Satz 4 EStG). Beim Finanzamt oder im Internet (http://www.formulare-bfinv.de/) sind **amtliche Vordrucke** für entsprechende Bescheinigungen in verschiedenen Sprachen zu bekommen. Bei Angehörigen eines EU-/EWR-Mitgliedstaats ist die „Bescheinigung EU/EWR“, bei anderen Personen die „Bescheinigung außerhalb EU/EWR“ zu verwenden. Im Lohnsteuer-Abzugsverfahren und im Einkommensteuer-Veranlagungsverfahren sind jeweils unterschiedliche Vordrucke zu verwenden. Der Bescheinigung kommt keine Bindungswirkung zu (FG Köln v. 21.1.2004, 4 K 4336/01, EFG 2005, 419). Aus Vereinfachungsgründen können die in der Bescheinigung der ausländischen Steuerbehörde genannten Beträge übernommen werden. Es bedarf keiner Bescheinigung der ausländischen Steuerbehörde, wenn der Stpfl. ausschließlich inländische Einkünfte erzielt hat (FG Brandenburg v. 17.8.2005, 4 K 1467/01, EFG 2005, 1706).

Bei EU-/EWR-Mitgliedstaaten kann nicht auf die gesetzlich vorgesehene Bescheinigung verzichtet werden. Ist zuständige Behörde die Steuerbehörde eines Nicht-EU-/EWR-Mitgliedstaats, so reichen auch andere Bestätigungen dieser Steuerbehörde über die Höhe der ausländischen Einkünfte (z.B. Steuerbescheid) aus. Gibt es in einem Nicht-EU-/EWR-Mitgliedstaat keine Steuerbehörden oder erteilen diese keine Bescheinigungen nach § 1 Abs. 3 Satz 4 EStG, so genügt eine Bescheinigung des Stpfl. i.V.m. einer Bestätigung einer deutschen Auslandsvertretung. Der Stpfl. hat auch hier den amtlichen Vordruck für die Erteilung einer Bescheinigung der ausländischen Steuerbehörde zu verwenden (BMF v. 30.12.1996, IV B 4 – S 2303 – 266/96, BStBl I 1996, 1506). Im Lohnsteuer-Ermäßigungsverfahren kann auf die Bestätigung der ausländischen Steuerbehörde verzichtet werden, wenn für einen der beiden vorangegangenen Veranlagungszeiträume bereits eine von der ausländischen Steuerbehörde bestätigte Anlage „Bescheinigung EU/EWR“ bzw. „Bescheinigung außerhalb EU/EWR“ vorliegt und sich die Verhältnisse nach Angaben des Stpfl. nicht geändert haben (BMF v. 25.11.1999, IV C 1 – S 2102 – 31/99, BStBl I 1999, 990). Kann der Stpfl. nachweisen, dass in der Bescheinigung der ausländischen Steuerbehörde auch Einkünfte enthalten sind, die (auch) der inländischen Besteuerung uneingeschränkt unterliegen, ist dies bei der Entscheidung, ob die Einkünfte überwiegend der inländischen Besteuerung unterliegen, zu Gunsten des Stpfl. zu berücksichtigen (OFD Frankfurt v. 21.3.2013, S 2102 A – 13 – St 56).

Die Behandlung als unbeschränkt steuerpflichtig auf Antrag ist bei Erfüllen der Einkommensgrenze **unabhängig von der Staatsangehörigkeit** des Stpfl. möglich. Die Steuerpflicht i.S.d. § 1 Abs. 3 EStG ist ein „Zwitter“ zwischen beschränkter (§ 1 Abs. 4 EStG) und unbeschränkter (§ 1 Abs. 1 EStG) Steuerpflicht, weil sie nicht das Welteinkommen, sondern nur inländische Einkünfte erfasst. Die nicht der deutschen Einkommensteuer unterliegenden Einkünfte sind dem Progressionsvorbehalt zu unterwerfen. Ein nur bei beschränkt Stpfl. vorzunehmender Steuerabzug nach § 50a EStG hat auch bei einem Antrag nach § 1 Abs. 3 EStG zu erfolgen (§ 1 Abs. 3 Satz 5 EStG), es tritt jedoch in diesem Fall keine Abgeltungswirkung nach § 50 Abs. 2 EStG ein. Personen- und in mehr oder weniger großem Umfang familienbezogene Entlastungen für Angehörige im Ausland können berücksichtigt werden, → Rz. 4009. Die Regelung des § 1 Abs. 3 EStG steht im Einklang mit Europarecht (EuGH v. 14.9.1999, C-391/97, BStBl II 1999, 841; BFH v. 15.5.2002, I R 40/01, BStBl II 2002, 660; FG Düsseldorf v. 5.12.2002, 8 K 4619/02 L, EFG 2003, 979).

Zur Zuständigkeit der Finanzämter für Arbeitnehmer ohne Wohnsitz oder gewöhnlichen Aufenthalt im Inland s. BayLfSt v. 18.3.2019, S 0122.2.1-1/9, StEd 2019, 203.

d) Beschränkte Steuerpflicht (§ 1 Abs. 4 EStG)

Personen **ohne Wohnsitz** oder **gewöhnlichen Aufenthalt** im Inland sind grds. nach § 1 Abs. 4 EStG **nur mit ihren inländischen Einkünften** i.S.d. § 49 EStG **beschränkt steuerpflichtig**, sofern sie nicht ausnahmsweise erweitert unbeschränkt steuerpflichtig nach § 1 Abs. 2 EStG (insbesondere Diplomaten, Konsularbeamte) sind oder unter den Voraussetzungen des § 1 Abs. 3 EStG (insbesondere Einkunftserzielung fast ausschließlich in Deutschland) als unbeschränkt steuerpflichtig auf Antrag behandelt werden. Im Einzelnen → Rz. 4011. **4007**

Zu den beschränkt steuerpflichtigen Arbeitnehmern können insbesondere Grenzgänger oder Grenzpendler gehören (→ *Grenzgänger* Rz. 2391; → *Grenzpendler* Rz. 2449).

Zur Zuständigkeit der Finanzämter für Arbeitnehmer ohne Wohnsitz oder gewöhnlichen Aufenthalt im Inland s. BayLfSt v. 18.3.2019, S 0122.2.1-1/9, StEd 2019, 203.

3. Einfluss der Art der Steuerpflicht auf die Höhe der Steuer/Steuerklasse/Freibeträge

Die **unterschiedlichen Arten** der persönlichen Steuerpflicht **bestimmen**, nach welchen **Modalitäten** die Steuerfestsetzung erfolgt, insbesondere, **4008**

- welche Einkünfte der deutschen Besteuerung unterliegen
- ob und ggf. in welchem Umfang **personen- und (ehe- oder kindbezogene) familienbezogene Entlastungen** gewährt werden (z.B. Abzug von Sonderausgaben, außergewöhnlichen Belastungen oder Freibeträge für Kinder, Kinderbetreuungskosten, Splitting),
- ob nach Ablauf des Kalenderjahres eine Veranlagung oder ein Erstattungsverfahren möglich oder die Einkommensteuer beim Arbeitnehmer mit dem Lohnsteuerabzug abgegolten ist.

Personen sind grds. dort, wo sie einen Wohnsitz oder ihren gewöhnlichen Aufenthalt haben, unbeschränkt (einkommen)steuerpflichtig mit ihrem **Welteinkommen** (→ *Steuerpflicht: unbeschränkte* Rz. 4035). Erzielen sie **außerhalb** des Wohnsitzstaats Einkünfte, sind sie dort, also im Quellen- bzw. Tätigkeitsstaat mit den aus Sicht des Tätigkeitsstaats inländischen Einkünften, grds. **beschränkt steuerpflichtig**. Ob bestimmte Einkünfte den Regeln über die unbeschränkte Steuerpflicht unterliegen, ist nach den Verhältnissen im **Zeitpunkt des Erzielens** der Einkünfte zu beurteilen (BFH v. 19.12.2001, I R 63/00, BStBl II 2003, 302).

Zur Vermeidung der Doppelbesteuerung bei Auseinanderfallen von Wohnsitz- und Tätigkeitsstaat → *Doppelbesteuerung*

Rz. 1600. Es obliegt grds. dem Wohnsitzstaat, bei der Besteuerung persönliche und familiäre Umstände zu berücksichtigen. Bei beschränkt Stpfl. werden deshalb grds. keine personen- und familienbezogene Entlastungen abgezogen. Bestimmte familienbezogene Entlastungen (in Deutschland insbesondere Splitting/Steuerklasse III) hängen darüber hinaus davon ab, dass auch die Familienangehörigen ihren Wohnsitz bzw. gewöhnlichen Aufenthalt in demselben Staat haben müssen wie der Stpfl. Da jedoch auf Grund **europarechtlicher Vorgaben** (EuGH v. 14.2.1995, Schumacker, C-297/93, HFR 1995, 282) Staatsangehörige eines EU-Mitgliedstaats, die ihre Tätigkeit in einem anderen EU-Mitgliedstaat ausüben und dort fast ausschließlich ihre Einkünfte erzielen, mit den im Tätigkeitsstaat wohnenden Personen gleichgestellt werden müssen, sind o.g. „Grundregeln" der Besteuerung unbeschränkt und beschränkt Stpfl. im deutschen Steuerrecht wie folgt modifiziert worden:

- **Stpfl. mit fast ausschließlich inländischen Einkünften** (sog. 90 %-Grenze) werden unabhängig vom Wohnsitz/gewöhnlichen Aufenthalt und ihrer Staatsangehörigkeit nach § 1 Abs. 3 EStG **auf Antrag als unbeschränkt steuerpflichtig** behandelt (→ Rz. 4006). Sie erhalten – ggf. bereits im Lohnsteuerabzugsverfahren – personenbezogene Entlastungen (z.B. Berücksichtigung von außergewöhnlichen Belastungen) und – soweit diese nicht von der unbeschränkten Steuerpflicht der Familienangehörigen abhängig sind – auch familienbezogene Entlastungen (z.B. Freibeträge für Kinder, Unterhaltsaufwendungen als außergewöhnliche Belastungen, Entlastungsbetrag für Alleinerziehende).
- Stpfl. mit Staatsangehörigkeit eines EU-/EWR-Mitgliedstaats **(EU-/EWR-Staatsangehörige)**, die (ggf. mit ihrem Ehepartner) ihr Einkommen fast ausschließlich in Deutschland erzielen, erhalten als unbeschränkt Stpfl. (§ 1 Abs. 1 EStG), erweitert beschränkt Stpfl. (§ 1 Abs. 2 EStG) oder unbeschränkt Stpfl. auf Antrag (§ 1 Abs. 3 EStG) ggf. bereits im Lohnsteuerabzugsverfahren unter den Voraussetzungen des § 1a EStG auch **für Familienangehörige im Ausland Splitting/Steuerklasse III und Realsplitting** (→ Rz. 4009).
- **Arbeitnehmer** haben unabhängig vom Umfang ihrer Inlandseinkünfte stets ein **Veranlagungswahlrecht nach** § 50 Abs. 2 Satz 2 Nr. 4 Buchst. b EStG und können daher insbesondere bei schwankenden oder unterjährigen Einkünften die Progression mindern (→ Rz. 4029).

Danach ist neben dem Wohnort/Aufenthalt die Höhe der inländischen Einkünfte und die Staatsangehörigkeit bedeutend für die Art der Steuerpflicht bzw. den Umfang der steuerlichen Entlastungen.

Beispiel:

In einer Automobilfabrik in Deutschland arbeiten ein belgischer (B), ein niederländischer (N), ein italienischer (I), ein türkischer (T) und ein deutscher (D) Arbeitnehmer in einer Arbeitseinheit. B, I, T und D erzielen neben ihrem Lohn kein weiteres Einkommen; N erzielt in den Niederlanden Einkünfte aus einem Mehrfamilienhaus von 8 000 €. B wohnt mit seiner Familie in Belgien; N ist ledig und wohnt in den Niederlanden; I wohnt in Deutschland, seine Familie lebt in Mailand; T wohnt in Deutschland, seine Familie lebt in Ankara; D lebt mit seiner Familie in Deutschland. Die Ehefrauen B, T und D erzielen keine Einkünfte. Ehefrau I erzielt in Italien Einkünfte von 20 000 €.

B und D erhalten sämtliche personen- und familienbezogene Entlastungen des EStG (insbesondere Splitting/Steuerklasse III sowie Kinderfreibeträge). T und I erhalten personen- und familienbezogene Entlastungen, soweit sie nicht von der unbeschränkten Steuerpflicht der Familienangehörigen abhängen, z.B. den Abzug außergewöhnlicher Belastungen, Freibeträge für Kinder. I erhält kein Splitting/Steuerklasse III, weil das Ehegatteneinkommen nicht fast ausschließlich in Deutschland erzielt wird; wegen der Höhe ihrer Einkünfte können Unterhaltsaufwendungen an die Ehefrau nicht als außergewöhnliche Belastung berücksichtigt werden. T erhält kein Splitting/Steuerklasse III, weil seine Ehefrau nicht im EU-/EWR-Mitgliedstaat lebt (s.a. FG Hamburg v. 9.12.1999, II 236/98, EFG 2000, 866). N kann wegen der Höhe seiner ausländischen Einkünfte nicht auf Antrag als unbeschränkt steuerpflichtig behandelt werden, er kann aber als Arbeitnehmer einen Antrag auf Veranlagung nach § 50 Abs. 2 Satz 2 Nr. 4 Buchst. b EStG stellen.

4. Familienbezogene Entlastungen für Angehörige im Ausland

4009 Stpfl. mit **inländischem Wohnsitz/gewöhnlichem Aufenthalt** haben grds. Anspruch auf **personen- und familienbezogene Entlastungen** (z.B. Abzug von Sonderausgaben und Aufwendungen für außergewöhnliche Belastungen wie Krankheitskosten, Unterhaltsaufwendungen). Das gilt auch für Stpfl. ohne inländischen Wohnsitz/gewöhnlichen Aufenthalt, wenn sie **erweitert unbeschränkt steuerpflichtig** nach § 1 Abs. 2 EStG sind oder nach § 1 Abs. 3 EStG **auf Antrag als unbeschränkt steuerpflichtig** behandelt werden.

Folgende familienbezogene Entlastungen hängen außerdem von der **unbeschränkten Steuerpflicht des (ehemaligen) Ehegatten** ab:

- Zusammenveranlagung (§§ 26, 26b EStG) mit **Splitting** und Verdoppelung bestimmter Höchst- und Freibeträge **(Steuerklasse III)**; nach Auffassung der Finanzverwaltung kann die Steuerklasse III auch nicht aus Billigkeitsgründen gewährt werden, wenn ein Ehepartner unbeschränkt steuerpflichtig ist und dem anderen die Einreise in die Bundesrepublik verwehrt wird,
- **Realsplitting** (§ 10 Abs. 1a Nr. 1 EStG).

Da hierdurch indirekt Personen von diesen Entlastungen ausgeschlossen werden, deren Familie im Ausland lebt, können nach §§ 1, 1a EStG vorstehende Steuerentlastungen **auch für im Ausland lebende Angehörige** in Betracht kommen, wenn

- der **Stpfl.** selbst die **EU-/EWR-Staatsangehörigkeit** hat und mindestens **90 % der Einkünfte** in Deutschland erzielt oder die nicht der deutschen Einkommensteuer unterliegenden Einkünfte nicht mehr als **12 096 €** im Kalenderjahr 2025 (Grundfreibetrag des jeweiligen Kalenderjahres) betragen (zur Einkunftsgrenze im Einzelnen → Rz. 4006) **und**
- der **Angehörige** im **EU-/EWR-Mitgliedstaat** lebt; zu Besonderheiten bei Arbeitnehmern des öffentlichen Dienstes vgl. im Einzelnen → *Auslandsbeamte* Rz. 948.

Seit der Neufassung des § 1a Abs. 1 EStG können unbeschränkt einkommensteuerpflichtige EU-/EWR-Staatsangehörige die Zusammenveranlagung mit ihrem im EU-/EWR-Ausland lebenden Ehegatten auch dann beanspruchen, wenn die gemeinsamen Einkünfte der Ehegatten zu weniger als 90 % der deutschen Einkommensteuer unterliegen oder die ausländischen Einkünfte der Ehegatten den doppelten Grundfreibetrag übersteigen (BFH v. 8.9.2010, I R 28/10, BStBl II 2011, 269). Für die Anwendung des Realsplittings muss die Besteuerung im Ausland durch eine Bescheinigung der ausländischen Steuerbehörde nachgewiesen werden. Es verstößt nicht gegen EU-Recht, wenn ein Stpfl. Unterhaltszahlungen an seinen geschiedenen Ehegatten nicht abziehen kann, wenn diese im anderen EU-Mitgliedstaat steuerfrei sind (EuGH v. 12.7.2005, C-403/03, HFR 2005, 1029).

Allerdings bewirkt die Regelung des § 1a Abs. 1 Nr. 2 Satz 1 EStG nicht, dass der nicht im Inland lebende Ehegatte des nach § 1 Abs. 3 EStG unbeschränkt Stpfl. **ohne Einschränkung als unbeschränkt einkommensteuerpflichtig behandelt** wird (FG Düsseldorf v. 20.5.2021, 9 K 3063/19 E, EFG 2021, 1301) Der BFH hat diese Sichtweise im nachfolgenden Beschluss vom 28.2.2024, Az. I R 26/21, BFH/NV 2024, 757 bestätigt und ausgeführt, dass die (ergänzende) fiktive unbeschränkte Steuerpflicht von EU- und EWR-Familienangehörigen nach § 1a EStG nicht so weit reicht, dass der im Ausland lebende und dort Einkünfte beziehende Ehegatte im Inland einschränkungslos als unbeschränkt einkommensteuerpflichtig zu behandeln ist und alle für einen unbeschränkt Stpfl. geltenden Vergünstigungen bei der Besteuerung der Einkünfte des nach § 1 Abs. 1 oder 3 EStG (fiktiv) unbeschränkt Stpfl. nach Art einer „Schattenveranlagung" berücksichtigt werden müssen. Mit der Einkunftserzielung im Ausland zusammenhängende Aufwendungen (im vorliegenden Verfahren Beiträge zur niederländischen Renten- und Pflegeversicherung) eines nicht in der Bundesrepublik Deutschland wohnenden Ehegatten sind danach bei der inländischen Besteuerung der Einkünfte des (fiktiv) unbeschränkt Stpfl. nicht als Sonderausgaben in Abzug zu bringen.

Die Entlastungen knüpfen nach § 1a EStG an eine **bestimmte Staatsangehörigkeit** des Stpfl., an bestimmte Einkunftsgrenzen und an einen bestimmten Aufenthalt des Angehörigen an. Stpfl., die die Voraussetzungen des § 1a EStG erfüllen, werden völlig gleichgestellt, und zwar unabhängig davon, ob sie im Inland oder im Ausland wohnen.

Liegen die Voraussetzungen des § 1a EStG **nicht** vor, so können Personen, die unbeschränkt steuerpflichtig sind oder auf Antrag so behandelt werden, für ihre im Ausland lebenden

Ehegatten grds. nur Entlastungen durch Abzug von Aufwendungen als außergewöhnliche Belastungen erhalten. Nach einigen DBA (Kanada, USA, Schweiz) können jedoch Unterhaltsleistungen unabhängig von § 1a Abs. 1 Nr. 1 EStG abgezogen werden (H 10.2 [Nicht unbeschränkt einkommensteuerpflichtiger Empfänger] EStH). Für ihre Kinder ist bei Vorliegen der entsprechenden Voraussetzungen der Abzug von Kinderfreibeträgen, Freibeträgen für den Betreuungs-, Erziehungs- oder Ausbildungsbedarf, Kinderbetreuungskosten und von Aufwendungen als außergewöhnliche Belastungen sowie des Entlastungsbetrags für Alleinerziehende möglich.

Die nachfolgende **Übersicht** zeigt nochmals, ob und unter welchen Voraussetzungen Arbeitnehmern familienbezogene Entlastungen gewährt werden, die grds. von der unbeschränkten Steuerpflicht des Angehörigen abhängen:

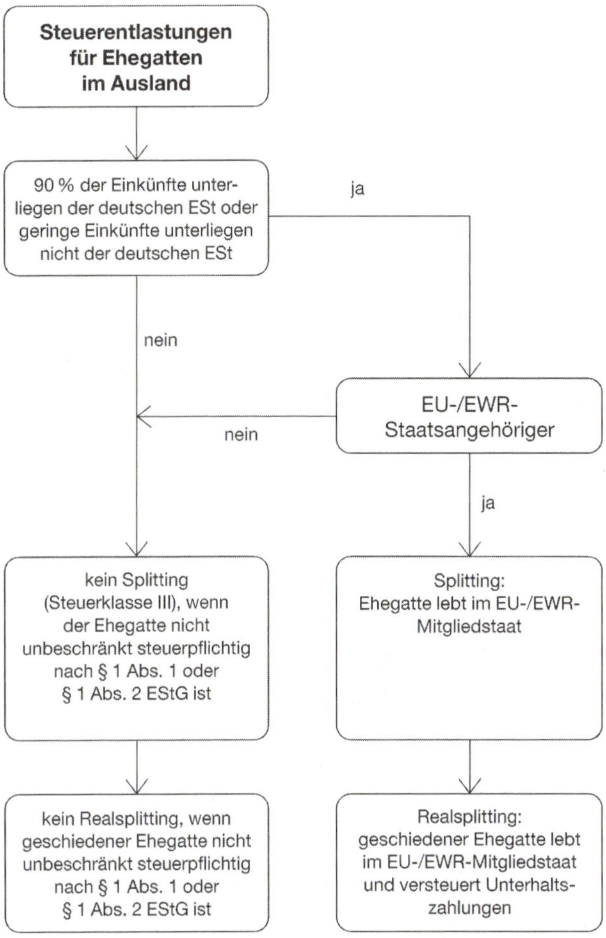

Ob **ein Arbeitnehmer mit EU-/EWR-Staatsangehörigkeit**, der in Deutschland arbeitet, die **Steuerklasse III** erhalten kann, ergibt sich vorbehaltlich der erforderlichen Einkommensgrenzen aus nachfolgender Tabelle:

Arbeitnehmer Staatsangehörigkeit/ Wohnsitz	Ehegatte Staatsangehörigkeit/ Wohnsitz	Splitting
EU (EWR)/EU (EWR)	EU (EWR)/EU (EWR)	ja
EU (EWR)/EU (EWR)	EU (EWR)/Nicht-EU (EWR)	nein
EU (EWR)/EU (EWR)	Nicht-EU (EWR)/EU (EWR)	ja
EU (EWR)/EU (EWR)	Nicht-EU (EWR)/Nicht-EU (EWR)	nein
EU (EWR)/Nicht-EU (EWR)	EU (EWR)/EU (EWR)	ja
EU (EWR)/Nicht-EU (EWR)	EU (EWR)/Nicht-EU (EWR)	nein
EU (EWR)/Nicht-EU (EWR)	Nicht-EU (EWR)/EU (EWR)	ja
EU (EWR)/Nicht-EU (EWR)	Nicht-EU (EWR)/Nicht-EU (EWR)	nein

Beispiel 1:

Der verheiratete französische Arbeitnehmer M wohnt mit seiner amerikanischen Frau F in Frankreich und arbeitet in Deutschland. M und F erzielen keine weiteren Einkünfte.

Die Eheleute können auf Antrag mit dem Splittingtarif zusammen veranlagt werden bzw. M kann den Lohnsteuerabzug nach Steuerklasse III erhalten, weil er die EU-Staatsangehörigkeit hat, seine Frau in Frankreich (EU-Staat) lebt und das Ehegatteneinkommen ausschließlich in Deutschland erzielt wird.

Beispiel 2:

Wie Beispiel 1, aber statt M ist F Arbeitnehmerin. F und M leben in Frankreich.

Die Eheleute können kein Splitting (Steuerklasse III) erhalten, weil F keine EU-/EWR-Staatsangehörige ist. F kann aber, wenn sie sich als unbeschränkt steuerpflichtig nach § 1 Abs. 3 EStG behandeln lässt, Unterhaltszahlungen an M als außergewöhnliche Belastung geltend machen.

Beispiel 3:

Wie Beispiel 2, aber F wohnt in Deutschland.

Die Eheleute können kein Splitting (Steuerklasse III) erhalten, weil F nicht die EU-/EWR-Staatsangehörigkeit besitzt. Unerheblich ist, dass M die EU-/EWR-Staatsangehörigkeit besitzt und M und F in einem EU-/EWR-Staat wohnen. F kann als unbeschränkt Stpfl. Unterhaltszahlungen an M ggf. als außergewöhnliche Belastung geltend machen.

Beispiel 4:

Wie Beispiel 1, aber die Eheleute wohnen in der Schweiz, F arbeitet in Deutschland.

Die Eheleute können kein Splitting (Steuerklasse III) erhalten, weil F nicht EU-/EWR-Staatsangehörige ist.

In Deutschland beschäftigte Arbeitnehmer, die **nicht EU-/EWR-Staatsangehörige** sind und die nicht in einem EU-/EWR-Mitgliedstaat wohnen, können die Steuerklasse III **nicht** erhalten, auch dann nicht, wenn sie ihre Einkünfte fast ausschließlich in Deutschland erzielen. Vgl. aber die nachfolgende Regelung im Verhältnis zur Schweiz.

§ 1a Abs. 1 EStG ist bei EU-/EWR-Staatsangehörigen bei Vorliegen der übrigen Voraussetzungen auch anwendbar, wenn

- der Empfänger der Leistungen i.S.d Nrn. 1 und 1a,
- die ausgleichsberechtigte Person i.S.d. Nr. 1b oder
- der Ehegatte/Lebenspartner i.S.d. Nr. 2

seinen/ihren Wohnsitz oder gewöhnlichen Aufenthalt **in der Schweiz** haben (BMF v. 16.9.2013, IV C 3 – S 1325/11/10014, BStBl I 2013, 1325 sowie EuGH v. 28.2.2013, C-425/11, BStBl II 2013, 896).

5. Lohnsteuerabzugsverfahren bei unbeschränkt Steuerpflichtigen

→ *Steuerpflicht: unbeschränkte* Rz. 4035. 4010

6. Lohnsteuerabzugsverfahren/Steuerabzug nach § 50a EStG bei beschränkt Steuerpflichtigen

a) Einkünfte aus nichtselbständiger Arbeit

Die Einkünfte, mit denen beschränkt Stpfl. der deutschen Ein- 4011
kommensteuer unterliegen, sind in § 49 EStG abschließend aufgezählt. Demnach sind beschränkt steuerpflichtig nach § 49 Abs. 1 Nr. 4 EStG

Einkünfte aus nichtselbständiger Arbeit, die

- **im Inland ausgeübt** wird oder worden ist oder
- **im Inland verwertet** wird oder worden ist oder
- aus **inländischen öffentlichen Kassen** einschließlich der Kassen des Bundeseisenbahnvermögens und der deutschen Bundesbank mit Rücksicht auf ein gegenwärtiges oder früheres Dienstverhältnis gewährt werden, ohne dass ein Zahlungsanspruch gegenüber dieser Kasse bestehen muss (BMF v. 13.11.2019, IV C 5 – S 2330/19/10009 :003, BStBl I 2019, 1082: danach unterliegen insbesondere Bedienstete des Goethe-Instituts und des DAAD ohne Wohnsitz/gewöhnlichen Aufenthalt in Deutschland der deutschen beschränkten Einkommensteuerpflicht; sie werden jedoch regelmäßig die Voraussetzungen für die unbeschränkte Steuerpflicht auf Antrag erfüllen), **dies gilt nicht**, wenn das Dienstverhältnis im Tätigkeitsstaat oder einem anderen ausländischen Staat begründet wurde, der **Arbeitnehmer keinen inländischen Wohnsitz** oder gewöhnlichen Aufenthalt auf Grund des Dienstverhältnisses oder eines vorangegangenen vergleichbaren Dienstverhältnisses **aufgegeben hat** und mit dem Tätigkeitsstaat **kein DBA** besteht (mit dieser seit 2020 geltenden Neuregelung wird für lokal Beschäftigte von

deutschen Auslandsvertretungen und für lokal Beschäftigte, die i.R. der Entwicklungszusammenarbeit tätig sind, in Staaten, mit denen Deutschland kein DBA abgeschlossen hat, die Gefahr der Doppelbesteuerung ihrer Einkünfte aus inländischen öffentlichen Kassen beseitigt), oder

- als Vergütung für eine Tätigkeit als **Geschäftsführer, Prokurist** oder **Vorstandsmitglied** einer Gesellschaft mit Geschäftsleitung im **Inland** bezogen werden (§ 49 Abs. 1 Nr. 4 Buchst. c EStG; s. zu dieser Vorschrift und dem Verhältnis zu DBA auch OFD Frankfurt v. 11.2.2003, S 2300 A – 21 – St II 22; befindet sich lediglich der Sitz der Gesellschaft im Inland, besteht keine Besteuerungsmöglichkeit nach dieser Vorschrift) oder
- als **Entschädigung** i.S.d. § 24 Nr. 1 EStG für die Auflösung eines Dienstverhältnisses (→ *Entschädigungen* Rz. 2001) gezahlt werden, soweit die für die zuvor ausgeübte Tätigkeit bezogenen Einkünfte der deutschen Besteuerung unterlegen haben (die Vorschrift soll eine **Besteuerungslücke schließen**, denn Abfindungen werden regelmäßig **nicht als Vergütung für eine frühere Tätigkeit angesehen**) oder
- an **Bord eines im internationalen Luftverkehr** eingesetzten Luftfahrzeugs **ausgeübt** wird, das von einem Unternehmen mit Geschäftsleitung im Inland betrieben wird (damit kann das durch ein DBA Deutschland zugewiesene Besteuerungsrecht für Arbeitnehmer, die im internationalen Luftverkehr tätig sind, auch wahrgenommen werden).

Zahlt ein inländisches Bistum als Arbeitgeber einem seiner im Ausland wohnenden Priester für dessen Tätigkeit in einer ausländischen Gemeinde Arbeitslohn, liegen insoweit inländische Einkünfte aus nichtselbständiger Tätigkeit i.S.d. § 49 Abs. 1 Nr. 4 Buchst. b EStG vor. Das inländische Bistum stellt als Kasse einer inländischen, öffentlich-rechtlichen Religionsgesellschaft eine öffentliche Kasse i.S.d. § 49 Abs. 1 Nr. 4 Buchst. b EStG dar und hat daher Lohnsteuer einzubehalten (FG Düsseldorf v. 11.3.2021, 12 K 1516/17 AO, best. durch BFH v. 11.7.2024, VI R 35/21, BStBl II 2024, 710).

aa) Tätigkeit oder Verwertung im Inland

4012 Zum Inland gehört auch der der Bundesrepublik Deutschland zustehende Anteil

- an der ausschließlichen Wirtschaftszone, soweit dort
  - die lebenden und nicht lebenden natürlichen Ressourcen der Gewässer über dem Meeresboden, des Meeresbodens und seines Untergrunds erforscht, ausgebeutet, erhalten oder bewirtschaftet werden,
  - andere Tätigkeiten zur wirtschaftlichen Erforschung oder Ausbeutung der ausschließlichen Wirtschaftszone ausgeübt werden, wie z.B. die Energieerzeugung aus Wasser, Strömung und Wind oder
  - künstliche Inseln errichtet oder genutzt werden und Anlagen und Bauwerke für die oben genannten Zwecke errichtet oder genutzt werden, und
- am Festlandsockel, soweit dort
  - dessen natürliche Ressourcen erforscht oder ausgebeutet werden; natürliche Ressourcen in diesem Sinne sind die mineralischen und sonstigen nicht lebenden Ressourcen des Meeresbodens und seines Untergrunds sowie die zu den sesshaften Arten gehörenden Lebewesen, die im nutzbaren Stadium entweder unbeweglich auf oder unter dem Meeresboden verbleiben oder sich nur in ständigem körperlichen Kontakt mit dem Meeresboden oder seinem Untergrund fortbewegen können; oder
  - künstliche Inseln errichtet oder genutzt werden und Anlagen und Bauwerke für die oben genannten Zwecke errichtet oder genutzt werden (§ 1 Abs. 1 Satz 2 EStG).

Zu der im **Inland** ausgeübten/verwerteten nichtselbständigen Arbeit gehört nicht die nichtselbständige Arbeit, die auf einem **deutschen Schiff** während seines Aufenthalts in einem ausländischen Küstenmeer/Hafen ausgeübt wird von Arbeitnehmern ohne Wohnsitz/gewöhnlichen Aufenthalt im Inland (R 39.4 Abs. 2 Satz 3 LStR). Unerheblich ist, ob der Arbeitslohn zu Lasten eines inländischen Arbeitgebers gezahlt wird.

Im Rahmen des Wachstumschancengesetzes wurde § 49 Abs. 1 Nr. 4a EStG an das sich verändernde Arbeitsumfeld, insbesondere Tätigkeiten im Homeoffice, angepasst. Nach dem OECD-Musterabkommen (OECD-MA) können Vergütungen aus unselbständiger Arbeit nur im Ansässigkeitsstaat des Arbeitnehmers besteuert werden, es sei denn, die Tätigkeit wird im anderen Staat ausgeübt. Wird die Tätigkeit ausschließlich im Homeoffice ausgeübt, so erhält der Ansässigkeitsstaat im Regelfall das ausschließliche Besteuerungsrecht; wird die Tätigkeit dagegen jeweils teilweise im Homeoffice und teilweise am Arbeitsplatz im anderen Vertragsstaat ausgeübt, ist das Besteuerungsrecht aufzuteilen. Grenzüberschreitend tätige Arbeitnehmer, die im Inland weder ihren Wohnsitz noch ihren gewöhnlichen Aufenthalt haben, unterliegen in Deutschland mit den Einkünften aus nichtselbständiger Arbeit grundsätzlich der beschränkten Einkommensteuerpflicht (§ 1 Abs. 4 i.V.m. § 49 Abs. 1 Nr. 4 Buchst. a EStG in der bisherigen Fassung), soweit die Tätigkeit im Inland ausgeübt oder verwertet wird. Die Ausübung setzt hierbei allerdings ein persönliches Tätigwerden im Inland voraus, das bei Tätigkeit in einem ausländischen Homeoffice nicht vorliegt. Da der Tatbestand der Verwertung von der Rechtsprechung eng ausgelegt wird, kann von einer Verwertung im Inland regelmäßig nicht ausgegangen werden.

Im Zuge der sich verändernden Arbeitswelten hat Deutschland, insbesondere auch zum Zwecke der Verwaltungsvereinfachung, bereits im Verhältnis zu anderen Ländern Vereinbarungen abgeschlossen, nach denen – abweichend von den o.g. Grundsätzen – es bei einem ausschließlichen Besteuerungsrecht des (regelmäßigen) Tätigkeitsstaats verbleibt, wenn der Arbeitnehmer die Tätigkeit an nicht mehr als einer bestimmten Anzahl von Tagen in seinem Ansässigkeitsstaat oder einem anderen Staat ausübt und dieser Teil des Arbeitslohns tatsächlich vom Tätigkeitsstaat besteuert wird (sogenannte Bagatellregelung).

Das Änderungsprotokoll vom 6.7.2023 zum DBA Luxemburg sieht bspw. in Art. 7 vor, eine Bagatellregelung mit 34 Tagen in das DBA zu integrieren.

Derartige Bagatellregelungen wurden bisher im EStG nicht berücksichtigt. § 49 Abs. 1 Nr. 4 Buchst. a EStG wurde daher um einen Satz ergänzt. Die Regelung fingiert nunmehr für den Fall, dass ein DBA oder eine bilaterale Vereinbarung eine Zuweisung eines Besteuerungsrechts für den eigentlichen Tätigkeitsstaat im Rahmen einer oben beschriebenen Bagatellregelung vorsieht, eine inländische Ausübung oder Verwertung und führt damit in diesen Fällen zu einer beschränkten Steuerpflicht. Soweit die abkommensrechtliche Bagatellregelung einschlägig ist, wird eine Aufteilung zwischen Ansässigkeitsstaat und Tätigkeitsstaat (Deutschland) somit entbehrlich.

bb) Ehemalige Tätigkeit

Vorruhestandsgelder, die an Arbeitnehmer gezahlt werden, die 4013
im Inland keinen Wohnsitz oder gewöhnlichen Aufenthalt haben, gehören zu den der deutschen Besteuerung unterliegenden Einkünften i.S.d. § 49 Abs. 1 Nr. 4 EStG, weil es sich um Einkünfte aus einer Tätigkeit handelt, die im Inland ausgeübt oder verwertet worden ist (BMF v. 15.11.1984, IV B 6 – S 2340 – 11/84, BStBl I 1985, 13). Das Besteuerungsrecht wird in DBA aber grds. dem Wohnsitzstaat zugewiesen (→ *Doppelbesteuerungsabkommen bei Einkünften aus nichtselbständiger Arbeit* Rz. 1612).

cc) Ausübung im Inland

Die nichtselbständige Tätigkeit wird im Inland ausgeübt, wenn der 4014
Arbeitnehmer dort persönlich tätig wird. Bei Ausübung der Tätigkeit im Inland kommt es nicht darauf an, ob ein inländischer oder ausländischer Arbeitgeber den Arbeitslohn zahlt (R 39.4 Abs. 2 LStR).

dd) Verwertung im Inland

Eine Tätigkeit wird im Inland verwertet, wenn der Arbeit**nehmer** 4015
das **Ergebnis** einer **im Ausland** ausgeübten Tätigkeit **im Inland seinem Arbeitgeber zuführt**. Die nichtselbständige Arbeit muss also an einem anderen Ort als dem der Ausübung verwertet werden. Unbeachtlich ist die Tätigkeit für einen inländischen Arbeitgeber und die Zahlung des Arbeitslohns vom Inland.

Arbeitgeber in diesem Sinne ist die **Stelle im Inland** (z.B. auch eine Betriebsstätte oder der inländische Vertreter eines ausländischen Arbeitgebers), die ohne Rücksicht auf die formalen Vertragsverhältnisse zu einem möglichen ausländischen Arbeitgeber die **wesentlichen Rechte und Pflichten des Arbeitgebers tatsächlich wahrnimmt;** inländischer Arbeitgeber ist auch ein inländisches Unternehmen bezüglich der Arbeitnehmer, die bei rechtlich unselbständigen Betriebsstätten, Filialen oder Außenstellen im Ausland beschäftigt sind (R 39.4 Abs. 2 Satz 5 LStR).

Beispiel 1:

Ein lediger Wissenschaftler ohne Wohnsitz/gewöhnlichen Aufenthalt in Deutschland wird i.R. eines Forschungsvorhabens in Südamerika tätig. Er übergibt entsprechend den getroffenen Vereinbarungen einen Forschungsbericht seinem Arbeitgeber, der aber von einer kommerziellen Auswertung absieht.

Der Wissenschaftler ist mit den Bezügen, die er für die Forschungstätigkeit von seinem Arbeitgeber erhält, ohne Rücksicht auf eine Auswertung beschränkt steuerpflichtig; die Bezüge unterliegen deshalb dem Lohnsteuerabzug.

Beispiel 2:

Der bei einer inländischen Reederei beschäftigte Kapitän ohne Wohnsitz/gewöhnlichen Aufenthalt in Deutschland ist auf einem unter ausländischer Flagge fahrenden Schiff außerhalb der deutschen Hoheitsgewässer tätig.

Der Kapitän ist mit seinen Bezügen in Deutschland nicht steuerpflichtig, weil er weder hier ansässig noch tätig ist noch das Ergebnis seiner im Ausland ausgeübten Tätigkeit seinem Arbeitgeber im Inland zuführt (BFH v. 12.11.1986, I R 38/83, BStBl II 1987, 377).

Beispiel 3:

Der Angestellte ohne Wohnsitz/gewöhnlichen Aufenthalt im Inland betreibt allgemeine Kontaktpflege im Ausland.

Der Angestellte A ist mit seinen Bezügen in Deutschland nicht steuerpflichtig, weil er weder hier ansässig noch tätig ist noch das Ergebnis seiner im Ausland ausgeübten Tätigkeit seinem Arbeitgeber im Inland zuführt (BFH v. 12.11.1986, I R 69/83, BStBl II 1987, 379).

Beispiel 4:

Wie Beispiel 3, stattdessen übermittelt A seinem inländischen Arbeitgeber aber Marktanalyseberichte.

A ist mit den Bezügen, die er für die Marktanalysen von seinem Arbeitgeber erhält, beschränkt steuerpflichtig, weil er das Ergebnis seiner Auslandstätigkeit seinem Arbeitgeber im Inland nutzbar macht.

Beispiel 5:

Der in Italien wohnende Angestellte A einer deutschen Luftverkehrsgesellschaft ist für seinen Arbeitgeber auf dem Flughafen in Rom tätig.

A ist mit seinen Bezügen nicht steuerpflichtig, weil er seine im Ausland ausgeübte Tätigkeit seinem Arbeitgeber nicht im Inland, sondern im Ausland zuführt (BFH v. 12.11.1986, I R 320/83, BStBl II 1987, 381).

Beispiel 6:

Der in Madrid wohnende Ingenieur I erbringt Leistungen für ein deutsches Ingenieurbüro im Zusammenhang mit der Errichtung eines Gebäudes in Madrid.

I ist mit seinen Bezügen nicht steuerpflichtig, weil seine Auslandstätigkeit nicht im Inland verwertet wird (BFH v. 12.11.1986, I R 69/83, BStBl II 1987, 379).

Beispiel 7:

Der in Belgien wohnende G ist **als Geschäftsführer** für eine deutsche GmbH in Antwerpen tätig.

Die Tätigkeit wird zwar weder im Inland ausgeübt noch verwertet, G ist aber mit den Vergütungen beschränkt steuerpflichtig, weil er als Geschäftsführer für eine deutsche Gesellschaft mit Geschäftsleitung im Inland tätig ist. Das Besteuerungsrecht steht aber nach Art. 15 DBA-Belgien Belgien zu.

Bei verschiedenartiger Tätigkeit ist die Steuerpflicht für jede einzelne Tätigkeit zu untersuchen (BFH v. 12.11.1986, I R 192/85, BStBl II 1987, 383). Da es sich um „Auslandssachverhalte" handelt, obliegt den Beteiligten gegenüber dem Finanzamt eine erhöhte Mitwirkungspflicht (§ 90 Abs. 2 AO). Wird für eine Tätigkeit, die nur teilweise im Inland verwertet wird, ein einheitliches Entgelt gezahlt, so ist dieses im Schätzungswege aufzuteilen.

ee) Steuerbefreiung beim Verwertungstatbestand

4016 Einkünfte aus der Verwertung einer ausländischen Tätigkeit im Inland bleiben steuerfrei,

- wenn ein DBA besteht und der Lohnsteuerabzug unterbleiben darf (→ *Doppelbesteuerungsabkommen bei Einkünften aus nichtselbständiger Arbeit* Rz. 1700),
- in anderen Fällen aus Billigkeitsgründen auf der Grundlage des § 50 Abs. 4 EStG, wenn nachgewiesen oder glaubhaft gemacht wird, dass von diesen Einkünften im Tätigkeitsstaat eine der deutschen Einkommensteuer entsprechende Steuer tatsächlich erhoben wird; der Nachweis ist nicht erforderlich, wenn die Voraussetzungen des Auslandstätigkeitserlasses vorliegen (R 39.4 Abs. 3 LStR; → *Auslandstätigkeitserlass* Rz. 957). Hat der Stpfl. nach dem Ermessen des Finanzamts **glaubhaft gemacht**, dass er mit den Einkünften im Ausland zur Besteuerung herangezogen wird, so ist die Heranziehung ausreichend nachgewiesen. Der Nachweis kann hiernach für bis zu drei Jahren anerkannt werden, wenn ein jährlicher Nachweis unzumutbar ist (FinMin Baden-Württemberg v. 10.11.1983, S 2369 A – 6/78).

Der im Inland ausgezahlte Arbeitslohn wird grds. dem Lohnsteuerabzug unterliegen. Der Teil des Arbeitslohns, der bereits nach §§ 3, 3b EStG steuerfrei ist, ist vor Anwendung von R 39.4 Abs. 3 LStR vom Lohnsteuerabzug auszunehmen. R 39.4 Abs. 3 LStR kann auch bei einem DBA in Betracht kommen, wenn die Doppelbesteuerung durch dieses nicht beseitigt wird. Bei Arbeitnehmern, die für einen Arbeitgeber im Ausland tätig sind und ihren Wohnsitz im **Drittstaat** haben, kann R 39.4 Abs. 3 LStR nicht angewendet werden, wenn im **Tätigkeitsstaat** eine der deutschen Einkommensteuer entsprechende Steuer nicht erhoben wird, weil dann vornehmlich der Wohnsitzstaat die Doppelbesteuerung beheben muss. Besteht mit dem Wohnsitzstaat des Arbeitnehmers ein DBA, so kommt nur eine Freistellung nach diesem Abkommen in Betracht.

Beispiel 1:

A wohnt in den Niederlanden und wird für seinen deutschen Arbeitgeber in Libyen tätig.

Nach Art. 16 und 10 DBA-Niederlande sind die Einkünfte in Deutschland freizustellen.

Beispiel 2:

A wohnt in Libyen und wird für seinen deutschen Arbeitgeber in Frankreich tätig.

Mit Libyen besteht kein DBA. Das DBA-Frankreich findet mangels Abkommensberechtigung (→ *Doppelbesteuerungsabkommen: Allgemeines* Rz. 1601) keine Anwendung. Da Frankreich als Tätigkeitsstaat eine Steuer erhebt, ist der Arbeitslohn in Deutschland nach R 39.4 Abs. 3 LStR freizustellen.

Beispiel 3:

Sachverhalt wie Beispiel 2, aber Libyen erhebt eine Steuer.

Hier muss vornehmlich Libyen die Doppelbesteuerung beseitigen.

b) Lohnsteuerabzugsverfahren

aa) Anzuwendende Tabelle und besondere Bescheinigung

Der elektronische Abruf der Lohnsteuerabzugsmerkmale im **4017**
ELStAM-Verfahren für beschränkt steuerpflichtige Arbeitnehmer (§ 1 Ab. 4 EStG) ist **seit dem 1.1.2020 freigeschaltet** worden und aktuell mit BMF-Schreiben v. 13.12.2024, IV C 5 – S 2363/19/10007 :004, BStBl I 2025, 64 geregelt. Arbeitgeber haben die Lohnsteuerabzugsmerkmale grundsätzlich auch für beschränkt steuerpflichtige Arbeitnehmer im ELStAM-Verfahren abzurufen (→ *ELStAM* Rz. 1876).

Die Teilnahme am ELStAM-Verfahren gilt noch **nicht für Fälle**, in denen **für beschränkt steuerpflichtige Arbeitnehmer ein Freibetrag** i.S.d. § 39a EStG **berücksichtigt** wird. In diesen Fällen und auch für Arbeitnehmer, die nach § 1 Abs. 2 EStG erweitert unbeschränkt einkommensteuerpflichtig sind oder nach § 1 Abs. 3 EStG auf Antrag wie unbeschränkt einkommensteuerpflichtige zu behandeln sind, hat das Betriebsstättenfinanzamt des Arbeitgebers (§ 41 Abs. 2 EStG) wie bisher auf Antrag eine **Papierbescheinigung für den Lohnsteuerabzug** auszustellen und den Arbeitgeberabruf zu sperren. Der beschränkt einkommensteuerpflichtigen Arbeitnehmer hat die Papierbescheinigung unverzüglich dem Arbeitgeber vorzulegen.

Den Antrag auf Ausstellung der Bescheinigung der Steuerklasse I kann auch der Arbeitgeber im Namen des Arbeitnehmers stellen, wenn ihn der Arbeitnehmer dazu nach § 80 Abs. 1 AO bevollmächtigt hat. Die Bescheinigung ist als Beleg zum Lohnkonto zu nehmen und während des Dienstverhältnisses, längstens bis zum

Ablauf des jeweiligen Kalenderjahres, aufzubewahren (§ 39 Abs. 3 EStG).

Beschränkt einkommensteuerpflichtige Arbeitnehmer werden für die Durchführung des Lohnsteuerabzugs in die **Steuerklasse I**, für weitere Arbeitsverhältnisse in die Steuerklasse VI eingereiht (§ 38b Abs. 1 EStG).

Für einen beschränkt einkommensteuerpflichtigen Arbeitnehmer, für den § 50 Abs. 1 Satz 4 EStG anzuwenden ist, ermittelt das Finanzamt **auf Antrag einen Freibetrag**, der vom Arbeitslohn insgesamt abzuziehen ist, aus der Summe der folgenden Beträge (§ 39a Abs. 4 EStG):

- **Werbungskosten**, die bei den Einkünften aus nichtselbständiger Arbeit anfallen, soweit sie den Arbeitnehmer-Pauschbetrag oder bei Versorgungsbezügen den Pauschbetrag für Versorgungsempfänger übersteigen,
- Sonderausgaben i.S.d. § 10b EStG (**Spenden**), soweit sie den Sonderausgaben-Pauschbetrag übersteigen, und die wie Sonderausgaben abziehbaren Beträge nach § 10e oder § 10i EStG, jedoch erst nach Fertigstellung oder Anschaffung,
- den **Freibetrag** oder **Hinzurechnungsbetrag** bei Übertragung des Grundfreibetrags (→ *Übertragung des Grundfreibetrags* Rz. 4158).

Der Antrag kann nur nach amtlich vorgeschriebenem Vordruck bis zum Ablauf des Kalenderjahres gestellt werden, für das die Lohnsteuerabzugsmerkmale gelten.

Die Berücksichtigung **anderer personenbezogener Entlastungen** (mit Ausnahme des Altersentlastungsbetrags, → *Altersentlastungsbetrag* Rz. 56) **oder von familienbezogenen Entlastungen** ist bei beschränkt Stpfl. **ausgeschlossen**. Der Arbeitnehmer sollte daher bereits im Lohnsteuerabzugsverfahren prüfen, ob er die Voraussetzungen für die Behandlung als unbeschränkt steuerpflichtig auf Antrag erfüllt und ob er einen solchen Antrag stellen sollte. Für den Antrag ist der Vordruck „Antrag auf Lohnsteuerermäßigung" mit der Anlage „Grenzpendler EU/EWR" (mehrsprachig) oder „Grenzpendler außerhalb EU/EWR" (mehrsprachig) zu verwenden, die beim Finanzamt oder im Internet (http://www.formulare-bfinv.de/) zu erhalten sind. Die Zahlung von nach den gesetzlichen Vorschriften steuerfreiem Arbeitslohn (z.B. Reisekosten, Auslösungen) ist auch bei beschränkt steuerpflichtigen Arbeitnehmern möglich!

Zur Minderung der deutschen Lohnsteuer/Einkommensteuer bei in Deutschland tätigen belgischen Arbeitnehmern nach dem Zusatzabkommen v. 5.11.2002 zum DBA Belgien → *Grenzgänger* Rz. 2392.

Führt der Arbeitgeber den Lohnsteuerabzug trotz Nichtvorliegen der Bescheinigung nicht nach Steuerklasse VI, sondern nach Steuerklasse I durch, kann er auch nach Ablauf des Jahres grds. in Haftung genommen werden (BFH v. 12.1.2001, VI R 102/98, BStBl II 2003, 151).

bb) Besonderheiten bei Artisten

4018 Die früher anwendbare **Vereinfachungsregelung für Artisten** (Pauschsteuersatz 20 % bzw. 25 %) ist **zum 1.1.2011 aufgehoben** worden. Für Einkünfteerfassung von Artisten gelten nunmehr die allgemeinen Regelungen (R 39.4 Abs. 4 LStR), d.h.

- Lohnsteuerabzug, wenn es sich um Arbeitslohn handelt, der von einem inländischen Arbeitgeber i.S.d. § 38 Abs. 1 Satz 1 Nr. 1 EStG gezahlt wird,
- Steuerabzug nach §§ 50a EStG, wenn der Arbeitslohn nicht von einem inländischen Arbeitgeber gezahlt wird.

cc) Besonderheiten bei Künstlern

(1) Allgemeines

4019 Hinsichtlich der Abgrenzung nichtselbständiger/selbständiger Arbeit bei Künstlern → *Künstler (und verwandte Berufe)* Rz. 2798. Bei nichtselbständiger Tätigkeit ist die Lohnsteuer grds. nach den für beschränkt steuerpflichtige Arbeitnehmer geltenden allgemeinen Regelungen ggf. unter Berücksichtigung der besonderen Bescheinigung des Finanzamts (s. im Einzelnen BMF v. 31.7.2002, IV C 5 – S 2369 – 5/02, BStBl I 2002, 707) zu erheben. Allerdings ist zu beachten, dass in Fällen eines DBA Deutschland bei Künstlern unabhängig von der Aufenthaltsdauer ein Besteuerungsrecht haben kann – Art. 17 OECD-MA, jedoch bei künstlerischen Tätigkeiten i.R. des **Kulturaustauschs** in **DBA** häufig eine Freistellung der Lohnsteuer vorgesehen ist (→ *Doppelbesteuerungsabkommen bei Einkünften aus nichtselbständiger Arbeit* Rz. 1612). Zur Freistellung von Kulturorchestern von der deutschen Einkommensteuer nach § 50 Abs. 4 EStG s. BMF v. 20.7.1983, IV B 4 – S 2303 – 34/83, BStBl I 1983, 382 und BMF v. 30.5.1995, IV B 4 – S 2303 – 63/95, BStBl I 1995, 336. Zur Rücknahme einer Freistellungsbescheinigung nach dem Kulturorchestererlass s. FG München v. 19.5.2004, 1 V 2703/03, EFG 2004, 1538. Werden die Vergütungen nicht von einem inländischen Arbeitgeber gezahlt, ist der Steuerabzug nach §§ 50a, 50d EStG vorzunehmen (R 39.4 Abs. 4 LStR; → Rz. 4032).

(2) Vereinfachungsmaßnahme

Wegen der **besonderen Schwierigkeiten**, die mit der Anwendung der Regelvorschriften zur Besteuerung der Einkünfte bei **nur kurzfristig beschäftigten** Künstlern verbunden sind, kann die Lohnsteuer **pauschal** erhoben werden, wenn der Arbeitnehmer nicht die Regelbesteuerung verlangt (BMF v. 31.7.2002, IV C 5 – S 2369 – 5/02, BStBl I 2002, 707). 4020

(3) Begünstigter Personenkreis

Die Vereinfachungsmaßnahme gilt für beschränkt steuerpflichtige, nichtselbständig tätige Künstler, die als 4021

- **gastspielverpflichtete Künstler** bei Theaterbetrieben,
- **freie Mitarbeiter** für den **Hör- oder Fernsehfunk** oder
- **Mitarbeiter** in der **Film- und Fernsehproduktion**

vom Arbeitgeber **nur kurzfristig – höchstens für sechs zusammenhängende Monate** – beschäftigt werden.

Beispiel 1:

Die Beschäftigungsdauer eines beschränkt steuerpflichtigen Künstlers ist vom 1.2.2026 bis 31.8.2026 vereinbart, das Beschäftigungsverhältnis wird jedoch vorzeitig zum 31.5.2026 aufgelöst.

Die Pauschalierung der Lohnsteuer ist möglich, weil die tatsächliche Beschäftigungsdauer nicht mehr als sechs Monate beträgt.

Beispiel 2:

Die zunächst vertraglich vorgesehene Beschäftigungsdauer vom 1.2.2026 bis 31.5.2026 wird (Fallbeispiel 1) bis zum 31.10.2026 verlängert oder: (Fallbeispiel 2) für den Zeitraum 1.6.2026 bis 31.10.2026 wird ein neuer Vertrag bei demselben Arbeitgeber abgeschlossen. Der Arbeitnehmer wird tatsächlich nur in den Monaten Mai und Oktober tätig.

Die Pauschalierung der Lohnsteuer ist nicht möglich, weil die tatsächliche Beschäftigungsdauer bei demselben Arbeitgeber mehr als sechs Monate beträgt.

Der Begriff der **kurzfristigen Beschäftigung** ist **nicht identisch** mit dem Begriff **„für kurze Zeit einspringen"**. Die Steuer eines Künstlers, der selbständig tätig ist, weil er nur für kurze Zeit einspringt (vgl. BMF v. 5.10.1990, IV B 6 – S 2332 – 73/90, BStBl I 1990, 638 [die Anlage wurde durch BMF-Schreiben v. 9.7.2014, BStBl I 2014, 1103 geändert] zur Abgrenzung der nichtselbständigen von der selbständigen Tätigkeit bei Künstlern und verwandten Berufen), kann daher nicht pauschal erhoben werden.

(4) Höhe der pauschalen Steuer

Bemessungsgrundlage sind die **gesamten Einnahmen** des Künstlers einschließlich der steuerfreien Beträge i.S.d. § 3 Nr. 13 und 16 EStG (insbesondere Reisekosten, Verpflegungsmehraufwendungen). Abzüge jedweder Art, z.B. für Werbungskosten, Sonderausgaben, Steuern, sind nicht zulässig. 4022

Die pauschale Lohnsteuer beträgt seit dem 1.7.2013 (BMF v. 28.3.2013, IV C 5 – S 2332/09/10002, BStBl I 2013, 443):

- wenn der Arbeitgeber **keine Steuern** übernimmt 20,00 %,
- wenn der Arbeitgeber nur den **Solidaritätszuschlag** übernimmt 20,22 %,
- wenn der Arbeitgeber die **Lohnsteuer und** den **Solidaritätszuschlag** übernimmt 25,35 %,

Der Solidaritätszuschlag beträgt unabhängig davon, wer die Steuer nach den Vereinbarungen trägt, jeweils zusätzlich 5,5 % der Lohnsteuer.

(5) Lohnsteuerbescheinigung und ggf. Veranlagungsverfahren

Die Verpflichtung des Arbeitgebers, eine Lohnsteuerbescheinigung zu erteilen, sowie das Veranlagungswahlrecht nach § 50 4023

Abs. 2 Nr. 4 EStG oder das Antragsrecht auf Behandlung als unbeschränkt steuerpflichtig nach § 1 Abs. 3 EStG bleiben durch die Pauschalierung unberührt. In die Lohnsteuerbescheinigung sind aber die Beträge i.S.d. § 3 Nr. 13 und 16 EStG nicht einzubeziehen. Die pauschale Lohnsteuer ist ggf. nach § 36 Abs. 2 Satz 2 Nr. 2 EStG 1997, jetzt: § 36 Abs. 2 Nr. 2 Buchst. b EStG (Anrechnung) bei der Einkommensteuerveranlagung anzurechnen.

dd) Arbeitnehmer mit Wohnsitz in der Schweiz

4024 → *Grenzgänger* Rz. 2391.

ee) Lohnsteuer-Jahresausgleich

4025 Der **Lohnsteuer-Jahresausgleich** nach § 42b EStG ist **seit 2020** auch für beschränkt steuerpflichtige Arbeitnehmer **möglich**, wenn die übrigen Voraussetzungen des § 42b EStG vorliegen (→ *Lohnsteuer-Jahresausgleich durch den Arbeitgeber* Rz. 3015).

Nach Einbeziehung der beschränkt steuerpflichtigen Arbeitnehmer in das ELStAM-Verfahren (→ *ELStAM* Rz. 1876) hätte es für den Arbeitgeber keine amtliche Grundlage mehr gegeben, um einen beschränkt steuerpflichtigen Arbeitnehmer von der Durchführung des Lohnsteuer-Jahresausgleichs ausschließen zu können.

ff) Auswirkungen von DBA

4026 Zur Auswirkung von Steuerbefreiungen nach DBA → *Doppelbesteuerungsabkommen bei Einkünften aus nichtselbständiger Arbeit* Rz. 1612.

gg) Lohnsteuerbescheinigung des Arbeitgebers

4027 Der Arbeitgeber hat bei Beendigung des Dienstverhältnisses oder am Ende des Kalenderjahres eine **elektronische Lohnsteuerbescheinigung** (bei Anwendung des ELStAM-Verfahrens) **oder** eine **Besondere Lohnsteuerbescheinigung** (keine Anwendung des ELStAM-Verfahrens) auszustellen oder zu übermitteln. Im Einzelnen → *Lohnsteuerbescheinigung* Rz. 2952.

c) Abgeltungscharakter der Lohnsteuer

4028 Bei beschränkt Stpfl. gilt die Einkommensteuer auf Einkünfte aus nichtselbständiger Tätigkeit grds. **mit dem Lohnsteuerabzug als abgegolten** (§ 50 Abs. 2 Satz 1 EStG). Dies gilt nach § 50 Abs. 2 Satz 2 Nr. 4 EStG aber nicht, wenn

- ein Freibetrag nach § 39a Abs. 4 EStG als Lohnsteuerabzugsmerkmal gebildet worden ist und der im Kalenderjahr 2024 insgesamt erzielte Arbeitslohn 12 870 € (s. nachfolgend) übersteigt,
- die Veranlagung zur Einkommensteuer beantragt wird (§ 46 Abs. 2 Nr. 8 EStG) oder
- der beschränkt steuerpflichtige Arbeitnehmer
  - Arbeitslohn von mehreren Arbeitgebern bezogen hat (§ 46 Abs. 2 Nr. 2 EStG),
  - eine Entschädigung (→ *Entschädigungen* Rz. 2001) oder eine Vergütung für eine mehrjährige Tätigkeit (→ *Arbeitslohn für mehrere Jahre* Rz. 712) i.S.d. § 34 Abs. 1 und Abs. 2 Nr. 2 und 4 EStG bezogen hat, für die die Lohnsteuer auf diese sonstigen Bezüge nach § 39b Abs. 3 Satz 9 EStG (sog. Fünftelregelung) ermäßigt ermittelt wurde (§ 46 Abs. 2 Nr. 5 EStG). Zum Wegfall der Berücksichtigung der Tarifermäßigung nach § 34 Abs. 1 EStG bei der Berechnung der Lohnsteuer → Rz. 714,
  - sonstige Bezüge erhalten hat, bei deren Lohnsteuerberechnung der Arbeitslohn aus früheren Dienstverhältnissen des Kalenderjahres außer Betracht geblieben ist (§ 46 Abs. 2 Nr. 5a EStG); in diesen Fällen ist der Großbuchstabe S auf der Lohnsteuerbescheinigung vermerkt (→ *Lohnsteuerbescheinigung* Rz. 2957).

Durch das Inflationsausgleichsgesetz ist seit dem Kalenderjahr 2023 die statische Wiederholung der jeweils maßgebenden Arbeitslöhne, bis zu denen die Einkommensteuer regelmäßig 0 € beträgt, geändert worden. Damit zukünftige Betragsanpassungen der Arbeitslohngrenze als Folgeänderungen auf Grund der Anhebung des Grundfreibetrags oder der beiden zu berücksichtigenden Pauschbeträge entfallen können, wird durch dynamische Verweise der Gleichklang mit diesen Beträgen gesichert. Die **Arbeitslohngrenze** wird ab 2023 berechnet als Summe aus dem jeweiligen Grundfreibetrag (§ 32a Abs. 1 Satz 2 Nr. 1 EStG), dem jeweiligen Arbeitnehmer-Pauschbetrag (§ 9a Satz 1 Nr. 1 Buchst. a EStG) sowie dem Sonderausgaben-Pauschbetrag (§ 10c Satz 1 EStG). Dies ergibt für **2026** einen Betrag von 13 614 €.

Hinweis:

Mit dem Gesetz zur steuerlichen Freistellung des Existenzminimums 2024 v. 2.12.2024, BGBl. I 2024, Nr. 386, wurde der Grundfreibetrag rückwirkend zum 1.1.2024 auf 11 784 € erhöht. Durch das Steuerfortentwicklungsgesetz wurden weitere Anhebungen für 2025 auf 12 096 € bzw. 2026 12 348 € beschlossen.

d) Veranlagungswahlrecht

aa) Wahlrecht zur Behandlung als unbeschränkt steuerpflichtig nach § 1 Abs. 3 EStG

Der Arbeitnehmer sollte – sofern im Lohnsteuerabzugsverfahren noch nicht geschehen – **prüfen**, ob er die Voraussetzungen für die **Behandlung als unbeschränkt steuerpflichtig auf Antrag** erfüllt und ob er einen entsprechenden Antrag, verbunden mit dem Antrag auf Veranlagung, stellen sollte (→ Rz. 4034). 4029

bb) Wahlrecht nach § 50 Abs. 2 Satz 2 Nr. 4 Buchst. b EStG

Der Arbeitnehmer kann eine Veranlagung als beschränkt Stpfl. beantragen (§ 50 Abs. 2 Satz 2 Nr. 4 Buchst. b EStG). 4030

In diesem **Veranlagungsverfahren** bestehen jedoch **keine weiteren Möglichkeiten einer personenbezogenen Entlastung** als im Lohnsteuerabzugsverfahren bei beschränkter Steuerpflicht, d.h., es gibt nur den Abzug von Spenden und die Berücksichtigung des Altersentlastungsbetrags. Insbesondere das Ehegattensplitting, Freibeträge für Kinder, der Entlastungsbetrag für Alleinerziehende und der Abzug außergewöhnlicher Belastungen können nicht gewährt werden.

Zuständig für die Veranlagung ist das Betriebsstättenfinanzamt, bei mehreren Betriebsstättenfinanzämtern dasjenige, in dessen Bezirk der Arbeitnehmer zuletzt unter Anwendung der Steuerklasse I beschäftigt war.

Das Veranlagungswahlrecht gilt nur für Staatsangehörige eines EU-/EWR-Mitgliedstaats (§ 50 Abs. 2 Satz 7 EStG). Diese Regelung hat der BFH im Falle eines US-amerikanischen Staatsangehörigen, der in den Niederlanden wohnt, bestätigt (BFH v. 3.9.2020, I R 80/16, BStBl II 2021, 237).

e) Steuerabzugsverfahren nach § 50a EStG

Bestimmte Einkünfte, von denen kein Lohnsteuerabzug vorzunehmen ist, unterliegen bei beschränkt Stpfl. einem besonderen Steuerabzugsverfahren nach § 50a EStG. Wer demnach Vergütungen an eine Person ohne Wohnsitz/gewöhnlichen Aufenthalt im Inland zahlt, hat zu prüfen, ob ihn – ähnlich wie im Lohnsteuerabzugsverfahren – die Verpflichtung zur Einbehaltung, Anmeldung und Abführung der Abzugsteuer nach § 50a EStG trifft. Für Vergütungen i.S.d. § 50a Abs. 1 EStG ist seit dem 1.1.2014 ausschließlich das **BZSt zuständig**. Dem Steuerabzug nach § 50a EStG unterliegen 4031

- Einkünfte, die durch im Inland ausgeübte **künstlerische, sportliche, artistische, unterhaltende oder ähnliche Darbietungen** erzielt werden, einschließlich der Einkünfte aus anderen mit diesen Leistungen zusammenhängenden Leistungen, unabhängig davon, wem die Einkünfte zufließen, es sei denn es handelt sich um Einkünfte aus nichtselbständiger Arbeit, die bereits dem Steuerabzug vom Arbeitslohn nach § 38 Abs. 1 Satz 1 Nr. 1 EStG unterliegen; zur Abgrenzung nichtselbständiger/selbständiger Arbeit → *Künstler (und verwandte Berufe)* Rz. 2798 (§ 51a Abs. 1 Nr. 1 EStG),
- Einkünfte aus der **inländischen Verwertung** von solchen Darbietungen (§ 50a Abs. 1 Nr. 2 EStG),
- Einkünfte, die aus Vergütungen für die **Überlassung der Nutzung** oder des Rechts auf Nutzung von Rechten, insbesondere von Urheberrechten und gewerblichen Schutzrechten, von gewerblichen, technischen, wissenschaftlichen und ähnlichen Erfahrungen, Kenntnissen und Fertigkeiten, z.B. Plänen, Mustern und Verfahren, herrühren (§ 50a Abs. 1 Nr. 3 EStG),
- Einkünfte, die Mitgliedern des Aufsichtsrats, Verwaltungsrats oder anderen mit der Überwachung der Geschäftsführung von Körperschaften, Personenvereinigungen und Vermögensmassen beauftragten Personen sowie von anderen inländischen

Personenvereinigungen des privaten und öffentlichen Rechts, bei denen die Gesellschafter nicht als Unternehmer (Mitunternehmer) anzusehen sind, für die Überwachung der Geschäftsführung gewährt werden (§ 50a Abs. 1 Nr. 4 EStG).

Der Steuerabzug ist **unabhängig** davon vorzunehmen, ob der Stpfl. einen **Antrag auf Behandlung als unbeschränkt steuerpflichtig** nach § 1 Abs. 3 EStG stellt (§ 1 Abs. 3 Satz 5 EStG) oder ob das Besteuerungsrecht durch ein **DBA** eingeschränkt ist (→ *Doppelbesteuerungsabkommen: Allgemeines* Rz. 1601).

Der Steuerabzug beträgt **15 % der Einnahmen**, bei Aufsichtsrats- oder anderen für die Überwachung der Geschäftsführung gezahlten Vergütungen nach § 50a Abs. 1 Nr. 4 EStG 30 %. Vom Schuldner der Vergütung ersetzte oder übernommene Reisekosten gehören nur insoweit zu den Einnahmen, als die Fahrt- und Übernachtungsauslagen die tatsächlichen Kosten und die Vergütungen für Verpflegungsmehraufwand die Pauschbeträge nach § 9 Abs. 4 a Satz 3 EStG übersteigen. Bei Einkünften i.S.v. § 50a Abs. 1 Nr. 1 EStG wird ein **Steuerabzug nicht erhoben**, wenn die **Einnahmen je Darbietung 250 € nicht übersteigen** (§ 50a Abs. 2 EStG).

Übernimmt der Schuldner der Vergütung die Steuer nach § 50a EStG und den Solidaritätszuschlag (sog. **Nettovereinbarung**), ergibt sich zur Ermittlung der 15 %igen Abzugsteuer folgender Berechnungssatz in Prozent, der auf die jeweilige Netto-Vergütung anzuwenden ist (H 50a.2 [Übersicht] EStH):

Bei einer Netto-vergütung	Berechnungssatz für die Steuer nach § 50a EStG in % der Netto-Vergütung	Berechnungssatz für den Solidaritätszuschlag in % der Netto-Vergütung
bis 250 €	0,00	0,00
mehr als 250 €	17,82	0,98

Der Schuldner der Vergütung kann aber auch von den Einnahmen die mit ihnen in unmittelbarem wirtschaftlichen Zusammenhang stehenden **Betriebsausgaben oder Werbungskosten abziehen**, die ihm ein beschränkt Stpfl. in einer für das BZSt nachprüfbaren Form nachgewiesen hat oder die vom Schuldner der Vergütung übernommen worden sind. Das gilt nur, wenn der beschränkt Stpfl. Staatsangehöriger eines EU-/EWR-Mitgliedstaats ist und im Hoheitsgebiet eines dieser Staaten seinen Wohnsitz oder gewöhnlichen Aufenthalt hat. Es gilt entsprechend bei einer beschränkt steuerpflichtigen Körperschaft, Personenvereinigung oder Vermögensmasse i.S.d. § 32 Abs. 4 KStG. In diesen Fällen beträgt der Steuerabzug von den nach Abzug der Betriebsausgaben oder Werbungskosten verbleibenden Einnahmen (Nettoeinnahmen), wenn

- Gläubiger der Vergütung eine natürliche Person ist, 30 %,
- Gläubiger der Vergütung eine Körperschaft, Personenvereinigung oder Vermögensmasse ist, 15 %.

Diese Regelung findet bei Einnahmen i.S.v. § 50a Abs. 1 Nr. 3 EStG keine Anwendung (§ 50a Abs. 3 EStG).

Hat der Gläubiger einer Vergütung seinerseits Steuern für Rechnung eines anderen beschränkt steuerpflichtigen Gläubigers einzubehalten (**zweite Stufe**), kann er vom Steuerabzug absehen, wenn seine Einnahmen bereits dem Steuerabzug nach § 50a Abs. 2 EStG unterlegen haben. Wenn der Schuldner der Vergütung auf zweiter Stufe Betriebsausgaben oder Werbungskosten nach § 50a Abs. 3 EStG geltend macht, die Veranlagung nach § 50 Abs. 2 Satz 2 Nr. 5 EStG oder die Erstattung der Abzugsteuer nach § 50c EStG oder einer anderen Vorschrift beantragt, hat er die sich nach § 50a Abs. 2 oder 3 EStG ergebende Steuer zu diesem Zeitpunkt zu entrichten (§ 50a Abs. 4 EStG).

Der Steuerabzug nach § 50a EStG hat grds. Abgeltungswirkung, es sei denn, der Stpfl. wird auf Antrag als unbeschränkt steuerpflichtig nach § 1 Abs. 3 EStG behandelt, es liegt ein Wechsel der Steuerpflicht vor (→ *Steuerpflicht: Wechsel* Rz. 4042) oder der Stpfl. beantragt die Veranlagung zur Einkommensteuer (§ 50 Abs. 2 Nr. 5 EStG).

f) Steuerabzug nach § 50a Abs. 7 EStG

4032 Zur Anordnung eines Sicherungseinbehalts nach § 50a Abs. 7 EStG gegenüber dem Vergütungsschuldner s. im Einzelnen BMF v. 2.8.2002, IV A 5 – S 2411 – 27/02, BStBl I 2002, 710, und FG Münster v. 24.5.2004, 9 K 5096/99 E, EFG 2004, 1777.

7. Lohnsteuerabzugsverfahren bei erweitert unbeschränkt Steuerpflichtigen

Erweitert unbeschränkt steuerpflichtigen Arbeitnehmern wird **zz. keine IdNr zugeteilt**, daher kann der Arbeitgeber keine elektroni- 4033
schen Lohnsteuerabzugsmerkmale abrufen. Stattdessen hat das Betriebsstättenfinanzamt des Arbeitgebers eine (Papier-)**Bescheinigung für den Lohnsteuerabzug** auszustellen. Diese Bescheinigung ersetzt die Verpflichtung und Berechtigung des Arbeitgebers zum Abruf der elektronischen Lohnsteuerabzugsmerkmale nach § 39e Abs. 4 EStG. Die Bescheinigung der Steuerklasse I kann auch der Arbeitgeber im Namen des Arbeitnehmers stellen. Die Bescheinigung ist als Beleg zum Lohnkonto zu nehmen und während des Dienstverhältnisses, längstens bis zum Ablauf des jeweiligen Kalenderjahres, aufzubewahren (§ 39 Abs. 3 EStG).

Bei Beendigung des Dienstverhältnisses oder am Ende des Kalenderjahres hat der Arbeitgeber eine Besondere Lohnsteuerbescheinigung auszustellen oder zu übermitteln. Im Einzelnen → *Lohnsteuerbescheinigung* Rz. 2952.

8. Lohnsteuerabzugsverfahren bei auf Antrag unbeschränkt Steuerpflichtigen

Auf Antrag unbeschränkt steuerpflichtigen Arbeitnehmern wird 4034
z.Z. keine IdNr zugeteilt, daher kann der Arbeitgeber keine elektronischen Lohnsteuerabzugsmerkmale abrufen. Stattdessen hat das Betriebsstättenfinanzamt des Arbeitgebers eine (Papier-)**Bescheinigung für den Lohnsteuerabzug** auszustellen. Diese Bescheinigung ersetzt die Verpflichtung und Berechtigung des Arbeitgebers zum Abruf der elektronischen Lohnsteuerabzugsmerkmale nach § 39e Abs. 4 EStG. Den Antrag auf Ausstellung der Bescheinigung der Steuerklasse I kann auch der Arbeitgeber im Namen des Arbeitnehmers stellen. Die Bescheinigung ist als Beleg zum Lohnkonto zu nehmen und während des Dienstverhältnisses, längstens bis zum Ablauf des jeweiligen Kalenderjahres, aufzubewahren (§ 39 Abs. 3 EStG).

Bei Beendigung des Dienstverhältnisses oder am Ende des Kalenderjahres hat der Arbeitgeber eine Besondere Lohnsteuerbescheinigung auszustellen oder zu übermitteln. Im Einzelnen → *Lohnsteuerbescheinigung* Rz. 2952.

Steuerpflicht: unbeschränkte

1. Allgemeines

Unbeschränkt steuerpflichtig sind alle natürlichen Personen, die in 4035
der Bundesrepublik Deutschland (Inland) einen Wohnsitz (§ 8 AO) oder ihren gewöhnlichen Aufenthalt (§ 9 AO) haben (§ 1 Abs. 1 EStG).

Zum Inland gehört auch der der Bundesrepublik Deutschland zustehende Anteil

- an der ausschließlichen Wirtschaftszone, soweit dort
  - die lebenden und nicht lebenden natürlichen Ressourcen der Gewässer über dem Meeresboden, des Meeresbodens und seines Untergrunds erforscht, ausgebeutet, erhalten oder bewirtschaftet werden,
  - andere Tätigkeiten zur wirtschaftlichen Erforschung oder Ausbeutung der ausschließlichen Wirtschaftszone ausgeübt werden, wie z.B. die Energieerzeugung aus Wasser, Strömung und Wind oder
  - künstliche Inseln errichtet oder genutzt werden und Anlagen und Bauwerke für die oben genannten Zwecke errichtet oder genutzt werden, und
- am Festlandsockel, soweit dort
  - dessen natürliche Ressourcen erforscht oder ausgebeutet werden; natürliche Ressourcen in diesem Sinne sind die mineralischen und sonstigen nicht lebenden Ressourcen des Meeresbodens und seines Untergrunds sowie die zu den sesshaften Arten gehörenden Lebewesen, die im nutzbaren Stadium entweder unbeweglich auf oder unter dem Meeresboden verbleiben oder sich nur in ständigem körperlichen Kontakt mit dem Meeresboden oder seinem Untergrund fortbewegen können; oder

- künstliche Inseln errichtet oder genutzt werden und Anlagen und Bauwerke für die oben genannten Zwecke errichtet oder genutzt werden (§ 1 Abs. 1 Satz 2 EStG).

Es kommt z.B. nicht darauf an, ob die Personen geschäftsfähig, ausländische Staatsbürger sind oder im Ausland ebenfalls einen Wohnsitz haben bzw. der inländische Wohnsitz Lebensmittelpunkt ist (BFH v. 23.1.2018, I R 74/16, HFR 2019, 352). Schiffe unter Bundesflagge rechnen auf hoher See zum Inland (BFH v. 12.11.1986, I R 38/83, BStBl II 1987, 377, vgl. hierzu aber auch die Ausführungen zur Seeschifffahrt unter → Rz. 1705).

2. Wohnsitzbegriff (§ 8 AO)

4036 Einen Wohnsitz hat nach § 8 AO jemand dort, wo er

- eine **Wohnung**
- unter Umständen innehat, die darauf schließen lassen, dass er sie
- **beibehalten oder benutzen wird**.

Anders als der bürgerlich-rechtliche Wohnsitzbegriff knüpft der steuerliche Begriff an **tatsächliche** und nicht an rechtliche **Gestaltungen** an. Subjektive Gesichtspunkte des Stpfl. sowie die melderechtliche Beurteilung sind unerheblich (BFH v. 17.5.1995, I R 8/94, BStBl II 1996, 2, BFH v. 8.5.2014, III R 21/12, BStBl II 2015, 135). Der Wohnsitz setzt neben zum dauerhaften Wohnen geeigneten Räumlichkeiten (**Wohnung**) das **Innehaben** der Wohnung in dem Sinne voraus, dass der Stpfl. tatsächlich über sie verfügen kann (**rechtliche Verfügungsmacht**), sie ihm also objektiv jederzeit (wann immer er will) als Bleibe zur Verfügung steht, und er sie als Bleibe zumindest mit einer gewissen Regelmäßigkeit aufsucht (**regelmäßige Nutzung über einen längeren Zeitraum**). Das gelegentliche Übernachten auf einem inländischen Betriebsgelände (z.B. einem Büro, einer Baracke, „Schlafstelle") begründet keinen Wohnsitz (BFH v. 6.2.1985, I R 23/82, BStBl II 1985, 331). Dies gilt auch für ein **„Standby-Zimmer"** oder eine „Standby-Wohnung", wenn das Zimmer bzw. die Wohnung jederzeit für eigene Wohnzwecke genutzt werden kann (BFH v. 10.4.2013, I R 50/12; BFH v. 13.11.2013, I R 38/13). Die Nutzung einer Wohnung zweimal im Jahr über einen längeren Zeitraum kann ausreichen, nicht jedoch ein nur gelegentliches Verweilen während unregelmäßig aufeinander folgender kurzer Zeiträume nur zu Erholungszwecken (BFH v. 23.11.1988, II R 139/87, BStBl II 1989, 182; BFH v. 23.11.2000, VI R 165/99, BStBl II 2001, 279; BFH v. 23.11.2000, VI R 107/99, BStBl II 2001, 294). Eine Mindestzahl von Tagen oder Wochen des Aufenthalts im Jahr ist nicht erforderlich (BFH v. 19.3.1997, I R 69/96, BStBl II 1997, 447). Ein Stpfl., der sich neben seinem Familienwohnsitz im Ausland ein möbliertes Zimmer in Deutschland gemietet hat, das er an ca. 50 Tagen im Jahr nutzt, ist unbeschränkt steuerpflichtig (BFH v. 16.12.1998, I R 40/97, BStBl II 1999, 207). Außer dem Innehaben setzt der Wohnsitzbegriff **Umstände** voraus, die darauf schließen lassen, dass die Wohnung durch den Inhaber **beibehalten** und als solche genutzt werden soll. Ob entsprechende Umstände vorliegen, kann nur nach Würdigung der Umstände des Einzelfalls entschieden werden. Aus äußeren Tatsachen sind Schlüsse auf künftiges Verhalten zu ziehen. Bezüglich dieser objektiven Umstände kann auf die Wohnungsausstattung und die tatsächliche Nutzung abgestellt werden (BFH v. 19.3.1997, I R 69/96, BStBl II 1997, 447; s.a. BFH v. 19.3.2002, I R 15/01, HFR 2003, 49). In der subjektiven Bestimmung liegt der Unterschied zwischen dem bloßen Aufenthalt nehmen und dem Wohnsitz (BFH v. 22.4.1994, III R 22/92, BStBl II 1994, 887). Die Beurteilung im Einzelfall liegt weitgehend auf tatsächlichem Gebiet (BFH v. 23.11.2000, VI R 165/99, BStBl II 2001, 279), so dass eine umfangreiche Rechtsprechung besteht. Bei einem ins Ausland versetzten Arbeitnehmer begründet die Beibehaltung einer eingerichteten Wohnung im Inland die – widerlegbare – Vermutung für das Fortbestehen eines inländischen Wohnsitzes (BFH v. 17.5.1995, I R 8/94, BStBl II 1996, 2; BFH v. 27.9.1999, I B 83/98). Vermietet ein vorübergehend im Ausland tätiger Arbeitnehmer seine Wohnung in der Absicht, sie nach Rückkehr wieder zu nutzen, behält er die Wohnung bei.

Beispiel 1:

Ein Strafgefangener sitzt in der JVA ein.

Er begründet in der JVA keinen Wohnsitz, weil er keine Wohnung innehat, kann aber dort seinen gewöhnlichen Aufenthalt haben.

Beispiel 2:

Ein Opernsänger hat sich in Hamburg auf Dauer eine Hotelsuite gemietet, die er bei Auftritten in Deutschland regelmäßig nutzt.

Der Opernsänger hat in Deutschland einen Wohnsitz. Ein gemietetes Hotelzimmer begründet grds. keinen Wohnsitz, weil der Nutzer das Zimmer nicht mit einer gewissen Regelmäßigkeit nutzt. Die Hotelsuite ist hier jedoch eine Wohnung, die der Opernsänger auf Grund der regelmäßigen Nutzung auch innehat (vgl. BFH v. 23.11.1988, II R 139/87, BStBl II 1989, 182). Er ist unbeschränkt steuerpflichtig.

Beispiel 3:

Der verheiratete polnische Saison-Arbeitnehmer P ist in Deutschland während der Erdbeerernte tätig und wohnt in der Scheune des Landwirts.

P hat in Deutschland keinen Wohnsitz, weil die Scheune keine Wohnung ist. Bei einem Aufenthalt über sechs Monate kann er aber seinen gewöhnlichen Aufenthalt in Deutschland begründen. Bei einem Aufenthalt unter sechs Monaten ist er nicht unbeschränkt steuerpflichtig.

Beispiel 4:

Ein Artist zieht mit seinem Zirkuswagen durch Deutschland.

Er begründet keinen Wohnsitz, weil er keine Wohnung innehat. Bei einer Aufenthaltsdauer von mehr als sechs Monaten hat er jedoch seinen gewöhnlichen Aufenthalt in Deutschland, so dass er dann unbeschränkt steuerpflichtig wird.

Beispiel 5:

Der ledige Arbeitnehmer verkauft seine Wohnung und geht für seinen Arbeitgeber für zwei Jahre ins Ausland. Seine Möbel stellt er bei Freunden unter.

Der Arbeitnehmer hat in dieser Zeit keinen Wohnsitz in Deutschland.

Beispiel 6:

Ein Arbeitnehmer mit Hauptwohnsitz in der Schweiz ist bei einer deutschen Fluggesellschaft mit Einsatzflughafen in A beschäftigt. Die Fluggesellschaft verlangt von ihren Piloten, dass sie in der Nähe des Einsatzflughafens eine Unterkunft unterhalten, von der sie ihren Flugdienst innerhalb von 60 Minuten nach einer entsprechenden Benachrichtigung antreten können. Daher mietete sich der Arbeitnehmer zusammen mit acht weiteren Piloten eine sog. „Standby-Wohnung" (Wohnung zur wechselseitigen Nutzung) an. Die Wohnung bestand aus einem Wohn- und Esszimmer mit Küche, drei Schlafzimmern sowie zwei Bädern. Die drei vorhandenen Schlafplätze standen den Piloten für die Dauer von ein bis drei Tagen nach dem Recht des ersten Zugriffs zur Verfügung.

Der Arbeitnehmer hat in der „Standby-Wohnung" keinen Wohnsitz in Deutschland, weil es an dem Merkmal „Innehaben einer Wohnung" fehlt (BFH v. 13.11.2013, I R 38/13). Er hat im Inland auch keinen gewöhnlichen Aufenthalt i.S.d. § 9 AO (FG Hessen v. 18.8.2015, 3 K 903/14, EFG 2015, 2138).

Eine Person kann **mehrere Wohnsitze** haben. Sie ist bereits dann unbeschränkt steuerpflichtig, wenn sie **einen** Wohnsitz in Deutschland hat (BFH v. 16.12.1998, I R 40/97, BStBl II 1999, 207; BFH v. 24.1.2001, I R 100/99, HFR 2001, 952). Bei mehrfachem Wohnsitz in mehreren Staaten bestimmt bei Vorhandensein eines DBA dieses i.d.R. die Ansässigkeit i.S. der DBA (→ *Doppelbesteuerungsabkommen: Allgemeines* Rz. 1601). Das Merkmal der Ansässigkeit ist nur bedeutsam für die Verteilung der Besteuerungsrechte nach dem DBA, nicht für die Bestimmung der Steuerpflicht nach dem EStG. Deshalb ist unbeschränkte Steuerpflicht bei einem Wohnsitz im Inland unabhängig davon gegeben, ob es sich um den Erst- oder Zweitwohnsitz handelt oder ob sich dort der Mittelpunkt der Lebensinteressen des Stpfl. befindet (BFH v. 24.1.2001, I R 100/99, HFR 2001, 952). Sofern es im Falle einer Auslandstätigkeit für den Arbeitnehmer steuerlich günstiger ist, in Deutschland nicht unbeschränkt steuerpflichtig zu sein, sollte er ggf. in Deutschland keinen Wohnsitz begründen bzw. seinen Wohnsitz aufgeben.

Bei **Ehegatten** und sonstigen **Familienangehörigen** ist der Wohnsitzbegriff **für jede Person gesondert** zu prüfen. Personen können aber über ihre Familienangehörigen einen Wohnsitz **beibehalten**. Ein Ehegatte, der nicht dauernd getrennt von seiner Familie lebt, hat seinen Wohnsitz grds. dort, wo seine Familie lebt (BFH v. 6.2.1985, I R 23/82, BStBl II 1985, 331; BFH v. 9.8.1999, VI B 387/98). Ein Ehegatte hat jedoch im Inland seinen Wohnsitz aufgegeben, wenn er im Ausland einen neuen Familienwohnsitz begründet hat und die Familie nur zur Beendigung des Schuljahrs noch 1,5 Monate in der bisherigen Wohnung bleibt (FG Niedersachsen v. 25.4.2002, 16 K 13467/96, EFG 2003, 756).

Beispiel 7:

Der Geschäftsführer einer deutschen Firma geht für längere Zeit ins Ausland. Seine Familie bleibt in Deutschland wohnen.

Der Geschäftsführer behält seinen Wohnsitz in Deutschland bei.

Beispiel 8:

Der Arbeitnehmer wohnt mit seiner Familie in der Schweiz. Die Familie will nach Deutschland ziehen. Der Ehemann zieht zunächst allein in das erworbene Haus. Die Ehefrau verbleibt mit den Kindern noch im Ausland.

Der Arbeitnehmer begründet seinen Wohnsitz im Inland, nicht aber die Familie. Die Ehefrau und die Kinder begründen den inländischen Wohnsitz erst mit dem Zuzug, denn die Wohnung war zuvor niemals Familienwohnsitz. In entsprechenden Fällen können Angehörige von Arbeitnehmern im öffentlichen Dienst, wenn sie vorher über den Arbeitnehmer nach § 1 Abs. 2 EStG erweitert unbeschränkt steuerpflichtig waren, aus Billigkeitsgründen weiterhin als unbeschränkt steuerpflichtig behandelt werden, wenn der Arbeitnehmer aus dienstlichen Gründen ins Inland versetzt wird und der Ehegatte noch für kurze Zeit im Ausland verbleibt (BMF v. 8.10.1996, IV B 4 – S 2102 – 59/96, BStBl I 1996, 1191).

Eine Ehefrau mit Familienwohnsitz im Ausland hat auch im Inland einen Wohnsitz, wenn sie dort ihren Ehemann in der gemieteten Wohnung am Arbeitsort an zwei bis drei Tagen im Monat besucht (BFH v. 28.1.2004, I R 56/02, HFR 2004, 988).

Ein Stpfl., der aus beruflichen Gründen mit seiner Familie eine Wohnung im Ausland bezieht und seine **bisherige inländische Wohnung aufrechterhält**, welche unverändert für Inlandsaufenthalte zur Verfügung steht und von ihm und den Familienmitgliedern genutzt wird, **behält seinen inländischen Wohnsitz** i.S.v. § 8 AO auch dann bei, wenn die Dauer des Auslandsaufenthalts nicht von vornherein feststeht (FG München v. 14.5.2018, 7 K 846/17, EFG 2018, 1240).

Studenten begründen am Studienort regelmäßig keinen Wohnsitz, wenn sie dort „in einer Studentenbude" leben und die Bindung zum Elternhaus unverändert bestehen bleibt (vgl. aber FG Berlin v. 9.3.2000, 4 K 4412/97, EFG 2000, 748). Dies gilt auch für ausländische Studenten, die sich vorübergehend zu Studienzwecken in Deutschland aufhalten (→ *Ausländische Studenten* Rz. 939). Sie begründen in Deutschland aber oft ihren gewöhnlichen Aufenthalt. Halten sich **Kinder** für **mehrere Jahre** zu Ausbildungszwecken (Schule/Studium) **im Ausland** auf, so haben sie die elterliche Wohnung im Inland inne, wenn der Auslandsaufenthalt nicht in erster Linie durch den Ausbildungszweck bestimmt ist und die Kinder die elterliche Wohnung nicht zum zwischenzeitlichen Wohnen in der ausbildungsfreien Zeit nutzen (s.a. FG Bremen v. 27.2.2003, 4 K 132/02, EFG 2003, 937). Bei langjährigen Aufenthalten ausländischer Kinder im Heimatland der Eltern hat die Rechtsprechung das Innehaben der inländischen elterlichen Wohnung grds. verneint (aber FG Düsseldorf v. 18.6.2004, 18 K 5613/03 Kg, EFG 2004, 1638). Kurzfristige Aufenthalte bei den Eltern mit Besuchscharakter, die nicht einem Aufenthalt mit Wohncharakter gleichkommen, führen auch dann nicht zum Beibehalten des elterlichen Inlandswohnsitzes, wenn die Rückkehr nach Deutschland nach Abschluss der Ausbildung geplant ist (BFH v. 23.11.2000, VI R 165/99, BStBl II 2001, 279, s. aber auch BFH v. 23.11.2000, VI R 107/99, BStBl II 2001, 294 und BFH v. 15.11.2004, VIII B 240/04).

Vgl. zum Begriff des Wohnsitzes auch den Anwendungserlass zur AO zu § 8 Wohnsitz AO, AEAO zu § 8 – Wohnsitz, Amtliches AO-Handbuch 2023 bzw. 2024 und die dort genannte umfangreiche weitere Rechtsprechung.

3. Begriff des gewöhnlichen Aufenthalts (§ 9 AO)

4037 Seinen gewöhnlichen Aufenthalt hat nach § 9 AO jemand dort, wo er sich u.U. **aufhält**, die erkennen lassen, dass er an diesem **Ort**/in diesem **Gebiet nicht nur vorübergehend** verweilt.

Bei einer Aufenthaltsdauer von **mehr als sechs Monaten wird nach § 9 Satz 2 AO ohne weitere Voraussetzung** ein gewöhnlicher Aufenthalt angenommen.

Vgl. zum Begriff des gewöhnlichen Aufenthalts auch den Anwendungserlass zur AO zu § 9 Gewöhnlicher Aufenthalt AO, AEAO zu § 9 – Gewöhnlicher Aufenthalt, Amtliches AO-Handbuch in der jeweils aktuellen Fassung und die dort genannte umfangreiche Rechtsprechung.

Beim gewöhnlichen Aufenthalt kommt es auf den **tatsächlichen Aufenthalt** an. Im Gegensatz zum Wohnsitz kann eine Person immer **nur einen gewöhnlichen Aufenthalt** haben. Kurzfristige Inlandsaufenthalte führen daher nicht zur Begründung eines gewöhnlichen Aufenthalts. Ein Grenzgänger begründet im Tätigkeitsstaat regelmäßig keinen gewöhnlichen Aufenthalt (BFH v. 10.5.1989, I R 50/85, BStBl II 1989, 755; BFH v. 10.7.1996, I R 4/96, BStBl II 1997, 15; → *Grenzgänger* Rz. 2391).

Bei **kurzfristigen Unterbrechungen** – z.B. durch Urlaub, Geschäftsreisen – läuft die Sechs-Monats-Frist weiter und die Unterbrechungszeit wird mitgerechnet. Der Sechs-Monats-Zeitraum muss nicht in ein Kalender- bzw. Steuerjahr fallen. Bei einem weniger als sechs Monate dauernden Aufenthalt kann ein gewöhnlicher Aufenthalt begründet werden, wenn Inlandsaufenthalte nacheinander folgen, die sachlich miteinander verbunden sind, und der Arbeitnehmer beabsichtigt länger im Inland zu bleiben (BFH v. 3.8.1977, I R 210/75, BStBl II 1978, 118).

Beispiel:

Ein ausländischer Saisonarbeiter beabsichtigt nur zur Erfüllung seines vom 1.11.2023 bis zum 15.2.2024 währenden Arbeitsvertrags in Deutschland zu verweilen. Er lebt in einer Gemeinschaftsunterkunft, die ihm vom Arbeitgeber gestellt wird. Sein Arbeitsvertrag wird unerwartet bis zum 31.5.2024 verlängert.

Der Arbeitnehmer ist sowohl 2023 als auch 2024 in Deutschland unbeschränkt einkommensteuerpflichtig, weil er hier seinen gewöhnlichen Aufenthalt hat.

Bei einem Auslandsaufenthalt von nahezu zwei Jahren kann kein gewöhnlicher Aufenthalt im Inland mehr angenommen werden (BFH v. 27.4.2005, I R 112/04, HFR 2005, 1177).

Ein Pilot, der i.R. seiner beruflichen Tätigkeit durchschnittlich nur einmal pro Woche in der Nähe seines Einsatzflughafens in Deutschland sowie ansonsten an anderen Flughäfen im europäischen Ausland übernachtet und seine freie Zeit – von Urlaubsreisen abgesehen – an seinem Familienwohnsitz in der Schweiz verbringt, hat im Inland keinen gewöhnlichen Aufenthalt i.S.d. § 9 AO (FG Hessen v. 18.8.2015, 3 K 903/14, EFG 2015, 2138).

4. Sonderfälle

In vielen zwischenstaatlichen Vereinbarungen gibt es Wohnsitz- 4038
fiktionen, die § 8 AO vorgehen. So gelten z.B. deutsche Bedienstete der EG als im Inland ansässig (Art. 14 des Protokolls über die Vorrechte und Befreiungen der Europäischen Gemeinschaften v. 8.4.1965, BGBl. II 1965, 1482).

Zu Angehörigen der Streitkräfte → *NATO: Mitarbeiter* Rz. 3227.

5. Umfang der Steuerpflicht

Unbeschränkt Stpfl. unterliegen mit ihren inländischen und aus- 4039
ländischen Einkünften (**Welteinkommen**) der Einkommensteuer. Das deutsche **Besteuerungsrecht kann eingeschränkt sein** insbesondere durch DBA oder andere zwischenstaatliche Vereinbarungen (→ *Doppelbesteuerungsabkommen: Allgemeines* Rz. 1601). Die Finanzverwaltung hat eine Übersicht der steuerlichen Vorrechte und Befreiungen auf Grund zwischenstaatlicher Vereinbarungen u.a. für Beschäftigte von Organisationen und Einrichtungen der Verteidigung, Friedenssicherung, Rüstungskontrolle, den Vereinten Nationen, zivilen Weltorganisationen und europäischen Organisationen veröffentlicht (zuletzt BMF v. 18.3.2013, IV B 4 – S 1311/07/10039, BStBl I 2013, 404, grds. keine Anwendung mehr ab 1.1.2020). Zur Besteuerung der Einkünfte von Bediensteten des Europäischen Patentamts s. BFH v. 2.11.1999, I B 163/98. Nach § 34c Abs. 5 EStG kann die auf ausländische Einkünfte entfallende **deutsche Einkommensteuer ganz oder z.T. erlassen** oder in einem Pauschbetrag festgesetzt werden, wenn es aus volkswirtschaftlichen Gründen zweckmäßig oder eine Vermeidung der Doppelbesteuerung durch Anrechnung ausländischer Steuern schwierig ist. Auf der Grundlage des § 34c Abs. 5 EStG beruht insbesondere der **Auslandstätigkeitserlass** (→ *Auslandstätigkeitserlass* Rz. 957). Zur Vermeidung der Doppelbesteuerung auch → *Doppelbesteuerung* Rz. 1600.

Zu familienbezogenen Entlastungen für Angehörige im Ausland → *Steuerpflicht* Rz. 4002.

Mit Urteil v. 16.3.2022, VIII R 33/19, hat der BFH zur Steuerpflicht einer Vergütung für die Tätigkeit eines tageweise beim Europarat beschäftigten Dolmetschers entschieden, dass (Leitsätze):

„1. Eine Vergütung, die ein in Deutschland ansässiger Dolmetscher für seine tageweise Beschäftigung beim Europarat erhält, ist nicht nach dem Allgemeinen Abkommen über die Vorrechte und Befreiungen des Europarates vom 2.9.1949, BGBl II 1954, 494 steuerbefreit (Anschluss an BFH-Urteil vom 6.8.1998, IV R 75/97, BStBl II 1998, 732).

2. Einer Verfügung des Generalsekretärs des Europarates, die hinsichtlich einer solchen Vergütung Steuerfreiheit gewährt, kommt keine Bindungswirkung zu Lasten des nationalen Besteuerungsrechts zu."

6. Lohnsteuerabzugsverfahren bei unbeschränkter Steuerpflicht

4040 Bei unbeschränkt steuerpflichtigen Arbeitnehmern ist der **Lohnsteuerabzug** vom Arbeitgeber gem. § 39b EStG nach den Lohnsteuerabzugsmerkmalen (Steuerklasse, Zahl der Kinderfreibeträge, monatliche Freibeträge) vorzunehmen.

7. Veranlagungsverfahren

4041 Unbeschränkt steuerpflichtige Arbeitnehmer können, sofern sie nicht von Amts wegen zu veranlagen sind, insbesondere zur Anrechnung der Lohnsteuer auf die Einkommensteuer die Veranlagung **beantragen** (→ *Veranlagung von Arbeitnehmern* Rz. 4233). Zur Freistellung von Arbeitslohn nach einem DBA bei der Veranlagung → *Doppelbesteuerungsabkommen bei Einkünften aus nichtselbständiger Arbeit* Rz. 1700.

Wird eine Zahlung des Arbeitgebers dem Lohnsteuerabzug unterworfen, obwohl die Besteuerung abkommensrechtlich dem Wohnsitzstaat des Arbeitnehmers zugewiesen ist, besteht die Möglichkeit, einen Erstattungsantrag in analoger Anwendung des § 50c Abs. 3 Satz 1 EStG zu stellen, soweit die entsprechenden Einkünfte aus nichtselbständiger Arbeit nicht bereits i.R. einer Veranlagung nach § 50 Abs. 2 Satz 2 Nr. 4 Buchst. b i.V.m. Satz 7 EStG erfasst wurden. Der Erstattungsanspruch ist dabei gegen das Betriebsstättenfinanzamt des Arbeitgebers zu richten (BFH v. 21.10.2009, I R 70/08, BStBl II 2012, 493). Ggf. sind für den Erstattungsantrag besondere formelle Anforderungen (z.B. Fristen), die in den jeweiligen DBA geregelt sind, zu beachten (vgl. a. BMF v. 25.6.2012, IV B 5 – S 1301-USA/0-04, BStBl I 2012, 692).

Steuerpflicht: Wechsel

1. Lohnsteuerabzugsverfahren

4042 Wird ein **unbeschränkt einkommensteuerpflichtiger Arbeitnehmer** beschränkt einkommensteuerpflichtig, hat er dies dem Finanzamt unverzüglich **anzuzeigen** (§ 39 Abs. 7 EStG). Das Finanzamt hat die Lohnsteuerabzugsmerkmale vom Zeitpunkt des Eintritts der beschränkten Steuerpflicht an zu ändern. Unterbleibt die Anzeige, hat das Finanzamt **zu wenig erhobene Lohnsteuer** von mehr als 10 € **vom Arbeitnehmer nachzufordern**.

Erhält ein Arbeitnehmer nach Beendigung der unbeschränkten Steuerpflicht Bonuszahlungen, so ist die Lohnsteuer auf die Bonuszahlungen unter Berücksichtigung des in der Zeit der unbeschränkten Steuerpflicht bezogenen Arbeitslohns zu berechnen (BFH v. 25.8.2009, I R 33/08, BStBl II 2010, 150).

2. Veranlagungsverfahren

4043 Besteht während eines Kalenderjahres **sowohl beschränkte als auch unbeschränkte Steuerpflicht**, so findet **nur eine Veranlagung** für das Kalenderjahr statt. Die während der beschränkten Steuerpflicht erzielten inländischen Einkünfte – und zwar auch diejenigen, die dem Steuerabzug unterliegen, der bei beschränkt Stpfl. Abgeltungswirkung hat – werden den während der unbeschränkten Steuerpflicht erzielten Einkünften hinzugerechnet (§ 2 Abs. 7 EStG). In diesem Fall sind sämtliche ausländischen Einkünfte, die im Veranlagungszeitraum nicht der deutschen Einkommensteuer unterlegen haben, bei der Berechnung des Steuersatzes zu berücksichtigen; dies gilt auch, wenn nach dem Wegzug bzw. vor dem Zuzug keine Steuerpflicht mehr besteht (→ *Progressionsvorbehalt* Rz. 3501). Wird nach Beendigung der unbeschränkten Steuerpflicht vom ausländischen Arbeitslohn zu Unrecht Lohnsteuer einbehalten, so ist auch diese Lohnsteuer auf die festgesetzte Einkommensteuer anzurechnen (BFH v. 23.5.2000, VII R 3/00, BStBl II 2000, 581).

Zur steuerlichen Behandlung der Einkommensteuererstattung bei Nettolohnvereinbarung nach Wegfall der unbeschränkten Steuerpflicht s. OFD Nordrhein-Westfalen v. 15.8.2018, S 2367 – 2017/0004 – St 213.

Steuerrechtlicher Arbeitgeber

→ *Lohnzahlung durch Dritte* Rz. 3040

Steuertarif

1. Überblick

a) Geltender Einkommensteuertarif

4044

	2023	2024	2025	2026
Grundfreibetrag[1])	10 908 €	11 784 €	12 096 €	12 348 €
Eingangssteuersatz	14,0 %	14,0 %	14,0 %	14,0 %
„normaler" Spitzensteuersatz	42,0 %	42,0 %	42,0 %	42,0 %
ab zu versteuerndem Einkommen[1])	62 810 €	66 761 €	68 481 €	69 879 €
Spitzensteuersatz („Reichensteuer")	45,0 %	45,0 %	45,0 %	45,0 %
ab zu versteuerndem Einkommen[1])	277 826 €	277 826 €	277 826 €	277 826 €

1) Verdoppelung bei Ehegatten/Lebenspartnern

Mit dem Gesetz zur steuerlichen Freistellung des Existenzminimums 2024 v. 2.12.2024, BGBl. I 2024 Nr. 386, wurde der Grundfreibetrag rückwirkend ab 1.1.2024 auf 11 784 € erhöht. Durch das Gesetz zur Fortentwicklung des Steuerrechts und zur Anpassung des Einkommensteuertarifs (BGBl. I 2024 Nr. 449) wurden weitere Anhebungen des Grundfreibetrags für 2025 auf 12 096 € bzw. 2026 12 348 € vorgenommen.

b) Wegfall der Steuertabellen

Die „amtlichen Einkommensteuertabellen" sind seit 2004 weggefallen, die Einkommensteuer ist nach der im Gesetz festgelegten **Tarifformel** zu ermitteln (§ 32a Abs. 1 EStG). Auf den Internetseiten des BMF werden jedoch Rechenprogramme angeboten, die eine Berechnung der Einkommensteuer ermöglichen. Auch die privaten Tabellenverlage (u.a. **Stollfuß Verlag**) geben weiterhin **Einkommensteuertabellen** heraus. 4045

Weggefallen sind auch die gesetzlichen **Lohnsteuertabellen**, allerdings legen die Tabellenverlage (auch **Stollfuß Verlag**) weiterhin Lohnsteuertabellen und maschinelle Abrechnungsprogramme auf, denen der Arbeitgeber dann die Lohnsteuer entnehmen kann.

2. Allgemeines

Der Arbeitgeber entnimmt die jeweilige Lohnsteuer der maßgebenden Lohnsteuertabelle. Zu unterscheiden sind dabei die 4046

- **Allgemeine Lohnsteuertabelle** für einen Arbeitnehmer, der in allen Sozialversicherungszweigen versichert ist,
- und die **Besondere Lohnsteuertabelle** für einen Arbeitnehmer, der in keinem Sozialversicherungszweig versichert und privat kranken- und pflegeversichert ist sowie dem Arbeitgeber keine Basiskranken- und Pflege-Pflichtversicherungsbeiträge mitgeteilt hat.

Einzelheiten zum Aufbau der Lohnsteuertabellen → *Lohnsteuertabellen* Rz. 3038.

Der Tarif für die Einkommensteuer und Lohnsteuer ist gleich.

3. Grundbegriffe

a) Grundtabelle/Splittingtabelle

Zu unterscheiden sind folgende Tabellen (vgl. § 32a EStG): 4047

- **Grundtabelle für ledige und andere alleinstehende Personen**, z.B. Geschiedene, dauernd getrennt Lebende, Verwitwete (außer im Todesjahr des Ehegatten und im folgenden Jahr). Die

Grundtabelle entspricht im Lohnsteuerabzugsverfahren der **Steuerklasse I**, bei Alleinerziehenden mit Kind und Anspruch auf den Entlastungsbetrag für Alleinerziehende der **Steuerklasse II**.

- **Splittingtabelle für Ehegatten und Lebenspartner**, die zusammen veranlagt werden; sie entspricht im Allgemeinen der Steuerklasse III (zu Steuerklassenkombinationen bei zwei verdienenden Ehegatten/Lebenspartnern → *Steuerklassen* Rz. 3988).

Das **Splittingverfahren** entspricht den Grundwertungen des Familienrechts und stellt daher nach Auffassung des BVerfG und des BFH **keine beliebig veränderbare Steuer-„Vergünstigung"** dar; eine Übertragung auf **Alleinerziehende mit Kindern** sowie **verschiedengeschlechtliche Partner einer eheähnlichen Lebensgemeinschaft** kommt nicht in Betracht (BFH v. 29.9.2016, III R 62/13, BStBl II 2017, 259 und BFH v. 17.1.2017, III B 20/16). Gegen das Ehegatten-Splitting selbst bestehen nach Auffassung des BFH ebenfalls keine durchgreifenden verfassungsrechtlichen Bedenken.

Ist die Versagung des Splittingtarifs für Alleinerziehende verfassungswidrig?

Beim BFH war unter dem Az. III R 50/17 ein Revisionsverfahren zur Frage anhängig, ob die Versagung des Splittingtarifs für **verwitwete Alleinerziehende** gegen das Verfassungsrecht verstößt. Das FG Sachsen hat diese Frage verneint (Urteil v. 15.3.2017, 2 K 1429/16, n.v.). Das vorgenannte BFH-Verfahren wurde durch Beschluss v. 9.12.2020 bis zur Entscheidung des BVerfG in dem Verfahren 2 BvL 3/17 ausgesetzt. Das BVerfG hat die Richtervorlage zu der in § 32 Abs. 6 EStG festgelegten Höhe des Kinderfreibetrags im Jahr 2014 als unzulässig verworfen (Beschluss v. 5.9.2024, 2 BvL 3/17). Der BFH hat dann in der Folge entschieden, dass er nicht von der Verfassungswidrigkeit der Regelung des § 32 Abs. 6 Satz 1 EStG (i.d.F. des Wachstumsbeschleunigungsgesetzes, BGBl. I 2009, 3959) und des § 32a EStG (in der für den Vz 2014 geltenden Fassung des Gesetzes zum Abbau der kalten Progression v. 20.2.2013, BGBl. I 2013, 283) überzeugt ist (BFH v. 23.1.2025, III R 33/24, BStBl II 2025, 516). Nach wie vor ergibt sich weder aus dem aus Art. 3 Abs. 1 GG abzuleitenden Prinzip der Besteuerung nach der wirtschaftlichen Leistungsfähigkeit noch unter Berücksichtigung des Schutzbereichs des Art. 6 Abs. 1 GG ein Anspruch Alleinerziehender auf Anwendung des Splitting-Verfahrens gem. § 32a Abs. 5 EStG (BFH, Urteil v. 18.6.2024, VIII R 32/20, BStBl II 2025, 168).

Ehegatten leben nicht dauernd getrennt i.S.d. § 26 Abs. 1 Nr. 2 EStG, wenn sie trotz räumlichen Getrenntlebens ihre persönliche und geistige Lebensgemeinschaft fortführen und die Wirtschaftsgemeinschaft im Wesentlichen unverändert gegenüber der Zeit vor der räumlichen Trennung beibehalten, sog. **„living-apart-together"-Beziehungen** (FG Münster v. 22.2.2017, 7 K 2441/15 E, EFG 2017, 573).

Das **Splittingverfahren ist auch auf Lebenspartner und Lebenspartnerschaften** anzuwenden (§ 2 Abs. 8 EStG). Nach Änderung des § 1353 Abs. 1 Satz 1 BGB durch das Gesetz zur Einführung des Rechts auf Eheschließung für Personen gleichen Geschlechts v. 20.7.2017, BGBl. I 2017, 2787 können diese **seit dem 1.10.2017 bürgerlich-rechtlich eine Ehe eingehen** mit der Folge, dass die steuerlichen Vergünstigungen für Eheleute (also insbesondere die Zusammenveranlagung nach § 26b EStG mit Anwendung des günstigen Splittingtarifs = Steuerklasse III) für diesen Personenkreis nunmehr unmittelbar gelten. Lebenspartnerschaften können ab Inkrafttreten des o.g. Gesetzes nicht mehr begründet werden (Art. 3 Abs. 3 des o.g. Gesetzes).

Eine Steuerermittlung nach der **Splittingtabelle** ist im Allgemeinen „günstiger" als die jeweilige Besteuerung als Einzelperson. Denn der Gesetzgeber geht davon aus, dass Ehegatten und Lebenspartner regelmäßig eine **Erwerbs- und Wirtschaftsgemeinschaft** bilden, d.h., dass die Einkünfte von den Ehegatten und Lebenspartnern **gemeinschaftlich erzielt** werden. Es wird daher beim Splittingverfahren unterstellt, dass jeder Ehegatte bzw. Lebenspartner – selbst wenn tatsächlich nur **ein** Ehegatte/Lebenspartner erwerbstätig ist – die Hälfte der gesamten Einkünfte erzielt habe. Für jeden Ehegatten/Lebenspartner wird daher die Einkommensteuer auf die halbierten Gesamteinkünfte zunächst nach der Grundtabelle ermittelt und der sich ergebende Betrag anschließend verdoppelt; das Ergebnis ist die Einkommensteuer laut Splittingtabelle. In dieser auf zwei Personen aufgeteilte Steuerberechnung wird für jeden Stpfl. der Grundfreibetrag angesetzt. Bei unterschiedlich hohen Einkünften der Ehepartner kann diese Veranlagungsform zu einer gewissen **Senkung der Steuerprogression** führen im Vergleich zu einem alleinstehenden Stpfl. Der Splittingvorteil ist umso größer, je weiter die Einkommen der Ehegatten/Lebenspartner auseinander laufen; am größten also bei Alleinverdienern. Dabei ist zu berücksichtigen, dass ohne Splittingtarif der gesetzliche Unterhaltsanspruch der Ehepartner untereinander steuermindernd zu berücksichtigen wäre. **Kein** steuerlicher Vorteil ergibt sich hingegen, wenn beide Ehegatten/Lebenspartner **gleich hohe Einkommen** erzielen.

Beispiel:

Die Eheleute A haben ein zu versteuerndes Einkommen von 100 000 € erzielt, A ist Alleinverdiener. Die Einkommensteuer 2025 ist wie folgt zu berechnen:

Aufteilung des zu versteuernden Einkommens auf beide Ehegatten	50 000 €
Einkommensteuer laut Grundtabelle	10 691 €
Verdoppelung ergibt Einkommensteuer laut **Splittingtabelle**	21 382 €

Nach der **Grundtabelle** ergäbe sich demgegenüber eine Einkommensteuer von 31 088 €, der „Splittingvorteil" beträgt mithin 9 706 €. Bei dieser Betrachtung ist jedoch zu berücksichtigen, dass mit diesem Splittingvorteil steuerlich auch die Unterhaltszahlungen an den nicht verdienenden Ehegatten/Lebenspartner abgegolten sind. Der „tatsächliche" Vorteil ist somit geringer.

Nach der **Rechtsprechung des BVerfG** fällt die Steuerbelastung in den Schutzbereich der Eigentumsgarantie nach Art. 14 des Grundgesetzes (GG). Die steuerliche Belastung auch höherer Einkommen darf für den Regelfall nicht so weit gehen, dass der wirtschaftliche Erfolg grundlegend beeinträchtigt wird und damit nicht mehr angemessen zum Ausdruck kommt. Allerdings lässt sich aus Art. 14 Abs. 1 Satz 1 und Abs. 2 Satz 2 GG keine allgemein verbindliche, absolute Belastungsobergrenze in der Nähe einer hälftigen Teilung ableiten. Die frühere Rechtsprechung des BVerfG zum sog. **Halbteilungsgrundsatz ist damit überholt** (BFH v. 23.2.2017, III R 35/14, BStBl II 2017, 757 m.w.N.).

b) Grenzsteuersatz/Durchschnittssteuersatz

Diese Begriffe werden häufig verwechselt: 4048

- **Grenzsteuersatz** ist der Steuersatz, mit dem der **„letzte Euro"** des jeweiligen Einkommens besteuert wird. Dieser Steuersatz beginnt praktisch bei Null (Einkommenserhöhungen bleiben im Jahre 2026 bis zum Grundfreibetrag von 12 348 € ganz steuerfrei) und steigt dann von 14 % an bis zum Spitzensteuersatz von 45 %.
- **Durchschnittssteuersatz** ist die Einkommensteuer in Prozent, die sich auf das gesamte zu versteuernde Einkommen bezieht. Dieser Satz liegt wesentlich unter dem Grenzsteuersatz. Der Durchschnittssteuersatz nähert sich mit zunehmendem Einkommen immer mehr dem Spitzensteuersatz von 45 %, ohne ihn je zu erreichen.

Beispiel:

A (Steuerklasse I, 22 Jahre) hat einen Bruttoarbeitslohn von monatlich 4 000 €. Die Lohnsteuer beträgt nach der allgemeinen Lohnsteuertabelle im November 2026 534,33 €, das ergibt bezogen auf den Bruttoarbeitslohn einen Durchschnittssteuersatz von 13,35 %. Die „Grenzsteuerbelastung" beträgt in diesem Einkommensbereich aber bereits ca. 30 %. Wenn A also eine Gehaltserhöhung von 100 € bekommt, muss er hiervon schon etwa 30 € an Lohnsteuer bezahlen. Kirchensteuer kommt ggf. noch hinzu.

4. Aufbau der Einkommensteuertabelle

Der **Einkommensteuertarif 2026** setzt sich aus „mehreren Schichten" zusammen: 4049

- **Grundfreibetrag**: Bis 12 096 € beträgt die Einkommensteuer 0 € (**Nullzone**, § 32a Abs. 1 Nr. 1 EStG). Mit diesem Betrag soll das sog. **Existenzminimum** des Stpfl. **steuerfrei** belassen werden.
- An diese Nullzone schließen sich **zwei Progressionszonen** bis zu einem Einkommen von 68 480 € an. Einkommensteile in diesem Bereich werden progressiv mit 14 % (**Eingangssteuersatz**) bis zum Grenzsteuersatz von 42 % („normaler" Spitzensteuersatz) besteuert.

- Einkommensteile ab 68 481 € werden gleichmäßig mit einem Grenzsteuersatz von 42 % besteuert (**obere Proportionalzone, „normaler" Spitzensteuersatz**).
- Für Einkommensteile ab 277 826 € gilt ein erhöhter Spitzensteuersatz von 45 % (sog. **Reichensteuer**).

Bei zusammen veranlagten Ehegatten mit **Splitting-Verfahren verdoppeln** sich die Euro-Beträge.

5. Aufstellung der Lohnsteuertabellen

a) Allgemeines

4050 Die Lohnsteuertabellen sind aus der Einkommensteuertabelle abgeleitet, indem das zu versteuernde Einkommen in einen Jahresarbeitslohn umgerechnet wird; für 2026 durch Hinzurechnung

- des **Arbeitnehmer-Pauschbetrags** von 1 230 € für die Steuerklassen I bis V,
- des **Sonderausgaben-Pauschbetrags** von 36 € für die Steuerklassen I bis V,
- der **Vorsorgepauschale** für die Steuerklassen I bis VI,
- des **Entlastungsbetrags für Alleinerziehende** von 4 260 € für die Steuerklasse II (der Erhöhungsbetrag von 240 € für das zweite und jedes weitere Kind kann nur im sog. Freibetragsverfahren geltend gemacht werden, → *Entlastungsbetrag für Alleinerziehende* Rz. 1979).

b) Lohnsteuertabellen für 2026

4051 Das BMF hat mit Schreiben v. 12.11.2025, IV C 5 – S 2361/00025/016/028, BStBl I 2025, den Programmablaufplan für den Lohnsteuerabzug 2026 bekanntgemacht, der u.a. die Anpassung des Einkommensteuertarifs (einschließlich Anhebung des Grundfreibetrags), der Zahlenwerte des § 39b Abs. 2 Satz 7 EStG, des Kinderfreibetrags und der Freigrenzen beim Solidaritätszuschlag durch das Standortentwicklungsgesetz berücksichtigt. Überdies wurden die Beitragsbemessungsgrenzen der Sozialversicherung für 2026 und ein durchschnittlicher Zusatzbeitrag in der gesetzlichen Krankenversicherung von 2,9 % berücksichtigt.

Im nachstehenden Beispiel wird daher zunächst ein Vergleich zwischen dem Dezember 2025 und dem Januar 2026 gezogen.

Beispiel:

Die Lohnabrechnung eines Arbeitnehmers in Niedersachsen mit der Steuerklasse III, kein Kind, 26 Jahre, hat für den **Monat Dezember 2025** wie folgt ausgesehen:

Ermittlung des Bruttolohns	
Monatslohn	5 000,– €
steuerpflichtige Zulage	100,– €
vermögenswirksame Leistungen	26,– €
Steuerpflichtiger Bruttolohn	**5 126,– €**
Steuerabzug	
Lohnsteuer (StKl III/0)	443,16 €
Kirchensteuer (9 %)	39,88 €
Sozialversicherungsrechtliche Abzüge	
Krankenversicherung einschließlich kassenindividueller Zusatzbeitrag (1/2 von 14,6 % + 1/2 von 2,5 % [angenommener Wert])	438,28 €
Pflegeversicherung einschließlich Zuschlag für Kinderlose (1/2 von 3,6 % + 0,6 %)	123,02 €
Rentenversicherung (1/2 von 18,6 %)	476,72
Arbeitslosenversicherung (1/2 von 2,6 %)	66,64 €
Nettolohn	**3 538,30 €**
Private Abzüge	
Vermögenswirksame Leistungen	40,00 €
Auszahlungsbetrag	**3 498,30 €**

Die Lohnabrechnung des Arbeitnehmers wird sich **im Januar 2026** dann wie folgt darstellen:

Steuerpflichtiger Bruttolohn	5 126,00 €
Steuerabzug	
Lohnsteuer (StKl III/0)	430,66 €
Kirchensteuer (9 %)	38,75 €
Sozialversicherungsrechtliche Abzüge	
Krankenversicherung einschließlich kassenindividueller Zusatzbeitrag (1/2 von 14,6 % + 1/2 von 2,5 % [angenommener Wert])	438,28 €
Pflegeversicherung einschließlich Zuschlag für Kinderlose (1/2 von 3,4 % + 0,6 %)	123,02
Rentenversicherung (1/2 von 18,6 %)	476,72 €
Arbeitslosenversicherung (1/2 von 2,6 %)	66,64 €
Nettolohn	**3 551,93 €**
Private Abzüge	
Vermögenswirksame Leistungen	40,00 €
Auszahlungsbetrag	**3 511,93 €**

Stille Beteiligung

→ *Werbungskosten* Rz. 4581

Stipendien

1. Allgemeines

Stipendien oder Studienbeihilfen, die mit **öffentlichen Geldern** finanziert und für Zwecke bewilligt werden, die geeignet sind, die Bereiche Erziehung, Ausbildung, Wissenschaft oder Kunst unmittelbar zu fördern, sind unter bestimmten Voraussetzungen nach § 3 Nr. 11 EStG oder nach § 3 Nr. 44 EStG steuerfrei. 4052

Da eine vergleichbare Befreiungsvorschrift für aus **privaten Mitteln** stammende Studienbeihilfen nicht besteht, liegt insoweit Steuerpflicht vor. Von **privaten Arbeitgebern** gewährte Stipendien und Beihilfen stellen, sofern diese Arbeitslohn sind, grds. steuerpflichtigen Arbeitslohn dar. Stipendien, die den Voraussetzungen des § 3 Nr. 44 EStG entsprechen, sind in jedem Falle sozialversicherungsfrei.

LSt SV (durchgestrichen)

Sofern es sich aber um eine öffentliche Förderung im o.g. Sinne handelt, ist es unabhängig von den übrigen Voraussetzungen des § 3 Nr. 11 oder Nr. 44 EStG erforderlich, dass der Empfänger mit den Bezügen nicht zu einer bestimmten wissenschaftlichen oder künstlerischen Gegenleistung oder zu einer Arbeitnehmertätigkeit verpflichtet wird.

2. Begriffsbestimmung

Voraussetzung für die Steuerfreiheit ist, dass es sich um **öffentliche Mittel** oder um Mittel aus einer **öffentlichen Stiftung** handelt: 4053

Öffentliche Mittel sind Mittel des Bundes, der Länder, der Gemeinden und Gemeindeverbände und der als juristische Personen des öffentlichen Rechts anerkannten Religionsgemeinschaften.

Eine **öffentliche Stiftung** liegt vor, wenn

- die Stiftung selbst eine juristische Person des öffentlichen Rechts ist oder
- das Stiftungsvermögen im Eigentum einer juristischen Person des öffentlichen Rechts steht oder
- die Stiftung von einer juristischen Person des öffentlichen Rechts verwaltet wird.

Im Übrigen richtet sich der Begriff „Öffentliche Stiftung" nach Landesrecht, vgl. H 3.11 (Öffentliche Stiftung) EStH.

Nichtrechtsfähige Stiftungen werden vom Begriff der öffentlichen Stiftung i.S.d. § 3 Nr. 11 EStG **nicht umfasst** (FG Rheinland-Pfalz v. 9.12.2014, 3 K 2197/11, EFG 2015, 358).

Beispiele für öffentliche Stiftungen sind etwa die Friedrich-Ebert-Stiftung oder die Friedrich-Thyssen-Stiftung.

3. Steuerfreiheit nach § 3 Nr. 11 EStG

Bezüge aus öffentlichen Mitteln oder aus Mitteln einer öffentlichen Stiftung, die als Beihilfe zu dem Zweck bewilligt werden, die Erziehung oder Ausbildung, die Wissenschaft oder Kunst unmittelbar zu fördern, sind nach § 3 Nr. 11 EStG steuerfrei. 4054

Voraussetzung ist eine offene Verausgabung nach Maßgabe der haushaltsrechtlichen Vorschriften und eine gesetzliche Kontrolle (BFH v. 9.4.1975, I R 251/72, BStBl II 1975, 577; BFH v. 15.11.1983, VI R 20/80, BStBl II 1984, 113). Dabei können Empfänger einer steuerfreien Beihilfe nur die Personen sein, denen sie im Hinblick auf den Zweck der Leistung bewilligt worden ist (BFH v. 19.6.1997, IV R 26/96, BStBl II 1997, 652).

Zu den steuerfreien Erziehungs- und Ausbildungsbeihilfen gehören z.B. die Leistungen nach dem BAföG.

LSt (durchgestrichen) SV (durchgestrichen)

Nicht zu den steuerfreien Erziehungs- und Ausbildungsbeihilfen gehören:

- Unterhaltszuschüsse an Beamte im Vorbereitungsdienst – Beamtenanwärter (BFH v. 12.8.1983, VI R 155/80, BStBl II 1983, 718),
- die zur Sicherstellung von Nachwuchskräften gezahlten Studienbeihilfen,
- die für die Fertigung einer Habilitationsschrift gewährten Beihilfen (BFH v. 4.5.1972, IV 133/64, BStBl II 1972, 566).

LSt SV

4. Steuerfreiheit nach § 3 Nr. 44 EStG

4055 Stipendien, die aus öffentlichen Mitteln oder von zwischenstaatlichen oder überstaatlichen Einrichtungen, denen die Bundesrepublik Deutschland als Mitglied angehört, zur Förderung der Forschung oder zur Förderung der wissenschaftlichen oder künstlerischen Ausbildung oder Fortbildung gewährt werden, sind steuerfrei (§ 3 Nr. 44 EStG). Das Gleiche gilt für Stipendien, die zu diesen Zwecken von einer Einrichtung, die von einer Körperschaft des öffentlichen Rechts errichtet ist oder verwaltet wird, oder von einer Körperschaft, Personenvereinigung oder Vermögensmasse i.S.v. § 5 Abs. 1 Nr. 9 KStG gegeben werden.

Auch eine in der EU oder dem EWR ansässige gemeinnützige Körperschaft, Personenvereinigung oder Vermögensmasse i.S.d. § 5 Abs. 1 Nr. 9 KStG kann – unabhängig von einer inländischen Steuerpflicht – Stipendien vergeben, die nach § 3 Nr. 44 EStG steuerfrei sind, weil eine steuerliche Schlechterstellung solcher Institutionen eine Beschränkung des freien Kapitalverkehrs darstellen würde (BFH v. 15.9.2010, X R 33/08, BStBl II 2011, 637). Zu der Frage, wie der Nachweis erbracht werden kann, dass der ausländische Stipendiengeber die deutschen gemeinnützigkeitsrechtlichen Vorgaben erfüllt, vgl. OFD Frankfurt v. 9.4.2019, S 2121 A – 013 – St 231, StEd 2019, 343.

Voraussetzung für die Steuerfreiheit ist, dass

- die Stipendien einen für die Erfüllung der Forschungsaufgabe oder für die Bestreitung des Lebensunterhalts und die Deckung des Ausbildungsbedarfs erforderlichen Betrag nicht übersteigen und nach den von dem Geber erlassenen Richtlinien vergeben werden,
- der Empfänger im Zusammenhang mit dem Stipendium nicht zu einer bestimmten wissenschaftlichen oder künstlerischen Gegenleistung oder zu einer bestimmten Arbeitnehmertätigkeit verpflichtet ist.

Beispiel 1:

Nach dem **Förderprogramm „Junges Kolleg"** der Nordrhein-Westfälischen Akademie der Wissenschaften werden bis zu 30 herausragende junge Wissenschaftler aller Fachrichtungen als Kollegiaten auf jeweils vier Jahre berufen und mit jährlich 10 000 € zuzüglich eines eventuell einmalig gewährten Zuschusses i.H.v. 12 000 € unterstützt.

Diese Stipendien sind **steuerfrei** nach § 3 Nr. 44 EStG (OFD Frankfurt v. 9.4.2019, S 2121 A – 013 – St 231, StEd 2019, 343).

Beispiel 2:

Die Geschäftsführung der **Carl-Zeiss-Stiftung** erteilt Förderzusagen. Sie gewährt das Stipendium unter der Voraussetzung, dass die Bewilligungsbedingungen eingehalten werden, nach denen die Hochschule/Universität lediglich eine Zahlstellen- und Betreuungsfunktion (insbesondere in fachlichen Fragen) wahrnimmt. Der Stipendiat hat der Carl-Zeiss-Stiftung halbjährlich einen Zwischenbericht zum Stand des geförderten Vorhabens abzugeben. Ferner muss der Stipendiat zustimmen, dass er der Carl-Zeiss-Stiftung geeignetes Text- und Bildmaterial zu Berichterstattung und Veröffentlichung über ihre Fördertätigkeit zur Verfügung stellt. Im Vorspann der Dissertation und in wissenschaftlichen Veröffentlichungen über das geförderte Vorhaben muss der Stipendiat in geeigneter Weise auf die Förderung durch die Carl-Zeiss-Stiftung hinweisen. Letztendlich behält sich die Carl-Zeiss-Stiftung abschließend die Beendigung der Förderung vor, z.B. dann, wenn Auflagen der Stiftung nicht oder nicht innerhalb einer von der Carl-Zeiss-Stiftung gesetzten Frist erfüllt werden.

Bei der Carl-Zeiss-Stiftung handelt es sich um eine nicht gemeinnützige Stiftung. Die Stipendien sind **nicht steuerfrei** nach § 3 Nr. 44 EStG (OFD Frankfurt v. 9.4.2019, S 2121 A – 013 – St 231, StEd 2019, 343).

Beispiel 3:

Die Stiftung zur **Förderung der ambulanten ärztlichen Versorgung im Freistaat Thüringen (Thüringen-Stipendium)** dient der Förderung der ambulanten ärztlichen Versorgung in Thüringen. Assistenzärzte, die sich verpflichten, eine Weiterbildung zum Facharzt mit Teilnahme an der entsprechenden Facharztprüfung zu absolvieren und unmittelbar danach für mindestens vier Jahre an der vertragsärztlichen Versorgung in Thüringen teilzunehmen, können für die Dauer von maximal 60 Monaten mit monatlich bis zu 250 €, alternativ mit einem Einmalbetrag von maximal 15 000 € gefördert werden.

Die Stipendien sind nach Ansicht der Finanzverwaltung **nicht steuerfrei** nach § 3 Nr. 44 EStG, weil die Verpflichtung zu einer Arbeitnehmertätigkeit dem entgegensteht.

Die Zahlungen auf Grund des Stipendiums können jedoch noch keiner bestimmten Berufstätigkeit zugeordnet werden, so dass es sich je nach Zahlungsmodalität bei monatlicher Auszahlung um wiederkehrende Bezüge nach § 22 Nr. 1 EStG handelt, bei der Einmalzahlung um sonstige Einkünfte nach § 22 Nr. 3 EStG (OFD Frankfurt v. 9.4.2019, S 2121 A – 013 – St 231, StEd 2019, 343).

Nach Ansicht des BFH können die Leistungen aber unter bestimmten Umständen nicht steuerbar sein, z.B. bei Förderung mit dem Einmalbetrag von maximal 15 000 € (BFH v. 11.12.2020, IX R 33/18, BStBl II 2021, 488).

Stipendien oder Studienbeihilfen an Medizinstudenten führen hingegen nicht zu sonstigen Einkünften nach § 22 Nr. 1 EStG, auch wenn sie sich zu einer bestimmten Tätigkeit (freiberufliche Tätigkeit oder Arbeitnehmertätigkeit in ärztlich unterversorgten Gebieten) nach Abschluss ihres Studiums verpflichten. Diese Einkünfte sind damit **nicht steuerbar** und die Prüfung der Voraussetzungen des § 3 Nr. 44 EStG erübrigt sich (OFD Frankfurt v. 9.4.2019, S 2121 A – 013 – St 231, StEd 2019, 343).

Beispiel 4:

Die Stipendiatin ist promovierte Volljuristin und als wissenschaftliche Assistentin an einer deutschen Hochschule beschäftigt. Auf ihre Bewerbung mit einem bestimmten Forschungsthema hin erhielt sie von einem Kolleg in der Rechtsform einer Stiftung des bürgerlichen Rechts für die Dauer von zehn Monaten **ein Stipendium für diese Arbeit i.H.v. 2 700 € monatlich**. Sie musste sich während des Stipendiums durchgehend an dem Kolleg aufhalten. Ihr wurde kostenlos eine möblierte Wohnung mit einem eingerichteten Arbeitsplatz zur Verfügung gestellt sowie eine Dienstreisenpauschale i.H.v. 100 € monatlich gezahlt. Die Stipendiatin war nach dem zwischen ihr und dem Kolleg geschlossenen Vertrag verpflichtet, sich während des Stipendiums durchgehend an dem vom Stipendiengeber eingerichteten Kolleg aufzuhalten, an einem wöchentlichen Arbeitskreis mit anderen Stipendiaten teilzunehmen, in diesem Arbeitskreis einen Vortrag über ihre Forschungsarbeit zu halten, einen Abschlussbericht hierüber zu erstellen und bei Veröffentlichung des Forschungsergebnisses auf den Stipendiengeber hinzuweisen und ihm zwei Belegexemplare zu überlassen. Wesentliche Änderungen des Forschungsthemas bedurften der Zustimmung des Kollegs. Während des Stipendiums wurde die Stipendiatin von ihrem Arbeitgeber ohne Fortzahlung der Bezüge beurlaubt.

Das Stipendium fällt unter die Steuerbefreiung des § 3 Nr. 44 EStG, weil es die zuvor aus einem Beschäftigungsverhältnis bezogenen Einnahmen nicht übersteigt, nach den von dem Geber erlassenen Richtlinien vergeben wird und der Empfänger im Zusammenhang mit dem Stipendium nicht zu einer bestimmten wissenschaftlichen oder künstlerischen Gegenleistung oder zu einer bestimmten Arbeitnehmertätigkeit verpflichtet ist. **Das Stipendium ist in voller Höhe steuerfrei** (BFH v. 24.2.2015, VIII R 43/12, BStBl II 2015, 691).

Zahlungen aus einem Stipendium, die eine in Deutschland tätige **Gastärztin aus ihrem Heimatland** (Libyen) zur Sicherung ihres Unterhalts erhält, sind **kein Arbeitslohn von dritter Seite** i.S.d. § 19 EStG. Die Gastärztin erfüllt durch ihre Tätigkeit eine eigene Pflicht gegenüber ihrem Heimatland, die sich aus dem Vertrag über das Stipendium ergibt. Damit sind die Voraussetzungen des § 19 Abs. 1 Satz 1 Nr. 1 EStG bei dieser Fallgestaltung nicht erfüllt.

Wird ein Stipendium **abweichend von den vom Geber erlassenen Richtlinien** vergeben, ist es **nicht steuerfrei** (FG Münster v. 16.5.2013, 2 K 3208/11 E, EFG 2014, 19). Gleiches gilt, wenn die Stiftung über **keine Vergaberichtlinien verfügt**, in denen konkret festgelegt ist, nach welchen Kriterien die Stiftungsmittel vergeben werden (FG Rheinland-Pfalz v. 9.12.2014, 3 K 2197/11, EFG 2015, 358).

Beihilfen für die **persönliche Lebensführung** des Empfängers sind nach § 18 oder § 19 EStG steuerpflichtig (BFH v. 4.5.1972, IV 133/64, BStBl II 1972, 566), aber beitragsfrei.

LSt (SV durchgestrichen)

Beispiel 5:

Sog. **Butenandt-Stipendien** der Max-Planck-Förderstiftung sowie Stipendien der Deutsche Forschungsgemeinschaft nach dem **Heisenberg-Programm** fallen nach der Auffassung der FinVerw. nicht unter die Steuerbefreiung des § 3 Nr. 44 EStG, weil sie einen für die Bestreitung des Lebensunterhalts und die Deckung des Ausbildungsbedarfs erforderlichen Betrag übersteigen (§ 3 Nr. 44 Satz 3 Buchst. a EStG). Die Stipendien sind den Einkünften aus freiberuflicher (wissenschaftlicher) Tätigkeit i.S.d. § 18 Abs. 1 Nr. 1 EStG zuzurechnen (OFD Frankfurt v. 9.4.2019, S 2121 A – 013 – St 231, StEd 2019, 343).

Der BFH (BFH v. 24.2.2015, VIII R 43/12, BStBl II 2015, 691 und v. 24.10.2023, VIII R 11/22, BFH/NV 2024, 316) ist dieser generalisierenden Verwaltungsauffassung (wiederholt) entgegengetreten. Mangels konkreter Regelung in § 3 Nr. 44 EStG sei die Höhe der erforderlichen Aufwendungen für den Lebensunterhalt nach der allgemeinen Verkehrsauffassung zu bestimmen. Dabei sei unter Lebensunterhalt die Gesamtheit der Mittel zu verstehen, die benötigt werden, um dem Einzelnen ein menschenwürdiges Leben in einem sozialen Umfeld zu sichern. Er umfasst die für den Lebensunterhalt unentbehrlichen Aufwendungen für Wohnung, Verpflegung, Kleidung, Ausbildung, Gesundheit, angemessene Freizeitgestaltung und andere notwendige Ausgaben dieser Art. Bei der Bestimmung des erforderlichen Lebensunterhalts sei das jeweilige Alter des Stipendiaten, seine akademische Vorbildung sowie seiner nach der Verkehrsauffassung erforderlichen typischen Lebenshaltungskosten in seiner konkreten sozialen Situation zu berücksichtigen. In diesem Zusammenhang zeigt der BFH einen praktischen Ansatz für die erforderliche (Einzelfall-)Prüfung auf. Nach seiner Auffassung kann für die Prüfung, ob das Stipendium lediglich den erforderlichen Lebensunterhalt des Stipendiaten i.S.d § 3 Nr. 44 Satz 3 Buchst. a EStG abdeckt, das vor Inanspruchnahme des Stipendiums vereinnahmte und im Bewilligungszeitraum des Stipendiums zeitweise ausfallendes Entgelt des Stipendiaten ein wichtiger Anhaltspunkt sein. Insoweit bleibt für eine generalisierende Aussage dergestalt, dass Stipendien nach dem Heisenberg-Programm grundsätzlich nicht nach § 3 Nr. 44 EStG steuerfrei sind, kein Raum.

Im Übrigen steht nach der Rechtsprechung des BFH (BFH v. 24.10.2023, VIII R 11/22) der Steuerfreiheit eines Heisenbergs-Stipendiums nicht entgegen, dass in dem Grundbetrag ein monatlicher Zuschlag enthalten ist, der nach dem Bewilligungsbescheid nur für den Fall der Besteuerung des Stipendiums bewilligt und nach dem Willen der Stipendiengeberin nicht in erster Linie für die Bestreitung des Lebensunterhalts gewährt wird, sondern nach seiner Zweckbestimmung dem Ausgleich für eine etwaige Besteuerung des Stipendiums dient, und der im Falle einer Steuerbefreiung des Stipendiums nach § 3 Nr. 44 EStG an die Stipendiengeberin zurückzuzahlen ist.

Beispiel 6:

Das BMWi unterstützt unter Beteiligung des ESF anspruchsvolle innovative Gründungsvorhaben aus Hochschulen und Forschungseinrichtungen (**EXIST-Gründerstipendien**). Antragsberechtigt sind Hochschulen und Forschungseinrichtungen in Deutschland, die in ein gründungsunterstützendes Netzwerk eingebunden sein müssen. Mit der Abwicklung der Fördermaßnahme hat das BMWi seinen Projektträger Forschungszentrum Jülich GmbH in Berlin beauftragt. Die von dort den Hochschulen oder Forschungseinrichtungen gewährte Zuwendung wird von diesen an die Stipendiaten weitergeleitet.

Die EXIST-Gründerstipendien dienen – wie ihre Bezeichnung schon andeutet – in erster Linie dazu, Existenzgründungsvorhaben auf dem Weg in die Selbständigkeit zu unterstützen. Das Gründungsklima an Hochschulen und Forschungseinrichtungen soll verbessert werden. Die Gründerstipendien bezwecken also gerade nicht, Forschung oder wissenschaftliche Ausbildung zu fördern. Vielmehr sind sie darauf gerichtet, den Übergang von der wissenschaftlichen Ausbildung in den Markt zu ermöglichen. Eine **Anwendung des § 3 Nr. 44 EStG** kommt daher **nicht in Betracht** (OFD Frankfurt v. 9.4.2019, S 2121 A – 013 – St 231, StEd 2019, 343).

Stipendien **zur Förderung der Forschung** oder zur **Förderung der wissenschaftlichen oder künstlerischen Ausbildung oder Fortbildung** sind steuerfrei, gleichgültig, ob sie zur Bestreitung des Lebensunterhalts des Empfängers oder für den durch die Ausbildung oder Fortbildung verursachten Aufwand bestimmt sind (BFH v. 20.3.2003, IV R 15/01, BStBl II 2004, 190).

~~LSt~~ ~~SV~~

Beispiel 7:

Eine Germanistin erhält ein Stipendium samt einer Pauschale für Sachmittel und Reisekosten i.H.v. insgesamt 11 700 €, das i.R. des **Förderprogramms Frauenforschung** von der Senatsverwaltung für Arbeit, Berufliche Bildung und Frauen – Berlin – zur Erstellung einer Studie bewilligt wurde.

Das Stipendium ist **in voller Höhe steuerfrei**, denn die Steuerbefreiung von Forschungsstipendien nach § 3 Nr. 44 EStG umfasst sowohl die der Erfüllung der Forschungsaufgaben (Sachbeihilfen) als auch die der Bestreitung des Lebensunterhalts dienenden Zuwendungen (BFH v. 20.3.2003, IV R 15/01, BStBl II 2004, 190).

Allerdings ist ein Forschungsstipendium, das in seinem Grundbetrag einen Zuschlag zum Ausgleich für die Versteuerung enthält, **nicht nach** § 3 Nr. 44 EStG **steuerfrei** (FG Baden-Württemberg v. 1.6.2005, 3 V 36/04, EFG 2005, 1333).

Auch ein **Promotionsstipendium**, das **zum Teil aus privaten Mitteln finanziert** wird, ist jedenfalls im Umfang dieses Anteils **nicht nach § 3 Nr. 44 EStG steuerfrei**, wenn der Finanzierungsanteil direkt von dem privaten Geldgeber an den Stipendiaten gezahlt wird (BFH v. 28.9.2022, X R 21/20, BFH/NV 2023, 417).

Die Prüfung, ob die gesetzlichen Voraussetzungen für die volle oder teilweise Steuerfreiheit der Stipendien vorliegen, hat das Finanzamt vorzunehmen, das für die Veranlagung des Stipendiengebers zur Körperschaftsteuer zuständig ist oder zuständig sein würde, wenn der Geber steuerpflichtig wäre. Dieses Finanzamt hat auf Anforderung des Stipendienempfängers oder des für ihn zuständigen Finanzamts **eine Bescheinigung** über die Voraussetzungen der Steuerfreiheit zu erteilen (R 3.44 EStR).

Zwischen einem nach § 3 Nr. 44 EStG steuerfrei gewährten Stipendium und den im Zusammenhang entstehenden Mehraufwendungen besteht i.d.R. ein unmittelbarer wirtschaftlicher Zusammenhang i.S.d. § 3c EStG (BFH v. 9.11.1976, VI R 139/74, BStBl II 1977, 207), so dass die **Ausgaben nicht abgezogen werden dürfen**. Dies gilt aber nicht uneingeschränkt. Wird das Stipendium zur Bestreitung des allgemeinen Lebensunterhalts gezahlt, sind die Werbungskosten nicht zu mindern (FG Köln v. 15.11.2018, 1 K 1246/16, EFG 2019, 541). S.a. → *Werbungskosten* Rz. 4480.

Kosten für ein Aufbaustudium (Master of Laws – LL.M.) sind steuerlich **nicht als** (vorweggenommene) **Werbungskosten abzugsfähig**, soweit diese durch ein Stipendium steuerfrei ersetzt werden, denn insoweit ist **kein Aufwand wegen der Kosten des Studiums entstanden** (FG Köln v. 20.5.2016, 12 K 562/13, EFG 2016, 1605). Ebenso FG Münster v. 15.10.2019, 12 K 1794/16 E, EFG 2019, 1973 betr. einen Forschungsaufenthalt in den USA. Zuletzt hat der BFH (v. 29.9.2022, VI R 34/29) entschieden, in welcher Höhe als (vorweggenommene) Werbungskosten bei den Einkünften aus nichtselbständiger Arbeit geltend gemachte Kosten für ein Masterstudium um erhaltene Stipendiumleistungen zu kürzen sind. In seinem Urteil führt der BFH an, dass Werbungskosten eine Belastung mit Aufwendungen voraussetzen müssen. Davon könne ausgegangen werden, wenn in Geld oder Geldeswert bestehende Güter aus dem Vermögen des Steuerpflichtigen abfließen. Nicht hingegen verlangt der Werbungskostenbegriff eine endgültige Belastung. Vielmehr sind Ausgaben und Einnahmen getrennt zu beurteilen.

Strafverfahren: Kostenübernahme

Die Übernahme von **Strafverteidigungskosten** durch den Ar- 4056
beitgeber für einen Arbeitnehmer stellt – ähnlich wie die Übernahme von Geldbußen und -auflagen (BFH v. 22.7.2008, VI R 47/06, BStBl II 2009, 151) – selbst dann steuerpflichtigen **Arbeitslohn** dar, wenn der Schuldvorwurf durch ein **berufliches Verhalten** veranlasst war. In diesem Fall kann der Arbeitnehmer die Strafverteidigungskosten zwar als **Werbungskosten** absetzen (zuletzt BFH v. 17.8.2011, VI R 75/10, HFR 2012, 27 betr. ein Strafverfahren wegen Vorwurfs der Beihilfe zur Untreue). Ein steuerfreier Arbeitgeberersatz ist jedoch nicht möglich, weil es hierfür keine Befreiungsvorschrift gibt (R 19.3 Abs. 3 Satz 1 LStR). Weitere Einzelheiten, auch zu Ausnahmefällen, → *Bußgelder* Rz. 1511 und → *Prozesskosten: Arbeitgeberersatz* Rz. 3514.

Zum **Werbungskostenabzug** von Strafverteidigungskosten → *Werbungskosten* Rz. 4562.

LSt SV

Eine **Ausnahme** ist nach dem Grundsatz der **„aufgedrängten Bereicherung“** (→ *Arbeitslohn* Rz. 624) allenfalls denkbar, wenn der Arbeitgeber seinem Arbeitnehmer dessen Vertretung durch einen renommierten Strafverteidiger aus geschäftlichem Interesse „aufgedrängt“ hat, während dieser auf eine Verteidigung verzichten wollte (vgl. RFH v. 7.12.1939, RStBl 1940, 423).

~~LSt~~ ~~SV~~

Streik

→ *Arbeitskampf* Rz. 618

Strom: verbilligter Bezug

Soweit Arbeitnehmer von Energieversorgungsunternehmen kos- 4057
tenlos oder verbilligt Strom von ihrem Arbeitgeber erhalten, ist dieser Vorteil grds. steuer- und beitragspflichtig.

LSt SV

Ist der **Rabattfreibetrag** von 1 080 € anzuwenden, weil der Vorteil vom **eigenen Arbeitgeber** gewährt wird, bleibt er steuer- und beitragsfrei, wenn der Betrag von 1 080 € im Kalenderjahr nicht überschritten wird. Maßgebend ist der um 4 % geminderte Endpreis des Stroms des Arbeitgebers (→ *Rabatte* Rz. 3523).

Der Rabattfreibetrag von 1 080 € kann auf die Lieferung von Strom grds. angewendet werden, denn zu den Waren i.S.v. § 8 Abs. 3 EStG gehören alle Wirtschaftsgüter, die im Wirtschaftsverkehr wie Sachen (§ 90 BGB) behandelt werden, also auch elektrischer Strom und Wärme (R 8.2 Abs. 1 Satz 1 2. Spiegelstrich Satz 2 LStR).

Zur Frage, ob der Rabattfreibetrag von 1 080 € angewendet werden kann, wenn infolge der im **Energiewirtschaftsgesetz vorgeschriebenen Entflechtung**, d.h. der Trennung von Netz und Vertrieb (sog. Unbundling, vgl. § 7 EnWG), der bisherige Arbeitgeber den Stromvertrieb von einer konzerneigenen Vertriebsgesellschaft durchführen lässt, während er die Funktion als Netzbetreiber übernimmt, vertritt das FG München folgende Auffassung (FG München v. 30.5.2016, 7 K 428/15, EFG 2016, 1405):

Bezieht nach einer **Umstrukturierung im Stromkonzern** der Arbeitnehmer den ihm arbeitsvertraglich zustehenden verbilligten Strom nicht mehr von seinem Arbeitgeber, sondern von einer **Vertriebsgesellschaft**, während der **Arbeitgeber nur noch als Stromnetzbetreiber tätig** ist, so hat der Arbeitnehmer bei der Versteuerung des geldwerten Vorteils dennoch **Anspruch auf den Rabattfreibetrag von 1 080 €**, weil der Arbeitgeber als Stromnetzbetreiber bei wertender Betrachtung **als Hersteller** der vom Arbeitnehmer bezogenen Ware Strom anzusehen ist (Anschluss an BGH v. 25.2.2014, VI ZR 144/13).

Studenten

1. Lohnsteuer

4058 Für Studenten gelten lohnsteuerlich keine Besonderheiten. Sie sind – auch wenn sie nur vorübergehend in einem Betrieb tätig sind – **Arbeitnehmer**, wenn nach den allgemeinen Grundsätzen ein **Arbeitsverhältnis vorliegt** (→ *Arbeitnehmer* Rz. 191). Vgl. dazu BAG v. 12.6.1996, 5 AZR 960/94, in dem ein Student, der an einer Bundesautobahn-Tankstelle regelmäßig mindestens neun Schichten im Monat arbeitet, als Arbeitnehmer angesehen worden ist.

Studenten, aber auch Schüler, die in den Schulferien eine Arbeitnehmertätigkeit ausüben, werden lohnsteuerlich wie „übliche Arbeitnehmer" besteuert (d.h. **Lohnsteuerabzug nach den elektronischen Lohnsteuerabzugsmerkmalen**) und entsprechend dem jeweiligen Lohnzahlungszeitraum (z.B. Monat), auch wenn aus Jahressicht keine Lohnsteuer anfallen sollte. Alternativ kommt bei einer **Aushilfstätigkeit oder Teilzeitarbeit** auch die pauschale Lohnsteuererhebung durch den Arbeitgeber in Betracht (→ *Pauschalierung der Lohnsteuer bei Aushilfskräften* Rz. 3353, → *Pauschalierung der Lohnsteuer bei geringfügig Beschäftigten* Rz. 3379). In vielen Fällen wird die „übliche" Regel-Besteuerung günstiger sein, weil die zu berücksichtigenden **Steuerfreibeträge nicht überschritten** werden (→ *Steuertarif* Rz. 4051). Weil der Arbeitgeber für unständig beschäftigte Arbeitnehmer keinen Lohnsteuer-Jahresausgleich durchführen darf (→ *Lohnsteuer-Jahresausgleich durch den Arbeitgeber* Rz. 2941), muss der Student – um seine (zu viel) einbehaltene Lohnsteuer erstattet zu bekommen – eine Veranlagung zur Einkommensteuer beantragen (§ 46 Abs. 2 Nr. 8 EStG; → *Veranlagung von Arbeitnehmern* Rz. 4233).

Beispiel:

A ist Student und arbeitet in den Semesterferien (Juli bis September 2025) als Aushilfe. Sein Arbeitslohn beträgt monatlich 2 237 €, hiervon sind monatlich einzubehalten Lohnsteuer 151,58 €, Solidaritätszuschlag (5,5 %) 0,– € sowie Kirchensteuer (9 %) 13,64 € (kein Zusatzbeitrag zur Krankenversicherung).

Der Arbeitslohn für drei Monate beträgt zusammen 6 711 € und liegt damit unterhalb des Grundfreibetrags für 2025 i.H.v. 12 096 € (→ *Steuertarif* Rz. 4051), weshalb aus Jahressicht keine Lohn- bzw. Einkommensteuer anfällt. Der Arbeitgeber darf jedoch keinen betrieblichen Lohnsteuer-Jahresausgleich durchführen, um die einbehaltene Lohnsteuer zu erstatten. Zwecks Erstattung der Lohnsteuer usw. muss A beim Wohnsitzfinanzamt eine Veranlagung zur Einkommensteuer beantragen.

Zur Besteuerung **ausländischer Studenten** → *Ausländische Arbeitnehmer* Rz. 921.

2. Sozialversicherung

a) Nicht beschäftigte Studenten

Studenten, die an staatlichen oder staatlich anerkannten Hochschulen eingeschrieben sind, sind für die Dauer ihres Studiums, längstens bis zur Vollendung des 30. Lebensjahres, kranken- und pflegeversicherungspflichtig in der **studentischen Kranken- und Pflegeversicherung**. Diese **Versicherungspflicht** besteht unabhängig davon, ob die Studenten ihren Wohnsitz oder gewöhnlichen Aufenthaltsort im Inland haben, wenn für sie auf Grund über- oder zwischenstaatlichen Rechts kein Anspruch auf Sachleistungen besteht. Studenten nach Vollendung des 30. Lebensjahres sind nur versicherungspflichtig, wenn die Art der Ausbildung oder aber familiäre oder persönliche Gründe, insbesondere der Erwerb der Zugangsvoraussetzungen in einer Ausbildungsstätte des zweiten Bildungswegs, die Überschreitung der Altersgrenze oder eine längere Fachstudienzeit rechtfertigen. 4059

Gründe können u.a. sein:

- schwere Erkrankungen und Behinderungen,
- Schwangerschaft und Elternzeit,
- Betreuung behinderter oder auf Hilfe angewiesener Kinder,
- Dienstpflicht,
- Nichtzulassung zur gewählten Ausbildung im Auswahlverfahren.

Ob die Versicherungspflicht als Student über die Vollendung des 30. Lebensjahres hinaus gerechtfertigt ist, hat die Krankenkasse jeweils im Einzelfall festzustellen.

Nach dem Besprechungsergebnis der „Fachkonferenz Beiträge" am 22.11.2016 werden sowohl die Teilnahme an einem studienvorbereitenden Sprachkurs, der mit der DSH-Prüfung (Deutsche Sprachprüfung für den Hochschulzugang) abgeschlossen worden ist, als auch der Besuch eines Studienkollegs mit anschließender abgelegter Feststellungsprüfung als Verlängerungstatbestände anerkannt.

Der kostengünstige Krankenversicherungsschutz als Student endet auch im Fall des nahtlosen Vorliegens von sog. Hinderungsgründen spätestens mit 37 Jahren (BSG v. 15.10.2014, B 12 KR 17/12 R).

Der Bezug von **Leistungen nach dem Bundesausbildungsförderungsgesetz** – auch über das 30. Lebensjahr hinaus – führt nicht zu einem Fortbestand der Krankenversicherung.

Die **studentische Krankenversicherung** ist jedoch **nachrangig, wenn** auf Grund anderer Vorschriften bereits Versicherungspflicht besteht oder Anspruch auf die Leistungen der Familienversicherung gegeben ist. Sie tritt ebenfalls nicht ein, wenn der Student bereits nach anderen gesetzlichen Vorschriften versicherungsfrei ist oder auf seinen Antrag hin von der Versicherungspflicht befreit wurde.

b) Beschäftigte Studenten

aa) Grundsätze

Studenten, die während der Dauer ihres Studiums als ordentliche Studierende einer Hochschule oder einer sonstigen der wissenschaftlichen oder fachlichen Ausbildung dienenden Schule gegen Entgelt beschäftigt sind, sind unter dem **Vorbehalt** der folgenden Ausführungen kranken-, pflege- und arbeitslosenversicherungsfrei (vgl. § 6 Abs. 1 Nr. 3 SGB V und § 27 Abs. 4 Satz 1 Nr. 2 SGB III). Die Beschäftigung unterliegt jedoch der Rentenversicherungspflicht. Die Regelungen sind auf Studenten mit einer Studienzeit von bis zu 25 Fachsemestern – ungeachtet des Studiengangs – anwendbar (Besprechungsergebnis der Sozialversicherungsträger v. 26./27.6.2002). Das BSG hat in mehreren Urteilen (u.a. BSG v. 11.11.2003, B 12 KR 26/03) entschieden, dass Studierende, die von einer sog. Freischussregelung Gebrauch machen und bis zu einer Prüfung zur Verbesserung der Noten eingeschrieben bleiben, weiterhin zum Kreis der ordentlichen Studierenden gehören, wenn die Vorbereitung auf die nächste Prüfung im zeitlichen Vergleich mit einer daneben ausgeübten Beschäftigung überwiegt. 4060

Üben sie in dieser Zeit eine Beschäftigung mit nicht mehr als 20 Wochenstunden aus, ist weiterhin Versicherungsfreiheit in der Kranken-, Pflege- und Arbeitslosenversicherung gegeben.

Für Personen, die ihr Studium als Teilzeitstudium absolvieren, weil sie wegen einer gleichzeitig ausgeübten beruflichen Tätigkeit nicht mehr als die Hälfte des nach der Studienordnung für das Vollzeitstudium vorgesehenen Studienumfangs aufwenden können, sind die Grundsätze über die Versicherungsfreiheit von ordentlich Studierenden nicht anzuwenden.

Stipendiaten, die für die Zeit ihres Studiums mit dem Ziel, sie nach Abschluss ihres Studiums an den fördernden Betrieb zu binden, unterstützt werden, stehen in keinem Beschäftigungsverhältnis, sofern sie zu keiner unmittelbaren Arbeitnehmertätigkeit verpflichtet sind. Erhalten Arbeitnehmer vom eigenen Unternehmen eine Förderung in Form von Studienbeihilfen und besteht das Beschäftigungsverhältnis fort, bleibt die Versicherungspflicht als Arbeitnehmer erhalten.

bb) Vorbereitungsstudium

4061 Nicht dem Kreis der „**ordentlich Studierenden**" werden Personen zugerechnet, die neben dem Besuch eines Studienkollegs zum Erlernen der deutschen Sprache und zur Vorbereitung auf das Studium einer Beschäftigung nachgehen. Diese Personen können (noch) nicht die Berechtigung zum Studium an einer Universität vorweisen, weil die Vorbildung nicht ausreicht oder das Abitur des Heimatlandes nicht als gleichwertig anerkannt ist. Die Vorbereitung auf das eigentliche Studium kann bis zu zwei Jahren dauern, wenn nach einem halbjährigen Deutschkurs weitere Aufbau- bzw. Vorbereitungskurse zur Berechtigung zum Studium absolviert werden müssen. Von den Universitäten wird für dieses Vorbereitungsstudium vielfach eine Semesterbescheinigung mit der Bezeichnung „0. Fachsemester" ausgestellt. Beschäftigungen in dieser Zeit unterliegen grds. der Versicherungspflicht, weil noch kein ordentliches Studium vorliegt. Da es sich bei diesem vorbereitenden Studium auch nicht um den Besuch einer allgemein bildenden Schule handelt, kann in der Arbeitslosenversicherung auch keine Beitragsfreiheit nach § 27 Abs. 4 SGB III hergeleitet werden.

cc) Beschäftigungen bis 20 Stunden wöchentlich (Zeitgrenze)

4062 Nicht jede neben dem Studium ausgeübte Beschäftigung ist versicherungsfrei. Das BSG hat in mehreren Urteilen festgestellt, dass Versicherungsfreiheit nur dann eintritt, wenn Zeit und Arbeitskraft des Studenten überwiegend durch das Studium in Anspruch genommen werden. Dabei gilt im Regelfall, dass Studenten, die neben dem Studium eine Beschäftigung von wöchentlich mehr als 20 Stunden ausüben, ihrem Erscheinungsbild nach als Arbeitnehmer anzusehen sind. Übt ein Student mehrere Beschäftigungen nebeneinander aus, ist zunächst zu prüfen, ob der Student dem Erscheinungsbild nach als Student oder als Arbeitnehmer anzusehen ist. Arbeitet er mehr als 20 Stunden in der Woche, gehört er vom Erscheinungsbild zu den Arbeitnehmern. Von dem Erscheinungsbild eines Studenten ist nicht mehr auszugehen, wenn eine derartige Beschäftigung mit einer Wochenarbeitszeit von mehr als 20 Stunden ohne zeitliche Befristung ausgeübt wird oder auf einen Zeitraum von mehr als 26 Wochen befristet ist. In einem weiteren Schritt ist dann zu prüfen, ob es sich ggf. bei einzelnen Beschäftigungen um geringfügige Beschäftigungen (→ Rz. 4063) handelt (Besprechungsergebnis der Spitzenverbände der Sozialversicherungsträger zu Fragen des gemeinsamen Beitragseinzugs v. 26./27.3.2003). Beträgt die wöchentliche Arbeitszeit weniger als 20 Stunden, kann – unabhängig von der Höhe des erzielten Arbeitseinkommens – von Versicherungsfreiheit, außer in der Rentenversicherung, ausgegangen werden, weil das Studium überwiegt (sog. Werkstundenprivileg).

Diese **Zeitgrenze** ist jedoch nicht starr. In BSG v. 22.2.1980, 12 RK 34/79, hat das BSG die **20-Stunden-Grenze** dahingehend **modifiziert**, dass die Dauer der wöchentlichen Arbeitsbelastung kein allein ausschlaggebendes Kriterium für die versicherungsrechtliche Beurteilung sein kann, v.a. dann nicht, wenn die Arbeitszeit im Einzelfall so liegt, dass sie sich den Erfordernissen des Studiums anpasst oder unterordnet.

Beispiel 1:

Der Student arbeitet bei einem Bewachungsinstitut. An fünf Tagen in der Woche arbeitet er von 22 Uhr bis 24 Uhr, am Wochenende übernimmt er samstags und sonntags jeweils für sechs Stunden Wachaufgaben.

Obwohl seine wöchentliche Arbeitszeit 20 Stunden übersteigt, kann davon ausgegangen werden, dass er seinem Erscheinungsbild nach weiterhin Student und nicht überwiegend Arbeitnehmer ist.

Eine während des Semesters ausgeübte Beschäftigung von mehr als 20 Stunden in der Woche, ist dann kranken-, pflege- und arbeitslosenversicherungsfrei, wenn sie von vornherein auf drei Kalendermonate oder 70 Arbeitstage befristet ist. Allerdings sind diese Beschäftigungszeiten, wenn im Laufe eines Jahres mehrmals befristete Beschäftigungen ausgeübt werden, bei dem 26-Wochen-Zeitraum mit anzurechnen (Besprechungsergebnis der Spitzenverbände der Sozialversicherungsträger v. 10./11.4.2002).

Wird eine während des Studiums ausgeübte Beschäftigung mit einer wöchentlichen Arbeitszeit von nicht mehr als 20 Stunden in den **vorlesungsfreien Zeiten** (Semesterferien) ausgeweitet, so dass die wöchentliche Arbeitszeit 20 Stunden überschreitet, ist auch für die vorlesungsfreie Zeit Versicherungsfreiheit in der Kranken-, Pflege- und Arbeitslosenversicherung anzunehmen. In der Rentenversicherung besteht Versicherungspflicht.

Beispiel 2:

Eine Studentin arbeitet seit November 2026 während der Vorlesungszeit arbeitstäglich zwei Stunden in einem Supermarkt. In den Semesterferien wird die Beschäftigung für zweieinhalb Monate auf eine wöchentliche Arbeitszeit von 35 Stunden ausgedehnt.

Mit Ausnahme in der Rentenversicherung besteht Versicherungsfreiheit.

Für einen Studenten, der nach einem Urlaubssemester, in dem er Vollzeit gearbeitet hat, die Arbeitszeit wieder auf 20 Wochenstunden reduziert, kommt Versicherungsfreiheit in der Kranken-, Pflege- und Arbeitslosenversicherung nur dann in Betracht, wenn bereits vor dem Urlaubssemester Versicherungsfreiheit bestanden hat (Besprechungsergebnis der Spitzenverbände der Sozialversicherungsträger v. 22./23.11.2000).

Das zuvor beschriebene Werkstudentenprivileg kann nur angewandt werden, wenn der Beschäftigte Student ist. Die Hochschulausbildung endet mit dem Tag der Exmatrikulation, wenn das Studium abgebrochen, unterbrochen oder ohne Prüfung beendet wird. Die Hochschulausbildung im Sinn des Werkstudentenprivilegs endet mit Ablauf des Monats, in dem der Studierende vom Gesamtergebnis der Prüfungsleistung offiziell schriftlich unterrichtet wird.

Wird bei einem Werkstudenten mit dem Bachelor der erste Studienabschluss erreicht, endet das Studium mit Ablauf des Monats, in dem er das offizielle Prüfungsergebnis erhält. Ein anschließender Masterstudiengang kann aber erst mit dem nächsten Semester beginnen. In dieser Lücke entfällt der Studierendenstatus und somit gilt die Werkstudentenregelung nicht. Beruft sich der Arbeitgeber auf das Werkstudentenprivileg, ist er nachweispflichtig und muss in dem Semester, in dem die abschließende Prüfungsleistung erbracht wird, neben der Semester- oder Studienbescheinigung ergänzend auch einen Nachweis des Prüfungsamts über die Unterrichtung des Prüfungsteilnehmers den Entgeltunterlagen beifügen.

dd) Geringfügige Beschäftigungen (Geringfügigkeits-/Entgeltgrenze)

Übt ein Student eine geringfügige Beschäftigung aus, ist seine 4063
Versicherungsfreiheit in der Kranken-, Arbeitslosen- und Pflegeversicherung nach den Vorschriften des § 8 SGB IV zu beurteilen (→ *Mini-Jobs* Rz. 3167).

Für geringfügige Beschäftigungen mit einem monatlichen Arbeitsentgelt nicht über der Geringfügigkeitsgrenze (versicherungsfreie Arbeitnehmer nach § 8 Abs. 1 Nr. 1 SGB IV; → *Mini-Jobs* Rz. 3166) sind pauschale Beiträge zu leisten, und zwar

- in der Krankenversicherung i.H.v. 13 % des Arbeitsentgelts und
- in der Rentenversicherung (bei Rentenversicherungsfreiheit oder Befreiung von der Versicherungspflicht) i.H.v. 15 % des Arbeitsentgelts.

Für die Zahlung des Pauschalbeitrags zur Krankenversicherung wird vorausgesetzt, dass der Arbeitnehmer in der geringfügig entlohnten Beschäftigung krankenversicherungsfrei oder nicht krankenversicherungspflichtig ist. Der Pauschalbeitrag ist somit auch für solche Arbeitnehmer zu zahlen, die z.B. aus einem der in § 6 SGB V genannten Gründe krankenversicherungsfrei oder nach § 8 SGB V von der Krankenversicherungspflicht befreit worden sind. Der Pauschalbeitrag ist mithin auch für nach § 6 Abs. 1 Nr. 3 SGB V krankenversicherungsfreie Werkstudenten zu zahlen, die eine geringfügig entlohnte Beschäftigung ausüben und krankenversicherungsfrei sind. Für Werkstudenten, die einer mehr als geringfügig entlohnten Beschäftigung nachgehen, aber gleichwohl nach § 6 Abs. 1 Nr. 3 SGB V krankenversicherungsfrei sind, weil sie wöchentlich nicht mehr als 20 Stunden arbeiten, fällt hingegen der Pauschalbeitrag zur Krankenversicherung nicht an. Dazu kommt seit 2013 ein Arbeitnehmeranteil in der Rentenversicherung (→ *Beiträge zur Sozialversicherung* Rz. 1261; → *Mini-Jobs* Rz. 3173).

Kurzfristige Beschäftigungen, die zwar länger als drei Monate andauern, aber ausschließlich auf die vorlesungsfreie Zeit beschränkt sind, bleiben – mit Ausnahme in der Rentenversicherung – ebenfalls versicherungsfrei (Gemeinsames Rundschreiben der Spitzenorganisationen der Sozialversicherung zur versicherungsrechtlichen Beurteilung von beschäftigten Studenten und Praktikanten v. 23.11.2016).

ee) Mehrfache Beschäftigungen

4064 Übt der Student im Laufe eines Jahres mehrmals eine Beschäftigung aus, ist zu prüfen, ob er seinem **Erscheinungsbild** nach **noch als Studierender anzusehen** oder schon dem Kreis der Beschäftigten zuzuordnen ist. Von Letzterem ist jedenfalls dann auszugehen, wenn der Student im Laufe eines Jahres mehr als 26 Wochen beschäftigt ist. Dabei wird der Jahreszeitraum in der Weise ermittelt, dass von dem voraussichtlichen Ende der zu beurteilenden Beschäftigung ein Jahr zurückgerechnet wird. Alle **Beschäftigungen** mit mehr als 20 Wochenarbeitsstunden, die in diesen Jahreszeitraum fallen, sind unabhängig von ihrer versicherungsrechtlichen Beurteilung **anzurechnen**. Dabei ist auch ohne Bedeutung, ob diese Beschäftigungen bei demselben Arbeitgeber oder bei verschiedenen Arbeitgebern ausgeübt wurden. Versicherungspflicht ist vom Beginn der zu beurteilenden Beschäftigung bzw. von dem Zeitpunkt an gegeben, zu dem die Verlängerung vertraglich vereinbart wurde oder erkennbar ist, dass der genannte Zeitraum überschritten wird, wenn die Zusammenrechnung Beschäftigungszeiten von mehr als 26 Wochen ergibt.

Voraussetzung für die Anwendung der 26-Wochen-Regelung ist, dass Versicherungsfreiheit auf Grund des Werkstudentenprivilegs dem Grunde nach zunächst einzuräumen wäre, weil (trotz Überschreitens der 20-Wochenstundengrenze) die grundsätzlichen Voraussetzungen für die Versicherungsfreiheit für sich betrachtet erfüllt sind.

Beispiel I:

Eine befristete Beschäftigung mit einer Wochenarbeitszeit von 30 Stunden ist für die Zeit vom 10.2.2026 bis 30.3.2026 (= 7 Wochen) geplant.

Vorbeschäftigungen im letzten Jahr (31.3.2025 bis 30.3.2026):

6.5.2025 bis 6.7.2025 mit 22 Wochenarbeitsstunden (= 9 Wochen)

30.9.2025 bis 12.10.2025 mit 18 Wochenarbeitsstunden (= 2 Wochen)

21.10.2025 bis 20.12.2025 mit 25 Wochenarbeitsstunden (= 9 Wochen)

Versicherungsfreiheit besteht, weil die Beschäftigungsdauer im letzten Jahr nicht mehr als 26 Wochen umfasst. Dabei wird die Zeit vom 30.9.2025 bis 12.10.2025 nicht angerechnet, weil die wöchentliche Arbeitszeit unter 20 Stunden lag.

ff) Studium während eines vorher eingegangenen Beschäftigungsverhältnisses

4065 Für Arbeitnehmer, die ihre Beschäftigung nach Aufnahme des Studiums bei demselben Arbeitgeber fortsetzen und ihre Arbeitszeit auf **maximal 20 Stunden in der Woche reduzieren**, ist die **Werkstudentenregelung** anzuwenden (→ Rz. 4062).

Bei Aufnahme eines beruflich weiterführenden (berufsintegrierten) Studiums, wobei zwischen dem Studium und der weiterhin ausgeübten Beschäftigung **ein prägender innerer Zusammenhang besteht** (vgl. BSG v. 10.12.1998, B 12 KR 22/97 R), gilt dies allerdings nicht (Gemeinsames Rundschreiben der Spitzenorganisationen der Sozialversicherung zur versicherungsrechtlichen Beurteilung von beschäftigten Studenten und Praktikanten v. 23.11.2016).

gg) Zweitstudium, Doktoranden

4066 Für Studenten, die nach Erreichen eines berufsqualifizierenden Abschlusses in der gleichen oder in einer anderen Fachrichtung ein weiteres bzw. neues Studium aufnehmen, das wiederum mit einer Hochschulprüfung abschließt, gelten die o.a. Regelungen gleichermaßen (Ausnahme: Promotionsstudium). Die bloße Weiterbildung bzw. Spezialisierung nach einem Hochschulabschluss begründet hingegen bei gleichzeitig ausgeübter Beschäftigung in dieser Beschäftigung keine Versicherungsfreiheit (BSG v. 31.1.1974, 5 RKn 6/72).

Beim Übergang von einem Bachelor- zum Masterstudium ist grds. nicht von einem durchgehenden Fortbestehen der Zugehörigkeit zum Personenkreis der ordentlichen Studierenden auszugehen, da der neue Ausbildungsabschnitt in Form des Masterstudiums sich in aller Regel nicht lückenlos an das Ende des Bachelorstudiums anschließt.

hh) Versicherungsrechtliche Beurteilung von Teilnehmern an dualen Studiengängen

Teilnehmer an dualen Studiengängen sind als Beschäftigte 4067
versicherungspflichtig in der Kranken-, Pflege-, Renten- und Arbeitslosenversicherung. Sie werden den zur Berufsausbildung Beschäftigten gleichgestellt (vgl. § 25 Abs. 1 SGB III, § 5 Abs. 4a SGB V, § 1 SGB VI).

Die gegenteilige Auffassung des BSG, nach der Studenten in einem praxisintegrierten dualen Studium nicht als Arbeitnehmer bzw. Auszubildende anzusehen sind (vgl. BSG v. 1.12.2009, B 12 R 4/08 R), ist überholt und seit 2012 nicht mehr anzuwenden.

Inzwischen werden auch **triale Studienprogramme** angeboten. Dabei handelt es sich um eine Kombination aus Lehre, Meisterqualifikation und Bachelorstudium. Da das triale Studium sehr praxislastig ist, sind die Teilnehmer in erster Linie Auszubildende und damit voll versicherungspflichtig.

Die 20-Stunden-Regelung und die Minijob-Regelung finden keine Anwendung.

ii) Meldewesen

Die Regelungen zum Versicherungsnummernnachweis **gelten** 4068
nicht für Beschäftigte, die versicherungsfrei sind. Durch den Wegfall der Versicherungsfreiheit in der Rentenversicherung sind die o.a. Meldungen für beschäftigte Studenten zu erstatten, auch wenn die Beschäftigung des Studenten weiterhin wegen Geringfügigkeit versicherungsfrei (Ausnahme: Rentenversicherung) bleibt.

Studenten erhalten auch einen **Versicherungsnummernnachweis**, der dem Arbeitgeber vorzulegen ist (→ *Sozialversicherungsausweis/Versicherungsnummernnachweis* Rz. 3960).

Im Übrigen gelten die **Meldevorschriften** für Arbeitnehmer in der Sozialversicherung **uneingeschränkt** (→ *Meldungen für Arbeitnehmer in der Sozialversicherung* Rz. 3103).

Zuständige Krankenkasse für die Annahme der Meldungen und Beiträge ist die Krankenkasse, bei der der Student krankenversichert ist, ggf. auch i.R. der Familienversicherung. Ist der Student bei keiner Krankenkasse versichert, ist die „letzte" Krankenkasse zuständig, bei der ein Versicherungsverhältnis – ggf. auch i.R. der Familienversicherung – bestanden hat. Ansonsten ist die Meldung an eine wählbare Krankenkasse zu erstatten.

Studienbeihilfen

→ *Auszubildende* Rz. 1184, → *Stipendien* Rz. 4052

Studienreisen

Übernimmt der Arbeitgeber für Arbeitnehmer die Kosten für Stu- 4069
dienreisen, liegt grundsätzlich **steuerpflichtiger Arbeitslohn** vor, auch wenn die Aufwendungen beim Arbeitnehmer als Werbungskosten abzugsfähig sein sollten (R 19.3 Abs. 3 Satz 1 LStR). Zur Frage, unter welchen Voraussetzungen der Arbeitnehmer Aufwendungen für eine Studienreise als **Werbungskosten** absetzen kann, s. ausführlich H 12.2 EStH, OFD Frankfurt v. 13.4.2012, S 2227 A – 3 – St 217, sowie → *Reisekosten: Allgemeine Grundsätze* Rz. 3589.

LSt SV

Kein Arbeitslohn sind dagegen Ersatzleistungen des Arbeitgebers, wenn eine Studienreise im **ganz überwiegenden betrieblichen Interesse des Arbeitgebers** durchgeführt worden sein sollte (vgl. R 19.7 Abs. 1 LStR).

LSt SV (crossed out)

Stundung

1. Lohnsteuer des Arbeitnehmers

4070 Die Stundung von Lohnsteuer, deren Schuldner **der Arbeitnehmer** ist, ist nach § 222 Satz 3 und 4 AO **gesetzlich ausgeschlossen** (R 41a.2 Satz 3 LStR). Nach dieser Vorschrift können Steueransprüche gegen den Steuerschuldner (Arbeitnehmer) nicht gestundet werden, soweit ein Dritter (Entrichtungsschuldner = Arbeitgeber) die Steuer für Rechnung des Steuerschuldners zu entrichten, insbesondere einzubehalten und abzuführen hat.

Nicht zulässig ist auch eine sog. **Verrechnungsstundung** in Fällen, in denen durch sie die Zahlung des Arbeitgebers an das Finanzamt und eine umgehende Rückzahlung eines Erstattungsanspruchs durch das Finanzamt vermieden werden könnte (OFD Karlsruhe v. 1.4.2002, S 0453; vgl. hierzu auch BFH v. 23.8.2000, I R 107/98, BStBl II 2001, 742 betr. Kapitalertragsteuer sowie OFD Hannover v. 4.2.2005, S 0453 – 71 – StO 161, StEd 2005, 267).

2. Lohnsteuer des Arbeitgebers

4071 Die vorgenannten Grundsätze sind nicht anzuwenden bei Anträgen von Arbeitgebern auf Stundung der

- **pauschalen Lohnsteuer**, weil insoweit der Arbeitgeber selbst Schuldner ist (§ 40 Abs. 3 EStG),
- Lohnsteuer, die der Arbeitgeber auf Grund eines **Haftungsbescheids** (§ 42d EStG) als Haftungsschuldner selbst schuldet. Die Stundung ist nach § 222 Satz 4 AO jedoch auch hier ausgeschlossen, soweit der Arbeitgeber tatsächlich Lohnsteuer einbehalten hat.

In diesen Fällen hat das Finanzamt im Einzelfall zu prüfen, ob die Einziehung der Steuern bei Fälligkeit eine erhebliche Härte i.S.d. § 222 AO bedeuten würde.

3. Sozialversicherung

4072 Sozialversicherungsbeiträge dürfen die **Einzugsstellen nur stunden**, wenn die sofortige Einziehung mit erheblichen Härten für den Zahlungspflichtigen verbunden wäre und der Anspruch durch die Stundung nicht gefährdet wird (vgl. § 76 Abs. 2 Satz1 Nr. 1 SGB IV). Dabei soll die Stundung nur gegen **angemessene Verzinsung** und i.d.R. gegen Sicherheitsleistungen gewährt werden.

Die Erfahrungen aus der Corona-Krise und der Hochwasserkatastrophe haben den GKV-Spitzenverband dazu bewogen die „Einheitlichen Grundsätze zur Erhebung von Beiträgen, zur Stundung, zur Niederschlagung und zum Erlass sowie zum Vergleich von Beitragsansprüchen (Beitragserhebungsgrundsätze)“ zu ändern. Sie tragen das Datum vom 10.10.2022.

Der Beginn des Stundungszeitraums wurde darin neu definiert. Unabhängig vom Zeitpunkt des Abschlusses einer Stundungsvereinbarung und damit zusammenhängend der entsprechenden Bescheiderteilung durch die Einzugsstelle, beginnt der Stundungszeitraum mit dem nächsten Fälligkeitstag für laufende Beiträge nach Eingang des Stundungsantrags. Bei Eingang des Antrags an einem Fälligkeitstag beginnt der Stundungszeitraum mit diesem Tag. Diese Regelung gilt auch wenn die Fälligkeit der Beiträge bereits eingetreten ist.

In einem **Stundungsantrag** sollte dargelegt werden, aus welchem Grund die Zahlung nicht bis zum Fälligkeitstermin geleistet und zu welchem Zeitpunkt sie tatsächlich erwartet werden kann. Der Stundungsantrag sollte auch Hinweise zu Sicherheitsleistungen enthalten bzw. Sicherheiten anbieten.

Die Stundung von Beitragsansprüchen schließt die Forderungen aller beteiligten Versicherungsträger ein; über den Antrag entscheidet die Krankenkasse als Einzugsstelle für die Gesamtsozialversicherungsbeiträge auch im Namen der anderen beteiligten Versicherungsträger nach pflichtgemäßem Ermessen. Der Stundungszinssatz beträgt regelmäßig 0,5 % des gestundeten und auf volle 50 € nach unten abgerundeten Stundungsbetrags.

Subunternehmer

→ *Arbeitnehmer-ABC* Rz. 517, → *Arbeitnehmerüberlassung* Rz. 568

Summenbescheid

1. Sozialversicherung

Der prüfende Rentenversicherungsträger kann die **Beiträge zur Kranken-, Pflege-, Renten- und Arbeitslosenversicherung ohne individuelle Zuordnung** auf die einzelnen Arbeitnehmer auf der Basis der insgesamt gezahlten Arbeitsentgelte (Lohn- und Gehaltssumme) **festsetzen**. Voraussetzung hierfür ist, dass der Arbeitgeber seine Aufzeichnungspflichten (→ *Lohnkonto* Rz. 2863) derart verletzt, dass die Beschäftigten und/oder deren Arbeitsentgelt nicht mehr oder nur mit unverhältnismäßig großem Verwaltungsaufwand festgestellt werden können. 4073

Lässt sich auch die Lohn-/Gehaltssumme nicht oder nur mit großem Aufwand ermitteln, kann die Einzugsstelle diese ebenfalls **schätzen**. Dabei sind ortsübliche Maßstäbe zu Grunde zu legen (Tariflohn, Arbeitszeit etc.). Grundlage für eine Schätzung kann auch der Umsatz des Betriebes sein.

Bestreitet der Arbeitgeber z.B. bei einer Prüfung die Versicherungs- und Beitragspflicht bzw. -höhe, liegt die **Beweislast** nicht mehr bei der Einzugsstelle, sondern vielmehr bei ihm selbst.

Werden **nachträglich Unterlagen** zur Feststellung der Versicherungs- und Beitragspflicht aller oder einzelner Beschäftigter vorgelegt, sind die Beiträge neu zu berechnen und der Summenbescheid insofern zu ändern.

2. Lohnsteuer

Die (Nach-)Entrichtung von Beiträgen zur Gesamtsozialversicherung auf Grund eines Summenbescheids nach § 28f Abs. 2 SGB IV durch den Arbeitgeber führt nicht zu Arbeitslohn. Denn eine Nachforderung von Lohnsteuer beim Arbeitgeber durch Steuerbescheid kommt (nur) in Betracht, wenn die Lohnsteuer vorschriftswidrig nicht angemeldet wurde und es sich um eine eigene Steuerschuld des Arbeitgebers handelt. Solch eine eigene Steuerschuld des Arbeitgebers liegt z.B. vor, wenn die Voraussetzungen für eine Pauschalierung der Lohnsteuer nach § 40 EStG gegeben sind (BFH v. 6.6.2018, VI R 32/16, BStBl II 2018, 764, Rz. 13 m.w.N.). 4074

Folglich können die Zahlungen nach § 28f Abs. 2 SGB IV auch deshalb keinen Arbeitslohn darstellen, weil es sich insoweit nicht um „fremdnützige“ Leistungen zu Gunsten der Arbeitnehmer, sondern um „systemnützige“ Zahlungen zum Vorteil der Sozialkassen handelt (BFH v. 15.6.2023, VI R 27/20).

Tabakwaren

→ *Arbeitslohn-ABC* Rz. 703

Tabellen-Freibeträge

→ *Freibeträge* Rz. 2245

Tablet

→ *Computer* Rz. 1517

Tagegelder

→ *Reisekosten: Allgemeine Grundsätze* Rz. 3589

Tagelöhner

→ *Aushilfskraft/Aushilfstätigkeit* Rz. 893, → *Pauschalierung der Lohnsteuer* Rz. 3336

Tagesaushilfe

→ *Aushilfskraft/Aushilfstätigkeit* Rz. 893

Tagesmütter

→ *Arbeitnehmer-ABC* Rz. 519, → *Betreuungskosten* Rz. 1393

Tageszeitungen

→ *Arbeitslohn-ABC* Rz. 704

Tantiemen

1. Lohnsteuer

4075 Tantiemen sind Vergütungen, die sich nach dem Gewinn oder Umsatz eines Unternehmens bemessen. Wenn sie an Arbeitnehmer (z.B. an leitende Mitarbeiter) gezahlt werden, so gehören sie zum Arbeitslohn.

LSt SV

Zu unterscheiden sind:

- Tantiemen an Arbeitnehmer, **die fortlaufend gezahlt werden** (z.B. eine monatlich zu zahlende Umsatzbeteiligung), gehören zum laufenden Arbeitslohn. Sie sind zusammen mit dem übrigen laufenden Arbeitslohn zu versteuern (→ *Lohnsteuertabellen* Rz. 3038).
- Tantiemen an Arbeitnehmer, **die nicht fortlaufend gezahlt werden** (z.B. eine jährlich zu zahlende Gewinnbeteiligung), gehören zu den **sonstigen Bezügen** (R 39b.2 Abs. 2 3. Spiegelstrich LStR). Besonderheiten gelten bei **Gesellschafter-Geschäftsführern** (→ *Gesellschafter/Gesellschafter-Geschäftsführer* Rz. 2322).

Werden Tantiemen zu Gunsten einer betrieblichen Altersversorgung verwendet, wird diese Entgeltumwandlung steuerlich anerkannt, wenn die Gehaltsänderungsvereinbarung vor Fälligkeit der Tantiemezahlung abgeschlossen wird. Einzelheiten → *Zukunftssicherung: Betriebliche Altersversorgung* Rz. 4653.

2. Sozialversicherung

4076 **Im Beitragsrecht der Sozialversicherung** sind Tantiemen wie andere lohnsteuerpflichtige Gewinnanteile beitragspflichtig. Werden die Tantiemen an Arbeitnehmer laufend gezahlt, sind sie dem laufenden Arbeitsentgelt zuzurechnen. Einmalig gezahlte Tantiemen sind beitragsrechtlich wie einmalige Zuwendungen zu behandeln. Einzelheiten → *Einmalzahlungen* Rz. 1793.

Tarifliche Zuschläge

→ *Zuschläge* Rz. 4797

Tarifvertrag

→ *Arbeitsentgelt* Rz. 593

Tätigkeitsortprinzip

→ *Doppelbesteuerungsabkommen: Allgemeines* Rz. 1601, → *Doppelbesteuerungsabkommen bei Einkünften aus nichtselbständiger Arbeit* Rz. 1612

Tätigkeitsschlüssel

→ *Meldungen für Arbeitnehmer in der Sozialversicherung* Rz. 3099

Tätigkeitsstätte

→ *Reisekosten: Allgemeine Grundsätze* Rz. 3589

Tatsächliche Verständigung

→ *Auskünfte und Zusagen des Finanzamts* Rz. 896

Taucherzulage

→ *Zulagen* Rz. 4787

Technikerzulage

→ *Zulagen* Rz. 4787

Teilarbeitslosengeld

→ *Arbeitslosengeld* Rz. 715

Teillohnzahlungszeitraum

Inhalt

1. Begriff

Bei monatlich entlohnten Arbeitnehmern wird der Arbeitslohn für den Monat gezahlt und ist insoweit unabhängig von der Zahl der Arbeitstage und der Zahl der Arbeitsstunden im Monat. Bei regelmäßiger Arbeit oder bei einem **Arbeitsausfall, den der Arbeitgeber vergüten muss**, z.B. Krankheit oder Urlaub, bestehen keine Besonderheiten: Der Arbeitgeber zahlt den monatlichen Arbeitslohn in der vereinbarten Höhe. 4077

Wenn bei einem vereinbarten Monatslohn allerdings **Ausfallzeiten des Arbeitnehmers** auftreten, für die der **Arbeitgeber nicht vergütungspflichtig** ist, wird der Arbeitslohn nicht für den vollen Kalendermonat gezahlt; es entsteht ein Teillohnzahlungszeitraum. Dies kann der Fall sein z.B. bei

- Eintritt des Arbeitnehmers im laufenden Monat,
- Entlassung des Arbeitnehmers im laufenden Monat,
- unentschuldigten Fehlzeiten,
- unbezahltem Urlaub oder
- Ablauf des Sechs-Wochen-Zeitraums bei der Entgeltfortzahlung im laufenden Monat bei fortdauernder Krankheit.

2. Berechnung des Arbeitslohns für einen Teillohnzahlungszeitraum

In den oben genannten Fällen wird der Arbeitgeber den vereinbarten Monatslohn entsprechend kürzen. Für die Berechnung des Arbeitslohns für den Teillohnzahlungszeitraum sind folgende Berechnungsarten möglich: 4078

a) Berechnungsmethode nach abstrakten Kalendertagen

Der Arbeitslohn wird entsprechend § 191 BGB durch 30 Tage geteilt, und zwar **unabhängig** von der tatsächlichen Anzahl der Kalendertage des betreffenden Monats, und mit der Zahl der Kalendertage der Beschäftigung vervielfacht. 4079

Beispiel:

Der Arbeitnehmer wird am 13.2.2026 eingestellt. Der vereinbarte Monatslohn beträgt 2 500 €. Der Arbeitslohn für 16 Kalendertage beträgt
16/30 von 2 500 € = 1 333,33 €

b) Berechnungsmethode nach konkreten Kalendertagen

Der Arbeitslohn wird durch die **tatsächliche** Anzahl der Kalendertage des Monats geteilt, also durch 31, 30, 29 oder 28, und mit der Zahl der Kalendertage der Beschäftigung vervielfacht. 4080

Beispiel:

Der Arbeitnehmer wird am 13.2.2026 eingestellt. Der vereinbarte Monatslohn beträgt 2 500 €. Der Arbeitslohn für 16 Kalendertage beträgt
14/28 von 2 500 € = 1 428,57 €

c) Berechnungsmethode nach abstrakten Arbeitstagen

4081 Der Arbeitslohn wird durch die Anzahl der Arbeitstage geteilt, und zwar

- bei einer Sechs-Tage-Woche durch 25,
- bei einer Fünf-Tage-Woche durch 22,

ohne Rücksicht auf die konkreten Arbeitstage des Monats, und mit der Zahl der Arbeitstage der Beschäftigung vervielfacht.

Beispiel:

Der Arbeitnehmer wird am 13.2.2026 eingestellt. Der vereinbarte Monatslohn beträgt 2 500 €. Der Arbeitslohn für 11 Arbeitstage beträgt bei einer Fünf-Tage-Woche

11/22 von 2 500 € =	1 250 €

d) Berechnungsmethode nach konkreten Arbeitstagen

4082 Der Arbeitslohn wird durch die Anzahl der konkreten Arbeitstage geteilt, einschließlich gesetzlicher Feiertage und bezahlter Freistellungstage (z.B. Rosenmontag, Fastnachtsdienstag), und mit der Zahl der Arbeitstage der Beschäftigung vervielfacht.

Beispiel:

Der Arbeitnehmer wird am 13.2.2026 eingestellt. Der vereinbarte Monatslohn beträgt 2 500 €. Der Februar hat bei einer Fünf-Tage-Woche 20 Arbeitstage. Der Arbeitslohn für 11 Arbeitstage beträgt

11/20 von 2 500 € =	1 375 €

e) Berechnungsmethode nach abstrakten Arbeitsstunden

4083 Der Arbeitslohn wird durch die Anzahl der Arbeitsstunden geteilt nach der Formel

$$\frac{\text{Wochenstunden lt. Arbeitsvertrag} \times 52\ \text{Wochen}}{12\ \text{Monate}}$$

und zwar z.B.

- bei einer 40-Stunden-Woche durch 173,
- bei einer 38,5-Stunden-Woche durch 167,
- bei einer 37,5-Stunden-Woche durch 163,
- bei einer 37-Stunden-Woche durch 161,

ohne Rücksicht auf die konkreten Arbeitsstunden des Monats, und mit der Zahl der Arbeitsstunden der Beschäftigung vervielfacht.

Beispiel:

Der Arbeitnehmer wird am 13.2.2026eingestellt. Der vereinbarte Monatslohn beträgt 2 500 €. Der Arbeitnehmer hat eine 37,5-Stunden-Woche. Er arbeitet insgesamt 90 Stunden, und zwar

– 1. Woche (13.2.2026)	7,5 Stunden
– 2. Woche (16. bis 20.2.2026)	37,5 Stunden
– 3. Woche (23. bis 27.2.2026)	37,5 Stunden
Insgesamt	82,5 Stunden
82,5/163 von 2 500 € =	1 265,34 €

f) Berechnungsmethode nach konkreten Arbeitsstunden

4084 Der Arbeitslohn wird durch die Anzahl der konkreten Arbeitsstunden des Monats geteilt und mit der Zahl der Arbeitsstunden der Beschäftigung vervielfacht.

Beispiel:

Der Arbeitnehmer wird am 13.2.2026 eingestellt. Der vereinbarte Monatslohn beträgt 2 500 €. Der Arbeitnehmer hat eine 37,5-Stunden-Woche, so dass die Sollarbeitszeit im Februar 150 Arbeitsstunden beträgt (7,5 Stunden × 20 Tage). Er arbeitet insgesamt 90 Stunden, und zwar

– 1. Woche (13.2.2026)	7,5 Stunden
– 2. Woche (16. bis 20.2.2026)	37,5 Stunden
– 3. Woche (23. bis 27.2.2026)	37,5 Stunden
Insgesamt	82,5 Stunden
82,5/150 von 2 500 € =	1 375,– €

Die Beispiele zeigen, dass je nach Berechnungsart unterschiedliche Arbeitslöhne zu zahlen sind. Es stellt sich daher die Frage, welches die **richtige Berechnungsmethode** ist.

Bei der **Entgeltfortzahlung im Krankheitsfall** ist gesetzlich das sog. Lohnausfallprinzip zwingend vorgeschrieben, d.h. das für die maßgebliche regelmäßige Arbeitszeit zustehende Arbeitsentgelt ist fortzuzahlen; tariflich kann hiervon abgewichen werden, vgl. § 4 Abs. 4 EFZG. Zu weiteren Einzelheiten → *Entgeltfortzahlung* Rz. 1914. Aus der Anwendung des Lohnausfallprinzips folgt, dass die Berechnung des Arbeitslohns für den Teillohnzahlungszeitraum nach **konkreten Monatsarbeitstagen** durchzuführen ist (BAG v. 14.8.1985, 5 AZR 384/84).

In allen anderen Fällen ist eine Berechnungsart gesetzlich **nicht vorgeschrieben**, so dass der Arbeitgeber grds. frei wählen kann, nach welcher Berechnungsart er den anteiligen Arbeitslohn ermittelt. Dabei muss er allerdings Regelungen in einem Tarifvertrag, einer Betriebsvereinbarung oder in einem Einzelarbeitsvertrag beachten. Empfehlenswert ist jedoch, die vom **BAG** als gerechte Berechnungsart anerkannte Berechnung nach **konkreten Monatsarbeitstagen oder Arbeitsstunden anzuwenden**.

Für diese Berechnungen ergeben sich folgende Formeln:

- konkrete Monatsarbeitstage:
$$\frac{\text{Monatslohn} \times \text{Anzahl der tatsächlichen Arbeitstage im Monat}}{\text{Anzahl der Arbeitstage des Monats}}$$
- konkrete Arbeitsstunden:
$$\frac{\text{Monatslohn} \times \text{Anzahl der geleisteten Arbeitsstunden im Monat}}{\text{Anzahl der Arbeitsstunden des Monats}}$$

3. Lohnsteuer

a) Berechnung bei Teillohnzahlungszeiträumen

Für die Einbehaltung der Lohnsteuer hat der Arbeitgeber die 4085
Höhe des Arbeitslohns und den Lohnzahlungszeitraum festzustellen (vgl. § 39b Abs. 2 Satz 1 EStG). Die Lohnsteuer ist dann nach dem in § 39b Abs. 2 EStG beschriebenen Verfahren zu ermitteln und an das Finanzamt abzuführen. I.d.R. ist der Lohnzahlungszeitraum der Monat, so dass die Lohnsteuer für den Monat errechnet wird.

Wenn das Dienstverhältnis während eines Monats beginnt oder endet, so kann die Lohnsteuer **nicht für den Monat** errechnet werden, es entsteht ein Teillohnzahlungszeitraum. Daher ist der Arbeitslohn auf die einzelnen Kalendertage umzurechnen. Die Lohnsteuer, die sich für den Tag ergibt, ist mit der Zahl der Kalendertage zu multiplizieren. Auf diese Weise erhält man die Lohnsteuer auf den gezahlten Arbeitslohn.

Beispiel:

Ein Arbeitnehmer in Hannover mit einem vereinbarten Monatsgehalt von 2 500 € (Steuerklasse III, Kirchensteuermerkmal ev, 20 Jahre) begann seine Tätigkeit am 16.2.2026. Für Februar ergab sich folgende Lohnabrechnung:

- **Berechnung des Arbeitslohns**

Lohnanspruch besteht vom 16.2. bis 28.2.2026, also für 10 Arbeitstage (von 20 Arbeitstagen). Der Arbeitslohn beträgt

$$\frac{2\,500\,€ \times 10}{20} = 1\,250\,€$$

- **Berechnung der Lohnsteuer**

Die Lohnsteuer für den Arbeitslohn von 1 250 € ist für den Tag zu ermitteln. Dabei ist der Arbeitslohn auf einen Kalendertag umzurechnen. Der Zeitraum 16.2. bis 28.2.2026 enthält 13 Kalendertage:

Kalendertäglicher Arbeitslohn (1 250 € : 13)	96,15 €
Lohnsteuer für den Tag	0,81 €
Solidaritätszuschlag für den Tag	0,– €
Kirchensteuer für den Tag (9 %)	0,07 €
Umrechnung auf den Zeitraum 16.2. bis 28.2.2026:	
Lohnsteuer 0,81 € × 13 Tage	10,53 €
Solidaritätszuschlag 0,– € × 13 Tage	0,– €
Kirchensteuer 0,07 € × 13 Tage	0,91 €

- **Berechnung der Sozialversicherungsbeiträge**

Ermittlung der anteiligen BBG nach der Formel:

$$\frac{\text{Jahres-BBG (KV)} \times \text{beitragspflichtige Tage}}{360}$$

d.h.

$$\frac{69\,750\,€ \times 13}{360} = 2\,518{,}75\,€\ \text{Teilbeitragsbemessungsgrenze}$$

Da die Teilbeitragsbemessungsgrenze in der Kranken- und Pflegeversicherung – und damit auch in der Renten- und Arbeitslosenversicherung – nicht überschritten wird, ist keine Begrenzung des beitragspflichtigen Entgelts auf die BBG vorzunehmen.

Beitragssätze:

Krankenversicherung	14,6 %
Pflegeversicherung	3,6 %
Rentenversicherung	18,6 %
Arbeitslosenversicherung	2,6 %

- **Abrechnung des Arbeitslohns**

Arbeitslohn 16.2. bis 28.2.2026	1 250 €
– Lohnsteuer	10,53 €
– Solidaritätszuschlag	0,– €
– Kirchensteuer	0,91 €
– Arbeitnehmeranteil zur Krankenversicherung einschließlich kassenindividueller Zusatzbeitrag (1/2 von 14,6 % + 1/2 von 2,5 % [angenommener Wert] von 1 250 €)	106,87 €
– Arbeitnehmeranteil zur Pflegeversicherung (1/2 von 3,6 % von 1 250 €)	22,50 €
– Arbeitnehmeranteil zur Rentenversicherung (1/2 von 18,6 % von 1 250 €)	116,25 €
Arbeitnehmeranteil zur Arbeitslosenversicherung (1/2 von 2,6 % von 1 250 €)	16,25 €
= ausgezahlter Betrag	976,69 €

Der Arbeitgeber muss die Lohnsteuer auch dann nach dem **Tag** berechnen, wenn zwar der Arbeitslohn monatlich berechnet und ausgezahlt, im Laufe eines Kalendermonats allerdings erst die – unbeschränkte oder beschränkte – **Einkommensteuerpflicht begründet** wird (BFH v. 10.3.2004, VI R 27/99, HFR 2004, 985).

b) Unterbrechungen ohne Entstehen eines Teillohnzahlungszeitraums

4086 Ein Teillohnzahlungszeitraum entsteht lohnsteuerlich aber nicht bei jeder Unterbrechung der Lohnzahlung. Liegen dem Arbeitgeber die Lohnsteuerabzugsmerkmale **während des ganzen Kalendermonats** vor und besteht das Dienstverhältnis fort, so zählen auch die Arbeitstage mit, für die der Arbeitnehmer keinen steuerpflichtigen Arbeitslohn bezogen hat (R 39b.5 Abs. 2 Satz 3 LStR), z.B. bei Krankheit nach Ablauf der Sechs-Wochen-Frist, Mutterschutz oder unbezahltem Urlaub. Die Lohnsteuer kann daher weiterhin nach dem **Monat** ermittelt werden.

aa) Kein Teillohnzahlungszeitraum – nur bei der Lohnsteuer

4087 In folgenden Fällen entsteht daher lohnsteuerlich **kein Teillohnzahlungszeitraum – im Gegensatz zur Sozialversicherung:**

- **Unterbrechung der Lohnzahlung** wegen des Bezugs von
  - Elterngeld,
  - Krankengeld,
  - Mutterschaftsgeld,
  - Übergangsgeld,
  - Verletztengeld,
- Teilnahme an einer **Wehrübung** von mehr als drei Tagen,
- **Tod** des Arbeitnehmers im Laufe eines Monats,
- **Pflege des Kindes** ohne Anspruch auf Arbeitsentgelt (§ 45 SGB V).

Nimmt der Arbeitnehmer für den Arbeitgeber eine **Auslandstätigkeit** auf und ist der Arbeitslohn für diese Zeit nach dem Auslandstätigkeitserlass oder einem DBA steuerfrei, so entsteht lohnsteuerlich kein Teillohnzahlungszeitraum.

In allen Fällen bleibt das **Dienstverhältnis lohnsteuerlich bestehen**, solange dem Arbeitgeber die Lohnsteuerabzugsmerkmale des Arbeitnehmers vorliegen. Der Arbeitgeber kann daher unabhängig davon, ob er dem Arbeitnehmer den vollen Lohn für einen Monat auszahlt oder nicht, die Lohnsteuer nach dem Monat ermitteln.

bb) Kein Teillohnzahlungszeitraum – bei der Lohnsteuer und Sozialversicherung

4088 Es gibt Fälle, in denen nicht nur lohnsteuerlich, sondern auch **sozialversicherungsrechtlich kein Teillohnzahlungszeitraum** entsteht:

- Unbezahlter Urlaub,
- Streik,
- Kurzarbeit.

c) Sonderfall: Lohnzahlungszeitraum ist die Kalenderwoche

Ist der **Lohnzahlungszeitraum die Kalenderwoche** und besteht das Dienstverhältnis nicht eine volle Kalenderwoche, so gelten die vorstehenden Ausführungen sinngemäß. 4089

Beispiel:

Eine Kellnerin hat einen Wochenlohn von 500 €. Das Dienstverhältnis beginnt nicht an einem Montag, sondern an einem Donnerstag. Für die erste Woche erhält die Kellnerin 2/5 von 500 €, also 200 €.

Der Arbeitslohn je Kalendertag, an dem das Dienstverhältnis in dieser Woche bestand (Donnerstag bis Sonntag), beträgt 50 € (200 € : 4 Tage). Die Lohnsteuer, der Solidaritätszuschlag und ggf. die Kirchensteuer sind mit 50 € für den Tag zu berechnen und mit vier zu vervielfältigen.

4. Sozialversicherung

Bei Arbeitsverhältnissen, die nicht für den vollen Kalendermonat bestehen oder bei denen aus sonstigen Gründen Beiträge nicht für den vollen Kalendermonat zu entrichten sind, werden die Beiträge nur für die auf den Teillohnzahlungszeitraum entfallenden Kalendertage berechnet. Gründe für die Beitragsberechnung **nach Teillohnzahlungszeiträumen** können z.T. abweichend von der lohnsteuerlichen Beurteilung sein (→ Rz. 4085): 4090

- Beginn oder Ende des Beschäftigungsverhältnisses,
- Beitragsfreiheit wegen des Bezuges von Geldleistungen wie
  - Krankengeld, auch bei der Pflege eines erkrankten Kindes (§ 45 SGB V),
  - Verletztengeld,
  - Übergangsgeld,
  - Mutterschaftsgeld,
- Zahlung von Elterngeld,
- Beginn oder Ende des freiwilligen Wehrdienstes,
- Tod des Arbeitnehmers.

Bei der Berechnung der Beiträge für Teillohnzahlungszeiträume sind in jedem Fall die für den gleichen Zeitraum geltenden, ggf. zu ermittelnden **Beitragsbemessungsgrenzen (BBG) zu beachten**, weil sie die im Beitragsrecht der Sozialversicherung verbindlichen Berechnungsobergrenzen darstellen. Dabei gelten für die **Kranken- und Pflegeversicherung andere Grenzwerte als bei der Renten- und Arbeitslosenversicherung**. S.a. → *Beiträge zur Sozialversicherung* Rz. 1276.

Die Beitragsberechnungsrichtlinien sehen keine BBG für Arbeits- oder Werktage vor. Vielmehr ist bei Teillohnzahlungszeiträumen grds. **nur mit Kalendertagen** zu rechnen. Der auf den Kalendertag entfallende Teil der Jahres-BBG (1/360) wird ungerundet mit der Anzahl der auf den Teillohnzahlungszeitraum entfallenden Kalendertage multipliziert. Dabei ist der Wert auf zwei Dezimalstellen auszurechnen, wobei die zweite Stelle um 1 erhöht wird, wenn in der dritten Stelle eine der Zahlen 5 bis 9 erscheint. **Somit lässt sich nach folgender Formel arbeiten:**

$$\frac{\text{Jahres-BBG} \times \text{Zahl der mit Beiträgen belegten Kalendertage}}{360}$$

In allen Versicherungszweigen gibt es jeweils eine einheitliche BBG für die alten und neuen Bundesländer.

Für die Praxis lässt sich hieraus **folgende Tabelle der BBG 2026 für Teillohnzahlungszeiträume entwickeln:**

Kalendertage	Kranken- und Pflegeversicherung	Renten- und Arbeitslosenversicherung
1	193,75	281,67
2	387,50	563,33
3	581,25	845,–
4	775,–	1 126,67
5	968,75	1 408,33
6	1 162,50	1 600,–
7	1 356,25	1 971,67
8	1 550,–	2 253,33
9	1 743,75	2 535,–
10	1 937,50	2 816,67
11	2 131,25	3 098,33
12	2 325,–	3 380,–

Kalender-tage	Kranken- und Pflegeversicherung	Renten- und Arbeitslosenversicherung
13	2 518,75	3 661,67
14	2 712,50	3 943,33
15	2 906,25	4 225,–
16	3 100,–	4 506,67
17	3 293,75	4 788,33
18	3 487,50	5 070,–
19	3 681,25	5 351,67
20	3 875,–	5 633,33
21	4 068,75	5 915,–
22	4 262,50	6 196,67
23	4 456,25	6 478,33
24	4 650,–	6 760,–
25	4 843,75	7 041,67
26	5 037,50	7 323,33
27	5 231,25	7 605,–
28	5 425,–	7 886,67
29	5 618,75	8 168,33
30	5 812,50	8 450,–

Liegt das erzielte Arbeitsentgelt unter der für den Teilabrechnungszeitraum ermittelten BBG, ist dieses in voller Höhe für die Beitragsberechnung heranzuziehen. Ein **höherer Betrag** als die ermittelte BBG darf für die Beitragsberechnung **nicht** zu Grunde gelegt werden.

Beispiel 1:

Der Arbeitnehmer A aus Leipzig nimmt am 8.1.2026 eine Beschäftigung auf und verdient in diesem Monat 2 250 €. Da die BBG in der Kranken- und Pflegeversicherung für 24 Tage bei 4 650 € und in der Renten- und Arbeitslosenversicherung (in allen Bundesländern) bei 6 760 € liegt, ist das Entgelt in voller Höhe beitragspflichtig.

Beispiel 2:

Der Arbeitnehmer B aus Köln nimmt am 14.1.2026 eine Beschäftigung auf und verdient in diesem Monat 3 500 €. In der Kranken- und Pflegeversicherung liegt die BBG für 18 Tage bei 3 487,50 €, so dass nur bis zu diesem Betrag Beitragspflicht besteht. In der Renten- und Arbeitslosenversicherung ist das Entgelt in voller Höhe beitragspflichtig, weil die BBG (in allen Bundesländern) für 18 Tage 5 070 € nicht überschritten wird.

Wird der Beitragsberechnungszeitraum z.B. wegen einer **Krankengeldzahlung** unterbrochen und endet der Anspruch auf Krankengeld an einem Freitag, sind der folgende Samstag und Sonntag wegen der kalendertäglichen Berechnungsweise für die Beitragsberechnung heranzuziehen, auch wenn die Entgeltzahlung erst montags wieder einsetzt.

Beispiel 3:

Der Arbeitnehmer C aus Rostock hat vom 13.1. bis 24.1.2026 Krankengeld erhalten. Für Januar 2026 steht ihm ein Arbeitslohn i.H.v. 5 500 € zu. Im Januar 2026 sind 19 Kalendertage beitragspflichtig.

Die BBG liegt in der Kranken- und Pflegeversicherung für 19 Tage bei 3 681,25 € und in der Renten- und Arbeitslosenversicherung (in allen Bundesländern) bei 5 351,67 €, so dass nur bis zu diesen Grenzen Beiträge zu erheben sind.

Vermögenswirksame Leistungen für den gesamten Entgeltabrechnungszeitraum werden bei der Ermittlung des beitragspflichtigen Arbeitsentgeltes für den Teillohnzahlungszeitraum ggf. in voller Höhe hinzugerechnet, es sei denn, es ist ausdrücklich vereinbart, dass die vermögenswirksame Leistung für Zeiträume, die sowohl mit Arbeitsentgelt als auch z.B. mit Krankengeld belegt sind, **tageweise aufgeteilt** wird. In diesem Fall ist nur der auf die Arbeitstage entfallende Teil der vermögenswirksamen Anlage beitragspflichtig, wenn der auf die Krankengeldbezugszeit entfallende Anteil als Zuschuss zum Krankengeld behandelt wird.

Eine während des Bezuges von Krankengeld etc. gezahlte **einmalige Zuwendung** ist beitragspflichtig. Ein **unbezahlter Urlaub** bis zu einem Monat oder ein rechtmäßiger **Arbeitskampf** unterbrechen nicht die Mitgliedschaft in der Krankenversicherung, so dass auch **kein Teillohnzahlungszeitraum** entsteht. Das erzielte Arbeitsentgelt, möglicherweise unter Einbeziehung einmaliger Zuwendungen, ist deshalb auf den gesamten Abrechnungszeitraum verteilt der Beitragspflicht zu unterwerfen.

Beispiel 4:

Entgelt für Arbeitsleistung vom 1.2.2026 bis 11.2.2026 = 11 Kalendertage	1 020,– €
Arbeitskampf vom 12.2.2026 bis 18.2.2026 einmalige Zuwendung am 14.2.2026	625,– €
Entgelt für Arbeitsleistung vom 19.2.2026 bis 28.2.2026	825,– €
beitragspflichtiges Arbeitsentgelt für Februar 2026	2 470,– €

Es gelten die BBG für den gesamten Monat und nicht 22 Tage, weil der Arbeitskampf nicht zu einem Teillohnzahlungszeitraum führt.

Teilzeitbeschäftigte

Die Teilzeitarbeit ist gesetzlich geregelt im **Teilzeit- und Befristungsgesetz** (TzBfG). Mit dem Gesetz zur Weiterentwicklung des Teilzeitrechts – Einführung einer Brückenteilzeit wurde zum 1.1.2019 ein Anspruch auf die Rückkehr in eine Vollzeitstelle gesetzlich begründet worden (sog. Brückenteilzeit). Seitdem ist bei der Reduzierung der Arbeitszeit zwischen dem Anspruch auf unbefristete Teilzeit (§ 8 TzBfg) und dem Anspruch auf befristete Teilzeit (§ 9a TzBfG) zu unterscheiden. 4091

Aktuell plant die schwarz-rote Bundesregierung einen neuen steuerlichen Anreiz zur Ausweitung der Arbeitszeit von Teilzeitbeschäftigten zu schaffen: Wenn Arbeitgeber eine Prämie zur Ausweitung der Arbeitszeit zahlen, soll diese Prämie steuerlich begünstigt sein. (sog. Teilzeitaufstockungsprämie). Eine entsprechende Regelegung war in einem Referentenentwurf des BMF mit dem Titel Arbeitsmarktstärkungsgesetz enthalten. Zum Redaktionsschluss stand nicht endgültig fest, ob eine Umsetzung 2026 zu erwarten ist. Sollten sich Änderungen ergeben, informieren wir Sie über unseren Online-Aktualisierungsdienst (s. Benutzerhinweis S. IV).

Die Rechtslage zum Anspruch des Arbeitnehmers nach § 8 TzBfG auf Verringerung der Arbeitszeit (**Teilzeitanspruch**) ist durch die fortgeschrittene Entwicklung insbesondere der höchstrichterlichen Rechtsprechung des BAG weitgehend geklärt, ebenso der Anspruch der Teilzeitbeschäftigten auf **Arbeitszeitverlängerung** nach § 9 TzBfG.

Nach § 8 TzBfG hat grundsätzlich jeder Arbeitnehmer die Möglichkeit, die Arbeitszeit zu verringern. Voraussetzung hierfür ist, dass

- das Arbeitsverhältnis bereits seit sechs Monaten besteht;
- das Unternehmen mehr als 15 Mitarbeiter beschäftigt;
- der Arbeitnehmer seinen Wunsch, die Wochenarbeitszeit zu verringern, den Umfang sowie die gewünschte Verteilung spätestens drei Monate vor Beginn geltend macht.

Der Arbeitgeber hat grundsätzlich der Verringerung der Arbeitszeit zuzustimmen und diese entsprechend den Wünschen des Arbeitnehmers festzulegen, sofern betriebliche Gründe dem Begehren nicht entgegenstehen. Die Weigerung ist z.B. statthaft, wenn die Reduzierung der Arbeitszeit die Organisation, den Arbeitsablauf oder die Sicherheit im Betrieb wesentlich beeinträchtigen oder unverhältnismäßige Kosten verursachen würde. Die Ablehnungsgründe sind nicht abschließend und bedürfen der Überprüfung im Einzelfall. Die Tarifpartner können die Ablehnungsgründe ausgestalten und festlegen.

Die **Voraussetzungen für die Brückenteilzeit** sind in § 9a TzBfG geregelt. Sie entsprechen teilweise dem Teilzeitbegehren nach § 8 TzBfG; einzelne Voraussetzungen sind modifiziert bzw. zusätzlich zu erfüllen. Im Einzelnen:

- Der Arbeitgeber beschäftigt i.d.R. mehr als 45 Arbeitnehmer. In Unternehmen mit 46 bis 200 Beschäftigten kann die zeitlich begrenzte Verringerung der Arbeitszeit abgelehnt werden, wenn von 15 Arbeitnehmern bereits einer in befristeter Teilzeit arbeitet. Für diese Quote zählen nur jene Mitarbeiter, die einen Antrag auf Brückenteilzeit gestellt haben, nicht also Arbeitnehmer, die sich auf Grund einer anderen Regelung in Teilzeit befinden.
- Der Arbeitnehmer stellt beim Arbeitgeber einen Antrag (§ 9a Abs. 3 Satz 1 TzBfG i.V.m. § 8 Abs. 2 Satz 1 TzBfG), die vertraglich vereinbarte Arbeitszeit (Vollzeit- oder bisherige Teilzeitarbeit) für einen bestimmten Zeitraum, der zwischen einem und fünf Jahren liegt, zu verringern.

Der Arbeitgeber ist verpflichtet, den Teilzeitwunsch mit dem Arbeitnehmer zu erörtern. Der Arbeitnehmer hat die Möglichkeit, den Betriebsrat mit dem Ziel hinzuzuziehen, eine Vereinbarung zu treffen, die dann Bestand hat: Während der Brückenteilzeit besteht kein Anspruch auf Verlängerung oder Verkürzung der Arbeitszeit oder vorzeitige Rückkehr zur früheren Arbeitszeit während der Brückenteilzeit.

Das Teilzeitarbeitsverhältnis ist im Übrigen dadurch gekennzeichnet, dass nach dem Arbeitsvertrag auf Dauer eine **kürzere als die Regelarbeitszeit** eines vergleichbaren vollzeitbeschäftigten Arbeitnehmers vereinbart ist, § 2 Abs. 1 TzBfG. Die Verkürzung der Arbeitszeit kann so geschehen, dass nur an einigen Tagen der Woche, des Monats oder des Jahres bzw. an allen Arbeitstagen oder nur an einigen Arbeitstagen verkürzt gearbeitet wird, wobei Elemente der flexiblen Arbeitszeit einbezogen werden können. Das Teilzeitarbeitsverhältnis ist ein **normales Arbeitsverhältnis**, das hinsichtlich der zur Anwendung kommenden Gesetze, Tarifverträge und Betriebsvereinbarungen praktisch keine Unterschiede zum Vollzeitarbeitsverhältnis aufweist.

Regelmäßige Mehrarbeit über die vereinbarte Teilzeitarbeitszeit hinaus führt **nicht** automatisch in ein **Vollzeitarbeitsverhältnis**: Wird ein Teilzeitbeschäftigter längere Zeit **über die vertraglich vorgesehene Arbeitszeit hinaus oder** wie ein Vollzeitbeschäftigter eingesetzt, kann daraus grundsätzlich noch nicht die konkludente Vereinbarung einer Vollzeitbeschäftigung abgeleitet werden (BAG v. 24.6.2010, 6 AZR 75/09; BAG v. 21.6.2011, 9 AZR 238/10).

Beim **Arbeitsentgelt** ist zu beachten, dass der **Mindestlohn** nach dem Mindestlohngesetz auch für Teilzeitkräfte gilt (→ *Mindestlohn* Rz. 3142). Im Übrigen ist bei Arbeitsentgelt im engeren wie im weiteren Sinne, insbesondere bei (freiwilligen) Sonderleistungen, der spezielle **Gleichbehandlungsgrundsatz** nach § 4 Abs. 1 TzBfG zu beachten: Teilzeitbeschäftigte dürfen nicht wegen der Teilzeitarbeit gegenüber Vollzeitbeschäftigten unterschiedlich behandelt werden, es sei denn, es gebe sachliche Gründe für eine unterschiedliche Behandlung. Dementsprechend ist ein Teilzeitarbeitnehmer bei der Anwendung des § 4 Abs. 1 TzBfG im Rahmen der betrieblichen Altersversorgung mit einem Vollzeitarbeitnehmer vergleichbar, der dieselbe Zeit der Betriebszugehörigkeit hat. Er ist jedoch nicht vergleichbar mit einem Vollzeitarbeitnehmer, wenn er bei eigener längerer Betriebszugehörigkeit dieselbe Zeit von auf Vollzeit umgerechneten Tätigkeitszeiten erbracht hat (BAG v. 23.3.2021, 3 AZR 24/20, NZA 2021, 860). Geringfügig Beschäftigte, die in Bezug auf Umfang und Lage der Arbeitszeit keinen Weisungen des Arbeitgebers unterliegen, jedoch Wünsche anmelden können, denen dieser allerdings nicht nachkommen muss, dürfen bei gleicher Qualifikation für die identische Tätigkeit keine geringere Stundenvergütung erhalten als vollzeitbeschäftigte Arbeitnehmer, die durch den Arbeitgeber verbindlich zur Arbeit eingeteilt werden (BAG v. 18.1.2023, 5 AZR 108/22). Zentraler Gegenstand der Entscheidung war die Frage, ob die differenzierte Vergütung von hauptamtlichen und nebenamtlichen Rettungsassistenten durch einen sachlichen Grund gerechtfertigt ist. Das BAG hat diese Frage zutreffend verneint. Ein sachlicher Grund ist nur gegeben, wenn objektive Gründe gegeben sind, die einem wirklichen Bedürfnis des Unternehmens entsprechen und für die Erreichung dieses Ziels angemessen, geeignet und erforderlich sind. Sachliche Rechtfertigungsgründe können sich aus der Arbeitsleistung, Arbeitsbelastung, Qualifikation, Ausbildung, Verantwortung, Berufserfahrung des Arbeitnehmers oder unterschiedlichen Arbeits- und Arbeitsplatzanforderungen ergeben. Der von der Beklagten pauschal behauptete Planungsmehraufwand genügt den Anforderungen des sachlichen Grundes hingegen nicht.

So gilt z.B. für **Zulagen** bei Teilzeitkräften: Eine **Zulage auf geleistete Stunden**, z.B. für Nachtstunden, steht Teilzeitkräften in vollem Umfang zu. Teilzeitbeschäftigte werden benachteiligt, wenn bei der Zahlung einer tariflichen „Mehrflugdienststundenvergütung" ab einer bestimmten Anzahl von Arbeitsstunden nicht zwischen Voll- und Teilzeitkräften differenziert wird (EuGH v. 19.10.2023, C-660/20). Eine **pauschale Zulage**, z.B. eine Wechselschicht- und Schichtzulage mit einem monatlichen Festbetrag, steht Teilzeitkräften regelmäßig nur **anteilig** entsprechend dem Anteil der Arbeitszeit zu (BAG v. 25.9.2013, 10 AZR 4/12). Ebenso steht Teilzeitkräften ein **Urlaubsgeld** regelmäßig nur proportional zur geringeren Arbeitszeit zu (BAG v. 12.12.2013, 8 AZR 829/12). Eine **Weihnachtszuwendung** ist grundsätzlich pro rata temporis, d.h. entsprechend dem Verhältnis der vereinbarten durchschnittlichen regelmäßigen Arbeitszeit zur regelmäßigen Arbeitszeit eines entsprechenden vollzeitbeschäftigten Arbeitnehmers in diesem Zeitraum zu bemessen (BAG v. 17.6.2015, 10 AZR 187/14).

Nach ständiger Rechtsprechung des EuGH muss im Übrigen wegen des überwiegenden Anteils von Frauen an der Zahl der Teilzeitkräfte das Verbot der **mittelbaren Geschlechtsdiskriminierung** beachtet werden. Eine tarifvertragliche Regelung, die für das Verdienen von Überstundenzuschlägen auch bei Teilzeitarbeit das Überschreiten der regelmäßigen Arbeitszeit eines in Vollzeit beschäftigten Arbeitnehmers voraussetzt, behandelt in Teilzeit beschäftigte Arbeitnehmer daher wegen der Teilzeit schlechter als vergleichbare Vollzeitarbeitnehmer. Sie verstößt gegen das Verbot der Diskriminierung von in Teilzeit beschäftigten Arbeitnehmern nach § 4 Abs. 1 TzBfG, wenn es an sachlichen Gründen für die Ungleichbehandlung fehlt. Liegen sachliche Gründe für die Ungleichbehandlung nicht vor, bewirkt eine solche tarifvertragliche Regelung zugleich eine gegen § 7 Abs. 1 AGG verstoßende mittelbare Benachteiligung weiblicher Arbeitnehmer wegen des Geschlechts, wenn innerhalb der Gruppe der in Teilzeit beschäftigten Arbeitnehmer signifikant mehr Frauen als Männer vertreten sind (BAG v. 5.12.2024, 8 AZR 370/20 und BAG v. 26.11.2025, 5 AZR 118/23).

Beim **Urlaubsanspruch** der Teilzeitbeschäftigten muss die Zahl der Urlaubstage nach dem Verhältnis zur Arbeitszeit eines Vollbeschäftigten berechnet werden.

Zum Thema **Vorruhestandsgeld** und Benachteiligung von Teilzeitbeschäftigten vgl. BAG v. 29.4.2025, 9 AZR 287/24.

Beispiel 1:

Urlaubsanspruch nach Tarifvertrag 30 Arbeitstage. Die Arbeitszeit einer Teilzeitkraft drei Arbeitstage pro Woche gegenüber regulär fünf Arbeitstagen.

Berechnungsformel: $30 : 5 \times 3 = 18$.

Diese Teilzeitkraft hat also Anspruch auf eine urlaubsbedingte Befreiung von der Arbeitspflicht an 18 ihrer Teilzeitarbeitstage.

Wechselt der Arbeitnehmer von Vollzeitarbeit in Teilzeitarbeit, und arbeitet er nunmehr nicht an allen Arbeitstagen, so berechnet sich der Urlaubsanspruch vom Wechsel an – auch für den Altanspruch – nicht mehr wie nach der bisherigen Rechtsprechung des BAG (BAG v. 28.4.1998, 9 AZR 314/97) nach der neuen Teilzeitarbeit. Einer derartigen Quotierung von restlichen Urlaubsansprüchen des Arbeitnehmers aus seiner Vollzeitbeschäftigung nach Wechsel in eine Teilzeitbeschäftigung hat der EuGH widersprochen (EuGH v. 13.6.2013, C-415/12). Dem hat sich das BAG angeschlossen, so dass der in der Vollzeit vor dem Wechsel erworbene und nicht verbrauchte Urlaubsanspruch nominal erhalten bleibt und insoweit keine Umrechnung stattfindet (BAG v. 10.2.2015, 9 AZR 53/14 (F)). Insoweit ist zu empfehlen, vor dem Wechsel in Teilzeit die entstandenen Urlaubsansprüche durch Gewährung von Urlaub in Natur abzulösen.

Wechselt umgekehrt der Arbeitnehmer von Teilzeitarbeit zu Vollzeitarbeit, so richtet sich der Urlaubsanspruch für die Zeit nach dem Wechsel nach Vollzeitarbeitszeit.

Für die Berechnung des **Urlaubsentgelts** gilt nach einer Entscheidung des EuGH (EuGH v. 22.4.2010, C-486/08) beim **Wechsel** eines Arbeitnehmers **von Vollzeitarbeit zu Teilzeitarbeit** nicht die Bezugsmethode gem. § 11 Abs. 1 BUrlG: Ein vor der Arbeitszeitänderung erworbener Urlaubsanspruch, der ganz oder teilweise nach der Arbeitszeitänderung verwirklicht wird, muss noch mit dem Entgelt für die Vollzeitarbeit vergütet werden.

Beispiel 2:

Eine Buchhalterin ist bis zum 30. April eines Jahres in 5-Tage-Woche vollzeitbeschäftigt mit einem Gehalt von 3 500 € und vereinbarten 30 Urlaubstagen. Sie wechselt ab 1. Mai aus familiären Gründen zur Halbtagsarbeit in 5-Tage-Woche mit einem Gehalt i.H.v. 1 750 €.

Die Buchhalterin hat im April einen Urlaub von fünf Urlaubstagen genommen und nimmt nunmehr im August/September ihren restlichen Jahresurlaub von 25 Urlaubstagen.

Sie hatte in der Vollzeitarbeit einen Urlaubsanspruch von 4/12 = zehn Urlaubstage erworben. Hiervon sind fünf Urlaubstage verblieben, die in den Urlaub August/September fallen.

Diese verbliebenen fünf Urlaubstage sind noch mit dem Vollzeitarbeitsentgelt zu vergüten.

Bei **Überstunden** besteht nach nunmehr geklärter Rechtslage für Teilzeitbeschäftigte grundsätzlich kein allgemeiner Anspruch auf Überstundenzuschläge (vgl. EuGH v. 15.12.1994, C-399/92 u.a.; BAG v. 20.6.1995, 3 AZR 684/93). In der Praxis bereitet regelmäßig die Frage Probleme, ob die Mehrarbeit des Teilzeitbeschäftigten mit der Überschreitung seiner (Teilzeit-)Arbeit beginnt oder insoweit auf die Arbeitszeit eines Vollzeitbeschäftigten abzustellen ist. Mit einer tarifvertraglichen Bestimmung, die den Anspruch auf Mehrarbeitszuschläge davon abhängig macht, dass über die vereinbarte Jahresarbeitszeit hinaus gearbeitet wird, kann der individuelle Freizeitbereich geschützt werden. Mehrarbeitszuschläge belohnen dann die Einbuße der Arbeitnehmer an der Dispositionsmöglichkeit über ihre Freizeit und sollen Arbeitgeber davon abhalten, die Freizeit ihrer Arbeitnehmer in Anspruch zu nehmen. Ein Tarifvertrag, der Ansprüche auf Mehrarbeitszuschläge erst begründet, wenn die für eine Vollzeittätigkeit maßgebliche Stundenzahl überschritten wird, verletzt daher § 4 Abs. 1 TzBfG (BAG v. 10.12.2018, 10 AZR 231/18, NZA 2019, 790). Demgegenüber sollen Teilzeitbeschäftigte Überstundenzuschläge nach § 8 Abs. 1a TVöD-K nur dann erhalten, wenn sie die Arbeitszeit für einen Vollbeschäftigten überschreiten. Eine Auslegung, wonach Teilzeitbeschäftigte Überstundenzuschläge für Mehrarbeit i.S.d. § 7 Abs. 6 TVöD-K erhalten, ist mit dem Wortlaut, der Regelungssystematik und dem darin zum Ausdruck gekommenen Willen der Tarifvertragsparteien nicht vereinbar. Die Überstundenzuschläge verfolgen vielmehr den Zweck, eine grundsätzlich zu vermeidende besondere Arbeitsbelastung durch ein zusätzliches Entgelt auszugleichen und nicht, durch Verteuerung der über die individuell geschuldete Arbeitsleistung hinausgehenden Arbeitszeiten den individuellen Freizeitbereich zu schützen. Dieser Zweck rechtfertigt eine etwaige Ungleichbehandlung von Teilzeitbeschäftigten, so dass kein Verstoß gegen § 4 Abs. 1 TzBfG vorliege (so LAG Nürnberg v. 13.6.2019, 3 Sa 348/18, bestätigt durch BAG v. 15.10.2021, 6 AZR 332/19, teilw. Parallelentscheidung zu BAG v. 15.10.2021, 6 AZR 253/19 und 6 AZR 254/19).

Nach Auffassung des BAG ist wegen der Unwirksamkeit des § 7 Abs. 7 Buchst. c TVöD-K allein die Regelung zur Mehrarbeit in § 7 Abs. 6 TVöD-K maßgeblich. Diese Bestimmung sieht keine Zahlung von Überstundenzuschlägen für die von der Klägerin zusätzlich geleisteten Stunden vor, mit der sie ihre vertragliche Arbeitszeit, aber noch nicht die regelmäßige wöchentliche Arbeitszeit von Vollbeschäftigten überschritt. Anspruch auf den in § 7 Abs. 7 TVöD-K i.V.m. § 8 Abs. 1 Satz 1 und 2 TVöD-K vorgesehenen Überstundenzuschlag hat sie deshalb nicht. Diese Differenzierung zwischen den Gruppen der Voll- und der Teilzeitbeschäftigten erachtet das BAG als wirksam, weil für sie völlig unterschiedliche Regelungssysteme des TVöD-K in Bezug auf das Entstehen und den Ausgleich von Mehrarbeit und Überstunden gelten.

Die höchstrichterliche Rechtsprechung dürfte zukünftig der kritischen Betrachtung unterzogen werden. Nach Einschätzung des EuGH verstößt nämlich eine nationale Regelung gegen § 4 Nr. 1, Nr. 2 der Rahmenvereinbarung über Teilzeit (Teilzeit-RL), Art. 157 AEUV sowie Art. 2 Abs. 1 Buchst. b, Art. 4 Abs. 1 Gleichbehandlungs-RL, wenn diese die Zahlung von Überstundenzuschlägen an Teilzeitbeschäftigte nur für die Arbeitsstunden vorsieht, die über die regelmäßige Arbeitszeit von sich in einer vergleichbaren Lage befindenden vollzeitbeschäftigten Arbeitnehmer hinausgearbeitet werden. Die Regelung könne – so der EuGH – nicht dadurch gerechtfertigt werden, dass die Regelung den Arbeitgeber davon abhalten soll, für Arbeitnehmer Überstunden anzuordnen, die über die individuell in ihren Arbeitsverträgen vereinbarte Arbeitszeit hinausgehen und das Ziel haben, zu verhindern, dass Vollzeitbeschäftigte gegenüber Teilzeitbeschäftigten schlechter behandelt werden (EuGH v. 29.7.2024, C-184/22, C-185/22). Der EuGH stellt klar, dass die Rechtfertigung davon abhängt, welches Ziel die Tarifvertragspartei mit einer Überstundenregelung verfolgten. Die vom BAG in den Vorabentscheidungsverfahren zusammengefasste Rechtfertigung überzeugt den EuGH nicht. Es ist aber denkbar, dass eine sinnvolle Rechtfertigung einen ausreichenden sachlichen Grund für die Ungleichbehandlung von Teilzeit- und Vollzeitbeschäftigten darstellen könnte (Arnold, FD-ArbR 2024, 816852, vgl. BAG v. 5.12.2024, 8 AZR 370/20).

Die Spitzenorganisationen der Sozialversicherung haben in der Besprechung über Fragen des gemeinsamen Beitragseinzugs am 21.5.2025 Top 3 zu dem Thema „Beitragsrechtliche Beurteilung von Mehrarbeitszuschlägen für Teilzeitbeschäftigte" empfohlen, Beitragsforderungen auf Grund möglicher Ansprüche auf diese Mehrarbeitszuschläge nur dann zu erheben, wenn die betreffenden Sachverhalte arbeitsgerichtlich geklärt sind oder deren Beurteilung aus der arbeitsgerichtlichen Rechtsprechung rechtssicher abgeleitet werden kann. Das gesamte Besprechungsergebnis ist in der werkbegleitende Online-Datenbank erhältlich (s. Benutzerhinweise auf S. IV).

Zur **lohnsteuerlichen** und **sozialversicherungsrechtlichen Beurteilung** → *Aushilfskraft/Aushilfstätigkeit* Rz. 893; → *Mini-Jobs* Rz. 3161; → *Pauschalierung der Lohnsteuer bei Aushilfskräften* Rz. 3353.

Telearbeit

→ *Arbeitnehmer-ABC* Rz. 525, → *Home-Office/Mobile-Office/Telearbeit* Rz. 2569

Telefonkosten

→ *Telekommunikation* Rz. 4092, → *Werbungskosten* Rz. 4583

Telekommunikation

Inhalt

1. Arbeitgebereigene Telekommunikationsgeräte

a) Berufliche Nutzung

Soweit Telekommunikationsgeräte (dazu gehören Telefone, Han- **4092**
dys, Internet) zu beruflichen Zwecken genutzt werden, ergeben sich lohnsteuerlich keine Folgerungen. Denn der Wert der unentgeltlich zur beruflichen Nutzung überlassenen Arbeitsmittel ist **kein Arbeitslohn** (R 19.3 Abs. 2 Nr. 1 LStR sowie OFD Frankfurt v. 4.3.2003, S 2354 A – 39 – St II 30).

Ein **geldwerter Vorteil** entsteht zwar, wenn betriebliche Telekommunikationsgeräte vom Arbeitnehmer privat genutzt werden. Dies gilt aber nicht, wenn die Privatnutzung arbeitsvertraglich ausgeschlossen ist, selbst wenn der Arbeitgeber dieses Verbot nicht überwacht (vgl. sinngemäß zuletzt BFH v. 18.4.2013, VI R 23/12, BStBl II 2013, 920 zur Firmenwagennutzung).

b) Steuerfreie private Nutzung (§ 3 Nr. 45 EStG)

aa) Allgemeines

Nach § 3 Nr. 45 EStG sind in folgenden vier Fällen die geldwerten **4093**
Vorteile aus der privaten Nutzung durch den Arbeitnehmer steuerfrei:

- betriebliche Datenverarbeitungsgeräte und Zubehör,
- **betriebliche Telekommunikationsgeräte und Zubehör**,
- System- und Anwendungsprogramme, die der Arbeitgeber auch im Betrieb einsetzt,
- erbrachte Dienstleistungen zu den ersten drei Punkten.

Unmaßgeblich für die Steuerfreiheit der Privatnutzung ist, in welchem Verhältnis die berufliche Nutzung zur privaten Mitbenutzung steht. Das bedeutet, dass auch dann kein steuerpflichtiger geldwerter Vorteil entsteht, wenn der Arbeitnehmer die zur häuslichen Nutzung überlassenen betrieblichen Geräte oder Programme ausschließlich privat nutzt.

Privat ist die Nutzung i.S.d. § 3 Nr. 45 Satz 1 EStG immer dann, wenn sie nicht zu dienstlichen Zwecken erfolgt. Die Steuerbefreiung gilt deshalb nicht nur bei einer Nutzung durch den Arbeitnehmer selbst, sondern auch dann, wenn bei Überlassung (auch) eine teilweise oder ausschließliche **Nutzung durch Angehörige** nicht ausgeschlossen wird bzw. möglich ist.

Für die Steuerfreiheit der geldwerten Vorteile ist nicht Voraussetzung, dass sie zusätzlich zum ohnehin geschuldeten Arbeitslohn (→ *Barlohnumwandlung* Rz. 1218) erbracht werden. Eine **Gehaltsumwandlung** ist daher möglich, wenn Arbeitgeber und Arbeitnehmer im gegenseitigen Einvernehmen Barlohn durch einen steuerfreien Sachbezug i.S.d. § 3 Nr. 45 EStG durch eine Änderung des Arbeitsvertrages ersetzen.

Dies gilt auch in den Fällen von sog. Mitarbeiter-PC-Programmen in Leasingfällen. Die Programme beinhalten folgende Grundsätze:

- Der Arbeitgeber schließt im Zuge des Mitarbeiter-PC-Programms mit einem Dritten einen sog. Rahmenvertrag ab. Darin sind die Grundsätze des Mitarbeiter-PC-Programms beschrieben.
- Der Arbeitgeber least bei dem Dritten Datenverarbeitungs- oder Telekommunikationsgeräte mittels Einzelleasingverträgen. Die Leasingdauer beträgt üblicherweise 24 Monate.
- Der Arbeitgeber überlässt das Datenverarbeitungs- und Telekommunikationsgerät dem Arbeitnehmer zur privaten Nutzung für die Dauer des Leasingzeitraums durch Abschluss eines Nutzungsüberlassungsvertrags.
- Arbeitgeber und Arbeitnehmer vereinbaren einvernehmlich eine Änderung des Arbeitsvertrags, so dass das künftige Gehalt des Arbeitnehmers für die Dauer der Nutzungsüberlassung um einen festgelegten Betrag (i.d.R. in Höhe der Leasingrate des Arbeitgebers) herabgesetzt wird (sog. Gehaltsumwandlung).

Unter der Voraussetzung, dass die geleasten Datenverarbeitungs- oder Telekommunikationsgeräte dem Arbeitgeber zuzurechnen sind und keine Lohnverwendungsabrede nach R 38.2 Abs. 1 Satz 2 LStR vorliegt, handelt es sich beim Mitarbeiter-PC-Programm um eine **steuerlich anzuerkennende Gehaltsumwandlung**. Maßgebend für die Unterscheidung Gehaltsumwandlung und Lohnverwendungsabrede ist der Wortlaut der der Nutzungsüberlassung zu Grunde liegenden Vereinbarung.

Beispiel:

Der Arbeitgeber least einen PC und überlässt dieses Gerät dem Arbeitnehmer zur ausschließlich privaten Nutzung. Gegenüber dem Leasinggeber schuldet der Arbeitgeber die Leasingraten. In entsprechender Höhe wird eine Herabsetzung des Bruttogehalts vereinbart (**Gehaltsumwandlung**).

Da die Steuerbefreiungsvorschrift des § 3 Nr. 45 EStG keine Zusätzlichkeitsvoraussetzung (→ *Barlohnumwandlung* Rz. 1218) enthält, ist die Herabsetzung des Bruttogehalts im Wege der Gehaltsumwandlung anzuerkennen; die Vereinbarung einer etwaigen Rückfallklausel/Ausstiegsklausel steht der Anerkennung nicht entgegen.

Stpfl., denen für ihre Tätigkeit eine **steuerfreie Aufwandsentschädigung** aus einer öffentlichen Kasse gewährt wird (§ 3 Nr. 12 EStG), erhalten ebenfalls die Steuerbefreiung für die Überlassung von betrieblichen Datenverarbeitungs- und Telekommunikationsgeräten zur Privatnutzung (§ 3 Nr. 45 Satz 2 EStG). Dies gilt insbesondere für **ehrenamtliche Mitglieder kommunaler Vertretungen** und andere öffentliche Dienste leistende Personen, die keine Arbeitnehmer sind, sofern sie steuerfreie Aufwandsentschädigungen aus öffentlichen Kassen erhalten. Steuerfrei sind die geldwerten Vorteile aus der Privatnutzung dienstlich überlassener Datenverarbeitungsgeräte sowie aus der Privatnutzung dienstlicher PC und Telekommunikationsgeräte.

Da die Steuerbefreiung der geldwerten Vorteile aus der Privatnutzung betrieblicher Datenverarbeitungs- und Telekommunikationsgeräte nach § 3 Nr. 45 EStG der Höhe nach nicht begrenzt ist, besteht **keine Verpflichtung,** die Vorteile im Lohnkonto des jeweiligen Arbeitnehmers **aufzuzeichnen** (§ 4 Abs. 2 Nr. 4 Satz 1 LStDV).

bb) Nutzungsvorteile aus Datenverarbeitungsgeräten und Zubehör

Durch den im § 3 Nr. 45 EStG verwendeten **Begriff „Datenverarbeitungsgeräte"** sind nicht nur die geldwerten Vorteile aus der Überlassung von betrieblichen PC, zu denen auch Mobilcomputer (Notebook, Netbook) zählen, sondern auch Geräte wie Smartphones oder Tablets, steuerfrei. Begünstigt ist auch die Nutzungsüberlassung von **Zubehör** (z.B. betriebliche Monitore, Scanner, Drucker, Beamer, Modem, Netzwerkswitch, Router, Hubs, Bridges, Sim-Karten, UMTS-Karten, LTE-Karten, Ladegeräte und Transportbehältnisse). Es kommt nicht darauf an, ob die Vorteile zusätzlich zum ohnehin geschuldeten Arbeitslohn (→ *Barlohnumwandlung* Rz. 1218) oder auf Grund einer Vereinbarung mit dem Arbeitgeber über die Herabsetzung von Arbeitslohn erbracht werden. Unschädlich ist es, wenn der Arbeitnehmer die Datenverarbeitungsgeräte und das Zubehör in seiner Privatwohnung nutzt. 4094

Geräte, bei denen die Datenverarbeitung zwar möglich ist, aber nicht im Vordergrund steht (z.B. SmartTV, Konsole, Spielautomat, E-Book-Reader, Gebrauchsgegenstand mit eingebautem Mikrochip, Digitalkamera,), sind regelmäßig nicht begünstigt, weil es sich nicht um betriebliche Geräte handelt (H 3.45 „Beispiele für begünstigte Geräte und Leistungen" LStH). Nicht begünstigt ist auch ein vorinstalliertes **Navigationsgerät**.

Zu den begünstigten Geräten gehören dagegen Smartwatches mit einer eigenständigen Mobilfunkverbindung (eSIM).

Voraussetzung für die Steuerfreiheit nach § 3 Nr. 45 EStG ist, dass es sich um „betriebliche Datenverarbeitungsgeräte" handelt; sie dürfen dem Arbeitnehmer also lediglich leihweise überlassen werden und nicht in sein Eigentum übergehen. Der Arbeitgeber selbst muss dagegen nicht Eigentümer sein, er kann die Geräte auch gemietet oder geleast haben. Voraussetzung ist in Leasingfällen, dass der Arbeitgeber und nicht der Arbeitnehmer gegenüber der Leasinggesellschaft zivilrechtlich Leasingnehmer ist.

Wird das Datenverarbeitungsgerät und das Zubehör dem Arbeitnehmer übereignet, entsteht hieraus ein lohnsteuerpflichtiger geldwerter Vorteil. Ggf. hat der Arbeitgeber die Möglichkeit der Pauschalbesteuerung mit 25 % nach § 40 Abs. 2 Nr. 5 EStG (→ Rz. 4104).

Schenkt der Arbeitgeber einem Arbeitnehmer ein Telekommunikationsgerät, liegt **steuerpflichtiger Arbeitslohn** vor, der nach den allgemeinen Regeln versteuert werden muss. Denn die Möglichkeit der Pauschalversteuerung nach § 40 Abs. 2 Satz 1 Nr. 5 Satz 1 EStG mit einem Pauschsteuersatz von 25 % gilt nur für die unentgeltliche oder verbilligte Übereignung von Datenverarbeitungsgeräten sowie Zubehör und Internetzugang.

Beispiel:

Als Anerkennung für besondere Leistungen schenkt Arbeitgeber A seinem erfolgreichsten Außendienstmitarbeiter ein Handy (ohne Internetzugang), Neupreis 500 €.

Der Arbeitgeber hat den Sachbezug mit dem um übliche Preisnachlässe geminderten üblichen Endpreis am Abgabeort dem Lohnsteuerabzug zu unterwerfen (§ 8 Abs. 2 Satz 1 EStG).

cc) Nutzungsvorteile aus Telekommunikationsgeräten und Zubehör

Die Steuerbefreiung nach § 3 Nr. 45 EStG umfasst neben der Privatnutzung des Telefons am Arbeitsplatz auch die private Nutzung von Telefaxgeräten und Internetanschlüssen am Arbeitsplatz. Begünstigt ist auch die Nutzungsüberlassung von Zubehör (z.B. Headsets, Adapter). Sie ist nach ihrem Wortlaut daran geknüpft, dass es sich **um betriebliche Telekommunikationsgeräte** handelt. Begünstigt sind deshalb ausschließlich solche Geräte, die der Arbeitgeber als Eigentümer, als Leasingnehmer oder als sonstiger Berechtigter dem Arbeitnehmer zur Nutzung überlässt. Für die Steuerfreiheit ist nicht Voraussetzung, dass der Arbeitgeber Vertragspartner des Telekommunikationsunternehmens ist. 4095

Ein betriebliches Telekommunikationsgerät nebst Zubehör i.S.d. § 3 Nr. 45 Satz 1 EStG **liegt nicht vor**, wenn das Gerät nicht dem Arbeitgeber, sondern dem Arbeitnehmer zuzurechnen ist. Dies ist zunächst der Fall, wenn der Arbeitnehmer Eigentümer des Telekommunikationsgeräts ist. Das Gerät ist aber auch dann dem Arbeitnehmer zuzurechnen, wenn er darüber wie ein wirtschaftlicher Eigentümer oder als Leasingnehmer verfügen kann. Dabei ist es grundsätzlich unerheblich, ob der Voreigentümer oder der Leasinggeber ein fremder Dritter oder der Arbeitgeber ist. Dem Arbeitnehmer ist das Gerät dann zuzurechnen, wenn der Arbeitgeber ihm dieses auf Grund einer vom Arbeitsvertrag unabhängigen Sonderrechtsbeziehung, etwa einem Leasingvertrag, überlässt. Entsprechendes gilt, wenn der Arbeitgeber selbst Leasingnehmer ist und das Gerät seinem Arbeitnehmer auf der Grundlage eines Unterleasingverhältnisses übergibt (BFH v. 23.11.2022, VI R 50/ 20, BStBl II 2023, 584).

Beispiel 1:

Der Arbeitgeber beauftragt ein Telekommunikationsunternehmen, seinem Arbeitnehmer ein Festnetztelefon zur Verfügung zu stellen. Die anfallenden laufenden Kosten (Grund- und Gesprächsgebühren), die dem Arbeitnehmer als Vertragspartner des Telekommunikationsunternehmens entstehen, übernimmt der Arbeitgeber.

Die Voraussetzungen für die Steuerbefreiung nach § 3 Nr. 45 EStG sind erfüllt, da ein betriebliches – wenn auch vom Arbeitgeber gemietetes – Telekommunikationsgerät zur Verfügung gestellt wird.

Beispiel 2:

Der Arbeitnehmer vermietet ein in seinem Eigentum befindliches Festnetztelefon an den Arbeitgeber. Dieser überlässt das Gerät dem Arbeitnehmer für private Zwecke und trägt neben den mtl. „Mietzahlungen" auch die anfallenden Gesprächsgebühren. Der Arbeitnehmer ist zivilrechtlicher und auch wirtschaftlicher Eigentümer des Telekommunikationsgeräts.

Es handelt sich – trotz Anmietung des Geräts – nicht um die Zurverfügungstellung eines betrieblichen Telekommunikationsgeräts i.S.d. § 3 Nr. 45 EStG (vgl. BFH v. 6.11.2001, VI R 54/00, BStBl II 2002, 164, wonach bei der Erstattung der Kosten für einen Pkw des Arbeitnehmers Barlohn und kein Nutzungsvorteil vorliegt). Sämtliche Zahlungen des Arbeitgebers sind als steuerpflichtiger Arbeitslohn zu erfassen.

Beispiel 3:

Der Arbeitgeber kauft ein Telefon und stellt es dem Arbeitnehmer (zeitlich unbegrenzt) zur Verfügung.

Die Steuerbefreiungsvorschrift ist ausgeschlossen, wenn der Arbeitnehmer als wirtschaftlicher Eigentümer des Telekommunikationsgeräts anzusehen ist (§ 39 Abs. 2 Nr. 1 AO). In diesem Fall handelt es sich nicht mehr um eine Nutzungsüberlassung, sondern um die Übertragung des Telekommunikationsgeräts.

Im Regelfall ist derjenige, der lediglich zur Nutzung eines Wirtschaftsguts berechtigt ist, nicht wirtschaftlicher Eigentümer. Im Grundsatz liegt damit auch bei einer unbefristeten Überlassung des Telekommunikationsgeräts kein wirtschaftliches Eigentum des Nutzenden vor. Eine andere Beurteilung kann aber z.B. in Betracht kommen, wenn dem Arbeitnehmer ein Kaufrecht zusteht und bei Ausübung dieser Option nur ein unverhältnismäßig geringer Kaufpreis zu entrichten ist.

Beispiel 4:

Der Arbeitgeber „kauft" vom Arbeitnehmer ein Mobiltelefon zu einem nicht marktüblichen Preis von z.B. 1 €. Zeitgleich mit dem Kaufvertrag schließt der Arbeitgeber mit dem Arbeitnehmer eine „Ergänzende Vereinbarung zum Arbeitsvertrag Handykosten" ab. Nach dieser Vereinbarung stellt der Arbeitgeber dem Arbeitnehmer ein Mobiltelefon zur Verfügung und übernimmt die hierfür entstehenden monatlichen Kosten des Mobilfunkvertrags (Grundgebühr, Verbindungsentgelte oder auch Flatgebühr) bis zu einer in der Vereinbarung jeweils festgelegten Höhe. Der Arbeitnehmer hat die Kosten des Mobilfunkvertrags durch Vorlage von Rechnungskopien nachzuweisen. Nach Beendigung des Arbeitsverhältnisses ist der Arbeitnehmer verpflichtet, das Mobiltelefon an den Arbeitgeber herauszugeben.

Überdies vereinbart der Arbeitgeber mit dem Arbeitnehmer als Anlage zum Arbeitsvertrag einen „Mobiltelefon-Überlassungsvertrag". Hiernach überlässt der Arbeitgeber dem Arbeitnehmer ein Mobiltelefon eines bestimmten Typs mit Ladegerät, das der Arbeitnehmer als weiteres Arbeitsmittel frei nutzen kann. Der Arbeitnehmer ist verpflichtet, für eine rechtzeitige und ordnungsgemäße Pflege und Wartung des Telefons zu sorgen. Der Arbeitgeber übernimmt die Kosten für Wartung und Reparaturen, die der Arbeitnehmer dem Arbeitgeber im Vorfeld zu melden und von dieser genehmigen zu lassen hat. Der Arbeitnehmer haftet dem Arbeitgeber für Schäden an dem Mobiltelefon, die durch unsachgemäße Behandlung entstehen. Eine Überlassung des Geräts an Dritte ist unzulässig. Der Arbeitgeber kann die Nutzung des Mobiltelefons kündigen, falls er das Mobiltelefon infolge eines nicht vorhergesehenen Umstandes und aus dringendem betrieblichen Interesse benötigt oder falls der Arbeitnehmer das Gerät vertragswidrig gebraucht, es insbesondere an einen Dritten überlässt oder seine Sorgfaltspflichten betreffend Pflege und Wartung vernachlässigt. Der Überlassungsvertrag ist im Übrigen an das bestehende Arbeitsverhältnis gebunden und endete automatisch mit dem Ende des Arbeitsverhältnisses. Der Arbeitgeber behält sich außerdem vor, das Mobiltelefon im Falle einer Freistellung" des Arbeitnehmers vorzeitig heraus zu verlangen.

Eine Steuerbefreiung der Verbindungsentgelte nach § 3 Nr. 45 EStG kommt in diesem Fall in Betracht. Der Arbeitgeber ist zivilrechtlicher Eigentümer des Telefons, es ist mithin ein betriebliches Telekommunikationsgerät. Für die Annahme von Eigentum beim Arbeitgeber ist es dabei unerheblich, ob er das Telekommunikationsgerät vom Arbeitnehmer zu einem niedrigen, unterhalb des Marktwerts liegenden Preis erworben hat, und er dann das Gerät dem Arbeitnehmer unmittelbar wieder zur privaten Nutzung überlässt (BFH v. 23.11.2022, VI R 50/20, BStBl II 2023, 584). Es liegt weder ein Scheingeschäft i.S.d § 41 Abs. 2 AO noch ein Missbrauch rechtlicher Gestaltungsmöglichkeiten i.S.d § 42 Abs. 2 AO vor (BFH v. 23.11.2022, BStBl II 2023, 584).

Die Steuerfreiheit gilt nur für die Überlassung zur Nutzung, nicht dagegen für den Fall der Übereignung der Telekommunikationsgeräte durch den Arbeitgeber. Sie umfasst bei der Nutzungsüberlassung auch die vom Arbeitgeber getragenen Verbindungsentgelte (Grundgebühr und sonstige laufende Kosten). Für die Steuerfreiheit ist es unerheblich, in welchem Verhältnis die berufliche Nutzung zur privaten Nutzung steht. Ebenso kommt es nicht darauf an, ob die Vorteile zusätzlich zum ohnehin geschuldeten Arbeitslohn oder auf Grund einer Vereinbarung mit dem Arbeitgeber über die Herabsetzung von Arbeitslohn erbracht werden. Aufzeichnungen über den Umfang der Privatgespräche sind nicht erforderlich.

Die Steuerfreiheit ist nicht auf die private Nutzung im Betrieb beschränkt, sie gilt unter den genannten Voraussetzungen auch für die Überlassung betrieblicher Telekommunikationsgeräte zur Nutzung in der Wohnung des Arbeitnehmers. Stellt der Arbeitgeber beispielsweise beim Telearbeitsplatz eine Telekommunikationseinrichtung dem Arbeitnehmer zur Verfügung, die in seinem Eigentum steht oder auf seinen Namen angemeldet ist, ergibt sich aus der Privatnutzung kein steuerpflichtiger geldwerter Vorteil. § 3 Nr. 45 EStG findet selbst dann Anwendung, wenn die betriebliche Telekommunikationseinrichtung in der Wohnung des Arbeitnehmers zur ausschließlichen Privatnutzung überlassen wird.

Steuerfrei ist außerdem die Überlassung von arbeitgebereigenen Mobiltelefonen für Privatgespräche und die private Nutzung von Autotelefonen im betrieblichen Fahrzeug des Arbeitgebers.

dd) System- und Anwendungsprogramme

Steuerfrei sind nach § 3 Nr. 45 EStG auch die geldwerten Vorteile des **4096**
Arbeitnehmers aus der privaten Nutzung von System- und Anwendungsprogrammen auf dem privaten PC, die ihm vom Arbeitgeber oder auf Grund des Dienstverhältnisses von einem Dritten unentgeltlich oder verbilligt überlassen werden.

Voraussetzung für die Steuerfreiheit der zur privaten Nutzung überlassen Systemprogramme (z.B. Betriebssystem, Virenscanner, Browser) und Anwendungsprogramme ist, dass der Arbeitgeber diese auch im Betrieb einsetzt (H 3.45 „Beispiele für begünstigte Geräte und Leistungen"). Computerspiele sind daher i.d.R. nicht steuerfrei. Nach der Regelung sind insbesondere geldwerte Vorteile des Arbeitnehmers aus der privaten Nutzung unentgeltlich oder verbilligt überlassener System- und Anwendungsprogramme i.R. sog. **Home Use Programme (HUP) steuerfrei**, bei denen der Arbeitgeber mit dem Softwareanbieter eine sog. Volumenlizenzvereinbarung für Software abschließt, die auch für Arbeitnehmer eine private Nutzung der Software auf dem privaten PC ermöglicht.

Beispiel:

Arbeitgeber B setzt in der Firma MS-Office ein. Er hat mit dem Softwareanbieter ein HUP vereinbart. Danach können die Arbeitnehmer eine Lizenz von MS-Office über ihren Arbeitgeber erhalten und diese auf ihren privaten Computern zum privaten Gebrauch installieren. Die Nutzung durch den Arbeitnehmer für eigene gewerbliche Zwecke ist ausgeschlossen.

Die Softwareüberlassung i.R. des HUP ist in vollem Umfang steuerfrei nach § 3 Nr. 45 EStG.

ee) Vorteile aus Dienstleistungen

Nach dem letzten Halbsatz des § 3 Nr. 45 Satz 1 EStG sind auch **4097**
Nutzungsvorteile aus Dienstleistungen (z.B. durch einen IT-Service des Arbeitgebers) im Zusammenhang mit den zur privaten Nutzung

überlassenen Datenverarbeitungs- und Telekommunikationsgeräten sowie den System- und Anwendungsprogrammen steuerfrei.

Hierunter fallen insbesondere Leistungen, die **Installation**, Gebrauch, technische Hilfestellung, Reparatur und Service betreffen. Letztendlich sind es Leistungen, die im engen Zusammenhang mit den in § 3 Nr. 45 EStG genannten Geräten, Zubehörteilen und Programmen stehen und sich nicht nur auf allgemeine, nicht komponentenspezifische Aspekte beziehen. Insofern können sich die Dienstleistungen auch auf das Zubehör oder die Nebenkosten beziehen (s. ausführlich H 3.45 „Anwendungsbereich" LStH).

ff) Anwendungsfälle

4098 Die Steuerbefreiung gilt somit insbesondere für folgende private Nutzungen arbeitgebereigener Telekommunikationsgeräte:

- Privatgespräche vom Firmentelefon (Orts- und Ferngespräche) einschließlich der privaten Nutzung des Internets,
- die private Nutzung betrieblicher Computer einschließlich der privaten Internetnutzung oder die Nutzungsüberlassung von Zubehör (z.B. Headsets, Adapter),
- das Versenden privater Telefaxe und E-Mails von firmeneigenen Geräten,
- Privatgespräche vom häuslichen Telefon einschließlich der privaten Nutzung des Internets, wenn die Telekommunikationsgeräte dem Arbeitgeber gehören (z.B. bei einem Telearbeitsplatz),
- Privatgespräche vom Mobiltelefon, das dem Arbeitnehmer vom Arbeitgeber überlassen wird, oder vom Autotelefon im Firmenwagen (s.a. OFD Frankfurt v. 4.3.2003, S 2354 A – 39 – St II 30). **Nicht steuerfrei** bei der Bemessung des geldwerten Vorteils aus der unentgeltlichen Überlassung eines Firmenwagens ist hingegen ein sog. **Navigationsgerät**, auch wenn es Telekommunikationsfunktionen enthält (BFH v. 16.2.2005, VI R 37/04, BStBl II 2005, 563).

LSt (durchgestrichen) SV (durchgestrichen)

Die **Steuerbefreiung kommt dagegen nicht in Betracht**, wenn der Arbeitgeber

- entweder seinen Arbeitnehmern **Telekommunikationsgeräte schenkt** oder
- den Kauf von Telekommunikationsgeräten durch einen Arbeitnehmer mit einem **Zuschuss** unterstützt oder lediglich die laufenden **Gebühren übernimmt** oder
- **Barzuschüsse** an seine Arbeitnehmer für deren privaten Telekommunikationsverträge leistet (zuletzt FG Münster v. 28.6.2017, 6 K 2446/15 L, EFG 2017, 1598, insoweit rkr.).

Diese steuerpflichtigen Arbeitgeberleistungen können jedoch ggf. **pauschal versteuert** werden (→ Rz. 4104).

Auch im **betrieblichen Bereich** findet die Steuerbefreiung des § 3 Nr. 45 EStG keine Anwendung, d.h., dass z.B. privat veranlasste Telefonkosten eines Rechtsanwalts nicht unter Hinweis auf § 3 Nr. 45 EStG als Betriebsausgaben abgezogen werden können. § 3 Nr. 45 EStG verstößt nicht deswegen gegen Art. 3 Abs. 1 GG, weil diese Steuervergünstigung nur Arbeitnehmern zusteht (BFH v. 21.6.2006, XI R 50/05, BStBl II 2006, 715; BFH v. 14.3.2007, XI R 1/06).

gg) Sozialversicherung

4099 Die o.g. Vorteile sind gem. § 1 Abs. 1 Satz 1 Nr. 1 SvEV dann kein Arbeitsentgelt i.S. der Sozialversicherung, wenn sie **zusätzlich** zu Löhnen und Gehältern gewährt werden.

Verzichtet der Arbeitnehmer jedoch auf Lohn oder Gehalt, damit er die Geräte auch privat nutzen kann, mindert dies das beitragspflichtige Arbeitsentgelt nicht.

SV

2. Arbeitnehmereigene Telekommunikationsgeräte

a) Allgemeines

4100 Ersetzt der Arbeitgeber dem Arbeitnehmer Kosten für den beruflichen Einsatz seiner privaten Telekommunikationsgeräte, handelt es sich bei der Kostenerstattung um steuerfreien Auslagenersatz nach § 3 Nr. 50 EStG. Hierunter fällt neben der beruflichen Nutzung des häuslichen Telefonanschlusses des Arbeitnehmers auch die berufliche Verwendung des privaten Internetanschlusses in der Wohnung des Arbeitnehmers. Gleiches gilt bei der beruflichen Verwendung eines arbeitnehmereigenen Mobiltelefons, zu dem auch das Autotelefon des Arbeitnehmers zählt.

Barzuschüsse des Arbeitgebers für private Telefonkosten des Arbeitnehmers sind nicht nach § 3 Nr. 50 EStG steuerfrei.

Eine Steuerbefreiung nach § 3 Nr. 50 Alt. 2 EStG setzt voraus, dass der Arbeitnehmer betriebliche Aufwendungen für den Arbeitgeber verauslagt (FG Münster v. 28.6.2017, 6 K 2446/15 L, EFG 2017, 1598, insoweit rkr.). Nach R 3.50 Abs. 1 Satz 4 LStR muss Auslagenersatz immer zusätzlich gezahlt werden, da die Auslagen ihrem Wesen nach keinen Arbeitslohn darstellen und daher auch keinen Arbeitslohn ersetzen können. Eine Gehaltsumwandlung ist daher beim einzeln abgerechneten Auslagenersatz von vornherein ausgeschlossen. Demgegenüber bleibt beim pauschalen Auslagenersatz (R 3.50 Abs. 2 LStR) eine Gehaltsumwandlung von bisher steuerpflichtigem in steuerfreien Arbeitslohn durchaus möglich. Der repräsentative Nachweis für einen Zeitraum von drei Monaten muss in diesem Fall aber bereits vor Änderung des Arbeitsvertrags geführt werden.

Der Umfang der privaten Nutzung ist dann für den Arbeitgeber zwar ohne Bedeutung, Schwierigkeiten können sich aber bei der Zahlung steuerfreien Auslagenersatzes nach § 3 Nr. 50 EStG dadurch ergeben, dass – weil nur die **beruflichen Kosten steuerfrei ersetzt** werden dürfen – die Gesamtkosten in einen beruflichen und einen privaten Teil aufgeteilt werden müssen.

Im Einzelnen gilt für den steuerfreien Auslagenersatz Folgendes:

b) Vereinfachte Nachweisführung

Der Arbeitgeber kann die Aufwendungen für die berufliche Nutzung arbeitnehmereigener Telekommunikationsgeräte entsprechend dem durch **detaillierte Abrechnungen** vom Arbeitnehmer nachgewiesenen beruflichen Anteil steuerfrei ersetzen. Der steuerfrei zulässige Auslagenersatz umfasst dabei neben den laufenden Verbindungsentgelten auch die anteiligen Grundkosten (Nutzungsentgelt für die Telefonanlage sowie Grundpreis für die Anschlüsse). Die mtl. Rechnungen des Telekommunikationsanbieters sind als Belege zum **Lohnkonto** zu nehmen. 4101

Anstelle des mtl. Einzelnachweises ist es auch zulässig, dass der Arbeitgeber den beruflichen Anteil für die Nutzung privater Telekommunikationsgeräte des Arbeitnehmers für einen **repräsentativen Zeitraum von drei Monaten** im Einzelnen nachweist. In der Folgezeit kann das sich ergebende Nutzungsverhältnis der beruflichen Verbindungsentgelte zu den gesamten Verbindungsentgelten für den Umfang des steuerfreien Auslagenersatzes solange zu Grunde gelegt werden, bis sich die Verhältnisse wesentlich ändern. Die monatlichen Rechnungen des Telekommunikationsanbieters sind als Belege zum **Lohnkonto** zu nehmen.

Zulässig ist es auch, dass der Arbeitgeber für die berufliche Nutzung privater Telekommunikationsgeräte seinem Arbeitnehmer steuerfreien Auslagenersatz i.H. eines **Durchschnittsbetrages** gewährt. Voraussetzung für die Steuerfreiheit des pauschalen Auslagenersatzes ist auch hier, dass der Arbeitnehmer anhand der Rechnungsbeträge für einen repräsentativen Zeitraum von drei Monaten eine entsprechende Nachweisführung vornimmt. Der sich hierbei für die berufliche Nutzung ergebende monatliche Durchschnittsbetrag kann für die Folgezeit als steuerfreier Auslagenersatz fortgeführt werden. Der pauschale Auslagenersatz nach Maßgabe des ermittelten Durchschnittsbetrags bleibt solange steuerfrei, **bis sich die Verhältnisse wesentlich ändern**. Die Rechnungsbelege des Dreimonatszeitraums sind als Belege zum **Lohnkonto** aufzubewahren.

Diese Grundsätze gelten auch bei einer **Flatrate**. Auch hier ist der Anteil der beruflichen Aufwendungen vom Arbeitnehmer eigenständig zu ermitteln. Als Basis dienen hierfür die im Einzelverbindungsnachweis aufgeführten Verbindungen (Telefon und Internet). Für diese sind fiktive Kosten nach dem ohne Berücksichtigung des Flatrate-Tarifs maßgebenden Telefontarif zu berechnen. Der berufliche Anteil an der Flatrate entspricht insoweit dem Verhältnis der für beruflichen zu den gesamten Verbindungen fiktiv ermittelten Kosten. Eine allein auf Schätzungen des Arbeitnehmers beruhende Ermittlung des beruflichen Anteils der Telekommunikationsaufwendungen **lässt die geltende Rechtslage** (R 3.50 Abs. 2 LStR) nicht zu.

Die Ersatzleistungen des Arbeitgebers sind in vollem Umfang steuerfrei, wenn das Telekommunikationsgerät oder der private Internetanschluss **so gut wie ausschließlich (mindestens 90 %) für betriebliche Zwecke genutzt** werden. Gleiches gilt bei der beruflichen Verwendung eines arbeitnehmereigenen Mobiltelefons, zu dem auch das Autotelefon des Arbeitnehmers zählt (vgl. OFD Frankfurt v. 4.3.2003, S 2354 A – 39 – St II 30, betr. Auto- und Mobiltelefone). Die mtl. Rechnungen des Telekommunikationsanbieters sind als Belege zum Lohnkonto zu nehmen.

c) Kleinbetragsregelung

4102 Ergänzend zur vereinfachten Nachweisführung für einen Dreimonatszeitraum gilt eine Kleinbetragsregelung, die den steuerfreien pauschalen Auslagenersatz bei privaten Telekommunikationsgeräten unabhängig vom Umfang der beruflichen Nutzung zulässt. Danach kann der Arbeitgeber ohne weitere Prüfung bis zu **20 % des vom Arbeitnehmer vorgelegten Rechnungsbetrags, maximal 20 € mtl.**, als steuerfreien Auslagenersatz gewähren, wenn dem jeweiligen Arbeitnehmer erfahrungsgemäß beruflich veranlasste Telekommunikationsaufwendungen entstehen (R 3.50 Abs. 2 LStR). Die mtl. Rechnungen des Telekommunikationsanbieters sind als Belege zum **Lohnkonto** zu nehmen.

Der mtl. Durchschnittsbetrag, der sich auf Grund dieser Kleinbetragsregelung für einen repräsentativen Dreimonatszeitraum ergibt, kann wie bei der vereinfachten Nachweisführung als pauschaler Auslagenersatz solange steuerfrei fortgeführt werden, **bis sich die Verhältnisse wesentlich ändern**. Die Rechnungsbelege des Dreimonatszeitraums sind als Belege zum **Lohnkonto** zu nehmen.

Beispiel 1:

Der Projektleiter einer Marketingfirma hat lt. Aufzeichnungen in den Monaten Januar bis März 2026 den privaten Telekommunikationsanschluss (Telefon und Internet) in seiner Wohnung insgesamt zu 30 % für berufliche Zwecke genutzt. An Grundgebühren für den Anschluss, Miete für die Telefonanlage und Verbindungsentgelten sind für diesen (repräsentativen) Dreimonatszeitraum insgesamt 450 € entstanden.

Der Arbeitgeber kann für die **Monate Januar bis März 2026** den beruflichen Anteil der Aufwendungen für die Telekommunikation in der jeweils nachgewiesenen Höhe steuerfrei ersetzen.

Für die **Folgezeit ab April** besteht die Möglichkeit, den ermittelten Aufteilungsmaßstab fortzuführen und den steuerfreien Auslagenersatz mit 30 % der vom Arbeitnehmer vorgelegten Monatsabrechnungen des Telekommunikationsanbieters vorzunehmen.

Zulässig ist aber auch, den für die drei Monate ermittelten Durchschnittsbetrag von 45 € (= 1/3 von 30 % von 450 €) als steuerfreien Auslagenersatz für die berufliche Nutzung der privaten Telekommunikationseinrichtungen in der Folgezeit zu gewähren.

Verzichtet der Arbeitnehmer auf die Nachweisführung des beruflichen Anteils, kann der Arbeitgeber unter Anwendung der Kleinbetragsregelung für die Monate Januar bis März 20 % der jeweiligen Monatsabrechnung, maximal 20 € pro Monat, steuerfrei ersetzen.

Ab April 2026 kann er den sich für diesen Zeitraum ergebenden mtl. Durchschnittsbetrag, maximal 20 € pro Monat, als pauschalen Auslagenersatz für die berufliche Nutzung der privaten Telekommunikationsgeräte steuerfrei bezahlen. Der pauschale Auslagenersatz von mtl. 20 € bleibt in der Folgezeit steuerfrei, bis sich die Verhältnisse z.B. auf Grund geänderter Berufstätigkeit wesentlich ändern.

Die Kleinbetragsregelung (20 % des Rechnungsbetrags, höchstens 20 € mtl.) ist auch dann anzuwenden, wenn bei einer **Flatrate** keine aussagekräftigen Aufzeichnungen über den beruflichen Nutzungsumfang vorhanden sind.

Beispiel 2:

Ein Außendienstmitarbeiter benutzt seinen häuslichen Telefon- und Internetanschluss auch für seine berufliche Tätigkeit. Die Kosten der Flatrate betragen mtl. 40 €.

Der Arbeitgeber kann 20 % von 40 € = 8 € steuerfrei erstatten.

Nicht als Auslagenersatz steuerfrei ersetzt werden dürfen dagegen insbesondere

- die Aufwendungen für die **Anschaffung der Geräte** (Anschaffungskosten)
- und für etwaige **Ersatzbeschaffungen**.

Bei diesen Aufwendungen ist davon auszugehen, dass sie zugleich im **Eigeninteresse des Arbeitnehmers** getätigt werden und deshalb nicht die Voraussetzungen für die Erstattung als steuerfreier Auslagenersatz erfüllen (→ *Auslagenersatz und durchlaufende Gelder* Rz. 917). Diese Aufwendungen kann der Arbeitnehmer jedoch ggf. als **Werbungskosten** absetzen (→ Rz. 4111).

d) Vergünstigungen durch Telefongesellschaften

Telekommunikationsunternehmen (Mobilfunknetzbetreiber und Service-Provider) bieten Kunden, die sich verpflichten, für eine Mindestdauer von 24 Monaten einen Mobilfunkdienstleistungsvertrag abzuschließen oder ihren Vertrag um 24 Monate zu verlängern, den verbilligten Kauf eines Mobilfunktelefons an. Die Verbilligung ist je nach Gerätetyp, Hersteller und Art des abzuschließenden Vertrags unterschiedlich. Eine Vergünstigung kann auch in anderer Form erfolgen, so z.B. durch Erlass von Grundgebühren, Gewährung von Gesprächsguthaben, Erlass der Anschlussgebühren oder Gewährung von Gutschriften, Einkaufsgutscheinen oder Sachzugaben. 4103

Die Vergünstigungen stellen bei Arbeitnehmern **keinen Arbeitslohn** dar, weil kein Zufluss i.R. der jeweiligen Einkunftsart erfolgt (BMF v. 20.6.2005, IV B 2 – S 2134 – 17/05, BStBl I 2005, 801).

3. Pauschalversteuerung mit 25 %

a) Pauschalierung nach § 40 Abs. 2 Satz 1 Nr. 5 Satz 1 EStG

Die Pauschalierung nach § 40 Abs. 2 Satz 1 Nr. 5 Satz 1 EStG mit einem Pauschsteuersatz von 25 % kommt nur in Betracht, wenn der Arbeitgeber seinen Arbeitnehmern zusätzlich zum ohnehin geschuldeten Arbeitslohn (→ *Barlohnumwandlung* Rz. 1218) unentgeltlich oder verbilligt Datenverarbeitungsgeräte übereignet; das gilt auch für Zubehör und Internetzugang. 4104

Diese Pauschalierung kommt nur bei Sachzuwendungen des Arbeitgebers in Betracht. Hierzu rechnet die Übereignung von Hardware einschließlich technischem Zubehör und Software als Erstausstattung oder als Ergänzung, Aktualisierung und Austausch vorhandener Bestandteile. Die Pauschalierung ist auch möglich, wenn der Arbeitgeber ausschließlich technisches Zubehör oder Software übereignet.

Telekommunikationsgeräte, die nicht Zubehör eines Datenverarbeitungsgeräts sind oder nicht für die Internetnutzung verwendet werden können, sind von der Pauschalierung ausgeschlossen (R 40.2 Abs. 5 Satz 4 LStR).

b) Pauschalierung nach § 40 Abs. 2 Satz 1 Nr. 5 Satz 2 EStG

aa) Allgemeine Grundsätze

Hat der Arbeitnehmer einen Internetzugang, kann die Lohnsteuer für Barzuschüsse des Arbeitgebers für die Internetnutzung des Arbeitnehmers nach § 40 Abs. 2 Satz 1 Nr. 5 Satz 2 EStG ebenfalls mit 25 % pauschal erhoben werden. 4105

Die Möglichkeit der Lohnsteuer-Pauschalierung besteht für die Zuschussleistungen zu den laufenden Kosten, also z.B. die Grundgebühr sowie die laufenden Gebühren für die Internetnutzung, ebenso für die Zuschussleistung zu den Kosten für die Einrichtung des Internetzugangs (z.B. Anschluss, Modem oder internetfähigen PC (R 40.2 Abs. 5 LStR).

Telekommunikationsgeräte, die nicht Zubehör eines Datenverarbeitungsgerätes sind oder nicht für die Internetnutzung verwendet werden können, sind jedoch von der Pauschalierung ausgeschlossen (R 40.2 Abs. 5 Satz 4 LStR).

Beispiel:

Arbeitgeber A übernimmt für seine Arbeitnehmer 50 % der Kosten für die Internetnutzung von ihrem häuslichen Computer aus. Arbeitnehmer B legt ihm seine Rechnung für den Monat Mai i.H.v. 50 € vor, Arbeitgeber A erstattet ihm daraufhin 50 % = 25 €.

Der Arbeitgeber kann die erstatteten 25 € mit 25 % pauschal versteuern. Hinzu kommen der Solidaritätszuschlag und ggf. Lohnkirchensteuer.

bb) Vereinfachungsregelungen

4106 Aus **Vereinfachungsgründen** kann der Arbeitgeber den vom Arbeitnehmer erklärten Betrag für die laufende Internetnutzung (Gebühren) als pauschalierungsfähig ansetzen,

- soweit dieser **50 € im Monat nicht übersteigt**,
- falls der **Arbeitnehmer erklärt, einen Internetzugang zu besitzen**
- und dafür **im Kalenderjahr durchschnittlich Aufwendungen in der erklärten Höhe entstehen** (R 40.2 Abs. 5 Satz 7 LStR).

Auf die Vorlage der **Einzelbelege kann dann verzichtet** werden. Der Arbeitgeber hat diese Erklärung als **Beleg zum Lohnkonto** aufzubewahren (R 40.2 Abs. 5 Satz 8 LStR).

Beispiel 1:

Ein Arbeitgeber bezahlt einem leitenden Angestellten einen Zuschuss von mtl. 50 € für den häuslichen Internetanschluss. Der Arbeitnehmer hat ihm eine Erklärung abgegeben, dass ihm mtl. Kosten in dieser Höhe für die Internetnutzung entstehen. Eine Nachweisführung erfolgt nicht, da der Internetanschluss nicht zu beruflichen Zwecken eingesetzt wird.

Der Barzuschuss stellt lohnsteuerpflichtigen Arbeitslohn dar. Der Arbeitgeber kann die Lohnsteuer bis zum Betrag von 50 € pro Monat mit dem Pauschsteuersatz von 25 % übernehmen. Sozialabgaben fallen insoweit nicht an.

Bei **höheren Zuschüssen** zur Internetnutzung muss sich der Arbeitgeber die Kosten der Internetnutzung grds. einzeln nachweisen lassen. Die Finanzverwaltung lässt es jedoch zu, wenn Arbeitgeber und Arbeitnehmer hier sinngemäß nach den **Regeln für den pauschalen Auslagenersatz** in R 3.50 Abs. 2 LStR verfahren; dazu → Rz. 4039. Dies gilt auch für die Änderung der Verhältnisse (R 40.2 Abs. 5 Satz 9 LStR).

Beispiel 2:

Arbeitnehmer A weist durch Vorlage der Rechnungen des Providers nach, dass er monatliche Internetkosten von 100 € im Monat hat.

Der Arbeitgeber kann ihm die Kosten erstatten und die Lohnsteuer dafür mit 25 % erheben. Die Rechnungen für die Monate April bis Dezember muss er sich nicht mehr vorlegen lassen. Auch in den Folgejahren kann so verfahren werden, bis sich die Verhältnisse wesentlich ändern.

Nutzt der Arbeitnehmer seinen Internetzugang auch für berufliche Zwecke, kann der Arbeitgeber sowohl steuerfreien Auslagenersatz als auch pauschalbesteuerte Internetzuschusszahlungen gewähren. Beide Steuervergünstigungen können nebeneinander angewandt werden. Bezahlt der Arbeitgeber steuerfreien Auslagenersatz i.H.v. 20 € mtl., indem er von der Kleinbetragsregelung Gebrauch macht, erhöhen sich die erforderlichen Internetkosten, für die der Arbeitnehmer eine schriftliche Bestätigung dem Arbeitgeber vorzulegen hat, auf den Mindestbetrag von 70 € pro Monat, um gleichzeitig die Pauschalbesteuerung i.R. der Freigrenze für Sachbezüge anwenden zu können.

4. Gehaltsumwandlung

a) Lohnsteuer

4107 Die **Steuerbefreiung** des § 3 Nr. 45 EStG ist auch im Fall der „Gehaltsumwandlung" anzuwenden, wenn also der Arbeitnehmer auf einen Teil seines Gehaltes zu Gunsten eines kostenlosen Telekommunikationsgeräts einschließlich der Verbindungsentgelte verzichtet (→ Rz. 4093).

Die **Pauschalversteuerung** nach § 40 Abs. 2 Satz 1 Nr. 5 EStG kommt demgegenüber nur für Arbeitgeberleistungen in Betracht, die **zusätzlich zum ohnehin geschuldeten Arbeitslohn** (→ *Barlohnumwandlung* Rz. 1218) gezahlt werden (§ 40 Abs. 2 Satz 1 Nr. 5 Satz 2 EStG).

Beinhalten die mit sämtlichen Mitarbeitern geschlossenen neuen Arbeitsverträge einen Anspruch auf Zahlung von Fahrtkostenzuschüssen, auf die Zahlung von Kindergartenzuschüssen und einer **Internetpauschale,** scheidet die Steuerfreiheit der Zuschüsse gem. § 3 Nr. 33 EStG bzw. eine Pauschalierung gem. § 40 Abs. 2 Satz 1 Nr. 5 EStG auf Grund des Fehlens freiwilliger und zusätzlicher Leistungen des Arbeitgebers aus (FG Sachsen-Anhalt v. 15.8.2013, 6 K 739/08).

b) Sozialversicherung

Soweit die Arbeitgeberleistungen nach § 40 Abs. 2 Satz 1 Nr. 5 EStG **pauschal versteuert** werden, sind sie nicht sozialversicherungspflichtig, da sie nicht zum sozialversicherungspflichtigen Arbeitsentgelt gehören (§ 1 Abs. 1 Satz 1 Nr. 3 SvEV). 4108

5. Übersicht zum steuerfreien Arbeitgeber-Ersatz

4109

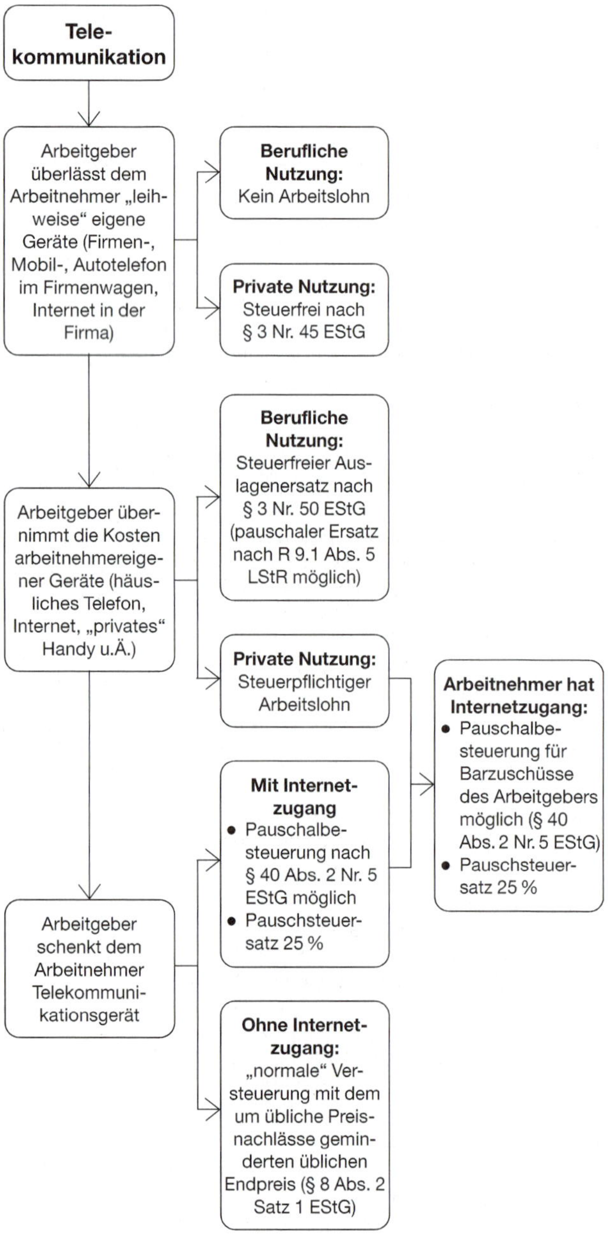

6. Sonstige steuerfreie Ersatzmöglichkeiten

Geldwerte Vorteile aus der Nutzung von Telekommunikationseinrichtungen, die nicht nach § 3 Nr. 45 EStG steuerfrei sind, bleiben außer Ansatz, wenn sie mtl. – ggf. zusammen mit anderen Sachbezügen – die Freigrenze von monatlich 50 € nicht übersteigen (§ 8 Abs. 2 Satz 11 EStG). Die Freigrenze gilt nicht bei der Bewertung nach § 8 Abs. 3 EStG. Die **Freigrenze von 50 €** ist z.B. anwendbar, wenn der **Arbeitgeber dem Arbeitnehmer kostenlos Telefonkarten für private Gespräche zur Verfügung stellt**. Bei der Telefonkarte handelt es sich um eine 4110

Sachleistung i.S.d. § 8 Abs. 2 Satz 1 EStG. Gleiches gilt für die Aufladung des Guthabens bei einem Prepaid Handy des Arbeitnehmers durch den Arbeitgeber.

Wenn der Arbeitnehmer unterwegs (z.B. vom Hotel aus) ein berufliches Gespräch führt (z.B. Verabredung mit Kunden), darf der Arbeitgeber auch diese Kosten als **Auslagenersatz** nach § 3 Nr. 50 EStG steuerfrei ersetzen, sofern sie **einzeln abgerechnet** werden (R 3.50 Abs. 1 Satz 1 2. Spiegelstrich LStR).

Berufliche Gespräche anlässlich einer Auswärtstätigkeit darf der Arbeitgeber als **Reisenebenkosten** steuerfrei erstatten (R 9.8 Abs. 1 LStR).

LSt SV

7. Werbungskostenabzug

a) Allgemeine Grundsätze

4111 Der Arbeitnehmer kann die beruflich veranlassten Kosten für Telekommunikationsgeräte, die in seinem Eigentum stehen, als Werbungskosten abziehen.

Als Werbungskosten abzugsfähig sind nicht nur die laufenden beruflichen Kosten für Telefon, Internet usw. („Gesprächsgebühren"), sondern auch die anteiligen festen Kosten für die entsprechenden Anschlüsse (Telefonanschluss, Telefoneinrichtung) sowie die anteiligen monatlichen Grundgebühren, z.B. für Telefon oder Internet, Kosten der Einrichtung eines DSL-Anschlusses und für die Nutzung des Internets. Der berufliche Anteil der festen Kosten kann nach dem Verhältnis der Zahl der beruflich zu den privat geführten Gespräche ermittelt werden (R 9.1 Abs. 5 Satz 3 LStR). Abweichend hiervon sind u.E. auch die ankommenden Gespräche zu berücksichtigen (→ Rz. 4101). Der berufliche Anteil der laufenden Kosten kann regelmäßig den Telefon- und (beim Internet) Providerrechnungen entnommen werden, andernfalls muss ihn der Arbeitnehmer anhand **geeigneter Aufzeichnungen glaubhaft machen.**

Abzugsfähig ist ferner der beruflich veranlasste Anteil der **Absetzungen für Abnutzung** (AfA) des Telekommunikationsgeräts. Bemessungsgrundlage für die AfA sind die Aufwendungen für die Anschaffung und den Anschluss; als Nutzungsdauer ist ein Zeitraum von **fünf Jahren** zu Grunde zu legen (s. die „Amtliche AfA-Tabelle" lt. BMF v. 15.12.2000, IV D 2 – S 1551 – 188/00, BStBl I 2000, 1532). Dabei kann für die Aufteilung der AfA derselbe Aufteilungsmaßstab angewandt werden, der bei der Aufteilung der laufenden Telefongebühren zu Grunde gelegt wird (vgl. OFD Frankfurt v. 4.3.2003, S 2354 A – 39 – St II 30). Die AfA-Bemessungsgrundlage ist ggf. um die von den Telefongesellschaften gewährten Vergünstigungen (z.B. Einkaufsgutscheine) für den Abschluss eines Mobilfunkdienstleistungsvertrags zu vermindern (BMF v. 20.6.2005, IV B 2 – S 2134 – 17/05, BStBl I 2005, 801).

Betragen die Anschaffungskosten des Telekommunikationsgeräts ohne Umsatzsteuer **nicht mehr als 800 €, mit 19 % Umsatzsteuer 952 €** (→ *Werbungskosten* Rz. 4500), kann der beruflich veranlasste Anteil an den Anschaffungskosten des Telekommunikationsgeräts in vollem Umfang im Jahr der Anschaffung (der Zeitpunkt der Bezahlung der Rechnung ist unerheblich!) als Werbungskosten abgesetzt werden.

Die frühere **Vereinfachungsregelung** der R 44 Satz 3 LStR a.F. (volle Jahres-AfA bei Anschaffung in der ersten Jahreshälfte, halbe Jahres-AfA bei Anschaffung in der zweiten Jahreshälfte) ist i.R. des Haushaltsbegleitgesetzes 2004 v. 29.12.2003, BGBl. I 2003, 3076 ab 2004 für nach dem 31.12.2003 angeschaffte oder hergestellte Wirtschaftsgüter gestrichen worden; künftig ist die **AfA immer monatsweise** zu berechnen (§ 7 Abs. 1 Satz 4 i.V.m. § 52 Abs. 21 Satz 3 EStG).

Beispiel:

Handelsvertreter A hat 2026 folgende Aufwendungen, von denen 1/3 beruflich sind:

a) Telefon

– Anschaffung eines Handys (neuestes Modell) am 2.1.2026	1 200 €
– Anschlusskosten	30 €
– mtl. Grundgebühren 12 € × 12	144 €
– Telefongebühren lt. Einzelverbindungsnachweis	1 200 €

b) Internet

– Anschaffung eines externen Modems für den Anschluss des Computers an das Internet	120 €
– mtl. Kosten für Provider 10 € × 12	120 €
– Telefonkosten für Internet lt. Rechnung Telekom	510 €

A kann als Werbungskosten absetzen:

a) Telefon

– die beruflich veranlassten Gesprächsgebühren (1/3)	400 €
– 1/3 der Grundgebühr	48 €
– 1/3 der Anschlusskosten	10 €
– jährliche Absetzungen für Abnutzung für das Handy: Nutzungsdauer 5 Jahre, ergibt jährlich 240 €, davon 1/3 berufliche Nutzung	80 €
zusammen	538 €

b) Internet

– die beruflichen Telefonkosten (1/3)	170 €
– die anteiligen Providerkosten (1/3)	40 €
– die anteiligen Kosten des Modems (1/3)	40 €
zusammen	250 €

A kann insgesamt als Werbungskosten absetzen (538 € + 250 € =) 788 €.

Ein voller Werbungskostenabzug als **Arbeitsmittel** kommt regelmäßig auch bei einem **Handy** nicht in Betracht, weil diese erfahrungsgemäß in nicht unerheblichem Umfang privat genutzt werden.

Streitig ist in der Praxis häufig, ob bei Handys ein **höherer beruflicher Anteil geschätzt** werden kann als allgemein üblich. Die Rechtsprechung neigt wohl dazu, einen höheren Anteil anzuerkennen, weil Privatgespräche wegen der niedrigeren Kosten im Allgemeinen vom „normalen" Telefon geführt würden. Das FG Rheinland-Pfalz hat deshalb z.B. den **beruflichen Anteil auf 75 %** (statt z.B. 20 %) geschätzt (FG Rheinland-Pfalz v. 28.11.1997, 4 K 1694/96), das FG München bei einem Autotelefon sogar auf **90 %** (FG München v. 17.10.1994, 10 K 456/94, EFG 1995, 307). **In Anbetracht der zunehmenden Verbreitung von Mobiltelefonen und der wiederholt gesenkten Gebühren dürfte diese Argumentation heute kaum noch gelten können**, weil Handys inzwischen auch für die private Nutzung „erschwinglich" geworden sind. Um solche Streitigkeiten zu vermeiden, sollte der berufliche Anteil der Gespräche durch die Gebührenabrechnungen nachgewiesen werden.

b) Vereinfachungsregelung

Zur Vereinfachung erlaubt R 9.1 Abs. 5 Satz 2 LStR in entspre- 4112
chender Anwendung der Regelung in R 3.50 Abs. 2 Satz 2 LStR zum **steuerfreien Auslagenersatz** Folgendes:

*„Weist der Arbeitnehmer den Anteil der beruflich veranlassten Aufwendungen an den Gesamtaufwendungen für einen **repräsentativen Zeitraum von drei Monaten** im Einzelnen nach, kann dieser berufliche Anteil für den gesamten Veranlagungszeitraum zu Grunde gelegt werden."*

Beispiel:

Wie Beispiel vorher, A ermittelt den beruflichen Anteil seiner Telefonkosten aber nur für die **Monate Januar bis März**, die repräsentativ sind. Daraus ergibt sich ein beruflicher Anteil von 1/3.

Maßgebend für den **gesamten Veranlagungszeitraum** ist das Verhältnis der beruflichen zu den privaten Gesprächen, wie es sich aus den Rechnungen für die **Monate Januar bis März** ergibt. Das Finanzamt wird dies allenfalls für diese drei Monate prüfen, nicht aber mehr für die restlichen Monate April bis Dezember und 1/3 der Kosten als Werbungskosten anerkennen.

Gleichwohl muss A dem Finanzamt auch die Rechnungen für die Monate April bis Dezember als Nachweis für die Höhe der Kosten vorlegen. Für A tritt somit nur insoweit eine Vereinfachung ein, als sich die genaue Prüfung des beruflichen Anteils lediglich auf drei Monate beschränkt.

Der Nachteil dieser Regelung besteht somit darin, dass der **berufliche Anteil weiterhin genau ermittelt** werden muss, wenn auch nur für einen repräsentativen Dreimonatszeitraum (das können z.B. auch die Monate März bis Mai sein!), und ferner die **Telefonrechnungen dem Finanzamt vorgelegt** werden müssen.

c) Pauschalregelung

Um diesen Nachteil zu vermeiden, sieht R 9.1 Abs. 5 Satz 4 LStR 4113
zur weiteren Vereinfachung vor, dass

– **bei Arbeitnehmern, bei denen erfahrungsgemäß beruflich veranlasste Telekommunikationsaufwendungen anfallen**

(z.B. bei Handelsvertretern, Kundendienstmonteuren, Geschäftsführern),

- **ohne Einzelnachweis bis zu 20 % des Rechnungsbetrags, jedoch höchstens 20 € monatlich, als Werbungskosten anerkannt werden.**

Beispiel:

Wie Beispiel vorher, A verzichtet jedoch auf die genaue Ermittlung seiner beruflichen Gesprächskosten und legt dem Finanzamt lediglich die Telefonrechnungen vor (das Verhältnis der beruflichen bzw. privaten Gespräche ist daraus nicht erkennbar).

A gehört zu einer Berufsgruppe, bei der erfahrungsgemäß beruflich veranlasste Telekommunikationsaufwendungen anfallen. A kann daher für den jeweiligen Monat **pauschal 20 % der Telefonrechnungen** als Werbungskosten absetzen, z.B.

Monat	Rechnungsbetrag	davon abzugsfähig 20 %, höchstens 20 €
Januar	110	20
Februar	100	20
März	90	18
April	80	16
Mai	120	20
Juni	130	20
Juli	105	20
August	100	20
September	95	19
Oktober	100	20
November	90	18
Dezember	100	20
bei der Einkommensteuer pauschal als Werbungskosten abzugsfähig	1 220	**231**

Es ist danach eine **„Monatsbetrachtung"** vorzunehmen, d.h. die Begrenzung auf höchstens 20 € in einzelnen Monaten kann **nicht** dadurch ausgeglichen werden, dass in anderen Monaten der Höchstbetrag nicht ausgeschöpft ist (geht man von der Jahressumme aus, wären 20 % von 1 220 € = 244 € pauschal abzugsfähig, höchstens jedoch 240 € im Jahr).

Sollte A meinen, der Umfang der beruflichen Nutzung sei höher als die hiernach anzusetzenden Pauschalbeträge, kann er jederzeit die **nachgewiesenen** beruflichen Kosten als Werbungskosten geltend machen.

Der Nachteil dieser Regelung besteht darin, dass der Arbeitnehmer dem Finanzamt alle **Telefonrechnungen vorlegen** muss.

Das **FG Nürnberg** hat die Schätzungsregelung anerkannt (Urteil v. 21.5.2015, 4 K 351/13).

d) „Durchschnittsregelung"

4114 Zur weiteren Vereinfachung kann der **monatliche Durchschnittsbetrag**, der sich aus den Rechnungsbeträgen für einen **repräsentativen Zeitraum von drei Monaten** ergibt, für den gesamten Veranlagungszeitraum fortgeführt werden (R 9.1 Abs. 5 Satz 5 LStR).

Beispiel:

Wie Beispiel vorher, der Durchschnittsbetrag der abzugsfähigen Werbungskosten aus den Rechnungen für Januar bis März (die Monate sind repräsentativ) beträgt 19 € (1/3 von 58 €).

A kann auf weitere Berechnungen des beruflichen Anteils und die Vorlage von Rechnungen verzichten und in seiner Einkommensteuererklärung 228 € (12 × 19 €) als Werbungskosten absetzen, wenn er nicht höhere Kosten nachweisen will.

e) Dauer der Anerkennung

4115 Anders als beim steuerfreien Auslagenersatz (R 3.50 Abs. 2 Satz 6 LStR), der – wenn die Höhe einmal festgestellt ist – für **mehrere Jahre** fortgeführt werden kann (bis sich die Verhältnisse wesentlich ändern), gilt die Regelung beim Werbungskostenabzug nur für den **jeweiligen Veranlagungszeitraum**.

f) Kürzung der Werbungskosten

4116 Die Werbungskosten sind zunächst um **steuerfreien Auslagenersatz** des Arbeitgebers zu kürzen (R 9.1 Abs. 5 Satz 6 LStR).

Abzusetzen sind darüber hinaus auch die **pauschal versteuerten Arbeitgeberleistungen**, z.B. Zuschüsse des Arbeitgebers zu den Internetkosten (R 40.2 Abs. 5 Satz 10 LStR).

Dabei sind **zu Gunsten des Arbeitnehmers zwei wichtige Verwaltungsregelungen** zu beachten:

- Die pauschal besteuerten Arbeitgeberzuschüsse zu den Internetkosten sind **zunächst auf den privat veranlassten Teil der Aufwendungen anzurechnen** (R 40.2 Abs. 5 Satz 11 LStR).
- **Bei Zuschüssen bis zu 50 € im Monat** wird aus Vereinfachungsgründen von einer **Anrechnung auf Werbungskosten völlig abgesehen** (R 40.2 Abs. 5 Satz 12 LStR).

Beispiel 1:

Arbeitgeber A schenkt seinem Arbeitnehmer B am 2. Januar einen Computer mit allem Zubehör für 2 000 € und beteiligt sich zusätzlich mit einem monatlichen Zuschuss von 60 € (im Jahr 720 €) an den Internetkosten. Die tatsächlichen Internetkosten betragen etwa 150 € im Monat (= 1 800 € im Jahr), davon sind laut Einzelverbindungsnachweis 50 % beruflich.

Der Arbeitgeber kann nach § 40 Abs. 2 Satz 1 Nr. 5 EStG die Lohnsteuer pauschal mit 25 % von 2 720 € erheben (2 000 € Computer + 720 € Zuschuss zu den Internetkosten), das ergibt 680 € (hinzu kommen der Solidaritätszuschlag und ggf. Kirchensteuer). Für den Arbeitnehmer fällt keine weitere Lohnsteuer an.

Die beruflich veranlassten Internetkosten von 900 € (50 % von 1 800 €) sind zwar Werbungskosten. A müsste aber grds. den pauschal versteuerten Anteil von 720 € abziehen (R 40.2 Abs. 5 Satz 10 LStR). Abzugsfähig blieben mithin nur noch 180 €.

Nach R 40.2 Abs. 5 Satz 11 LStR sind aber zu Gunsten des Arbeitnehmers die pauschal besteuerten Zuschüsse (720 €) zunächst auf den privat veranlassten Teil der Aufwendungen (900 €) anzurechnen. Da der private Teil den Arbeitgeberzuschuss übersteigt, ist er nach dieser Anrechnung „aufgebraucht".

Eine Kürzung von Werbungskosten entfällt somit. A kann 900 € Internetkosten als Werbungskosten absetzen.

Beispiel 2:

Wie Beispiel 1, der Arbeitgeberzuschuss beträgt jedoch nur 50 € im Monat.

A kann ebenfalls 900 € Werbungskosten abziehen. Da der Arbeitgeberzuschuss die 50 €-Grenze nicht übersteigt, braucht von vornherein nicht weiter geprüft zu werden, ob eine Anrechnung dem Grunde nach vorgenommen werden könnte.

8. Nachweise

Grds. müssen die beruflichen Telekommunikationskosten dem **Finanzamt nachgewiesen** oder zumindest glaubhaft gemacht werden. Wird der Nachweis nicht geführt, muss das Finanzamt den beruflich veranlassten Anteil der Telekommunikationskosten **schätzen** (BFH v. 22.12.2000, IV B 4/00, m.w.N.). Eine **„griffweise Schätzung"** ist dabei nicht zulässig, auch wenn die Finanzämter dies (zumindest bei kleineren Beträgen) häufig anerkennen. Eine Schätzungsregelung, wie sie in den alten Telefonerlassen enthalten war (BMF v. 11.6.1990, IV B 6 – S 2336 – 4/90, BStBl I 1990, 290; BMF v. 14.11.1993, BStBl I 1993, 909), **gibt es nach Aufhebung dieser Erlasse nicht mehr**. 4117

Bei der Schätzung kommt es für die Ermittlung des Umfangs der beruflichen Kosten in besonderem Maße auf die **Mitwirkung des Stpfl.** an. Seiner Mitwirkungspflicht kommt dieser am besten dadurch nach, dass er geeignete **Aufzeichnungen führt**, weil er auch insoweit – wie bei allen Werbungskosten – zur Beweisvorsorge verpflichtet ist. Hat das Finanzamt abweichend hiervon jahrelang z.B. 50 % der angefallenen Telekommunikationskosten anerkannt, ist es hieran nach dem Grundsatz der **Abschnittsbesteuerung** nicht gebunden (→ *Abschnittsbesteuerung* Rz. 23).

9. Umsatzsteuer

Die private Nutzung von betrieblichen Telekommunikationsgeräten durch Arbeitnehmer ist i.d.R. **nicht umsatzsteuerpflichtig**. 4118

Die bei der Einkommensteuer geltende Steuerbefreiung (§ 3 Nr. 45 EStG) zieht zwar keine Steuerbefreiung im Bereich der Umsatzsteuer nach sich, allerdings liegen bei kostenloser Nutzung regelmäßig nicht steuerbare Leistungen i.S.v. Abschn. 1.8 Abs. 4UStAE vor, die überwiegend durch das betriebliche Interesse des Arbeitgebers veranlasst sind (OFD Hannover v. 11.6.2001, S 7109 – 4 – StO 355).

Auch der Ersatz der Kosten eines dienstlichen Telefonanschlusses und der laufenden Kosten durch den Arbeitgeber an den Arbeitnehmer ist als reine Geldzahlung umsatzsteuerlich irrelevant.

Territorialitätsprinzip

→ *Ausstrahlung* Rz. 1175

Theaterkarten

→ *Eintrittskarten* Rz. 1810

Tod des Arbeitgebers

4119 Verstirbt der Arbeitgeber, **beendet dies nicht das Arbeitsverhältnis** und stellt i.d.R. **auch keinen Kündigungsgrund** dar. Vielmehr geht das Arbeitsverhältnis auf den Erben im Wege der Gesamtrechtsnachfolge (vgl. § 1922 Abs. 1 BGB) über. Das ist nach europäischem Recht allerdings nicht zwingend; insbesondere der sog. Massenentlassungsrichtlinie steht einer innerstaatlichen Regelung nicht entgegen, die unterschiedliche Abfindungen vorsieht, je nachdem ob die Arbeitnehmer ihren Arbeitsplatz durch den Tod des Arbeitgebers oder durch eine Massenentlassung verloren haben (EuGH v. 10.12.2009, C-323/08).

Etwas anderes kann gelten, wenn das Arbeitsverhältnis gerade darin bestand, **höchstpersönliche Leistungen nur für die Person** des verstorbenen Arbeitgebers zu erbringen (wie z.B. die Palliativ-Pflege). Dann kann es sich um ein **zweckbefristetes Arbeitsverhältnis** auf den Tod des Arbeitgebers handeln, welches dann jedoch erst mit Ablauf einer Auslauffrist von Länge der ordentlichen Kündigungsfrist ab Kenntnis vom Todesfall beendet sein kann (vgl. LAG Berlin v. 13.7.1990, 6 Sa 41/90). Wegen des Schriftformerfordernisses in § 623 BGB ist in solchen Fällen jedoch zu empfehlen, **vor Beginn des Arbeitsverhältnisses einen schriftlichen zweckbefristeten Arbeitsvertrag (vgl. § 15 Abs. 2 TzBfG) abzuschließen**, bei der eine Kündigung des Arbeitsverhältnisses nicht mehr notwendig ist. Ansonsten ist bei solchen nur an die Person des verstorbenen Arbeitgebers gebundenen Arbeiten zumindest ein Kündigungsgrund gegeben. Wird das Unternehmen oder der Betrieb von den Erben des verstorbenen Arbeitgebers nicht weitergeführt, was häufig bei Berufsträgern wie z.B. Notaren, Ärzten und Rechtsanwälten der Fall sein kann, sind die von den Rechtsnachfolgern erklärten ordentlichen betriebsbedingten Kündigungen nach § 1 Abs. 2 KSchG regelmäßig sozial gerechtfertigt.

Hat ein Arbeitgeber in seinem **Testament** bestimmt, dass Arbeitnehmer nach Maßgabe ihrer bisherigen und weiteren Zugehörigkeit zum Betrieb einen angemessenen jährlichen Betrag von dem Gewinn aus dem bisherigen und nunmehr auf die Erbin übergegangenen Anteil an dem Unternehmen erhalten sollen, so unterliegen die daraufhin geleisteten Zahlungen als **Arbeitslohn** der Einkommensteuer (Lohnsteuer) und **nicht der Erbschaftsteuer**, wenn sie mit Rücksicht auf das Dienstverhältnis gezahlt werden (FG Berlin v. 24.1.1984, V 165/83, EFG 1984, 406).

LSt SV

Erhält der Arbeitnehmer durch letztwillige Verfügung vom Arbeitgeber eine **Zuwendung**, so ist die Zuwendung i.d.R. kein Arbeitslohn, wenn allein die letztwillige Verfügung Rechtsgrundlage für die Zuwendung ist (BFH v. 15.5.1986, IV R 119/84, BStBl II 1986, 609).

LSt (durchgestrichen) SV (durchgestrichen)

Tod des Arbeitnehmers

1. Lohnsteuer

a) Allgemeines

4120 Arbeitslohn, der **nach dem Tod des Arbeitnehmers** gezahlt wird, darf grds. unabhängig vom Rechtsgrund der Zahlung **nicht mehr nach den Lohnsteuerabzugsmerkmalen des Verstorbenen versteuert** werden. Durch die Zahlung dieser Vergütung an die Erben oder Hinterbliebenen werden diese steuerlich zu Arbeitnehmern (§ 1 Abs. 1 Satz 2 LStDV, R 19.9 Abs. 1 LStR; BFH v. 19.4.2021, VI R 8/19, HFR 2021, 976). Sie haben dem Arbeitgeber zwecks Abrufs der elektronischen Lohnsteuerabzugsmerkmale die zugeteilte IdNr sowie den Tag der Geburt mitzuteilen und zu erklären, ob es sich um das erste oder ein weiteres Dienstverhältnis handelt. Solange der Erbe dies dem Arbeitgeber nicht mitteilt, hat der Arbeitgeber die Versteuerung nach der Steuerklasse VI vorzunehmen (→ *ELStAM* Rz. 1881).

b) ELStAM-Verfahren

Nach dem Tod des Arbeitnehmers ist die Meldebehörde verpflichtet, den Todestag an die IdNr-Datenbank weiterzugeben (§ 139b Abs. 8 AO). **Automatisch** wird daraufhin der Datensatz für die ELStAM und die **Abrufberechtigung** für jeden Arbeitgeber **gesperrt**. Der Arbeitgeber eines verstorbenen Arbeitnehmers erhält in der nächsten Änderungsliste den Hinweis, dass keine Abrufberechtigung mehr vorliegt. 4121

Ein konkreter Hinweis, dass der Arbeitnehmer verstorben ist, erfolgt aus Datenschutzgründen nicht. Der Arbeitgeber sollte daher bei dem Hinweis auf eine fehlende Abrufberechtigung immer mit dem betreffenden Arbeitnehmer, insbesondere wenn dieser aus dem aktiven Beschäftigungsverhältnis ausgeschieden ist, bzw. mit dessen nahen Angehörigen Kontakt aufnehmen, um herauszufinden, warum die Abrufberechtigung erloschen ist.

Im Falle des Todes eines Arbeitnehmers kann die Zahlung von laufendem Arbeitslohn für den Monat, in dem der Arbeitnehmer verstorben ist, nach den ELStAM des Verstorbenen versteuert werden (→ Rz. 4123). Wird für die folgenden Monate laufender Arbeitslohn gezahlt, sind die ELStAM des Erben anzuwenden. Der verstorbene Arbeitnehmer ist dazu zum Ende des Sterbemonats im ELStAM-Verfahren abzumelden und der Erbe zum 1. des folgenden Monats anzumelden.

Der Hinweis, dass keine Abrufberechtigung mehr vorliegt, enthält eine Gültigkeitsangabe ab dem Todestag des Arbeitnehmers. In einigen Softwareprodukten für Arbeitgeber bzw. in Lohnabrechnungsprogrammen ist mit der Ausgabe dieses Hinweises bereits die Anwendung der Steuerklasse VI für den aktuellen Monat verbunden. Dies ist im Falle des Todes nicht zutreffend (→ Rz. 4123). Für den gesamten Monat, in dem der Arbeitnehmer verstorben ist, können die Lohnsteuerabzugsmerkmale des Verstorbenen (noch) angewendet werden. Die automatisch voreingestellte Steuerklasse VI muss in diesem Fall ggf. vom Arbeitgeber manuell angepasst werden (R 19.9 Abs. 1 LStR).

c) Lohnsteuerabzug

Beim Lohnsteuerabzug **hat der Arbeitgeber nach** R 19.9 LStR **Folgendes zu beachten:** 4122

- Beim Arbeitslohn, der noch **für die aktive Tätigkeit** des verstorbenen Arbeitnehmers gezahlt wird, ist, wie dies bei einer Zahlung an den Arbeitnehmer der Fall gewesen wäre, zwischen **laufendem Arbeitslohn**, z.B. Lohn für den Sterbemonat oder den Vormonat, und **sonstigen Bezügen**, z.B. Erfolgsbeteiligung, **zu unterscheiden**.
- Der **Arbeitslohn für den Sterbemonat** stellt, wenn er arbeitsrechtlich für den gesamten monatlichen Lohnzahlungszeitraum zu zahlen ist, **keinen Versorgungsbezug** i.S.d. § 19 Abs. 2 EStG dar.
- Besteht dagegen ein **Anspruch auf Lohnzahlung nur bis zum Todestag**, handelt es sich bei den darüber hinausgehenden Leistungen an die Hinterbliebenen um **Versorgungsbezüge**. Dies gilt entsprechend für den Fall, dass die arbeitsrechtlichen Vereinbarungen für den Sterbemonat lediglich die Zahlung von Hinterbliebenenbezügen vorsehen oder keine vertraglichen Abmachungen über die Arbeitslohnbemessung bei Beendigung des Dienstverhältnisses im Laufe des Lohnzahlungszeitraums bestehen. Auch in diesen Fällen stellt nur der Teil der Bezüge, der auf die Zeit nach dem Todestag entfällt, einen Versorgungsbezug dar. Zur Berechnung der Freibeträge für Versorgungsbezüge → *Versorgungsfreibeträge* Rz. 4340.
- Das **Sterbegeld** ist ein Versorgungsbezug und stellt grds. einen **sonstigen Bezug** dar. Dies gilt auch für den Fall, dass als Sterbegeld mehrere Monatsgehälter gezahlt werden, weil es sich hierbei dem Grunde nach nur um die ratenweise Zahlung eines Einmalbetrags handelt.
- Die **laufende Zahlung von Witwen- oder Hinterbliebenengeldern** i.S.d. § 19 Abs. 1 Satz 1 Nr. 2 EStG durch den Arbeitgeber ist demgegenüber regelmäßig als laufender Arbeitslohn (**Versorgungsbezug**) zu behandeln.

Beispiel 1:

Ein Arbeitnehmer hat nach dem Tarifvertrag Anspruch auf Arbeitslohn bis zum Todestag. Dieser wird den Hinterbliebenen ausgezahlt.

Die Leistungen an die Hinterbliebenen sind keine Versorgungsbezüge.

Beispiel 2:

Ein Arbeitnehmer hat nach dem Tarifvertrag Anspruch auf Arbeitslohn für den vollen Kalendermonat. Dieser wird den Hinterbliebenen ausgezahlt.

Die Leistungen an die Hinterbliebenen sind keine Versorgungsbezüge.

Beispiel 3:

Ein Arbeitnehmer hat nach dem Tarifvertrag Anspruch auf Arbeitslohn bis zum Todestag. Dieser wird den Hinterbliebenen ausgezahlt. Darüber hinaus zahlt der Arbeitgeber freiwillig auch den Arbeitslohn für den restlichen Monat an die Hinterbliebenen.

Die Leistungen an die Hinterbliebenen sind Versorgungsbezüge, soweit sie auf die Zeit vom Todestag bis zum Ende des Kalendermonats entfallen. Die Leistungen bis zum Todestag sind keine Versorgungsbezüge.

Eine ermäßigte Besteuerung nach § 34 Abs. 1 EStG (Fünftelregelung) kommt (auch) dann zur Anwendung, wenn ein Versorgungsguthaben für eine mehrjährige nichtselbständige Tätigkeit in einer Summe an die Witwe des Arbeitnehmers ausgezahlt wird (FG München v. 25.3.2015, 1 K 2723/13, EFG 2015, 1200). Zum Wegfall der Anwendung der Tarifermäßigung nach § 34 Abs. 1 EStG im Lohnsteuerabzugsverfahren ab dem Kalenderjahr 2025 → Rz. 714.

d) Vereinfachungsregelung

4123 Für **laufenden Arbeitslohn**, der **im Sterbemonat** oder für den Sterbemonat gezahlt wird, hat die **Finanzverwaltung** in R 19.9 Abs. 1 Satz 2 LStR folgende **Vereinfachungsregelung** zugelassen:

*„**Bei laufendem Arbeitslohn**, der **im Sterbemonat** oder für den Sterbemonat gezahlt wird, kann der Steuerabzug **aus Vereinfachungsgründen** noch nach den **steuerlichen Merkmalen des Verstorbenen** vorgenommen werden; die **Lohnsteuerbescheinigung ist jedoch auch in diesem Falle für den Erben** auszustellen und zu übermitteln."*

Wird von dieser Vereinfachungsregelung Gebrauch gemacht, sind die **Freibeträge für Versorgungsbezüge nicht zu berücksichtigen**, und zwar auch dann nicht, wenn es sich bei dem Arbeitslohn vom Todestag an um Versorgungsbezüge handelt.

Beispiel:

Ein verheirateter Arbeitnehmer in Hannover (Steuerklasse III/zwei Kinderfreibeträge) mit einem Monatslohn von 3 500 € verstirbt am 17.1.2025. Nach seinem Arbeitsvertrag besteht ein arbeitsvertraglicher Anspruch auf Zahlung des vollen Arbeitslohns im Sterbemonat. Darüber hinaus ist geregelt, dass den Hinterbliebenen ein **Sterbegeld von zwei vollen Monatsbezügen** zu zahlen ist. Der Arbeitgeber zahlt den Gesamtbetrag von 10 500 € am 14.2.2025 an die Witwe aus. Nach den Lohnsteuerabzugsmerkmalen der Witwe ist für Januar die Steuerklasse V und ab 1.2.2025 die Steuerklasse III/2 anzuwenden.

Auf Grund der Vereinfachungsregelung kann der Arbeitgeber den Januar-Lohn noch nach den **steuerlichen Merkmalen des Verstorbenen** lohnversteuern, also nach der Steuerklasse III/2 (der Arbeitslohn für den Sterbemonat stellt keinen Versorgungsbezug dar, weil ein arbeitsrechtlicher Anspruch auf den Arbeitslohn besteht, Zusatzbeitrag zur Krankenversicherung 1 %). Die Lohnsteuerbescheinigung mit dem Arbeitslohn und der einbehaltenen Lohnsteuer ist aber **in jedem Fall** für die Witwe auszustellen und zu übermitteln.

Das Sterbegeld von 7 000 € ist ein sonstiger Bezug. Bei der Lohnversteuerung von sonstigen Bezügen ist die Steuerklasse maßgebend, die im Zeitpunkt der Auszahlung des sonstigen Bezugs gilt. Zu der Berechnung der Lohnsteuer bei sonstigen Bezügen → *Sonstige Bezüge* Rz. 3936. Bei der Berechnung des voraussichtlichen Jahresarbeitslohns ist R 39b.6 Abs. 3 LStR anzuwenden. Das bedeutet, dass als voraussichtlicher Jahresarbeitslohn der für Januar 2025 bescheinigte Arbeitslohn anzunehmen ist, denn die Witwe hat vom Arbeitgeber ihres verstorbenen Ehemannes mit keinem Arbeitslohn zu rechnen. Zunächst sind aber die Freibeträge für Versorgungsbezüge von 1 221 € (13,2 % von 7 000 € = 924 € [Höchstbetrag = 990 €] sowie 297 €) abzuziehen (die Zwölftelungsregelung ist beim Sterbegeld nicht anzuwenden, vgl. BMF v. 19.8.2013, IV C 3 – S 2221/12/10010 :004/IV C 5 – S 2345/08/0001, BStBl I 2013, 1087, Rdnr. 182 unter Berücksichtigung der Änderungen durch BMF v. 10.1.2014, IV C 3 – S 2221/12/10010 :003, BStBl I 2014, 70, BMF v. 10.4.2015, IV C 5 – S 2345/08/10001 :006, BStBl I 2015, 256, BMF v. 1.6.2015, IV C 5 – S 2345/15/10001, BStBl I 2015, 475, BMF v. 4.7.2016, IV C 3 – S 2255/15/10001, BStBl I 2016, 645, BMF v. 6.12.2016, IV C 3 – S 2221/12/10008 :008, BStBl I 2016, 1426, BMF v. 19.12.2016, IV C 5 – S 2345/07/0002, BStBl I 2016, 1433, BMF v. 28.9.2021, IV C 3 – S 2221/19/10050 :002, BStBl I 2021, 1831 und BMF v. 10.1.2022, IV C 3 – S 2221/19/10050 :002, BStBl I 2022, 36 sowie BMF v. 24.5.2017, IV C 3 – S 2221/16/10001 :004, BStBl I 2017, 820, BMF v. 6.11.2017, IV C 3 – S 2221/17/10006 :001, BStBl I 2017, 1455, BMF v. 28.9.2021, IV C 3 – S 2221/21/10016 :001, BStBl I 2021, 1833 und BMF v. 16.12.2021, IV C 3 – S 2221/20/10012 :002, BStBl I 2022, 155). Zum aktuellen BMF-Schreiben v. 7.10.2022 → *Vorsorgeaufwendungen* Rz. 4366.

Als sonstiger Bezug sind demnach 5 779 € zu versteuern.

Hinweis: Durch Wachstumschancengesetz v. 27.3.2024, BGBl. I 2024, Nr. 108, ist (rückwirkend) ab dem Kalenderjahr 2023 die Staffelung für den Abbau des Versorgungsfreibetrags (Prozentsatzes), des Höchstbetrags sowie des Zuschlags zum Versorgungsfreibetrag geändert worden (s.a. → *Altersentlastungsbetrag* Rz. 56).

Es ergibt sich folgende Lohnabrechnung:

• **Laufender Arbeitslohn**	
Laufender Arbeitslohn für Januar 2025	3 500,– €
Lohnsteuer für den Monat (Steuerklasse III/2)	121,00 €
Solidaritätszuschlag	0,– €
Kirchensteuer	0,– €
• **Sterbegeld**	
Voraussichtlicher laufender Jahresarbeitslohn **ohne** Sterbegeld	3 500 €
+ Sterbegeld (sonstiger Bezug)	5 779 €
= Voraussichtlicher laufender Jahresarbeitslohn **mit** Sterbegeld	9 279 €
Lohnsteuer für das Jahr vom voraussichtlichen laufenden Jahresarbeitslohn **mit** Sterbegeld (9 279 €) nach der Steuerklasse III/2	0,– €
Lohnsteuer für das Jahr vom voraussichtlichen laufenden Jahresarbeitslohn **ohne** Sterbegeld (3 500 €) nach der Steuerklasse III/2	0,– €
= Lohnsteuer auf den sonstigen Bezug	0,– €

Weil die Lohnsteuer auf den sonstigen Bezug 0 € beträgt, fallen auch kein Solidaritätszuschlag und keine Kirchensteuer an.

In der Sozialversicherung sind Zuwendungen des Arbeitgebers an Angehörige – im Gegensatz zur Lohnsteuer – kein beitragspflichtiges Arbeitsentgelt (→ Rz. 4127).

e) Mehrere Erben

Sind **mehrere Erben** oder Hinterbliebene anspruchsberechtigt 4124
und zahlt der Arbeitgeber den Arbeitslohn an **einen** Erben oder **einen** Hinterbliebenen aus, so ist der Lohnsteuerabzug vorbehaltlich der unter → Rz. 4123 beschriebenen Vereinfachungsregelung nur nach **dessen Lohnsteuerabzugsmerkmalen** durchzuführen. Für diesen Erben/Hinterbliebenen stellen die an die übrigen Anspruchsberechtigten **weitergegebenen Beträge** im Kalenderjahr der Weitergabe **negative Einnahmen** dar. Handelt es sich dabei um Versorgungsbezüge i.S.d. § 19 Abs. 2 EStG, so ist für die Berechnung der negativen Einnahmen zunächst vom Bruttobetrag der an die anderen Anspruchsberechtigten weitergegebenen Beträge auszugehen; dieser Bruttobetrag ist sodann um den Unterschied zwischen den beim Lohnsteuerabzug berücksichtigten Freibeträgen für Versorgungsbezüge und den auf den verbleibenden Anteil des Zahlungsempfängers entfallenden Freibeträgen für Versorgungsbezüge zu kürzen (R 19.9 Abs. 2 LStR).

Beispiel:

Nach dem Tod des Arbeitnehmers ist an dessen Witwe und die drei Kinder ein Sterbegeld von 4 000 € zu zahlen. Der Arbeitgeber zahlt den Versorgungsbezug an die Witwe im Jahr 2025 aus. Dabei wurde die Lohnsteuer nach den Lohnsteuerabzugsmerkmalen der Witwe unter Berücksichtigung der Freibeträge für Versorgungsbezüge von 825 € (Versorgungsfreibetrag i.H.v. 13,2 % von 4 000 € = 528 € zzgl. Zuschlag zum Versorgungsfreibetrag i.H.v. 297 €) erhoben. Die Witwe gibt im Jahr 2026 jeweils 1 000 € an ihre Kinder weiter (insgesamt 3 000 €).

Im Jahr 2025 ergeben sich bei der Witwe lohnsteuerpflichtige Versorgungsbezüge:

Versorgungsbezüge	4 000 €
– Versorgungsfreibetrag	528 €
– Zuschlag zum Versorgungsfreibetrag	3 297 €
lohnsteuerpflichtige Versorgungsbezüge	3 175 €

Durch die Weitergabe im Jahr 2026 verbleibt der Witwe ein Anteil an den Versorgungsbezügen von 1 000 €. Hierauf entfällt ein Versorgungsfreibetrag i.H.v. 132 € (13,2 % von 1 000 €) zzgl. eines Zuschlags zum Versorgungsfreibetrag von 297 €, ergibt steuerpflichtige Versorgungsbezüge von 571 €. Daher sind bei der Witwe in 2025 negative Einnahmen i.H.v. 2 604 € (3 175 € – 571 €) anzusetzen.

Hinweis: Durch Wachstumschancengesetz v. 27.3.2024, BGBl. I 2024, Nr. 108, ist (rückwirkend) ab dem Kalenderjahr 2023 die Staffelung für den Abbau des Versorgungsfreibetrags (Prozentsatzes), des Höchstbetrags sowie des Zuschlags zum Versorgungsfreibetrag geändert worden (s.a. → *Altersentlastungsbetrag* Rz. 56).

Die Auseinandersetzungszahlungen sind bei den Empfängern, ggf. vermindert um die Freibeträge für Versorgungsbezüge (§ 19 Abs. 2 EStG), als Einkünfte aus nichtselbständiger Arbeit **i.R. einer Veranlagung** zur Einkommensteuer zu erfassen (§ 46 Abs. 2 Nr. 1 EStG).

f) Altersentlastungsbetrag

4125 Soweit es sich bei den Zahlungen an die Erben oder Hinterbliebenen **nicht um Versorgungsbezüge** handelt, ist zu prüfen, ob der **Altersentlastungsbetrag** (§ 24a EStG) zum Ansatz kommt. Dabei ist auf das Lebensalter des jeweiligen **Zahlungsempfängers** abzustellen. Zu der Berechnung des Altersentlastungsbetrags → *Altersentlastungsbetrag* Rz. 56. Auch hier gilt: Ist Arbeitslohn an Miterben auszuzahlen, so ist für die Berechnung der negativen Einnahmen zunächst vom **Bruttobetrag** der an die anderen Anspruchsberechtigten weitergegebenen Beträge auszugehen. Der Bruttobetrag ist sodann um den Unterschied zwischen dem beim Lohnsteuerabzug berücksichtigten Altersentlastungsbetrag und dem auf den verbleibenden Anteil des Zahlungsempfängers entfallenden Altersentlastungsbetrag zu kürzen (R 19.9 Abs. 3 Nr. 4 LStR).

g) Erben im Ausland

4126 Soweit Zahlungen an **im Ausland wohnhafte Erben** oder Hinterbliebene erfolgen, bei denen die **Voraussetzungen** für eine **unbeschränkte Einkommensteuerpflicht** nach § 1 Abs. 2 oder 3 EStG **nicht vorliegen**, ist beim Steuerabzug nach den für Lohnzahlungen an beschränkt einkommensteuerpflichtige Arbeitnehmer geltenden Vorschriften zu verfahren (→ *Steuerpflicht* Rz. 4002). Dabei ist jedoch zu beachten, dass das Besteuerungsrecht auf Grund eines DBA dem Wohnsitzstaat zustehen kann (→ *Doppelbesteuerungsabkommen: Allgemeines* Rz. 1601).

2. Sozialversicherung

4127 Mit dem Tod des Arbeitnehmers **endet das Arbeitsverhältnis**, ohne dass es einer besonderen Kündigung oder Erklärung bedarf. Übernimmt ein **Erbe** mit Zustimmung des Arbeitgebers trotzdem die **Arbeit des Verstorbenen**, wird ein **neues Beschäftigungsverhältnis** begründet.

Die Mitgliedschaft in der Kranken- und Pflegeversicherung **endet mit dem Todestag**. Stand der Verstorbene in einem versicherungspflichtigen Beschäftigungsverhältnis, ist eine **Abmeldung mit dem Abgabegrund „49"** zu veranlassen (auch → *Meldungen für Arbeitnehmer in der Sozialversicherung* Rz. 3105).

Die oben dargestellten lohnsteuerlichen Regeln gelten nicht im Sozialversicherungsrecht. Das bis zum Todestag erzielte Arbeitsentgelt ist noch dem Beschäftigungsverhältnis des Verstorbenen zuzuordnen und entsprechend den für dieses Beschäftigungsverhältnis geltenden Beitragsfaktoren der Beitragspflicht zu unterwerfen.

Transfergesellschaften

→ *Beschäftigungsgesellschaften* Rz. 1376

Trennungsgeld

→ *Doppelte Haushaltsführung: Allgemeines* Rz. 1709, → *Reisekostenvergütungen aus öffentlichen Kassen* Rz. 3718

Treueprämien

→ *Arbeitslohn-ABC* Rz. 705

Trinkgelder

1. Allgemeines

Nach § 3 Nr. 51 EStG sind **Trinkgelder steuerfrei**, die anlässlich einer Arbeitsleistung dem Arbeitnehmer von Dritten **freiwillig und ohne dass ein Rechtsanspruch auf sie besteht**, zusätzlich zu dem Betrag gegeben werden, der für diese Arbeitsleistung zu zahlen ist. 4128

Nach Auffassung des Gesetzgebers enthält diese Gesetzesfassung eine **klare Abgrenzung zwischen Arbeitsentgelt und Trinkgeld**, so dass reguläres Arbeitsentgelt nicht steuerlich vorteilhaft durch Trinkgeld ersetzt werden kann.

Beispiel:

Die Arbeitnehmer der Firma X, die an einen ausländischen Konzern verkauft wurde, erhalten von der Firma Y, einer Holdinggesellschaft, eine Anerkennungsprämie i.H.v. zwei zusätzlichen Monatsgehältern. Voraussetzung ist, dass der Arbeitnehmer am Tage des Verkaufs in einem ungekündigten Arbeitsverhältnis zur Firma X stand. Die Arbeitnehmer beantragen, die Anerkennungsprämie als Trinkgeld nach § 3 Nr. 51 EStG steuerfrei zu lassen.

Die Anerkennungsprämie ist **nicht nach** § 3 Nr. 51 EStG **steuerfrei**. Voraussetzung für die Anerkennung als Trinkgeld ist, dass es sich um eine Zahlung handelt, die zusätzlich zu dem Betrag gegeben wird, den der Leistungsempfänger für diese Arbeitsleistung zu entrichten hat. Im Beispielsfall wurde zwar im wirtschaftlichen Ergebnis von einem Dritten etwas geleistet, jedoch **nicht für eine gegenüber diesem Dritten erbrachte Arbeitsleistung**, sondern für die während der Betriebszugehörigkeit zur Firma X geleistete Arbeit (BFH v. 3.5.2007, VI R 37/05, BStBl II 2007, 712).

Trinkgelder, die nach § 3 Nr. 51 EStG steuerfrei sind, sind auch **sozialversicherungsfrei** (§ 1 Abs. 1 Satz 1 Nr. 1 SvEV).

Bei der Prüfung, ob Trinkgelder steuerfrei sind, kann folgendes Schema verwendet werden:

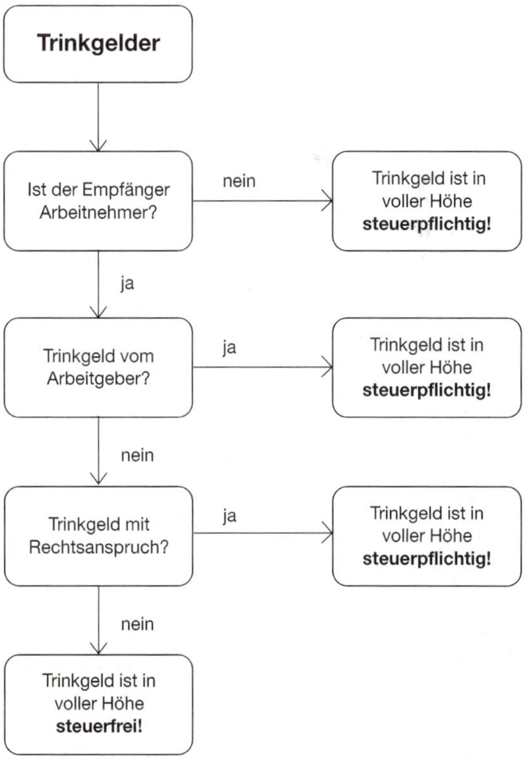

Die **unbegrenzte Steuerfreiheit von Trinkgeldern** begegnet **keinen verfassungsrechtlichen Bedenken** (BFH v. 18.12.2008, VI R 49/06, BStBl II 2009, 820; BFH v. 18.12.2008, VI R 8/06).

2. Arbeitnehmer

Die Steuerbefreiung des § 3 Nr. 51 EStG gilt nur für **Arbeitnehmer im steuerlichen Sinne**; auf Selbständige oder Gewerbetreibende ist sie hingegen nicht anwendbar. Zum Begriff des Arbeitnehmers → *Arbeitnehmer* Rz. 191. 4129

Beispiel:

Taxifahrer A ist angestellt und erhält im Kalenderjahr 2026 Trinkgelder i.H.v. 3 000 €. Taxifahrer B erhält gleich hohe Trinkgelder, er ist aber selbständig.

Die Trinkgelder i.H.v. 3 000 € sind bei Taxifahrer A in voller Höhe steuerfrei. Taxifahrer B muss seine Trinkgelder in voller Höhe versteuern, weil er kein Arbeitnehmer ist.

Zu den begünstigten Arbeitnehmern gehören auch **geringfügig entlohnte Beschäftigte**, deren Arbeitslohn mit der einheitlichen Pauschsteuer von 2 % besteuert wird (§ 40a Abs. 2 EStG). Bei diesen haben steuerfreie Trinkgelder keinen Einfluss auf die Höhe der Pauschsteuer.

3. Zahlung von dritter Seite

4130 Voraussetzung für die Steuerbefreiung ist, dass die Trinkgelder von Dritten gezahlt werden. Als Dritter kommt **jede andere Person** in Betracht. Es muss sich dabei nicht um den Kunden handeln, der die Arbeitsleistung in Anspruch nimmt. Allerdings setzt der Begriff des Trinkgelds, der auch § 3 Nr. 51 EStG zu Grunde liegt, grds. ein Mindestmaß an persönlicher Beziehung zwischen Trinkgeldgeber und Trinkgeldnehmer voraus (zuletzt BFH v. 18.6.2015, VI R 37/14, BStBl II 2016, 751 m.w.N.). Der Arbeitgeber selbst kann seinem Arbeitnehmer kein steuerfreies Trinkgeld zahlen.

Beispiel:

Bei der Entlassung aus dem Krankenhaus schenkt der Sohn einer Patientin der Krankenschwester 30 €.

Das Trinkgeld ist steuerfrei nach § 3 Nr. 51 EStG, weil es von einem Dritten gezahlt wird.

4. Rechtsanspruch

a) Trinkgelder mit Rechtsanspruch

4131 **Nur freiwillige Trinkgelder sind nach** § 3 Nr. 51 EStG **steuerfrei**. Soweit auf Trinkgelder ein **Rechtsanspruch** besteht, sind diese **in voller Höhe steuerpflichtig**.

Wenn der Arbeitgeber selbst Gelder tatsächlich und von Rechts wegen annehmen und einnehmen, verwalten und buchungstechnisch erfassen muss, sind dies keine dem Arbeitnehmer von Dritten gegebenen Trinkgelder i.S.d. § 3 Nr. 51 EStG (BFH v. 18.12.2008, VI R 49/06, BStBl II 2009, 820; BFH v. 18.12.2008, VI R 8/06, betr. Trinkgelder für Mitarbeiter, die im Automatenspiel einer Spielbank tätig sind).

Trinkgelder mit Rechtsanspruch, z.B. der Bedienungszuschlag von 10 oder 15 % im Gaststättengewerbe und die Metergelder im Möbeltransportgewerbe (BFH v. 9.3.1965, VI 109/62 U, BStBl III 1965, 426), **unterliegen dem Lohnsteuerabzug**. Ihre Höhe ist in einer arbeitsrechtlichen Anordnung oder in einer Vereinbarung zwischen dem Arbeitgeber und dem Trinkgeldgeber festgesetzt und daher dem Arbeitgeber bekannt. Der Arbeitgeber hat den ermittelten Betrag zusammen mit dem übrigen laufenden Arbeitslohn des Arbeitnehmers dem Lohnsteuerabzug zu unterwerfen (R 38.4 Abs. 2 LStR). Kommt der Arbeitgeber dieser Verpflichtung nicht nach, so haftet er für die nicht ordnungsgemäß einbehaltene Lohnsteuer.

LSt SV

Hinsichtlich der Bezüge, die dem spieltechnischen Personal von Spielbanken aus dem sog. **Tronc** gezahlt werden, → *Spielbank: Mitarbeiter* Rz. 3969.

b) Freiwillige Trinkgelder

4132 **Trinkgelder ohne Rechtsanspruch** sind dagegen als freiwillige Trinkgelder nach § 3 Nr. 51 EStG **steuerfrei**. Dabei kommt es nicht darauf an, ob das Trinkgeld in Form von Geld oder als Sachbezug dem Arbeitnehmer zugewendet wird.

Beispiel:

Zu Weihnachten erhält ein Postbote von einem Kunden eine Theaterkarte im Wert von 60 €.

Die Theaterkarte ist als freiwilliges Trinkgeld steuerfrei nach § 3 Nr. 51 EStG.

~~LSt~~ ~~SV~~

5. Trinkgeld für eine Arbeitsleistung

Das Trinkgeld muss dem Arbeitnehmer vom Dritten zusätzlich zu 4133
dem Betrag gegeben werden, der **für diese Arbeitsleistung** zu zahlen ist. Arbeitsleistung ist dabei **jedes Handeln des Arbeitnehmers**; eine spezielle Dienstleistung für den Dritten ist nicht erforderlich. **Nicht erforderlich** ist auch, dass die Arbeitsleistung **für den Dritten entgeltlich** ist. Auch bei kostenlosen Leistungen, z.B. die Zustellung eines Pakets, kommt die Steuerfreiheit nach § 3 Nr. 51 EStG in Betracht.

Steuerfrei sind daher neben den „klassischen" **Trinkgeldern im Gaststättengewerbe, Friseurhandwerk und Taxigewerbe** z.B. auch Trinkgelder an:

- **Arbeitnehmer des Handels**, z.B. Verkaufsfahrer oder Verkaufspersonal,
- **Krankenhauspflegepersonal** von Angehörigen der Patienten,
- **Postboten** sowie
- **Pannenhelfer** von Mitgliedern eines Automobilvereins.

~~LSt~~ ~~SV~~

6. Rechtsprechung

Die Finanzgerichte haben in folgenden Fällen die **Annahme** 4134
eines steuerfreien Trinkgelds i.S.v. § 3 Nr. 51 EStG **bejaht**:

- **freiwillige Zahlungen von Spielbankkunden** an die Saalassistenten einer Spielbank **für das Servieren von Speisen und Getränken**; die Steuerfreiheit entfällt nicht dadurch, dass der Arbeitgeber als eine Art Treuhänder bei der Aufbewahrung und Verteilung der Gelder eingeschaltet ist (BFH v. 18.6.2015, VI R 37/14, BStBl II 2016, 751).

~~LSt~~ ~~SV~~

Die Finanzgerichte haben in folgenden Fällen die **Annahme eines steuerfreien Trinkgelds** i.S.v. § 3 Nr. 51 EStG **verneint**:

- **Zahlungen aus dem Spielbanktronc** an die Arbeitnehmer der Spielbank (BFH v. 18.12.2008, VI R 49/06, BStBl II 2009, 820; BFH v. 18.12.2008, VI R 8/06), → *Spielbank: Mitarbeiter* Rz. 3969,
- **Zahlungen aus einem Pool** an einen im Krankenhaus angestellten Oberarzt (FG Baden-Württemberg v. 3.2.2009, 6 K 2319/07, EFG 2009, 1286), → *Arzt* Rz. 818,
- **Zahlungen eines Klinikdirektors** an eine Krankenhaus-Angestellte, die ihn bei der Durchführung von Vortragsveranstaltungen organisatorisch unterstützt hat (FG Hamburg v. 30.3.2009, 6 K 45/08, EFG 2009, 1367),
- **Zuwendungen von Gästen eines Striptease-Lokals** bzw. Tabledance-Clubs an die Tänzerinnen und Tänzer in Form von „Spielgeld", wenn die Gäste das „Spielgeld" vorher zu einem bestimmten Kurs erwerben müssen und die Tänzerinnen und Tänzer dieses nur beim Arbeitgeber in Geld zu einem schlechteren Kurs eintauschen können (FG Hamburg v. 30.3.2010, 6 K 87/09; FG Hamburg v. 20.4.2010, 3 K 58/09, EFG 2010, 1300),
- freiwillige **Zahlungen des vertretenen Notars** an einen bei der Landesnotarkammer angestellten **Notarassessor** (BFH v. 10.3.2015, VI R 6/14, BStBl II 2015, 767).

LSt ~~LSt~~

7. Arbeitgeberpflichten

Nach § 4 Abs. 2 Nr. 4 LStDV sind steuerfreie Bezüge im Lohnkonto 4135
des Arbeitnehmers aufzuzeichnen. Dies gilt aber nicht für Trinkgelder. Steuerfreie Trinkgelder sind deshalb **nicht im Lohnkonto** des Arbeitnehmers **aufzuzeichnen**.

Tronc

→ *Spielbank: Mitarbeiter* Rz. 3969

Überbrückungsbeihilfen

Überbrückungsbeihilfen und andere Beihilfen (z.B. Erholungsbei- 4136
hilfen), die ein Arbeitgeber seinen Arbeitnehmern zahlt, gehören - soweit sie nicht ausnahmsweise als Unterstützungen steuerfrei belassen werden können - grds. zum steuerpflichtigen **Arbeitslohn** (→ *Unterstützungen* Rz. 4217). Das gilt regelmäßig auch

dann, wenn die Beihilfen von einem **Dritten** gewährt werden und eine ausreichende Beziehung zwischen dem Dritten und dem Arbeitgeber es rechtfertigt, die Zahlung des Dritten als Arbeitslohn zu behandeln, vgl. H 3.11 (Beihilfen von einem Dritten) LStH sowie R 38.4 Abs. 1 LStR.

LSt SV

Überbrückungsbeihilfen, die vom Arbeitgeber im Zusammenhang mit einer **Entlassung aus dem Dienstverhältnis** gezahlt wird, können nur nach § 34 Abs. 1 EStG tarifermäßigt besteuert werden, wenn sie zusammengeballt, d.h. innerhalb eines Veranlagungszeitraums, gezahlt werden (vgl. FG Düsseldorf v. 25.10.2010, 11 K 2909/09 E, EFG 2011, 976).

~~LSt~~ ~~SV~~

Von den vom Arbeitgeber gezahlten Überbrückungsbeihilfen bzw. -geldern abzugrenzen ist der **Gründungszuschuss** gem. § 93 SGB III. Dieser wird von der Bundesagentur für Arbeit an einen Arbeitslosen bei Aufnahme einer selbständigen, hauptberuflichen Tätigkeit gezahlt und soll der Sicherung des Lebensunterhalts sowie der sozialen Sicherung in der Zeit nach der Existenzgründung dienen (§ 93 Abs. 1 SGB III). Er ist nach § 3 Nr. 2 EStG steuerfrei.

Zahlt die Agentur für Arbeit nach der Beendigung des Arbeitsverhältnisses zunächst Arbeitslosengeld, obwohl gegenüber dem ehemaligen Arbeitgeber ein Anspruch auf Überbrückungsgeld besteht, und zahlt der Arbeitgeber das Überbrückungsgeld gem. § 115 SGB X auf Grund des sozialrechtlichen Forderungsübergangs in einem späteren Veranlagungszeitraum direkt an die Agentur für Arbeit, ist die Zahlung an den Sozialleistungsträger als abgekürzter Zahlungsweg anzusehen mit der Folge, dass in Höhe des Überbrückungsgelds Arbeitslohn und eine – zu einem negativen Progressionsvorbehalt führende – Rückzahlung von Arbeitslosengeld anzunehmen ist (FG Brandenburg v. 23.2.2005, 4 K 401/02, EFG 2005, 1056).

Übergangsbeihilfen im Bau- und Gerüstbaugewerbe

→ *Lohnausgleichskasse* Rz. 2840

Übergangsbereich in der Sozialversicherung

Inhalt

1. Aktuelles

4137 Zum 1.1.2026 hat sich der gesetzliche Mindestlohn auf 13,90 € erhöht. Durch die dynamische Ausgestaltung der Geringfügigkeitsgrenze mit einer Koppelung an den Mindestlohn beträgt diese dann ab 1.1.2026 **603 €** (zur Geringfügigkeitsgrenze → Rz. 3166), womit die **untere Grenze des Übergangsbereichs dann ab 603,01 €** beginnt.

2. Allgemeines und Gesamtsozialversicherungsbeitragssatz

Beschäftigungen mit einem monatlichen Arbeitsentgelt im sog. Übergangsbereich (zu den Ausnahmen, in denen die Regelungen des Übergangsbereichs nicht gelten s.u. → Rz. 4147) sind zwar versicherungspflichtig, allerdings hat der **Arbeitnehmer** nur einen reduzierten **Beitragsanteil** am Gesamtsozialversicherungsbeitrag zu zahlen. Der Übergangsbereich hat sich in den vergangenen Jahren mehrfach verändert und umfasste: 4138

- von April 2003 bis 2012 400,01 € bis 800 € und von 2013 bis Juni 2019 450,01 € bis 850 € (damals noch als Gleitzone bezeichnet),
- von Juli 2019 bis September 2022 450,01 € bis 1 300 €,
- von Oktober 2022 bis Dezember 2022 520,01 € bis 1 600 €,
- von Januar 2023 bis Dezember 2023 520,01 € bis 2 000 € und
- von Januar 2024 bis Dezember 2024 538,01 € bis 2 000 €,
- von Januar 2025 bis Dezember 2025 556,01 € bis 2 000 €
- **ab Januar 2026 bis Dezember 2026 603,01 € bis 2 000 €**

Für 2026 wird ein durchschnittlicher Gesamtsozialversicherungsbeitragssatz i.H.v. 42,3 % (14,6 % in der Krankenversicherung, durchschnittlicher Zusatzbeitragssatz 2,9 %, 18,6 % in der Rentenversicherung, 2,6 % in der Arbeitslosenversicherung und 3,6 % in der Pflegeversicherung) den besonderen beitragsrechtliche Berechnungen im Übergangsbereich (→ Rz. 4144) zu Grunde gelegt.

Daraus errechnet sich der **Faktor F** für 2026 wie folgt:
28 % : 42,3 % = 0,6619.

Der Gesamtsozialversicherungsbeitragssatz und der Faktor F sind vom BMAS bis zum 31.12. eines Jahres für das folgende Kalenderjahr im Bundesanzeiger bekannt zu geben (vgl. § 20 Abs. 2a SGB IV). Z.B. für das Jahr 2025 wurde der Gesamtsozialversicherungsbeitragssatz und der Faktor mit Bekanntmachung v. 10.12.2024, BAnz AT 10.12.2024 B3 für das Jahr 2025 festgelegt.

3. Grundsätze

a) Arbeitsentgelt

Die besonderen beitragsrechtlichen Regelungen zum Übergangsbereich **finden Anwendung**, wenn das monatliche Arbeitsentgelt aus der **Beschäftigung bzw.** bei Bestehen **mehrerer Beschäftigungsverhältnisse** die hieraus **insgesamt erzielten Arbeitsentgelte im Übergangsbereich** liegen. 4139

Fälle im Übergangsbereich liegen demnach **nicht vor, wenn** lediglich **Teilarbeitsentgelte** (z.B. wegen Ablaufs der Entgeltfortzahlung bei Arbeitsunfähigkeit oder bei Beginn bzw. Ende der Beschäftigung im Laufe eines Kalendermonats) innerhalb des Übergangsbereichs liegen. Ansonsten gelten die allgemeinen Regelungen zur Beitragsberechnung (→ *Beiträge zur Sozialversicherung* Rz. 1261).

Bei der Prüfung der Frage, ob das Arbeitsentgelt im Übergangsbereich liegt, ist vom **regelmäßigen Arbeitsentgelt** (hierzu auch → *Arbeitsentgelt* Rz. 593) auszugehen.

Dabei ist grundsätzlich auf das Arbeitsentgelt abzustellen, auf das der Arbeitnehmer einen Rechtsanspruch hat (z.B. auf Grund eines Tarifvertrags, einer Betriebsvereinbarung oder einer Einzelabsprache); selbst wenn der Arbeitgeber das Arbeitsentgelt nicht oder erst später zahlt. Wird allerdings ein höheres als vereinbartes Arbeitsentgelt gezahlt, kommt es nicht darauf an, ob ein wirksamer (arbeitsrechtlicher) Anspruch auf das gezahlte Arbeitsentgelt besteht; insoweit löst der Zufluss die Arbeitsentgelteigenschaft und mithin den Beitragsanspruch aus.

Ob die für den Übergangsbereich maßgebenden Entgeltgrenzen regelmäßig im Monat oder nur gelegentlich unter- oder überschritten werden, ist bei Beginn der Beschäftigung und erneut bei jeder dauerhaften Veränderung in den Verhältnissen (z.B. Erhöhung oder Reduzierung des Arbeitsentgelts) im Wege einer vorausschauenden Betrachtung zu beurteilen. Die hiernach erforderliche Prognose erfordert keine, alle Eventualitäten berücksichtigende genaue Vorhersage, sondern lediglich eine ungefähre Einschätzung, welches Arbeitsentgelt – ggf. nach der bisherigen Übung – mit hinreichender Sicherheit zu erwarten ist. Im Prognosezeitpunkt muss davon auszugehen sein, dass sich das Arbeitsentgelt bei normalem Ablauf der Dinge nicht relevant verändert. Grundlage der Prognose können dabei lediglich Umstände sein, von denen in diesem Zeitpunkt anzunehmen ist, dass sie das Arbeitsentgelt bestimmen werden. Solche Umstände können die versicherungs- und beitragsrechtliche Beurteilung dann nicht in die Vergangenheit hinein verändern. Stimmt die „richtige" Prognose mit dem späteren Verlauf nicht überein, so kann das jedoch Anlass für eine neue Prüfung und – wiederum vorausschauende – Betrachtung sein. Als Zeitraum, für den die vorausschauende Betrachtung bei Beschäftigten zu erstrecken ist, wird der Zeitraum eines Jahres (nicht Kalenderjahr) angesehen.

Ein arbeitsrechtlich zulässiger Verzicht auf künftig entstehende Arbeitsentgeltansprüche mindert das zu berücksichtigende Arbeitsentgelt.

Entgeltumwandlungen zur Finanzierung von Aufwendungen für die betriebliche Altersversorgung bis zur Höhe von 4 % der jährlichen Beitragsbemessungsgrenze in der allgemeinen Rentenversicherung i.S.v. § 1 Abs. 1 Satz 1 Nr. 9 SvEV und § 115 SGB IV mindern ebenfalls das zu berücksichtigende Arbeitsentgelt (→ *Einmalzahlungen* Rz. 1793; → *Arbeitsentgelt* Rz. 593; → *Jahresarbeitsentgeltgrenze in der gesetzlichen Krankenversicherung* Rz. 2607; → *Nebenberufliche steuerbegünstigte Tätigkeiten* Rz. 3236).

Einmalige Einnahmen, deren Gewährung mit hinreichender Sicherheit (z.B. auf Grund eines für allgemeinverbindlich erklärten Tarifvertrags oder auf Grund Gewohnheitsrechts wegen betrieblicher Übung) mindestens einmal jährlich zu erwarten ist, sind bei der Ermittlung des Arbeitsentgelts zu berücksichtigen. So bleiben z.B. Jubiläumszuwendungen bei der Ermittlung des regelmäßigen Arbeitsentgelts unberücksichtigt, da es sich nicht um jährlich wiederkehrende Zuwendungen handelt. Hat der Arbeitnehmer auf die Zahlung einer einmaligen Einnahme schriftlich verzichtet, kann die einmalige Einnahme – ungeachtet der arbeitsrechtlichen Zulässigkeit eines solchen Verzichts – vom Zeitpunkt des Verzichts an bei der Ermittlung des regelmäßigen Arbeitsentgelts nicht berücksichtigt werden. Im Übrigen sind einmalige Einnahmen bei der Ermittlung des Arbeitsentgelts nur insoweit zu berücksichtigen, als sie aus der zu beurteilenden Beschäftigung resultieren. Soweit einmalige Einnahmen aus ruhenden Beschäftigungsverhältnissen (z.B. freiwilligem Wehrdienst oder Elternzeit) gezahlt werden, bleiben sie außer Betracht.

Bei schwankender Höhe des Arbeitsentgelts und in den Fällen, in denen im Rahmen eines Dauerarbeitsverhältnisses saisonbedingt unterschiedliche Arbeitsentgelte erzielt werden, ist der regelmäßige Betrag durch Schätzung zu ermitteln. Dabei ist bei einem seit einem Jahr oder länger beschäftigten Arbeitnehmer von dem im Vorjahr erzielten Arbeitsentgelt auszugehen; bei neu eingestellten Arbeitnehmern kann von der Vergütung eines vergleichbaren Arbeitnehmers ausgegangen werden. Diese Feststellung bleibt für die Vergangenheit auch dann maßgebend, wenn sie infolge nicht sicher voraussehbarer Umstände mit den tatsächlichen Arbeitsentgelten aus der Beschäftigung nicht übereinstimmt.

Steuerfreie Aufwandsentschädigungen (§ 3 Nr. 12 EStG) und die in § 3 Nr. 26 EStG genannten steuerfreien Einnahmen gehören nicht zum Arbeitsentgelt in der Sozialversicherung. Hierunter fallen z.B. die Einnahmen aus nebenberuflichen Tätigkeiten als Übungsleiter, Ausbilder, Erzieher, Betreuer oder vergleichbaren nebenberuflichen Tätigkeiten, aus nebenberuflichen künstlerischen Tätigkeiten oder für die Pflege alter, kranker oder behinderter Menschen bis zur Höhe von insgesamt 3 300 € (zu den ab 2026 geltenden Höchstbeträgen s.a. → *Nebenberufliche steuerbegünstigte Tätigkeiten* Rz. 3258) im Kalenderjahr. Der steuerliche Freibetrag ist für die Ermittlung des Arbeitsentgelts in der Sozialversicherung in gleicher Weise zu berücksichtigen wie im Steuerrecht, d.h. der steuerfreie Jahresbetrag von 3 300 € kann pro rata (z.B. monatlich mit 275 €) angesetzt oder en bloc (z.B. jeweils zum Jahresbeginn bzw. zu Beginn der Beschäftigung) ausgeschöpft werden. Sofern eine Beschäftigung im Laufe eines Kalenderjahres beendet wird und der Steuerfreibetrag noch nicht verbraucht ist, wird durch eine (rückwirkende) volle Ausschöpfung des Steuerfreibetrags die versicherungs- und beitragsrechtliche Beurteilung der Beschäftigung nicht geändert. Entsprechendes gilt auch für die Steuerbefreiung nach § 3 Nr. 26a EStG (zu den auch hier ab 2026 geltenden Höchstbeträgen s.a. → *Nebenberufliche steuerbegünstigte Tätigkeiten* Rz. 3258).

b) Mehrfachbeschäftigung und Übergangsbereich

Werden **mehrere Beschäftigungen** (hierzu auch → *Mehrfachbeschäftigung* Rz. 3094) ausgeübt, sind für die Prüfung des Anwen- 4140
dungsbereichs des Übergangsbereichs nur die Arbeitsentgelte zusammenzurechnen, die aus versicherungspflichtigen Beschäftigungen erzielt werden (z.B. keine Berücksichtigung einer versicherungsfreien Beschäftigung als Beamter). Arbeitsentgelte aus geringfügig entlohnten Beschäftigungen, die nur in der gesetzlichen Rentenversicherung versicherungspflichtig sind, sowie aus kurzfristigen Beschäftigungen werden nicht berücksichtigt.

Bei der Ermittlung des regelmäßigen Arbeitsentgelts sind Arbeitsentgelte aus geringfügig entlohnten Beschäftigungen anzurechnen, wenn diese auf Grund der Zusammenrechnung nach § 8 Abs. 2 Satz 1 SGB IV mit anderen geringfügig entlohnten Beschäftigungen oder einer versicherungspflichtigen Hauptbeschäftigung für den Arbeitnehmer zur Versicherungspflicht führen.

Beispiel 1:

Beschäftigung A: mtl. Arbeitsentgelt i.H.v. 350 €

Beschäftigung B: mtl. Arbeitsentgelt i.H.v. 300 €

Die monatlichen Arbeitsentgelte der beiden geringfügigen Beschäftigungen liegen zwar jeweils unterhalb des Übergangsbereichs, da jedoch die Summe der monatlichen Arbeitsentgelte der auf Grund der Zusammenrechnung versicherungspflichtigen Beschäftigungen i.H.v. 650 € im Übergangsbereich liegt, finden die besonderen Regelungen zum Übergangsbereich Anwendung. Zur genauen Berechnung der Beiträge bei Mehrfachbeschäftigung siehe → Rz. 3118.

Bei der **Zusammenrechnung der Arbeitsentgelte** aus mehreren Beschäftigungen ist jedoch zu beachten, dass eine geringfügig entlohnte Beschäftigung, die neben einer nicht geringfügigen versicherungspflichtigen (Haupt-)Beschäftigung ausgeübt wird, nach § 8 Abs. 2 Satz 1 SGB IV (→ *Mini-Jobs* Rz. 3167) versicherungsfrei sein könnte.

Beispiel 2:

Beschäftigung A: mtl. Arbeitsentgelt i.H.v. 1 900 €

Beschäftigung B: mtl. Arbeitsentgelt i.H.v. 220 €

Da es sich bei der Beschäftigung B um eine „erste" geringfügige Nebenbeschäftigung handelt, erfolgt keine Zusammenrechnung der Arbeitsentgelte aus beiden Beschäftigungen. Das monatliche Arbeitsentgelt aus der Beschäftigung A liegt demnach weiterhin im Übergangsbereich. Die besonderen Regelungen zum Übergangsbereich finden daher auf die Beschäftigung A Anwendung.

Beispiel 3:

Beschäftigung A: mtl. Arbeitsentgelt i.H.v. 1 800 €

Beschäftigung B: mtl. Arbeitsentgelt i.H.v. 220 € (ab 1.8.2026)

Beschäftigung C: mtl. Arbeitsentgelt i.H.v. 300 € (ab 1.9.2026)

Da es sich bei der Beschäftigung B um eine versicherungsfreie „erste" geringfügige Nebenbeschäftigung handelt, erfolgt in der Kranken-, Pflege- und Rentenversicherung keine Zusammenrechnung der Arbeitsentgelte aus den Beschäftigungen A und B. In der Arbeitslosenversicherung sind Zusammenrechnungen mit Hauptbeschäftigungen generell ausgeschlossen. Das monatliche Arbeitsentgelt aus der Beschäftigung A liegt demnach zunächst weiterhin im Übergangsbereich. Die besonderen Regelungen zum Übergangsbereich finden daher vorerst auf die Beschäftigung A Anwendung. Mit Aufnahme der Beschäftigung C hat jedoch eine Zusammenrechnung der Arbeitsentgelte aus der Beschäftigung A und C in der Kranken-, Pflege- und Rentenversicherung zu erfolgen. Da die Summe der Arbeitsentgelte die obere Übergangsbereichsgrenze übersteigen, finden ab 1.9.2026 für die Kranken-, Pflege- und Rentenversicherung die besonderen Regelungen zum Übergangsbereich keine Anwendung mehr. Etwas anderes gilt jedoch für die Arbeitslosenversicherung, in der auch keine Zusammenrechnung der Nebenbeschäftigungen untereinander erfolgt. Hier handelt es sich bei der Beschäftigung A auch über den 31.8.2026 hinaus um einen Übergangsbereichsfall.

4. Beitragsberechnung und Beitragstragung im Übergangsbereich

Die **Arbeitgeber** haben bei einem Arbeitsentgelt in Höhe der un- 4141
teren Entgeltgrenze des Übergangsbereichs einen Beitragsanteil von insgesamt 28 % zu tragen. Dieser entspricht dem Wert, der den zu leistenden Pauschalbeiträgen bei einer geringfügig entlohnten Beschäftigung entspricht (→ *Mini-Jobs* Rz. 3183). Mit zunehmendem Arbeitsentgelt nimmt der Beitragsanteil des Arbeitgebers gleitend ab, bis er bei einem Arbeitsentgelt in Höhe der oberen Entgeltgrenze des Übergangsbereichs i.H.v. 2 000 € die

Höhe von etwa rund 20 % (Hälfte des Gesamtsozialversicherungsbeitrag) erreicht.

Bei der Beitragsberechnung und Beitragstragung bei Beschäftigungen mit einem regelmäßigen monatlichen Arbeitsentgelt innerhalb des Übergangsbereichs haben die **Arbeitnehmer** nur einen **reduzierten Beitragsanteil zu tragen**. Der geringere Arbeitnehmeranteil ergibt sich durch die der Beitragsberechnung zu Grunde zu legende reduzierte beitragspflichtige Einnahme (Beitragsbemessungsgrundlage) und die besondere Regelung über die Beitragstragung.

a) Beitragspflichtige Einnahme für den Gesamtsozialversicherungsbeitrag

4142 Bei Arbeitnehmern, die gegen ein regelmäßiges monatliches Arbeitsentgelt innerhalb des Übergangsbereichs beschäftigt sind, sind drei verschiedene beitragspflichtige Einnahmen zu berücksichtigen, für die jeweils eine eigene Berechnungsformel anzuwenden ist. Hierbei handelt es sich um die beitragspflichtige Einnahme zur Berechnung des

- Gesamtsozialversicherungsbeitrags nach § 20 Abs. 2a Satz 1 SGB IV
- Beitragsanteils des Arbeitnehmers nach § 20 Abs. 2a Satz 6 SGB IV

Nach der Intention des Gesetzgebers sind die Zwischenergebnisse nicht zu runden, das Ergebnis der jeweiligen Berechnung allerdings im Rahmen der kaufmännischen Rundung.

In der Kranken-, Pflege-, Renten- und Arbeitslosenversicherung wird für die Berechnung des Beitrags als beitragspflichtige Einnahme das nach folgender Formel berechnete Arbeitsentgelt zu Grunde gelegt:

$$F \times G + ([2\,000/(2\,000 - G)] - [G/(2\,000 - G)] \times F) \times (AE\text{-}G)$$

es bedeutet:

AE = monatliches Arbeitsentgelt des Beschäftigungsverhältnisses

G = Geringfügigkeitsgrenze (seit 1.1.2025 603 €)

F = Faktor, der sich ergibt, wenn der Wert 28 % durch den Gesamtsozialversicherungsbeitragssatz des Kalenderjahrs, in dem der Anspruch auf das Arbeitsentgelt entstanden ist, geteilt wird.

Ab 1.1.2026:

Der **Faktor F** beträgt ab 1.1.2026, wenn man der Berechnung den Gesamtsozialversicherungsbeitrag i.H.v. 42,3 % (→ Rz. 4138) zu Grunde legt 0,6619 (28 % : 42,3 %).

Die o.a. Rechenformel kann wie folgt gekürzt werden:

Beitragspflichtige Einnahme =
1,1459372226 x AE – 291,8744452398

b) Beitragspflichtige Einnahme für den Arbeitnehmer-Beitragsanteil

4143 Grundlage für den Arbeitnehmerbeitragsanteil ist eine reduzierte beitragspflichtige Einnahme, die wie folgt berechnet wird:

Ab 1.1.2026:

(2000/2000-G) x (AE-G); G jetzt 603 €

Diese Formel kann ab 1.1.2026 wie folgt gekürzt werden:

1,4316392269 x AE – 863,2784538207

Das Ergebnis der Berechnung ist auf zwei Dezimalstellen zu runden; die zweite Dezimalstelle ist um 1 zu erhöhen, wenn sich in der dritten Dezimalstelle eine der Zahlen 5 bis 9 ergeben würde.

Beispiel 1:

Mtl. Arbeitsentgelt seit 1.1.2026 = 1 200 €

Beitragspflichtige Einnahme für den Gesamtsozialversicherungsbeitrag ab 1.1.2026

0,6619x603 + (2 000 : [2 000 – 603] – (603 : [2 000 – 603]x0,6619)x(1 200 – 603) = 1 083,25 €

Gekürzte Rechenformel für die Zeit ab 1.1.2026

1,14593772226 × 1 200 € – 291,8744452398 = 1 083,25 €

Beitragspflichtige Einnahme für den Arbeitnehmeranteil ab 1.1.2026

(2 000/ [2 000 – 603]) × (1 200 – 603) = 854,69 €

Gekürzte Rechenformel: 1,4316392269 × 1 200 € – 863,2784538207 = 854,69 €

In den Fällen, in denen nur ein **Teilarbeitsentgelt** gezahlt wird (z.B. wegen Ablaufs der Entgeltfortzahlung bei Arbeitsunfähigkeit oder bei Beginn bzw. Ende der Beschäftigung im Laufe eines Kalendermonats), ist – ausgehend von der monatlichen beitragspflichtigen Einnahme – die anteilige beitragspflichtige Einnahme zu berechnen. Hierfür ist zunächst ausgehend vom anteiligen Arbeitsentgelt das monatliche Arbeitsentgelt zu berechnen, welches in diesen Fällen der monatlichen beitragspflichtigen Einnahme entspricht. Dabei ist unerheblich, ob das anteilige Arbeitsentgelt unterhalb des Übergangsbereichs liegt. Für die Anwendung der besonderen Regelungen zum Übergangsbereich ist allein auf das monatliche Arbeitsentgelt abzustellen. Auf der Grundlage des monatlichen Arbeitsentgelts ist die beitragspflichtige Einnahme nach Maßgabe der Übergangsbereichsformel zu ermitteln. Anschließend ist diese beitragspflichtige Einnahme entsprechend der Anzahl der Kalendertage, für die eine versicherungspflichtige Beschäftigung besteht, zu reduzieren.

Beispiel 2:

Mtl. Arbeitsentgelt = 640 €

Aufnahme der Beschäftigung am 1.1.2026

Beendigung der Beschäftigung am 12.1.2026

Januar-Arbeitsentgelt beitragspflichtige Einnahme für den Gesamtsozialversicherungsbeitrag = 1,1459372226 × 640,– € – 291,18744452398 = 441,53 €

beitragspflichtige Einnahme für den Arbeitnehmer-Beitragsanteil

1,4316392269 × 640,– € – 863,2784538207 € = 52,97 €

1.1. bis 12.1.2026

Anteilige beitragspflichtige Einnahme für den Gesamtsozialversicherungsbeitrag =

441,53 € × 12 : 30 = 176,61 €

Anteilige beitragspflichtige Einnahme für den Arbeitnehmer-Beitragsanteil

52,97 € × 12 : 30 = 21,19 €

Sofern in einem Entgeltabrechnungszeitraum wegen Arbeitsunfähigkeit kein laufendes Arbeitsentgelt und damit keine SV-Tage vorhanden sind und der Arbeitnehmer eine Einmalzahlung (z.B. Urlaubsgeld) erhält, richtet sich die Anwendung der Übergangsbereichsregelung bei der Beitragsberechnung aus der Einmalzahlung danach, ob das Beschäftigungsverhältnis auf Grund der Höhe des (ausgefallenen) Arbeitsentgelts im Übergangsbereich liegt. Ist dies der Fall und übersteigt das ausgefallene laufende Arbeitsentgelt zusammen mit der Einmalzahlung die obere Übergangsbereichsgrenze nicht, dann sind die besonderen Übergangsbereichsregelungen auf die Einmalzahlung anzuwenden. Sofern der Betrag der Einmalzahlung dabei die untere Übergangsbereichsgrenze von 603,01 € unterschreitet, ist die Einmalzahlung für die Ermittlung der beitragspflichtigen Einnahme mit dem Faktor F zu multiplizieren.

Übersteigt hingegen das ausgefallene laufende Arbeitsentgelt zusammen mit der Einmalzahlung die obere Übergangsbereichsgrenze, ist für die Berechnung der Beiträge aus der Einmalzahlung nicht die Übergangsbereichsregelung anzuwenden. Die Beitragsberechnung erfolgt in diesen Fällen nach den allgemeinen Regelungen. Dies gilt auch für Einmalzahlungen, die dem letzten Entgeltabrechnungszeitraum des laufenden Kalenderjahres zuzuordnen sind. Allerdings sind bei Beschäftigungen im Übergangsbereich hierbei zur Beitragsberechnung die Übergangsbereichsformel auf die Summe des Arbeitsentgelts des letzten Entgeltabrechnungszeitraums und der Einmalzahlung anzuwenden.

Bei einem unbezahlten Urlaub gilt eine Beschäftigung als fortbestehend, solange das Beschäftigungsverhältnis ohne Anspruch auf Arbeitsentgelt fortdauert, jedoch nicht länger als einen Monat. Die Regelung über den Fortbestand des Beschäftigungsverhältnisses hat mittelbar auch Auswirkungen auf die Berechnung der Beiträge zur Kranken-, Pflege-, Renten- und Arbeitslosenversicherung, denn die Zeiten der Arbeitsunterbrechung ohne Anspruch auf Arbeitsentgelt sind keine beitragsfreien, sondern dem Grunde nach beitragspflichtige Zeiten. Dies bedeutet, dass für Zeiträume von Arbeitsunterbrechungen wegen unbezahlten Urlaubs bis zu einem Monat SV-Tage anzusetzen sind.

Nach dem gemeinsamen Rundschreiben „Versicherungs-, beitrags- und melderechtliche Behandlung von Beschäftigungsverhältnissen im Übergangsbereich nach § 20 Abs. 2 SGB IV" vom 20.12.2022 ist in Übergangsbereichsfällen eine Hochrechnung zur Ermittlung der anteiligen beitragspflichtigen Einnahme nicht erforderlich, wenn keine Kürzung der SV-Tage vorgenommen wird. Hieraus folgt, dass bei einem unbezahlten Urlaub von nicht länger als einem Monat das tatsächlich erzielte (Rest-)Arbeitsentgelt als monatliches Arbeitsentgelt anzusehen ist.

c) Beitragsberechnung

4144 Grundlage für den vom Arbeitgeber abzuführenden Gesamtsozialversicherungsbeitrag aus einer Beschäftigung mit einem Arbeitsentgelt innerhalb des Übergangsbereichs bildet eine reduzierte beitragspflichtige Einnahme nach § 20 Abs. 2a Satz 1 SGB IV.

Die Grundlage für den vom Arbeitnehmer aufzubringenden Anteil am Gesamtsozialversicherungsbeitrag ist die reduzierte beitragspflichtige Einnahme nach § 20 Abs. 2a Satz 6 SGB IV.

Der **Beitrag zum jeweiligen Versicherungszweig** wird durch die Anwendung des halben Beitragssatzes auf die reduzierte beitragspflichtige Einnahme nach § 20 Abs. 2a Satz 1 SGB IV und anschließender Verdopplung des gerundeten Ergebnisses ermittelt. Dies gilt auch für die Ermittlung des Zusatzbeitrages in der Krankenversicherung.

Der Beitragszuschlag in der Pflegeversicherung bei Arbeitnehmern ohne Kinder, der von den Arbeitnehmern alleine zu tragen ist, ist durch Anwendung des Beitragszuschlagssatzes auf die reduzierte beitragspflichtige Einnahme nach § 20 Abs. 2a Satz 1 SGB IV gesondert zu berechnen.

Der vom **Arbeitnehmer zu tragende Beitragsanteil zur Kranken-, Pflege-, Renten- und Arbeitslosenversicherung** wird durch Anwendung des halben Beitragssatzes auf die reduzierte beitragspflichtige Einnahme nach § 20 Abs. 2a Satz 6 SGB IV ermittelt. In der Krankenversicherung kommt noch der halbe kassenindividuelle Zusatzbeitrag dazu. Nach § 2 Abs. 2 BVV werden die zum 1.7.2023 durch das PUEG neu eingeführten den Beitragsanteil des Beschäftigten zur Pflegeversicherung reduzierenden Beträge durch Anwendung des maßgebenden Beitragsabschlags auf die beitragspflichtige Einnahme nach § 20 Abs. 2a Satz 6 SGB berechnet. Damit ist klargestellt, dass ausschließlich der Beitragsanteil des Beschäftigten reduziert werden darf.

Arbeitgeber mit einem Beschäftigungsort in Sachsen tragen seit 1.1.2025 einen Beitrag zur Pflegeversicherung i.H.v. 1,3 %. Daraus ergibt sich für den Arbeitnehmer ein Beitragsanteil i.H.v. 2,3 % der reduzierten beitragspflichtigen Einnahme. Seit 1.1.2025 sind auch hier die neuen Staffelungen bedingt durch die Anzahl der Kinder zu beachten.

Der **Beitragsanteil des Arbeitgebers** ergibt sich durch Abzug des jeweiligen Arbeitnehmerbeitragsanteils von dem ermittelten Gesamtbeitrag. Beim Abzug ist der Beitragszuschlag für Kinderlose in der Pflegeversicherung nicht zu berücksichtigen.

Beispiel 1:

Das mtl. Arbeitsentgelt eines Arbeitnehmers (ein Kind) in Köln beträgt 1 500,– €.

(Beitragssatz zur KV 14,6 %, kassenindividueller Zusatzbeitragssatz [angenommener Wert] 2,4 %, zur PV 3,6 %, zur RV 18,6 %, zur AV 2,6 %)

Beitragsberechnung für Januar 2026

Beitragspflichtige Einnahme für den Gesamtsozialversicherungsbeitrag		
1,1459372226 × 1 500,– € – 291,8744452398 =		1 427,03 €
Beitragspflichtige Einnahme für den Arbeitnehmer-Beitragsanteil		
1,4316392269 × 1 500,– € – 863,2784538207 =		1 284,18 €
Krankenversicherung		
Gesamtbeitrag (1 427,03 € × 7,3 %) =	104,17 € × 2 =	208,34 €
Zuzüglich Zusatzbeitragssatz (1 427,03 € × 1,2 %) =	17,12 € × 2 =	34,24 €
Abzüglich Arbeitnehmerbeitragsanteil (1 284,18 € × 7,3 %) =	93,75 €	
Abzüglich Arbeitnehmerbeitragsanteil (1 284,18 € × 1,2%) =	15,41 €	
Arbeitnehmerbeitragsanteil =		109,16 €
Arbeitgeberbeitragsanteil =		133,42 €
Pflegeversicherung		
Gesamtbeitrag (1 427,03 € × 1,8 %) =	25,69 € × 2 =	51,38 €
Abzüglich Arbeitnehmerbeitragsanteil (1 284,18 € × 1,8 %) =		23,12 €
Arbeitgeberbeitragsanteil		28,26 €
Rentenversicherung		
Gesamtbeitrag (1 427,03 € × 9,3 %) =	132,71 € × 2 =	265,42 €
Abzüglich Arbeitnehmerbeitragsanteil (1 284,18 € × 9,3 %) =		119,43 €
Arbeitgeberbeitragsanteil =		145,99 €
Arbeitslosenversicherung		
Gesamtbeitrag (1 427,03 € × 1,3 %) =	18,55 € × 2 =	37,10 €
Abzügl. Arbeitnehmerbeitragsanteil (1 284,18 € × 1,3 %) =		16,69 €
Arbeitgeberbeitragsanteil =		20,41 €

Wie das Beispiel 1 zeigt, trägt der Arbeitgeber zur Krankenversicherung einen Beitragsanteil von 133,42 € und der Arbeitnehmeranteil beträgt 109,16 €. In der Pflegeversicherung trägt der Arbeitgeber einen Anteil von 28,26 €, der Arbeitnehmeranteil beträgt dort 23,12 €. Zur Rentenversicherung trägt der Arbeitgeber einen Anteil von 145,99 € und der Arbeitnehmeranteil beträgt 119,43 €. In der Arbeitslosenversicherung trägt der Arbeitgeber einen Anteil von 20,41 € und der Arbeitnehmeranteil beträgt 16,69 €.

Beispiel 2:

Das mtl. Arbeitsentgelt eines 25 Jahre alten Arbeitnehmers in Köln beträgt im Januar 2026 1 000,– €.

(Beitragssatz zur KV 14,6 % zzgl. kassenindividueller Zusatzbeitragssatz angenommener Wert 2,4 %, zur PV 3,6 % + 0,6 %, zur RV 18,6 %, zur AV 2,6 %)

Beitragspflichtige Einnahme für den Gesamtsozialversicherungsbeitrag		
1,1459372226 × 1 000,– € – 291,8744452398 =		854,06 €
Beitragspflichtige Einnahme für den Arbeitnehmer-Beitragsanteil		
1,4316392269 × 1 000,– € – 863,2784538207 =		568,36 €
Krankenversicherung		
Gesamtbeitrag (854,06 € × 7,3 %) =	62,35 € × 2 =	124,70 €
Zuzüglich Zusatzbeitragssatz (854,06 € × 1,2 %) =	10,25 € × 2 =	20,50 €
Abzüglich Arbeitnehmerbeitragsanteil (568,36 € × 7,3 %) =	41,49 €	
Abzüglich Arbeitnehmerbeitragsanteil (568,36 € × 1,2 %) =	6,82 €	
Arbeitnehmerbeitragsanteil =		48,31 €
Arbeitgeberbeitragsanteil =		96,89 €
Pflegeversicherung mit einem Kind		
Gesamtbeitrag (854,06 € × 1,8 %) =	15,37 € × 2 =	30,74 €
Arbeitnehmerbeitragsanteil (568,36 € × 1,8 %) =		10,23 €
Arbeitgeberbeitragsanteil (31,40 € – 11,07 €) =		20,51 €
Pflegeversicherung z.B. mit vier Kindern (zum Beitragsabschlag → *Pflegeversicherung* Rz. 3423)		
Gesamtbeitrag (854,06 € × 1,8 %) =	15,37 € × 2 =	30,74 €
Arbeitnehmerbeitragsanteil (568,36 € × 1,8 %) =	10,23 €	
(568,36 € × 0,75 %) =	4,26 €	5,97 €
Arbeitgeberbeitragsanteil (30,74 € – 10,23 €) =		20,51 €
Pflegeversicherung kinderlos		
Gesamtbeitrag (854,06 € × 1,8 %) =	15,37 € × 2 =	30,74 €
Arbeitnehmerbeitragsanteil (568,36 € × 1,8 %) =	10,23 €	
Zzgl. Kinderlosenzuschlag (854,06 € × 0,6 %) =	5,12 €	15,35 €
Arbeitgeberbeitragsanteil (30,74 € – 10,23 €) =		20,51 €
Rentenversicherung		
Gesamtbeitrag (854,06 € × 9,3 %) =	79,43 € × 2 =	158,86 €
Abzüglich Arbeitnehmerbeitragsanteil (568,36 € × 9,3 %) =		52,86 €
Arbeitgeberbeitragsanteil =		106,– €
Arbeitslosenversicherung		
Gesamtbeitrag (854,068 € × 1,3 %) =	11,10 € × 2 =	22,20 €
Abzüglich Arbeitnehmerbeitragsanteil (568,36 € × 1,3 %) =		7,39 €
Arbeitgeberbeitragsanteil =		14,81 €

Wie das Beispiel 2 zeigt, sind ab 1.1.2026 folgende Beiträge zu tragen: Der Arbeitgeber trägt zur Krankenversicherung einen Beitragsanteil von 96,89 € und der Arbeitnehmeranteil beträgt 48,31 €.

Wenn der Arbeitnehmer ein Kind hat, trägt der Arbeitgeber in der Pflegeversicherung einen Anteil von 20,51 €, der Arbeitnehmeranteil beträgt dort 10,23 €, bei vier Kindern beträgt der Arbeitgeberanteil 20,51 € und Arbeitnehmeranteil 5,97 €; bei einem kinderlosen Arbeitnehmer beträgt der Arbeitgeberanteil 20,51 € und der Arbeitnehmeranteil 15,35 €.

Zur Rentenversicherung trägt der Arbeitgeber einen Anteil von 106,– € und der Arbeitnehmeranteil beträgt 52,86 €.

In der Arbeitslosenversicherung trägt der Arbeitgeber einen Anteil von 14,81 € und der Arbeitnehmeranteil beträgt 7,39 €.

Soweit in den Fällen, in denen nur für wenige Sozialversicherungstage ein Teilarbeitsentgelt und ggf. eine Einmalzahlung gezahlt wird, der Arbeitgeberbeitragsanteil höher ist als der sich auf der Basis der (reduzierten) beitragspflichtigen Einnahme ergebende Gesamtsozialversicherungsbeitrag, ist lediglich der Arbeitgeberbeitrag zu zahlen. Ein Arbeitnehmerbeitragsanteil fällt nicht an. Allerdings ist vom Arbeitnehmer der Zusatzbeitrag zur Krankenversicherung und ggf. bei Kinderlosigkeit der Beitragszuschlag in der Pflegeversicherung zu entrichten.

Besteht nach besonderen Regelungen **in einzelnen Zweigen** der Sozialversicherung **Versicherungsfreiheit** (z.B. in der Krankenversicherung von Arbeitnehmern, die nach Vollendung des 55. Lebensjahrs eine dem Grunde nach versicherungspflichtige Beschäftigung aufnehmen) **oder** liegt eine **Befreiung von der Versicherungspflicht** vor (z.B. in der Rentenversicherung wegen Mitgliedschaft in einer berufsständischen Versorgungseinrichtung), sind **zu den betreffenden Versicherungszweigen keine Beiträge** zu zahlen.

Insbesondere bei geringfügigen Nebenbeschäftigungen können die besonderen Vorschriften über die **Zusammenrechnung** mit der Hauptbeschäftigung in einzelnen Zweigen der Sozialversicherung **zu verschiedenen versicherungs- und beitragsrechtlichen Beurteilungen der Haupt- und Nebenbeschäftigungen führen**. Soweit hiernach die Nebenbeschäftigung in einzelnen Versicherungszweigen versicherungsfrei bleibt, sind demnach zu den betreffenden Versicherungszweigen auch keine individuellen Beiträge aus der Nebenbeschäftigung zu zahlen.

Der für **Beschäftigte** zu zahlende Arbeitgeberanteil zur Rentenversicherung (§ 172 Abs. 1 SGB VI), **die** als Bezieher einer Altersvollrente bzw. Versorgung oder wegen Vollendung des 65. Lebensjahrs oder wegen einer Beitragserstattung aus eigener Versicherung **rentenversicherungsfrei sind** (§ 5 Abs. 4 SGB VI), ist hingegen **auch in den Fällen des Übergangsbereichs zu zahlen**. Für Beschäftigte, die auf Grund der **Mitgliedschaft in einer berufsständischen Versorgungseinrichtung rentenversicherungsfrei** sind, ist zu beachten, dass der **Arbeitgeberbeitragsanteil** nach § 172 Abs. 2 SGB VI zur **Versorgungseinrichtung zu zahlen** ist.

Für **knappschaftlich rentenversicherte Arbeitnehmer** wirkt sich die Übergangsbereichsregelung in gleicher Weise aus, wie bei einem in der Rentenversicherung der Arbeiter und Angestellten versicherten Arbeitnehmer. Allerdings ist der vom Arbeitgeber zu tragende Beitragsanteil auf Basis des besonderen Beitragssatzes zur knappschaftlichen Rentenversicherung zu ermitteln. Für die Berechnung der Beitragsanteile ist zunächst der Arbeitnehmerbeitragsanteil zu berechnen, der vom Arbeitnehmer zu tragen wäre, wenn er in der Rentenversicherung der Arbeiter und Angestellten versichert wäre. Der Arbeitgeberbeitragsanteil ergibt sich aus der Differenz des Gesamtbeitrags auf der Basis der reduzierten beitragspflichtigen Einnahme nach § 20 Abs. 2a Satz 1 SGB IV und des Beitragssatzes zur knappschaftlichen Rentenversicherung abzüglich des Arbeitnehmerbeitragsanteils auf der Basis der reduzierten beitragspflichtigen Einnahme nach § 20 Abs. 2a Satz 6 SGB IV.

d) Mehrere Beschäftigungen

4145 Werden mehrere (ggf. durch Zusammenrechnung) versicherungspflichtige Beschäftigungen ausgeübt, deren Arbeitsentgelte jedoch **in der Summe innerhalb des Übergangsbereichs** liegen, können die für die Berechnung der Arbeitnehmer- und Arbeitgeberbeitragsanteile zu Grunde zu legenden reduzierten beitragspflichtigen Einnahmen für die einzelnen Beschäftigungen nicht durch die Anwendung der Berechnungsformelermittelt werden.

Sofern die Mehrfachbeschäftigung im Übergangsbereich für volle Kalendermonate besteht, ist die jeweilige beitragspflichtige Einnahme auf der Grundlage des Gesamtarbeitsentgelts (für den vollen Monat = 30 Sozialversicherungstage) zu berechnen:

Reduzierte beitragspflichtige Einnahme zur Berechnung des Gesamtsozialversicherungbeitrags

[F × G + ([2 000/(2 000 – G)] – [G/(2 000 – G)] × F) × (GAE-G)] × AE/GAE

Die vereinfachte Formel lautet ab 1.1.2026:

Reduzierte beitragspflichtige Einnahme für den GSV-Beitrag aus dem **Gesamtentgelt**

1,1459372226 × AE – 291,8744452398

Reduzierte beitragspflichtige Einnahme für den GSV-Beitrag aus dem **jeweiligen Entgelt**

1,1459372226 × AE – 291,8744452398 × AE/GAE

Reduzierte beitragspflichtige Einnahme zur Berechnung des Arbeitnehmer-Beitragsanteils

Die vereinfachte Formel lautet ab 1.1.2026:

Reduzierte beitragspflichtige Einnahme für den Arbeitnehmerbeitragsanteil aus dem **Gesamtentgelt**

1,4316392269 × AE – 863,2784538207

Reduzierte beitragspflichtige Einnahme für den Arbeitnehmerbeitragsanteil aus dem **jeweiligen Entgelt**

1,4316392269 × AE – 863,2784538207 × AE/GAE

Beispiel:

Beschäftigung A: mtl. Arbeitsentgelt	350 €
Beschäftigung B: mtl. Arbeitsentgelt	370 €
Gesamtarbeitsentgelt	720 €

Januar 2026

(Gesamtsozialversicherungsbeitragssatz 42,3 %)

Beitragspflichtige Einnahme zur Berechnung des Gesamtsozialversicherungsbeitrags aus dem **Gesamtentgelt**:

1,1459372226 × 720,– € – 291,8744452398 = 533,20 €

Beitragspflichtige Einnahme zur Berechnung des Arbeitnehmer-Beitragsanteils aus dem **Gesamtentgelt**:

1,4316392269 × 720,– € – 863,2784538207 = 167,50 €

Beitragspflichtige Einnahme zur Berechnung des Gesamtsozialversicherungsbeitrags bei **Arbeitgeber A**

1,1459372226 × 720,– € – 291,8744452398 × 350,– €/720,– € = 259,19 €

Beitragspflichtige Einnahme zur Berechnung des Arbeitnehmer-Beitragsanteils bei **Arbeitgeber A:**

1,4316392269 × 720,– € – 863,2784538207 × 350,– €/720,– € = 81,42 €

Beitragspflichtige Einnahme zur Berechnung des Gesamtsozialversicherungsbeitrags bei **Arbeitgeber B:**

1,1459372226 × 720,– € – 291,8744452398 × 370,– €/720,– € = 274,01 €

Beitragspflichtige Einnahme zur Berechnung des Arbeitnehmer-Beitragsanteils bei **Arbeitgeber B:**

1,4316392269 × 720,– € – 863,2784538207 × 370,– €/720,– € = 86,08 €

Beispielhafte Beitragsberechnung zur Krankenversicherung

(Beitragssatz 14,6 %) mit einem kassenindividuellen Zusatzbeitragssatz von 2,4 % (angenommener Wert)

Arbeitgeber A

Gesamtbeitrag (259,19 € × 7,3 %) = 18,92 € × 2 = 37,84 €

Zuzüglich Zusatzbeitragssatz (259,19 € × 1,2 %) = 3,11 € × 2 = 6,22 €

Abzüglich Arbeitnehmerbeitragsanteil (81,42 € × 7,3 %) = 5,94 €

Abzüglich Arbeitnehmerbeitragsanteil (81,10 € × 1,2%) = 0,97 €

Arbeitgeberbeitragsanteil 37,14 €

Der Arbeitgeber A trägt zur Krankenversicherung einen Anteil von 37,14 €, der Arbeitnehmeranteil beträgt 6,92 €.

Arbeitgeber B

Gesamtbeitrag (274,01 € × 7,3 %) = 22,74 € × 2 = 45,48 €

Zuzüglich Zusatzbeitragssatz (274,01 € × 1,2 %) = 3,29 € × 2 = 6,58 €

Abzüglich Arbeitnehmerbeitragsanteil (86,08 € × 7,3 %) = 6,28 €

Abzüglich Arbeitnehmerbeitragsanteil (86,08 € × 1,2 %) = 1,03 €

Arbeitgeberbeitragsanteil 36,89 €

Der Arbeitgeber B trägt zur Krankenversicherung einen Anteil von 44,75 €, der Arbeitnehmeranteil beträgt 7,31 €.

Beginnt oder endet die Mehrfachbeschäftigung im Übergangsbereich im Laufe eines Kalendermonats, ist die jeweilige beitragspflichtige Einnahme ausgehend von einer monatlichen beitragspflichtigen Einnahme zu ermitteln. Hierzu ist das für den Teil des Kalendermonats (Teilmonat) gezahlte Gesamtarbeitsentgelt zunächst auf den vollen Kalendermonat hochzurechnen. Die aus dem (in den vollen Kalendermonat hochgerechneten) Gesamtarbeitsentgelt nach der Übergangsbereichsformel ermittelte beitragspflichtige Einnahme ist anschließend entsprechend der Anzahl der beitragspflichtigen Sozialversicherungstage (SV-Tage) zu reduzieren. Die anteilige beitragspflichtige Einnahme für den jeweiligen Arbeitgeber ergibt sich dann aus dem Verhältnis der jeweiligen Arbeitsentgelte zum Gesamtarbeitsentgelt.

Tritt zu einer bestehenden versicherungspflichtigen Beschäftigung im Laufe des Kalendermonats eine weitere versicherungspflichtige

Beschäftigung hinzu und wird dadurch eine Mehrfachbeschäftigung im Übergangsbereich begründet, ist zur Ermittlung der jeweiligen beitragspflichtigen Einnahme das vorstehend beschriebene Verfahren mit der Maßgabe anzuwenden, dass aus Gründen der Verfahrensvereinfachung für den Monat des Hinzutritts der weiteren versicherungspflichtigen Beschäftigung insgesamt, also für den vollen Kalendermonat, von einer Mehrfachbeschäftigung im Übergangsbereich auszugehen ist. Insofern entfällt die Hochrechnung des Gesamtarbeitsentgelts auf den vollen Kalendermonat. Entsprechendes gilt bei Wegfall einer Beschäftigung, wenn dadurch die Voraussetzungen der Mehrfachbeschäftigung im Übergangsbereich im Laufe des Kalendermonats entfallen.

Tritt zu einer im Laufe des Kalendermonats aufgenommenen versicherungspflichtigen Beschäftigung im weiteren Verlauf des Kalendermonats eine weitere versicherungspflichtige Beschäftigung hinzu und wird dadurch eine Mehrfachbeschäftigung im Übergangsbereich begründet, ist zur Ermittlung der jeweiligen beitragspflichtigen Einnahme das im vorherigen Absatz beschriebene Verfahren mit der Maßgabe anzuwenden, dass nicht für den vollen Kalendermonat, sondern von dem Zeitpunkt der Aufnahme der (ersten) versicherungspflichtigen Beschäftigung an von einer Mehrfachbeschäftigung im Übergangsbereich auszugehen ist. Unter Berücksichtigung dieser Verfahrensvereinfachung ist das für die unterschiedlichen Teile des Kalendermonats gezahlte Gesamtarbeitsentgelt auf den vollen Kalendermonat hochzurechnen. Die aus dem (auf den vollen Kalendermonat hochgerechneten) Gesamtarbeitsentgelt nach der Übergangsbereichsformel ermittelte beitragspflichtige Einnahme ist anschließend entsprechend der Anzahl der beitragspflichtigen SV-Tage zu reduzieren. Die anteilige beitragspflichtige Einnahme für den jeweiligen Arbeitgeber ergibt sich dann aus dem Verhältnis der jeweiligen Arbeitsentgelte zum Gesamtarbeitsentgelt.

e) Beschäftigungen mit Arbeitsentgelten außerhalb des Übergangsbereichs

4146 Bei Beschäftigungen mit Arbeitsentgelten außerhalb des Übergangsbereichs (**z.B. schwankendes Arbeitsentgelt, Einmalzahlungen**), in denen zwar das regelmäßige monatliche Arbeitsentgelt innerhalb des Übergangsbereichs liegt, das tatsächliche monatliche Arbeitsentgelt jedoch die Übergangsbereichsgrenzen über- oder unterschreitet, werden die Beiträge wie folgt berechnet:

In den Monaten, in denen das Arbeitsentgelt die **untere Übergangsbereichsgrenze von 603,01 € unterschreitet**, ist für die Berechnung der beitragspflichtigen Einnahme das tatsächliche Arbeitsentgelt mit dem Faktor F zu multiplizieren. Der Arbeitgeber trägt den gesamten Beitrag, mit Ausnahme des vom Arbeitnehmer zu tragenden Beitragszuschlags in der Pflegeversicherung. Der für jeden Versicherungszweig zu zahlende Gesamtbeitrag ergibt sich durch die Anwendung des halben Beitragssatzes auf die beitragspflichtige Einnahme und anschließender Verdoppelung des gerundeten Ergebnisses.

In den Monaten des **Überschreitens der oberen Übergangsbereichsgrenze von 2 000 €** hat die Beitragsberechnung nach den allgemeinen Regelungen zu erfolgen. Das heißt, der Beitragsberechnung ist das tatsächliche Arbeitsentgelt als beitragspflichtige Einnahme zu Grunde zu legen und der Beitrag vom Arbeitgeber und Arbeitnehmer je zur Hälfte zu tragen.

Sofern auf Grund von Arbeitsunfähigkeit kein laufendes Arbeitsentgelt bezogen wird und der Arbeitnehmer eine Einmalzahlung (z.B. Urlaubsgeld) erhält, richtet sich die Anwendung der Übergangsbereichsregelung bei der Beitragsberechnung aus der Einmalzahlung danach, ob die Beschäftigung auf Grund der Höhe des ausgefallenen Arbeitsentgelts im Übergangsbereich liegt. Ist dies der Fall und übersteigt das ausgefallene laufende Arbeitsentgelt zusammen mit der Einmalzahlung die obere Übergangsbereichsgrenze von **2 000 €** nicht, sind die Übergangsbereichsregelungen auf die Einmalzahlung anzuwenden. Sofern der Betrag der Einmalzahlung dabei die untere Übergangsbereichsgrenze von 603,01 € unterschreitet, ist die Einmalzahlung für die Ermittlung der reduzierten beitragspflichtigen Einnahme mit dem Faktor F zu multiplizieren.

Dies gilt auch für Einmalzahlungen, die nach § 23a Abs. 2 SGB IV dem letzten Entgeltabrechnungszeitraum des laufenden Kalenderjahres zuzuordnen sind. Allerdings ist bei Beschäftigungen im Übergangsbereich hierbei zur Beitragsberechnung die Übergangsbereichsformel auf die Summe des Arbeitsentgelts des letzten Entgeltabrechnungszeitraums und der Einmalzahlung anzuwenden.

Soweit die für die Zeit des Bezugs von Sozialleistungen laufend gezahlten arbeitgeberseitigen Leistungen den SV-Freibetrag nach § 23c SGB IV überschreiten, ist auf die beitragspflichtigen arbeitgeberseitigen Leistungen ebenfalls die Übergangsbereichsregelung anzuwenden, wenn die Beschäftigung unter Berücksichtigung des ausgefallenen Arbeitsentgelts im Übergangsbereich liegt.

f) Ausnahmen

Die besonderen Regelungen zum Übergangsbereich gelten ausdrücklich **nicht für Personen, die zu ihrer Berufsausbildung** (z.B. Auszubildende, Praktikanten, Teilnehmer an dualen Studiengängen) beschäftigt sind (vgl. § 20 Abs. 2a Satz 9 SGB IV). Dies gilt entsprechend auch für Teilnehmer am freiwilligen sozialen oder freiwilligen ökologischen Jahr und am Bundesfreiwilligendienst sowie für Umschüler, die den zu ihrer Berufsausbildung Beschäftigten gleichgestellt sind, wenn die Umschulung für einen anerkannten Ausbildungsberuf erfolgt und nach den Vorschriften des Berufsbildungsgesetzes durchgeführt wird. Die Übergangsbereichsregelungen **finden** bei Beschäftigungen **keine Anwendung, für** deren Beitragsberechnung **fiktive Arbeitsentgelte** zu Grunde gelegt werden (z.B. bei der Beschäftigung behinderter Menschen in anerkannten Werkstätten für behinderte Menschen). 4147

Wird im Rahmen von Wertguthabenvereinbarungen Arbeitsentgelt in das Wertguthaben eingebracht, um es für Zeiten der Freistellung von der Arbeitsleistung oder der Verringerung der vertraglich vereinbarten Arbeitszeit zu entnehmen, führt seit 1.1.2026 ein in der Ansparphase und/oder Entsparphase fälliges Arbeitsentgelt von 603,01 € bis 2 000 € zur Anwendung der Regelungen des Übergangsbereichs, auch wenn das regelmäßige Arbeitsentgelt vor Beginn der Beschäftigung im Rahmen der Wertguthabenvereinbarung außerhalb des Übergangsbereichs lag. In den Fällen der Altersteilzeit oder bei sonstigen Vereinbarungen über flexible Arbeitszeiten, in denen das Arbeitsentgelt vor der Reduzierung nicht im Übergangsbereich lag, sondern lediglich das reduzierte Arbeitsentgelt in den Übergangsbereich fällt, finden die besonderen Regelungen zum Übergangsbereich ebenfalls Anwendung. Für **Vorruhestandsgeldbezieher** finden die Übergangsbereichsregelungen Anwendung, selbst wenn nur das Vorruhestandsgeld in den Übergangsbereich fällt.

Grundlage für diese Vorgehensweise ist ein Urteil des BSG v. 15.8.2018, B 12 R 4/18 R.

Anders ist es bei Arbeitsentgelten aus Wiedereingliederungsmaßnahmen nach einer Arbeitsunfähigkeit. Maßgebend sind in diesen Fällen die tatsächlich erzielten Arbeitsentgelte.

Die besonderen Regelungen zum Übergangsbereich **gelten auch nicht** für versicherungspflichtige Arbeitnehmer, deren monatliches Arbeitsentgelt regelmäßig mehr als 2 000 € beträgt und nur wegen konjunktureller oder saisonaler **Kurzarbeit** so weit gemindert ist, dass das tatsächlich erzielte Arbeitsentgelt (Istentgelt) die obere Übergangsbereichsgrenze von 2 000 € unterschreitet. Voraussetzung ist, dass das aus der Beschäftigung erzielte Arbeitsentgelt die Grenze von 2 000 € regelmäßig nicht überschreitet. Bei Arbeitsausfällen wegen Kurzarbeit und der daraus folgenden Entgeltminderung ist dies nicht gegeben, weil die Entgeltminderung nur vorübergehend ist und regelmäßig ein über 2 000 € liegendes Arbeitsentgelt erzielt wird. **Wenn** aber für die Beschäftigung die Übergangsbereichsregelung bereits gilt, weil das **Arbeitsentgelt** (z.B. bei einer regelmäßigen Arbeitszeit von 20 Std. wöchentlich) **ohne** Arbeitsausfälle durch **Kurzarbeit innerhalb des Übergangsbereichs** liegt, ist weiterhin die Übergangsbereichsregelung anzuwenden. Die Beitragsberechnung erfolgt demnach aus der reduzierten beitragspflichtigen Einnahme auf der Basis des tatsächlich erzielten (Kurz-)Arbeitsentgelts.

Bei Bezug von Kurzarbeitergeld in den Übergangsfällen sind die Beschäftigten seit 1.10.2022 in der Rentenversicherung geringfügig entlohnt Beschäftigte. Sofern diese Beschäftigten sich nicht von der Rentenversicherungspflicht befreien lassen, sind bei einem Kurzarbeitergeldbezug zusätzlich die allein vom Arbeitgeber zu tragenden Rentenversicherungsbeiträge auf Basis von

80 % des Unterschiedsbetrages zwischen dem Sollentgelt und dem Istentgelt zu zahlen.

g) Nettolohnvereinbarung

4148 Ist für eine Beschäftigung ein Nettoarbeitsentgelt vereinbart, ist bei dem **für die Prüfung**, ob es sich um eine Beschäftigung im Übergangsbereich handelt, zu Grunde zu legenden Bruttoarbeitsentgelt nicht der reduzierte Arbeitnehmerbeitrag, sondern **der reguläre Arbeitnehmerbeitrag** zu berücksichtigen.

h) Verzicht auf die Reduzierung des Arbeitnehmerbeitrags

4149 Seit 1.7.2019 erhält der Arbeitnehmer volle Ansprüche aus der Rentenversicherung, trotz des reduzierten Arbeitsentgelts. Im Meldeverfahren ist zusätzlich das volle Arbeitsentgelt zu melden.

5. Umlagen nach dem Aufwendungsausgleichsgesetz

4150 Die Umlagen U1 und U2 nach dem Aufwendungsausgleichsgesetz sind in einem Prozentsatz nach dem Arbeitsentgelt zu berechnen, nach welchem die Beiträge zur gesetzlichen Rentenversicherung bemessen werden oder bei Versicherungspflicht zu bemessen wären (Beitragsbemessungsgrundlage). Bei Arbeitnehmern mit einem Arbeitsentgelt im Übergangsbereich gilt als umlagepflichtiges Arbeitsentgelt die nach § 163 Abs. 10 SGB IV ermittelte reduzierte beitragspflichtige Einnahme.

Umlagebeträge sind nur vom laufenden Arbeitsentgelt zu berechnen. Einmalig gezahltes Arbeitsentgelt ist bei der Berechnung der Umlage nicht zu berücksichtigen. Die Umlagen sind von der Beitragsbemessungsgrundlage zu erheben, von der die Beiträge zur gesetzlichen Rentenversicherung berechnet wurden, allerdings ohne Berücksichtigung von einmalig gezahltem Arbeitsentgelt. Dies bedeutet, dass in den Fällen, in denen das regelmäßige monatliche Arbeitsentgelt nur durch die Berücksichtigung von einmalig gezahltem Arbeitsentgelt die obere Grenze des Übergangsbereichs überschreitet und damit kein Übergangsbereichsfall vorliegt, auch in Bezug auf die Umlagen nach dem Aufwendungsausgleichsgesetz nicht von einem Übergangsbereichsfall auszugehen ist. Die Umlagen sind allerdings nur aus dem laufenden Arbeitsentgelt zur berechnen.

Andererseits sind bei Arbeitnehmern mit einem regelmäßigen Arbeitsentgelt im Übergangsbereich in den Monaten, in denen die obere Grenze nur durch einmalig gezahltes Arbeitsentgelt überschritten wird, die Umlagen – ebenso wie die Beiträge zur gesetzlichen Rentenversicherung – aus dem tatsächlichen Arbeitsentgelt zu berechnen, wobei allerdings auch hier das einmalig gezahlte Arbeitsentgelt für die Berechnung der Umlagen nicht herangezogen wird, sondern die Umlagen nur aus dem laufenden Arbeitsentgelt berechnet werden.

In den Übergangsfällen sind die Umlagen nach dem tatsächlichen Arbeitsentgelt zu berechnen, das der Beitragszahlung zur Rentenversicherung für die geringfügig Beschäftigten unterliegt. Lediglich für Beschäftigte in Privathaushalten ist das reduzierte beitragspflichtige Arbeitsentgelt maßgebend.

6. Insolvenzgeldumlage

4151 Für die Insolvenzgeldumlage ist Bemessungsgrundlage das Arbeitsentgelt, nach dem die Beiträge zur gesetzlichen Rentenversicherung der im Betrieb beschäftigten Arbeitnehmer und Auszubildenden bemessen werden oder bei Versicherungspflicht in der gesetzlichen Rentenversicherung zu bemessen wären.

Für Arbeitnehmer, die eine versicherungspflichtige Beschäftigung mit einem Arbeitsentgelt innerhalb des Übergangsbereichs ausüben, gilt als umlagepflichtiges Arbeitsentgelt die ermittelte reduzierte beitragspflichtige Einnahme. Die Umlage ist sowohl aus dem laufenden als auch dem einmalig gezahlten Arbeitsentgelt zu berechnen.

In den Übergangsfällen ist die Umlage nach dem tatsächlichen Arbeitsentgelt zu berechnen, das der Beitragszahlung zur Rentenversicherung für die geringfügig Beschäftigten unterliegt. Privathaushalte zahlen keine Umlage.

7. Melderechtliche Aspekte

In allen Entgeltmeldungen ist für den Übergangsbereich ein besonderes Kennzeichen anzugeben, dieses lautet: 4152

1 = monatliches Arbeitsentgelt durchgehend innerhalb des Übergangsbereichs; tatsächliche Arbeitsentgelte in allen Entgeltabrechnungszeiträumen oberhalb der Geringfügigkeitsgrenze bis 2 000 €.

2 = monatliches Arbeitsentgelt sowohl innerhalb als auch außerhalb des Übergangsbereichs; Meldung umfasst sowohl Entgeltabrechnungszeiträume mit Arbeitsentgelten oberhalb der Geringfügigkeitsgrenze bis 2 000 € als auch solche mit Arbeitsentgelten unterhalb der Geringfügigkeitsgrenze und/oder über 2 000 €.

Zusätzlich ist neben der Angabe der reduzierten beitragspflichtigen Einnahme das tatsächliche Arbeitsentgelt, das ohne Anwendung der Regelungen des Übergangsbereichs zu berücksichtigen wäre, anzugeben. Das tatsächliche Arbeitsentgelt ist im Feld „Entgelt Rentenberechnung" zu bescheinigen. Sofern eine Entgeltmeldung auch Beschäftigungszeiten außerhalb des Übergangsbereichs umfasst, fließen aus diesen Beschäftigungszeiten die beitragspflichtigen Arbeitsentgelte in das der Rentenversicherung zu Grunde zu legende Arbeitsentgelt des Feldes „Entgelt Rentenberechnung" ein.

Für Altersteilzeitbeschäftigte im Übergangsbereich fließt die fiktive beitragspflichtige Einnahme der zusätzlichen Rentenversicherungsbeiträge ebenfalls in das Feld „Entgelt Rentenberechnung" mit ein.

Für Beschäftigungen im Übergangsbereich während Kurzarbeit gilt dies für die fiktive beitragspflichtige Einnahme ebenfalls.

Bei unterschiedlichen Regelungen in den einzelnen Versicherungszweigen richtet sich die Kennzeichnung nach der versicherungs- und beitragsrechtlichen Beurteilung in der Rentenversicherung.

Soweit im Rahmen der Übergangsregelung für ein und dieselbe Beschäftigung in einem Versicherungszweig eine geringfügig entlohnte Beschäftigung vorliegt und Pauschalbeiträge zu zahlen sind, während in einem anderen Versicherungszweig eine mehr als geringfügig entlohnte Beschäftigung besteht und individuelle Beiträge zu entrichten sind, ist sowohl eine Meldung an die zuständige Krankenkasse als auch an die Minijob-Zentrale abzugeben. In beiden Fällen ist der Personengruppenschlüssel „109" einzusetzen.

Die Arbeitgeber haben bei mehrfachbeschäftigten Arbeitnehmern grundsätzlich ohne unmittelbare Beteiligung der Krankenkassen festzustellen, ob die Summe der Arbeitsentgelte aus den einzelnen Beschäftigungsverhältnissen innerhalb des Übergangsbereichs liegt. Ebenfalls ist von den Arbeitgebern bei Anwendung der Regelungen des Übergangsbereichs eigenständig das der Beitragsbemessung zu Grunde zu legende Gesamtarbeitsentgelt zu ermitteln. Die Arbeitnehmer sind in diesem Zusammenhang verpflichtet, allen beteiligten Arbeitgebern die zur Durchführung des Meldeverfahrens und der Beitragszahlung erforderlichen Angaben zu machen und ggf. Unterlagen vorzulegen.

Wegen Besonderheiten im Meldeverfahren s. → *Meldungen für Arbeitnehmer in der Sozialversicherung* Rz. 3099.

8. Lohnsteuer

Im Bereich des Lohnsteuerrechts gibt es keinen Übergangsbereich. Daher muss der Arbeitgeber die Besteuerung des Arbeitslohns immer nach den Lohnsteuerabzugsmerkmalen des Arbeitnehmers vornehmen (→ *Berechnung der Lohnsteuer* Rz. 1337). Zur Frage, ab welchem Betrag Lohnsteuer einzubehalten ist, → *Steuertarif* Rz. 4051. 4153

Eine Pauschalierung der Lohnsteuer ist nur möglich, wenn es sich um

- ein geringfügiges Beschäftigungsverhältnis i.S.v. § 40a Abs. 2, 2a EStG (→ *Pauschalierung der Lohnsteuer bei geringfügig Beschäftigten* Rz. 3379),
- ein kurzfristiges Beschäftigungsverhältnis i.S.v. § 40a Abs. 1 EStG (→ *Pauschalierung der Lohnsteuer bei Aushilfskräften* Rz. 3353),

- oder eine Aushilfstätigkeit in der Land- und Forstwirtschaft handelt (→ *Pauschalierung der Lohnsteuer bei Aushilfskräften* Rz. 3353).

Übergangsgelder/Übergangsbeihilfen

1. Allgemeines

4154 Übergangsgelder und -beihilfen werden wie **Überbrückungsbeihilfen vom Arbeitgeber** ebenfalls regelmäßig im Zusammenhang mit der (vorzeitigen) Auflösung eines Dienstverhältnisses gezahlt. Rechtsgrundlage können gesetzliche Vorschriften, aber z.B. auch Tarifverträge sein (vgl. § 62 BAT). Die steuerliche Behandlung richtet sich danach, wofür die Überbrückungsbeihilfe gezahlt wird und ob es dafür ggf. eine besondere Steuerbefreiungsvorschrift gibt.

Übergangsgelder und -beihilfen, die **aus Anlass einer Entlassung aus dem Dienstverhältnis** gezahlt werden, sind **in voller Höhe steuerpflichtig**; die Steuerbefreiung des § 3 Nr. 9 EStG a.F. ist spätestens seit dem 1.1.2008 weggefallen. Die Beträge können aber im Regelfall nach § 34 EStG **tarifermäßigt besteuert** werden, sog. Fünftelregelung (→ *Arbeitslohn für mehrere Jahre* Rz. 712, → *Entschädigungen* Rz. 2001).

2. Steuerbefreiung nach § 3 Nr. 1, 2 und 6 EStG

4155 Leistungen, die nach den Vorschriften des **Dritten Buches Sozialgesetzbuch** oder dem Arbeitsförderungsgesetz vom Arbeitsamt oder nach dem **Sechsten Buch Sozialgesetzbuch** vom Rentenversicherungsträger gezahlt werden, bleiben schon nach § 3 Nr. 1 Buchst. c sowie Nr. 2 EStG in voller Höhe steuerfrei, unterliegen jedoch bei der Einkommensteuer-Veranlagung dem Progressionsvorbehalt (§ 32b Abs. 1 Nr. 1 Buchst. a und b EStG; → *Progressionsvorbehalt* Rz. 3501). Steuerfrei ist auch das **Übergangsgeld**, das behinderten oder von Behinderung bedrohten Menschen nach den §§ 65 bis 72 SGB IX gewährt wird, weil es sich um Leistungen i.S.d. SGB III, SGB VI oder des Bundesversorgungsgesetzes handelt, nicht jedoch das – nach Bewilligung einer Umschulungsmaßnahme durch eine deutsche Agentur für Arbeit – von der schweizerischen Invalidenversicherung gezahlte „Taggeld" (BFH v. 7.2.2005, IX B 239/02).

3. Steuerbefreiung nach § 3 Nr. 10 EStG a.F.

4156 Übergangsgelder und Übergangsbeihilfen, die **auf Grund gesetzlicher Vorschriften** wegen Entlassung aus einem Dienstverhältnis gezahlt werden, waren bis höchstens 10 800 € im Jahr steuerfrei. Die Steuerbefreiung wurde 2006 aufgehoben.

Die verbleibenden steuerpflichtigen Beträge können im Regelfall nach § 34 EStG **tarifermäßigt besteuert** werden, sog. Fünftelregelung (→ *Arbeitslohn für mehrere Jahre* Rz. 712, → *Entschädigungen* Rz. 2001).

4. Steuerpflichtige Übergangsgelder

4157 Liegen die Voraussetzungen für eine Steuerbefreiung nach den o.g. Vorschriften von vornherein nicht vor, ist das Übergangsgeld **steuerpflichtiger Arbeitslohn**. Es kann jedoch – sofern die Voraussetzungen der jeweiligen Vorschriften vorliegen – ermäßigt versteuert werden. Eine einheitliche Behandlung „aller Übergangsgelder" ist dabei nicht möglich, maßgebend ist vielmehr die **jeweilige Funktion des einzelnen Übergangsgelds** (BFH v. 18.9.1991, XI R 8/90, BStBl II 1992, 34):

- Wird es als **Ersatz für entgangene oder entgehende Einnahmen** oder für die **Aufgabe oder Nichtausübung einer Tätigkeit** gezahlt, kann die Tarifermäßigung (**sog. Fünftelregelung**) nach § 34 Abs. 1 und 2 EStG in Betracht kommen (→ *Entschädigungen* Rz. 2001).
- Wird es mit **Rücksicht auf die in der Vergangenheit geleisteten Dienste** als zusätzliches Entgelt gezahlt, handelt es sich um Arbeitslohn für mehrere Jahre (→ *Arbeitslohn für mehrere Jahre* Rz. 712), der ebenfalls nach § 34 Abs. 1 und 2 EStG tarifermäßigt besteuert werden kann (sog. **Fünftelregelung**).
- Wird es wegen Erreichens einer **Altersgrenze** oder wegen **Berufsunfähigkeit oder Erwerbsunfähigkeit** gezahlt, kann es unter den Voraussetzungen des § 19 Abs. 2 EStG als **Versorgungsbezüge** angesehen und der Versorgungsfreibetrag abgezogen werden (→ *Versorgungsbezüge* Rz. 4334; → *Versorgungsfreibeträge* Rz. 4340). Beim Übergangsgeld nach § 47 BeamtVG sind diese Voraussetzungen nach Auffassung der obersten Finanzbehörden nicht erfüllt.

Überlassung von Arbeitnehmern

→ *Arbeitnehmerüberlassung* Rz. 568

Übernachtungsgelder

→ *Reisekosten: Allgemeine Grundsätze* Rz. 3589

Übernahme der Lohnsteuer und der Arbeitnehmerbeitragsanteile

→ *Nettolöhne* Rz. 3281

Überstundenvergütung

→ *Bereitschaftsdienst* Rz. 1348, → *Zuschläge* Rz. 4797

Übertragung des Grundfreibetrags

1. Allgemeines

Viele Arbeitnehmer haben mehrere Arbeitsverhältnisse mit jeweils 4158
geringen Arbeitslöhnen, insbesondere beim Bezug von **Betriebsrenten**. Dabei wird der Eingangsbetrag der Steuertabelle insbesondere wegen der Höhe des **Grundfreibetrags** im ersten Dienstverhältnis oftmals **nicht ausgeschöpft** (im Kalenderjahr 2024 11 784 €; rückwirkende Erhöhung durch das Gesetz zur steuerlichen Freistellung des Existenzminimums 2024 v. 2.12.2024, BGBl. I 2024, Nr. 386. Mit dem Steuerfortentwicklungsgesetz wurde für 2025 eine weitere Erhöhung auf 12 096 €, für 2026 auf 12 348 € beschlossen).

Dies führt dazu, dass für den Arbeitslohn des Dienstverhältnisses, das der Arbeitnehmer als sein erstes bezeichnet (LSt-Klassen I bis V), kein Lohnsteuerabzug vorgenommen wird. Dagegen unterliegt der Arbeitslohn aus dem zweiten Dienstverhältnis der Steuerklasse VI. Weil dabei vom Arbeitslohn kein Grundfreibetrag und – bis auf Ausnahme der Vorsorgepauschale – keine weiteren Abzüge bzw. Freibeträge vorgenommen werden, führt dies regelmäßig zu einem (zu) hohen Lohnsteuerabzug (→ *Steuertarif* Rz. 4050). Denn der Lohnsteuerabzug nach der Steuerklasse VI ist in diesen Fällen auch dann vorzunehmen, wenn das insgesamt zu versteuernde Einkommen unterhalb des steuerlichen Grundfreibetrags liegt und deshalb die zu viel einbehaltene Lohnsteuer erst nach Ablauf des Kalenderjahres i.R. einer Einkommensteuerveranlagung erstattet werden kann. Der Arbeitgeber darf auch in solchen Fällen nicht von der Vornahme des Lohnsteuerabzugs absehen (vgl. R 38.1 Satz 3 LStR).

Für die betroffenen Arbeitnehmer war dies nachteilig: Sie mussten nicht nur lange auf ihre Steuererstattung warten, sondern auch jedes Jahr zwecks Erstattung eine Einkommensteuerveranlagung beantragen.

2. Übertragung des nicht ausgeschöpften Tabellenfreibetrags

Um derartige Härten zu vermeiden, kann der Arbeitnehmer **für ein** 4159
zweites oder weiteres Dienstverhältnis den Teil des Eingangsbetrags der Jahreslohnsteuertabelle als **Freibetrag** (Lohnsteuerabzugsmerkmal) berücksichtigen lassen, der sich beim Lohnsteuerabzug für den Arbeitslohn aus dem ersten Dienstverhältnis steuerlich nicht auswirkt (§ 39a Abs. 1 Satz 1 Nr. 7 Satz 1 EStG). Dabei wird keine Begrenzung auf bestimmte Personengruppen (z.B. geringfügig Beschäftigte, Arbeitnehmer mit geringem Arbeitslohn aus mehreren Dienstverhältnissen, Betriebsrentner mit Versorgungsbezügen aus mehreren früheren Dienstverhältnissen) vorgenommen, weil sich die sachliche und persönliche Begrenzung der Neuregelung aus der Anknüpfung an den Arbeitslohn aus dem ersten Dienstverhältnis ergibt.

Voraussetzung für die Übertragung ist, dass der Jahresarbeitslohn aus dem ersten Dienstverhältnis unterhalb der dafür maßgebenden Eingangsstufe der Jahreslohnsteuertabelle liegt, bis zu der keine Lohnsteuer zu erheben ist. Maßgebend ist die Steuerklasse des ersten Dienstverhältnisses, regelmäßig eine der Steuerklassen I, II, III oder IV; Steuerklasse V wird wegen der „niedrigen" Eingangsstufe nicht in Betracht kommen

Als Ausgleich ist in Höhe des übertragenen Freibetrags **beim ersten Dienstverhältnis** ein dem **Arbeitslohn hinzuzurechnender Betrag („Hinzurechnungsbetrag")** zu berücksichtigen (§ 39a Abs. 1 Nr. 7 Satz 2 EStG sowie R 39a.1 Abs. 7 LStR).

Beispiel:

A, verheiratet, ist in 2025 halbtags als Verkäufer mit einem Bruttolohn von 1 250 € tätig, nach seinen Lohnsteuerabzugsmerkmalen ist die Steuerklasse III zu berücksichtigen. Nebenher bezieht er noch eine Betriebsrente von monatlich 250 €, hierfür ist die Steuerklasse VI zu berücksichtigen.

Üblicherweise wird der Lohnsteuerabzug wie folgt vorgenommen:

	Steuerklasse III	Steuerklasse VI
Bruttolohn monatlich	1 250,– €	250,– €
Lohnsteuer monatlich	0,– €	27,50 €
Im Januar 2025 ergibt sich ein steuerlich nicht „verbrauchter" Betrag i.H.v. (– 1 250 €)	1 250,00 €	

Stellt A beim Finanzamt den Antrag, für das **zweite** Dienstverhältnis (Steuerklasse VI) einen Freibetrag i.H.v. 250 € zu berücksichtigen, wird ihm die Betriebsrente ohne Lohnsteuerabzug ausgezahlt (monatlicher steuerpflichtiger Arbeitslohn 250 € abzüglich Freibetrag (250 €). Bei seinem **ersten** Dienstverhältnis ist zwar ein entsprechender Hinzurechnungsbetrag zu berücksichtigen (wirkt lohnerhöhend). Aber auch unter Berücksichtigung dieses Hinzurechnungsbetrags werden die Tabellenfreibeträge der Steuerklasse III nicht überschritten, so dass weiterhin kein Lohnsteuerabzug vorzunehmen ist.

Der Lohnsteuerabzug wird nach Übertragung des Tabellenfreibetrags wie folgt vorgenommen:

	Steuerklasse III	Steuerklasse VI
Bruttolohn monatlich	1 250,– €	250,– €
Hinzurechnungsbetrag/Freibetrag	+ 250,– €	– 250,– €
= lohnsteuerliche Bemessungsgrundlage	1 500,– €	0,– €
Lohnsteuer monatlich	0,– €	0,– €

Soll beim ersten Dienstverhältnis ein **Freibetrag wegen erhöhter Werbungskosten** usw. berücksichtigt werden, so ist nur der diesen Freibetrag übersteigende Betrag als Hinzurechnungsbetrag als Lohnsteuerabzugsmerkmal zu berücksichtigen. Ist der Freibetrag höher als der Hinzurechnungsbetrag, so ist nur der den Hinzurechnungsbetrag übersteigende Freibetrag zu berücksichtigen (§ 39a Abs. 1 Nr. 7 Satz 3 EStG).

3. Verfahrensvorschriften

4160 Es gelten dieselben Grundsätze wie für „übliche Freibeträge",d.h., dass der Arbeitnehmer einen entsprechenden Freibetrag für das zweite Dienstverhältnis i.R. eines Lohnsteuerermäßigungsantrags für das jeweilige Jahr **bis spätestens 30. November** des Jahres beantragen muss. Zuständig für die Eintragung ist das **Finanzamt**.

Der Arbeitgeber muss den Hinzurechnungsbetrag im **Lohnkonto** eintragen (§ 4 Abs. 1 Nr. 2 LStDV). Soweit Lohnkonten ein gesondertes Eintragungsfeld für den Hinzurechnungsbetrag nicht vorsehen, kann dieser im vorhandenen Eintragungsfeld für einen Freibetrag eingetragen werden. Er ist dann vom Freibetrag in deutlicher Weise abzugrenzen, z.B. durch ein „+" oder eine Abkürzung „H" (= Hinzurechnungsbetrag).

Ist ein Hinzurechnungsbetrag als Lohnsteuerabzugsmerkmal berücksichtigt worden, darf der **Arbeitgeber keinen Lohnsteuer-Jahresausgleich** durchführen (§ 42b Abs. 1 Satz 4 Nr. 3a EStG). Hierdurch soll vermieden werden, dass es bei einer etwaigen Veranlagung zur Einkommensteuer zu Nachforderungen kommt. Wenn keine Lohnsteuer einbehalten wird, muss der Arbeitnehmer zwar grds. **nicht zur Einkommensteuer veranlagt** werden. Bestehen bleibt aber die Pflichtveranlagung für Arbeitnehmer, die nebeneinander von mehreren Arbeitgebern Arbeitslohn (§ 46 Abs. 2 Nr. 2 EStG, Ausnahme Zusammenrechnung des Arbeitslohnes von mehreren Arbeitgebern für den Lohnsteuerabzug gem. § 38 Abs. 3a Satz 7 EStG) oder die noch andere Einkünfte von mehr als 410 € bezogen haben, die nicht dem Lohnsteuerabzug zu unterwerfen waren, z.B. Renten oder Vermietungseinkünfte (§ 46 Abs. 2 Nr. 1 EStG).

Übungsleiter

→ *Nebenberufliche steuerbegünstigte Tätigkeiten* Rz. 3236

Umlage (U1/U2)

→ *Lohnfortzahlung: Erstattungsverfahren für Arbeitgeber* Rz. 2846

Umsatzbeteiligung

→ *Provisionen* Rz. 3510, → *Tantiemen* Rz. 4075

Umsatzsteuer

Neben lohnsteuerlichen und sozialversicherungsrechtlichen Folgen können sich aus Leistungen eines Arbeitgebers an seine Arbeitnehmer, deren Angehörige und ehemalige Arbeitnehmer u.U. umsatzsteuerliche Konsequenzen ergeben, sofern der Arbeitgeber als Unternehmer i.S.d. § 2 UStG anzusehen ist. 4161

Folgende **umsatzsteuerlich relevante Fallgruppen** sind dabei zu unterscheiden:

- Leistungen des Arbeitgebers gegen ein **besonders berechnetes Entgelt** unterliegen grds. der Umsatzsteuer (§ 1 Abs. 1 Nr. 1 Satz 1 UStG). Sie sind damit **umsatzsteuerbar** und nur in gesetzlich vorgeschriebenen Fällen von der Umsatzsteuer befreit (z.B. Gewährung eines verzinslichen Kredits, § 4 Nr. 8 Buchst. a UStG). Dies gilt auch für Leistungen, die der Arbeitgeber verbilligt ausführt (Abschn. 1.8 Abs. 1 UStAE).
- Bei Leistungen des Arbeitgebers, für welche die Arbeitnehmer oder deren Angehörige kein besonders berechnetes Entgelt aufgewendet haben, ist wiederum zu unterscheiden:
  - Wird die Leistung **auf Grund des Dienstverhältnisses** ausgeführt, ist sie umsatzsteuerbar (§ 3 Abs. 1 Nr. 2 UStG und Abschn. 1.8 Abs. 2 UStAE). Die Steuerbarkeit entfällt jedoch, wenn es sich hierbei um eine **Aufmerksamkeit** handelt (§ 3 Abs. 1b Nr. 2 UStG und Abschn. 1.8 Abs. 2 Satz 7 UStAE).
  - Ist die Leistung **überwiegend durch das betriebliche Interesse** des Arbeitgebers veranlasst, unterliegt sie nicht der Umsatzsteuer. Dergleichen liegt vor, wenn betrieblich veranlasste Maßnahmen zwar auch die Befriedigung eines privaten Bedarfs der Arbeitnehmer zur Folge haben, diese Folge aber durch die mit den Maßnahmen angestrebten betrieblichen Zwecke überlagert wird. Dies ist regelmäßig anzunehmen, wenn die Maßnahme die dem Arbeitgeber obliegende Dienstausübung betrifft (Abschn. 1.8 Abs. 4 UStAE).

Die Unterscheidung zwischen den vorstehenden Fallgruppen hat insbesondere **Auswirkungen auf die umsatzsteuerliche Bemessungsgrundlage** (→ *Sachbezüge* Rz. 3820; → *Vorsteuerabzug* Rz. 4399).

Umschulung

→ *Fortbildung* Rz. 2211

Umzugskosten

→ auch *Werbungskosten* Rz. 4477

Inhalt

1. Allgemeines

4162 Die Erstattung von Umzugskosten durch den Arbeitgeber ist **steuerfrei**

- im **öffentlichen Dienst** nach § 3 Nr. 13 EStG, soweit die umzugskostenrechtlichen Vorschriften eingehalten werden (R 3.13 Abs. 1 und 4 LStR). Die Finanzverwaltung hat hier – wie bei Reisekostenvergütungen – nicht zu prüfen, ob der Umzug beruflich veranlasst ist und die entstandenen Kosten angemessen sind.
- im **privaten Dienst** nach § 3 Nr. 16 EStG, wenn der Umzug **beruflich veranlasst** ist und soweit die Umzugskosten die beruflich veranlassten **Mehraufwendungen nicht übersteigen**. Ob diese Voraussetzungen vorliegen, hat grds. die Finanzverwaltung zu prüfen. Die Erstattung der Umzugskosten durch den Arbeitgeber ist nur steuerfrei, soweit keine höheren Beträge erstattet werden, als sie beim Arbeitnehmer als **Werbungskosten** abziehbar wären (R 9.9 Abs. 3 Satz 1 LStR).

LSt SV

4163 Ob die teilweise immer noch unterschiedliche steuerliche Behandlung „öffentlicher und privater" Arbeitnehmer **verfassungsgemäß** ist, ist zweifelhaft (→ *Reisekostenvergütungen aus öffentlichen Kassen* Rz. 3718).

Der Arbeitnehmer hat seinem Arbeitgeber **Unterlagen vorzulegen**, aus denen die tatsächlichen Aufwendungen ersichtlich sein müssen. Der Arbeitgeber hat diese Unterlagen als Belege zum **Lohnkonto** aufzubewahren (R 9.9 Abs. 3 Sätze 2 und 3 LStR).

Die nachfolgenden Grundsätze gelten sinngemäß für den **Werbungskostenabzug**. Umzugskosten können ggf. auch als (vorab entstandene) Werbungskosten zu berücksichtigen sein, wenn sie einen hinreichend klaren wirtschaftlichen Zusammenhang mit der späteren Berufstätigkeit aufweisen (zuletzt BFH v. 20.9.2006, I R 59/05, BStBl II 2007, 756 betr. Umzug ins DBA-Ausland).

2. Berufliche Veranlassung

a) Allgemeine Grundsätze

4164 Ein Wohnungswechsel ist nach H 9.9 (Berufliche Veranlassung) LStH, der allerdings keine abschließende Aufzählung enthält, in folgenden Fällen **beruflich veranlasst**:

aa) Verkürzung der Entfernung zwischen Wohnung und erster Tätigkeitsstätte

4165 Ein Umzug ist beruflich veranlasst, wenn durch ihn die Entfernung zwischen Wohnung und erster Tätigkeitsstätte erheblich verkürzt wird und die verbleibende Wegezeit im Berufsverkehr als normal angesehen werden kann oder sich sonst die Arbeitsbedingungen erheblich verbessert haben:

Eine erhebliche Verkürzung der Entfernung zwischen Wohnung und erster Tätigkeitsstätte ist anzunehmen, wenn sich die Dauer der täglichen Hin- und Rückfahrt insgesamt wenigstens zeitweise arbeitstäglich um **mindestens eine Stunde ermäßigt** (vgl. dazu zuletzt BFH v. 7.5.2015, VI R 73/13, HFR 2015, 1025 m.w.N.). Nach dieser Rechtsprechung können Umzugskosten beiderseits berufstätiger Ehegatten auch dann als Werbungskosten desjenigen Ehegatten berücksichtigt werden, bei dem eine erhebliche Fahrzeitverkürzung eintritt, wenn sich die Fahrzeit zwischen Wohnung und erster Tätigkeitsstätte des anderen Ehegatten durch den Umzug in etwa gleichem Umfang verlängert. Da Hin- und Rückfahrt zusammenzurechnen sind, **reicht je Fahrt also eine Verkürzung um eine halbe Stunde aus, sofern die verbleibende Wegezeit noch als üblich angesehen werden kann.**

Hierbei ist nach **Auffassung des BFH lediglich der Regel- bzw. Standardfall** in den Blick genommen, in dem auf Grund **häufiger Fahrten** zwischen Wohnung und Arbeitsplatz durch die regelmäßig tägliche Wegezeitverkürzung insgesamt eine hohe Zeitersparnis entsteht. **Sucht der Stpfl. seinen Arbeitsplatz hingegen vergleichsweise selten auf**, ist das Gewicht der mit dem Umzug verbundenen Verkürzung der Wegezeit zwischen Wohnung und Arbeitsplatz bei der Abwägung der beruflichen und privaten Gründe für den Umzug deutlich gemindert. Dementsprechend kann in solchen Fällen nicht ohne weiteres davon ausgegangen werden, dass die durch den Umzug entstandene Zeitersparnis den maßgeblichen Gesichtspunkt für die Wahl des Wohnorts darstellt (BFH v. 7.5.2015, VI R 73/13, HFR 2015, 1025). Im Urteilsfall hat der BFH die Umzugskosten trotz Fahrzeitverkürzung von mehr als einer Stunde nicht als Werbungskosten anerkannt, weil der Kläger in **einem Zeitraum von fünf Monaten lediglich 13 Hin- und Rückfahrten zwischen Wohnung und Einsatzflughafen durchgeführt** hatte. Auf Grund der **seltenen Fahrten** zum Einsatzflughafen konnte das FG zu der Würdigung gelangen, die Wegezeitverkürzung falle nicht derart ins Gewicht, dass anzunehmen sei, sie sei das auslösende Moment für den Umzug gewesen.

Die o.g. Grundsätze gelten auch für Umzüge innerhalb einer **Großstadt**.

Beispiel 1:

A zieht in eine neue Wohnung um. Da er jetzt Anschluss an den öffentlichen Nahverkehr hat, verkürzt sich die Fahrtzeit zu seiner Tätigkeitsstätte/dem Betrieb je Fahrt von einer Stunde auf 30 Minuten.

Der Umzug ist beruflich veranlasst, weshalb der Arbeitgeber die Umzugskosten steuerfrei ersetzen darf. Es spielt dabei keine Rolle, ob der Arbeitnehmer näher an die Arbeitsstätte heranzieht. Es kommt ausschließlich darauf an, ob sich die Fahrtzeit für die täglichen Fahrten zwischen Wohnung und erster Tätigkeitsstätte verkürzt.

Beispiel 2:

B zieht ebenfalls in eine neue Wohnung um. Seine Fahrtzeit zur Tätigkeitsstätte/dem Betrieb verkürzt sich von zwei Stunden je Fahrt auf eineinhalb Stunden, also ebenfalls täglich insgesamt um eine Stunde. Vor dem Umzug hat B 100 km von der Arbeitsstätte entfernt gewohnt, jetzt sind es nur noch 80 km.

Auch wenn die „Zeitgrenze" erfüllt ist, kann der Umzug nicht als beruflich veranlasst angesehen werden. Denn es verbleibt noch eine Wegezeit, die im täglichen Berufsverkehr nicht als üblich angesehen werden kann. Es ist daher davon auszugehen, dass für den Umzug nicht unerhebliche private Motive mitgespielt haben – sonst wäre B sicher noch näher an den Arbeitsplatz herangezogen (BFH v. 22.11.1991, VI R 77/89, BStBl II 1992, 494).

Die **Ein-Stunden-Regelung** ist jedoch **keine allgemein gültige Grenze**. Der **BFH sowie die FG** neigen offensichtlich dazu, im Einzelfall Umzugskosten auch dann als **beruflich veranlasst** anzuerkennen, wenn sich die Zeit für den Weg zur Arbeit und zurück zwar nicht um mindestens eine Stunde täglich verringert, die Arbeitsstätte aber künftig **mit öffentlichen Verkehrsmitteln oder zu Fuß** erreicht werden kann (zuletzt FG Baden-Württemberg v. 2.4.2004, 8 K 34/00, EFG 2004, 1204 m.w.N.: Umzug bei einer Krankenhausärztin trotz einer Fahrzeitverkürzung von nur 46 Minuten arbeitstäglich als beruflich anerkannt, weil sie die Strecke wegen Bereitschaftsdiensten **mehrmals täglich zurücklegen** muss; ebenso FG Köln v. 24.2.2016, 3 K 3502/13, EFG 2016, 991 betr. eine Lehrerin, die nach ihrem Umzug nur einen Weg von 5 Minuten zur Schule hat und deshalb dort viel flexibler eingesetzt werden kann). Die Möglichkeit allein, die Arbeitsstätte mit dem Fahrrad zu erreichen (FG Nürnberg v. 20.2.2001, I 68/2000) oder den Weg zum Bahnhof zu Fuß zurückzulegen (FG München v. 12.8.2008, 13 K 4289/06), ist nicht ausreichend.

Näheres zur Frage, wie die **Ein-Stunden-Regelung** anzuwenden ist, sollte der BFH erneut im Verfahren VI R 3/23 entscheiden. Konkret ging es darum, ob Umzugskosten beruflich veranlasst sind und somit als Werbungskosten bei den Einkünften aus nichtselbständiger Arbeit zu berücksichtigen sind, wenn der Umzug zu einer **wesentlichen Verbesserung der Arbeitsbedingungen führt** und beiden Ehegatten dadurch ein eigenes Arbeitszimmer zur Verfügung steht, sich jedoch keine wesentliche Fahrzeitersparnis ergibt . Das FG Hamburg, 23.2.2023, 5 K 190/22, in Abgrenzung zu BFH v. 16.10.1992, VI R 132/88, BStBl II 1993, 610, hatte diese Rechtsfrage bejaht mit dem Hinweis, dass die Stpfl. durch den Umzug im „Homeoffice" wieder ungestört ihrer jeweiligen Tätigkeit nachgehen können. Mit Urteil vom 5.2.2025, VI R 3/23, BStBl II 2025, 650, hat der BFH nunmehr eine gegenteilige Auffassung vertreten und ließ die entstandenen Umzugskosten nicht zum Werbungskostenabzug zu. Auch unter Berücksichtigung des Wandels der Arbeitswelt und der zunehmenden Akzeptanz von Homeoffice, Tele- und sogenannter Remote-Arbeit (ortsunabhängiges/mobiles Arbeiten) beruhe der Wunsch, im privaten Lebensbereich in einem (häuslichen) Arbeitszimmer zu arbeiten, nicht allein auf objektiven beruflichen Kriterien, sondern in erster Linie auf privaten Motiven und Vorlieben des Steuerpflichtigen. Dabei werde nicht verkannt, dass mit einem separaten Arbeitszimmer eine wesentliche Verbesserung und Erleichterung der Arbeitsbedingungen einhergeht und für eine Vielzahl von Steuerpflichtigen deshalb für ein ungestörtes Arbeiten „zu Hause" als notwendig empfunden wird. Der Wunsch, einen (separaten) Raum als Arbeitszimmer vorzuhalten, wird jedoch nicht in einem solchen Maße durch objektive berufliche Erwägungen überlagert, als dass diese typischerweise für eine nahezu ausschließliche berufliche Veranlassung eines Wohnungswechsels sprechen. Eine entsprechende Sichtweise wurde nunmehr auch vom FG Münster, Urteil v. 13.6.2025, 14 K 2124/21 E, vertreten.

Steht bei einem Umzug eine arbeitstägliche Fahrzeitersparnis des Arbeitnehmers von **mindestens einer Stunde** fest, treten die meist mit einem Umzug verbundenen **privaten Motive generell in den Hintergrund**. Ein Umzug ist daher auch dann noch beruflich veranlasst, wenn der Umzug im Zusammenhang mit einer **heiratsbedingten Gründung eines gemeinsamen Haushalts** steht oder wegen **Familienzuwachses** erforderlich ist (BFH v. 23.3.2001, VI R 175/99, BStBl II 2001, 585 sowie BFH v. 23.3.2001, VI R 189/97, BStBl II 2002, 56). Entsprechendes gilt nach diesem Urteil, wenn bei **Trennung der Eheleute** der ausziehende Ehegatte den neuen Wohnort so wählt, dass sich zu seinem Arbeitsplatz eine erhebliche Fahrtzeitersparnis ergibt (a.A. FG München v. 24.3.2009, 6 K 683/08, betr. Umzug wegen **Ehescheidung**).

Umzugskosten stellen keine Werbungskosten dar, wenn der Umzug zwar die **Einrichtung eines häuslichen Arbeitszimmers ermöglicht**, sich zugleich aber auch die Fahrzeit zum betrieblichen Arbeitsplatz nicht unwesentlich erhöht (FG Baden-Württemberg v. 29.7.2014, 6 K 767/14, EFG 2014, 1958).

Erfolgt ein Umzug aus Anlass der **Eheschließung** von getrennten Wohnorten in eine gemeinsame Familienwohnung, so ist die berufliche Veranlassung des Umzugs eines jeden Ehegatten gesondert zu beurteilen (BFH v. 23.3.2001, VI R 175/99, BStBl II 2001, 585).

bb) Umzug im betrieblichen Interesse des Arbeitgebers

4166 Ein Umzug ist beruflich veranlasst, wenn er im ganz überwiegenden betrieblichen Interesse des Arbeitgebers durchgeführt wird, insbesondere beim Beziehen oder Räumen einer Dienstwohnung, die aus betrieblichen Gründen bestimmten Arbeitnehmern vorbehalten ist, um z.B. deren jederzeitige Einsatzmöglichkeit zu gewährleisten, z.B. in Alarmfällen.

> **Beispiel:**
> A ist Hausmeister eines Supermarktes. Der Arbeitgeber verlangt von A den Umzug in unmittelbare Nähe des Geschäftes, damit er in Alarmfällen sofort im Geschäft sein kann.
> Der Umzug ist beruflich veranlasst, die Kosten können vom Arbeitgeber steuerfrei ersetzt werden.

Diese Voraussetzung liegt auch vor, wenn der Arbeitnehmer nach **Eintritt in den Ruhestand** aus einer Dienstwohnung, die dem Arbeitgeber gehört, ausziehen muss.

cc) Erstmalige Aufnahme einer beruflichen Tätigkeit

4167 Ein Umzug ist beruflich veranlasst, wenn er aus Anlass der erstmaligen Aufnahme einer beruflichen Tätigkeit durchgeführt wird (a.A. FG Düsseldorf v. 21.1.2000, 7 K 3191/98 E, EFG 2000, 485 betr. junge Menschen, die im Regelfall nicht nur wegen eines neuen Arbeitsplatzes, sondern zugleich aus persönlichen Gründen – z.B. Wunsch nach Unabhängigkeit – aus dem Elternhaus ausziehen).

Berufliche Gründe liegen regelmäßig ebenfalls vor bei einem Umzug auf Grund eines **Wechsels des Arbeitgebers** (vgl. FG Rheinland-Pfalz v. 29.8.1986, 6 K 69/84, EFG 1989, 18) oder eines **Arbeitsplatzwechsels** bei fortgesetztem Dienstverhältnis, z.B. nach einer Versetzung in eine andere Dienststelle (zuletzt BFH v. 19.4.2012, VI R 25/10, BStBl II 2013, 699; streitig jedoch bei Versetzung auf eigenen Wunsch, s. FG Köln v. 19.4.1988, 2 K 187/85, EFG 1988, 467 und FG Niedersachsen v. 25.9.2001, 1 K 271/00).

Aufwendungen für den Umzug an den Beschäftigungsort sind auch dann Werbungskosten, wenn ein Arbeitnehmer von einem mehrjährigen Auslandsaufenthalt zurückkehrt. Die **Rückverlegung des Wohnsitzes an den inländischen Wohnort** (hier: Rückumzug in das eigene Einfamilienhaus) ist notwendige Voraussetzung für die Wiederaufnahme der beruflichen Tätigkeit im Inland (FG Niedersachsen v. 30.4.2012, 4 K 6/12, EFG 2012, 1634).

dd) Beziehen oder die Aufgabe der Zweitwohnung bei einer beruflich veranlassten doppelten Haushaltsführung

Ein Umzug ist beruflich veranlasst, wenn er das Beziehen oder die 4168
Aufgabe der Zweitwohnung bei einer beruflich veranlassten doppelten Haushaltsführung betrifft (vgl. zuletzt BFH v. 24.5.2000, VI R 28/97, BStBl II 2000, 474). Wurde die doppelte Haushaltsführung durch Trennung oder Scheidung beendet und dadurch die bisherige Zweitwohnung am Arbeitsort zur Erstwohnung, ist ein Wechsel der Wohnung am Arbeitsort nicht mehr beruflich veranlasst (FG Köln v. 14.7.2011, 6 K 4781/07, EFG 2012, 403).

> **Beispiel:**
> A, verheiratet, ist für drei Jahre von München nach Berlin versetzt worden und hat dort eine Wohnung gemietet (doppelte Haushaltsführung). Nach Ablauf dieser drei Jahre kehrt er an seinen alten Arbeitsplatz zurück und gibt die Wohnung in Berlin auf.
> Die Kosten für die Umzüge von München nach Berlin und den „Rückumzug" kann der Arbeitgeber steuerfrei erstatten, da sie beruflich veranlasst sind.

b) Weitere Abgrenzung gegenüber privaten Umzügen

Kann nach den o.g. Grundsätzen eine **berufliche Veranlassung** 4169
des Umzugs anerkannt werden, ist es unerheblich, wenn bei der Auswahl der neuen Wohnung **private Motive** eine Rolle gespielt haben. Umzugskosten können daher vom Arbeitgeber auch bei einem Umzug des Arbeitnehmers ins **eigene Einfamilienhaus** steuerfrei erstattet werden (zuletzt BFH v. 23.3.2001, VI R 175/99, BStBl II 2001, 585 sowie BFH v. 23.3.2001, VI R 189/97, BStBl II 2002, 56 m.w.N.).

> **Beispiel:**
> A, verheiratet, ist von München nach Berlin versetzt worden (neue erste Tätigkeitsstätte) und hat dort eine Wohnung gemietet (doppelte Haushaltsführung). Nach zehn Jahren zieht die Familie ebenfalls nach Berlin. In München hatte sie eine kleine Mietwohnung bewohnt, in Berlin jetzt ein großes Haus erworben.
> Dieser Umzug, mit dem die doppelte Haushaltsführung beendet wird, ist ebenfalls beruflich veranlasst. Unerheblich ist, dass gleichzeitig ein Einfamilienhaus erworben wird und dass der Umzug erst nach zehn Jahren stattfindet (BFH v. 21.7.1989, VI R 129/86, BStBl II 1989, 917).

Zieht der Arbeitnehmer zunächst in eine provisorische Wohnung am neuen Arbeitsort und erst später in die endgültige Wohnung, weil er z.B. nicht so schnell eine familiengerechte Wohnung finden kann (**„Umzug in Etappen"**), ist der Umzug in die endgültige Wohnung regelmäßig privat mitveranlasst, so dass ein Werbungskostenabzug bzw. ein steuerfreier Arbeitgeberersatz insoweit ausscheidet; dies gilt auch für die **Möbeleinlagerungskosten** (BFH v. 21.9.2000, IV R 78/99, BStBl II 2001, 70 sowie FG Köln v. 14.7.2011, 6 K 4781/07, EFG 2012, 403 und zuletzt FG Thüringen v. 27.1.2016, 3 K 693/15, EFG 2016, 1418).

Dadurch wird aber nicht generell ausgeschlossen, dass in **besonderen Ausnahmefällen** (z.B. hat die **„Zwischenwohnung" nur einen behelfsmäßigen Charakter** und dient im Grunde – wie z.B. die Anmietung eines Hotelzimmers oder einer möblierten Wohnung – nur dazu, den Stpfl. zu beherbergen, bis er eine seinen Lebensverhältnissen angemessene Wohnung gefunden hat) die berufliche Veranlassung eines Umzugs mit dem Einzug in eine erste Wohnung am Arbeitsort nicht endet, wenn nämlich ausnahmsweise **der spätere Umzug in eine endgültige Wohnung nicht durch überwiegende Privatinteressen veranlasst** ist, die die ursprüngliche berufliche Veranlassung des Umzugs überlagern. Ob private Motive diese Kausalitätskette in steuerschädlicher Weise unterbrechen, ist anhand objektiver Merkmale unter Gesamtwürdigung aller Umstände des Einzelfalls zu beurteilen. Dabei kann auch zu prüfen sein, ob der weitere Umzug in die endgültige Wohnung auf Gründen beruht, die vom Stpfl. zu verantworten sind. Bei einem „Umzug in Etappen" scheitert aber der Abzug der Mietaufwendungen für die „Erstwohnung" als Werbungskosten daran, dass sie nicht unmittelbar und ausschließlich durch den Umzug, sondern in nicht unwesentlicher Weise durch private Lebensführungsinteressen veranlasst waren (FG Thüringen v. 27.1.2016, 3 K 693/15, EFG 2016, 1418).

Möbeleinlagerungskosten sind bei vorübergehender Tätigkeit im Ausland auch dann nicht als Werbungskosten abzugsfähig, wenn durch die Einlagerung Kosten eingespart werden sollen, die bei einer späteren Rückverlegung des Familien-Hauptwohnsitzes durch die Anschaffung neuer Geräte anfallen würden (FG München v. 11.5.2010, 8 K 461/10). Dies gilt jedoch nicht, wenn der vorübergehende Auslandsaufenthalt mit einer späteren Tätigkeit im Inland zusammenhängt (FG Köln v. 19.10.2011, 9 K 3301/10, EFG 2012, 2210 betr. Umzugs- und Möbeleinlagerungskosten im Zusammenhang mit einem Forschungsstipendium in Kanada).

Von einem „Umzug in Etappen" abzugrenzen ist der Fall, dass der Arbeitnehmer wegen des beabsichtigten Nachzugs der Familie am neuen Arbeitsort gleich in eine familiengerechte Wohnung zieht, sich der Nachzug der Familie aber verzögert. In diesem Fall können auch **„doppelte Mietzahlungen"** als allgemeine Werbungskosten nach § 9 Abs. 1 Satz 1 EStG abgezogen werden, allerdings nur zeitanteilig, und zwar für die neue Familienwohnung bis zum Umzugstag und für die bisherige Wohnung ab dem Umzugstag, längstens bis zum Ablauf der Kündigungsfrist des bisherigen Mietverhältnisses; die Vorschriften über den Abzug notwendiger Mehraufwendungen wegen einer aus beruflichem Anlass begründeten doppelten Haushaltsführung stehen dem allgemeinen Werbungskostenabzug umzugsbedingt geleisteter Mietzahlungen nicht entgegen (BFH v. 13.7.2011, VI R 2/11, BStBl II 2012, 104).

c) Umzugskosten in sog. Wegverlegungsfällen

4170 Verlegt der Arbeitnehmer seinen Lebensmittelpunkt aus privaten Gründen (z.B. Eheschließung) vom Beschäftigungsort weg und begründet in seiner bisherigen Wohnung am Beschäftigungsort einen Zweithaushalt, um von dort seiner Beschäftigung weiter nachgehen zu können, liegt zwar eine steuerlich anzuerkennende **doppelte Haushaltsführung** vor, die **Umzugskosten sind jedoch keine Werbungskosten**, sondern Kosten der privaten Lebensführung. Entsprechendes gilt für Umzugskosten, die nach Wegverlegung des Lebensmittelpunkts vom Beschäftigungsort durch die endgültige Aufgabe der Zweitwohnung am Beschäftigungsort entstehen (z.B. infolge des Eintritts in den Ruhestand), es sei denn, dass dieser Umzug – wie z.B. im Falle eines Arbeitsplatzwechsels – ausschließlich beruflich veranlasst ist (R 9.11 Abs. 9 LStR sowie BMF v. 10.12.2009, IV C 5 – S 2352/0, BStBl I 2009, 1599 sowie → *Doppelte Haushaltsführung: Allgemeines* Rz. 1722).

Umzugskosten i.R. einer doppelten Haushaltsführung sind nur dann als Werbungskosten zu berücksichtigen, wenn sie tatsächlich entstanden und festgestellt worden sind. Der Ansatz einer **Umzugskostenpauschale** i.S.d. § 10 BUKG oder für sonstige Umzugsauslagen i.S. der § 18 AUV scheidet aus (R 9.11 Abs. 9 Sätze 2 und 3 LStR sowie BMF v. 10.12.2009, IV C 5 – S 2352/0, BStBl I 2009, 1599 und zuletzt FG Thüringen v. 29.6.2015, 2 K 698/14, EFG 2015, 1362).

d) Rückumzugskosten

4171 Ob sog. **Rückumzugskosten** noch beruflich veranlasst sind, hängt im Wesentlichen davon ab, ob der Arbeitnehmer befristet oder unbefristet auswärts tätig war:

- Kosten eines Rückumzugs bei **Beendigung einer inländischen doppelten Haushaltsführung** durch Aufgabe der Wohnung am Arbeitsplatz sind im Allgemeinen beruflich veranlasst.
- Rückumzugskosten sind auch dann im Allgemeinen **beruflich veranlasst**, wenn – ohne dass eine doppelte Haushaltsführung vorliegen muss – der Arbeitnehmer nur **befristet** an einem Ort tätig war.
- Rückumzugskosten sind dagegen **privat veranlasst**, wenn ein Arbeitnehmer nach einer **langjährigen unbefristeten auswärtigen Tätigkeit wieder an seinen Heimatort zurückkehrt**.

Aufwendungen für den Umzug an den Beschäftigungsort sind dagegen **Werbungskosten**, wenn ein Arbeitnehmer von einem mehrjährigen Auslandsaufenthalt zurückkehrt und die Rückverlegung des Wohnsitzes an den inländischen Wohnort (hier: Rückumzug in das eigene Einfamilienhaus) notwendige **Voraussetzung für die Wiederaufnahme der beruflichen Tätigkeit** im Inland ist (FG Niedersachsen v. 30.4.2012, 4 K 6/12, EFG 2012, 1634).

Nicht anerkannt wurden Rückumzugskosten

- eines ausländischen Arbeitnehmers, der mit seiner Familie viele Jahre im Inland gelebt hat und erst mit Eintritt in den Ruhestand in sein Heimatland zurückkehrt (BFH v. 8.11.1996, VI R 65/94, BStBl II 1997, 207),
- eines Arbeitnehmers, der nach Kündigung seines Arbeitsverhältnisses vom Bodensee zurück in das Ruhrgebiet gezogen ist (FG Düsseldorf v. 21.11.1997, 3 K 3505/96 E, EFG 1998, 642),
- eines Politikers nach Erreichen der Pensionsgrenze und der Aufgabe seiner politischen Ämter (BFH v. 22.7.1999, XI B 42/98).

e) Vergebliche Umzugskosten

Auch vergebliche Aufwendungen für einen geplanten Umzug 4172
können als Werbungskosten berücksichtigt bzw. vom Arbeitgeber steuerfrei ersetzt werden, wenn die Absicht umzuziehen aufgegeben wird, weil eine vorgesehene Versetzung nicht durchgeführt wird (BFH v. 24.5.2000, VI R 17/96, BStBl II 2000, 584 und zuletzt BFH v. 9.1.2008, VI B 79/07). Dies gilt auch, wenn die vergeblichen Aufwendungen im Ausland anfallen und die für den geplanten Umzug ins Werk gesetzten Maßnahmen nur rückgängig gemacht werden, um weiter – wie bisher – durch die Verwertung der Arbeitskraft im Inland Einkünfte zu erzielen. Denn dann wird der Entschluss, Eigentum an einem ins Auge gefassten anderen Arbeitsplatz zu erwerben, durch das Bestreben überlagert, den bisherigen Arbeitsplatz nunmehr beizubehalten (BFH v. 23.3.2001, VI R 139/00).

3. Erstattungsfähige Kosten, Werbungskosten

a) Allgemeines

Grds. darf der Arbeitgeber seinem Arbeitnehmer **alle tatsächlichen Umzugskosten steuerfrei erstatten**. Er muss dann aller- 4173
dings prüfen, inwieweit in den vom Arbeitnehmer vorgelegten Rechnungen nach § 12 Nr. 1 EStG steuerlich **nicht abzugsfähige Kosten der Lebensführung** enthalten sind, hierzu gehören v.a. Aufwendungen für die Neuanschaffung von Möbeln (R 9.9 Abs. 2 Satz 6 LStR) sowie **Vermögensverluste**, dazu im Einzelnen → Rz. 4181.

Wenn der Arbeitgeber diese Prüfung vermeiden will, kann er dem Arbeitnehmer ohne weitere Prüfung die Kosten erstatten, die einem Bundesbeamten nach dem **Bundesumzugskostenrecht** (§§ 6 bis 10 BUKG) und der **Auslandsumzugskostenverordnung** (AUV) als Umzugskostenvergütung höchstens gezahlt werden könnten, mit Ausnahme der Pauschalen nach §§ 19, 21 AUV (Ausstattungspauschale bzw. Pauschale für klimagerechte Kleidung) und der Auslagen (insbesondere Maklergebühren) für die Anschaffung einer eigenen Wohnung (Wohneigentum) nach § 9 Abs. 1 zweiter Halbsatz BUKG, vgl. R 9.9 Abs. 2 Satz 1 LStR sowie H 9.9 (Höhe der Umzugskosten) LStH). Grds. ist allerdings darauf hinzuweisen, dass Erstattungen nach dem Bundesumzugskostengesetz zwar ein **Indiz** für abziehbare Umzugskosten sind, sich aber die steuerliche Abzugsfähigkeit allein nach dem allgemeinen Werbungskostenbegriff des § 9 Abs. 1 Satz 1 EStG richtet. **Es steht dem Stpfl. daher offen, ihm entstandene höhere Werbungskosten nachzuweisen** (zuletzt BFH v. 19.4.2012, VI R 25/10, BStBl II 2013, 699 betr. eine Mietentschädigung gem. § 8

Abs. 3 BUKG sowie FG Sachsen v. 18.5.2018, 4 K 194/18, EFG 2019, 685).

Werden anlässlich eines Umzugs für die Umzugstage **Mehraufwendungen für Verpflegung** erstattet, ist die Erstattung nur mit den Pauschbeträgen i.R. der zeitlichen Voraussetzungen des § 9 Abs. 4a EStG steuerfrei (R 3.13 Abs. 4 Satz 2 sowie R 9.9 Abs. 2 Satz 1 LStR). Die an Stelle eines Trennungsgelds ggf. bewilligten **Mietbeiträge** sind nicht nach § 3 Nr. 13 EStG steuerfrei (BFH v. 16.7.1971, VI R 160/68, BStBl II 1971, 772). **Trennungsgeld**, das bei täglicher Rückkehr zum Wohnort gezahlt wird, ist nur nach Maßgabe der R 9.3 bis 9.6 LStR steuerfrei, soweit es sich um Dienstreisen handelt; dies ist insbesondere bei einer Versetzung ohne zeitliche Befristung nicht der Fall (R 3.13 Abs. 4 Satz 3 LStR sowie → *Reisekosten: Allgemeine Grundsätze* Rz. 3607).

Erstattet der Arbeitgeber die Umzugskosten **nicht** steuerfrei, stellt sich die Frage nach der Berücksichtigung als **Werbungskosten**. Hier gilt der Grundsatz, dass Kosten, die einem Arbeitnehmer durch einen beruflich veranlassten Wohnungswechsel entstehen, Werbungskosten sind. Bei einem beruflich veranlassten Wohnungswechsel können die tatsächlichen Umzugskosten i.d.R. bis zur Höhe der Beträge als Werbungskosten abgezogen werden (R 9.9 LStR). Für den Werbungskostenansatz hat die dienstrechtliche Beschränkung des § 13 Abs. 2 Nr. 4 BUKG (Sonderfälle bei Wohnung im Ausland) keine Gültigkeit. Auch im Fall des Umzugs vom Ausland ins Inland können die dem Arbeitnehmer entstandenen sonstigen Umzugsauslagen als Werbungskosten nach § 9 Abs. 1 Satz 1 EStG in Höhe der sich aus § 18 Abs. 1 und 2 AUV ergebenden Pauschbeträge für Auslandsumzüge vergleichbarer Beamter geschätzt werden. Diese Werbungskosten sind **nicht** in entsprechender Anwendung des § 18 Abs. 4 AUV zu kürzen (keine Begrenzung der sonstigen Umzugsauslagen auf 80 %).

Für weitere Einzelheiten zum **Umzugskostenrecht** des Bundes s. die Allgemeine Verwaltungsvorschrift zum **Bundesumzugskostengesetz** (BUKGVwV), z.B. in Nußbaum/Jungblut, Lohnsteuer-Handausgabe 2024 bzw. 2025, Anhang 8, sowie den **„Umzugsratgeber“** und den „Umzugsratgeber Inland“, jeweils mit Stand: 1.3.2024 des Bundesverwaltungsamtes (www.bva.bund.de, Stichwortsuche: Umzugsratgeber). Zur Erläuterung der Regelungen für einen **Auslandsumzug** steht ein „Infoblatt Auslandsumzugskosten“ zur Verfügung. Weil die Höhe der Pauschalen nach dem Bundesumzugskostengesetz an die Besoldung und Versorgung der Bundesbeamten gekoppelt ist, führen Besoldungserhöhungen stets zur Anhebung der Pauschalen. Die für das **Inland** maßgebenden **Beträge** werden jeweils durch **BMF-Schreiben** bekannt gemacht; zuletzt durch BMF v. 28.12.2023, IV C 5 – S 2353/20/10004 :003, BStBl I 2024, 84.

b) Beförderungsauslagen (§ 6 BUKG)

4174 Erstattungsfähig sind die notwendigen Auslagen für das Befördern des Umzugsguts von der bisherigen zur neuen Wohnung, also in erster Linie die Transportkosten für den **Spediteur**, aber auch nachgewiesene Zahlungen für **„private Helfer“**, die nicht mit dem Arbeitnehmer in häuslicher Gemeinschaft leben.

Zu den Beförderungsauslagen gehören ferner Kosten für den Ausbau von (eingebautem) Umzugsgut (insbesondere von Möbeln, z.B. einer Einbauküche, und Öfen) in der bisherigen Wohnung und für dessen Einbau in der neuen Wohnung; ebenso Aufwendungen für die Abnahme des Ofens durch den Schornsteinfeger, da sie – wie die Montagekosten – durch die Verbringung des Ofens von der bisherigen in die neue Wohnung veranlasst sind (FG Baden-Württemberg v. 17.4.2013, 4 K 2859/09, insoweit bestätigt durch BFH v. 7.6.2016, VIII R 32/13, BStBl II 2016, 769).

Aufwendungen für den **Transport von Arbeitsmitteln** anlässlich eines privaten Umzugs sind keine Werbungskosten (zuletzt BFH v. 22.3.2001, VI B 190/00, m.w.N. sowie BVerfG v. 12.12.2002, 2 BvR 823/01, StEd 2003, 50).

Entstehen einem Arbeitnehmer anlässlich eines beruflich veranlassten Umzugs Aufwendungen für die Beförderung des Umzugsguts, so sind die unter Anwendung der Kilometerpauschale von 0,30 € je Entfernungskilometer ermittelten Werbungskosten nicht unter Hinweis auf die Regelung in § 5 Abs. 1 BRKG auf höchstens 130 € zu begrenzen (FG Mecklenburg-Vorpommern v. 5.2.2020, 3 K 75/18, EFG 2020, 1491).

c) Reisekosten (§ 7 BUKG)

Erstattungsfähig sind wie bei einer Dienstreise zunächst die beim **Umzug selbst** anfallenden Reisekosten für den Arbeitnehmer, die Kinder und alle haushaltszugehörigen Personen nach den für Reisekosten geltenden Grundsätzen (→ *Reisekosten: Erstattungen* Rz. 3661), d.h. Fahrtkosten in nachgewiesener Höhe oder für einen Pkw pauschal 0,30 €/km sowie Mehraufwendungen für Verpflegung in Höhe der gesetzlichen Pauschbeträge (14 € oder 28 €) und ggf. auch Übernachtungskosten. 4175

Erstattungsfähig sind darüber hinaus nach § 7 Abs. 2 BUKG Kosten der **Wohnungsbesichtigungsreise(n)**, und zwar

- **zwei** Reisen **einer** Person
- oder **eine** Reise von **zwei** Personen

zum **Suchen oder Besichtigen** einer Wohnung bis zur Höhe der billigsten Fahrkarte der allgemein niedrigsten Klasse eines regelmäßig verkehrenden Beförderungsmittels – Tage- und Übernachtungsgeld aber jeweils für höchstens **zwei Reisetage und zwei Aufenthaltstage**; ebenso Kosten der **Umzugsvorbereitungsreise** (zuletzt FG Mecklenburg-Vorpommern v. 5.2.2020, 3 K 75/18, EFG 2020, 1491).

d) Mietentschädigung (§ 8 BUKG)

Muss der Arbeitnehmer wegen des Umzuges auf Grund vertraglicher Verpflichtungen für dieselbe Zeit Miete für zwei Wohnungen zahlen, können die Kosten für die **alte Wohnung**, die nicht mehr genutzt wird und die gänzlich leer steht, erstattet werden, und zwar 4176

- für die bisherige Mietwohnung längstens für sechs Monate,
- für die bisherige Wohnung im eigenen Haus bzw. die Eigentumswohnung im Regelfall längstens für ein Jahr. An die Stelle der Miete tritt der ortsübliche Mietwert der Wohnung,
- für die **neue Mietwohnung** längstens für drei Monate für einen Zeitraum, in der die Wohnung noch nicht benutzt werden konnte (z.B. wegen ausstehender Renovierungsarbeiten).

Der **Werbungskostenabzug** setzt jedoch eine Belastung mit Aufwendungen voraus. Das ist bei einem in Anlehnung an § 8 Abs. 3 BUKG ermittelten **Mietausfall** nicht der Fall. Als entgangene Einnahme erfüllt er nicht den Aufwendungsbegriff (BFH v. 19.4.2012, VI R 25/10, BStBl II 2013, 699). Andererseits hat die umzugskostenrechtliche Beschränkung des Abzugs von Mietzahlungen für die neue Wohnung, die noch nicht genutzt werden kann, auf drei Monate für den Werbungskostenabzug keine Bedeutung.

e) Andere Auslagen (§ 9 BUKG)

aa) Wohnungsvermittlungsgebühren (§ 9 Abs. 1 BUKG)

Hierunter fallen z.B. die notwendigen ortsüblichen **Maklergebühren** für die Vermittlung der neuen Wohnung bis zum doppelten Betrag der Monatsmiete (Grundmiete ohne Nebenkosten zuzüglich der Mehrwertsteuer), **nicht** aber – anders als um Umzugskostenrecht – bei Anschaffung eines eigenen **Einfamilienhauses bzw. Eigentumswohnung** (BFH v. 24.5.2000, VI R 188/97, BStBl II 2000, 586 sowie R 9.9 Abs. 2 Satz 1 LStR). Dies gilt auch für die Steuerbefreiung nach § 3 Nr. 13 EStG: Die erstatteten Maklerkosten sind in voller Höhe steuerpflichtiger Arbeitslohn, da die Maklergebühren auch insoweit **keine Werbungskosten** darstellen, als sie für die Vermittlung einer vergleichbaren Mietwohnung angefallen wären (R 9.9 Abs. 2 Satz 1 LStR). Des Weiteren vertritt der BFH in ständiger Rechtsprechung die Auffassung, dass auch im öffentlichen Dienst Reise- und Umzugskostenvergütungen nur insoweit nach **§ 3 Nr. 13 EStG steuerfrei** zu belassen sind, als die ersetzten Aufwendungen ihrer Natur nach Werbungskosten sind (OFD Koblenz v. 9.12.2009, S 2338 A – St 32 2). 4177

Die nach dem Bundesumzugskostenrecht steuerfrei erstattungsfähigen Aufwendungen sind nicht ohne weiteres als **Werbungskosten** abzugsfähig, da hierbei § 12 Nr. 1 Satz 2 EStG zu beachten ist (zuletzt BFH v. 3.8.2012, X B 153/11, m.w.N., betr. **Renovierung der neuen Wohnung** bei beruflich veranlasstem Umzug). Wegen eines Umzugs geleistete **doppelte Mietzahlungen** können jedoch beruflich veranlasst und deshalb in voller Höhe als

Werbungskosten abziehbar sein (BFH v. 13.7.2011, VI R 2/11, BStBl II 2012, 104).

Als Werbungskosten können auch Fahrten mit einem **Taxi für Wohnungsbesichtigungen** im Zusammenhang mit einem geplanten beruflich veranlassten Umzug berücksichtigt werden, nicht hingegen Handwerkerkosten für den **Ausbau von Elektrogeräten in der alten Mietwohnung** (FG Sachsen v. 18.5.2018, 4 K 194/18, EFG 2019, 685).

bb) Zusätzlicher Unterricht der Kinder (§ 9 Abs. 2 BUKG)

4178 Abzugsfähig sind auch die Kosten für den umzugsbedingten zusätzlichen Unterricht der Kinder, z.B. auf Grund eines Schulwechsels, bis zu einem **bestimmten Höchstbetrag**, der jährlich vom BMF festgelegt wird (also nicht Aufwendungen für den regulären Unterricht des Kindes an einer Privatschule, s. OFD Frankfurt v. 10.7.2009, S 2221 A – 67 – St 218). Er beträgt 20 % des am Tag vor dem Einladen des Umzugsgutes maßgeblichen Endgrundgehaltes der Besoldungsgruppe A 13 (§ 9 Abs. 2 BUKG). Anders als bisher können die Unterrichtskosten seit dem 1.6.2020 bis zu diesem Höchstbetrag voll erstattet werden; **die bisherige komplexe Regelung von voller und anteiliger Erstattung ist weggefallen** (Änderung durch das Besoldungsstrukturenmodernisierungsgesetz v. 9.12.2019, BGBl. I 2019, 2053).

Unterrichtskosten-Höchstbetrag je Kind (§ 9 Abs. 2 BUKG)

Hierfür maßgebend ist das aktuelle BMF-Schreiben zur steuerlichen Anerkennung von Umzugskosten nach R9.9 Abs. 2 LStR (BMF v. 28.12.2023, IV C 5 – S 2353/20/10004 :003, BStBl I 2024, 84). Danach beträgt der:

Umzug in der Zeit	Höchstbetrag
ab dem 1.4.2022	1 181 €
ab dem 1.3.2024	1 286 €

Ob der zusätzliche Unterricht für ein Kind durch den Umzug bedingt ist, ist in geeigneter Weise nachzuweisen, z.B. durch eine Bescheinigung der Schule. Bei einem Umzug in ein anderes Bundesland kann die Notwendigkeit des zusätzlichen Unterrichts unterstellt werden. Entstehen Auslagen für zusätzlichen Unterricht für mehrere Kinder, wird der Erstattungsbetrag für jedes Kind gesondert berechnet. Übersteigen die Auslagen für ein Kind den Höchstbetrag, sind darüber hinausgehende Kosten auch dann nicht erstattungsfähig, wenn für ein anderes Kind der Höchstbetrag nicht erreicht wird.

Bitte **beachten** Sie:

Mitunter beantragen ins Inland entsandte Arbeitnehmer unter Berufung auf § 9 BUKG bzw. § 22 AUV (§ 8 AUV a.F.) auch **Schulgeldzahlungen für den Besuch einer Ergänzungsschule als Werbungskosten anzusetzen**. Als Werbungskosten sind aber lediglich die notwendigen Auslagen für einen umzugsbedingten **zusätzlichen** Unterricht berücksichtigungsfähig (§ 9 Abs. 2 BUKG, § 22 Abs. 1 AUV). Hierunter fällt z.B. Nachhilfeunterricht, ein Sprachkurs etc., **nicht jedoch der obligatorische Besuch allgemeinbildender Schulen**. Hier kann auch der Hinweis auf die für Kinder von Angehörigen des Auswärtigen Dienstes gezahlte Schulbeihilfe (§ 21 Abs. 2 GAD – Gesetz über den Auswärtigen Dienst i.V.m. der dazu ergangenen Verwaltungsvorschrift, GMBl 2012, 655) keinen Werbungskostenabzug unter Gleichbehandlungsgrundsätzen begründen. Die entsprechenden Beihilfezahlungen sind Ausdruck der besonderen Fürsorgepflicht des Bundes gegenüber einer besonderen Gruppe von Bediensteten, die von Amts wegen einem häufigen Ortswechsel bzw. dauernden Auslandsaufenthalten ausgesetzt ist. Mit diesem Tatbestand ist die Entsendung ausländischer Arbeitnehmer für eine regelmäßig befristete Zeit in die Bundesrepublik Deutschland nicht vergleichbar (s. ausführlich OFD Nordrhein-Westfalen v. 15.8.2018, S 2367 – 2017/0004 – St 213, betr. Steuerliche Fragen im Zusammenhang mit Nettolohnvereinbarungen).

Schulgeldzahlungen können i.R. des § 10 Abs. 1 Nr. 9 EStG als **Sonderausgaben** abgezogen werden (→ *Sonderausgaben* Rz. 3926).

Soweit Schuldgeldzahlungen vom Arbeitgeber übernommen werden, handelt es sich um steuerpflichtigen **Arbeitslohn**.

cc) Kochherd, Öfen (§ 9 Abs. 3 BUKG a.F.)

Nach § 9 Abs. 3 BUKG a.F. konnten in der neuen Wohnung die 4179
Auslagen für die Beschaffung eines **Kochherds** bis zu einem Betrag von 230 € sowie für **Öfen** bis zu einem Betrag von 164 € je Zimmer, wenn ihre Beschaffung beim Bezug der neuen Wohnung notwendig ist, weil sie z.B. nicht vom Vermieter gestellt werden, erstattet werden.

I.R. des **Besoldungsstrukturenmodernisierungsgesetzes** v. 9.12.2019, BGBl. I 2019, 2053 ist der bisherige § 9 Abs. 3 BUKG seit 1.6.2020 aufgehoben worden. Die bisher mit Pauschbeträgen abgefundenen Auslagen für einen Kochherd oder Öfen für jedes Zimmer einer Wohnung **gehen in der neu ausgerichteten Pauschvergütung für sonstige Umzugsauslagen (§ 10 BUKG) auf** und werden daher nicht mehr gesondert ausgewiesen. Insbesondere die Streichung der Pauschalen für Heizöfen war geboten, da Ofenheizung nicht mehr zeitgemäß und in der Praxis nicht mehr relevant ist.

f) Pauschvergütung für sonstige Umzugsauslagen (§ 10 Abs. 1 BUKG)

Da mit den vorgenannten Beträgen nicht alle denkbaren Umzugs- 4180
kosten ersetzt werden, gewährt das § 10 BUKG **zusätzlich eine Pauschale für sonstige Umzugsauslagen** (Beispiele → Rz. 4181). Diese Pauschale dient der Vereinfachung, da keine Belege vorgelegt werden müssen und Streitigkeiten entfallen, ob bestimmte Aufwendungen als Werbungskosten berücksichtigt werden können.

Die **Höhe der Pauschale** beträgt bei sog. Berechtigten i.S.d. § 10 Abs. 1 Satz 2 Nr. 1 BUKG 15 % des am Tag vor dem Einladen des Umzugsgutes maßgeblichen Endgrundgehaltes der Besoldungsgruppe A 13 und ändert sich somit bei jeder Besoldungserhöhung. Sie beträgt zz.:

Pauschvergütung für sonstige Umzugsauslagen – Inland

Als Pauschvergütungen können angesetzt werden (BMF v. 28.12.2023, IV C 5 – S 2353/20/10004 :003, BStBl I 2024, 84):

Umzug in der Zeit	Berechtigte mit Wohnung	Andere Personen (Ehegatte, Kinder usw.)	Berechtigte ohne Wohnung
ab dem 1.4.2022	886 €	590 €	177 €
ab dem 1.3.2024	964 €	643 €	193 €

Maßgeblich für die Ermittlung der o.g. **Pauschalen** ist der **Tag vor dem Einladen** des Umzugsguts.

Die Berechnung der Pauschvergütung für sonstige Umzugsauslagen hat sich durch das **Besoldungsstrukturenmodernisierungsgesetz v. 9.12.2019, BGBl. I 2019, 2053 geändert**. Nunmehr wird die Pauschvergütung für Berechtigte und jede andere berücksichtigungsfähige Person (z.B. Ehepartner, Kind) einzeln und unabhängig von der Besoldungsgruppe berechnet. Voraussetzung ist, dass die anderen Personen vor und nach dem Umzug mit der berechtigten Person in häuslicher Gemeinschaft leben.

Beispiel:

Eine Beamtin mit dem Anspruch auf Umzugskostenvergütung zieht mit ihrem Ehemann und einem Kind am 4. und 5.3.2025 in den neuen Wohnort um.

Berechnung der Pauschvergütung für sonstige Umzugsauslagen: 964 € (Berechtigte) + 643 € (Ehemann) + 643 € (Kind) = 2 250 €.

Die o.g. Pauschalen erhöhen sich um 50 %, wenn innerhalb von fünf Jahren schon einmal ein beruflich veranlasster Umzug durchgeführt worden ist (sog. **Häufigkeitszuschlag**, § 10 Abs. 6 BUKG). Bei diesem und dem vorhergehenden Umzug muss jedoch sowohl vorher als auch nachher eine Wohnung gegeben sein, so dass die ungekürzten Pauschalen zu gewähren sind.

Die Erhöhung der Umzugskostenpauschale um 50 % (sog. Häufigkeitszuschlag) setzt voraus, dass der durchgeführte **Umzug durch den Arbeitgeber veranlasst** worden ist. Im Zusammenhang mit einem Umzug auf Grund der freiwilligen Entscheidung eines Arbeitnehmers, den Arbeitgeber und den Arbeitsort zu wechseln, ist der sog. Häufigkeitszuschlag nicht zu gewähren (FG Mecklenburg-Vorpommern v. 5.2.2020, 3 K 75/18, EFG 2020, 1491).

g) Einzelnachweis der sonstigen Umzugsauslagen

4181 Seit 1990 wird im **öffentlichen Dienst** für „sonstige Umzugsauslagen" nur noch die o.g. **Pauschvergütung** gewährt, ein Einzelnachweis höherer Kosten ist nicht mehr zulässig.

Diese Einschränkung ist aber für das **Einkommensteuerrecht nicht übernommen** worden: Der Arbeitnehmer kann hier sowohl gegenüber seinem **Arbeitgeber** (steuerfreie Erstattung nach § 3 Nr. 13, 16 EStG) als auch dem **Finanzamt** wahlweise **die höheren nachgewiesenen sonstigen Umzugsauslagen** als Werbungskosten geltend machen (R 9.9 Abs. 3 und Abs. 2 Satz 7 LStR). Hat der Arbeitgeber alle Kosten des Umzugs steuerfrei ersetzt, kann der Arbeitnehmer auch pauschale Umzugsauslagen nicht als Werbungskosten geltend machen (vgl. FinMin Berlin v. 27.6.2006, III A – S 2367 – 1/2006, dort Tz. 10 ff.).

Ein Einzelnachweis ist ferner zulässig, wenn die Pauschvergütung von vornherein nicht zum Ansatz kommt, weil sie nur für Fälle der Verlegung des Wohnsitzes der Familie gilt. **Die Finanzverwaltung verlangt daher einen Einzelnachweis**

- bei einem Umzug anlässlich der Begründung, Beendigung oder des Wechsels einer **doppelten Haushaltsführung** (R 9.11 Abs. 9 Satz 1 LStR, bestätigt durch BFH v. 14.6.2007, VI R 60/05, BStBl II 2007, 890) oder
- der Beendigung einer doppelten Haushaltsführung durch den **Rückumzug eines Arbeitnehmers in das Ausland** (R 9.11 Abs. 9 Satz 2 LStR).

Voraussetzung für die steuerliche Berücksichtigung auch bei steuerfreien Arbeitgeberersatz ist jedoch, dass es sich bei den geltend gemachten Kosten **tatsächlich um „Werbungskosten" handelt**. Beim Einzelnachweis wird das Finanzamt näher prüfen, inwieweit die Kosten nicht abzugsfähige **Kosten der Lebensführung** (§ 12 Nr. 1 Satz 2 EStG) darstellen, wie z.B. Aufwendungen für die Neuanschaffung von Einrichtungsgegenständen (R 9.9 Abs. 2 Satz 6 LStR).

Anerkannt werden können im Wesentlichen die Aufwendungen, die in der früheren Verordnung über die Erstattung der nachgewiesenen sonstigen Umzugsauslagen v. 22.1.1974, BGBl. I 1974, 103 aufgeführt waren, also z.B.

- außertarifliche Zuwendungen an das **Umzugspersonal** (Trinkgelder).
- Abbau von **Herd, Öfen, Lampen, Haushaltsgeräten** in der alten und Anschluss in der neuen Wohnung.
- Abbau und Anbringen von **Antennen** oder Satelliten-Empfangsanlagen.
- Anschluss oder Übernahme eines **Telefons** in der neuen Wohnung.
- Anschaffung neuer **Kfz-Kennzeichen**.
- Umschreiben von **Personalausweisen** usw.
- **Schönheitsreparaturen** in der alten Wohnung, wenn der Arbeitnehmer nach dem Mietvertrag dazu beim Auszug verpflichtet ist.
- Aufwendungen für die **vorzeitige Auflösung des Mietvertrags** am bisherigen Wohnort (BFH v. 1.12.1993, I R 61/93, BStBl II 1994, 323).

Beim **Einzelnachweis nicht anerkannt** werden können z.B.

- alle Aufwendungen, die mit der **Veräußerung des bisherigen Eigenheims** zusammenhängen, z.B. Maklerkosten, Vorfälligkeitsentschädigung sowie Veräußerungskosten und -verluste (zuletzt BFH v. 30.1.2007, XI B 83/06, m.w.N.).
- Aufwendungen für die **Renovierung** und **Ausstattung** der neuen Wohnung (neue Möbel usw.) sowie für einen **Telefonanschluss** (zuletzt BFH v. 3.8.2012, X B 153/11, m.w.N.).
- **Maklergebühren** für die Vermittlung eines **Einfamilienhauses** oder einer Eigentumswohnung **am neuen Wohnort**; ein Abzug dieser Kosten ist auch insoweit nicht möglich, als sie bei Vermittlung einer vergleichbaren Mietwohnung angefallen wären (BFH v. 24.5.2000, VI R 188/97, BStBl II 2000, 586 sowie R 9.9 Abs. 2 Satz 1 LStR). Maklergebühren für die Vermittlung einer **Mietwohnung** fallen dagegen unter § 9 BUKG und können daher steuerfrei ersetzt werden. Ein Werbungskostenabzug ist auch im Fall einer **fehlgeschlagenen Veräußerung** z.B. für die Maklerkosten möglich, wenn der Arbeitgeber eine Versetzung angekündigt, dann aber wieder rückgängig gemacht hat (BFH v. 24.5.2000, VI R 17/96, BStBl II 2000, 584; BFH v. 23.3.2001, VI R 139/00).
- **Mietaufwendungen** für die Wohnung, die den Mittelpunkt der Lebensführung darstellt; dies gilt auch für den Zeitraum, um den sich ein beruflich veranlasster Umzug verzögert, z.B. wegen Anfechtung der Abordnungsverfügung des Arbeitgebers (BFH v. 26.5.2003, VI B 13/03; s. ferner FG Köln v. 20.11.2008, 10 K 4922/05, EFG 2009, 460).
- **Abstandszahlungen** an den bisherigen Mieter der neuen Wohnung für übernommene Gegenstände (BFH v. 2.8.1963, VI 266/62 U, BStBl III 1963, 482).
- Transport- bzw. Reparaturkosten für eine **Segelyacht** (FG Baden-Württemberg v. 22.2.1999, 4 K 123/96, EFG 1999, 768).
- Aufwendungen für die Behebung von **Mietschäden an der alten Wohnung**, wenn sie unabhängig vom berufsbedingten Umzug vom Stpfl. hätten getragen werden müssen (FG Sachsen-Anhalt v. 29.4.2014, 5 K 231/11).

Weitere Einzelheiten s. Regelungen des Bundesumzugskostengesetzes und die dazu ergangenen Verwaltungsanweisungen (z.B. in Nußbaum/Jungblut Lohnsteuer-Handausgabe 2024 bzw. 2025, Anhang 8).

4. Besonderheiten bei Auslandsumzügen

a) Allgemeine Voraussetzungen

Für eine steuerfreie Erstattung von Aufwendungen anlässlich von 4182
Auslandsumzügen der Arbeitnehmer gelten die Vorschriften der §§ 13, 14 BUKG i.V.m. der Auslandsumzugskostenverordnung (AUV) v. 26.11.2012 (BGBl. I 2012, 2349), die zuletzt durch Art. 2 der Verordnung zur Neuregelung des Auslandstrennungsgeldrechts v. 27.6.2018 (BGBl. I 2018, 891) geändert worden ist. Auch bei Auslandsumzügen darf der Arbeitgeber seinen Arbeitnehmern die Umzugskosten **pauschal** bis zu der Höhe steuerfrei erstatten, die nach diesen Vorschriften im **öffentlichen Dienst höchstens gezahlt werden könnten** (vgl. R 9.9 Abs. 2 Satz 1 LStR).

Anmerkung: Weil die Höhe der Pauschalen nach dem Bundesumzugskostengesetz und der Auslandsumzugskostenverordnung an die Besoldung und Versorgung der Bundesbeamten gekoppelt ist, führen Besoldungserhöhungen stets zur Anhebung der Pauschalen.

Grundlage für die Steuerfreiheit ist die Regelung in § 3 Nr. 16 EStG, wonach ein **steuerfreier Arbeitgeberersatz** nur zulässig ist, soweit der Arbeitgeber entsprechende Aufwendungen als **Werbungskosten** absetzen könnte (R 9.9 Abs. 3 Satz 1 LStR). **Aufwendungen für die Beschaffung klimagerechter Kleidung** (§ 21 AUV) und der sog. **Ausstattungspauschale** nach § 19 AUV dürfen weder als Werbungskosten abgesetzt noch vom Arbeitgeber steuerfrei ersetzt werden (zuletzt BFH v. 12.4.2007, VI R 53/04, BStBl II 2007, 536).

Auslandsumzüge sind Umzüge zwischen Inland und Ausland sowie im Ausland (§ 13 Abs. 1 BUKG). Als Auslandsumzüge gelten **nicht** Umzüge aus Anlass einer Einstellung, Versetzung, Abordnung oder Kommandierung im Inland einschließlich ihrer Aufhebung, wenn die bisherige oder die neue Wohnung im Ausland liegt (§ 13 Abs. 2 Nr. 4 BUKG). Diese Einschränkungen gelten jedoch nicht für die steuerliche Berücksichtigung von Umzugskosten (OFD Düsseldorf v. 23.7.1982, S 2353 A – St 121, 1982, DB 1982, 1647). Auch der BFH hat für den Werbungskostenabzug zumindest im Schätzungswege die Anwendung der höheren Auslandspauschalen zugelassen (BFH v. 6.11.1986, VI R 135/85, BStBl II 1987, 188; BFH v. 4.12.1992, VI R 11/92, BStBl II 1993, 722). Entsprechendes muss daher für den steuerfreien Arbeitgeberersatz gelten (vgl. R 9.9 Abs. 3 Satz 1 LStR).

Beispiel:

A ist Führungskraft einer großen japanischen Autofirma, die in Deutschland zwei Niederlassungen in Hamburg und München hat. A wird für zwei Jahre nach Deutschland versetzt: Das erste Jahr verbringt er in Hamburg und das zweite in München. Er zieht jeweils an den neuen Arbeitsort um. Für alle drei Umzüge möchte die Firma ihrem Arbeitnehmer die Pauschvergütung für sonstige Umzugsauslagen nach § 18 AUV steuerfrei erstatten.

Für die Umzüge zwischen Japan und Deutschland kann dem Antrag der Firma entsprochen werden, nicht dagegen für den Umzug von Hamburg nach München. Für diesen darf der Arbeitgeber lediglich die für

Inlandsumzüge in Betracht kommenden Beträge steuerfrei ersetzen (s.o.). Vgl. zu einem ähnlichen Fall OFD Koblenz v. 18.7.1996, S 2353 A – St 33 2; FG Hamburg v. 7.5.1998, V 240/97, EFG 1998, 1387 und FG Hamburg v. 7.5.1998, V 258/96, EFG 1998, 1389.

b) Einzelheiten zur Auslandsumzugskostenverordnung

4183 Möchte der Arbeitgeber seine steuerfreien Ersatzmöglichkeiten voll ausschöpfen, muss er sich im Detail mit den recht komplizierten Vorschriften der Auslandsumzugskostenverordnung befassen. Erstattungsfähig sind auch hier zunächst die Beförderungsauslagen, evtl. Kosten für das Lagern und Unterstellen von Umzugsgut, Reisekosten, Mietentschädigung, Auslagen zur Erlangung der Wohnung (z.B. Maklerkosten), Beiträge zum Beschaffen technischer Geräte, Auslagen für umzugsbedingten zusätzlichen Unterricht der Kinder sowie Beiträge zum Instandsetzen der Wohnung.

Von besonderer Bedeutung sind folgende Regelungen:

aa) Zusätzlicher Unterricht der Kinder

4184 Benötigt ein berücksichtigungsfähiges Kind auf Grund des Umzugs zusätzlichen Unterricht, werden die Unterrichtskosten für höchstens ein Jahr zu 90 % erstattet. Die Frist beginnt spätestens ein Jahr nach Beendigung des Umzugs des Kindes. Insgesamt wird für jedes berücksichtigungsfähige Kind höchstens ein Betrag in Höhe des zum Zeitpunkt der Beendigung des Umzugs maßgeblichen Grundgehalts der Stufe 1 der Besoldungsgruppe A 14 erstattet (§ 22 AUV). Dies ergibt:

Unterrichtskosten-Höchstbetrag je Kind

Umzug in der Zeit	Höchstbetrag
seit dem 1.4.2022	4 723 €
Seit dem 1.3.2024	5 184 €

bb) Pauschvergütung für sonstige Umzugsauslagen – Ausland (ohne EU)

4185 Für **sonstige Umzugsauslagen** darf auch hier eine **Pauschvergütung** angesetzt bzw. steuerfrei gezahlt werden. Diese beträgt 21 % des Grundgehalts der Stufe 8 der Besoldungsgruppe A 13 (§ 18 Abs. 3 AUV). Danach ergeben sich folgende Beträge:

Umzug in der Zeit	Berechtigte mit Wohnung	Ehepartner/ Lebenspartner	Kinder
seit dem 1.4.2022	1 240 €	1 240 €	827 €
seit dem 1.3.2024 (2023 Nullrunde)	1 350 €	1 350 €	900 €

cc) Pauschvergütung für sonstige Umzugsauslagen – Ausland (nur EU)

4186 Die Pauschvergütung für **Umzüge innerhalb der Europäischen Union** beträgt 20 % des Grundgehalts der Stufe 8 der Besoldungsgruppe A 13 (§ 18 Abs. 2 AUV). Dies ergibt:

Umzug in der Zeit	Berechtigte mit Wohnung	Ehegatte, Lebenspartner	Kinder
seit dem 1.4.2022	1 181 €	1 122 €	591 €
Ab dem 1.3.2024	1 286 €	1 221 €	643 €

dd) Rückumzug

4187 Ein Rückumzug des Arbeitnehmers in das Ausland ist nur beruflich veranlasst und ein Werbungskostenabzug für pauschale Umzugsauslagen nach § 18 AUV nur zulässig, wenn der Arbeitnehmer für eine von vornherein **befristete Tätigkeit in das Inland versetzt** worden war (vgl. H 9.9 „Rückumzug ins Ausland" LStH; BFH v. 4.12.1992, VI R 11/92, BStBl II 1993, 722).

Bei Arbeitnehmern, die ihren **Lebensmittelpunkt in das Inland verlegt** hatten, sind für den steuerfreien Arbeitgeberersatz die Pauschalen beim Rückumzug grds. nach § 18 Abs. 2, 3 AUV zu bemessen und nach § 18 Abs. 4 AUV **auf 80 % zu begrenzen** (BFH v. 4.12.1992, VI R 11/92, BStBl II 1993, 722). Dem steht der neue R 9.9 Abs. 2 Satz 5 LStR (2023) nicht entgegen.

Ungeachtet der Verlegung ihres Lebensmittelpunkts – z.B. wegen Mitnahme der Familie – werden einige Arbeitnehmer in **ihre eingerichtete Wohnung zurück umziehen**, die sie während der von vornherein befristeten Inlandstätigkeit im Ausland beibehalten haben. Da mithin am Wohnort im Heimatland **keine Wohnung eingerichtet**, sondern eine mit den notwendigen Möbeln und sonstigen Haushaltsgegenständen ausgestattete Wohnung bezogen wird, richtet sich die Höhe der Umzugskostenpauschale nach § 18 Abs. 6 AUV, d.h. es sind **25 %** der Beträge nach § 18 Abs. 2 und 3 für den Arbeitnehmer und die Person nach § 2 Abs. 1 Satz 1 Nr. 1 oder Nr. 2 anzusetzen (das Zweifache der Beträge nach § 10 Abs. 4 BUKG). Die **Pauschale nach § 18 Abs. 8 AUV ist in diesen Fällen nicht zu gewähren**, weil nicht davon auszugehen ist, dass sich in der beibehaltenen Wohnung im Ausland hinsichtlich Stromversorgung, Elektrogeräte oder Fernsehnorm etwas geändert hat (vgl. FG Düsseldorf v. 7.9.2004, 3 K 5337/02 E, n.v.; s. dazu ausführlich OFD Nordrhein-Westfalen v. 15.8.2018, S 2367 – 2017/0004 – St 213, betr. Steuerliche Fragen im Zusammenhang mit Nettolohnvereinbarungen).

Beispiel:

Nach dreijähriger Inlandstätigkeit ziehen der Stpfl. und seine Ehefrau mit ihren zwei Kindern am 2.12.2024 in ihre beibehaltene Wohnung im europäischen Ausland zurück. Steuerfreie Arbeitgeberleistungen für den Rückumzug hat der Stpfl. nicht erhalten.

Da wegen der Verlegung des Lebensmittelpunkts in das Inland keine doppelte Haushaltsführung im steuerlichen Sinne begründet worden war, steht dem Abzug der pauschalen Umzugsauslagen als Werbungskosten nichts im Wege. Sie sind nach § 18 Abs. 6 AUV in folgender Höhe zu berücksichtigen:

– für den Arbeitnehmer: 25 % von 1 286 €:	321,50 €
– für den Ehegatten: 25 % von 1 221 €:	305,25 €
– für zwei Kinder: 25 % von (2 × 643 € =):	321,50 €
– Werbungskostenabzug =	948,25 €

ee) Sonstiges

Bei einem **Umzug vom Ausland in das Inland (Rückumzug)** beträgt die Pauschvergütung 80 % der o.g. Beträge (§ 18 Abs. 4 AUV). Für den Werbungskostenabzug ist diese Begrenzung nicht anzusetzen (R 9.9 Satz 5 LStR [2023]). 4188

Die Auslandsumzugskostenverordnung enthält weitere Sonderregelungen über **Zu- und Abschläge** (z.B. bei anderer Stromspannung am neuen Wohnort), auf die hier nicht näher eingegangen werden soll. Dies gilt auch für die Vorschrift des § 26 AUV betr. Ansatz gekürzter Pauschvergütungen bei einer Auslandsverwendung von weniger als zwei Jahren.

Anders als bis zum 31.12.2000 können nach R 9.9 Abs. 2 Satz 1 LStR **seit dem 1.1.2001 nicht mehr berücksichtigt** bzw. nicht mehr steuerfrei erstattet werden

- der **Ausstattungsbeitrag** nach § 19 AUV sowie
- der **Beitrag zum Beschaffen klimabedingter Kleidung** nach § 21 AUV,

weil es sich bei diesen Aufwendungen um typische steuerlich nicht abzugsfähige Kosten der Lebensführung (§ 12 Nr. 1 EStG) handelt (zuletzt BFH v. 12.4.2007, VI R 53/04, BStBl II 2007, 536).

5. Umzug von Arbeitnehmern, die vom Ausland zu einem inländischen Arbeitgeber abgeordnet/versetzt werden

Zu der Frage, wie der Umzug eines Arbeitnehmers, der vom Ausland zu einem inländischen Unternehmen versetzt bzw. abgeordnet wird, steuerlich zu behandeln ist, vertritt die Finanzverwaltung folgende Auffassung, vgl. R 9.9 (Höhe der Umzugskosten) LStH: 4189

Handelt es sich um einen beruflich veranlassten Umzug, können die tatsächlichen Umzugskosten grds. bis zur Höhe der Beträge als Werbungskosten abgezogen werden, die nach dem BUKG und der AUV höchstens gezahlt werden können (R 9.9 Abs. 2 LStR).

Die dienstrechtliche Beschränkung des § 13 Abs. 2 Nr. 4 BUKG (Begrenzung der sonstigen Umzugsauslagen auf 80 %) hat für den Bereich des Werbungskostenabzugs keine Gültigkeit (R 9.9 Abs. 2 EStG). Auch im Fall des Umzugs vom Ausland ins Inland können die dem Arbeitnehmer entstandenen sonstigen Umzugsauslagen als Werbungskosten nach § 9 Abs. 1 Satz 1 EStG in Höhe der sich aus § 18 Abs. 2 und 3 AUV ergebenden Pauschbeträge für Auslandsumzüge vergleichbarer Beamter geschätzt werden. Die Werbungskosten sind nicht in entsprechender Anwendung des § 18 Abs. 4 AUV zu kürzen (BFH v. 6.11.1986, VI R 135/85, BStBl II 1987, 188).

6. Vorsteuerabzug bei Umzugskosten

4190 Soweit der Unternehmer im Zusammenhang mit einem **Umzug seiner Arbeitnehmer** den Vorsteuerabzug geltend machen will, ist dieser unter den allgemeinen Voraussetzungen des § 15 UStG zu gewähren (so bereits das BMF-Schreiben v. 18.7.2006, IV A 5 – S 7303 a – 7/06, BStBl I 2006, 450). Im Übrigen gilt Folgendes:

a) **Arbeitnehmer ist Auftraggeber**

Soweit ein Arbeitnehmer Auftraggeber des Umzugsunternehmens ist und **die Rechnung** daher **nicht auf den Arbeitgeber lautet**, ist ein **Vorsteuerabzug** aus entsprechenden Umzugsrechnungen von vorneherein **ausgeschlossen**. Leistungsempfänger der Umzugsleistung ist der Arbeitnehmer (Abschn. 15.2b Abs. 1 UStAE).

b) **Arbeitgeber ist Auftraggeber**

Wird das Umzugsunternehmen dagegen **durch den Arbeitgeber beauftragt**, erbringt es die Umzugsleistung unmittelbar an den Arbeitgeber als Leistungsempfänger. Liegen in einem solchen Fall besondere Umstände vor, auf Grund derer die Übernahme durch betriebliche Erfordernisse bedingt ist (**Kostenübernahme im ganz überwiegenden betrieblichen Interesse des Arbeitgebers**), wird ein persönlicher Vorteil der Beschäftigten durch den Bedarf des Unternehmens überlagert. Es handelt sich dann weder um einen tauschähnlichen Umsatz noch um eine steuerbare unentgeltliche Leistung und **dem Unternehmer steht der Vorsteuerabzug zu** (BFH v. 6.6.2019, V R 18/18, BStBl II 2020, 293 betr. Übernahme von Maklerkosten für die Wohnungssuche von Angestellten, die auf Grund einer konzerninternen Funktionsverlagerung aus dem Ausland an den Standort der Konzerngesellschaft in das Inland versetzt werden, sowie BMF v. 3.6.2020, III C 2 – S 7100/19/10001 :015, BStBl I 2020, 546).

Liegen keine besonderen betrieblichen Gründe vor, ist der **Umzug des privaten Haushalts regelmäßig privat veranlasst**, weil das Wohnen die private Lebensführung des Arbeitnehmers betrifft. Bei der erstmaligen Arbeitsaufnahme beim jeweiligen Arbeitgeber steht die Befriedigung dieses privaten Bedarfs im Vordergrund. Ein Vorsteuerabzug ist **mangels Bezugs der Umzugsleistung für das Unternehmen des Arbeitgebers ausgeschlossen** (§ 3 Abs. 9a Nr. 2 UStG, Abschn. 15.15 Abs. 1 UStAE).

Unbedenklichkeitsbescheinigung

→ *Haftung für Sozialversicherungsbeiträge* Rz. 2522

Unbeschränkte Steuerpflicht

→ *Steuerpflicht: unbeschränkte* Rz. 4035

Unbezahlter Urlaub

1. Arbeitsrecht

4191 Der zumeist im Interesse und auf ausdrücklichen Wunsch des Arbeitnehmers gewährte unbezahlte Sonderurlaub, z.B. zur Kinderbetreuung oder für einen längeren Heimaturlaub bei ausländischen Arbeitnehmern, wird dadurch gekennzeichnet, dass die Pflicht zur Arbeitsleistung einerseits und die Pflicht zur Lohnzahlung andererseits ruhen. Ein allgemeiner Anspruch des Arbeitnehmers auf unbezahlten Sonderurlaub besteht nicht, so dass regelmäßig eine **Vereinbarung** mit dem Arbeitgeber erforderlich ist. Der Arbeitgeber kann über Gewährung oder Nichtgewährung frei nach den betrieblichen Gegebenheiten entscheiden. Für den Fall der Arbeitnehmerüberlassung ist Verleihern dringend zu empfehlen, bei der Vereinbarung unbezahlten Urlaubs mit Leiharbeitnehmern einen sachlichen Grund in der Vereinbarung zu benennen. Wie die Praxis zeigt, sieht die Bundesagentur für Arbeit einen sachlichen Grund als notwendige Rechtfertigung an, um eine ungewollte Verlagerung des Beschäftigungsrisikos auf den Leiharbeitnehmer zu verhindern. Eine eindeutige, gesetzliche Grundlage dieser – bedenklichen – Auffassung besteht indes nicht.

Wegen des im unbezahlten Urlaub ruhenden Arbeitsverhältnisses besteht bei **Arbeitsunfähigkeit** kein Anspruch auf Entgeltfortzahlung (vgl. BAG v. 2.10.1974, 5 AZR 507/73; BAG v. 25.5.1983, 5 AZR 236/80).

Ebenso besteht bei einem in den unbezahlten Urlaub fallenden **Feiertag** kein Anspruch auf Feiertagsvergütung (vgl. BAG v. 27.7.1973, 3 AZR 604/72) und für die Zeit unbezahlten Urlaubs in der **Mutterschutzfrist** kein Anspruch auf Mutterschaftsgeldzuschuss (BAG v. 25.2.2004, 5 AZR 160/03).

Der unbezahlte Urlaub mit wechselseitig ruhenden Hauptpflichten aus dem Arbeitsverhältnis ist von Einfluss auf den **Urlaubsanspruch** des Arbeitnehmers. Für die Berechnung des gesetzlichen Mindesturlaubs bleiben Zeiten eines unbezahlten Sonderurlaubs unberücksichtigt (BAG v. 19.3.2019, 9 AZR 315/17). Das hatte die Rechtsprechung in der Vergangenheit noch anders beurteilt und bestimmt, dass auch während der Dauer des unbezahlten Urlaubs der Anspruch auf Erholungsurlaub weiter anwachse (so noch BAG v. 6.5.2014, 9 AZR 678/12).

2. Lohnsteuer

Lohnsteuerlich gelten bei der Gewährung unbezahlten Urlaubs keine Sonderregelungen: Solange das Dienstverhältnis fortbesteht und dem Arbeitgeber die Lohnsteuerabzugsmerkmale des Arbeitnehmers zur Verfügung stehen, sind auch solche in den Lohnzahlungszeitraum fallende Arbeitstage mitzuzählen, für die der Arbeitnehmer keinen Lohn bezogen hat (R 39b.5 Abs. 2 Satz 3 LStR). Es entsteht insbesondere **kein** Teillohnzahlungszeitraum mit der Folge, dass die Lohnsteuer nach der Wochen- oder Tageslohnsteuertabelle ermittelt werden müsste (→ *Teillohnzahlungszeitraum* Rz. 4086). 4192

Beispiel:

A (Steuerklasse III) hat in der Zeit vom 17. bis 31.5.2025 unbezahlten Urlaub erhalten. Sein üblicher („normaler") Arbeitslohn beträgt 2 500 €, er erhält für diesen halben Monat nur 1 250 €.

Der Arbeitgeber hat die Lohnsteuer für den Monat Mai 2025 nach dem Lohnzahlungszeitraum „Monat" zu berechnen, auch wenn A nur zwei Wochen gearbeitet hat. Die Lohnsteuer beträgt 0 €, weil bei dieser Steuerklasse lt. nach der für 2025 anzuwendenden Lohnsteuertabelle erst ab einem Monatslohn von 2 632,00 € Lohnsteuer anfällt.

In den Fällen, in denen zwar das Beschäftigungsverhältnis weiterbesteht, der Anspruch auf Arbeitslohn aber für **mindestens fünf aufeinander folgende Arbeitstage** im Wesentlichen weggefallen ist, hat der Arbeitgeber jeweils den **Großbuchstaben „U"** (U = Unterbrechung) im Lohnkonto und in der elektronischen Lohnsteuerbescheinigung des Arbeitnehmers einzutragen. Der Zeitraum, für den der Arbeitslohnanspruch weggefallen ist, muss nicht eingetragen werden (→ *Lohnkonto* Rz. 2865, → *Lohnsteuerbescheinigung* Rz. 2955).

3. Sozialversicherung

Die Mitgliedschaft versicherungspflichtiger Arbeitnehmer bleibt in der Kranken- und Pflegeversicherung ebenso wie das Beschäftigungsverhältnis i.S. der Renten- und Arbeitslosenversicherung erhalten, solange das Beschäftigungsverhältnis ohne Entgeltzahlung fortbesteht, längstens jedoch für einen Monat. Dauert ein unbezahlter Urlaub (ein unentschuldigtes Fehlen) länger, endet die Mitgliedschaft in der Kranken- und Pflegeversicherung mit Ablauf des Monates; ggf. ist eine freiwillige Kranken- und Pflegeversicherung abzuschließen. Der Arbeitnehmer ist abzumelden und nach seiner Arbeitsaufnahme wieder anzumelden. 4193

Die Spitzenorganisationen der Sozialversicherung haben sich in ihrem Besprechungsergebnis vom 8.11.2017 damit beschäftigt, ob eine neue Monatsfrist ausgelöst wird, wenn in die Zeit ein Tag des bezahlten Urlaubs eingeschoben wird. Sie sind zu der Auffassung gelangt, dass es sich hierbei um eine unechte Unterbrechung handelt, die nicht dazu geeignet ist, den fiktiven Fortbestand des Beschäftigungsverhältnisses erneut auszulösen.

Die Zeit des unbezahlten Urlaubs/Fehlens ist keine beitragsfreie Zeit, sie ist vielmehr wegen des Fehlens von Arbeitsentgelt nicht mit Beiträgen „belegt". Sofern in dem Monat des unbezahlten Urlaubs/Fehlens kein Arbeitsentgelt angefallen ist, werden auch keine Beiträge fällig. Im Übrigen ist bei der Beitragsberechnung davon auszugehen, als hätte das Beschäftigungsverhältnis auch während des unbezahlten Urlaubes bestanden. Werden für den Abrechnungszeitraum des unbezahlten Urlaubs/des Fehlens noch Teilentgelte fällig, werden diese auf den gesamten Abrechnungszeitraum verteilt der Beitragsberechnung unterworfen. Einmalige Zuwendungen, die während dieser Zeit gezahlt werden, sind somit nach den allgemeinen Regeln beitragspflichtig.

Beispiel 1:

Der Arbeitnehmer hat vom 15.11. bis 30.11. unbezahlten Urlaub. Sein Gehaltsanspruch wird für den Monat November auf 1 500 € reduziert.

Beiträge für den gesamten Monat November bemessen sich auf der Grundlage von 1 500 €.

Beispiel 2:

Der Arbeitnehmer hat im gesamten Monat Juni unbezahlten Urlaub. Laufendes Arbeitsentgelt wird nicht gezahlt, jedoch ein Urlaubsgeld i.H.v. 325 €.

Für dieses Urlaubsgeld besteht im Juni Beitragspflicht.

Beispiel 3:

Der Arbeitnehmer hat vom 9.4. bis 26.4. unbezahlten Urlaub. Für die verbleibenden Arbeitstage steht ihm ein Lohnanspruch von 325 € zu. Am 17.4. wird eine Gewinnbeteiligung von 400 € gezahlt.

Das beitragspflichtige Entgelt beträgt im April 725 €.

Unfallkosten

1. Arbeitnehmereigene Fahrzeuge

a) Allgemeines

4194 Unfallkosten eines **Arbeitnehmers bei beruflichen Fahrten mit seinem eigenen Pkw** (dazu gehören v.a. Fahrten zwischen Wohnung und erster Tätigkeitsstätte, die An- und Abreise bei doppelter Haushaltsführung, Auswärtstätigkeiten) sind bei ihm grds. als **Werbungskosten** abzugsfähig, und zwar sogar **neben der Entfernungspauschale** (s. aber → *Wege zwischen Wohnung und erster Tätigkeitsstätte* Rz. 4441) bzw. **neben dem pauschalen km-Satz für Auswärtstätigkeiten**, vgl. u.a. BMF v. 18.11.2021, IV C 5 – S 2351/20/10001 :002, BStBl I 2021, 2315, Tz. 4. Der **BFH** lehnt die Verwaltungsauffassung ab und erkennt nur Aufwendungen in Zusammenhang mit der Beseitigung oder Linderung von **Körperschäden**, die durch einen Unfall auf einer beruflich veranlassten Fahrt zwischen Wohnung und erster Tätigkeitsstätte eingetreten sind, gem. § 9 Abs. 1 Satz 1 EStG als Werbungskosten neben der Entfernungspauschale an, **nicht dagegen fahrzeug- und wegstreckenbezogene Aufwendungen** (BFH v. 19.12.2019, VI R 8/18, BStBl II 2020, 291).

Ein **steuerfreier Arbeitgeberersatz** ist aber nur zulässig, wenn es dafür eine besondere Steuerbefreiungsvorschrift gibt (R 19.3 Abs. 3 Satz 1 LStR). Dies ist aber nur bei **Auswärtstätigkeiten und doppelter Haushaltsführung der Fall** (§ 3 Nr. 13 bzw. 16 EStG), nicht dagegen bei Aufwendungen für Fahrten zwischen Wohnung und erster Tätigkeitsstätte.

Ein Abzug von Unfallkosten als **außergewöhnliche Belastung** nach § 33 EStG kommt ebenfalls nicht in Betracht; eine Ausnahme gilt nur für Unfallschäden gehbehinderter Personen, soweit die Kosten anlässlich beruflicher Fahrten nicht schon als Betriebsausgaben bzw. Werbungskosten abgezogen werden können (BFH v. 24.4.2006, III B 164/05).

Nicht als Werbungskosten abgezogen werden können Unfallkosten, die anlässlich einer **privaten Fahrt** entstanden sind. Privatfahrten sind auch kurze Abstecher, um auf dem Weg zur Arbeit das Kind in den Kindergarten zu bringen oder Kaffee zum Verzehr am Arbeitsplatz einzukaufen (BFH v. 13.3.1996, VI R 94/95, BStBl II 1996, 375; BFH v. 12.1.1996, VI R 69/95). Die sozialversicherungsrechtliche Beurteilung eines Unfalls als Berufsunfall ist für die steuerliche Beurteilung der Kosten entweder als abzugsfähige Werbungskosten oder aber als nicht abzugsfähige Kosten der Lebensführung unerheblich (vgl. FG Baden-Württemberg v. 4.11.1998, 12 K 226/95, EFG 1999, 219).

Dasselbe gilt für Unfälle auf einer

- **privaten Umwegstrecke** (BFH v. 18.4.2007, XI R 60/04, BStBl II 2007, 762 betr. Besuch des Weihnachtsmarkts sowie FG Saarland v. 13.9.2005, 1 K 189/01, betr. eine nicht erforderliche Umwegfahrt zum Betanken des Fahrzeugs),
- **privaten Fahrtunterbrechung** (FG München v. 12.6.2002, 1 K 49/01, betr. Parken in der zweiten Reihe, um eine Zeitung zu holen),
- beruflichen Fahrt, wenn der Unfall durch **Alkoholeinfluss** des Arbeitnehmers herbeigeführt wurde (zuletzt BFH v. 24.5.2007, VI R 73/05, BStBl II 2007, 766 m.w.N.). Allein „fahrlässiges Verhalten" reicht jedoch für die Versagung des Werbungskostenabzugs nicht aus: Das FG Düsseldorf hat deshalb Unfallkosten eines GmbH-Geschäftsführers auf einer beruflichen Fahrt als Werbungskosten anerkannt, obwohl er durch fahrlässiges Verhalten den Unfall verursacht und den Tod eines anderen Menschen herbeigeführt hat. Begründung: Der einmal begründete berufliche Veranlassungszusammenhang wird durch das fahrlässige Verhalten des Arbeitnehmers nicht unterbrochen. Das Gericht ließ offen, ob eine vorsätzlich begangene Straftat den Veranlassungszusammenhang unterbrechen könnte (FG Düsseldorf v. 11.10.2000, 9 K 4215/99 E).

Nicht als Betriebsausgaben anerkannt wurden ferner **Schadensersatzleistungen- und Prozesskosten**, die auf einer privaten Gefälligkeit beruhen: Ein Zahnarzt hatte auf einer beruflichen Fahrt (Flug zu einem Kongress mit seinem Privatflugzeug) aus Gefälligkeit Dritte mitgenommen, durch Absturz sind alle ums Leben gekommen (BFH v. 1.12.2005, IV R 26/04, BStBl II 2006, 182). Das Urteil kann auch Bedeutung haben für Fälle, in denen ein Arbeitnehmer anlässlich einer Auswärtstätigkeit oder auf dem Weg zur Arbeit **Kollegen oder auch Familienangehörige mitnimmt**.

Der Arbeitgeber ist aus seiner Fürsorgepflicht gehalten, dem Arbeitnehmer eine etwa vom Finanzamt verlangte **Bescheinigung** zur berufsbedingten Entstehung der Unfallkosten zu erteilen.

Zur **Versteuerung von Rentenversicherungsbeiträgen**, die im Anschluss an einen Verkehrsunfall direkt von der Versicherung des Unfallgegners an den Rentenversicherungsträger gezahlt werden, s. FG Niedersachsen v. 30.11.2016, 9 K 143/15, EFG 2017, 470.

b) Erstattung als Reisenebenkosten

Unfallkosten am **eigenen Fahrzeug gehören nicht zu den Gesamtkosten** des Fahrzeugs, vgl. H 9.5 (Einzelnachweis) LStH m.w.N.; sie sind bei Auswärtstätigkeiten jedoch als **Reisenebenkosten** zu berücksichtigen (R 9.8 LStR). Das bedeutet, dass Unfallkosten vom **Arbeitgeber** 4195

- auch im Falle des Einzelnachweises aller Kfz-Kosten **nicht steuerfrei erstattet** werden können, wenn der Arbeitnehmer auf einer **privaten Fahrt** einen Unfall erleidet,
- dagegen umgekehrt bei einem **Unfall auf einer Auswärtstätigkeit usw. in voller Höhe steuerfrei ersetzt** werden können, auch wenn der Arbeitnehmer das Kfz z.T. privat fährt.

Beispiel 1:

A, Handelsvertreter, hat ein eigenes Kfz, das er zu 80 % beruflich nutzt. Auf einer Privatfahrt hat er einen Unfall erlitten, die Kosten haben 10 000 € betragen. Am Jahresende beantragt er von seinem Arbeitgeber die Erstattung folgender Kosten:

Gesamtkosten des Fahrzeugs (Benzin, Wartung, Versicherungen, Absetzungen für Abnutzung usw.)	50 000 €
zzgl. Unfallkosten	10 000 €
tatsächliche Gesamtkosten	60 000 €
davon 80 % beruflicher Anteil	48 000 €

Der Arbeitgeber darf nur 80 % der „bereinigten" Gesamtkosten von 50 000 € = 40 000 € für Auswärtstätigkeiten steuerfrei erstatten, weil die Unfallkosten nicht zu den Gesamtkosten zählen. Die Unfallkosten auf der privaten Fahrt können somit auch nicht anteilig – soweit das Kfz beruflich genutzt wird – steuerfrei erstattet werden.

Beispiel 2:

Beispiel wie oben, der Unfall ist jedoch auf einer Auswärtstätigkeit eingetreten.

Der Arbeitgeber darf in diesem Fall außer den 40 000 € für das Kfz die vollen 10 000 € als Reisenebenkosten steuerfrei erstatten. Eine Kürzung um den privaten Nutzungsanteil des Kfz erfolgt nicht.

c) Abgrenzung der verschiedenen Fahrten

Unfallkosten teilen steuerlich das Schicksal der Fahrt, bei deren Gelegenheit sich der Unfall ereignet hat (BFH v. 13.7.2009, III B 117/08, m.w.N.). Für die Frage, wann Unfallkosten an **Fahrzeugen des Arbeitnehmers** vom Arbeitgeber steuerfrei erstattet werden können, müssen daher die einzelnen Fallgruppen unterschieden werden: 4196

- Ereignet sich der Unfall während einer **Auswärtstätigkeit**, so können die Unfallkosten als Reisenebenkosten in voller Höhe

steuerfrei ersetzt werden (§ 3 Nr. 16 EStG). Das Gleiche gilt für Unfälle bei **Vorstellungsreisen oder Umzügen**.

LSt SV

Ein **geldwerter Vorteil** ist jedoch beim Arbeitnehmer zu versteuern, wenn dieser im Zustand der absoluten Fahruntüchtigkeit ein firmeneigenes Kfz beschädigt hat und gleichwohl der Arbeitgeber auf die ihm zustehende **Schadensersatzforderung verzichtet** (zuletzt BFH v. 24.5.2007, VI R 73/05, BStBl II 2007, 766).

- Ereignet sich der Unfall während einer Fahrt zwischen Wohnung und erster Tätigkeitsstätte, stellen die erstatteten Unfallkosten ebenso wie die erstatteten Fahrtkosten selbst **steuerpflichtigen Arbeitslohn** dar.

  Der Arbeitgeber kann die Lohnsteuer jedoch nach § 40 Abs. 2 Satz 2 EStG mit einem **Pauschsteuersatz von 15 %** erheben, soweit der Arbeitnehmer diese Erstattungen als Werbungskosten geltend machen könnte. Das heißt, dass die Beschränkungen der Entfernungspauschale (Pauschsatz von 0,30 € je Entfernungskilometer bzw. ab 2026 auf Grund des Steueränderungsgesetzes 2025 0,38 € s. dazu → *Wege zwischen Wohnung und erster Tätigkeitsstätte* Rz. 4419) zu beachten sind. Die pauschal besteuerten Zuschüsse mindern die nach § 9 Abs. 1 Satz 3 Nr. 4 Satz 2 EStG abziehbaren Werbungskosten (BMF v. 18.11.2021, IV C 5 – S 2351/20/10001 :002, BStBl I 2021, 2315, Tz. 5.2.2).

  LSt SV

- Ereignet sich der Unfall während einer wöchentlichen **Familienheimfahrt i.R. einer beruflich veranlassten doppelten Haushaltsführung**, sind die Ersatzleistungen in voller Höhe steuerfrei. Denn nach § 8 Abs. 2 Satz 5 EStG wird aus Vereinfachungsgründen auf die Erfassung eines geldwerten Vorteils für die Überlassung eines firmeneigenen Kfz verzichtet, wenn der Arbeitnehmer entsprechende Fahrtkosten als Werbungskosten absetzen könnte (d.h. **eine** Familienheimfahrt wöchentlich).

  LSt SV

- Ereignet sich der Unfall während einer **Privatfahrt**, liegt bei der Erstattung der Unfallkosten in vollem Umfang steuerpflichtiger Arbeitslohn vor, der „normal" versteuert werden muss (keine Pauschalierung).

  LSt SV

d) Begriff „Unfallkosten"

4197 Erstattungsfähig sind unter den o.g. Voraussetzungen die gesamten zur Beseitigung des Unfalls aufgewendeten Beträge; es kommt dabei nicht darauf an, in welchem Umfang das Fahrzeug üblicherweise privat und beruflich genutzt wird (BFH v. 19.3.1982, VI R 25/80, BStBl II 1982, 442).

Zu den Unfallkosten gehören in erster Linie:

- Die **Reparaturkosten** des eigenen Fahrzeugs sowie des Fahrzeugs des Unfallgegners, wenn der Arbeitnehmer diese unter Verzicht auf die Inanspruchnahme seiner gesetzlichen Haftpflichtversicherung selbst getragen hat; Entsprechendes gilt für **Schadensersatzzahlungen an den Unfallgegner** (z.B. Schmerzensgeld). Bei Schäden am eigenen Fahrzeug, die von der **Vollkaskoversicherung unter Anrechnung der Selbstbeteiligung** erstattet worden sind, kann diese als Unfallkosten berücksichtigt werden (BFH v. 9.8.1963, VI 49/62 U, BStBl III 1963, 502); die Versicherungsentschädigung selbst ist jedoch unabhängig davon von den Unfallkosten abzusetzen, ob die gezahlten Versicherungsprämien als Werbungskosten berücksichtigt wurden oder nicht (FG Rheinland-Pfalz v. 29.5.2008, 3 K 1699/05).
- **Die Wertminderung durch Absetzungen für außergewöhnliche Abnutzung (AfaA)**, wenn der Arbeitnehmer das Fahrzeug nicht reparieren lässt. Die Wertminderung errechnet sich dabei nach dem Buchwert (nicht dem Zeitwert!) vor dem Unfall und dem Zeitwert nach dem Unfall; der Einholung eines Sachverständigengutachtens zum Zeitwert des Kfz im Zeitpunkt des Unfalls bedarf es deshalb nicht (BFH v. 9.1.2002, VI B 222/01).

Beispiel:

A, Handelsvertreter, hat am 2.1.2025 für 54 000 € einen Pkw angeschafft, den er für seine Auswärtstätigkeit nutzt. Der Arbeitgeber erstattet ihm für jeden dienstlich gefahrenen Kilometer den pauschalen km-Satz von 0,30 €. Am 30.6.2026 erleidet A auf einer Auswärtstätigkeit einen Unfall, der Wagen hat laut Sachverständigengutachten danach nur noch einen Schrottwert von 5 000 €.

Die Wertminderung errechnet sich wie folgt (die Nutzungsdauer wird entsprechend BMF v. 15.12.2000, IV D 2 – S 1551 – 188/00, BStBl I 2000, 1532 mit sechs Jahren angenommen):

Anschaffungskosten	54 000 €
AfA für 2025	– 9 000 €
Buchwert zum 31.12.2025	45 000 €
AfA bis zum Unfalltag 30.6.2026, d.h. für 6 Monate (1/2 von 9 000 €)	– 4 500 €
Buchwert zum 30.6.2026	40 500 €
Zeitwert (Verkehrswert) nach dem Unfall	– 5 000 €
als Absetzung für außergewöhnliche Abnutzung zu berücksichtigende Wertminderung	35 500 €

Der Arbeitgeber darf A außer den sonstigen Unfallkosten die Wertminderung i.H.v. 35 500 € steuerfrei erstatten.

Voraussetzung für den Abzug von AfaA ist danach, dass überhaupt noch ein **abschreibungsfähiger Restbuchwert vorhanden** ist, vgl. H 9.10 (Unfallschäden) LStH. Dies ist bei einem zwölf Jahre alten Fahrzeug unabhängig davon nicht der Fall, ob und in welchem Umfang für das Fahrzeug tatsächlich steuerlich Abschreibungen geltend gemacht wurden; gegenzurechnen ist ferner ein evtl. **Verkaufserlös** (FG München v. 18.3.1998, 1 K 775/96, EFG 1998, 1083; BFH v. 21.8.2012, VIII R 33/09, BStBl II 2013, 171). In der Regel geht die Rechtsprechung von einer Nutzungsdauer von **acht Jahren** aus (BFH v. 8.4.2008, VIII R 64/06, m.w.N.).

AfaA eines durch Unfall beschädigten Pkw sind nur im **Veranlagungszeitraum des Schadenseintritts** abziehbar. Es besteht kein Wahlrecht, mit der Geltendmachung der AfaA zu warten, bis feststeht, ob und in welcher Höhe der Schaden z.B. durch eine Versicherung ersetzt wird (BFH v. 13.3.1998, VI R 27/97, BStBl II 1998, 443).

- Aufwendungen für die Beseitigung **von Schäden an Kleidung, Gepäck** usw. (vgl. BFH v. 30.6.1995, VI R 26/95, BStBl II 1995, 744 sowie FG Sachsen v. 18.5.2018, 4 K 194/18, EFG 2019, 685, aber Abgeltung durch die Entfernungspauschale).
- Kosten für einen **Mietwagen**, solange der eigene Wagen in der Werkstatt steht.
- Aufwendungen für **Sachverständige, Anwalt, Gericht** usw., jedoch **nicht Geldstrafen oder Bußgelder** (§ 12 Nr. 4 EStG).
- **Zinsen für einen Kredit**, der zur Bezahlung der Unfallkosten aufgenommen wurde (BFH v. 2.3.1962, VI 79/60 S, BStBl III 1962, 192).
- **Nebenkosten**, z.B. für den Abschleppwagen, Taxifahrten zum Anwalt oder Gericht, Telefonkosten.

Keine Unfallkosten sind dagegen

- die in den Folgejahren erhöhten **Beiträge für die Haftpflicht- und Fahrzeugversicherung**, wenn die Versicherung in Anspruch genommen worden ist, sowie
- der sog. **merkantile Minderwert** eines reparierten und weiterhin benutzten Fahrzeugs; vgl. H 9.10 (Unfallschäden) LStH m.w.N.

2. Firmenwagen

a) Allgemeines

Bei der Firmenwagengestellung gehören **Unfallkosten nicht zu den Gesamtkosten eines dem Arbeitnehmer überlassenen Firmenwagens** (R 8.1 Abs. 9 Nr. 2 Satz 11 LStR). Vom Arbeitgeber getragene Unfallkosten sind daher neben dem sich nach der 1 %-Regelung oder der Fahrtenbuchmethode ergebenden geldwerten Vorteil gesondert zu würdigen (R 8.1 Abs. 9 Nr. 1 Satz 9 i.V.m. Nr. 2 Satz 9 bis 16 LStR). 4198

Bei Unfallkosten, die – bezogen auf den einzelnen Schadensfall und nach Erstattungen von dritter Seite (z.B. Versicherungen) –

einen **Betrag von 1 000 € (zzgl. USt) nicht übersteigen, wird es von der Finanzverwaltung nicht beanstandet, wenn sie als Reparaturkosten in die Gesamtkosten einbezogen** werden (R 8.1 Abs. 9 Nr. 2 Satz 12 LStR). Diese Vereinfachungsregelung gilt auch bei Anwendung der 1 %-Regelung, so dass Unfallkosten bis zu einem Betrag von 1 000 € zzgl. USt bei Anwendung der 1 %-Regelung **nicht als gesonderter geldwerter Vorteil anzusetzen** sind. Hintergrund dieser Vereinfachungsregelung ist, dass insbesondere **Leasingfahrzeuge** am Ende der Leasingzeit vom Arbeitgeber bzw. Arbeitnehmer beschädigt an die Leasinggesellschaft zurückgegeben werden, diese dem Arbeitgeber hierfür Reparaturkosten in Rechnung stellt und nicht mehr feststellbar ist, auf welches Ereignis der Schaden an dem Fahrzeug zurückzuführen ist.

Beispiel:

Anlässlich der Rückgabe eines geleasten Firmenwagens an die Leasinggesellschaft wird eine Beschädigung des Fahrzeugs an der Stoßstange festgestellt. Die Beseitigung des Schadens kostet 800 €.

Auf Grund der vorstehenden Vereinfachungsregelung beanstandet es die Finanzverwaltung nicht, wenn die Aufwendungen i.H.v. 800 € als Reparaturkosten in die Gesamtkosten einbezogen werden. Wird der geldwerte Vorteil aus der Firmenwagengestellung nach der **1 %-Regelung** ermittelt, ist kein weiterer geldwerter Vorteil anzusetzen.

Bei Ermittlung des geldwerten Vorteils nach der **Fahrtenbuchmethode** führt die Einbeziehung der Aufwendungen in die Gesamtkosten letztlich zu einem höheren km-Satz für die Privatfahrten und die Fahrten zwischen Wohnung und erster Tätigkeitsstätte.

Diese Vereinfachungsregel ist auch dann sinngemäß anzuwenden, wenn ein höherer Selbstbehalt als 1 000 € vereinbart ist. Zudem ist die sog. Bagatellregelung der R 8.1 Abs. 9 Nr. 2 Satz 12 LStR anwendbar, d.h., wenn der Schadensersatzverzicht nach R 8.1 Abs. 9 Nr. 2 Satz 15 LStR in Höhe eines Selbstbehalts von 1 000 € anzusetzen ist, kann dieser als Reparaturkosten in die Gesamtkosten einbezogen werden.

b) Verzicht des Arbeitgebers auf Schadensersatz als Arbeitslohn?

4199 Ist der Arbeitnehmer gegenüber dem Arbeitgeber wegen Unfallkosten schadenersatzpflichtig (z.B. Privatfahrten, Trunkenheitsfahrten) und verzichtet der Arbeitgeber auf diesen Schadenersatz, liegt in Höhe dieses Verzichts – **neben dem geldwerten Vorteil aus der Firmenwagengestellung – ein weiterer, zusätzlich zu erfassender geldwerter Vorteil vor** (R 8.1 Abs. 9 Nr. 2 Satz 13 LStR). Erstattungen durch Dritte (z.B. Versicherung) sind unabhängig vom Zahlungszeitpunkt des Dritten vorteilsmindernd zu berücksichtigen, so dass der **geldwerte Vorteil regelmäßig in Höhe der vereinbarten Selbstbeteiligung anzusetzen** ist (R 8.1 Abs. 9 Nr. 2 Satz 14 LStR).

Verzichtet der Arbeitgeber gegenüber dem Arbeitnehmer auf Schadensersatz wegen eines von diesem verschuldeten **Motorschadens an einem Dienstwagen**, führt der aus dem Verzicht entstehende Vermögensvorteil zu Arbeitslohn. Er ist nicht durch die 1 %-Regelung abgegolten (FG Köln v. 29.10.2015, 15 K 1581/11, EFG 2017, 196, insoweit rkr.).

Allerdings ist zu beachten, dass eine **Versicherung bei einem vorsätzlich oder grob fahrlässig verursachten Unfall nicht zahlt**. In diesem Fall liegt daher ein geldwerter Vorteil in Höhe des tatsächlichen Schadenverzichts des Arbeitgebers vor.

Beispiel 1:

Der Arbeitnehmer verursacht auf einer Privatfahrt einen Unfall, der zu einem Schaden an dem vom Arbeitgeber zur Verfügung gestellten Firmenwagen i.H.v. 5 000 € führt. Die Vollkaskoversicherung des Arbeitgebers übernimmt nach Abzug der Selbstbeteiligung von 1 000 € die restlichen Kosten von 4 000 €. Der Arbeitgeber nimmt seinen Arbeitnehmer nicht in Regress.

Da der Arbeitnehmer gegenüber seinem Arbeitgeber wegen des von ihm verursachten Unfalls schadenersatzpflichtig ist, liegt steuerpflichtiger Arbeitslohn in Höhe der vereinbarten Selbstbeteiligung der Vollkaskoversicherung von 1 000 € vor. Auch die Vereinfachungsregelung nach R 8.1 Abs. 9 Nr. 2 Satz 12 LStR wäre anwendbar (Wahlrecht).

Beispiel 2:

Wie Beispiel 1. Der Unfall ereignet sich anlässlich einer Trunkenheitsfahrt des Arbeitnehmers.

Da die Vollkaskoversicherung in diesem Fall wegen des vorsätzlichen bzw. grob fahrlässigen Verhaltens des Arbeitnehmers nicht zahlt, liegt ein steuerpflichtiger geldwerter Vorteil in Höhe des tatsächlichen Schadenersatzverzichts des Arbeitgebers von 5 000 € vor.

Ein Werbungskostenabzug in Höhe des versteuerten geldwerten Vorteils ist auch dann ausgeschlossen, wenn sich dieser Unfall anlässlich einer Fahrt zwischen Wohnung und erster Tätigkeitsstätte ereignet hat.

Hat der **Arbeitgeber auf den Abschluss einer Vollkaskoversicherung verzichtet** (z.B. bei Arbeitgebern des **öffentlichen Dienstes** mit Firmenwagengestellungen an ihre Arbeitnehmer), ist aus Vereinfachungsgründen so zu verfahren, als bestünde eine Versicherung mit einer Selbstbeteiligung i.H.v. 1 000 €, wenn es bei bestehender Versicherung zu einer Erstattung gekommen wäre (R 8.1 Abs. 9 Nr. 2 Satz 15 LStR). Allerdings ist auch hier zu beachten, dass die Versicherung bei einem vorsätzlichen oder grob fahrlässigen Unfall nicht zahlen würde. Daher liegt in diesem Fall ein geldwerter Vorteil in Höhe des tatsächlichen Schadenersatzverzichts des Arbeitgebers vor. Durch die vorstehenden Regelungen soll eine Gleichbehandlung der Arbeitnehmer unabhängig davon erreicht werden, ob der Arbeitgeber in den Fällen der Firmenwagengestellung eine Vollkaskoversicherung abgeschlossen hat oder nicht.

Beispiel 3:

Wie Beispiel 2. Der Arbeitgeber hat aber auf den Abschluss einer Vollkaskoversicherung verzichtet.

Der steuerpflichtige geldwerte Vorteil wird aus Vereinfachungsgründen i.H.v. 1 000 € angesetzt.

Liegt keine Schadenersatzpflicht des Arbeitnehmers vor (z.B. Fälle höherer Gewalt, Verursachung des Schadens durch einen Dritten) oder ereignet sich der Unfall auf einer beruflich veranlassten Fahrt (bei einer Auswärtstätigkeit oder einer Fahrt zwischen Wohnung und erster Tätigkeitsstätte), liegt kein geldwerter Vorteil vor, es sei denn, dem Unfall liegt eine Trunkenheitsfahrt zu Grunde (R 8.1 Abs. 9 Nr. 2 Satz 16 LStR).

Beispiel 4:

Der Arbeitnehmer stellt den vom Arbeitgeber überlassenen Firmenwagen nachts auf der Straße vor seiner Wohnung ab. Am nächsten Morgen stellt der Arbeitnehmer fest, dass der Wagen in der Nacht von einem unbekannten Dritten beschädigt worden ist.

Da der Schaden von einem Dritten verursacht worden ist, liegt keine Schadenersatzpflicht des Arbeitnehmers gegenüber seinem Arbeitgeber und damit auch kein steuerpflichtiger geldwerter Vorteil vor.

c) Kein Ansatz eines geldwerten Vorteils

Bei Unfällen auf beruflichen Fahrten verzichtet die Finanzverwal- 4200
tung – wegen der zumindest im Einkommensteuer-Veranlagungsverfahren möglichen Saldierung von Arbeitslohn und Werbungskosten – auf den Ansatz eines geldwerten Vorteils.

Beispiel:

Der Arbeitnehmer verursacht auf einer Fahrt zwischen Wohnung und erster Tätigkeitsstätte einen Unfall, der zu einem Schaden an dem ihm von seinem Arbeitgeber zur Verfügung gestellten Firmenwagen i.H.v. 3 500 € führt. Die Vollkaskoversicherung des Arbeitgebers übernimmt nach Abzug der Selbstbeteiligung von 1 000 € die restlichen Kosten von 2 500 €. Der Arbeitgeber nimmt seinen Arbeitnehmer nicht in Regress.

Da es sich um einen Unfall anlässlich einer beruflichen Fahrt handelt, wird steuerlich auf den Ansatz eines geldwerten Vorteils in Höhe der Selbstbeteiligung in der Vollkaskoversicherung von 1 000 € verzichtet.

Andererseits kann der Arbeitnehmer – da kein geldwerter Vorteil angesetzt wird – neben der Entfernungspauschale keine Unfallkosten als Werbungskosten bei den Einkünften aus nichtselbständiger Arbeit geltend machen.

d) Werbungskostenabzug

Kosten für Schäden am vom Arbeitgeber oder auf Grund des 4201
Dienstverhältnisses von Dritten überlassenen Kraftfahrzeug können in der Einkommensteuerveranlagung i.d.R. **nicht (mehr) als Werbungskosten berücksichtigt** werden:

- Wenn **keine Schadensersatzpflicht des Arbeitnehmers besteht** (z.B. Fälle höherer Gewalt, Verursachung des Schadens durch einen Dritten), wird auch kein geldwerter Vorteil für den Schadensfall erfasst, so dass der Arbeitnehmer wirtschaftlich nicht mit diesen Unfallkosten belastet ist.
- Wenn sich der Unfall auf einer **beruflich veranlassten Fahrt** (Auswärtstätigkeit, Fahrt zwischen Wohnung und erster Tätigkeitsstätte oder auch Familienheimfahrt) ereignet, wird der dem Grunde nach mögliche Werbungskostenabzug bereits im Lohnsteuerabzugsverfahren gegengerechnet (d.h. es wird kein

gesonderter geldwerter Vorteil erfasst), so dass der Arbeitnehmer ebenfalls wirtschaftlich nicht mit diesen Unfallkosten belastet ist.

- Wenn es sich um eine sog. (private oder berufliche) **Trunkenheitsfahrt** (= das auslösende Moment für den Verkehrsunfall war die alkoholbedingte Fahruntüchtigkeit) handelt, ist ein Werbungskostenabzug auf Grund der fehlenden beruflichen Veranlassung ausgeschlossen; im Ergebnis verbleibt es bei der Erfassung/Besteuerung eines Schadensersatzverzichts als gesonderter geldwerter Vorteil (BFH v. 24.5.2007, VI R 73/05, BStBl II 2007, 766). Entsprechendes gilt für die sich auf Privatfahrten ereigneten Unfälle, für die eine **Schadensersatzpflicht des Arbeitnehmers besteht**.

Unfallverhütungsprämien

1. Lohnsteuer

4202 Unternehmen führen häufig Wettbewerbe durch, um die Sicherheit am Arbeitsplatz zu erhöhen. Dabei werden am Ende eines Kalenderjahres in einzelnen Betrieben oder Betriebsteilen die Unfallhäufigkeit festgestellt und Sachprämien an die Mitarbeiter gegeben, bei denen die Zahl der meldepflichtigen Arbeitsunfälle am geringsten ist.

Solche Unfallverhütungs- und Sicherheitsprämien gehören regelmäßig zum steuerpflichtigen Arbeitslohn (BFH v. 11.3.1988, VI R 106/84, BStBl II 1988, 726; → *Belohnungen* Rz. 1331).

Diese Prämien werden überwiegend nach § 40 Abs. 1 Satz 1 Nr. 1 EStG pauschal besteuert (→ *Pauschalierung der Lohnsteuer* Rz. 3337).

LSt SV

2. Sozialversicherung

4203 Für die beitragsrechtliche Behandlung ist zu entscheiden, ob die Prämien als laufendes oder einmalig gezahltes Arbeitsentgelt anzusehen sind.

Einmalige Zuwendungen sind Arbeitsentgelt, das nicht in einem Abrechnungszeitraum, sondern über längere Zeiträume erworben wird. Außerdem hängt die Zahlung einer Unfallverhütungsprämie nicht von der unfallfreien Arbeit eines Einzelnen in einem Abrechnungszeitraum ab, sondern von der einer Gruppe über einen längeren Zeitraum (Jahr). Die Sozialversicherungsträger vertreten die Auffassung, dass Unfallverhütungsprämien als einmalig gezahltes, beitragspflichtiges Arbeitsentgelt anzusehen sind, auch wenn die Prämien als Sachbezug und nicht in Geld gewährt werden.

Demnach ist der Geldwert der Sachprämie als Berechnungsgrundlage zu ermitteln. Nach § 3 Abs. 3 SvEV ist es möglich, dem einzelnen Arbeitnehmer den Durchschnittswert des pauschal versteuerten Sachbezugs zuzuordnen und danach den Beitrag zu berechnen, wenn der Wert des Sachbezugs 80 € nicht übersteigt und der Arbeitgeber die Arbeitnehmeranteile an den Sozialversicherungsbeiträgen übernimmt. Dieser vermögenswerte Vorteil ist dem letzten Entgeltabrechnungszeitraum des Kalenderjahres zuzuordnen.

3. Prämien der Berufsgenossenschaft

4204 Belohnungen, die die **Berufsgenossenschaften** den Arbeitnehmern für Vorschläge zur Verhütung von Unfällen zahlen, sind regelmäßig kein steuerpflichtiger und damit auch kein beitragspflichtiger Arbeitslohn (BFH v. 22.2.1963, VI 165/61 U, BStBl III 1963, 306).

~~LSt~~ ~~SV~~

Unfallversicherung: freiwillige

1. Allgemeines

4205 **Arbeitslohn** i.S.d. § 19 Abs. 1 Satz 1 Nr. 1 EStG ist jeder Vorteil, der durch das individuelle Dienstverhältnis veranlasst ist. Zum Arbeitslohn können auch Ausgaben gehören, die ein Arbeitgeber leistet, um einen Arbeitnehmer oder diesem nahestehende Personen für den Fall der Krankheit, des **Unfalls**, der Invalidität, des Alters oder des Todes abzusichern – Zukunftssicherung. Erlangt der Arbeitnehmer durch die Beitragsleistungen seines Arbeitgebers einen unmittelbaren und unentziehbaren Rechtsanspruch gegen den Versicherer bzw. die Versorgungseinrichtung, fließt ihm bereits mit der Beitragsleistung Arbeitslohn zu (zuletzt BFH v. 7.6.2018, VI R 13/16, BStBl II 2019, 371 betr. Beiträge des Arbeitgebers für eine private Zusatzkrankenversicherung seiner Arbeitnehmer als Sachbezug). Ausgenommen ist lediglich der Versicherungsschutz für Unfälle bei **Auswärtstätigkeiten**.

Durch die Änderung in § 8 Abs. 1 EStG zur **Abgrenzung zwischen Geldleistung und Sachbezug** (→ *Sachbezüge* Rz. 3799) ist gesetzlich festgeschrieben, dass zweckgebundene Geldleistungen, nachträgliche Kostenerstattungen, Geldsurrogate und andere Vorteile, die auf einen Geldbetrag lauten, grds. keine Sachbezüge, sondern Geldleistungen sind. Das bedeutet:

- Die Gewährung von Krankenversicherungsschutz bei Abschluss einer Krankenversicherung und Beitragszahlung durch den Arbeitgeber ist **Sachlohn** (BFH v. 7.6.2018, VI R 13/16, BStBl II 2019, 371).
- Eine Zahlung des Arbeitgebers an den Arbeitnehmer bei Abschluss einer Krankenversicherung und Beitragszahlung durch den Arbeitnehmer ist **Barlohn**, auch wenn die Zahlung des Arbeitgebers mit der Auflage verbunden ist, dass der Arbeitnehmer mit einem vom ihm benannten Unternehmen einen Versicherungsvertrag schließt (BFH v. 4.7.2018, VI R 16/17, BStBl II 2019, 373).

Beiträge zu **Direktversicherungen bzw. Gruppenunfallversicherungen**, in denen der Arbeitgeber als Versicherungsnehmer auftritt, stellen daher **keinen Sachbezug, sondern Barlohn dar.** Die für bestimmte Sachbezüge geltende **50 €-Freigrenze** nach § 8 Abs. 2 Satz 11 EStG (→ *Sachbezüge* Rz. 3819) findet deshalb hier **keine Anwendung** (R 8.1 Abs. 3 Satz 2 LStR).

Ist der **Arbeitgeber selbst der Versicherer** und gewährt er seinen Arbeitnehmern unentgeltlich bzw. verbilligt Versicherungsschutz (es handelt sich dabei um eine **Dienstleistung**), ist dieser Sachbezug nach § 8 Abs. 3 EStG zu bewerten, d.h. dass der **Rabattfreibetrag** bis 1 080 € abgezogen und der **Bewertungsabschlag** von 4 % berücksichtigt werden können (BFH v. 4.11.1994, VI R 81/93, BStBl II 1995, 338).

Räumt ein **Versicherer einem fremden Arbeitnehmer** verbilligten Versicherungsschutz ein, können – wenn der Arbeitgeber an der Verschaffung der Preisvorteile mitgewirkt hat – unter den Voraussetzungen des BMF v. 20.1.2015, IV C 5 – S 2360/12/10002, BStBl I 2015, 143 **Rabatte von dritter Seite** vorliegen, die nach § 8 Abs. 2 Satz 1 EStG zu bewerten sind (→ *Rabatte* Rz. 3537). In diesem Fall ist die 50 €-Freigrenze des § 8 Abs. 2 Satz 11 EStG zu berücksichtigen.

Prämienvorteile, die bei Gruppenversicherungen gegenüber Einzelversicherungen entstehen, gehören nicht zum Arbeitslohn. Die Prämienunterschiede beruhen auf Versicherungsrecht, da für beide Versicherungsarten unterschiedliche Tarife gelten, und führen mithin nicht zu einem lohnsteuerlich zu erfassenden geldwerten Vorteil. Das heißt, dass lohnsteuerlich Gruppenversicherungen nicht mit Einzelversicherungen verglichen werden dürfen. Folglich darf der Beitrag für eine Einzelversicherung nicht automatisch in allen Fällen, in denen Arbeitnehmern i.R. einer Gruppenversicherung verbilligter Versicherungsschutz eingeräumt wird, als üblicher Endpreis i.S.d. § 8 Abs. 2 EStG herangezogen werden. Entscheidend ist allein, ob für die **Arbeitnehmer Einzel- oder Gruppenversicherungen abgeschlossen** worden sind. Ein geldwerter Vorteil bemisst sich je nach Art der abgeschlossenen Versicherung (Einzel- oder Gruppenversicherung) danach, ob den Arbeitnehmern dabei Konditionen eingeräumt werden, die von denen abweichen, die fremden Dritten für die gleiche Versicherung (Einzel- oder Gruppenversicherung) gewährt werden. Dies gilt unabhängig, ob es sich um Gruppenversicherungen innerhalb oder außerhalb der Pauschalierungsregelung des § 40b EStG handelt (BMF v. 20.3.1996, IV B 6 – S 2334 – 100/96). § 40b EStG stellt keine besondere Bewertungsvorschrift dar, die § 8 EStG vorgeht, sondern regelt die Möglichkeit der Pauschalierung bei bestimmten Zukunftssicherungsleistungen.

Bei den Beiträgen zu privaten Risikolebensversicherungen, Unfallversicherungen oder Kapitallebensversicherungen handelt es sich nicht um existenziell notwendige Aufwendungen der Daseinsfürsorge, die i.R. des subjektiven Nettoprinzips steuermindernd zu berücksichtigen wären (BFH v. 9.9.2015, X R 5/13, BStBl II 2015, 1043).

2. BFH-Rechtsprechung

4206 **Der BFH hat in mehreren Urteilen dazu Stellung genommen, wann und in welcher Höhe bei Leistungen aus einer vom Arbeitgeber finanzierten Gruppenunfallversicherung, die dem Arbeitnehmer keinen eigenen Rechtsanspruch auf Leistung einräumt, Arbeitslohn zufließt (z.B. BFH v. 11.12.2008, VI R 9/05, BStBl II 2009, 385).**

Die Kernaussagen lassen sich wie folgt zusammenfassen:

- Die auf Grund einer vom Arbeitgeber abgeschlossenen Gruppenunfallversicherung an den Arbeitnehmer ausgezahlte Versicherungsleistung führt nicht zu Arbeitslohn.
- Steuerpflichtiger Arbeitslohn im Zeitpunkt der Auszahlung einer Versicherungsleistung an den Arbeitnehmer stellen nur die vom Arbeitgeber zur Erlangung des Versicherungsschutzes bis zur Auskehrung der Versicherungsleistung erbrachten Beiträge dar, der Höhe nach begrenzt auf die an den Arbeitnehmer ausgezahlte Versicherungsleistung.
- Über den durch die Beitragsleistung erlangten Vorteil kann der Arbeitnehmer erst bei Eintritt des Versicherungsfalls und Erlangung der Versicherungsleistung verfügen. Dies ist daher der Zuflusszeitpunkt.
- Regelmäßig kann davon ausgegangen werden, dass die Beiträge jeweils hälftig auf das Risiko privater und beruflicher Unfälle entfallen. Der auf das berufliche Risiko entfallende Anteil der Beiträge führt als Werbungskostenersatz wiederum zu Werbungskosten des Arbeitnehmers, mit denen der entsprechende steuerpflichtige Arbeitslohn zu saldieren ist.
- Im Ergebnis sind somit im Zeitpunkt der Versicherungsleistung die auf den Versicherungsschutz entfallenden Beiträge zur Hälfte steuerpflichtig.

Der BFH hat noch darauf hingewiesen, dass ggf. die **Tarifermäßigung** nach § 34 Abs. 1 EStG für außerordentliche Einkünfte in Gestalt von Vergütungen für mehrjährige Tätigkeiten (§ 34 Abs. 2 Nr. 4 EStG) zu gewähren ist (sog. **Fünftelregelung**). Voraussetzung dürfte allerdings sein, dass der Zeitraum der Zugehörigkeit des Arbeitnehmers zum vom Arbeitgeber finanzierten Gruppenunfallversicherungsvertrag bis zur Auszahlung der Versicherungsleistung (maximal aber bis zur Beendigung des Dienstverhältnisses) **mehr als zwölf Monate beträgt** (s. § 34 Abs. 2 Nr. 4 i.V.m. Abs. 1 EStG).

3. Erlass v. 28.10.2009

4207 Der Erlass sieht Folgendes vor (BMF v. 28.10.2009, IV C 5 – S 2332/09/10004, BStBl I 2009, 1275; die Nummerierung folgt der Gliederung dieses Schreibens; seit 2014 ist der Begriff „regelmäßige Arbeitsstätte" durch den neuen Begriff „erste Tätigkeitsstätte" zu ersetzen, s. § 9 Abs. 1 Satz 3 Nr. 4a EStG):

Einkommen(-lohn-)steuerliche Behandlung von freiwilligen Unfallversicherungen

Im Einvernehmen mit den obersten Finanzbehörden der Länder gilt für die einkommen(-lohn-)steuerrechtliche Behandlung von freiwilligen Unfallversicherungen Folgendes:

1. Versicherungen des Arbeitnehmers

1.1 Versicherung gegen Berufsunfälle

Aufwendungen des Arbeitnehmers für eine Versicherung ausschließlich gegen Unfälle, die mit der beruflichen Tätigkeit in unmittelbarem Zusammenhang stehen (einschließlich der Unfälle auf dem Weg von und zur regelmäßigen Arbeitsstätte), sind Werbungskosten (§ 9 Abs. 1 Satz 1 EStG).

1.2 Versicherung gegen außerberufliche Unfälle

Aufwendungen des Arbeitnehmers für eine Versicherung gegen außerberufliche Unfälle sind Sonderausgaben (§ 10 Abs. 1 Nr. 3 Buchst. a i.V.m. § 10 Abs. 4 und 4a EStG und seit dem Veranlagungszeitraum 2010 § 10 Abs. 1 Nr. 3a i.V.m. Abs. 4 und 4a EStG).

1.3 Versicherung gegen alle Unfälle

Aufwendungen des Arbeitnehmers für eine Unfallversicherung, die das Unfallrisiko sowohl im beruflichen als auch im außerberuflichen Bereich abdeckt, sind zum einen Teil Werbungskosten und zum anderen Teil Sonderausgaben. Der Gesamtbeitrag einschließlich Versicherungsteuer für beide Risiken ist entsprechend aufzuteilen (vgl. BFH v. 22.6.1990, VI R 2/87, BStBl II 1990, 901). Für die Aufteilung sind die Angaben des Versicherungsunternehmens darüber maßgebend, welcher Anteil des Gesamtbeitrags das berufliche Unfallrisiko abdeckt. Fehlen derartige Angaben, ist der Gesamtbeitrag durch Schätzung aufzuteilen. Es bestehen keine Bedenken, wenn die **Anteile auf jeweils 50 % des Gesamtbeitrags geschätzt** werden.

1.4 Übernahme der Beiträge durch den Arbeitgeber

Vom Arbeitgeber übernommene Beiträge des Arbeitnehmers sind steuerpflichtiger Arbeitslohn. Das gilt nicht, soweit Beiträge zu Versicherungen gegen berufliche Unfälle und Beiträge zu Versicherungen gegen alle Unfälle (Tz. 1.1 und 1.3) auch das Unfallrisiko bei Auswärtstätigkeiten (R 9.4 Abs. 2 LStR) abdecken. Beiträge zu Unfallversicherungen sind als Reisenebenkosten steuerfrei, soweit sie Unfälle bei einer Auswärtstätigkeit abdecken (§ 3 Nr. 13 und 16 EStG). Es bestehen keine Bedenken, wenn aus Vereinfachungsgründen bei der Aufteilung des auf den beruflichen Bereich entfallenden Beitrags/Beitragsanteils in steuerfreie Reisekostenerstattungen und steuerpflichtigen Werbungskostenersatz (z.B. Unfälle auf Fahrten zwischen Wohnung und regelmäßiger Arbeitsstätte) der auf **steuerfreie Reisekostenerstattungen entfallende Anteil auf 40 % geschätzt** wird. Der Beitragsanteil, der als Werbungskostenersatz dem Lohnsteuerabzug zu unterwerfen ist, gehört zu den Werbungskosten des Arbeitnehmers.

2. Versicherungen des Arbeitgebers

2.1 Ausübung der Rechte steht ausschließlich dem Arbeitgeber zu

2.1.1 Kein Arbeitslohn zum Zeitpunkt der Beitragszahlung

Handelt es sich bei vom Arbeitgeber abgeschlossenen Unfallversicherungen seiner Arbeitnehmer um Versicherungen für fremde Rechnung (§ 179 Abs. 1 Satz 2 i.V.m. §§ 43 bis 48 VVG), bei denen die Ausübung der Rechte ausschließlich dem Arbeitgeber zusteht, so stellen die Beiträge im Zeitpunkt der Zahlung durch den Arbeitgeber keinen Arbeitslohn dar (BFH v. 16.4.1999, VI R 60/96, BStBl II 2000, 406; BFH v. 16.4.1999, VI R 66/97, BStBl II 2000, 408).

2.1.2 Arbeitslohn zum Zeitpunkt der Leistungsgewährung

Erhält ein Arbeitnehmer Leistungen aus einem entsprechenden Vertrag, führen die bis dahin entrichteten, auf den Versicherungsschutz des Arbeitnehmers entfallenden Beiträge im Zeitpunkt der Auszahlung oder Weiterleitung der Leistung an den Arbeitnehmer zu Arbeitslohn in Form von Barlohn, begrenzt auf die dem Arbeitnehmer ausgezahlte Versicherungsleistung (BFH v. 11.12.2008, VI R 9/05, BStBl II 2009, 385); das gilt unabhängig davon, ob der Unfall im beruflichen oder außerberuflichen Bereich eingetreten ist und ob es sich um eine Einzelunfallversicherung oder eine Gruppenunfallversicherung handelt. Bei einer Gruppenunfallversicherung ist der auf den einzelnen Arbeitnehmer entfallende Teil der Beiträge ggf. zu schätzen (BFH v. 11.12.2008, VI R 19/06, HFR 2009, 671). Bei den im Zuflusszeitpunkt zu besteuernden Beiträgen kann es sich um eine Vergütung für eine mehrjährige Tätigkeit i.S.d. § 34 Abs. 1 i.V.m. Abs. 2 Nr. 4 EStG handeln.

Da sich der Vorteil der Beitragsgewährung nicht auf den konkreten Versicherungsfall, sondern allgemein auf das Bestehen von Versicherungsschutz des Arbeitnehmers bezieht, sind zur Ermittlung des Arbeitslohns alle seit Begründung des Dienstverhältnisses entrichteten Beiträge zu berücksichtigen, unabhängig davon, ob es sich um einen oder mehrere Versicherungsverträge handelt. Das gilt auch dann, wenn die Versicherungsverträge zeitlich befristet abgeschlossen wurden, das Versicherungsunternehmen gewechselt wurde oder der Versicherungsschutz für einen bestimmten Zeitraum des Dienstverhältnisses nicht bestanden hat (zeitliche Unterbrechung des Versicherungsschutzes). Bei einem Wechsel des Arbeitgebers sind ausschließlich die seit Begründung des neuen Dienstverhältnisses entrichteten Beiträge zu berücksichtigen, auch wenn der bisherige Versicherungsvertrag vom neuen Arbeitgeber fortgeführt wird. Das gilt auch, wenn ein Wechsel des Arbeitnehmers innerhalb eines Konzernverbundes zwischen Konzernunternehmen mit einem Arbeitgeberwechsel verbunden ist. Bei einem Betriebsübergang nach § 613a BGB liegt kein neues Dienstverhältnis vor.

Beiträge, die individuell oder pauschal besteuert wurden, sind im Übrigen nicht einzubeziehen.

Aus Vereinfachungsgründen können die auf den Versicherungsschutz des Arbeitnehmers entfallenden Beiträge unter Berücksichtigung der Beschäftigungsdauer auf Basis des zuletzt vor

Eintritt des Versicherungsfalls geleisteten Versicherungsbeitrags hochgerechnet werden.

Die bei einer früheren Versicherungsleistung als Arbeitslohn berücksichtigten Beiträge sind bei einer späteren Versicherungsleistung nicht erneut als Arbeitslohn zu erfassen. Bei einer späteren Versicherungsleistung sind zumindest die seit der vorangegangenen Auszahlung einer Versicherungsleistung entrichteten Beiträge zu berücksichtigen (BFH v. 11.12.2008, VI R 3/08, HFR 2009, 781), allerdings auch in diesem Fall begrenzt auf die ausgezahlte Versicherungsleistung.

Erhält ein Arbeitnehmer die Versicherungsleistungen in mehreren Teilbeträgen oder ratierlich, so fließt dem Arbeitnehmer solange Arbeitslohn in Form von Barlohn zu, bis die Versicherungsleistungen die Summe der auf den Versicherungsschutz des Arbeitnehmers entfallenden Beiträge erreicht haben. Erhält ein Arbeitnehmer die Versicherungsleistungen als Leibrente, so fließt dem Arbeitnehmer solange Arbeitslohn in Form von Barlohn zu, bis der Teil der Versicherungsleistungen, der nicht Ertragsanteil ist (§ 22 Nr. 1 Satz 3 Buchst. a Doppelbuchst. bb EStG ggf. i.V.m. § 55 EStDV; s.a. u. Tz. 2.1.6), die Summe der auf den Versicherungsschutz des Arbeitnehmers entfallenden Beiträge erreicht hat. Beiträge, die vom Arbeitgeber nach der ersten Auszahlung oder Weiterleitung von Versicherungsleistungen an den Arbeitnehmer gezahlt werden, sind hier aus Vereinfachungsgründen jeweils nicht einzubeziehen; diese Beiträge sind dann bei einem ggf. später eintretenden Versicherungsfall zu berücksichtigen.

Beispiel:

Nach einem Unfall wird seit dem Jahr 01 eine Versicherungsleistung als Leibrente i.H.v. jährlich 1 000 € ausgezahlt. Der Ertragsanteil beträgt 25 %. An Beiträgen wurden für den Arbeitnehmer in der Vergangenheit insgesamt 2 500 € gezahlt.

Seit dem Jahr 01 sind 250 € (1 000 € × 25 % Ertragsanteil) steuerpflichtig nach § 22 Nr. 1 Satz 3 Buchst. a Doppelbuchst. bb EStG.

Darüber hinaus sind in den Jahren 01 bis 03 jeweils ein Betrag von 750 € und im Jahr 04 ein Betrag von 250 € (2 500 € – [3 Jahre × 750 €]) steuerpflichtig nach § 19 EStG. Ab dem Jahr 05 fließt kein steuerpflichtiger Arbeitslohn mehr zu; steuerpflichtig ist dann nur noch die Leibrente mit dem Ertragsanteil von 25 %.

Dem Arbeitnehmer steht bei mehreren Versicherungsleistungen innerhalb verschiedener Veranlagungszeiträume (mehr als ein Versicherungsfall oder bei einem Versicherungsfall, Auszahlung in mehreren Veranlagungszeiträumen) kein Wahlrecht zu, inwieweit die vom Arbeitgeber erbrachten Beiträge jeweils als Arbeitslohn erfasst werden sollen. In diesen Fällen ist für den Arbeitslohn im jeweiligen Veranlagungszeitraum gesondert zu prüfen, ob es sich um eine Vergütung für eine mehrjährige Tätigkeit i.S.d. § 34 Abs. 1 i.V.m. Abs. 2 Nr. 4 EStG handelt.

2.1.3 Steuerfreier Reisekostenersatz und lohnsteuerpflichtiger Werbungskostenersatz

Der auf das Risiko beruflicher Unfälle entfallende Anteil der Beiträge ist zum Zeitpunkt der Leistungsgewährung steuerfreier Reisekostenersatz oder steuerpflichtiger Werbungskostenersatz des Arbeitgebers (dem bei der Veranlagung zur Einkommensteuer Werbungskosten in gleicher Höhe gegenüberstehen). Für die Aufteilung und Zuordnung gelten die Regelungen in Tz. 1.1. bis 1.4.

2.1.4 Schadensersatzleistungen

Bei einem im beruflichen Bereich eingetretenen Unfall gehört die Auskehrung des Arbeitgebers nicht zum Arbeitslohn, soweit der Arbeitgeber gesetzlich zur Schadensersatzleistung verpflichtet ist oder soweit der Arbeitgeber einen zivilrechtlichen Schadensersatzanspruch des Arbeitnehmers wegen schuldhafter Verletzung arbeitsvertraglicher Fürsorgepflichten erfüllt (BFH v. 20.9.1996, VI R 57/95, BStBl II 1997, 144). Der gesetzliche Schadenersatzanspruch des Arbeitnehmers aus unfallbedingten Personenschäden im beruflichen Bereich wird regelmäßig durch Leistungen aus der gesetzlichen Unfallversicherung erfüllt; diese Leistungen sind § 3 Nr. 1 Buchst. a EStG steuerfrei.

Schmerzensgeldrenten nach § 253 Abs. 2 BGB (bis 31.7.2002: § 847 BGB), Schadensersatzrenten zum Ausgleich vermehrter Bedürfnisse (§ 843 Abs. 1 zweite Alternative BGB), Unterhaltsrenten nach § 844 Abs. 2 BGB sowie Ersatzansprüche wegen entgangener Dienste nach § 845 BGB sind ebenfalls nicht steuerbar (vgl. BMF v. 15.7.2009, IV C 3 – S 2255/08/10012, BStBl I 2009, 836).

2.1.5 Entschädigungen für entgangene oder entgehende Einnahmen

Sind die Versicherungsleistungen ausnahmsweise Entschädigungen für entgangene oder entgehende Einnahmen i.S.d. § 24 Nr. 1 Buchst. a EStG (z.B. Leistungen wegen einer Körperverletzung, soweit sie den Verdienstausfall ersetzen; s. H 24.1 EStH), liegen insoweit zusätzliche steuerpflichtige Einkünfte aus nichtselbständiger Arbeit (steuerpflichtiger Arbeitslohn) vor. Wickelt das Versicherungsunternehmen die Auszahlung der Versicherungsleistung unmittelbar mit dem Arbeitnehmer ab, hat der Arbeitgeber Lohnsteuer nur einzubehalten, wenn er weiß oder erkennen kann, dass derartige Zahlungen erbracht wurden (§ 38 Abs. 1 Satz 3 EStG).

Der nach Tz. 2.1.2 zu besteuernde Betrag ist in den Fällen des Absatzes 1 Satz 1 anteilig zu mindern.

Beispiel:

Nach einem Unfall wird eine Versicherungsleistung i.H.v. 10 000 € ausgezahlt. Hiervon sind 8 000 € die Entschädigung für entgangene oder entgehende Einnahmen. An Beiträgen wurden in der Vergangenheit 2 500 € gezahlt.

Die steuerpflichtigen Leistungen i.S.d. § 24 Nr. 1 Buchst. a EStG betragen 8 000 €. Zusätzlich sind 500 € (= 2 500 € – [2 500 € × 8 000 € : 10 000 €]) entsprechend der Regelungen in Tz. 2.1.2 und 2.1.3 zu besteuern.

2.1.6 Sonstige Einkünfte nach § 22 Nr. 1 Satz 1 EStG

Wiederkehrende Leistungen aus der entsprechenden Unfallversicherung können Leibrenten nach § 22 Nr. 1 Satz 3 Buchst. a Doppelbuchst. bb EStG sein (s. auch Tz. 2.1.2 letzter Absatz).

2.2 Ausübung der Rechte steht unmittelbar dem Arbeitnehmer zu

2.2.1 Arbeitslohn zum Zeitpunkt der Beitragszahlung

Tz. 2.2.1 des BMF-Schreibens v. 28.10.2009, IV C 5 – S 2332/09/10004, BStBl I 2009, 1275 betr. Arbeitslohn zum Zeitpunkt der Beitragszahlung ist durch BMF v. 15.3.2022, IV C 5 – 2334/19/10007 :007, BStBl I 2022, 242 betr. Abgrenzung zwischen Geldleistung und Sachbezug überholt. Die Beiträge sind **nicht mehr als Barlohn, sondern als Sachbezüge** anzusehen (d.h. Anwendung der **50 €-Freigrenze**).

Bei pauschalierungsfähigen Beiträgen für eine Unfallversicherung der Arbeitnehmer i.S.d. § 40b Abs. 3 EStG scheidet die Anwendung der 50 €-Freigrenze aber aus (BFH v. 26.11.2002, VI R 68/01, BStBl II 2003, 492).

2.2.2 Arbeitslohn zum Zeitpunkt der Leistungsgewährung

Leistungen aus einer entsprechenden Unfallversicherung gehören zu den Einkünften aus nichtselbständiger Arbeit (steuerpflichtiger Arbeitslohn), soweit sie Entschädigungen für entgangene oder entgehende Einnahmen i.S.d. § 24 Nr. 1 Buchst. a EStG darstellen, der Unfall im beruflichen Bereich eingetreten ist und die Beiträge ganz oder teilweise Werbungskosten bzw. steuerfreie Reisenebenkostenerstattungen waren.

Der Arbeitgeber hat Lohnsteuer nur einzubehalten, wenn er weiß oder erkennen kann, dass derartige Zahlungen erbracht wurden (§ 38 Abs. 1 Satz 3 EStG). Andernfalls ist der als Entschädigung i.S.d. § 24 Nr. 1 Buchst. a EStG steuerpflichtige Teil des Arbeitslohns, der ggf. durch Schätzung ermitteln ist, i.R. der Veranlagung des Arbeitnehmers zur Einkommensteuer zu erfassen ist.

2.2.3 Sonstige Einkünfte nach § 22 Nr. 1 Satz 1 EStG

Tz. 2.1.6 gilt entsprechend.

3. Arbeitgeber als Versicherer

Gewährt ein Arbeitgeber als Versicherer Versicherungsschutz, handelt es sich um Sachleistungen. Tz. 2 gilt entsprechend. § 8 Abs. 3 EStG ist zu beachten.

4. Werbungskosten- oder Sonderausgabenabzug

Der Arbeitnehmer kann die dem Lohnsteuerabzug unterworfenen Versicherungsbeiträge als Werbungskosten oder Sonderausgaben geltend machen. Für die Aufteilung und Zuordnung gelten die Regelungen in Tz. 1.1. bis 1.3.

5. Lohnsteuerabzug von Beitragsleistungen

Soweit die vom Arbeitgeber übernommenen Beiträge (Tz. 1.4) oder die Beiträge zu Versicherungen des Arbeitgebers (Tz. 2) steuerpflichtiger Arbeitslohn sind, sind sie im Zeitpunkt ihres Zuflusses dem Lohnsteuerabzug nach den allgemeinen Regelungen zu unterwerfen, wenn nicht eine Pauschalbesteuerung nach § 40b

Abs. 3 EStG erfolgt. Zu den Voraussetzungen der Lohnsteuerpauschalierung s.a. R 40b. 2 LStR.

6. Betriebliche Altersversorgung

Die lohnsteuerliche Behandlung von Zusagen auf Leistungen der betrieblichen Altersversorgung nach dem Betriebsrentengesetz bleibt durch dieses Schreiben unberührt. Einzelheiten zur betrieblichen Altersversorgung → *Zukunftssicherung: Betriebliche Altersversorgung* Rz. 4551.

4. Einzelfragen

4208 Der steuerfreie Reisekostenersatz kann nach Tz. 1.4 BMF v. 28.10.2009, IV C 5 – S 2332/09/10004, BStBl I 2009, 1275 mit 20 % der Gesamtleistung angesetzt werden. Das Vorliegen einer beruflich veranlassten Auswärtstätigkeit im Jahr der Versicherungsleistung ist hierfür nicht erforderlich. Somit ist bei allen Arbeitnehmern, für die eine gemischte Unfallversicherung besteht, die auch Unfälle bei einer Auswärtstätigkeit abdeckt, von den nachzuversteuernden Beiträgen ein Abschlag von 20 % zulässig.

Beispiel 1:

Der Arbeitgeber hat für seinen auch im Außendienst beschäftigten Arbeitnehmer eine freiwillige Unfallversicherung (24-Stunden-Schutz) abgeschlossen. Die Rechte aus dem Versicherungsvertrag stehen ausschließlich dem Arbeitgeber zu. Auf Grund eines Unfalls (im privaten oder beruflichen Bereich) erhält der Arbeitnehmer eine Versicherungsleistung von 50 000 € ausbezahlt. Seit Beginn des Arbeitsverhältnisses hat der Arbeitgeber für den Versicherungsschutz dieses Arbeitnehmers über mehrere Jahre 5 000 € Prämien entrichtet.

Zum Arbeitslohn gehören die auf den Versicherungsschutz entfallenden Beiträge (5 000 €) und nicht die Versicherungsleistung (50 000 €). Der Arbeitslohn ist i.H.v. 1 000 € (20 % der Gesamtbeiträge) steuerfreier Reisekostenersatz und i.H.v. 4 000 € steuerpflichtiger Werbungskosten- bzw. Sonderausgabenersatz, der als Arbeitslohn für mehrere Jahre nach der sog. Fünftelregelung ermäßigt besteuert werden kann. Bei seiner Einkommensteuer-Veranlagung kann der Arbeitnehmer einen Betrag von 1 500 € (30 % des Gesamtbeitrags) als Werbungskosten geltend machen. Eine Saldierung von Arbeitslohn (hier: 4 000 €) und Werbungskosten (hier: 1 500 €) im Lohnsteuer-Abzugsverfahren durch den Arbeitgeber ist nicht zulässig.

Leistungen aus einer gemischten Unfallversicherung führen auch dann zum Lohnzufluss, wenn sich der Unfall auf einer Auswärtstätigkeit ereignet hat (Tz. 2.1.2 des o.g. BMF-Schreibens).

Es ist gefragt worden, wie die **Beitragsanteile für den außerberuflichen und beruflichen Anteil zu ermitteln** sind, wenn die Beitragsleistung gem. BFH v. 11.12.2008, VI R 9/05, BStBl II 2009, 385 durch die **Versicherungsleistung gedeckelt** werden muss (Tz. 2.1.2 des o.g. BMF-Schreibens) und wie in einem solchen Fall die pauschalen Beträge für die steuerfreie Reisekostenerstattung und den Werbungskostenanteil zu ermitteln sind (Tz. 2.1.3 i.V.m. Tz. 1.1 bis 1.4 des o.g. BMF-Schreibens).

Nach Auffassung der obersten Finanzbehörden gilt Folgendes (s. nachfolgendes Beispiel):

Beispiel 2:

Ein Arbeitgeber schließt eine Unfallversicherung mit 24-Stunden-Schutz für seine Arbeitnehmer ab. Die Ausübung der Rechte steht ausschließlich dem Arbeitgeber zu. Ein Arbeitnehmer erleidet einen Unfall und erhält eine Versicherungsleistung von 4 000 €. Der Arbeitgeber hatte für den Arbeitnehmer bis zur Leistungsgewährung Beiträge i.H.v. 10 000 € bezahlt.

Nach BFH v. 11.12.2008, VI R 9/05, BStBl II 2009, 385 führen die auf den Versicherungsschutz des Arbeitnehmers entfallenden Beiträge des Arbeitgebers im Zeitpunkt der Versicherungsleistung zu Arbeitslohn. Dieser Arbeitslohn ist auf die Höhe der Versicherungsleistung zu begrenzen. Erst danach ist eine Aufteilung in einen beruflichen Anteil – steuerfreier Reisekostenersatz und lohnsteuerpflichtiger Werbungskostenersatz – und einen außerberuflichen Anteil vorzunehmen.

Die Beitragsleistung von 10 000 € ist höher als die Versicherungsleistung. Für die Aufteilung ist demnach die Höhe der Versicherungsleistung von 4 000 € maßgeblich. Damit ergibt sich ein beruflicher Anteil von 2 000 €, der zu 40 % (800 €) steuerfrei ist. Der Arbeitgeber hat demnach 3 200 € dem Lohnsteuerabzug zu unterwerfen und der Arbeitnehmer kann 1 200 € als Werbungskosten geltend machen.

Die Aufteilung der Beiträge in Werbungskosten und Sonderausgaben gilt **nicht für Unfallversicherungen mit Prämienrückgewähr**, bei denen eine reine Unfallversicherung mit einer Zusatzversicherung auf Rückgewähr der eingezahlten Prämien (= Lebensversicherung) kombiniert ist. Der Stpfl. muss dabei ein Mehrfaches der bei einer reinen Unfallversicherung zu zahlenden Prämien aufbringen. Der Versicherer ist verpflichtet, die Prämien ohne Zinsen nach Ablauf des Vertrags oder beim Eintritt bestimmter Ereignisse (z.B. Tod, Invalidität) ohne Abzug für etwa geleistete Unfallentschädigungen zurückzuerstatten. Ein solches Versicherungsverhältnis ist i.d.R. nicht aufteilbar, sondern einheitlich zu beurteilen. Ist der Prämienanteil für die reine Unfallversicherung gegenüber dem Sparanteil gering, so hat der Vertrag wirtschaftlich dieselbe Bedeutung wie eine für die gleiche Zeit abgeschlossene Lebensversicherung mit der Folge, dass ein Werbungskostenabzug ausscheidet.

Der **Sonderausgabenabzug** kommt nur dann in Betracht, wenn die für Versicherungen auf den Erlebens- oder Todesfall geltenden Bestimmungen (z.B. Mindesttodesfallschutz) eingehalten sind.

Der Umstand, dass Schadensersatz-Mehrbedarfsrenten i.S.d. § 843 Abs. 1 Alt. 2 BGB nicht einkommensteuerbar sind (BFH v. 25.10.1994, VIII R 79/91, BStBl II 1995, 121), rechtfertigt es nicht, auch Renten aus einer privaten Unfallversicherung, deren Gewährung nach den Versicherungsbedingungen zwar eine bestimmte Minderung der Erwerbsfähigkeit, nicht aber einen konkreten Mehrbedarf voraussetzt, als nicht steuerbar anzusehen (BFH v. 12.4.2011, X B 132/10).

5. Lohnsteuerpauschalierung

a) Allgemeine Voraussetzungen

Von den Beiträgen für eine Unfallversicherung des Arbeitnehmers 4209
kann der Arbeitgeber die Lohnsteuer mit einem **Pauschsteuersatz von 20 % der Beiträge** erheben, wenn mehrere Arbeitnehmer gemeinsam in einem Unfallversicherungsvertrag versichert sind (§ 40b Abs. 3 EStG).

Bis 2023 galt für die Pauschalierung von Beiträgen für eine Gruppenunfallversicherung eine Freigrenze. Bis dahin konnten Beiträge für eine Gruppenunfallversicherung nur dann pauschal besteuert werden, wenn der steuerpflichtige Durchschnittsbetrag, der sich bei einer Aufteilung der gesamten Beiträge nach Abzug der Versicherungssteuer durch die Zahl der begünstigten Arbeitnehmer ergab, 100 € im Kalenderjahr nicht überstiegen hat. Für den Fall, dass diese Grenze überschritten wurde, war der steuerpflichtige Durchschnittsbetrag dem normalen Lohnsteuerabzug zu unterwerfen. Diese Regelung wurde mit dem Wachstumschancengesetz v. 27.3.2024, BGBl. I 2024, Nr. 108 für den Lohnsteuerabzug ab 2024 aufgehoben. Hinsichtlich der aus der 100 €-Freigrenze bis 2023 resultierenden Problemfälle wird auf die Ausführungen in der Ausgabe 2023 verwiesen.

Bei der **Steuerberechnung** ist die **Versicherungssteuer einzubeziehen**.

Auf Zukunftssicherungsleistungen des Arbeitgebers i.S.d. § 40b EStG ist BFH v. 14.4.2011, VI R 24/10, BStBl II 2011, 767 nicht anzuwenden. Die 50 €-Freigrenze ist bei einer vom Arbeitgeber abgeschlossenen Unfallversicherung nicht zu berücksichtigen.

Gemäß § 40b Abs. 1 Satz 1 EStG kann die Lohnsteuer nur von den **tatsächlichen Beiträgen** pauschal erhoben werden. Dies bedeutet, dass für beitragsbegünstigte Versicherungen in Form einer Direktversicherung nur der tatsächlich geleistete Versicherungsbeitrag pauschal zu versteuern ist. Deshalb ist ein ggf. gewährter geldwerter Vorteil individuell zu versteuern.

Beispiel:

Ein Arbeitgeber schließt eine Direktversicherung für seinen Arbeitnehmer ab, für die er auf Grund wirtschaftlicher Verflechtung mit dem Versicherer nur Beiträge i.H.v. 20 € statt üblicherweise 100 € monatlich zu leisten hat.

Die gezahlten Beiträge i.H.v. 20 € monatlich stellen steuerpflichtigen Arbeitslohn dar, der nach § 40b EStG pauschal versteuert werden kann. Daneben ist in der Gewährung des verbilligten Versicherungsschutzes ein geldwerter Vorteil (Rabatt durch Dritte) zu sehen, der dem individuellen Lohnsteuerabzug durch den Arbeitgeber unterliegt.

Nach der Vereinfachungsregelung (R 8.1 Abs. 2 Satz 3 LStR) kann der geldwerte Vorteil wie folgt ermittelt werden:

konkreter Endpreis	100,– €	
abzüglich 4 %	4,– €	
= üblicher Endpreis	96,– €	
abzüglich Beitragszahlung	20,– €	→ *pauschale LSt 20 %*
= geldwerter Vorteil	76,– €	→ *individueller Steuersatz*

Ein gemeinsamer Unfallversicherungsvertrag i.S.d. § 40b Abs. 3 EStG liegt außer bei einer Gruppenversicherung auch dann vor, wenn in einem **Rahmenvertrag** mit einem oder mehreren Versicherern sowohl die versicherten Personen als auch die versicherten Wagnisse bezeichnet werden und die Einzelheiten in Zusatzvereinbarungen geregelt sind. Ein Rahmenvertrag, der z.B. nur den Beitragseinzug und die Beitragsabrechnung regelt, stellt keinen gemeinsamen Unfallversicherungsvertrag dar (R 40b.2 Satz 3 und 4 LStR).

b) Auszahlung einer Versicherungsleistung aus einer Gruppenunfallversicherung

4210 Es ist die Frage gestellt worden, inwieweit die bei Auszahlung einer Unfallversicherungsleistung zu versteuernden Versicherungsbeiträge nach § 40b Abs. 3 EStG pauschal versteuert werden können. Die Finanzverwaltung vertritt dazu folgende Auffassung:

- **Pauschalbesteuerungsmöglichkeit nach § 40b Abs. 3 EStG**

  Entsprechend Tz. 5 BMF v. 28.10.2009, IV C 5 – S 2332/09/10004, BStBl I 2009, 1275 ist die Anwendung von § 40b Abs. 3 EStG dem Grunde nach möglich, wenn Arbeitslohn zum Zeitpunkt der Gewährung von Versicherungsleistungen aus einer freiwilligen Gruppenunfallversicherung zufließt.

- **Unfall auf einer Auswärtstätigkeit**

  Die Leistung aus einem Unfallversicherungsvertrag des Arbeitgebers nach einem Unfall auf einer Auswärtstätigkeit führt zum Zufluss von Arbeitslohn.

- **Vereinfachungsregelung zum Unfallrisiko bei Auswärtstätigkeiten**

  Im Fall einer Unfallversicherung, die auch das Unfallrisiko auf Auswärtstätigkeiten abdeckt, kann der auf die steuerfreie Reisekostenerstattung entfallende Anteil ohne Nachweis beruflich veranlasster Auswärtstätigkeiten entsprechend Tz. 1.4 des o.g. BMF-Schreibens geschätzt werden. Folglich kann bei allen Arbeitnehmern, für die eine Unfallversicherung abgeschlossen wurde, unabhängig von dem Vorliegen einer Auswärtstätigkeit, von den zu versteuernden Beiträgen ein Abschlag von 20 % (= 40 % [Anteil für steuerfreie Reisekosten] von 50 % [Anteil für berufliches Risiko]) vorgenommen werden.

6. Berufsgenossenschaft

4211 Die Berufsgenossenschaften sind die Träger der gesetzlichen Unfallversicherung. Die Beiträge des Arbeitgebers zur Berufsgenossenschaft sind steuerfreier Arbeitslohn (§ 3 Nr. 62 Satz 1 EStG). Die Leistungen aus der gesetzlichen Unfallversicherung sind ebenfalls steuerfrei (§ 3 Nr. 1a EStG).

Sind **Gesellschafter-Geschäftsführer** einer GmbH in der Berufsgenossenschaft versichert, handelt es sich meist um eine freiwillige Unfallversicherung. Die Beiträge sind deshalb nicht nach § 3 Nr. 62 Satz 1 EStG steuerbefreit. Da es sich um eine Versicherung handelt, die ausschließlich berufliche Risiken abdeckt, ist jedoch ein Teilbetrag des Beitrags i.H.v. 40 % als Reisenebenkostenvergütung steuerfrei (§ 3 Nr. 13 und 16 EStG). Die restlichen 60 % des Beitrags sind dem steuerpflichtigen Arbeitslohn zuzurechnen und i.R. der Einkommensteuer-Veranlagung als Werbungskosten abzugsfähig.

7. Sozialversicherung

4212 Soweit die Beiträge des Arbeitgebers zu einer Unfallversicherung der Arbeitnehmer bei diesen steuerlich Arbeitslohn darstellen und zu versteuern sind, unterliegen sie auch der **Sozialversicherungspflicht**. Die Spitzenverbände der Sozialversicherungsträger haben beschlossen, der o.g. neuen Rechtsprechung des BFH zur Lohnsteuer zu folgen (Besprechungsergebnis v. 30./31.5.2000, DB 2000, 1467).

Dies gilt allerdings **nicht**, wenn der Arbeitgeber die Lohnsteuer nach § 40b Abs. 3 EStG **mit 20 % pauschal erhebt**. Nach § 1 Abs. 1 Satz 1 Nr. 4 SvEV sind in diesem Fall die Beiträge **nicht dem Arbeitsentgelt** zuzurechnen. Voraussetzung ist allerdings nach dieser Vorschrift, dass die Beiträge **zusätzlich** zu Löhnen und Gehältern gewährt werden. Aus steuerlicher Sicht ist in diesem Fall eine solche Umwandlung möglich (→ *Barlohnumwandlung* Rz. 1218).

Unfallversicherung: gesetzliche

1. Sozialversicherung

Die gesetzliche Unfallversicherung ist dem Sozialversicherungsrecht (SGB VII) zuzuordnen. Träger sind die Berufsgenossenschaften (→ *Berufsgenossenschaften* Rz. 1351), die sich entsprechend ihren sachlichen Zuständigkeiten in die allgemeine, die landwirtschaftliche und die See-Unfallversicherung gliedern. Primäre **Aufgabe der Unfallversicherungsträger** ist das Verhüten aller arbeitsbedingten Gesundheitsgefahren. Dabei sind die Unfallversicherungsträger ausdrücklich verpflichtet, den Ursachen solcher Gefahren nachzugehen und in diesem Bereich mit den Krankenkassen zusammenzuarbeiten (§§ 1, 14 SGB VII). Nach Eintritt eines Versicherungsfalles entschädigen sie den Verletzten, seine Angehörigen bzw. Hinterbliebenen durch 4213

- Leistungen zur Wiederherstellung der Erwerbsfähigkeit,
- Berufshilfe in Form von Arbeits- und Berufsförderung,
- Erleichterung der Verletzungsfolgen,
- Geldleistungen.

Mitglieder der gesetzlichen Unfallversicherung sind die Unternehmer (Arbeitgeber), nicht die Arbeitnehmer. Die gesetzliche Unfallversicherung tritt mit ihren Leistungen bei Arbeitsunfällen, Wegeunfällen (versicherter Weg zu und von der Arbeitsstelle) und Berufskrankheiten ein.

Darüber hinaus ist der Kreis der in der Unfallversicherung **versicherten Personen** über ihre direkte berufliche Anbindung hinaus erweitert worden. Versichert sind z.B. auch – ohne Bezugnahme zu einem Arbeitsverhältnis –

- Personen,
  - die bei Unglücksfällen oder gemeiner Gefahr oder Not Hilfe leisten oder einen anderen aus Lebensgefahr oder erheblicher Gefahr zu retten versuchen,
  - die von einem öffentlich Bediensteten zur Unterstützung einer Dienstleistung herangezogen werden und Hilfe leisten,
  - die sich bei der Verfolgung oder Festnahme von Verdächtigen oder zum Schutz widerrechtlich Angegriffener persönlich einsetzen,
  - die auf Anforderung oder bei Gefahr im Verzuge Luftschutzdienst leisten, sowie freiwillige Helfer des Bundesluftschutzverbandes und Teilnehmer an entsprechenden Ausbildungsmaßnahmen,
- Blutspender und Spender körpereigener Gewebe,
- für öffentliche Stellen ehrenamtlich Tätige,
- die von einem Gericht oder der Staatsanwaltschaft zur Beweiserhebung herangezogenen Zeugen,
- Kinder während des Besuchs von Kindergärten,
- Schüler während des Besuchs allgemeinbildender Schulen,
- Lernende während der beruflichen Aus- und Fortbildung,
- Studierende während der Aus- und Fortbildung an Hochschulen,
- Personen, die beim Bau eines Familienheimes o.Ä. einschließlich der Aufschließung, Kultivierung des Geländes oder der Herrichtung von Wirtschafts- und Gemeinschaftsanlagen i.R. der Selbsthilfe tätig sind, wenn durch das Bauvorhaben öffentlich geförderte oder steuerbegünstigte Wohnungen geschaffen werden,
- zeitlich befristet im Ausland tätige Entwicklungshelfer einschließlich ihrer Vorbereitungszeit im Inland,
- Rehabilitanden u.Ä. der Sozialversicherungsträger,
- Pflegepersonen bei der Pflege eines Pflegebedürftigen, soweit Pflegetätigkeiten im Bereich der Ernährung, der Mobilität sowie der hauswirtschaftlichen Versorgung geleistet werden.

Das Bundeskabinett hat das Unfallversicherungs-Weiterentwicklungsgesetz beschlossen. Ziel ist es Lücken im Schutzsystem zu beheben und Bürokratieabbau zu betreiben.

Folgende Punkte sollen u. a. verändert oder ergänzt werden:

- Ausweitung der Krisenhelfergruppen auf den erweiterten Versicherungsschutz im Auslandseinsatz, z.B. für internationale Jugendfreiwilligendienstleistende

- Neben den Eltern, die ihre Kinder zur Kita oder in die Schule bringen oder abholen, sollen zukünftig auch andere umgangsberechtigte Personen Unfallversicherungsschutz erlangen.
- Studierende, die universitäre Pflichtarbeiten außerhalb der Hochschule erbringen müssen, haben zukünftig den vollen Versicherungsschutz.
- Schülerinnen und Schüler, die die Hochschule als Jungstudierende besuchen, haben künftig auch Versicherungsschutz.
- Erhöhung des Sterbegeldes
- Datenaustausch zwischen Pflegekasse und Unfallversicherungsträger zur schnelleren Leistungsgewährung.

  Zum Redaktionsschluss war das Gesetz noch nicht verabschiedet. Bitte beachten Sie unseren Online-Aktualisierungsdienst (s. Benutzerhinweis auf S. IV).

Die **Mitgliedschaft** des Unternehmers in der Unfallversicherung **beginnt** kraft Gesetzes mit der Eröffnung des Unternehmens bzw. der Aufnahme vorbereitender Arbeiten und ist innerhalb von einer Woche der zuständigen Berufsgenossenschaft unter Angabe des Gegenstandes und der Art des Unternehmens, des Eröffnungstags und der Zahl der Versicherten **anzuzeigen**. Der versicherte Unternehmer wird in das Unternehmensverzeichnis der Berufsgenossenschaft aufgenommen und erhält einen Mitgliedschein.

Die Mittel für die Aufgaben der Berufsgenossenschaften werden durch die **Beiträge** der versicherten Unternehmer alleine aufgebracht und richten sich überwiegend nach den Entgelten der Versicherten und dem Grad der Unfallgefahr. Eine finanzielle Beteiligung der Beschäftigten an den Beiträgen zur Unfallversicherung ist nicht vorgesehen.

2. Lohnsteuer

4214 Beiträge des Arbeitgebers zur gesetzlichen Unfallversicherung sind nach § 3 Nr. 62 EStG steuerfrei. Leistungen aus einer gesetzlichen Unfallversicherung sind nach § 3 Nr. 1 Buchst. a EStG steuerfrei.

Beiträge, die ein pflichtversicherter oder nach § 6 SGB VII freiwillig versicherter Einzelunternehmer oder Gesellschafter einer Personengesellschaft an die gesetzliche Unfallversicherung entrichtet, sind als Betriebsausgaben abzugsfähig. Leistungen aus einer solchen Versicherung gehören zu den Betriebseinnahmen, sind aber auf Grund des § 3 Nr. 1 Buchst. a EStG steuerfrei. Das Abzugsverbot bei steuerfreien Einnahmen gem. § 3c Abs. 1 EStG greift in diesen Fällen nicht ein.

Dies gilt entsprechend für die als unternehmerähnliche Personen eingestuften **Geschäftsführer und Vorstände juristischer Personen.** Diese sind steuerlich i.d.R. als **Arbeitnehmer anzusehen**. Die von diesen Personen entrichteten Beiträge an die gesetzliche Unfallversicherung stellen abzugsfähige Werbungskosten dar.

Im Unternehmen ohne arbeitsvertragliche Vereinbarung tätige **Ehegatten** sind steuerlich i.d.R. keine Arbeitnehmer. Deren Beiträge sind als Sonderausgaben abzugsfähig. Die Versicherungsleistungen sind steuerfrei (OFD Magdeburg v. 9.7.2004, S 2144 – 33 – St 211).

Uniform

→ *Berufskleidung* Rz. 1353

Unterbrechung der Lohnzahlung

1. Lohnsteuer

4215 Fällt der Anspruch auf Arbeitslohn während der Dauer des Dienstverhältnisses für mindestens fünf aufeinander folgende Arbeitstage im Wesentlichen weg, so hat der Arbeitgeber im Lohnkonto den **Großbuchstaben „U“** (U = Unterbrechung) einzutragen (→ *Lohnkonto* Rz. 2865). Der Anspruch auf Arbeitslohn ist im Wesentlichen weggefallen, wenn z.B. lediglich vermögenswirksame Leistungen oder Krankengeldzuschüsse gezahlt werden. Durch die Unterbrechung der Lohnzahlung entsteht lohnsteuerlich kein Teillohnzahlungszeitraum (→ *Teillohnzahlungszeitraum* Rz. 4085; R 39b.5 Abs. 2 Satz 3 LStR).

2. Sozialversicherung

Bei Arbeitsverhältnissen, die nicht für den vollen Kalendermonat bestehen oder bei denen aus sonstigen Gründen Beiträge nicht für den vollen Kalendermonat zu entrichten sind, werden die Beiträge nur für die auf den Teillohnzahlungszeitraum entfallenden Kalendertage berechnet (weitere Einzelheiten → *Teillohnzahlungszeitraum* Rz. 4077). 4216

Unterbrechungsmeldung

→ *Meldungen für Arbeitnehmer in der Sozialversicherung* Rz. 3106

Unterstützungen

Beihilfen und Unterstützungen, welche der Arbeitgeber dem Arbeitnehmer wegen Hilfsbedürftigkeit gewährt, sind einmalige oder gelegentliche Zuwendungen, um den Arbeitnehmer von bestimmten Aufwendungen (z.B. Krankheitskosten) zu entlasten oder um ihn vor bestimmten Aufwendungen zu bewahren (z.B. bei Vorsorgekuren). Sie können sowohl in der Form von Bar- als auch von Sachzuwendungen gewährt werden. 4217

Bei der steuerlichen Behandlung ist zwischen Unterstützungen aus öffentlichen Mitteln und von privaten Arbeitgebern zu unterscheiden. Unterstützungen aus öffentlichen Mitteln sind **in voller Höhe** steuerfrei (§ 3 Nr. 11 EStG), während die Steuerfreiheit von Unterstützungen von privaten Arbeitgebern grds. auf **600 €** im Kalenderjahr **begrenzt** ist (R 3.11 Abs. 2 LStR).

Vorab der Hinweis auf verschiedene befristete Sonderregelungen:

- Eine (zeitlich begrenzte) **Sonderregelung ist in § 3 Nr. 11a EStG** (Corona-Sonderzahlung) getroffen worden: Danach konnten zusätzlich zum ohnehin geschuldeten Arbeitslohn (→ *Barlohnumwandlung* Rz. 1218) vom Arbeitgeber in der Zeit vom 1.3.2020 bis zum 31.3.2022 auf Grund der **Corona-Krise** an seine Arbeitnehmer in Form von Zuschüssen und Sachbezügen gewährte **Beihilfen und Unterstützungen** bis zu einem Betrag von **1 500 € steuerfrei** ausgezahlt werden.
- Per Verwaltungsanweisung sind für den Zeitraum **v. 24.2.2022 bis zum 31.12.2022** steuerbegünstigende Regelungen zur Anerkennung bestimmter gesellschaftlicher Anstrengungen erlassen worden. In dieser Anweisung wurde geregelt, wie die Finanzverwaltung verschiedene Maßnahmen zur Unterstützung der vom **Krieg in der Ukraine Geschädigten** steuerlich zu behandeln hat (BMF v. 7.6.2022, IV C 4 – S 2223/19/10003 :017, StEd 2022, 382). Der zeitliche Anwendungsbereich der BMF-Schreiben bzgl. der steuerlichen Maßnahmen zur Unterstützung der vom Krieg in der Ukraine Geschädigten wurde mit BMF v. 4.12.2025, IV D 5 – S 2223/00044/030/052 nochmals bis zum 31.12.2026 verlängert.
- Im September 2022 haben Arbeitgeber an ihre Arbeitnehmer **einmalig** eine **Energiepreispauschale (§§ 112 bis 122 EStG)** i.H.v. 300 € ausbezahlt. Die Energiepreispauschale wurde zur Abmilderung der drastisch gestiegenen Energiekosten durch die Energiekrise eingeführt. In erster Linie sollte diese einen Ausgleich für die erhöhten erwerbsbedingten Wegeaufwendungen sein. Damit dem Arbeitnehmer die **steuerpflichtigen 300 €** (zur Steuerpflicht vgl. FG Münster v. 17.4.2024, 14 K 1425/23 E, DStR 2024 1233, Rev Az. BFH VI R 15/24) ausgezahlt werden konnten, war Voraussetzung, dass dieser am 1.9.2022 bei seinem Arbeitgeber in einem gegenwärtig ersten Dienstverhältnis gestanden hat und in eine der Steuerklassen I bis V eingereiht war oder als geringfügig Beschäftigter pauschal besteuerten Arbeitslohn bezogen hat. Auch ehrenamtlich Tätige haben einen Anspruch auf eine Energiepreispauschale; diese selbst ist jedoch i.d.R. steuerpflichtig (§ 119 EStG). Hinweis: Es gibt jedoch Ausnahmen, in denen der Arbeitgeber die Energiepreispauschale nicht oder zu einem späteren Zeitpunkt auszahlt. Der Arbeitgeber, der quartalsweise die Lohnsteuer anmeldet, konnte die Energiepreispauschale erst im Oktober 2022 auszahlen; der Jahresanmelder kann ganz auf die Auszahlung verzichten. Erfolgt keine Auszahlung über den Arbeitgeber (z.B., weil am 1.9.2022 kein Arbeitsverhältnis vorgelegen

hat), wird die Energiepreispauschale über die Einkommensteuererklärung und -veranlagung für den Veranlagungszeitraum 2022 gezahlt (vgl. hierzu auch Beschluss des BFH v. 29.2.2024, VI S 24/23, BFH/NV 2024, 580). Diejenigen Steuerpflichtigen, die für den 10.9.2022 Vorauszahlungen auf ihre Einkommensteuer entrichten, haben die Energiepreispauschale von 300 € über das Vorauszahlungsverfahren für September 2022 erhalten.

Für Klagen betreffend die für 2022 auszuzahlende Energiepreispauschale sind die Finanzgerichte zuständig. Allerdings muss das Finanzamt und nicht der Arbeitgeber verklagt werden (FG Münster v. 5.9.2023, 11 K 1588/23 Kg (PKH)); vgl. zum Rechtsweg auch ArbG Lübeck v. 1.12.2022, 1 Ca 1849/22, Beschw. anhängig bei LAG Schleswig-Holstein, Az.: 6 Ta 9/23).

Zur Steuerbarkeit und Steuerpflicht der im Jahr 2022 an einen Arbeitnehmer ausgezahlten Energiepreispauschale – Verfassungsmäßigkeit von § 119 Abs. 1 Satz 1 EStG vgl. FG Münster v. 17.4.2024, 14 K 1425/23 E, Revision eingelegt, Az. beim BFH: VI R 15/24.

- Auch den Rentnern und Versorgungsbezügeempfängern ist eine **sog. Energiepreispauschale II** ausbezahlt worden. Die Pauschale erhielt, wer zum Stichtag 1.12.2022 Anspruch auf eine Alters-, Erwerbsminderungs- oder Hinterbliebenenrente der gesetzlichen Rentenversicherung oder auf Versorgungsbezüge nach dem Beamtenversorgungsgesetz oder dem ersten und zweiten Teil des Soldatenversorgungsgesetzes hatte. Der ausgezahlte Betrag i.H.v. 300 € ist/war lohn- und einkommensteuerpflichtig und wird/wurde mit dem individuellen Steuersatz besteuert. Die Auszahlung erfolgte bis zum 15.12.2022 (Versorgungsrechtliche Energiepreispauschalen-Gewährungsgesetz v. 7.11.2022, BGBl. I, 1985).

  Obwohl die mit dem Versorgungsrechtlichen Energiepreispauschalen-Gewährungsgesetz geregelte Energiepreispauschale für Versorgungsbeziehende als steuerpflichtige Einnahme vollständig der Lohn- und Einkommensbesteuerung unterliegt (§§ 19 Abs. 3, 22 Nr. 1 Satz 3 Buchst. c EStG, BMF v. 16.11.2022, IV C 5 – S 1901/22/10009 :003), ist sie bei der Berechnung der Vorsorgepauschale nicht zu berücksichtigen. Die Pauschale ist bei Pensionären bzw. Versorgungsbeziehenden in dem in der Lohnsteuerbescheinigung zu bescheinigenden Bruttoarbeitslohn i.H.v. 300 € enthalten; dies gilt entsprechend für die darauf entfallende Lohnsteuer und den ggf. zu zahlenden Zuschlagsteuern.

  Ob die Energiepreispauschale bei Rentnern letztlich zu einer höheren steuerlichen Belastung kommt oder ob es überhaupt zu einer Steuerfestsetzung kommt, hängt von den individuellen Verhältnissen des Stpfl. ab.

- Studierende und Fachschüler haben in 2023 eine Energiepreispauschale als Einmalzahlung i.H.v. 200 € erhalten. Voraussetzung dafür ist ein Wohnsitz oder „gewöhnlicher Aufenthalt" in Deutschland zum genannten Stichtag.

  Im Gegensatz zur Behandlung bei den Arbeitnehmern und Versorgungsbeziehenden unterliegt die an Studierende sowie Schüler in Fachschulklassen und in Berufsfachschulklassen gezahlte Energiepreispauschale nicht der Besteuerung (nicht steuerbar, s. BT-Drucks. 20/4536). Sie ist weder bei einkommensabhängigen Leistungen und Sozialleistungen noch bei Sozialversicherungsbeiträgen zu berücksichtigen.

- Auch der **Corona-Pflegebonus nach § 3 Nr. 11b EStG** (Viertes Gesetz zur Umsetzung steuerlicher Hilfsmaßnahmen zur Bewältigung der Corona-Krise v. 19.6.2022, BGBl. I 2022, 911) wurde als eine befristete Sonderregelung gesetzlich geregelt. So hatten Arbeitgeber die Möglichkeit, ihre in **bestimmten Einrichtungen tätige Arbeitnehmer**, wie Pflegekräfte, für ihre herausragenden Leistungen während der Corona-Krise durch einen steuerfreien Pflegebonus bis zu einem Betrag von 4 500 € zu würdigen und finanziell zu honorieren. Arbeitgeber konnten diesen Arbeitnehmern einen zusätzlich zum ohnehin geschuldeten Arbeitslohn (→ *Barlohnumwandlung* Rz. 1218) und bis zu **4 500 € steuerfreien Pflegebonus** in der Zeit vom 18.11.2021 bis zum 31.12.2022 steuerfrei auszahlen.

- Eine weitere (zeitlich begrenzte) Sonderregelung ist in **§ 3 Nr. 11c EStG (Inflationsausgleichsprämie)** geregelt worden. Danach können Arbeitgeber zusätzlich zum ohnehin geschuldeten Arbeitslohn (→ *Barlohnumwandlung* Rz. 1218) in der Zeit vom 26.10.2022 bis zum 31.12.2024 auf Grund der gestiegenen Lebenshaltungskosten an seine Arbeitnehmer in Form von Zuschüssen und Sachbezügen gewährte **Beihilfen und Unterstützungen** bis zu einem Betrag von **3 000 € steuerfrei** auszahlen.

1. Beihilfen und Unterstützungen aus öffentlichen Mitteln

Beihilfen und Unterstützungen aus öffentlichen Mitteln, die wegen **Hilfsbedürftigkeit** gewährt werden, sind nach § 3 Nr. 11 EStG steuerfrei (vgl. zu den Voraussetzungen zuletzt FinMin Baden-Württemberg v. 25.2.2004, 3 – S 235.0 / 21, StEd 2004, 204). **4218**

Hierunter fallen nach R 3.11 Abs. 1 LStR**:**

- Beihilfen in Krankheits-, Geburts- oder Todesfällen nach den Beihilfevorschriften des Bundes oder der Länder (→ *Beihilfen* Rz. 1251) sowie Unterstützungen in besonderen Notfällen, die aus öffentlichen Kassen gezahlt werden (→ *Öffentliche Kassen* Rz. 3289),
- Beihilfen in Krankheits-, Geburts- oder Todesfällen oder Unterstützungen in besonderen Notfällen an Arbeitnehmer von Körperschaften, Anstalten oder Stiftungen des öffentlichen Rechts auf Grund von Beihilfevorschriften (Beihilfegrundsätzen) oder Unterstützungsvorschriften (Unterstützungsgrundsätzen) des Bundes oder der Länder oder von entsprechenden Regelungen,
- Beihilfen und Unterstützungen an Arbeitnehmer von Verwaltungen, Unternehmen oder Betrieben, die sich überwiegend in öffentlicher Hand (Beteiligung mehr als 50 %) befinden, wenn
  - die Verwaltungen, Unternehmen oder Betriebe einer staatlichen oder kommunalen Aufsicht und Prüfung der Finanzgebarung bezüglich der Entlohnung und der Gewährung der Beihilfen unterliegen und
  - die Entlohnung sowie die Gewährung von Beihilfen und Unterstützungen für die betroffenen Arbeitnehmer ausschließlich nach den für Arbeitnehmer des öffentlichen Dienstes geltenden Vorschriften und Vereinbarungen geregelt sind.

  Für die Steuerbefreiung nach § 3 Nr. 11 EStG ist es unschädlich, wenn die Buchführung nicht nach kameralistischen Grundsätzen erfolgt und wenn außertarifliche Bezüge gezahlt werden. Allerdings muss das haushaltsrechtliche Gebot von Wirtschaftlichkeit und Sparsamkeit gelten und nach öffentlich-rechtlichen Maßstäben durchgesetzt werden (FG Düsseldorf v. 3.6.2004, 12 K 210/02 H (L), EFG 2004, 1502 betr. eine kommunale Abfallgesellschaft in der Rechtsform GmbH).
- Beihilfen und Unterstützungen an Arbeitnehmer von Unternehmen, die sich nicht überwiegend in öffentlicher Hand (private Beteiligung mehr als 50 %) befinden, z.B. staatlich anerkannte Privatschulen, wenn
  - hinsichtlich der Entlohnung, der Reisekostenvergütungen und der Gewährung von Beihilfen und Unterstützungen nach den Regelungen verfahren wird, die für den öffentlichen Dienst gelten,
  - die für die Bundesverwaltung oder eine Landesverwaltung maßgeblichen Vorschriften über die Haushalts-, Kassen- und Rechnungsführung und über die Rechnungsprüfung beachtet werden und
  - das Unternehmen der Prüfung durch den Bundesrechnungshof oder einen Landesrechnungshof unterliegt.

Wenn Beihilfen nach diesen Grundsätzen nicht steuerfrei sind, kann aber die Steuerfreiheit dieser Beihilfen in Betracht kommen, soweit die Mittel aus einem öffentlichen Haushalt stammen und über die Gelder nur nach Maßgabe der haushaltsrechtlichen Vorschriften des öffentlichen Rechts verfügt werden kann und ihre Verwendung einer gesetzlich geregelten Kontrolle unterliegt. Ist das Verhältnis der öffentlichen Mittel zu den Gesamtkosten im Zeitpunkt des Lohnsteuerabzugs nicht bekannt, so kann das Verhältnis ggf. geschätzt werden (zuletzt BFH v. 18.5.2004, VI R 128/99, HFR 2005, 12 m.w.N. betr. Beihilfen in Krankheitsfällen an Arbeitnehmer eines teilweise aus Landesmitteln finanzierten Vereins).

Beihilfen und Unterstützungen, die den bei den **Postunternehmen** beschäftigten Beamten gezahlt werden, sind steuerfrei, soweit sie ohne die Neuordnung des Postwesens und der Telekommunikation nach § 3 Nr. 11 EStG steuerfrei gewesen wären (§ 3 Nr. 35 EStG).

Den Bezügen aus öffentlichen Mitteln wegen Hilfsbedürftigkeit gleichgestellt sind Beitragsermäßigungen und Prämienrückzahlungen eines Trägers der gesetzlichen Krankenversicherung für nicht in Anspruch genommene Beihilfeleistungen (§ 3 Nr. 11 Satz 4 EStG). Damit sind die **Beitragsermäßigungen der Angestellten von gesetzlichen Krankenkassen**, die einer Dienstordnung unterliegen, **steuerfrei**.

LSt SV

2. Unterstützungen und Erholungsbeihilfen an Arbeitnehmer im privaten Dienst

a) Unterstützungen

aa) Ukraine

4219 Das BMF hat auf seinen Internetseiten ein sog. FAQ „Ukraine" (Steuern) eingerichtet, in dem zu steuerlichen Fragen Stellung genommen und das laufend aktualisiert wird (zuletzt Stand 31.1.2023). So wird z.B. in Abschn. III Nr. 3 der FAQ geregelt, dass die Aufnahme von volljährigen Kriegsflüchtlingen aus der Ukraine durch Alleinstehende in ihren Haushalt im Jahr 2022 aus Billigkeitsgründen nicht zu einer steuerschädlichen Haushaltsgemeinschaft und damit auch nicht zum Wegfall der Steuerklasse II bzw. des Entlastungsbetrags für Alleinerziehende (§ 24b EStG) führt. Ebenso FinMin Schleswig-Holstein, Kurzinformation zur Einkommensteuer Nr. 2022/10 v. 16.6.2022, StEd 2022, 412.

Zu weiteren steuerlichen Maßnahmen zur Unterstützung der vom Krieg in der Ukraine Geschädigten (z.B. Spendenabzug, Unterstützung an Arbeitnehmer, Arbeitslohnspenden) s. BMF v. 17.3.2022, IV C 4 – S 2223/19/10003 :013, BStBl I 2022, 330.

Die Finanzverwaltung hat ihr o.g. Anwendungsschreiben v. 17.3.2022, das lohnsteuerlich bisher lediglich Hinweise zur sog. Arbeitslohnspende enthielt, um lohnsteuerliche Unterstützungsleistungen des Arbeitgebers ergänzt (BMF v. 7.6.2022, IV C 4 – S 2223/19/10003 :017, StEd 2022, 382). Danach gilt Folgendes:

Beihilfen und Unterstützungen des Arbeitgebers an seine Arbeitnehmer können nach R 3.11 LStR steuerfrei sein. R 3.11 Abs. 2 LStR ist auf Beihilfen und Unterstützungen, die vom Krieg in der Ukraine geschädigte Arbeitnehmer von ihrem Arbeitgeber oder von dritter Seite, soweit die Leistungen dem Grunde nach dem Arbeitslohn zuzurechnen sind, erhalten, mit folgender Maßgabe anzuwenden:

- die in R 3.11 Abs. 2 Satz 2 Nr. 1 bis Nr. 3 LStR genannten Voraussetzungen brauchen nicht vorzuliegen,
- die Unterstützungen sind bis zu einem Betrag von 600 € je Kalenderjahr steuerfrei. Der 600 € übersteigende Betrag gehört nicht zum steuerpflichtigen Arbeitslohn, wenn unter Berücksichtigung der Einkommens- und Familienverhältnisse des Arbeitnehmers ein besonderer Notfall vorliegt. Im Allgemeinen kann bei einem Arbeitnehmer von einem besonderen Notfall ausgegangen werden, wenn er im Zusammenhang mit den Kriegsereignissen die Ukraine verlassen hat (Kriegsflüchtling) oder vergleichbar unmittelbar vom Krieg betroffen ist.

Auf Unterstützungen, die in Form von sonst steuerpflichtigen Zinsvorteilen oder in Form von Zinszuschüssen gewährt werden, ist die vorstehende Regelung ebenfalls anzuwenden. Zinszuschüsse und Zinsvorteile bei Darlehen, die im unmittelbaren Zusammenhang mit den Kriegsschäden in der Ukraine aufgenommen worden sind, sind deshalb ebenfalls nach R 3.11 Abs. 2 LStR steuerfrei, und zwar während der gesamten Laufzeit des Darlehens. Voraussetzung hierfür ist, dass das Darlehen die Schadenshöhe nicht übersteigt.

Vorteile aus einer erstmalig nach Kriegsausbruch erfolgten

- Nutzungsüberlassung eines betrieblichen Kraftfahrzeugs an Arbeitnehmer, deren privates Kraftfahrzeug durch die Kriegsereignisse nicht mehr verfügbar ist,
- Nutzungsüberlassung von Wohnungen oder von Unterkünften, wenn die vom Arbeitnehmer bisher bewohnte Wohnung oder Unterkunft durch die Kriegshandlungen unbewohnbar geworden ist,
- Gewährung von unentgeltlicher Verpflegung an Arbeitnehmer, soweit der Arbeitnehmer sich nicht selbst versorgen kann, oder
- Nutzungsüberlassung anderer Sachen, wenn entsprechende Güter des Arbeitnehmers durch die Kriegsereignisse nicht mehr verfügbar sind oder die Überlassung der Schadensbeseitigung dient,

sind in die vorstehenden Regelungen einzubeziehen.

Der Vorteil aus der unentgeltlichen oder verbilligten Übereignung von gebrauchten Gegenständen zum Zweck der Ausstattung der Wohnung oder der Unterkunft eines Arbeitnehmers, der auf Grund der Kriegsereignisse die Ukraine verlassen hat, ist nicht dem Arbeitslohn des Arbeitnehmers zuzurechnen.

Die steuerfreien Leistungen sind im Lohnkonto aufzuzeichnen (§ 4 Abs. 2 Nr. 4 Satz 1 LStDV); dabei ist auch zu dokumentieren, dass der die Leistung empfangende Arbeitnehmer durch die Kriegshandlungen zu Schaden gekommen ist. Der Arbeitnehmer hat dem Arbeitgeber die erforderlichen Angaben zur Glaubhaftmachung der Schadenshöhe sowie der wegen des Schadens erhaltenen bzw. zu erwartenden Entschädigung oder Zuwendung zur Verfügung zu stellen.

Die vorgenannten Grundsätze gelten bei Leistungen zur Unterstützung der Angehörigen des Arbeitnehmers entsprechend.

Mit Schreiben v. 4.12.2024, IV D 5 – S 2223/19/10003 :030, wurde der zeitliche Anwendungsbereich des BMF-Schreibens v. 17.3.2022, IV C 4 – S 2223/19/10003 :013, BStBl I 2022, 330 **bis zum 31.12.2025 verlängert**.

bb) Andere Unterstützungen an Arbeitnehmer im privaten Dienst

Unterstützungen, die von privaten Arbeitgebern an einzelne Arbeitnehmer gezahlt werden, sind nach § 3 Nr. 11 EStG steuerfrei, wenn die Unterstützungen dem Anlass nach gerechtfertigt sind, z.B. in Krankheits- und Unglücksfällen. 4220

LSt SV

Voraussetzung für die Steuerfreiheit ist nach R 3.11 Abs. 2 LStR, dass die Unterstützungen

- aus einer mit eigenen Mitteln des Arbeitgebers geschaffenen, aber von ihm unabhängigen und mit ausreichender Selbständigkeit ausgestatteten Einrichtung gewährt werden; das gilt nicht nur für bürgerlich-rechtlich selbständige Unterstützungskassen, sondern auch für steuerlich selbständige Unterstützungskassen ohne bürgerlich-rechtliche Rechtspersönlichkeit, auf deren Verwaltung der Arbeitgeber keinen maßgebenden Einfluss hat,
- aus Beträgen gezahlt werden, die der Arbeitgeber dem Betriebsrat oder sonstigen Vertretern der Arbeitnehmer zu dem Zweck überweist, aus diesen Beträgen Unterstützungen an die Arbeitnehmer ohne maßgebenden Einfluss des Arbeitgebers zu gewähren,
- vom Arbeitgeber selbst erst nach Anhörung des Betriebsrats oder sonstiger Vertreter der Arbeitnehmer gewährt oder nach einheitlichen Grundsätzen bewilligt werden, denen der Betriebsrat oder sonstige Vertreter der Arbeitnehmer zugestimmt haben.

Diese Voraussetzungen brauchen nicht vorzuliegen, wenn der Betrieb **weniger als fünf Arbeitnehmer** beschäftigt.

Die Unterstützungen sind bis zu einem Betrag von **600 € je Kalenderjahr** steuerfrei. Der 600 € übersteigende Betrag gehört nur dann nicht zum steuerpflichtigen Arbeitslohn, wenn er aus Anlass eines **besonderen Notfalls** gewährt wird. Bei der Beurteilung, ob ein solcher Notfall vorliegt, sind auch die Einkommensverhältnisse und der Familienstand des Arbeitnehmers zu berücksichtigen; drohende oder bereits eingetretene **Arbeitslosigkeit begründet für sich keinen besonderen Notfall** i.S. dieser Vorschrift.

Im Rahmen von Billigkeitsmaßnahmen anlässlich von **Unwetterschäden** geht die Finanzverwaltung in sog. Katastrophenerlassen im Allgemeinen von einem besonderen Notfall aus (vgl. z.B. BMF v. 27.2.2023, IV C 4 – S 2223/19/10003 :019, betr. Einzelheiten zur steuerlichen Berücksichtigung der bis zum 31.12.2023 geleisteten Unterstützungen an die Erdbebenopfer in der Türkei und in Syrien) oder zu regionalen Katastrophen im Inland die Regelungen in jeweils entsprechenden Länderlassen, wie zuletzt durch das Unwetter (Sturmflut) am 20. und 21.10.2023, durch das in Schleswig-Holstein, insbesondere in weiten Teilen der Ostseeküste sowie der Trave- und Schleiregion, beträchtliche Schäden entstanden sind.

Hierzu hat das FinMin Schleswig-Holstein mit Erlass v. 25.10.2023, veröffentlicht auf den Internetseiten des FinMin Schleswig-Holstein, umfangreiche Steuererleichterungen für den geschädigten Personenkreis beschlossen. Dazu gehöre u.a. steuerfreie Unterstützungen an Arbeitnehmer und Regelungen für sog. Arbeitslohnspenden.

Zu den Unwetterschäden 2024 in Bayern und Baden-Württemberg vgl. stellvertretend Verfügung des Ministeriums für Finanzen des Landes Baden-Württemberg v. 20.6.2024.

Anlässe, zu denen der Arbeitnehmer Unterstützungen erhalten kann, sind z.B.

- Krankheitsfälle,
- Unglücksfälle,
- Tod des Arbeitnehmers oder naher Angehöriger,
- Vermögensverluste durch höhere Gewalt (Diebstahl, Hochwasser, Hagel, Sturm, Feuer),
- Inanspruchnahme aus Bürgschaften oder Haftung.

Der Anlass der Unterstützung muss nicht allein in der Person des Arbeitnehmers begründet sein. Unterstützungsleistungen können auch dann gezahlt werden, wenn die Ursache der Unterstützung in der Person naher Angehöriger des Arbeitnehmers liegt und der Arbeitnehmer wirtschaftlich belastet ist. Bei der Prüfung der Frage, ob ein Grund für die Unterstützung vorliegt, verfährt die Finanzverwaltung recht großzügig.

Steuerfrei sind auch Leistungen des Arbeitgebers zur Aufrechterhaltung und Erfüllung eines Beihilfeanspruchs nach beamtenrechtlichen Vorschriften sowie zum Ausgleich von Beihilfeaufwendungen früherer Arbeitgeber im Fall der Beurlaubung oder Gestellung von Arbeitnehmern oder des Übergangs des öffentlich-rechtlichen Dienstverhältnisses auf den privaten Arbeitgeber, wenn Versicherungsfreiheit in der gesetzlichen Krankenversicherung nach § 6 Abs. 1 Nr. 2 SGB V besteht (R 3.11 Abs. 2 Satz 7 LStR).

Die unterschiedliche steuerliche Behandlung der Beihilfezahlungen aus öffentlichen Kassen und vergleichbarer Zahlungen aus privaten Kassen ist verfassungsgemäß (BFH v. 18.5.2004, VI R 128/99, HFR 2005, 12, m.w.N.).

b) Erholungsbeihilfen

4221 Erholungsbeihilfen, soweit sie nicht ausnahmsweise als Unterstützungen anzuerkennen sind (BFH v. 18.3.1960, VI 345/57 U, BStBl III 1960, 237), gehören grds. zum steuerpflichtigen Arbeitslohn. Das gilt regelmäßig auch dann, wenn die Beihilfen und Unterstützungen von einem Dritten gewährt werden und eine ausreichende Beziehung zwischen dem Dritten und dem Arbeitgeber es rechtfertigt, die Zahlung des Dritten als Arbeitslohn zu behandeln (BFH v. 27.1.1961, VI 249/60 U, BStBl III 1961, 167). Einzelheiten hierzu → *Erholung: Arbeitgeberzuwendungen* Rz. 2036.

LSt SV

Unterstützungskasse

→ *Zukunftssicherung: Betriebliche Altersversorgung* Rz. 4653

Urlaubsabgeltung

1. Arbeitsrecht

4222 Kann der Urlaub wegen **Beendigung des Arbeitsverhältnisses** ganz oder teilweise nicht mehr gewährt werden, so ist er nach § 7 Abs. 4 BUrlG abzugelten, d.h. auszubezahlen. Der Anspruch auf Abgeltung des sog. Ersatzurlaubs richtet sich nicht nach § 251 Abs. 1 BGB, sondern nach den Vorgaben des § 7 Abs. 4 BUrlG. Er entsteht mit der rechtlichen Beendigung des Arbeitsverhältnisses (BAG v. 16.5.2017, 9 AZR 572/16). Diese Bewertung ist auf die vom EuGH geprägte Rechtsfortbildung in den letzten 20 Jahren zurückzuführen. Das BAG hatte in der Vergangenheit stets angenommen, der an die Stelle des Ersatzurlaubsanspruchs tretende Schadensersatzanspruch in Geld ergäbe sich aus § 251 Abs. 1 BGB (vgl. BAG v. 20.4.2012, 9 AZR 504/10).

Voraussetzung für die Urlaubsabgeltung ist also die **Beendigung des Arbeitsverhältnisses**; eine Abgeltung im laufenden Arbeitsverhältnis ist unzulässig, es sei denn, in einem anwendbaren Tarifvertrag sei ausnahmsweise etwas anderes bestimmt (BAG v. 20.4.2012, 9 AZR 504/10). Zu beachten gilt, dass der Urlaubsanspruch nicht bereits durch die im Rahmen eines Kündigungsschreibens erfolgte arbeitgeberseitige Freistellung von der Arbeitspflicht erfüllt wird. Die Erfüllung des Urlaubsanspruchs ist vielmehr nur möglich, wenn überhaupt eine Arbeitspflicht im fraglichen Zeitraum besteht (BAG v. 18.3.2014, 9 AZR 669/12, 9 AZR 877/13). Die Erfüllbarkeit des Urlaubsanspruchs hängt daher ebenso wie in der Folge der Abgeltungsanspruch auch von der Arbeitsfähigkeit des Arbeitnehmers ab (BAG a.a.O.) Wer arbeitsunfähig erkrankt ist, kann durch Urlaubserteilung von seiner Arbeitspflicht nicht mehr befreit werden (LAG Sachsen v. 30.5.2024, 4 Sa 17/23). Ein **beim Tod des Arbeitnehmers** bestehender Urlaubsanspruch **geht nicht unter** und wandelt sich nach neuerer Rechtsprechung in einen **vererblichen Urlaubsabgeltungsanspruch** um (EuGH v. 12.6.2014, C-118/13; BAG v. 22.9.2015, 9 AZR 170/14). Das BAG hatte mit Beschluss v. 18.10.2016, 9 AZR 196/16 (A), die Fragestellung erneut dem EuGH in einem **Vorabentscheidungsersuchen** vorgelegt. Der **EuGH** hat bestätigt, dass der Anspruch eines Arbeitnehmers auf bezahlten Jahresurlaub nach dem Unionsrecht nicht mit seinem Tod untergeht. Außerdem könnten die Erben eines verstorbenen Arbeitnehmers eine finanzielle Vergütung für den von ihm nicht genommenen bezahlten Jahresurlaub verlangen. Sofern das nationale Recht eine solche Möglichkeit ausschließe und sich daher als mit dem Unionsrecht unvereinbar erweise, könnten sich die Erben unmittelbar auf das Unionsrecht berufen, und zwar sowohl gegenüber einem öffentlichen als auch gegenüber einem privaten Arbeitgeber (EuGH v. 6.11.2018, C-569/16 und C-570/16).

Die Urlaubsabgeltung setzt – nach **vollständiger Aufgabe der früheren sog. Surrogatstheorie** – nunmehr die Arbeitsfähigkeit des Arbeitnehmers nicht mehr voraus. Der Anspruch auf Abgeltung des Urlaubs ist sowohl für den Fall der Arbeitsunfähigkeit als auch für den Fall der Arbeitsfähigkeit des aus dem Arbeitsverhältnis ausscheidenden Arbeitnehmers ein **reiner Geldanspruch**; er unterfällt deshalb nicht dem Fristenregime des BUrlG (BAG v. 19.6.2012, 9 AZR 652/10). Der Arbeitnehmer kann daher auch – nach Beendigung des Arbeitsverhältnisses – auf seinen Anspruch auf Abgeltung von offenem Urlaub **verzichten**, und zwar auch soweit Mindesturlaubsansprüche betroffen sind und auch durch einen Vergleich mit **Ausgleichsklausel** (BAG v. 14.5.2013, 9 AZR 844/11).

Wenn der Arbeitnehmer zuvor über einen **längeren Zeitraum arbeitsunfähig oder erwerbsgemindert war**, hat das BAG mit Urteil v. 3.6.2025 (9 AZR 137/24) entschieden, dass sich die Berechnung der Urlaubsabgeltung auch dann nach dem Durchschnittsverdienst der letzten 13 Wochen vor Beendigung des Arbeitsverhältnisses richtet. Hat der Arbeitnehmer im Referenzzeitraum seine Arbeit unverschuldet versäumt, ist sein gewöhnlicher Arbeitsverdienst für die nach dem Arbeitsvertrag geschuldete regelmäßige Arbeitszeit zu Grunde zu legen. Verdienstkürzungen, die im Berechnungszeitraum in Folge von Kurzarbeit, Arbeitsausfällen oder unverschuldeter Arbeitsversäumnis eintreten, führen zu keiner Minderung des Abgeltungsanspruchs. Zu den Zeiten unverschuldeter Arbeitsversäumnis zählen auch Abwesenheitszeiten in Folge voller Erwerbsminderung (BAG, aaO.).

Zu beachten ist, dass nach einer Entscheidung des EuGH v. 20.1.2009, C-350/06 und C-520/06, und der folgenden Grundsatzentscheidung des BAG v. 24.3.2009, 9 AZR 938/07, bestätigt mit BAG v. 4.5.2010, 9 AZR 183/09, **für den gesetzlichen Mindesturlaub** im Hinblick auf krankheitsbedingt nicht genommenen Urlaub anders als bisher die **Verfallfrist** nicht mehr gilt, so dass der nicht verfallene Mindesturlaub des Arbeitnehmers nach allgemeinen Grundsätzen bei Beendigung des Arbeitsverhältnisses abzugelten ist (s. N. Besgen, Das neue Urlaubsrecht nach der geänderten Rechtsprechung des EuGH und des BAG, B+P 2014, 523). Indes ist der Arbeitgeber nicht verpflichtet, den schwerbehinderten Arbeitnehmer auf den Zusatzurlaub des § 208 Abs. 1 Satz 1 SGB IX in Unkenntnis der Schwerbehinderteneigenschaft hinzuweisen mit der Folge, dass der Zusatzurlaubsanspruch nach § 7 Abs. 3 Satz 1 BUrlG verfällt (LAG Rheinland-Pfalz v. 22.4.2021, 2 Sa 59/20).

Bei der **Berechnung der Höhe** der Urlaubsabgeltung muss zunächst die Anzahl der offenen Urlaubstage als **Zeitfaktor** angesetzt werden. Die Angabe von Urlaubstagen in einer Abrechnung stellt insoweit aber keine Streitlosstellung eines (späteren) Urlaubsabgeltungsanspruchs dar (LAG Köln v. 22.2.2024, 8 Sa 444/23). Die Angabe von Urlaubstagen in einer Entgeltabrechnung stellt regelmäßig lediglich eine Wissens-, nicht aber eine rechtsgestaltende Willenserklärung dar. Die bloße Mitteilung durch den Arbeitgeber entfaltet i.d.R. keine rechtsgeschäftliche Wirkung. Besondere Umstände, die bei den Entgeltabrechnungen ausnahmsweise auf einen Geschäftswillen des Arbeitgebers schließen lassen könnten, sind vom Arbeitnehmer vorzutragen, andernfalls muss der Urlaubsanspruch (regelmäßig innerhalb der Ausschlussfristen) beim Arbeitgeber geltend gemacht werden. Der Zeitfaktor ist dann mit dem nach § 11 Abs. 1 BUrlG zu berechnenden **Geldfaktor** zu multiplizieren.

Die Tarifvertragsparteien können Urlaubs- und Urlaubsabgeltungsansprüche, die den von Art. 7 Abs. 1 der Arbeitszeitrichtlinie 2003/88/EG gewährleisteten und von §§ 1, 3 Abs. 1 BUrlG begründeten Anspruch auf Mindestjahresurlaub von vier Wochen übersteigen (tariflicher Mehrurlaub), **Ausschlussfristen** unterziehen. Sie dürfen deshalb auch bei fortdauernder Arbeitsunfähigkeit den Verfall von tariflichen Mehrurlaubsansprüchen am Ende des Urlaubsjahres und/oder des Übertragungszeitraums vorsehen (BAG v. 12.4.2011, 9 AZR 80/10; BAG v. 22.5.2012, 9 AZR 618/10). Weitergehend kann eine im Arbeitsvertrag oder einem anwendbaren Tarifvertrag geregelte Ausschlussfrist sogar auch den Anspruch auf Urlaubsabgeltung in Gänze erfassen (BAG v. 9.8.2011, 9 AZR 352/10). Tarifliche Ausschlussfristen sind auch auf Urlaubsabgeltungsansprüche anzuwenden, wobei mit der Erhebung einer sog. Bestandsschutzklage nach Ausspruch einer Kündigung nicht die schriftliche Geltendmachung des Urlaubsabgeltungsanspruchs i.S. einer tariflichen Ausschlussfrist verbunden ist (BAG v. 27.10.2020, 9 AZR 531/19).

Dem Leiharbeitnehmer steht unter Berücksichtigung des sog. Equal-Pay-Grundsatzes ein Anspruch auf Urlaubsabgeltung in gleicher Höhe wie einem vergleichbaren Mitarbeiter des Entleihers zu. Wie der EuGH inzwischen entschieden hat, ist Art. 5 Abs. 1 Abs. 1 der RL 2008/104/EG des Europäischen Parlaments und des Rates vom 19.11.2008 über Leiharbeit i.V.m. deren Art. 3 Abs. 1 Buchst. f dahin auszulegen, dass er einer nationalen Regelung entgegensteht, nach der die Abgeltung für nicht genommenen bezahlten Jahresurlaub und das entsprechende Urlaubsgeld, auf die Leiharbeitnehmer bei Beendigung des Arbeitsverhältnisses mit einem entleihenden Unternehmen Anspruch haben, geringer ist als die Abgeltung, auf die sie in einer solchen Situation aus demselben Grund Anspruch hätten, wenn sie von dem entleihenden Unternehmen unmittelbar für den gleichen Arbeitsplatz und für die gleiche Beschäftigungsdauer eingestellt worden wären (EuGH v. 12.5.2022, C-426/20, NZA 2022, 1041).

Der Abgeltungsanspruch besteht im Übrigen völlig unabhängig von dem Grund für die Beendigung des Arbeitsverhältnisses. Die Urlaubsersatzleistung für das laufende letzte Arbeitsjahr steht dem Arbeitnehmer folglich auch dann zu, wenn er das Arbeitsverhältnis ohne wichtigen Grund vorzeitig einseitig beendet. Der Richter braucht nicht zu prüfen, ob der Verbrauch der Urlaubstage, auf die der Arbeitnehmer Anspruch hatte, für diesen unmöglich war (EuGH v. 25.11.2021, C-233/20, NZA-RR 2022, 51).

Ein Arbeitgeber muss den Arbeitnehmer auffordern, den Urlaub zu nehmen, und ihm klar und rechtzeitig mitteilen, dass der Urlaub mit Ablauf des Kalenderjahres oder Übertragungszeitraums verfällt, wenn er ihn nicht beantragt (LAG Köln v. 9.4.2019, 4 Sa 242/18). Diese Initiativlast des Arbeitgebers beschränkt sich nicht nur auf das laufende Kalenderjahr, sondern auch auf Urlaub aus vorangegangenen Kalenderjahren. Die Entscheidung steht im Einklang mit den Vorgaben des EuGH in seiner Entscheidung v. 6.11.2018, C-684/16, die das BAG v. 19.2.2019, 9 AZR 541/15 fortgeführt hat. Ein Arbeitgeber muss jedem Arbeitnehmer klar und rechtzeitig mitteilen, dass der Urlaub am Ende des Bezugszeitraums oder eines Übertragungszeitraums verfällt, wenn er nicht in Anspruch genommen wird. Arbeitgeber müssen daher ihren Arbeitnehmern entsprechende nachweisbare Hinweise erteilen, sofern sie sicherstellen möchten, dass der Urlaub verfällt. S. N. Besgen, Neue Hinweispflichten für Arbeitgeber – was Unternehmen jetzt zwingend beachten müssen!, B+P 2019, 523. Auf Vorlage des BAG hat (Beschlüsse v. 7.7.2020, 9 AZR 245/19 und 9 AZR 401/19) hat der EuGH nunmehr die Fragen beantwortet, ob die – vor Jahren – unterlassene und seinerzeit unbekannte Mitwirkungspflicht des Arbeitgebers bei der Urlaubsgewährung den Verfall von Urlaubsansprüchen nach 15 Monaten – wie vom BAG für das deutsche Recht entwickelt – aushebelt. Nach Auffassung der Instanzgerichte ist diese Frage zu verneinen: Bleibt ein Arbeitnehmer auch bis nach Ablauf von 15 Monaten nach dem Ende des Urlaubsjahres arbeitsunfähig erkrankt, ist es dem Arbeitgeber, der seinen Obliegenheiten nicht nachgekommen ist, den Arbeitnehmer von dem Bestehen von Urlaubsansprüchen und deren Befristung in Kenntnis zu setzen, nicht verwehrt, sich auf die Befristung und das Erlöschen des Urlaubsanspruchs zu berufen. Ist der Arbeitnehmer seit Beginn des Urlaubsjahres durchgehend bis zum 31.3. des zweiten auf das Urlaubsjahr folgenden Kalenderjahres arbeitsunfähig, sind nicht Handlungen oder Unterlassungen des Arbeitgebers, sondern allein die Arbeitsunfähigkeit des Arbeitnehmers für den Verfall des Urlaubs kausal (so LAG Hamm v. 17.2.2022, 5 Sa 872/21, NZA-RR 2022, 291).

Der EuGH sieht das jedenfalls insoweit anders, sofern der Arbeitnehmer in einem Urlaubsjahr zumindest teilweise tatsächlich gearbeitet hat (EuGH v. 22.9.2022, C-518/20 und C-727/20). Der Anspruch eines Arbeitnehmers auf bezahlten Jahresurlaub, den er in einem Bezugszeitraum erworben hat und in dessen Verlauf er tatsächlich gearbeitet hat, bevor er voll erwerbsgemindert oder auf Grund einer seitdem fortbestehenden Krankheit arbeitsunfähig geworden ist, kann nach Ablauf eines nach nationalem Recht zulässigen Übertragungszeitraums oder später nicht erlöschen, wenn der Arbeitgeber den Arbeitnehmer nicht rechtzeitig in die Lage versetzt hat, diesen Anspruch auszuüben. Dementsprechend hat das BAG in der Folge entschieden, dass der gesetzliche Anspruch eines Arbeitnehmers auf bezahlten Jahresurlaub zwar der gesetzlichen Verjährung unterliegt, die dreijährige Verjährungsfrist jedoch erst am Ende des Kalenderjahres beginnt, in dem der Arbeitgeber den Arbeitnehmer über seinen konkreten Urlaubsanspruch und die Verfallfristen belehrt und der Arbeitnehmer den Urlaub dennoch aus freien Stücken nicht genommen hat (BAG v. 20.12.2022, 9 AZR 266/20). Nicht genommener oder gewährter Urlaub kann mit Ablauf des Kalenderjahres bzw. des Übertragungszeitraums also nur erlöschen, wenn der Arbeitgeber den Arbeitnehmer zuvor auf den drohenden Urlaubsverfall hingewiesen und den Arbeitnehmer so in die Lage versetzt hat, seinen Urlaubsanspruch tatsächlich wahrzunehmen. Dieser Hinweis hat konkret und transparent zu erfolgen. Der Arbeitgeber hat klar und rechtzeitig mitzuteilen, dass der Urlaub am Ende des Bezugs- oder Übertragungszeitraums verfallen wird, wenn der Arbeitnehmer ihn nicht nimmt. Das Urteil des BAG versetzt Arbeitgeber, die dieser Mitwirkungspflicht in der Vergangenheit nicht genügt haben, und das dürfte mutmaßlich die Mehrheit sein, in die große Sorge, dass eine Vielzahl von, ggf. bereits ausgeschiedenen, Arbeitnehmern in erheblichem Umfang nicht genommene Urlaubsansprüche aus lange zurückliegenden Zeiträumen geltend machen. Auf Vertrauensschutz werden sich Arbeitgeber nicht berufen können. Der EuGH hatte sich in seinen Entscheidungen vom 22.9.2022 zu diesem Thema nicht geäußert. Demgemäß müssen Arbeitgeber im Grundsatz davon ausgehen, ohne zeitliche Grenze rückwirkend bestehende Urlaubsansprüche erfüllen zu müssen, sofern sie – ggf. auch nachträglich – ihrer Mitwirkungspflicht nicht vollständig nachgekommen sein sollten. In dem Kontext wird voraussichtlich ein weiterer Aspekt abermals diskutiert werden, nämlich die Frage, ob derartigen Abgeltungsansprüchen die regelmäßig zwischen Arbeitsvertragsparteien vereinbarten Ausschlussfristen entgegengehalten werden können.

Art. 7 RL 2003/88/EG erlaubt die Interpretation des § 7 Abs. 3 BUrlG, dass der gesetzliche Mindesturlaub, den der Arbeitnehmer in Folge krankheitsbedingter Arbeitsunfähigkeit nicht bis zum Ende des Urlaubsjahres nehmen konnte, bei fortdauernder Arbeitsunfähigkeit zwar unter besonderen Umständen mit Ablauf des 31.3. des zweiten Folgejahres verfällt; er gibt die zeitliche Befristung des Urlaubsanspruchs aber selbst nicht verbindlich vor. Die Bestimmung steht für den Arbeitnehmer günstigeren individual- oder kollektivrechtlichen Regelungen nicht entgegen. Eine AGB-Klausel, der zufolge auf Grund krankheitsbedingter Arbeitsunfähigkeit nicht genommener Urlaub über den Übertragungszeitraum hinaus fortbesteht, schließt dessen Verfall auch bei einer Langzeiterkrankung zu Gunsten des Arbeitnehmers wirksam aus. Sie verdrängt sowohl § 7 Abs. 3 BUrlG in seiner unionsrechtskonformen Auslegung als auch arbeitsvertraglich in Bezug genommene AVR-DD (BAG v. 15.7.2025, 9 AZR 198/24).

Mit Blick auf Mutterschutz und Elternzeit gilt es, Folgendes zu beachten: Während der mutterschutzrechtlichen Beschäftigungsverbote und der Elternzeit verfällt weder zuvor nicht genommener noch während dieser Zeiten erworbener Urlaub. Das Recht des

Arbeitgebers aus § 17 Abs. 1 Satz 1 BEEG, den Jahresurlaub für jeden vollen Kalendermonat der Elternzeit um ein Zwölftel zu kürzen, bezieht sich allein auf den bezahlten Erholungsurlaub, nicht dagegen auf die Urlaubsabgeltung. Die zur Ausübung des Kürzungsrechts erforderliche rechtsgeschäftliche Erklärung muss dem Arbeitnehmer deshalb noch im bestehenden Arbeitsverhältnis zugehen. Die mit der Inanspruchnahme von Elternzeit einhergehende Verdienstkürzung im dreizehnwöchigen Referenzzeitraum des § 11 Abs. 1 Satz 1 BUrlG bewirkt keine Minderung des für die Berechnung der Urlaubsabgeltung maßgebenden Geldfaktors. Elternzeit führt zu einer unverschuldeten Arbeitsversäumnis des Arbeitnehmers i.S.v. § 11 Abs. 1 Satz 3 BurlG (BAG v. 16.4.2024, 9 AZR 165/23).

§ 24 Satz 2 MuSchG, dem zufolge eine Frau den vor Beginn eines Beschäftigungsverbots nicht (vollständig) erhaltenen Urlaub nach Ende des Beschäftigungsverbots im laufenden oder im nächsten Urlaubsjahr nehmen kann, steht auch einem Verfall solcher Urlaubsansprüche entgegen, die während mehrerer unmittelbar aufeinanderfolgender mutterschutzrechtlicher Beschäftigungsverbote entstanden sind (BAG v. 20.8.2024, 9 AZR 226/23).

Die Urlaubsabgeltung ist wie Arbeitsentgelt und wie das Urlaubsentgelt **pfändbar** (BAG v. 28.8.2001, 9 AZR 611/99).

2. Lohnsteuer

4223 Ein Urlaubsabgeltungsanspruch stellt **keinen steuerfreien Schadensersatzanspruch**, sondern eine nachträgliche Lohnzahlung des Arbeitgebers dar (FG Hamburg v. 19.3.2019, 6 K 80/18).

Als Urlaubsabgeltung gezahlte Entschädigungen des Arbeitgebers sind **steuerpflichtiger Arbeitslohn** (R 19.3 Abs. 1 2. Spiegelstrich LStR), der als **sonstiger Bezug** zu versteuern ist (R 39b.2 Abs. 2 5. Spiegelstrich LStR sowie → *Sonstige Bezüge* Rz. 3936). Ein Urlaubsabgeltungsanspruch für mehrere Jahre stellt keine Vergütung für eine mehrjährige Tätigkeit nach § 34 Abs. 2 Nr. 4 EStG dar. Die **Tarifermäßigung** nach § 34 EStG („Fünftelregelung") kann nicht gewährt werden (zuletzt FG Hamburg v. 19.3.2019, 6 K 80/18, sowie → *Arbeitslohn für mehrere Jahre* Rz. 712).

Wird der Abgeltungsanspruch **verzinst**, führt dies zu Einnahmen i.S.d. § 20 Abs. 1 Nr. 7 EStG.

Zur steuerlichen Behandlung einer finanziellen Abgeltung des bei **Beamten** wegen Dienstunfähigkeit vor Eintritt in den Ruhestand nicht in Anspruch genommenen Urlaubs vertritt die Finanzverwaltung folgende Auffassung:

Die Zahlung eines Geldbetrages wegen des Anspruchs auf Abgeltung des krankheitsbedingt nicht angetretenen, unionsrechtlich gewährleisteten Mindesturlaubs von vier Wochen gehört auch bei Beamten zum steuerpflichtigen Arbeitslohn (R 19.3 Abs. 1 Satz 1 und 2 Nr. 2 LStR).

Bei einem Beamten in Altersteilzeit lösen die Abgeltungszahlungen grds. keine Änderung der steuerlichen Behandlung der übrigen Leistungen aus; danach bleibt u.a. der nicht angepasste Altersteilzeitzuschlag in unveränderter Höhe steuerfrei (§ 3 Nr. 28 EStG i.V.m. § 1 Abs. 3 Satz 2 AltTZG). Der Teil des Abgeltungsanspruchs, der auf die Abgeltung des (steuerfreien) Altersteilzeitzuschlags entfällt, ist mangels Steuerbefreiungsvorschrift steuerpflichtig.

Außerdem kann die Lohnsteuer für die Urlaubsabgeltung auf **Antrag** des Arbeitgebers unter den Voraussetzungen des § 40 Abs. 1 Satz 1 Nr. 1 EStG (sonstige Bezüge in einer größeren Zahl von Fällen) mit einem **Pauschsteuersatz erhoben** werden (→ *Pauschalierung der Lohnsteuer* Rz. 3337).

LSt

Entschädigungszahlungen der **Urlaubs- und Lohnausgleichskasse der Bauwirtschaft** für verfallene Urlaubsansprüche sind steuerpflichtig und unterliegen seit 2004 dem Lohnsteuerabzug (→ *Lohnausgleichskasse* Rz. 2840).

3. Sozialversicherung

4224 Urlaubsabgeltungen, die während eines versicherungspflichtigen Beschäftigungsverhältnisses gezahlt werden, sind beitragspflichtiges Arbeitsentgelt i.S.d. § 14 SGB IV und der SvEV und wie einmalige Zuwendungen dem laufenden Entgelt für die Beitragsberechnung hinzuzurechnen; zu weiteren Einzelheiten → *Einmalzahlungen* Rz. 1793.

Bei der Feststellung der Jahresarbeitsentgeltgrenze bleiben erwartete Abgeltungen für nicht in Anspruch genommenen Urlaub außer Betracht, weil hier nicht mit hinreichender Sicherheit und Regelmäßigkeit von einer Zahlung ausgegangen werden kann (BSG v. 9.2.1993, 12 RK 26/90).

SV

Im Hinblick auf die beitragsrechtliche Behandlung von „**Urlaubsabgeltungen**" bei Beendigung des Beschäftigungsverhältnisses durch **Tod des Arbeitnehmers** ist Folgendes zu berücksichtigen: Die an den Ehegatten bzw. die Angehörigen gezahlten Leistungen – selbst wenn sie in den Tarifverträgen oder Betriebsvereinbarungen als Urlaubsabgeltungen bezeichnet werden – unterliegen nicht der Beitragspflicht zur Kranken-, Pflege-, Renten- und Arbeitslosenversicherung (Besprechungsergebnis der Spitzenverbände der Sozialversicherungsträger v. 5./6.3.1986).

Wegen der Rechtsauffassung des EuGH (EuGH v. 12.6.2014, C-118/13), wonach der arbeitsrechtliche Anspruch auf Urlaubsabgeltung nicht mit dem Ende des Arbeitsverhältnisses auf Grund des Todes verfällt, ist auch eine Änderung der arbeitsgerichtlichen Rechtsprechung zu erwarten. Dann handelt es sich um sozialversicherungsrechtlich relevantes Arbeitsentgelt (s. ausführlich B+P 2014, 732). Die Spitzenorganisationen der Sozialversicherung haben sich in ihrer Besprechung zu Fragen des gemeinsamen Beitragseinzugs darauf verständigt, zunächst am Besprechungsergebnis v. 5./6.3.1986 festzuhalten, bis die Rechtsprechung des BAG der Entscheidung des EuGH angepasst worden ist. Es fehlt für die beitragsrechtliche Neubewertung der angesprochenen Urlaubsabgeltungen als einmalig gezahltes Arbeitsentgelt an einer ausreichend stabilen rechtlichen Grundlage.

Das **BAG** hat mit seinen Urteilen (BAG v. 22.1.2019, 9 AZR 45/16 und 328/16) nunmehr eine Anpassung seiner Rechtsprechung vorgenommen. Der GKV-Spitzenverband hat die beitragsrechtlichen Auswirkungen mit der DRV Bund und der BA abgestimmt. Das Ergebnis sieht wie folgt aus:

Bei Beendigung des Arbeitsverhältnisses geht zwar der Freistellungsanspruch unter, die Vergütungskomponente des Urlaubsanspruchs bleibt jedoch als Abgeltungsanspruch bestehen. Der Vergütungsanspruch ist noch während des Arbeitsverhältnisses bei dem Arbeitnehmer entstanden und ist danach als einmalige Einnahme aus der Beschäftigung zu werten.

Vor diesem Hintergrund halten die Spitzenorganisationen der Sozialversicherung nicht mehr an ihrer bisherigen Auffassung fest und sehen die Urlaubsabgeltungen als einmalig gezahltes Arbeitsentgelt an, das der Beitragspflicht unterliegt. Die geänderte Rechtsauffassung ist bei den nach dem 22.1.2019 gezahlten Urlaubsabgeltungen anzuwenden.

LSt SV

Urlaubsentgelt

1. Arbeitsrecht

Jeder Arbeitnehmer hat in jedem Kalenderjahr (= Urlaubsjahr) Anspruch auf bezahlten Erholungsurlaub, gesetzlich geregelt im Bundesurlaubsgesetz mit einem **Mindestanspruch** von 24 Werktagen, tariflich oder arbeitsvertraglich zumeist mit einem höheren Anspruch, wobei allerdings eine **Staffelung** des Urlaubsanspruchs **nach dem Lebensalter** wegen Diskriminierung jüngerer Arbeitnehmer unzulässig ist (BAG v. 12.4.2016, 9 AZR 659/14). Die Gewährung einer zusätzlichen Woche Urlaub für einen Arbeitnehmer nach 25-jähriger Betriebszugehörigkeit stellt keine verbotene Ausländerdiskriminierung dar (EuGH v. 13.3.2019, C-437/17). 4225

Der Urlaubsanspruch bezieht sich, jedenfalls hinsichtlich des gesetzlichen Mindesturlaubs, auf volle, nicht aber z.B. auf halbe Tage (LAG Baden-Württemberg v. 6.3.2019, 4 Sa 73/18). Für die Zeit des Erholungsurlaubs bzw. von Urlaubsabschnitten hat der Arbeitnehmer Anspruch auf Urlaubsvergütung, auf das sog. Urlaubsentgelt (das **Urlaubsgeld** bezeichnet demgegenüber eine zusätzliche freiwillige Leistung des Arbeitgebers, → *Urlaubsgeld* Rz. 4228).

Die **Höhe** des Urlaubsentgelts richtet sich gem. § 11 Abs. 1 BUrlG nach dem **durchschnittlichen Arbeitsverdienst** in den letzten 13 Wochen vor Beginn des Urlaubs **(Bezugsmethode)**. Abweichende günstigere Regelungen können durch Tarifvertrag, Betriebsvereinbarung oder Einzelarbeitsvertrag geregelt sein. Setzt sich das Arbeitsentgelt aus Grundvergütung und **Provisionen** zusammen, darf sich das Urlaubsentgelt nicht auf das Grundgehalt beschränken; der Provisionsausfall in der Arbeitszeit muss kompensiert werden (EuGH v. 22.5.2014, C-539/12). Nicht zulässig ist die Verminderung des Urlaubsentgelts wegen **krankheitsbedingter Fehlzeiten** (BAG v. 15.1.2013, 9 AZR 465/11). Unberücksichtigt für die Bemessung bleiben folglich Verdienstausfälle infolge von Kurzarbeit, Arbeitsausfällen oder unverschuldeter Arbeitsversäumnis (EuGH v. 9.12.2021, C-217/20, IWRZ 2022, 28 mit Anm. Imping).

Für die Höhe des Urlaubsentgelts gilt nach den Bestimmungen des Bundesurlaubsgesetzes das Referenzprinzip. Findet für tatsächlich geleistete Arbeitsstunden eine **Mindestlohnregelung** Anwendung, ist diese jedenfalls dann für die Höhe des Urlaubsentgelts maßgeblich, wenn die Mindestlohnregelung selbst keine abweichenden Regelungen i.S.v. § 13 Abs. 1 Satz 1 BUrlG enthält (BAG v. 13.5.2015, 10 AZR 191/14).

Überstunden im Bezugszeitraum (Geldfaktor) werden für die Berechnung des Urlaubsentgelts nicht mehr berücksichtigt, wohl aber Überstunden, die im Urlaub selbst angefallen wären (Zeitfaktor), vgl. BAG v. 9.11.1999, 9 AZR 771/98, und BAG v. 22.2.2000, 9 AZR 107/99 (vgl. BAG v. 27.2.2018, 9 AZR 238/17, zur Berechnung von Urlaubsentgelt im Zusammenhang mit geleisteter Mehrarbeit in der Gebäudereinigung). Zur Bemessungsgrundlage gehört jede Form der Vergütung, die als Gegenleistung für erbrachte Tätigkeiten im Referenzzeitraum gezahlt wird, ausgenommen sind nur zusätzlich für Überstunden geleistete Vergütungen und Einmalzahlungen; es muss immer mindestens das Entgelt sichergestellt sein, das bei Fortführung der Arbeit ohne urlaubsbedingte Freistellung gewöhnlich verdient würde (BAG v. 21.9.2010, 9 AZR 510/09).

Im Kontext der **Corona-Pandemie** stellten sich vielfältige Fragen zu den **Auswirkungen von Quarantänemaßnahmen und eingeführter Kurzarbeit** auf die Ansprüche der Arbeitnehmer auf Urlaub und Urlaubsentgelt.

Nach wohl einhelliger Auffassung der Instanzgerichte hatte ein Arbeitnehmer (bislang) **keinen Anspruch auf Nachgewährung** von Urlaubstagen **bei einer Quarantäneanordnung** wegen einer Infektion mit dem Coronavirus (so LAG Köln v. 13.12.2021, 2 Sa 488/21, Rev. nachgehend BAG v. 14.5.2024, 9 AZR 63/22, sonstige Erledigung: gerichtlicher Vergleich). In § 59 Abs. 1 IFSG wurde durch das Covid-19 Schutzgesetz v. 16.9.2022, BGBl. I 2022, 1454, klargestellt, dass, wenn ein Beschäftigter während seines Urlaubs nach § 30 IFSG, auch i.V.m. § 32 IFSG, abgesondert wird oder er sich auf Grund einer nach § 36 Abs. 1, Abs. 8 Satz 1 Nr. 1 erlassenen Rechtsverordnung abzusondern hat, ihm die Tage der Absonderung nicht auf den Jahresurlaub angerechnet werden. Ferner ist auf Grund in vollen Monaten geleisteter **„Kurzarbeit Null“ der Urlaubsanspruch um jeweils 1/12 zu kürzen** (BAG v. 30.11.2021, 9 AZR 225/21). Danach sind Arbeitstage, die auf Grund der kurzarbeitsbedingten Neuverteilung der Arbeitszeit ausfallen, bei einer unterjährigen Neuberechnung des Jahresurlaubs nicht Zeiten mit Arbeitspflicht gleichzustellen.

Beim **Wechsel** eines Arbeitnehmers **von Vollzeitarbeit zu Teilzeitarbeit** im Urlaubsjahr gilt allerdings nach einer Entscheidung des EuGH (EuGH v. 22.4.2010, C-486/08) für die Berechnung des **Urlaubsentgelts** nicht die Bezugsmethode gem. § 11 Abs. 1 BUrlG: Ein vor der Arbeitszeitänderung erworbener Urlaubsanspruch, der ganz oder teilweise nach der Arbeitszeitänderung verwirklicht wird, muss noch mit dem Entgelt für die Vollzeitarbeit vergütet werden. Umgekehrt führt die unterjährige Erhöhung der Arbeitszeit von Teilzeit auf Vollzeit dazu, dass ein Arbeitnehmer, der seinen Urlaub während seiner Vollzeitbeschäftigung nimmt, für den Zeitraum des Urlaubs die Fortzahlung der (tariflichen) Vergütung in voller Höhe verlangen kann (BAG v. 20.11.2018, 9 AZR 349/18).

Das Urlaubsentgelt ist im gleichen Umfang **pfändbar** wie Arbeitsentgelt (BAG v. 20.6.2000, 9 AZR 405/99).

2. Lohnsteuer

4226 Das an die Stelle des „normalen“ Arbeitslohns tretende Urlaubsentgelt stellt – im Gegensatz zum Urlaubsgeld – **laufenden Arbeitslohn** dar. Das Urlaubsentgelt ist auch steuerpflichtig, soweit es **Zuschläge für Sonntags-, Feiertags- oder Nachtarbeit enthält**, weil die Steuerfreiheit nach § 3b EStG nur für tatsächlich geleistete Arbeit zu diesen Zeiten in Betracht kommt (R 3b Abs. 6 Satz 1 LStR); auch → *Urlaubsgeld* Rz. 4228.

(LSt)

3. Sozialversicherung

Das Urlaubsentgelt gehört als Entgeltfortzahlung während des Urlaubs zum laufenden Arbeitsentgelt und ist dementsprechend beitragspflichtig in der Sozialversicherung. 4227

(SV)

Urlaubsgeld

1. Arbeitsrecht

Das Urlaubsgeld ist eine grds. **freiwillige zusätzliche Leistung** des Arbeitgebers über das Urlaubsentgelt hinaus, das meist entweder als Prozentsatz vom Urlaubsentgelt, als fester Gesamtbetrag oder als bestimmter Betrag pro Urlaubstag gewährt wird, für **Teilzeitkräfte** anteilig im Verhältnis zu ihrer Arbeitszeit (→ *Urlaubsentgelt* Rz. 4225). Eine zusammenfassende Darstellung findet sich in B+P 2003, 324. 4228

Bei einem vereinbarten **Freiwilligkeitsvorbehalt** kann der Arbeitgeber bis zur vereinbarten Fälligkeit frei darüber entscheiden, ob und in welcher Höhe er Urlaubsgeld zahlt (BAG v. 11.4.2000, 9 AZR 255/99). Ein Vorbehalt in einer Gesamtzusage, der aus einer Kombination von Freiwilligkeits- und Widerrufsvorbehalt besteht, ist aber z.B. intransparent und damit nach § 307 Abs. 1 BGB unwirksam. Ebenso unwirksam, weil unangemessen benachteiligend i.S.v. § 307 Abs. 1 Satz 1 BGB, ist ein arbeitsvertraglicher Freiwilligkeitsvorbehalt, der so ausgelegt werden kann, dass er auch spätere Individualabreden über Leistungen des Arbeitgebers erfasst (BAG v. 21.2.2024, 10 AZR 345/22).

Ein gesetzlicher Anspruch des Arbeitnehmers auf Urlaubsgeld besteht nicht. Es ergibt sich vielmehr nur aus einer **tariflichen** Regelung eines im Arbeitsverhältnis anwendbaren Tarifvertrags, aus einer **Betriebsvereinbarung** oder aus einer **einzelvertraglichen Abrede**, ggf. auch aus dem Gleichbehandlungsgrundsatz. Insoweit ist darauf zu achten, ob für den Fall eines vorzeitigen Ausscheidens des Arbeitnehmers bei zu viel genommenem Urlaub oder bei verschuldetem Ausscheiden eine **Rückzahlungsklausel** für Urlaubsgeld vereinbart ist.

Ist das Urlaubsgeld mit der Urlaubsvergütung **akzessorisch** verknüpft, wird es nur geschuldet, wenn auch ein Anspruch auf Urlaubsvergütung besteht (BAG v. 27.5.2003, 9 AZR 562/01). Der (tarifliche) Anspruch auf Urlaubsgeld folgt den für Urlaubsentgelt geltenden Grundsätzen, wenn er vom Bestand des Urlaubsanspruchs abhängig gemacht wird. Diese Abhängigkeit muss in der Vereinbarung nicht ausdrücklich vorgesehen sein. Sie kann sich aus dem (tariflichen) Regelungszusammenhang ergeben. Ob ein (tarifvertragliches) Urlaubsgeld als urlaubsunabhängige Sonderzahlung ausgestaltet ist oder ob es von der Urlaubsgewährung und dem Urlaubsvergütungsanspruch abhängt, richtet sich nach den (tariflichen) Leistungsvoraussetzungen. Maßgebend sind die normierten Anspruchsvoraussetzungen und Ausschlusstatbestände. Knüpfen die Tarifvertragsparteien den Anspruch auf Urlaubsgeld, das für jeden Urlaubstag zu zahlen ist, an den Antritt des Urlaubs, **verfällt** der Anspruch auf Urlaubsgeld auf Grund dieser Akzessorietät mit dem Verfall des Urlaubs (BAG v. 20.4.2012, 9 AZR 504/10).

Aus der bloßen Bezeichnung des Anspruchs als „Urlaubsgeld“ folgt allerdings noch keine Abhängigkeit vom Bestand des Urlaubsanspruchs (BAG v. 19.5.2009, 9 AZR 477/07); vielmehr ist anhand der Leistungsvoraussetzungen, d.h. der Anforderungen und Ausschlussgründe, zu ermessen, ob das Urlaubsgeld von den Regelungen zum Urlaub abhängig ist oder bloß eine **saisonale Sonderleistung** darstellt (BAG v. 12.10.2010, 9 AZR 522/09).

Stellt das Urlaubsgeld als Sonderzahlung die Gegenleistung für erbrachte Arbeit dar, darf die Zahlung nicht davon abhängig gemacht werden, dass der Arbeitnehmer zu einem bestimmten **Stichtag** nicht im ungekündigten Arbeitsverhältnis steht; bei einem pro genommenen Urlaubstag vereinbarten Urlaubsgeld handelt es sich aber nicht um eine Leistung, die vom Arbeitnehmer durch Arbeitsleistung erbracht werden muss (BAG v. 22.7.2014, 9 AZR 981/12).

Jährliche Sonderleistungen, wie z.B. Weihnachts- oder Urlaubsgeld, können nur dann auf den Mindestlohn angerechnet werden, wenn der Arbeitnehmer den entsprechenden Betrag jeweils zu dem für den Mindestlohn maßgeblichen Fälligkeitsdatum tatsächlich und unwiderruflich ausbezahlt erhält (BAG v. 25.5.2016, 5 AZR 135/16, NJW 2016, 3323).

2. Lohnsteuer

4229 Das Urlaubsgeld gehört zum steuerpflichtigen Arbeitslohn, ist aber – da es nicht zum laufenden Arbeitslohn gehört – als sonstiger Bezug zu versteuern (R 39b.2 Abs. 2 Satz 2 Nr. 5 LStR).

Die Lohnsteuer für das Urlaubsgeld kann auf Antrag des Arbeitgebers unter den Voraussetzungen des § 40 Abs. 1 Satz 1 Nr. 1 EStG (sonstige Bezüge in einer größeren Zahl von Fällen) mit einem **Pauschsteuersatz erhoben** werden, Einzelheiten → *Pauschalierung der Lohnsteuer* Rz. 3337.

3. Sozialversicherung

4230 Urlaubsgelder, auch wenn sie in Form einer prozentualen Erhöhung des laufenden Arbeitsentgelts gewährt werden, gehören zum einmalig gezahlten Arbeitsentgelt und sind demzufolge beitragspflichtig in der Sozialversicherung (zu weiteren Einzelheiten → *Einmalzahlungen* Rz. 1793).

LSt SV

Urlaubsvergütungen im Baugewerbe

1. Lohnsteuer

4231 Ein Bauarbeiter erwirbt jeden Monat einen bestimmten Anspruch an Urlaubstagen. Hierfür zahlt der Arbeitgeber eine Umlage an die **Urlaubskasse**. Nimmt der Arbeitnehmer den angesparten Urlaub in Anspruch, erhält er **vom Arbeitgeber Lohnfortzahlung für Urlaub. Der Arbeitgeber bekommt diese Zahlung von der Urlaubskasse erstattet**. Wechselt der Arbeitnehmer den Arbeitgeber innerhalb einer zuständigen Urlaubskasse, nimmt er seinen Urlaub mit und kann ihn voll beim neuen Arbeitgeber beanspruchen.

Lohnsteuerlich gilt Folgendes:

Die Einzahlungen des Arbeitgebers in die Urlaubskasse sind nicht als Arbeitslohn anzusehen.

~~LSt~~ ~~SV~~

Dem Lohnsteuerabzug unterliegt erst das vom Arbeitgeber ausgezahlte an Stelle des Arbeitslohns tretende **Urlaubsentgelt**. Dabei ist das Urlaubsentgelt, das dem weitergezahlten Arbeitslohn entspricht, als **laufender Arbeitslohn** anzusehen und „normal" zu versteuern (→ *Urlaubsentgelt* Rz. 4225).

Das zusätzlich gezahlte Urlaubsgeld ist dagegen als **„sonstiger Bezug"** zu versteuern (→ *Urlaubsgeld* Rz. 4228; → *Sonstige Bezüge* Rz. 3936). Sozialversicherungsrechtlich handelt es sich um einmalige Zuwendungen (→ *Einmalzahlungen* Rz. 1793).

LSt SV

Arbeitnehmer im Baugewerbe haben nach dem Tarifvertrag Anspruch auf **Entschädigung für verfallende Urlaubsansprüche oder Urlaubsabgeltungsansprüche** durch die Urlaubs- und Lohnausgleichskasse der Bauwirtschaft. Diese unterliegen nach den gleichen Grundsätzen dem Lohnsteuerabzug wie die Übergangsbeihilfen im Bau- und Gerüstbaugewerbe (FinMin Rheinland-Pfalz v. 26.3.1992, StEd 1992, 237; auch → *Lohnausgleichskasse* Rz. 2840). Entsprechendes gilt für die durch die Gemeinnützige Urlaubskasse für die im Maler- und Lackiererhandwerk in Sonderfällen gezahlte Urlaubsabgeltung (FinMin Sachsen v. 18.9.1992, StEd 1992, 624).

Eine Haftung des Arbeitgebers in Fällen des § 38 Abs. 3a EStG kommt nach § 42d Abs. 9 Satz 4 EStG i.V.m. § 42d Abs. 3 Satz 4 Nr. 1 EStG nur in Betracht, wenn der Dritte die Lohnsteuer für den Arbeitgeber nicht vorschriftsmäßig vom Arbeitslohn einbehalten hat. An einem derartigen Fehlverhalten fehlt es, wenn beim Lohnsteuerabzug entsprechend einer Lohnsteueranrufungsauskunft oder in Übereinstimmung mit den Vorgaben der zuständigen Finanzbehörden der Länder oder des Bundes verfahren wird (BFH v. 20.3.2014, VI R 43/13, BStBl II 2014, 592 betr. von der Urlaubs- und Lohnausgleichskasse der Bauwirtschaft gezahlte Abgeltungszahlungen für **Urlaubsentschädigungen**).

~~LSt~~ ~~SV~~

2. Sozialversicherung

Das zusätzliche Urlaubsgeld im Baugewerbe ist als einmalig ge- 4232
zahltes Arbeitsentgelt zu behandeln.

Um den Arbeitgebern die tägliche Praxis zu erleichtern, haben sich die Spitzenverbände der Sozialversicherungsträger darauf geeinigt, bei Urlaubsvergütungen 30/130 als einmalig gezahltes Arbeitsentgelt zu berücksichtigen (Besprechungsergebnis v. 11./12.11.1992). Weitere Einzelheiten → *Einmalzahlungen* Rz. 1793.

Veranlagung von Arbeitnehmern

1. Allgemeines

Grds. ist bei Arbeitnehmern die **Einkommensteuer** mit der vom 4233
Arbeitgeber einbehaltenen **Lohnsteuer abgegolten** (§ 46 Abs. 4 EStG). Allerdings kann im Lohnsteuerabzugsverfahren nicht immer die zutreffende Einkommensteuer einbehalten werden. Deshalb muss nach Ablauf des Kalenderjahres eine **Einkommensteuerveranlagung durchgeführt** werden, wenn der Arbeitnehmer noch **andere Einkünfte** erzielt hat (z.B. aus Vermietung und Verpachtung). Andererseits kann auch der Arbeitnehmer selbst eine Einkommensteuerveranlagung beantragen, wenn im Lohnsteuerverfahren z.B. **nicht alle Werbungskosten, Sonderausgaben usw. berücksichtigt** worden sind oder bei Ehegatten z.B. durch eine ungünstige Steuerklassenkombination eine Überzahlung eingetreten ist. Eine Einkommensteuerveranlagung kann daher sowohl zu Erstattungen als auch zu Nachzahlungen führen, in jedem Fall wird die einbehaltene Lohnsteuer auf die Einkommensteuer angerechnet (§ 36 Abs. 2 Nr. 2 EStG).

Lohnsteuer ist bei der Veranlagung auch anzurechnen, wenn der Arbeitgeber

- die einbehaltenen Lohnsteuerbeträge gegenüber dem Finanzamt **nicht angemeldet und auch nicht abgeführt** hat (BFH v. 1.4.1999, VII R 51/98, HFR 2000, 19; BFH v. 31.7.2002, VI B 290/99, und zuletzt FG München v. 10.7.2002, 1 K 2164/00, EFG 2002, 1391).
- **Lohnsteuer zu Unrecht einbehalten und abgeführt** hat (zuletzt BFH v. 25.8.2020, VI B 1/20).
- nach Beendigung der unbeschränkten Steuerpflicht von den im Ausland bezogenen Einkünften aus nichtselbständiger Arbeit **(zu Unrecht) Lohnsteuer einbehält** und an ein inländisches Finanzamt abführt (BFH v. 23.5.2000, VII R 3/00, BStBl II 2000, 581).
- für zunächst als steuerfrei behandelten Arbeitslohn **nachträglich Lohnsteuer an das Finanzamt abführt**. Dem Arbeitnehmer fließt hierdurch zusätzlicher Arbeitslohn zu. Das gilt unabhängig davon, ob die nachträglich lohnversteuerten Einkünfte tatsächlich sachlich steuerpflichtig waren oder nicht (BFH v. 29.11.2000, I R 102/99, BStBl II 2001, 195).

Lohnsteuer ist dagegen nicht anzurechnen, wenn

- der Arbeitgeber **tatsächlich keine Lohnsteuer einbehalten** oder sie i.R. einer sog. Nettolohnvereinbarung übernommen hat. Erfüllt der Abzugspflichtige – bewusst oder aus Unkenntnis – seine Abzugspflicht nicht, entfällt die Anrechnung (zuletzt BFH v. 1.2.2007, III B 165/05, m.w.N.).
- der Lohnsteuerabzug vom Arbeitgeber im Wege des **Lohnsteuer-Jahresausgleichs** rückgängig gemacht wurde (BVerfG v. 20.10.2007, 2 BvR 1774/07, StEd 2007, 720).
- vom **Arbeitgeber Lohnsteuer angemeldet und abgeführt worden ist, die in Wahrheit nicht entstanden** ist, weil der der Steueranmeldung zu Grunde gelegte Arbeitslohn dem Arbeitnehmer nicht zugeflossen ist und daher nach § 38 Abs. 1 Satz 1 EStG Lohnsteuer von vornherein nicht zu erheben war. Meldet der Arbeitgeber in einem solchen Fall zu Unrecht Lohnsteuer an und führt sie ab, obwohl sie nicht zu erheben war, steht ihm nach § 37 Abs. 2 Satz 1 AO der Erstattungsanspruch zu, da die rechtsgrundlose Zahlung bei dieser Gestaltung nicht auf Rechnung des Arbeitnehmers, sondern des Arbeitgebers erfolgt. Neben diesem Anspruch ist für eine Anrechnung der abgeführten Lohnsteuer zu Gunsten des Arbeitnehmers und eine Erstattung überschüssiger Beträge an diesen kein Raum (BFH v. 25.8.2020, VI B 1/20).

– die zugehörigen **Einkünfte nicht bei der Veranlagung erfasst** worden sind (vgl. zuletzt BFH v. 25.8.2020, VI B 1/20).

Nach § 40 Abs. 3 EStG bleiben der pauschal besteuerte Arbeitslohn und die pauschale Lohnsteuer bei einer Veranlagung zur Einkommensteuer und beim Lohnsteuer-Jahresausgleich außer Ansatz. Die pauschale Lohnsteuer ist weder auf die Einkommensteuer noch auf die Jahreslohnsteuer anzurechnen. Dies gilt nach BFH v. 2.10.2017, VI B 9/17, bei einer Einkommensteuerveranlagung jedoch nur, **wenn der Lohn dem Gesetz entsprechend tatsächlich pauschal besteuert** worden ist. Die pauschale Lohnsteuererhebung ist Teil des Lohnsteuerabzugsverfahrens und damit des Vorauszahlungsverfahrens. Solche Entscheidungen können bei der Einkommensteuerveranlagung des Arbeitnehmers unbeschränkt überprüft werden. Sie entfalten im Veranlagungsverfahren regelmäßig keine (verfahrensrechtliche) Bindungswirkung.

Zur Anrechnung von Lohnsteuer in **Schätzungsfällen** s. OFD Frankfurt v. 12.6.2003, S 0335 A – 2 – St II 44, DStZ 2003, 590 und bei **Nettolohnvereinbarungen** s. OFD Nordrhein-Westfalen v. 15.8.2018, S 2367 – 2017/0004 – St 213, betr. Steuerliche Fragen im Zusammenhang mit Nettolohnvereinbarungen.

Zu unterscheiden sind die sog. Veranlagung von Amts wegen („**Pflichtveranlagung**") und die Veranlagung auf Antrag des Arbeitnehmers („**Antragsveranlagung**").

Bei der Einkommensteuerveranlagung besteht **keine Bindung an den Inhalt einer Lohnsteuerbescheinigung**, so dass im Veranlagungsverfahren auch Fehler bei Ausstellung der Lohnsteuerbescheinigung korrigiert werden können (zuletzt BFH v. 18.8.2011, VII B 9/11, m.w.N.).

2. Pflichtveranlagung

4234 Die Pflichtveranlagungstatbestände sind in § 46 Abs. 2 Nr. 1 bis 7 EStG abschließend aufgeführt. Es handelt sich dabei um Sachverhalte, bei denen im Lohnsteuerabzugsverfahren die zutreffende Einkommensteuer nicht erhoben werden kann. Die Pflichtveranlagungstatbestände sind im Wesentlichen Folgende:

– **Die positive Summe der Nebeneinkünfte des Arbeitnehmers, die nicht dem Lohnsteuerabzug unterlegen haben, beträgt mehr als 410 €** (§ 46 Abs. 2 Nr. 1 erste Alternative EStG). „Einkünfte" heißt Einnahmen abzüglich Betriebsausgaben/Werbungskosten bzw. Arbeitnehmer-Pauschbetrag. Unter der „Summe der Einkünfte" i.S.d. § 46 Abs. 2 Nr. 1 EStG ist derjenige Saldo zu verstehen, der nach horizontaler und vertikaler Verrechnung der Einkünfte verbleibt. Versagt das Gesetz – wie in § 23 Abs. 3 Satz 8 EStG im Falle eines Verlustes aus privaten Veräußerungsgeschäften – die Verrechnung eines Verlustes aus einer Einkunftsart mit Gewinnen bzw. Überschüssen aus anderen Einkunftsarten, fließt dieser Verlust nicht in die „Summe der Einkünfte" ein (BFH v. 26.3.2013, VI R 22/11, BStBl II 2013, 631). Bei Ehegatten sind die zusammengerechneten Nebeneinkünfte maßgebend, die „Freigrenze" von 410 € verdoppelt sich also nicht (BFH v. 27.9.1990, I R 181/87, BStBl II 1991, 84).

Beispiel 1:

Arbeitnehmer A hat eine vermietete Eigentumswohnung. Die Einnahmen haben im Jahr 12 000 €, die Ausgaben 11 600 € betragen.

Es ergeben sich Einkünfte aus Vermietung und Verpachtung von 400 €, die im Ergebnis „steuerfrei" bleiben. Eine Einkommensteuerveranlagung ist auch nicht nach § 46 Abs. 2 Nr. 1 EStG durchzuführen, weil die „Nettoeinkünfte" den Mindestbetrag von 410 € nicht übersteigen.

Beispiel 2:

Die Eheleute B sind beide berufstätig. Herr B hat Vermietungseinkünfte von 400 €, Frau B Einkünfte aus nebenberuflicher Lehrtätigkeit von ebenfalls 400 €.

Die Eheleute sind zur Einkommensteuer zu veranlagen, weil die zusammengerechneten Nebeneinkünfte 410 € übersteigen.

– **Die positive Summe der Einkünfte** (insbesondere ausländische Einkünfte, die nicht der inländischen Besteuerung unterliegen) und Leistungen, die dem Progressionsvorbehalt unterliegen, beträgt **mehr** als **410 €** (§ 46 Abs. 2 Nr. 1 zweite Alternative EStG); auch → *Progressionsvorbehalt* Rz. 3501.

Beispiel 3:

Arbeitnehmer A hat von der Krankenkasse Krankengeld von 500 € bezogen.

Das Krankengeld ist zwar steuerfrei (§ 3 Nr. 1a EStG), unterliegt jedoch dem sog. Progressionsvorbehalt (§ 32b Abs. 1 Satz 1 Nr. 1 Buchst. b EStG). Dieser kann im Lohnsteuerabzugsverfahren nicht berücksichtigt werden. A muss deshalb zur Einkommensteuer veranlagt werden, weil der Betrag 410 € übersteigt.

– **Der Arbeitnehmer hat nebeneinander von mehreren Arbeitgebern Arbeitslohn bezogen** (§ 46 Abs. 2 Nr. 2 EStG). Es handelt sich dabei regelmäßig um Fälle, in denen Lohnsteuer nach Steuerklasse VI **einbehalten** worden ist. Die Veranlagung ist erforderlich, weil sich durch Zusammenrechnung beider Einkünfte durch den progressiv aufgebauten Steuertarif eine höhere Einkommensteuer ergeben kann als Lohnsteuer einbehalten wurde.

– **Beim Arbeitnehmer ist beim Lohnsteuerabzug eine höhere Vorsorgepauschale berücksichtigt worden als die abziehbaren Vorsorgeaufwendungen**, allerdings nur, wenn der im Kalenderjahr insgesamt erzielte Arbeitslohn einen bestimmten Betrag übersteigt. **Seit 2023** orientieren sich diese **Arbeitslohngrenzen** an der Summe aus dem Grundfreibetrag (§ 32a Abs. 1 Satz 2 Nr. 1 EStG), dem Arbeitnehmer-Pauschbetrag (§ 9a Satz 2 Nr. 1 Buchst. a EStG) und der Sonderausgaben-Pauschbetrag (§ 10c Satz 1 EStG). Bei Ehegatten werden der Grundfreibetrag und der Sonderausgaben-Pauschbetrag verdoppelt. Folglich stehen künftig die Arbeitslohngrenzen nicht mehr unmittelbar als Euro-Betrag im Gesetzestext (Änderung durch das Inflationsausgleichsgesetz). Hinweis: Vorsorgeaufwendungen werden bei der Ermittlung der Arbeitslohngrenzen nicht berücksichtigt. Nach dieser neuen Berechnungsformel ergeben sich für **2024** folgende Beträge: Für Arbeitnehmer bei Anwendung der Grundtabelle: 13 050 € und für Ehegatten, bei denen die Voraussetzungen für das Ehegattensplitting vorliegen: 24 870 €. Hinweis: Mit dem Gesetz zur steuerlichen Freistellung des Existenzminimums 2024 v. 2.12.2024, BGBl. I 2024, Nr. 386, wurde der Grundfreibetrag auf 11 784 € erhöht. Nach dem Entwurf zum Gesetz zur Fortentwicklung des Steuerrechts und zur Anpassung des Einkommensteuertarifs (BT-Drucks. 20/12778) soll ab Vz 2025 der Grundfreibetrag erneut erhöht werden. Zum Redaktionsschluss war das Gesetz noch nicht verabschiedet. Bitte beachten Sie unseren Online-Aktualisierungsdienst (s. Benutzerhinweis auf S. IV).

– **Bei Ehegatten, die beide Arbeitslohn bezogen haben, ist einer mindestens für einen Teil des Jahres nach der Steuerklasse V oder VI besteuert** oder bei Steuerklasse IV ist der Faktor (→ *Steuerklassen* Rz. 4001) eingetragen worden (§ 46 Abs. 2 Nr. 3 Buchst. a EStG).

Beispiel 4:

Die Eheleute A sind beide berufstätig und haben die Steuerklassenkombination III/V gewählt. Der Arbeitslohn des Ehemannes hat 100 000 €, der der Ehefrau 10 000 € betragen.

Nach Ablauf des Jahres müssen die Eheleute zur Einkommensteuer veranlagt werden. Bei dieser Steuerklassenkombination kann sich dabei eine erhebliche Nachzahlung ergeben, wenn ein Ehegatte erheblich höhere Einkünfte hat als der andere. Dies liegt an der besonders gestalteten Steuerklasse V, die nur zu einem zutreffenden Ergebnis führt, wenn die Arbeitslöhne im Verhältnis 60 : 40 zueinander stehen; Einzelheiten → *Steuerklassen* Rz. 3996.

Hinweis: Nach dem Entwurf zum Gesetz zur Fortentwicklung des Steuerrechts und zur Anpassung des Einkommensteuertarifs (BT-Drucks. 20/12778) sollen ab Vz 2030 die Steuerklassen III und V in ein sogen. Faktorenverfahren überführt werden. Zum Redaktionsschluss war das Gesetz noch nicht verabschiedet. Bitte beachten Sie unseren Online-Aktualisierungsdienst (s. Benutzerhinweis auf S. IV).

Bei Doppelverdienern mit der **Steuerklassenkombination IV/IV** können sich demgegenüber keine Nachzahlungen ergeben, weil in der Steuerklasse IV, die im Übrigen der Steuerklasse I für allein Stehende entspricht, im Lohnsteuerabzugsverfahren die zutreffende Einkommensteuer einbehalten wird. Eine Veranlagungspflicht besteht daher für diese Fälle nicht.

– **Als Lohnsteuerabzugsmerkmal ist zu Beginn des Jahres ein Freibetrag, z.B. wegen voraussichtlicher erhöhter Werbungskosten, ermittelt worden**, wenn der im Kalenderjahr insgesamt erzielte Arbeitslohn einen bestimmten Betrag übersteigt. Seit **2023** orientieren sich die Arbeitslohngrenzen an der Summe aus dem Grundfreibetrag (§ 32a Abs. 1 Satz 2 Nr. 1

EStG), dem Arbeitnehmer-Pauschbetrag (§ 9a Satz 2 Nr. 1 Buchst. a EStG) und der Sonderausgaben-Pauschbetrag (§ 10c Satz 1 EStG). Bei Ehegatten werden der Grundfreibetrag und der Sonderausgaben-Pauschbetrag verdoppelt. Folglich stehen künftig die Arbeitslohngrenzen nicht mehr unmittelbar als Euro-Betrag im Gesetzestext (Änderung durch das Inflationsausgleichsgesetz). Hinweis: Vorsorgeaufwendungen werden bei der Ermittlung der Arbeitslohngrenzen nicht berücksichtigt. Nach dieser neuen Berechnungsformel ergeben sich für **2024** folgende Beträge: Für Arbeitnehmer bei Anwendung der Grundtabelle: 13 050 € und für Ehegatten, bei denen die Voraussetzungen für das Ehegattensplitting vorliegen: 24 870 €. Hinweis: Gesetz zur steuerlichen Freistellung des Existenzminimums 2024 v. 2.12.2024, BGBl. I 2024, Nr. 386, wurde der Grundfreibetrag auf 11 784 € erhöht. Nach dem Entwurf zum Gesetz zur Fortentwicklung des Steuerrechts und zur Anpassung des Einkommensteuertarifs (BT-Drucks. 20/12778) soll ab Vz 2025 der Grundfreibetrag erneut erhöht werden. Zum Redaktionsschluss war das Gesetz noch nicht verabschiedet. Bitte beachten Sie unseren Online-Aktualisierungsdienst (s. Benutzerhinweis auf S. IV).

- **Der Arbeitnehmer hat eine Entschädigung** (→ *Entschädigungen* Rz. 2001) oder eine Vergütung für eine mehrjährige Tätigkeit (→ *Arbeitslohn für mehrere Jahre* Rz. 712) i.S.d. § 34 Abs. 1 und Abs. 2 Nr. 2 und 4 EStG bezogen, für die die Lohnsteuer auf diese sonstigen Bezüge nach § 39b Abs. 3 Satz 9 EStG (sog. Fünftelregelung) ermäßigt ermittelt wurde (§ 46 Abs. 2 Nr. 5 EStG).

Arbeitnehmer, die **Kapitaleinkünfte ohne Steuerabzug** erhalten haben, müssen künftig zwingend eine Steuererklärung einreichen (§ 32d Abs. 3 Satz 3 EStG).

Kommt der Stpfl. seiner Abgabepflicht nicht nach, sind die **Besteuerungsgrundlagen zu schätzen** (BayLfSt v. 4.7.2016, S 0335.1.1 – 4/2 St42).

3. Formvorschriften

4235 Nach § 25 Abs. 4 EStG sind **Einkommensteuererklärungen elektronisch zu übermitteln, wenn Gewinneinkünfte erzielt** werden (Land- und Forstwirte, Gewerbetreibende, Selbständige und Freiberufler); hierunter fallen auch Arbeitnehmer mit solchen Nebeneinkünften, wenn eine Veranlagungspflicht nach § 46 Abs. 2 Nr. 1 EStG besteht. Dies gilt auch für die sog. Anlage EÜR (zur Verpflichtung der Abgabe der Anlage EÜR s. ausführlich FinMin Schleswig-Holstein v. 11.5.2018, VI 3012 – S 2142 – 013, Einkommensteuer-Kurzinformation Nr. 2018/15, mit Ausnahmeregelungen für ehrenamtliche Tätigkeiten). Die Finanzverwaltung hat somit die elektronische Erfassung der Besteuerungsdaten – vergleichbar mit dem Lohnsteuereinbehalt durch die Arbeitgeber – „outgesourced".

Es gibt allerdings eine sog. **Härtefallregelung** (§ 150 Abs. 8 AO, § 25 Abs. 4 Satz 2 EStG), nach der das Finanzamt auf die elektronische Datenübermittlung verzichten kann, wenn sie für den Stpfl. wirtschaftlich oder persönlich unzumutbar ist. Dies ist insbesondere der Fall, wenn der Stpfl. nicht über die erforderliche technische Ausstattung verfügt und die Schaffung der technischen Möglichkeiten für eine Datenfernübertragung des amtlich vorgeschriebenen Datensatzes nur mit einem nicht unerheblichen finanziellen Aufwand möglich wäre oder ihm auf Grund seines Alters die entsprechende „Medienkompetenz" fehlt; dies gilt insbesondere für sog. Kleinstbetriebe (BFH v. 16.6.2020, VIII R 29/17 und VIII R 29/19, BStBl II 2021, 288 und 290).

Allgemeine Bedenken gegen die Sicherheit einer Datenfernübertragung reichen jedoch nicht zur Annahme einer unbilligen Härte gem. § 25 Abs. 4 Satz 2 EStG aus (vgl. zuletzt sinngemäß BFH v. 15.5.2018, VII R 14/17, HFR 2018, 849, Verfassungsbeschwerde durch BVerfG v. 5.7.2019, 1 BvR 1656/18, StEd 2020, 775 nicht zur Entscheidung angenommen).

Der Härtefall-Antrag kann auch konkludent (z.B. in Gestalt der Abgabe einer herkömmlichen Steuer- oder Feststellungserklärung auf Papier) gestellt werden (s. ausführlich BayLfSt v. 30.7.2014, S 0321.1.1 – 3/5 St 42).

Die Finanzverwaltung hat angekündigt, die entgegen der gesetzlichen Verpflichtung in § 25 Abs. 4 EStG (weiterhin) in Papierform abgegebene Steuererklärungen konsequent abzulehnen. Konkret bedeutet dies: Liegt keiner der o.g. Härtefälle vor, so wird eine in Papierform abgegebene Steuererklärung als nicht abgegeben angesehen bzw. nicht berücksichtigt, weshalb der Stpfl. für die dann zu spät abgegebene (elektronisch übermittelte) Einkommensteuererklärung mit der Festsetzung eines **Verspätungszuschlags** (§ 152 AO) rechnen muss.

4. Antragsveranlagung

Wird der Arbeitnehmer nach diesen Vorschriften nicht ohnehin zur Einkommensteuer veranlagt, dann kann er seinerseits beim Finanzamt eine Einkommensteuerveranlagung beantragen, insbesondere **zur Anrechnung von Lohnsteuer auf die Einkommensteuer** (§ 46 Abs. 2 Nr. 8 EStG). Dies kommt insbesondere in Betracht, um 4236

- einen **überhöhten Lohnsteuerabzug**, z.B. auf Grund einer ungünstigen Steuerklassenkombination oder des Abzugs nach der Steuerklasse VI, **korrigieren zu lassen**. Das Gleiche gilt, wenn der Arbeitnehmer **nicht das ganze Jahr** in einem Dienstverhältnis stand oder **„schwankenden Arbeitslohn"** bezogen und der Arbeitgeber keinen Lohnsteuer-Jahresausgleich durchgeführt hat.
- Werbungskosten, Sonderausgaben, außergewöhnliche Belastungen oder Freibeträge für Kinder sowie Verluste bei anderen Einkunftsarten steuerlich geltend zu machen.

Für diese Antragsveranlagung gilt die **allgemeine Verjährungsfrist von vier Jahren** (→ *Verjährung* Rz. 4243). Fällt das Ende der Festsetzungsfrist auf einen Samstag, einen Sonntag oder einen gesetzlichen Feiertag, endet die Festsetzungsfrist erst mit dem Ablauf des nächstfolgenden Werktags, d.h. am 2. Januar des Folgejahres (BFH v. 20.1.2016, VI R 14/15, BStBl II 2016, 380).

Beispiel:

A, ledig, sind im Jahr 2024 Werbungskosten von rund 3 000 € entstanden, außerdem ist ihm Lohnkirchensteuer von 200 € einbehalten worden. Einen Freibetrag als Lohnsteuerabzugsmerkmal hat er aus Bequemlichkeitsgründen nicht beantragt.

A sollte für das Jahr 2024 unbedingt eine Einkommensteuerveranlagung beantragen, weil seine Werbungskosten den Arbeitnehmer-Pauschbetrag von 1 230 € und die einbehaltene Kirchensteuer den Sonderausgaben-Pauschbetrag von 36 € übersteigen. A muss die Einkommensteuererklärung 2024 bis spätestens 31.7.2025 beim Finanzamt einreichen.

Zu beachten sind jedoch **Formvorschriften**: Die Antragfrist gilt als nicht gewahrt auch, wenn die Steuererklärung am letzten Tag der Festsetzungsfrist (Silvesterabend) beim örtlich **unzuständigen Finanzamt** eingeworfen wird. Die Veranlagung gem. § 46 Abs. 2 Nr. 8 EStG kann jedoch bis zum Ablauf des letzten Tages der Festsetzungsfrist, mithin bis 24:00 Uhr, beantragt werden (BFH v. 13.2.2020, VI R 37/17, HFR 2020, 811).

Der BFH (v. 14.12.2021, VIII R 31/19) hat im Fall der Abgabe der Einkommensteuererklärung beim unzuständigen Finanzamt, in Bezug auf die Beendigung der Anlaufhemmung des § 170 Abs. 2 Satz 1 Nr. 1 AO entschieden, dass die diese grundsätzlich erst dann endet, wenn die zuständige Behörde die Erklärung erhalten hat. D.h., es ist nicht ausreichend, dass die Einkommensteuererklärung bei einem unzuständigen Finanzamt eingereicht worden ist. Jedoch kann nur ausnahmsweise auch die Abgabe der Einkommensteuererklärung bei einem unzuständigen Finanzamt genügen, um die Anlaufhemmung zu beenden. Dies ist dann der Fall, wenn das unzuständige Finanzamt seine Fürsorgepflicht gemäß § 89 AO verletzt, indem es die Erklärung lediglich zu den Akten nimmt, obwohl ihm seine eigene Unzuständigkeit ebenso bekannt ist wie die zuständige Behörde. Verletzt die Behörde ihre Fürsorgepflicht, ist der Steuerpflichtige i.R. des rechtlich Zulässigen so zu stellen, als wäre der Verstoß nicht passiert.

Antragsveranlagung für beschränkt Steuerpflichtige zur Gewährung Tarifermäßigung:

Mit dem Wachstumschancengesetz wurde Arbeitnehmern, die nicht Staatsangehörige eines EU/EWR-Staates sind und die im Hoheitsgebiet eines dieser Staaten ihren Wohnsitz oder gewöhnlichen Aufenthalt haben, bei Bezug von außerordentliche Einkünften i.S.d. § 34 Abs. 1 und 2 Nr. 2 und 4 EStG ab 2025 die Möglichkeit der Antragsveranlagung eröffnet (§ 50 Abs. 2 Satz 2 Nr. 4 Buchst. d EStG). Damit wird eine Schlechterstellung zum bisher geltenden Recht vermieden werden. Mit dem Wachstumschancengesetz wurden nämlich die Regelungen zur Berechnung der Lohnsteuer im Zusammenhang mit tarifermäßigt zu besteuerndem Arbeitslohn in § 39b Abs. 3 EStG aufgehoben. Die Tarifermäßigung kann nur noch im Rahmen der Veranlagung zur Einkommensteuer geltend gemacht werden. Würde hier den zuvor genannten beschränkt Steuerpflichtigen kein Recht auf eine Antragsveranlagung eingeräumt, wären sie von der Tarifermäßigung ausgeschlossen.

5. Härteausgleich

4237 Nach § 46 Abs. 3 EStG werden bei einer Einkommensteuerveranlagung nach § 46 Abs. 2 EStG Nebeneinkünfte bis 410 € von der Einkommensteuer freigestellt (sog. **Härteausgleich**).

Beispiel 1:

Die Eheleute A müssen zur Einkommensteuer veranlagt werden, weil sie die Steuerklassenkombination III/V gewählt hatten (§ 46 Abs. 2 Nr. 3 Buchst. a EStG). Sie haben außerdem noch Einkünfte aus einer vermieteten Eigentumswohnung von 400 €.

Bei der Einkommensteuerveranlagung bleiben die Einkünfte aus der Eigentumswohnung außer Betracht.

Darüber hinaus gibt es einen **erweiterten Härteausgleich** (§ 46 Abs. 5 EStG i.V.m. § 70 EStDV):

Bei **Nebeneinkünften zwischen 411 € und 819 €** wird der Betrag vom Einkommen abgezogen, um den die Nebeneinkünfte niedriger sind als 820 €. Dies bewirkt eine stufenweise Überleitung auf die volle Besteuerung. Nebeneinkünfte zwischen 410 € und 820 € werden nur in folgender Höhe tatsächlich erfasst:

Nebeneinkünfte	Abzugsbetrag	zu versteuernde Einkünfte
410 €	410 €	0 €
500 €	320 €	180 €
600 €	220 €	380 €
700 €	120 €	580 €
800 €	20 €	780 €
820 €	0 €	820 €

Beispiel 2:

Sachverhalt wie Beispiel 1, die Einkünfte aus der vermieteten Eigentumswohnung haben 620 € betragen.

Als Härteausgleich wird ein Betrag von 200 € (820 € abzüglich 620 €) vom Einkommen abgezogen.

Seit 2014 wurde die Anwendung des Härteausgleichs eingeschränkt: Bei der Grenze von 410 € bzw. 820 € werden **Kapitalerträge** nicht mehr erfasst, die nicht der tariflichen Einkommensteuer gem. § 32d Abs. 6 EStG, sondern lediglich der Abgeltungsteuer mit 25 % unterworfen wurden.

Seit dem 1.1.2021 werden auch bei **beschränkt steuerpflichtigen Arbeitnehmern**, die auf ihren Antrag hin in Deutschland veranlagt werden, die Regelungen zum Härteausgleich und zum erweiterten Härteausgleich angewendet (§ 50 Abs. 2 Satz 2 Nr. 4 EStG).

Die Härteausgleichsregelungen sind aus Gleichbehandlungsgründen auch bei solchen Arbeitnehmern anzuwenden, die mit ihrem von einem ausländischen Arbeitgeber bezogenen Arbeitslohn im Inland unbeschränkt steuerpflichtig sind und mangels Vornahme eines Lohnsteuerabzugs nicht gem. § 46 EStG, sondern nach der Grundnorm des § 25 Abs. 1 EStG zu veranlagen sind; weder das DBA Schweiz noch sonstige Gesichtspunkte stehen der analogen Anwendung der Härteausgleichsregelungen zu Gunsten eines in der Schweiz beschäftigten **Grenzgängers** entgegen (BFH v. 27.11.2014, I R 69/13, BStBl II 2015, 793).

Veranstaltungen

→ *Betriebsveranstaltungen* Rz. 1427, → *Betriebsversammlung* Rz. 1442

Veranstaltungsgemeinschaften (VG) im Lokalen Hörfunk in NRW

→ *Ehrenamtsinhaber* Rz. 1784

Verbesserungsvorschläge

1. Allgemeines

4238 Im Hinblick auf die unterschiedliche Vergütungspflicht von Verbesserungsvorschlägen wird arbeitsrechtlich **unterschieden** zwischen qualifizierten technischen Verbesserungsvorschlägen gem. § 20 ArbnErfG und nicht qualifizierten (**einfachen**) Verbesserungsvorschlägen. Die **qualifizierten technischen** Verbesserungsvorschläge gewähren dem Arbeitgeber eine ähnliche Vorzugsstellung wie bei einem gewerblichen Schutzrecht (z.B. Patent), insofern besteht ein angemessener gesetzlicher **Vergütungsanspruch** nach § 20 Abs. 1 ArbnErfG.

Die Bewertung eingereichter Verbesserungsvorschläge kann in einer Betriebsvereinbarung einem **Paritätischen Ausschuss** zugewiesen werden (BAG v. 19.5.2015, 9 AZR 863/13). Dessen tatsächliche Feststellungen und Bewertungen, die mehrheitlich getroffen wurden, sind gerichtlich grds. nur beschränkt überprüfbar (LAG Hamm v. 26.5.2021, 10 Sa 213/21). Die Arbeitsgerichte sind zuständig für Rechtsstreitigkeiten zwischen Arbeitnehmern und Arbeitgebern – auch nach der Beendigung des Arbeitsverhältnisses – wegen Ansprüchen auf Leistung einer festgestellten oder festgesetzten Vergütung für eine Arbeitnehmererfindung oder für einen technischen Verbesserungsvorschlag (§ 20 ArbNErfG). Nach § 39 Abs. 1 ArbNErfG sind für alle Rechtsstreitigkeiten über Erfindungen eines Arbeitnehmers jedoch die für Patentstreitsachen zuständigen Gerichte (§ 143 PatG) zuständig (LAG Berlin-Brandenburg v. 2.8.2022, 26 Ta 121/22).

2. Lohnsteuer

Prämien für Verbesserungsvorschläge sind wie Erfindervergütungen als sonstige Bezüge steuerpflichtiger Arbeitslohn. 4239

Die Prämien für Verbesserungsvorschläge können tarifermäßigt besteuert werden (Fünftelregelung). Voraussetzung für die Anwendung dieser Tarifermäßigung ist jedoch, dass mit der Prämie eine mehrjährige Tätigkeit des Arbeitnehmers abgegolten wird. Die Tarifermäßigung kommt jedoch nicht in Betracht, wenn die Prämie nicht nach dem Zeitaufwand des Arbeitnehmers, sondern ausschließlich nach der Kostenersparnis des Arbeitgebers in einem bestimmten künftigen Zeitraum berechnet wird (BFH v. 31.8.2016, VI R 53/14, BStBl II 2017, 322).

Die Berechnung für die Tarifermäßigung (Fünftelregelung) konnte nach § 39b Abs. 3 Satz 9 EStG bis einschließlich 2024 schon im Lohnsteuerabzugsverfahren angewendet werden. Mit dem Wachstumschancengesetz (Gesetz v. 27.3.2024, BGBl. I 2024 Nr. 108) wurde die Vorschrift des § 39b Abs. 3 Satz 9 EStG ab 2025 aufgehoben. Grund hierfür war, dass die Regelung komplizierte Berechnungsschleifen im Programmablaufplan für die maschinelle Lohnsteuerabrechnung und den Lohnsteuerberechnungs- bzw. Lohnabrechnungsprogrammen der Arbeitgeber erforderte. Für den Arbeitnehmer ergeben sich hieraus keine Nachteile, denn die Tarifermäßigung des § 34 Abs. 1 EStG kann – wie bisher – im Rahmen der Veranlagung zur Einkommensteuer geltend gemacht werden. In den Lohnsteuerbescheinigungen sind die für die Tarifermäßigungen des § 34 Abs. 1 EStG in Betracht kommenden Arbeitslöhne aber weiterhin gesondert auszuweisen. Die Entscheidung über die Gewährung der Ermäßigung selbst obliegt jedoch dem Finanzamt.

Führt der Arbeitgeber i.R.d. **betrieblichen Vorschlagwesens eine Verlosung** durch, an der alle Arbeitnehmer teilnehmen können, die einen Verbesserungsvorschlag eingereicht haben, so sind die verlosten Sachpreise Arbeitslohn der jeweiligen Gewinner, der auf Antrag des Arbeitgebers unter den Voraussetzungen des § 40 Abs. 1 Satz 1 Nr. 1 EStG (sonstige Bezüge in einer größeren Zahl von Fällen) mit einem **Pauschsteuersatz** erhoben werden kann (→ *Pauschalierung der Lohnsteuer* Rz. 3337). Die Einräumung der bloßen Gewinnchance führt noch nicht zu einem Zufluss von Arbeitslohn (BFH v. 25.11.1993, VI R 45/93, BStBl II 1994, 254); auch → *Verlosungsgeschenke/Verlosungsgewinne* Rz. 4259.

3. Sozialversicherung

Auch im Beitragsrecht der Sozialversicherung sind Vergütungen für betriebliche Verbesserungsvorschläge als Arbeitsentgelt anzusehen. Da in aller Regel nicht erkennbar sein wird, in welchem Abrechnungszeitraum der Verbesserungsvorschlag erarbeitet wurde, kann nach Auffassung der Sozialversicherungsträger unterstellt werden, dass der Verbesserungsvorschlag nicht in einem Abrechnungszeitraum, sondern über eine längere Zeitspanne entwickelt wurde. Insoweit erscheint die Bewertung als einmalig gezahltes Arbeitsentgelt gerechtfertigt. 4240

Der Arbeitgeber kann nach § 3 Abs. 3 SvEV dem einzelnen Arbeitnehmer den Durchschnittswert des pauschal versteuerten Sachbezuges zuordnen und danach den Beitrag berechnen. Hierzu ist Voraussetzung, dass der Wert der **Prämie 80 € nicht übersteigt** und der Arbeitgeber den Arbeitnehmeranteil an den Sozialversicherungsbeiträgen übernimmt. Der geldwerte Vorteil ist dem letzten Entgeltabrechnungszeitraum des Kalenderjahres zuzuordnen.

LSt SV

Verbraucherinsolvenz

→ *Insolvenz des Arbeitnehmers (Verbraucherinsolvenz)* Rz. 2597

Verdeckte Gewinnausschüttung

→ *Gesellschafter/Gesellschafter-Geschäftsführer* Rz. 2322

Verdienstausfallentschädigungen

4241 Entschädigungen, die dem Arbeitnehmer oder seinem Rechtsnachfolger als **Ersatz für entgangenen oder entgehenden Arbeitslohn** gezahlt werden, sind steuer- und beitragspflichtig (§ 2 Abs. 2 Nr. 4 LStDV); → *Entschädigungen* Rz. 2001. Dies gilt auch dann, wenn die Entschädigung von einem **Dritten**, z.B. von einer **Versicherung** oder vom **Gericht** (z.B. Zeugengeld), ausgezahlt wird (zuletzt BFH v. 20.7.2018, IX R 25/17, BStBl II 2020, 186).

LSt SV

Soweit **der Arbeitgeber** die Verdienstausfallentschädigung zahlt, sind keine Besonderheiten zu beachten. Der Arbeitgeber hat die gezahlte Verdienstausfallentschädigung zusammen mit dem übrigen Arbeitslohn lohnzuversteuern.

Zahlt ein **Dritter** die Verdienstausfallentschädigung, so ist der Arbeitgeber zum Lohnsteuerabzug verpflichtet, wenn der Arbeitgeber weiß oder erkennen kann, dass derartige Vergütungen erbracht werden (§ 38 Abs. 1 Satz 3 EStG). Damit der Arbeitgeber seine Lohnsteuerabzugsverpflichtung auch erfüllen kann, ist **der Arbeitnehmer gesetzlich verpflichtet**, seinem Arbeitgeber die **von einem Dritten gewährten Bezüge** am Ende des jeweiligen Lohnzahlungszeitraums **anzugeben** (§ 38 Abs. 4 Satz 3 EStG sowie → *Lohnzahlung durch Dritte* Rz. 3040).

Beispiel:

Der angestellte Tiefbau-Ingenieur A wird in einem Baurechtsstreit als Sachverständiger zum Prozesstermin vor Gericht geladen. Nachdem er seine Stellungnahme vorgetragen hat, erhält er vom Gericht eine Verdienstausfallentschädigung i.H.v. 100 € ausgezahlt, weil der Arbeitgeber des A den Monatslohn entsprechend kürzen wird.

Die Verdienstausfallentschädigung ist steuerpflichtiger Arbeitslohn (§ 2 Abs. 2 Nr. 4 LStDV). Der Arbeitnehmer hat seinem Arbeitgeber die Höhe der gewährten Verdienstausfallentschädigung am Ende des Lohnzahlungszeitraums mitzuteilen, damit dieser den Betrag in die Lohnsteuerberechnung des Lohnzahlungszeitraums mit einbeziehen kann.

Soweit die Verdienstausfallentschädigung allerdings an Reservedienst Leistende nach dem Unterhaltssicherungsgesetz gezahlt wird, ist diese kraft ausdrücklicher gesetzlicher Regelung (§ 3 Nr. 48 EStG) steuer- und beitragsfrei, unterliegt allerdings dem Progressionsvorbehalt (→ *Progressionsvorbehalt* Rz. 3501).

~~LSt~~ ~~SV~~

Vereinsbeiträge: Arbeitgeberersatz

4242 Ersetzt der Arbeitgeber einem Arbeitnehmer **Vereinsbeiträge**, handelt es sich im Regelfall um **steuerpflichtigen Arbeitslohn**, selbst wenn

- der Vereinswechsel durch einen **beruflichen Umzug** veranlasst worden ist (FG Münster v. 20.6.1978, VII 3307/77 E, EFG 1979, 16),
- eine **Steuerberatungsgesellschaft** (GmbH) für ihren Geschäftsführer **Beiträge für einen Golfclub übernimmt**. Das gilt – in Abgrenzung zu einer aufgedrängten Bereicherung – auch dann, wenn der (nicht beteiligte) Geschäftsführer nicht selbst Golf spielt, mithin über keine Platzfreigabe verfügt, aber das Anwerben neuer Mandanten auf Grund eines zusätzlichen Arbeitslohns in Form einer Erfolgsprämie in seinem Interesse liegt (BFH v. 21.3.2013, VI R 31/10, BStBl II 2013, 700).

LSt SV

Kein Arbeitslohn liegt dagegen vor, wenn der **Arbeitgeber** am Beitritt des Arbeitnehmers zu Vereinen usw. ein ganz überwiegendes **eigenbetriebliches Interesse** hat, weil z.B. die Räumlichkeiten des Vereins vom Betrieb des Arbeitgebers für Präsentationen usw. genutzt werden (vgl. BFH v. 20.9.1985, VI R 120/82, BStBl II 1985, 718 sowie FG Niedersachsen v. 31.5.2007, 11 K 555/04, betr. die Mitgliedschaft des Geschäftsführers einer GmbH in einem Industrie- bzw. Wirtschaftsclub).

Weitere Beispiele → *Beiträge: Übernahme durch Arbeitgeber* Rz. 1253 sowie → *Sport* Rz. 3971.

~~LSt~~ ~~SV~~

Vergütungen für mehrjährige Tätigkeit

→ *Arbeitslohn für mehrere Jahre* Rz. 712, → *Einmalzahlungen* Rz. 1793

Verjährung

1. Lohnsteuer

Steueransprüche unterliegen besonderen, in der Abgabenordnung geregelten Verjährungsfristen. Zu unterscheiden sind: 4243

a) Festsetzungsverjährung

Nach Ablauf der Festsetzungsfrist können Steuern sowie Erstattungs- oder Vergütungsansprüche nicht mehr festgesetzt werden. 4244
Es dürfen auch keine Änderungen, Aufhebungen oder Berichtigungen wegen offenbarer Unrichtigkeit erfolgen, gleichgültig ob zu Gunsten oder zu Ungunsten des Arbeitgebers oder Arbeitnehmers. Sowohl die Ansprüche des Steuergläubigers als auch die des Erstattungsberechtigten sind mit Ablauf der Festsetzungsfrist erloschen (sog. **Festsetzungsverjährung** nach §§ 169 bis 171 AO).

Die Verjährungsfrist beträgt **im Allgemeinen vier Jahre**, bei leichtfertiger Steuerverkürzung fünf Jahre, bei Steuerhinterziehung jedoch zehn Jahre (§ 169 AO). Die Frist beginnt mit Ablauf des Jahres, in dem die Steuer entstanden ist (§ 170 Abs. 1 AO), für **Lohnsteuer-Anmeldungen** aber erst mit Ablauf des Jahres, in dem diese beim Finanzamt eingereicht werden (§ 170 Abs. 2 Nr. 1 AO). Für den Beginn der die Lohnsteuer betreffenden Festsetzungsfrist ist die Lohnsteuer-Anmeldung (Steueranmeldung) und nicht die Einkommensteuererklärung der betroffenen Arbeitnehmer maßgebend (BFH v. 6.3.2008, VI R 5/05, BStBl II 2008, 597).

Beispiel:

Im Laufe des Jahres 2026 soll eine Lohnsteuer-Außenprüfung bei der Firma A durchgeführt werden, die zuletzt im Jahr 2020 geprüft worden ist. Die Lohnsteuer-Anmeldungen wurden fristgerecht abgegeben.

Die Festsetzungsfrist beginnt mit Ablauf des Kalenderjahres, in dem die Lohnsteuer-Anmeldung eingereicht wurde (§ 170 Abs. 2 Nr. 1 AO). Mithin beginnt die Festsetzungsfrist für die Lohnsteuer, die mit der Lohnsteuer-Anmeldung November 2021 (einzureichen bis zum 10.12.2021) angemeldet werden musste, mit Ablauf des 31.12.2021. Die Festsetzungsfrist beträgt vier Jahre, sie endet mit Ablauf des 31.12.2025. Im Kalenderjahr 2026 kann daher grds. für die Lohnsteuer-Anmeldungszeiträume November 2021 und früher keine Lohnsteuer-Außenprüfung mehr durchgeführt werden.

Die Lohnsteuer-Anmeldung Dezember 2021 wurde am 10.1.2022 rechtzeitig eingereicht. Für die damit anzumeldenden Steuerabzugsbeträge beginnt die Festsetzungsfrist mit Ablauf des 31.12.2022, sie endet mit Ablauf des 31.12.2026. Im Kalenderjahr 2026 kann daher der Zeitraum Dezember 2021 noch geprüft werden.

b) Verjährung bei der Lohnsteuer-Anmeldung

Besondere Bedeutung hat der Ablauf der Festsetzungsfrist bei der Steuerfestsetzung unter Vorbehalt der Nachprüfung (§ 164 AO). 4245
Eine Steueranmeldung, hier die **Lohnsteuer-Anmeldung, steht stets unter dem Vorbehalt der Nachprüfung** (§ 168 AO). Bei der Vorbehaltsfestsetzung bleibt der gesamte Steuerfall „offen", solange der Vorbehalt wirksam ist. Auch nach Ablauf der Rechtsbehelfsfrist kann eine Vorbehaltsfestsetzung jederzeit und dem Umfang nach uneingeschränkt von Amts wegen oder auf Antrag des Betroffenen aufgehoben oder geändert werden. Stellt der Stpfl. einen Antrag auf Aufhebung oder Änderung der Steuerfestsetzung, so kann die Entscheidung hierüber gem. § 164 Abs. 2 Satz 3 AO bis zur abschließenden Prüfung des Steuerfalles hinausgeschoben werden. Diese Prüfung ist innerhalb einer angemessenen Frist vorzunehmen.

c) Auswirkungen auf den Vorbehalt der Nachprüfung

Führt eine abschließende Lohnsteuer-Außenprüfung nicht zu 4246
einer Änderung der angemeldeten Steuer, ist der Vorbehalt

der Nachprüfung gem. § 164 Abs. 3 Satz 3 AO aufzuheben. Ergeben sich auf Grund der Prüfung gegenüber der angemeldeten Lohnsteuer Änderungen, so ist der Vorbehalt der Nachprüfung ebenfalls aufzuheben. Außerdem ist ein Haftungsbescheid oder auf Grund der Sondervorschriften der §§ 40, 40 a, 40b EStG ein Nachforderungsbescheid zu erlassen, es sei denn, der Arbeitgeber erkennt seine Zahlungsverpflichtung gem. § 42d Abs. 4 EStG an. Das **Anerkenntnis nach § 42d Abs. 4 EStG** steht einer Steueranmeldung gleich (§ 167 Abs. 1 Satz 3 AO) und damit unter dem Vorbehalt der Nachprüfung. Die Aufhebung des Vorbehalts der Nachprüfung nach einer Lohnsteuer-Außenprüfung umfasst deshalb auch gleichzeitig die Aufhebung des Vorbehalts der Nachprüfung hinsichtlich des erklärten Anerkenntnisses.

Die Wirkung des Vorbehalts wird jedoch durch die Festsetzungsfrist eingeschränkt. Mit Ablauf der allgemeinen Festsetzungsfrist (§ 169 Abs. 2 Satz 1 AO) entfällt der Vorbehalt, wenn er in der Zwischenzeit nicht aufgehoben wurde. Zu beachten ist also, dass die Wirksamkeit des Vorbehalts nicht verlängert wird, wenn Lohnsteuer-Abzugsbeträge hinterzogen oder leichtfertig verkürzt worden sind, denn die in diesen Fällen eintretende Erweiterung der Festsetzungsfrist auf 10 bzw. 5 Jahre (§ 169 Abs. 2 Satz 2 AO) gilt hinsichtlich des Vorbehalts nicht (§ 164 Abs. 4 Satz 2 AO). Es ergeben sich aber Auswirkungen auf die Ablaufhemmung nach § 171 Abs. 7 AO.

Zur Wahrung der Festsetzungsfrist kommt es auf den Zugang des Steuerbescheids oder auf den Zeitpunkt der Bekanntgabe nicht an. Nach § 169 Abs. 1 Satz 3 Nr. 1 AO genügt es, dass die Steuerfestsetzung vor Ablauf der Frist den Bereich der zuständigen Finanzbehörde verlassen hat (vgl. BFH v. 31.10.1989, VIII R 60/88, BStBl II 1990, 518 und v. 19.3.1998, IV R 64/96, BStBl II 1998, 556). Die Festsetzungsfrist ist jedoch nicht gewahrt, wenn der Steuerbescheid zwar vor Ablauf der Festsetzungsfrist den Bereich der für die Steuerfestsetzung zuständigen Finanzbehörde verlassen hat, dem Empfänger aber tatsächlich nicht zugeht (BFH v. 25.11.2002, GrS 2/01, BStBl II 2003, 548).

d) Beginn der Festsetzungsfrist

4247 Die Festsetzungsfrist ergibt sich aus § 169 Abs. 2 AO und im Besonderen für den Erlass von Haftungsbescheiden aus § 191 Abs. 3 AO. Die **Festsetzungsfrist beginnt nach § 170 Abs. 1 AO grds. mit Ablauf des Kalenderjahrs, in dem die Steuer entstanden ist** bzw. bei Haftungsbescheiden mit Ablauf des Kalenderjahres, in dem der Tatbestand verwirklicht worden ist, an den das Gesetz die Haftungsfolge knüpft. Der Beginn der Festsetzungsfrist bei anzumeldenden Steuern ist gem. § 170 Abs. 2 AO auf den Ablauf des Kalenderjahres verschoben, in dem die Anmeldungen dem Finanzamt eingereicht werden, spätestens aber auf den Ablauf des dritten Kalenderjahres, das dem Jahr des Entstehens der Steuerschuld folgt (**Anlaufhemmung**). Für den Beginn der die Lohnsteuer betreffenden Festsetzungsfrist ist die Lohnsteuer-Anmeldung und nicht die ESt-Erklärung des betroffenen Arbeitnehmers maßgebend (BFH v. 6.3.2008, VI R 5/05, BStBl II 2008, 597). Das Gleiche gilt, wenn eine gesetzliche Anzeigepflicht besteht, weil das Finanzamt erst durch die Anzeige von der Entstehung des Steueranspruchs Kenntnis erlangt (z.B. § 41c Abs. 4 EStG).

e) Ablauf der Festsetzungsfrist

4248 In einer Vielzahl von Tatbeständen hat der Gesetzgeber in § 171 AO Bestimmungen darüber getroffen, wann der Ablauf der Festsetzungsfrist gehemmt ist. Die **Ablaufhemmung** schiebt das Ende der Festsetzungsfrist hinaus. Die Festsetzungsfrist endet in diesen Fällen meist nicht – wie im Normalfall – am Ende, sondern im Laufe eines Kalenderjahres.

aa) Ablaufhemmung durch Lohnsteuer-Außenprüfung

4249 **Wird vor Ablauf der Festsetzungsfrist mit einer Lohnsteuer-Außenprüfung begonnen oder wird deren Beginn auf Antrag des Arbeitgebers hinausgeschoben, so läuft die Festsetzungsfrist nach § 171 Abs. 4 Satz 1 AO nicht ab, bevor die auf Grund der Lohnsteuer-Außenprüfung zu erlassenden Bescheide unanfechtbar geworden sind**. Der Antrag auf Verschiebung des Prüfungsbeginns hat diese Wirkung jedoch nur dann, wenn dem Arbeitgeber vorher die Prüfungsanordnung bekanntgegeben worden ist. Dabei ist aber zu beachten, dass ein solcher Antrag auf Verschieben des Prüfungsbeginns den Ablauf der Festsetzungsfrist nicht unbegrenzt hinausschiebt. Spätestens innerhalb von zwei Jahren nach Ablauf des vom Stpfl. beantragten Hinausschiebens der Prüfung muss das Finanzamt mit den Prüfungshandlungen begonnen haben (BFH v. 17.3.2010, IV R 54/07, BStBl II 2011, 7). Die Ablaufhemmung greift nicht bereits bei einer mündlichen Terminabsprache, sondern erst bei konkreten Prüfungs-/Ermittlungshandlungen. Dazu gehören auch das informative Gespräch, das Verlangen nach Belegen und Unterlagen oder Auskünften, ggf. auch von Dritten (BFH v. 24.4.2003, VII R 3/02, BStBl II 2003, 739). Die Prüfungshandlungen brauchen für den Stpfl. nicht erkennbar zu sein; es genügt z.B., dass der Außenprüfer nach Bekanntgabe der Prüfungsanordnung mit dem Studium der den Steuerfall betreffenden Akten beginnt. Bei der Datenträgerüberlassung beginnt die Außenprüfung spätestens mit der Auswertung der Daten (vgl. AEAO zu § 198 AO mit weiteren Rechtsprechungshinweisen).

Mit dem Gesetz zur Umsetzung der Richtlinie (EU) 2021/514 des Rates vom 22.3.2021 zur Änderung der Richtlinie 2011/16/EU über die Zusammenarbeit der Verwaltungsbehörden im Bereich der Besteuerung und zur Modernisierung des Steuerverfahrensrechts vom 20.12.2022 (BGBl. I 2022, 2730) wurde neu geregelt, dass die Ablaufhemmung § 171 Abs. 4 Satz 3 AO spätestens **fünf Jahre** nach Ablauf des Kalenderjahres, in dem die Prüfungsanordnung bekanntgegeben wurde endet. Diese Neuregelung gilt erstmals für Steuern und Steuervergütungen, **die nach dem 31.12.2024 entstehen**. Durch die Beschränkung des für eine Außenprüfung und die Auswertung der Prüfungsfeststellungen zur Verfügung stehenden Zeitraums wird eine Beschleunigung der Außenprüfung erreicht.

Die Neuregelung wird flankiert durch neue Regelungen zur Prüfungsanordnung in § 197 Abs. 3 AO. Auf Grund dessen kann die Finanzbehörde bereits mit der Bekanntgabe der Prüfungsanordnung auch Buchführungsunterlagen anfordern, welche innerhalb einer angemessenen Frist, die bereits vor Beginn der Außenprüfung enden kann, vorzulegen sind. Anhand der daraufhin eingereichten Unterlagen können dann insbesondere Prüfungsschwerpunkte für die Außenprüfung festgelegt werden. Hierdurch kann eine effektivere und schnellere Prüfung erfolgen.

Im Übrigen hat der Gesetzgeber mit dem Gesetz zur Umsetzung der Richtlinie (EU) 2021/514 des Rates vom 22.3.2021 zur Änderung der Richtlinie 2011/16/EU über die Zusammenarbeit der Verwaltungsbehörden im Bereich der Besteuerung und zur Modernisierung des Steuerverfahrensrechts vom 20.12.2022 (BGBl. I 2022, 2730) eine Neuregelung zu einem sogen. „qualifizierten Mitwirkungsverlangen" eingeführt. Auf Grund dessen kann der Stpfl. nach Ablauf von sechs Monaten seit Bekanntgabe der Prüfungsanordnung zur Mitwirkung nach § 200 Abs. 1 AO in einem schriftlich oder elektronisch zu erteilenden Mitwirkungsverlangen mit Rechtsbehelfsbelehrung nach § 356 AO aufgefordert werden (§ 200a Abs. 1 Satz 1 AO). Das **„qualifizierte Mitwirkungsverlangen"** ist innerhalb einer Frist von einem Monat nach Bekanntgabe zu erfüllen; in begründeten Einzelfällen kann die Frist verlängert werden. Kommt der Steuerpflichtige dem qualifizierten Mitwirkungsverlangen innerhalb der Frist nach § 200a Abs. 1 Satz 4 AO nicht oder nicht hinreichend nach (Mitwirkungsverzögerung), ist ein Mitwirkungsverzögerungsgeld festzusetzen (§ 200a Abs. 2 AO).

Führt die **Lohnsteuer-Außenprüfung zu keiner Änderung**, hat eine entsprechende Mitteilung nach § 202 Abs. 1 Satz 3 AO zu erfolgen, nach deren Bekanntgabe die Frist für drei Monate gehemmt ist (vgl. § 171 Abs. 4 Satz 1 AO). Hierdurch wird dem Stpfl. Gelegenheit gegeben, ggf. noch innerhalb der Festsetzungsfrist einen Antrag auf Änderung der Steuerfestsetzung zu seinen Gunsten zu stellen.

Beispiel:

Bei der Firma B soll im November 2025 eine Lohnsteuer-Außenprüfung durchgeführt werden. Die Prüfung soll sich auf Zeiträume ab Mai 2021 erstrecken (Anschlussprüfung). Auf Antrag des Arbeitgebers vom 4.12.2025 wird der Beginn der Prüfung auf März 2026 verschoben.

Die Prüfung wird durchgeführt. Sie führt:

a) zu einem Ergebnis. Der Haftungsbescheid wird am 25.6.2026 unanfechtbar.

b) zu keinem Ergebnis. Die entsprechende Mitteilung (§ 202 Abs. 1 Satz 3 AO) wird dem Arbeitgeber am 12.5.2026 bekanntgegeben (§ 122 Abs. 2 Nr. 1 AO).

Die Festsetzungsfrist für die Zeiträume Mai bis November 2021 ist grds. mit Ablauf des 31.12.2025 abgelaufen. Da der Beginn der Prüfung auf Grund eines vor Ablauf der Festsetzungsfrist eingegangenen Antrags des Arbeitgebers verschoben worden ist, endet die Festsetzungsfrist

- im Fall a) mit Unanfechtbarkeit des Haftungsbescheides, also mit Ablauf des 25.6.2026 (§ 171 Abs. 4 Satz 1 AO).
- im Fall b) nach Ablauf von 3 Monaten seit Bekanntgabe der Mitteilung nach § 202 Abs. 1 Satz 3 AO, also mit Ablauf des 12.8.2026 (§ 171 Abs. 4 Satz 1 AO).

Der Ablauf der Festsetzungsfrist bleibt wegen des Beginns einer Außenprüfung auch dann gehemmt, wenn das **Finanzamt während der Prüfung einen geänderten Bescheid auf Grund eines Teilprüfungsberichts erlässt**, die Prüfung sodann aber fortführt oder wieder aufnimmt, bevor die reguläre Festsetzungsfrist abgelaufen ist. Die fortgeführte oder wieder aufgenommene Prüfung bedarf keiner erneuten Prüfungsanordnung (BFH v. 20.8.2003, I R 10/03).

Ist der **Verwaltungsakt, mit dem der Beginn einer Außenprüfung festgesetzt wurde, rechtswidrig** und hat der Stpfl. ihn oder die Prüfungsanordnung angefochten, so beinhaltet ein Antrag auf Aussetzung der Vollziehung der Prüfungsanordnung nicht auch einen Antrag auf Verschiebung des Beginns der Prüfung. Der Lauf der Festsetzungsfrist wird in einem solchen Fall nicht gehemmt (BFH v. 10.4.2003, IV R 30/01, BStBl II 2003, 827).

Der Fristablauf wird nicht gehemmt, wenn das Finanzamt unmittelbar nach dem Beginn einer Prüfung für mehr als 6 Monate aus von ihm zu vertretenden Gründen die Prüfung unterbricht (vgl. § 171 Abs. 4 Satz 2 AO). Entsprechendes gilt, wenn das Finanzamt tatsächlich keine Außenprüfung durchführt (BFH v. 17.6.1998, IX R 65/95, BStBl II 1999, 4). Eine Außenprüfung ist dann nicht mehr unmittelbar nach ihrem Beginn unterbrochen, wenn die Prüfungshandlungen nach Umfang und Zeitaufwand, gemessen an dem gesamten Prüfungsstoff, erhebliches Gewicht erreicht oder erste verwertbare Prüfungsergebnisse gezeitigt haben (BFH v. 24.10.2006, I R 90/05, HFR 2007, 629).

Die **Wiederaufnahme einer unterbrochenen Außenprüfung** erfordert nach außen dokumentierte oder zumindest anhand der Prüfungsakten nachvollziehbare Maßnahmen, die der Stpfl. als eine Fortsetzung der Prüfung erkennen kann (BFH v. 24.4.2003, VII R 3/02, BStBl II 2003, 739). Das Finanzamt kann allerdings, wenn es eine Prüfung nach ihrem Beginn sofort wieder für einen längeren Zeitraum als 6 Monate unterbrochen hat, mit einer neuen Prüfung beginnen und dadurch die zunächst nicht eingetretene Ablaufhemmung herbeiführen. Die Verjährung ist auch dann gehemmt, wenn bei dieser Prüfung keine neue Prüfungsanordnung erlassen wurde (BFH v. 13.2.2003, IV R 31/01, BStBl II 2003, 552). Die Prüfungsanordnung ist zwar Voraussetzung dafür, dass mit der Prüfung ablaufhemmend begonnen werden kann (BFH v. 21.4.1993, X R 112/91, BStBl II 1993, 649). Maßgebend für den zeitlichen Beginn der Ablaufhemmung ist jedoch allein der (nachhaltige) Beginn der Prüfungshandlungen. Hat das Finanzamt eine Prüfungsanordnung vor Ablauf der Festsetzungsfrist ergänzt, bleibt der Ablauf der Festsetzungsfrist auch dann gehemmt, wenn der Prüfer Prüfungshandlungen für den betroffenen Zeitraum bereits vor dem Erlass der erweiterten Prüfungsanordnung durchgeführt hat (vgl. BFH v. 29.6.2004, X B 155/03).

bb) Ablaufhemmung bei Haftungsbescheiden

4250 Macht das Finanzamt im Anschluss an eine Lohnsteuer-Außenprüfung gegenüber dem Arbeitgeber **pauschale Lohnsteuer** in einem (formell inkorrekten) Haftungsbescheid geltend, so tritt mit der Aufhebung des angefochtenen Haftungsbescheids durch das Finanzamt eine Unanfechtbarkeit i.S.d. § 171 Abs. 4 Satz 1 AO ein. Der Ablauf der Festsetzungsfrist ist damit nicht mehr gehemmt (vgl. BFH v. 6.5.1994, BStBl II 1994, 715). Das Finanzamt kann in einem solchen Fall den Eintritt der Festsetzungsverjährung vor Geltendmachung des Steueranspruchs dadurch vermeiden, dass es den Haftungsbescheid erst aufhebt, nachdem es zuvor den (formell korrekten) Pauschalierungsbescheid (= Nachforderungsbescheid) erlassen hat.

Das Finanzamt kann im finanzgerichtlichen Verfahren einen angefochtenen Haftungsbescheid, der in formeller Hinsicht fehlerhaft ist, durch den gleichzeitigen Erlass eines neuen Haftungsbescheides aufheben. Nach Ansicht des BFH ist in einem solchen Fall der neue Haftungsbescheid noch innerhalb der nach § 171 Abs. 3a Satz 1 AO gehemmten Festsetzungsfrist ergangen und damit wirksam (vgl. BFH v. 5.10.2004, VII R 18/03, BStBl II 2005, 323).

cc) Umfang der Ablaufhemmung

Der Ablauf der Festsetzungsfrist wird durch die Lohnsteuer-Außenprüfung nur für solche Steuern gehemmt, die in der Prüfungsanordnung als Prüfungsgegenstand genannt sind (vgl. BFH v. 18.7.1991, V R 54/87, BStBl II 1991, 824; BFH v. 25.1.1996, V R 42/95, BStBl II 1996, 338). Wird die Prüfungsanordnung auf bisher nicht einbezogene Steuern bzw. Prüfungsjahre erweitert, ist die Ablaufhemmung nur wirksam, soweit hinsichtlich der Erweiterung noch keine Festsetzungsverjährung eingetreten ist (AEAO zu § 171 Nr. 3). Zu beachten ist die Frist für die Auswertung der Prüfungsfeststellungen (vgl. § 171 Abs. 4 Satz 3 AO). 4251

dd) Wirkung der Ablaufhemmung

Bei der Lohnsteuer-Außenprüfung tritt die Ablaufhemmung sowohl gegenüber dem Arbeitgeber (§ 171 Abs. 4 AO) als auch gegenüber dem Arbeitnehmer ein (§ 171 Abs. 15 AO), vgl. → Rz. 4254. Auch wenn der Steueranspruch gegenüber den Arbeitnehmern verjährt und damit erloschen ist, kann gegen den Arbeitgeber noch ein Haftungsbescheid ergehen soweit die Festsetzungsverjährung der Lohnsteuer-Anmeldungen noch nicht eingetreten ist (vgl. BFH v. 6.3.2008, VI R 5/05, BStBl II 2008, 597). Dies gilt auch für die mit Nachforderungsbescheid festzusetzenden Pauschalsteuern nach den §§ 40, 40a und 40b EStG (BFH v. 28.11.1990, VI R 115/87, BStBl II 1990, 488 und BFH v. 6.5.1994, VI R 47/93, BStBl II 1994, 715). 4252

ee) Ablaufhemmung durch sonstige Ermittlungen

Ist bei Stpfl. eine Lohnsteuer-Außenprüfung im Geltungsbereich der AO nicht durchführbar, führen auch Ermittlungen i.S.d. § 92 AO zu einer Ablaufhemmung, die solange andauert, bis die entsprechenden Bescheide unanfechtbar geworden sind (vgl. § 171 Abs. 6 AO). 4253

Dazu gehören:

- Einholung von Auskünften jeder Art von den Beteiligten und anderen Personen,
- Hinzuziehung von Sachverständigen,
- Beiziehung von Urkunden und Akten,
- Einnahme des Augenscheins.

Zu beachten ist jedoch, dass der Stpfl. vor Ablauf der Festsetzungsfrist auf den Beginn der genannten Ermittlungen hingewiesen werden muss.

In diesen Fällen ist die Frist gewahrt, wenn die Mitteilung an den Stpfl. vor Ablauf der Festsetzungsfrist den Bereich der für die Steuerfestsetzung zuständigen Finanzbehörde verlassen hat. Wird dies übersehen, wird der Ablauf der Frist nicht gehemmt.

ff) Auswirkungen beim Arbeitnehmer

Ein erstmaliger Haftungsbescheid kann wegen Akzessorietät der Haftungsschuld zur Steuerschuld grds. nicht mehr ergehen, wenn der zu Grunde liegende Steueranspruch wegen Festsetzungsverjährung gegenüber dem Steuerschuldner nicht mehr festgesetzt werden darf oder wenn der gegenüber dem Steuerschuldner festgesetzte Steueranspruch durch Zahlungsverjährung oder Erlass erloschen ist (§ 191 Abs. 5 Satz 1 AO). Maßgeblich ist dabei der Steueranspruch, auf den sich die Haftung konkret bezieht. Daher ist bei der Haftung eines Arbeitgebers für zu Unrecht nicht angemeldete und abgeführte Lohnsteuer (§ 42d EStG) auf die vom Arbeitnehmer nach § 38 Abs. 2 EStG geschuldete Lohnsteuer und nicht auf die Einkommensteuer des Arbeitnehmers (§ 25 EStG) abzustellen. Dabei ist für die Berechnung der die Lohnsteuer betreffenden Festsetzungsfrist die Lohnsteuer-Anmeldung des Arbeitgebers und nicht die ESt-Erklärung der betroffenen Arbeitnehmer maßgebend (vgl. BFH v. 6.3.2008, BStBl II 2008, 597). Bei der Berechnung der für die Lohnsteuer maßgebenden Festsetzungsfrist sind Anlauf- und Ablaufhemmungen nach §§ 170, 171 AO zu berücksichtigen, soweit sie gegenüber dem Arbeitgeber wirken (AEAO zu § 191 Nr. 9). 4254

Durch die Ablaufhemmung des § 171 Abs. 15 AO läuft die Festsetzungsfrist beim Arbeitnehmer nicht ab, so lange beim Arbeitgeber noch keine Festsetzungsverjährung eingetreten ist.

Beispiel:
Bei einer im Kalenderjahr 2025 begonnenen und im Kalenderjahr 2026 abgeschlossenen Lohnsteuer-Außenprüfung wird festgestellt, dass der Arbeitgeber einem Angestellten im Dezember 2020 einen geldwerten Vorteil zugewandt hat, von dem aus Unkenntnis keine Steuerabzugsbeträge einbehalten worden sind. Der Arbeitnehmer wird zur Einkommensteuer veranlagt (§ 46 Abs. 2 EStG). Er hat seine Steuererklärung für 2020 dem Finanzamt in 2021 eingereicht.

Die Festsetzungsfrist der Lohnsteuer-Anmeldung beginnt für den Monat Dezember 2020 mit Ablauf des 31.12.2021 (Abgabe der Lohnsteuer-Anmeldung am 10.1.2021). Somit würde die Festsetzungsfrist mit Ablauf des 31.12.2025 enden. Der Beginn der Lohnsteuer-Außenprüfung löst jedoch eine Ablaufhemmung aus, so dass die Festsetzungsfrist für die Lohnsteuer bis zur Unanfechtbarkeit des Haftungsbescheides nicht abläuft (§ 171 Abs. 4 AO). Ein Haftungsbescheid kann im Jahre 2025 somit noch ergehen.

Bei der Prüfung des Eintritts der Verjährung beim Arbeitnehmer ist auf die mit Ablauf des Veranlagungszeitraums 2020 entstehende Einkommensteuer abzustellen. Die Festsetzungsfrist beginnt durch die Abgabe der Steuererklärung in 2021 erst mit Ablauf des Kalenderjahres 2021 (§ 170 Abs. 2 Nr. 1 AO). Die vierjährige Festsetzungsfrist endet mit Ablauf des Kalenderjahres 2025, so dass im Kalenderjahr 2026 eine Nachforderung beim Arbeitnehmer durch Änderung des ESt-Bescheids grds. nicht mehr in Betracht kommt. Durch die Ablaufhemmung des § 171 Abs. 15 AO endet die Festsetzungsfrist jedoch nicht vor Ablauf der Festsetzungsfrist beim Arbeitgeber. Dadurch kann im Jahre 2026 neben dem Arbeitgeber auch der Arbeitnehmer für die nicht einbehaltenen Beträge in Anspruch genommen werden.

S. zur Regelung des § 171 Abs. 15 AO auch BFH v. 17.3.2016, VI R 3/15, HFR 2016, 587.

Die **Festsetzungsfrist beim Arbeitgeber** läuft ab, sobald die auf Grund der Lohnsteueraußenprüfung zu erlassenden Steuerbescheide unanfechtbar geworden sind. In diesem Fall kann die vom Arbeitgeber nicht einbehaltene Lohnsteuer nur vom Arbeitnehmer (Steuerschuldner) durch geänderte Einkommensteuerbescheide nachgefordert werden.

f) Zahlungsverjährung

4255 Festgesetzte Ansprüche erlöschen durch die sog. Zahlungsverjährung. Die Verjährungsfrist beträgt **fünf Jahre** und beginnt mit Ablauf des Kalenderjahres, in dem der Anspruch erstmals fällig geworden ist (§§ 228, 229 AO).

2. Sozialversicherung

4256 **Beitragsansprüche** sowie die darauf entfallenden **Nebenforderungen** wie Mahngebühren, Säumniszuschläge, Vollstreckungs- und Gerichtskosten usw. verjähren in **vier Jahren** nach Ablauf des Kalenderjahres der Fälligkeit. Ansprüche auf vorsätzlich vorenthaltene Beiträge verjähren in 30 Jahren nach Ablauf des Kalenderjahres, in dem sie fällig geworden sind.

Beispiele:

Beiträge für den Monat:	Dezember 2026	Januar 2027
Fälligkeitstag:	28.12.2026	27.1.2027
Ablauf des Kalenderjahres:	31.12.2026	31.12.2027
Verjährung am:	31.12.2030	**31.12.2031**

Für die **Hemmung, Unterbrechung** und Wirkung der **Verjährung** gelten die Vorschriften des BGB (§§ 203 ff. BGB) sinngemäß.

Die Verjährung der Beitragsforderung wird durch das Einlegen eines Rechtsbehelfs gegen einen die Versicherungspflicht oder -freiheit feststellenden Bescheid unterbrochen (BSG v. 18.4.1975, 3/12 RK 10/73).

Die Verjährung ist nach BSG v. 11.11.1975, 3 RK 8/75, gehemmt, wenn der Schuldner an den Gläubiger den Antrag stellt, bis zur Klärung einer Rechtsfrage auf den Einzug der Forderung zu verzichten, und der Gläubiger diesen Antrag stillschweigend annimmt.

In entsprechender Anwendung des § 218 Abs. 1 BGB verjähren in 30 Jahren Beitragsforderungen, die durch Feststellung in einem Insolvenzverfahren vollstreckbar geworden sind (BSG v. 10.12.1980, 9 RV 25/80).

Mit Urteil v. 21.6.1990, 12 RK 13/89, hat das BSG entschieden, dass es für die Geltung der 30-jährigen Verjährung ausreicht, wenn der Beitragspflichtige die Beiträge mit bedingtem Vorsatz vorenthält, er also eine Beitragspflicht nur für möglich gehalten, die Nichtabführung der Beiträge aber billigend in Kauf genommen hat.

Diese Auffassung wurde vom **BSG** mit Urteil v. 30.3.2000, B 12 KR 14/99 R, nochmals bekräftigt. Es schätzte jedoch ein, dass für die Beurteilung der Frage, ob auf Grund des Vorliegens eines Lohnsteuerhaftungsbescheids bedingter Vorsatz unterstellt werden kann, **folgende Kriterien** ermittelt werden müssen:

- Handelt es sich um typisches Arbeitsentgelt?
- Besteht zwischen der steuerrechtlichen und der beitragsrechtlichen Behandlung des zu beurteilenden Arbeitsentgelts eine erkennbare Übereinstimmung?
- Wurden die Lohn- und Gehaltsabrechnungen von fachkundigem Personal vorgenommen?

Verkaufsoption

→ *Aktienoption* Rz. 38

Verletztengeld

1. Lohnsteuer

Das aus der gesetzlichen Unfallversicherung bei Arbeitsunfällen gezahlte Verletztengeld ist zwar nach § 3 Nr. 1 Buchst. a EStG steuerfrei, unterliegt jedoch i.R. einer Einkommensteuerveranlagung dem sog. Progressionsvorbehalt (§ 32b Abs. 1 Satz 1 Nr. 1 Buchst. b EStG sowie → *Progressionsvorbehalt* Rz. 3501). 4257

(LSt durchgestrichen) (SV durchgestrichen)

2. Sozialversicherung

Die Zahlung von Verletztengeld führt für den Zeitraum der Zahlung – wie das Kranken- oder Mutterschaftsgeld – zur Beitragsfreiheit in der Sozialversicherung. 4258

Diese Beitragsfreiheit bezieht sich jedoch nur auf die vom Arbeitgeber zu zahlenden Arbeitsentgelte.

Zur **Beitragspflicht der „Entgeltersatzleistungen"** → *Lohnersatzleistungen* Rz. 2844.

(LSt durchgestrichen) (SV durchgestrichen)

Verlosungsgeschenke/Verlosungsgewinne

1. Allgemeines

Soweit der Arbeitgeber bei seinen Arbeitnehmern Verlosungen durchführt, führt die **Einräumung einer bloßen Gewinnchance nicht zu einem Zufluss von Arbeitslohn** (BFH v. 25.11.1993, VI R 45/93, BStBl II 1994, 254). Dagegen ist die Steuerpflicht der Losgewinne danach zu beurteilen, ob die Teilnahme an der Verlosung an bestimmte Bedingungen geknüpft ist oder alle Arbeitnehmer Lose erhalten können. Vgl. hierzu auch BFH v. 2.9.2008, X R 8/06, BStBl II 2010, 548 und BFH v. 2.9.2008, X R 25/07, BStBl II 2008, 550 betr. Preise aus betrieblicher Lotterie als Betriebseinnahmen. 4259

2. Wettbewerbspreise

Dürfen an einer betrieblichen Verlosung nur diejenigen Arbeitnehmer teilnehmen, die **bestimmte Voraussetzungen** erfüllen, etwa i.R. eines Unternehmenswettbewerbs Verbesserungsvorschläge eingereicht haben, stellen die Gewinne die **Gegenleistung** für ein bestimmtes Verhalten des Arbeitnehmers dar und sind damit **Arbeitslohn**. Dies gilt auch dann, wenn die Verlosung **gelegentlich einer Betriebsveranstaltung** durchgeführt wird und die Bedingungen für die Teilnahme an der Verlosung im Vorfeld der Betriebsveranstaltung erfüllt werden mussten. In einem solchen Fall werden die Gewinne den per Zufall ermittelten Arbeitnehmern für ein bestimmtes Verhalten zugewendet. Der Arbeitslohncharakter des Gewinns wird auch nicht dadurch ausgeschlossen, dass die mit der Verlosung bei den Arbeitnehmern verfolgte Zielsetzung, die Einreichung von Verbesserungsvorschlägen zu erreichen, im betrieblichen Interesse des Arbeitgebers liegt. Insoweit kann nichts anderes gelten, als wenn ein Arbeitgeber i.R. eines sog. Sicherheitswettbewerbs Prämien an seine Arbeitnehmer zahlt (→ *Prämien* Rz. 3496). 4260

Aus Vereinfachungsgründen beanstandet es die Finanzverwaltung allerdings nicht, wenn Sachgewinne, deren Wert je **Arbeitnehmer 60 € nicht übersteigt**, als Zuwendungen „anlässlich" einer Betriebsveranstaltung in die Bemessungsgrundlage für die Ermittlung des Freibetrags einbezogen werden. Bei Sachgewinnen, deren Wert je Arbeitnehmer 60 € übersteigt, ist im Einzelfall zu prüfen, ob sie „anlässlich" oder „nur bei Gelegenheit" einer Betriebsveranstaltung zugewendet werden.

LSt SV

3. Betriebliche Tombola

4261 Bei einer betriebsinternen für **alle Arbeitnehmer veranstalteten Verlosung**, wie z.B. einer betrieblichen Tombola, kann die Annahme von Arbeitslohn unter dem Gesichtspunkt des ganz überwiegend **eigenbetrieblichen Interesses des Arbeitgebers** ausscheiden (BFH v. 25.11.1993, VI R 45/93, BStBl II 1994, 254).

Die Gewinne aus einer betrieblichen Verlosung anlässlich einer Betriebsveranstaltung gehören zu den **Zuwendungen des Arbeitgebers anlässlich einer Betriebsveranstaltung** und sind bei der Prüfung des Freibetrags von 110 € zu berücksichtigen (§ 19 Abs. 1 Satz 1 Nr. 1a EStG). Eine Differenzierung danach, ob die Losgewinne unter oder über der für Aufmerksamkeiten geltenden Freigrenze von 60 € liegen, ist seit 2015 nicht mehr vorzunehmen. Hierbei ist es unschädlich, wenn an der Verlosung auch **Betriebsfremde** teilnehmen. Einzelheiten → *Betriebsveranstaltungen* Rz. 1427.

Der BFH hat entschieden, dass die Gesamtkosten des Arbeitgebers zu gleichen Teilen auf die bei der Betriebsveranstaltung anwesenden Teilnehmer aufzuteilen sind (BFH v. 29.4.2021, VI R 31/18, BStBl II 2021, 606). Damit gehören auch „No-Show-Kosten" zu den Zuwendungen anlässlich einer Betriebsveranstaltung.

Beispiel:

Anlässlich einer Betriebsveranstaltung führt der Arbeitgeber eine Tombola durch. Die Hauptgewinne sind:

- 1. Preis: Ein Wochenendurlaub im Wert von 300 €,
- 2. Preis: Ein Navigationsgerät im Wert von 150 €,
- 3. Preis: Ein Präsentkorb im Wert von 75 €.

Insgesamt wendet der Arbeitgeber für alle Sachpreise 1 000 € einschließlich Umsatzsteuer auf. Die übrigen Aufwendungen der Betriebsveranstaltung betragen insgesamt 4 000 € einschließlich Umsatzsteuer. An der Betriebsveranstaltung nehmen 50 Arbeitnehmer teil.

Bei einer Betriebsveranstaltung sind alle Aufwendungen des Arbeitgebers einschließlich Umsatzsteuer zu berücksichtigen, und zwar mit den Aufwendungen des Arbeitgebers. Diese sind anteilig auf die teilnehmenden Arbeitnehmer zu verteilen (§ 19 Abs. 1 Satz 1 Nr. 1a EStG sowie BFH v. 29.4.2021, VI R 31/18, BStBl II 2021, 606). Bei Aufwendungen von insgesamt 5 000 € und 50 teilnehmenden Arbeitnehmern entfällt auf jeden Arbeitnehmer 100 €. Dieser Betrag liegt unter dem Freibetrag von 110 € (§ 19 Abs. 1 Satz 1 Nr. 1a Satz 3 EStG), so dass die Arbeitnehmer **keinen Arbeitslohn zu versteuern** haben.

LSt SV (durchgestrichen)

4. Entgeltliche Losveranstaltung

4262 Der BFH hat entschieden, dass bei einem **entgeltlichen Loserwerb** die Verknüpfung mit der betrieblichen Tätigkeit gelöst wird und der Losgewinn daher auf der **nicht steuerbaren Vermögensebene** erzielt werde (BFH v. 2.9.2008, X R 8/06, BStBl II 2010, 548). Nach Auffassung der Finanzverwaltung ist das Urteil nur dann anzuwenden, wenn folgende Merkmale erfüllt werden (FinMin Berlin v. 19.7.2010, III B – S 2143 – 1/2009):

- Das Los wird vom Teilnehmer freiwillig erworben.
- Für die Teilnahme an der Losveranstaltung wird vom Teilnehmer ein Entgelt gezahlt. Die Abkürzung des Zahlungswegs ist dabei zulässig.
- Der Teilnehmer hat die Betriebseinnahmen vollständig – auch das zur Verrechnung einbehaltene Entgelt für die Lose – der Besteuerung unterworfen; der Aufwand für das Losentgelt wurde nicht als Betriebsausgabe abgezogen.
- Nicht jedem Los steht ein Sachgewinn gegenüber.
- Das Entgelt stellt nicht nur einen symbolischen Preis dar. Die für die jeweilige Losveranstaltung vereinnahmten Entgelte decken die Aufwendungen für die bereit gestellten Sachgewinne sowie die sonstigen dem Veranstalter durch die Durchführung der betrieblichen Losveranstaltung entstehenden Aufwendungen ab.
- Die Gewinner werden entsprechend ihrem Loseinsatz in einem Zufallsverfahren ausgewählt.

Werden diese Merkmale **nicht insgesamt erfüllt**, handelt es sich bei den Losgewinnen um betrieblich veranlasste Zuwendungen, die **als Betriebseinnahme** beim Empfänger des Sachgewinns **zu erfassen** sind. Die Aufwendungen für die Lose sind dabei bei der Gewinnermittlung zu berücksichtigen. Für Arbeitnehmer gilt diese Regelung u.E. sinngemäß.

5. Geschenklose

Wenn der Arbeitgeber dem Arbeitnehmer ein Los schenkt, um ihm die Teilnahme an einer von einem fremden Dritten durchgeführten Lotterie zu ermöglichen (Geschenklos), liegt steuerpflichtiger Arbeitslohn vor. Es handelt sich jedoch um einen **Sachbezug**, der nach § 8 Abs. 2 Satz 11 EStG außer Ansatz bleiben kann, wenn – ggf. zusammen mit anderen Vorteilen – die Freigrenze von 50 € nicht überschritten wird. 4263

Ein etwaiger **Losgewinn** stellt keinen steuerpflichtigen Arbeitslohn dar, weil kein Veranlassungszusammenhang zwischen dem Gewinn aus einer von einem fremden Dritten veranstalteten Lotterie und dem Arbeitsverhältnis besteht (FinMin Saarland v. 10.2.2004, B/2 – 4 – 20/04 – S 2334).

6. Von Dritten veranstaltete Lotterien

Auch der Gewinn aus einer **von einem Dritten durchgeführten Lotterie** ist als Arbeitslohn zu versteuern, wenn der **Gewinn für Dritte**, die nicht eine vergleichbare nichtselbständige Tätigkeit ausüben, **nicht erreichbar** gewesen ist. 4264

Beispiel:

Der Arbeitnehmer A ist bei dem Reifenhändler B angestellt. B bezog seine Reifen u.a. von der Firma C. C führte für die ihre Produkte vertreibenden Händler eine Goldverlosung (sog. GoldContact) durch. Die Gewinnchance war abhängig von der Abnahmemenge der Reifen. Pro 50 abgenommene Winterreifen wurde ein „Gewinn-Zertifikat" vergeben. Jedes Gewinn-Zertifikat war gewinnberechtigt. Die Aktion „GoldContact" richtete sich ausschließlich an Reifenhändler. C vergab die Gewinn-Zertifikate aber regelmäßig auch an diejenigen Personen, mit denen die tatsächlichen Geschäftskontakte abgewickelt wurden. Pro Reifenhändler war nur eine Person gewinnberechtigt. Die Reifenhändler selbst hatten keinen Einfluss auf die Auswahl der Personen, an welche C Gewinn-Zertifikate vergab. A erhielt ein Gewinn-Zertifikat und sandte es mit seinem Namen versehen an C zurück. Er gewann einen Goldbarren im Wert von 25 000 €.

Der Goldgewinn gehört als Sachbezug zum Arbeitslohn des A (FG Münster v. 26.3.2002, 15 K 3309/99 E, EFG 2005, 687).

LSt SV

Vermögensbeteiligungen

Inhalt

1. Allgemeines

Die Mitarbeiterbeteiligung sollte in den vergangenen Jahren attraktiver gestaltet werden. Mittlerweile wurde dieses Anliegen, mit zahlreichen Anregungen durch den Finanzausschuss des Bundestages, mit dem Zukunftsfinanzierungsgesetz v. 11.12.2023, BGBl. I 2023, Nr. 354 umgesetzt. In § 3 Nr. 39 EStG wurde die Mitarbeiterkapitalbeteiligung ausgebaut. Der steuerliche Freibetrag in § 3 Nr. 39 EStG wurde mit Wirkung ab 2024 von 1 440 € auf 2 000 € angehoben. Im Übrigen wurden im Bereich des § 19a EStG die Regelungen zur aufgeschobenen Besteuerung deutlich erweitert. Auf Grund dessen wurde die sogen. Dry-Income-Problematik (Versteuerung ohne Erhalt liquider Mittel) deutlich entschärft. 4265

Zur lohnsteuerlichen Behandlung der **Überlassung von Vermögensbeteiligungen** ist insbesondere wegen der Änderungen durch das Fondsstandortgesetz v. 3.6.2021 (BGBl. I 2021, 1498, BStBl I 2021, 803 – Auszug –) ein Anwendungsschreiben ergangen (BMF v. 1.6.2024, IV C 5 – S 2347/24/10001 :001, BStBl I 2024, 946). Danach gilt Folgendes:

2. Steuerfreiheit nach § 3 Nr. 39 EStG

a) Allgemeines

aa) Begünstigter Personenkreis

4266 Die Steuerfreiheit nach § 3 Nr. 39 EStG gilt für unbeschränkt und beschränkt einkommensteuerpflichtige Arbeitnehmer, die in einem gegenwärtigen Dienstverhältnis zum Unternehmen (§ 1 Abs. 1 und 2 LStDV) stehen. Bei dem Dienstverhältnis kann es sich sowohl um ein **Hauptarbeitsverhältnis** (erstes Dienstverhältnis) als **auch um ein Nebenarbeitsverhältnis** (weiteres Dienstverhältnis) handeln (BMF v. 1.6.2024, IV C 5 – S 2347/24/10001 :001, BStBl I 2024, 946, Abschn. 1.1.1, Rdnr. 1).

In einem gegenwärtigen Dienstverhältnis stehen auch Arbeitnehmer, deren Dienstverhältnis ruht (z.B. während des Mutterschutzes, der Elternzeit oder auf Grund einer vertraglichen Vereinbarung über eine befristete Tätigkeit im Ausland) oder die sich in der Freistellungsphase einer Altersteilzeit befinden (BMF v. 1.6.2024, IV C 5 – S 2347/24/10001 :001, BStBl I 2024, 946, Abschn. 1.1.1, Rdnr. 2).

Die Überlassung von Vermögensbeteiligungen an frühere Arbeitnehmer des Arbeitgebers ist nur steuerfrei, soweit die unentgeltliche oder verbilligte Vermögensbeteiligung bei einer Abwicklung des früheren Dienstverhältnisses als Arbeitslohn für die tatsächliche Arbeitsleistung überlassen wird. Personen, die ausschließlich Versorgungsbezüge beziehen, stehen nicht mehr in einem gegenwärtigen Dienstverhältnis (BMF v. 1.6.2024, IV C 5 – S 2347/24/10001 :001, BStBl I 2024, 946, Abschn. 1.1.1, Rdnr. 3).

bb) Begünstigte Vermögensbeteiligungen

4267 **Steuerbegünstigte Vermögensbeteiligungen** i.S.d. § 3 Nr. 39 EStG sind Vermögensbeteiligungen i.S.d. § 2 Abs. 1 Nr. 1 Buchst. a, b und f bis l und Abs. 2 bis 5 5. VermBG, also

- Aktien,
- Wandel- und Gewinnschuldverschreibungen,
- Genussscheine,
- Genossenschaftsguthaben,
- GmbH-Anteile,
- stille Beteiligungen,
- Darlehensforderungen,
- Genussrechte.

Einzelheiten hierzu → *Vermögensbildung der Arbeitnehmer* Rz. 4306 sowie (BMF v. 1.6.2024, IV C 5 – S 2347/24/10001:001, BStBl I 2024, 946, Abschn. 1.1.2). Sog. „virtuelle Beteiligungen", also schlichte schuldrechtliche Bonusversprechen des Arbeitgebers, fallen nicht unter die Regelung für begünstige Vermögensbeteiligungen (BMF v. 1.6.2024, IV C 5 – S 2347/24/10001 :001, BStBl I 2024, 946, Abschn. 1.1.2, Rdnr. 4). Auch Aktienoptionen sind keine Vermögensbeteiligungen i.S.d. 5. VermBG. Jedoch kann sich z.B. nach Ausübung einer Aktienoption und dem darauffolgenden vergünstigten Bezug von Aktien ein steuerlich begünstigter Tatbestand ergeben (BMF v. 1.6.2024, IV C 5 – S 2347/24/10001 :001, BStBl I 2024, 946, Abschn. 1.1.2, Rdnr. 4).

Begünstigt sind nur Vermögensbeteiligungen „am Unternehmen des Arbeitgebers" (§ 3 Nr. 39 Satz 1 EStG). Unternehmen, die demselben Konzern i.S.d. § 18 AktG angehören, sind dem Unternehmen des Arbeitgebers i.S.d. § 3 Nr. 39 Satz 1 EStG zuzurechnen (§ 3 Nr. 39 Satz 3 EStG). Der Begriff „Unternehmen des Arbeitgebers" umfasst das gesamte Betätigungsfeld des Arbeitgebers im lohnsteuerlichen Sinne (s. § 1 Abs. 2 Satz 2 LStDV, R 19.1 LStR, H 19.1 LStH).

Die Steuerfreiheit umfasst nicht inländische und ausländische Investmentanteile nach § 2 Abs. 1 Nr. 1 Buchst. c 5. VermBG. Dies gilt auch dann, wenn das Sondervermögen oder der ausländische Investmentfonds Vermögenswerte des Arbeitgebers (insbesondere Aktien) beinhaltet (BMF v. 1.6.2024, IV C 5 – S 2347/24/10001 :001, BStBl I 2024, 946, Abschn. 1.1.2, Rdnr. 6).

Der Erwerb von Vermögensbeteiligungen durch eine Bruchteilsgemeinschaft (z.B. ein gemeinsames Depot der Arbeitnehmerschaft) sowie der mittelbare Erwerb durch eine vermögensverwaltende Personengesellschaft (z.B. eine GbR oder eine GmbH & Co. KG) schließt die Steuerfreiheit nicht aus. An der Personengesellschaft müssen nicht ausschließlich Arbeitnehmer beteiligt sein (BMF v. 1.6.2024, IV C 5 – S 2347/24/10001 :001, BStBl I 2024, 946, Abschn. 1.1.2, Rdnr. 7).

cc) Überlassung der Vermögensbeteiligung durch einen Dritten

Der Arbeitgeber muss nicht Rechtsinhaber der zu überlassenden Vermögensbeteiligung sein, damit die Steuerfreiheit gewährt wird. 4268
Die Steuerfreiheit gilt deshalb auch für den geldwerten Vorteil, der bei **Überlassung der Vermögensbeteiligung durch einen Dritten** entsteht, sofern die Überlassung durch das gegenwärtige Dienstverhältnis veranlasst ist (BMF v. 1.6.2024, IV C 5 – S 2347/24/10001 :001, BStBl I 2024, 946, Abschn. 1.1.3, Rdnr. 8). Eine steuerfreie Überlassung von Vermögensbeteiligungen durch Dritte liegt z.B. vor, wenn der Arbeitnehmer die Vermögensbeteiligung unmittelbar erhält von einem

- **Beauftragten des Arbeitgebers** (z.B. Kreditinstitut oder ein anderes Unternehmen) oder
- Unternehmen, das mit dem Unternehmen des Arbeitgebers in einem **Konzern** (§ 18 AktG) verbunden ist (z.B. Ausgabe von Aktien oder anderen Vermögensbeteiligungen durch eine Konzernobergesellschaft an Arbeitnehmer einer Konzernuntergesellschaft oder durch eine Konzerngesellschaft an Arbeitnehmer einer Schwestergesellschaft).

Bei der Überlassung der Vermögensbeteiligung durch einen Dritten kommt es nicht darauf an, ob der Arbeitgeber in die Überlassung eingeschaltet ist oder ob der Arbeitgeber dem Dritten den Preis der Vermögensbeteiligung oder die durch die Überlassung entstehenden Kosten ganz oder teilweise ersetzt (BMF v. 1.6.2024, IV C 5 – 2347/24/10001 :001, BStBl I 2024, 946, Abschn. 1.1.3, Rdnr. 9).

dd) Mehrfache Inanspruchnahme der Steuerfreiheit

§ 3 Nr. 39 EStG ist auf das einzelne Dienstverhältnis bezogen. 4269
Steht der Arbeitnehmer im Kalenderjahr in mehreren aufeinanderfolgenden Dienstverhältnissen oder gleichzeitig in mehreren Dienstverhältnissen, so kann die Steuerfreiheit für jedes dieser Dienstverhältnisse in Anspruch genommen werden.

ee) Keine Steuerfreiheit von Geldleistungen

Die Steuerfreiheit gilt nur für den geldwerten Vorteil, den der Ar- 4270
beitnehmer durch die unentgeltliche oder verbilligte Überlassung der Vermögensbeteiligung erhält (BMF v. 1.6.2024, IV C 5 – S 2347/24/10001 :001, BStBl I 2024, 946, Abschn. 1.1.5, Rdnr. 11). Deshalb sind nicht steuerfrei

- **Geldleistungen** des Arbeitgebers an den Arbeitnehmer zur Begründung oder zum Erwerb der Vermögensbeteiligung und
- mit dem Arbeitnehmer vereinbarte vermögenswirksame Leistungen i.S.d. 5. VermBG, die zur Begründung oder zum Erwerb der Vermögensbeteiligung angelegt werden.

ff) Nebenkosten und Depotgebühren

Kein Arbeitslohn sind die vom Arbeitgeber übernommenen **Ne-** 4271
benkosten, die mit der Überlassung von Vermögensbeteiligungen verbunden sind (z.B. Notariatsgebühren, Eintrittsgelder im Zusammenhang mit Geschäftsguthaben bei einer Genossenschaft oder Kosten für Registereintragungen).

Ebenfalls **kein Arbeitslohn** sind vom Arbeitgeber übernommene **Depotgebühren**, die durch die Festlegung der Wertpapiere für die Dauer einer vertraglich vereinbarten Sperrfrist oder zur Minderung des administrativen Aufwands (z.B. für ein zentral verwaltetes Sammeldepot) entstehen. Auch die kostenlose Depotführung durch den Arbeitgeber führt nicht zu Arbeitslohn (BMF v. 1.6.2024, IV C 5 – S 2347/24/10001 :001, BStBl I 2024, 946, Abschn. 1.1.6, Rdnr. 12).

b) Einzubeziehende Arbeitnehmer

Voraussetzung für die Steuerfreiheit ist – unabhängig von der ar- 4272
beitsrechtlichen Verpflichtung zur Gleichbehandlung –, dass die Vermögensbeteiligung mindestens all jenen Arbeitnehmern offensteht, die bei Bekanntgabe des Angebots ein Jahr oder länger ununterbrochen in einem gegenwärtigen Dienstverhältnis zum Unternehmen

des Arbeitgebers stehen (§ 3 Nr. 39 Satz 2 EStG). Einzubeziehen in das Beteiligungsangebot sind auch geringfügig Beschäftigte, Teilzeitkräfte, Auszubildende und weiterbeschäftigte Rentner. Arbeitnehmer, die weniger als ein Jahr in einem Dienstverhältnis zum Unternehmen des Arbeitgebers stehen, können einbezogen werden. Bei einem Konzernunternehmen müssen die Beschäftigten der übrigen Konzernunternehmen nicht einbezogen werden. Bei einem Entleiher sind Leiharbeitnehmer nicht einzubeziehen (BMF v. 1.6.2024, IV C 5 – S 2347/24/10001 :001, BStBl I 2024, 946, Abschn. 1.2, Rdnr. 13).

Der Ausschluss der Einbeziehung von Arbeitnehmern, die über Insiderinformationen i.S. der EU-Marktmissbrauchsverordnung oder anderer anwendbarer Gesetze verfügen, ist als vorbeugende Maßnahme zur Verhinderung/Vermeidung von Straftaten und Ordnungswidrigkeiten geboten und steht der Inanspruchnahme des Freibetrags bei den übrigen einzubeziehenden Arbeitnehmern nicht entgegen (BMF v. 1.6.2024, IV C 5 – S 2347/24/10001 :001, BStBl I 2024, 946, Abschn. 1.2, Rdnr. 13).

Aus Vereinfachungsgründen muss der Arbeitgeber das Beteiligungsangebot nicht an folgende Arbeitnehmer richten:

- in einem anderen inländischen Unternehmen tätige Arbeitnehmer, deren Dienstverhältnis deshalb ruht und mit denen das aufnehmende Unternehmen einen eigenständigen Arbeitsvertrag abgeschlossen hat oder mit denen eine Entsendevereinbarung abgeschlossen wurde,
- an ein ausländisches Unternehmen entsandte Arbeitnehmer (BMF v. 9.11.2001),
- Organe von Körperschaften,
- Mandatsträger,
- Arbeitnehmer mit einem gekündigten Dienstverhältnis und
- Arbeitnehmer, die zwischen dem Zeitpunkt des Angebots und dem Zeitpunkt der Überlassung der Vermögensbeteiligung aus sonstigen Gründen aus dem Unternehmen ausscheiden (z.B. Auslaufen des Arbeitsvertrages).

Sehen die Regelungen des Beteiligungsprogramms vor, dass der Arbeitgeber bestimmte Arbeitnehmer oder Gruppen von Arbeitnehmern nach seinem Ermessen von einer Teilnahme ausschließt (z.B. mittels eines sog. Vetorechts des Arbeitgebers), steht allein die Möglichkeit des Ausübens dieses Rechts einer Inanspruchnahme des Steuerfreibetrags nicht entgegen, Schließt der Arbeitgeber allerdings tatsächlich einzelne Arbeitnehmer oder Gruppen von der Teilnahme am Beteiligungsprogramm aus, ist von diesem Zeitpunkt bei allen am Beteiligungsprogramm teilnehmenden Arbeitnehmern die Inanspruchnahme des Freibetrags insoweit ausgeschlossen. Die steuerliche Behandlung geldwerter Vorteile aus dem betreffenden Beteiligungsprogramm in vergangenen Lohnzahlungszeiträumen bleibt unberührt (BMF v. 1.6.2024, IV C 5 – S 2347/24/10001 :001, BStBl I 2024, 946, Abschn. 1.2, Rdnr. 14.1).

War ein Arbeitgeber begründet davon ausgegangen, dass ein bestimmter Arbeitnehmer oder eine bestimmte Gruppe von Arbeitnehmern nicht einbezogen werden muss, und stellt sich im Nachhinein etwas Anderes heraus, so bleibt die Steuerfreiheit des geldwerten Vorteils aus der unentgeltlichen oder verbilligten Überlassung der Vermögensbeteiligung bei den übrigen Arbeitnehmern aus Vereinfachungsgründen unberührt (BMF v. 1.6.2024, IV C 5 – S 2347/24/10001 :001, BStBl I 2024, 946, Abschn. 1.2, Rdnr. 15).

Beispiel:

Der Arbeitgeber ging davon aus, allen Arbeitnehmern ein Angebot zum verbilligten Erwerb einer Vermögensbeteiligung unterbreitet zu haben. Bei einer nicht einbezogenen Gruppe von Personen stellte sich jedoch bei einer Lohnsteuer-Außenprüfung heraus, dass es sich nicht um selbständig tätige Mitarbeiter, sondern um Arbeitnehmer handelt.

Die Steuerfreiheit für den geldwerten Vorteil aus der unentgeltlichen oder verbilligten Überlassung der Vermögensbeteiligung der übrigen Arbeitnehmer bleibt davon unberührt.

Anhängige Verfahren beim BFH zur Frage des Offenstehens für alle Arbeitnehmer:

Beim BFH sind zurzeit zwei Verfahren anhängig, in welchen strittig ist, ob der Ausschluss bestimmter Arbeitnehmer bei der Überlassung von Vermögensbeteiligungen einen Verstoß gegen das Postulat des Offenstehens für alle Arbeitnehmer (§ 3 Nr. 39 Satz 2 EStG) darstellt.

Im Verfahren VI R 5/24 ist strittig, ob es für die Gewährung der Steuerbefreiung schädlich ist, wenn der Arbeitgeber Arbeitnehmer, die sich in einem Ausbildungsverhältnis befinden, aus der der Überlassung von Vermögensbeteiligungen ausklammert. Im Verfahren VI R 4/24 ist hingegen strittig, ob es für die Steuerbefreiung des § 3 Nr. 39 EStG schädlich ist, wenn der Arbeitgeber Arbeitnehmer aus ruhenden Arbeitsverhältnissen (z.B. Elternzeit usw.) aus der Überlassung von Vermögensbeteiligungen ausschließt.

Die **Konditionen**, zu denen der Arbeitgeber den einzelnen Arbeitnehmern die Vermögensbeteiligungen überlässt, **können differenzieren** (z.B. bezüglich der Höhe einer Zuzahlung oder der Beteiligungswerte). Diese Differenzierung bedarf aus arbeitsrechtlicher Sicht eines sachlichen Grundes (BMF v. 1.6.2024, IV C 5 – S 2347/24/10001 :001, BStBl I 2024, 946, Abschn. 1.2, Rdnr. 17).

Voraussetzung für die Steuerfreiheit ist aber nicht, dass die Vermögensbeteiligung zusätzlich zum ohnehin geschuldeten Arbeitslohn überlassen wird. Arbeitnehmer können daher die Vermögensbeteiligung auch dann steuerbegünstigt erhalten, wenn diese durch Entgeltumwandlung finanziert wird. Zur sozialversicherungsrechtlichen Regelung → Rz. 4293.

c) Bewertung der Vermögensbeteiligung

Die Vermögensbeteiligung ist **mit dem gemeinen Wert** bei der **4273** Überlassung anzusetzen (§ 3 Nr. 39 Satz 4 EStG). Die Vermögensbeteiligung kann aber auch mit dem gemeinen Wert bei Abschluss des für beide Seiten verbindlichen Veräußerungsgeschäfts angesetzt werden (BFH v. 7.5.2014, VI R 73/12, BStBl II 2014, 904). Der Wert der Vermögensbeteiligung bestimmt sich nach dem Bewertungsgesetz und nicht nach dem um übliche Preisnachlässe geminderten üblichen Endpreis am Abgabeort, wie er nach § 8 Abs. 2 Satz 1 EStG sonst für die nicht in Geld bestehenden Einnahmen im Regelfall maßgeblich ist (BMF v. 1.6.2024, IV C 5 – S 2347/24/10001 :001, BStBl I 2024, 946, Abschn. 1.3, Rdnr. 18).

Die Bewertungsregel nach § 3 Nr. 39 Satz 4 EStG gilt als spezielle Bewertungsvorschrift für alle Vermögensbeteiligungen, die in § 3 Nr. 39 EStG genannt sind, und zwar auch dann, wenn die Steuerbegünstigung nach § 3 Nr. 39 EStG nicht greift. Der gemeine Wert wird nach § 9 Abs. 2 Satz 1 BewG im Allgemeinen durch den Preis bestimmt, der im gewöhnlichen Geschäftsverkehr nach der Beschaffenheit des Wirtschaftsgutes bei einer Veräußerung zu erzielen wäre. Für Wertpapiere und (Unternehmens-)Anteile kommt als „lex specialis" § 11 BewG zur Anwendung. Dieser regelt die Ermittlung des gemeinen Wertes in der folgenden Reihenfolge (BMF v. 1.6.2024, IV C 5 – S 2347/24/10001 :001, BStBl I 2024, 946, Abschn. 1.3, Rdnr. 19):

- Ansatz des Börsenkurses zum Stichtag (§ 11 Abs. 1 BewG),
- Ableitung des gemeinen Werts aus Verkäufen unter fremden Dritten, die weniger als ein Jahr zurückliegen (§ 11 Abs. 2 Satz 2 erste Alternative BewG),
- Wertermittlung unter Berücksichtigung der Ertragsaussichten (§ 11 Abs. 2 Satz 2 zweite Alternative BewG) oder Wertermittlung nach einer anderen anerkannten, auch im gewöhnlichen Geschäftsverkehr für nichtsteuerliche Zwecke üblichen Methode (§ 11 Abs. 2 Satz 2 dritte Alternative BewG; hierunter fallen Gutachten und Wertermittlungen, z.B. nach IDW S1, oder branchenübliche Bewertungsverfahren) oder Wertermittlung anhand des vereinfachten Ertragswertverfahrens (§ 11 Abs. 2 Satz 4 BewG i.V.m. §§ 199 ff. BewG).

Der Substanzwert als Mindestwert darf (außer bei Ansatz des Börsenkurses oder Ableitung aus Verkäufen unter fremden Dritten) nicht unterschritten werden (§ 11 Abs. 2 Satz 3 BewG).

Dieser Wertansatz ist grds. für die folgenden Vermögensbeteiligungen relevant:

- Aktien (§ 2 Abs. 1 Nr. 1 Buchst. a 5. VermBG),
- Wandelschuldverschreibungen, Gewinnschuldverschreibungen, Namensschuldverschreibungen (§ 2 Abs. 1 Nr. 1 Buchst. b 5. VermBG),
- Genussscheine (§ 2 Abs. 1 Nr. 1 Buchst. f 5. VermBG),
- GmbH-Beteiligungen (§ 2 Abs. 1 Nr. 1 Buchst. h 5. VermBG).

Bei der Bewertung von Anteilen an Kapitalgesellschaften sind im Übrigen die bewertungsrechtlichen Regelungen der gleich lautenden Erlasse der obersten Finanzbehörden der Länder v. 17.5.2001, IV C 6 – S 2170/10/10001, BStBl I 2001, 606 zur Anwendung der §§ 11, 95 bis 109 und 199 BewG in der Fassung des

ErbStRG entsprechend anzuwenden (BMF-Schreiben v. 22.9.2011, IV C 6 – S 2170/10/10001, BStBl I 2011, 859).

Hingegen entspricht **der gemeine Wert i.d.R. dem Nennwert** bei

- Genossenschaftsanteilen (§ 2 Abs. 1 Nr. 1 Buchst. g 5. VermBG),
- (typisch) stillen Beteiligungen (§ 2 Abs. 1 Nr. 1 Buchst. i 5. VermBG),
- Darlehensforderungen (§ 2 Abs. 1 Nr. 1 Buchst. k 5. VermBG) und
- Genussrechten (§ 2 Abs. 1 Nr. 1 Buchst. l 5. VermBG).

Nach Auffassung der Finanzverwaltung sind die 50 €-Freigrenze (§ 8 Abs. 2 Satz 11 EStG) und der Bewertungsabschlag von 4 % nach R 8.1 Abs. 2 Satz 3 LStR nicht anzuwenden (BMF v. 1.6.2024, IV C 5 – S 2347/24/10001 :001, BStBl I 2024, 946, Abschn. 1.3, Rdnr. 18). Der BFH hat demgegenüber – zumindest bei der Vorgängervorschrift des § 19a EStG a.F. – wiederholt entschieden, dass die 50 €-Freigrenze (§ 8 Abs. 2 Satz 11 EStG) auch auf Vermögensbeteiligungen anwendbar ist (BFH v. 10.3.2010, VI R 36/08; BFH v. 6.7.2011, VI R 35/10; BFH v. 15.1.2015, VI R 16/12, HFR 2015, 564), denn – so der BFH – eine vergünstigende Norm darf nicht dazu führen, dass der Stpfl. ungünstiger behandelt wird, als wenn es diese Vergünstigung nicht gäbe.

Veräußerungssperren mindern den Wert der Vermögensbeteiligung nicht (BFH v. 7.4.1989, VI R 47/88, BStBl II 1989, 608; BFH v. 30.9.2008, VI R 67/05, BStBl II 2009, 282). Entsprechendes gilt für sonstige Verfügungsbeschränkungen (BMF v. 1.6.2024, IV C 5 – S 2347/24/10001 :001, BStBl I 2024, 946, Abschn. 1.3, Rdnr. 20).

Aus Vereinfachungsgründen kann die Ermittlung des Werts der Vermögensbeteiligung des einzelnen Arbeitnehmers am Tag der Ausbuchung beim Überlassenden oder bei dessen Erfüllungsgehilfen erfolgen; es kann auch auf den Vortag der Ausbuchung abgestellt werden. Bei allen begünstigten Arbeitnehmern kann aber auch der durchschnittliche Wert der Vermögensbeteiligungen angesetzt werden, wenn das Zeitfenster der Überlassung nicht mehr als einen Monat beträgt. Dies gilt jeweils im Lohnsteuerabzugs- und Veranlagungsverfahren (BMF v. 1.6.2024, IV C 5 – S 2347/24/10001 :001, BStBl I 2024, 946, Abschn. 1.3, Rdnr. 21).

d) Ermittlung des steuerfreien geldwerten Vorteils

4274 Der geldwerte Vorteil ergibt sich aus dem Unterschied zwischen dem Wert der Vermögensbeteiligung und dem Preis, zu dem die Vermögensbeteiligung dem Arbeitnehmer überlassen wird. Der Zeitpunkt der Beschlussfassung über die Überlassung und der Zeitpunkt des Angebots an die Arbeitnehmer sind nicht maßgeblich. Bei einer Verbilligung ist es unerheblich, ob der Arbeitgeber dem Arbeitnehmer einen prozentualen Abschlag auf den Wert der Vermögensbeteiligung oder einen Preisvorteil in Form eines Festbetrags gewährt (BMF v. 1.6.2024, IV C 5 – S 2347/24/10001 :001, BStBl I 2024, 946, Abschn. 1.4, Rdnr. 22).

Der bevorzugte Erwerb von Aktien zum Einstandskurs durch den Arbeitnehmer im Zusammenhang mit einem Börsengang des Unternehmens des Arbeitgebers führt zu keinem geldwerten Vorteil, wenn auch fremde dritte natürliche Personen die Möglichkeit haben, Aktien zum Einstandspreis zu erwerben (BMF v. 1.6.2024, IV C 5 – S 2347/24/10001 :001, BStBl I 2024, 946, Abschn. 1.4, Rdnr. 23).

Soweit der geldwerte Vorteil den Betrag von 2 000 € im Kalenderjahr nicht übersteigt, ist der Vorteil steuerfrei (§ 3 Nr. 39 Satz 1 zweiter Halbsatz EStG). Durch die Steuerfreiheit besteht Beitragsfreiheit in der Sozialversicherung (§ 1 Abs. 1 Satz 1 Nr. 1 SvEV) → Rz. 4265.

Beispiel 1:

Der Arbeitgeber überlässt seinen Arbeitnehmern jeweils Aktien im Wert von 1 000 € unentgeltlich.

Die Arbeitnehmer haben jeweils einen geldwerten Vorteil von 1 000 €. Dieser ist nach § 3 Nr. 39 EStG steuer- und beitragsfrei.

Beispiel 2:

Der Arbeitgeber überlässt seinen Arbeitnehmern Aktien im Wert von 4 000 € für 2 000 €.

Die Arbeitnehmer haben jeweils einen geldwerten Vorteil von 2 000 €. Dieser ist nach § 3 Nr. 39 EStG steuer- und beitragsfrei.

Beim entgeltlichen Erwerb von Aktien zum Kurswert unter Draufgabe einer Option auf den künftigen unentgeltlichen Erwerb weiterer Aktien liegt kein verbilligter Sachbezug hinsichtlich der entgeltlich erworbenen Aktien vor (BFH v. 15.1.2015, VI R 16/12, HFR 2015, 564).

e) Keine Pauschalbesteuerung nach § 37b EStG

Von der **Anwendung der Pauschalversteuerung** nach § 37b EStG sind sämtliche Vermögensbeteiligungen **ausgeschlossen** (§ 37b Abs. 2 Satz 2 EStG). Steuerpflichtige geldwerte Vorteile aus der verbilligten oder unentgeltlichen Überlassung von Vermögensbeteiligungen (z.B. geldwerte Vorteile, die den steuerfreien Höchstbetrag übersteigen, sowie solche, bei denen die Steuerfreiheit des § 3 Nr. 39 EStG bereits dem Grunde nach nicht greift) sind danach grds. individuell zu besteuern (BMF v. 1.6.2024, IV C 5 – S 2347/24/10001 :001, BStBl I 2024, 946, Abschn. 1.5, Rdnr. 24). 4275

f) Zufluss, kein negativer Arbeitslohn

Der Zuflusszeitpunkt richtet sich nach den allgemeinen lohnsteuerlichen Regelungen. Zeitpunkt des Zuflusses ist der Tag der Erfüllung des Anspruchs des Arbeitnehmers auf Verschaffung der wirtschaftlichen Verfügungsmacht über die Vermögensbeteiligung (BFH v. 23.6.2005, VI R 10/03, BStBl II 2005, 770, BMF v. 1.6.2024, IV C 5 – S 2347/24/10001 :001, BStBl I 2024, 946, Abschn. 1.6, Rdnr. 25). Bei Aktien ist dies der Zeitpunkt der Einbuchung der Aktien in das Depot des Arbeitnehmers (BFH v. 20.11.2008, VI R 25/05, BStBl II 2009, 382, BMF v. 1.6.2024, IV C 5 – S 2347/24/10001 :001, BStBl I 2024, 946, Abschn. 1.5, Rdnr. 25). Zu Vereinfachungsregelungen → Rz. 4273. 4276

Ein Zufluss von Arbeitslohn liegt nicht vor, solange es dem Arbeitnehmer rechtlich unmöglich ist, über die Vermögensbeteiligung zu verfügen (BFH v. 30.6.2011, VI R 37/09, BStBl II 2011, 923 zu vinkulierten Namensaktien, BMF v. 1.6.2024, IV C 5 – S 2347/24/10001 :001, BStBl I 2024, 946, Abschn. 1.6, Rdnr. 26). Vertragliche Sperr- und Haltefristen hemmen den Zufluss hingegen nicht (BFH v. 30.9.2008, VI R 67/05, BStBl II 2009, 282).

Muss der Arbeitnehmer auf Grund seiner mit dem Arbeitgeber getroffenen Vereinbarung **einen höheren Kaufpreis** als z.B. den Kurswert der Vermögensbeteiligung zahlen, so führt dies **nicht zu negativem Arbeitslohn**. Entsprechendes gilt für Kursrückgänge nach dem Zuflusszeitpunkt (BMF v. 1.6.2024, IV C 5 – S 2347/24/10001 :001, BStBl I 2024, 946, Abschn. 1.6, Rdnr. 27 ff.).

g) Erstmalige Anwendung der Neuregelung

Mit dem Zukunftsfinanzierungsgesetz wurde der Höchstbetrag ab Vz 2024 auf 2 000 € erhöht. 4277

3. Aufgeschobene Besteuerung nach § 19a EStG

a) Allgemeines

aa) Einführung

Nach § 19a EStG wird die Besteuerung zusätzlicher zum ohnehin geschuldeten Arbeitslohn ausgereichter geldwerter Vorteile aus Vermögensbeteiligungen am Unternehmen des Arbeitgebers i.S.d. § 2 Abs. 1 Nr. 1 Buchst. a, b und f bis l und Abs. 2 bis 5 5. VermBG bei Kleinstunternehmen sowie der kleinen und mittleren Unternehmen (KMU aufgeschoben. Die Besteuerung des geldwerten Vorteils aus Vermögensbeteiligungen bei diesen Unternehmen erfolgt erst zu einem späteren Zeitpunkt, i.d.R. bei Veräußerung, spätestens jedoch nach zwölf Jahren bzw. ab Vz 2024 nach der Neuregelung durch das Zukunftsfinanzierungsgesetz nach 15 Jahren oder bei der Beendigung des Dienstverhältnisses (§ 19a Abs. 4 Satz 1 EStG). Durch die Regelung wird vermieden, dass bereits zum Zeitpunkt der Übertragung einer Vermögensbeteiligung auf den Arbeitnehmer ein Vorteil (Sachbezug) zu versteuern ist, ohne dass dem Arbeitnehmer liquide Mittel zugeflossen sind. 4278

Mit der Übertragung einer Vermögensbeteiligung auf den Arbeitnehmer geht diese – wie bisher – in dessen Privatvermögen über. Die Besteuerung von Ausschüttungen, Zinsen usw. sowie von Veräußerungsgewinnen bzw. -verlusten richtet sich nach § 20 EStG bzw. nach § 17 EStG (BMF v. 1.6.2024, IV C 5 – S 2347/24/10001 :001, BStBl I 2024, 946, Abschn. 2.1, Rdnr. 31).

bb) Begünstigter Personenkreis

Die Sondervorschrift des § 19a EStG gilt für unbeschränkt und beschränkt einkommensteuerpflichtige Arbeitnehmer, die in 4279 einem gegenwärtigen Dienstverhältnis zum Unternehmen (§ 1 Abs. 1 und 2 LStDV) stehen. Bei dem Dienstverhältnis kann es sich sowohl um ein Hauptarbeitsverhältnis (erstes Dienstverhältnis) als auch um ein Nebenarbeitsverhältnis (weiteres Dienstverhältnis) handeln.

In einem gegenwärtigen Dienstverhältnis stehen auch Arbeitnehmer, deren Dienstverhältnis ruht (z.B. während des Mutterschutzes, der Elternzeit oder auf Grund einer vertraglichen Vereinbarung über eine befristete Tätigkeit im Ausland) oder die sich in der Freistellungsphase einer Altersteilzeit befinden.

Personen, die ausschließlich Versorgungsbezüge beziehen, stehen nicht mehr in einem gegenwärtigen Dienstverhältnis. § 19a EStG ist daher für diesen Personenkreis nicht anwendbar.

cc) Begünstigte Vermögensbeteiligungen

4280 Die Sondervorschrift des § 19a EStG gilt für die unentgeltliche oder verbilligte Übertragung von Vermögensbeteiligungen am Unternehmen des Arbeitgebers i.S.d. § 2 Abs. 1 Nr. 1 Buchst. a, b und f bis l und Abs. 2 bis 5 5. VermBG. Einzelheiten → Rz. 4267.

Bislang enthielt die Vorschrift des § 19a EStG – anders als § 3 Nr. 39 EStG (vgl. § 3 Nr. 39 Satz 3 EStG) – keine Konzernregelung. Vermögenbeteiligungen an anderen Unternehmen desselben Konzerns i.S.d. § 18 AktG galten damit nicht als Vermögensbeteiligungen an dem Unternehmen des Arbeitgebers (§ 19a Abs. 1 Satz 1 EStG). § 19a EStG war daher auf entsprechende Vermögensbeteiligungen nicht anwendbar. Mit dem Jahressteuergesetz 2024 wurde jedoch mit Wirkung ab 2024 eine solche Konzernregelung in § 19a Abs. 1 Satz 3 EStG eingeführt. Danach gelten als Unternehmen des Arbeitgebers i.S.d. § 19a Abs. 1 Satz 1 EStG nun auch Unternehmen i.S.d. § 18 AktG. Um aber zu verhindern, dass durch diese neue Konzernklausel mittelbar auch Arbeitnehmer großer Aktiengesellschaften begünstigt werden, indem im Rahmen von Steuergestaltungen Geschäftsbereiche auf kleinere Tochtergesellschaften ausgelagert und dann Anteile an der Muttergesellschaft steuerbegünstigt übertragen werden, wurde der Anwendungsbereich der neuen Konzernregelungen eingeschränkt. Auf Grund dessen kann der Anteil an einem Konzernunternehmen nur dann steuerbegünstigt übertragen werden, wenn die Schwellenwerte des § 19a Abs. 3 EStG in Bezug auf die Gesamtheit aller Konzernunternehmen nicht überschritten werden und die Gründung keines Konzernunternehmens mehr als 20 Jahre zurückliegt. Damit muss der Konzern im Ganzen die Schwellenwerte des § 19a Abs. 3 EStG einhalten (vgl. Gesetzesbegründung zu § 19a EStG, BT-Drucks. 20/12780).

Die Vermögensbeteiligungen müssen **zusätzlich zum ohnehin geschuldeten Arbeitslohn gewährt** werden. Die Übertragung im Zusammenhang mit Gehaltsumwandlungen und anderen in § 8 Abs. 4 EStG genannten Sachverhalten ist deshalb nicht begünstigt (→ *Barlohnumwandlung* Rz. 1222). Unschädlich ist, wenn sog. virtuelle Beteiligungen durch Vermögensbeteiligungen i.S.d. § 19a Abs. 1 Satz 1 EStG ersetzt werden (BMF v. 1.6.2024, IV C 5 – S 2347/24/10001 :001, BStBl I 2024, 946, Abschn. 2.1.2, Rdnr. 35).

dd) Zufluss bei Verfügungsbeschränkungen

4281 Bei Vermögensbeteiligungen gelten die allgemeinen Grundsätze zum Zufluss von Arbeitslohn (vgl. R 38.2 LStR, H 38.2 LStH).

Für ab dem 1.1.2024 übertragene Vermögensbeteiligungen gilt ein Vorteil aus der unentgeltlichen oder verbilligten Übertragung von Vermögensbeteiligungen i.S.d. § 19a Abs. 1 Satz 1 EStG auch dann als lohnsteuerlich zugeflossen, wenn es dem Arbeitnehmer rechtlich unmöglich ist, über die Vermögensbeteiligung zu verfügen (§ 19a Abs. 1 Satz 3 EStG). Dies gilt aber nur, wenn alle Voraussetzungen von § 19a EStG erfüllt sind. U.a. muss der Arbeitnehmer der aufgeschobenen Besteuerung zustimmen (BMF v. 1.6.2024, IV C 5 – S 2347/24/10001 :001, BStBl I 2024, 946, Abschn. 2.1.2, Rdnr. 35.2).

ee) Berücksichtigung des Freibetrags nach § 3 Nr. 39 EStG

4282 Bei der Ermittlung des Vorteils i.S.d. § 19a Abs. 1 Satz 1 EStG ist der Freibetrag nach § 3 Nr. 39 EStG i.H.v. 2 000 € abzuziehen, soweit die Voraussetzungen vorliegen (→ Rz. 4266 ff.).

ff) Vorsorgepauschale

Steuerfreie bzw. nicht zu besteuernde Vorteile werden bei der Berechnung der Vorsorgepauschale (§ 39b Abs. 2 Satz 5 Nr. 3 EStG) grds. nicht berücksichtigt (→ *Vorsorgepauschale* Rz. 4379). 4283

Nicht besteuerte Arbeitsentgelte aus der Übertragung einer Vermögensbeteiligung i.S.d. § 19a Abs. 1 Satz 1 EStG unterliegen der Sozialversicherungspflicht (→ Rz. 4294). Nach § 19a Abs. 1 Satz 4 EStG sind diese nicht besteuerten Arbeitsentgelte daher bei der Berechnung der Vorsorgepauschale einzubeziehen.

Bei der Besteuerung in einem späteren Zeitpunkt (→ Rz. 4278) fallen dann keine Sozialversicherungsbeiträge mehr an. Der dann zu besteuernde Vorteil ist daher nicht bei der Berechnung der Vorsorgepauschale einzubeziehen (§ 19a Abs. 4 Satz 3 EStG).

Die vorgenannten Ausführungen gelten auch für Anteile mit Verfügungsbeschränkungen, die unter § 19a Abs. 1 Satz 3 EStG fallen. Unbeachtlich ist, ob und zu welchem Zeitpunkt tatsächlich Sozialversicherungsbeiträge für die Übertragung dieser Anteile anfallen. Eine Einbeziehung in die Vorsorgepauschale hat immer im Zeitpunkt der Übertragung zu erfolgen (§ 19a Abs. 1 Satz 5 EStG). Im Zeitpunkt der Besteuerung darf die Übertragung der Anteile mit Verfügungsbeschränkungen nicht bei der Vorsorgepauschale berücksichtigt werden (§ 19a Abs. 4 Satz 3 EStG), selbst wenn erst zu diesem Zeitpunkt Sozialversicherungsbeiträge anfallen (BMF v. 1.6.2024, IV C 5 – S 2347/24/10001 :001, BStBl I 2024, 946, Abschn. 2.1.5, Rdnr. 39.1).

gg) Bewertung der Vermögensbeteiligung

Nach § 19a Abs. 1 Satz 5 EStG sind die **Anschaffungskosten mit dem gemeinen Wert** der Vermögensbeteiligung anzusetzen. Einzelheiten → Rz. 4273. 4284

hh) Zustimmungserfordernis des Arbeitnehmers

Die **vorläufige Nichtbesteuerung** nach § 19a Abs. 1 EStG mit Zustimmung des Arbeitnehmers (§ 19a Abs. 2 EStG) ist **bis zum Abschluss des Lohnsteuerabzugsverfahrens** und damit bis zur Übermittlung oder Ausschreibung der Lohnsteuerbescheinigung **zulässig** (s. § 41c Abs. 3 Satz 1 EStG). Eine Nachholung der vorläufigen Nichtbesteuerung i.R. der Veranlagung zur Einkommensteuer ist ausgeschlossen (§ 19a Abs. 2 Satz 2 EStG). 4285

b) Fördervoraussetzungen

Die vorläufige Nichtbesteuerung nach § 19a Abs. 1 EStG ist nur dann anzuwenden, wenn das Unternehmen des Arbeitgebers bei der Übertragung der Vermögensbeteiligung auf den Arbeitnehmer (maßgeblich ist der Zeitpunkt der wirtschaftlichen Verfügungsmacht des Arbeitnehmers über die Vermögensbeteiligung, → Rz. 4276) die Schwellenwerte, die in § 19a Abs. 3 Satz 1 EStG genannten Schwellenwerte nicht überschreitet oder in einem der sechs vorangegangenen Kalenderjahre nicht überschritten hat, und die Gründung des Unternehmens nicht mehr als 20 Jahre vor dem Zeitpunkt der Übertragung liegt (§ 19a Abs. 3 EStG). 4286

Zur Bestimmung der KMU-Schwellenwerte i.R. der Anwendung von § 19a EStG sind ergänzend die Art. 4 und 5 des Anhangs der Empfehlung der Kommission vom 6.5.2003 betreffend die Definition der Kleinstunternehmen sowie der kleinen und mittleren Unternehmen (ABl. L 124 v. 20.5.2023, 36) in der jeweils geltenden Fassung zu berücksichtigen. Mithin berechnet sich die Mitarbeiterzahl nach der Zahl der Jahresarbeitseinheiten. Hinsichtlich der Mitarbeiterzahl und der Schwellenwerte ist dabei nach Art. 4 Abs. 1 des Anhangs der Empfehlung der Kommission vom 6.5.2003 auf den Stichtag des letzten Rechnungsabschlusses abzustellen; der Status eines KMU geht (auch für Zwecke des § 19a EStG) erst verloren bzw. wird erworben, wenn es in zwei aufeinander folgenden Geschäftsjahren zu einer Über- oder Unterschreitung kommt. **Nach der Neureglung durch das Zukunftsfinanzierungsgesetz** sind zur Anwendung des § 19a EStG ab Vz 2024 die Schwellenwerte für den Jahresumsatz und die Jahresbilanzsumme zu verdoppeln und bezüglich der beschäftigten Personen zu vervierfachen (§ 19a Abs. 3 EStG). Hinsichtlich der **KMU-Definition gelten** – entsprechend Art. 2 Abs. 1 des Anhangs der Empfehlung der Kommission vom 6.5.2003 – **derzeit folgende Schwellenwerte** (BMF v. 1.6.2024, IV C 5 – S 2347/24/10001 :001, BStBl I 2024, 946, Abschn. 2.1.7, Rdnr. 42):

- weniger als 1 000 Mitarbeiter (= 4 x 250 Mitarbeiter) und
- Jahresumsatz höchstens 100 Mio. € (2 x 50 Mio. €) oder Jahresbilanzsumme höchstens 86 Mio. € (= 2x 43 Mio. €).

c) Nachgeholte Besteuerung

aa) Allgemeines

4287 Vorteile, die im Kalenderjahr der Übertragung der Vermögensbeteiligung nicht besteuert wurden, werden erst in einem späteren Zeitpunkt aufgeschoben besteuert. § 19a Abs. 4 Satz 1 EStG regelt abschließend den Besteuerungszeitpunkt (→ Rz. 4278). Der nach § 19a Abs. 1 nicht besteuerte Arbeitslohn unterliegt erst dann der Besteuerung und dem Lohnsteuerabzug als sonstiger Bezug, wenn

- die Vermögensbeteiligung ganz oder teilweise **entgeltlich oder unentgeltlich übertragen** wird, insbesondere auch in den Fällen des § 17 Abs. 4 EStG und des § 20 Abs. 2 Satz 2 EStG oder bei Einlagen in ein Betriebsvermögen (§ 19a Abs. 4 Satz 1 Nr. 1 EStG),
- seit der Übertragung der Vermögensbeteiligung **fünfzehn Jahre** (Änderung nach dem Zukunftsfinanzierungsgesetz ab Vz 2024; sie gilt auch für Vermögensbeteiligungen, die vor 2024 übertragen werden oder wurden) **vergangen** sind (§ 19a Abs. 4 Satz 1 Nr. 2 EStG) oder
- das **Dienstverhältnis** zu dem bisherigen Arbeitgeber **beendet** wird (§ 19a Abs. 4 Satz 1 Nr. 3 EStG).

Tritt einer dieser Fälle ein, so unterliegen bisher nicht besteuerte Vorteile zu diesem Zeitpunkt der Besteuerung und dem Lohnsteuerabzug. Sind seit der Übertragung der Vermögensbeteiligung mindestens drei Jahre vergangen, sind die als sonstiger Bezug vor dem 1.1.2025 zufließenden zu besteuernden Vorteile im Lohnsteuerabzugsverfahren nach der sog. Fünftelungsregelung ermäßigt zu besteuern (§ 19a Abs. 4 Satz 2 i.V.m. § 34 Abs. 1 und § 39b Abs. 3 Satz 9 und 10 EStG i.d.F. des Kreditzweitmarktförderungsgesetzes). Im Lohnsteuerabzugsverfahren sind die weiteren Voraussetzungen für die Tarifermäßigung (z. B. das Vorliegen einer Zusammenballung) nicht zu prüfen und als erfüllt anzusehen. Für die als sonstiger Bezug nach dem 31.12.2024 zufließenden zu besteuernden Vorteile ist der Lohnsteuerabzug ohne Berücksichtigung der Fünftelungsregelung durchzuführen (§ 19a Abs. 4 Satz 2 i.V.m. § 34 Abs. 1 EStG i.d.F. des Wachstumschancengesetzes (BMF v. 1.6.2024, IV C 5 – S 2347/24/10001 :001, BStBl I 2024, 946, Abschn. 2.3.1, Rdnr. 43).

Aus der **Beendigung der unbeschränkten Steuerpflicht** oder einer Verlagerung der Ansässigkeit i.S. eines DBA ins Ausland **folgt keine Besteuerung**, soweit nicht zeitgleich einer in § 19a Abs. 4 Satz 1 EStG genannten Tatbestände eintritt. Ebenso führt eine fiktive Veräußerung i.R. der Wegzugsbesteuerung nach § 6 AStG oder nach § 17 Abs. 5 EStG für sich allein nicht zu einer Besteuerung nach § 19a Abs. 4 EStG (BMF v. 1.6.2024, IV C 5 – S 2347/24/10001 :001, BStBl I 2024, 946, Abschn. 2.3.1, Rdnr. 44).

Werden **Teile der Vermögensbeteiligungen veräußert oder unentgeltlich übertragen**, so unterliegt der Besteuerung nur der Vorteil, der damit im Zusammenhang steht und bisher nicht besteuert worden ist. Vorbehaltlich eines anderen Nachweises geht die Finanzverwaltung davon aus, dass die zuerst übertragenen Vermögensbeteiligungen zuerst veräußert werden (BMF v. 1.6.2024, IV C 5 – S 2347/24/10001 :001, BStBl I 2024, 946, Abschn. 2.3.1, Rdnr. 45).

Beispiel:

Im März 2025 und im März 2026 überlässt der Arbeitgeber seinem Arbeitnehmer unentgeltlich jeweils 100 Aktien. Für das Jahr 2025 beträgt der nicht besteuerte Vorteil 2 000 €, für das Jahr 2026 2 500 €. Der Arbeitnehmer stimmt der Besteuerung in einem späteren Zeitpunkt nach § 19a EStG zu. Im August 2029 veräußert der Arbeitnehmer 150 Aktien.

Durch die Veräußerung der 150 Aktien ist der Besteuerungstatbestand des § 19a Abs. 4 Satz 1 Nr. 1 EStG erfüllt. Im August 2029 unterliegen folgende Vorteile dem Lohnsteuerabzug:

für 2025:	100/100 Aktien × 2 000 € =	2 000 €
für 2026:	50/100 Aktien × 2 500 € =	1 250 €
zusammen		3 250 €

Im März 2038 (zwölf Jahre nach Übertragung im März 2026) unterliegen die Vorteile i.H. des Restbetrags von 1 250 € (2 000 € nicht besteuert im März 2025 zuzüglich 2 500 € nicht besteuert im März 2026 abzüglich der im August 2029 besteuerten Vorteile von 3 250 €) als sonstiger Bezug dem Lohnsteuerabzug. Daneben tritt die Besteuerung nach § 20 bzw. § 17 EStG. Zum Fall der Wertminderung → Rz. 4289.

bb) Beendigung des Dienstverhältnisses

Wird das Dienstverhältnis zu dem bisherigen Arbeitgeber beendet, 4288
so ist der Besteuerungstatbestand nach § 19a Abs. 4 Satz 1 Nr. 3 EStG erfüllt. Ein durch Betriebsübergang nach § 613a BGB bedingter Arbeitgeberwechsel führt zu keiner Beendigung, sondern zur Fortsetzung des bisherigen Dienstverhältnisses (BFH v. 16.7.1997, XI R 85/96, BStBl II 1997, 666).

Übernimmt der bisherige Arbeitgeber bei Beendigung des Dienstverhältnisses die Lohnsteuer, so ist der übernommene Abzugsbetrag nicht Teil des zu besteuernden Arbeitslohns (§ 19a Abs. 4 Satz 1 Nr. 3 Satz 2 EStG). Damit wird der Vorteil des Arbeitnehmers aus der Steuerübernahme steuerfrei gestellt. Die Lohnsteuer ist bei der Übernahme durch den Arbeitgeber nicht höher als in dem Fall, in dem der Arbeitnehmer die Lohnsteuer trägt. Die Regelung gilt für die Annexsteuern (ggf. Solidaritätszuschlag und Kirchensteuer) entsprechend (BMF v. 1.6.2024, IV C 5 – S 2347/24/10001:001, BStBl I 2024, 946, Abschn. 2.3.2, Rdnr. 47).

cc) Wertminderungen der Vermögensbeteiligung

Ist in den in § 19a Abs. 4 Satz 1 EStG genannten Fällen der 4289
gemeine Wert der Vermögensbeteiligung abzüglich geleisteter Zuzahlungen des Arbeitnehmers niedriger als der nach § 19a Abs. 1 EStG nicht besteuerte Arbeitslohn, so unterliegt nur der zu diesem Zeitpunkt anzusetzende gemeine Wert der Vermögensbeteiligung abzüglich geleisteter Zuzahlungen der Besteuerung (§ 19a Abs. 4 Satz 4 EStG). In diesen Fällen gilt neben den geleisteten Zuzahlungen nur der tatsächlich besteuerte Vorteil als Anschaffungskosten i.S.d. §§ 17 und 20 EStG (§ 19a Abs. 4 Satz 5 EStG).

Dies gilt nicht, soweit die Wertminderung der Vermögensbeteiligung nicht betrieblich veranlasst ist oder auf einer gesellschaftsrechtlichen Maßnahme, insbesondere einer Ausschüttung oder Einlagenrückgewähr, beruht (§ 19a Abs. 4 Satz 5 EStG). In diesen Fällen ist insoweit der nicht besteuerte Vorteil weiterhin Bemessungsgrundlage für die Besteuerung.

Beispiele:

	A	B	C	D	E	F
gemeiner Wert bei Überlassung	10 000 €	10 000 €	10 000 €	10 000 €	10 000 €	10 000 €
Zuzahlung des Arbeitnehmers	0 €	0 €	0 €	1 500 €	1 500 €	1 500 €
steuerfrei nach § 3 Nr. 39 EStG	2 000 €	2 000 €	22222 €	2 000€	2 000€	2 00022 €
nicht besteuerter Arbeitslohn	8 000 €	8 000 €	8 000 €	6 €	6 66 €	6 500 €
Anschaffungskosten §§ 17, 20 EStG	10 000 €	10 000 €	10 000 €	10 000 €	10 000 €	10 000 €
Verkauf für ... bzw. gemeiner Wert nach Ablauf von fünfzehn Jahren/bei Beendigung des Dienstverhältnisses von ...	12 000 €	9 000 €	7 000 €	9 000 €	7 000 €	Totalverlust
nachgeholt zu besteuern	8 000 € (weil 12 000 € > 8 000 €)	8 000 € (weil 9 000 € > 8 000 €)	7 000 € (weil 7 000 € < 8 000 €)	6 500 € (weil [9 000 € –1 500 €] > 6 500 €)	5 500 € (weil [7 000 € –1 500 €] < 6 500 €)	0 € (weil [0 € –1 500 €] < 6 500 €)
geänderte Anschaffungskosten	nein	nein	7 000 €	nein	7 000 € (1 500 € + 5 500 €)	1 500 € (1 500 € + 0 €)
zu besteuern nach §§ 17, 20 EStG	2 000 € (12 000 € –10 000 €)	–1 000 € (9 000 € –10 000 €)	0 € (7 000 € –7 000 €)	–1 000 € (9 000 € –10 000 €)	0 € (7 000 € –7 000 €)	–1 500 € (0 € –1 500 €)

Im Fall des Besteuerungstatbestands „Beendigung des Dienstverhältnisses zum bisherigen Arbeitgeber“ (§ 19a Abs. 4 Satz 1 Nr. 3 EStG) tritt bei einem Rückerwerb der Vermögensbeteiligung durch den Arbeitgeber, einen Gesellschafter des Arbeitgebers oder ein Unternehmen i.S.d. § 18 AktG an die Stelle des gemeinen

Werts die vom Arbeitgeber, von einem Gesellschafter des Arbeitgebers oder einem Unternehmen i.S.d. § 18 AktG gewährte Vergütung (§ 19a Abs. 4 Satz 4 zweiter Halbsatz EStG). Dies gilt auch für Vermögensbeteiligungen, die vor 2024 übertragen wurden. Der Rückerwerb muss nicht an den ursprünglichen Veräußerer erfolgen. Ausreichend ist vielmehr, dass an einen der drei benannten Personen veräußert wird (BMF v. 1.6.2024, IV C 5 – S 2347/24/10001:001, BStBl I 2024, 946, Abschn. 2.3.3, Rdnr. 50.1).

d) Bestätigung der Höhe des nicht besteuerten Vorteils durch das Betriebsstättenfinanzamt

4290 Das Betriebsstättenfinanzamt hat nach der Übertragung einer Vermögensbeteiligung an einen Arbeitnehmer im Rahmen einer gebührenfreien Anrufungsauskunft (§ 42e EStG) den vom Arbeitgeber nicht besteuerten Vorteil zu bestätigen (§ 19a Abs. 5 EStG). Vor der Übertragung einer Vermögensbeteiligung ist keine Wertbestätigung möglich, da sich der Wert der Übertragung verändern kann. Eine Bestätigung wird nur erteilt, wenn der vom Arbeitgeber gewählte Wertansatz den geltenden Bestimmungen entspricht. Zu möglichen Wertansätzen einer geplanten Überlassung erteilt die Finanzverwaltung keine Auskunft. Die Bestätigung der Höhe des nicht besteuerten Vorteils setzt voraus, dass – i.d.R. durch den Arbeitgeber – sowohl der ermittelte Wert als auch Unterlagen zur Wertermittlung dem Betriebsstättenfinanzamt vorgelegt werden. Aufgabe des Betriebsstättenfinanzamts ist die Überprüfung, nicht jedoch die Ermittlung des zu bestätigenden Werts (BMF v. 1.6.2024, IV C 5 – S 2347/24/10001 :001, BStBl I 2024, 946, Abschn. 2.5, Rdnr. 52).

Anspruch auf eine Anrufungsauskunft haben der Arbeitgeber und der Arbeitnehmer als Beteiligte, ggf. auch ein die Pflichten des Arbeitgebers erfüllender Dritter (BMF v. 1.6.2024, IV C 5 – S 2347/24/10001 :001, BStBl I 2024, 946, Abschn. 2.5, Rdnr. 53).

Dem Arbeitnehmer steht es im Jahr der nachzuholenden Besteuerung frei, im Veranlagungsverfahren oder im Einspruchsverfahren gegen den Einkommensteuerbescheid einen niedrigeren Wert des Vorteils nachzuweisen. Denn die Anrufungsauskunft entfaltet eine Bindungswirkung nur im Lohnsteuerabzugsverfahren, nicht jedoch im Veranlagungsverfahren. Zudem kann ein ggf. niedrigerer Wert auch bereits im Lohnsteuerabzugsverfahren im Besteuerungszeitpunkt an Stelle des in der Anrufungsauskunft bestätigten Wertes angesetzt werden. Mangels fehlender Bindungswirkung im Veranlagungsverfahren kann es hier auch zu einem höheren Wertansatz kommen, sofern der Wert für den Nichtbesteuerungszeitpunkt materiell-rechtlich unzutreffend ermittelt wurde. Ein höherer Wertansatz im Veranlagungsverfahren auf Grund eines zwischen Nichtbesteuerungs- und Besteuerungszeitpunkts gestiegenen gemeinen Werts hingegen ist – anders als der Ansatz eines niedrigeren Werts nach § 19a Abs. 4 Satz 4 EStG – nicht zulässig (BMF v. 1.6.2024, IV C 5 – S 2347/24/10001 :001, BStBl I 2024, 946, Abschn. 2.5, Rdnr. 54).

Unabhängig von der Anrufungsauskunft nach § 19a Abs. 5 EStG kann eine Anrufungsauskunft zu steuerrechtlichen Einschätzungen im Zusammenhang mit der Überlassung von Vermögensbeteiligungen gestellt werden (z.B. zu den einzubeziehenden Arbeitnehmern nach § 3 Nr. 39 EStG, zur nachzuholenden Besteuerung nach § 19a Abs. 4 EStG). Siehe insoweit BMF v. 1.6.2024, IV C 5 – S 2347/24/10001:001, BStBl I 2024, 946, Abschn. 2.5, Rdnr. 55.

e) Aufzeichnungen im Lohnkonto

4291 Der **nicht besteuerte Vorteil aus der unentgeltlichen oder verbilligten Übertragung der Vermögensbeteiligung** und die übrigen Angaben der aufgeschobenen Besteuerung sind vom Arbeitgeber **im Lohnkonto aufzuzeichnen**. Die im Lohnsteuerabzugsverfahren maßgebliche sechsjährige Aufbewahrungsfrist verlängert sich; sie endet hier nicht vor Ablauf von sechs Jahren nach der nachgeholten Besteuerung (§ 19a Abs. 6 EStG).

f) Erstmalige Anwendung der Neuregelungen

4292 Die Neuregelungen des § 19a EStG sind erstmals anzuwenden auf Vermögenbeteiligungen, die nach dem 30.6.2021 übertragen werden (§ 52 Abs. 27 EStG).

4. Sozialversicherung

a) Steuerfreiheit nach § 3 Nr. 39 EStG

Anders als im Steuerrecht sind in der Sozialversicherung Vermögensbeteiligungen bis zu 1 440 € im Kalenderjahr nur beitragsfrei, wenn es sich um **eine freiwillige, zusätzliche Leistung des Arbeitgebers** zum Arbeitsentgelt handelt und diese nicht auf bestehende oder künftige Ansprüche angerechnet wird. 4293

Eine Entgeltumwandlung zu Gunsten einer Vermögensbeteiligung wird im Sozialversicherungsrecht nur dann anerkannt, wenn der Arbeitnehmer auf künftiges Arbeitsentgelt arbeitsrechtlich zulässig verzichtet.

Damit ist gemeint, dass der Arbeitsvertrag oder ein Tarifvertrag die Entgeltumwandlung tatsächlich zulässt.

b) Aufgeschobene Besteuerung nach § 19a EStG

Anders als im Steuerrecht unterliegen nicht besteuerte Arbeitsentgelte aus der Übertragung einer Vermögensbeteiligung i.S.d. § 19a Abs. 1 Satz 1 EStG der Sozialversicherungspflicht (Änderung des § 1 Abs. 1 Satz 1 Nr. 1 zweiter Halbsatz SvEV durch das Fondsstandortgesetz v. 3.6.2021, BGBl. I 2021, 1498, BStBl I 2021, 803 – Auszug –). 4294

Bei der Veräußerung fallen daher keine Sozialversicherungsbeiträge mehr an.

Vermögensbildung der Arbeitnehmer

Inhalt

1. Allgemeines

Mit dem Zukunftsfinanzierungsgesetz v. 11.12.2023, BGBl. I 2023, Nr. 354 wurde bei der Anlage vermögenswirksamer Leistungen in Vermögensbeteiligungen die Arbeitnehmer-Sparzulage erhöht, der Kreis der für diese Zulage Berechtigten erweitert und attraktivere Bedingungen für einen Vermögensaufbau für alle Arbeitnehmer geschaffen. Erreicht werden sollen damit auch Gruppen von Arbeitnehmern, deren Arbeitgeber üblicherweise keine Mitarbeiterbeteiligungen anbieten → *Vermögensbeteiligungen* Rz. 4265. 4295

Die Vermögensbildung der Arbeitnehmer wird durch den Staat gefördert, und zwar einmal dadurch, dass der Arbeitnehmer für vermögenswirksame Leistungen eine **Arbeitnehmer-Sparzulage** erhält, wenn er bestimmte Voraussetzungen erfüllt, und zum anderen durch den **Steuerfreibetrag nach § 3 Nr. 39 EStG von 2 000 €** (ab Vz 2024 auf Grund der Regelungen durch das o.a. Zukunftsfinanzierungsgesetz; zuvor 1 440 €) für Vermögensbeteiligungen, die der Arbeitnehmer vom Arbeitgeber unentgeltlich oder verbilligt erhält. Wegen der unentgeltlichen oder verbilligten Überlassung von Vermögensbeteiligungen durch den Arbeitgeber → *Vermögensbeteiligungen* Rz. 4265.

Nachfolgend ist die staatliche Förderung durch das 5. VermBG erläutert.

Die Arbeitnehmer-Sparzulage beträgt für Vermögensbeteiligungen 20 % von höchstens 400 € und zusätzlich 9 % von höchstens 470 € für Anlagen nach dem Wohnungsbau-Prämiengesetz und Aufwendungen zum Wohnungsbau. Die Einkommensgrenze beträgt seit 2024 für alle begünstigten Vermögensbeteiligungen einheitlich 40 000 €/80 000 € (mit dem Zukunftsfinanzierungsgesetz wurde durch die Erhöhung der Einkommensgrenzen ab 2024 der Kreis der für die Arbeitnehmer-Sparzulage Berechtigten erweitert).

In vielen Tarifverträgen ist die Zahlung zusätzlicher vermögenswirksamer Leistungen vorgesehen. Auch wenn der Arbeitnehmer keinen Anspruch auf Arbeitnehmer-Sparzulage hat, weil er die **Einkommensgrenzen** überschreitet, dürfte für ihn die Anlage von vermögenswirksamen Leistungen interessant sein. Denn nur wenn er einen Vertrag über die Anlage vermögenswirksamer Leistungen abschließt, hat er Anspruch auf die vom Arbeitgeber **zusätzlich zum normalen Arbeitslohn** gewährten vermögenswirksamen Leistungen. Schließt er dagegen keinen Vertrag ab, erhält er auch nicht diese zusätzliche Arbeitgeberleistung.

Der Arbeitnehmer steht immer vor der Frage, in **welche Art von Vertrag** er seine vermögenswirksamen Leistungen anlegt. Das 5. VermBG sieht hier verschiedene Möglichkeiten vor. So kann der Arbeitnehmer einerseits Vermögensbeteiligungen erwerben. Diese Anlageform ist sicherlich risikoreicher als die Anlage in einem Bausparvertrag. Dafür bietet sie allerdings auch die Möglichkeit, eine höhere Rendite zu erwirtschaften als beim risikolosen Bausparvertrag. Auch für die Höhe der Arbeitnehmer-Sparzulage spielt die Anlageform eine Rolle. Bei Vermögensbeteiligungen beträgt die Arbeitnehmer-Sparzulage **20 %**. Bei Bausparverträgen oder Aufwendungen zum Wohnungsbau beträgt die Arbeitnehmer-Sparzulage dagegen nur **9 %** der vermögenswirksamen Leistungen.

Es besteht auch die Möglichkeit, einen **Sparvertrag oder einen Lebensversicherungsvertrag** mit vermögenswirksamen Leistungen anzusparen. Bei diesen Verträgen gibt es aber **keine Arbeitnehmer-Sparzulage**, denn diese Verträge unterliegen der sog. **Nullförderung**. Das bedeutet, dass der Arbeitnehmer, der einen solchen Vertrag abgeschlossen hat, zwar Anspruch auf vermögenswirksame Leistungen hat, aber in keinem Fall eine Arbeitnehmer-Sparzulage erhält. Diese Anlageformen sind also für Arbeitnehmer interessant, die in jedem Fall die Einkommensgrenzen überschreiten und nur die vermögenswirksamen Leistungen vom Arbeitgeber erhalten wollen.

Letztlich hat der Arbeitnehmer die „Qual der Wahl". Der Arbeitgeber kann seine Arbeitnehmer nur über die verschiedenen Anlageformen und die unterschiedlichen Risiken informieren. Welche Anlageform der Arbeitnehmer dann wählt, bleibt ihm selbst überlassen. Dies sieht das 5. VermBG in § 12 ausdrücklich vor. Danach werden vermögenswirksame Leistungen nur dann gefördert, wenn der **Arbeitnehmer die Anlageform und das Anlageunternehmen frei wählen** kann. Seit 1999 steht einer Förderung jedoch nicht entgegen, dass durch Tarifvertrag die Anlage auf Vermögensbeteiligungen und Anlagen nach dem Wohnungsbau-Prämiengesetz oder Aufwendungen zum Wohnungsbau beschränkt wird (§ 12 Satz 2 5. VermBG; BMF v. 31.5.2024, IV C 5 – S 2439/19/10003 :005, BStBl I 2024, 929, Abschn. 12 Rdnr. 61).

2. Rechtsnatur der vermögenswirksamen Leistungen

4296 Vermögenswirksame Leistungen sind **Geldleistungen**, die der Arbeitgeber für den Arbeitnehmer in einer der im 5. VermBG genannten Anlageformen anlegt. Der Arbeitgeber hat für den Arbeitnehmer grds. **unmittelbar an das Unternehmen**, das Institut oder den Gläubiger zu leisten, bei dem nach Wahl des Arbeitnehmers die vermögenswirksame Anlage erfolgen soll.

Vermögenswirksame Leistungen sind arbeitsrechtlich Bestandteil des Lohns oder Gehalts (§ 2 Abs. 7 5. VermBG). Der Anspruch auf vermögenswirksame Leistungen ist bis zum Betrag von 870 € im Kalenderjahr unabhängig von der Anlageart nicht übertragbar und damit nach § 851 ZPO auch **nicht pfändbar**.

Da die vermögenswirksamen Leistungen Teil des Lohns oder Gehalts sind, sind sie immer dann zu zahlen, wenn der Arbeitnehmer auch sonst Anspruch auf Zahlung von Lohn oder Gehalt hat. Dies gilt z.B. für die Zeit der Erkrankung des Arbeitnehmers während der Entgeltfortzahlung oder bei bezahltem Urlaub. Das bedeutet umgekehrt, dass der Arbeitgeber zur Zahlung vermögenswirksamer Leistungen nicht verpflichtet ist, wenn kein Anspruch auf Zahlung von Arbeitslohn besteht.

Wenn der Arbeitnehmer **vorzeitig** über die vermögenswirksamen Leistungen verfügt, hat der Arbeitgeber grds. keinen Rückforderungsanspruch für bereits geleistete Zahlungen (BAG v. 30.4.1975, 5 AZR 187/74).

3. Steuer- und sozialversicherungsrechtliche Behandlung

Steuerrechtlich gehören vermögenswirksame Leistungen zu den steuerpflichtigen Einnahmen (§ 2 Abs. 6 5. VermBG). Da nur Arbeitnehmer Anspruch auf vermögenswirksame Leistungen haben, sind die vermögenswirksamen Leistungen Arbeitslohn. Die Versteuerung ist nach den allgemeinen Vorschriften des Lohnsteuerrechts vorzunehmen. Soweit bei Teilzeitbeschäftigten eine Pauschalierung der Lohnsteuer vorgenommen wird, können auch die vermögenswirksamen Leistungen pauschal versteuert werden. 4297

Sozialversicherungsrechtlich sind vermögenswirksame Leistungen Arbeitsentgelt (§ 2 Abs. 6 5. VermBG). Daher sind bei ihnen, wie bei anderem Arbeitsentgelt auch, Sozialversicherungsbeiträge einzubehalten.

4. Begünstigter Personenkreis

Das 5. VermBG gilt für alle Arbeitnehmer im arbeitsrechtlichen Sinne sowie für Beamte, Richter und Soldaten. Das Arbeitsverhältnis muss deutschem Arbeitsrecht unterliegen (→ *Arbeitnehmer* Rz. 191). 4298

Das 5. VermBG **gilt** z.B. **auch** bei

- kurzfristig Beschäftigten, Aushilfskräften in der Land- und Forstwirtschaft und geringfügig entlohnten Beschäftigten, deren Arbeitslohn nach § 40a EStG pauschal versteuert wird (BMF v. 31.5.2024, IV C 5 – S 2439/19/10003 :005, BStBl I 2024, 929, Abschn. 1 Rdnr. 2 Nr. 6),
- deutschen Grenzgängern (BMF v. 31.5.2024, IV C 5 – S 2439/19/10003 :005, BStBl I 2024, 929, Abschn. 1 Rdnr. 4 Nr. 1),
- Familienangehörigen, wenn ein „echtes Arbeitsverhältnis" begründet wird (→ *Angehörige* Rz. 135),
- Heimarbeitern (§ 1 Abs. 2 Satz 2 5. VermBG),
- Frauen, die auf Grund der Schutzfristen des Mutterschutzgesetzes nicht arbeiten, aber vom Arbeitgeber einen Zuschuss zum Mutterschaftsgeld erhalten,
- Arbeitnehmern, die während der Elternzeit vom Arbeitgeber auf Grund vertraglicher Vereinbarung weiterhin vermögenswirksame Leistungen erhalten,
- Kommanditisten oder stillen Gesellschaftern, soweit sie arbeitsrechtlich Arbeitnehmer sind,
- freiwillig Wehrdienstleistenden, wenn sie **in einem ruhenden Arbeitsverhältnis stehen**, aus dem sie noch Bestandteile des Arbeitslohns (z.B. vermögenswirksame Leistungen) erhalten,
- Menschen mit Behinderungen, die sich in anerkannten Werkstätten für behinderte Menschen befinden und zu den Werkstätten in einem arbeitnehmerähnlichen Rechtsverhältnis stehen (BMF v. 31.5.2024, IV C 5 – S 2439/19/10003 :005, BStBl I 2024, 929, Abschn. 1 Rdnr. 2 Nr. 5),
- Personen, die aus dem Arbeitsverhältnis ausgeschieden sind, aber i.R. ihrer Abwicklung noch Entgelt für geleistete Arbeit erhalten (BMF v. 31.5.2024, IV C 5 – S 2439/19/10003 :005, BStBl I 2024, 929, Abschn. 1 Rdnr. 4 Nr. 2).

Das 5. VermBG **gilt** z.B. **nicht** bei

- Vorstandsmitgliedern,
- Geschäftsführern von GmbHs,
- Mitgliedern von Aufsichtsräten,
- Organmitgliedern von Gemeinden, Kreisen und anderen öffentlichen Körperschaften,
- Geschäftsführern von offenen Handelsgesellschaften, Kommanditgesellschaften, BGB-Gesellschaften,
- Entwicklungshelfern i.S.d. Entwicklungshelfer-Gesetzes,
- freiwillig Wehrdienstleistenden, wenn sie in keinem ruhenden Arbeitsverhältnis stehen,
- Personen, die einen Freiwilligendienst i.S.d. § 32 Abs. 4 Satz 1 Nr. 4 Buchst. d EStG (z.B. freiwilliges soziales oder ökologisches Jahr, Internationaler Jugendfreiwilligendienst, Bundesfreiwilligendienst) ableisten,
- Bediensteten internationaler Organisationen, deren Arbeitsverhältnis nicht deutschem Arbeitsrecht unterliegt,
- Rentnern.

5. Begründung von vermögenswirksamen Leistungen

a) Vereinbarung vermögenswirksamer Leistungen

4299 Vereinbarungen über die Anlage vermögenswirksamer Leistungen können nach § 10 5. VermBG getroffen werden zwischen

- dem Arbeitgeber und einzelnen Arbeitnehmern (= **Einzelverträge**),
- dem Arbeitgeber und dem Betriebsrat (= **Betriebsvereinbarungen**),
- zwischen den Tarifvertragsparteien (= **Tarifvertrag**).

Hinzu kommen die bindenden Festsetzungen für Heimarbeiter sowie eine gesetzliche Regelung für Beamte, Richter und Soldaten.

Bei **tarifvertraglichen Vereinbarungen sind** im Übrigen die Regelungen des § 10 Abs. 5 5. VermBG zu beachten.

b) Durchführung der Vereinbarungen

4300 Um die Vereinbarungen über vermögenswirksame Leistungen durchführen zu können, benötigt der Arbeitgeber vom Arbeitnehmer Angaben über die Art und den Zeitpunkt der Anlage sowie über das Unternehmen, bei dem die vermögenswirksamen Leistungen angelegt werden sollen.

Der Arbeitnehmer wird seiner Anzeigepflicht i.d.R. dadurch nachkommen, dass er dem Arbeitgeber einen **Vordruck** des betreffenden Unternehmens oder Anlageinstituts aushändigt, der die entsprechenden Angaben enthält. Soweit der Arbeitnehmer die erforderlichen Angaben nicht macht, ist eine Anlage von vermögenswirksamen Leistungen nicht möglich.

c) Anlage von Teilen des Arbeitslohns als vermögenswirksame Leistungen

4301 Arbeitnehmer, die vom Arbeitgeber keine vermögenswirksamen Leistungen zusätzlich zum Arbeitslohn erhalten, können Teile des noch nicht zugeflossenen Arbeitslohns vermögenswirksam anlegen, um in den Genuss der staatlichen Förderung zu kommen (§ 11 Abs. 2 5. VermBG).

Es können nur Teile des Arbeitslohns vermögenswirksam angelegt werden, die zu den Einkünften aus nichtselbständiger Arbeit nach § 19 EStG gehören (Arbeitslohn im steuerlichen Sinne). Zum Arbeitslohn zählt auch pauschal besteuerter oder steuerfreier Arbeitslohn. Voraussetzung ist, dass der Arbeitslohn dem Arbeitnehmer noch nicht zugeflossen ist; die nachträgliche Umwandlung von zugeflossenem Arbeitslohn ist grds. nicht möglich. Lediglich bei Grenzgängern, bei denen ein Kreditinstitut oder eine inländische Kapitalverwaltungsgesellschaft die Pflichten des Arbeitgebers wahrnimmt, kann der Arbeitslohn auf das Konto des Arbeitnehmers ausgezahlt und anschließend vermögenswirksam angelegt werden.

Kein Arbeitslohn im steuerlichen Sinne sind dagegen:

- Steuerfreie Lohnersatzleistungen (Wintergeld – Mehraufwands-Wintergeld, Zuschuss-Wintergeld –, Insolvenzgeld, Mutterschaftsgeld, Arbeitslosengeld),
- Auslagenersatz i.S.v. § 3 Nr. 50 EStG,
- die Arbeitnehmer-Sparzulage,
- Vergütungen, die ein Kommanditist für seine Tätigkeit im Dienst der Kommanditgesellschaft erhält.

Geldwerte Vorteile aus der verbilligten Überlassung von Vermögensbeteiligungen sind keine vermögenswirksamen Leistungen, unabhängig davon, ob sie steuerfrei (§ 3 Nr. 39 EStG) oder steuerpflichtig sind oder aufgeschoben nach § 19a EStG besteuert werden (BMF v. 31.5.2024, IV C 5 – S 2439/19/10003 :005, BStBl I 2024, 929, Abschn. 2 Rdnr. 9).

d) Form und Inhalt des Antrags

Soweit der Arbeitnehmer die Anlage von Teilen seines Arbeits- 4302
lohns als vermögenswirksame Leistungen wünscht, hat er einen **schriftlichen Antrag beim Arbeitgeber** zu stellen (§ 11 Abs. 1 5. VermBG). Wenn der Arbeitnehmer den Arbeitgeber wechselt, so hat er seinen Antrag auf Anlage von vermögenswirksamen Leistungen beim neuen Arbeitgeber zu wiederholen.

Auch hier wird der Arbeitnehmer i.d.R. einen **Vordruck** des betreffenden Unternehmens oder Anlageinstituts einreichen, der die notwendigen Angaben enthält.

e) Kontrahierungszwang

Wenn der Arbeitnehmer die Anlage vermögenswirksamer Leis- 4303
tungen ordnungsgemäß beantragt hat und keine sonstigen Ablehnungsgründe vorliegen, ist der Arbeitgeber nach Prüfung zum Abschluss des Vertrags verpflichtet (§ 11 Abs. 1 5. VermBG). Der Arbeitgeber hat dann die sich für ihn daraus ergebenden Pflichten zu erfüllen (z.B. Einbehaltung und Überweisung des Betrags an das Anlageinstitut, Mitteilungspflichten). Deshalb ist der Arbeitgeber **schadensersatzpflichtig**, wenn er einen Antrag ohne hinreichenden Grund nicht annimmt oder den Vertrag nicht ordnungsgemäß durchführt.

Um den Arbeitgeber allerdings vor allzu großem Verwaltungsaufwand zu schützen, schränkt das Gesetz die Möglichkeiten des Arbeitnehmers, seine Vertragswünsche zu variieren, ein, vgl. im Einzelnen § 11 Abs. 3 bis 6 5. VermBG.

f) Anlage von vermögenswirksamen Leistungen

Der Arbeitgeber hat nach § 3 Abs. 2 5. VermBG die vermögens- 4304
wirksamen Leistungen **unmittelbar** an das Unternehmen oder Institut zu überweisen, ohne dass der Arbeitnehmer zwischenzeitlich über die Mittel verfügen darf. Es ist daher nicht möglich, dem Arbeitnehmer Beträge als vermögenswirksame Leistungen zu erstatten, die dieser selbst auf einen begünstigten Vertrag (z.B. Bausparvertrag) einbezahlt hat.

Soweit der Arbeitnehmer vermögenswirksame Leistungen auf Grund eines **Wertpapier-Kaufvertrags**, **Beteiligungs-Vertrags** oder **Beteiligungs-Kaufvertrags** beim Arbeitgeber anlegt, kann dieser die vermögenswirksamen Leistungen verrechnen.

Es ist aber Sache des Arbeitnehmers, mit dem Unternehmen oder Institut **vorher** den für die Anlage erforderlichen Vertrag abzuschließen und dies seinem Arbeitgeber mitzuteilen. Rechtsbeziehungen aus diesem Vertrag bestehen nur zwischen Arbeitnehmer und Unternehmen bzw. Institut, weil der Arbeitgeber stets nur **für den Arbeitnehmer** einzahlt.

Von dem Grundsatz, dass der Arbeitgeber die vermögenswirksamen Leistungen unmittelbar an das Unternehmen oder Institut zu überweisen hat, gibt es **zwei Ausnahmen**:

- Bei einer Anlage zum **Wohnungsbau oder -erwerb** kann der Arbeitgeber die vermögenswirksamen Leistungen direkt dem Arbeitnehmer überweisen, wenn der Arbeitnehmer dem Arbeitgeber eine **schriftliche Bestätigung** seines Gläubigers aushändigt, dass die Anlage die Voraussetzungen als vermögenswirksame Leistung erfüllt (§ 3 Abs. 3 5. VermBG).
- Bei **deutschen Grenzgängern** und bei Arbeitnehmern, die bei diplomatischen oder konsularischen Vertretungen ausländischer Staaten im Inland tätig sind, kann der ausländische Ar-

beitgeber auch dadurch vermögenswirksame Leistungen anlegen, dass er eine andere Person mit der Überweisung oder Einzahlung in seinem Namen und auf seine Rechnung beauftragt, vgl. im Einzelnen BMF v. 31.5.2024, IV C 5 – S 2439/19/10003 :005, BStBl I 2024, 929, Abschn. 1 Rdnr. 11 und Abschn. 12 Rdnr. 57).

Da die höchstmögliche Arbeitnehmer-Sparzulage nur erhalten kann, wer sowohl in Vermögensbeteiligungen als auch in Bausparverträgen bzw. in Anlagen für den Wohnungsbau anlegt, ist der Arbeitgeber verpflichtet, **auch zwei Verträge** zu bedienen (BMF v. 31.5.2024, IV C 5 – S 2439/19/10003 :005, BStBl I 2024, 929, Abschn. 16 Rdnr. 92).

g) Insolvenzschutz

4305 Der Arbeitgeber hat **vor der Anlage** vermögenswirksamer Leistungen im eigenen Unternehmen in Zusammenarbeit mit dem Arbeitnehmer Vorkehrungen zu treffen, die der Absicherung der angelegten vermögenswirksamen Leistungen bei einer während der Dauer der Sperrfrist eintretenden Zahlungsunfähigkeit des Arbeitgebers dienen (**Insolvenzschutz**). Vorkehrungen des Arbeitgebers gegen Insolvenz sind nicht Voraussetzung für den Anspruch auf Arbeitnehmer-Sparzulage (BMF v. 31.5.2024, IV C 5 – S 2439/19/10003 :005, BStBl I 2024, 929, Abschn. 8 Rdnr. 44).

6. Anlageformen

4306 Vermögenswirksame Leistungen können in den nachfolgenden **Anlageformen** angelegt werden. Hierbei ist zu beachten, dass die **Sperrfristen** im 5. VermBG **nicht entfallen** sind.

a) Sparvertrag über Wertpapiere oder andere Vermögensbeteiligungen

4307 Sparverträge über Wertpapiere oder andere Vermögensbeteiligungen i.S.v. § 4 5. VermBG sind Verträge mit inländischen Kreditinstituten. In dem Vertrag muss sich der Arbeitnehmer verpflichten, einmalig oder für die Dauer von sechs Jahren laufend, vermögenswirksame Leistungen zum Zwecke des Erwerbs von Vermögensbeteiligungen durch den Arbeitgeber einzahlen zu lassen oder andere Beträge selbst einzuzahlen. Vermögensbeteiligungen in diesem Sinne sind:

- Aktien,
- Wandel- und Gewinnschuldverschreibungen,
- Anteile an OGAW-Sondervermögen sowie an als Sondervermögen aufgelegten offenen Publikums-AIF nach den §§ 218 und 219 Kapitalanlagegesetzbuch sowie Anteile an bestimmten offenen EU-Investmentvermögen und offenen ausländischen AIF,
- Genussscheine,
- Genossenschaftsguthaben,
- GmbH-Anteile,
- stille Beteiligungen,
- Darlehensforderungen,
- Genussrechte.

Einzelheiten hierzu s. § 2 5. VermBG sowie BMF v. 31.5.2024, IV C 5 – S 2439/19/10003 :005, BStBl I 2024, 929, Abschn. 4 Rdnr. 16 bis 27).

Der Arbeitnehmer muss bei Vertragsabschluss bereits **die Wahl** treffen, ob er einmalige oder laufende Zahlungen leisten will. Ein **Wechsel der Zahlungsmodalitäten** ist während der Laufzeit des Vertrags nicht möglich, vgl. im Einzelnen BMF v. 31.5.2024, IV C 5 – S 2439/19/10003 :005, BStBl I 2024, 929, Abschn. 5).

Voraussetzung für die Förderung ist, dass

- die vermögenswirksamen Leistungen spätestens bis zum Ablauf des folgenden Kalenderjahres zum Erwerb von Vermögensbeteiligungen verwendet und bis zur Verwendung festgelegt werden (**Verwendungsfrist**) und
- die mit den vermögenswirksamen Leistungen erworbenen Vermögensbeteiligungen unverzüglich nach dem Erwerb festgelegt werden und über die Vermögensbeteiligungen bis zum Ablauf der Frist von **sieben Jahren** nicht durch Rückzahlung, Abtretung, Beleihung oder in anderer Weise verfügt wird (**Sperrfrist**).

Die Verwendungsfrist ist auch dann eingehalten, wenn die nicht in Vermögensbeteiligungen angelegten Beträge am Ende eines Kalenderjahres insgesamt 150 € nicht übersteigen (**Spitzenbeträge**) und bis zum Ablauf der Sperrfrist verwendet oder festgelegt werden.

Die siebenjährige Sperrfrist beginnt für alle auf Grund des Vertrags angelegten vermögenswirksamen Leistungen am **1. Januar** des Kalenderjahres, in dem der Vertrag abgeschlossen wird. Als Zeitpunkt des Vertragsabschlusses gilt der Tag, an dem die vermögenswirksame Leistung, bei Verträgen über laufende Einzahlungen die erste vermögenswirksame Leistung, beim Kreditinstitut eingeht.

Wird innerhalb der Sperrfrist über das Guthaben durch Auszahlung, Abtretung usw. verfügt, bedeutet dies, dass die Arbeitnehmer-Sparzulage nicht mehr ausgezahlt wird bzw. die schon gewährte **Arbeitnehmer-Sparzulage zurückgezahlt** werden muss. In folgenden Fällen ist die vorzeitige Verfügung über den Vertrag als **unschädlich** zugelassen worden:

- Tod des Arbeitnehmers, seines Ehegatten oder Lebenspartners,
- völlige Erwerbsunfähigkeit des Arbeitnehmers, seines Ehegatten oder Lebenspartners,
- Heirat des Arbeitnehmers oder Begründung einer Lebenspartnerschaft,
- Arbeitslosigkeit des Arbeitnehmers (dies gilt auch für Arbeitnehmer, die nach Auslaufen der Zahlung von Krankengeld durch die Krankenkasse wegen Zeitablaufs, sog. Aussteuerung, Arbeitslosengeld beziehen; die Jahresfrist für die andauernde Arbeitslosigkeit beginnt jedoch erst, wenn die Zahlung von Krankengeld vor Bezug von Arbeitslosengeld ausgelaufen ist, d.h. die Zeit des Krankengeldbezugs zählt nicht mit),
- Weiterbildung des Arbeitnehmers, seines Ehegatten oder Lebenspartners,
- Aufnahme einer selbständigen Tätigkeit,
- Umschichtung auf andere Wertpapiere,
- Wechsel des Kreditinstituts.

Einzelheiten s. § 4 Abs. 4 5. VermBG sowie BMF v. 31.5.2024, IV C 5 – S 2439/19/10003 :005, BStBl I 2024, 929, Abschn. 19 Rdnr. 103.

b) Wertpapier-Kaufvertrag

Der **Wertpapier-Kaufvertrag** i.S.v. § 5 5. VermBG ist ein Vertrag 4308
zwischen dem Arbeitnehmer und dem Arbeitgeber zum Erwerb von **verbrieften Vermögensbeteiligungen** durch den Arbeitnehmer. Verbriefte Vermögensbeteiligungen in diesem Sinne sind:

- Aktien,
- Wandel- und Gewinnschuldverschreibungen,
- Anteile an OGAW-Sondervermögen sowie an als Sondervermögen aufgelegten offenen Publikums-AIF nach den §§ 218 und 219 Kapitalanlagegesetzbuch sowie Anteile an bestimmten offenen EU-Investmentvermögen und offenen ausländischen AIF,
- Genussscheine.

Der Arbeitgeber verpflichtet sich, dem Arbeitnehmer das Eigentum an den Wertpapieren zu verschaffen, die dieser erwerben möchte. Der Arbeitnehmer schuldet den Kaufpreis. Dieser wird durch Verrechnung mit vermögenswirksamen Leistungen oder in anderer Weise gezahlt.

Voraussetzung für die Förderung ist, dass

- mit den vermögenswirksamen Leistungen spätestens bis zum Ablauf des folgenden Kalenderjahres die Wertpapiere erworben werden (**Verwendungsfrist**) und
- die mit den vermögenswirksamen Leistungen erworbenen Wertpapiere unverzüglich nach dem Erwerb bis zum Ablauf einer Frist von **sechs Jahren** festgelegt werden und über die Wertpapiere bis zum Ablauf der Frist nicht durch Rückzahlung, Abtretung, Beleihung oder in anderer Weise verfügt wird (**Sperrfrist**).

Im Gegensatz zum Sparvertrag über Wertpapiere müssen die vermögenswirksamen Leistungen innerhalb der Verwendungsfrist **vollständig** zum Erwerb von Wertpapieren verwendet werden.

Spitzenbeträge sind beim Wertpapier-Kaufvertrag nicht zulässig. Werden innerhalb der Verwendungsfrist die vermögenswirksamen Leistungen nicht oder nicht vollständig zum Erwerb von Wertpapieren verwendet, so entfällt die Zulagebegünstigung für die gesamten vermögenswirksamen Leistungen rückwirkend.

Die sechsjährige Sperrfrist beginnt am **1. Januar** des Kalenderjahres, in dem die Wertpapiere erworben worden sind. In folgenden Fällen ist die vorzeitige Verfügung über den Vertrag **unschädlich**:

- Tod des Arbeitnehmers, seines Ehegatten oder Lebenspartners,
- völlige Erwerbsunfähigkeit des Arbeitnehmers, seines Ehegatten oder Lebenspartners,
- Heirat des Arbeitnehmers oder Begründung einer Lebenspartnerschaft,
- Arbeitslosigkeit des Arbeitnehmers (dies gilt auch für Arbeitnehmer, die nach Auslaufen der Zahlung von Krankengeld durch die Krankenkasse wegen Zeitablaufs, sog. Aussteuerung, Arbeitslosengeld beziehen; die Jahresfrist für die andauernde Arbeitslosigkeit beginnt jedoch erst, wenn die Zahlung von Krankengeld vor Bezug von Arbeitslosengeld ausgelaufen ist, d.h. die Zeit des Krankengeldbezugs zählt nicht mit),
- Weiterbildung des Arbeitnehmers, seines Ehegatten oder Lebenspartners,
- Aufnahme einer selbständigen Tätigkeit.

Die Möglichkeit einer Umschichtung von Wertpapieren besteht beim Wertpapier-Kaufvertrag – im Gegensatz zum Sparvertrag über Wertpapiere – nicht.

c) Beteiligungs-Vertrag

4309 Der **Beteiligungs-Vertrag** i.S.v. § 6 5. VermBG ist ein Vertrag zwischen dem Arbeitnehmer und dem Arbeitgeber zur **Begründung von nicht verbrieften Vermögensbeteiligungen** durch den Arbeitnehmer. Ein Beteiligungsvertrag ist auch ein Vertrag zwischen dem Arbeitnehmer und

- einer Konzernobergesellschaft,
- einer Mitarbeiterbeteiligungsgesellschaft,
- einer inländischen Genossenschaft, die ein Kreditinstitut oder eine bestimmte Bau- oder Wohnungsgenossenschaft ist.

Nicht verbriefte Vermögensbeteiligungen in diesem Sinne sind:

- Genossenschaftsguthaben,
- GmbH-Anteile,
- stille Beteiligungen,
- Darlehensforderungen,
- Genussrechte.

Wird ein Beteiligungs-Vertrag abgeschlossen, so müssen die nicht verbrieften Vermögensbeteiligungen **an dem Unternehmen** begründet werden, mit dem der Vertrag abgeschlossen wird.

Voraussetzung für die Förderung ist, dass die Verwendungsfrist und die sechsjährige Sperrfrist eingehalten werden. Hier gelten die gleichen Fristen wie beim Wertpapier-Kaufvertrag. Dies gilt auch für die Frage, ob eine unschädliche Verfügung vorliegt (→ Rz. 4308).

d) Beteiligungs-Kaufvertrag

4310 Der **Beteiligungs-Kaufvertrag** i.S.v. § 7 5. VermBG ist ein Vertrag zwischen dem Arbeitnehmer und dem Arbeitgeber oder einer GmbH, die Konzernobergesellschaft des Arbeitgebers ist, zum **Erwerb von nicht verbrieften Vermögensbeteiligungen** durch den Arbeitnehmer. Nicht verbriefte Vermögensbeteiligungen in diesem Sinne sind:

- Genossenschaftsguthaben,
- GmbH-Anteile,
- stille Beteiligungen,
- Darlehensforderungen,
- Genussrechte.

Wird ein Beteiligungs-Kaufvertrag mit dem Arbeitgeber abgeschlossen, so müssen die nicht verbrieften Vermögensbeteiligungen – anders als beim Beteiligungs-Vertrag – **nicht am Unternehmen des Arbeitgebers** begründet werden. Es können daher auch Beteiligungen an fremden Unternehmen erworben werden. Soweit der Vertrag mit der Konzernobergesellschaft abgeschlossen wird, müssen GmbH-Anteile an diesem Unternehmen erworben werden.

Voraussetzung für die Förderung ist, dass die Verwendungsfrist und die sechsjährige Sperrfrist eingehalten werden. Hier gelten die gleichen Fristen wie beim Wertpapier-Kaufvertrag. Dies gilt auch für die Frage, ob eine unschädliche Verfügung vorliegt (→ Rz. 4308).

e) Anlagen nach dem Wohnungsbau-Prämiengesetz

Für diese Anlageform sieht das 5. VermBG **keine gesonderte** 4311
Vertragsform vor, sondern verweist auf das Wohnungsbau-Prämiengesetz. Demnach sind begünstigt:

- Bausparvertrag,
- Ersterwerb von Anteilen von Bau- und Wohnungsgenossenschaften,
- Wohnbau-Sparvertrag,
- Baufinanzierungsvertrag.

In der Praxis ist aber nur der **Bausparvertrag** von größerer Bedeutung. Einzelheiten s. BMF v. 31.5.2024, IV C 5 – S 2439/19/10003 :005, BStBl I 2024, 929, Abschn. 9.

f) Aufwendungen zum Wohnungsbau

Für vermögenswirksame Leistungen des Arbeitnehmers zum 4312
Wohnungsbau sieht das 5. VermBG ebenfalls keine besondere Vertragsform vor. Die Aufwendungen können **unmittelbar** für den gewünschten Zweck eingesetzt werden. Bestimmte Verwendungs- oder Sperrfristen müssen nicht eingehalten werden.

Im Einzelnen sind folgende Anlagen zum Wohnungsbau möglich:

- Aufwendungen zum Bau, Erwerb, Ausbau oder Erweiterung,
- Aufwendungen zum Erwerb eines Dauerwohnrechts,
- Aufwendungen zum Erwerb eines Grundstücks,
- Aufwendungen zur Erfüllung von Verpflichtungen in den genannten Fällen, z.B. Darlehenstilgung.

Einzelheiten s. BMF v. 31.5.2024, IV C 5 – S 2439/19/10003 :005, BStBl I 2024, 929, Abschn. 10).

Keine Anlage in diesem Sinne liegt vor, wenn der Anlage ein von einem Dritten vorgefertigtes Konzept zu Grunde liegt, bei dem der Arbeitnehmer vermögenswirksame Leistungen zusammen mit mehr als 15 anderen Arbeitnehmern anlegen kann (§ 2 Abs. 1 Nr. 5 5. VermBG).

g) Sparvertrag

Für vermögenswirksame Leistungen, die auf Grund eines Spar- 4313
vertrags nach § 8 5. VermBG angelegt werden, erhält der Arbeitnehmer seit 1990 keine Arbeitnehmer-Sparzulage.

Die Beachtung der Vorschriften des § 8 5. VermBG hat für den Anspruch auf Arbeitnehmer-Sparzulage keine Bedeutung, weil eine Sparzulage nicht gewährt wird. Vielmehr wirkt sich die Beachtung der Vorschriften nur auf die **privatrechtlichen Rechte und Pflichten** aus Verträgen über vermögenswirksame Leistungen (Einzelverträge, Betriebsvereinbarungen oder Tarifverträge) aus. Wenn nämlich ein Sparvertrag den Vorschriften des § 8 5. VermBG entspricht, so kann der Arbeitnehmer verlangen, dass der Arbeitgeber dem Kreditinstitut die vereinbarten vermögenswirksamen Leistungen zur Anlage auf Grund eines Sparvertrags überweist. Der Arbeitgeber kann durch die Überweisung seine Verpflichtung zur Zahlung von vermögenswirksamen Leistungen erfüllen.

Überweist der Arbeitgeber hingegen Leistungen für den Arbeitnehmer auf einen Vertrag, der die Voraussetzungen des § 8 5. VermBG **nicht erfüllt**, so sind dies keine vermögenswirksamen Leistungen; der Arbeitgeber wird daher nicht frei von der Verpflichtung zur Zahlung etwaiger vermögenswirksamer Leistungen.

Sparverträge sind Verträge mit **Kreditinstituten**. In dem Vertrag muss sich der Arbeitnehmer verpflichten, **einmalig** oder für die Dauer von **sechs Jahren laufend** vermögenswirksame Leistungen als Sparbeiträge durch den Arbeitgeber einzahlen zu lassen oder andere Beträge selbst einzuzahlen.

Voraussetzung ist, dass die eingezahlten vermögenswirksamen Leistungen für die Dauer von sieben Jahren festgelegt werden und die Rückzahlungsansprüche aus dem Vertrag weder abgetreten noch beliehen werden (**Sperrfrist**).

Die siebenjährige Sperrfrist beginnt für alle auf Grund des Vertrags angelegten vermögenswirksamen Leistungen am **1. Januar** des Kalenderjahres, in dem der Vertrag abgeschlossen wird. Als Zeitpunkt des Vertragsabschlusses gilt der Tag, an dem die vermögenswirksame Leistung, bei Verträgen über laufende Einzahlungen die erste vermögenswirksame Leistung, beim Kreditinstitut eingeht.

In folgenden Fällen ist der Arbeitnehmer zur **vorzeitigen Verfügung** – abweichend von den o.a. Vertragsbestimmungen – berechtigt:

- Tod des Arbeitnehmers, seines Ehegatten oder Lebenspartners,
- völlige Erwerbsunfähigkeit des Arbeitnehmers, seines Ehegatten oder Lebenspartners,
- Heirat des Arbeitnehmers oder Begründung einer Lebenspartnerschaft,
- Arbeitslosigkeit des Arbeitnehmers (dies gilt auch für Arbeitnehmer, die nach Auslaufen der Zahlung von Krankengeld durch die Krankenkasse wegen Zeitablaufs, sog. Aussteuerung, Arbeitslosengeld beziehen; die Jahresfrist für die andauernde Arbeitslosigkeit beginnt jedoch erst, wenn die Zahlung von Krankengeld vor Bezug von Arbeitslosengeld ausgelaufen ist, d.h. die Zeit des Krankengeldbezugs zählt nicht mit),
- Weiterbildung des Arbeitnehmers, seines Ehegatten oder Lebenspartners,
- Aufnahme einer selbständigen Tätigkeit.

Darüber hinaus ist der Arbeitnehmer auch berechtigt, vor Ablauf der Sperrfrist mit den eingezahlten vermögenswirksamen Leistungen bestimmte in § 8 Abs. 4 5. VermBG genannte Vermögensbeteiligungen zu erwerben oder die Überweisung einbezahlter vermögenswirksamer Leistungen auf einen von ihm, seinem Ehegatten oder Lebenspartner abgeschlossenen **Bausparvertrag** zu verlangen (§ 8 Abs. 5 5. VermBG).

h) Kapitalversicherungsvertrag

4314 Für vermögenswirksame Leistungen, die auf Grund eines Kapitalversicherungsvertrags nach § 9 5. VermBG angelegt werden, erhält der Arbeitnehmer seit 1990 keine Arbeitnehmer-Sparzulage.

Die Bestimmungen des § 9 5. VermBG sind daher nur noch von Bedeutung, ob vermögenswirksame Leistungen **überhaupt vorliegen** und ob daher der Arbeitgeber verpflichtet ist, entsprechende Leistungen auf Grund von Einzelverträgen, Betriebsvereinbarungen oder Tarifverträgen zusätzlich zum Arbeitslohn zu gewähren.

Kapitalversicherungsverträge sind Verträge zwischen Arbeitnehmern und Versicherungsunternehmen gegen laufenden Beitrag. Die Kapitalversicherung muss als Versicherung auf den **Erlebens- und Todesfall** abgeschlossen sein. Die Laufzeit des Versicherungsvertrags muss **mindestens zwölf Jahre** betragen.

Wegen der weiteren Voraussetzungen vgl. § 9 Abs. 2 bis 5 5. VermBG.

i) Beiträge zur Erfüllung von Verpflichtungen

4315 Vermögenswirksame Leistungen sind auch Aufwendungen des Arbeitnehmers, der die Mitgliedschaft in einer Genossenschaft oder GmbH nach § 18 Abs. 2 oder 3 5. VermBG gekündigt hat, zur **Erfüllung von Verpflichtungen aus der Mitgliedschaft**, die nach dem 31.12.1994 fortbestehen oder entstehen.

j) Gegenüberstellung der Sperrfristen

4316 Nachfolgend sollen noch einmal die unterschiedlichen Sperrfristen bei den einzelnen Anlageformen dargestellt werden:

Anlageform	Sperrfrist
Sparvertrag über Wertpapiere oder andere Vermögensbeteiligungen (§ 4 5. VermBG)	7 Jahre
Wertpapier-Kaufvertrag (§ 5 5. VermBG)	6 Jahre
Beteiligungs-Vertrag (§ 6 5. VermBG)	6 Jahre
Beteiligungs-Kaufvertrag (§ 7 5. VermBG)	6 Jahre
Anlagen nach dem Wohnungsbau-Prämiengesetz (§ 2 Abs. 1 Nr. 4 5. VermBG)	
– Bausparverträge bei Vertragsabschluss seit 2009 (§ 2 Abs. 1 Nr. 1 WoPG) (bei Bausparverträgen ist die Verwendung zum Wohnungsbau zwingende Voraussetzung)	unbegrenzt
Ausnahme: Bausparer ist bei Vertragsabschluss unter 25 Jahre (gilt nur für **einen** Bausparvertrag!)	7 Jahre
– Bausparverträge bei Vertragsabschluss bis 2008 (§ 2 Abs. 1 Nr. 1 WoPG)	7 Jahre
– Anteile an Bau- und Wohnungsgenossenschaften (§ 2 Abs. 1 Nr. 2 WoPG)	–
– Wohnbau-Sparverträge (§ 2 Abs. 1 Nr. 3 WoPG)	3–6 Jahre
– Baufinanzierungsverträge (§ 2 Abs. 1 Nr. 4 WoPG)	3–8 Jahre
Aufwendungen zum Wohnungsbau (§ 2 Abs. 1 Nr. 5 5. VermBG)	–
Sparvertrag (§ 8 5. VermBG)	7 Jahre
Kapitalversicherungsvertrag (§ 9 5. VermBG)	12 Jahre
Beiträge zur Erfüllung von Verpflichtungen (§ 2 Abs. 1 Nr. 8 5. VermBG)	–

7. Zeitliche Zuordnung der vermögenswirksamen Leistungen

Die Frage, welchem Kalenderjahr die vermögenswirksamen Leistungen **zuzuordnen** sind, ist grds. nach dem Zuflussprinzip des § 11 EStG zu beantworten. Da die vermögenswirksamen Leistungen steuerrechtlich Arbeitslohn sind, gelten nach § 11 Abs. 1 Satz 4 EStG die speziellen Zuordnungsregeln des § 38a Abs. 1 Satz 2 und 3 EStG. Danach gilt hinsichtlich der Zuordnung Folgendes: 4317

- Laufende vermögenswirksame Leistungen sind – wie laufender Arbeitslohn – dem Lohnzahlungszeitraum zuzuordnen, für den sie gezahlt werden.
- Leistet der Arbeitgeber lediglich **Abschlagszahlungen** und nimmt die Lohnabrechnung für einen längeren Zeitraum vor, so gilt dieser Zeitraum als Lohnzahlungszeitraum, wenn der Zeitraum fünf Wochen nicht übersteigt und die Lohnabrechnung selbst innerhalb von drei Wochen erfolgt (§ 39b Abs. 5 EStG). In diesem Fall sind die vermögenswirksamen Leistungen ebenso zu behandeln, d.h., vermögenswirksame Leistungen, die bis zum 21. Januar des neuen Kalenderjahres erbracht werden, sind dem alten Kalenderjahr zuzuordnen.
- Einmalige vermögenswirksame Leistungen sind – wie sonstige Bezüge – dem Kalenderjahr des Zuflusses beim Arbeitnehmer zuzuordnen.
- Auf den Zahlungseingang der vermögenswirksamen Leistungen beim Anlageinstitut kommt es nicht an.

8. Anlagen auf Verträgen naher Angehöriger

Der Arbeitnehmer kann vermögenswirksame Leistungen nicht nur für sich selbst, sondern auch zu Gunsten **naher Angehöriger** anlegen (§ 3 Abs. 1 5. VermBG), und zwar 4318

- zu Gunsten des Ehegatten oder Lebenspartners,
- zu Gunsten seiner Kinder, soweit sie das 17. Lebensjahr noch nicht vollendet haben,
- zu Gunsten seiner Eltern, soweit der Arbeitnehmer das 17. Lebensjahr noch nicht vollendet hat.

Wenn innerhalb eines steuerlich anzuerkennenden **Ehegatten-Arbeitsverhältnisses** vermögenswirksame Leistungen erbracht werden, so können diese sogar zu Gunsten des Arbeitgeber-Ehegatten angelegt werden.

Die Anlage vermögenswirksamer Leistungen zu Gunsten naher Angehöriger ist nicht möglich bei

- Wertpapier-Kaufverträgen,
- Beteiligungs-Verträgen,
- Beteiligungs-Kaufverträgen.

Einzelheiten s. BMF v. 31.5.2024, IV C 5 – S 2439/19/10003 :005, BStBl I 2024, 929, Abschn. 11.

9. Höhe der Arbeitnehmer-Sparzulage

4319 Für verschiedene Arten von vermögenswirksamen Leistungen gibt es verschiedene Zulagesätze und verschieden hohe Begünstigungsvolumen. Beide Begünstigungen können nebeneinander gewährt werden (sog. Zwei-Körbe-Förderung).

Die Zulageförderung beträgt:

- bei Vermögensbeteiligungen (Sparvertrag über Wertpapiere oder andere Vermögensbeteiligungen, Wertpapier-Kaufvertrag, Beteiligungs-Vertrag, Beteiligungs-Kaufvertrag) **20 %** von höchstens **400 €**,
- bei Anlagen nach dem Wohnungsbau-Prämiengesetz (z.B. Bausparverträge) und Aufwendungen zum Wohnungsbau **9 %** von höchstens **470 €**,
- bei Sparverträgen, Kapitalversicherungsverträgen, die nach dem 31.12.1988 abgeschlossen wurden, und Beiträgen zur Erfüllung von Verpflichtungen **0 %** („Nullförderung").

Hierzu folgende **Übersicht**:

Anlageform	Prozentsatz der Arbeitnehmer-Sparzulage	Begünstigungsvolumen
Vermögensbeteiligungen (Sparvertrag über Wertpapiere oder andere Vermögensbeteiligungen, Wertpapier-Kaufvertrag, Beteiligungs-Vertrag, Beteiligungs-Kaufvertrag)	20 %	400 €
Anlagen nach dem Wohnungsbau-Prämiengesetz (z.B. Bausparverträge)	9 %	470 €
Aufwendungen zum Wohnungsbau	9 %	470 €
Sparvertrag	0 %	0 €
Kapitalversicherungsvertrag	0 %	0 €
Beiträge zur Erfüllung von Verpflichtungen	0 %	0 €

Da die Zulageförderung für Vermögensbeteiligungen **neben** der Zulageförderung beim Wohnungsbau gewährt werden kann, beträgt das Begünstigungsvolumen insgesamt 870 € (400 € + 470 €) und die Arbeitnehmer-Sparzulage insgesamt 123 €, wie folgende Übersicht zeigt:

	Begünstigungsvolumen	Arbeitnehmer-Sparzulage
– Vermögensbeteiligungen (20 %)	400 €	80 €
– Anlagen nach dem Wohnungsbau-Prämiengesetz und Aufwendungen zum Wohnungsbau (9 %)	470 €	43 €
= Insgesamt	870 €	123 €

10. Festsetzung und Auszahlung der Arbeitnehmer-Sparzulage

4320 Die Arbeitnehmer-Sparzulage wird **auf Antrag** durch das zuständige Finanzamt des Arbeitnehmers (Wohnsitzfinanzamt) festgesetzt. Der Antrag ist auf einem **amtlich vorgeschriebenen Vordruck** zu stellen, der mit der **Einkommensteuererklärung verbunden** ist. Arbeitnehmer, die nicht veranlagt werden und auch keinen Antrag auf Veranlagung stellen (z.B. Arbeitnehmer, die nur pauschal besteuerten Arbeitslohn nach § 40a EStG bezogen haben), müssen trotzdem diesen Vordruck verwenden.

Eine Arbeitnehmer-Sparzulage wird nur festgesetzt, wenn der Arbeitnehmer in die Übermittlung der erforderlichen Daten mittels elektronischer Vermögensbildungsbescheinigung einwilligt und seine IdNr mitteilt. Werden die erforderlichen Daten trotz der vorliegenden Einwilligung nicht übermittelt, kann der Arbeitnehmer den Nachweis vermögenswirksam angelegter Leistungen in anderer Weise erbringen.

Für den Antrag auf Festsetzung der Arbeitnehmer-Sparzulage gilt die **allgemeine Verjährungsfrist** von vier Jahren (→ *Verjährung* Rz. 4243).

Ein Anspruch auf Arbeitnehmer-Sparzulage besteht, wenn das **zu versteuernde Einkommen** des Arbeitnehmers die folgenden Grenzen im Kalenderjahr nicht übersteigt; bei Ehegatten oder Lebenspartnern, die zusammen veranlagt werden, verdoppeln sich die Grenzen, und zwar unabhängig davon, ob nur ein Ehegatte/Lebenspartner Arbeitnehmer ist oder beide:

	Alleinstehende, Verheiratete oder Verpartnerte bei Einzelveranlagung	Verheiratete oder Verpartnerte bei Zusammenveranlagung
– Vermögensbeteiligungen	40 000 € (bis 2023: 20 000 €)	80 000 € (bis 2023: 40 000 €)
– Anlagen nach dem Wohnungsbau-Prämiengesetz und Aufwendungen zum Wohnungsbau	40 000 € (bis 2023: 17 900 €)	80 000 € (bis 2023: 35 800 €)

Es ist ohne Bedeutung, ob bei Ehegatten oder Lebenspartnern, die zusammen veranlagt werden, der Arbeitnehmer-Ehegatte/Lebenspartner für sich gesehen die Grenzen überschreitet (FG Düsseldorf v. 27.2.1975, II/XI 79/73 P, EFG 1975, 345).

Maßgebend ist das zu versteuernde Einkommen des Kalenderjahres, in dem die vermögenswirksamen Leistungen angelegt werden. Dabei werden bei Ehegatten/Lebenspartnern mit Kindern bei der Ermittlung des für die Arbeitnehmer-Sparzulage maßgebenden zu versteuernden Einkommens immer die Freibeträge für Kinder abgezogen, und zwar unabhängig davon, ob diese bei der Einkommensteuerveranlagung berücksichtigt werden oder nicht (§ 2 Abs. 5 Satz 2 EStG und BMF v. 31.5.2024, IV C 5 – S 2439/19/10003 :005, BStBl I 2024, 929, Abschn. 15 Rdnr. 82).

Mit dem Zukunftsfinanzierungsgesetz v. 11.12.2023, BGBl. I 2023, Nr. 354, wurden die Einkommensgrenzen für die Gewährung von Arbeitnehmersparzulagen bei Vermögensbeteiligungen i.S.d. § 2 Abs. 1 Nr. 1 bis 3, Abs. 2 und 4 5. VermBG von 20 000 € auf 40 000 € (für Alleinstehende, Verheiratete oder Verpartnerte bei Einzelveranlagung) und von 40 000 € auf 80 000 € (für Verheiratete oder Verpartnerte bei Zusammenveranlagung) für Anlagen nach dem 31.12.2023 erhöht.

Die Auszahlung der Arbeitnehmer-Sparzulage erfolgt erst, nachdem

- die Sperrfristen des 5. VermBG abgelaufen sind,
- die Sperr- und Rückzahlungsfristen des Wohnungsbau-Prämiengesetzes abgelaufen sind,
- der Bausparvertrag zugeteilt worden ist oder
- unschädlich über die vermögenswirksamen Leistungen verfügt worden ist.

Da bei Aufwendungen des Arbeitnehmers unmittelbar zum Wohnungsbau sowie für den ersten Erwerb von Anteilen an Bau- und Wohnungsgenossenschaften keine Sperrfrist vorgesehen ist, wird hier die Arbeitnehmer-Sparzulage jährlich festgesetzt und ausgezahlt.

Nach Ablauf der Sperrfristen wird die Arbeitnehmer-Sparzulage entweder an den Arbeitnehmer oder an das Anlageinstitut zu Gunsten des Arbeitnehmers überwiesen.

Der Anspruch auf Arbeitnehmer-Sparzulage entfällt mit Wirkung für die Vergangenheit, wenn die für die gewählte Anlageform geltenden Sperr-, Festlegungs- oder Verwendungsfristen nicht eingehalten werden und auch keine unschädliche Verfügung vorliegt.

Zusätzlich bestimmt § 13 Abs. 5 5. VermBG, dass der Anspruch auf Arbeitnehmer-Sparzulage **nicht entfällt**, wenn

- der Arbeitnehmer das Umtausch- oder Abfindungsangebot eines Wertpapier-Emittenten annimmt; dies gilt auch, wenn der Arbeitnehmer das Abfindungsangebot einer Holding-GmbH angenommen hat (BMF v. 20.4.1998, IV B 6 – S 2347 – 1/98),
- Wertpapiere dem Aussteller nach Auslosung oder Kündigung durch den Aussteller zur Einlösung vorgelegt werden,
- die mit den vermögenswirksamen Leistungen erworbenen oder begründeten Wertpapiere oder Rechte ohne Mitwirkung des Arbeitnehmers wertlos geworden sind;

  Wertlosigkeit ist anzunehmen, wenn der Arbeitnehmer höchstens 33 % der angelegten vermögenswirksamen Leistungen zurückerhält (BMF v. 31.5.2024, IV C 5 – S 2439/19/10003 :005, BStBl I 2024, 929, Abschn. 18 Rdnr. 101).

- der Arbeitnehmer für Weiterbildungszwecke entsprechend den Vorgaben in § 4 Abs. 4 Nr. 4 5. VermBG verfügt.

Die **Kündigung** eines Vertrags ist aber noch keine sparzulagenschädliche Verfügung. Deshalb bleibt die festgesetzte Arbeitnehmer-Sparzulage unverändert bestehen, wenn die Kündigung des Vertrags vor der Rückzahlung der Beträge zurückgenommen wird (BFH v. 13.12.1989, X R 188/87, BStBl II 1990, 220). Eine **Abtretung** stellt hingegen auch dann eine sparzulagenschädliche Verfügung dar, wenn sie später zurückgenommen wird.

Wird nur über einen Teil der vermögenswirksamen Leistungen schädlich verfügt oder wird die Festlegungsfrist nur z.T. aufgehoben, so **gelten die Beträge in folgender Reihenfolge als zurückgezahlt** (§ 6 Abs. 3 VermBDV):

- Beträge, die **keine** vermögenswirksamen Leistungen sind.
- Vermögenswirksame Leistungen, für die **keine** Arbeitnehmer-Sparzulage festgesetzt worden ist.
- Vermögenswirksame Leistungen, für die eine Arbeitnehmer-Sparzulage festgesetzt worden ist.

Diese Reihenfolge ist für den Arbeitnehmer i.d.R. am günstigsten.

11. Kennzeichnungspflichten des Arbeitgebers

4321 Wenn der Arbeitgeber die vermögenswirksamen Leistungen für den Arbeitnehmer unmittelbar an das Unternehmen oder Institut überweist, bei dem sie angelegt werden sollen, so hat der Arbeitgeber die vermögenswirksamen Leistungen unter Angabe der Konto- oder Vertragsnummer des Arbeitnehmers zu kennzeichnen (§ 3 Abs. 2 Satz 2 5. VermBG).

Darüber hinaus hat der Arbeitgeber bei Überweisung vermögenswirksamer Leistungen im Dezember und Januar eines Kalenderjahres nach § 2 Abs. 1 VermBDV dem Unternehmen oder Institut das Kalenderjahr mitzuteilen, dem die vermögenswirksamen Leistungen zuzuordnen sind (→ Rz. 4317).

Weiter gehende Kennzeichnungspflichten hat der Arbeitgeber nicht.

Geht bei dem Anlageunternehmen ein vom Arbeitgeber als vermögenswirksame Leistung gekennzeichneter Betrag ein und kann dieser nicht vermögenswirksam angelegt werden, weil z.B. ein Anlagevertrag nicht besteht, die Einzahlungsfrist für den Vertrag abgelaufen oder bei einem Bausparvertrag die Bausparsumme ausgezahlt worden ist, so hat das Anlageunternehmen dies dem Arbeitgeber unverzüglich schriftlich mitzuteilen. Nach Eingang der Mitteilung darf der Arbeitgeber für den Arbeitnehmer keine vermögenswirksamen Leistungen mehr überweisen.

12. Aufzeichnungspflichten des Arbeitgebers

4322 Der Arbeitgeber hat hinsichtlich der Vermögensbildung seiner Arbeitnehmer **keine Aufzeichnungspflichten** zu erfüllen.

13. Pflichten des Arbeitgebers bei betrieblichen Beteiligungen

4323 Werden vermögenswirksame Leistungen **beim Arbeitgeber** angelegt, z.B. auf Grund eines Wertpapier-Kaufvertrags, eines Beteiligungs-Vertrags oder eines Beteiligungs-Kaufvertrags, so hat der Arbeitgeber über die „normalen" Pflichten eines Arbeitgebers hinaus gewisse Mitteilungs- und Bescheinigungspflichten. Diese sind nicht in seiner Eigenschaft als Arbeitgeber begründet, sondern als „Anlageinstitut". Einzelheiten hierzu s. §§ 2 bis 5, 8 VermBDV.

Arbeitgeber, die **keine betrieblichen Beteiligungen anbieten**, haben diese Pflichten nicht zu erfüllen.

14. Elektronische Vermögensbildungsbescheinigung

a) Allgemeines

4324 Das Unternehmen, das Institut oder der in § 3 Abs. 3 5. VermBG genannte Gläubiger hat spätestens bis zum letzten Tag des Monats Februar des der Anlage der vermögenswirksamen Leistungen folgenden Jahres, für 2025 also bis zum 28.2.2026, nach amtlich vorgeschriebenem Datensatz durch Datenfernübertragung über die amtlich bestimmte Schnittstelle i.R. einer elektronischen Vermögensbildungsbescheinigung folgende Daten zu übermitteln, wenn der Arbeitnehmer gegenüber dem Mitteilungspflichtigen in die Datenübermittlung eingewilligt hat:

- Name, Vorname, Geburtsdatum, Anschrift und IdNr des Arbeitnehmers,
- den jeweiligen Jahresbetrag der angelegten vermögenswirksamen Leistungen sowie die Art ihrer Anlage,
- das Kalenderjahr, dem diese vermögenswirksamen Leistungen zuzuordnen sind,
- das Ende der für die Anlageform vorgeschriebenen Sperrfrist und
- den Institutsschlüssel und die Vertragsnummer des Arbeitnehmers.

b) Härtefallregelung

Die mitteilungspflichtige Stelle kann beim zuständigen Betriebs- 4325
stättenfinanzamt einen Antrag stellen, sie bis zu einem Zeitraum von drei Jahren von der Übermittlung der elektronischen Vermögensbildungsbescheinigung zu befreien (BMF v. 31.5.2024, IV C 5 – S 2439/19/10003 :005, BStBl I 2024, 929, Abschn. 14 Rdnr. 72).

Dem Antrag ist stattzugeben bei kleinen Arbeitgebern, bei denen die vermögenswirksamen Leistungen im Unternehmen angelegt werden. Im Übrigen ist bei der Entscheidung über den Antrag **ein strenger Maßstab** anzulegen; dies gilt insbesondere für Anträge, die mit technischen Schwierigkeiten begründet werden.

Die Tatsache, dass die Übermittlung der elektronischen Vermögensbildungsbescheinigung mit zusätzlichen Kosten und einem Umsetzungsaufwand für die mitteilungspflichtige Stelle verbunden ist, stellt, für sich gesehen, keinen Befreiungsgrund dar. Im Übrigen sind Anträge mit mehr als 100 zu übermittelnden Datensätzen grds. nicht als Härtefall genehmigungsfähig (BMF v. 31.5.2024, IV C 5 – S 2439/19/10003 :005, BStBl I 2024, 929, Abschn. 14, Rdnr. 72).

Nach einer positiven Entscheidung des zuständigen Finanzamts hat die mitteilungspflichtige Stelle der Zentralstelle für Arbeitnehmer-Sparzulage und Wohnungsbauprämie beim Technischen Finanzamt Berlin – ZPS ZANS –, Klosterstraße 59, 10179 Berlin, für alle betroffenen Arbeitnehmer alle Daten, die in den elektronischen Vermögensbildungsbescheinigungen enthalten sein müssten, schriftlich mitzuteilen.

Werden die Daten der elektronischen Vermögensbildungsbescheinigung nicht elektronisch übermittelt oder erfolgt – nach einem positiv beschiedenen Härtefallantrag – keine schriftliche Mitteilung an die Zentralstelle für Arbeitnehmer-Sparzulage und Wohnungsbauprämie, kann das Betriebsstättenfinanzamt die Mitteilung mit Zwangsmitteln (§§ 328 ff. AO) durchsetzen.

Der „Nachweis der vermögenswirksam angelegten Leistungen in anderer Weise" (BMF v. 31.5.2024, IV C 5 – S 2439/19/10003 :005, BStBl I 2024, 929, Abschn. 15, Rdnr. 80) ist im Übrigen nur zulässig bei technischen Problemen im Zusammenhang mit einem eingerichteten System der Datenübermittlung (BMF v. 31.5.2024, IV C 5 – S 2439/19/10003 :005, BStBl I 2024, 929, Abschn. 15, Rdnr. 80).

Vermögensschaden-Haftpflichtversicherung

→ *Directors&Officers-Versicherungen* Rz. 1594

Vermögensverluste

→ *Werbungskosten* Rz. 4477

Verpflegung

→ *Mahlzeiten* Rz. 3049, → *Reisekosten: Allgemeine Grundsätze* Rz. 3589, → *Reisekosten: Erstattungen* Rz. 3661, → *Sachbezüge* Rz. 3799 → *Werbungskosten* Rz. 4587

Versichertenälteste, Versichertenberater

1. Allgemeines

4326 **„Versichertenberater"** ist gem. § 61 Abs. 1 Satz 1 der Satzung der Deutschen Rentenversicherung Bund die Funktionsbezeichnung für die **Versichertenältesten** i.S.d. § 39 SGB IV. Sie haben insbesondere die Aufgabe, eine ortsnahe Verbindung der Rentenversicherung zu den Versicherten und den Leistungsberechtigten herzustellen und diese zu beraten und zu betreuen; sie sollen in Fragen der Rentenversicherung Auskunft und Rat erteilen und den Versicherten bei der Ausfüllung von Leistungsanträgen behilflich sein (§ 61 Abs. 1 Satz 2 der Satzung der Deutschen Rentenversicherung Bund). Die Versichertenberater werden durch die Vertreterversammlung der Rentenversicherung gewählt (§ 61 Abs. 2 Satz 1 der Satzung der Deutschen Rentenversicherung Bund).

Nach § 40 i.V.m. §§ 31 und 39 SGB IV ist das Amt der Mitglieder der Organe (Vertreterversammlung, Verwaltungsrat und Vorstand) sowie der Versichertenältesten und Vertrauenspersonen der Sozialversicherungsträger in aller Regel ein **Ehrenamt**. Der Versichertenälteste/Versichertenberater steht in keinem Arbeitsverhältnis zum Versicherungsträger, die Einkünfte sind nach **§ 18 Abs. 1 Nr. 3 EStG** (sonstige selbständige Arbeit) steuerpflichtig (FG Nürnberg v. 6.10.2017, 4 K 858/16, EFG 2018, 198). S. zuletzt auch FG Münster v. 31.10.2018, 7 K 1976/17 E, EFG 2019, 40: Ein ehrenamtliches Mitglied einer Vertreterversammlung oder eines Verwaltungsrats (Selbstverwaltungsorgane i.S.d. SGB IV) übt eine selbständige Tätigkeit i.S.d. § 18 Abs. 1 Nr. 3 EStG aus. Entschädigungen für Zeitaufwand, die gem. § 41 Abs. 3 SGB IV gezahlt werden, sind gem. § 18 EStG steuerpflichtig. Sie sind nicht nach § 3 Nr. 12 Satz 2 EStG steuerfrei.

Als Entschädigung erhalten sie insbesondere

- Erstattungen für **Barauslagen** (§ 41 Abs. 1 SGB IV),
- Ersatz für **Verdienstausfall** (§ 41 Abs. 2 SGB IV)
- sowie Pauschbeträge für **Zeitaufwand** (§ 41 Abs. 3 SGB IV).

2. Steuerbefreiung nach § 3 Nr. 12 EStG

4327 Die Sozialversicherungsträger sind gem. § 29 Abs. 1 SGB IV selbständige juristische Person des öffentlichen Rechts. Die Steuerbefreiung des § 3 Nr. 12 Satz 1 EStG kommt somit nicht in Betracht, da sie die Zahlung von Aufwandsentschädigungen aus einer Bundes- oder Landeskasse voraussetzt (BFH v. 3.7.2018, VIII R 28/15, BStBl II 2018, 715 und zuletzt FG Münster v. 31.10.2018, 7 K 1976/17 E, EFG 2019, 40).

Die o.g. Tätigkeiten fallen jedoch unter die sog. schlichte Hoheitsverwaltung (R 3.12 Abs. 1 Satz 1 LStR), so dass die Steuerbefreiungsvorschrift des § 3 Nr. 12 Satz 2 EStG i.V.m. R 3.12 Abs. 3 LStR dem Grunde nach anwendbar ist (→ *Aufwandsentschädigungen im öffentlichen Dienst* Rz. 865). Entschädigungen für Zeitaufwand, die gem. § 41 Abs. 3 SGB IV gezahlt werden, sind jedoch nicht nach § 3 Nr. 12 Satz 2 EStG steuerfrei (FG Münster v. 31.10.2018, 7 K 1976/17 E, EFG 2019, 40, betr. an ehrenamtliche Mitglieder einer Vertreterversammlung oder eines Verwaltungsrats (Selbstverwaltungsorgane i.S.d. SGB IV) gezahlte Entschädigungen für Zeitaufwand).

Die einkommensteuerliche Behandlung der gewährten Entschädigungen richtet sich nach folgenden Grundsätzen (OFD Frankfurt v. 20.11.2014, S 2248 A – 1 – St 213):

a) Einzeln gewährte (Teil-)Entschädigungen

4328 Werden den Organmitgliedern sowie den Versichertenältesten und Vertrauenspersonen neben Reisekosten und dem Ersatz des entgangenen Bruttoverdienstes bzw. der Leistung von Pauschbeträgen für Zeitaufwand (§ 41 Abs. 2 und 3 SGB IV) ihre baren Auslagen wie Porto, Telefon, Büromaterial – ggf. mit einem Pauschbetrag – erstattet (§ 41 Abs. 1 SGB IV), ist eine vereinfachte Aufteilung der Gesamtentschädigung gem. R 3.12 Abs. 3 LStR nicht begründet.

Daraus ergibt sich folgende einkommensteuerliche Behandlung:

- **Reisekostenvergütungen** (Erstattungen von Fahrtkosten und Verpflegungsmehraufwand) sind nach § 3 Nr. 13 oder 50 EStG steuerfrei.
- Der Ersatz von **Barauslagen**, die nach dem tatsächlich entstandenen Aufwand berechnet werden, ist nach § 3 Nr. 12 Satz 2 EStG steuerfrei. Wird zur Abgeltung der baren Auslagen ein **Pauschbetrag** gewährt und wird festgestellt, dass dieser Pauschbetrag den tatsächlich entstandenen Aufwand erheblich übersteigt, so ist der übersteigende Betrag als steuerpflichtige Vergütung für die ehrenamtliche Tätigkeit zu behandeln.
- Beträge, die als Ersatz für **entgangenen Bruttoverdienst** oder als Pauschbetrag für **Zeitaufwand** gewährt werden, gehören zu den steuerpflichtigen Einnahmen aus der ehrenamtlichen Tätigkeit.

b) Einheitlich gewährte Entschädigungen

Wird dagegen neben den Reisekosten eine Vergütung gezahlt, die sowohl tatsächliche Auslagen wie Porto, Telefon, Büromaterial als auch den Ersatz des entgangenen Bruttoverdienstes bzw. der Leistung von Pauschbeträgen für Zeitaufwand abdeckt, ist diese Vergütung insoweit steuerpflichtig, als sie auf den Ersatz des entgangenen Bruttoverdienstes und des Zeitaufwands entfällt. Die Aufteilung kann nach der Vereinfachungsregelung der R 3.12 Abs. 3 LStR vorgenommen werden. Dies hat zur Folge, dass der nach § 3 Nr. 12 Satz 2 EStG steuerfrei zu belassende Teil 1/3 der gewährten Aufwandsentschädigung, **mindestens 250 € monatlich** beträgt (R 3.12 Abs. 3 Satz 2 Nr. 2 LStR). 4329

3. Steuerbefreiung nach § 3 Nr. 26 EStG

Die Steuerbefreiung des **§ 3 Nr. 26 EStG** („Übungsleiterpauschale") im Jahr kommt nicht in Betracht, weil die Versichertenältesten/Versichertenberater **keine begünstigte pädagogische Tätigkeit ausüben** (→ *Nebenberufliche steuerbegünstigte Tätigkeiten* Rz. 3236). Zwar haben sie persönlichen Kontakt zu den von ihnen beratenen Personen, denen sie auch Wissen über deren Rentenansprüche vermitteln. Im Vordergrund steht aber nicht die Entwicklung und Förderung der geistigen Fähigkeiten der beratenen Personen, sondern die Optimierung der Vermögenssituation dieser Personen im Bereich der Renten. Dies bedeutet, dass es letztlich nur um die Unterstützung bei Vermögens- und Finanzfragen geht, die keinen pädagogischen Charakter hat (zuletzt BFH v. 3.7.2018, VIII R 28/15, BStBl II 2018, 715). 4330

4. Steuerbefreiung nach § 3 Nr. 26a EStG

Allerdings kann grds. die Steuerbefreiung nach **§ 3 Nr. 26a EStG** („allgemeine Ehrenamtspauschale") bis höchstens 840 € im Jahr gewährt werden (BFH v. 3.7.2018, VIII R 28/15, BStBl II 2018, 715 sowie → *Nebenberufliche steuerbegünstigte Tätigkeiten* Rz. 3236). 4331

Dies gilt allerdings **nicht**, wenn für die Einnahmen aus derselben Tätigkeit ganz oder teilweise eine Steuerbefreiung nach § 3 Nr. 12 EStG (z.B. für Barauslagen, → Rz. 4327) gewährt wird oder eine Steuerbefreiung nach § 3 Nr. 26 EStG (sog. Übungsleiterfreibetrag) gewährt wird oder gewährt werden könnte (BMF v. 21.11.2014, IV C 4 – S 2121/07/0010 :032, BStBl I 2014, 1581).

Bei dem Freibetrag gem. § 3 Nr. 26a EStG handelt es sich um einen **Jahresbetrag**, der auch dann nur **einmal zu gewähren ist**, wenn der Stpfl. verschiedene nebenberufliche Tätigkeiten ausübt (BFH v. 3.7.2018, VIII R 28/15, BStBl II 2018, 715 betr. Entschädigungen für die ehrenamtliche Tätigkeit als Versichertenberater und Mitglied des Widerspruchsausschusses der Deutschen Rentenversicherung Bund).

5. Mitglied eines Widerspruchsausschusses

Die o.g. Grundsätze gelten sinngemäß für die ehrenamtliche Tätigkeit als Mitglied des Widerspruchsausschusses der Deutschen Rentenversicherung Bund (BFH v. 3.7.2018, VIII R 28/15, BStBl II 2018, 715). Die Widerspruchsausschüsse für laufende Verwaltungsgeschäfte (§ 67 der Satzung der Deutschen Rentenversicherung Bund) überprüfen die Entscheidungen der Rentenversicherung und sind mit einem hauptamtlichen Vertreter des Direktoriums sowie zwei ehrenamtlichen Mitgliedern besetzt. Die ehrenamtlichen Mitglieder müssen die Voraussetzungen für die Wählbarkeit als Organmitglied der Deutschen Rentenversicherung Bund erfüllen (§ 67 Abs. 2 der Satzung der Deutschen Rentenversicherung Bund). Damit ist diese Tätigkeit im Ergebnis Teil der Selbstverwaltung der Rentenversicherung und hat keinen pädagogischen Charakter i.S.d. § 3 Nr. 26 EStG. 4332

LSt (durchgestrichen) SV (durchgestrichen)

Versicherungsbeiträge

→ *Werbungskosten* Rz. 4588

Versicherungsnummer

4333 Durch das 8. Gesetz zur Änderung des SGB IV vom 20.12.2022, BGBl. 2022, 2759 haben sich Änderungen bei der Vergabe einer Versicherungsnummer ergeben. Die Datenstelle der Rentenversicherung vergibt die Versicherungsnummer und stellt **den Versicherungsnummer-Nachweis** (hierzu → Rz. 3960) aus. Seit 1.1.2023 haben die Arbeitgeber die Versicherungsnummer mit dem Datensatz „Versicherungsnummerabfrage" bei der Datenstelle der Rentenversicherung elektronisch abzufragen. Zur Erfüllung der Meldepflicht hat der Arbeitgeber u.a. die Versicherungsnummer zu verarbeiten. Zur Erfüllung der Meldepflicht sind alle persönlichen Angaben des Arbeitnehmers amtlichen Dokumenten zu entnehmen. Die Versicherungsnummer ist aus der Meldung der Datenstelle der Rentenversicherung zu entnehmen. Kann keine Versicherungsnummer übermittelt werden, hat der Arbeitnehmer den Versicherungsnummernnachweis unverzüglich vorzulegen oder der Arbeitgeber oder eine Zahlstelle hat die Vergabe einer Versicherungsnummer zu beantragen. Die Datenstelle der Rentenversicherung übermittelt unverzüglich durch Datenübertragung die Versicherungsnummer oder den Hinweis, dass die Vergabe der Versicherungsnummer mit der Anmeldung erfolgt.

Für die Vergabe der Versicherungsnummer sind die persönlichen Daten des Versicherten wie Name, Vorname, Geburtsdatum und Anschrift, aber auch Geburtsort, Geburtsname, Staatsangehörigkeit und Geschlecht erforderlich.

Aus diesen Daten wird die zwölfstellige Versicherungsnummer gebildet, unter der für den Versicherten das persönliche Versicherungskonto geführt wird. Damit ist die eindeutige Zuordnung der im Laufe des Berufslebens gesammelten Daten (z.B. Jahresentgeltmeldungen, Wehr-/Zivildienstzeiten, Arbeitsunfähigkeits-/Kindererziehungszeiten usw.) für den Versicherten bei einer späteren Leistungsentscheidung sichergestellt.

Die Versicherungsnummer setzt sich zusammen aus:

- Der zweistelligen Bereichsnummer des zuständigen Rentenversicherungsträgers,
- dem Geburtsdatum des Versicherten,
- dem Anfangsbuchstaben des Geburtsnamens des Versicherten,
- einer zweistelligen Seriennummer, wobei männliche Versicherte mit den Seriennummern 00–49 und weibliche oder Personen mit unbestimmten Geschlecht mit Seriennummern von 50–99 gekennzeichnet werden, und
- einer einstelligen Prüfziffer.

Das unter dieser Versicherungsnummer geführte **Versichertenkonto** enthält alle Angaben, die für die Durchführung der Rentenversicherung sowie die Feststellung und Erbringung von Leistungen einschließlich der Rentenauskunft erforderlich sind. Die Daten werden für einen jederzeitigen Abruf auf **maschinell verwertbaren Datenträgern** gespeichert. Dabei hat der Rentenversicherungsträger darauf hinzuwirken, dass die Daten vollständig und geklärt sind.

Über die im Versichertenkonto gespeicherten Daten unterrichtet der Rentenversicherungsträger die Versicherten regelmäßig, soweit es für die Feststellung der Höhe einer Rentenanwartschaft erheblich ist. Der Versicherte ist zur Mithilfe bei der Klärung des Versichertenkontos verpflichtet; insbesondere soll er den Versicherungsverlauf auf Richtigkeit und Vollständigkeit prüfen und alle für eine **Kontenklärung** erheblichen Tatsachen mit Beweisen beibringen.

Bei **ausländischen Versicherten** steht häufig das verbindliche Geburtsdatum nicht fest, so dass ein ungefähres Geburtsdatum, ggf. auch nur das Geburtsjahr, für die Versicherungsnummer verwendet wird. Wird jedoch das Geburtsjahr eines ausländischen Versicherten nach dem Recht seines Heimatlandes geändert, ist damit kein Anspruch auf **Änderung der Versicherungsnummer** verbunden (BSG v. 13.10.1992, 5 RJ 16/92, und BSG v. 18.1.1995, 5 RJ 20/94). Insbesondere in dem letztgenannten Urteil stellt das BSG fest, dass kein Anspruch auf die Vormerkung eines bestimmten Geburtsdatums mit der Wirkung einer auch für die Leistungserbringung verbindlichen Feststellung besteht.

Seit 2013 besteht für Kinder die Möglichkeit, dass sie im Personenstandsregister ohne Geschlechtsangabe geführt werden, weil sie nach der Geburt weder dem männlichen noch dem weiblichen Geschlecht zugeordnet werden können. Mit dem Gesetz zur Änderung der in das Geburtenregister einzutragenden Angaben wurde ein drittes Geschlecht „D" für divers eingeführt. Seit dem 22.12.2018 können Personen mit Varianten der Geschlechtsentwicklung erklären, welche Bezeichnung bei ihnen ins Personenstandsregister einzutragen ist. Für das Meldeverfahren steht das „X" für unbestimmt und das „D" für divers. Es gilt die Eintragung im Geburtenregister. Der Arbeitgeber muss seinen Arbeitnehmer ggf. befragen.

Zu weiteren Fragen im Zusammenhang mit der Versicherungsnummer auch → *Meldungen für Arbeitnehmer in der Sozialversicherung* Rz. 3099 und → *Sozialversicherungsausweis/Versicherungsnummernnachweis* Rz. 3960.

Versicherungsnummernnachweis

→ *Sozialversicherungsausweis/Versicherungsnummernnachweis* Rz. 3960

Versorgungsbezüge

1. Lohnsteuer

a) Allgemeines

Versorgungsbezüge, die ein aus dem „aktiven Dienst" ausgeschiedener Arbeitnehmer von seinem früheren Arbeitgeber erhält, 4334
ohne zu seiner Versorgung eigene Beiträge geleistet zu haben, sind grds. steuerpflichtiger Arbeitslohn (§ 2 Abs. 2 Nr. 2 LStDV) und werden nach Abzug des **Versorgungsfreibetrags und des Zuschlags zum Versorgungsfreibetrag „voll besteuert"**.

Im Gegensatz dazu unterliegen **„Renten"** nur mit dem sog. **Besteuerungsanteil** der Einkommensteuer und können nur i.R. einer Einkommensteuerveranlagung steuerlich erfasst werden (→ *Altersrenten* Rz. 64).

Einzelfragen zur Versteuerung von Versorgungsbezügen sind geregelt in: BMF v. 19.8.2013, IV C 3 – S 2221/12/10010 :004/IV C 5 – S 2345/08/0001, BStBl I 2013, 1087 unter Berücksichtigung der Änderungen durch BMF v. 10.1.2014, IV C 3 – S 2221/12/10010 :003, BStBl I 2014, 70, BMF v. 10.4.2015, IV C 5 – S 2345/08/10001 :006, BStBl I 2015, 256, BMF v. 1.6.2015, IV C 5 – S 2345/15/10001, BStBl I 2015, 475, BMF v. 4.7.2016, IV C 3 – S 2255/15/10001, BStBl I 2016, 645, BMF v. 19.12.2016, IV C 5 – S 2345/07/0002, BStBl I 2016, 1433, BMF v. 28.9.2021, IV C 3 – S 2221/19/10050 :002, BStBl I 2021, 1831 und BMF v. 10.1.2022, IV C 3 – S 2221/19/10050 :002, BStBl I 2022, 36 sowie in BMF v. 12.8.2021, IV C 5 – S 2333/19/10008 :017, BStBl I 2021, 1050 unter Berücksichtigung der Änderungen in BMF v. 18.3.2022, IV C 5 – S 2333/19/10008 :026, BStBl I 2022, 333.

Versorgungsbezüge können auch unter eine **Steuerbefreiungsvorschrift** fallen, so z.B. Versorgungsbezüge der **Kriegerwitwen** (§ 3 Nr. 6 EStG).

Versorgungsbezüge sind nach § 19 Abs. 2 Satz 2 EStG

- **im öffentlichen Dienst**

  das Ruhegehalt, Witwen- oder Waisengeld, der Unterhaltsbeitrag oder ein gleichartiger Bezug

  - auf Grund beamtenrechtlicher oder entsprechender gesetzlicher Vorschriften,
  - nach beamtenrechtlichen Grundsätzen von Körperschaften, Anstalten oder Stiftungen des öffentlichen Rechts oder öffentlich-rechtlichen Verbänden von Körperschaften

- **oder** in anderen Fällen (d.h. **„im privaten Dienst"**)

  Bezüge und Vorteile aus früheren Dienstleistungen wegen Erreichens einer Altersgrenze, verminderter Erwerbsfähigkeit oder Hinterbliebenenbezüge.

  Bezüge wegen Erreichens einer **Altersgrenze** gelten erst dann als Versorgungsbezüge, wenn der Stpfl. das 63. Lebensjahr oder, wenn er schwerbehindert ist, das 60. Lebensjahr vollendet hat. Schwerbehindert i.S. dieser Vorschrift ist nur eine Person mit einem Grad der Behinderung von wenigstens 50 (BFH v. 29.6.2001, XI B 143/00).

Die **Unterscheidung** wird damit begründet, dass sich der mit den Zahlungen verfolgte „Versorgungszweck" im **öffentlichen Dienst** unmittelbar aus den beamten- und versorgungsrechtlichen Vorschriften ergibt. Bei Arbeitnehmern im **privaten Dienst** ist dagegen eine **Mindestaltersgrenze gesetzlich festgelegt** worden, weil andernfalls der Beginn eines Versorgungsbezugs – und damit der Abzug des Versorgungsfreibetrags und des Zuschlags zum Versorgungsfreibetrag – beliebig und willkürlich vereinbart werden könnte. Der allgemeine Gleichheitssatz gebietet es nicht, nach beamtenrechtlichen Vorschriften gewährte Ruhegehälter wie Renten aus der gesetzlichen Sozialversicherung nur mit einem Besteuerungsanteil zu erfassen (BFH v. 7.2.2013, VI R 83/10, BStBl II 2013, 573).

Wesentliches (gemeinsames) Merkmal der Versorgungsbezüge i.S. von § 19 Abs. 2 EStG ist, dass sie keine Gegenleistung für Dienstleistungen darstellen, die im gleichen Zeitraum geschuldet und erbracht werden, ihnen also **Versorgungscharakter zukommt** (BFH v. 16.12.2020, VI R 29/18, BStBl II 2021, 399 betr. Versorgungsfreibetrag bei Versorgungsbezügen nach beamtenrechtlichen Grundsätzen).

Das FG Niedersachsen hat abweichend von der Verwaltungsauffassung den (alten) Versorgungsfreibetrag auch für einen „unwiderruflich" vom Dienst freigestellten und nach Ruhegehaltssätzen bezahlten 58-jährigen Beamten gewährt (FG Niedersachsen v. 31.3.2004, 7 K 393/99, EFG 2005, 299). Dies gilt auch für die im Jahr 1999 erlassene **„58er-Regelung"** in Nordrhein-Westfalen, die Beamten erhalten einen „gleichartigen Bezug" i.S.d. § 19 Abs. 2 Satz 2 Nr. 1 Buchst. a EStG und damit begünstigte Versorgungsbezüge (BFH v. 12.2.2009, VI R 50/07, BStBl II 2009, 460).

Das BMF hat mit Schreiben v. 1.6.2015, IV C 5 – S 2345/15/10001, BStBl I 2015, 475 darauf hingewiesen, dass es sich bei den von den im Schreiben einzeln aufgeführten **internationalen Organisationen** gezahlten Pensionen einschl. der Zulagen (Steuerausgleichszahlung, Familienzulagen und andere) um Versorgungsbezüge i.S.d. § 19 Abs. 2 EStG handelt. Zur einkommensteuerlichen Behandlung der Pensionen ehemaliger **Bediensteter der koordinierten Organisationen und der Europäischen Patentorganisation** s.a. OFD Frankfurt v. 20.5.2016, S 1311 A – 5 – St 56. Bei den von der Europäischen Organisation für die Nutzung meteorologischer Satelliten (**EUMETSAT**) gezahlten Pensionen einschl. der Zulagen (Steuerausgleichszahlung, Familienzulagen und andere) handelt es sich seit 2017 um Versorgungsbezüge i.S.d. § 19 Abs. 2 EStG (BMF v. 19.12.2016, IV C 5 – S 2345/07/0002, BStBl I 2016, 1433). Der BFH hat die Auffassung der Finanzverwaltung in BMF v. 1.6.2015, IV C 5 – S 2345/15/10001, BStBl I 2015, 475 bestätigt, dass Pensionsleistungen der Europäischen Weltraumorganisation (**ESA**) Ruhegelder nach § 19 Abs. 1 Satz 1 Nr. 2 EStG darstellen (BFH v. 6.6.2019, X B 89/18). Gemäß Art. 12 des Protokolls über die Vorrechte und Befreiungen der Europäischen Union (ABl. C 202 v. 7.6.2016, S. 266-272) unterliegen die „Gehälter, Löhne und andere Bezüge" der Steuer der Europäischen Union gemäß Verordnung Nummer 260/68 des Rates vom 29.2.1968 und sind von „innerstaatlichen Steuern" insoweit befreit. Das heißt, dass Pensionen und Ruhegehälter ehemaliger Bediensteter von Organisationen, auf die das Protokoll anzuwenden ist, sind von innerstaatlichen Steuern ab dem Zeitpunkt befreit, ab dem eine EU-interne Steuer erhoben wird (BMF v. 10.1.2022, IV C 3 – S 2221/19/10050 :002, BStBl I 2022, 36, Rz. 168).

Von internationalen Organisationen gezahlte Altersbezüge sind nach deutschem Recht rechtsvergleichend zu qualifizieren. Renten der **Vereinten Nationen** sind Einkünfte aus Leibrenten der Basisversorgung nach § 22 Nr. 1 Satz 3 Buchst. a Doppelbuchst. aa EStG (BFH v. 5.4.2017, X R 50/14, BStBl II 2017, 1187).

Ruhegehaltszahlungen der **NATO** an ehemalige NATO-Bedienstete beruhen nicht auf dem Einsatz eigenen Vermögens; die Ruhegehalts- und Steuerausgleichszahlungen der NATO sind als Einkünfte aus nichtselbständiger Arbeit einkommensteuerpflichtig (FG Köln v. 8.6.2017, 13 K 3913/12). Auch Einmalbezüge zur Abgeltung von Versorgungsbezügen der NATO an einen ehemaligen in Deutschland lebenden Angestellten gehören als Ruhegeld i.S.d. § 19 Abs. 1 Satz 1 Nr. 2 EStG zu den steuerpflichtigen Einkünften aus nichtselbständiger Arbeit (FG Münster v. 17.5.2023, 14 K 3421/20, Revision eingelegt, Az. des BFH: I R 42/23, abgegeben an 6. Senat, neues Az.: VI R 24/23).

Die Altersversorgungsleistungen, die ein ehemaliger Bediensteter des **Europäischen Patentamts (EPA)** von dem Reservefonds der Europäischen Patentorganisation bezieht, sind in voller Höhe als Versorgungsbezüge zu versteuern (BFH v. 23.2.2017, X R 24/15, BStBl II 2017, 636). Zur steuerlichen Behandlung der Bezüge der Bediensteten des Europäischen Patentamtes s. zuletzt FinMin Berlin v. 4.6.2018, III A – S 1311 – 6/1997. Die Grundversorgung des Ruhegehalts eines ehemaligen Bediensteten des **EPA** ist in Einkünfte aus nichtselbständiger Arbeit gem. § 19 Abs. 1 Satz 1 Nr. 2, Abs. 2 EStG (Versorgungsbezüge) und sonstige Einkünfte gem. § 22 Nr. 1 Satz 3 Buchst. a EStG (Leibrente) aufzuteilen, sofern der Bedienstete von seinem Recht Gebrauch gemacht hat, eine zuvor aufgebaute Anwartschaft bei der deutschen gesetzlichen Rentenversicherung auf das Versorgungssystem des EPA zu übertragen und diese Übertragung vor dem 1.1.2011 erfolgt ist. Die Aufteilung des Ruhegehalts ist nach § 162 Abs. 1 Satz 1 AO zu schätzen (hierfür kann das Verhältnis der jeweiligen ruhegehaltsfähigen Dienstzeiten zueinander einen sachgerechten Maßstab bieten). Diese ist für Veranlagungszeiträume seit 2005 der Basisversorgung zuzuordnen (§ 22 Nr. 1 Satz 3 Buchst. a Doppelbuchst. aa EStG), soweit das Ruhegehalt als Leibrente zu besteuern ist (BFH v. 15.12.2021, X R 2/20, HFR 2022, 635). Die Ruhegehälter, die ehemaligen Bediensteten in internationalen Organisationen gezahlt werden, unterliegen der Besteuerung nach § 22 Nr. 1 Satz 3 Buchst. a Doppelbuchst. aa EStG, sofern es sich bei dem Alterssicherungssystem der jeweiligen Organisation um ein System handelt, das mit der inländischen gesetzlichen Rentenversicherung vergleichbar ist; BMF v. 10.1.2022, IV C 3 – S 2221/19/10050 :002, BStBl I 2022, 36, Rz. 168 Satz 2 bis 5 ist insoweit zu beachten. Danach sind z.B. Leistungen der Bank für Internationalen Zahlungsausgleich, der Europäischen Organisation für astronomische Forschung in der südlichen Hemisphäre, der Europäischen Organisation für Kernforschung, des Europäischen Laboratorium für Molekularbiologie sowie der Vereinten Nationen mit Leistungen der inländischen gesetzlichen Rentenversicherung vergleichbar (BMF v. 10.1.2022, IV C 3 – S 2221/19/10050 :002, Rz. 199, BStBl I 2022, 36).

Zur Steuerpflicht von **Teilausgleichszahlungen** s. BFH v. 7.7.2015, I R 38/14, Die hiergegen erhobene Verfassungsbeschwerde wurde vom BVerfG nicht zur Entscheidung angenommen (2 BvR 49/16). Zur Besteuerung sog. **Invaliditätszulagen** siehe BFH v. 11.11.2015, I R 28/14. Hinweis auch auf FinMin Berlin v. 29.6.2016, III A – S 1311 – 6/1997, betr. Einkommensteuerliche Behandlung verschiedener Zahlungen der Europäischen Patentorganisation (EPO).

S.a. OFD Frankfurt v. 28.1.2019, S 1311 A – 005 – St 56, zur Einkommensteuerlichen Behandlung der Pensionen ehemaliger Bediensteter der koordinierten Organisationen und der Europäischen Patentorganisation; Besonderheiten bei der Ermittlung der steuerpflichtigen Pensionen.

b) Abgrenzung der Versorgungsbezüge

„Typische" Versorgungsbezüge sind nicht nur die Pensionen der Beamten, sondern auch die sog. Betriebsrenten der Werkspensionäre, sofern diese Leistungen nicht auf eigenen Beiträgen des Arbeitnehmers beruhen. **4335**

Renten liegen dagegen vor, wenn

- der **Arbeitnehmer selbst** während seiner Berufstätigkeit **eigene Beiträge** zur betrieblichen Altersversorgung geleistet hat oder wenn
- zwar der **Arbeitgeber die Beiträge geleistet** hat, diese jedoch **beim Arbeitnehmer als Arbeitslohn erfasst** worden sind. Ob dafür vom Arbeitnehmer tatsächlich Lohnsteuer einbehalten worden ist, ist dagegen unerheblich.

Ob die Versorgungsbezüge **laufend gezahlt** werden, ist unerheblich (BFH v. 8.2.1974, VI R 303/70, BStBl II 1974, 303). Von einem Versorgungsbezug, der zum Abzug eines Versorgungsfreibetrags berechtigt, ist auch dann auszugehen, wenn anstelle eines monatlichen Versorgungsbezugs eine **Kapitalauszahlung oder Abfindung** an den Versorgungsempfänger gezahlt wird (BFH v. 12.7.2016, IX R 33/15, BStBl II 2017, 158 betr. Entschädigungen als Ersatz für entgangene Gehalts- und Rentenansprüche bei geleisteten Schadensersatzzahlungen aus Amtshaftung).

Eine ausführliche Zusammenstellung der begünstigten Versorgungsbezüge enthalten R 19.8 LStR sowie H 19.8 LStH.

Keine Versorgungsbezüge sind dagegen

- Übergangsgelder und Wartegelder nach § 11 SVG an einen in den einstweiligen Ruhestand versetzten Beamten (BFH v. 1.3.1974, VI R 47/71, BStBl II 1974, 490),
- Nachzahlungen von Arbeitslohn für die aktive Zeit, selbst wenn sie nach dem Ausscheiden aus dem Arbeitsleben gezahlt werden (BFH v. 27.1.1972, I R 37/70, BStBl II 1972, 459),
- Zahlungen, die als Gegenleistung für im gleichen Zeitraum geschuldete oder erbrachte Dienstleistungen geleistet werden (BFH v. 19.6.1974, VI R 37/70, BStBl II 1975, 23),
- Vorruhestandsleistungen, die nicht wegen Erreichens einer Altersgrenze, sondern im Hinblick auf die frühere Tätigkeit gezahlt werden (FG Nürnberg v. 6.3.1985, V 206/84, EFG 1985, 607 sowie BMF v. 3.9.1984, IV B 6 – S 2340 – 5/84, BStBl I 1984, 498).

Diese Zuwendungen sind als laufender Arbeitslohn zu beurteilen, so dass der höhere Arbeitnehmer-Pauschbetrag von 1 230 € in Betracht kommt.

Ein aus dem aktiven Dienst ausgeschiedener Arbeitnehmer, der weiterhin oder erneut für seinen Arbeitgeber tätig ist, kann Versorgungsbezüge und Aktivbezüge nebeneinander beziehen. Der Versorgungsfreibetrag darf dann aber nur von den Versorgungsbezügen abgezogen werden.

Bezieht ein Versorgungsberechtigter Arbeitslohn aus einem gegenwärtigen Dienstverhältnis und werden deshalb, z.B. nach § 53 BeamtVG, die Versorgungsbezüge gekürzt, so sind nur die gekürzten Versorgungsbezüge nach § 19 Abs. 2 EStG steuerbegünstigt. Das Gleiche gilt, wenn Versorgungsbezüge nach der Ehescheidung gekürzt werden (§ 57 BeamtVG). Nachzahlungen von Versorgungsbezügen an nicht versorgungsberechtigte Erben eines Versorgungsberechtigten sind nicht nach § 19 Abs. 2 EStG begünstigt (R 19.8 Abs. 2 LStR). Zur Frage, wie Zahlungen von Arbeitslohn an die Erben oder Hinterbliebenen eines verstorbenen Arbeitnehmers zu behandeln sind, s. R 19.6 LStR sowie → *Sterbegeld* Rz. 3982.

Ein **gleichartiger Bezug** i.S.d. § 19 Abs. 2 Satz 2 Nr. 1 Buchst. a EStG ist ein Bezug, der nach seinem Zuwendungsgrund mit einem Ruhegehalt, Witwen- und Waisengeld oder Unterhaltsbeitrag vergleichbar ist. Der Tatbestand des § 19 Abs. 2 Satz 2 Nr. 1 Buchst. a EStG folgt der öffentlich-rechtlichen Einordnung der Zuwendung durch das insoweit vorgreifliche Dienstrecht. Ein dem Ruhegehalt gleichartiger Bezug erfordert deshalb, dass dieser Bezug – wie das Ruhegehalt – ebenfalls einem Versorgungszweck dient, ihm also die Funktion eines (vorgezogenen) Ruhegehalts zukommt (BFH v. 21.3.2013, VI R 5/12, BStBl II 2013, 611). Einkünfte, die in der Freistellungsphase i.R. der Altersteilzeit nach dem sog. Blockmodell erzielt werden, sind nach diesem Urteil regelmäßig keine Versorgungsbezüge (s. ausführlich → *Altersteilzeit* Rz. 84).

Die Einordnung als den Ruhegehältern gleichartige Bezüge geschieht unabhängig von dem Erreichen einer Altersgrenze. Entscheidend für die Einordnung einer Leistung als „gleichartiger Bezug" i.S.d. § 19 Abs. 2 Satz 2 Nr. 1 EStG ist, dass die von der Regelung Begünstigten auf Dauer von ihren dienstlichen Verpflichtungen entbunden, also zur Erbringung von Dienstleistungen nicht mehr verpflichtet sind. Damit fehlt den Bezügen das wesentliche Merkmal der in § 19 Abs. 1 Satz 1 Nr. 1 EStG genannten Bezüge, dass sie nämlich Gegenleistung für Dienstleistungen darstellen, die im gleichen Zeitraum geschuldet und erbracht werden (FG Niedersachsen v. 6.5.2015, 2 K 13/15, EFG 2015, 1366 betr. die während eines dem Ruhestand vorgeschalteten Sonderurlaubs gezahlten Bezüge einer Angestellten – Versorgungsbezüge bejaht).

An nichtbeamtete Versorgungsempfänger gezahlte Beihilfen im Krankheitsfall sind Versorgungsleistungen i.S.d. § 19 Abs. 2 EStG mit der Folge, dass lediglich ein Werbungskostenpauschbetrag von 102 € in Ansatz zu bringen ist (BFH v. 6.2.2013, VI R 28/11, BStBl II 2013, 572). Grund und Zweck von Versorgungsbezügen ist die Versorgung von nicht mehr zu Dienstleistungen Verpflichteten im weiteren Sinne. Hat eine Leistung Versorgungscharakter, kann sie danach ebenso wie das Ruhegehalt als solches als Versorgungsleistung anzusehen sein, auch wenn die Leistungen im Einzelnen an ein spezifisches Risiko anknüpfen, das i.R. der Gesamtversorgung des ehemals zu Dienstleistungen Verpflichteten abgedeckt werden soll.

c) Besonderheiten im öffentlichen Dienst

Eine Versorgung nach beamtenrechtlichen Grundsätzen gem. § 19 4336
Abs. 2 Satz 2 Nr. 1 Buchst. b EStG liegt vor, wenn dem Arbeitnehmer nach einer Ruhelohnordnung, Satzung, Dienstordnung oder einem (Tarif-)Vertrag von einer öffentlich-rechtlichen Körperschaft eine lebenslängliche Alters- oder Dienstunfähigkeits- und Hinterbliebenenversorgung auf der Grundlage seines Arbeitsentgelts und der Dauer seiner Dienstzeit gewährt wird. Die zugesagte Versorgung muss nach Voraussetzung, Art und Umfang ungeachtet gewisser Abweichungen einer beamtenrechtlichen Versorgung in wesentlichen Grundzügen gleichstehen. Versorgungsbezüge nach § 19 Abs. 2 Satz 2 Nr. 1 Buchst. b EStG setzen nicht voraus, dass auch das vorangegangene Dienstverhältnis beamtenrechtlichen Grundsätzen entsprach (zuletzt BFH v. 16.12.2020, VI R 29/18, BStBl II 2021, 399 betr. Versorgungsfreibetrag bei Versorgungsbezügen nach beamtenrechtlichen Grundsätzen).

Im öffentlichen Dienst gibt es also **keine Altersgrenze**, maßgebend sind allein die **beamtenrechtlichen Regelungen**. Diese müssen aber **unmittelbar** Anwendung finden; es reicht nicht aus, wenn z.B. ein Vorstandsmitglied einer öffentlich-rechtlichen Körperschaft Versorgungsbezüge „nach „beamtenrechtlichen Grundsätzen" erhält (FG Niedersachsen v. 5.12.1995, XV 288/93, EFG 1996, 374).

Begünstigte Versorgungsbezüge erhalten demnach auch Ruhestandsbeamte, die schon **vor dem 62. Lebensjahr pensioniert** werden (z.B. Soldaten, Polizeibeamte, Feuerwehrbeamte), wenn nach beamtenrechtlichen Regelungen tatsächlich Ruhegehalt oder ein gleichartiger Bezug gezahlt wird, sowie Beamte, die nach einer sog. **„58er-Regelung"** vorzeitig aus dem Dienst ausscheiden (BFH v. 12.2.2009, VI R 50/07, BStBl II 2009, 460 betr. die in 1999 erlassene „58er-Regelung" in Nordrhein-Westfalen).

Das nach beamtenrechtlichen Grundsätzen gezahlte pauschale, nach den Dienstbezügen bzw. dem Ruhegehalt des Verstorbenen bemessene **Sterbegeld** ist nicht nach § 3 Nr. 11 EStG steuerfrei (BFH v. 19.4.2021, VI R 8/19, HFR 2021, 976, ebenso FG Düsseldorf v. 15.6.2020, 11 K 2024/18 E, EFG 2020, 1295).

Ausgleichszahlungen, die ein Arbeitnehmer, dem eine Altersversorgung nach beamtenrechtlichen Grundsätzen zugesagt worden ist, leistet, um bei einem Arbeitgeberwechsel die Anrechnung von Dienstzeiten durch den neuen Arbeitgeber zu erreichen, sind als **Werbungskosten** bei den Einkünften aus nichtselbständiger Arbeit abziehbar (BFH v. 19.10.2016, VI R 22/15, BStBl II 2017, 999).

d) Besonderheiten im privaten Dienst

Bezüge wegen **Berufsunfähigkeit, Erwerbsunfähigkeit oder** 4337
Hinterbliebenenbezüge stellen unabhängig vom Alter des Bezugsberechtigten begünstigte Versorgungsbezüge dar. Ob eine Berufsunfähigkeit oder Erwerbsunfähigkeit vorliegt, richtet sich nach sozialversicherungsrechtlichen Grundsätzen. Wird eine Berufsunfähigkeitsrente aus der gesetzlichen Rentenversicherung nicht bezogen, muss der Nachweis ggf. durch eine Bescheinigung des zuständigen Versorgungsamtes geführt werden. Hinterbliebene sind die Witwe und die mit dem früheren Arbeitnehmer verwandten Kinder (§ 32 Abs. 1 Nr. 1 EStG).

Beispiel 1:

Arbeitnehmer A ist mit 40 Jahren wegen Berufsunfähigkeit aus der Firma ausgeschieden und erhält zusätzlich zu einer Berufsunfähigkeitsrente eine Betriebsrente. Am 1.7. verstirbt A, die Betriebsrente wird seiner Witwe weitergezahlt.

Für A handelt es sich um einen begünstigten Versorgungsbezug, weil er berufsunfähig und dies auch durch den Bezug der Berufsunfähigkeitsrente nachgewiesen ist. Unerheblich ist, dass A noch nicht die allgemeine Altersgrenze von 63 Jahren (bei Schwerbehinderten 60 Jahre) erfüllt. Seine Witwe erhält als Hinterbliebene ebenfalls – unabhängig von ihrem Alter – begünstigte Versorgungsbezüge.

Bezüge und Vorteile aus früheren Dienstleistungen wegen **Erreichens einer Altersgrenze** gelten erst dann als Versorgungsbezüge, wenn der Arbeitnehmer das **63. Lebensjahr** oder – wenn er **Schwerbehinderter ist – das 60. Lebensjahr** vollendet hat und wegen Erreichens der Altersgrenze von der Verpflichtung zu Dienstleistungen entbunden ist (zuletzt BFH v. 11.3.2020, VI R 26/18, BStBl II 2020, 565 betr. Fahrvergünstigungen für Ruhestandsbeamte des Bundeseisenbahnvermögens als Versorgungsbezüge). Dies gilt auch dann, wenn z.B. in Betriebsvereinbarungen eine niedrigere Altersgrenze festgelegt worden ist. Diese Regelung beinhaltet keine Benachteiligung privater Arbeitnehmer gegenüber dem öffentlichen Dienst (BFH v. 7.2.2013, VI R 12/11, BStBl II 2013, 576).

Beispiel 2:

B hat in einem Kaufhaus gearbeitet. Sie ist 60 Jahre alt und scheidet auf eigenen Wunsch aus dem Dienstverhältnis aus und beantragt die vorgezogene Altersrente. Der Arbeitgeber gewährt ihr im Hinblick auf die langjährige Zugehörigkeit zum Betrieb ein Übergangsgeld.

Das Übergangsgeld ist kein begünstigter Versorgungsbezug, weil B weder berufs- noch erwerbsunfähig ist und auch nicht die altersmäßigen Voraussetzungen erfüllt (B ist noch nicht 63 Jahre alt). Das Übergangsgeld kann aber nach § 34 EStG (Fünftelregelung) ermäßigt versteuert werden, weil es seinem Charakter nach als zusätzliches Entgelt für die in der Vergangenheit geleisteten Dienste anzusehen ist. Diese Tarifermäßigung hat der Arbeitgeber bereits beim Lohnsteuerabzug zu berücksichtigen (§ 39b Abs. 3 Satz 9 EStG sowie → *Arbeitslohn für mehrere Jahre* Rz. 712).

Fahrvergünstigungen für Ruhestandsbeamte des Bundeseisenbahnvermögens sind Versorgungsbezüge, da sie keine Gegenleistung für Dienstleistungen des Ruhestandsbeamten darstellen, die im gleichen Zeitraum geschuldet und erbracht werden. Dies gilt auch, wenn die Fahrvergünstigungen auf Grund eines vor Erreichen der Altersgrenze abgeschlossenen privatrechtlichen Vertrags geleistet werden (BFH v. 11.3.2020, VI R 26/18, BStBl II 2020, 565).

e) Gesetzliche Steuerbefreiungen

4338 Nach **§ 3 Nr. 6 EStG** steuerfrei sind Bezüge, die auf Grund gesetzlicher Vorschriften aus öffentlichen Mitteln versorgungshalber an Wehrdienstbeschädigte, im Freiwilligen Wehrdienst Beschädigte, Zivildienstbeschädigte und im Bundesfreiwilligendienst Beschädigte oder ihre Hinterbliebenen, Kriegsbeschädigte, Kriegshinterbliebene und ihnen gleichgestellte Personen gezahlt werden, soweit es sich nicht um Bezüge handelt, die auf Grund der Dienstzeit gewährt werden. Gleichgestellte in diesem Sinne sind auch Personen, die Anspruch auf Leistungen nach dem SGB XIV oder auf Unfallfürsorgeleistungen nach dem Soldatenversorgungsgesetz, Soldatenentschädigungsgesetz, Beamtenversorgungsgesetz oder vergleichbarem Landesrecht haben.

2. Sozialversicherung

4339 Für krankenversicherungspflichtige Rentner und versicherungspflichtig Beschäftigte sind von den Versorgungsbezügen (Betriebsrenten, Pensionen usw.) Beiträge zur Kranken- und Pflegeversicherung zu entrichten. Diese Versorgungsbezüge gehören zu den beitragspflichtigen Einnahmen, wenn sie wegen einer Rente wegen verminderter Erwerbsfähigkeit oder zur Alters- oder Hinterbliebenenversorgung gezahlt werden. § 229 SGB V enthält eine **abschließende Aufzählung der Versorgungsbezüge**, die zur Beitragspflicht herangezogen werden:

- Versorgungsbezüge aus einem öffentlich-rechtlichen Dienst- oder Arbeitsverhältnis mit Anspruch auf Versorgung nach beamtenrechtlichen Grundsätzen,
- Bezüge aus der Versorgung der Abgeordneten, Parlamentarischen Staatssekretäre und Minister,
- Renten der Versicherungs- und Versorgungseinrichtungen, die für Angehörige bestimmter Berufe eingerichtet sind,
- Renten und Landabgaberenten nach dem Gesetz über die Altershilfe für Landwirte,
- Renten der betrieblichen Altersversorgung einschließlich der Zusatzversorgung im öffentlichen Dienst und der Hüttenknappschaftlichen Zusatzversorgung.

Weiterhin unterliegen auch Versorgungsbezüge aus dem Ausland oder solche, die von einer zwischenstaatlichen oder überstaatlichen Einrichtung bezogen werden, der Beitragspflicht, wenn sie ansonsten den inländischen Versorgungsbezügen vergleichbar sind. **Rentenleistungen ausländischer Rentensysteme** sind jedoch keine Versorgungsbezüge in diesem Sinne.

Wird der Versorgungsbezug durch eine **nicht regelmäßig wiederkehrende Leistung** (z.B. Kapitalabfindung) abgegolten, unterliegt diese ebenfalls der Beitragspflicht in der Weise, dass ein 1/120 der Leistung als monatlicher Zahlbetrag herangezogen wird, längstens jedoch für 120 Monate. Im Ergebnis bedeutet dies eine Verteilung der **Kapitalabfindung** auf zehn Jahre. Werden Versorgungsbezüge für einen kürzeren Zeitraum als zehn Jahre abgefunden und setzt z.B. danach eine laufende Zahlung ein, ist die Abfindung auf den entsprechend kürzeren Zeitraum umzulegen. Diese Regelung galt bisher nur für Kapitalabfindungen, die nach Eintritt des Versicherungsfalles vereinbart wurden.

Durch das Gesetz zur Modernisierung der gesetzlichen Krankenversicherung (GKV-Modernisierungsgesetz – GMG) v. 14.11.2003, BGBl. I 2003, 2190 sind auch Kapitalabfindungen beitragspflichtig, die vor Eintritt des Versicherungsfalls vereinbart wurden.

Gemeinsames Merkmal der beitragspflichtigen Versorgungsbezüge ist ihr Bezug zu einer früheren Berufstätigkeit. Versorgungsbezüge, die aus anderen Rechtsverhältnissen heraus bezogen werden (z.B. Lebensversicherungen oder Bezüge aus sonstiger privater Vorsorge, Pacht- und Mieteinnahmen oder zugeflossene Erbschaften), unterliegen ebenso wenig der Beitragspflicht wie Entschädigungsleistungen, wie z.B. Unfallrenten.

Mit Beschluss v. 27.6.2018 (1 BvR 100/15) hat das **BVerfG** die sozialversicherungsrechtliche Beurteilung der Leistungen von Pensionskassen teilweise für verfassungswidrig erklärt.

Damit der private Anteil nicht als Versorgungsbezug anzusehen ist, sind folgende Voraussetzungen zu erfüllen:

1. Die bei der Pensionskasse unter Beteiligung des Arbeitgebers zustande gekommene Versicherung wurde nach dem Ende des Arbeitsverhältnisses freiwillig fortgesetzt, indem a) der Versicherungsvertrag geändert und insoweit von dem (ehemaligen) Arbeitnehmer als alleiniger Versicherungsnehmer fortgeführt oder b) ab diesem Zeitpunkt von dem (ehemaligen) Arbeitnehmer ein neuer Versicherungsvertrag abgeschlossen wurde.
2. Der Arbeitgeber ist nach dem Ende des Arbeitsverhältnisses an dem geänderten oder neu abgeschlossenen Versicherungsvertrag nicht mehr beteiligt.
3. Die Beiträge für die Zeit nach dem Ende des Arbeitsverhältnisses hat ausschließlich der ehemalige Arbeitnehmer geleistet.

Durch das GKV-Versichertenentlastungsgesetz ist eine Modifizierung des § 229 Abs. 1 Satz 1 Nr. 5 SGB V vorgenommen worden, die der Auffassung des BVerfG entspricht.

Bei versicherungspflichtigen Mitgliedern stellt nur der betriebliche Anteil eine beitragspflichtige Einnahme dar.

Bei freiwilligen Mitgliedern und u.a. auch bei Rentenantragstellern unterliegt sowohl der betriebliche Anteil als Versorgungsbezug als auch der private Anteil als sonstige Einnahme der Beitragspflicht.

Zur Umsetzung des Beschlusses sollte Kontakt zur jeweiligen Krankenkasse aufgenommen werden. Hierbei ist zu beachten, dass eine vierjährige Verjährung gilt.

Abfindungs- und Übergangszahlungen, die der Arbeitgeber dem Arbeitnehmer im rentennahen Alter für die Zeit zwischen dem Ende des Beschäftigungsverhältnisses und dem Beginn der Altersrente zahlt, sind **keine Versorgungsbezüge** (BSG v. 29.7.2015, B 12 KR 4/14 R und B 12 KR 28/14 R).

In der Folge unterliegen diese Bezüge nur bei freiwilligen Mitgliedern der Beitragspflicht.

Lässt der Arbeitnehmer angespartes Kapital aus einer betrieblichen Altersversorgung über eine Abfindung verwerten, bevor er die Altersgrenze erreicht hat, dann handelt es sich bei der Abfindung nach einer Entscheidung der Spitzenorganisation der Sozialversicherung um einen Versorgungsbezug, und nicht um Arbeitsentgelt, wenn die Abfindung nach dem 30.6.2016 ausgezahlt wird.

Für die **Beitragsberechnung** ist bei mehreren Einkommensarten die Rangfolge der zu berücksichtigenden Einnahmen wesentlich, wobei zwischen krankenversicherungspflichtigen Rentnern und Krankenversicherungspflichtigen außerhalb der Krankenversicherung der Rentner zu unterscheiden ist. Nach dem Zahlbetrag der Rente ist ein Versorgungsbezug und ggf. ein daneben erzieltes Arbeitseinkommen beitragspflichtig. Arbeitseinkommen ist hier nach der Begriffsbestimmung des § 15 SGB IV der nach den allgemeinen Gewinnermittlungsvorschriften des Einkommensteuerrechts ermittelte Gewinn aus einer selbständigen Tätigkeit. Dabei bleiben steuerliche Vergünstigungen unberücksichtigt; Veräußerungsgewinne sind abzuziehen.

Bei **krankenversicherungspflichtigen Rentnern** werden für die Beitragsberechnung nacheinander zunächst der Zahlbetrag der Rente, dann der Zahlbetrag des Versorgungsbezuges und schließlich das Arbeitseinkommen angerechnet, wobei die Beitragsbemessungsgrenze (BBG) in der Kranken- und Pflegeversicherung als Obergrenze zu berücksichtigen ist. Wird die BBG durch die Summe der beitragspflichtigen Einnahmen überschritten, werden die einzelnen Einkünfte **nicht in ihrem Verhältnis zueinander anteilig aufgeteilt;** vielmehr wird der Zahlbetrag der Rente zunächst durch den Zahlbetrag des Versorgungsbezuges bis zur BBG aufgestockt. Ist weiterhin Arbeitseinkommen anzurechnen, ist dieser Betrag, ggf. auch nur der Differenzbetrag bis zur BBG, hinzuzurechnen. Bezieht der Rentner neben seiner Rente keine weiteren Versorgungsbezüge, aber Arbeitseinkommen, wird dieser Betrag bis zur BBG hinzugerechnet.

Beispiel 1:

BBG 2026: 5 812,50 €

Art der Einnahmen	mtl. Höhe in €	beitragspflichtig (in €)
Rente	1 200	1 200
Versorgungsbezug	700	700
Arbeitseinkommen	900	900
Summe:	2 800	2 800

Alle Einkommensarten sind unbeschränkt beitragspflichtig.

Beispiel 2:

Art der Einnahmen	mtl. Höhe in €	beitragspflichtig (in €)
Rente	2 900	2 900,–
Versorgungsbezug	2 000	2 000,–
Arbeitseinkommen	1 000	912,50
Summe:	5 900	5 812,50

Das Arbeitseinkommen ist auf den Differenzbetrag bis zur BBG zu kürzen.

Bei krankenversicherungspflichtig Beschäftigten werden neben dem Arbeitsentgelt (laufende oder einmalige Einnahmen aus der Beschäftigung) der Zahlbetrag der Rente, die Versorgungsbezüge und evtl. Arbeitseinkommen der Beitragsberechnung zu Grunde gelegt. Dabei ist das Arbeitseinkommen nur dann beitragspflichtig, wenn Rente oder Versorgungsbezüge gewährt werden. Versorgungsbezüge unterliegen auch dann der Beitragspflicht, wenn keine Rente bezogen wird.

Für die **Beitragsberechnung** werden bis zum Höchstbetrag der BBG nacheinander **ohne anteilige Aufteilung** berücksichtigt:

- das Arbeitsentgelt,
- die Versorgungsbezüge,
- das Arbeitseinkommen.

Eine Rente aus der gesetzlichen Rentenversicherung bleibt hier unberücksichtigt, sie wird getrennt von den übrigen Einnahmearten berücksichtigt. Dies kann ggf. dazu führen, dass insgesamt Beiträge von einem Gesamtbetrag über der BBG erhoben werden.

Damit die Versicherten nicht mit Beiträgen über der BBG belastet werden, sieht § 231 SGB V auf Antrag des Betroffenen Regelungen vor, die die Erstattung von Beitragsüberzahlungen aus Versorgungsbezügen und Arbeitseinkommen und die Erstattung von Überzahlungen aus der Rente behandeln.

Für geringe Einnahmen aus Versorgungsbezügen und/oder Arbeitseinkommen besteht keine Beitragspflicht. Liegen die Bezüge aus diesen Einkommensarten unter 1/20 der monatlichen **Bezugsgröße, sind keine Beiträge zu entrichten. Insofern ergibt sich eine Freigrenze für 2026** von 197,75 €. Übersteigt der Gesamtbetrag aller Versorgungsbezüge und des Arbeitseinkommens diesen Grenzwert nicht, werden keine Beiträge fällig. Wird der Grenzwert durch eine einmalige Zuwendung oder Nachzahlung überschritten, unterliegt der Gesamtbetrag im Monat des Überschreitens der Beitragspflicht.

Durch das GKV-Betriebsrentenfreibetragsgesetz wurde zum 1.1.2020 ein Freibetrag für Betriebsrenten und Kapitalleistungen aus Direktversicherungen eingeführt. Dieser Freibetrag beträgt für das Jahr 2026 monatlich 197,75 €. Wird die vorgenannte Freigrenze überschritten, wird vom gesamten zu verbeitragenden Betrag der neue Freibetrag abgezogen. Die Regelung gilt nicht für die Pflegeversicherung.

Werden mehrere Versorgungsbezüge bezogen, die in der Summe die Freigrenze übersteigen und verbleibt nach Anwendung des Freibetrages auf eine Leistung ein Versorgungsbezug, der die Freigrenze nicht mehr übersteigt, besteht dafür für trotzdem Beitragspflicht.

Beispiel 3:

Betriebsrente:	200 € im Monat
Weiterer Versorgungsbezug:	80 € im Monat

Die Versorgungsbezüge übersteigen insgesamt die Freigrenze i.H.v. 197,75 €. Sie sind somit grds. beitragspflichtig. Die Betriebsrente ist nach Abzug der Freigrenze nur i.H.v. 12,75 € beitragspflichtig. Der verbleibende beitragspflichtige Betrag beider Versorgungsbezüge i.H.v. 92,75 € übersteigt die Freigrenze nicht mehr. Dieser Betrag unterliegt aber trotzdem der Beitragspflicht.

Der GKV-Spitzenverband hat den Krankenkassen empfohlen, den Freibetrag zunächst auf die zeitlich zuerst begonnene Leistung anzurechnen.

Durch das GKV-Modernisierungsgesetz v. 14.11.2003, BGBl. I 2003, 2190 gilt für die Versorgungsbeiträge der volle allgemeine Beitragssatz der jeweiligen Krankenkasse. BSG (Urteil v. 24.8.2005, B 12 K R 29/04 R) und BVerfG (Beschluss v. 28.2.2008, 1 BvR 2137/06) haben entschieden, dass die Anwendung des vollen allgemeinen Beitragssatzes rechtmäßig ist und nicht gegen Verfassungsrecht verstößt. Dies wurde vom BVerfG mit Beschluss v. 9.7.2018 (1 BvL 2/18) nochmals bestätigt. Hinsichtlich der **Pflegeversicherung** gilt der **allgemeine Beitragssatz** von 3,4 %. Beiträge aus Versorgungsbezügen und Arbeitseinkommen trägt der Versicherte allein; die Beteiligung Dritter oder eine Zuschussregelung sind nicht vorgesehen.

Die Zahlstellen der Versorgungsbezüge (Betriebe, Versorgungskassen o.Ä.) behalten die Beiträge für die versicherungspflichtigen Rentner an den Versorgungsbezügen ein, weisen sie der Krankenkasse nach und führen sie dorthin ab. Dabei tritt die Fälligkeit, abweichend von den sonstigen Regeln, mit der Auszahlung der Versorgungsbezüge ein.

Durch eine Änderung des § 256 Abs. 1 Satz 1 SGB V werden seit 1.7.2019 die Beiträge von den Zahlstellen nicht nur für versicherungspflichtige Rentner, sondern für alle versicherungspflichtigen Versorgungsbezieher abgeführt. Für die versicherungspflichtigen Versorgungsbezieher, die dadurch in das Zahlstellenverfahren einbezogen wurden, haben die Krankenkassen die Beitragsabführungspflicht gegenüber der Zahlstelle angezeigt.

Die für die Durchführung des Beitragsverfahrens notwendigen Angaben sind den Krankenkassen von den Zahlstellen zu **melden**. Die Krankenkasse hat der Zahlstelle der Versorgungsbezüge und dem Bezieher von Versorgungsbezügen unverzüglich die Beitragspflicht des Versorgungsempfängers und deren Umfang mitzuteilen. Die Krankenkasse hat nach inhaltlicher Prüfung alle fehlerfreien Angaben elektronisch zu übernehmen, zu verarbeiten und zu nutzen. Alle Rückmeldungen der Krankenkasse an die Zahlstelle erfolgen arbeitstäglich durch Datenübertragung.

Zahlstellen mit regelmäßig weniger als 30 beitragspflichtigen Versorgungsempfängern konnten bei der zuständigen Krankenkasse beantragen, dass die Versorgungsempfänger selbst ihre Beiträge an die Krankenkasse entrichten. In diesem Fall führten die Versorgungsempfänger selbst sowie die Versorgungsempfänger, die keine Rente beziehen, die Beiträge an die Krankenkasse ab.

Diese Ausnahmeregelung ist ebenfalls zum 1.7.2019 entfallen. Man hält auf Grund der heutigen technischen Möglichkeiten die Abführung auch bei kleineren Zahlstellen für zumutbar. Die betroffenen Zahlstellen wurden von den Krankenkassen informiert.

Der **Beitragseinzug** beim Versicherten fällt auch dann in den Aufgabenbereich der Krankenkasse, wenn der Beitragseinbehalt unterblieben und ein Einzug durch die Zahlstelle nicht mehr möglich ist.

Beiträge aus Arbeitseinkommen hat der Rentner bzw. Versorgungsempfänger selbst bei der Krankenkasse einzuzahlen. Über die Höhe der fälligen Beiträge erteilt die Krankenkasse einen **Beitragsbescheid**. Hinsichtlich der Fälligkeit der Beiträge gilt, dass sie spätestens am 15. des Monats **fällig** sind, der dem Monat folgt, in dem das Arbeitseinkommen erzielt wurde.

Versorgungsfreibeträge

1. Gesetzesänderung seit 2005

a) Allgemeines

4340 Für Versorgungsbezüge nach öffentlich-rechtlichen Grundsätzen gab es **bis 2004** einen Versorgungsfreibetrag von 40 %, höchstens von 3 072 € (§ 19 Abs. 2 EStG a.F.). Dieser Versorgungsfreibetrag wurde seinerzeit eingeführt, um die steuerliche Belastung der Beamtenpensionäre, die im Verhältnis zu den Rentnern als gleichheitswidrig erkannt worden war, abzumildern. Auch der Arbeitnehmer-Pauschbetrag nach § 9a Satz 1 Nr. 1 EStG diente diesem Zweck.

Nach der Neuregelung über die Besteuerung von Alterseinkünften durch das Alterseinkünftegesetz v. 5.7.2004, BStBl I 2004, 554, wonach die Altersbezüge der Rentner – wenn auch schrittweise – in vollem Umfang zur Steuer herangezogen werden, besteht kein sachlicher Grund mehr, Beamtenpensionären steuermindernde Abzugsbeträge zuzugestehen. Dementsprechend sah die bisherige gesetzliche Regelung vor, dass der **Versorgungsfreibetrag schrittweise bis zum Jahre 2040 abgebaut wird**. Nach dem Wachstumschancengesetz v. 27.3.2024, BGBl. I 2024, Nr. 108 wird nun beginnend mit dem Jahr 2023 der Versorgungsfreibetrag schrittweise erst im Jahre **2058 vollständig abgeschmolzen** sein.

Die Versorgungsfreibeträge beziehen sich nur auf Einnahmen aus einer früheren nichtselbständigen Tätigkeit, kommen also für Einnahmen aus einer früheren selbständigen Tätigkeit als Rechtsanwalt nicht in Betracht (BFH v. 18.10.2006, XI R 45/05).

Einzelfragen zur Versteuerung von Versorgungsbezügen sind in BMF v. 19.8.2013, IV C 3 – S 2221/12/10010 :004/IV C 5 – S 2345/08/0001, BStBl I 2013, 1087 unter Berücksichtigung der Änderungen durch BMF v. 10.1.2014, IV C 3 – S 2221/12/10010 :003, BStBl I 2014, 70, BMF v. 10.4.2015, IV C 5 – S 2345/08/10001 :006, BStBl I 2015, 256, BMF v. 1.6.2015, IV C 5 – S 2345/15/10001, BStBl I 2015, 475, BMF v. 4.7.2016, IV C 3 – S 2255/15/10001, BStBl I 2016, 645, BMF v. 6.12.2016, IV C 3 – S 2221/12/10008 :008, BStBl I 2016, 1426, BMF v. 19.12.2016, IV C 5 – S 2345/07/0002, BStBl I 2016, 1433, BMF v. 28.9.2021, IV C 3 – S 2221/19/10050 :002, BStBl I 2021, 1831 und BMF v. 10.1.2022, IV C 3 – 2221/19/10050 :002, BStBl I 2022, 36 sowie BMF v. 24.5.2017, IV C 3 – S 2221/17/10001 :004, BStBl I 2017, 820 unter Berücksichtigung der Änderungen durch BMF v. 6.11.2017, IV C 3 – S 2221/17/10006 :001, BStBl I 2017, 1455, BMF v. 28.9.2021, IV C 3 – S 2221/21/10016 :001, BStBl I 2021, 1833 und BMF v. 16.12.2021, IV C 3 – S 2221/20/10012 :002, BStBl I 2022, 155 und BMF v. 28.12.2023, IV C 3 – S 2221/20/10012 :005, BStBl I 2023, 209 geregelt.

b) Übergangsregelung

4341 Im selben Umfang, in dem Rentner während der nächsten 35 Jahre in die nachgelagerte Besteuerung hineinwachsen, wollte der Gesetzgeber auch die Pensionäre in die volle Besteuerung überführen. Ab 2040 hätten damit die Pensionen dann ungeschmälert der Einkommensteuer, allerdings unter Berücksichtigung der dann allgemein üblichen Freibeträge, unterlegen.

Sowohl der Versorgungsfreibetrag als auch der Zuschlag zum Versorgungsfreibetrag sollten daher jährlich seit dem Jahr 2005 **bis zum Jahr 2040 auf 0 € abgeschmolzen werden**. Dazu sollte der **Prozentsatz** des Versorgungsfreibetrags in den Jahren 2006 bis 2020 von 40 % um jährlich 1,6 Prozentpunkte auf 16 % abgeschmolzen. Vom Jahr 2021 bis 2040 sollte dieser jährlich um jeweils 0,8 Prozentpunkte abschmilzen, so dass er im Jahr 2040 ganz entfallen wäre.

Entsprechend sollte auch der **Höchstbetrag abgebaut** werden. In den ersten 15 Jahren – von 2005 bis 2020 – schrittweise von jeweils 120 € von 3 000 € auf 1 200 €. Bis zum Jahr 2040 sollte er danach in Jahresschritten von jeweils 60 € auf 0 € abschmilzen.

In gleicher Weise **sollte der Zuschlag zum Versorgungsfreibetrag schrumpfen**. In dem Zeitraum von 2006 bis 2023 sollte dieser schrittweise von 36 € auf 306 € abnehmen, danach sollte er sich jährlich um 18 € verringern, so dass der Zuschlag zum Versorgungsfreibetrag im Jahr 2040 ebenfalls 0 € betragen hätte.

Mit den Neuregelungen durch das Wachstumschancengesetz v. 27.3.2024, BGBl. I 2024, Nr. 108 wird der anzuwendende Prozentwert zur Bemessung des Versorgungsfreibetrages beginnend an dem Jahr 2023 nicht mehr in jährlichen Schritten von 0,8 Prozentpunkten, sondern nur noch in jährlichen Schritten von 0,4 Prozentpunkten verringert. Der Höchstbetrag wird ab dem Jahr 2023 um jährlich 30 € und der Zuschlag zum Versorgungsfreibetrag um jährlich 9 € sinken. Kongruent mit der vollständigen Umsetzung der nachgelagerten Besteuerung im Bereich der Alterseinkünfte aus der Basisversorgung werden die Freibeträge für Versorgungsbezüge damit **erst im Jahr 2058** vollständig abgeschmolzen sein. Versorgungsbezüge werden in Folge dessen erst bei einem Versorgungsbeginn ab 2058 vollständig in die Einkünfte aus nichtselbständiger Arbeit nach § 19 EStG einfließen:

Auf diese Weise stellt der Gesetzgeber die Gleichbehandlung von Renten und Pensionen her. Die Ausgangsbeträge und die Abschmelzungsschritte können der folgenden **Tabelle** entnommen werden (§ 19 Abs. 2 Satz 3 EStG).

Versorgungsfreibeträge

Jahr des Versorgungsbeginns	Versorgungsfreibetrag		Zuschlag zum Versorgungsfreibetrag in €
	in % der Versorgungsbezüge	Höchstbetrag in €	
bis 2005	40,0	3 000	900
seit 2006	38,4	2 880	864
2007	36,8	2 760	828
2008	35,2	2 640	792
2009	33,6	2 520	756
2010	32,0	2 400	720
2011	30,4	2 280	684
2012	28,8	2 160	648
2013	27,2	2 040	612
2014	25,6	1 920	576
2015	24,0	1 800	540
2016	22,4	1 680	504
2017	20,8	1 560	468
2018	19,2	1 440	432
2019	17,6	1 320	396
2020	16,0	1 200	360
2021	15,2	1 140	342
2022	14,4	1 080	324
2023	14,0	1 050	315
2024	13,6	1 020	306
2025	13,2	990	297
2026	12,8	960	288
2027	12,4	930	279
2028	12,0	900	270
2029	11,6	870	261
2030	11,2	840	252
2031	10,8	810	243
2032	10,4	780	234
2033	10,0	750	225
2034	9,6	720	216
2035	9,2	690	207
2036	8,8	660	198
2037	8,4	630	189
2038	8,0	600	180
2039	7,6	570	171
2040	7,2	540	162
2041	6,8	510	153
2042	6,4	480	144
2043	6,0	450	135
2044	5,6	420	126
2045	5,2	390	117
2046	4,8	360	108
2047	4,4	330	99
2048	4,0	300	90
2049	3,6	270	81
2050	3,2	240	72
2051	2,8	210	63
2052	2,4	180	54
2053	2,0	150	45
2054	1,6	120	36
2055	1,2	90	27
2056	0,8	60	18
2057	0,4	30	9
2058	0,0	0	0

Versorgungsfreibetrag und Zuschlag zum Versorgungsfreibetrag werden nur **einmal im Zeitpunkt der erstmaligen Zahlung von Versorgungsbezügen ermittelt** (für bereits bis 2005 Pensionierte sind dann entsprechend die Verhältnisse des Jahres 2005 maßgebend) und bleiben auch für die Zukunft unverändert.

Beispiel 1:

A ist seit 2004 Pensionär.

A erhält nach der o.g. Tabelle im Jahre 2005 einen Versorgungsfreibetrag von 40 % der Versorgungsbezüge, höchstens 3 000 €, und zusätzlich einen Zuschlag zum Versorgungsfreibetrag i.H.v. 900 €.

Diese „steuerfreien“ Beträge von insgesamt 3 900 € werden auf Dauer festgeschrieben.

Beispiel 2:

B tritt im Jahre 2024 in den Ruhestand.

B erhält nach der o.g. Tabelle im Jahre 2024 einen Versorgungsfreibetrag von 13,6 % der Versorgungsbezüge, höchstens 1 020 €, und zusätzlich einen Zuschlag zum Versorgungsfreibetrag i.H.v. 306 €.

Diese „steuerfreien“ Beträge von insgesamt 1 326 € werden auf Dauer festgeschrieben.

2. Berechnung

4342 Ausgangspunkt für die Berechnung des **Versorgungsfreibetrags** ist

- bei **Versorgungsbeginn vor 2005**: das Zwölffache des Versorgungsbezugs für **Januar 2005**,
- bei **Versorgungsbeginn seit 2005**: das Zwölffache des Versorgungsbezugs für den **ersten vollen Monat**.

Sonderzahlungen, auf die ein Rechtsanspruch besteht, werden hinzugerechnet; dies gilt **auch für Sachbezüge**, die ein Arbeitnehmer nach dem Ausscheiden aus dem aktiven Dienst zusammen mit dem Ruhegehalt erhält (H 19.8 [Versorgungsfreibetrag] LStH).

Falls die Versorgungsbezüge nicht während des ganzen Jahres gezahlt werden, ist der Versorgungsfreibetrag und der Zuschlag für **jeden Monat ohne Versorgungsbezug um je ein Zwölftel zu kürzen** (§ 19 Abs. 2 Satz 12 EStG).

Beim Zusammentreffen laufender Versorgungsbezüge mit einer **Abfindung von Versorgungsbezügen**, die nach § 34 EStG tarifermäßigt besteuert werden kann, sind die Versorgungsfreibeträge zu Gunsten der Arbeitnehmer in vollem Umfang von den laufenden Versorgungsbezügen abzuziehen (FG Niedersachsen v. 18.3.2011, 7 K 145/08, B+P 2011, 413).

Weitere **Einzelheiten**, auch zur **Neuberechnung** des Versorgungsfreibetrags und des Zuschlags zum Versorgungsfreibetrag (z.B. wenn andere Versorgungsbezüge hinzutreten, nicht jedoch bei einer normalen Erhöhung der Pension), s. BMF v. 19.8.2013, IV C 3 – S 2221/12/10010 :004/IV C 5 – S 2345/08/0001, BStBl I 2013, 1087 unter Berücksichtigung der Änderungen durch BMF v. 10.1.2014, IV C 3 – S 2221/12/10010 :003, BStBl I 2014, 70, BMF v. 10.4.2015, IV C 5 – S 2345/08/10001 :006, BStBl I 2015, 256 und BMF v. 1.6.2015, IV C 5 – S 2345/15/10001, BStBl I 2015, 475, BMF v. 4.7.2016, IV C 3 – S 2255/15/10001, BStBl I 2016, 645, BMF v. 6.12.2016, IV C 3 – S 2221/12/10008 :008, BStBl I 2016, 1426, BMF v. 19.12.2016, IV C 5 – S 2345/07/0002, BStBl I 2016, 1433, BMF v. 28.9.2021, IV C 3 – S 2221/19/10050 :002, BStBl I 2021, 1831 und BMF v. 10.1.2022, IV C 3 – S 2221/19/10050 :002, BStBl I 2022, 36 sowie BMF v. 24.5.2017, IV C 3 – S 2221/16/10001 :004, BStBl I 2017, 820 unter Berücksichtigung der Änderungen durch BMF v. 6.11.2017, IV C 3 – S 2221/17/10006 :001, BStBl I 2017, 1455, BMF v. 28.9.2021, IV C 3 – S 2221/21/10016 :001, BStBl I 2021, 1833 und BMF v. 16.12.2021, IV C 3 – S 2221/20/10012 :002, BStBl I 2022, 155 (zum aktuellen BMF-Schreiben v. 7.10.2022 → *Vorsorgeaufwendungen* → Rz. 4366).

3. Zeitpunkt des Versorgungsbeginns

4343 Nach BMF v. 10.4.2015, IV C 5 – S 2345/08/10001 :006, BStBl I 2015, 256, Rdnr. 171a gilt Folgendes:

Das **Jahr des Versorgungsbeginns** (§ 19 Abs. 2 Satz 3 EStG) ist grds. das Jahr, in dem der Anspruch auf die Versorgungsbezüge (§ 19 Abs. 2 Satz 2 EStG) entstanden ist.

Bei Bezügen wegen Erreichens einer Altersgrenze i.S.d. § 19 Abs. 2 Satz 2 Nr. 2 EStG ist das Jahr des Versorgungsbeginns das Jahr, in dem erstmals zum einen der Anspruch auf die Bezüge besteht und zum anderen das 60. bzw. 63. Lebensjahr vollendet ist. Der Versorgungsbeginn tritt dagegen nicht ein, solange der Arbeitnehmer von einer **bloßen Option**, Versorgungsleistungen für einen Zeitraum ab dem Erreichen der maßgeblichen Altersgrenze zu beanspruchen, tatsächlich keinen Gebrauch macht, z.B. weil er die Leistungen erst ab einem späteren Zeitpunkt in Anspruch nehmen will.

Beispiel 1:

Dem Versorgungsempfänger wird im Jahr 2024 eine Abfindung i.H.v. 10 000 € gezahlt.

Der Versorgungsfreibetrag beträgt 13,6 % von 10 000 € (= 1 360 €) höchstens 1 020 €; der Zuschlag zum Versorgungsfreibetrag beträgt 306 €.

Beispiel 2:

Der Versorgungsempfänger vollendet am 1.9.2024 sein 63. Lebensjahr. Bereits seit August 2021 bezieht er Versorgungsleistungen des Arbeitgebers aus einer Direktzusage. Die Versorgungsbezüge werden als (Teil-)Kapitalauszahlungen in jährlichen Raten von 4 800 € gewährt, erstmals am 1.8.2021.

Das Jahr des Versorgungsbeginns ist das Jahr 2024, denn erstmals in 2024 besteht kumulativ ein Anspruch auf die Bezüge und das 63. Lebensjahr ist vollendet. Für 2024 sind jedoch keine Freibeträge für Versorgungsbezüge zu berücksichtigen, da die Ratenzahlung am 1.8.2024 vor Vollendung des 63. Lebensjahrs geleistet wird. Der nach dem Versorgungsbeginn in 2024 maßgebende und ab 2025 zu berücksichtigende Versorgungsfreibetrag beträgt aufgerundet 614 € (13,6 % von 4 800 €, höchstens 1 020 €); der ab 2024 zu berücksichtigende Zuschlag zum Versorgungsfreibetrag beträgt 306 €; eine Zwölftelung ist nicht vorzunehmen, da es sich bei den Versorgungsbezügen um (Teil-)Kapitalauszahlungen handelt.

In den Jahren 2021 bis 2024 werden keine Freibeträge für Versorgungsbezüge berücksichtigt, da der Versorgungsempfänger erst im Jahr 2025 im Zeitpunkt der Zahlung der Ratenzahlung am 1.8.2025 sein 63. Lebensjahr vollendet hat.

Beispiel 3:

Der Versorgungsempfänger vollendet sein 63. Lebensjahr am 1.8.2023. Er könnte ab diesem Zeitpunkt monatliche Versorgungsleistungen des Arbeitgebers aus einer Direktzusage beziehen. Der Versorgungsempfänger entscheidet sich stattdessen für jährliche (Teil-)Kapitalauszahlungen von 4 800 €. Die erste Rate wird am 1.2.2024 ausgezahlt.

Das Jahr des Versorgungsbeginns ist das Jahr 2023, denn erstmals in 2023 besteht kumulativ ein Anspruch auf die Bezüge und das 63. Lebensjahr ist vollendet. Der ab 2024 zu berücksichtigende Versorgungsfreibetrag beträgt 652 € (14 % von 4 800 €, höchstens 1 050 €); der ab 2023 zu berücksichtigende Zuschlag zum Versorgungsfreibetrag beträgt 315 €; eine Zwölftelung ist nicht vorzunehmen, da es sich bei den Versorgungsbezügen um (Teil-)Kapitalauszahlungen handelt.

Im Jahr 2023 werden mangels Zufluss keine Freibeträge für Versorgungsbezüge berücksichtigt.

Beispiel 4:

Der Versorgungsempfänger vollendet sein 63. Lebensjahr am 1.8.2023. Er könnte ab diesem Zeitpunkt monatliche Versorgungsleistungen des Arbeitgebers aus einer Direktzusage beziehen. Der Versorgungsempfänger entscheidet sich jedoch dafür, die Versorgungsleistungen erst ab dem 1.8.2024 in Anspruch zu nehmen, um höhere Versorgungsleistungen zu erhalten. Er wählt dabei jährliche (Teil-)Kapitalauszahlungen von 4 800 €. Die erste Rate wird am 1.2.2025 ausgezahlt.

Das Jahr des Versorgungsbeginns ist das Jahr 2024, denn erstmals im Jahr 2024 besteht kumulativ ein Anspruch auf die Bezüge und das 63. Lebensjahr ist vollendet. Der ab 2025 zu berücksichtigende Versorgungsfreibetrag beträgt aufgerundet 653 € (13,6 % von 4 800 €, höchstens 1 020 €); der ab 2024 zu berücksichtigende Zuschlag zum Versorgungsfreibetrag beträgt 306 €; eine Zwölftelung ist nicht vorzunehmen, da es sich bei den Versorgungsbezügen um (Teil-)Kapitalauszahlung handelt.

Im Jahr 2023 werden mangels Zufluss keine Freibeträge für Versorgungsbezüge berücksichtigt.

4. Lohnsteuerverfahren

Der **Arbeitgeber** hat den Versorgungsfreibetrag sowie – in den 4344
Steuerklassen I bis V – den Zuschlag zum Versorgungsfreibetrag beim laufenden Lohnsteuerabzug **vom Arbeitslohn abzuziehen**, wenn die Voraussetzungen für den Freibetrag erfüllt sind (§ 39b Abs. 2 EStG). Ob die Voraussetzungen erfüllt sind, muss der Arbeitgeber selbst entscheiden, da der Versorgungsfreibetrag sowie den Zuschlag zum Versorgungsfreibetrag nicht als Lohnsteuerabzugsmerkmal berücksichtigt werden.

Der Versorgungsempfänger wird wie jeder andere Arbeitnehmer nach seinen Lohnsteuerabzugsmerkmalen besteuert, ggf. ist die Steuerklasse VI anzuwenden, wenn der Ruheständler noch einer anderen Beschäftigung als Arbeitnehmer nachgeht. Bei der Steuerklasse VI ist allerdings nur der **Versorgungsfreibetrag abzuziehen**; der Zuschlag zum Versorgungsfreibetrag darf **seit 2008** in der Steuerklasse VI nicht mehr berücksichtigt werden (§ 39b Abs. 2 Satz 5 Nr. 1 EStG).

Werden Versorgungsbezüge als **laufender Arbeitslohn** gezahlt, so bleiben höchstens der auf den jeweiligen Lohnzahlungszeitraum entfallende Anteil des Versorgungsfreibetrags sowie in den Steuerklassen I bis V des Zuschlags zum Versorgungsfreibetrag steuerfrei (vgl. ausführlich R 39b.3 Abs. 1 Sätze 1 bis 3 LStR).

Beispiel:

A ist ab 1.11.2024 in den Ruhestand getreten, seine monatlichen Versorgungsbezüge betragen 2 000 €. Vorher hatte er einen Bruttoarbeitslohn von 3 000 €.

Der Versorgungsfreibetrag und der Zuschlag zum Versorgungsfreibetrag sind nach dem Zwölffachen des Versorgungsbezugs für den ersten vollen Monat zu berechnen (und bleiben für die gesamte Laufzeit gleich!), das ergibt

Versorgungsfreibetrag:	
13,6 % von (2 000 € × 12 Monate) 24 000 € =	3 264 €
höchstens jedoch	1 020 €
Zuschlag zum Versorgungsfreibetrag	306 €
Summe der Versorgungsfreibeträge	1 506 €
wegen des Versorgungsbeginns im Laufe des Jahres sind die Versorgungsfreibeträge **zeitanteilig zu kürzen** (2/12) =	251 €

Der maßgebende Jahresarbeitslohn ist wie folgt zu ermitteln:

„Normaler" Arbeitslohn für die Monate Januar bis Oktober (10 Monate × 3 000 €) =		30 000 €
Versorgungsbezüge für die Monate November und Dezember (2 Monate × 2 000 €) =		4 000 €
– Versorgungsfreibetrag und Zuschlag zum Versorgungsfreibetrag (2 Monate je 125,50 €)	251 €	3 749 €
Maßgebender Jahresarbeitslohn für den Lohnsteuer-Jahresausgleich des Arbeitgebers		33 749 €

Der dem Lohnzahlungszeitraum entsprechende anteilige Höchstbetrag darf auch dann nicht überschritten werden, wenn in früheren Lohnzahlungszeiträumen desselben Kalenderjahres wegen der damaligen Höhe der Versorgungsbezüge ein niedrigerer Betrag als der Höchstbetrag berücksichtigt worden ist. Eine Verrechnung des in einem Monat nicht ausgeschöpften Höchstbetrags mit den den Höchstbetrag übersteigenden Beträgen eines anderen Monats ist – mit Ausnahme des permanenten Lohnsteuer-Jahresausgleichs – nicht zulässig (R 39b.3 Abs. 1 Sätze 4 bis 6 LStR). Derartige Schwankungen können erst beim Lohnsteuer-Jahresausgleich durch den Arbeitgeber oder bei einer Veranlagung zur Einkommensteuer ausgeglichen werden.

Werden Versorgungsbezüge als sonstige Bezüge gezahlt, dürfen der Versorgungsfreibetrag und – in den Steuerklassen I bis V – der Zuschlag zum Versorgungsfreibetrag von dem sonstigen Bezug nur abgezogen werden, soweit sie bei der **Feststellung des maßgebenden Jahresarbeitslohns nicht verbraucht** sind (→ *Sonstige Bezüge* Rz. 3936). Werden laufende Versorgungsbezüge erstmals gezahlt, nachdem im selben Kalenderjahr bereits Versorgungsbezüge als sonstige Bezüge gewährt worden sind, so darf der Arbeitgeber den steuerfreien Höchstbetrag bei den laufenden Bezügen nur berücksichtigen, soweit er sich bei den sonstigen Bezügen nicht ausgewirkt hat (R 39b.3 Abs. 1 Satz 4 LStR).

Vom Arbeitslohn, von dem die Lohnsteuer nach §§ 40 bis 40b EStG **mit Pauschsteuersätzen** erhoben wird, dürfen der **Versorgungsfreibetrag und der Zuschlag zum Versorgungsfreibetrag nicht abgezogen** werden (R 39b.3 Abs. 2 Satz 4 LStR).

Versorgungswerk

→ *Apotheker* Rz. 178, → *Öffentliche Kassen* Rz. 3289

Versorgungszusage

→ *Rückdeckung/Rückdeckungsversicherung* Rz. 3776

Versorgungszuschlag

4345 Bei Beamten, die ohne Dienstbezüge beurlaubt sind, ist die Zeit der Beurlaubung grds. nicht ruhegehaltsfähig. Nur wenn es sich um einen den öffentlichen Belangen dienenden Urlaub handelt (insbesondere für eine vorübergehende Tätigkeit bei einem anderen Dienstherrn), kann diese Zeit als ruhegehaltsfähige Zeit berücksichtigt werden. Dabei kann die Berücksichtigung dieser Zeiten von der **Leistung eines „Versorgungszuschlags"** abhängig gemacht werden, der entweder durch den beurlaubten Beamten oder durch die beschäftigende Stelle geleistet wird.

Zahlt der neue Arbeitgeber den Versorgungszuschlag, handelt es sich um **steuerpflichtigen Arbeitslohn**. In gleicher Höhe liegen beim Arbeitnehmer jedoch **Werbungskosten** vor, auf die der Arbeitnehmer-Pauschbetrag anzurechnen ist. Dies gilt auch, wenn der Arbeitnehmer den Versorgungszuschlag zahlt (BMF v. 22.2.1991, IV B 6 – S 2360 – 3/91, BStBl I 1991, 951 sowie FinMin Saarland v. 28.1.2005, B/2 – 4 – 25/2005 – S 2333, betr. Versorgungszuschläge für Beamte der Deutschen Telekom AG bei Beurlaubung ohne Dienstbezüge – seit 1.4.2010 ist für diesen Personenkreis die Zahlung von Versorgungszuschlägen entfallen). Auch Ausgleichszahlungen, die ein Arbeitnehmer, dem eine Altersversorgung nach beamtenrechtlichen Grundsätzen zugesagt worden ist, leistet, um bei einem **Arbeitgeberwechsel** die Anrechnung von Dienstzeiten durch den neuen Arbeitgeber zu erreichen, sind als Werbungskosten abziehbar (BFH v. 19.10.2016, VI R 22/15, BStBl II 2017, 999 betr. die Übertragung einer beamtenrechtlichen Sparkassenversorgung auf einen neuen Arbeitgeber).

Eine **Spezialeinlage, die ein Arbeitgeber in eine schweizerische Pensionskasse** zur Erleichterung des vorzeitigen Ruhestandes seines Arbeitnehmers und zum Ausgleich der damit verbundenen Rentenminderungen leistet, kann gem. § 3 Nr. 28 EStG zur Hälfte steuerfrei sein. Voraussetzung ist aber, dass die Zahlung in das Obligatorium der Pensionskasse geleistet wird. Soweit die Spezialeinlage nicht gem. § 3 Nr. 28 EStG steuerfrei ist, kann sie gem. § 34 i.V.m. § 24 Nr. 1 Buchst. a EStG ermäßigt besteuert werden, sog. **Fünftelregelung** (BFH v. 17.5.2017, X R 10/15, BStBl II 2017, 1251 sowie → *Entschädigungen* Rz. 2001).

Vom **Bundeseisenbahnvermögen** gezahlte Versorgungsbezüge, die ein bis zum Eintritt in den Ruhestand unter Wegfall der Dienstbezüge beurlaubter Beamter der Deutschen Bundesbahn erhält, der während seiner Beurlaubung als Werbungskosten geltend gemachte und der Ruhegehaltsfähigkeit der Beurlaubungszeiten dienende Versorgungszuschläge zahlt, sind **nicht lediglich mit dem Ertragsanteil** gem. § 22 Nr. 1 EStG, sondern in voller Höhe als Einnahme aus nichtselbständiger Arbeit zu berücksichtigen (BFH v. 23.11.2016, X R 39/14, HFR 2017, 598).

LSt SV

Verständigungsvereinbarungen

→ *Doppelbesteuerungsabkommen: Allgemeines* Rz. 1601

Vertragsstrafe

→ *Bußgelder* Rz. 1511, → *Werbungskosten* Rz. 4589

Vertreter

1. Allgemeines

Vertreter (Handelsvertreter, Reisevertreter, Versicherungsvertreter 4346
usw.) werden nach den vertraglichen Vereinbarungen als Selbständige oder als freie Mitarbeiter tätig. Gelegentlich verbirgt sich jedoch hinter den schriftlichen Vertragsvereinbarungen nach der tatsächlichen Durchführung der Beziehungen nach betrieblicher Eingliederung des „Vertreters" und Weisungsgebundenheit ein Arbeitsverhältnis; in dieser letztgenannten Fallgestaltung wäre es zutreffender, den Begriff des „Außendienstangestellten" oder auch „Außendienstmitarbeiters" zu verwenden. Darüber hinaus ist oft auch die Bezeichnung „Reisender" oder „Handelsreisender" gebräuchlich.

Man unterscheidet im Übrigen zwischen Außendienstangestellten, die selbst Geschäfte abzuschließen oder zu vermitteln haben, und solchen, die ihrerseits Vermittler anwerben, in ihre Tätigkeit einweisen und einarbeiten sowie bei der Vermittlung von Geschäften unterstützen und betreuen. Die Letzteren werden auch als organisierende oder betreuende Außendienstangestellte bezeichnet. Häufig kommen in der Praxis auch Mischformen zwischen beiden Funktionen vor (Zopf im Handbuch Betrieb und Personal, Fach 10 Rdnr. 201 ff.).

2. Reisevertreter/Handelsvertreter

4347 Bei einem Reisevertreter/Handelsvertreter ist **im Allgemeinen Selbständigkeit** anzunehmen, wenn er die typische Tätigkeit eines Handelsvertreters i.S.d. § 84 HGB ausübt, d.h. Geschäfte für ein anderes Unternehmen vermittelt oder abschließt und ein geschäftliches Risiko trägt und seine Tätigkeit im Wesentlichen frei gestalten und seine Arbeitszeit bestimmen kann (BFH v. 20.12.2007, V R 62/06, BStBl II 2008, 641 und LSG Niedersachsen-Bremen v. 17.5.2017, L 2 R 498/16).

Unselbständigkeit ist jedoch gegeben, wenn er in das Unternehmen seines Auftraggebers derart eingegliedert ist, dass er dessen Weisungen zu folgen verpflichtet ist. Ob eine derartige Unterordnung unter den geschäftlichen Willen des Auftraggebers vorliegt, richtet sich nach der von dem Reisevertreter tatsächlich ausgeübten Tätigkeit und der Stellung gegenüber seinem Auftraggeber. Der Annahme der **Unselbständigkeit** steht nicht ohne weiteres entgegen, dass die Entlohnung nach dem Erfolg der Tätigkeit vorgenommen wird. Hinsichtlich der Bewegungsfreiheit eines Vertreters kommt es bei der Abwägung, ob sie für eine Selbständigkeit oder Unselbständigkeit spricht, darauf an, ob das Maß der Bewegungsfreiheit auf der eigenen Machtvollkommenheit des Vertreters beruht oder Ausfluss des Willens der Geschäftsherrn ist. Arbeitnehmereigenschaft kann daher anzunehmen sein, wenn Entgeltfortzahlung im Krankheitsfall gewährt wird (BFH v. 7.12.1961, V 139/59 U, BStBl III 1962, 149). **Entscheidend** ist bei einer Außendiensttätigkeit, die sowohl im Arbeits- als auch im Handelsvertreterverhältnis ausgeübt werden kann, die **Zeithoheit des Vertreters** (LAG Hamm v. 7.6.2017, 14 Sa 936/15, Arbeitsverhältnis eines Handelsvertreters bejaht).

Beim Streit über die Arbeitnehmereigenschaft von Handelsvertretern kann im Rahmen der Gesamtwürdigung auch das Ergebnis eines sozialversicherungsrechtlichen Streits berücksichtigt werden (FG Hamburg v. 12.11.2004, VI 230/02).

Zur versicherungsrechtlichen Beurteilung von Handelsvertretern s. ausführlich Anlage 2 zum Rundschreiben der Spitzenverbände der Sozialversicherungsträger v. 1.4.2022 (Abgrenzungskatalog).

LSt SV

3. Versicherungsvertreter

4348 Unterliegt ein Versicherungsvertreter hinsichtlich seiner Arbeitszeit keinerlei Weisungen, kann er jederzeit Urlaub nehmen, der allein seiner Bestimmung unterliegt, ist er nicht verpflichtet, sich zu bestimmten Zeiten in den Räumen des Versicherungsunternehmens aufzuhalten, ist kein bestimmter Bezirk für seine Tätigkeit vorgegeben, ist er hinsichtlich der Ausübung seiner Tätigkeit weisungsfrei und in keiner Weise in eine betriebliche Organisation eingebunden, werden ihm Fahrtkosten nicht erstattet und hat er ein unternehmerisches Risiko zu tragen, so liegt eine selbständige Tätigkeit vor. Der Umstand, dass er ausschließlich für *ein* Versicherungsunternehmen tätig ist und er keine weitere Tätigkeit ausüben darf, begründet zwar eine wirtschaftliche Abhängigkeit, aber keine für die Frage der Versicherungspflicht allein erhebliche persönliche Abhängigkeit von dem Versicherungsunternehmen (SG Duisburg v. 27.9.2018, S 10 R 1172/14).

Versicherungsvertreter, die Versicherungsverträge selbst vermitteln (sog. **Spezialagenten**), sind in vollem Umfang als **selbständig** anzusehen. Das gilt auch dann, wenn sie neben Provisionsbezügen ein geringes Fixum bekommen oder wenn sie nur für ein **einziges Versicherungsunternehmen** tätig sein dürfen. Soweit ein Spezialagent nebenbei auch Verwaltungsaufgaben und die **Einziehung von Prämien oder Beiträgen** übernommen hat, sind die Einnahmen daraus als Entgelte für eine **selbständige Nebentätigkeit** zu behandeln. Es ist dabei einerlei, ob sich z.B. Inkassoprovisionen auf Versicherungen beziehen, die der Spezialagent selbst geworben hat oder auf andere Versicherungen.

Bei den sog. **Generalagenten** kommt eine Aufteilung der Tätigkeit in eine selbständige und in eine unselbständige Tätigkeit im Allgemeinen **nicht** in Betracht. Grds. ist der Generalagent ein **Gewerbetreibender**, wenn er das Risiko seiner Tätigkeit trägt, ein Büro mit eigenen Angestellten unterhält, trotz der bestehenden Weisungsgebundenheit in der Gestaltung seines Büros und seiner Zeiteinteilung weitgehend frei ist, der Erfolg seiner Tätigkeit nicht unerheblich von seiner Tüchtigkeit und Initiative abhängt und ihn die Beteiligten selbst als Handelsvertreter und nicht als Arbeitnehmer bezeichnen. Diese Voraussetzungen sind bei Versicherungsvertretern, die mit einem eigenen Büro für einen bestimmten Bezirk sowohl den Bestand verwalten als auch neue Geschäfte abzuschließen haben und im Wesentlichen auf Provisionsbasis arbeiten, i.d.R. erfüllt.

LSt SV

Im Gegensatz dazu leistet der **echte Versicherungs-Außendienstangestellte** seine Tätigkeit weisungsgebunden und in persönlicher Abhängigkeit vom Arbeitgeber. Besonderheiten ergeben sich dadurch, dass der Außendienstangestellte i.d.R. außerhalb der Betriebsstätte des Arbeitgebers tätig wird. Darüber hinaus besteht arbeitsvertraglich meist ein gewisser Spielraum für die Gestaltung der Tätigkeit und die Einteilung der Arbeitszeit. Eine indirekte Kontrolle durch den Arbeitgeber erfolgt durch die Rückkopplung über das Entgelt, z.B. eine Provision oder ähnliche erfolgsabhängige Zahlungen (Zopf in Handbuch Betrieb und Personal, Fach 10 Rdnr. 201 f.).

LSt SV

Einzelfälle aus der Rechtsprechung:

Eine **selbständige Tätigkeit** wurde angenommen, wenn

- ein Versicherungsvertreter wie ein **selbständiger Handelsvertreter** (§ 84 HGB) tätig ist. Dem steht nicht entgegen, dass er in gewissem Umfang sachbedingte Weisungen zu befolgen hat, Berichtspflichten erfüllen muss und wettbewerbsrechtlichen Beschränkungen unterliegt, wenn er im Wesentlichen seine Tätigkeit frei gestalten und seine Arbeitszeit bestimmen kann (BAG v. 15.12.1999, 5 AZR 169/99; BAG v. 20.9.2000, 5 AZR 271/99);
- sog. **Einfirmenvertreter** nur für ihr eigenes Vertragsunternehmen Geschäfte vermitteln dürfen. Aus dem tatsächlichen Fehlen einer vom Versicherungsvertreter geschaffenen Innen- und Außenorganisation seiner Generalvertretung kann nicht auf seine Arbeitnehmereigenschaft geschlossen werden. Wie sich aus § 84 Abs. 4 HGB ergibt, finden die Vorschriften des 7. Abschnitts des HGB auch Anwendung, wenn das Unternehmen des Handelsvertreters nach Art oder Umfang einen in kaufmännischer Weise eingerichteten Geschäftsbetrieb nicht erfordert (BAG v. 15.12.1999, 5 AZR 566/98, und BAG v. 15.12.1999, 5 AZR 3/99);
- ein Versicherungsvertreter **teils auf Provisionsbasis, teils auf Festgehaltsbasis** beschäftigt ist und auf seine Kosten zwei Büros mit jeweils einer Angestellten unterhält, auch wenn das Vertragsverhältnis Merkmale eines Angestelltenverhältnisses enthält wie Urlaubs- und Krankengeldanspruch und eine Altersversorgungsregelung (FG Niedersachsen v. 28.5.1998, XV 478/96, EFG 1999, 130);
- sich mehrere selbständige Versicherungsvertreter zur gemeinsamen Berufsausübung in einer **Agentur** zusammenschließen; die im Gesellschaftsvertrag vereinbarte wechselseitige Verpflichtung der Partner zur Erbringung ihrer vollen Arbeitskraft begründet regelmäßig keine entsprechende Verpflichtung im Verhältnis zu dem Versicherungsunternehmen, mit dem alle Partner individuelle Agenturverträge abgeschlossen haben (BAG v. 20.9.2000, 5 AZR 271/99);
- die vertraglich vereinbarte Tätigkeit typologisch sowohl in einem Arbeitsverhältnis als auch selbständig erbracht werden kann und die **tatsächliche Handhabung der Vertragsbeziehung nicht zwingend für ein Arbeitsverhältnis spricht**; die Vertragsparteien müssen sich dann grds. an dem von ihnen gewählten Vertragstypus festhalten lassen (BAG v. 9.6.2010, 5 AZR 332/09).

4. Bausparkassenvertreter

Die o.g. dargestellten Grundsätze gelten auch für Bausparkassenvertreter: Für die Annahme einer selbständigen Tätigkeit sprechen eine im Wesentlichen freie Gestaltung der Tätigkeit und Bestimmung der Arbeitszeit; dem steht nicht entgegen, dass ein Bausparkassenvertreter bestimmten fachlichen Weisungen seines Auftraggebers unterliegt und im Anstellungsvertrag ein Wettbewerbsverbot vereinbart ist (BAG v. 15.12.1999, 5 AZR 770/98). 4349

Als **selbständig** angesehen wurden daher z.B.

- **Bezirksleiter** von öffentlich-rechtlichen Bausparkassen, weil sie bei der Beschäftigung von Mitarbeitern, insbesondere von nebenberuflichen Bezirksvertretern und von Angestellten der

Beratungsstellen, keinen wesentlichen Beschränkungen unterliegen. Die Bezirksleiter haben damit die Möglichkeit, die Mitarbeiterzahl und damit ihre Verdienstchancen zu erhöhen (BSG v. 29.1.1981, 12 RK 46/79 und 12 RK 63/79);

- ein **Vertriebsleiter** im Rahmen eines „Freien Mitarbeitervertrags", wenn er unter erheblichem Kapitaleinsatz Unternehmerinitiative entfaltet und Unternehmerrisiko trägt (FG Rheinland-Pfalz v. 20.3.1996, 1 K 1034/93, NWB Eilnachrichten 1996 Fach 1, 188);
- ein **Bereichsdirektor** (FG Düsseldorf v. 12.10.2001, 18 K 2524/97 G, EFG 2002, 96).

Verwaltungsräte

→ *Aufsichtsratsvergütungen* Rz. 855

Verwirkter Arbeitslohn

→ *Einbehaltene Lohnteile* Rz. 1788

Verzögerungsgeld

→ *Lohnsteuer-Außenprüfung* Rz. 2944

Verzugszinsen

→ *Arbeitslohn-ABC* Rz. 706

Vorauszahlungen zur Einkommensteuer

4350 Der Stpfl. hat am 10. März, 10. Juni, 10. September und 10. Dezember Vorauszahlungen auf die Einkommensteuer zu entrichten, die er für den laufenden Veranlagungszeitraum voraussichtlich schulden wird.

Vorauszahlungen auf die Einkommensteuer sind grds. in vier gleich großen Teilbeträgen zu leisten. Eine Ausnahme hiervon kommt insbesondere nicht in Betracht, soweit der Stpfl. geltend macht, der Gewinn des laufenden Veranlagungszeitraums entstehe nicht gleichmäßig (BFH v. 22.11.2011, VIII R 11/09, BStBl II 2012, 329).

Die Einkommensteuer-Vorauszahlung entsteht jeweils mit Beginn des Kalendervierteljahrs, in dem die Vorauszahlungen zu entrichten sind, oder, wenn die Steuerpflicht erst im Laufe des Kalenderjahres begründet wird, mit Begründung der Steuerpflicht. Weitere Einzelheiten s. § 37 EStG, R 37 EStR sowie H 37 EStH.

Diese Vorschrift hat auch für **Arbeitnehmer** Bedeutung, da die Festsetzung von Einkommensteuer-Vorauszahlungen auch dann zulässig ist, wenn der Stpfl. ausschließlich Einkünfte aus nichtselbständiger Arbeit erzielt, die dem Lohnsteuerabzug unterliegen. Dass ein Arbeitnehmer neben dem monatlichen Lohnsteuereinbehalt ggf. vierteljährliche Einkommensteuer-Vorauszahlungen zu leisten hat, stellt keinen Verstoß gegen den Verfassungsgrundsatz des Gleichheitsgebots dar (BFH v. 20.12.2004, VI R 182/97, BStBl II 2005, 358).

Vorauszahlung von Arbeitslohn

4351 Der Arbeitslohn unterliegt nach § 38 Abs. 3 EStG bei jeder Lohnzahlung dem Lohnsteuerabzug. Für den Lohnsteuerabzug ist es ohne Bedeutung, ob der Arbeitnehmer den Arbeitslohn bereits verdient hat oder nicht. Aus diesem Grunde ist auch dann der Lohnsteuerabzug vorzunehmen, wenn dem Arbeitnehmer der Lohn im **Voraus** gezahlt wird.

LSt SV

Typische Fälle von Vorauszahlungen sind:

- Abschlagszahlungen,
- Vorschüsse und
- vorschüssige Lohnzahlung.

Bei **Abschlagszahlungen** zahlt der Arbeitgeber den Arbeitslohn für den üblichen Lohnzahlungszeitraum nur in ungefährer Höhe und nimmt eine genaue Lohnabrechnung für einen längeren Zeitraum vor. In diesen Fällen braucht der Arbeitgeber die Lohnsteuer erst bei der Lohnabrechnung einzubehalten, wenn die Voraussetzungen des § 39b Abs. 5 EStG erfüllt sind (→ *Abschlagszahlungen* Rz. 19).

Bei **Vorschüssen** zahlt der Arbeitgeber Arbeitslohn an den Arbeitnehmer, den dieser erst noch zukünftig verdienen muss (→ *Vorschüsse* Rz. 4352).

Bei einer **vorschüssigen Lohnzahlung** zahlt der Arbeitgeber den Monatslohn bereits am Anfang des Monats aus. Im Regelfall ist eine vorschüssige Lohnzahlung in einem Gesetz, Tarifvertrag, einer Betriebsvereinbarung oder in einem Einzelarbeitsvertrag festgelegt, wie z.B. die Auszahlung der Beamtenbezüge. Bei **laufender** vorschüssiger Lohnzahlung ist die Lohnsteuer nach den Lohnsteuerabzugsmerkmalen vorzunehmen, die für den Tag gelten, an dem der Lohnzahlungszeitraum endet (§ 38a Abs. 1 Satz 2 EStG). Werden die Lohnsteuerabzugsmerkmale zwischen Lohnzahlung und Ende des Lohnzahlungszeitraums rückwirkend geändert, so ist der Lohnsteuerabzug evtl. zu berichtigen (→ *Änderung des Lohnsteuerabzugs* Rz. 126).

Die Lohnvorauszahlung ist allerdings von einem **Darlehen des Arbeitgebers** zu unterscheiden. Gewährt der Arbeitgeber dem Arbeitnehmer ein Darlehen, liegt keine Lohnzahlung vor (→ *Darlehen an Arbeitnehmer* Rz. 1523).

LSt (durchgestrichen) SV (durchgestrichen)

Vormund/Betreuer

→ *Arbeitnehmer-ABC* Rz. 551, → *Nebenberufliche steuerbegünstigte Tätigkeiten* Rz. 3236, → *Werbungskosten* Rz. 4590

Vorschüsse

→ auch *Abschlagszahlungen* Rz. 18

1. Allgemeines

Vorschüsse sind Lohnzahlungen des Arbeitgebers für eine **Arbeitsleistung, die der Arbeitnehmer erst noch erbringen muss**. 4352
Auch Vorschüsse unterliegen dem Lohnsteuerabzug, denn nach § 38 Abs. 3 EStG ist bei jeder Lohnzahlung der Lohnsteuerabzug vorzunehmen. Wegen der Lohnsteuerpflicht besteht auch Beitragspflicht in der Sozialversicherung.

LSt SV

Vom Vorschuss abzugrenzen ist ein **Darlehen** des Arbeitgebers. 4353
Gewährt der Arbeitgeber dem Arbeitnehmer ein Darlehen, stellt seine Auszahlung keine Lohnzahlung dar (→ *Darlehen an Arbeitnehmer* Rz. 1523). Zudem wird oftmals für **Reisekosten** anlässlich einer beruflichen Auswärtstätigkeit eine Vorschusszahlung geleistet. In diesem Fall hat der Arbeitgeber keine Lohnsteuer zu erheben, wenn der Arbeitnehmer zeitnah nach der Rückkehr in den Betrieb eine (Reisekosten-)Abrechnung vornimmt. Darin müssen die tatsächlichen Aufwendungen des Arbeitnehmers mit der Vorschusszahlung verrechnet werden.

2. Vorschüsse als laufender Arbeitslohn

Vorschüsse bzw. Vorauszahlungen, die sich **ausschließlich** auf 4354
Lohnzahlungszeiträume beziehen, die im Kalenderjahr der Zahlung enden, gehören zum **laufenden Arbeitslohn** (R 39b.2 Abs. 1 Nr. 6 LStR). Sie sind daher für die Berechnung der Lohnsteuer den Lohnzahlungszeiträumen zuzurechnen, für die sie gezahlt werden.

Beispiel:

Ein Arbeitnehmer in Hannover (Steuerklasse III, keine Kinder, ev, 25 Jahre, krankenkassenindividueller Zusatzbeitrag 2,5 %) hat in 2025 einen Monatslohn von 4 500 €. Im Mai 2025 zahlt ihm der Arbeitgeber einen Vorschuss von 5 000 €, der mit den Monatslöhnen der Monate Juni bis Oktober mit jeweils 1 000 € verrechnet wird.

Für den Monat **Mai** sind die **Steuern** auf den **Vorschuss** sind wie folgt zu ermitteln:

a) Monatslohn für die Monate Juni bis Oktober ungekürzt (4 500 € monatlich):

Lohnsteuer	314,16 €
Solidaritätszuschlag (5,5 %)	0,– €
Kirchensteuer (9 %)	28,27 €

b) Monatslohn für die Monate Juni bis Oktober gekürzt um Vorschuss (3 500 € monatlich):

Lohnsteuer	121,00 €
Solidaritätszuschlag (5,5 %)	0,– €
Kirchensteuer (9 %)	10,89 €

c) Steuern auf den Vorschuss i.H.v. 5 000 €:

Lohnsteuer auf den ungekürzten Arbeitslohn	314,16 €
Lohnsteuer auf den gekürzten Arbeitslohn	121,00 €
= Differenz	193,16 €
× 5 Monate	
= Lohnsteuer auf den im Mai gezahlten Vorschuss	965,80 €
Solidaritätszuschlag auf den ungekürzten Arbeitslohn	0,– €
Solidaritätszuschlag auf den gekürzten Arbeitslohn	0,– €
= Differenz	0,– €
× 5 Monate	
= Solidaritätszuschlag auf den Vorschuss	0,– €
Kirchensteuer auf den ungekürzten Arbeitslohn	28,27 €
Kirchensteuer auf den gekürzten Arbeitslohn	10,89 €
= Differenz	17,38 €
× 5 Monate	
= Kirchensteuer auf den Vorschuss	86,90 €

Zu beachten ist, dass für die Monate Juni bis Oktober 2024 die Steuern lediglich aus dem gekürzten Arbeitslohn (3 500 €) zu berechnen und abzuführen sind, vgl. oben b).

Nach R 39b.5 Abs. 4 Satz 2 LStR kann jedoch für Vorauszahlungen nachfolgende **Vereinfachungsregelung** in Anspruch genommen werden:

3. Vereinfachungsregelung

4355 Auch wenn die Vorauszahlung nur Lohnzahlungszeiträume des laufenden Kalenderjahres betrifft, kann die Vorauszahlung **als sonstiger Bezug** versteuert werden, und zwar unabhängig von der Höhe der Vorauszahlung. Dies gilt aber nur, wenn der Arbeitnehmer dieser Regelung bzw. Berechnungsmethode nicht widerspricht.

Beispiel:

Wie vorhergehendes Beispiel, der Arbeitgeber wendet allerdings die Vereinfachungsregelung der R 39b.5 Abs. 4 Satz 2 LStR an und versteuert den Vorschuss als sonstigen Bezug.

Die Steuern auf den Vorschuss ermitteln sich wie folgt:

Jahresarbeitslohn **ohne sonstigen Bezug**

(12 × 4 500 € – 5 000 € Vorschuss)	**49 000,– €**
+ Vorschuss	5 000,– €
= Jahresarbeitslohn **mit sonstigem Bezug**	**54 000,– €**
Lohnsteuer (III) von 54 000 €	3 770,– €
– Lohnsteuer (III) von 49 000 €	2 774,– €
= Lohnsteuer auf den sonstigen Bezug	996,– €
Solidaritätszuschlag (→ *Sonstige Bezüge* Rz. 3955)	0,– €
Kirchensteuer (9 % von 996 €)	89,64 €

4. Vorschüsse als sonstiger Bezug

4356 Vorschüsse, die sich ganz oder teilweise auf Lohnzahlungszeiträume beziehen, die in einem anderen Jahr als dem der Zahlung enden, gehören zu den **sonstigen Bezügen** (R 39b.2 Abs. 2 Nr. 8 LStR). Sie sind daher für die Berechnung der Lohnsteuer als sonstige Bezüge zu behandeln, → *Sonstige Bezüge* Rz. 3936.

5. Vorschüsse als Darlehen

4357 Häufig werden Vorschüsse vom Arbeitgeber wie ein **zinsloses Darlehen** behandelt, ohne dass die Voraussetzungen hierfür vorliegen (→ *Darlehen an Arbeitnehmer* Rz. 1523). Das bedeutet, dass der Arbeitgeber den Vorschuss ohne Lohnsteuerabzug auszahlt und die Verrechnung in den laufenden Monaten beim Lohnsteuerabzug nicht berücksichtigt, d.h. die Lohnsteuer vom vereinbarten (ungekürzten) Monatslohn ermittelt. I.d.R. wird diese Verfahrensweise vom Finanzamt nicht beanstandet, zumal diese Handhabung nicht immer günstiger sein muss. Wenn der Arbeitgeber den Vorschuss als zinsloses Darlehen behandelt, muss er dies aber auch **mit allen Konsequenzen** tun. Das heißt, dass bei einem Vorschuss in Höhe des Zinsvorteils ein geldwerter Vorteil für den Arbeitnehmer entsteht, vgl. → *Zinsersparnisse/Zinszuschüsse* Rz. 4617.

Das FG Saarland sieht dies aber anders: Zahlt ein Arbeitgeber seinen Arbeitnehmern bei der Verdienstabrechnung für den November zusammen mit dem laufenden Lohn einen als „Sonderzahlungsvorschuss" bezeichneten Betrag aus, der seiner Höhe nach und nach dem Zahlungszeitpunkt der Sonderzahlung (Weihnachtsgeld) des Vorjahres entspricht, so handelt es sich hierbei auch dann nicht um die Auszahlung eines Arbeitgeberdarlehens, sondern um eine vorläufige Lohnzahlung, wenn dies während schwebender Tarifverhandlungen geschieht (FG Saarland v. 14.5.2004, 1 V 56/04, EFG 2004, 1222).

6. Sozialversicherung

Da Vorschüsse auf noch nicht fällige Lohn-/Gehaltszahlungen 4358
steuerpflichtigen Arbeitslohn darstellen, sind sie auch als Arbeitsentgelt i.S. der Sozialversicherung zu bewerten. An dieser Beurteilung ändert auch die Tatsache nichts, dass kein Rechtsanspruch auf die Zahlung besteht.

Vorsorgeaufwendungen

1. Allgemeines

Vorsorgeaufwendungen werden in zwei Kategorien unterteilt: 4359

- **Altersvorsorgeaufwendungen** (§ 10 Abs. 1 Nr. 2 EStG)
- **sonstige Vorsorgeaufwendungen** (§ 10 Abs. 1 Nr. 3 und 3a EStG).

Einzelfragen zum Abzug von Vorsorgeaufwendungen sind durch BMF v. 24.5.2017, IV C 3 – S 2221/16/10001 :004, BStBl I 2017, 820 unter Berücksichtigung der Änderungen durch BMF v. 6.11.2017, IV C 3 – S 2221/17/10006 :001, BStBl I 2017, 1455, BMF v. 28.9.2021, IV C 3 – S 2221/21/10016 :001, BStBl I 2021, 1833 und BMF v. 16.12.2021, IV C 3 – S 2221/20/10012 :002, BStBl I 2022, 155 geregelt worden. Verfahrensrechtliche Fragen zur Anwendung des o.g. BMF-Schreibens v. 16.12.2021 regelt BMF v. 7.10.2022, IV A 3 – S 0338/19/10006 :009/ IV C 3 – S 2221/21/10002 :01, BStBl I 2022, 1437 und BMF v. 28.12.2024, IV C 3 – S 2221/20/10012 :005, 2023/1224665, BStBl I 2024, 209.

Voraussetzung für den Sonderausgabenabzug ist u.a., dass die Aufwendungen nicht in **unmittelbarem wirtschaftlichen Zusammenhang mit steuerfreien Einnahmen** stehen (§ 10 Abs. 2 Satz 1 Nr. 1 EStG). Nachdem der EuGH festgestellt hat, dass dieses Sonderausgabenabzugsverbot in bestimmten Fällen **unionsrechtswidrig** ist (EuGH v. 22.6.2017, C-20/16, BStBl II 2017, 1271) und der BFH diese Ausnahme vom Abzugsverbot im Wege unionsrechtskonformer Auslegung auch für die Schweiz für anwendbar erklärt hat (BFH v. 5.11.2019, X R 23/17, BStBl II 2020, 763), wurde § 10 Abs. 2 Satz 1 Nr. 1 EStG entsprechend geändert. Nunmehr ist ein Sonderausgabenabzug für Vorsorgeaufwendungen i.S.d. § 10 Abs. 1 Nr. 2, 3 und 3a EStG ungeachtet des Abzugsverbots für in unmittelbarem wirtschaftlichen Zusammenhang mit steuerfreien Einnahmen stehenden Aufwendungen möglich, soweit

- sie in unmittelbarem wirtschaftlichen Zusammenhang mit in einem EU-/EWR-Mitgliedstaat oder der Schweiz erzielten Einnahmen aus nichtselbständiger Tätigkeit stehen,
- diese Einnahmen nach einem DBA im Inland steuerfrei sind und
- der Beschäftigungsstaat keinerlei steuerliche Berücksichtigung von Vorsorgeaufwendungen i.R. der Besteuerung dieser Einnahmen zulässt.

Zum Sonderausgabenabzug von Vorsorgeaufwendungen bei grenzüberschreitender Betätigung innerhalb der EU hat der BFH (v. 27.10.2021, X R 11/20, HFR 2022, 304) entschieden, dass es die Arbeitnehmerfreizügigkeit gemäß Art. 45 AEUV gebietet, vom Ausschluss des Sonderausgabenabzugs gemäß § 10 Abs. 2 Satz 1 Nr. 1 Teilsatz 2 EStG auch dann abzusehen, wenn der Stpfl. im ehemaligen Beschäftigungsstaat keine – wie von Buchst. a der Vorschrift vorausgesetzt – Einnahmen aus nichtselbständiger Tätigkeit erzielt, sondern eine vom Bestehen des Arbeitsverhältnisses abhängige gesetzliche Altersrente. Und für die Frage, ob der Beschäftigungsstaat nach § 10 Abs. 2 Satz 1 Nr. 1 Teilsatz 2 Buchst. c EStG ‚keinerlei' steuerliche Berücksichtigung von Vorsorgeaufwendungen im Rahmen der Besteuerung dort bezogener Einnahmen zulässt, sind die einzelnen Sparten der Vorsorgeaufwendungen getrennt zu beurteilen.

Beiträge an die schweizerische Alters- und Hinterlassenenversicherung können daher **nicht als Sonderausgaben abgezogen** werden, wenn sie aus Einkünften stammen, die in Deutschland auf Grund des DBA-Schweiz steuerfrei sind und eine steuermindernde Berücksichtigung in der Schweiz möglich ist. Die entsprechenden Beiträge können auch nicht bei der Ermittlung des besonderen Steuersatzes i.R. des Progressionsvorbehaltes berücksichtigt werden (BFH v. 18.4.2012, X R 62/09, BStBl II 2012, 721). Gleiches gilt für **in steuerfreien Lohnersatzleistungen enthaltene Rentenversicherungsbeiträge** (FG Rheinland-Pfalz v. 24.3.2015, 3 K 1443/13, EFG 2015, 1196), für **Pflichtbeiträge zur niederländischen Krankenversicherung**, die von in den Niederlanden bezogenen Renten einbehalten werden (FG Düsseldorf v. 8.5.2015, 9 K 400/14 E, EFG 2015, 1355), für **Versorgungsbeiträge zu einem inländischen Versorgungswerk** (Bayerische Architektenversorgung), die im Zusammenhang mit nach Art. 15 Abs. 1 DBA-Österreich steuerfreien ausländischen Einkünften stehen (BFH v. 13.4.2021, I R 19/19) und für **inländische Pflichtbeiträge zur Renten- und Arbeitslosenversicherung für in Drittstaaten erzielten**, im Inland nach einem DBA **steuerfreien Arbeitslohn** (BFH v. 14.12.2022, X R 25/21, BFH/NV 2023, 755).

Hinweis:

Mit dem Jahressteuergesetz 2024 v. 2.12.2024, BGBl. I 2024, Nr. 387, hat der Gesetzgeber die Rechtsprechung des BFH (v. 27.10.2021, X R 11/20, HFR 2022, 30) insoweit umgesetzt, als vom Ausschluss des Sonderausgabenabzugs nach § 10 Abs. 2 Satz 1 Nr. 1 zweiter Halbsatz EStG auch dann abzusehen ist, wenn der Stpfl. im ehemaligen Beschäftigungsstaat keine Einnahmen aus nichtselbständiger Arbeit erzielt, sondern eine vom Bestehen des Arbeitsverhältnisses abhängige gesetzliche Altersrente aus einer gesetzlichen Rentenversicherung bezieht. Deshalb wurde in § 10 Abs. 2 Satz 1 Nr. 1 Buchst. a EStG die Bezugnahme auf Einnahmen aus nichtselbständiger Arbeit gestrichen und in § 10 Abs. 2 Satz 1 Nr. 1 Buchstabe c EStG der Begriff Beschäftigungsstaat durch den Begriff anderer Staat ersetzt. Diese Neuregelung findet auf alle offenen Fälle Anwendung (§ 52 Abs. 18 EStG i.d.F. des Jahressteuergesetzes 2024).

Zu dieser gesetzlichen Regelung hat die FinVerw. mittlerweile ein begleitendes Schreiben erlassen (BMF v. 3.4.2025, IV C 4 – S 2221/00380/003/005, BStBl I 2025, 964). Dieses enthält folgende Konkretisierungen:

- Beiträge nach § 10 Abs. 1 Nr. 2, 3 und 3a EStG, die in **keinem** unmittelbaren Zusammenhang mit steuerfreien Einnahmen stehen, d.h. keine durch den Bezug der steuerfreien Einnahmen auslösende Pflichtbeiträge an einen Sozialversicherungsträger darstellen, sind weiterhin unter den Voraussetzungen des § 10 Abs. 2 Satz 1 Nr. 2 EStG als Sonderausgaben zu berücksichtigen. Dazu gehören beispielsweise Beiträge zur gesetzlichen Rentenversicherung im Rahmen einer freiwilligen Versicherung, zu einer zusätzlichen privaten Kranken- oder Pflegeversicherung sowie zu einer freiwilligen Unfallversicherung.
- Zur Beurteilung der Frage, ob gem. § 10 Abs. 2 Satz 1 Nr. 1 Halbs. 2 Buchst. c EStG der andere Staat **keinerlei** steuerliche Berücksichtigung von Vorsorgeaufwendungen im Rahmen der Besteuerung dort bezogener Einnahmen zulässt, sind die **einzelnen Sparten der Vorsorgeaufwendungen getrennt zu beurteilen**. Zu differenzieren ist zwischen den durch den Bezug der steuerfreien Einnahmen ausgelösten Pflichtbeiträgen zu folgenden Sparten:
  - gesetzliche Rentenversicherung (vergleichbar § 10 Abs. 1 Nr. 2 EStG)
  - gesetzliche Krankenversicherung (vergleichbar § 10 Abs. 1 Nr. 3 Satz 1 Buchst. a EStG
  - gesetzliche Pflegeversicherung (vergleichbar § 10 Abs. 1 Nr. 3 Satz 1 Buchst. b EStG)
  - Arbeitslosenversicherung (vergleichbar § 10 Abs. 1 Nr. 3a EStG)

Die geleisteten Aufwendungen müssen in ihrem Kerngehalt den gemeinsamen und typischen Merkmalen der inländischen Aufwendungen vergleichbar sein.

Die Abzugsfähigkeit von Aufwendungen einer Sparte im (ggf. ehemaligen) EU-/EWR-Staat oder der Schweizerischen Eidgenossenschaft hat nicht zur Folge, dass die Abzugsfähigkeit von Vorsorgeaufwendungen für andere Versicherungssparten im Inland ausgeschlossen ist.

2. Altersvorsorgeaufwendungen

a) Begriff

4360 Unter Altersvorsorgeaufwendungen fallen Beiträge an

- die **gesetzlichen Rentenversicherungen**,
- **die landwirtschaftlichen Alterskassen**,
- **berufsständische Versorgungseinrichtungen, die den gesetzlichen Rentenversicherungen vergleichbare Leistungen erbringen**,
- **kapitalgedeckte private Leibrentenversicherungen** unter folgenden Voraussetzungen:
  - Die Beiträge des Stpfl. dienen dem Aufbau einer **eigenen, kapitalgedeckten** Altersversorgung.
  - Der Vertrag sieht die Zahlung einer **monatlichen**, gleich bleibenden oder steigenden, auf das Leben des Stpfl. bezogenen **lebenslangen** Leibrente vor.
  - Die Leistungen dürfen **nicht vor Vollendung des 62. Lebensjahrs** des Stpfl. erbracht werden (bei vor dem 1.1.2012 abgeschlossenen Verträgen: 60. Lebensjahr).
  - Die Ansprüche dürfen **nicht vererblich**, **nicht übertragbar**, **nicht beleihbar**, **nicht veräußerbar** und **nicht kapitalisierbar** sein.
  - Über den Anspruch auf Leibrente hinaus darf **kein Anspruch auf Auszahlung** bestehen.
- **ergänzende Erwerbs- und Berufsunfähigkeitsversicherungen**, wenn es sich lediglich um eine **„Zusatzversicherung“** handelt (ergänzende Absicherung im Zusammenhang mit einer Leibrentenversicherung in Abgrenzung zu der eigenständigen Versicherung, die zu den sonstigen Vorsorgeaufwendungen i.S.d. § 10 Abs. 1 Nr. 3a EStG gehört). Eine „Zusatzversicherung“ wird unter folgenden Voraussetzungen anerkannt:
  - Wenn der Vertrag nur **die Zahlung einer monatlichen**, auf das Leben des Stpfl. bezogenen **lebenslangen Leibrente** für einen Versicherungsfall vorsieht, der bis zur Vollendung des 67. Lebensjahrs eingetreten ist.
  - Der Vertrag kann die Beendigung der Rentenzahlung wegen eines medizinisch begründeten Wegfalls der Berufsunfähigkeit oder der verminderten Erwerbsfähigkeit vorsehen.
  - Die Höhe der zugesagten Rente kann vom Alter des Stpfl. bei Eintritt des Versicherungsfalls abhängig gemacht werden, wenn der Stpfl. das 55. Lebensjahr vollendet hat.
  - . Die Ansprüche dürfen **nicht vererblich**, **nicht übertragbar**, **nicht beleihbar**, **nicht veräußerbar** und **nicht kapitalisierbar** sein.
  - Über den Anspruch auf Leibrente hinaus darf **kein Anspruch auf Auszahlung** bestehen.

Nicht zu den begünstigten Vorsorgeprodukten gehören Anlageprodukte, die je nach ihrer konkreten Ausgestaltung zwar auch der Altersvorsorge dienen können, jedoch nicht zwingend dienen müssen. Bei diesen Anlageformen überwiegt i.d.R. der Charakter einer (frei verfügbaren) Kapitalanlage. Hierzu gehören z.B. Beiträge zur Versorgungsanstalt der Bezirksschornsteinfegermeister (BFH v. 15.5.2013, X R 18/10, BStBl II 2014, 25) oder **Kapitallebensversicherungen**. Beiträge zu Gunsten von Kapitallebensversicherungsverträgen, die vor dem 1.1.2005 abgeschlossen wurden und bei denen bereits ein entsprechender Versicherungsbeitrag vor dem genannten Termin geleistet worden ist, werden als **sonstige Vorsorgeaufwendungen** anerkannt.

Der BFH (Urteil v. 13.1.2022, X B 82/21, BFH/NV 2022, 584) hat zur Abziehbarkeit von Altersvorsorgeaufwendungen zu kapitalbildenden Lebensversicherungen entschieden, dass Beiträge zu kapitalbildenden Lebensversicherungen auch dann nicht den als Sonderausgaben gemäß § 10 Abs. 1 Nr. 2 Buchst. a EStG abziehbaren Beiträgen zu einer berufsständischen Versorgungseinrichtung gleichzustellen sind, wenn die gesetzlichen Regelungen der Versorgungseinrichtung die Möglichkeit eines Dispenses von der Beitragspflicht wegen des vorherigen Abschlusses einer Lebensversicherung vorsehen.

Die **Erstattung von Rentenversicherungsbeiträgen** nach § 210 Abs. 1a SGB VI stellt eine nach § 22 Nr. 1 Satz 3 Buchst. a EStG steuerbare, aber nach § 3 Nr. 3 Buchst. b EStG steuerfreie Einnahme dar. Dies steht einer **Behandlung als sog. negative Sonderausgaben entgegen** (BFH v. 7.7.2020, X R 35/18, BStBl II 2021, 750).

b) Übergangsregelung

Die Altersvorsorgeaufwendungen wurden durch das Jahressteuergesetz 2022 bereits ab dem Kalenderjahr 2023 in vollem Umfang zum Abzug zugelassen. Erforderlich war die Änderung vor dem Hintergrund der Urteile des BFH v. 19.5.2021, Az. X R 20/19 und X R 33/19, da mit dieser Maßnahme in einem ersten Schritt dazu beigetragen werden kann, auf langfristige Sicht eine „doppelte Besteuerung“ von Renten aus der Basisversorgung zu vermeiden. 4361
Nach der Übergangsregelung wird der Übergang zu einer vollständigen Abziehbarkeit der entsprechenden Beiträge zur gesetzlichen Rentenversicherung und vergleichbarer Aufwendungen aus Haushaltsgründen nun für die Kalenderjahre 2005 bis 2022 schrittweise erfolgen; dazu enthält § 10 Abs. 3 EStG folgende Regelung:

Zunächst werden grds. innerhalb eines Rahmens von 20 000 € **(seit 2015 ist das Abzugsvolumen dynamisch an den Höchstbeitrag zur knappschaftlichen Rentenversicherung gekoppelt)** 60 % der individuell getätigten Aufwendungen als abziehbare Aufwendungen berücksichtigt. Dieser Prozentsatz steigt im Laufe der Jahre jeweils bis 2022 um 2 Prozentpunkte an und ab dem Jahr 2023 beträgt der Satz 100 %, so dass **ab dem Jahr 2023** die Beiträge zu 100 % abgesetzt werden können.

Absetzbare Altersvorsorgeaufwendungen bei		
im Jahr	**Alleinstehenden**	**Verheirateten**
2005	60 % der Beiträge, höchstens 12 000 € (60 % von 20 000 €)	60 % der Beiträge, höchstens 24 000 € (60 % von 40 000 €)
2015	80 % der Beiträge, höchstens 17 738 € (80 % von 22 172 €)	80 % der Beiträge, höchstens 35 476 € (80 % von 44 344 €)
2020	90 % der Beiträge, höchstens 22 542 € (90 % von 25 046 €)	90 % der Beiträge, höchstens 45 084 € (90 % von 50 092 €)
2021	92 % der Beiträge, höchstens 23 725 € (92 % von 25 787 €)	92 % der Beiträge, höchstens 47 450 € (92 % von 51 574 €)
2022	94 % der Beiträge, höchstens 24 101 € (94 % von 25 639 €)	94 % der Beiträge, höchstens 48 202 € (94 % von 51 278 €)
ab 2023	**100 % der Beiträge, höchstens Höchstbetrag zur knappschaftlichen Rentenversicherung**	**100 % der Beiträge, höchstens Höchstbetrag zur knappschaftlichen Rentenversicherung × 2**

Es bestehen **keine verfassungsrechtlichen Bedenken** gegen die Qualifizierung der Altersvorsorgeaufwendungen als Sonderausgaben sowie deren auf einen Höchstbetrag begrenzte Abzugsfähigkeit (BVerfG v. 14.6.2016, 2 BvR 290/10, BStBl II 2016, 801).

c) Höchstbetragsberechnung

aa) Pflichtversicherte Arbeitnehmer

4362 Bei Arbeitnehmern zählen zu den abzugsfähigen Altersvorsorgeaufwendungen nicht nur die **eigenen Beitragsleistungen, hinzuzurechnen** sind auch der nach § 3 Nr. 62 EStG **steuerfreie Arbeitgeberanteil zur gesetzlichen Rentenversicherung** und ein diesem gleichgestellter steuerfreier Zuschuss des Arbeitgebers (§ 10 Abs. 1 Nr. 2 Satz 2 EStG).

Bei gesetzlich pflichtversicherten Arbeitnehmern wird die Höhe der als Sonderausgaben abziehbaren Beträge dann in **drei Schritten ermittelt** (§ 10 Abs. 3 EStG):

- Die Beiträge sind auf den **Höchstbetrag zur knappschaftlichen Rentenversicherung**, aufgerundet auf einen vollen Eurobetrag, beschränkt. Bei zusammenveranlagten **Ehegatten** verdoppelt sich dieser Betrag.

  Für 2026 ergibt sich somit ein **Höchstbetrag von 30 826 €** (124 800 € × 24,7 %) bzw. bei zusammenveranlagten Ehegatten **von 61 652 €.**

- **Nach der Begrenzung der Aufwendungen auf den o.g. Höchstbetrag** (nach dem Vergleich der Aufwendungen mit dem Höchstbetrag wird mit dem niedrigeren Betrag weitergerechnet) fand bis zur vollständigen Abziehbarkeit der Altersvorsorgeaufwendungen im Jahre 2025 die Übergangsregelung Anwendung. Im Jahr 2022 konnten demnach **94 % der Vorsorgeaufwendungen** berücksichtigt werden. Dieser Prozentsatz sollte dann jährlich um 2 Prozentpunkte ansteigen (bis im Jahr 2025 100 % erreicht sind). Durch die Änderung im Jahressteuergesetz 2022 wird der bisher ab dem Jahr 2025 vorgesehene vollständige Sonderausgabenabzug auf das Jahr **2023 vorgezogen.** Damit erhöhen sich die als Sonderausgabenabzug abzugsfähigen Vorsorgeaufwendungen ab dem Jahr 2023 auf 100 Prozentpunkte.

- Von diesem Betrag ist der nach § 3 Nr. 62 EStG **steuerfreie Arbeitgeberanteil zur gesetzlichen Rentenversicherung** und ein diesem gleichgestellter steuerfreier Zuschuss des Arbeitgebers abzuziehen.

Beispiel:

Der ledige A zahlt im Jahr 2026 einen Arbeitnehmeranteil zur gesetzlichen Rentenversicherung von 3 000 €. Der für A geleistete steuerfreie Arbeitgeberanteil beläuft sich dementsprechend auch auf 3 000 €. Zusätzlich hat A noch eine private Leibrentenversicherung abgeschlossen und Beiträge i.H.v. 2 000 € eingezahlt.

Als Sonderausgaben können **im Jahre 2026** folgende Altersvorsorgeaufwendungen angesetzt werden:

Tatsächlicher Arbeitnehmerbeitrag	3 000 €
Tatsächlicher Arbeitgeberbeitrag	3 000 €
Zusatzversicherung	2 000 €
Insgesamt	8 000 €
Höchstbetrag	30 826 €
Ansatz des niedrigeren Betrags	8 000 €
Ansatz zu 100 %	8 000 €
abzgl. steuerfreier Arbeitgeberanteil	3 000 €
Verbleibender Betrag	5 000 €

Es können **5 000 €** als Sonderausgaben angesetzt werden.

bb) Nicht pflichtversicherte Arbeitnehmer

Bei Arbeitnehmern, die ohne eigene Beiträge zur Rentenversicherung ganz oder teilweise Anspruch auf eine Altersversorgung erhalten wie z.B. **Beamte, Richter, Soldaten, rentenversicherungsfreie Beschäftigte, Gesellschafter-Geschäftsführer mit Pensionszusage oder Abgeordnete**, wird die Höhe der als Sonderausgaben abziehbaren Beträge in **zwei Schritten ermittelt** (§ 10 Abs. 3 EStG): 4363

- Die Beiträge sind auf den **Höchstbetrag zur knappschaftlichen Rentenversicherung**, aufgerundet auf einen vollen Eurobetrag, beschränkt. Bei zusammenveranlagten **Ehegatten** verdoppelt sich dieser Betrag.

  Für 2026 ergibt sich somit ein **Höchstbetrag von 30 826 €** (124 800 € × 24,7 %) bzw. bei zusammenveranlagten Ehegatten **von 61 652 €.**

  Der Höchstbetrag vermindert sich um einen **fiktiven Gesamtbeitrag zur gesetzlichen Rentenversicherung** (§ 10 Abs. 3 Satz 3 EStG). Der fiktive Gesamtbeitrag (Arbeitnehmer- und Arbeitgeberanteil) ermittelt sich unter Zugrundelegung des jeweils für das Kalenderjahr gültigen Beitragssatzes zur gesetzlichen Rentenversicherung der Arbeiter und Angestellten (für das Jahr 2026 18,6 %) und der vom Stpfl. aus der betreffenden Tätigkeit erzielten steuerpflichtigen Einnahmen. In diesem Zusammenhang werden – wie bei den in der gesetzlichen Rentenversicherung der Arbeiter und Angestellten Pflichtversicherten – Einnahmen oberhalb der Beitragsbemessungsgrenze nicht angesetzt.

- Mit der Änderung durch das Jahressteuergesetz 2022 wird der bisher ab dem Jahr 2025 vorgesehene vollständige Sonderausgabenabzug auf das Jahr 2023 vorgezogen.

Beispiel:

Bei dem Arbeitnehmer im o.g. Beispiel handelt es sich um einen **Beamten**, der eine private Leibrentenversicherung abgeschlossen und Beiträge i.H.v. 2 000 € eingezahlt hat. Der fiktive Arbeitnehmer- und Arbeitgeberanteil (§ 10 Abs. 3 Satz 3 EStG) beträgt jeweils 3 000 €.

Als Sonderausgaben können **im Jahre 2026** folgende Altersvorsorgeaufwendungen angesetzt werden:

Tatsächlicher Arbeitnehmerbeitrag	0 €
Tatsächlicher Arbeitgeberbeitrag	0 €
Zusatzversicherung	2 000 €
Insgesamt	2 000 €
Höchstbetrag	30 826 €
– **fiktiver** Arbeitnehmeranteil	3 000 €
– **fiktiver** Arbeitgeberanteil	3 000 €
Verbleibender Höchstbetrag	24 826 €
Ansatz des niedrigeren Betrags	2 000 €
Ansatz ab zu 100 %	2 000 €
– steuerfreier Arbeitgeberanteil	0 €
Verbleibender Betrag	2 000 €

Es können **2 000 €** als Sonderausgaben angesetzt werden.

Die Kürzung um einen fiktiven Gesamtbeitrag zur gesetzlichen Rentenversicherung ist auch bei Gesellschafter-Geschäftsführern, die nur eine geringe Pensionszusage erhalten, nicht verfassungswidrig (BFH v. 15.7.2014, X R 35/12, BStBl II 2015, 213).

cc) Geringfügig beschäftigte Arbeitnehmer

4364 Im Zusammenhang mit einer geringfügigen Beschäftigung vom Arbeitgeber erbrachte pauschale Beiträge zur Rentenversicherung schlagen sich kaum im späteren Rentenanspruch nieder. Die Hinzurechnung und der spätere Abzug dieser Beiträge hat sich stets **zu Ungunsten des Arbeitnehmers** ausgewirkt, denn der Abzug für private Vorsorgebeiträge wird gemindert, ohne dass dies mit dem steuerunbelasteten Erwerb entsprechender Anwartschaften in der gesetzlichen Rentenversicherung inhaltlich gerechtfertigt werden kann.

Pauschale Rentenversicherungsbeiträge nach § 168 Abs. 1 Nr. 1b oder 1c oder nach § 172 Abs. 3 oder 3a SGB VI werden daher nur noch **auf Antrag des Arbeitnehmers** den Altersvorsorgeaufwendungen hinzugerechnet (§ 10 Abs. 1 Nr. 2 Satz 7 EStG). Nur in diesem Fall erfolgt eine Minderung der Vorsorgebeiträge (§ 10 Abs. 3 Satz 7 EStG).

3. Basisabsicherung

a) Begriff

4365 Hierunter fallen Beiträge zur:

- **gesetzlichen Krankenversicherung** und **privaten Basiskrankenversicherung** (§ 10 Abs. 1 Nr. 3 Buchst. a EStG),
- **sozialen Pflegeversicherung** und **privaten Pflege-Pflichtversicherung** (§ 10 Abs. 1 Nr. 3 Buchst. b EStG).

Die als Sonderausgaben seit 2010 unbeschränkt abziehbaren Basiskranken- und Pflegeversicherungsbeiträge müssen auch dann **vorrangig mit den im selben Veranlagungszeitraum erstatteten Beiträgen** zur Basiskranken- und Pflegeversicherung verrechnet werden, wenn diese im Jahr ihrer Zahlung nur beschränkt steuerlich abziehbar waren (BFH v. 6.7.2016, X R 6/14, BStBl I 2016, 933, BFH v. 6.7.2016, X R 22/14 und BFH v. 3.8.2016, X R 35/15).

aa) Beiträge zur gesetzlichen Krankenversicherung

4366 Die Beiträge zur gesetzlichen Krankenversicherung einschließlich der Beiträge zur landwirtschaftlichen Krankenkasse gehören grds. zu den **Beiträgen für eine Basiskrankenversicherung**. Hierzu zählt auch der **von der Krankenkasse erhobene kassenindividuelle Zusatzbeitrag**.

Praxisgebühren sind **keine Beiträge zu Krankenversicherungen**, sondern eine Form der Selbstbeteiligung (BFH v. 18.7.2012, X R 41/11, BStBl II 2012, 821). Die Erstattung der Praxisgebühr ist daher nicht wie eine Beitragsrückerstattung zu behandeln (FinMin Schleswig-Holstein v. 6.5.2013, VI 314 – S 2221 – 217, StEd 2013, 316).

Auch die Übernahme von Aufwendungen **innerhalb eines sog. Selbstbehalts** sind keine Beiträge zu Krankenversicherungen und deshalb nicht als Vorsorgeaufwendungen abziehbar (BFH v. 1.6.2016, X R 43/14, BStBl II 2017, 55).

Wird auf die **Erstattung von Krankheitskosten verzichtet**, um von der privaten Krankenversicherung eine Beitragserstattung zu erhalten, können diese Kosten nicht von den erstatteten Beiträgen abgezogen werden, die ihrerseits die Höhe der abziehbaren Krankenversicherungsbeiträge reduzieren (BFH v. 29.11.2017, X R 3/16, BStBl II 2018, 384).

Beitragsrückerstattungen mindern, soweit sie auf die Basisabsicherung entfallen, die nach § 10 Abs. 1 Nr. 3 Satz 1 Buchst. a EStG abziehbaren Krankenversicherungsbeiträge in dem Jahr, in dem sie zufließen. Beitragsrückerstattungen in diesem Sinne sind z.B. auch Prämienzahlungen nach § 53 SGB V und Bonusleistungen nach § 65a SGB V, soweit diese Bonusleistungen nicht lediglich eine Erstattung tatsächlich entstandener Aufwendungen darstellen (BMF v. 24.5.2017, IV C 3 – S 2221/16/10001 :004, BStBl I 2017, 820 Rdnr. 87 f. unter Berücksichtigung der Änderungen zuletzt durch BMF v. 16.12.2021, IV C 3 – S 2221/20/10012 :002, BStBl I 2022, 155. Wie mit verfahrensrechtlichen Fragen zum o.g. BMF v. 16.12.2021 umzugehen ist, regelt BMF v. 7.10.2022, IV A 3 – S 0338/19/10006 :009/ IV C 3 – S 2221/21/ 10002 :011, BStBl I 2022, 1437 darin werden die Voraussetzungen und Modalitäten zur Änderung der betroffenen Einkommensteuerbescheide geregelt, soweit deren Festsetzungsfrist nicht abgelaufen ist sowie BFH v. 6.6.2018, X R 41/17, BStBl II 2018, 646).

Werden von der gesetzlichen Krankenversicherung i.R. eines Bonusprogramms zur Förderung gesundheitsbewussten Verhaltens (nach § 65a SGB V) **Kosten für Gesundheitsmaßnahmen erstattet**, die **nicht im regulären Versicherungsumfang enthalten** und damit von den Versicherten vorab privat finanziert worden sind, handelt es sich bei dieser Kostenerstattung um eine Leistung der Krankenkasse und **nicht um eine Beitragsrückerstattung** (BFH v. 1.6.2016, X R 17/15, BStBl II 2016, 989). Die als Sonderausgaben abziehbaren Krankenversicherungsbeiträge sind daher **nicht um den Betrag der Kostenerstattung zu mindern**. Eine solche Leistung der Krankenkasse liegt nur in den Fällen vor, bei denen nach den konkreten Bonusmodellbestimmungen durch den Versicherten vorab Kosten für zusätzliche Gesundheitsmaßnahmen aufgewendet werden müssen, die anschließend auf Grund eines Kostennachweises erstattet werden. Nicht davon umfasst sind dagegen Programme, die lediglich die Durchführung bestimmter Gesundheitsmaßnahmen oder ein bestimmtes Handeln der Versicherten als Voraussetzung für eine Bonusleistung vorsehen, selbst wenn diese Maßnahmen mit Aufwand beim Versicherten verbunden sind (BMF v. 24.5.2017, IV C 3 – S 2221/16/10001 :004, BStBl I 2017, 820 Rdnr. 89 unter Berücksichtigung der Änderungen zuletzt durch BMF-Schreiben v. 16.12.2021, IV C 3 – S 2221/20/10012 :002, BStBl I 2022, 155). Wie mit verfahrensrechtlichen Fragen zum o.g. BMF-Schreiben v. 16.12.2021 umzugehen ist, regelt das aktuelle BMF-Schreiben v. 7.10.2022, IV A 3 – S 0338/19/10006 :009/ IV C 3 – S 2221/21/ 10002 :011, BStBl I 2022, 1437. Darin werden die Voraussetzungen und Modalitäten zur Änderung der betroffenen Einkommensteuerbescheide geregelt, soweit deren Festsetzungsfrist nicht abgelaufen ist.

Der BFH hat nunmehr seine Rechtsauffassung konkretisiert und entschieden, dass

- die von einer **gesetzlichen Krankenkasse** auf der Grundlage von § 65a SGB V gewährte **Geldprämie (Bonus) für gesundheitsbewusstes Verhalten** auch bei pauschaler Ausgestaltung keine den Sonderausgabenabzug mindernde Beitragserstattung darstellt, sofern durch sie konkret der Gesundheitsmaßnahme zuzuordnender finanzieller Aufwand des Stpfl. ganz oder teilweise ausgeglichen wird (BFH v. 6.5.2020, X R 16/18, HFR 2020, 877),
- die von einer **privaten Krankenkasse** gezahlten **Bonuszahlungen** als Beitragserstattung die nach § 10 Abs. 1 Nr. 3 Satz 1 Buchst. a EStG abzugsfähigen Sonderausgaben mindern, wenn diese **unabhängig davon gezahlt** werden, ob dem Versicherungsnehmer finanzieller Gesundheitsaufwand entstanden ist oder nicht; der mit den Bonuszahlungen einhergehende teilweise Verlust eines Erstattungsanspruchs für Gesundheitsaufwendungen berührt nicht die für § 10 Abs. 1 Nr. 3 Satz 1 Buchst. a EStG maßgebliche Beitragsebene (BFH v. 16.12.2020, X R 31/19, BStBl II 2022, 106).

Die Finanzverwaltung hat Folgerungen aus diesen beiden Urteilen gezogen. Das BMF (v. 16.12.2021, IV C 3 – S 2221/20/10012 :002, BStBl I 2022, 155) fasst die **Rdnr. 88 und 89** der bisherigen Verwaltungsanweisung wie folgt (BMF v. 24.5.2017, IV C 3 – S 2221/16/10001 :004, BStBl I 2017, 820 unter Berücksichtigung der Änderungen durch BMF v. 6.11.2017, IV C 3 – S 2221/17/10006 :001, BStBl I 2017, 1455 und BMF v. 28.9.2021, IV C 3 – S 2221/21/10016 :001, BStBl I 2021, 1833) und fügt die **Rdnr. 89a und 89b** (Rdnr. 89b wurde zwischenzeitlich durch BMF v. 28.12.2023, IV C 3 – S 2221/20/10012 :005, BStBl I 2024, 209 hinsichtlich des Anwendungszeitraums erweitert) ein:

„88 Beitragsrückerstattungen in diesem Sinne sind z.B. auch Prämienzahlungen nach § 53 SGB V und Bonusleistungen nach § 65a SGB V, soweit diese Bonusleistungen nicht eine Leistung der GKV darstellen (vgl. Rdnr. 89). Beitragsrückerstattungen aus Bonusprogrammen sind zu dem Zeitpunkt zu melden, zu dem der Vorteil aus der Bonusleistung dem Grunde nach verfügbar ist (Zufluss). Als Zufluss gilt bei

- *Geldprämien der Zeitpunkt der Auszahlung des Geldbetrags,*
- *Sachprämien der Zeitpunkt der Ausgabe der Sachprämie,*
- *einer Gutschrift auf dem Bonuskonto der Zeitpunkt der Gutschrift,*
- *Verzicht auf eine Bonusleistung der Zeitpunkt des Verzichts.*

Wird der Vorteil z.B. in Form von Bonuspunkten gewährt, sind diese in Euro umzurechnen und als Beitragsrückerstattung zu melden. Boni für familienversicherte Bonusprogrammteilnehmer sind dem Stammversicherten zuzurechnen. Aus Vereinfachungsgründen kann die Beitragsrückerstattung aus Bonusprogrammen, bei denen der Bonuskontoinhaber erst mit dem Erfüllen bestimmter Mindestvoraussetzungen – z.B. nach einem gewissen Zeitablauf oder nach Erreichen einer bestimmten Anzahl von Bonuspunkten – über fortlaufend angesammelte und dem Bonuskonto gutgeschriebene Bonuspunkte verfügen kann, erst in dem Jahr gemeldet werden, in dem die Bonuspunkte in Form einer Sach- oder Geldprämie an den Versicherten ausgezahlt bzw. ausgegeben werden oder auf die Bonusleistung verzichtet wird. Die Meldung hat in den Fällen, in denen die Versicherten ein Wahlrecht haben, ob sie eine Geldprämie oder eine Sachprämie in Anspruch nehmen, erst für das Jahr der Ausübung des Wahlrechts zu erfolgen.

89 Werden von der GKV im Rahmen eines Bonusprogramms nach § 65a SGB V Kosten für Gesundheitsmaßnahmen erstattet bzw. bonifiziert, die nicht im regulären Versicherungsumfang des Basiskrankenversicherungsschutzes enthalten sind (z.B. Osteopathie-Behandlung) bzw. der Förderung gesundheitsbewussten Verhaltens dienen (z.B. Mitgliedschaft in einem Sportverein oder einem Fitnessstudio) und von den Versicherten privat finanziert werden bzw. worden sind, handelt es sich um eine nicht steuerbare Leistung der Krankenkasse und nicht um eine Beitragsrückerstattung (BFH v. 6.5.2020, X R 16/18, BStBl II 2022, 109). Die als Sonderausgaben abziehbaren Krankenversicherungsbeiträge sind daher nicht um den Betrag der Kostenerstattung bzw. des darauf entfallenden Bonus zu mindern. Auf den Zeitpunkt des Abflusses der Kosten kommt es nicht an (§ 11 Abs. 2 EStG). Eine pauschale Bonusleistung muss die tatsächlich entstandenen bzw. entstehenden Kosten nicht exakt abdecken.

89a Eine Beitragsrückerstattung liegt vor, wenn sich ein Bonus der GKV auf eine Maßnahme bezieht, die vom Basiskrankenversicherungsschutz umfasst ist (insbesondere gesundheitliche Vorsorge- oder Schutzmaßnahmen, z.B. zur Früherkennung bestimmter Krankheiten) oder für aufwandsunabhängiges Verhalten (z.B. Nichtraucherstatus, gesundes Körpergewicht) gezahlt wird.

89b Aus Vereinfachungsgründen wird davon ausgegangen, dass Bonuszahlungen auf der Grundlage von § 65a SGB V bis zur Höhe von 150 € pro versicherte Person Leistungen der GKV darstellen. Übersteigen die Bonuszahlungen diesen Betrag, liegt in Höhe des übersteigenden Betrags eine Beitragsrückerstattung vor. Etwas anderes gilt nur, soweit der Stpfl. nachweist, dass Bonuszahlungen von mehr als 150 € auf Leistungen der GKV gemäß Rdnr. 89 beruhen.

*Diese Regelung **gilt für bis zum 31.12.2024 geleistete Zahlungen.**“*

Die im BMF-Schreiben v. 28.12.2023, IV C 3 – S 2221/20/10012 :005, BStBl I 2024, 209, Rdnr. 89b enthaltene Vereinfachungsregelung hat sich in der Praxis bewährt und wurde daher mit dem Jahressteuergesetz 2024 v. 2.12.2024, BGBl. I 2024, Nr. 387, in § 10 Abs. 2b Sätze 2 und 3 EStG gesetzlich verstetigt.

Nicht der Basisabsicherung zuzurechnen ist der Beitragsanteil, der der **Finanzierung des Krankengelds** dient. Dieser Anteil wird durch einen **pauschalen Abschlag von 4 %** bestimmt (§ 10 Abs. 1 Nr. 3 Buchst. a Satz 4 EStG). Grundlage für die Abschlagshöhe sind die durchschnittlichen Ausgaben der gesetzlichen Krankenversicherung für das Krankengeld in den vergangenen Jahren. Der Abschlag wird allerdings nur dann vorgenommen, wenn dem Grunde nach eine Krankengeldabsicherung besteht. Dies bedeutet, dass z.B. bei den in der gesetzlichen Krankenversicherung versicherten Rentenbeziehern keine Kürzung erfolgt.

Werden über die gesetzliche Krankenversicherung auch Leistungen abgesichert, die **über die Pflichtleistungen hinausgehen**, so sind auch die darauf entfallenden Beitragsanteile **nicht der Basisabsicherung** zuzurechnen. Hierzu gehören Beiträge für Wahl- und Zusatztarife, die Leistungen wie Chefarztbehandlung oder Einbettzimmer abdecken (diese Leistungen können aber bei den sonstigen Vorsorgeaufwendungen berücksichtigt werden, → Rz. 4372).

Ist ein Stpfl. **sowohl Pflichtmitglied** in einer gesetzlichen Krankenkasse als auch **freiwillig privat krankenversichert**, kann er lediglich die Beiträge abziehen, die er an die **gesetzliche Krankenversicherung entrichtet** (BFH v. 29.11.2017, X R 5/17, BStBl II 2018, 230). Die gegen dieses Urteil eingelegte Verfassungsbeschwerde wurde nicht zur Entscheidung angenommen (BVerfG v. 8.5.2019, 2 BvR 1733/18). Dies gilt auch dann, wenn der Arbeitgeber den Arbeitnehmer rechtsirrig nicht zur gesetzlichen Kranken- und Pflegeversicherung angemeldet hat und der Arbeitnehmer daher einen bestehenden privaten Kranken- und Pflegeversicherungsvertrag nicht mit Eintritt in das Arbeitsverhältnis gekündigt hat (BFH v. 29.8.2019, X B 56/19).

bb) Beiträge zur privaten Krankenversicherung

Zur **Basisabsicherung in einer privaten Krankenversicherung** dienen die Beitragsanteile, mit denen Versicherungsleistungen finanziert werden, die in Art, Umfang und Höhe den **Pflichtleistungen der gesetzlichen Krankenversicherung vergleichbar** sind und auf die ein Anspruch besteht. Nicht zur Basisabsicherung gehören allerdings – wie bei der gesetzlichen Krankenversicherung – Beitragsanteile, die der Finanzierung von Komfortleistungen (z.B. Chefarztbehandlung, Einbettzimmer), des Krankenhaustagegelds oder des Krankentagegelds dienen (diese Leistungen können aber bei den sonstigen Vorsorgeaufwendungen berücksichtigt werden, → Rz. 4372). **4367**

Werden in einem Krankenversicherungstarif auch über eine Basisabsicherung **hinausgehende Leistungen versichert**, dann ist der für den entsprechenden Tarif geleistete Beitrag in einen **abziehbaren und nicht abziehbaren Teil aufzuteilen**. Das Aufteilungsverfahren ist in der **Krankenversicherungsbeitragsanteil-Ermittlungsverordnung** v. 11.8.2009, BGBl. I 2009, 2730, geändert durch Art. 2 Abs. 9 des Gesetzes vom 1.4.2015, BGBl. I 2015, 434, geregelt. Der private Krankenversicherer ermittelt, in welchem Umfang ein privater Krankenversicherungstarif der Basisabsicherung dient. Daraus ergibt sich der steuerlich zu berücksichtigende Beitragsanteil für diesen Tarif. Selbst wenn der so ermittelte Beitrag zur Basisabsicherung geringer sein sollte als ein vergleichbarer Beitrag zur gesetzlichen Krankenversicherung bzw. als ein vergleichbarer Basistarif, sind lediglich die auf der Grundlage dieser Verordnung ermittelten Beiträge zur Basisabsicherung abziehbar; **Zweifel an der Rechtmäßigkeit der Verordnung bestehen nicht** (BFH v. 29.11.2017, X R 26/16, HFR 2018, 362).

Steuerfreie Zuschüsse des Arbeitgebers sind **ausschließlich mit Beiträgen für die Basisabsicherung** i.S.d. § 10 Abs. 1 Nr. 3 EStG **zu verrechnen** (BFH v. 2.9.2014, IX R 43/13, BStBl II 2015, 257).

Die Basisabsicherung ist vom sog. **Basistarif** zu unterscheiden. Der Basistarif ist ein **besonders gestalteter Tarif**, der grds. von jedem privaten Krankenversicherungsunternehmen angeboten werden muss. Bei einem Basistarif können alle **geleisteten Beiträge** – mit Ausnahme der Beitragsanteile, die auf das Krankentagegeld entfallen – in vollem Umfang angesetzt werden. Für die steuerliche Berücksichtigung der Beiträge zur Basisabsicherung ist der **Abschluss eines Basistarifs aber nicht zwingend**.

cc) Beiträge zu einer Pflegepflichtversicherung

Beiträge zur gesetzlichen Pflegeversicherung und zur privaten Pflege-Pflichtversicherung gehören **in vollem Umfang zur Basisabsicherung** i.S.d. § 10 Abs. 1 Nr. 3 EStG. **4368**

b) Abzugsvolumen

Beiträge zu einer Basisabsicherung und zur Pflegepflichtversicherung können **in voller Höhe als Sonderausgaben** angesetzt werden. **4369**

Da die Beiträge für die Basisabsicherung aber mit den Beiträgen für die sonstigen Vorsorgeaufwendungen zusammengerechnet werden, verringern sich dadurch die Höchstbeträge für die sonstigen Vorsorgeaufwendungen. Dass die Beiträge zu privaten Risikolebensversicherungen, Unfallversicherungen oder Kapitallebensversicherungen steuerlich nicht berücksichtigt werden, wenn die Höchstbeträge bereits durch Beiträge für die Basisabsicherung für den Krankheits- und Pflegefall überschritten werden, begegnet keinen verfassungsrechtlichen Bedenken (BFH v. 9.9.2015, X R 5/13, BStBl II 2015, 1043).

c) Abzugsberechtigung

Abzugsberechtigt ist der Stpfl., der als Versicherungsnehmer für sich selbst, seinen Ehegatten, seine bei ihm steuerlich zu berück- **4370** sichtigenden Kinder oder seinen eingetragenen Lebenspartner Beiträge leistet.

Als eigene Beiträge des Stpfl. können auch **eigene Beiträge eines Kindes** behandelt werden, wenn der Stpfl. die Beiträge des Kindes, für das ein Anspruch auf einen Freibetrag nach § 32 Abs. 6 oder auf Kindergeld besteht, durch **Leistungen in Form von Bar- oder Sachunterhalt** wirtschaftlich getragen hat, unabhängig von Einkünften oder Bezügen des Kindes (§ 10 Abs. 1 Nr. 3 Satz 2 EStG).

Damit hat der Gesetzgeber die teilweise einschränkende BFH-Rechtsprechung (BFH v. 13.3.2018, X R 25/15, BStBl II 2019, 191), wonach ein Sonderausgabenabzug bei den Eltern nur möglich sei, wenn die Eltern die Beiträge des Kindes tatsächlich gezahlt oder erstattet, d.h. in Form von Barunterhalt getragen haben, wieder aufgehoben.

Der Sonderausgabenabzug bei den Eltern ist nunmehr von Gesetzes wegen unabhängig davon möglich, ob die Eltern die Beiträge des Kindes, für das sie Anspruch auf einen Freibetrag nach § 32 Abs. 6 EStG oder auf Kindergeld haben, i.R. ihrer Unterhaltsverpflichtung durch Leistungen in Form von Barunterhalt oder in Form von Sachunterhalt wirtschaftlich tragen. Auch ob das Kind über eigene Einkünfte verfügt, nach dem neuen Gesetzeswortlaut des § 10 Abs. 1 Nr. 3 Satz 2 EStG ausdrücklich ohne Bedeutung.

Unverändert können die Basiskranken- und gesetzlichen Pflegeversicherungsbeiträge eines Kindes aber insgesamt **nur einmal als Vorsorgeaufwendungen berücksichtigt** werden, entweder erfolgt die Berücksichtigung nach § 10 Abs. 1 Nr. 3 Satz 2 EStG bei den Eltern oder nach § 10 Abs. 1 Nr. 3 Satz 1 EStG beim Kind.

Dies gilt entsprechend, wenn der Stpfl. die Beiträge für ein unterhaltsberechtigtes Kind trägt, welches **nicht selbst Versicherungsnehmer** ist, sondern **der andere Elternteil** (§ 10 Abs. 1 Nr. 3 Satz 3 EStG). Mit dieser Neuregelung wird eine gesetzliche Regelungslücke beseitigt sowie die Vorgaben des BVerfG, wonach die Freistellung des Existenzminimums dadurch sichergestellt sein muss, dass die Beiträge für eine Basiskranken- und Pflegepflichtversicherung in vollem Umfang als Sonderausgaben abzugsfähig sind, gesetzlich umgesetzt.

Die Sonderregelung in § 10 Abs. 1 Nr. 3 Satz 2 EStG gilt **nur für die Basiskranken- und die Pflegepflichtversicherung**. Beiträge für **Komfortleistungen** kann somit **nur der Versicherungsnehmer**, d.h. das Kind, als (weitere) sonstige Vorsorgeaufwendungen (§ 10 Abs. 1 Nr. 3a EStG) abziehen.

d) Abzugszeitpunkt

4371 Beiträge sind grds. in dem Veranlagungszeitraum zu berücksichtigen, in dem sie abfließen (§ 11 Abs. 2 EStG). Um missbräuchliche Gestaltungen zu vermeiden, gilt folgende eine **Sonderregelung**:

Beiträge, die für nach Ablauf des Veranlagungszeitraums beginnende Beitragsjahre geleistet werden und in der Summe das **Dreifache der auf den Veranlagungszeitraum entfallenden Beiträge überschreiten**, sind in dem Veranlagungszeitraum anzusetzen, für den sie geleistet werden (§ 10 Abs. 1 Nr. 3 Satz 5 EStG).

Diese Regelung bezieht sich nur auf Fallgestaltungen, in denen Beiträge vorausbezahlt werden. Nicht erfasst werden Nachzahlungen für zurückliegende Jahre. Für diese gilt weiterhin das Abflussprinzip des § 11 Abs. 2 EStG.

4. Sonstige Vorsorgeaufwendungen

a) Begriff

4372 Hierunter fallen Beiträge zu

- **Kranken- und Pflegeversicherungen**, soweit sie nicht zur Basisabsicherung (→ Rz. 4365) gehören,
- Versicherungen gegen **Arbeitslosigkeit**,
- **Unfall- und Haftpflichtversicherungen**,
- **Risikoversicherungen**, die nur für den Todesfall eine Leistung vorsehen,
- eigenständigen **Erwerbs- und Berufsunfähigkeitsversicherungen**. Daneben werden Beiträge zu **Kapitallebensversicherungen und Rentenversicherungen**, die bisher als Sonderausgaben begünstigt waren, auch weiterhin als sonstige Vorsorgeaufwendungen anerkannt, wenn die Laufzeit dieser Versicherungen vor dem 1.1.2005 begonnen hat und ein Versicherungsbeitrag bis zum 31.12.2004 entrichtet wurde.

Nicht als Sonderausgaben absetzbar sind nach wie vor Sachversicherungen, also Beiträge zur Kfz-Kaskoversicherung, Hausratversicherung, Rechtsschutzversicherung, Gebäudeversicherungen, Reisegepäckversicherung.

Auch **Praxisgebühren** sind **keine sonstigen Vorsorgeaufwendungen**, sondern eine Form der Selbstbeteiligung (BFH v. 18.7.2012, X R 41/11, BStBl II 2012, 821). Die Erstattung der Praxisgebühr ist daher nicht wie eine Beitragsrückerstattung zu behandeln (FinMin Schleswig-Holstein v. 6.5.2013, VI 314 – S 2221 – 217, StEd 2013, 316).

Die Übernahme von Aufwendungen **innerhalb eines sog. Selbstbehalts** sind ebenfalls keine Beiträge zu Krankenversicherungen und deshalb nicht als Vorsorgeaufwendungen abziehbar (BFH v. 1.6.2016, X R 43/14, BStBl II 2017, 55).

Wird auf die **Erstattung von Krankheitskosten verzichtet**, um von der privaten Krankenversicherung eine Beitragserstattung zu erhalten, können diese Kosten nicht von den erstatteten Beiträgen abgezogen werden, die ihrerseits die Höhe der abziehbaren Krankenversicherungsbeiträge reduzieren (BFH v. 29.11.2017, X R 3/16, BStBl II 2018, 384).

b) Höchstbetragsberechnung

Bei den **sonstigen Vorsorgeaufwendungen** ist zunächst Folgendes zu beachten: 4373

Rentenversicherungen mit Kapitalwahlrecht und Kapitallebensversicherungen „nach altem Recht“ sind seit dem Kalenderjahr 2004 **nur noch mit 88 % der Beiträge** zu berücksichtigen (§ 10 Abs. 1 Nr. 2 Buchst. b Satz 2 EStG a.F.).

Für die sonstigen Vorsorgeaufwendungen – einschließlich der Aufwendungen für die Basisabsicherung – gelten eigenständige Höchstbeträge. Sie können abgezogen werden

- bis zu einem jährlichen Höchstbetrag von **2 800 €** bei Stpfl., die Beiträge für ihre **Krankenversicherung in vollem Umfang allein tragen** müssen, und
- bis zu einem jährlichen Höchstbetrag von **1 900 €** bei Stpfl.,
  - die ganz oder teilweise ohne eigene Aufwendungen einen Anspruch auf volle oder teilweise Erstattung oder Übernahme von Krankheitskosten haben (z.B. der **Beihilfeanspruch bei Beamten**) oder
  - für deren Krankenversicherung steuerfreie Leistungen i.S.d. § 3 Nr. 62 EStG (z.B. **steuerfreier Arbeitgeberanteil zur Kranken- und Pflegeversicherung**), § 3 Nr. 14 EStG (**Zuschüsse eines Trägers der gesetzlichen Rentenversicherung zu den Aufwendungen eines Rentners für seine Krankenversicherung**), § 3 Nr. 57 EStG (steuerfreie Leistungen der Künstlersozialkasse) oder § 3 Nr. 9 EStG (Erstattungen nach § 23 Abs. 2 Satz 1 Nr. 3 und 4 oder § 39 Abs. 4 Satz 2 SGB VIII) erbracht werden (§ 10 Abs. 4 Satz 2 EStG).

Bei **zusammenveranlagten Ehegatten** ergibt sich der gemeinsame Höchstbetrag aus der Summe der jedem Ehegatten zustehenden Höchstbeträge (§ 10 Abs. 4 Satz 3 EStG). Ist also ein Ehegatte Selbständiger und ein Ehegatte Arbeitnehmer, beträgt der gemeinsame Höchstbetrag 4 700 € (2 800 € + 1 900 €); bei einem Beamten und seinem beihilfeberechtigten Ehegatten jedoch nur 3 800 € (BFH v. 23.1.2013, X R 43/09, BStBl II 2013, 608). Übersteigen die Aufwendungen für die Basisabsicherung die sonstigen Vorsorgeaufwendungen, sind diese abzuziehen und ein Abzug von sonstigen Vorsorgeaufwendungen scheidet aus (§ 10 Abs. 4 Satz 4 EStG). Diese Regelung ist verfassungskonform (FG Hamburg v. 21.9.2012, 3 K 144/11, EFG 2013, 26).

c) Beispiele

Die Ermittlung des im Bereich der Basisabsicherung und der sonstigen Vorsorgeaufwendungen steuerlich anzusetzenden Betrags sollen folgende Beispiele erläutern: 4374

Beispiel 1:

Arbeitnehmer A ist ledig und privat krankenversichert. Er hat weder einen Anspruch auf Beihilfe zu seinen Krankheitskosten noch erhält er einen steuerfreien Zuschuss zu seiner Krankenversicherung. Er zahlt im Kalenderjahr 2026 einen Krankenversicherungsbeitrag i.H.v. 2 400 €, wovon 10 % der Finanzierung von Komfortleistungen dienen. Auf die Basiskrankenversicherung entfällt somit ein Beitragsanteil von 2 160 €. Für eine Pflegepflichtversicherung hat er 200 € gezahlt und andere sonstige Vorsorgeaufwendungen i.H.v. 400 € getätigt.

Als Sonderausgaben können **im Jahre 2026** folgende Vorsorgeaufwendungen angesetzt werden:

	Beiträge zur Krankenversicherung	2 400 €
+	Beiträge zur Pflegepflichtversicherung	200 €
+	Weitere sonstige Vorsorgeaufwendungen	400 €
=	Summe	3 000 €
	Höchstens aber	**2 800 €**
	Mindestens jedoch Basiskrankenversicherung	2 160 €
+	Pflegepflichtversicherung	200 €
=	Summe	**2 360 €**
	Anzusetzen ist der höhere Betrag, also	**2 800 €**

Beispiel 2:

Sachverhalt wie Beispiel 1, die Aufwendungen des A für die private Krankenversicherung belaufen sich auf 4 000 €, davon entfallen erneut 10 % auf Komfortleistungen. Auf die Basiskrankenversicherung entfällt somit ein Beitragsanteil von 3 600 €.

Als Sonderausgaben können **im Jahre 2026** folgende Vorsorgeaufwendungen angesetzt werden:

	Beiträge zur Krankenversicherung	4 000 €
+	Beiträge zur Pflegepflichtversicherung	200 €
+	Weitere sonstige Vorsorgeaufwendungen	400 €
=	Summe	4 600 €
	Höchstens aber	**2 800 €**
	Mindestens jedoch Basiskrankenversicherung	3 600 €
+	Pflegepflichtversicherung	200 €
=	Summe	**3 800 €**
	Anzusetzen ist der höhere Betrag, also	**3 800 €**

5. Vorsorgepauschale

4375 Die beim Lohnsteuerabzug zu berücksichtigende Vorsorgepauschale setzt sich **seit dem Kalenderjahr 2010** aus mehreren Teilbeträgen zusammen:

- Teilbetrag für die Rentenversicherung (§ 39b Abs. 2 Satz 5 Nr. 3 Buchst. a EStG),
- Teilbetrag für die gesetzliche Kranken- und soziale Pflegeversicherung (§ 39b Abs. 2 Satz 5 Nr. 3 Buchst. b und c EStG),
- Teilbetrag für die private Basiskranken- und Pflegepflichtversicherung (§ 39b Abs. 2 Satz 5 Nr. 3 Buchst. d EStG).

Einzelheiten → *Vorsorgepauschale* Rz. 4378.

Die Vorsorgepauschale wird seit dem Kalenderjahr 2010 **nur noch im Lohnsteuerabzugsverfahren** berücksichtigt. Bei der Veranlagung zur Einkommensteuer gibt es keine Vorsorgepauschale mehr; hier werden nur die tatsächlichen Aufwendungen angesetzt.

6. Günstigerprüfung in der Übergangsphase

4376 Der Sonderausgabenabzug nach geltendem Recht konnte niedriger sein als der Abzug nach „altem" Recht. Deshalb hatte der Gesetzgeber für eine gewisse Zeit zugelassen, dass der Sonderausgabenabzug nach „altem" Recht durchgeführt wird (Günstigerprüfung), wenn dieser höher ist (§ 10 Abs. 4a EStG).

Die Günstigerprüfung wurde bis zum Jahr 2019 (einschließlich) durchgeführt. **Seit 2020 gilt insoweit nur noch das „neue" Recht.**

7. Zusätzliche Altersvorsorge nach § 10a EStG („Riester-Rente")

4377 Der Sonderausgabenabzug für Altersvorsorgeaufwendungen und der (zusätzliche) Sonderausgabenabzug für Beiträge zur sog. Riester-Rente nach § 10a EStG stehen unabhängig nebeneinander.

Die Höhe der steuerlichen Förderung der „Riester-Rente" hat also keinen Einfluss auf die Abziehbarkeit der Vorsorgeaufwendungen. Einzelheiten → *Riester-Förderung* Rz. 3751.

Vorsorgepauschale

1. Allgemeines

4378 Eine **Vorsorgepauschale** wird **ausschließlich im Lohnsteuerabzugsverfahren berücksichtigt** (§ 39b Abs. 2 Satz 5 Nr. 3 EStG). Der pauschale Ansatz von Vorsorgeaufwendungen im Veranlagungsverfahren mittels Vorsorgepauschale wurde zum 1.1.2010 abgeschafft (→ *Vorsorgeaufwendungen* Rz. 4375).

Über die Vorsorgepauschale hinaus werden im Lohnsteuerabzugsverfahren **keine weiteren Vorsorgeaufwendungen berücksichtigt**.

Eine Vorsorgepauschale wird grds. **in allen Steuerklassen berücksichtigt**, also seit 2010 **auch in den Steuerklassen V und VI**.

Zur Berücksichtigung von Vorsorgeaufwendungen im Lohnsteuerabzugsverfahren über die Vorsorgepauschale gilt Folgendes (BMF v. 14.8.2025, IV C 5 – S 2367/00012/004/033, BStBl I 2025, 1628).

2. Höhe der Vorsorgepauschale

Die beim Lohnsteuerabzug zu berücksichtigende Vorsorgepauschale setzt sich aus folgenden Teilbeträgen zusammen: 4379

- Teilbetrag für die **Rentenversicherung** (§ 39b Abs. 2 Satz 5 Nr. 3 Buchst. a EStG),
- Teilbetrag für die **gesetzliche Kranken- und soziale Pflegeversicherung** (§ 39b Abs. 2 Satz 5 Nr. 3 Buchst. b und c EStG),
- Teilbetrag für die **private Basiskranken- und Pflege-Pflichtversicherung** (§ 39b Abs. 2 Satz 5 Nr. 3 Buchst. d EStG) und
- Teilbetrag für die **Versicherung gegen Arbeitslosigkeit** (§ 39b Abs. 2 Satz 5 Nr. 3 Buchst. e EStG).

Ob die Voraussetzungen für den Ansatz der einzelnen Teilbeträge vorliegen, ist **jeweils gesondert zu prüfen**; hierfür ist immer der Versicherungsstatus am Ende des jeweiligen Lohnzahlungszeitraums maßgebend und das Dienstverhältnis nicht auf Teilmonate aufzuteilen. Die **Teilbeträge sind getrennt zu berechnen**; die auf volle Euro aufgerundete Summe der Teilbeträge ergibt die anzusetzende Vorsorgepauschale.

Bemessungsgrundlage für die Berechnung der Teilbeträge für die Rentenversicherung, die gesetzliche Kranken- und soziale Pflegeversicherung sowie die Versicherung gegen Arbeitslosigkeit ist **der Arbeitslohn**. Ein nicht besteuerter Vorteil i.S.d. § 19a Abs. 1 Satz 1 EStG ist dem Arbeitslohn hinzuzurechnen (§ 19a Abs. 1 Satz 6 EStG). Der in einem späteren Zeitpunkt besteuerte Vorteil aus der Übertragung einer Vermögensbeteiligung i.S.d.§ 19a Abs. 1 Satz 1 EStG ist vom Arbeitslohn abzuziehen (§ 19a Abs. 4 Satz 3 EStG). **Entschädigungen** i.S.d. § 24 Nr. 1 EStG (→ *Entschädigungen* Rz. 2001) sind **nicht als Arbeitslohnbestandteil** zu berücksichtigen (§ 39b Abs. 2 Satz 5 Nr. 3 zweiter Teilsatz EStG **Steuerfreier Arbeitslohn** gehört ebenfalls **nicht zur Bemessungsgrundlage** für die Berechnung der entsprechenden Teilbeträge (BFH v. 18.3.1983, VI R 172/79, BStBl II 1983, 475).

Der Arbeitslohn ist für die Berechnung der Vorsorgepauschale **nicht um den Versorgungsfreibetrag** (→ *Versorgungsfreibeträge* Rz. 4340) und den **Altersentlastungsbetrag** (→ *Altersentlastungsbetrag* Rz. 56) **zu vermindern**.

Die jeweilige BBG ist bei allen Teilbeträgen der Vorsorgepauschale zu beachten. Bei einer Versicherung in der knappschaftlichen Rentenversicherung ist deren besondere Beitragsbemessungsgrenze nicht maßgeblich. In Fällen, in denen die Verpflichtung besteht, Beiträge zur Alterssicherung **an ausländische Sozialversicherungsträger** abzuführen (→ Rz. 4380), bestimmt sich die maßgebliche BBG nach dem **Ort der lohnsteuerlichen Betriebsstätte** des Arbeitgebers (§ 41 Abs. 2 EStG). Der Übergangsbereich in der Sozialversicherung für Arbeitslöhne z.B. in 2026 von 603,01 € bis 2 000,00 € (→ *Übergangsbereich in der Sozialversicherung* Rz. 4137) ist steuerlich unbeachtlich. Ebenfalls unbeachtlich ist die Verminderung der BBG beim Zusammentreffen mehrerer Versicherungsverhältnisse (§ 22 Abs. 2 SGB IV).

Eine Tabelle mit den BBG für 2026 ist im Anhang abgedruckt, → *Anhang, B. Sozialversicherung* Rz. 4833.

Die Bemessungsgrundlage für die Ermittlung der Vorsorgepauschale (Arbeitslohn) und für die Berechnung der Sozialabgaben (Arbeitsentgelt) kann **unterschiedlich** sein. Für die Berechnung der Vorsorgepauschale ist das **sozialversicherungspflichtige Arbeitsentgelt nicht maßgeblich**.

Beispiel:

Ein Arbeitnehmer mit einem Jahresarbeitslohn von 80 000 € wandelt einen Betrag von 6 000 € bei einer BBG in der allgemeinen Rentenversicherung von 100 000 € zu Gunsten einer betrieblichen Altersversorgung im Durchführungsweg Direktzusage um.

Bemessungsgrundlage für die Berechnung des Teilbetrags der Vorsorgepauschale für die Rentenversicherung ist der steuerliche Arbeitslohn von 74 000 €. Das sozialversicherungspflichtige Arbeitsentgelt beträgt hingegen 56 136 €, weil nur 4 % der BBG (4 000 €) nicht als Arbeitsentgelt i.S. der Sozialversicherung gelten (§ 14 Abs. 1 SGB IV).

a) Teilbetrag für die Rentenversicherung

4380 Der Arbeitnehmeranteil für die Rentenversicherung eines pflichtversicherten Arbeitnehmers wird auf Grundlage des steuerlichen Arbeitslohns **unabhängig von der Berechnung der tatsächlich abzuführenden Rentenversicherungsbeiträge** typisierend berechnet, wenn der Arbeitnehmer in der gesetzlichen Rentenversicherung pflichtversichert und ein Arbeitnehmeranteil zu entrichten ist. Das gilt auch bei der Versicherung in einer berufsständischen Versorgungseinrichtung bei Befreiung von der gesetzlichen Rentenversicherung (§ 6 Abs. 1 Nr. 1 SGB VI). Das Steuerrecht folgt insoweit der sozialversicherungsrechtlichen Beurteilung, so dass der Arbeitgeber hinsichtlich der maßgeblichen Vorsorgepauschale keinen zusätzlichen Ermittlungsaufwand anstellen muss, sondern auf die ihm insoweit bekannten Tatsachen bei der Abführung der Rentenversicherungsbeiträge – bezogen auf das jeweilige Dienstverhältnis – zurückgreifen kann.

Der **Teilbetrag der Vorsorgepauschale für die Rentenversicherung gilt** daher bezogen auf das jeweilige Dienstverhältnis z.B. **nicht** bei

- **Beamten**,
- **beherrschenden Gesellschafter-Geschäftsführern** einer GmbH,
- **Vorstandsmitgliedern von Aktiengesellschaften** (§ 1 Satz 3 SGB VI),
- **versicherungsfrei weiterbeschäftigten Beziehern einer Vollrente** wegen Alters oder vergleichbaren Pensionsempfängern (§ 5 Abs. 4 Satz 1 SGB VI), selbst wenn nach § 172 Abs. 1 SGB VI ein Arbeitgeberanteil zur gesetzlichen Rentenversicherung zu entrichten ist,
- Arbeitnehmern, die von ihrem Arbeitgeber nur Versorgungsbezüge i.S.d. § 19 Abs. 2 Satz 2 Nr. 2 EStG (**Werkspensionäre/Betriebsrentner**) erhalten,
- **geringfügig beschäftigten Arbeitnehmern (geringfügig entlohnte Beschäftigung) nach § 8 Abs. 1 Nr. 1 oder § 8a SGB IV**, bei denen die Lohnsteuer nach den individuellen Lohnsteuerabzugsmerkmalen des Arbeitnehmers erhoben wird und für die nur der pauschale Arbeitgeberbeitrag zur gesetzlichen Rentenversicherung entrichtet wird (Übergangsregelung und Befreiung von der Rentenversicherungspflicht),
- nach § 8 Abs. 1 Nr. 2 SGB IV geringfügig beschäftigten Arbeitnehmern (**versicherungsfreie kurzfristige Beschäftigung**), bei denen die Lohnsteuer nach den individuellen Lohnsteuerabzugsmerkmalen des Arbeitnehmers erhoben wird,
- anderen Arbeitnehmern, die nicht in der gesetzlichen Rentenversicherung pflichtversichert sind und deshalb auch keinen Arbeitnehmerbeitrag zur gesetzlichen Rentenversicherung zu leisten haben (z.B. als **Praktikanten** oder aus anderen Gründen),
- Arbeitnehmern, wenn **der Arbeitgeber** nach § 20 Abs. 3 Satz 1 SGB IV **den Gesamtsozialversicherungsbeitrag allein trägt** (u.a. Auszubildende mit einem Arbeitsentgelt von bis zu monatlich 325 €).

Bei Befreiung von der Versicherungspflicht in der gesetzlichen Rentenversicherung auf eigenen Antrag auf Grund einer der in R 3.62 Abs. 3 LStR genannten Vorschriften ist der Teilbetrag für die Rentenversicherung nur in den Fällen des § 3 Nr. 62 Satz 2 Buchst. b und c EStG anzusetzen.

In Fällen, in denen die Verpflichtung besteht, **Beiträge zur Alterssicherung an ausländische Sozialversicherungsträger** abzuführen, hat der Arbeitgeber bei der Berechnung der Vorsorgepauschale einen Teilbetrag für die Rentenversicherung nur zu berücksichtigen, wenn der abzuführende Beitrag – zumindest teilweise – einen Arbeitnehmeranteil enthält und dem Grunde nach zu einem Sonderausgabenabzug führen kann (§ 10 Abs. 1 Nr. 2 Satz 1 Buchst. a EStG). Es ist **nicht erforderlich**, dass Deutschland über das Gemeinschaftsrecht der EU mit dem anderen Staat auf dem Gebiet der Sozialversicherung verbunden oder dass ein Sozialversicherungsabkommen mit dem anderen Staat geschlossen worden ist. Besteht Sozialversicherungspflicht im Inland und parallel im Ausland, bleiben im Lohnsteuerabzugsverfahren die Beiträge an den ausländischen Sozialversicherungsträger unberücksichtigt.

Beispiel 1:

Ein rentenversicherungspflichtiger Arbeitnehmer bezieht im Kalenderjahr 2026 einen Jahresarbeitslohn von 50 000 €. Der Beitragssatz in der gesetzlichen Rentenversicherung beträgt 18,6 %.

Der Teilbetrag für die Rentenversicherung ermittelt sich wie folgt:

Arbeitslohn 50 000 €	
davon 9,3 % (1/2 von 18,6 %)	4 650 €
der zu berücksichtigende Anteil 100 %	4 650 €

Der Teilbetrag der Vorsorgepauschale für die Rentenversicherung beträgt 4 650 €.

Beispiel 2:

Ein Beamter hat im Kalenderjahr 2026 einen Jahresarbeitslohn von 50 000 €. Der Beitragssatz in der gesetzlichen Rentenversicherung beträgt 18,6 %.

Da ein Beamter nicht rentenversicherungspflichtig ist, ist auch kein Teilbetrag für die Rentenversicherung bei der Vorsorgepauschale zu berücksichtigen.

b) Teilbetrag für die gesetzliche Krankenversicherung

Auf Grundlage des steuerlichen Arbeitslohns wird **unabhängig von der Berechnung der tatsächlich abzuführenden Krankenversicherungsbeiträge** typisierend ein Arbeitnehmeranteil für die Krankenversicherung eines pflichtversicherten Arbeitnehmers berechnet, wenn der Arbeitnehmer in der **gesetzlichen Krankenversicherung pflichtversichert oder freiwillig versichert** ist (z.B. bei höher verdienenden Arbeitnehmern). Der typisierte Arbeitnehmeranteil ist auch anzusetzen bei in der gesetzlichen Krankenversicherung versicherten Arbeitnehmern, welche die anfallenden Krankenversicherungsbeiträge in voller Höhe allein tragen müssen (z.B. freiwillig versicherte Beamte, Empfänger von Versorgungsbezügen). Der entsprechende Teilbetrag ist jedoch nur zu berücksichtigen, wenn der Arbeitnehmer auch tatsächlich Beiträge zur inländischen gesetzlichen Krankenversicherung leistet. Besteht Sozialversicherungspflicht im Inland und zugleich im Ausland, bleiben im Lohnsteuerabzugsverfahren die Beiträge an den ausländischen Sozialversicherungsträger unberücksichtigt. Den Arbeitnehmeranteil für die Versicherung in der gesetzlichen Krankenversicherung darf der Arbeitgeber nur ansetzen, wenn **er von einer entsprechenden Versicherung Kenntnis** hat (z.B. bei Zahlung eines steuerfreien Zuschusses oder nach Vorlage eines geeigneten Nachweises durch den Arbeitnehmer). 4381

Beispiel 1:

Ein Beamter ist freiwillig gesetzlich krankenversichert. Dies ist jedoch lediglich der Beihilfestelle, nicht aber der Besoldungsstelle bekannt.

Die Besoldungsstelle berücksichtigt beim Lohnsteuerabzug keinen Teilbetrag für die gesetzliche Krankenversicherung.

Beispiel 2:

Ein **freiwillig** in der gesetzlichen Krankenversicherung versicherter Arbeitnehmer bezieht im Kalenderjahr 2026 einen Jahresarbeitslohn von 64 000 €. Der allgemeine Beitragssatz in der gesetzlichen Krankenversicherung beträgt 14,6 %, der ermäßigte 14,0 %. Der kassenindividuelle Zusatzbeitrag beträgt 1,6 % (angenommener Wert).

Der Teilbetrag für die gesetzliche Krankenversicherung ermittelt sich wie folgt:

Arbeitslohn 64 000 €, höchstens aber die BBG von 69 750 €	
davon 7,0 % (1/2 von 14,0 %, denn maßgebend ist der ermäßigte Beitragssatz)	4 630,50 €
zzgl. 0,8 % (1/2 des kassenindividuellen Zusatzbeitrags von 1,6 % [angenommener Wert])	529,20 €
insgesamt	5 159,70 €

Der Teilbetrag der Vorsorgepauschale für die gesetzliche Krankenversicherung beträgt 5 159,70 €.

Beispiel 3:

Ein nicht in der gesetzlichen Krankenversicherung freiwillig versicherter Beamter hat im Kalenderjahr 2026 einen Jahresarbeitslohn von 60 000 €.

Da der Beamte nicht in der gesetzlichen Krankenversicherung versichert ist, ist auch kein Teilbetrag für die gesetzliche Krankenversicherung bei der Vorsorgepauschale zu berücksichtigen.

Für **geringfügig beschäftigte Arbeitnehmer** (geringfügig entlohnte Beschäftigung nach § 8 Abs. 1 Nr. 1 oder § 8a SGB IV sowie kurzfristige Beschäftigung nach § 8 Abs. 1 Nr. 2 SGB IV), bei denen die Lohnsteuer nach den Lohnsteuerabzugsmerkmalen des Arbeitnehmers erhoben wird, ist **kein Teilbetrag für die gesetzliche Krankenversicherung** anzusetzen, wenn **kein Arbeitnehmeranteil für die Krankenversicherung zu entrichten** ist. Entsprechendes gilt für andere Arbeitnehmer, wenn kein Arbeitnehmeranteil zu entrichten ist; dies ist i.d.R. bei Schülern und Studenten der Fall.

c) Teilbetrag für die soziale Pflegeversicherung

4382 Der Teilbetrag für die soziale Pflegeversicherung wird bei Arbeitnehmern angesetzt, die in der **inländischen sozialen Pflegeversicherung versichert** sind (§ 39b Abs. 2 Satz 5 Nr. 3 Buchst. c EStG). Der Teilbetrag ist unter Berücksichtigung des Grundsatzes „Pflegeversicherung folgt Krankenversicherung" auch dann anzusetzen, wenn der Arbeitnehmer gesetzlich krankenversichert, jedoch privat pflegeversichert ist. Besteht Sozialversicherungspflicht im Inland und parallel im Ausland, bleiben im Lohnsteuerabzugsverfahren die Beiträge an den ausländischen Sozialversicherungsträger unberücksichtigt.

Länderspezifische Besonderheiten bei den Beitragssätzen, wie z.B. der höhere Arbeitnehmeranteil in Sachsen, sind zu berücksichtigen (s.a. → *Pflegeversicherung* Rz. 3418).

Der Beitragszuschlag für Kinderlose (§ 55 Abs. 3 Satz 1 SGB XI; 0,6 Beitragssatzpunkte) sowie die Beitragsabschläge ab dem zweiten bis zum fünften Kind (§ 55 Abs. 3 Satz 4 SGB XI; 0,25 Beitragssatzpunkte je Kind) sind ebenfalls zu berücksichtigen.

Beispiel 1:

Ein in der sozialen Pflegeversicherung versicherter 30-jähriger Arbeitnehmer aus Köln mit einem Kind hat im Kalenderjahr 2026 einen Jahresarbeitslohn von 44 000 €. Der Beitragssatz in der sozialen Pflegeversicherung beträgt 3,6 %.

In der sozialen Pflegeversicherung haben Arbeitnehmer und Arbeitgeber grds. jeweils die Hälfte des Beitragssatzes zu tragen (→ *Pflegeversicherung* Rz. 3418). Der Teilbetrag für die soziale Pflegeversicherung ermittelt sich wie folgt:

Arbeitslohn 44 000 €	
davon 1,8 % (1/2 von 3,6 %)	792 €

Der Teilbetrag der Vorsorgepauschale für die soziale Pflegeversicherung beträgt 792 €.

Beispiel 2:

Sachverhalt wie Beispiel 1, der Arbeitnehmer wohnt aber in Sachsen.

Da in Sachsen der Buß- und Bettag als gesetzlicher Feiertag nicht abgeschafft wurde, trägt der Arbeitnehmer 2,3 % und der Arbeitgeber 1,3 % (→ *Pflegeversicherung* Rz. 3418). Der Teilbetrag für die soziale Pflegeversicherung ermittelt sich wie folgt:

Arbeitslohn 44 000 €	
davon 2,3 %	1 012 €

Der Teilbetrag der Vorsorgepauschale für die soziale Pflegeversicherung beträgt 1 012 €.

Beispiel 3:

Sachverhalt wie Beispiel 1, der Arbeitnehmer ist aber kinderlos.

Für kinderlose Arbeitnehmer ab Vollendung des 23. Lebensjahrs gilt ein Beitragszuschlag von 0,6 %, den der Arbeitnehmer allein zu tragen hat (→ *Pflegeversicherung* Rz. 3418). Der Teilbetrag für die soziale Pflegeversicherung ermittelt sich wie folgt:

Arbeitslohn 44 000 €	
davon 2,4 % (1/2 von 3,6 % = 1,8 % + 0,6 %)	1 056 €

Der Teilbetrag der Vorsorgepauschale für die soziale Pflegeversicherung beträgt 1 056 €.

Beispiel 4:

Sachverhalt wie Beispiel 1, der Arbeitnehmer wohnt aber in Sachsen und ist kinderlos.

Da in Sachsen der Buß- und Bettag als gesetzlicher Feiertag nicht abgeschafft wurde, trägt der Arbeitnehmer 2,3 % und der Arbeitgeber 1,3 %. Für kinderlose Arbeitnehmer ab Vollendung des 23. Lebensjahrs gilt ein Beitragszuschlag von 0,6 %, den der Arbeitnehmer allein zu tragen hat (→ *Pflegeversicherung* Rz. 3418). Der Teilbetrag für die soziale Pflegeversicherung ermittelt sich wie folgt:

Arbeitslohn 44 000 €	
davon 2,9 % (2,3 % + 0,6 %)	1 276 €

Der Teilbetrag der Vorsorgepauschale für die soziale Pflegeversicherung beträgt 1 276 €.

d) Teilbetrag für die private Basiskranken- und Pflege-Pflichtversicherung

Der Teilbetrag für die private Basiskranken- und Pflege-Pflichtversicherung wird bei Arbeitnehmern angesetzt, die **nicht in der gesetzlichen Krankenversicherung und sozialen Pflegeversicherung versichert** sind, z.B. privat versicherte Beamte, beherrschende Gesellschafter-Geschäftsführer und höher verdienende Arbeitnehmer (§ 39b Abs. 2 Satz 5 Nr. 3 Buchst. d EStG). 4383

Der Arbeitgeber berücksichtigt hier in den Steuerklassen I bis V die ihm als Lohnsteuerabzugsmerkmal bereitgestellten Beiträge nach § 39 Abs. 4 Nr. 4 Buchst. b EStG (monatliche Beiträge für eine private Kranken- und Pflegeversicherung), etwaig vervielfältigt unter sinngemäßer Anwendung von § 39b Abs. 2 Satz 2 EStG auf einen Jahresbetrag, vermindert um die nach § 3 Nr. 62 EStG steuerfreien Zuschüsse, die unter Berücksichtigung der als Lohnsteuerabzugsmerkmal bereitgestellten Beiträge nach § 39 Abs. 4 Nr. 4 Buchst. a EStG ermittelt wurden. Der Teilbetrag der Vorsorgepauschale für die private Basiskranken- und Pflege-Pflichtversicherung darf dabei nicht negativ sein. Zu den weiteren Einzelheiten siehe auch BMF-Schreiben v. 3.6.2025, IV C 5 – S 2363/0047/004/136, BStBl I 2025, 1454 und BMF v. 8.12.2025, IV C 5 – S 2363/00047/009, zum Datenaustausch zwischen den Unternehmen der privaten Krankenversicherung und der privaten Pflege-Pflichtversicherung, der Finanzverwaltung und den Arbeitgebern im Rahmen des Lohnsteuerabzugsverfahrens ab 2026.

e) Teilbetrag für die Versicherung gegen Arbeitslosigkeit

Der Teilbetrag für die Versicherung gegen Arbeitslosigkeit wird bei Arbeitnehmern, die in der Arbeitslosenversicherung (SGB III) versichert sind, in den Steuerklassen I bis V angesetzt, soweit er zusammen mit den Teilbeträgen nach den § 39b Abs. 2 Satz 5 Nr. 3 Buchst. b bis d EStG den Betrag von 1 900 € nicht übersteigt. 4384

3. Mindestvorsorgepauschale für Kranken- und Pflegeversicherungsbeiträge

Eine Mindestvorsorgepauschale (§ 39b Abs. 2 Satz 5 Nr. 3 dritter Teilsatz EStG a.F.) ist ab 2026 nicht mehr zu berücksichtigen, da die Beiträge für eine private Krankenversicherung und eine private Pflege-Pflichtversicherung nunmehr entsprechend der tatsächlichen Gegebenheiten sowie ggf. die Arbeitnehmerbeiträge zur Versicherung gegen Arbeitslosigkeit in pauschalierter Weise über die entsprechenden Teilbeträge der Vorsorgepauschale berücksichtigt werden (BMF v. 14.8.2025, IV C 5 – S 2367/00012/004/033, BStBl I 2025, 1628). 4385

4. Datenaustausch zwischen privaten Kranken- und privaten Pflege-Pflichtversicherungen, der Finanzverwaltung und den Arbeitgebern

a) Allgemeines

Das ELStAM-Verfahren steht **seit 2013** zur allgemeinen Anwendung zur Verfügung (→ *ELStAM* Rz. 1841). I.R. des JStG 2020 v. 21.12.2020, BStBl I 2021, 6 ist § 39 Abs. 4 Nr. 4, Abs. 4a EStG dahingehend geändert worden, dass zur Aufwandsminderung und Einsparung von Bürokratiekosten ein **umfassender Datenaustausch** zwischen den Unternehmen der privaten Kranken- und Pflegeversicherung, der Finanzverwaltung und den Arbeitgebern **eingeführt** wird. Mit dem neuen Verfahren sollen **alle Papierbescheinigungen entbehrlich** werden. Das neue Verfahren nutzt dabei die bestehende Dateninfrastruktur und das bewährte Verfahren zu den elektronischen Lohnsteuerabzugsmerkmalen (ELStAM-Verfahren), dessen Bürokratieabbaupotenzial zudem besser ausgeschöpft wird. Das neue Verfahren ersetzt das Verfahren mittels Papierbescheinigungen vollständig, d.h. es wird nicht als alternatives Verfahren eingeführt. 4386

Mit dem Kreditzweitmarktförderungsgesetz (§ 52 Abs. 36 Satz 3 EStG n.F.) wurde der Start des Regelbetriebs für dieses neue maschinelle Austauschverfahren endgültig auf den 1.1.2026 verschoben. Die FinVerw. hat hierzu ein umfangreiches Anwendungsschreiben (BMF v. 3.6.2025, IV C 5 – S 2363/0047/004/136, BStBl I 2025, 1454 und BMF v. 8.12.2025, IV C 5 – S 2363/00047/009) erlassen, aus welchem sich u.a. folgende Aussagen ergeben.

b) Beiträge für eine private Kranken- und Pflegeversicherung als Lohnsteuerabzugsmerkmale

4387 Zu den Lohnsteuerabzugsmerkmalen gehören nach § 39 Abs. 4 Nr. 4 EStG

a) die Höhe der monatlichen Beiträge für eine private Kranken- und Pflegeversicherung, wenn die Voraussetzungen für die Gewährung eines nach § 3 Nr. 62 EStG steuerfreien Zuschusses für diese Beiträge vorliegen, und

b) die Höhe der monatlichen Beiträge für eine private Kranken- und Pflegeversicherung i.S.d. § 10 Abs. 1 Nr. 3 Satz 1 EStG.

Die Beiträge nach Buchstabe a sind die Grundlage für die Steuerfreiheit des Arbeitgeberzuschusses (§ 3 Nr. 62 EStG). Die Beiträge nach Buchstabe b fließen in die Berechnung der Vorsorgepauschale ein (§ 39b Abs. 2 Satz 5 Nr. 3 Buchst. d EStG).

Die Lohnsteuerabzugsmerkmale nach § 39 Abs. 4 Nr. 4 EStG sind zukunftsgerichtet, d.h., es handelt sich um monatliche Beiträge, wie sie vom Versicherungsnehmer zu entrichten sind. Bei Änderungen in der Beitragszahlung ist i.d.R. eine Korrektur oder eine Stornierung nach § 93c Abs. 3 AO durchzuführen.

c) Datenübermittlung durch die Versicherungsunternehmen

4388 Die Höhe der in § 39 Abs. 4 Nr. 4 EStG genannten Beiträge muss vom Versicherungsunternehmen als mitteilungspflichtiger Stelle dem BZSt nach Maßgabe des § 93c Abs. 1 AO übermittelt werden. Vor dem Hintergrund der Wahrnehmung einer im öffentlichen Interesse liegenden Aufgabe ist die Verarbeitung personenbezogener Daten durch Übermittlung der Beiträge für eine private Kranken- und Pflegeversicherung an das BZSt erforderlich und ohne konkrete Einwilligung rechtmäßig.

Unter die Mitteilungspflicht nach § 39 Abs. 4a EStG fallen die Versicherungsunternehmen, die

- im Inland eine Kranken- oder Pflegevollversicherung (sogen. substitutive Kranken- bzw. Pflegeversicherungen) anbieten und
- der Aufsicht durch die Bundesanstalt für Finanzdienstleistungsaufsicht unterstehen.

Zu übermitteln sind die Daten

- für die Beiträge, die dem Grunde nach für die Gewährung eines nach § 3 Nr. 62 EStG steuerfreien Zuschusses in Betracht kommen (unabhängig davon, ob aus Sicht des Versicherungsunternehmens tatsächlich der Anspruch auf den Zuschuss besteht), und
- für die Beiträge, die die dem Grunde nach zum Sonderausgabenabzug nach § 10 Abs. 1 Nr. 3 Satz 1 EStG berechtigen (unabhängig davon, ob aus Sicht des Versicherungsunternehmens tatsächlich ein Sonderausgabenabzug geltend gemacht werden kann).

Die durch das Versicherungsunternehmen dem BZSt übermittelten Beiträge der privaten Kranken- und Pflegeversicherung sind die Grundlage für die Bildung oder Änderung der Lohnsteuerabzugsmerkmale (§ 39 Abs. 4a Satz 1 zweiter Halbsatz EStG). Eine steuerrechtliche Würdigung der im Einzelfall übermittelten Daten darf nur das BZSt vornehmen, nicht jedoch das Versicherungsunternehmen.

d) Bereitstellung der ELStAM für den Arbeitgeber

4389 Das BZSt beginnt mit der Datenverarbeitung nachdem ihm von den Versicherungsunternehmen die Daten übermittelt wurden (Frist: 20.11.). Die ELStAM werden dem Arbeitgeber daraufhin üblicherweise im Dezember für das Folgejahr bereitgestellt.

Die Bereitstellung erfolgt mit Wirkung (also mit Gültigkeit) für das Kalenderjahr, für das die ELStAM anzuwenden sind; sie erfolgt jedoch nicht vor Beginn des Dienstverhältnisses (§ 39e Abs. 1 Satz 3 EStG). Die ELStAM enthalten die Monatsbeiträge für das Kalenderjahr.

e) Berücksichtigung der Beiträge der privaten Kranken- und Pflege-Pflichtversicherung durch den Arbeitgeber

4390 Der Arbeitgeber muss i.d.R. die Beiträge der privaten Kranken- und Pflegeversicherung (§ 39 Abs. 4 Nr. 4 EStG) in der Höhe berücksichtigen, in der sie in den ELStAM angegeben sind. Der Arbeitnehmer kann also vom Arbeitgeber nicht verlangen, dass der Arbeitgeber die Beiträge in einer anderen Höhe berücksichtigt als der, die in den ELStAM angegeben ist.

f) Pflichtveranlagung (§ 46 Abs. 2 EStG)

Beiträge für eine private Kranken- und Pflegeversicherung werden 4391
in Folge der Datenübermittlung (§ 39 Abs. 4 Nr. 4 Buchst. b und Abs. 4a EStG) und der Berücksichtigung über die Vorsorgepauschale (§ 39b Abs. 2 Satz 5 Nr. 3 Buchst. d EStG) i.d.R. in tatsächlicher Höhe berücksichtigt.

Erhält der Arbeitnehmer Rückerstattungen seiner Beiträge (z.B., weil er im abgelaufenen Versicherungsjahr keine Versicherungsleistungen in Anspruch genommen hat), so ist rückblickend die Lohnsteuer in zu geringer Höhe erhoben worden. Diese Rückerstattungen werden jedoch nicht über das Lohnsteuerabzugsverfahren, sondern durch eine Pflichtveranlagung korrigiert, wenn

- bei den Rückerstattungen der privaten Kranken- und Pflegeversicherung der Mindestbetrag von 410 € und
- und der im Kalenderjahr erzielte Arbeitslohn höher ist als die Summe aus dem Grundfreibetrag (für 2026: 12 348 €, § 32a Abs. 1 Satz 2 Nr. 1 EStG), dem Arbeitnehmer-Pauschbetrag (1 230 €, § 9a Satz 1 Nr. 1 Buchst. a EStG) und dem Sonderausgaben-Pauschbetrag (§ 10c Satz 1 EStG) oder bei Ehegatten, die die Voraussetzungen des § 26 Abs. 1 EStG erfüllen, höher ist als die Summe aus dem doppelten Grundfreibetrag, dem Arbeitnehmer-Pauschbetrag und dem doppelten Sonderausgaben-Pauschbetrag (§ 46 Abs. 2 Nr. 3 EStG).

Wegen der Pflichtveranlagung bei der Bildung eines Freibetrags auf Grund einer ausländischen Versicherung vgl. BMF v. 3.6.2025, IV C 5 – S 2363/00047/004/136, BStBl I 2025, 1454, Rz. 84.

g) Ersatzverfahren

Nach dem Start des Verfahrens ab 2026 wird es für einen Über- 4392
gangszeitraum von zwei Jahren nicht beanstandet, wenn in Fällen, in denen Beiträge für eine private Kranken- und Pflege-Pflichtversicherung aus technischen Gründen nicht bzw. nur fehlerhaft als Lohnsteuerabzugsmerkmale gebildet werden, der Arbeitgeber eine vom Versicherungsunternehmen in Papierform für das Kalenderjahr ausgestellte Ersatzbescheinigung über die Höhe der im Lohnsteuerabzugsverfahren zu berücksichtigenden Beiträge für eine private Kranken- und Pflegeversicherung dem Lohnsteuerabzug zu Grunde verpflichtet, die bisherige Datenübermittlung zu stornieren. Liegen nach einer erneuten Datensatzübermittlung in den ELStAM wieder Beitragswerte der privaten Kranken- und Pflegeversicherung vor, verliert eine in Papierform ausgestellte Ersatzbescheinigung ihre Gültigkeit.

Vorsorgeuntersuchungen

→ *Ärztliche Betreuung* Rz. 827, → *Erholung: Arbeitgeberzuwendungen* Rz. 2036

Vorstandsmitglieder

1. Lohnsteuer

a) Arbeitnehmer

Bei der Frage, ob Vorstandsmitglieder berufsständischer Vereine 4393
und von Kapitalgesellschaften selbständig und als Unternehmer gem. § 2 Abs. 1 Satz 1 UStG anzusehen sind, sind die einzelnen Merkmale, die für und gegen die sprechen, unter Berücksichtigung des Gesamtbildes der Verhältnisse gegeneinander abzuwägen, wobei entscheidend auf die **Weisungsfreiheit abzustellen** ist (zuletzt BFH v. 10.11.2011, V B 6/11, m.w.N., BFH/NV 2012, 459). Vorstandsmitglieder z.B. von **Kapitalgesellschaften**, Genossenschaften und Selbstverwaltungskörperschaften sind steuerlich **Arbeitnehmer**, weil sie in den Organismus des Unternehmens eingegliedert sind. sind (zu Vorstand einer Genossenschaft: BFH v. 2.10.1968, VI R 25/68, BStBl II 1969, 185 und einer Familienstiftung: BFH v. 31.1.1975, VI R 230/71, BStBl II 1975, 358).

LSt

b) Keine Arbeitnehmer

4394 Die Arbeitnehmereigenschaft setzt aber weiter voraus, dass **nicht nur Aufwandsersatz** geleistet wird. Vorstandsvorsitzende von **Vereinen** sind daher im Allgemeinen **keine Arbeitnehmer** (→ *Arbeitnehmer* Rz. 196).

Nicht als Arbeitnehmer angesehen worden sind

- Vorstandsmitglieder der Veranstaltergemeinschaften **lokaler Rundfunksender**, die nicht die laufenden Geschäfte führen, sondern lediglich eine „Überwachungsfunktion" haben.
- ehrenamtliche Vorstandsmitglieder der **Kassenärztlichen Vereinigungen** und der Kassenärztlichen Bundesvereinigung. Dies gilt jedoch **nicht** für die seit 2005 tätigen **hauptamtlichen Vorstände**.

(LSt durchgestrichen)

c) „Mischfälle"

4395 Vorstandsmitglieder von **Wasser- und Bodenverbänden** sind

- **selbständig**, wenn ein Geschäftsführer die laufenden Verwaltungsgeschäfte führt, dagegen

(LSt durchgestrichen)

- **nichtselbständig**, wenn ihnen nach der Satzung die laufende Verwaltung und Vertretung des Verbandes nach außen obliegt. Das gilt selbst dann, wenn zusätzlich ein Geschäftsführer berufen worden ist, weil dieser seine Aufgaben in diesem Fall nicht kraft eigenen Rechts, sondern im Auftrag des Verbandsvorstehers übernimmt (FinMin Niedersachsen v. 28.8.1991, S 2353 - 4 - 35 1).

(LSt)

2. Sozialversicherung

4396 Auch bei der sozialversicherungsrechtlichen Beurteilung von Vorstandsmitgliedern ist im Einzelfall stets zu prüfen, ob ein abhängiges Beschäftigungsverhältnis gegen Arbeitsentgelt ausgeübt wird.

a) Arbeitnehmer

4397 Für Tätigkeiten, die mit der **Organstellung innerhalb einer juristischen Person** verbunden sind, gelten die allgemeinen Abgrenzungsmerkmale. Hat ein Vorstandsmitglied einer **Stiftung** bei seiner geschäftsführenden Tätigkeit die von ihm allein nicht beeinflussbaren Beschlüsse des Vorstands umzusetzen, ist er abhängig beschäftigt, auch wenn ein anderes weisungsberechtigtes Stiftungsorgan nicht existiert. Ein die abhängige Beschäftigung ausschließendes unentgeltliches Ehrenamt liegt nicht vor, wenn eine Vergütung auf der Basis eines Stundensatzes gezahlt wird und deren Umfang nicht evident einer Ehrenamtspauschale gleichkommt (BSG v. 23.2.2021, B 12 R 15/19 R).

Dies gilt gleichermaßen auch für Vorstandsmitglieder von **öffentlich-rechtlichen Körperschaften**, wenn sie fremdbestimmte Arbeit leisten und funktionell in die Organisation der öffentlich-rechtlichen Körperschaft eingegliedert sind (s. z.B. LSG Sachsen v. 15.10.2015, L 1 KR 92/10, betr. den Vorstand einer kirchlichen Stiftung bürgerlichen Rechts).

S.a. → *Gesellschafter/Gesellschafter-Geschäftsführer* Rz. 2322. Die Jahresarbeitsentgeltgrenze ist zu beachten (→ *Anhang, B. Sozialversicherung* Rz. 4833).

(SV)

b) Keine Arbeitnehmer

4398 Dagegen sind Vorstandsmitglieder und stellvertretende Vorstandsmitglieder einer **Aktiengesellschaft** gem. § 1 Satz 3 SGB VI versicherungsfrei in der Rentenversicherung. Dies gilt auch für daneben ausgeübte Beschäftigungen bei anderen Arbeitgebern sowie für mögliche selbständige Tätigkeiten. Für die Arbeitslosenversicherung ergibt sich aus § 27 Abs. 1 Nr. 5 SGB III ebenfalls Versicherungsfreiheit für die ordentlichen und die stellvertretenden Vorstandsmitglieder von Aktiengesellschaften, wobei Konzernunternehmen i.S.d. § 18 AktG als ein Unternehmen gelten. Dies bedeutet für die Arbeitslosenversicherung, dass sich die Versicherungsfreiheit auch auf anderweitige Beschäftigungen **im Konzern** erstreckt. Dagegen unterliegen die Beschäftigungen von Vorstandsmitgliedern bzw. stellvertretenden Vorstandsmitgliedern von Aktiengesellschaften außerhalb von Konzernunternehmen der Arbeitslosenversicherungspflicht.

Gleiches gilt für die ordentlichen und stellvertretenden Vorstandsmitglieder von großen Versicherungsvereinen auf Gegenseitigkeit (→ *Gesellschafter/Gesellschafter-Geschäftsführer* Rz. 2322).

Durch das Zweite Gesetz zur Änderung des SGB VI v. 27.12.2003, BGBl. I 2003, 3013 sind Mitglieder des Vorstands einer AG nur noch in diesem Unternehmen nicht rentenversicherungspflichtig. Mitglieder eines Vorstands, die am 6.11.2003 in einer weiteren Beschäftigung oder selbständigen Tätigkeit nicht versicherungspflichtig waren, bleiben nicht rentenversicherungspflichtig. Sie konnten bis zum 31.12.2004 die Versicherungspflicht mit Wirkung für die Zukunft beantragen (§ 229 Abs. 1a SGB VI).

Die Spitzenorganisationen der Sozialversicherung haben nach bisheriger Auffassung zwar die Verwaltungsratsmitglieder einer dualistisch strukturierten Europäischen Gesellschaft gleichgestellt, nicht aber die Verwaltungsratsmitglieder einer monistisch strukturierten Europäischen Gesellschaft.

Nachdem das BSG in zwei Urteilen (BSG v. 7.7.2020, B12 R 19/18 und B12 R 27/18 R) entschieden hat, dass Verwaltungsratsmitglieder einer monistisch strukturierten Europäischen Gesellschaft ebenfalls nicht der Versicherungspflicht in der Rentenversicherung unterliegen und versicherungsfrei in der Arbeitslosenversicherung sind, hatten die Spitzenorganisationen der Sozialversicherung erklärt, dass sie an ihrer bisherigen Auffassung nicht mehr festhalten. Hiernach war spätestens für Entgeltabrechnungszeiträume ab 1.4.2021 zu verfahren (Besprechungsergebnis der Spitzenorganisationen der Sozialversicherung über Fragen des gemeinsamen Beitragseinzugs am 24.3.2021, Top 1).

Vorsteuerabzug

1. Allgemeines

Der Arbeitgeber kann aus Kosten für Reisen seiner Arbeitnehmer grds. den Vorsteuerabzug in Anspruch nehmen. 4399

2. Übernachtungskosten

Voraussetzung für den Vorsteuerabzug bei Übernachtungskosten seiner Arbeitnehmer ist, dass der **Unternehmer als Empfänger der Übernachtungsleistungen** anzusehen ist (vgl. Abschn. 15.2b UStAE) und die Rechnung mit dem gesonderten Ausweis der Umsatzsteuer dementsprechend auf den Namen des Unternehmers – nicht aber auf den Namen des Arbeitnehmers – ausgestellt ist. In der Praxis kommt es also darauf an, auf wessen Namen die Rechnung ausgestellt ist. Lautet die Übernachtungsrechnung auf den Namen des Arbeitgebers, ist der Vorsteuerabzug daraus möglich, auch wenn zunächst der Arbeitnehmer die Hotelrechnung verauslagt hat. Der Vorsteuerabzug scheidet dagegen aus, wenn die Hotelrechnung auf den Namen des Arbeitnehmers ausgestellt ist (Abschn. 15.2a Abs. 3 Satz 1 UStAE). Dies gilt grds. auch für Rechnungen bis zu einem Gesamtbetrag von 250 € (sog. Kleinbetragsrechnung), wenn sie auf den Namen des Arbeitnehmers ausgestellt sind. Aus solchen **Kleinbetragsrechnungen** i.S.d. § 33 UStDV kann jedoch der Vorsteuerabzug aus Vereinfachungsgründen auch dann gewährt werden, wenn darin kein Leistungsempfänger benannt ist. 4400

Umsätze aus der **Vermietung von Wohn- und Schlafräumen**, die ein Unternehmer **zur kurzfristigen Beherbergung von Fremden** bereithält, unterliegen **dem ermäßigten Steuersatz von 7 %** (§ 12 Abs. 2 Nr. 11 UStG). Dies gilt aber nicht für Leistungen, die nicht unmittelbar der Vermietung dienen, z.B. für Verpflegungsleistungen, Getränke aus der Minibar, Nutzung von Telefon und Internet oder auch für Wellnessangebote (Abschn. 12.16 Abs. 8 Satz 4 UStAE).

Durch die unterschiedlichen Steuersätze muss in Hotelrechnungen, die für einen Unternehmer ausgestellt werden, das Entgelt entsprechend aufgeteilt werden. Wird für Leistungen, die nicht von der Steuerermäßigung nach § 12 Abs. 2 Nr. 11 Satz 1 UStG erfasst werden, kein gesondertes Entgelt berechnet, ist deren Entgeltanteil zu schätzen. Schätzungsmaßstab kann hierbei beispielsweise der kalkulatorische Kostenanteil zuzüglich eines angemessenen Gewinnaufschlags sein.

Aus Vereinfachungsgründen wird es von der Finanzverwaltung – auch für Zwecke des Vorsteuerabzugs beim Arbeitgeber – nicht beanstandet, wenn in einem Pauschalangebot enthaltene nicht begünstigte Leistungen in der Rechnung **zu einem Sammelposten** (z.B. „Business-Package", „Servicepauschale") **zusammengefasst** werden und der darauf entfallende Entgeltanteil **in einem Betrag ausgewiesen** wird (Abschn. 12.16 Abs. 12 Satz 1 UStAE).

Weiterhin beanstandet es die Finanzverwaltung nicht, wenn der auf diese Leistungen entfallende Entgeltanteil mit **20 % des Pauschalpreises** angesetzt wird (Abschn. 12.16 Abs. 12 Satz 2 UStAE). Für Kleinbetragsrechnungen gilt dies für den in der Rechnung anzugebenden Steuerbetrag entsprechend (Abschn. 12.16 Abs. 12 Satz 3 UStAE).

Verlangt der Arbeitgeber vom Arbeitnehmer keinen Einzelnachweis der Übernachtungskosten, sondern erstattet die sog. Übernachtungsgelder bis 20 € pro Nacht lohnsteuerfrei, kann er hieraus keinen Vorsteuerabzug vornehmen. Die für einen pauschalen Vorsteuerabzug aus Übernachtungsgeldern einschlägigen Rechtsgrundlagen (§ 36 bis 38 UStDV) sind ersatzlos entfallen.

3. Verpflegungskosten

4401 Der Arbeitgeber kann den **Vorsteuerabzug aus Verpflegungskosten** seiner Arbeitnehmer nur in den Fällen in Anspruch nehmen, in denen die Verpflegungsleistungen anlässlich einer unternehmerisch veranlassten Auswärtstätigkeit der Arbeitnehmer (Auswärtstätigkeit und doppelte Haushaltsführung) vom **Arbeitgeber empfangen und in voller Höhe getragen** worden sind. Trägt der Arbeitgeber die Verpflegungsaufwendungen nicht in voller Höhe, sind die Verpflegungsleistungen nicht mit rechtlicher Wirkung vom Arbeitgeber empfangen worden. Ein Vorsteuerabzug ist dann nicht möglich.

Darüber hinaus müssen die Verpflegungsaufwendungen durch Rechnungen mit gesondertem Ausweis der Umsatzsteuer auf den Namen des Unternehmers oder durch Kleinbetragsrechnungen i.S.d. § 33 UStDV belegt sein.

Erstattet der Arbeitgeber seinem Arbeitnehmer die Verpflegungsmehraufwendungen nicht nach dem durch Rechnungen belegten tatsächlichen Aufwand, sondern anhand von Verpflegungspauschalen, scheidet ein Vorsteuerabzug insoweit aus, weil es hierfür wegen der Streichung der §§ 36 bis 38 UStDV keine Rechtsgrundlage mehr gibt.

4. Fahrtkosten

4402 Vorsteuerbeträge, die auf Fahrtkosten für Fahrzeuge des Personals (arbeitnehmereigene Fahrzeuge) entfallen, sind abziehbar, soweit der Arbeitgeber Leistungsempfänger ist und die übrigen Voraussetzungen für die Vornahme des Vorsteuerabzugs nach § 15 UStG erfüllt sind.

Dem Arbeitgeber steht demgegenüber kein Vorsteuerabzug aus der Erstattung der aus Anlass einer Auswärtstätigkeit seines Arbeitnehmers gezahlten Kilometerpauschalen zu, weil es hierfür durch die Streichung der §§ 36 bis 38 UStDV keine Rechtsgrundlage mehr gibt.

Dem Arbeitgeber steht jedoch der Vorsteuerabzug beispielsweise aus Kosten für die Benutzung öffentlicher Verkehrsmittel, von Leasing- oder Mietfahrzeugen sowie Taxen durch seine Arbeitnehmer zu. Hierfür ist Voraussetzung, dass der Arbeitgeber Leistungsempfänger ist und die Rechnung auf seinen Namen lautet. Da die §§ 34 und 35 UStDV nicht geändert wurden, kann der Arbeitgeber weiterhin den Vorsteuerabzug aus Fahrausweisen für seine Arbeitnehmer vornehmen.

5. Stellenbewerber

4403 Der Ausschluss des Vorsteuerabzugs aus Reisekosten erstreckt sich auch auf die im Zusammenhang mit Vorstellungsbesuchen von Stellenbewerbern gezahlten Beträge, die nach dem entfallenen § 38 Abs. 2 UStDV als Auswärtstätigkeiten zu beurteilen waren.

6. Umzugskosten

4404 Soweit der Unternehmer im Zusammenhang mit einem **Umzug seiner Arbeitnehmer**, der unternehmerisch bedingt ist (z.B. Einsatz des Arbeitnehmers an einem anderen Standort), Leistungen (z.B. eines Umzugsunternehmens) für sein Unternehmen bezieht, kann er die darauf entfallenden Vorsteuerbeträge geltend machen. Der Vorsteuerabzug wird unter den allgemeinen Voraussetzungen des § 15 UStG gewährt. Das bedeutet u.a., dass die entsprechenden **Rechnungen** auf das Unternehmen ausgestellt sein müssen. Einzelheiten → *Umzugskosten* Rz. 4190.

Vorzugsaktien

→ *Aktien: Zuwendung an Arbeitnehmer* Rz. 55

Wachhund

→ *Hundehaltung* Rz. 2569

Wahlhelfer

Bei politischen Wahlen sind ehrenamtliche Wahlhelfer tätig, die 4405
Aufwandsentschädigungen (sog. **Erfrischungsgelder**) erhalten. Mitglieder der Wahlorgane sind keine Arbeitnehmer, nur die von den Gemeinden gestellten Hilfskräfte. Da nach § 3 Nr. 12 Satz 2 EStG i.V.m. R 3.12 Abs. 3 Satz 3 LStR Aufwandsentschädigungen für ehrenamtliche Tätigkeiten bis mindestens 250 € monatlich steuerfrei bleiben, hat die Einstufung als Arbeitnehmer keine Bedeutung mehr. Ein Lohnsteuerabzug entfällt in jedem Fall. Einzelheiten zur Steuerfreiheit von Erfrischungsgeldern s. FinMin Saarland v. 22.7.2002, B/2 – 4 – 106/02 – S 2337.

LSt SV

Wahlkampfkosten

→ *Werbungskosten* Rz. 4591

Waisengeld

→ *Arbeitslohn-ABC* Rz. 707

Waldarbeiter

→ *Forstbedienstete* Rz. 2206

Wandelschuldverschreibungen

→ *Aktienoption* Rz. 38

Warengutscheine

1. Lohnsteuer

Erhält der Arbeitnehmer vom Arbeitgeber einen Gutschein, so ist 4406
dessen **lohnsteuerliche Behandlung** und der **Zuflusszeitpunkt** des Arbeitslohns **abhängig davon**, ob es sich um einen **Gutschein des Arbeitgebers** oder um einen **Gutschein eines Dritten** handelt.

a) Gutscheine des Arbeitgebers

Kann der Gutschein **nur beim Arbeitgeber** eingelöst werden, so 4407
erhält der Arbeitnehmer einen **Sachbezug**, der nach den für Sachbezüge geltenden Regelungen zu bewerten ist. Der Arbeitnehmer erhält mit dem Gutschein lediglich ein Versprechen des Arbeitgebers, dass dieser ihm in Höhe eines bestimmten Geldbetrags einen Sachbezug zukommen lassen will.

Erhält der Arbeitnehmer bei Einlösung des Gutscheins Waren, die **vom** Arbeitgeber hergestellt oder vertrieben werden, so ist der **Rabattfreibetrag von 1 080 €** anzuwenden. Der Vorteil bleibt steuer- und beitragsfrei, wenn der Betrag von 1 080 € im Kalenderjahr nicht überschritten wird. Maßgebend ist der nach § 8 Abs. 3 EStG um 4 % geminderte Endpreis des Arbeitgebers (→ *Rabatte* Rz. 3523). Wird die Ware **nicht** vom eigenen Arbeitgeber hergestellt oder vertrieben, ist der Vorteil mit dem üblichen Endpreis am Abgabeort zu bewerten (§ 8 Abs. 2 EStG); in diesem Fall bleibt der Vorteil steuer- und beitragsfrei, wenn die **Freigrenze von 50 €** (§ 8 Abs. 2 Satz 11 EStG) nicht überschritten wird (→ *Sachbezüge* Rz. 3819).

Weil der Gutschein lediglich einen noch nicht realisierten Anspruch gegenüber dem Arbeitgeber dokumentiert, **fließt der Arbeitslohn dem Arbeitnehmer erst zu**, wenn er ihn beim Arbeitgeber einlöst (R 38.2 Abs. 3 Satz 2 LStR, BMF v. 13.4.2021, IV C 5 – S 2334/19/10007 :002, BStBl I 2021, 624, Rdnr. 26), vgl. auch BFH v. 24.1.2001, I R 100/98, BStBl II 2001, 509 und BFH v. 24.1.2001, I R 119/98, BStBl II 2001, 512 betr. Aktienoptionen sowie FG Sachsen v. 9.1.2018, 3 K 511/17, EFG 2018, 1259.

Wird hingegen ein **tariflich festgelegter** Urlaubsgeldanspruch gegen einen beim Arbeitgeber einzulösenden Gutschein ausgetauscht, fließt dem Arbeitnehmer Barlohn zu, wenn der Arbeitnehmer nicht unter Änderung seines Anstellungsvertrags auf einen Teil seines Barlohns verzichtet (BFH v. 6.3.2008, VI R 6/05, BStBl II 2008, 530).

Beispiel:

Die Arbeitnehmer eines Möbelhauses können auf Grund einer Vereinbarung mit dem Betriebsrat wählen, ob sie im Juli statt des tarifvertraglich zustehenden Urlaubsgelds einen Gutschein in gleicher Höhe erhalten wollen, der bis Ende des Jahres einzulösen ist; eine Barauszahlung des Gutscheins ist ausgeschlossen.

Auch wenn der Arbeitnehmer den Gutschein gewählt hat, ist das in dieser Form gezahlte Urlaubsgeld als Barlohn zu behandeln, denn die Arbeitnehmer haben auf ihren Barlohnanspruch nicht zu Gunsten eines Sachlohns verzichtet, sondern den Barlohn zum Erwerb des Gutscheins verwendet (BFH v. 6.3.2008, VI R 6/05, BStBl II 2008, 530).

b) Gutscheine von Dritten

4408 Zur **Abgrenzung zwischen Geldleistung und Sachbezug** sind in § 8 Abs. 1 EStG folgende Sätze 2 und 3 eingefügt worden:

„Zu den Einnahmen in Geld gehören auch zweckgebundene Geldleistungen, nachträgliche Kostenerstattungen, Geldsurrogate und andere Vorteile, die auf einen Geldbetrag lauten. Dies gilt nicht bei Gutscheinen und Geldkarten, die ausschließlich zum Bezug von Waren oder Dienstleistungen berechtigen und die Kriterien des § 2 Abs. 1 Nr. 10 ZAG erfüllen."

→ *Sachbezüge* Rz. 3800.

Seit dem Kalenderjahr 2020 rechnen nicht mehr zu den Sachbezügen Geldkarten, die als Geldsurrogate i.R. unabhängiger Systeme des unbaren Zahlungsverkehrs eingesetzt werden können (sog. **Open-Loop-Karten**).

Als **Geldleistung zu behandeln** sind bestimmte Geldkarten, die

- über eine Barauszahlungsfunktion oder über eine eigene IBAN verfügen,
- die für Überweisungen (z.B. PayPal) verwendet werden können oder
- für den Erwerb von Devisen (z.B. Pfund, US-Dollar, Franken) verwendet sowie als generelles Zahlungsinstrument hinterlegt werden können.

Einzelheiten zur mitunter schwierigen **Abgrenzung zwischen Geldleistung und Sachbezug** auf Grund der (neuen) Regelungen in § 8 Abs. 1 Satz 2 und 3 und § 8 Abs. 2 Satz 11 zweiter Halbsatz EStG enthält das BMF-Schreiben v. 15.3.2022, IV C 5 – S 2334/19/10007 :007, BStBl I 2022, 242.

→ *Sachbezüge* Rz. 3801

Wird dem Arbeitnehmer oder dessen Angehörigen ein Gutschein oder eine Geldkarte i.S.d. § 8 Abs. 1 Satz 2 EStG anlässlich eines besonderen **persönlichen** Ereignisses zugewendet, liegt ebenfalls Sachlohn vor, welcher als Aufmerksamkeit bis zu einem Wert von 60 € nicht zu Arbeitslohn führt (→ *Annehmlichkeiten* Rz. 167). Erhält der Arbeitnehmer vom Arbeitgeber als Sachlohn einen Gutschein, der einen Rechtsanspruch gegenüber einem **Dritten** erhält, fließt ihm der Arbeitslohn im Zeitpunkt der Hingabe zu (R 38.2 Abs. 3 Satz 1 LStR, BMF v. 13.4.2021, IV C 5 – S 2334/19/10007 :002, BStBl I 2021, 624, Rdnr. 26; vgl. auch FG Sachsen v. 9.1.2018, 3 K 511/17, EFG 2018, 1259; → Rz. 4407).

Beispiel:

Der Arbeitgeber übergibt seinen Arbeitnehmern für besondere Leistungen jährlich einmalig auf freiwilliger Basis acht Tankgutscheine jeweils im Wert von 50 € (insgesamt also 400 €), die nicht personengebunden sind und die keine technische Beschränkung zur Einlösung zu bestimmten Zeitpunkten enthalten. Die Tankgutscheine wurden zuvor bei einer Mineralölgesellschaft bei sofortiger Zahlung des Kaufpreises erworben. Bei Übergabe der Gutscheine an die Mitarbeiter wird darauf hingewiesen, dass nur ein Tankgutschein monatlich eingelöst werden darf, damit die Zuwendung sozialversicherungs- und steuerfrei ist.

Wendet der Arbeitgeber seinen Arbeitnehmern Tankgutscheine zu, die nicht personengebunden sind und keine technische Beschränkung zur Einlösung zu bestimmten Zeitpunkten enthalten, so fließt der entsprechende Sachbezug den Arbeitnehmern bereits **im Zeitpunkt der Aushändigung der Tankgutscheine** und nicht erst bei Einlösung der Tankgutscheine zu, wenn die Verfügungsmacht der Arbeitnehmer über die Tankgutscheine weder arbeitsrechtlich noch durch Vereinbarungen gegenüber dem Aussteller der Tankgutscheine eingeschränkt ist (FG Sachsen v. 9.1.2018, 3 K 511/17, EFG 2018, 1259).

c) Gutscheinportal

Gutscheine und Geldkarten, die ausschließlich berechtigen, sie gegen andere Gutscheine oder Geldkarten einzulösen, z.B. über sog. Gutscheinportale, sind nach § 8 Abs. 1 Satz 3 EStG begünstigt, wenn durch technische Vorkehrungen und in den zur Verwendung kommenden Vertragsvereinbarungen sichergestellt ist, dass 4409

- die Einlösung nur gegen andere Gutscheine oder Geldkarten erfolgen kann, die **ausschließlich zum Bezug von Waren oder Dienstleistungen** beim Arbeitgeber oder einem Dritten berechtigen und die Kriterien des § 2 Abs. 1 Nr. 10 ZAG erfüllt werden, **und**
- dem Arbeitnehmer das Guthaben erst nach Auswahl des anderen Gutscheins oder der anderen Geldkarte zur Verfügung steht (z.B. Auswahl vor Freischaltung eines Gutscheincodes oder vor Aufladung des Guthabens auf die Geldkarte (vgl. Rn. 24 Buchst. f des BMF-Schreibens v. 15.3.2022, BStBl I 2022, 242).

Unschädlich ist es, wenn ein Gutscheinportal auch nicht begünstigte Gutscheine vertreibt, es muss jedoch zwischen Arbeitgeber, Arbeitnehmer und Anbieter sichergestellt sein, dass der Arbeitnehmer nur aus begünstigten Gutscheinen auswählen kann.

Sofern der Erwerb eines Gutscheins in Zusammenhang mit Gutscheinportalen in mehreren Stufen erfolgt, kann dies somit u.U. als Gewährung von Sachlohn anzuerkennen sein.

Wählt der Arbeitnehmer zunächst nur einen (Ziel-)Gutschein aus, erwirbt der Arbeitgeber im Anschluss hieran den vom Arbeitnehmer ausgewählten Gutschein, und stellt der Anbieter diesen sodann dem Arbeitnehmer im Auftrag des Arbeitgebers zur Verfügung, stellt der Arbeitgeber dem Arbeitnehmer lediglich den (Ziel-)Gutschein zur Verfügung. Die Auswahl des Zielgutscheins durch den Arbeitnehmer erfolgt somit grds. vor dessen Zufluss, da dieser – auf Grund des erst dann entstehenden Rechtsanspruches Dritten gegenüber – erst mit Hingabe des Gutscheins erfolgt. Sofern der Gutschein weiterhin die in Rn. 10 Buchst. d i.V.m. Rn. 11 des BMF-Schreibens v. 15.3.2022 genannten Merkmale erfüllt, sind die Voraussetzungen für einen Sachbezug i.S.d. § 8 Abs. 1 Satz 3 EStG damit grds. gegeben (vgl. zum Zufluss als auch den zu treffenden funktionalen und vertraglichen Vorkehrungen Rn. 26 des BMF-Schreibens v. 15.3.2022).

Erfüllt der Gutschein, den der Arbeitnehmer erhält, (technisch und rechtlich) nicht die Voraussetzungen der Rn. 10 i.V.m. Rn. 11 des BMF-Schreibens v. 15.3.2022, a.a.O., liegt eine Geldleistung vor. Die vg. Grundsätze müssen hinsichtlich des tatsächlich gewährten Gutscheins erfüllt sein, der Arbeitgeber hat dies zu prüfen bzw. nachzuweisen.

Sofern der Anbieter über den Gutscheinerwerb hinaus weitere Serviceleistungen gegenüber dem Arbeitgeber erbringt (z.B. die Versendung der Gutscheine, Bereitstellung einer Gutscheinplattform, Ladevorgänge, Setup etc.) und der Arbeitgeber hierfür eine zusätzliche Gebühr an den Anbieter zu entrichten hat, ist zu differenzieren:

- Bei der (individuellen) Besteuerung des geldwerten Vorteils handelt es sich bei der vom Arbeitgeber getragenen Servicegebühr nicht um einen zusätzlichen geldwerten Vorteil, sondern um eine notwendige Begleiterscheinung betriebsfunktionaler Zielsetzungen des Arbeitgebers und damit nicht um Arbeitslohn (Rn. 3 des BMF-Schreibens v. 15.3.2022, a.a.O.).
- Bei der Pauschalierung nach § 37b Abs. 2 EStG sind die Nebenkosten hingegen in die Bemessungsgrundlage der pauschalen Einkommensteuer nach § 37b EStG einzubeziehen.

2. Umsatzsteuer

4410 Bei Gutscheinen wurde bisher im Umsatzsteuerrecht zwischen Wertgutscheinen und Waren- oder Sachgutscheinen unterschieden. Während Wertgutscheine über einen bestimmten Nennbetrag bei dem ausstellenden Händler gegen eine beliebige Ware oder Dienstleistung eingetauscht werden können, beziehen sich Waren- oder Sachgutscheine auf eine konkret bezeichnete Ware oder Dienstleistung.

Die Ausgabe eines Wertgutscheins wurde früher lediglich als Tausch von Zahlungsmitteln behandelt und stellte selbst keine Leistung im umsatzsteuerlichen Sinne dar. Die Umsatzsteuer entstand erst im Fall der Einlösung des Wertgutscheins und damit bei Ausführung des konkreten Umsatzes.

Bei Waren- oder Sachgutscheinen ist der Bezug zu der im Gutschein bezeichneten Leistung bereits bei Ausgabe des Gutscheins gegeben. Daher stellte der bei Erwerb eines Warengutscheins gezahlte Betrag eine Anzahlung auf die bezeichnete Leistung dar, die der Anzahlungsbesteuerung nach § 13 Abs. 1 Nr. 1 Buchst. a Satz 4 UStG unterlag.

Um eine einheitliche steuerliche Behandlung von im europäischen Binnenmarkt gehandelten Gutscheinen zu gewährleisten und zur Umsetzung der sog. Gutschein-Richtlinie (Richtlinie [EU]2016/1065) in nationales Recht ist der **Begriff des Gutscheins zum 1.1.2019 neu definiert worden**:

Nach § 3 Abs. 13 UStG handelt es sich um einen Gutschein, wenn der Inhaber berechtigt ist, diesen an Zahlungs statt zur Einlösung gegen Gegenstände oder Dienstleistungen zu verwenden. Die Regelung gilt ausdrücklich nicht für Instrumente, die den Erwerber zu einem Preisnachlass berechtigen, ihm aber nicht das Recht verleihen, solche Gegenstände oder Dienstleistungen zu erhalten.

§ 3 Abs. 14 und 15 UStG grenzen **Einzweck- und Mehrzweck-Gutscheine** voneinander ab und bestimmen den Zeitpunkt der Steuerentstehung.

Ein **Einzweck-Gutschein** ist danach ein Gutschein, bei dem bereits bei dessen Ausstellung **alle Informationen vorliegen**, die benötigt werden, um die umsatzsteuerliche Behandlung der zu Grunde liegenden Umsätze mit Sicherheit zu bestimmen. Die Besteuerung erfolgt demzufolge bereits im Zeitpunkt der Ausgabe bzw. Übertragung des Gutscheins.

Alle anderen Gutscheine, bei denen im Zeitpunkt der Ausstellung **nicht alle Informationen** für die zuverlässige Bestimmung der Umsatzsteuer vorliegen, sind **Mehrzweck-Gutscheine**. Bei dieser Art von Gutscheinen unterliegt erst die tatsächliche Lieferung bzw. die tatsächliche Ausführung der sonstigen Leistung der Umsatzsteuer, die Besteuerung wird also erst bei Einlösung des Gutscheins, nicht schon bei dessen Ausgabe durchgeführt.

Zur Abgrenzung vgl. a. EuGH v. 18.4.2024, C-68/23, BFH/NV 2024, 1047.

Gutscheine, die den Inhaber **nur zu einem Preisnachlass oder einer Preiserstattung** (vgl. Abschn. 17.2 UStAE) berechtigen, aber nicht das Recht verleihen, solche Gegenstände oder Dienstleistungen zu erhalten, sind von den neuen Regelungen **nicht betroffen**. **Briefmarken, Fahrscheine, Eintrittskarten** für Kinos und Museen sowie vergleichbare Instrumente fallen ebenfalls **nicht in den Anwendungsbereich** des § 3 Abs. 14 und 15 UStG, da in diesen Fällen bereits über die bloße Annahmeverpflichtung hinausgehende Ansprüche bestehen und es sich hierbei vorrangig um Zahlungsnachweise handelt (BMF v. 2.11.2020, III C 2 – S 7100/19/10001 :002, BStBl I 2020, 1121).

Zur umsatzsteuerlichen Behandlung von Gutscheinen, die

- **nach dem 31.12.2018** ausgestellt werden, vgl. Abschn. 3.17 UStAE; die Finanzverwaltung beanstandet es – auch für Zwecke des Vorsteuerabzugs – nicht, wenn ab dem 1.1.2019 und vor dem 2.2.2021 ausgestellte Gutscheine nicht entsprechend Abschn. 3.17 UStAE behandelt worden sind (BMF v. 2.11.2020, III C 2 – S 7100/19/10001 :002, BStBl I 2020, 1121),
- **vor dem 1.1.2019** ausgestellt wurden, vgl. OFD Karlsruhe v. 13.8.2019, S 7270.

3. Sozialversicherung

4411 Soweit Arbeitnehmer Warengutscheine an Stelle von Arbeitsentgelt erhalten, vertreten die Spitzenverbände der Sozialversicherungsträger folgende Auffassung (Besprechungsergebnis v. 6./7.5.1998):

- Geldwerte Vorteile aus Warengutscheinen und Sachleistungen, die der Arbeitgeber als freiwillige Leistung **zusätzlich zum Arbeitsentgelt** gewährt, fallen unter § 8 Abs. 3 EStG und gehören – soweit sie hiernach steuerfrei sind – nicht zum Arbeitsentgelt i.S. der Sozialversicherung.
- Geldwerte Vorteile aus Warengutscheinen und Sachleistungen, die **an Stelle von in den Vorjahren außervertraglich** (freiwillig) **gezahltem Arbeitsentgelt** gewährt werden, fallen unter § 8 Abs. 3 EStG und gehören – soweit sie hiernach steuerfrei sind – nicht zum Arbeitsentgelt i.S. der Sozialversicherung.
- Geldwerte Vorteile aus Warengutscheinen und Sachleistungen, die **an Stelle von vertraglich vereinbartem Arbeitsentgelt** gewährt werden, fallen nicht unter § 8 Abs. 3 EStG und gehören somit in voller Höhe zum beitragspflichtigen Arbeitsentgelt i. S. der Sozialversicherung.

LSt SV

Waren: Personalrabatte

→ *Rabatte* Rz. 3523, → *Sachbezüge* Rz. 3799

Wäschegeld

→ *Berufskleidung* Rz. 1353

Wasser, Personalrabatte

→ *Strom: verbilligter Bezug* Rz. 4057

Wechselschichtzulage

1. Arbeitsrecht

Wechselschicht ist eine besondere Form der Organisation von Schichtarbeit, die angewendet wird, wenn eine Betriebszeit rund um die Uhr und auch an Wochenenden und Feiertagen zu gewährleisten ist. Eine **Definition** der Wechselschicht enthält z.B. § 7 TVöD: 4412

„Wechselschichtarbeit ist die Arbeit nach einem Schichtplan, der einen regelmäßigen Wechsel der täglichen Arbeitszeit in Wechselschichten vorsieht, bei denen Beschäftigte durchschnittlich längstens nach Ablauf eines Monats erneut zur Nachtschicht herangezogen werden. Wechselschichten sind wechselnde Arbeitsschichten, in denen ununterbrochen bei Tag und Nacht, werktags, sonntags und feiertags gearbeitet wird."

Der Anspruch des Arbeitnehmers auf die Zahlung von Wechselschichtzulagen kann sich dabei aus einem Gesetz, einer Rechtsverordnung, einem Tarifvertrag, einer Betriebsvereinbarung oder einem Einzelarbeitsvertrag ergeben.

2. Lohnsteuer und Sozialversicherung

a) Allgemeines

Zuschläge für Wechselschichtarbeit, die der Arbeitnehmer für seine Wechseltätigkeit regelmäßig und fortlaufend bezieht, sind dem steuerpflichtigen Grundlohn zugehörig; sie sind auch während der durch § 3b EStG begünstigten Nachtzeit nicht steuerfrei (BFH v. 7.7.2005, IX R 81/98, BStBl II 2005, 888). 4413

Beispiel 1:

A ist Krankenpflegerin in einem Pflegeheim und macht wöchentliche Wechselschichten (Früh-, Spät- und Nachtschicht). Sie erhält hierfür eine monatliche Pauschale von 100 €.

Auch wenn 25 % der Tätigkeit auf Nachtdienst entfällt, kann nicht pauschal ein Teilbetrag von 25 € als steuerfreier Zuschlag für Sonntags-, Feiertags- oder Nachtarbeit i.S.d. § 3b EStG angesehen werden.

LSt SV

Die Steuerbefreiung nach § 3b EStG ist allerdings anzuwenden, wenn eine Wechselschichtzulage **ausschließlich für Arbeit zu den begünstigten Zeiten gezahlt** wird. Das gilt auch, wenn die Zulage als „Wechselschichtzulage" und nicht als „Nachtarbeitszuschlag" bezeichnet wird (R 3b Abs. 1 Satz 5 LStR sowie → *Zuschläge für Sonntags-, Feiertags- oder Nachtarbeit* Rz. 4800).

Beispiel 2:

Auf Grund tarifvertraglicher Vereinbarung erhält ein Arbeitnehmer für die Arbeit in der Zeit von 18 bis 22 Uhr einen Spätarbeitszuschlag.

Der für die Zeit von 20 bis 22 Uhr gezahlte Spätarbeitszuschlag ist ein nach § 3b EStG begünstigter Zuschlag für Nachtarbeit.

LSt (durchgestrichen) SV (durchgestrichen)

b) Einzelfälle

4414 In folgenden Fällen liegt **kein nach § 3b EStG begünstigter Zuschlag**, sondern steuerpflichtiger Arbeitslohn vor:

aa) Wechselschichtzulagen nach § 33a BAT

4415 Bei der Wechselschichtzulage nach § 33a BAT (nachfolgend §§ 7, 8 TVöD) handelt es sich nicht um einen (pauschalen) Zuschlag für Sonntags-, Feiertags- oder Nachtarbeit i.S.d. § 3b EStG, sondern um eine **steuerpflichtige Erschwerniszulage**. Voraussetzung für die Zahlung der Zulage ist zwar, dass in einem Zeitraum von sieben Wochen durchschnittlich mindestens 40 Nachtarbeitsstunden geleistet werden. Dadurch erlangt die Zulage aber nicht den Charakter einer Zulage für Nachtarbeit. Vielmehr sollen mit ihr ausschließlich die Erschwernisse abgegolten werden, die sich durch ständige Wechselschichtarbeit ergeben. Die Zulage wird z.B. nicht gewährt, wenn Wechselschichtarbeit häufig oder regelmäßig ausgeübt oder wenn nur nachts gearbeitet wird. Dies zeigt, dass die Zahl der geleisteten Nachtarbeitsstunden lediglich Anknüpfungsmerkmal für die Zahl der Zulage, aber nicht der Grund für den tarifvertraglich vereinbarten Anspruch ist. Wären in der Wechselschichtzulage auch Zuschläge für Nachtarbeit enthalten, dann wären Nachtarbeitszuschläge nach § 35 BAT ausgeschlossen (§ 35 Abs. 2 Satz 2 BAT), vgl. OFD Hannover v. 11.7.1995, S 2343 – 82 – StO 211, sowie FG Düsseldorf v. 6.4.2000, 17 K 1331/97 E, EFG 2000, 918. Die Abspaltung eines Teils der Zulage als nach § 3b EStG steuerfreie Zuschläge für Sonntags-, Feiertags- oder Nachtarbeit ist nicht möglich, vgl. H 3b (Zuschlag zum Grundlohn) LStH.

bb) Wechselschichtzulage/Schichtzulage nach § 11 Abs. 4 und 5 TV-Ärzte/VKA

4416 Bei den beiden Zulagen handelt es sich nicht um Zuschläge für Sonntags-, Feiertags- oder Nachtarbeit. Sie sind folglich steuerpflichtig (OFD Frankfurt v. 26.5.2011, S 2343 A – 37 – St 222, Lohnsteuer-Handausgabe 2021, 172).

cc) Zulage für Dienst zu wechselnden Zeiten nach §§ 17a bis 17d EZulV

4417 Die Zulage für Dienst zu wechselnden Zeiten nach §§ 17a bis 17d EZulV erfüllt **nicht die Voraussetzungen für die Steuerfreiheit nach § 3b EStG**. § 3b EStG verlangt u.a. eine bestimmte (subjektive) Zweckbestimmung der begünstigten Zuschlagszahlungen. Der Zweck der monatlich gezahlten Zulage für Dienst zu wechselnden Zeiten ist – auch wenn sie u.a. eine Mindestzahl tatsächlich geleisteter Nachtdienststunden erfordert – aber nicht ein Zuschlag für Sonntags-, Feiertags- oder Nachtarbeit, sondern ein **Ausgleich für die besonderen Belastungen des Biorhythmus durch häufig wechselnde Arbeitszeiten und einen hohen Anteil von Nachtdienststunden**. Dies ergibt sich aus der systematischen Stellung der §§ 17a bis 17d in Abschnitt 3 „Zulage für Dienst zu wechselnden Zeiten" der EZulV. Ebenso folgt aus der tatbestandlichen Ausgestaltung der Zulage, dass es sich nicht um eine Nachtzulage, sondern um eine Wechselschichtzulage handelt. Die Gewährung der Zulage für Dienst zu wechselnden Zeiten setzt nach § 17a Satz 1 Nr. 1 EZulV voraus, dass Beamte und Soldaten für die Gewährung der Zulage zu Diensten zu wechselnden Zeiten herangezogen werden müssen. Dies hat zur Folge, dass jemand, der nur nachts arbeitet, keinen Anspruch auf die Zulage hat (OFD Nordrhein-Westfalen v. 13.4.2015, Kurzinformation ESt Nr. 10/2015, StEd 2015, 312 sowie BFH v. 15.2.2017, VI R 30/16, BStBl II 2017, 644 betr. die einem Polizeibeamten gezahlte Zulage für Dienst zu wechselnden Zeiten nach § 17a EZulV).

LSt SV

Wegegelder

Als **Fahrtkostenersatz** gezahlte Wegegelder sind steuerfrei, wenn eine besondere **Steuerbefreiungsvorschrift**, z.B. als Aufwandsentschädigungen aus öffentlichen Kassen oder als Reisekosten bei Auswärtstätigkeiten, in Betracht kommt (vgl. z.B. OFD Hannover v. 25.1.1999, S 2337 – 14 – StO 211, betr. tarifliche Wege- und Zehrgelder in der Straßenbauverwaltung). 4418

Werden Wegegelder für **Fahrten zwischen Wohnung und erster Tätigkeitsstätte** gezahlt, liegt grds. steuerpflichtiger Arbeitslohn vor, der jedoch ggf. nach § 40 Abs. 2 Satz 2 EStG pauschal mit 15 % besteuert werden kann (→ *Wege zwischen Wohnung und erster Tätigkeitsstätte* Rz. 4453).

LSt SV (durchgestrichen)

Steuerfrei sind jedoch seit 1.1.2019

- nach **§ 3 Nr. 15 EStG** Zuschüsse des Arbeitgebers (bzw. entsprechende Sachbezüge), die zusätzlich zum ohnehin geschuldeten Arbeitslohn zu den Aufwendungen des Arbeitnehmers für **Fahrten mit öffentlichen Verkehrsmitteln im Linienverkehr** (ohne Luftverkehr) zwischen Wohnung und erster Tätigkeitsstätte usw. gezahlt werden (→ *Job-Ticket* Rz. 2617),
- und nach **§ 3 Nr. 37 EStG** zusätzlich zum ohnehin geschuldeten Arbeitslohn vom Arbeitgeber gewährte Vorteile für die Überlassung eines betrieblichen Fahrrads, das kein Kraftfahrzeug i.S.d. § 6 Abs. 1 Nr. 4 Satz 2 EStG ist, für private Zwecke, d.h. auch für Fahrten zwischen Wohnung und erster Tätigkeitsstätte (→ *Fahrrad* Rz. 2058).

LSt (durchgestrichen) SV (durchgestrichen)

Wegezeitentschädigungen, die z.B. an Waldarbeiter für lange Anmarschwege gezahlt werden, sind als Entschädigungen für Zeitverlust und Verdienstausfall steuerpflichtiger Arbeitslohn.

LSt SV

Wege zwischen Wohnung und erster Tätigkeitsstätte

Inhalt

1. Allgemeines

a) Reformen

4419 Die „Reisekostenreform 2014“ hatte auch Auswirkungen auf die steuerliche Behandlung der Wege zwischen Wohnung und erster Tätigkeitsstätte. Die Vorschrift des § 9 Abs. 1 Satz 3 Nr. 4 EStG a.F., welche die Abzugsbeschränkung auf die **Entfernungspauschale** beinhaltete, galt bis dahin für „Wege zwischen Wohnung und **regelmäßiger Arbeitsstätte**“. Der Begriff „regelmäßige Arbeitsstätte“ entfiel jedoch ab 2014. Seitdem beinhaltet § 9 Abs. 1 Satz 3 Nr. 4 EStG „Wege zwischen Wohnung und **erster Tätigkeitsstätte**“, wobei der Begriff „erste Tätigkeitsstätte“ in § 9 Abs. 4 EStG **gesetzlich umschrieben** ist.

Inhaltlich haben sich jedoch auch für die Berücksichtigung von Fahrtkosten weitere Änderungen ergeben, weil die Abzugsbeschränkungen der Entfernungspauschale – abweichend von der früheren BFH-Rechtsprechung – auf weitere Sachverhalte erweitert worden sind.

S. auch → *Reisekosten: Allgemeine Grundsätze* Rz. 3689.

I.R. des Gesetzes zur Umsetzung des Klimaschutzprogramms 2030 im Steuerrecht v. 21.12.2019, BStBl I 2020, 138 ist **zunächst**

- die Entfernungspauschale **ab dem 21. Kilometer** erhöht worden
  - für die Jahre 2021 bis 2023 von 0,30 € je Entfernungskilometer auf 0,35 € und
  - für die Jahre 2024 bis 2026 um weitere drei Cent auf insgesamt 0,38 €, und
- für Arbeitnehmer, bei denen die erhöhten Entfernungspauschalen auf Grund ihres zu niedrigen Einkommens zu keiner entsprechenden steuerlichen Entlastung führen, eine vom Finanzamt auszuzahlende sog. **Mobilitätsprämie** eingeführt worden (→ Rz. 4471).

Im Rahmen des Steuerentlastungsgesetzes 2022 v. 23.5.2022, BStBl I 2022, 662, ist die bereits ab 2024 festgelegte Erhöhung der Entfernungspauschale ab dem 21. Entfernungskilometer um 3 Cent auf 0,38 € je vollen Entfernungskilometer (s.o.) vorgezogen und auf die Jahre 2022 und 2023 ausgedehnt worden.

Hinweis: Das **Steueränderungsgesetz 2025** sieht die Anhebung der Entfernungspauschale **ab dem ersten Entfernungskilometer für 2026 auf 0,38 €** für alle Stpfl. und die **Aufhebung der zeitlichen Befristung der Mobilitätsprämie** vor. Das Gesetzgebungsverfahren war zum Zeitpunkt des Redaktionsschlusses noch nicht endgültig abgeschlossen. Die geänderten Werte wurden vorbehaltlich der endgültigen gesetzlichen Regelung zu Darstellungszwecken bereits berücksichtigt. Sollten sich Änderungen ergeben, unterrichten wir Sie hierzu über unseren Online-Aktualisierungsdienst (s. Benutzerhinweis S. IV).

Diese Erhöhung der Entfernungspauschale hat nach § 101 EStG auch Folgen für die Mobilitätsprämie (→ Rz. 4471).

b) Arbeitnehmer-Aufwendungen

4420 Seit dem 1.1.2001 werden Aufwendungen für „**Wege**“ zwischen Wohnung und Arbeitsstätte bzw. erster Tätigkeitsstätte durch eine **verkehrsmittelunabhängige Entfernungspauschale** berücksichtigt, und zwar ohne Rücksicht darauf, ob tatsächlich Kosten anfallen (§ 9 Abs. 1 Satz 3 Nr. 4 EStG; zur Entstehungsgeschichte sowie Sinn und Zweck der Entfernungspauschale s. ausführlich BFH v 12.2.2020, VI R 42/17, BStBl II 2020, 473 betr. Berechnung der Entfernungspauschale bei Hin- und Rückweg an unterschiedlichen Arbeitstagen). Die Entfernungspauschale sollte ursprünglich einen Ausgleich für die im Jahr 2000 drastisch gestiegenen Benzinpreise bieten und zugleich die (vermeintliche) Benachteiligung von Bahnfahrern, Radfahrern, Fußgängern, Mitgliedern von Fahrgemeinschaften usw. gegenüber Autofahrern beseitigen. Aus Haushaltsgründen ist sie jedoch seit 2004 auf einen einheitlichen Betrag (kein höherer Betrag mehr ab dem 11. km!) von **0,30 € je Entfernungskilometer** abgesenkt und nachfolgend erhöht worden; **ab dem 21. km für** das Jahr **2021** auf **0,35 €** und für die **Jahre 2022 bis 2026** auf **0,38 €** (begrenzt auf den **Jahres-Höchstbetrag** von **4 500 €**, falls die Strecke nicht mit dem eigenen Kraftwagen zurückgelegt wird, → Rz. 4433).

Die Kürzung um die ersten 20 Entfernungskilometer ab 2007 ist auf Grund **BVerfG** v. 9.12.2008, 2 BvL 1/07, BGBl. I 2008, 2888, HFR 2009, 180 rückgängig gemacht worden (Gesetz zur Fortführung der Gesetzeslage 2006 bei der Entfernungspauschale v. 20.4.2009, BStBl I 2009, 536).

Die Entfernungspauschale wird auch für die wöchentlichen **Familienheimfahrten** bei einer beruflich veranlassten **doppelten Haushaltsführung** gewährt (§ 9 Abs. 1 Satz 3 Nr. 5 EStG). Hier gilt jedoch die Besonderheit, dass der **Höchstbetrag von 4 500 € nicht zu beachten** ist.

Die obersten Finanzbehörden haben zur Anwendung der Entfernungspauschale ein (aktualisiertes) **BMF-Schreiben herausgegeben** (BMF v. 18.11.2021, IV C 5 – S 2351/20/10001 :002, BStBl I 2021, 2315), das nachstehend berücksichtigt wurde.

c) Möglichkeiten des Arbeitgeber-Ersatzes

Erstattet der Arbeitgeber seinen Arbeitnehmern Kosten für den Weg zur Arbeit oder stellt er ihnen hierfür einen Firmenwagen zur Verfügung, so handelt es sich **grds. um steuer- und beitragspflichtigen Arbeitslohn**, da es für den Werbungskostenersatz keine allgemeine Steuerbefreiung gibt (R 19.3 Abs. 3 Satz 2 Nr. 2 LStR sowie FG Hamburg v. 24.7.2002, VI 226/99, EFG 2003, 89: Übernahme von Taxikosten durch den Arbeitgeber auch dann Arbeitslohn, wenn nach Ableistung von Überstunden keine öffentlichen Verkehrsmittel mehr verkehren); s.a. → *Firmenwagen zur privaten Nutzung* Rz. 2121. Hierbei sind jedoch einige Besonderheiten zu beachten: 4421

Unter bestimmten Voraussetzungen sind die **Arbeitgeberleistungen steuer- und beitragsfrei**, z.B. nach

- **§ 3 Nr. 15** EStG betr. Zuschüsse und Sachbezüge, die zusätzlich zum ohnehin geschuldeten Arbeitslohn (→ *Barlohnumwandlung* Rz. 1218) zu den Aufwendungen des Arbeitnehmers für Fahrten mit öffentlichen Verkehrsmitteln im Linienverkehr (ohne Luftverkehr) zwischen Wohnung und erster Tätigkeitsstätte oder zu einem Sammelpunkt oder einem weiträumigen Tätigkeitsgebiet geleistet werden (→ *Job-Ticket* Rz. 2635),
- **§ 3 Nr. 37 EStG** betr. zusätzlich zum ohnehin geschuldeten Arbeitslohn (→ *Barlohnumwandlung* Rz. 1218) vom Arbeitgeber gewährte Vorteile für die Überlassung eines betrieblichen Fahrrads oder Elektrofahrrads (→ *Fahrrad* Rz. 2058),
- **§ 3 Nr. 32 EStG** betr. die sog. **Sammelbeförderung**.

Im Übrigen darf der **Arbeitgeber seine Ersatzleistungen für die Fahrten zwischen Wohnung und erster Tätigkeitsstätte pauschal versteuern**

- nach § 40 Abs. 2 Satz 2 Nr. 1 EStG **mit 15 %**, soweit seine Erstattungen den Betrag nicht übersteigen, den der Arbeitnehmer als **Werbungskosten** absetzen könnte (gilt nicht im Fall der Gehaltsumwandlung), → Rz. 4453,
- nach § 40 Abs. 2 Satz 2 Nr. 2 EStG **mit 25 %** an Stelle der Steuerbefreiung nach § 3 Nr. 15 EStG (→ Rz. 4466),
- nach § 40 Abs. 2 Satz 2 EStG mit **25 %** Freifahrtberechtigungen, die Soldaten nach § 30 Abs. 6 des Soldatengesetzes erhalten.

Der **Arbeitgeber** muss sich daher vor einer pauschalen Versteuerung seiner Ersatzleistungen darüber informieren, in welchem Umfang der Arbeitnehmer Fahrtkosten als **Werbungskosten** absetzen könnte. Diese Fragen sind nicht immer einfach zu beurteilen, zumal es eine Fülle von Urteilen des BFH und der Finanzgerichte gibt, auf die an dieser Stelle nicht vollständig hingewiesen werden kann. Bei Zweifeln, ob und in welchem Umfang Fahrtkostenersatz steuerfrei gezahlt oder mit 15 % pauschal versteuert werden darf, haben Arbeitgeber und Arbeitnehmer die Möglichkeit, sich im Wege der **Anrufungsauskunft** (§ 42e EStG) an das zuständige Betriebsstättenfinanzamt zu wenden.

Für den Arbeitgeberersatz ergibt sich folgende Übersicht:

- **Erste Tätigkeitsstätte beim eigenen Arbeitgeber oder einem der in § 15 AktG genannten Unternehmen oder einem Dritten (z. B. Kunden) vorhanden?**
- **Weg zu einer außerhalb des Dienstverhältnisses zum Zwecke eines Vollzeitstudiums oder einer vollzeitigen Bildungsmaßnahme aufgesuchten Bildungseinrichtung?**
- **Weg zu einem vom Arbeitgeber bestimmten „Sammelpunkt"?**
- **Weg zu einem „weiträumigen Tätigkeitsgebiet"?**

Ja:
Es gelten die ungünstigeren Regeln für **Wege zwischen Wohnung und erster Tätigkeitsstätte,** d.h.

- Ansatz der geringeren Entfernungspauschale von 0,38 € je Entfernungskilometer (km-Satz also nur 0,19 €), neue Entfernungspauschale ab 2026 → Rz. 4419
- kein steuerfreier Arbeitgeberersatz möglich;
- lediglich Pauschalversteuerung nach § 40 Abs. 2 Satz 2 Nr. 1 EStG mit 15 % oder nach § 40 Abs. 2 Satz 2 Nr. 2 EStG mit 25 %

Nein:
Es gelten die günstigeren Regeln für **Auswärtstätigkeiten,** d.h. voller steuerfreier Fahrtkostenersatz möglich, für Kraftfahrzeuge ggf. Ansatz der pauschalen km-Sätze (für Pkw 0,38 €/km; neue Entfernungspauschale ab 2026 → Rz. 4419)

d) Anwendungsbereich

4422 Die Entfernungspauschale gilt für **alle Wege zwischen Wohnung und erster Tätigkeitsstätte**, selbst wenn der Arbeitnehmer seine erste Tätigkeitsstätte **nicht zum Zwecke eines Arbeitseinsatzes aufsucht**, sondern z.B. um an einer **Ausbildungs- oder Fortbildungsveranstaltung** teilzunehmen (vgl. singngemäß BFH v. 10.4.2014, III R 35/13, BStBl II 2014, 1011 betr. Besuch einer Berufsfachschule, die sich auf dem demselben Gelände wie der Ausbildungsbetrieb befindet).

Die Abzugsbeschränkung durch die gesetzliche Entfernungspauschale gilt für „Wege zwischen Wohnung und erster Tätigkeitsstätte" auch dann, wenn die jeweilige **Hin- oder Rückfahrt** durch ein **Dienstgeschäft – wie etwa den Hausbesuch eines Arztes – unterbrochen** wird, gleichwohl aber als Ziel und Zweck der Fahrt das Erreichen der Wohnung oder der ersten Tätigkeitsstätte im Vordergrund steht. In solchen Fällen können lediglich die durch das Dienstgeschäft jeweils entstandenen **Mehrkosten** im Umfang der über die gewöhnliche Entfernung von Wohnung und erster Tätigkeitsstätte hinausgehenden Fahrtstrecke – zusätzlich zum Ansatz der Entfernungspauschale – als Werbungskosten berücksichtigt werden (zuletzt BFH v. 19.5.2015, VIII R 12/13, betr. durch Mandantenbesuche unterbrochene Fahrten zwischen Wohnung oder Betriebsstätte eines Steuerberaters; das Urteil gilt für den Arbeitnehmerbereich sinngemäß).

2. Werbungskostenabzug

a) Maßgebliche Wohnung

aa) Allgemeines

4423 Als „Wohnung" (i.S.d. der Bemessung der Entfernungspauschale, § 9 Abs. 1 Satz 3 Nr. 4 Satz 1 EStG) ist jede Unterkunft anzusehen, die vom Arbeitnehmer zur Übernachtung genutzt wird und von der aus er seine erste Tätigkeitsstätte aufsucht (R 9.10 Abs. 1 Satz 1 LStR). Dies gilt nach der BFH-Rechtsprechung allerdings nur für eine **Wohnung, die der Arbeitnehmer am Ort einer ersten Tätigkeitsstätte begründet**. Bei Arbeitnehmern mit **Auswärtstätigkeit, die am Arbeitsort übernachten**, sind alle Fahrtkosten ohne die Abzugsbeschränkung auf die Entfernungspauschale zu berücksichtigen (→ *Reisekosten: Erstattungen* Rz. 3661).

Der **Begriff „Wohnung"** in § 9 Abs. 1 Satz 3 Nr. 4 EStG ist weit auszulegen. Unter die Vorschrift fallen grds. Fahrten von **Unterkünften jeglicher Art**, die von einem Arbeitnehmer zur Übernachtung genutzt werden und von denen aus er seinen Arbeitsplatz aufsucht. Nach der Vorstellung des Gesetzgebers ist eine Wohnung in diesem Sinne aber grds. nur eine **eigene Wohnung des Stpfl., Aufwendungen für Fahrten von einem anderen Ort zur ersten Tätigkeitsstätte sind nur in Ausnahmefällen zu berücksichtigen**. Das ist der Fall, wenn die eigene Wohnung des Stpfl. aus objektiven Gründen überhaupt nicht benutzbar ist, so z.B. beim Übernachten in der Wohnung des Freundes, weil die eigene Wohnung renoviert wird, oder wenn die eigene Wohnung speziell zur Erreichung der ersten Tätigkeitsstätte nicht geeignet ist, so z.B. bei Übernachtung im Hotel, weil die Wohnung vom Arbeitsort zu weit entfernt liegt und der Arbeitnehmer eine Zweitwohnung am Arbeitsort noch nicht gefunden hat.

Eigene Wohnung i.S.d. § 9 Abs. 1 Satz 3 Nr. 4 EStG kann auch ein **Zimmer im Haus der Eltern** sein; anders als bei der doppelten Haushaltsführung (§ 9 Abs. 1 Satz 3 Nr. 5 EStG) ist für die Geltendmachung von Werbungskosten gem. § 9 Abs. 1 Satz 3 Nr. 4 EStG **nicht erforderlich, dass in der Wohnung ein eigener Hausstand unterhalten** wird (zuletzt FG Hamburg v. 29.10.2010, 5 K 76/10, m.w.N.).

bb) Mehrere Wohnungen

Hat der Arbeitnehmer mehrere Wohnungen, können grds. nur die Wege von der Wohnung berücksichtigt werden, die der **ersten Tätigkeitsstätte am nächsten liegt**. Wege von der weiter vom Beschäftigungsort entfernt liegenden Wohnung zur ersten Tätigkeitsstätte können nur berücksichtigt werden, wenn diese Wohnung 4424

- den **Mittelpunkt der Lebensinteressen** des Arbeitnehmers bildet und
- **nicht nur gelegentlich aufgesucht** wird (§ 9 Abs. 1 Satz 3 Nr. 4 Satz 6 EStG).

Beispiel 1:

A wohnt in einer Großstadt. Während der Sommermonate lebt seine Familie in einer Ferienwohnung an der Nordsee. A fährt freitags unmittelbar nach Arbeitsschluss zur Ferienwohnung und montags von dort unmittelbar zur ersten Tätigkeitsstätte.

Die Ferienwohnung stellt während der Sommermonate den Lebensmittelpunkt dar, so dass auch diese Fahrten steuerlich berücksichtigt werden können (BFH v. 10.11.1978, VI R 127/76, BStBl II 1979, 335).

Nicht ausreichen würde es dagegen, wenn die gesamte Familie nur im Urlaub und an den Wochenenden die Ferienwohnung aufsucht, weil sich dadurch der Lebensmittelpunkt noch nicht an den Ferienort verlagert. Ein Stpfl. hat auch dann nur einen einzigen Mittelpunkt der Lebensinteressen, wenn er mehrere Wohnungen innehat. Wohnen beide Ehegatten während der Woche zusammen in einer Wohnung und nutzen eine weitere gemeinsam am Wochenende sowie im Urlaub, ist im Allgemeinen davon auszugehen, dass ihr Mittelpunkt der Lebensinteressen in der Wohnung ist, von der beide regelmäßig ihre erste Tätigkeitsstätte aufsuchen (BFH v. 4.5.2011, VI B 152/10).

Nicht als Lebensmittelpunkt anerkannt werden könnte auch ein **Wohnwagen**, der während der Sommermonate auf einem Campingplatz abgestellt wird (FG Düsseldorf v. 26.9.1997, 13 K 2578/93 E, EFG 1998, 185). Dies gilt selbst dann, wenn dort die Ehefrau mit einem Kleinkind in der Zeit von April bis September eines Jahres verweilt (FG Hamburg v. 16.10.1998, I 46/96, EFG 1999, 222).

Beispiel 2:

A ist als Krankenpfleger in einem Krankenhaus in Hamburg tätig, wo er auch wohnt (anfangs im Wohnheim des Krankenhauses, danach in einer Dreieinhalbzimmerwohnung mit einer Lebensgefährtin). In Hannover unterhält er im Hause seines Bruders eine eigenständige, ca. 45 qm große Wohnung, die von ihm mit eigenen Möbeln ausgestattet wurde. Dort hat A auch seinen Erstwohnsitz gemeldet. Er fährt regelmäßig jedes Wochenende und an allen arbeitsfreien Tagen in seine Wohnung in Hannover, dort wohnen seine Eltern und sein Bruder. Da sein Bruder seit mehreren Jahren psychisch krank ist und daraus seine Arbeitslosigkeit resultiert, sei es unabdingbar, dass er so oft wie möglich bei ihm sei. Auch habe er seinen gesamten Freundeskreis in Hannover. In seiner Einkommensteuererklärung hat A u.a. die Entfernungspauschale für die Fahrten zwischen Hannover und Hamburg geltend gemacht sowie Unfallkosten anlässlich einer Heimfahrt. Das Finanzamt hat diese Aufwendungen nicht anerkannt, weil die Wohnung in Hannover nicht der Lebensmittelpunkt des A sei.

Das **FG Baden-Württemberg** hat es einem ähnlichen Fall (Urteil v. 24.6.2014, 4 K 3997/11) für glaubhaft gehalten, dass A weiter seinen Lebensmittelpunkt in Hannover behalten hat und den Werbungskostenabzug gewährt. A habe bei 30 Fahrten seinen Lebensmittelpunkt auch nicht nur gelegentlich aufgesucht. Nach Meinung der Verwaltung soll hierfür bei einem Ledigen bereits das zweimalige Aufsuchen monatlich genügen (R 9.10 Abs. 1 Satz 8 LStR). Unerheblich ist auch, ob der Arbeitnehmer die Fahrt an der näher zur ersten Tätigkeitsstätte gelegenen Wohnung unterbricht (s. zuletzt BFH v. 14.9.2020, VI B 64/19, betr. Fahrten des Arbeitnehmers vom Lebensmittelpunkt zu einem Sammelpunkt).

Neben den o.g. Heimfahrten kann A auch die Entfernungspauschale für die Wege zwischen der Wohnung in Hamburg und seiner ersten Tätigkeitsstätte geltend machen.

Macht ein Arbeitnehmer tägliche Fahrten zu einer **recht weiten ersten Tätigkeitsstätte geltend**, sollte er entsprechende **Nachweise** (Benzinquittungen, Inspektionsrechnungen usw.) aufbewahren. Für Fahrten zwischen Wohnung und erster Tätigkeitsstätte besteht zwar **keine gesetzliche Aufzeichnungspflicht**. Gleichwohl müssen die Darlegungen des Stpfl. hierzu so nachvollziehbar sein, dass sie einem sachverständigen Dritten in vertretbarer Zeit den Umfang der Fahrten plausibel machen. Wer eine große Anzahl von Fahrten über weite Entfernungen von verschiedenen Wohnungen aus geltend macht, ist – will er eine Schätzung vermeiden – **im Eigeninteresse gehalten, entsprechende Aufzeichnungen und Belege (Tankquittungen u.Ä.) vorzulegen**. Bei der Schätzung nach Wahrscheinlichkeitsgrundsätzen ist zu berücksichtigen, dass der Stpfl. zumindest aus Zeit- und Kostengründen die Fahrten auf ein erträgliches Maß reduziert (FG Saarland v. 17.2.2011, 1 K 1468/08, EFG 2011, 1243).

Die Finanzämter prüfen in solchen Fällen gelegentlich, ob der Arbeitnehmer nicht am **Arbeitsort übernachtet** hat (ggf. doppelte Haushaltsführung). So erscheint es z.B. **nicht glaubhaft**, dass ein Arbeitnehmer bei einer durchschnittlichen täglichen Arbeitszeit von 14 Stunden arbeitstäglich von der Wohnung zur 122 km entfernt liegenden und nahezu ausschließlich über Landstraßen zu erreichenden ersten Tätigkeitsstätte fährt und diesen Weg an vier Tagen pro Woche mit dem Pkw und an einem Tag pro Woche mit dem Vespa-Motorroller zurücklegt (FG Niedersachsen v. 26.8.2005, 16 K 465/02, bestätigt durch BFH v. 19.10.2010, X R 43/05).

Dem Werbungskostenabzug steht es nicht entgegen, wenn der Arbeitnehmer seine **Fahrt** von der weiter entfernt liegenden Wohnung, die seinen Lebensmittelpunkt darstellt, zur ersten Tätigkeitsstätte an einer näher zum Arbeitsplatz gelegenen **(Zweit-) Wohnung unterbricht** (s. zuletzt BFH v. 14.9.2020, VI B 64/19, betr. Fahrten des Arbeitnehmers vom Lebensmittelpunkt zu einem Sammelpunkt).

cc) Mittelpunkt der Lebensinteressen

4425 Der Mittelpunkt der Lebensinteressen ist nicht gesetzlich definiert, sondern nach den Gesamtumständen zu bestimmen. Es gelten dieselben Grundsätze wie bei der **doppelten Haushaltsführung** (→ *Doppelte Haushaltsführung: Allgemeines* Rz. 1739). Maßgebend sind insbesondere persönliche Bindungen, die Dauer des Aufenthalts in der einen und der anderen Wohnung sowie Größe und Ausstattung der Wohnungen. Wenn die Wohnung am Beschäftigungsort der anderen Wohnung entspricht (oder diese gar übertrifft) und es dort an der **melderechtlichen Anmeldung** fehlt, ist regelmäßig vom Lebensmittelpunkt am Beschäftigungsort auszugehen. Dies gilt auch, wenn die „Zweitwohnung" v.a. für **Besuchs- oder Erholungszwecken vorgehalten** wird. Die Entfernungspauschale darf in diesen Fällen jedoch nicht völlig versagt werden; sie ist so anzusetzen, als wären die Fahrten von der Wohnung am Arbeitsort angetreten worden (zuletzt FG München v. 2.4.2008, 9 K 2466/06).

Wo sich der Mittelpunkt der Lebensinteressen befindet, ist besonders bei **alleinstehenden Arbeitnehmern** oft streitig (→ *Doppelte Haushaltsführung: Allgemeines* Rz. 1741).

Bei einem **verheirateten Arbeitnehmer** liegt der Lebensmittelpunkt grds. dort, wo seine Familie wohnt. Ein Stpfl. hat auch dann nur einen **einzigen Mittelpunkt der Lebensinteressen**, wenn er mehrere Wohnungen innehat (z.B. eine **Ferienwohnung** in einem Ferienhausgebiet und ein Einfamilienhaus am Arbeitsort). Ob die außerhalb des Beschäftigungsortes belegene Wohnung des Arbeitnehmers als **Mittelpunkt seiner Lebensinteressen** anzusehen ist und deshalb seinen Hausstand darstellt, ist anhand einer Gesamtwürdigung aller Umstände des Einzelfalls festzustellen. Das gilt auch dann, wenn beiderseits berufstätige Ehegatten/Lebenspartner/Lebensgefährten während der Woche (und damit den weitaus überwiegenden Teil des Jahres) am Beschäftigungsort zusammenleben. Denn dieser Umstand allein rechtfertigt es nicht, dort den Lebensmittelpunkt des Stpfl. und seiner (Haupt-)Bezugsperson zu verorten. I.d.R. verlagert sich indes der Mittelpunkt der Lebensinteressen eines Arbeitnehmers an den Beschäftigungsort, wenn er dort mit seinem Ehegatten/Lebenspartner/Lebensgefährten in eine familiengerechte Wohnung einzieht, auch wenn die frühere Wohnung beibehalten und zeitweise noch genutzt wird (→ *Doppelte Haushaltsführung: Allgemeines* Rz. 1742).

dd) Zahl der Fahrten

Die weiter entfernt liegende Wohnung wird nach Auffassung der Finanzverwaltung nur dann **„nicht nur gelegentlich" aufgesucht** i.S.d. § 9 Abs. 1 Satz 3 Nr. 4 Satz 6 EStG, wenn sie 4426

- von einem **verheirateten** Arbeitnehmer **mindestens sechsmal** im Kalenderjahr aufgesucht wird (R 9.10 Abs. 1 Satz 5 LStR). Wird dies nicht erreicht, muss nach den Umständen des Einzelfalls geprüft werden, wo sich der Lebensmittelpunkt befindet (BFH v. 26.11.2003, VI R 152/99, BStBl II 2004, 233).
- von einem **alleinstehenden** Arbeitnehmer durchschnittlich mindestens **zweimal monatlich** aufgesucht wird. Dies gilt auch für Heimfahrten bei einer beruflich veranlassten **doppelten Haushaltsführung**, die wahlweise als Fahrten zwischen Wohnung und erster Tätigkeitsstätte anerkannt werden können. Die Finanzverwaltung unterscheidet dabei nicht, ob sich der Lebensmittelpunkt im **In- oder Ausland** befindet, der Arbeitnehmer also überhaupt in der Lage ist, die geforderte Anzahl von Heimfahrten durchzuführen (vgl. R 9.10 Abs. 1 Sätze 8 und 9 LStR).

Ein **Umkehrschluss**, dass bei weniger Fahrten ausschließlich eine private Veranlassung der Heimfahrten gegeben ist, lässt sich der o.g. Richtlinienregelung jedoch nicht entnehmen (FG Nürnberg v. 25.7.2012, 5 K 1354/2009: 12 Fahrten einer Alleinstehenden anerkannt). Auch wenige Fahrten können daher ausreichen, wenn dafür der Aufenthalt in der weiter entfernt liegenden, den Mittelpunkt der Lebensinteressen bildenden Zweitwohnung umso länger ist (FG München v. 21.6.1995, 1 K 1250/93, EFG 1996, 744).

Beispiel 1:

B, ledig, wohnt in Bonn bei seinen Eltern. Er ist von seinem Arbeitgeber nach Berlin versetzt worden und hat dort eine Wohnung gemietet. Er fährt jedes Wochenende nach Hause, weil er in Bonn seinen Freundeskreis hat.

B kann zunächst seine Fahrten zwischen der Zweitwohnung in Berlin und seiner ersten Tätigkeitsstätte in Berlin als Fahrten zwischen Wohnung und erster Tätigkeitsstätte absetzen. Dies gilt aber auch für seine wöchentlichen Heimfahrten nach Bonn, weil B in Bonn seinen Lebensmittelpunkt hat. Dieser wird hier vom Finanzamt ohne Weiteres anerkannt, weil B mindestens zweimal monatlich nach Hause fährt (R 9.10 Abs. 1 Satz 8 LStR).

Beispiel 2:

C, ledige Kinderkrankenschwester, hat eine Arbeitsstelle in München angetreten, ihr Zimmer im Elternhaus in Würzburg jedoch beibehalten. Sie ist bei jeder sich bietenden Gelegenheit nach Hause gefahren, weil sie ihren gesamten Freundes- und Bekanntenkreis in Würzburg hat und dort auch Mitglied des Gesangvereins ist. Außerdem musste sie ihre Mutter bei der Pflege ihrer querschnittsgelähmten Schwester unterstützen. Wegen der großen Entfernung und häufiger Wochenenddienste konnte sie aber im Jahr nur etwa zehnmal nach Hause fahren. Sie hat dann jedoch die Aufenthalte mit jeweils vier bis fünf Urlaubstagen verlängert und war somit immer durchschnittlich eine ganze Woche zu Hause (bei zehn Fahrten insgesamt 68 Tage).

Da C nicht durchschnittlich zweimal monatlich nach Hause gefahren ist, hat das Finanzamt die Fahrten zwischen Würzburg und München nicht als Fahrten zwischen Wohnung und erster Tätigkeitsstätte anerkannt. Das FG München hat C recht gegeben (Urteil v. 21.6.1995, 1 K 1250/93, EFG 1996, 744). Begründung: Die Anzahl der Aufenthalte ist zwar ein gewichtiges, aber dennoch **nicht das alleinige Indiz** für die Beurteilung der Frage, wo sich der Mittelpunkt der Lebensinteressen befindet. Mindestens ebenso wichtig ist die jeweilige Verweildauer des Arbeitnehmers am Ort der weiter entfernt liegenden Wohnung. Im vorliegenden Fall hat die Verweildauer im Kalenderjahr 68 Tage betragen. Dies ist länger, als wenn C – wie die Finanzverwaltung es verlangt – jedes zweite Wochenende nur jeweils zwei Tage nach Hause gefahren wäre (24 Heimfahrten × 2 Tage = 48 Tage).

Der BFH hat dieses Urteil bestätigt (BFH v. 12.1.1996, VI R 80/95, n.v.).

ee) Besonderheiten bei ausländischen Arbeitnehmern

Problematisch war besonders bei ausländischen Arbeitnehmern immer wieder die Anerkennung von **Familienheimfahrten nach Ablauf der** (seit 2003 aufgehobenen) **Zwei-Jahres-Frist für die doppelte Haushaltsführung**, die dann nur noch als „Wege zwischen Wohnung und erster Tätigkeitsstätte" berücksichtigt werden konnten. Voraussetzung ist hierfür einmal, dass der **„Lebensmittelpunkt" im Ausland** anerkannt werden kann. Zum anderen setzt der Abzug voraus, dass der Lebensmittelpunkt **„nicht nur gelegentlich"** aufgesucht wird (§ 9 Abs. 1 Satz 3 Nr. 4 Satz 6 EStG). 4427

Anerkannt als nicht nur gelegentliche Fahrten im Kalenderjahr wurden

– **fünf Heimfahrten** eines türkischen Arbeitnehmers (BFH v. 26.11.2003, VI R 152/99, BStBl II 2004, 233);
– **drei Heimflüge** eines afrikanischen Profi-Fußballspielers (FG Saarland v. 11.3.2008, 2 K 1183/06).

Nicht anerkannt wurden demgegenüber
– **einmal jährlich** durchgeführte Heimfahrten eines **jordanischen Arbeitnehmers** (BFH v. 8.11.1996, VI R 43/94, HFR 1997, 567);
– **drei Heimfahrten eines slowakischen Arbeitnehmers** im Kalenderjahr (FG München v. 9.10.1997, 10 K 1717/96, EFG 1999, 1054). Der BFH hat dieses Urteil aufgehoben (BFH v. 10.2.2000, VI R 60/98, HFR 2000, 565), weil er offensichtlich schon eine doppelte Haushaltsführung anerkannt hat. Auf die grundsätzliche Frage, ob drei Heimfahrten „nur gelegentlich" sind, brauchte er daher nicht mehr einzugehen.

Nach dem Wegfall der Zwei-Jahres-Frist (ab 2003) dürften die Heimfahrten im Regelfall als „Familienheimfahrten" i.R. der **doppelten Haushaltsführung** berücksichtigt werden können.

b) Begriff „erste Tätigkeitsstätte"

4428 Der Begriff „erste Tätigkeitsstätte" richtet sich grds. nach § 9 Abs. 4 EStG (→ *Reisekosten: Allgemeine Grundsätze* Rz. 3593).

Hat der Arbeitnehmer **keine erste Tätigkeitsstätte**, liegt eine Einsatzwechseltätigkeit oder Fahrtätigkeit vor mit der Folge, dass der Arbeitgeber die Fahrtkosten ggf. in voller Höhe steuerfrei erstatten kann. Lediglich wenn **dauerhaft und typischerweise arbeitstäglich** ein vom Arbeitgeber festgelegter Ort aufgesucht werden soll (z.B. der Betriebshof), werden die Fahrten von der Wohnung zu diesem Ort (**Sammelpunkt**) gleichbehandelt mit den Fahrten von der Wohnung zu einer ersten Tätigkeitsstätte und unterliegen der Abzugsbeschränkung auf die **Entfernungspauschale** nach § 9 Abs. 1 Satz 3 Nr. 4a Satz 8 EStG. Voraussetzung ist, dass der Arbeitnehmer den Ort oder das weiträumige Gebiet zur Aufnahme der Arbeit auf Grund einer Weisung des Arbeitgebers zum einen typischerweise arbeitstäglich und zum anderen auch dauerhaft aufzusuchen hat. Ein „typischerweise arbeitstägliches" Aufsuchen erfordert kein ausnahmsloses Aufsuchen des vom Arbeitgeber festgelegten Orts oder Gebiets an sämtlichen Arbeitstagen des Arbeitnehmers. Für die Frage, ob der Arbeitnehmer denselben Ort oder dasselbe weiträumige Tätigkeitsgebiet auf Grund der Weisung des Arbeitgebers „dauerhaft" aufzusuchen hat, ist die Legaldefinition in § 9 Abs. 4 Satz 3 EStG entsprechend heranzuziehen (BFH v. 19.4.2021, VI R 6/19, BStBl II 2021, 727 und BFH v. 2.9.2021, VI R 14/19, betr. Fahrten eines Baumaschinenführers bzw. Elektroinstallateurs zum Betriebssitz des Arbeitgebers als Sammelpunkt i.S.d. § 9 Abs. 1 Satz 3 Nr. 4a Satz 3 EStG, zur ersten Tätigkeitsstätte eines Piloten vgl. FG Köln v. 4.12.2024, 12 K 1369/21, EFG 2025, 930, Rev. eingelegt, Az. beim BFH: VI R 4/25, wonach die Fahrten eines Flugzeugführers (Berufspilot) zu dem ihm vom Arbeitgeber zugewiesenen Stationierungsflughafen nicht als Reisekosten nach § 9 Abs. 1 Nr. 4a EStG, sondern lediglich mit der Entfernungspauschale nach § 9 Abs. 1 Satz 3 Nr. 4 Sätze 1 und 2 EStG zu berücksichtigen sind. Zu Leiharbeitnehmern vgl. FG Düsseldorf v. 20.11.2024, 15 K 1490/24, EFG 2025, 165, wonach die bei Abschluss des Arbeitsvertrages geltende Begrenzung der Arbeitnehmerüberlassung auf 18 aufeinander folgende Monate gemäß § 1 Abs. 1b AÜG n.F. zu einer zeitlichen Befristung der Zuordnung eines Leiharbeitnehmers zum Betrieb des Entleihers führt. Dies steht nach Auffassung des FG der Annahme einer beim Betrieb des Entleihers belegenen ersten Tätigkeitsstätte entgegen, weshalb der Werbungskostenabzug der Aufwendungen des Arbeitnehmers für die Wege zwischen Wohnung und dem arbeitstäglich aufgesuchten Entleiherbetrieb nach Reisekostengrundsätzen zulässig sein soll. Gegen die Entscheidung des FG wurde Revision beim BFH unter Az. VI R 32/24 eingelegt, die jedoch wieder zurückgenommen wurde (Einstellungsbeschluss v. 5.2.2025), vgl. hierzu auch FG Niedersachsen v. 18.6.2024, 12 K 38/24, DB 2025, 1862). Entsprechendes gilt für Arbeitnehmer, die in einem **weiträumigen Tätigkeitsgebiet** tätig werden.

Hierzu ausführlich → *Reisekosten: Allgemeine Grundsätze* Rz. 3593 sowie → Rz. 3627 und → Rz. 3628.

c) Beschränkung auf einen Weg täglich

4429 Die Entfernungspauschale für Wege zwischen Wohnung und erster Tätigkeitsstätte **gilt arbeitstäglich zwei Wege (einen Hin- und einen Rückweg) ab**. Legt ein Arbeitnehmer nur *einen* Weg zurück, so ist nur die **Hälfte der Entfernungspauschale** je Entfernungskilometer und Arbeitstag als Werbungskosten zu berücksichtigen (BFH v. 12.2.2020, VI R 42/17, BStBl II 2020, 473).

Die Entfernungspauschale ist für jeden Arbeitstag ungeachtet tatsächlich höherer oder niedrigerer Aufwendungen nur einmal zu berücksichtigen. Eine Ausnahme wird auch nicht – anders als bis zum Jahr 2000 – für Fahrten zugelassen, die durch einen **zusätzlichen Arbeitseinsatz** außerhalb der regelmäßigen Arbeitszeit oder durch eine **Arbeitszeitunterbrechung von mindestens vier Stunden** veranlasst waren. Dies dient der Vereinfachung und berücksichtigt, dass durch zusätzliche Fahrten nicht zwangsläufig zusätzliche Kosten anfallen, so z.B. nicht bei Zeitkarten für die Benutzung öffentlicher Verkehrsmittel. Wegen des eindeutigen Wortlauts und des damit verfolgten Zwecks ist auch keine Einschränkung des Anwendungsbereichs der Entfernungspauschale auf **„normale" oder „typische" Arbeitsverhältnisse** möglich. Vielmehr sind nach dem Willen des Gesetzgebers auch solche Fälle einzubeziehen, bei denen nach der Eigenart der geschuldeten Arbeit typischerweise **zwei Fahrten arbeitstäglich** zwischen Wohnung und Arbeitsstätte anfallen können (BFH v 12.2.2020, VI R 42/17, BStBl II 2020, 473 betr. Entfernungspauschale bei Hin- und Rückweg an unterschiedlichen Arbeitstagen).

Lässt sich ein Arbeitnehmer z.B. vom Ehegatten zur Arbeit bringen und nach Feierabend wieder abholen, weil der Ehegatte tagsüber den Pkw benötigt, sind die „**Leerfahrten**" nicht beruflich veranlasst und damit nicht als Werbungskosten abzugsfähig; dies gilt auch für **Unfallkosten** bei solchen Fahrten (vgl. BFH v. 11.2.1993, VI R 82/92, BStBl II 1993, 518). Ausnahmen gelten bei Menschen mit Behinderungen (→ Rz. 4442).

Die Finanzämter akzeptieren im Allgemeinen bei einer **5-Tage-Woche 220 bis 230 Fahrten** und bei einer **6-Tage-Woche 260 bis 280 Fahrten** zwischen Wohnung und Arbeitsstätte.

Zur Berücksichtigung der Aufwendungen für Wege zwischen Wohnung und erster Tätigkeitsstätte bei **mehreren Dienstverhältnissen** → Rz. 4440.

d) Verkehrsmittelunabhängige Entfernungspauschale

Die Entfernungspauschale ist grds. **unabhängig vom Verkehrsmittel** zu gewähren (wegen der Ausnahme von **Flugzeugen** → Rz. 4432). Sie wird also auch Fußgängern, Radfahrern, Benutzern öffentlicher Verkehrsmittel und Mitgliedern von Fahrgemeinschaften gewährt, selbst wenn ihnen keine oder nur geringe Kosten entstehen. Bei Pkw-Benutzern wird dagegen im Regelfall die Pauschale die tatsächlichen Kosten nicht annähernd abdecken. 4430

Die Entfernungspauschale setzt jedoch **tatsächlich durchgeführte Fahrten** zwischen Wohnung und erster Tätigkeitsstätte voraus (FG Niedersachsen v. 19.4.2005, 11 K 11705/03, EFG 2005, 1676 sowie FG Saarland v. 14.3.2005, 1 K 30/02, betr. Arbeitnehmer, welche die steuerlich geltend gemachten Fahrten teilweise nicht unternommen hatten, weil sie während der Woche in einem möblierten **Zimmer am Arbeitsort wohnten**). Entsprechendes galt für viele Arbeitnehmer, die während der **Corona-Pandemie** zu Hause arbeiten mussten.

Die Geltendmachung einer großen Anzahl von Fahrten über eine einfache Entfernung mit einer großen Gesamtkilometerzahl zwischen verschiedenen Wohnungen und der ersten Tätigkeitsstätte durch eine an einer Hochschule tätige Fachschulrätin sind bei fehlender Beweisvorsorge durch entsprechende Aufzeichnungen zu **schätzen**. Dies gilt insbesondere bei widersprüchlichen Gesamtkilometerangaben (Steuererklärung 61 000 km, Klageantrag 36 000 km), wenn **keine tägliche Präsenz an der ersten Tätigkeitsstätte erforderlich** ist (FG Saarland v. 17.2.2011, 1 K 1468/08, EFG 2011, 1243).

e) Höhe der Entfernungspauschale

Für jeden **vollen Entfernungskilometer** („angebrochene" Kilometer dürfen **nicht** zu Gunsten des Arbeitnehmers aufgerundet werden!) wird grds. eine **Entfernungspauschale von 0,30 € je Entfernungskilometer** berücksichtigt. 4431

Die i.R. des Gesetzes zur Umsetzung des Klimaschutzprogramms 2030 im Steuerrecht v. 21.12.2019, BStBl I 2020, 138, zunächst vorgenommene Erhöhung der Entfernungspauschale für eine

Übergangszeit ist durch das **Steuerentlastungsgesetz 2022** v. 23.5.2022, BStBl I 2022, 662, erweitert worden (die ab 2024 festgelegte Erhöhung der Entfernungspauschale ab dem **21. Entfernungskilometer** um 3 Cent auf 0,38 € je vollen Entfernungskilometer ist auf die Jahre 2022 und 2023 ausgedehnt worden). Danach sind anzusetzen:

- **Für das Kalenderjahr 2021** ab dem 21. Entfernungskilometer **0,35 €** und
- **für die Jahre 2022 bis 2026** ab dem 21. Entfernungskilometer **0,38 €** (§ 9 Abs. 1 Satz 3 Nr. 4 Satz 8 EStG).

Für die **Entfernungen bis zu 20 km** ist unverändert ein pauschaler Kilometersatz von **0,30 €** zu berücksichtigen.

Für das Kalenderjahr **2021** ist die anzusetzende Entfernungspauschale in Fällen, in denen die Entfernung mindestens 21 Kilometer beträgt, somit **wie folgt zu berechnen**:

- Zahl der Arbeitstage × 20 Entfernungskilometer × 0,30 € zuzüglich
- Zahl der Arbeitstage × restliche Entfernungskilometer × 0,35 €.

Für die **Kalenderjahre 2022 bis 2026** ist in diesen Fällen die anzusetzende Entfernungspauschale somit wie folgt zu berechnen:

- Zahl der Arbeitstage × 20 Entfernungskilometer × 0,30 € zuzüglich
- Zahl der Arbeitstage × restliche Entfernungskilometer × 0,38 €.

Vorgenannte Regelung, wonach die ab 2021 geltende **höhere** Entfernungspauschale von 0,38 € pro Entfernungskilometer **nicht** auch für die ersten 20 Kilometer angesetzt werden darf, ist **nicht verfassungswidrig** (FG Berlin-Brandenburg v. 20.3.2024, 16 K 16092/23).

Hinweis auf aktuelle Änderung: Nach dem Steueränderungsgesetz 2025 soll die Entfernungspauschale ab dem ersten Entfernungskilometer für 2026 ff. auf 0,38 € für alle Stpfl. angehoben werden; die geänderten Werte wurden im Stichwort vorbehaltlich der endgültigen gesetzlichen Regelung zu Darstellungszwecken bereits berücksichtigt. Wir unterrichten Sie über aktuelle Änderungen über unseren Online-Aktualisierungsdienst (s. Benutzerhinweis S. IV).

Die Pauschale gilt für die **einfache Entfernung** zwischen Wohnung und erster Tätigkeitsstätte („Entfernungskilometer"). Um den anzusetzenden **Kilometer-Satz** zu ermitteln, muss daher der **Betrag halbiert** werden, wenn nur **eine Hin- oder Rückfahrt** unternommen wird. Das kann der Fall sein, wenn (BFH v. 12.2.2020, VI R 42/17, BStBl II 2020, 473)

- nur die Hin- oder Rückfahrt einen „Weg zwischen Wohnung und erster Tätigkeitsstätte" darstellt, z.B. wenn der **Hin- und Rückweg zwischen Wohnung und erster Tätigkeitsstätte an verschiedenen Arbeitstagen durchgeführt** wird,
- oder der Stpfl. z.B. nach einer Fahrt von der Wohnung zur ersten Tätigkeitsstätte eine **Auswärtstätigkeit** antritt und von dieser unmittelbar nach Hause zurückkehrt oder eine Auswärtstätigkeit unmittelbar von zu Hause aus antritt, anschließend seine erste Tätigkeitsstätte aufsucht und von dort wieder nach Hause fährt,
- Hin- und Rückfahrt sich auf **unterschiedliche Wohnungen** beziehen (BFH v. 9.12.1988, VI R 199/84, BStBl II 1989, 296),
- der Arbeitnehmer am **Arbeitsort übernachtet** und erst am Folgetag nach Hause fährt oder z.B. schon Sonntagabend an den Arbeitsort zurück fährt, um Montagmorgen pünktlich bei der Arbeit zu sein (FG Baden-Württemberg v. 24.6.2014, 4 K 3997/11),
- die Hinfahrt mit einem Pkw erfolgt, die Rückfahrt dagegen mit dem **Flugzeug** (für Flugstrecken darf die Entfernungspauschale nicht angesetzt werden).

Beispiel:

A fährt am 2. Mai 2026 mit seinem Pkw zur ersten Tätigkeitsstätte (5 km), lädt dort Material ein und fährt anschließend weiter 10 km zu einer Messe. Nach Messeschluss fährt er direkt zur Wohnung (15 km).

Auch wenn A an diesem Tag eine Messe besucht, stellt die Fahrt zur Arbeit einen **„Weg zwischen Wohnung und erster Tätigkeitsstätte"** dar, für den nur die Entfernungspauschale berücksichtigt werden darf – hier allerdings nur die halbe Pauschale von 0,19 € je km.

Die Fahrt von der ersten Tätigkeitsstätte zur Messe und von dort zur Wohnung ist dagegen steuerlich eine **Dienstreise**: Für diese Fahrtkosten kann A entweder die vollen nachgewiesenen Kfz-Kosten oder pauschal 0,30 € je tatsächlich gefahrenem Kilometer absetzen.

Als **Werbungskosten** werden somit für den „Messetag" berücksichtigt:

a) Weg zwischen Wohnung und erster Tätigkeitsstätte: 5 km × 0,19 € (1/2 von 0,38 €) =	0,95 €
b) Dienstreise: 25 km (10 + 15 km) × 0,30 € =	7,50 €
zusammen =	8,45 €

Hinzu kommen ggf. noch **Verpflegungsmehraufwendungen**, bei Abwesenheit von der Wohnung und erster Tätigkeitsstätte von mehr als acht Stunden z.B. 14 €.

Zur **Anhebung der Entfernungspauschale ab dem ersten Entfernungskilometer für 2026 ff. auf 0,38 €** siehe u.a. Hinweis auf aktuelle Änderung → Rz. 4431.

Fallen **Hin- und Rückfahrt zur ersten Tätigkeitsstätte auf verschiedene Arbeitstage**, ist nur die Hälfte der Entfernungspauschale je Entfernungskilometer und Arbeitstag als Werbungskosten zu berücksichtigen (vgl. H 9.10 „Fahrtkosten bei einfacher Fahrt" LStH).

Die vom Stpfl. angegebene Entfernung zwischen Wohnung und erster Tätigkeitsstätte kann der Berechnung seiner als Werbungskosten abzugsfähigen Fahrtkosten nicht zu Grunde gelegt werden, wenn die Überprüfung mit vier verschiedenen **Internet-Routenplanern** (Online-Kartendienste) jeweils eine wesentlich geringere Entfernung ergibt (FG Düsseldorf v. 18.7.2005, 10 K 514/05 E, EFG 2005, 1852).

f) Benutzung öffentlicher Verkehrsmittel

Auch bei Benutzung öffentlicher Verkehrsmittel wird die Entfernungspauschale angesetzt. 4432
Übersteigen die Aufwendungen für die Benutzung öffentlicher Verkehrsmittel **den im Kalenderjahr insgesamt als Entfernungspauschale anzusetzenden Betrag**, können diese übersteigenden Aufwendungen zusätzlich angesetzt werden (§ 9 Abs. 2 Satz 2 EStG). Diese Regelung hat besonders für den sog. **Kurzstreckenverkehr** Bedeutung.

Beispiel 1:

A fährt jeden Tag (230 Arbeitstage) mit der Straßenbahn zur Arbeit (Entfernung 5 km); Kosten der Monatskarte 40 €.

Als Entfernungspauschale sind lediglich 437 € zu berücksichtigen (230 Tage × 5 km × 0,38 €). Da die tatsächlichen Kosten der öffentlichen Verkehrsmittel mit 480 € höher sind, kann A zusätzlich zur Entfernungspauschale (437 €) den Differenzbetrag von 43 € als Werbungskosten absetzen.

Zur **Anhebung der Entfernungspauschale ab dem ersten Entfernungskilometer für 2026 ff. auf 0,38 €** siehe u.a. Hinweis auf aktuelle Änderung → Rz. 4431.

Beispiel 2:

Ein Arbeitnehmer benutzt im Jahr 2026 an 220 Arbeitstagen für die Fahrten von der Wohnung zur ersten Tätigkeitsstätte den Bus und anschließend die Bahn; die Entfernung beträgt 20 km. Die Monatskarte für den Bus kostet 70 € und für die Bahn 80 € (= 150 €).

Für das gesamte Kalenderjahr ergibt sich eine Entfernungspauschale von 220 Tagen × 20 km × 0,38 € = 1 672 €. Die für die Nutzung von Bus und Bahn im Kalenderjahr angefallenen Aufwendungen betragen 1 800 € (12 x 150 €). Weil die tatsächlich angefallenen Kosten für die Benutzung der öffentlichen Verkehrsmittel die insgesamt im Kalenderjahr anzusetzende Entfernungspauschale übersteigen, kann der übersteigende Betrag zusätzlich als Werbungskosten angesetzt werden; insgesamt somit 1 800 €.

Zur **Anhebung der Entfernungspauschale ab dem ersten Entfernungskilometer für 2026 ff. auf 0,38 €** siehe u.a. Hinweis auf aktuelle Änderung → Rz. 4431.

Beispiel 3:

Ein Arbeitnehmer benutzt von Januar bis September 2026 (an 165 Arbeitstagen) für die Wege von seiner Wohnung zur 80 km entfernten ersten Tätigkeitsstätte und zurück den eigenen Kraftwagen. Dann verlegt er seinen Wohnsitz. Von der neuen Wohnung aus gelangt er ab Oktober (an 55 Arbeitstagen) zur nunmehr nur noch 5 km entfernten ersten Tätigkeitsstätte mit dem Bus. Hierfür entstehen ihm tatsächliche Kosten i.H.v. (3 × 70 € =) 210 €.

Für die Strecken mit dem **eigenen Kraftwagen** ergibt sich eine Entfernungspauschale von 165 Arbeitstagen × 80 km × 0,38 € = 5016 €.

Für die Strecke mit dem **Bus** errechnet sich eine Entfernungspauschale von 55 Arbeitstagen × 5 km × 0,38 € = 104,50 €.

Die insgesamt im Kalenderjahr anzusetzende Entfernungspauschale beträgt 5 120,50 € (5 016 € + 104,50 €), da die tatsächlich angefallenen

Aufwendungen für die Nutzung der öffentlichen Verkehrsmittel (210 €) diese nicht übersteigen.

Zur **Anhebung der Entfernungspauschale ab dem ersten Entfernungskilometer für 2026 ff. auf 0,38 €** siehe u.a. Hinweis auf aktuelle Änderung → Rz. 4431.

Ein im Gelegenheitsverkehr genutztes Taxi zählt nicht zu den „öffentlichen Verkehrsmitteln" i.S. des § 9 Abs. 2 Satz 2 EStG. Aufwendungen für Fahrten zwischen Wohnung und erster Tätigkeitsstätte mit einem Taxi können daher lediglich in Höhe der Entfernungspauschale gemäß § 9 Abs. 1 Satz 3 Nr. 4 Satz 2 EStG als Werbungskosten in Ansatz gebracht werden (vgl. BFH v. 9.6.2022, VI R 26/20).

Ausgenommen von der Entfernungspauschale sind lediglich **Flugstrecken** (§ 9 Abs. 1 Satz 3 Nr. 4 Satz 3 EStG), weil die tatsächlichen Kosten insbesondere bei „Billigflügen" ins entfernte Ausland (die Entfernungspauschale gilt auch für Familienheimfahrten i.R. einer doppelten Haushaltsführung!) erheblich niedriger sind als die Entfernungspauschale; anzusetzen sind die tatsächlichen Aufwendungen. Diese Regelung ist verfassungsgemäß (BFH v. 26.3.2009, VI R 42/07, BStBl II 2009, 724). Für die **An- und Abfahrten** zum bzw. vom Flughafen mit dem Pkw oder der Bahn ist jedoch die **Entfernungspauschale** anzusetzen.

Der **BFH** hat entschieden, dass es **keinen verfassungsrechtlichen Bedenken begegnet**, dass durch die Entfernungspauschale sämtliche gewöhnlichen wie außergewöhnlichen Aufwendungen für Fahrten zwischen Wohnung und erster Tätigkeitsstätte abgegolten werden (z.B. BFH v. 4.4.2019, VI R 27/17, BStBl II 2019, 536 betr. Polizeibeamte im Einsatz- und Streifendienst). Auch ist in dem Umstand, dass der Gesetzgeber **Benutzer öffentlicher Verkehrsmittel** von der abzugsbeschränkenden Wirkung der Entfernungspauschale ausgenommen hat, kein Verstoß gegen den allgemeinen Gleichheitssatz (Art. 3 Abs. 1 GG) zu erblicken (BFH v. 15.11.2016, VI R 4/15, BStBl II 2017, 228).

Wenn **Monats-/Jahrestickets** für zunächst beabsichtigte Fahrten zur ersten Tätigkeitsstätte erworben wurden und die Fahrten auf Grund **coronabedingter tatsächlicher Tätigkeit in der häuslichen Wohnung** nicht durchgeführt wurden, sind die Aufwendungen für öffentliche Verkehrsmittel als tatsächliche Kosten (Günstigerprüfung gegenüber der Entfernungspauschale, § 9 Abs. 2 Satz 2 EStG) **neben der Home-Office-Pauschale abziehbar** (→ *Home-Office/Mobile Office/Telearbeit* Rz. 2549 ff.).

Die **tatsächlich** geleisteten Aufwendungen für eine Zeitfahrkarte zur Benutzung öffentlicher Verkehrsmittel für die Wege zwischen Wohnung und erster Tätigkeitsstätte können als Werbungskosten geltend gemacht werden, soweit sie die insgesamt im Kalenderjahr ermittelte Entfernungspauschale übersteigen. Das gilt auch dann, wenn der Arbeitnehmer eine Zeitfahrkarte in Erwartung der regelmäßigen Benutzung für den Weg zur ersten Tätigkeitsstätte erworben hat, er die Zeitfahrkarte dann aber auf Grund der Tätigkeit im Home-Office nicht im geplanten Umfang verwenden kann. Die Aufwendungen sind nicht auf einzelne Arbeitstage aufzuteilen. Zeitfahrkarten in diesem Sinne sind z.B. Jahres- und Monatsfahrkarten. Hierfür gilt, dass die Pauschale nur für diejenigen Tage angesetzt werden kann, an denen der Stpfl. ausschließlich im Home-Office tätig geworden ist (BMF v. 9.7.2021, IV C 6 – S 2145/19/10006 :013, B+P 2021, 626).

g) Höchstbetrag

4433 Die anzusetzende Entfernungspauschale ist grds. auf einen **Höchstbetrag von jährlich 4 500 €** im Kalenderjahr begrenzt; diese Kappungsgrenze ist verfassungsgemäß (BVerfG v. 23.9.2014, 2 BvR 512/12 und 2 BvR 513/12, StEd 2014, 692).

Der Höchstbetrag gilt unabhängig von der Zahl der Arbeitstage im Jahr; er wird also **nicht gezwölftelt**, wenn der Arbeitnehmer erst im Laufe des Jahres eine Beschäftigung aufgenommen hat. Die Begrenzung auf 4 500 € kommt in der Praxis nur bei **Entfernungen von** rund **52 km** vor (ab dem Kalenderjahr 2026 bei 230 Arbeitstagen) und betrifft in erster Linie Bahnfahrer sowie Mitglieder von Fahrgemeinschaften.

Die **Beschränkung auf 4 500 € gilt insbesondere**

- wenn der Weg zwischen Wohnung und erster Tätigkeitsstätte mit einem Motorrad, Motorroller, Moped, Fahrrad oder zu Fuß zurückgelegt wird,
- bei Benutzung eines Kraftwagens für die Teilnehmer an einer Fahrgemeinschaft, und zwar für die Tage, an denen der Arbeitnehmer seinen eigenen oder zur Nutzung überlassenen Kraftfahrzeug nicht einsetzt,
- wenn der Weg zwischen Wohnung und erster Tätigkeitsstätte mit öffentlichen Verkehrsmitteln zurückgelegt wird, soweit im Kalenderjahr insgesamt keine höheren Aufwendungen glaubhaft gemacht oder nachgewiesen werden (§ 9 Abs. 2 Satz 2 EStG).

Die Beschränkung auf 4 500 € gilt dagegen nicht bei Benutzung eines eigenen oder zur Nutzung überlassenen Kraftwagens (z.B. Fahrten mit dem Pkw der Ehefrau oder der Eltern). Ein Kraftfahrzeug ist dem Arbeitnehmer zur Nutzung überlassen, wenn es dem Arbeitnehmer vom Arbeitgeber unentgeltlich oder teilentgeltlich überlassen worden ist (R 8.1 Abs. 9 LStR) oder wenn es der Arbeitnehmer von dritter Seite geliehen, gemietet oder geleast hat. Wird ein Kraftfahrzeug von einer anderen Person als dem Arbeitnehmer, dem das Kraftfahrzeug von seinem Arbeitgeber zur Nutzung überlassen ist, für Wege zwischen Wohnung und erster Tätigkeitsstätte benutzt, kann die andere Person die Entfernungspauschale nach § 9 Abs. 1 Satz 3 Nr. 4 EStG geltend machen; Entsprechendes gilt für den Arbeitnehmer, dem das Kraftfahrzeug von seinem Arbeitgeber überlassen worden ist, für Wege zwischen Wohnung und erster Tätigkeitsstätte i.R. eines anderen Dienstverhältnisses (R 9.10 Abs. 2 LStR).

Die Beschränkung der o.g. Ausnahmeregelung auf die Nutzer von Kraftwagen ist nicht verfassungswidrig und kann daher **nicht auf Motorräder ausgedehnt** werden (FG Niedersachsen v. 26.7.2005, 13 K 448/02).

Die sog. **Fernpendler** müssen aber nachweisen oder zumindest glaubhaft machen, dass sie die angegebenen Fahrten zwischen Wohnung und erster Tätigkeitsstätte mit einem eigenen oder zur Nutzung überlassenen Kraftwagen tatsächlich durchgeführt haben. Ein **Nachweis der tatsächlichen Aufwendungen** (z.B. die Vorlage von **Tankquittungen**) oder die Vorlage eines **Fahrtenbuchs** ist für den Ansatz eines höheren Betrages als 4 500 € nicht erforderlich. Die Fahrten und die entsprechende Kilometerleistung sollten allerdings in anderer Weise **glaubhaft gemacht** werden, z.B. durch Angabe des Kilometerstands am Anfang sowie am Ende des Jahres, ggf. auch durch **Inspektionsrechnungen**, die den jeweiligen Kilometerstand ausweisen.

Beispiel:

A und B fahren im Jahr 2026 täglich zusammen mit dem Pkw des A zur Arbeit (Entfernung Wohnung – erste Tätigkeitsstätte 70 km und 230 Arbeitstage).

Berechnung der Entfernungspauschale:

230 Tage × 70 km × 0,38 € = 6 118 €

Wenn A auf Verlangen des Finanzamts glaubhaft macht, dass er das gesamte Jahr 2025 tatsächlich mit seinem Pkw gefahren ist und eine entsprechende Wegstrecke zurückgelegt hat (die Kilometerleistung kann z.B. anhand der jährlichen **Inspektionsrechnung** nachgewiesen werden), kann A den vollen Betrag von 6 118 € absetzen.

Bei B als „Mitfahrer" ist dagegen die Abzugsbeschränkung auf 4 500 € zu beachten. Diese darf auch dann nicht überschritten werden, wenn B dem A ein Entgelt von mehr als 4 500 € zahlen sollte.

Zur **Anhebung der Entfernungspauschale ab dem ersten Entfernungskilometer für 2026 ff. auf 0,38 €** siehe u.a. Hinweis auf aktuelle Änderung → Rz. 4431.

h) Maßgebende Entfernung

aa) Allgemeines

Für die Bestimmung der Entfernung zwischen Wohnung und erster Tätigkeitsstätte ist grds. die **kürzeste Straßenverbindung** zwischen Wohnung und erster Tätigkeitsstätte maßgebend. Dabei sind nur **volle Kilometer** der Entfernung anzusetzen, ein angefangener Kilometer bleibt unberücksichtigt, d.h., dass nicht mehr wie bis zum Jahre 2000 aufgerundet werden darf, sondern **abgerundet** werden muss. 4434

Als **„Straßenverbindung"** i.S.d. § 9 Abs. 1 Satz 3 Nr. 4 Satz 4 EStG ist die kürzeste Strecke zwischen Wohnung und erster Tätigkeitsstätte auf öffentlichen Straßen i.S.d. § 2 des Straßenverkehrsgesetzes, die dem allgemeinen Kraftfahrzeugverkehr dienen, zu Grunde zu legen. Dies gilt auch dann, wenn diese über eine Bundesstraße führt, die gem. § 18 der Straßenverkehrsordnung nur von Fahrzeugen befahren werden darf, deren durch die Bauart bestimmte Höchstgeschwindigkeit mehr als 60 km/h beträgt. Denn die „kürzeste Straßenverbindung" ist unabhängig vom tatsächlich benutzten Verkehrsmittel für alle Fahrzeuge einheitlich zu bestimmen (BFH v. 24.9.2013, VI R 20/13, BStBl II 2014, 259 betr. Fahrten mit einem Moped).

Die **kürzeste Straßenverbindung** ist auch dann maßgeblich, wenn diese

- **mautpflichtig** ist (das kann auch eine Brücke oder ein Tunnel sein, z.B. der Warnow-Tunnel bei Rostock)
- oder **mit dem vom Arbeitnehmer tatsächlich verwendeten Verkehrsmittel straßenverkehrsrechtlich nicht benutzt werden darf** (vgl. BFH v. 24.9.2013, VI R 20/13, BStBl II 2014, 259 betr. Fahrten mit einem Moped).

Gebühren für die Benutzung eines Straßentunnels oder einer mautpflichtigen Straße dürfen nicht neben der Entfernungspauschale berücksichtigt werden, weil sie nicht für die Benutzung eines Verkehrsmittels entstehen.

Nicht „benutzbar" sind hingegen Straßen, die nur für den Anliegerverkehr zugelassen sind, oder Privatstraßen, auch wenn tatsächlich viele Arbeitnehmer solche Abkürzungen nutzen sollten. Ist eine Straßenverbindung überhaupt nicht vorhanden (z.B. bei auf einer Insel tätigen Arbeitnehmern), muss die tatsächlich mit einem Beförderungsmittel (z.B. Schiff) zurückgelegte Strecke angesetzt werden. Ein voller Abzug der Fahrtkosten – d.h. ohne Begrenzung auf die Entfernungspauschale – ist auch in diesen Fällen nicht zulässig (vgl. BFH v. 10.5.2001, IV R 6/00, BStBl II 2001, 575 betr. Fahrten mit einem **Motorboot** vom Festland zur ersten Tätigkeitsstätte auf einer Insel).

Eine mögliche, aber vom Stpfl. nicht tatsächlich benutzte Straßenverbindung kann der Berechnung der Entfernungspauschale nicht zu Grunde gelegt werden. Diese Grundsätze gelten auch, wenn der Arbeitnehmer ein **öffentliches Verkehrsmittel** benutzt, dessen Linienführung direkt über die verkehrsgünstigere Straßenverbindung erfolgt (z.B. öffentlicher Bus).

Die Entfernungsbestimmung richtet sich – auch bei **zu Fuß oder mit öffentlichen Verkehrsmitteln** zurückgelegten Wegen – nach der „**Straßenverbindung**", die evtl. längere „**Tarifentfernung**" der Bahn darf also nicht angesetzt werden; dies gilt auch, wenn die Bahnstrecke tatsächlich länger ist als die kürzeste Straßenverbindung (FG Baden-Württemberg v. 30.3.2009,4 K 5374/08, EFG 2009, 926). Im Regelfall wird die vom Arbeitnehmer erklärte Entfernung ohne weitere Nachprüfung anerkannt, nur in Ausnahmefällen erfolgt eine Überprüfung mit Hilfe der im Internet angebotenen **Routenplaner** (Online-Kartendienste, s. dazu FG Düsseldorf v. 18.7.2005, 10 K 514/05 E, EFG 2005, 1852).

Die Entfernungsberechnung ist unabhängig von dem Verkehrsmittel, das tatsächlich für den Weg zwischen Wohnung und erster Tätigkeitsstätte benutzt wird. Deshalb sind auch evtl. **Mehrkilometer**, die sich bei der Kombination von Auto, Bahn und Fußwegen ergeben, nicht anzusetzen; unterschieden wird lediglich zwischen der „kürzesten Straßenverbindung" und der „verkehrsgünstigsten Straßenverbindung" (FG München v. 28.5.2008, 10 K 2680/07).

Beispiel:

A fährt mit der U-Bahn zur ersten Tätigkeitsstätte. Durch den Umweg zum Bahnhof, den A zu Fuß zurücklegt, betragen die Wege (Fußwege und Bahnkilometer) 15 km. Die kürzeste Straßenverbindung beträgt 10,6 km.

Für die Ermittlung der Entfernungspauschale ist eine Entfernung von (abgerundet) 10 km anzusetzen.

Dies gilt entsprechend, wenn ein Arbeitnehmer mit einem Kraftfahrzeug zum Bahnhof fährt und anschließend die Bahn als Transportmittel nutzt (**Park & Ride**). Besonderheiten sind hier allenfalls hinsichtlich der **Höchstgrenze** von 4 500 € zu beachten (→ Rz. 4439).

Welche Entfernung anzusetzen ist, hat das Finanzamt erst bei der **Einkommensteuerveranlagung** endgültig zu entscheiden. Es ist nicht gezwungen, eine im Freibetragsverfahren berücksichtigte längere Strecke zu übernehmen (BFH v. 10.4.2007, VI B 134/06).

Arbeitnehmer, die unentgeltlich einen **Firmenwagen** auch privat nutzen, können beim **Werbungskostenabzug** auch dann eine verkehrsgünstigere längere Strecke angeben, wenn der Arbeitgeber bei der Ermittlung des **Sachbezugswerts** für Fahrten zwischen Wohnung und erster Tätigkeitsstätte die **kürzeste benutzbare Straßenverbindung** zu Grunde gelegt hat (OFD Frankfurt v. 27.6.2006, S 2351 A – 14 – St 211, DStZ 2006, 674 sowie FG Köln v. 22.5.2003, 10 K 7604/98, EFG 2003, 1229).

Falsche Kilometer-Angaben können als **Steuerhinterziehung** gewertet werden. Dem Finanzamt kann nicht ohne Weiteres vorgehalten werden, es hätte die Falschangaben bemerken müssen (FG Rheinland-Pfalz v. 29.3.2011, 3 K 2635/08).

bb) Verkehrsgünstigere Umwegstrecke

Eine andere als die kürzeste Straßenverbindung kann dann zu 4435
Grunde gelegt werden, wenn diese **offensichtlich verkehrsgünstiger** ist und vom Arbeitnehmer **regelmäßig** für die Wege zwischen Wohnung und erster Tätigkeitsstätte **benutzt** wird (§ 9 Abs. 1 Satz 3 Nr. 4 Satz 4 zweiter Halbsatz EStG). Eine von der kürzesten Straßenverbindung abweichende Strecke ist **verkehrsgünstiger**, wenn der Arbeitnehmer die erste Tätigkeitsstätte – trotz gelegentlicher Verkehrsstörungen – i.d.R. **schneller und pünktlicher erreicht** (BFH v. 10.10.1975, VI R 33/74, BStBl II 1975, 852 sowie BFH v. 16.11.2011, VI R 46/10, BStBl II 2012, 470 und VI R 19/11, BStBl II 2012, 520). Teilstrecken mit steuerfreier Sammelbeförderung sind nicht in die Entfernungsermittlung einzubeziehen.

Weitere Voraussetzung ist, dass die vom Stpfl. angegebene Strecke von diesem auch **regelmäßig und tatsächlich** für Fahrten zwischen Wohnung und erster Tätigkeitsstätte genutzt wird. Bei nur gelegentlicher Nutzung der längeren Strecke scheidet ein Abzug aus (BFH v. 24.9.2013, VI R 20/13, BStBl II 2014, 259).

Nach der o.g. **BFH-Rechtsprechung** ist die von dem Arbeitnehmer tatsächlich benutzte Straßenverbindung dann **offensichtlich verkehrsgünstiger** als die kürzeste Straßenverbindung, wenn sich jeder unvoreingenommene, verständige Verkehrsteilnehmer unter den gegebenen Verkehrsverhältnissen für die Benutzung dieser Strecke entschieden hätte. Eine **Zeitersparnis** ist für die Annahme einer offensichtlich verkehrsgünstigeren Strecke **nicht mehr zwingend erforderlich, stellt jedoch weiterhin ein wesentliches Indiz** dar.

Soweit in der Rechtsprechung der Finanzgerichte eine Zeitersparnis von mindestens **20 Minuten** für erforderlich gehalten wird, ist dem nach der o.g. **BFH-Rechtsprechung in dieser Allgemeinheit nicht zu folgen.** Insbesondere kann nicht in jedem Fall eine Zeitersparnis von 20 Minuten gefordert werden, weil § 9 Abs. 1 Satz 3 Nr. 4 Satz 4 EStG für jeglichen Arbeitsweg anzuwenden ist und bei einer solchen Auslegung für kürzere Strecken, beispielsweise wenn die Fahrt zwischen Wohnung und erster Tätigkeitsstätte auf der kürzesten Strecke regelmäßig nur etwa 20 Minuten dauert, praktisch keinen Anwendungsbereich mehr hätte, weil in diesem Fall eine zeitliche Verkürzung auf der schnellsten Strecke nicht mehr als 20 Minuten ergeben könnte. Hieraus ist ersichtlich, dass **zeitliche Erfordernisse ins Verhältnis zur Gesamtdauer der Fahrten gesetzt werden müssen**. Entsprechend ist die Frage, ob eine Straßenverbindung als „offensichtlich verkehrsgünstiger" als die kürzeste Route angesehen werden kann, nach den Umständen des Einzelfalls zu bestimmen. Ist allenfalls eine **geringfügige Verkürzung von unter 10 % der für die kürzeste Verbindung benötigten Fahrzeit** zu erwarten, so spricht viel dafür, dass diese minimale Zeitersparnis allein für einen verständigen Verkehrsteilnehmer keinen ausschlaggebenden Anreiz darstellen dürfte, eine von der kürzesten Verbindung abweichende Route zu wählen.

Wird dagegen eine **relativ große Zeitersparnis** erwartet, ist das ein Indiz dafür, die Straßenverbindung als „offensichtlich verkehrsgünstiger" i.S.d. § 9 Abs. 1 Satz 3 Nr. 4 Satz 4 zweiter Halbsatz EStG anzusehen. Schließlich ist auch zu berücksichtigen, dass **das Merkmal der Verkehrsgünstigkeit auch andere Umstände als eine Zeitersparnis beinhaltet**. So kann eine Straßenverbindung auch dann „offensichtlich verkehrsgünstiger" sein als die kürzeste Verbindung, wenn sich dies aus Umständen wie Streckenführung, Schaltung von Ampeln o.Ä. ergibt. **Deshalb kann eine „offensichtlich verkehrsgünstigere" Straßenverbindung auch vorliegen, wenn nur eine relativ geringe oder gar keine Zeitersparnis zu erwarten ist, sich die Strecke jedoch auf Grund anderer Umstände als verkehrsgünstiger erweist als die kürzeste Verbindung**. Eine offensichtlich verkehrsgünstigere Straßenverbindung liegt jedoch nicht vor, wenn die Fahrzeitersparnis laut dem Online-Kartendienst „Google Maps" („Routenplaner") lediglich 5 Minuten beträgt (FG Sachsen v. 2.4.2014, 8 K 718/11 [Kg]).

Maßgebend für die Entscheidung, ob eine Umwegstrecke offensichtlich verkehrsgünstiger als die kürzeste Straßenverbindung ist, sind die tatsächlichen Verkehrsverhältnisse im jeweiligen Streitjahr. Die Nachweislast für die Feststellung dieser Verhältnisse trägt der Stpfl. Eine **Umwegstrecke ist i.d.R. nicht offensichtlich verkehrsgünstiger, wenn sie nur bei bestimmten Verkehrsverhältnissen Vorteile bieten kann** und die Entscheidung, ob man sie sinnvoll nutzen kann, stets neu nach der dann aktuellen Verkehrslage getroffen werden müsste (FG Rheinland-Pfalz v. 21.2.2013, 4 K 1810/11, EFG 2013, 1100).

Eine andere als die kürzeste Straßenverbindung ist nicht alleine deshalb verkehrsgünstiger, weil die kürzeste Straßenverbindung **nicht mit dem vom Stpfl. gewählten Verkehrsmittel befahren** werden darf oder weil bei der Benutzung der kürzesten Strecke **Straßenbenutzungsgebühren** anfallen (BFH v. 24.9.2013, VI R 20/13, BStBl II 2014, 259).

In erster Linie werden hiernach Autofahrer die verkehrsgünstigere längere Strecke ansetzen können, aber z.B. auch Nutzer von Linienbussen, die regelmäßig einen ohne Halt über die Autobahn fahrenden „Schnellbus" benutzen. Bei Bahnfahrern verbleibt es dagegen beim Ansatz der kürzesten Straßenverbindung (FG Baden-Württemberg v. 30.3.2009, 4 K 5374/08, EFG 2009, 926).

Beispiel:

A fährt **jeden Tag** über die Autobahn zur Arbeit (25 km), weil sich auf der (kürzeren) Landstraße bedingt durch viele Ampeln regelmäßig Staus bilden. Die Entfernung Wohnung – erste Tätigkeitsstätte beträgt 20 km.

Wenn A dem Finanzamt glaubhaft machen kann, dass die Strecke über die Autobahn tatsächlich verkehrsgünstiger ist und zu einer Zeitersparnis führt, ist wie bisher die längere verkehrsgünstigere Strecke anzusetzen.

Würde A dagegen nur **gelegentlich** über die Autobahn fahren, z.B. bei Unfällen, wäre trotzdem die kürzere Straßenverbindung über die Landstraße anzusetzen.

Der Arbeitnehmer kann bei der **Einkommensteuerveranlagung** bei der Berechnung der Werbungskosten eine größere Entfernung zu Grunde legen als der Arbeitgeber im **Lohnsteuerverfahren** bei der Bewertung des Sachbezugs „Kfz-Gestellung für Fahrten zwischen Wohnung und Arbeitsstätte" nach der pauschalen Bewertungsmethode des § 8 Abs. 2 Satz 3 EStG (0,03 %-Regelung), sofern diese Strecke tatsächlich genutzt wird und nach o.g. Grundsätzen verkehrsgünstiger ist.

i) Fährverbindungen und Tunnel

4436 **Eine Fährverbindung** ist sowohl bei der Ermittlung der kürzesten Straßenverbindung als auch bei der Ermittlung der verkehrsgünstigsten Straßenverbindung **einzubeziehen, soweit sie zumutbar erscheint und wirtschaftlich sinnvoll ist.** Die Fahrtstrecke der Fähre selbst ist dann jedoch nicht Teil der maßgebenden Entfernung. An ihrer Stelle können die tatsächlichen Fährkosten berücksichtigt werden.

Eine Straßenverbindung kann dann „offensichtlich verkehrsgünstiger" sein als die kürzeste Verbindung, wenn sich dies aus Besonderheiten einer i.R. der kürzesten Straßenverbindung zu nutzenden Fährverbindung wie langen Wartezeiten, häufig auftretenden technischen Schwierigkeiten oder Auswirkungen der Witterungsbedingungen auf den Fährbetrieb ergibt. Führen solche Umstände dazu, dass sich der Stpfl. auf den **Fährbetrieb i.R. der Planung von Arbeitszeiten und Terminen nicht hinreichend verlassen kann**, so ist dies i.R. der Beurteilung einer offensichtlich verkehrsgünstigeren Straßenverbindung zu berücksichtigen. Erweist sich eine vom Stpfl. für Fahrten zwischen Wohnung und erster Tätigkeitsstätte genutzte Straßenverbindung nicht als „offensichtlich verkehrsgünstiger" als die kürzeste Verbindung, so können Kosten für die Fähre nicht als Werbungskosten angesetzt werden, wenn der Stpfl. die Fährverbindung tatsächlich nicht genutzt hat (BFH v. 19.4.2012, VI R 53/11, BStBl II 2012, 802).

Beispiel:

A wohnt am Rhein, seine erste Tätigkeitsstätte liegt auf der anderen Flussseite. Die Entfernung zwischen Wohnung und erster Tätigkeitsstätte beträgt über die nächstgelegene Brücke 60 km und bei Benutzung einer Autofähre 19 km zuzüglich einer Fährstrecke von 1,6 km, die Fährkosten betragen 650 € jährlich.

Für die Entfernungspauschale ist eine Entfernung von 19 km anzusetzen. Neben der Entfernungspauschale können die Fährkosten von 650 € berücksichtigt werden.

Wenn A aber die **Fähre tatsächlich nicht nutzt**, weil ihm z.B. die Wartezeiten zu lang sind oder die Fähre frühmorgens noch nicht verkehrt, ist u.E. die längere Straßenverbindung anzusetzen. Das Finanzamt wird allenfalls prüfen, ob A tatsächlich täglich die erheblich längere Strecke fährt.

Die o.g. Grundsätze gelten auch bei der Benutzung **mautpflichtiger Strecken** (Straßen, Brücken, Tunnel); → Rz. 4434.

j) Fahrgemeinschaften

aa) Allgemeines

Unabhängig von der Art der Fahrgemeinschaft ist bei jedem Teilnehmer der Fahrgemeinschaft die Entfernungspauschale entsprechend der für ihn maßgebenden Entfernungsstrecke anzusetzen. Setzt bei einer Fahrgemeinschaft nur ein Teilnehmer seinen Kraftwagen ein, kann er die Entfernungspauschale ohne Begrenzung auf den Höchstbetrag von 4 500 € für seine Entfernung zwischen Wohnung und erster Tätigkeitsstätte geltend machen; eine **Umwegstrecke zum Abholen der Mitfahrer** ist nicht in die Entfernungsermittlung einzubeziehen. 4437

Bei den **Mitfahrern** wird gleichfalls die Entfernungspauschale angesetzt, allerdings bei ihnen begrenzt auf den Höchstbetrag von 4 500 €.

Beispiel:

A und B sind in derselben Firma tätig und fahren jeden Tag gemeinsam zu der 32 km entfernten ersten Tätigkeitsstätte. A fährt das gesamte Jahr mit seinem Pkw und nimmt unterwegs B mit, der 9 km von der ersten Tätigkeitsstätte entfernt wohnt; er muss hierbei einen Umweg von 2 km machen. Die erste Tätigkeitsstätte ist nach kürzester Straßenverbindung 30 km von der Wohnung des A entfernt.

A kann bei Berechnung der Entfernungspauschale nur die **kürzeste Straßenverbindung** von 30 km ansetzen (die **Umwegstrecke** wird nicht berücksichtigt). B kann ebenfalls die Entfernungspauschale in Anspruch nehmen.

bb) Wechselseitige Fahrgemeinschaften

Der Höchstbetrag für die Entfernungspauschale von 4 500 € greift auch bei einer wechselseitigen Fahrgemeinschaft, und zwar für die Mitfahrer der Fahrgemeinschaft an den Arbeitstagen, an denen sie ihren Kraftwagen nicht einsetzen. 4438

Bei wechselseitigen Fahrgemeinschaften kann der **Höchstbetrag von 4 500 €** zunächst durch die Wege an den Arbeitstagen ausgeschöpft werden, an denen der Arbeitnehmer mitgenommen wurde. Deshalb ist zunächst die (auf 4 500 € begrenzte) anzusetzende Entfernungspauschale für diese Tage zu berechnen. Anschließend ist die anzusetzende (unbegrenzte) Entfernungspauschale für die Tage zu ermitteln, an denen der Arbeitnehmer seinen eigenen Kraftwagen benutzt hat. Beide Beträge zusammen ergeben die insgesamt anzusetzende Entfernungspauschale.

Beispiel:

Bei einer im Kalenderjahr 2026 aus drei Arbeitnehmern bestehenden wechselseitigen Fahrgemeinschaft beträgt die Entfernung zwischen Wohnung und erster Tätigkeitsstätte für jeden Arbeitnehmer 90 km. Bei tatsächlichen 210 Arbeitstagen benutzt jeder Arbeitnehmer seinen eigenen Kraftwagen an 70 Tagen für die Fahrten zwischen Wohnung und erster Tätigkeitsstätte.

Die Entfernungspauschale ist für **jeden Teilnehmer** der Fahrgemeinschaft wie folgt zu ermitteln:

1. Zunächst ist die Entfernungspauschale für die Fahrten und Tage zu ermitteln, an denen der **Arbeitnehmer mitgenommen** wurde:		
140 Arbeitstage × 90 km × 0,38 € =	4 788 €	
(Höchstbetrag von 4 500 € ist überschritten; somit ist die Pauschale auf 4 500 € zu begrenzen).		4 500 €
2. Anschließend ist die Entfernungspauschale für die Fahrten und Tage zu ermitteln, an denen der Arbeitnehmer seinen **eigenen Kraftwagen benutzt** hat:		
70 Arbeitstage × 90 km × 0,38 € =	2 394 €	
abziehbar (unbegrenzt)		2 394 €
3. Insgesamt anzusetzende Entfernungspauschale (Summe aus Nr. 1 und 2)		6 894 €

Zur **Anhebung der Entfernungspauschale ab dem ersten Entfernungskilometer für 2026 ff. auf 0,38 €** siehe u.a. Hinweis auf aktuelle Änderung → Rz. 4431.

k) Benutzung verschiedener Verkehrsmittel

4439 Arbeitnehmer legen die Wege zwischen Wohnung und erster Tätigkeitsstätte oftmals auf unterschiedliche Weise zurück, d.h.

- für eine Teilstrecke werden der Kraftwagen und für die weitere Teilstrecke öffentliche Verkehrsmittel benutzt (**Park & Ride**) oder
- es werden für einen **Teil des Jahres** der eigene Kraftwagen und für den anderen Teil öffentliche Verkehrsmittel benutzt.

In derartigen **Mischfällen** ist zunächst die maßgebende Entfernung anhand der kürzesten Straßenverbindung der Gesamtstrecke von der Wohnung zur ersten Tätigkeitsstätte zu ermitteln. Diese ist im nächsten Schritt in die Teilstrecken der jeweiligen Verkehrsmittel aufzuteilen.

Die Teilstrecke, die mit dem eigenen Kraftwagen zurückgelegt wird, ist in voller Höhe anzusetzen (ggf. Ansatz der verkehrsgünstigeren Strecke). Der verbleibende Teil der maßgebenden Entfernung ist die Teilstrecke, die auf öffentliche Verkehrsmittel entfällt.

Die anzusetzende Entfernungspauschale ist sodann für die Teilstrecke und Arbeitstage zu ermitteln, an denen der Arbeitnehmer seinen eigenen oder ihm zur Nutzung überlassenen Kraftwagen eingesetzt hat. Anschließend ist die anzusetzende Entfernungspauschale für die Teilstrecke und Arbeitstage zu ermitteln, an denen der Arbeitnehmer öffentliche Verkehrsmittel benutzt. Beide Beträge ergeben die insgesamt anzusetzende Entfernungspauschale, so dass auch in Mischfällen ein höherer Betrag als 4 500 € angesetzt werden kann.

In den Kalenderjahren 2021 bis 2025 ist zu berücksichtigen

- die erhöhte Entfernungspauschale ab dem 21. Entfernungskilometer vorrangig bei der Teilstrecke, die mit einem eigenen oder zur Nutzung überlassenen Kraftwagen zurückgelegt wird, da für diese der Höchstbetrag von 4 500 € nicht gilt und
- der Kilometersatz von 0,30 € für die ersten 20 km vorrangig bei der Teilstrecke der öffentlichen Verkehrsmittel.

Zur Anhebung der Entfernungspauschale ab dem ersten Entfernungskilometer für 2026 ff. auf 0,38 € siehe u.a. Hinweis auf aktuelle Änderung → Rz. 4431.

Beispiel 1:

Ein Arbeitnehmer fährt an 220 Arbeitstagen im Jahr 2026 mit dem eigenen Kraftwagen 30 km zur nächsten Bahnstation und von dort 100 km mit der Bahn zur ersten Tätigkeitsstätte. Die kürzeste maßgebende Entfernung (Straßenverbindung) beträgt 100 km. Die Aufwendungen für die Bahnfahrten betragen (monatlich 180 € × 12 =) 2 160 € im Jahr.

Von der maßgebenden Entfernung von 100 km entfällt eine Teilstrecke von 30 km auf Fahrten mit dem eigenen Kraftwagen und eine Teilstrecke von 70 km auf Fahrten mit der Bahn.

Für die Teilstrecke mit der **Bahn** (100 km – 30 km) errechnet sich eine Entfernungspauschale von 220 Arbeitstagen × 70 km × 0,38 € = 5 852 €. **Hierfür ist der Höchstbetrag von 4 500 € anzusetzen.**

Für die Teilstrecke mit dem **Kraftwagen** errechnet sich eine Entfernungspauschale von 220 Arbeitstagen × 30 km × 0,38 € = 2 508 €, so dass sich eine insgesamt anzusetzende Entfernungspauschale von 7 008 € (4 500 € + 2 508 €) ergibt.

Die tatsächlichen Aufwendungen für die Bahnfahrten i.H.v. 2 160 € bleiben unberücksichtigt, weil sie unterhalb der für das Kalenderjahr insgesamt anzusetzenden Entfernungspauschale liegen.

Zur **Anhebung der Entfernungspauschale ab dem ersten Entfernungskilometer für 2026 ff. auf 0,38 €** siehe u.a. Hinweis auf aktuelle Änderung → Rz. 4431.

Beispiel 2:

Ein Arbeitnehmer fährt an 220 Arbeitstagen im Jahr 2026 mit dem eigenen Kraftwagen 3 km zu einer verkehrsgünstig gelegenen Bahnstation und von dort noch 30 km mit der Bahn zur ersten Tätigkeitsstätte. Die kürzeste maßgebende Straßenverbindung beträgt 25 km. Die Jahreskarte für die Bahn kostet 2100 €.

Von der maßgebenden Entfernung von 25 km entfällt eine Teilstrecke von 3 km auf Fahrten mit dem eigenen Kraftwagen und eine Teilstrecke von 22 km auf Fahrten mit der Bahn.

Für die Teilstrecke mit der **Bahn** (25 km – 3 km) errechnet sich eine Entfernungspauschale von 220 Arbeitstagen × 22 km × 0,38 € = 1839,20 €.

Für die Teilstrecke mit dem **Kraftwagen** errechnet sich eine Entfernungspauschale von 220 Arbeitstagen × 3 km × 0,38 € = 250,80 €, so dass sich eine insgesamt anzusetzende Entfernungspauschale von 2 090 € (1839,20 € + 250,80 €) ergibt.

Da die tatsächlichen Aufwendungen für die Bahnfahrten i.H.v. 2100 € höher sind als die für das Kalenderjahr insgesamt anzusetzende Entfernungspauschale, kann zusätzlich der die Entfernungspauschale übersteigende Betrag als Werbungskosten angesetzt werden; insgesamt also 2 100 €.

Zur **Anhebung der Entfernungspauschale ab dem ersten Entfernungskilometer für 2026 ff. auf 0,38 €** siehe u.a. Hinweis auf aktuelle Änderung → Rz. 4431.

Beispiel 3:

Ein Arbeitnehmer fährt im Kalenderjahr 2026 die ersten drei Monate mit dem eigenen Kraftwagen und die letzten neun Monate mit öffentlichen Verkehrsmitteln zur 120 km entfernten ersten Tätigkeitsstätte. Die entsprechende Monatskarte kostet 190 €.

Die Entfernungspauschale ist für die beiden Zeiträume jeweils gesondert zu ermitteln, da bei Benutzung des eigenen Kraftwagens die Begrenzung auf den Höchstbetrag von 4 500 € nicht greift. Die anzusetzende Entfernungspauschale ist bei Zugrundelegung von insgesamt 220 Arbeitstagen wie folgt zu ermitteln:

165 Arbeitstage × 120 km × 0,38 =	7 524 €
begrenzt auf den Höchstbetrag von	4 500 €
Zuzüglich 55 Arbeitstage × 120 km × 0,38 € =	2 508 €
anzusetzende Entfernungspauschale insgesamt (4 500 € + 2 508 €)	7 008 €

Die tatsächlichen Kosten für die Benutzung der öffentlichen Verkehrsmittel (9 × 190 € = 1 710 €) sind niedriger; anzusetzen ist also die Entfernungspauschale i.H.v. 6 920 €.

Zur **Anhebung der Entfernungspauschale ab dem ersten Entfernungskilometer für 2026 ff. auf 0,38 €** siehe u.a. Hinweis auf aktuelle Änderung → Rz. 4431.

Beispiel 4:

Ein Arbeitnehmer wohnt in Konstanz und hat seine erste Tätigkeitsstätte auf der anderen Seite des Bodensees. Für die Fahrt zur ersten Tätigkeitsstätte benutzt er im Jahr 2026 seinen Kraftwagen und die Fähre von Konstanz nach Meersburg. Die Fahrtstrecke einschließlich der Fährstrecke von 4,2 km beträgt insgesamt 15 km. Die Monatskarte für die Fähre kostet 122,50 €. Bei 220 Arbeitstagen im Jahr ergibt sich eine Entfernungspauschale von:

220 Arbeitstage × 10 km (Fahrtstrecke ohne Fährstrecke) × 0,38 € =	836 €
zzgl. Fährkosten (12 × 122,50 €) =	1 470 €
Insgesamt zu berücksichtigen	2 236 €

Zur **Anhebung der Entfernungspauschale ab dem ersten Entfernungskilometer für 2026 ff. auf 0,38 €** siehe u.a. Hinweis auf aktuelle Änderung → Rz. 4431.

l) Mehrere Dienstverhältnisse

Bei Arbeitnehmern, die in mehreren Dienstverhältnissen stehen 4440
und denen Aufwendungen für die Wege zu mehreren auseinanderliegenden ersten Tätigkeitsstätten entstehen, ist die Entfernungspauschale für jeden Weg zur ersten Tätigkeitsstätte anzusetzen, wenn der Arbeitnehmer am Tag zwischenzeitlich in die Wohnung zurückkehrt. Der erhöhte pauschale Kilometersatz (0,35 € bzw. 0,38 €) ist für jeden Weg zur ersten Tätigkeitsstätte erst ab dem 21. Entfernungskilometer zu berücksichtigen.

Zur **Anhebung der Entfernungspauschale ab dem ersten Entfernungskilometer für 2026 ff. auf 0,38 €** siehe u.a. Hinweis auf aktuelle Änderung → Rz. 4431.

Die Einschränkung, dass täglich nur *eine* Fahrt zu berücksichtigen ist, gilt nur für den Fall einer, nicht aber für den Fall mehrerer erster Tätigkeitsstätten.

Werden täglich mehrere erste Tätigkeitsstätten **ohne Rückkehr zur Wohnung** nacheinander angefahren, so ist für die Entfernungsermittlung der Weg zur zuerst aufgesuchten ersten Tätigkeitsstätte als Umwegstrecke zur nächsten ersten Tätigkeitsstätte zu berücksichtigen; die für die Ermittlung der Entfernungspauschale anzusetzende Entfernung darf **höchstens die Hälfte der Gesamtstrecke** betragen.

Beispiel 1:

A arbeitet vormittags als Verkäuferin in einem Kaufhaus und abends als Servierin einer Gaststätte. Den Nachmittag verbringt sie zu Hause.

A kann für beide Wege zur Arbeit die Entfernungspauschale absetzen. Zu beachten ist jedoch die Höchstgrenze von 4 500 € im Jahr, die sich auch dann nicht verdoppelt, wenn ein Arbeitnehmer – wie hier – zwei Fahrten arbeitstäglich absetzen darf und somit eher die Höchstgrenze erreicht.

Beispiel 2:

Ein Arbeitnehmer fährt im Jahr 2026 mit öffentlichen Verkehrsmitteln an 220 Arbeitstagen vormittags von seiner Wohnung A zur ersten Tätigkeitsstätte B, mittags zur Wohnung A zurück, nachmittags zu einer anderen ersten Tätigkeitsstätte C und abends zur Wohnung A zurück. Die Entfernungen betragen zwischen A und B 30 km und zwischen A und C 40 km. Die Monatskarte für die öffentlichen Verkehrsmittel kostet 300 € monatlich.

Die Entfernungspauschalen betragen:

- für die Fahrten zur ersten Tätigkeitsstätte in B
  220 Tage × 30 km × 0,38 € 2 508 €
- für die Fahrten zur ersten Tätigkeitsstätte in C
  220 Tage × 40 km × 0,38 € = 3 344 €
  insgesamt = 5 852 €

Die **Summe der Entfernungspauschalen** beträgt 5 852 €, höchstens 4 500 €.

Die **tatsächlichen Kosten** für die Benutzung der öffentlichen Verkehrsmittel (12 Monate × 300 € = 3 600 €) übersteigen die im Kalenderjahr insgesamt anzusetzenden Entfernungspauschale nicht; anzusetzen sind also die Entfernungspauschalen i.H.v. 4 500 €.

Beispiel 3:

Ein Arbeitnehmer fährt im Jahr 2026 an 220 Tagen vormittags von seiner Wohnung A zur ersten Tätigkeitsstätte B, nachmittags weiter zur ersten Tätigkeitsstätte C und abends zur Wohnung in A zurück. Die Entfernungen betragen zwischen A und B 30 km, zwischen B und C 40 km und zwischen C und A 50 km.

Die Gesamtstrecke beträgt 30 km + 40 km + 50 km = 120 km, die Entfernung zwischen der Wohnung und den beiden ersten Tätigkeitsstätten 30 km + 50 km = 80 km. Da dies mehr als die Hälfte der Gesamtstrecke ist, sind (120 km : 2 =) 60 km für die Ermittlung der Entfernungspauschale anzusetzen.

Die Entfernungspauschale beträgt 5 016 € (220 Tage × 60 km × 0,38 € = 5 016 €).

Zur **Anhebung der Entfernungspauschale ab dem ersten Entfernungskilometer für 2026 ff. auf 0,38 €** siehe u.a. Hinweis auf aktuelle Änderung → Rz. 4431.

Berechnung für 2025:

Da der erhöhte pauschale Kilometersatz (0,35 € bzw. 0,38 €) für jeden Weg zur ersten Tätigkeitsstätte erst ab dem 21. Entfernungskilometer zu berücksichtigen ist, beträgt die Entfernungspauschale 4 312 € (220 Tage × 20 km × 0,30 € = 1 320 € zuzüglich 220 Tage × 20 km × 0,30 € = 1 320 € zuzüglich 220 Tage × 20 km × 0,38 € = 1 672 €).

Hiervon zu unterscheiden sind die Fälle, in denen bei **einem Dienstverhältnis mehrere Tätigkeitsstätten** aufgesucht werden:

- Für die Wege zwischen der Wohnung und der ersten Tätigkeitsstätte ist die **Entfernungspauschale** anzusetzen.
- Die Fahrten zwischen der ersten Tätigkeitsstätte und weiteren Tätigkeitsstätten sind dagegen wie **Dienstreisen** zu behandeln mit der Folge, dass die Fahrtkosten insoweit in voller Höhe oder mit dem pauschalen Kilometer-Satz von 0,30 € abgesetzt werden können (→ *Reisekosten: Allgemeine Grundsätze* Rz. 3589).

m) Abgeltungswirkung

4441 Mit der Entfernungspauschale sind nach § 9 Abs. 2 Satz 1 EStG **sämtliche Aufwendungen abgegolten**, die durch die Wege zwischen Wohnung und erster Tätigkeitsstätte und Familienheimfahrten entstehen (§ 9 Abs. 1 Satz 3 Nr. 4 Satz 2 EStG sowie BFH v. 19.12.2019, VI R 8/18, BStBl II 2020, 291 betr. Krankheitskosten bei einem Wegeunfall zwischen Wohnung und erster Tätigkeitsstätte). Dies gilt z.B. auch für

- **Mautkosten** für die Benutzung von Straßen, Brücken oder Tunneln (BFH v. 24.9.2013, VI R 20/13, BStBl II 2014, 259 und BFH v. 12.12.2013, VI R 49/13, sowie → Rz. 4434),
- **Parkgebühren** für das Abstellen des Kraftfahrzeugs während der Arbeitszeit (FG München v. 28.5.2008, 10 K 2680/07),
- **Finanzierungskosten**,
- Beiträge für **Kraftfahrerverbände**,
- Versicherungsbeiträge für einen **Insassenunfallschutz**,
- Aufwendungen infolge **Diebstahls** (zuletzt FG Hamburg v. 5.7.2006, I 4/06, EFG 2006, 1822 betr. den Diebstahl eines auf einem sog. Pendlerparkplatz abgestellten Pkw),
- die Kosten eines **Austauschmotors** anlässlich eines Motorschadens auf einer Fahrt zwischen Wohnung und erster Tätigkeitsstätte oder einer Familienheimfahrt (zuletzt FG München v. 21.4.2009, 13 K 4357/07),
- **Leasingsonderzahlungen**, selbst wenn diese in einem Veranlagungszeitraum entstanden sind, als das Fahrzeug noch nicht für Fahrten zwischen Wohnung und erster Tätigkeitsstätte genutzt wurde (BFH v. 15.4.2010, VI R 20/08, BStBl II 2010, 805),
- Aufwendungen für ein **Job-Ticket** (FinMin Nordrhein-Westfalen v. 21.12.2000, S 2000 – 9 – V B 3, DB 2001, 232).

Neben bzw. an Stelle der Entfernungspauschale **berücksichtigt** werden können als allgemeine Werbungskosten nach § 9 Abs. 1 Satz 1 EStG dagegen (abschließende Aufzählung!)

- Aufwendungen für die **Benutzung öffentlicher Verkehrsmittel**, soweit sie den **im Kalenderjahr** insgesamt als Entfernungspauschale abziehbaren Betrag übersteigen (§ 9 Abs. 2 Satz 2 EStG); diese Regelung hat besonders für den sog. Kurzstreckenverkehr Bedeutung;
- **Unfallkosten**, die auf einer Fahrt zwischen Wohnung und erster Tätigkeitsstätte oder auf einer zu berücksichtigenden Familienheimfahrt entstehen, sie sind als außergewöhnliche Aufwendungen i.R. der allgemeinen Werbungskosten nach § 9 Abs. 1 Satz 1 EStG weiterhin neben der Entfernungspauschale zu berücksichtigen.

  Diese Ausnahmeregelung ergibt sich allerdings lediglich aus der **Gesetzesbegründung** (s. BT-Drucks. 16/12099). Der **BFH** lehnt deshalb die Herausnahme von Unfallkosten ab, soweit es um **fahrzeug- und wegstreckenbezogenen Aufwendungen** geht; der Wille des Finanzausschusses, Schlechterstellungen von Pkw-Nutzern zu vermeiden, könne über den klaren Wortlaut des § 9 Abs. 2 Satz 1 EStG nicht hinweghelfen, denn er habe im Gesetz selbst keinen Ausdruck gefunden (BFH v. 19.12.2019, VI R 8/18, BStBl II 2020, 291 betr. Krankheitskosten bei einem Wegeunfall zwischen Wohnung und erster Tätigkeitsstätte).

  Die **Finanzverwaltung** hält jedoch an ihrer großzügigen Auffassung fest und erkennt als Unfallkosten sowohl fahrzeug- und wegstreckenbezogene Aufwendungen (entgegen der o.g. BFH-Rechtsprechung!) als auch Aufwendungen im Zusammenhang mit der Beseitigung oder Linderung von Körperschäden, die durch einen Unfall auf einer beruflich veranlassten Fahrt zwischen Wohnung und erster Tätigkeitsstätte eingetreten sind, neben der Entfernungspauschale als Werbungskosten an (BMF v. 18.11.2021, IV C 5 – S 2351/20/10001 :002, BStBl I 2021, 2315, Rdnr. 30 sowie H 9.10 „Unfallschäden" LStH).

Nach der BFH-Rechtsprechung sind durch die Entfernungspauschale aber auch **außergewöhnliche Aufwendungen abgegolten** (BFH v. 20.3.2014, VI R 29/13, BStBl II 2014, 849: Kein Abzug von Reparaturaufwendungen infolge der Falschbetankung eines Pkw auf der Fahrt zwischen Wohnung und erster Tätigkeitsstätte). Andere „außergewöhnliche" Kfz-Kosten (z.B. vorzeitiger Motor- oder Getriebeschaden, Diebstahl) können daher ebenfalls nicht neben der Entfernungspauschale als Werbungskosten berücksichtigt werden. Diese Grundsätze gelten auch für das ab 2014 geänderte Recht (BFH v. 19.12.2019, VI R 8/18, BStBl II 2020, 291 betr. Krankheitskosten bei einem Wegeunfall zwischen Wohnung und erster Tätigkeitsstätte).

Für Strecken mit nach § 3 Nr. 32 EStG **steuerfreier Sammelbeförderung** kann keine Entfernungspauschale gewährt werden (§ 9 Abs. 1 Satz 3 Nr. 4 Satz 5 EStG, s. auch BFH v. 11.5.2005, VI R 70/03, BStBl II 2005, 785; BFH v. 11.5.2005, VI R 25/04, BStBl II 2005, 791 und BFH v. 11.5.2005, VI R 34/04, BStBl II 2005, 793). Dies gilt sowohl für die unentgeltliche als auch für die verbilligte Sammelbeförderung. Im Fall der **verbilligten Sammelbeförderung** sind die Aufwendungen (**„Zuzahlungen"**) des Arbeitnehmers jedoch gesondert nach § 9 Abs. 1 Satz 1 EStG als **allgemeine Werbungskosten abzugsfähig.**

n) Menschen mit Behinderungen

Arbeitnehmer mit Behinderungen können ebenfalls grds. die **Entfernungspauschale** in Anspruch nehmen – es gelten dann die 4442 allgemeinen Grundsätze (**Höchstbetrag 4 500 €**). Die Entfernungspauschale wird insbesondere dann günstiger sein, wenn bei relativ weiten Entfernungen zur ersten Tätigkeitsstätte die tatsächlichen Kosten für öffentliche Verkehrsmittel z.B. durch sog. Firmenabos (Job-Tickets) relativ gering sind.

Nach § 9 Abs. 2 Satz 3 EStG können Menschen mit Behinderungen für die Wege zwischen Wohnung und erster Tätigkeitsstätte an Stelle der Entfernungspauschale die **tatsächlichen Aufwendungen** ansetzen. Bei Benutzung eines privaten Fahrzeugs können die Fahrtkosten aus Vereinfachungsgründen auch mit den **pauschalen Kilometersätzen** gem. § 9 Abs. 1 Satz 3 Nr. 4a EStG angesetzt werden, die für das jeweils benutzte Beförderungsmittel als höchste Wegstreckenentschädigung nach dem Bundesreisekostengesetz festgesetzt sind (s.a. BMF v. 25.11.2020, IV C 5 – S 2353/19/10011 :006, BStBl I 2020, 1228). D.h. für

Kraftwagen	0,30 € je Fahrtkilometer
andere motorbetriebene Fahrzeuge	0,20 € je Fahrtkilometer

Voraussetzung ist, dass **Grad der Behinderung beträgt**

- **entweder mindestens 70** oder
- zwar **weniger als 70, aber mindestens 50** und der Stpfl. in seiner **Bewegungsfähigkeit im Straßenverkehr erheblich beeinträchtigt** ist (Merkzeichen „G“ im Schwerbehindertenausweis). Eine Sehbehinderung allein ist nicht ausreichend (FG Rheinland-Pfalz v. 12.4.2005, 2 K 2028/03).

Unfallkosten, die auf einer Fahrt zwischen Wohnung und erster Tätigkeitsstätte entstanden sind, können neben dem pauschalen Kilometersatz nach § 9 Abs. 1 Satz 1 EStG berücksichtigt werden.

Bei der Ermittlung der tatsächlichen Aufwendungen sind die nach der **Kraftfahrzeughilfe-Verordnung** für die Beschaffung des Kraftfahrzeugs sowie für eine behinderungsbedingte Zusatzausstattung erhaltenen **Zuschüsse mittels einer Kürzung der AfA-Bemessungsgrundlage** zu berücksichtigen (BFH v. 14.6.2012, VI R 89/10, BStBl II 2012, 835).

Bei einem Arbeitnehmer mit Behinderungen können ausnahmsweise sogar **Leerfahrten** anerkannt werden, wenn er z.B. von seinem Ehegatten morgens zur Arbeit gefahren und abends wieder abgeholt wird (R 9.10 Abs. 3 Satz 2 LStR).

Bei der Prüfung, ob die **tatsächlichen Kosten** in diesen Fällen die **Entfernungspauschale übersteigen**, ist grds. auf das **Kalenderjahr abzustellen** (OFD Koblenz v. 3.3.2004, S 2351 A). In Fällen eines bereits zu Beginn des Veranlagungszeitraums behinderten Menschen ist immer eine **Jahresbetrachtung** anzuwenden; der behinderte Mensch kann zwischen Entfernungspauschale und den tatsächlichen Kosten wählen.

Bei **Eintritt der Behinderung im Laufe des Kalenderjahres** kann ab diesem Zeitpunkt zwischen der Entfernungspauschale und den tatsächlichen Kosten gewählt werden. Bis zu diesem Zeitpunkt ist lediglich die Entfernungspauschale anzusetzen. Wird bei einem schwerbehinderten Menschen der Grad der Behinderung von 80 oder mehr auf weniger als 50 **herabgesetzt**, ist dies einkommensteuerrechtlich ab dem im Bescheid genannten Zeitpunkt zu berücksichtigen. Aufwendungen für Fahrten zwischen Wohnung und erster Tätigkeitsstätte sowie Familienheimfahrten i.R. einer doppelten Haushaltsführung können daher nicht mehr nach § 9 Abs. 2 Satz 3 Nr. 1 EStG bemessen werden (BFH v. 11.3.2014, VI B 95/13, BStBl II 2014, 525 sowie BVerfG v. 13.7.2016, 2 BvR 1108/14, StEd 2016, 533).

Werden die Wege zwischen Wohnung und erster Tätigkeitsstätte mit **verschiedenen Verkehrsmitteln** zurückgelegt, kann das Wahlrecht – Entfernungspauschale oder tatsächliche Kosten – für beide zurückgelegten Teilstrecken nur einheitlich ausgeübt werden (BFH v. 5.5.2009, VI R 77/06, BStBl II 2009, 729).

Beispiel 1:

Arbeitnehmer A (Grad der Behinderung von 90) fährt an 220 Arbeitstagen im Jahr 2026 mit dem eigenen Kraftwagen 17 km zu einem behindertengerechten Bahnhof und von dort 82 km mit der Bahn zur ersten Tätigkeitsstätte. Die tatsächlichen Bahnkosten betragen 240 € im Monat.

A wählt das günstigste Ergebnis, das sich auf Grund der Höchstgrenze von 4 500 € der Entfernungspauschale für die Teilstrecke mit der Bahn ergibt. Dies erreicht er mit dem Ansatz der Entfernungspauschale für 145 Tage (4 500 € Höchstbetrag : tägliche Entfernungspauschale für 82 km von 31,16 € [82 km × 0,38 € = 31,16 €] = 145 Tage) und dem Ansatz der tatsächlichen Kosten für 75 Tage.

a) Ermittlung der Entfernungspauschale 145 Tage

Für die Teilstrecke mit der **Bahn** beträgt die Entfernungspauschale 145 Arbeitstagen × 22 km × 0,38 € = 4518,20 €, .

Für die Teilstrecke mit dem eigenen **Kraftwagen** errechnet sich eine Entfernungspauschale von 145 Arbeitstagen × 17 km × 0,38 € = 936,70 €, so dass sich eine insgesamt anzusetzende Entfernungspauschale von 5 436,20 € (4 500 € + 936,20 €) ergibt.

b) Ermittlung der tatsächlichen Kosten für 75 Tage

Für die Teilstrecke mit dem eigenen **Kraftwagen** sind nunmehr 75 Arbeitstage × 17 km × 2 x 0,30 € = 765 € anzusetzen (= tatsächliche Aufwendungen mit pauschalem Kilometersatz je Fahrtkilometer).

Für die verbleibende Teilstrecke mit der **Bahn** sind die anteiligen tatsächlichen Kosten von 981,81 € (= 240 € × 12 Monate = 2 880 € : 220 Tage × 75 Tage) anzusetzen, so dass sich insgesamt also ein Betrag von 1 746,81 € (765 € + 981,81 €) ergibt.

c) Insgesamt kann somit ein Betrag von **7 183,01 €** (5 436,2 € + 1746,81 €) **abgezogen werden.**

Zur **Anhebung der Entfernungspauschale ab dem ersten Entfernungskilometer für 2026 ff. auf 0,38 €** siehe u.a. Hinweis auf aktuelle Änderung → Rz. 4431.

Beispiel 2:

Arbeitnehmer A fährt an 220 Arbeitstagen im Jahr 2026 mit dem eigenen Kraftwagen 17 km zum Bahnhof und von dort 82 km mit der Bahn zur ersten Tätigkeitsstätte. Die tatsächlichen Bahnkosten betragen 240 € im Monat. Mitte des Jahres 2025 (110 Arbeitstage) tritt eine Behinderung ein (Grad der Behinderung von 90).

A wählt wieder das günstigste Ergebnis (für 145 Tage die Entfernungspauschale und für 75 Tage während des Zeitraums der Behinderung den Ansatz der tatsächlichen Kosten).

a) Ermittlung der Entfernungspauschale

Für die Teilstrecke mit der **Bahn** errechnet sich eine Entfernungspauschale von 145 Arbeitstagen × 82 km × 0,38 € = 4518,2 €,

Für die Teilstrecke mit dem eigenen **Kraftwagen** errechnet sich eine Entfernungspauschale von 145 Arbeitstagen × 17 km × 0,38 € = 936,70 €, so dass sich eine insgesamt anzusetzende Entfernungspauschale von 5 436,70 € (4 500 € + 936,70 €) ergibt.

b) Ermittlung der tatsächlichen Kosten

Für die Teilstrecke mit dem eigenen **Kraftwagen** sind 75 Arbeitstage × 17 km × 2 × 0,30 € = 765 € anzusetzen (= tatsächliche Aufwendungen mit pauschalem Kilometersatz).

Für die verbleibende Teilstrecke mit der **Bahn** sind die anteiligen tatsächlichen Kosten von 981,81 € (= 240 € × 12 Monate = 2 880 € : 220 Tage × 75 Tage) anzusetzen, so dass sich insgesamt also ein Betrag von 1 746,81 € (765 € + 981,81€) ergibt.

c) Insgesamt kann ein **Betrag von 7 183,51 €** (145 Tage Entfernungspauschale und 75 Tage tatsächliche Kosten) als Werbungskosten **abgezogen werden.**

Zur **Anhebung der Entfernungspauschale ab dem ersten Entfernungskilometer für 2026 ff. auf 0,38 €** siehe u.a. Hinweis auf aktuelle Änderung → Rz. 4431.

o) Anrechnung von Arbeitgeberleistungen

aa) Ausschluss bei steuerfreier Sammelbeförderung

Nach § 9 Abs. 1 Satz 3 Nr. 4 Satz 5 EStG wird die Entfernungspau- **4443**
schale nicht für Strecken mit nach § 3 Nr. 32 EStG steuerfreier Sammelbeförderung gewährt (→ Rz. 4446). Das gilt sowohl für die **unentgeltliche** als auch für die **verbilligte** Sammelbeförderung (R 42 Abs. 3 Satz 2 LStR 2005).

bb) Anrechnung

Die folgenden steuerfreien bzw. pauschal versteuerten Arbeitge- **4444**
berleistungen sind jedoch auf die anzusetzende und ggf. auf 4 500 € begrenzte Entfernungspauschale anzurechnen:

- Steuerfreie Arbeitgeberleistungen (Zuschüsse und Sachbezüge, z.B. Überlassung sog. **Job-Tickets**) nach **§ 3 Nr. 15 EStG** für Fahrten des Arbeitnehmers zwischen Wohnung und erster Tätigkeitsstätte sowie Fahrten zu einem weiträumigen Tätigkeitsgebiet oder zu einem vom Arbeitgeber dauerhaft festgelegten Sammelpunkt (s. ausführlich BMF v. 15.8.2019, IV C 5 – S 2342/19/10007 :001, BStBl I 2019, 875 Rdnr. 27 ff. sowie → *Job-Ticket* Rz. 2617).
- **Steuerfreie Sachbezüge nach** § 8 Abs. 3 EStG**, sog. Rabattfreibetrag** (§ 9 Abs. 1 Satz 3 Nr. 4 Satz 5 EStG).

  Dies kann der Fall sein, wenn z.B. ein **Mietwagenverleihunternehmen** dem Arbeitnehmer einen Mietwagen oder ein **Nahverkehrsunternehmen** Mitarbeitern eine Freifahrtberechtigung für Fahrten zwischen Wohnung und erster Tätigkeitsstätte überlässt (zur Bewertung → *Rabatte* Rz. 3523 und

→ *Sachbezüge* Rz. 3799). Eine Anrechnung erfolgt jedoch nicht, wenn die Fahrten zur Arbeit mit einem anderen Verkehrsmittel (z.B. dem eigenen Pkw) unternommen werden; es ist nicht zulässig, tatsächlich entstandene Aufwendungen um steuerfreie Einnahmen zu mindern, die die Aufwendungen tatsächlich nicht gemindert haben (zuletzt FG Berlin-Brandenburg v. 19.6.2013, 14 K 14140/10, EFG 2013, 1576).

Nutzt ein Arbeitnehmer für seine Fahrten zwischen Wohnung und erster Tätigkeitsstätte die **Jahresnetzkarte**, die ihm sein Arbeitgeber, ein Verkehrsunternehmen, unentgeltlich zur Verfügung gestellt hat, ist der darin liegende Sachbezugswert i.S.d. § 8 Abs. 3 EStG gem. § 9 Abs. 1 Satz 3 Nr. 4 Satz 5 EStG vollumfänglich auf die Entfernungspauschale anzurechnen. Die Anrechnung wird nicht begrenzt entsprechend dem Verhältnis der erklärten Arbeitstage zu den Jahrestagen. Für eine tageweise Aufteilung bzw. Umrechnung des auf der Lohnsteuerbescheinigung anzugebenden Werts besteht kein Raum (FG Berlin-Brandenburg v. 19.6.2013, 14 K 14140/10, EFG 2013, 1576).

- **Steuerfreie Sachbezüge nach** § 8 Abs. 2 Satz 11 EStG **(50 €-Freigrenze)**

  Diese Steuerbefreiung kommt insbesondere bei der Überlassung sog. **Job-Tickets** in Betracht, → *Job-Ticket* Rz. 2635. Die Kürzung ist auch dann vorzunehmen, wenn der Arbeitnehmer das steuerfreie Job-Ticket nur für eine **Teilstrecke** zwischen Wohnung und erster Tätigkeitsstätte verwenden kann und er deshalb für eine weitere Teilstrecke seinen eigenen Pkw benutzt.

- Nach **§ 40 Abs. 2 Satz 2 Nr. 1 EStG mit 15 % pauschal versteuerter Ersatz von Aufwendungen durch den Arbeitgeber** bis zur Höhe der Entfernungspauschale (anders die Pauschalversteuerung nach § 40 Abs. 2 Satz 2 Nr. 2 EStG mit 25 %, → Rz. 4466).

Die vorgenannten steuerfreien oder pauschal besteuerten Arbeitgeberleistungen sind vom Arbeitgeber zu bescheinigen (§ 41b Abs. 1 Satz 2 Nr. 6 und 7 EStG).

Beispiel:

A wohnt in Laatzen und fährt täglich mit seinem Pkw nach Hannover zur Arbeit (einfache Entfernung 11 km). Der Arbeitgeber gewährt zu den Kosten einen Zuschuss von monatlich 10 €, den er nach § 40 Abs. 2 Satz 2 EStG mit 15 % pauschal versteuert.

A kann folgende Werbungskosten geltend machen:

230 Arbeitstage × 11 km × 0,38 € =	961,40 €
(keine Begrenzung durch Höchstbetrag, weil Fahrten mit dem eigenen Pkw durchgeführt werden)	
abzüglich pauschal versteuerter Arbeitslohn	120,00 €
als Werbungskosten abzugsfähig	841,40 €

Zur **Anhebung der Entfernungspauschale ab dem ersten Entfernungskilometer für 2026 ff. auf 0,38 €** siehe u.a. Hinweis auf aktuelle Änderung → Rz. 4431.

cc) Keine Anrechnung

4445 In der Praxis ist kritisiert worden, dass die Steuerbefreiung nach § 3 Nr. 15 EStG (→ *Job-Ticket* Rz. 2617) wegen der Anrechnung auf die Entfernungspauschale weitgehend „verpufft".

Gleiches gilt für die Pauschalierung der Lohnsteuer mit 15 % nach § 40 Abs. 2 Satz 2 Nr. 1 EStG für Sachbezüge in Form einer unentgeltlichen oder verbilligten Beförderung eines Arbeitnehmers zwischen Wohnung und erster Tätigkeitsstätte sowie Fahrten nach § 9 Abs. 1 Satz 3 Nr. 4a Satz 3 EStG (Fahrten zu einem weiträumigen Tätigkeitsgebiet oder zu einem vom Arbeitgeber dauerhaft festgelegten Sammelpunkt) oder Zuschüsse des Arbeitgebers zu den Aufwendungen des Arbeitnehmers für diese Fahrten, zumal diese zusätzlich zum ohnehin geschuldeten Arbeitslohn (→ *Barlohnumwandlung* Rz. 1218) geleistet werden müssen (→ Rz. 4453).

Der Gesetzgeber hat daher mit Wirkung ab 1.1.2020 **in § 40 Abs. 2 Satz 2 Nr. 2 EStG hierfür eine weitere Pauschalierungsmöglichkeit mit 25 % eingeführt**, die

- an Stelle der Steuerfreiheit nach § 3 Nr. 15 EStG einheitlich für alle dort genannten Bezüge eines Kalenderjahres gewählt werden kann,
- auch in Betracht kommt, wenn die Bezüge dem Arbeitnehmer nicht zusätzlich zum ohnehin geschuldeten Arbeitslohn (→ *Barlohnumwandlung* Rz. 1218) gewährt werden,
- nicht zu einer Minderung der abziehbaren Werbungskosten führt (→ Rz. 4466).

Eine Anrechnung der nach **§ 3 Nr. 37 EStG** steuerfreien Überlassung eines betrieblichen **Fahrrads** (→ *Fahrrad* Rz. 2058) auf die Entfernungspauschale erfolgt nicht, weil die Freistellungsbeträge relativ gering sind und eine Anrechnung dieser Leistungen auf die Entfernungspauschale administrativ kaum möglich wäre (§ 9 Abs. 1 Satz 3 Nr. 4 Satz 7 EStG).

Eine Anrechnung erfolgt im Übrigen von vornherein nicht, wenn ein **geldwerter Vorteil tatsächlich nicht entsteht** (→ *Job-Ticket* Rz. 2636).

Die geldwerten Vorteile aus **Freifahrten uniformierter Polizeivollzugs- oder Bundespolizeibeamten** in öffentlichen Verkehrsmitteln oder von Mitarbeitern der Deutschen Bahn Sicherheit GmbH sowie von Bundeswehrsoldaten in Zügen der Deutschen Bahn AG sind nicht auf die Entfernungspauschale anzurechnen (→ *Freifahrten* Rz. 2248).

3. Steuerfreie Sammelbeförderung

Steuerfrei ist nach § 3 Nr. 32 EStG die unentgeltliche oder verbilligte Sammelbeförderung eines Arbeitnehmers zwischen Wohnung und erster Tätigkeitsstätte sowie bei Fahrten nach § 9 Abs. 1 Satz 3 Nr. 4a Satz 3 EStG (Fahrten zu demselben Ort oder einem weiträumigen Tätigkeitsgebiet) mit einem vom **Arbeitgeber** oder in dessen Auftrag von einem **Dritten** gestellten **Beförderungsmittel** (als „Firmenshuttle" eingesetztes Flugzeug, Omnibus, Kleinbus oder für mehrere Personen zur Verfügung gestellter Pkw), soweit die Sammelbeförderung für den **betrieblichen Einsatz des Arbeitnehmers notwendig** ist (R 3.32 LStR). Auf Grund der Steuerfreiheit ist auch gleichzeitig Beitragsfreiheit in der Sozialversicherung gegeben. 4446

Sammelbeförderung i.S.d. § 3 Nr. 32 EStG ist nur die durch den Arbeitgeber organisierte oder zumindest veranlasste Beförderung mehrerer Arbeitnehmer; sie darf nicht auf dem Entschluss eines Arbeitnehmers beruhen. Das Vorliegen einer Sammelbeförderung bedarf grds. einer **besonderen Rechtsgrundlage**. Dies kann etwa ein Tarifvertrag oder eine Betriebsvereinbarung sein (BFH v. 29.1.2009, VI R 56/07, BStBl II 2010, 1067 sowie H 3.32 „Sammelbeförderung" LStH).

LSt SV

Die **Notwendigkeit** einer Sammelbeförderung ist z.B. in den Fällen **anzunehmen**, in denen

- die Beförderung mit **öffentlichen Verkehrsmitteln** nicht oder nur mit **unverhältnismäßig hohem Zeitaufwand** durchgeführt werden könnte oder
- der Arbeitsablauf eine **gleichzeitige Arbeitsaufnahme** der beförderten Arbeitnehmer erfordert (R 3.32 LStR).

Mit den LStR 2015 wurde Nr. 2 der R 3.32 (Sammelbeförderung von Arbeitnehmern) gestrichen, der als notwendige und damit steuerfreie Sammelbeförderung die Fälle nannte, in denen die **Arbeitnehmer an ständig wechselnden Tätigkeitsstätten oder verschiedenen Stellen eines weiträumigen Arbeitsgebiets eingesetzt** werden. Die Streichung ist lediglich eine redaktionelle Folgeänderung, da die Steuerfreiheit der Sammelbeförderung von Arbeitnehmern ohne erste Tätigkeitsstätte (mit ständig wechselnden auswärtigen Tätigkeiten) nunmehr von § 3 Nr. 16 EStG erfasst wird und nicht mehr von § 3 Nr. 32 EStG (OFD Frankfurt v. 6.7.2015, S 2353 A – 87 – St 222).

Die Notwendigkeit der Sammelbeförderung für den betrieblichen Einsatz ist nicht davon abhängig, ob der Arbeitnehmer über einen **eigenen Kraftwagen** verfügt.

Auch bei der Beförderung von nur **zwei Arbeitnehmern** kann schon eine steuerfreie „**Sammelfahrt**" vorliegen.

Beispiel:

Firma X lässt ihre beiden weit außerhalb des Tätigkeitsortes wohnenden Abteilungsleiter täglich mit einem Firmenfahrzeug von zu Hause abholen und abends wieder nach Hause bringen, da sie keinen Anschluss an öffentliche Verkehrsmittel haben.

Es handelt sich um eine steuerfreie Sammelbeförderung, auch hinsichtlich der Fahrergestellung. Die Arbeitnehmer können die Entfernungspauschale nicht in Anspruch nehmen (§ 9 Abs. 1 Satz 3 Nr. 4 Satz 5 EStG).

Um sicherzustellen, dass das Finanzamt beim Werbungskostenabzug nicht die Entfernungspauschale gewährt, hat der Arbeitgeber die steuerfreie Sammelbeförderung sowie Fahrten nach § 9 Abs. 1 Satz 3 Nr. 4a Satz 3 EStG (Sammelpunkt, weiträumiges Arbeitsgebiet in der **Lohnsteuerbescheinigung anzugeben**, d.h. Angabe des **Großbuchstabens „F“** (§ 41b Abs. 1 Satz 2 Nr. 9 EStG sowie H 3.32 „Lohnsteuerbescheinigung“ LStH).

Eine steuer- und beitragsfreie Sammelfahrt liegt nicht vor, wenn ein Arbeitnehmer mit dem ihm vom Arbeitgeber unentgeltlich gestellten Dienstwagen laufend oder gelegentlich **Kollegen mitnimmt** (BFH v. 29.1.2009, VI R 56/07, BStBl II 2010, 1067).

Soweit ein geldwerter Vorteil anzunehmen ist, weil keine steuerfreie Sammelfahrt anerkannt werden kann, ist bei jedem Arbeitnehmer der **günstigste Fahrpreis für die Benutzung eines öffentlichen Verkehrsmittels** anzusetzen (vgl. sinngemäß zur Umsatzsteuer BMF v. 26.2.1991, IV A 2 – S 7100 – 11/91, DB 1991, 571 unter II 4 Nr. 15).

Zur **umsatzsteuerlichen Behandlung** der Arbeitnehmer-Sammelbeförderung → *Sachbezüge* Rz. 3799.

4. Bildungseinrichtung als „erste Tätigkeitsstätte“

4447 „Erste Tätigkeitsstätte“ ist seit 2014 auch eine **Bildungseinrichtung, die außerhalb eines Dienstverhältnisses zum Zwecke eines Vollzeitstudiums oder einer vollzeitigen Bildungsmaßnahme aufgesucht** wird (→ *Reisekosten: Allgemeine Grundsätze* Rz. 3620). Dies soll für Teilzeitstudenten jedoch nicht gelten (vgl. BFH v. 24.10.2024, VI R 7/22, BStBl II 2025, 354).

Gegen diese Neuregelung bestehen keine verfassungsrechtlichen Bedenken (BFH v. 14.5.2020, VI R 24/18, BStBl II 2020, 770). Weitere Einzelheiten, auch zur Abgrenzung gegenüber einem Studium oder einer Bildungsmaßnahme **innerhalb eines Dienstverhältnisses**, für die die Neuregelung nicht gilt, → *Reisekosten: Allgemeine Grundsätze* Rz. 3620.

5. Wege zu einem sog. Sammelpunkt

4448 Liegt keine erste Tätigkeitsstätte vor **und bestimmt der Arbeitgeber durch dienst- oder arbeitsrechtliche Festlegung, dass der Arbeitnehmer sich dauerhaft typischerweise arbeitstäglich an einem festgelegten Ort („Sammelpunkt“), der die Kriterien für eine erste Tätigkeitsstätte nicht erfüllt, einfinden** soll, um von dort seine unterschiedlichen eigentlichen Einsatzorte aufzusuchen oder von dort seine berufliche Tätigkeit aufzunehmen (z.B. Treffpunkt für einen betrieblichen Sammeltransport, das Busdepot, der Fährhafen), werden die Fahrten des Arbeitnehmers von der Wohnung zu diesem vom Arbeitgeber festgelegten Ort wie Fahrten zu einer ersten Tätigkeitsstätte behandelt. Dies gilt auch dann, wenn die Fahrten an einer dem Arbeitsplatz näher gelegenen Wohnung unterbrochen werden (BFH v. 14.9.2020, VI B 64/19); für diese Fahrten darf nur die **Entfernungspauschale** angesetzt werden (s. zuletzt BFH v. 19.4.2021, VI R 6/19, BStBl II 2021, 727 betr. Fahrten eines Baumaschinenführers zur Sammelstelle am Arbeitssitz des Arbeitgebers sowie → *Reisekosten: Allgemeine Grundsätze* Rz. 3627).

Bus- oder Lkw-Fahrer oder auch Kundendienstmonteure haben regelmäßig keine erste Tätigkeitsstätte. Lediglich, wenn dauerhaft und typischerweise arbeitstäglich ein vom Arbeitgeber festgelegter Ort aufgesucht werden soll, werden die Fahrten von der Wohnung zu diesem **Ort/Sammelpunkt** gleich behandelt mit den Fahrten von der Wohnung zu einer ersten Tätigkeitsstätte.

Beispiel 1:

Herr A ist als Elektroinstallateur bei einem Elektrounternehmen beschäftigt. Ausweislich seines Arbeitsvertrags war sein Arbeitsort „der Sitz des Betriebs sowie alle Baustellen des Arbeitgebers“. Weitere Festlegungen hinsichtlich einer Tätigkeitsstätte enthielt der Arbeitsvertrag nicht. Der Betriebssitz war (unstreitig) nicht „erste Tätigkeitsstätte“. Herr A arbeitete im gesamten Jahr 2015 auf einer Fernbaustelle. An 177 Tagen hat er mit seinem eigenen Pkw zunächst den Betrieb seines Arbeitgebers aufgesucht, um von dort aus mit einem Firmenfahrzeug zur auswärtigen Baustelle zu fahren. An 25 Tagen fuhr er mit seinem privaten Pkw direkt zur Baustelle.

Nach Auffassung des **FG Thüringen** (Urteil v. 28.2.2019, 1 K 498/17, EFG 2019, 883) hat der Steuerpflichtige durch 177 Fahrten an den Betriebssitz seines Arbeitgebers (mit Weitertransport an die eigentliche Arbeitsstätte) „dauerhaft denselben Ort oder dasselbe weiträumige Tätigkeitsgebiet typischerweise arbeitstäglich aufgesucht“(§ 9 Abs. 1 Satz 3 Nr. 4a Satz 3 EStG), so dass für die Fahrten zum Betriebssitz nur die **Entfernungspauschale** berücksichtigt werden könne. Der BFH (Urteil v. 2.9.2021, VI R 14/19) hat im Revisionsverfahren das Urteil des FG Thüringen aufgehoben und die Sache an das FG zurückverwiesen. Der BFH könne auf Grund der Feststellungen des FG nicht abschließend prüfen, ob Herr A nicht bereits seine erste Tätigkeitsstätte am Betriebssitz des Arbeitgebers hatte. Ebenso wenig könne er beurteilen, ob Herr A den Betriebssitz seines Arbeitgebers typischerweise arbeitstäglich aufzusuchen hatte und die Aufwendungen für die Fahrten von seiner Wohnung dorthin deshalb lediglich mit der Entfernungspauschale zu berücksichtigen sind. Allerdings stellte der BFH folgende Leitsätze und Vorgaben auf, die im Rahmen der Zurückverweisung durch das FG zu beachten seien:

Danach setzt die entsprechende Anwendung der Entfernungspauschale gem. § 9 Abs. 1 Satz 3 Nr. 4a Satz 3 EStG voraus, dass der Arbeitnehmer den Ort oder das weiträumige Gebiet zur Aufnahme der Arbeit **auf Grund einer Weisung des Arbeitgebers** zum einen typischerweise arbeitstäglich und zum anderen auch dauerhaft aufzusuchen hat. Ein „typischerweise arbeitstägliches“ Aufsuchen erfordert kein ausnahmsloses Aufsuchen des vom Arbeitgeber festgelegten Orts oder Gebiets an sämtlichen Arbeitstagen des Arbeitnehmers.

Sofern danach auch weiterhin keine erste Tätigkeitsstätte i.S. des § 9 Abs. 4 EStG vorliegt, muss aufgeklärt werden, ob das routinemäßige Aufsuchen des Betriebssitzes des Arbeitgebers durch den Kläger im Streitjahr zwecks Übernahme des Firmenfahrzeugs mit anschließender Weiterfahrt zur Baustelle auf einer entsprechenden Anordnung des Arbeitgebers als von diesem festgelegten Ort (Sammelpunkt) beruhte und der Kläger diesen Ort auch typischerweise arbeitstäglich aufsuchen sollte. Das Verfahren des zweiten Rechtsganges wurde durch Klaglosstellung des Klägers und Kostenfestsetzungsbeschluss zu Lasten des Finanzamtes beendet (Beschluss v. 16.5.2022, 1 K 588/21, nicht dokumentiert). Auf Grund der Klaglosstellung ist davon auszugehen, dass auch das Finanzamt nach der Zurückverweisung davon ausgegangen ist, dass im vorliegenden Sachverhalt keine erste Tätigkeitsstätte vorliegt.

Für die Frage, ob der Arbeitnehmer denselben Ort oder dasselbe weiträumige Tätigkeitsgebiet auf Grund der Weisung des Arbeitgebers „dauerhaft“ aufzusuchen hat, ist die Legaldefinition in § 9 Abs. 4 Satz 3 EStG entsprechend heranzuziehen.“

Folglich ist das typischerweise arbeitstägliche Aufsuchen eines Ortes zur Aufnahme der beruflichen Tätigkeit nicht gleichzusetzen mit „regelmäßig oder üblicherweise“. Bei einem Lkw-Fahrer, der sowohl Kurz- als auch Langstrecken fährt und dementsprechend z.B. zeitweise jeden Tag zum Betrieb kommt und in anderen Wochen nur montags zum Betrieb kommt und die ganze Woche unterwegs ist, stellt der Betrieb **keinen Sammelpunkt** dar (**FG Niedersachsen** v. 15.6.2017, 10 K 139/16, FG Berlin-Brandenburg v. 25.2.2025, 15 K 3114/23).

Im Ergebnis ebenso BFH v. 19.4.2021, VI R 6/19, BStBl II 2021, 727, sowie v. 2.9.2021, VI R 14/19, betr. Fahrten eines Baumaschinenführers zur Sammelstelle am Arbeitssitz des Arbeitgebers.

Beispiel 2:

Der städtische Mitarbeiter M muss auf Anordnung des Arbeitgebers morgens den Betriebshof aufsuchen, um dort seine Kehrmaschine zu übernehmen.

Ohne weitere Festlegung hat M am Betriebshof keine erste Tätigkeitsstätte (keine Zuordnung bzw. zeitliche Kriterien nicht erfüllt). Die Fahrten zum täglichen Sammelpunkt können aber nur mit der Entfernungspauschale abgerechnet werden.

Treffen sich mehrere Arbeitnehmer typischerweise arbeitstäglich an einem bestimmten Ort, um von dort aus gemeinsam zu ihren Tätigkeitsstätten zu fahren (**privat organisierte Fahrgemeinschaft**), liegt kein „Sammelpunkt“ im obigen Sinne vor. Es fehlt insoweit an einer dienst- oder arbeitsrechtlichen Festlegung des Arbeitgebers (→ *Reisekosten: Allgemeine Grundsätze* Rz. 3627).

Auf die Berücksichtigung von **Verpflegungspauschalen oder Übernachtungskosten** als Werbungskosten oder den steuerfreien Arbeitgeberersatz hierfür hat diese Festlegung hingegen keinen Einfluss, da der Arbeitnehmer weiterhin außerhalb einer ersten Tätigkeitsstätte und somit **auswärts beruflich tätig wird**. Es wird keine erste Tätigkeitsstätte fingiert, sondern nur die Anwendung der Entfernungspauschale für die Fahrtkosten von der Wohnung zu diesem Ort sowie die Besteuerung eines geldwerten Vorteils bei Dienstwagengestellung durch den Arbeitgeber nach § 8 Abs. 2 Satz 3 und 4 EStG festgelegt und der steuerfreie Arbeitgeberersatz für diese Fahrten nach § 3 Nr. 13 oder Nr. 16 EStG ausgeschlossen.

6. Wege zu einem sog. weiträumigen Tätigkeitsgebiet

Soll der Arbeitnehmer auf Grund der **Weisungen** des Arbeitgebers seine berufliche Tätigkeit **typischerweise arbeitstäglich in einem weiträumigen Tätigkeitsgebiet ausüben**, findet für die Fahrten von der Wohnung zu diesem Tätigkeitsgebiet ebenfalls die 4449

Entfernungspauschale Anwendung (zum Begriff „typischerweise arbeitstäglich" s. BFH v. 19.4.2021, VI R 6/19, BStBl II 2021, 727 betr. Fahrten eines Baumaschinenführers zur Sammelstelle am Arbeitssitz des Arbeitgebers sowie → *Reisekosten: Allgemeine Grundsätze* Rz. 3628).

Ein **weiträumiges Tätigkeitsgebiet** liegt in Abgrenzung zur ersten Tätigkeitsstätte vor, wenn die vertraglich vereinbarte Arbeitsleistung auf einer festgelegten Fläche und nicht innerhalb einer ortsfesten betrieblichen Einrichtung des Arbeitgebers, eines verbundenen Unternehmens (§ 15 AktG) oder bei einem vom Arbeitgeber bestimmten Dritten ausgeübt werden soll (→ *Reisekosten: Allgemeine Grundsätze* Rz. 3628).

Wird das weiträumige Tätigkeitsgebiet immer von **verschiedenen Zugängen aus betreten** oder befahren, ist die Entfernungspauschale aus Vereinfachungsgründen bei diesen Fahrten nur für die kürzeste Entfernung von der Wohnung zum nächstgelegenen Zugang anzuwenden.

Für alle **Fahrten innerhalb des weiträumigen Tätigkeitsgebiets** sowie für die zusätzlichen Kilometer bei den Fahrten von der Wohnung zu einem weiter entfernten Zugang können weiterhin die tatsächlichen Aufwendungen oder der sich am Bundesreisekostengesetz orientierende maßgebliche pauschale Kilometersatz angesetzt werden (für Pkw 0,30 €/km).

Beispiel:

Der Forstarbeiter A fährt an 150 Tagen mit dem Pkw von seiner Wohnung zu dem 15 km entfernten, nächstgelegenen Zugang des von ihm täglich zu betreuenden Waldgebiets (weiträumiges Tätigkeitsgebiet). An 70 Tagen fährt A von seiner Wohnung über einen weiter entfernt gelegenen Zugang (20 km) in das Waldgebiet.

Die Fahrten von der Wohnung zu dem weiträumigen Tätigkeitsgebiet werden behandelt wie die Fahrten von der Wohnung zu einer ersten Tätigkeitsstätte. A kann somit für diese Fahrten lediglich die Entfernungspauschale i.H.v. 0,30 € je Entfernungskilometer (= 15 km × 0,30 €) als Werbungskosten ansetzen. Die Fahrten innerhalb des Waldgebiets können mit den tatsächlichen Kosten oder aus Vereinfachungsgründen mit dem pauschalen Kilometersatz i.H.v. 0,30 € je tatsächlich gefahrenem Kilometer berücksichtigt werden.

Bei den Fahrten zu dem weiter entfernt gelegenen Zugang werden ebenfalls nur 15 Kilometer mit der Entfernungspauschale (15 km × 0,30 €) berücksichtigt. Die jeweils zusätzlichen fünf Kilometer für den tatsächlich längeren Hin- und Rückweg, werden ebenso wie die Fahrten innerhalb des weiträumigen Tätigkeitsgebiets mit den tatsächlichen Kosten oder aus Vereinfachungsgründen mit dem pauschalen Kilometersatz i.H.v. 0,30 € je gefahrenem Kilometer berücksichtigt.

Somit sind für 220 Tage jeweils 15 km mit der Entfernungspauschale und die restlichen tatsächlich gefahrenen Kilometer mit den tatsächlichen Kosten oder aus Vereinfachungsgründen mit dem pauschalen Kilometersatz i.H.v. 0,30 € anzusetzen.

Zur **Anhebung der Entfernungspauschale ab dem ersten Entfernungskilometer für 2026 ff. auf 0,38 €** siehe u.a. Hinweis auf aktuelle Änderung → Rz. 4431.

Auf die Berücksichtigung von **Verpflegungspauschalen oder Übernachtungskosten** als Werbungskosten sowie den steuerfreien Arbeitgeberersatz hat diese Festlegung „tätig werden in einem weiträumigen Tätigkeitsgebiet" keinen Einfluss, da der Arbeitnehmer weiterhin außerhalb einer ersten Tätigkeitsstätte – und damit auswärts – beruflich tätig wird. Es wird nur die Anwendung der Entfernungspauschale für die Fahrtkosten von der Wohnung zum nächstgelegenen Zugang zu dem weiträumigen Tätigkeitsgebiet sowie die Besteuerung eines geldwerten Vorteils bei Dienstwagengestellung durch den Arbeitgeber nach § 8 Abs. 2 Satz 3 und 4 EStG festgelegt und der steuerfreie Arbeitgeberersatz für diese Fahrten nach § 3 Nr. 13 oder Nr. 16 EStG ausgeschlossen. Soll der Arbeitnehmer in **mehreren ortsfesten Einrichtungen** seines Arbeitgebers, eines verbundenen Unternehmens oder eines Dritten, die innerhalb eines bestimmten Bezirks gelegen sind, beruflich tätig werden, wird er nicht in einem weiträumigen Tätigkeitsgebiet, sondern an verschiedenen, ggf. sogar **ständig wechselnden Tätigkeitsstätten tätig**.

In Abgrenzung hierzu hat das FG Bremen, Urteil v. 6.2.2025, 1 K 39/23, StEd 2025, 284, entschieden, dass das von einer Arbeitgeberin im Hafen von Bremerhaven betriebene Autoterminal, welches auf einem räumlich abgegrenzten, von Zäunen umgebenen, über diverse Straßen infrastrukturell erschlossenen und nur durch bestimmte Zugangspunkte zu befahrende Gelände belegen ist, auf dem sich auch verschiedene ortsfeste betriebliche Einrichtungen der Arbeitgeberin wie Büro- und Werkstattgebäude, Parkgaragen und Parkplätze befinden, die in ihrer Gesamtheit dem Betrieb der Arbeitgeberin dienen, nicht die einzelnen Einrichtungen auf dem Gebiet des Autoterminals jeweils als gesonderte Tätigkeitsstätten zu betrachten sind, sondern die Gesamtheit der betrieblichen Einrichtungen sich als großräumige erste Tätigkeitsstätte eines Arbeitnehmers darstellt.

7. Auswärtstätigkeiten

4450 Es ist zu prüfen, von wo aus der Arbeitnehmer seine Auswärtstätigkeit (Dienstreise, Einsatzwechseltätigkeit, Fahrtätigkeit) beginnt: Sucht er zunächst **den Betrieb auf, der seine erste Tätigkeitsstätte ist**, gelten für die Fahrten zwischen Wohnung und Betrieb die Abzugsbeschränkungen des § 9 Abs. 1 Satz 3 Nr. 4 EStG (Ansatz der niedrigeren **Entfernungspauschale, kein steuerfreier Arbeitgeberersatz**).

Im Übrigen können vom Arbeitgeber grds. **alle Fahrten** in voller Höhe oder mit pauschalen Kilometer-Sätzen **steuer- und beitragsfrei erstattet** werden, also z.B.

- Fahrten zwischen Wohnung oder erster Tätigkeitsstätte und auswärtiger Tätigkeitsstätte oder Unterkunft einschließlich sämtlicher Zwischenheimfahrten,
- Fahrten zwischen mehreren auswärtigen Tätigkeitsstätten oder
- Fahrten zwischen einer Unterkunft am Ort der auswärtigen Tätigkeitsstätte oder in ihrem Einzugsbereich und auswärtiger Tätigkeitsstätte, vgl. H 9.5 (Allgemeines) LStH.

Für Fahrten zwischen Wohnung und erster Tätigkeitsstätte kann auch dann nur die Entfernungspauschale berücksichtigt werden, wenn sich in der Wohnung ein **häusliches Arbeitszimmer** befindet und die **Fahrten** vom häuslichen Arbeitszimmer **aus angetreten werden**. Denn die berufliche Nutzung der Räume löst nicht deren Einbindung in die private Sphäre und lässt den privaten Charakter der Wohnung insgesamt unberührt; die Fahrten sind weiterhin „Fahrten zwischen Wohnung und erster Tätigkeitsstätte" (BFH v. 29.4.2014, VIII R 33/10, BStBl II 2014, 777 betr. Fahrten eines Lotsen von seinem häuslichen Büro zur Lotsenstation und zuletzt sinngemäß FG Münster v. 5.9.2018, 7 K 543/18 F, EFG 2018, 1786).

Das häusliche Arbeitszimmer des Arbeitnehmers ist keine betriebliche Einrichtung des Arbeitgebers oder eines Dritten und kann daher (weiterhin) **keine erste Tätigkeitsstätte** sein. Dies gilt auch, wenn der Arbeitgeber vom Arbeitnehmer einen oder mehrere Arbeitsräume anmietet, die der Wohnung des Arbeitnehmers zuzurechnen sind (→ *Reisekosten: Allgemeine Grundsätze* Rz. 3583).

Hat der Arbeitnehmer **keine erste Tätigkeitsstätte** (z.B. bei **Handelsvertretern, Verbandsprüfern, Pharmaberatern, Versicherungsvertretern** u.Ä.), liegt insgesamt eine **Auswärtstätigkeit** vor. Auch gelegentliche – wenn auch regelmäßige – Fahrten zum Betrieb sind dann nach den Grundsätzen für Auswärtstätigkeiten zu beurteilen.

8. Doppelte Haushaltsführung

4451 Ein steuerfreier Fahrtkostenersatz durch den Arbeitgeber für **Fahrten zwischen Wohnung bzw. Zweitwohnung am auswärtigen Beschäftigungsort und erster Tätigkeitsstätte** ist auch dann nicht möglich, wenn der Arbeitnehmer einen beruflich veranlassten doppelten Haushalt führt (→ *Doppelte Haushaltsführung: Erstattungsbeträge* Rz. 1748).

Hierbei ist allerdings zu beachten, dass nach der neuen BFH-Rechtsprechung (BFH v. 11.5.2005, VI R 7/02, BStBl II 2005, 782) Arbeitnehmer mit **Einsatzwechseltätigkeit, die am Arbeitsort übernachten, nicht mehr unter die „doppelte Haushaltsführung"** fallen mit der Folge, dass alle Fahrtkosten ohne die Abzugsbeschränkung auf die Entfernungspauschale berücksichtigt werden können (→ *Reisekosten: Erstattungen* Rz. 3661).

9. Fahrtkostenzuschüsse bei Benutzung öffentlicher Verkehrsmittel

4452 Die **Steuerbefreiung des § 3 Nr. 34 EStG** a.F. betr. Arbeitgeberleistungen (Zuschüsse und Sachbezüge) für Fahrten zwischen Wohnung und Arbeitsstätte ist seit **1.1.2004 aufgehoben** worden. Die Arbeitgeberleistungen stellen damit grds. steuerpflichtigen Arbeitslohn dar; die Lohnsteuer kann jedoch – soweit der Arbeitnehmer die Fahrtkosten als Werbungskosten absetzen könnte – nach § 40 Abs. 2 Satz 2 EStG mit einem Pauschsteuersatz von 15 % erhoben werden (→ Rz. 4453).

Neu eingeführt wurde jedoch seit 1.1.2019 die **Steuerbefreiung nach § 3 Nr. 15 EStG** für Arbeitgeberleistungen (Zuschüsse und Sachbezüge), die zusätzlich zum ohnehin geschuldeten Arbeitslohn (→ *Barlohnumwandlung* Rz. 1218) zu den Aufwendungen des Arbeitnehmers für **Fahrten mit öffentlichen Verkehrsmitteln im Linienverkehr** (ohne Luftverkehr) zwischen Wohnung und erster Tätigkeitsstätte usw. gezahlt werden. Allerdings sind die steuerfreien Leistungen auf die Entfernungspauschale anzurechnen (→ *Job-Ticket* Rz. 2617).

10. Pauschalierung der Lohnsteuer

a) Nach § 40 Abs. 2 Satz 2 Nr. 1 EStG mit 15 %

aa) Grundsätze

4453 Der Arbeitgeber kann nach § 40 Abs. 2 Satz 2 Nr. 1 EStG die Lohnsteuer mit einem **Pauschsteuersatz von 15 %** erheben für die nicht nach § 3 Nr. 15 EStG (→ *Job-Ticket* Rz. 2617) steuerfreien

- **Sachbezüge** in Form einer unentgeltlichen oder verbilligten Beförderung eines Arbeitnehmers zwischen Wohnung und erster Tätigkeitsstätte sowie Fahrten nach § 9 Abs. 1 Satz 3 Nr. 4a Satz 3 EStG (Sammelpunkt, weiträumiges Tätigkeitsgebiet) oder
- **Zuschüsse** zu den Aufwendungen des Arbeitnehmers für Fahrten zwischen Wohnung und erster Tätigkeitsstätte sowie Fahrten nach § 9 Abs. 1 Satz 3 Nr. 4a Satz 3 EStG, die zusätzlich zum ohnehin geschuldeten Arbeitslohn (→ *Barlohnumwandlung* Rz. 1218) geleistet werden,

soweit die Bezüge **den Betrag nicht übersteigen**, den der Arbeitnehmer nach § 9 Abs. 1 Satz 3 Nr. 4 und Abs. 2 EStG **als Werbungskosten geltend** machen könnte, wenn die Bezüge nicht pauschal besteuert würden; diese pauschal besteuerten Bezüge **mindern** die nach § 9 Abs. 1 Satz 3 Nr. 4 Satz 2 und Abs. 2 EStG **abziehbaren Werbungskosten.**

Die Pauschalbesteuerung durch den Arbeitgeber entfaltet **keine Bindungswirkung für das Veranlagungsverfahren**, soweit die pauschal besteuerten Beträge den Betrag übersteigen, den der Arbeitnehmer nach § 9 Abs. 1 Satz 3 Nr. 4 und Abs. 2 EStG als Werbungskosten geltend machen kann.

Für die Ermittlung der Höhe der pauschal besteuerbaren Sachbezüge oder Zuschüsse nach § 40 Abs. 2 Satz 2 Nr. 1 EStG sind für die Jahre 2021 bis 2025 die jeweils gültigen Entfernungspauschalen nach § 9 Abs. 1 Satz 3 Nr. 4 Satz 8 EStG anzuwenden. Das bedeutet, dass bei Entfernungen ab 21 Kilometern zwischen Wohnung und erster Tätigkeitsstätte die Kilometer aufzuteilen und ab dem 21. Kilometer die erhöhte Entfernungspauschale (0,35 € oder 0,38 €) zu berücksichtigen ist.

Zur **Anhebung der Entfernungspauschale ab dem ersten Entfernungskilometer für 2026 ff. auf 0,38 €** siehe u.a. Hinweis auf aktuelle Änderung → Rz. 4431.

Durch die Entfernungspauschale für die Wege zwischen Wohnung und erster Tätigkeitsstätte werden arbeitstäglich zwei Wege (Hin- und Rückweg) abgegolten. Legt der Arbeitnehmer an dem jeweiligen Arbeitstag nur einen Weg zwischen Wohnung und erster Tätigkeitsstätte zurück, darf auch für die Höhe der nach § 40 Abs. 2 Satz 2 Nr. 1 EStG pauschal besteuerbaren Sachbezüge oder Zuschüsse nur die Hälfte der Entfernungspauschale je Entfernungskilometer und Arbeitstag berücksichtigt werden.

LSt SV (durchgestrichen)

Bevor der Arbeitgeber sich für eine Pauschalbesteuerung entschließt, sollte er zunächst prüfen, ob die Sachbezüge oder Zuschüsse nicht steuerfrei sind. Denn steuerfrei sind

- **Zuschüsse** des Arbeitgebers, die zusätzlich zum ohnehin geschuldeten Arbeitslohn (→ *Barlohnumwandlung* Rz. 1218) zu den Aufwendungen des Arbeitnehmers für **Fahrten mit öffentlichen Verkehrsmitteln im Linienverkehr** (ohne Luftverkehr) zwischen Wohnung und erster Tätigkeitsstätte sowie Fahrten nach § 9 Abs. 1 Satz 3 Nr. 4a Satz 3 EStG (Sammelpunkt, weiträumiges Tätigkeitsgebiet) gewährt werden (§ 3 Nr. 15 Satz 1 EStG, → *Job-Ticket* Rz. 2617),
- **Sachbezüge** (z.B. Zeit-Fahrkarten) zusätzlich zum ohnehin geschuldeten Arbeitslohn (→ *Barlohnumwandlung* Rz. 1218) in Form der unentgeltlichen oder verbilligten **Nutzung öffentlicher Verkehrsmittel im Linienverkehr** (ohne Luftverkehr) zwischen Wohnung und erster Tätigkeitsstätte oder Fahrten nach § 9 Abs. 1 Satz 3 Nr. 4a Satz 3 EStG (§ 3 Nr. 15 Satz 2 EStG, → *Job-Ticket* Rz. 2617),
- zusätzlich zum ohnehin geschuldeten Arbeitslohn (→ *Barlohnumwandlung* Rz. 1218) vom Arbeitgeber gewährte Vorteile für die Überlassung eines betrieblichen **Fahrrads** zur privaten Nutzung, d.h. auch für Fahrten zwischen Wohnung und erster Tätigkeitsstätte (§ 3 Nr. 37 EStG, → *Fahrrad* Rz. 2058), und
- die unentgeltliche oder verbilligte **Sammelbeförderung** eines Arbeitnehmers zwischen Wohnung und erster Tätigkeitsstätte (→ Rz. 4446).

Allerdings kann der Arbeitgeber auch **auf die Steuerfreiheit nach § 3 Nr. 15 EStG verzichten und eine Pauschalbesteuerung** nach § 40 Abs. 2 Satz 2 Nr. 2 EStG **mit 25 % durchführen.** Die Pauschalbesteuerung mit 25 % ist auch möglich, wenn die Steuerbefreiung nach § 3 Nr. 15 EStG nicht in Betracht kommt, weil die Bezüge nicht zusätzlich zum ohnehin geschuldeten Arbeitslohn (→ *Barlohnumwandlung* Rz. 1218) gewährt werden. Bei dieser Besteuerung erfolgt **keine Minderung der Entfernungspauschale** und damit auch keine Aufzeichnungspflicht im Lohnkonto (→ Rz. 4466).

Eine Pauschalierung der Lohnsteuer mit 15 % kommt i.d.R. nur noch bei der Nutzung eines eigenen oder zur Nutzung überlassenen **Kraftfahrzeugs** in Betracht.

bb) Höhe des pauschalierungsfähigen Betrags

(1) Nutzung eines Kraftwagens

Bei ausschließlicher Benutzung eines eigenen oder zur Nutzung überlassenen **Kraftwagens** ist die Höhe der pauschal besteuerbaren Sachbezüge und Zuschüsse des Arbeitgebers auf die Höhe der nach § 9 Abs. 1 Satz 3 Nr. 4 EStG als Werbungskosten abziehbaren **Entfernungspauschale beschränkt, ohne Begrenzung auf den Höchstbetrag von 4 500 €.** Aus Vereinfachungsgründen kann **im Lohnsteuerabzugsverfahren** davon ausgegangen werden, dass der Arbeitnehmer monatlich an 15 Arbeitstagen (→ Rz. 4458) Fahrten zwischen Wohnung und erster Tätigkeitsstätte oder Fahrten nach § 9 Abs. 1 Satz 3 Nr. 4a Satz 3 EStG (Sammelpunkt, weiträumiges Tätigkeitsgebiet) durchführt (BMF v. 18.11.2021, IV C 5 – S 2351/20/10001 :002, BStBl I 2021, 2315, Rdnr. 36). 4454

(2) Nutzung anderer motorisierter Fahrzeuge

Bei ausschließlicher Benutzung anderer motorisierter Fahrzeuge (wie z.B. eines **Motorrads, Motorrollers, Mopeds, Mofas, Pedelecs, E-Bikes**) sind die pauschal besteuerbaren Sachbezüge und Zuschüsse des Arbeitgebers auf die Höhe der nach § 9 Abs. 1 Satz 3 Nr. 4 EStG maximal als Werbungskosten abziehbaren **Entfernungspauschale i.H.v. 4 500 €, beschränkt.** Aus Vereinfachungsgründen kann **im Lohnsteuerabzugsverfahren** hier ebenfalls davon ausgegangen werden, dass monatlich an 15 Arbeitstagen Fahrten zwischen Wohnung und erster Tätigkeitsstätte oder Fahrten nach § 9 Abs. 1 Satz 3 Nr. 4a Satz 3 EStG (Sammelpunkt, weiträumiges Tätigkeitsgebiet) durchgeführt werden. 4455

(3) Nutzung öffentlicher Verkehrsmittel und Sammelbeförderung

Bei ausschließlicher Benutzung öffentlicher Verkehrsmittel, bei verbilligter Sammelbeförderung nach § 3 Nr. 32 EStG, für Flugstrecken sowie bei Menschen mit Behinderungen ist eine Pauschalbesteuerung der Sachbezüge und Zuschüsse in Höhe der **tatsächlichen Aufwendungen des Arbeitnehmers** (§ 9 Abs. 1 Satz 3 Nr. 4 und Abs. 2 EStG) für die Fahrten zwischen Wohnung und erster Tätigkeitsstätte oder Fahrten nach § 9 Abs. 1 Satz 3 Nr. 4a Satz 3 EStG (Sammelpunkt, weiträumiges Tätigkeitsgebiet) zulässig. 4456

(4) Nutzung verschiedener Verkehrsmittel (Park & Ride)

Bei der Benutzung **verschiedener Verkehrsmittel** (insbesondere sog. **Park & Ride-Fälle**) ist die Höhe der pauschal besteuerbaren Sachbezüge und Zuschüsse des Arbeitgebers auf die Höhe der 4457 nach § 9 Abs. 1 Satz 3 Nr. 4 und Abs. 2 EStG als Werbungskosten abziehbaren **Entfernungspauschale beschränkt.** Eine Pauschalbesteuerung in Höhe der tatsächlichen Aufwendungen des Arbeitnehmers für die Nutzung öffentlicher Verkehrsmittel kommt erst dann in Betracht, wenn diese die insgesamt im Kalenderjahr anzusetzende Entfernungspauschale, ggf. begrenzt auf den Höchstbetrag von 4 500 €, übersteigen. Aus Vereinfachungsgründen kann **im Lohnsteuerabzugsverfahren** auch in diesen Fällen davon ausgegangen werden, dass monatlich an 15 Arbeitstagen Fahrten zwischen Wohnung und erster Tätigkeitsstätte oder Fahrten nach § 9 Abs. 1 Satz 3 Nr. 4a Satz 3 EStG (Sammelpunkt, weiträumiges Tätigkeitsgebiet) erfolgen.

Beispiel:

B kann als Mitfahrer einer Fahrgemeinschaft eine Entfernungspauschale von 1 000 € als Werbungskosten geltend machen, obwohl er sich an den Fahrtkosten nicht beteiligt. Der Arbeitgeber möchte ihm deshalb zusätzlich zum ohnehin geschuldeten Arbeitslohn (→ *Barlohnumwandlung* Rz. 1218) diesen Betrag erstatten und beantragt hierfür die Pauschalbesteuerung mit 15 %.

Das Finanzamt wird dies ablehnen, weil nur Zuschüsse des Arbeitgebers zu den **Aufwendungen** des Arbeitnehmers für Fahrten zwischen Wohnung und erster Tätigkeitsstätte unter diese Regelung fallen, B hierfür aber keine Aufwendungen entstehen.

(5) Ausnahmen von der Vereinfachungsregelung

4458 Die Vereinfachungsregelung (15 Tage-Regel) bei Nutzung eines Kraftwagens (→ Rz. 4454) ist **nicht anzuwenden**, wenn der Arbeitgeber bei der Überlassung eines Kraftwagens die **tatsächliche Anzahl der Fahrten** zwischen Wohnung und erster Tätigkeitsstätte bei der Ermittlung des Sachbezugs zu Grunde gelegt hat.

Bei Anwendung der Vereinfachungsregelung (15 Tage-Regelung) in → Rz. 4454, → Rz. 4455 und → Rz. 4457 wird davon ausgegangen, dass bei einer 5 Tage-Woche monatlich an 15 Arbeitstagen Fahrten zwischen Wohnung und erster Tätigkeitsstätte oder Fahrten nach § 9 Abs. 1 Satz 3 Nr. 4a Satz 3 EStG (Sammelpunkt, weiträumiges Tätigkeitsgebiet) erfolgen. Die Anzahl dieser Fahrten **mindert sich daher verhältnismäßig**, wenn der Arbeitnehmer **bei einer in die Zukunft gerichteten Prognose** an der ersten Tätigkeitsstätte **typischerweise an weniger als fünf Arbeitstagen** in der Kalenderwoche nach den dienst- oder arbeitsrechtlichen Festlegungen beruflich tätig werden soll (z.B. bei Teilzeitmodellen, Home-Office, Telearbeit, mobilem Arbeiten). So kann z.B. bei einer 3 Tage-Woche aus Vereinfachungsgründen davon ausgegangen werden, dass monatlich an neun Arbeitstagen (3/5 von 15 Tagen) Fahrten zwischen Wohnung und erster Tätigkeitsstätte oder Fahrten nach § 9 Abs. 1 Satz 3 Nr. 4a Satz 3 EStG (Sammelpunkt, weiträumiges Tätigkeitsgebiet) zurückgelegt werden (BMF v. 18.11.2021, IV C 5 – S 2351/20/10001 :002, BStBl I 2021, 2315, Rdnr. 41).

cc) Zusätzliche Leistungen

4459 Als Fahrtkostenzuschüsse sind nur solche Leistungen des Arbeitgebers anzusehen, die **zusätzlich zum ohnehin geschuldeten Arbeitslohn erbracht** werden (→ *Barlohnumwandlung* Rz. 1218).

dd) Ausschluss des Werbungskostenabzugs

(1) Sachbezüge

4460 Der Arbeitgeber kann die Lohnsteuer für Sachbezüge in Form einer unentgeltlichen oder verbilligten Beförderung zwischen Wohnung und erster Tätigkeitsstätte oder für die Fahrten nach § 9 Abs. 1 Satz 3 Nr. 4a Satz 3 EStG (Sammelpunkt, weiträumiges Tätigkeitsgebiet) pauschal mit 15 % erheben, soweit die Bezüge **den Betrag nicht übersteigen**, den der Arbeitnehmer **als Werbungskosten geltend machen könnte**. Die nach § 40 Abs. 2 Satz 2 Nr. 1 Buchst. a EStG pauschal besteuerten Bezüge mindern die nach § 9 Abs. 1 Satz 3 Nr. 4 Sätze 2 und 8 und Abs. 2 EStG abziehbaren Werbungskosten.

Beispiel 1:

A nutzt in 2025 für die Fahrten zwischen Wohnung und erster Tätigkeitsstätte einen vom Arbeitgeber unentgeltlich überlassenen Firmenwagen (kein Elektrofahrzeug, Bruttolistenpreis im Zeitpunkt der Erstzulassung 40 000 €). Die einfache Entfernung beträgt 25 km.

Der monatlich zu versteuernde geldwerte Vorteil für die Fahrten zwischen Wohnung und erster Tätigkeitsstätte beträgt 300 € (25 km × 0,03 % × 40 000 €). Die Entfernungspauschale beträgt 118,50 € (0,30 € × 20 km × 15 Tage + 0,38 € × 5 km × 15 Tage).

Der Arbeitgeber kann den geldwerten Vorteil aus der unentgeltlichen Beförderung für die Fahrten zwischen Wohnung und erster Tätigkeitsstätte i.H.v. 118,50 € mit 15 % pauschal besteuern. Insoweit werden die abziehbaren Werbungskosten gekürzt. Der Differenzbetrag i.H.v. 181,50 € (300 € – 118,50 €) ist dem Bruttoarbeitslohn hinzuzurechnen und mit dem individuellen Steuersatz zu versteuern.

Die pauschal besteuerten Bezüge sind nach Maßgabe des § 4 Abs. 1 Nr. 8 LStDV im Lohnkonto aufzuzeichnen und nach § 41b Abs. 1 Satz 2 Nr. 7 EStG in der Zeile 18 der Lohnsteuerbescheinigung auszuweisen.

Zur **Anhebung der Entfernungspauschale ab dem ersten Entfernungskilometer für 2026 ff. auf 0,38 €** siehe u.a. Hinweis auf aktuelle Änderung → Rz. 4431.

Beispiel 2:

A pendelt werktags regelmäßig mit dem Zug von Stuttgart zur ersten Tätigkeitsstätte nach Karlsruhe. Der Arbeitgeber stellt A zusätzlich zum ohnehin geschuldeten Arbeitslohn eine Bahncard 100 zur Verfügung, die A auch privat uneingeschränkt nutzen darf. Die Bahncard 100 kostet 4 339 €. Der reguläre Preis einer Jahresfahrkarte auf dieser Strecke beträgt 3 000 €. Dienstreisen unternimmt A nicht; eine Pauschalbesteuerung nach § 40 Abs. 2 Satz 2 Nr. 2 EStG erfolgt nicht.

Nach § 3 Nr. 15 EStG sind 3 000 € steuerfrei (Preis einer Jahresfahrkarte für die Strecke zwischen Wohnung und erster Tätigkeitsstätte, BMF v. 15.8.2019, IV C 5 – S 2342/19/10007 :001, BStBl I 2019, 875, Rdnr. 13). Der übersteigende Betrag i.H.v. 1 400 € ist steuerpflichtig; er darf nicht nach § 40 Abs. 2 Satz 2 Nr. 1 Buchst. a EStG pauschal besteuert werden, da es sich insoweit nicht um einen Sachbezug für die Wege zwischen Wohnung und erster Tätigkeitsstätte handelt. Bleiben im Lohnsteuerabzugsverfahren die 3 000 € nach § 3 Nr. 15 EStG steuerfrei, vermindert sich insoweit die Entfernungspauschale des Arbeitnehmers im Veranlagungsverfahren.

Wird im Lohnsteuerabzugsverfahren aber auf die Steuerbefreiung des § 3 Nr. 15 EStG verzichtet und der Arbeitgeber besteuert freiwillig den Betrag von 3 000 € nach § 40 Abs. 2 Satz 2 Nr. 2 EStG pauschal mit 25 %, ist eine Kürzung der abziehbaren Entfernungspauschale im Veranlagungsverfahren sowie ein individueller Ausweis auf der Lohnsteuerbescheinigung des Arbeitnehmers **nicht** vorzunehmen (→ Rz. 4466).

(2) Zuschüsse

Der Arbeitgeber kann die Lohnsteuer für zusätzlich zum ohnehin geschuldeten Arbeitslohn gezahlte Zuschüsse zu den Aufwendungen des Arbeitnehmers für Fahrten zwischen Wohnung und erster Tätigkeitsstätte sowie Fahrten nach § 9 Abs. 1 Satz 3 Nr. 4a Satz 3 EStG (Sammelpunkt, weiträumiges Tätigkeitsgebiet), die **nicht nach § 3 Nr. 15 EStG steuerbefreit** sind, pauschal mit 15 % erheben, soweit die Zuschüsse den Betrag nicht übersteigen, den der Arbeitnehmer als Werbungskosten geltend machen könnte. Die pauschal besteuerten Zuschüsse mindern die nach § 9 Abs. 1 Satz 3 Nr. 4 Satz 2 und Abs. 2 EStG abziehbaren Werbungskosten. 4461

Beispiel 1:

A fährt in 2025 arbeitstäglich mit seinem privaten Kraftwagen die einfache Entfernung von 30 km zur ersten Tätigkeitsstätte. Der Arbeitgeber leistet für diese Fahrten zusätzlich zum ohnehin geschuldeten Arbeitslohn einen Zuschuss von 160 € pro Monat.

Zuschüsse zu Fahrtkosten mit dem eigenen Pkw fallen nicht unter § 3 Nr. 15 EStG. Der Arbeitgeber kann **im Lohnsteuerabzugsverfahren** aus Vereinfachungsgründen (→ Rz. 4454) davon ausgehen, dass die abziehbare Entfernungspauschale im Monat 147,00 € beträgt (20 km × 0,30 € × 15 Tage + 10 km × 0,38 € × 15 Tage). Der Arbeitgeber darf diese 147,00 € nach § 40 Abs. 2 Satz 2 Nr. 1 Buchst. b EStG pauschal besteuern. Weil der Zuschuss die ansetzbare Entfernungspauschale übersteigt (160 € – 147 €), erhöht dieser Betrag des Zuschusses (13 € im Monat) den (mit dem individuellen Steuersatz zu versteuernden) Bruttoarbeitslohn.

Die pauschal besteuerten Bezüge sind nach Maßgabe des § 4 Abs. 1 Nr. 8 LStDV im Lohnkonto aufzuzeichnen und nach § 41b Abs. 1 Satz 2 Nr. 7 EStG in der Zeile 18 der Lohnsteuerbescheinigung auszuweisen.

Zur **Anhebung der Entfernungspauschale ab dem ersten Entfernungskilometer für 2026 ff. auf 0,38 €** siehe u.a. Hinweis auf aktuelle Änderung → Rz. 4431.

Beispiel 2:

A soll laut seinem Arbeitsvertrag in 2025 an drei Tagen pro Woche im Home-Office und einen Tag pro Woche an der ersten Tätigkeitsstätte beruflich tätig werden. Die einfache Entfernung von 30 km zur ersten Tätigkeitsstätte legt A mit seinem privaten Kraftwagen zurück. Der Arbeitgeber leistet für diese Fahrten zusätzlich zum ohnehin geschuldeten Arbeitslohn einen Zuschuss von 150 € pro Monat.

Der Arbeitgeber kann im Lohnsteuerabzugsverfahren aus Vereinfachungsgründen bei einem Tag pro Woche beruflicher Tätigkeit an der ersten Tätigkeitsstätte (→ Rz. 4458) davon ausgehen, dass an 1/5 von 15 Tagen (= 3 Tage /Monat) Fahrten zwischen Wohnung und erster Tätigkeitsstätte oder Fahrten nach § 9 Abs. 1 Satz 3 Nr. 4a Satz 3 EStG (Sammelpunkt, weiträumiges Tätigkeitsgebiet) durchgeführt werden und die abziehbare Entfernungspauschale pro Monat somit 29,40 € beträgt (20 km × 0,30 € × 3 Tage zuzüglich 10 km × 0,38 € × 3 Tage). Der Arbeitgeber kann den Zuschuss folglich i.H.v. 29,40 € nach § 40 Abs. 2 Satz 2 Nr. 1 Buchst. b EStG mit 15 % pauschal besteuern. Der übersteigende Betrag des Zuschusses von 120,60 € pro Monat erhöht den (mit dem individuellen Steuersatz zu versteuernden) Bruttoarbeitslohn.

Die pauschal besteuerten Bezüge sind nach Maßgabe des § 4 Abs. 1 Nr. 8 LStDV im Lohnkonto aufzuzeichnen und nach § 41b Abs. 1 Satz 2 Nr. 7 EStG in der Zeile 18 der Lohnsteuerbescheinigung auszuweisen.

Zur **Anhebung der Entfernungspauschale ab dem ersten Entfernungskilometer für 2026 ff. auf 0,38 €** siehe u.a. Hinweis auf aktuelle Änderung → Rz. 4431.

ee) Angabe in der Lohnsteuerbescheinigung

4462 Damit das Finanzamt feststellen kann, ob der Arbeitnehmer steuerfreie oder pauschal besteuerte Arbeitgeberleistungen erhalten hat, ist der Arbeitgeber **gesetzlich verpflichtet**, die pauschal besteuerten Bezüge nach § 4 Abs. 1 Nr. 8 LStDV im Lohnkonto aufzuzeichnen (→ *Lohnkonto* Rz. 2878) und diese nach § 41b Abs. 1 Satz 2 Nr. 7 EStG in der Lohnsteuerbescheinigung auszuweisen (→ *Lohnsteuerbescheinigung* Rz. 2970). Gibt er diese nicht an, obwohl er steuerfreie oder pauschal besteuerte Fahrtkostenzuschüsse gezahlt hat, so haftet er nach § 42d Abs. 1 Nr. 3 EStG für die evtl. verkürzte Lohnsteuer.

ff) Zeitpunkt der Pauschalierung

4463 Die Pauschalierung nach § 40a Abs. 2 Satz 2 EStG ist **nur bis zur Ausschreibung oder Übermittlung der Lohnsteuerbescheinigung** möglich, für 2025 also bis zum 28.2. bzw. 2.3.2026 und für die Lohnsteuerbescheinigung 2026 bis zum 28.2. bzw. 1.3.2027. Das Wahlrecht des Arbeitgebers, die Lohnsteuer nach § 40 Abs. 2 Satz 2 EStG zu pauschalieren, wird im Übrigen nicht durch einen Antrag, sondern durch Anmeldung der mit einem Pauschsteuersatz erhobenen Lohnsteuer ausgeübt (BFH v. 24.9.2015, VI R 69/14, BStBl II 2016, 176, nunmehr auch § 40 Abs. 4 EStG).

gg) Berechnungsbeispiele

4464 Die Auswirkungen der Pauschalbesteuerung und des Ausschlusses des Werbungskostenabzugs sollen **an folgenden Beispielen verdeutlicht** werden:

Beispiel 1:

Arbeitnehmer A wohnt in Hameln und arbeitet in Hannover. Die Entfernung zwischen seiner Wohnung und der ersten Tätigkeitsstätte beträgt 44 km. A fährt in 2025 an 230 Tagen täglich mit dem eigenen Pkw zur Arbeit und zurück. Sein Arbeitgeber zahlt ihm einen monatlichen Fahrtkostenzuschuss von 100 €. Der Arbeitgeber wendet bei der Erhebung der Kirchensteuer die Vereinfachungsregelung an (→ *Kirchensteuer* Rz. 2722).

Der Fahrtkostenzuschuss ist grds. steuer- und beitragspflichtig.

Der Arbeitgeberzuschuss beträgt 12 × 100 €		1 200,– €
A kann als Werbungskosten geltend machen		
– 230 Tage × 20 km × 0,30 €	1 380 €	
– 230 Tage × 24 km × 0,38 €	2 097,60 €	3 477,60 €
pauschalierungsfähig ist der Arbeitgeberzuschuss, maximal der als Werbungskosten zu berücksichtigende Betrag		1 200,– €

Der Arbeitgeber kann den gesamten Zuschuss mit 15 % pauschalieren, dadurch ist der Zuschuss beitragsfrei in der Sozialversicherung. **Die Pauschalsteuer ermittelt sich wie folgt:**

Fahrtkostenzuschuss	1 200,– €
pauschale Lohnsteuer (15 % von 1 200 €)	180,– €
Solidaritätszuschlag (5,5 % von 180 €)	9,90 €
Kirchensteuer (6 % von 180 €)	10,80 €

Der Arbeitnehmer kann als Werbungskosten geltend machen:

230 Tage × 20 km × 0,30 € + 230 Tage × 24 km × 0,38 €	3 477,60 €
– pauschal versteuerter Fahrtkostenzuschuss	1 200,– €
abziehbare Werbungskosten (gerundet 2 278 €)	2 277,60 €

Zur **Anhebung der Entfernungspauschale ab dem ersten Entfernungskilometer für 2026 ff. auf 0,38 €** siehe u.a. Hinweis auf aktuelle Änderung → Rz. 4431.

Beispiel 2:

Sachverhalt wie Beispiel 1, aber sein Arbeitgeber zahlt ihm einen monatlichen Fahrtkostenzuschuss in Höhe der Entfernungspauschale.

Der Fahrtkostenzuschuss ist grds. steuer- und beitragspflichtig.

Der Arbeitgeberzuschuss beträgt 230 Tage × 20 km × 0,30 € + 230 Tage × 24 km × 0,38 €	3 477,60 €
A kann als Werbungskosten geltend machen (230 Tage × 20 km × 0,30 € + 230 Tage × 24 km × 0,38 €)	3 477,60 €
pauschalierungsfähig ist der Arbeitgeberzuschuss, maximal der als Werbungskosten zu berücksichtigende Betrag	3 477,60 €

Der Arbeitgeber kann den gesamten Zuschuss mit 15 % pauschalieren, dadurch ist der Zuschuss beitragsfrei in der Sozialversicherung. **Die Pauschalsteuer ermittelt sich wie folgt:**

Fahrtkostenzuschuss	3 477,60 €
pauschale Lohnsteuer (15 % von 3 477,60 €)	521,64 €
Solidaritätszuschlag (5,5 % von 521,64 €)	28,69 €
Kirchensteuer (6 % von 521,64 €)	31,29 €

Der Arbeitnehmer kann als Werbungskosten geltend machen:

230 Tage × 20 km × 0,30 € + 230 Tage × 24 km × 0,38 €	3 477,60 €
– pauschal versteuerter Fahrtkostenzuschuss	3 477,60 €
abziehbare Werbungskosten	0,– €

Zur **Anhebung der Entfernungspauschale ab dem ersten Entfernungskilometer für 2026 ff. auf 0,38 €** siehe u.a. Hinweis auf aktuelle Änderung → Rz. 4431.

Beispiel 3:

Sachverhalt wie Beispiel 1, aber sein Arbeitgeber zahlt ihm einen monatlichen Fahrtkostenzuschuss von 0,30 € je Kilometer, also 0,60 € je Entfernungskilometer.

Der Fahrtkostenzuschuss ist grds. steuer- und beitragspflichtig.

Der Arbeitgeberzuschuss beträgt 230 Tage × 44 Entfernungs- km × 0,60 €	6 072,– €
A kann als Werbungskosten geltend machen (230 Tage × 20 km × 0,30 € + 230 Tage × 24 km × 0,35 €)	3 477,60 €
pauschalierungsfähig ist der Arbeitgeberzuschuss, maximal der als Werbungskosten zu berücksichtigende Betrag	3 477,60 €

Der Arbeitgeber kann den Zuschuss i.H.v. 3 477,60 € (gerundet auf 3 478 €) mit 15 % pauschalieren, dadurch ist der Zuschuss in dieser Höhe beitragsfrei in der Sozialversicherung. Der restliche Zuschuss von 2 564 € ist der Regelbesteuerung zu unterwerfen und beitragspflichtig in der Sozialversicherung. Die Pauschalsteuer ermittelt sich wie im Beispiel 2.

Zur **Anhebung der Entfernungspauschale ab dem ersten Entfernungskilometer für 2026 ff. auf 0,38 €** siehe u.a. Hinweis auf aktuelle Änderung → Rz. 4431.

Beispiel 4:

Sachverhalt wie Beispiel 1, aber sein Arbeitgeber zahlt ihm einen monatlichen Fahrtkostenzuschuss von 0,30 € je Kilometer, also 0,60 € je Entfernungskilometer. A hat einen Grad der Behinderung von 70.

Der Fahrtkostenzuschuss ist grds. steuer- und beitragspflichtig.

Der Arbeitgeberzuschuss beträgt 230 Tage × 44 Entfernungs- km × 0,60 €	6 072,– €
A kann als Werbungskosten geltend machen (230 Tage × 44 Entfernungs-km × 0,60 €)	6 072,– €
pauschalierungsfähig sind	6 072,– €

Der Arbeitgeber kann den gesamten Zuschuss mit 15 % pauschalieren, dadurch ist der Zuschuss beitragsfrei in der Sozialversicherung. **Die Pauschalsteuer ermittelt sich wie folgt:**

Fahrtkostenzuschuss	6 072,– €
pauschale Lohnsteuer (15 % von 6 072 €)	910,80 €
Solidaritätszuschlag (5,5 % von 910,80 €)	50,09 €
Kirchensteuer (6 % von 910,80 €)	54,64 €

Der Arbeitnehmer kann als Werbungskosten geltend machen:

230 Tage × 44 Entfernungs- km × 0,60 €	6 072,– €
– pauschal versteuerter Fahrtkostenzuschuss	6 072,– €
abziehbare Werbungskosten	0,– €

Zur **Anhebung der Entfernungspauschale ab dem ersten Entfernungskilometer für 2026 ff. auf 0,38 €** siehe u.a. Hinweis auf aktuelle Änderung → Rz. 4431.

Beispiel 5:

Sachverhalt wie Beispiel 1, aber für „normale" bzw. übliche Fahrten zwischen Wohnung und erster Tätigkeitsstätte zahlt der Arbeitgeber keinen Fahrgeldzuschuss. Für **„Extrafahrten"** i.R. von Bereitschaftsdiensten wird aber an 50 Tagen ein Fahrtkostenzuschuss von 0,60 € pro Entfernungskilometer gezahlt.

Der Fahrtkostenzuschuss ist grds. steuer- und beitragspflichtig.

Der Arbeitgeberzuschuss beträgt 50 Tage × 44 Entfernungs- km × 0,60 €	1 320,– €
A kann als Werbungskosten nur *eine* Fahrt am Tag geltend machen (230 Tage × 20 km × 0,30 € + 230 Tage × 24 km × 0,38 €)	3 477,60 €
pauschalierungsfähig ist der Arbeitgeberzuschuss, maximal der als Werbungskosten zu berücksichtigende Betrag	1 320,– €

Der Arbeitgeber kann den gesamten Zuschuss mit 15 % pauschalieren, dadurch ist der Zuschuss beitragsfrei in der Sozialversicherung. **Die Pauschalsteuer ermittelt sich wie folgt:**

Fahrtkostenzuschuss	1 320,– €
pauschale Lohnsteuer (15 % von 1 320 €)	198,– €
Solidaritätszuschlag (5,5 % von 198 €)	10,89 €
Kirchensteuer (6 % von 198 €)	11,88 €

Der Arbeitnehmer kann als Werbungskosten geltend machen:

230 Tage × 20 km × 0,30 € + 230 Tage × 24 km × 0,38 €	3 477,60 €
– pauschal versteuerter Fahrtkostenzuschuss	1 320,– €
abziehbare Werbungskosten	2 157,60 €

Zur **Anhebung der Entfernungspauschale ab dem ersten Entfernungskilometer für 2026 ff. auf 0,38 €** siehe u.a. Hinweis auf aktuelle Änderung → Rz. 4431.

hh) Günstigerprüfung Pauschalbesteuerung oder Regelbesteuerung

4465 Durch den Ausschluss des Werbungskostenabzugs muss die Pauschalversteuerung finanziell **nicht** unbedingt **günstiger** sein als die Regelversteuerung bei gleichzeitigem Werbungskostenabzug (soweit höher als der Arbeitnehmer-Pauschbetrag).

(1) **Für den Arbeitgeber ist die Pauschalversteuerung günstiger, wenn**

- der **Arbeitnehmer die Beitragsbemessungsgrenze** in der Rentenversicherung **nicht überschreitet** und die Sozialversicherungspflicht der Fahrtkostenzuschüsse den Arbeitgeber-Anteil zur Sozialversicherung erhöhen würde **und**
- die pauschale Lohnsteuer **im Innenverhältnis auf den Arbeitnehmer abgewälzt** wird (→ *Abwälzung der pauschalen Lohnsteuer auf den Arbeitnehmer* Rz. 27).

(2) **Für den Arbeitnehmer ist die Pauschalversteuerung günstiger, wenn**

- der **Arbeitnehmer die Beitragsbemessungsgrenze** in der Rentenversicherung **nicht überschreitet** und die Sozialversicherungspflicht der Fahrtkostenzuschüsse den Arbeitnehmer-Anteil zur Sozialversicherung erhöhen würde **und**
- der Arbeitgeber die pauschale Lohnsteuer auf die Fahrtkostenzuschüsse trägt.

(3) **Für den Arbeitgeber ist die Regelversteuerung günstiger, wenn**

- der **Arbeitnehmer die Beitragsbemessungsgrenze** in der Rentenversicherung **überschreitet** und sich damit die Sozialversicherungspflicht der Zuschüsse nicht auf den Arbeitgeber-Anteil zur Sozialversicherung auswirkt **und**
- die pauschale Lohnsteuer **nicht im Innenverhältnis** auf den Arbeitnehmer **abgewälzt** werden kann.

(4) **Für den Arbeitnehmer ist die Regelversteuerung günstiger, wenn**

- der **Arbeitnehmer die Beitragsbemessungsgrenze** in der Rentenversicherung **überschreitet** und sich damit die Sozialversicherungspflicht der Zuschüsse nicht auf den Arbeitnehmer-Anteil zur Sozialversicherung auswirkt,
- der **Arbeitnehmer** durch andere Werbungskosten **den Arbeitnehmer-Pauschbetrag überschreitet** und sich die als Werbungskosten abziehbaren Aufwendungen für Fahrten zwischen Wohnung und erster Tätigkeitsstätte in der Einkommensteuer-Erklärung in **voller Höhe** auswirken und
- die pauschale Lohnsteuer **im Innenverhältnis** auf den Arbeitnehmer **abgewälzt** wird (→ *Abwälzung der pauschalen Lohnsteuer auf den Arbeitnehmer* Rz. 27).

b) Nach § 40 Abs. 2 Satz 2 Nr. 2 EStG mit 25 %

In der Praxis ist kritisiert worden, dass die Steuerbefreiung nach 4466
§ 3 Nr. 15 EStG (→ *Job-Ticket* Rz. 2617) wegen der Anrechnung auf die Entfernungspauschale weitgehend „verpufft". Gleiches gilt für die o.g. **Pauschalierung der Lohnsteuer mit 15 % nach § 40 Abs. 2 Satz 2 Nr. 1 EStG,** zumal die Arbeitgeberleistungen zusätzlich zum ohnehin geschuldeten Arbeitslohn (→ *Barlohnumwandlung* Rz. 1218) geleistet werden müssen (→ Rz. 4453).

Der Gesetzgeber hat daher i.R. des Gesetzes zur weiteren steuerlichen Förderung der Elektromobilität und zur Änderung weiterer steuerlicher Vorschriften mit Wirkung ab 1.1.2020 **in § 40 Abs. 2 Satz 2 Nr. 2 EStG hierfür eine weitere Pauschalierungsmöglichkeit mit 25 % eingeführt**, die

- an Stelle der Steuerfreiheit nach § 3 Nr. 15 EStG einheitlich für alle dort genannten Bezüge eines Kalenderjahres gewählt werden kann,
- auch für die Bezüge in Betracht kommt, die dem Arbeitnehmer nicht zusätzlich zum ohnehin geschuldeten Arbeitslohn (→ *Barlohnumwandlung* Rz. 1218) gewährt werden,
- und für die eine Minderung der nach § 9 Abs. 1 Satz 3 Nr. 4 Satz 2 und Abs. 2 EStG abziehbaren Werbungskosten (Entfernungspauschale) unterbleibt.

Nach der **Gesetzesbegründung** (BR-Drucks. 356/19) sollen mit dieser zusätzlichen Wahlmöglichkeit des Arbeitgebers zu der Steuerfreistellung nach § 3 Nr. 15 EStG Arbeitnehmer verstärkt zur Nutzung von öffentlichen Verkehrsmitteln im Linienverkehr veranlasst werden, um so die durch den motorisierten Individualverkehr entstehenden Umwelt- und Verkehrsbelastungen sowie den Energieverbrauch zu senken. Durch die neue Möglichkeit der pauschalen Besteuerung nach § 40 Abs. 2 Satz 2 Nr. 2 EStG mit 25 % bei gleichzeitigem Verzicht auf die Minderung der als Werbungskosten abziehbaren Entfernungspauschale beim Arbeitnehmer soll dem Arbeitgeber die Möglichkeit gegeben werden, die Akzeptanz von z.B. „Jobtickets" insbesondere bei solchen Arbeitnehmern zu erhöhen, die öffentliche Verkehrsmittel ggf. auf Grund ihres Wohnortes oder der Tätigkeitsstätte im ländlichen Bereich gar nicht oder nur sehr eingeschränkt nutzen können. Mit dieser Pauschalbesteuerungsmöglichkeit – 25 % ohne Anrechnung auf die Entfernungspauschale – wird den Arbeitgebern eine einfache steuerliche Lösung an die Hand gegeben, um z.B. „Jobtickets" auch in solchen Fällen ganzen Arbeitnehmergruppen oder allen seinen Arbeitnehmern zur Verfügung zu stellen; denn bei dieser steuerlichen Lösung entsteht keinem Arbeitnehmer durch die unentgeltliche Gewährung z.B. eines „Jobtickets" – welches er nicht oder nur sehr eingeschränkt nutzen kann – ein steuerlicher Nachteil.

Infolge des Verzichts auf die Minderung des Werbungskostenabzugs in Form der Entfernungspauschale beim Arbeitnehmer müssen die pauschal besteuerten Bezüge auch **nicht in der elektronischen Lohnsteuerbescheinigung übermittelt werden**. Eine individuelle Zuordnung zum einzelnen Arbeitnehmer ist daher ebenfalls nicht erforderlich. Durch die neue pauschale Besteuerungsmöglichkeit kann der Arbeitgeber somit auch seinen administrativen Aufwand verringern.

Die Pauschalbesteuerungsmöglichkeit mit 25 % soll zudem auch für die in § 3 Nr. 15 EStG genannten Bezüge gelten, die **nicht zusätzlich zum ohnehin geschuldeten Arbeitslohn** (→ *Barlohnumwandlung* Rz. 1218) **erbracht werden** und deshalb die Voraussetzungen für die Steuerfreistellung nach § 3 Nr. 15 EStG nicht erfüllen. Auch in diesen Fällen kann die Pauschalbesteuerung ohne Anrechnung auf die Entfernungspauschale ein Anreiz sein, um die Arbeitnehmer zum Umstieg vom Individualverkehr auf öffentliche Verkehrsmittel zu bewegen.

Für mittels **Entgeltumwandlung** finanzierte Bezüge im Zusammenhang mit der Nutzung öffentlicher Verkehrsmittel für Fahrten zwischen Wohnung und erster Tätigkeitsstätte oder Fahrtstrecken nach § 9 Abs. 1 Satz 3 Nr. 4a Satz 3 EStG kann der **Arbeitgeber** nunmehr **wählen**

- zwischen der Pauschalbesteuerung nach § 40 Abs. 2 Satz 2 Nr. 1 EStG, d.h. einem Pauschalsteuersatz von 15 % **mit Anrechnung auf die Entfernungspauschale**
- oder der Pauschalbesteuerung nach § 40 Abs. 2 Satz 2 Nr. 2 EStG, d.h. einem Pauschalsteuersatz von 25 % **ohne Minderung der Entfernungspauschale**.

Wählt der Arbeitgeber die Pauschalbesteuerungsmöglichkeit mit 25 % ohne Anrechnung auf die Entfernungspauschale, ist die Pauschalbesteuerung einheitlich für alle in § 3 Nr. 15 EStG genannten Bezüge anzuwenden, die der Arbeitgeber dem Arbeitnehmer innerhalb eines Kalenderjahres gewährt.

Bei der Bemessung des pauschalen Steuersatzes mit 25 % wurde berücksichtigt, dass die Pauschalbesteuerung einerseits mit der Steuerfreistellung nach § 3 Nr. 15 EStG korrespondiert, andererseits aber zu einem Verzicht auf die Minderung der als Werbungskosten abziehbaren Entfernungspauschale führen soll.

Bemessungsgrundlage sind in den Fällen des neuen § 40 Abs. 2 Satz 2 Nr. 2 EStG die Aufwendungen des Arbeitgebers einschließlich Umsatzsteuer. Eine Bewertung der Sachbezüge nach den allgemeinen Grundsätzen, die insbesondere dann problematisch ist, wenn der Arbeitgeber die Sachbezüge für eine Vielzahl von Arbeitnehmern im Paket zu einem Pauschalpreis erwirbt und es an Kriterien für eine individuelle Wertermittlung des einzelnen Sachbezugs fehlt, ist damit in den Fällen der neuen Nr. 2 entbehrlich.

Beispiel:

Arbeitgeber A schließt mit einem regionalen Verkehrsträger einen Vertrag, wonach alle 100 Arbeitnehmer eine Fahrberechtigung für den gesamten Verkehrsverbund erhalten können. Hierfür zahlt A 80 000 € (einschließlich Umsatzsteuer) an den Verkehrsträger (pro Arbeitnehmer pauschal 800 €).

Die Überlassung der Fahrberechtigung ist nach § 3 Nr. 15 EStG steuerfrei, da es sich um eine Fahrberechtigung für den öffentlichen Personennahverkehr handelt (BMF v. 15.8.2019, IV C 5 – S 2342/19/10007 :001, BStBl I 2019, 875, Rdnr. 8; diese Rdnr. 8 wurde ergänzt durch BMF v. 7.11.2023, IV C 5 – S 2342/19/10007 :009, BStBl I 2023, 1969).

A kann bei jedem Arbeitnehmer, der die Fahrberechtigung annimmt (zum möglichen Nutzungsverzicht vgl. BMF v. 15.8.2019, IV C 5 – S 2342/19/10007 :001, BStBl I 2019, 875, Rdnr. 38), an Stelle der Steuerbefreiung nach § 3 Nr. 15 EStG den geldwerten Vorteil aus der Überlassung der unentgeltlichen Fahrberechtigung nach § 40 Abs. 2 Satz 2 Nr. 2 EStG auch mit 25 % pauschal besteuern. Eine Kürzung der abziehbaren Entfernungspauschale sowie ein individueller Ausweis auf der Lohnsteuerbescheinigung ist bei diesen Arbeitnehmern nicht vorzunehmen. Die pauschal besteuerten Bezüge sind nach § 4 Abs. 1 Nr. 8 LStDV im Lohnkonto aufzuzeichnen (→ *Lohnkonto* Rz. 2878).

c) Sozialversicherung

4467 Die Pauschalbesteuerungstatbestände des § 40 Abs. 2 EStG unterliegen nicht der Beitragspflicht in der Sozialversicherung (vgl. § 1 Abs. 1 Satz 1 Nr. 3 SvE).

Die Regelung kann **auch** bei **Grenzgängern** angewandt werden, wenn der Arbeitgeber üblicherweise den Ersatz von Fahrtkosten bzw. Zuschüssen zu den Aufwendungen unter den o.a. Voraussetzungen pauschal versteuert und auf Grund eines DBA eine Pauschalversteuerung nicht erfolgen kann (vgl. Besprechungsergebnis der Spitzenverbände der Sozialversicherungsträger v. 28./29.3.1990).

11. Gestellung eines Firmenfahrzeugs

4468 Überlässt der Arbeitgeber oder auf Grund des Dienstverhältnisses ein Dritter dem Arbeitnehmer ein Kraftfahrzeug unentgeltlich für Fahrten zwischen Wohnung und erster Tätigkeitsstätte, ist dieser **geldwerte Vorteil als steuerpflichtiger Arbeitslohn** zu erfassen (R 8.1 Abs. 9 LStR). Zusätzlich ist ggf. die Fahrergestellung zu erfassen (R 8.1 Abs. 10 LStR). Einzelheiten → *Firmenwagen zur privaten Nutzung* Rz. 2121.

12. Aufzeichnungs- und Bescheinigungspflichten

4469 Der Arbeitgeber hat im **Lohnkonto** sowie in der **Lohnsteuerbescheinigung** (Zeilen 17 und 18) steuerfreie sowie nach § 40 Abs. 2 Satz 2 Nr. 1 EStG mit 15 % pauschal versteuerte Arbeitgeberleistungen für Wege zwischen Wohnung und erster Tätigkeitsstätte anzugeben, **nicht** jedoch die nach § 40 Abs. 2 Satz 2 Nr. 2 EStG mit 25 % pauschal versteuerten Arbeitgeberleistungen.

Einzelheiten → *Lohnkonto* Rz. 2865 sowie → *Lohnsteuerbescheinigung* Rz. 2969 sowie → *Lohnsteuerbescheinigung* Rz. 2970.

13. Verfassungsrechtliche Bedenken

4470 Die aus umwelt-, verkehrs- und finanzpolitischen Erwägungen vorgenommene Beschränkung des Werbungskostenabzugs für Fahrten mit einem Pkw zwischen Wohnung und erster Tätigkeitsstätte auf relativ geringe Pauschalen wird zwar immer wieder heftig kritisiert, ist aber bisher vom **BVerfG und BFH bestätigt** worden (zuletzt BVerfG v. 9.12.2008, 2 BvL 1/07 u.a., HFR 2009, 180 sowie zum ab 2014 geänderten steuerlichen Reisekostenrecht z.B. BFH v. 4.4.2019, VI R 27/17, BStBl II 2019, 536 betr. Polizeibeamte im Einsatz- und Streifendienst). Hieran habe sich für den Grundfall der immer wiederkehrenden Fahrten zu einer ersten Tätigkeitsstätte – so der BFH – mit der Neuregelung des steuerlichen Reisekostenrechts ab 2014 nichts geändert. Denn auch insoweit gelte generalisierend und typisierend der Regelfall, dass sich der Arbeitnehmer in unterschiedlicher Weise auf die immer gleichen Wege einstellen und so auf eine Minderung der Wegekosten hinwirken kann.

Im Übrigen hat das BVerfG in dem o.g. Urteil deutlich gemacht, dass der **Gesetzgeber einen weiten Gestaltungsspielraum** hat, zumal die Wege zur Arbeit – so ausdrücklich das Gericht – immer auch privat mitveranlasst sind. Hiernach muss wohl auch die Höhe der Entfernungspauschale von zz. 0,30 € für die ersten 20 Entfernungskilometer (Kilometer-Satz also nur 0,15 €/km) trotz der in den letzten Jahren drastisch gestiegenen Benzinpreise als verfassungsgemäß angesehen werden.

Der **BFH** hat entschieden, dass es auch **keinen verfassungsrechtlichen Bedenken begegnet**, dass durch die Entfernungspauschale sämtliche gewöhnlichen wie außergewöhnlichen Aufwendungen für Fahrten zwischen Wohnung und erster Tätigkeitsstätte abgegolten werden. Insbesondere ist in dem Umstand, dass der Gesetzgeber **Benutzer öffentlicher Verkehrsmittel** von der abzugsbeschränkenden Wirkung der Entfernungspauschale ausgenommen hat, kein Verstoß gegen den allgemeinen Gleichheitssatz (Art. 3 Abs. 1 GG) zu erblicken (BFH v. 15.11.2016, VI R 4/15, BStBl II 2017, 228).

Zur jüngsten Entscheidung hinsichtlich der ab 2021 differenzierten Entfernungspauschale → Rz. 4431.

14. Mobilitätsprämie

a) Allgemeines

Im Rahmen des Steuerentlastungsgesetzes 2022 v. 23.5.2022, BStBl I 2022, 662, ist die bereits für die Jahre 2024 bis 2026 festgelegte Erhöhung der Entfernungspauschale ab dem 21. Entfernungskilometer um 3 Cent auf 0,38 € je vollen Entfernungskilometer vorgezogen und auf die Jahre 2022 und 2023 ausgedehnt worden. 4471

Die Erhöhung der Entfernungspauschale wirkt über § 101 EStG auch auf die Mobilitätsprämie aus.

Stpfl., die einen langen Arbeitsweg von 21 km oder mehr zurücklegen müssen, besonders in ländlichen Räumen, können oftmals nicht auf ein ausgebautes Netz des öffentlichen Personenverkehrs zurückgreifen und sind typischerweise auf einen Pkw angewiesen (**Fernpendler**). Darüber hinaus stehen ihnen regelmäßig andere Alternativen zum Pkw mit Verbrennungsmotor in den kommenden Jahren nicht zur Verfügung. Sie werden durch die CO_2-Bepreisung, die zu höheren Pkw-Kosten führt, besonders belastet.

Nach den §§ 101 bis 109 EStG, können Arbeitnehmer, die mit ihrem zu versteuernden Einkommen innerhalb des Grundfreibetrags liegen, alternativ zu den erhöhten Entfernungspauschalen von 35 Cent (für 2021) bzw. 38 Cent (ab 2022) ab dem 21. Entfernungskilometer eine Mobilitätsprämie i.H.v. 14 % dieser erhöhten Pauschale wählen. Hierdurch sollen auch diejenigen Arbeitnehmer entlastet werden, bei denen ein höherer Werbungskostenabzug infolge der erhöhten Entfernungspauschalen zu keiner entsprechenden steuerlichen Entlastung führt (s. zur Begründung BR-Drucks. 514/19 betr. den Gesetzentwurf der Bundesregierung).

Hinweis: Das Steueränderungsgesetz 2025 sieht die Anhebung der Entfernungspauschale ab dem ersten Entfernungskilometer für 2026 auf 0,38 € für alle Stpfl. und die Aufhebung der zeitlichen Befristung der Mobilitätsprämie vor. Das Gesetzgebungsverfahren war zum Zeitpunkt des Redaktionsschlusses noch nicht endgültig abgeschlossen. Sollten sich Änderungen ergeben, unterrichten wir Sie hierzu über unseren Online-Aktualisierungsdienst (s. Benutzerhinweis S. IV).

b) Verfahren

Anders als ursprünglich vorgesehen (gesondertes Antragsverfahren) ist nach dem durch das JStG 2020 geänderten § 105 EStG die Mobilitätsprämie nach Ablauf des Kalenderjahres i.R. einer **Einkommensteuerveranlagung festzusetzen**. Eine Festsetzung er- 4472 folgt nur, wenn die Mobilitätsprämie mindestens 10 € beträgt. Die festgesetzte Mobilitätsprämie mindert die festgesetzte Einkommensteuer im Wege der Anrechnung. Sie gilt insoweit als Steuervergütung. Die Auszahlung erfolgt aus den Einnahmen an Einkommensteuer (§ 105 Abs. 1 EStG).

Besteht das Einkommen ganz oder teilweise aus Einkünften aus nichtselbständiger Arbeit, die dem Steuerabzug unterlegen haben, gilt der Antrag auf Mobilitätsprämie zugleich als ein Antrag auf Einkommensteuerveranlagung. Besteht nach § 46 EStG keine Pflicht zur Durchführung einer Veranlagung und wird keine Veranlagung, insbesondere zur Anrechnung von Lohnsteuer auf die Einkommensteuer nach § 46 Abs. 2 Nr. 8 EStG beantragt, ist für die Festsetzung der Mobilitätsprämie die i.R. der Einkommensteuerveranlagung festgesetzte Einkommensteuer, die sich auf Grund des Antrags auf Mobilitätsprämie ergibt, mit Null Euro anzusetzen. Auch in den Fällen des § 25 EStG (Steuererklärungspflicht) gilt, ungeachtet des § 56 Satz 1 EStDV (Steuererklärungspflicht), der Antrag auf Mobilitätsprämie zugleich als Abgabe einer Einkommensteuererklärung.

Durch § 105 Abs. 2 EStG wird sichergestellt, dass in den Fällen, in denen keine Pflichtveranlagung durchzuführen ist, die Einkommensteuer i.R. der Festsetzung der Mobilitätsprämie auch dann mit Null Euro angesetzt wird, wenn sich im Einzelfall eine positive Einkommensteuer ergeben würde. Dies gilt insbesondere in den Fällen, in denen das zu versteuernde Einkommen geringfügig unter dem Grundfreibetrag liegt und sich z.B. durch Lohnersatzleistungen bis zur Pflichtveranlagungsgrenze von 410 € eine festzusetzende Einkommensteuer von mehr als Null Euro ergeben würde.

c) Höhe der Mobilitätsprämie

4473 Bemessungsgrundlage für die Mobilitätsprämie sind grds. die erhöhten Entfernungspauschalen von 35 Cent bzw. 38 Cent ab dem 21. Entfernungskilometer (§ 101 ESt). Bei Arbeitnehmern gilt dies infolge des Arbeitnehmer-Pauschbetrags nach § 9a Satz 1 Nr. 1 Buchst. a EStG nur, soweit durch die erhöhten Entfernungspauschalen von 35 Cent bzw. 38 Cent ab dem 21. Entfernungskilometer zusammen mit den übrigen Werbungskosten, die im Zusammenhang mit den Einnahmen aus nichtselbständiger Arbeit stehen, dieser Pauschbetrag überschritten wird.

Beispiel 1:

Der Arbeitnehmer fährt im Jahr 2025 an 150 Tagen zwischen Wohnung und erster Tätigkeitsstätte. Die einfache Entfernung beträgt 40 Kilometer. Seine übrigen Werbungskosten betragen 500 €.

Die **Entfernungspauschale** für die ersten 20 Entfernungskilometer beträgt 900 € (150 Tage × 20 km × 0,30 €).

Die **erhöhte Entfernungspauschale** (ab dem 21. km), die der Arbeitnehmer beanspruchen könnte, beträgt 1 140 € (150 Tage × 20 km × 0,38 €).

Die Werbungskosten insgesamt betragen 500 € + 900 € + 1 140 € = 2 540 €. Der Arbeitnehmer-Pauschbetrag von 1 230 € wird somit um 1 320 € überschritten. Die erhöhte Entfernungspauschale (ab dem 21. km) beträgt 1 050 €. Bemessungsgrundlage für die Mobilitätsprämie ist somit 1 050 €.

Die Mobilitätsprämie beträgt 147 € (1 050 € × 14 %).

Der **Werbungskostenabzug** beträgt in diesem Fall 1 400 € (500 € für sonstige Werbungskosten zzgl. 900 € Entfernungspauschale für die ersten 20 Kilometer).

Beispiel 2:

Wie Beispiel 1, die sonstigen Werbungskosten betragen 0 €.

Die Werbungskosten insgesamt betragen 900 € + 1 140 € = 2 040 €.

Der Arbeitnehmer-Pauschbetrag von 1 230 € wird um 810 € überschritten. Die erhöhte Entfernungspauschale (ab dem 21. km) beträgt 1 140 €.

Als Bemessungsgrundlage für die Mobilitätsprämie können in diesem Fall die erhöhten Entfernungspauschalen nur insoweit berücksichtigt werden, als sie den Arbeitnehmer-Pauschbetrag übersteigen, also 810 €.

Die **Mobilitätsprämie** beträgt 113,40 € (810 € × 14 %).

Der **Werbungskostenabzug** beträgt 1 230 € (900 € Entfernungspauschale für die ersten 20 km, mindestens jedoch der Arbeitnehmer-Pauschbetrag i.H.v. 1 230 €).

Zur **Anhebung der Entfernungspauschale ab dem ersten Entfernungskilometer für 2026 ff. auf 0,38 €** siehe u.a. Hinweis auf aktuelle Änderung → Rz. 4431.

Nach § 109 EStG ist die Bundesregierung ermächtigt, bei Bedarf durch Rechtsverordnung mit Zustimmung des Bundesrates das Verfahren bei der Festsetzung und der Auszahlung der Mobilitätsprämie näher zu regeln.

Wehrdienst

→ *Werbungskosten* Rz. 4592

Weihnachtsfeier

→ *Betriebsveranstaltungen* Rz. 1427

Weihnachtsgratifikation

1. Arbeitsrecht

Die Weihnachtsgratifikation bzw. das Weihnachtsgeld (→ *Gratifikationen* Rz. 2389) gehört grds. zu den freiwilligen zusätzlichen Arbeitgeberleistungen, d.h., es besteht nicht ohne Weiteres ein Rechtsanspruch des Arbeitnehmers auf diese Leistung. 4474

Ein **Rechtsanspruch** des Arbeitnehmers ergibt sich vielmehr erst aus

- einer entsprechenden einzelvertraglichen Vereinbarung,
- einer tarifvertraglichen Regelung nach einem anwendbaren Tarifvertrag,
- einer Betriebsvereinbarung,
- einer betrieblichen Übung oder
- aus dem Gleichbehandlungsgrundsatz.

Ein einzelvertraglicher Gratifikationsanspruch hat grds. nach dem Günstigkeitsprinzip Vorrang gegenüber den Regelungen einer Betriebsvereinbarung, es sei denn, es ist ein gegenteiliger Vorbehalt vereinbart (BAG v. 5.8.2009, 10 AZR 483/08).

Aus Zahlungen des Arbeitgebers unter **Freiwilligkeitsvorbehalt** (z.B. bei den jeweiligen Zahlungen oder durch Aushang) ergibt sich im Übrigen kein Rechtsanspruch auf zukünftige Leistungen; der Arbeitgeber bleibt mit anderen Worten in dem betreffenden Jahr bis zur Auszahlung in seiner Entscheidung darüber frei, ob er das Weihnachtsgeld zahlt oder nicht, ggf. in welcher möglicherweise gekürzten Höhe (vgl. BAG v. 5.6.1996, 10 AZR 883/95; BAG v. 21.1.2009, 10 AZR 219/08; LAG Rheinland-Pfalz v. 21.1.2021, 5 Sa 203/20). Insoweit dürfen Arbeitnehmer in Elternzeit ohne Gleichbehandlungsverstoß ausgenommen werden (BAG v. 12.1.2000, 10 AZR 840/98). Der Freiwilligkeitsvorbehalt berechtigt den Arbeitgeber auch zur Kürzung wegen Krankheitszeiten unter Beachtung der Grenzen nach § 4a EFZG (BAG v. 7.8.2002, 10 AZR 709/01) und ist auch unter dem Gesichtspunkt der **AGB-Kontrolle** wirksam (BAG v. 30.7.2008, 10 AZR 606/07). Zu beachten ist aber, dass eine ausdrückliche Zusage der Weihnachtsgeldzahlung nicht in derselben oder einer anderen Vertragsklausel an einen Freiwilligkeitsvorbehalt gebunden werden darf; eine derartig widersprüchliche Vereinbarung hält der AGB-Kontrolle nicht stand (BAG v. 10.12.2008, 10 AZR 1/08; BAG v. 20.1.2010, 10 AZR 914/08). Auch eine Verknüpfung von Freiwilligkeitsvorbehalt und Widerrufsvorbehalt in einem Arbeitsvertrag ist wegen **Intransparenz** unwirksam; denn für den Arbeitnehmer ist nicht hinreichend deutlich, dass trotz mehrfacher, ohne weitere Vorbehalte erfolgender Sonderzahlungen ein Rechtsbindungswille des Arbeitgebers für die Zukunft ausgeschlossen bleiben soll (z.B. zuletzt BAG v. 8.12.2010, 10 AZR 671/09). Wird z.B. die Zahlung einer Gratifikation im Arbeitsvertrag als „freiwillige Leistung" bezeichnet, so genügt dieser Hinweis für sich genommen nicht, um einen Anspruch auf die Leistung auszuschließen (BAG v. 17.4.2013, 10 AZR 281/12; BAG v. 20.2.2013, 10 AZR 177/12). Behält sich der Arbeitgeber ein **einseitiges Leistungsbestimmungsrecht** zur Entscheidung über die Höhe einer jährlichen Zuwendung vor, hält dies der AGB-Kontrolle nach §§ 305 ff. BGB regelmäßig stand, insbesondere wenn es sich um eine Gratifikation handelt, die nach dem Arbeitsvertrag keinen Entgeltcharakter hat; in derartigen Fällen findet § 315 BGB Anwendung: Die jährlich vom Arbeitgeber zu treffende Leistungsbestimmung muss billigem Ermessen entsprechen (BAG v. 16.1.2013, 10 AZR 26/12).

Der AGB-Kontrolle stand hält des Weiteren auch die Vereinbarung eines **Widerrufsvorbehalts** für den „Fall der wirtschaftlichen Notlage" (BAG v. 24.1.2017, 1 AZR 774/14). Die Klausel ist nicht intransparent, da sie den Grad der wirtschaftlichen Störung, die einen Widerruf ermöglichen soll, hinreichend konkretisiert. Hinreichend klar stipuliert die Klausel zudem, dass es sich um eine wirtschaftliche Notlage des Arbeitgebers – und nicht etwa der

Gesellschafter oder des gesamten Konzerns – handeln müsse. Zudem greift der Widerruf des zugesagten Weihnachtsgeldes nicht unzulässig in das Gegenseitigkeitsverhältnis des Arbeitsverhältnisses ein, sofern der widerrufliche Teil der Leistung bis zu 30 % des Gesamtverdienstes ausmache.

Dient eine Sonderzuwendung nicht der Vergütung geleisteter Arbeit und knüpft sie nur an den Bestand des Arbeitsverhältnisses an, stellt es i.S. der AGB-Kontrolle keine unangemessene Benachteiligung gem. § 307 BGB dar, wenn der ungekündigte Bestand des Arbeitsverhältnisses zum Auszahlungstag als Anspruchsvoraussetzung bestimmt wird (BAG v. 18.1.2012, 10 AZR 667/10). Umgekehrt kann eine Sonderzahlung, die auch **Gegenleistung für** im gesamten Kalenderjahr **laufend erbrachte Arbeit** darstellt, in Allgemeinen Geschäftsbedingungen regelmäßig nicht vom Bestand des Arbeitsverhältnisses am Stichtag 31. Dezember des betreffenden Jahres abhängig gemacht werden (BAG v. 13.11.2013, 10 AZR 848/12). Vielmehr kann eine Sonderzahlung, die (auch) Vergütung für bereits erbrachte Arbeitsleistung darstellt, nicht vom ungekündigten Bestand des Arbeitsverhältnisses zu einem Zeitpunkt innerhalb oder außerhalb des Jahres abhängig gemacht werden, in dem die Arbeitsleistung erbracht wurde. Bei unterjährigem Ausscheiden aus dem Arbeitsverhältnis ergibt sich zum Fälligkeitszeitpunkt ein zeitanteiliger Anspruch auf die Sonderzahlung (BAG v. 13.5.2015, 10 AZR 266/14).

Nimmt **andererseits** der Arbeitnehmer mit Anspruch auf Gratifikation nach betrieblicher Übung mindestens **dreijährig nachträgliche Freiwilligkeitsvorbehalte** des Arbeitgebers mit unmissverständlicher Erklärung zur Beendigung der bisherigen Übung vorbehaltlos hin, so ändert sich der Gratifikationsanspruch entsprechend (BAG v. 26.3.1997, 10 AZR 612/96; BAG v. 4.5.1999, 10 AZR 290/98). Nach **der Rechtsprechung** des BAG (BAG v. 18.3.2009, 10 AZR 281/08; BAG v. 25.11.2009, 10 AZR 779/08) ist allerdings unter dem Gesichtspunkt der **AGB-Kontrolle** eine entsprechende vorherige Vereinbarung der Parteien und ein klarer und transparenter Hinweis erforderlich, so dass im Ergebnis eine gegenläufige betriebliche Übung nicht mehr wirksam praktizierbar erscheint.

Zulässig sind auch sog. **Rückzahlungsklauseln** hinsichtlich des gezahlten Weihnachtsgeldes für den Fall, dass der Arbeitnehmer vor einem bestimmten Zeitpunkt nach Bezug des Weihnachtsgeldes aus dem Arbeitsverhältnis ausscheidet, vorausgesetzt, eine solche Rückzahlungsklausel ist in der Weihnachtsgeldregelung festgelegt. Der Rückzahlungsanspruch des Arbeitgebers richtet sich grds. auf den **Bruttobetrag** der Gratifikation (BAG v. 15.3.2000, 10 AZR 101/99; BAG v. 5.4.2000, 10 AZR 257/99). Der Anspruch auf eine jährliche Sonderzahlung kann in Tarifverträgen vom Bestand des Arbeitsverhältnisses zu einem Stichtag außerhalb des Bezugszeitraums im Folgejahr abhängig gemacht werden (BAG v. 27.6.2018, 10 AZR 290/17). Die tarifliche Rückzahlungsregelung verstößt nicht gegen höherrangiges Recht, insbesondere nicht gegen Art. 3 Abs. 1 und Art. 12 Abs. 1 GG. Zwar greift die tarifliche Rückzahlungsregelung in die Berufsfreiheit der Arbeitnehmer ein, der Eingriff ist aber noch verhältnismäßig. Den Tarifvertragsparteien steht auf Grund der durch Art. 9 Abs. 3 GG geschützten Tarifautonomie ein weiter Gestaltungsspielraum im Sinne einer Einschätzungsprärogative zu, die neben der Beurteilung der tatsächlichen Gegebenheiten, der betroffenen Interessen auch einen Beurteilungs- und Ermessensspielraum bei der inhaltlichen Gestaltung der Regelung umfasst. Die Tarifvertragsparteien sind nicht verpflichtet, die zweckmäßigste, vernünftigste oder gerechteste Lösung zu wählen. Ausreichend ist, wenn es für die im Tarifvertrag getroffene Regelung einen sachlichen Grund gibt. Diese Bewertung ist anders als bei individuellen Arbeitsvertragsbedingungen, die der Inhaltskontrolle nach § 307 Abs. 1 BGB zu unterziehen sind.

Rückzahlungsklauseln sind demnach auch nicht unbegrenzt zulässig. Nach der Rechtsprechung sind **folgende Zeitgrenzen zu beachten:**

- Bei einer Gratifikation jedenfalls bis zu 100 € ist eine Rückzahlungsklausel unwirksam (Bagatellgrenze);
- Gratifikationen von 100 € bis zu einem vollen Monatsbezug lassen eine Rückzahlungsklausel mit Bindung bis zum 31. März des Folgejahrs zu; Ausscheiden zum 31. März muss möglich bleiben (BAG v. 9.6.1993, 10 AZR 529/92);
- Gratifikationen von einem vollen Monatsbezug und mehr erlauben eine Bindung bis zum 30. Juni des Folgejahrs;
- Eine Bindung über den 30. Juni des Folgejahrs hinaus ist unzulässig.

Die Weihnachtsgratifikation ist regelmäßig als Sonderzahlung eine Arbeitsvergütung für geleistete Arbeit und demnach der Kürzung nach § 4a EFZG nicht zugänglich. Sie ist jedoch – ohne gesonderte ausdrückliche arbeitsvertragliche Vereinbarung – für die Zeiten zu kürzen, in denen infolge Arbeitsunfähigkeit kein Entgeltfortzahlungsanspruch bestand (LAG Niedersachsen v. 7.1.2019, 7 Sa 490/18).

2. Lohnsteuer und Sozialversicherung

Erhält der Arbeitnehmer im Zusammenhang mit dem Weihnachtsfest eine Gratifikation (Weihnachtsgeld), so gehört diese zum steuer- und beitragspflichtigen Arbeitslohn. 4475

LSt SV

Beim Weihnachtsgeld handelt es sich lohnsteuerlich um einen **sonstigen Bezug** (→ *Sonstige Bezüge* Rz. 3936) und sozialversicherungsrechtlich um eine Einmalzahlung (→ *Einmalzahlungen* Rz. 1793).

Muss das Weihnachtsgeld zurückgezahlt werden, so handelt es sich bei der **Rückzahlung um negativen Arbeitslohn** (→ *Rückzahlung von Arbeitslohn* Rz. 3779).

Das Weihnachtsgeld gehört lohnsteuerlich zu den sonstigen Bezügen (R 39b.2 Abs. 2. 7. Spiegelstrich LStR). Die Lohnsteuer ist daher stets in dem Zeitpunkt einzubehalten, in dem der sonstige Bezug **zufließt**. Dabei sind die Lohnsteuerabzugsmerkmale zu Grunde zu legen, die für den Tag des Zuflusses gelten. Die Lohnsteuer für den sonstigen Bezug wird in der Weise ermittelt, dass die Lohnsteuer des voraussichtlichen Jahresarbeitslohns mit und ohne sonstigen Bezug ermittelt wird. Die Differenz ist die Lohnsteuer auf den sonstigen Bezug (im Einzelnen → *Sonstige Bezüge* Rz. 3936).

Soweit der Arbeitgeber für den Arbeitnehmer einen Lohnsteuer-Jahresausgleich durchführen darf, ist dies nach R 42b Abs. 3 LStR schon bei der Lohnabrechnung für Dezember möglich (→ *Lohnsteuer-Jahresausgleich durch den Arbeitgeber* Rz. 3015). Der Arbeitgeber kann also bei der Dezember-Abrechnung in einer Berechnung sowohl das Weihnachtsgeld als auch den **Lohnsteuer-Jahresausgleich** berücksichtigen.

Soweit dies arbeitsrechtlich zulässig ist, kann der Arbeitgeber die Weihnachtsgratifikation nicht als Geldbetrag auszahlen, sondern in anderer, steuermindernder Form, z.B. als Sachbezug, um den Rabattfreibetrag von 1 080 € auszuschöpfen (→ *Rabatte* Rz. 3529), oder als Direktversicherungsbeitrag, um die Steuerfreiheit oder die Lohnsteuerpauschalierung von 20 % zu nutzen (→ *Zukunftssicherung: Betriebliche Altersversorgung* Rz. 4653).

3. Weihnachtsgeldabrechnung

Die Ermittlung der Lohnsteuer und der Sozialversicherungsbeiträge für das Weihnachtsgeld soll anhand des nachfolgenden Beispiels erläutert werden: 4476

Beispiel:

Ein Arbeitnehmer (Steuerklasse III, keine Kinder, 22 Jahre) in Hannover erhält im Dezember 2025 neben seinem Monatslohn von 6 000 € ein Weihnachtsgeld von 6 000 €. Der Arbeitnehmer hat darüber hinaus im Juli 2025 ein Urlaubsgeld von 6 000 € erhalten.

Die Lohnabrechnung für Dezember 2025 sieht wie folgt aus:

Monatslohn	6 000,– €
+ Weihnachtsgeld	6 000,– €
+ Zuschuss zur Krankenversicherung	435,49 €
+ Zuschuss zur Pflegeversicherung	99,23 €
= Bruttobezüge	12 534,72 €
– Lohnsteuer (aus 12 000 €)	2 267,83 €
– Solidaritätszuschlag	0,– €
– Kirchensteuer	204,10 €
– Krankenversicherung (Arbeitnehmer- und Arbeitgeber-Anteil)	870,98 €
– Pflegeversicherung (Arbeitnehmer- und Arbeitgeber-Anteil)	198,46 €
– Arbeitnehmer-Anteil Rentenversicherung	1 116,– €
– Arbeitnehmer-Anteil Arbeitslosenversicherung	156,– €
Nettobetrag	**7 721,35 €**

1. Berechnung der Lohnsteuer

a) Laufender Arbeitslohn

Monatslohn	6 000,– €
Lohnsteuer laut Monatstabelle (III/0)	665,83 €
Solidaritätszuschlag (5,5 %)	0,– €
Kirchensteuer (9 %)	59,92 €

b) Weihnachtsgeld

voraussichtlicher Jahresarbeitslohn

Jahresarbeitslohn **ohne sonstigen Bezug** (12 × 6 000 € + Urlaubsgeld 6 000 €)	**78 000,– €**
+ Weihnachtsgeld	6 000,– €
= Jahresarbeitslohn **mit sonstigem Bezug**	**84 000,– €**
Lohnsteuer (III/0) von 84 000 €	11 144,– €
– Lohnsteuer (III/0) von 78 000 €	9 542,– €
= Lohnsteuer auf den sonstigen Bezug	1 602,– €
Solidaritätszuschlag (→ *Sonstige Bezüge* Rz. 3955)	0,– €
Kirchensteuer (9 % von 1602 €)	144,18 €

c) Dezember insgesamt

Lohnsteuer auf den laufenden Arbeitslohn	665,83 €
Lohnsteuer auf das Weihnachtsgeld	1 602,– €
= Lohnsteuer insgesamt für Dezember	2 267,83 €
Solidaritätszuschlag auf den laufenden Arbeitslohn	0,– €
Solidaritätszuschlag auf das Weihnachtsgeld	0,– €
= Solidaritätszuschlag insgesamt für Dezember	0,– €
Kirchensteuer auf den laufenden Arbeitslohn	59,92 €
Kirchensteuer auf das Weihnachtsgeld	144,18 €
= Kirchensteuer insgesamt für Dezember	204,10 €

2. Berechnung der Sozialversicherungsbeiträge (2025)

a) Kranken- und Pflegeversicherung

Das Jahresarbeitsentgelt des Arbeitnehmers übersteigt sowohl die Beitragsbemessungsgrenze von 66 150 € als auch die Jahresarbeitsentgeltgrenze von 73 800 €. Daher ist der Arbeitnehmer nicht kranken- und pflegeversicherungspflichtig.

Krankenversicherung		
14,6 % von 5 512,50 € zuzüglich kassenindividueller Zusatzbeitrag zur Krankenversicherung (1,2 % [angenommener Wert])	870,98 €	
davon hälftig als Arbeitgeber-Zuschuss		435,49 €
davon hälftig Arbeitnehmer-Anteil		435,49 €
Pflegeversicherung		
3,6 % von 5 512,50 €	198,46 €	
davon hälftig als Arbeitgeber-Zuschuss		99,23 €
davon hälftig Arbeitnehmer-Anteil		99,23 €

Der Zuschuss zur Kranken- und Pflegeversicherung ist steuerfrei (§ 3 Nr. 62 EStG); er ist auch beitragsfrei.

b) Renten- und Arbeitslosenversicherung

Für den Arbeitnehmer besteht aus der Einmalzahlung Beitragspflicht in der Renten- und Arbeitslosenversicherung, weil die Beitragsbemessungsgrenze von 96 600 € **nicht** überschritten wird.

Beitragsbemessungsgrenze	96 600 €
Von dieser anteiligen Beitragsbemessungsgrenze sind die beitragspflichtigen Entgelte der Monate Januar bis Dezember abzuziehen (6 000 € × 12 Monate)	– 72 000 €
sowie das Urlaubsgeld von	– 6 000 €
Verbleiben	18 600 €

Das Weihnachtsgeld i.H.v. 6 000 € ist daher voll beitragspflichtig.

Berechnung der Renten- und Arbeitslosenversicherungsbeiträge:

Monatslohn	6 000,– €	
+ sonstige Bezüge	6 000,– €	
Insgesamt	12 000,– €	
Rentenversicherung		
18,6 % von 12 000 €	2 232,– €	
davon hälftig Arbeitgeber-Anteil		1 116,– €
davon hälftig Arbeitnehmer-Anteil		1 116,– €
Arbeitslosenversicherung 2,6 % von 12 000 €	312,– €	
davon hälftig Arbeitgeber-Anteil		156,– €
davon hälftig Arbeitnehmer-Anteil		156,– €

Weisungsgebundenheit

→ *Arbeitnehmer* Rz. 191

Weiterbildung

→ *Bildungsgutschein* Rz. 1483

Weiterverpflichtungsprämie

→ *Arbeitslohn-ABC* Rz. 708

Werbegeschenke

→ *Geschenke* Rz. 2318

Werbeprämien

→ *Prämien* Rz. 3496, → *Preise* Rz. 3497

Werbung auf Fahrzeugen des Arbeitnehmers

→ *Arbeitslohn-ABC* Rz. 709

Werbungskosten

Inhalt

1. Allgemeine Grundsätze

a) Allgemeines

Werbungskosten, nämlich Aufwendungen zur Erwerbung, Sicherung und Erhaltung der Einnahmen i.S.d. § 9 Abs. 1 Satz 1 EStG, liegen vor, wenn sie durch den Beruf oder durch die Erzielung steuerpflichtiger Einnahmen veranlasst sind. Sie sind **beruflich veranlasst**, wenn ein **objektiver** Zusammenhang mit dem Beruf besteht und die Aufwendungen **subjektiv** zur Förderung des Berufs getätigt werden (BFH v. 14.1.2021, VI R 15/19, BStBl II 2021, 453 betr. Aufwendungen für einen sog. Schulhund als Werbungskosten). **4477**

Aufwendungen im Zusammenhang mit **unentgeltlichen – auch ehrenamtlichen – Tätigkeiten** können daher grds. nicht berücksichtigt werden (→ Rz. 4523).

Im Gesetz sind die wichtigsten als Werbungskosten abzugsfähigen Aufwendungen **beispielhaft** aufgeführt. Dazu gehören Aufwendungen für Wege zwischen Wohnung und erster Tätigkeitsstätte (im Regelfall Ansatz der sog. Entfernungspauschale), Reisekosten bei Auswärtstätigkeiten, notwendige Mehraufwendungen bei beruflich veranlasster doppelter Haushaltsführung, Beiträge zu Berufsverbänden, Arbeitsmittel. Berufsbedingte Kinderbetreuungskosten sind seit 2012 unter bestimmten Voraussetzungen nur noch als Sonderausgaben abzugsfähig (§ 10 Abs. 1 Nr. 5 EStG sowie → *Betreuungskosten* Rz. 1403).

Ein **steuerfreier Arbeitgeberersatz** ist für Werbungskosten grds. **nicht zulässig**, es sei denn, dass es dafür eine besondere Steuerbefreiungsvorschrift gibt (R 19.3 Abs. 3 Satz 1 LStR). Sie können jedoch unter bestimmten Voraussetzungen beim Lohnsteuerabzug als **Freibetrag** berücksichtigt werden (→ *Lohnsteuer-Ermäßigungsverfahren* Rz. 2993).

Die **Notwendigkeit** von Werbungskosten hat das Finanzamt grds. nicht zu prüfen. Es ist regelmäßig unerheblich, ob die geltend gemachten Aufwendungen objektiv gesehen zweckmäßig und notwendig waren, selbst wenn das Handeln des Stpfl. sich nachträglich als unwirtschaftlich herausstellt. Der Arbeitnehmer kann frei entscheiden, welche Aufwendungen **er** für notwendig hält. Es gibt auch **kein „Kargheitsgebot"**, der Höhe der Aufwendung kommt grds. keine Bedeutung zu (BFH v. 19.1.2017, VI R 37/15, BStBl II 2017, 526 betr. Dienstreisen mit einem selbst gesteuerten Privatflugzeug). Auch überhöhte, unübliche und unzweckmäßige oder erfolglose Aufwendungen können daher Betriebsausgaben/Werbungskosten sein. Das Fehlen der Üblichkeit, der Erforderlichkeit und der Zweckmäßigkeit einer Aufwendung kann allerdings ein Anzeichen dafür sein, dass die Aufwendungen aus außerberuflichen Erwägungen gemacht wurden (vgl. BFH v. 14.7.2020, VIII R 28/17, BStBl II 2021, 14 betr. Sponsoringaufwendungen eines Freiberuflers als Betriebsausgaben).

b) Unangemessene Werbungskosten

4478 Aufwendungen, „die die Lebensführung ... berühren", dürfen nach §4 Abs. 5 Satz 1 Nr. 7 EStG den Gewinn nicht mindern, „soweit sie nach allgemeiner Verkehrsauffassung als **unangemessen** anzusehen sind". §4 Abs. 5 Satz 1 Nr. 7 EStG gilt gem. §9 Abs. 5 Satz 1 EStG für Werbungskosten sinngemäß. Aufwendungen berühren die Lebensführung eines Stpfl. dann, wenn er sie aus persönlichen Motiven tätigt, ohne dass deshalb die betriebliche Veranlassung zu verneinen wäre (BFH v. 14.7.2020, VIII R 28/17, BStBl II 2021, 14 betr. Sponsoringaufwendungen eines Freiberuflers als Betriebsausgaben). Da §4 Abs. 5 Satz 1 Nr. 7 EStG dem Ziel dient, unangemessenen Repräsentationsaufwand nicht einkünftemindernd bei der Festsetzung der Einkommensteuer zu berücksichtigen, ist eine **Berührung mit der Lebensführung des Stpfl. insbesondere für Aufwendungen im repräsentativen Bereich anzunehmen**. Ob ein unangemessener betrieblicher oder beruflicher Aufwand i.S.d. §4 Abs. 5 Satz 1 Nr. 7 EStG i.V.m. §9 Abs. 5 Satz 1 EStG vorliegt, ist danach zu beurteilen, ob ein ordentlicher und gewissenhafter Stpfl. – ungeachtet seiner Freiheit, den Umfang seiner Erwerbsaufwendungen selbst bestimmen zu dürfen – angesichts der erwarteten Vorteile und Kosten die Aufwendungen ebenfalls auf sich genommen haben würde. Danach sind bei der Angemessenheitsprüfung alle Umstände des Einzelfalls zu berücksichtigen. Neben der Höhe der Einnahmen und der Einkünfte sind vor allem die Bedeutung des Repräsentationsaufwands für den Geschäftserfolg nach der Art der ausgeübten Tätigkeit und seine Üblichkeit in vergleichbaren Fällen als Beurteilungskriterien heranzuziehen. Es kann auch entscheidungserheblich sein, ob es einen objektiven Grund für den Mehraufwand gibt. Schließlich ist zu beachten, wie weit die private Lebenssphäre des Stpfl. berührt wird (BFH v. 19.1.2017, VI R 37/15, BStBl II 2017, 526 betr. Dienstreisen mit einem selbst gesteuerten Privatflugzeug). Die **Finanzverwaltung** nimmt eine Angemessenheitsprüfung aber nur in **Ausnahmefällen** vor, die Werbungskosten müssen erhebliches Gewicht haben und die Grenze der Angemessenheit erheblich überschreiten, wie z.B. Aufwendungen für die Nutzung eines Privatflugzeugs zu einer Auswärtstätigkeit (R 9.1 Abs. 1 Satz 3 LStR).

Die **Rechtsprechung** hat eine Angemessenheitsprüfung vorgenommen z.B. bei Aufwendungen

- eines GmbH-Geschäftsführers für Dienstreisen mit einem selbst gesteuerten **Privatflugzeug** (BFH v. 19.1.2017, VI R 37/15, BStBl II 2017, 526: Abzugsbeschränkung auf den angemessenen Teil der Reisekosten unter Rückgriff auf durchschnittliche Reisekosten einschließlich Nebenkosten, z.B. Flug- oder Bahnkosten, Kosten für Anreise zum Flughafen oder Bahnhof, Taxen und Parkgebühren),
- für **Luxuswagen** im Wert von über 400 000 €, nicht dagegen für einen SUV im Wert von 120 000 € (BFH v. 10.10.2017, X R 33/16, BStBl II 2018, 185). Nach diesem Urteil ist die Anschaffung eines teuren und schnellen Pkw allerdings nicht stets unangemessen i.S.d. §4 Abs. 5 Satz 1 Nr. 7 EStG; ob ein unangemessener betrieblicher Repräsentationsaufwand i.S. der Vorschrift vorliegt, ist danach zu beurteilen, ob ein ordentlicher und gewissenhafter Unternehmer – ungeachtet seiner Freiheit, den Umfang seiner Erwerbsaufwendungen selbst bestimmen zu dürfen – angesichts der erwarteten Vorteile und Kosten die Aufwendungen ebenfalls auf sich genommen haben würde. Maßgeblich für die Prüfung der Unangemessenheit der Aufwendungen sind hierbei die Größe des Unternehmens, die Höhe des längerfristigen Umsatzes und des Gewinns, die Bedeutung des Repräsentationsaufwands für den Geschäftserfolg nach der Art der ausgeübten Tätigkeit und seine Üblichkeit in vergleichbaren Betrieben (BFH v. 22.10.2024, VIII R 12/21, BStBl II 2025, 150 m.w.N.).
- eines Zahnarztes für ein **Luxushandy** i.H.v. 5 200 €; bei einem Zahnarzt, der zur Sicherstellung der Erreichbarkeit während des Bereitschaftsdienstes an einigen Wochenenden im Jahr ein Mobiltelefon benötigt, sind als angemessene Betriebsausgaben lediglich die Aufwendungen für ein „normales" Handy i.H.v. 300 € anzusetzen (FG Rheinland-Pfalz v. 14.7.2011, 6 K 2137/10). Inzwischen muss jedoch die Anschaffung wesentlich teurerer Smartphones (Anschaffungskosten rund 800 €) als üblich angesehen werden, eine allgemeine Wertgrenze für Handys ist daher aus dem o.g. Urteil nicht abzuleiten.

c) Nicht abzugsfähige Werbungskosten

Von vornherein vom **Abzug als Betriebsausgaben oder Werbungskosten ausgeschlossen** sind dagegen nach §4 Abs. 5 Satz 1 Nr. 3 EStG Aufwendungen für Einrichtungen des Stpfl., soweit sie der Bewirtung, Beherbergung oder Unterhaltung von Personen, die nicht Arbeitnehmer des Stpfl. sind, dienen (**Gästehäuser**) und sich außerhalb des Orts eines Betriebs des Stpfl. befinden (s. dazu BFH v. XI R 37/20, betr. Überlassung von Ferienwohnungen an der Ostsee durch einen Lohnsteuerhilfeverein an seine selbständigen Beratungsstellenleiter), sowie nach §4 Abs. 5 Satz 1 Nr. 4 EStG **Aufwendungen für Jagd und Fischerei, für Segel- oder Motorjachten sowie für ähnliche Zwecke** und für die hiermit zusammenhängenden **Bewirtungen**, soweit die damit verfolgten Zwecke nicht selbst Gegenstand einer mit Gewinnabsicht ausgeübten Betätigung des Stpfl. sind (§4 Abs. 5 Satz 2 EStG sowie BFH v. 20.11.2019, XI R 49/17, HFR 2020, 422 betr. Gästehäuser). 4479

Unter den Begriff der **Aufwendungen für „ähnliche Zwecke"** i.S.d. §4 Abs. 5 Satz 1 Nr. 4 EStG fallen Aufwendungen, die der sportlichen Betätigung, der Unterhaltung von Geschäftsfreunden, der Freizeitgestaltung oder der Repräsentation des Stpfl. dienen. Die dem Abzugsverbot unterliegenden Aufwendungen können durch Betrieb oder Unterhalt einer im Gesetz genannten Einrichtung (z.B. Jagd, Segel- oder Motorjacht) oder einer dem entsprechenden Einrichtung, durch die Benutzung solcher Einrichtungen oder die Ausübung der genannten oder vergleichbarer Tätigkeiten entstehen. Es ist ohne Bedeutung, ob es sich um eigene oder gepachtete Einrichtungen des Stpfl. handelt. Auch Aufwendungen für die Nutzung fremder Anlagen oder Wirtschaftsgüter fallen unter das Abzugsverbot. Wird eine Segel- oder Motorjacht nicht zu Unterhaltungs- oder sportlichen Zwecken oder zur unangemessenen Repräsentation verwendet, weil das Schiff als „schwimmender Besprechungsraum" oder reines Transportmittel genutzt wird, werden die betreffenden Aufwendungen nicht vom Abzugsverbot erfasst (FG Berlin-Brandenburg v 20.10.2016, 4 K 4236/14, EFG 2017, 192 m.w.N.). Auch Kosten für Fahrten zwischen Wohnung und Betriebsstätte mit einem **Schiff** sind nicht nach §4 Abs. 5 Satz 1 Nr. 4 EStG vom Abzug ausgeschlossen.

Betriebsausgaben, die für die **Unterhaltung von Geschäftsfreunden** aufgewendet werden, unterliegen als **Aufwendungen für „ähnliche Zwecke" nur dann dem Abzugsverbot nach §4 Abs. 5 Satz 1 Nr. 4 EStG**, wenn sich aus der Art und Weise der Veranstaltung und ihrer Durchführung ableiten lässt, dass es sich um Aufwendungen handelt, die für **eine überflüssige und unangemessene Unterhaltung und Repräsentation getragen** werden. Allein der Umstand, dass sich im Privatgarten des namensgebenden Sozius einer eine Rechtsanwaltskanzlei betreibenden Partnerschaftsgesellschaft bis zu 358 Personen i.R. eines Gartenfests („**Herrenabend**") treffen und austauschen, reicht nicht aus, um den „Herrenabenden" einen Charakter beizumessen, der etwa der Einladung zu einer Segelregatta oder Jagdgesellschaft vergleichbar wäre, mit der Folge, dass die Aufwendungen nach §4 Abs. 5 Satz 1 Nr. 4 EStG nicht abzugsfähig wären. Bestehen nach Ausschöpfung der im Einzelfall angezeigten Ermittlungsmaßnahmen keine gewichtigen Zweifel daran, dass ein abgrenzbarer Teil von Aufwendungen beruflich veranlasst ist, bereitet seine Quantifizierung aber Schwierigkeiten, so ist dieser Anteil unter Berücksichtigung aller maßgeblichen Umstände zu **schätzen**. Dies gilt auch, wenn i.R. eines Kanzleifests („sog. Herrenabend") Mandanten, potenzielle Neu-Mandanten und Geschäftsfreunde eingeladen werden, sich aber weder abschließend beurteilen lässt, welche der eingeladenen Personen auf der Feier tatsächlich erschienen sind, noch auf Grund der zahlreichen persönlichen und geschäftlichen Beziehungen zu den eingeladenen Gästen abschließend beurteilt werden kann, bei welchem Gast von einer überwiegend beruflich veranlassten Einladung auszugehen ist. Der **BFH** (Beschluss v. 21.3.2019, VIII B 129/18, HFR 2019, 845) hat es akzeptiert, dass das **FG Düsseldorf** (Urteil v. 31.7.2018, 10 K 3355/16 F, U, EFG

2019, 22) im sog. zweiten Rechtsgang die Aufwendungen für die Ausrichtung der „Herrenabende" wegen privater Mitveranlassung **hälftig als Betriebsausgaben anerkannt** hat.

Nicht abzugsfähig sind dagegen z.B. Aufwendungen

- eines Unternehmers für eine sog. **Regatta-Begleitfahrt** mit Geschäftspartnern anlässlich der Kieler Woche (BFH v. 2.8.2012, IV R 25/09, BStBl II 2012, 824),
- eines Unternehmens der Versicherungsbranche für die **Ausrichtung eines Golfturniers** (einschließlich Bewirtung der Gäste) mit anschließender Abendveranstaltung; es widerspräche dem mit dieser Regelung verfolgten Vereinfachungszweck, wenn für die Frage des Abzugs der im Zusammenhang mit der Ausrichtung des Golfturniers anfallenden Kosten zu prüfen wäre, ob die Anbahnung und Förderung von Geschäftsabschlüssen bzw. die Werbung für das Unternehmen im Vordergrund gestanden hat oder diese der Unterhaltung von Geschäftsfreunden oder Befriedigung einer Neigung des Unternehmens diente. Das Abzugsverbot greift somit immer dann ein, wenn bei typisierender Betrachtung die Möglichkeit besteht, Geschäftsfreunde zu unterhalten oder privaten Neigungen nachzugehen (BFH v. 16.12.2015, IV R 24/13, BStBl II 2017, 224 sowie OFD Frankfurt v. 30.6.2016, S 2145 A – 11 – St 210). Zum **Abzug zugelassen** wurden dagegen Aufwendungen einer Brauerei für das Veranstalten einer Golfturnierreihe mit freier Teilnahmemöglichkeit für jeden Interessenten, zu deren Finanzierung sich die Brauerei gegenüber ihren Geschäftspartnern, hier: Vereine bzw. Gastronomiebetriebe, i.R. von Bierliefervereinbarungen vertraglich verpflichtet hat (BFH v. 14.10.2015, I R 74/13, BStBl II 2017, 222),
- für das **Halten von Reitpferden aus Repräsentationsgründen** (BFH v. 15.12.2021, XI R 19/18, HFR 2022, 670) → *Reitpferd* Rz. 4566

d) Steuerfreie Einnahmen

4480 **Steuerfreie Bezüge**, auch soweit sie von einem Dritten gezahlt werden, schließen nach **§ 3c EStG** entsprechende Werbungskosten aus; dies gilt z.B. für Ausbildungs-, Bewerbungs- und Umzugskosten für eine **Auslandstätigkeit mit steuerfreien Einkünften**.

Dies gilt jedoch nicht ausnahmslos: Nach § 3c Abs. 1 erster Halbsatz EStG dürfen zwar Ausgaben, soweit sie **mit steuerfreien Einnahmen in unmittelbarem wirtschaftlichem Zusammenhang stehen**, nicht als Betriebsausgaben oder Werbungskosten abgezogen werden. Ein solcher unmittelbarer wirtschaftlicher Zusammenhang ist anzunehmen, wenn die Ausgaben und die steuerfreien Einnahmen durch **dasselbe Ereignis veranlasst** sind.

Ein **unmittelbarer wirtschaftlicher Zusammenhang fehlt dagegen**, sofern die steuerfreien Einnahmen lediglich der **bloßen Finanzierung** von Aufwendungen dienen. Denn das Erfordernis eines unmittelbaren wirtschaftlichen Zusammenhangs für die Anwendung der Abzugsbeschränkung in § 3c Abs. 1 EStG ist auf solche Aufwendungen bezogen, die nach ihrer Entstehung oder Zweckbestimmung mit den steuerfreien Einnahmen in einem unlösbaren Zusammenhang stehen, d.h. ohne diese nicht angefallen wären. Entsprechend dem Regelungszweck des § 3c EStG, eine doppelte Begünstigung von Stpfl. durch die steuerliche Freistellung von Bezügen einerseits und den Abzug von Werbungskosten andererseits zu vermeiden, setzt die Anwendung des § 3c Abs. 1 EStG voraus, dass **Bezüge und Aufwendungen konkret einander zuzuordnen sind,** d.h. zueinander in einer erkennbaren und abgrenzbaren Beziehung stehen (BFH v. 29.8.2017, VIII R 17/13, BStBl II 2018, 408 betr. sog. Eingliederungszuschüsse).

Einen solchen unmittelbaren Zusammenhang angenommen (d.h. **Abzugsverbot**) hat die Rechtsprechung z.B. bei Aufwendungen

- für einen Umzug in das Ausland und der dort beabsichtigten Einkünfteerzielung (z.B. BFH v. 20.9.2006, I R 59/05, BStBl II 2007, 756),
- für die Berufsausübung als Bürgermeister und den dafür erhaltenen steuerfreien Dienstaufwandsentschädigungen (BFH v. 9.6.1989, VI R 33/86, BStBl II 1990, 119); auch nicht durch die steuerfreie Reisekostenvergütung i.S.d. § 3 Nr. 13 EStG abgegoltene Reisekosten fallen unter das Abzugsverbot des § 3c EStG, wenn die steuerfreie Dienstaufwandsentschädigung auch diese Aufwendungen abgelten soll (BFH v. 19.10.2016, VI R 23/15, BStBl II 2017, 2345),
- für einen Forschungsaufenthalt in den USA, hier Kürzung der Werbungskosten um eine Reisepauschale bzw. ein Forschungsstipendium des zur Max Weber Stiftung gehörenden Deutschen Historischen Instituts Washington D.C. (FG Münster v. 15.10.2019, 12 K 1794/16 E, EFG 2020, 1973),
- für Lohnzahlungen an Arbeitnehmer, die mit sog. Eingliederungszuschüssen gefördert werden (BFH v. 29.8.2017, VIII R 17/13, BStBl II 2018, 408).

Keinen solchen unmittelbaren Zusammenhang angenommen (d.h. **kein Abzugsverbot**) hat die Rechtsprechung dagegen z.B. bei Aufwendungen

- für einen Lehrgangsbesuch im Hinblick auf einen geplanten Auslandseinsatz, auch wenn für den Auslandseinsatz eine nach § 3 Nr. 64 EStG steuerfreie Auslandszulage gezahlt werden sollte (BFH v. 28.10.1994, VI R 70/94),
- für Fahrten zwischen Wohnung und erster Tätigkeitsstätte (Ansatz der Entfernungspauschale) in dem Zeitraum, für den der Arbeitnehmer steuerfreies Insolvenzgeld erhält (BFH v. 23.11.2000, VI R 93/98, BStBl II 2001, 199),
- für einen Meisterkurs in Bayern, für den die Bayerische Staatsregierung einen nach § 3 Nr. 44 EStG steuerfreien Meisterbonus i.H.v. 1 000 € zahlt; bei dem Meisterbonus handelt es sich nicht um eine steuerfreie, sondern um eine nicht steuerbare, unter keine der sieben Einkunftsarten fallende Einnahme (FG München v. 30.5.2016, 15 K 474/16, EFG 2016, 1513 sowie BayLfSt v. 6.7.2016, S 2324.2.1 – 262/6 St 32, StEd 2016, 617). Entsprechendes gilt für die sog. Aufstiegsprämie, die das Land Hessen nach Maßgabe der „Hessischen Qualifizierungsoffensive – Förderung der beruflichen Kompetenzen und Qualifikationen", zahlt,
- für eine u.a. mit BAföG-Mitteln finanzierte Ausbildung, weil die Ausbildungsförderung nach § 11 Abs. 1 BAföG sowohl für den Lebensunterhalt als auch für die Ausbildung geleistet wird; ein unmittelbarer Zusammenhang mit dem Studium kommt nur in Betracht, soweit die Leistungen für die Ausbildung gewährt werden. Die Kosten sind dementsprechend aufzuteilen (FG Münster v. 24.1.2018, 7 K 1007/17 E, F, EFG 2018, 549; in seiner Revisionsentscheidung v. 14.5.2020, VI R 3/18, BStBl II 2021, 302 hat der BFH diese Frage offen gelassen),
- für eine mit einem Stipendium geförderte Zweitausbildung; Stipendiumsleistungen, die sowohl für die Kosten der allgemeinen Lebensführung als auch zur Bestreitung von Bildungsaufwendungen gezahlt werden, sind nur insoweit auf die Werbungskosten anzurechnen, als Bildungsaufwendungen ausgeglichen werden, denn nur hinsichtlich dieses Betrags liegt keine wirtschaftliche Belastung vor. Die nicht anzurechnenden Beträge sind anhand der allgemeinen Lebenshaltungskosten eines Studenten zu ermitteln (FG Köln v. 15.11.2018, 1 K 1246/16, EFG 2019, 541).

In welchem Umfang **Werbungskosten steuerfreien Einkünften zuzuordnen** sind, richtet sich nach dem Veranlassungsprinzip. Werbungskosten, die **steuerfreien Einnahmen direkt zugeordnet** werden können, müssen den steuerfreien Einnahmen in voller Höhe gegengerechnet werden. Werbungskosten, die **nicht eindeutig steuerfreien oder steuerpflichtigen Einnahmen zugeordnet** werden können, sind regelmäßig zu dem Teil nicht abziehbar, der dem Verhältnis der steuerfreien Einnahmen zu den Gesamteinnahmen entspricht (vgl. BFH v. 11.2.2009, I R 25/08, BStBl II 2010, 536 betr. eine Referendartätigkeit im Ausland). Zum Abzug von Werbungskosten, die in unmittelbarem wirtschaftlichen Zusammenhang mit nach **DBA** steuerfreien Einnahmen stehen, s. BMF v. 12.12.2023, IV B 2 – S 1300/21/10024 :005, BStBl I 2023, 2179, Rz. 93 f.

Steuerfreie Reisekosten- und Umzugskostenvergütungen, auf die der Arbeitnehmer einen Rechtsanspruch hat, mindern nach § 3c EStG auch dann die abziehbaren Werbungskosten, wenn der Arbeitgeber die **Reisekosten erst im nächsten Jahr steuerfrei erstattet** (vgl. OFD Hannover v. 17.1.2006, S 2338 – 139 – StO 217, DB 2006, 252 sowie BFH v. 15.6.2016, VI R 6/13, BStBl II 2016, 903). Nach Auffassung des BFH ist eine Kürzung von Werbungskosten wegen in späteren Veranlagungszeiträumen zugeflossener steuerfreier Einnahmen dagegen dann noch nicht im

Veranlagungszeitraum gerechtfertigt, wenn zwar eine konkrete Aussicht auf steuerfreie Einnahmen besteht, die Erstattung aber noch nicht feststeht; es fehlt dann an einem wirtschaftlichen Zusammenhang der späteren Erstattung mit den im Vorjahr erbrachten Aufwendungen (BFH v. 30.9.2008, VI R 4/07, BStBl II 2009, 111). Hat ein Stpfl. Reisekosten irrtümlich erst in dem Jahr steuerlich geltend gemacht, in dem ihm Reisekosten erstattet wurden, muss ggf. die Veranlagung für das Vorjahr nach § 173 Abs. 1 Nr. 2 AO geändert werden (FG Düsseldorf v. 7.5.2007, 17 K 1156/05 E, EFG 2007, 1744).

e) Mehrere Einkunftsarten oder Rechtsverhältnisse

4481 Betreffen **Werbungskosten mehrere Einkunftsarten**, sind sie nach Möglichkeit (ggf. durch Schätzung) **aufzuteilen**. Ist eine Aufteilung nicht möglich, sind sie bei der Einkunftsart abzuziehen, zu der sie nach Art und Weise die **engere Beziehung** haben. Das entspricht den Rechtsgrundsätzen, die auch für die Frage heranzuziehen sind, ob eine Zuwendung des Arbeitgebers auf dem Arbeitsverhältnis oder auf anderen Rechtsbeziehungen gründet (BFH v. 17.5.2017, VI R 1/16, BStBl II 2017, 1073: Vergeblicher Aufwand im Hinblick auf eine angestrebte Vorstandsposition sowie zum Erwerb einer Beteiligung am künftigen Arbeitgeber keine vorab entstandenen Werbungskosten).

Beispiel 1:

A hat vergebliche Kosten i.H.v. 75 000 € in Aussicht auf eine Anstellung und die Übernahme einer Vorstandsposition und gleichzeitig im Hinblick auf die Beteiligung an einer noch zu gründenden Kapitalgesellschaft aufgewendet. Das Finanzamt hat den Abzug abgelehnt, da es sich um einen Vorgang auf der privaten Vermögensebene handele.

Auch der BFH hat den Abzug abgelehnt und entschieden, dass Aufwendungen eines Arbeitnehmers zum Erwerb einer Beteiligung an seinem (ggf. künftigen) Arbeitgeber regelmäßig auch dann nicht als (vorab entstandene) Werbungskosten bei den Einkünften aus nichtselbständiger Arbeit abzugsfähig sind, wenn die Zahlung Voraussetzung für den Abschluss des Anstellungsvertrags ist. Nach dem BFH-Urteil spricht eine Vermutung dafür, dass der Arbeitnehmer mit dem Erwerb einer Beteiligung an einer Kapitalgesellschaft nicht nur die Sicherung seines Arbeitsplatzes beabsichtigt, sondern auch die mit der Stellung als Gesellschafter verbundenen Rechte erstrebt. Dies gelte auch dann, wenn der Erwerb der Beteiligung (arbeitsvertragliche) Voraussetzung für die Erlangung der angestrebten Position ist oder wenn der Stpfl. sich beteiligt, um durch die Zuführung von Kapital den Fortbestand der Gesellschaft und damit gleichzeitig seinen eigenen Arbeitsplatz zu erhalten. Insoweit besteht nach der Rechtsprechung des BFH ein vorrangiger Zusammenhang mit den Einkünften aus Kapitalvermögen (BFH v. 17.5.2017, VI R 1/16, BStBl II 2017, 1073).

Stehen **Werbungskosten innerhalb einer Einkunftsart im Zusammenhang mit mehreren Rechtsverhältnissen** und damit in mehreren Veranlassungszusammenhängen, ist zunächst zu prüfen, ob sich die Ausgaben den unterschiedlichen Ursachen zuordnen lassen. Ist eine anteilige Zuordnung nicht möglich, ist der **wirtschaftlich vorrangige Veranlassungszusammenhang maßgeblich** (BFH v. 14.5.2020, VI R 3/18, BStBl II 2021, 302 betr. Auslandssemester, steuerliche Berücksichtigung von Unterkunftskosten und Verpflegungsmehraufwand).

Beispiel 2:

Frau A begann nach dem Abschluss einer ersten Ausbildung zum Wintersemester 2012/13 mit dem Studium International Business an der Fachhochschule X. Die Bachelorprüfungsordnung für diesen achtsemestrigen Studiengang schrieb vor, dass das Studium ab dem fünften Semester an einer Partnerhochschule im ausländischen Sprachraum fortzuführen sowie ein Auslandspraxissemester zu absolvieren war. Frau A leistete die beiden Auslandsemester im Wintersemester 2014/15 und im Sommersemester 2015 an einem College in Dublin und im Anschluss daran das Praxissemester bei einer **Au-Pair-Agentur** in London ab. Nach der Praxissemesterordnung blieb der Studierende auch während des Praxissemesters Mitglied der FH mit allen dazugehörigen Rechten und Pflichten. Während des Praxissemesters war Frau A in der **Au-Pair-Agentur X in Vollzeit tätig und bezog Arbeitslohn**, daneben Leistungen nach dem BAföG. Während des gesamten Studiums sowie während der Auslandsaufenthalte in Dublin bzw. London behielt Frau A ihren Wohnsitz in der Wohnung der Eltern bei, wo sich auch ihr Lebensmittelpunkt befand.

Finanzamt und FG Münster hatten es abgelehnt, die Aufwendungen für Unterkunft in Dublin bzw. London sowie Verpflegungsmehraufwendungen als Werbungskosten anzuerkennen. Begründung: Das College in Dublin und die Au-Pair-Agentur in London seien als erste Tätigkeitsstätte i.S.d. § 9 Abs. 4 Satz 8 EStG anzusehen. Da Frau A in der Wohnung ihrer Eltern keinen eigenen (Haupt-)Hausstand unterhalten habe, lägen die Voraussetzungen einer doppelten Haushaltsführung nicht vor. Damit seien die geltend gemachten Unterkunftskosten und Verpflegungskosten nicht als Werbungskosten anzuerkennen.

Der BFH hat diese Auffassung abgelehnt (Urteil v. 14.5.2020, VI R 3/18, BStBl II 2021, 302). Es handele sich um eine Auswärtstätigkeit, da Frau A auch während der Auslandssemester an der Fachhochschule X eingeschrieben blieb. Nur die Fachhochschule X könne als erste Tätigkeitsstätte i.S.d. § 9 Abs. 4 Satz 8 angesehen werden.

Dem steht nicht entgegen, dass Frau A bei der Au-Pair-Agentur in London als Arbeitnehmerin beschäftigt war und sie **in Bezug auf dieses Arbeitsverhältnis** in dem ihr zugewiesenen **Büro über eine erste Tätigkeitsstätte** i.S.v. § 9 Abs. 1 Satz 1 EStG verfügte. Zwar hat Frau A von ihrer Wohnung bei London ihre erste Tätigkeitsstätte bei der Au-Pair-Agentur in London regelmäßig aufgesucht, weshalb Kosten der Unterkunft und der Verpflegungsmehraufwand **auch im Zusammenhang mit dem Dienstverhältnis zu der Au-Pair-Agentur in London standen.**

Dieser Erwerbszusammenhang ist aber zugleich durch das in Form des Praxissemesters fortgesetzte Studium an der Fachhochschule veranlasst. In diesem Rechtsverhältnis ist nach Auffassung des BFH der engere und wirtschaftlich vorrangige Veranlassungszusammenhang der Unterkunftskosten und des Verpflegungsmehraufwands zu verorten. Denn das maßgebliche auslösende Moment für die Entstehung der Unterkunftskosten und des Verpflegungsmehraufwands ist der Umstand, dass Frau A dieses Praxissemester auf Grund der Vorgaben der Prüfungsordnung i.R. ihres Vollzeitstudiums als Studierende der FH im Ausland zu absolvieren hatte. **Bezogen auf dieses Rechtsverhältnis handelte es sich bei der Tätigkeit für die Au-pair-Agentur um eine auswärtige Tätigkeit i.S.d. § 9 Abs. 4a Satz 2 EStG.**

f) Keine Aufwendungen

Es können nur solche Aufwendungen als Werbungskosten i.S.d. § 9 Abs. 1 EStG abgezogen werden, welche die **persönliche Leistungsfähigkeit des Stpfl. mindern** (BFH v. 6.12.2017, VI R 41/15, BStBl II 2018, 355 betr. Werbungskostenabzug bei beruflicher Nutzung einer im Miteigentum von Ehegatten stehenden Wohnung). 4482

In vielen Fällen scheitert ein Werbungskostenabzug daher schon daran, dass **keine „Aufwendungen"** vorliegen, so z.B. bei

- **Eigenleistungen** (vgl. BFH v. 27.8.1993, VI R 7/92, BStBl II 1994, 235 betr. Reparatur eines auf einer Berufsfahrt beschädigten Pkw),
- **unentgeltlich geleisteter Mehrarbeit** i.R. eines Sanierungstarifvertrags (FG Nürnberg v. 19.9.2002, I 201/2002),
- **Verzicht auf Urlaub** oder Kürzung des sog. Freischicht- oder Gleitzeitkontos **oder Umwandlung eines sog. Bonusanspruchs in Freizeit**, um sich in der zusätzlichen Freizeit fortzubilden (OFD Düsseldorf, Kurzinformation ESt Nr. 25/2005 v. 23.5.2005, DB 2005, 1250 sowie FG München v. 11.2.2009, 8 K 808/07, EFG 2009, 1012 und → *Fortbildung* Rz. 2213),
- einer **Gehaltsminderung** durch Umwandlung von Barlohn in Sachlohn (FG Berlin-Brandenburg v. 11.2.2016, 9 K 9317/13, EFG 2016, 702 m.w.N.),
- reinem **Zeitaufwand** (vgl. sinngemäß FG Münster v. 15.4.2015, 11 K 1276/13 E, EFG 2015, 1198 betr. Pflege eines nahen Angehörigen),
- **entgangenen Einnahmen ebenso wie beim Verzicht auf Einnahmen.** Der Werbungskostenabzug setzt eine Belastung mit Aufwendungen voraus. Das ist bei einem in Anlehnung an § 8 Abs. 3 BUKG ermittelten **Mietausfall** nicht der Fall. Als entgangene Einnahme erfüllt er nicht den Aufwendungsbegriff (BFH v. 19.4.2012, VI R 25/10, BStBl II 2013, 699),
- **Familienheimfahrten** des Arbeitnehmers mit einem vom Arbeitgeber überlassenen Dienstwagen, weil dann der Arbeitgeber durch Überlassung eines Dienstwagens im Ergebnis die Aufwendungen des Arbeitnehmers trägt (BFH v. 28.2.2013, VI R 33/11, BStBl II 2013, 629),
- **unentgeltlicher Nutzung eines zum Betriebsvermögen des anderen Ehegatten gehörenden Pkw** (BFH v. 15.7.2014, X R 24/12, BStBl II 2015, 132),
- **unentgeltlicher Nutzung eines Firmenwagens zu Dienstreisen** (BFH v. 16.7.2015, III R 33/14, BStBl II 2016, 44 und FG Nürnberg v. 27.1.2016, 3 K 661/14, sowie FG Berlin-Brandenburg v. 11.2.2016, 9 K 9317/13, EFG 2016, 702 m.w.N.).

Beispiel:

Arbeitnehmer der X-Bank AG, die mit ihrer Arbeitgeberin eine **Barlohnminderung zu Gunsten der Überlassung eines Dienstfahrzeugs für private Zwecke vereinbart** haben, beantragen i.R. der Einkommensteuer-Veranlagung in Höhe des Gehaltsverzichts einen Werbungskostenabzug bei den Einkünften aus § 19 EStG.

Der BFH hat mit Beschluss v. 20.8.1997, VI B 83/97, BStBl II 1997, 667 entschieden, dass nur der tatsächlich ausgezahlte Barlohn zzgl. des geldwerten Vorteils für die Überlassung eines Firmenwagens dem Lohnsteuerabzug zu unterwerfen ist, wenn der Arbeitnehmer unter Änderung des Anstellungsvertrags auf einen Teil seines Barlohns verzichtet und der Arbeitgeber ihm stattdessen einen Firmenwagen zur Privatnutzung zur Verfügung stellt. Von der Möglichkeit der Umwandlung von Barlohn in Sachlohn durch Pkw-Gestellung machen auch Arbeitnehmer der X-Bank AG Gebrauch. Entsprechend der Dienstwagenregelung der Bank beteiligen sich die Mitarbeiter an den Kosten der Beschaffung und des Betriebs des Fahrzeugs durch ein jährlich zu erbringendes Gehaltsäquivalent. Die Arbeitgeberin mindert i.H. des Gehaltsäquivalents, das für den privaten Nutzungsanteil an den Gesamtkosten des Fahrzeugs aus der Jahresleasingrate und eines sog. Mitarbeiteranteils ermittelt wird, den variablen Teil (Bonus/Tantieme) der Jahresbezüge der Arbeitnehmer und versteuert bei den betreffenden Personen entsprechend den Ausführungen im vorgenannten Urteil den gekürzten Barlohn zzgl. des geldwerten Vorteils für die Überlassung des jeweiligen Fahrzeugs.

Soweit die Arbeitnehmer i.R. der Einkommensteuer-Veranlagung beantragen, i.H. des **Gehaltsverzichts einen Werbungskostenabzug** bei den Einkünften aus nichtselbständiger Tätigkeit zuzulassen, werden die Finanzämter den **Anträgen nicht entsprechen** (OFD Münster, aktualisierte Kurzinformation ESt 39/2003 v. 24.8.2010, DB 2010, 2025). Einerseits liegt im Ergebnis keine Minderung des Arbeitslohns vor, da der entfallende Barlohn durch eine Sachzuwendung in Form der Pkw-Gestellung ersetzt wurde. Unerheblich ist, dass die Gehaltsminderung i.d.R. höher ist als der auf Grund besonderer Bewertungsvorschriften für steuerliche Zwecke festzusetzende Sachbezugswert. Andererseits ist in § 9 Abs. 1 Satz 1 und 2 EStG geregelt, dass als Werbungskosten nur Aufwendungen zur Erwerbung, Sicherung und Erhaltung der Einnahmen anzuerkennen und bei der Einkunftsart zu berücksichtigen sind, bei der sie entstanden sind. **Keine Aufwendungen und damit keine Werbungskosten liegen vor, wenn Einnahmen dadurch entgehen, dass auf sie verzichtet wird** (BFH v. 21.10.1980, VIII R 190/78, BStBl II 1981, 160).

Ein Werbungskostenabzug ist jedoch möglich, wenn der **Arbeitgeber Kosten übernommen und dem steuerpflichtigen Arbeitslohn zugerechnet** hat, sofern die Zahlungen durch den Arbeitnehmer zu abziehbaren Werbungskosten geführt hätten (R 9.1 Abs. 4 Satz 2 LStR sowie BFH v. 28.4.2020, VI R 5/18, BStBl II 2021, 725 betr. Zuwendungen der Bundeswehr durch die Zurverfügungstellung einer Gemeinschaftsunterkunft).

g) Vorab entstandene Werbungskosten

4483 Aufwendungen, die anfallen, bevor Einnahmen erzielt werden, können als vorab entstandene Werbungskosten abgezogen werden, sofern ein **ausreichend bestimmter wirtschaftlicher (Veranlassungs-)Zusammenhang zwischen den Aufwendungen und der Einkunftsart besteht**, in deren Rahmen der Abzug begehrt wird (BFH v. 12.2.2020, VI R 17/20, BStBl II 2020, 719 betr. Aufwendungen für ein Masterstudium; nicht anerkannt wurde dagegen das Bachelor-Studium als Erststudium). Ein solcher Abzug ist von dem Zeitpunkt an gegeben, zu dem sich anhand objektiver Umstände feststellen lässt, dass der Entschluss, Einkünfte einer bestimmten Einkunftsart zu erzielen, endgültig gefasst und zwischenzeitlich nicht wieder aufgegeben worden ist. Die Aufwendungen können als **vergebliche Werbungskosten** selbst dann abziehbar sein, wenn es entgegen den Planungen des Stpfl. nicht zu Einnahmen kommt, sofern nur eine erkennbare Beziehung zu den angestrebten Einkünften besteht (BFH v. 23.10.2019, VI R 1/18, HFR 2020, 342 betr. vorab entstandene Werbungskosten bei doppelter Haushaltsführung).

Dies gilt grds. auch für **Bildungsaufwendungen**, sofern die Aufwendungen in einem hinreichend konkreten, objektiv feststellbaren Zusammenhang mit späteren Einnahmen stehen (BFH v. 14.5.2020, VI R 3/18, BStBl II 2021, 302 betr. Auslandssemester, steuerliche Berücksichtigung von Unterkunftskosten und Verpflegungsmehraufwand) und der Werbungskostenabzug für sog. **Erstausbildungskosten nicht nach § 9 Abs. 6 EStG ausgeschlossen** ist (→ *Fortbildung* Rz. 2218).

Aufwendungen für den **Besuch allgemeinbildender Schulen** können nicht als vorab entstandene Werbungskosten abgezogen werden, es fehlt hier regelmäßig an der erforderlichen Berufsbezogenheit (FG Hessen v. 5.4.2019, 9 K 22/18, EFG 2020, 87 betr. Kosten für einen vorübergehenden Internatsaufenthalt im englischsprachigen Ausland).

Beispiel:

A hat in der Zeit vom 1.1. bis 30.6. rund 1 200 € für Bewerbungen und Vorstellungsreisen ausgegeben. Ab 1.10. hat er endlich eine Anstellung gefunden.

A kann die Bewerbungskosten als vorab entstandene Werbungskosten absetzen. Die Vorstellungsreisen kann er wie Dienstreisen „abrechnen" (R 9.4 Satz 2 LStR, auch R 9.1 Abs. 3 LStR).

Aufwendungen einer Stpfl., die sich in **Elternzeit** befindet, können vorab entstandene Werbungskosten sein. Dabei bedarf der berufliche Verwendungsbezug der Aufwendungen – wenn er sich nicht bereits aus den Umständen von Umschulungs- oder Qualifizierungsmaßnahmen ergibt – einer ins Einzelne gehenden Darlegung (BFH v. 2.12.2005, VI R 63/03, BStBl II 2006, 329 m.w.N. betr. Aufwendungen für ein häusliches Arbeitszimmer). Die berufliche Veranlassung geeigneter und planvoller Fortbildungsmaßnahmen hängt zwar grds. nicht von der **Länge des Zeitraums bis zur Wiederaufnahme der Tätigkeit** ab; ein Abzug als vorab entstandene Werbungskosten scheidet jedoch aus, wenn die Aufwendungen auch der Allgemeinbildung dienen (BFH v. 13.5.2004, IV R 47/02, HFR 2004, 1179 betr. Aufwendungen einer nach der Elternzeit beurlaubten Lehrerin für ein Studium der Numismatik). Das gilt auch, wenn ein Stpfl. sich aus privaten Gründen in den USA aufhalten will und dort nur deshalb ein Studium beginnt, um ein Visum zu erhalten, das er ansonsten nicht erhalten hätte (FG Baden-Württemberg v. 12.5.2010, 7 K 81/07, EFG 2011, 45).

Nicht abzugsfähig sind hingegen im Normalfall Aufwendungen eines **Arbeitslosen** für ein **häusliches Arbeitszimmer** (→ *Arbeitszimmer* Rz. 777).

Zur Berücksichtigung vorab entstandener Betriebsausgaben/ Werbungskosten im Wege des **Verlustvortrags nach § 10d EStG** → *Sonderausgaben* Rz. 3935.

h) Nachträgliche Werbungskosten

Aufwendungen, die nach Beendigung der Berufstätigkeit anfallen, 4484
können ebenfalls noch als Werbungskosten abgezogen werden, wenn sie in einem wirtschaftlichen Zusammenhang mit dem früheren Arbeitsverhältnis stehen, so z.B. **Haftungsschulden** eines ehemaligen Geschäftsführers (BFH: v. 8.3.2022, VI R 19/20, betr. Haftungsinanspruchnahme des Geschäftsführers für eigene Lohnsteuer, s.a. → *Haftung für Lohnsteuer: Allgemeine Grundsätze* Rz. 2471) oder eine **Vertragsstrafe** wegen vorzeitiger Kündigung des Arbeitsverhältnisses (BFH v. 22.6.2006, VI R 5/03, BStBl II 2007, 4) oder wenn ein Arbeitnehmer nach seinem Ausscheiden aus einem Arbeitsverhältnis für eine **Bürgschaft** in Anspruch genommen wird, die er für seinen früheren Arbeitgeber zur Sicherung seines Arbeitsplatzes eingegangen ist (FG Hamburg v. 9.5.2019, 6 K 32/19), oder wenn die Übernahme der Bürgschaftsverpflichtung aus anderen Gründen beruflich veranlasst gewesen ist (BFH v. 7.5.2015, VI R 55/14, HFR 2015, 1110 und BFH v. 8.7.2015, VI R 77/14, BStBl II 2016, 60). Allerdings muss schon in dem Zeitpunkt, in dem der Grund für die Aufwendungen gelegt wurde, der dargestellte berufliche Zusammenhang bestehen.

Beispiel:

A war Geschäftsführer einer GmbH. Da er schuldhaft versäumt hatte, Beiträge i.H.v. 18 000 € an die AOK abzuführen, ist er zu einer Strafe von vier Monaten Gefängnis verurteilt worden. Außerdem hat er sich in einem Schuldanerkenntnis verpflichtet, der AOK den ausstehenden Betrag zu zahlen.

Die Zahlungen an die AOK kann A auch nach seinem Ausscheiden aus dem Arbeitsverhältnis als nachträgliche Werbungskosten absetzen, weil sie im Zusammenhang mit seiner früheren Tätigkeit stehen (BFH v. 14.10.1960, VI 45/60 U, BStBl III 1961, 20).

Wird die Wohnung am Beschäftigungsort anlässlich der Beendigung einer aus beruflichem Anlass begründeten doppelten Haushaltsführung veräußert, ist eine dabei anfallende **Vorfälligkeitsentschädigung** nicht als Werbungskosten bei den Einkünften aus nichtselbständiger Arbeit zu berücksichtigen. Bei der Vorfälligkeitsentschädigung handelt es sich um das Ergebnis der auf eine vorzeitige Kreditablösung gerichteten Änderung des ursprünglichen Darlehensvertrags, die dem Veräußerungsgeschäft zuzuordnen ist (BFH v. 3.4.2019, VI R 15/17, BStBl II 2019, 446).

i) Vergebliche Werbungskosten

Vergebliche Werbungskosten liegen vor, wenn beruflich veran- 4485
lasste Aufwendungen nicht zum beabsichtigten Erfolg führen (FG Nürnberg v. 2.5.2016, 4 K 15/14, EFG 2016, 1008 betr. Aufwendungen für die Ausbildung zum staatlich geprüften Skilehrer).

Beispiel:

A hat rund 3 000 € für Bewerbungen und Vorstellungsreisen ausgegeben. Eine Anstellung hat er leider nicht gefunden. Seine Ehefrau ist berufstätig.

A kann die Bewerbungskosten als Werbungskosten absetzen. Die Vorstellungsreisen kann er wie Dienstreisen „abrechnen" (R 9.4 Satz 2 LStR). Es ergibt sich ein „Verlust" bei den Einkünften aus nichtselbständiger Arbeit, der mit den positiven Einkünften der Ehefrau verrechnet werden kann („Verlustausgleich").

Keine vergeblichen Werbungskosten sind Veräußerungsverluste und Finanzierungskosten beim Verkauf eines Einfamilienhauses auf Grund eines beruflich veranlassten Umzugs, selbst soweit sie auf ein geplantes Arbeitszimmer entfallen (BFH v. 24.5.2000, VI R 28/97, BStBl II 2000, 474), wohl aber Verluste durch einen zunächst geplanten Umzug, von dem aus beruflichen Gründen Abstand genommen wird (vgl. BFH v. 23.3.2001, VI R 139/00, m.w.N.).

j) Weitere Abzugsbeschränkungen und -verbote

4486 Für bestimmte Werbungskosten gelten Abzugsbeschränkungen und -verbote, so z.B. für das häusliche Arbeitszimmer, Geschenke und Bewirtungskosten (§ 4 Abs. 5 i.V.m. § 9 Abs. 5 EStG), ebenso für Fahrten von der Wohnung zur ersten Tätigkeitsstätte, sog. Entfernungspauschale (§ 9 Abs. 1 Satz 3 Nr. 4 EStG).

Aufwendungen für die **erstmalige Berufsausbildung bzw. ein Erststudium** sind, auch wenn sie auf die künftige Erzielung von Einnahmen gerichtet sind und es sich daher nach der BFH-Rechtsprechung um vorab entstandene Betriebsausgaben/Werbungskosten handeln kann, nach **§ 9 Abs. 6 EStG** gänzlich vom Abzug als Betriebsausgaben/Werbungskosten ausgeschlossen (→ *Fortbildung* Rz. 2218).

Weitere Abzugsverbote ergeben sich aus § 12 EStG betr. nicht abzugsfähige Ausgaben. Soweit in § 10 Abs. 1 Nr. 2 bis 5, 7 und 9 sowie Abs. 1a Nr. 1, den §§ 10a, 10b und den §§ 33 bis 33b EStG nichts anderes bestimmt ist, dürfen weder bei den einzelnen Einkunftsarten noch vom Gesamtbetrag der Einkünfte abgezogen werden

1. die für den Haushalt des Stpfl. und für den Unterhalt seiner Familienangehörigen aufgewendeten Beträge. Dazu gehören auch die Aufwendungen für die Lebensführung, die die wirtschaftliche oder gesellschaftliche Stellung des Stpfl. mit sich bringt, auch wenn sie zur Förderung des Berufs oder der Tätigkeit des Stpfl. erfolgen (→ Rz. 4492);

2. freiwillige Zuwendungen, Zuwendungen auf Grund einer freiwillig begründeten Rechtspflicht und Zuwendungen an eine gegenüber dem Stpfl. oder seinem Ehegatten gesetzlich unterhaltsberechtigte Person oder deren Ehegatten, auch wenn diese Zuwendungen auf einer besonderen Vereinbarung beruhen;

3. die Steuern vom Einkommen und sonstige Personensteuern sowie die Umsatzsteuer für Umsätze, die Entnahmen sind, und die Vorsteuerbeträge auf Aufwendungen, für die das Abzugsverbot der Nummer 1 oder des § 4 Abs. 5 Satz 1 Nr. 1 bis 5, 7 oder Abs. 7 EStG gilt; das gilt auch für die auf diese Steuern entfallenden Nebenleistungen;

4. in einem Strafverfahren festgesetzte Geldstrafen, sonstige Rechtsfolgen vermögensrechtlicher Art, bei denen der Strafcharakter überwiegt, und Leistungen zur Erfüllung von Auflagen oder Weisungen, soweit die Auflagen oder Weisungen nicht lediglich der Wiedergutmachung des durch die Tat verursachten Schadens dienen sowie damit zusammenhängende Aufwendungen.

k) Unfreiwillige Aufwendungen

4487 Unfreiwillige Aufwendungen, z.B. Kosten für den Ersatz von Diebstahlsverlusten während einer beruflichen Tätigkeit, können bei beruflicher Veranlassung ebenfalls als Werbungskosten abgezogen werden, vgl. BFH v. 18.4.2007, XI R 60/04, BStBl II 2007, 762 m.w.N. betr. Diebstahl eines Pkw während einer beruflichen Fahrt „mit privatem Abstecher" zum Weihnachtsmarkt sowie → Rz. 4521, zum Arbeitgeberersatz → *Diebstahl* Rz. 1535. S.a. → *Unfallkosten* Rz. 4194.

l) Drittaufwand

aa) Abzug eigener Aufwendungen erforderlich

Für den Abzug von Werbungskosten spielt es grds. keine Rolle, ob 4488
der Arbeitnehmer die Aufwendungen aus eigenen Mitteln, mit Kredit oder aus geschenkten Mitteln tätigt. Er muss jedoch eine **eigene Verbindlichkeit tilgen**.

Beispiel 1:

A, Werkzeugmechaniker, lebt noch im Haushalt seiner Eltern. Die Berufskleidung wird von den Eltern in deren Waschmaschine gewaschen.

A kann keine Werbungskosten absetzen, die unentgeltliche Wäsche seiner Arbeitskleidung stellt sich als sog. nicht abzugsfähiger Drittaufwand der Eltern zu Gunsten ihres Sohnes dar.

Ein Abzug wäre nur möglich, wenn A den Eltern die Reinigungskosten erstattet (FG Rheinland-Pfalz v. 22.1.2004, 6 K 2184/02).

Beispiel 2:

A hat eine Tochter, die in Frankfurt Medizin studiert (Zweitstudium, Aufwendungen sind daher bei ihr grds. als vorab entstandene Werbungskosten abzugsfähig). Er hat für seine Tochter in Frankfurt im eigenen Namen eine Wohnung angemietet und zahlt auch die Miete (die Vermieterin hatte die Tochter nicht als Mieterin akzeptiert, da sie über keinerlei Einkünfte verfügte).

Die Tochter kann die Miete nicht als vorab entstandene Werbungskosten absetzen, weil der Vater Mieter der Wohnung ist und deshalb mit Zahlung der Miete eine eigene Verbindlichkeit begleicht (FG Niedersachsen v. 25.2.2016, 1 K 169/15, EFG 2016, 891).

Der Arbeitnehmer muss dagegen nicht Eigentümer z.B. des angeschafften Arbeitsmittels werden. Die Berechtigung zur Vornahme von Absetzungen für Abnutzung (AfA) setzt nicht voraus, dass der Stpfl. Eigentümer des Wirtschaftsguts ist, für das er Aufwendungen aus beruflichem oder betrieblichem Anlass getätigt hat. Ausschlaggebend ist vielmehr, ob er Aufwendungen im beruflichen oder betrieblichen Interesse trägt. Das allen Einkunftsarten zugrundeliegende **Nettoprinzip**, demzufolge die erwerbssichernden Aufwendungen von den steuerpflichtigen Einnahmen abgezogen werden (vgl. § 2 Abs. 2 i.V.m. §§ 4 ff. und 9 EStG), gebietet grds. den Abzug der vom Stpfl. zur Einkunftserzielung getätigten Aufwendungen auch dann, wenn und soweit diese Aufwendungen auf in fremdem Eigentum stehende Wirtschaftsgüter erbracht werden. Der Stpfl. erwirbt zwar kein ihm zuzurechnendes Wirtschaftsgut. Gleichwohl kann er die Kosten für ein fremdes Gebäude nach AfA-Regeln abschreiben (BFH v. 6.12.2017, VI R 41/15, BStBl II 2018, 355 betr. Werbungskostenabzug bei beruflicher Nutzung einer im Miteigentum von Ehegatten stehenden Wohnung).

bb) Abkürzung des Zahlungswegs

Ausgaben eines Dritten können im Falle der **Abkürzung des** 4489
Zahlungswegs als Aufwendungen des Stpfl. zu werten sein. „Abkürzung des Zahlungswegs" bedeutet die Zuwendung eines Geldbetrags an den Stpfl. in der Weise, dass der Zuwendende im Einvernehmen mit dem Stpfl. dessen Schuld tilgt, statt ihm den Geldbetrag unmittelbar zu überlassen. Dies kann jedoch nur dann der Fall sein, wenn der Dritte für Rechnung des Stpfl. an dessen Gläubiger leistet (BFH v. 6.12.2017, VI R 41/15, BStBl II 2018, 355 betr. Werbungskostenabzug bei beruflicher Nutzung einer im Miteigentum von Ehegatten stehenden Wohnung).

Beispiel 3:

A hat nach einer abgeschlossenen Ausbildung zum Fluglotsen Ausbildungsverträge zum Erwerb der Privatpilotenlizenz, der Verkehrspilotenlizenz sowie der Langstreckenflugberechtigung abgeschlossen (Kosten rund 50 000 €). Die Rechnungen, die auf den Namen des A ausgestellt waren, wurden von den Eltern beglichen.

Da es sich nicht um eine erstmalige Berufsausbildung handelt, kann A kann die Kosten als vorab entstandene Werbungskosten geltend machen. Da ihn die Verpflichtung traf, die Kosten zu begleichen, ist es unerheblich, dass sie tatsächlich von den Eltern beglichen wurden – es handelt sich um einen „abgekürzten Zahlungsweg" (BFH v. 15.5.2013, IX R 5/11, BStBl II 2014, 143).

cc) Abgekürzter Vertragsweg

Unter bestimmten Voraussetzungen können auch im **„abgekürz-** 4490
ten Vertragsweg" geleistete Zahlungen eines Dritten abzugsfähig sein. Ein abgekürzter Vertragsweg liegt vor, wenn der Dritte im eigenen Namen für den Stpfl. einen Vertrag abschließt und auf Grund dessen auch selbst die geschuldete Zahlung leistet. Ent-

scheidend ist, dass der Dritte zwar im eigenen Namen, aber für den Stpfl. einen Vertrag abschließt und die Zahlung mit dem Willen leistet, sie dem Stpfl. zuwenden zu wollen. Wie auch der abgekürzte Zahlungsweg bezweckt der abgekürzte Vertragsweg eine Leistung des Zuwendenden an den Stpfl. (BFH v. 6.12.2017, VI R 41/15, BStBl II 2018, 355 betr. Werbungskostenabzug bei beruflicher Nutzung einer im Miteigentum von Ehegatten stehenden Wohnung).

Beispiel 4:

A, Unternehmensberater, erzielt Einkünfte aus nichtselbständiger und selbständiger Arbeit. Sein Arbeitgeber hat ihm einen Pkw für berufliche, betriebliche und private Fahrten zur Verfügung gestellt (Ansatz der 1 %-Regelung). A macht bei den selbständigen Einkünften u.a. Betriebsausgaben für die betriebliche Nutzung des Pkw geltend (Aufteilung im Verhältnis der betrieblichen zu den privaten Fahrten).

Der BFH hat den Betriebsausgabenabzug abgelehnt, weil A für die Pkw-Nutzung keine „Aufwendungen" getragen hat, sondern allein der Arbeitgeber. Die Aufwendungen des Arbeitgebers können A auch nicht unter dem Gesichtspunkt des abgekürzten Vertragswesens zugerechnet werden. Eine Zurechnung von Aufwendungen nach den Grundsätzen der Abkürzung des Vertragswegs setzt voraus, dass die auf Grund des Vertrages zu erbringenden Leistungen eindeutig der Erwerbssphäre des Stpfl. und nicht der des Dritten zuzuordnen sind. Hier will der Arbeitgeber mit dem von ihm getragenen Aufwand für den zur Nutzung überlassenen Pkw dem A jedoch nichts zuwenden. Im Gegenteil kommt dieser Aufwand seiner eigenen Erwerbssphäre zugute, weil der Pkw zum Einsatz in seinem Unternehmen bestimmt ist. Der Umstand, dass A diesen Pkw (auch) außerhalb seines Dienstverhältnisses nutzen darf, ändert hieran nichts (BFH v. 16.7.2015, III R 33/14, BStBl II 2016, 44).

dd) Besonderheiten bei zusammenveranlagten Eheleuten/ Lebenspartnern

4491 Bezahlen Eheleute/Lebenspartner Aufwendungen „aus einem Topf", d.h. aus Guthaben, zu denen beide Eheleute beigetragen haben, oder aus Darlehensmitteln, die zu Lasten beider Eheleute aufgenommen wurden (§ 421 BGB), wird, sofern keine besonderen Vereinbarungen getroffen sind, der Betrag jeweils für Rechnung desjenigen geleistet, der den Betrag schuldet. Daher sind z.B. gemeinschaftlich getragene Aufwendungen für eine Immobilie, die einem Ehegatten gehört und die dieser zur Erzielung von Einnahmen nutzt, beim Eigentümerehegatten in vollem Umfang Werbungskosten (BFH v. 6.12.2017, VI R 41/15, BStBl II 2018, 355 betr. Werbungskostenabzug bei beruflicher Nutzung einer im Miteigentum von Ehegatten stehenden Wohnung).

Nutzen Eheleute bei hälftigem Miteigentum ein häusliches Arbeitszimmer gemeinsam, sind die Kosten jedem Ehepartner grds. zur Hälfte zuzuordnen (BFH v. 15.12.2016, VI R 53/12, BStBl II 2017, 938).

Das FG Thüringen wollte diese Grundsätze auch auf in einer **eheähnlichen Gemeinschaft** lebende, gemeinsam wirtschaftende Personen anwenden, der BFH hat diese Auffassung jedoch abgelehnt: Wenn von den zusammen lebenden, nicht miteinander verheirateten Eltern nur ein Elternteil den Vertrag mit der Kindertagesstätte abschließt und das Entgelt von seinem Konto zahlt, dann kann dieses weder vollständig noch anteilig dem anderen Elternteil unter dem Gesichtspunkt des abgekürzten Zahlungs- oder Vertragswegs als von ihm getragener Aufwand zugerechnet werden (BFH v. 25.11.2010, III R 79/09, BStBl II 2011, 450).

Beispiel 5:

Herr A lebt mit seiner Lebensgefährtin Frau B und einem gemeinsamen Kind zusammen; beide sind berufstätig. Für die Betreuung des gemeinsamen Kindes hat Frau B 990 € gezahlt, den Vertrag mit dem Kindergarten hat sie allein abgeschlossen.

Der BFH hat es abgelehnt, bei Herrn A antragsgemäß 2/3 der Aufwendungen (= 660 €) wie Werbungskosten nach § 9c Abs. 1 EStG a.F. zu berücksichtigen, weil er die Aufwendungen nicht getragen habe (BFH v. 25.11.2010, III R 79/09, BStBl II 2011, 450).

2. Abgrenzung zu Lebenshaltungskosten

4492 Nach dem Beschluss des **Großen Senats des BFH** v. 21.9.2009, GrS 1/06, BStBl II 2010, 672 und dem dazu ergangenen BMF-Schreiben v. 6.7.2010, IV C 3 – S 2227/07/10003 :002, BStBl I 2010, 614 sind Aufwendungen für den Haushalt des Stpfl. und für den Unterhalt seiner Familienangehörigen nach § 12 Nr. 1 Satz 1 EStG vollständig vom Betriebsausgaben-/Werbungskostenabzug ausgeschlossen und demzufolge nicht in einen abziehbaren und nicht abziehbaren Teil aufzuteilen. Sie sind durch die Vorschriften zur Berücksichtigung des steuerlichen **Existenzminimums** (Grundfreibetrag, Freibeträge für Kinder) pauschal abgegolten oder als Sonderausgaben oder als außergewöhnliche Belastungen abziehbar. **Kosten der Lebensführung** in diesem Sinne sind insbesondere Aufwendungen für Wohnung, Ernährung, Kleidung, allgemeine Schulausbildung, Kindererziehung, persönliche Bedürfnisse des täglichen Lebens, z.B. Erhaltung der Gesundheit, Pflege, Hygieneartikel, Zeitung, Rundfunk oder Besuch kultureller und sportlicher Veranstaltungen (vgl. FG Baden-Württemberg v. 19.2.2016, 13 K 2981/13, EFG 2016, 627 betr. Aufwendungen einer Kunstlehrerin für den Besuch von Vernissagen und Kunstausstellungen als typische Aufwendungen der Lebensführung).

Vollumfänglich nicht abziehbar und demzufolge nicht aufzuteilen sind ferner Aufwendungen nach § 12 Nr. 1 Satz 2 EStG. Das sind Aufwendungen für die Lebensführung, die zwar der Förderung des Berufs oder der Tätigkeit dienen können, die aber grds. die wirtschaftliche oder gesellschaftliche Stellung des Stpfl. mit sich bringt. Hierbei handelt es sich um Aufwendungen, die mit dem persönlichen Ansehen des Stpfl. in Zusammenhang stehen, d.h. der Pflege der sozialen Verpflichtungen dienen (sog. **Repräsentationsaufwendungen**). Ob Aufwendungen Repräsentationsaufwendungen i.S.d. § 12 Nr. 1 Satz 2 EStG oder (zumindest teilweise) Betriebsausgaben/Werbungskosten darstellen, ist stets durch eine Gesamtwürdigung aller Umstände des Einzelfalls festzustellen. Bei Veranstaltungen, die vom Stpfl. ausgerichtet werden, stellt ein persönlicher Anlass (z.B. **Geburtstag, Trauerfeier**) regelmäßig ein bedeutendes Indiz für die Annahme nicht abziehbarer Repräsentationsaufwendungen dar. Auch Aufwendungen für **gesellschaftliche Veranstaltungen** fallen i.d.R. unter § 12 Nr. 1 Satz 2 EStG.

Ist der erwerbsbezogene Anteil nicht von untergeordneter Bedeutung, kann eine **Aufteilung** und ein Abzug des beruflich veranlassten Teils der Aufwendungen in Betracht kommen, sofern der den **Beruf fördernde Teil der Aufwendungen sich nach objektiven Maßstäben zutreffend und in leicht nachprüfbarer Weise abgrenzen** lässt. Bestehen keine Zweifel daran, dass ein abgrenzbarer Teil der Aufwendungen beruflich veranlasst ist, bereitet seine Quantifizierung aber Schwierigkeiten, so ist dieser Anteil unter Berücksichtigung aller maßgeblichen Umstände zu **schätzen** (BFH v. 14.1.2021, VI R 15/19, BStBl II 2021, 453 betr. Aufwendungen für einen sog. Schulhund als Werbungskosten).

Schwierigkeiten bereitet in der Praxis v.a. die Beurteilung **„gemischter Aufwendungen"**, die z.T. beruflich, z.T. aber auch privat veranlasst sind. **Im Einzelnen gilt Folgendes (s.a. R 9.1 Abs. 2 LStR):**

- Sind die Aufwendungen so gut wie **ausschließlich beruflich veranlasst**, sind sie **in voller Höhe als Werbungskosten** abzugsfähig. Eine „untergeordnete private Mitveranlassung" bis zu etwa 10 % ist „unschädlich" (s. z.B. BFH v. 10.7.2008, VI R 26/07, betr. Bewirtungskosten, wenn an der Bewirtung in geringem Umfang auch private Gäste teilnehmen, und BFH v. 20.1.2016, VI R 24/15, BStBl II 2016, 744 betr. Aufwendungen eines Arbeitnehmers für die Feier seines Dienstjubiläums).

Beispiel 1:

Ein Computer wird zu 96,2 % für berufliche Zwecke genutzt (Privatanteil etwa 3,8 %).

Die Aufwendungen können in voller Höhe als Werbungskosten geltend gemacht werden, da die private Nutzung einen Nutzungsanteil von etwa 10 % nicht übersteigt. Eine Kürzung um den (geringen) privaten Nutzungsanteil erfolgt nicht (vgl. sinngemäß BFH v. 24.1.2013, V R 42/11, zum Kindergeld; auch H 9.12 „Aufteilung der Anschaffungs- oder Herstellungskosten" 3. Spiegelstrich LStH).

- Sind die Aufwendungen so gut wie **ausschließlich privat veranlasst** (beruflicher Anteil unter 10 %), sind sie **in vollem Umfang nicht als Betriebsausgaben/Werbungskosten** abziehbar (BMF v. 6.7.2010, IV C 3 – S 2227/07/10003 :002, BStBl I 2010, 614 und BFH v. 10.7.2012, VI B 75/12).
- Sind die Aufwendungen nur **z.T. beruflich veranlasst** und lässt sich dieser Teil nach objektivierbaren Merkmalen leicht und einwandfrei von dem privaten Teil trennen, ist **nur der „berufliche" Anteil abzugsfähig**, der ggf. geschätzt werden muss.

Beispiel 2:

a) A wäscht seine Berufskleidung zu Hause zusammen mit Privatkleidung. Der berufliche Anteil ist als Werbungskosten abzugsfähig, er muss ggf. geschätzt werden (→ *Berufskleidung* Rz. 1364).

b) Aufwendungen für einen sog. Schulhund können nach BFH v. 14.1.2021, VI R 15/19, BStBl II 2021, 453 bis zu 50 % als Werbungskosten bei den Einkünften einer Lehrerin aus nichtselbständiger Arbeit abgezogen werden. Ein hälftiger Werbungskostenabzug ist nicht zu beanstanden, wenn der Hund innerhalb einer regelmäßig fünftägigen Unterrichtswoche arbeitstäglich in der Schule eingesetzt wird.

Eine Trennung und Aufteilung der Kosten ist außerdem bei **Kraftfahrzeugkosten** (nach Fahrtenbuch), bei **Versicherungsbeiträgen** (nach Auskunft des Versicherungsunternehmens über die Kalkulation seiner Prämien), bei **Computer-, Telefon-** und **Internetkosten** (z.B. FG Saarland v. 25.6.2012, 2 K 1363/11: pauschale Anerkennung von 50 %), bei **Reisekosten** (BFH v. 9.1.2013, VI B 133/12, betr. einen Sprachkurs im Ausland) und bei – unter bestimmten Voraussetzungen – **Bewirtungskosten** (BFH v. 8.7.2015, VI R 46/14, BStBl II 2015, 1013 betr. Aufwendungen eines Arbeitnehmers für die Feier des Geburtstags und der Bestellung zum Steuerberater) zugelassen worden. Die Kosten einer Geburtstagsfeier können jedoch in voller Höhe Werbungskosten sein, wenn nur Mitarbeiter eingeladen werden, die Kosten je Person moderat sind und private Feiern separat veranstaltet werden (BFH v. 10.11.2016, VI R 7/16, BStBl II 2017, 409 betr. Aufwendungen eines angestellten GmbH-Geschäftsführers für die Feier seines 60. Geburtstags).

- **Ein Abzug der Aufwendungen kommt dagegen insgesamt nicht in Betracht**, wenn die – für sich gesehen jeweils nicht unbedeutenden – betrieblichen/beruflichen und privaten Veranlassungsbeiträge so ineinander greifen, dass eine **Trennung nicht möglich** und eine Grundlage für die Schätzung nicht erkennbar ist. Das ist insbesondere der Fall, wenn es an objektivierbaren Kriterien für eine Aufteilung fehlt (R 9.1 Abs. 2 Satz 3 Nr. 3 LStR).

Beispiel 3:

A, Sprecher des Vorstands der C-Bank-AG, machte in seiner Einkommensteuer-Erklärung 2015 u.a. Aufwendungen für den Bezug der Frankfurter Allgemeine Zeitung (FAZ) i.H.v. 227 € als Werbungskosten geltend. Die tagesaktuelle Information über Finanzen, Politik und Wirtschaft sei wesentlicher Bestandteil seiner Tätigkeit. Diese Information liefere lediglich die FAZ oder das Handelsblatt. Das Abonnement diene deshalb zumindest zu 80 % der Aufwendungen beruflichen Zwecken und sei daher mindestens mit einem Betrag von 182 € als Werbungskosten zu berücksichtigen.

Das **FG Düsseldorf** hat den Abzug abgelehnt (Urteil v. 2.2.2021, 10 K 3253/17 E, EFG 2021, 743 m.w.N.). Begründung: Aufwendungen für den Bezug einer Tageszeitung, die der allgemeinen Information und damit jedenfalls auch der Lebensführung dient, können grds. nicht als Erwerbsaufwendungen abgezogen werden. Eine Ausnahme von diesem Grundsatz kommt nur dann in Betracht, wenn eine nahezu ausschließliche betriebliche oder berufliche Verwendung derzeit und nach den besonderen Umständen des Falles als sicher erscheint.

Letzteres ist bei der FAZ nicht der Fall. Die FAZ enthält in großem Umfang auch Informationen über Politik, Kultur und Sport. Ihre Lektüre befriedigt daher – zumindest in nicht unerheblichem Umfang – auch private Interessen. Aus § 32 Abs. 5 des Börsengesetzes folgt nichts anderes. Nach dieser Vorschrift bestimmt die Geschäftsführung der Börse mindestens drei inländische Zeitungen mit überregionaler Verbreitung zu Bekanntmachungsblättern für die vorgeschriebenen Veröffentlichungen. Eine bestimmte steuerliche Behandlung der Aufwendungen für den Bezug der FAZ bei einem ihrer Käufer ergibt sich daraus nicht.

Die vom Kläger geltend gemachten Aufwendungen können auch **nicht – etwa auf Grund einer Schätzung – teilweise zum Abzug als Werbungskosten zugelassen** werden, weil sich nicht nach objektiven Kriterien bestimmen lässt, in welchem Umfang die Zeitung zur Erlangung beruflicher und außerberuflicher Informationen genutzt wird.

Beispiel 4:

Ein Geschäftsführer hat im Zeitraum vom 30.7. bis 20.8.2011 in Begleitung seiner Ehefrau und des gemeinsamen Sohnes eine Rundreise in die USA mit folgenden Reisezielen unternommen: New York, Niagara Falls, Boston, Denver, Cheyenne, Keystone, Santa Monica Beach, Yellowstone Nationalpark, Salt Lake City, Moab, Monument Valley, Las Vegas, Los Angeles. Die Reise, die (auch) sein berufliches Informationsbedürfnis über internationale Mitbewerber stillen sollte, fand während seines Jahresurlaubs statt, den er (auch) mit seiner Familie verbringen wollte.

Das **FG München** (Urteil v. 21.4.2015, 2 K 488/13) hat den Werbungskostenabzug abgelehnt, weil mit der Reise auch ein allgemeintouristisches Interesse von nicht untergeordneter Bedeutung befriedigt werden sollte und keine einzelnen abgrenzbaren Aufwendungen durch einen ausschließlich betrieblichen (beruflichen) Anlass entstanden sind.

S.a. **FG Münster** v. 14.5.2019, 2 K 2355/18 E, EFG 2019, 1525: Begleitet die Ehefrau eines Steuerberaters, die auf dem Gebiet des Steuerrechts nicht vorgebildet ist und zu ihrem Ehemann in keinem Arbeitsverhältnis oder Angestelltenverhältnis steht, diesen anlässlich einer Tagung auf eine Auslandsreise in ein touristisch attraktives Land, welches sie im Anschluss an die Tagung zusammen mit ihrem Mann privat bereist, so stellen die auf sie entfallenden Reisekosten auch dann keine Betriebsausgaben des Ehemanns bei dessen Einkünften aus freiberuflicher Tätigkeit dar, wenn die Ehefrau ihn bei der Aufnahme und Pflege von Kontakten zu ausländischen Berufsträgern in einem zwischen Eheleuten üblichen Maß unterstützt.

Beispiel 5:

Der Trainer eines Bundesligavereins wendet monatlich 46,90 € auf für ein Abonnement des Pay-TV-Senders Sky mit den Paketen „Fußball Bundesliga", „Sport" und „Sky Welt", um sich beruflich im nationalen und internationalen Fußballgeschäft auf dem Laufenden zu halten (etwa für den Fall eines Vereinswechsels) und Spielbeobachtungen durchzuführen. Außerdem nutze er das Abo für Aufzeichnungen und Studien. Insbesondere versuche er das neuartige Torwartspiel des Nationaltorwarts Neuer zu übernehmen und mit seiner Mannschaft zu trainieren. Zudem betreibe er Videoanalysen (etwa aller gegnerischen Torhüter), die er sodann bei seinen Torhüterschulungen bzw. bei seiner täglichen Arbeit einsetze; diese laufende Fortbildung sichere ihm seine Arbeitseinkünfte.

Nach BFH v. 16.1.2019, VI R 24/16, BStBl II 2019, 376 und FG Düsseldorf v. 5.11.2019, 15 K 12338/19 E, EFG 2020, 90 können die Aufwendungen eines Fußballtrainers für ein Sky-Bundesliga-Abo Werbungskosten sein, wenn tatsächlich eine berufliche Verwendung vorliegt.

Weitere Beispiele für solche „gemischten" und im Regelfall nicht abzugsfähigen Aufwendungen: **Bekleidung, Bücher mit allgemein bildendem Inhalt, Zeitschriften, Studienreisen, Sprachkurse**, bei denen berufliche und private Zwecke „zusammenfallen".

Soweit der BFH (oder auch die Finanzgerichte) in früheren Urteilen die Abziehbarkeit gemischter Aufwendungen mangels objektivierbarer Aufteilungskriterien abgelehnt hat, ist im Regelfall weiterhin von der Nichtabziehbarkeit auszugehen (BMF v. 6.7.2010, IV C 3 – S 2227/07/10003 :002, BStBl I 2010, 614).

3. Abgrenzung zu Sonderausgaben (insbesondere Ausbildungskosten)

Erstausbildungskosten sind steuerlich – anders als z.B. Fortbildungskosten – grds. nicht als Werbungskosten abzugsfähig. Ein Abzug kommt nach **§ 9 Abs. 6 EStG** nur noch als **Sonderausgaben** bis zum Höchstbetrag von **6 000 €** nach § 10 Abs. 1 Nr. 7 EStG in Betracht (→ *Fortbildung* Rz. 2218). Abzugsfähig als Werbungskosten können dagegen Aufwendungen für ein **Zweitstudium oder eine Umschulung** sein (→ *Fortbildung* Rz. 2225). **4493**

Besonderheiten gelten bei **Ausbildungsdienstverhältnissen**: Da Gegenstand des Arbeitsvertrags die Ausbildung selbst ist, können auch die damit zusammenhängenden Ausbildungskosten in voller Höhe als Werbungskosten abgezogen werden, vgl. R 9.2 LStR sowie → *Fortbildung* Rz. 2223.

Hängen die Aufwendungen des Arbeitnehmers mit Tätigkeiten zusammen, die nach § 10 Abs. 1 Nr. 7 EStG als Sonderausgaben begünstigt sind (insbesondere **Ausbildungskosten**), entfällt der Werbungskostenabzug – anders als bei einem Zusammenhang mit sonstigen privaten Tätigkeiten – nicht von vornherein. Die Aufwendungen sind dann allenfalls auf **Werbungskosten und Sonderausgaben aufzuteilen**, sofern eine Aufteilung möglich ist (BFH v. 30.4.2008, X B 263/07). Anderenfalls **geht der Werbungskostenabzug** vor, so dass ggf. ein **voller Abzug** solcher „gemischter Aufwendungen" bei den Einkünften aus der Berufstätigkeit möglich ist (z.B. BFH v. 22.11.2000, VI B 174/00, m.w.N.).

Beispiel 1:

A ist als wissenschaftliche Assistentin an einer Hochschule tätig. Sie war nach dem Dienstvertrag verpflichtet, in Forschung und Lehre mitzuwirken. Außerdem sollte sie an einem Forschungsvorhaben mitarbeiten und hierüber eine Dissertation erstellen. In ihrer Einkommensteuererklärung hat sie u.a. Aufwendungen für ein häusliches Arbeitszimmer und für Computer als Werbungskosten geltend gemacht.

Der BFH hat zu diesem Fall entschieden, dass A ihre gesamten Aufwendungen als Werbungskosten absetzen könne. Denn die Aufwendungen hingen untrennbar sowohl mit ihrer Erwerbstätigkeit als auch mit dem Promotionsvorhaben zusammen (BFH v. 18.4.1996, VI R 54/95, HFR 1996, 663; ebenso FG Münster v. 5.12.1996, 5 K 1253/95 E, EFG 1997, 608 betr. Anerkennung einer **doppelten Haushaltsführung** als Werbungskosten trotz Verbindung der Berufstätigkeit mit einer Promotion). S.a. → *Doktoranden* Rz. 1599.

Beispiel 2:

B hat für sein Studium einen Computer angeschafft, den er zu 50 % gewerblich (Hausverwaltungen) nutzt (Aufteilung nach zeitlicher Nutzung).

Da hier eine Aufteilung der Kosten möglich erscheint, sind die Kosten auf Betriebsausgaben und Sonderausgaben (Ausbildungskosten) aufzuteilen (→ *Computer* Rz. 1519).

4. Zeitpunkt des Abzugs

4494 Werbungskosten müssen grds. im **Jahr der Zahlung** abgesetzt werden (§ 11 Abs. 2 EStG). Dies ist bei unbarer Zahlung die Hingabe eines Überweisungsauftrags an die Bank, eines Schecks oder einer Scheck- oder Kreditkarte (vgl. BayLfSt v. 27.7.2021, S 2226.2.1 – 5/23 St32, betr. Umsatzsteuerzahlungen/-Erstattungen als regelmäßig, wiederkehrende Zahlungen). Die Fälligkeit, das Datum der Rechnung oder der Zeitpunkt der Lieferung sind unerheblich. Die spätere **Erstattung** von Werbungskosten ist „voll steuerpflichtig" (→ *Negative Einnahmen und Werbungskosten* Rz. 3280).

Bei einer Zahlung im **Lastschriftverfahren** liegt ein Abfluss i.S.d. § 11 Abs. 2 Satz 1 EStG bereits dann vor, wenn der Stpfl. durch die Erteilung der Einzugsermächtigung und eine ausreichende Deckung seines Girokontos alles in seiner Macht stehende getan hat, um die Zahlung der Steuerschuld zum Zeitpunkt der Fälligkeit zu gewährleisten. Wann der Leistungserfolg eintritt, ist unerheblich (vgl. BayLfSt v. 27.7.2021, S 2226.2.1 – 5/23 St32, betr. Umsatzsteuerzahlungen/-Erstattungen als regelmäßig, wiederkehrende Zahlungen).

Für **regelmäßig wiederkehrende Ausgaben** (z.B. Beiträge zu Berufsverbänden oder Versicherungen) gilt § 11 Abs. 1 Satz 2 EStG i.V.m. § 11 Abs. 2 Satz 2 EStG entsprechend, so dass diese als in dem Kalenderjahr abgeflossen gelten, zu dem sie wirtschaftlich gehören, wenn der Stpfl. sie kurze Zeit vor Beginn oder kurze Zeit nach Beendigung dieses Kalenderjahres gezahlt hat. **Kurze Zeit** ist i.d.R. ein Zeitraum bis zu **zehn Tagen**; nach bisheriger Verwaltungsauffassung musste für die Anwendung der sog. 10-Tage-Regelung **Zahlung und Fälligkeit** innerhalb kurzer Zeit (10-Tageszeitraum) liegen (vgl. H 11 „Kurze Zeit" EStH).

Diese Verwaltungsauffassung hat der BFH mit Urteil v. 27.6.2018, X R 44/16, BStBl II 2018, 781 abgelehnt und entschieden, dass eine **Umsatzsteuervorauszahlung**, die innerhalb von zehn Tagen nach Ablauf des Kalenderjahres gezahlt wird, auch dann im Jahr ihrer wirtschaftlichen Zugehörigkeit abziehbar ist, wenn der **10. Januar des Folgejahres auf einen Sonnabend, Sonntag oder gesetzlichen Feiertag fällt**. Die Finanzverwaltung folgt nunmehr der Auffassung des BFH; die Verlängerung der gesetzlichen Frist des § 18 UStG durch § 108 Abs. 3 AO auf den nächstfolgenden Werktag und damit auf einen Zeitpunkt nach dem 10. Januar ist für § 11 EStG ohne Bedeutung (vgl. BayLfSt v. 27.7.2021, S 2226.2.1 – 5/23 St32, betr. Umsatzsteuerzahlungen/-Erstattungen als regelmäßig, wiederkehrende Zahlungen). Nach inzwischen ständiger BFH-Rechtsprechung handelt es sich bei den Umsatzsteuervorauszahlungen im Hinblick auf deren gesetzlich festgelegte Wiederholung in § 18 Abs. 1 Sätze 1 und 4 UStG um regelmäßig wiederkehrende Ausgaben, für die die sog. 10-Tage-Regelung gilt. Der BFH hat hierzu im Urteil v. 16.2.2022, X R 2/21, HFR 2022, 632 klargestellt, dass regelmäßig wiederkehrende Einnahmen und Ausgaben voraussetzen, dass sie kurze Zeit vor Beginn bzw. kurze Zeit nach Beendigung des Kalenderjahres der wirtschaftlichen Zugehörigkeit nicht nur gezahlt, sondern auch fällig geworden sind. Das Urteil hat auch für Arbeitnehmer Bedeutung. Denn die 10-Tage-Regel gilt auch für den Abzug von Werbungskosten und Sonderausgaben, so z.B. für die Zahlung von Beiträgen zu Berufsverbänden, Schuldzinsen oder Versicherungsbeiträgen.

Bei Wirtschaftsgütern mit einer Nutzungsdauer von mehr als einem Jahr können jedoch nur die jährlichen **Absetzungen für Abnutzung** berücksichtigt werden, ausgenommen sog. **geringwertige Wirtschaftsgüter bis 800 €** (ohne Umsatzsteuer), Betrag seit 2018 (§ 9 Abs. 1 Satz 3 Nr. 7 Satz 2 EStG sowie R 9.12 Satz 1 LStR und → Rz. 4500).

5. Ersatz von Werbungskosten

4495 Beträge, die Werbungskosten ersetzen, sind **im Jahre des Zuflusses steuerpflichtige Einnahmen** bei der Einkunftsart, bei der die Aufwendungen vorher als Werbungskosten abgezogen worden waren, und **nicht den sog. negativen Werbungskosten uzuordnen** (R 19.3. Abs. 3 LStR für Ersatzleistungen des Arbeitgebers). Unerheblich ist, dass ein Dritter die Werbungskosten erstattet. So stellt auch der allein vom Bestehen der Abschlussprüfung abhängige Darlehensteilerlass bei der beruflichen Aufstiegsfortbildung Ersatz von Werbungskosten aus in der Erwerbssphäre liegenden Gründen dar und führt damit zu Arbeitslohn (BFH v. 23.11.2023, VI R 9/21, BStBl II 2024, 718). Es kommt für die Annahme von Arbeitslohn im Übrigen auch nicht darauf an, ob die Erwerbstätigkeit zum Zeitpunkt des Rückflusses noch ausgeübt wird oder ob sich die Aufwendungen in vorangegangenen Veranlagungszeiträumen steuerlich ausgewirkt haben.

Beispiel 1:

Die Bankangestellte A hat im Jahr 2024 eine Fortbildung zur Bankfachwirtin absolviert. Vorab-Vereinbarung in 2024 mit der Bank: Wenn die Angestellte die Prüfung besteht, erstattet die Bank die angefallenen Lehrgangs- und Prüfungsgebühren. Nach erfolgreichem Abschluss der Fortbildung hat die Bank im Jahre 2025 Lehrgangskosten i.H.v. 5 000 € erstattet. Die gesamten Lehrgangskosten i.H.v. 6 000 € hat A in ihrer Einkommensteuer-Erklärung als Werbungskosten abgesetzt.

Es handelt sich um im Jahr 2025 bezogenen **steuerpflichtigen Arbeitslohn**, von dem die Bank Lohnsteuer einzubehalten hat. Die Berücksichtigung der Fortbildungskosten (Werbungskosten) im Veranlagungszeitraum des Abflusses (2024) bleibt durch die spätere Kostenerstattung.

Der Ansatz rückempfangener Beträge als steuerpflichtige Einnahmen setzt jedoch eine **erwerbsbezogene Veranlassung** voraus. Erfolgt der Rückfluss bzw. die Erstattung der Werbungskosten aus privaten, z.B. verwandtschaftlichen Motiven, so liegen keine steuerpflichtigen Einnahmen vor.

Beispiel 2:

Frau B nahm in den Jahren 2023 bis 2025 an einer Aufstiegsfortbildung zur geprüften Industriemeisterin Metall teil. Während der Dauer der Fortbildung, die nicht auf Weisung der X-AG erfolgte, zahlte die X-AG der Frau B weiterhin Arbeitslohn, da sie für die Teilnahme an der Fortbildung ihren Urlaub sowie Zeiten aus ihrem Arbeitszeitkonto in Anspruch nahm. Zur Finanzierung der Fortbildungskosten hat Frau A von der KfW-Bank **Darlehen nach dem Aufstiegsfortbildungsförderungsgesetz (AFBG) – umgangssprachlich als „Meister-BAföG" oder „Aufstiegs-BAföG" bekannt** – auf. Frau B hat die Lehrgangskosten als Werbungskosten abgezogen.

Nach § 13b Abs. 1 AFBG wurden ihr nach erfolgreicher Prüfung 50 % des zu diesem Zeitpunkt noch nicht fällig gewordenen Darlehens für die Lehrgangs- und Prüfungsgebühren erlassen.

In Höhe des Darlehenserlasses liegt im Jahr 2025 Arbeitslohn vor.

6. Nachweis

Begehrt ein Stpfl. den Abzug von Werbungskosten, so trägt er die 4496
objektive Beweislast (Feststellungslast) für die Tatsachen, die den Abzug der Werbungskosten dem Grunde und der Höhe nach begründen. Werbungskosten sollten daher vom Arbeitnehmer möglichst durch Rechnungen **nachgewiesen oder zumindest glaubhaft gemacht** werden; es gibt keinen Rechtsanspruch auf die Berücksichtigung pauschal geltend gemachter Beträge (BFH v. 13.4.2010, VIII R 27/08, zu Kosten eines nichtselbständig tätigen Syndikusanwalts für Büromaterial und Porti i.H.v. 600 € jährlich sowie FG Düsseldorf v. 2.2.2021, 10 K 3253/17 E, EFG 2021, 743 zu Kosten des Vorstandsprechers einer Bank für Büromaterial und Kommunikationseinrichtungen i.H.v. 275 €).

Sind die Aufwendungen dem Grunde nach unbestritten, können sie **geschätzt** werden, vgl. z.B. FG Köln v. 16.1.2013, 3 K 2008/07, EFG 2014, 451; im Urteilsfall hat das FG pauschale Bewerbungskosten i.H.v. 100 € anerkannt.

7. Pauschbeträge

Zur Vereinfachung enthält § 9a Nr. 1 EStG einen sog. **Arbeitneh-** 4497
mer-Pauschbetrag von **1 230 €** (2021: 1 200 €), mit dem Werbungskosten bis zu dieser Höhe pauschal abgegolten sind. Der Pauschbetrag ist bereits in die Lohnsteuertabellen der Steuerklassen I bis V eingearbeitet, → *Arbeitnehmer-Pauschbetrag* Rz. 566.

Für bestimmte Berufsgruppen (**Artisten, darstellende Künstler, Journalisten**) wurden in R 47 LStR 1999 zusätzlich zum Arbeitnehmer-Pauschbetrag bestimmte Werbungskosten-Pauschbeträge festgesetzt. Diese Regelung ist mit Wirkung **vom 1.1.2000 aufgehoben** worden.

8. Beispiele für Werbungskosten

Die nachstehende Aufzählung kann sich nur auf „Stichworte" be- 4498
schränken. Wenn Sie genauere Informationen wünschen, lesen Sie bitte die angegebenen Rechtsquellen nach.

4499 **Abordnung:** Bei einer Abordnung mit einer zeitlichen Befristung unter 48 Monaten an eine auswärtige Arbeitsstelle oder Schulungseinrichtung liegt eine sog. **Auswärtstätigkeit** vor (OFD Niedersachsen v. 15.3.2017, S 2350 – 14 – St 215, StEd 2017, 214 betr. die Ausbildung von Finanz- und Steueranwärtern).

Wird die auswärtige Tätigkeitsstätte zur neuen ersten Tätigkeitsstätte (z.B. durch anschließende Versetzung ohne zeitliche Befristung), kann sich daran eine **doppelte Haushaltsführung** anschließen. Folge: Abzug von Mehraufwendungen für Verpflegung, Fahrtkosten, Unterkunft (→ *Doppelte Haushaltsführung: Allgemeines* Rz. 1709 und → *Reisekosten: Allgemeine Grundsätze* Rz. 3607).

Keine Auswärtstätigkeit liegt regelmäßig bei Abordnungen ohne zeitliche Befristung oder Abordnungen mit dem Ziel der **Versetzung** vor, in diesem Fall wird die neue Arbeitsstätte sofort neue erste Tätigkeitsstätte (→ *Reisekosten: Allgemeine Grundsätze* Rz. 3607). Folge: Abzug von Aufwendungen nur i.R. der doppelten Haushaltsführung. Tägliche Fahrten zwischen Wohnung und erster Tätigkeitsstätte können nur mit der Entfernungspauschale berücksichtigt werden.

4500 **Absetzungen für Abnutzung:** Bei Wirtschaftsgütern, deren Verwendung oder Nutzung durch den Stpfl. zur Erzielung von Einkünften sich erfahrungsgemäß auf einen Zeitraum von **mehr als einem Jahr erstreckt**, ist nach § 7 Abs. 1 EStG jeweils für ein Jahr der Teil der Anschaffungs- oder Herstellungskosten abzusetzen, der bei gleichmäßiger Verteilung dieser Kosten auf die Gesamtdauer der Verwendung oder Nutzung auf ein Jahr entfällt (Absetzung für Abnutzung in gleichen Jahresbeträgen). Die Absetzung bemisst sich hierbei nach der **betriebsgewöhnlichen Nutzungsdauer** des Wirtschaftsguts.

Die frühere **Vereinfachungsregelung** (volle Jahres-AfA bei Anschaffung in der ersten Jahreshälfte, halbe Jahres-AfA bei Anschaffung in der zweiten Jahreshälfte) ist seit 2004 für nach dem 31.12.2003 angeschaffte oder hergestellte Wirtschaftsgüter gestrichen worden; künftig ist die **AfA immer monatsweise** zu berechnen (§ 7 Abs. 1 Satz 4 i.V.m. § 52 Abs. 21 Satz 3 EStG). Die Nutzungsdauer richtet sich nach der **„AfA-Tabelle für allgemein verwendbare Anlagegüter“** (BMF v. 15.12.2000, IV D 2 – S 1551 – 188/00, BStBl I 2000, 1532). Für **Büromöbel** werden z.B. **13 Jahre**, bei **Computern grds. 3 Jahre** (s. aber → *Computer* Rz. 1519 ff.), **für Pkw 6 Jahre, für Smartphones 5 Jahre** und für eine **Einbauküche** und einen **Kühlschrank** in der Wohnung am Arbeitsort bei doppelter Haushaltsführung **10 Jahre** angesetzt (FG Niedersachsen v. 21.10.2014, 12 K 79/13).

Der Arbeitnehmer muss nicht Eigentümer z.B. des angeschafften Arbeitsmittels werden. Die Berechtigung zur Vornahme von Absetzungen für Abnutzung (AfA) setzt nicht voraus, dass der Stpfl. Eigentümer des Wirtschaftsguts ist, für das er Aufwendungen aus beruflichem oder betrieblichem Anlass getätigt hat. Ausschlaggebend ist vielmehr, ob er Aufwendungen im beruflichen oder betrieblichen Interesse trägt. Das allen Einkunftsarten zugrundeliegende **Nettoprinzip**, demzufolge die erwerbssichernden Aufwendungen von den steuerpflichtigen Einnahmen abgezogen werden (vgl. § 2 Abs. 2 i.V.m. §§ 4 ff. und 9 EStG), gebietet grds. den Abzug der vom Stpfl. zur Einkünfteerzielung getätigten Aufwendungen auch dann, wenn und soweit diese Aufwendungen auf in fremdem Eigentum stehende Wirtschaftsgüter erbracht werden. Der Stpfl. erwirbt zwar kein ihm zuzurechnendes Wirtschaftsgut. Gleichwohl kann er die Kosten für ein fremdes Gebäude nach AfA-Regeln abschreiben (BFH v. 6.12.2017, VI R 41/15, BStBl II 2018, 355 betr. Werbungskostenabzug bei beruflicher Nutzung einer im Miteigentum von Ehegatten stehenden Wohnung).

Aufwendungen für eine **Einbauküche** stellen nach der BFH-Rechtsprechung ein **einheitliches Wirtschaftsgut** dar und sind auf 10 Jahre abzuschreiben (BFH v. 3.8.2016, IX R 14/15, BStBl II 2017, 437 sowie BMF v. 16.5.2017, IV C 1 – S 2211/07/10005 :001, BStBl I 2017, 775). Dies gilt sowohl bei Erstanschaffung als auch bei einer Erneuerung. Nach dem BFH-Urteil können Einbauküchen allerdings in Einzelfällen zu wesentlichen Bestandteilen des Gebäudes werden, wenn sie durch Einpassen in die für sie bestimmte Stelle mit den sie umschließenden Gebäudeteilen vereinigt werden. In diesem Fall gehören die Aufwendungen zu den Herstellungskosten des Gebäudes und sind mit diesem zusammen abzuschreiben, AfA-Satz nach § 7 Abs. 4 EStG 2 %; die Kosten für eine Erneuerung sind dann als Erhaltungsaufwand in voller Höhe sofort als Werbungskosten absetzbar (BFH v. 1.12.1970, VI R 358/69, BStBl II 1971, 162).

Bei einer **Umwidmung des Wirtschaftsguts nach einer vorherigen privaten Nutzung** sind die Anschaffungskosten der betreffenden Wirtschaftsgüter auf die Gesamtnutzungsdauer einschließlich der Zeit vor der Umwidmung zu verteilen. Als AfA in Form von Werbungskosten ist nur der Teil der Anschaffungskosten abziehbar, der auf die Zeit nach der Umwidmung entfällt (FG München v. 29.3.2011, 13 K 2013/09).

Endet die berufliche Nutzung eines Arbeitsmittels vorzeitig (z.B. durch Kündigung des Arbeitnehmers), kann für den Restwert **keine Absetzung für außergewöhnliche wirtschaftliche Abnutzung (AfaA)** vorgenommen werden; dabei kommt es nicht darauf an, ob der Stpfl. die Nutzung des Wirtschaftsguts zur Einkünfteerzielung freiwillig oder unfreiwillig beendet (FG München v. 21.1.2016, 10 K 965/15).

Sog. **geringwertige Wirtschaftsgüter bis 800 €** (Betrag seit 2018, mit 19 % Umsatzsteuer 952 €) können in voller Höhe bereits im **Jahr der Anschaffung** (also nicht erst im Jahr der Zahlung) abgesetzt werden (§ 9 Abs. 1 Satz 3 Nr. 7 Satz 2 EStG i.V.m. R 9.12 Satz 1 LStR). Voraussetzung ist, dass sie **selbständig nutzungsfähig** sind, so z.B. die einzelnen Elemente von Schrankwänden und Schreibtischkombinationen (BFH v. 9.8.2001, III R 43/98, BStBl II 2002, 100), **nicht** dagegen die Peripheriegeräte einer Computeranlage (BFH v. 15.7.2010, III R 70/08: Ersatz des Druckers kein sofort abzugsfähiger Erhaltungsaufwand) oder die einzelnen Teile einer Einbauküche (BFH v. 3.8.2016, IX R 14/15, BStBl II 2017, 437).

Eine **Sofortabschreibung** ist nach BMF v. 22.2.2022, IV C 3 – S 2190/21/10002 :025, BStBl I 2022, 187 für die in diesem BMF-Schreiben abschließend aufgeführten **materiellen Wirtschaftsgüter „Computerhardware“ und immateriellen Wirtschaftsgüter „Software zur Dateneingabe und -verarbeitung“** zugelassen worden, indem künftig eine betriebsgewöhnliche Nutzungsdauer von (nur noch) 1 Jahr (bisher regelmäßig 3 Jahre) zu Grunde gelegt wird → *Computer Rz. 1520.*

Werden Anschaffungskosten für ein Wirtschaftsgut in einem Veranlagungszeitraum in voller Höhe als Werbungskosten steuerlich berücksichtigt, obwohl sie nur im Wege der Absetzung für Abnutzung (AfA) hätten geltend gemacht werden dürfen, scheidet ein Werbungskostenabzug von Abschreibungsbeträgen in Folgejahren aus. Bestandskräftig zu Unrecht als sofort abziehbarer Erhaltungsaufwand geltend gemachte Anschaffungskosten führen zu einer Minderung des AfA-Volumens und stehen insoweit einer Weiterführung der AfA entgegen (BFH v. 28.4.2020, IX R 14/19, BStBl II 2020, 545).

Wegen weiterer Einzelfragen s. R 9.12 LStR sowie H 9.12 (Absetzung für Abnutzung) LStH.

Aufwendungen für **geleaste Wirtschaftsgüter** sind in voller Höhe abzugsfähig. Zur Abgrenzung zwischen Kauf nach Miete, Mietkauf und Leasing s. OFD Frankfurt v. 5.3.2014, S 2170 A – 103 – St 224.

Aktenschrank: Als Werbungskosten abzugsfähig, selbst wenn der – 4501
eindeutig beruflichen Zwecken dienende – Schrank im Wohnzimmer steht (BFH v. 18.2.1977, VI R 182/75, BStBl II 1977, 464).

Aktentasche, -koffer: Als Werbungskosten abzugsfähig bei so 4502
gut wie ausschließlich beruflicher Nutzung (FG Berlin v. 2.6.1978, III 126/77, EFG 1979, 225 betr. Aktentasche eines Betriebsprüfers sowie BFH v. 18.9.1981, VI R 237/77, betr. den Aktenkoffer eines Gewerkschaftsfunktionärs). S.a. → Rz. 4543.

Aktien: Schuldzinsen für Darlehen, mit denen Arbeitnehmer den 4503
Erwerb von Gesellschaftsanteilen an ihrer Arbeitgeberin finanzieren, um damit die arbeitsvertragliche Voraussetzung für die Erlangung einer höher dotierten Position zu erfüllen oder weil sie nach dem Anstellungsvertrag zum Aktienerwerb verpflichtet sind, sind regelmäßig Werbungskosten bei den Einkünften aus Kapitalvermögen. Ein Ansatz bei den Einkünften aus nichtselbständiger Arbeit kommt nicht in Betracht, weil zwischen das Arbeitsverhältnis und die Zinszahlung der Aktienbesitz als eigenständige Erwerbsquelle tritt. Nur ausnahmsweise kann auf dieser Grundlage die Annahme in Betracht kommen, dass der Arbeitnehmer mit dem Erwerb einer Beteiligung nicht die mit der Stellung als Gesellschafter verbundenen Rechte, sondern nahezu ausschließlich die Sicherung seines bestehenden oder die Erlangung eines höher-

wertigen Arbeitsplatzes erstrebt. Das kann insbesondere bei negativer Überschussprognose und damit erkennbar fehlender Absicht zur Erzielung von Einkünften aus Kapitalvermögen aus einer solchen Beteiligung der Fall sein (FG Baden-Württemberg v. 29.7.2014, 6 K 767/14, EFG 2014, 1958 m.w.N.).

Verluste bei Aktien können steuerlich nicht berücksichtigt werden, auch wenn der Arbeitgeber deren Verkauf erzwungen hat (BFH v. 10.11.2005, VI B 47/05).

4504 **Anzeigen:** Als Werbungskosten abzugsfähig, wenn sie eindeutig beruflich bedingt sind, z.B. Anzeige bei einer **Stellensuche**.

4505 **Arbeitsgemeinschaft:** Fahrtkosten usw. sind als Werbungskosten abzugsfähig, wenn die „private" Arbeitsgemeinschaft eindeutig berufliche Themen zum Gegenstand hat, z.B. die Vorbereitung auf eine Meisterprüfung, und dies nachgewiesen werden kann (→ *Auszubildende* Rz. 1202).

4506 **Arbeitsmittel:** Zu den Werbungskosten gehören auch Aufwendungen für Arbeitsmittel (§ 9 Abs. 1 Satz 3 Nr. 6 EStG). Arbeitsmittel sind alle Wirtschaftsgüter, die ausschließlich oder doch nahezu ausschließlich und unmittelbar zur Erledigung der dienstlichen Aufgaben dienen. Bei Gegenständen, die auch i.R. der allgemeinen Lebensführung (§ 12 Nr. 1 Satz 2 EStG) genutzt werden können, ist für die Einordnung als Arbeitsmittel der tatsächliche Verwendungszweck im Einzelfall entscheidend. Die Güter müssen ausschließlich oder zumindest weitaus überwiegend beruflich zur Einnahmeerzielung genutzt werden. Eine geringfügige private Mitnutzung ist unschädlich. Ob diese Voraussetzungen gegeben sind, ist unter Würdigung aller Umstände nach der tatsächlichen Zweckbestimmung, d.h. nach der Funktion des Wirtschaftsguts im Einzelfall, festzustellen (BFH v. 14.1.2021, VI R 15/19, BStBl II 2021, 453 betr. Aufwendungen für einen sog. Schulhund als Werbungskosten).

In voller Höhe somit als Werbungskosten abzugsfähig, wenn sie **so gut wie ausschließlich** beruflichen Zwecken dienen, d.h. **Privatanteil nicht mehr als 10 %** (H 9.12 „Aufteilung der Anschaffungs- oder Herstellungskosten" 3. Spiegelstrich LStH sowie BFH v. 16.1.2019, VI R 24/16, BStBl II 2019, 376 und FG Düsseldorf v. 5.11.2019, 15 K 12338/19 E, EFG 2020, 90 betr. Aufwendungen eines Fußballtrainers für ein Sky-Bundesliga-Abo als Werbungskosten).

Die Aufwendungen müssen grds. auf die **Nutzungsdauer verteilt** werden, ausgenommen sog. **geringwertige Wirtschaftsgüter** (s.a. → Rz. 4500).

Übersteigen die Aufwendungen im Jahr nicht **110 €, verzichten die Finanzämter vielfach auf die Vorlage von Belegen** (OFD Karlsruhe v. 11.2.2003, S 2270 A – 27 – St 322). Es handelt sich hier aber lediglich um eine **verwaltungsinterne „Nichtaufgriffsgrenze"** zur Vermeidung von Arbeitsaufwand und Kosten, wenn in jedem Einzelfall die fehlenden Belege angefordert würden. Es gibt daher für den Stpfl. selbst dann **keinen Rechtsanspruch** auf die Anwendung dieser Regelung, wenn das Finanzamt diese in den Vorjahren angewendet haben sollte (BFH v. 13.4.2010, VIII R 26/08, betr. Geltendmachung einer Pauschale i.H.v. 50 € für Büromaterialien).

Eine bundeseinheitliche Verwaltungspraxis gibt es ohnehin nicht, einige Bundesländer lehnen die Gewährung dieser Pauschale ausdrücklich ab, z.B. Sachsen (OFD Chemnitz v. 8.9.2003, S 2355 – 10/2 – St 22, NWB 2003 Fach 1, 301).

Ein nichtselbständig als Wirtschaftsprüfer tätiger Stpfl. hat keinen Anspruch auf Berücksichtigung von pauschal 100 € für sonstige Arbeitsmittel und 50 € für Telefonkosten als Werbungskosten, wenn keinerlei Anknüpfungstatsachen für eine Schätzung ihm entstandener beruflich veranlasster Telefonkosten und Kosten für Arbeitsmittel feststehen (FG Berlin-Brandenburg v. 23.5.2017, 7 K 7134/15).

4507 **Arbeitszimmer:** Ein häusliches Arbeitszimmer ist steuerlich nur anzuerkennen, wenn es **so gut wie ausschließlich beruflich genutzt** wird (Privatanteil bis 10 %) und deutlich von den **Privaträumen getrennt** ist. Es darf sich nicht um ein sog. Durchgangszimmer handeln. Ob die Tätigkeit des Arbeitnehmers dagegen ein häusliches Arbeitszimmer erfordert, hat das Finanzamt nicht zu prüfen.

Werbungskosten sind insbesondere die

- **anteiligen Raumkosten**, also Miete, Heizung, Strom, Hausratversicherung usw., die nach dem Verhältnis der Fläche des Arbeitszimmers zur Wohnfläche zu ermitteln sind,
- die dem Arbeitszimmer **„direkt" zurechenbaren Aufwendungen** (z.B. für die Renovierung),
- Aufwendungen für die **Einrichtung** (Schreibtisch, Bücherschränke usw.), die ggf. auf die voraussichtliche Nutzungsdauer zu verteilen sind,
- bei einem **eigenen Haus** bzw. Eigentumswohnung an Stelle der Miete die **anteilige Gebäudeabschreibung** (AfA-Satz nach § 7 Abs. 4 EStG im Regelfall 2 % jährlich), **Schuldzinsen, Erhaltungsaufwendungen** (auch z.B. die anteiligen Kosten einer Dachreparatur), Grundsteuer usw.

Zu den Abzugsbeschränkungen → *Arbeitszimmer* Rz. 769 und zur sog. Home-Office-Pauschale → *Home-Office/Mobile-Office/Telearbeit* Rz. 2549.

Ausbildungskosten: Erstausbildungskosten können im Gegensatz zu **Fortbildungskosten** (auch Umschulung oder Zweitstudium) nach § 9 Abs. 6 EStG nicht als Werbungskosten abgezogen werden, sind jedoch bis höchstens 6 000 € im Jahr als **Sonderausgaben** abzugsfähig (§ 10 Abs. 1 Nr. 7 EStG sowie → *Fortbildung* Rz. 2218 und BMF v. 22.9.2010, IV C 4 – S 2227/07/10002 :002, BStBl I 2010, 721). 4508

Berufsverbände: Beiträge zu Berufsständen und sonstigen Berufsverbänden, deren Zweck nicht auf einen wirtschaftlichen Geschäftsbetrieb gerichtet ist, sind nach § 9 Abs. 1 Satz 3 Nr. 3 EStG als Werbungskosten abzugsfähig. Berufsverbände sind z.B. Arbeitgebervereinigungen, Gewerkschaften, Beamtenbund, Ärztekammern, Industrie- und Handelskammer, Handwerkskammer, nicht dagegen Automobilvereine, Bund der Steuerzahler, Lohnsteuerhilfevereine (→ *Beiträge: Übernahme durch Arbeitgeber* Rz. 1260). Dies gilt auch für ehrenamtliche Tätigkeiten im Berufsverband (BFH v. 28.11.1980, VI R 193/77, BStBl II 1981, 368). 4509

Abgezogen werden können Pflichtbeiträge der Mitglieder sowie freiwillige Beiträge und Aufnahmegelder, aber auch Zahlungen für konkrete Leistungen des Berufsverbands, die mit der beruflichen Tätigkeit des Stpfl. zusammenhängen (z.B. Rechtsberatung wegen drohender Entlassung).

Betriebsausflug: Grds. nur bei den „Organisatoren" als Werbungskosten abzugsfähig. Ein Lehrer (Entsprechendes gilt für andere Arbeitnehmer) kann die Fahrtkosten anlässlich eines Kollegiumsausflugs (Betriebsausflug) dann nicht als Werbungskosten steuerlich berücksichtigen, wenn es sich bei dem Ausflug nicht um eine Pflichtveranstaltung handelte, d.h. die Teilnahme am Ausflug nicht verbindlich angeordnet war. Die Fahrtkosten anlässlich eines Kollegiumsausflugs sind auch privat mitveranlasst. Eine Aufteilung der Aufwendungen ist nicht leicht und einwandfrei möglich (OFD Düsseldorf v. 19.5.1988, S 2354 A – 34 – St II 30, DStR 1988, 685 sowie FG Düsseldorf v. 12.1.2004, 10 K 2335/00 E, EFG 2004, 645). 4510

Betriebssport: Grds. nicht als Werbungskosten abzugsfähig, weil der Sport lediglich der Verbesserung des „Arbeitsklimas" dient (OFD Düsseldorf v. 19.5.1988, S 2354 A – 34 – St II 30, DStR 1988, 685 sowie → *Sport* Rz. 3974). 4511

Bewerbungskosten: Als Werbungskosten abzugsfähig, selbst wenn sie erfolglos sind. Vorstellungsreisen sind wie Dienstreisen zu behandeln (R 9.4 Satz 2 LStR). Die Höhe kann ggf. geschätzt werden (FG Köln v. 16.1.2013, 3 K 2008/07, EFG 2014, 451; im Urteilsfall hat das FG pauschal 100 € anerkannt). 4512

Der von einem Arbeitgeber an einen Stellenbewerber geleistete Reisekostenersatz bleibt steuerfrei, soweit er sich i.R. des § 3 Nr. 16 EStG bewegt.

Bewirtungskosten: → *Bewirtungskosten* Rz. 1465 4513

Bilder: Bilder am Arbeitsplatz oder im häuslichen Arbeitszimmer sind nicht als Werbungskosten abzugsfähig (BFH v. 12.3.1993, VI R 92/92, BStBl II 1993, 506 und FG München v. 25.1.2007, 6 K 3326/05). Ausnahme: Der Arbeitnehmer hat Repräsentationspflichten zu erfüllen. Wertvolle Gemälde anerkannter Meister unterliegen keiner Abnutzung (FG Berlin-Brandenburg v. 6.12.2007, 1 K 7418/04 B, EFG 2008, 530). 4514

Blaue Karte EU: → *Asylbewerber, Flüchtlinge* Rz. 844 4515

4516 **Brillen:** Keine Werbungskosten, allenfalls spezielle Schutzbrillen. Dies gilt auch für eine sog. **Bildschirm-Arbeitsbrille**, die der Korrektur einer Sehschwäche dient, selbst wenn sie nur am Arbeitsplatz getragen wird. Ausnahme: Die Sehbeschwerden können auf die Tätigkeit am Bildschirm zurückgeführt werden oder sind Folge einer typischen Berufskrankheit (BFH v. 20.7.2005, VI R 50/03). Nicht abzugsfähig sind auch **Kontaktlinsen**, selbst wenn sie ein Sportlehrer ausschließlich für die Berufstätigkeit verwendet und sie unstreitig eine Schutzfunktion erfüllen (FG München v. 6.12.2000, 1 K 1488/99).

4517 **Bücher:** Als Werbungskosten abzugsfähig, wenn die Literatur ausschließlich oder zumindest weitaus überwiegend beruflich genutzt wird (BFH v. 20.5.2010, VI R 53/09, BStBl II 2011, 723 betr. Bücher und Zeitschriften eines Lehrers).

Aufwendungen für Sammelwerke oder sog. Großkommentare über 800 € (ohne Umsatzsteuer; zur mgl. Erhöhung auf 1 000 € durch das Wachstumschancengesetz → Rz. 4494) müssen auf die Nutzungsdauer verteilt werden (FG Köln v. 31.5.1999, 15 K 3241/92). Großzügiger offensichtlich FG Düsseldorf (Urteil v. 13.11.2000, 11 K 4437/98 E, EFG 2001, 281), wonach jeder einzelne Band eines Sammelwerks ein selbständiges Wirtschaftsgut darstellt und deshalb sofort abgesetzt werden kann.

4518 **Bürgschaft:** Werden Ausgaben zur Tilgung einer Bürgschaftsverbindlichkeit (einschließlich der damit in Zusammenhang stehenden Nebenleistungen) als (ggf. nachträgliche) Werbungskosten geltend gemacht, muss bereits die Übernahme der Bürgschaftsverpflichtung beruflich veranlasst gewesen sein. Ist der Stpfl. nicht nur Arbeitnehmer einer Gesellschaft, sondern auch deren **Gesellschafter**, kann die Übernahme einer Bürgschaft allerdings auch durch seine **Gesellschafterstellung veranlasst** sein. Ist der Arbeitnehmer zugleich als Gesellschafter an seiner in Form einer Kapitalgesellschaft betriebenen Arbeitgeberin beteiligt, spricht umso mehr für eine innere wirtschaftliche Verbindung zu den **Einkünften aus Kapitalvermögen und damit für nachträgliche Anschaffungskosten der GmbH-Beteiligung, je höher die Beteiligung des Gesellschafter-Geschäftsführers** ist. Denn ein fremder, nicht mit dem Arbeitgeber durch eine Kapitalbeteiligung verbundener Arbeitnehmer wird nur in Ausnahmefällen bereit sein, zu Gunsten seines offenbar gefährdeten Arbeitsplatzes das Risiko einer Bürgschaft zu übernehmen. **Umgekehrt bedeutet dies zugleich, dass bei einem an der Gesellschaft in nur sehr geringem Umfang beteiligten Arbeitnehmer, der eine Bürgschaft für seinen Arbeitgeber übernimmt, dies als Indiz dafür gilt, dass diese Bürgschaftsübernahme durch das Arbeitsverhältnis veranlasst ist.** Dies gilt erst recht, wenn der Arbeitnehmer an der Gesellschaft überhaupt nicht beteiligt ist und durch die Bürgschaftsübernahme – anders als etwa bei einem dem Arbeitgeber gewährten verzinslichen Darlehen – keine weiteren Einkünfte erzielt und dementsprechend damit ausschließlich seine Lohneinkünfte zu sichern und zu erhalten sucht. Dies gilt im Grundsatz auch dann, wenn der Arbeitnehmer an seinem Arbeitgeber noch nicht gesellschaftsrechtlich beteiligt ist, aber eine solche Beteiligung anstrebt oder wenn der Arbeitnehmer an seinem Arbeitgeber zwar nicht unmittelbar, aber mittelbar gesellschaftsrechtlich beteiligt ist. Denn so, wie ein Erwerbsaufwand durch eine zunächst nur angestrebte künftige Beteiligung gesellschaftsrechtlich veranlasst sein kann, kann dieser auch durch eine mittelbare Beteiligung veranlasst sein, etwa um die unmittelbare Beteiligung finanziell zu stärken (BFH v. 3.9.2015, VI R 58/13, BStBl II 2016, 305 und BFH v. 16.2.2017, VI B 65/16).

Aufwendungen eines Arbeitnehmers zum **Erwerb einer Beteiligung** an seinem (ggf. künftigen) Arbeitgeber sind regelmäßig auch dann nicht als (vorab entstandene) Werbungskosten bei den Einkünften aus nichtselbständiger Arbeit abzugsfähig, wenn die Zahlung Voraussetzung für den Abschluss des Anstellungsvertrags ist. **Derartige Aufwendungen sind abzugrenzen von solchen im Zusammenhang mit einer Bürgschaftsübernahme oder Darlehensgewährung eines Arbeitnehmers zu Gunsten seines Arbeitgebers** (BFH v. 17.5.2017, VI R 1/16, BStBl II 2017, 1073). Nach diesem Urteil sind Aufwendungen des Arbeitnehmers, die den Erwerb einer Beteiligung an dem Arbeitgeber betreffen, nach der BFH-Rechtsprechung „nicht ohne weiteres“ den Werbungskosten bei den Einkünften aus nichtselbständiger Arbeit zuzurechnen, weil sie „im allgemeinen“ nicht unmittelbar mit diesen Einkünften, sondern mit solchen aus Kapitalvermögen im Zusammenhang stehen, selbst wenn damit auch die Arbeitnehmertätigkeit gefördert wird. Vielmehr spricht eine Vermutung dafür, dass der Arbeitnehmer mit dem Erwerb einer Beteiligung an einer Kapitalgesellschaft nicht nur die Sicherung seines Arbeitsplatzes beabsichtigt, sondern auch die mit der Stellung als Gesellschafter verbundenen Rechte erstrebt. Dies gilt auch dann, wenn der Erwerb der Beteiligung (arbeitsvertragliche) Voraussetzung für die Erlangung der angestrebten Position ist oder wenn der Stpfl. sich beteiligt, um durch die Zuführung von Kapital den Fortbestand der Gesellschaft und damit gleichzeitig seinen eigenen Arbeitsplatz zu erhalten. Insoweit besteht nach der Rechtsprechung des BFH ein vorrangiger Zusammenhang mit den Einkünften aus Kapitalvermögen. Die unterschiedliche steuerliche Behandlung von Vermögensverlusten in Form eines Darlehens oder einer Bürgschaftsinanspruchnahme einerseits und einer Beteiligung an einer Kapitalgesellschaft andererseits hat der BFH insbesondere deshalb als gerechtfertigt angesehen, weil der Arbeitnehmer bei der Darlehens- oder Bürgschaftsgewährung ausschließlich das einseitige Risiko eines wirtschaftlichen Verlustes des Darlehens oder der Inanspruchnahme aus der Bürgschaft auf sich nimmt. Demgegenüber besteht bei der Beteiligung an einer Kapitalgesellschaft nicht nur die Gefahr eines Wertverlustes, sondern das übernommene Risiko enthält umgekehrt auch die Chance einer Wertsteigerung. Ein hieraus resultierender Gewinn wäre im Falle der Veräußerung entweder nach § 17 EStG oder § 23 EStG, nicht aber nach § 19 EStG zu versteuern. Nur ausnahmsweise kann auf dieser Grundlage die Annahme in Betracht kommen, dass der Arbeitnehmer mit dem Erwerb einer Beteiligung nicht die mit der Stellung als Gesellschafter verbundenen Rechte, sondern nahezu ausschließlich die Sicherung seines bestehenden oder die Erlangung eines höherwertigen Arbeitsplatzes erstrebt. Das kann insbesondere bei negativer Überschussprognose und damit erkennbar fehlender Absicht zur Erzielung von Einkünften aus Kapitalvermögen aus einer solchen Beteiligung der Fall sein.

Übernimmt ein Stpfl., der nicht nur gering am Stammkapital einer Steuerberatungs-GmbH beteiligt und bei dieser Gesellschaft als Steuerberater tätig ist, eine **Bürgschaft für einen von ihm i.R. seines Arbeitsverhältnisses als Steuerberater betreuten Mandanten**, können Aufwendungen für die Inanspruchnahme aus der Bürgschaft als Werbungskosten bei den Einkünften aus nichtselbständiger Arbeit zu berücksichtigen sein (FG Münster v. 15.10.2015, 3 K 472/14 E, EFG 2016, 282).

Gibt der **Ehegatte eines GmbH-Gesellschafters** eine Bürgschaft, kommt ein Werbungskostenabzug beim Einkunftserzieler-Ehegatten zumindest dann nicht in Betracht, wenn kein Anspruch auf Ersatz der Aufwendungen besteht (BFH v. 27.6.2007, X B 73/06).

Bußgelder, Geldstrafen, Ordnungsgelder, Verwarnungsgelder: 4519
Keine Werbungskosten, selbst wenn die Ursachen im Beruf liegen (→ *Bußgelder* Rz. 1513).

Darlehen: Der Verlust eines an den Arbeitgeber ausgereichten 4520
Arbeitnehmerdarlehens kann zu **Werbungskosten** bei den Einkünften aus nichtselbständiger Arbeit führen, wenn der **Arbeitnehmer das Risiko des Darlehensverlusts aus beruflichen Gründen bewusst auf sich genommen** hat. Als Indiz für solche beruflichen Gründe gilt nach der BFH-Rechtsprechung etwa der Umstand, dass ein außenstehender Dritter, insbesondere eine Bank, kein Darlehen mehr gewährt hätte und daher jedenfalls nicht die Nutzung des Geldkapitals zur Erzielung von Zinseinkünften im Vordergrund steht. Allerdings kann auch in diesen Fällen der Stpfl. aus anderen, nicht im Arbeitsverhältnis liegenden Gründen das Darlehen gegeben haben, wenn er etwa mit seinem Arbeitgeber und Darlehensnehmer auch gesellschaftsrechtlich oder auf Grund privater Beziehungen verbunden und das **Darlehen gesellschaftsrechtlich/privat veranlasst** ist. Um in diesen Fällen entscheiden zu können, ob das Darlehen aus im Arbeitsverhältnis, aus im Gesellschaftsverhältnis liegenden oder aus privaten Gründen gewährt worden ist, ist eine Würdigung der Gesamtumstände des Einzelfalls erforderlich. Dabei ist u.a. die Höhe der Beteiligung des Arbeitnehmers bzw. das außersteuerliche Näheverhältnis, das Verhältnis der Höhe der Lohneinkünfte im Vergleich zu den möglichen Beteiligungserträgen (Renditeentwicklungen und -erwartungen) sowie die Frage, welche Konsequenzen sich für den Arbeitnehmer hätten ergeben können (z.B. der Verlust des Arbeitsplatzes), wenn er seinem Arbeitgeber

die entsprechende Finanzierungsmaßnahme nicht gewährt hätte, zu berücksichtigen. Auch ist danach zu fragen, ob ein fremder, nicht beteiligter oder nicht privat verbundener Arbeitnehmer nach Maßgabe dieser Grundsätze bereit gewesen wäre, dem Arbeitgeber ein entsprechend risikobehaftetes Darlehen auszureichen. Eine feste Grenze im Hinblick auf ein maximales Verlustrisiko, etwa ein Jahresgehalt, deren Überschreiten einen beruflichen Veranlassungszusammenhang per se ausschließen könnte, gibt es nicht. Eine solche wäre auch nicht mit dem Gebot der Gesamtwürdigung der Umstände des Einzelfalls in Einklang zu bringen. Im Übrigen bleibt das Ziel, die eigene wirtschaftliche Existenz (Arbeitsplatz) zu sichern, unverändert, selbst wenn ein familienangehöriger Arbeitnehmer eher als ein fremder Dritter zu einem risikobehafteten finanziellen Engagement zu Gunsten seines Arbeitgebers bereit sein mag (BFH v. 7.5.2015, VI R 55/14, HFR 2015, 1110, m.w.N. sowie → Rz. 4518).

Nach den gleichen Grundsätzen können auch **Aufwendungen eines Geschäftsführers einer GmbH zur Begleichung von Verbindlichkeiten des Arbeitgebers**, beispielsweise von Lieferantenforderungen, Werbungskosten bei den Einkünften aus nichtselbständiger Arbeit sein. Ein (ausschließlich) beruflicher Veranlassungszusammenhang liegt hier insbesondere vor, wenn der Geschäftsführer anderenfalls von den Gläubigern der Gesellschaft wegen einer Verletzung der Insolvenzantragspflicht in Haftung genommen werden könnte. In einem solchen Fall vermag weder ein gesellschaftsrechtliches noch ein privates Näheverhältnis den vorhandenen beruflichen Veranlassungszusammenhang zu verdrängen oder zu überlagern. Denn insoweit wurzelt das Einstehen des Geschäftsführers für die Verbindlichkeiten des Arbeitgebers in seiner beruflichen (Un)Tätigkeit und nicht in der Gesellschafterstellung bzw. der privaten Beziehung des Arbeitnehmers zum Arbeitgeber (BFH v. 7.5.2015, VI R 55/14, HFR 2015, 1110 m.w.N.).

Berufliche Gründe sind z.B. die **Hingabe eines Darlehens zur Arbeitsplatzsicherung** (s. zur Abgrenzung auch „Aktien" sowie „Schuldzinsen"). Aber auch wenn ein Darlehen aus im **Gesellschaftsverhältnis liegenden Gründen gewährt** worden war, kann der spätere Verzicht darauf durch das zugleich bestehende Arbeitsverhältnis veranlasst sein und dann insoweit zu Werbungskosten bei den Einkünften aus nichtselbständiger Arbeit führen, als die Darlehensforderung noch werthaltig ist (BFH v. 25.11.2010, VI R 34/08, BStBl II 2012, 24 und im Nachgang FG Düsseldorf v. 7.12.2012, 1 K 522/11 E, EFG 2013, 1113: Aufwendungen, die in einem einkommensteuerrechtlich zu berücksichtigenden Veranlassungszusammenhang mit den Lohneinkünften stehen, entstehen nur in Höhe des im Zeitpunkt des Verzichts noch werthaltigen Teils der Darlehensforderung, hier: Wertansatz mit 10 % des Nennwerts).

Abgelehnt wurde auch der Darlehensverlust eines angestellten Angehörigen des Alleingesellschafters, wenn Hintergrund für die Darlehensgewährung die **beabsichtigte Unternehmensnachfolge** war (FG München v. 12.11.2008, 10 K 3779/07, EFG 2009, 565).

4521 **Diebstahl:** Diebstahlsverluste können als Werbungskosten berücksichtigt werden, wenn sie **beruflich veranlasst** sind und der Arbeitnehmer alle erforderlichen **Sicherheitsvorkehrungen getroffen** hatte (BFH v. 30.6.1995, VI R 26/95, BStBl II 1995, 744 betr. den Diebstahl eines Mantels aus dem Auto während einer Dienstreise und vom 18.4.2007, XI R 60/04, BStBl II 2007, 762 betr. Diebstahl des Pkw während einer beruflichen Fahrt mit „privatem Abstecher" – Abzug abgelehnt!). Dies gilt nicht, wenn Gegenstände der Ehefrau gestohlen wurden, die mitgefahren ist. Der Verlust von **Geld oder Schmuck** auf einer Dienstreise kann nicht berücksichtigt werden (FG München v. 7.7.1999, 1 K 3088/98, EFG 1999, 1216).

Das gilt auch für **Diebstähle am Arbeitsplatz** (vgl. FG Köln v. 8.6.1990, 4 K 23/85, EFG 1991, 193 sowie B+P 2005, 588). Ein Werbungskostenabzug ist allenfalls möglich, wenn es sich um den **Verlust von „Geld des Arbeitgebers"** handelt, das für einen bestimmten Zweck verwendet werden sollte, z.B. als Reisekostenvorschuss oder um Rechnungen des Arbeitgebers zu begleichen, und der Arbeitgeber hierfür Ersatz verlangt (FG Hamburg v. 13.10.1982, II 392/81, EFG 1983, 344 und FG Hessen v. 11.3.2019, 9 K 593/18, EFG 2019, 698 m.w.N. betr. Falschgeld und Werbungskostenabzug). Nicht berücksichtigt werden kann der Diebstahl eines Kfz anlässlich einer **Fahrt zwischen Wohnung und erster Tätigkeitsstätte**; die Kosten sind mit der **Entfernungspauschale abgegolten** (FG Hamburg v. 5.7.2006, I 4/06, EFG 2006, 1822 m.w.N. betr. den Diebstahl eines auf einem sog. Pendlerparkplatz abgestellten Pkw sowie sinngemäß BFH v. 20.3.2014, VI R 29/13, BStBl II 2014, 849: Kein Abzug von Reparaturaufwendungen infolge der Falschbetankung eines Pkw auf der Fahrt zwischen Wohnung und erster Tätigkeitsstätte).

Zu den Voraussetzungen für den Werbungskostenabzug s. ausführlich BFH v. 9.12.2003, VI R 185/97, BStBl II 2004, 491 betr. den Diebstahl einer als **Arbeitsmittel** genutzten Violine aus der Wohnung einer Orchestermusikerin durch den getrennt lebenden Ehegatten (abzugsfähig ist der sog. **Restwert**).

Doktortitel: → *Doktoranden* Rz. 1599 4522

Ehrenamt: Als Werbungskosten abzugsfähig, wenn die **Übernahme berufsbezogen** ist, z.B. als Mitglied des Personalrats oder der Gewerkschaft (BFH v. 28.11.1980, VI R 193/77, BStBl II 1981, 368). Nicht dagegen ehrenamtliche Tätigkeiten als Schützenkönig (FG Düsseldorf v. 21.5.1970, II 414/68 F, EFG 1971, 127), als Schöffe beim Finanzgericht (FG Berlin v. 6.12.1979, IV 460/78, EFG 1980, 280) oder als Wahlkonsul (FG Niedersachsen v. 26.2.1975, IV 50/72, EFG 1976, 74). Kein Werbungskostenabzug, wenn nur Verluste anfallen, sog. **Liebhaberei**, oder **kein Zusammenhang mit steuerpflichtigen Einkünften mehr besteht**, so z.B. bei Erhalt von Versorgungsbezügen (vgl. FG Hamburg v. 6.4.2017, 2 K 77/16, betr. die seelsorgerische Tätigkeit eines **Pfarrers im Ruhestand**, auch wenn er steuerpflichtige Versorgungsbezüge erhält; ein Werbungskostenabzug im Billigkeitswege nach § 227 AO ist ebenfalls nicht möglich). Das Gericht hat offen gelassen, ob im Einzelfall eine sachliche Unbilligkeit vorliegen kann, wenn einem Pastor im Ruhestand Aufwendungen entstehen, die auf einem **konkreten Ersuchen des Dienstherrn** – vergleichbar einer arbeitsrechtlichen Weisung – beruhen, wodurch zwar keine rechtliche, aber eine besonders intensive moralische Verpflichtung ausgelöst werden kann, die entsprechende pastorale Tätigkeit auszuüben; in Betracht kommt etwa ein **Ersuchen des Dienstherrn zur vorübergehenden Übernahme einer „verwaisten" Pastorenstelle bis zu deren Wiederbesetzung.** 4523

Auch Aufwendungen eines Pfarrers für die unentgeltliche, nicht unerheblich privat mitveranlasste Übernahme der **Urlaubsvertretung des Seelsorgers einer deutschen Kirchengemeinde im Ausland** sind nicht als Werbungskosten abzugsfähig (FG München v. 5.12.2016, 7 K 2031/13).

Es entspricht der Sachgesetzlichkeit des Einkommensteuerrechts, dass Aufwendungen nur abziehbar sind, wenn sie in wirtschaftlichem Zusammenhang mit steuerbaren Einnahmen stehen, deshalb kann für eine unentgeltliche ehrenamtliche Tätigkeit auch **kein Freibetrag nach § 3 Nr. 26a EStG** („Ehrenamtspauschale") gewährt werden (BFH v. 25.4.2012, VIII B 202/11).

Eigenleistungen: Keine Werbungskosten, weil keine „Aufwendungen" entstehen (vgl. BFH v. 27.8.1993, VI R 7/92, BStBl II 1994, 235 betr. die Reparatur eines auf einer Berufsfahrt beschädigten Pkw). 4524

Einbürgerungskosten: Keine Werbungskosten, selbst wenn die Einbürgerung Voraussetzung für die Übernahme ins Beamtenverhältnis ist (BFH v. 18.5.1984, VI R 130/80, BStBl II 1984, 588). 4525

Erbschaft: Kosten für Rechtsstreitigkeiten im Zusammenhang mit einer Erbschaft sind als Kosten der privaten Lebensführung steuerlich nicht abzugsfähig (FG München v. 19.2.2009, 7 V 3717/08). 4526

Falschgeld: Ein Schaden, den ein Arbeitnehmer dadurch erleidet, dass er i.R. eines Geldwechselgeschäftes von angeblichen an den Produkten seines Arbeitgebers interessierten Investoren Falschgeld untergeschoben bekommt, ist als Werbungskosten abziehbar, wenn der Arbeitnehmer das Geldwechselgeschäft zum Zwecke der Erlangung einer Provision vorgenommen hat (FG Hessen v. 11.3.2019, 9 K 593/18, EFG 2019, 689). 4527

Fehlgelder: Fehlbeträge, die der Arbeitnehmer dem Arbeitgeber ersetzen muss, sind Werbungskosten (BFH v. 11.7.1969, VI R 68/65, BStBl II 1970, 69). Läuft durch die chaotische Buchführung des Geschäftsführers einer GmbH ein Kassenfehlbestand auf, so stellen in Höhe des Fehlbetrags an die Gesellschaft geleistete Abstandszahlungen Werbungskosten dar (FG Saarland v. 5.12.2002, 1 K 319/02). 4528

4529 **Fernsehen und Rundfunk:** Keine Werbungskosten, selbst wenn der Arbeitnehmer aus beruflichen Gründen (z.B. bei Journalisten) das Tagesgeschehen verfolgen muss und die Geräte im häuslichen Arbeitszimmer stehen (BFH v. 7.9.1989, IV R 128/88, BStBl II 1990, 19). Das **Vorhandensein von Zweitgeräten** in privaten Räumen führt nicht dazu, dass Aufwendungen für entsprechende Geräte im häuslichen Arbeitszimmer als Werbungskosten abziehbar sind; nur bei Nachweis der so gut wie **ausschließlichen beruflichen Nutzung** kommt ein Werbungskostenabzug in Betracht (FG Saarland v. 18.12.1996, 1 K 234/94, EFG 1997, 603 und FG Köln v. 29.10.2015, 15 K 1581/11, EFG 2017, 196, insoweit rkr.).

Nach BFH v. 16.1.2019, VI R 24/16, BStBl II 2019, 376 und FG Düsseldorf v. 5.11.2019, 15 K 12338/19 E, EFG 2020, 90 können die Aufwendungen eines Fußballtrainers für ein **Sky-Bundesliga-Abo** Werbungskosten sein, wenn tatsächlich eine berufliche Verwendung vorliegt.

4530 **Filmkamera (und -material):** Unterhaltungselektronik wie z.B. eine Filmkamera sind nur bei ausschließlicher berufl. Nutzung abzugsfähig, ansonsten ist kein Abzug möglich (vgl. BFH v. 21.6.1994, VI R 16/94).

4531 **Friseurkosten:** Keine Werbungskosten, selbst wenn berufsbedingt erhöhte Kosten anfallen, z.B. bei einer Schauspielerin und Fernsehansagerin (BFH v. 6.7.1989, IV R 91 – 92/87, BStBl II 1990, 49). Entsprechendes gilt für alle Kosten der Körperpflege, z.B. für Kosmetika.

4532 **Führerschein:** Keine Werbungskosten, selbst wenn der Führerschein für Fahrten zwischen Wohnung und erster Tätigkeitsstätte benötigt wird (BFH v. 15.2.2005, VI B 188/04) oder Einstellungsvoraussetzung ist, weil der Stpfl. an Erprobungsfahrten teilnimmt (FG Nürnberg v. 9.8.2017, 5 K 815/15) oder bei Polizeibeamten der Besitz der Fahrerlaubnis der Klasse B (früher Klasse 3) Voraussetzung für den erfolgreichen Abschluss der polizeilichen Ausbildung und u.U. auch für das weitere Verbleiben im Polizeidienst ist; das Urteil des BFH v. 26.6.2003, VI R 112/98, BStBl II 2003, 886 betr. vom Dienstherrn getragene Führerscheinkosten bei Polizeianwärtern als Arbeitslohn kann nicht auf den Werbungskostenabzug übertragen werden. Der BFH geht davon aus, dass eine einmal erworbene Fahrerlaubnis regelmäßig in nicht unbedeutendem Umfang auch privat genutzt wird (BFH v. 5.9.2007, VI B 15/07). Ein ausländischer Kaplan, der vorübergehend im Inland tätig ist, kann deshalb Aufwendungen für den Erwerb einer inländischen Fahrerlaubnis selbst dann nicht als Werbungskosten geltend machen, wenn der Erwerb Einstellungsvoraussetzung war, weil die Fahrerlaubnis nach allgemeiner Lebenserfahrung auch für Privatfahrten verwendet wird (FG Münster v. 27.8.2015, 4 K 3243/14 E).

Auch kein Sonderausgabenabzug als „Ausbildungskosten", weil derartige Aufwendungen der Allgemeinbildung dienen (BFH v. 5.8.1977, VI R 246/74, BStBl II 1977, 834).

Abzugsfähig nur in Ausnahmefällen, wenn z.B.

- der Erwerb des Führerscheins zur **Berufsausübung erforderlich** ist, z.B. Führerschein für Lkw, Busse oder Taxen (FG Baden-Württemberg v. 29.8.2006, 14 K 46/06, EFG 2007, 179);
- der Arbeitgeber den Erwerb des Führerscheins zur **Einstellungsvoraussetzung** gemacht hat, weil der Arbeitnehmer z.B. Dienstreisen mit einem vom Arbeitgeber gestellten Fahrzeug unternehmen soll (vgl. FG Brandenburg v. 7.11.1995, 4 K 1107/94 E, EFG 1996, 310);
- ein **Bautischler**, der i.R. seines Arbeitsverhältnisses bereits eine Fahrtätigkeit ausübt, auf Veranlassung seines Arbeitgebers die **Fahrerlaubnis für einen Lkw** erwirbt und eine Nutzung außerhalb des Arbeitsverhältnisses nicht ersichtlich ist (FG Münster v. 25.2.1998, 7 K 5197/96, EFG 1998, 941);
- Aufwendungen für den Erwerb einer **Fahrerlaubnis der Klasse T** durch den Sohn eines Landwirts betrieblich veranlasst sind (FG Niedersachsen v. 6.6.2012, 4 K 249/11, EFG 2012, 1532).

Aufwendungen eines im Außendienst tätigen Projektmanagers für den **Wiedererwerb des Führerscheins** für Pkw (hier: nach Einziehung der Fahrerlaubnis nach einem Verkehrsunfall mit dem Firmenwagen infolge alkoholbedingter absoluter Fahruntüchtigkeit) gehören zu den gemischten Aufwendungen i.S.d. § 12 Nr. 1 EStG und sind nicht als Werbungskosten abziehbar (FG Baden-Württemberg v. 9.11.2006, 6 K 342/05).

Gemeinschaftskasse, Freud- und Leidkasse: Entscheidend für 4533
die berufliche Veranlassung und damit für den Werbungskostenabzug der Beiträge des Arbeitnehmers ist, ob die gesammelten Gemeinschaftsmittel für nahezu ausschließlich beruflich veranlasste Zwecke verwendet werden. Dabei hat die Bezeichnung „berufliche Gemeinschaftsveranstaltungen" keine Aussagekraft; ebenso ohne Bedeutung ist die Bezeichnung der Gemeinschaftskasse („Freud und Leid Kasse" o.Ä.), in die i.R. einer beruflichen Gemeinschaft Beiträge geleistet werden. Ehrungen, Feierlichkeiten und Jubiläen werden als herausgehobene persönliche Ereignisse regelmäßig als durch die private Sphäre des Arbeitnehmers veranlasst beurteilt, sodass allenfalls eine Aufteilung in Betracht kommt, wenn nicht die – jeweils für sich gesehen nicht unbedeutenden – beruflichen und privaten Veranlassungsbeiträge derart ineinandergreifen, dass eine Trennung mangels objektivierbarer Kriterien ausgeschlossen und die jeweilige Aufwendung insgesamt nicht abziehbar ist, weil in einem solchen Fall die Aufteilung zu unterbleiben hat (Absehen von der Aufteilung). Ausnahmen sind nur denkbar, wenn z.B. eine Feierlichkeit nicht in erster Linie der Ehrung des Jubilars und damit nicht der repräsentativen Erfüllung gesellschaftlicher Konventionen, sondern dem kollegialen Miteinander und daher der Pflege des Betriebsklimas dient, der Jubilar also mit seiner Einladung der Belegschaft (den Kolleginnen und Kollegen) Dank und Anerkennung zollt oder gefestigten betrieblichen Gepflogenheiten Rechnung trägt. Dies setzt voraus, dass der Arbeitnehmer über einen repräsentativen Zeitraum von mindestens einem Jahr sämtliche Anlässe darlegt, für die Gelder aus der Gemeinschaftskasse verwendet werden sind. Geschieht dies nicht, ist eine Trennung mangels objektivierbarer Kriterien ausgeschlossen und die eingezahlten Beiträge sind insgesamt weder ganz noch teilweise abziehbar (FG Köln v. 11.12.2018, 10 K 1568/17, EFG 2020, 1003, insoweit rkr.).

Getränke: Keine Werbungskosten, auch wenn berufsbedingt ein 4534
erhöhter Verbrauch gegeben ist (FG Hamburg v. 24.4.1974, VI 15/73, EFG 1974, 416).

Gewerkschaft: Als Werbungskosten abzugsfähig sind sowohl die 4535
Beiträge selbst als auch Aufwendungen für ehrenamtliche Tätigkeiten in der Gewerkschaft, z.B. Fahrtkosten zu Mitgliederversammlungen, Lehrgängen (§ 9 Abs. 1 Satz 3 Nr. 3 EStG, R 9.3 LStR). Das gilt auch für die Aufwendungen einer Ruhestandsbeamtin im Zusammenhang mit ihrer ehrenamtlichen Gewerkschaftstätigkeit. Diese Aufwendungen stellen Werbungskosten zu den Versorgungsbezügen dar (BFH v. 28.6.2023, VI R 17/21, BStBl II 2024, 274, s.a. → Rz. 4523). **Gewerkschaftsbeiträge** i.S.d § 9 Abs. 1 Satz 3 Nr. 3 EStG sind **ab 2026** nach dem geplanten Steueränderungsgesetz 2025 neben den Pauschbeträgen für Werbungskosten nach § 9a Satz 1 EStG ebenfalls als Werbungskosten abziehbar.

Gewerkschaftsbeiträge sind allerdings dann **nicht mehr als Betriebsausgaben/Werbungskosten abzugsfähig**, wenn der Stpfl. infolge Übernahme eines politischen Mandats oder wegen Aufnahme einer selbständigen/gewerblichen Tätigkeit **keinen Arbeitnehmer-Status** mehr hat (OFD Frankfurt v. 5.6.1996, S 2227 A – 21 – St II 2a).

Rentner können Gewerkschaftsbeiträge ab dem Veranlagungszeitraum, der auf das Kalenderjahr folgt, in dem das Arbeitsverhältnis endete bzw. in dem Einkünfte aus nichtselbständiger Arbeit vorlagen, nicht mehr als Werbungskosten bei den Einkünften aus nichtselbständiger Arbeit abziehen, sondern lediglich noch bei den sonstigen Einkünften nach § 22 EStG (FinMin Mecklenburg-Vorpommern v. 14.7.1992, IV 310 – S 2332 – 10). Bei Stpfl., die zuerst in einem Angestelltenverhältnis standen und später in ein Beamtenverhältnis übernommen wurden und daher neben der **Sozialversicherungsrente auch eine Beamtenpension** beziehen, sind die Gewerkschaftsbeiträge entsprechend den Bruttoeinnahmen aus der Beamtenpension und der Sozialversicherungsrente aufzuteilen und bei den jeweiligen Einkunftsarten als Werbungskosten abzugsfähig (OFD Frankfurt v. 18.9.2002, S 2212 A – 2 – St II 27).

Keine Werbungskosten sind dagegen Aufwendungen für Ferien- oder Studienreisen mit allgemein-touristischem Inhalt, selbst wenn sie von der Gewerkschaft organisiert worden sind (BFH v. 25.3.1993, VI R 14/90, BStBl II 1993, 559).

Habilitation: Die Habilitation ist ein Ereignis mit überwiegend be- 4536
rufsbezogenem Charakter ist. Aufwendungen für die Gäste der Habilitationsfeier aus dem beruflichen Umfeld eines Arbeitneh-

mers können (nahezu) ausschließlich beruflich veranlasst und damit als Werbungskosten zu berücksichtigen sein, wenn der Arbeitnehmer (hier: ein angestellter Klinikarzt) die Gäste nach abstrakten allgemeinen berufsbezogenen Kriterien eingeladen hat (BFH v. 18.8.2016, VI R 52/15, HFR 2017, 119).

Falls die Professur nicht als Beruf ausgeübt wird, werden die Aufwendungen weder als Werbungskosten noch als Sonderausgaben anerkannt. In diesem Fall handelt es sich um Kosten der Lebensführung, weil die Ernennung zum „Professor" die gesellschaftliche Stellung beeinflusst und einen persönlichen Prestigegewinn darstellt. Das gilt beispielsweise für einen Heilpraktiker im Zusammenhang mit seiner Ernennung zum Professor einer südamerikanischen Universität (**FG Saarland** v. 1.2.1989, 1 K 255/87, EFG 1989, 275) sowie für die Kosten eines Zahnarztes zur Erlangung eines Professorentitels in Ungarn (**FG Münster** v. 13.10.2017, 4 K 1891/14 F, EFG 2017, 1949).

In Abgrenzung zum o.g. Urteil des FG Münster hat das **FG Schleswig-Holstein** entschieden (Urteil v. 6.3.2019, 4 K 48/18, EFG 2019, 681), dass Aufwendungen zur Vermittlung einer nebenberuflichen außerplanmäßigen Professur an einer Universität im europäischen Ausland als Sonder-Betriebsausgaben qualifiziert werden können, wenn das die Aufwendungen auslösende Moment der **betrieblichen Sphäre des Stpfl. zuzuordnen** ist. Dies gilt jedenfalls dann, wenn es um eine auch nach deutschem Hochschulrecht zulässige Titelführung, die auf einer entsprechenden wissenschaftlichen Vorbildung des Stpfl. (hier: Habilitation) beruht, geht. Der Betriebsausgabenabzug ist nicht gem. § 12 Nr. 1 Satz 2 EStG ausgeschlossen, wenn die Nebentätigkeit vor allem der außenwirksamen Darstellung einer besonderen wissenschaftlichen Kompetenz und der entsprechenden Positionierung des Berufsträgers im Wettbewerb mit konkurrierenden Freiberuflern dient.

4537 **Haftungsschulden:** Zahlungen auf Grund einer Haftung wegen Beihilfe zur Steuerhinterziehung Dritter nach § 71 AO können bei einem GmbH-Gesellschafter-Geschäftsführer als Werbungskosten abgezogen werden (BFH v. 9.12.2003, VI R 35/96, BStBl II 2004, 641). Entsprechendes gilt für Zahlungen eines Gesellschafter-Geschäftsführers einer GmbH auf Grund einer Haftungsinanspruchnahme nach § 69 AO (OFD Düsseldorf v. 29.10.1992, S 2350/S 2244 A – St 114).

4538 **Herrenabend:** Allein der Umstand, dass sich im Privatgarten des namensgebenden Sozius einer eine Rechtsanwaltskanzlei betreibenden Partnerschaftsgesellschaft bis zu 358 Personen i.R. eines Gartenfests („Herrenabend") treffen und austauschen, reicht nicht aus, um den „Herrenabenden" einen Charakter beizumessen, der etwa der Einladung zu einer Segelregatta oder Jagdgesellschaft vergleichbar wäre, mit der Folge, dass die Aufwendungen nach § 4 Abs. 5 Satz 1 Nr. 4 EStG nicht abzugsfähig wären. Bestehen nach Ausschöpfung der im Einzelfall angezeigten Ermittlungsmaßnahmen keine gewichtigen Zweifel daran, dass ein abgrenzbarer Teil von Aufwendungen beruflich veranlasst ist, bereitet seine Quantifizierung aber Schwierigkeiten, so ist dieser Anteil unter Berücksichtigung aller maßgeblichen Umstände zu schätzen. Dies gilt auch, wenn i.R. eines Kanzleifests („sog. Herrenabend") Mandanten, potenzielle Neu-Mandanten und Geschäftsfreunde eingeladen werden, sich aber weder abschließend beurteilen lässt, welche der eingeladenen Personen auf der Feier tatsächlich erschienen sind, noch auf Grund der zahlreichen persönlichen und geschäftlichen Beziehungen zu den eingeladenen Gästen abschließend beurteilt werden kann, bei welchem Gast von einer überwiegend beruflich veranlassten Einladung auszugehen ist.

Der **BFH** (Beschluss v. 21.3.2019, VIII B 129/18, HFR 2019, 845) hat es akzeptiert, dass das **FG Düsseldorf** (Urteil v. 31.7.2018, 10 K 3355/16 F, U, EFG 2019, 22) im sog. zweiten Rechtsgang die Aufwendungen für die Ausrichtung der „Herrenabende" wegen privater Mitveranlassung **hälftig als Betriebsausgaben anerkannt** hat.

4539 **Hochzeitsfeier:** Eine Hochzeitsfeier ist eine höchst persönlich motivierte Veranstaltung und steht – anders als Feiern anlässlich eines betrieblichen Jubiläums oder des Ausscheidens aus einem Betrieb – mit der beruflichen Tätigkeit einer Person regelmäßig in keinem Zusammenhang. Die Aufwendungen können nicht als Betriebsausgaben/Werbungskosten abgezogen werden, selbst wenn Geschäftsleute und Kollegen eingeladen werden; eine Aufteilung nach „Gästeliste" ist nicht möglich (FG Köln v. 11.11.2014, 2 K 1706/11, EFG 2015, 635 und FG Nürnberg v. 5.12.2014, 7 K 1981/12, EFG 2015, 1188).

Hörapparat: Keine Werbungskosten, auch wenn er nur im Dienst getragen wird (BFH v. 22.4.2003, VI B 275/00), abzugsfähig sind nur die während der Arbeitszeit verbrauchten Batterien. Anders sieht dies das FG Baden-Württemberg (Urteil v. 11.9.1996, 5 K 111/96, EFG 1997, 156). 4540

Impfungen: Aufwendungen für Hepatitis-Impfungen sind – auch wenn diese auf Empfehlung des Arbeitgebers erfolgt sind – nicht als Werbungskosten abziehbar, da solche Impfungen ohne weiteres auch für private Fernreisen nutzbar sind, die erfahrungsgemäß gerade von Angestellten von Fluglinien mitunter unternommen werden (FG München v. 15.4.2005, 15 K 4973/04). Entsprechendes gilt für Arzneimittel, z.B. Malariaprophylaxe bei Auslandsreisen (streitig!). 4541

Kleidung: Nur als Werbungskosten abzugsfähig, wenn es sich um **typische Berufskleidung** handelt; dazu gehört **nicht sog. bürgerliche Kleidung** (→ *Berufskleidung* Rz. 1357). In der Praxis ist immer wieder die Beurteilung von **Sportkleidung** als Werbungskosten streitig. Die Rechtsprechung erkennt Werbungskosten an, wenn z.B. ein Sportlehrer glaubhaft machen kann, dass er die Kleidung ausschließlich im Sportunterricht verwendet (vgl. BFH v. 18.6.2007, VI B 28/07, sowie FG Saarland v. 9.7.2008, 2 K 2326/05, betr. Jacken, Shirts, Trainingsanzüge, Sportschuhe, Inliner eines Sportlehrers). Nicht anerkannt wurde die Sportkleidung eines Profifußballspielers, weil mit der sportlichen Betätigung zugleich seine allgemeine Leistungsfähigkeit und Gesundheit gefördert werde; eine Trennung der Aufwendungen nach beruflichen und privaten Veranlassungsbeiträgen sei daher nicht möglich (FG Rheinland-Pfalz v. 18.7.2014, 1 K 1490/12). 4542

Koffer: Koffer und andere Reiseutensilien (z.B. Reisewecker) sind im Allgemeinen auch dann keine Werbungskosten, wenn sie aus Anlass einer Auswärtstätigkeit angeschafft werden (R 9.4 Satz 4 LStR sowie FG Berlin-Brandenburg v. 31.5.2011, 10 K 10202/09, betr. den Koffer einer Flugbegleiterin). Bei Arbeitnehmern mit umfangreicher Reisetätigkeit können jedoch Aufwendungen für einzelne ausschließlich beruflich genutzte Koffer anerkannt werden (FG Hessen v. 12.10.2006, 13 K 2035/06, betr. den Vorstand eines globalen Konzerns, der insgesamt neun Reisekoffer besitzt, von denen er drei ausschließlich für berufliche Zwecke nutzt; unerheblich sei, dass in den Koffern auch private Kleidung transportiert werde). 4543

Anerkannt wurde der Pilotenkoffer („Pilotentrolley Flight Kit") eines Flugkapitäns (FG Hamburg v. 23.5.2011, 6 K 77/10, EFG 2011, 2057).

Kontoführungsgebühren: → *Kontogebühren* Rz. 2732 4544

Konzert-, Theater- und Museumsbesuche: Grds. keine Werbungskosten (z.B. BFH v. 8.2.1971, VI R 76/68, BStBl II 1971, 368 betr. Konzertbesuche einer Musiklehrerin sowie FG Baden-Württemberg v. 19.2.2016, 13 K 2981/13, EFG 2016, 627 betr. Aufwendungen einer Kunstlehrerin für den Besuch von Vernissagen und Kunstausstellungen). Ausnahme: Die Besuche sind nachweislich auf den Unterricht ausgerichtet. 4545

Kosmetika: Aufwendungen einer Flugbegleiterin für Schuhe, Strümpfe und Make-up sind nicht als Werbungskosten abziehbar, wenn die Kleidungsstücke und das **Make-up** ohne die Dienstuniform weder als Uniformbestandteile erscheinen noch sonst berufsspezifische Eigenschaften aufweisen und deshalb ohne weiteres als private Kleidung bzw. privates Make-up verwendbar sind (FG München v. 15.4.2005, 15 K 4973/04). 4546

Krankheits- und Kurkosten: → *Krankheitskosten* Rz. 2779 4547

Kreditkarte: Die **laufenden Gebühren** sind als Werbungskosten abzugsfähig, soweit die Karte zu beruflichen Zwecken eingesetzt wird, z.B. für den Kauf von Arbeitsmitteln. Es gelten dieselben Grundsätze wie für → *Kontogebühren* Rz. 2732, allerdings lässt die Finanzverwaltung für Kreditkarten bisher keinen pauschalen Abzug zu. 4548

Die **Grundgebühr** kann dagegen nicht als Werbungskosten anerkannt werden, wenn die Karte regelmäßig auch für private Zwecke mitgenutzt wird (FG Rheinland-Pfalz v. 29.7.1997, 6 K 2916/96).

Lebensführungskosten: Keine Werbungskosten, auch wenn die Aufwendungen gleichzeitig beruflich veranlasst sind, eine eindeu- 4549 tige Trennung aber nicht möglich ist (§ 12 Nr. 1 Satz 2 EStG sowie R 9.1 LStR und → Rz. 4492).

4550 **Liebhaberei:** Grds. kein Werbungskostenabzug, wenn die Aufwendungen auf Dauer die Einnahmen übersteigen (sog. Liebhaberei). Dies kann z.B. bei einer **unentgeltlichen Lehrtätigkeit als Honorarprofessor** der Fall sein (vgl. FG Hamburg v. 19.7.2012, 3 K 33/11) **oder der unentgeltlichen seelsorgerischen Tätigkeit eines Pfarrers im Ruhestand** (die Aufwendungen stehen auch nicht im Zusammenhang mit den Ruhegehaltsbezügen, → *Ehrenamt* Rz. 4523) oder bei **Sportlern** (BFH v. 20.12.2017, III R 23/15, BStBl II 2019, 469 betr. Sporttrainer sowie BFH v. 20.11.2018, VIII R 17/16, BStBl II 2019, 422 betr. Übungsleiter und → *Amateursportler* Rz. 119). Ggf. ist sogar schon die Arbeitnehmereigenschaft zu verneinen (→ *Arbeitnehmer* Rz. 196 sowie → *Fortbildung* Rz. 2230).

Verluste aus einer **Nebentätigkeit können ggf. als Werbungskosten beim Hauptberuf** abgezogen werden, wenn die freiberufliche (Neben)Tätigkeit für den Hauptberuf Vorteile von solchem Gewicht mit sich bringen kann, dass demgegenüber denkbare private Gründe für die Ausübung der Nebenbeschäftigung und Inkaufnahme der daraus resultierenden Verluste auszuschließen oder von ganz untergeordneter Bedeutung sind (FG Baden-Württemberg v. 19.2.2016, 13 K 2981/13, EFG 2016, 627 betr. Kosten einer Lehrerin, die daneben seit vielen Jahren als freiberufliche Kunstmalerin tätig ist, jedoch nur Verluste erwirtschaftet hat, für den Besuch von Vernissagen und Kunstausstellungen) oder sich Haupt- und Nebentätigkeit „gegenseitig befruchten" (vgl. FG Saarland v. 30.9.1988, 2 K 162/87, EFG 1989, 17 betr. einen Dipl.-Ingenieur, der auf seinem Fachgebiet an der Universität gegen geringes Entgelt Vorlesungen abhält). Eine solche Wechselwirkung zwischen Haupt- und Nebentätigkeit ist dagegen nicht allein deshalb anzuerkennen, weil sich ein Arbeitnehmer auf seinem Fachgebiet schriftstellerisch betätigt (FG Düsseldorf v. 30.11.1993, 8 K 430/87 E, EFG 1994, 514).

4551 **Meisterkurs:** Aufwendungen eines nichtselbständig tätigen Gesellen im Zusammenhang mit der Ablegung der Meisterprüfung sind Berufsfortbildungskosten und damit Werbungskosten bei den Einkünften aus nichtselbständiger Arbeit. Diese sind nicht um einen erhaltenen Meisterbonus der Bayerischen Staatsregierung zu kürzen (FG München v. 30.5.2016, 15 K 474/16, EFG 2016, 1513 sowie BayLfSt v. 6.7.2016, S 2324.2.1 – 262/6 St 32, StEd 2016, 617). Entsprechendes gilt für die sog. Aufstiegsprämie, die das Land Hessen nach Maßgabe der „Hessischen Qualifizierungsoffensive – Förderung der beruflichen Kompetenzen und Qualifikationen", zahlt.

4552 **Meisterstück:** Werden zur Vorlage in der Meisterprüfung Aufwendungen zur Herstellung eines marktgängigen abnutzbaren Meisterstücks gemacht, so ist eine steuerliche Berücksichtigung der Herstellungskosten als Werbungskosten nur hinsichtlich des Teiles möglich, der bei gleichmäßiger Verteilung der Kosten (§ 7 Abs. 1 EStG) auf die Zeit der beruflichen und privaten Nutzung auf die berufliche Nutzung entfällt. Ist ein Meisterstück nur zur Vorlage bei der Meisterprüfung geeignet und scheidet eine anschließende berufliche oder private Nutzung durch den Stpfl. wegen der Art des Gegenstandes erfahrungsgemäß aus, so sind die Aufwendungen im Jahr der Ablegung der Meisterprüfung in vollem Umfang nach § 9 Abs. 1 Satz 1 EStG als Werbungskosten abziehbar. Auch bei einem im Wesentlichen aus Gold und Silber bestehenden Schmuckstück ist eine AfA möglich. Zwar wird insofern eine technische AfA wohl kaum in Betracht kommen. Denkbar ist aber ein wirtschaftlicher Wertverzehr, weil auch Schmuckstücke einem Modetrend unterworfen sein können. Die berufliche Nutzung eines als Meisterstück angefertigten Schmuckstücks beginnt mit der Fertigstellung und dauert bis zur Präsentation in der Meisterprüfung fort. Ein etwaiges bloßes Bereithalten des Meisterstücks, um es bei Bedarf erneut präsentieren zu können, ist keine ausreichende berufliche Nutzung, die zur Vornahme einer AfA berechtigt (BFH v. 15.12.1989, VI R 44/86, BStBl II 1990, 692).

4553 **Messebesuch:** Abzugsfähig, wenn es sich um „reine Fachmessen" handelt (vgl. FG Nürnberg v. 1.10.1993, VII 7/93, betr. Besuch von Automobilmessen bei dem für den Zubehöreinkauf verantwortlichen Lagerleiter eines Autohauses sowie FG Baden-Württemberg v. 15.7.1997, 6 K 305/96, EFG 1998, 276 betr. die „Klassik-Komm" in Hamburg bei einem Musikredakteur). Nicht anerkannt wurde dagegen der Besuch der Computermesse „CeBit" bei einem Bankbetriebswirt, weil diese Messe ein allgemeines Informationsinteresse an moderner EDV-Technik befriedigt und einen gewissen Erlebniswert vermittelt (FG Rheinland-Pfalz v. 15.11.2010, 5 K 1482/08, EFG 2011, 1966).

Es steht im Ermessen des Stpfl., die Anfahrt und Rückfahrt zu beruflich begründeten Auswärtstätigkeiten so zu gestalten, dass der Aufenthalt zu einer möglichst geringen körperlichen Belastung führt. Eine frühzeitige Anreise (ein Tag vor Messebeginn) sowie die Nutzung einer privaten Übernachtungsmöglichkeit stehen der beruflichen Veranlassung – und damit der Gewährung von Verpflegungsmehraufwendungen jeweils für den Tag der An- und Abreise (am Tag nach Messeende) – nicht entgegen (FG Nürnberg v. 9.8.2017, 5 K 815/15).

Mitgliedsbeiträge: Der Mitgliedsbeitrag für einen Golfclub ist 4554
auch dann nicht als Werbungskosten abzugsfähig, wenn durch die Mitgliedschaft in dem Verein die berufliche Tätigkeit gefördert werden soll, z.B. durch Anbahnung von Geschäften (FG Köln v. 16.6.2011, 10 K 3761/08, EFG 2011, 1782). Die Übernahme durch den Arbeitgeber ist Arbeitslohn (BFH v. 21.3.2013, VI R 31/10, BStBl II 2013, 700).

Aufwendungen für die Mitgliedschaft in Business-Clubs, die ihren Mitgliedern neben der Möglichkeit zur geschäftlichen Kontaktanbahnung und -pflege ein umfangreiches Programm mit Freizeitcharakter bieten, können insgesamt nicht als Betriebsausgaben bzw. Werbungskosten abgezogen werden, da die berufliche und private Veranlassung der Mitgliedschaft untrennbar miteinander verwoben sind, was eine Aufteilung der Aufwendungen regelmäßig unmöglich macht (FG Hamburg v. 23.6.2015, 2 V 74/15).

Die Übernahme der Mitgliedsbeiträge an einem Club durch eine vom Geschäftsführer von seiner Wohnadresse aus geführten Kapitalgesellschaft stellt sich als durch das Gesellschaftsverhältnis veranlasste Vermögensminderung und damit als verdeckte Gewinnausschüttung an ihren beherrschenden Gesellschafter dar, wenn ein ausschließlich betriebliches Interesse an der Nutzung der Club-Mitgliedschaft nicht erkennbar ist, nach dem die Räumlichkeiten des Clubs zwar für geschäftliche Besprechungen der Kapitalgesellschaft, aber auch für private Angelegenheiten genutzt werden. Dem steht die Möglichkeit zur geschäftlichen Kontaktaufnahme nicht entgegen (FG Bremen v. 15.10.2015, 1 K 95/13 (6)).

Mobbing, Bossing: Aufwendungen eines Arbeitnehmers für 4555
Fahrten zu Gruppenbesprechungen von Mobbing-Selbsthilfegruppen und Mitgliedsbeiträge für solche Gruppen sind als **Werbungskosten** abzugsfähig, wenn das Mobbing durch Arbeitgeber und/oder Kollegen glaubhaft gemacht werden kann (z.B. durch eine Schadensersatzklage gegen den Arbeitgeber) und die Aufwendungen das Ziel verfolgen, das Arbeitsverhältnis trotz der Schikanen aufrecht zu erhalten (BFH v. 1.3.2007, VI B 92/06).

Krankheitskosten wegen Mobbing sind dagegen **nicht als Werbungskosten** abzugsfähig, wenn die Erkrankung im Wesentlichen auf die persönliche Disposition des Arbeitnehmers zurückzuführen ist (BFH v. 23.1.2008, VI B 91/07, betr. psychische Beschwerden einer früheren Teamleiterin, bei denen nicht klar abzugrenzen ist, wieweit die Erkrankung tatsächlich auf die berufliche Tätigkeit zurückzuführen ist).

Als **Werbungskosten anerkannt** wurden Krankheitskosten bei dem in einer Verbandsgemeinde tätigen Oberamtsrat auf Grund einer **psychischen Erkrankung** durch „Mobbing" und „Bossing" (FG Rheinland-Pfalz v. 22.8.2012, 2 K 1152/12).

Möbel: Möbel können – ggf. verteilt auf die Nutzungsdauer 4556
(→ Rz. 4500) – als Werbungskosten abgesetzt werden, wenn ihre Anschaffung beruflich veranlasst ist, so z.B. bei der Einrichtung eines beruflich veranlassten doppelten Haushalts (→ *Doppelte Haushaltsführung: Erstattungsbeträge* Rz. 1779) oder eines häuslichen Arbeitszimmers (→ *„Arbeitszimmer"* Rz. 4507 sowie → *„Arbeitsmittel"* Rz. 4506).

Ein Esszimmertisch mit 6 Stühlen ist jedoch auch dann nicht als „Büroeinrichtung" steuerlich absetzbar ist, wenn der Stpfl. den Tisch auch für betriebliche/berufliche Arbeiten und vereinzelte Besprechungen mit Kunden nutzt (FG Rheinland-Pfalz v. 11.2.2016, 6 K 1996/14).

Musikinstrumente: Als Werbungskosten abzugsfähig, wenn sie 4557
so gut wie ausschließlich (**mindestens 90 %**) **beruflich genutzt** werden. Vgl. dazu BFH v. 1.3.2002, VI R 141/00: Restnutzungs-

dauer einer im Konzertalltag bespielten Meistergeige 100 Jahre; bei neuen Meistergeigen 50 Jahre sowie FG München v. 27.5.2009, 9 K 859/08, EFG 2009, 1447: Flügel als Arbeitsmittel einer Musiklehrerin anerkannt. Für die Anerkennung gelten wie bei Unterhaltungselektronik (vgl. BFH v. 27.9.1991, VI R 1/90, BStBl II 1992, 195 betr. Videorecorder) **strenge Grundsätze**.

4558 **Nachzahlungszinsen:** Nachzahlungszinsen i.S.d. § 233a AO stehen schon deshalb nicht mit einer Einkunftsart in wirtschaftlichem Zusammenhang, weil sie gem. § 12 Nr. 3 EStG dem nicht steuerbaren Bereich zugewiesen sind. § 12 Nr. 3 EStG ordnet an, dass Steuern vom Einkommen sowie die auf diese Steuern entfallenden Nebenleistungen weder bei den einzelnen Einkunftsarten noch vom Gesamtbetrag der Einkünfte abgezogen werden dürfen. Zu den steuerlichen Nebenleistungen gehören nach § 3 Abs. 4 AO auch die Zinsen i.S.v. § 233a AO. Sie dürfen daher nicht als Werbungskosten abgezogen werden (BFH v. 15.4.2015, VIII R 30/13, Verfassungsbeschwerde eingelegt, Az. beim BVerfG: 2 BvR 1711/15).

Die Verzinsung von Steuernachforderungen und -erstattungen mit jährlich 6 % ist seit dem Jahr 2014 verfassungswidrig (BVerfG v. 8.7.2021, 1 BvR 2237/14 und 1 BvR 2422/17, HFR 2021, 922 mit weiteren Anmerkungen).

4559 **Parkplatzkosten:** Steuerliche Behandlung wie Garagenkosten, → *Garage* Rz. 2276.

4560 **Personal-Trainer:** Auch ein Profifußballspieler kann Aufwendungen für einen Personal-Trainer nicht als Werbungskosten abziehen (FG Rheinland-Pfalz v. 18.7.2014, 1 K 1490/12).

4561 **Pilotenschein:** Aufwendungen für Erwerb oder Erhaltung der Privatpilotenlizenz (PPL) sind grds. nicht als Werbungskosten abzugsfähig, weil i.d.R. in nicht unerheblichem Maße die private Lebensführung des Stpfl. betroffen ist, auch wenn die beim Fliegen gewonnenen Erfahrungen für die Berufsausübung oder (spätere) Berufsausbildung nützlich sind (FG Münster v. 11.8.2017, 4 K 2867/16 F, EFG 2017, 1574 betr. Erwerb einer Privathubschrauberlizenz durch einen Landwirt und Forstwirt zwecks Durchführung von „Anti-Frost-Flügen" über eigenen Weihnachtsbaumkulturen). Anders ist es, wenn eigene Flugerfahrungen unerlässlich oder Erwerb oder Erhaltung der PPL und die Durchführung von Flügen unmittelbare Voraussetzungen für die Berufsausübung sind. Allerdings hat der BFH die Kosten für den PPL-Erwerb auch dann als Werbungskosten anerkannt, wenn sie Teil der durchgehenden Ausbildung (Ausbildungs- bzw. Dienstverhältnis) und in diesem Rahmen notwendige Voraussetzung für den Erwerb der Verkehrspilotenlizenz (Airline Transport Pilot Licence – ATPL) gewesen sind (BFH v. 15.5.2013, IX R 5/11, BStBl II 2014, 143 m.w.N.).

4562 **Prozess- und Strafverteidigungskosten:** Strafverteidigungskosten sind nur dann – ausnahmsweise – als Betriebsausgaben oder **Werbungskosten** abziehbar, wenn der strafrechtliche Vorwurf, gegen den sich der Stpfl. zur Wehr setzt, noch **i.R. der betrieblichen oder beruflichen Aufgabenerfüllung liegt und nicht auf privaten, den betrieblichen oder beruflichen Zusammenhang aufhebenden Umständen beruht** (ausführlich FG Rheinland-Pfalz v. 20.10.2020, 5 K 1613/17, EFG 2021, 92, die hiergegen eingelegte Revision, Az. beim BFH: X R 34/20, wurde zurückgenommen).

So greifen nach der BFH-Rechtsprechung **private Gründe** dann durch, wenn die strafbaren Handlungen mit der Erwerbstätigkeit des Stpfl. nur insoweit im Zusammenhang stehen, als diese eine Gelegenheit zu einer Straftat verschafft. Ein erwerbsbezogener Veranlassungszusammenhang wird auch aufgehoben, wenn der Arbeitnehmer seinen Arbeitgeber bewusst schädigen wollte oder sich oder einen Dritten durch die schädigende Handlung bereichert hat (BFH v. 13.12.2016, VIII R 43/14, HFR 2017, 487 betr. eine Urkundenfälschung zwecks Erwerbs eines Pkw mit „Behördenrabatt"). Da es für die berufliche Veranlassung der Strafverteidigungskosten auch nicht darauf ankommt, ob dem Stpfl. der strafrechtliche Vorwurf zu Recht oder im Ergebnis zu Unrecht gemacht wurde, wird die berufliche Veranlassung der Strafverteidigungskosten auch nicht dadurch begründet, dass der Stpfl. für erlittene Strafverfolgungsmaßnahmen eine (steuerpflichtige) **Entschädigung** nach dem Gesetz über die Entschädigung für Strafverfolgungsmaßnahmen (StrEG) erhält (BFH v. 10.6.2015, VI B 133/14, m.w.N.).

Wird das **Strafverfahren nach § 153a StPO eingestellt**, ist das Vorliegen des erforderlichen Veranlassungszusammenhangs auf Grundlage des Anklagevorwurfs zu beurteilen. Auf die Frage, ob der strafrechtliche Vorwurf zu Recht erhoben wurde, kommt es nicht an. Im Falle einer Einstellung nach § 153a StPO sind die Strafverteidigungskosten mangels Zwangsläufigkeit der Aufwendungen auch nicht als außergewöhnliche Belastung zu berücksichtigen (FG Rheinland-Pfalz v. 20.10.2020, 5 K 1613/17, EFG 2021, 92, die hiergegen eingelegte Revision, Az. beim BFH: X R 34/20, wurde zurückgenommen).

Ein objektiver steuerrechtlich anzuerkennender wirtschaftlicher Zusammenhang zwischen Aufwendungen des Stpfl. und dessen einkommensteuerrechtlich relevanter Erwerbssphäre besteht insbesondere bei bürgerlich-rechtlichen oder **arbeitsrechtlichen Streitigkeiten**, die das Arbeitsverhältnis betreffen und deshalb der Einkunftsart der nichtselbständigen Arbeit zuzurechnen sind. Sind dem Stpfl. entsprechende Aufwendungen dadurch entstanden, dass allein Zivil- und Arbeitsgerichte mit den streitigen Ansprüchen und Forderungen aus dem Arbeitsverhältnis befasst worden waren, spricht deshalb regelmäßig eine Vermutung dafür, dass diese Aufwendungen in einem hinreichend konkreten, den Werbungskostenabzug rechtfertigenden Veranlassungszusammenhang zu der Berufstätigkeit des Stpfl. stehen. Kam es nicht nur zu keinem strafgerichtlichen Verfahren, sondern hat noch nicht einmal die Staatsanwaltschaft als zuständige Strafverfolgungsbehörde strafrechtliche Ermittlungen durchgeführt, kann ohne hinreichend konkreter gegenteiliger Anhaltspunkte nicht davon ausgegangen werden, dass diese Aufwendungen der Lebensführung i.S.d. § 12 Nr. 1 Satz 2 EStG zuzurechnen sind. Dies gilt auch, wenn Arbeitgeber und Arbeitnehmer zur Vermeidung weiterer Streitigkeiten einen **Vergleich** abgeschlossen haben (BFH v. 9.2.2012, VI R 23/10, BStBl II 2012, 829).

Prozesskosten sind z.B. als **Werbungskosten abzugsfähig**

- bei einem **Arbeitsgerichtsprozess**, einem Dienststrafverfahren (BFH v. 19.2.1982, VI R 31/78, BStBl II 1982, 467), einem Strafprozess wegen Untreue eines Geschäftsführers (BFH v. 18.10.2007, VI R 42/04, BStBl II 2008, 223);
- bei einem **Disziplinarverfahren**. Ein strafbewehrter, subjektiver Handlungsvorwurf des Dienstherrn als Anlass für das Disziplinarverfahren schließt einen Veranlassungszusammenhang der Rechtsverfolgungskosten zu der beruflichen Sphäre nicht aus selbst wenn sich dieser Vorwurf als zutreffend erweisen sollte (BFH v. 10.1.2024, VI R 16/21, BStBl II 2024, 442 betr. Anwaltskosten eines Berufssoldaten wegen eines strafbaren Facebook-Kommentars);
- im Zusammenhang mit einem Strafverfahren wegen Vorwurfs der **Beihilfe zur Untreue** (BFH v. 17.8.2011, VI R 75/10, HFR 2012, 27 betr. Anwaltskosten im Zusammenhang mit einem Strafverfahren);
- bei einem **strafrechtlichen Vorwurf**, gegen den sich der Steuerpflichtige zur Wehr setzt, muss dies jedoch durch sein berufliches Verhalten veranlasst sein (BFH v. 31.3.2022, VI B 88/21 hat Stellung genommen und eine Nichtzulassungsbeschwerde gegen ein Urteil des FG Münster v. 29.10.2021, 12 K 2606/19 E, F, bisher n.v., als unbegründet zurückgewiesen). Der strafrechtliche Vorwurf, gegen den sich der Steuerpflichtige zur Wehr setzt, betrifft grundsätzlich die konkrete Tat, auf Grund der die **Strafverteidigungskosten** angefallen sind.

Prozesskosten sind dagegen z.B. **nicht als Werbungskosten abzugsfähig**, wenn

- der **Arbeitnehmer seinen Arbeitgeber bewusst schädigen wollte, z.B. durch eine Vorteilsannahme** (FG Rheinland-Pfalz v. 15.4.2010, 4 K 2699/06, EFG 2010, 1491);
- **sich oder einen Dritten durch die schädigende Handlung bereichert hat** (BFH v. 13.12.2016, VIII R 43/14, HFR 2017, 487 betr. einen Beamten, der zu Unrecht einen Pkw mit „Behördenrabatt" erworben hat);
- der Arbeitnehmer **Diebstähle** im Betrieb begangen hat (BFH v. 30.6.2004, VIII B 265/03);
- eine **Altenpflegerin Patienten ermordet** hat, um deren Geld und Wertsachen an sich zu bringen (BFH v. 12.6.2002, XI R 35/01);

- ein Beamter eine **persönliche Straftat** begangen hat, auch wenn er zusätzlich mit disziplinarrechtlichen Folgen, insbesondere Gehaltskürzungen, rechnen muss (BFH v. 8.9.2003, VI B 109/03);
- ein Betriebsprüfer auf einer Dienstfahrt einen anderen **Verkehrsteilnehmer (angeblich) beleidigt** hat (FG Baden-Württemberg v. 2.4.2008, 6 K 327/07);
- einem angestellten Piloten vorgeworfen wird, durch vorsätzlich falsche Angaben über seinen Wohnsitz **Einkommensteuern hinterzogen** zu haben; Steuerhinterziehung ist eine sog. Privattat (FG Hamburg v. 17.12.2010, 6 K 126/10);
- sich ein Stpfl. eine Anstellung bei einem anderen Arbeitgeber vertraglich zusagen lässt und deshalb nach § 331 StGB wegen **Vorteilsannahme verurteilt wird** (FG Rheinland-Pfalz v. 15.4.2010, 4 K 2699/06, EFG 2010, 1491);
- der **Stpfl. vorsätzlich eine Straftat begangen** hat (hier Subventionsbetrug) durch einen Hochschulprofessor, auch wenn er dadurch seine berufliche Karriere fördern wollte (FG Münster v. 5.12.2012, 11 K 4517/10 E, EFG 2013, 425);
- sie in Zusammenhang mit dem **Vorwurf der Hinterziehung von Einkommensteuern** stehen. Beinhaltet die Lohnsteueranmeldung einer Steuerberatungs-Aktiengesellschaft nicht die als Sonderaufwand Personal ohne Lohnsteuer verbuchte und gegenüber den Vorstandsmitgliedern erfolgte Gewährung von Aktienoptionsrechten bzw. auch nicht deren Verkauf, sind die in Zusammenhang mit dem **Vorwurf der Lohnsteuerhinterziehung** entstandenen Strafverteidigungskosten nicht bei den Vorstandsmitgliedern als Werbungskosten abzugsfähig, wenn die Lohnsteuerhinterziehung des Arbeitgebers eng mit dem Vorwurf der Einkommensteuerhinterziehung gegenüber den Vorstandsmitgliedern verbunden ist, da die Nichterklärung in der Lohnsteueranmeldung der Vorbereitung der Nichtangabe der Einnahmen in der Anlage N der Einkommensteuererklärung diente (FG Hessen v. 12.2.2014, 4 K 1757/11, EFG 2014, 984);
- sie in Zusammenhang mit einer **vorsätzlich begangenen Straßenverkehrsgefährdung** stehen. Das Fahren mit erheblich überhöhter Geschwindigkeit an unübersichtlicher Stelle beruht auf einer in der Person des Stpfl. liegenden rücksichtslosen Verkehrsgesinnung (FG Rheinland-Pfalz v. 22.1.2016, 4 K 1572/14, EFG 2016, 568);
- ein Stpfl. **gegen die mediale Berichterstattung über eine früher von ihm begangene Straftat klagt**. Da es auf Grund der Verurteilung zu beruflichen Schwierigkeiten gekommen war und der Stpfl. befürchtete, keine Anstellung mehr zu finden, ging er unter Einschaltung spezialisierter Anwälte gegen die mediale Berichterstattung über seine Person mit dem Ziel der Löschung entsprechender Artikel aus dem Internet vor. Der BFH ging davon aus, dass das dem privaten Lebensbereich zuzuordnende Ziel der Rehabilitierung des Stpfl. und seiner Resozialisierung nach dem Strafvollzug im Vordergrund gestanden habe (BFH v. 14.4.2016, VI R 61/13, HFR 2016, 909);
- die vorgeworfenen Handlungen eines nichtselbständig tätigen Betreuers, wegen derer der Strafvorwurf erhoben wird (**hier: körperlicher oder sexueller Kontakt**), nicht zu den beruflichen Pflichten des Beschuldigten gehören. Mögliche strafrechtliche Folgen der vorgeworfenen Tat für die Berufstätigkeit (z.B. Arbeitsplatzverlust, Disziplinarverfahren) können den für eine Einkunftsminderung erforderlichen Bezug nicht herstellen, wenn bei der Straftat selbst keine hinreichende Verbindung zur beruflichen Tätigkeit des Beschuldigten gegeben ist (FG Münster v. 20.11.2018, 15 K 655/16 E, EFG 2019, 90).

Prozesskosten aus **finanzgerichtlichen Verfahren** können nur als Betriebsausgaben bzw. Werbungskosten abgezogen werden, soweit es z.B. um Fragen der Gewinn- bzw. Einkunftsermittlung geht. Ein Betriebsausgaben- oder Werbungskostenabzug kommt dagegen nicht in Betracht, wenn die Prozesskosten lediglich mit Sonderausgaben, Veranlagungs- oder Tariffragen oder der mit der bloßen Übertragung in Steuererklärungsvordrucke in Zusammenhang stehen (BFH v. 13.4.2010, VIII R 26/08 und VIII R 27/08). Es kommt für die Behandlung von Beratungs- und Prozesskosten als Betriebsausgaben/Werbungskosten dagegen nicht darauf an, ob der Prozess aussichtsreich war und der strafrechtliche Vorwurf zu Recht erhoben wurde. Notwendigkeit, Üblichkeit oder Zweckmäßigkeit einer Aufwendung sind keine Voraussetzung für den Abzug als Betriebsausgabe/Werbungskosten, vielmehr besteht ein subjektiver Entscheidungsspielraum des Stpfl. (FG Rheinland-Pfalz v. 20.10.2020, 5 K 1613/17, EFG 2021, 92, die hiergegen eingelegte Revision, Az. beim BFH: X R 34/20, wurde zurückgenommen).

Mit dem AmtshilfeRLUmsG v. 26.6.2013, BStBl I 2013, 802 wurde in § 33 Abs. 2 EStG die steuerliche Berücksichtigung von Zivilprozesskosten als außergewöhnliche Belastung seit 2013 neu geregelt. Danach sind Aufwendungen für die Führung eines Rechtsstreits (Prozesskosten) vom Abzug ausgeschlossen, es sei denn, es handelt sich um Aufwendungen, ohne die der Stpfl. Gefahr liefe, seine Existenzgrundlage zu verlieren und seine lebensnotwendigen Bedürfnisse in dem üblichen Rahmen nicht mehr befriedigen zu können. Dies gilt nach **geänderter BFH-Rechtsprechung** (z.B. BFH v. 14.4.2016, VI R 5/13, HFR 2016, 710 betr. Zivilprozesskosten wegen eines Schadensersatzprozesses keine außergewöhnliche Belastung) sinngemäß auch für die Jahre bis einschließlich 2012, es sei denn, dass ein Rechtsstreit einen für den Stpfl. existenziell wichtigen Bereich oder den Kernbereich menschlichen Lebens berührt.

Mit Urteil v. 18.5.2017, VI R 9/16, BStBl II 2017, 988 hat der BFH entschieden, dass die Kosten eines Scheidungsverfahrens unter das neu eingeführte Abzugsverbot für Prozesskosten fallen. Der BFH sah die Voraussetzungen des § 33 Abs. 2 Satz 4 EStG für einen weiteren (ausnahmsweisen) Abzug von Prozesskosten nicht als gegeben an. Der Ehegatte wende die Kosten für ein Scheidungsverfahren regelmäßig nicht zur Sicherung seiner Existenzgrundlage und seiner lebensnotwendigen Bedürfnisse auf. Hiervon könne nur ausgegangen werden, wenn die wirtschaftliche Lebensgrundlage des Stpfl. bedroht sei. Eine derartige existenzielle Betroffenheit liege bei Scheidungskosten nicht vor, selbst wenn das Festhalten an der Ehe für den Stpfl. eine starke Beeinträchtigung seines Lebens darstelle. Zwar habe der BFH die Kosten einer Ehescheidung bis zur Änderung des § 33 EStG im Jahr 2013 als außergewöhnliche Belastung berücksichtigt. Dies sei nach der Neuregelung jedoch nicht länger möglich. Denn dadurch habe der Gesetzgeber die Steuererheblichkeit von Prozesskosten auf einen engen Rahmen zurückführen und Scheidungskosten vom Abzug als außergewöhnliche Belastung bewusst ausschließen wollen. S. außerdem → *Außergewöhnliche Belastungen: Allgemeines* Rz. 1086.

Anders als im Einzelfall Prozesskosten ist eine etwaige **Strafe selbst steuerlich generell nicht abzugsfähig** (§ 12 Nr. 4 EStG; s.a. R 12.3 EStR sowie ausführlich BFH v. 17.8.2011, VI R 75/10, HFR 2012, 27 betr. Anwaltskosten im Zusammenhang mit einem Strafverfahren wegen Vorwurfs der Beihilfe zur Untreue).

Psychologische Seminare: Grds. keine Werbungskosten, weil sie in erheblichem Maße die private Lebensführung berühren; das gilt auch, wenn der Arbeitgeber Bildungsurlaub gewährt hat (BFH v. 6.3.1995, VI R 76/94, BStBl II 1995, 393). S. hierzu FG Thüringen v. 13.11.2019, 3 K 106/19, Nichtzulassungsbeschwerde durch BFH v. 3.2.2021, VIII B 50/20, nicht dokumentiert, als unzulässig verworfen, betr. Aufwendungen für die Teilnahme eines selbständigen Steuerberaters an Seminaren, die die Bereiche Persönlichkeitsentwicklung, Life Balance, Bildung passiven Vermögens und Internetmarketing betreffen, die nicht auf berufsspezifische Bedürfnisse zugeschnitten sind und die von Teilnehmern auch aus rein privaten Erwägungen besucht werden (hier: sog. „Quantum Leap"-Seminare: „Millionaire Mind Intensive, Guerrilla Business Intensive, Ultimate Internet Boot Camp, Mission to Millions, Enlightened Warrior Training Camp"). 4563

Werbungskostenabzug nur bei nahezu ausschließlich beruflicher Veranlassung (vgl. BFH v. 28.8.2008, VI R 44/04, BStBl II 2009, 106 betr. sog. **NLP-Kurse** und BFH v. 28.8.2008, VI R 35/05, BStBl II 2009, 108 betr. **Supervisionskurse** leitender Angestellter sowie die Hinweise unter → *Fortbildung* Rz. 2229). Das Finanzamt darf die Aufwendungen aber **nicht „pauschal ablehnen"** mit der Begründung, an derartigen Kursen nähmen viele Bürger aus rein privaten Erwägungen teil, sondern muss **Feststellungen** zu den Lehrinhalten und dem Ablauf des Lehrgangs sowie den teilnehmenden Personen treffen (BFH v. 24.8.2001, VI R 40/94, HFR 2002, 16 betr. Supervisionskurs einer Lehrerin). Vgl. ferner OFD Frankfurt v. 10.7.1996, S 2227 A – 15 – St II 20, sowie ausführlich FG Nürnberg v. 25.7.2012, 3 K 376/11, betr. Besuch der Kurse „Explorations in Human Development" der Ridhwan Teachers, bei denen es sich um Programme zur **Selbstverwirkli-**

chung handelt, sowie BFH v. 18.5.2006, VI B 145/05, betr. sog. Avatar-Seminare eines angestellten Steuerberaters – die Aufwendungen wurden in beiden Fällen abgelehnt!

Mangels eines objektiven Zusammenhangs zwischen Umsatzsteigerungen und **spirituellen Dienstleistungen** (Kontaktaufnahme zu Gott) können die Aufwendungen hierfür selbst dann nicht als Betriebsausgaben/Werbungskosten geltend gemacht werden, wenn der Unternehmer trotz starker Reduzierung seiner bisherigen Werbeausgaben Umsatzsteigerungen erzielt. Im Gegensatz zu anderen Werbemaßnahmen wie Zeitungsinseraten oder TV-Spots, deren Ausgaben trotz fehlender Zuordnung der konkreten Umsatzsteigerung zu einer einzelnen Maßnahme Betriebsausgaben sind, besteht kein wissenschaftlich fundierter und empirisch belegter Erfahrungssatz, dass durch die Kontaktaufnahme zu einem spirituellen Wesen der geschäftliche Erfolg eines Unternehmens positiv beeinflusst werden kann. Dies gilt selbst dann, wenn die spirituellen Dienstleistungen nach der subjektiven Überzeugung des Geschäftsführers für den Betrieb nützlich gewesen seien (FG Münster v. 22.1.2014, 12 K 759/13 G, F, EFG 2014, 630).

4564 **Rechtsverfolgungskosten:** Rechtsverfolgungskosten eines Berufssoldaten für ein gegen ihn geführtes Wehrdisziplinarverfahren sind als Werbungskosten abzugsfähig (BFH v. 10.1.2024, VI R 16/21, BStBl II 2024, 442). Die zur Abzugsfähigkeit von Prozesskosten eines Strafverfahrens ergangene Rspr. des BFH ist auf Rechtsverfolgungskosten für ein Wehrdisziplinarverfahren nicht übertragbar.

4565 **Reisekosten:** Bei Auswärtstätigkeiten (Dienstreisen, Einsatzwechseltätigkeit, Fahrtätigkeit) können unter bestimmten Voraussetzungen Aufwendungen für Unterkunft und Verpflegung sowie Fahrtkosten in voller Höhe abgesetzt werden. Es gelten im Wesentlichen dieselben Grundsätze wie für den steuerfreien Arbeitgeberersatz (→ *Reisekosten: Allgemeine Grundsätze* Rz. 3589).

4566 **Reitpferd:** Aufwendungen für ein Reitpferd können bei einer Reitlehrerin selbst dann nicht als Werbungskosten anerkannt werden, wenn sie zwei Reitpferde hat, von denen eines (angeblich) nur beruflich und das andere nur zu Hobbyzwecken gehalten wird (BFH v. 26.1.2001, VI B 210/00; BFH v. 27.2.2008, VI B 40/07; BFH v. 10.1.2012, VI B 80/11). S.a. FG Baden-Württemberg v. 6.5.2015, 1 K 3408/13, EFG 2015, 1791 sowie FG Köln v. 18.4.2018, 9 K 2738/15, EFG 2018, 1405. Die Revision gegen das Urteil des FG Köln v. 18.4.2018, betr. vom Vorsteuerabzug ausgeschlossener Repräsentationsaufwand eines Pferderennstalls mit Pferdezucht und -handel, hat der BFH (v. 15.12.2021, XI R 19/18, HFR 2022, 670) als unbegründet zurückgewiesen. Er begründet dies damit, dass das Ausüben einer wirtschaftlichen Tätigkeit und das ausschließliche Tätigen von Repräsentationsaufwand sich einander nicht ausschließen. Weiter führt der BFH aus, ob Repräsentationsaufwendungen ohne streng geschäftlichen Charakter vorliegen, lediglich auf einer tatsächlichen Würdigung der im Einzelfall getroffenen Feststellungen beruht. Und dass der Empfänger der Gutschrift, der der Abrechnung mittels Gutschrift zugestimmt und dieser nicht widersprochen hat, den darin für eine nichtsteuerbare Leistung ausgewiesenen Steuerbetrag schuldet.

4567 **Rückzahlung von Gehalt:** → *Negative Einnahmen und Werbungskosten* Rz. 3279

4568 **Schadensersatzleistungen:** Als Werbungskosten abzugsfähig, wenn der **Schaden beruflich veranlasst** ist, z.B. bei Zerstörung einer Maschine oder auch Unfallschäden auf dem Weg zur Arbeit. **Nicht** dagegen, wenn die **Verfehlungen privat veranlasst** sind, z.B. bei **Unterschlagungen oder Diebstählen** (vgl. FG München v. 30.9.1998, 1 K 774/96, EFG 1999, 108 betr. Schadensersatzleistungen wegen versuchten Versicherungsbetrugs – „Verschwindenlassen" eines beruflich genutzten Pkw) oder wenn der Stpfl., um einen betrieblichen Termin wahrnehmen zu können, das Stromkabel einer (angeblich) defekten Lichtzeichenanlage, die nicht in die Grünphase gewechselt habe, durchtrennt. Diese Exzesshandlung ist mangels objektiver Erforderlichkeit nicht ausschließlich aus der beruflichen bzw. unternehmerischen Tätigkeit heraus erklärbar (FG Rheinland-Pfalz v. 27.6.2008, 4 K 1928/07, EFG 2009, 31).

Im Unterschied zur Strafe selbst können Schadensersatzleistungen auch bei **vorsätzlich begangenen Straftaten und auch bei einer Verurteilung ausnahmsweise als Erwerbsaufwendungen abzugsfähig** sein, wenn der strafrechtliche Vorwurf durch das betriebliche oder berufliche Verhalten des Stpfl. veranlasst gewesen ist. Dies ist dann der Fall, wenn die dem Stpfl. zur Last gelegte Tat in Ausübung der beruflichen bzw. unternehmerischen Tätigkeit begangen worden und damit ausschließlich und unmittelbar aus seiner betrieblichen oder beruflichen Tätigkeit heraus erklärbar ist. Es spricht regelmäßig eine Vermutung dafür, dass Aufwendungen für aus dem Arbeitsverhältnis folgende zivil- und arbeitsgerichtliche Streitigkeiten einen den Werbungskostenabzug rechtfertigenden hinreichend konkreten Veranlassungszusammenhang zu den Lohneinkünften aufweisen. Dies gilt grds. auch, wenn sich Arbeitgeber und Arbeitnehmer über solche streitigen Ansprüche i.R. eines arbeitsgerichtlichen Vergleichs einigen (BFH v. 9.2.2012, VI R 23/10, BStBl II 2012, 829 betr. Schadensersatzansprüche des Arbeitgebers wegen des behaupteten Verrats von Betriebsgeheimnissen durch den Stpfl.).

An der für die Berücksichtigung von Aufwendungen zur Tilgung von Schadensersatzforderungen als Werbungskosten erforderlichen ausschließlichen **beruflichen Veranlassung fehlt es jedoch**, wenn der Stpfl. die ihm zur Last gelegte Tat, die zur Schadensersatzpflicht geführt hat, zwar in Ausübung seiner beruflichen Tätigkeit begangen hat, er sich jedoch auch **persönlich bereichert** hat und seinem Handeln somit auch erhebliche **private Gründe** zu Grunde lagen (BFH v. 20.10.2016, VI R 27/15, BStBl II 2018, 441).

Schaffermahlzeit: Die Schaffermahlzeit in Bremen ist weltweit das älteste fortbestehende, sich alljährlich wiederholende Brudermahl. Mit dieser Traditionsveranstaltung wird die Verbindung zwischen der Schifffahrt und den Kaufleuten bewahrt und symbolisiert. Das Schaffermahl wird von der Stiftung HAUS SEEFAHRT ausgerichtet und dient in erster Linie der Spendensammlung für ihren als gemeinnützig anerkannten Zweck der Fürsorge alter seemännischer Mitglieder sowie deren Ehefrauen und Witwen. 4569

Da nach den Gesamtumständen die Schaffermahlzeit (auch) die private Lebensführung der Schaffer berührt, gehören die mit deren Ausrichtung im Zusammenhang stehenden Aufwendungen gem. § 12 Nr. 1 Satz 2 EStG als sog. Repräsentationskosten zu den steuerlich nicht abzugsfähigen Ausgaben. Demzufolge kommt eine Berücksichtigung als Betriebsausgaben/Werbungskosten nicht in Betracht (FinMin Bremen v. 1.3.2021, 900 – S 2144 – 1/2014 – 1/2020).

Scheidung: Scheidungskosten sind privat veranlasst und deshalb nicht als Werbungskosten abzugsfähig (§ 12 Nr. 1 EStG). Auch ein Abzug als außergewöhnliche Belastung nach § 33 EStG kommt seit 2013 nicht mehr in Betracht (→ Rz. 4562). 4570

Zum Abzug von Unterhaltsleistungen an den geschiedenen Ehegatten/Lebensgefährten und zum Versorgungsausgleich → *Sonderausgaben* Rz. 3927.

Schmiergelder (Bestechungsgelder): Seit 1.1.1999 generell nicht mehr abzugsfähig (**§ 4 Abs. 5 Satz 1 Nr. 10 EStG** i.V.m. § 9 Abs. 5 EStG), auch wenn sie eindeutig beruflich veranlasst sind, um z.B. einen Auftrag zu bekommen (vgl. BFH v. 18.5.1990, VI R 67/86, sowie BMF v. 10.10.2002, IV A 6 – S 2145 – 35/02, BStBl I 2002, 1031). Unerheblich ist auch, ob die Bestechung erfolgreich war und ob gegen den Stpfl. wegen der Tat ermittelt wird und welchen Ausgang ein solches Verfahren nimmt. Die Feststellung des Straftatbestands im steuerlichen Sinne muss nicht den strafprozessualen Beweisanforderungen genügen. Der BFH hat mit Beschluss v. 7.12.2021, XI B 42/20, nicht dokumentiert, die Nichtzulassungsbeschwerde gegen das Urteil des FG Niedersachsen v. 21.7.2020 als unbegründet zurückgewiesen. 4571

Das für die „Zuwendung von Vorteilen sowie damit zusammenhängende Aufwendungen" geltende Abzugsverbot des § 4 Abs. 5 Satz 1 Nr. 10 EStG erfasst nicht nur die Bestechungsgelder als solche, sondern auch die Kosten eines nachfolgenden Strafverfahrens sowie Aufwendungen, die auf Grund einer im Strafurteil ausgesprochenen Verfallsanordnung entstehen (BFH v. 14.5.2014, X R 23/12, BStBl II 2014, 684).

Aufwendungen eines Betreibers von Autobahnraststätten für die kostenlose Bewirtung von Busfahrern, die diese Raststätten mit einem mit potentiellen Kunden gefüllten Bus ansteuern, **fallen nicht unter das Abzugsverbot** des § 4 Abs. 5 Satz 1 Nr. 10 EStG, da die Zuwendungen an die Busfahrer nicht nach § 299 Abs. 2 StGB a.F. strafbar waren. Der Tatbestand des § 299 Abs. 2 StGB a.F. setzt u.a. voraus, dass der Bestechende auf den Angestellten oder Beauftragten eines geschäftlichen Betriebes dahin einwirkt, dass dieser i.R. seines Dienst- oder Auftragsverhältnisses den Bestechenden (oder einen zu bevorzugenden Dritten) bei dem Bezug von Waren oder gewerblichen Leistungen – im Verhältnis zwischen dem Geschäftsherrn und dem Bestechenden (oder zu bevorzugenden Dritten) – bevorzuge. Hieran fehlt es im Streitfall. Zwischen den Geschäftsherren der Busfahrer und dem Raststättenbetrieb besteht kein Verhältnis, das den Bezug von Waren oder gewerblichen Leistungen zum Gegenstand hat. Soweit der Raststättenbetreiber seine Raststätte offenhält, geschieht das gegenüber jedermann. Bezieher der Waren oder gewerblichen Leistungen des Raststättenbetreibers (Inanspruchnahme der in der Raststätte angebotenen Leistungen, die das wirtschaftliche Ziel der Bewirtung der Busfahrer sind), sind die Busreisenden, nicht hingegen die Reiseunternehmen als Geschäftsherren der Busfahrer (BFH v. 26.4.2018, X R 24/17, BStBl II 2018, 750).

S. hierzu ausführlich **OFD Frankfurt** v. 13.9.2016, S 2145 A – 17 – St 210, betr. Abzugsverbot für die Zuwendung von Vorteilen i.S.d. § 4 Abs. 5 Satz 1 Nr. 10 EStG, sowie den **Leitfaden der OFD Düsseldorf** Stand: November 2004 „Die Behandlung von Vorteilszuwendungen i.S.d. § 4 Abs. 5 Satz 1 Nr. 10 EStG".

Zur steuerlichen Behandlung vereinnahmter Schmiergelder sowie der späteren Rückzahlung an den Arbeitgeber → *Schmiergelder* Rz. 3881.

4572 **Schreibtisch:** Bei nahezu ausschließlich beruflicher Nutzung als Werbungskosten abzugsfähig, selbst wenn er im Wohnzimmer steht (BFH v. 18.2.1977, VI R 182/75, BStBl II 1977, 464) oder es sich um ein antiquarisches Möbelstück handelt, das an sich keinem Wertverzehr unterliegt (BFH v. 31.1.1986, VI R 17/83, BStBl II 1986, 356). Die Aufwendungen müssen auf die **Nutzungsdauer** verteilt werden.

4573 **Schulden:** Die Abziehbarkeit von Aufwendungen wegen eines abstrakten Schuldanerkenntnisses hängt davon ab, ob die anerkannte Schuld in wirtschaftlichem Zusammenhang mit dem Beruf, mit sonstigen, auf die Erzielung von Einkünften gerichteten Tätigkeiten oder mit außerhalb der Einkunftserzielung liegenden Tätigkeiten stand. Werbungskosten aus nichtselbständiger Arbeit liegen nicht schon deshalb vor, weil die Regulierung bestehender Schulden Voraussetzung für die Anstellung des Arbeitnehmers war. Das gilt auch, wenn der Arbeitslohn zur Tilgung der Schulden verwendet wird (BFH v. 2.3.2005, VI R 36/01, HFR 2006, 145). S.a. → Rz. 4503 „Aktien", → Rz. 4518 „Bürgschaft", → Rz. 4520 „Darlehen", → Rz. 4574 „Schuldzinsen".

4574 **Schuldzinsen:** Als **Werbungskosten abzugsfähig**, wenn ein Kredit für berufliche Zwecke aufgenommen worden ist, z.B. zur Anschaffung teurer Arbeitsmittel oder für ein Arbeitgeberdarlehen, wenn Grundlage des Anstellungsvertrags ein Anteilserwerb bzw. ein Erwerb von Aktien der Gesellschaft (Arbeitgeber) ist. Im Regelfall sind jedoch Schuldzinsen zur Finanzierung des Beteiligungserwerbs am Unternehmen des Arbeitgebers den Einkünften aus Kapitalvermögen und nicht den Einkünften aus nichtselbständiger Arbeit zuzurechnen, auch wenn der Arbeitnehmer damit seine Karriere fördern will oder nach dem Anstellungsvertrag sogar verpflichtet ist, Anteile an der Arbeitgeber-Kapitalgesellschaft zu erwerben (BFH v. 5.4.2006, IX R 111/00, BStBl II 2006, 654 sowie BFH v. 5.4.2006, IX R 80/01, HFR 2007, 20). Abgezogen werden können ggf. die auf ein häusliches Arbeitszimmer entfallenden Hypothekenzinsen.

Nicht abzugsfähig sind Schuldzinsen, die mit der Anschaffung eines privaten Pkw zusammenhängen, selbst wenn er für Fahrten zur Arbeit genutzt wird – die anteiligen Schuldzinsen sind mit der Entfernungspauschale abgegolten, vgl. H 9.10 (Finanzierungskosten des Kraftfahrzeugs) LStH. Das gilt auch für den Pauschsatz von 0,30 € je Fahrtkilometer, den behinderte Menschen für Fahrten zur Arbeit oder Arbeitnehmer mit Auswärtstätigkeit (z.B. Dienstreisen) geltend machen können (R 9.10 Abs. 3 LStR). Schuldzinsen wirken sich in den letztgenannten Fällen somit nur beim Einzelnachweis der Kfz-Kosten aus.

Das Verbot, private Schuldzinsen als Sonderausgaben abzusetzen, ist verfassungsgemäß (BFH v. 29.7.1998, X R 105/92, BStBl II 1999, 81 sowie BFH v. 15.10.1999, IX R 84/95).

4575 **Schulgeld:** Aufwendungen für den Schulbesuch von Kindern sind selbst dann nicht als Werbungskosten abzugsfähig, wenn die Eltern nur zeitlich beschränkt im Inland tätig sind und die Kinder deshalb eine internationale Schule besuchen (BFH v. 23.11.2000, VI R 38/97, BStBl II 2001, 132). Abzugsfähig sind nach einem beruflich veranlassten Umzug zwar Aufwendungen für Nachhilfeunterricht, Sprachkurse u.Ä., nicht jedoch für den Besuch allgemeinbildender Schulen (FinMin Berlin v. 27.6.2006, III A – S 2367 – 1/2006 sowie → *Sonderausgaben* Rz. 3926).

Schutzmasken: Aufwendungen eines Stpfl., die im Zusammenhang mit dem Erwerb von Schutzmasken zum Schutz vor der Ansteckung mit dem Coronavirus SARS-CoV-2 und Antigen-Selbsttests zum Nachweis einer möglichen Ansteckung mit dem Coronavirus SARS-CoV-2 anfallen, sind typischerweise Kosten der privaten Lebensführung nach § 12 Nr. 1 EStG und damit steuerlich nicht berücksichtigungsfähig. Die Regelungen des § 10 EStG sehen keinen Tatbestand für die Geltendmachung dieser Aufwendungen vor, so dass ein Sonderausgabenabzug ausgeschlossen ist. Auch ein Abzug als außergewöhnliche Belastung scheidet mangels Außergewöhnlichkeit der Aufwendungen aus. 4576

Die Aufwendungen des Arbeitnehmers für Schutzmasken, die für die berufliche Nutzung angeschafft werden, z.B. auf Grund der Vorgaben des Arbeitgebers (Veranlassungszusammenhang), sind Werbungskosten. Für den Werbungskostenabzug ist es in diesem Fall unschädlich, wenn die Schutzmasken auch auf den Wegen zwischen Wohnung und erster Tätigkeitsstätte getragen werden (OFD Frankfurt v. 23.6.2021, S 2500 A – 213 – St 214).

Sprachkurs: Als Werbungskosten abzugsfähig, wenn ein unmittelbarer und konkreter Bezug zu der beruflichen Tätigkeit gegeben ist, z.B. bei Dolmetschern, Sprachlehrern, Exportsachbearbeitern, oder der Sprachlehrgang zum **Erwerb oder zur Sicherung eines Arbeitsplatzes erforderlich** ist (BFH v. 10.4.2008, VI R 13/07). Die Anerkennung eines Sprachkurses bedeutet nicht „automatisch", dass auch die Kosten für **Flug, Unterbringung und Verpflegung** als Werbungskosten anerkannt werden müssten; insbesondere bei **Auslandssprachkursen** wird wegen privater Mitveranlassung regelmäßig eine **Aufteilung vorzunehmen** sein (BFH v. 9.1.2013, VI B 133/12, betr. den Sprachkurs einer Exportsachbearbeitern in Ecuador – nur hälftiger Abzug wegen gleichzeitiger touristischer Interessen). Zur Anwendung der neuen BFH-Rechtsprechung (Wegfall des sog. Aufteilungs- und Abzugsverbots) s.a. BMF v. 6.7.2010, IV C 3 – S 2227/07/10003 :002, BStBl I 2010, 614. 4577

Bei **Auslandssprachkursen innerhalb der EU** darf nicht mehr als Indiz für eine nicht unerhebliche private Mitveranlassung gewertet werden, dass der Sprachkurs im Ausland stattgefunden hat (s. BFH v. 22.7.2008, VI R 2/07, m.w.N., betr. einen Apothekerkongress in Meran sowie BMF v. 26.9.2003, IV A 5 – S 2227 – 1/03, BStBl I 2003, 447).

Nicht als Werbungskosten abzugsfähig sind grds. Aufwendungen eines ausländischen Arbeitnehmers für einen **Deutschsprachkurs**, selbst wenn ausreichende Deutschkenntnisse für einen angestrebten Arbeits- oder Ausbildungsplatz förderlich sind (FG Hamburg v. 16.8.2017, 2 K 129/16, EFG 2017, 1787 betr. Aufwendungen eines ausländischen Staatsbürgers für einen Deutschkurs). Dem steht BMF v. 4.7.2017, IV C 5 – S 2332/09/10005, BStBl I 2017, 882 betr. Lohnsteuerliche Behandlung von Deutschkursen für Flüchtlinge nicht entgegen, weil dieses Schreiben nur die „Arbeitslohnseite" betrifft, bei der das Aufteilungs- und Abzugsverbot des § 12 Nr. 1 EStG keine Anwendung findet.

Weitere Einzelheiten → *Reisekosten: Allgemeine Grundsätze* Rz. 3646.

Stärkungsmittel: Keine Werbungskosten, auch wenn sie nur im Beruf verwendet werden (FG Hessen v. 23.9.1988, 9 K 70/87, EFG 1989, 172). 4578

Steuern: Die Steuern vom Einkommen und sonstige Personensteuern sind nicht als Werbungskosten abzugsfähig (§ 12 Nr. 3 EStG); dies gilt auch für Nachzahlungszinsen (→ Rz. 4558). 4579

Steuerberatungskosten: Steuerberatungskosten für die Anfertigung der Einkommensteuererklärung oder auch der Erklärung zur gesonderten und einheitlichen Feststellung von Einkünften sind keine Erwerbsaufwendungen (BFH v. 28.5.2015, VIII B 40/14). Aufwendungen für die Erstellung der Einkommensteuererklärung müssen nach **Wegfall des Sonderausgabenabzugs** (§ 10 Abs. 1 Nr. 6 EStG a.F.) seit 2006 künftig **aufgeteilt** werden. Nicht mehr abziehbar sind insbesondere die anteiligen Kosten für die Erstellung des sog. Mantelbogens und der Anlage „Kind". 4580

Abziehbar ist dagegen der Teil der Steuerberatungskosten, der mit der Ermittlung und Erklärung der jeweiligen Einkünfte zusammenhängt. Für Arbeitnehmer sind das z.B. die Ermittlung der Einkünfte aus nichtselbständiger Arbeit und das damit verbundene Ausfüllen der **Anlage „N"**. Einzelfragen sind in BMF v. 21.12.2007, IV B 2 – S 2144/07/0002, BStBl I 2008, 256 geregelt.

Zur Aufteilung sog. **gemischter Steuerberatungskosten** gelten danach folgende **Vereinfachungsregelungen**:

- Bei Beiträgen an Lohnsteuerhilfevereine, Aufwendungen für steuerliche Fachliteratur und Software wird es nicht beanstandet, wenn diese Aufwendungen i.H.v. 50 % den Betriebsausgaben oder Werbungskosten zugeordnet werden.
- Dessen ungeachtet ist aus Vereinfachungsgründen der Zuordnung des Stpfl. bei Aufwendungen für gemischte Steuerberatungskosten bis zu einem Betrag von 100 € im Veranlagungszeitraum zu folgen. Diese Nichtbeanstandungsgrenze von 100 € ist veranlagungsbezogen und nicht ehegattenbezogen anzuwenden (OFD Frankfurt v. 6.5.2008, S 2227 A – 25 – St 217).

Der BFH hat entschieden, dass der Wegfall des Sonderausgabenabzugs für private Steuerberatungskosten **verfassungsgemäß** ist (BFH v. 28.5.2015, VIII B 40/14, m.w.N.).

Gebühren für verbindliche Auskünfte sind steuerliche Nebenleistungen i.S.d. § 3 Abs. 4 AO und unterliegen daher den Abzugsbeschränkungen des § 12 Nr. 3 letzter Halbsatz EStG. Dies gilt auch, wenn Aufwendungen des Stpfl. für diese Gebühren bei entsprechender beruflicher oder betrieblicher Veranlassung dem Grunde nach als Werbungskosten oder Betriebsausgaben abgezogen werden können (OFD Münster v. 10.4.2008, Kurzinformation ESt Nr. 15/2008, DB 2008, 958).

Mitgliedsbeiträge an den **Bund für Steuerzahler** können nicht als Betriebsausgaben oder Werbungskosten berücksichtigt werden, soweit dieser allgemeinpolitische Ziele auf dem gesamten Gebiet der Steuergesetzgebung verfolgt und eine Aufteilung im Allgemeinen nicht möglich ist (BFH v. 30.4.2008, X B 263/07).

Beratungskosten im Zusammenhang mit dem Anfrageverfahren nach § 7a SGB IV (sog. **Statusfeststellungsverfahren** zur Klärung der Arbeitnehmereigenschaft) sind durch das Arbeitsverhältnis veranlasst und deshalb als Werbungskosten bei den Einkünften aus nichtselbständiger Arbeit zu berücksichtigen (BFH v. 6.5.2010, VI R 25/09, BStBl II 2010, 851).

4581 **Stille Beteiligung:** Der Verlust der i.R. der Begründung einer stillen Beteiligung an den Arbeitgeber geleisteten Einlagezahlungen ist als Werbungskosten bei den Einkünften aus nichtselbständiger Arbeit abzugsfähig, wenn dieser in einem einkommensteuerrechtlich erheblichen Veranlassungszusammenhang zum Arbeitsverhältnis steht (hier Sicherung des Arbeitsplatzes als Geschäftsführer) und nicht auf der Nutzung der Beteiligung als Kapitalertragsquelle oder etwaigen Gewinnerwartungen beruht (FG Niedersachsen v. 23.2.2011, 9 K 45/08, EFG 2011, 1148). Das Urteil weicht von FG Rheinland-Pfalz v. 26.11.1997, 1 K 1005/97, ab.

Erbringt ein stiller Gesellschafter zur Stärkung des Eigenkapitals und zur Sicherung seiner in Zukunft geplanten Stellung als Unternehmensnachfolger eine Einlage, die höher ist als sein 10-facher Bruttoarbeitslohn p.a., führt der Verlust der Einlage nicht zu Werbungskosten bei den Einkünften aus § 19 EStG. Steht vor Abschluss des Insolvenzverfahrens nicht fest, dass die Einlage in voller Höhe verloren ist, scheidet ein Abzug als Werbungskosten bei § 20 EStG ebenfalls aus (FG Münster v. 9.4.2019, 2 K 2576/17 E).

4582 **Studienreisen, Fachkongresse:** Werbungskosten, wenn die Reise oder die Teilnahme an dem Kongress so gut wie ausschließlich dem Ziel dient, die beruflichen Kenntnisse zu erweitern oder soweit die Reisekosten einen abgrenzbaren rein beruflichen Teil enthalten (→ *Reisekosten: Allgemeine Grundsätze* Rz. 3648).

4583 **Telefonkosten:** Als Werbungskosten abzugsfähig, soweit sie auf **berufliche Gespräche** entfallen und die berufliche Nutzung nicht nur von untergeordneter Bedeutung ist. Die Rechtsprechung lässt hier seit jeher eine **Aufteilung** in einen beruflichen und einen privaten Teil zu (BFH v. 21.9.2009, GrS 1/06, BStBl II 2010, 672, m.w.N.). Wird i.R. der Geltendmachung von Telefonkosten als Werbungskosten lediglich behauptet, es müsse die Möglichkeit bestehen, mit dem Arbeitgeber telefonisch in Kontakt zu treten, aber eine solche Kontaktaufnahme nicht dargelegt, scheidet eine Schätzung beruflich veranlasster anteiliger Telefonkosten aus (FG Saarland v. 8.10.2009, 2 K 1127/07, EFG 2010, 139).

Ebenfalls als Werbungskosten abzugsfähig sind Aufwendungen für **Telefonate privaten Inhalts, die nach einer mindestens einwöchigen Auswärtstätigkeit entstehen**. In einem solchen Fall werden die privaten Gründe der Kontaktaufnahme etwa mit Angehörigen oder Freunden durch die beruflich/betrieblich veranlasste Auswärtstätigkeit überlagert (BFH v. 5.7.2012, VI R 50/10, BStBl II 2013, 282 betr. Kosten für Telefongespräche eines Soldaten der Marine während des Einsatzes auf einem Schiff).

Weitere Einzelheiten → *Telekommunikation* Rz. 4111.

Umzugskosten: Umzugskosten können nur bei **beruflicher Veranlassung** als Werbungskosten anerkannt werden, allenfalls bei krankheitsbedingten Umzügen kommt noch eine Berücksichtigung als außergewöhnliche Belastung nach § 33 EStG in Betracht. Die Ausführungen zum steuerfreien Arbeitgeberersatz gelten für den Werbungskostenabzug entsprechend, → *Umzugskosten* Rz. 4162. Die nach dem Bundesumzugskostenrecht steuerfrei erstattungsfähigen Aufwendungen sind jedoch nicht ohne weiteres als Werbungskosten abzugsfähig, da hierbei § 12 Nr. 1 Satz 2 EStG zu beachten ist (BFH v. 3.8.2012, X B 153/11, m.w.N., betr. **Renovierung der neuen Wohnung** bei beruflich veranlasstem Umzug). Wegen eines Umzugs geleistete **doppelte Mietzahlungen** können jedoch beruflich veranlasst und deshalb in voller Höhe als Werbungskosten abziehbar sein (BFH v. 13.7.2011, VI R 2/11, BStBl II 2012, 104). 4584

Der Werbungskostenabzug setzt eine Belastung mit Aufwendungen voraus. Das ist bei einem in Anlehnung an § 8 Abs. 3 BUKG ermittelten **Mietausfall** nicht der Fall. Als entgangene Einnahme erfüllt er nicht den Aufwendungsbegriff (BFH v. 9.4.2012, VI R 25/10, HFR 2012, 952).

Aufwendungen für den **Transport von Arbeitsmitteln** anlässlich eines privaten Umzugs sind keine Werbungskosten (BFH v. 22.3.2001, VI B 190/00, m.w.N. sowie BVerfG v. 12.12.2002, 2 BvR 823/01, StEd 2003, 50).

Als Werbungskosten können auch **Fahrten mit einem Taxi für Wohnungsbesichtigungen** im Zusammenhang mit einem geplanten beruflich veranlassten Umzug berücksichtigt werden, nicht hingegen Handwerkerkosten für den **Ausbau von Elektrogeräten** in der alten Mietwohnung (FG Sachsen v. 18.5.2018, 4 K 194/18, EFG 2019, 685.

Unfallkosten: Als Werbungskosten abzugsfähig, wenn der Unfall auf einer **beruflichen Fahrt** eingetreten ist und den Arbeitnehmer hieran kein grobes Verschulden wie z.B. bei Einnahme von Alkohol trifft (BFH v. 24.5.2007, VI R 73/05, BStBl II 2007, 766). Unfallkosten sind nach Verwaltungsauffassung neben der Entfernungspauschale als Werbungskosten abzugsfähig (aber → *Wege zwischen Wohnung und erster Tätigkeitsstätte* Rz. 4441). 4585

Vermögensverluste: Wertänderungen in der Vermögenssphäre bleiben bei Arbeitnehmern grds. außer Betracht (BFH v. 10.3.2016, VI B 132/15: Verlust aus der Veräußerung einer Kapitalbeteiligung – Aktien – am Arbeitgeber auch dann nicht als Erwerbsaufwand bei den Einkünften aus nichtselbständiger Arbeit zu berücksichtigen, wenn der Beteiligungserwerb Voraussetzung für das Arbeitsverhältnis war). 4586

Keine Werbungskosten sind z.B. auch Spekulationsverluste eines Bankkaufmanns (FG Rheinland-Pfalz v. 12.11.2002, 2 K 1546/02), Veräußerungsverluste aus dem Verkauf eines selbst genutzten Eigenheims selbst bei einem beruflich veranlassten Umzug (BFH v. 30.1.2007, XI B 83/06), Vermögensverluste eines Geschäftsführers, der ein erhebliches finanzielles Engagement bei einem Großkunden seines Arbeitgebers nicht zur Sicherung seines Arbeitsplatzes, sondern zur Begründung einer weiteren Einkunftsquelle eingegangen ist (BFH v. 2.5.2007, VI B 109/06), Verluste eines angestellten Wirtschaftsprüfers aus der Veräußerung von Aktien und Fondsanteilen, selbst wenn die Verluste auf Verlangen des Arbeitgebers (Wirtschaftsprüfungsgesellschaft) zur Wahrung gesetzlicher Unabhängigkeitsregeln realisiert werden (BFH v. 20.8.2008, VI B 17/08).

Der Verlust einer aus einer Gehaltsumwandlung entstandenen Darlehensforderung eines Arbeitnehmers gegen seinen Arbeitgeber kann insoweit zu **Werbungskosten** bei den Einkünften aus nichtselbständiger Arbeit führen, als der Arbeitnehmer ansonsten keine Entlohnung für seine Arbeitsleistung erhalten hätte, ohne seinen Arbeitsplatz erheblich zu gefährden. Der Umstand, dass ein außenstehender Dritter, insbesondere eine Bank, dem Arbeitgeber kein Darlehen mehr gewährt hätte, ist lediglich ein Indiz für eine beruflich veranlasste Darlehenshingabe, nicht aber unabdingbare Voraussetzung für den Werbungskostenabzug eines Darlehensverlustes bei den Einkünften aus nichtselbständiger Arbeit (BFH v. 10.4.2014, VI R 57/13, BStBl II 2014, 850).

Der **Erwerb von Aktien** führt gewöhnlich zu Einkünften aus Kapitalvermögen, so dass die damit verbundenen Aufwendungen regelmäßig nicht den Werbungskosten bei den Einkünften aus nichtselbständiger Arbeit zuzurechnen sind. Das gilt auch dann, wenn ein Arbeitnehmer eine Beteiligung an seiner Arbeitgeberin erwirbt, selbst wenn er damit auch seine Arbeitnehmertätigkeit fördert. Anderes kommt ausnahmsweise nur dann in Betracht, wenn der Arbeitnehmer mit dem Erwerb einer Beteiligung nicht die mit der Stellung als Gesellschafter verbundenen Rechte, sondern nahezu ausschließlich die Sicherung seines bestehenden oder die Erlangung eines höherwertigen Arbeitsplatzes erstrebt (FG Berlin-Brandenburg v. 22.10.2008, 1 K 6139/05 B, EFG 2009, 327).

Wird die Wohnung am Beschäftigungsort anlässlich der Beendigung einer aus beruflichem Anlass begründeten doppelten Haushaltsführung veräußert, ist eine dabei anfallende **Vorfälligkeitsentschädigung** nicht als Werbungskosten bei den Einkünften aus nichtselbständiger Arbeit zu berücksichtigen. Bei der Vorfälligkeitsentschädigung handelt es sich um das Ergebnis der auf eine vorzeitige Kreditablösung gerichteten Änderung des ursprünglichen Darlehensvertrags, die dem Veräußerungsgeschäft zuzuordnen ist (BFH v. 3.4.2019, VI R 15/17, BStBl II 2019, 446).

4587 **Verpflegung:** Verpflegungskosten sind mit Ausnahme bei Auswärtstätigkeiten sowie bei doppelter Haushaltsführung grds. steuerlich **nicht abzugsfähig** (§ 9 Abs. 4a EStG). Dies gilt auch bei mehr als zwölfstündiger Abwesenheit von der Wohnung und sogar bei 24-Stunden-Schichten eines Feuerwehrmannes, der frühere Pauschbetrag von 3 € täglich ist seit 1990 weggefallen (BFH v. 21.1.1994, VI R 112/92, BStBl II 1994, 418 und BFH v. 31.1.1997, VI R 98/94, HFR 1997, 662); nicht abzugsfähig sind auch erhöhte Ernährungskosten eines Leistungssportlers (BFH v. 9.4.2014, X R 40/11, HFR 2015, 401 betr. Mehraufwendungen eines Gewichthebers für seine Ernährung). Die **Dreimonatsfrist** für den Abzug bei einer längerfristigen Auswärtstätigkeit an derselben Tätigkeitsstätte oder der doppelten Haushaltsführung ist verfassungsgemäß (BFH v. 8.10.2014, VI R 7/13, BStBl II 2015, 336 und BVerfG v. 7.7.2015, 2 BvR 2251/13, StEd 2015, 469).

Abzugsfähig können jedoch in gewissem Umfang Aufwendungen eines **Restaurantkritikers** für Testessen sein (BFH v. 25.8.2000, IV B 131/99).

4588 **Versicherungsbeiträge:** Als Werbungskosten abzugsfähig, soweit sie ausschließlich ein **berufliches Risiko** abdecken, z.B. eine Berufs-Haftpflichtversicherung oder eine Arbeitsrechtsschutz-Versicherung.

Gefahren, die in der Person des Arbeitnehmers begründet sind, wie etwa das **allgemeine Lebensrisiko zu erkranken oder Opfer eines Unfalls** zu werden, stellen grds. **außerberufliche Risiken** dar. Denn das Risiko krankheits- oder unfallbedingter Vermögenseinbußen (Heilbehandlungskosten, Verdienstausfall) ist der privaten Lebensführung zuzurechnen. Eine Ausnahme kommt nur in Betracht, wenn durch die Ausübung des Berufs ein erhöhtes Risiko geschaffen wird und der Abschluss des Versicherungsvertrags entscheidend der Abwendung dieses Risikos dient. Daher sind Versicherungen, die Schutz gegen spezielle berufsspezifische Gefahren (**Berufskrankheiten, Arbeitsunfälle**) gewähren, der **beruflichen Sphäre** zuzurechnen. Gefahren, die darin bestehen, dass beruflich genutzte Gegenstände durch Unfall, Brand, Sturm, Wassereinbruch oder ähnliche Ereignisse zerstört oder beschädigt werden, stellen ebenfalls berufliche Risiken dar (vgl. BFH v. 4.8.2011, VIII R 36/09, betr. die Betriebskostenversicherung eines Zahnarztes).

Beiträge zu **Personenversicherungen** sind i.d.R. Sonderausgaben und nicht Werbungskosten, da die abzudeckende Risikoursache meistens zu einem nicht unwesentlichen Teil auch im privaten Lebensbereich angesiedelt ist (BFH v. 19.5.2009, VIII R 6/07, BStBl II 2010, 168 m.w.N. betr. eine sog. Praxisausfallversicherung). Nicht abzugsfähig sind daher Beiträge zu **Risikolebensversicherungen**, mit der der Tod eines Arbeitnehmers/Unternehmers abgesichert werden soll, denn mit dem Tod verwirklicht sich ein allgemeines Lebensrisiko, das der Privatsphäre zuzurechnen ist (BFH v. 13.10.2015, IX R 35/14, BStBl II 2016, 210). Auch wenn mit der Risikolebensversicherung die Rückzahlung eines betrieblichen Darlehens der Sozietät oder eines ihrer Gesellschafter hätte sichergestellt werden sollen, wäre eine betriebliche Veranlassung der Prämienzahlungen nicht gegeben. Beiträge des Gesellschafters einer Kapitalgesellschaft zu einer im eigenen Namen und auf eigene Rechnung abgeschlossenen Risikolebensversicherung auf das Leben des Mitgesellschafters sind auch dann keine Werbungskosten bei den Einkünften aus nichtselbständiger Arbeit, wenn die Versicherungsleistung vereinbarungsgemäß für das gemeinsame Unternehmen eingesetzt werden soll (FG Nürnberg v. 17.10.2018, 5 K 663/17, EFG 2019, 259; auf die Beschwerde wegen Nichtzulassung der Revision hat der BFH das Urteil des FG Nürnberg hinsichtlich der Streitjahre 2014 und 2015 – auf Grund während des Nichtzulassungsbeschwerdeverfahrens ergangener streitiger Änderungsbescheide – aufgehoben und die Sache an das FG Nürnberg zurückverwiesen. Im Übrigen hat der BFH die Beschwerde mit Beschluss v. 12.12.2019, VI B 104/18, nicht dokumentiert, als unzulässig verworfen).

Bei einer **Berufsunfähigkeits-Versicherung** geht es in ähnlicher Weise wie bei einer **Krankentagegeld-Versicherung** um die Sicherung des Lebensunterhalts, so dass die Prämien nicht als Werbungskosten (auch nicht anteilig), sondern lediglich als Sonderausgaben anerkannt werden können (BFH v. 15.10.2013, VI B 20/13).

Bei **„kombinierten" Versicherungen**, die sowohl berufliche als auch private Risiken abdecken (z.B. eine Privat- und Berufs-Haftpflichtversicherung oder eine Familien-Rechtsschutzversicherung, die auch berufliche Risiken abdeckt), kann der berufliche Anteil als Werbungskosten berücksichtigt werden, wenn der Stpfl. eine **Bescheinigung seines Versicherers** darüber beibringt, welcher Anteil der Gesamtprämie nach der Kalkulation auf den die berufliche Sphäre betreffenden Versicherungsschutz entfällt. Wenn der Versicherer keine Auskunft gibt und seine Kalkulation nicht offen legt, unterbleibt eine Aufteilung mit der Folge, dass nach § 12 Nr. 1 EStG die gesamten Beiträge steuerlich nicht abzugsfähig sind (vgl. BMF v. 23.7.1998, IV B 6 – S 2354 – 33/98, m.w.N.).

Dies gilt auch für **freiwillige Unfallversicherungen**, die Finanzverwaltung lässt hier allerdings eine schätzungsweise Aufteilung zu (BMF v. 28.10.2009, IV C 5 – S 2332/09/10004, BStBl I 2009, 1275).

Bei **„reinen" Kfz-Versicherungen** erkennt die Finanzverwaltung zwar eine Aufteilung nach den jeweils gefahrenen Kilometern an. Der auf Wege zwischen Wohnung und erster Tätigkeitsstätte entfallende Anteil ist jedoch mit dem Ansatz der Entfernungspauschale abgegolten (Ausnahme bei behinderten Menschen). Entsprechendes gilt für den Ansatz des Pauschsatzes von 0,30 € je km bei Auswärtstätigkeiten usw.

Auch wenn ein Berufssportler ein erhöhtes Risiko hat, auf Grund eines Unfalls oder einer Erkrankung seinen derzeitigen Beruf (Sport) nicht mehr ausüben zu können, sind Beiträge für eine **Sportunfähigkeitsversicherung** grds. nicht als Werbungskosten, sondern nur als Sonderausgaben abzugsfähig, sofern die Versicherung nicht ausnahmsweise auf berufsspezifische Unfälle/Erkrankungen beschränkt ist. Gibt es eine solche Beschränkung nicht, kommt ein Abzug als Werbungskosten wegen des Abzugsverbots des § 12 Nr. 1 EStG nur in Betracht, wenn a) die berufliche Veranlassung bei weitem überwiegt und das Hineinspielen der Lebensführung nicht ins Gewicht fällt oder soweit b) sich der beruflich veranlasste Teil der Aufwendungen anhand von Unterlagen nach objektiv nachprüfbaren Merkmalen leicht und einwandfrei von den nichtabziehbaren Kosten der Lebensführung trennen lässt (FG Düsseldorf v. 12.1.2021, 10 K 2192/17 E, EFG 2021, 446).

Vertragsstrafe: Als Werbungskosten abzugsfähig bei beruflicher 4589
Veranlassung, z.B. weil der Arbeitnehmer gegen ein Wettbewerbsverbot verstoßen oder einen vereinbarten Dienstvertrag nicht eingehalten oder eine selbständige Tätigkeit aufgenommen hat (BFH v. 7.12.2005, I R 34/05, HFR 2006, 766 betr. die Rückzahlung von Ausbildungskosten wegen vorzeitiger Kündigung des Dienstverhältnisses und BFH v. 22.6.2006, VI R 5/03, BStBl II 2007, 4 betr. eine Vertragsstrafe wegen Aufnahme einer selbständigen Tätigkeit vor Ablauf der 10-jährigen Verpflichtungszeit zu einer Arbeitnehmertätigkeit im öffentlichen Dienst).

Die sowohl durch einen Auslandseinsatz i.R. eines bisherigen Dienstverhältnisses als auch durch das Eingehen eines neuen Arbeitsverhältnisses veranlasste Rückzahlung von Kosten des Auslandseinsatzes an den ehemaligen Arbeitgeber des Stpfl. ist nur bei der Ermittlung der Einkünfte i.R. des Progressionsvorbehaltes gem. § 32b Abs. 1 Satz 1 Nr. 3 EStG zum Abzug zuzulassen, wenn der Veranlassungszusammenhang der Rückzahlung mit den zuvor i.R. des Auslandseinsatzes vom Arbeitnehmer steuerfrei erzielten und lediglich dem Progressionsvorbehalt unterliegenden Einnahmen wirtschaftlich vorrangig ist (FG Köln v. 28.1.2015, 12 K 178/12, EFG 2015, 1532).

4590 **Vormund/Betreuer:** Aufwendungen für einen ausschließlich zur Vermögenssorge bestellten Vormund/Betreuer stellen Betriebsausgaben bzw. Werbungskosten bei den mit dem verwalteten Vermögen erzielten Einkünften dar, sofern die Tätigkeit des Vormunds/Betreuers weder einer kurzfristigen Abwicklung des Vermögens noch der Verwaltung ertraglosen Vermögens dient (BFH v. 14.9.1999, III R 39/97, BStBl II 2000, 69).

4591 **Wahlkampfkosten:** Für den eigenen Wahlkampf aufgewandte, nicht erstattete und nicht als Sonderbeiträge für den allgemeinen Wahlkampf der eigenen Partei anzusehende Wahlkampfkosten zur Erlangung der Mitgliedschaft in einer **kommunalen Vertretung** können, soweit sie nach § 3 Nr. 12 EStG steuerfrei gezahlte Entschädigungen übersteigen, als Betriebsausgaben abgezogen werden, auch wenn der Wahlkampf erfolglos war (BFH v. 25.1.1996, IV R 15/95, BStBl II 1996, 431). „Wahlkampfkosten" sind jedoch regelmäßig nicht Bewirtungskosten (OFD Frankfurt v. 26.3.2020, S 2350 A – 07 – St 211, betr. Steuerfreie Aufwandsentschädigung und Werbungskosten hauptamtlicher kommunaler Wahlbeamtinnen und Wahlbeamter in Hessen).

Wahlkampfkosten zur Erlangung eines Mandats im **Bundestag, im Europäischen Parlament oder im Parlament eines Landes** dürfen dagegen nicht als Werbungskosten abgezogen werden (§ 22 Nr. 4 Satz 3 EStG). Zur Abziehbarkeit von Wahlkampfkosten und Aufwendungen im Zusammenhang mit der Aufstellung als Kandidat für ein Mandat im Europäischen Parlament s. BFH v. 10.12.2019, IX R 32/17, BStBl II 2020, 389, Abzug abgelehnt.

4592 **Wehrdienst:** Aufwendungen für den Freikauf vom türkischen Wehrdienst können nicht als Werbungskosten berücksichtigt werden; unerheblich ist, dass der Arbeitnehmer seiner bisherigen beruflichen Tätigkeit ohne Beeinträchtigung durch die normale Wehrdienstzeit von 18 Monaten nachgehen und so seinen Arbeitsplatz auch für die Zukunft erhalten will (FG Münster v. 12.2.2014, 5 K 2545/13 E).

Pensionierte Berufssoldaten, die Reservistendienst leisten, können durch den Dienst entstehende Aufwendungen nicht als Werbungskosten abziehen. Aktive Beamte und aktive Arbeitnehmer des öffentlichen Dienstes, die Reservistendienst leisten, können seit der Novellierung des Unterhaltssicherungsgesetzes zum 1.11.2015 ebenfalls keinen Werbungskostenabzug mehr geltend machen (Änderung der Rechtslage). Der Unterschied beim Werbungskostenabzug zwischen aktiven Berufssoldaten und pensionierten Berufssoldaten ist verfassungsgemäß (FG Berlin-Brandenburg v. 16.8.2017, 3 K 3118/17, EFG 2017, 1665).

4593 **Wohnungskosten:** Aufwendungen für das Unterhalten einer Wohnung, die den Mittelpunkt der Lebensführung eines Stpfl. und seiner Familie darstellt, gehören zu den nicht abzugsfähigen Lebensführungskosten (§ 12 Nr. 1 EStG); sie sind einkommensteuerlich mit dem **Grundfreibetrag abgegolten** (BFH v. 1.10.2019, VIII R 29/16, HFR 2020, 443 zu den Voraussetzungen einer doppelten Haushaltsführung für beiderseits beruflich tätige Ehegatten, die mit den Kindern am Beschäftigungsort leben).

Dies gilt auch für Aufwendungen für eine **Zweitwohnung** (Unterkunftskosten), die aus beruflichen Gründen gemietet wurde und grds. dem **Regelungsbereich des § 9 Abs. 1 Satz 3 Nr. 5 EStG (doppelte Haushaltsführung) unterfällt**; wenn eine **doppelte Haushaltsführung steuerlich nicht anerkannt** werden kann, weil sich die Hauptwohnung und die berufliche Zweitwohnung in derselben politischen Gemeinde befinden (z.B. in Großstädten) oder die Voraussetzungen für den Abzug als vorab entstandene Werbungskosten bei doppelter Haushaltsführung nicht vorliegen, können die Aufwendungen für die Zweitwohnung nicht „ersatzweise" gem. § 9 **Abs. 1 Satz 1** EStG als **allgemeine Werbungskosten** abgezogen werden, denn § 9 Abs. 1 Satz 3 Nr. 5 EStG ist lex specialis zu § 9 Abs. 1 Satz 1 EStG (BFH v. 23.10.2019, VI R 1/18, HFR 2020, 342 betr. vorab entstandene Werbungskosten bei doppelter Haushaltsführung).

Unterfällt eine (Zweit-)Wohnung am Arbeitsort dagegen **nicht dem Regelungsbereich des § 9 Abs. 1 Satz 3 Nr. 5 EStG (doppelte Haushaltsführung)**, weil sie **nicht „zum Wohnen" genutzt** wird (nach der BFH-Rechtsprechung ist ein „Wohnen" nicht anzunehmen, wenn das Aufhalten in der Unterkunft am Arbeitsort das Verrichten von Arbeit darstellt), können die Wohnungskosten **als Werbungskosten berücksichtigt** werden bzw. entfällt im Ergebnis die Versteuerung des lohnversteuerten Sachbezugs für die Wohnung (BFH v. 28.4.2020, VI R 5/18, HFR 2020, 1122 betr. Zuwendungen der Bundeswehr durch die Zurverfügungstellung einer Gemeinschaftsunterkunft; im Urteilsfall hatte der Soldat die Unterkunft ausschließlich für dienstliche Zwecke wie Aufbewahrung seiner Dienstkleidung und seiner Ausrüstung sowie zum Anlegen bzw. Wechseln der Uniform genutzt).

Im Übrigen ist ein Werbungskostenabzug zulässig bei einer Zweitwohnung i.R. einer (steuerlich anzuerkennenden) **doppelten Haushaltsführung** (→ *Doppelte Haushaltsführung: Erstattungsbeträge* Rz. 1768) oder bei einer länger andauernden **Auswärtstätigkeit** (→ *Reisekosten: Erstattungsbeträge* Rz. 3694).

Zeitungen, Zeitschriften: Aufwendungen für regionale und überregionale **Tages- und Wochenzeitungen** werden bereits vom **Grundfreibetrag erfasst** und sind grds. vom Betriebsausgaben- und Werbungskostenabzug ausgeschlossen (FG Düsseldorf v. 2.2.2021, 10 K 3253/17 E, EFG 2021, 743: Aufwendungen des Vorstandssprechers einer Bank für den Bezug der „Frankfurter Allgemeinen Zeitung" – **FAZ** sind nicht als Werbungskosten abzugsfähig). Dem Umstand, dass ein Stpfl. neben einer „privat" bezogenen regionalen Tageszeitung noch zwei überregionale Tageszeitungen, eine weitere regionale Tageszeitung und zwei wöchentlich erscheinende Zeitungen bezogen hat, kommt keine Bedeutung zu. Unerheblich ist auch, wenn der Stpfl. aus solchen Zeitungen beruflich nützliche Informationen sowie Stellenangebote bezieht (FG Münster v. 30.9.2010, 5 K 3976/08 E, EFG 2011, 228 m.w.N. betr. Aufwendungen eines Redakteurs für allgemeinbildende Tages- und Wochenzeitungen, ebenso BMF v. 6.7.2010, IV C 3 – S 2227/07/10003 :002, BStBl I 2010, 614). 4594

Nicht abzugsfähig sind ferner die Zeitschriften **Manager-Magazin, Impulse, Wirtschaftswoche** (FG Baden-Württemberg v. 28.3.1996, 6 K 195/95, EFG 1996, 850) **„test"** und **„FINANZtest"** (BMF v. 21.4.1993, IV B 6 – S 2354 – 12/93, n.v.) sowie **Computerzeitschriften** (z.B. Chip, Computerwelt, PC-Welt, CT-Heise), die auch von privaten Nutzern gerne gelesen werden (FG Münster v. 21.7.2014, 5 K 2767/13 E).

Als **Werbungskosten abzugsfähig**, wenn die Literatur ausschließlich oder zumindest weitaus überwiegend beruflich genutzt wird (BFH v. 20.5.2010, VI R 53/09, BStBl II 2011, 723 betr. Bücher und Zeitschriften eines Lehrers). Abzugsfähig als Arbeitsmittel sind im Einzelfall auch sog. **Börsenzeitschriften** (hier: Effekten-Spiegel, Depot-Optimierer, Finanztip, Wahrer Wohlstand und Oxford Club) – schon die Vielzahl der Zeitschriften kann für eine berufliche Nutzung sprechen (FG München v. 3.3.2011, 5 K 3379/08).

Hinweis:

Soweit der BFH und die Finanzgerichte in den vorstehend genannten Fällen den Betriebsausgaben- bzw. Werbungskostenabzug unter Hinweis auf das bisher geltende Aufteilungs- und Abzugsverbot des § 12 Nr. 1 Satz 2 EStG abgelehnt haben, gelten diese Urteile auch nach Ergehen des Beschlusses des Großen Senats des BFH v. 21.9.2009, GrS 1/06, BStBl II 2010, 672 grds. weiter. Denn schon nach der bisherigen Rechtsprechung kam dieses Verbot nur zum Tragen, wenn eine eindeutige Aufteilung der Kosten in Betriebsausgaben/Werbungskosten bzw. Kosten der Lebensführung nach objektivierbaren Kriterien nicht möglich erschien. Die Finanzverwaltung geht davon aus, dass in diesen Fällen auch künftig eine Aufteilung nicht möglich ist, weil die **beruflichen und privaten Veranlassungsbeiträge untrennbar ineinandergreifen** (BMF v. 6.7.2010, IV C 3 – S 2227/07/10003 :002, BStBl I 2010, 614).

Für den Regelfall dürfte diese Annahme zutreffend sein (s. die Beispiele im o.g. BMF-Schreiben), allerdings bleibt die weitere BFH-Rechtsprechung abzuwarten.

Werkstudenten

→ *Studenten* Rz. 4058

Werkswohnung

→ *Dienstwohnung* Rz. 1544

Werkvertrag

→ *Arbeitnehmer* Rz. 191, → *Arbeitnehmerüberlassung* Rz. 568

Werkzeuggeld

4595 Zahlt der Arbeitgeber für die betriebliche Benutzung von Werkzeugen des Arbeitnehmers (z.B. Motorsägen der Waldarbeiter) diesem eine Entschädigung (Werkzeuggeld), so ist die Entschädigung nach § 3 Nr. 30 EStG **steuer- und beitragsfrei**, soweit sie die entsprechenden Aufwendungen des Arbeitnehmers nicht offensichtlich übersteigt.

Die Steuerbefreiung nach § 3 Nr. 30 EStG beschränkt sich auf die Erstattung der Aufwendungen, die dem Arbeitnehmer durch die betriebliche Benutzung eigener Werkzeuge entstehen. Eine betriebliche Benutzung der Werkzeuge liegt auch dann vor, wenn die Werkzeuge i.R. des Dienstverhältnisses außerhalb einer Betriebsstätte des Arbeitgebers eingesetzt werden, z.B. auf einer Baustelle.

Ohne Einzelnachweis der tatsächlichen Aufwendungen sind pauschale Entschädigungen steuerfrei, soweit sie

- die regelmäßigen Absetzungen für Abnutzung der Werkzeuge,
- die üblichen Betriebs-, Instandhaltungs- und Instandsetzungskosten der Werkzeuge sowie
- die Kosten der Beförderung der Werkzeuge

abgelten (R 3.30 Satz 4 LStR).

~~LSt~~ ~~SV~~

Soweit **Entschädigungen für Zeitaufwand** des Arbeitnehmers gezahlt werden, z.B. für die ihm obliegende Reinigung und Wartung der Werkzeuge, gehören sie zum steuerpflichtigen Arbeitslohn.

Als **Werkzeuge** sind allgemein nur Handwerkzeuge anzusehen, die zur leichteren Handhabung, zur Herstellung oder zur Bearbeitung eines Gegenstands verwendet werden und in der ganz überwiegenden Zahl der Fälle sog. **geringwertige Wirtschaftsgüter** i.S.d. § 6 Abs. 2 Satz 1 EStG sind, deren Anschaffungskosten ohne Umsatzsteuer 800 € nicht übersteigen und in aller Regel sogar deutlich unter diesem Betrag liegen (vgl. BFH v. 21.8.1995, VI R 30/95, BStBl II 1995, 906).

Keine Werkzeuge sind danach z.B. (vgl. R 3.30 Satz 2 LStR)

- Datenverarbeitungsgeräte des Arbeitnehmers,
- die Musikinstrumente von Musikern,
- Fotokopiergeräte von Journalisten,
- Fotoapparate von Fotoreportern.

Erstattet in diesen Fällen der Arbeitgeber dem Arbeitnehmer die Aufwendungen für die Beschaffung oder den Unterhalt dieser Geräte, so liegt kein steuerfreies Werkzeuggeld vor, sondern steuer- und beitragspflichtiger Arbeitslohn (so z.B. bei → *Home-Office/Mobile-Office/Telearbeit* Rz. 2549).

LSt SV

Wertguthaben

→ *Altersteilzeit* Rz. 80

Wertmarken

→ *Arbeitslohn-ABC* Rz. 710

Wettbewerbsverbot

1. Arbeitsrecht

Der Arbeitnehmer ist grds. **nach Beendigung des Arbeitsverhältnisses** frei, seine Kenntnisse und Fähigkeiten auch im Wettbewerb zu seinem früheren Arbeitgeber zu verwenden. Eine Ausnahme hiervon gilt nur dann, wenn ausdrücklich zwischen Arbeitnehmer und Arbeitgeber ein Wettbewerbsverbot (Konkurrenzverbot) vereinbart ist. Nach der Vorschrift des **§ 110 GewO** richtet sich das Wettbewerbsverbot für alle Arbeitnehmer nach §§ 74 ff. HGB. 4596

Das vertragliche Wettbewerbsverbot gilt während der gesamten rechtlichen Dauer des Arbeitsverhältnisses. Ein Verstoß, z.B. der Vertriebsmitarbeiter leitet Kunden-Emails seiner Arbeitgeberin an ein Konkurrenzunternehmen weiter, stellt einen wichtigen Grund für eine fristlose Kündigung des Arbeitsverhältnisses dar (LAG Köln v. 6.6.2024 – 6 Sa 606/23). Ein Arbeitnehmer darf deshalb grds. auch **nach Zugang** einer von ihm gerichtlich angegriffenen **fristlosen Kündigung** des Arbeitgebers keine Konkurrenztätigkeit ausgeübt haben, falls sich die Kündigung später als unwirksam herausstellt (BAG v. 23.10.2014, 2 AZR 644/13). Soweit der Arbeitgeber gegen den Arbeitnehmer Ansprüche wegen dessen Verstoß gegen das vertragliche Wettbewerbsverbot geltend macht, ist zwingend die dreimonatige Verjährungsfrist des § 61 Abs. 2 HGB zu beachten, die nicht nur alle Ansprüche aus § 61 Abs. 1 HGB, sondern auch konkurrierende vertragliche oder deliktische Ansprüche erfasst (BAG v. 30.5.2018, 10 AZR 780/16). Die Frist wird nicht nur durch die Kenntnis oder grob fahrlässige Unkenntnis des Arbeitgebers vom Abschluss eines Geschäfts durch den Arbeitnehmer ausgelöst. Die Verjährungsfrist beginnt vielmehr auch zu laufen, wenn der Arbeitgeber weiß oder grob fahrlässig nicht weiß, dass der Arbeitnehmer ein konkurrierendes Handelsgewerbe betreibt (BAG v. 24.2.2021, 10 AZR 8/19).

Ein Wettbewerbsverbot muss nach § 74 Abs. 2 HGB die Verpflichtung des Arbeitgebers enthalten, für die Dauer des Wettbewerbsverbots eine Entschädigung zu zahlen, die sog. **Karenzentschädigung**. Diese Entschädigung muss mindestens die Hälfte des vom Arbeitnehmer zuletzt bezogenen Arbeitsentgelts erreichen. Variable Entgeltbestandteile sind bei der Bemessung der Karenzentschädigung nur dann zu berücksichtigen, wenn sie zu den zuletzt bezogenen vertragsmäßigen Leistungen gem. § 74 Abs. 2 HGB zu zählen sind. Dies ist nicht der Fall, wenn der Leistungszeitraum für diese Vergütungsbestandteile schon zuvor endete (LAG Berlin-Brandenburg v. 2.12.2020, 15 Sa 964/20). Die einem Arbeitnehmer nicht von seinem Arbeitgeber, sondern von der Obergesellschaft der Unternehmensgruppe, der sein Vertragsarbeitgeber angehört, zugeteilten Aktien sind grundsätzlich nicht Teil der „vertragsmäßigen Leistungen" i.S.v. § 74 Abs. 2 HGB und bleiben daher bei der Berechnung der Karenzentschädigung unberücksichtigt (BAG v. 25.8.2022, 8 AZR 453/21). Leistungen aus einem Programm zur Gewährung virtueller Aktienoptionsrechte des Vertragsarbeitgebers sind jedoch in die Berechnung der Karenzentschädigung nach § 74 Abs. 2, § 74b Abs. 2 HGB einzubeziehen, soweit die virtuellen Optionsrechte noch im laufenden Arbeitsverhältnis ausgeübt werden (BAG v. 27.3.2025, 8 AZR 63/24, IWRZ 2025, 264 m. Anm. Imping).

Der Arbeitgeber kann sonstige Einkünfte des Arbeitnehmers auf die Karenzentschädigung anrechnen. Das Gesetz sieht in § 74c Abs. 2 HGB vor, dass der Arbeitnehmer dem Arbeitgeber auf dessen Anfordern über die Höhe seines Erwerbs Auskunft erteilen muss. Solange der Arbeitnehmer die Auskunft nicht erteilt, hat der Arbeitgeber ein Leistungsverweigerungsrecht. Dies führt dazu, dass die Karenzentschädigung noch nicht fällig wird. Einkommen aus selbständiger Tätigkeit ist gemäß § 74c HGB auf den Anspruch auf Zahlung der Karenzentschädigung grundsätzlich anzurechnen, sofern es während der Ausübung der beendeten Tätigkeit nicht erzielt werden konnte. Der Arbeitnehmer hat dann auch hierüber nach § 74c Abs. 2 HGB Auskunft zu erteilen (LAG Berlin-Brandenburg v. 20.3.2025, 5 Sa 734/24, ArbRAktuell 2025, 338). Wenn der Arbeitnehmer eine selbständige Tätigkeit aufgenommen hat, ist jedoch der Umfang der Auskunftspflicht zu den Einkünften umstritten. Teilweise wird angenommen, dass der Arbeitnehmer seiner Nachweispflicht genüge, wenn er seinen Einkommensteuerbescheid vorlege. Teilweise wird dieser Nachweis als nicht aussagekräftig genug angesehen, so dass der Arbeitgeber auch die Vorlage der Bilanz oder der Gewinn- und Verlustrechnung verlangen könne. Jedenfalls ist für die Anrechnung des Gewinns aus selbständiger Tätigkeit auf die Karenzentschädigung nicht das Zuflussprinzip maßgeblich, sondern der Zeitpunkt, in dem der Gewinn realisiert wird (BAG v. 27.2.2019, 10 AZR 340/18). Bei einem Verstoß gegen ein nachvertragliches Wettbewerbsverbot eines GmbH-Geschäftsführers kann die Karenzentschädigung rückwirkend verfallen, soweit dies vereinbart ist, andernfalls nach § 812 BGB (BGH v. 23.4.2024, II ZR 99/22).

Zahlt der Arbeitgeber die als Gegenleistung für ein nachvertragliches Wettbewerbsverbot vereinbarte Karenzentschädigung nicht, kann der Arbeitnehmer vom Wettbewerbsverbot mit Wirkung ex nunc zurücktreten (BAG v. 31.1.2018, 10 AZR 392/17). Eine Ausschlussfrist (Verfallfrist) erfasst i.d.R. auch die Karenzentschädigung (BAG v. 17.6.1997, 9 AZR 801/95). Ein vereinbartes Wettbewerbsverbot ohne die Verpflichtung des Arbeitgebers zur Zahlung der Karenzentschädigung ist **unbeachtlich und nichtig**, ebenso auch ein unter Verstoß gegen das Schriftformgebot nach § 74 Abs. 1 HGB mündlich vereinbartes Wettbewerbsverbot. Obwohl § 74 Abs. 2 HGB nur von der Unverbindlichkeit des Wettbewerbsverbotes bei fehlender Karenzentschädigungszusage spricht, steht das Fehlen jeglicher Entschädigungszusage der Nichtigkeit gleich. Eine salvatorische Klausel ist nicht geeignet, diese Folge zu beseitigen oder zu heilen (BAG v. 22.3.2017, 10 AZR 448/15).

Von der Nichtigkeit ist die bloße **Unverbindlichkeit** des Wettbewerbsverbots zu unterscheiden. Das Wettbewerbsverbot ist unverbindlich, soweit es den Arbeitnehmer in seiner beruflichen Tätigkeit über das zulässige Maß hinaus beschränkt. Das kann der Fall sein, wenn das Verbot bestimmter Tätigkeiten nicht dem Schutz eines berechtigten geschäftlichen Interesses des Arbeitgebers dient oder wenn es für eine längere Zeit als zwei Jahre vereinbart worden ist. In solchen Fällen ist nicht die ganze Vereinbarung unwirksam, das Verbot wird vielmehr nur auf den zulässigen Rahmen reduziert. Der Arbeitnehmer bleibt verpflichtet, solche Wettbewerbstätigkeiten zu unterlassen, deren Verbot in zulässiger Weise vereinbart werden konnte. Ein **Vorvertrag**, der den Arbeitnehmer ohne zeitliche Begrenzung zum Abschluss eines nachvertraglichen Wettbewerbsverbots verpflichtet, ist für den Arbeitnehmer unverbindlich. Auf Grund des unverbindlichen Vorvertrags kann der Arbeitnehmer wie bei einem bedingten Wettbewerbsverbot entweder Wettbewerbsfreiheit ohne Karenzentschädigung oder Wettbewerbsenthaltung zu den Bedingungen des Vorvertrags wählen (BAG v. 14.7.2010, 10 AZR 291/09).

Unverbindlich ist ein Wettbewerbsverbot aber auch dann, wenn eine zu niedrige Karenzentschädigung vereinbart worden ist oder wenn es unter der Bedingung steht, dass der Arbeitgeber die Einhaltung des Wettbewerbsverbots verlangt, oder wenn die Höhe der Karenzentschädigung in das Ermessen des Arbeitgebers gestellt wird (BAG v. 15.1.2014, 10 AZR 243/13). In diesen Fällen bedeutet Unverbindlichkeit, dass der **Arbeitnehmer ein Wahlrecht hat**. Er kann einmal die Unverbindlichkeit geltend machen und eine Konkurrenztätigkeit aufnehmen, dann aber auch keine Entschädigung verlangen, oder er kann sich an das Wettbewerbsverbot halten und die vereinbarte eventuell niedrigere – nicht die gesetzliche – Entschädigung verlangen (BAG v. 19.1.1978, 3 AZR 573/77). Es genügt allerdings (BAG v. 22.5.1990, 3 AZR 647/88), wenn sich der Arbeitnehmer zu Beginn der Karenzzeit für die eine oder andere Möglichkeit entscheidet. Er braucht dem Arbeitgeber die getroffene Wahl nicht mitzuteilen.

Des Weiteren können auf den Abschluss eines nachvertraglichen Wettbewerbsverbots gerichtete Vorverträge je nach ihrer Ausgestaltung im Einzelfall eine unbillige Erschwerung des Fortkommens i.S.v. § 74a Abs. 1 Satz 2 HGB für den betroffenen Arbeitnehmer darstellen und deswegen unverbindlich sein. Das Fortkommen des Arbeitnehmers ist jedenfalls dann unbillig erschwert i.S.v. § 74a Abs. 1 Satz 2 HGB, wenn der Arbeitgeber noch nach Erklärung einer Kündigung des Arbeitsvertrags durch eine Partei oder nach Abschluss eines Aufhebungsvertrags ein nachvertragliches Wettbewerbsverbot verlangen kann (BAG v. 19.12.2018, 10 AZR 130/18).

Bei einem sog. **überschießenden Wettbewerbsverbot**, das teils verbindlich, teils unverbindlich ist, gilt: Der Anspruch auf Karenzentschädigung setzt voraus, dass der Arbeitnehmer das Wettbewerbsverbot insoweit einhält, als es nach § 75a Abs. 1 HGB verbindlich ist. Die Einhaltung auch in seinem unverbindlichen Teil ist nicht erforderlich (BAG v. 21.4.2010, 10 AZR 288/09).

Ein **berechtigtes geschäftliches Interesse des Arbeitgebers** an einem Wettbewerbsverbot kann neben dem Schutz von Betriebsgeheimnissen und vor Einbruch eines ausgeschiedenen Mitarbeiters in den Kunden- oder Lieferantenkreis auch bezwecken, dass sich der ausgeschiedene Mitarbeiter nicht in erheblichem wirtschaftlichem Umfang **an einem Konkurrenzunternehmen beteiligt** und so mittelbar in Wettbewerb zum Arbeitgeber tritt. Ein solches nachvertragliches Wettbewerbsverbot, das sich auf jede denkbare Form der Unterstützung eines Konkurrenzunternehmens bezieht, umfasst auch das **Belassen eines zinslosen Darlehens**, das der Arbeitnehmer einem Konkurrenzunternehmen während des bestehenden Arbeitsverhältnisses zum Zweck seiner Gründung ausgereicht hat (BAG v. 7.7.2015, 10 AZR 260/14).

In der Praxis entsteht nicht selten Streit, wenn sich die Arbeitsvertragsparteien auf die einvernehmliche Beendigung des Arbeitsverhältnisses verständigen, indes keine eindeutige Absprache zur Geltung des nachvertraglichen Wettbewerbsverbots treffen. Vorsicht ist insofern bei sog. Ausgleichs- oder Erledigungsklauseln geboten, nach denen mit dem Aufhebungsvertrag bzw. Vergleich „sämtliche Ansprüche aus dem Arbeitsverhältnis" erledigt sein sollen. Diese Klauseln sind im Zweifel dahingehend auszulegen, dass davon auch das nachvertragliche Wettbewerbsverbot und der Anspruch auf Zahlung der Karenzentschädigung umfasst sein sollen, und zwar auch dann, wenn die Klausel nicht die Zusätze „und aus dessen Beendigung" oder „seien sie bekannter oder unbekannter Natur" enthält (BAG v. 22.10.2008, 10 AZR 617/07). Eine **Ausgleichsklausel** in einem Vergleich, die sich auf alle Ansprüche aus dem Arbeitsverhältnis bezieht, erstreckt sich regelmäßig auch auf eine Karenzentschädigung aus einem nachvertraglichen Wettbewerbsverbot (BAG v. 24.6.2009, 10 AZR 707/08).

Zu einem Wettbewerbsverbot mit einer sog. **Patientenschutzklausel** s. LAG Hamm v. 19.2.2016, 10 Sa 1194/15.

Zu weiteren Fragen Hinweis im Übrigen auf D. Besgen, Vertragliches und nachvertragliches Wettbewerbsverbot, B+P 2010, 523.

2. Lohnsteuer und Sozialversicherung

a) Arbeitslohn

Zahlt der Arbeitgeber einem früheren Arbeitnehmer auf Grund eines Wettbewerbsverbots (§§ 74 ff. HGB) eine **Karenzentschädigung**, so gehört diese nach § 2 Abs. 2 Nr. 4 LStDV zum steuerpflichtigen **Arbeitslohn**. Dies gilt auch dann, wenn der Arbeitnehmer nach Abschluss der Vereinbarung ins **Ausland verzieht** (FG Hamburg v. 21.1.1975, II 58/74, EFG 1975, 242). Für die Zeit nach Beendigung des Arbeitsverhältnisses gezahlte Karenzentschädigungen wegen eines Wettbewerbsverbots von längstens zwei Jahren sind trotz der Lohnsteuerpflicht kein Arbeitsentgelt i.S. der Sozialversicherung. 4597

Wird die Entschädigung als Abgeltung für die Einnahmen mehrerer Jahre gezahlt („**Zusammenballung**"), ist sie als sonstiger Bezug (→ *Sonstige Bezüge* Rz. 3936) **tarifermäßigt** zu versteuern (BFH v. 13.2.1987, VI R 230/83, BStBl II 1987, 386). Ein zusammengeballter Zufluss der Entschädigung i.S.d. § 34 EStG ist auch gegeben, wenn der Stpfl. nur die erste der insgesamt vereinbarten 24 Monatsraten fristgerecht erhalten hat, der Restbetrag hingegen erst in einem späteren Veranlagungszeitraum nach Abschluss eines auf Grund der Zahlungseinstellung des vormaligen Arbeitgebers angestrengten Klageverfahrens als Einmalzahlung zugeflossen ist (FG Köln v. 17.11.2004, 7 K 2006/03, EFG 2005, 444 sowie → *Entschädigungen* Rz. 2001).

LSt (SV durchgestrichen)

Keine steuerbegünstigte Entschädigung i.S.d. § 34 EStG liegt jedoch vor, wenn der Arbeitnehmer freiwillig aus seinem bisherigen Arbeitsverhältnis ausscheidet und der **künftige Arbeitgeber** an den Arbeitnehmer Zahlungen leistet, weil dieser auf Grund eines Wettbewerbsverbots zu Gunsten seines früheren Arbeitgebers für den neuen Arbeitgeber noch nicht tätig werden darf (FG Nürnberg v. 23.4.1980, V 189/78, EFG 1980, 444) oder eine **Karenzentschädigung in monatlichen Beträgen über zwei Jahre gezahlt** wird (FG Sachsen-Anhalt v. 22.10.2014, 2 K 272/12).

LSt (SV)

b) Kein Arbeitslohn

4598 Eine Karenzentschädigung rührt nicht aus einer im **Inland** ausgeübten nichtselbständigen Tätigkeit und unterliegt damit **nicht dem Lohnsteuerabzug**, wenn sich der Arbeitnehmer weder während der Karenzzeit im Inland aufhält noch die möglichen Wettbewerbshandlungen ihren Schwerpunkt im Inland haben und wenn die **Karenzentschädigung auch nicht mehr mit einer früheren inländischen Tätigkeit zusammenhängt** (FG Baden-Württemberg v. 22.9.1983, III 412/81, EFG 1984, 183).

Arbeitslohn liegt auch dann nicht vor, wenn eine **eindeutige Zuordnung** zu einer der Einkunftsarten des § 2 Abs. 1 Nr. 1 bis 6 EStG **nicht möglich ist**, weil eine Karenzentschädigung für die Nichtausübung mehrerer unterschiedlich zu qualifizierender Tätigkeiten gezahlt wird. Die Entschädigung gehört dann zu den **sonstigen Einkünften** i.S.d. § 22 Nr. 3 EStG (FG München v. 30.5.2016, 2 K 1846/13, m.w.N.).

~~LSt~~ ~~SV~~

Winterausfallgeld

→ *Saison-Kurzarbeitergeld* Rz. 3850

Winterbeschäftigungs-Umlage

→ *Saison-Kurzarbeitergeld* Rz. 3850

Wintergeld

→ *Arbeitslosenversicherung* Rz. 716, → *Saison-Kurzarbeitergeld* Rz. 3850

Wirtschaftlicher Arbeitgeber

→ *Arbeitgeber* Rz. 181, → *Doppelbesteuerungsabkommen bei Einkünften aus nichtselbständiger Arbeit* Rz. 1612

Witwenbezüge

1. Witwengelder und Witwenpensionen

4599 Zum **Arbeitslohn** gehören auch Einnahmen aus einem früheren Dienstverhältnis, selbst wenn sie dem Rechtsnachfolger zufließen (§ 2 Abs. 2 Nr. 2 LStDV). So genannte Witwen- und Waisengelder werden daher in § 19 Abs. 1 Satz 1 Nr. 2 EStG ausdrücklich den Einkünften aus nichtselbständiger Arbeit zugerechnet. Es handelt sich um Versorgungsbezüge (→ *Versorgungsbezüge* Rz. 4334), so dass die Versorgungsfreibeträge (→ *Versorgungsfreibeträge* Rz. 4340) abzusetzen sind (§ 19 Abs. 2 EStG). Die Witwe wird für die Besteuerung so behandelt, als sei sie **selbst Arbeitnehmerin** (vgl. BFH v. 19.4.2021, VI R 8/19, BStBl II 2021, 909). Der Lohnsteuerabzug erfolgt nach den **für sie maßgebenden elektronischen Lohnsteuerabzugsmerkmalen**: Steuerermäßigungen, die dem verstorbenen Ehemann zugestanden hätten (z.B. den Behinderten-Pauschbetrag), bleiben außer Betracht (BFH v. 29.7.1960, VI 265/58 U, BStBl III 1960, 404). Vgl. im Übrigen R 19.9 LStR sowie → *Pensionäre* Rz. 3391.

Witwenbezüge, die der **Witwe vor ihrem Ableben weder gutgeschrieben noch sonst als ihr zugeflossen anzusehen sind, sind ihrem Erben als eigene Einkünfte** aus nichtselbständiger Arbeit zuzurechnen und nach den in seiner Person gegebenen Besteuerungsmerkmalen zu besteuern (BFH v. 29.7.1960, VI 265/58 U, BStBl III 1960, 404).

Dem Lohnsteuerabzug unterliegen ebenso freiwillige Zahlungen des Arbeitgebers – sog. **Gnadenbezüge** – an die Witwe und andere Hinterbliebene, insbesondere an die Kinder (vgl. FG Berlin v. 24.1.1984, V 168/83, EFG 1984, 406).

LSt SV

2. Witwenabfindungen

4600 Steuerfrei sind nach § 3 Nr. 3 EStG Witwenabfindungen nach § 21 BeamtVG oder § 9 Abs. 1 Nr. 3 des Altersgeldgesetzes sowie nach § 3 Nr. 6 EStG Leistungen nach dem SGB XIV, z.B. an Kriegerwitwen.

~~LSt~~ ~~SV~~

3. Witwenrenten

Witwenrenten aus der Rentenversicherung sind nur mit dem **Besteuerungsanteil als sonstige Einkünfte** einkommensteuerpflichtig; ein Lohnsteuerabzug entfällt (→ *Altersrenten* Rz. 64). 4601

~~LSt~~ ~~SV~~

Wochenendheimfahrten

→ *Doppelte Haushaltsführung: Allgemeines* Rz. 1709, → *Reisekosten: Allgemeine Grundsätze* Rz. 3589

Wohnen für Hilfe

1. Allgemeines

Bei dem bundesweit angebotenen **Projekt „Wohnen für Hilfe“** bieten i.d.R. ältere Menschen jungen Menschen günstigen Wohnraum an. Die Studierenden und Auszubildenden verpflichten sich regelmäßig als Gegenleistung den Wohnraumanbieter im Alltag zu unterstützen (z.B. bei Einkäufen, Kochen, Haushaltshilfe, Begleitdienste, Gartenpflege). Die geleisteten Stunden werden als Mieterlass angerechnet, wobei i.d.R. **1 qm Wohnfläche mit 1 Stunde Hilfe im Monat verrechnet** wird. So leistet der Wohnraumnehmende z.B. für 24 qm überlassenen persönlichen Wohnraum 24 Stunden Hilfe im Monat. 4602

In den Städten werden nach bisherigen Erkenntnissen unterschiedliche Modelltypen „angeboten“:

- Modell I: Verrichtung praktischer Alltagshilfen durch den Wohnraumnehmer an den Wohnraumgeber im häuslichen Umfeld,
- Modell II: Verrichtung gemeinnütziger Tätigkeiten durch den Studenten im unmittelbaren Wohnumfeld des Wohnraumanbieters,
- Modell III: Verrichtung einer gemeinnützigen/ehrenamtlichen Tätigkeit durch den Studenten im Stadtgebiet (ohne Zahlung Aufwandsentschädigungspauschale).

2. Lohnsteuer und Sozialversicherung

Die **Finanzverwaltung** vertritt dazu folgende Auffassung (Fach-Info 6/016 der Finanzbehörde Hamburg v. 8.12.2016, S 2253 – 2016/004 – 52, veröffentlicht auf den Internetseiten der Steuerberaterkammer Hamburg): 4603

I. Einkünfte aus nichtselbständiger Arbeit:

1. Die vom Wohnraumnutzer vertraglich geschuldeten Dienstleistungen beim **Modell I** sind als i.R. eines **Dienstverhältnisses** zwischen dem Wohnraumanbieter und Wohnraumnutzer erbrachte Leistungen anzusehen. Es liegen regelmäßig Einkünfte nach § 19 EStG vor. Der Wohnraumanbieter ist grds. zum **Lohnsteuerabzug verpflichtet**.

2. Bei den **Modellen II und III** ist im Einzelfall zu prüfen, welche Einkunftsart vorliegt. Es bestehen keine Bedenken, von Einkünften nach § 19 EStG auszugehen.

II. Einkünfte aus Vermietung und Verpachtung:

Beim **Modell I** liegen regelmäßig Einkünfte gem. § 21 EStG vor.

Bei **den Modellen II und III** ist im Einzelfall zu entscheiden ist, ob Einkünfteerzielungsabsicht i.S.d. § 21 EStG vorliegt.

Soweit steuerpflichtiger Arbeitslohn vorliegt, ist dieser auch beitragspflichtig.

LSt SV

Wohnsitzbegriff

→ *Steuerpflicht: unbeschränkte* Rz. 4035

Wohnungseigentümergemeinschaften

Wohnungseigentümergemeinschaften beschäftigen häufig **Hausmeister, Reinigungskräfte** usw. Sie sind insoweit – sofern mit diesen Personen ein Arbeitsverhältnis vereinbart wird (hierfür gelten die allgemeinen Regeln, → *Arbeitnehmer* Rz. 191, und zu einzelnen Berufsgruppen, wie z.B. Hausmeister → *Arbeitnehmer-ABC* Rz. 353) – **Arbeitgeber**, da auch Personen- 4604 vereinigungen Arbeitgeber sein können (vgl. BFH v. 17.2.1995, VI R 41/92, BStBl II 1995, 390). Dies gilt auch, wenn **ein Eigentümer** z.B. als **Hausmeister oder Reinigungskraft** tätig wird; insoweit ist er **Arbeitnehmer** der Wohnungseigentümergemeinschaft. Bei Einkünften aus Gewerbebetrieb gehören zu den Gewinnanteilen der Mitunternehmer zwar auch die Tätigkeitsvergütungen i.S.d. § 15 Abs. 1 Satz 1 Nr. 2 EStG; diese Regelung ist jedoch auf andere Einkunftsarten oder auf Gemeinschaften, die – wie regelmäßig Wohnungseigentümergemeinschaften – als solche keine Einkünfte erzielen, **nicht anwendbar**.

Die Steuervergünstigung des § 35a EStG für haushaltsnahe Beschäftigungsverhältnisse, haushaltsnahe Dienstleistungen und Handwerkerleistungen (→ *Haushaltsnahe Beschäftigungsverhältnisse und Dienstleistungen: Steuerermäßigung* Rz. 2530) wird auch für Wohnungseigentümergemeinschaften gewährt, selbst wenn der Verwalter die Handwerker usw. beauftragt (zuletzt BMF v. 9.11.2016, IV C 8 – S 2296-b/07/10003 :008, BStBl I 2016, 1213 Rz. 26). S.a. BMF v. 1.9.2021, IV C 8 – S 2296-b/21/10002 :001, BStBl I 2021, 1494 betr. Begünstigung von Maßnahmen der öffentlichen Hand, die nach öffentlich-rechtlichen Kriterien abgerechnet werden.

Eine Tätigkeit als **Hausverwalter** stellt demgegenüber im Regelfall **keine Arbeitnehmertätigkeit** dar, sondern ist als gewerbliche oder sonstige selbständige Tätigkeit i.S.d. § 18 Abs. 1 Nr. 3 EStG anzusehen (BFH v. 13.5.1966, VI 63/64, BStBl III 1966, 489).

Die lohnsteuerlichen Arbeitgeberpflichten obliegen regelmäßig dem **Verwalter**. Dieser hat grds. für jede von ihm betreute Wohnungseigentümergemeinschaft eine **gesonderte Lohnsteuer-Anmeldung** abzugeben (OFD Berlin v. 1.2.1999, St 423 – S 2376 – 1/99). **Seit 2004** kann der Verwalter jedoch mit Zustimmung des Finanzamts die **lohnsteuerlichen Pflichten** für die von ihm betreuten Wohnungseigentümergemeinschaften **übernehmen** (§ 38 Abs. 3a EStG). In diesem Fall muss der Verwalter nur noch eine Lohnsteuer-Anmeldung für alle Wohnungseigentümergemeinschaften abgeben (→ *Lohnsteuerabzug durch Dritte* Rz. 2937).

Zuständiges **Betriebsstättenfinanzamt** für die Anmeldung und Abführung der Lohnsteuer für die Wohnungseigentümergemeinschaft ist regelmäßig das für die Verwaltungsfirma zuständige Finanzamt (→ *Betriebsstätte* Rz. 1424).

Wohnungsüberlassung

→ *Dienstwohnung* Rz. 1544

Zählgelder

→ *Fehlgeldentschädigung* Rz. 2094

Zahlstellenverfahren

→ *Versorgungsbezüge* Rz. 4334

Zehrgelder

4605 Zahlt der Arbeitgeber seinen Außendienstmitarbeitern **Pauschalentschädigungen** für Reisekosten usw., sind diese in vollem Umfang steuerpflichtig. Der Arbeitnehmer kann jedoch seine Reisekosten – sofern die Voraussetzungen für den Abzug vorliegen – i.R. der Einkommensteuererklärung als **Werbungskosten** geltend machen. Dies ist aber im Regelfall ungünstiger, weil sich nur die Werbungskosten steuerlich auswirken, die über den **Arbeitnehmer-Pauschbetrag** von 1 230 € hinausgehen. Außerdem erfolgt bei der Sozialversicherung keine Korrektur.

Auch im **öffentlichen Dienst** gezahlte Zehrgelder gehören zum steuerpflichtigen **Arbeitslohn**, wenn nicht eine besondere Steuerbefreiungsvorschrift, z.B. als Aufwandsentschädigungen oder als Reisekosten, in Betracht kommt (OFD Hannover v. 25.1.1999, S 2337 – 14 – StO 211, betr. tarifliche Zehrgelder in der Straßenbauverwaltung; → *Aufwandsentschädigungen im öffentlichen Dienst* Rz. 865; → *Reisekosten: Allgemeine Grundsätze* Rz. 3589).

Sog. **Außendienstpauschalen**, mit denen früher insbesondere Verpflegungsmehraufwendungen für Auswärtstätigkeiten bis **zu sechs Stunden** abgegolten werden sollten, sind in vollem Umfang steuerpflichtig. Denn die Mindestabwesenheitsdauer für den steuerfreien Ersatz von Verpflegungsmehraufwendungen nach § 9 Abs. 4a EStG von **mehr als acht Stunden** wird regelmäßig nicht erfüllt sein.

Die Pauschalen bleiben **aber weiterhin** steuerfrei, soweit sie **Reisenebenkosten** (z.B. Parkgebühren) abgelten sollen (in Niedersachsen z.B. pauschal 32 € monatlich bei Steuerfahndungsbeamten).

LSt SV

Zeitungen: kostenlose Überlassung

Wird Arbeitnehmern von Zeitungsverlagen kostenlos eine Tageszeitung überlassen, so ist dieser Vorteil grds. steuer- und beitragspflichtig. Es handelt sich nicht um eine steuerfreie Annehmlichkeit (FinMin Berlin v. 29.3.1999, III A 32 – S 2334 – 3/99). 4606

LSt SV

Ist der **Rabattfreibetrag** von 1 080 € anzuwenden, weil der Vorteil vom **eigenen Arbeitgeber** gewährt wird, bleibt er steuer- und beitragsfrei, wenn der Betrag von 1 080 € im Kalenderjahr nicht überschritten wird. Maßgebend ist der um 4 % geminderte Endpreis des Arbeitgebers.

Beispiel 1:

Ein Arbeitnehmer ist bei einem Zeitungsverlag beschäftigt. Er erhält täglich kostenlos eine Tageszeitung im Wert von 1,60 €. Bei sechs Wochentagen und 52 Wochen im Jahr ergibt sich ein Vorteil von insgesamt 499,20 € (1,60 € × 6 Tage × 52 Wochen).

Der Vorteil ist steuer- und beitragsfrei, weil der Rabattfreibetrag von 1 080 € nicht überschritten wird.

Beispiel 2:

Die Arbeitnehmer einer Druckerei erhalten jeweils ein Freiexemplar einer Zeitung. Die Druckerei führt den Satz und den Druck der Zeitung im Auftrag der Schwesterfirma aus, die Herausgeberin der Zeitung ist und den Inhalt und die Satzvorgaben für die Zeitung übermittelt.

Der Rabattfreibetrag von 1 080 € kann berücksichtigt werden, weil die Druckerei Herstellerin der Zeitung ist. Denn Hersteller einer Ware i.S.d. § 8 Abs. 3 EStG kann auch derjenige Arbeitgeber sein, der im Auftrag und nach den Plänen und Vorgaben eines anderen die Ware produziert (BFH v. 28.8.2002, VI R 88/99, BStBl II 2003, 154).

Ist der Rabattfreibetrag von 1 080 € **nicht** anzuwenden, weil der Vorteil von einem mit dem Arbeitgeber verbundenen Unternehmen gewährt wird, bleibt er nach § 8 Abs. 2 Satz 11 EStG steuer- und beitragsfrei, wenn die **Freigrenze von 50 €** im Kalendermonat nicht überschritten wird (→ *Sachbezüge* Rz. 3819).

LSt SV (beide durchgestrichen)

Beispiel 3:

Ein Arbeitnehmer erhält täglich kostenlos eine Tageszeitung im Wert von 1,85 € von einem mit dem Arbeitgeber verbundenen Zeitungsverlag.

Bei höchstens 27 Bezugstagen (31 Tage abzüglich vier Sonntage) ergibt sich ein höchstmöglicher Vorteil von 49,95 €. Da dieser Wert die Freigrenze von 50 € nicht übersteigt, bleibt der Vorteil aus dem kostenlosen Bezug der Tageszeitung steuer- und beitragsfrei, wenn keine weiteren Sachbezüge hinzukommen.

Zeitungsausträger, -werber

1. Arbeitnehmereigenschaft

Zeitungsausträger sind im Regelfall **Arbeitnehmer**, da das Zeitungsaustragen eine einfache Tätigkeit ist, die von vornherein nur geringe Gestaltungsmöglichkeiten zulässt. Die Weisungsgebundenheit ergibt sich hier i.d.R. daraus, dass dem Zusteller ein bestimmter Bezirk mit Kundenliste zugewiesen und ein zeitlicher Rahmen vorgegeben wird (BAG v. 16.7.1997, 5 AZR 312/96, mit ausführlichen Nachweisen auch der Finanz- und Sozialgerichtsrechtsprechung). Arbeitnehmer sind hiernach regelmäßig Zeitungsausträger, die sechs Tage in der Woche Tageszeitungen zustellen. 4607

Für Zeitungsträger gilt daher gemäß § 1 MiLoG der Mindestlohn (s. ausführlich → *Mindestlohn* Rz. 3149). Hierbei ist aber insbesondere der persönliche Ausnahmebereich (§ 22 MiLoG) von der Geltung des MiLoG zu beachten (→ Rz. 3149), da z.B. häufig Kinder und Jugendliche i.S.d. § 2 Abs. 1 und Abs. 2 JArbSchG diese Tätigkeiten ausführen und daher ohne abgeschlossene Berufsausbildung als Arbeitnehmer i.S.d. Gesetzes gelten und damit auch keinen Mindestlohn beanspruchen können. Durch die Ausnahme soll sichergestellt sein, dass der Mindestlohn keinen Anreiz setzt, zu Gunsten einer mit dem Mindestlohn vergüteten Beschäftigung auf eine Berufsausbildung zu verzichten (vgl. hierzu BT-Drucks. 18/1558 v. 28.5.2014, 42).

Nach ständiger BFH-Rechtsprechung ist die Frage, ob jemand eine Tätigkeit selbständig oder nichtselbständig ausübt, anhand einer Vielzahl in Betracht kommender Kriterien nach dem **Gesamtbild der Verhältnisse** zu beurteilen (→ *Arbeitnehmer* Rz. 191). **Werbeprospektverteiler** können daher je nach Umfang und Organisation der übernommenen Tätigkeit Arbeitnehmer oder Gewerbetreibende sein (BFH v. 9.9.2003, VI B 53/03, HFR 2003, 1181 sowie BFH v. 30.4.2009, VI R 54/07, BStBl II 2010, 996 N).

Die nachfolgenden Rechtsprechungsnachweise dürfen daher **nicht verallgemeinert** werden.

Ein **Arbeitsverhältnis bejaht** wurde bei

- **Zeitungsausträgerinnen**, selbst wenn sie die Möglichkeit haben, neue Abonnenten zu werben, und ein Inkassorisiko tragen (BFH v. 24.7.1992, VI R 126/88, BStBl II 1993, 155 m.w.N.),
- den für ein Werbemittelunternehmen tätigen **Verteilern von Wurfsendungen** (BFH v. 24.7.1992, VI R 126/88, BStBl II 1993, 155 m.w.N.; ebenso FG Nürnberg v. 19.7.1994, IV 125/91),
- den **Zustellern von Anzeigenblättern (Wochenblätter) und den Kontrolleuren der Zusteller** (vgl. zuletzt FG Niedersachsen v. 6.5.1999, XI 679/97, EFG 1999, 1015 und BFH v. 9.11.2004, VI B 150/03, sowie den in → *Arbeitnehmer-ABC* Rz. 207 genannten Abgrenzungskatalog der Spitzenverbände der Sozialversicherungsträger v. 21.3.2019, Stichwort „Verteiler von Anzeigenblättern oder Prospekten"),
- **Werbern von Zeitschriftenabonnements**, deren Tätigkeit durch totale Weisungsgebundenheit, organisatorische Eingliederung, fehlende Unternehmerinitiative und fehlendes Unternehmerrisiko gekennzeichnet ist; dies gilt selbst dann, wenn die Werber ausschließlich erfolgsabhängige Provisionen beziehen (zuletzt FG München v. 1.4.2010, 8 V 3819/09, betr. sog. Drückerkolonnenchefs m.w.N.),
- **Zeitungszustellern**, wenn sie einem Weisungsrecht hinsichtlich Zeit, Art und Ort der Arbeitsausführung unterliegen, ihnen ein bestimmter Zustellbezirk zugeteilt wurde und sie weder eigenes Kapital oder eigene Betriebsmittel einzusetzen haben bzw. sie auch über keine eigene Betriebsstätte verfügen; dagegen sprechen auch einige Punkte für eine selbständige Tätigkeit wie z.B. Rechnungsstellung mit Ausweisung der Mehrwertsteuer, Stellen einer Ersatzkraft bei Verhinderung: die Merkmale, die für ein abhängiges Beschäftigungsverhältnis sprechen, überwiegen jedoch bei weitem (LSG Hessen v. 27.4.2006, L 1 KR 124/05),
- **Zeitungsausträgern bzw. Zustellern**; sie sind in der Sozialversicherung grds. als Beschäftigte und nicht als selbständige Unternehmer („Kleinspediteure") anzusehen (LSG Nordrhein-Westfalen v. 26.7.2006, L 17 U 64/05),
- **Zeitungswerbern in einer Drückerkolonne** (LSG Bayern v. 9.5.2017, L 7 R 434/15).

LSt SV

Dagegen ist ein **Arbeitsverhältnis abzulehnen,** wenn die Anzahl der auszutragenden Zeitungen so groß ist, dass der Zusteller **Hilfskräfte** einsetzen muss, um das übernommene Arbeitsvolumen in der vorgegebenen Zeit bewältigen zu können (BAG v. 16.7.1997, 5 AZR 312/96).

Ein **Arbeitsverhältnis abgelehnt** wurde ferner bei

- den Zeitungszustellern einer **Sonntagszeitung**, wenn deren zeitliche Inanspruchnahme – anders als bei Zustellern von Tageszeitungen – nur gering (drei Arbeitsstunden pro Woche) und die Arbeitszeit innerhalb des zeitlichen Rahmens („sonntags zwischen 6.00 und 9.00 Uhr") nicht genau festgelegt ist (vgl. ArbG Oldenburg v. 7.6.1996, 3 Ca 819/95, sowie den o.g. Abgrenzungskatalog der Spitzenverbände der Sozialversicherungsträger v. 21.3.2019, Stichwort „Ambulante Sonntagshändler", m.w.N.),
- Vertragsgestaltungen, bei denen die Aushilfszusteller als **selbständige Kleinspediteure** gem. §§ 425 ff. BGB im Verhältnis zum Verlag oder einer selbständigen Vertriebsagentur anerkannt werden können (OFD Magdeburg v. 29.4.2010, S 2331 – 80 – St 225, sowie BFH v. 30.6.2000, V B 20, 21/00); an die steuerliche Anerkennung sind jedoch strenge Anforderungen zu stellen,
- **Verteilern von Zeitschriften**, wenn sie in der Organisation und Zeiteinteilung ihrer Tätigkeit völlig frei sind und vom Auftraggeber lediglich vorgegeben wird, dass die Zeitschriften innerhalb von drei Tagen zu verteilen sind (FG Münster v. 23.5.2001, 8 K 158/98 L, EFG 2001, 1200),
- **Werbeprospektverteilern**, wenn weder ein Urlaubsanspruch, ein Anspruch auf Sozialleistungen, auf Fortzahlung der Bezüge im Krankheitsfall noch auf Überstundenvergütung besteht und sie nur in einem sehr eingeschränkten Umfang hinsichtlich Ort, Zeit und Inhalt ihrer Tätigkeit gegenüber dem Werbemittelvertrieb weisungsgebunden sind (BFH v. 9.9.2003, VI B 53/03, HFR 2003, 1181 sowie BFH v. 30.4.2009, VI R 54/07, BStBl II 2010, 996).

Die o.g. Grundsätze gelten auch für die **Sozialversicherung** (s. den o.g. Abgrenzungskatalog der Spitzenverbände der Sozialversicherungsträger v. 21.3.2019, Stichwort „Zeitungszusteller/-austräger").

2. Werbetätigkeit

a) Lohnsteuer

Zeitungsausträger werben oft neben ihrer eigentlichen Tätigkeit neue Abonnenten und erhalten dafür vom Zeitungsverlag Prämien. Diese Prämien sind dann **kein Arbeitslohn**, wenn die Zeitungsausträger **weder rechtlich noch faktisch** zur Anwerbung neuer Abonnenten verpflichtet sind. Dies gilt auch dann, wenn die Werbung neuer Abonnenten ausschließlich innerhalb des eigenen Zustellbezirks der Zeitungsausträger erfolgt und die Belieferung der neuen Abonnenten in der Folgezeit zu einer Erhöhung des Arbeitslohns des Zeitungsausträgers führt (BFH v. 22.11.1996, VI R 59/96, BStBl II 1997, 254). Die steuerliche Regelung unterscheidet sich hier von der sozialversicherungsrechtlichen. 4608

LSt (durchgestrichen)

b) Sozialversicherung

Die Spitzenverbände der Sozialversicherungsträger vertreten die Auffassung, dass sich die in → Rz. 4608 dargestellte **steuerliche Handhabung nicht auf das Sozialversicherungsrecht übertragen lässt**. Die vom BFH vorgenommene Trennung zwischen Hauptbeschäftigung (Zeitungsausträger) und Nebenbeschäftigung (Werbung) findet in der Rechtsprechung des BSG keine Stütze. Das BSG hat vielmehr in seinen Entscheidungen (vgl. u.a. BSG v. 3.2.1994, 12 RK 18/93) für die Beurteilung der Versicherungs- und Beitragspflicht stets auf das Gesamtbild der Tätigkeit abgestellt und keine getrennte Beurteilung einzelner Betätigungsfelder vorgenommen. Im Übrigen dürfte davon auszugehen sein, dass bei Zeitungsausträgern die Austrägerbeschäftigung grds. gegenüber der Werbetätigkeit überwiegt, so dass sie auch hinsichtlich dieser Werbetätigkeit sozialversicherungsrechtlich als Arbeitnehmer anzusehen sind und die Werbeprämien als Arbeitsentgelt i.S.d. § 14 SGB IV der Beitragspflicht unterliegen (Besprechungsergebnis der Spitzenverbände der Sozialversicherungsträger v. 17./18.11.1998). 4609

SV

3. Gewährung von Nachtzuschlägen

Soweit Zeitungsausträger neben der Zahlung eines Mindeststücklohns **einen Nachtzuschlag** erhalten, **kommt die Steuerfreiheit nach** § 3b EStG **in Betracht** (→ *Zuschläge für Sonntags-, Feiertags- oder Nachtarbeit* Rz. 4800). Hierzu gilt nach OFD Hannover v. 30.5.1996, S 2343 – 71 – StO 211, Folgendes: 4610

*„Der Zuschlag ist in **voller Höhe begünstigt**, wenn eine **arbeitsvertragliche Verpflichtung** besteht, die Zeitungen bis spätestens 6.00 Uhr morgens auszuteilen und dem Arbeitgeber keine anderslautenden Erkenntnisse über die Austragungszeiten vorliegen. Erfolgt die Zustellung der Zeitungen auch außerhalb der Nachtzeit, ist der Zuschlag in einen nach § 3b EStG begünstigten Nachtzuschlag und in einen steuerpflichtig zu belassenden Zuschlag **aufzuteilen**. Der Nachweis der tatsächlich geleisteten Nachtarbeit ist durch Einzelnachweis oder mit anderen Beweismitteln zu führen (FG Münster v. 14.11.1995, 15 K 3202/93 L, EFG 1996, 209). Dies kann dadurch geschehen, dass der Arbeitgeber entweder die Zahl der durchschnittlich vor 6.00 Uhr und nach 6.00 Uhr zugestellten Zeitungen ermittelt und den Zuschlag in diesem Verhältnis in einen*

steuerfreien und steuerpflichtigen Teil aufteilt. Dieser Aufteilungsmaßstab trägt dem Umstand Rechnung, dass die Zusteller nach der Zahl der ausgetragenen Zeitungen entlohnt werden. Es ist aber auch nicht zu beanstanden, wenn der Arbeitgeber der Aufteilung die durchschnittlichen Arbeitszeiten vor 6.00 Uhr und nach 6.00 Uhr zu Grunde legt. In diesem Fall ist zum ***Lohnkonto*** *eine Erklärung des Arbeitnehmers zu nehmen, die den Aufteilungsmaßstab enthält sowie eine Versicherung, dass generelle Änderungen in der Zustellungszeit unverzüglich dem Arbeitgeber angezeigt werden."*

4. Zustellbezirk als weiträumiges Tätigkeitsgebiet

4611 Zeitungszusteller haben i.d.R. ein weiträumiges Tätigkeitsgebiet. Ein solches weiträumiges Tätigkeitsgebiet liegt in Abgrenzung zur ersten Tätigkeitsstätte vor, wenn die vertraglich vereinbarte Arbeitsleistung auf einer festgelegten Fläche und nicht innerhalb einer ortsfesten betrieblichen Einrichtung des Arbeitgebers, eines verbundenen Unternehmens oder bei einem vom Arbeitgeber bestimmten Dritten ausgeübt werden soll (→ *Reisekosten: Allgemeine Grundsätze* Rz. 3628).

Für die **Fahrten von der Wohnung zu diesem weiträumigen Tätigkeitsgebiet** ist der Werbungskostenabzug auf die **Entfernungspauschale beschränkt** (§ 9 Abs. 1 Satz 3 Nr. 4a Satz 3 EStG). Diese Fahrten dürfen vom Arbeitgeber nicht steuerfrei ersetzt werden; zulässig ist allenfalls eine pauschale Versteuerung mit 15 %, soweit der Arbeitnehmer nach den Regeln der Entfernungspauschale Werbungskosten absetzen könnte (§ 40 Abs. 2 Satz 2 EStG).

Fahrten innerhalb des weiträumigen Tätigkeitsgebiets sind in voller Höhe bzw. mit den pauschalen km-Sätzen als Werbungskosten abzugsfähig bzw. können vom Arbeitgeber steuerfrei ersetzt werden (§ 9 Abs. 1 Satz 3 Nr. 4a Satz 4 EStG).

Auf die Berücksichtigung von **Verpflegungspauschalen oder Übernachtungskosten** als Werbungskosten oder den steuerfreien Arbeitgeberersatz hat diese Festlegung keinen Einfluss, da der Arbeitnehmer weiterhin außerhalb einer ersten Tätigkeitsstätte und somit **auswärts beruflich tätig** wird. Es wird keine erste Tätigkeitsstätte fingiert, sondern nur die Anwendung der Entfernungspauschale für die Fahrtkosten von der Wohnung zu diesem Ort sowie die Besteuerung eines geldwerten Vorteils bei Firmenwagengestellung durch den Arbeitgeber nach § 8 Abs. 2 Satz 3 und 4 EStG festgelegt und der steuerfreie Arbeitgeberersatz für diese Fahrten nach § 3 Nr. 16 EStG ausgeschlossen (→ *Reisekosten: Allgemeine Grundsätze* Rz. 3628).

Zeitwertkonto

→ *Arbeitszeitmodelle* Rz. 734

Zielvereinbarungen

auch → *Bonus* Rz. 1491, → *Prämie* Rz. 2924, → *Tantiemen* Rz. 4075

1. Arbeitsrecht

4612 In den letzten Jahren hat sich in der betrieblichen Praxis eine starke Tendenz zur **Flexibilisierung des Arbeitsentgelts** verwirklicht mit einem Schwerpunkt der Verlagerung von Arbeitsentgelt im engeren und weiteren Sinne in einen variablen Bereich mit Abhängigkeit zur Höhe der Leistung von einer Zielvereinbarung (→ *Bonus* Rz. 1491, → *Prämien* Rz. 3496). Dies betrifft insbesondere die Aufteilung des Gehalts in **Festgehalt und variable Bezüge**, die Flexibilisierung von Bonusleistungen und die Flexibilisierung von Sonderzahlungen **für den Personenkreis der außertariflichen Arbeitnehmer**. Der hauptsächliche Sinn und Zweck des Instruments der Zielvereinbarung liegt dabei klar auf der Hand: Für den Mitarbeiter soll über den Anreiz einer gesteigerten Vergütung ein Anreiz zu gesteigerter Leistung gesetzt werden, wobei sich die gesteigerte Vergütung für den Unternehmer durch die materielle oder immaterielle Folge der Steigerung amortisiert; umgekehrt wird bei Zielunterschreitung der Mitarbeiter am graduellen Ausbleiben des Erfolgs beteiligt. Diese Überlegungen werfen eine Reihe von rechtlich auch bislang nicht abschließend geklärten Fragen auf. Maßgeblich für die Klärung von Problemen ist in erster Linie der Inhalt der getroffenen Zielvereinbarung, auf deren Abfassung daher großer Wert gelegt werden sollte.

Die **Bonusleistung** gem. Zielvereinbarung ist eine unmittelbare **Gegenleistung** für die zu erbringende Arbeitsleistung; sie kann deshalb nicht unter die Bedingung gestellt werden, dass das Arbeitsverhältnis zu einem **Stichtag** nach Ablauf des Leistungszeitraums ungekündigt besteht (BAG v. 12.4.2011, 1 AZR 412/09). Bei **unterjährigem Ausscheiden** aus dem Arbeitsverhältnis ergibt sich zum Fälligkeitszeitpunkt ein **zeitanteiliger Anspruch** auf die Sonderzahlung (BAG v. 13.5.2015, 10 AZR 266/14). Hat ein Arbeitgeber nach § 315 BGB über einen Bonusanspruch zu entscheiden, der gleichermaßen auf der Ertragslage des Unternehmens wie auf der Leistung des Arbeitnehmers beruht, kommt – wenn der Arbeitnehmer seine durch Zielvereinbarung festgelegten Ziele erreicht hat – eine **Festsetzung auf „Null" nur in Ausnahmefällen** in Betracht (hier: Bankenkrise 2008/2009). Regelmäßig muss ein festzusetzendes Bonusbudget – in Abhängigkeit von der Ertragslage – eine Größenordnung erreichen, die den Leistungsbezug des Bonussystems beachtet und ausreicht, die durch Abschluss von Zielvereinbarungen angestrebten und tatsächlich erbrachten Leistungen angemessen zu honorieren (BAG v. 19.3.2014, 10 AZR 622/13).

Im Übrigen ist eine **einseitige nachträgliche Änderung** der festgelegten Ziele und der weiteren Zahlungsvoraussetzungen bei variablen Vergütungsbestandteilen mit Zielvereinbarung grds. unzulässig. Dies gilt auch für die Berechnungsmethode (BAG v. 11.12.2013, 10 AZR 364/13). Auch darf eine Sonderzahlung, die auch Gegenleistung für im gesamten Kalenderjahr laufend erbrachte Arbeit darstellt, weder von einem auf die Zeit nach Ablauf der Zielperiode bezogenen Stichtag noch vom Bestand des Arbeitsverhältnisses am **Stichtag** 31. Dezember des betreffenden Jahres abhängig gemacht werden (BAG v. 12.4.2011, 1 AZR 412/09; BAG v. 13.11.2013, 10 AZR 848/12). Eine nachträgliche Zielvorgabe durch den Arbeitgeber ist jedenfalls dann unmöglich, wenn so erhebliche Teile der Zielperiode abgelaufen sind, dass die Anreiz-, Motivations- und Steuerungsfunktion nicht mehr erfüllt werden und der Arbeitnehmer seine Arbeitsleistung nicht mehr in ausreichendem Maß an den Zielen orientieren kann. In diesem Fall scheidet auch eine Zielvorgabe im Wege der Ersatzleistungsbestimmung durch Urteil nach § 315 Abs. 3 Satz 2 BGB aus (BAG v. 19.2.2025, 10 AZR 57/24, NZA 2025, 702).

Zu unterscheiden von den eigentlichen Zielvereinbarungen mit (jährlich) einvernehmlichen Festlegungen sind **Zielvorgaben**, die vom Arbeitgeber einseitig festgelegt werden, wobei er die Grenzen billigen Ermessens gem. § 315 BGB zu beachten hat. Dieses – billige Ermessen – gilt auch, wenn der Arbeitgeber einseitig einen Bonuspool festsetzen darf (BAG v. 12.10.2011, 10 AZR 649/10). **Zur Darlegungs- und Beweislast gilt:** Hat der Arbeitgeber über die Höhe eines variablen Vergütungsbestandteils abschließend nach billigem Ermessen (§ 315 BGB) unter Beachtung bestimmter Faktoren zu entscheiden und bestimmt sich die individuelle Leistung des Arbeitnehmers nach dem Erreichen vereinbarter Ziele, so umfasst die Darlegungs- und Beweislast des Arbeitgebers auch den Grad der Zielerreichung (BAG v. 14.11.2012, 10 AZR 783/11).

Höhe und Art einer Zielbonuszahlung müssen nicht abschließend im Arbeitsvertrag festgelegt werden, sondern der Arbeitgeber darf sich hierüber eine Entscheidung nach **billigem Ermessen** i.S.v. § 315 BGB vorbehalten. Besteht Streit darüber, ob die Leistungsbestimmung des Arbeitgebers der Billigkeit entspricht, trägt der Arbeitgeber hierfür die Darlegungs- und Beweislast. Ggf. trifft das Gericht durch Urteil eine Leistungsbestimmung nach billigem Ermessen gem. § 315 Abs. 3 BGB (BAG v. 3.8.2016, 10 AZR 710/14).

Mit Einschränkungen zulässig ist ein **Widerrufsvorbehalt** (oder eine Befristung) hinsichtlich des Bonus mit Zielvereinbarung: Ein Widerrufsvorbehalt ist bis zu einer Grenze von 25 % bis 30 % des Gesamtverdienstes auch betreffend Arbeitsentgelt im engeren Sinne zulässig, wobei allerdings aus Gründen der **AGB-Kontrolle** die Gründe für den Widerruf so konkret wie möglich im Voraus festgelegt sein müssen (BAG v. 12.1.2005, 5 AZR 364/04; BAG v. 19.12.2006, 9 AZR 294/06). Die anspruchsausschließende Vereinbarung eines **Freiwilligkeitsvorbehalts** für im Verhältnis zur Grundvergütung wirtschaftlich bedeutsame variable Entgeltbestandteile, die zu der von einem Vorstandsmitglied zu erbringenden Leistung in einem Gegenseitigkeitsverhältnis stehen, benachteiligt dieses unangemessen (OLG Frankfurt a.M. v. 18.4.2018, 4 U 120/17) und ist daher unwirksam.

Weitgehend ungeklärt erscheint die Frage, ob und unter welchen Voraussetzungen mit welchen gegebenenfalls Einschränkungen der Anspruch des Arbeitnehmers auf einen Bonus mit Zielvereinbarung für **Fehlzeiten** bzw. Ausfallzeiten des Arbeitnehmers anteilig gekürzt werden kann. Insbesondere kann zu diesem Fragenbereich leider nicht auf eine spezifische und aufgefächerte Rechtsprechung zurückgegriffen werden. Gesichert erscheinen allerdings zwei Grundsätze:

- Eine Bonuskürzung für Fehlzeiten oder Ausfallzeiten des Arbeitnehmers, z.B. für Arbeitsunfähigkeitszeiten, Zeiten der vereinbarten Freistellung des Arbeitnehmers, Elternzeiten, Wehrdienstzeiten oder Zeiten unbezahlten Urlaubs, ist nur zulässig, wenn die betreffende Kürzung konkret zu Grund und Höhe mit einer **Kürzungsvereinbarung** (Achtung: **AGB-Kontrolle**!) vereinbart ist. Oder umgekehrt: **Ohne** entsprechende **Vereinbarung** ist eine Kürzung wegen Fehlzeiten oder Ausfallzeiten ohnehin **unzulässig**.
- Bei **krankheitsbedingten Fehlzeiten** ist eine Kürzung für die Dauer des zwingenden Anspruchs des Arbeitnehmers auf Entgeltfortzahlung für bis zu sechs Wochen nach §§ 3, 4 EFZG unzulässig. Bei über sechs Wochen hinausgehender Arbeitsunfähigkeit würde das Entgeltfortzahlungsrecht einer Kürzung nicht entgegenstehen. Es bedürfte aber, wie zuvor ausgeführt, einer entsprechenden Kürzungsvereinbarung.

Zielvereinbarungen werfen als neues Entgeltinstrument zahlreiche **Konflikt- bzw. Störfallfragen** auf. **Häufigster Störfall** ist die vereinbarte, aber nicht abgeschlossene bzw. nicht ausgefüllte Zielvereinbarung mit der Frage, ob der Arbeitgeber dann überhaupt einen Zielvereinbarungsbonus und ggf. in welcher Höhe schuldet. Insoweit lassen sich folgende **Grundsätze** ableiten (BAG v. 12.12.2007, 10 AZR 97/07; BAG v. 10.12.2008, 10 AZR 889/07; BAG v. 12.5.2010, 10 AZR 390/09):

- Hat der Arbeitnehmer Anspruch auf einen variablen Gehaltsbestandteil, der von der Erreichung zu vereinbarender Ziele abhängig ist, so folgt aus einer solchen Vereinbarung die Verpflichtung des Arbeitgebers, mit dem Arbeitnehmer über die in der jeweiligen Periode zu erreichenden Ziele zu verhandeln (**Verhandlungspflicht**). Er muss nach einer auf den Zeitpunkt des Angebots bezogenen Prognose Ziele vorschlagen, die der Arbeitnehmer in der Zielperiode **erreichen kann**. Insoweit kann sich der Arbeitgeber der Verpflichtung zur Zahlung einer vereinbarten variablen Vergütung nicht dadurch entziehen, dass er zwar verhandelt, aber Ziele anbietet, die der Arbeitnehmer nicht erreichen kann.
- Hat sich der Arbeitgeber vertraglich verpflichtet, mit dem Arbeitnehmer für eine Zielperiode Ziele zu vereinbaren, an deren Erreichen eine Tantieme- oder Bonuszahlung geknüpft ist, erfüllt er diese Vertragspflicht regelmäßig nur, wenn er mit dem Arbeitnehmer Verhandlungen über den Abschluss einer Zielvereinbarung führt und es diesem ermöglicht, auf die Festlegung der Ziele Einfluss zu nehmen (BAG v. 3.7.2024, 10 AZR 171/23).
- Bei einer vereinbarten, durch den Arbeitgeber zu bestimmenden **einseitigen Zielvorgabe** trägt allein der Arbeitgeber die sog. **Initiativlast**; die Ausübung der einseitigen Bestimmung unterliegt einer Billigkeitskontrolle nach § 315 Abs. 3 BGB. Eine Pflichtverletzung führt zur Schadensersatzpflicht des Arbeitgebers, und zwar in Anbetracht der regelmäßig kalendermäßig feststehenden Verpflichtung zur Festlegung von Zielen auch ohne Mahnung des Arbeitnehmers.
- Bei einer vereinbarten gemeinsamen und **einvernehmlichen Zielvereinbarung** sind die Arbeitsvertragsparteien gehalten, durch Verhandlung eben eine Zielvereinbarung als ausfüllenden Vertrag abzuschließen. Insoweit unterliegt diese Vereinbarung als Entgeltregelung grds. keiner allgemeinen Billigkeits- oder Inhaltskontrolle nach §§ 307 ff. BGB. Allerdings muss die Zielvereinbarung dem Transparenzgebot gem. § 307 BGB entsprechen.
- Für eine einvernehmliche Zielvereinbarung tragen grds. beide Parteien die **Initiativlast**. Insoweit können die Parteien allerdings vereinbaren, dass die Initiativlast beim Arbeitgeber oder beim Arbeitnehmer liegt. Ob eine derartige Umverteilung der grds. beiderseitigen Initiativlast gewollt ist, muss erforderlichenfalls durch Auslegung der getroffenen Vereinbarungen ermittelt werden.
- Ein Arbeitgeber kann bei einer nicht abgeschlossenen Zielvereinbarung nach Ablauf der Zielperiode gem. § 280 Abs. 1 und 3 i.V.m. §§ 283 Satz 1, 252 BGB verpflichtet sein, dem Arbeitnehmer wegen der entgangenen Vergütung **Schadensersatz** zu leisten (BAG v. 19.2.2025, 10 AZR 57/24, NZA 2025, 702); andererseits kann den Arbeitnehmer ein den Schadensersatz minderndes **Mitverschulden** nach § 254 BGB treffen. Haben die Vertragsparteien keine alleinige Pflicht des Arbeitgebers vereinbart, die Verhandlungen über die Zielvereinbarung einzuleiten, bedeutet dies bei einer nicht zustande gekommenen Zielvereinbarung nicht stets, dass nur der Arbeitgeber die Initiative zu ergreifen und ein Gespräch mit dem Arbeitnehmer über mögliche Ziele und deren Gewichtung anzuberaumen hat. Unter solchen Umständen muss auch der Arbeitnehmer tätig werden. Dabei reicht es allerdings aus, wenn er den Arbeitgeber zu Verhandlungen über die Zielvereinbarung auffordert (BAG v. 17.12.2020, 8 AZR 149/20, NZA 2021, 1034).
- Auch ein vom Arbeitnehmer nicht angenommenes Angebot des Arbeitgebers zur Fortführung einer abgelaufenen Zielvereinbarung kann geeignet sein, ein Verschulden des Arbeitgebers am Nichtzustandekommen einer Zielvereinbarung auszuschließen. Dies setzt allerdings voraus, dass sich die für den Abschluss der abgelaufenen Zielvereinbarung maßgebenden Umstände nicht wesentlich geändert haben und dem Arbeitnehmer das Erreichen der für den abgelaufenen Zeitraum gemeinsam festgelegten Ziele nach wie vor möglich ist.
- Bei unterbliebener Zielvereinbarung mit Schadensersatzpflicht des Arbeitgebers ist die ausgebliebene Bonuszahlung als **entgangener Gewinn** der zu ersetzende Schaden. Dabei ist grds. davon auszugehen, dass der Arbeitnehmer die Ziele, wären sie vereinbart worden, erreicht hätte; der Schaden besteht daher in der Bonushöhe bei 100 %-iger Zielerreichung. Eine andere Beurteilung ist nur dann gerechtfertigt, wenn besondere Umstände die Annahme ausschließen, dass der Arbeitnehmer vereinbarte Ziele erreicht hätte. Insoweit ist der Arbeitgeber darlegungs- und beweispflichtig für derartige besondere Umstände (BAG v. 19.2.2025, 10 AZR 57/24, NZA 2025, 702; BAG v. 17.12.2020, 8 AZR 149/20, NZA 2021, 1034; vgl. hierzu auch: Trebeck, ArbRAktuell 2021, 287). Macht hingegen der Arbeitnehmer geltend, die gesetzten Ziele bei gewöhnlichem Lauf der Dinge übertroffen zu haben, hat er die hierfür sprechenden Umstände darzulegen und im Fall eines substantiierten Bestreitens durch den Arbeitgeber zu beweisen (BAG v. 19.2.2025, 10 AZR 57/24, NZA 2025, 702).

2. Lohnsteuer

Auf Grund von Zielvereinbarungen geleistete Sonderzahlungen gehören grds. zum steuer- und beitragspflichtigen Arbeitslohn. Sonderzahlungen, die fortlaufend gezahlt werden, gehören zum laufenden Arbeitslohn (→ *Laufender Arbeitslohn* Rz. 2831). Soweit Sonderzahlungen nicht fortlaufend gezahlt werden, gehören sie zu den sonstigen Bezügen (→ *Sonstige Bezüge* Rz. 3936). Deckt die Zielvereinbarung einen Zeitraum von mehr als zwölf Monate ab, kommt eine tarifermäßigte Besteuerung nach § 34 Abs. 2 Nr. 4 EStG in Betracht (→ *Arbeitslohn für mehrere Jahre* Rz. 712). 4613

Lohnsteuerlich werden Sonderzahlungen auf Grund von Zielvereinbarungen damit nicht anders behandelt als allgemeine Bonuszahlungen (→ *Bonus* Rz. 1491), Prämien (→ *Prämien* Rz. 3496) oder Tantiemen (→ *Tantiemen* Rz. 4075).

LSt SV

Zur lohnsteuerlichen Behandlung von Schadensersatzzahlungen des Arbeitgebers bei unterbliebener Zielvereinbarung → *Schadensersatz* Rz. 3868.

3. Sozialversicherung

In der Regel werden Sonderzahlungen auf Grund abgeschlossener Zielvereinbarungen in Form von Einmalzahlungen gewährt und gehören unter Berücksichtigung der entsprechenden Regelungen zum beitragspflichtigen Arbeitsentgelt (→ *Arbeitsentgelt* Rz. 593). 4614

Für den Fall, dass die Zahlungen monatlich erfolgen, kann von laufendem Arbeitsentgelt ausgegangen werden, das ebenfalls der Beitragspflicht unterliegt.

Zinsersparnisse/Zinszuschüsse

1. Allgemeines

4615 Zinsersparnisse und Zinszuschüsse, die der Arbeitnehmer auf Grund seines Dienstverhältnisses erhält, gehören zum steuerpflichtigen Arbeitslohn. **Zinsersparnisse** sind anzunehmen, wenn der Arbeitnehmer vom Arbeitgeber oder von einem Dritten ein Darlehen zu günstigeren als den marktüblichen Konditionen erhält. **Zinszuschüsse** liegen hingegen vor, wenn der Arbeitnehmer ein Darlehen zu marktüblichen Konditionen aufnimmt und der Arbeitgeber dem Arbeitnehmer die Zinsen ganz oder teilweise erstattet.

Beispiel 1:

Der Arbeitgeber gewährt seinem Arbeitnehmer ein Darlehen zu einem Zinssatz von 3 %. Der übliche Zinssatz für solche Darlehen beträgt 5 %.

Der Arbeitnehmer erhält ein zinsverbilligtes Darlehen; es liegen Zinsersparnisse beim Arbeitnehmer vor.

Beispiel 2:

Der Arbeitnehmer nimmt ein Darlehen bei einer Bank mit einem Zinssatz von 5 % auf. Der Arbeitgeber übernimmt die Zinsen, soweit sie mehr als 3 % betragen.

Der Arbeitnehmer hat ein normalverzinsliches Darlehen aufgenommen und erhält vom Arbeitgeber Zinszuschüsse.

Die **Unterscheidung** zwischen Zinsersparnissen und Zinszuschüssen ist **entscheidend für die steuerliche Behandlung**.

2. Zinszuschüsse

4616 Bei Zinszuschüssen handelt es sich grds. um Leistungen, die zusätzlich zum ohnehin geschuldeten Arbeitslohn vom Arbeitgeber an den Arbeitnehmer gezahlt werden.

Sie sind – wie alle anderen Barlohnzahlungen auch – mit dem Nominalwert als Arbeitslohn zu besteuern. Bei Zinszuschüssen gibt es weder eine Freigrenze noch eine Geringfügigkeitsgrenze.

(LSt)(SV)

Beispiel:

Ein Arbeitnehmer hat ein Darlehen bei einer Bank aufgenommen. Der Arbeitgeber zahlt ihm monatlich einen Zinszuschuss von 40 €.

Der Zinszuschuss i.H.v. 40 € ist dem monatlichen Arbeitslohn in voller Höhe zuzurechnen und lohnzuversteuern.

3. Zinsersparnisse

4617 Bei Überlassung eines **zinslosen oder zinsverbilligten Arbeitgeberdarlehens** ist der geldwerte Vorteil (Zinsvorteil) zu ermitteln, der vom Arbeitnehmer als Arbeitslohn zu versteuern ist. Für die Ermittlung des Zinsvorteils ist zwischen einer Bewertung nach § 8 Abs. 2 EStG (z.B. der Arbeitnehmer eines Einzelhändlers erhält ein zinsverbilligtes Arbeitgeberdarlehen) und einer Bewertung nach § 8 Abs. 3 Satz 1 EStG (z.B. der Bankangestellte erhält von seinem Arbeitgeber ein zinsverbilligtes Arbeitgeberdarlehen mit Ansatz des Rabattfreibetrags) zu unterscheiden. Zur Bewertung der Zinsvorteile nach § 8 Abs. 3 EStG → *Rabatte* Rz. 3551. **Nachfolgend soll die Bewertung nach** § 8 Abs. 2 EStG **erläutert werden**. Dabei ist nach folgenden Grundsätzen zu verfahren (BMF v. 19.5.2015, IV C 5 – S 2334/07/0009, BStBl I 2015, 484):

a) Allgemeines

4618 Der Arbeitnehmer erlangt **keinen steuerpflichtigen Zinsvorteil**, wenn der Arbeitgeber ihm ein Darlehen zu einem **marktüblichen Zinssatz** (Maßstabszinssatz) gewährt (BFH v. 4.4.2006, VI R 28/05, BStBl II 2006, 781).

Zinsersparnisse liegen auch nicht vor, wenn eine Bank dem Arbeitnehmer auf Grund einer Vereinbarung mit dessen Arbeitgeber ein zinsverbilligtes Darlehen gewährt und **der Arbeitgeber der Bank die Zinsverbilligung erstattet**. Bei wirtschaftlicher Betrachtungsweise kann in diesem Fall nicht von einem zinsverbilligten Darlehen ausgegangen werden, denn die Bank erzielt unter Einbeziehung der Ausgleichszahlungen des Arbeitgebers einen marktüblichen Zins (BFH v. 4.5.2006, VI R 67/03, BStBl II 2006, 914). Die Zinsausgleichszahlungen des Arbeitgebers sind in voller Höhe steuerpflichtiger Arbeitslohn.

Zinsvorteile, die der Arbeitnehmer durch Arbeitgeberdarlehen erhält, sind Sachbezüge. Sie sind als solche zu versteuern, wenn die **Summe der noch nicht getilgten Darlehen** am Ende des Lohnzahlungszeitraums **2 600 € übersteigt**.

Beispiel:

Ein Arbeitgeber gewährt seinem Arbeitnehmer ein zinsloses Darlehen in Form eines Gehaltsvorschusses i.H.v. 2 000 €.

Die daraus resultierenden Zinsvorteile sind nicht als Arbeitslohn zu versteuern, weil der Darlehensbetrag am Ende des Lohnzahlungszeitraums die Freigrenze von 2 600 € nicht übersteigt.

b) Bewertung nach § 8 Abs. 2 EStG

Sachbezüge sind mit **den um übliche Preisnachlässe geminderten üblichen Endpreisen am Abgabeort** anzusetzen (§ 8 Abs. 2 Satz 1 EStG). Von einem üblichen Endpreis ist bei einem Darlehen auszugehen, wenn sein Zinssatz mit dem Maßstabszinssatz vergleichbar ist; der pauschale Abschlag i.H.v. 4 % nach R 8.1 Abs. 2 Satz 3 LStR ist vorzunehmen. Solch ein üblicher Endpreis kann sich aus dem Angebot eines Kreditinstituts am Abgabeort ergeben. 4619

Als üblicher Endpreis gilt auch **der günstigste Preis für ein vergleichbares Darlehen mit nachgewiesener günstigster Marktkondition**, zu der das Darlehen unter Einbeziehung allgemein zugänglicher Internetangebote (z.B. Internetangebote von Direktbanken) an Endverbraucher angeboten wird, ohne dass individuelle Preisverhandlungen im Zeitpunkt des Vertragsabschlusses berücksichtigt werden. Bei dieser Ermittlung kommt der pauschale Abschlag i.H.v. 4 % nach R 8.1 Abs. 2 Satz 3 LStR **nicht zur Anwendung**.

Zur Ermittlung des üblichen Endpreises am Abgabeort (§ 8 Abs. 2 Satz 1 EStG), wenn Banken und Sparkassen Darlehen (insbesondere Baufinanzierungen) nicht nur vor Ort in den Geschäftsstellen, sondern auch über **Vermittlungs- und Vergleichsportale im Internet** anbieten → *Rabatte* Rz. 3559.

Hat der Arbeitgeber den Zinsvorteil nach dem üblichen Endpreis am Abgabeort bewertet, kann der Arbeitnehmer dennoch die Zinsvorteile **i.R. seiner Einkommensteuerveranlagung** mit dem niedrigeren günstigsten Preis am Markt bewerten und dem Finanzamt nachweisen (z.B. durch Ausdruck des in einem Internet-Vergleichsportal ausgewiesenen individualisierten günstigeren inländischen Kreditangebots zum Zeitpunkt des Vertragsabschlusses). Ein solcher Nachweis ist auch dann zulässig, wenn der Arbeitgeber bereits den aus seiner Sicht günstigsten Preis am Markt angesetzt hat und der Arbeitnehmer einen noch niedrigeren günstigsten Preis am Markt berücksichtigt haben möchte.

Das **günstigere inländische Angebot** muss in einem **zeitlichen Zusammenhang** mit der Gewährung des Arbeitgeberdarlehens stehen. **Aus Vereinfachungsgründen** beanstandet es die Finanzverwaltung nicht, wenn dieses Angebot **bis zu zehn Tage vor der Kreditanfrage** beim Arbeitgeber und **bis zu zehn Tage nach dem Vertragsabschluss** des Arbeitgeberdarlehens eingeholt wird.

Der Arbeitgeber hat die Unterlagen für den ermittelten und der Lohnversteuerung zu Grunde gelegten Endpreis sowie die Berechnung der Zinsvorteile zu dokumentieren, als Belege zum Lohnkonto aufzubewahren und dem Arbeitnehmer auf Verlangen formlos mitzuteilen.

c) Ermittlung des Zinsvorteils

Bei nach § 8 Abs. 2 Satz 1 EStG zu bewertenden Zinsvorteilen im Zusammenhang mit Arbeitgeberdarlehen bemisst sich der geldwerte Vorteil nach dem **Unterschiedsbetrag** zwischen dem **Maßstabszinssatz** für vergleichbare Darlehen am Abgabeort **oder dem günstigsten Preis für ein vergleichbares Darlehen am Markt** und dem **Zinssatz, der im konkreten Einzelfall vereinbart** ist. Vergleichbar in diesem Sinne ist ein Darlehen, das dem Arbeitgeberdarlehen insbesondere hinsichtlich 4620

- der Kreditart (z.B. Wohnungsbaukredit, Konsumentenkredit/Ratenkredit, Überziehungskredit),
- der Laufzeit des Darlehens,

- der Dauer der Zinsfestlegung,
- der zu beachtenden Beleihungsgrenze und
- des Zeitpunktes der Tilgungsverrechnung

im Wesentlichen entspricht. Die Einordung des jeweiligen Darlehens (Kreditart) richtet sich allein nach dem tatsächlichen Verwendungszweck.

Bei Arbeitgeberdarlehen mit Zinsfestlegung ist grds. **für die gesamte Vertragslaufzeit** der Maßstabszinssatz für vergleichbare Darlehen am Abgabeort oder der günstigste Preis für ein vergleichbares Darlehen am Markt **bei Vertragsabschluss maßgeblich**.

Werden nach Ablauf der Zinsfestlegung die Zinskonditionen desselben Darlehens neu vereinbart (**Prolongation**), ist der **Zinsvorteil neu zu ermitteln**. Dabei ist der neu vereinbarte Zinssatz mit dem Maßstabszinssatz für vergleichbare Darlehen am Abgabeort oder dem günstigsten Preis für ein vergleichbares Darlehen am Markt im Zeitpunkt der Prolongationsvereinbarung zu vergleichen.

Bei **Arbeitgeberdarlehen mit variablem Zinssatz** ist für die Ermittlung des Zinsvorteils im Zeitpunkt der vertraglichen Zinssatzanpassung der neu vereinbarte Zinssatz mit dem jeweils aktuellen Maßstabszinssatz für vergleichbare Darlehen am Abgabeort oder dem jeweils günstigsten Preis für ein vergleichbares Darlehen am Markt zu vergleichen.

Aus Vereinfachungsgründen beanstandet es die Finanzverwaltung nicht, wenn bei einer Bewertung mit dem Maßstabszinssatzes für die Feststellung des Maßstabszinssatzes die bei Vertragsabschluss **von der Deutschen Bundesbank zuletzt veröffentlichten Effektivzinssätze** – also die gewichteten Durchschnittszinssätze – herangezogen werden (**www.bundesbank.de – Stichwortsuche: Arbeitgeberdarlehen**).

Von dem sich danach ergebenden Effektivzinssatz kann nach R 8.1 Abs. 2 Satz 3 LStR ein **pauschaler Abschlag von 4 % vorgenommen** werden. Aus der Differenz zwischen diesem Maßstabszinssatz und dem Zinssatz, der im konkreten Einzelfall vereinbart ist, sind die Zinsverbilligung und der Zinsvorteil zu ermitteln, wobei die Zahlungsweise der Zinsen (z.B. monatlich, jährlich) unmaßgeblich ist. Zwischen den einzelnen Arten von Krediten(z.B. Wohnungsbaukredit, Konsumentenkredit/Ratenkredit, Überziehungskredit) ist zu unterscheiden. Zu Überziehungskrediten veröffentlicht die Deutsche Bundesbank eigene Zinssätze.

Beispiel:

Ein Arbeitnehmer erhält im August 2025 ein Arbeitgeberdarlehen von 30 000 € zu einem Effektivzinssatz von 2 % jährlich (Laufzeit 4 Jahre mit monatlicher Tilgungsverrechnung und monatlicher Fälligkeit der Zinsen). Der bei Vertragsabschluss im August 2025 von der Deutschen Bundesbank für Konsumentenkredite mit anfänglicher Zinsbindung von über einem Jahr bis zu fünf Jahren veröffentlichte Effektivzinssatz (Erhebungszeitraum August 2025) beträgt 6,91 %.

Nach Abzug des pauschalen Abschlags von 4 % ergibt sich ein Maßstabszinssatz von 6,63 % (Ansatz von zwei Dezimalstellen – ohne Rundung). Die Zinsverbilligung beträgt somit 4,63 % (6,63 % abzüglich 2 %). Danach ergibt sich im August 2025 ein Zinsvorteil von 115,75 € (4,63 % von 30 000 € × 1/12). Dieser Vorteil ist – da die 50 €-Freigrenze überschritten ist – lohnsteuerpflichtig. Der Zinsvorteil ist jeweils bei Tilgung des Arbeitgeberdarlehens für die Restschuld neu zu ermitteln.

d) Einzelanfragen zur Ermittlung des Maßstabszinssatzes

4621 Einzelanfragen zur Ermittlung des Maßstabszinssatzes für vergleichbare Darlehen am Abgabeort sind bei der Deutschen Bundesbank unter https://www.bundesbank.de möglich.

e) Zeitpunkt der Versteuerung

4622 **Als Zuflusszeitpunkt** ist der **Fälligkeitstermin der Zinsen** als Nutzungsentgelt für die Überlassung eines zinsverbilligten Darlehens anzusehen. Bei der Überlassung eines zinslosen Darlehens ist der Zufluss in dem Zeitpunkt anzunehmen, in dem das Entgelt üblicherweise fällig wäre. Es kann davon ausgegangen werden, dass das Entgelt üblicherweise zusammen mit der Tilgungsrate fällig wäre.

Wird ein **Arbeitgeberdarlehen ohne Tilgungsleistung** (endfälliges Darlehen) gewährt, kann für die Entscheidung, ob der Zinsvorteil am Ende der Laufzeit oder monatlich, vierteljährlich oder jährlich zufließt, grds. dem der Vereinbarung zugrundeliegenden Willen der Beteiligten gefolgt werden.

Sind die Zinsen für ein verbilligtes Arbeitgeber-Darlehen daher **monatlich fällig**, ist auch der Sachbezug monatlich lohnzuversteuern. Werden die Zinsen hingegen erst **vierteljährlich fällig**, muss auch der geldwerte Vorteil nur vierteljährlich versteuert werden.

Beispiel:

Der Arbeitgeber gewährt dem Arbeitnehmer am 22.7.2025 ein Darlehen über 27 500 €. Das Darlehen ist mit 1 % verzinst und mit monatlich 5 000 € zu tilgen, beginnend am 1.8.2025. Der bei Vertragsabschluss im Juli 2025 von der Deutschen Bundesbank für Konsumentenkredite mit variablem Zinssatz oder Zinsbindung von bis zu einem Jahr veröffentlichte Effektivzinssatz (Erhebungszeitraum Juli 2025) beträgt 6,58 %. Nach Abzug eines Abschlags von 4 % ergibt sich ein Maßstabszinssatz von 6,31 % (Ansatz von zwei Dezimalstellen – ohne Rundung). Die Zinsverbilligung beträgt somit 5,31 % (6,31 % – 1 %).

Das Darlehen ist verbilligt, weil der marktübliche Zinssatz unterschritten wird.

Im Einzelnen ergibt sich folgende Bewertung:

– August 2025 (Darlehensstand 27 500 €): geldwerter Vorteil 5,31 % von 27 500 € : 12)	121,69 €
– September 2025 (Darlehensstand 22 500 €): geldwerter Vorteil (5,31 % von 22 500 € : 12)	99,56 €
– Oktober 2025 (Darlehensstand 17 500 €): geldwerter Vorteil (5,31% von 17 500 € : 12)	77,43 €
– November 2025 (Darlehensstand 12 500 €): geldwerter Vorteil (5,31% % von 12 500 € : 12)	55,31 €
– Dezember 2025 (Darlehensstand 7 500 €): geldwerter Vorteil (5,31 % von 7 500 € : 12)	33,18 €
– Januar 2026 (Darlehensstand 2 500 €): Für Januar 2026 ist kein Sachbezug zu erfassen, weil das Darlehen 2 600 € nicht übersteigt.	0,– €

Die ermittelten Beträge sind im jeweiligen Lohnzahlungszeitraum neben dem „normalen“ Arbeitslohn als laufender Arbeitslohn lohnzuversteuern. Sofern der Arbeitnehmer keine weiteren geldwerten Vorteile i.S.v. § 8 Abs. 2 Satz 1 EStG erhält, bleibt der Vorteil im Dezember 2025 steuerfrei, weil die 50 €-Freigrenze (§ 8 Abs. 2 Satz 11 EStG) nicht überschritten ist.

f) Versteuerung in Sonderfällen

Erhält der Arbeitnehmer keinen anderen laufenden Arbeitslohn (z.B. bei Beurlaubung, Elternzeit), ist der im Kalenderjahr erhaltene Zinsvorteil bei Wiederaufnahme der Arbeitslohnzahlung zu versteuern oder andernfalls spätestens nach Ablauf des Kalenderjahres nach § 41c EStG zu behandeln. 4623

Scheidet der Arbeitnehmer aus dem Dienstverhältnis aus und besteht das vergünstigte Arbeitgeberdarlehen weiter, so hat der Arbeitgeber dies dem Betriebsstättenfinanzamt anzuzeigen, wenn er auf Grund des beendeten Dienstverhältnisses die Lohnsteuer für die Zinsvorteile nicht einbehalten kann (§ 41c Abs. 4 Satz 1 Nr. 1 EStG).

g) Sicherheitenbestellung

Setzt der Zinssatz des vergleichbaren Darlehens eine **Sicherheitenbestellung** (z.B. eine Grundschuldbestellung) voraus, ist der **Verzicht des Arbeitgebers** auf eine solche Bestellung **ein steuerpflichtiger geldwerter Vorteil**. In die Bewertung des geldwerten Vorteils einbezogen werden insbesondere die üblichen Kosten und Gebühren des Grundbuchamts und des Notars für eine dingliche Sicherung des Arbeitgeberdarlehens. Diese Beträge können regelmäßig mit den im Internet bereitgestellten Notar-/Grundbuchkostenrechnern ermittelt werden. Ein Abschlag ist nicht vorzunehmen. Als Zuflusszeitpunkt ist das Auszahlungsdatum des Arbeitgeberdarlehens anzusetzen. Ein geldwerter Vorteil für die ersparte Löschung einer Sicherheitenbestellung ist aus Vereinfachungsgründen nicht anzusetzen. 4624

h) Berücksichtigung der Freigrenze von 50 € auf Zinsersparnisse

Bei der **Prüfung**, ob die für Sachbezüge anzuwendende **50 €-Freigrenze** (§ 8 Abs. 2 Satz 11 EStG) überschritten wird, sind Zinsvorteile aus der Überlassung eines zinslosen oder zinsverbilligten Arbeitgeberdarlehens einzubeziehen, soweit das Arbeitgeberdarlehen als Sachbezug zu versteuern ist, weil die Summe der noch nicht getilgten Darlehen am Ende des Lohnzahlungszeitraums 2 600 € übersteigt. 4625

i) Pauschalierung nach § 37b EStG

4626 Ein nach Beachtung der Darlehensfreigrenze von 2 600 € (→ Rz. 4618) und der 50 €-Freigrenze (→ Rz. 4625) ermittelter **steuerpflichtiger Zinsvorteil** aus der Überlassung eines zinslosen oder zinsverbilligten Arbeitgeberdarlehens i.S.d. § 8 Abs. 2 EStG **kann nach § 37b EStG pauschal besteuert** werden. Einzelheiten → *Pauschalierung der Einkommensteuer bei Sachzuwendungen* Rz. 3303. Zur Möglichkeit der Rücknahme eines Antrags auf Pauschalbesteuerung nach § 37b EStG → *Pauschalierung der Einkommensteuer bei Sachzuwendungen* Rz. 3310.

j) Berücksichtigung des Rabattfreibetrags

4627 Auch bei der Bewertung des Zinsvorteils aus Zinsersparnissen können die besonderen Bewertungsvorschriften des § 8 Abs. 3 EStG (konkreter Endpreis des Arbeitgebers abzüglich 4 %, Rabattfreibetrag von 1 080 €) zur Anwendung kommen (BFH v. 4.11.1994, VI R 81/93, BStBl II 1995, 338). Voraussetzung ist, dass der Arbeitgeber Darlehen gleicher Art und – mit Ausnahme des Zinssatzes – zu gleichen Konditionen (insbesondere Laufzeit des Darlehens, Dauer der Zinsfestlegung, Zeitpunkt der Tilgungsverrechnung) überwiegend an betriebsfremde Dritte vergibt und der Zinsvorteil nicht nach § 40 EStG pauschal besteuert wird. Diese Voraussetzung dürfte i.d.R. **nur im Bankgewerbe einschließlich Bausparkassen oder bei Versicherungsunternehmen** gegeben sein. Wegen weiterer Einzelheiten zur Anwendung des Rabattfreibetrags → *Rabatte* Rz. 3551.

k) Arbeitgeber-Vorratsbausparverträge

4628 Bauspardarlehen, die ein Arbeitnehmer auf der Grundlage eines vom Arbeitgeber angesparten Bausparvertrags aufnimmt (Arbeitgeber-Vorratsbausparvertrag), sind steuerlich wie folgt zu behandeln:

Schließt der Arbeitgeber mit der Bausparkasse einen Bausparvertrag ab, erbringt die Mindestansparleistung (i.d.R. 40 % der vereinbarten Bausparsumme) und tritt den Darlehensanspruch nach Zuteilung des Bausparvertrags an den Arbeitnehmer ab, stellt dies **nur einen Finanzierungsvorgang** dar, durch den dem Arbeitnehmer ein Darlehen zu günstigen Konditionen verschafft werden soll. Ob **steuerlich relevante Vorteile** bei der späteren Darlehensgewährung – auch soweit sie dem Arbeitnehmer von dritter Seite gewährt werden – **entstehen**, ist nach den allgemeinen Grundsätzen zu beurteilen (BMF v. 19.5.2015, IV C 5 – S 2334/07/0009, BStBl I 2015, 484). Solange der Zinssatz den marktüblichen Zinssatz (Maßstabszinssatz) nicht unterschreitet, entsteht kein steuerpflichtiger geldwerter Vorteil (→ Rz. 4618).

Der geldwerte Vorteil bemisst sich – sofern nicht die Voraussetzungen des § 8 Abs. 3 EStG vorliegen – nach § 8 Abs. 2 Satz 1 EStG nach dem **Unterschiedsbetrag zwischen dem Maßstabszinssatz** für vergleichbare Darlehen am Abgabeort oder dem günstigsten Preis für ein vergleichbares Darlehen am Markt **und dem Zinssatz, der im konkreten Einzelfall vereinbart** ist. Vergleichbar dürfte hier regelmäßig ein Wohnungsbaukredit sein. Maßgeblich ist für die gesamte Vertragslaufzeit der Maßstabszinssatz bei Vertragsabschluss, also der Zeitpunkt der Inanspruchnahme des Bauspardarlehens durch den Arbeitnehmer (→ Rz. 4620).

Auf den **Maßstabszinssatz bei Abschluss des Bausparvertrages durch den Arbeitgeber kommt es nicht** an, da es sich hierbei nur um den Finanzierungsvorgang handelt. Der Vorteil des Arbeitnehmers liegt vielmehr in der Verschaffung eines zinsgünstigen Bauspardarlehens durch den Arbeitgeber.

4. Zinsvorteile aus öffentlichen Haushalten

4629 Nach § 3 Nr. 58 EStG sind neben dem Wohngeld nach dem Wohngeldgesetz und sonstigen Leistungen aus öffentlichen Kassen zur Senkung der Miete auch **Zinsvorteile** (Zinszuschüsse und Zinsersparnisse) bei Darlehen steuerfrei, die **aus öffentlichen Haushalten** (→ *Öffentliche Haushalte* Rz. 3288) für eine **zu eigenen Wohnzwecken genutzte Wohnung** im eigenen Haus oder eine zu eigenen Wohnzwecken genutzte Eigentumswohnung gewährt werden, soweit die Zuschüsse und Zinsvorteile die Vorteile aus einer entsprechenden Förderung mit öffentlichen Mitteln nach dem Zweiten Wohnungsbaugesetz, dem Wohnraumförderungsgesetz oder einem Landesgesetz zur Wohnraumförderung nicht überschreiten. Weitere Voraussetzung ist, dass die Einkommensgrenzen des im Einzelfall einschlägigen Gesetzes eingehalten sind (BFH v. 3.7.2019, VI R 37/16, BStBl II 2020, 241).

Werden Aufwendungszuschüsse oder Darlehen aus Wohnungsfürsorgemitteln für **Angehörige des öffentlichen Dienstes** nach §§ 87a oder 87b II. WoBauG **nur gegen Einräumung eines Besetzungsrechts und eines Verzichts auf einen Teil der Miete bei Fremdvermietung gewährt**, so gleicht diese Gegenleistung die Vorteile aus der Förderung aus. Der **Vorteil ist daher mit 0 €** anzusetzen. Gleiches gilt für **Arbeitnehmer in der Privatwirtschaft** (FinMin Bayern v. 16.2.2001, 34 – S 2332 – 107/129 – 7111).

5. Billigkeitsregelung

I.R. von Billigkeitsmaßnahmen erkennt die Finanzverwaltung **Zinsersparnisse und Zinszuschüsse als Unterstützungen** i.S.v. R 3.11 Abs. 2 LStR an. **Bundesweit** ist dies bislang **beispielsweise in jüngster Zeit** durch BMF-Schreiben in folgenden Fällen geschehen: 4630

- Erdbeben-Katastrophe am 26.11.2019 in Albanien (BMF v. 15.6.2020, IV C 4 – S 2223/19/10003 :002, BStBl I 2020, 574),
- Erdbeben in der Türkei und in Syrien im Februar 2023 (BMF v. 27.2.2023, IV C 4 – S 2223/19/10003 :019).

Daneben sind in **einzelnen Bundesländern jeweils länderspezifische Billigkeitsregelungen** ergangen, z.B. Billigkeitsregelung hinsichtlich der Schäden im Zusammenhang mit den Unwetterereignissen im Juli 2021 in Nordrhein-Westfalen (FinMin Nordrhein-Westfalen v. 23.7.2021, S 1915-6/48-V A 3) und in Rheinland-Pfalz (FinMin Rheinland-Pfalz v. 26.7.2021, S 1915#2018/0001-0401 447).

Zinszuschüsse und Zinsersparnisse bei Darlehen, die zur Beseitigung von Schäden aus diesen Katastrophen aufgenommen worden sind, sind deshalb nach R 3.11 Abs. 2 LStR **steuerfrei**, und zwar während der gesamten Laufzeit des Darlehens. Voraussetzung ist, dass das Darlehen die Schadenshöhe nicht übersteigt. Bei längerfristigen Darlehen sind Zinszuschüsse und Zinsvorteile insgesamt nur bis zu einem Betrag in Höhe des Schadens steuerfrei.

Die steuerfreien Leistungen sind **im Lohnkonto aufzuzeichnen** (§ 4 Abs. 2 Nr. 4 Satz 1 LStDV); dabei ist auch zu dokumentieren, dass der die Leistung empfangende Arbeitnehmer durch die Katastrophe zu Schaden gekommen ist.

6. Sozialversicherung

Nach § 1 Abs. 1 Satz 1 Nr. 1 SvEV sind einmalige Einnahmen, laufende Zulagen, Zuschläge, Zuschüsse sowie ähnliche Einnahmen, die zusätzlich zu Löhnen oder Gehältern gewährt werden, nicht dem Arbeitsentgelt zuzurechnen, soweit sie lohnsteuerfrei sind. Hieraus folgt, dass Zinsersparnisse und Zinszuschüsse, soweit sie lohnsteuerpflichtig sind, auch beitragspflichtig in der Sozialversicherung sind. Bei Zinsersparnissen sind die lohnsteuerlichen Werte maßgebend (→ *Sachbezüge* Rz. 3848). 4631

Zivildienst

Seit 1.7.2011 wurde die gesetzliche Dienstpflicht zur Ableistung des Wehrdienstes und damit einhergehend die gesetzliche Pflicht zur Ableistung des Zivildienstes ausgesetzt. An die Stelle der gesetzlichen Verpflichtung zum Zivildienst ist der Bundesfreiwilligendienst (→ *Freiwilligendienste* Rz. 2265) getreten. Zum freiwilligen Wehrdienst → *Bundeswehr* Rz. 1498. 4632

Zufluss von Arbeitslohn

1. Lohnsteuer

a) Zuflussprinzip und Auswirkungen

Der Zeitpunkt, zu dem der Arbeitslohn dem Arbeitnehmer zufließt, ist für das Entstehen der Lohnsteuerschuld von Bedeutung. Denn nach § 38 Abs. 2 Satz 2 EStG entsteht die Lohnsteuer in dem Zeitpunkt, in dem der Arbeitslohn dem **Arbeitnehmer zufließt**. Ergänzend hierzu ist in § 38a Abs. 1 Satz 2 EStG festgelegt, dass 4633

laufender Arbeitslohn als in dem Kalenderjahr **bezogen gilt, in dem der Lohnzahlungszeitraum endet.**

Sonstige Bezüge werden demgegenüber nach § 38a Abs. 1 Satz 3 EStG in dem Kalenderjahr bezogen, in dem der sonstige Bezug dem **Arbeitnehmer zufließt.**

Der **Zuflusszeitpunkt** ist aber auch wichtig für die Frage, welche Fassung des EStG, der LStDV und der LStR anzuwenden ist oder nach welchen Besteuerungsmerkmalen (z.B. Steuerklasse, Familienstand oder Freibeträge) der Lohnsteuerabzug vorzunehmen ist (vgl. BFH v. 4.7.2001, VI R 78/94, HFR 2001, 1168 betr. Lohnzuflüsse im Beitrittsgebiet in den Jahren 1990 und 1991).

Während der Zuflusszeitpunkt beim laufenden Arbeitslohn durch die Bezugnahme auf den Lohnzahlungszeitraum i.d.R. vorgegeben ist, bestehen beim Zufluss von **sonstigen Bezügen Gestaltungsspielräume**, denn hier kommt es allein darauf an, zu **welchem Zeitpunkt der sonstige Bezug an den Arbeitnehmer ausgezahlt wird.**

Beispiel 1:

Der Arbeitgeber zahlt dem Arbeitnehmer das Dezembergehalt für 2025 erst am 19.1.2026 aus.

Da es sich beim Dezembergehalt um laufenden Arbeitslohn handelt, gilt es bereits mit Ende des Lohnzahlungszeitraums als bezogen. Das Dezembergehalt ist trotz der Auszahlung im Januar 2026 bereits im Kalenderjahr 2025 zu versteuern.

Beispiel 2:

Der Arbeitgeber zahlt dem Arbeitnehmer das Weihnachtsgeld, das an sich bereits am 12.12.2025 fällig wäre, erst am 20.1.2026 aus.

Bei dem Weihnachtsgeld handelt es sich um einen sonstigen Bezug, der im Zeitpunkt des Zuflusses zu versteuern ist, also in 2026.

Hat der Arbeitgeber eine mit dem Arbeitnehmer getroffene **Lohnverwendungsabrede** erfüllt, ist Arbeitslohn zugeflossen, wenn der Arbeitnehmer **wirtschaftlich darüber verfügen** kann (R 38.2 Abs. 1 Satz 2 LStR).

Beispiel 3:

Eine Firma gewährt ausgewählten Arbeitnehmern jährlich Bonuszahlungen, die von der Höhe des Geschäftsergebnisses abhängig sind. Noch bevor feststeht, ob und in welcher Höhe für das laufende Geschäftsjahr Bonuszahlungen geleistet werden, kann der einzelne Arbeitnehmer entscheiden, zu welchem Zeitpunkt er die Auszahlung der Bonuszahlung wünscht. Der frühestmögliche Auszahlungszeitpunkt liegt im März des dem Geschäftsjahr folgenden Jahres. Wünscht der Arbeitnehmer eine spätere Auszahlung (z.B. nach Pensionierung), bleibt die Bonuszahlung im Betrieb „stehen“ und wird ab März bis zum Auszahlungszeitpunkt verzinst.

Nach Auffassung der obersten Finanzbehörden ist die Bonuszahlung zum frühestmöglichen Fälligkeitszeitpunkt, also jeweils im März des Folgejahres, zugeflossen. Die Wahl des Arbeitnehmers stellt eine aufschiebend bedingte Lohnverwendungsabrede dar (vgl. BFH v. 10.7.2001, VIII R 35/00, BStBl II 2001, 646 betr. Kapitalerträge der Fa. Ambros S.A.). Insbesondere die Tatsache, dass der Bonusbetrag ab März verzinst wird, kann als Anzeichen dafür gewertet werden, dass die Beteiligten die Fälligkeit der Bonuszahlung für März annehmen und lediglich die Auszahlung auf einen späteren Zeitpunkt verschieben.

Beispiel 4:

In der Praxis ist das Modell eines **„Zukunftskontos“** (oder auch Vorsorgekonto) für leitende Mitarbeiter, Vorstände oder Geschäftsführer bekannt geworden. Das „Zukunftskonto“ stellt nach Aussage des Anbieters **eine besondere Form der aufgeschobenen Vergütung außerhalb einer betrieblichen Altersversorgung oder von Zeitwertkonten** dar und löst nach seiner Auffassung keinen Zufluss von Arbeitslohn aus.

Bei dem Modell verzichtet der Arbeitnehmer auf Teile seines variablen Arbeitseinkommens (z.B. Prämien) oberhalb der Beitragsbemessungsgrenze zur Rentenversicherung. Die entsprechenden Beträge werden vom Arbeitgeber in das „Zukunftskonto“ eingebracht. Ein Treuhänder (Bank) legt die eingebrachten Beträge nach Maßgabe bestimmter Kapitalanlagerichtlinien im Auftrag des Arbeitgebers an, erzielte Erträge werden ebenfalls wieder angelegt. Die Kosten der treuhänderischen Verwaltung trägt der Arbeitgeber. Dieser ist auch berechtigt, zusätzliche Beträge (z.B. zur Ablösung einer bestehenden oder geplanten Maßnahme der betrieblichen Altersversorgung) in das „Zukunftskonto“ einzubringen. Eine Abtretung, Verpfändung oder Beleihung der Ansprüche aus dem Vorsorgeguthaben ist gegenüber dem Arbeitgeber unwirksam. Die Einbringungen des Arbeitnehmers mindern nicht die Bemessungsgrundlage für Entgelterhöhungen oder -änderungen.

Der Arbeitnehmer ist während der Anlagezeit nicht verfügungsberechtigt und trägt Chancen und Risiken der Wertentwicklung. Der Anspruch auf Auszahlung des aufgelaufenen Anlagebetrags richtet sich ausschließlich an den Arbeitgeber und entsteht unabhängig vom Alter des Arbeitnehmers bei Beendigung des Dienstverhältnisses sowie bei Tod des Arbeitnehmers. Alternativ kann der Arbeitnehmer die Auszahlung in Teilbeträgen ab Vollendung des 55. Lebensjahres verlangen, sofern ein bestimmter Mindestwert des Anlagedepots erreicht ist. Im Insolvenzfall des Arbeitgebers besteht ein unmittelbarer Auszahlungsanspruch des Arbeitnehmers gegenüber dem Treuhänder. Die Übertragung des Vorsorgeguthabens auf einen anderen Arbeitgeber soll mit dessen Zustimmung möglich sein.

Nach Auffassung der Finanzverwaltung führt in den beschriebenen Fällen der Verzicht auf Lohnbestandteile zu Gunsten einer Gutschrift im Anlagedepot zu einer Novation des bisherigen Schuldgrundes (vgl. FG Hessen v. 20.7.2015, 6 K 2258/13). Der Vorgang entspricht einem abgekürzten Zahlungsweg an Stelle einer Auszahlung des Arbeitslohns durch den Arbeitgeber, den der Arbeitnehmer verwendet, indem er die Beträge in Erfüllung des neu geschaffenen Verpflichtungsgrundes sofort wieder dem Arbeitgeber zu Kapitalanlagezwecken zur Verfügung stellt. **Arbeitslohn fließt in der Höhe zu, als er ohne den vereinbarten Verzicht zur Auszahlung gelangt wäre.** Die während der Anlagezeit erwirtschafteten Kapitalerträge führen nicht zu Arbeitslohn. Die **Übernahme der Kosten der treuhänderischen Verwaltung** durch den Arbeitgeber gehört als **geldwerter Vorteil** zum Arbeitslohn (FinMin Hamburg, Fach-Info v. 18.1.2017, O 1000 – 2017/001 – 52 / S 2232 – 2016/005 – 52).

Arbeitslohn ist zugeflossen bei

- **wirtschaftlicher Verfügungsmacht** des Arbeitnehmers über den Arbeitslohn (BFH v. 30.4.1974, VIII R 123/73, BStBl II 1974, 541); dies gilt auch bei **Zahlung ohne Rechtsgrund** (BFH v. 4.5.2006, VI R 19/03, BStBl II 2006, 832) sowie bei **versehentlicher Überweisung**, die der Arbeitgeber zurückfordern kann (BFH v. 4.5.2006, VI R 17/03, BStBl II 2006, 830),
- **Zahlung, Verrechnung oder Gutschrift** (BFH v. 10.12.1985, VIII R 15/83, BStBl II 1986, 342),
- **Hingabe eines Überweisungsauftrags** durch den Arbeitgeber an die Bank (BFH v. 7.7.2005, IX R 7/05, BStBl II 2005, 726 m.w.N.),
- **Entgegennahme eines Schecks** oder Verrechnungsschecks, wenn die bezogene Bank im Fall der sofortigen Vorlage den Scheckbetrag auszahlen oder gutschreiben würde und der sofortigen Vorlage keine zivilrechtlichen Abreden entgegenstehen (BFH v. 30.10.1980, IV R 97/78, BStBl II 1981, 305),
- **Einlösung oder Diskontierung** eines zahlungshalber hingegebenen **Wechsels** (BFH v. 5.5.1971, I R 166/69, BStBl II 1971, 624),
- **Verzicht des Arbeitgebers** auf eine ihm zustehende **Schadenersatzforderung** gegenüber dem Arbeitnehmer in dem Zeitpunkt, in dem der Arbeitgeber zu erkennen gibt, dass er **keinen Rückgriff** nehmen wird (BFH v. 27.3.1992, VI R 145/89, BStBl II 1992, 837),
- Hingabe eines **Warengutscheins**, der **bei einem Dritten**, z.B. einem Kaufhaus, eingelöst werden kann (→ *Warengutscheine* Rz. 4408),
- **Nachentrichtung von Lohnsteuer** im Zahlungsjahr und nicht erst bei der späteren Anrechnung i.R. einer Einkommensteuerveranlagung (BFH v. 29.11.2000, I R 102/99, BStBl II 2001, 195),
- **Übertragung eines Darlehens nebst Wandlungsrecht** gegen Entgelt auf einen Dritten (BFH v. 23.6.2005, VI R 10/03, BStBl II 2005, 770),
- **Überlassung einer Jahresnetzkarte** mit uneingeschränktem Nutzungsrecht in voller Höhe im Zeitpunkt der Überlassung (BFH v. 12.4.2007, VI R 89/04, BStBl II 2007, 719),
- **Überlassung eines Job-Tickets** als Jahreskarte im Zeitpunkt der Aushändigung der Jahreskarte an die Arbeitnehmer unabhängig von der Zahlung der Gegenleistung und einer Kündigungsmöglichkeit im Laufe der Gültigkeitsdauer (BFH v. 14.11.2012, VI R 56/11, BStBl II 2013, 382); seit 1.1.2019 ist die Überlassung eines Job-Tickets steuerfrei nach § 3 Nr. 15 EStG, soweit die Überlassung zusätzlich zum ohnehin geschuldeten Arbeitslohn erfolgt (→ *Job-Ticket* Rz. 2615),
- **Ausgleichszahlungen**, die der Arbeitnehmer für seine in der Arbeitsphase erbrachten Vorleistungen erhält, wenn ein im **Blockmodell geführtes Altersteilzeitarbeitsverhältnis** vor Ablauf der vertraglich vereinbarten Zeit **beendet** wird (BFH v. 15.12.2011, VI R 26/11, BStBl II 2012, 415),

- **Abführung der Arbeitnehmeranteile** zur Arbeitslosen-, Kranken- Pflege- und Rentenversicherung durch den Arbeitgeber, wenn der Arbeitnehmer einen eigenen Rechtsanspruch gegen die Versorgungseinrichtung hat (BFH v. 16.1.2007, IX R 69/04, BStBl II 2007, 579),
- **Ablösung einer vom Arbeitgeber erteilten Pensionszusage**, wenn der Ablösungsbetrag auf Verlangen des Arbeitnehmers zur Übernahme der Pensionsverpflichtung an einen Dritten gezahlt wird (BFH v. 12.4.2007, VI R 6/02, BStBl II 2007, 581),
- Zahlungen des Arbeitgebers auf Grund des **gesetzlichen Forderungsübergangs** nach § 115 SGB X unmittelbar **an die Agentur für Arbeit** (BFH v. 15.11.2007, VI R 66/03, BStBl II 2008, 375),
- **entgeltlichem Verzicht auf ein Aktienankaufs- oder Vorkaufsrecht** im Zeitpunkt des entgeltlichen Verzichts und nicht im Zeitpunkt der Rechtseinräumung (BFH v. 19.6.2008,VI R 4/05, BStBl II 2008, 826),
- **„Umschreibung" einer** die Pensionszusage des Arbeitgebers an den Arbeitnehmer absichernden **Rückdeckungsversicherung** auf den Arbeitnehmer im Zeitpunkt der „Umschreibung" (FG Düsseldorf v. 8.7.2013, 16 K 4097/12 E),
- **Tantiemen** eines **beherrschenden Gesellschafter-Geschäftsführers mit der Feststellung des Jahresabschlusses**, sofern nicht zivilrechtlich wirksam und fremdüblich eine andere Fälligkeit vertraglich vereinbart wird (BFH v. 3.2.2011, VI R 66/09, BStBl II 2014, 491); vgl. zur Anwendung des Urteils BMF v. 12.5.2014, IV C 2 – S 2743/12/10001, BStBl I 2014, 860; allerdings führt **eine verspätete Feststellung des Jahresabschlusses** nach § 42a Abs. 2 GmbHG auch im Falle eines beherrschenden Gesellschafter-Geschäftsführers **nicht per se zu einer Vorverlegung des Zuflusses** einer Tantieme auf den Zeitpunkt, zu dem die Fälligkeit bei fristgerechter Aufstellung des Jahresabschlusses eingetreten wäre (BFH v. 28.4.2020, VI R 44/17, BStBl II 2021, 392 sowie BFH v. 28.4.2020, VI R 45/17, HFR 2020, 885),
- **Abtretung einer Forderung**, wenn dem Arbeitnehmer eine bereits fällige, unbestrittene und einziehbare Forderung abgetreten wird (FG Niedersachsen v. 10.3.2015, 12 K 70/14),
- einer auf Grund einer **vertraglichen Vereinbarung basierende Anweisung** des Arbeitnehmers gegenüber dem Arbeitgeber, Arbeitslohn einzubehalten und **in eine vertraglich festgelegte Anlageform**, die bei Eintritt des Versorgungsfalls in eine noch zu bestimmende Alterssicherung überführt werden soll, **zu investieren** (FG Münster v. 16.9.2015, 7 K 2113/13 L, EFG 2015, 2073),
- einem **Verzicht eines beherrschenden Gesellschafter-Geschäftsführers** auf seine bereits **erdienten Pensionsansprüche** gegenüber seiner Kapitalgesellschaft im Wege der verdeckten Einlage (BFH v. 23.8.2017, VI R 4/16, BStBl II 2018, 208),
- **Übertragung einer Versorgungszusage auf einen Pensionsfonds**, wenn der Arbeitgeber keinen Antrag nach § 4e Abs. 3 EStG gestellt hat (BFH v. 19.4.2021, VI R 45/18, BStBl II 2021, 775); zu den Voraussetzungen der Steuerfreiheit nach § 3 Nr. 66 EStG → *Zukunftssicherung: Betriebliche Altersversorgung* Rz. 4681,
- **Freifahrtscheinen** mit dem Bezug unabhängig vom konkreten Fahrtantritt (BFH v. 26.9.2019, VI R 23/17, BStBl II 2020, 162).

Arbeitslohn ist hingegen **noch nicht zugeflossen** bei

- **Verzicht des Arbeitnehmers** auf Arbeitslohnanspruch, wenn er **nicht mit einer Verwendungsauflage** hinsichtlich der frei werdenden Mittel verbunden ist (BFH v. 30.7.1993, VI R 87/92, BStBl II 1993, 884),
- **Verzicht des Arbeitnehmers** auf Arbeitslohnanspruch **zu Gunsten von Beitragsleistungen** des Arbeitgebers an eine Versorgungseinrichtung, die dem Arbeitnehmer keine Rechtsansprüche auf Versorgungsleistungen gewährt (BFH v. 27.5.1993, VI R 19/92, BStBl II 1994, 246),
- **Gutschriften beim Arbeitgeber** zu Gunsten des Arbeitnehmers auf Grund **eines Gewinnbeteiligungs- und Vermögensbildungsmodells**, wenn der Arbeitnehmer über die gutgeschriebenen Beträge wirtschaftlich nicht verfügen kann (BFH v. 14.5.1982, VI R 124/77, BStBl II 1982, 469),
- **Verpflichtung des Arbeitgebers** i.R. eines arbeitsgerichtlichen Vergleichs **zu einer Spendenzahlung**, ohne dass der Arbeitnehmer auf die Person des Spendenempfängers Einfluss nehmen kann; diese Vereinbarung enthält noch keine zu Einkünften aus nichtselbständiger Arbeit führende Lohnverwendungsabrede (BFH v. 23.9.1998, XI R 18/98, BStBl II 1999, 98),
- **Einräumung eines Anspruchs gegen den Arbeitgeber**, sondern grds. erst durch dessen Erfüllung; dies gilt auch für den Fall, dass der Anspruch – wie ein solcher auf die spätere Verschaffung einer Aktie zu einem bestimmten Preis (**Aktienoptionsrecht**) – lediglich die Chance eines zukünftigen Vorteils beinhaltet (BFH v. 24.1.2001, I R 100/98, BStBl II 2001, 509 und BFH v. 24.1.2001, I R 119/98, BStBl II 2001, 512); das gilt grds. **auch bei handelbaren Optionsrechten** (BFH v. 20.11.2008, VI R 25/05, BStBl II 2009, 382); Zufluss von Arbeitslohn liegt mithin erst im Zeitpunkt der Ausbuchung der Aktien aus dem Depot des Überlassenden vor und nicht bereits im Zeitpunkt der erstmaligen Ausübbarkeit (BFH v. 20.6.2001, VI R 105/99, BStBl II 2001, 689), auch → *Aktienoption* Rz. 38,
- **Übertragung einer nicht handelbaren Wandelschuldverschreibung** auf den Arbeitnehmer (BFH v. 23.6.2005, VI R 124/99, BStBl II 2005, 766); bei Ausübung des Wandlungsrechts fließt dem Arbeitnehmer Arbeitslohn erst dann zu, wenn dem Arbeitnehmer durch Erfüllung des Anspruchs das wirtschaftliche Eigentum an den Aktien verschafft wird (→ *Aktienoption* Rz. 48),
- **rechtlicher Unmöglichkeit der Verfügung** des Arbeitnehmers **über Aktien** (BFH v. 30.6.2011, VI R 37/09, BStBl II 2011, 923 zu vinkulierten Namensaktien); im Gegensatz dazu stehen Sperr- und Haltefristen einem Zufluss nicht entgegen (BFH v. 30.9.2008, VI R 67/05, BStBl II 2009, 282),
- Einbehalt eines Betrags vom Arbeitslohn durch den Arbeitgeber und **Zuführung zu einer Versorgungsrückstellung** (BFH v. 20.7.2005, VI R 165/01, BStBl II 2005, 890),
- Hingabe eines **Warengutscheins**, der **nur beim Arbeitgeber** eingelöst werden kann (→ *Warengutscheine* Rz. 4407),
- **Beitragszahlungen des Arbeitgebers** zu einer **Gruppenunfallversicherung**, wenn die Ausübung der Rechte aus dem Versicherungsvertrag ausschließlich dem Arbeitgeber zusteht; dies gilt selbst dann, wenn zwar der Arbeitnehmer selbst Anspruchsinhaber der Versicherung ist, der Anspruch aber nur vom Arbeitgeber als Versicherungsnehmer geltend gemacht werden kann (BFH v. 16.4.1999, VI R 60/96, BStBl II 2000, 406),
- **Gutschrift** noch nicht fälligen Arbeitslohns auf einem steuerlich anzuerkennenden **Zeitwertkonto** im Zeitpunkt der Gutschrift (BMF v. 17.6.2009, IV C 5 – S 2332/07/0004, BStBl I 2009, 1286) dieses gilt auch für **Gutschriften** auf dem Wertguthabenkonto **eines Fremd-Geschäftsführers** einer GmbH (BFH v. 22.2.2018, VI R 17/16, BStBl II 2019, 496 und BMF v. 8.8.2019, IV C 5 – S 2332/07/0004 :004, BStBl I 2019, 874) oder eines sog. **Minderheits-Gesellschafter-Geschäftsführers** (FG Berlin-Brandenburg v. 14.11.2017, 9 K 9235/15, EFG 2018, 190 und BMF v. 8.8.2019, IV C 5 – S 2332/07/0004 :004, BStBl I 2019, 874 mit dem Hinweis darauf, dass in diesen Fällen zunächst zu prüfen ist, ob eine verdeckte Gewinnausschüttung vorliegt),
- einer **einvernehmlichen Verschiebung der Fälligkeit** einer Abfindung **auf das Folgejahr**, selbst wenn die Fälligkeit ursprünglich in einer Betriebsvereinbarung geregelt war (BFH v. 11.11.2009, IX R 1/09, BStBl II 2010, 746),
- **Stundung und späterem Verzicht** des beherrschenden Gesellschafter-Geschäftsführers einer zahlungsunfähigen GmbH auf Gehaltsforderungen (FG Berlin v. 29.4.2002, 9 K 8168/01, EFG 2002, 1088),
- Buchung im Buchführungssystem des Arbeitgebers, wenn dieser i.R. einer **Vereinbarung über eine Gehaltsumwandlung** zugesagt hat, die zurückbehaltenen Gehaltsbestandsteile erst im Ruhestand auszuzahlen; das kann auch dann gelten, wenn nach der Rechtsauffassung der Finanzverwaltung bei der Zusage die **Vorgaben des Gesetzes zur Verbesserung der betrieblichen Altersversorgung nicht in vollem Umfang eingehalten** worden sind, etwa bei der vorgesehenen Altersgrenze oder der Hinterbliebenenversorgung (FG Düsseldorf v. 15.4.2008, 10 K 3840/04 AO, EFG 2008, 1290),

- Verzicht eines **Gesellschafter-Geschäftsführers** gegenüber der Gesellschaft auf bestehende oder künftige Entgeltansprüche, soweit er dadurch eine tatsächliche Vermögenseinbuße erleidet (BFH v. 3.2.2011, VI R 4/10, BStBl II 2014, 493); vgl. zur Anwendung des Urteils BMF v. 12.5.2014, IV C 2 – S 2743/12/10001, BStBl I 2014, 860,
- einer **einvernehmlichen Aufhebung einer arbeitsvertraglichen Zusage** von Weihnachts- und Urlaubsgeld bei einem beherrschenden Gesellschafter-Geschäftsführer, wenn dies vor dem Zeitpunkt der Entstehung der Sonderzuwendungen geschieht (BFH v. 15.5.2013, VI R 24/12, BStBl II 2014, 493); vgl. zur Anwendung des Urteils BMF v. 12.5.2014, IV C 2 – S 2743/12/10001, BStBl I 2014, 860,
- **Ablösung einer vom Arbeitgeber erteilten Pensionszusage**, wenn der Arbeitnehmer **kein Wahlrecht hat, den Ablösungsbetrag alternativ an sich auszahlen zu lassen**, denn mit der Zahlung des Ablösungsbetrags an den die Pensionsverpflichtung übernehmenden Dritten wird der Anspruch des Arbeitnehmers auf die künftigen Pensionszahlungen (noch) nicht wirtschaftlich erfüllt (BFH v. 18.8.2016, VI R 18/13, BStBl II 2017, 730),
- **Erteilung einer Einzugsermächtigung** durch den Arbeitgeber zu Gunsten des Versicherungsnehmers; **der Zufluss erfolgt erst, wenn der Arbeitnehmer den Versicherungsbeitrag tatsächlich leistet** (BFH v. 24.8.2017, VI R 58/15, BStBl II 2018, 72).

Wird **der Anstellungsvertrag** in der Form **geändert**, dass der Barlohn herabgesetzt wird und der Arbeitgeber stattdessen dem Arbeitnehmer einen Sachbezug (z.B. in Form eines Nutzungsvorteils) gewährt, so fließt dem Arbeitnehmer nur der verbleibende Barlohn mit dem Nennwert und der Sachbezug mit den Werten des § 8 Abs. 2 und 3 EStG zu (BFH v. 20.8.1997, VI B 83/97, BStBl II 1997, 667).

Das **bloße Unterlassen der gerichtlichen Durchsetzung** eines Betriebsrentenanspruchs durch den Arbeitnehmer führt **nicht ohne Weiteres** zu einem **Zufluss des Forderungsbetrags auf Grund konkludenter Schuldumwandlung** (Novation). Denn die Nichterfüllung der Forderung bewirkt – wenn nicht besondere Anhaltspunkte für eine anderweitige Interessenlage der Beteiligten, insbesondere des Arbeitgebers, ersichtlich sind – lediglich den Fortbestand der bisherigen Forderung und nicht etwa ihre Umwandlung in eine Darlehensforderung (FG Baden-Württemberg v. 8.2.2011, 4 K 264/09, EFG 2011, 1156).

Hinsichtlich des Zuflusszeitpunkt bei einer **arbeitnehmerfinanzierten Altersversorgung** → *Zukunftssicherung: Betriebliche Altersversorgung* Rz. 4653.

Zur aufgeschobenen Besteuerung geldwerter Vorteile aus Vermögenbeteiligungen bei Startup-Unternehmen und anderen Kleinstunternehmen sowie kleinen und mittleren Unternehmen (KMU) nach § 19a EStG → *Vermögensbeteiligungen* Rz. 4278.

b) Bedingter Zufluss von Arbeitslohn

4634 **Zu unterscheiden sind zwei Fälle:**

- Aufschiebende Bedingung

  Bei der aufschiebenden Bedingung wird das Rechtsgeschäft erst mit **Eintritt der Bedingung wirksam** (§ 158 Abs. 1 BGB).

> **Beispiel 1:**
>
> Der Bundesligaverein A vereinbart mit seinen Spielern eine sog. Nichtabstiegsprämie, wenn sie den Klassenerhalt doch noch schaffen. Steuerpflichtiger Arbeitslohn fließt erst zu, wenn die Prämie ausgezahlt wird.

- Auflösende Bedingung

  Bei der auflösenden Bedingung tritt die **Wirkung** des Rechtsgeschäfts dagegen **sofort ein**, endet aber mit Eintritt der Bedingung, d.h., der frühere Rechtszustand tritt wieder ein (§ 158 Abs. 2 BGB). Ein Anspruch, der nach den getroffenen Vereinbarungen unter der Bedingung steht, dass das künftige ungewisse Ereignis nicht eintritt, ist regelmäßig nicht auflösend, sondern aufschiebend bedingt.

> **Beispiel 2:**
>
> Arbeitgeber A verkauft seinem Arbeitnehmer B ein Haus unter Verkehrswert. Der Vertrag sieht ein durch Auflassungsvormerkung dinglich gesichertes Wiederkaufsrecht u.a. für den Fall vor, dass der Arbeitnehmer vor Ablauf von 15 Jahren das Arbeitsverhältnis kündigt.
>
> Als geldwerter Vorteil ist zum Zeitpunkt der Grundstücksübereignung die Differenz zum Verkehrswert zu versteuern. Die Belastung durch das Wiederkaufsrecht darf – ebenso wie bei einem unter einer auflösenden Bedingung übereigneten Grundstück – nicht durch einen Abschlag berücksichtigt werden. Bei evtl. vorzeitiger Rückgabe des Grundstücks ergeben sich negative Einnahmen aus nichtselbständiger Arbeit (FG Düsseldorf v. 23.6.1978, V 64/73 E, EFG 1979, 121). Dazu → *Rückzahlung von Arbeitslohn* Rz. 3779.

2. Sozialversicherung

Sozialversicherungsbeiträge werden **unabhängig von der Auszahlung** des ihnen zu Grunde liegenden (geschuldeten und fälligen) Arbeitsentgelts an dem in der Satzung der Krankenkasse festgelegten Zahltag fällig. Einmalige Einnahmen sind nur dann beitragspflichtig, wenn sie auch tatsächlich ausgezahlt werden (→ *Phantomentgelt* Rz. 3386). 4635

Zukunftssicherung: BAV-Förderbetrag

Inhalt

1. Vorbemerkung

Unter dem Begriff „Zukunftssicherung“ sind **Vorsorgeleistungen des Arbeitgebers** zu verstehen, durch die der Arbeitgeber seine Arbeitnehmer oder diesen nahe stehende Personen für den Fall der **Krankheit**, des **Unfalls**, der **Invalidität**, des **Alters** oder des **Todes** absichert (§ 2 Abs. 1 Nr. 3 LStDV). 4636

Für die Besteuerung ist entscheidend, ob der Arbeitgeber die Beiträge **freiwillig oder auf Grund einer gesetzlichen Verpflichtung** leistet.

Unter diesem Stichwort ist allein das Fördermodell zur betrieblichen Altersversorgung, der **BAV-Förderbetrag**, dargestellt. Wenn Sie sich über die Zukunftssicherung auf Grund freiwilliger Verpflichtung (**betriebliche Altersversorgung**) informieren wollen, so sehen Sie bitte unter dem Stichwort → *Zukunftssicherung: Betriebliche Altersversorgung* Rz. 4653 nach. Informationen zur Zukunftssicherung auf Grund gesetzlicher Verpflichtung (**gesetzliche Altersversorgung**) finden Sie unter dem Stichwort → *Zukunftssicherung: Gesetzliche Altersversorgung* Rz. 4776.

Einzelheiten zum BAV-Förderbetrag ergeben sich aus dem BMF-Schreiben zur steuerlichen Förderung der betrieblichen Altersversorgung (BMF v. 12.8.2021, IV C 5 – S 2333/19/10008 :017, BStBl I 2021, 1050, Rdnr. 100 ff.) unter Beachtung der Änderungen durch BMF v. 18.3.2022, IV C 5 – S 2333/19/10008 :026, BStBl I 2022, 333.

2. Allgemeines

Mit dem Gesetz zur Stärkung der betrieblichen Altersversorgung und zur Änderung anderer Gesetze (**Betriebsrentenstärkungsgesetz**) v. 17.8.2017 (BGBl. I 2017, 3214, BStBl I 2017, 1278 – Auszug –) wurde durch § 100 EStG **zum 1.1.2018 ein Fördermodell zur betrieblichen Altersversorgung** eingeführt, der **BAV-Förderbetrag**. Durch das Grundrentengesetz v. 12.8.2020, BGBl. I 2020, 1879 sind die für den BAV-Förderbetrag geltenden 4637

Arbeitslohngrenzen, der Höchstbetrag und der Steuerfreibetrag rückwirkend zum 1.1.2020 erhöht worden.

Der in § 100 EStG geregelte BAV-Förderbetrag ist ein staatlicher Zuschuss zu einem vom Arbeitgeber zusätzlich zum ohnehin geschuldeten Arbeitslohn geleisteten Beitrag zur betrieblichen Altersversorgung von Arbeitnehmern mit geringem Einkommen (Bruttoarbeitslohn von monatlich nicht mehr als 2 575 €). Gefördert werden Beiträge von mindestens 240 € bis höchstens 960 € im Kalenderjahr. Der staatliche Zuschuss beträgt 30 % des gesamten zusätzlichen Arbeitgeberbeitrags, also mindestens 72 € bis höchstens 288 € im Kalenderjahr. Er wird dem Arbeitgeber im Wege der Verrechnung mit der von ihm abzuführenden Lohnsteuer gewährt, und zwar grds. für den Lohnsteuer-Anmeldungszeitraum, dem der jeweilige Beitrag des Arbeitgebers zuzuordnen ist.

Nach dem Gesetzesentwurf für das Zweite Gesetz zur Stärkung der betrieblichen Altersversorgung und zur Änderung anderer Gesetze (2. Betriebsrentenstärkungsgesetz) ist u.a. geplant, die für die Gewährung des BAV-Förderbetrags maßgebliche Arbeitslohngrenze durch eine Kopplung an die Beitragsbemessungsgrenze der gesetzlichen Rentenversicherung zu dynamisieren.

Hinweis:
Das Gesetzgebungsverfahren zum 2. Betriebsrentenstärkungsgesetz war zum Zeitpunkt des Redaktionsschlusses nicht abgeschlossen. Wir werden Sie über unseren Online-Aktualisierungsdienst informieren (s. Benutzerhinweis auf S. IV).

3. Voraussetzungen für den BAV-Förderbetrag

4638 **Arbeitgeber i.S.d. § 38 Abs. 1 EStG** dürfen für jeden begünstigten Arbeitnehmer (→ Rz. 4639) mit einem ersten Dienstverhältnis **vom Gesamtbetrag der einzubehaltenden Lohnsteuer** einen Teilbetrag des Arbeitgeberbeitrags zur kapitalgedeckten betrieblichen Altersversorgung (BAV-Förderbetrag) **entnehmen** und bei der **nächsten Lohnsteuer-Anmeldung gesondert absetzen.**

Ist keine Lohnsteuer einzubehalten (weil der Arbeitslohn nicht steuerbelastet ist oder lediglich die Pauschalsteuer an die Deutsche Rentenversicherung Knappschaft/Bahn/See zu entrichten ist) oder ist die vom Arbeitgeber einzubehaltende Lohnsteuer geringer als der BAV-Förderbetrag, kommt es mit der Lohnsteuer-Anmeldung zu einer **Erstattung durch das Betriebsstättenfinanzamt.**

Die Förderung beanspruchen kann somit nur ein Arbeitgeber, der dem Grunde nach **zum Lohnsteuerabzug verpflichtet** ist. Das sind **inländische Arbeitgeber** (§ 38 Abs. 1 Satz 1 Nr. 1 EStG), **ausländische Verleiher** (§ 38 Abs. 1 Satz 1 Nr. 2 EStG) und in den Fällen der **Arbeitnehmerentsendung das in Deutschland ansässige aufnehmende Unternehmen**, das den Arbeitslohn für die geleistete Arbeit wirtschaftlich trägt oder nach dem Fremdvergleichsgrundsatz hätte tragen müssen (§ 38 Abs. 1 Satz 2 EStG).

Der BAV-Förderbetrag setzt ein **erstes Dienstverhältnis** voraus (Steuerklassen I bis V oder die Bestimmung durch den Arbeitnehmer bei pauschal besteuertem Arbeitslohn; vgl. → *Zukunftssicherung: Betriebliche Altersversorgung* Rz. 4722). Hierzu zählt auch ein weiterbestehendes Dienstverhältnis ohne Anspruch auf Arbeitslohn (z.B. während der Elternzeit, der Pflegezeit, des Bezugs von Kurzarbeiter- oder Krankengeld). Bei einem **Arbeitgeberwechsel** im Laufe des Jahres kann der **BAV-Förderbetrag erneut** bis zum Höchstbetrag **in Anspruch genommen** werden, auch wenn er in einem vorangegangenen Dienstverhältnis bereits ausgeschöpft wurde. Im Fall der Gesamtrechtsnachfolge und des Betriebsübergangs nach § 613a BGB kommt dies dagegen nicht in Betracht.

Durch den BAV-Förderbetrag wird die kapitalgedeckte betriebliche Altersversorgung bezuschusst. Werden sowohl Umlagen als auch Beiträge im Kapitaldeckungsverfahren erhoben, gehören letztere nur dann zu den begünstigten Aufwendungen, wenn eine getrennte Verwaltung und Abrechnung beider Vermögensmassen erfolgt (Trennungsprinzip); s. → *Zukunftssicherung: Betriebliche Altersversorgung* Rz. 4723.

4. Begünstigter Personenkreis

4639 Begünstigt sind alle Arbeitnehmer, also auch Auszubildende, Teilzeitbeschäftigte oder geringfügig Beschäftigte (§ 1 LStDV), deren laufender steuerpflichtiger Arbeitslohn im Zeitpunkt der Beitragsleistung innerhalb der von § 100 Abs. 3 Nr. 3 EStG festgelegten Einkommensgrenze liegt. Der **Arbeitslohn** darf also **folgende Grenzen nicht überschreiten:**

– bei jährlicher Lohnzahlung	30 900,– €
– bei monatlicher Lohnzahlung	2 575,– €
– bei wöchentlicher Lohnzahlung	600,84 €
– bei täglicher Lohnzahlung	85,84 €

Maßgebend ist dabei der **laufende Arbeitslohn** des Arbeitnehmers **im jeweiligen Lohnabrechnungszeitraum**, der Berechnungsgrundlage für die Lohnsteuerberechnung nach § 39b Abs. 2 Satz 1 EStG ist. Bei einem täglichen (z.B. untermonatiger Eintritt in das Dienstverhältnis), wöchentlichen oder monatlichen Lohnzahlungszeitraum ist der Lohn daher nicht auf einen voraussichtlichen Jahresarbeitslohn hochzurechnen. Ergibt sich z.B. auf Grund einer rechtlich fehlerhaften Lohnabrechnung oder einer Lohnsteuer-Außenprüfung nachträglich eine Korrektur des laufenden Arbeitslohns mit der Folge, dass die Voraussetzungen für die Gewährung des BAV-Förderbetrags im jeweiligen Lohnzahlungszeitraum nicht vorlagen, sind die entsprechenden Lohnsteuer-Anmeldungen zu ändern (→ Rz. 4643 und → Rz. 4650).

Steuerfreie Lohnbestandteile (z.B. nach § 3 Nr. 63 EStG steuerfreie Beiträge zur betrieblichen Altersversorgung, steuerfreie Arbeitslohnteile nach einem DBA), **sonstige Bezüge** (§ 39b Abs. 3 EStG, auch R 39b.5 Abs. 4 Satz 2 LStR), **unter die 50 €-Freigrenze oder den Rabattfreibetrag fallende Sachbezüge** (§ 8 Abs. 2 Satz 11 und § 8 Abs. 3 EStG) oder nach den §§ 37a, 37b, 40, 40b EStG, 40b EStG a.F. **pauschal besteuerter Arbeitslohn** bleiben **bei der Prüfung der Einkommensgrenze unberücksichtigt.**

Beispiel:
Ein Arbeitnehmer ist seit 1.1.2025 beim Arbeitgeber A beschäftigt (Monatsarbeitslohn 5 000 €). Ab 16.4.2025 ist er im Ausland tätig und bezieht seitdem steuerfreien Arbeitslohn nach dem entsprechenden DBA. Im April betragen der steuerpflichtige und der steuerfreie Arbeitslohn jeweils 2 500 €.

Der Lohnzahlungszeitraum im April ist der Kalendermonat (R 39b.5 Abs. 2 Satz 3 LStR). Im April beträgt das maßgebliche Einkommen 2 500 €. Die **Einkommensgrenze** des § 100 Abs. 3 Nr. 3 EStG **wird nicht überschritten.**

Bei **Teilzeitbeschäftigten und geringfügig Beschäftigten**, bei denen die Lohnsteuer pauschal erhoben wird, gibt es keinen laufenden Arbeitslohn i.S.d. § 39b Abs. 2 Satz 1 und 2 EStG. Hier wird auf den **pauschal besteuerten Arbeitslohn oder das pauschal besteuerte Arbeitsentgelt** für den entsprechenden Lohnzahlungszeitraum **abgestellt.** Als sonstige Bezüge einzuordnende Arbeitsentgelt-/Arbeitslohnteile bleiben hier ebenfalls unberücksichtigt.

Zu dem durch den BAV-Förderbetrag begünstigten Personenkreis gehören alle Arbeitnehmer (§ 1 LStDV), unabhängig davon, ob sie in der gesetzlichen Rentenversicherung pflichtversichert sind oder nicht (z.B. beherrschende Gesellschafter-Geschäftsführer, geringfügig Beschäftigte, in einem berufsständischen Versorgungswerk Versicherte).

5. Begünstigte Aufwendungen

a) Zusätzliche Beiträge

Nach § 100 Abs. 3 Nr. 2 EStG kann der BAV-Förderbetrag nur für 4640
einen vom Arbeitgeber **zusätzlich zum ohnehin geschuldeten Arbeitslohn erbrachten Beitrag** zur betrieblichen Altersversorgung an einen Pensionsfonds, eine Pensionskasse oder für eine Direktversicherung beansprucht werden (§ 8 Abs. 4 EStG). Die zusätzlichen Beiträge können z.B. tarifvertraglich, durch eine Betriebsvereinbarung oder auch einzelvertraglich festgelegt sein. Im Gesamtversicherungsbeitrag des Arbeitgebers enthaltene Finanzierungsanteile des Arbeitnehmers sowie die mittels Entgeltumwandlung finanzierten Beiträge oder Eigenbeteiligungen des Arbeitnehmers sind – anders als z.B. bei § 3 Nr. 63 EStG (→ *Zukunftssicherung: Betriebliche Altersversorgung* Rz. 4723) – daher nicht begünstigt.

Nicht begünstigt sind auch die **Leistungen des Arbeitgebers** i.S.d. § 1a Abs. 1a und § 23 Abs. 2 BetrAVG, die er als **Ausgleich für die ersparten Sozialversicherungsbeiträge** infolge einer Entgeltumwandlung erbringt. Diese Beiträge werden steuerlich wie die zu Grunde liegende Entgeltumwandlung behandelt (vgl.

BT-Drucks. 18/11286, 46 und BT-Drucks. 18/12612, 28). Nicht begünstigt sind ferner Leistungen des Arbeitgebers i.S.d. § 23 Abs. 1 BetrAVG, die dem einzelnen Arbeitnehmer unmittelbar gutgeschrieben oder zugerechnet werden.

b) Wahlweise Verwendung

4641 Macht ein Arbeitnehmer (z.B. auf Grund eines entsprechenden Tarifvertrags) von der **Möglichkeit Gebrauch**, zusätzliche vermögenwirksame Leistungen des Arbeitgebers für den Aufbau einer betrieblichen Altersversorgung über die Durchführungswege Pensionsfonds, Pensionskasse oder Direktversicherung **i.R. einer Entgeltumwandlung zu verwenden**, sind diese Beiträge unter den sonstigen Voraussetzungen nach § 3 Nr. 63 EStG steuerfrei (→ *Zukunftssicherung: Betriebliche Altersversorgung* Rz. 4665).

Dies gilt auch für in diesem Zusammenhang gewährte **Erhöhungsbeträge des Arbeitgebers** (z.B. erhöhter Beitrag zur betrieblichen Altersversorgung i.H.v. 26 € statt vermögenswirksamer Leistungen i.H.v. 6,65 €) und für Erhöhungsbeträge des Arbeitgebers, die von einer zusätzlichen Entgeltumwandlung abhängen (z.B. erhöhter Beitrag zur betrieblichen Altersversorgung i.H.v. 50 €, wenn der Arbeitnehmer 13 € seines Arbeitslohns umwandelt), → *Zukunftssicherung: Betriebliche Altersversorgung* Rz. 4724.

Die zuvor genannten Beiträge zur betrieblichen Altersversorgung (für die betriebliche Altersversorgung verwendete vermögenswirksame Leistungen und Erhöhungsbeträge) **erfüllen jedoch nicht die Voraussetzungen für den BAV-Förderbetrag**. Die Voraussetzung „zusätzlich zum ohnehin geschuldeten Arbeitslohn" (§ 100 Abs. 3 Nr. 2 EStG) ist nicht erfüllt.

Es entspricht im Übrigen auch nicht der Intention des Betriebsrentenstärkungsgesetzes, entsprechende Beiträge, die auch zu einer Zuschusspflicht nach § 1a Abs. 1a und § 23 Abs. 2 BetrAVG führen, zu fördern (BMF v. 12.8.2021, IV C 5 – S 2333/19/10008 :017, BStBl I 2021, 1050, Rdnr. 111a).

c) Mindestbetrag

4642 Die Förderung setzt des Weiteren voraus, dass der Arbeitgeber einen **Mindestbetrag i.H.v. 240 € im Kalenderjahr** geleistet hat. Bei der Ermittlung des Mindestbetrags sind nur Beiträge des Arbeitgebers an einen Pensionsfonds, eine Pensionskasse oder für eine Direktversicherung zu berücksichtigen, die die Voraussetzungen des § 100 Abs. 3 Nr. 4 und 5 EStG erfüllen. Wird der jährliche **Mindestbetrag aus Gründen nicht erreicht**, die zum Zeitpunkt der Inanspruchnahme des BAV-Förderbetrags **nicht absehbar waren**, z.B. weil der Arbeitgeber einen Monatsbetrag leistet und der Arbeitnehmer unerwartet aus dem Unternehmen ausscheidet, bevor der Mindestbetrag erreicht werden kann, ist der **BAV-Förderbetrag nicht rückgängig** zu machen (§ 100 Abs. 4 Satz 1 EStG). **Maximal begünstigt** ist ein zusätzlicher Beitrag des Arbeitgebers i.H.v. **960 € im Kalenderjahr**. Bei der Ermittlung des Mindestbetrags sind nach Auffassung der Finanzverwaltung aber nur Beiträge des Arbeitgebers zu berücksichtigen, bei denen im Zeitpunkt der Beitragsleistung die Einkommensgrenzen (→ Rz. 4639) nicht überschritten werden.

6. Maßgebliche Verhältnisse

4643 Für die **Prüfung der Voraussetzungen** des BAV-Förderbetrags sind immer nur die **Verhältnisse im Zeitpunkt der Beitragsleistung maßgeblich** (§ 100 Abs. 4 Satz 1 EStG). **Sich nachträglich ergebende, rückwirkende Änderungen der Verhältnisse sind unbeachtlich**. Die Regelung betrifft insbesondere Fälle mit schwankendem oder steigendem Arbeitslohn, rückwirkende Erhöhungen des Arbeitslohns sowie Fälle, in denen der Mindestbetrag nach § 100 Abs. 3 Nr. 2 EStG unvorhergesehen nicht erreicht wird. Etwas anderes gilt, wenn z.B. auf Grund einer rechtlich fehlerhaften Lohnabrechnung oder i.R. einer Lohnsteuer-Außenprüfung nachträglich festgestellt wird, dass der für die Einkommensgrenze nach § 100 Abs. 3 Nr. 3 EStG maßgebliche laufende Arbeitslohn unzutreffend ermittelt wurde.

Beispiel 1:

Bei einem Arbeitnehmer beträgt im Januar der laufende Arbeitslohn 2 500 €. Der Arbeitgeber zahlt monatlich zum 10. des Monats einen zusätzlichen Arbeitgeberbeitrag von 40 € und nimmt mit der Lohnsteuer-Anmeldung für Januar den BAV-Förderbetrag in Anspruch. Im August wird eine Gehaltserhöhung von 3,5 % vereinbart, und zwar rückwirkend ab Juni. Der laufende Arbeitslohn beträgt daher ab Juni 2 587,50 €. Der Arbeitgeber zahlt weiterhin monatlich den zusätzlichen Arbeitgeberbeitrag.

Ab August kann der BAV-Förderbetrag **nicht mehr in Anspruch genommen** werden. Das Überschreiten der Einkommensgrenze ab August hat aber keinen Einfluss auf den bereits in den Monaten Januar bis Juli zulässigerweise in Anspruch genommenen BAV-Förderbetrag.

Beispiel 2:

Bei einem Arbeitnehmer beträgt der laufende Arbeitslohn 2 500 €. Zusätzlich erhält der Arbeitnehmer steuerfreien Arbeitslohn von 200 €. Der Arbeitgeber zahlt monatlich zum 10. des Monats einen zusätzlichen Arbeitgeberbeitrag von 80 € und nimmt mit der Lohnsteuer-Anmeldung jeweils den BAV-Förderbetrag in Anspruch.

I.R. einer Lohnsteuer-Außenprüfung wird im folgenden Jahr festgestellt, dass die Voraussetzungen für die Steuerfreiheit im August nicht erfüllt sind. Der BAV-Förderbetrag kann nicht in Anspruch genommen werden und ist zurückzuzahlen, weil der laufende Arbeitslohn unzutreffend ermittelt wurde. Die Lohnsteuer-Anmeldung für den Anmeldungszeitraum August des Vorjahres ist zu korrigieren.

Beispiel 3:

Der Arbeitgeber zahlt bei einem unbefristet beschäftigten Arbeitnehmer monatlich zum 10. des Monats einen zusätzlichen Arbeitgeberbeitrag i.H.v. 30 €. Der Arbeitgeber nimmt mit der Lohnsteuer-Anmeldung den BAV-Förderbetrag in Anspruch. Zum 1. Mai verlässt der Arbeitnehmer unerwartet das Unternehmen. Hierüber hat er den Arbeitgeber am 20. April informiert. Vom Arbeitgeber kann der zu zahlende Mindestbetrag von 240 € nicht mehr erreicht werden.

Das **unerwartete Ausscheiden** des Arbeitnehmers hat **keinen Einfluss** auf den bereits in den Monaten Januar bis April in Anspruch genommenen BAV-Förderbetrag (**keine rückwirkende Korrektur**).

Beispiel 4:

Der Arbeitgeber zahlt bei einem unbefristet beschäftigten Arbeitnehmer monatlich zum 10. des Monats einen zusätzlichen Arbeitgeberbeitrag i.H.v. 30 €. Der Arbeitgeber nimmt mit der Lohnsteuer-Anmeldung den BAV-Förderbetrag in Anspruch. Der Arbeitnehmer informiert seinen Arbeitgeber am 20. Januar über seine fristgemäße Kündigung zum 30. April des Jahres.

Das **Ausscheiden des Arbeitnehmers** hat **keinen Einfluss** auf den bereits im Monat Januar in Anspruch genommenen BAV-Förderbetrag (**keine rückwirkende Korrektur**). **Ab Februar** kann der BAV-Förderbetrag **nicht mehr in Anspruch genommen** werden, weil der vom Arbeitgeber zu zahlende **Mindestbetrag** von 240 € (bei unveränderter Beitragszahlung) **nicht mehr erreicht werden** kann.

7. Höhe des BAV-Förderbetrags

a) Neue Vereinbarungen

Der BAV-Förderbetrag beträgt im Kalenderjahr **30 % des begünstigten Arbeitgeberbeitrags**, also mindestens 72 € bis höchstens 288 € (§ 100 Abs. 2 Satz 1 EStG). 4644

Der BAV-Förderbetrag ist ein **Jahresbetrag**. Für die Gewährung des BAV-Förderbetrags spielt es grds. keine Rolle, ob der zusätzliche Arbeitgeberbeitrag als Jahresbetrag, halb-, vierteljährlich, monatlich oder unregelmäßig gezahlt wird. Bei **laufender oder unregelmäßiger Zahlung** der Beiträge kann der BAV-Förderbetrag **in entsprechenden Teilbeträgen** bei der jeweiligen Lohnsteuer-Anmeldung geltend gemacht werden.

Beispiel 1:

Der Arbeitgeber zahlt vierteljährlich jeweils am 15. Januar, 15. April, 15. Juli und 15. Oktober einen zusätzlichen Arbeitgeberbeitrag i.H.v. 300 €.

Am 15. Januar, 15. April und 15. Juli beträgt der BAV-Förderbetrag jeweils 90 € (30 % von 300 €). Am 15. Oktober beträgt der BAV-Förderbetrag nur noch 18 €, denn bis dahin wurde der Höchstbetrag von 288 € bereits mit 270 € ausgeschöpft.

Wird der BAV-Förderbetrag dabei ganz oder teilweise unberechtigterweise in Anspruch genommen, z.B., weil sich auf Grund eines nachträglich festgestellten Fehlers (→ Rz. 4643) herausstellt, dass die Einkommensgrenze überschritten ist, sind die jeweiligen Lohnsteuer-Anmeldungen zu ändern. Um solche Änderungen in Folge nachträglich festgestellter Fehler zu vermeiden, hat die Finanzverwaltung **keine Bedenken**, wenn der auf die laufend oder unregelmäßig gezahlten Beiträge entfallende, rechtmäßig zustehende BAV-Förderbetrag **in einer Summe spätestens bei der letzten Lohnsteuer-Anmeldung** für das entsprechende Kalenderjahr geltend gemacht wird.

Beispiel 2:

Der Arbeitgeber zahlt monatlich jeweils am 15. einen zusätzlichen Arbeitgeberbeitrag i.H.v. 80 €. Der laufende Arbeitslohn für Arbeitnehmer A beträgt 2 500 €. Der Arbeitgeber macht den BAV-Förderbetrag von 24 € (30 % von 80 €) monatlich bei seiner Lohnsteuer-Anmeldung geltend. Im Oktober stellt er fest, dass der für August zu berücksichtigende laufende Arbeitslohn des A zutreffend 2 600 € betragen hat

Der BAV-Förderbetrag durfte für August nicht in Anspruch genommen werden. Die entsprechende Lohnsteuer-Anmeldung für August ist zu korrigieren und der BAV-Förderbetrag i.H.v. 24 € zurückzuzahlen, weil der laufende Arbeitslohn für August unzutreffend ermittelt wurde.

Beispiel 3:

Der Arbeitgeber zahlt monatlich jeweils am 15. einen zusätzlichen Arbeitgeberbeitrag i.H.v. 80 €. Der laufende Arbeitslohn für Arbeitnehmer A beträgt 2 500 €. Er macht vorerst den BAV-Förderbetrag nicht geltend. Im Oktober stellt er fest, dass der für August zu berücksichtigende laufende Arbeitslohn des A zutreffend 2 600 € beträgt und korrigiert die Lohnabrechnung. Für den Monat August liegen die Voraussetzungen für den BAV-Förderbetrag wegen Überschreitens der Einkommensgrenze somit nicht vor.

Der Arbeitgeber kann den ihm insgesamt zustehenden BAV-Förderbetrag i.H.v. 264 € (11 × 24 €) auch bei der Lohnsteuer-Anmeldung für Dezember in einer Summe geltend machen.

Wird der entsprechende Arbeitgeberbeitrag als **Einmalbetrag im Kalenderjahr** geleistet, müssen nur einmal (im Lohnzahlungszeitraum der Beitragsentrichtung) die Einkommensgrenze sowie die Erreichung des Mindestbetrags geprüft werden.

Stellt der Arbeitgeber vor Ablauf des Kalenderjahres fest, dass die Förderung nach § 100 EStG **nicht vollständig beansprucht** worden ist, muss eine ggf. vorgenommene anderweitige steuerliche Behandlung der Beiträge des Arbeitgebers zur betrieblichen Altersversorgung (z.B. § 3 Nr. 63 EStG oder § 40b EStG a.F.) rückgängig gemacht werden (spätester Zeitpunkt hierfür ist die Übermittlung oder Erteilung der Lohnsteuerbescheinigung) oder der monatliche Teilbetrag künftig so geändert werden, dass der BAV-Förderbetrag voll ausgeschöpft wird.

b) Bestehende Vereinbarungen

4645 In Fällen, in denen der **Arbeitgeber bereits im Jahr 2016** einen zusätzlichen Arbeitgeberbeitrag an einen Pensionsfonds, eine Pensionskasse oder für eine Direktversicherung geleistet hat, ist der jeweilige BAV-Förderbetrag auf den Betrag beschränkt, den der Arbeitgeber **über den bisherigen Beitrag hinaus** leistet (§ 100 Abs. 2 Satz 2 EStG).

Beispiel 1:

Der Arbeitgeber zahlt seit dem Jahr 2016 einen zusätzlichen Arbeitgeberbeitrag i.H.v. jährlich 200 €. Er erhöht den Arbeitgeberbeitrag ab dem Jahr 2025 auf 240 €.

Der BAV-Förderbetrag beträgt im Kalenderjahr 2025 grds. 30 % von 240 € (= 72 €), wegen der Begrenzung nach § 100 Abs. 2 Satz 2 EStG jedoch nur 40 € (Erhöhung des Arbeitgeberbeitrags). Im Ergebnis wird trotz der Begrenzung also der Aufstockungsbetrag in vollem Umfang über den BAV-Förderbetrag finanziert. Der Beitrag des Arbeitgebers ist i.H.v. 240 € nach § 100 Abs. 6 EStG steuerfrei.

Beispiel 2:

Der Arbeitgeber zahlt seit dem Jahr 2016 einen zusätzlichen Arbeitgeberbeitrag i.H.v. jährlich 200 €. Er erhöht den Arbeitgeberbeitrag ab dem Jahr 2025 auf 300 €.

Der BAV-Förderbetrag beträgt im Kalenderjahr 2025 30 % von 300 € (= 90 €). Es erfolgt keine Begrenzung nach § 100 Abs. 2 Satz 2 EStG, weil der Arbeitgeberbeitrag um 100 € (also um mehr als 90 €) erhöht wird. Der Beitrag des Arbeitgebers ist i.H.v. 300 € nach § 100 Abs. 6 EStG steuerfrei.

Beispiel 3:

Der Arbeitgeber zahlt seit dem Jahr 2016 einen zusätzlichen Arbeitgeberbeitrag i.H.v. jährlich 720 € Er erhöht den Arbeitgeberbeitrag ab dem Jahr 2025 um 288 € auf 1 008 €.

Der BAV-Förderbetrag beträgt im Kalenderjahr 2025 30 % von 960 € (= 288 €). Es erfolgt keine Begrenzung nach § 100 Abs. 2 Satz 2 EStG, weil der Arbeitgeberbeitrag um 288 € erhöht wird. Im Ergebnis wird trotz der Begrenzung also der Aufstockungsbetrag in vollem Umfang über den BAV-Förderbetrag finanziert. Der Beitrag des Arbeitgebers ist i.H.v. von 960 € nach § 100 Abs. 6 EStG steuerfrei.

Für den den Höchstbetrag von 960 € übersteigenden Arbeitgeberbeitrag i.H.v. 48 € kommt die Steuerfreiheit nach § 3 Nr. 63 EStG in Betracht.

Beispiel 4:

Der Arbeitgeber zahlt seit 2016 einen zusätzlichen Arbeitgeberbeitrag i.H.v. jährlich 1 200 €. Er erhöht den Arbeitgeberbeitrag ab dem Jahr 2025 um 288 € auf 1 488 €.

Der BAV-Förderbetrag beträgt im Kalenderjahr 2025 30 % von 960 € (= 288 €). Es erfolgt keine Begrenzung nach § 100 Abs. 2 Satz 2 EStG, weil der Arbeitgeberbeitrag um 288 € erhöht wird. Im Ergebnis wird trotz der Begrenzung also der Aufstockungsbetrag in vollem Umfang über den BAV-Förderbetrag finanziert. Der Beitrag des Arbeitgebers ist i.H.v. 960 € nach § 100 Abs. 6 EStG steuerfrei.

Für den den Höchstbetrag von 960 € übersteigenden Arbeitgeberbeitrag i.H.v. 528 € kommt die Steuerfreiheit nach § 3 Nr. 63 EStG in Betracht.

Für die Begrenzung des BAV-Förderbetrags bei bereits bestehenden Versorgungsvereinbarungen wird auf das **Referenzjahr 2016 abgestellt**. Dadurch greift bei einer **erst seit 2017 bestehenden betrieblichen Altersversorgung** (z.B. Neueinstellung in 2017) die Begrenzung des § 100 Abs. 2 Satz 2 EStG nicht. Dies gilt dann auch für alle Erhöhungen der zusätzlichen Arbeitgeberbeiträge in 2017 oder später. Die Begrenzung greift jedoch dann, wenn der Arbeitgeber im Jahr 2016 einen zusätzlichen Arbeitgeberbeitrag geleistet hat, das Arbeitsverhältnis in 2016 beendet wurde und zum selben Arbeitgeber später, d.h. in 2017 oder danach, neu begründet wurde oder wird.

Beispiel 5:

Der Arbeitgeber zahlt für den Arbeitnehmer A seit 2016 einen zusätzlichen Arbeitgeberbeitrag i.H.v. jährlich 180 €. Er erhöht den Arbeitgeberbeitrag ab dem Jahr 2025 auf 240 €. In 2025 stellt er außerdem Arbeitnehmer B neu ein, für den er ebenfalls einen zusätzlichen Arbeitgeberbeitrag i.H.v. 240 € zahlt.

Der BAV-Förderbetrag beträgt im Kalenderjahr 2025 grds. 30 % von 240 € (= 72 €). Für den neu eingestellten Arbeitnehmer B kann der Arbeitgeber den BAV-Förderbetrag für einen Arbeitgeberbeitrag i.H.v. 240 € (BAV-Förderbetrag 72 €) beanspruchen. Für Arbeitnehmer A kann der Arbeitgeber wegen § 100 Abs. 2 Satz 2 EStG den BAV-Förderbetrag nur für einen Arbeitgeberbeitrag i.H.v. 60 € (Erhöhungsbetrag) beanspruchen. Der Beitrag des Arbeitgebers ist bei beiden Arbeitnehmern i.H.v. 240 € nach § 100 Abs. 6 EStG steuerfrei.

Beispiel 6:

Der Arbeitgeber zahlte in 2016 einen zusätzlichen Arbeitgeberbeitrag i.H.v. jährlich 210 €. Er hatte den Arbeitgeberbeitrag bereits seit 2017 auf 300 € erhöht.

Der BAV-Förderbetrag beträgt im Kalenderjahr 2025 30 % von 300 € (= 90 €). Es erfolgt keine Begrenzung nach § 100 Abs. 2 Satz 2 EStG, weil der Arbeitgeberbeitrag seit 2017 um 90 € erhöht wurde. Im Ergebnis wird damit seit 2018 der Aufstockungsbetrag in vollem Umfang über den BAV-Förderbetrag finanziert. Der Beitrag des Arbeitgebers ist i.H.v. 300 € nach § 100 Abs. 6 EStG steuerfrei.

War ein laufender (Monats-/Quartals-)Beitrag so bemessen, dass die Begrenzung nach § 100 Abs. 2 Satz 2 EStG bei planmäßigem Verlauf nicht greift und scheidet der Arbeitnehmer unerwartet aus dem Unternehmen aus, ist der BAV-Förderbetrag nicht rückgängig zu machen (s. → Rz. 4642).

Beispiel 7:

Der Arbeitgeber zahlte in 2016 einen zusätzlichen Arbeitgeberbeitrag i.H.v. jährlich 210 €. Er hatte den Arbeitgeberbeitrag bereits seit 2017 auf 300 € (monatlich 25 €) erhöht. Zum 1.4.2025 scheidet der Arbeitnehmer unerwartet aus dem Unternehmen aus.

Der BAV-Förderbetrag für die Jahre 2018 bis 2024 beträgt 30 % von 300 € (= 90 €). Es erfolgt keine Begrenzung nach § 100 Abs. 2 Satz 2 EStG, weil der Arbeitgeberbeitrag seit 2017 um 90 € erhöht wurde.

Für das Jahr 2025 leistet der Arbeitgeber lediglich einen Beitrag i.H.v. 75 € (3 × 25 €). Da der Arbeitnehmer unerwartet aus dem Unternehmen ausscheidet, beträgt der BAV-Förderbetrag für das Jahr 2025 gleichwohl 30 % von 75 € (= 22,50 €).

8. Weitere Voraussetzungen

a) Lohnsteuerabzug im Inland

Nach § 100 Abs. 3 Nr. 1 EStG setzt die Inanspruchnahme des BAV- 4646
Förderbetrags voraus, dass der Arbeitslohn des Arbeitnehmers im Lohnzahlungszeitraum, für den der BAV-Förderbetrag geltend gemacht wird, **im Inland dem Lohnsteuerabzug unterliegt**. Hiervon ist z.B. auch während der Eltern- und Pflegezeit, des Bezugs von Kurzarbeiter- oder Krankengeld auszugehen, obgleich der zu

besteuernde Arbeitslohn 0 € beträgt. Auf die **Art der Steuerpflicht** des Arbeitnehmers (unbeschränkt oder beschränkt einkommensteuerpflichtig bzw. als unbeschränkt einkommensteuerpflichtig zu behandeln) **kommt es nicht an**.

Eine Förderung ist hingegen **ausgeschlossen für Arbeitnehmer**, die **ausschließlich steuerfreien Arbeitslohn** nach einem DBA beziehen. Nicht ausgeschlossen ist hingegen die Förderung für Arbeitnehmer, bei denen auf Grund eines DBA der Lohnsteuerabzug im Inland begrenzt ist (z.B. bei Grenzgängern aus der Schweiz auf 4,5 % des Bruttobetrags der Vergütungen, vgl. → *Grenzgänger* Rz. 2428).

b) Auszahlungsform

4647 Nach § 100 Abs. 3 Nr. 4 EStG setzt die Förderung mittels BAV-Förderbetrag voraus, dass die Auszahlung der Versorgungsleistungen entsprechend § 82 Abs. 2 Satz 2 EStG vorgesehen ist. Zu den begünstigten Auszahlungsformen → *Zukunftssicherung: Betriebliche Altersversorgung* Rz. 4729.

Entscheidet sich der Arbeitnehmer zu Gunsten einer Einmalkapitalauszahlung, so sind von diesem Zeitpunkt an die Voraussetzungen des § 100 EStG nicht mehr erfüllt, d.h. die Förderung entfällt und die Beitragsleistungen sind zu besteuern.

Erfolgt die Ausübung des Wahlrechtes innerhalb des letzten Jahres vor dem altersbedingten Ausscheiden aus dem Erwerbsleben, so beanstandet es die Finanzverwaltung aus Vereinfachungsgründen nicht, wenn die Beitragsleistungen weiterhin nach § 100 EStG gefördert werden. Für die Berechnung der Jahresfrist ist dabei auf das im Zeitpunkt der Ausübung des Wahlrechts vertraglich vorgesehene Ausscheiden aus dem Erwerbsleben (vertraglich vorgesehener Beginn der Altersversorgungsleistung) abzustellen. Bei Auszahlung oder anderweitiger wirtschaftlicher Verfügung ist der Einmalkapitalbetrag gem. § 22 Nr. 5 Satz 1 EStG zu besteuern (zur entsprechenden Regelung bei der Steuerfreiheit nach § 3 Nr. 63 EStG → *Zukunftssicherung: Betriebliche Altersversorgung* Rz. 4729).

c) Keine „Zillmerung“

4648 Nach § 100 Abs. 3 Nr. 5 EStG kommt die steuerliche Förderung nur in Betracht, wenn sichergestellt ist, dass **die Abschluss- und Vertriebskosten des Vertrages** über die betriebliche Altersversorgung **nur als fester Anteil der laufenden Beiträge einbehalten** werden; die Finanzierung der Abschluss- und Vertriebskosten zu Lasten der ersten Beiträge („Zillmerung“) ist förderschädlich. Für bereits **am 1.1.2018 bestehende Verträge** konnte die steuerliche Förderung **ausnahmsweise in Anspruch genommen werden**, sobald für die Restlaufzeit des Vertrages sichergestellt war, dass

- die verbliebenen Abschluss- und Vertriebskosten und
- die ggf. neu anfallenden Abschluss- und Vertriebskosten

jeweils als fester Anteil der ausstehenden laufenden Beiträge einbehalten werden.

9. Rückgewährung des BAV-Förderbetrags

4649 **Verfällt die Anwartschaft auf Leistungen** aus einer geförderten betrieblichen Altersversorgung, z.B. wenn das Dienstverhältnis zum Arbeitnehmer vor Ablauf der Unverfallbarkeitsfrist von drei Jahren endet (§ 1b Abs. 1 BetrAVG), und ergibt sich daraus eine ganz oder teilweise Rückzahlung der Beiträge an den Arbeitgeber, sind die **entsprechende BAV-Förderbeträge zurück zu gewähren** (§ 100 Abs. 4 Satz 2 bis 4 EStG).

Eine Verpflichtung zur Rückgewährung des BAV-Förderbetrages ergibt sich jedoch nur, soweit er auf den **Rückzahlungsbetrag an den Arbeitgeber entfällt** (§ 100 Abs. 4 Satz 3 EStG). Dies trägt dem Umstand Rechnung, dass nicht in allen Fällen mit der Verfallbarkeit der Anwartschaft Rückflüsse an den Arbeitgeber erfolgen. Dies kann z.B. der Fall sein bei einer verfallenen Invaliditäts- und Hinterbliebenenversorgung im Zusammenhang mit der Beitragszusage i.S.d. § 1 Abs. 2 Nr. 2a und § 21ff. BetrAVG, bei der alle Beiträge im Kollektiv verbleiben.

Die Rückgewährung des BAV-Förderbetrages erfolgt **über die Lohnsteuer-Anmeldung** für den Lohnzahlungszeitraum, in dem die Rückzahlung zufließt. Der zurück zu gewährende Förderbetrag ist der an das Betriebsstättenfinanzamt abzuführenden Lohnsteuer hinzuzurechnen.

10. Anwendbarkeit anderer Vorschriften

Nach § 100 Abs. 5 EStG gelten z.B. die **Regelungen zur Lohnsteuer-Außenprüfung** und **zur lohnsteuerlichen Anrufungsauskunft** entsprechend. Aber auch bestimmte Regelungen der AO sind entsprechend beim BAV-Förderbetrag anzuwenden. Das sind insbesondere die für Steuervergütungen geltenden Vorschriften und die Straf- und Bußgeldvorschriften der AO. 4650

Wird bei einer Lohnsteuer-Außenprüfung festgestellt, dass bei einem Arbeitgeber die Voraussetzungen für den BAV-Förderbetrag und die Absetzung der an das Finanzamt abzuführenden Lohnsteuer nicht vorgelegen haben, werden die **entsprechenden Lohnsteuer-Anmeldungen geändert** (denn die Lohnsteuer-Anmeldungen stehen als Steueranmeldungen einer Steuerfestsetzung unter dem Vorbehalt der Nachprüfung gleich, § 169 i.V.m. § 164 AO).

11. Steuerfreiheit des zusätzlich geleisteten Arbeitgeberbeitrags

Liegen sämtliche Fördervoraussetzungen des § 100 EStG für den zusätzlichen Arbeitgeberbeitrag zur betrieblichen Altersversorgung vor, ist der **Betrag** maximal bis zum förderfähigen Höchstbetrag **i.H.v. 960 € steuerfrei** (§ 100 Abs. 6 EStG). Liegen die Fördervoraussetzungen des § 100 EStG nicht vor, greift auch die Steuerfreiheit nach § 100 Abs. 6 EStG nicht. 4651

Die Steuerfreiheit nach § 100 Abs. 6 EStG hat **Vorrang gegenüber der Steuerfreiheit nach § 3 Nr. 63 EStG**. Ein über den förderfähigen Höchstbetrag nach § 100 Abs. 6 EStG hinaus gezahlter zusätzlicher Arbeitgeberbeitrag ist somit i.d.R. nach § 3 Nr. 63 EStG steuerfrei, sofern das entsprechende Volumen des § 3 Nr. 63 EStG noch nicht anderweitig ausgeschöpft wurde.

12. Sozialversicherung

Soweit der zusätzlich gezahlte Arbeitgeberbeitrag nach § 100 Abs. 6 EStG steuerfrei ist, ist er auch beitragsfrei in der Sozialversicherung (§ 1 Abs. 1 Satz 1 Nr. 9 SvEV). 4652

Zukunftssicherung: Betriebliche Altersversorgung

Inhalt

1. Vorbemerkung

Unter dem Begriff „Zukunftssicherung" sind **Vorsorgeleistungen des Arbeitgebers** zu verstehen, durch die der Arbeitgeber seine Arbeitnehmer oder diesen nahen stehenden Personen für den Fall der **Krankheit**, des **Unfalls**, der **Invalidität**, des **Alters** oder des **Todes** absichert (§ 2 Abs. 1 Nr. 3 LStDV). **4653**

Für die Besteuerung der betrieblichen Altersversorgung ist entscheidend, ob der Arbeitgeber die Beiträge **freiwillig oder auf Grund einer gesetzlichen Verpflichtung** leistet.

Unter diesem Stichwort ist **allein die Zukunftssicherung auf Grund freiwilliger Verpflichtung** (betriebliche Altersversorgung) dargestellt. Wenn Sie sich über die Zukunftssicherung auf Grund gesetzlicher Verpflichtung (**gesetzliche Altersversorgung**) informieren wollen, so sehen Sie bitte unter dem Stichwort → *Zukunftssicherung: Gesetzliche Altersversorgung* Rz. 4776 nach. Informationen zum **BAV-Förderbetrag** finden Sie unter → *Zukunftssicherung: BAV-Förderbetrag* Rz. 4627.

Durch das Gesetz zur Stärkung der betrieblichen Altersversorgung und zur Änderung anderer Gesetze (**Betriebsrentenstärkungsgesetz**) v. 17.8.2017 (BGBl. I 2017, 3214, BStBl I 2017, 1278 – Auszug –) sollte durch gezielte Maßnahmen im Arbeits-, Sozial- und Steuerrecht die **Verbreitung von betrieblicher Altersvorsorge** insbesondere in kleinen und mittleren Unternehmen und bei Geringverdienern gestärkt werden. Auf Grund dieser Gesetzesänderung wurde das BMF-Schreiben v. 24.7.2013, IV C 3 – S 2015/11/10002/IV C 5 – S 2333/09/10005, BStBl I 2013, 1022 in weiten Teilen neu gefasst und präzisiert. Dabei hat sich die Finanzverwaltung entschieden, die Bereiche „betriebliche Altersversorgung" und „private Altersversorgung" zu trennen und zwei BMF-Schreiben herauszugeben. Für die betriebliche Altersversorgung geschah das mit BMF-Schreiben v. 6.12.2017, IV C 5 – S 2333/17/1002, BStBl I 2018, 147. Vor dem Hintergrund zwischenzeitlicher Gesetzesänderungen hat die Finanzverwaltung im BMF-Schreiben v. 12.8.2021, IV C 5 – S 2333/19/10008 :017, BStBl I 2021, 1050 die Verwaltungsauffassung zu Fragen der betrieblichen Altersversorgung neu zusammengestellt. Auch dieses Schreiben wurde zwischenzeitlich wieder partiell geändert (BMF-Schreiben v. 18.3.2022, IV C 5 – S 23333/19/10008:026, BStBl I 2022, 333).

Nach dem Regierungsentwurf zum Zweiten Betriebsrentenstärkungsgesetz vom 3.9.2025 (BR-Drucks. 424/25 v. 5.9.2025) soll die betriebliche Altersversorgung als zweite Säule der gesetzlichen Renten gefestigt und breiter etabliert werden. Folgende Maßnahmen sind u.a. vorgesehen:

- Ausbau des sogen. Sozialpartnermodells. Hiermit werden bereits seit 2018 Betriebsrenten auf der Grundlage eines Tarifvertrags organisiert. Geplant ist, den Zugang zu erleichtern und auch nicht tarifgebundene Unternehmen sowie ihre Beschäftigten an dem Modell teilhaben zu lassen.
- Im Bereich des Finanzaufsichtsrechts sollen neue Impulse gesetzt werden, die eine attraktivere Gestaltung der betrieblichen Altersversorgung ermöglichen. So sollen u.a. Pensionskassen ein größerer Spielraum bei der Kapitalanlage eingeräumt werden, damit hieraus höhere Renditen und damit größere Betriebsrenten resultieren.
- Die betriebliche Altersversorgung soll für Geringverdiener besser gefördert werden. So sollen die bestehenden Einkommensgrenzen angehoben werden.
- Im Übrigen soll die Mitnahme oder das Stehenlassen von Versorgungsanwartschaften beim Arbeitgeberwechsel flexibilisiert werden. Der Entwurf sieht auch eine Verdoppelung der Abfindungsgrenze für die Abfindung unverfallbarer Anwartschaften sowie die Förderung der betrieblichen Altersversorgung in Form einer „Frühstart-Rente" vor.

Hinweis:

Die weitere Entwicklung im Gesetzgebungsverfahren zum Zweiten Betriebsrentenstärkungsgesetz, welches voraussichtlich zum 1.1.2027 in Kraft treten soll, bleibt abzuwarten. Wir werden Sie über unseren Online-Aktualisierungsdienst informieren (s. Benutzerhinweis auf S. IV).

Zur **bilanzsteuerrechtlichen Berücksichtigung von Versorgungsleistungen**, die ohne die Voraussetzung des Ausscheidens aus dem Dienstverhältnis gewährt werden s. BMF v. 18.9.2017, IV C 6 – S 2176/07/10006, BStBl I 2017, 1293 und BMF v. 30.8.2024, IV C 2 – S 2742/22/10003 :009, BStBl I 2024, 1191.

2. Allgemeines

a) Arbeitsrecht

4654 Dem Arbeitgeber steht es grds. frei, ob er betriebliche Versorgungsleistungen erbringt und welche Versorgungsform er wählt. Dabei sind aber bei der Ausgestaltung und Durchführung, insbesondere bei beabsichtigter Kürzung der betrieblichen Altersversorgung, einerseits das Mitbestimmungsrecht des Betriebsrats nach § 87 Abs. 1 Nr. 8, 10 BetrVG und andererseits die Regelungen des Gesetzes zur Verbesserung der betrieblichen Altersversorgung (**BetrAVG**) zu berücksichtigen. Dies bedeutet insbesondere:

- Betriebliche Versorgungsanwartschaften bleiben auch nach dem Ausscheiden des Arbeitnehmers aus dem Unternehmen unter bestimmten Voraussetzungen erhalten (→ Rz. 4675).
- Arbeitnehmer, die vor Vollendung des 65. Lebensjahrs Altersruhegeld der gesetzlichen Rentenversicherung in voller Höhe in Anspruch nehmen, können zugleich auch die Leistungen der betrieblichen Altersversorgung beanspruchen.
- Der Arbeitgeber hat in regelmäßigen Zeitabständen die laufenden Versorgungsleistungen anzupassen bzw. auf eine Anpassung zu überprüfen. I.R. der Anpassungsprüfung nach § 16 Abs. 2 und Abs. 3 BetrAVG ist auf den Kaufkraftverlust abzustellen, der sich aus dem zum Anpassungsstichtag aktuellen, vom statistischen Bundesamt veröffentlichten Verbraucherpreisindex ergibt (BAG v. 28.6.2011, 3 AZR 859/09).
- Die betriebliche Altersversorgung ist im Falle der Insolvenz des Arbeitgebers dadurch gesichert, dass der Pensions-Sicherungs-Verein in Köln die Zahlungspflicht übernimmt.

b) Lohnsteuer

4655 Die Finanzverwaltung **verzichtet auf eine eigene steuerrechtliche Definition der betrieblichen Altersversorgung**. Stattdessen richtet sich die steuerliche Anerkennung einer betrieblichen Altersversorgung allein nach den Vorschriften des Gesetzes zur Verbesserung der betrieblichen Altersversorgung. Insoweit gilt **kein Abfindungsverbot**. Auch soweit Anwartschaften außerhalb des Rahmens von § 3 BetrAVG abgefunden werden, ist eine betriebliche Altersversorgung anzuerkennen; es darf nur nicht von vornherein eine Abfindung vereinbart worden sein (→ Rz. 4658). Im Einzelnen gilt Folgendes (BMF v. 12.8.2021, IV C 5 – S 2333/19/10008 :017, BStBl I 2021, 1050 unter Berücksichtigung der Änderungen durch BMF v. 18.3.2022, IV C 5 – S 2333/19/10008:0026, BStBl I 2022, 333):

aa) Betriebliche Altersversorgung

4656 Eine betriebliche Altersversorgung ist anzunehmen, wenn dem Arbeitnehmer aus Anlass eines Arbeitsverhältnisses vom Arbeitgeber **Leistungen oder Beiträge zur Absicherung mindestens eines biometrischen Risikos** (Alter, Tod, Invalidität) zugesagt werden und Ansprüche auf diese Leistungen erst **mit dem Eintritt des biologischen Ereignisses fällig** werden (§ 1 BetrAVG). Die Zusage des Arbeitgebers muss somit einem im BetrAVG geregelten Versorgungszweck dienen, die Leistungspflicht nach dem Inhalt der Zusage durch ein im Gesetz genanntes biologisches Ereignis ausgelöst werden und durch die vorgesehene Leistung ein im Gesetz angesprochenes biometrisches Risiko teilweise übernommen werden (BAG v. 16.3.2010, 3 AZR 594/09). Die Vereinbarung über eine betriebliche Altersversorgung mit ihren einzelnen Komponenten ist dabei aus steuerlicher Sicht **grds. als Einheit** zu betrachten. Werden mehrere biometrische Risiken abgesichert, bedeutet dies, dass die gesamte Vereinbarung nur dann als betriebliche Altersversorgung anzuerkennen ist, wenn auch für alle Risiken die nachstehend genannten Vorgaben beachtet werden.

Wenn allerdings bestimmte Anhaltspunkte dafür sprechen, dass es sich nicht um eine einheitliche, sondern um **mehrere Teil-Versorgungszusagen** handelt, hält es die Finanzverwaltung durchaus für vertretbar, jede dieser Zusagen für sich **getrennt zu beurteilen**. Ein solcher Anhaltspunkt wäre z.B. die gleichzeitige Absicherung der einzelnen biometrischen Risiken in verschiedenen Durchführungswegen der betrieblichen Altersversorgung (z.B. Alter über Direktversicherung und Tod über Pensionskasse). Denkbar wäre dies in Einzelfällen auch bei vollkommen getrennt voneinander finanzierten Versorgungsblöcken.

Keine betriebliche Altersversorgung liegt vor, wenn vereinbart ist, dass ohne Eintritt eines biometrischen Risikos die Auszahlung an beliebige Dritte (z.B. die Erben) erfolgt. Dies gilt für alle Auszahlungsformen (z.B. lebenslange Rente, Auszahlungsplan mit Restkapitalverrentung, Einmalkapitalauszahlung und ratenweise Auszahlung).

Wegen der in Betracht kommenden Durchführungswege → Rz. 4661.

bb) Biologisches Ereignis

Das **biologische Ereignis** ist 4657

- bei der **Altersversorgung** das altersbedingte Ausscheiden aus dem Erwerbsleben; als **Untergrenze** für betriebliche Altersversorgungsleistungen bei altersbedingtem Ausscheiden aus dem Erwerbsleben gilt im Regelfall **das 60. Lebensjahr**; in Ausnahmefällen können betriebliche Altersversorgungsleistungen auch schon vor dem 62. Lebensjahr gewährt werden, so z.B. bei Berufsgruppen wie Piloten, bei denen schon vor dem 62. Lebensjahr Versorgungsleistungen üblich sind; ob solche Ausnahmefälle (berufsspezifische Besonderheiten) vorliegen, ergibt sich aus Gesetz, Tarifvertrag oder Betriebsvereinbarung; erreicht der Arbeitnehmer im Zeitpunkt der Auszahlung das 62. Lebensjahr, hat aber seine berufliche Tätigkeit noch nicht beendet, so ist dies i.d.R. unschädlich;

  für Versorgungszusagen, die **vor dem 1.1.2012** erteilt worden sind, tritt an die Stelle des 62. Lebensjahrs regelmäßig das 60. Lebensjahr (unschädlich auch hier, dass dieser aber seine berufliche Tätigkeit noch nicht beendet hat);

  die Aufzählung der Ausnahmetatbestände „Gesetz, Tarifvertrag, Betriebsvereinbarung" ist als abschließend anzusehen; ein Unterschreiten der Altersgrenze ist folglich nur in berufsspezifischen Ausnahmefällen, also bei einer Mehrzahl von vergleichbaren Fällen zulässig;

  die festgelegte Untergrenze für das altersbedingte Ausscheiden aus dem Erwerbsleben gilt allerdings im Fall einer **arbeitgeberfinanzierten betrieblichen Altersversorgung** nur für solche Versorgungsordnungen, die **nach dem 16.9.2002** (Tag der Veröffentlichung des BMF-Schreibens v. 5.8.2002, IV C 4 – S 2222 – 295/02/IV C 5 – S 2333 – 154/02, BStBl I 2002, 767) **in Kraft getreten sind** (BMF v. 8.7.2003, IV C 5 – S 2333 – 89/03, Steuer-Telex 2003, 522);

  bei der für die steuerrechtliche Beurteilung Frage, **zu welchem Zeitpunkt eine Versorgungszusage erteilt** wurde, ist grds. die zu einem Rechtsanspruch führende arbeitsrechtliche bzw. betriebsrentenrechtliche Verpflichtungserklärung des Arbeitgebers maßgebend (z.B. Einzelvertrag, Betriebsvereinbarung oder Tarifvertrag); entscheidend ist danach nicht, wann Mittel an die Versorgungseinrichtung fließen; bei kollektiven, rein arbeitgeberfinanzierten Versorgungsregelungen ist die Zusage daher i.d.R. mit Abschluss der Versorgungsregelung bzw. mit Beginn des Dienstverhältnisses des Arbeitnehmers erteilt; ist die erste Dotierung durch den Arbeitgeber erst nach Ablauf einer von vornherein arbeitsrechtlich festgelegten Wartezeit vorgesehen, so wird der Zusagezeitpunkt dadurch nicht verändert; im Fall der ganz oder teilweise durch Entgeltumwandlung finanzierten Zusage gilt diese i.d.R. mit Abschluss der erstmaligen Gehaltsänderungsvereinbarung (vgl. → Rz. 4666 ff.) als erteilt; liegen zwischen der Gehaltsänderungsvereinbarung und der erstmaligen Herabsetzung des Arbeitslohns mehr als zwölf Monate, gilt die Versorgungszusage erst im Zeitpunkt der erstmaligen Herabsetzung als erteilt,
- bei der **Invaliditätsversorgung** der **Invaliditätseintritt** (auf den Invaliditätsgrad kommt es nicht an); bei **Eintritt einer Erwerbsminderung, Erwerbsunfähigkeit oder Berufsunfähigkeit** wird das biometrische Risiko der Invalidität grds. erfüllt; die Versicherung dieser Risiken erfüllt die Voraussetzungen des

BetrAVG; dies gilt auch dann, wenn der Leistungsfall nicht zusätzlich daran geknüpft ist, dass der Arbeitnehmer tatsächlich durch den Eintritt des Invaliditätsgrades in seiner Berufsausübung beeinträchtigt ist; eine solche Einschränkung lässt sich § 1 Abs. 1 Satz 1 BetrAVG nicht entnehmen; es steht dem Arbeitgeber aber frei, in seiner Versorgungszusage und entsprechend in den versicherungsvertraglichen Vereinbarungen den Leistungsfall in diesem Sinne einzuschränken; der eine betriebliche Invaliditätsrente zusagende Arbeitgeber darf die Leistung in einer Versorgungsordnung, die für eine Vielzahl vorformulierte Vertragsbedingungen (AGB) enthält, grundsätzlich davon abhängig machen, dass der Arbeitnehmer eine gesetzliche Erwerbsminderungsrente bezieht und rechtlich aus dem Arbeitsverhältnis ausgeschieden ist (BAG v. 10.10.2023, 3 AZR 250/22);

eine **Grundfähigkeitenversicherung** dient ebenfalls der **Absicherung des biometrischen Risikos „Invalidität"**, da der Verlust einer Grundfähigkeit zum Eintritt eines Invaliditätsgrades führt; auch eine Grundfähigkeitenversicherung erfüllt daher die Voraussetzungen des BetrAVG;

demgegenüber stellt die Versicherung des **Risikos einer Arbeitsunfähigkeit**, auch wenn es sich um eine längerfristige handelt, **keine Absicherung des biometrischen Risikos „Invalidität"** dar und dient folglich nicht einer betrieblichen Altersversorgung,

- bei der **Hinterbliebenenversorgung** der **Tod des Arbeitnehmers**; eine Hinterbliebenenversorgung im steuerlichen Sinne darf nur Leistungen an die Witwe/den Witwer der Arbeitnehmerin/des Arbeitnehmers, die Kinder i.S.d. § 32 Abs. 3 und 4 Satz 1 Nr. 1 bis 3 und Abs. 5 EStG, den früheren Ehegatten sowie auch an die Lebensgefährtin oder den Lebensgefährten vorsehen; der Arbeitgeber hat bei Erteilung oder Änderung der Versorgungszusage zu prüfen, ob die Versorgungsvereinbarung insoweit generell diese Voraussetzungen erfüllt; ob im Einzelfall Hinterbliebene in diesem Sinne vorhanden sind, ist letztlich vom Arbeitgeber/Versorgungsträger erst im Zeitpunkt der Auszahlung der Hinterbliebenenleistung zu prüfen; als Kind kann auch ein im Haushalt des Arbeitnehmers auf Dauer aufgenommenes Kind begünstigt werden, welches in einem Obhuts- und Pflegeverhältnis zu ihm steht und nicht die Voraussetzungen des § 32 EStG zu ihm erfüllt (Pflegekind/Stiefkind und faktisches Stiefkind); dabei ist es unerheblich, ob noch ein Obhuts- und Pflegeverhältnis zu einem leiblichen Elternteil des Kindes besteht, der ggf. ebenfalls im Haushalt des Arbeitnehmers lebt; es muss jedoch spätestens zu Beginn der Auszahlungsphase der Hinterbliebenenleistung eine schriftliche Versicherung des Arbeitnehmers vorliegen, in der, neben der geforderten namentlichen Benennung des Pflegekindes/Stiefkindes und faktischen Stiefkindes, bestätigt wird, dass ein entsprechendes Kindschaftsverhältnis besteht; Entsprechendes gilt, wenn ein Enkelkind auf Dauer im Haushalt der Großeltern aufgenommen und versorgt wird; der Begriff des Lebensgefährten oder der Lebensgefährtin ist dabei als Oberbegriff zu verstehen, der auch die gleichgeschlechtliche Lebenspartnerschaft mit erfasst; ob eine gleichgeschlechtliche Lebenspartnerschaft eingetragen wurde oder nicht, ist dabei zunächst unerheblich; für Partner einer eingetragenen Lebenspartnerschaft besteht allerdings die Besonderheit, dass sie einander nach § 5 Lebenspartnerschaftsgesetz zum Unterhalt verpflichtet sind; insoweit liegt eine mit der zivilrechtlichen Ehe vergleichbare Partnerschaft vor; handelt es sich dagegen um eine andere Form der nichtehelichen Lebensgemeinschaft, muss anhand der im BMF v. 25.7.2002, IV A 6 – S 2176 – 28/02, BStBl I 2002, 706 genannten Voraussetzungen geprüft werden, ob diese als Hinterbliebenenversorgung anerkannt werden kann; ausreichend ist dabei regelmäßig, dass spätestens zu Beginn der Auszahlungsphase der Hinterbliebenenleistung eine Versicherung des Arbeitnehmers in Textform vorliegt, in der neben der geforderten **namentlichen Benennung des Lebensgefährten** oder der Lebensgefährtin bestätigt wird, dass eine **gemeinsame Haushaltsführung** besteht;

die Möglichkeit, **andere Personen als Begünstigte** für den Fall des Todes des Arbeitnehmers zu benennen, führt steuerrechtlich dazu, dass es sich nicht mehr um eine Hinterbliebenenversorgung handelt, sondern von einer **Vererblichkeit der Anwartschaften auszugehen** ist; Gleiches gilt, wenn z.B. bei einer vereinbarten Rentengarantiezeit die Auszahlung auch an andere Personen möglich ist; ist die Auszahlung der garantierten Leistungen nach dem Tod des Berechtigten hingegen ausschließlich an Hinterbliebene im engeren Sinne möglich, ist eine vereinbarte Rentengarantiezeit ausnahmsweise unschädlich; ein Wahlrecht des Arbeitnehmers zur Einmal- oder Teilkapitalauszahlung ist in diesem Fall nicht zulässig; es handelt sich vielmehr nur dann um unschädliche Zahlungen nach dem Tod des Berechtigten, wenn die garantierte Rente in unveränderter Höhe (einschließlich Dynamisierungen) an die versorgungsberechtigten Hinterbliebenen im engeren Sinne weiter gezahlt wird; dabei ist zu beachten, dass die Zahlungen einerseits durch die garantierte Zeit und andererseits durch das Vorhandensein von entsprechenden Hinterbliebenen begrenzt werden; die Zusammenfassung von bis zu zwölf Monatsleistungen in einer Auszahlung sowie die gesonderte Auszahlung der zukünftig in der Auszahlungsphase anfallenden Zinsen und Erträge sind dabei unschädlich; im Fall der Witwe/des Witwers oder der Lebensgefährtin/des Lebensgefährten beanstandet es die Finanzverwaltung nicht, wenn an Stelle der Zahlung der garantierten Rentenleistung in unveränderter Höhe das im Zeitpunkt des Todes des Berechtigten noch vorhandene „Restkapital" ausnahmsweise lebenslang verrentet wird; die Möglichkeit, ein einmaliges **angemessenes Sterbegeld** auch an andere Personen als die o.g. Hinterbliebenen auszuzahlen, führt **nicht zur Versagung der Anerkennung** als betriebliche Altersversorgung;

darüber hinaus ist es ausschließlich **im Fall der Pauschalbesteuerung** von Beiträgen für eine Direktversicherung nach § 40b EStG a.F. unschädlich, wenn eine beliebige Person als Bezugsberechtigter für den Fall des Todes des Arbeitnehmers benannt wird.

Ist in den Durchführungswegen Direktversicherung, Pensionskasse und Pensionsfonds **eine Beitragsfreistellung für bestimmte Zeiten** – wie etwa Zeiten der Arbeitsunfähigkeit und Zeiten, in der ein Arbeitnehmer Krankengeld erhält – vereinbart, ist dies betriebsrentenrechtlich unbedenklich und **steht der steuerlichen Anerkennung als betriebliche Altersversorgung** somit **nicht entgegen**.

cc) Keine betriebliche Altersversorgung

Keine betriebliche Altersversorgung liegt vor, wenn zwischen 4658 Arbeitnehmer und Arbeitgeber die **Vererblichkeit von Anwartschaften vereinbart** ist. Auch Vereinbarungen, nach denen Arbeitslohn gutgeschrieben und ohne Abdeckung eines biometrischen Risikos zu einem späteren Zeitpunkt (z.B. bei Ausscheiden aus dem Dienstverhältnis) ggf. mit Wertsteigerung ausgezahlt wird, sind nicht dem Bereich der betrieblichen Altersversorgung zuzuordnen.

Gleiches gilt, wenn von **vornherein eine Abfindung der Versorgungsanwartschaft**, z.B. zu einem bestimmten Zeitpunkt oder bei Vorliegen bestimmter Voraussetzungen, vereinbart ist und dadurch nicht mehr von der Absicherung eines biometrischen Risikos ausgegangen werden kann. Demgegenüber führt allein die **Möglichkeit einer Beitragserstattung** einschließlich der gutgeschriebenen Erträge bzw. einer entsprechenden Abfindung für den Fall des Ausscheidens aus dem Dienstverhältnis vor Erreichen der gesetzlichen Unverfallbarkeit und/oder für den Fall des Todes vor Ablauf einer arbeitsrechtlich vereinbarten Wartezeit sowie der Abfindung einer Witwenrente/Witwerrente für den Fall der Wiederheirat noch **nicht zur Versagung der Anerkennung als betriebliche Altersversorgung**. Ebenfalls unschädlich für das Vorliegen von betrieblicher Altersversorgung ist die Abfindung vertraglich unverfallbarer Anwartschaften; dies gilt sowohl bei Beendigung als auch während des bestehenden Arbeitsverhältnisses.

Bei Versorgungszusagen, die vor dem 1.1.2005 erteilt wurden, beanstandet es die Finanzverwaltung nicht, wenn in den Versorgungsordnungen die Möglichkeit einer Elternrente oder der Beitragserstattung einschließlich der gutgeschriebenen Erträge im Fall des Versterbens vor Erreichen der Altersgrenze und lediglich für die zugesagte Altersversorgung, nicht aber für die Hinterbliebenen-

oder Invaliditätsversorgung die Auszahlung in Form einer Rente oder eines Auszahlungsplans vorgesehen ist (BMF v. 12.8.2021, IV C 5 – S 2333/19/10008 :017, BStBl I 2021, 1050, Tz. 7).

Eine betriebliche Altersversorgung liegt auch dann **nicht vor**, wenn der Arbeitgeber oder eine Versorgungseinrichtung dem nicht bei ihm beschäftigten **Ehegatten eines Arbeitnehmers eigene Versorgungsleistungen** zur Absicherung seiner biometrischen Risiken (Alter, Tod, Invalidität) verspricht, weil hier keine Versorgungszusage aus Anlass eines Arbeitsverhältnisses zwischen dem Arbeitgeber und dem Ehegatten vorliegt (§ 1 BetrAVG). Dies gilt entsprechend für Lebenspartner nach dem Lebenspartnerschaftsgesetz sowie für nichteheliche Lebensgefährtinnen und Lebensgefährten.

dd) Zeitpunkt des Zuflusses

4659 Der **Zeitpunkt des Zuflusses von Arbeitslohn** richtet sich bei einer durch Beiträge des Arbeitgebers (einschließlich Entgeltumwandlung oder anderer Finanzierungsanteile des Arbeitnehmers) finanzierten betrieblichen Altersversorgung **nach dem Durchführungsweg** der zugesagten betrieblichen Altersversorgung. Das bedeutet:

- Bei der Versorgung über eine **Direktversicherung**, eine **Pensionskasse** oder einen **Pensionsfonds** liegt Zufluss von Arbeitslohn **im Zeitpunkt der Zahlung der Beiträge** durch den Arbeitgeber an die entsprechende Versorgungseinrichtung vor (**„vorgelagerte Besteuerung“**), soweit der Arbeitslohn nicht nach § 3 Nr. 63 EStG steuerfrei ist. Erfolgt die Beitragszahlung durch den Arbeitgeber vor Versicherungsbeginn, liegt ein Zufluss von Arbeitslohn jedoch erst im Zeitpunkt des Versicherungsbeginns vor. Auch → Rz. 4690, → Rz. 4703, → Rz. 4708.

  Die Einbehaltung der Lohnsteuer richtet sich bei der vorgelagerten Besteuerung nach § 38a Abs. 1 und 3 EStG (vgl. hierzu auch R 39b.2, 39b.5 und 39b.6 LStR).
- Bei der Versorgung über eine **Direktzusage** oder **Unterstützungskasse** fließt der Arbeitslohn erst **im Zeitpunkt der Zahlung der Altersversorgungsleistungen** an den Arbeitnehmer zu (**„nachgelagerte Besteuerung“**). Zur Abgrenzung von Direktzusagen, Rückdeckungsversicherungen und rückgedeckten Unterstützungskassen von der Direktversicherung vgl. R 40b.1 LStR sowie → Rz. 4679, → Rz. 4684.

c) Sozialversicherung

4660 Bei Abfindungen von Anwartschaften auf betriebliche Altersversorgung bzw. Auszahlungen von Rückkaufswerten handelt es sich sozialversicherungsrechtlich um Versorgungsbezüge. Es besteht damit eine Meldepflicht der Zahlstelle (Besprechungsergebnis der Spitzenverbände der Sozialversicherungsträger v. 20.4.2016).

d) Durchführungswege

4661 In der betrieblichen Altersversorgung werden **fünf Durchführungswege** unterschieden:

- **Direktzusagen** des Arbeitgebers (→ Rz. 4679),
- Beiträge des Arbeitgebers an eine **Unterstützungskasse** (→ Rz. 4684),
- Beiträge des Arbeitgebers an eine **Pensionskasse** (→ Rz. 4690),
- Beiträge des Arbeitgebers an einen **Pensionsfonds** (→ Rz. 4703) und
- Beiträge des Arbeitgebers an eine **Direktversicherung** (→ Rz. 4708).

Im Wesentlichen unterscheiden sich diese Formen der betrieblichen Altersversorgung dadurch, dass bei der Direktzusage eine unmittelbare, vom Arbeitgeber zu erfüllende Verpflichtung begründet wird, während bei den übrigen Versorgungszusagen der Arbeitgeber sich zur Erfüllung seiner Verpflichtung einer Versicherungsgesellschaft, einer Pensionskasse, einem Pensionsfonds oder einer Unterstützungskasse bedient (**mittelbare Verpflichtung**). Für den Arbeitgeber entscheidet die Wahl der Versorgungsform insbesondere darüber, wann ihn die Versorgungszusage wirtschaftlich belastet, wie sie sich steuerlich auswirkt und inwieweit er mit den bereitzustellenden Mitteln weiterhin im Unternehmen arbeiten kann.

Entscheidet sich der Arbeitgeber für eine Durchführung des Versorgungsanspruchs des Arbeitnehmers über einen **Pensionsfonds oder eine Pensionskasse**, so hat **der Arbeitnehmer keine Auswahl**.

Bietet der Arbeitgeber eine **Direktzusage oder eine Unterstützungskassenzusage** an, so kann der Arbeitnehmer dies ablehnen und den Abschluss einer **Direktversicherung verlangen**, unabhängig davon, ob der Arbeitgeber dies anbietet. Dabei obliegt die Auswahl des Versicherungsunternehmens dem Arbeitgeber (§ 1b Abs. 1 Satz 3 BetrAVG).

e) Übersicht

Je nach Durchführungsweg ergeben sich unterschiedliche steuerliche Rechtsfolgen, wie folgende Übersicht zeigt: 4662

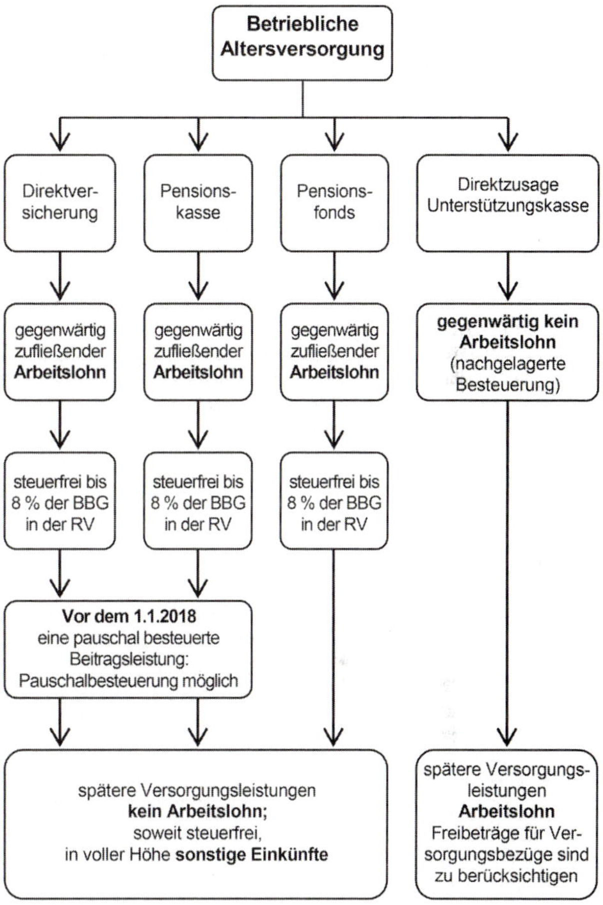

Eine ausführliche Übersicht zur betrieblichen Altersversorgung ist im Anhang abgedruckt (→ *Anhang, A. Lohnsteuer* Rz. 4831).

3. Freiwillige Leistungen des Arbeitgebers

Ausgaben eines Arbeitgebers zur Zukunftssicherung seiner Arbeitnehmer, die er **ohne gesetzliche Verpflichtung** erbringt und die seinen Pflichtbeiträgen auch nicht gleichgestellt sind, gehören nach § 2 Abs. 2 Nr. 3 LStDV grds. zum steuerpflichtigen Arbeitslohn und sind somit auch beitragspflichtig in der Sozialversicherung. 4663

Der Arbeitgeber kann aber die Lohnsteuer für Aufwendungen für eine Direktversicherung oder für Zuwendungen an eine Pensionskasse nach § 40b EStG mit einem Pauschsteuersatz von 20 % erheben, wenn vor dem 1.1.2018 mindestens ein Beitrag des Arbeitgebers rechtmäßig nach § 40b Abs. 1 und 2 EStG a.F. pauschal besteuert wurde.

LSt SV

Es handelt sich um freiwillige Zukunftssicherungsleistungen, wenn

- **der Arbeitnehmer** seiner Zukunftssicherung ausdrücklich und stillschweigend **zustimmt**;
- **der Arbeitgeber** die Ausgaben nicht infolge gesetzlicher, sondern **auf Grund seiner freiwillig eingegangenen Verpflich-**

tung (Betriebsvereinbarung, Tarifvertrag, Einzelvereinbarung) erbringt;

- die Ausgaben vom Arbeitgeber **unmittelbar an die der Zukunftssicherung dienende Einrichtung** geleistet werden;
- der Arbeitnehmer **einen Rechtsanspruch** auf die späteren Versorgungsleistungen hat.

Für den Arbeitnehmer liegt demnach nach ständiger Rechtsprechung **gegenwärtig zufließender Arbeitslohn** vor, weil die Sache sich – wirtschaftlich betrachtet – so darstellt, als ob der Arbeitgeber dem Arbeitnehmer Beiträge zur Verfügung gestellt und der Arbeitnehmer sie zum Erwerb einer Zukunftssicherung verwendet hätte (BFH v. 16.5.1975, VI R 165/72, BStBl II 1975, 642).

Außerdem muss es sich bei den Leistungen des Arbeitgebers um Beiträge handeln, die **zusätzlich zu dem ohnehin geschuldeten Arbeitslohn** erbracht werden.

Hat der Arbeitnehmer **keinen Rechtsanspruch** auf Versorgung gegen die Versorgungseinrichtung, so begründen Beitragsleistungen des Arbeitgebers an die Versorgungseinrichtung keinen Lohnzufluss. Dies gilt selbst dann, wenn ein Arbeitgeber in der Vergangenheit derartige Beitragsleistungen als steuerpflichtigen Arbeitslohn behandelt hat (BFH v. 27.5.1993, VI R 19/92, BStBl II 1994, 246).

LSt SV

4. Entgeltumwandlung

a) Arbeitsrecht

4664 Arbeitnehmer, die in der gesetzlichen Rentenversicherung pflichtversichert sind, haben seit dem 1.1.2002 einen **Anspruch auf** betriebliche Altersversorgung durch **Entgeltumwandlung** (§ 17 BetrAVG). Der Anspruch auf Entgeltumwandlung besteht nach § 1a Abs. 1 BetrAVG bis zur Höhe von 4 % der jeweiligen Beitragsbemessungsgrenze (BBG) in der gesetzlichen Rentenversicherung, für 2026 also bis zu 4 056 € (4 % von 101 400 €).

Die Durchführung des Anspruchs auf betriebliche Altersvorsorge durch Entgeltumwandlung erfolgt durch **Vereinbarung zwischen Arbeitnehmer und Arbeitgeber**. Die Vereinbarung kann auf individueller, betrieblicher oder auf tariflicher Grundlage erfolgen. Besteht eine Pensionskasse oder wird ein Pensionsfonds eingerichtet, darf der Arbeitgeber diese Möglichkeit anbieten und den Anspruch hierauf beschränken. Im Übrigen kann der Arbeitnehmer den Abschluss einer Direktversicherung durch den Arbeitgeber verlangen (§ 1a Abs. 1 BetrAVG).

Soweit eine **durch Entgeltumwandlung finanzierte betriebliche Altersversorgung besteht**, ist der Anspruch auf Entgeltumwandlung **ausgeschlossen** (§ 1a Abs. 2 BetrAVG). Hierdurch soll der Höchstbetrag von 4 % der jeweiligen BBG in der gesetzlichen Rentenversicherung für eine Entgeltumwandlung ausgeschöpft werden können, auch wenn bereits in vergangenen Jahren Entgeltumwandlungen für eine betriebliche Altersversorgung vorgenommen wurden.

Wenn Entgeltansprüche auf einem Tarifvertrag beruhen, können sie für eine Entgeltumwandlung nur genutzt werden, wenn ein Tarifvertrag dies vorsieht oder dies durch Tarifvertrag (im Wege der Betriebsvereinbarung oder durch individuelle Vereinbarung) zugelassen ist. Für tarifgebundene Arbeitnehmer und Arbeitgeber besteht ein **Tarifvorrang** für eine arbeitnehmerfinanzierte betriebliche Altersvorsorge durch Entgeltumwandlung (§ 20 Abs. 5 BetrAVG).

Der Arbeitnehmer kann bei einer Entgeltumwandlung für eine betriebliche Altersversorgung, die über einen Pensionsfonds, eine Pensionskasse oder eine Direktversicherung durchgeführt wird, verlangen, dass die **Voraussetzungen für eine steuerliche Förderung** (Altersvorsorgezulage und Sonderausgabenabzug) **erfüllt werden** (§ 1a Abs. 3 BetrAVG).

Ausführlich zur Entgeltumwandlung s. D. Besgen, Entgeltumwandlung zwecks betrieblicher Altersversorgung nach dem BetrAVG, B+P 2016, 739.

b) Lohnsteuer

4665 Für die lohnsteuerrechtliche Behandlung von Zusagen auf Leistungen der betrieblichen Altersversorgung, die im Zusammenhang mit einer Entgeltumwandlung erteilt werden (arbeitnehmerfinanzierte betriebliche Altersversorgung), ist von folgenden Grundsätzen auszugehen (BMF v. 12.8.2021, IV C 5 – S 2333/19/10008 :017, BStBl I 2021, 1050, Tz. 9):

aa) Entgeltumwandlung zu Gunsten betrieblicher Altersversorgung

Um durch Entgeltumwandlung finanzierte betriebliche Altersversorgung handelt es sich, wenn Arbeitgeber und Arbeitnehmer vereinbaren, **künftige Arbeitslohnansprüche** zu Gunsten einer betrieblichen Altersversorgung herabzusetzen (Umwandlung in eine wertgleiche Anwartschaft auf Versorgungsleistungen – Entgeltumwandlung – § 1 Abs. 2 Nr. 3 BetrAVG). Davon zu unterscheiden sind die eigenen Beiträge des Arbeitnehmers, zu deren Leistung er auf Grund einer eigenen vertraglichen Vereinbarung mit der Versorgungseinrichtung originär selbst verpflichtet ist. Diese eigenen Beiträge des Arbeitnehmers zur betrieblichen Altersversorgung werden aus dem bereits zugeflossenen und versteuerten Arbeitsentgelt geleistet. 4666

Eine Herabsetzung von Arbeitslohnansprüchen zu Gunsten betrieblicher Altersversorgung ist **steuerlich als Entgeltumwandlung auch dann anzuerkennen**, wenn die in § 1 Abs. 2 Nr. 3 BetrAVG geforderte Wertgleichheit außerhalb versicherungsmathematischer Grundsätze berechnet wird. Entscheidend ist allein, dass die Versorgungsleistung zur Absicherung mindestens eines biometrischen Risikos (Alter, Tod, Invalidität) zugesagt und erst bei Eintritt des biologischen Ereignisses fällig wird.

bb) Noch nicht fällige Gehaltsansprüche

Die Herabsetzung von Arbeitslohn (laufender Arbeitslohn, Einmal- und Sonderzahlungen) zu Gunsten der betrieblichen Altersversorgung wird **aus Vereinfachungsgründen** grds. auch dann als Entgeltumwandlung steuerlich anerkannt, wenn die Gehaltsänderungsvereinbarung bereits erdiente, aber **noch nicht fällig gewordene Anteile** umfasst. Dies gilt auch, wenn eine Einmal- oder Sonderzahlung einen Zeitraum von mehr als einem Jahr betrifft. 4667

cc) Unschädlichkeit eines „Schattengehalts“

Bei der **Herabsetzung künftigen Arbeitslohns** zu Gunsten einer betrieblichen Altersversorgung i.S.d. BetrAVG ist es **unschädlich**, wenn der **bisherige ungekürzte Arbeitslohn weiterhin Bemessungsgrundlage für künftige Erhöhungen** des Arbeitslohns oder andere Arbeitgeberleistungen, wie z.B. Weihnachtsgeld, Tantieme, Jubiläumszuwendungen, betriebliche Altersversorgung, bleibt (sog. Schattengehalt). 4668

dd) Unschädlichkeit einer Befristung oder eines Widerrufs

Es ist unschädlich, wenn die Gehaltsminderung **zeitlich begrenzt** ist oder vereinbart wird, dass der Arbeitnehmer oder der Arbeitgeber sie für künftigen Arbeitslohn **einseitig ändern** können. 4669

ee) Verwendung des Arbeitszeitkontos für Altersversorgung

Wegen der Verwendung von Arbeitszeitkonten für die Altersversorgung → *Arbeitszeitmodelle* Rz. 739. 4670

ff) Entgeltumwandlung bei Altersteilzeit

Bei einem **Altersteilzeitarbeitsverhältnis im sog. Blockmodell** kann sowohl in der Arbeitsphase als auch in der Freistellungsphase Arbeitslohn zu Gunsten einer betrieblichen Altersversorgung umgewandelt werden. Folglich ist auch in der Freistellungsphase steuerlich von einer Entgeltumwandlung auszugehen, wenn vor Fälligkeit (planmäßige Auszahlung) vereinbart wird, den während der Freistellung auszuzahlenden Arbeitslohn zu Gunsten der betrieblichen Altersversorgung herabzusetzen. 4671

c) Sozialversicherung

Bei einer betrieblichen Altersversorgung durch Entgeltumwandlung bzw. durch Eigenbeiträge des Arbeitnehmers (**arbeitnehmerfinanzierte betriebliche Altersversorgung**) ist sozialversicherungsrechtlich von **folgenden Grundsätzen** auszugehen: 4672

aa) Entgeltumwandlung

- Zuwendungen an Pensionskassen und Pensionsfonds sowie Beiträge für Direktversicherungen, die nach dem 31.12.2004 abgeschlossen wurden, sind steuerfrei nach § 3 Nr. 63 Satz 1 EStG und über § 1 Abs. 1 Satz 1 Nr. 9 SvEV bis zu 4 % der BBG 4673 der allgemeinen Rentenversicherung auch beitragsfrei in der Sozialversicherung. Diese Aufwendungen können durch Entgeltumwandlung sowohl aus laufendem als auch aus einmalig gezahltem Arbeitsentgelt finanziert werden (zum Zusätzlichkeitserfordernis einer Einmalzahlung → *Arbeitsentgelt* Rz. 593). Bei diesem Förderweg spart nicht nur der Arbeitnehmer die Sozialabgaben auf den umgewandelten Teil seines Arbeitsentgeltes, sondern auch der Arbeitgeber. Seit 1.1.2019 ist der Arbeitgeber verpflichtet, seine eingesparten Sozialversicherungsbeiträge in pauschalierter Form an den Arbeitnehmer bzw. an die Versorgungseinrichtung weiterzugeben. Dies gilt für neue Entgeltumwandlungsvereinbarungen in den vorgenannten Durchführungswegen. Für bereits bestehende Entgeltumwandlungsvereinbarungen gilt der verpflichtende Arbeitgeberzuschuss erst seit dem 1.1.2022.

- Der Arbeitgeber muss 15 % des umgewandelten Entgelts zusätzlich als Arbeitgeberzuschuss an den Pensionsfonds, die Pensionskasse oder die Direktversicherung weiterleiten, soweit er durch die Entgeltumwandlung Sozialversicherungsbeiträge spart. Er hat folgende Wahlmöglichkeiten:
  - Weiterleitung seiner Beitragsersparnis pauschal mit 15 % des umgewandelten Entgelts oder
  - in tatsächlicher Höhe.

  Von der Pflicht zur Zahlung des 15 %-Arbeitgeberzuschusses nach § 1a Abs. 1a BetrAVG kann auch in Tarifverträgen abgewichen werden, die bereits vor Inkrafttreten dieser Norm abgeschlossen wurden. Die Abweichung kann auch in der Bereitstellung eines gehaltsabhängigen Altersvorsorgegrundbetrages liegen (BAG v. 20.8.2024, 3 AZR 285/23). Die vom BAG entschiedene Frage war in der juristischen Literatur sehr umstritten. Dafür spricht jedoch, dass von einer gesetzlichen Regelung auch dadurch abgewichen werden kann, dass ein Tatbestand, den der Gesetzgeber später in die eine Richtung regelt, vorher in die andere Richtung geregelt hatte. Für die Zukunft abzuwarten bleibt aber, welche inhaltlichen Anforderungen an eine abweichende tarifliche Regelung zu stellen sind. Tarifverträge zur Entgeltumwandlung sehen regelmäßig eine finanzielle Beteiligung des Arbeitgebers vor, indes in sehr unterschiedlicher Ausgestaltung (z.B. sog. Matching-Pläne, Pauschalbeiträge). Nur selten wird hingegen die Höhe des Arbeitgeberzuschusses von der Höhe der eingesparten Beiträge zur Sozialversicherung abhängig gemacht. Dieses Modell verfolgt jedoch § 1a Abs. 1a BetrAVG (Diller, FD-ArbR 2024, 818813).
- Die Differenzierung erfolgt nach der sogenannten Staffelregelung:
  - Liegt das Entgelt unter der Beitragsbemessungsgrenze in der Krankenversicherung ist die Pauschale von 15 % stets niedriger und somit kostengünstiger.
  - Liegt das Entgelt zwischen den Beitragsbemessungsgrenzen der Kranken- und Rentenversicherung, ist die sogenannte Spitzabrechnung mit Weitergabe der tatsächlichen Beitragsersparnis (in 2026 10,8 %) günstiger als die Pauschale.
  - Übersteigt das Entgelt nach der Entgeltumwandlung die Beitragsbemessungsgrenze der Rentenversicherung, liegt keine Beitragsersparnis vor, es wird auch kein Arbeitgeberzuschuss gezahlt.

Beispiel:

Laufendes Arbeitsentgelt nach der Entgeltumwandlung (4 250 € – 250 €) =	4 000 €
Beitragspflichtiger Betrag der Entgeltumwandlung (250 € – 338 €) =	0 €
Beitragsersparnis des Arbeitgebers	
Krankenversicherung (14,6 % + 1,6 %) : 2 × 250 € =	20,25 €
Pflegeversicherung 3,6 % : 2 × 250 € =	4,50 €
Rentenversicherung 18,6 % : 2 × 250 € =	23,25 €
Arbeitslosenversicherung 2,6 % : 2 × 250 € =	3,25 €
Gesamtersparnis des Arbeitgebers nach Spitzabrechnung =	51,25 €
15 % des umgewandelten beitragsfreien Entgelts von 250 € =	37,50 €

Der Arbeitgeber kann entweder seine tatsächliche Beitragsersparnis i.H.v. 51,25 € oder alternativ den Pauschbetrag von 37,50 € an die Direktversicherung weitergeben.

- Beiträge, die vom Arbeitnehmer im Zusammenhang mit Entgeltumwandlungen zu Direktzusagen des Arbeitgebers und Unterstützungskassen geleistet werden, gelten nach § 14 Abs. 1 Satz 2 SGB IV bis zu 4 % der BBG der allgemeinen Rentenversicherung (2026 = 4 056 € / mtl. 338 €) nicht als Arbeitsentgelt, wobei unerheblich ist, ob die Aufwendungen aus laufendem oder aus einmalig gezahltem Arbeitsentgelt finanziert werden. Die Beitragsfreiheit für Entgeltumwandlungen zu Gunsten einer Direktzusage oder einer Unterstützungskasse ist – anders als bei den Durchführungswegen Pensionsfonds, Pensionskasse und Direktversicherung – nicht auf ein erstes Dienstverhältnis begrenzt.
- Entgeltumwandlungen verringern das sozialversicherungsrechtliche Arbeitsentgelt; dies hat – neben der Beitragsbemessung – auch Auswirkungen auf das für die Beurteilung der Krankenversicherungsfreiheit maßgebende Jahresarbeitsentgelt. Eine Entgeltumwandlung kann auch bewirken, dass aus einer sozialversicherungspflichtigen Beschäftigung eine geringfügig entlohnte Beschäftigung wird. Schließlich können durch eine Entgeltumwandlung auch die besonderen beitragsrechtlichen Regelungen des Übergangsbereichs in der Sozialversicherung Anwendung finden.

bb) Eigenbeiträge des Arbeitnehmers

Eigenbeiträge des Arbeitnehmers, die von seinem Arbeitgeber an einen Pensionsfonds, eine Pensionskasse oder für eine Direktversicherung zum Aufbau einer kapitalgedeckten betrieblichen Altersversorgung abgeführt werden, sind seit dem 1.1.2002 nach § 3 Nr. 63 EStG steuerfrei. Die Steuerfreiheit nach § 3 Nr. 63 EStG führt – ebenfalls seit dem 1.1.2002 – nach § 1 Abs. 1 Satz 1 Nr. 9 SvEV zur Beitragsfreiheit dieser Finanzierungsanteile des Arbeitnehmers. Zu beachten ist, dass vorrangig vom Arbeitgeber finanzierte Beiträge zu einem Pensionsfonds, einer Pensionskasse oder für eine Direktversicherung beitragsfrei gestellt werden. Der beitragsfreie Umfang der Eigenbeiträge des Arbeitnehmers kann dadurch also eingeschränkt sein oder ganz entfallen. Es ergeben sich bei dieser Art der Finanzierung also die gleichen beitragsrechtlichen Folgen wie bei der Entgeltumwandlung. **4674**

5. Unverfallbarkeit von Anwartschaften

a) Allgemeines

Unverfallbarkeit in der betrieblichen Altersversorgung bedeutet, dass ein einmal erworbener Anspruch erhalten bleibt. Dies gilt auch dann, wenn das Beschäftigungsverhältnis vor dem Beginn der Zahlung einer betrieblichen Altersversorgung endet. Anwartschaften bei einer durch den Arbeitgeber finanzierten Zusage auf eine betriebliche Altersversorgung werden bei Versorgungszusagen **unverfallbar**, wenn **4675**

- die Versorgungszusage **mindestens drei Jahre** bestanden hat und
- der Arbeitnehmer das **21. Lebensjahr vollendet** hat (§ 1b Abs. 1 BetrAVG).

Eine Versorgungsanwartschaft auf betriebliche Altersversorgung, die durch **Entgeltumwandlung** erworben wird, ist **sofort gesetzlich unverfallbar** (§ 1b Abs. 5 BetrAVG).

b) Übertragung unverfallbarer Anwartschaften

aa) Arbeitsrecht

Unverfallbare Anwartschaften können nach Beendigung des Arbeitsverhältnisses im Einvernehmen des ehemaligen mit dem neuen Arbeitgeber sowie dem Arbeitnehmer in der Weise **übertragen** werden, dass entweder **4676**

- die Versorgungszusage vom neuen Arbeitgeber übernommen wird (§ 4 Abs. 2 Nr. 1 BetrAVG) oder
- der Wert der vom Arbeitnehmer erworbenen unverfallbaren Anwartschaften auf betriebliche Altersversorgung auf den neuen Arbeitgeber übertragen wird und dieser dem Arbeitnehmer eine dem Übertragungswert wertgleiche Zusage gibt (§ 4 Abs. 2 Nr. 2 BetrAVG).

Der Arbeitnehmer hat ein **Recht auf Übertragung**, wenn die betriebliche Altersversorgung über einen Pensionsfonds, eine Pensionskasse oder eine Direktversicherung durchgeführt worden ist (**Portabilität**). Der Anspruch auf Übertragung kann vom Arbeitnehmer **innerhalb eines Jahres** nach Beendigung des Arbeitsverhältnisses geltend gemacht werden. Der Anspruch auf Übertragung ist begrenzt auf Anwartschaften, deren Übertragungswert die BBG in der Rentenversicherung (2026: 101 400 € im Jahr) nicht übersteigen. Wird diese Grenze überschritten, kann auch keine teilweise Mitnahme der Anwartschaft erfolgen. Für die neue Anwartschaft gelten die Regelungen über die Entgeltumwandlung entsprechend, d.h. der neue Anspruch ist sofort unverfallbar (§ 4 Abs. 3 BetrAVG). Das Recht auf Übertragung besteht nur für **Zusagen, die nach dem 31.12.2004 erteilt** wurden (§ 30b BetrAVG).

bb) Steuerrecht

(1) Steuerfreiheit nach § 3 Nr. 55 EStG

4677 Nach § 3 Nr. 55 EStG ist der nach § 4 Abs. 2 Nr. 2 und Abs. 3 BetrAVG geleistete Übertragungswert **steuerfrei**, wenn die betriebliche Altersversorgung sowohl beim ehemaligen als auch beim neuen Arbeitgeber über einen Pensionsfonds, eine Pensionskasse oder ein Unternehmen der Lebensversicherung durchgeführt wird. Es ist nicht Voraussetzung, dass beide Arbeitgeber auch den gleichen Durchführungsweg gewählt haben. Zwar setzt die Anwendung des § 3 Nr. 55 EStG die Beendigung des bisherigen Dienstverhältnisses und ein anderes Dienstverhältnis voraus. Die Übernahme der Versorgungszusage durch einen Arbeitgeber, bei dem der Arbeitnehmer bereits beschäftigt ist, ist aber betriebsrentenrechtlich unschädlich und steht daher der Anwendung des § 3 Nr. 55 EStG nicht entgegen. § 3 Nr. 55 EStG gilt entsprechend für Arbeitnehmer, die nicht in der gesetzlichen Rentenversicherung pflichtversichert sind (z.B. beherrschende Gesellschafter-Geschäftsführer oder geringfügig Beschäftigte).

Das Gleiche gilt, wenn der Übertragungswert vom ehemaligen Arbeitgeber oder von einer Unterstützungskasse an den neuen Arbeitgeber oder eine andere Unterstützungskasse geleistet wird.

LSt SV

Die Leistungen des neuen Arbeitgebers, der Unterstützungskasse, des Pensionsfonds, der Pensionskasse oder des Unternehmens der Lebensversicherung **gehören zu den Einkünften**, zu denen die Leistungen gehören würden, **wenn die Übertragung** nach § 4 Abs. 2 Nr. 2 und Abs. 3 BetrAVG **nicht stattgefunden hätte**.

> **Beispiel 1:**
> Der Arbeitgeber A hat seinem Arbeitnehmer im Jahr 1998 eine Versorgungszusage erteilt und hierfür eine Direktversicherung abgeschlossen. Der Arbeitnehmer verlässt zum 31.5.2025 die Firma und wechselt zum Arbeitgeber B. Einvernehmlich übernimmt B die Versorgungszusage. Der Direktversicherungsvertrag wird auf B umgeschrieben.
> Es handelt sich um einen Fall des Schuldnerwechsels nach § 4 Abs. 2 Nr. 1 BetrAVG, der lohnsteuerlich ohne Auswirkungen bleibt.

> **Beispiel 2:**
> Der Arbeitgeber hat für seinen Arbeitnehmer die betriebliche Altersversorgung über eine Pensionskasse abgewickelt. Nach Beendigung des Dienstverhältnisses überträgt der alte Arbeitgeber im Einvernehmen mit dem neuen Arbeitgeber und dem Arbeitnehmer den Übertragungswert von 30 000 € auf den Pensionsfonds des neuen Arbeitgebers.
> Die Übertragung der Anwartschaft ist nach § 3 Nr. 55 Satz 1 EStG steuerfrei. Die späteren Leistungen aus dem Pensionsfonds sind so zu besteuern, als ob keine Übertragung stattgefunden hätte.

> **Beispiel 3:**
> Der Arbeitgeber hat seinem Arbeitnehmer eine Direktzusage erteilt. Nach Beendigung des Dienstverhältnisses überträgt der alte Arbeitgeber im Einvernehmen mit dem neuen Arbeitgeber und dem Arbeitnehmer den Übertragungswert von 30 000 € an den neuen Arbeitgeber, der seinerseits eine Direktzusage in gleicher Höhe erteilt.
> Die Übertragung der Anwartschaft ist nach § 3 Nr. 55 Satz 2 EStG steuerfrei. Die späteren Leistungen aus der (neuen) Direktzusage sind so zu besteuern, als ob keine Übertragung stattgefunden hätte.

Die Steuerfreiheit gilt sowohl für Versorgungszusagen, die gesetzlich unverfallbar sind, als auch für Versorgungszusagen, die auf Grund vertraglicher Vereinbarungen mit oder ohne Fristerfordernis unverfallbar sind (§ 3 Nr. 55 Satz 1 zweiter Halbsatz EStG).

Die Steuerfreiheit des § 3 Nr. 55 EStG kommt jedoch **nicht in Betracht**, wenn die betriebliche Altersversorgung beim ehemaligen Arbeitgeber als Direktzusage oder mittels einer Unterstützungskasse ausgestaltet war, während sie beim neuen Arbeitgeber über einen Pensionsfonds, eine Pensionskasse oder eine Direktversicherung abgewickelt wird. Dies gilt auch für den umgekehrten Fall. Ebenso kommt die Steuerfreiheit nach § 3 Nr. 55 EStG bei einem Betriebsübergang nach § 613a BGB nicht in Betracht, weil in einem solchen Fall die Regelung des § 4 BetrAVG keine Anwendung findet.

Wird die betriebliche Altersversorgung sowohl beim alten als auch beim neuen Arbeitgeber über einen Pensionsfonds, eine Pensionskasse oder eine Direktversicherung abgewickelt, liegt im Fall der Übernahme der Versorgungszusage nach § 4 Abs. 2 Nr. 1 BetrAVG lediglich ein Schuldnerwechsel und damit für den Arbeitnehmer kein lohnsteuerlich relevanter Vorgang vor. Entsprechendes gilt im Fall der Übernahme der Versorgungszusage nach § 4 Abs. 2 Nr. 1 BetrAVG, wenn die betriebliche Altersversorgung sowohl beim alten als auch beim neuen Arbeitgeber über eine Direktzusage oder Unterstützungskasse durchgeführt wird.

(2) Steuerfreiheit nach § 3 Nr. 55c Satz 2 Buchst. a EStG

Steuerfrei nach § 3 Nr. 55c Satz 2 Buchst. a EStG ist die bei einem 4678
fortbestehenden Dienstverhältnis vorgenommene Übertragung von Anwartschaften aus einer betrieblichen Altersversorgung, die über einen Pensionsfonds, eine Pensionskasse oder ein Unternehmen der Lebensversicherung (Direktversicherung) durchgeführt wird, wenn die Anwartschaft lediglich auf einen anderen Träger einer betrieblichen Altersversorgung in Form eines Pensionsfonds, einer Pensionskasse oder eines Unternehmens der Lebensversicherung (Direktversicherung) übertragen wird. Dies gilt nicht für Zahlungen, die unmittelbar an den Arbeitnehmer erfolgen. Kommt es im Zusammenhang mit der Übertragung auf Grund rechtlicher Vorgaben des aufnehmenden Versorgungsträgers (z.B. abweichendes Tarifwerk der aufnehmenden Pensionskasse, andere Rechnungsgrundlagen, anderer Rechnungszins) **zwingend zu Änderungen der Rahmenbedingungen** der zugesagten betrieblichen Altersversorgung (z.B. Beitragsanpassung, Ausschluss einer Hinterbliebenenabsicherung), steht dies der Anwendung von § 3 Nr. 55c Satz 2 Buchst. a EStG nicht entgegen. Soweit danach § 3 Nr. 55c Satz 2 Buchst. a EStG anwendbar ist, führen diese Änderungen **nicht zu einem neuen Vertrag** (§ 20 Abs. 1 Nr. 6 EStG).

6. Direktzusagen

a) Begriff

Direktzusagen, für deren Erfüllung der Arbeitgeber Pensionsrück- 4679
stellungen nach § 6a EStG bildet, räumen dem Arbeitnehmer zwar **einen Rechtsanspruch auf spätere Versorgungsleistungen** ein; derartige Rückstellungen lösen gleichwohl **keinen Arbeitslohn bei dem versorgungsberechtigten Arbeitnehmer** aus, weil es an einer Ausgabe des Arbeitgebers an einen Dritten fehlt.

LSt SV

Dagegen stellen die späteren Leistungen des Arbeitgebers bei Eintritt des Versorgungsfalls Arbeitslohn dar. Dies gilt auch für die Auszahlung eines Versorgungsguthabens, das nach Ausscheiden des Arbeitgebers aus der VBL auf Grund einer Direktzusage des Arbeitgebers zur Sicherung der zugesagten Gesamtversorgung gebildet worden ist (BFH v. 7.5.2009, VI R 16/07, BStBl II 2010, 130).

LSt SV

b) Ablösung von Pensionszusagen

Wird eine **Pensionsrückstellung aufgelöst** und geht die Ver- 4680
pflichtung des Arbeitgebers auf spätere Versorgungsleistungen auf eine Pensionskasse oder durch Abschluss einer Direktversicherung auf ein Lebensversicherungsunternehmen über, so handelt es sich bei den an die Pensionskasse **zuzuführenden Zuwendungen** oder bei den zu leistenden Beiträgen für die Direktversicherung **um gegenwärtig zufließenden Arbeitslohn**, weil der Arbeitnehmer im Zeitpunkt der Übertragung einen unentziehbaren Rechtsanspruch auf die spätere Versorgungsleistung erwirbt. Dies gilt auch dann, wenn der Ablösungsbetrag auf Verlangen des Arbeitnehmers zur Übernahme der Pensionsverpflichtung an einen Dritten gezahlt wird (BFH v. 12.4.2007, VI R 6/02, BStBl II 2007, 581).

LSt SV

Hat der Arbeitnehmer jedoch **kein Wahlrecht, den Ablösungsbetrag alternativ an sich auszahlen zu lassen**, wird mit der Zahlung des Ablösungsbetrags an den die Pensionsverpflichtung übernehmenden Dritten der **Anspruch des Arbeitnehmers** auf die künftigen Pensionszahlungen (noch) **nicht wirtschaftlich erfüllt**. Ein **Zufluss von Arbeitslohn liegt in diesem Fall nicht vor** (BFH v. 18.8.2016, VI R 18/13, BStBl II 2017, 730).

LSt SV

Die Finanzverwaltung hat zur **Anwendung der BFH-Rechtsprechung** auf Folgendes hingewiesen (BMF v. 4.7.2017, IV C 5 – S 2333/16/10002, BStBl I 2017, 883):

- *Das o.g. BFH-Urteil vom 18.8.2016 ist zum speziellen Fall der Ablösung einer vom Arbeitgeber erteilten Pensionszusage eines beherrschenden Gesellschafter-Geschäftsführers, der nicht unter das Betriebsrentengesetz fällt, ergangen. Es ist in gleichgelagerten Fällen anzuwenden. Führt danach die Zahlung des Ablösungsbetrags an den die Pensionsverpflichtung übernehmenden Dritten nicht zu einem Zufluss von Arbeitslohn beim Gesellschafter-Geschäftsführer, liegt Zufluss von Arbeitslohn im Zeitpunkt der Auszahlung der späteren (Versorgungs-) Leistungen vor (§ 24 Nr. 2, § 2 Abs. 1 Satz 1 Nr. 4 und § 19 Abs. 1 Satz 1 Nr. 2 EStG). Der übernehmende Dritte hat die Lohnsteuer dann einzubehalten und alle anderen lohnsteuerlichen Arbeitgeberpflichten zu erfüllen.*
- *Anders als in dem mit o.g. BFH-Urteil vom 18.8.2016 entschiedenen Fall fließt einem Arbeitnehmer allerdings dann Arbeitslohn zu, wenn der Durchführungsweg nach dem Betriebsrentengesetz von einer Pensions-/Direktzusage oder von einer Versorgungszusage über eine Unterstützungskasse auf einen Pensionsfonds, eine Pensionskasse oder eine Direktversicherung gewechselt wird und der Arbeitgeber in diesem Zusammenhang einen Ablösungsbetrag zahlt (§ 19 EStG). Dies steht im Einklang mit der ständigen Rechtsprechung des BFH, wonach bei Zukunftssicherungsleistungen dann von Arbeitslohn auszugehen ist, wenn die Leistung des Arbeitgebers an einen Dritten (Versicherer) erfolgt und sich der Vorgang – wirtschaftlich betrachtet – so darstellt, als ob der Arbeitgeber dem Arbeitnehmer die Mittel zur Verfügung gestellt und der Arbeitnehmer sie zum Zweck seiner Zukunftssicherung verwendet hat (u.a. BFH v. 5.7.2012, VI R 11/11, BStBl II 2013, 190). Der Ablösungsbetrag kann in diesem Fall nur unter den entsprechenden Voraussetzungen des § 3 Nr. 66 oder § 3 Nr. 63 EStG steuerfrei bleiben. Von einem steuerpflichtigen Ablösungsbetrag hat der Arbeitgeber Lohnsteuer einzubehalten (§ 38 EStG).*

c) Übertragung auf Pensionsfonds

4681 Die **Übertragung** von Direktzusagen **auf einen Pensionsfonds** führt ebenfalls grds. zu **steuerpflichtigem Arbeitslohn** (BFH v. 19.4.2021, VI R 45/18, BStBl II 2021, 775).

Sie ist jedoch nach § 3 Nr. 66 EStG **steuerfrei, wenn der Arbeitgeber einen Antrag nach § 4e Abs. 3 EStG stellt**, und damit die beim Arbeitgeber durch die Übertragung entstehenden zusätzlichen Betriebsausgaben auf zehn Jahre verteilt werden; wird ein Antrag nach § 4e Abs. 3 EStG **nicht gestellt**, ist die vom Arbeitgeber erbrachte Ablöseleistung **in vollem Umfang lohnsteuerpflichtig** (BFH v. 19.4.2021, VI R 45/18, BStBl II 2021, 775).

Die Steuerfreiheit nach § 3 Nr. 66 EStG gilt auch dann, wenn beim übertragenden Unternehmen keine Leistungen i.S.v. § 4e Abs. 3 EStG im Zusammenhang mit der Übernahme einer Versorgungsverpflichtung durch einen Pensionsfonds anfallen. Bei einer **entgeltlichen Übertragung** von Versorgungsanwartschaften aktiver Beschäftigter kommt die Anwendung von § 3 Nr. 66 EStG nur für Zahlungen an den Pensionsfonds in Betracht, die für die bis zum Zeitpunkt der Übertragung bereits erdienten Versorgungsanwartschaften geleistet werden (sog. Past-Service); Zahlungen an den Pensionsfonds für zukünftig noch zu erdienende Anwartschaften (sog. Future-Service) sind ausschließlich im begrenzten Rahmen des § 3 Nr. 63 EStG lohnsteuerfrei (BMF v. 12.8.2021, IV C 5 – S 2333/19/10008 :017, BStBl I 2021, 1050, Tz. 56).

Zu weiteren Einzelheiten, insbesondere zur

- Abgrenzung von „Past-“ und „Future-Service“,
- Berücksichtigung von künftigen Rentenanpassungen nach § 16 Abs. 1 BetrAVG bei der Ermittlung der erdienten Versorgungsanwartschaften,
- Ermittlung des erdienten Teils einer Pensionszusage nach § 6a EStG oder einer Zusage auf Unterstützungskassenleistungen nach § 4d EStG bei der Übertragung auf einen Pensionsfonds gemäß § 4e EStG,
- maßgebenden Rückstellung i.S.v. § 4e Abs. 3 Satz 3 EStG,

BMF v. 26.10.2006, IV B 2 – S 2144 – 57/06, BStBl I 2006, 709 sowie BMF v. 10.7.2015, IV C 6 – S 2144/07/10003, BStBl I 2015, 544.

Erfolgt i.R. eines Gesamtplans zunächst eine nach § 3 Nr. 66 EStG begünstigte Übertragung der erdienten Anwartschaften auf einen Pensionsfonds und werden anschließend regelmäßig wiederkehrend (z.B. jährlich) die dann neu erdienten Anwartschaften auf den Pensionsfonds übertragen, sind die weiteren Übertragungen auf den Pensionsfonds nicht nach § 3 Nr. 66 EStG begünstigt, sondern nur i.R. des § 3 Nr. 63 EStG steuerfrei. Bei der Auslagerung des „Past-Services“ ohne Einbeziehung des „Future-Services“ und einer sich anschließenden zweiten Auslagerung der in der Zwischenzeit angesammelten Versorgungsanwartschaften bei Renteneintritt handelt es sich nicht um einen steuerschädlichen Gesamtplan (BMF v. 12.8.2021, IV C 5 – S 2333/19/10008 :017, BStBl I 2021, 1050, Tz. 56).

Die steuerfreie Übertragung von Versorgungszusagen auf Pensionsfonds ist auch dann möglich, wenn der Arbeitnehmer bereits Versorgungsleistungen erhält. Bei Steuerfreiheit nach § 3 Nr. 66 EStG ist die Übertragung auch sozialversicherungsfrei (§ 1 Abs. 1 Satz 1 Nr. 10 SvEV). Erbringt ein Arbeitgeber steuerfreie Leistungen nach § 3 Nr. 66 EStG, so hat er dies dem Pensionsfonds mitzuteilen (§ 6 AltvDV).

LSt SV

Für die Auslegung des Begriffs des Arbeitgebers in § 3 Nr. 66 EStG ist auf § 1 Abs. 1 Satz 1 LStDV abzustellen. Diese Auslegung verstößt nicht gegen den Gleichheitsgrundsatz in Art. 3 GG (FG Thüringen v. 28.9.2017, 2 K 266/16, EFG 2017, 1784).

d) Schuldbeitritt

Bei der Übernahme von Pensionsverpflichtungen gegen Entgelt 4682
durch Beitritt eines Dritten in eine Pensionsverpflichtung (Schuldbeitritt) oder durch Ausgliederung von Pensionsverpflichtungen – ohne inhaltliche Veränderung der Zusage – handelt es sich weiterhin um eine Direktzusage des Arbeitgebers. Denn in allen Fällen kommt es nicht zu einem Wechsel des Durchführungswegs der betrieblichen Altersversorgung. Daher bleibt es in allen Fällen bei den für eine Direktzusage geltenden steuerlichen Regelungen, d.h., es liegt bei Auszahlung der Versorgungsleistungen durch den Dritten bzw. durch die Pensionsgesellschaft an Stelle des Arbeitgebers Arbeitslohn vor. Der Lohnsteuerabzug kann in diesem Fall mit Zustimmung des Finanzamts an Stelle vom Arbeitgeber auch von dem Dritten bzw. der Pensionsgesellschaft nach § 38 Abs. 3a Satz 2 EStG vorgenommen werden (→ *Lohnsteuerabzug durch Dritte* Rz. 2937).

Die vorstehenden Ausführungen gelten entsprechend, wenn es sich nach dem Umwandlungsgesetz nicht um eine Ausgliederung, sondern um eine Abspaltung handelt.

e) Sozialversicherung

Da Rückstellungen zu Direktzusagen keine Einnahmen im steuer- 4683
rechtlichen Sinne sind, handelt es sich auch nicht um Arbeitsentgelt nach § 14 SGB IV.

Seit 1.1.2002 gehören zum Arbeitsentgelt nach § 14 Abs. 1 Satz 2 SGB IV nur Entgeltbestandteile, die durch Entgeltumwandlung für eine Direktzusage verwendet werden. Dies allerdings nur, soweit sie 4 % der jährlichen BBG der allgemeinen Rentenversicherung übersteigen (2026: 4 056 €). Der die 4 % übersteigende Betrag ist Arbeitsentgelt und unterliegt somit der Beitragspflicht in der Sozialversicherung.

7. Unterstützungskasse

a) Begriff

Eine Unterstützungskasse ist wie die Pensionskasse eine **rechts-** 4684
fähige Versorgungseinrichtung (z.B. eine GmbH, Stiftung, eingetragener Verein), die auf ihre Leistungen jedoch keinen Rechtsanspruch gewährt (vgl. R 4d EStR). Es gibt aber auch **nicht rechtsfähige Unterstützungskassen**, z.B. nicht eingetragene Vereine. Die Unterscheidung hat nur für den **Betriebsausgaben-**

abzug der Zuwendungen des Arbeitgebers an die Unterstützungskasse Bedeutung.

Für die lohnsteuerliche Behandlung ist allein von Bedeutung, dass der Arbeitnehmer keinen Rechtsanspruch auf die Leistungen aus der Unterstützungskasse hat.

b) Zahlungen an eine Unterstützungskasse

4685 Da der Arbeitnehmer gegen die Unterstützungskasse keinen Rechtsanspruch hat, stellen für ihn die Einzahlungen des Arbeitgebers **keinen Arbeitslohn** dar (vgl. BFH v. 27.5.1993, VI R 19/92, BStBl II 1994, 246 m.w.N.), auch nicht bei einem Gehaltsverzicht zu Gunsten von Beitragsleistungen an eine Unterstützungskasse (OFD Hannover v. 3.9.1998, S 2723 – 26 – StO 214). Das gilt auch für Zuwendungen an Unterstützungskassen, die nur einmalige Zahlungen gewähren, z.B. Notstandsbeihilfen.

Leistungen des Arbeitgebers an eine Unterstützungskasse sind auch dann beim Arbeitnehmer **nicht sofort als Arbeitslohn zu versteuern**, wenn auf Grund der Rechtsprechung des BAG auf die (späteren) Leistungen der Unterstützungskasse ein **Quasi-Rechtsanspruch** besteht und die Unterstützungskasse eine Insolvenz- und Rückdeckungsversicherung abgeschlossen hat. Zu versteuern sind erst die **späteren Versorgungsleistungen** („nachgelagerte Besteuerung"), OFD Hannover v. 3.3.2000, S 2373 – 1 – StH 212/S 2373 – 46 – StO 216, DB 2000, 648 sowie BFH v. 16.9.1998, VI B 155/98.

LSt SV

c) Übertragung auf Pensionsfonds

4686 Wie bei der Übertragung von Direktzusagen führt die **Übertragung** von Versorgungsverpflichtungen aus einer Unterstützungskasse **auf einen Pensionsfonds** grds. zu steuerpflichtigem Arbeitslohn, sie ist jedoch ebenfalls nach § 3 Nr. 66 EStG **steuerfrei**. Die Steuerfreiheit setzt voraus, dass der Arbeitgeber einen Antrag nach § 4d Abs. 3 EStG stellt und damit die beim Arbeitgeber durch die Übertragung entstehenden zusätzlichen Betriebsausgaben auf zehn Jahre verteilt werden. Die Steuerfreiheit nach § 3 Nr. 66 EStG gilt auch dann, wenn beim übertragenden Unternehmen keine Zuwendungen i.S.v. § 4d Abs. 3 EStG im Zusammenhang mit der Übernahme einer Versorgungsverpflichtung durch einen Pensionsfonds anfallen (BMF v. 12.8.2021, IV C 5 – S 2333/19/10008 :017, BStBl I 2021, 1050, Tz. 56). Bei einer **entgeltlichen Übertragung** von Versorgungsanwartschaften aktiver Beschäftigter kommt die Anwendung von § 3 Nr. 66 EStG nur für Zahlungen an den Pensionsfonds in Betracht, die für die bis zum Zeitpunkt der Übertragung bereits erdienten Versorgungsanwartschaften geleistet werden (→ Rz. 4681). Die steuerfreie Übertragung von Versorgungsverpflichtungen aus einer Unterstützungskasse auf Pensionsfonds ist auch dann möglich, wenn der Arbeitnehmer bereits Versorgungsleistungen erhält. Bei Steuerfreiheit nach § 3 Nr. 66 EStG ist die Übertragung auch sozialversicherungsfrei (§ 1 Abs. 1 Satz 1 Nr. 10 SvEV). Erbringt eine Unterstützungskasse steuerfreie Leistungen nach § 3 Nr. 66 EStG, so hat sie dies dem Pensionsfonds mitzuteilen (§ 6 AltvDV).

LSt SV

Für die Auslegung des Begriffs des Arbeitgebers in § 3 Nr. 66 EStG ist auf § 1 Abs. 1 Satz 1 LStDV abzustellen. Diese Auslegung verstößt nicht gegen den Gleichheitsgrundsatz in Art. 3 GG (FG Thüringen v. 28.9.2017, 2 K 266/16, EFG 2017, 1784).

d) Zahlungen aus einer Unterstützungskasse

4687 Steuerpflichtiger Arbeitslohn sind die späteren Leistungen aus der Unterstützungskasse, soweit sie **nicht nur von Fall zu Fall** gewährt werden und somit als Unterstützung **steuerfrei** sind (BFH v. 28.3.1958, VI 233/56 S, BStBl III 1958, 268); auch → *Unterstützungen* Rz. 4217. Sofern z.B. die altersmäßigen Voraussetzungen erfüllt sind, können sie unter den allgemeinen Voraussetzungen des § 19 Abs. 2 EStG als Versorgungsbezüge angesehen und um die Freibeträge für Versorgungsbezüge gekürzt werden (→ *Versorgungsbezüge* Rz. 4334; → *Versorgungsfreibeträge* Rz. 4340).

LSt SV

Sind die aus Unterstützungskassen oder Betriebsratskassen (oft auch als **„Freud- und Leidkassen"** bezeichnet) gezahlten Beträge steuerpflichtig und werden die Kassen sowohl aus Zuwendungen des Arbeitgebers als auch aus eigenen versteuerten Mitteln der Arbeitnehmer (z.B. Restcent bei Lohnabrechnungen) getragen, so ist eine **Steuerpflicht** der Beträge nur in der Höhe des **Anteils (Prozentsatz) des Arbeitgebers an den Gesamteinzahlungen** zur Kasse gegeben.

LSt SV

e) Lohnsteuerabzug

Bei den Leistungen aus der Unterstützungskasse handelt es sich 4688
um eine **Lohnzahlung durch Dritte**. Der **Arbeitgeber** hat den **Lohnsteuerabzug vorzunehmen**, wenn er weiß oder erkennen kann, dass derartige Vergütungen erbracht werden (§ 38 Abs. 1 Satz 3 EStG). Dies ist insbesondere der Fall, wenn die Unterstützungskasse nur die Stellung einer „zahlenden Kasse" hat, vgl. H 38.4 (Lohnsteuerabzug) LStH. Damit der Arbeitgeber seine Lohnsteuerabzugsverpflichtung in jedem Fall erfüllen kann, ist **der Arbeitnehmer gesetzlich verpflichtet**, seinem Arbeitgeber die **von einem Dritten gewährten Bezüge**, also auch die Leistungen aus einer Unterstützungskasse, am Ende des jeweiligen Lohnzahlungszeitraums **anzugeben** (§ 38 Abs. 4 Satz 3 EStG). Einzelheiten → *Lohnzahlung durch Dritte* Rz. 3040.

f) Sozialversicherung

Es gelten die gleichen Regelungen wie zur Direktzusage 4689
(→ Rz. 4683).

8. Pensionskasse

a) Begriff

Der **Begriff** der Pensionskasse ist in § 1b Abs. 3 BetrAVG definiert. 4690
Danach ist eine Pensionskasse eine rechtsfähige **Versorgungseinrichtung**, die dem Arbeitnehmer oder seinen Hinterbliebenen einen Rechtsanspruch auf ihre Leistungen gewährt. Sie kann von einem Arbeitgeber allein oder von mehreren Arbeitgebern errichtet werden und unterliegt der allgemeinen Aufsicht durch die Bundesanstalt für Finanzdienstleistungsaufsicht. Pensionskassen können in der Form einer Kapitalgesellschaft, eines Versicherungsvereins auf Gegenseitigkeit oder einer Stiftung betrieben werden.

Die **Mittel** für die von der Pensionskasse zugesagten Versorgungsleistungen werden entweder ausschließlich durch den Arbeitgeber oder vom Arbeitgeber und den Arbeitnehmern gemeinsam erbracht.

b) Zahlungen an eine Pensionskasse

Laufende Beiträge und laufende Zuwendungen des Arbeitgebers 4691
aus einem bestehenden Dienstverhältnis an eine Pensionskasse für eine betriebliche Altersversorgung gehören zum Arbeitslohn (§ 19 Abs. 1 Satz 1 Nr. 3 EStG) und sind daher steuer- und beitragspflichtig (BFH v. 7.5.2009, VI R 8/07, BStBl II 2010, 194 und BFH v. 15.9.2011, VI R 36/09, HFR 2012, 258). Auch das FG Niedersachsen hält die Regelung in § 19 Abs. 1 Satz 1 Nr. 3 EStG für nicht verfassungswidrig (FG Niedersachsen v. 21.2.2017, 14 K 155/15, EFG 2017, 866).

Soweit ein Trägerunternehmen die Verwaltungskosten einer Pensionskasse übernimmt, unterliegen diese Zahlungen der Lohnsteuer (FG Baden-Württemberg v. 7.2.2000, 12 K 86/98, EFG 2000, 495).

LSt SV

Der nach der Satzung der Bahnversicherungsanstalt von einem zusatzversicherten Arbeitnehmer geschuldete, aber vom Bundeseisenbahnvermögen für den Arbeitnehmer übernommene Erhöhungsbetrag hat **darlehensähnlichen Charakter** und führt deshalb **nicht zu Arbeitslohn** (BFH v. 30.7.2009, VI R 54/08).

LSt SV

Beiträge aus dem **ersten Dienstverhältnis** an eine Pensionskasse zum Aufbau einer kapitalgedeckten betrieblichen Altersversorgung, bei der eine Auszahlung der zugesagten Alters-, Invaliditäts- oder Hinterbliebenenversorgung in Form einer Rente oder eines Auszahlungsplans (§ 1 Abs. 1 Satz 1 Nr. 4 AltZertG) vorgesehen ist, sind nach § 3 Nr. 63 EStG steuerfrei, soweit sie insgesamt im Kalenderjahr 8 % der BBG in der Rentenversicherung der Arbeiter und Angestellten nicht übersteigen und der Arbeitnehmer nicht die individuelle Besteuerung wegen der Altersvorsorgezulage oder den Sonderausgabenabzug verlangt. Ist die Pensionskasse **nicht**

kapitalgedeckt, kommt die Steuerbefreiung nach § 3 Nr. 56 EStG in Betracht (→ Rz. 4738).

Soweit die Zuwendungen des Arbeitgebers an die Pensionskasse steuerpflichtig sind, ist eine **Pauschalierung der Lohnsteuer mit 20 %** möglich. Einzelheiten zur Pauschalierung → Rz. 4831. In diesem Fall sind die Leistungen regelmäßig beitragsfrei (§ 1 Abs. 1 Satz 1 Nr. 4 SvEV).

Beispiel:

Ein Arbeitgeber in Hannover entrichtet für seinen Arbeitnehmer (Steuerklasse III) Beiträge an eine Pensionskasse i.H.v. 750 € im Monat.

Beiträge an Pensionskassen sind gegenwärtig zufließender und zu versteuernder Arbeitslohn. Da der Arbeitnehmer die Steuerklasse III hat, kann der Arbeitgeber davon ausgehen, dass es sich um das erste Dienstverhältnis des Arbeitnehmers handelt (vgl. BFH v. 12.8.1996, VI R 27/96, BStBl II 1997, 143). Von dem monatlichen Betrag von 750 € sind 8 % von 8 450 € (monatliche BBG in der Rentenversicherung 2026) = 676 € nach § 3 Nr. 63 EStG steuerfrei. Der übersteigende Betrag von 74 € ist als laufender Arbeitslohn individuell zu versteuern.

Für den individuell zu versteuernden Beitrag kommt die Altersvorsorgezulage bzw. der Sonderausgabenabzug in Betracht (→ *Riester-Förderung* Rz. 3751).

c) Mitteilungspflichten des Arbeitgebers

4692 Der Arbeitgeber hat der Versorgungseinrichtung (Pensionsfonds, Pensionskasse, Direktversicherung), die für ihn die betriebliche Altersversorgung durchführt, spätestens **zwei Monate** nach Ablauf des Kalenderjahres oder nach Beendigung des Dienstverhältnisses im Laufe des Kalenderjahres die für den einzelnen Arbeitnehmer geleisteten und

- nach § 3 Nr. 56 und 63 sowie nach § 100 Abs. 6 Satz 1 EStG steuerfrei belassenen,
- nach § 40b EStG a.F. pauschal besteuerten oder
- individuell besteuerten

Beiträge mitzuteilen. Die Mitteilungspflicht des Arbeitgebers kann durch einen Auftragnehmer wahrgenommen werden (§ 5 Abs. 2 LStDV).

Eine **Mitteilung kann unterbleiben** (§ 5 Abs. 3 LStDV), wenn die Versorgungseinrichtung die steuerliche Behandlung der für den einzelnen Arbeitnehmer im Kalenderjahr geleisteten Beiträge bereits kennt oder aus den bei ihr vorhandenen Daten feststellen kann, und dieser Umstand dem Arbeitgeber mitgeteilt worden ist.

Unterbleibt die Mitteilung des Arbeitgebers, ohne dass ihm eine entsprechende Mitteilung der Versorgungseinrichtung vorliegt, so hat die Versorgungseinrichtung davon auszugehen, dass es sich insgesamt bis zu den in § 3 Nr. 56 oder 63 EStG genannten Höchstbeträgen um steuerbegünstigte Beiträge handelt, die in der Auszahlungsphase als Leistungen i.S.v. § 22 Nr. 5 Satz 1 EStG zu besteuern ist.

d) Aufzeichnungspflichten des Arbeitgebers

4693 Der Arbeitgeber hat bei Durchführung einer kapitalgedeckten betrieblichen Altersversorgung über eine Pensionskasse oder eine Direktversicherung im Fall des § 52 Abs. 40 EStG aufzuzeichnen, dass vor dem 1.1.2018 mindestens ein Beitrag nach § 40b Abs. 1 und 2 EStG a.F. pauschal besteuert wurde (§ 5 Abs. 1 LStDV).

e) Sonderzahlungen

aa) Sonderzahlungen

4694 Zu den Einkünften aus nichtselbständiger Arbeit gehören auch **Sonderzahlungen**, die der Arbeitgeber **neben den laufenden Beiträgen** und Zuwendungen an eine Versorgungseinrichtungi.S.d. § 19 Abs. 1 Satz 1 Nr. 3 Satz 1 EStG leistet.

Sonderzahlungen des Arbeitgebers sind insbesondere Zahlungen, die **an die Stelle** der bei **regulärem Verlauf zu entrichtenden laufenden Zuwendungen** treten oder neben laufenden Beiträgen oder Zuwendungen entrichtet werden und zur Finanzierung des nicht kapitalgedeckten Versorgungssystems dienen. Hierzu gehören beispielsweise Zahlungen, die der Arbeitgeber anlässlich

- seines **Ausscheidens** aus einem umlagefinanzierten Versorgungssystem,
- des **Wechsels** von einem umlagefinanzierten zu einem anderen umlagefinanzierten Versorgungssystem oder
- **der Zusammenlegung** zweier nicht kapitalgedeckter Versorgungssysteme

zu leisten hat (§ 19 Abs. 1 Satz 1 Nr. 3 Satz 2 EStG). **Keine Sonderzahlungen** des Arbeitgebers sind hingegen Zahlungen, die **der Arbeitgeber wirtschaftlich nicht trägt**, sondern die mittels Entgeltumwandlung finanziert, als Eigenanteil des Arbeitnehmers o.Ä. erbracht werden.

Der BFH hält die Erweiterung des Umfangs der Einkünfte aus nichtselbständiger Arbeit durch § 19 Abs. 1 Satz 1 Nr. 3 Satz 2 EStG für verfassungsgemäß (BFH v. 14.11.2013, VI R 49/12, HFR 2014, 230; BFH v. 14.11.2013, VI R 50/12).

In den Fällen des Pensionskassenwechsels ist bei laufenden und wiederkehrenden Zahlungen entsprechend dem periodischen Bedarf nur von Sonderzahlungen auszugehen, soweit die Bemessung der Zahlungsverpflichtungen des Arbeitgebers in das Versorgungssystem nach der Umstellung die Bemessung der Zahlungsverpflichtung zum Zeitpunkt des Wechsels oder der Systemumstellung übersteigt (§ 19 Abs. 1 Satz 1 Nr. 3 Satz 3 EStG).

Beispiel:

Die Zusatzversorgungskasse A wird auf die Zusatzversorgungskasse B überführt. Der Umlagesatz von A betrug bis zur Überführung 6 % vom zusatzversorgungspflichtigen Entgelt. B erhebt nur 4 % vom zusatzversorgungspflichtigen Entgelt. Der Arbeitgeber zahlt nach der Überführung auf B für seine Arbeitnehmer zusätzlich zu den 4 % Umlage einen festgelegten Betrag, durch den die Differenz bei der Umlagenhöhe (6 % zu 4 % vom zusatzversorgungspflichtigen Entgelt) ausgeglichen wird.

Bei dem Differenzbetrag, den der Arbeitgeber nach der Überführung auf die Zusatzversorgungskasse B zusätzlich leisten muss, handelt es sich um eine steuerpflichtige Sonderzahlung nach § 19 Abs. 1 Satz 1 Nr. 3 Satz 2 zweiter Halbsatz Buchst. b EStG, die mit 15 % nach § 40b Abs. 4 EStG pauschal zu besteuern ist.

Soweit die Sonderzahlungen zum steuerpflichtigen Arbeitslohn gehören, hat der Arbeitgeber die Lohnsteuer mit einem **Pauschsteuersatz von 15 %** zu erheben (§ 40b Abs. 4 EStG). Hierbei handelt es sich um eine **„Pflichtpauschalierung" für den Arbeitgeber**, die nach Auffassung des Gesetzgebers nicht gegen Verfassungsrecht verstößt. Der BFH hält die „Pflichtpauschalierung" aber **für verfassungswidrig** und hat daher die Sache zur Entscheidung dem BVerfG vorgelegt (BFH v. 14.11.2013, VI R 49/12, HFR 2014, 230; BFH v. 14.11.2013, VI R 50/12, Az. beim BVerfG: 2 BvL 7/14 und 2 BvL 8/14).

bb) Sanierungsgelder

Sanierungsgelder sind **Sonderzahlungen des Arbeitgebers** an eine Pensionskasse **anlässlich der Systemumstellung** einer nicht im Wege der Kapitaldeckung finanzierten betrieblichen Altersversorgung auf der Finanzierungs- oder Leistungsseite, die der Finanzierung der zum Zeitpunkt der Umstellung bestehenden Versorgungsverpflichtungen oder Versorgungsanwartschaften dienen; bei laufenden und wiederkehrenden Zahlungen entsprechend dem periodischen Bedarf ist nur von Sanierungsgeldern auszugehen, soweit die Bemessung der Zahlungsverpflichtungen des Arbeitgebers in das Versorgungssystem nach der Systemumstellung die Bemessung der Zahlungsverpflichtung zum Zeitpunkt der Systemumstellung übersteigt (§ 19 Abs. 1 Satz 1 Nr. 3 Satz 4 EStG). 4695

Davon ist z.B. auszugehen, wenn

- eine **deutliche Trennung** zwischen bereits entstandenen und neu entstehenden Versorgungsverpflichtungen sowie -anwartschaften sichtbar wird,
- der **finanzielle Fehlbedarf** zum Zeitpunkt der Umstellung hinsichtlich der bereits entstandenen Versorgungsverpflichtungen sowie -anwartschaften ermittelt wird und
- dieser Betrag ausschließlich vom Arbeitgeber als Zuschuss geleistet wird.

Solange ein zusätzlicher Finanzierungsbedarf in Form von Sanierungsgeldern besteht, ist kein Raum für eine Reduzierung von Umlagen. Bei sinkendem Finanzierungsbedarf reduzieren sich vielmehr zunächst die nicht zu besteuernden Sanierungsgelder. Dies betrifft auch Fälle, in denen laufende Umlagezahlungen vorübergehend ausgesetzt werden.

Eine Differenzrechnung nach § 19 Abs. 1 Satz 1 Nr. 3 Satz 4 zweiter Halbsatz EStG **entfällt**, wenn es an laufenden und wiederkehrenden Zahlungen entsprechend dem periodischen Bedarf fehlt, also das zu erbringende **Sanierungsgeld als Gesamtfehlbetrag feststeht** und lediglich ratierlich getilgt wird.

LSt SV

Beispiel:

Die Zusatzversorgungskasse A stellt ihre betriebliche Altersversorgung auf der Finanzierungs- und Leistungsseite um. Bis zur Systemumstellung betrug die Umlage 6,2 % vom zusatzversorgungspflichtigen Entgelt. Nach der Systemumstellung beträgt die Zahlung insgesamt 7,7 % vom zusatzversorgungspflichtigen Entgelt. Davon werden 4 % zu Gunsten der nun im Kapitaldeckungsverfahren finanzierten Neuanwartschaften und 3,7 % für die weiterhin im Umlageverfahren finanzierten Anwartschaften einschließlich eines Sanierungsgelds geleistet.

Die Ermittlung des nicht zu besteuernden Sanierungsgelds erfolgt nach § 19 Abs. 1 Satz 1 Nr. 3 Satz 4 zweiter Halbsatz EStG. Ein solches nicht zu besteuerndes Sanierungsgeld liegt nur vor, soweit der bisherige Umlagesatz überstiegen wird.

Zahlungen nach der Systemumstellung insgesamt	7,7 %
Zahlungen vor der Systemumstellung	6,2 %
nicht zu besteuerndes Sanierungsgeld	1,5 %

Ermittlung der weiterhin nach § 19 Abs. 1 Satz 1 Nr. 3 Satz 1 EStG grds. zu besteuernden Umlagezahlung:

Nach der Systemumstellung geleistete Zahlung für das Umlageverfahren einschließlich des Sanierungsgelds	3,7 %
nicht zu besteuerndes Sanierungsgeld	1,5 %
grds. zu besteuernde Umlagezahlung	2,2 %

I.R. einer betrieblichen Altersversorgung an eine Versorgungseinrichtung erbrachte Sonderzuwendungen des Arbeitgebers sind **kein Arbeitslohn**, wenn sie zur **Verbesserung der Kapitalausstattung** der Versorgungseinrichtung geleistet werden und **wirtschaftlich nicht an die Stelle regulärer Umlagen** treten (BFH v. 13.6.2013, VI R 1/11).

cc) Sonstige Sonderzahlungen

4696 **Keine zu besteuernden Sonderzahlungen** sind Zahlungen des Arbeitgebers

- zur erstmaligen Bereitstellung der Kapitalausstattung zur Erfüllung der **Solvabilitätskapitalanforderung** nach §§ 89, 213, 234 g oder 238 VAG (§ 19 Abs. 1 Satz 1 Nr. 3 Satz 2 Buchst. a EStG),
- an eine externe Versorgungseinrichtung (Pensionsfonds, Pensionskasse oder Direktversicherung), die neben den laufenden Beiträgen und Zuwendungen erbracht werden und der **Wiederherstellung einer angemessenen Kapitalausstattung** nach unvorhersehbaren Verlusten oder der **Finanzierung der Verstärkung der Rechnungsgrundlagen** auf Grund einer unvorhersehbaren und nicht nur vorübergehenden Änderung der Verhältnisse dienen;

  dabei dürfen die Sonderzahlungen jedoch **nicht zu einer Absenkung des laufenden Beitrags** führen oder durch eine Absenkung des laufenden Beitrags ausgelöst werden (§ 19 Abs. 1 Satz 1 Nr. 3 Satz 2 Buchst. b EStG);

  die vorstehenden Voraussetzungen sind insbesondere beim Vorliegen folgender Sachverhalte dem Grunde nach **erfüllt**:

  - Einbruch am Kapitalmarkt,
  - Anstieg der Invaliditätsfälle,
  - gestiegene Lebenserwartung,
  - Niedrigzinsumfeld,
  - Satzungsänderungen nach § 234 Abs. 7 VAG;

  werden **zwei Abrechnungsverbände eines Versorgungswerks** einschließlich des gesamten Verpflichtungs- und Vermögensbestandes unter gleichzeitiger Umstellung des Finanzierungssystems **in einen gemeinsamen Abrechnungsverband zusammengefasst** und von den Beteiligten künftig gemeinschaftlich mittels laufender Pflichtbeiträge finanziert, können erforderliche Angleichungsbeträge auf Grund unterschiedlicher Deckungslücken als Sonderzahlungen i.S.d. § 19 Abs. 1 Satz 1 Nr. 3 Satz 2 Halbsatz 1 Buchst. b EStG anzusehen sein; durch die Zusammenfassung der bisher getrennten Abrechnungsverbände besteht aber keine Möglichkeit mehr, nicht steuerbare Sanierungsgelder i.S.d. § 19 Abs. 1 Satz 1 Nr. 3 Satz 2 Halbsatz 1 Buchst. d EStG zu erheben (Aufgabe des Trennungsprinzips zwischen Altverpflichtungen und neu erworbenen Anwartschaften; → Rz. 4695); nach der Zusammenfassung der Abrechnungsverbände und Umstellung des Finanzierungssystems kommt eine erneute Anwendung des § 19 Abs. 1 Satz 1 Nr. 3 Satz 2 Halbsatz 1 Buchst. b EStG nur noch für mögliche, sich (später) neu ergebende Änderungen der Verhältnisse in Betracht;

  um steuerpflichtigen Arbeitslohn handelt es sich hingegen bei Sonderzahlungen, die der Arbeitgeber an eine externe Versorgungseinrichtung der betrieblichen Altersversorgung erbringt

  - wegen Verlusten aus Einzelgeschäften oder
  - bei Fehlbeträgen, die durch früher gesetzte Risiken verursacht worden sind (z.B. Kalkulationsfehler, Insolvenzrisiken);

  die konkrete Höhe der nicht als Arbeitslohn zu besteuernden Sonderzahlungen des Arbeitgebers ist im jeweiligen Einzelfall unter Beachtung der versicherungsaufsichtsrechtlichen Vorgaben durch einen Aktuar festzustellen;

  für die Anwendung des § 19 Abs. 1 Satz 1 Nr. 3 Satz 2 Buchst. b EStG ist es unerheblich, ob es sich bei der Sonderzahlung des Arbeitgebers um eine einmalige Kapitalzahlung oder um eine regelmäßige Zahlung (z.B. einen satzungsmäßig vorgesehenen Sonderzuschlag) neben den laufenden Beiträgen und Zuwendungen handelt;

  die **Bildung eines Gründungsstocks** i.S.d § 178 Abs. 5 VAG stellt grds. keine Sonderzahlung i.S.d. § 19 Abs. 1 Satz 1 Nr. 3 Satz 2 EStG dar, weil es sich **um Darlehensmittel** handelt; **entfällt der Darlehenscharakter des Gründungsstocks** im Nachhinein, z.B. weil auf die Rückzahlung verzichtet wird oder das Darlehen als uneinbringlich anzusehen ist, liegt zu diesem Zeitpunkt **eine Sonderzahlung** vor; die Sonderzahlung gehört **nicht zum Arbeitslohn**, soweit nach den vertraglichen Vereinbarungen die Bereitstellung und der Abruf der Darlehensmittel den unter § 19 Abs. 1 Satz 1 Nr. 3 Satz 2 Halbsatz 1 EStG bezeichneten Zwecken diente oder
- in der **Rentenbezugszeit** nach § 236 Abs. 2 VAG (§ 19 Abs. 1 Satz 1 Nr. 3 Satz 2 Buchst. c EStG).

f) Zahlungen aus einer Pensionskasse

Die nach **Eintritt des Versorgungsfalls** zufließenden Leistungen aus der Pensionskasse sind kein Arbeitslohn, weil sie durch die Lohnversteuerung zumindest teilweise auf eigenen Beitragsleistungen des Arbeitnehmers beruhen (§ 2 Abs. 2 Nr. 2 LStDV). Werden laufende Leistungen in Form einer **Leibrente** gewährt, so sind sie als sonstige Einkünfte – wie die Renten aus der gesetzlichen Rentenversicherung auch – mit dem Besteuerungsanteil zu versteuern (→ *Altersrenten* Rz. 62). Zahlt die Pensionskasse einen kapitalisierten Einmalbetrag, so ist dieser steuerfrei. 4697

Soweit die Beiträge nach § 3 Nr. 63 EStG steuerfrei waren, unterliegen sie in voller Höhe als sonstige Einkünfte nach § 22 Nr. 5 EStG der Einkommensbesteuerung.

LSt

g) Sozialversicherung

aa) Kapitalgedeckte Pensionskasse

Steuerfreie Zuwendungen an Pensionskassen zum Aufbau einer kapitalgedeckten betrieblichen Altersversorgung nach § 3 Nr. 63 Satz 1 EStG sind auch beitragsfrei; dies gilt auch für Zuwendungen, die aus Entgeltumwandlungen oder Eigenbeiträgen des Arbeitnehmers stammen. Die Aufwendungen können sowohl aus dem laufenden Arbeitsentgelt als auch aus Einmalzahlungen finanziert werden. 4698

bb) Umlagefinanzierte Pensionskasse

Zuwendungen, soweit sie nach § 3 Nr. 56 EStG steuerfrei sind, oder aber nach § 40b EStG pauschal versteuert werden, sind beitragsfrei, wenn sie zusätzlich zum Arbeitsentgelt gewährt werden. 4699

cc) Pensionskassen mit besonderen Versorgungsformen

Für Pensionskassen mit einer besonderen Versorgungsregelung (Versorgungsregelung sieht mindestens bis zum 31.12.2000 vor der Anwendung etwaiger Nettobegrenzungsregelungen eine allgemein erreichbare Gesamtversorgung von mindestens 75 % des 4700 gesamtversorgungsfähigen Entgelts und nach dem Eintritt des Versorgungsfalls eine Anpassung nach Maßgabe der Entwicklung der Arbeitsentgelte im Bereich der entsprechenden Versorgungsregelung oder gesetzlicher Versorgungsbezüge vor) wird diese Beitragsfreiheit allerdings eingeschränkt bzw. aufgehoben. In diesen Fällen ist nämlich ein Betrag bis zur Höhe von 2,5 % des maßgebenden Bemessungsentgelts – vermindert um 13,30 € – dem Arbeitsentgelt zuzurechnen. Dem Arbeitsentgelt ist außerdem der 100 € übersteigende Betrag der Summe der steuerfreien bzw. pauschal versteuerten Zuwendung zuzurechnen. Einzelheiten → Rz. 4715.

dd) Übertragung auf eine Pensionskasse

4701 Leistungen des Arbeitgebers oder einer Unterstützungskasse an einen Pensionsfonds zur Übernahme bestehender Versorgungsverpflichtungen oder Versorgungsanwartschaften durch den Pensionsfonds sind nach § 1 Abs. 1 Satz 1 Nr. 10 SvEV nicht dem beitragspflichtigen Arbeitsentgelt zuzurechnen, soweit diese nach § 3 Nr. 66 EStG steuerfrei sind. Bei übertragenen Versorgungsanwartschaften aus einer Unterstützungskasse auf eine Pensionskasse handelt es sich grds. um steuerpflichtigen Arbeitslohn und somit auch um beitragspflichtiges Arbeitsentgelt. Die Spitzenorganisationen der Sozialversicherung haben sich entsprechend festgelegt und entschieden, dass diese Leistungen als einmalig gezahltes Arbeitsentgelt zu verbeitragen sind (Besprechungsergebnis v. 23./24.11.2011, TOP 8). Dies deshalb, weil es an anderslautenden Regelungen im Beitragsrecht fehlt, die den beitragsrechtlichen Regelungen für Übertragungen von Versorgungsanwartschaften an einen Pensionsfonds vergleichbar wären.

ee) Sonderzahlungen

4702 Sonderzahlungen nach § 19 Abs. 1 Satz 1 Nr. 3 Satz 2 bis 4 EStG zählen seit dem 22.4.2015 nicht zum Arbeitsentgelt im sozialversicherungsrechtlichen Sinne (§ 1 Abs. 1 Satz 1 Nr. 12 SvEV). Durch diese Regelung wird bestimmt, dass alle Formen von Sonderzahlungen, die der Arbeitgeber neben den laufenden Beiträgen und Zuwendungen an einen Pensionsfonds, eine Pensionskasse oder für eine Direktversicherung für eine betriebliche Altersversorgung leistet, beitragsfrei sind. Von der Neufassung sind Sonderzahlungen des Arbeitgebers anlässlich des Ausscheidens aus einer nicht kapitalgedeckten Pensionskasse erfasst. Die Sozialversicherungsträger haben allerdings bereits in der Vergangenheit schon im Vorgriff auf die rechtliche Klarstellung gehandelt. Insofern ergeben sich für die betriebliche Praxis keine Auswirkungen.

9. Pensionsfonds

a) Begriff

4703 Pensionsfonds sind **rechtlich selbständige Einrichtungen**, die gegen Zahlung von Beiträgen eine kapitalgedeckte betriebliche Altersversorgung für den Arbeitgeber durchführen (§ 236 VAG). Pensionsfonds werden durch die **Bundesanstalt für Finanzdienstleistungsaufsicht überwacht**. Außerdem werden die Ansprüche des Arbeitnehmers über den **Pensions-Sicherungs-Verein** abgesichert.

Bei **Leistungszusagen** ist ein bestimmter monatlicher Betrag garantiert. Sofern sich die zur Erfüllung dieser Leistung vereinbarten Fondsbeiträge wegen Änderungen in der ursprünglichen Kalkulationsgrundlage als nicht mehr angemessen erweisen, müssen sie den veränderten Verhältnissen angepasst werden. Bei **Beitragszusagen** ist die Höhe der Beiträge während der Ansparphase festgelegt. Eine Ablaufleistung über die Beiträge hinaus ist jedoch nicht garantiert, so dass das eigentliche Anlagerisiko beim Arbeitnehmer liegt.

b) Zahlungen an einen Pensionsfonds

4704 Laufende Beiträge und laufende Zuwendungen des Arbeitgebers aus einem bestehenden Dienstverhältnis an einen Pensionsfonds für eine betriebliche Altersversorgung gehören zum Arbeitslohn (§ 19 Abs. 1 Satz 1 Nr. 3 EStG) und sind daher steuer- und beitragspflichtig (vgl. hierzu auch BFH v. 5.7.2007, VI R 47/02, HFR 2007, 982). Soweit die Zuwendungen des Arbeitgebers an einen Pensionsfonds steuerpflichtig sind, kommt eine **Pauschalierung der Lohnsteuer in keinem Fall in Betracht.** Beiträge des Arbeitgebers zu einem Pensionsfonds, der dem Arbeitnehmer einen Anspruch auf Geldleistungen in Form von Renten oder Kapitalabfindungen gewährt, stellen keine Sachzuwendungen i.S.v. § 37b Abs. 1 und 2 EStG, sondern Barlohn dar. Damit scheidet eine Pauschalierung auch nach dieser Vorschrift aus (FG Hamburg v. 14.3.2024, 6 K 109/20, EFG 2024, 1382; Revision eingelegt, Az. beim BFH: VI R 13/24).

LSt SV

Beiträge aus dem **ersten Dienstverhältnis** an einen Pensionsfonds zum Aufbau einer kapitalgedeckten betrieblichen Altersversorgung, bei der eine Auszahlung der zugesagten Alters-, Invaliditäts- oder Hinterbliebenenversorgung in Form einer Rente oder eines Auszahlungsplans (§ 1 Abs. 1 Satz 1 Nr. 4 AltZertG) vorgesehen ist, sind nach § 3 Nr. 63 EStG steuerfrei, soweit sie insgesamt im Kalenderjahr 8 % der BBG in der Rentenversicherung der Arbeiter und Angestellten nicht übersteigen und der Arbeitnehmer nicht die individuelle Besteuerung wegen der Altersvorsorgezulage oder den Sonderausgabenabzug verlangt. Einzelheiten zur Steuerbefreiung nach § 3 Nr. 63 EStG → Rz. 4721.

LSt (durchgestrichen) SV (durchgestrichen)

Zahlt ein Arbeitgeber zu Gunsten des Arbeitnehmers Beiträge an einen kapitalgedeckten Pensionsfonds oder eine Pensionskasse bzw. für eine kapitalgedeckte Direktversicherung, so sind die Beiträge gleichrangig zu behandeln und bis zu einer Höhe von 8 112 € (2026) steuerfrei. In Höhe des Verzichts (betragsmäßige oder prozentuale Begrenzung) auf die Steuerfreiheit mindert sich das steuerfreie Dotierungsvolumen des § 3 Nr. 63 Satz 1 EStG. Wird kein Verzicht erklärt, kann das steuerfreie Dotierungsvolumen in vollem Umfang genutzt und für die darüber hinaus geleisteten, individuell zu besteuernden Beiträgen die Förderung durch den Sonderausgabenabzug nach § 10a EStG und Zulage nach Abschnitt XI EStG (s. Tz. 66 ff.) beansprucht werden (BMF v. 18.3.2022, IV C 5 – S 2333/19/10008 :026, BStBl I 2022, 333).

Beispiel:

Ein Arbeitgeber in Köln entrichtet für seinen Arbeitnehmer (Steuerklasse III) jährlich einen Betrag an einen Pensionsfonds i.H.v. 9 400 €.

Beiträge an Pensionsfonds sind gegenwärtig zufließender und zu versteuernder Arbeitslohn. Da der Arbeitnehmer die Steuerklasse III hat, kann der Arbeitgeber davon ausgehen, dass es sich um das erste Dienstverhältnis des Arbeitnehmers handelt (vgl. BFH v. 12.8.1996, VI R 27/96, BStBl II 1997, 143). Von dem Jahresbetrag von 9 400 € sind 8 % von 101 400 € (BBG in der Rentenversicherung 2026) = 8 112 € nach § 3 Nr. 63 EStG steuerfrei. Der übersteigende Betrag von 1 288 € ist als sonstiger Bezug individuell zu versteuern. Hierfür kommt die Altersvorsorgezulage bzw. der Sonderausgabenabzug in Betracht (→ *Riester-Förderung* Rz. 3751).

c) Mitteilungs- und Aufzeichnungspflichten des Arbeitgebers

Der Arbeitgeber hat gegenüber der Versorgungseinrichtung (Pensionsfonds, Pensionskasse, Direktversicherung), die für ihn die 4705
betriebliche Altersversorgung durchführt, nach § 5 Abs. 2 LStDV bestimmte **Mitteilungs- und Aufzeichnungspflichten**. Einzelheiten hierzu → Rz. 4692.

d) Zahlungen aus einem Pensionsfonds

Die nach **Eintritt des Versorgungsfalls** zufließenden Leistungen 4706
aus einem Pensionsfonds sind **kein Arbeitslohn**, weil sie durch die Lohnversteuerung zumindest teilweise auf eigenen Beitragsleistungen des Arbeitnehmers beruhen (§ 2 Abs. 2 Nr. 2 LStDV). Werden laufende Leistungen in Form einer **Leibrente** gewährt, so sind sie als sonstige Einkünfte – wie die Renten aus der gesetzlichen Rentenversicherung auch – mit dem Besteuerungsanteil zu versteuern (→ *Altersrenten* Rz. 62). Zahlt der Pensionsfonds einen kapitalisierten **Einmalbetrag**, so ist dieser steuerfrei.

Soweit die Beiträge nach § 3 Nr. 63 EStG steuerfrei waren, unterliegen sie in voller Höhe als sonstige Einkünfte nach § 22 Nr. 5 EStG der Einkommensbesteuerung.

LSt (durchgestrichen)

e) Sozialversicherung

Einzelheiten → Rz. 4715. 4707

10. Direktversicherung

a) Begriff

4708 Eine Direktversicherung ist eine **Lebensversicherung** auf das Leben des Arbeitnehmers, die durch den Arbeitgeber bei einem inländischen oder ausländischen Versicherungsunternehmen abgeschlossen worden ist und bei der der Arbeitnehmer oder seine Hinterbliebenen hinsichtlich der Versorgungsleistungen des Versicherers ganz oder teilweise bezugsberechtigt sind (§ 1b Abs. 2 Satz 1 BetrAVG). Dasselbe gilt für eine Lebensversicherung auf das Leben des Arbeitnehmers, die nach Abschluss durch den Arbeitnehmer vom Arbeitgeber übernommen worden ist.

Eine Direktversicherung liegt danach vor, wenn **folgende Kriterien** erfüllt sind:

- Lebensversicherung,
- Arbeitnehmer als versicherte Person,
- Arbeitgeber als Versicherungsnehmer,
- Arbeitnehmer (oder dessen Hinterbliebene) als Bezugsberechtigter.

Der Abschluss einer Lebensversicherung durch eine mit dem Arbeitgeber verbundene **Konzerngesellschaft** schließt die Anerkennung als Direktversicherung nicht aus, wenn der Anspruch auf die Versicherungsleistungen durch das Dienstverhältnis veranlasst ist und der **Arbeitgeber die Beitragslast** trägt. Als Versorgungsleistungen können Leistungen der Alters-, Invaliditäts- oder Hinterbliebenenversorgung in Betracht kommen (R 40b.1 Abs. 1 LStR).

Die Bezugsberechtigung des Arbeitnehmers oder seiner Hinterbliebenen muss vom Versicherungsnehmer (Arbeitgeber) der Versicherungsgesellschaft gegenüber erklärt werden (§ 159 VVG). Die Bezugsberechtigung kann widerruflich oder unwiderruflich sein; bei widerruflicher Bezugsberechtigung sind die Bedingungen eines Widerrufs steuerlich unbeachtlich. Unbeachtlich ist auch, ob die Anwartschaft des Arbeitnehmers arbeitsrechtlich bereits unverfallbar ist (R 40b.1 Abs. 2 Sätze 9 bis 11 LStR).

Als **Direktversicherung** werden folgende Versicherungsarten anerkannt:

- Kapitalversicherung auf den Todes- und Erlebensfall

  Bei dieser Versicherung wird die Versicherungsleistung beim Tod des Versicherten, spätestens bei Ablauf der vereinbarten Versicherungsdauer, fällig.

- Kapitalversicherung nur auf den Todesfall

  Bei dieser Versicherung wird die Versicherungsleistung nur bei Eintritt des Todes des Versicherten fällig. Auch hier kann ein bestimmter vertraglich festgelegter Zeitraum vereinbart werden.

- Kapitalversicherung mit steigender Todesfallleistung

  Bei dieser Versicherung ist die Todesfallleistung am Anfang der Versicherung niedriger als die Versicherungssumme. Die Todesfallleistung steigt während der Laufzeit der Versicherung kontinuierlich an, bis sie die Versicherungssumme im Erlebensfall erreicht.

  Solche Versicherungen sind als Direktversicherung anzuerkennen, wenn zu Beginn der Versicherung eine Todesfallleistung von mindestens 10 % der Kapitalleistung im Erlebensfall vereinbart und der Versicherungsvertrag vor dem 1.8.1994 abgeschlossen worden ist. Bei einer nach dem 31.7.1994 und vor dem 1.1.1997 abgeschlossenen Kapitallebensversicherung ist Voraussetzung für die Anerkennung, dass die Todesfallleistung über die gesamte Versicherungsdauer mindestens 50 % der für den Erlebensfall vereinbarten Kapitalleistung beträgt (R 40b.1 Abs. 2 Sätze 2 und 3 LStR). Eine **nach dem 31.12.1996** abgeschlossene Kapitallebensversicherung ist als Direktversicherung anzuerkennen, wenn der Todesfallschutz während der gesamten Laufzeit des Versicherungsvertrags mindestens 60 % der Summe der Beiträge beträgt, die nach dem Versicherungsvertrag für die gesamte Vertragsdauer zu zahlen sind (R 40b.1 Abs. 2 Satz 4 LStR).

- Rentenversicherung

  Bei dieser Versicherung ist im Gegensatz zu der Kapitalversicherung grds. keine einmalige Leistung vorgesehen, sondern eine lebenslängliche Rentenzahlung. Soweit daneben die Möglichkeit der Kapitalabfindung zum Rentenbeginn besteht, ist dieses Wahlrecht unschädlich, solange das Wahlrecht tatsächlich besteht.

- Lebensversicherung mit Wartefrist

  Bei Versicherungen, bei denen der Todesfallschutz erst nach Ablauf einer Wartefrist einsetzt oder stufenweise ansteigt, ist diese Voraussetzung erfüllt, wenn der Todesfallschutz spätestens drei Jahre nach Vertragsabschluss mindestens 60 % der Beitragssumme beträgt (BMF v. 22.8.2002, IV C 4 – S 2221 – 211/02, BStBl I 2002, 827).

- Fondsgebundene Lebensversicherungen

  Auch fondsgebundene Lebensversicherungen werden – im Gegensatz zum Sonderausgabenabzug nach § 10 EStG – als Direktversicherungen anerkannt.

Keine Direktversicherungen sind folgende Versicherungen:

- Ausschluss des Todesfall- und Rentenwagnisses

  Eine Direktversicherung liegt nicht vor, wenn bei einer Versicherung das **typische Todesfallwagnis** und – bereits bei Vertragsabschluss – das **Rentenwagnis** ausgeschlossen worden sind (BFH v. 9.11.1990, VI R 164/86, BStBl II 1991, 189).

- Versicherung für den Ehegatten

  Keine Direktversicherung liegt vor, wenn der Arbeitgeber für den Ehegatten eines verstorbenen früheren Arbeitnehmers eine Lebensversicherung abschließt, vgl. H 40b.1 (Allgemeines) LStH.

- Unfallversicherung

  Eine Unfallversicherung ist keine Direktversicherung, auch wenn bei Unfall mit Todesfolge eine Leistung vorgesehen ist. Allerdings gehören Unfallzusatzversicherungen und Berufsunfähigkeitszusatzversicherungen, die im Zusammenhang mit einer Lebensversicherung abgeschlossen werden, sowie selbständige Berufsunfähigkeitsversicherungen und Unfallversicherungen mit Prämienrückgewähr, bei denen der Arbeitnehmer Anspruch auf die Prämienrückgewähr hat, zu den Direktversicherungen (R 40b.1 Abs. 2 Sätze 7 und 8 LStR).

Auch Kapitalversicherungen mit einer Vertragsdauer von weniger als fünf Jahren können i.R. des § 40b EStG pauschaliert werden (FG Baden-Württemberg v. 11.12.2002, 7 K 175/99, EFG 2003, 883).

b) Zahlungen an eine Versicherung

Laufende Beiträge und laufende Zuwendungen des Arbeitgebers 4709
aus einem bestehenden Dienstverhältnis für eine Direktversicherung gehören zum Arbeitslohn (§ 19 Abs. 1 Satz 1 Nr. 3 EStG) und sind daher steuer- und beitragspflichtig.

LSt SV

Beiträge aus dem **ersten Dienstverhältnis** für eine Direktversicherung zum Aufbau einer kapitalgedeckten Altersversorgung, bei der eine Auszahlung der zugesagten Alters-, Invaliditäts- oder Hinterbliebenenversorgung in Form einer Rente oder eines Auszahlungsplans (§ 1 Abs. 1 Satz 1 Nr. 4 AltZertG) vorgesehen ist, sind nach § 3 Nr. 63 EStG steuerfrei, soweit sie insgesamt im Kalenderjahr 8 % der BBG in der Rentenversicherung der Arbeiter und Angestellten nicht übersteigen und der Arbeitnehmer nicht die individuelle Besteuerung wegen der Altersvorsorgezulage oder den Sonderausgabenabzug verlangt. Einzelheiten zur Steuerbefreiung nach § 3 Nr. 63 EStG → Rz. 4721.

LSt SV

Bei **Zukunftssicherungsleistungen des Arbeitgebers** i.S.v. § 40b EStG ist die Anwendung der 50 €-Freigrenze möglich, wenn der Arbeitnehmer auf Grund des Arbeitsvertrags von seinem Arbeitgeber **ausschließlich Versicherungsschutz** und nicht auch eine Geldzahlung **verlangen** kann (BFH v. 7.6.2018, VI R 13/16, BStBl II 2019, 371). Erhält der Arbeitnehmer dagegen **verwendungsbezogene Zuschüsse** für eine private Versicherung, wendet der Arbeitgeber Barlohn und keinen Sachlohn zu, wenn damit kein arbeitsrechtliches Versprechen erfüllt wird, das auf Gewährung von Sachlohn gerichtet ist (BFH v. 4.7.2018, VI R 16/17, BStBl II 2019, 373); die Anwendung der 50 €-Freigrenze ist in diesem Fall nicht möglich, vgl. BMF v. 15.3.2022, IV C 5 – S 2334/19/10007 :007, BStBl I 2022, 242, Tz. 6 und 18.

Bei **Direktversicherungen mit gespaltenem Bezugsrecht**, bei denen der Arbeitnehmer ein unmittelbares Bezugsrecht hinsichtlich der Rentenleistungen und der Arbeitgeber ein Bezugsrecht hinsichtlich der erwirtschafteten Gewinnanteile der Versicherungsgesellschaft erwirbt, unterliegt nur der auf die Direktversicherung zu Gunsten des Arbeitnehmers entfallende Teil der Prämien der Lohnsteuer. Die Höhe dieser Anteile muss ggf. geschätzt werden (FG Hamburg v. 8.8.2001, VII 158/97, EFG 2001, 1611).

Zahlungen an eine Direktversicherung werden in dem Zeitpunkt geleistet, in dem der Arbeitgeber **seiner Bank einen entsprechenden Überweisungsauftrag erteilt** (BFH v. 7.7.2005, IX R 7/05, BStBl II 2005, 726).

Beispiel:

Ein Arbeitnehmer vereinbart mit seinem Arbeitgeber eine Gehaltsumwandlung. Statt den Lohn bar auszuzahlen, muss dieser einen Beitrag von jährlich 1 500 € an eine Direktversicherung leisten, der nach § 40b EStG a.F. pauschal versteuert werden soll. Der Arbeitgeber behält den Beitrag für das Jahr 2004 vom Septemberlohn ein. Nach einer Zahlungsaufforderung des Versicherungsunternehmens wird der Beitrag im Dezember des Jahres 2004 mit Postgiroauftrag zur Zahlung angewiesen. Der Betrag wird mit Wertstellung 2.1.2005 vom Konto des Arbeitgebers abgebucht. Weil in 2005 ebenfalls der Versicherungsbeitrag 2005 entrichtet wird, gelangt das Finanzamt zu dem Ergebnis, dass der Grenzwert von 1 752 € (§ 40b Abs. 2 EStG a.F.) im Kalenderjahr 2005 überschritten worden sei, so dass eine Pauschalierung insoweit nicht zulässig gewesen sei.

Der BFH hat jedoch entschieden, dass der Arbeitgeber einen Beitrag für eine Direktversicherung seines Arbeitnehmers grds. in dem Zeitpunkt leistet, in dem er seiner Bank einen entsprechenden Überweisungsauftrag erteilt. Daher ist der Beitrag für das Kalenderjahr 2004 in 2004 zu versteuern, so dass der Grenzwert von 1 752 € für die Lohnsteuerpauschalierung weder in 2004 noch in 2005 überschritten wird (BFH v. 7.7.2005, IX R 7/05, BStBl II 2005, 726).

Allerdings fließt dem Arbeitnehmer Arbeitslohn aus Beiträgen des Arbeitgebers zu einer Direktversicherung des Arbeitnehmers für eine betriebliche Altersversorgung nicht schon mit Erteilung der Einzugsermächtigung durch den Arbeitgeber zu Gunsten des Versicherungsnehmers zu. Der Zufluss erfolgt erst, wenn der Arbeitgeber den Versicherungsbeitrag tatsächlich leistet (BFH v. 24.8.2017, VI R 58/15, BStBl II 2018, 72).

c) Mitteilungs- und Aufzeichnungspflichten des Arbeitgebers

4710 Der Arbeitgeber hat gegenüber der Versorgungseinrichtung (Pensionsfonds, Pensionskasse, Direktversicherung), die für ihn die betriebliche Altersversorgung durchführt, nach § 5 Abs. 2 LStDV bestimmte **Mitteilungs- und Aufzeichnungspflichten**. Einzelheiten hierzu → Rz. 4692.

d) Behandlung der Versicherungsleistungen

4711 Bei einer Lebensversicherung mit Bezugsrecht des Arbeitnehmers (z.B. Direktversicherung) gehören **die späteren Versicherungsleistungen** im Versorgungsfall **nicht zum steuerpflichtigen Arbeitslohn**, da bereits die Beiträge zur Versicherung als Arbeitslohn versteuert worden sind. Soweit die späteren Leistungen in Kapitalform zufließen, sind sie unter den Voraussetzungen des § 20 Abs. 1 Nr. 6 EStG einkommensteuerfrei, wenn der Vertrag vor dem 1.1.2005 abgeschlossen wurde. Bei Vertragsabschluss nach dem 31.12.2004 ist die Hälfte des Unterschiedsbetrags zwischen der Versicherungsleistung und der auf sie entfallenden Beiträge zu versteuern. Soweit die späteren Leistungen in Rentenform zufließen, sind sie ggf. nach § 22 Nr. 5 EStG als wiederkehrende Bezüge durch Veranlagung des Arbeitnehmers zu erfassen.

LSt (durchgestrichen) SV (durchgestrichen)

Soweit die Beiträge nach § 3 Nr. 63 EStG steuerfrei waren, unterliegen sie in voller Höhe als sonstige Einkünfte nach § 22 Nr. 5 EStG der Einkommensbesteuerung.

Im Gegensatz hierzu muss bei einer **Rückdeckungsversicherung** der Berechtigte nach Eintritt des Versorgungsfalls die ihm auf Grund der Versorgungszusage zufließenden Leistungen als Bezüge aus einem früheren Dienstverhältnis versteuern, → *Versorgungsbezüge* Rz. 4334. Zur Abgrenzung zwischen einer Direktversicherung und einer Rückdeckungsversicherung → *Rückdeckung/Rückdeckungsversicherung* Rz. 3776.

LSt SV

e) Umwandlung einer Rückdeckungsversicherung

4712 Es kommt vor, dass eine **zuerst als Rückdeckungsversicherung** abgeschlossene Lebensversicherung nachträglich **in eine Direktversicherung umgewandelt** wird. In diesem Fall fließt dem Arbeitnehmer im Zeitpunkt der Umwandlung ein geldwerter Vorteil zu.

Scheidet ein Arbeitnehmer wegen Beendigung des Arbeitsverhältnisses aus der Rückdeckungsversicherung aus, hat er es aber **auf Grund eines Fortführungsangebots** in der Hand, ob er sich für eine **Fortführung der Versicherung** oder eine **Auszahlung des Übertragungswerts** entscheidet, fließt ihm der sog. Übertragungswert **mit der Übertragung** zu und ist **als Arbeitslohn zu erfassen** (FG Baden-Württemberg v. 7.12.2011, 7 K 3446/08, EFG 2012, 1395).

Als Wert dieses Vorteils und damit als steuerpflichtiger Arbeitslohn ist grds. **das geschäftsplanmäßige Deckungskapital** zuzüglich einer bis zu diesem Zeitpunkt zugeteilten Überschussbeteiligung i.S.d. § 153 VVG anzusetzen; § 3 Nr. 65 Satz 1 Buchst. c EStG ist nicht anwendbar (R 40b.1 Abs. 3 Satz 3 LStR).

LSt SV

f) Sammel- oder Gruppenversicherungen

Bei Sammel- oder Gruppenversicherungen ist für jeden einzelnen Arbeitnehmer der Teil der Gesamtprämie als Arbeitslohn zu versteuern, der auf den betreffenden Arbeitnehmer entfällt. Ist jedoch der auf den einzelnen Arbeitnehmer entfallende Teil nicht zu ermitteln (z.B. bei Pauschalzuweisungen an das Versicherungsunternehmen), können nach § 2 Abs. 2 Nr. 3 Satz 3 LStDV die Ausgaben des Arbeitgebers **nach der Zahl der gesicherten Arbeitnehmer** auf diese aufgeteilt werden. 4713

g) Pauschalierung der Lohnsteuer

Beiträge des Arbeitgebers an eine Direktversicherung können nur noch **pauschal mit 20 %** versteuert werden, wenn vor dem 1.1.2018 mindestens ein Beitrag rechtmäßig nach § 40b Abs. 1 und 2 a.F. pauschal besteuert wurde. Einzelheiten hierzu → Rz. 4831. 4714

h) Sozialversicherung

Beiträge an eine Direktversicherung sind bis zur Höhe von 4 % der BBG der Rentenversicherung (es gilt unabhängig vom Ort der Beschäftigung die Grenze für die alten Bundesländer) beitragsfrei, wenn aus laufendem Entgelt umgewandelt wird. Dies bedeutet, dass im Jahr 2026 bei einer Entgeltumwandlung ein Betrag von 4 056 € jährlich (338 € monatlich) für eine Direktversicherung beitragsfrei ist. 4715

Dies gilt aber nur für die Zuwendungen nach § 3 Nr. 63 Satz 1 und 2 EStG. Die Möglichkeit der steuerfreien Nutzung von Wertguthaben aus Arbeitszeitkonten für den Aufbau einer kapitalgedeckten betrieblichen Altersversorgung wirkt sich beitragsrechtlich nicht aus.

Beiträge und Zuwendungen, die nach § 40b EStG pauschal versteuert werden können, sind nicht dem Arbeitsentgelt in der Sozialversicherung zuzurechnen, vorausgesetzt, sie werden **zusätzlich** zu Löhnen oder Gehältern gewährt. Diese Voraussetzung ist gegeben, wenn sie zusätzlich zu Löhnen und Gehältern gezahlt oder ausschließlich aus Sonderzuwendungen (Weihnachts-, Urlaubsgeld usw.) geleistet werden.

An dieser Regelung hat sich weder durch das Alterseinkünftegesetz noch durch das Betriebsrentenstärkungsgesetz etwas geändert, wenn es sich um bestehende, umlagefinanzierte betriebliche Altersversorgungen handelt, die nicht unter § 3 Nr. 63 EStG fallen. Betroffen sind hiervon insbesondere Direktversicherungen, für die vor dem 1.1.2018 mindestens ein Beitrag rechtmäßig nach § 40b Abs. 1 und 2 a.F. pauschal besteuert wurde, und die umlagefinanzierten Zusatzversorgungen (z.B. im öffentlichen Dienst).

Einmalzahlungen, die in jedem Kalendermonat zu einem Zwölftel zur Auszahlung gelangen, verlieren ihren Charakter als einmalig gezahltes Arbeitsentgelt und sind somit als laufendes Arbeitsentgelt anzusehen.

Dies hat Auswirkungen auf die beitragsrechtliche Behandlung von Beiträgen zur Direktversicherung, die pauschal versteuert werden. Da pauschal versteuerte Direktversicherungsbeiträge nur dann nicht dem Arbeitsentgelt zuzurechnen sind, wenn es sich um zusätzliche Leistungen des Arbeitgebers handelt, die neben dem laufenden Arbeitsentgelt gezahlt werden, oder wenn sie aus Einmalzahlungen finanziert werden, bedeutet dies, dass bei der Umstellung von Einmalzahlungen auf monatliche Zahlungen diese

Beträge auch bei einer vorgenommenen Pauschalbesteuerung der Beitragspflicht zur Sozialversicherung unterliegen (Besprechungsergebnis der Spitzenverbände der Sozialversicherungsträger über Fragen des Gemeinsamen Beitragseinzugs am 26./27.5.2004).

11. Reine Beitragszusage

4716 Mit dem Gesetz zur Stärkung der betrieblichen Altersversorgung und zur Änderung anderer Gesetze (**Betriebsrentenstärkungsgesetz**) v. 17.8.2017 (BGBl. I 2017, 3214 = BStBl I 2017, 1278 – Auszug –) ist die Möglichkeit geschaffen worden, dass der Arbeitgeber eine **reine Beitragszusage** erteilt („**pay and forget**"); er danach allein die Zahlung eines vorgegebenen Versorgungsbeitrags schuldet, der Arbeitnehmer im Ergebnis hingegen sämtliche Anlagerisiken trägt. Die für Leistungszusagen, beitragsorientierte Leistungszusagen und Beitragszusagen mit Mindestleistung geltende Einstandspflicht des Arbeitgebers gem. § 1 Abs. 1 Satz 3 BetrAVG findet bei reinen Beitragszusagen gem. § 1 Abs. 2 Nr. 2 a BetrAVG nämlich keine Anwendung (vgl. Zülch, Das Betriebsrentenstärkungsgesetz – ein Überblick, ArbRAktuell 2017, 290, 291).

Wichtig ist, dass bestehende Modelle und Strukturen betrieblicher Altersversorgung in Unternehmen durch die Gesetzesänderung nicht beeinträchtigt werden. Die bestehenden Zusageformen bleiben erhalten und können unverändert genutzt werden.

Die gesetzlichen Rahmenbedingungen bei der reinen Beitragszusage können wie folgt zusammengefasst werden:

- Die reine Beitragszusage kann allein in einem **Tarifvertrag** geregelt sein. Nach § 24 BetrAVG vermögen jedoch auch nichttarifgebundene Arbeitgeber mit ihren Arbeitnehmern die Anwendung der einschlägigen tariflichen Regelung unter der Voraussetzung zu vereinbaren, dass der Tarifvertrag eine entsprechende **Öffnungsklausel** enthält.
- Ein Kontrahierungszwang besteht nicht. Die Tarifvertragsparteien „sollen" jedoch den nichttarifgebundenen Arbeitgebern den Zugang zur durchführenden Versorgungseinrichtung nicht verwehren (§ 21 Abs. 2 BetrAVG). Unzulässig ist es darüber hinaus, nichttarifgebundenen Arbeitgebern mit Blick auf die Aufnahme und Verwaltung von Arbeitnehmern „sachlich unbegründete Vorgaben" zu machen (§ 21 Abs. 3 BetrAVG).
- Die reine Beitragszusage kann ausschließlich über einen versicherungsförmigen Durchführungsweg (Pensionsfonds, Pensionskasse oder Direktversicherung) durchgeführt werden. Zugesagt werden dürfen ferner ausschließlich laufende Leistungen, hingegen kein einmaliges Versorgungskapital.
- Versorgungseinrichtungen, die reine Beitragszusagen durchführen, unterliegen besonderen aufsichtsrechtlichen Bestimmungen. Reine Beitragszusagen dürfen keine garantierten Leistungen beinhalten, auch nicht hinsichtlich Hinterbliebenen- und Invaliditätsleistungen (§ 244 b Abs. 1 Nr. 1 VAG, „**Garantieverbot**").
- Die auf den gezahlten Beiträgen beruhenden Anwartschaften auf Altersrente sind sofort unverfallbar. Dies gilt jedoch nicht für Anwartschaften auf Invaliditäts- oder Hinterbliebenenrenten.
- Der Arbeitnehmer kann von der Versorgungseinrichtung nach Beendigung des Arbeitsverhältnisses verlangen, die Versorgung mit eigenen Beiträgen fortzusetzen oder – innerhalb eines Jahres – auf eine andere Versorgungseinrichtung unter der Voraussetzung zu übertragen, dass der neue Arbeitgeber i.R. einer reinen Beitragszusage gleichermaßen Beiträge an die Versorgungseinrichtung leistet.
- Die Anwartschaft aus einer reinen Beitragszusage kann nicht übertragen, beliehen oder veräußert werden.
- Die Abfindung einer reinen Beitragszusage ist – abgesehen von Abfindung von Klein-Anwartschaften und Klein-Renten (§ 3 Abs. 2 BetrAVG) nicht statthaft.

4717 Zur Absicherung der reinen Beitragszusage soll im Tarifvertrag ein sog. **Sicherheitsbeitrag** vereinbart werden (§ 23 Abs. 1 BetrAVG). Die Nichtbeachtung dieser Sollvorschrift hat jedoch keine Auswirkung auf die Wirksamkeit der reinen Beitragszusage. Mit dem Sicherungsbeitrag kann z. B. ein „Puffer" finanziert oder eine konservativere Kapitalanlage realisiert werden. Steuerlich flankiert wird § 23 Abs. 1 BetrAVG durch § 3 Nr. 63 a EStG, wonach die zur zusätzlichen Absicherung der reinen Beitragszusage verwendeten Zusatzbeiträge zum Zeitpunkt der Leistung des Arbeitgebers an die Versorgungseinrichtung steuerfrei bleiben. Sofern der Sicherungsbeitrag als „Puffer" verwendet wird, ist er zudem kein Arbeitsentgelt i.S.d. Sozialversicherungsrechts.

Wenn die reine Beitragszusage durch Entgeltumwandlung finanziert wird, ist der Arbeitgeber nach § 23 Abs. 2 BetrAVG verpflichtet, 15 % des umgewandelten Entgelts zusätzlich als Arbeitgeberzuschuss an die Versorgungseinrichtung weiterzuleiten, sofern er durch die Entgeltumwandlung Sozialversicherungsbeiträge einspart. Zukünftig wird die Bezuschussungspflicht auch bei den anderen drei Zusagearten eingeführt. Danach muss der Arbeitgeber bei Entgeltumwandlung zu Gunsten einer Zusage über einen versicherungsförmigen Durchführungsweg pauschal 15 % an den Versorgungsträger zahlen, sofern er durch die Entgeltumwandlung Sozialversicherungsbeiträge einspart. Die Verpflichtung besteht nicht bei Entgeltumwandlung zu Gunsten einer Direktzusage oder einer Zusage über eine Unterstützungskasse. Anders als bei der Pflicht zur Bezuschussung von durch Entgeltumwandlung finanzierten reinen Beitragszusagen ist die Pflicht gemäß § 1a Abs. 1a BetrAVG jedoch tarifdispositiv (§ 19 Abs. 1 BetrAVG). Sie gilt erst seit dem 1.1.2019; für bereits vor diesem Zeitpunkt geschlossenen Entgeltumwandlungsvereinbarungen erst seit dem 1.1.2022 (§ 26a BetrAVG).

Unabhängig von Vereinbarungen durch Tarifvertrag sind seit dem 1.1.2018 sog. **Optionsmodelle** möglich, auf Grund derer die automatische Entgeltumwandlung seitens der Arbeitnehmer bestimmt werden kann, es sei denn, sie widersprechen („**opting-out**"). Derartige Vereinbarungen können auf Grund eines Tarifvertrags auch in einer Betriebs- oder Dienstvereinbarung und bei nichttarifgebundenen Arbeitgebern sogar durch vertragliche Übernahme des einschlägigen tarifvertraglichen Optionssystems vereinbart werden (§ 20 Abs. 2 BetrAVG). Bestehende betriebliche Modelle bleiben hiervon unberührt. Die Vereinbarung über eine Umwandlung von Bruttoentgelt zu Gunsten einer betrieblichen Altersversorgung kommt im Fall des Unterbleibens eines arbeitnehmerseitigen Widerspruchs jedoch nur zustande, sofern das Angebot auf betriebliche Altersversorgung durch Entgeltumwandlung dem Arbeitnehmer in Textform mindestens drei Monate vor dem ersten Entgeltumwandlungstermin unterbreitet und in dem Angebot deutlich auf folgende Punkte hingewiesen wurde: 4718

- Höhe des Umwandlungsbetrages,
- Art der umzuwandelnden Vergütung,
- das Recht ohne Angabe von Gründen innerhalb einer Frist von mindestens einem Monat nach Zugang des Angebots zu widersprechen und
- das Recht ohne Angabe von Gründen die Entgeltumwandlung mit einer Frist von höchstens einem Monat zu beenden (vgl. hierzu: Wilhelm, Das Optionsmodell – Entwicklung, aktueller Stand durch das Betriebsrentenstärkungsgesetz und Auswirkungen in der Praxis, BB 2017, 1850).

Bereits nach dem bis zum 31.12.2017 geltenden Recht konnten die Träger der gesetzlichen Rentenversicherung über Möglichkeiten zum Aufbau einer staatlich geförderten zusätzlichen Altersvorsorge Auskünfte erteilen (§ 15 Abs. 4 SGB I). Mit dem Betriebsrentenstärkungsgesetz wird die Rolle der Deutschen Rentenversicherung als objektive Informationsquelle auch für die betriebliche Altersversorgung weiter ausgebaut. Aus der „Kannvorschrift" ist zum 1.1.2018 eine Sollvorschrift geworden („*Die Träger der gesetzlichen Rentenversicherung sollen über Möglichkeiten zum Aufbau einer staatlich geförderten zusätzlichen Altersvorsorge produkt- und anbieterneutral Auskünfte erteilen.*"). Vollständige, verständliche, zuverlässige und vergleichbare Informationen zu allen drei Säulen der Alterssicherung sollen die Bürger darin unterstützen, zusätzlichen Versorgungsbedarf zu erkennen und sich für ein passendes Altersvorsorgeprodukt zu entscheiden (Nationaler Normenkontrollrat, Stellungnahme zum Gesetzentwurf, BT-Drucks. 18/11286, S. 77). Zu beachten ist aber, dass die Auskunftserteilung – im Gegensatz zur Beratung nach § 14 SGB I – letztlich nur eine Wegweiserfunktion hat. Die DRV ist also nicht verpflichtet, eine konkrete und detaillierte Anlageberatung durchzuführen. 4719

12. Unfallversicherung

4720 Zu den Aufwendungen für die betriebliche Altersversorgung gehören auch Leistungen des Arbeitgebers, durch die Arbeitnehmer **für den Fall eines Unfalls** abgesichert werden. Einzelheiten → *Unfallversicherung: freiwillige* Rz. 4205.

13. Steuerfreiheit nach § 3 Nr. 63 EStG

4721 **Beiträge des Arbeitgebers** aus dem ersten Dienstverhältnis **an eine Pensionskasse, einen Pensionsfonds oder für eine Direktversicherung** sind nach § 3 Nr. 63 EStG **steuerfrei**, soweit sie insgesamt im Kalenderjahr 8 % der BBG in der allgemeinen Rentenversicherung nicht übersteigen und der Arbeitnehmer nicht die individuelle Besteuerung wegen der Altersvorsorgezulage oder den Sonderausgabenabzug verlangt (→ *Riester-Förderung* Rz. 3751). Hierbei ist von folgenden Grundsätzen auszugehen (BMF v. 12.8.2021, IV C 5 – S 2333/19/10008 :017, BStBl I 2021, 1050, Tz. 23 ff.):

a) Begünstigter Personenkreis

4722 Zu dem durch § 3 Nr. 63 EStG begünstigten Personenkreis gehören **alle Arbeitnehmer**, unabhängig davon, ob sie in der gesetzlichen Rentenversicherung pflichtversichert sind oder nicht (z.B. beherrschende Gesellschafter-Geschäftsführer, geringfügig Beschäftigte, in einem berufsständischen Versorgungswerk Versicherte).

Die Steuerfreiheit setzt lediglich ein **bestehendes erstes Dienstverhältnis** voraus. Diese Voraussetzung kann auch erfüllt sein, wenn es sich um ein weiterbestehendes Dienstverhältnis ohne Anspruch auf Arbeitslohn (z.B. während der Elternzeit, der Pflegezeit, des Bezugs von Kurzarbeiter- oder Krankengeld) oder ein geringfügiges Beschäftigungsverhältnis (→ *Mini-Jobs* Rz. 3161, → *Pauschalierung der Lohnsteuer bei geringfügig Beschäftigten* Rz. 3379) oder eine Aushilfstätigkeit (→ *Pauschalierung der Lohnsteuer bei Aushilfskräften* Rz. 3353) handelt, bei der die Möglichkeit der Pauschalbesteuerung nach § 40a EStG in Anspruch genommen wird. In diesen Fällen ist, da die elektronischen Lohnsteuerabzugsmerkmale (ELStAM-Daten) nicht abgerufen werden, mittels Erklärung des Arbeitnehmers zu dokumentieren, dass es sich um ein erstes Dienstverhältnis handelt. Die Steuerfreiheit ist **nicht bei Arbeitnehmern zulässig**, bei denen der Arbeitgeber den Lohnsteuerabzug nach der **Steuerklasse VI** vornimmt (BFH v. 12.8.1996, VI R 27/96, BStBl II 1997, 143).

b) Begünstigte Aufwendungen

4723 Zu den nach § 3 Nr. 63 EStG begünstigten Aufwendungen gehören nur **Beiträge** an Pensionsfonds, Pensionskassen und Direktversicherungen, die zum Aufbau einer betrieblichen Altersversorgung **im Kapitaldeckungsverfahren erhoben** werden. Für Umlagen, die vom Arbeitgeber an eine Versorgungseinrichtung entrichtet werden, z.B. an die VBL, kommt die Steuerfreiheit nach § 3 Nr. 63 EStG dagegen nicht in Betracht (BFH v. 15.9.2011, VI R 36/09, HFR 2012, 258), möglicherweise aber die Steuerbefreiung nach § 3 Nr. 56 EStG (→ Rz. 4738). Werden sowohl Umlagen als auch Beiträge im Kapitaldeckungsverfahren erhoben, gehören letztere nur dann zu den begünstigten Aufwendungen, wenn eine **getrennte Verwaltung** und Abrechnung beider Vermögensmassen erfolgt (Trennungsprinzip).

Steuerfrei nach § 3 Nr. 63 EStG sind nur Beiträge des Arbeitgebers. Das sind diejenigen Beiträge, die vom Arbeitgeber als Versicherungsnehmer (bzw. im Fall des § 21 Abs. 4 BetrAVG von einer gemeinsamen Einrichtung nach § 4 TVG) selbst geschuldet und an die Versorgungseinrichtung geleistet werden. Von Beiträgen des Arbeitgebers ist auch auszugehen, wenn der jeweilige Arbeitgeber nicht Versicherungsnehmer, sondern gegenüber der Versorgungseinrichtung lediglich Beitragsschuldner ist. Dazu gehören

- die Beiträge des Arbeitgebers, die zusätzlich zum ohnehin geschuldeten Arbeitslohn erbracht werden (**rein arbeitgeberfinanzierte Beiträge**),
- zusätzliche Beiträge des Arbeitgebers auch dann, wenn bei sog. „Freiwilligen Matching-Modellen" die Höhe der arbeitgeberfinanzierten Beiträge (Erhöhungsbeträge) in Anknüpfung an die Höhe der durch originäre Entgeltumwandlung (arbeitnehmer-)finanzierten Beiträge bemessen wird, sowie
- alle im Gesamtversicherungsbeitrag des Arbeitgebers enthaltenen Finanzierungsanteile des Arbeitnehmers (BFH v. 9.12.2010, VI R 57/08, BStBl II 2011, 978) wie z.B.
  - eine Eigenbeteiligung des Arbeitnehmers oder
  - die mittels Entgeltumwandlung finanzierten Beiträge (→ Rz. 4665) einschließlich der Leistungen des Arbeitgebers i.S.d. § 1a Abs. 1a und § 23 Abs. 2 BetrAVG, die er als Ausgleich für die ersparten Sozialversicherungsbeiträge in Folge einer Entgeltumwandlung erbringt; im Fall der Finanzierung der Beiträge durch eine Entgeltumwandlung ist die **Beachtung des Mindestbetrags** nach § 1a BetrAVG für die Inanspruchnahme der Steuerfreiheit **nicht erforderlich**.

Hinweis:

Zur Anwendung des § 1a Abs. 1a und § 23 Abs. 2 BetrAVG weist das BMAS auf Folgendes hin:

§ 1a Abs. 1a und § 23 Abs. 2 BetrAVG sehen ausdrücklich vor, dass der Arbeitgeberzuschuss nur zu leisten ist „soweit der Arbeitgeber durch die Entgeltumwandlung Sozialversicherungsbeiträge einspart". Ist das nicht der Fall, etwa wenn Entgelt oberhalb einer BBG umgewandelt wird, ist insoweit auch kein Arbeitgeberzuschuss fällig. Wird Entgelt z.B. im Bereich zwischen der BBG in der gesetzlichen Krankenversicherung und der BBG in der gesetzlichen Rentenversicherung umgewandelt, kann der Arbeitgeber „spitz" abrechnen, er kann aber auch 15 % des umgewandelten Beitrags an die Versorgungseinrichtung weiterleiten. Wie die Weiterleitung des Arbeitgeberzuschusses an die Versorgungseinrichtung technisch umgesetzt wird, obliegt den Beteiligten. So kann der Arbeitgeberzuschuss zusätzlich zu dem vereinbarten Entgeltumwandlungsbetrag an die Versorgungseinrichtung weitergeleitet werden. Sofern die Versorgungseinrichtung nicht bereit ist, den Vertrag entsprechend anzupassen, kommt der Neuabschluss eines Vertrages nur für den Arbeitgeberzuschusses in Betracht. Denkbar ist aber auch z.B. eine Vereinbarung zwischen Arbeitgeber und Arbeitnehmer, wonach der an die Versorgungseinrichtung abzuführende Betrag gleich bleibt und künftig neben einem entsprechend verminderten umgewandelten Entgelt den Arbeitgeberzuschuss enthält.

Beiträge des Arbeitnehmers, zu deren Leistung er auf Grund einer eigenen vertraglichen Vereinbarung mit der Versorgungseinrichtung originär selbst verpflichtet ist (sog. eigene Beiträge des Arbeitnehmers), sind dagegen vom Anwendungsbereich des § 3 Nr. 63 EStG ausgeschlossen, auch wenn sie vom Arbeitgeber an die Versorgungseinrichtung abgeführt werden.

Macht ein Arbeitnehmer (z.B. auf Grund eines entsprechenden Tarifvertrags) von der Möglichkeit Gebrauch, zusätzliche vermögenwirksame Leistungen des Arbeitgebers für den Aufbau einer betrieblichen Altersversorgung über die Durchführungswege Pensionsfonds, Pensionskasse oder Direktversicherung i.R. einer Entgeltumwandlung zu verwenden, fallen diese Beiträge in den Anwendungsbereich des § 3 Nr. 63 EStG. Dies gilt auch für in diesem Zusammenhang gewährte Erhöhungsbeträge des Arbeitgebers (z.B. erhöhter Beitrag zur betrieblichen Altersversorgung i.H.v. 26 € statt vermögenswirksamer Leistungen i.H.v. 6,65 €) und für Erhöhungsbeträge des Arbeitgebers, die von einer zusätzlichen Entgeltumwandlung abhängen (z.B. erhöhter Beitrag zur betrieblichen Altersversorgung i.H.v. 50 €, wenn der Arbeitnehmer 13 € seines Arbeitslohns umwandelt). 4724

Die Steuerfreiheit nach § 3 Nr. 63 EStG kann nur dann in Anspruch genommen werden, wenn der vom Arbeitgeber zur Finanzierung der zugesagten Versorgungsleistung gezahlte Beitrag **nach bestimmten individuellen Kriterien** dem einzelnen Arbeitnehmer **zugeordnet** wird. Allein die Verteilung eines vom Arbeitgeber gezahlten Gesamtbeitrags nach der Anzahl der begünstigten Arbeitnehmer ist für die Steuerfreiheit nach § 3 Nr. 63 EStG nicht ausreichend. Allerdings ist nicht Voraussetzung, dass sich die Höhe der zugesagten Versorgungsleistung an der Höhe des eingezahlten Beitrags des Arbeitgebers orientiert, weil der Arbeitgeber nach § 1 BetrAVG nicht nur eine reine Beitragszusage, eine Beitragszusage mit Mindestleistung oder eine beitragsorientierte Leistungszusage, sondern auch eine Leistungszusage erteilen kann. 4725

c) Höhe der Steuerfreiheit

Maßgeblich für die betragsmäßige Begrenzung der Steuerfreiheit auf 8 % der BBG in der allgemeinen Rentenversicherung ist immer die in dem Kalenderjahr gültige **BBG**, für 2026 also **8 112 € im Kalenderjahr** (8 % von 101 400 €). Bei dem Höchstbetrag des § 3 Nr. 63 Satz 1 EStG handelt es sich um einen **Jahresbetrag**. Eine zeitanteilige Kürzung des Höchstbetrags ist daher nicht vorzunehmen, wenn das Arbeitsverhältnis nicht während des ganzen Jahres besteht oder nicht für das ganze Jahr Beiträge gezahlt werden. Der Höchstbetrag kann **erneut in Anspruch genommen** werden, wenn der Arbeitnehmer ihn in einem vorangegangenen 4726

Dienstverhältnis bereits ausgeschöpft hat. Im Fall der Gesamtrechtsnachfolge und des Betriebsübergangs nach § 613a BGB kommt dies dagegen nicht in Betracht.

4727 **Beiträge, die den steuerfreien Höchstbetrag** (ggf. abzüglich der tatsächlich nach § 40b EStG a.F. pauschal besteuerten Beiträge, vgl. → Rz. 4831) **übersteigen**, sind individuell zu besteuern. Für die individuell besteuerten Beiträge kann eine Förderung durch Zulage und Sonderausgabenabzug in Betracht kommen (→ *Riester-Förderung* Rz. 3751).

4728 Bei monatlicher Zahlung der Beiträge kann der **Höchstbetrag in gleichmäßige monatliche Teilbeträge aufgeteilt** werden. Wird vor Ablauf des Kalenderjahres, z.B. bei Beendigung des Dienstverhältnisses, festgestellt, dass die **Steuerfreiheit** i.R. der monatlichen Teilbeträge **nicht in vollem Umfang ausgeschöpft** worden ist oder werden kann, muss eine ggf. vorgenommene **Besteuerung der Beiträge rückgängig** gemacht werden (spätester Zeitpunkt hierfür ist die Übermittlung oder Erteilung der Lohnsteuerbescheinigung) oder der monatliche Teilbetrag künftig so geändert werden, dass der Höchstbetrag ausgeschöpft wird.

Rein arbeitgeberfinanzierte Beiträge sind steuerfrei, soweit sie den Höchstbetrag (ggf. abzüglich der tatsächlich nach § 40b EStG a.F. pauschal besteuerten Beiträge, vgl. → Rz. 4831) nicht übersteigen. Der steuerfreie Höchstbetrag wird **zunächst durch diese Beiträge ausgefüllt**. Sofern der steuerfreie Höchstbetrag dadurch nicht ausgeschöpft worden ist, sind die verbleibenden, auf den verschiedenen Finanzierungsanteilen des Arbeitnehmers beruhenden Beiträge des Arbeitgebers zu berücksichtigen (Leistungen des Arbeitgebers i.S.d. § 1a Abs. 1a und § 23 Abs. 2 BetrAVG, die er als Ausgleich für die ersparten Sozialversicherungsbeiträge infolge einer Entgeltumwandlung erbringt, sind dabei Teil der Entgeltumwandlung).

Beispiel:

	steuerfreier Höchstbetrag (8 % von 101 400 €)	8 112 €
–	tatsächlich pauschal besteuerte Beiträge (angenommen Höchstbetrag)	1 752 €
=	verbleiben als steuerfreies Volumen	6 360 €
–	rein arbeitgeberfinanzierte Beiträge (angenommen)	3 000 €
=	verbleiben als steuerfreies Volumen für Entgeltumwandlung	3 360 €

Die Anwendung der Pauschalbesteuerung nach § 40b EStG a.F. für Beiträge an Pensionskassen und für Direktversicherungen (→ Rz. 4831 ff.) ist somit nicht erst nach Übersteigen des steuerfreien Höchstbetrags von 8 % möglich, sondern mindert das maximal steuerfreie Volumen (BMF v. 12.8.2021, IV C 5 – S 2333/19/10008 :017, BStBl I 2021, 1050).

d) Begünstigte Auszahlungsformen

4729 **Voraussetzung für die Steuerfreiheit** ist, dass die Auszahlung der zugesagten Alters-, Invaliditäts- oder Hinterbliebenenversorgungsleistungen entsprechend der in § 82 Abs. 2 Satz 2 EStG genannten Auszahlungsformen vorgesehen ist. Voraussetzung ist, dass nach § 82 Abs. 2 Satz 2 Nr. 1 EStG

- eine Vereinbarung vorliegt, nach der die zugesagten Altersversorgungsleistungen als monatliche Leistungen in Form einer lebenslangen Leibrente oder als Ratenzahlungen i.R. eines Auszahlungsplans mit einer anschließenden Teilkapitalverrentung ab spätestens dem 85. Lebensjahr ausgezahlt werden und die Leistungen während der gesamten Auszahlungsphase gleich bleiben oder steigen; dabei können bis zu zwölf Monatsleistungen in einer Auszahlung zusammengefasst und bis zu 30 % des zu Beginn der Auszahlungsphase zur Verfügung stehenden Kapitals außerhalb der monatlichen Leistungen ausgezahlt werden, und
- ein vereinbartes Kapitalwahlrecht nicht oder nicht außerhalb des letzten Jahres vor dem vertraglich vorgesehenen Beginn der Altersversorgungsleistung ausgeübt wurde.

Bei einer reinen Beitragszusage (§ 1 Abs. 2 Nr. 2a BetrAVG) muss vereinbart sein, dass der Pensionsfonds, die Pensionskasse oder die Direktversicherung eine lebenslange Zahlung als Altersversorgungsleistung zu erbringen hat (§ 82 Abs. 2 Satz 2 Nr. 2 EStG).

Im Hinblick auf die entfallende Versorgungsbedürftigkeit z.B. für den Fall der Vollendung des 25. Lebensjahrs der Kinder, der Wiederheirat der Witwe/des Witwers, dem Ende der Erwerbsminderung durch Wegfall der Voraussetzungen für den Bezug (insbesondere bei Verbesserung der Gesundheitssituation oder Erreichen der Altersgrenze) wird es von der Finanzverwaltung **nicht beanstandet**, wenn eine Rente oder ein Auszahlungsplan **zeitlich befristet** ist.

Allein die **Möglichkeit**, an Stelle dieser Auszahlungsformen eine **Einmalkapitalauszahlung** (100 % des zu Beginn der Auszahlungsphase zur Verfügung stehenden Kapitals) **zu wählen**, steht der **Steuerfreiheit noch nicht entgegen**; hieran hält die Finanzverwaltung ungeachtet der BFH-Rechtsprechung (BFH v. 20.9.2016, X R 23/15, BStBl II 2017, 347) fest. Entscheidet sich der Arbeitnehmer **zu Gunsten einer Einmalkapitalauszahlung**, so sind **von diesem Zeitpunkt an die Voraussetzungen des § 3 Nr. 63 EStG nicht mehr erfüllt** und die Beitragsleistungen zu besteuern (BMF v. 12.8.2021, IV C 5 – S 2333/10008 :017, BStBl I 2021, 1050, Tz. 68).

Erfolgt die Ausübung des Wahlrechts innerhalb des letzten Jahres vor dem altersbedingten Ausscheiden aus dem Erwerbsleben, so beanstandet es die Finanzverwaltung aus Vereinfachungsgründen nicht, wenn die Beitragsleistungen weiterhin nach § 3 Nr. 63 EStG steuerfrei belassen werden. Für die Berechnung der Jahresfrist ist dabei auf das im Zeitpunkt der Ausübung des Wahlrechts vertraglich vorgesehene Ausscheiden aus dem Erwerbsleben (vertraglich vorgesehener Beginn der Altersversorgungsleistung) abzustellen. Bei Auszahlung oder anderweitiger wirtschaftlicher Verfügung ist der Einmalkapitalbetrag gem. § 22 Nr. 5 EStG zu besteuern.

Im Fall von Teil- bzw. Einmalkapitalauszahlungen handelt es sich **nicht um außerordentliche Einkünfte** i.S.d. § 34 Abs. 2 EStG. Daher kommt eine Anwendung der sog. Fünftelregelung des § 34 EStG auf diese Zahlungen nicht in Betracht (BFH v. 20.9.2016, X R 23/15, BStBl II 2017, 347 sowie FG Niedersachsen v. 28.9.2016, 4 K 254/15, EFG 2017, 1444). Geringfügige Teilleistungen hingegen sind unschädlich; s. Rz. 8 des BMF-Schreibens vom 4.3.2016, BStBl I 2016, 277.

e) Ausschluss der Steuerfreiheit

Eine Steuerfreiheit der Beiträge kommt **nicht in Betracht**, soweit 4730
es sich hierbei nicht um Arbeitslohn i.R. eines Dienstverhältnisses, sondern um eine **verdeckte Gewinnausschüttung** handelt. Die allgemeinen Grundsätze zur Abgrenzung zwischen verdeckter Gewinnausschüttung und Arbeitslohn sind hierbei zu beachten.

f) Ausländische betriebliche Altersversorgungssysteme

Bei Beiträgen an ausländische betriebliche Altersversorgungs- 4731
systeme ist zu entscheiden, ob das ausländische Altersversorgungssystem mit einem Durchführungsweg der betrieblichen Altersversorgung nach dem deutschen Betriebsrentengesetz vergleichbar ist bzw. einem der Durchführungswege als vergleichbar zugeordnet werden kann. Entsprechende Beiträge sind steuerfrei nach § 3 Nr. 63 EStG, wenn

- das ausländische betriebliche Altersversorgungssystem vergleichbar mit dem Pensionsfonds, der Pensionskasse oder der Direktversicherung ist und
- auch die weiteren wesentlichen Kriterien für die steuerliche Anerkennung einer betrieblichen Altersversorgung im Inland erfüllt werden (u.a. Absicherung mindestens eines biometrischen Risikos, enger Hinterbliebenenbegriff, keine Vererblichkeit, begünstigte Auszahlungsformen) und
- die ausländische Versorgungseinrichtung in vergleichbarer Weise den für inländische Versorgungseinrichtungen maßgeblichen Aufbewahrungs-, Mitteilungs- und Bescheinigungspflichten nach dem EStG und der AltvDV zur Sicherstellung der Besteuerung der Versorgungsleistungen im Wesentlichen nachkommt.

Darüber hinaus kann sich die unmittelbare Anwendbarkeit des § 3 Nr. 63 EStG aus einer völkerrechtlichen Vereinbarung ergeben (z.B. Nr. 16 des Protokolls zum DBA-USA).

In Entsendungsfällen hat für die Beiträge des Arbeitgebers zur kapitalgedeckten betrieblichen Altersversorgung die Regelung des § 3 Nr. 63 EStG gegenüber den Regelungen eines DBA Vorrang.

g) Beiträge an bestimmte Zusatzversorgungskassen

4732 Unter den oben genannten Voraussetzungen sind auch die Beiträge des Arbeitgebers an eine Zusatzversorgungskasse (wie z.B. zur Versorgungsanstalt der deutschen Bühnen – VddB –, zur Versorgungsanstalt der deutschen Kulturorchester – VddKO – oder zum Zusatzversorgungswerk für Arbeitnehmer in der Land- und Forstwirtschaft – ZLF –), die er nach der jeweiligen Satzung der Versorgungseinrichtung als Pflichtbeiträge für die Altersversorgung seiner Arbeitnehmer zusätzlich zu den nach § 3 Nr. 62 EStG steuerfreien Beiträgen zur gesetzlichen Rentenversicherung zu erbringen hat, ebenfalls i.R. des § 3 Nr. 63 EStG steuerfrei. Die Steuerfreiheit nach § 3 Nr. 62 Satz 1 EStG kommt für diese Beiträge nicht in Betracht (§ 3 Nr. 62 Satz 1 zweiter Halbsatz EStG). Die Steuerbefreiung nach § 3 Nr. 63 EStG (und auch nach § 3 Nr. 56 EStG) ist nicht nur der Höhe, sondern dem Grunde nach **vorrangig anzuwenden**; die Steuerbefreiung nach § 3 Nr. 62 EStG ist bei Vorliegen von Zukunftssicherungsleistungen i.S.d. § 3 Nr. 63 EStG (und auch i.S.d. § 3 Nr. 56 EStG) daher auch dann ausgeschlossen, wenn der Höchstbetrag des § 3 Nr. 63 EStG (und des § 3 Nr. 56 EStG) bereits voll ausgeschöpft werden (BMF v. 12.8.2021, IV C 5 – S 2333/19/10008 :017, BStBl I 2021, 1050, Tz. 39).

h) Verhältnis von § 3 Nr. 63 EStG und § 3b EStG

4733 Zum **Grundlohn i.S.d.** § 3b EStG gehören auch die nach § 3 Nr. 63 EStG **steuerfreien Beiträge des Arbeitgebers**, soweit es sich um laufenden Arbeitslohn handelt (R 3b Abs. 2 Nr. 2. Spiegelstrich LStR).

Beispiel:

Ein Arbeitnehmer in Hannover hat einen monatlichen Arbeitslohn von 2 500 €. Ab Januar 2026 werden hiervon 150 € in steuerfreie Beiträge nach § 3 Nr. 63 EStG umgewandelt, die der Arbeitgeber an eine Pensionskasse zahlt.

Auch die nach § 3 Nr. 63 EStG steuerfreien Beiträge gehören zum Grundlohn; dieser beträgt mithin 2 500 €.

i) Verzicht auf die Steuerfreiheit

4734 Auf die Steuerfreiheit können grds. nur **Arbeitnehmer** verzichten, die in der **gesetzlichen Rentenversicherung pflichtversichert** sind (§§ 1a, 17 Abs. 1 Satz 3 BetrAVG). Alle anderen Arbeitnehmer können von dieser Möglichkeit nur dann Gebrauch machen, wenn der **Arbeitgeber zustimmt**.

Soweit der Arbeitnehmer einen **Anspruch auf Entgeltumwandlung** nach § 1a BetrAVG hat oder andere Finanzierungsanteile zur betrieblichen Altersversorgung erbringt, ist eine individuelle Besteuerung dieser Beiträge **auf Verlangen des Arbeitnehmers** durchzuführen; die Beiträge sind dabei gleichrangig zu behandeln (§ 1a Abs. 3 BetrAVG). Der Arbeitnehmer kann sein Verlangen nach individueller Besteuerung (Verzicht auf die Steuerfreiheit) betragsmäßig oder prozentual begrenzen.

Beispiel:

Der in der gesetzlichen Rentenversicherung pflichtversicherte Arbeitnehmer hat in 2026 eine Versorgungszusage im Durchführungsweg der Pensionskasse. Die Beiträge betragen 8 112 € (8 % der BBG). Die Beiträge werden vollständig durch Entgeltumwandlung finanziert. Der Arbeitnehmer verlangt vom Arbeitgeber, die Beiträge zur Pensionskasse individuell zu besteuern, um die Förderung durch Sonderausgabenabzug nach § 10a EStG und Zulagen nach Abschn. XI EStG zu erhalten; eine Begrenzung hinsichtlich der Höhe der individuell zu besteuernden Beiträge nimmt der Arbeitnehmer nicht vor.

Die Beiträge zur Pensionskasse sind i.H.v. 4 056 € (4 % der BBG) individuell zu besteuern und darüber hinaus nach § 3 Nr. 63 Satz 1 EStG steuerfrei zu behandeln. Der Arbeitnehmer kann eine individuelle Besteuerung nach § 3 Nr. 63 Satz 2 EStG i.V.m. § 1a Abs. 3 BetrAVG nur verlangen, soweit er einen Anspruch auf Entgeltumwandlung hat. Dieser Anspruch beträgt höchstens 4 % der BBG, vgl. § 1a Abs. 1 Satz 1 BetrAVG.

In allen anderen Fällen der Entgeltumwandlung (z.B. Entgeltumwandlungsvereinbarung aus dem Jahr 2001 oder früher) ist die individuelle Besteuerung der Beiträge hingegen nur auf Grund **einvernehmlicher Vereinbarung** zwischen Arbeitgeber und Arbeitnehmer möglich. Bei rein arbeitgeberfinanzierten Beiträgen kann auf die Steuerfreiheit nicht verzichtet werden.

Die **Ausübung des Wahlrechts** muss bis zu dem Zeitpunkt erfolgen, zu dem die entsprechende Gehaltsänderungsvereinbarung steuerlich noch anzuerkennen ist. Eine nachträgliche Änderung der steuerlichen Behandlung der im Wege der Entgeltumwandlung finanzierten Beiträge ist nicht zulässig.

j) Vervielfältigungsregelung

Beiträge an einen Pensionsfonds, eine Pensionskasse oder für eine Direktversicherung, die der Arbeitgeber **aus Anlass der Beendigung des Dienstverhältnisses** leistet, können i.R. des § 3 Nr. 63 Satz 3 EStG – zusätzlich zu den Beiträgen nach § 3 Nr. 63 Satz 1 EStG – steuerfrei belassen werden. Ein Zusammenhang mit der Beendigung des Dienstverhältnisses ist insbesondere dann zu vermuten, wenn der Beitrag innerhalb von drei Monaten vor dem Beendigungs-/Auflösungszeitpunkt geleistet wird. Die Vervielfältigungsregelung kann auch nach Beendigung des Dienstverhältnisses angewendet werden, wenn die Beitragsleistung oder Entgeltumwandlung spätestens bis zum Zeitpunkt der Beendigung des Dienstverhältnisses vereinbart wird. 4735

Die Höhe der Steuerfreiheit ist begrenzt auf den Betrag, der sich ergibt aus 4 % der BBG in der allgemeinen Rentenversicherung, für 2026 also 4 056 € (4 % von 101 400 €), vervielfältigt mit der Anzahl der Kalenderjahre, in denen das Dienstverhältnis zum Arbeitgeber bestanden hat, höchstens zehn Kalenderjahre.

Die Vervielfältigungsregelung steht jedem Arbeitnehmer aus demselben Dienstverhältnis insgesamt nur einmal zu. Werden die Beiträge statt als Einmalbeitrag in Teilbeträgen geleistet, sind diese so lange steuerfrei, bis der für den Arbeitnehmer maßgebende Höchstbetrag ausgeschöpft ist. Eine **Anwendung der Vervielfältigungsregelung** des § 3 Nr. 63 Satz 3 EStG ist **nicht möglich**, soweit die Vervielfältigungsregelung des § 40b Abs. 2 Satz 3 und 4 EStG a.F. auf die Beiträge, die der Arbeitgeber aus Anlass der Beendigung des Dienstverhältnisses leistet, angewendet wird (→ Rz. 4755). Die hiernach pauschal besteuerten Beiträge und Zuwendungen sind folglich auf das steuerfreie Volumen anzurechnen.

k) Nachholung der Steuerfreiheit

Beiträge i.S.d. § 3 Nr. 63 Satz 1 EStG, die **für Kalenderjahre nachgezahlt** werden, 4736

- in denen das **erste Dienstverhältnis ruhte**,
- vom **Arbeitgeber im Inland kein steuerpflichtiger Arbeitslohn bezogen** wurde und
- in diesen Zeiten **keine Beiträge** i.S.d. § 3 Nr. 63 Satz 1 EStG geleistet wurden,

sind steuerfrei, soweit sie **8 % der BBG** in der allgemeinen Rentenversicherung, für 2026 also 8 112 € (8 % von 101 400 €), vervielfältigt mit der Anzahl dieser Kalenderjahre, höchstens jedoch zehn Kalenderjahre, nicht übersteigen.

Eine Nachzahlung kommt z.B. in Betracht für Zeiten einer Entsendung ins Ausland, während der Elternzeit oder eines Sabbatjahres. Für die Berechnung des maximalen steuerfreien Volumens wird auf die BBG des Jahres der Nachzahlung abgestellt und diese mit der Anzahl der zu berücksichtigenden Jahre multipliziert.

Im Zeitraum des Ruhens und im Zeitpunkt der Nachzahlung muss ein **erstes Dienstverhältnis** vorliegen (§ 3 Nr. 63 Satz 4 EStG). Der Nachweis, dass ein erstes Dienstverhältnis vorliegt, ist vom Arbeitgeber zu führen. Dieser kann z.B. über die abgerufenen ELStAM-Daten, eine Bescheinigung für den Lohnsteuerabzug oder eine schriftliche Bestätigung des Arbeitnehmers erfolgen (→ Rz. 4722).

Die Nachholungsregelung ist **eine Jahresregelung**, d.h., es sind nur solche Kalenderjahre zu berücksichtigen, in denen vom 1.1. bis zum 31.12. vom Arbeitgeber im Inland kein steuerpflichtiger Arbeitslohn bezogen wurde. Berücksichtigt werden dabei auch Kalenderjahre vor 2018, sofern die Nachzahlung seit dem 1.1.2018 erfolgt. Arbeitslöhne aus anderen Dienstverhältnissen (Steuerklasse VI oder pauschal besteuert) bleiben unberücksichtigt.

Die Nachholung muss **im Zusammenhang mit dem Ruhen des Dienstverhältnisses** stehen. Von einem solchen Zusammenhang kann ausgegangen werden, wenn die Beiträge spätestens bis zum Ende des Kalenderjahres, das auf das Ende der Ruhensphase folgt, nachgezahlt werden. Die Nachholung kann in einem Betrag oder in mehreren Teilbeträgen erfolgen. Bei Teilbeträgen gilt die BBG des Jahres der ersten Teilzahlung. In dem Kalenderjahr, in dem die Ruhensphase endet und in dem darauffolgenden Jahr können die **Steuerbefreiungen nach § 3 Nr. 63 Satz 1 und 4 EStG nebeneinander in Anspruch** genommen werden.

Übersteigen die nachgezahlten Beiträge das steuerfreie Volumen nach § 3 Nr. 63 Satz 4 EStG, können die übersteigenden Beiträge nach § 3 Nr. 63 Satz 1 EStG steuerfrei belassen werden, soweit der Höchstbetrag nach § 3 Nr. 63 Satz 1 EStG durch die laufenden Beiträge für das entsprechenden Kalenderjahr noch nicht verbraucht ist. Für Beiträge an eine Pensionskasse oder für eine Direktversicherung kommt ggf. auch die Pauschalbesteuerung nach § 40b Abs. 1 und Abs. 2 Satz 1 und 2 EStG a.F. in Betracht, sofern die Voraussetzungen für die Anwendung des § 40b EStG a. F. vorliegen (→ Rz. 4831).

14. Steuerfreiheit nach § 3 Nr. 63a EStG

4737 § 3 Nr. 63a EStG gilt für **Zusatzbeiträge des Arbeitgebers** i.S.d. § 23 Abs. 1 BetrAVG, die den einzelnen Arbeitnehmern nicht unmittelbar gutgeschrieben oder zugerechnet, sondern zunächst **zur Absicherung der reinen Beitragszusage genutzt** werden. Diese Zusatzbeiträge bleiben im Zeitpunkt der Dotierung/Leistung des Arbeitgebers an die Versorgungseinrichtung steuerfrei. Soweit aus den nach § 3 Nr. 63a EStG steuerfeien Beiträgen dem Arbeitnehmer später Versorgungsleistungen oder andere Vorteile zufließen, sind diese vollständig nach § 22 Nr. 5 Satz 1 EStG zu besteuern.

Für **Zusatzbeiträge des Arbeitgebers**, die den **einzelnen Arbeitnehmern direkt gutgeschrieben** bzw. zugerechnet werden, gelten hingegen die gleichen steuerlichen Regelungen wie für die übrigen Beiträge des Arbeitgebers i.R. des Kapitaldeckungsverfahrens an einen Pensionsfonds, eine Pensionskasse oder für eine Direktversicherung zum Aufbau einer betrieblichen Altersversorgung.

15. Steuerfreiheit nach § 3 Nr. 56 EStG

4738 Zuwendungen des Arbeitgebers nach § 19 Abs. 1 Satz 1 Nr. 3 Satz 1 EStG aus dem ersten Dienstverhältnis an eine Pensionskasse zum Aufbau einer **nicht kapitalgedeckten** betrieblichen Altersversorgung sind nach § 3 Nr. 56 EStG steuerfrei, soweit diese Zuwendungen im Kalenderjahr **4 % der BBG** in der allgemeinen Rentenversicherung, für 2026 also 4 056 € im Kalenderjahr (4 % von 101 400 €) nicht übersteigen.

Voraussetzung für die Steuerfreiheit ist, dass die Auszahlung der zugesagten Alters-, Invaliditäts- oder Hinterbliebenenversorgungsleistungen **in Form einer lebenslangen Rente oder eines Auszahlungsplans** mit anschließender lebenslanger Teilkapitalverrentung ab spätestens dem 85. Lebensjahr vorgesehen ist (vgl. § 3 Nr. 56 Satz 1 i.V.m. § 82 Abs. 2 Satz 2 EStG).

Zu dem durch § 3 Nr. 56 EStG begünstigten Personenkreis gehören **alle Arbeitnehmer**, insoweit gelten die Ausführungen unter → Rz. 4722 entsprechend.

Zu den nach § 3 Nr. 56 EStG begünstigten Aufwendungen gehören nur **laufende Zuwendungen** des Arbeitgebers für eine betriebliche Altersversorgung an eine Pensionskasse, die **nicht im Kapitaldeckungsverfahren**, sondern im Umlageverfahren finanziert wird (wie z.B. Umlagen an die VBL bzw. an eine kommunale oder kirchliche Zusatzversorgungskasse). Soweit diese Zuwendungen nicht nach § 3 Nr. 56 EStG steuerfrei bleiben, können sie individuell oder nach § 40b Abs. 1 EStG pauschal besteuert werden. Im Übrigen gelten die Ausführungen unter → Rz. 4725, unter → Rz. 4726, unter → Rz. 4728 und unter → Rz. 4729 entsprechend. Danach sind z.B. der **Arbeitnehmereigenanteil** an einer Umlage und die sog. **eigenen Beiträge des Arbeitnehmers nicht steuerfrei** nach § 3 Nr. 56 EStG.

Werden von der Versorgungseinrichtung sowohl Zuwendungen/ Umlagen als auch Beiträge im Kapitaldeckungsverfahren erhoben, ist § 3 Nr. 56 EStG auch auf die im Kapitaldeckungsverfahren erhobenen Beiträge anwendbar, wenn eine getrennte Verwaltung und Abrechnung beider Vermögensmassen nicht erfolgt.

Erfolgt hingegen eine getrennte Verwaltung und Abrechnung beider Vermögensmassen, ist die Steuerfreiheit nach § 3 Nr. 63 EStG für die im Kapitaldeckungsverfahren erhobenen Beiträge vorrangig zu berücksichtigen. Dies gilt unabhängig davon, ob diese Beiträge rein arbeitgeberfinanziert sind, auf einer Entgeltumwandlung oder anderen im Gesamtversicherungsbeitrag des Arbeitgebers enthaltenen Finanzierungsanteilen des Arbeitnehmers beruhen. Die nach § 3 Nr. 63 EStG steuerfreien Beiträge mindern den Höchstbetrag des § 3 Nr. 56 EStG (§ 3 Nr. 56 Satz 3 EStG). Eine Steuerfreiheit nach § 3 Nr. 56 EStG für die Zuwendungen kommt in diesen Fällen nur insoweit in Betracht, als die nach § 3 Nr. 63 EStG steuerfreien Beiträge den Höchstbetrag des § 3 Nr. 56 EStG unterschreiten. Eine Minderung nach § 3 Nr. 56 Satz 3 EStG ist immer nur in dem jeweiligen Dienstverhältnis vorzunehmen; die Steuerfreistellung nach § 3 Nr. 56 EStG bleibt somit unberührt, wenn z.B. erst in einem späteren ersten Dienstverhältnis Beiträge nach § 3 Nr. 63 EStG steuerfrei bleiben.

Beispiel 1:

Ein Arbeitgeber zahlt 2026 an seine Zusatzversorgungskasse folgende Beträge

- 1 200 € (12 × 100 €) zu Gunsten einer getrennt verwalteten und abgerechneten kapitalgedeckten betrieblichen Altersversorgung und
- 3 600 € (12 × 300 €) zu Gunsten einer umlagefinanzierten betrieblichen Altersversorgung.

Der Beitrag i.H.v. 1 200 € ist steuerfrei nach § 3 Nr. 63 EStG, denn der entsprechende Höchstbetrag (8 112 €) wird nicht überschritten.

Von der Umlage sind 2 856 € steuerfrei nach § 3 Nr. 56 Satz 1 und 3 EStG (3 600 €, aber maximal 4 056 € abzüglich 1 200 €). Die verbleibende Umlage i.H.v. 744 € (3 600 € abzüglich 2 856 €) ist individuell oder nach § 40b Abs. 1 und 2 EStG pauschal zu besteuern.

Die Finanzverwaltung hat keine Bedenken gegen eine **kalenderjahrbezogene Betrachtung** hinsichtlich der nach § 3 Nr. 56 Satz 3 EStG vorzunehmenden Verrechnung, wenn sowohl nach § 3 Nr. 63 EStG steuerfreie Beiträge als auch nach § 3 Nr. 56 EStG steuerfreie Zuwendungen erbracht werden sollen. Stellt der Arbeitgeber vor Übermittlung der elektronischen Lohnsteuerbescheinigung fest (z.B. wegen einer erst im Laufe des Kalenderjahres vereinbarten nach § 3 Nr. 63 EStG steuerfreien Entgeltumwandlung aus einer Sonderzuwendung), dass die ursprüngliche Betrachtung nicht mehr zutreffend ist, hat er eine **Korrektur vorzunehmen**.

Beispiel 2:

Ein Arbeitgeber zahlt ab dem 1.1.2026 monatlich an eine Zusatzversorgungskasse 350 € zu Gunsten einer umlagefinanzierten betrieblichen Altersversorgung; nach § 3 Nr. 63 EStG steuerfreie Beiträge werden nicht entrichtet. Aus dem Dezembergehalt (Gehaltszahlung 15.12.2026) wandelt der Arbeitnehmer einen Betrag i.H.v. 440 € zu Gunsten einer kapitalgedeckten betrieblichen Altersversorgung um (wobei die Mitteilung an den Arbeitgeber am 6.12.2026 erfolgt).

Der Beitrag i.H.v. 440 € ist vorrangig steuerfrei nach § 3 Nr. 63 EStG.

Von der Umlage wurde bisher ein Betrag i.H.v. 3 718 € (= 11 × 338 € [4 056 €, verteilt auf 12 Monate]) nach § 3 Nr. 56 EStG steuerfrei belassen.

Im Dezember 2025 ist die steuerliche Behandlung der Umlagezahlung zu korrigieren, denn nur ein Betrag i.H.v. 3 616 € (4 056 € abzüglich 440 €) kann maximal im Kalenderjahr steuerfrei nach § 3 Nr. 56 EStG gezahlt werden. Ein Betrag i.H.v. 102 € (3 718 € abzüglich 3 616 €) ist noch individuell oder pauschal zu besteuern. Der Arbeitgeber kann wahlweise den Lohnsteuerabzug der Monate Januar bis November 2026 korrigieren oder im Dezember 2026 den Betrag als sonstigen Bezug behandeln. Der Betrag für den Monat Dezember 2026 i.H.v. 440 € ist vollständig individuell oder pauschal zu besteuern.

16. Pauschalierung der Lohnsteuer nach neuem Recht

a) Allgemeines

Nach § 40b EStG können **Zuwendungen zum Aufbau einer nicht kapitalgedeckten betrieblichen Altersversorgung an eine Pensionskasse pauschal mit 20 % versteuert werden**, soweit sie nicht nach § 3 Nr. 56 EStG steuerfrei sind. Eine Pauschalierung ist jedoch **nur bis zur Höhe von 1 752 € im Kalenderjahr möglich**. Übersteigen die Beiträge und Zuwendungen diesen Betrag, so ist der **übersteigende** Betrag grds. individuell beim Arbeitnehmer zu versteuern. Die Pauschalierung setzt weiterhin voraus, dass die Zuwendungen **aus einem ersten Dienstverhältnis** bezogen werden (§ 40b Abs. 2 Satz 1 EStG). Besonderheiten gelten, wenn mehrere Arbeitnehmer gemeinsam versichert sind (→ Rz. 4742) oder bei Zuwendungen, die aus Anlass der Beendigung des Dienstverhältnisses erbracht werden (→ Rz. 4743). Zum Abflusszeitpunkt der Beiträge beim Arbeitgeber → Rz. 4709. 4739

b) Pauschalbesteuerungsfähige Leistungen

§ 40b EStG erfasst nur noch **Zuwendungen des Arbeitgebers** für eine betriebliche Altersversorgung an eine Pensionskasse, die **nicht im Kapitaldeckungsverfahren, sondern im Umlageverfahren finanziert** wird (wie z.B. Umlagen an die VBL bzw. an eine 4740 kommunale oder kirchliche Zusatzversorgungskasse). Werden für den Arbeitnehmer solche Zuwendungen laufend geleistet, bleiben diese zunächst i.R. des § 3 Nr. 56 EStG steuerfrei. Die den Rahmen des § 3 Nr. 56 EStG übersteigenden Zuwendungen können dann nach § 40b Abs. 1 und 2 EStG pauschal besteuert werden. Werden von einer Versorgungseinrichtung sowohl Umlagen als auch Beiträge im Kapitaldeckungsverfahren erhoben, ist § 40b EStG auch auf die im Kapitaldeckungsverfahren erhobenen Beiträge anwendbar, wenn eine getrennte Verwaltung und Abrechnung beider Vermögensmassen (Trennungsprinzip) **nicht** erfolgt.

c) Pauschalierungsgrenze

4741 Die Lohnsteuerpauschalierung ist allgemein **auf Zuwendungen i.H.v. 1 752 € jährlich je Arbeitnehmer begrenzt** (§ 40b Abs. 2 Satz 1 EStG). Die Pauschalierungsgrenze kann auch in den Fällen voll ausgeschöpft werden, in denen feststeht, dass dem Arbeitnehmer bereits aus einem vorangegangenen Dienstverhältnis im selben Kalenderjahr pauschal besteuerte Zuwendungen zugeflossen sind. Soweit die Zuwendungen den Grenzbetrag von 1 752 € überschreiten, müssen sie dem normalen Lohnsteuerabzug unterworfen werden.

d) Durchschnittsberechnung

4742 Sind **mehrere Arbeitnehmer gemeinsam** in einer Pensionskasse versichert, so gilt als Zuwendung für den einzelnen Arbeitnehmer der Teilbetrag, der sich bei einer Aufteilung der gesamten Zuwendungen durch die Zahl der begünstigten Arbeitnehmer ergibt, wenn dieser Teilbetrag 1 752 € nicht übersteigt; hierbei sind Arbeitnehmer, für die Zuwendungen von mehr als 2 148 € im Kalenderjahr geleistet werden, nicht einzubeziehen (§ 40b Abs. 2 Satz 2 EStG).

e) Vervielfältigungsregelung bei Beendigung des Dienstverhältnisses

4743 Für Zuwendungen, die der Arbeitgeber für den Arbeitnehmer **aus Anlass der Beendigung des Dienstverhältnisses** erbracht hat, **vervielfältigt sich der Betrag von 1 752 €** mit der Zahl der Kalenderjahre, in denen das Dienstverhältnis des Arbeitnehmers zum Arbeitgeber bestanden hat. In diesem Fall ist die Durchschnittsberechnung nicht anzuwenden. Der vervielfältigte Betrag **vermindert sich** um die pauschal besteuerten Zuwendungen, die der Arbeitgeber **in dem Kalenderjahr**, in dem das Dienstverhältnis beendet wird, **und in den sechs vorangegangenen Kalenderjahren** erbracht hat (§ 40b Abs. 2 Sätze 3 und 4 EStG).

f) Pflichtpauschalierung für Sonderzahlungen

4744 Wenn der Arbeitgeber Sonderzahlungen an eine Pensionskasse leistet anlässlich

- seines **Ausscheidens** aus einer nicht im Wege der Kapitaldeckung finanzierten betrieblichen Altersversorgung,
- des **Wechsels** von einer nicht im Wege der Kapitaldeckung zu einer anderen nicht im Wege der Kapitaldeckung finanzierten betrieblichen Altersversorgung,

so hat der Arbeitgeber die Lohnsteuer mit einem Pauschsteuersatz i.H.v. **15 % der Sonderzahlungen** zu erheben (§ 40b Abs. 4 EStG). Hierzu gehören z.B. Gegenwertzahlungen und Zahlungen im Erstattungsmodell nach § 23a und § 23c der VBL-Satzung oder nach § 15a und § 15b der AKA-Mustersatzung für die kommunalen und kirchlichen Zusatzversorgungskassen. Es handelt sich um eine Pflichtpauschalierung, d.h. dem Arbeitgeber ist die Möglichkeit verwehrt, die Sonderzahlungen individuell beim Arbeitnehmer zu versteuern. Für die Anwendung des § 40b Abs. 4 EStG ist es unerheblich, wenn an die Versorgungseinrichtung keine weiteren laufenden Beiträge oder Zuwendungen geleistet werden.

Der BFH hält die „Pflichtpauschalierung" **für verfassungswidrig** und hat daher die Sache zur Entscheidung dem BVerfG vorgelegt (BFH v. 14.11.2013, VI R 49/12, HFR 2014, 230, BFH v. 14.11.2013, VI R 50/12, Az. beim BVerfG: 2 BvL 7/14 und 2 BvL 8/14).

17. Pauschalierung der Lohnsteuer nach altem Recht

a) Allgemeines

Für die weitere **Anwendung von § 40b Abs. 1 und 2 EStG a.F.** ist **seit 2018** als grundlegende personenbezogene Voraussetzung zunächst **entscheidend**, ob **vor dem 1.1.2018 mindestens ein Beitrag des Arbeitgebers** zum Aufbau einer kapitalgedeckten Altersversorgung an eine Pensionskasse oder Direktversicherung **rechtmäßig nach § 40b Abs. 1 und 2 EStG a.F. pauschal besteuert wurde**. Hierfür mussten die entsprechenden Beiträge auf Grund einer Versorgungszusage geleistet werden, die vor dem 1.1.2005 erteilt wurde. Für die Frage der zulässigen Anwendung der Pauschalbesteuerung vor 2018 sind daher die Regelungen in BMF v. 24.7.2013, IV C 3 – S 2015/11/10002/IV C 5 – S 2333/09/10005, BStBl I 2013, 1022, Tz. 349 ff. unter Berücksichtigung der Änderungen durch BMF v. 13.1.2014, IV C 3 – S 2015/11/10002 :018, BStBl I 2014, 97 und BMF v. 13.3.2014, IV C 3 – S 2257-b/13/10009, BStBl I 2014, 554 und BMF v. 12.8.2021, IV C 5 – S 2333/19/10008 :017, BStBl I 2021, 1050, Tz. 177. Zur Abgrenzung von Alt- und Neuzusagen bei Direktversicherungen zum Aufbau einer betrieblichen Altersversorgung hat der BFH mit Urteil v. 1.9.2021, VI R 21/19, BStBl II 2022, 233 entschieden. So bestimmt sich der Zeitpunkt, zu dem eine Versorgungszusage erstmalig erteilt wurde, nach der zu einem Rechtsanspruch führenden arbeitsrechtlichen bzw. betriebsrentenrechtlichen Verpflichtungserklärung des Arbeitgebers (Anschluss an BMF-Schreiben vom 24.7.2013, BStBl I 2013, 1022, Rz. 350). Und, hat der Arbeitgeber zu Gunsten des Arbeitnehmers mehrere Direktversicherungen abgeschlossen, ist die Frage, ob diese auf verschiedenen Versorgungszusagen beruhen, unter Berücksichtigung aller maßgeblichen Umstände des Einzelfalls zu beantworten. So kann das Fehlen oder Vorliegen eines zusätzlichen biometrischen Risikos dabei lediglich als ein Indiz herangezogen werden. Es ist aber keine gesetzliche Voraussetzung für eine Neuzusage (entgegen BMF-Schreiben vom 24.7.2013, BStBl I 2013, 1022, Tz. 355). 4745

Wurde für einen Arbeitnehmer vor dem 1.1.2018 mindestens ein Beitrag rechtmäßig nach § 40b EStG a.F. pauschal besteuert, liegen für diesen Arbeitnehmer die persönlichen **Voraussetzungen für die weitere Anwendung des § 40b EStG a.F. sein ganzes Leben lang vor**. Vertragsänderungen, (z.B. Beitragserhöhungen), Neuabschlüsse, Änderungen der Versorgungszusage, Arbeitgeberwechsel usw. sind unbeachtlich. Im Fall eines Arbeitgeberwechsels genügt es, wenn der Arbeitnehmer gegenüber dem neuen Arbeitgeber nachweist, dass vor dem 1.1.2018 mindestens ein Beitrag an eine Pensionskasse oder für eine Direktversicherung nach § 40b EStG a.F. pauschal besteuert wurde (z.B. durch eine Gehaltsabrechnung oder eine Bescheinigung des Vorarbeitgebers bzw. des Versorgungsträgers). Der neue Arbeitgeber kann dann die in Betracht kommenden Beiträge zu Gunsten einer kapitalgedeckten Pensionskasse oder Direktversicherung i.S.d. R 40b.1 LStR ebenfalls weiterhin nach § 40b EStG a.F. pauschal besteuern. Übersteigen die Beiträge des Arbeitgebers den Pauschalierungshöchstbetrag von 1 752 €, sind diese unter den Voraussetzungen des § 3 Nr. 63 Satz 1 EStG i.V.m. § 52 Abs. 4 Satz 16 EStG steuerfrei. Die Anwendung der Pauschalbesteuerung nach § 40b EStG a.F. für Beiträge an Pensionskassen und für Direktversicherungen ist somit nicht erst nach Übersteigen des steuerfreien Höchstbetrags von 8 % möglich, sondern mindert das maximal steuerfreie Volumen (BMF v. 12.8.2021, IV C 5 – S 2333/19/10008 :017, BStBl I 1050, Tz. 86).

Beispiel 1:

Dem Arbeitnehmer A wurde vom Arbeitgeber B im Jahr 2003 eine Versorgungszusage über eine Pensionskasse und im Jahr 2013 in Form einer Direktversicherung erteilt. Die Beiträge für die Pensionskasse wurden – soweit sie die Steuerfreiheit nach § 3 Nr. 63 EStG überstiegen – bis zur Beendigung des Dienstverhältnisses am 30.6.2024 nach § 40b EStG a.F. pauschal besteuert. Die Beiträge für die Direktversicherung wurden als individuell versteuertem Arbeitslohn geleistet. Nach einer Zeit der Arbeitslosigkeit (1.7.2024 bis 31.3.2025) nimmt A zum 1.4.2025 ein neues Beschäftigungsverhältnis beim Arbeitgeber C auf. C erteilt A eine neue Versorgungszusage über einen Pensionsfonds und übernimmt die Direktversicherung. A weist dem C nach, dass die Beiträge für die Pensionskasse in 2017 (damit vor dem 1.1.2018) nach § 40b EStG a.F. pauschal besteuert wurden (Vorlage einer Gehaltsabrechnung).

Arbeitgeber C kann die Beiträge für die Direktversicherung bis zur Höhe von maximal 1 752 € nach § 40b EStG a.F. pauschal besteuern. Der Zeitpunkt der Erteilung der Versorgungszusage für die Direktversicherung ist ohne Bedeutung. Die Beiträge an den Pensionsfonds sind nach Maßgabe des § 3 Nr. 63 EStG steuerfrei.

Beispiel 2:

Dem Arbeitnehmer A wurde vom Arbeitgeber B im Jahr 2009 eine Versorgungszusage in Form einer Direktversicherung erteilt. Die Beiträge für die Direktversicherung waren bis zum 30.6.2024 steuerfrei nach § 3 Nr. 63 EStG. Nach einer Zeit der Arbeitslosigkeit (1.7.2024 bis 31.3.2025) nimmt A zum 1.4.2025 ein neues Beschäftigungsverhältnis beim Arbeitgeber C auf. C übernimmt die Direktversicherung und führt sie fort.

Arbeitgeber C kann die Beiträge für die Direktversicherung bis zur Höhe von maximal 1 752 € **nicht** nach § 40b EStG a.F. **pauschal besteuern**, weil vor dem 1.1.2018 kein Beitrag nach § 40b Abs. 1 und 2 EStG a.F. pauschal besteuert wurde.

Für die Weiteranwendung des § 40b Abs. 1 und 2 EStG a.F. ist darüber hinaus Folgendes zu beachten:

- Im **Fall der Durchschnittsberechnung** nach § 40b Abs. 2 Satz 2 EStG a.F. sind **zur Ermittlung des verbleibenden steuerfreien Volumens** nach § 3 Nr. 63 Satz 1 EStG grds. **die auf den einzelnen Arbeitnehmer entfallenden Leistungen des Arbeitgebers mindernd anzurechnen**. Hat der Arbeitgeber **keine individuelle Zuordnung** der auf den einzelnen Arbeitnehmer entfallenden Leistungen vorgenommen, hat die Finanzverwaltung keine Bedenken, wenn der Arbeitgeber aus Vereinfachungsgründen **einheitlich für alle Arbeitnehmer** den nach § 40b EStG a.F. **pauschal besteuerten Durchschnittsbetrag** berücksichtigt.

  Beispiel 3:

  Der Arbeitgeber zahlt in einen Gruppendirektversicherungsvertrag 600 € jährlich für den Arbeitnehmer A und 2 000 € jährlich für den Arbeitnehmer B ein. Der Durchschnittsbetrag von 1 300 € ([600 € + 2 000 €] : 2 Arbeitnehmer) wird mit 20 % pauschal besteuert.

  Das steuerfreie Volumen von 8 % der BBG in der allgemeinen Rentenversicherung ist beim Arbeitnehmer A um 600 € und beim Arbeitnehmer B um 2 000 € zu vermindern.

  Beispiel 4:

  Der Arbeitgeber zahlt an eine Pensionskasse 3 % seiner Bruttolohnsumme als Beitrag für alle Arbeitnehmer. Der mit 20 % pauschal besteuerte auf jeden Arbeitnehmer entfallende Durchschnittsbetrag nach § 40b Abs. 2 Satz 2 EStG a.F. beträgt 1 500 €.

  Das steuerfreie Volumen von 8 % der BBG in der allgemeinen Rentenversicherung wird bei allen Arbeitnehmern um 1 500 € gemindert.

- Beiträge für eine Direktversicherung können nach § 40b Abs. 1 und 2 EStG a.F. pauschal besteuert werden, auch wenn sie die Voraussetzungen des § 3 Nr. 63 EStG erfüllen (in diesem Fall wird das steuerfreie Volumen nach § 3 Nr. 63 EStG entsprechend gemindert, vgl. § 52 Abs. 4 Satz 13 EStG). Im Fall eines späteren Arbeitgeberwechsels ist in den Fällen des § 4 Abs. 2 Nr. 1 und 2 BetrAVG die Weiteranwendung des § 40b EStG, a.F. möglich wenn der Arbeitnehmer dem Angebot des Arbeitgebers, die Beiträge weiterhin nach § 40b EStG a F. pauschal zu versteuern spätestens bis zur ersten Beitragsleistung zustimmt (BMF v. 12.8.2021, IV C 5 – S 23333/19/10008 :017, BStBl I 2021, 1050, 68).

Nach § 40b EStG a.F. können die **Beiträge zu Direktversicherungen** sowie die **Zuwendungen an Pensionskassen** unter bestimmten Voraussetzungen **pauschal mit 20 % versteuert werden**. Eine Pauschalierung ist jedoch **nur bis zur Höhe von 1 752 € im Kalenderjahr möglich**. Übersteigen die Beiträge und Zuwendungen diesen Betrag, so ist der **übersteigende** Betrag grds. individuell beim Arbeitnehmer zu versteuern. Die Pauschalierung setzt weiterhin voraus, dass die Zukunftssicherungsleistungen **aus einem ersten Dienstverhältnis** bezogen werden (§ 40b Abs. 2 Satz 1 EStG a.F.). Besonderheiten gelten, wenn mehrere Arbeitnehmer gemeinsam versichert sind (→ Rz. 4750) oder bei Beiträgen oder Zuwendungen, die aus Anlass der Beendigung des Dienstverhältnisses erbracht werden (→ Rz. 4755). Zum Abflusszeitpunkt der Beiträge beim Arbeitgeber → Rz. 4709.

b) Pauschalbesteuerungsfähige Leistungen

4746 Nur die Arbeitgeberleistungen für eine Direktversicherung oder eine Pensionskasse unterliegen der Pauschalbesteuerung nach § 40b Abs. 1 und 2 EStG a.F., die zu Gunsten von Arbeitnehmern oder früheren Arbeitnehmern (BFH v. 7.7.1972, VI R 116/69, BStBl II 1972, 890) und deren Hinterbliebenen erbracht werden. Für diese Leistungen kann **die Lohnsteuerpauschalierung nach** § 40 Abs. 1 Satz 1 Nr. 1 EStG **nicht vorgenommen werden**, selbst dann nicht, wenn sie als sonstige Bezüge gewährt werden (§ 40b Abs. 5 EStG). Die Pauschalierung der Lohnsteuer nach § 40b Abs. 1 und 2 EStG a.F. ist auch dann zulässig, wenn die Zukunftssicherungsleistung **erst nach Ausscheiden des Arbeitnehmers** aus dem Betrieb erbracht wird und er bereits in einem neuen Dienstverhältnis steht (BFH v. 18.12.1987, VI R 245/80, BStBl II 1988, 554).

Für die Lohnsteuerpauschalierung nach § 40b Abs. 1 und 2 EStG a.F. kommt es nicht darauf an, ob die Beiträge oder Zuwendungen **zusätzlich zu dem ohnehin geschuldeten Arbeitslohn** oder auf Grund einer Vereinbarung mit dem Arbeitnehmer durch Herabsetzung des individuell zu besteuernden Arbeitslohns erbracht werden (R 40b.1 Abs. 5 LStR).

Das bedeutet, dass die Barlohnkürzung immer möglich ist, und zwar unabhängig davon, ob der arbeitsrechtlich zu beanspruchende Arbeitslohn bereits dem Grunde nach rechtlich entstanden ist oder nicht.

Beispiel:

Der Anspruch auf das 13. Monatsgehalt entsteht gem. Tarifvertrag zeitanteilig nach den vollen Monaten der Beschäftigung im Kalenderjahr und ist am 1.12.2026 fällig. Die Barlohnkürzung vom 13. Monatsgehalt zu Gunsten eines Direktversicherungsbeitrags wird im November des laufenden Kalenderjahres vereinbart.

Der Barlohn kann vor Fälligkeit, also bis spätestens 30.11.2026, auch um den Teil des 13. Monatsgehalts, der auf bereits abgelaufene Monate entfällt, steuerlich wirksam gekürzt werden. Auf den Zeitpunkt der Entstehung kommt es nicht an.

Im EStG wird die arbeitsrechtlich mögliche **Abwälzung** der pauschalen Lohnsteuer auf den Arbeitnehmer **nicht anerkannt**. Nach § 40 Abs. 3 Satz 2 EStG **gilt die auf den Arbeitnehmer abgewälzte pauschale Lohnsteuer als zugeflossener Arbeitslohn** und mindert nicht die Bemessungsgrundlage (→ *Abwälzung der pauschalen Lohnsteuer auf den Arbeitnehmer* Rz. 27). Dies gilt über die Verweisung in § 40b Abs. 5 Satz 1 EStG auch für die Pauschalierung von Zukunftssicherungsleistungen.

Pauschal besteuerungsfähig sind jedoch nur Zukunftssicherungsleistungen, die der Arbeitgeber auf Grund **ausschließlich eigener rechtlicher Verpflichtung** erbringt (BFH v. 29.4.1991, VI R 61/88, BStBl II 1991, 647).

c) Voraussetzungen der Pauschalierung

Die Lohnsteuerpauschalierung setzt bei Beiträgen für eine Direktversicherung voraus, dass 4747

- die Versicherung **nicht auf den Erlebensfall eines früheren als des 60. Lebensjahrs** des Arbeitnehmers abgeschlossen,
- die **Abtretung oder Beleihung** eines dem Arbeitnehmer eingeräumten unwiderruflichen Bezugsrechts **in dem Versicherungsvertrag ausgeschlossen** (BMF v. 6.6.1980, IV B 6 – S 2373 – 26/80, BStBl I 1980, 728) und
- eine **vorzeitige Kündigung** des Versicherungsvertrags durch den Arbeitnehmer **ausgeschlossen**

worden ist (§ 40b Abs. 1 Satz 2 EStG a.F.). Der Versicherungsvertrag darf keine Regelung enthalten, nach der die Versicherungsleistung für den Erlebensfall vor Ablauf des 59. Lebensjahrs fällig werden könnte. Lässt der Versicherungsvertrag z.B. die Möglichkeit zu, Gewinnanteile zur Abkürzung der Versicherungsdauer zu verwenden, so muss die Laufzeitverkürzung bis zur Vollendung des 59. Lebensjahrs begrenzt sein. Der **Ausschluss einer vorzeitigen Kündigung** des Versicherungsvertrags ist anzunehmen, wenn in dem Versicherungsvertrag zwischen dem Arbeitgeber als Versicherungsnehmer und dem Versicherer folgende Vereinbarung getroffen worden ist (R 40b.1 Abs. 6 LStR):

„Es wird unwiderruflich vereinbart, dass während der Dauer des Dienstverhältnisses eine Übertragung der Versicherungsnehmer-Eigenschaft und eine Abtretung von Rechten aus diesem Vertrag auf den versicherten Arbeitnehmer bis zu dem Zeitpunkt, in dem der versicherte Arbeitnehmer sein 59. Lebensjahr vollendet, insoweit ausgeschlossen sind, als die Beiträge vom Versicherungsnehmer (Arbeitgeber) entrichtet worden sind.“

Wird anlässlich der Beendigung des Dienstverhältnisses die Direktversicherung auf den **ausscheidenden Arbeitnehmer übertragen**, bleibt die Pauschalierung der Direktversicherungsbeiträge in der Vergangenheit hiervon unberührt. Das gilt unabhängig davon, ob der Arbeitnehmer den Direktversicherungsvertrag auf einen neuen Arbeitgeber überträgt, selbst fortführt oder kündigt (R 40b.1 Abs. 6 Sätze 5 und 6 LStR).

Die Pauschalierung setzt weiterhin voraus, dass die Zukunftssicherungsleistungen **aus einem ersten Dienstverhältnis** bezogen werden (§ 40b Abs. 2 Satz 1 EStG a.F.). Die Pauschalierung ist **bei Arbeitnehmern in der Steuerklasse VI nicht anwendbar** (BFH v. 12.8.1996, VI R 27/96, BStBl II 1997, 143).

Bei **pauschal besteuerten Teilzeitarbeitsverhältnissen** (§ 40a EStG) ist **die Pauschalierung zulässig**, wenn es sich dabei um das **erste Dienstverhältnis handelt** (BFH v. 8.12.1989, VI R 165/86, BStBl II 1990, 398).

Die Pauschalierung setzt außerdem voraus, dass der Arbeitgeber die pauschale Lohnsteuer übernimmt (§ 40b Abs. 5 Satz 1 EStG). Es ist nicht Voraussetzung, dass die Zukunftssicherungsleistungen in einer größeren Zahl von Fällen erbracht werden (R 40b.1 Abs. 6 Satz 7 LStR).

d) Bemessungsgrundlage der pauschalen Lohnsteuer

4748 Die pauschale Lohnsteuer bemisst sich grds. nach den tatsächlichen Leistungen, die der Arbeitgeber **für den einzelnen Arbeitnehmer** erbringt (R 40b.1 Abs. 7 LStR).

Schließt der Arbeitgeber für den Arbeitnehmer **eine verbilligte Direktversicherung** ab, kann nur der tatsächlich gezahlte Versicherungsbeitrag, nicht aber der geldwerte Vorteil aus der Verbilligung nach § 40b Abs. 1 und 2 EStG a.F. pauschal versteuert werden.

Beispiel:

Ein Arbeitgeber hat eine Direktversicherung für seinen Arbeitnehmer abgeschlossen, für die er auf Grund wirtschaftlicher Verflechtung mit dem Versicherer nur Beiträge i.H.v. 20 € statt üblicherweise 100 € monatlich zu leisten hat.

Die gezahlten Beiträge i.H.v. 20 € monatlich stellen steuerpflichtigen Arbeitslohn dar, der nach § 40b Abs. 1 und 2 EStG a.F. pauschal versteuert werden kann. Daneben ist in der Gewährung des verbilligten Versicherungsschutzes ein geldwerter Vorteil (Rabatt durch Dritte) zu sehen, der dem individuellen Lohnsteuerabzug durch den Arbeitgeber unterliegt.

Nach der Vereinfachungsregelung der R 8.1 Abs. 2 Satz 3 LStR (→ *Sachbezüge* Rz. 3815) kann der geldwerte Vorteil wie folgt ermittelt werden:

	„Normaler" Beitrag (= konkreter Endpreis)	100 €
–	4 % Abschlag	4 €
=	üblicher Endpreis aus Vereinfachungsgründen	96 €
–	Beitragszahlung	20 €
=	geldwerter Vorteil	76 €

Die **Beitragszahlung i.H.v. 20 €** kann nach § 40b Abs. 1 und 2 EStG a.F. **pauschal versteuert** werden. Der geldwerte Vorteil von 76 € ist hingegen der „Regelversteuerung" beim Arbeitnehmer zu unterwerfen. Der Rabattfreibetrag kann nicht berücksichtigt werden, weil der Vorteil nicht vom Arbeitgeber gewährt wird (→ *Rabatte* Rz. 3530).

Versicherungsbeiträge, die **die Verrechnung von Überschussanteilen mit dem Tarifbeitrag** vorsehen, sind versicherungsrechtlich zulässig. Bei Lebensversicherungsverträgen bestehen **zwei Gestaltungsmöglichkeiten**:

- Ein niedriger Tarifbeitrag führt zu einer geringeren Versicherungssumme, die sich durch die Gutschrift von Überschussanteilen erhöht;
- es wird eine höhere Versicherungssumme mit entsprechend höheren Tarifbeiträgen vereinbart, wobei die anfallenden Überschussanteile nicht zur Erhöhung der Versicherungssumme, sondern zur Senkung des Tarifbeitrags verwendet werden.

In beiden Fällen ergibt sich im Ergebnis eine gleich hohe Versicherungssumme, aber ein unterschiedlicher Risikoanteil. Bei einem geringen Tarifbeitrag führt der Risikoanteil im Versicherungsfall vor Ablauf des Versicherungsvertrags ggf. zu einer geringeren Versicherungssumme, während bei einem hohen Tarifbeitrag, der mit Überschüssen verrechnet wird, im Versicherungsfall wegen des höheren Risikoanteils auch eine höhere Versicherungssumme besteht.

Für die Pauschalbesteuerung nach § 40b Abs. 1 und 2 EStG a.F. ist bei beiden Gestaltungsmöglichkeiten auf den vom Arbeitgeber tatsächlich zu **zahlenden** Betrag abzustellen (R 40b.1 Abs. 7 LStR). Bei Verrechnung des Tarifbeitrags mit Überschussanteilen stellt deshalb der ermäßigte Beitrag die Bemessungsgrundlage für die Pauschalbesteuerung dar.

Wird für **mehrere Arbeitnehmer gemeinsam** eine pauschale Leistung erbracht, bei der der Teil, der auf den einzelnen Arbeitnehmer entfällt, nicht festgestellt werden kann, so ist dem einzelnen Arbeitnehmer der Teil der Leistung zuzurechnen, der sich bei einer Aufteilung der Leistung **nach der Zahl der begünstigten Arbeitnehmer ergibt** (§ 2 Abs. 2 Nr. 3 Satz 3 LStDV). Werden Leistungen des Arbeitgebers für die tarifvertragliche Zusatzversorgung der Arbeitnehmer mit einem Prozentsatz der Bruttolohnsumme des Betriebs erbracht, so ist die Arbeitgeberleistung Bemessungsgrundlage der pauschalen Lohnsteuer. Für die Feststellung der **Pauschalierungsgrenze** bei zusätzlichen pauschal besteuerungsfähigen Leistungen für einzelne Arbeitnehmer ist die Arbeitgeberleistung auf die Zahl der durch die tarifvertragliche Zusatzversorgung begünstigten Arbeitnehmer aufzuteilen (R 40b.1 Abs. 7 Sätze 3 bis 5 LStR).

e) Pauschalierungsgrenze

Die Lohnsteuerpauschalierung ist allgemein **auf pauschal besteuerungsfähige Leistungen von 1 752 € jährlich je Arbeitnehmer begrenzt** (§ 40b Abs. 2 Satz 1 EStG a.F.). Die Pauschalierungsgrenze kann auch in den Fällen voll ausgeschöpft werden, in denen feststeht, dass dem Arbeitnehmer bereits aus einem vorangegangenen Dienstverhältnis im selben Kalenderjahr pauschal besteuerte Zukunftssicherungsleistungen zugeflossen sind. Soweit pauschal besteuerungsfähige Leistungen den Grenzbetrag von 1 752 € überschreiten, müssen sie dem normalen Lohnsteuerabzug unterworfen werden (R 40b.1 Abs. 8 LStR). 4749

Beispiel:

Ein Arbeitgeber zahlt für seinen Arbeitnehmer monatlich 200 € in eine Direktversicherung.

Eine Pauschalbesteuerung ist nur bis zur Höhe von 1 752 € zulässig. Der Arbeitgeber kann also in den Monaten Januar bis August die Direktversicherungsbeiträge mit 20 % pauschal versteuern (8 × 200 € = 1 600 €). Im September können noch 152 € pauschal versteuert werden, der Restbetrag von 48 € ist mit dem übrigen Arbeitslohn „normal" zu versteuern. Dies gilt auch für die Direktversicherungsbeiträge der Monate Oktober bis Dezember.

Eine Pauschalversteuerung nach § 40 Abs. 1 Nr. 1 EStG ist auf Grund der gesetzlichen Regelung in § 40b Abs. 5 EStG nicht möglich.

f) Durchschnittsberechnung

Wenn **mehrere Arbeitnehmer gemeinsam** in einem Direktversicherungsvertrag oder in einer Pensionskasse versichert sind, so ist für die Feststellung der Pauschalierungsgrenze eine Durchschnittsberechnung anzustellen (§ 40b Abs. 2 Satz 2 EStG a.F.). **Ein gemeinsamer Direktversicherungsvertrag** liegt außer bei einer Gruppenversicherung auch dann vor, wenn **in einem Rahmenvertrag** mit einem oder mehreren Versicherern **sowohl die versicherten Personen als auch die versicherten Wagnisse bezeichnet werden** und die Einzelheiten in Zusatzvereinbarungen geregelt sind. Ein Rahmenvertrag, der z.B. nur den Beitragseinzug und die Beitragsabrechnung regelt, stellt keinen gemeinsamen Direktversicherungsvertrag dar (R 40b.1 Abs. 9 LStR). Bestehen neben einer gemeinsamen Versicherung für einzelne oder mehrere Arbeitnehmer Einzeldirektversicherungen, so sind die Einzeldirektversicherungen nicht in die Durchschnittsberechnung einzubeziehen (BFH v. 11.3.2010, VI R 9/08, BStBl II 2011, 183). 4750

Bei der Durchschnittsberechnung nach § 40b Abs. 2 Satz 2 EStG a.F. bleiben die **gesamten Beiträge i.S.v.** § 3 Nr. 63 EStG **unberücksichtigt**, also neben den Beträgen, die vom Arbeitgeber steuerfrei belassen werden, auch diejenigen Beiträge, die wegen der Ausübung des Wahlrechts nach § 3 Nr. 63 Satz 2 EStG individuell versteuert werden, um die Altersvorsorgezulage oder den Sonderausgabenabzug zu erhalten (→ *Riester-Förderung* Rz. 3751). Das bedeutet im Ergebnis, dass Beiträge bis zum Höchstbetrag des § 3 Nr. 63 EStG (für 2024: 7 248 € im Kalenderjahr) nicht berücksichtigt werden müssen (R 40b.1 Abs. 9 Satz 4 LStR).

Im Übrigen ist nach R 40b.1 Abs. 9 Satz 5 LStR **wie folgt zu verfahren:**

- Sind in der Direktversicherung oder in der Pensionskasse Arbeitnehmer versichert, für die pauschal besteuerungsfähige Leistungen von jeweils **insgesamt mehr als 2 148 €** jährlich erbracht werden, so **scheiden die Leistungen** für diese Arbeitnehmer **aus der Durchschnittsberechnung aus**. Das gilt z.B. auch dann, wenn mehrere Direktversicherungsverträge bestehen und die Beitragsanteile für den einzelnen Arbeitnehmer insgesamt 2 148 € übersteigen. Die Erhebung der Lohnsteuer auf diese Leistungen richtet sich nach den allgemeinen Voraussetzungen für die Lohnsteuerpauschalierung, also Pauschalierungsgrenze 1 752 €, der Restbetrag muss nach den allgemeinen Grundsätzen versteuert werden.
- Die Leistungen für die übrigen Arbeitnehmer sind zusammenzurechnen und durch die Zahl der Arbeitnehmer zu teilen, für die sie erbracht worden sind. **Bei einem konzernumfassenden gemeinsamen Direktversicherungsvertrag** ist der Durchschnittsbetrag durch Aufteilung der Beitragszahlungen des Arbeitgebers **auf die Zahl seiner begünstigten Arbeitnehmer** festzustellen; es ist nicht zulässig, den Durchschnittsbetrag durch Aufteilung des Konzernbeitrags auf alle Arbeitnehmer des Konzerns zu ermitteln.
  - **Übersteigt** der so ermittelte Durchschnittsbetrag **nicht 1 752 €**, so ist dieser für jeden Arbeitnehmer der Pauschalbesteuerung zu Grunde zu legen. Werden für den einzelnen Arbeitnehmer noch weitere pauschal besteuerungsfähige Leistungen erbracht, so dürfen aber insgesamt nur 1 752 € pauschal besteuert werden.
  - **Übersteigt** der Durchschnittsbetrag **1 752 €**, so kommt er **als Bemessungsgrundlage** für die Pauschalbesteuerung **nicht in Betracht**. Der Pauschalbesteuerung sind die tatsächlichen Leistungen zu Grunde zu legen, soweit sie für den einzelnen Arbeitnehmer 1 752 € nicht übersteigen.
- Ist ein **Arbeitnehmer**
  - in mehreren Direktversicherungsverträgen gemeinsam mit anderen Arbeitnehmern,
  - in mehreren Pensionskassen oder
  - in Direktversicherungsverträgen gemeinsam mit anderen Arbeitnehmern und in einer Pensionskasse

  versichert, so ist jeweils der Durchschnittsbetrag aus der Summe der Beiträge für mehrere Direktversicherungen, aus der Summe der Zuwendungen an mehrere Pensionskassen oder aus der Summe der Beiträge zu einer Direktversicherung und der Zuwendungen an eine Pensionskasse zu ermitteln. **In diese gemeinsame Durchschnittsbildung dürfen** jedoch solche Verträge **nicht einbezogen werden**, bei denen wegen der 2 148 €-Grenze **nur noch ein Arbeitnehmer übrig bleibt**; in diesen Fällen liegt eine gemeinsame Versicherung, die in die Durchschnittsberechnung einzubeziehen ist, nicht vor.

Beiträge i.S.d. § 40b EStG a.F. sind nur solche Leistungen des Arbeitgebers, die als Arbeitslohn zu qualifizieren sind. Sind daher für den Arbeitnehmer Gesamtprämien von mehr als 2 148 € im Kalenderjahr zu zahlen, sind diese Arbeitnehmer dennoch in die Durchschnittsberechnung einzubeziehen, wenn der als Arbeitslohn zu qualifizierende Anteil diesen Betrag nicht übersteigt (BFH v. 12.4.2007, VI R 55/05, BStBl II 2007, 619).

Beispiel 1:

Der Arbeitgeber schließt bei einer Versicherung einen Gruppenversicherungsvertrag (Direktversicherung) ab. Er ist insoweit Versicherungsnehmer und Beitragsschuldner. Bei den zu zahlenden Versicherungsbeiträgen wird zwischen einem Arbeitgeberanteil von höchstens 2 148 € und einem 20-prozentigen Arbeitnehmeranteil von höchstens 430 € unterschieden; diese werden in einem Gesamtjahresbeitrag von höchstens 2 578 € zusammengefasst.

Da der Arbeitnehmeranteil aus versteuertem Einkommen gezahlt wird und damit nicht als steuerpflichtiger Arbeitslohn zu qualifizieren ist, ist nur der Arbeitgeberanteil in die Durchschnittsberechnung einzubeziehen. Da dieser höchstens 2 148 € beträgt, sind alle Arbeitnehmer bei der Durchschnittsberechnung zu berücksichtigen (BFH v. 12.4.2007, VI R 55/05, BStBl II 2007, 619).

Werden die pauschal besteuerungsfähigen Leistungen **nicht in einem Jahresbetrag erbracht**, so gilt nach R 40b.1 Abs. 10 LStR Folgendes:

- Die Einbeziehung der auf den einzelnen Arbeitnehmer entfallenden Leistungen in die Durchschnittsberechnung nach § 40b Abs. 2 Satz 2 EStG a.F. entfällt von dem Zeitpunkt an, in dem sich ergibt, dass die Leistungen für diesen Arbeitnehmer **voraussichtlich insgesamt 2 148 € im Kalenderjahr übersteigen** werden.
- Die Lohnsteuerpauschalierung auf der Grundlage des Durchschnittsbetrags entfällt von dem Zeitpunkt an, in dem sich ergibt, dass der **Durchschnittsbetrag voraussichtlich 1 752 € im Kalenderjahr übersteigen** wird.
- Die Pauschalierungsgrenze von 1 752 € ist jeweils insoweit zu vermindern, als sie bei der Pauschalbesteuerung von früheren Leistungen im selben Kalenderjahr bereits ausgeschöpft worden ist. Werden die Leistungen laufend erbracht, so darf die Pauschalierungsgrenze mit dem auf den jeweiligen Lohnzahlungszeitraum entfallenden Anteil berücksichtigt werden.

Beispiel 2:

Es werden ganzjährig laufend monatliche Zuwendungen an eine Pensionskasse geleistet:

(a) für 2 Arbeitnehmer je 250 €	500 €
(b) für 20 Arbeitnehmer je 175 €	3 500 €
(c) für 20 Arbeitnehmer je 120 €	2 400 €
Insgesamt	6 400 €

Die Leistungen für die Arbeitnehmer zu a) betragen jeweils mehr als 2 148 € jährlich (12 × 250 € = 3 000 €); sie sind daher in eine Durchschnittsberechnung nicht einzubeziehen.

Die Leistungen für die Arbeitnehmer zu b) (12 × 175 € = 2 100 €) und c) (12 × 120 € = 1 440 €) übersteigen jährlich jeweils nicht 2 148 €; es ist daher der Durchschnittsbetrag festzustellen.

Der Durchschnittsbetrag beträgt 147,50 € monatlich (3 500 € + 2 400 € geteilt durch 40 Arbeitnehmer); er übersteigt hiernach 1 752 € jährlich (12 × 147,50 € = 1 770 €) und kommt **deshalb als Bemessungsgrundlage nicht in Betracht**. Der Pauschalbesteuerung sind also in allen Fällen die tatsächlichen Leistungen zu Grunde zu legen. Der Arbeitgeber kann dabei

in den Fällen zu (a)	im ersten bis siebten Monat je 250 € und im achten Monat noch 2 € oder monatlich je 146 €,
in den Fällen zu (b)	im ersten bis zehnten Monat je 175 € und im elften Monat noch 2 € oder monatlich je 146 €,
in den Fällen zu (c)	monatlich je 120 €

pauschal versteuern.

g) Versicherungsleistungen wegen Invalidität

Nach R 40b.1 Abs. 1 LStR kommen als Versorgungsleistungen aus einer Direktversicherung Leistungen der Alters-, Invaliditäts- und Hinterbliebenenversorgung in Betracht. Es handelt sich also auch dann um eine Direktversicherung, wenn nach den vertraglichen Vereinbarungen der **Versorgungsfall wegen Invalidität** eintritt. Die Leistungen für den Fall der Invalidität werden i.d.R. durch eine Zusatzversicherung vereinbart; die Lebensversicherung enthält eine Risiko-(Zusatz-)Versicherung für den Invaliditätsfall. 4751

Der Invaliditätsfall kann auch **vor Ablauf des 59. Lebensjahrs** des Arbeitnehmers eintreten. § 40b Abs. 1 Satz 2 EStG a.F. bestimmt aber, dass eine Pauschalierung nur zulässig ist, wenn die Versicherung nicht auf den Erlebensfall eines früheren als des 60. Lebensjahrs abgeschlossen ist. **Es erscheint also zweifelhaft**, ob die Beiträge an eine Direktversicherung in Form einer Lebensversicherung mit Risiko-(Zusatz-)Versicherung für den Invaliditätsfall mit 20 % versteuert werden können.

Hierzu wird in R 40b.1 Abs. 6 LStR darauf hingewiesen, dass für eine Lohnsteuerpauschalierung der Versicherungsvertrag keine Regelung enthalten darf, nach der die Versicherungsleistung für den Erlebensfall **vor Ablauf des 59. Lebensjahrs** fällig werden könnte. Die Ergänzung in R 40b.1 Abs. 6 LStR könnte zu der Auffassung führen, dass Aufwendungen des Arbeitgebers für eine Direktversicherung, die auch Leistungen für den Fall der Invalidität vorsieht, **nicht pauschal versteuert werden können**. Da andererseits nach R 40b.1 Abs. 1 Satz 4 LStR bei einer Direktversicherung als Versorgungsleistungen ausdrücklich auch Leistungen der Invaliditätsversorgung in Betracht kommen können, ist **gleichwohl in derartigen Fällen eine Pauschalierung der Lohnsteuer möglich**.

Eine andere Auffassung wird dagegen von der Finanzverwaltung vertreten, wenn bei **„ohne Invaliditätsrisiko“** abgeschlossenen Versicherungsverträgen den versicherten Arbeitnehmern arbeitsrechtlich **die Möglichkeit eingeräumt wird**, im Falle der Invalidität **den Versicherungsvertrag aufzulösen**. Soweit Berufsunfähigkeit nicht mitversichert ist, handelt es sich bei Invalidität nicht um einen Versicherungsfall. Die vorgesehene Vereinbarung einer Leistung bei Invalidität stellt keine Leistung aus der Direktversicherung dar; vielmehr liegt eine Erlebensfallleistung vor, die bei Invalidität nur auf Grund einer arbeitsrechtlichen Vereinbarung beansprucht wird. Es handelt sich in diesem Fall um eine vorzeitige Kündigung durch den Arbeitnehmer, **die eine Pauschalierung nach § 40b Abs. 1 und 2 EStG a.F. ausschließt**.

h) Umwandlung von Barlohn

4752 Im Allgemeinen handelt es sich bei den Aufwendungen des Arbeitgebers für die Zukunftssicherung seiner Arbeitnehmer **um zusätzliche Leistungen**, die neben dem vertraglich vereinbarten Barlohn erbracht werden. Das gilt auch für die pauschalierungsfähigen Beiträge zu Direktversicherungen.

Ist der Arbeitgeber nicht bereit, entsprechende Zukunftssicherungsleistungen durch zusätzliche Beiträge an eine Direktversicherung zu erbringen, kann **der Arbeitnehmer Teile des individuell zu besteuernden Arbeitslohns** in Beiträge für eine Direktversicherung **umwandeln lassen**. In diesem Fall unterliegt **nur der gekürzte Arbeitslohn dem individuellen Lohnsteuerabzug** (R 40b.1 Abs. 5 LStR).

Voraussetzung für eine Direktversicherung ist, dass der Arbeitgeber als Versicherungsnehmer den Vertrag abschließt und die Beiträge an das Versicherungsunternehmen zahlt. Bei einer Umwandlung von Barlohn muss also der **Arbeitgeber mit dieser Maßnahme einverstanden sein**, den Versicherungsvertrag als Versicherungsnehmer abschließen und die Versicherungsbeiträge entrichten.

Für die pauschale Besteuerung nach § 40b Abs. 1 und 2 EStG a.F. ist es daher **ohne Bedeutung**, ob die Leistung **zusätzlich** zum geschuldeten Arbeitsentgelt oder an seiner Stelle durch eine sog. Barlohnkürzung erbracht wird. Anders aber bei der Sozialversicherung (→ Rz. 4775).

Leistet der Arbeitgeber zu Gunsten seiner Arbeitnehmer Beiträge zu einer Direktversicherung und ist er **zur Übernahme** der von ihm geschuldeten **pauschalen Lohnsteuer** sowie des Solidaritätszuschlags (und ggf. der Kirchensteuer) **nicht bereit**, so ist es **nicht zulässig**, dass der nach den Lohnsteuerabzugsmerkmalen zu versteuernde Arbeitslohn um die pauschale Lohnsteuer und den Solidaritätszuschlag (und ggf. die Kirchensteuer) gekürzt wird. Denn im EStG wird die arbeitsrechtlich mögliche Abwälzung der pauschalen Lohnsteuer auf den Arbeitnehmer **nicht anerkannt** (→ *Abwälzung der pauschalen Lohnsteuer auf den Arbeitnehmer* Rz. 27).

Wird die Pauschalsteuer **arbeitsrechtlich zulässig** auf den Arbeitnehmer abgewälzt, so muss der Arbeitgeber die pauschale Lohnsteuer, den Solidaritätszuschlag und die Kirchensteuer **vom Nettoarbeitslohn abziehen**.

Der Vorteil bei der Umwandlung von Barlohn in Beiträge zu einer Direktversicherung besteht für den Arbeitnehmer darin, dass von dem insgesamt geschuldeten Arbeitslohn **nur der geringere Barlohn individuell** zu versteuern ist; dadurch ergibt sich **für den Arbeitnehmer eine steuerliche Entlastung**.

Beispiel:

Ein niedersächsischer Arbeitnehmer (Steuerklasse I, keine Kinderfreibeträge, Religion rk, 20 Jahre) bezieht im Kalenderjahr 2025 einen monatlichen Lohn von 3 000 €. Der krankenkassenindividuelle Zusatzbeitrag beträgt 1,2 % (angenommener Betrag). **Es ergeben sich folgende Steuerabzugsbeträge**:

Lohnsteuer	311,91 €
+ Solidaritätszuschlag	0,– €
+ Kirchensteuer	28,07 €
= Steuerabzugsbeträge insgesamt	339,98 €

Auf Wunsch des Arbeitnehmers hat der Arbeitgeber eine Direktversicherung i.H.v. 146 € monatlich abgeschlossen (Altzusage). Die Versicherungsprämie sowie die pauschalen Steuern übernimmt der Arbeitnehmer.

Die Abwälzung der pauschalen Steuern auf den Arbeitnehmer mindert **nicht die steuerliche Bemessungsgrundlage für die individuelle Lohnbesteuerung**; die auf den Arbeitnehmer abgewälzte pauschale Lohnsteuer gilt als zugeflossener Arbeitslohn. Wird die Pauschalsteuer arbeitsrechtlich zulässig auf den Arbeitnehmer abgewälzt, so muss der Arbeitgeber die pauschale Lohnsteuer, den Solidaritätszuschlag und die Kirchensteuer vom Nettoarbeitslohn abziehen.

Der Bruttoarbeitslohn von 3 000 € ist daher nur um 146 € zu kürzen, es verbleiben also 2 854 €. Es ergeben sich folgende Steuerabzugsbeträge:

Lohnsteuer	279,25 €
+ Solidaritätszuschlag	0,– €
+ Kirchensteuer	25,13 €
= Steuerabzugsbeträge	304,38 €

Zu diesen Steuerabzugsbeträgen sind noch die pauschalen Steuerabzugsbeträge auf Grund der Pauschalierung der Direktversicherungsbeiträge zu addieren, die dem Arbeitnehmer **vom Nettoarbeitslohn** abgezogen werden; der Arbeitgeber wendet bei der Erhebung der pauschalen Kirchensteuer das Nachweisverfahren an (→ *Kirchensteuer* Rz. 2722):

pauschale Lohnsteuer	29,20 €
+ pauschaler Solidaritätszuschlag (5,5 %)	1,60 €
+ pauschale Kirchensteuer (9 %)	2,62 €
= Steuerabzugsbeträge insgesamt	337,80 €
Errechnung der Steuerersparnis:	
Steuerabzugsbeträge **ohne Umwandlung**	339,98 €
– Steuerabzugsbeträge **mit Umwandlung**	337,80 €
= Steuerersparnis im Monat	2,18 €

Keine Abwälzung der pauschalen Lohnsteuer liegt aber nach Auffassung der obersten Finanzbehörden vor, wenn die **arbeitsrechtliche Bemessungsgrundlage mit allen Konsequenzen herabgesetzt** wird. So müssen sich z.B. zukünftige Gehaltserhöhungen nach dem geminderten Arbeitslohn berechnen. In diesem Fall liegt auch dann keine Abwälzung der pauschalen Lohnsteuer i.S.v. § 40 Abs. 2 Satz 3 EStG a.F. vor, wenn die Gehaltsminderung der pauschalen Lohnsteuer entspricht, die der Arbeitgeber zukünftig trägt (BMF v. 10.1.2000, IV C 5 – S 2330 – 2/00, BStBl I 2000, 138).

Werden i.R. eines steuerlich anzuerkennenden Ehegatten-Arbeitsverhältnisses Beiträge zu einer Direktversicherung im Wege der Barlohnumwandlung erbracht, sind diese betrieblich veranlasst und regelmäßig **ohne Prüfung einer sog. Überversorgung** als Betriebsausgabe zu berücksichtigen (BFH v. 10.6.2008, VIII R 68/06, BStBl II 2008, 973), → Rz. 4766.

i) Barzuwendungen an den Arbeitnehmer

Die Anwendung des § 40b Abs. 1 und 2 EStG a.F. setzt entweder Beiträge des Arbeitgebers für eine Direktversicherung oder Zuwendungen des Arbeitgebers an eine Pensionskasse voraus. **Barzuwendungen des Arbeitgebers** an den Arbeitnehmer **können nicht nach § 40b Abs. 1 und 2 EStG a.F. pauschal versteuert** werden, auch wenn sie der unmittelbaren Altersversorgung des Arbeitnehmers dienen. Das gilt selbst dann, wenn der Arbeitnehmer die Zuwendung des Arbeitgebers dem Versicherungsunternehmen zuführt und die zweckentsprechende Verwendung dem Arbeitgeber durch Vorlage einer Bescheinigung nachweist. 4753

Beispiel:

Der Arbeitnehmer hat für seine Altersversorgung eine befreiende Lebensversicherung abgeschlossen, die Prämie beträgt monatlich 200 €. Der Arbeitgeber zahlt hierzu einen Zuschuss von 100 €. Außerdem hat der Arbeitgeber auf Wunsch des Arbeitnehmers eine Direktversicherung bei dem gleichen Versicherungsunternehmen abgeschlossen, die Versicherungsprämie von 75 € wird dem Arbeitnehmer ersetzt. Der Arbeitnehmer überweist monatlich 275 € an das Versicherungsunternehmen und legt dem Arbeitgeber am Ende des Kalenderjahres einen Verwendungsnachweis über die geleistete Prämie von monatlich 75 € für die Direktversicherung vor.

Die Pauschalierung der Lohnsteuer für die Versicherungsprämie von 75 € ist nicht zulässig, weil die Beiträge nicht unmittelbar vom Arbeitgeber an das Versicherungsunternehmen überwiesen wurden. Die Zahlung des Zuschusses von 100 € an den Arbeitnehmer ist dagegen für die Steuerfreiheit nach § 3 Nr. 62 EStG unschädlich.

j) Abgrenzung zwischen § 3 Nr. 63 EStG und § 40b Abs. 1 und 2 EStG a.F.

Leistet der Arbeitgeber nach § 3 Nr. 63 Satz 1 EStG begünstigte Beiträge an **verschiedene Versorgungseinrichtungen,** kann er § 40b EStG a.F. auf Beiträge an Pensionskassen und Direktversicherungen unabhängig von der zeitlichen Reihenfolge der Bei- 4754 tragszahlung anwenden, wenn die Voraussetzungen für die weitere Anwendung der Pauschalbesteuerung vorliegen.

k) Pauschalierungsgrenze bei Beendigung des Dienstverhältnisses

aa) Vervielfältigungsregelung

4755 Für Beiträge und Zuwendungen, die der Arbeitgeber für den Arbeitnehmer **aus Anlass der Beendigung des Dienstverhältnisses** erbracht hat, **vervielfältigt sich der Betrag von 1 752 €** mit der Zahl der Kalenderjahre, in denen das Dienstverhältnis des Arbeitnehmers zu dem Arbeitgeber bestanden hat, wobei angefangene Kalenderjahre voll zu rechnen sind. Der vervielfältigte Betrag **vermindert sich** um die pauschal besteuerten Beiträge und Zuwendungen, die der Arbeitgeber **in dem Kalenderjahr**, in dem das Dienstverhältnis beendet wird, **und in den sechs vorangegangenen Kalenderjahren** erbracht hat (§ 40b Abs. 2 Sätze 3 und 4 EStG a.F.).

Die Beendigung des Dienstverhältnisses i.S.d. § 40b Abs. 2 Satz 3 EStG ist die **nach bürgerlichem (Arbeits-)Recht wirksame Beendigung**. Ein Dienstverhältnis kann daher auch dann beendet sein, wenn der Arbeitnehmer und sein bisheriger Arbeitgeber im Anschluss an das bisherige Dienstverhältnis ein neues vereinbaren, sofern es sich nicht als Fortsetzung des bisherigen erweist. Es liegt keine solche Beendigung vor, wenn das neue Dienstverhältnis mit demselben Arbeitgeber in Bezug auf den Arbeitsbereich, die Entlohnung und die sozialen Besitzstände im Wesentlichen dem bisherigen Dienstverhältnis entspricht (BFH v. 30.10.2008, VI R 53/05, BStBl II 2009, 162).

bb) Weitere Fallgestaltungen

4756 Die Anwendung der Vervielfältigungsregelung ist nur im Zusammenhang mit der Beendigung des Dienstverhältnisses möglich; ein solcher Zusammenhang ist insbesondere dann zu vermuten, wenn der Direktversicherungsbeitrag **innerhalb von 12 Monaten vor dem Auflösungszeitpunkt** geleistet wird (R 40b.1 Abs. 11 Satz 1 LStR). **Nach Beendigung des Dienstverhältnisses** gibt es **keine Einschränkung**. Hier kann die Vervielfältigungsregelung ohne zeitliche Beschränkung angewendet werden, wenn sie spätestens bis zum Zeitpunkt der Auflösung des Dienstverhältnisses vereinbart wird (R 40b.1 Abs. 11 Satz 2 LStR). Dies gilt selbst dann, wenn der Arbeitnehmer bereits in einem neuen Dienstverhältnis steht (BFH v. 18.12.1987, VI R 245/80, BStBl II 1988, 554).

Die Vervielfältigungsregelung kommt hingegen nicht zur Anwendung, wenn der Arbeitgeber Beiträge für eine Direktversicherung für zurückliegende Jahre bei fortbestehendem Dienstverhältnis nachzuzahlen hat (BFH v. 18.12.1987, VI R 204/83, BStBl II 1988, 379).

cc) Verhältnis der Vervielfältigungsregelungen nach § 3 Nr. 63 EStG und nach § 40b Abs. 2 EStG a.F.

4757 Begünstigte Aufwendungen (→ Rz. 4723), die der Arbeitgeber **aus Anlass der Beendigung des Dienstverhältnisses** leistet, können nach § 3 Nr. 63 Satz 3 EStG **steuerfrei belassen oder** nach § 40b Abs. 2 Satz 3 und 4 EStG a.F. **pauschal besteuert werden**.

Das steuerfreie Volumen von § 3 Nr. 63 Satz 3 EStG wird gemindert, soweit § 40b Abs. 1 und Abs. 2 Satz 3 und 4 EStG a.F. auf die Beiträge, die der Arbeitgeber aus Anlass der Beendigung des Dienstverhältnisses leistet, angewendet wird (BMF v. 12.8.2021, IV C – S 2333/19/10008 :017, BStBl I 2021, 1050, Tz. 95). Die Pauschalbesteuerung nach § 40b Abs. 2 Satz 1 und 2 EStG a.F. berührt das steuerfreie Volumen des § 3 Nr. 63 Satz 3 EStG nicht.

Beispiel:

steuerfreier Höchstbetrag (4 % von 101 400 € × maximal 10 Jahre)	40 560 €
– nach § 40b Abs. 2 Satz 3 und 4 EStG a.F. tatsächlich pauschal besteuerte Beiträge (angenommen)	26 280 €
= verbleiben als steuerfreies Volumen nach § 3 Nr. 63 Satz 3 EStG	14 280 €

dd) Verhältnis Nachholung der Steuerfreiheit nach § 3 Nr. 63 EStG und § 40b Abs. 2 EStG a.F.

4758 Begünstigte Aufwendungen (→ Rz. 4736), die der Arbeitgeber für Kalenderjahre nachzahlt, in denen das erste Dienstverhältnis ruhte, können nach § 3 Nr. 63 Satz 4 EStG sowie ggf. nach § 3 Nr. 63 Satz 1 EStG steuerfrei belassen oder nach § 40b Abs. 2 Satz 1 und 2 EStG a.F. pauschal besteuert werden (→ Rz. 4736).

18. Verlust des Bezugsrechts aus einer Direktversicherung

a) Allgemeines

Eine Arbeitslohnrückzahlung (negative Einnahme) ist anzunehmen, wenn **der Arbeitnehmer sein Bezugsrecht** aus einer Direktversicherung (z.B. bei vorzeitigem Ausscheiden aus dem Dienstverhältnis) ganz oder teilweise ersatzlos verliert und das Versicherungsunternehmen **als Arbeitslohn versteuerte Beiträge an den Arbeitgeber** zurückzahlt. (R 40b.1 Abs. 13 Satz 1 LStR). 4759

Zahlungen des Arbeitnehmers zum Wiedererwerb des verlorenen Bezugsrechts sind der Vermögenssphäre zuzurechnen; sie stellen keine Arbeitslohnrückzahlung dar (R 40b.1 Abs. 13 Satz 2 LStR).

Kein Verlust des Bezugsrechts liegt allerdings vor, wenn ein Unternehmen aus der VBL ausscheidet und die Arbeitnehmer zu diesem Zeitpunkt die Wartezeit von 60 Monaten noch nicht erfüllt haben (BFH v. 7.5.2009, VI R 5/08, BStBl II 2010, 133). Ebenso ist **keine Arbeitslohnrückzahlung anzunehmen**, wenn die Arbeitnehmer infolge des Ausscheidens aus der VBL an Stelle der Anwartschaft auf eine „volle" Versorgungsrente nur die Anwartschaft auf eine zeitanteilig berechnete (niedrigere) Versicherungsrente erhalten (BFH v. 7.5.2009, VI R 37/08, BStBl II 2010, 135).

Auch die Kündigung einer Direktversicherung führt bei **Einsatz des erstatteten Rückkaufswerts für eine andere betriebliche Altersversorgung** des Arbeitnehmers durch den Arbeitgeber **nicht zu einer Lohnrückzahlung** (FG München v. 11.2.2009, 8 K 1412/07, EFG 2009, 1010).

Die **Festsetzung einer** negativen Einkommensteuer und damit auch einer negativen **pauschalen Lohnsteuer ist allerdings gesetzlich nicht vorgesehen** (BFH v. 28.4.2016, VI R 18/15, BStBl II 2016, 898).

b) Arbeitslohn aus steuerfreien Bezügen

Soweit Arbeitslohnrückzahlungen aus steuerfreien Beitragsleistungen (§ 3 Nr. 63 EStG) vorliegen, so ist die Rückzahlung als ein außersteuerlicher Vorgang anzusehen. Es können keine negativen Einnahmen in entsprechender Höhe geltend gemacht werden (→ *Rückzahlung von Arbeitslohn* Rz. 3780). 4760

c) Arbeitslohnrückzahlungen aus pauschal versteuerten Beiträgen

Soweit Arbeitslohnrückzahlungen aus pauschal versteuerten Beitragsleistungen vorliegen, **mindern diese die gleichzeitig (im selben Kalenderjahr) anfallenden pauschal besteuerungsfähigen Beitragsleistungen** des **Arbeitgebers**. Übersteigen in einem Kalenderjahr die Arbeitslohnrückzahlungen betragsmäßig die Beitragsleistungen des Arbeitgebers, ist eine **Minderung** der Beitragsleistungen **im selben Kalenderjahr nur bis auf null** möglich, denn die **Festsetzung einer** negativen Einkommensteuer und damit auch einer negativen **pauschalen Lohnsteuer ist gesetzlich nicht vorgesehen** (BFH v. 28.4.2016, VI R 18/15, BStBl II 2016, 898). Eine Minderung über die im Kalenderjahr der Verrechnung oder Auszahlung der Gewinnanteile fälligen Beitragsleistungen hinaus, also von Beitragsleistungen des Arbeitgebers aus den Vorjahren, ist daher nicht möglich. Der **Arbeitnehmer** kann negative Einnahmen aus pauschal versteuerten Beitragsleistungen nicht geltend machen (R 40b.1 Abs. 14 LStR). 4761

d) Arbeitslohnrückzahlungen aus individuell und pauschal versteuerten Beiträgen

Wenn Arbeitslohnrückzahlungen **aus teilweise individuell und teilweise pauschal versteuerten Beitragsleistungen** herrühren, ist der Betrag entsprechend **aufzuteilen**. Aus Vereinfachungsgründen kann **das Verhältnis** zu Grunde gelegt werden, das sich **nach den Beitragsleistungen in den vorangegangenen fünf Kalenderjahren** ergibt. Maßgebend sind die tatsächlichen Beitragsleistungen. Es ist nicht zulässig, die sich nach der Durch- 4762 schnittsberechnung des § 40b Abs. 2 Satz 2 EStG a.F. ergebenden Beiträge zu Grunde zu legen (R 40b Abs. 15 LStR).

Der auf den **Arbeitnehmer entfallende Anteil** ist bei diesem negativer Arbeitslohn (im Einzelnen → *Rückzahlung von Arbeitslohn* Rz. 3781).

Soweit **die Arbeitslohnrückzahlung dem Arbeitgeber** zuzurechnen ist, richtet sich die steuerliche Behandlung nach den unter → Rz. 4761 dargestellten Grundsätzen.

e) Arbeitslohnrückzahlungen aus individuell versteuerten Beiträgen

4763 **Die Arbeitslohnrückzahlung** ist in Höhe des geschäftsplanmäßigen Deckungskapitals **in voller Höhe dem Arbeitnehmer zuzurechnen** und bei diesem negativer Arbeitslohn (im Einzelnen → *Rückzahlung von Arbeitslohn* Rz. 3781).

f) Verlust des unwiderruflichen Bezugsrechts

4764 Bei Direktversicherungen, deren Beiträge **durch Barlohnumwandlung** finanziert werden, wird dem Arbeitnehmer **regelmäßig ein unwiderrufliches Bezugsrecht** für den Erlebens- und Todesfall eingeräumt. Wird das Vertragsverhältnis durch Kündigung oder Widerruf aufgelöst, z.B. weil der Arbeitnehmer aus dem Dienstverhältnis ausscheidet, zahlt die Versicherungsgesellschaft den Rückkaufswert unmittelbar an den unwiderruflich Bezugsberechtigten, also an den Arbeitnehmer aus.

Für die Pauschalierung nach § 40b Abs. 1 und 2 EStG a.F. ist entscheidend, dass im Zeitpunkt der Zahlung der Versicherungsbeiträge an die Versicherungsgesellschaft die Voraussetzungen für die Pauschalierung der Lohnsteuer nach § 40b Abs. 1 und 2 EStG a.F. vorlagen. War dies der Fall, ergeben sich aus der Kündigung des Lebensversicherungsvertrags dann **keine weiteren lohnsteuerlichen Konsequenzen** (R 40b.1 Abs. 6 Sätze 5 und 6 LStR). Der Arbeitgeber hat keinen Anspruch auf Erstattung der pauschalen Lohnsteuer und der Arbeitnehmer hat den Zufluss des Rückkaufswerts nicht als Arbeitslohn zu versteuern.

Gleiches gilt, wenn die Arbeitnehmer **arbeitsrechtlich bereits einen unverfallbaren Anspruch** auf die jeweils arbeitsvertraglich vereinbarte Altersversorgung erworben haben, den Arbeitnehmern nach den Versicherungsbedingungen **versicherungsrechtlich lediglich ein widerrufliches Bezugsrecht** zusteht und der Insolvenzverwalter im Insolvenzfall die Versicherungsverträge im Hinblick auf das widerrufliche Bezugsrecht der Versicherten kündigt. Der Verlust des durch eine Direktversicherung eingeräumten Bezugsrechts **bei Insolvenz des Arbeitgebers** löst **keine lohnsteuerrechtlichen Folgen** aus. Das folgt aus den Besonderheiten der Insolvenzsicherung gem. § 7 BetrAVG (BFH v. 5.7.2007, VI R 58/05, BStBl II 2007, 774).

19. Verrechnung von Gewinnanteilen

4765 Arbeitslohnrückzahlungen setzen voraus, dass Güter in Geld oder Geldeswert beim Arbeitnehmer abfließen. Schüttet eine Versorgungskasse an ihren Träger, den Arbeitgeber, Gewinne aus, wird damit kein Arbeitslohn zurückgezahlt. **Gewinnausschüttungen** einer Versorgungskasse können daher weder pauschal besteuerbare Beitragsleistungen des Arbeitgebers mindern noch einen Anspruch auf Lohnsteuererstattung begründen (BFH v. 12.11.2009, VI R 20/07, BStBl II 2010, 845).

Gewinnausschüttungen einer betrieblichen Versorgungseinrichtung führen daher **nicht zu einer Arbeitslohnrückzahlung**.

20. Ehegatten-Arbeitsverhältnisse

4766 Auch i.R. von Ehegatten-Arbeitsverhältnissen kann der Arbeitgeber **Zukunftssicherungsleistungen für seine Ehefrau mit steuerlicher Wirkung erbringen**, die entweder steuerfrei sind nach § 3 Nr. 63 EStG oder unter den Voraussetzungen des § 40b Abs. 1 und 2 EStG a.F. pauschal versteuert werden können. Zur Anerkennung solcher Aufwendungen des Arbeitgebers genügt es allerdings nicht, dass das Ehegatten-Arbeitsverhältnis die allgemeinen Anforderungen der R 4.8 EStR i.V.m. H 4.8 EStH erfüllt. Finanzverwaltung und Rechtsprechung haben **zusätzliche Anforderungen an die Anerkennung von Zukunftssicherungsleistungen für den Ehegatten** aufgestellt, vgl. im Einzelnen BMF v. 4.9.1984, IV B 1 – S 2176 – 85/84, BStBl I 1984, 495 und BMF v. 9.1.1986, IV B 1 – S 2176 – 2/86, BStBl I 1986, 7 sowie BFH v. 16.5.1995, XI R 87/93, BStBl II 1995, 873 m.w.N. Danach sind Direktversicherungen zu Gunsten des mitarbeitenden Ehegatten steuerlich anzuerkennen, wenn

- **die Verpflichtung** aus der Zusage der Direktversicherung **ernstlich gewollt sowie klar und eindeutig vereinbart ist**,
- die Aufwendungen **betrieblich veranlasst sind** und
- die betriebliche Altersversorgung **zu keiner Überversorgung** führt.

a) Ernsthaftigkeit der Vereinbarung

Der Vertrag, mit dem eine Direktversicherung abgeschlossen wird, 4767
muss ernsthaft gewollt sowie klar und eindeutig vereinbart sein. **Bei dem Abschluss einer Direktversicherung** zu Gunsten des Arbeitnehmer-Ehegatten bedarf es i.d.R. **keiner Prüfung der Ernsthaftigkeit** der getroffenen Vereinbarungen. Denn in diesen Fällen ist das Vertragsverhältnis geprägt durch die Einschaltung eines Versicherungsunternehmens und durch die Begründung einer bestimmten Rechtsstellung des Bezugsberechtigten (BFH v. 10.11.1982, I R 135/80, BStBl II 1983, 173).

b) Betriebliche Veranlassung

Die Aufwendungen für die Direktversicherung müssen betrieblich 4768
veranlasst sein. Dies ist nur dann der Fall, wenn ein Vertragsverhältnis dieser Art auch mit einem familienfremden Arbeitnehmer abgeschlossen worden wäre. Das bedeutet, dass bei Beschäftigung mehrerer Arbeitnehmer im Betrieb diesen Arbeitnehmern, sofern ihre Tätigkeits- und Leistungsmerkmale vergleichbar sind, eine entsprechende betriebliche Altersversorgung eingeräumt oder zumindest ernsthaft angeboten worden ist, sog. **betriebsinterner Vergleich** (BFH v. 20.3.1980, IV R 53/77, BStBl II 1980, 450 sowie zuletzt BFH v. 15.4.2015, VIII R 49/12).

Bei dem betriebsinternen Vergleich ist es jedoch unschädlich, wenn der Arbeitgeber Direktversicherungen **nur einem bestimmten Kreis von Arbeitnehmern** zusagt. Es kann nicht aus steuerlichen Gründen vorausgesetzt werden, dass alle Arbeitnehmer des Betriebs Versorgungszusagen erhalten. Eine Pensionsregelung kann sich beispielsweise auf den engeren Kreis einer Stammbelegschaft beschränken. Entscheidend ist nur, dass innerhalb des Kreises hinsichtlich der betrieblichen Altersversorgung der Grundsatz der Gleichbehandlung beachtet wird. Werden z.B. Versorgungszusagen nur den Arbeitnehmern einer Spitzengruppe gewährt und gehört der mitarbeitende Ehegatte zu dieser Spitzengruppe, sind die Aufwendungen für die Altersversorgung des Ehegatten betrieblich veranlasst (BFH v. 30.3.1983, I R 209/81, BStBl II 1983, 664).

Daher kann eine betriebliche Altersversorgung zu Gunsten des Ehegatten auch dann als betrieblich veranlasst angesehen werden, **wenn nur dem Ehegatten**, nicht aber den anderen Arbeitnehmern eine betriebliche Altersversorgung eingeräumt wurde, **der Ehegatte aber die Geschäftsleitung innehat** und ihm alle anderen Betriebsangehörigen unterstellt sind (BFH v. 10.3.1993, I R 118/91, BStBl II 1993, 604).

c) Keine Überversorgung

Aufwendungen für eine Direktversicherung, die i.R. eines steuer- 4769
rechtlich anzuerkennenden Ehegatten-Arbeitsverhältnisses geleistet werden, sind der Höhe nach nur insoweit betrieblich veranlasst, als sie **zu keiner Überversorgung führen**. Nach den Grundsätzen der Rechtsprechung des BFH ist zu prüfen, ob die einzelnen Lohnbestandteile (Aktivbezüge und Alterssicherung) zueinander in etwa dem entsprechen, was bei der Entlohnung familienfremder Arbeitnehmer betriebsintern üblich ist. Dabei ist nicht allein die Höhe, sondern auch die Zusammensetzung des Entgelts von Bedeutung. Eine Überversorgung eines mitarbeitenden Ehegatten liegt vor, wenn seine Altersversorgung (z.B. die zu erwartende Rente aus der gesetzlichen Rentenversicherung zuzüglich der Leistungen aus der Direktversicherung) 75 % der letzten Aktivbezüge übersteigt. Aus Vereinfachungsgründen kann aber auf eine genaue Ermittlung der künftigen Altersversorgung verzichtet werden, wenn **sämtliche Versorgungsleistungen 30 % des steuerpflichtigen Arbeitslohns** nicht übersteigen (BFH v. 16.5.1995, XI R 87/93, BStBl II 1995, 873).

Dies gilt allerdings nicht, wenn die Versicherungsbeiträge aus einer echten Barlohnumwandlung stammen. Denn wird in einem steuerlich anzuerkennenden Arbeitsverhältnis zwischen Ehegatten ein Teil des bis dahin bestehenden angemessenen Lohnanspruchs in einen Direktversicherungsschutz umgewandelt ohne Veränderung des Arbeitsverhältnisses im Übrigen (sog. **echte Barlohnumwandlung**), sind die Versicherungsbeiträge betrieblich veranlasst und **regelmäßig ohne Prüfung einer sog. Überversorgung als Betriebsausgabe** zu berücksichtigen (BFH v. 10.6.2008, VIII R 68/06, BStBl II 2008, 973).

d) Andere Formen der betrieblichen Altersversorgung

4770 Die vorstehenden Ausführungen **gelten auch für andere Formen der betrieblichen Altersversorgung**, z.B. für eine Pensionszusage an den mitarbeitenden Ehegatten. In diesen Fällen ist aber insbesondere auch **die Frage nach der Ernsthaftigkeit der Vereinbarung und der Überversorgung zu prüfen**. In Einzelunternehmen ist bei einer Pensionszusage die Zusage auf Witwen- oder Witwerversorgung nicht rückstellungsfähig, weil hier bei Eintritt des Versorgungsfalls Anspruch und Verpflichtung in einer Person zusammentreffen, vgl. H 6a Abs. 9 (Witwen-/Witwerversorgung) EStH.

e) Geringfügige Beschäftigungsverhältnisse

4771 Direktversicherungsbeiträge zu Gunsten des Arbeitnehmer-Ehegatten sind auch möglich, wenn der **Arbeitnehmer-Ehegatte i.R. eines geringfügig entlohnten Beschäftigungsverhältnisses** tätig ist. Voraussetzung ist, dass die Direktversicherungsbeiträge pauschal nach § 40b Abs. 1 und 2 EStG a.F. versteuert werden. Denn bei der Prüfung, ob es sich um eine geringfügige Beschäftigung i.S.d. § 8 Abs. 1 Nr. 1 SGB IV handelt, sind beitragsfrei gezahlte Entgelte nicht zu berücksichtigen. Da Beiträge, die nach § 40b Abs. 1 und 2 EStG a.F. pauschal versteuert werden, nicht dem Arbeitsentgelt hinzuzurechnen sind, wenn sie zusätzlich gewährt werden (§ 1 Abs. 1 Satz 1 Nr. 4 SvEV), wird die Arbeitsentgeltgrenze durch die Direktversicherungsbeiträge nicht überschritten; es bleibt ein geringfügiges Beschäftigungsverhältnis i.S.d. § 8 Abs. 1 Nr. 1 SGB IV. Der Arbeitgeber hat in diesem Fall die Pauschalbeträge für das geringfügig entlohnte Beschäftigungsverhältnis i.H.v. 30 % an die Deutsche Rentenversicherung Knappschaft-Bahn-See abzuführen sowie die pauschale Lohnsteuer für die Direktversicherungsbeiträge i.H.v. 20 % an das Betriebsstättenfinanzamt (→ *Pauschalierung der Lohnsteuer bei geringfügig Beschäftigten* Rz. 3382).

21. Gesellschafter-Geschäftsführer

4772 Soweit einem Gesellschafter-Geschäftsführer i.R. seines Dienstverhältnisses Zukunftssicherungsleistungen zugesagt werden, sind diese nach § 3 Nr. 63 EStG steuerfrei oder können **unter den Voraussetzungen des § 40b Abs. 1 und 2 EStG a.F.** pauschal besteuert werden. Die „verschärften" Anforderungen, die bei Arbeitnehmer-Ehegatten gelten, sind bei Gesellschafter-Geschäftsführern nicht anwendbar. Es ist lediglich zu prüfen, ob **die Zukunftssicherungsleistungen** – zusammen mit dem übrigen Barlohn – **nicht unangemessen hoch** sind und deshalb eine **verdeckte Gewinnausschüttung** darstellen. Zum Begriff der verdeckten Gewinnausschüttung vgl. R 8.5 KStR.

Die von der Rechtsprechung zur Frage der Ernsthaftigkeit der Belastung bei Pensionszusagen an Gesellschafter-Geschäftsführer entwickelten Grundsätze, nach denen eine Pensionszusage steuerlich anzuerkennen ist (vgl. R 6a Abs. 8 EStR, R 8.7 KStR), können nicht sinngemäß angewendet werden. Die **Ernsthaftigkeit der Direktversicherung liegt deshalb vor**, weil der Versicherer die Versicherungsleistung bei ordnungsgemäßer Erfüllung des Versicherungsvertrags unabhängig von der tatsächlichen Pensionierung des Gesellschafter-Geschäftsführers zu erbringen hat. Die Frage, ob die Direktversicherung zu einer verdeckten Gewinnausschüttung führt, bleibt unberührt (BMF v. 30.5.1980, IV B 1 – S 2144a – 7/80, BStBl I 1980, 253).

22. Solidaritätszuschlag

4773 Wird die Lohnsteuer nach § 40b EStG oder nach § 40b Abs. 1 und 2 EStG a.F. pauschaliert, so beträgt **der Solidaritätszuschlag stets 5,5 % der pauschalen Lohnsteuer**.

23. Kirchensteuer

Bei der Pauschalierung nach § 40b EStG oder nach § 40 Abs. 1 und 2 EStG a.F. wird auch eine pauschale Kirchensteuer fällig. Die pauschale Kirchensteuer ist nach dem Betriebsstätten-Prinzip mit dem im jeweiligen Bundesland maßgebenden Pauschsteuersatz von der Lohnsteuer zu erheben (→ *Kirchensteuer* Rz. 2720). 4774

24. Sozialversicherungsrechtliche Behandlung pauschal besteuerter Zukunftssicherungsleistungen

§ 1 Abs. 1 Satz 1 Nr. 4 SvEV sieht vor, dass die nach § 40b EStG pauschal besteuerbaren Beiträge und Zuwendungen, die zusätzlich zu Löhnen oder Gehältern gewährt werden, dem Arbeitsentgelt nicht hinzuzurechnen sind (→ *Barlohnumwandlung* Rz. 1230). Jedoch schreibt § 1 Abs. 1 Satz 3 SvEV vor, dass die Summe der Zuwendungen nach § 3 Nr. 56 und § 40b EStG, höchstens jedoch 100 € monatlich, die zusätzlich zu Löhnen und Gehältern gewährt werden, bis zur Höhe von 2,5 % (Hinzurechnungsbetrag) des für die Bemessung maßgebenden Entgelts dem Arbeitsentgelt zuzuordnen sind. Die dem Arbeitsentgelt zuzurechnenden Beiträge und Zuwendungen vermindern sich jedoch um 13,30 € monatlich. 4775

Ein solcher Hinzurechnungsbetrag ist für die Bemessung der Sozialversicherungsbeiträge zu bilden, wenn die Versorgungsregelung mindestens bis 31.12.2000 vor der Anwendung etwaiger Nettobegrenzungsregelungen eine allgemein erreichbare Gesamtversorgung von mindestens 75 % des gesamtversorgungsfähigen Arbeitsentgelts und nach Eintritt des Versorgungsfalles eine Anpassung der auf Grund der Beiträge und Zuwendungen i.S.d. § 40b EStG zu erbringenden Versorgung an die Entwicklung der Arbeitsentgelte oder gesetzlicher Versorgungsbezüge vorsieht.

Der **Betrag von 13,30 €** ist für jeden Monat des Jahres in Abzug zu bringen, wenn und soweit in den einzelnen Monaten ein Hinzurechnungsbetrag vorhanden ist. Ein **Jahresausgleich** z.B. für den Fall, dass der Hinzurechnungsbetrag in einem Monat 13,30 € überschreitet, in anderen Monaten dagegen nicht, findet **nicht** statt. Der nicht ausgeschöpfte Teil des Abzugsbetrags kann nicht auf andere Monate übertragen werden.

Der Hinzurechnungsbetrag in der maximalen Höhe von 2,5 % abzüglich 13,30 € ist immer dann anzusetzen, wenn der **Umlagesatz** der Beiträge und Zuwendungen **zu Pensionskassen**, den der Arbeitgeber aufzubringen hat, mindestens 2,5 % beträgt. Ist der Umlagesatz niedriger, wird auch nur der geringere Prozentsatz als Berechnungsfaktor für die Ermittlung des sozialversicherungspflichtigen Hinzurechnungsbetrages angesetzt. Diese Besonderheit ist v.a. für Zusatzversorgungskassen in den neuen Bundesländern zu beachten. Bei einem unterstellten Umlagesatz von 1,4 % und der üblichen pauschalen Besteuerung der Umlage nach § 40b EStG wird der Hinzurechnungsbetrag **wie folgt ermittelt**:

Zusatzversorgungspflichtiges Gehalt	1 400,– €	
Umlage (1,4 %)	19,60 €	
Ermittlung des beitragspflichtigen Arbeitsentgelts:		
Gehalt:		1 400,– €
Hinzurechnungsbetrag		
(1,4 % von 1 400 €) =	19,60 €	
	– 13,30 €	
	6,30 € +	6,30 €
beitragspflichtiges Arbeitsentgelt insgesamt:		1 406,30 €

Die während der Elternzeit oder des freiwilligen Wehrdienstes vom Arbeitgeber weiter gewährten und pauschal versteuerten Direktversicherungsbeiträge sind **kein Arbeitsentgelt i.S. der Sozialversicherung**.

Trotz Wegfalls des Arbeitsentgeltsanspruchs handelt es sich um zusätzliche Leistungen des Arbeitgebers (Besprechungsergebnis der Spitzenverbände der Sozialversicherungsträger v. 22./23.11.2000).

Die Regelungen der sozialversicherungsrechtlichen Beurteilung der betrieblichen Altersversorgung für ab dem 1.1.2005 abgeschlossene Verträge sind der nachfolgenden Übersicht zu entnehmen:

Durchführungsweg	Ausgestaltung	Arbeitsentgelt Zeitraum seit 2005
Direktzusage	Entgeltumwandlung bis 4 % der BBG	nein
	vom Arbeitgeber finanziert	nein
Unterstützungskasse	Entgeltumwandlung bis 4 % der BBG	nein
	vom Arbeitgeber finanziert	nein
Direktversicherung	Entgeltumwandlung bzw. Eigenbeiträge des Arbeitnehmers bis 4 % der BBG i.R. von § 3 Nr. 63 EStG	nein
	vom Arbeitgeber finanziert bis 4 % der BBG i.R. von § 3 Nr. 63 EStG	nein
Pensionskasse (ohne bes. Versorgungszusage)	Entgeltumwandlung (laufendes Arbeitsentgelt)	ja
	Entgeltumwandlung (Individualsteuer)	ja
	Entgeltumwandlung (Sonderzuwendungen) bis 1 752 €, i.R. von § 40b EStG pauschal besteuert	ja
	Entgeltumwandlung bzw. Eigenbeiträge des Arbeitnehmers bis 4 % der BBG i.R. von § 3 Nr. 63 EStG	nein
	vom Arbeitgeber finanziert bis 1 752 €, i.R. von § 40b EStG pauschal besteuert	nein
	vom Arbeitgeber finanziert bis 4 % der BBG, i.R. von § 3 Nr. 63 EStG	nein
Pensionsfonds	Entgeltumwandlung bzw. Eigenbeiträge des Arbeitnehmers bis 4 % der BBG i.R. von § 3 Nr. 63 EStG	nein
	vom Arbeitgeber finanziert bis 4 % der BBG i.R. von § 3 Nr. 63 EStG	nein

Zukunftssicherung: Gesetzliche Altersversorgung

Inhalt

1. Vorbemerkung

4776 Unter dem Begriff „Zukunftssicherung" sind **Vorsorgeleistungen des Arbeitgebers** zu verstehen, durch die der Arbeitgeber seine Arbeitnehmer oder diesen nahen stehenden Personen für den Fall der **Krankheit**, des **Unfalls**, der **Invalidität**, des **Alters** oder des **Todes** absichert (§ 2 Abs. 1 Nr. 3 LStDV).

Für die Besteuerung ist entscheidend, ob der Arbeitgeber die Beiträge **freiwillig oder auf Grund einer gesetzlichen Verpflichtung** leistet.

Unter diesem Stichwort ist allein die **Zukunftssicherung auf Grund gesetzlicher Verpflichtung** (**gesetzliche Altersversorgung**) dargestellt. Wenn Sie sich über die Zukunftssicherung auf Grund freiwilliger Verpflichtung (**betriebliche Altersversorgung**) informieren wollen, so sehen Sie bitte unter dem Stichwort → *Zukunftssicherung: Betriebliche Altersversorgung* Rz. 4653 nach. Informationen zum **BAV-Förderbetrag** finden Sie unter dem Stichwort → *Zukunftssicherung: BAV-Förderbetrag* Rz. 4636.

2. Leistungen auf Grund gesetzlicher Verpflichtungen

Arbeitgeberanteile zur gesetzlichen Sozialversicherung eines Arbeitnehmers gehören **nicht zum Arbeitslohn.** § 3 Nr. 62 Satz 1 EStG hat insofern **nur deklaratorische Bedeutung** (BFH v. 6.6.2002, VI R 178/97, BStBl II 2003, 34). 4777

Nach § 3 Nr. 62 Satz 1 EStG sind **Zukunftssicherungsleistungen steuerfrei**, soweit der Arbeitgeber dazu **nach sozialversicherungsrechtlichen** oder anderen gesetzlichen **Vorschriften** oder nach einer auf gesetzlicher Ermächtigung beruhenden Bestimmung **verpflichtet** ist. Das Gleiche gilt für die Beitragsteile, die auf Grund einer nach ausländischen Gesetzen bestehenden Verpflichtung an ausländische Sozialversicherungsträger, die den inländischen Sozialversicherungsträgern vergleichbar sind, geleistet werden. Auch Beiträge, zu deren Leistung der Arbeitgeber nach einer zwischenstaatlichen Verwaltungsvereinbarung, die ihrerseits auf einer gesetzlichen Ermächtigung beruht, verpflichtet ist, können steuerfrei sein (BFH v. 14.4.2011, VI R 24/10, BStBl II 2011, 767).

Zuschüsse eines **inländischen Arbeitgebers** an einen Arbeitnehmer für dessen Versicherung in einer **ausländischen gesetzlichen Krankenversicherung** fallen zumindest **innerhalb der EU und des EWR sowie im Verhältnis zur Schweiz** unter den **Anwendungsbereich des § 3 Nr. 62 EStG**, weil auf Grund von Art. 5 Buchst. b der Verordnung (EG) Nr. 883/2004 eine gesetzliche Zuschusspflicht nach § 257 Abs. 1 SGB V besteht (BMF v. 30.1.2014, IV C 5 – S 2333/13/10004, BStBl I 2014, 210).

Werden aber Arbeitgeberanteile zur **ausländischen Sozialversicherung auf vertraglicher Grundlage** und damit freiwillig gezahlt, sind sie **nicht nach § 3 Nr. 62 EStG steuerfrei** (BFH v. 18.5.2004, VI R 11/01, BStBl II 2004, 1014). Hierzu hat der BFH in Einzelfällen Folgendes entschieden:

- Ein Zuschuss, den ein in der Bundesrepublik Deutschland ansässiger Arbeitgeber seinem von der Krankenversicherungspflicht befreiten Arbeitnehmer **mit Wohnsitz in den Niederlanden** für dessen private Krankenversicherung gewährt, ist **Arbeitslohn**, der **nicht** nach § 3 Nr. 62 Satz 1 EStG von der Einkommensteuer **befreit** ist, wenn die Voraussetzungen des § 257 Abs. 2a Satz 1 SGB V nicht erfüllt sind; die Vorlage einer Bescheinigung nach § 257 Abs. 2a Satz 3 SGB V ist allerdings nicht konstitutive Voraussetzung der Steuerbefreiung (BFH v. 22.7.2008, VI R 56/05, BStBl II 2008, 894).
- Zukunftssicherungsleistungen, die ein inländischer Arbeitgeber für einen unbeschränkt steuerpflichtigen **schwedischen Arbeitnehmer** auf vertraglicher Grundlage an niederländische und schwedische Versicherungsunternehmen entrichtet, um auf Grund der Beschäftigung im Inland gegenüber dem Sozialversicherungssystem in Schweden entstehende Nachteile auszugleichen, sind Arbeitslohn, der **nicht** nach § 3 Nr. 62 Satz 1 EStG **von der Steuer befreit** ist (BFH v. 28.5.2009, VI R 27/06, BStBl II 2009, 857),
- **Obligatorische Arbeitgeberbeiträge** in eine **Schweizer Pensionskasse** sowie Arbeitgeberleistungen auf Grundlage der schweizerischen Alters- und Hinterlassenenversicherung sowie der schweizerischen Invalidenversicherung sind nach § 3 Nr. 62 Satz 1 EStG **steuerfrei**. Überobligatorische Arbeitgeberbeiträge in eine Schweizer Pensionskasse sind als Beiträge i.S. des § 3 Nr. 62 Satz 4 erster Halbsatz EStG innerhalb der Grenzen des § 3 Nr. 62 Satz 3 EStG steuerfrei; auf die danach steuerfreien Arbeitgeberleistungen sind die nach § 3 Nr. 62 Satz 1 EStG steuerfreien Zukunftssicherungsleistungen des Arbeitgebers anzurechnen (BFH v. 24.9.2013, VI R 6/11, BStBl II 2016, 650 und v. 26.11.2014, VIII R 39/10, BStBl II 2016, 665).

  Beiträge des schweizerischen Arbeitgebers zu einer schweizerischen Anlagestiftung, die **nur im überobligatorischen Bereich** der schweizerischen betrieblichen Altersvorsorge eine Absicherung gewährt und mit der der Grenzgänger eine privatrechtliche Vorsorgevereinbarung abgeschlossen hat, sind **nicht nach § 3 Nr. 62 Satz 1 EStG steuerbefreit**. Für eine Steuerfreistellung nach § 3 Nr. 62 Satz 2 EStG ist – wie im Inlandsfall – Voraussetzung, dass der Grenzgänger von der schweizerischen gesetzlichen Rentenversicherung befreit ist (BFH v. 2.12.2014, VIII R 40/11, BStBl II 2016, 675).

Auf Grund dieser Rechtsprechung hat die Finanzverwaltung die **steuerliche Behandlung der Beiträge in Schweizer Pensionskassen** sowie die **Besteuerung von Renten und Einmalzahlungen aus Schweizer Pensionskassen** neu beurteilt (BMF v. 27.7.2016, IV C 3 – S 2255/07/10005 :0004/ IV C 5 – S 2333/13/10003, BStBl I 2016, 759). Einzelheiten → *Grenzgänger* Rz. 2435.

Die **Übernahme von Beitragsleistungen** durch den Arbeitgeber zur freiwilligen Versicherung **in der gesetzlichen Rentenversicherung oder in einem Versorgungswerk** stellt auch dann **Arbeitslohn** dar, wenn die Leistungen aus der gesetzlichen Rentenversicherung auf die der betriebliche Altersversorgung angerechnet werden (BFH v. 24.9.2013, VI R 8/11, BStBl II 2014, 124).

Nach § 3 Nr. 62 Satz 2 EStG werden auch bestimmte Zuschüsse des Arbeitgebers zu den **Vorsorgeaufwendungen des Arbeitnehmers** den Ausgaben gleichgestellt, die auf Grund gesetzlicher Verpflichtungen geleistet werden, mit der Folge, dass auch diese Leistungen steuerfrei sind (vgl. auch R 3.62 LStR).

LSt SV

Für die Anwendung dieser gesetzlichen Bestimmungen auf die Leistungen des Arbeitgebers zu folgenden Versicherungsarten ergibt sich im Einzelnen Folgendes:

3. Rentenversicherung

a) Versicherungspflichtige Arbeitnehmer

4778 Der Beitragssatz in der Rentenversicherung beträgt 18,6 %, in der knappschaftlichen Rentenversicherung 24,7 % (→ *Beiträge zur Sozialversicherung* Rz. 1283). Bei Arbeitnehmern, die in der Rentenversicherung **pflichtversichert** sind, hat der Arbeitgeber i.d.R. die Hälfte des Gesamtbeitrags (Ausnahme: bei knappschaftlicher Rentenversicherung) zu tragen. **Dieser Anteil ist steuerfrei.**

LSt SV

Eine Steuerpflicht bzw. Beitragspflicht kann sich dann ergeben, wenn der Arbeitgeber Leistungen über diesen gesetzlich zu zahlenden Beitrag hinaus erbracht oder er freiwillig auch den Arbeitnehmeranteil ganz oder teilweise übernommen hat (BFH v. 21.2.1992, VI R 41/88, BStBl II 1992, 443).

LSt SV

Anders sieht das bei Personen aus, deren Arbeitslohn monatlich 325 € nicht übersteigt. In diesen Fällen hat der Arbeitgeber auch die Arbeitnehmeranteile zur Sozialversicherung zu übernehmen (→ *Geringverdienergrenze* Rz. 2307). Diese Ausgaben des Arbeitgebers beruhen auf einer **gesetzlichen Verpflichtung** (§ 20 Abs. 3 Satz 1 Nr. 1 SGB IV) und sind daher steuer- und beitragsfrei.

LSt SV

b) Nicht versicherungspflichtige Arbeitnehmer

4779 Folgende Arbeitnehmer unterliegen nicht der Versicherungspflicht in der Rentenversicherung:

- **Vorstandsmitglieder von Aktiengesellschaften** (§ 1 Satz 5 SGB VI),
- **Vorstandsmitglieder von großen Versicherungsvereinen auf Gegenseitigkeit** sowie
- **Gesellschafter-Arbeitnehmer einer GmbH** mit einer Beteiligung von mindestens 50 % (beherrschende Gesellschafter/ Gesellschafter-Geschäftsführer) oder einer sog. Sperrminorität (BSG v. 24.11.1983, 3 RK 35/82; beachte aber SG Neubrandenburg v. 10.9.2024, S 7 BA 7/23, zum Status des 50 %-Gesellschafter-Geschäftsführers ohne Sperrminorität).

Dies gilt regelmäßig nicht für einen **angestellten Gesellschafter** einer GmbH (Beteiligungsquote: 50 %), der **kein Geschäftsführer** ist. Denn ein GmbH-Gesellschafter, der in der GmbH angestellt und nicht zum Geschäftsführer bestellt ist, besitzt allein auf Grund seiner gesetzlichen Gesellschaftsrechte nicht die Rechtsmacht, seine Weisungsgebundenheit als Angestellter aufzuheben oder abzuschwächen. Allerdings kann im Einzelfall die rechtliche Abhängigkeit durch die tatsächlichen Verhältnisse so überlagert sein, dass eine Beschäftigung im sozialversicherungsrechtlichen Sinn dennoch ausscheidet (BFH v. 2.12.2005, VI R 16/03, HFR 2006, 470).

Die Frage, ob Sozialversicherungspflicht besteht, ist **allein nach sozialversicherungsrechtlichen Vorschriften** durch den zuständigen Sozialversicherungsträger zu beurteilen. Dabei sind dessen **Entscheidungen** über die Sozialversicherungspflicht von Beschäftigungsverhältnissen im Besteuerungsverfahren **zu beachten.** Zwar ist eine **unmittelbare Rechtswirkung** für das Besteuerungsverfahren durch die Entscheidung des Sozialversicherungsträgers **nicht** ausdrücklich **vorgesehen.** Allerdings müssen Rechtsakte anderer Verwaltungen von den Finanzbehörden grds. **respektiert** werden, sofern sie **nicht offensichtlich rechtswidrig** sind, sog. Tatbestandswirkung (BFH v. 6.6.2002, VI R 178/97, BStBl II 2003, 34; BFH v. 21.1.2010, VI R 52/08, BStBl II 2010, 703).

Soweit der Arbeitgeber aber **nach Bekanntgabe der Rechtsansicht** des Sozialversicherungsträgers, der Arbeitnehmer sei nicht mehr sozialversicherungspflichtig, Zuschüsse zur Sozialversicherung zahlt, sind diese nicht nach § 3 Nr. 62 EStG steuerfrei (BFH v. 30.4.2002, VI B 237/01).

Hat sich der Arbeitnehmer auf Antrag von der Versicherungspflicht befreien lassen und tritt später infolge einer Stellung als beherrschender Gesellschafter-Geschäftsführer oder Vorstandsmitglied einer Aktiengesellschaft Versicherungsfreiheit kraft Gesetzes ein, sind Arbeitgeberzuschüsse zu einer befreienden Lebensversicherung nicht nach § 3 Nr. 62 Satz 2 EStG steuerbefreit. Für die Frage der Steuerfreiheit ist der **aktuelle Versicherungsstatus** maßgebend (BFH v. 10.10.2002, VI R 95/99, BStBl II 2002, 886).

Zu weiteren Einzelheiten → *Gesellschafter/Gesellschafter-Geschäftsführer* Rz. 2322.

c) Arbeitnehmer mit gleichgestellten Zuschüssen

Seit dem 1.1.1968 besteht grds. eine Versicherungspflicht in der gesetzlichen Rentenversicherung für Arbeitnehmer. Vor diesem Zeitpunkt bestand jeweils eine bestimmte Versicherungspflichtgrenze. **Arbeitnehmer, deren Arbeitslohn diese Grenze überschritt, waren daher nicht rentenversicherungspflichtig.** Wurde die Versicherungspflichtgrenze erhöht, konnte der einzelne Arbeitnehmer wieder versicherungspflichtig werden. 4780

Arbeitnehmer, die vor dem 1.1.1968 nicht versicherungspflichtig waren, hatten i.d.R. eigene Vorsorgeleistungen erbracht, z.B. durch Abschluss einer Lebensversicherung. Diese Arbeitnehmer konnten sich auf Antrag von der Versicherungspflicht befreien lassen und dafür ihre eigene Lebensversicherung fortführen. Die Befreiungsvorschriften sind in R 3.62 Abs. 3 1. bis 8. Spiegelstrich LStR im Einzelnen aufgeführt.

Nach § 3 Nr. 62 Satz 2 EStG werden Zuschüsse des Arbeitgebers zu einer derartigen sog. **befreienden Lebensversicherung** den Ausgaben des Arbeitgebers für die Zukunftssicherung der Arbeitnehmer, die auf Grund gesetzlicher Verpflichtungen geleistet werden, gleichgestellt, d.h. **derartige Zuschüsse sind steuerfrei**. Hierzu wird in R 3.62 Abs. 3 LStR ausdrücklich klargestellt, dass die Arbeitgeberzuschüsse nur dann steuerfrei sind, wenn der Angestellte auf **eigenen Antrag** oder auf Antrag des Arbeitgebers von der gesetzlichen Rentenversicherung befreit worden ist. Die **Steuerfreiheit beschränkt sich auf den Betrag, den der Arbeitgeber als Arbeitgeberanteil zur gesetzlichen Rentenversicherung aufzuwenden** hätte, wenn der Arbeitnehmer nicht von der gesetzlichen Versicherungspflicht befreit worden wäre.

LSt SV

Beispiel:

Ein bis 31.12.1967 nicht versicherungspflichtiger Arbeitnehmer hat sich seit 1.1.1968 von der Versicherungspflicht in der gesetzlichen Rentenversicherung befreien lassen, da er bereits eine eigene Lebensversicherung abgeschlossen hat. Der monatliche Beitrag zu der Lebensversicherung beträgt in 2026 1 650 €.

Bei einer Versicherungspflicht des Arbeitnehmers hätte der Arbeitgeber ab 1.1.2026 785,84 € (= 9,3 % der monatlichen BBG 2026 von 8 450 €) als Arbeitgeberanteil zu zahlen. Daher ist auch ein Zuschuss des Arbeitgebers zu der befreienden Lebensversicherung bis zu dieser Höhe steuerfrei. Übernimmt der Arbeitgeber die Hälfte des Lebensversicherungsbeitrags (= 825 €), muss er 51,99 € versteuern.

Die Zuschüsse des Arbeitgebers zu einer befreienden Lebensversicherung sind dagegen **nicht steuerfrei**, wenn diese nach **Wegfall der Lohnzahlung** (z.B. im Krankheitsfall nach Ablauf von sechs Wochen oder bei längerem unbezahltem Urlaub) weiter gewährt werden.

LSt SV

Den **Zuschüssen des Arbeitgebers** zu einer befreienden Lebensversicherung **gleichgestellt** sind die Zuschüsse des Arbeitgebers zu den **Beiträgen des Arbeitnehmers für die freiwillige Versicherung in einer gesetzlichen Rentenversicherung** oder **für eine öffentlich-rechtliche Versicherungs- oder Versorgungseinrichtung seiner Berufsgruppe**.

In diesen Fällen kann der Arbeitgeber die steuerfreien Zuschüsse unmittelbar an den Versicherungsträger oder an den Arbeitnehmer auszahlen. **Bei Auszahlung an den Arbeitnehmer** hat dieser **die zweckentsprechende Verwendung** durch eine entsprechende Bescheinigung des Versicherungsträgers **bis zum 30. April des Jahres nachzuweisen**, das auf das Jahr der Beitragsleistung folgt. Die Bescheinigung ist als **Unterlage zum Lohnkonto** aufzubewahren. Kann der Beleg nicht vorgelegt werden, so handelt es sich bei den Leistungen des Arbeitgebers um steuerpflichtigen Arbeitslohn.

d) Syndikusanwälte

4781 Nach dem Gesetz zur Neuordnung des Rechts der Syndikusanwälte und zur Änderung der Finanzgerichtsordnung v. 21.12.2015, BGBl. I 2015, 2517, nachgebessert durch das Gesetz zur Umsetzung der Berufsanerkennungsrichtlinie und zur Änderung weiterer Vorschriften im Bereich der rechtsberatenden Berufe v. 12.5.2017, BGBl. I 2017, 1121, ist die Stellung des Syndikusanwalts als Rechtsanwalt seit dem 1.1.2016 gesetzlich geregelt. **Syndikusanwälte** können **von der Rentenversicherungspflicht befreit** werden und in den anwaltlichen Versorgungswerken verbleiben. Die Befreiung als Syndikusanwalt von der Versicherungspflicht in der gesetzlichen Rentenversicherung wirkt gem. § 231 Abs. 4b Satz 4 SGB VI für die Zeiten (auch vor dem 1.1.2014) zurück, für die Mindestbeiträge gem. der Satzung des zuständigen Versorgungswerks gezahlt wurden (LSG Baden-Württemberg v. 16.10.2018, L 13 R 4841/17). Mindest- oder Grundbeiträge zu einem berufsständischen Versorgungswerk sind als einkommensbezogen i.S.d. § 231 Abs. 4b Satz 4 SGB VI anzusehen (BSG v. 23.9.2020, B 5 RE 3/19 R).

Die von den Arbeitgebern für Syndikusanwälte gezahlten Zuschüsse zur berufsständischen Versorgung sind weiterhin nach § 3 Nr. 62 Satz 2 Buchst. c EStG steuerfrei.

LSt (durchgestrichen) SV (durchgestrichen)

4. Krankenversicherung

4782 Der Beitragssatz in der Krankenversicherung beträgt 14,6 %. Darüber hinaus können die gesetzlichen Krankenkassen einen kassenindividuellen Zusatzbeitrag (§ 242 SGB V) erheben. **Seit dem 1.1.2019** haben Arbeitgeber und Arbeitnehmer vom Gesamtbeitrag jeweils die Hälfte zu tragen (→ *Beiträge zur Sozialversicherung* Rz. 1261).

Somit ist der **Arbeitgeber-Anteil** zur gesetzlichen Krankenversicherung (einschließlich des kassenindividuellen Zusatzbeitrags) **steuerfrei nach § 3 Nr. 62 EStG** (R 3.62 Abs. 2 1. Spiegelstrich Satz 1 LStR).

Im Gegensatz zur Rentenversicherung unterliegen **Vorstandsmitglieder von Aktiengesellschaften**, Versicherungsvereinen auf Gegenseitigkeit und anderen Gesellschaften i.d.R. **der Kranken- und Pflegeversicherungspflicht**. Denn nach dem Besprechungsergebnis der Spitzenverbände der Sozialversicherungsträger vom 20.10.1994 sind Vorstandsmitglieder i.d.R. als abhängig Beschäftigte i.S.v. § 7 Abs. 1 SGB IV anzusehen.

Da die Finanzverwaltung der Entscheidung des Sozialversicherungsträgers zu folgen hat, wenn diese nicht offensichtlich rechtswidrig ist (BFH v. 6.6.2002, VI R 178/97, BStBl II 2003, 34; BFH v. 21.1.2010, VI R 52/08, BStBl II 2010, 703), wird sie die Entscheidung des zuständigen Sozialversicherungsträgers akzeptieren. Wird daher in einem **Statusfeststellungsverfahren** die Versicherungspflicht in der Kranken- und Pflegeversicherung festgestellt, so sind die gezahlten Arbeitgeberbeiträge nach § 3 Nr. 62 EStG lohnsteuerfrei. In Zweifelsfällen sollte der Arbeitnehmer – statt sich mit der Finanzverwaltung auseinander zu setzen – das Anfrageverfahren nach § 7a SGB IV nutzen.

Soweit **Polizeibeamte des Landes Baden-Württemberg und Feuerwehrbeamte** der Kommunen statt freier Heilfürsorge einen Zuschuss zu den Beiträgen für eine Krankenversicherung erhalten, ist dieser Zuschuss **nach § 3 Nr. 62 Satz 1 EStG steuerfrei** (FinMin Baden-Württemberg v. 14.8.2015, 3 – S 233.3/81, StEd 2015, 603).

5. Pflegeversicherung

Bis zum 31.7.2023 war der Gesetzgeber verpflichtet, eine Neuregelung der beitragsrechtlichen Vorschriften der §§ 55 Abs. 1 Satz 1, Abs. 3 Satz 1 und 2 und § 57 Abs. 1 Satz 1 SGB XI zu beschließen (BVerfG v. 7.4.2022, 1 BvL 3/18 u.a.). Eine von der Kinderzahl unabhängige Beitragsbelastung von Eltern in der sozialen Pflegeversicherung verstößt gegen Art. 3 Abs. 3 Abs. 1 GG. In der gesetzlichen Rentenversicherung und der gesetzlichen Krankenversicherung begründet die gleiche Beitragsbelastung von Eltern und Beitragspflichtigen ohne Kinder dagegen keine Benachteiligung der Eltern, weil durch die rentenrechtliche Anerkennung von Kindererziehungszeiten und die beitragsfreie Familienversicherung im Krankenversicherungsrecht ein hinreichender Nachteilsausgleich erfolgt. Der ebenfalls durch ein Urteil des BVerfG (BVerfG v. 3.4.2001, 1 BvR 1629/94) eingeführte Beitragszuschlag für Kinderlose (§ 55 Abs. 3 SGB XI) als „generativer Beitrag" reicht als Ausgleich der Belastungsungleichheit für Familien mit drei und mehr Kindern nicht aus. Der Gesetzgeber hat somit zum 1.7.2023 Beitragsabschläge für Eltern mit zwei und mehr Kindern eingeführt. 4783

Der Beitragssatz in der Pflegeversicherung beträgt seit 1.1.2025 3,6 % (→ *Pflegeversicherung* Rz. 3418). Hiervon haben Arbeitgeber und Arbeitnehmer jeweils 1,8 % zu tragen. Da in Sachsen kein stets auf einen Werktag fallender gesetzlicher Feiertag abgeschafft wurde, trägt der Arbeitnehmer 2,3 % und der Arbeitgeber 1,3 %. Für kinderlose Arbeitnehmer ab Vollendung des 23. Lebensjahrs gilt ein Beitragszuschlag von 0,6 %, den der Arbeitnehmer allein zu tragen hat (→ *Pflegeversicherung* Rz. 3418). Da der **Beitragszuschlag für Kinderlose sowie der Beitragsabschlag bei mehreren Kindern** vom Arbeitnehmer allein zu tragen ist, kann er **nicht vom Arbeitgeber steuerfrei erstattet** werden, vgl. R 3.62 Abs. 2 1. Spiegelstrich Satz 2 LStR.

Beispiel:

Ein Arbeitgeber zahlt für einen privat krankenversicherten (nicht kinderlosen) Arbeitnehmer einen Zuschuss zur privaten Pflegeversicherung i.H.v. 50 % des Gesamtbeitrags von 120 €. Die BBG 2026 beträgt 69 750 € (monatlich 5 812,50 €). Der steuerfreie Betrag errechnet sich wie folgt:

a) Die Betriebsstätte befindet sich in Sachsen (Arbeitnehmeranteil: 2,3 %, Arbeitgeberanteil 1,3 %)

1. Begrenzung		
5 812,50 € × 3,6 % =	209,25 €	(monatlicher Beitrag zur sozialen Pflegeversicherung)
5 812,50 € × 1,3 % =	75,56 €	(monatlicher Arbeitgeberanteil)
2. Begrenzung		
Privater Pflegeversicherungsbeitrag monatlich	120,– €	
davon 50 %	60,– €	
Vergleich		
1. Begrenzung	75,56 €	
2. Begrenzung	60,– €	
Anzusetzen als Zuschuss des Arbeitgebers und damit steuerfrei nach § 3 Nr. 62 EStG	60,– €	

b) Die Betriebsstätte befindet sich im übrigen Bundesgebiet (Arbeitnehmeranteil: 1,8 %, Arbeitgeberanteil 1,8 %)

1. Begrenzung		
5 812,50 € × 3,6 % =	209,25 €	(monatlicher Beitrag zur sozialen Pflegeversicherung)
5 812,50 € × 1,8 % =	104,63 €	(monatlicher Arbeitgeberanteil)
2. Begrenzung		
Privater Pflegeversicherungsbeitrag monatlich	120,– €	
davon 50 %	60,– €	
Vergleich		
1. Begrenzung	104,63 €	
2. Begrenzung	60,– €	
Anzusetzen als Zuschuss des Arbeitgebers und damit steuerfrei nach § 3 Nr. 62 EStG	60,– €	

6. Insolvenzsicherung

Die nach dem Gesetz zur Verbesserung der betrieblichen Altersversorgung geregelte Insolvenzsicherung soll Versorgungsempfängern und ihren Hinterbliebenen, deren Ansprüche aus einer Versorgungszusage nicht erfüllt werden können, weil z.B. über das 4784

Vermögen **des Arbeitgebers das Insolvenzverfahren eröffnet** worden ist, einen Anspruch auf die zugesagte Leistung gegen den Träger der Insolvenzsicherung (**Pensions-Sicherungs-Verein VVaG, Köln**) verschaffen. Die Mittel über die Durchführung der Insolvenzsicherung werden auf Grund öffentlich-rechtlicher Verpflichtungen **durch Beiträge aller Arbeitgeber** aufgebracht, die Leistungen der betrieblichen Altersversorgung unmittelbar zugesagt haben oder eine betriebliche Altersversorgung über eine Unterstützungskasse oder eine Direktversicherung durchführen. **Die Beiträge an den Träger der Insolvenzsicherung gehören** damit als Ausgaben des Arbeitgebers für die Zukunftssicherung der Arbeitnehmer, die auf Grund gesetzlicher Verpflichtungen geleistet werden, **zu den steuerfreien Einnahmen** i.S.d. § 3 Nr. 62 EStG (R 3.65 Abs. 2 LStR).

Steuerfrei sind nach § 3 Nr. 65 EStG

- **Beiträge des Trägers der Insolvenzsicherung** (§ 14 BetrAVG) zu Gunsten eines Versorgungsberechtigten und seiner Hinterbliebenen **an eine Pensionskasse** oder **ein Unternehmen der Lebensversicherung zur Ablösung von Verpflichtungen**, die der Träger der Insolvenzsicherung im Sicherungsfall gegenüber dem Versorgungsberechtigten und seinen Hinterbliebenen hat,
- Leistungen zur **Übernahme von Versorgungsleistungen** oder unverfallbaren Versorgungsanwartschaften durch eine Pensionskasse oder ein Unternehmen der Lebensversicherung in den in § 4 Abs. 4 BetrAVG bezeichneten Fällen,
- der **Erwerb von Ansprüchen** durch den Arbeitnehmer gegenüber einem Dritten im Fall der Eröffnung des Insolvenzverfahrens oder in den Fällen des § 7 Abs. 1 Satz 4 BetrAVG, soweit der Dritte **neben dem Arbeitgeber** für die Erfüllung von Ansprüchen auf Grund bestehender Versorgungsverpflichtungen oder Versorgungsanwartschaften gegenüber dem Arbeitnehmer und dessen Hinterbliebenen einsteht; dies gilt entsprechend, wenn der Dritte für Wertguthaben aus einer Vereinbarung über die Altersteilzeit nach dem Altersteilzeitgesetz oder auf Grund von Wertguthaben aus einem Arbeitszeitkonto in den im ersten Halbsatz genannten Fällen für den Arbeitgeber einsteht und
- der **Erwerb von Ansprüchen** durch den Arbeitnehmer im **Zusammenhang mit dem Eintritt in die Versicherung** nach § 8 Abs. 3 BetrAVG.

In diesen Fällen gehören die Leistungen der Pensionskasse, des Unternehmens der Lebensversicherung oder des Dritten zu den Einkünften, zu denen jene Leistungen gehören würden, die ohne Eintritt des Sicherungsfalls zu erbringen wären. Soweit sie zu den Einkünften aus nichtselbständiger Arbeit i.S.d. § 19 EStG gehören, ist davon Lohnsteuer einzubehalten. Für die Erhebung der Lohnsteuer gelten die Pensionskasse, das Unternehmen der Lebensversicherung oder der Dritte als Arbeitgeber und der Leistungsempfänger als Arbeitnehmer (→ *Arbeitgeber* Rz. 182). Im Fall des Erwerbs von Ansprüchen durch den Arbeitnehmer im Zusammenhang mit dem Eintritt in die Versicherung nach § 8 Abs. 3 BetrAVG gehören die Versorgungsleistungen des Unternehmens der Lebensversicherung oder der Pensionskasse, soweit sie auf Beiträgen beruhen, die bis zum Eintritt des Arbeitnehmers in die Versicherung geleistet wurden, zu den sonstigen Einkünften i.S.d. § 22 Nr. 5 Satz 1 EStG; soweit der Arbeitnehmer in den Fällen des § 8 Abs. 3 BetrAVG die Versicherung mit eigenen Beiträgen fortgesetzt hat, sind die auf diesen Beiträgen beruhenden Versorgungsleistungen sonstige Einkünfte i.S.d. § 22 Nr. 5 Satz 1 oder Satz 2 EStG.

Diese Rechtsfolgen treten auch dann ein, wenn die Auszahlungen unmittelbar vom Träger der Insolvenzsicherung an den Versorgungsberechtigten oder seine Hinterbliebenen vorgenommen werden. In diesem Fall ist der Träger der Insolvenzsicherung Dritter i.S.d. § 3 Nr. 65 Satz 4 EStG und daher zum Lohnsteuereinbehalt verpflichtet (BMF v. 12.8.2021, IV C 5 – S 2333/19/10008 :017, BStBl I 2021, 1050, Rdnr. 53).

Im Fall der Liquidation einer Kapitalgesellschaft greift die Steuerbefreiung nach § 3 Nr. 65 EStG auch bei der Übertragung von Versorgungszusagen, die an Gesellschafter-Geschäftsführer gegeben worden sind; dies gilt auch dann, wenn es sich um Versorgungszusagen an beherrschende Gesellschafter-Geschäftsführer handelt (R 3.65 Abs. 1 Satz 3 LStR).

Nach § 8 Abs. 3 BetrAVG hat der Arbeitnehmer im Insolvenzfall des Arbeitgebers das Recht, in eine für **ihn abgeschlossene Rückdeckungsversicherung des Arbeitgebers oder der Unterstützungskasse als Versicherungsnehmer einzutreten** und die Versicherung mit eigenen Beiträgen fortzusetzen. Macht der Arbeitnehmer von diesem Recht Gebrauch und tritt in die Versicherung ein, ist der **Erwerb der Ansprüche aus der Rückdeckungsversicherung steuerfrei** nach § 3 Nr. 65 Satz 1 Buchst. d EStG. Die späteren Versorgungsleistungen aus der Rückdeckungsversicherung, in die der Arbeitnehmer nach § 3 Nr. 65 Satz 1 Buchst. d EStG eingetreten ist, gehören **insgesamt zu den sonstigen Einkünften** nach § 22 Nr. 5 Satz 1 EStG (§ 3 Nr. 65 Satz 5 erster Halbsatz EStG). Das Versicherungsunternehmen muss keinen Lohnsteuerabzug durchführen, sondern lediglich – wie sonst auch – die Rentenbezugsmitteilung an die zentrale Stelle übermitteln (§ 22a EStG). Dies gilt auch für beherrschende Gesellschafter-Geschäftsführer einer GmbH.

Führt der Arbeitnehmer die nach § 8 Abs. 3 BetrAVG übernommene Rückdeckungsversicherung mit eigenen Beiträgen fort, sind die auf diesen Beiträgen beruhenden Versorgungsleistungen nach § 22 Nr. 5 Satz 1 oder 2 EStG zu versteuern (§ 3 Nr. 65 Satz 5 zweiter Halbsatz EStG). Die Leistungen, die auf geförderten Beiträgen beruhen, sind nach § 22 Nr. 5 Satz 1 EStG voll zu versteuern. Die Leistungen, die auf nicht geförderten Beiträgen beruhen, sind nach § 22 Nr. 5 Satz 2 Buchst. a EStG entweder mit dem Ertragsanteil (lebenslange Rentenleistungen sowie Berufsunfähigkeits-, Erwerbsminderungs- und Hinterbliebenenrenten) oder ggf. nach § 22 Nr. 5 Satz 2 Buchst. b i.V.m. § 20 Abs. 1 Nr. 6 EStG (Kapitalleistungen) zu versteuern.

(LSt) (SV)

7. Zukunftssicherung auf Grund tariflicher Vorschriften

Leistungen des Arbeitgebers für die Zukunftssicherung der Ar- **4785**
beitnehmer, die auf Grund einer tarifvertraglichen Verpflichtung geleistet werden, können den Leistungen auf Grund gesetzlicher Verpflichtungen **nicht gleichgestellt** werden. Sie gehören vielmehr zum steuerpflichtigen Arbeitslohn. Dies gilt auch für auf vertraglicher Grundlage gezahlte Arbeitgeberanteile zu einer ausländischen Sozialversicherung (BFH v. 18.5.2004, VI R 11/01, BStBl II 2004, 1014; BFH v. 28.5.2009, VI R 27/06, BStBl II 2009, 857).

(LSt) (SV)

Hingegen sind Beiträge eines **nicht tarifgebundenen Arbeitgebers** zur Zukunftssicherung der Arbeitnehmer (hier: an die Zusatzversorgungskasse für Arbeitnehmer in der Land- und Forstwirtschaft) auf der Grundlage **eines für allgemein verbindlich erklärten Tarifvertrags** nach § 3 Nr. 62 Satz 1 EStG steuerfrei (BFH v. 13.9.2007, VI R 16/06, BStBl II 2008, 394).

Eine **Besonderheit** stellen die an die **Versorgungsanstalt deutscher Bühnen** geleisteten Arbeitgeberbeiträge dar. Diese **sind nach** § 3 Nr. 62 EStG **steuerfrei**, obwohl sie auf der Grundlage der Tarifordnung für die deutschen Theater vom 27.10.1937 i.V.m. der Satzung der Versorgungsanstalt gezahlt werden (BFH v. 27.6.2006, IX R 77/01, HFR 2007, 12). Denn die 1937 erlassene Tarifordnung stellt staatlich gesetztes, ursprünglich auf gesetzlicher Grundlage erlassenes Recht dar.

Nach Auffassung der Finanzverwaltung hat sich die Rechtslage aber geändert. Daher sind die Arbeitgeberbeiträge in beiden Fällen nicht nach § 3 Nr. 62 EStG steuerfrei, sondern nur i.R. des § 3 Nr. 63 EStG (vgl. § 3 Nr. 62 Satz 1 zweiter Halbsatz EStG sowie BMF v. 12.8.2021, IV C 5 – S 2333/19/10008 :017, BStBl I 2021, 1050, Rdnr. 39).

(LSt) (SV)

Besondere Regelungen gelten für die Arbeitgeber des Baugewerbes und Baunebengewerbes, die auf Grund tariflicher Regelungen zu Gunsten ihrer Arbeitnehmer Beiträge zu Zusatzversorgungskassen zu leisten haben (→ *Zusatzversorgungskassen* Rz. 4789).

Den meisten tarifvertraglichen Leistungen zur Zukunftssicherung der Arbeitnehmer ist gemeinsam, dass die Beträge für alle Arbeitnehmer in einem pauschalen Betrag je Arbeitnehmer aufgebracht werden.

8. Irrtümlich angenommene Versicherungspflicht

4786 Leistet **eine GmbH** auf Grund einer Entscheidung des Sozialversicherungsträgers, dass der Gesellschafter-Geschäftsführer Beschäftigter i.S.d. Sozialversicherungsrechts ist, nach § 3 Nr. 62 Satz 1 EStG **steuerfreie Beiträge** (Arbeitgeberanteile) zur gesetzlichen Renten-, Kranken-, Pflege- und Arbeitslosenversicherung und wird später von der Finanzverwaltung, z.B. bei einer Lohnsteuer-Außenprüfung, festgestellt, dass der Gesellschafter-Geschäftsführer nach Auffassung der Finanzverwaltung unstreitig nicht in einem abhängigen Beschäftigungsverhältnis zur GmbH steht und folglich **keine Sozialversicherungspflicht** besteht, so ergeben sich hieraus zunächst **keine lohnsteuerlichen Konsequenzen**. Denn die Finanzverwaltung muss wegen der sog. Tatbestandswirkung Rechtsakte der Sozialversicherungsträger respektieren, sofern sie nicht offensichtlich rechtswidrig sind (BFH v. 6.6.2002, VI R 178/97, BStBl II 2003, 34; BFH v. 21.1.2010, VI R 52/08, BStBl II 2010, 703).

Erst wenn der Sozialversicherungsträger seinen Bescheid ändert und die Sozialversicherungsfreiheit feststellt, ist es dem Arbeitgeber verwehrt, künftig weiterhin steuerfreie Zuschüsse zur gesetzlichen Sozialversicherung zu leisten.

Erstattet der Sozialversicherungsträger für die Vergangenheit Sozialversicherungsbeiträge, so ist hierbei lohnsteuerlich von **folgenden Grundsätzen auszugehen** (vgl. OFD Magdeburg v. 1.8.2001, S 2333 – 21 – St 224):

- Werden **vom Sozialversicherungsträger die Arbeitgeberanteile** zur gesetzlichen Renten- und Arbeitslosenversicherung **an den Arbeitgeber erstattet**, ohne dass sie vom Arbeitgeber an den Arbeitnehmer weitergegeben werden, so ist dieser Vorgang lohnsteuerlich nicht relevant (BFH v. 27.3.1992, VI R 35/89, BStBl II 1992, 663). Eine Änderung der Einkommensteuerbescheide des Arbeitnehmers für die Vorjahre kommt nicht in Betracht.
- Werden **vom Sozialversicherungsträger die gesetzlichen Arbeitnehmeranteile** zur gesetzlichen Renten- und Arbeitslosenversicherung **an den Arbeitnehmer erstattet**, so berührt dies nicht den Arbeitslohn. Ein Abzug der der Erstattung zu Grunde liegenden Beträge als Sonderausgaben kommt nicht in Betracht. Die Einkommensteuer-Veranlagungen sind daher nach § 175 Abs. 1 Nr. 2 AO zu ändern, soweit im Erstattungsjahr keine Verrechnung mit gleichartigen Aufwendungen (hier: Vorsorgeaufwendungen) möglich ist (BFH v. 28.5.1998, X R 7/96, BStBl II 1999, 95). Die (nachträgliche) Mitteilung des Sozialversicherungsträgers, der Stpfl. sei auf Grund dieses Arbeitsverhältnisses mit der GmbH nicht sozialversicherungspflichtig („Freistellung"), stellt ein **rückwirkendes Ereignis** i.S. dieser Vorschrift dar.
- Der **Vorwegabzug** (§ 10 Abs. 3 Nr. 2 EStG a.F.) ist in der Vergangenheit bei den betroffenen Veranlagungen wegen des rückwirkenden Wegfalls der Sozialversicherungspflicht (keine Arbeitgeberleistungen i.S.d. § 3 Nr. 62 EStG) **zu Unrecht gekürzt** worden, soweit nicht ausnahmsweise eine andere Kürzungsvorschrift anzuwenden war. Die **Kürzung des Vorwegabzugs** ist folglich **rückgängig** zu machen (§ 175 Abs. 1 Nr. 2 AO).
- **Kranken-, Pflege- und Rentenversicherungsbeiträge werden** im Gegensatz zu Arbeitslosenversicherungsbeiträgen nach § 26 Abs. 2 SGB IV **nicht erstattet**, wenn für den Arbeitnehmer auf Grund dieser Beiträge oder für den Zeitraum, für den die Beiträge zu Unrecht gezahlt wurden, Leistungen erbracht wurden. In diesem Fall sind die bisher vom Arbeitgeber geleisteten Zuschüsse zur Kranken- und Pflegeversicherung als Arbeitslohn nachträglich der Lohnsteuer zu unterwerfen (FG Köln v. 20.8.2008, 12 K 1173/04, EFG 2009, 117).

  Werden Kranken- und Pflegeversicherungsbeiträge des Arbeitgebers erstattet, gelten die Ausführungen zur Renten- und Arbeitslosenversicherung entsprechend.
- Werden die **Arbeitgeberanteile** zur gesetzlichen Renten- und Arbeitslosenversicherung **vom Sozialversicherungsträger an den Arbeitgeber erstattet** und von diesem **an den Arbeitnehmer weitergegeben**, so handelt es sich regelmäßig **um eine verdeckte Gewinnausschüttung** (FG Düsseldorf v. 17.12.1993, 14 K 5416/91 H (L), EFG 1994, 566).

  Ist dagegen Arbeitslohn anzunehmen, sind die Arbeitgeberanteile in dem Kalenderjahr zu versteuern, in dem sie an den Arbeitnehmer ausgezahlt werden. Dies gilt auch dann, wenn die erstatteten Beträge von diesem für eine private Lebensversicherung verwendet werden.
- Wird auf die **Rückzahlung der Arbeitgeberbeiträge** zur gesetzlichen Rentenversicherung **durch den Arbeitgeber verzichtet** und werden die Beiträge **für die freiwillige Versicherung des Arbeitnehmers** in der gesetzlichen Rentenversicherung verwendet (Umwandlung), ist ebenfalls zu entscheiden, ob es sich um eine verdeckte Gewinnausschüttung oder um steuerpflichtigen Arbeitslohn handelt (FG Köln v. 21.11.1989, 13 K 3489/87, EFG 1990, 383). Ist steuerpflichtiger Arbeitslohn gegeben, so liegt ein Zufluss **erst im Kalenderjahr der Umwandlung** vor (FG Rheinland-Pfalz v. 13.9.2007, 1 K 2180/06). Die obersten Finanzbehörden haben entschieden, das Urteil allgemein anzuwenden und an der bisherigen Rechtsauffassung nicht mehr festzuhalten (OFD Karlsruhe v. 19.11.2008, S 2333/77 – St 144, Lohnsteuer-Handausgabe 2021, 144).

Werden künftig **freiwillige Beiträge zur Sozialversicherung** geleistet, obwohl festgestellt wurde, dass keine Sozialversicherungspflicht besteht, so kann in Höhe des Zuschusses des Arbeitgebers **eine verdeckte Gewinnausschüttung** anzunehmen sein (BFH v. 11.2.1987, I R 177/83, BStBl II 1987, 461).

Zulagen

1. Arbeitsrecht

Durch Zulagen sollen i.d.R. besondere Leistungen des Arbeitnehmers Berücksichtigung finden. Der Anspruch des Arbeitnehmers auf die Zahlung von Zuschlägen kann sich dabei aus Gesetz, Tarifvertrag oder einzelvertraglicher Vereinbarung ergeben. 4787

Zulagen sind Leistungen des Arbeitgebers, die **zusätzlich zum vereinbarten Arbeitslohn** auf Grund **einzelvertraglicher** Vereinbarung oder auf Grund eines **Tarifvertrags** oder einer **Betriebsvereinbarung** gezahlt werden. Der Anknüpfungspunkt für die Gewährung von Zulagen ist unterschiedlich. Räumt ein Tarifvertrag dem Arbeitgeber ein einseitiges Leistungsbestimmungsrecht ein, so hat der Arbeitgeber umfassend die Interessen des Arbeitnehmers gegen die eigenen abzuwägen. Die getroffene Entscheidung des Arbeitgebers unterliegt der gerichtlichen Billigkeitskontrolle nach § 315 Abs. 3 BGB (vgl. BAG v. 17.10.1990, 4 AZR 138/90).

Sämtliche Zulagen sind Teil des Arbeitsentgelts und daher im Krankheitsfall weiterzuzahlen. **Zu unterscheiden sind** ohne Anspruch auf Vollständigkeit insbesondere:

- **Allgemeine Zulagen**

  Allgemeine Zulagen sind **übertarifliche Leistungen** an Arbeitnehmer eines Betriebs, die der Niveauanhebung des Tariflohns dienen. Hierbei sind insbesondere der Gleichbehandlungs- und der Gleichberechtigungsgrundsatz zu berücksichtigen.
- **Erschwerniszulagen/Gefahrenzulagen**

  Diese Zulagen sollen einen Ausgleich für besondere Belastungen bei der Erbringung der Arbeitsleistung bieten. Sie werden auf Grund einzelvertraglicher oder tarifvertraglicher Vereinbarung gezahlt, wobei bei Geltung eines Tarifvertrags eine einzelvertragliche Vereinbarung nur zu Gunsten des Arbeitnehmers von der tarifvertraglichen Vereinbarung abweichen darf. Die Erschwerniszulagen/Gefahrenzulagen berücksichtigen besondere Arbeitsprobleme, nicht den Grad der Arbeitsleistung. Sie werden insbesondere gezahlt für besonders gefährliche oder gesundheitsschädliche oder besonders schmutzige Arbeiten, z.B. Hitze-, Wasser-, Schmutz-, Kälte- oder Gefahrenzulage. Der übertarifliche Teil einer solchen Erschwerniszulage/Gefahrenzulage kann widerrufen und abgebaut werden, wenn ein neuer Tarifvertrag eine leistungsgerechtere Entlohnung beabsichtigt (vgl. BAG v. 30.8.1972, 5 AZR 140/72).
- **Funktionszulagen**

  Funktionszulagen knüpfen an der Übernahme zusätzlicher Verantwortung an. Sie werden für Aufsichts- und Koordinierungsarbeiten zusätzlich gezahlt, die ein Arbeitnehmer ggf. auch nur vorübergehend übernimmt.

- **Leistungszulagen**

  Leistungszulagen knüpfen an der Güte des Arbeitsergebnisses an, das nach einem bestimmten Bewertungsschema benotet wird. Je nach der Bewertung der Arbeitsleistung wird eine bestimmte Summe zusätzlich gezahlt.

- **Persönliche Zulagen**

  Persönliche Zulagen, mit denen der Arbeitgeber das Verhalten des Arbeitnehmers im Betrieb und seinen Charakter honorieren will, erscheinen zweifelhaft, da insoweit ein Anknüpfungspunkt, bezogen auf die Arbeitsleistung des Arbeitnehmers, fehlt; als allgemeine Zulage sind sie natürlich zulässig.

- **Rufbereitschaftszulagen**

  Bei Rufbereitschaften ist die Zeit der Inanspruchnahme mit der Arbeitsvergütung zu bezahlen. Daneben wird regelmäßig für die Stunden der Rufbereitschaft auch ohne Arbeitsleistung eine Zulage geleistet nach Tarifvertrag, Betriebsvereinbarung oder vertraglicher Vereinbarung. Je nach Ausgestaltung der Zulagenvereinbarung besteht der Anspruch auch für Zeiten der Arbeitsleistung in der Rufbereitschaft (BAG v. 9.10.2003, 6 AZR 512/02) oder nicht für diese Zeiten (BAG v. 20.5.2010, 6 AZR 1015/08).

- **Sozialzulagen**

  Sozialzulagen als besondere Familienzuschläge werden insbesondere als Alters-, Kinder-, Orts- und Verheiratetenzuschlag gezahlt. Dabei ist insbesondere der Gleichbehandlungs- und Gleichberechtigungsgrundsatz zu berücksichtigen.

Zulagen/Zuschläge für Nachtarbeit, Sonntags- und Feiertagsarbeit sind **Erschwerniszuschläge** i.S.d. § 850a Nr. 3 ZPO und damit **unpfändbar** (LAG Berlin-Brandenburg v. 9.1.2015, 3 Sa 1335/14).

Für **Teilzeitkräfte** gilt: Eine **Zulage auf geleistete Stunden**, z.B. für Nachtstunden, steht Teilzeitkräften in vollem Umfang zu. Eine **pauschale Zulage**, z.B. eine Wechselschicht- und Schichtzulage mit einem monatlichen Festbetrag, steht **Teilzeitkräften** regelmäßig nur **anteilig** entsprechend dem Anteil der Arbeitszeit zu (BAG v. 25.9.2013, 10 AZR 4/12).

Von Bedeutung kann auch die Unterscheidung zwischen „übertariflichen" und „außertariflichen" Zulagen sein: Während eine „außertarifliche" Zulage Gegenstände betrifft, die die einschlägigen tariflichen Bestimmungen überhaupt nicht vorsehen, knüpft eine „übertarifliche" Zulage an den tariflichen Gegenstand an, geht aber über die tariflich normierten Mindestbedingungen hinaus (BAG v. 7.2.2007, 5 AZR 41/06).

Die **Kürzung von Zulagen** ist grds. nur bei entsprechender Vereinbarung, z.B. bei einer Kürzungsklausel oder einem **Widerrufsvorbehalt,** zulässig. Bei einem Widerrufsvorbehalt ist ggf. auf eine **AGB-Kontrolle** zu achten: Ein Widerrufsvorbehalt in einer Allgemeinen Geschäftsbedingung muss seit Inkrafttreten der §§ 305 ff. BGB den formellen Anforderungen von § 308 Nr. 4 BGB genügen; der Verwender muss die sachlichen Widerrufsgründe vorgeben. Fehlt die Angabe von Widerrufsgründen in einem vor dem 1.1.2002 abgeschlossenen Arbeitsvertrag, kommt eine ergänzende Vertragsauslegung in Betracht (BAG v. 20.4.2011, 5 AZR 191/10).

Ansonsten bedarf es zur Zulagenkürzung oder Zulagenstreichung einer Änderungskündigung; insbesondere bei der Kürzung von Zulagen durch **Anrechnung von Tariflohnerhöhungen** sind i.d.R. **Mitbestimmungsrechte des Betriebsrats** zu beachten. Will ein Arbeitgeber nachteilige Änderungen mit dem Arbeitnehmer vereinbaren, so kann ein Schweigen des betroffenen Arbeitnehmers nicht als Annahme dieses Angebots gewertet werden. Dies gilt jedenfalls, solange die Folgen der Änderung noch nicht hervorgetreten sind (LAG Mecklenburg-Vorpommern v. 2.4.2019, 5 Sa 221/18).

Bei Zahlungspflicht für Zulagen für Sonntags-, Feiertags- oder Nachtarbeit trotz **Nichtbeschäftigung**, etwa nach unwirksamer Kündigung, braucht der Arbeitgeber für den **Steuerschaden** des Arbeitnehmers (keine Steuerfreiheit nach § 3b EStG) nicht einzustehen (BAG v. 19.10.2000, 8 AZR 20/00). Zu Zulagen s. auch D. Besgen, Grundsätze und ABC der Zulagen/Zuschläge, B+P 2012, 379.

Zur Berücksichtigung von Zulagen beim **Mindestlohn** → *Mindestlohn* Rz. 3142.

2. Lohnsteuer und Sozialversicherung

Zulagen, die der Arbeitgeber zusätzlich zum Arbeitslohn zahlt, **sind grds. steuer- und beitragspflichtig**. Dabei spielt es **keine Rolle**, ob diese **als Zuschläge oder Zulagen bezeichnet** werden. Nicht entscheidend ist auch, ob die Lohnzuschläge auf Grund eines gesetzlichen Anspruchs, eines Tarifvertrags, einer Betriebsvereinbarung, einer einzelvertraglichen Regelung oder freiwillig gezahlt werden (§ 2 Abs. 2 Nrn. 6 und 7 LStDV sowie R 19.3 Abs. 1 Satz 2 Nr. 1 LStR mit Beispielen). Dies gilt auch für eine sog. Offshore-Zulage (FG Niedersachsen v. 24.9.2015, 14 K 232/14, EFG 2015, 2165). 4788

LSt SV

Von diesem Grundsatz gibt es nur eine Ausnahme: Kraft ausdrücklicher gesetzlicher Regelung sind Zuschläge für Sonntags-, Feiertags- oder Nachtarbeit nach § 3b EStG in bestimmter Höhe steuerfrei (→ *Zuschläge für Sonntags-, Feiertags- oder Nachtarbeit* Rz. 4800).

Zusage: verbindliche

→ *Auskünfte und Zusagen des Finanzamts* Rz. 896

Zusammenballung von Einnahmen

→ *Entschädigungen* Rz. 2001

Zusatzbeitrag

→ *Beiträge zur Sozialversicherung* Rz. 1261

Zusatzverpflegung

→ *Arbeitslohn-ABC* Rz. 711

Zusatzversorgungskassen

1. Allgemeines

Die Zusatzversorgungskassen sind **Pensionskassen**, für die steuerliche Behandlung (Anwendung der Steuerbefreiung nach § 3 Nr. 63 EStG oder § 3 Nr. 56 EStG und der Möglichkeit der Pauschalversteuerung nach § 40b EStG; steuerliche Erfassung der späteren Zahlungen aus der Pensionskasse) gelten die allgemeinen Grundsätze (→ *Zukunftssicherung: Betriebliche Altersversorgung* Rz. 4653). Dabei ist zu unterscheiden, ob die Zusatzversorgungskasse 4789

- im **Umlageverfahren** (so z.B. bei der VBL) oder
- im **Kapitaldeckungsverfahren** (so z.B. bei der Zusatzversorgungskasse des Baugewerbes)

betrieben wird (s. BMF v. 12.8.2021, IV C 5 – S 2333/19/10008 :017, BStBl I 2021, 1050 unter Berücksichtigung der Änderungen durch BMF v. 18.3.2022, IV C 5 – S 2333/19/10008 :026, BStBl I 2022, 333).

Wenn der Arbeitgeber **Sonderzahlungen** an eine Pensionskasse leistet anlässlich

- seines **Ausscheidens** aus einer nicht im Wege der Kapitaldeckung finanzierten betrieblichen Altersversorgung,
- des **Wechsels** von einer nicht im Wege der Kapitaldeckung zu einer anderen nicht im Wege der Kapitaldeckung finanzierten betrieblichen Altersversorgung,

so hat der Arbeitgeber die Lohnsteuer mit einem Pauschsteuersatz i.H.v. **15 % der Sonderzahlungen** zu erheben (§ 40b Abs. 4 EStG). Hierbei handelt es sich um eine Pflichtpauschalierung, d.h., dem Arbeitgeber ist die Möglichkeit verwehrt, die Sonderzahlungen individuell beim Arbeitnehmer zu versteuern. Der BFH hält die „Pflichtpauschalierung" **für verfassungswidrig** und hat daher die Sache zur Entscheidung dem BVerfG vorgelegt (BFH v. 14.11.2013, VI R 49/12, HFR 2014, 230, BFH v. 14.11.2013, VI R 50/12, Az. beim BVerfG: 2 BvL 7/14 und 2 BvL 8/14).

Bei einer **kapitalgedeckten Zusatzversorgung** können die Arbeitnehmer für diese Beiträge auch die sog. **Riester-Förderung** durch Zulagen bzw. Sonderausgabenabzug (§§ 10a, 79 ff. EStG) in

Anspruch nehmen, wenn sie dies nach § 3 Nr. 63 Satz 2 EStG i.V.m. § 1a Abs. 3 BetrAVG verlangen.

Zur steuerlichen Behandlung der Beiträge an die **Hüttenknappschaftliche Zusatzversorgung im Saarland (HZV)** sowie zur Eintragung der Arbeitgeber- bzw. Arbeitnehmerbeiträge in der Lohnsteuerbescheinigung s. FinMin Saarland v. 5.9.2005, B/2 – 4 – 125/2005 – S 2333, zur Eintragung der Arbeitgeber- bzw. Arbeitnehmerbeiträge in der Lohnsteuerbescheinigung s. → *Lohnsteuerbescheinigung* Rz. 2974.

2. Öffentlicher Dienst

a) Allgemeines

4790 Die **Versorgungsanstalt des Bundes und der Länder** (VBL) ist eine **Pensionskasse**, die über mehrere Abrechnungsverbände verfügt:

- Abrechnungsverband West – Versorgungskonto I,
- Abrechnungsverband Ost/Umlage – Versorgungskonto I,
- Abrechnungsverband Ost/Beitrag – Versorgungskonto II,
- Abrechnungsverband Gegenwerte – Versorgungskonto II,
- Abrechnungsverband freiwillige Versicherung.

Der Abrechnungsverband West und der Abrechnungsverband Ost/Umlage sind im **Abschnittsdeckungsverfahren** (Umlageverfahren) finanziert. Der Abrechnungsverband Ost/Beitrag, der Abrechnungsverband Gegenwerte für ausgeschiedene Arbeitgeber und der Abrechnungsverband freiwillige Versicherung sind im **Kapitaldeckungsverfahren** finanziert (§ 59 der VBL-Satzung).

Im **Abrechnungsverband West** beträgt die monatliche Umlage für das Jahr 2026 7,30 % (6,9 % plus zusätzlicher Arbeitnehmerbeitrag von 0,4 %) des zusatzversorgungspflichtigen Entgelts. Dieser Umlagesatz teilt sich in einen **Arbeitgeberanteil** i.H.v. 5,49 % und einen **Arbeitnehmeranteil** i.H.v. 1,81 % auf (§ 64 Abs. 2 und 3 der VBL-Satzung).

Im **Abrechnungsverband Ost/Umlage** beträgt die monatliche Umlage 1,06 % (seit 2022) des zusatzversorgungspflichtigen Entgelts (§ 64 Abs. 2 VBL-Satzung) .

Im **Abrechnungsverband Ost/Beitrag** beträgt der monatliche Beitrag für das Jahr 2026 6,25 % des zusatzversorgungspflichtigen Entgelts (§ 66a Abs. 1 der VBL-Satzung). Hiervon trägt der Arbeitgeber 2 % und der Arbeitnehmer 4,25 %.

Bei der **Rheinischen Zusatzversorgungskasse** (RZVK) mit Sitz in Köln beträgt die Umlage für 2026 4,25 % des zusatzversorgungspflichtigen Entgelts (§ 62 Abs. 1 der RZVK-Satzung), die in vielen Fällen vom Arbeitgeber allein getragen wird. Eine Eigenbeteiligung der Pflichtversicherten (Arbeitnehmer) kommt aber auch hier in Betracht, wenn sie tarif- oder arbeitsvertraglich vereinbart worden ist (vgl. § 61 der RZVK-Satzung).

b) Lohnsteuer

4791 Auch für die Zusatzversorgungskassen im öffentlichen Dienst gelten die steuerlichen Regelungen für Pensionskassen (Anwendung der Steuerbefreiung nach § 3 Nr. 63 EStG oder § 3 Nr. 56 EStG und der Möglichkeit der Pauschalversteuerung nach § 40b EStG). Einzelheiten → *Zukunftssicherung: Betriebliche Altersversorgung* Rz. 4653.

Die **monatlichen Umlagen** stellen sowohl hinsichtlich der Arbeitgeber- als auch der Arbeitnehmerbeiträge **steuerpflichtigen Arbeitslohn** dar (§ 19 Abs. 1 Nr. 3 Satz 1 EStG sowie zuletzt BFH v. 15.9.2011, VI R 36/09, HFR 2012, 258).

Ist die Zusatzversorgungskasse **im Kapitaldeckungsverfahren finanziert**, kommt die Steuerbefreiungsvorschrift des § 3 Nr. 63 EStG in Betracht. Die Beiträge sind bis zu 8 % der BBG in der allgemeinen Rentenversicherung (2026: 8 112 € bzw. 676 € monatlich) steuerfrei. Einzelheiten → *Zukunftssicherung: Betriebliche Altersversorgung* Rz. 4653.

Ist die Zusatzversorgungskasse **im Umlageverfahren finanziert**, kommt die Steuerbefreiungsvorschrift des § 3 Nr. 56 EStG in Betracht. Die Beiträge sind bis zu 4 % der BBG in der allgemeinen Rentenversicherung (2026: 4 056 € bzw. 338 € monatlich) steuerfrei. Der übersteigende Betrag kann nach § 40b EStG **mit 20 % pauschal versteuert** werden. Einzelheiten → *Zukunftssicherung: Betriebliche Altersversorgung* Rz. 4653.

Soweit die VBL nach § 65 der VBL-Satzung **Sanierungsgelder** zur Deckung eines zusätzlichen Finanzierungsbedarfs, die über die laufenden Umlagen hinausgehen und der Finanzierung der vor dem 1.1.2002 begründeten Anwartschaften und Ansprüchen (Altbestand) dienen, erhebt, stellen diese Sanierungsgelder **keinen steuerpflichtigen Arbeitslohn** dar (§ 19 Abs. 1 Nr. 3 Buchst. d EStG). Einzelheiten → *Zukunftssicherung: Betriebliche Altersversorgung* Rz. 4653.

Soweit umlagefinanzierte Zusatzversorgungskassen von ihren Mitgliedern, die nicht Körperschaften des öffentlichen Rechts sind (z.B. eine gemeinnützige GmbH), einen **Zuschlag zur Umlage** verlangen, **mit dem das Insolvenzrisiko abgesichert** wird, wenn keine Garantieerklärung einer juristischen Person des öffentlichen Rechts vorliegt, so stellen diese Zahlungen **steuerpflichtigen Arbeitslohn** i.S.v. § 19 Abs. 1 Satz 1 Nr. 3 Satz 1 EStG dar. Die Zahlung des Umlagezuschlags unterfällt § 19 Abs. 1 Nr. 3 Satz 2 EStG, so dass die **pauschale Besteuerung nach § 40b Abs. 4 EStG** anzuwenden ist. Die gegenteilige Auffassung (FG Berlin v. 28.11.2005, 9 K 8156/02, EFG 2006, 1247) ist durch die gesetzliche Definition des Arbeitslohnbegriffs in § 19 Abs. 1 Satz 1 Nr. 3 EStG überholt.

Die nach der Tarifeinigung v. 28.3.2015 zu zahlenden **zusätzlichen Arbeitnehmerbeiträge** sind **keine Sonderzahlungen des Arbeitgebers** i.S.d. § 19 Abs. 1 Satz 1 Nr. 3 Satz 2 Buchst. b EStG (Sanierungsgelder), sondern laufende Beiträge oder Umlagen an die VBL, für die die allgemeinen Reglungen (z.B. § 3 Nr. 56 oder § 3 Nr. 63 EStG) gelten.

Beispiel:

Eine Krankenschwester in Hannover hat im Februar 2026 einen Bruttolohn von 4 200 € monatlich. Der zu versteuernde Arbeitslohn errechnet sich unter Einbeziehung der VBL-Umlagen wie folgt:

Bruttogehalt		4 200,– €
Umlagesatz an VBL (6,9 % von 4 200 €)	289,80 €	
+ zusätzlicher Arbeitnehmerbeitrag (0,4 % von 4 200 €)	16,80 €	
Insgesamt	306,60 €	
– Arbeitnehmer-Anteil 1,41 % von 4 200 € (wird vom Nettogehalt abgezogen)	59,22 €	
– zusätzlicher Arbeitnehmer-Anteil 0,4 % von 4 200 € (wird vom Nettogehalt abgezogen)	16,80 €	
= Arbeitgeber-Anteil 5,49 % von 4 200 €	230,58 €	
hiervon sind steuerfrei nach § 3 Nr. 56 EStG (max. 101 400 € x 4% = 338,00 €)	230,58 €	
Restbetrag	0 [1)] €	
insgesamt zu versteuernder Arbeitslohn		4 200,– €

1) Sofern der positive Restbetrag mehr als 0 € beträgt, kommt eine pauschale Besteuerung mit 20% von max. 92,03 € (§ 37 Abs. 2 Tarifvertrag-Altersversorgung – ATV) in Betracht. Ein danach verbleibender Betrag ist individuell zu versteuern.

Entsprechende Umlagebeiträge werden ggf. auch von **anderen Zusatzversorgungskassen** des öffentlichen Dienstes erhoben. Für diese gelten die vorstehenden Ausführungen entsprechend.

Vom Arbeitgeber einbehaltene Beiträge des Arbeitnehmers zu einer zusätzlichen Altersversorgung für Angestellte und Arbeitnehmer nach dem **Ersten Ruhegeldgesetz der Freien und Hansestadt Hamburg** stellen – anders als Sozialversicherungsbeiträge – noch **keinen Arbeitslohn** dar; mit der Zuführung zur Versorgungsrückstellung fließt dem Arbeitnehmer (noch) kein Arbeitslohn zu, weil er im Zeitpunkt der Einbehaltung keinen unmittelbaren und unentziehbaren Rechtsanspruch gegen einen Dritten erhält (BFH v. 20.7.2005, VI R 165/01, BStBl II 2005, 890).

c) Nachgelagerte Besteuerung

Soweit die spätere Betriebsrente auf in der Ansparphase nach § 3 Nr. 56 EStG oder § 3 Nr. 63 EStG **steuerfrei belassenen** Umlagen bzw. Beiträgen oder auf „mit Riester" geförderten Beiträgen beruht (→ *Riester-Förderung* Rz. 3751), ist sie nicht nur mit dem Ertragsanteil, **sondern in voller Höhe steuerpflichtig** (§ 22 Nr. 5 Satz 1 EStG). 4792

LSt SV (durchgestrichen)

Mit dem **Ausscheiden eines Arbeitgebers aus der VBL** enden gem. § 23 Abs. 1 der VBL-Satzung die Pflichtversicherungen der bei ihm beschäftigten Arbeitnehmer. Die zum Zeitpunkt des Ausscheidens bestehenden Ansprüche hat die VBL jedoch zu erfüllen. Ein Versorgungsanspruch für den einzelnen Arbeitnehmer entsteht allerdings erst, wenn eine Wartezeit von 60 Kalendermonaten erreicht ist (§ 34 der VBL-Satzung). Das Ausscheiden des Arbeitgebers aus der VBL führt **nicht zu negativem Arbeitslohn**, weil infolge des Ausscheidens keine Bezugsrechte entfallen. Sofern der Arbeitnehmer die Wartezeit nicht erfüllt hat, ist kein Bezugsrecht entstanden, das entfallen könnte. Sofern Anwartschaften erworben wurden, besteht Anspruch auf eine zeitanteilig berechnete Versicherungsrente, die dem Bezugsrecht entspricht (FinMin Hamburg v. 25.3.2002, 52 – S 2333 – 16/97).

3. Baugewerbe

4793 Die Arbeitgeber im Baugewerbe haben zur Aufbringung der Mittel für die tariflich festgelegten Leistungen an Urlaub, Lohnausgleich und Zusatzversorgung einen bestimmten Prozentsatz der Bruttolohnsumme aller vom Tarifvertrag erfassten Arbeitnehmer des Betriebs an die Zusatzversorgungskasse, die im **Kapitaldeckungsverfahren** betrieben wird, abzuführen. Zur Anwendung der Steuerbefreiung nach § 3 Nr. 63 EStG s. ausführlich OFD München v. 5.6.2003, S 2333 – 41/St 41.

Die Beitragszahlungen an die Zusatzversorgungskasse des Baugewerbes sind auch bei **Aushilfskräften als gegenwärtig zufließender Arbeitslohn** anzusehen, selbst wenn der Arbeitnehmer wegen seiner kurzen Beschäftigungsdauer die für die Leistungspflicht der Zusatzversorgungskasse erforderliche Wartezeit voraussichtlich nicht erfüllen wird (FG Nürnberg v. 12.12.2001, III 41/2001, EFG 2002, 824).

LSt SV

Vgl. auch → *Lohnausgleichskasse* Rz. 2840 sowie → *Urlaubsvergütungen im Baugewerbe* Rz. 4231.

4. Land- und Forstwirtschaft

4794 Ehemalige Arbeitnehmer in der Land- und Forstwirtschaft (bzw. deren Hinterbliebene) erhalten unter bestimmten weiteren Voraussetzungen zusätzlich zur gesetzlichen Rente Versorgungsleistungen des Zusatzversorgungswerkes für Arbeitnehmer in der Land- und Forstwirtschaft – ZLF VVaG – (ZLF) und/oder der Zusatzversorgungskasse für Arbeitnehmer in der Land- und Forstwirtschaft (ZLA). Die land- und forstwirtschaftlichen Arbeitgeberverbände haben den Tarifvertrag über die Zusatzversorgung der Arbeitnehmer in der Land- und Forstwirtschat (TV-ZLF) vom 28.11.2000 zum Ende des Jahres 2019 mit Wirkung zum 1.1.2021 gekündigt. Bereits erworbene Rechtsansprüche bleiben von der Kündigung allerdings unberührt, so dass für die steuerliche Behandlung folgendes gilt (OFD Magdeburg v. 20.5.2011, S 2255 – 99 – St 224):

a) Zusatzversorgungswerk (ZLF)

4795 Das Zusatzversorgungswerk erhob auf der Grundlage des Tarifvertrags über die Zusatzversorgung für Arbeitnehmer in der Land- und Forstwirtschaft vom 28.11.2000 Beiträge bei den land- und forstwirtschaftlichen Arbeitgebern und finanzierte mit diesen Beiträgen im Kapitaldeckungsverfahren Beihilfen zu den gesetzlichen Renten der ehemaligen Arbeitnehmer.

Die Beihilfen des ZLF sind in der Auszahlungsphase wie folgt zu besteuern:

- Soweit die Zahlung auf Beiträge entfällt, die in der Ansparphase nach § 3 Nr. 63 EStG steuerfrei belassen wurden, ist sie in voller Höhe steuerpflichtig (§ 22 Nr. 5 EStG).
- Soweit die Zahlung auf Beiträge entfällt, die in der Ansparphase pauschal (§ 40b EStG a.F.) oder individuell besteuert wurden, ist sie nur in Höhe des Ertragsanteils steuerpflichtig (§ 22 Nr. 1 Satz 3 Buchst. a Doppelbuchst. bb EStG).

Beruhen die Leistungen sowohl auf steuerfreien als auch auf steuerpflichtigen Beitragsleistungen, müssen die Leistungen aufgeteilt werden.

Für die Leistungen der ZLF werden gem. § 22a EStG Rentenbezugsmitteilungen übermittelt.

b) Zusatzversorgungskasse (ZLA)

4796 Die Zusatzversorgungskasse für Arbeitnehmer in der Land- und Forstwirtschaft gewährt nach dem Gesetz über die Errichtung einer Zusatzversorgungskasse für Arbeitnehmer in der Land- und Forstwirtschaft (ZVALG) eine Ausgleichsleistung zur gesetzlichen Rente für ehemalige land- und forstwirtschaftliche Arbeitnehmer.

Die Ausgleichsleistungen der ZLA sind gesetzliche Sozialleistungen, die dazu dienen, ein Mindereinkommen ehemaliger Arbeitnehmer der Land- und Forstwirtschaft, die wegen ihres Alters keine oder nur geringe Ansprüche aus dem Tarifvertrag erwerben können, auszugleichen. Sie sind einkommensteuerrechtlich als **wiederkehrende Bezüge** i.S.d. § 22 Nr. 1 Satz 3 Buchst. b EStG zu erfassen und mit ihrem vollen Betrag der Besteuerung zu unterwerfen. Ein entsprechender Hinweis zur Besteuerung ist im Bescheid der ZLA enthalten.

Da es sich um Leistungen nach § 22 Nr. 1 Satz 3 Buchst. b EStG handelt, werden hierfür keine Rentenbezugsmitteilungen übermittelt.

LSt SV

Zuschläge

1. Arbeitsrecht

Durch Zuschläge sollen besondere Leistungen des Arbeitnehmers 4797
Berücksichtigung finden. Der Anspruch des Arbeitnehmers auf die Zahlung von Zuschlägen kann sich dabei aus Gesetz, Tarifvertrag oder einzelvertraglicher Vereinbarung ergeben (vgl. zur Darlegungs- und Beweislast: LAG Niedersachsen v. 9.12.2024, 4 SLa 52/24, NZA-RR 2025, 227). Als zuschlagspflichtige besondere Leistungen des Arbeitnehmers in diesem Sinne sind **insbesondere** zu nennen:

- **Überstundenvergütung/Mehrarbeitsvergütung,**
- **Sonn- und Feiertagszuschläge**,
- **Zuschläge für besonders ungünstige Arbeitszeit** (Spätschicht, Wechselschicht, Nachtarbeit),
- **Zeitzuschläge** für Arbeit an Vorfesttagen, z.B. Heiligabend.

Möglich und zulässig ist die Vereinbarung einer **Pauschalvergütung** für zuschlagspflichtige Arbeitszeiten, z.B. für Überstunden. Die Vereinbarung muss aber klar und verständlich sein, so dass sich aus der Abrede selbst ergibt, welche Arbeitsleistung mit welchem Umfang von Überstunden von ihr erfasst werden soll. Der Arbeitnehmer muss bereits bei Vertragsabschluss erkennen können, was gegebenenfalls „auf ihn zukommt" und welche Leistung er für die vereinbarte Vergütung maximal erbringen muss; ansonsten ist die Abrede wegen Verstoß gegen das **Transparenzgebot** unwirksam nach § 307 BGB (BAG v. 18.11.2015, 5 AZR 751/13). Der Anspruch auf Entgeltzuschläge kann jedoch auch durch eine betriebliche Übung entstehen. Das LAG Sachsen hat z.B. entschieden, dass der Arbeitnehmer einer vom Betriebsübernehmer eingeführten Veränderung der Bezeichnung eines Zuschlags in den regelmäßigen Entgeltabrechnungen rechtsgeschäftlichen Erklärungswert beimessen darf (Urteil v. 30.12.2022, 1 Sa 87/22).

Eine Betriebsvereinbarung, die bestimmt, dass Arbeitnehmer, die i.R. vereinbarter Vertrauensarbeit regelmäßig Mehrarbeit leisten, als Ausgleich hierfür pauschal eine näher bestimmte Anzahl freier Arbeitstage im Kalenderjahr erhalten, ist hingegen unwirksam (BAG v. 26.6.2019, 5 AZR 452/18). Streit entsteht in der Praxis regelmäßig über die Frage, ob mit Blick auf Mehrarbeitszuschläge die auf den Urlaub entfallenden Stunden außer Betracht bleiben dürfen oder die für den Urlaub abgerechneten Stunden auch zu berücksichtigen sind. Eine tarifliche Regelung, nach der bei der Berechnung der zu einem Mehrarbeitszuschlag berechtigenden Arbeitszeit die Zeiten des vom Arbeitnehmer in Anspruch genommenen bezahlten Jahresurlaubs nicht als geleistete Arbeitsstunden berücksichtigt werden, ist jedenfalls mit Unionsrecht nicht vereinbar (EuGH v. 13.1.2022, C-514/20, NJW 2022, 931; auf Vorlagebeschluss BAG v. 17.6.2020, 10 AZR 210/19 (A)).

Für **Teilzeitkräfte** gilt: Ein **Zuschlag auf geleistete Stunden**, z.B. für Nachtstunden, steht Teilzeitkräften in vollem Umfang zu. Ein **pauschaler Zuschlag**, z.B. ein Wechselschicht- und Schichtzuschlag mit einem Festbetrag, z.B. ein monatlicher pauschaler Wechselschicht- und Schichtzuschlag, steht **Teilzeitkräften** regelmäßig nur **anteilig** entsprechend dem Anteil der Arbeitszeit zu (BAG v. 25.9.2013, 10 AZR 4/12). Es verstößt allerdings gegen § 4 Nr. 1, Nr. 2 der Rahmenvereinbarung über Teilzeit (Teilzeit-RL), Art. 157 AEUV sowie Art. 2 Abs. 1 Buchst. b, Art. 4 Abs. 1 Gleichbehandlungs-RL, wenn eine nationale (Tarif-)Regelung die Zahlung von Überstundenzuschlägen an Teilzeitbeschäftigte nur für die Arbeitsstunden vorsieht, die über die regelmäßige Arbeitszeit von sich in einer vergleichbaren Lage befindenden vollzeitbeschäftigen Arbeitnehmer hinausgearbeitet werden. Eine solche Regelung kann zwar durchaus gerechtfertigt sein, nicht jedoch dadurch, dass die Regelung den Arbeitgeber davon abhalten soll, für Arbeitnehmer Überstunden anzuordnen, die über die individuell in ihren Arbeitsverträgen vereinbarte Arbeitszeit hinausgehen und das Ziel haben, zu verhindern, dass Vollzeitbeschäftige gegenüber Teilzeitbeschäftigten schlechter behandelt werden (EuGH v. 29.7.2024, C-184/22, C-185/22). Unter Beachtung der Feststellungen des EuGH hat der Achte Senat des BAG daraufhin entschieden (Urteile vom 5.12.2024, 8 AZR 370/20 und 8 AZR 372/20), dass eine tarifvertragliche Regelung gegen das Verbot der Diskriminierung Teilzeitbeschäftigter nach dem i.S.d. § 4 Nr. 1 der Rahmenvereinbarung über Teilzeitarbeit im Anhang der Richtlinie 97/81/EG auszulegenden § 4 Abs. 1 TzBfG verstößt, wenn sie unabhängig von der individuellen Arbeitszeit für Überstundenzuschläge das Überschreiten der regelmäßigen Arbeitszeit eines Vollzeitbeschäftigten voraussetzt, ohne dass die dafür angeführten Gründe als sachliche Gründe für die Ungleichbehandlung angesehen werden konnten.

Ein sachlicher Grund für die Ungleichbehandlung liegt dem BAG zufolge weder in dem unterschiedlichen Arbeitspensum von Vollzeit- und Teilzeitbeschäftigten noch allein darin, dass sie in einer entsprechenden Regelung (zum Beispiel in einem Tarifvertrag) vorgesehen ist. Die Ungleichbehandlung kann auch nicht dadurch gerechtfertigt werden, mit der Regelung den Arbeitgeber davon abzuhalten, für Beschäftigte Mehrarbeit anzuordnen und zudem zu verhindern, dass Vollzeitbeschäftigte gegenüber Teilzeitbeschäftigten schlechter behandelt werden. Denn zum einen würde die Regelung für den Arbeitgeber einen finanziellen Anreiz zur Anordnung von Mehrarbeit bei Teilzeitbeschäftigten statt bei Vollzeitbeschäftigten darstellen und somit das Gegenteil bewirken. Zum anderen würden Vollzeitbeschäftigte in Bezug auf die Vergütung für die Mehrarbeit nicht schlechter, sondern nach dem für Teilzeitbeschäftigungen geltenden Pro-rata-temporis-Grundsatz (Arbeitsentgeltanspruch im Verhältnis zur Arbeitszeitquote) gleichbehandelt wie Teilzeitbeschäftigte, wenn diese für Mehrarbeit, die über ihre individuell vereinbarte Arbeitszeit hinaus geleistet werden, einen Zuschlag erhalten. Die Ungleichbehandlung von Teilzeitbeschäftigten kann, so das BAG, sachlich gerechtfertigt sein, wenn sich ihr Grund aus dem Verhältnis von Leistungszweck und Umfang der Teilzeitarbeit herleiten lässt. Dabei muss die unterschiedliche Behandlung durch das Vorhandensein genau bezeichneter, konkreter Umstände gerechtfertigt sein, die die betreffende Beschäftigungsbedingung in ihrem speziellen Zusammenhang und auf der Grundlage objektiver und transparenter Kriterien kennzeichnen, um sichergehen zu können, dass die unterschiedliche Behandlung einem echten Bedarf entspricht und zur Erreichung des verfolgten Ziels geeignet und erforderlich ist. Solche Umstände können sich etwa aus der besonderen Art der Aufgaben, zu deren Erfüllung Teilzeitverträge geschlossen wurden, und ihren Wesensmerkmalen oder gegebenenfalls aus der Verfolgung eines legitimen sozialpolitischen Ziels ergeben. Dabei muss der sachliche Grund nicht ausdrücklich genannt sein, sondern kann sich auch im Wege der Auslegung, beispielsweise aus der Systematik eines Tarifvertrags anhand von Anspruchsvoraussetzungen, Ausschließungs- und Kürzungsregelungen, ergeben. Dabei könnte zum Beispiel der ausdrückliche Schutz der Beschäftigten vor übermäßiger – körperlicher und/oder psychischer – Belastung, die die Tarifvertragsparteien in der Grenze der Vollzeit und einer mit ihrer Überschreitung unangemessenen Dauer der Arbeitszeit sehen, einen sachlichen Grund darstellen (vgl. Besprechungsergebnis der Spitzenorganisationen der Sozialversicherung v. 21.5.2025); zur beitragsrechtlichen Beurteilung von Mehrarbeitszuschlägen für Teilzeitbeschäftige → Rz. 4091.

Sofern eine tarifliche Norm gegen den Gleichheitsgrundsatz des Art. 3 Abs. 1 GG verstößt, ist sie nichtig. Die Arbeitsgerichte können jedoch nicht eine Unvereinbarkeitserklärung der Tarifnorm mit höherem Recht anordnen, weil sie den Tarifvertragsparteien keine bestimmten Normierungspflichten auferlegen können (LAG Berlin-Brandenburg v. 16.5.2025, 12 Sa 1016/24, n. rkr.). Folge der verbotswidrigen Diskriminierung eines Teilzeitbeschäftigen ist die Gleichstellung durch gerichtliche Entscheidung, wobei die Überschreitung der individuellen Wochenarbeitszeit Mehrarbeitszuschläge im Sinne einer Anpassung nach oben auslöst (Glatzel, NZA-RR 2025, 588).

In Bezug auf Nachtarbeit ist § 6 Abs. 5 ArbZG zu beachten. Die Vorschrift stipuliert einen wahlweisen Ausgleich der Nachtarbeit durch einen Zuschlag auf die Vergütung oder Freizeitgewährung. Der Ausgleich muss angemessen sein. Das heißt: zwischen der mit Nachtarbeit verbundenen Erschwernis und dem Ausgleich muss ein ausgewogenes Verhältnis bestehen. Einzelheiten unter → *Zuschläge für Sonntags-, Feiertags- und Nachtarbeit* Rz. 4800. Den Tarifvertragsparteien steht auf Grund des weiten Gestaltungsspielraums durch die in Art. 9 Abs. 3 GG geschützte Tarifautonomie eine Einschätzungsprärogative zu, soweit die tatsächlichen Gegebenheiten, die betroffenen Interessen und Rechtsfolgen zu beurteilen sind (siehe aber BAG v. 22.5.2021, 10 AZR 230/19, NJW 2022, 2705). Die Festlegung unterschiedlich hoher Zuschläge für Nacharbeit, die innerhalb tariflich definierter Schicht- bzw. Wechselschichtarbeit erbracht wird (15 % bzw. 20 %), und für „sonstige Nachtarbeit“ (60 %) verstößt dann nicht gegen den allgemeinen Gleichheitssatz des Art. 3 Abs. 1 GG, wenn ein sachlicher Grund für die Ungleichbehandlung gegeben ist, der aus dem Tarifvertrag erkennbar sein muss. Ein solcher kann darin liegen, dass mit dem höheren Zuschlag neben den spezifischen Belastungen durch die Nachtarbeit auch die Belastungen durch die geringere Planbarkeit eines Arbeitseinsatzes in unregelmäßiger Nachtarbeit ausgeglichen werden sollen (BAG v. 22.2.2023, 10 AZR 332/20). Eine Tarifvertragsregelung, nach der sich der Zuschlag für Nachtarbeit halbiert, wenn sie innerhalb eines Schichtsystems geleistet wird, verstößt ebenso wenig grundsätzlich gegen den allgemeinen Gleichheitssatz des Art. 3 Abs. 1 GG (BAG v. 9.12.2020, 10 AZR 334/20). Das BVerfG hat inzwischen jedoch der „ausufernden“ BAG-Rechtsprechung Einhalt geboten: Den Tarifparteien kommt in Bezug auf die tatsächlichen Gegebenheiten und die Rechtsfolgen tariflicher Regelungen allein eine Einschätzungsprärogative zu. Die Gerichte sind im Kernbereich der Tarifautonomie nur zu einer Willkürkontrolle befugt. Es obliegt ihnen nicht, nach der aus ihrer Sicht „besten“ Lösung zu suchen; dies ist Verantwortung der sachnäheren Tarifparteien (BVerfG v. 11.12.2024, 1 BvR 1109/21, 1 BvR 1422/23, ArbRAktuell 2025, 126).

Bei der **Entgeltfortzahlung** im Krankheitsfall ist betr. Zuschläge § 4 Abs. 1a EFZG zu beachten sowie auf tarifvertragliche Besonderheiten zu achten.

2. Lohnsteuer und Sozialversicherung

Um die Bereitschaft, Überstunden zu leisten, zu erhöhen, hatte **4798**
Ende 2025 die Bundesregierung mit einem als Arbeitsmarktförderungsgesetz bezeichneten Gesetzesvorstoß steuerfreie Zuschläge für Mehrarbeit für Vollzeitbeschäftigte einführen wollen. Das Gesetz kam in dieser Form aber nicht in das parlamentarische Verfahren. Sollten sich in 2026 Änderungen ergeben, informieren wir Sie über unseren Online-Aktualisierungsdienst (s. Benutzerhinweis S. IV). Gegen die avisierte Regelung werden ebenfalls bereits arbeitsrechtliche und europarechtliche Bedenken geltend gemacht (BAG v. 5.12.2024, 8 AZR 370/20; EuGH v. 19.10.2023, C-660/20; v. 29.7.2024, C-184/22, C-185/22).

Lohnzuschläge, die der Arbeitgeber zusätzlich zum Arbeitslohn zahlt, **sind grds. steuer- und beitragspflichtig**. Dabei spielt es **keine Rolle**, ob diese **als Zuschläge oder Zulagen bezeichnet** werden. Nicht entscheidend ist auch, ob die Lohnzuschläge auf Grund eines gesetzlichen Anspruchs, eines Tarifvertrags, einer Betriebsvereinbarung, einer einzelvertraglichen Regelung oder freiwillig gezahlt werden (§ 2 Abs. 2 Nr. 6 und 7 LStDV sowie R 19.3 Abs. 1 Satz 2 Nr. 1 LStR mit Beispielen). **Gefahrenzuschläge**, die ein im Kampfmittelräumdienst Beschäftigter erhält, können nicht im Wege einer verfassungskonformen Auslegung des § 3b EStG (steuerfreie Zuschläge für Sonntags-/Feiertags- oder Nachtarbeit) von der Einkommensteuer befreit werden (BFH v. 15.9.2011, VI R 6/09, BStBl II 2012, 144). Eine **sog. Offshore-Zulage**, die zur Abgeltung für alle anfallende Mehr-, Wochenend-, Feiertags- und Nacharbeit gezahlt wird, ist **in voller Höhe steuerpflichtig** (FG Niedersachsen v. 24.9.2015, 14 K 232/14, EFG 2015, 2165).

LSt SV

Von dem o.g. Grundsatz gibt es eine Ausnahme: Kraft ausdrücklicher gesetzlicher Regelung sind die (Lohn-)Zuschläge für Sonntags-/Feiertags- oder Nachtarbeit nach § 3b EStG in einem bestimmten Rahmen steuerfrei (→ *Zuschläge für Sonntags-, Feiertags- oder Nachtarbeit* Rz. 4800).

3. Sozialversicherung

4799 Zum Arbeitsentgelt i.S.d. Sozialversicherung gehören nach § 14 Abs. 1 Satz 1 SGB IV alle laufenden oder einmaligen Einnahmen aus einer Beschäftigung, gleichgültig, ob ein Rechtsanspruch auf die Einnahmen besteht, unter welcher Bezeichnung oder in welcher Form sie geleistet werden oder ob sie unmittelbar aus der Beschäftigung oder im Zusammenhang mit ihr erzielt werden. Arbeitsentgelt in diesem Sinne sind demnach auch Mehrarbeitszuschläge.

Die Sozialversicherung musste in der Vergangenheit Stellung zu dem Thema beziehen, wie es mit der Zahlung von Mehrarbeits- bzw. Überstundenzuschlägen bei Teilzeitbeschäftigten aussieht. Danach steht fest, dass ein teilzeitbeschäftigter Arbeitnehmer wegen der Teilzeitarbeit nicht schlechter behandelt werden darf als ein vergleichbar vollzeitbeschäftigter Arbeitnehmer, es sei denn, dass sachliche Gründe eine unterschiedliche Behandlung rechtfertigen. Einem teilzeitbeschäftigten Arbeitnehmer ist Arbeitsentgelt oder eine andere teilbare geldwerte Leistung mindestens in dem Umfang zu gewähren, der dem Anteil seiner Arbeitszeit an der Arbeitszeit eines vergleichbaren vollzeitbeschäftigten Arbeitnehmers entspricht (§ 4 Abs. 1 TzBfG). Die arbeitsgerichtliche Rechtsprechung hat sich in der Vergangenheit wiederholt mit der Frage auseinandergesetzt, ob eine tarifvertragliche Regelung, nach der die Zahlung von Mehrarbeits- bzw. Überstundenzuschlägen nur für Arbeitsstunden vorgesehen ist, die über die regelmäßige Arbeitszeit eines vollzeitbeschäftigten Arbeitnehmers hinaus gearbeitet werden, eine unzulässige Ungleichbehandlung von Vollzeitbeschäftigten und Teilzeitbeschäftigten enthält. Die Spitzenorganisationen der Sozialversicherung haben – auf der Grundlage der seinerzeitigen höchstrichterlichen arbeitsgerichtlichen Rechtsprechung – daraus abgeleitet, dass Teilzeitbeschäftigte einen Anspruch auf Mehrarbeitszuschläge für die über die vertraglich vereinbarte Teilarbeitszeit hinaus geleistete Mehrarbeit haben, soweit arbeitsvertragliche, betriebliche oder tarifvertragliche Regelungen zu Mehrarbeitszuschlägen für Teilzeitbeschäftigte Mehrarbeitszuschläge erst dann vorsehen, wenn sie über die Differenz der monatlichen oder jährlichen Teilarbeitszeit zur Vollarbeitszeit hinaus Mehrarbeit leisten (vgl. Punkt 3 der Niederschrift über die Besprechung zu Fragen des gemeinsamen Beitragseinzugs am 20.11.2019). Angesichts der im Zuge nachfolgender Rechtsprechung gebotenen Differenzierung bei der Zweckbestimmung von Mehrarbeitszuschlägen konnte an dem Besprechungsergebnis vom 20.11.2019 jedoch nicht uneingeschränkt festgehalten werden. Die Spitzenorganisationen der Sozialversicherung haben daraufhin zum Ausdruck gebracht, dass bei Teilzeitbeschäftigten für über die vertraglich vereinbarte Arbeitszeit hinaus geleistete Arbeit von einem Anspruch auf Mehrarbeitszuschläge nur dann auszugehen wäre, wenn zweifellos der Zweck verfolgt wird, Einbußen der Dispositionsmöglichkeit über die Freizeit zu belohnen und Arbeitgeber von Eingriffen in den geschützten Freizeitbereich der Arbeitnehmer abzuhalten (vgl. Punkt 4 der Niederschrift über die Besprechung zu Fragen des gemeinsamen Beitragseinzugs am 18.3.2020).

Die sich aus der unter → Rz. 4797 angeführten Rechtsprechung abzeichnenden Anforderungen an die arbeitsrechtliche Prüfung von Ansprüchen auf Mehrarbeitszuschläge für Teilzeitbeschäftigte erfordern eine arbeitsrechtliche Expertise, die bei den Arbeitsgerichten und nicht den Sozialversicherungsträgern liegt. Es wird daher empfohlen, Beitragsforderungen auf Grund möglicher Ansprüche auf diese Mehrarbeitszuschläge nur dann zu erheben, wenn die betreffenden Sachverhalte arbeitsgerichtlich geklärt sind oder deren Beurteilung aus der arbeitsgerichtlichen Rechtsprechung rechtssicher abgeleitet werden kann. Das Besprechungsergebnis vom 18.3.2020 wird insoweit für Beschäftigungszeiten ab 1.6.2025 aufgehoben.

Zuschläge für Sonntags-, Feiertags- oder Nachtarbeit

Inhalt

1. Allgemeines

Zum Arbeitslohn gehören alle Einnahmen, die der Arbeitnehmer 4800
aus dem Dienstverhältnis erzielt (§ 2 Abs. 1 LStDV). Dabei ist unerheblich, unter welcher Bezeichnung oder in welcher Form die Einnahmen gewährt werden. Daher ist auch der Arbeitslohn, der für eine Tätigkeit, die an Sonn- und Feiertagen oder zur Nachtzeit ausgeübt wird, grds. steuer- und beitragspflichtig.

Zum **Arbeitslohn** gehören auch besondere Entlohnungen für Dienste, die über die regelmäßige Arbeitszeit hinaus geleistet werden, wie Entlohnungen für Überstunden, Überschichten oder Sonntagsarbeit (§ 2 Abs. 2 Nr. 6 LStDV) oder Lohnzuschläge, die wegen der Besonderheit der Arbeit gewährt werden (§ 2 Abs. 2 Nr. 7 LStDV). Lediglich auf Grund **der ausdrücklichen gesetzlichen Regelung im** § 3b EStG bleiben Zuschläge für Sonntags-, Feiertags- oder Nachtarbeit innerhalb bestimmter Grenzen steuerfrei. Nach § 1 Abs. 1 Satz 1 Nr. 1 SvEV sind die steuerfreien Zuschläge **beitragsfrei in der Sozialversicherung**, soweit das Entgelt, auf dem sie berechnet werden, **nicht mehr als 25 € pro Stunde** beträgt. **In der gesetzlichen Unfallversicherung und in der Seefahrt** sind auch lohnsteuerfreie Zuschläge für Sonntags-, Feiertags- oder Nachtarbeit dem Arbeitsentgelt **zuzurechnen**; dies gilt in der Unfallversicherung nicht für Erwerbseinkommen, das bei einer Hinterbliebenenrente zu berücksichtigen ist (§ 1 Abs. 2 SvEV).

Nach § 3b EStG sind Zuschläge zum Arbeitslohn ganz oder teilweise steuerfrei, wenn sie für tatsächlich geleistete Sonntags-, Feiertags- oder Nachtarbeit neben dem Grundlohn gezahlt und besonders aufgezeichnet werden. Für den Umfang der Steuerfreiheit wird nicht nach gesetzlichen oder tarifvertraglichen Zuschlägen einerseits und Zuschlägen auf Grund von Betriebsvereinbarungen oder Einzelverträgen andererseits unterschieden.

Allgemein gilt für die **Zuschläge**:

- Pfingstsonntag und Ostersonntag sind **keine Wochenfeiertage**; für Arbeit an diesen Tagen fällt daher der tarifliche Feiertagszuschlag nicht an (BAG v. 13.4.2005, 5 AZR 475/04; BAG v. 17.3.2010, 5 AZR 317/09). Die beiden Tage werden jedoch von einer tariflichen Regelung des MTV für die Betriebe und Betriebsabteilungen der Brot- und Backwarenindustrie NRW erfasst, die für die Arbeitstätigkeit an hohen Feiertagen (Neujahr, Ostern, 1. Mai, Pfingsten und Weihnachten) besondere Zuschläge vorsieht. Unerheblich sei, dass es sich dabei nicht um einen gesetzlichen Feiertag handelt (LAG Düsseldorf v. 22.2.2019, 6 Sa 996/18).
- Die in § 11 Abs. 2 ArbZG enthaltene Verweisung auf § 6 Abs. 5 ArbZG hat zur Folge, dass ein Arbeitnehmer, der **an Sonn- und Feiertagen Nachtarbeit** leistet, wegen dieser Nachtarbeit An-

spruch auf eine angemessene Zahl bezahlter freier Tage oder einen angemessenen Zuschlag auf das ihm hierfür zustehende Arbeitsentgelt hat. Durch die Verweisung in § 11 Abs. 2 ArbZG entsteht jedoch kein Anspruch auf einen gesetzlichen Sonn- und Feiertagszuschlag. Vielmehr hat der Arbeitnehmer bei Sonn- und Feiertagsarbeit nach § 11 Abs. 3 ArbZG Anspruch auf einen **Ersatzruhetag** (BAG v. 11.1.2006, 5 AZR 97/05).

- Pausen stellen keine Nacht-, Sonn- oder Feiertagsarbeit dar (BAG v. 18.11.2009, 5 AZR 774/08).
- Zulagen/Zuschläge für Nacht-, Sonntags- und Feiertagsarbeit sind **Erschwerniszuschläge** i.S.d. § 850a Nr. 3 ZPO und damit **unpfändbar** (LAG Berlin-Brandenburg v. 9.1.2015, 3 Sa 1335/14).

Zur **Zuschlagshöhe**: Ob die tariflichen Zuschläge für Sonn- und Feiertagsarbeit auf den dem Arbeitnehmer tatsächlich gezahlten oder auf den (niedrigeren) tariflichen Stundenlohn zu zahlen sind, muss durch Auslegung des Tarifvertrags oder der arbeitsvertraglichen Vergütungsvereinbarung ermittelt werden (BAG v. 6.12.2006, 4 AZR 711/05; LAG Düsseldorf v. 22.2.2019, 6 Sa 996/18).

2. Arbeitsrecht

a) Arbeitsrechtliche Schutzbestimmungen

4801 Grds. können Arbeitgeber und Arbeitnehmer die Arbeitszeit frei vereinbaren, zu der der Arbeitnehmer seiner Verpflichtung zur Arbeitsleistung nachkommt. Um den Arbeitnehmer allerdings vor den Gesundheitsgefahren zu langer Arbeit oder der Arbeit zu ungewöhnlichen Zeiten zu schützen, enthält das Arbeitszeitgesetz bestimmte Regelungen über die Arbeitszeit der Arbeitnehmer. Zweck dieses Gesetzes ist es,

- **die Sicherheit und den Gesundheitsschutz** der Arbeitnehmer bei der Arbeitszeitgestaltung zu gewährleisten und die Rahmenbedingungen für flexible Arbeitszeiten zu verbessern sowie
- den **Sonntag und die staatlich anerkannten Feiertage** als Tage der Arbeitsruhe und der seelischen Erhebung der Arbeitnehmer zu schützen (§ 1 ArbZG).

Dabei ist zu beachten, dass der Sonntag und die anerkannten Feiertage bereits **grundgesetzlich geschützt sind** (Art. 140 GG i.V.m. Art. 139 Weimarer Verfassung). Aus dem Schutzzweck des Arbeitszeitgesetzes folgt, dass es als öffentliches Recht i.d.R. **zwingendes Recht** ist, d.h. Vereinbarungen zwischen Arbeitgeber und Arbeitnehmer, die gegen die Vorschriften des Arbeitszeitgesetzes verstoßen, sind unwirksam. Hierbei ist allerdings zu beachten, dass das Arbeitszeitgesetz selbst an vielen Stellen Ausnahmen durch einen Tarifvertrag oder durch eine Betriebsvereinbarung zulässt (vgl. z.B. § 7 oder § 12 ArbZG). Die auf Grund der sog. Covid-19-Arbeitszeitverordnung geltenden Ausnahmen (z.B. Verlängerung der Höchstarbeitszeiten) gelten seit August 2020 nicht mehr.

Durch Tarifvertrag können im Übrigen tarifvertragliche Zuschläge aus der **Entgeltfortzahlung im Krankheitsfall** herausgenommen werden (BAG v. 13.3.2002, 5 AZR 648/00).

b) Sonn- und Feiertagsarbeit

4802 **Nach § 9 ArbZG dürfen Arbeitnehmer an Sonn- und Feiertagen von 0.00 bis 24.00 Uhr nicht beschäftigt werden**. Dieser Grundsatz wird aber durch eine Vielzahl von Ausnahmen durchbrochen, die in § 10 ArbZG aufgeführt sind. **So ist die Arbeit an Sonn- und Feiertagen z.B. erlaubt:**

- In Not- und Rettungsdiensten sowie bei der Feuerwehr,
- zur Aufrechterhaltung der öffentlichen Sicherheit und Ordnung,
- in Krankenhäusern und anderen Einrichtungen zur Behandlung, Pflege und Betreuung von Personen,
- in Gaststätten und anderen Einrichtungen zur Bewirtung und Beherbergung,
- bei Musikaufführungen, Theatervorstellungen, Filmvorführungen,
- bei Fernsehen, Rundfunk und Presse,
- bei Messen und Ausstellungen,
- in Verkehrsbetrieben,
- in Bäckereien und Konditoreien für bis zu drei Stunden.

Werden Arbeitnehmer an Sonn- und Feiertagen beschäftigt, so darf die Arbeitszeit acht Stunden nicht überschreiten. Sie kann auf zehn Stunden verlängert werden, wenn innerhalb von sechs Kalendermonaten oder innerhalb von 24 Wochen im Durchschnitt acht Stunden nicht überschritten werden (§ 11 Abs. 2 i.V.m. § 3 ArbZG). Als Ausgleich für die Sonn- und Feiertagsbeschäftigung müssen mindestens 15 Sonntage beschäftigungsfrei bleiben (§ 11 Abs. 1 ArbZG). Darüber hinaus müssen Arbeitnehmer, die an einem Sonntag beschäftigt werden, einen Ersatzruhetag haben, der innerhalb von zwei Wochen zu gewähren ist (§ 11 Abs. 3 ArbZG).

c) Nachtarbeit

Auch für Nachtarbeit beinhaltet das Arbeitszeitgesetz bestimmte 4803
Regelungen. So ist **Nachtarbeit jede Arbeit, die mehr als zwei Stunden der Nachtzeit** umfasst. Nachtzeit ist dabei die Zeit von 23.00 bis 6.00 Uhr, in Bäckereien und Konditoreien die Zeit von 22.00 bis 5.00 Uhr (§ 2 Abs. 3 und 4 ArbZG).

Die Nachtarbeit darf acht Stunden nicht überschreiten. Sie kann auf zehn Stunden verlängert werden, wenn innerhalb von einem Kalendermonat oder innerhalb von vier Wochen im Durchschnitt acht Stunden werktäglich nicht überschritten werden (§ 6 Abs. 2 ArbZG).

Unter bestimmten Voraussetzungen besteht nach § 6 Abs. 5 ArbZG ein Anspruch auf angemessenen Freizeitausgleich oder auf eine angemessene Vergütung für Nachtarbeit, soweit nicht ohnehin eine tarifvertragliche Regelung eingreift. Insoweit stellt ein **Zuschlag i.H.v. 25 %** auf den jeweiligen Bruttostundenlohn bzw. die Gewährung einer entsprechenden Anzahl von bezahlten freien Tagen ohne das Vorliegen besonderer Umstände, die auf eine höhere oder geringere Belastung schließen lassen, regelmäßig einen angemessenen Ausgleich für geleistete Nachtarbeit i.S. von § 6 Abs. 5 ArbZG dar; bei Erbringung der regulären Arbeitsleistung in **Dauernachtarbeit** erhöht sich der Ausgleichsanspruch regelmäßig auf **30 %** (BAG v. 9.12.2015, 10 AZR 423/14; BAG v. 9.12.2015, 10 AZR 156/15). Die Differenzierung zwischen vereinzelter und dauernder Nachtarbeit ist nicht grundsätzlich verfassungswidrig (BAG v. 25.5.2022, 10 AZR 230/19, NJW 2022, 2705). Der Zuschlag muss aber angemessen sein. Die Frage der Vermeidbarkeit von Dauernachtarbeit ist bei der Bewertung der Angemessenheit eines Zuschlags nach § 6 Abs. 5 ArbZG ein wichtiger zu berücksichtigender Umstand.

Seit Januar 2023 ist im Übrigen die langjährige und kontroverse Diskussion beendet, ob die regelmäßig in Tarifverträgen zu findende Differenzierung von Zuschlägen für vereinzelte Nachtarbeit und Nachtschichtarbeit zulässig ist. Nachdem im Rahmen des vom BAG für zwei Parallelverfahren zeitgleich erlassenen Vorlagebeschlusses der EuGH entschieden hatte, dass eine Regelungszuständigkeit der Union für tarifliche Vergütungsregelungen nicht bestehe (EuGH v. 7.7.2022, C-257/21, NZA 2022, 971), war mit Spannung erwartet worden, wie das BAG die beiden weiteren Fälle (und die weiteren, vergleichbaren 400 Klagen) entscheiden würde. In der Judikatur war teilweise erwartet worden, dass das BAG eine Verfassungswidrigkeit nicht annehmen werde, weil die Tarifregelung in den anhängigen Verfahren anders als die im Jahr 2020 zu bewertenden Normen die Zuschläge neben den gesundheitlichen Beeinträchtigungen durch die Nachtarbeit auch Belastungen wegen der schlechteren Planbarkeit von unregelmäßiger Nachtarbeit ausgleichen sollen (vgl. Creutzfeldt, NZA 2022, 1032). Für den Manteltarifvertrag für Brauereien und deren Niederlassungen in Hamburg und Schleswig-Holstein vom 29.10.2005 (MTV) und die enthaltene Differenzierung zwischen den Zuschlägen für Nachtarbeit und für Nachtschichtarbeit hatte das BAG bereits Ende 2020 einen Verstoß gegen Art. 3 Abs. 1 GG bejaht, weil dem MTV kein Sachgrund für die Differenzierung zwischen den Zuschlägen für Nachtarbeit und für Nachtschichtarbeit zu entnehmen sei. Dementsprechend müsse der gleichheitswidrige Zustand bis zum Inkrafttreten einer diskriminierungsfreien tariflichen Neuregelung durch eine Anpassung „nach oben“ beseitigt werden. Die Anpassung „nach oben“ habe sich an der günstigeren Regelung zu orientieren, die das einzig verbleibende gültige Bezugssystem enthalte (BAG v. 9.12.2020, 10 AZR 334/20, NZA

2021, 1110). Indes hat das BVerfG der ausufernden Rechtsprechung des BAG zum Streit um Nachtarbeitszuschläge für (regelmäßige) Nachtschichtarbeit sowie zur regelmäßig praktizierten „Anpassung nach oben" Einhalt geboten (BVerfG v. 11.12.2024, 1 BvR 1109/21, NJW 2025, 1323). Den Tarifparteien kommt in Bezug auf die tatsächlichen Gegebenheiten und die Rechtsfolgen tariflicher Regelungen eine Einschätzungsprärogative zu. Die Gerichte sind im Kernbereich der Tarifautonomie nur zu einer Willkürkontrolle befugt. Es obliegt ihnen nicht, nach der aus ihrer Sicht „besten" Lösung zu suchen; dies ist Verantwortung der sachnäheren Tarifparteien. Es bleibt angesichts dieser Entscheidung abzuwarten, ob das BAG bei der Beurteilung von Tarifnormen fortan grundsätzlich (wieder) mehr Zurückhaltung walten lässt.

Das BAG hat mit Urteil vom 22.2.2023, 10 AZR 332/20 – wie durchaus erwartet – entschieden, dass die Regelung in einem Tarifvertrag, die für unregelmäßige Nachtarbeit einen höheren Zuschlag vorsieht als für regelmäßige Nachtarbeit, dann nicht gegen den allgemeinen Gleichheitssatz des Art. 3 Abs. 1 GG verstößt, wenn ein sachlicher Grund für die Ungleichbehandlung gegeben ist, der aus dem Tarifvertrag erkennbar sein muss. Ein solcher kann darin liegen, dass mit dem höheren Zuschlag neben den spezifischen Belastungen durch die Nachtarbeit auch die Belastungen durch die geringere Planbarkeit eines Arbeitseinsatzes in unregelmäßiger Nachtarbeit ausgeglichen werden sollen. Nicht wenige Arbeitgeber können somit „aufatmen". Sie müssen die Differenz der Zuschläge an die Arbeitnehmer nicht rückwirkend auszahlen. Im Einzelfall zu prüfen bleibt jedoch, ob der jeweils einschlägige Tarifvertrag einen erkennbaren sachlichen Grund für die Differenzierung vorsieht. Ausweislich der Pressemitteilung gilt dies jedenfalls für die vergleichbaren tariflichen Regelungen zum Manteltarifvertrag für die Milch-, Käse- und Schmelzkäseindustrie vom 16.3.1989, zum Manteltarifvertrag für die milchbe- und verarbeitenden Molkereibetriebe Niedersachsen/Bremen vom 22.1.1997 sowie zum Bundesmanteltarifvertrag für die Süßwarenindustrie vom 14.5.2007.

Im Transport- und Logistikbereich wird ein Zuschlag i.H.v. 25 % auf den jeweiligen Bruttostundenlohn bzw. die Gewährung einer entsprechenden Anzahl von bezahlten freien Tagen regelmäßig als angemessenen erachtet. Im Bewachungsgewerbe kann hingegen bereits ein Nachtarbeitszuschlag von 10-12 % angemessen sein. Für Zeitungszusteller als Nachtarbeitnehmer i.S.d. § 2 Abs. 5 ArbZG werden unterschiedliche Prozentsätze als angemessen angesehen (z.B. 10 % vom ArbG Dortmund v. 6.4.2017, 3 Ca 4633/16; hingegen 30 % vom LAG Köln v. 4.12.2020, 10 Sa 418/20 und LAG Hamm v. 1.10.2020, 18 Sa 1486/19).

Leistungen, die der Arbeitgeber für Zeiten außerhalb der gesetzlichen Nachtzeit nach § 2 Abs. 3 ArbZG von 23.00 Uhr bis 06.00 Uhr erbringt, z.B. Zuschläge für die Zeit zwischen 21.00 Uhr und 23.00 Uhr, erfüllen den Anspruch auf Zuschlag nicht und sind weder anrechenbar noch bei der Bestimmung der Angemessenheit des Ausgleichs zu berücksichtigen (BAG v. 9.12.2015, 10 AZR 423/14). Zeitzuschläge für Nachtarbeit nach § 6 Abs. 5 ArbZG dürfen im Übrigen **nicht** auf den gesetzlichen **Mindestlohn** angerechnet werden (BAG v. 25.5.2016, 5 AZR 135/16).

Für Beschäftigte, die unter den Tarifvertrag für den öffentlichen Dienst der Länder (TV-L) fallen, richtet sich der Anspruch auf Feiertagszuschläge danach, ob am regelmäßigen Beschäftigungsort ein gesetzlicher Feiertag ist. Für den Anspruch auf Feiertagszuschläge nach den Regelungen des TV-L ist hingegen der tatsächliche Beschäftigungsort am Tag des Einsatzes ohne Relevanz. Im Steuerrecht gilt hingegen: Ob ein gesetzlicher Feiertag vorliegt, richtet sich nach dem Ort der Arbeitsstätte; dies ist der Ort, an dem der Arbeitnehmer jeweils beruflich tätig wird (vgl. R 3b Abs. 3 Satz 3 LStR). Das war z.B. im vorgenannten Fall in Hessen. Damit war in diesem Fall der Zuschlag steuer- und sozialversicherungspflichtig (vgl. Urteil BAG v. 1.8.2024, 6 AZR 38/24).

d) Keine Folgerungen für das Steuer- und Sozialversicherungsrecht

4804 **Folgerungen** aus der Definition der Sonntags-, Feiertags- und Nachtarbeit im Arbeitszeitgesetz bzw. aus einem etwaigen Arbeitsverbot **sind im Bereich des Steuer- und Sozialversicherungsrechts nicht zu ziehen**.

3. Lohnsteuer

a) Allgemeines

Das Steuerrecht enthält in § 3b EStG **eine eigenständige Begriffsdefinition der Sonntags-, Feiertags- oder Nachtarbeit**; 4805
nur unter den in § 3b EStG genannten Voraussetzungen kommt eine Steuerbefreiung der Zuschläge für Sonntags-, Feiertags- oder Nachtarbeit in Betracht. Im Steuerrecht gilt deshalb Folgendes:

- **Nachtarbeit** ist die Arbeit in der Zeit **von 20.00 bis 6.00 Uhr** (§ 3b Abs. 2 Satz 2 EStG),
- **Sonntagsarbeit** und **Feiertagsarbeit** ist die Arbeit in der Zeit **von 0.00 bis 24.00 Uhr** des jeweiligen Tags (§ 3b Abs. 2 Satz 3 EStG); als Sonntagsarbeit und Feiertagsarbeit gilt auch die Arbeit in der Zeit von 0.00 bis 4.00 Uhr des auf den Sonntag oder Feiertag folgenden Tags, wenn die Nachtarbeit vor 0.00 Uhr aufgenommen wird (§ 3b Abs. 3 Nr. 2 EStG).

Bei Anwendung dieser steuerlichen Regelungen ist es nicht entscheidend, ob Arbeitgeber und Arbeitnehmer die Vorschriften des Arbeitszeitgesetzes missachten, denn **für die Besteuerung ist es unerheblich**, ob ein Verhalten, das den Tatbestand eines Steuergesetzes ganz oder z.T. erfüllt, **gegen ein gesetzliches Gebot oder Verbot** oder gegen die guten Sitten verstößt (§ 40 AO), vgl. dazu zuletzt BFH v. 28.7.2017, X S 2/17 (PKH), betr. Prostituierte. Dies gilt selbst dann, wenn der Arbeitgeber wegen vorsätzlichen oder fahrlässigen Verstoßes gegen das Arbeitszeitgesetz mit einer Geldbuße oder Geldstrafe belangt wird oder wenn die Vereinbarung zwischen Arbeitnehmer und Arbeitgeber nach § 134 BGB nichtig ist. Für die Steuerfreiheit der Zuschläge für Sonntags-, Feiertags- oder Nachtarbeit kommt es allein darauf an, dass ein solcher Zuschlag gezahlt wird und die nachfolgenden Voraussetzungen erfüllt sind.

b) Begünstigter Personenkreis

Die Steuerfreiheit nach § 3b EStG setzt voraus, dass die Zuschläge ohne diese Vorschrift den **Einkünften aus nichtselbständiger Arbeit zuzurechnen** wären (BFH v. 19.3.1997, I R 75/96, BStBl II 1997, 577). Begünstigt sind somit alle Arbeitnehmer im einkommensteuerrechtlichen Sinne. Dazu zählen z.B. auch 4806

- **Arbeitnehmer-Ehegatten** i.R. eines lohnsteuerlich anzuerkennenden Dienstverhältnisses (→ *Angehörige* Rz. 135),
- Arbeitnehmer, deren Lohn **nach** § 40a EStG **pauschal versteuert** wird (→ *Pauschalierung der Lohnsteuer bei Aushilfskräften* Rz. 3353, → *Pauschalierung der Lohnsteuer bei geringfügig Beschäftigten* Rz. 3379).

Bei Gesellschafter-Geschäftsführern ist die Zahlung steuerfreier Zuschläge für Sonntags-, Feiertags- oder Nachtarbeit grds. nicht möglich, denn mit dem Aufgabenbild eines GmbH-Geschäftsführers verträgt sich **keine Vereinbarung über die Vergütung von Überstunden** (BFH v. 19.3.1997, I R 75/96, BStBl II 1997, 577; BFH v. 13.12.2006, VIII R 31/05, BStBl II 2007, 393). Dies gilt erst recht, wenn die Vereinbarung von vornherein auf die Vergütung von Überstunden an Sonntagen, Feiertagen und zur Nachtzeit beschränkt ist und/oder wenn außerdem eine Gewinntantieme vereinbart ist. Die an den Gesellschafter-Geschäftsführer geleisteten Überstundenvergütungen sind **steuerlich als verdeckte Gewinnausschüttungen** i.S.v. § 8 Abs. 3 Satz 2 KStG zu behandeln. S. hierzu auch FG Münster v. 14.4.2015, 1 K 3431/13 E. Dies gilt auch für Gesellschafter, die (lediglich) **faktische Geschäftsführer** der Gesellschaft sind (FG Münster v. 27.1.2016, 10 K 1167/13 K, G, F, EFG 2016, 671).

In bestimmten Ausnahmefällen kann die Zahlung von Sonntags-, Feiertags- oder Nachtzuschlägen jedoch **keine verdeckte Gewinnausschüttung** darstellen (BFH v. 14.7.2004, I R 111/03, BStBl II 2005, 307). Im Urteilsfall war die Art des Betriebs – eine nachts und an Sonn- und Feiertagen geöffnete Autobahntankstelle – und der Umstand, dass sämtliche (auch leitende) Mitarbeiter entsprechende Zuschläge erhielten, entscheidungserheblich (betriebsinterner Fremdvergleich). Die Finanzverwaltung weist ausdrücklich darauf hin, dass Gesellschafter-Geschäftsführer nur dann steuerfreie Zuschläge für Sonntags-, Feiertags- oder Nachtarbeit erhalten können, wenn i.R.d. **betriebsinternen Fremdvergleichs** festgestellt wird, dass gesellschaftsfremde Arbeitnehmer

- eine mit dem Geschäftsführer vergleichbare Leitungsfunktion haben und

- eine Vergütung erhalten, die sich in derselben Größenordnung bewegt wie die Gesamtbezüge des Gesellschafter-Geschäftsführers (OFD Düsseldorf v. 7.7.2005, S 2343 A – St 22).

Ein FG ist im Übrigen durch die Rechtsprechung des BFH nicht gehindert, die gesonderte Vergütung, die ein Gesellschafter-Geschäftsführer einer GmbH für seine Tätigkeit an Sonntagen und Feiertagen von der Kapitalgesellschaft erhält, auch dann als verdeckte Gewinnausschüttung zu würdigen, wenn zwar anderen Arbeitnehmern ebenfalls Sonntagsarbeit und Feiertagsarbeit vergütet wird, deren Funktion oder Vergütung jedoch nicht derjenigen des Gesellschafter-Geschäftsführers entspricht (BFH v. 17.9.2007, I B 65/07).

c) Zuschlagssätze

4807 Zuschläge, die für tatsächlich geleistete Sonntags-, Feiertags- oder Nachtarbeit neben dem Grundlohn gezahlt werden, sind nur steuerfrei, soweit sie **die folgenden Prozentsätze des Grundlohns nicht übersteigen** (§ 3b Abs. 1 und 3 EStG):

- Für **Nachtarbeit** 25 %,
- für **Nachtarbeit in der Zeit von 0.00 bis 4.00 Uhr**, wenn die Nachtarbeit vor 0.00 Uhr aufgenommen wird, 40 %,
- für **Sonntagsarbeit** 50 %,
- für **Arbeit an den gesetzlichen Feiertagen** 125 %,
- für **Arbeit an Silvester** (31. Dezember) ab 14.00 Uhr 125 %,
- für **Arbeit an Heiligabend** (24. Dezember) ab 14.00 Uhr 150 %,
- für **Arbeit am ersten und zweiten Weihnachtsfeiertag** (25. und 26. Dezember) 150 %,
- für **Arbeit am 1. Mai** 150 %.

Als Sonntagsarbeit und Feiertagsarbeit gilt auch die Arbeit in der Zeit von 0.00 bis 4.00 Uhr des auf den Sonntag oder Feiertag folgenden Tags, wenn die Nachtarbeit vor 0.00 Uhr aufgenommen wird (§ 3b Abs. 3 Nr. 2 EStG).

Die gesetzlichen Feiertage werden durch die **am Ort der Arbeitsstätte geltenden Vorschriften** bestimmt (§ 3b Abs. 2 Satz 4 EStG), das sind **die Feiertagsgesetze** in den einzelnen **Bundesländern**. Eine ausdrückliche Kompetenz des Bundes für die gesetzliche Regelung von bundeseinheitlichen Feiertagen besteht nicht. Ausnahme: Der einzige bundesrechtlich festgelegte Feiertag ist der Tag der Deutschen Einheit (3. Oktober).

Zu den gesetzlichen Feiertagen gehören der Oster- und der Pfingstsonntag auch dann, wenn sie in den am Ort der Arbeitsstätte geltenden Vorschriften nicht ausdrücklich als Feiertage genannt werden (R 3b Abs. 3 Satz 4 LStR).

Aus den Feiertagsgesetzen der einzelnen Bundesländer ergibt sich folgende Übersicht:

- **Feiertage in allen Bundesländern:**
  - Neujahr,
  - Karfreitag,
  - Ostermontag,
  - 1. Mai,
  - Christi Himmelfahrt,
  - Pfingstmontag,
  - Tag der deutschen Einheit (3. Oktober),
  - 1. Weihnachtsfeiertag,
  - 2. Weihnachtsfeiertag.
- **Feiertage in einzelnen Bundesländern:**
  - Hl. Drei Könige (6. Januar) in Baden-Württemberg, Bayern und Sachsen-Anhalt,
  - Frauentag (8. März) in Berlin,
  - Ostersonntag in Brandenburg,
  - Pfingstsonntag in Brandenburg,
  - Fronleichnam in Baden-Württemberg, Bayern, Hessen, Nordrhein-Westfalen, Rheinland-Pfalz, Saarland, Sachsen (in bestimmten Gemeinden in den Landkreisen Bautzen und Westlausitzkreis) und Thüringen (in Gemeinden mit überwiegend katholischer Wohnbevölkerung),
  - Friedensfest (8. August) **nur** in der Stadt Augsburg,
  - Mariä Himmelfahrt (15. August) in Bayern (in Gemeinden mit überwiegend katholischer Bevölkerung) und Saarland,
  - Weltkindertag (20. September) in Thüringen,
  - Reformationstag (31. Oktober) in Brandenburg, Bremen, Hamburg, Mecklenburg-Vorpommern, Niedersachsen, Sachsen, Sachsen-Anhalt, Schleswig-Holstein und Thüringen,
  - Allerheiligen (1. November) in Baden-Württemberg, Bayern, Nordrhein-Westfalen, Rheinland-Pfalz und Saarland,
  - Buß- und Bettag in Sachsen.

Bei einer nur **vorübergehenden kurzfristigen Abwesenheit** von der ersten Tätigkeitsstätte (z.B. ein Außendienstmitarbeiter hat an einem Tag, der an seiner ersten Tätigkeitsstätte ein Feiertag ist, einen Auftrag an einem Ort zu erledigen, an dem kein Feiertag ist) sind die Verhältnisse an der ersten Tätigkeitsstätte maßgebend. Bei einer **längerfristigen Abwesenheit** können dagegen je nach den Umständen des Einzelfalls die Verhältnisse am Ort der neuen Tätigkeitsstätte maßgebend sein. Es bestehen keine Bedenken, besonderen tarifvertraglichen Regelungen über die Gewährung von Feiertagen zu folgen (BMF v. 1.3.2004, IV C 5 – S 2353 – 26/04, Steuer-Telex 2004, 218).

d) Grundlohn

aa) Begriff des Grundlohns

Grundlohn ist **der laufende Arbeitslohn**, der dem Arbeitnehmer **4808** bei der **für ihn maßgebenden regelmäßigen Arbeitszeit für den jeweiligen Lohnzahlungszeitraum zusteht**; er ist in einen Stundenlohn umzurechnen und **mit höchstens 50 € anzusetzen** (§ 3b Abs. 2 EStG). Maßgebend ist der dem Arbeitnehmer für den Lohnzahlungszeitraum zustehende Grundlohn. Hierbei kommt es auf den im einzelnen Fall tatsächlich vereinbarten Grundlohn an. Werden beispielsweise im einzelnen Fall Abweichungen von tarifvertraglichen Regelungen vereinbart, so sind diese Abweichungen maßgebend. Das gilt auch dann, wenn der Tarifvertrag solche Möglichkeiten nicht vorsieht.

bb) Abgrenzung des Grundlohns

Zum Grundlohn zählt nur der für die regelmäßige Arbeitszeit zu- **4809** stehende laufende Arbeitslohn. Was laufender Arbeitslohn ist, bestimmt sich nach R 39b.2 Abs. 1 LStR (→ *Laufender Arbeitslohn* Rz. 2831), vgl. R 3b Abs. 2 LStR.

Danach gehören zum Grundlohn laufende Geld- und Sachbezüge wie z.B.:

- Monatsgehälter, Wochen- und Tagelöhne,
- nach § 40a und § 40b EStG pauschal besteuerter Arbeitslohn,
- Erschwerniszulagen,
- Lohnzuschläge für Zeiten, die nicht nach § 3b EStG begünstigt sind (z.B. Schicht-, Spät- oder Nachtarbeitszuschläge für die Zeit bis 20.00 Uhr); der BFH hat allerdings entschieden, dass **Zuschläge für Wechselschichtarbeit**, die der Arbeitnehmer für seine Wechselschichttätigkeit regelmäßig und fortlaufend bezieht, stets **zum steuerpflichtigen Grundlohn** gehören; sie sind daher auch während der durch § 3b EStG begünstigten Nachtzeit nicht steuerbefreit (BFH v. 7.7.2005, IX R 81/98, BStBl II 2005, 888),
- geldwerte Vorteile aus der ständigen Überlassung von Kraftwagen zur privaten Nutzung,
- unentgeltliche oder verbilligte Wohnungsüberlassung,
- Zinsersparnisse aus Darlehensgewährung,
- vermögenswirksame Leistungen,
- Nachzahlungen und Vorauszahlungen, wenn sich diese ausschließlich auf Lohnzahlungszeiträume beziehen, die im Kalenderjahr der Zahlung enden,
- steuerfreier Arbeitslohn nach § 3 Nr. 56 oder 63 EStG (R 3b Abs. 2 Satz 2 Nr. 1 Buchst. c Satz 3 LStR).

Nicht zum Grundlohn gehören dagegen:

- Vergütungen für Mehrarbeit,
- Lohnzuschläge für Zeiten, die nach § 3b EStG begünstigt sind,
- sonstige Bezüge i.S. der R 39b.2 Abs. 2 LStR (→ *Sonstige Bezüge* Rz. 3936),
- nach § 40 EStG pauschal besteuerter Arbeitslohn (z.B. Fahrtkostenzuschüsse, Essenszuschüsse, Zuwendungen anlässlich von Betriebsveranstaltungen, Erholungsbeihilfen, Verpfle-

gungsmehraufwendungen, Übereignung von Datenverarbeitungsgeräten und Zuschüsse für die Internet-Nutzung),

- steuerfreie Bezüge (z.B. Reisekostenvergütungen, Umzugskostenvergütungen, Mehraufwendungen wegen doppelter Haushaltsführung, Kurzarbeitergeld, Saison-Kurzarbeitergeld, Trinkgelder, Arbeitgeberanteil zur Sozialversicherung, Sachbezüge, die die 50 €-Freigrenze oder den Rabattfreibetrag nicht übersteigen); die Finanzverwaltung beanstandet es aber nicht, wenn der Sachbezugswert für eine vom Arbeitgeber gestellte Mahlzeit, die auf Grund des Besteuerungsverzichts nach § 8 Abs. 2 Satz 9 EStG (→ *Mahlzeiten aus besonderem Anlass* Rz. 3086) beim Arbeitslohn außer Ansatz bleibt, zum Grundlohn gerechnet wird.

Der für die Bemessung der Steuerfreiheit von Zuschlägen zur Sonntags-, Feiertags- oder Nachtarbeit maßgebende **Grundlohn** ist der laufende Arbeitslohn, der dem Arbeitnehmer bei der für ihn maßgebenden regelmäßigen Arbeitszeit für den jeweiligen Lohnzahlungszeitraum **arbeitsvertraglich** zusteht. Ob und in welchem Umfang der Grundlohn **dem Arbeitnehmer** tatsächlich zufließt, ist für die Bemessung der Steuerfreiheit der Zuschläge daher ohne Belang. Folglich rechnen auch **Beiträge** des Arbeitgebers **an eine Unterstützungskasse** (→ *Zukunftssicherung: Betriebliche Altersversorgung* Rz. 4684) zum Grundlohn; auch bei einem Gehaltsverzicht zu Gunsten der Beitragsleistungen (BFH v. 10.8.2023, VI R 11/21, BStBl II 2024, 202).

Streitig war zuvor, ob Zahlungen des Arbeitgebers an eine Unterstützungskasse Teil des Grundlohns i.S.v. § 3b Abs. 2 Satz 1 EStG sind. Sowohl das Finanzamt als auch das FG Baden-Württemberg (Urteil v. 19.4.2021, 10 K 1865/20) hatten die vom Arbeitgeber geleisteten Beiträge an die Unterstützungskasse (zu Unrecht) nicht in den für die Bemessung der steuerfreien Zuschläge für Sonntags-, Feiertags- und Nachtarbeit maßgeblichen Grundlohn einbezogen.

Der BFH stellte klar, dass die Höhe der Steuerfreiheit von Zuschlägen für Sonntags-, Feiertags- oder Nachtarbeit nicht nach dem laufenden Arbeitslohn, der dem Arbeitnehmer bei der für ihn maßgebenden regelmäßigen Arbeitszeit für den jeweiligen Lohnzahlungszeitraum zufließt, sondern nach dem vereinbarten, d.h. nach dem arbeitsvertraglich geschuldeten Grundlohn zu bemessen ist. Demzufolge sind die vom Arbeitgeber für die Arbeitnehmer an die Unterstützungskasse laufend geleisteten Beiträge in die Bemessungsgrundlage einzubeziehen. Zudem standen die Beitragsleistungen dem Arbeitnehmer i.S.v. § 3b Abs. 2 Satz 1 EStG zu. Dabei spielt(e) es keine Rolle, dass der Arbeitgeber diese Beiträge auf Grund einer im Wege der Gehaltsumwandlung begründeten arbeitsvertraglichen Verpflichtung erbracht hat (s.o. BFH v. 10.8.2023, VI R 11/21, BStBl II 2024, 202).

Beispiel 1:

Auf Grund tarifvertraglicher Vereinbarung erhält ein Arbeitnehmer für die Arbeit in der Zeit von 18.00 bis 22.00 Uhr einen Spätarbeitszuschlag.

Der für die Zeit von 18.00 bis 20.00 Uhr gezahlte Spätarbeitszuschlag gehört zum Grundlohn. Nicht zum Grundlohn gehört der Spätarbeitszuschlag von 20.00 bis 22.00 Uhr.

Beispiel 2:

Auf Grund tarifvertraglicher Vereinbarung erhält ein Arbeitnehmer für die Arbeit an Sonntagen einen Sonntagszuschlag von 100 %.

Der Sonntagszuschlag gehört nicht zum Grundlohn, das gilt auch für den steuerpflichtigen Teil des Sonntagszuschlags.

Beispiel 3:

Einem Arbeitnehmer wird auf Grund der Entgeltfortzahlung im Krankheitsfall ein Nachtarbeitszuschlag ausgezahlt.

Der i.R. der Entgeltfortzahlung im Krankheitsfall ausgezahlte Nachtarbeitszuschlag ist steuerpflichtig, weil er nicht für tatsächlich geleistete Nachtarbeit gezahlt wird. Der Zuschlag gehört zum Grundlohn.

cc) Ermittlung des Grundlohns

4810 Zur Ermittlung des Grundlohnanspruchs für den jeweiligen Lohnzahlungszeitraum ist wie folgt zu verfahren (R 3b Abs. 2 Satz 2 Nr. 2 bis 4 LStR):

- **Ermittlung des Basisgrundlohns**

  Zunächst ist der Basisgrundlohn zu ermitteln. Hierzu zählen die Teile des vereinbarten laufenden Arbeitslohns, deren Höhe von **im Voraus bestimmbaren Verhältnissen** abhängt.

  Werden die für den Lohnzahlungszeitraum zu zahlenden **Lohnzuschläge nach den Verhältnissen eines früheren Lohnzahlungszeitraums** bemessen, ist auch der Ermittlung des Basisgrundlohns der frühere Lohnzahlungszeitraum zu Grunde zu legen. Werden die Zuschläge nach der Arbeitsleistung eines früheren Lohnzahlungszeitraums aber nach dem Grundlohn des laufenden Lohnzahlungszeitraums bemessen (dies gilt z.B. für Zuschläge, die im öffentlichen Dienst gezahlt werden), ist der Basisgrundlohn des laufenden Lohnzahlungszeitraums zu Grunde zu legen. Soweit sich die Lohnvereinbarung auf andere Zeiträume als auf den Lohnzahlungszeitraum bezieht, ist der Basisgrundlohn durch Vervielfältigung des vereinbarten Stundenlohns mit der Stundenzahl der regelmäßigen Arbeitszeit im Lohnzahlungszeitraum zu ermitteln. Bei einem monatlichen Lohnzahlungszeitraum ergibt sich die Stundenzahl der regelmäßigen Arbeitszeit aus dem 4,35-fachen der wöchentlichen Arbeitszeit. Arbeitszeitausfälle, z.B. durch Urlaub oder Krankheit, bleiben außer Betracht (R 3b Abs. 2 Satz 2 Nr. 2 Buchst. a LStR).

- **Ermittlung der Grundlohnzusätze**

  Sodann sind die Grundlohnzusätze zu ermitteln. Das sind die Teile des laufenden Arbeitslohns, deren Höhe **nicht von im Voraus bestimmbaren Verhältnissen** abhängt, z.B. der nur für einzelne Arbeitsstunden bestehende Anspruch auf Erschwerniszulagen oder Spätarbeitszuschläge oder der von der Zahl der tatsächlichen Arbeitstage abhängende Anspruch auf nicht pauschal versteuerte Fahrtkostenzuschüsse. Diese Grundlohnzusätze sind mit den Beträgen anzusetzen, die dem Arbeitnehmer für den jeweiligen Lohnzahlungszeitraum tatsächlich zustehen (R 3b Abs. 2 Satz 2 Nr. 2 Buchst. b LStR).

- **Umrechnung des Grundlohnanspruchs**

  Basisgrundlohn und Grundlohnzusätze sind zusammenzurechnen. Der sich so ergebende Grundlohnanspruch für den jeweiligen Lohnzahlungszeitraum ist in einen Stundenlohn umzurechnen. Hierzu ist **die errechnete Summe durch die Zahl der Stunden der regelmäßigen Arbeitszeit** im jeweiligen Lohnzahlungszeitraum **zu teilen**. Bei einem monatlichen Lohnzahlungszeitraum ist der Divisor mit dem 4,35-fachen der wöchentlichen Arbeitszeit anzusetzen. Das Ergebnis ist der Grundlohn; er ist für die Begrenzung des steuerfreien Anteils der Zuschläge für Sonntags-, Feiertags- oder Nachtarbeit maßgebend, soweit er die Stundenlohnhöchstgrenze nach § 3b Abs. 2 Satz 1 EStG von 50 € nicht übersteigt (R 3b Abs. 2 Satz 2 Nr. 3 LStR).

  Maßgebend ist hierbei die für den Lohnzahlungszeitraum vereinbarte regelmäßige Arbeitszeit, auch wenn der Arbeitnehmer tatsächlich mehr oder weniger gearbeitet hat.

  Fehlt eine Vereinbarung der regelmäßigen Arbeitszeit, ist die tatsächlich geleistete Arbeitszeit zu Grunde zu legen.

  Bei Stücklohnempfängern kann die Umrechnung des Stücklohns auf einen Stundenlohn unterbleiben.

- **Zeitanteiliger Zuschlag**

  Wird ein Zuschlag für Sonntags-, Feiertags- oder Nachtarbeit von **weniger als einer Stunde** gezahlt, so ist bei der Ermittlung des steuerfreien Zuschlags für diesen Zeitraum der Grundlohn entsprechend zu kürzen (R 3b Abs. 2 Satz 2 Nr. 4 LStR).

- **Grundlohn bei Altersteilzeit**

  Bei einer Beschäftigung nach dem Altersteilzeitgesetz (→ *Altersteilzeit* Rz. 80) ist der Grundlohn so zu berechnen, als habe eine Vollzeitbeschäftigung bestanden (R 3b Abs. 2 Satz 2 Nr. 5 LStR).

  Mit dieser Regelung soll verhindert werden, dass bei Altersteilzeitmodellen der nach § 3b Abs. 2 EStG berechnete Grundlohn rechnerisch niedriger ist als bei Vollzeitbeschäftigung.

Beispiel 1:

Ein Arbeitnehmer in einem Drei-Schicht-Betrieb hat eine tarifvertraglich geregelte Arbeitszeit von 38 Stunden wöchentlich und einen monatlichen Lohnzahlungszeitraum. Er hat Anspruch – soweit es den laufenden Arbeitslohn ohne Sonntags-, Feiertags- oder Nachtarbeitszuschläge angeht – auf

- einen Normallohn von 17,– € für jede im Lohnzahlungszeitraum geleistete Arbeitsstunde,
- einen Schichtzuschlag von 0,50 € je Arbeitsstunde,
- einen Zuschlag für Samstagsarbeit von 1,– € für jede Samstagsarbeitsstunde,

- einen Spätarbeitszuschlag von 1,70 € für jede Arbeitsstunde zwischen 18.00 und 20.00 Uhr,
- einen Überstundenzuschlag von 5,– € je Überstunde,
- eine Gefahrenzulage für unregelmäßig anfallende gefährliche Arbeiten von 3,– € je Stunde,
- einen steuerpflichtigen, aber nicht pauschal versteuerten Fahrtkostenzuschuss von 6,– € je Arbeitstag,
- eine vermögenswirksame Leistung von 40 € monatlich,
- Beiträge des Arbeitgebers zu einer Direktversicherung von 100 € monatlich.

Im Juni hat der Arbeitnehmer infolge Urlaubs nur an 10 Tagen insgesamt 80 Stunden gearbeitet. In diesen 80 Stunden sind enthalten:

– Regelmäßige Arbeitsstunden	76
– Überstunden insgesamt	4
– Samstagsstunden insgesamt	12
– Überstunden an Samstagen	2
– Spätarbeitsstunden insgesamt	16
– Überstunden mit Spätarbeit	2
– Stunden mit gefährlichen Arbeiten insgesamt	5
– Überstunden mit gefährlichen Arbeiten	1

a) Berechnung des Basisgrundlohns

17,– € Stundenlohn × 38 Stunden × 4,35	2 810,10 €
0,50 € Schichtzuschlag × 38 Stunden × 4,35	82,65 €
Vermögenswirksame Leistungen	40,– €
Beiträge zur Direktversicherung	100,– €
insgesamt	3 032,75 €

b) Berechnung der Grundlohnzusätze

1,– € Samstagsarbeitszuschlag × 10 Stunden	10,– €
1,70 € Spätarbeitszuschlag × 14 Stunden	23,80 €
3,– € Gefahrenzulage × 4 Stunden	12,– €
6,– € Fahrtkostenzuschuss × 10 Arbeitstage	60,– €
insgesamt	105,80 €

c) Berechnung des Grundlohns des Lohnzahlungszeitraums insgesamt

Basisgrundlohn	3 032,75 €
+ Grundlohnzusätze	105,80 €
= Grundlohn insgesamt	3 138,55 €

d) Berechnung des Stunden-Grundlohns

$$\frac{\text{Grundlohn}}{\text{Wochenstunden} \times 4{,}35} = \frac{3\,138{,}55\,€}{38\ \text{Stunden} \times 4{,}35} = 18{,}99\,€$$

Beispiel 2:

Bei einem Arbeitnehmer mit tarifvertraglich geregelter Arbeitszeit von 37,5 Stunden wöchentlich und einem monatlichen Lohnzahlungszeitraum, dessen Sonntags-, Feiertags- und Nachtarbeitszuschläge sowie nicht im Voraus feststehende Bezüge sich nach den Verhältnissen des Vormonats bemessen, betragen für den Lohnzahlungszeitraum März

– der Basisgrundlohn	3 277,28 €,
– die Grundlohnzusätze (bemessen nach den Verhältnissen im Monat Februar)	280,72 €,
– im Februar betrug der Basisgrundlohn	2 936,16 €.

Für die Ermittlung des steuerfreien Anteils der Zuschläge für Sonntags-, Feiertags- oder Nachtarbeit, die dem Arbeitnehmer auf Grund der im Februar geleisteten Arbeit für den Lohnzahlungszeitraum März zustehen, ist von einem Grundlohn auszugehen, der sich aus

– dem Basisgrundlohn des Lohnzahlungszeitraums Februar von	2 936,16 €
– und den Grundlohnzusätzen des Lohnzahlungszeitraums März (bemessen nach den Verhältnissen im Februar)	280,72 €

zusammensetzt.

Der für die Berechnung des steuerfreien Anteils der begünstigten Lohnzuschläge maßgebende Grundlohn beträgt also

$$\frac{\text{Grundlohn}}{\text{Wochenstunden} \times 4{,}35} = \frac{(2\,936{,}16\,€ + 280{,}72\,€)}{37{,}5\ \text{Stunden} \times 4{,}35} = 19{,}72\,€$$

e) Zuschlag zum Grundlohn

4811 Die Steuerfreiheit nach § 3b EStG setzt voraus, dass **neben dem Grundlohn tatsächlich ein Zuschlag für Sonntags-, Feiertags- oder Nachtarbeit gezahlt wird**. Ein solcher Zuschlag kann in einem Gesetz, einer Rechtsverordnung, einem Tarifvertrag, einer Betriebsvereinbarung oder einem Einzelarbeitsvertrag geregelt sein. Die geleisteten Zahlungen müssen eindeutig von dem arbeitsrechtlich geschuldeten Arbeitslohn abgrenzbar sein. Ein Zuschlag wird nicht neben dem Grundlohn gezahlt, wenn er aus dem arbeitsrechtlich geschuldeten Arbeitslohn rechnerisch ermittelt wird, selbst wenn im Hinblick auf eine ungünstig liegende Arbeitszeit ein höherer Arbeitslohn gezahlt werden sollte (BFH v. 28.11.1990, VI R 144/87, BStBl II 1991, 296 sowie BFH v. 16.12.2010, VI R 27/10, BStBl II 2012, 288); infolgedessen dürfen auch aus einer **Umsatzbeteiligung** keine Zuschläge abgespalten und nach § 3b EStG steuerfrei gelassen werden. Diese Voraussetzungen sind auch dann nicht erfüllt, wenn Sonntags-, Feiertags- oder Nachtarbeit **pauschal abgegolten** und lediglich im Nachhinein eine Vergütung zu den nach § 3b EStG begünstigten Zeiten herausgerechnet und als steuerfrei behandelt wird (BFH v. 29.11.2016, VI R 61/14, BStBl II 2017, 718).

Unschädlich ist es jedoch, wenn neben einem Zuschlag für Sonntags-, Feiertags- oder Nachtarbeit, die gleichzeitig Mehrarbeit ist, keine gesonderte Mehrarbeitsvergütung oder ein Grundlohn gezahlt wird, mit dem die Mehrarbeit abgegolten ist (R 3b Abs. 1 Satz 4 LStR).

Beispiel 1:

Ein Arbeitnehmer ist als Ingenieur bei einer Fabrik als Leiter der Produktion angestellt. Nach dem Arbeitsvertrag erhält der Arbeitnehmer ein Gehalt von 4 000 € pro Monat sowie ein 13. Monatsgehalt und Urlaubsgeld. Bestimmungen über zu leistende Arbeitszeit, Vergütungen von Mehr- bzw. Nachtarbeit sowie Arbeit an Sonn- und Feiertagen enthält der Arbeitsvertrag nicht.

Nach einer Bescheinigung seines Arbeitgebers muss der Arbeitnehmer jederzeit für das Unternehmen telefonisch erreichbar sein und nach 21.00 Uhr sowie an Samstagen, Sonntagen und Feiertagen Kontroll- und Inspektionsgänge durchführen. Hierfür wird ihm kein zusätzliches Entgelt gezahlt, sondern in seinem Gehalt sind dafür monatlich 225 € als Sonn- und Feiertagszuschlag vorgesehen.

Der Betrag von 225 € ist nicht nach § 3b EStG steuerfrei, weil er nicht neben dem Grundlohn gezahlt wird (BFH v. 28.11.1990, VI R 144/87, BStBl II 1991, 296).

Beispiel 2:

Ein Pilot, der ausschließlich Langstreckenflüge nach Australien absolviert, erhält eine sog. Flugzulage, die auch die Sonntags-, Feiertags- und Nachtarbeit abgilt.

Da es sich bei der Flugzulage um feste Monatsbeträge handelt, die pauschal für Sonntags-, Feiertags- oder Nachtarbeit als Bestandteil des Grundlohns und ohne Rücksicht auf die tatsächlich geleisteten Arbeitsstunden zu den begünstigten Zeiten gezahlt werden, sind die Voraussetzungen für die Steuerbefreiungsvorschrift des § 3b EStG nicht erfüllt (BFH v. 16.12.2010, VI R 27/10, BStBl II 2012, 288).

Zuschläge für Sonntags-, Feiertags- oder Nachtarbeit sind auch dann nach § 3b EStG steuerfrei, wenn der Arbeitgeber zwar **zunächst Lohnsteuer abgeführt** hat, sich indes anhand nachträglicher Beweismittel herausstellt, dass **die Behandlung auf einem (bloßen) Programmierungsfehler beruhte**, der im Nachhinein behoben werden konnte (FG Baden-Württemberg v. 23.3.2017, 1 K 3342/15, EFG 2017, 1076). Denn werden nachweislich Zuschläge für tatsächlich geleistete Sonntags-, Feiertags- oder Nachtarbeit neben dem Grundlohn gezahlt, kann der Arbeitnehmer die Steuerfreiheit i.R. der Einkommensteuerveranlagung auch dann geltend machen, wenn der Arbeitgeber die Zuschläge im Lohnsteuerabzugsverfahren nicht als steuerfrei behandelt hat; etwaige Fehler beim Lohnsteuerabzug können i.R. der Einkommensteuerveranlagung berichtigt werden; der Inhalt der Lohnsteuerbescheinigung entfaltet i.R. der Einkommensteuerveranlagung des Arbeitnehmers keine Bindungswirkung (BFH v. 29.11.2017, VI B 45/17).

Zuschläge für Wechselschichtarbeit, die der Arbeitnehmer für seine Wechselschichttätigkeit regelmäßig und fortlaufend bezieht, sind **nicht nach § 3b EStG steuerbefreit** (→ *Wechselschichtzulage* Rz. 4413). Auch eine **sog. Offshore-Zulage**, die zur Abgeltung für alle anfallende Mehr-, Wochenend-, Feiertags- und Nacharbeit gezahlt wird, ist **in voller Höhe steuerpflichtig** (FG Niedersachsen v. 24.9.2015, 14 K 232/14, EFG 2015, 2165).

Bei einem **Fremd-Geschäftsführer einer GmbH** kommt die Steuerfreiheit nach § 3b EStG nur dann in Betracht, wenn in dem Dienstvertrag **eine regelmäßige Arbeitszeit** sowie die **Zahlung von Zuschlägen für Sonntags-, Feiertags- oder Nachtarbeit ausdrücklich vereinbart** worden ist. Enthält der Dienstvertrag aber eine Klausel, nach der der Geschäftsführer seine ganze Arbeitskraft und seine gesamten Kenntnisse und Erfahrungen der GmbH zur Verfügung zu stellen hat, sind von der GmbH gezahlte Zuschläge nicht nach § 3b EStG begünstigt (BFH v. 27.6.1997, VI R 12/97, HFR 1997, 894 sowie BFH v. 9.4.2003, VIII B 124/02).

Bei einer **Nettolohnvereinbarung** (→ *Nettolöhne* Rz. 3281) ist der Zuschlag nur steuerfrei, wenn er **neben dem vereinbarten Nettolohn** gezahlt wird (R 3b Abs. 1 Satz 3 LStR).

Die **Vereinbarung eines durchschnittlichen Auszahlungsbetrags** pro tatsächlich geleisteter Arbeitsstunde steht der Steuerbefreiung nach § 3b EStG jedoch nicht entgegen, denn der laufende Arbeitslohn (§ 3b Abs. 2 Satz 1 EStG) kann der Höhe nach schwanken (BFH v. 17.6.2010, VI R 50/09, BStBl II 2011, 43).

Beispiel 3:

Der Arbeitgeber betreibt einen Autohof, in dessen Gastronomiebereich Arbeitnehmer in wechselnden Schichten rund um die Uhr beschäftigt sind. Nach den Arbeitsverträgen erhalten die Arbeitnehmer neben einem Basisgrundlohn die aus ihrer Arbeitszeit resultierenden möglichen Zuschläge nach § 3b EStG als Teillohn des vereinbarten durchschnittlichen Effektivlohns pro Stunde für tatsächlich geleistete Arbeitsstunden. Unter dem „durchschnittlichen Effektivlohn" wird der Auszahlungsbetrag verstanden, der sich nach Abzug der nach den persönlichen Besteuerungsmerkmalen ermittelten steuerrechtlichen Abzüge und der Sozialabgaben vom Bruttolohn ergibt. Der Auszahlungsbetrag, der auch alle einzelrelevanten Löhne, wie etwa Urlaubs- und Weihnachtsgeld enthalten soll, wird **in fester Höhe vereinbart**. Für den Fall, dass sich auf Grund der Arbeitszeitplanung ein geringerer durchschnittlicher Auszahlungsbetrag als der vereinbarte ergäbe, wird für den betreffenden Abrechnungsmonat der Basisgrundlohn um eine sog. **Grundlohnergänzung so erhöht**, dass sich hieraus der vereinbarte durchschnittliche Auszahlungsbetrag pro tatsächlich geleisteter Arbeitsstunde errechnet. Wird mit der Summe aus Basisgrundlohn, Urlaubs-, Weihnachtsgeld, dem Arbeitgeberzuschuss zu den vermögenswirksamen Leistungen und den Zuschlägen nach § 3b EStG der durchschnittliche Auszahlungsbetrag bereits erreicht, ist eine Grundlohnergänzung nicht zu gewähren. Auf der Grundlage der getroffenen Vereinbarungen setzt sich der durchschnittliche Auszahlungsbetrag im Regelfall wie folgt zusammen:

	Basisgrundlohn
+	anteiliges Urlaubs- und Weihnachtsgeld
+	Arbeitgeberzuschuss VWL
+	Grundlohnergänzung
=	Grundlohn
–	Steuerrechtliche Abzüge
–	Sozialabgaben
=	Nettolohn
+	Zuschläge nach § 3b EStG
=	**Durchschnittlicher Auszahlungsbetrag**

Ziel der getroffenen Vergütungsvereinbarungen ist es, den in fester Höhe vereinbarten durchschnittlichen Auszahlungsbetrag zu erreichen. Mit der Garantie eines festen Nettostundenlohns sollen Lohnschwankungen ausgeglichen werden, die sich sonst auf Grund unterschiedlicher Arbeitszeitplanung ergäben. Mittels einer Abrechnungssoftware wird der als Bemessungsgrundlage für die Zuschläge nach § 3b EStG dienende „Grundlohn", der zugleich den steuerpflichtigen Bruttoarbeitslohn darstellt, in einem iterativen Verfahren so hochgerechnet, dass sich unter Berücksichtigung aller Lohnbestandteile der vertraglich vereinbarte durchschnittliche Auszahlungsbetrag ergibt.

Dieses Vergütungssystem – konkret die Variabilisierung der Grundlohnergänzung – entspricht § 3b EStG. Es handelt sich um eine zulässige Gestaltungsform in Ausnutzung der rechtlichen Möglichkeiten. Die Beteiligten haben es – bis an die Grenze des Gestaltungsmissbrauchs – in der Hand, durch vertragliche Vereinbarung von einer gesetzlich zulässigen Steuerbefreiung in möglichst hohem Maße Gebrauch zu machen (BFH v. 17.6.2010, VI R 50/09, BStBl II 2011, 43).

Der BFH hat auch eine **Theaterbetriebszulage als nach § 3b EStG begünstigt** angesehen, denn der Steuerfreiheit von Zuschlägen für Sonntags-, Feiertags- oder Nachtarbeit nach § 3b EStG steht es nicht entgegen, wenn der Grundlohn in Abhängigkeit von der Höhe der steuerfreien Zuschläge aufgestockt wird, um im Ergebnis einen bestimmten, (tarif-)vertraglich vereinbarten Bruttolohn zu erreichen. Die nach § 3b EStG erforderliche Trennung von Grundlohn und Zuschlägen wird hierdurch nicht aufgehoben (Bestätigung BFH v. 17.6.2010, VI R 50/09, BStBl II 2011, 43). Die Steuerbefreiung nach § 3b EStG setzt nicht voraus, dass der Bruttolohn in Abhängigkeit von den zu begünstigten Zeiten geleisteten Tätigkeiten variabel ausgestaltet sein muss (BFH v. 9.6.2021, VI R 16/19).

In gleicher Angelegenheit waren bis zum Jahr 2022 **zwei Revisionsverfahren anhängig** (FG Berlin-Brandenburg v. 13.12.2018, 13 K 13174/17, EFG 2020, 252, Revision eingelegt, Az. beim BFH: VI R 31/19 und FG Hessen v. 14.1.2019, 2 K 1434/17, EFG 2020, 343, Revision eingelegt, Az. beim BFH: VI R 30/19). Diese Revisionsverfahren sind abgeschlossen. Der BFH hat mit den Urteilen v. 14.10.2021, VI R 31/19 sowie BFH v. 31.3.2022, VI R 30/19, seine o.g. Urteile v. 17.6.2010 und v. 9.6.2021 bestätigt.

f) Tatsächlich geleistete Arbeit

Zuschläge für Sonntags-, Feiertags- oder Nachtarbeit i.S.d. § 3b EStG sind Lohnzuschläge, die **für die Arbeit** in den nach § 3b EStG begünstigten Zeiten gezahlt werden (BFH v. 24.11.1989, VI R 92/88, BStBl II 1990, 315), die **Steuerfreiheit kommt nur für tatsächlich geleistete Arbeit in Betracht**. 4812

Beispiel 1:

Das Pflegepersonal und die Ärzte in Anstalten und Heimen, in denen die betreuten Personen in ärztlicher Behandlung stehen, sind nach den tarifvertraglichen Bestimmungen verpflichtet, sich auf Anordnung des Arbeitgebers außerhalb der regelmäßigen Arbeitszeit an einer vom Arbeitgeber bestimmten Stelle aufzuhalten, um im Bedarfsfall die Arbeit aufzunehmen (**Bereitschaftsdienst**). Zum Zwecke der Vergütungsberechnung wird die Zeit des Bereitschaftsdienstes – unabhängig von der tatsächlich geleisteten Arbeitszeit – mit Prozentsätzen als Arbeitszeit bewertet. Für die so ermittelte Arbeitszeit wird die Überstundenvergütung gezahlt. Zeitzuschläge (z.B. Zuschläge für Sonntags-, Feiertags- oder Nachtarbeit) werden für die ermittelte Arbeitszeit nicht gezahlt, sie werden jedoch ggf. für die innerhalb der Rufbereitschaft tatsächlich geleistete Arbeitszeit einschließlich einer etwaigen Wegezeit gewährt. Diese Zeitzuschläge können ggf. pauschaliert werden.

Im Hinblick darauf, dass nur solche Zuschläge steuerfrei bleiben können, die für tatsächlich geleistete Arbeit **neben dem Grundlohn** gezahlt werden, ist es nicht möglich, die Bereitschaftsdienstvergütungen ganz oder teilweise i.R. des § 3b EStG steuerfrei zu belassen (BFH v. 24.11.1989, VI R 92/88, BStBl II 1990, 315). Lediglich dann, wenn neben den Bereitschaftsdienstvergütungen (Überstundenvergütungen) Zeitzuschläge für die während des Bereitschaftsdienstes tatsächlich geleistete Arbeitszeit gewährt werden, können diese Zeitzuschläge steuerfrei bleiben, wenn die Zuschläge für Sonntags-, Feiertags- oder Nachtarbeit gezahlt werden und der Arbeitgeber über die entsprechenden Einzelanschreibungen verfügt (vgl. hierzu auch BFH v. 29.11.2016, VI R 61/14, BStBl II 2017, 718 betr. pauschale Vergütungen für in einer Klinik geleisteten ärztlichen Bereitschaftsdienst).

Zu beachten ist die im Kalenderjahr 2024 geänderte Rechtsprechung des BFH. Bis dahin waren die bei **angeordneter Rufbereitschaft innerhalb der nach** § 3b EStG begünstigten Zeiten **Zuschläge zur Rufbereitschaftsentschädigung steuerfrei**, soweit sie die in § 3b EStG vorgesehenen Prozentsätze **gemessen** an der **Rufbereitschaftsentschädigung**, nicht übersteigen (BFH v. 27.8.2002, VI R 64/96, BStBl II 2002, 883). Im Urteilsfall wurde **neben** der Rufbereitschaftsentschädigung ein Zuschlag an Sonntagen von 30 % und an Feiertagen von 100 % gezahlt. Nach Auffassung des BFH ist der geringeren Beeinträchtigung bei Rufbereitschaft gegenüber der Beeinträchtigung bei voller Arbeitserbringung in den begünstigten Zeiten dadurch Rechnung zu tragen, dass sich die Steuerbefreiung bei Rufbereitschaft nur an dem Entgelt zu orientieren habe, das für die Rufbereitschaft gezahlt wird.

Nunmehr vertritt der BFH eine weitergehende Auffassung. Danach gilt: Die Steuerfreiheit von Zuschlägen für Bereitschaftsdienste, die außerhalb der regelmäßigen Arbeitszeit erbracht und gesondert vergütet werden, **bemisst sich nach dem Arbeitslohn für die regelmäßige Arbeitszeit und nicht** nach dem Bereitschaftsdienstentgelt (BFH v. 11.4.2024, VI R 1/22, BStBl II 2024, 798, entgegen dem o.g. Urteil v. 27.8.2002, VI R 64/96). Dies bedeutet, dass der BFH an seiner o.g. anderslautenden bisherigen Rechtsprechung nicht mehr festhält. Die Grundsätze wurden nunmehr auch von der FinVerw. übernommen, vgl. H 3b LStH 2025 unter „Bereitschaftsdienste"). Das neue BFH-Urteil eröffnet damit für den Arbeitgeber die Möglichkeit, seinen Arbeitnehmern bei Bereitschaftsdiensten höhere steuerfreie Zuschläge zu zahlen als bisher (falls der Arbeitslohn für die regelmäßige Arbeitszeit höher ist als das Bereitschaftsdienstentgelt).

Beispiel 2:

Ein Arbeitnehmer erhält einen Stundenlohn von 18 €. Für Zeiten, in denen er Rufbereitschaft zu leisten hat, erhält er eine Entschädigung von 2,50 € pro Stunde Rufbereitschaft. Bei Rufbereitschaft an Sonn- und Feiertagen wird zusätzlich ein Zuschlag von 1,25 € (50 % der Rufbereitschaftsentschädigung) gezahlt.

Alte Rechtslage:

Der Zuschlag von 1,25 € ist nach § 3b EStG steuerfrei (BFH v. 27.8.2002, VI R 64/96, BStBl II 2002, 883).

Aktuelle Rechtslage:

Nach H 3b LStH 2025 Bereitschaftsdienste ist als Berechnungsgrundlage der Arbeitslohn für die regelmäßige Arbeitszeit heranzuziehen.

Auf die Bezeichnung der Lohnzuschläge kommt es allerdings nicht an.

Beispiel 3:

Auf Grund tarifvertraglicher Vereinbarung erhält ein Arbeitnehmer

- für die Arbeit in der Zeit von 18.00 bis 22.00 Uhr einen Spätarbeitszuschlag und
- für die in der Zeit von 19.00 bis 21.00 Uhr verrichteten Arbeiten eine Gefahrenzulage.

Der für die Zeit von 20.00 bis 22.00 Uhr gezahlte Spätarbeitszuschlag ist ein nach § 3b EStG begünstigter Zuschlag für Nachtarbeit, denn der Zuschlag wird wegen der Arbeit zu einer bestimmten Zeit gezahlt. Die Gefahrenzulage wird nicht für die Arbeit zu einer bestimmten Zeit gezahlt und ist deshalb auch insoweit kein Nachtarbeitszuschlag i.S.d. § 3b EStG, als sie für die Arbeit in der Zeit von 20.00 bis 21.00 Uhr gezahlt wird (vgl. BFH v. 15.9.2011, VI R 6/09, BStBl II 2012, 144).

Die **Barabgeltung eines Freizeitanspruchs** oder eines Freizeitüberhangs oder Zuschläge wegen Mehrarbeit oder wegen anderer als durch die Arbeitszeit bedingter Erschwernisse oder Zulagen, die lediglich nach bestimmten Zeiträumen bemessen werden, sind **keine begünstigten Lohnzuschläge** (R 3b Abs. 1 LStR).

Beispiel 4:

Nach einem Tarifvertrag werden Zeitzuschläge als Ausgleich für nicht gewährte Freizeit gezahlt. Im Einzelnen sieht der Tarifvertrag Folgendes vor:

„Der Angestellte erhält neben seiner Vergütung Zeitzuschläge. Sie betragen je Stunde

- für Arbeiten an Wochenfeiertagen, auch wenn diese auf einen Sonntag fallen, sowie am Ostersonntag und am Pfingstsonntag
  - ohne Freizeitausgleich 135 %,
  - bei Freizeitausgleich 35 %,
- soweit kein Freizeitausgleich erteilt wird, für Arbeit nach 12.00 Uhr an dem Tage vor dem
  - Ostersonntag, Pfingstsonntag 25 %,
  - ersten Weihnachtsfeiertag, Neujahrstag 100 %

der Stundenvergütung."

Die Angestellten A und B leisten an einem Wochenfeiertag (Montag) acht Stunden Feiertagsarbeit. Für die 38,5-Stunden-Woche erhalten beide umgerechnet einen Wochenlohn von 577,50 € (= Stundenlohn 15 €). Gesonderte Zuschläge für Mehrarbeit werden nicht vergütet.

Der Angestellte A beansprucht am Donnerstag Freizeitausgleich und erhält für die Feiertagsarbeit Zuschläge i.H.v. 42 € (8 Stunden × 35 % × 15 €). Dieser Zuschlag ist nach § 3b EStG **in voller Höhe steuerfrei**.

Der Angestellte B erhält **keinen Freizeitausgleich**. Seine Feiertagszuschläge betragen 162 € (8 Stunden × 135 % × 15 €). Von diesen 162 € sind nach § 3b EStG ebenfalls nur 42 € steuerfrei. Der Erhöhungsbetrag für die nicht gewährte Freizeit von 120 € (8 Stunden × 100 % × 15 €) ist dem Lohnsteuerabzug zu unterwerfen.

Zeitzuschläge für Arbeiten an den Tagen **vor** Ostersonntag und Pfingstsonntag (jeweils ganztägig) sowie am 24. bzw. 31. Dezember (jeweils vor 14.00 Uhr) fallen – unabhängig davon, ob sie für nicht gewährte Freizeit gezahlt werden – nicht unter die nach § 3b EStG begünstigten Zeiten, so dass eine Steuerfreiheit dieser Zuschläge stets ausscheidet.

Beispiel 5:

Ein Tarifvertrag sieht folgende Regelung vor:

§ 11 Zeitzuschläge

(1) Für Nachtarbeit sowie für Arbeit an Sonn- und Feiertagen werden nachfolgende Zeitzuschläge gewährt.

(2) Eine pauschale Abgeltung der Zeitzuschläge ist nicht zulässig.

(3) Für Nachtarbeit in der Zeit zwischen 22.00 und 6.00 Uhr beträgt der Zeitzuschlag einheitlich 25 %.

(4) Für Arbeit an Sonn- und Feiertagen in der Zeit zwischen 6.00 und 22.00 Uhr werden folgende Zeitzuschläge gewährt:

- bei Arbeit bis zu vier Stunden eine Stunde Freizeitausgleich,
- bei Arbeit über vier Stunden zwei Stunden Freizeitausgleich.

Bei Arbeit am 24.12. im Zeitraum zwischen 14.00 und 22.00 Uhr, am 25.12. zwischen 6.00 und 22.00 Uhr, am 31.12. zwischen 18.00 und 22.00 Uhr beträgt der Zeitausgleich

- bei Arbeit bis zu vier Stunden 1,5 Stunden,
- bei Arbeit über vier Stunden drei Stunden.

Beim Zusammentreffen mehrerer Zeitzuschläge wird nur der jeweils höchste Zeitzuschlag gewährt.

(5) Die Zeitzuschläge sind innerhalb von drei Monaten vorrangig durch Freizeit auszugleichen. Ist ein Freizeitausgleich innerhalb von drei Monaten nicht möglich, so sind bestehende Überbestände abzugelten.

Mit den Regelungen in § 11 Abs. 1 bis 4 des Tarifvertrags sind aus arbeitsrechtlicher Sicht ausschließlich **Zeit**zuschläge vereinbart worden. Lediglich aus Absatz 5 ergibt sich ein Anspruch des Arbeitnehmers auf Auszahlung bestehender Überbestände, für die keine Freizeit genommen werden konnte. Dieser Anspruch reicht aber nicht aus, um einen Prozentsatz des Grundlohns als Zuschlag für Feiertags- und Nachtarbeit zu fingieren. Da die Steuerfreiheit von Zuschlägen nach § 3b EStG einen **Geldanspruch** voraussetzt, kann die (Bar-)Abgeltung eines Freizeitanspruchs oder eines Freizeitüberhangs nach dem o.g. Tarifvertrag nicht nach § 3b EStG steuerfrei gestellt werden.

Der BFH hat die **Verwaltungsauffassung bestätigt**. Hat der Arbeitnehmer für seine Arbeit an einem Wochenfeiertag einen (tarifvertraglichen) Anspruch auf entlohnten Freizeitausgleich, so ist die Vergütung, die der Arbeitgeber dafür gewährt, dass der freie Tag nicht in Anspruch genommen wird, **nicht** nach § 3b EStG **steuerfrei** (BFH v. 9.6.2005, IX R 68/03; BFH v. 7.7.2005, IX R 56/04; BFH v. 22.9.2005, IX R 55/04, HFR 2006, 446; BFH v. 21.2.2006, IX R 27/05, HFR 2006, 766).

In den Fällen, in denen der Arbeitnehmer auf Grund tarifvertraglicher Regelungen wählen kann, **die Lohnzuschläge** für geleistete Sonntags-, Feiertags- oder Nachtarbeit **in eine entsprechende Zeitgutschrift umzuwandeln**, gilt nach Auffassung der Finanzverwaltung Folgendes:

Für die rechtliche Würdigung, ob ein **Anspruch auf Barlohn oder Sachlohn** besteht, ist auf den **Zeitpunkt abzustellen**, zu dem der Arbeitnehmer **über seinen Lohnanspruch verfügt**. Voraussetzung für die Verfügung über den Lohnanspruch ist, dass dieser **bereits entstanden** ist. Wird bereits **vor der Entstehung des Anspruchs** durch die Entscheidung „Barlohn oder Sachlohn" **der künftige Lohnanspruch konkretisiert**, kann nur noch der **Barlohnanspruch oder der Sachlohnanspruch zur Entstehung kommen** (BFH v. 6.3.2008, VI R 6/05, BStBl II 2008, 530).

- Entscheidet sich der Arbeitnehmer vor der Entstehung seines Anspruchs **nicht für eine Zeitgutschrift**, entsteht ein Geldanspruch, der im Zeitpunkt der Erfüllung **i.R. des** § 3b EStG **steuerfrei** ist.
- Entscheidet sich der Arbeitnehmer vor der Entstehung seines Anspruchs **für eine Zeitgutschrift** und wird dieser „Freizeitanspruch" später durch eine Geldzahlung abgegolten, stellt dies die **Abgeltung eines Freizeitanspruchs** dar, die **nicht i.R. des** § 3b EStG **steuerfrei** ist (R 3b Abs. 1 Satz 6 LStR).

Soweit Zuschläge gezahlt werden, ohne dass der Arbeitnehmer in der begünstigten Zeit gearbeitet hat, sind sie steuerpflichtig, vgl. H 3b (Tatsächliche Arbeitsleistung) LStH. Dies gilt z.B.

- bei **Urlaubsvergütungen** oder **Urlaubsabgeltungszahlungen**,
- bei der **Entgeltfortzahlung an Feiertagen oder im Krankheitsfall**,
- bei der **Entgeltfortzahlung an von der betrieblichen Tätigkeit freigestellte Betriebsratsmitglieder** (BFH v. 3.5.1974, VI R 211/71, BStBl II 1974, 646),
- bei den **während des Mutterschutzes weitergezahlten Zuschlägen für Sonntags-, Feiertags- oder Nachtarbeit** (BFH v. 26.10.1984, VI R 199/80, BStBl II 1985, 57; BFH v. 27.5.2009, VI B 69/08, BStBl II 2009, 730); bei geringfügigen Beschäftigungsverhältnissen führt die Steuerpflicht der weiterhin gezahlten Schichtzuschläge allerdings nicht dazu, dass die Geringfügigkeitsgrenze (ab 1.1.2026 603 €; → *Mini-Jobs* Rz. 3166) überschritten wird (→ Rz. 4823).

Zur vereinbarten und vergüteten Arbeitszeit gehörende **Waschzeiten, Schichtübergabezeiten und Pausen** gelten hingegen als begünstigte Arbeitszeit i.S.d. § 3b EStG, soweit sie in den begünstigten Zeitraum fallen (R 3b Abs. 6 Satz 2 LStR).

Auch **Fahrzeiten von Profi-Sportmannschaften**, die zu Auswärtsterminen im Mannschaftsbus reisen, gehören **zur Arbeitszeit der Sportler und Betreuer**. Zahlt der Arbeitgeber für die Beförderungszeiten einen Zuschlag für Sonntags-, Feiertags- oder Nachtarbeit, ist dieser steuerfrei (FG Düsseldorf v. 11.7.2019, 14 K 1653/17 L, EFG 2019, 1662). Diese Auffassung bzw. dieses Urteil hat der BFH bestätigt (BFH v. 16.12.2021, VI R 28/19). Zu beachten sei die Begrenzung der Zuschläge auf die im Gesetz vorgesehenen 50 €. In einem solchen Fall stehe es der Steuerfreiheit nicht entgegen, wenn der Stundenlohn – wie beispielsweise bei Spitzensportlern – tatsächlich 50 € überschreitet.

Der Grundsatz, wonach nur Zuschläge für tatsächlich geleistete Sonntags-, Feiertags- oder Nachtarbeit steuerfrei sind, **gilt auch für solche Zuschläge, die für Arbeiten an dienstfreien Tagen gezahlt werden**.

Beispiel 6:

Ein Taxiunternehmen beschäftigt seine Fahrer im Sechs-Tage-Rhythmus. Der dienstfreie siebte Tag fällt turnusmäßig alle sieben Wochen auf einen Sonntag, ansonsten auf die jeweiligen Wochentage. Anlässlich einer Großmesse müssen während einer Woche alle Fahrer eingesetzt werden. Die Fahrer, die dadurch an ihren dienstplanmäßig freien Tagen arbeiten müssen, erhalten einen Zuschlag zu ihrem Grundlohn.

Der Zuschlag ist steuerpflichtig, soweit er nicht auf einen Sonntag entfällt.

Wird der Zuschlag nicht **„für"** Sonntags-, Feiertags- oder Nachtarbeit gezahlt, sondern aus anderen Gründen, so sind die Zuschläge nicht nach § 3b EStG steuerfrei (FG Münster v. 18.9.2003, 8 K 4659/99 E, L, Ki, EFG 2004, 26 betr. Verpflegungsmehraufwendungen als Nachtarbeitszuschläge sowie BFH v. 15.9.2011, VI R 6/09, BStBl II 2012, 144 betr. Gefahrenzulagen).

Im Übrigen ist der Arbeitgeber nicht verpflichtet, den **Steuerschaden** eines Arbeitnehmers zu erstatten, der sich aus der fehlenden Steuerbefreiung für den Zuschlag bei Nichtbeschäftigung mit fortbestehender Zuschlagszahlungspflicht ergibt (BAG v. 19.10.2000, 8 AZR 20/00).

g) Einzelnachweis

aa) Grundsatz

4813 Die tatsächlich geleistete Sonntags-, Feiertags- oder Nachtarbeit **ist grds. im Einzelfall nachzuweisen**. Wird eine einheitliche Vergütung für den Grundlohn und die Zuschläge für Sonntags-, Feiertags- oder Nachtarbeit, ggf. unter Einbeziehung der Mehrarbeit und Überarbeit, gezahlt, weil Sonntags-, Feiertags- oder Nachtarbeit üblicherweise verrichtet wird, und werden deshalb die sonntags, feiertags oder nachts tatsächlich geleisteten Arbeitsstunden nicht aufgezeichnet, so bleiben die in der einheitlichen Vergütung enthaltenen Zuschläge für Sonntags-, Feiertags- oder Nachtarbeiten **grds. nicht nach** § 3b EStG **steuerfrei** (R 3b Abs. 6 Satz 3 und 4 LStR). Denn eine Modellrechnung kann den fehlenden Nachweis der tatsächlich erbrachten Arbeitsleistung nicht ersetzen (BFH v. 25.5.2005, IX R 72/02, BStBl II 2005, 725).

Die Form des erforderlichen Einzelnachweises ist dem Arbeitgeber überlassen. **Die Aufzeichnungen müssen jedoch so gestaltet sein**, dass die Finanzverwaltung prüfen kann, ob die **Voraussetzungen für die Steuerfreiheit der gezahlten Zuschläge vorgelegen haben**. Es genügt daher nicht, wenn die steuerfrei gezahlten Zuschläge lediglich auf dem Lohnkonto betragsmäßig gesondert ausgewiesen werden; die Arbeiten zu den begünstigten Zeiten müssen vielmehr aus einer Anlage zum Lohnkonto hervorgehen. Dabei sind regelmäßig folgende Angaben unerlässlich:

- der Arbeitstag (Datum),
- die geleisteten Arbeitsstunden und
- ggf. die Uhrzeit (z.B. bei geleisteter Nachtarbeit).

Als eine solche Anlage mit den erforderlichen Angaben kann **im Allgemeinen der Stundenzettel des einzelnen Arbeitnehmers dienen**, der den Urbeleg für die Bruttolohnabrechnung bildet. Voraussetzung ist allerdings, dass eine Verbindung zwischen Stundenzettel und Lohnkonto leicht und einwandfrei (z.B. über die Personal- oder Stammnummer des Arbeitnehmers) hergestellt werden kann. Das gilt auch bei maschineller Lohnabrechnung. Der Weg vom Urbeleg (Stundenzettel) über Brutto- und Nettolohnabrechnung zum Lohnkonto muss ohne Schwierigkeiten nachvollzogen werden können. Der Nachweis der tatsächlich geleisteten Sonntags-, Feiertags- oder Nachtarbeit ist auch nachträglich möglich (BFH v. 28.11.1990, VI R 56/90, BStBl II 1991, 298).

bb) Ausnahmeregelungen vom Einzelnachweis

4814 **Pauschale Zahlungen zur Abgeltung von Zuschlägen für Sonntags-, Feiertags- oder Nachtarbeit gehören grds. zum steuerpflichtigen Arbeitslohn.** Eine Steuerfreiheit der Pauschalen kommt selbst dann nicht in Betracht, wenn sie nach dem maßgebenden Tarifvertrag vorgesehen ist. Nach R 3b Abs. 6 Satz 6 bis 9 LStR sind jedoch Ausnahmen möglich:

„[6]*Sind die* ***Einzelanschreibung und die Einzelbezahlung*** *der geleisteten Sonntags-, Feiertags- oder Nachtarbeit wegen der* ***Besonderheiten der Arbeit und der Lohnzahlungen nicht möglich,*** *darf das Betriebsstättenfinanzamt den Teil der Vergütung, der als steuerfreier Zuschlag für Sonntags-, Feiertags- oder Nachtarbeit anzuerkennen ist, von Fall zu Fall feststellen.* [7]*Im Interesse einer einheitlichen Behandlung der Arbeitnehmer desselben Berufszweigs darf das Betriebsstättenfinanzamt die Feststellung nur auf* ***Weisung der vorgesetzten Behörde*** *treffen.* [8]*Die Weisung ist der obersten Landesfinanzbehörde vorbehalten, wenn die für den in Betracht kommenden Berufszweig maßgebende Regelung nicht nur im Bezirk der für das Betriebsstättenfinanzamt zuständigen vorgesetzten Behörde gilt.* [9]*Eine Feststellung nach Satz 6 kommt für solche Regelungen nicht in Betracht, durch die nicht pauschale Zuschläge festgesetzt, sondern bestimmte Teile eines nach Zeiträumen bemessenen laufenden Arbeitslohns als Zuschläge für Sonntags-, Feiertags- oder Nachtarbeit erklärt werden.*"

Eine **Ausnahmeregelung kommt nicht in Betracht**, wenn die Einzelanschreibung und die Einzelbezahlung zwar möglich, **jedoch mit erheblichem Arbeitsaufwand oder Kosten verbunden sind**. Die Finanzverwaltung prüft sehr genau, ob die Voraussetzungen für eine Ausnahmeregelung tatsächlich gegeben sind, denn bei allen Betrieben aller Berufszweige müssen für die Bruttolohnabrechnung der gewerblichen Arbeitnehmer die tatsächlich geleisteten Arbeitsstunden festgehalten werden. Es sind daher nach Auffassung der Finanzverwaltung kaum Fälle denkbar, in denen eine Einzelanschreibung der geleisteten Arbeitsstunden zwar möglich, eine derartige Aufzeichnung der geleisteten Sonntags-, Feiertags- oder Nachtarbeit dagegen unmöglich sein soll.

In folgenden Fällen hat die Finanzverwaltung z.B. **Ausnahmeregelungen zugelassen**:

- **Schichtzulage der Deutschen Lufthansa AG (DLH) und der Condor-Flugdienst GmbH (CFG) für das Bordpersonal**

  Seit 1.1.1990 wird bis auf Weiteres die für das Bordpersonal zu zahlende Schichtzulage i.H.v. **16,3 % der Grundbezüge** (Grundvergütung, Typenzulage bzw. Purserzulage und Zusatzvergütung) steuerfrei belassen (FinMin Bremen v. 4.4.1991, S 2343 – 91 – 140).

- **Schichtzulage der Deutschen Luftverkehrsgesellschaft GmbH (DLT) für das Bordpersonal**

  Seit 1.1.1990 wird bis auf Weiteres die für das Bordpersonal zu zahlende Schichtzulage i.H.v. **12,9 % des Grundgehalts** steuerfrei belassen (OFD Frankfurt v. 24.10.1991, S 2343 A – 14 – St II 30).

- **Fanganteile in der Kleinen Hochsee- und Küstenfischerei mit Hochseekuttern**

  Die Fanganteile können wegen der in der Kleinen Hochsee- und Küstenfischerei mit Hochseekuttern vorliegenden besonderen Verhältnisse als steuerfreie Zuschläge für Sonntags-, Feiertags- oder Nachtarbeit anerkannt werden (FinMin Berlin v. 8.11.1996, III D 1 – S 2343 – 1/95, Lohnsteuer-Handausgabe 2015, 146):

  - In der Krabbenfischerei **12,1 %** der den Kutterbesatzungen gezahlten Fanganteile,
  - in der Küstenfischerei der Ostsee **9,7 %** der den Kutterbesatzungen gezahlten Fanganteile,
  - in der Kleinen Hochseefischerei einschließlich der Fischerei auf Seezungen mit Krabbenkuttern **12,1 %** der den Kutterbesatzungen gezahlten Fanganteile.

Nach Auffassung der Finanzgerichte (zuletzt FG Hessen v. 27.6.2002, 5 K 5571/00, EFG 2002, 1214) entsprechen allerdings die Verwaltungserlasse betr. Lufthansa und Condor, nach denen ein Teil der tarifvertraglich vereinbarten Mehrflugstundenvergütung u.U. als Zuschlag für Sonntags-, Feiertags- oder Nachtarbeit steuerfrei bleiben kann (Einbeziehung der Schichtzulage in die Berechnung der Mehrflugstundenvergütung), nicht mehr der neueren Rechtsprechung des BFH (z.B. BFH v. 28.11.1990, VI R 144/87, BStBl II 1991, 296). Die Finanzverwaltung sieht jedoch keine Veranlassung, ihre Regelungen aufzuheben bzw. abzuändern.

Auch die pauschal gezahlten Sonntags-, Feiertags- und Nachtzuschläge, die nach Maßgabe der in der Seeschifffahrt geltenden Tarifverträge (MTV See und HTV) bezahlt werden, sind nach einer Entscheidung der obersten Finanzbehörden dem Grunde nach gem. § 3b EStG steuerfrei.

h) Pauschale Abschlagszahlungen mit nachträglicher Einzelabrechnung

4815 Werden laufende Pauschalen (z.B. Monatspauschalen) **zur Abgeltung von Zuschlägen für Sonntags-, Feiertags- oder Nachtarbeit gezahlt** und wird die Verrechnung mit den steuerfreien Zuschlägen, die für die einzeln nachgewiesenen Zeiten für Sonntags-, Feiertags- oder Nachtarbeit auf Grund von Einzelberechnungen zu zahlen wären, erst später vorgenommen, können die laufenden Pauschalen nach § 3b EStG unter den nachfolgend genannten Voraussetzungen steuerfrei belassen werden (R 3b Abs. 7 LStR):

- Der steuerfreie Betrag wird **nicht nach höheren als den in** § 3b EStG **genannten Prozentsätzen** berechnet.
- Der steuerfreie Betrag wird **nach dem durchschnittlichen Grundlohn** und der durchschnittlichen im Zeitraum des Kalenderjahres tatsächlich anfallenden Sonntags-, Feiertags- oder Nachtarbeit bemessen.
- Die Verrechnung mit den einzeln ermittelten Zuschlägen erfolgt jeweils **vor der Erstellung der Lohnsteuerbescheinigung** und somit regelmäßig spätestens zum Ende des Kalenderjahres oder beim Ausscheiden des Arbeitnehmers aus dem Dienstverhältnis (BFH v. 28.11.1990, VI R 90/87, BStBl II 1991, 293). Für die Ermittlung der im Einzelnen nachzuweisenden Zuschläge ist auf den jeweiligen Lohnzahlungszeitraum abzustellen. Dabei ist auch der steuerfreie Teil der einzeln ermittelten Zuschläge festzustellen und die infolge der Pauschalierung zu wenig oder zu viel einbehaltene Lohnsteuer auszugleichen.
- Bei der Pauschalzahlung ist erkennbar, **welche Zuschläge im Einzelnen** – jeweils getrennt nach Zuschlägen für Sonntags-, Feiertags- oder Nachtarbeit – **abgegolten sein sollen** und nach welchen Prozentsätzen des Grundlohns die Zuschläge bemessen worden sind.
- **Die Pauschalzahlung ist tatsächlich ein Zuschlag**, der neben dem Grundlohn gezahlt wird; eine aus dem Arbeitslohn rechnerisch ermittelte Pauschalzahlung ist kein Zuschlag.

Ergibt die Einzelfeststellung, dass der dem Arbeitnehmer auf Grund der tatsächlich geleisteten Sonntags-, Feiertags- oder Nachtarbeit zustehende Zuschlag **höher ist als die Pauschalzahlung**, so kann **ein höherer Betrag nur steuerfrei sein**, wenn und soweit **der Zuschlag auch tatsächlich zusätzlich gezahlt wird**; eine bloße Kürzung des steuerpflichtigen Arbeitslohns um den übersteigenden Steuerfreibetrag ist nicht zulässig. Diese Regelungen gelten sinngemäß, wenn lediglich die genaue Feststellung des steuerfreien Betrags im Zeitpunkt der Zahlung des Zuschlags schwierig ist und sie erst zu einem späteren Zeitpunkt nachgeholt werden kann.

Beispiel 1:

Ein Arbeitgeber zahlt seinem Arbeitnehmer pauschale Abschlagszahlungen zur Abgeltung von Zuschlägen für Sonntags-, Feiertags- oder Nachtarbeit i.H.v. 175 € monatlich, also 2 100 € im Kalenderjahr. Auf Grund der tatsächlich geleisteten Sonntags-, Feiertags- und Nachtarbeit des Arbeitnehmers ergibt sich unter Berücksichtigung der arbeitsvertraglich vereinbarten Zuschlagssätze ein steuerfreier Jahresbetrag von 2 000 €.

Die Differenz von 100 € (2 100 € – 2 000 €) ist steuerpflichtiger Arbeitslohn. Der Ausgleich der zu wenig einbehaltenen Lohnsteuer ist vor Ausstellung der Lohnsteuerbescheinigung vorzunehmen.

Beispiel 2:

Wie Beispiel 1, auf Grund der tatsächlich geleisteten Sonntags-, Feiertags- und Nachtarbeit des Arbeitnehmers ergibt sich unter Berücksichtigung der arbeitsvertraglich vereinbarten Zuschlagssätze ein steuerfreier Jahresbetrag von 2 250 €.

Die pauschale Abschlagszahlung i.H.v. 2 100 € ist in voller Höhe steuerfrei. Die Differenz von 150 € (2 250 € – 2 100 €) ist **nur dann zusätzlich steuerfrei**, wenn der Arbeitgeber diesen Betrag zusätzlich als steuerfreien Sonntags-, Feiertags- oder Nachtarbeitszuschlag zahlt.

Der **BFH hat diese Auffassung bestätigt**: **Pauschale Zuschläge**, die der Arbeitgeber ohne Rücksicht auf die Höhe der tatsächlich erbrachten Sonntags-, Feiertags- oder Nachtarbeit an den Arbeitnehmer leistet, sind **nur dann nach** § 3b EStG **begünstigt**, wenn sie nach dem übereinstimmenden Willen von Arbeitgeber und Arbeitnehmer **als Abschlagszahlungen oder Vorschüsse auf eine spätere Einzelabrechnung** gem. § 41b EStG geleistet werden. Diese **Einzelabrechnung** zum jährlichen Abschluss des Lohnkontos ist grds. **unverzichtbar**. Auf sie kann **im Einzelfall nur verzichtet** werden, wenn die Arbeitsleistungen **fast ausschließlich zur Nachtzeit** zu erbringen und die pauschal geleisteten Zuschläge so bemessen sind, dass sie auch unter Einbeziehung von Urlaub und sonstigen Fehlzeiten – aufs Jahr bezogen – die Voraussetzungen der Steuerfreiheit erfüllen (BFH v. 8.12.2011, VI R 18/11, BStBl II 2012, 291, m.w.N.). Hierbei reicht es aber für die Steuerfreiheit von pauschal ausgezahlten Zuschlägen für Sonntags-, Feiertags- und Nachtarbeit nicht aus, **im Wege einer bloßen Kontrollrechnung** rein rechnerisch zu ermitteln, ob die tatsächlich gezahlten Zuschläge unter dem Betrag bleiben, der nach § 3b EStG steuerfrei hätte gezahlt werden können (FG Düsseldorf v. 27.11.2020, 10 K 410/17 H[L], EFG 2021, 381).

Pauschale Zuschläge, die **nicht als Abschlagszahlungen oder Vorschüsse** auf Zuschläge für tatsächlich geleistete Sonntagsarbeit, Feiertagsarbeit oder Nachtarbeit gezahlt werden, sondern **Teil einer einheitlichen Tätigkeitsvergütung** sind, sind **nicht nach** § 3b EStG **steuerfrei** (BFH v. 16.12.2010, VI R 27/10, BStBl II 2012, 288).

Wird **von einem ausländischen Arbeitgeber** als pauschale Vergütung der Sonntags-, Feiertags- und Nachtarbeit **ein fester monatlicher Betrag bezahlt**, liegt eine einheitliche Entlohnung für die gesamte, auch nachts bzw. an Sonn- und Feiertagen geleistete Arbeit vor, von der **nicht Teile nach** § 3b EStG **steuerfrei** sind, denn die Steuerfreiheit pauschaler Zuschläge für Sonntags-, Feiertags- oder Nachtarbeit setzt auch bei einem nichtselbständig arbeitenden Grenzgänger in die Schweiz voraus, dass diese Zuschläge nach dem übereinstimmenden Willen von Arbeitgeber und Arbeitnehmer als Abschlagszahlungen oder Vorschüsse auf eine spätere Einzelabrechnung geleistet werden (BFH v. 24.9.2013, VI R 48/12, HFR 2014, 302).

i) Zeitversetzte Auszahlung

Die Steuerfreiheit von Zuschlägen für Sonntags-, Feiertags- oder Nachtarbeit bleibt auch bei **zeitversetzter Auszahlung** grds. erhalten (R 3b Abs. 8 LStR). Voraussetzung ist jedoch, dass **vor der Leistung** der begünstigten Arbeit **bestimmt** wird, dass ein steuerfreier Zuschlag – ggf. teilweise – als **Wertguthaben** auf ein Arbeitszeitkonto genommen und **getrennt ausgewiesen** wird, → *Arbeitszeitmodelle* Rz. 746. Dies gilt z.B. in Fällen der **Altersteilzeit** bei Aufteilung in Arbeits- und Freistellungsphase (sog. Blockmodelle), → *Altersteilzeit* Rz. 80. 4816

j) Zusammentreffen mehrerer Zuschlagsarten

aa) Feiertagszuschlag und Sonntagszuschlag

Ist ein Sonntag zugleich Feiertag, kann ein Zuschlag **nur bis zur Höhe des jeweils in Betracht kommenden Feiertagszuschlags** steuerfrei gezahlt werden. Das gilt auch dann, wenn nur ein Sonntagszuschlag gezahlt wird (R 3b Abs. 4 LStR). 4817

Beispiel:

Der Arbeitnehmer arbeitet am Ostersonntag und erhält hierfür sowohl einen Sonntagszuschlag von 40 % als auch einen Feiertagszuschlag von 100 %, insgesamt also 140 %.

Der Zuschlag ist i.H.v. 125 % steuerfrei; ein Zusammenrechnen von Sonn- und Feiertagszuschlag ist nicht möglich.

bb) Nachtarbeitszuschlag und Sonn- und Feiertagszuschlag

Wird an Sonntagen und Feiertagen oder in der zu diesen Tagen gehörenden Zeit (0.00 bis 4.00 Uhr des auf den Sonntag oder Feiertag folgenden Tags) Nachtarbeit geleistet, **kann die Steuerbefreiung für Sonntags- und Feiertagszuschläge neben der Steuerbefreiung für Nachtzuschläge in Anspruch genommen werden**. Dabei ist der steuerfreie Zuschlagssatz für Nachtarbeit mit dem steuerfreien Zuschlagssatz für Sonntags- oder Feiertagsarbeit auch dann zusammenzurechnen, wenn nur ein Zuschlag gezahlt wird. Wenn für die einem Sonntag oder Feiertag folgende oder vorausgehende Nachtarbeit ein Zuschlag für Sonntags- oder Feiertagsarbeit gezahlt wird, ist dieser als Zuschlag für Nachtarbeit zu behandeln (R 3b Abs. 3 LStR). 4818

Beispiel:

Ein Arbeitnehmer beginnt seine Nachtschicht am Montag, dem 1.5.2025 um 22.00 Uhr und beendet sie am 2.5.2025 um 7.00 Uhr. Für diesen Arbeitnehmer sind Zuschläge zum Grundlohn bis zu folgenden Sätzen steuerfrei:

- **175 %** für die Arbeit am 1.5.2025 in der Zeit von 22.00 bis 24.00 Uhr (25 % für Nachtarbeit und 150 % für Feiertagsarbeit),
- **190 %** für die Arbeit am 2.5.2025 in der Zeit von 0.00 bis 4.00 Uhr (40 % für Nachtarbeit und 150 % für Feiertagsarbeit),
- **25 %** für die Arbeit am 2.5.2025 in der Zeit von 4.00 bis 6.00 Uhr (25 % für Nachtarbeit).

Die nachfolgende Tabelle gibt eine Übersicht über die verschiedenen Zuschlagssätze **bei der Kombination Sonntags- und Feiertagszuschlag mit Nachtarbeitszuschlag**:

	Sonntag	Feiertag, Silvester (ab 14.00 Uhr)	Weihnachten, 1. Mai, Heiligabend (ab 14.00 Uhr)
Nachtarbeit von 20.00 bis 6.00 Uhr	75 %	150 %	175 %
Nachtarbeit von 0.00 bis 4.00 Uhr, wenn Nachtarbeit vor 0.00 Uhr aufgenommen wird	90 %	165 %	190 %
Nachtarbeit von 0.00 bis 4.00 Uhr des auf den Sonntag oder Feiertag folgenden Tags, wenn Nachtarbeit vor 0.00 Uhr aufgenommen wird	90 %	165 %	190 %

cc) Mehrarbeitszuschläge und Sonntags-, Feiertags- oder Nachtzuschläge

4819 Hat ein Arbeitnehmer arbeitsrechtlich **Anspruch auf Zuschläge für Sonntags-, Feiertags- oder Nachtarbeit und auf Zuschläge für Mehrarbeit** und wird Mehrarbeit als Sonntags-, Feiertags- oder Nachtarbeit geleistet, bleibt von den gezahlten Zuschlägen grds. der Betrag steuerfrei, der den jeweils arbeitsrechtlich in Betracht kommenden Zuschlägen für Sonntags-, Feiertags- oder Nachtarbeit entspricht.

Wird beim Zusammentreffen von Sonntags-, Feiertags- oder Nachtarbeit mit Mehrarbeit nur ein Zuschlag für Mehrarbeit gezahlt, liegt ein Zuschlag i.S.d. § 3b EStG nicht vor.

Wird für diese Mehrarbeit ein einheitlicher Zuschlag (**Mischzuschlag**) gezahlt, dessen auf Sonntags-, Feiertags- oder Nachtarbeit entfallender Anteil betragsmäßig nicht festgelegt ist, so ist der Mischzuschlag im Verhältnis der in Betracht kommenden Einzelzuschläge in einen nach § 3b EStG begünstigten und einen nicht begünstigten Anteil aufzuteilen (BFH v. 13.10.1989, VI R 79/86, BStBl II 1991, 8). Dies gilt auch dann, wenn ein Mischzuschlag niedriger als die Summe der Einzelzuschläge ist (R 3b Abs. 5 LStR).

Haben die Einzelzuschläge unterschiedliche Berechnungsgrundlagen, so ist eine abweichende Aufteilung durch Arbeitgeber und Arbeitnehmer nicht zu beanstanden, falls keine rechtsmissbräuchliche Gestaltung vorliegt (BFH v. 23.1.1981, VI R 190/77, BStBl II 1981, 371).

Ist für Sonntags-, Feiertags- oder Nachtarbeit kein Zuschlag vereinbart, weil z.B. Pförtner oder Nachtwächter ihre Tätigkeit regelmäßig zu den begünstigten Zeiten verrichten, so bleibt von einem für diese Tätigkeiten gezahlten Mehrarbeitszuschlag kein Teilbetrag nach § 3b EStG steuerfrei (R 3b Abs. 5 Satz 5 LStR).

Beim Zusammentreffen von Mehrarbeitszuschlägen und Sonntags-, Feiertags- oder Nachtzuschlägen kommen folgende Fälle in Betracht:

(1) Es werden beide Zuschlagsarten **nebeneinander** gezahlt.

Beispiel 1:

Arbeitsrechtlich sind zwischen Arbeitgeber und Arbeitnehmer folgende Zuschläge vereinbart:
- Zuschlag für Nachtarbeit 25 %,
- Zuschlag für Mehrarbeit 10 %.

Beim Zusammentreffen von Nachtarbeit und Mehrarbeit werden beide Zuschläge, also 35 %, gezahlt.
Steuerfrei bleibt der Zuschlag für Nachtarbeit i.H.v. 25 %.

(2) Es wird **nur der in Betracht kommende Zuschlag für Sonntags-, Feiertags- oder Nachtarbeit** gezahlt, der ebenso hoch oder höher ist als der Zuschlag für Mehrarbeit.

Beispiel 2:

Arbeitsrechtlich sind zwischen Arbeitgeber und Arbeitnehmer folgende Zuschläge vereinbart:
- Zuschlag für Nachtarbeit 25 %,
- Zuschlag für Mehrarbeit 10 %.

Beim Zusammentreffen von Nachtarbeit und Mehrarbeit wird nur der Nachtarbeitszuschlag, also 25 %, gezahlt.
Steuerfrei bleibt der Zuschlag für Nachtarbeit i.H.v. 25 %.

(3) Es wird **nur der Zuschlag für Mehrarbeit** gezahlt (weil er z.B. höher ist als der Zuschlag für Nachtarbeit).

Beispiel 3:

Arbeitsrechtlich sind zwischen Arbeitgeber und Arbeitnehmer folgende Zuschläge vereinbart:
- Zuschlag für Nachtarbeit 25 %,
- Zuschlag für Mehrarbeit 10 %.

Beim Zusammentreffen von Nachtarbeit und Mehrarbeit wird nur der Mehrarbeitszuschlag, also 25 %, gezahlt.
Der Zuschlag ist in voller Höhe steuerpflichtig.

(4) Es wird ein einheitlicher Zuschlag (**Mischzuschlag**) gezahlt, der höher ist als die jeweils in Betracht kommenden Zuschläge, **aber niedriger als ihre Summe**.

Beispiel 4:

Arbeitsrechtlich sind zwischen Arbeitgeber und Arbeitnehmer folgende Zuschläge vereinbart:
- Zuschlag für Nachtarbeit 10 %,
- Zuschlag für Mehrarbeit 25 %,
- Mischzuschlag 30 %.

Beim Zusammentreffen von Nachtarbeit und Mehrarbeit wird der Mischzuschlag, also 30 %, gezahlt.
Der Mischzuschlag ist im Verhältnis der in Betracht kommenden Einzelzuschläge in einen nach § 3b EStG begünstigten Anteil und einen nicht begünstigten Anteil **aufzuteilen**. Der Zuschlag für Nachtarbeit beträgt 2/7 der Summe aus Nacht- und Mehrarbeitszuschlag

$$\left(\frac{10\,\%}{10\,\% + 25\,\%} = \frac{10}{35} = \frac{2}{7}\right).$$

Steuerfrei bleibt der Zuschlag für Nachtarbeit i.H.v. 2/7 des Mischzuschlags von 30 %, also ein Zuschlag i.H.v. 8,57 %.

Haben die Vertragsparteien eine andere Aufteilung vereinbart, so ist diese grds. maßgebend.

(5) Es wird ein einheitlicher Zuschlag (**Mischzuschlag**) gezahlt, der **höher ist als die Summe** der jeweils in Betracht kommenden Zuschläge.

Beispiel 5:

Arbeitsrechtlich sind zwischen Arbeitgeber und Arbeitnehmer folgende Zuschläge vereinbart:
- Zuschlag für Nachtarbeit 15 %,
- Zuschlag für Mehrarbeit 25 %,
- Mischzuschlag 50 %.

Beim Zusammentreffen von Nachtarbeit und Mehrarbeit wird der Mischzuschlag, also 50 %, gezahlt.
Der Mischzuschlag ist im Verhältnis der in Betracht kommenden Einzelzuschläge in einen nach § 3b EStG begünstigten Anteil und einen nicht begünstigten Anteil aufzuteilen. Der Zuschlag für Nachtarbeit beträgt 3/8 der Summe aus Nacht- und Mehrarbeitszuschlag

$$\left(\frac{15\,\%}{15\,\% + 25\,\%} = \frac{15}{40} = \frac{3}{8}\right).$$

Steuerfrei bleibt der Zuschlag für Nachtarbeit i.H.v. 3/8 des Mischzuschlags von 50 %, also ein Zuschlag i.H.v. 18,75 %.

Haben die Vertragsparteien eine andere Aufteilung vereinbart, so ist diese grds. maßgebend.

(6) Es wird ein einheitlicher Zuschlag (**Mischzuschlag**) gezahlt, der höher als der Nachtarbeitszuschlag ist, aber **gleich hoch** wie der Mehrarbeitszuschlag.

Beispiel 6:

Arbeitsrechtlich sind zwischen Arbeitgeber und Arbeitnehmer folgende Zuschläge vereinbart:
- Zuschlag für Nachtarbeit 30 %,
- Zuschlag für Mehrarbeit 50 %,
- Mischzuschlag 50 %.

Beim Zusammentreffen von Nachtarbeit und Mehrarbeit wird der Mischzuschlag, also 50 %, gezahlt.
Der Mischzuschlag ist im Verhältnis der in Betracht kommenden Einzelzuschläge in einen nach § 3b EStG begünstigten Anteil und einen nicht begünstigten Anteil aufzuteilen. Der Zuschlag für Nachtarbeit beträgt 3/8 der Summe aus Nacht- und Mehrarbeitszuschlag

$$\left(\frac{30\,\%}{30\,\% + 50\,\%} = \frac{30}{80} = \frac{3}{8}\right).$$

Steuerfrei bleibt der Zuschlag für Nachtarbeit i.H.v. 3/8 des Mischzuschlags von 50 %, also ein Zuschlag i.H.v. 18,75 %.

(7) Es wird ein einheitlicher Zuschlag (**Mischzuschlag**) gezahlt. Die Einzelzuschläge haben **unterschiedliche Bemessungsgrundlagen**.

Beispiel 7:
Arbeitsrechtlich sind zwischen Arbeitgeber und Arbeitnehmer folgende Zuschläge vereinbart:
- Zuschlag für Nachtarbeit 25 % des Tariflohns von 14,45 €: 3,61 €,
- Zuschlag für Mehrarbeit 25 % des Effektivlohns von 16,30 €: 4,07 €,
- Mischzuschlag 50 % des Effektivlohns von 16,30 €: 8,15 €.

Beim Zusammentreffen von Nachtarbeit und Mehrarbeit wird der Mischzuschlag, also 50 % des Effektivlohns, gezahlt.
Der Mischzuschlag ist im Verhältnis der in Betracht kommenden Einzelzuschläge in einen nach § 3b EStG begünstigten Anteil und einen nicht begünstigten Anteil aufzuteilen. Der Zuschlag für Nachtarbeit beträgt 46 % der Summe aus Nacht- und Mehrarbeitszuschlag

$$\left(\frac{3{,}61\,€}{3{,}61\,€ + 4{,}07\,€} = \frac{3{,}61}{7{,}68} = \frac{47}{100}\right).$$

Steuerfrei bleibt der Zuschlag für Nachtarbeit i.H.v. 47 % des Mischzuschlags von 8,15 €, also ein Zuschlag i.H.v. 3,83 €.
Haben die Vertragsparteien eine andere Aufteilung vereinbart, so ist diese grds. maßgebend.

(8) Es wird **nur der Zuschlag für Mehrarbeit** gezahlt, weil ein **Zuschlag für Nachtarbeit nicht vereinbart** worden ist.

Beispiel 8:
Arbeitsrechtlich sind zwischen Arbeitgeber und Arbeitnehmer folgende Zuschläge vereinbart:
- Zuschlag für Nachtarbeit 0 %,
- Zuschlag für Mehrarbeit 25 %.

Beim Zusammentreffen von Nachtarbeit und Mehrarbeit wird der Mehrarbeitszuschlag von 25 % gezahlt.
Der Zuschlag ist in voller Höhe steuerpflichtig.

k) Berechnungsbeispiel

4820 Die Ermittlung des nach § 3b EStG steuerfreien Betrags von tarifvertraglich vereinbarten Zuschlägen für Sonntags-, Feiertags- oder Nachtarbeit soll an **folgendem Beispiel verdeutlicht werden**:

Beispiel:
Für einen Arbeitnehmer ist eine regelmäßige Arbeitszeit von 39 Stunden in der Woche vereinbart. Lohnzahlungszeitraum ist der Kalendermonat. Er erhält einen Stundenlohn
- laut Tarif von 15,13 €
- zuzüglich übertarifliche Zahlungen je Stunde von 2,35 €
- insgesamt Stundenlohn von (= Grundlohn laut Tarifvertrag) 17,48 €

An Zuschlägen werden gezahlt für:
- Nachtarbeit für die Zeit von 22.00 bis 6.00 Uhr 25 %,
- Sonntagsarbeit für die Zeit von Sonntag 6.00 Uhr bis Montag 6.00 Uhr 100 %,
- Mehrarbeit je Stunde 25 %,
- Durchfahrzulage je Stunde 5 %,
- Spätschicht für die Zeit von 14.00 bis 22.00 Uhr (Zuschlag auf der Basis von 15,13 €) 5 %.

Essenzuschüsse, Fahrvergütung, Schmutzzulage werden nach dem tatsächlichen Anfall vergütet und nicht pauschal versteuert.

Folgende Arbeitszeiten wurden im Lohnzahlungszeitraum geleistet:
- 6 Frühschichten 6.00 bis 14.00 Uhr je 8 Stunden = 48 Stunden
- 5 Nachtschichten 22.00 bis 6.00 Uhr je 8 Stunden = 40 Stunden
- Spätschichten:
  - 5 Normalspätschichten 14.00 bis 22.00 Uhr je 8 Stunden = 40 Stunden
  - 1 Mehrarbeitsspätschicht 14.00 bis 22.00 Uhr = 8 Stunden
  - 1 Samstagsnachtschicht Samstag 22.00 Uhr bis Sonntag 6.00 Uhr = 8 Stunden
  - 1 Sonntagsnachtschicht Sonntag 18.00 Uhr bis Montag 6.00 Uhr = 12 Stunden
  - 1 Sonntags-Ausfallbezahlung ohne Sonntagszuschlag (= Gesamtlohn lt. Tarifvertrag + Durchfahrzulage + Spätschichtzuschlag) = 12 Stunden

Gesamtstunden: 168 Stunden

1. Abrechnung und Grundlohnermittlung

Art der Leistung	Zahlung des Arbeitgebers €	Basisgrundlohn €	Grundlohn-Zusätze €
a) Normalarbeit			
– 160 Stunden à 17,48 € 17,48 € × 39 Stunden × 4,35	2 796,80	2 965,48	–
– 160 Stunden Durchfahrzulage à 5 % aus 17,48 €	139,84		–
5 % aus 17,48 € × 39 Stunden × 4,35		148,27	–
– Vermögenswirksame Leistungen	40,–	40,–	–
– Zuschüsse nach tatsächlichem Anfall	162,–	–	162,–
– Spätschichtzulage 5 % aus 15,13 €			
30 Stunden 14.00 bis 20.00 Uhr	22,70	–	22,70
10 Stunden 20.00 bis 22.00 Uhr aus 5 Spätschichten werktags	7,57	–	–[1]
2 Stunden 18.00 bis 20.00 Uhr	1,51	–	1,51
2 Stunden 20.00 bis 22.00 Uhr aus Sonntags-Nachtschicht	1,51	–	–[1]
4 Stunden Sonntag-Ausfallbezahlung	3,03	–	3,03[2]
b) Mehrarbeit			
– 8 Stunden à 17,48 €	139,84	–	–
– 8 Stunden Mehrarbeitszuschlag à 25 % aus 17,48 €	34,96	–	–
– 8 Stunden Durchfahrzulage à 5 % aus 17,48 €	6,99	–	–
Spätschichtzuschlag 5 % aus 15,13 €			
6 Stunden 14.00 bis 20.00 Uhr	4,54	–	–
2 Stunden 20.00 bis 22.00 Uhr	1,51	–	–[1]
Zuschüsse nach tatsächlichem Anfall	21,–	–	–
Summe:	**3 383,80**	**3 153,75**	**189,24**

1) Behandlung als Nachtzuschlag
2) auch für 20.00 bis 22.00 Uhr, weil tatsächlich nicht geleistet

Grundlohn nach § 3b EStG:

$$\frac{3\,153{,}75\,€ + 189{,}24\,€}{39{,}0\ \text{Stunden} \times 4{,}35} = \mathbf{19{,}71\,€\ je\ Stunde}$$

2. Ermittlung der steuerfreien Zuschläge

Sachverhalt/Stunden gleicher Art	Tarif	§ 3b EStG
• 6 Spätschichten Montag bis Samstag 14.00 bis 22.00 Uhr davon Nachtarbeit:	5 % von 15,13 € = 0,76 € × 12 Std.	25 % von 19,71 € = 4,93 € × 12 Std. = 59,16 €
12 Stunden	= **9,12 €**	höchstens **9,12 €**
• 5 Nachtschichten Montag bis Freitag 22.00 bis 6.00 Uhr = **40 Stunden**		
a) 0.00 bis 4.00 Uhr = 20 Stunden	25 % von 17,48 € = 4,37 € × 20 Std. = **87,40 €**	40 % von 19,71 € = 7,88 € × 20 Std. = 157,60 €, höchstens **87,40 €**
b) 22.00 bis 0.00 Uhr und 4.00 bis 6.00 Uhr = 20 Stunden	25 % von 17,48 € = 4,37 € × 20 Std. = **87,40 €**	25 % von 19,71 € = 4,93 € × 20 Std. = 98,60 €, höchstens **87,40 €**
• 1 Samstag-Nachtschicht Samstag 22.00 bis Sonntag 6.00 Uhr = **8 Stunden**		
a) Samstag 22.00 bis 0.00 Uhr = 2 Stunden	25 % von 17,48 € = 4,37 € × 2 Std. = **8,74 €**	25 % von 19,71 € = 4,93 € × 2 Std. = 9,86 €, höchstens **8,74 €**
b) Sonntag 0.00 bis 4.00 Uhr = 4 Stunden	25 % von 17,48 € = 4,37 € × 4 Std.	40 % + 50 % = 90 % von 19,71 € = 17,74 € × 4 Std. = 70,96 €,

Sachverhalt/Stunden gleicher Art	Tarif	§ 3b EStG
	= 17,48 €	höchstens **17,48 €**
c) Sonntag 4.00 bis 6.00 Uhr = 2 Stunden	25 % von 17,48 € = 4,37 € × 2 Std. **= 8,74 €**	25 % + 50 % = 75 % von 19,71 € = 14,78 € × 2 Std. = 29,56 €, höchstens **8,74 €**
• 1 Sonntag-Nachtschicht Sonntag 18.00 Uhr bis Montag 6.00 Uhr = **12 Stunden**		
a) Sonntag 18.00 bis 20.00 Uhr = 2 Stunden	100 % von 17,48 € = 17,48 € × 2 Std. **= 34,96 €**	50 % von 19,71 € = 9,86 € × 2 Std. **= 19,72 €**
b) Sonntag 20.00 bis 22.00 Uhr = 2 Stunden	100 % von 17,48 € = 17,48 € + 5 % von 15,13 € = 0,76 € = 18,24 € × 2 Std. **= 36,48 €**	25 % + 50 % = 75 % von 19,71 € = 14,78 € × 2 Std. **= 29,56 €**
c) Sonntag 22.00 bis 24.00 Uhr = 2 Stunden	25 % + 100 % = 125 % von 17,48 € = 21,85 € × 2 Std. **= 43,70 €**	25 % + 50 % = 75 % von 19,71 € = 14,78 € × 2 Std. **= 29,56 €**
d) Montag 0.00 bis 4.00 Uhr = 4 Stunden	25 % + 100 % = 125 % von 17,48 € = 21,85 € × 4 Std. **= 87,40 €**	40 % + 50 % = 90 % von 19,71 € = 17,74 € × 4 Std. **= 70,96 €**
e) Montag 4.00 bis 6.00 Uhr = 2 Stunden	25 % + 100 % = 125 % von 17,48 € = 21,85 € × 2 Std. **= 43,70 €** (Sonntagszuschlag gilt als Nachtarbeitszuschlag)	25 % von 19,71 € = 4,93 € × 2 Std. **= 9,86 €**
Summen:	**465,12 €**	**378,54 €**

Von den tariflich vereinbarten und ausgezahlten Zuschlägen für Sonntags-, Feiertags- oder Nachtarbeit i.H.v. 465,12 € sind nur Zuschläge i.H.v. 378,54 € nach § 3b EStG steuerfrei. Der Differenzbetrag von 86,58 € ist steuerpflichtiger Arbeitslohn.

l) Werbungskosten

4821 Ausgaben dürfen, soweit sie mit steuerfreien Einnahmen in unmittelbarem wirtschaftlichen Zusammenhang stehen, nicht als Werbungskosten abgezogen werden (§ 3c Abs. 1 EStG). Allerdings besteht nach Auffassung der Finanzverwaltung bei Arbeitnehmern, die nach § 3b EStG steuerfreie Zuschläge erhalten, **kein unmittelbarer wirtschaftlicher Zusammenhang** zwischen den steuerfreien Einnahmen und den Werbungskosten (OFD Rheinland v. 21.5.2008, Kurzinformation ESt Nr. 30/2008, DB 2008, 1408). Eine **Kürzung der Werbungskosten** nach Maßgabe des § 3c EStG ist daher **nicht erforderlich**.

4. Sozialversicherung

4822 Zuschläge für Sonntags-, Feiertags- oder Nachtarbeit sind **nicht beitragsfrei**, soweit das Arbeitsentgelt, aus dem sie berechnet werden, **mehr als 25 € für jede Stunde** beträgt (§ 1 Abs. 1 Satz 1 Nr. 1 zweiter Halbsatz SvEV). In der praktischen Umsetzung wird dies i.d.R. jedoch **nur Auswirkungen auf die Beiträge zur Renten- und Arbeitslosenversicherung** haben. In der Kranken- und Pflegeversicherung wird bei einem Stundenlohn von 25 € und einer üblichen Zuschlagshöhe in aller Regel die maßgebende Beitragsbemessungsgrenze überschritten.

Wird der Freibetrag aus dem Stundengrundlohn von 25 € und den gesetzlichen Zuschlagssätzen überschritten, sind die **auf den übersteigenden Betrag entfallenden Zuschläge** für Sonntags-, Feiertags- oder Nachtarbeit dem Arbeitsentgelt hinzuzurechnen und damit **beitragspflichtig**. Der **Höchstbetrag für die Beitragsfreiheit wird ermittelt**, indem die Anzahl der Sonntags-, Feiertags- oder Nachtarbeitsstunden des Mitarbeiters mit dem Verhältnis des für die entsprechend begünstigte Sonntags-, Feiertags- oder Nachtarbeit zu berücksichtigenden Werts nach § 3b EStG zum Betrag von 25 € vervielfältigt wird. Der sich daraus maximal ergebende beitragsfreie Anteil der Zuschläge für Sonntags-, Feiertags- oder Nachtarbeit ist aus der nachstehenden Tabelle ersichtlich (Gemeinsames Rundschreiben der Spitzenverbände der Sozialversicherungsträger v. 22.6.2006):

	steuerfrei	max. sozialversicherungsfrei
Nachtzuschlag 25 %[1]	12,50 €	6,25 €
erhöhter Nachtzuschlag 40 %[1]	20,– €	10,– €
Sonntagszuschlag 50 %[1]	25,– €	12,50 €
Feiertagszuschlag (einschließlich Silvester ab 14.00 Uhr) 125 %[1]	62,50 €	31,25 €
Weihnachten/1. Mai (einschließlich Heiligabend ab 14.00 Uhr) 150 %[1]	75,– €	37,50 €

1) Berechnung auf der Grundlage des steuerlichen Maximalbetrags von 50 € (§ 3b Abs. 2 EStG)

Beispiel:

Ein freiwillig in der gesetzlichen Krankenversicherung und in der Pflegeversicherung nach § 20 Abs. 3 SGB XI versicherter Arbeitnehmer erhält ein laufendes monatliches Arbeitsentgelt von 5 900 €. Die regelmäßige individuelle Wochenarbeitszeit des Arbeitnehmers beträgt 38 Stunden. Dieser Arbeitnehmer arbeitet 20 Stunden im Monat in der Nacht in der Zeit von 20.00 bis 0.00 Uhr. Er erhält einen Nachtarbeitszuschlag von 25 %.

Der beitragspflichtige Anteil wird folgendermaßen ermittelt:

a) Umrechnung der regelmäßigen wöchentlichen Arbeitszeit:

38 Stunden × 4,35 = 165,3 Stunden monatlich

b) Ermittlung des Stundengrundlohns:

5 900 € : 165,3 Stunden = 35,69 €

c) Ermittlung des beitragsfreien Anteils des Nachtarbeitszuschlags:

20 Stunden begünstigte Nachtarbeit × 6,25 € = 125 €.

Der Arbeitgeber kann einen maximalen beitragsfreien Nachtarbeitszuschlag i.H.v. 125 € zahlen.

d) Ermittlung des beitragspflichtigen Arbeitsentgelts bei einem Nachtarbeitszuschlag von 25 %:

35,69 € × 25 % = 8,92 €

20 Stunden begünstigte Nachtarbeit × 8,92 € = 178,40 €

178,40 € – 125,– € = 53,40 €

Der beitragspflichtige Teil des Nachtzuschlags beträgt 53,40 €. Wegen der in der Kranken- und Pflegeversicherung zu berücksichtigenden Beitragsbemessungsgrenze (2026 = 5 812,50 €) sind Kranken- und Pflegeversicherungsbeiträge von 5 812,50 € zu berechnen und zur Renten- und Arbeitslosenversicherung von 5 943,40 € zu berechnen.

Der Höchstbetrag kann auch dann vollständig ausgeschöpft werden, wenn der Grundlohn mehr als 25 € pro Stunde beträgt und geringere Prozentsätze zu Grunde gelegt werden. Das heißt, dass Beitragsfreiheit bis zu dem Betrag besteht, der sich ergibt, wenn der Höchstgrundlohn (25 €) mit dem für die Steuer festgesetzten Prozentsatz multipliziert wird. So kann u.U. auch ein Zuschlag beitragsfrei bleiben, der von einem Grundlohn von mehr als 25 € berechnet wurde.

Im umgekehrten Fall ist es jedoch nicht möglich, höhere Prozentsätze zu Grunde zu legen, auch dann nicht, wenn der Grundlohn unter 25 € pro Stunde liegt.

Zuschläge für Sonntags-, Feiertags- oder Nachtarbeit, die ohne 4823
tatsächliche Arbeitsleistung während eines Beschäftigungsverbots nach dem Mutterschutzgesetz oder im Fall der Entgeltfortzahlung gewährt werden, erfüllen nicht die Voraussetzungen für die Steuerfreiheit nach § 3b EStG (→ Rz. 4812).

Die dann als Arbeitsentgelt zu berücksichtigenden Zuschläge wirken sich jedoch **nicht auf den Status einer geringfügig entlohnten Beschäftigung** aus. Dies gilt unabhängig davon, ob ein arbeitsrechtlicher Anspruch darauf besteht. In diesen Fällen sind allerdings auch von dem 603 € übersteigenden Betrag die i.R. der geringfügig entlohnten Beschäftigung anfallenden Abgaben zu zahlen.

Diese Ausnahmeregelung findet keine Anwendung für ebenfalls als Arbeitsentgelt zu berücksichtigende Zuschläge für Sonntags-, Feiertags- oder Nachtarbeit während bezahlter Urlaubs- oder Feiertage, weil die Zahlung aus diesen Anlässen einplanbar und vorhersehbar ist (Geringfügigkeits-Richtlinien v. 16.8.2022, Tz. 2.2.1.5).

Zuschüsse des Arbeitgebers

→ *Beiträge zur Sozialversicherung* Rz. 1261, → *Beitragszuschuss zur Krankenversicherung* Rz. 1315, → *Krankengeldzuschüsse* Rz. 2749, → *Mutterschaftsgeld* Rz. 3202, → *Reisekosten: Allge-*

Zuschüsse des Arbeitgebers zum Kurzarbeitergeld

Zuschuss-Wintergeld

Zweitstudium

Zwischenheimfahrten

Zwölf-Monats-Frist

Anhang

A. Lohnsteuer

1. Allgemeine Erläuterungen zur Lohnsteuer

4824 ### 1. Allgemeines

Bei Arbeitnehmern wird die vom Arbeitslohn zu zahlende Einkommensteuer vom Arbeitgeber durch Abzug vom Arbeitslohn erhoben (Lohnsteuer). Deshalb ist der Arbeitgeber verpflichtet, die Lohnsteuer bei jeder Lohnzahlung zu ermitteln und einzubehalten. Der Arbeitnehmer muss den Lohnsteuerabzug dulden.

Mit dem Steuerabzug ist das Besteuerungsverfahren im Allgemeinen abgeschlossen, es sei denn, dass für den Arbeitnehmer nach Ablauf des Kalenderjahres noch eine Veranlagung zur Einkommensteuer in Betracht kommt oder dass der Arbeitgeber einen Lohnsteuer-Jahresausgleich vornehmen muss. Der Arbeitgeber muss die Lohnsteuer bei jeder Lohnzahlung einbehalten.

Im Laufe des Kalenderjahres zu viel erhobene Lohnsteuer wird dem Arbeitnehmer nach Ablauf des Jahres erstattet. Das geschieht im Wege des Lohnsteuer-Jahresausgleichs, den der Arbeitgeber in bestimmten Fällen vornehmen muss. Der Arbeitnehmer hat aber auch die Möglichkeit, eine Einkommensteuer-Veranlagung zu beantragen. Die Antragsveranlagung dient insbesondere zur Anrechnung von gezahlter Lohnsteuer auf die Einkommensteuer. I.R. der Veranlagung zur Einkommensteuer können auch Werbungskosten, Sonderausgaben und außergewöhnliche Belastungen geltend gemacht werden, die im Lohnsteuer-Abzugsverfahren noch nicht berücksichtigt worden sind.

Im Ergebnis werden bei der Veranlagung zur Einkommensteuer zu viel erhobene Steuern erstattet, aber auch zu wenig erhobene Steuern nachgefordert. In bestimmten Fällen ist daher für Arbeitnehmer die Abgabe einer Einkommensteuererklärung gesetzlich vorgeschrieben. Hierbei handelt es sich z.B. um Fälle, in denen der Arbeitnehmer Einkünfte, die nicht dem Lohnsteuerabzug unterlegen haben, von mehr als 410 € im Jahr bezieht. Weitere Einzelheiten → *Veranlagung von Arbeitnehmern* Rz. 4233.

Durch den Lohnsteuerabzug gilt die Einkommensteuer bei Einkünften aus nichtselbständiger Arbeit bei beschränkt steuerpflichtigen Arbeitnehmern grds. als abgegolten. Sofern keine Abgeltung eintritt, sind die beschränkt steuerpflichtigen Arbeitnehmer zur Abgabe einer Steuererklärung verpflichtet. Arbeitnehmer, die Staatsangehörige eines EU-/EWR-Mitgliedstaats (EU, Island, Norwegen und Liechtenstein) sind, können die Abgeltungswirkung vermeiden, wenn sie die Einkommensteuer-Veranlagung beantragen. Weitere Einzelheiten → *Steuerpflicht* Rz. 4002.

2. Lohnsteuerverfahren

Schuldner der Lohnsteuer ist der Arbeitnehmer. Der Arbeitgeber ist jedoch für die ordnungsgemäße Einbehaltung und Abführung der Lohnsteuer verantwortlich. Stellt das Finanzamt bei einer Prüfung fest, dass zu wenig Lohnsteuer einbehalten wurde, so kann es den Arbeitgeber oder unmittelbar den Arbeitnehmer für die Fehlbeträge in Anspruch nehmen.

Die Lohnsteuer wird so nach dem Arbeitslohn bemessen, dass sie der Einkommensteuer entspricht, die der Arbeitnehmer schuldet, wenn er ausschließlich Einkünfte aus nichtselbständiger Arbeit erzielt. Um möglichst einen zutreffenden Lohnsteuerabzug zu erreichen, werden die Arbeitnehmer abhängig vom Familienstand in unterschiedliche Steuerklassen eingeordnet. Zudem werden bereits beim Lohnsteuerabzug alle gesetzlich zu gewährenden Frei- bzw. Pauschbeträge berücksichtigt.

Der Arbeitgeber führt die Lohnsteuer sämtlicher Arbeitnehmer in einer Summe zu bestimmten Fälligkeitstagen (monatlich, vierteljährlich oder jährlich) an das für den Betrieb zuständige Finanzamt ab.

Dazu hat der Arbeitgeber beim Finanzamt eine Lohnsteuer-Anmeldung einzureichen (regelmäßig durch elektronische Übermittlung), in der er lediglich den Gesamtbetrag der einbehaltenen und abzuführenden Lohnsteuer erklären muss. Neben der Anzahl der beschäftigten Arbeitnehmer (einschl. Aushilfs- und Teilzeitkräfte) sowie der Zahl der Arbeitnehmer mit BAV-Förderbetrag müssen keine weiteren Angaben zu den beschäftigten Arbeitnehmern, auf die sich die abgeführte Lohnsteuer bezieht, erklärt werden.

Weitere Einzelheiten → *Abführung der Lohnsteuer* Rz. 6 sowie → *Anmeldung der Lohnsteuer* Rz. 155.

3. Arbeitgeber

Der Verpflichtung zur Erhebung und Abführung der Lohnsteuer unterliegt jeder inländische Arbeitgeber. Inländischer Arbeitgeber ist insbesondere, wer Arbeitslohn zahlt und entweder seinen Wohnsitz, seinen gewöhnlichen Aufenthalt, seine Geschäftsleitung, seinen Sitz, eine Betriebsstätte oder einen ständigen Vertreter im Inland hat.

Arbeitgeber können sowohl natürliche als auch juristische Personen oder Personenzusammenschlüsse ohne eigene Rechtspersönlichkeit (z.B. OHG, KG, BGB-Gesellschaft, nichtrechtsfähiger Verein), Stiftungen und sonstige Vermögensmassen sein.

Weitere Einzelheiten → *Arbeitgeber* Rz. 181.

4. Arbeitnehmer

Lohnsteuer muss bei beschäftigten Arbeitnehmern einbehalten werden, die

- im Inland unbeschränkt steuerpflichtig (§ 1 Abs. 1 bis 3 EStG) oder im Inland (nur) beschränkt steuerpflichtig sind – also ihren Wohnsitz und gewöhnlichen Aufenthalt im Ausland haben – und
- Einkünfte i.S.d. § 49 Abs. 1 Nr. 4 EStG beziehen, also z.B. im Inland eine nichtselbständige Tätigkeit ausüben (Grenzpendler), oder deren Tätigkeit im Inland verwertet wird bzw. worden ist oder die Arbeitslohn aus inländischen öffentlichen Kassen erhalten.

§ 1 LStDV umschreibt die Begriffe „Arbeitnehmer“ und „Arbeitgeber“ wie folgt:

„(1) Arbeitnehmer sind Personen, die in öffentlichem oder privatem Dienst angestellt oder beschäftigt sind oder waren und die aus diesem Dienstverhältnis oder einem früheren Dienstverhältnis Arbeitslohn beziehen. Arbeitnehmer sind auch die Rechtsnachfolger dieser Personen, soweit sie Arbeitslohn aus dem früheren Dienstverhältnis ihres Rechtsvorgängers beziehen.

(2) Ein Dienstverhältnis (Absatz 1) liegt vor, wenn der Angestellte (Beschäftigte) dem Arbeitgeber (öffentliche Körperschaft, Unternehmer, Haushaltsvorstand) seine Arbeitskraft schuldet. Dies ist der Fall, wenn die tätige Person in der Betätigung ihres geschäftlichen Willens unter der Leitung des Arbeitgebers steht oder im geschäftlichen Organismus des Arbeitgebers dessen Weisungen zu folgen verpflichtet ist.

(3) Arbeitnehmer ist nicht, wer Lieferungen und sonstige Leistungen innerhalb der von ihm selbständig ausgeübten gewerblichen oder beruflichen Tätigkeit im Inland gegen Entgelt ausführt, soweit es sich um die Entgelte für diese Lieferungen und sonstigen Leistungen handelt.“

Ob jemand Arbeitnehmer ist, ist nach Gesamtbild der Verhältnisse zu beurteilen, wobei die arbeits- und sozialversicherungsrechtliche Behandlung zwar grds. unmaßgeblich ist, aber als Indiz für die steuerliche Beurteilung gewertet werden kann.

Für die Arbeitnehmereigenschaft sprechen insbesondere

- persönliche Abhängigkeit,
- Weisungsgebundenheit hinsichtlich Ort, Zeit und Inhalt der Tätigkeit,
- feste Arbeitszeiten,
- Ausübung der Tätigkeit gleich bleibend an einem bestimmten Ort,
- feste Bezüge,
- Urlaubsanspruch,
- Anspruch auf sonstige Sozialleistungen,
- Fortzahlung der Bezüge im Krankheitsfall,

- Überstundenvergütung,
- zeitlicher Umfang der Dienstleistungen,
- Unselbständigkeit in Organisation und Durchführung der Tätigkeit,
- kein Unternehmerrisiko,
- keine Unternehmerinitiative,
- kein Kapitaleinsatz,
- keine Pflicht zur Beschaffung von Arbeitsmitteln,
- Notwendigkeit der engen ständigen Zusammenarbeit mit anderen Mitarbeitern,
- Eingliederung in den Betrieb,
- Schulden der Arbeitskraft und nicht eines Arbeitserfolges,
- Ausführung von einfachen Tätigkeiten, bei denen eine Weisungsabhängigkeit die Regel ist.

Weitere Einzelheiten → *Arbeitnehmer* Rz. 191 sowie → *Arbeitnehmer-ABC* Rz. 207.

5. Arbeitslohn

Die Lohnsteuer wird vom Arbeitslohn (sog. Einkünfte aus nichtselbständiger Arbeit) abgezogen. Arbeitslohn sind alle Einnahmen, die dem Arbeitnehmer aus einem Dienstverhältnis oder aus einem früheren Dienstverhältnis zufließen. Zu den Einnahmen zählen nicht nur Barvergütungen, sondern auch Sachbezüge (z.B. Kost und Logis) und andere geldwerte Vorteile (z.B. private Benutzung eines betrieblichen Pkw). Es kommt im Übrigen nicht darauf an, ob es sich um einmalige oder laufende Einnahmen handelt oder ob ein Rechtsanspruch besteht; auch die Bezeichnung oder Form, unter der die Einnahmen gewährt werden, ist unerheblich.

Finanzverwaltung und Rechtsprechung sehen als Arbeitslohn grds. alle Einnahmen in Geld oder Geldeswert an, die „für eine Beschäftigung" gewährt werden, also als Frucht der Arbeitsleistung für den Arbeitgeber zu betrachten sind. Arbeitslohn liegt danach vor, wenn die Einnahmen dem Empfänger nur mit Rücksicht auf das Dienstverhältnis zufließen und Entlohnungscharakter haben, sie sich also im weitesten Sinne als Gegenleistung für das Zurverfügungstellen der individuellen Arbeitskraft erweisen, d.h. sich für den Arbeitnehmer als Frucht seiner Arbeit für den Arbeitgeber darstellen (R 19.3 Abs. 1 LStR, H 19.3 [Allgemeines zum Arbeitslohnbegriff] LStH).

Weitere Einzelheiten → *Arbeitslohn* Rz. 621 sowie → *Arbeitslohn-ABC* Rz. 633.

6. Lohnsteuerabzugsmerkmale

Um für jeden Arbeitnehmer die Lohnsteuer in zutreffender Höhe einbehalten zu können, braucht der Arbeitgeber einige steuerliche Informationen über seinen Arbeitnehmer, z.B. die Steuerklasse, eventuelle Freibeträge und ggf. die Zugehörigkeit zu einer Religionsgemeinschaft, für die Kirchensteuer erhoben wird; die sog. Lohnsteuerabzugsmerkmale. Sie werden als Grundlagen des Lohnsteuerabzugs seit 2013 von der Finanzverwaltung in einer Datenbank gespeichert und auf Anforderung dem Arbeitgeber auf elektronischem Weg zur Verfügung gestellt. Deshalb werden sie als **E**lektronische **L**ohn**St**euer**A**bzugs**M**erkmale bezeichnet (abgekürzt ELStAM). Das ELStAM-Verfahren hat die letztmals für 2010 in Papierform ausgestellten Lohnsteuerkarten abgelöst. Zuständig für Fragen zur Bildung und für die Änderung der ELStAM, z.B. Wechsel der Steuerklasse oder Eintragung eines Freibetrags, ist das Wohnsitzfinanzamt des Arbeitnehmers.

Damit der Arbeitgeber seinen Arbeitnehmer bei der Finanzverwaltung ordnungsgemäß anmelden und den ELStAM-Abruf vornehmen kann, benötigt er dessen Geburtsdatum und seine IdNr. Daraufhin prüft die Finanzverwaltung die Abrufberechtigung und bildet die ELStAM. Im nächsten Schritt muss der Arbeitgeber die von der Finanzverwaltung bereitgestellten ELStAM abrufen, sie in das Lohnkonto übernehmen und für die Dauer des Dienstverhältnisses anwenden. Auch etwaige Änderungen stellt die Finanzverwaltung dem Arbeitgeber zum Abruf bereit. Die beim Lohnsteuerabzug berücksichtigten ELStAM müssen in der jeweiligen Lohn-/Gehaltsabrechnung ausgewiesen werden.

Weitere Einzelheiten → *ELStAM* Rz. 1841.

7. Lohnsteuerberechnung

Die Lohnsteuerberechnung erfolgt heutzutage primär mittels elektronischer Lohnabrechnungsprogramme (maschinelle Berechnung der Lohnsteuer). Deshalb werden vom BMF keine amtlichen Lohnsteuertabellen mehr herausgegeben. Damit mit den Programmen der verschiedenen Anbieter von entsprechender Software die zutreffende Lohnsteuer ermittelt werden kann, stellt das BMF im Einvernehmen mit den obersten Finanzbehörden der Länder einen Programmablaufplan für die maschinelle Berechnung der Lohnsteuer auf und macht diesen bekannt (§ 39b Abs. 6 EStG). Wegen des stufenlosen Einkommensteuertarifs (§ 32a EStG) erfolgt seit 2004 auch die maschinelle Berechnung der Lohnsteuer stufenlos.

Auch wenn in den meisten Fällen die Lohnsteuer maschinell berechnet wird, besteht in der Praxis das Bedürfnis, das Ergebnis der Steuerberechnung auch in Tabellen nachschlagen zu können (manuelle Berechnung der Lohnsteuer). Diesen Zweck erfüllen die Lohnsteuertabellen privater Tabellenverlage (z.B. des Stollfuß Verlags). Für die Erstellung der Lohnsteuertabellen in Papierform stellt das BMF im Einvernehmen mit den obersten Finanzbehörden der Länder auf der Basis des jeweils aktuellen Einkommensteuertarifs (§§ 32a, 39b EStG) einen Programmablaufplan für die Herstellung von Lohnsteuertabellen mit Lohnstufen zur manuellen Berechnung der Lohnsteuer auf und macht diesen im BStBl bekannt (§ 51 Abs. 4 Nr. 1a EStG).

Die Erhebung der Lohnsteuer kann für den Arbeitgeber mit erheblichen Schwierigkeiten und, da er diese Aufgabe kostenlos wahrnehmen muss, auch mit erheblichen Aufwendungen verbunden sein. Um diesen Schwierigkeiten zu begegnen, sind dem Arbeitgeber eine Reihe von Möglichkeiten zur Pauschalierung der Lohnsteuer eingeräumt worden.

Bei der Pauschalierung der Lohnsteuer handelt es sich um ein Besteuerungsverfahren besonderer Art. Dies zeigt sich daran, dass die individuellen Verhältnisse des Arbeitnehmers auf die Höhe der Steuer keinen Einfluss haben, die pauschal besteuerten Bezüge sowie die pauschale Lohnsteuer bei der individuellen Besteuerung des Arbeitnehmers außer Ansatz bleiben (§ 40 Abs. 3 Satz 3 und 4 EStG) und der Arbeitgeber Schuldner der pauschalen Lohnsteuer ist (§ 40 Abs. 3 Satz 1 und 2 EStG). Der Arbeitnehmer selbst ist in das Pauschalierungsverfahren – das sich auch zu seinem Nachteil auswirken kann – nicht eingeschaltet und wirkt auch nicht an ihm mit.

Weitere Einzelheiten → *Berechnung der Lohnsteuer* Rz. 1337.

8. Weitere Verfahrensvorschriften

a) Anrufungsauskunft

Für das Lohnsteuerabzugsverfahren ist eine Sonderregelung geschaffen worden. Zur Milderung der aus der Verpflichtung zur Einbehaltung der Lohnsteuer resultierenden besonders hohen Haftungsrisiken hat der Gesetzgeber dem Arbeitgeber mit der sog. Anrufungsauskunft nach § 42e EStG die Möglichkeit eingeräumt, vom Finanzamt verbindlich zu erfahren, wie er im Zweifelsfall beim Lohnsteuerabzug verfahren soll. Eine Anrufungsauskunft ist jederzeit gebührenfrei möglich und kann sich auf alle Fragen im Zusammenhang mit dem Lohnsteuerabzug erstrecken.

Der Arbeitgeber ist zwar gesetzlich nicht verpflichtet, nach der Anrufungsauskunft des Finanzamts zu verfahren, wenn er anderer Rechtsauffassung ist. Wenn sich die Rechtsauffassung des Arbeitgebers aber als unrichtig erweist, haftet er für die zu wenig einbehaltene Lohnsteuer und kann auch strafrechtlich verfolgt werden.

Weitere Einzelheiten → *Auskünfte und Zusagen des Finanzamts* Rz. 897.

b) Lohnsteuer-Außenprüfung

Für die Überwachung der ordnungsgemäßen Einbehaltung und Abführung der Lohnsteuer sowohl durch private als auch durch öffentlich-rechtliche Arbeitgeber ist das Betriebsstättenfinanzamt zuständig (§ 42f Abs. 1 EStG). Die Lohnsteuer-Außenprüfung ist eine Außenprüfung i.S.d. §§ 193 ff. AO; durch sie soll festgestellt werden, ob der Arbeitgeber die Lohnsteuer zutreffend einbehalten und abgeführt hat.

Weitere Einzelheiten → *Lohnsteuer-Außenprüfung* Rz. 2944.

c) Lohnsteuer-Nachschau

Die 2013 eingeführte Lohnsteuer-Nachschau ist **ein besonderes Verfahren zur zeitnahen Aufklärung** möglicher steuererheblicher Sachverhalte. Steuererheblich sind Sachverhalte, die eine Lohnsteuerpflicht begründen oder zu einer Änderung der Höhe der Lohnsteuer oder der Zuschlagsteuern führen können.

Weitere Einzelheiten → *Lohnsteuer-Nachschau* Rz. 3027.

9. Verwaltungsvorschriften

Um eine möglichst sichere und einheitliche Rechtsanwendung zu erreichen, veröffentlicht das BMF entsprechende Verwaltungsvorschriften. Dies sind derzeit die Lohnsteuer-Richtlinien (LStR) 2023 mit Auslegungs- und Vereinfachungsregelungen sowie Weisungen an die Finanzämter. Die zu berücksichtigende höchstrichterliche Rechtsprechung ergibt sich aus den für das jeweilige Veranlagungs- bzw. Kalenderjahr maßgebenden amtlichen Lohnsteuer-Hinweisen (LStH); für das Kalenderjahr 2025 aus den LStH 2025. Ferner wird in BMF-Schreiben regelmäßig die jeweils aktuelle oder auch geänderte Verwaltungsauffassung mitgeteilt bzw. geregelt.

2. Steuerfreier Arbeitgeberersatz bei Auswärtstätigkeit und doppelter Haushaltsführung

• Auswärtstätigkeiten (Dienstreise, Einsatzwechseltätigkeit, Fahrtätigkeit) 4825

Fahrtkosten	Verpflegungspauschalen seit dem Kalenderjahr 2020 (Hinweis: Der Einzelnachweis ist unzulässig!)	Übernachtungskosten
1. Beginn der Auswärtstätigkeit ab Wohnung **Steuerfreier** Ersatz aller Fahrtkosten, entweder • laut Einzelnachweis (z.B. Rechnung für Bahn, Flugzeug, Taxi oder nachgewiesene Kfz-Kosten) • oder für Kraftfahrzeuge pauschale km-Sätze (z.B. für eigenen Pkw 0,30 €/km) • Erstattung sämtlicher Fahrten, auch sog. Zwischenheimfahrten in der Woche. **2. Beginn der Auswärtstätigkeit ab Betrieb, sofern dieser als erste Tätigkeitsstätte anzusehen ist** **a) Fahrten Wohnung – Betrieb** **Kein** steuerfreier Arbeitgeberersatz möglich – es gelten die ungünstigeren Regeln für „Wege zwischen Wohnung und erster Tätigkeitsstätte“, d.h. • Ansatz der geringeren Entfernungspauschale von 0,38 € (zu der Anhebung der Pauschale 2026 → *Wege zwischen Wohnung und erster Tätigkeitsstätte* Rz. 4419). • kein steuerfreier Arbeitgeberersatz möglich; • lediglich Pauschalversteuerung mit 15 %. **b) Fahrten ab Betrieb (Auswärtstätigkeit)** wie oben Nr. 1 **3. Beginn der Auswärtstätigkeit ab einem vom Arbeitgeber festgelegten „Sammelpunkt“** **a) Fahrten Wohnung – Sammelpunkt** wie oben Nr. 2a **b) Auswärtstätigkeit ab Sammelpunkt** wie oben Nr. 1 **4. Tätigkeit in einem sog. weiträumigen Tätigkeitsgebiet** **a) Fahrten Wohnung – Tätigkeitsgebiet** Wie oben Nr. 2a **b) Fahrten innerhalb des Tätigkeitsgebiets** wie oben Nr. 1	Steuerfrei bleiben (nur) die im EStG festgelegten **Verpflegungspauschalen**, d.h. • bei **mehrtägigen** Auswärtstätigkeiten – für Anreise- und Abreisetag: keine Mindestabwesenheit! **14 €** – für sog. Zwischentage: Abwesenheit von der Wohnung 24 Stunden **28 €** • bei **eintägigen** Auswärtstätigkeiten: Abwesenheit von Wohnung und erster Tätigkeitsstätte mehr als 8 Stunden **14 €** **Hinweis:** Bei länger andauernder Auswärtstätigkeit an derselben Tätigkeitsstätte (z.B. mehrmonatige Baustellen) nur für die **ersten drei Monate** (gesetzliche Abzugsbeschränkung). Bei Fahrten „über Nacht“ ohne Übernachtung „**Mitternachtsregelung**“ beachten: Ansatz der 14 € für den Kalendertag, an dem der Arbeitnehmer den überwiegenden Teil der insgesamt mehr als 8 Stunden von seiner Wohnung und der ersten Tätigkeitsstätte abwesend war Besondere pauschale **Auslandstagegelder** lt. nachfolgender „Länderübersicht“ (→ *Anhang, A. Lohnsteuer* Rz. 4826). Berücksichtigung von Verpflegungsmehraufwendungen wie Nr. 1. Sammelpunkt wird nicht als „erste Tätigkeitsstätte“ fingiert, sondern nur für die Fahrten Wohnung – Sammelpunkt die Anwendung der Entfernungspauschale angeordnet. Berücksichtigung von Verpflegungsmehraufwendungen wie Nr. 1 Weiträumiges Tätigkeitsgebiet wird nicht als „erste Tätigkeitsstätte“ fingiert, sondern nur für die Fahrten Wohnung – Tätigkeitsgebiet die Anwendung der Entfernungspauschale angeordnet.	Übernommene nachgewiesene Übernachtungskosten anlässlich einer Auswärtstätigkeit sind als Reisekosten steuerfrei. • Grds. Abzug der nachgewiesenen Kosten, ggf. nach Abzug der Frühstückskosten. • Nach Ablauf von 4 Jahren (48-Monatsfrist) höchstens noch 1 000 € monatlich (wie bei doppelter Haushaltsführung) Ergeben sich die Frühstückskosten nicht aus der Hotelrechnung, sind sie mit **20 % des (vollen) Tagegelds bzw. des Sammelpostens für Nebenleistungen** „herauszurechnen“ (= 5,60 €). Ohne Einzelnachweis **pauschal 20 €** je Übernachtung, allerdings nicht bei vom Arbeitgeber unentgeltlich gestellter Unterkunft. Berufskraftfahrerpauschale von **9 €** je Übernachtung im Kfz. Besondere pauschale **Auslandsübernachtungsgelder** lt. nachfolgender „Länderübersicht“ (→ *Anhang, A. Lohnsteuer* Rz. 4826). Berücksichtigung von Übernachtungskosten wie Nr. 1. Berücksichtigung von Übernachtungskosten wie Nr. 1.

• Doppelte Haushaltsführung

Fahrtkosten	Verpflegungspauschalen seit dem Kalenderjahr 2020 (Hinweis: Der Einzelnachweis ist unzulässig!)	Übernachtungskosten
Für die **„erste und letzte Fahrt“** entweder die • tatsächlichen Kosten oder • für Kraftfahrzeuge pauschale km-Sätze (z.B. für eigenen Pkw 0,30 €/km). Dazwischen nur **eine Familienheimfahrt wöchentlich**, höchstens die **Entfernungspauschale von 0,38 € je Entfernungskilometer (km-Satz also nur 0,19 €, und keine Beschränkung auf höchstens 4 500 € im Jahr). Zu der Anhebung der Pauschale 2026 → *Wege zwischen Wohnung und erster Tätigkeitsstätte* Rz. 4419** **Volle Erstattung nur bei Menschen mit Behinderungen.** **An Stelle einer Familienheimfahrt können auch die Kosten für ein 15-minütiges Telefongespräch erstattet werden.**	Je nach Dauer der **Abwesenheit allein von der „Mittelpunktwohnung“** (Heimatwohnung) von mindestens – für Anreise- und Abreisetag (auch Tage mit Familienheimfahrten): keine Mindestabwesenheit! **14 €** – für sog. Zwischentage: Abwesenheit von der Wohnung 24 Stunden **28 €** Für volle Tage in der Heimatwohnung überhaupt keine Pauschalen! Bei länger andauernder doppelter Haushaltsführung nur für die ersten **drei Monate**, vorhergehende „Auswärtstätigkeiten-Zeiten“ werden mitgerechnet. Besondere Auslandstagegelder lt. nachfolgender „Länderübersicht“ (→ *Anhang, A. Lohnsteuer* Rz. 4826).	Nachgewiesene Kosten wie bei Auswärtstätigkeiten, höchstens 1 000 € im Monat. Ohne Einzelnachweis pauschal je Übernachtung • **20 €** in den ersten **drei Monaten** und • **5 €** in den **folgenden Monaten**, aber nicht für Übernachtungen in einer vom Arbeitgeber unentgeltlich gestellten Unterkunft. Besondere Auslandsübernachtungsgelder s.a. (→ *Anhang, A. Lohnsteuer* Rz. 4826). Nach Ablauf von drei Monaten 40 % des Auslandsübernachtungsgeldes.

3. Auslandsreisekostenvergütungen 2025

4826 **Die steuerliche Behandlung von Reisekosten und Reisekostenvergütungen bei betrieblich und beruflich veranlassten Auslandsreisen ab 1.1.2025 richtet sich nach** BMF v. 2.12.2025, IV C 5 – S 2353/00094/007/012, zur Veröffentlichung im BStBl vorgesehen.

Für das Kalenderjahr 2026 gelten die in der nachfolgenden Übersicht ausgewiesenen Pauschbeträge für Verpflegungsmehraufwendungen und Übernachtungskosten für beruflich und betrieblich veranlasste Auslandsdienstreisen. Diese neu festgesetzten Beträge lösen die zum 1.1.2025 für das Kalenderjahr 2025 veröffentlichten Pauschbeträge ab, wobei die aktuellen Änderungen durch Fettdruck gekennzeichnet sind.

Bei eintägigen Reisen in das Ausland ist der entsprechende Pauschbetrag des letzten Tätigkeitsorts im Ausland maßgebend. Bei mehrtägigen Reisen in verschiedenen Staaten gilt für die Ermittlung der Verpflegungspauschalen am An- und Abreisetag sowie den Zwischentagen (Tagen mit 24 Stunden Abwesenheit) im Hinblick auf § 9 Abs. 4a Satz 5 zweiter Halbsatz EStG insbesondere Folgendes:

- Bei der **Anreise** vom Inland in das Ausland oder vom Ausland in das Inland jeweils ohne Tätigwerden ist der entsprechende Pauschbetrag des Orts maßgebend, der vor 24 Uhr Ortszeit erreicht wird.
- Bei der **Abreise** vom Ausland in das Inland oder vom Inland in das Ausland ist der entsprechende Pauschbetrag des letzten Tätigkeitsorts maßgebend.
- Für die **Zwischentage** ist i.d.R. der entsprechende Pauschbetrag des Orts maßgebend, den der Arbeitnehmer vor 24 Uhr Ortszeit erreicht.

S. dazu auch → *Reisekosten: Erstattungen* Rz. 3672. Schließt sich an den Tag der Rückreise von einer mehrtägigen Auswärtstätigkeit zur Wohnung oder ersten Tätigkeitsstätte eine **weitere ein- oder mehrtägige Auswärtstätigkeit** an, ist für diesen Tag nur die höhere Verpflegungspauschale zu berücksichtigen. Im Übrigen, insbesondere bei Flug- und Schiffsreisen, ist R 9.6 Abs. 3 LStR zu beachten. **Zur Kürzung der Verpflegungspauschale gilt Folgendes:**Bei der Gestellung von Mahlzeiten durch den Arbeitgeber oder auf dessen Veranlassung durch einen Dritten ist die Kürzung der Verpflegungspauschale i.S.d. § 9 Abs. 4a Satz 8 ff. EStG tagesbezogen vorzunehmen, d.h. von der für den jeweiligen Reisetag maßgebenden Verpflegungspauschale für eine 24-stündige Abwesenheit (§ 9 Abs. 4a Satz 5 EStG), unabhängig davon, in welchem Land die jeweilige Mahlzeit zur Verfügung gestellt wurde.

Beispiel:

Der Ingenieur I kehrt am Dienstag von einer mehrtägigen Auswärtstätigkeit in Straßburg (Frankreich) zu seiner Wohnung zurück. Nachdem er Unterlagen und neue Kleidung eingepackt hat, reist er zu einer weiteren mehrtägigen Auswärtstätigkeit nach Kopenhagen (Dänemark) weiter. I erreicht Kopenhagen um 23.00 Uhr. Die Übernachtungen – jeweils mit Frühstück – wurden vom Arbeitgeber im Voraus gebucht und bezahlt.Für Dienstag ist nur die höhere Verpflegungspauschale von 50 € (Rückreisetag von Straßburg: 36 €, Anreisetag nach Kopenhagen: 50 €) anzusetzen. Auf Grund der Gestellung des Frühstücks im Rahmen der Übernachtung in Straßburg ist die Verpflegungspauschale um 15 € (20 % der Verpflegungspauschale Kopenhagen für einen vollen Kalendertag: 75 €) auf 35 € zu kürzen.

Die festgesetzten Beträge für die **Philippinen** gelten auch **für Mikronesien, die Beträge für Trinidad und Tobago gelten auch für die zu dessen Amtsbezirk gehörenden Staaten Antigua und Barbuda, Dominica, Grenada, Guyana, St. Kitts und Nevis, St. Lucia, St. Vincent und Grenadinen sowie Suriname** (Hinweis: Zur Vereinfachung sind die Länder Mikronesien, Antigua und Barbuda, Dominica, Grenada, Guyana, St. Kitts und Nevis, St. Lucia, St. Vincent und Grenadinen, Suriname mit den entsprechenden Werten weiterhin in der folgenden Übersicht aufgeführt). Für die in der Bekanntmachung nicht erfassten Länder ist der für **Luxemburg** geltende Pauschbetrag maßgebend; für nicht erfasste Übersee- und Außengebiete eines Landes ist der für das **Mutterland** geltende Pauschbetrag maßgebend. Die Pauschbeträge für Übernachtungskosten sind **ausschließlich** in den Fällen der **Arbeitgebererstattung anwendbar** (R 9.7 Abs. 3 LStR und → *Reisekosten: Erstattungen* Rz. 3703). Für den **Werbungskostenabzug** sind nur die tatsächlichen Übernachtungskosten maßgebend (R 9.7 Abs. 2 LStR und → *Reisekosten: Erstattungen* Rz. 3696); dies gilt entsprechend für den **Betriebsausgabenabzug** (R 4.12 Abs. 2 und 3 EStR). Die Pauschbeträge gelten entsprechend für **doppelte Haushaltsführungen im Ausland** (R 9.11 Abs. 10 Satz 1, Satz 7 Nr. 3 LStR und → *Doppelte Haushaltsführung: Erstattungsbeträge* Rz. 1775).

Land	Pauschbeträge für Verpflegungsmehraufwendungen		Pauschbetrag für Übernachtungskosten
	bei einer Abwesenheitsdauer von mindestens 24 Stunden je Kalendertag	für den An- und Abreisetag sowie bei einer Abwesenheitsdauer von mehr als 8 Stunden je Kalendertag	
	€	€	€
A			
Ägypten	50	33	112
Äthiopien	44	29	159
Äquatorialguinea	42	28	166
Albanien	**33**	**22**	**116**
Algerien	47	32	120
Andorra	**45**	**30**	**135**
Angola	40	27	368
Antigua und Barbuda	66	44	203
Argentinien	**42**	**28**	**119**
Armenien	29	20	107
Aserbaidschan	44	29	88
Australien			
– Canberra	74	49	186
– Sydney	57	38	173
– im Übrigen	57	38	173
B			
Bahrain	48	32	153
Bangladesch	46	31	189
Barbados	54	36	206
Belgien	59	40	141
Benin	40	27	168
Bhutan	27	18	176
Bolivien	46	31	108
Bosnien und Herzegowina	**32**	**21**	**109**
Botsuana	**40**	**27**	**105**
Brasilien			
– Brasilia	51	34	88
– Rio de Janeiro	69	46	140
– Sao Paulo	46	31	151
– im Übrigen	46	31	88
Brunei	45	30	110

Land	Pauschbeträge für Verpflegungsmehraufwendungen		Pauschbetrag für Übernachtungskosten
	bei einer Abwesenheitsdauer von mindestens 24 Stunden je Kalendertag €	für den An- und Abreisetag sowie bei einer Abwesenheitsdauer von mehr als 8 Stunden je Kalendertag €	€
Bulgarien	**38**	**25**	**109**
Burkina Faso	**39**	**26**	**230**
Burundi	**58**	**39**	**102**
C			
Chile	44	29	154
China			
– Chengdu	41	28	131
– Hongkong	**83**	**56**	**209**
– Peking	**57**	**38**	**184**
– Shanghai	**48**	**32**	**142**
– im Übrigen	48	32	**142**
Costa Rica	60	40	127
Côte d'Ivoire	**60**	40	**171**
D			
Dänemark	75	50	183
Dominica	66	44	203
Dominikanische Republik	50	33	167
Dschibuti	77	52	255
E			
Ecuador	27	18	103
El Salvador	65	44	161
Eritrea	46	31	78
Estland	**39**	**26**	**125**
F			
Fidschi	32	21	183
Finnland	54	36	171
Frankreich			
– Paris[1]	58	39	159
– im Übrigen	53	36	105
G			
Gabun	64	43	263
Gambia	40	27	161
Georgien	45	30	87
Ghana	46	31	203
Grenada	66	44	203
Griechenland			
– Athen	40	27	139
– im Übrigen	36	24	150
Guatemala	46	31	124
Guinea	59	40	140
Guinea-Bissau	32	21	113
Guyana	66	44	203
H			
Honduras	57	38	198
I			
Indien			
– Bangalore	42	28	155
– Chennai	22	15	80
– Kalkutta	32	21	167
– Mumbai	53	36	218
– Neu-Delhi	46	31	211
– im Übrigen	22	15	80
Indonesien	45	30	179
Iran	33	22	196
Irland	**64**	**43**	**164**
Island	62	41	187
Israel	**59**	**40**	**268**
Italien			
– Mailand	42	28	191
– Rom	48	32	150
– im Übrigen	42	28	150
J			
Jamaika	39	26	171

1) Sowie die Departements 77, 78, 91 bis 95.

Land	Pauschbeträge für Verpflegungsmehraufwendungen		Pauschbetrag für Übernachtungskosten
	bei einer Abwesenheitsdauer von mindestens 24 Stunden je Kalendertag €	für den An- und Abreisetag sowie bei einer Abwesenheitsdauer von mehr als 8 Stunden je Kalendertag €	€
Japan			
– Tokio	50	33	285
– Osaka	33	22	141
– im Übrigen	33	22	141
Jordanien	57	38	134
K			
Kambodscha	42	28	108
Kamerun	56	37	275
Kanada			
– Ottawa	62	41	214
– Toronto	54	36	392
– Vancouver	63	42	304
– im Übrigen	54	36	214
Kap Verde	38	25	90
Kasachstan	33	22	108
Katar	**81**	**54**	**128**
Kenia	**48**	**32**	**217**
Kirgisistan	**35**	**24**	**80**
Kolumbien	34	23	123
Kongo, Demokratische Republik	65	44	337
Kongo, Republik	**53**	**36**	215
Korea, Republik	**39**	**26**	**130**
Kosovo	24	16	71
Kroatien	64	31	191
Kuba	51	34	170
Kuwait	**63**	**42**	**224**
L			
Laos	35	24	71
Lesotho	28	19	104
Lettland	**46**	**31**	**119**
Libanon	69	46	146
Liberia	65	44	173
Liechtenstein	**57**	**38**	**234**
Litauen	**48**	**32**	**124**
Luxemburg	63	42	139
M			
Madagaskar	33	22	116
Malawi	41	28	109
Malaysia	36	24	86
Malediven	70	47	200
Mali	**42**	**28**	**141**
Malta	**59**	**40**	**191**
Marokko	41	28	87
Marshall Inseln	**45**	**30**	**112**
Mauretanien	35	24	86
Mauritius	44	29	172
Mazedonien s. Nordmazedonien	–	–	–
Mexiko	**40**	**27**	**337**
Mikronesien	41	28	140
Moldau, Republik	26	17	73
Monaco	52	35	187
Mongolei	23	16	92
Montenegro	32	21	85
Mosambik	51	34	208
Myanmar	23	16	103
N			
Namibia	**28**	**19**	**146**
Nepal	**33**	**22**	**125**
Neuseeland	58	39	148
Nicaragua	46	31	105
Niederlande	**58**	**39**	**167**
Niger	42	28	131
Nigeria	**52**	**35**	**202**
Nordmazedonien	27	18	89

Land	Pauschbeträge für Verpflegungsmehraufwendungen		Pauschbetrag für Übernachtungskosten
	bei einer Abwesenheitsdauer von mindestens 24 Stunden je Kalendertag	für den An- und Abreisetag sowie bei einer Abwesenheitsdauer von mehr als 8 Stunden je Kalendertag	
	€	€	€
Norwegen	75	50	139
O			
Österreich	50	33	117
Oman	64	43	141
P			
Pakistan	**41**	**28**	**199**
Palau	51	34	193
Panama	41	28	82
Papua-Neuguinea	59	40	159
Paraguay	39	26	124
Peru	**52**	**35**	**128**
Philippinen	41	28	140
Polen			
– Breslau	34	23	124
– Warschau	40	27	143
– im Übrigen	34	23	124
Portugal	32	21	111
R			
Ruanda	44	29	117
Rumänien	**38**	**25**	**103**
Russische Föderation			
– Moskau	30	20	235
– St. Petersburg	28	19	133
– im Übrigen	28	19	133
S			
Sambia	38	25	105
Samoa	39	26	105
San Marino	34	23	79
São Tomé – Príncipe	36	24	147
Saudi-Arabien			
– Djidda	57	38	181
– Riad	56	37	186
– im Übrigen	56	37	181
Schweden	66	44	140
Schweiz			
– Bern	**82**	**55**	**195**
– Genf	**70**	**47**	**197**
– im Übrigen	**70**	**47**	**195**
Senegal	**48**	**32**	**160**
Serbien	27	18	97
Sierra Leone	57	38	145
Simbabwe	63	42	198
Singapur	71	48	277
Slowakische Republik	33	22	121
Slowenien	38	25	126
Spanien			
– Barcelona	34	23	144
– Kanarische Inseln	36	24	103
– Madrid	42	28	131
– Palma de Mallorca	44	29	142
– im Übrigen	34	23	103
Sri Lanka	36	24	112
St. Kitts und Nevis	66	44	203
St. Lucia	66	44	203
St. Vincent und die Grenadinen	66	44	203
Südafrika			
– Kapstadt	33	22	130
– Johannisburg	36	24	129
– im Übrigen	29	20	109
Südsudan	51	34	159
Suriname	66	44	203
T			
Tadschikistan	27	18	85
Taiwan	51	34	174
Tansania	44	29	97
Thailand	36	24	114
Togo	**36**	**24**	**144**
Tonga	29	20	102
Trinidad und Tobago	66	44	203
Tschad	42	28	155
Tschechische Republik	32	21	77
Türkei			
– Ankara	32	21	110
– Izmir	44	29	120
– im Übrigen	24	16	107
Tunesien	40	27	144
Turkmenistan	28	19	135
U			
Uganda	**45**	**30**	**207**
Ukraine	**33**	**22**	**180**
Ungarn	32	21	85
Uruguay	40	27	113
Usbekistan	**32**	**21**	**133**
V			
Vatikanstaat	48	32	150
Venezuela	**51**	**34**	**178**
Vereinigte Arabische Emirate	**81**	**54**	**169**
Vereinigte Staaten von Amerika (USA)			
– Atlanta	77	52	182
– Boston	63	42	333
– Chicago	65	44	233
– Houston	62	41	204
– Los Angeles	64	43	262
– Miami	65	44	256
– New York City	66	44	308
– San Francisco	59	40	327
– Washington, D.C.	66	44	203
– im Übrigen	59	40	182
Vereinigtes Königreich von Großbritannien und Nordirland			
– London	66	44	163
– im Übrigen	52	35	99
Vietnam	36	24	111
W			
Weißrussland	**21**	**14**	**148**
Z			
Zentralafrikanische Republik	53	36	210
Zypern	42	28	125

4. Wichtige lohnsteuerrechtliche Daten und weitere Zahlen im Überblick

4827

Fundstelle	Inhalt	2025	2026
a) Steuerbefreiungen			
§ 3 Nr. 11 EStG, R 3.11 LStR	Beihilfen und Unterstützungen in Notfällen steuerfrei bis	600 €	600 €
§ 3 Nr. 12 EStG, R 3.12 LStR	Aufwandsentschädigungen aus öffentlichen Kassen, z.B. ehrenamtliche Tätigkeiten im kommunalen Bereich	mindestens 250 € monatlich	mindestens 250 € monatlich
§ 3 Nr. 26 EStG	Einnahmen aus nebenberuflichen Tätigkeiten (Übungsleiter, Ausbilder, Erzieher, Betreuer u.a.) steuerfrei bis	3 000 €	3 300 € beachte → Rz. 3236
§ 3 Nr. 26a EStG	Einnahmen aus anderen nebenberuflichen Tätigkeiten (Platzwarte usw.) steuerfrei bis	840 €	960 € beachte → Rz. 3236
§ 3 Nr. 26b EStG	Aufwandsentschädigungen nach § 1835a BGB für ehrenamtliche rechtliche Betreuer, Vormünder, Pfleger	3 000 €	3 300€ beachte → Rz. 3236
§ 3 Nr. 30 u. 50 EStG, R 9.13 LStR	Heimarbeitszuschläge (steuerfrei in % des Grundlohns)	10 %	10 %
§ 3 Nr. 34 EStG	Leistungen des Arbeitgebers zur Verbesserung des allgemeinen Gesundheitszustands und der betrieblichen Gesundheitsförderung	600 €	600 €
§ 3 Nr. 34a EStG	Leistungen des Arbeitgebers zur kurzfristigen Betreuung von Kindern bis zu 14 Jahren oder Kindern mit Behinderungen sowie pflegebedürftigen Angehörigen	600 €	600 €
§ 3 Nr. 38 EStG	Sachprämien aus Kundenbindungsprogrammen steuerfrei bis	1 080 €	1 080 €
§ 3 Nr. 39 EStG	Freibetrag für Mitarbeiterkapitalbeteiligungen	2 000 €	2 000 €
§ 3 Nr. 56 EStG	Höchstbeitrag für Beiträge aus dem ersten Dienstverhältnis an nicht kapitalgedeckte Pensionskassen steuerfrei bis jährlich (alte und neue Bundesländer!)	3 864 €	4 056 €
§ 3 Nr. 63 EStG	• Höchstbeitrag für Beiträge aus dem ersten Dienstverhältnis an kapitalgedeckte Pensionsfonds, Pensionskassen oder für Direktversicherungen steuerfrei bis jährlich (alte und neue Bundesländer!) • Höchstbetrag für Beiträge aus dem ersten Dienstverhältnis an kapitalgedeckte Pensionsfonds, Pensionskassen oder für Direktversicherungen **bei Beendigung des Dienstverhältnisses** steuerfrei bis • Höchstbetrag für Beiträge aus dem ersten Dienstverhältnis an kapitalgedeckte Pensionsfonds, Pensionskassen oder für Direktversicherungen **bei Nachzahlungen** steuerfrei bis	7 728 € 38 640 € 77 280 €	8 112 € 40 560 € 81 120 €
§ 3b EStG	Sonntags-, Feiertags- oder Nachtzuschläge (steuerfrei in % des Grundlohns) • Nachtarbeit • Nachtarbeit von 0 Uhr bis 4 Uhr (wenn Arbeit vor 0 Uhr aufgenommen) • Sonntagsarbeit • gesetzliche Feiertage und Silvester ab 14 Uhr • Weihnachten, Heiligabend ab 14 Uhr und 1. Mai • Begrenzung des Grundlohns auf höchstens	 25 % 40 % 50 % 125 % 150 % 50 €	 25 % 40 % 50 % 125 % 150 % 50 €
b) Arbeitslohn			
§ 8 Abs. 2 Satz 11 EStG	Freigrenze für bestimmte Sachbezüge monatlich	50 €	50 €
§ 8 Abs. 2 Satz 12 EStG	Freibetrag bei einer vom Arbeitgeber zu eigenen Wohnzwecken überlassenen Wohnung • Bewertungsabschlag vom ortsüblichen Mietwert • Mietobergrenze für Bewertungsabschlag (Kaltmiete je qm)	 33,3 % 25 €	 33,3 % 25 €
§ 8 Abs. 2 EStG, SvEV	Sachbezüge • Unterkunft (monatlich) • Mahlzeiten (kalendertäglich) – Frühstück – Mittagessen/Abendessen Weitere Einzelheiten → *Anhang, B. Sozialversicherung* Rz. 4834	 282 € 2,30 € 4,40 €	 285 € 2,37 € 4,57 €
§ 8 Abs. 3 EStG	Rabattfreibetrag	1 080 €	1 080 €
§ 19 EStG, R 19.3 Abs. 1 Nr. 4 LStR	Fehlgeldentschädigungen steuerfrei bis	16 €	16 €
§ 19 EStG, BMF v. 19.5.2015, IV C 5 – S 2334/07/0009, BStBl I 2015, 484	Freigrenze für Arbeitgeberdarlehen	2 600 €	2 600 €

Fundstelle	Inhalt	2025	2026
§ 19 EStG, R 19.3 Abs. 2 Nr. 3 LStR	Diensteinführung, Verabschiedung, Arbeitnehmerjubiläum, runder Geburtstag u.Ä.; **Freigrenze** für Sachleistungen je teilnehmender Person einschließlich Umsatzsteuer	110 €	110 €
§ 19 Abs. 1 Satz 1 Nr. 1a EStG	Betriebsveranstaltungen; **Freibetrag** je Arbeitnehmer einschließlich Umsatzsteuer; für 2 Veranstaltungen jährlich	110 €	110 €
§ 19 EStG, R 19.6 Abs. 1 LStR	Aufmerksamkeiten; Freigrenze für Sachzuwendungen	60 €	60 €
§ 19 EStG, R 19.6 Abs. 2 LStR	Aufmerksamkeiten; Freigrenze für Arbeitsessen	60 €	60 €
§ 19 Abs. 2 EStG	Versorgungsfreibeträge **seit 2005** (vgl. Tabelle in § 19 Abs. 2 EStG)		
	• **Versorgungsbeginn in 2025**		
	– Prozentsatz	13,2 %	–
	– Versorgungsfreibetrag höchstens	990 €	–
	– Zuschlag zum Versorgungsfreibetrag	297 €	–
	• **Versorgungsbeginn in 2026**		
	– Prozentsatz	–	12,8 %
	– Versorgungsfreibetrag höchstens	–	960 €
	– Zuschlag zum Versorgungsfreibetrag	–	288 €
c) Werbungskosten			
§ 9 Abs. 1 Satz 3 Nr. 4a, 5a und Abs. 4a EStG	Reisekosten bei Auswärtstätigkeiten		
	• Fahrtkosten je Kilometer (pauschal, wenn kein Einzelnachweis)		
	– Pkw	0,30 €	0,30 €
	– Motorrad oder Motorroller	0,20 €	0,20 €
	– Moped oder Mofa	0,20 €	0,20 €
	– Fahrrad (seit 2014 nur Einzelnachweis!)	–	–
	• Verpflegungsmehraufwendungen (nur pauschal, kein Einzelnachweis möglich; Dreimonatsfrist; besondere Auslandstagegelder)		
	a) *mehrtägige* Auswärtstätigkeiten im Inland		
	– An- und Abreisetage (ohne Mindestabwesenheit)	14 €	14 €
	– Zwischentage (Abwesenheit 24 Stunden)	28 €	28 €
	b) *eintägige* Auswärtstätigkeiten im Inland (Abwesenheit von Wohnung und erster Tätigkeitsstätte mehr als 8 Stunden)	14 €	14 €
	• Übernachtungskosten (besondere Auslandsübernachtungsgelder)		
	– Grds. Abzug der vollen nachgewiesenen Kosten, nach Ablauf von 48 Monaten jedoch höchstens monatlich	1 000 €	1 000 €
	– Pauschbetrag (nur beim Arbeitgeberersatz!)	20 €	20 €
	– Berufskraftfahrerpauschale je Übernachtung im Kfz	9 €	9 €
	Weitere Einzelheiten → *Anhang, A. Lohnsteuer* Rz. 4826		
§ 9 Abs. 1 Satz 3 Nr. 4 EStG	Entfernungspauschale für Wege zwischen Wohnung und erster Tätigkeitsstätte je Entfernungskilometer (einfache Strecke!)		
	2025		
	• bis 20 Kilometer	0,30 €	
	• ab dem 21. Kilometer	0,38 €	
	• Höchstbetrag (bei Benutzung eines eigenen oder zur Nutzung überlassenen Pkw greift die Begrenzung nicht)	4 500 €	
	Ausnahme: Keine Beschränkung für Menschen mit Behinderungen i.S.v. § 9 Abs. 2 Satz 3 EStG		
§ 9 Abs. 1 Satz 3 Nr. 5 und Abs. 4a EStG	Mehraufwendungen wegen beruflich veranlasster doppelter Haushaltsführung		
	• **Fahrtkosten (Pkw) 2025**		
	a) erste und letzte Fahrt je Kilometer (pauschal, wenn kein Einzelnachweis)	0,30 €	
	b) *eine* Heimfahrt wöchentlich je Entfernungskilometer		
	– bis 20 Kilometer	0,30 €	
	– ab dem 21. Kilometer	0,38 €	
	• **Fahrtkosten (Pkw) ab 2026 (zur Änderung beachte → Rz. 4419)**		
	a) erste und letzte Fahrt je Kilometer und bereits ab dem ersten Kilometer (pauschal, wenn kein Einzelnachweis)		0,38 €
	• Verpflegungsmehraufwendungen (nur pauschal, kein Einzelnachweis möglich; Dreimonatsfrist; besondere Auslandstagegelder)		
	– volle Abwesenheitstage von der Heimatwohnung	28 €	28 €
	– Tage mit Familienheimfahrten	14 €	14 €
	• Übernachtungskosten (besondere Auslandsübernachtungsgelder)		
	– Grds. Abzug der vollen nachgewiesenen Kosten, jedoch höchstens monatlich	1 000 €	1 000 €
	– Pauschbetrag (nur beim Arbeitgeberersatz!)		
	– 1. bis 3. Monat	20 €	20 €
	– ab 4. Monat	5 €	5 €
	Weitere Einzelheiten → *Anhang, A. Lohnsteuer* Rz. 4826		
§ 9 Abs. 5 i.V.m. § 4 Abs. 5 Satz 1 Nr. 6b Satz 4 EStG	Home-Office-Pauschale		
	• Tagespauschale	6 €	6 €
	• Jahreshöchstbetrag (6 € für höchstens 210 Tage im Kalenderjahr)	1 260 €	1 260 €
§ 9a Nr. 1a EStG	Arbeitnehmer-Pauschbetrag		
	• Allgemein	1 230 €	1 230 €
	• für Versorgungsempfänger	102 €	102 €

Fundstelle	Inhalt	2025	2026
d) Sonderausgaben			
§ 10 Abs. 1a Nr. 1 EStG	Unterhaltsleistungen (Realsplitting), abzugsfähig bis (zusätzlicher Abzug von Krankenversicherungsbeiträgen zu Gunsten des geschiedenen oder dauernd getrennt lebenden Ehegatten möglich)	13 805 €	13 805 €
§ 10 Abs. 1 Nr. 5 EStG	Kinderbetreuungskosten (bei allen Eltern) • zwei Drittel der Aufwendungen, höchstens je Kind • Altersgrenze (Ausnahme: Kinder mit Behinderungen)	 4 800 € 14 Jahre	 4 800 € 14 Jahre
§ 10 Abs. 1 Nr. 7 EStG	Ausbildungskosten, abzugsfähig höchstens	6 000 €	6 000 €
§ 10 Abs. 1 Nr. 9 EStG	Schulgeld • in % der Aufwendungen • Höchstbetrag	 30 % 5 000 €	 30 % 5 000 €
§ 10 Abs. 1 Nr. 2, 3, 3a EStG	Altersvorsorgeaufwendungen höchstens • Alleinstehende • Ehegatten sonstige Vorsorgeaufwendungen höchstens (höhere Beiträge i.S.v. § 10 Abs. 1 Nr. 3 EStG sind seit **2010** abziehbar!) • allgemein • bei Anspruch auf Übernahme von Krankheitskosten usw.	 29 344 € 58 688 € 2 800 € 1 900 €	 30 826 € 61 652 € 2 800 € 1 900 €
§ 10a EStG	Sonderausgabenabzug für Altersvorsorgebeiträge • Alleinstehende • Verheiratete (je Ehegatte, der zum begünstigten Personenkreis gehört)	 2 100 € 2 100 €	 2 100 € 2 100 €
§ 10c EStG	Sonderausgaben-Pauschbetrag • Alleinstehende • Verheiratete	 36 € 72 €	 36 € 72 €
§ 39b Abs. 2 Satz 5 Nr. 3 EStG	Vorsorgepauschale (die Vorsorgepauschale wird seit 2010 individuell ermittelt) Mindestvorsorgepauschale (in % des Arbeitslohns), höchstens aber in den • Steuerklassen I, II, IV, V und VI • Steuerklasse III **Mindestvorsorgepauschale wurde mit Wirkung ab Vz 2026 abgeschafft**	 12 % 1 900 € 3 000 €	 12 % – –
e) Familie und Tarif			
§ 24b EStG	Entlastungsbetrag für Alleinerziehende • bei einem Kind • für jedes weitere Kind	 4 260 € 240 €	 4 260 € 240 €
§ 32 Abs. 6 EStG, § 66 Abs. 1 EStG	• Kinderfreibetrag, bei Geschiedenen usw. sind die Beträge zu halbieren – jährlich – monatlich • Freibetrag für den Betreuungs- und Erziehungs- oder Ausbildungsbedarf oder • Kindergeld monatlich für – 1. und 2. Kind – 3. Kind – und jedes weitere Kind	 6 672 € 556 € 2 928 € 250 € 250 € 250 €	 6 828 € 569 € 2 928 € 259 € 259 € 259 €
§ 32a EStG	Grundfreibetrag („steuerfreies Existenzminimum“) • Alleinstehende • Verheiratete	 12 096 € 24 192 €	 12 348 € 24 696 €
f) Außergewöhnliche Belastungen			
§ 33a Abs. 1 EStG	Höchstbetrag für den Unterhalt bedürftiger Angehöriger bei gesetzlicher Unterhaltspflicht Sog. anrechnungsfreier Betrag für eigene Einkünfte und Bezüge des Unterhaltenen	12 096 € 624 €	12 348 € 624 €
§ 33a Abs. 2 EStG	Freibetrag für Sonderbedarf („Ausbildungsfreibetrag“)	1 200 €	1 200 €
§ 33b Abs. 3 EStG	Pauschbetrag für Menschen mit Behinderungen bei einem Grad der Behinderung • von 20 • von 30 • von 40 • von 50 • von 60 • von 70 • von 80 • von 90 • von 100 Blinde und hilflose Personen	 384 € 620 € 860 € 1 140 € 1 440 € 1 780 € 2 120 € 2 460 € 2 840 € 7 400 €	 384 € 620 € 860 € 1 140 € 1 440€ 1 780 € 2 120 € 2 460 € 2 840 € 7 400 €
§ 33b Abs. 4 EStG	Hinterbliebenen-Pauschbetrag	370 €	370 €
§ 33b Abs. 6 EStG	Pflege-Pauschbetrag • bei Hilflosigkeit • bei Pflegegrad 2	 1 800 € 600 €	 1 800 € 600 €

Fundstelle	Inhalt	2025	2026
	• bei Pflegegrad 3 • bei Pflegegrad 4 oder 5	1 100 € 1 800 €	1 100 € 1 800 €
g) Lohnsteuer-Anmeldung			
§ 41a Abs. 2 EStG	Anmeldungszeitraum • Kalenderjahr, wenn Lohnsteuer des Vorjahrs unter • Vierteljahr, wenn Lohnsteuer des Vorjahrs unter • Monat, wenn Lohnsteuer des Vorjahrs über	 1 080 € 5 000 € 5 000 €	 1 080 € 5 000 € 5 000 €
h) Pauschalierung der Lohnsteuer und Einkommensteuer			
 § 37a EStG § 37b EStG § 39c Abs. 3 EStG § 40 Abs. 2 EStG	Pauschalierungssatz für • Kundenbindungsprogramme • Pauschalierung der Einkommensteuer bei Sachzuwendungen • Lohnsteuerabzug durch Dritte bei tarifvertraglichen Ansprüchen (**keine Abgeltungswirkung**!) • Kantinenmahlzeiten • Abgabe von Mahlzeiten aus Anlass von Auswärtstätigkeiten • Betriebsveranstaltungen • Erholungsbeihilfen • Verpflegungszuschüsse • Übereignung von Datenverarbeitungsgeräten • Zuschüsse für die Internet-Nutzung des Arbeitnehmers • Übereignung von Ladevorrichtungen für Elektrofahrzeuge oder Hybridelektrofahrzeuge • Zuschüsse für den Erwerb und die Nutzung von Ladevorrichtungen Übereignung von betrieblichen Fahrrädern • Fahrtkostenzuschüsse – bei Anrechnung auf die Entfernungspauschale – ohne Anrechnung auf die Entfernungspauschale – Freifahrtberechtigungen für Soldaten	 2,25 % 30 % 20 % 25 % 25 % 25 % 25 % 25 % 25 % 25 % 25 % 25 % 25 % 15 % 25 % 25 %	 2,25 % 30 % 20 % 25 % 25 % 25 % 25 % 25 % 25 % 25 % 25 % 25 % 25 % 15 % 25 % 25 %
§ 40a EStG	• Aushilfskräfte • Geringfügig Beschäftigte – mit pauschalen Rentenversicherungsbeiträgen – ohne pauschale Rentenversicherungsbeiträge • Aushilfskräfte in der Land- und Forstwirtschaft • Beschränkt steuerpflichtige Arbeitnehmer	25 % 2 % 20 % 5 % 30 %	25 % 2 % 20 % 5 % 30 %
§ 40b EStG	• nicht kapitalgedeckte Pensionskassen und Direktversicherungen bei Versorgungszusage vor 2005 • Unfallversicherungen • Sonderzahlungen an Pensionskassen Achtung: **Pflichtpauschalierung**!	20 % 20 % 15 %	20 % 20 % 15 %
§ 37b EStG	Pauschalierung der Einkommensteuer bei Sachzuwendungen bis zu einem Betrag von	10 000 €	10 000 €
§ 39c Abs. 3 EStG	Pauschalierung von sonstigen Bezügen bis zu einem Jahresarbeitslohn von	10 000 €	10 000 €
§ 40 Abs. 1 Nr. 1 EStG	Pauschalierung von sonstigen Bezügen je Arbeitnehmer höchstens	1 000 €	1 000 €
§ 40 Abs. 2 Satz 1 Nr. 3 EStG	Höchstbetrag für die Pauschalierung von Erholungsbeihilfen • für den Arbeitnehmer • für den Ehegatten • je Kind	 156 € 104 € 52 €	 156 € 104 € 52 €
§ 40 Abs. 2 Satz 2 EStG	Höchstbetrag für die Pauschalierung von Fahrtkostenzuschüssen bei Fahrten zwischen Wohnung und erster Tätigkeitsstätte je Entfernungskilometer (Ausnahme: Keine Beschränkung für Menschen mit Behinderungen i.S.v. § 9 Abs. 2 Satz 3 EStG) **2025:** • bis 20 Kilometer • ab dem 21. Kilometer **2026: (zur Änderung beachte Rz. → 4419)** Ab dem ersten Kilometer	 0,30 € 0,38 €	 0,38 €
§ 40a Abs. 1 EStG	Voraussetzungen für die Pauschalierung bei kurzfristig Beschäftigten • Dauer der Beschäftigung • Arbeitslohn je Kalendertag (Ausnahme: Beschäftigung zu einem unvorhergesehenen Zeitpunkt) • Stundenlohngrenze	 18 Tage 150 € 19 €	 18 Tage 150 € 19 €
§ 40a Abs. 3 EStG	Voraussetzungen für die Pauschalierung bei Aushilfskräften in der Land- und Forstwirtschaft • Dauer der Beschäftigung (im Kalenderjahr) • Unschädlichkeitsgrenze (in % der Gesamtbeschäftigungsdauer) • Stundenlohngrenze	 180 Tage 25 % 19 €	 180 Tage 25 % 19 €
§ 40a Abs. 7 EStG	Voraussetzungen für die Pauschalierung bei beschränkt steuerpflichtigen Arbeitnehmern • Dauer der im Inland ausgeübten Tätigkeit	 18 Tage	 18 Tage

5. Übersichten zur Kirchensteuer

4828

• Kirchensteuersätze beim Lohnsteuerabzug

Bundesland	Kirchensteuersatz
Baden-Württemberg	8 % (seit 2021)[1])
Bayern	8 %
Berlin	9 %
Brandenburg	9 %
Bremen	9 %
Hamburg	9 %
Hessen	9 %
Mecklenburg-Vorpommern	9 %
Niedersachsen	9 %
Nordrhein-Westfalen	9 %
Rheinland-Pfalz	9 %
Saarland	9 %
Sachsen	9 %
Sachsen-Anhalt	9 %
Schleswig-Holstein	9 %
Thüringen	9 %

1) Für die röm.-kath. Kirchengemeinde des Bistums Mainz in Bad Wimpfen 9 %, seit 2016.

• Kirchensteuersätze bei der Lohnsteuerpauschalierung

Bundesland	Kirchensteuersatz bei der Lohnsteuerpauschalierung
Baden-Württemberg	4,5 %[1])
Bayern	7 %
Berlin	5 %
Brandenburg	5 %
Bremen	7 %
Hamburg	4 %
Hessen	7 %
Mecklenburg-Vorpommern	5 %
Niedersachsen	6 %[2])
Nordrhein-Westfalen	7 %
Rheinland-Pfalz	7 %
Saarland	7 %
Sachsen	5 %
Sachsen-Anhalt	5 %
Schleswig-Holstein	6 %
Thüringen	5 %

1) Seit 2024; vorher 5,0 % s. FinMin. Baden-Württemberg v. 3.2.2023, FM3 – S 2442 – 3/16, BStBl I 2023, 248, Hinweis für 2024.

2) Für die Evangelische Kirche von Westfalen: 7 % (s. Niedersächsisches FinMin. v. 22.3.2023, 34 – S 2442/05 – 0005, BStBl I 2023, 678, Rz. 1 Buchst. a).

• Aufteilung bei der Lohnsteuerpauschalierung

Seit 2007 wird die Kirchensteuer bei der Lohnsteuerpauschalierung vom Arbeitgeber **nicht mehr aufgeteilt**, sondern **in einer Summe** in der Lohnsteuer-Anmeldung **angegeben** (Zeile 25 der Lohnsteuer-Anmeldung). Die Aufteilung der pauschalen Kirchensteuer auf die erhebungsberechtigten Religionsgemeinschaften wird von der Finanzverwaltung übernommen.

• Kappung der Kirchensteuer

Bundesland	Höchstsatz vom zu versteuernden Einkommen	Antrag
Baden-Württemberg	2,75 %[1])	ja[5])
Bayern	–	
Berlin	3 %	
Brandenburg	3 %	
Bremen	3,5 %	
Hamburg	3 %	
Hessen	3,5 %[2])	ja[6])[10])
Mecklenburg-Vorpommern	3 %[3])	
Niedersachsen	3,5 %[4])	
Nordrhein-Westfalen	3,5 %[2])	ja[7])[10])
Rheinland-Pfalz	3,5 %[2])	ja[8])[10])
Saarland	3,5 %[2])	ja[9])[10])
Sachsen	3,5 %	
Sachsen-Anhalt	3,5 %	
Schleswig-Holstein	3 %	
Thüringen	3,5 %	

1) Bei der Evangelischen Landeskirche in Baden und den katholischen Diözesen 3,5 %.

2) Bei den katholischen Diözesen in Hessen, Nordrhein-Westfalen, Rheinland-Pfalz und im Saarland 4 %.

3) Nur katholische Kirchensteuer. Bei der Pommerschen Evangelischen Kirche 3,5 % auf Antrag aus Billigkeitsgründen.

4) Bei der Evangelisch-Lutherischen Kirche in Norddeutschland 3 % und bei der Erzdiözese Paderborn 4 %.

5) Auf Antrag in den evangelischen Landeskirchen Baden, Württemberg sowie in den Diözesen Freiburg und Rottenburg-Stuttgart.

6) Auf Antrag in den evangelischen Landeskirchen sowie in den Diözesen Fulda, Limburg, Mainz und Paderborn.

7) Auf Antrag in den evangelischen Landeskirchen sowie in den Diözesen Aachen, Essen, Münster, Köln und Paderborn.

8) Auf Antrag in den evangelischen Landeskirchen sowie in den Diözesen Speyer, Mainz, Köln und Limburg.

9) Auf Antrag in den evangelischen Landeskirchen sowie in der Diözese Speyer.

10) Im Bereich der evangelischen Kirche im Rheinland sind die entsprechenden Anträge an die für den Wohnsitz des Stpfl. zuständigen Kirchengemeinden bzw. Verbandsvorstände zu richten, im Bereich der evangelischen Kirchen von Westfalen an die Kreiskirchenämter und im Bereich der Lippischen Landeskirche an das Landeskirchenamt. Bei den Diözesen sind die Generalvikariate zuständig.

Der Antrag ist regelmäßig innerhalb eines Jahres nach Bestandskraft des Steuerbescheids zu stellen.

6. Lohnsteuer-Pauschalierung nach § 40a EStG ab 2026

4829

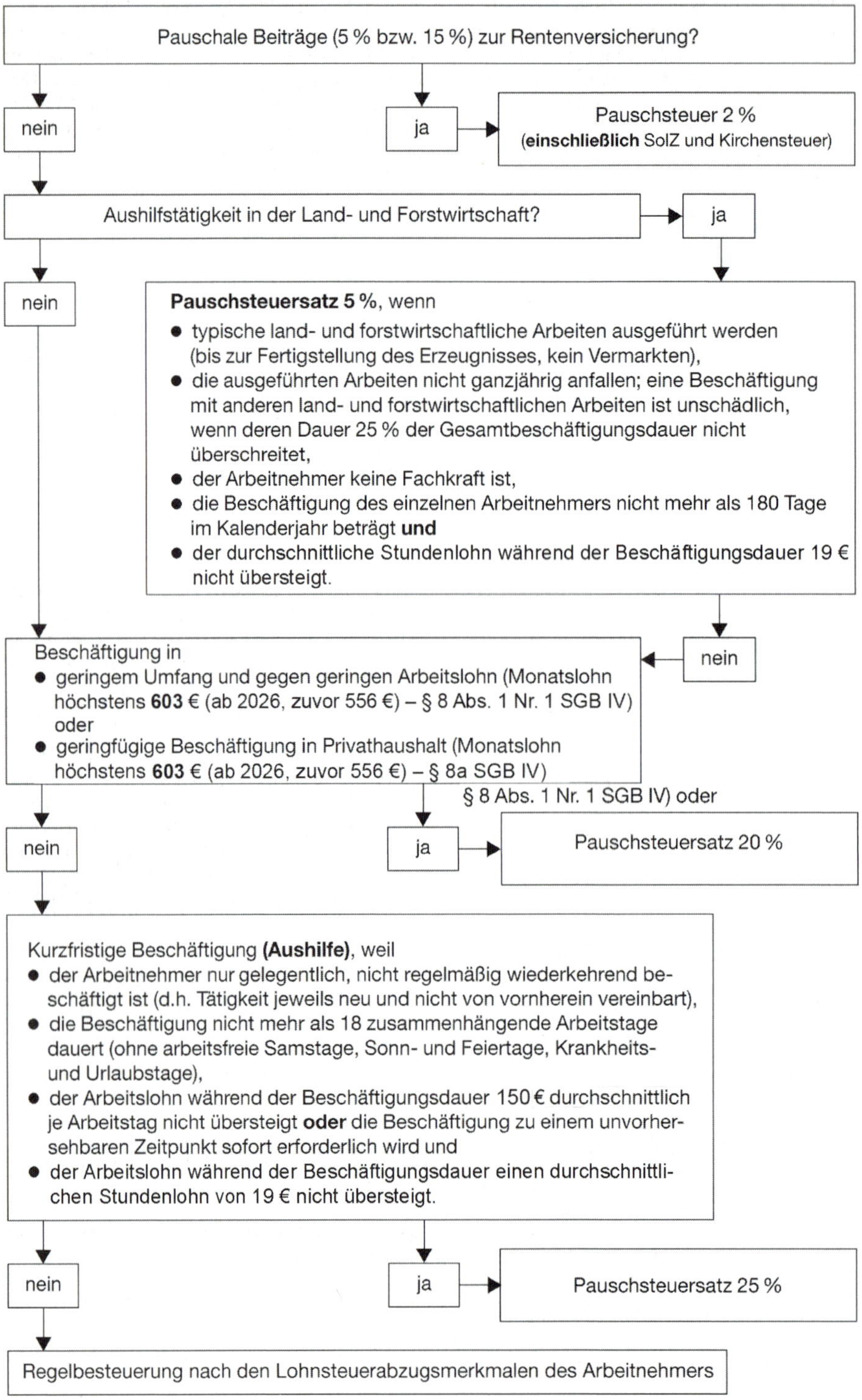

Beachte: Bei Prüfung der Voraussetzungen für die Lohnsteuer-Pauschalierung ist von den Merkmalen auszugehen, die sich für das einzelne Dienstverhältnis ergeben.
Es ist - im Gegensatz zur Sozialversicherung - **nicht** zu prüfen, ob noch ein Dienstverhältnis zu einem anderen Arbeitgeber besteht.

7. Steuerliche Behandlung von Mini-Jobs bis zur Geringfügigkeitsgrenze[1]

4830

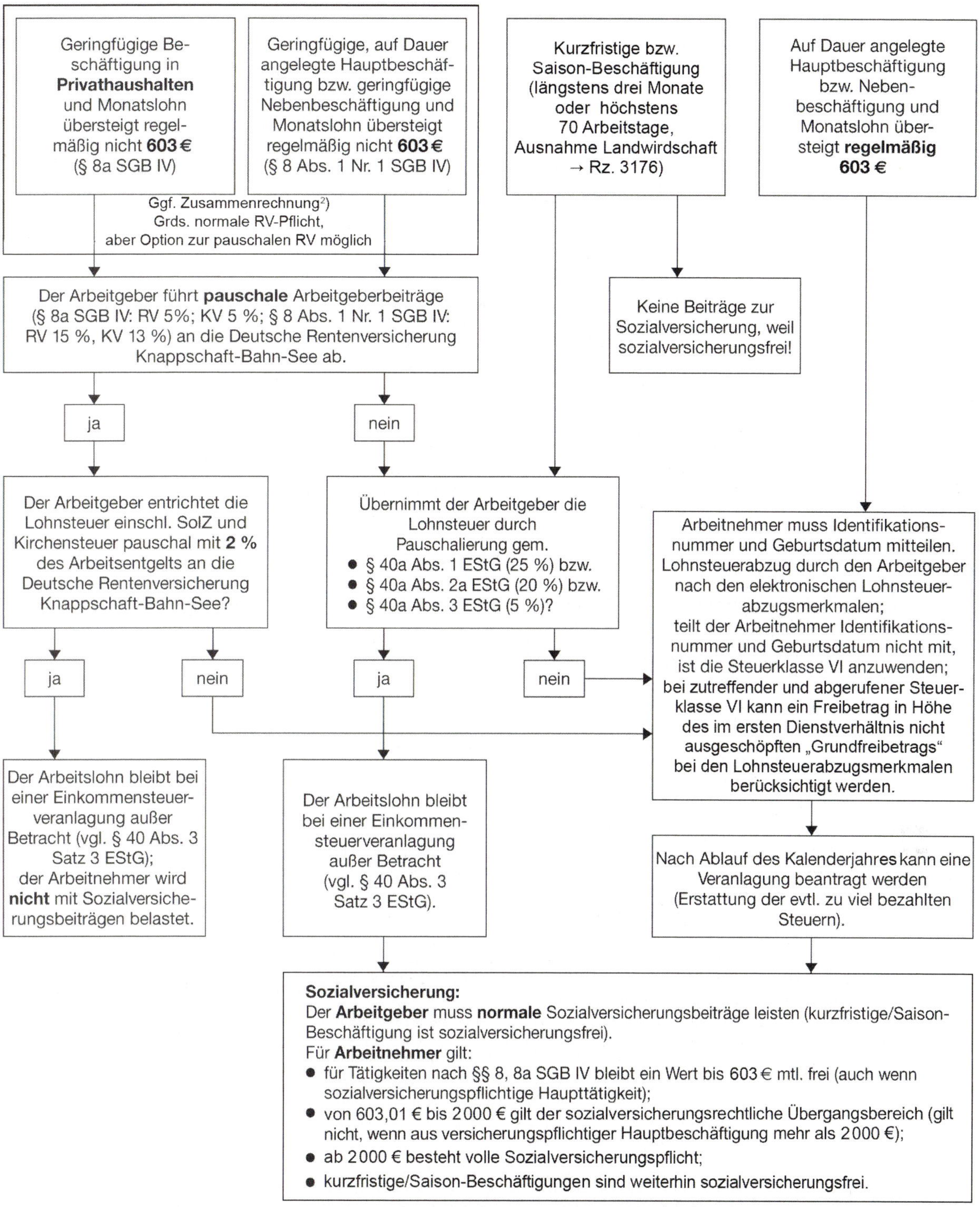

1) Die Geringfügigkeitsgrenze beträgt ab 1.1.2026 603 €; → *Mini-Jobs* Rz. 3166.

2) Übt der Arbeitnehmer **neben einer Hauptbeschäftigung** mit einem Arbeitsentgelt über 603 € mehrere geringfügige Nebentätigkeiten aus, so kann für die zuerst aufgenommene Nebentätigkeit der pauschale Beitrag zur Sozialversicherung (10 %/28 %) zusammen mit der pauschalen Lohnsteuer von 2 % abgeführt werden. Die andere Nebentätigkeit wird mit der Hauptbeschäftigung zusammengerechnet.

8. Übersicht zur betrieblichen Altersversorgung

4831 **Hinweis:** Das BMF-Schreiben zur „Steuerlichen Förderung der betrieblichen Altersversorgung" (v. 12.8.2021 – IV C 5 – S 2333/19/10008:017, BStBl I 2021, 1050) ist in einigen Punkten aktualisiert worden (BMF v. 18.3.2022, IV C 5 – S 2333/19/10008 :026, **Rn. 41**, BStBl I 2022, 333). Zahlt ein Arbeitgeber zu Gunsten des Arbeitnehmers Beiträge an einen **kapitalgedeckte Pensionsfonds** oder eine **kapitalgedeckte** Pensionskasse bzw. für eine **kapitalgedeckte Direktversicherung**, so sind die Beiträge dabei gleichrangig zu behandeln und bis zu einer Höhe von 8 112 € (in 2026) steuerfrei. In Höhe des Verzichts (**betragsmäßige oder prozentuale Begrenzung**) auf die Steuerfreiheit mindert sich das steuerfreie Dotierungsvolumen des § 3 Nr. 63 Satz 1 EStG. Wird kein Verzicht erklärt, kann das steuerfreie Dotierungsvolumen in vollem Umfang genutzt und für die darüber hinaus geleisteten, individuell zu besteuernden Beiträge die Förderung durch den Sonderausgabenabzug nach § 10a EStG und Zulage nach Abschnitt XI EStG (s. Rn. 66 ff.) beansprucht werden.

Durchführungsweg	Einkommensteuer		Sozialversicherung
	Ansparphase	Auszahlungsphase	Ansparphase
Direktzusage	• Beiträge des Arbeitgebers sowie „Lohnverzicht" des Arbeitnehmers **kein Arbeitslohn**	• Zahlungen des Arbeitgebers beim Arbeitnehmer **Arbeitslohn**; Lohnsteuerabzug nach den Lohnsteuerabzugsmerkmalen des Arbeitnehmers; die Freibeträge für Versorgungsbezüge sind abzuziehen	• **Beitragsfrei**, soweit nicht aus Entgeltumwandlung **Bei Entgeltumwandlung beitragsfrei bis zu 4 %** der Beitragsbemessungsgrenze in der Rentenversicherung (2026: 4 056 €)
Unterstützungskasse	• Beiträge des Arbeitgebers sowie „Lohnverzicht" des Arbeitnehmers **kein Arbeitslohn**	• Zahlungen der Unterstützungskasse beim Arbeitnehmer **Arbeitslohn**; Lohnsteuerabzug nach den Lohnsteuerabzugsmerkmalen des Arbeitnehmers; die Freibeträge für Versorgungsbezüge sind abzuziehen	• **Beitragsfrei**, soweit nicht aus Entgeltumwandlung **Bei Entgeltumwandlung beitragsfrei bis zu 4 %** der Beitragsbemessungsgrenze in der Rentenversicherung (2026: 4 056 €)
Pensionskasse (Kapitaldeckungsverfahren)	• Beiträge des Arbeitgebers **bis zu 8 %** der Beitragsbemessungsgrenze in der allgemeinen Rentenversicherung (2026: 8 112 €) **steuerfrei**	• Zahlungen der Pensionskasse beim Arbeitnehmer als **sonstige Einkünfte voll steuerpflichtig** (§ 22 Nr. 5 EStG)	• **Beitragsfrei bis zu 4 %** der Beitragsbemessungsgrenze in der Rentenversicherung (2026: 4 056 €)
	• **Höhere Beiträge** des Arbeitgebers sind individuell nach den Lohnsteuerabzugsmerkmalen des Arbeitnehmers **zu versteuern**; – Arbeitnehmer nimmt **Altersvorsorgezulage** oder Sonderausgabenabzug **in Anspruch**	• Zahlungen der Pensionskasse beim Arbeitnehmer als **sonstige Einkünfte voll steuerpflichtig** (§ 22 Nr. 5 EStG)	• **Beitragspflichtig**
	– Arbeitnehmer nimmt **Altersvorsorgezulage** oder Sonderausgabenabzug **nicht in Anspruch**	• Zahlungen der Pensionskasse beim Arbeitnehmer als **sonstige Einkünfte mit dem Ertragsanteil steuerpflichtig** (§ 22 Nr. 1 Satz 3 Buchst. a EStG)	• **Beitragspflichtig**
	• Beiträge des Arbeitnehmers können auch bis zu 1 752 € mit 20 % **pauschal besteuert** werden, wenn mindestens ein Beitrag nach § 40b EStG a.F. besteuert wurde und Verzicht auf Steuerfreiheit (**Wahlrecht!**)	• Zahlungen der Pensionskasse beim Arbeitnehmer als **sonstige Einkünfte mit dem Ertragsanteil steuerpflichtig** (§ 22 Nr. 1 Satz 3 Buchst. a EStG)	• **Beitragsfrei** bis zu 1 752 €, wenn zusätzlich zum Arbeitsentgelt
Pensionskasse (Umlageverfahren)	• Beiträge des Arbeitgebers **bis zu 4 %** der Beitragsbemessungsgrenze in der allgemeinen Rentenversicherung (2026: 4 056 €) **steuerfrei**	• Zahlungen der Pensionskasse beim Arbeitnehmer als **sonstige Einkünfte voll steuerpflichtig** (§ 22 Nr. 5 EStG)	• **Beitragsfrei bis zu 4 %** der Beitragsbemessungsgrenze in der Rentenversicherung (2026: 4 056 €)
	• Übersteigende Beiträge des Arbeitgebers können bis zu 1 752 € mit 20 % **pauschal besteuert** werden	• Zahlungen der Pensionskasse beim Arbeitnehmer als **sonstige Einkünfte mit dem Ertragsanteil steuerpflichtig** (§ 22 Nr. 1 Satz 3 Buchst. a EStG)	• **Beitragsfrei** bis zu 1 752 €, wenn zusätzlich zum Arbeitsentgelt

Durchführungsweg	Einkommensteuer		Sozialversicherung
	Ansparphase	Auszahlungsphase	Ansparphase
Pensionsfonds	• Beiträge des Arbeitgebers **bis zu 8 %** der Beitragsbemessungsgrenze in der allgemeinen Rentenversicherung (2026: 8 112 €) **steuerfrei**	• Zahlungen des Pensionsfonds beim Arbeitnehmer als **sonstige Einkünfte voll steuerpflichtig** (§ 22 Nr. 5 EStG)	• **Beitragsfrei bis zu 4 %** der Beitragsbemessungsgrenze in der Rentenversicherung (2026: 4 056 €)
	• **Höhere Beiträge** des Arbeitgebers sind individuell nach den Lohnsteuerabzugsmerkmalen des Arbeitnehmers **zu versteuern**;		
	– Arbeitnehmer nimmt **Altersvorsorgezulage** oder Sonderausgabenabzug **in Anspruch**	• Zahlungen des Pensionsfonds beim Arbeitnehmer als **sonstige Einkünfte voll steuerpflichtig** (§ 22 Nr. 5 EStG)	• **Beitragspflichtig**
	– Arbeitnehmer nimmt **Altersvorsorgezulage** oder Sonderausgabenabzug **nicht in Anspruch**	• Zahlungen des Pensionsfonds beim Arbeitnehmer als **sonstige Einkünfte mit dem Ertragsanteil steuerpflichtig** (§ 22 Nr. 1 Satz 3 Buchst. a EStG)	• **Beitragspflichtig**
	• Höhere Beiträge des Arbeitgebers können **nicht pauschal** besteuert werden		
	• Leistungen des Arbeitgebers oder einer Unterstützungskasse an einen Pensionsfonds **zur Übernahme** bestehender Versorgungsverpflichtungen oder -anwartschaften **steuerfrei,** wenn die hierdurch entstehenden zusätzlichen Betriebsausgaben gleichmäßig auf die folgenden zehn Wirtschaftsjahre verteilt werden	• Zahlungen des Pensionsfonds beim Arbeitnehmer als **sonstige Einkünfte voll steuerpflichtig** (§ 22 Nr. 5 EStG)	• **Beitragsfrei**
Direktversicherung	• Beiträge des Arbeitgebers **bis zu 8 %** der Beitragsbemessungsgrenze in der allgemeinen Rentenversicherung (2026: 8 112 €) **steuerfrei**	• Zahlungen der Versicherung beim Arbeitnehmer als **sonstige Einkünfte voll steuerpflichtig** (§ 22 Nr. 5 EStG)	• **Beitragsfrei bis zu 4 %** der Beitragsbemessungsgrenze in der Rentenversicherung (2026: 4 056 €)
	• **Höhere Beiträge** des Arbeitgebers sind individuell nach den Lohnsteuerabzugsmerkmalen des Arbeitnehmers **zu versteuern**;		
	– Arbeitnehmer nimmt **Altersvorsorgezulage** oder Sonderausgabenabzug **in Anspruch**	• Zahlungen der Versicherung beim Arbeitnehmer als **sonstige Einkünfte voll steuerpflichtig** (§ 22 Nr. 5 EStG)	• **Beitragspflichtig**
	– Arbeitnehmer nimmt **Altersvorsorgezulage** oder Sonderausgabenabzug **nicht in Anspruch**	• Zahlungen der Versicherung beim Arbeitnehmer als **sonstige Einkünfte mit dem Ertragsanteil steuerpflichtig** (§ 22 Nr. 1 Satz 3 Buchst. a EStG)	• **Beitragspflichtig**
	• Beiträge des Arbeitgebers können auch bis zu 1 752 € mit 20 % **pauschal besteuert** werden, wenn mindestens ein Beitrag nach § 40b EStG a.F. besteuert wurde und Verzicht auf Steuerfreiheit (**Wahlrecht!**)	• Zahlungen der Versicherung beim Arbeitnehmer als **sonstige Einkünfte mit dem Ertragsanteil steuerpflichtig** (§ 22 Nr. 1 EStG); Kapitalzahlungen sind nicht steuerpflichtig	• **Beitragsfrei** bis zu 1 752 €, wenn zusätzlich zum Arbeitsentgelt

9. Übersicht zur Ermittlung der ersten Tätigkeitsstätte nach § 9 Abs. 4 EStG

4832
Zusammenfassendes Schaubild

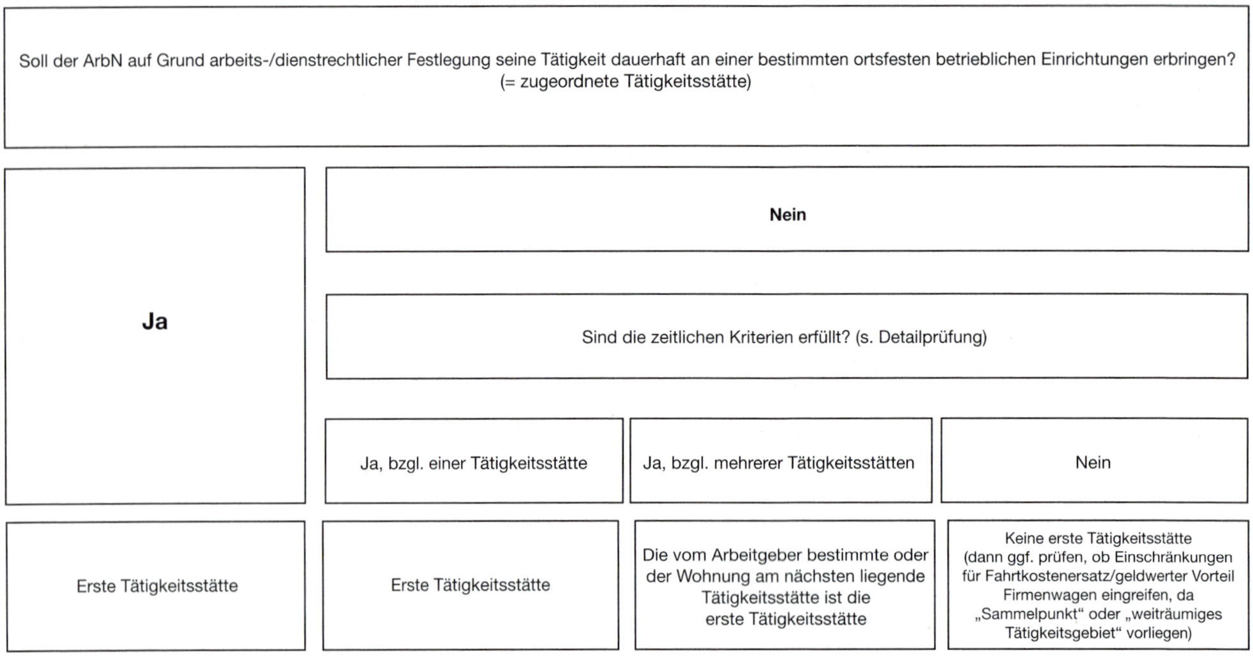

Detailprüfung

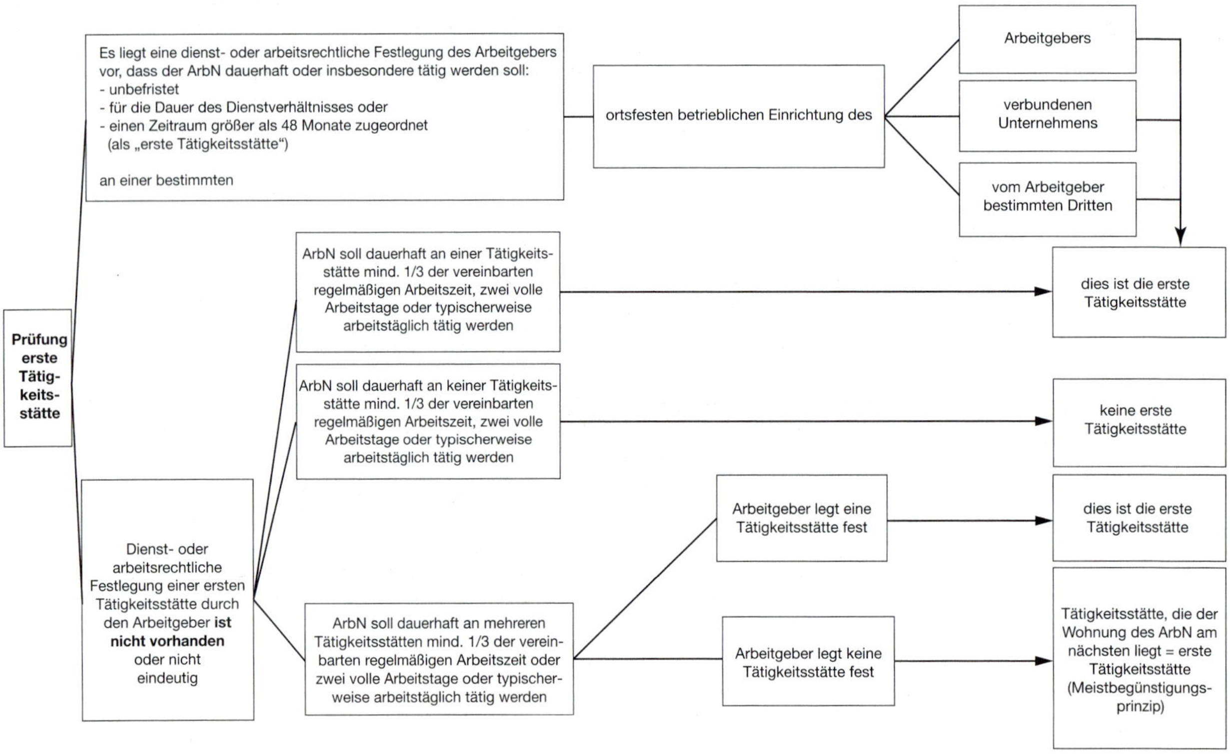

B. Sozialversicherung

1. Sozialversicherungs-Rechengrößen 2026

Die nachfolgende, alphabetisch gegliederte Darstellung berücksichtigt den Rechtsstand zum 1.1.2026 gemäß Sozialversicherungs-Rechengrößenverordnung 2026. 4833

Die Tabelle berücksichtigt alle relevanten Rechengrößen:

Arbeitseinkommen in der Krankenversicherung der selbständigen Künstler und Publizisten

1. Erzielt ein selbständiger Künstler oder Publizist nicht mindestens ein voraussichtliches Jahresarbeitseinkommen, das über der gesetzlich festgelegten Grenze liegt, so ist er versicherungsfrei. Das bedeutet, dass weder eine Versicherungspflicht in der gesetzlichen Kranken- und Pflegeversicherung noch in der Rentenversicherung besteht. Die Jahresgrenze beträgt aktuell 3 900 €.
2. Für selbständige Künstler und Publizisten besteht grundsätzlich Kranken- und Rentenversicherungspflicht; es besteht jedoch die Möglichkeit, sich von dieser Versicherungspflicht unter bestimmten Voraussetzungen befreien zu lassen. Man kann sich befreien lassen, wenn man in drei aufeinander folgenden Kalenderjahren insgesamt ein Arbeitseinkommen erzielt hat, das über der Versicherungspflichtgrenze der gesetzlichen Krankenversicherung liegt.

Beitragsbemessungsgrenzen

1. Die Beitragsbemessungsgrenze markiert den Wert, bis zu dem das Monatseinkommen des Beschäftigten zur Bemessung der Versicherungsbeiträge herangezogen wird. Wer also mehr verdient, zahlt für das darüber liegende Entgelt keinen Kranken- und Pflegeversicherungsbeitrag mehr.

   Die Veränderung entspricht der jährlichen Anpassung an die Gehaltsentwicklung in Deutschland.
2. Die bisherige Rechtskreistrennung in der Renten- und Arbeitslosenversicherung ist zum 1.1.2025 entfallen. Seit 2025 gelten die Werte bundeseinheitlich.

Beitragsbemessungsgrundlagen

1. Personen, die wegen der Verlegung ihres Wohnsitzes oder gewöhnlichen Aufenthalts ins Ausland aus der Versicherungspflicht ausscheiden, haben die Möglichkeit der freiwilligen Weiterversicherung in der Pflegeversicherung. Der Antrag auf Weiterversicherung ist spätestens einen Monat nach dem Ausscheiden aus der Versicherungspflicht bei der zuständigen Pflegekasse zu stellen. Zuständig für die Entgegennahme des Antrags ist die Pflegekasse, bei der der Berechtigte bislang versichert war.
2. Für die Berechnung der Beiträge zur Kranken- und Pflegeversicherung für Auszubildende ohne Arbeitsentgelt ist als Beitragsbemessungsgrundlage der für Studenten, die nicht bei ihren Eltern wohnen, festgesetzte monatliche Bedarfssatz anzusetzen. Für die Renten- sowie für die Arbeitslosenversicherung gilt eine fiktive monatliche Mindestbeitragsbemessungsgrundlage, aus der die Beiträge für Auszubildende ohne Arbeitsentgelt zu berechnen sind. Diese monatliche Mindestbeitragsbemessungsgrundlage wird von 1 % der monatlichen Bezugsgröße ermittelt.
3. Für die Teilnehmer an Maßnahmen des Jugendfreiwilligen- oder Bundesfreiwilligendienstes besteht Versicherungspflicht in allen Zweigen der Sozialversicherung. Die Geld- und Sachbezüge stellen die beitragspflichtigen Einnahmen dar. Jedoch gibt es eine Besonderheit in der Arbeitslosenversicherung: Wird im Anschluss an eine versicherungspflichtige Beschäftigung – spätestens innerhalb eines Monats danach – ein Freiwilligendienst abgeleistet, wird bei der Bemessung des Beitrags zur Arbeitslosenversicherung die monatliche Bezugsgröße zu Grunde gelegt. Damit wird verhindert, dass für zuvor versicherungspflichtig beschäftigte Teilnehmer unverhältnismäßig niedrige Beiträge entrichtet werden, da für die Höhe des Arbeitslosengeldes i.d.R. das vor dem Freiwilligendienst erzielte Arbeitsentgelt maßgeblich ist.

Beitragssätze

1. Der allgemeine Beitragssatz zur Krankenversicherung ist bei 14,6 % und der ermäßigte Beitragssatz bei 14,0 % festgeschrieben. Kommen die Krankenkassen damit nicht aus, können sie einen einkommensabhängigen Zusatzbeitrag erheben.
2. Der Beitragssatz zur Arbeitslosenversicherung beträgt 2,6 %, der Arbeitgeberanteil somit 1,3 %.
3. Der Rentenversicherungsbeitragssatz beträgt 18,6 %, der Arbeitgeberanteil beträgt 9,3 %.
4. Der Beitragssatz zur knappschaftlichen Rentenversicherung beträgt 24,7 %. Hier ist die Besonderheit, dass der Arbeitgeberanteil 15,4 % und der Arbeitnehmeranteil 9,3 % beträgt.
5. Der Beitragssatz in der Pflegeversicherung beträgt seit 1.1.2025 3,6 %. Der Arbeitgeberanteil beträgt 1,8 %. Eine Besonderheit gilt in Sachsen. Dort ist der Buß- und Bettag ein Feiertag. Hieraus ergibt sich eine andere Beitragstragung zwischen Arbeitgeber und Arbeitnehmer. Der Arbeitgeberanteil beträgt in Sachsen 1,3 %. Weiter sind folgende Besonderheiten bei der Berechnung des Beitragsanteils der Arbeitnehmer zu beachten:
   - Der **Beitragszuschlag für Kinderlose** in der Pflegeversicherung ab Vollendendung des 23. Lebensjahres beträgt 0,6 %. Dieser ist ausschließlich vom Arbeitnehmer zu tragen.
   - Seit 1.7.2023 gibt es einen **Beitragsabschlag** beim Arbeitnehmerbeitragsanteil für Eltern von mehreren Kindern. Für diese reduziert sich der Beitragssatz für jedes Kind ab dem zweiten Kind bis zum fünften Kind um jeweils einen Abschlag i.H.v. 0,25 Beitragssatzpunkten bis zum Ablauf des Monats, in dem das jeweilige Kind das 25. Lebensjahr vollendet hat.

Beitragszuschuss für privat Versicherte

1. Für privat krankenversicherte Arbeitnehmer zahlt der Arbeitgeber als Zuschuss die Hälfte des Beitrags, den er auch einem freiwillig gesetzlich krankenversicherten Arbeitnehmer zahlen würde. Als Höchstzuschuss gilt für 2026 ein Betrag i.H.v. 424,31 €; für Personen ohne Anspruch auf Krankengeld 406,88 €. Hinzu kommt in beiden Fällen noch die Hälfte aus dem durchschnittlichen Zusatzbeitragssatz, d.h. 84,28 € (1,45 % x 5 812,50).
2. Auch in der Pflegeversicherung wird ein Beitragszuschuss gezahlt. Dieser beträgt seit 1.1.2026 104,63 € und für Arbeitnehmer in Sachsen 75,56 €.

Bezugsgröße

Auf die Bezugsgröße beziehen sich wichtige Grenzwerte in der Sozialversicherung. In der Krankenversicherung sind es z.B. die Einkommensgrenze für die Familienversicherung oder die Mindestbeitragsbemessungsgrundlage für freiwillig Versicherte. Die Bezugsgröße entspricht dem Durchschnittsentgelt der gesetzlichen Rentenversicherung im vorvergangenen Kalenderjahr, aufgerundet auf den nächsthöheren durch 420 teilbaren Betrag.

Geringfügigkeitsgrenze

Wenn Arbeitsentgelt aus einer Beschäftigung regelmäßig die Geringfügigkeitsgrenze nicht übersteigt, liegt eine geringfügige Beschäftigung vor. Die Geringfügigkeitsgrenze bezeichnet dabei das monatliche Arbeitsentgelt, das bei einer Arbeitszeit von zehn Wochenstunden zum Mindestlohn nach § 1 Abs. 2 Satz 1 MiloG i.V.m. der auf Grundlage des § 11 Abs. 1 Satz 1 MiLoG jeweils erlassenen Verordnung erzielt wird. Sie wird berechnet, indem der Mindestlohn mit 130 vervielfacht, durch drei geteilt und auf volle Euro aufgerundet wird. Die Geringfügigkeitsgrenze wird jeweils vom BMAS im Bundesanzeiger bekannt gegeben.

Geringverdienergrenze

Geringverdiener sind Personen mit einem geringen Entgelt (bis zu 325 €), sie gilt einheitlich in allen Sozialversicherungszweigen.

Die Geringverdienergrenze hat nur für die Dauer der Berufsausbildung Bedeutung. Beträgt das beitragspflichtige Arbeitsentgelt auf den Monat bezogen nicht mehr als 325 €, trägt der Arbeitgeber den Beitrag allein, d.h. er muss auch die Arbeitnehmeranteile übernehmen. Der Arbeitgeber ist ebenfalls verpflichtet, den Beitragszuschuss in der Pflegeversicherung und den durchschnittlichen Zusatzbeitragssatz zu tragen.

Wird der Grenzwert von 325 € durch eine Einmalzahlung überschritten, tragen Auszubildender und Arbeitgeber den Beitrag von dem 325 € übersteigenden Teil des Arbeitsentgelts grundsätzlich jeweils zur Hälfte. In diesem Fall trägt der Arbeitnehmer auch den durchschnittlichen Zusatzbeitragssatz und den Beitragszuschlag zur Pflegeversicherung.

Jahresarbeitsentgeltgrenze

1. Die Jahresarbeitsentgeltgrenze bestimmt, ab welchem Betrag ein Arbeitnehmer nicht mehr gesetzlich krankenversichert sein muss. Der Versicherte kann dann entscheiden, ob er in eine private Krankenversicherung wechseln möchte.
2. Wer am 31.12.2002 wegen Überschreitens der Jahresarbeitsentgeltgrenze versicherungsfrei und bei einem privaten Krankenversicherungsunternehmen versichert war, für den gilt eine besondere Jahresarbeitsentgeltgrenze, die ebenfalls jährlich angepasst wird.

Mindestbeitragsbemessungsgrundlage in der Kranken- und Pflegeversicherung

1. Das Mindestarbeitsentgelt für versicherungspflichtige Menschen mit Behinderungen beträgt 20 % der monatlichen Bezugsgröße.
2. Allgemein gilt für freiwillig Versicherte als beitragspflichtige Einnahme für den Kalendertag mindestens der 90. Teil der monatlichen Bezugsgröße.
3. Die Regeleinstufung eines in der gesetzlichen Krankenversicherung freiwillig versicherten Selbständigen orientiert sich an der Beitragsbemessungsgrenze. Von dieser Einstufung mit dem Höchstbeitrag kann bei Nachweis geringerer Einnahmen abgewichen werden. Der Beitragsbemessung ist dann jedoch für den Kalendertag mindestens der 90. Teil der monatlichen Bezugsgröße zu Grunde zu legen.
4. Bei der Bemessung der Beiträge für Rentenantragsteller ist die gesamte wirtschaftliche Leistungsfähigkeit zu berücksichtigen. Bei der Beitragsberechnung gilt das vorgegebene monatliche Mindesteinkommen i.H.v. 1 318,33 €, auch wenn die tatsächlichen Einkünfte geringer sind.
5. Die Mindestbeitragsbemessungsgrundlage für selbständige Künstler und Publizisten beträgt monatlich 659,17 €.

Mindestbeitragsbemessungsgrundlage in der Rentenversicherung

1. Bei Personen, die zur Berufsausbildung beschäftigt werden, gilt als beitragspflichtige Einnahme mindestens 1 % der monatlichen Bezugsgröße, auch wenn sie kein Arbeitsentgelt erhalten.
2. Für Menschen mit Behinderungen, die in geschützten Einrichtungen der Versicherungspflicht unterliegen, gilt als beitragspflichtige Einnahme mindestens 80 % der monatlichen Bezugsgröße.
3. Für Entwicklungshelfer besteht in der Rentenversicherung Versicherungspflicht, wenn der Entwicklungshelfer Entwicklungsdienst oder Vorbereitungsdienst leistet und dies von einer Stelle beantragt wird, die ihren Sitz im Inland hat.
4. Für Mitglieder geistlicher Genossenschaften, Diakonissen und Angehörige ähnlicher Gemeinschaften, denen nach der Ausbildung eine Anwartschaft auf die in der Gemeinschaft übliche Versorgung nicht gesichert wird, gilt als Mindestbeitragsmessungsgrundlage 40 % der monatlichen Bezugsgröße.
5. Beiträge für Künstler und Publizisten werden mindestens aus einem Einkommen i.H.v. 3 900 € jährlich, 325 € monatlich berechnet.

Versorgungsbezüge/Krankenversicherung der Rentner

Beitragsfrei sind Versorgungsbezüge, die eine gesetzlich vorgegebene Untergrenze nicht überschreiten. Diese Untergrenze entspricht einem Zwanzigstel der monatlichen Bezugsgröße.

	Alle Bundesländer (in € bzw. %)			
	Jahr	Monat	Woche	Tag
Arbeitseinkommen in der Krankenversicherung der selbständigen Künstler und Publizisten				
• Versicherungsfreiheit kraft Gesetzes	3 900,–	325,–	75,83	10,83
• Versicherungsfreiheit auf Antrag	209 700,–			
Beitragsbemessungsgrenzen				
• Kranken- und Pflegeversicherung	69 750,–	5 812,50	1 356,25	193,75
• Renten- und Arbeitslosenversicherung	101 400,–	8 450,–	1 971,67	281,67
Knappschaftliche Rentenversicherung	124 800,–	10 400,–	2 426,67	346,67
Beitragsbemessungsgrundlage				
• Auslands-Weiterversicherung in der Pflegeversicherung		659,17	153,81	21,97
• Auszubildende ohne Arbeitsentgelt				
– Kranken- und Pflegeversicherung		855,–	199,50	28,50
– Renten- und Arbeitslosenversicherung		39,55	9,23	1,32
• Teilnehmer an einem freiw. ökologischen/sozialen Jahr i.S. des Jugendfreiwilligendienstgesetzes Arbeitslosenversicherung		3 955,–	922,83	131,83
Beitragssätze				
• Krankenversicherung	14,6 %	14,6 %	14,6 %	14,6 %
• Arbeitslosenversicherung	2,6 %	2,6 %	2,6 %	2,6 %
• Rentenversicherung	18,6 %	18,6 %	18,6 %	18,6 %
Knappschaftliche Rentenversicherung[1)]	24,7 %	24,7 %	24,7 %	24,7 %
• Pflegeversicherung	3,6 %	3,6 %	3,6 %	3,6 %
Zuschlag Kinderlose	0,6 %	0,6 %	0,6 %	0,6 %
Beitragsabschlag[2)] in Beitragssatzpunkten	0,25 bis 1,0	0,25 bis 1,0	0,25 bis 1,0	0,25 bis 1,0
Beitragszuschuss für privat Versicherte				
• Krankenversicherung[3)]		424,31		
• Pflegeversicherung außer in Sachsen		104,63		
• Pflegeversicherung nur in Sachsen		75,56		
Bezugsgröße				
• KV/PV/RV/AV	47 460,–	3 955,–	922,83	131,83
Geringfügigkeitsgrenze (§ 8 Abs. 1a SGB IV)		603,–		
Geringverdienergrenze				
• allgemein (nur bei Beschäftigten im Rahmen der beruflichen Bildung)		325,–		
Jahresarbeitsentgeltgrenze				
• Neufälle ab 1.1.2003 und GKV-Versicherte am 31.12.2002	77 400,–			
• PKV-Versicherte am 31.12.2002	69 750,–			
Mindestbeitragsbemessungsgrundlage				
• in der Kranken- und Pflegeversicherung für				
– Menschen mit Behinderungen		791,–	184,57	26,37
– freiwillige Mitglieder		1 318,33	307,61	43,94
– freiwillig versicherte Selbständige		1 318,33	307,61	43,94
– Rentenantragsteller		1 318,33	307,61	43,94
– selbständige Künstler und Publizisten		659,17	153,81	21,97
• in der Rentenversicherung für				
– Auszubildende und Praktikanten		39,55	9,23	1,32
– Menschen mit Behinderungen		3 164,–	738,27	105,47
– Entwicklungshelfer		5 633,62	1 314,51	187,79
– Mitglieder geistlicher Genossenschaften ohne Anwartschaft auf Versorgung		1 582,–	356,53	50,93
– selbständige Künstler und Publizisten	3 900,–	325,–	75,83	10,83
Versorgungsbezüge/Krankenversicherung der Rentner				
Untergrenze der beitragspflichtigen Einnahmen aus Versorgungsbezügen und Arbeitseinkommen		197,75	46,14	6,59

1) Die Aufteilung ist Arbeitgeberanteil 15,4 % und Arbeitnehmeranteil 9,3 %.

2) Beitragsabschlag in der Pflegeversicherung beim Arbeitnehmeranteil nur bei Kindern, die das 25. Lebensjahr nicht vollendet haben i.H.v.:

- Eltern mit zwei Kindern 0,25 %
- Eltern mit drei Kindern 0,5 %
- Eltern mit vier Kindern 0,75 %
- Eltern mit fünf und mehr Kindern 1,0 %

3) Zuzüglich 1,45 % (Hälfte des durchschnittlichen Zusatzbeitragssatzes 2026) von 5 812,50 € (BBG KV 2026) = 84,28 €.

2. Sachbezugswerte 2026

4834 Sachbezugswerte sind Einkünfte, die nicht als Geldleistung gewährt werden und zum beitragspflichtigen Arbeitsentgelt gehören. Zu den Sachbezügen zählen u.a. die Gewährung von Kleidung, Wohnung, Heizung, Beleuchtung usw.

Eine Aufnahme in den Arbeitgeberhaushalt liegt vor, wenn der Arbeitnehmer sowohl in die Wohnungs- als auch in die Verpflegungsgemeinschaft des Arbeitgebers aufgenommen wird. Bei ausschließlicher Zurverfügungstellung von Unterkunft liegt dagegen keine „Aufnahme“ in den Arbeitgeberhaushalt vor, so dass der ungekürzte Unterkunftswert anzusetzen ist.

Eine Gemeinschaftsunterkunft stellen z.B. Lehrlingswohnheime, Schwesternwohnheime, Kasernen etc. dar. Charakteristisch für Gemeinschaftsunterkünfte sind gemeinschaftlich zu nutzende Wasch- bzw. Duschräume, Toiletten und ggf. Gemeinschaftsküche oder Kantine. Allein eine Mehrfachbelegung einer Unterkunft hat dagegen nicht die Bewertung als Gemeinschaftsunterkunft zur Folge; vielmehr wird der Mehrfachbelegung bereits durch gesonderte Abschläge Rechnung getragen.

Für freie Wohnung ist kein amtlicher Sachbezugswert festgesetzt. Vielmehr ist für freie Wohnung grundsätzlich der ortsübliche Mietpreis anzusetzen. Eine Wohnung ist im Gegensatz zur Unterkunft eine in sich geschlossene Einheit von Räumen, in denen ein selbständiger Haushalt geführt werden kann. Wesentlich ist, dass eine Wasserversorgung und -entsorgung, zumindest eine einer Küche vergleichbare Kochgelegenheit sowie eine Toilette vorhanden sind. Danach stellt z.B. ein Einzimmerappartement mit Küchenzeile und WC als Nebenraum eine Wohnung dar, während bei Mitbenutzung von Bad, Toilette und Küche lediglich eine Unterkunft vorliegt. Wird mehreren Arbeitnehmern eine Wohnung zur gemeinsamen Nutzung (Wohngemeinschaft) zur Verfügung gestellt, liegt insoweit nicht freie Wohnung, sondern lediglich freie Unterkunft vor.

• Freie Verpflegung (gültig für alte und neue Bundesländer)

Personenkreis (Angaben monatlich [mtl.] bzw. kalendertäglich [ktgl.])		Frühstück €	Mittag-essen €	Abend-essen €	Verpflegung insgesamt €
Arbeitnehmer einschließlich Jugendlichen und Auszubildende	mtl. ktgl.	71,– 2,37	137,– 4,57	137,– 4,57	345,– 11,51
volljährige Familienangehörige	mtl. ktgl.	71,– 2,37	137,– 4,57	137,– 4,57	345,– 11,51
Familienangehörige vor Vollendung des 18. Lebensjahrs	mtl. ktgl.	56,80 1,90	109,60 3,66	109,60 3,66	276,– 9,22
Familienangehörige vor Vollendung des 14. Lebensjahrs	mtl. ktgl.	28,40 0,95	54,80 1,83	54,80 1,83	138,– 4,61
Familienangehörige vor Vollendung des 7. Lebensjahrs	mtl. ktgl.	21,30 0,71	41,10 1,37	41,10 1,37	103,50 3,45

• Freie Unterkunft (gültig für alte und neue Bundesländer)

Unterkunft belegt mit:			Unterkunft allgemein €	Aufnahme im Arbeitgeberhaushalt/Gemeinschaftsunterkunft €
volljährige Arbeitnehmer	1 Beschäftigtem	mtl. ktgl.	285,– 9,50	242,25 8,07
	2 Beschäftigten	mtl. ktgl.	171,– 5,79	128,25 4,27
	3 Beschäftigten	mtl. ktgl.	142,50 4,75	99,75 3,32
	mehr als 3 Beschäftigten	mtl. ktgl.	114,– 3,80	71,25 2,37
Jugendliche/ Auszubildende	1 Beschäftigtem	mtl. ktgl.	242,25 8,07	199,50 6,65
	2 Beschäftigten	mtl. ktgl.	128,25 4,27	85,50 2,85
	3 Beschäftigten	mtl. ktgl.	99,75 3,32	57,00 1,90
	mehr als 3 Beschäftigten	mtl. ktgl.	71,25 2,37	28,50 0,95

Erläuterungen

Für die Ermittlung des anzusetzenden Sachbezugswerts für einen Teil-Entgeltabrechnungszeitraum sind die jeweiligen Tagesbeträge mit der Anzahl der Kalendertage zu multiplizieren.

Die Anwendung des Sachbezugswerts für freie Unterkunft ist nur zulässig, wenn es sich um eine Unterkunft i.S.d. SvEV handelt. Für eine als Sachbezug zur Verfügung gestellte Wohnung ist dagegen als Wert der ortsübliche Mietpreis unter Berücksichtigung der sich aus der Lage der Wohnung zum Betrieb ergebenden Beeinträchtigungen anzusetzen (zum Bewertungsabschlag → Rz. 1572).

Ist die Feststellung des ortsüblichen Mietpreises mit außerordentlichen Schwierigkeiten verbunden, kann die Wohnung mit **5,01 € monatlich pro qm** bzw. bei einfacher Ausstattung (ohne Sammelheizung oder ohne Bad oder Dusche) mit 4,10 € monatlich pro qm bewertet werden.

Bei der Gewährung von unentgeltlichen oder verbilligten **Mahlzeiten im Betrieb** (§ 40 Abs. 2 Satz 1 Nr. 1 EStG) sind sowohl für volljährige Arbeitnehmer als auch für Jugendliche und Auszubildende nachstehende Beträge anzusetzen:

- Frühstück 2,37 €
- Mittag-/Abendessen 4,57 €

C. Arbeitsrecht

1. Übersicht zur Entgeltfortzahlung: Praxisfragen/Checkliste[1])

4835

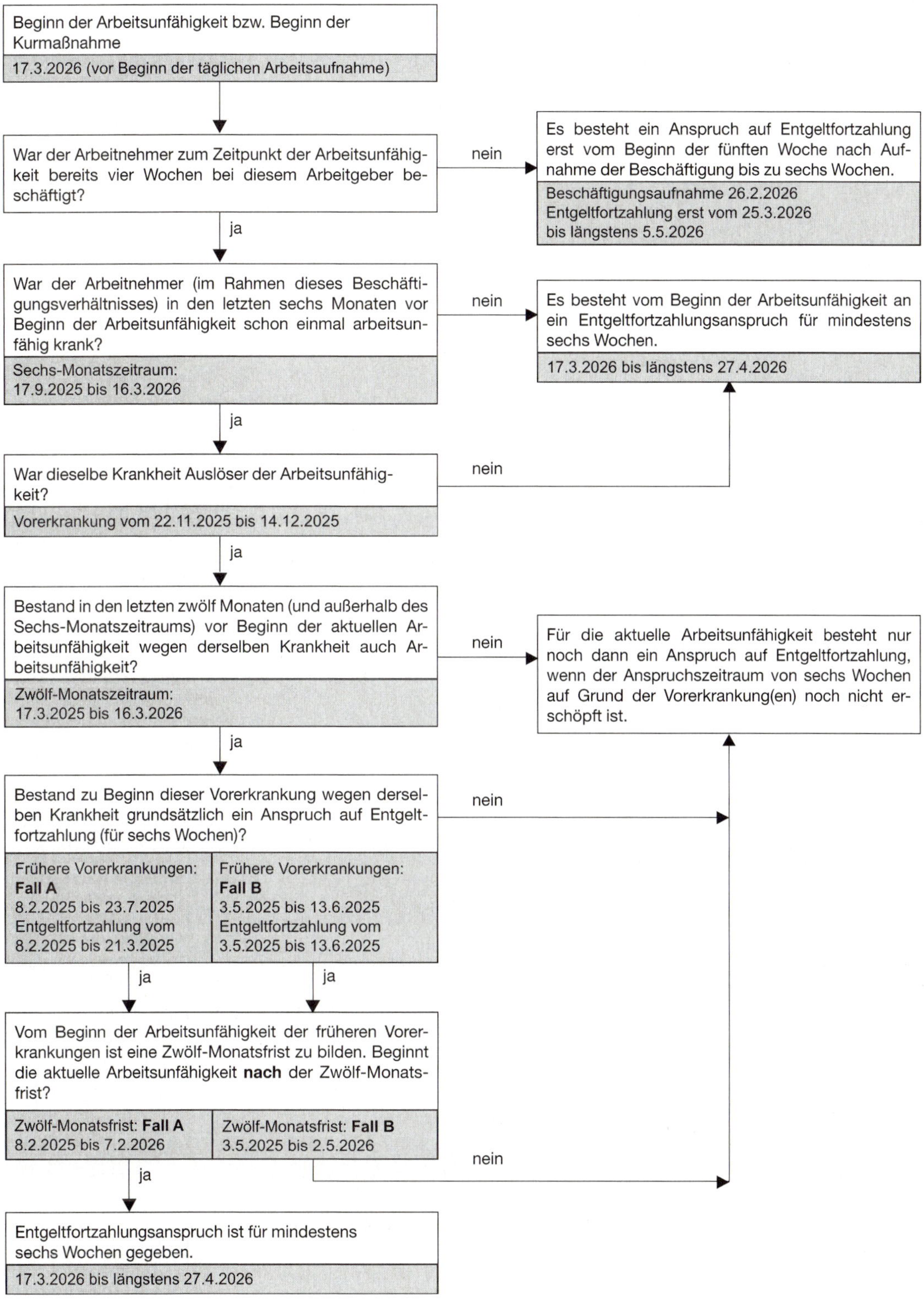

1) Zur besseren Übersicht beinhaltet das Ablaufdiagramm in den dunkel unterlegten Feldern ein Praxisbeispiel.

2. Stundenzettel zur Dokumentation der Arbeitszeit

4836

- **Muster-Stundenzettel**

Name: ______________________

Monat: ______________________

Jahr: ______________________

Kalendertag	Beginn	Ende	Arbeitszeit netto (abzüglich Pausen)
1			
2			
3			
4			
5			
6			
7			
8			
9			
10			
11			
12			
13			
14			
15			
16			
17			
18			
19			
20			
21			
22			
23			
24			
25			
26			
27			
28			
29			
30			
31			

3. Übersicht: Mindestlöhne i.S.d. AEntG

– Quelle: Bundesministerium für Arbeit und Soziales –
– Stand: 1. Oktober 2025 –

a) Mindestlöhne auf Grund von Rechtsverordnungen nach dem Arbeitnehmer-Entsendegesetz 4837

aa) Aus- und Weiterbildungsdienstleistungen nach dem SGB II oder SGB III

Laufzeit: 1. Februar 2023 bis 31. Dezember 2026
Fundstelle: 6. AusbDienstLArbbV, BGBl. I 2023, Nr. 22
Geltungsbereich: bundesweit einheitlich

Zeitraum ab	**Mindestlohn I** Arbeitnehmer im pädagogischen Bereich sind mit der Aus- und Weiterbildung, Vermittlung oder Betreuung von Teilnehmern betraut.	**Mindestlohn II** Für Arbeitnehmer im pädagogi-schen Bereich bei Vorliegen einer im Anhang zur Verordnung aufgeführten Qualifikation.
1. Februar 2023	17,87 €	18,41 €
1. Januar 2024	18,58 €	19,15 €
1. Januar 2025	19,37 €	19,96 €
1. Januar 2026	20,24 €	20,86 €

bb) Dachdeckerhandwerk

Laufzeit: 1. März 2024 bis 31. Dezember 2025
Fundstelle: 12. DachdArbbV, BGBl. 2024 I 2024, Nr. 56
Geltungsbereich: bundesweit einheitlich

Zeitraum ab	**Mindestlohn 1** Ungelernte Arbeitnehmer	**Mindestlohn 2** Gelernte Arbeitnehmer
1. März 2024	13,90 €	15,60 €
1. Januar 2025	14,35 €	16,00 €

cc) Gebäudereinigung

Laufzeit: 1. Februar 2025 bis 31. Dezember 2026
Fundstelle: 10. GebäudeArbbV, BGBl. I 2025, Nr. 22
Geltungsbereich: bundesweit einheitlich

Zeitraum ab	**Lohngruppe 1** unter anderem Innen- und Unterhaltsreinigungsarbeiten	**Lohngruppe 6** unter anderem Glas- und Fassadenreinigung
1. Februar 2025	14,25 €	17,65 €
1. Januar 2026	15,00 €	18,40 €

dd) Maler- und Lackiererhandwerk

Laufzeit: 1. August 2025 bis 30. Juni 2027
Fundstelle: 12. MalerArbbV, BGBl. I 2025, Nr. 179
Geltungsbereich: bundesweit einheitlich

Zeitraum ab	**Mindestlohn** für gelernte Arbeitnehmerinnen und Arbeitnehmer (Gesellen)
1. August 2025	15,55 €
1. Juli 2026	16,13 €

ee) Pflegebranche

Laufzeit: 1. Februar 2024 bis 30. Juni 2026
Fundstelle: 6. PflegeArbbV, BGBl. I 2023, Nr. 336
Geltungsbereich: einheitlich bundesweit

Zeitraum ab	**Mindestentgelt**	**Mindestentgelt** Pflegekraft mit einer mindestens einjährigen Ausbildung und einer entsprechenden Tätigkeit (§ 2 Abs. 2 der 5. Pflege-ArbbV)	**Mindestentgelt** Pflegefachkraft mit einer Qualifikation, die zur Ausübung von Tätigkeiten gemäß § 4 Pflegeberufegesetz berechtigt
1.Februar 2024	14,15 €	15,25 €	18,25 €
1.Mai 2024	15,50 €	16,50 €	19,50 €
1.Juli 2025	16,10 €	17,35 €	20,50 €
1.Juli 2025	16,10 €	17,35 €	20,50 €

b) Mindestlöhne nach dem Tarifvertragsgesetz (Allgemeinverbindlicherklärung)

Die nachfolgenden Mindestlöhne aus bundesweiten Tarifverträgen finden zwingende Anwendung für Arbeitsverhältnisse zwischen einem im Ausland ansässigen Arbeitgeber und seinen im Inland beschäftigten Arbeitnehmerinnen und Arbeitnehmern.

aa) Elektrohandwerke

Laufzeit: 1. Januar 2025 bis 31. Dezember 2028 (ohne Nachwirkung)

Fundstelle: Allgemeinverbindlicherklärung, BAnz AT 30.12.2024 B3

Geltungsbereich: bundesweit einheitlich

Zeitraum ab	Mindestlohn
1.Januar 2025	14,41 €
1.Januar 2026	14,93 €
1.Januar 2027	15,49 €
1.Januar 2028	16,10 €

bb) Bodenabfertigungsdienste an deutschen Verkehrsflughäfen

Laufzeit: ab 29. August 2024

Fundstelle: Allgemeinverbindlicherklärung, BAnz AT 3.2.2025 B2

Geltungsbereich: bundesweit einheitlich

Entgeltgruppe	Stufe 1	Stufe 2
2	17,00 €	-
3	17,70 €	18,20 €
4	18,30 €	18,75 €
5	19,50 €	20,10 €
6	21,36 €	21,88 €
7	22,23 €	-

Stichwortverzeichnis

Die Zahlen hinter den Stichwörtern bezeichnen die entsprechenden Randziffern. Die Fundstellen der entsprechenden Beiträge im ABC-Teil sind in Fettdruck hervorgehoben.

B

C

D

U

V

W

Z